江宁区志

第一册

南京市江宁区地方志编纂委员会　编

方志出版社

图书在版编目（CIP）数据

江宁区志 / 南京市江宁区地方志编纂委员会编． -- 北京 ：方志出版社，2014.10

ISBN 978-7-5144-1414-1

Ⅰ．①江… Ⅱ．①南… Ⅲ ①区（城市）—地方志—南京市 Ⅳ．① K295.31

中国版本图书馆 CIP 数据核字（2014）第 245422 号

江宁区志

编　　者：南京市江宁区地方志编纂委员会
责任编辑：刘方圆

出 版 人：冀祥德
出 版 者：方志出版社
　　　　　地址　北京市朝阳区潘家园东里9号（国家方志馆4层）
　　　　　邮编　100021
　　　　　网址　http://www.fzph.org
发　　行：方志出版社发行中心
　　　　　（010）67110500
经　　销：各地新华书店
印　　刷：南京海兴印务有限公司

开　　本：889×1194　　1/16
印　　张：220.75
字　　数：5636千字
版　　次：2014年10月第1版　　2014年10月第1次印刷
印　　数：0001~4000套

ISBN 978-7-5144-1414-1/K·1156　　定价：960.00元（共四册）

《江宁区志》编纂审定机构及人员名录

南京市江宁区地方志编纂委员会

（2006 年 11 月 17 日第四次调整）

主　　任　柏　鹏

副 主 任　王加法　陆　蓉

委　　员　蒋晓平　郭宇飞　李清志　吴德厚　刘民生　王贵文　肖　宁
李志年　顾晓群　王瑞林　傅荣柱　朱　慧　郭　星　周久耕
丁圣荣　张克勤　毕书宏　王德武　黄荣怀　梁六生　钱德年
章鸿宾　孙业华　赵鹤康　徐六保　洪月江　杨友林　高争祥
江开明　周育刚　谢从军　倪忠生　陈　勇　严应骏　端木和海
张会祺　周志勇　潘有为　刘广亮　苏子懿　汪腾平

办公室主任　王瑞林

（2008 年 6 月 16 日第五次调整）

主　　任　柏　鹏

副 主 任　毛卫华　陆　蓉

委　　员　聂方宝　王耀林　李清志　吴德厚　高丽丽　戴　伟　缪秀梅
王瑞林　刘尹武　周广进　钱德年　吕克忠　顾晓群　朱克成
金　松　朱　慧　侯祖江　毕书宏　李万平　丁圣荣　张巧林

王德武　黄荣怀　梁六生　刘道成　章鸿宾　孙业华　赵鹤隶
李一军　洪月江　刘广亮　苏子懿　汪腾平　倪忠生　谢从军
张玉力　姚燕玲　潘有为　端木和海　张会祺　周志勇　许文林

办公室主任　王瑞林

副　主　任　刘广亮　苏子懿　汪腾平

（2013 年 8 月 19 日第六次调整）

主　　　任　陈发喜

副　主　任　刘　玲　于茂高

委　　　员　张思明　高正峰　陈　勇　倪　平　顾晓群　高　勇　端木和海
戴　伟　崔吉胜　吴仁成　刘道成　杨立根　王瑞林　郭传华
姜立波　林云飞　陈炳晖　朱　慧　吴德厚　王登华　陈国运
汪　洁　王　平　周志勇　张　斌　姚燕玲　李一军　马玉宁
王幸梅　古德武　许世新　焦珍山　端　俊　俞有兵　庞志贵
丁邦清　刘　群　周贵平　蒋时汉　苏子懿　黄　东

办公室主任　郭传华

副　主　任　苏子懿　黄　东

《江宁区志》编纂人员

顾　　问　仓修良

主　　编　王瑞林　郭传华

执行主编　杨俭余　苏子懿

副 主 编　刘广亮　汪腾平　黄　东

编　　辑　杨俭余　濮　潇　金明清

特邀编辑　张新贵　徐金元　赵恒林　李存寿

目录英文翻译　濮　潇

动植物拉丁文翻译　金明清

编　　务　俞有利　徐元平　高　鹏　齐开伟　梅玉香　陈　锦

《江宁区志》主要撰稿及提供资料人员

（以编、章、节次为序）

赵慕明	傅景贤	庞树耕	刘 诗	朱崇泽	赵恒林	吕礼悦	张大兆
陶 勇	潘雯霖	汪 笑	韩照全	朱鑫君	袁金城	沈乃忠	庞道炎
陈大金	许起龙	王 超	邓璐君	王振友	易蓝苹	谷荣来	范 进
张新贵	刘建平	张全春	江宝华	高德宝	姚爱萍	孙柏生	马秀兰
钱爱武	陈志发	行俊文	韦明政	孔小平	唐浩友	陶金生	易 蓉
龚晓军	黄再兴	仇世元	李小清	苏明海	张家虎	史广富	刘正道
俞可淼	席绪根	张荣甫	高家义	乐文俊	谈永志	王 静	曹献薇
高 创	王远龙	王宁邦	吴 伟	徐德进	曹 扬	杨志宁	郑乐干
陈耀忠	王 羽	施银宝	许心明	韦昌贵	罗义才	杨禄秀	杨连文
裴玉功	李志武	尹小林	王时庆	张光宝	朱培宽	杨 建	钱 宏
张泰霖	戴家忠	郑 波	郁 南	孙拥君	余 芬	祖玉宝	黄志平
李红梅	郑立玉	陈 红	朱红叶	纪立平	肖桂玲	盛小曙	柏晓红
陶岭曦	魏锦平	雷 云	邵绪虎	韩 笑	张 弘	秦 扬	李洪进
李 彦	邵松林	施振平	许成明	夏 明	许 翔	张正全	徐德福
万善春	顾新宇	王光才	张政才	巫 宽	马 宏	胡德兴	崔晓晖
陈大铭	高思荣	王 刚	顾 纬	张其全	茆维荣	路中双	魏川雄
宋池涛	李 萍	寿伟林	方广和	颜春华	蔡 宁	李国余	房文钦
杨守文	魏仁海	邓 平	许维钧	朱振全	张 斌	俞东友	孙其如
任 军	谢瑞林	王 飞	张 越	罗汉荣	李存寿	王蓉蓉	丁 玲
聂秀美	潘 宁	刘 怡	戴文璟	经 祥	范 俊	吴祝平	程永武
邓可华	李哲明	卢培金	张大为	陈玉龙	姚冬梅	刘庆法	周训和
张宗华	何 凯	唐 琳	郑 娟	傅存中	朱同福	钱承才	俞海春

姜炬南	朱天文	陈　捷	张裔平	柳兴涛	姜书勤	陈德清	潘德辉
戎仁堂	朱　斌	王世鸿	俞金金	李智军	仇莉丽	张为农	蒋明富
李　平	蔡金华	谢伟春	郭逎亮	卞仕云	丁义宝	张　蕾	张　亮
陶厚林	汤世华	蒋继平	陶婷婷	黄嘉民	何明瑞	徐金元	王慧民
侯孝康	陈德岚	姜业泉	王德标	王良文	王良寿	刘业文	邵连仲
沈阳海	周义顺	吴玉门	王祥生	李家生	朱元才	葛武祥	苏金花
尹功瑞	王士明	朱泰泉	潘银生	余茂友	杜仁春	张庆祥	刘先发
王象政	张世才	俞金生	迟传宝	李益泉	吕昌清	李达才	徐世才
陶发松	谢修文	潘承超	纪永回	王生华	丁平友	孙家武	李学成
杨胜银	杨家栋	徐德璠	姚孝毅	茅奕祺	徐本富	栾友洪	虞长来
唐警遇	濮世保	陈为民	闵安友	丁邦兴	方锡祥	汪良才	

《江宁区志》图片来源及摄影篆刻人员

图片来源　区机关各部门、街道及相关企事业单位提供

主要参考文献中有关图片

摄影人员　（以姓氏笔画为序）

王　羽	王　强	王　静	王礼华	王肖飞	王津东	毛文轩	邓璐君
孔永祥	乔　洋	江晓伟	许宏亮	许国生	阮灿树	孔崇刚	苏必功
李　智	李怀骐	李国余	李昌君	李洪进	李益泉	李智军	李瑞山
杨海鹏	吴　伟	吴卫宁	沈　勇	宋国华	张　桦	张为农	张庆祥
张抗震	张远明	张定生	张宝卿	张顺国	陈　平	陈　锦	陈丙贵
陈晋卿	邵天武	金业友	胡恒军	赵宏国	赵章龙	贾国法	顾东海
徐　峰	徐元平	徐立根	徐必华	徐刘海	徐旭东	高　鹏	陶　峻
陶太斌	陶厚林	黄德海	曹　扬	曹明和	蒋蓉宁	韩逎义	谢伟春
蔡　宁	蔡国灿	裴国强	戴典金	魏传俊	魏福春		

篆　　刻　吴　刚

《江宁区志》终审验收单位

南京市地方志编纂委员会办公室

《江宁区志》终审验收人员

张立新　　柳云飞　　徐锦堂　　乔　鸣　　蒋永才　　马伯伦　　吕武进

吕佐兵　　庄会柏　　刘海东　　刘迎春　　黄　涛　　田洪春

《江宁区志》审核单位

江苏省地方志编纂委员会办公室

《江宁区志》批准出版单位

南京市江宁区人民政府

2004年5月4日，中共中央总书记、国家主席胡锦涛在省委书记李源潮、市委书记罗志军、区委书记王建华的陪同下，视察南京江宁经济技术开发区

1998年4月5日，中共中央政治局常委宋平视察江宁县

1999年6月20日，全国人大常委会原委员长乔石视察南京金箔集团

2001 年 1 月 28 日，中共中央政治局候补委员、书记处书记、中央组织部部长、全国农村“三个代表”重要思想学习教育活动联系会议组组长曾庆红，在省、市、区领导的陪同下，对江宁区农村“三个代表”重要思想学习教育活动进行调研。图为走访慰问农户

2001 年 9 月 18 日，中共中央政治局常委、全国政协主席李瑞环视察南京江宁经济技术开发区内爱立信等企业

2002 年 8 月 19 日　中共中央政治局常委、国务院副总理李岚清视察南京江宁经济技术开发区内正德学院

2003 年 8 月 18 日，中共中央政治局常委、中央纪委书记吴官正视察江宁区

2004 年 11 月 24 日，中共中央政治局常委、国家副主席曾庆红在省委书记李源潮、省长梁保华、市委书记罗志军、市长蒋宏坤、区委书记王建华的陪同下，视察南京江宁经济技术开发区

2004年12月25日，中共中央政治局常委、中央政法委书记罗干在省委书记李源潮、市委书记罗志军、区委书记王建华的陪同下，视察江宁区

2005年10月22日，中共中央政治局常委、国务院总理温家宝视察南京江宁经济技术开发区

2006年4月25日，中共中央政治局常委、全国政协主席贾庆林到南京江宁经济技术开发区视察

2006年5月2日，中共中央政治局原常委、全国人大常委会原委员长李鹏在省委书记李源潮、市委书记罗志军、区委书记刘捍东等领导陪同下，视察南京江宁经济技术开发区

“南京人”复原像

汤山猿人洞内景

汤山古溶洞文化公园

湖熟东焦村台形遗址 （2002 年摄）

殷巷陈墟遗址 （20 世纪 90 年代摄）

陆郎后城古文化遗址

陆郎神山头古文化遗址

秣陵中学内神墩遗址

方山南捍磨盘山遗址

谷里神墩古文化遗址

曾昭燏墓位于牛首山东麓祖堂山

（2003 年摄）

铜匜 西周时期贵族的盥洗用器

春秋双耳小陶罐

战国回纹硬陶罐

在陶吴、横溪一带出土的商代晚期三羊铜罍

春到牛首踏青的游人络绎不绝

南山湖风光

银杏湖高尔夫球场

方山国家地质公园

秦淮河夕照

安基湖（安基山水库）

红星水库

蟠龙湖 （赵村水库）

长江湿地

外港河

百家湖全景

海通大厦

百家湖凤凰坛

东山文化休闲广场

东山鸟瞰

百家湖花园

翠屏国际城鸟瞰

江宁开发区污水处理厂

江宁区自来水公司

2006 年 11 月 20 日，南京地铁一号线南延线开工典礼

南京禄口国际机场

2006 年 12 月 28 日，中国邮政航空速递物流集散中心落户江宁区

沪宁高速公路江宁段

宁杭高速公路江宁段

将军大道

白龙桥

天元路

序　一

继上世纪80年代末出版的《江宁县志》之后，2006年，江宁区委、区政府立足“撤县设区”历史起点，启动新一轮地方志修编工作。在编纂组历经8年的辛勤努力以及区内外各方力量的通力协作下，560余万字的《江宁区志》终于付梓面世。这是一部系统反映江宁区情的百科全书，也是一部全面记载区域发展的经典文萃。

江宁地处沿海和长江经济带的交汇点，从东西南三面环抱南京主城，是南京连接苏南、辐射皖江的重要门户。江宁有着深厚的历史人文底蕴，距今50万年的南京直立猿人化石遗址，标志着江宁是南京文化之源，南唐二陵、阳山碑材等名胜古迹，记载了江宁历史的兴衰荣辱，构成独具魅力的文化遗产。江宁具有光荣的革命传统，革命战争时期，无数优秀的江宁儿女，为了民族独立和解放浴血奋战，用鲜血铸就了不朽篇章。新中国成立后，尤其是改革开放以来，江宁经济社会发展取得了巨大成就，各个领域发生了翻天覆地的变化。进入新世纪后，通过抢抓撤县设区等机遇，扎实推进小康社会和基本现代化建设，这一时期成为江宁综合实力提升最快、城乡面貌变化最大、人民群众得益最多的时期。

追昔抚今，继往开来。立足经济社会发展新常态，江宁正以党的十八大和十八届三中、四中全会精神为引领，深入落实习总书记对江苏发展提出的“三项重点任务”，全面深化改革创新，全面推进依法治区，奋力开创苏南现代化样板区建设新局面。全区上下正深化实施创新驱动、产业推动、新城带动、园街联动“四大行动战略”，依托千人计划、万人计划和欧美同学会留学报国江宁基地这三个国家级人才基地，深入推动发展动力由投资驱动向创新驱动转型；以汽车制造和电子信息两大主导产业、智能电网和高端装备两大新兴产业、生命科学和未来网络两大未来优势产业为重点，着力构建更具竞争力的现代产业体系；按照“500平方公里功能片区和新市镇+500平方公里美丽乡村示范区+500平方公里生态涵养不开发区”国土空间格局，统筹推进新型城镇化和城乡发展一体化，努力实现遵循经济规律的科学发展、遵循自然规律的可持续发展、遵循社会规律的包容性发展。

治天下以史为鉴，治郡县以志为鉴。这部《江宁区志》不仅对“资政、存史、教化”大有裨益，也能为我们开阔视野、科学决策，推动工作提供帮助。希望全区上下特别是党员干部认真读志，切实从中汲取经验智慧，以更加饱满的热情和干劲投身改革发展实践，大力推动新常态下的转型发展，合力谱写好中国梦·美丽江宁华彩诗篇！

中共南京市委常委
中共南京市江宁区委书记

2014年11月

序　二

政通人和，志苑繁荣。《江宁区志》历八载寒暑，赖众贤之手，数易其稿，成帙问世。全书共4册、560余万字。这是江宁地方志宝库又一厚重之作，也是江宁地方志事业发展新的里程碑，更是江宁文化事业大发展、大繁荣的历史见证。能够亲历这部鸿篇巨制的问世，甚感欣慰。值此区志出版发行之际，我谨代表区人民政府向所有参与、关心、支持、帮助修志工作的单位和个人致以诚挚的谢意！

江宁，建县至今有1700多年历史，伴随南京古城的起落兴衰，唇齿相依的江宁地区走过跌宕曲折的发展历程。时而京畿重地，万方辐辏；时而荒僻乡野，一派萧条。虽因时代更迭而兴废，却饱经时光的沉淀和历史的选择传承至今。滚滚长江，淘尽无数风流，留下厚重历史文化遗产；巍巍群山，见证历史的荣辱，传承千载文明史；悠悠秦淮，江宁人民母亲河，流淌几多儿女情。

古老的文明，独特的区位，宜人的沃土，勤劳的人民，演绎了江宁人民生生不息追求美好生活的人间正道。新中国成立后，特别是1978年改革开放以来，江宁人民在党的领导下，志存高远，自强不息，锐意创新，开拓进取，在这片1573平方千米的沃土上，创造了“天翻地覆慨而慷”的业绩。改革开放30年，是江宁历史上经济社会发展最快、活力最强、人民群众得实惠最多的黄金时期。2008年与1978年相比，地区生产总值增长215倍；人均地区生产总值增长159倍，达到6720美元；全口径财政收入增长519倍。主要经济指标稳居南京市第一，江苏省十强。顺利完成了从农业大县到经济强区，从基本温饱到全面小康，从农村县城到现代化南京副中心城区的伟大跨越。

《江宁区志》汇政区沿革、社会变迁、经济建设、政治军事、文化科技、社会生活、风土人情、历史人物于一书，为江宁区“博物之书”。既记述了在这块宝地上发生的种种可歌可泣的壮举、翻天覆地的变化，锐意改革的新貌，同时也如实记录了其间坎坷曲折的历程。志书内容丰富，资料翔实，体例完备，纵古贯今，横涉百科，彰显厚重的历史文化，突出地方特色和时代特征。她的诞生，必将更好地发挥“存史、资政、教化”的功能，必将极大地激发江宁人民热爱江宁、奉献江宁、建设江宁的豪情。同时，让社会各界人士和更多的海内外人士了解江宁和熟悉江宁，在这块宝地上崭露头角，大显身手。

一志在手，洞烛区情；一志相传，教益民众。借助《江宁区志》，让历史告诉未来。希望广大干部群众特别是领导干部读好志，用好志。在区委、区政府领导下，在勇当全省率先基本实现现代化先行军新的征程中，励精图治，奋发有为，努力创造出无愧于历史、无愧于时代、无愧于人民的精彩业绩，为《江宁区志》续写更加辉煌的篇章。

是为序，亦为愿。

中共南京市江宁区委副书记
南京市江宁区人民政府区长　陈辍喜

2014年11月

凡 例

指导思想

一、本志以马克思列宁主义、毛泽东思想、邓小平理论和“三个代表”重要思想为指导，深入贯彻落实科学发展观，客观、全面、系统地记述江宁区自然、经济、政治、文化、社会等各方面的历史与现状，充分反映改革开放和社会主义现代化建设的历程，为存史、资政、育人，发展中国特色社会主义服务。

时空范围

二、本志上限尽量追溯事物发端，下限一般到2007年，个别重大事件及图片摄制有所延伸，在丛录中设2008—2013年江宁区国民经济和社会发展概况。记述地域范围，尊重江宁建置多变的历史事实，在记述现行政区域事项的同时，少数内容因追溯源流、叙述因果或与南京不可分割等原因，适当兼及现境以外、旧境之内的事项（随文注释记述范围之今属），以详今明古。

体裁运用

三、本志采用述、记、志、传、图照、表、录、索引等体裁，志为主体，各体兼用。总述冠于全志之首，总览区情；大事记以编年体为主，辅以纪事本末体，为全志之经；全志共设47编258章909节3276目；图照除了插排于有关编章外，每册册首分别设置与内容相关的彩照，力求图文并茂，与志体相得益彰；丛录，置于志后，辑录江宁与南京、江宁金箔等珍贵历史资料和断限外经济社会发展概况，存史备考；索引，分条目索引、古诗文索引、人物索引、图片索引和表格索引；编后记，设于志末，重点反映修志始末，并简述修志之艰辛及得失，以示来者。

篇目结构

四、本志采用中小篇结构，分编、章、节、目四个层次，部分目下设子目。事以类从，横分纵述。编章下统设无题序，节下则视情而定。

五、本志篇目排序采用暗隐大类，明分门类的方法。按先自然，再社会；先经济基础，后上层建筑顺序排列。依次为自然、经济、政治、文化、社会、街道、人物。经济部分按经济发展顺序，即第一、第二、第三产业的顺序排列。

六、本志编首设《南京猿人与湖熟文化》，作为彰显金陵始祖及江宁地区底蕴深厚历史文化之窗口。将体现时代特色和地方特色的部分类目作升格处理。特设《环境保护》《经济园区开发》《建筑业》《房地产业》《商贸市场》《服务业　旅游业》《历史文化遗产》《艺文》《居民生活　社会保障》等编。

行文规范

七、本志用现代语体文记述，使用规范汉字。对古代人名、地名、书名、篇名及古籍文句，容易引起误解的则保留繁体字或异体字。经常使用的名称，首次用全称，并括注简称，其后酌用已经流行且不产生歧义的简称。如“中华民国”简称“民国”，“中国共产党”简称“中共”，“中华人民共和国”简称“新中国”等。记载地名、机构、驻区企业名称均以当地通称为准，部分古旧地名加注今名。外国地名、人物、党派等名称，以新华社译名为准。

八、本志历史纪年，中华民国及以前，以传统中国历史纪年法纪年，用汉字书写（中华民国年号用阿拉伯数字书写），括注公元纪年；中华人民共和国成立后用公元纪年。公元前年代，在年代前加“前”字。

九、本志数字和计量单位，按照国家质量技术监督局1995年12月5日批准，1996年1月1日起实施的《出版物上数字用法的规定》和1993年12月国家质量技术监督局发布的国家标准《量和单位》的规定使用。为尊重历史原貌，民国以前采用时用计量单位或市制单位；新中国成立后，涉及土地指标（土地面积、耕地面积）、农业经济指标（种植面积、亩产量）等仍采用习惯的计量单位“亩”。

十、本志所载经济收入、地区生产总值、工农业总产值等一般按当年价计算，按不变价计算则注明不变价年份。1955年3月1日前使用的旧人民币制，都按10000：1折成新币制计算。

入志人物

十一、本志遵循生不立传原则。入志人物分设人物传略、人物简介、人物表录三部分。人物传略收录对江宁发展有重要作用或影响的历史人物；人物简介收录对江宁地区发展有重要作用或有影响的健在人物，略记其履历及主要业绩；人物表录收录革命烈士，获全国、省（部）、市劳动模范（先进工作者），“两院”院士，享受政府特殊津贴、有突出贡献的中青年专家、学科带头人，驻区高校教授级高工、区属企事业单位高级职称人员和在外地任厅局级正职（部队正师职）的江宁籍干部。其他人物“以事系人”，在相关志文中记述。

资料来源

十二、本志资料主要来源于各级档案馆（室），历代江宁（上元）县志、《上元江宁乡土合志·江宁县乡土志略·江宁县乡土志》和新中国成立后编纂的《江宁县志》、乡镇志、街道志、部门志（专业志），有关图书、报刊、网站和实际调查，少量为口碑材料等，广征博采，线索纷繁。凡直录史籍文献原文者，均注明出处；难考证取舍者，则并存诸说。

十三、本志引用的数据，民国及民国以前数据来自文献资料，新中国成立后以统计部门资料为准，统计部门缺失，酌用主管部门或工作部门统计数据。

总目录

第一册

第二册

第三册

第四册

General Contents

I

II

III

IV

目　录

第三编　地理环境

第四编 国土资源

第五编　人　口

第六编　地　名

第七编　城乡建设

第八编　环境保护

第九编　水　利

第十编　电　力

第十一编 交通运输

第十二编　邮政　电信

CONTENTS

Part 3 Geographic Environment

Part 4 Territorial Resources

Part 5 Population

Part 6 Geographical Names

Part 7 Urban and Rural Construction

Part 8 Environmental Protection

Part 9 Water Conservancy

Part 10 Electric Power

Part 11 Traffic

Part 12 Post and Telecommunications

总 述

南京市江宁区地处长江下游南岸，江苏省西南部苏皖交界地带，位于北纬31° 37′ ~ 32° 07′，东经118° 28′ ~ 119° 06′。东与句容市接壤，东南与溧水县毗邻，南与安徽省当涂县相交，西南与安徽省马鞍山市为邻，西与安徽省和县及南京市浦口区隔江相望。2007年，江宁区域总面积1572.87平方千米，辖东山、秣陵、汤山、淳化、禄口、江宁、谷里、湖熟、横溪9个街道，127个社区居民委员会，77个社区村民委员会。总人口879391人，人口密度559人/平方千米。

江宁区是江苏省省会南京市的“南大门”，从东、西、南三面环抱历史文化名城南京。既是宁镇山脉与太湖平原及皖南、浙东之间的交通孔道所在，也是长江三角洲经济区中南京同东接轨上海、向南联动杭州以及向南京都市圈及西部辐射皖江的门户。沪宁高速、宁杭高速、104国道、205国道（宁芜公路）、122省道（宁杭公路）、123省道（宁高公路）、337省道（龙铜公路）、104省道（南京机场高速公路）、105省道（宁马高速公路）以及建设中的南京绕越公路东南段等公路均经过江宁，宁芜铁路以及规划建设中的沪宁、宁杭城际高铁经过江宁，南京禄口国际机场和规划中的长三角铁路运输枢纽南京铁路南站也分布在江宁。

江宁区东北部是宁镇山脉西段，西南为“S”形茅山山脉西延部分宁芜山地的北段，中部为对东北和西南低山丘陵有明显倾斜的黄土岗地和一个由秦淮河穿连冲积而成的秦淮河平原，西部为滨江平原。地势南北高中间低，形同马鞍。地貌呈现为“六山一水三分田”，丘陵和黄土岗地约占总面积的2/3，沿（秦淮）河沿江平原约占1/3。境内山林、河湖众多，大小山体约400座。长江沿江宁西北部滚滚东流，由东源句容河和南源溧水河于江宁区原龙都镇西北村汇合而成的秦淮河主河道，从南向北纵贯江宁再横穿南京城南，而后向西流入长江。江宁自然环境得天独厚，文化底蕴深厚绵长。这里有因东晋太傅谢安营墅而得名的东山；有景色壮美且富含深厚的历史文化积淀、为江宁西北部旅游胜地的牛首山；有与牛首山相连、有着众多名胜古迹的祖堂山；还有“汤山温泉”，四季如汤，久负盛名。流淌在境内的秦淮河，是江宁人民的母亲河。沿河两岸，风景秀丽，变化日新月异，处处洋溢着现代化的气息。

2000年前，江宁县为南京近郊县，县治东山镇。2000年12月撤县设区，始为南京市江宁区。2007年，江宁地区生产总值339.53亿元，人均突破5000美元。其中第一产业18.95亿元，第二产业212.48亿元，第三产业108.10亿元。三次产业结构比例为5.58 ： 62.58 ： 31.84。财政收入突破百亿元大关，达111.14亿元，其中地方财政收入80.23亿元，地方一般性预算收入45.08亿元。城乡居民人均收入分别达到19580元和8140元。各项主要经济指标全面进入全省十强。省定四大类18项25条小康指标全部实现，全面小康社会基本建成。

自然化育：宁镇山脉地质遗产与区域早期文明的孕育

江宁属于北亚热带季风气候区，温暖湿润，四季分明；其地处长江与秦淮河交汇之处，宁镇山脉西段绵延至境内，山水兼得，地貌多样，物产丰富。天赋如此独厚的自然条件，使江宁这片热土宜耕宜商，宜居宜游，自古便有“江南佳丽地”之称。

上溯至几亿年前的远古时期，距今约2亿年—1.50亿年前，经历频繁的地质运动，数次造山运动，几度海陆升降，多少风化侵蚀，自然的化育形成了江宁现在地貌。江宁区境在地质大地构造单元上为扬子准台地的组成部分。西南部为宁芜断陷盆地的北缘，其两侧为长江挤压破碎带。东北部为宁镇褶皱束的西段。由地质塑造的地貌在大地上表现为，东北部是宁镇山脉西段的南支，绕南京城区南缘西去直至大江之滨，主要山体有汤山、青龙山、牛首山、祖堂山、云台山等；西南部为茅山山脉向西延伸部分的北缘，茅山山脉自北向南延伸，至句容、溧水交界处分为二支，其中一支向西经至小茅山西与横山山脉相接。宁镇山脉与茅山山脉和横山山脉之间为黄土岗地和秦淮河河谷平原。主要分布在区境中部，秦淮河纵贯中部，在区境内长约80千米。整个区域地势呈现为南、北高而中间低，形同马鞍。江宁区所处的宁镇山脉西段是中国东部天然的地质博物馆。其所处的下扬子台褶带自元古代震旦纪到中生代三叠纪漫长的地质年代中，一直处于沉陷状态，沉积了这一阶段海陆交替相的整套地层。此后，中生代的印支运动和燕山运动使前期沉积地层普遍皱褶隆起，并伴随着强烈的断裂作用和岩浆活动，从而奠定这一低山丘陵岗地区的现代地貌轮廓和主要山脉的分布。宁镇山脉地层出露齐全，化石丰富，构造典型，火山岩浆活动显著，矿产类型多样，是近代以来中国地学研究开展最早的地区，堪称中国地学研究的摇篮。在此地命名的地质剖面有39处之多，具有地层对比意义的汤山地质剖面走廊保存7亿多年来大地变迁、生物演化遗迹的地质历史。以江宁境内地名命名的地层剖面有8组，分别是：古生界奥陶系中统地层汤山组（民国13年，即公元1924年，以江宁汤山创名）、古生界奥陶系上统汤头组（1955年以汤山西南坡汤头村附近地名而命名）、志留系中上统坟头群（命名地点在江宁坟头村），石炭系下统老虎洞组（1959年以淳化大连山老虎洞而创名）、中生界侏罗系上统西横山组（1960年以江宁西横山命名）；白垩系下统娘娘山组（1955年以苏皖交接的江宁娘娘山而创名）、新生界上第三系中新统洞玄观组（民国37年以江宁方山坡麓洞玄观废墟处创名）、第三系上新统方山组（1974年以江宁方山命名）。宁镇山脉西段的江宁汤山是江苏地质遗迹出露最多的地区，除了地质剖面走廊外，这里还分布着溶洞、汤山猿人遗址、温泉群及明代阳山碑材遗址等地质遗迹。除汤山外，宁镇山脉西部的方山同样也是一处天然的地质博物馆。方山火山则是南京地区著名的死火山之一，因山形独特而称为天印方山。在距今约300万年—1000万年之间，方山发生过两次火山喷发，岩浆冷却凝固形成山体，保存喷发的各种岩石。它是中国东部同时期喷发的火山的典型代表，也是我国地质学家程裕祺（院士）早年（民国37年）研究经典区。为有效保护和科学开发利用汤山猿人洞遗址、地质剖面走廊、火山遗迹、温泉群及明代阳山碑材遗址等地质遗迹资源，开展公众地学科普教育和科学研究，2007年，江苏省设立省级汤山方山地质公园。

在江宁区境内，秦淮河的形成年代（7000万年前）比长江江宁段（300万年前）早了几千万年。

自南京猿人时起，这两条生命之源就担负着江宁先民的点点滴滴，世世代代直至当代，它见证了很多波澜壮阔的历史篇章。地质勘查研究结果表明，江宁地区的这段长江位于一条东北—西南方向的大断裂带上，地质学家称之为长江大断裂带。它的平均宽度为 20 千米 ~ 30 千米，最宽的地段达 40 千米。至少在 1.50 亿年前，这条大断裂带就已经存在。距今 300 万年左右或更早一些，由于大断裂带的长期地质活动与地壳的连续上升运动，大断裂带的岩石遭到的风化剥蚀愈演愈烈，岩石也就越来越破碎，逐渐形成低洼的地形。于是，较高地方的水流便汇集到这里，形成河谷，并向着地势更低的大海流去。大约 300 万年前，江宁区境内的长江段已经形成，同时，随着中国西部青藏高原的升起，长江源头之水滚滚东流，渐渐与江宁地区的长江段衔接，继而发育成现代的长江。

江宁的山水自然环境孕育了长江下游灿烂的早期文明。长江下游最早的古人类——“南京直立人”源于江宁汤山。经铀系测年等研究测定，一号颅骨化石代表一名 21 岁 ~ 35 岁的女性，距今约 64 万年—56 万年，其颅骨具有北京直立人的许多形态特征而不同于大荔早期智人，与北京直立人具有相同的分类位置，属于直立人，一号颅骨鼻梁高耸及上颌骨额突的丘状膨隆在中国其他人类化石中很少出现，而在欧洲人类化石中出现的频率高得多，可能表明中国古人类在进化过程中曾经少量附带地接受外来基因，即有与外地区古人类的杂交现象；二号颅骨化石代表一个壮年男性个体，年龄 30 岁 ~ 40 岁之间，距今约 46 万年—24 万年，其颅骨既有很多与直立人接近的特征，也有一些早期智人的特征，其主要性状倾向于直立人，在形态上表现为比北京直立人和南京一号颅骨直立人更进步的直立人，二号颅骨化石显示出直立人与智人的形态镶嵌，可能处于直立人向智人的过渡阶段。二号颅骨额骨上的正中矢状隆起低而宽，不同于中国直立人，而与欧洲和非洲直立人和早期智人相近，可能是基因交流的结果，但也不排除是继承最初迁入东亚的人群不占优势基因的结果。汤山南京直立人颅骨的发现，是长江以南猿人化石的首次发现，丰富了中国猿人的化石宝库，与北京猿人南北遥相呼应，为人类发源地的探索提供依据。南京直立人颅骨化石及其共生动物化石的出土，填补江苏地区第四纪洞穴地层的空白，改写南京及长江下游地区人类发展史，把江苏地区古人类历史推进到距今 50 万年前，对研究中国古人类分布、演进历程和动物群的迁徙及当时长江中下游古气候、古地理和古环境有极为重要的意义。南京古人类化石地点的考古发掘被评为 1993 年度中国十大科技新闻之一和“八五”期间全国十大考古新发现之一。

江宁也是中国青铜时代“湖熟文化”的核心区和最早发现命名地，被誉为“金陵文明”之源。“湖熟文化”是江南地区商周时期的地方性青铜文化，其分布范围不仅包括宁镇地区、秦淮河流域和皖南东部地区，还跨过长江，一直到达江浦、六合及仪征等地，但其核心仍离不开秦淮河两岸。江宁境内秦淮河流域“湖熟文化”的发现，把江宁的文明史从有文献记载的汉代提前到夏商时期，并且代表着整个长江下游文明社会的第一个高峰，它是江宁文明发展的第一块里程碑，第一个人文坐标。“湖熟文化”更是被誉为“南京文明的摇篮”，奠定了江宁区乃至整个长江下游地区的文明根基。

江宁也是吴文化的祖庭和滥觞之地。商朝武乙末年，黄土高原的周部落君主古公亶父决心翦除商朝，争夺天下。他有太伯、仲雍、季历三子，欲将王位传给三子季历，以让季历再传给昌。

太伯、仲雍二人为让位季历，趁父亲生病，“托名采药于衡山”离国出走。他们从渭河流域出发，抵达今安徽省和县。在此，太伯队伍分成两支，主力渡江经今安徽省当涂到达今江宁境内西南部原丹阳镇的横山（横山即梅里），太伯等沿着荆蛮先民的足迹到达此地。不久，太伯留下仲雍守梅里，自己率部分族人东到勾曲山（今茅山）、摄山（今栖霞山）一带采药。由于他们带去了周人先进的文化和技术，荆蛮归之者千余家，疆土也不断向东南方发展，数年之间，江南地区就逐步富裕起来。荆蛮人民很感谢太伯、仲雍，推太伯为国君，自号勾吴，太伯、仲雍遂抛弃周族礼制，断发文身，与荆蛮同俗。早期勾吴的统治中心在江宁原丹阳镇到镇江一带。太伯死后因无子，留守原丹阳镇梅里的仲雍遂继承君位。时中原地区各诸侯国互相征伐，太伯恐兵祸波及荆蛮，于是远离横山，在今无锡梅里一带（一作“蕃离”，今江苏省无锡市东南梅村，无锡“梅里”或“蕃离”是沿袭江宁横山之“梅里”“番离”古名而来）修筑城郭。后徙都吴（今苏州市）。周武王时，吴国始封，成为最远的宗国。春秋后期，国始强。今人向以无锡、苏州为吴文化发祥地，从历史渊源上去追溯，江南地区的开发，吴国的兴起，与江宁横山地区有着很深的渊源关系。可以说江宁境内的横山地区、秦淮河流域，才是吴文化的滥觞之地。

千年附郭：城乡交融的历史与文化遗产

江宁县是江苏省历史悠久的古县。秦始皇统一天下后，尽毁六国旧城邑，按照大一统的需要设置郡县。时江宁地区先后设有江乘、秣陵和丹阳 3 个县。秦在江南的统治虽然十分短暂，但在江宁早期历史上却占有比较重要的一席。秦将秣陵县治所由滨江一隅的金陵邑城（后世石头城址）迁至秦淮河中游的秣陵关（今秣陵街道），并修筑两条涉及江宁的驰道，对江宁古代道路交通的发展及地域政治、经济、文化中心的转移无疑起到积极的推动作用。此外，秦始皇东巡两过江宁，还为其地留下诸如“秦始皇鞭方山”“秦始皇凿连冈泄金陵王气”等许多神奇传说，这些传说不仅为这段历史增添了神秘色彩，而且已经成为江宁区非物质文化遗产的重要组成部分。

两汉时期，江宁地区设有江乘、秣陵、胡孰（湖熟）、丹阳 4 个县级行政建制，较秦代又有增加，地域经济得到进一步发展。东汉建安十六年（211），孙权将统治中心由京口（今镇江）徙至秣陵。次年，改秣陵县为建业县，向天下公开其欲在此建立帝王之业的决心。从黄龙元年（229）九月孙权正式迁都于建业起，到隋开皇九年（589）正月隋军大举伐陈统一南北止，先后有孙吴、东晋、宋、齐、梁、陈 6 个朝代相继在建业（又称建康，即今南京）建都，史称六朝。秣陵，从一个名不见经传的江南僻县，一跃而为当时全国首屈一指的著名大都会，成为世人瞩目的南中国的政治、经济和文化中心。其间，晋太康元年（280），从秣陵县西南境析置临江县。太康二年，改临江县为江宁县。改名缘由，《舆地志》云：“以江外无事，于南浦置县曰江宁。”东汉晚期，中原动乱，百姓多渡江南下，宁镇山脉和秦淮河流域环境优越，成为首选之地。西晋永嘉之乱后，中州士女十之六七避乱江东，到刘宋时期为止，南迁人口至少达 90 万人，约占全国总人口的 1/6，其中大部分集中在南徐州（治所在京口，今镇江）及都城建康周围。北方人口的大量南迁，使得以建康为都城的东晋南朝成为中华正朔所在，包括江宁在内的江南地区对于保存、延续传统衣冠礼乐文化做出重要贡献。江宁地区逐渐与中原文明进一步交融，加速自身文明发展的进程。同时，北方人口的大量南迁，带来北方丰富的劳动力和先进的生产技术，加速江南的经济、文化开发。三国时期，孙吴在江宁地区分别以旧湖熟县和江乘县设置湖熟典农都尉和江乘典农都尉，实行屯田制度，使秦淮河中游和滨江地区的土地得到进一步开发。除屯田外，六朝时期还开凿破岗渎运河，通过水上交通保障首都物资供应，使太湖地区的船舶不必绕道长江即可直达建业。在孙吴到南朝的300多年间一直物流畅通，有力保障了太湖流域的粮食财物能不间断地供应京都。由于方山是连接建康与三吴地区的交通咽喉，围绕方山码头形成集市，朝廷在此设置方山津，收取过往商税。作为一座重要的码头，当时方山埭成为人们折柳相送的场所，时时上演悲欢离合的场景，留下许多以迎别为主题的诗歌。南朝诗人谢灵运曾在此与亲友告别，留下诗作《邻里相送至方山》，抒发"各勉日新志，音尘慰寂蔑"的情怀。之后不少的游子出门或归隐，都选择在方山小憩，留宿于山中的寺庙或庵堂。

东晋100余年间，大批的中原士族南迁，带来中原地区的文化礼仪和生产技术，社会稳定、经济发展、文化繁荣，形成独具一格的东晋文化，造就出许多风流人物和千古佳话。"新亭对泣"的历史典故就发生在六朝建康西南的菊花台。"东山再起"的典故出于江宁。东山因作为淝水之战谢安的指挥地而饮誉史册，旧时的土山从此更名"东山"，这个中国历史上富有传奇色彩的地方，从此成为历代名人缅怀的胜地，唐宋两代大诗人李白、王安石、苏轼均有咏东山之作。六朝时期，玄学和佛道两教成为时尚显学。在道教方面，方山是当时道教重要的活动场所；在佛教方面，留下众多胜景佳话。梁武帝宁愿舍身佛寺而不做皇帝，他曾舍秣陵县同夏里三桥旧宅置前光宅寺（约在今东山街道上坊社区境内）。南朝时期，牛首山、祖堂山佛寺林立，众多佛窟得以开凿。位于南京南郊江宁境内祖堂山南麓的幽栖寺成为佛教牛头宗的发祥地，这座"南朝四百八十寺"中早期的著名寺庙始建于刘宋大明三年（459），因建于幽栖山上而名幽栖寺。唐贞观初年，佛教南宗第一禅师法融在此居住修道，创立牛头宗，幽栖寺作为牛头宗的发祥地而被誉为南宗祖堂，寺因此改名祖堂寺，山也因之改名祖堂山。这一时期江宁境内的南朝古刹还有位于原上坊镇东部祈泽山的祈泽寺，龙女涌泉的传说发生在这里，明朱之蕃《金陵图咏》中以"祈泽龙池"为名收入"金陵四十景"，清代"金陵四十八景"中更名为"祈泽池深"。位于原淳化镇青龙山的云居寺也是南朝古刹，南朝时期及后代文人到此，留下不少佳句，刘宋诗人王褒《云居寺高顶》描写该寺的壮丽景象："中峰云已合，绝顶日犹晴。邑居随远近，风烟对眼生。"唐代白居易亦有诗表达其对此地的喜爱："乱云生处云居路，共踏山行独惜春。胜地本来无一主，大都山属爱山人。"

六朝时期，江宁的山水得到初步开发。在都城规划方面，都城南郊的牛首山双峰被东晋王导视作天然天阙。刘宋大明年间，都城南郊天坛一度迁于牛首山南峰。在东郊，汤山温泉被发现并被开发作治病之用。刘宋武帝刘裕第五子、江夏王刘义恭曾到汤山游览，见山下有温泉出露，遂命名为汤泉，并赋《汤泉铭》，将汤山温泉与秦都、汉京的温泉相提并论。从此，汤山温泉的美名不胫而走，南朝及以后各代的达官显贵、文人墨客都到此游览和沐浴养身，并留下许多诗词篇章。萧梁时期，皇帝曾封汤泉为"圣汤"，并在汤山东麓建"圣汤延祥寺"以祀泉神。除景观开发外，江宁地区山冈丘陵也成为皇家宗室和贵族的集中墓葬地。孙吴后期，不少宗室和贵族集中埋葬在南京东南郊上坊一带。南朝宋、齐、梁、陈四个连续接替的政权，从宋永初元年（420）至陈祯明三年（589）历时约170年，有24个皇帝前后执政，分封的王侯更是不计其数，不少帝王贵胄迷恋江宁的秀丽山水，将此作为死后长眠之地，由此而在江宁留下南朝陵墓神道石刻这一文化遗产。南朝陵墓石刻在江苏境内共有31处，其中南京地区有19处分布在江宁、栖霞等处，分布在江宁境内的有宋武帝刘裕的初宁陵石刻、陈朝创立者陈霸先的万安陵石刻、梁武帝萧衍之侄建安敏侯萧正立墓石刻、方旗庙失考墓石刻、宋墅失考墓石刻、侯村失考墓石刻、耿岗失考墓、后村失考墓等。五代十国的南唐定都金陵后，在江宁祖堂山留下江南最大的地下宫殿——南唐二陵，即南唐烈祖李昪与皇后宋氏合葬的钦陵、中主李璟与皇后钟氏合葬的顺陵。

隋唐两代，政区更迭纷繁复杂。隋初尽废旧都京畿所在之实县及侨县，并入江宁一县。自此，江宁一县辖境尽括六朝京畿之地。唐代，县名更易不定，有江宁县、金陵县、白下县等名称。上元二年（761），改江宁县为上元县，这是后世江宁称上元县之始。五代十国时期，江宁地区先后隶属杨吴、南唐。两国虽仅割据东南一隅，但政局相对稳定，经济发达，文化繁荣。杨吴天祐十四年（917），析上元县西南19个乡、当涂县北2个乡重置江宁县。这是“江宁县”名消失150多年后被重新启用。此后至清末，上元、江宁两县一直同城而治，这一格局延续千年。

两宋时期，金陵作为东南重镇在全国居于重要地位。两宋之交，因中原战乱频繁，大量民众随宋室南渡，成为中国历史上继两晋之后北方人口的又一次大规模南迁，其中不少举族定居于上元、江宁两县，成为后世江宁居民的重要来源之一。南宋初年，金陵还是抗金的重要前沿阵地，许多著名的战事发生在江宁地区。牛首山上至当代仍残存着岳飞抗金构筑的军事防御工事——石垒。牛首山岳飞抗金故垒成为后人凭吊历史、激荡英雄正气的一处胜迹。历史真是巧合，岳飞大败金兵是在江宁的土地上发生的，而以莫须有罪名致岳飞于死地的南宋奸臣秦桧却正是江宁人。绍兴二十五年（1155），秦桧病故，其墓在牧龙镇牧牛亭（今江宁街道建中社区一带）。南宋末年，抗元英雄文天祥被元军俘获押往元大都，祥兴元年（1278）六月十二日至八月二十四日，经过江宁，被囚押在江宁麒麟附近蛇盘村山冈上的金陵驿（今属南京市栖霞区），遂作《金陵驿》诗：“草合离宫转夕晖，孤云漂泊复何依！山河风景原无异，城郭人民半已非。满地芦花和我老，旧家燕子傍谁飞？从今别却江南路，化作啼鹃带血归。”这首诗道出了国家与个人的双重不幸，表达了诗人视死如归、以死报国的决心。

明初朱元璋统一全国，并定都南京，南京成为全国政治、经济、文化中心，上元和江宁二县成为都城附郭赤县，被誉为“海内第一邑”，“其富庶甲于东南，巍然为天下首善邑”。洪武、建文、永乐三朝，在永乐皇帝朱棣迁都北京前，南京前后经历50年的大规模京师开发建设，营建城墙、宫城、孝陵以及功臣名将的墓葬。在都城建设的辐射影响下，江宁地区的开发建设进入一个重要的历史时期。在城墙建设方面，洪武年间建成号称180里（实为120里）的外郭城垣，外郭城门18座，其中涉及今江宁区的明代城郭遗址有麒麟门、沧波门、高桥门、上方门、夹岗门等。在道路建设方面，由于两浙漕运粮由丹阳用车辆转运南京，粮食运输任务十分繁重，万历十九年（1591），南京工部尚书丁宾主持将丹阳至南京土路改铺为石路，今江宁通往丹阳市的道路，其中一条出南京光华门，经江宁上坊、淳化、土桥，过句容而达丹阳，长约75千米，此路与明清驿道走向大体相合，丁宾所改石道或即此道。为传递公文和各地情报的便利，明初朱元璋重视驿道建设，京师周围驿道多对元代道路进行大规模整修，并将道路纳入军事攻防体系，当时江宁境内的驿站有秣陵驿、大胜驿、江宁驿等。驿道上共设28铺，东经高桥、淳化到土桥，西经牧龙去安徽慈湖，东北经骆家边达句容东阳，南经河定桥、殷巷、秣陵通溧水。另外，还有四条驿道从外地通江宁，一从安徽采石经江宁抵板桥，一从安徽当涂经丹阳、陶吴至秣陵，一从丹阳（今丹阳市）走勾曲抵淳化，一从浙江湖州、安徽广德经溧水抵秣陵。这些古代驿道随着历史变迁，之后大多改建成可通汽车的现代公路。在陵墓建设方面，明代江宁多山、石材资源丰富的条件得到开发利用。其中最大的工程为明成祖为其父朱元璋修建孝陵树"神功圣德碑"而开凿的巨型石材——阳山碑材。当代这座碑材以"绝世碑材"之名入选1983年的"新金陵四十景"之一。除明孝陵建设外，众多勋臣贵族和皇亲国戚也在江宁地区大兴土木，开辟家族葬地，其中著名的有为大明王朝镇守南疆近三百年的沐英家族墓葬群，分布在将军山南麓；七下西洋的著名航海家郑和之墓，坐落在牛首山南麓、原谷里镇周村东。其他分布在江宁地区的名人墓葬还有文化名流朱之蕃、顾起元、陈沂、顾璘、王韦之墓等。

明、清两代，作为南京附郭的江宁、上元二县乡村地区，伴随南京城市的繁荣，为满足城市发展需要，一些特殊产业得到发展，如湖熟板鸭自明代起成为宫廷贡品，此后成为南京城市生活中富有地方特色的风味食品。为满足京师和留都建筑、器物、宗教塑像装饰贴金以及名贵中成药配方的金箔业得到迅速发展。清代，为满足省城百姓生产生活需要，逐渐发展出各种农副经济和手工业，形成诸多特色村镇，如龙都贩药、秣陵机织、陶吴刻书、窦村石刻、定林烧窑、朱门烧炭等，地方特产则有南乡米、南乡猪肉、圩蟹、湖熟板鸭、牛首银杏、兰花、水仙、云雾茶、大头菜、南乡木炭、京帮皮革等。同时，牛首山、祖堂山、献花岩、方山、汤泉、虎洞等继续吸引大批文人墨客访幽探胜，特别是乾隆皇帝南巡江宁，屡次出城游历，留下了珍贵的历史遗迹。光绪年间，江宁"东山秋月""牛首烟岚""祖堂振锡""献花清兴""天印樵歌""祈泽池深""台想昭明""虎洞明曦"八景入选"金陵四十八景"。太平天国战争爆发后，对江宁影响極大，清军三困天京，天京太平军两破长围，江宁一直是双方拉锯作战的重点地区。天京陷落后，忠王李秀成掩护幼主洪天贵福突围，清同治三年（1864）七月二十二日在江宁方山一村被俘。太平天国战争在江宁地区的战事持续长达11年，给江宁地区造成毁灭性的破坏，人口锐减，土地抛荒，以致战后的恢复重建经历了漫长的数十年。

民国时期，是江宁历史的又一个重要历史阶段。清宣统三年（1911）发生辛亥革命，武昌起义成功后，各省纷纷响应，当时驻守在江宁秣陵关的新军第九镇在徐绍桢的带领下，发动起义，最终光复南京。民国16年（1927），国民政府正式定都南京。从民初省城附郭到首都京畿之地，这一时期南京对江宁的影响主要表现在四个方面：首先是汤山作为南京郊外的风景观光休闲胜地而进行的近代化开发。民国8年，上海的史量才（江宁人）、刘柏森与江宁的陶保晋、唐云阶等实业家，组织南汤山兴业公司，开始开发汤山。开发工作首先是以工代赈组织流落到南京的灾民兴筑南京至汤山的汽车路开始，钟汤路自中山门外钟灵街（今孝陵卫），经马群、麒麟门、坟头庙、侯家塘，至汤水镇（今汤山街道汤山社区），这条路成为南京最早出现的、可通行汽车的公路之一。不久，钟汤路又进行改建，裁弯取直，路幅由原3米拓宽到10米，至民国10年钟汤土路筑成。民国36年，南京至汤山国道加铺一条沥青路面，钟汤公路的兴建，为南京经济的繁荣和汤山的开发创造了条件。此外，还开展筑屋修路、开凿山林、建造温泉等一系列开发活动。金佐临开通南京郊县最早的电话，并与吴谷宜筹建汤山医院。近现代汤山的全面开发以此为起点，汤山很快成为南京地区最著名的风景名胜，吸引大批游人洗浴、观光。在兴筑公路的同时，汤山开始温泉别墅的建设，民国8年，陶保晋率先在温泉附近兴建温泉别墅"陶庐"。民国9年，上海证券物品交易所创办人、同盟会元老张静江也到汤山修建温泉别墅。民国16年年底，蒋介石和宋美龄在上海成婚，张静江将其汤山别墅作为贺礼奉送给蒋介石夫妇，由此该别墅又称为"蒋介石温泉别墅"。国民政府定都南京后，汤山成为军政要员、名流人士的钟爱之地，他们常到此沐浴游憩，蒋介石夫妇在南京期间经常到其温泉别墅消遣休闲。民国21年，国民政府考试院院长戴季陶在汤山东南麓的汤王庙附近建造"望云书屋"，民国24年，国民党元老、检察院院长于右任在汤山筑黄栗墅。除名流的别墅外，汤山还先后建有招待官员的军政俱乐部、行宫别墅及炮兵学校、步兵学校、交通兵学校等。民国期间，首都对江宁的影响之二表现为军事机关的入驻。民国24年，陆军炮兵学校迁至汤山。国军第一支机械化部队战车营进驻方山。民国26年5月，战车营扩编为陆军装甲兵团，中国第一个陆军装甲兵团诞生于方山，杜聿明任少将团长。民国27年1月，装甲兵团扩编为陆军第二〇〇师，后发展成为国军五大主力之一。抗日战争后，陆军装甲兵学校重返方山一带建立校本部。民国36年，联勤总部于汤山设南京总医院。影响之三是首都科学机构对江宁地区所展开的科学考察，和近代矿业的开采。民国7年，地方政府启动凤凰山铁矿开发；地质调查所专家对凤凰山铁矿进行科学勘探。民国26年，中央大学地质系经三年调查，发表《南京市及江宁县地质报告》。民国28年，侵华日军成立凤凰山大陆公司，掠夺式地开采铁矿。影响之四是连接城乡道路的开辟。民国5年，南京城南聚宝门至铜井镇、丹阳、禄口镇，通济门至淳化镇，朝阳门至汤水镇，太平门至龙潭，太平门至观音门7条城乡线路开通。民国15—16年，陶吴至市区的道路修成，省城通往牛首山、东善桥的公路建成。民国22年，经江宁西部入皖的江南铁路（即宁芜铁路）建成，民国25年京芜段贯通，江宁县境始有火车站点（江宁、铜井两个车站）；民国23年，京建公路江宁段建成通车。民国24年，经过江宁内河的京芜、京和、京溧、京湖4条客运航线出现。

退城迁治：乡居时代的近代化实验与小康县目标的实现

民国16年（1927），国民革命军北伐胜利后，国民政府重新定都南京，江宁步入发展史上的重要时期。南京城乡分界，在城为南京市，由中央直辖；城厢以外5里或10里属江宁县，归江苏省辖，江宁发展进入脱城独立的农业县时代。是年，原江宁城区及下关、后湖各地，中山陵园及八卦洲部分地区或划归南京市，或不再隶属江宁，江宁全境面积由民国16年前的2198平方千米减至2067平方千米，减少面积131平方千米。江宁县退出城区。由于江宁与南京城关系密切，县政府最初几年仍设在城内。民国23年，县政府正式迁出南京城搬至东山镇。"四乡居民悉多务农为业，此时（民国19年）论江宁民众，农民几占百分之九十，因农民超多数之故，相率耕作，民情尚属温厚，风俗亦颇纯朴。"

民国16—26年（1927—1937）抗日战争前的十年，是江宁社会经济发展的黄金十年。其间，江宁县的自治实验是江宁发展具有历史意义的事件。

南京国民政府建立后，根据孙中山建国大纲设想，国民政府应该经过军政、训政、宪政三个时期。民国18年（1929）国民党第三次全国代表大会和民国20年国民会议分别通过关于训政时期的方案和约法，江苏省政府认为，救亡图存之政治改革，非从下层着手不可。县为国家最低级行政机关，亦为地方自治单位，决定从县先行试点逐步推行，又以江宁县"地近首都，中外观瞻所系"和"各种制度方法易得各方面之协助与指导"等理由，决定把江宁县改为"自治实验县"，意为"改革下层政治""推行训政"的试点。经国民党当局批准，民国22年，江苏省政府将江宁正式辟为自治实验县，江宁县成为全国第一个自治实验县，直隶江苏省政府，开始探索不同于知识分子主导的又一种农村改良模式。民国23年，江苏省政府委员会第625次会议通过《江苏省江宁自治实验县组织规程》。该规程规定：设置江宁自治实验县的目的在于"改善县政，推行自治"，其实验期以四年为限。江宁的实验以政府自上而下的强力推动为特色，享有广泛的自治权和免解省税等优惠政策，实际操作者则是以中央政治学校为主的高校精英人才。改制后县政府人员共110人，其中大学毕业者48人，大学肄业者5人，专科学校毕业者13人，中等学校毕业者38人，其他6人。科长6人（内1人兼任秘书）及各科骨干均为国民党中央政治学校毕业生。改制后人员结构的特点是编制庞大，人员达110人；人员文化水平高，大学毕业生占43.60%。

江宁自治实验县在此期间开展户籍整理、税制改革、警政整顿、治安管理、农村救济、农技推广、教育普及、卫生倡导、风俗改良等诸多乡村治理工作。尽管时人对于其实际效果也有不同看法，中央政治学校行政系汪度在民国23年（1934）9月的实习报告中认为，实验县行政机构很快"转趋保守，几有老大之气象"；更激进的南京学者卢前则强烈批评江宁"虽曰实验县，所实验者多出己见，及今未尝有留绩，可知其虚设矣"。《剑桥中华民国史》引用陈果夫在《苏政回忆》中的总结，认为江宁的实验重名不重实，其"陷入绝境在于县长级的领导薄弱，以及很少或完全没有对地方社区的训导"。但作为国民党改良农村实验的特区，江宁的乡村改良更多地体现在以行政改良为特色的农村综合治理，大量先进的政治、经济、社会等方面的理念和手段被集中推行，对江宁的现代化治理具有开创之功，对江宁人民也具有开展现代化启蒙的积极意义。民国26年抗日战争全面爆发，为期四年的自治实验期刚一结束，江宁县便遭遇日军侵华的巨大灾难，此前取得的一些实验成果大多付之东流。

民国26年（1937）11—12月，在侵华日军向南京进攻后，国民政府南京卫戍司令官长官司令部在江宁县东、南两面构筑南京保卫战的第一道防御工事，曾在湖熟、淳化、汤山、青龙山、牛首山等地与日军展开激战。在日军侵入江宁县和往南京城侵犯途中，日军在江宁实施了烧光、杀光、抢光的三光政策，在南京市周围的六县中，江宁县受害最为惨重，据国际救济委员会秘书、金陵大学教授路易斯·S.C.史密斯（Lewis.S.C.Smythe）及其助手调查资料：民国26年12月至27年2月，江宁县被日军屠杀的有9160人，伤残致死者1590人，约11.10万人逃亡。日军的暴行对江宁的发展造成毁灭性破坏。中国共产党地方组织及其领导的新四军进入南京周边，深入日伪统治中心开辟游击区，新四军以江宁西南横山为中心，先后在江宁境内建有江宁、横山、上元等抗日政权，在丹阳、横山、湖熟、淳化、东山等地开展游击战争，多次成功击退日伪的扫荡。在八年抗战中，红军时代的战士近百名，新四军指战员和地方武装、民兵1000多名血洒江宁，献出生命，为抗战胜利做出不可磨灭的贡献。民国34年抗战胜利后，国民党江宁县政府着手实施抗战时期形成的新县制，对基层政权作重大改造和调整，在基础公共建设方面也开展了许多恢复和重建工作，但是随着国共内战全面爆发，以致经济全面崩溃。民国38年4月江宁县解放后，江宁县进入一个和平发展的新的历史发展阶段。

新中国成立后至2000年，江宁县的发展经历四个大的发展阶段。

20世纪50年代，江宁的发展主要表现为农村社会改造和社会组织制度建设。经过土地改革、农村合作化以及50年代末人民公社化运动后，农村社会主义集体经济生产组织模式建立起来。

60—70年代，江宁的发展主要体现在农业基础设施建设。这一时期，利用社会主义制度的优越性和农村集体经济的组织模式，动员和集中全社会力量，开展大规模的农田水利建设，兴起农业学大寨运动，治水改土。先后组织水利大军整治号称“洪水走廊”的秦淮河及其流域，会战土桥句容河段、开挖秦淮新河，以艰苦奋斗的顽强精神建设江、港、洲、圩标准堤，在开挖整治河道的同时兴建水库、排灌站，全县人民大力进行岗田及冲田改造治理，平整土地，进行大规模农田基本建设，昔日既怕旱又怕涝的穷地方建成绝大部分农田旱涝保收，高产、稳产的富庶之地，尤其是沿河两岸十年九灾的3.30万公顷低产农田，被建设成稳产、高产农田。这一时期，发展机电排灌、实行农机化、耕作制度改革、推广杂交水稻等农业新技术，农业抗御自然灾害的能力有了根本性的提高，农业生产水平不断提高，农业的基础地位得以稳固。1979年与新中国成立时的1949年相比，全县粮食总产量由12767.44万公斤增至44246.10万公斤，粮食亩产量由97.14公斤增至308.53公斤；油料由1949年的总产量251.58万公斤增至729.70万公斤，亩产量由30.89公斤增至62.69公斤；棉花（皮棉）总产量由1949年的9.38万公斤增至93.60万公斤。

80年代，江宁县进入以经济体制改革为主导、搞活经济的快速发展时期。1979年后，伴随着全党工作重心转移到经济建设上来，江宁县的发展进入一个新的历史时期，突出表现在四个方面：一是工业异军突起。1970年前后，由于城市工矿企业出于安置上山下乡知识青年的需要，纷纷与农村社队挂钩，江宁农村开始兴起“五小工业”（小矿山、小钢铁、小农机、小化肥、小水泥），社队工业开始兴起，为江宁工业的发展打下一定的基础。工业对全县经济的发展起到明显促进作用。1978年，全县工业总产值21539万元，占工农业总产值的46.69%，在国民经济产业结构中，1985年，第二产业在全县国内生产总值中的比重首次超过第一产业的比重，江宁经济的三次产业经济结构实现由“一二三”到“二一三”的历史性转变。二是农村改革取得重大突破。80年代，农村先后进行家庭联产承包责任制和统分结合“双层经营”的第二步改革，农村生产力得以释放，农业产业结构作重大调整，农业经济由过去单纯的“以粮为纲”、单纯的粮棉生产转变为农、林、牧、副、渔多种经营全面发展，全县农村经济从自给型、半自给型向商品化转化，农业生产从传统式经营向现代化经营转化，从单一经营形式向多层次、多种经济形式转化。1983年，全县粮食总产量5.11亿公斤，首次突破5亿公斤大关。1990年，江宁县被农业部确定为商品粮生产基地县。三是经济体制改革全面展开。80年代中后期，冲破封闭的管理体制，大力发展横向经济联合，横向联系从“五联五引”（与大专院校、科研单位联合，引进人才和技术；与城市大企业联营，引进新项目、新工艺；与资源丰富地区联营，引进各种原材料；与中国港、澳地区商人联合，引进资金和信息；与有关地区、有关部门联合，引得生意和财源）发展到农、副、工、商之间纵横交错多种形式的联合。四是确定江宁县城郊型经济建设目标和路径。1986 年 8 月 28—31 日，县委、县政府召开三级干部大会，提出江宁县城郊型经济建设目标：建设五大商品基地，即商品粮油、畜禽、水产、蔬菜瓜果、蚕桑茶叶基地；优化八大工业体系，即优化建材、机电机械、家用电器、冶金铸造、轻纺服装、工艺美术、制革裘皮、塑料化工；发展四大服务业，即建筑业、运输业、商业服务业、旅游业。经过 3 年 ~ 5 年的努力，把江宁县建设成为一个商品经济发达，农、工、商协调发展，具有南京卫星城镇特色的文明富裕的城乡一体化新型经济区。1990 年，江宁县第一、第二、第三产业比重为 35.52 ： 48.82 ： 15.66。工业经济占主体地位，农业经济退居次席。工业经济素质有所提高。名、特、优、新产品的生产能力逐步增强。

1992 年后，江宁县进入“大开放、大开发、大发展”的时期。1988 年，经国务院批准，南京市及所辖的江宁等三县被正式列入沿海经济开放区，享受长江、珠江三角洲地区和闽南厦漳泉三角地区同等优惠政策。1992 年 2 月，邓小平南方谈话发表后，县委把发展外向型经济摆上重要位置，通过大力改善投资环境，加快工业开发园区建设，扩大开发领域，推动对外大开放、快开放，带动全县经济的加速发展。是年，江宁县自费设立南京江宁经济技术开发区。1994 年 6 月，县委决定建立南京民营科技园，成为全国第二家、江苏第一家国家级民营科技园，江宁经济技术开发区成为长江三角洲地区外商投资的热土。1995 年，南京禄口国际机场开工建设，为江宁提供难得的发展机遇。县委明确提出未来 15 年实施“空港经济”的战略目标，以空港产业为龙头，将全县的 20 多个乡镇、四大经济园区构筑成一个有机的经济开发整体，在新的起点上加快发展步伐。1993—1997 年，开放型经济蓬勃发展，后来居上，初步构筑起以空港为依托，江宁经济技术开发区为龙头，“一圈两带三园四区”的开放格局，加快由城郊型经济向开放型经济的转变。1997 年，围绕提出的“经济强县、南京附城、省市窗口、空港中等城市”的战略目标，不断调整招商引资策略，扩张规模，优化结构，提升功能，完善设施，推进开发园区建设和开放型经济发展。全县积极贯彻实施“科教兴农”战略方针，按照“两高一优”（高产、高效、优质）推进农业现代化进程。全县第二产业特别是工业生产呈现出持续高速发展的趋势，有力带动全县经济快速增长。大力发展工业规模经济，1991—1995 年，先后组建 8 家集团型企业。1997 年 7 月 25 日，县委、县政府出台《关于江宁县工业结构调整意见》，提出实施“641545”工业结构调整目标计划。即至 2000 年，全县工业销售收入总量达 600 亿元，壮大汽车及配件、电子及配件、日用轻工、新型建材四大支柱产业，建成 100 家亿元以上企业，创 50 个国家、省、市名牌产品，县开发园区、乡镇工业小区产出达到 400 亿元，外资企业产出占全县工业经济总量 50% 以上。这一时期，江宁大力调整经济结构，发展工业和第三产业，经济结构实现由“二一三”到“二三一”的第二次历史性转变。全县上下贯彻落实县委、县政府关于经济结构调整一系列决策措施，经济综合实力进一步增强。2000 年，全县国内生产总值突破 100 亿元，达 101.34 亿元；经济总量在全省排序 15 位，前移 5 位，占全市经济总量的 1/10。人均国内生产总值从 1995 年的 1209 美元增至 2234 美元；财政收入突破 8 亿元。江宁已经完成从农业县向工业县转变，呈现第三产业、外向型经济快速发展的新趋势。“九五”期末，实现工业增加值 55.34 亿元，年均递增 13.70%。汽车、电子、日用轻工、新型建材四大支柱产业规模日益壮大，销售收入总量占全县工业总量的比重接近 70%，金陵金箔、时花电器等 19 个产品获省、市名牌产品，形成以重点骨干企业为支柱、大项目为带动、多种经济成分共同发展的工业经济格局。围绕农民增收，不断加大农业投入，推进农业结构调整，粮食与经济作物比例为 49.40 ∶ 50.60，农业保障条件极大提高。第三产业比重逐年提升，实现“二一三”向“二三一”的重要转变。三次产业比重由“九五”初期的 19.56 ∶ 61.58 ∶ 18.86 调整到期末的 12.58 ∶ 60.67 ∶ 26.75。

1995 年，在第三届中国综合实力百强县（市）评选中，在江苏省进入的 25 个百强县中，江宁县由上届的第 21 位上升至第 18 位；1997 年，江宁县被评为全国乡镇工业先进县，并被省委、省政府列为农村现代化试验区。在社会文化事业方面，江宁县被授予全国科技工作先进县称号，跨入全国科技实力百强县行列；教育改革不断深化，被国家列入教育综合改革试验县；被评为全国文化工作先进县。通过省初级卫生保健合格县和爱婴县的验收，被世界卫生组织和卫生部批准为结核病防治试点县；被评为全国体育工作先进县。1997 年，江宁县总体达小康水平，实现小康县的目标。

撤县建区：融入当代南京都市的城市化进程

改革开放后，全县经济综合实力跃上新的平台，各项社会事业得到全面快速发展。江宁县先后在城区的城市建成区面积、总人口、工农业总产值等方面，均达到或超过当时撤县设市的标准。1992 年 7 月，江宁县政府向南京市人民政府提交《关于撤销江宁县设立江宁市的请示》。由于当时国务院对撤县设市工作暂时冻结，未获批准。1992—1998 年，经过 7 年的快速发展，江宁县撤县设市条件日益成熟。为了充分发挥优势，加快城市化步伐，进一步推动经济持续、健康、快速发展，1999 年 1 月 28 日，江宁县再次向南京市人民政府提交《关于撤销江宁县设立江宁市的请示》。按照江苏省委、省政府做大、做强、做优、做美中心城市，把江宁纳入南京主城统一规划发展和市委、市政府提出的“形成主城、都市发展、市域三个层次的发展格局，把江宁纳入中心城市空间发展的统一安排，以城市新区、产业发展基地和生态环境调节圈为功能定位，形成具有时代特色，充满发展活力，为主城合理分工、呼应的新区”的要求，2000 年，江苏省向国务院提交《关于撤销江宁县设立江宁区的请示》（苏政发〔2000〕96 号）。同年 12 月 21 日，国务院国函〔2000〕131 号批复，同意撤销江宁县，设立南京市江宁区。2001 年 1 月 15 日，正式举行撤县设区揭牌仪式。江宁区的发展进入一个崭新的城市时代。

2001 年，南京市局部调整城市总体规划，为避免人口和产业过分集中于南京主城区的状况，南京市积极推进东山、仙林、江北三个新区的建设。实施“一城三区”（河西新城区，仙林、东山、浦口三个新市区）策略，彻底打破圈层式的城市格局。随着江宁县撤县设区，江宁东山镇成为南京三个新市区之一，同年，江宁区委、区政府提出建设新江宁三大定位：南京新市区、高新技术产业密集区、都市农业集中区。新江宁三大定位的确定，使江宁发展进入一个突飞猛进的时期。南京城市的大批优质资源迅速向江宁延伸、扩张和转移，江宁的城市化建设、经济社会发展、文化建设等方面取得跨越式发展，超出历史上的任何时期。

经过7年的发展，江宁区区域综合实力显著提升。全区地区生产总值以每三四年翻一番的速度增长。2007年增至333.95亿元，是2000年的3.35倍。人均地区生产总值达3.64万元，达到中等收入国家和地区水平，较2000年增加1.95万元。地方财政总收入从2000年8.13亿元增至2007年的80.23亿元，增加8.81倍，其中地方一般预算收入从4.80亿元增至45.03亿元，增加8.39倍。固定资产投资，7年累计完成1280.90亿元，其中工业投入763.50亿元。坚持优化经济结构，加快产业转型，使三次产业比例由2000年的12.58 ：60.67 ：26.75调整为5.58 ：62.58 ：31.84，产业结构日趋合理。

以开发园区为载体的先进制造业基地和高新技术产业基地迅速崛起。1992年，县办自费开发的江宁经济技术开发区，通过滚动发展，至2007年，跃为在国内外享有较高知名度和影响力的一流开发区，跻身国家级开发区行列，成为江苏省对外开放的示范区、利用外资的集聚区、高新技术产业密集区和江苏省知识创新基地。2007年，先后被中国台湾地区商人评为最值得推荐的投资地区，被亚洲品牌盛典组委会（香港）评为“中国十大最具竞争力开发区”。1993—2007年，江宁经济技术开发区累计完成技工贸总收入3967.12亿元，其中工业产品销售收入3200.24亿元；累计完成国内生产总值908.54亿元，固定资产投资总额697.49亿元。1997—2007年，江宁经济技术开发区累计完成财政总收入174.82亿元，上划中央收入64亿多元，地方预算收入超过110亿元，累计税收收入约128.80亿元、基金收入约45亿元、其他收入约1.10亿元。1993—2007年，累计出口创汇91.11亿美元。在原民营科技园的基础上成立新的南京江宁科学园，至2007年，建成以科技为先导的汽车制造、机电一体化、高教科研三大新平台，从而形成高新技术产业区、教育功能区和方山风景旅游度假区“一园三区”的发展格局，成为江宁乃至南京地区重要的经济增长极，是江宁对外开放的示范区、高等教育资源密集区和高新技术产业集聚区。是年，园区主导产业完成工业产值53.90亿元，高新技术企业达35家。

江宁区成立后，提出建设“都市农业集中区”的目标。2001—2002年，全区农业和农村工作以富民强区、率先基本实现现代化总揽全局，以“绿色江宁”工程为龙头，加快农业结构调整步伐，大力推进农业产业化经营和科教兴农，努力提高农业综合经济效益，促进全区农业经济健康快速发展。2003—2005年，重点建设苗木花卉、稻田养殖、中药材、果茶、都市农业休闲5个生态农业基地。2007年，实现农林牧渔总产值近40亿元，其中农业产值21.44亿元；种植业内部结构按市场需求进行调优，全区粮食和经济作物比例为47.50 ：52.50。

全力打造以江宁大学城为载体的知识创新基地。2002年3月，江宁区人民政府与江苏省教育厅合作建设南京江宁大学城，南京江宁大学城的发展定位为以建成一流生态型‘高教名城”为主，其他人文型附属产业为辅的“文化新城”。建成后的江宁大学城将成为设施齐全的高等院校集中区，先进的高新技术研发基地，江宁区的文化体育中心与商业副中心，环境优美、富于特色的生态型现代化园区。至2007年，江宁大学城陆续进驻高校15所，包括东南大学、南京医科大学、中国药科大学、南京航空航天大学、河海大学、南京工程学院、南京晓庄学院、中国传媒大学南广学院、金陵科技学院、金陵旅馆管理干部学院、金陵协和神学院、江苏海事职业技术学院、江苏经贸职业技术学院、南京交通职业技术学院和正德职业技术学院。占地面积近30平方千米，投资总额120多亿元，开设463个专业，师生规模近20万人，其中在校学生15万人。区内高校拥有国家级重点学科35个，省部级重点学科58个；拥有省部级以上重点实验室38个，其中国家级重点实验室6个、省部级32个；拥有众多科研成果和专利技术。入驻园区的高校中有两院院士18位。除了15所高校外，入驻江宁的还有江苏省建筑科学研究所、江苏省交通科学研究院、江苏省电力科学研究院、南京市玻璃纤维研究院、南京市水利科学研究院等11家科研院所、研发中心。大批高校和科研院所、研发中心的入驻，为江宁科学园区发展“产学研一体化”提供有利条件，成为江宁区发展知识创新产业强劲发动机。

城市化进程迅速推进，宜居宜业的生态新市区格局形成。2000年12月撤县设区后，江宁城市化进程迅速发展。东山新市区由改革开放前的9.90平方千米、设区之初的45平方千米扩大到107平方千米，其中建成区54平方千米。江宁作为南京的交通枢纽地位更加凸显。8条国、省干道穿境而过，与禄口航空港构成现代化的对外交通网络，至2007年，先后建设与主城连接的机场高速、宁溧高速、二环绕城公路、纬七路东延段、双龙大道、将军路、城南大道等十几条快速城市通道；区内城市道路交通，已建成“方格网加环状放射”的混合型干道系统。2006年11月，江宁区融入主城的主要交通干线——南京地铁一号线南延线启动建设，将在江宁境内设岔路口站、河定桥站、胜太路站、百家湖站、小龙湾站、竹山路站、天印路站、城东路站8个站。大规模的交通基础设施使得城市功能与主城无缝对接。由于江宁县撤县设区以及南京发展规划已经确定东山新市区的定位，加之南京主城旧城改造进行大规模的拆迁和住房货币化安置，大批南京市民进入江宁区购房，为适应南京主城人口的疏散和满足入驻开发园区众多企事业单位人员居住的需要，江宁区房地产业在2001年后快速发展，区内先后建设湖滨新村、湖滨公寓（西园）、百家湖别墅花园、江南文枢苑、托乐嘉花园、爱涛花园、山水华门、江南·青年城、文化名园、同曦公寓、枫情佳园、东恒花园、碧水湾西园、天水阁、翠屏山庄、金王府、左岸名苑、莱茵东郡、武夷绿洲、天元吉第等住宅区，江宁区成为南京真正意义上的居住新区。江宁区户籍人口也从建区之初（2001年）的74.65万人增至2007年的87.94万人。全区城市化率达65%。

满足城市化的社会生活消费需求，江宁区服务业得到长足发展。苏宁、国美、永乐、五星四大电器和苏果、联华、时代超市、托乐嘉商业中心等一批内、外资专业大卖场项目建成开业。形成东山步行街、胜太路商业街、竹山路电子文化一条街、中国女人街、温州商业街、潭桥商业街以及金宝市场、同曦鸣城、南京义乌小商品城、黄金海岸广场、中驰汽车园、新麒麟装饰城等一批商业街区和规模专业市场，正在建设的规模市场还有国际小商品城、中南汽车港、环亚国际建材城、南京农副产品物流配送中心、金太阳国际家具城、欧尚商贸中心等。这些服务业设施丰富了江宁区域居民的生活。

适应城市化的需要，江宁区的文化、卫生、体育等社会事业得到较大发展。爱涛艺术、南师附中、同仁医院等一批优质的文化教育卫生资源进入江宁，建设江宁博物馆（东晋博物馆）、爱涛艺术馆、江宁大学城体育中心、乐活时尚街区、五星级国际影城等一批高品质的公共文化设施。区内独特的山水资源和丰富的历史文化资源得到有效保护和开发利用，“绿色江宁”快速推进，形成具有生态旅游、休闲度假特色的绿色区域，旅游业也得到较快发展。南京金箔文化艺术节、汤山温泉文化节、横溪西瓜节、春牛首文化旅游节等群众文化艺术活动丰富多彩。

按照城市化管理的要求和城乡统一的社区管理体制，进行数轮大规模的区划调整工作，至2007年年底，所有乡镇全部撤销设立新的街道，所有村民委员会改建为社区居民委员会或更名为社区村民委员会。行政区划由2001年的18个镇、343个村民委员会、61个居民委员会调整为2007年的9个街道、127个社区居民委员会、77个社区村民委员会。城乡发展在建设规划、劳动就业、社会保障、产业布局、基础设施、社会事业方面基本实现全面对接。

江宁区的发展，得益于作为南京城市外围门户的区位，得益于南京城市化战略对江宁的扩张和城市资源的转移释放，得益于改革开放所释放的社会活力和资源要素的空间流动，得益于江宁自身发展战略和发展思路的清晰和敏锐，得益于城市化、工业化、科技创新、生态化多个战略的实施叠加。

江宁经济社会发展虽然取得了令人瞩目的辉煌成绩，但发展潜力显现不足，还存在不少矛盾和问题。一是发展仍面临质量不够高、结构不够优、总量不够大、进度不够快的窘境，需要大力推进发展方式的转变和现代产业体系的构建；二是影响科学发展的体制机制障碍仍大量存在，需要进一步解放思想，在重要领域和关键环节开拓创新；三是街道总体实力仍然薄弱，且各街道发展不均衡，需要进一步探索转型升级、特色发展的新路，在园街联动上大力突破；四是城市功能品质有待提升，人民群众对城市建设管理、公共服务、环境质量等方面存在的突出问题反映比较强烈；五是民生社会事业发展还未达到现代化要求及群众期盼的高度，社会建设管理水平需要进一步提高；六是干部队伍的整体素质与科学发展观的要求还有距离，服务效能、工作作风、党风廉政建设有待进一步加强。简言之，江宁今后的发展，面临经济总量不大和经济结构不优的双重压力，资源环境约束加剧和科教人才资源转化不够的双重难题，社会结构深刻变化和人民诉求更加多元的双重挑战，城市综合功能不完善和城乡发展不均衡的双重现实，干部素质能力提升和工作作风改进的双重任务。

面向未来，江宁区将围绕区第十二次党代会确定的“率先基本实现现代化”的奋斗目标，大力实施“创新驱动、产业推动、新城带动、园街联动”四大行动战略，着力增强创新驱动发展新动力、构建现代产业新体系、提升城市现代化新水平、构筑生态文明新优势、形成城乡一体发展新格局、激发体制机制新活力，创造人民幸福美好的生活，更高水平建设南京现代品质新城、江苏战略性新兴产业基地、长三角大学科教创新园区，以创新型国际化高科技产业新城区和幸福乐居生态品质新城区的崭新形象，成为苏南现代化建设样板区，奋力谱写中国梦·美丽江宁华彩篇章。

大事记

大事记

新旧石器时代

距今50万年前

江宁汤山一带有直立人活动。至少有20多种哺乳动物与南京直立人共同生活在今江宁汤山一带。

距今40万年前

江宁汤山一带有从直立人向智人过渡的古人在活动。

距今4000年和距今3000年前后

先后有两批古代先民生活居住于原陶吴镇昝缪村（今禄口街道陶东社区）的昝缪遗址。

夏商周

夏（前2070—前1600）

传说舜禅位禹，禹建夏朝（一说其子启始建）。以汤山点将台遗址下文化层为代表的考古学文化已迈入青铜时代门槛。

商前期（前1600—前1300）

夏桀无道，商汤灭夏。汤建商朝，都亳（今河南商丘东）。江宁地区分布有大量湖熟文化聚落遗址。湖熟文化时期，商王朝的势力已经跨过长江，曾经影响到今江宁区域。

商王武乙时期（前1147—前1113）

古公亶父建周国。古公之子季历即位。太伯、仲雍南奔荆蛮至今江宁境内的横山，建国号句吴（或称勾吴）。

从西周开始至春秋时期

江宁境内居民流行平地堆筑土墩后聚族埋葬先人的葬俗。

周灵王二年（前570）

春　楚军伐吴，败于衡山（今江宁横山）。

周景王二十三年（前522）

三月　楚棠邑（今六合）大夫伍尚为楚王所杀，其弟伍子胥出昭关过江宁奔吴。

周元王三年（前473）

越王勾践灭吴，吴王夫差自杀，江宁之地属越。

周显王三十六年（前333）

楚威王大败越国，取故吴之地，埋金钟山。楚筑城石头山，置金陵邑，今江宁区始属楚金陵邑。

秦 代

秦王政二十五年（前222）

秦取楚江南地，置会稽郡，今江宁地属会稽郡。

秦始皇二十六年（前221）

秦并天下，秦王嬴政称始皇帝，废分封，置郡县。是年至三十七年（前210）间，改金陵邑为秣陵县，移治于秦淮河中游的今秣陵街道，“秣陵”之名由此始。

秦始皇二十七年（前220）

秦开今江宁境内驰道。冬，秦始皇东巡，过丹阳。相传秦始皇因望气者言金陵有王者都邑之气，凿钟阜，在今方山、竹山之间掘断长垄以疏通秦淮河道。

秦始皇三十七年（前210）

秦始皇新置丹阳县（今江宁区横溪街道丹阳社区）。还从江乘渡，置江乘县，隶会稽郡。

秦二世元年（前209）

九月　项梁、项羽起兵于吴，占领包括今江宁之地的会稽郡。

秦子婴元年/汉王元年（前206）

二月　项羽自立为西楚霸王，今江宁地区属西楚。

西 汉

汉初

分江乘县地置胡孰县，属鄣郡。

汉高祖五年（前202）

正月　刘邦分项羽楚地，封韩信为楚王，秣陵等县属之。

汉高祖六年（前201）

十月　下令天下县邑筑城，秣陵、丹阳、江乘诸县之城当筑于此时。

十二月　韩信获谋反罪废楚王，析会稽郡西部置鄣郡，以故东阳郡、鄣郡、吴郡等五十三县地立刘贾为荆王，秣陵、丹阳、江乘三县并属荆国鄣郡。

汉高祖十二年（前195）

十月　荆王刘贾被淮南王英布袭杀，立刘濞为吴王，今江宁地区属吴国。

景帝前元四年（前153）

以叛王刘濞封地为淮南王刘非封地，改称江都王，治吴故地，秣陵、丹阳、江乘等县属江都国。

元朔元年（前128）

汉武帝为削分藩王势力，分封王子为侯，改秣陵、丹阳、胡孰三县为侯国，封江都王刘非之子刘敢、刘缠、刘胥行分别为丹阳侯、秣陵侯、胡孰侯。三人亡故后，封国侯号废除，恢复三县建置。

元封二年（前109）

改秦置鄣郡为丹阳郡，胡孰、丹阳、秣陵、江乘等17个县均属丹阳郡。

元封五年（前106）

四月　置刺史十三部，今江宁地区属扬州。

新王莽天凤元年（14）

七月　改易地方官名、地名，江乘名相武、秣陵名宣亭。

东　汉

东汉早期

道教在今江宁地域开始传播。

兴平二年（195）

孙策攻薛礼、笮融于秣陵。又由丹阳转攻湖熟、江乘，下之，还定秣陵。

周瑜渡秣陵，破笮融，转战于今江宁地区，相传他曾至区境湖熟周郎桥。

建安十六年（211）

孙权自京口（今镇江）徙治秣陵。孙权废江乘、湖熟两县，改设典农都尉。

建安十七年（212）

设秣陵县为建业县，县治由秣陵关迁往石头城。

孙　吴

赤乌八年（245）

孙权遣校尉陈勋领兵3万开凿破岗渎，筑方山等埭。“方山埭”位于今江宁区龙都西北村西南和秣陵关新圩村之间，是一座人工大水坝。

太平三年（258）

十月　琅琊王孙休由会稽至建业继帝位，途经江宁土山（东山）布塞亭，改元永安元年。

孙吴后期

不少宗室贵族集中埋葬在江宁区上坊社区一带，其中中下村墓规模最大。

西　晋

吴天纪四年/晋太康元年（280）

四月　西晋改建业为秣陵，县治由石头城迁回秣陵关，分秣陵县西南境为临江县。废湖熟、江乘典农都尉，复为湖熟县、江乘县。

太康二年（281）

改临江县为江宁县，“江宁”之名自此始。寻废。

太康年间（280—289）

吴故少府、丹阳人戴颙迎还废帝孙亮棺柩，葬于江宁县赖乡。

永嘉元年（307）

复置江宁县，以诸葛恢为江宁令。治所仍在今江宁街道。属丹阳郡。

东　晋

咸康四年（338）

侨置魏郡、广川、高阳、堂邑等郡，并所统县寄居京邑，其中部分侨置郡县在今江宁区境内。

太元八年（383）

十一月　谢安坐镇东山指挥晋军大败前秦于淝水。由此促成了南北朝格局。

义熙九年（413）

秣陵县治由故治所（今秣陵街道）迁至都城近旁的斗场。秣陵关作为县城的历史从此结束。

元熙元年（419）

秣陵移治于扬州府禁防参军处，在宫城南八里小长干巷。

南朝·宋

永初元年（420）

六月　刘裕设坛于南郊，禅位称帝，国号宋。奉晋恭帝为零陵王，筑宫于秣陵县治故址（今秣陵街道）。丹阳郡统领建康、秣陵、丹阳、江宁、湖熟等八县。

元嘉年间（424—453）

江夏王刘义恭题铭《汤泉铭》，这是有史记载对汤山温泉的最早赞美之辞。

元嘉二十二年（445）

疏浚秦淮河，在湖熟县开田千顷。

元嘉二十八年（451）

十一月　迁移越城流民、淮南流民至湖熟县。

孝建元年（454）

三月　南郡王刘义宣与臧质、鲁爽、徐遗宝等举兵反叛。因刘义宣、臧质诸子藏匿于处县，建康、秣陵、湖熟、江宁四县之令遭孝武帝解职入狱。

南朝·齐

建元元年（479）

四月　萧道成即皇帝位于南郊，是为高帝，改元建元，国号齐。幽宋顺帝汝阴王于故丹阳县治。五月，杀汝阴王。

永明十年（492）

建康大水，秦淮泛滥成灾。竟陵王萧子良开仓赈救贫病不能自立者，于宅北立廊，收养贫病孤幼，给衣给药。

永元元年（499）

七月　大风，官舍民居及十围大树皆刮倒。

八月四日　建康大地震，民居多坏，秦淮河水变赤如血。

南朝·梁

天监元年（502）

四月　萧衍自立为皇帝，改国号为梁，是为武帝，改元天监。

天监五年（506）

十一月　建康地震。是岁，颍州刺史刘威造净居寺（位于今江宁街道西灵华山上）。

天监六年（507）

八月　梁武帝舍秣陵县同夏里三桥旧宅置光宅寺，寺约在今江宁上坊境内。

普通八年/大通元年（527）

梁武帝笃信佛教，梁时建康佛寺已多达700余所，梁昭明太子萧统在湖熟建造读书台，世称“梁台”。

大同元年（535）

梁武帝就秣陵县故居所在的同夏里置同夏县。县域包含今江宁上坊、麒麟等社区及雨花台区部分地区（史学界也有认为梁武帝出生在南京城南老虎头、赤石矶一带）。

太清四年/大宝元年（550）

自春迄夏　江宁、溧水大旱，人相食。

南朝·陈

永定元年（557）

十月　陈霸先设坛于南郊，即皇帝位，柴燎告天，是为武帝，国号陈，改元永定。

永定三年（559）

六月　陈武帝陈霸先崩于璇玑殿。八月，葬于万安陵（今上坊社区石马冲）。太建二年（570）四月，皇后章氏附葬万安陵。

太建十年（578）

十月　罢义州及琅琊、彭城二郡，立建兴郡，领建安、同夏、乌山、江乘、临沂、湖熟六县，属扬州。建康、秣陵、江宁等县仍属丹阳郡。

隋　代

开皇九年（589）

正月　隋灭陈，旧南朝京畿诸县（秣陵、建康、同夏、湖熟等县）并入江宁县。江宁县治迁往故建康都城南门宣阳门外的陈朝安德宫旧址。

大业元年（605）

置丹阳郡，统蒋州及江宁、当涂、溧水三县。

唐　代

武德三年（620）

六月　割据江淮的杜伏威降唐，江南之地尽归于唐朝，遂废丹阳郡，改置扬州，改江宁之名为“归化”。析江宁、溧水县境复置丹阳县。武德八年，改归化县为金陵县。武德九年，改金陵县为白下县。

贞观九年（635）

更白下县为江宁县。

开元四年（716）

二月二十六日　诏升江宁县为望县。

约开元十四年（726）

李白第一次到金陵，携妓东山访胜，作《东山吟》。

天宝元年（742）

置丹阳郡于润州，领句容、江宁等六县。

至德二年（757）

正月　以润州江宁县升置昇州金陵郡。二月，金陵郡改为江宁郡，领江宁、句容、溧水、当涂四县。

至德三年（758）

江宁郡改名昇州。复置江宁县。

上元二年（761）

废昇州，改江宁县为上元县，属润州。

大历九年（774）

代宗李豫感梦敕修牛首山佛窟寺七层佛塔。

元和年间（806—820）

上元县定为上县中的第三等紧县。

光启三年（887）

复置昇州于上元，上元升为望县。

五代十国

杨吴天祐十四年（917）

析上元南十九乡、当涂北二乡置江宁县。从此，上元、江宁两县同城而治。以古御街为界，东属上元，西属江宁；以堂子大街为界，北属上元，南为江宁；城外以秦淮河主干道和溧水河为界，河东上元，河西江宁；上元另在铜山有道德乡飞地，江宁在今土山机场一带有飞地。

昇元三年（939）

二月　徐诰改国号大唐，复姓李，更名昪。三月，作南郊行宫千间，首次祀南郊，大赦。

昇元七年/保大元年（943）

二月　李昪卒于昇元殿。三月，李璟即位，是为中主，改元保大。十一月，葬李昪于祖堂山南麓钦陵。是岁，水旱大灾，蝗愈江淮。

北　宋

建隆二年（961）

中主李璟卒于南都，次年正月，归葬江宁祖堂山南麓顺陵。七月，李从嘉即位，改名煜，是为后主。

开宝八年（975）

二月　宋太祖派曹彬等败南唐军于白鹭洲，围江宁。

十一月　金陵城陷，后主李煜率群臣降，江南入于宋。以江宁府为昇州，领江宁、上元等三县。

淳化五年（994）

置上元县淳化镇。

景德二年（1005）

江宁县陶吴铺改为金陵镇，又称陶吴镇。次年，江宁县置秣陵镇。

天禧二年（1018）

二月　改昇州为江宁府，治上元、江宁二县。

元丰三年（1080）

苏轼游览东山，作《东山》一诗。

南　宋

建炎四年（1130）

统制岳飞先后在牛首山、靖安镇龙湾（今下关一带）大败金兵，收复建康。

绍兴二十五年（1155）

十月　秦桧病卒，归葬江宁祖茔。

景定二年（1261）

周应合应建康府知府马光祖之邀编纂《景定建康志》，志书保存大量江宁、上元两县地方史料。

景定四年（1263）

修江宁馆，江宁始建县学。上元、江宁二县经界民田。减免上元、江宁二县苗税营运息钱。

元　代

至元十二年（1275）

二月　元军攻占雨花台，知府逃走，元军入城，改建康府为建康路。江宁、上元皆设达鲁花赤、县尹、主簿、县尉等官职。

至元十四年（1277）

改置建康路总管府，辖在城录事司及江宁、上元、句容、溧水四县。

至元二十七年（1290）

上元、江宁两县的抄籍户口分列为170000人、132787人。

元贞元年（1295）

在秣陵镇、江宁镇、龙都、竹筱等要害镇寨设巡检司。

至大二年（1309）

四月、六月　江宁、上元等县蝗灾。

皇庆二年（1313）

江宁镇巡检郑千龄平息流民暴乱。

延祐元年（1314）

是年至次年　调查登记上元、江宁两县土地。

至正十二年（1352）

也先帖木儿率元军镇压起事民众，平复江宁、上元全境。

至正十六年（1356）

三月　朱元璋大败元将陈兆先于江宁镇，攻克集庆城，改集庆路为应天府。上元与江宁两县成为应天府首县。

七月　红巾军克服殷巷。上元县迁治淳化镇。

明　代

洪武二年（1369）

迁江宁县治于银作坊。

诗人高启奉诏从家乡到京修纂《元史》，途中路过并投宿土桥，写下《早发土桥》一诗。

洪武十四年（1381）

十月　以旧国学（今夫子庙）为应天府学，上元、江宁二县学省入。

是年　江宁久不雨，旱。

洪武二十三年（1390）

闰四月　太仆寺奏增编上元、江宁等县养马人户，从之。规定江宁、上元两县养马五千匹，境内广设马场。

洪武二十五年（1392）

十月　沐英卒于云南任上，赐葬于江宁县长泰北乡观音山之原（今江宁经济技术开发区境内）。

洪武二十八年（1395）

十一月　诏徙苏州等十七府州及浙江等六布政司所属州县民二万户赴京占籍上元、江宁二县，以充各仓夫役，名曰仓脚夫。

洪武年间（1368—1398）

江宁县令纪肃敬业爱民，受百姓爱戴。

永乐三年（1405）

明成祖朱棣为其父孝陵营建碑亭，斫石于阳山。留下三块巨大碑材，称为阳山碑材。

宣德八年（1433）

四月　郑和卒于印度古里，今印度南部西海岸的卡利卡特，后归葬于牛首山南麓，今谷里街道境内郑和墓。

正统四年（1439）

九月　江宁、上元等五县天雨、山水泛涨，冲毁人畜、仓库、官民房屋田地。委官赈济踏勘。命修驯象等18外城为夏秋久雨所浸坏地段。

正统十四年（1449）

正月　上元知县姜德政因母丧还家，县民三千余人保留，乃起复原职。

成化二十一年（1485）

八月　秦桧墓为人盗发，获墓中藏品数以万计。

正德十四年（1519）

江宁知县王诰以个人薪俸开局编修县志，弥补江宁建县后一直没有专志的缺憾。

正德十六年（1521）

上元知县白思齐因县府财政空竭，新修〔正德〕《上元县志》刊刻经费无以支付，遂倡同僚各捐薪俸以赞助其成。

万历八年（1580）

冬　上元县民集资在淳化镇为离任知县林大黼建立生祠，定时祭祀，并立《上元尹东瀛林公生祠记》以记其事。碑记由邑人、开封府判杨璧撰文。

万历二十一年（1593）

〔万历〕《上元县志》成书。万历二十六年，〔万历〕《江宁县志》刊行。

万历三十四年（1606）

夏　易文彩等捐资恢复东山胜景。

万历四十五年（1617）

五月　江宁县夜有鼠万余衔尾渡江入田食禾稼。

天启三年（1623）

十二月　地震。上元、江宁、句容等县各称地从西北方震起，向东南去，墙垣动摇，屋脊梁柱俱各有声，城垣墙垛倒塌。

崇祯十四年（1641）

五月　南京大疫，死数万人。

六月　包括江宁在内的南畿大旱蝗，多饥盗。

清 代

顺治二年/南明弘光元年（1645）

南京改为江南省。应天府改为江宁府，仍设上元、江宁两县，县署地址不变。

顺治七年（1650）

二月　南京国子监改江宁府学，应天府学改为上元、江宁二县学。

顺治十六年（1659）

七月　郑成功围江宁，败走。

康熙二十三年（1684）

十一月　康熙帝首次南巡至江宁。

康熙二十八年（1689）

二月　康熙帝第二次南巡至江宁。定上元、江宁学额各20名。

康熙三十三年（1694）

三月　上元人胡任舆状元及第，成为清代少有的江宁状元。

康熙三十八年（1699）

康熙帝第三次南巡至江宁。

康熙四十二年（1703）

二月　康熙帝第四次南巡至江宁。

康熙四十四年（1705）

四月　康熙帝第五次南巡至江宁。

康熙四十六年（1707）

三月　康熙帝第六次南巡至江宁，书朱子诗赐上元知县赵联捷，赐匾表彰在“三藩之乱”中殉职的上元武将卜世俨，匾悬于牛首山卜氏家祠。

乾隆三年（1738）

二月　吴敬梓过江宁，留《秣陵关》等诗。

乾隆十一年（1746）

江宁县在乡人口已达177881人。

乾隆十三年（1748）

江宁知县袁枚聘王箴舆纂修《江宁新志》。

乾隆十六年（1751）

三月　乾隆帝与太后首次南巡至江宁。

乾隆十八年（1753）

吴敬梓创作《金陵景物图诗》，咏东山、天印山（即方山）。

乾隆二十二年（1757）

三月　乾隆帝与太后第二次南巡至江宁，游东山、祈泽池、牛首山、祖堂山、献花岩等。

乾隆二十七年（1762）

三月　乾隆帝与太后第三次南巡至江宁，游东山、牛首山等名胜。

乾隆三十年（1765）

三月　乾隆帝与太后第四次南巡至江宁，游祖堂山。

乾隆四十二年（1777）

状元秦大士归葬江宁。

乾隆四十五年（1780）

三月　乾隆帝第五次南巡至江宁。

乾隆四十九年（1784）

闰三月　乾隆帝第六次南巡至江宁。江宁水灾。

嘉庆十四年（1809）

上元、江宁两县乡区人口超过100万人，达到历史高峰。

至迟嘉庆中期（1796—1820）

上元、江宁两县城中改以南北分界。

道光十三年（1833）

九月　经江苏巡抚林则徐奏请，朝廷下旨赈济上元、江宁等六县水灾。

道光二十六年（1846）

十月三日　陕西巡抚邓廷桢归葬上元邓家山。

道光二十九年（1849）

六月　江宁遭遇数百年不遇大洪水。

咸丰三年（1853）

太平军攻占江宁省城，清朝江宁府署及上元、江宁两县署移置淳化镇、秣陵关。上元、江宁两县乡绅设局抚恤逃亡难民。

咸丰六年（1856）

二月十二日　燕王秦日纲遣李秀成、陈玉成与清军总兵张国梁战于汤水山边。李秀成从汤山岔河袭清军后路，焚垒进军镇江，初解镇江之围。

同治二年（1863）

九月二十五日　湘军克秣陵关。十月五日、六日，湘军接连攻陷淳化、解溪、龙都、湖熟、三岔要隘20余个营垒。

同治九年（1870）

上元、江宁两县县署皆在旧址重建竣工。

同治十三年（1874）

汪士铎主纂的〔同治〕《上江两县志》刻成。

光绪十二年（1886）

十二月　江宁大雪经月，平地深五尺。

光绪三十年（1904）

汉冶萍公司在江宁凤凰山发现露天铁矿床。

光绪年间（1875—1908）

“金陵四十八景”中江宁入选八景。分别为：东山秋月、牛首烟岚、祖堂振锡、献花清兴、天印樵歌、祈泽池深、台想昭明、虎洞明曦。

宣统元年（1909）

闰二月十一日　江宁首次举行省咨议局议员初选。三月，世居汤山的句容人唐庆昇当选为省咨议局议员。

宣统二年（1910）

四月十六日　江楚编译书局印行陈作霖所编《上元江宁乡土合志》。

是年　江宁省城举办南洋劝业会，江宁名产“湖熟板鸭”获金奖。

宣统三年（1911）

九月十八日　徐绍桢率新军第九镇在秣陵关举义反清。

十月十二日　城内清军投降，江浙联军经江宁，攻克南京。

是年　汤山出现江宁历史上第一所新式小学——汤山高等小学。由汤山开明士绅、曾任南京政法学堂学监唐庆昇及另一学者唐庆功创办。校址在汤山集镇汤水湖畔古圣汤延祥寺内。

中华民国

民国元年（1912）

1月3日　临时政府以上元、江宁两县县域设南京府，直隶内务部。废上元、江宁两县。

12月6日　江宁县全民选举国会众议院议员和省议会议员。汤山巨绅唐庆昇放弃参选议员。至次年1月6日、10日复选结束，江宁县所在第一区省议员、候补议员当选数各为34人。当选众议员的江宁县人仅陶保晋1人。

民国2年（1913）

12月　北京临时政府废南京府，仍设江宁县，长官称县知事，属江苏省行政公署。上元县并入江宁县。

民国3年（1914）

北京临时政府公布各省属道区域表，废南京府，置金陵道。江宁县属于金陵道。

民国4年（1915）

6月　江宁大水，降雨量达406.9毫米。此后，连续两年遭水灾。

民国5年（1916）

6月10日　《江宁乡土志》出版，记载江宁乡村地情。

是年　南京有7条大道连通江宁城乡。7条大道分别是：聚宝门至铜井镇、聚宝门至丹阳、聚宝门至禄口镇、通济门至淳化镇、朝阳门至汤水镇、太平门至龙潭、太平门至观音门。

民国6年（1917）

5月　《京报》披露日本政府建议中日合办江宁凤凰山铁矿，全国各界纷纷反对出卖铁矿权。

10月28日　段祺瑞与日方拟订《凤凰山开矿草约》。

11月22日　段祺瑞辞去总理职务，凤凰山铁矿案遂告中止。

民国7年（1918）

2月1日　江苏省凤凰山铁矿筹备处成立，地方政府启动对该矿的开发。

是年　宁兴公司开办，并于江宁汤水镇（今汤山街道）的祠山钻探煤矿。

民国8年（1919）

3月　陶保晋、刘伯森等组建南汤山兴业公司开发汤山。是年，公司开始兴建钟汤公路。

秋　南京天宝树木公司在江宁县索墅天宝山成立。该公司由直隶人陈子兰任经理，公司林场占地75平方千米（长15千米，宽5千米）。

12月8日　江宁县各界联合会在城内大中桥公共体育场开国民大会，抗议日本居留民团殴伤、击毙福州抵制日货学生的暴行，并焚毁查获的日货。

民国9年（1920）

11月8日　江南水利局总办罗树森等查勘秦淮河和赤山湖。由于工程“非二三百万圆不能毕事”，计划未能施行。

是年　江苏省实业厅邀请地质调查所专家勘探凤凰山铁矿储量。

民国10年（1921）

南汤山兴业公司兴建的能通行汽车的江宁第一条公路——钟汤公路竣工。

是年　湖熟马氏创办板鸭老字号春华楼板鸭店开张。

民国11年（1922）

9月　近代著名教育家和书法家李瑞清归葬江宁。

10月 江宁地方青年团组织马克思学术研究会，调查农工状况，并组织民权运动大同盟。10月10日，1万多名学生游行，同江苏督军齐燮元的国庆阅兵典礼对抗。

是年 江南水利局调查江宁江岸情况。

是年 重建湖熟清真寺。

民国12年（1923）

3月26日 江宁地区各界人民1万余人举行国民外交大会，要求取消“二十一条”，收回旅顺、大连。

5月9日 县城5000名学生举行国耻（袁世凯承认日本提出的“二十一条”八周年）游行。

是年 美国学者卜凯调查江宁淳化的农家经济。

是年 江宁县乡村已有定林、东流、陶吴等近20处邮政代办所。

民国13年（1924）

8月24日 江宁镇守使兼第六师师长（直系军阀）齐燮元下江苏全省动员令，全力以赴军阀混战的江浙战争。第六师在江宁城乡内外强抓民夫，甚至殃及孕妇、学童。26日，江宁城罢市。学校因经费移用战事而暂缓开学。

民国13—16年（1924—1927）

由省城通往牛首山、东善桥的两条公路建成。一条为宁牛公路，由安德门经铁心桥、大吉坊、高家库至牛首山，片石路面，全长10.09千米；另一条为宁东公路，由南门外施家井（史家井）至东善桥，也是片石路，长3.34千米。

民国14年（1925）

5月 “五卅”惨案发生，江宁各界成立后援会，罢工、罢课、罢市，抗议直系军阀孙传芳破坏爱国运动。

11月18日 江宁县发布择定孙中山墓地公告。

民国15年（1926）

陶吴商民业桐锦历经8年修成陶吴至市区的道路。

民国16年（1927）

3月 北伐军攻入江宁。

4月 国民政府定都南京。江宁县改辖城外乡郊。改江宁县公署为县政府，设县长。

6月 国民党组建江宁县特别委员会。

8月25日 江宁县反对划入南京市，市县分界之争遂起。

10月17日 国民政府修改条例，放弃江宁县市辖之议，着手划定市县分界线。

11月 国民党江宁县特委会改为县临时执监委员会，下辖区党部6个、区分部22个、独立区分部2个，党员300余人。

是年 江宁县（包括市区）有90.30万人，其中城内39.59万人，郊县50.71万人。

民国17年（1928）

2—3月 恢复国民党江宁县特委会；6月，改为县党务指导委员会，下设区党部5个、直属区分部1个、区分部15个，国民党党员200余人。

8 月　江南长途电话线建成，江宁等 9 个县开办长途电话所。

11 月 21 日　中政会欲废江宁县，扩大南京特别市，因江宁人民反对未果。11 月 28 日，江宁县民请改江宁县为模范县。

是年　江宁县废除乡，实行村里闾邻制，推行自治。江宁县在县、村之间增设区制，全县共设立 10 个区。

是年　中共南京市委决定，于江宁县第一区晓庄试验乡村师范学校建立晓庄党团支部，支部书记刘焕宗（刘季平），后石俊。至民国 18 年冬，已有中共党员 10 多人，共青团员 10 多人。

民国18年（1929）

1 月 20 日　江宁县各区人民代表向国民党中央政治会议请愿改江宁县为模范县。

2 月　国民党江宁县党务指导委员会改为县执监委员会，国民党党员减至 192 人。

3 月 21 日　国民党元老李济深被蒋介石软禁于汤山。

春　江宁县在湖熟镇建立县立实验民众教育馆。

6 月 12 日　南京市与江苏省举行有关与江宁等县分界的第一次划界会议。

7 月　江苏省立农民教育馆在汤山成立。

9 月　江宁县户口调查结束，全县共有 96156 户、475413 人，其中不识字的有 248211 人。

是年　江宁县公安局改属首都警察厅。

是年　江宁境内开始通行汽车邮路。

是年　江宁废除村制，设立 295 个乡镇。

是年　国民政府在东善桥、牛首山、汤山等地建设中央模范林区。

民国19年（1930）

4 月 12 日　国民政府首都卫戍司令部封闭晓庄师范学校。返校坚持工作的中共党员叶刚和转移校外的中共党员、共青团员七八人先后被捕，英勇牺牲。

是年　张学良将军到汤山。至民国 24 年，张学良将军多次到汤山。

是年　江宁蚕丝业受世界经济危机影响，日渐衰败。

民国20年（1931）

1 月 14 日　受卫生部派遣，留美博士钱建初主持的汤山诊疗所开业。钱建初离开江宁后于民国 28 年 12 月至 30 年 12 月任中华医学会上海分会会长。

5 月 5 日　江南汽车公司成立，开办由南京经江宁至句容的长途客运。

7 月　江宁大水，全月降水 618.8 毫米。8 月 25 日，沙洲圩江堤溃决，江宁成为泽国。11 月 8 日，江宁水灾义赈协会呈文行政院、内政部、江苏省政府，谓江宁县江堤溃决，损失农田 4.33 万公顷，灾民 20 余万人，灾因沿江垦芦为田所致，请下令蓄芦护堤，禁止放垦。

11 月 29 日　中国国民党临时行动委员会（中国农工民主党前身）中央总干事邓演达被秘密杀害于麒麟门外沙子岗。

下半年　江宁县开始推行新制度量衡。

民国21年（1932）

2 月　汤山驻军一个营在中共领导下兵变，开赴天目山，自南京奉命拦截的一队士兵随之兵变，后失败。

8月22日　受世界经济危机影响，外洋米麦倾销，《中央日报》报道江宁县稻贱伤民。

9月　京芜公路宁铜段全线竣工通车。宁铜段全线长35.04千米。

是年　江宁张仲梁在首届国医考试中荣登榜首。

民国22年（1933）

2月10日　江苏省政府设江宁县为自治实验县，国民党中央常务委员会委员梅思平为县政委员会委员长兼县长。县政府改局设科，分秘书室和民政、财政、公安、建设、教育、土地6科。自治实验县政府成员大多是专家和高学历者。

3月　江宁县政府推广植树造林，植树64.59万株，林地面积128公顷。

春　县政府与国立中央大学农学院合作，在陶吴、元山分别合办蚕桑指导所。

6月20日　全县首次统一举行塾师考试。

6月　江宁县废除闾邻，改行村里，全县295个乡镇共编成2049个村里。

9月1日　江宁镇成立全县第一个卫生所。

9月　江宁建立中心小学区制度，全县分10个学区。至次年，共计有小学233所。

10月　县政府将成立后公布的130余种单行法规编印成册，计440多页，印刷1000本，以分送各界。

是年　全县共有田地8.68万公顷；有人口11.70万户、56.20万人；全县设警察局10个、分驻所22个、派出所20个。

是年　中央大学、政治大学两校经济系教授朱偰邀集同好调查江宁文物古迹。这是近代首次江宁古迹大范围调查，对考古、文史研究具有开创之功。

是年　江宁县取缔庙会期酬神赛会、吸烟聚赌等旧习。

是年　经江宁县境西部入皖的江南铁路（今宁芜铁路）建成。

民国23年（1934）

1月　京建公路江宁段建成通车。4月底，土山大桥建成。

2月　江宁县成立蚕桑改良委员会。3月，驻横溪镇的县蚕桑办事处下设蚕业指导所13个。

5月　江宁县完成乡镇的整理合并。汤水镇改名汤山镇。

上半年　全县有县立小学121所、乡镇立小学109所、私立小学3所，共计233所、学生13976人。江宁县筹备强迫义务教育。

7月　江宁县裁撤区公所，改为县、乡镇两级行政制，全县共109个乡镇。

8月　江宁大部分地区推行新制度量衡。

10月　江宁县政府印行《江宁县政概况》。

12月　首都发电厂与江宁县政府合资兴办电力灌溉工程，共在土山、桥头等8个乡镇建成29个电力抽水站，受益良田2667公顷~4000公顷，实支经费29万余元（银元）。

12月底　土山（今东山街道）新县治建成县府大楼。

是年　经厉行禁赌，江宁赌风大半平息。江宁县严禁“抢孀”陋习。

是年　江宁第一家县办报纸《宁报》创刊。

民国24年（1935）

1月　江苏省建设厅疏浚秦淮河，加高堤顶，以工代赈，于6月竣工。

3月26日　朱偰为《建康兰陵六朝陵墓图考》撰序。书中记录江宁六朝陵墓情况。

春　江宁中学迁往土山镇新校址，并被批准为省立初级中学。

5月13日　江宁自治实验县在土山举行县署迁治仪式。同时，土山镇改称东山镇。

7月　中国第一所兵种学校陆军炮兵学校迁址汤山。

夏　中共党员魏今非在江宁成立地下党支部。翌年春，魏今非与倪则耕、朱丹立等组成江宁县救亡协会。

12月10日　江宁县农会、妇女会及各学校反对华北自治，通电要求国民政府锄奸救国。

是年　江宁内河出现京芜、京和、京溧、京湖4条客运航线。

是年　国民党元老、监察院院长于右任在汤山建造别墅。于右任还和居正等在汤山创办永安公墓。

是年　国军第一支战车营（机械化部队）进驻方山。

是年　东山始设邮局和电信营业处，开办长话业务。原溧水管辖的禄口、秣陵二局划归其管理。

是年　江宁县卫生院创建，全县卫生机构形成院、所、分所三级体系。

民国25年（1936）

3月　江南铁路京芜段贯通，江宁县境始有火车站点（江宁、铜井两个车站）。

7月　江宁中学完成新校舍兴建工程。经省教育厅批准升为省立中学。

是年　中华农学会调查江宁部分村庄城乡物资交流情况。

是年　全县有492085人。

是年　河南人熊学忠、熊三星等进入横溪薛家凹，开办大刀会。

民国26年（1937）

春　中央大学地质系经3年调查，发表《南京市及江宁县地质报告》。

春　国民政府于麒麟门外小白龙山公葬辛亥革命元老徐绍桢。

4月　彭百川任江宁县县长。

5月中旬　中国第一个陆军装甲兵团（由战车营扩编）诞生于方山，杜聿明任少将团长。

5月　晚清著名革命家尢列入葬麒麟白龙山。

7月　首部关于汤山的志书——《南汤山志》印行。

8月19日　江宁籍飞行员沈崇海驾机撞沉日舰。民国29年，他的事迹被中央电影摄影场搬上银幕，即孙瑜导演的《长空万里》。抗日战争胜利后，江宁县政府为其制作烈士牌位，入祀忠烈祠。其墓在今紫金山北麓航空烈士公墓中。

8月　南京警备司令部开始拟定南京防守计划，在江宁县设立东南主阵地。

10月　金陵名医张栋梁（江宁县湖熟镇人）病逝，归葬湖熟。

12月10日　日本侵略军占领江宁县后，日军4个师团对南京发起全面进攻，南京岌岌可危。

12月13日　南京失守，江宁县各乡镇相继沦陷。日本侵略军进行血腥大屠杀，犯下累累暴行。

12月15日　一六〇师参谋长钟汉柏在丹阳将六十六军残部整编为江南游击支队，继续转战突围。

12月　江宁县县长林杞逃往当涂。

民国27年（1938）

1月8日　驻江宁镇的6名侵华日军闯入陆郎镇，企图强奸妇女，其中3名被殴毙。

1—2月　侵华日军在江宁陆郎神山头两次集体屠杀当地乡民，被害者达130多人。

2月　江宁县短暂隶属伪南京市自治委员会。

3月　据金陵大学外籍教授史迈士统计，江宁县1/4人口外迁，乡村一片萧条。

5月19日　新四军先遣支队司令员粟裕、政治部主任钟期光率新四军先遣支队抵铜山业家庄，次月上旬离开。

5月　伪江苏省政府成立，于江宁县组织伪县公署。

6月5日　新四军二支队司令员张鼎丞、参谋长罗忠毅，到达博望、横山和秣陵关。

6月12日　新四军第一支队第一团（即老一团）由团长傅秋涛、副团长江渭清率领进驻丹阳，开展抗日游击战斗。

6月13日　新四军一团在京芜铁路采石、铜井段突击2小时，破坏桥梁3座。6月15日，突击1小时，破坏京建公路南京至秣陵间一段。

7月4日　新四军一团二营消灭陶吴镇维持会。是日，该营炸毁板桥铁路段，重创日本侵略军交通线。

7月8日　新四军一团于小丹阳梅村将所谓“江南游击队”的朱永祥部全歼。15日，在西善桥歼灭日军一个分队。

7月中旬　新四军二支队三团在团长黄火星、副团长邱金声、政治部主任钟国楚率领下，开进横山地区原一团防区。一团东进江溧句开辟抗日游击根据地。

8月24日　新四军一支队一团二营在麒麟门歼灭伪军两个连。

8月25日　新四军二支队三团袭击谢村、横溪桥敌步兵300余人，激战两小时，敌不支，火烧谢村、横溪桥后溃退。

8月26日　新四军三团在丹阳粉碎日军8路围攻，这是新四军首次反“扫荡”作战。

9月　横山地区的一些地方武装被新四军整编为抗日自卫大队二、三中队。秋，新四军三团将谢村、秦村、曹村的自卫队改编为抗日自卫大队四中队，次年夏升为主力部队；二、三中队合并为苏皖边区第三抗日自卫大队，转战高淳。

10月1日　新四军一团奉命调回皖南，在南京周边共歼敌3000多人。

10月2日　新四军三团进袭禄口镇。毙日军12人、伤2人、毁军车1辆。

10月下旬　中共小丹阳中心支部成立，是抗日战争时期江宁县第一个党支部。

12月中旬　日军2000余人“扫荡”横山失败。新四军三团共歼敌200多人，缴轻机枪6挺，步枪100余支。

民国28年（1939）

1月8日　新四军三团再次取得横山反“扫荡”的胜利。毙伤日军50余人。

2月26日　新四军一团一营在云台山血战突围。据《江宁人民革命斗争史》载，一营共牺牲65人，伤20余人。敌人被毙伤40多人（而据中国第二历史档案馆藏《陆军新编第四军游击战绩概要表》，新四军此战死42人，伤10人）。

3月　新四军三团主力由横山开始调回皖南军部，三团自进驻横山后至10月共作战53次，以伤亡265人的代价，毙伤敌371人，缴获长短枪44支，破坏公路75里，毁坏桥梁14座，割断电话线64.50千米。

是月　侵华日军在江宁土山修建军用机场。新中国成立后仍为空军机场，1960年后用作民航通用航空基地，2007年为陆航基地。

4月　日方控制的“华中铁道股份有限公司”接管经营江南铁路。6月，垄断江宁长途汽车运营线。

7月　中共江当溧工委成立，书记陈辛；中共江溧句工委成立，书记姜杰。江溧句工委成立后，进入江宁境内活动。8月，中共江当溧工委改为中共江当溧县委，书记陈辛。9月，中共江溧句工委改为中共江溧句县委，书记姜杰。

是年　日本成立凤凰山大陆公司，掠夺式开采铁矿。

民国29年（1940）

3月　原新四军四团留守江南部队组建新的三团、四团。

是月　中共江（宁）当（涂）溧（水）句（容）中心县委成立，姜杰任中心县委书记兼江当溧句县委书记，陈辛任副书记兼宣传部部长。

是月　中共江当溧县委调整县委班子，夏定才任县委书记。

春　江当溧党政军民抗敌委员会在江宁谢村成立。

5月5日　新四军二支队新三团在土桥一带活动时抓获反共的国民党江宁县县长张雍冲，并解除常备武装100多人。张经教育释放。不久，被国民党当局撤职（后由杨鼎侯接任）。

5月14日　新四军新二支队副司令员廖海涛率直属队和四团三营在赤山歼灭外出扫荡的湖熟日军中队。此战歼灭日军100多人，生俘2人，缴获步枪60余支，机枪2挺，掷弹筒2个，九二式步兵炮1门，创下新四军首次缴获日军大炮的纪录。

6月　土桥一带刀会扣押中共江当溧句中心县委书记姜杰等，新四军二支队特务营成功平暴。

7月5日　江当溧党政军民抗敌委员会改称江当溧三县抗敌自卫委员会，在铜山乡溧塘阁成立。中共江当溧县委书记夏定才主持会议。

8月2日　横山一带刀会暴乱，横山抗日游击根据地被迫放弃。此次事件中，除掩护撤退的10名后卫队战士被刀会抓住杀害，及少数人走散遇难外，大部分军队和机关干部成功突围。8月3日，“横山事件”发生。此后，横山抗日游击根据地丧失两年之久，当地中共组织被迫转入地下，抗日活动陷于停顿。

8月22日　国民党江南行署委任杨鼎侯为江宁县县长，重建县政府。

8月　汪伪政府将江苏各县公署改为县政府，县知事改为县长，伪江宁县政府设在东山镇。

是月　中共江溧句县委分为赤南、赤北两个工委。

是月　王一凡兼任中共江当溧句中心县委书记。

10月1日　中共江当溧句中心县委派江当溧县委副书记费明龙等重返横山。2日，费明龙被伪自卫团软禁于横溪镇。20日，费明龙被刀会分子暗杀。

12月14日　江当溧句国民抗敌总会在土桥成立，主任夏定才。“四抗”总会是抗日政权和民主政权，包括各党派、各阶层、各界民众，代表全体民众的愿望。

12月15日　黄祖炎继任中共江当溧句中心县委书记，赤南、赤北工委同时改为县委。

是年　一贯道进入江宁县发展组织。

民国30年（1941）

1月　中共江溧工委成立，纪涛任书记。

是月　汪大铭任中共江当溧句中心县委书记。

是月　日伪利用“皖南事变”在江句地区发动驻扎式“扫荡”。

2月9日　苏皖区党委组织部副部长程一惠在汤山附近被作厂日军特工队逮捕杀害。

2月　汪大铭在土桥主持召开江当溧句中心县委紧急会议，研究“皖南事变”后的工作方针和具体安排。

3月　中共江当溧句中心县委与丹南中心县委合并，改建为中共（溧武）路北特委。

6月　江句地区中共党支部由152个减至74个，党员由1276人减至337人。

是月　正式成立中共江句县委（对外称江宁县），陆纲任书记，辖区除江宁地区外，有句容五、六、七区。陆纲在与上级中断联系的情况下，坚持信仰，身处险境而不屈不挠地开展工作。

8月1日　江宁县抗日民主政府正式成立，夏定才任县长。

9月15日　夏定才在湖熟附近李家巷争取两面派保长，因特务告密被捕。10月间，牺牲于句容。

9月　张波任江宁县抗日民主政府县长。同年11月11日，调回部队。

民国31年（1942）

1月　中共江宁县委组织部部长周喆（女）英勇不屈，遭侵华日军残害。新中国成立后，江宁县政府在土桥修建革命烈士墓，为周喆竖立墓碑。

3月31日　日伪军偷袭龙都邹家村，江宁抗日民主政府县长强博等壮烈牺牲。此次事件，干部和战士共牺牲13人。

4月　新四军十六旅旅长钟国楚兼任江宁县抗日民主政府县长。

7月　新四军四十六团二营恢复横山山南地区抗日局面。

8月1日　在横山山南地区召开各界人士代表会议，成立江当溧三县行政委员会。

8月　中共江当溧县委恢复重建，纪涛任书记。

是月　王一凡任江宁县抗日民主政府副县长（不久改任县长）。

12月底　日伪军对横山地区进行“扫荡”和“清乡”。横山党政机关和主力部队暂时撤出。

民国32年（1943）

1月初　日伪军在横山地区增设博望、桑园铺、谢村、明觉寺等20个据点，进行驻扎式“扫荡”。

4月　中共苏南区委、十六旅旅部部分后方机关转移至江宁湖熟地区。

8月3日　苏南区党委副书记邓仲铭率新四军六师十六旅四十六团在横山地区指导工作，宿营于江宁县禄口乡冯潭庄，因遇敌情，在转移中于高桥渡口渡横溪河时，船沉牺牲。

9月14日　江宁县抗日民主政府赤山区区长陶家齐被日军逮捕，后遇害。

9月21日　中共苏皖区委决定撤销横山县委，横山县委工作由京芜中心县委领导，江当溧三县行政委员会亦由中心县委直接领导。

9月　江宁县警卫连配合新四军第四十六团一部两次进袭日军占领的秣陵关凤凰山铁矿，迫使铁矿停产，2000多工人解散，其中500多青壮年要求参加新四军，被吸收编入主力部队。

11月　国民党江宁县党部书记长沈天宝、江宁县县长颜德贵、保安团团长沈国钧等党政军领导集体公开投敌。颜德贵后被汪伪任命为江苏省政府专员秘书。

12月　江宁县警卫连袭击土山机场工地，放走被抓民夫和国民党战俘。其中300多名战俘自愿参加新四军和县警卫连。次年6月9日，新四军茅山保安司令部副司令员张强生又率一个营，由县警卫连配合，夜袭土山机场，再次解救200多名被抓苏北劳工，其中110人参加新四军。

冬　江当溧三县行政委员会改为横山县抗日民主政府，县长李钊。

是年　江宁、横山地区对敌作战300多次，缴获长枪1500多支，短枪80多支，毙伤伪军官兵2500多人，俘2000人。镇压汉奸、特务和反动道会门首恶分子300多人。游击区内保甲制度基本摧毁，新乡制政权纷纷建立。

民国33年（1944）

2月　中共京芜中心县委撤销，恢复中共横山县委，书记李钊。

是月　中共江宁县委书记陆纲调中共茅山地委任组织部部长，王健婴任中共江宁县委书记。

春　横山县成立参政会。

4月7日　由于内奸告密，宿营于胡村的江宁县赤山区政府和区大队人员被包围。军事股长张耀华中弹牺牲。

5月16日　日伪军集结溧水、秣陵关各地兵力千余人，对江（宁）句（容）地区进行驻扎式"扫荡"。6月14日，又对方山、秦淮、青龙等地区进行"扫荡"，历时5天后才离开。

6月　陆纲调回江宁，任中共江宁县委书记兼县长。江宁县委原书记王健婴调任中共句容县委书记。

8月22日　新四军在横山军民的配合下歼灭投敌的伪自卫团夏孝义部。自卫团除7人被打死外，余下70多人全部被俘。

8月　日伪军以5000人兵力对横山地区进行大"扫荡"。横山军民粉碎日伪军"梳辫子"式"扫荡"，使之"扫荡"很快以失败告终。

9月13日　日军一架轰炸机从南京机场起飞，夜航到江宁县青龙山附近，撞山坠机，机内指挥官及飞机师等6人全部毙命。

9月　江宁县被汪伪政权选定为实验县。

10月　新四军四十七团一部在横山县地方武装配合下，制止了刀会二次暴乱的阴谋。

12月19日　江宁县短枪队击毙秣陵关日本宪兵队队长冈本一雄。

12月22日　中共江宁县委继是年9月处决龙都伪镇长张治邦后，再次处决龙都伪镇长庞剑秋。

12月　曾划给句容县五区的原江宁县虬山区，划归江宁县政府领导，仍称虬山区。

民国34年（1945）

4月　汪伪政府精心策划的"京畿剿匪"归于失败。24日，汪伪10个团在侵华日军指导下，侵扰秣陵、龙都、赤山、茅山地区，均被抗日军民击退。8月，汪伪警卫一师一部出城袭扰湖熟、秣陵，遭抗日民主政府警卫连及区大队伏击，被俘数十人，缴获三八式轻机枪1挺。

5月　抗日战争进入反攻阶段。中共淮南区委决定建立中共上元县委，程震文任书记兼县长。9月，随部队撤回江北。

7月9日　叛徒张玉和杀害中共青龙区委书记兼区长周建平。

8月4日　中共江宁县委书记陆纲兼任江宁县总队部政治委员，不再兼任县长，由樊绪经接任江宁县县长。

8月12日　新任伪江宁县第五区区长王太志（一作副区长张太志）被赤山区武工队队员击毙。

8月13日　汪伪警卫三师师长钟健魂率该师3000余官兵渡江北上，宣布起义。

8月15日　日本天皇裕仁以广播"停战诏书"形式宣布无条件投降。横山地区的丹阳、博望、桑园铺、谢村、横溪等日伪据点，纷纷撤退。

8月下旬　新四军主力部队与江宁、横山的地方武装先后拔除南京郊县据点，形成对南京城的包围。

8月　江宁各地掀起参加新四军的热潮，参军新战士超过1000人。

9月5日　空降南京的国军精锐新六军开始进驻江宁县境。

9月上旬　中共领导下的江宁县各界代表在郭庄庙杨巷召开庆祝抗战胜利大会。会议还通过反对国民党向解放区进攻的抗议书。

9月18—21日　横山县抗日民主政府在呈村举行抗日胜利万人祝捷大会。

10月1日　中共领导下的江宁县警卫团成立。樊绪经任团长，陆纲任政委，全团1500余人。

10月初　为了避免内战，谋求和平，江宁、横山两县党政军机关人员奉命随军北撤。

10月7日　江宁县留守处和武工队成立，原中共江宁县委委员林德润任中共特派员兼留守处主任、武工队队长。

10月13日　横山留守处成立，原横山县副县长刘杰枝任留守处主任兼武工队队长。

10月　国民党江宁县政府由溧阳复员至江宁东山。江宁县伪军改编为县独立保安大队。

11月13日　抗日根据地的皖江行署主任吕惠生在江宁陆郎桥（别名六郎桥）被秘密杀害。

11月中旬　新六军调往东北，张灵甫率七十四军接防江宁等地。

11月　三青团江宁县分团成立。至民国36年11月，全县团员发展到2500人。

12月12日　国民党江宁县县长蔡为端复员后因包庇汉奸、敲诈勒索被免职。黄相忱任江宁县县长。

民国35年（1946）

1月　江宁县召开扩大县政会议，通过议案20多个。

是月　江宁县在东山镇恢复县卫生院，设区卫生分院、乡镇卫生室。

是月　交通部公路总局率先开通南京经江宁至句容的长途运输。

是月　江宁县政府全面恢复保甲制度。全县设7个区、46个镇、477保、6376甲。

2月　南京经江宁至当涂的京芜线通车。

3月15日　江宁县临时参议会在东山举行成立大会。

3月　江宁县临时参议会及商会、农会、中医师公会、教育会等团体的筹备人员联合组织成立江宁县人民自由保障委员会。

是月　汤山地区划归南京市，成立第十三区。

是月　江宁县成立官办工会组织——江宁县挑挽业工会，有会员516人。同年6月，国民政府公布《工会法》。江宁县政府代替县党部成为江宁县各类工会的主管部门。

4月18日　江宁县农会成立于东山镇，会员总数为36866人。

4月20日　江宁县商会成立。至当年7月，有32个集镇商会，共有会员2426人。

4月　江宁县7个行政区成立7个三青团区队、27个乡镇分队，有团员400多人。

5月5日　江南汽车公司恢复京湖路客运。

5月16日　江宁县重新调整乡镇区划，全县85个乡镇合并为46个乡镇，分属7个区。

5月　江宁县回教支会成立，有会员400人。

是月　江宁县妇女会成立。

6月21日　江南汽车公司恢复京杭路南京至句容段的客运。6月，京建路经过抢修，可通车至禄口。

7月　汤山至龙潭客运线通车。

是月　江宁留守处李孝廉在江溧边境被捕。中共在江宁县的留守斗争被迫结束。

10月10日　江宁各乡镇和职业团体召开选举大会，共选出参议员65人、候补参议员63人。

10月　中共华中分局指示横山县留守人员坚持敌后斗争，等待新四军回师江南。

12月2日　江宁县参议会正式成立。大会选举葛修镕为议长。

12 月 12 日　江宁县银行在东山商会地址试营业。次年 4 月 28 日，国民政府财政部颁发营业执照，开始正式对外营业。

是年　全县推行国民教育，普遍在乡镇设立或改建中心国民学校，在保则设立国民学校。各校还附设成人补习班、妇女识字班，以开展补习教育。当年全县学龄儿童 64036 人，入学者 15663 人，入学率为 24.46%。

是年　全县人口仅为 91677 户、436227 人。未恢复到抗战前水平。

民国36年（1947）

春　国民党江宁县党部创办《宁声报》。民国 38 年 2 月停刊。

夏　江宁县经过一年的整顿，县政成绩列全省前茅。省政府召开各县县长会议，肯定了《江宁县政实施规划》。

7 月 7 日　东山谢公祠改造为纪念抗日死难官兵的烈士祠。

9 月　南京至汤山国道加铺沥青路面。

11 月 21—23 日　首届国民代表大会代表选举，江宁人张世希（京沪杭警备副总司令兼第七绥靖区司令官）当选。

12 月　江宁县地方自治人员训练所结束，全县乡镇长、保长和教师等基本轮训完毕。

是年　全县各种合作社发展到 157 所。同时，在东山镇大马路设立县消费合作总社。

是年　国军联勤总部于汤山设南京总医院。

民国37年（1948）

1 月 21—23 日　中华民国立法院立法委员选举，江宁人林栋（三青团江苏支团书记）当选。

8 月　县参议会决议设立东、南、西、北区署，以适应战时体制。

9 月 1 日　江南铁路重建通车。

9 月　县立江宁初级中学重建开学。

是月　全县有乡镇中心国民学校 49 所、保国民学校 347 所。

10 月　王果夫任江宁县县长。

是月　江宁文献委员会主任委员卢前撰写《东山琐缀》。该书除辑录历代文献和名人诗词外，主要辑录治所、人口、面积、乡镇、机构、学校、秩官等情况。

是年　县消费合作总社和各乡镇消费合作社相继倒闭。

是年　江宁人口数为 44.87 万人。有警官、警员 324 人。

民国38年（民国年号至1949年9月30日止）

3 月 24 日　江宁镇附近驻军国军第九十七师师长王晏清率部渡江起义。

3 月　江宁县县长王果夫不堪军队骚扰，辞职离任。张映秋继任江宁县县长。

4 月 22 日　守备长江南岸铜井镇至板桥地带的国民党军队第四十五军，守备栖霞山、龙潭地段的第九十九军等纷纷向沪、杭、皖南溃退。

4 月 24 日　中国人民解放军第三十五军一〇五师追击溃逃的国民党军队至湖熟、汤山等地区，解除其全部武装。

4 月 25 日　国民党军新编第七师一部在湖熟被解除武装。暂编第四师余部在横岭、土桥、汤山等地被全体缴械。

4 月 28 日　中共南下干部工作队接管江宁，成立江宁县人民政府。宋波任县长。

4月30日　江宁县政府开始建立区、乡、镇人民政权。同时建立1个县警卫连、7个区大队的地方武装。

5月2日　中共江宁县委成立。胡宏、张丹卿分任正、副书记。

5月15日　江宁县成立农民协会筹备会，取消旧农会。6月10日，举行县第一次农民代表会议。10月，正式成立县农民协会。

5月19日　县人民政府接管公立中学2所、小学248所及私立中学2所、小学68所，并相继复课，计有24563名学生入学。

7月15日　长江大汛期间又遭台风侵袭。县境内江堤决口20余处，大决口4处。县委、县政府领导全县军民奋战在65千米江堤上，至9月，全县共修复江堤7千米，圩堤15.20千米，抢救被淹农田2733.33公顷。

9月　中国新民主主义青年团苏南区江宁县工作委员会建立，张惠敏任书记。

中华人民共和国

1949年

10月1日　江宁县人民纷纷在各区镇集会游行，热烈庆祝中华人民共和国成立。

10月9—12日　江宁县首届各界人民代表会议第一次会议召开。出席会议代表及特邀代表205人。会议产生首届各界人民代表大会协商委员会。胡宏为主任委员。

10月　东山镇黄泥塘试行组织1个有9户农户参加的人牛换工互助组，成为江宁县第一个新型的农业生产互助合作组织。

11月　开始废除保甲制度，建立村级组织。至年底，建立235个村级组织，旧的485个保中有176个保被废除。保甲组织于次年4月被彻底废除。

12月2日　中共中央华东局决定，将江宁、句容等县划归南京市领导。次年1月，又划归镇江专区管辖。

是年　全县有各级干部600人（不含半脱产干部）；建立党支部11个，党员253人；青年团员429人；农会会员95389人。

是年　全县工农业总产值13067.70万元，其中农业总产值12780万元，工业总产值287.70万元。全县生产粮食12767.44万公斤，皮棉9.38万公斤，油料251.58万公斤。全年社会商品零售总额1052.80万元。

1950年

1月15—17日　中共江宁县委召开区乡干部会议。会议强调要以减租减息为中心，做好减租工作，改善农民生活。

1月25—27日　江宁县第一届各界人民代表会议第二次会议召开。会议选举产生以胡宏为主席由17名委员组成的江宁县各界人民代表会议常务委员会。

3月4日　经中共镇江地委批准，江宁县原一区划为一、九两区，原二区划为二、十两区，原七区划为七、八两区。同时对乡村区划作较大调整。调整后，江宁县共设10个区、114个乡、882个村。

4月6—8日　江宁县第一届各界人民代表会议第三次会议召开。

4月初　江宁县一区、二区、三区、四区、五区相继发生由1400余人参加的盗掘古墓事件。

通过采取各种措施，逮捕宣判少数为首的盗墓分子后，严重盗墓活动被制止。

5 月 22 日　南京博物院院长曾昭燏、南京大学文学院胡小石等 5 位专家，应邀联合调查东善桥祖堂山发现的南唐先主、中主陵墓。同年 10 月 8 日开始挖掘，次年 1 月 29 日结束，掘出比较完整的“钦陵”“顺陵”，出土文物 640 多件。

6 月 29 日　中共江宁县委书记胡宏调中共镇江地委工作，苏进程任中共江宁县委书记。

6 月　全县贯彻《中华人民共和国婚姻法》，各区开展婚姻登记工作，建立新社会民主自由婚姻制度。

7 月　县土地制度改革委员会成立，广泛宣传《中华人民共和国土地改革法》。

10 月 22—24 日　江宁县第一届各界人民代表会议第四次会议召开。

11 月 15 日　江宁县兴起抗美援朝运动，县成立保卫世界和平反对美帝国主义侵略委员会，又称中国人民抗美援朝江宁县委员会。

11 月　全县开展镇压反革命分子运动。

12 月中旬　县成立 115 人组成的土改工作队，加上苏南区党委派遣两个队 200 名队员分别进驻尚未土改的 90 个乡镇进行土改。

1951年

1 月底　县首次工商登记工作完成。发放登记证 2620 户，其中工业 10 户，手工业 514 户，商业 2096 户。

3 月 11—13 日　江宁县第一届妇女代表大会在东山镇举行。出席会议代表 246 人。选举产生江宁县民主妇女联合会第一届执行委员会。周慕岩当选为主任。

3 月中旬　全县土地改革运动基本结束。共没收征收土地 30300.27 公顷，房屋 15883 间，家具 36221 件，耕畜 7983 头，农具 72017 件，粮食 300.71 万公斤。并将征收没收的土地财产分给无地或少地的贫苦农民。

3 月中旬　县镇压反革命运动形成高潮。1—2 月，先后召开审判大会 185 次，近 40 万名群众参加控诉反革命分子罪行。至年底，共捕获反革命分子 1209 人，其中判死刑 456 人。

3 月 19—22 日　江宁县第一届各界人民代表会议第五次会议召开。

3 月 23 日　湖熟居民钱立三在秦淮河畔拾得一些古陶片、石器。经南京博物院院长曾昭燏等考古专家调查，先后在梁台等台地发现距今三四千年前新石器时代晚期至商、周青铜时代人类聚居原始村落和活动遗址。定名为“湖熟文化遗址”，又称“台形遗址”。

是日　县政府发布禁止种植鸦片植物布告。

3 月　遵照“面向工农兵”“预防为主”“团结中西医”卫生工作三大原则，江宁县开展控制流行病蔓延和接种注射预防疫苗工作。全县先后共为 100387 人接种牛痘，有 31395 人注射预防霍乱疫苗。

4 月 3—6 日　江宁县冬学总结奖模大会在江宁中学召开，出席会议代表 288 人。至 4 月下旬，全县有农民民校 915 所，入学学员 50299 人。

4 月 15 日至 7 月 23 日　全县有 1 万多青年民兵纷纷报名参军，先后有 1611 人应征入伍。

5 月 1 日　全县各地 24.40 万人举行游行示威，庆祝“五一”国际劳动节，反对美帝国主义武装日本，保卫世界和平。

5 月 2 日　县政府决定，将六区鹤龄、孟北两乡，分别划为鹤龄、插花、孟北、孟塘 4 个乡。6 月 13 日，将第二区板桥镇划为桥南、桥北、板桥两乡一镇；将第八区栖霞划为衡阳、石埠、栖霞两乡一镇。

5月13日　江宁县在湖熟举办第一次物资交流大会。销售额3.60万元。

6月1日　江宁县首届中小学生体育运动会在栖霞举行，1600名运动员参加比赛。

7月13日　江宁县人民抗美援朝代表会议在东山镇召开，出席会议代表266人。

8月2—6日　江宁县首届职工代表大会在湖熟镇召开。出席会议代表89人。选举产生江宁县总工会第一届执行委员会，李锦荷当选为主任。

11月10—13日　江宁县召开第二届第一次各界人民代表会议。出席会议代表309人（含特邀代表6人）。会议选举产生39名常委组成的县第二届各界人民代表会议常务委员会，苏进程为主席。

11月23日　经苏南人民行政公署批准，镇江专区专员公署任命李亦新为江宁县县长。

12月1—3日　江宁县第一次工商业者代表会议在湖熟镇召开。出席会议代表115人，特邀代表1人。会议选举产生县工商业联合会第一届执行委员会和监察委员会，马乐之当选为执委会主任委员。

12月中旬　江宁县开展反对贪污、反对浪费、反对官僚主义的“三反”运动，至次年7月下旬结束。县级机关参加“三反”斗争人数为544人，计有贪污行为248人，占总人数45.59%，共贪污26700元。

是年　全县成立常年互助组93个，季节性互助组707个，临时性互助组1012个。

1952年

1月　江宁县各界人民开展大规模的反对帝国主义进行细菌战的宣传和爱国卫生防疫运动。

2月初　按上级部署，县委决定在工商界开展反对行贿、反对偷税漏税、反对盗骗国家财产、反对偷工减料和反对盗窃经济情报的“五反”运动。“五反”运动于3月中旬基本结束。

4月8—12日　县首次农业生产互助组代表会议召开。出席会议的互助组代表、县区乡干部以及被评为苏南、县、区、乡级劳动模范共798人。会上，黄泥塘等9个互助组向华东、苏南等发起农业爱国增产竞赛的倡议。至秋收秋种时，全县参加竞赛的农户达7万余户，占农户的60%以上。

5月12日　经中共苏南区委决定，苏进程调离，由宫志毅任县委书记。

7月26—28日　江宁县第二届各界人民代表会议第二次会议召开。

10月上旬　县一区、三区、八区的11个乡疟疾发病率占总人数10%以上。县组织大批医务人员积极救治，在半个月时间内治愈2000多名患者，基本控制疟疾病的流行。

12月24—27日　中国新民主主义青年团江宁县第一次代表大会召开。出席大会代表305人。选举产生第一届委员会，全县有团员3123人。

是年　国民经济恢复时期最后一年。江宁县工农业总产值18804.11万元，比1949年增长43.89%。农业主要产品产量超历史最高水平。生产粮食19307.54万公斤，皮棉46.36万公斤，油料365.51万公斤。社会商品零售总额2155.30万元。

1953年

1月13—16日　江宁县召开优抚模范评选大会。到会烈军属、拥军、代耕、转业军人模范代表379人。

1月　全县有1784名生产待命军人和12257名青年民兵报名参军，奔赴抗美援朝前线。经身体检查合格945人，于1月31日和2月9日分两批奔赴军营。

2月1日　县政府发布《取缔反动会道门的布告》。至4月下旬，取缔反动会道门工作结束。

2月上旬　以岔路镇黄泥塘村刘天有农业生产互助组为基础，吸收其他成员参加的黄泥塘农业生产合作社正式成立。该社入社农户18户、71人，拥有耕地12.83公顷，成为江宁县第一个初级形式的农业生产合作社。

2月19—21日　江宁县召开评选农业劳动模范大会。出席会议代表246人。经大会评选，评出县级劳模单位6个，模范个人18人。并推选出席省劳模大会代表6人。

3月7—9日　江宁县召开第三届第一次各界人民代表会议。出席会议代表384人。选举产生39名委员组成的县第三届各界人民代表会议常务委员会，宫志毅当选为主席。

3月25日　经江苏省人民政府批准，史成仁任江宁县县长。

5月1日　江苏省文化局选择秣陵镇为农村图书馆试点馆，建立江苏省江宁县图书馆，是日开馆。

5月12日　江宁县开展基层普选工作，至1954年3月普选工作结束。全县139个乡镇的291282名选民中，有243534名参选。选出乡镇人民代表大会代表5121人，县第一届人民代表大会代表346人。结合普选工作，县还进行第一次人口调查，至1953年11月15日，全县常住人口535717人，其中男276090人，女259627人。

6月19日　江苏省人民政府通知，经华东行政委员会批准，原属南京市第九区的汤山、麒麟、古泉、青龙、青西等6个乡镇，沧波门乡的沧波门等6个村，第十区的西善桥、高桥门、菊花乡的凤翔等7个村，花神庙乡的荷塘等5个村，七桥瓮乡的刘家岗等9个村，石门坎乡的杨庄村，牌楼乡的白旬等14个村，高辇柏乡的丁墙2个村划归江宁县管辖。南京市第十一区的永定、棋杆、东宏、园通、大胜、中和、兴隆、双闸8个乡和所街乡（由所街、茶亭、江东乡的部分合建），铁心桥乡（由南京市第十区的西善桥、花神庙、菊花乡的部分村合并建立）及江宁县一区的太山共11个乡组成江宁县十一区，次年3月，十一区改称八区。江宁县八区的尧辰、石埠、衡阳、仙林、新合、栖霞、摄山镇大部分（后全部），三阳乡的便民村，龙潭镇划归南京市第九区。

8月24日　中共江苏省委确定江宁县为农村工作试点县，中共江宁县委设立常务委员会。并决定县委设第一书记，由省委农工部副部长王一香兼任，宫志毅为县委第二书记。

9月19日　经江苏省合作总社批准，成立板桥镇铁业生产合作社。成为县第一个手工业生产合作社。

11月23日至12月4日　召开县区乡干部扩大会议，936人出席会议。会议部署中国共产党在过渡时期总路线、总任务的宣传教育和实行粮食统购统销工作。

12月5—6日　江宁县第三届各界人民代表会议第二次会议召开。

12月中旬　实行粮食计划供应，全县划分52个供应点。凭乡证明对缺粮农民掌握供应；机关、团体、学校按月编造计划供应。食油按计划凭证供应。

1954年

1月1日　开始对全县城镇人口和农村缺粮户实行按月凭证供应粮食。

3月16日　经江苏省人民政府批准，江宁县将第六、八区两区合并为第六区，将第十一区改称第八区。

3月18—21日　江宁县召开第一次农业生产合作社工作会议及合作社社员代表会议。参加办社的中共区委委员、干部及合作社社员代表计112人出席会议。

3月25—29日　江宁县第一届人民代表大会第一次会议在东山镇召开，出席会议代表335人。选举产生由王一香、宫志毅等21人组成的江宁县人民政府委员会。史成仁当选为县长。

4月16日　根据江苏省人民政府“关于县属各区为县人民政府的派出机构，不作一级政权组织”的通知精神，县人民政府决定，将各区人民政府改称区公所。

5月7—9日　江宁县召开第一次手工业者代表会议。

5月中旬至9月　连续3个月降雨869毫米，淹没农田1.74万公顷。内涝山洪冲坏农田2.81万公顷；139个乡镇中89个受灾；淹没房屋37403间，淹死64人；抢险牺牲6人；灾民24万多人，为近百年最大洪灾。4个多月中，全县人民同洪涝灾害作顽强的斗争，加固土石方70万立方米，及时抢救被围困的51403人脱险，救出青苗3333公顷。及时补种，除2.59万公顷颗粒无收外，保住的2万公顷农田仍取得一定收成。

7月12—14日　江宁县第一届人民代表大会第二次会议召开。

9月30日　全县人民采取多种方式庆祝《中华人民共和国宪法》诞生。

11月1日　县政府决定除保留湖熟、汤山、东山、禄口、秣陵、龙都、陶吴、江宁、岔路、板桥、土桥11个县、区属镇外，其余一律废镇设乡。

11月24日　县成立水利工程总队，动员组织民工10万人，于12月11日起修复和建设特大水灾后的水利工程。镇江专署还组织武进、丹阳、句容三县民工2500人到县支援，在三江河口以西退建江堤。至1955年5月底，完成加固修建江港圩堤土方523.95万立方米，修复塘坝4785个、涵洞水闸397座。同时157个小圩并成47个含千亩农田以上的大圩。全县直接受益农田2.87万余公顷。

11月24—25日　江宁县第一届人民代表大会第三次会议召开。

1955年

4月6—11日　中共江宁县第一次党员代表会议在东山镇召开，出席会议代表396人，列席代表47人。会议通过《关于加强农业生产互助合作的决议》。

5月27日　全国人大代表周更生、陈翰笙等一行4人到江宁县共和乡曙光农业生产合作社，调查农民生产生活情况。

5月　全县开始执行计划收购油料。

6月　岔路镇中前村农业社社员要求退社，后发动群众开展整顿。9月11日，《新华日报》刊登3篇文章，全面介绍中前村农业社的整社经验。12月27日，中央办公厅将上述文章综合改写成《清除坏人，巩固合作社》的标题，选入由毛泽东主持编辑的《中国农村的社会主义高潮》一书中。毛泽东并为此文写了按语，指出“这一篇所说的问题有普遍意义，值得大家注意”。

是月　经中共江苏省委批准，县委第一书记王一香调离，县委第二书记宫志毅改任县委书记。

8月3—4日　江宁县第一届人民代表大会第四次会议召开。

8月上旬　全县粮食“三定”（定产、定购、定销）到户工作，在试点乡取得经验的基础上全面推开。8月底结束，一定三年不变。

9月1日　中共江宁县委决定即日起，原县委下辖的第一至第十区区委依次改称为东山、板桥、陶吴、禄口、湖熟、汤山、龙潭、沙洲、淳化、铜井区委。9月19日，县人民政府决定将10个区区名也依次改为上列地名。

10月3—8日　中共江宁县第二次党员代表大会召开，出席会议代表390人，代表全县3963名党员。

10月底　岔路镇黄泥塘社、大棚乡长江社和秦淮乡胜利社转办为完全社会主义性质的高级农业生产合作社。

10月31日　全县开始实行棉花计划收购和棉布计划供应。

12月19—24日　中共江宁县委召开县区乡级三级干部会议。会议学习贯彻《中华人民共和国兵役法》，部署1955年度征兵工作。至1956年1月27日，全县有11712名适龄青年报名参军，经政治审查、身体检查合格的1025名青年到部队履行服兵役义务。

12月25—26日　江宁县第一届人民代表大会第五次会议召开，到会代表221人。会议决定将江宁县人民政府委员会改为江宁县人民委员会。并选举产生17名委员组成江宁县人民委员会，李锦荷当选为县长。

12月　地方集资，将新中国成立初期由南京大校场延伸到东山镇的3.30千伏供电线路，改造为13.20千伏，在东山镇建立县第一个配电房，供应一部分居民、商店用电。

1956年

1月6日　中共江宁县委成立对资本主义工商业改造领导小组。县手工业协会、县工会先后召开代表大会，宣传贯彻党对资本主义工商业及手工业改造的方针政策。到6月底，全县有2065户私营商业实行各种形式的社会主义改造，占私营商业总数的83.27%。

2月4日　中共江宁县委成立防治血吸虫病5人领导小组，规划在4年内消灭全县血吸虫病。

2月18日　经江苏省人民委员会报请中央批准，江宁县沙洲区的棋杆、永定、兴隆、元通、双闸、中和、大胜、铁心桥8个乡镇，板桥区的近华、桥北、桥南、板桥4个乡镇以及东山区的泰山、定坊、夹岗门3个乡划归南京市雨花台区管辖；淳化区的牌楼和汤山的三杨、龙泉两个乡划归南京市栖霞区管辖。3月1日，县人委决定将铜井区和板桥区合并为江宁区，撤销淳化区，增设汤山镇为县属镇。同时，将全县116个乡镇调整为56个乡镇。

2月　全县共建成高级农业社269个，入社农户10.30万余户，占总农户97%，基本完成了对农业的社会主义改造任务。

3月1日　中共江宁县委机关报《江宁报》创刊，为八开两版5日刊。

3月底　自1955年冬在农村开展“扫盲”运动至此，共办民校1577所，学习小组1480个，有7.90万多农民入学，约占全县农村青壮年文盲总数的60%，其中5000人摘掉文盲帽子。

4月6—11日　中共江宁县第一次代表大会在东山镇召开，到会代表379人（含列席代表36人），代表全县5192名党员。大会选举产生31名委员和8名候补委员组成的中共江宁县第一届委员会。还选出出席中共江苏省第一次代表大会代表7人。在一届一次全委会上，选举宫志毅为县委书记。

5月8日　开始在全县范围内有区别地吸收地主、富农、反革命分子加入农业社工作，至6月18日结束。全县共有地、富、反分子9544人，改变地主、富农成分和摘掉反革命帽子作为社员的1093人，作为候补社员的6911人，交农业社管制生产的1540人。

5月31日　经江苏省人民委员会批准，江宁县高桥门乡划归南京市管辖。

5月　江宁县有线广播站成立并开播。全县有44个乡镇利用电话线路传输通播。

6月4日　经中共江苏省委批准，中共江宁县委增设文教部、林业部、政法部，恢复设立统战部。

7月5日　开始工资改革，全民所有制职工普遍增加工资。至年底，人均年工资457元。比1952年增加38.90%，比1949年增加71.80%。

9月22—25日　江宁县第一届人民代表大会第六次会议召开。

10月18日　省人民委员会公布第一批省级文物保护单位中，江宁县有南朝宋武帝刘裕初宁陵、梁建安敏侯萧正立墓和陈武帝霸先万安陵3处石刻及南唐二陵、宋代上定林寺塔、明代阳山碑材等6处。

1957年

1月17—22日　江宁县第二届人民代表大会第一次会议在东山镇召开，出席会议代表297人。会议选举李锦荷为县长。

4 月 19 日　开始撤区并乡。至 7 月 15 日，全县 7 个区、1 个直属镇、54 个乡镇，合并为 24 个乡镇，取消区级建制。

5 月 7—13 日　召开全县三级干部大会，出席会议的区、乡、社干部 1130 人。会议学习毛泽东《关于正确处理人民内部矛盾问题》的讲话，研究讨论如何处理两类不同性质的矛盾。

6 月 5 日　中共江宁县委成立以宫志毅为组长的 9 人整风领导小组，领导开展整风运动。

8 月 30 日至 9 月 1 日　江宁县第二届人民代表大会第二次会议召开。会上，接受李锡荷辞去县长的请求，华子泉当选为县长。

是日　通过江宁县的凤凰山铁矿至古雄铁路专线建成通车，全长 18.60 千米。

10 月 30 日　县人委颁发《江宁县市场管理办法实施细则》，明确规定粮食、棉花、油料全部由国家指定单位计划收购，禁止进入自由市场。原有粮食市场一律取消；生猪、家禽、茶叶等 20 种农副产品也实行统一收购与分配。

12 月 13 日　中共江宁县委召开反右派斗争积极分子会议。整风反右派斗争严重扩大化，致使一批知识分子、爱国人士和党内干部被错划为“右派分子”，并使他们长期蒙冤受屈，造成不幸的后果。全县划定 84 名“右派分子”，有 370 名干部群众遭批判斗争、3 人降职降薪、8 人被开除公职、71 人监督劳动、2 人劳动教养。至 1958 年 1 月 25 日，反右派斗争基本结束。

12 月底　全县 24 个乡镇全部通广播。

是年　“一五”计划超额完成。全县工农业总产值 21519.18 万元，同 1952 年相比增长 14.44%，比 1949 年增长 64.67%。社会商品零售总额 2972.50 万元，比 1952 年增长 37.90%。全县财政收入 783.29 万元。农村人均年收入 66 元，人均年口粮 234.20 公斤。5 年中新建学校 90 所、医院（保健所）13 所、公路 4 条。

1958年

3 月 1 日　中共江宁县委书记宫志毅调省委工作，省委任命李崇为中共江宁县委书记。

3 月 12—14 日　召开地方工业、手工业工作会议，贯彻“工农业并举、土洋并举”方针，号召全民动员大办工业。

4 月 29 日　召开历时 9 天的全县三级干部大会，学习贯彻“鼓足干劲、力争上游、多快好省地建设社会主义”总路线。至 5 月中旬，各行各业纷纷召开“鼓干劲、争上游”誓师大会，掀起“大跃进”运动热潮。

5 月 13—15 日　江宁县第三届人民代表大会举行第一次会议。出席会议代表 283 人，大会选举华子泉为县长。

6 月底　开始在全县掀起大炼钢铁运动。6 月 30 日，第一座土法炼铁炉试炼成功。至 8 月底，全县共兴建土高炉 259 座。

7 月 3—5 日　召开建设社会主义积极分子大会（号称“万人大会”）。出席会议的有县农业劳动模范和县、乡、社、队干部 9780 人。会议要求破除迷信，解放思想，鼓足干劲，确保水稻亩产量双千斤。这次大会标志着江宁县进入“大跃进”的高潮阶段。

7 月 5 日　江苏省人民委员会通知，江宁县、江浦县和六合县 3 个县划归南京市领导。

7 月底　农村实现吃饭食堂化、农民军事化、生产战斗化、小孩农托化。全县 263 个农业社共办农民食堂 4008 个；幼儿园、托儿所、托儿组共 4285 个，受托儿童 33237 人。

8 月 25 日　江宁县长江人民公社成立，是南京地区第一个政、社合一和工农商学兵为一体的人民公社。至 9 月 28 日，全县 284 个农业合作社合并建成 20 个人民公社。参加人民公社的农户达 122162 户，占全县总农户的 99.90%，实现人民公社化。

9 月 29 日　江苏省人民委员会通知：江宁县铜井乡前太来、后太来、谢家、晏公祠、湖河塘 5 个自然村划归安徽省马鞍山市。

12 月 29—31 日　中共江宁县第二次代表大会在东山镇召开。出席会议代表 328 人。会议总结 1958 年“大跃进”后各项工作的基本经验和教训，并确定 1959 年的工作任务。大会选举产生中共江宁县第二届委员会和中共江宁县监察委员会。在二届一次全委会上，选举李崇为县委书记。

1959年

1 月下旬　禄口、湖熟、长江等地发生严重的麻疹、百日咳、水痘等传染病。发病 6772 人，病死 190 人。县派 9 个小组 210 余名医务人员紧急救治，疫情得到控制。

3 月 15—23 日　召开四级干部大会。全县生产队以上干部 3205 人出席会议。学习中共中央政治局郑州扩大会议确定的《当前整顿和建设人民公社的方针和任务》《关于人民公社管理体制的若干规定》和省委召开六级党员干部会议的精神，宣传人民公社实行分级管理、队为基础、三级核算、各计盈亏等政策。17 日晚，20 万人收听广播大会。25 日，县委发出《关于调动社员积极性的十条规定》。重申生活资料永远归私人所有，家庭副业收益和分得的粮食归社员，折价归社的农具将价款还给社员等。

3 月 31 日　经中共江苏省委批准，中共江宁县委设立书记处，李崇任书记处第一书记。

4 月 2 日　东山公社开始推行“三包一奖”（包产、包本、包工，超产奖励）制度。6 日，江苏省委向全省批转江宁县委《关于东山公社贯彻“三包一奖”制度的报告》。

4 月 8 日　成立江宁县“支边”办公室，动员青壮年支援新疆社会主义建设。历时两个多月，全县约 2000 名青壮年报名支边。经审查批准 101 名青壮年（男 72 人，女 29 人），于 6 月 24 日上午去新疆。

4 月 24 日　全县 20 个人民公社及所属厂矿隆重集会，热烈庆祝江宁解放 10 周年。

5 月 16 日　中共江宁县委在全县 10 万人参加的广播大会上，传达毛泽东是年 4 月 29 日写给省、地、县、社、队、小队各级干部关于农业生产方面的一封信。纠正心急办坏事，防止好心办坏事。对全县包产指标重新修订，对密植问题作合理调整，社员自留地恢复到高级农业社水平，平均每人 0.60 亩。

7 月 1 日　撤销中共江宁县委工作部，成立县委工业部、财贸部和劳动工资部。

9—10 月　将抵制对所谓“彭德怀反党集团”的批判和将对“大跃进”中急躁冒进造成失误的批评意见，当做“右倾”思想进行批判。开始“反右倾、鼓干劲，大搞丰产丰收”的竞赛运动。11 月 4—25 日，中共江宁县委召开全委扩大会，着重对县委书记处书记薛斌等 11 位所谓“右倾思想代表人物”开展错误地批判与斗争。年底，反“右”斗争向各乡镇铺开，许多不满“大跃进”做法的干部受到批判。

12 月 26—30 日　中共江宁县委召开公社党委书记会议，研究解决社员生活问题。全县 257 个大队，按人均每月 8 公斤 ~ 11 公斤原粮计算，能维持到夏收的只有 74 个大队、31065 户，仅占全县总户数的 26%。183 个大队缺粮半个月至 4 个月。其中濒临断炊的有 88 个大队、41180 户，占总户数的 35.50%。

12 月底　全县 20 个公社除铜山公社外已全部开始通汽车。

1960年

1 月 6—9 日　江宁县第三届人民代表大会第二次会议召开。

1月 成立地方国营江宁县汽车队，有汽车15辆、51.50吨位。从此，结束江宁县靠人力畜力无机动车运输的历史。

2月24—28日 江宁县民兵师首届民兵代表大会召开。出席会议代表共426人。4月25日，县委决定将全县20个人民公社民兵团分别改建为民兵师。

3月23—25日 召开全县科学技术会议。在这次会议上，还宣布成立江宁县技术协会。

7月7日 从2月起，相继出现大批浮肿病人。为及时抢救病人，全县累计下拨粮食21万公斤，食糖0.50万公斤，食油1650公斤，现金7.40万余元。至是日，全县15000余名浮肿病患者基本好转。

9月25日 全县开始大张旗鼓地宣传贯彻省人委关于纠正农村“平调”问题的布告（即“二十条”）。至10月13日，据17个公社统计，已退还被占用的社员房屋1562间，修缮损坏房屋5□9间，新盖赔偿房屋136间，折价赔款房屋456间，占用民房中的76.20%已妥善处理，其余1134间房屋正在处理。

9月26日 全县下放城镇工人、居民15727人作为农业劳动力。

10月1日 降低城乡人口粮食供应标准。农村年度人均原粮180公斤，城镇居民除重体力劳动者外，每人每月降低0.50公斤，国家机关管理人员每人每月降低1公斤。

11月上旬 开始贯彻中共中央《关于农村人民公社当前政策问题的紧急指示信》（即“十二条”），彻底纠正干部中的“五风”，即一平二调共产风、浮夸风、命令风、特殊化风和生产瞎指挥风。

12月18日 中共江宁县委召开5316人参加的县、社、大队、生产队四级干部会议，总结1958—1960年3年的工作。1960年，全县工农业总产值20633.91万元，比1957年下降4.1□%；粮食产量15515.58万公斤，棉花产量6.65万公斤、油料产量179.94万公斤，分别比1957年下降19.72%、55.78%、21.15%。人口出生率下降，从1957年的37.10‰下降至1960年的12.80‰；死亡率增高，从1957年的10.70‰上升到1960年的32.80‰；1960年总人口较1958年减少1.98万人。

1961年

1月9日 中共江宁县委召开的5316人参加的四级干部大会结束。这次会议，贯彻中共中央关于农村人民公社当前政策问题的紧急指示信，清理和纠正1958年后县委工作中的“左”的错误问题。会议于1960年12月24日开始。

4月19日 中共江宁县委贯彻中共中央《关于农村人民公社工作条例（草案）》（即农业“六十条”）。通过三级干部会议，明确生产队拥有的权利：生产队的资金、物资设备、技术和牲畜，均由生产队全数支配，公社、生产大队不得随意调动；劳力、土地、耕牛、农具长期固定在生产队，由生产队经营管理，公社、大队不得无偿调用；生产安排管理权归生产队，上级不得乱加干涉；“三包一奖”方案一经与生产队确定，上级不得任意变更。

5月4—8日 政协江宁县委员会第一届第一次会议在东山镇举行。出席会议委员共70人。会议选出县政协第一届委员会常务委员19人，李崇当选为主席。

5月5—7日 江宁县第四届人民代表大会第一次会议在东山镇举行。出席会议代表301人，大会选举华子泉为县长。

5月7日 铜井公社停办公共食堂84个。至9月底，全县常年公共食堂全部撤销。

8月26日 中共江宁县委贯彻中共中央《关于确定林权、保护山林和发展林业的若干政策规定（试行草案）》（简称“林业十八条”）。

9月6日 中共江宁县委贯彻中共中央《关于改进商业工作若干规定（试行草案）》（简称“商业四十条”）和《关于城乡手工业若干政策问题的规定（试行草案）》（简称“手工业三十五条”）。

9月21—22日　中共江宁县委召开水产工作会议，着手纠正公社化后，水面所有制变动频繁，经营管理集中过多过死的倾向。

10月20日　中共南京市委决定，江宁县青龙山农场划归南京市领导。

11月25日　中共江宁县委为加强人民公社全面领导，决定分别成立中共长江区、东山区、湖熟区3个工作委员会。县委书记处3名书记分别兼任工委书记。

11月30日　经中共南京市委、市人委批准，江宁恢复设立东山、秣陵、汤山、湖熟、江宁5个县属镇。同时在上坊、铜井、陶吴等18个集镇设立集镇办事处，仍归该所在公社领导。

1962年

1月3日　经中共南京市委批准，江宁县原长江公社划为长江、营防、花园3个公社，原东山公社划为东山、横岭（后为方山）、殷巷3个公社，原汤山公社划为汤山、上峰2个公社。

1月5日　全县四级干部会议结束。参加会议生产队以上干部7174人。会议研究部署实行以生产队为核算单位的工作，讨论制订1962年农业生产规划。会议于1961年12月30日开始。

2月　中共中央在北京举行扩大的中央工作会议（即七千人大会）结束后，县委先后在全县党员干部中进行传达学习。

3—6月　县级机关由35个单位减为30个（撤销县委工业部、财贸部，县人委工业局、科委、副食品局）；撤销东山、长江两个区工委。县社两级行政人员编制数由929人减至645人；县企事业人员编制由603人减至501人。全县共精简下放机关干部366人。

5月8日　中共江苏省委决定，市属县归还原建制，江宁县仍划为镇江专区领导。

7月4—7日　江宁县遇到历史上罕见的暴雨。农田遭受内涝1.06万公顷，倒漫圩淹没2871.73公顷，山洪冲毁906.20公顷。另冲倒水库6座，塘坝2000多个，倒塌房屋4028间，淹死和房屋倒塌压死12人、伤8人，被淹粮食31万公斤。

7月底　全县累计精简国家定销和社办自筹粮人口10353人。

8月13日　成立县物资局，税务局、财政局分开设立，成立县物价委员会。

8月21—25日　江宁县第四届人民代表大会第二次会议召开。

8月21—26日　政协江宁县第一届委员会第二次会议召开。

8月22日　中共江苏省委批准，撤销中共江宁县委书记处。李崇为县委书记。

10月9日　对1958年后被错误批判斗争的“右倾”干部进行甄别平反。受到批判和处分的1952名干部中，全错或基本划错的占58.60%。

11月初　中共江宁县委先后召开公社党委书记和县直机关科局长以上党员干部会议，传达中共八届十中全会精神，强调“阶级斗争必须年年讲、月月讲、天天讲”。

1963年

1月17—18日　中共江宁县第三次代表大会召开，出席会议代表413人。大会选举产生中共江宁县第三届委员会。在三届一次全委会上，选举李崇为县委书记。

3月9—13日　江宁县农业先进单位代表会议召开，出席会议代表413人。会议号召全县开展建设“三好”（民主办社好、干部思想作风好、党的支部工作好）人民公社、“五好”（政治思想好、执行政策好、干部作风好、经营管理好、增产增收好）生产队活动，掀起学先进、比先进、赶超先进的竞赛热潮。

4月1日　中共江宁县委常委会传达学习中共中央《关于厉行节约和反对贪污盗窃、反对投机倒把、反对铺张浪费、反对分散主义、反对官僚主义的指示》（即“新五反”）和省委四届二次全会（扩大）会议精神。决定在全县开展增产节约和“新五反”运动。“新五反”运动于1964年年底结束。

5月下旬　中共江宁县委学习毛泽东批发的《关于目前农村工作中若干问题的决定》（即“前十条”）等7份附件。方山公社开始试点，开展“四清”（清账目、清仓库、清财务、清工分）运动。

11月29日至12月29日　全县三级干部会议召开。参加会议的县、社、队三级干部和贫下中农代表共1103人。会议学习贯彻中共中央两个文件（即“前十条”和“后十条”），解决三级干部阶级、立场、观点、思想作风问题，部署今冬明春工作。会议期间，镇江地委书记李楚到会讲话。

是年　江宁县粮食产量改变7年连续徘徊在1.50亿公斤上下的状况，达到2.64亿公斤。比1962年粮食产量增长50%。

1964年

3月8日　县人委决定，东山、湖熟、秣陵、汤山等18个集镇开放粮油市场。

4月9日　县人口普查领导小组成立，进行第二次全国人口普查工作。普查结果，全县总户数为126423户，总人口505826人。其中，女性为245783人。农业人口471171人，非农业人口34655人。

4月26—30日　江宁县第五届人民代表大会第一次会议举行，出席会议代表306人。大会选举华子泉为县长。

4月26—30日　政协江宁县第二届委员会第一次会议举行，出席会议委员82人。会议选举李崇为县政协主席。

5月1日　中共江宁县委、县人委决定，把分散埋葬的65位烈士遗骸，重新安葬在云台山东麓，建立云台山烈士墓。7月1日奠基，8月1日烈士墓建成。1979年8月进行修建，增建云台山抗日烈士纪念塔等。1992年，云台山烈士墓被列为南京市文物保护单位、爱国主义教育基地。

6月26日　省人委批复，同意江宁保留东山、汤山、湖熟3个镇为县属镇；撤销江宁、秣陵2个镇的县属镇建制，改属所在公社领导。

9月17日　经中共江苏省委批准，华子泉任中共江宁县委书记，免去李崇县委书记职务。

1965年

1月24日　江宁县汤山、谷里、长江等12个公社先后发生流行性脑膜炎、麻疹、白喉等传染病。其中385人患脑膜炎，死亡14人；患血吸虫病高达4700余人。至4月底，全县共治疗血吸虫病人234人，预防医治疟疾病人2.50万余人，挖压灭螺14万多平方米。

2月5—9日　召开全县四级干部会议。4931名干部学习中共中央《农村社会主义教育运动中目前提出的一些问题》（即“二十三条”）。强调所谓“运动是整走资本主义道路的当权派”，提出社会主义教育是以阶级斗争和两条道路斗争为纲。

3月　江宁县贯彻中共中央“两种教育制度、两种劳动制度”的指示精神，共试办半耕半读农（职）业中学33所，学生达1201人；半耕半读小学1601所，在校生30172人。连同全日制学校计算，全县学龄儿童入学率由1963年的65%上升到87.10%。

7月1日　经省人委批准，江宁县麒麟乡更名为其林乡。

8月　经中共江苏省委、中共镇江地委批准，张立业任县人民委员会县长。

9月上旬　中共江苏省委、中共镇江地委“社教”工作团进驻全县各公社、各单位进行“四清”（清政治、清经济、清组织、清思想）运动。

是年 国民经济调整全面完成。全县国内生产总值8112万元，比1960年增长46.56%。粮食产量30294.49万公斤，比1960年增长95.25%，亩产量超历史最高水平，达226.46公斤。社员人均口粮295.25公斤，年分配纯收入98元，均创历史新水平。

1966年

1月5—13日 中共江宁县委召开全委扩大会议。要求以阶级斗争观点认识当前形势，以备战观点确定江宁县发展农业生产的“三五”规划（1966—1970年）和1966年的生产任务。

3月1—7日 中共镇江地委江宁县“社教”运动工作团和县委联合召开学习毛泽东著作积极分子代表会议，参加会议代表1122人。全县已有学习毛泽东著作小组11300个，约15万人。

5月 中共中央政治局扩大会议通过由毛泽东主持制定的《中国共产党中央委员会通知》（简称“五一六”通知），县委要求各级党组织传达学习。“文化大革命”运动开始。

7月14日 经省人委批准，江宁县铜山公社的山南、独山两个大队划归溧水县；溧水县的柘塘和平大队划归江宁县。

7月中旬 中共江宁县委成立“文化大革命”办公室。

7月 县第六届人民代表大会选举工作完成，共选出代表394人。由于“文化大革命”开始，这届人民代表大会未能如期举行。

8月中旬 《中国共产党中央委员会关于无产阶级“文化大革命”的决定》公布后，县委组成工作队进驻东山公社进行“文化大革命”试点。至此，江宁县“文化大革命”进入全面发动阶段。

8月底 全县学校和部分城乡自发组成红卫兵组织，纷纷上街、串村，开展所谓破“四旧”（旧思想、旧文化、旧风俗、旧习惯）运动，短短几天内蔓延全县。

10月10日 江宁县中学生代表867人，教职员工代表86人，赴京参观“文化大革命”，接受毛泽东检阅。

12月 中共中央《关于农村无产阶级文化大革命》的指示下达后，全县纷纷建立红卫兵、“造反派”组织，用“大鸣、大放、大字报、大辩论”的方式向“旧县委”发起攻击。全县公社领导班子大多瘫痪，社会生产秩序更趋混乱。

1967年

3月4日 上午，江宁县驻军团以上部队负责人在县人武部召开协商会议，决定成立江宁县人民武装部生产办公室。县人武部政委陈国梁任主任。下午，中国人民解放军驻江宁各部队，先后向全县25个公社、3个县属镇、工厂、林场、水利工地派出近2000人的军队工作组，执行“三支两军”（支左、支工、支农，军管、军训）任务。

4月1日 江苏省军事管制委员会决定，对江宁县实行军事管制。以县人民武装部为主会同驻军接管原县委、县人委、公安局、邮电局、广播站及其他重点单位。由主任委员陈国梁等11人组成江宁县军事管制委员会。军事委员会下设革命委员会、生产委员会和办公室。

4月18—21日 县军管会召开全县工交、财贸工作会议。宣传《中共中央给全国厂矿企业职工、干部的信》，要求广大干部和职工坚持按系统抓革命、促生产的方针，遵守劳动纪律，坚持8小时工作制，掀起生产建设新高潮。

4月20日 《红旗》杂志第5期发表戚本禹《爱国主义还是卖国主义》一文。县军管会根据上级指示发出通知，指出批判所谓“党内最大走资本主义道路当权派”是当前特别重大的政治任务，尤其要肃清《论共产党员的修养》一书的所谓流毒。

4月下旬 县军管会召开文教工作会议，推动中小学校复课闹革命，至6月初，小学生有

90%、初中生有 80%、高中生有 60% 回校。

5 月 8 日　县军管会发出坚决反对经济主义的通知。县、社分别成立工作小组，对私分储备粮、公共积累、生产资金，以及违反财经制度扩大范围滥发、补发和预支预借的钱、粮、物清理回收。

7 月 2 日　县军管会发出关于坚决制止武斗的紧急通知。呼吁全县人民立即行动起来，坚决反对武斗，反对任何组织参与外单位打群架，反对"打、砸、抢、抓"的违法活动。

12 月 15—29 日　县军管会举办为期半个月的全县第二期毛泽东思想学习班。解放军"支左"代表，县、社"造反派"负责人及各级领导干部 273 人参加。围绕"大联合""解放干部"等问题展开"斗私批修"，为全县逐步建立各级革命委员会奠定思想基础。

1968年

1 月 15 日　龙都公社革命委员会成立。这是江宁县第一个以"三结合"（领导干部、"造反派"、民兵代表）形式掌管公社一切权力的临时机构。至 4 月 5 日，25 个公社、3 个直属镇，以及学校、企业、机关也相继成立革委会或革命领导小组。

1 月 27 日　县筹建年产量 3 万公斤～ 6 万公斤的缫丝厂，1970 年建成投产。

3 月 7 日　经中共陆军第二十七军委员会批准，江宁县革命委员会成立。下设办事组、政治工作组、生产指挥组、人民专政组。张立生任主任委员。

7 月 30 日　县革委会规定，从是年起，全县中小学招生废除原考试制度，一律采用由校内外推荐与选拔相结合的方法进行录取。

9 月初　县、社革委会分别组织"工农兵"宣传队，陆续进驻全县所属中小学。到 9 月中旬，全县 28 个公社、镇，363 个大队相继成立教育革命委员会或贫下中农管理学校委员会。

10 月 13 日　县革委会决定，在东善桥农场南山管理区（即三合村附近）创办江宁"五七"干校。20 日，原县党政机关 711 名工作人员（约占县直机关人数 2/3 以上）送到干校参加劳动。

10 月下旬　在丹阳、陆郎、东善、横溪、秣陵、陶吴、汤山等地筹建的 6 个小铁矿陆续建成。

12 月 22 日　毛泽东关于"知识青年上山下乡"的指示发表。此后，全县掀起上山下乡的热潮。月底至次年 3 月，全县 6000 多名知识青年和城镇居民到农村安家落户。

1969年

2 月　中共江宁县革命委员会核心领导小组建立。张立生任组长。随后，全县各公社、镇革委会也相继成立党的核心领导小组。

4 月 1 日　江宁县连夜举行集会和游行，庆祝中共第九次全国代表大会召开。庆祝活动一直持续到 4 月 29 日。"九大"在思想上、政治上和组织上的指导方针都是错误的。

4 月 12 日　地处县内的南京凤凰山铁矿发生严重的大面积矿井塌方事故，14 名工人被封在井底。经过 136 个小时的连续奋战，井底人员除 4 人死亡外，其余全部得救。

7 月中旬　江宁县遭受严重水灾，秦淮河水位超过 1954 年最高水位 0.30 米。全县受灾面积 2.01 万公顷，其中倒漫圩 88 个，计 4607.40 公顷；内涝 1.43 万公顷，山洪冲击 392 90 公顷，外滩淹没 823 公顷，倒塌房屋 12655.50 间。全县军民奋力抗洪抢险。

11 月 6 日　经江苏省革命委员会批准，原分属江宁、句容、溧水 3 个县的周岗圩中 13 个大队，单独划建为周岗人民公社，归江宁县管辖。12 月 27 日，成立周岗人民公社革命委员会。

1970年

1 月 31 日　中共镇江专区革委会核心领导小组批准，中共铜井公社委员会成立。这是江宁县按照新党章建立的第一个党的基层委员会。

2月16日　县革委会召开两万多名党员和生产队队长以上干部参加的广播大会，动员开展“一打三反”（打击反革命破坏活动，反对贪污盗窃、反对投机倒把和反对铺张浪费）运动。

3月17日　经镇江专区革委会报省革委会批准，华子泉任县革委会主任。

3月29日至4月2日　县革委会召开全县农业科学实验经验交流会。会议期间，省革委会副主任吴大胜到会讲话。

5月7—11日　县革委会召开三级干部大会，集中1000多名县社干部，传达贯彻全国计划会议精神，讨论江宁县国民经济第四个五年计划，部署1970年工作任务。

7月中旬　全县29个公社（镇）有24个恢复建立新的党委，全县594个基层党支部经整顿全部恢复建立。

8月14—20日　中共江宁县第四次代表大会在岔路口步校礼堂召开，出席会议代表866人。大会选举产生中共江宁县第四届委员会。在四届一次全委会上，选举华子泉为县委书记。

9月1日　县革委会恢复原县人委8个工作部门：人事局、文教局（均属政治组）、工业交通局、农林局、水电局、商业局、卫生局、财政局（均属生产指挥组）。

11月24—26日　中共江宁县委召开四届三次扩大会，贯彻中央北方农业会议和省农业会议精神。通过《关于进一步深入开展农业学大寨群众运动的决议》。

是年　新建复建的江宁炼铁厂、油泵厂、酿酒厂、面粉厂、化工材料厂等，至年底先后建成投产。

1971年

1月15日　开始重建卧儿岗铁矿（为井下开采）。1972年年底建成投产。

1月20日　县级机关和东山地区召开所谓“深挖‘五一六’反革命阴谋集团”动员大会，并将会议实况向全县转播。从此，深挖“五一六”运动在全县深入扩大，结果造成一批冤、假、错案。

2月17日　下午，县云台山硫铁矿发生井下炸药库起火，造成48人一氧化碳严重中毒事故。县革委会全力组织抢救，41人获救，7人死亡。

3月11日　经国务院批准，江宁县划归南京市管辖。

10月14—20日　中共江宁县委分两批召集行政22级以上党员干部和公社党委委员、基层党支部书记、“支左”解放军党员代表共1902人，传达中共中央关于林彪、叶群等人叛国外逃的文件。林彪反革命集团的覆灭，客观上宣告“文化大革命”的理论和实践的失败。

11月21日　成立江宁县革委会体育运动委员会，撤销江宁县体育系统军事接管组。

11月23日　东山镇召开党代会，选举产生中共东山镇委员会。至此，江宁县29个公社（镇）全部恢复建立新党委。

是年　县粮食产量摆脱1965年后5年在3亿公斤上下徘徊的局面，突破4亿公斤，达4.08亿公斤，亩产量第一次超农业发展纲要，达473.85公斤。

1972年

6月3—5日　召开加强农村劳动力工作会议。在全县推行建立劳动作业小组，把农活任务、时间、数量质量和报酬四定到组；恢复按人定基本劳动日、基本口粮、基本肥料和必要的奖罚制度。

6月下旬至7月初　6月20日、7月3日，江宁县连续两次因暴雨造成严重水灾。冲毁房屋519间，倒塌房屋3800间，死亡12人，淹死耕牛5头，冲破水库15座、塘坝621处，淹没或内涝农田11733.33公顷。省、市、县委和驻军组织群众防汛救灾，把损失减少到最低程度。

9 月 26 日　江宁县出台《关于当前农村经济政策中几个具体问题的处理意见》。提出稳定生产队规模，纠正随意并队、改变核算单位现象，因地制宜搞好劳动计酬管理，以粮为纲发展多种经营，不能把社员家庭副业、自留地当做资本主义等。

9 月底　全县整团建团工作基本结束。建立基层支部 574 个，占应建数的 96%；建立基层团委（总支部）42 个，占应建数的 97%。全县有团员 28487 人。

是年　全县工农业总产值 41961.85 万元，比 1970 年增长 27.95%；粮食总产量 39114.94 万公斤，比 1970 年增长 26.58%；农民人均年收入 104 元，比 1970 年增加 20 元；社会消费品零售总额 7804.60 万元，比 1970 年增长 43.20%。这是批判极左思潮，努力落实党的各项政策的结果。调整至年底被迫中断。

1973年

1 月 24—27 日　时隔 7 年后的共青团江宁县第九次代表大会在东山镇召开。出席会议代表 826 人。大会选举产生共青团江宁县第九届委员会。

1 月 31 日　撤销县革委会政治工作组，恢复设立县委组织部、宣传部、办公室和党校。4 月 26 日，撤销县革委会办事组、生产指挥组。至 5 月 1 日，县革委会先后恢复设立 20 个工作部门。

2 月 14 日　经中共江苏省委批准，王勉任江宁县委代理书记。

5 月 2 日　江宁县第二届体育运动会闭幕。共有 41 个代表队、1872 名运动员在 3 个月内参加 42 个项目的比赛。

6 月 4 日　上午 11 时，铜井公社新济洲洲堤上的小道口涵洞，由于管理不善，造成涵洞底板被江水掀掉，冲垮江堤 41 米的破圩事件，淹没农田 213.33 公顷，住房 14 间。经过 6 个昼夜的抢救，于 12 日上午大堤合龙。18 日，受灾农田全部种上水稻和旱谷。

7 月 2—4 日　江宁县第九次妇女代表大会在东山镇召开。559 名妇女代表出席会议。大会选举产生江宁县妇女联合会第九届委员会。

8 月 5 日　恢复设立县人民法院、县公安局。至此，原县革委会政治、办事、生产指挥、政法四大组全部撤销。

8 月 23 日　适应改革大学招生制度。采取自愿报名、群众推荐、领导批准、学校复审办法，选送 73 名工农兵学员到高等院校就学。这种招生办法一直沿用到 1976 年。

8 月 27—29 日　相隔 10 年之后，江宁县工会第五次代表大会在东山镇召开。出席大会代表 267 人。大会选举产生江宁县总工会第五届委员会。

9 月 15—19 日　中共江宁县委召开四届七次全委扩大会议，传达贯彻中共第十次全国代表大会精神。中共十大继续了中共九大的“左倾”错误。

1974年

1 月 10—14 日　江宁县上山下乡知识青年建设社会主义新农村积极分子代表大会召开。出席会议代表 590 人。

2 月 8 日　经中共江苏省委批准，华子泉调任中共南京市委副书记、市革委会副主任。王勉任县委书记、县革委会主任。

2 月　“批林批孔”运动在全县迅速铺开。由此，全县各方面工作再次受到严重干扰。

3 月 9—12 日　江宁县第二次贫下中农代表大会召开。选举产生江宁县贫下中农协会第二届委员会。至此，江宁县工、青、妇、农等群众组织全部恢复成立。

4 月 6 日　江苏省林业科技育苗会议在江宁县召开。会上，江宁县介绍发展林业生产的做法。

6月4日　12时30分，江宁公社新洲大队第四生产队17名社员（男2人，女15人），乘小划船渡江抢收小麦，遇到风浪，造成淹死7人、受伤7人的重大翻船事故。

6月17日　19时10分至20时40分，10级左右暴风雨遍袭全县。共倒塌房屋14728间、损坏77484间，死亡7人、伤179人，死牛17头、伤67头，刮散粮食8.23万公斤，2.05万公顷早中稻和旱谷受到程度不一的损坏。县、社干部带领群众抗灾救灾。

1975年

1月7日　江宁县治理汤水河土桥段工程全线施工，24个公社8万名民工参加，最高时达10.10万人。经过20多天的奋战，于31日完成工程任务。土桥12.10千米长的大埝圩等，普遍从13.50米加高到15米～17米，顶宽由3米拓宽到4米～6米；5.40千米的汤水河段，全部改建成标准堤的新河道。

1月17—18日　两天晚上，全县组织干部群众集中收听中央广播电台播放的《中国共产党第十届中央委员会第二次全体会议公报》和《中华人民共和国第四届全国人民代表大会新闻公报》。邓小平当选为中共中央副主席、中央政治局常委和国务院副总理。

3月17—22日　中共江宁县委举办领导骨干438人参加的学习班。主要学习中共中央〔1975〕9号文件（即《关于加强铁路工作的决定》）和中央领导在全国工业书记会议上的讲话。

4月28日　经中共江苏省委批准，县委书记、县革委会主任王勉调南京市工作，李英俊任县委书记、县革委会主任。

6月24日　中共江宁县委召开工作会议，县委、县革委会、各基层党委和县直机关党支部委员共465人参加会议。会议传达贯彻中共中央〔1975〕13号文件和全国钢铁工业座谈会议精神。

7月26—29日　中共江宁县委召开工交财贸工作会议。传达贯彻中共中央〔1975〕17号文件精神，动员工交财贸战线上的干部职工继续大干快上。

12月13—17日　江宁县召开“一年建成大寨县”誓师大会，并将大会实况向全县转播。县、社和各厂矿事业单位负责人共1500多人参加大会。省委书记王敏生、市委副书记方明出席会议并讲话。

是年　江宁县各项整顿工作收到明显成效，全县工业总产值7394.23万元，比1974年增长23.88%。年底，整顿被迫中断。

1976年

1月8日　中共中央副主席、国务院总理、政协全国委员会主席周恩来逝世。15日，各单位自发地收听、收看北京追悼大会广播、电视，沉痛哀悼周恩来逝世。

4月7日　晚上，中共江宁县委常委及县直机关部、委、办、局负责人集中收听中央广播电台广播的中共中央政治局作出的《关于华国锋任中共中央第一副主席和国务院总理的决议》等，以及《人民日报》关于粉碎天安门广场反革命政治事件（首都群众在天安门广场的悼念活动被错误地定性为“反革命事件”）的报道。8日凌晨4时，召开全县电话会议，要求全县人民认真学习中央文件。

8月19日　中共江宁县委召开防震抗震工作紧急会议，动员全县人民做好防震抗震准备。9月初，紧张的防震工作基本结束。

9月9日　中共中央主席、中央军委主席毛泽东逝世。18日，县委、县革委会在江宁县中学广场隆重举行追悼大会，全县工农商学兵各界人士代表1.20万人参加大会。另有48万人在各自单位集中收听、收看北京天安门广场追悼大会和县追悼大会实况转播。

10月6日　中共中央政治局执行党和人民的意志，采取果断措施，一举粉碎江青反革命集团。16日，消息传达到全县党员负责干部；17日，传达到全体党员；22日，传达到全县群众。全县各地举行盛大的庆祝集会和游行，欢庆这一历史性的胜利。延续10年之久的“文化大革命”至此结束。

11月19日　中非共和国总统萨拉赫·阿丁·艾哈迈德·博卡萨及夫人到东山镇参观县化肥厂、农机厂、丝厂等“五小”（小矿山、小钢铁、小农机、小化肥、小水泥）工业企业。

12月24日　阿拉伯也门共和国指挥委员会主席兼武装部队总司令易卜拉欣·穆罕默德·哈姆迪一行37人，由全国人大常委会副委员长乌兰夫陪同，参观江宁县“五小”工业企业。

1977年

1月4—14日　中共江宁县委召开农业学大寨会议，参加会议的县、社、队三级干部，县镇、企事业单位负责人，先进集体、先进代表共1951人。同时，30多万名党员干部和群众参加收听会议实况转播。

2月7—11日　中共江宁县委召开工业学大庆会议。参加会议的企事业单位党委书记、车间负责人，各公社、镇、场分管工业副书记、副主任等共888人。

6月18日　墨西哥前总统、政府特使、第三世界经济和社会研究中心主席埃切维里亚及夫人一行到江宁县参观“五小”工业企业。

8月1日　中共江宁县委举行全体委员（扩大）会议。会议学习中共十届三中全会公报、决议和邓小平关于“完整的准确的认识、掌握和运用毛泽东思想体系”的论述以及华国锋、叶剑英的讲话。

10月2日　中共江宁县委召开三级干部会议，传达贯彻中共第十一次全国代表大会精神，宣告“文化大革命”已经结束，但未能从根本上纠正“文化大革命”的错误。

10月10日　全国人大常委会副委员长阿沛·阿旺晋美和省人大常委会主任储江陪同喀麦隆联合共和国总统赫马杜·阿希乔和夫人到江宁参观“五小”工业企业。

1978年

3月7日　经中共江苏省委批准，免去李英俊县委书记、县革委会主任职务；孙济民任县委书记、县革委会主任。

3月27—31日　中共江宁县委召开三级干部会议，传达贯彻全国人大五届一次会议重申在20世纪内实现“四个现代化”（工业现代化、农业现代化、国防现代化、科学技术现代化）的奋斗目标和省委农村工作会议精神，讨论如何高速度发展农业生产问题。

5月　中共江宁县委贯彻中央、省委指示，对在1957年反右派斗争中被错划为“右派分子”的人进行全面复查。至1980年5月，对属错划、错处分的285人（包括1960—1965年已摘帽的79人）全部摘掉帽子，撤销处分；对虽未戴帽处分而被批判的85人，清理档案，退回检查；因“右派分子”问题而失去工作的160人，除已有工作者外，重新安置工作109人；恢复党籍13人。对已死亡的23人，在政治上恢复名誉，补办丧葬抚恤手续，适当照顾其家属。对因受株连而失去工作的200多人也重新作了安排。

9月28日　中共殷巷公社委员会在整风的基础上改选党委会。至11月底，全县25个公社和3个直属镇分别选举产生新一届党委会。选举出出席中共江宁县第五次代表大会代表879人。

10月14日　江宁县各公社、镇恢复人民代表大会制度，是日，殷巷公社召开第八届人民代表大会。至11月20日，其余各公社、镇也分别召开人民代表大会。

11月8日　江宁县动员10万名民工参加秦淮新河第二期会战工程。至1979年1月，完成土方550万立方米的施工任务。

12月22—25日　中共江宁县第五次代表大会在东山镇召开，出席代表850人。大会要求全县各级党组织和广大党员、团员、工人、农民、知识分子以实际行动响应中共十一届三中全会的号召，把工作重点转移到社会主义现代化建设上。大会选举产生中共江宁县第五届委员会和中共江宁县纪律检查委员会。在五届一次全委会上，选举孙济民为县委书记。

12月27—30日　江宁县第七届人民代表大会第一次会议在东山镇召开，到会代表909人。会议选举产生由63名委员组成的县革委会。孙济民当选为主任。

是年　县农村年终分配贯彻中共十一届三中全会制定的政策，允许多产多留多吃，允许冒尖，开始纠正平均主义做法。社员人均口粮298公斤，人均纯收入191元。出现一批人均口粮300公斤以上、收入200元以上的冒尖生产队。

1979年

1月1日　江宁县人民检察院恢复成立。

2月6—19日　中共江宁县委召开三级干部会议，参加会议的县、社、队三级干部共1016人。会议主要学习贯彻中共中央十一届三中全会公报、《关于加快农业发展若干问题的决定（草案）》、《农村人民公社工作条例（试行草案）》和包括建立生产责任制、发展农业生产力的二十五项政策措施。把党的工作着重点转移到社会主义经济建设上，停止一切政治运动，全面开展平反冤、假、错案工作。

2月　南京市在东山公社开展粮食、油料农作物联产计酬试点工作。

4月21—24日　中共江宁县委召开五届二次委员（扩大）会议，传达学习中共中央副主席邓小平在党的理论工作务虚会上的讲话和《关于党内政治生活的若干准则》。通过学习，全体委员充分认识到在新形势下要“坚持社会主义道路，坚持无产阶级专政，坚持共产党的领导，坚持马列主义、毛泽东思想”四项基本原则。

5月6—8日　江宁县工会第六次代表大会在东山镇召开，到会代表426人。

9月25—27日　中国共产主义青年团第十次代表大会在东山镇召开，到会代表782人。

11月21—23日　江宁县第十次妇女代表大会在东山镇召开，到会代表705人。

12月15日　吉布提共和国总统哈桑·古莱德·阿普蒂敦和夫人到江宁县参观“五小”工业企业。

12月　全县实现村村通电，照明用电普及到户。

是月　江宁县自1978年4月起至本月中旬止，对涉及“文化大革命”中的冤、假、错案复查工作全部结束。“文化大革命”时期被逮捕判刑、拘留、戴帽和被乱批乱斗的人员共17078人。经复查确定冤、假、错案的9508人，占总数55.67%。

年底　湖熟、陶吴、汤山、丹阳等乡镇，相继恢复或建立集市贸易服务所和粮油议购议销交易所，被关闭15年的粮油市场重新开放。湖熟镇建立全县第一个牛集市服务所，恢复耕牛交易市场。

是年　1969年至1970年春下放到江宁县农村务农的城镇居民和机关、企事业单位人员共10697人，全部返回城镇。

1980年

1月16日　中共江宁县委决定，将原江宁县“五七”农业大学改为江宁县农业学校。12月2日，撤销江宁县“五七”干部学校，分别建立中共江宁县委党校和江宁县茶场。

2月　江宁县开始推行农业生产责任制，在湖熟公社和进大队试点。

3月中旬　江宁县开展第二次土壤普查，至1982年6月完成。编写出《江宁县土壤志》，绘制了1 ： 12.50万和1 ： 25万的土壤图件各1套。

4月7—10日　中共江宁县委召开全体委员（扩大）会议，传达学习中共中央十一届五中全会文件和决议。至20日，传达到全体党员和群众。全县干部群众一致拥护为刘少奇平反的决议；拥护取消“四大”（大鸣、大放、大字报、大辩论）。

4月11日　赞比亚共和国总统肯尼思·戴维·卡翁达到江宁县参观“五小”工业企业。

6月5日　江宁县和南京市郊、镇江专区出动民工20万人，历时5年完成建设的秦淮新河，是日通水。从此基本解决秦淮河下游阻水问题。

6月28日　江宁县自动电话大楼建成，磁石电话更新为准电子自动电话。江宁县从此实现市话自动化、电报电传化、东山镇区杆电缆化和农村电话载波化。

6月30日　“文化大革命”中处于非法地位的个体工商户，从1979年10月开始登记复业，至是日，全县已恢复发展集镇个体工商户403户，农村个体工商户94户。

8月　江宁县实行公开招工，进行文化考试，择优录取，量才使用。是年，从集镇和农村招收全民、集体职工2284人。

9月2日　周岗公社秦淮大队第六生产队发生沉船淹死7人的重大水上交通事故。

9月10日　县科学技术干部职称评定委员会成立。至11月30日，评定工程师、农艺师等18人，助理工程师、农艺师等137人，技术员72人。

9月19—26日　政协江宁县第三届委员会第一次会议在东山镇举行，到会委员121人。大会选举产生政协江宁县第三届委员会常务委员21人，徐凤琴当选为主席。

9月21—25日　江宁县第八届人民代表大会第一次会议在东山镇召开，参加会议代表514人。这次会议选举产生由23名委员组成县人民代表大会常务委员会作为县最高权力机构的常设机构，孙济民当选为主任。县革命委员会改为县人民政府，作为县级政权执行机关，选举阮长山为县人民政府县长。

11月29—30日　召开江宁县科协第二次代表大会。

11月底　中共江宁县委决定建立老干部局。

12月上旬　湖熟板鸭厂边建设边生产，恢复历史悠久、驰誉海外的著名特产白油板鸭。至12月底，制作8000只。

是年　江宁县接收1963—1978年插队、插场的知识青年30537人，已全部返回城镇。

1981年

2—3月　江宁县公社、直属镇分别召开人民代表大会，选举产生公社管理委员会和镇人民政府。

4月22日　江宁县召开联产计酬责任制经验交流会。

8月下旬　江宁县层层举办学习班，认真学习中共中央十一届六中全会通过的《中国共产党中央委员会关于建国以来党的若干历史问题的决议》。

9月14日　全县农村多种经营生产全面实现联产承包责任制。

11月　江宁县组织17个公社、3万名民工，参加秦淮河上游拓宽、裁弯会战工程，完成土石方100万立方米。

12月6日　中共江宁县委在三级干部会议上提出“因势利导、稳定、完善、提高”生产责任制的十字方针。明确责任制又叫承包制、合同制，无论专业承包、联产到劳、包产到户或是大包干，只要群众满意，能发展生产，经济效果好，就是好形式。

12月18日　中共江苏省委、南京市委决定，免去孙济民县委书记职务，调南京市工作；孟金元任县委书记。

是年　新建成陆郎、铜井、东善桥、谷里、淳化、秣陵变电所。

是年　全县共拓宽公路144千米，新建道路8条37千米；新扩和延伸客运线18条，新建候车亭（棚）60个。

1982年

1月　全县各公社党委组织党员干部冬训，着重学习中共中央〔1982〕1号文件即《全国农村工作会议纪要》。全县5686个生产队中99.80%都落实各种形式的生产责任制。

2月27日至3月4日　政协江宁县第三届委员会第二次会议召开。

2月28日至3月3日　江宁县第八届人民代表大会第二次会议召开。会上，选举路平为县人大常委会主任。

3月1日　中共江宁县委、县政府组织全县人民广泛开展以“五讲四美”（讲文明、讲礼貌、讲卫生、讲秩序、讲道德，心灵美、语言美、行为美、环境美）为主要内容的文明礼貌月、建设社会主义精神文明活动。江宁县还推行义务植树，发动年满11岁以上的公民每人每年植树3棵～5棵。

3月20日　成立江宁县第一个乡党委和人民政府，保留人民公社管委会作为乡级集体所有制的纯合作经济组织；4月，淳化公社焦村生产大队在全省率先建成村民委员会，此后大队改为行政村，设村民委员会；生产队并于自然村，设村民小组。至年底，县属26个公社陆续成立乡党委和乡人民政府；全县共建378个村民委员会。

6月12日　历时两年的全县第一次地名普查结束。编写的《江宁县地名录》获省地名委员会颁发的奖状。

7月1日　全县进行全国第三次人口普查。全县总人口为725688人，比1964年第二次人口普查净增211620人。居南京市五县之首，列全省第44位。

8月9日　县人民政府召开文物工作会议，并决定成立县文物古迹普查办公室。经过近1年时间，查出文物古迹线索900项。清代“金陵四十八景”内有八景在江宁县境内。

9月　县政府提出《关于实行殡葬改革，加强殡葬管理的几项规定》，经县人大常委会讨论通过实施，大力推进遗体火化。1984年11月，成立殡葬管理所，全县兴办骨灰堂。

10月11日　抗日战争时期曾在江宁、横山地区任党、政、军领导职务的钟国楚、李钊、吕振球、王一凡等10余人，参加江宁、横山抗日斗争座谈会，为编纂江宁人民革命斗争史提供翔实的史实。

11月26日至12月5日　县委召开农村思想政治工作会议。传达学习中共第十二次全国代表大会精神。

12月14—15日　政协江宁县第三届委员会第三次会议召开。

年底　全县27个基层供销社体制改革全部完成，都分别经过社员大会选举产生理事会和监事会。

1983年

1月2日　中共中央发出《当前农村经济政策的若干问题》文件，肯定联产承包制是在党领导下中国农民的伟大创造。至5月底，全县5686个生产队全部实行联产承包责任制。

1月13日　中共江宁县委发出《关于搞活农村经济工作的八条意见》。

3月6—10日　政协江宁县第三届委员会第四次会议召开。

3月7—9日　江宁县第八届人民代表大会第三次会议召开。

5月6日　经省政府批准，汤山、湖熟、东山3个县属镇进行体制改革。撤销汤山乡和湖熟乡，将其所辖区域分别划归汤山镇和湖熟镇；将东山乡的中前村、章村、骆村划归东山镇。实行镇管村的新体制。

8月3日　中共江宁县委、县政府在东山镇举行纪念邓仲铭烈士牺牲40周年大会。中共中央顾问委员会委员江渭清、省委书记韩培信、市委第一书记汪冰石及县600名干部群众出席大会。江渭清在纪念大会上讲话，韩培信为新建的“仲铭亭”揭幕。

8月　全县各乡村行政体制改革、农村经济管理体制改革告一段落。经过撤队建村，373个大队调整为380个行政村；5608个生产队调整为1791个自然村、5448个村民小组。以家庭为单位的经营代替了绝大部分以生产队为单位的经营，生产方面的具体经营管理已从集体转移到各家各户自主掌握。

9月4日　全县开展严厉打击刑事犯罪活动的斗争。凌晨，全县统一行动，搜捕52个犯罪团伙和一批为非作歹的刑事犯罪嫌疑人。9月24日，县人民法院在东山镇召开万人公判大会，对5名罪行特别严重的杀人犯、重大强奸犯宣判死刑，押赴刑场执行枪决。

9月27日　政协江宁县第三届委员会第五次会议召开。

12月9—19日　召开全县三级干部会议，传达学习中共十二届三中全会通过的《中共中央关于整党的决定》和邓小平、陈云的重要讲话。

12月27日　中共南京市委宣传部批复，同意1983年2月1日试刊的《江宁致富报》恢复为《江宁报》。并于1984年10月正式复刊。

是年　全县实现国内生产总值35296万元，是1976年的2.40倍。粮食产量首次突破5亿公斤大关，达5.11亿公斤，比1982年增长15.07%。

1984年

1月24日　经中共南京市委批准，诸吉炤任县委书记。

2月中旬　县八届人大常委会第二十七次会议决定免去闵长山县长职务，任命陈宗林为代理县长。

2月18日　中共江宁县委召开乡镇、厂矿党委书记会议，学习贯彻中共中央〔1984〕1号文件《关于1984年农村工作的通知》。强调延长土地承包期一般应在15年以上。

5月5—10日　政协江宁县第四届委员会第一次会议在东山镇召开，到会委员131人。大会选举毛承凤为县政协主席。

5月5—10日　江宁县第九届人民代表大会第一次会议在东山镇召开，出席代表351人。大会选举闵长山为县人大常委会主任。选举陈宗林为县人民政府县长。

5月24—26日　江宁县经济振兴讨论会在汤山举行。南京大学等14所大专院校、省农科院等13个科研部门的专家教授，以及省、市有关部门负责人计82个单位、139人参加。经过3天磋商，31个省、市院校和40个科研部门同县及有关单位签订协议和意向书27份。

5月27日　汤山镇汤山行政村南山坎发现一座时为南京地区最大的天然石灰石溶洞。

7月5日　召开全县乡镇企业工作会议，交流与推行“一包三改”（对乡镇企业实行经营承包责任制，改领导干部委任制为选聘制、改工人的固定制为合同制、改固定工资为浮动工资）经验。至年底，全县90%的乡镇企业实行了“一包三改”。

7月　省、市特拨专款3.50万元，整修湖熟清真寺。

8月25—29日　中共江宁县第六次代表大会在东山镇召开，出席大会代表436人。大会选举产生中共江宁县第六届委员会和中共江宁县纪律检查委员会。在六届一次全委会上，选举诸吉炤为县委书记。

9月7日　江宁县关心下一代协会成立。

10月18日　县旅港同胞张兴富捐款18万元兴建的禄口乡兴富中学举行落成典礼。

11月25日　政协第五届全国委员会副主席、中央顾问委员会常务委员王首道，中央顾问委员会委员张启龙在省政协副主席欧阳惠林和市委副书记葛德滋的陪同下，到江宁县视察。

12月20日　江宁县地方志编纂委员会成立。29日，举行第一次编纂委员会会议，计划5年左右编成新的《江宁县志》。同时，部署编修乡镇志和部门（专业）志。

1985年

1月1日　江宁县市话纳入全国自动电话网，可直拨京、沪等全国各大城市，并办理港澳和国际长途电话。

1月11日　中共江宁县委组织乡镇、厂矿党委书记和县级机关负责人，传达中共中央、国务院〔1985〕1号文件《关于进一步活跃农村经济的十项政策》。

1月22日　经中共南京市委批准，陈宗林为县委书记，陈大法为县政府代县长。

1月25日　南京市委农村工作会议确定发展湖熟板鸭系列产品，走养殖、加工“一条龙”的路子，作为全市农村工作十项奋斗目标之一。

1月29日　江宁县文学艺术工作者首届代表大会在东山镇召开，出席代表120人。大会选举产生县文联第一届委员会，这是南京地区建立的第一个县级文联。

3月26—30日　政协江宁县第四届委员会第二次会议召开。

3月27—31日　江宁县第九届人民代表大会第二次会议召开。会上，选举陈大法为县长。

4月1日　以县缝纫机厂为基础，同南京长江机器制造厂联合建成的长江电风扇厂正式投产。

4月30日　宁溧公路拓宽工程江宁段开工，按国家一级公路标准设计。中华门至河定桥段于当年12月20日边建设边单幅通车。

7月11日　出席纪念郑和下西洋580周年大会的全国人大常委会副委员长叶飞，部分中顾委委员，省、市党政领导人和人大代表，分别于11日、12日瞻仰修葺一新的郑和墓。县长陈大法作为正式代表出席纪念会。

9月10日　江宁县举行庆祝第一个教师节活动。县委、县政府授予江克厚等649人为县级先进教师、先进教育工作者称号；授予江宁乡等12个单位为尊师重教先进集体称号，张兴富为尊师重教先进个人称号。

9月20日　加纳国家元首、临时全国保卫委员会主席罗林斯一行19人到江宁县参观。

10月27日　瑞典议会会长牧松一行11人到江宁县江宁乡参观。

11月7日　巴基斯坦地方政府和乡村发展部部长古拉姆·马内卡一行11人，到江宁县参观小城镇建设，并访问江宁乡农户。

11月20日　江宁县政府与新疆维吾尔自治区叶城县政府在江宁县东山镇签订结成友好县协议书。

是日　摩洛哥公共卫生大臣塔耶布·本谢赫由省卫生厅厅长陈家振陪同，参观江宁县卫生职工学校。

12月27日　县土地资源调查队，用两年时间编绘《江宁县土地资源调查汇总资料》、1∶5万《江宁县土地利用现状图》以及1∶1万各乡镇、行政村土地利用现状图册，经省农业区划委员会验收合格。土地利用现状调查图册并获省级一等奖。

是年　全县11项重点工程中，电风扇厂、毛纺厂（960纱锭）、上峰水泥厂扩建等7项工程竣工投产。

是年　全县实现国内生产总值55982万元，比1980年增加1.12倍。从1980年到2000年翻两番目标，已实现第一番。产业结构中，第二产业比重为42.50%，第一产业比重为41.72%。

1986年

2月3日　中共江宁县委下发《1986年普及法律常识教育工作的实施意见》。要求抓好以学习“八法一例”（宪法、刑法、刑事诉讼法、民事诉讼法、婚姻法、继承法、经济合同法、兵役法和治安管理处罚条例）为主要内容的普法教育，争取用3年左右时间完成公民普及法律常识教育任务。由此，普法教育开始在全县深入开展。

2月24日　毛尼塔利亚救国军事委员会主席、国家元首塔亚上校及随行人员，在卫生部部长崔月犁、江苏省省长顾秀莲和南京市市长张耀华陪同下到江宁县参观访问。

3月11日　被列为1985年南京市20项重点考核项目之一的县乙炔气厂溶解乙炔气项目竣工试产成功。

3月21—27日　政协江宁县第四届委员会第三次会议召开。

3月22—27日　江宁县第九届人民代表大会第三次会议召开。

4月28日　江宁各界人士800多人，在县人民大会堂集体悼念在对越自卫反击战中英勇献身的一等功臣朱腊宝烈士（东山镇人）。

5月9日　由香港同胞张兴富（祖籍禄口乡）等49人捐赠60万元兴建的禄口医院及敬老院竣工。

5月23日　1982年3月成立的县广播电视大学管理站升格为南京广播电视大学江宁分校。

5月31日　佛得角共和国总理佩德罗·皮雷斯和夫人及随行人员，在轻工业部部长杨波和江苏省省长顾秀莲陪同下到江宁县参观访问。

6月3日　中国人民解放军江宁县人民武装部改归地方建制。

7月3日　江宁县图书馆大楼落成。该馆面积2700多平方米，藏书23万册，为全国县级规模最大的图书馆。

8月20日　宁溧一级公路第一期工程河定桥至双龙街双幅道改造工程提前40天竣工，成为江宁县第一条高等级公路。

9月11日　由南京市47家大专院校研究所和大中企业及南京市有关部门120多人参加的经济振兴汇报会在东山召开。

9月中旬　江宁县先后组织6个经济考察团，分赴天津、西安、新疆、四川、广西、福建、云南、贵州等地参观学习，洽谈经济协作。考察期间，与省内外10多个县建立友好协作关系。

9月30日　位于东山大市口的腾江大厦落成，这是江宁历史上第一座8层以上（高34.50米）的高层建筑。

10月1日　江宁县粮油食品商店开业，这是县首家以市场价格经营米、面、油、小杂粮为主的集体商店。

11月23日　长江电风扇厂制定并实行《关于实行部分工资浮动暂行规定》，成为县第一个打破固定工资、实行浮动工资的国有企业。

11月28—30日　中共江宁县委召开工作会议，县、乡镇、县属企业负责人出席会议。会议主要学习中共十二届六中全会公报，讨论修改县委提出的《学习贯彻中共中央关于社会主义精神文明建设指导方针的决议的意见》。

12 月 10—18 日　江宁县 760 家企业生产的 1700 多种名特优产品在郑州市花园商场举办展销订货会。现场营业额 42 万元，订货签约 70 万元，协议引进物资 46 万元，签订销售协议书营业额 200 万元。

12 月 25 日　秦淮河赵家渡至骆家渡之间的小龙湾段裁弯取直工程开工，20 个乡镇的 4 万名民工参加。1987 年 3 月完工，共挖土石方 79.54 万立方米，切除了这段"肠梗阻"。

12 月 30 日　东山镇接引南京市自来水工程竣工通水。工程总投资 600 万元，埋设直径 500 毫米 ~ 600 毫米，铸铁管道 9 千米，建造 2000 立方米囤水池 1 个，解决东山地区用水难问题。

1987年

1 月上旬　江宁县特种光源灯具厂实行租赁经营，成为县属企业第一家实行租赁经营的企业。

1 月 26 日　江宁县部署开展职称改革工作，首先在江宁县中学、秦淮中学、实验小学进行职称改革工作试点。从此，专业技术职务聘任制度在县全面实行。

2 月底　历时 4 年的全县整党工作结束。自 1983 年 1 月起开展整党工作至此时，全县先后有 46 个基层党委、1274 个党（总）支部、29073 名党员参加整党。整党中，准予登记的党员 28039 人，占全县正式党员总数的 99.96%，缓期登记 32 人，不予登记 16 人，受到党纪处分 136 人。

3 月 10 日　秣陵乡 7 家养猪大户组成养猪专业合作社，成为全市第一家以供销社为依托、以专业户为主体、以骨干产品为龙头自愿互利的群众性经济组织。

4 月 9 日　江宁县花园、营防、长江 3 个乡划给南京市栖霞区管辖。

4 月 22—29 日　政协江宁县第五届委员会第一次会议举行，出席会议委员 174 人。会议选举毛承凤为县政协主席。

4 月 23—29 日　江宁县第十届人民代表大会第一次会议举行，出席会议代表 305 人。大会选举朱宝瑜为县人大常委会主任，陈大法为县人民政府县长。

7 月 1 日　县体改委、工业局等在江宁化工厂进行预算内企业实行承包经营责任制试点。至 11 月上旬，全县 1705 个乡镇企业普遍实行厂长牵头承包、个人承包或租赁经营责任制。县属企业也有 22 家实行承包经营制或厂长经理负责制。

9 月 17—21 日　中共江宁县第七次代表大会召开，出席会议代表 445 人。大会选举产生中共江宁县第七届委员会和中共江宁县纪律检查委员会。在七届一次全委会上，选举陈宗林为县委书记。

9 月底　江宁县与江苏省爱德基金会合资兴办的南京爱德印刷厂建成投产。

10 月 13 日　加拿大农业部部长约翰·怀斯率领的政府农业代表团一行 9 人，到江宁县秣陵乡参观乡办企业和农民家庭。

10 月 22 日　中共江宁县委书记陈宗林赴北京出席中共第十三次全国代表大会。

10 月 25 日　中共第十三次代表大会召开。县委常委和全县各基层党组织组织党员干部收看大会实况转播。

11 月 3—4 日　江宁县第十届人民代表大会第二次会议召开。

12 月 30 日　江宁县最大的天井山 110 千伏变电所建成投入运行，主变容量为 31500 千伏安。

12 月 31 日　东山镇竹山路一期拓宽工程竣工并举行通车典礼。

是年　县金箔锦线厂生产的"金陵"牌金箔获国家质量奖优质奖。这是江宁县工业产品首次获得的国家最高质量奖。

1988年

2 月 1—7 日　江宁县首届艺术节在东山镇举办。县专业和业余文艺团体先后演出 11 场节目，有 1 万多人次观看演出。

2 月 7 日　江宁商场建成开业。商场建筑面积 6026 平方米，设 28 个营业部（组），经营 1.50 万余种商品。

2 月 11 日　举行江宁县首次新闻发布会。应邀到会的有新华社、文汇报驻江苏记者站和省、市主要新闻单位共 10 多家。县长陈大法介绍江宁县改革与建设的情况。

2 月　江宁乡 1987 年工农业总产值达 1.10 亿元，成为南京郊县第一个亿元乡。

4 月 4—9 日　政协江宁县第五届委员会第二次会议召开。

4 月 6—9 日　江宁县第十届人民代表大会第三次会议召开。

4 月 11—12 日　江宁县首届“物资杯”农民田径运动会在县体育中心田径场举行。全县 24 个乡镇 276 名男女运动员参加田径比赛。

4 月 15 日　经省政府批准，撤销丹阳乡，以其原辖区域建立丹阳镇。

5 月 13 日　赤道几内亚人民代表院主席（议长）费朗西斯科・博丁思加洛一行 7 人，到江宁县参观访问。

6 月上旬　历时 1 年的江宁县中、小学教师职称评审工作基本结束。共评出小学高级教师 498 人，一级教师 841 人；中学高级教师 40 人，一级教师 540 人。

7 月 10 日　玻利维亚众议长威利・巴尔加斯率领的玻利维亚议会代表团一行，到江宁县参观访问。

9 月 30 日　由杰弗里・洪恩率领的欧洲议会对华关系代表团一行 33 人，到江宁县参观访问。

是日　湖熟镇金桥村女青年赵友凤在汉城举行的第二十四届奥运会上，以 2 小时 27 分 05 秒的成绩获得女子马拉松比赛第 5 名，这是中国首次在奥运会上获得该项目的名次。

10 月 5 日　东山镇民用煤气一期工程举行通气典礼。有 3322 户居民使用管道煤气。

11 月初　江宁籍运动员殷建春，在全国城运会古典式摔跤 100 公斤级比赛中，以七战七胜的战绩夺得冠军，这也是南京市在此次城运会上夺得的第一枚金牌。

12 月 13 日　江宁县首次采取面向社会公开招聘的办法选用领导干部。原陶吴中学物理教师、校共青团委书记梁光林当选为团县委副书记。

12 月 15 日　县 1988 年十项奋斗目标之一的 110 千伏天井山变电所二回路工程竣工运行，提升了东山等 8 个乡镇供电质量和可靠性。

12 月 30 日　宁溧公路河定桥至殷巷段建成通车。该工程全长 5.76 千米，总投资 500 多万元，按国家二级公路标准施工建设。

1989年

1 月 3 日　接江苏省人民政府批复，江宁、秣陵、陶吴、淳化、禄口 5 个乡以其原辖区域设立相应镇建制，实行镇管村体制。

1 月 6 日　县政府召开长江电风扇厂 1988 年产值过 1 亿元表彰座谈会。

2 月 1 日　江宁电视转播台建成并正式开播。

2 月 10 日　县木材公司住宅楼 302 室发生煤气中毒，死亡 3 人，重伤 1 人。

3 月 15—19 日　政协江宁县第五届委员会第三次会议召开。

3 月 17—21 日　江宁县第十届人民代表大会第四次会议召开。

3月22日　由丹尼斯·杨议长率领的巴布亚新几内亚议会代表团一行8人，到江宁镇参观访问。

3月28—30日　江苏省义务教育工作会议在江宁县举行。会议推广江宁镇“责任到村，算账到校，一次规划，三年实施”的义务教育方案。

5月23日　国家教委发出通知，宣布江宁县为全国农村教育综合改革实验县之一。

6月14日　中共江宁县委召开常委（扩大）会议，学习讨论《邓小平同志在接见戒严部队军以上干部时的重要讲话》。

6月27日　中共江宁县委常委举行全体会议，学习讨论中共十三届四中全会公报。会议要求全县各级党组织为进一步稳定大局，促进全县“两个文明”建设的健康发展做出新的贡献。

7月5日　圭亚那国民议会议长萨亚·纳拉率领的圭亚那国民议会代表团一行5人，到江宁县汤山镇古泉行政村访问农民家庭，参观鳗鱼苗场、生态工程实验场等企业。

9月4日　中共南京市委副书记赵少麟、组织部部长张晔到江宁县向县委、县人大、县政府、县政协四套班子成员宣布关于中共江宁县委、县政府主要负责同志人事安排的决定。鉴于陈宗林调省工作，陈大法任县委书记，庞顺根任县委副书记并提名为县长人选。后经县第十届人大常委会第十九次会议通过，庞顺根任县政府副县长、代县长。免去陈大法县长职务。

9月25日　江宁县在县文化馆举办改革开放10周年成果展览会。

9月26日　县22个乡镇企业25种产品在北京第二届全国乡镇企业出口产品展览会上展出。是日，党和国家领导人李鹏、宋平等到南京馆，观看江宁县参展的产品。

9月　《江宁县志》正式出版发行，这是新中国成立后编纂的第一部县志。

12月初　8个乡镇企业的13个产品在杭州参加全国星火计划实用技术展览会。其中，烟用聚丙丝束滤嘴、湖熟板鸭系列产品、电子玩具等获大会金牌奖。

12月　县秣陵镇被建设部评为全国文明集镇，是南京市获此殊荣的唯一集镇。

1990年

1月22日　国务院总理李鹏在省长陈焕友、市委书记戴顺智陪同下，视察江宁县岔路服装厂、金陵皮鞋厂、金箔厂、长江电风扇厂和岔路乡翻身村等。李鹏还为金箔厂题词：“金箔之光，灿烂辉煌。”

是日　劳动部部长阮崇武到江宁县了解劳动工资改革情况，并视察劳动局所属部分企业。

3月10日　江宁县周岗籍战士乐宣成被中央军委授予“共和国卫士”称号，以表彰他在平息首都反革命暴乱中舍己救人的英勇行为。

3月16日　纺织工业部部长吴文英到江宁丝厂视察并进行调查研究。

3月22日　在汤山镇发现一座奇特溶洞，与“雷公洞”相邻。溶洞分前后二厅，如葫芦平卧，故称“葫芦洞”。洞内最高处约25米，长约64米，平均宽度25米，全洞面积（包括小溶洞）约2000平方米。洞内石笋、石花千姿百态，还有大量脊椎动物化石。1993年3月13日，在小溶洞发现距今64万年—56万年的古猿人头骨化石后，葫芦洞名声震惊中外。

4月20日　中央顾问委员会常委黄华在市顾委主任刘平、县委书记陈大法、副县长葛汝伟陪同下，到江宁县视察。

4月22—27日　政协江宁县第六届委员会第一次会议在东山镇举行，县政协委员、驻县的市政协委员及特邀人士240多人出席和列席会议。会议选举陈大法为县政协主席。

4月24—28日　江宁县第十一届人民代表大会第一次会议在东山镇举行，出席会议代表322人。大会选举万槐衡为县人大常委会主任，庞顺根为县人民政府县长。

6月6日　以总书记迪利普·巴鲁阿为首的孟加拉国共产党（马列）代表团一行3人　到江宁县秣陵镇参观访问。

7月1日　江宁县第四次全国人口普查结果：全县人口733757人，其中男性372362人、女性361395人；农业人口占87.11%，城镇人口占9.57%，其他人口占3.32%。人口密度为每平方千米459人。

7月13日　由议长米歇尔·多科率领的中非共和国国民议会代表团一行4人，到江宁县江宁镇参观访问。

7月25日　由机械电子工业部十四所研制、江宁县湖熟电器厂为第十一届亚运会生产的26张电视透波墙运往北京。每块长11米，宽2.60米，为国内首创。

9月17—20日　中共江宁县第八次代表大会召开，出席会议代表354人。大会选举产生中共江宁县第八届委员会和中共江宁县纪律检查委员会。在八届一次全委会上，选举陈大法为县委书记。

9月19日　省人大常委会主任韩培信、副主任张耀华等领导到江宁县视察。并邀请江宁、高淳、溧水、雨花台、鼓楼等区县人大常委会主任，就切实加强人大理论建设，进一步完善人民代表大会制度，推进社会主义民主与法制建设进程，进行座谈讨论。

9月30日　江宁籍运动员赵友凤在第十一届亚运会上夺得女子马拉松赛金牌。省委、省政府给赵友凤记大功一次，并颁发15克纯金牌1枚。

10月　县城有线电视一期工程竣工开播，为首批100户用户传送12套电视节目。

11月29日　省长陈焕友、省委副书记孙家正、省纪委书记曹克明、市长王荣炳、市委副书记包生华和南京军分区司令员季振国、政委林积松带领省、市及部队机关干部近200人，到江宁县秣陵联圩严圣段参加水利会战。11月15日至12月15日，被县委、县政府定为水利建设突击月。至11月30日，全县参加会战人数10万人，完成总土方558万立方米。

12月6日　江宁县与延安市缔结友好城市，在东山镇举行签字仪式。

12月8日　江宁县市话普及率达每百人5.67部，为全国“七五”计划期间每百人2.30部的2.47倍。

1991年

1月27日　江宁县被国家计委和农业部列为“八五”期间首批商品粮基地县。

3月24—28日　政协江宁县第六届委员会第二次会议召开。

3月25—30日　江宁县第十一届人民代表大会第二次会议召开。

4月3日　江宁县“七五”期间有22项科技成果获国际、国内科技进步奖。其中，国际领先水平2项、国际先进水平2项；国内领先水平4项、国内先进水平6项。累计新增产值2.35亿元，新增利税1亿元。

5月26日　巴基斯坦国民议会议长古哈尔·阿尤布·汗一行10多人到江宁县参观访问。

6月12—16日　江宁县遭受百年未遇的特大洪涝灾害。受灾面积3.53万公顷，其中严重受灾2.87万公顷；倒塌房屋4500多间。全县3000多名干部同15万名群众、驻军官兵一道奋战在抗洪第一线。

6月16日　中共江苏省委书记沈达人、市长王荣炳分别到江宁县指导防汛抗灾工作。

8月1日　以县长叶庆琅为团长的四川綦江县赈灾慰问团到江宁县慰问。8月12日，四川省江北县赈灾慰问仪式在县政府会议室举行。9月8日，陕西省洛南县向江宁县灾区捐赠钱粮。

8月23日　省长陈焕友带领省委、省政府29个机关部门领导到江宁县现场办公，帮助解决灾后生产、生活方面困难。市委书记顾浩、市长王荣炳等参加现场办公会。

9月12日　江宁县召开抗洪救灾表彰大会。大会表彰57个单位为抗洪救灾立功集体，110人为立功个人；94个单位为先进集体，288人为先进个人。

是日　江宁县与陕西省洛南县结为友好县。

9月25日至10月5日　在南京文化艺术节暨1991年金秋恳谈联谊会上，江宁县与外宾签订9项合作项目意向书，发给7家合资企业营业执照，总投资额2390.60万美元，注册资金1672.30万美元，合同利用外资847.17万美元。

11月6日　江宁县残疾人联合会成立，并召开第一次代表大会。

11月7—9日　共青团江宁县委召开第十三次代表大会，出席大会代表296人。

11月12日　江宁县人民政府被评为江苏省1991年抗洪救灾先进集体，8人被评为先进个人。

11月25日　由议长杰克·弗立茨率领的密克罗尼亚联邦议会代表团一行11人，到江宁县参观访问。

11月30日　县内江苏省铜井金矿通过改造扩建投产。这是全省唯一一家专业化采金矿企业。

1992年

1月26日　撤销岔路乡，将其原辖区域并入东山镇，实行镇管村体制。

2月4日　中共江苏省委书记沈达人、中共南京市委书记顾浩在中共江宁县委书记陈大法、县长庞顺根的陪同下，到江宁县土桥乡给灾民拜年。

3月9—13日　政协江宁县第六届委员会第三次会议召开。

3月10—14日　江宁县第十一届人民代表大会第三次会议召开。

3月12日　中共江宁县委书记陈大法在机关党员、干部大会上，宣讲1992年邓小平南方谈话精神。这次讲话是把改革开放和现代化建设推向新阶段的又一个解放思想、实事求是的宣言书。

4月25日　中共江宁县委、县政府召开经济工作会议。进一步贯彻落实1992年邓小平南方谈话和中共中央政治局会议精神，提出加快经济建设和改革开放步伐的具体措施。

4月　其林乡与一私营企业联合投资1000万元，兴建当时全省最大的公私合营企业——南京百叶窗有限公司。

5月22日　江宁县城三号公路拓宽工程（104国道江宁段）动员大会召开。该工程于6月1日破土动工，1993年5月1日竣工。

6月18日　南京江宁经济技术开发区举行开工典礼。开发区位于县城东山镇附近、河定桥以南地区，总面积6.80平方千米，中期规划15平方千米。28日，县委、县政府在南京举行南京江宁经济技术开发区新闻发布会，会上签订7项合作协议。

8月13日　谷里乡建立全市第一家股份制农业银行——谷里乡农村合作基金会，对外营业。

8月18日　南京江宁经济技术开发区内首批10家企业开工建设。10家企业总投资42050万元，吸引外资4000万美元。9月8日，开发区内4条主干道通车，港宁工业园和南京中大实业有限公司奠基。

9月20日　江宁县在历时5天的1992年南京金秋恳谈联谊会上，取得全市利用外资批准立项项目、投资总额、合同利用外资、生产型最大项目4个单项第一，居全市各区县榜首。全县批准立项和办理营业执照项目共84个，总投资3.70亿元，合同利用外资1.16亿元。

9月25日　国务院、中央军委批复，同意江苏省新建南京民用机场，机场位于江宁县禄口镇境内。

9月26日　县政府分别在其林、汤山两镇召开沪宁高速公路江宁段工程建设动员大会。

10月3日　由新加坡华侨陶欣伯（祖籍横溪乡）捐资100万元修建的横溪乡允公小学举行落成典礼。

11月4日　中共江宁县委召开县直机关千名党员干部大会，传达学习中共十四大精神。中共十四大明确了中国经济体制改革的目标是建立社会主义市场经济体制，确立了邓小平建设有中国特色社会主义理论在全党的指导地位。

11月17—18日　在江宁县召开宁镇扬毗邻县、市、区政协工作第十一次联谊会。有11个县、市、区政协主席等29人参加会议。

11月29日　江宁县在全市各县、区中率先跨入财政收入亿元行列。市政府、省财政厅和市财政局分别发贺信。12月28日，江宁县在全市第一个实现工商税收突破1亿元大关，达10018.40万元。

12月17—18日　县工会召开第九次代表大会。出席大会代表304人。

12月23日　中国社会科学院党委书记王忍之到江宁经济技术开发区等地考察，并题词勉励。

12月28日　阿尔巴尼亚工会联合会主席卡斯里特利奥特·穆乔到江宁县参观访问。

1993年

1月15日　江宁县“全国体育先进县”命名大会在县招待所举行。

2月13—18日　政协江宁县第七届委员会第一次会议在东山镇召开，出席会议委员203人。会议选举王孝明为政协主席。

2月14—18日　江宁县第十二届人民代表大会第一次会议在县人民大会堂举行，出席会议代表340人，特邀代表15人，列席代表65人。大会选举陈大法为县人大常委会主任，庞顺根为县人民政府县长。

3月13日　在汤山葫芦洞发现古猿人头盖骨化石，被命名为南京猿人一号头骨。同年2月20日发现的古猿人头盖骨化石，因确认在一号头骨之后，故命名为南京猿人二号头骨。

4月1日　全县放开粮食、油料购销价格经营，向粮油商品化、经营市场化方向发展。

4月11日　晚，县供销合作总社工业品总公司家电仓库发生火灾，直接经济损失89.52万元，是新中国成立后江宁县损失最大的一次火灾。

4月18日　江宁县政府在中国香港华润大厦举办首次对港招商活动（招商说明会）。江宁经济技术开发区、各乡镇、县属企业及相关人员参加，50多名港商到场。

4月26—27日　县工商联恢复并召开第六次会员代表大会。

4月27日　罗马尼亚国务部长兼外长特奥多尔·维奥雷尔·梅列什卡努参观江宁县长江电扇厂。

4月28日　县公安局举行授衔仪式，252名干警被授予警督、警司、警员等警衔。

是日　市政府举行汤山古人类化石发现保护表彰会。县政府、汤山镇政府和汤山镇旅游公司3个单位被表彰为有功单位，汤山镇党委书记洪武龙等6人被表彰为有功人员。

4月下旬　江宁县县属企业第一个集团公司——南京金箔集团组建挂牌。集团为全球最大的金箔加工基地。

5月14日　江宁电视台建成并开播。

5月16日　南京军区原司令员向守志、原政委傅奎清一行，到江宁县东山镇岔路造纸厂慰问残疾工人和抗洪英雄李昌保。

5月19日　南京禄口国际机场建设征地拆迁动员大会召开。机场建设需征地933.33公顷，有484户村民搬迁。

5月23日　国家副主席荣毅仁在省委书记沈达人、省长陈焕友、省委副书记孙家正和市委书记顾浩、市长王荣炳等陪同下，视察江宁县金箔总厂。并题词："金陵金箔，中华一绝。"

7月27日　南京军区千余名官兵到江宁经济技术开发区参加工程建设。军区司令员固辉、副司令员刘伦贤，市委书记顾浩、代市长王武龙和县领导等一起参加劳动。

8月5日　江宁县与广东南海市结为友好县市。

8月8日　中共江苏省委原书记江渭清等领导参加秣陵镇工业园周年庆典活动。

10月9日　中共江苏省委书记、省长陈焕友，省委副书记孙家正、曹克明，副省长季允石等领导，到江宁禄口视察南京新机场前期准备工作。

11月2日　江宁县在第九届市"金陵市容杯"检查评比中，名列全市15个区、县之首，获得"金陵市容杯"六连冠。

11月4日　江宁经济技术开发区被批准为省级开发区。

12月22—24日　县妇联第十三次代表大会召开，出席会议代表342人。

12月26日　县纪念毛泽东诞辰100周年书画展在县博物馆开展。县委、县人大、县政府、县政协领导参加开展仪式。

是日　在1992年全市农村社会主义经济综合实力百强村评比中，江宁县有章村等32个村榜上有名，占全市百强村的32%。

12月31日　江宁县历史上第一份城市规划——《东山城市总体规划》编制完成。

1994年

1月29日　中共江宁县委、县政府举行新闻发布会，公布江宁县在全国第二届农村综合实力百强县的评比中被列为第63位的喜讯。

2月24—27日　政协江宁县第七届委员会第二次会议召开。

2月25—28日　江宁县第十二届人民代表大会第二次会议召开。

2月26日　越南国会主席农孟德率领的代表团一行30人，在省人大常委会副主任凌启鸿陪同下，参观考察江宁经济技术开发区及旺旺食品有限公司。

3月2日　全国人大常委会原副委员长彭冲在县委书记陈大法、县长庞顺根陪同下，到湖熟镇视察。

3月16日　中央电视台导演黄一鹤、邓在军、郎昆，节目主持人杜宪，演员游本昌、郁钧剑，作家张扬，评论家仲艺兵及各界人士参观江宁经济技术开发区。

4月14日　县政府召开市场建设工作会议。至9月18日，江宁县建成八大专业市场。其中投资1200万元建设的金宝市场总面积达1.62万平方米，是南京地区面积最大的综合性小商品市场。

4月22日　江宁县最大货运码头在禄口镇乌刹桥建成，年吞吐能力30万吨。

5月4日　省政府批复，同意江宁县的麒麟（"其林"改为麒麟）、周岗、龙都、铜井、土桥、陆郎6个乡撤乡设镇，实行镇管村体制。

5月13日　江宁县农村电话彻底告别手摇式，全部实现程控交换。

6月2日　县举行南京民营科技园授牌开园仪式。

6月3日　中共南京市委通知，韩庆华任中共江宁县委委员、常委、书记；免去陈大云县委书记、常委、委员职务。

6月7日　国务委员陈俊生在副省长姜永荣和市委书记顾浩陪同下，视察江宁经济技术开发区和县金汇鞋业有限公司、苏绵服装有限公司。并为3家企业题词。

6月中旬　江宁县继1990年被农业部定为商品粮生产基地县之后，又被国务院确定为全国重点扶持粮食大县。

6月25日　以巴达科·马里奥为团长的意大利斯坎蒂奇市友好代表团一行6人到江宁县参观访问。并与江宁县签订经济、贸易、文化交流协议书。

6月28日　在江宁县召开全国乡镇工业质量工作会议。

6月30日　国家技术监督局局长李传卿到江宁县视察。

是月　江宁县发生新中国成立后最严重旱灾。全县水稻受灾面积达2.87万公顷，0.53万公顷旱作物80%干枯。经过3个月军民团结奋战，抗旱斗争取得初步胜利。

8月21—24日　中共江宁县第九次代表大会在县人民大会堂召开，出席会议代表352人。大会选举产生中共江宁县第九届委员会和中共江宁县纪律检查委员会。在九届一次全委会上，选举韩庆华为县委书记。

8月30日　由马来西亚副总理安瓦尔·伊卜拉稀姆率领的代表团一行180人，在副省长王荣炳陪同下拜谒郑和墓。

是日　在江宁县十届人大常委会第十一次会议上，通过接受陈大法辞去县人大常委会主任职务的决定。

9月29日　江宁县国家税务局、地方税务局同时成立。

10月3日　中共江苏省委书记陈焕友到江宁县汤山镇视察汤山旅游风景区，市长王武龙等陪同视察。

10月5日　举行整治句容河二期工程开工典礼。工程西起龙都大桥，东至湖熟宝塔山，全长6千米，总土方210万立方米。

11月6日　日本驻华大使国广道彦夫妇等一行3人到江宁经济技术开发区访问。

12月26日　国家批准的新开工四大重点项目之一的南京汽车制造厂江宁基地，在江宁经济技术开发区举行奠基仪式。

12月29日　中共江宁县委召开第一次人大工作会议，总结人大工作经验，推进民主法制建设。县四套班子主要领导，各乡镇党委书记、人大主席团主席、乡镇长，县部委办局和直属单位负责人出席会议。

1995年

1月1日　在南京市第13届元旦健身长跑运动会上，江宁县派出的16支代表队、80名中小学生运动员，夺得运动会比赛组所设9个项目的全部冠军。

2月15—17日　政协江宁县第七届委员会第三次会议召开。

2月15—19日　江宁县第十二届人民代表大会第三次会议召开。

2月19日　在县第十二届人民代表大会第三次会议上，选举韩庆华为县人大常委会主任。

2月28日　南京禄口国际机场举行开工典礼。国务院副总理邹家华发贺电。省委书记陈焕友、省长郑斯林等为工程揭碑奠基。

3月22日　江宁县被国家科委评为全国科技先进县。

3月24日　中共江宁县委召开第一次政协工作会议。县四套班子主要领导，县政协常委、各工作委员会负责人，乡镇党委书记、乡镇长，机关部委办局、直属单位主要负责人等200余人参加大会。

4月13日　以曼弗雷德·隆梅尔市长为团长的德国斯图加特市政府代表团一行19人，到江宁经济技术开发区参观访问。

4月25日　江宁县的农花、孙家、邵庄、梅村、三山、新建、永安7个村划归雨花台区管辖。

4月26日　中共江宁县委、县政府召开欢送会，欢送时花集团公司总经理孟向前、铜山乡彭福村党支部书记沈庆喜赴北京参加全国劳模大会。

4月28日　在江宁县召开全省血防工作会议。

5月1日　江宁县执行新工时制度。全县国家机关、社会团体、事业单位实行统一的工作时间，星期六和星期日为周休息日。企业单位按职工每周工作40小时的标准工时制度，可进行相应调整。

5月23日　全国人大常委会副委员长王汉斌在市委副书记胡序建陪同下到江宁县视察。

6月15日　全国政协副主席万国权到江宁县视察。

是日　南京禄口国际机场专用高速公路在江宁县举行开工典礼。省长郑斯林为开工典礼揭碑。

6月　县检察院反贪污贿赂局成立。

9月1日　《中华人民共和国教育法》开始实施。江宁县确定9月份为宣传活动月。

9月13日　坦桑尼亚前总统尼雷尔一行10人，在副省长俞兴德等陪同下，参观江宁经济技术开发区。

9月18日　以色列国家议会党团主席、以中两国友好小组主席莫塞·长察夫一行17人，在全国人大常委会委员何康及省、市领导陪同下到江宁县参观访问。

9月29日　中共江宁县委、县人大、县政府、县政协全体领导集中学习中共十四届五中全会公报、中共中央关于制定国民经济和社会发展“九五”计划以及2010年远景目标的建议。10月6日，县委召开全县党员负责干部会议，对贯彻落实中共十四届五中全会精神进行全面部署。

10月18日　江宁县社会各界人士400多人隆重举行“云台山抗日烈士纪念碑”修复揭碑仪式。南京军区顾问、抗日老战士钟国楚，南京军区空军原副政委杜玉福等领导参加揭碑仪式。

10月24—27日　全国第三届城市运动会柔道比赛在新落成的县体育馆举行。11月8—10日，江宁赛区和竞赛委员会被评为全国城运会最佳赛区和最佳竞赛委员会。

10月27日　江宁县30万吨自来水引水工程项目获国家计委批准立项。这是江宁县历史上最大的基础设施工程。

10月底　第三届中国综合实力百强县（市）评选揭晓，在全省进入的25个百强县中，江宁县由原第21位上升至第18位。

11月1日　南京军区副司令员阎琢、副参谋长徐承云、政治部副主任宫化清，省军区司令员郑炳清、副司令员种明辉以及省、市、南京军分区领导到江宁县检查征兵工作。

11月3日　中共湖南省委书记储波一行25人在市领导陪同下到江宁经济技术开发区参观考察。

11月12日　全国政协副主席朱光亚及与之随行的中国科协书记处书记张玉台一行4人，到江宁经济技术开发区视察。

11月13日　港胞贾安坤向上峰乡政府捐资200万港币、向孟墓村和县侨办捐资50万港币，支持办学助农。

12月23—24日　新华社、人民日报社、中央电视台、中央人民广播电台和省、市新闻单位近20名记者汇聚江宁县，采访乡镇人大换届选举工作。

1996年

1月3—5日　中共江宁县委召开九届四次全体（扩大）会议，审议《中共江宁县委关于制定江宁县国民经济和社会发展“九五”计划和2010年远景目标的建议》。

1月16—19日　政协江宁县第七届委员会第四次会议召开。

1月17—20日　江宁县第十二届人民代表大会第四次会议召开。

1月22日　江宁县被农业部授予乡镇企业先进县称号。

1月　位于江宁经济技术开发区的胜利二小区农民复建房启动建设，这是县内建设的第一批农民复建住宅区。

2月9日　经南京市人民政府批复，同意撤销上峰、铜山两乡，原辖区设立上峰镇、铜山镇，实行镇管村体制。

2月29日　江宁县汤山旧石器时代遗址，入选“八五”期间全国十大考古新发现。

3月1日　农业部公布首批327家全国乡镇企业集团，江宁县正方集团榜上有名。

3月11日　江宁县被国家科委确立为全国科技实力百强县。

3月28日　江宁县与南京航空航天大学联合共建南航大江宁学院协议书签字仪式举行，这是第一家正式入驻江宁县的高校。

3月31日　中共河北省委书记程维高率领的河北省党政代表团一行10人，到江宁经济技术开发区参观考察。

4月5日　建在南京新街口广场的孙中山铜像，由江宁县殷巷乡联合企业南京佛光艺术制像厂捐赠制作，作为孙中山诞辰130周年的献礼。

4月8日　江宁县被林业部评为全国乡村林场建设先进单位。

4月19日　由瑞典交通邮电大臣依奈斯·乌斯曼率领的瑞典访华团一行22人，参观访问江宁经济技术开发区。

5月9日　南京江宁经济技术开发区1996年投资环境说明会在北京钓鱼台国宾馆举行。全国人大常委会副委员长、著名经济学家费孝通，副省长陈必亭到会并讲话。

5月29日　日本驻华大使佐藤嘉恭到江宁县参观访问。

7月20日　江宁县被国家科委批准建立国家级江宁星火技术密集区。

8月15日　江宁县文学艺术界联合会第二次代表大会召开。

8月18日　县30万吨水厂建设工程举行奠基仪式。

9月9日　省人大常委会主任沈达人等到江宁县进行执法检查。

9月12日　美国前国防部长施莱辛格率领的美中访华团一行8人，参观访问江宁经济技术开发区。

9月15日　途经江宁县的沪宁高速公路建成通车，成为县内第一条高等级公路。

9月19日　被列为市“金龙计划”县重点工程项目的220千伏殷巷输变电工程举行竣工投运仪式。

10月29—31日　共青团江宁县第十四次代表大会召开，出席会议代表290人。

11月1日　南京军区司令员陈炳德、政委方祖岐、副司令员阎琢等10位将军，到江宁县新兵体检站视察征兵工作。

11月15日　江宁县革命老区贫困地区经济开发促进会成立。

12月16日　江宁县召开旅游工作暨旅游局成立大会。

1997年

1月16日　牛首山宏觉寺塔修复工程竣工，使古塔恢复原貌。

1月25—28日　政协江宁县第七届委员会第五次会议召开。

1月26—29日　江宁县第十二届人民代表大会第五次会议召开。会上，选举王建华为江宁县人民政府县长。

2月13日　江宁县被国家教委授予“两基”（基本普及九年义务教育、基本扫除青壮年文盲）工作全国先进县称号。

2月20日　县四套班子领导召开座谈会，学习《告全党全军全国各族人民书》，深切缅怀邓小平的丰功伟绩。25日，县机关团体、企事业单位组织干部职工集体收看邓小平追悼大会实况转播。

3月27—28日　县工商联召开第七次会员代表大会。

4月8日　由省长毕乔恩·艾里克森率领的瑞典东约特三省代表团一行20余人，到江宁县民营科技园参观考察。

4月13—16日　在江宁县体育场举行第三届中国国际风筝会暨全国风筝邀请赛。来自国内外26支代表队、130余位风筝放飞好手参加竞赛。

4月29日　新西兰驻华大使艾尔德一行12人，参观访问江宁经济技术开发区。

5月18日　中共江宁县委、县政府召开全县党政机构改革动员大会。根据《江宁县党政机构改革方案》，县级党政机构由47个精简到40个，精简幅度为14.89%。县级机关行政编制精简幅度为10.10%。

5月20日　江宁县被文化部授予全国文化先进县称号。

是日　江宁县实验小学吴迪、江宁县淳化小学冯声振在全国第六届“华罗庚数学金杯赛”决赛中，分获金、铜牌。

6月26日　省军区司令员蒋文郁等领导到江宁县检查指导人武部工作。

6月28日　南京禄口国际机场专用高速公路建成并举行通车典礼。省委书记陈焕友为通车剪彩。

6月29日　南京禄口国际机场举行首航庆典仪式。中共中央政治局委员、国务院副总理邹家华为首航剪彩。随行的国家民航总局副局长鲍培德向南京禄口国际机场领导颁发营运许可证。

7月1日　在县城东山公园山顶举行庆香港回归大型焰火晚会。

7月28日　中共江苏省委书记陈焕友，省委常委、市委书记王武龙，副省长张连珍等到江宁县慰问解放军防化团官兵。

7月30日　县国有资产经营（控股）有限公司经市、县政府批准成立，标志着县国有资产管理工作在完善国有资本营运体制、建立资本营运体系等方面向前推进一步。

7月31日　江宁县被省委、省政府列为农村现代化试验区。

8月13日　江苏经济管理干部学院金箔分院成立，这是经省教委批准，省内较早实行企业与高校联合办学的成人大专学院。于10月11日开学，首次向社会招录三年制大专班学生105名，另招集团内部员工一年制专业培训班学生45名。

8月26日　中共江宁县委书记韩庆华当选为中共第十五次全国代表大会代表。

是日　江宁县勘界工作取得成果，完成全长123.50千米的苏皖省界勘界任务。

9月26日　江宁县与法国阿莱斯市缔结友好县市。副县长王加法和阿莱斯市代表团团长吴马塞代表双方签订友好协议。

9月30日　贝宁共和国计划、经济调整和促进就业部部长特沃杰雷一行3人，参观访问江宁经济技术开发区。

10月1日　东山文化休闲广场竣工并向市民开放。

10月3日　交通部部长黄镇东视察江宁经济技术开发区和禄口国际机场专用道路。

10月5—7日　团中央直接领办科技推广项目现场推进会在江宁县召开。全国各省、市、自治区、直辖市的团省（区、市）委有关负责人和承担团中央推广项目的团县委书记，部分地方政府负责人共130多人参加会议。

10月8日　参加省委九届七次全体扩大会议的领导在郑斯林、曹克明、顾浩、许仲林、季允石等带领下，分两批到江宁经济技术开发区参观考察。

11月8日　中共中央政治局候补委员、对外贸易经济合作部部长吴仪和副省长俞兴德视察江宁经济技术开发区。

11月22日　水利部部长钮茂生、美国田纳西河流域管理局主席克罗维尔到河海大学江宁校区视察建设施工情况。

11月23日　中共江宁县委、县政府发出《关于进一步深化企业改革的实施意见》，全县企业改制工作全面展开。

11月26日　部分省人大代表、省政协委员及省市有关部门负责人和专家一行20余人到江宁县检查句容河污染治理情况。

11月28—29日　江宁县总工会第十次代表大会在江宁宾馆召开。出席大会代表227人。

12月1—2日　中共江宁县委召开九届八次全体（扩大）会议，贯彻落实中共十五大精神。会议围绕三次思想解放，进一步形成深化改革、扩大开放的思想共识。会议强调主攻企业改制，打好改革攻坚战，全力推进改革开放。

12月24日　全县23个乡镇人民代表大会顺利完成挂牌任务，标志着全县乡镇人大建设进入一个崭新时期。

12月31日　县30万吨长江引水工程按期通水。县委、县政府在江宁经济技术开发区高湖工地举行通水典礼。

年底　经市小康考核验收小组验收，全县23个乡镇、342个村的小康得分均在90分以上，全县综合得分94.09分，江宁县总体达小康，实现小康县。

是年　江宁县被民政部授予全国农村社会养老保险先进单位称号。

1998年

1月2—6日　政协江宁县第八届委员会第一次会议在东山镇召开，出席会议委员198人。会议选举唐忠寿为县政协主席。

1月4—7日　江宁县第十三届人民代表大会第一次会议召开，出席会议代表271人。大会选举韩庆华为县人大常委会主任，王建华为县人民政府县长。

1月　江宁县342个村推行村务公开制度。

是月　经省专家组综合考核，江宁县达到国家消除碘铁缺乏病标准。

2月16日　江苏时花电器（集团）股份有限公司成立，这是县第一家进行企业改制的国有大型工业企业。

3月1日　江宁县成为南京市唯一被卫生部授予全国人口享有卫生保健规划普及阶段先进县称号。

是日　金箔集团金人工艺品公司制作的“百年恩来贴金像”，被中国人民革命军事博物馆收藏。

3月19日　晚20时至次日11时，江宁县遭特大寒流和暴雪灾害，降雪量达29.1毫米。3000公顷大黄籽油菜绝收，25300公顷三麦、15000公顷油菜、40公顷大棚、266.67公顷蔬菜及毛竹果林损失严重，直接经济损失2亿元以上。当年夏粮总产量5774.80万公斤，是1997年夏粮总产量的65.82%。

3月26日　新西兰驻华大使彼得·亚当斯一行3人，到江宁经济技术开发区参观访问。

4月5日　中共中央政治局常委宋平视察江宁县。

4月16日　巴勒斯坦对外关系部部长哈尼·哈桑率领的“法塔赫”代表团一行6人，到江宁经济技术开发区参观访问。

4月18日　中共拉萨市委书记向巴平措率领的拉萨市党政代表团，到江宁经济技术开发区参观考察。

5月12日　阿根廷圣胡安省省长豪尔赫·何尔韦托·埃斯科瓦尔率领的访华代表团一行25人，到江宁经济技术开发区参观访问。

5月15日　县残联第二次代表大会召开。

5月20日　卢森堡共产党主席比斯多夫率领的共产党代表团访问江宁县。

5月21日　澳大利亚珀斯市市长纳特拉斯率领的珀斯市友好经济代表团，访问江宁经济技术开发区。

6月18日　中共江苏省委书记陈焕友等省、市领导视察东善桥输变电工程。

7月13日　南非布隆方丹市市长莫哈比率领的布隆方丹市代表团一行7人，参观访问江宁经济技术开发区。

8月2日　省军区司令员蒋文郁等领导慰问铜井镇抗洪官兵。

8月16日　省、市领导陈焕友、许仲林、季允石、王武龙、蒋文郁、王宏民等到江宁镇，慰问参加抗洪斗争的解放军“临汾旅”指战员和省武警总队官兵。

8月21日　省军区政委魏长安等领导慰问新济洲抗洪官兵。

9月2日　江宁县实行邮电分营，新成立的江宁县邮政局和江宁县电信局同时挂牌。

9月15日　宁马高速公路建成通车。

9月28日　江宁县实现与南京市管道煤气联网。

10月30日　为进一步稳定土地承包关系，全县发放土地承包经营权证书18.10万份，到户率95%以上，落实承包耕地4.65万公顷。

11月5日　中共西藏自治区委员会书记王乐泉率领西藏自治区代表团一行15人，参观考察江宁经济技术开发区。

11月20日　全国人大常委会副委员长姜春云一行到江宁经济技术开发区视察。

11月21日　上海市市长黄菊率领上海市代表团一行37人，参观考察江宁经济技术开发区。

11月27日　中共江宁县委理论中心组学习江泽民在《纪念党的十一届三中全会召开二十周年大会上的讲话》，深刻领会20年建设有中国特色社会主义事业取得的巨大成就和主要经验。

12月9—11日　江宁县妇联第十四次代表大会召开，参加会议代表296人。

1999年

1月16—19日　政协江宁县第八届委员会第二次会议召开。

1月17—20日　江宁县第十三届人民代表大会第二次会议召开。会上，王建华当选为江宁县人大常委会主任，杨海宁当选为县人民政府县长。

3月6日　陕西省军区司令员杜东海等领导到江宁县人武部参观考察。

3月11日　刚果（布）外交部部长鲁道夫·阿达达率领的访华代表团，到江宁参观金箔集团等企业。

3月18日　全国人大常委会原副委员长费孝通等视察江宁经济技术开发区和南京金箔集团。

4月20日　江宁县举行纪念南京暨江宁解放50周年报告会，并邀请8名渡江后接管江宁的老战士参加。

4月27日　江宁县青年联合会成立。

5月25日　经省、市人民政府批准，撤销江宁县上坊乡，设立上坊镇，实行镇管村体制。

5月30日　县内祖堂山宏觉寺举行大雄宝殿奠基洒净仪式。来自上海、芜湖、常州及南京等地的信众和当地群众2000人参加活动。

6月18日　南京跃进集团江宁基地建成投产。省委书记陈焕友、市委书记王武龙和意大利驻华大使保罗·布鲁尼共同为出车剪彩。

是日　芬兰驻华使馆大使鹿达宁一行访问江宁经济技术开发区。

6月20日　中共中央政治局原常委、全国人大常委会原委员长乔石一行视察南京金箔集团。

是日　东晋大书法家王羲之族谱《王氏宗谱》在江宁县铜山镇山阴村王氏后裔家中被发现。线装古谱《王氏宗谱》共41卷，内容浩瀚。

6月24日　省军区司令员蒋文郁一行到江宁县调研人民武装工作。

6月28日　中共中央政治局委员、中国社会科学院院长李铁映一行，到江宁县视察南京金箔集团。

7月22日　江宁县工业资产经营（控股）公司成立营运，成为南京市首家县级工业资产经营（控股）公司。

7月27—30日　中共江宁县第十次代表大会召开，出席会议代表354人。大会选举产生中共江宁县第十届委员会和中共江宁县纪律检查委员会。在十届一次全委会上，选举王建华为县委书记。

9月30日　江宁县举办庆祝中华人民共和国成立50周年大型焰火晚会。

10月20日　刚果共和国教育和科研部部长皮埃尔·恩齐拉率领的刚果共和国教育代表团一行6人，到江宁县职教中心参观访问。

10月23日　全国政协副主席张思卿在省政协副主席胡序建等陪同下，到江宁县考察。

10月25日　中共吉林省委书记王云坤、省长洪虎率领吉林省党政代表团一行34人，到江宁县参观考察。

12月2日　江宁县上坊镇上坊村全体村民会议，通过南京市第一个《村民自治章程》。

12月14日　江宁县获全国农业普查先进集体称号。

12月17日　市政府批复，同意汤山温泉—阳山碑材为市级风景名胜区。风景区以汤山镇为中心，包括汤山温泉、阳山碑材、安基山水库、雷公山人类遗址等名胜古迹，面积72平方千米。

12月19日　经省、市人民政府批准，东善撤乡建镇，设立东善桥镇，实行镇管村体制。

2000年

1月13—16日　政协江宁县第八届委员会第三次会议召开。

1月14—17日　江宁县第十三届人民代表大会第三次会议召开。

2月2日　经省、市人民政府批准，撤销横溪乡、谷里乡，设立横溪镇、谷里镇；是月21日，撤销方山乡，设立方山镇。均实行镇管村体制。

3月5日　召开乡镇行政区划调整大会。撤销殷巷乡、方山镇，并入东山镇；撤销铜山镇并入禄口镇；撤销龙都镇并入湖熟镇；撤销陆郎镇并入江宁镇。全县由22个镇、1个乡调整为18个镇。

3月21日　中共江苏省委、中共南京市委“三讲”（讲学习、讲政治、讲正气）教育巡视组进驻江宁县。江宁县“三讲”教育于3月28日开始，5月31日召开“三讲”教育总结大会。

4月4日　江宁县在湖熟镇龙都主街广场，举行纪念现代报业巨子、近代著名爱国主义者、民主主义战士、杰出的新闻事业家、社会活动家史量才诞辰120周年活动。

5月17日　江宁县电话全部并入全国数字程控电话网，实现国内、国际长途直拨。

5月24日　中共江宁县委学习中心组组织学习总书记江泽民关于“三个代表”（中国共产党始终代表中国先进生产力的发展要求、代表中国先进文化的前进方向、代表中国最广大人民的根本利益）重要思想。

是日　秘鲁工人总工会主席何塞·路易斯·里斯科一行3人，到江宁县秣陵镇参观访问。

6月2日　江宁县企业改制取得突破性进展。至5月底，全县1325家应改制镇、村企业已改制1200余家，改制面95%以上；30家应改制县属企业全部改制；70多家应改制部门企业已改制57家，改制面81%。是日，江宁县最大的集体所有制企业南京金箔集团改制为民营企业。

6月7日　全国人大常委会副委员长邹家华率领全国人大执法检查组，在省、市人大领导等陪同下，到江宁县检查《中华人民共和国土地管理法》实施情况。13日，邹家华在省委书记陈焕友等领导陪同下，视察江宁经济技术开发区。

6月15日　爱沙尼亚农业部部长伊瓦里·帕达尔率领的农业代表团，到江宁县参观访问。

6月30日　少先队江宁县第一次代表大会召开，57名成人代表和57名少先队员代表出席会议。

8月4日　以议长丰塞卡为团长的佛得角共和国议会代表团，到江宁县参观访问。

9月17日　几内亚共和国总理拉明·西迪梅率领的访华代表团，到江宁县参观访问。

9月20日　江宁县人大常委会召开纪念县人大常委会建立20周年座谈会。23日，县委书记、县人大常委会主任王建华在江宁电视台发表题为《迈进人民代表大会制度建设的新时代》的电视讲话。

9月26日　江宁县首次举行国有土地使用权拍卖会。位于县城客运公司原址地块（2.10万平方米），通过公开、公平、自由竞价的方式拍卖土地使用权，实现由政府行政划拨使用土地向土地使用市场化运作的重大历史性转变。

10月10日　中共江宁县委决定，《江宁报》从2001年1月11日正式改为《江宁日报》。

10月24—26日　共青团江宁县第十五次代表大会召开，出席会议代表258人。

10月25日　中共江宁县委中心组学习《中国共产党第十五届中央委员会第五次全体会议公报》。11月15日，县委召开十届五次全体（扩大）会议，审议通过《中共江宁县委关于制定江宁县国民经济和社会发展第十个五年计划的建议》。

12月12日　中共江苏省委书记回良玉等领导到江宁县调研个体经济发展情况。

12月20日　江宁县220千伏殷巷变电站二期工程竣工投运。至此，全县电网容量达103.65万千伏安，成为南京地区率先跨入国家“百万千伏安”大电网行列的县。

12月21日　国务院批复，同意撤销江宁县，设立南京市江宁区，以原江宁县行政区域为江宁区的行政区域，区人民政府驻东山镇。

2001年

1月4日　召开“三个代表”重要思想学习教育动员大会，省委书记回良玉发表重要讲话，区委书记王建华就如何贯彻落实省、市领导指示精神，扎实推进全区学教工作作了发言。省委常委、省委秘书长赵少麟等省、市、区领导参加会议。

1月17—20日　政协江宁区第八届委员会第四次会议召开。

1月18—21日　江宁区第十三届人民代表大会第四次会议召开。

1月28日　中共中央政治局候补委员、书记处书记、中组部部长、全国农村“三个代表”重要思想学习教育活动联系会议领导小组组长曾庆红一行，在省委书记回良玉等领导的陪同下，到江宁区上坊镇机场村开展“三个代表”重要思想学习教育活动的调查研究，并看望农民群众，慰问基层干部。

2月7日　中共江宁区委书记王建华在省委召开的农村“三个代表”重要思想学习教育活动电视电话会上作经验介绍。区四套班子领导和各部门、各镇主要负责人在江宁分会场收听收看了电视电话会议的实况。

2月26日　中共江苏省委书记回良玉等参加东山镇领导班子民主生活会，指导全区更好地开展“三个代表”重要思想学习教育活动。

2月28日　中共江宁区委、区政府在国旗广场隆重举行撤县设区庆祝大会。省委常委、市委书记王武龙为中共南京市江宁区委员会、南京市江宁区人民政府揭牌。民政部、省民政厅等单位致贺信和贺电。

3月9日　中共江宁区委、区政府举行首届南京江宁春牛首旅游文化月开幕仪式。

4月22—30日　江宁区举办首届“江宁之春”群众文化艺术节。

5月17日　第五次全国人口普查以2000年11月1日零时为标准时间，经普查登记，全区常住人口为781344人，与第四次全国人口普查1990年7月1日零时733757人相比，共增加47587人，增长6.49%。

5月26日　江宁区首届横溪西瓜节开幕式在横溪镇举行。

5月30日　考古学家新近在南京汤山驼子洞发现距今约100万年左右的旧石器时代早期哺乳动物化石群。据初步鉴定，哺乳动物种类30余种，其中三趾马、狒狒、大唇犀等都是江苏境内首次发现。

6月11日　江宁区基本实现农业机械化，顺利通过省级达标验收。

6月28日　江宁区首个民兵红缨导弹连成立大会在汤山镇举行，南京军分区司令员侯宪和等到场祝贺。

7月6日　经全国自来水普及区考核验收小组验收，江宁区跻身全国自来水普及区行列。

8月18日　南京中北（集团）公司接收江宁客运公司签字仪式，在江宁经济技术开发区湖滨金陵饭店举行。

8月29日　中共江宁区党员代表会议召开，出席会议代表137人，选举产生出席中国共产党南京市第十一次代表大会代表24人。

8月30日　省长季允石一行视察江宁经济技术开发区。

9月18日　中共中央政治局常委、全国政协主席李瑞环视察江宁经济技术开发区。

9月24日　历时4个月，完成《江宁区地图》绘制工作，从而结束全区没有正式地图的历史。

9月　第一部《江宁年鉴（2001年）》由方志出版社出版发行。

10月16日　中国金箔艺术馆在江宁区正式开馆。

10月18日　东山步行街开市暨江宁旅游美食周开幕典礼在东山镇举行。

11月17日　全国人大常委会副委员长彭珮云在省委副书记、市委书记李源潮陪同下，到江宁区视察。

11月　江宁区实现有线电视“镇镇通”。

12月4日　中共江苏省委书记回良玉一行到江宁区视察。

12月6日　铜井镇新济洲移民安置工程顺利完成，洲上1200户、3960余人全部搬迁完毕，在区内14个镇安家。

12月11日　全区派出由417人组成的代表团参加市第十七届运动会，经过7个项目的比赛，取得历史性的突破，夺得金牌31枚、银牌36枚、铜牌35枚，并以3229分获得青少年部团体总分第二名。

12月25日　江苏省首届农民艺术节暨“三下乡”（送文化下乡、送科技下乡、送卫生下乡）集中活动在江宁区开幕。副省长张桃林在开幕式上讲话并表示祝贺。

12月27—28日　江宁区工商联第八次会员代表大会召开，出席会议代表和嘉宾共200多人。

2002年

1月1日　中共江宁区委机关报《江宁日报》改为《南京日报·江宁版》，业务上由南京日报社主管。

1月15—17日　政协江宁区第八届委员会第五次会议召开。

1月16—18日　江宁区第十三届人民代表大会第五次会议召开。

1月17日　南京市江宁区安全生产监督管理局挂牌。

2月13日　安徽省当涂县横山林场发生火灾，林火蔓延至江宁区东善桥林场横山分场山林。南京市市长罗志军、南京军区参谋长朱文泉等亲赴现场指挥灭火。

2月25日　省军区司令员蒋文郁率军区学习中心组成员170余人，到江宁区参观考察。

4月8日　位于江宁科学园的江宁大学城举行揭牌暨开工仪式。

4月9日　经中共江宁区委、区政府研究决定，新成立南京江宁科学园，其区域包括民营科技园、江宁大学城和方山旅游度假区，面积58平方千米。

是日　经省政府批准，江宁区撤销东山镇，以其原辖区域分别设立东山、百家湖两个街道办事处。并同意将东善桥水阁村、长山村划归百家湖街道办事处管辖。

4月16日　全国人大常委会原副委员长王汉斌到江宁区视察江宁大学城。

4月24日　国务委员吴仪在省、市领导陪同下，到江宁经济技术开发区视察。

5月6日　省政协主席曹克明一行到江宁区视察。

5月14日　国务委员司马义·艾买提在省委副书记、市委书记李源潮，市长罗志军陪同下，到江宁区视察。

5月20日　全区最大的民心工程——长江引水工程（一期）竣工典礼在自来水厂举行。该工程总投资2.94亿元，日供水能力15万吨。

是日　江宁区大型污水处理厂在江宁经济技术开发区投入运营。

6月13日　省长季允石一行在市领导罗志军等陪同下，到江宁区视察。

8月19日　中共中央政治局常委、国务院副总理李岚清，教育部部长陈至立在省委书记回良玉、省长季允石等陪同下，视察位于江宁经济技术开发区内的正德学院。

8月　江宁区被科技部授予全国科技工作先进区称号。

9月14日　汤山镇作厂中学和东湖丽岛工地部分学生和民工因食用饮食店的油条、烧饼、麻团等食物发生中毒者达200多人，经抢救无效死亡44人。事发后，党中央和国务院领导非常重视，立即作出批示。省和南京军区以及市、区领导多人迅速赶到现场，并到各医院检查指导抢救工作。这一重大投毒案件，经公安机关78小时连续奋战于17日侦破，犯罪嫌疑人陈正平被抓获，并于9月30日被南京市中级人民法院判处死刑，剥夺政治权利终身。

9月17日　2002年全国知名私（民）营企业南京（江宁）经贸合作洽谈会在金元宝大酒店隆重举行。来自北京、上海、广东、福建、海南、湖北、浙江、江苏等9个省、市的工商联和省私营协会的领导，全国38个市县、200多名私营企业家参加会议。

10月23日　中纪委副书记王德瑛一行到江宁区视察。

11月11日　南京军区原司令员向守志一行70多人，到江宁区参观考察。

11月18日　区第十三届人大常委会召开第三十七次会议，会议任命单景南为区人民政府副区长、代理区长。

11月22日　南京江宁竹山路科技电子文化街隆重开市，市、区领导和省、市政府有关部门负责人及社会各界人士1万余人参加开市典礼。

11月22—25日　第二届全国“村长论坛”在江宁举行。来自全国25个省、市、自治区的100多个特色村、龙头企业代表和特邀农业相关方面的专家、学者共300多人出席了论坛。全国政协副主席杨汝岱致贺信。

11月30日　江宁区科学技术协会第六次代表大会召开，出席会议代表140人。

12月6日　江宁区慈善总会成立。

12月11日　江宁大学城第一个签约入驻高校——南京工程学院新校区开工建设。副省长王荣炳等省、市领导共同为新校区培土奠基。

12月13日　中共江宁区委、区政府作出调整部分镇、村、园区管理范围的决定，江宁经济技术开发区、科学园、禄口华商科技园三大园区全面扩容：开发区管理范围由13余平方千米扩大到360多平方千米，科学园由50多平方千米扩大为180余平方千米，华商科技园也有所扩大。

2003年

1月5—9日　政协江宁区第九届委员会第一次会议召开，出席会议委员210人。会议选举詹双定为区政协主席。

1月6—10日　江宁区第十四届人民代表大会第一次会议召开，出席会议代表271人。大会选举吕界超为区人大常委会主任，单景南为区人民政府区长。

1月18日　区对20名首届“江宁好市民”进行表彰。

2月21日　据《南京日报》报道：汤山“南京猿人”头像成功复原。专家确认，汤山葫芦洞与北京周口店属同期古人类遗址。“南京人”一号头骨距今65万年—56万年，二号头骨距今46万年—24万年（由于年代跨度太大，待考）。

3月1日　中共江苏省委书记李源潮、省长梁保华率省内全国人大代表在市委书记罗志军等陪同下，参加牛首山文化风景区植树。

3月26日　中共浙江省委书记、省人大常委会主任习近平，省长吕祖善率浙江省党政代表团一行80人，到江宁区参观考察。

3月31日　江宁区成立江宁滨江经济技术开发区指挥部。8月4日，设立南京江宁滨江经济技术开发区管委会办公室，为区政府正处级派出机构（中共南京江宁滨江经济技术开发区工作委员会与其合署）。10月18日，江宁滨江经济技术开发区成立。

4月1日 新组建的南京新城巴士客运公司在江宁区营运。

4月14日 中共山东省委书记张高丽率山东省党政代表团，到江宁区参观考察。

4月16日 江宁区与杭州市萧山区签订《关于加强南京市江宁区和杭州萧山区友好合作交流协议书》。

4月22日 召开全区非典型肺炎预防工作千人动员大会，拉开预防“非典”工作的序幕。

4月24日 省政协主席许仲林等领导到江宁区检查非典防治工作。

5月1日 暂住东山街道小焦村的江西九江人帅某，在江宁医院开发区分院被确诊为省第一例非典临床诊断病例。江宁区抗非典工作进入防扩散阶段。

5月9日 中共江苏省委书记李源潮，省委常委、市委书记罗志军等领导一行，到江宁区检查非典防治工作。5月21日，省长梁保华到江宁区检查非典防治工作。

5月28日 建立南京市江宁区规划局，为正处级行政机构。

6月26日 区行政服务中心投入运行。全区32家单位在行政服务中心开展359个项目的审批和服务工作。

7月5日 民政部部长李学举在副省长何权等陪同下，到江宁区视察社区建设工作。

7月24日 江宁区非典防治工作阶段性总结表彰大会召开。

8月11日 中共江苏省委书记李源潮，参加全省学习会的厅、局领导干部等，到江宁区参观考察。

8月14—15日 长江三角洲城市经济协作第四次会议在江宁区举行。上海、南京、杭州、苏州等16个长三角地区城市的政府和企业代表100多人参加会议。

8月18日 中共中央政治局常委、中央纪委书记吴官正在梁保华、罗志军、蒋宏坤等省、市领导陪同下，到江宁区视察。

9月14—17日 海峡两岸CEO金陵论坛在江宁举行。海峡两岸CEO代表，国家有关部、委、办及省、市、区领导300人出席。

9月19日 中央电视台第四套国际频道《让世界了解你》栏目组专访江宁。电视专访节目于10月4日在中央电视台国际频道播出。

9月28日 位于江宁经济技术开发区的江苏南京出口加工区（南区）通过国务院八部委组织的联合小组的验收。国家海关总署领导向南京出口加工区（南区）领导颁发验收合格证，并揭牌。

9月 江宁区实施有线电视“入户通”工程，为用户传送38套电视节目。

10月10—14日 2003年全国民办教育发展论坛在江宁举行。

11月1日 省军区司令员陈一远、政委吴齐一行，到江宁区视察征兵工作。

11月4日 江宁区被命名为“全国村民自治模范区”，南京市仅此一家。

12月8日 中共中央政治局委员、上海市委书记陈良宇，市长韩正率领上海市党政代表团一行在省委书记李源潮、省长梁保华等陪同下，到江宁区参观考察。

12月9—11日 江宁区妇联第十五次代表大会召开，出席会议代表300人。

12月11日 中共中央政治局原常委、国务院原副总理李岚清在省委书记李源潮陪同下，到江宁经济技术开发区和江宁大学城视察。

12月27日 受中共中央政治局委员、十届全国人大常委会副委员长、中华全国总工会主席王兆国的委托，中华全国总工会文工团到江宁举行“江宁开发区迎新年专场慰问演出”。

12月31日 2004年1月1日开始，《南京日报·江宁版》停刊。

12 月　江宁区第一家行业商会——塑料业商会成立。

2004年

1 月 5—7 日　政协江宁区第九届委员会第二次会议召开。

1 月 6—8 日　江宁区第十四届人民代表大会第二次会议召开。

4 月 22 日　全国政协秘书长郑万通一行在市政协主席汪正生陪同下，到江宁区参观调研。

是日　省人大常委会原主任陈焕友、原副主任俞兴德等在市委书记罗志军陪同下，到江宁区参观考察。

4 月 28 日　越共中央政治局常委、书记处书记、思想宣传部部长阮科恬率领越共代表团，到江宁区访问。

5 月 4 日　中共中央总书记、国家主席胡锦涛和随行的中共中央政治局候补委员、书记处书记王刚，在省委书记李源潮、省长梁保华、市委书记罗志军、市长蒋宏坤等陪同下，视察江宁经济技术开发区。

6 月 12 日　江宁优质安全农产品展销会在南京白马公园举行。全区各镇农副产品公司、特色农产品基地共组织 50 余种农产品参展。

6 月 19 日　据《南京日报》报道，江宁市民李龙祥受外交部邀请，到北京参加 6 月 20 日以“走进外交部”为主题的公众开放日活动。从 2000 年开始，李龙祥给世界各国首脑发函，得到 62 个国家政要 75 封回信。2004 年 2 月，印度总统卡拉姆邀请其访问印度。

6 月　百家湖街道太平社区在全市率先完成集体资产股份制改革，成立董事会和监事会，1000 多户居民领取股权证。

7 月 5 日　江宁日报社撤销。

7 月 17 日　陶吴中学 10 名新老师生作为特殊客人，应邀到长春参加一汽集团 51 周年厂庆和新车展销大会。50 年前，陶吴小学 200 多位“红领巾”为支持一汽建设，捐献捡废铜烂铁换来的 5 万多元（旧币，相当于现在的 5 元多）。

7 月 29 日　宁夏回族自治区政协主席任启兴率全国政协委员视察团，到江宁区参观视察。

8 月 30 日　江宁区“三校联动”迁址调整完成。新建的江宁高级中学成为全市学校的精品，调整后的秦淮中学、实验小学办学条件优化。

8 月 31 日　国家审计署审计长李金华在市长蒋宏坤陪同下，到江宁经济技术开发区参观考察。

9 月 1 日　22 时 48 分，江苏龙海建工集团南京分公司在江宁区承建的江苏经贸职业技术学院现代教育中心 9-13 轴线间，6 楼屋面一条 16 米长的跨梁在实施砼浇注施工中，支撑系统突然失稳，导致坍塌，造成 5 人死亡、8 人受伤的重大事故。事故发生后，市、区领导赶赴现场，组织抢救。

9 月　江宁区完成第五次体育场地普查工作。至 2003 年年底，全区有 23 类体育场地，总数量 799 个，占地面积 348 万平方米。其中建筑面积 15.75 万平方米，体育场地面积 229.12 万平方米，累计投入资金 5.42 亿元。人均体育场地面积 3 平方米。

10 月 20 日　江宁区举行东善桥、秣陵、上坊、淳化 4 个镇撤镇设立街道仪式。

10 月 30 日　科技部在江宁经济技术开发区举行授牌仪式，授予江宁区“国家火炬计划南京市江宁电力自动化产业基地”牌匾。标志着江宁区国家级产业基地实现“零”的突破。

10 月　南京电子信息人才市场和新的江宁人才市场正式投入运行。新人才市场设有服务大厅、交流大厅、报告厅、高级人才洽谈室、培训室等专区，总建筑面积 9000 平方米。

11 月 2 日　省政协主席许仲林、副主席王荣炳及省政协全体委员，到江宁区参观视察。

11 月 16 日　《东山新市区总体规划调整（2003—2010 年）》获市政府审批通过。批复中明确东山新市区是南京市“一城三区”战略布局的重要组成部分，是南京市三大新市区之一。

11 月 24 日　中共中央政治局常委、国家副主席曾庆红，在李源潮、罗志军、蒋宏坤等省、市领导陪同下，到江宁经济技术开发区视察。

11 月 28 日至 12 月 1 日　中共江宁区第十一次代表大会召开，出席会议代表 350 人。大会选举产生中共江宁区第十一届委员会和中共江宁区纪律检查委员会。在十一届一次全委会上，选举王建华为区委书记。

12 月 3—5 日　共青团南京市江宁区第十六次代表大会召开，出席会议代表 260 人。

12 月 22 日　江宁区通过国家环保总局全国生态示范区考核验收。江宁区生态建设达到全国生态示范区一类地区标准。

12 月 25 日　中共中央政治局常委、中央政法委书记罗干在李源潮、梁保华、罗志军、蒋宏坤等省、市领导陪同下，到江宁区视察。

12 月　省、市农林厅（局）、国土资源厅（局）联合检查验收组一行，对全区基本农田保护工作进行验收，全区基本农田面积 59830.90 公顷。

是月　江宁区分别获全国计划生育优质服务先进区和全国社区红十字服务示范区称号。

是月　全区实现有线电视“村村通”。

2005年

1 月 5—7 日　政协江宁区第九届委员会第三次会议召开。

1 月 5—7 日　江宁区第十四届人民代表大会第三次会议召开。

1 月 15 日　江宁区在北京举办江宁籍在京人士新春联谊会。

1 月 18 日　全国人大常委会原副委员长王光英偕夫人到江宁区参观考察。

1 月 24 日　中共江宁区委召开全区开展保持共产党员先进性教育活动动员大会。

2 月 16 日　中共南京市委、市政府在江宁滨江经济技术开发区召开坚持科学发展现场会。

2 月 27 日　中国科技协会党组书记邓楠到江宁区参观考察。

3 月 16 日　区内江苏中圣高科技产业有限公司在新加坡上市，发行 11316.50 万股普通股。

3 月 30 日　中国台湾国民党副主席江丙坤率中国国民党大陆参访团，到江宁区考察。

3 月 31 日　中国社会科学院原党委书记、副院长王忍之，到江宁区参观考察。

4 月 2 日　全国政协秘书长郑万通率中国香港商界知名企业家代表团，到江宁区参观考察。

4 月 4 日　中共江苏省委书记李源潮等领导，到江宁区视察“绿色江宁”建设情况。5 日，省委书记李源潮及省、市、区领导干部等，到区青龙山林场植树。

4 月 12 日　由《金陵晚报》发起的“新金陵四十八景”评选活动揭晓。江宁区的阳山碑材、汤山温泉、汤山古猿人洞、南唐二陵、方山斜塔 5 处景点入选。

4 月 20 日　山东省政协原主席陆懋曾一行，到江宁区参观考察。

4 月 29 日　阳山碑材挂上“吉尼斯纪录”牌匾。经南京市质量技术监督局测量和市公证处公证，确定碑材重约 2.60 万吨，竖起时高度为 75 米，是当之无愧的“世界第一”碑材。

5 月 13 日　内蒙古自治区主席杨晶率内蒙古政府代表团一行，到江宁区参观考察。

5 月 20 日　中共江苏省委书记李源潮等省、市领导，到江宁经济技术开发区视察。

6 月 5 日　中共中央政治局委员、书记处书记、中宣部部长刘云山，在李源潮、梁保华、罗志军、蒋宏坤等省、市领导陪同下，到江宁经济技术开发区考察。

6月　中共江苏省委决定，王建华任中共连云港市委委员、常委、书记，免去其中共南京市委常委，中共南京市江宁区委书记、常委、委员职务。

7月11日　郑和下西洋首航600周年纪念日。投资600万元郑和墓园扩建整修工程竣工。

7月22日　根据中共江苏省委〔2005〕181号文件通知，中共南京市委决定，刘捍东任中共南京市江宁区委委员、常委、书记，免去其中共南京市浦口区委书记、常委、委员职务。

7月25日　省军区政委吴齐等领导，到江宁经济技术开发区视察。

8月18日　总投资6亿元的江宁体育中心体育场、体育馆落成。体育场可容纳观众3万人，体育馆可容纳观众5500人。

8月22日　省长梁保华及省有关部门负责人，到江宁区考察"十运会"场馆建设。

8月25日至10月22日　江宁区承办第十届全国运动会男女足球和摔跤3个项目的比赛，这是江宁区历史上承办的最高级别赛事。"十运会"期间，区方山体育运动中心承办射击、射箭比赛；江宁足球训练基地承办女足分组比赛。

9月10日　新版《江宁区地图》和首版《江宁城区图》出版发行。

9月25日　国务委员兼国务院秘书长华建敏在省、市领导李源潮、赵少麟、罗志军等陪同下到江宁经济技术开发区考察。

9月30日　江宁区首个由中共党员公推直选产生的社区党委在百家湖街道太平社区成立。11月6日，土桥镇在全区率先开展公推直选镇党委领导班子成员工作。

10月5日　中共中央政治局委员、全国人大常委会副委员长王兆国到江宁经济技术开发区视察。

10月15日　江宁区6.20万户管道煤气用户转换改成南京市传输的天然气。

10月19日　中共江宁区委召开全区负责干部大会，传达学习中共十六届五中全会精神和总书记胡锦涛在江苏考察时的重要讲话精神，以及省委领导干部会议和全市负责干部会议精神。

10月22日　中共中央政治局常委、国务院总理温家宝，国务委员兼国务院秘书长华建敏，国务委员陈至立到江宁经济技术开发区视察。省委书记李源潮、省长梁保华及市领导罗志军、蒋宏坤等陪同。

11月11日　全国首座塔式太阳能热发电实验站，在江宁区建成发电。

11月29日　泰国农村发展部部长苏丽达（女）率领泰国人口与社区发展协会代表团一行，到江宁区参观考察。

12月26日　上峰镇召开实施免费义务教育工作现场发布会，宣布上峰镇中、小学生享受免费义务教育，成为江苏省免费义务教育第一镇。

12月　江宁区拆除6道渡口，新建5座桥梁，提前两年在全市率先实现无渡区。

2006年

1月4—6日　政协江宁区第九届委员会第四次会议召开。

1月5—7日　江宁区第十四届人民代表大会第四次会议召开。

3月8日　江宁区召开镇、街行政区划调整工作会议。全区由9个街道、11个镇调整为7个街道、2个镇，即东山街道、秣陵街道、汤山街道、禄口街道、淳化街道、谷里街道、江宁街道、湖熟镇、横溪镇。调整后街、镇平均面积174.80平方千米，人口8.70万人。

3月10日　江宁区被国家环保总局命名为国家生态示范区。

3月22日　省长梁保华一行到江宁区视察。

3月31日　中国国民党革命委员会江宁区综合支部成立。这是江宁区第一个民主党派组织。

6月21日，中国民主同盟江宁区支部、中国民主建国会江宁区支部、中国农工民主党江宁区支部分别成立。

4月6日　经国务院授权，中国黄金协会授予江宁区“中国金箔城”称号。

4月10日　省委书记李源潮在市长蒋宏坤陪同下，视察江宁经济技术开发区。

4月25日　中共中央政治局常委、全国政协主席贾庆林，全国政协秘书长郑万通到江宁区调研，了解建设社会主义新农村和提高自主创新能力的情况。省、市领导李源潮、梁保华、罗志军、蒋宏坤等陪同。

5月2日　中共中央政治局原常委、全国人大常委会原委员长李鹏在省、市领导李源潮、王寿亭、罗志军、蒋宏坤等陪同下，到江宁经济技术开发区参观考察。

5月9日　意大利亚历山德里省省长保罗·菲利皮一行，到江宁区参观考察及商洽合作事宜。

5月26日　江宁区在北京人民大会堂举行尼日利亚莱基自由贸易区投资环境推介会。

5月27日　中央电视台在江宁举办“同一首歌——走进江宁”大型文艺晚会。

是日　总投资10亿元，建筑面积30万平方米的南京义乌小商品城开业。

6月12日　市长蒋宏坤、市政协主席汪正生，为江宁滨江经济技术开发区升格为省级开发区揭牌。

6月25日　中共陕西省委书记张宝顺、省长于幼军率领陕西省党政代表团一行，到江宁经济技术开发区参观考察。省、市领导梁保华、罗志军、蒋宏坤等陪同考察。

7月11日　下午，南京安星消防工程有限公司农民工朱柱在东山秦淮新河为抢救一名投河轻生女青年，不幸献身。7月13日上午，江宁区隆重举行朱柱遗体告别仪式。是年，朱柱被民政部批准为革命烈士，并被公安部等6部委和中央电视台评为2006年度“中国骄傲”杰出人物。

8月21日　第三届世界大学女校长论坛在江宁大学城中国传媒大学南广学院举行。来自34个国家和地区的60余位大学女校长出席。

8月22日　惠及南京市800万市民的国家级“菜篮子”工程——南京农副产品物流配送中心项目落户江宁。

9月12日　省人大常委会原主任陈焕友一行，到江宁经济技术开发区考察。

9月　江宁区在全市郊区县中率先开展有线电视数字化整体转换工程，为用户传送148套数字电视节目和17套广播节目。

10月21日　中共重庆市市委书记、市人大常委会主任汪洋率重庆市党政代表团，到江宁区参观考察。

10月23日　全国城市区志专业委员会2006年年会在江宁区召开。全国14个省、市、自治区85个城区的150位代表参加会议。

10月28日　首届中国特色镇发展论坛暨中国镇长论坛在江宁区举行，并签署《中国特色镇和谐发展宣言》。

11月1日　新华社、《人民日报》、《经济日报》、《农民日报》、《新华日报》、江苏电视台、《南京日报》、南京电视台等近30家中央、省、市媒体记者汇聚江宁，参加江宁和谐社会建设新闻发布会。

11月6日　全国人大常委会副委员长何鲁丽一行到江宁视察旅游业发展情况。

是日　金宝天印山农副产品批发大市场开业。

11月20日　南京地铁一号线南延线试验段开工典礼在江宁区河定桥站举行。

11月23日　江宁区召开第二轮修志编纂工作动员会议，部署新一轮修志工作。

11 月 29 日　区工商联召开第九次会员代表大会。

11 月 30 日　著名华人企业家陶欣伯出资 500 万元建立江苏陶欣伯助学基金会。同时，又捐出 200 万元用于家乡横溪镇学校建设。

是日　江宁区获全国民政工作先进区称号。

12 月 2 日　中国红十字会会长、全国人大常委会原副委员长彭珮云一行到江宁区视察红十字会工作，省红十字会会长吴锡军等陪同。

12 月 27 日　江宁区召开第一次归侨侨眷代表大会。

是年　入围“2006 年度全国十大考古新发现”的江宁区上坊孙吴墓，经南京市博物馆专家组实地勘测，初步认定其墓的年代为孙吴至东晋，距今 1700 余年。

2007年

1 月 9—11 日　政协江宁区第九届委员会第五次会议召开。会议选举王加法为区政协主席。

1 月 10—12 日　江宁区第十四届人民代表大会第五次会议召开。会议选举柏鹏为区人民政府区长。

1 月 11 日　汤山供水工程与主城南京贯通并通水，20 万汤山地区军民喝上放心水。

1 月　全省最大的工艺美术精品博览中心——爱涛艺术中心在江宁区落成并对外开放。馆内展示的用巨型红木雕刻的“四大名著”堪称中华一绝。

2 月 12 日　英国驻华大使欧·威廉爵士和驻上海总领事馆总领事艾琳一行，到江宁区考察并商谈合作事宜。

3 月 19 日　全国政协副主席董建华在省政协主席许仲林，省委常委、市委书记罗志军，市长蒋宏坤等陪同下，到江宁区参观考察。

3 月 30 日　中共四川省委书记、省人大常委会主任杜青林率四川省党政考察团，到江宁区参观考察。

4 月 3 日　国家税务总局局长谢旭人在省、市地税局领导陪同下，到江宁区视察地税工作。

4 月 9 日　水利部部长汪恕诚一行，到江宁区视察。

4 月 10 日　江宁区体育彩票售票员戴玉银替人购买并代为保管的一张彩票中得 500 万元，主动交给不知情的买主。9 月 17 日，戴玉银获全国道德模范提名奖。9 月 18 日，受到胡锦涛的亲切接见。是年，戴玉银获江苏省道德模范称号，还被评为“感动南京”十大年度人物。

4 月 16 日　中国民主促进会江宁区综合支部成立。

4 月 19 日　江宁区召开驻区高校与政府、企业共同发展联席会议第一次会议，构建“政、产、学、研”密切合作创新机制。

5 月 29 日　南京市聋人学校学生、江宁街道查正春在第七届全国残疾人运动会上获得羽毛球单打、双打两枚金牌。

6 月 22 日　农业部党组书记、部长孙政才率领农业部调研组一行，到江宁区调研农业产业化发展情况。

6 月 26 日　《中共南京市江宁地方史（1949—1978）》首发式在江宁宾馆举行。该书由中共党史出版社出版发行。

6 月 28 日　中共江宁区委常委会举行学习会，学习中共中央总书记胡锦涛在中央党校省部级干部进修班发表的讲话。讲话指出，科学发展观，第一要义是发展，核心是以人为本，基本要求是全面协调可持续，根本方法是统筹兼顾。

6月29日　江宁区文学艺术界联合会第三次代表大会召开。

是日　位于江宁经济技术开发区的中国首座70千瓦塔式太阳能热发电系统，通过中科院院士组成的专家验收鉴定。

是日　江宁区获全国乡村青年文化先进区称号。

7月6日　中联部部长王家瑞一行到江宁区视察。

7月17日　全国“美德在农家”活动推进会在江宁区召开。全国妇联党组书记、副主席、书记处第一书记黄晴宜等省、市、区领导参加现场会。

7月19日　中共陕西省委副书记、陕西省省长袁纯清率领的陕西省党政代表团，到江宁区参观考察。

7月30日　经市机构编制委员会批准，中共江宁经济技术开发区工作委员会、江宁经济技术开发区管理委员会为区委、区政府派出机构，行政级别调整为市正局级。原南京江宁经济技术开发区管理委员会办公室不再保留。

8月2日　江宁女子垒球队夺得全国少年女子垒球锦标赛冠军。在随后进行的全国首届少年女子软式垒球锦标赛上，又夺得冠军。

8月22日　省长梁保华、副省长张桃林一行，到江宁区视察。

8月27日　江宁区被民政部批准为全国农村社区建设实验区。

8月29日　德国总理默克尔一行到江宁经济技术开发区，参加西门子数控（南京）有限公司三期扩建项目竣工投产暨公司成立10周年庆典。

9月9日　在中国香港举行的第二届亚洲品牌颁奖典礼上，江宁经济技术开发区获中国十大最具竞争力开发区品牌奖。

9月13日　国家人口和计生委党组书记李斌一行，到江宁区视察。

9月26日　省政协主席许仲林一行，到江宁区视察。

是日　长安福特马自达汽车南京公司举行竣工投产庆典。省、市领导梁保华、罗志军等出席庆典。2005年4月，公司开工建设，总投资10亿美元，年产整车40万辆。其中一期投资4.80亿美元，年产整车20万辆。

9月27日　商务部部长薄熙来、副部长于广洲一行，到江宁区视察。

10月10日　区政府在横溪镇举行江宁区农村老年居民养老生活补助首发仪式。全区男年满60周岁、女年满55周岁以上农村老年居民每人每月可领取40元～500元不等的生活补助。全区10万名农村老年居民享受养老补助金，实现农村居民基本养老生活补助全覆盖。

10月15日　区领导集中收看中共十七大开幕式。23日，中共十七大代表、市委常委、区委书记刘捍东载誉归来。25日，区委召开传达贯彻中共十七大精神会议。

10月28日　中共中央政治局常委、国家副主席曾庆红在省、市领导梁保华、张连珍、罗志军等陪同下，到江宁经济技术开发区视察。

11月13日　南京港铜井港区大件重件码头吊装成功。江宁区结束有江无港的历史。

11月20日　区残疾人联合会第三次代表大会召开。

11月22日　民政部部长李学举一行，到江宁区视察农村社区建设。

11月23日　江宁区被中国科协命名为第三批全国科普示范区。

11月24日　区人大常委会发表公告，30岁的李加胜当选为区人大代表，成为江宁区首位当选区人大代表的农民工。

11月26—27日　共青团南京市江宁区第十七次代表大会召开，出席会议代表251人。

11月28—29日　区总工会第十二次代表大会召开，出席会议代表220人。

11月　江宁经济技术开发区在尼日利亚开工兴建莱基自由贸易区，成为江苏省在国外开发的首个国家级经贸合作区。

12月4日　中共山东省委书记李建国、代省长姜大明率领山东省党政代表团，到江宁区参观考察。

12月24—26日　政协江宁区第十届委员会第一次会议召开，出席会议政协委员216人。王加法当选为区政协主席。

12月25—28日　区第十五届人民代表大会第一次会议召开。出席会议代表290人。会议选举吕界超为区人大常委会主任，柏鹏为区人民政府区长。

12月25日　中共江宁区委决定成立中共南京市江宁区湖熟街道工作委员会、中共南京市江宁区横溪街道工作委员会，为区委派出机构。原南京市江宁区湖熟镇委员会、中共南京市江宁区横溪镇委员会撤销。

12月27日　根据市政府批复，撤销江宁区湖熟镇和横溪镇；以两镇原辖区分别设立湖熟街道办事处和横溪街道办事处。

12月　江宁区财政全口径收入突破百亿元大关，达111.14亿元，比2006年增长70.33%。其中地方一般性预算收入45.08亿元，比2006年增长55.40%。在全省区、县排名第六位。东山街道财政收入达10亿元，成为区第一个实现财政收入超10亿元的街道。

是月　全区实施新型农村合作医疗，实现居民医保全覆盖。

是年　全区实施并完成区级机关及开发园区公务用车改革。涉及单位62家，涉改车辆395辆，涉改人员1388人。车改后62家涉改单位年发公务交通补贴费用1960万元，比车改前节约支出2300万元，费用下降54%。

是年　江宁区迈入省“全面达小康”区（县、市）行列。经过5年奋斗，实现省定小康建设四大类18项25条指标，人民群众对全面达小康认可度达75%。

第一编

南京猿人与湖熟文化

距今大约56万年—53万年（采用铀系法测年。一说35万年，采用电子自旋共振法测年）前，江宁汤山地区就有原始人类生存繁衍。

南京猿人化石发现地位于江宁汤山镇西南侧的雷公山北坡葫芦洞内，洞因状若平卧的葫芦而得名。南京猿人洞洞穴最早发现于1990年3月。1993年3月13日，在洞穴裂缝下的小洞内发现一具古人类头骨化石，经专家鉴定为猿人头骨化石，后被正式命名为南京猿人一号头骨。同年4月18日，有关人员在洞里清理化石时又发现一具猿人头骨，后被命名为南京猿人二号头骨。12月10日至次年1月16日，由南京市博物馆和北京大学考古系联合组成考古发掘队对葫芦洞进行考古发掘，共获得2000余件代表15种脊椎动物的化石标本以及一枚古人类臼齿化石。汤山古人类化石及其共生动物化石的出土，把江宁地区人类活动的历史推进到距今50万年前，改写了南京地区及长江中下游人类发展史和区域开发史，同“北京人”“元谋人”“蓝田人”等一样，“南京人”在世界古人类发展谱系中占有一席之地。“南京人”的发现，是中国旧石器时代考古、古人类学和古动物学研究领域的重大收获，对于研究古人类分布、演化历程以及长江中下游古环境等有着十分重要的意义。南京古人类化石地点的考古发掘被评为1993年度中国十大科技新闻之一和“八五”期间全国十大考古新发现之一。1995年，汤山葫芦洞被列为江苏省文物保护单位；1996年，被第三十届国际地质大会指定为考察点；2006年5月25日，被列为全国重点文物保护单位。

在距今约4100年到距今3700年之间，以点将台遗址下文化层为代表的考古学文化已进入青铜时代萌生期。点将台遗址位于江宁汤山镇桦墅村，为新石器时代的聚落遗址。此后，与点将台遗址下文化层相近的文化遗址，在江宁陶吴昝缪遗址、句容城头山遗址、丹徒团山遗址等地不断发现。点将台文化是分布于今宁镇地区及皖南马鞍山、当涂、芜湖等地最早的青铜文化，属青铜文化萌生期，与中原夏王朝的年代大体相当，皆为台形遗址，也是宁镇地区“湖熟文化”的直接来源。江宁也是中国青铜时代“湖熟文化”的核心区和最早发现命名地，被誉为“金陵文化”之源。“湖熟文化”是江南地区商周时期的地方性青铜文化。经考古学家多年的发掘，基本确定了“湖熟文化”的分布范围，即现在的皖南、南京的周围和原镇江地区苏南9个县，但其核心地区仍离不开秦淮河两岸。“湖熟文化”被誉为“南京文明的摇篮”，奠定了江宁乃至整个长江下游地区的文明根基。

第一章　南京（汤山）猿人

大约在1亿多年前的晚侏罗纪末期，地壳断裂作用而形成汤山温泉，源源不断的温泉水不仅滋养了这片土地，还为南京的祖先提供生存和生活的栖息场所。汤山的特殊地理条件给早期人类创造了生存环境。有关专家提出汤山就是"南京先民的根、南京文化的源"。

1993—1994年，在汤山葫芦洞内，先后出土两具猿人头骨和一枚臼齿化石，经专家鉴定，这三件化石均属于直立人化石，称为"南京直立人"，简称"南京人"或"南京猿人"。按鉴定的先后顺序称为"一号头骨"和"二号头骨"。这一发现改写了南京人类发展史和区域开发史，同"北京人""元谋人""蓝田人"等一样，"南京人"在世界古人类发展谱系中占有一席之地。"南京人"的发现先后被评为1993年度中国十大科技新闻之一和"八五"期间全国十大考古新发现之一。

第一节　发　现

【葫芦洞的发现】

1990年3月22日傍晚，汤山村西宕口采石工人在陡峭高耸的"掌子面"上打眼放炮，他们往打好的炮眼里装了5包炸药，还是没有装满，便怀疑有裂缝，于是用纸团塞死眼底，再装炸药，轰一声，竟炸出竹篮子大小、月亮般圆的洞。摸摸洞壁有一尺多厚，伸头瞅瞅，里面漆黑一片，往里面投放石块，不闻声响。第二天清晨，几位采石工人带着长绳、电筒攀岩探洞。采石场场长张德明一马当先，握着大绳滑落到十五六米的洞底，洞内有很大的洞厅，有钟乳石，还听到叮咚的滴水声。他很高兴，但想起镇政府有指示，发现溶洞要保护好，所以连钟乳石也没有动一块。消息传到村委会后，有人主张不上报，因1984年发现雷公洞后，采石场停产，当年损失6万多元，几年下来损失好几十万元。如果上报，很可能会出现同样的结局。3月23日下午，村党支部书记潘传金召开紧急会议，作出"顾全大局，立即汇报"的决定。当晚镇党委书记徐和宁电话指示派出所和联防队对溶洞严加看管。3月24日，镇长洪武龙下洞核实情况后立即向县政府、文管会汇报。

图1-1-1　葫芦洞大门及猿人洞入口

葫芦洞是迄今发现溶洞中最大的洞穴，海拔高度为91.30米，洞厅地面海拔高约70米，洞内最高处约25米。洞体呈单体式厅堂状，全长约64米，平均宽度25米，洞体走向265度，全洞面积（包括小溶洞）约2000平方米。由于东西两大厅之间有一大锥形冲积土"拦腰收束"，使溶洞看似葫芦形，遂取名葫芦洞。自1992年起，政府开挖此洞，1993年3月8日，在葫芦洞中部南侧缝隙处向下挖，发现一小溶洞，南京猿人头骨化石即发现于此洞中，因此称其为“猿人洞”。小洞口偏东北，洞内面积约25平方米，顶部较不平，四周及壁部发育有形态各异的石钟乳、石笋、石葡萄、石花、石幔等。洞内最晚的沉积是钙板层。洞北部窄，南部宽，以洞内钙板层为平面，洞长8.26米，南部最宽4.40米，北部宽1.60米，洞高2.90米。

【一号头骨的发现】

1993年3月13日上午，民工邹某在洞中一镐凿出个“骷髅”。邹某到溶洞打工才两天，对“骨头”的价值不够了解，但凭着他在家帮人抬棺材、迁坟的经验，对这类东西颇为熟悉，便随口说了句“哟，一个骷髅骨”。在一旁掘土的工程队队长刘林生闻声走过来看了看，便小心翼翼地将其捧到洞内的安全地带存放。随后，旅游公司经理宋荣祥用两张报纸认真地包好头骨、肢骨，装到马粪纸盒中带回镇旅游公司办公室，随即向南京古生物研究所报告。下午，镇旅游公司顾问陶胪鸿又到小溶洞中查看，仔细搜寻，又找到三块骨片。经鉴定，这三块骨片正是后来被定为“一号头骨”的枕骨部分。

3月19日，南京古生物研究所专家穆西南、穆道成带着相机到汤山，当他们见到这一“头骨”时，激动不已。一致认为：很可能是猿人的头骨（当时还沾满泥巴），即便不是，也是高级灵长动物，猩猩类的头骨，也是十分有价值的发现。于是找来尺子，放在化石旁作比例，拍了两张照片带走。3月22日，穆道成带照片专程飞赴北京，向中科院报告，并请古脊椎动物与古人类所著名人类学家吴新智、张银运两位教授作权威性鉴定。3月23日，南京古生物研究所“汤山溶洞动物化石探讨课题组”的专家们根据现场观察和照片分析，确认是猿人头骨化石，但确切年代尚待多学科手段进行测定。随后，中科院南京分院党组书记、副院长单藩圻、办公室副主任张兴中，南京地质古生物研究所所长曹瑞骥和许汉奎一行，向南京市副市长李英俊正式汇报这一重大发现，递交《关于南京汤山发现猿人化石的紧急报告》，阐明保护这一猿人头骨的重要性和紧迫性。李英俊立即在报告上批示：“此乃大事一件，要高度重视，立即采取措施，紧紧依靠专家把事情办好办妥。”3月24日上午，南京市政府副秘书长吴迪祺率市县有关部门领导和专家到汤山，听取汇报，并按《中华人民共和国文物保护法》规定，决定将猿人头骨和同时出土的其他化石，由南京博物馆带回妥为保管。

【二号头骨和臼齿化石的发现】

1993年2月20日，民工在葫芦洞与小溶洞之间深挖时，发现一块石头，便把它放在空箩筐内，随后放在大厅南壁的钟乳石后面。因为是一块石头，还没有引起注意，所以也没人管它，甚至都把它忘了。4月12日，因一号头骨化石被发现认定，方有人想起搁置一旁的化石，把它取回并认定为头骨化石，4月17日由南京博物馆接收。因它发现在一号头骨之前，确认在一号头骨之后，故为“二号头骨”。

根据国家文物局《关于对南京汤山古人类和哺乳动物化石发掘保护问题的意见》，南京市博物馆和北京大学考古系组成联合考古队，并受国家文物局委托，北大考古系教授吕遵谔任领队、南京市文物局魏正谨任副领队一行7人，自1993年12月10日至1994年1月16日计38个工作日，对猿人洞进行考古发掘，共挖掘和清理动物化石2000余件。1994年1月8日，在小洞的东南角化石层下部，发现一枚猿人右上第三臼齿化石。

【发现南京猿人的意义】

丰富了中国猿人化石宝库 猿人化石在世界上极为罕见，迄今为止，在南美洲、北美洲、南极洲、澳洲（澳大利亚和新西兰）均未发现，而仅见于亚洲、非洲和欧洲。在中国，发现猿人化石的地点虽然较多，但其中发现猿人头骨的并不多，只有陕西蓝田、湖北郧县、北京周口店和安徽和县这几处。在周口店先后发现6个猿人头盖骨，可惜的是民国26年（1937）之前发现的北京猿人5个头盖骨，在抗日战争期间丢失。由此可见，在南京汤山葫芦洞同一地点发现两个猿人头骨，是十分稀罕的。南京猿人的发现，为中国猿人化石宝库增添了重要财富。

改变了中国江南无猿人化石的历史 中国以往发现的猿人头骨化石均在长江以北，南京猿人是首次在长江以南发现，故格外重要，尤其是它与北京猿人恰好南、北遥相呼应就更引人瞩目了。中国第四纪时，可划分为以北京猿人—肿骨鹿为特征的北方动物群和以大熊猫—剑齿象为主的南方动物群，其分界线在秦岭和淮河一线来回摆动，即冰期时分界线移到此线以南，间冰期（暖期）挪到此线以北，但长江以南通常被认为是南方动物群的范畴，现南京猿人动物群明显属于北方动物群，故中国南北动物群分界线就需往南移，这对研究中国古人类和动物群的迁徙及当时古气候、古地理和古环境都极为重要。

填补苏南第四纪洞穴地层的空白 江苏地区，包括长江下游第四纪洞穴地层和动物群很少见，以往虽报道过一些洞穴沉积，但多为灰岩裂隙中的沉积物，而且往往由于不断采石也未能很好地保存。现汤山葫芦洞洞内不仅地层发育很好，而且大部分都被保存，有些层位化石很多，除此之外，洞内钙板、石笋的质量都非常好，适合测定溶洞地层的年代及当时的古气候，因而葫芦洞洞内地层、化石和钟乳石等就成为汤山乃至南京地区、甚至长江下游距今80多万年来地质历史更迭、古气候变化、古环境变迁的重要“见证人”。另外，在葫芦洞附近又发现距今100多万年的洞穴地层和大量哺乳动物化石，这些地层和化石与葫芦洞所见大不相同。所以，如果没有南京猿人的发现，也就不可能获得如此多的重要信息。

为人类发源地的探索提供依据 南京猿人的发现为研究人类的进化提供了极其重要的依据，同时为人类的发源地、人类的迁徙也提供了一些线索，专家们在院士吴新智等提出的“人类发源地既可在非洲，也能在东亚的多地起源说”的基础上，先后提出苏、皖地区是人类的发源地之一。

把江苏地区人类历史前移50多万年 南京猿人的发现使南京、甚至江苏地区古人类的历史前移50多万年。因过去江苏地区只在镇江市丹徒县西南的白龙岗山洞中曾发现过距今4万年—2万年的晚期智人的化石，此化石仅为青少年一下颌的第二臼齿，同时发现的有红面猴、豪猪、兔、貉、棕熊、中国黑熊、猪獾、斑鬣狗、双角犀牛、野猪、鹿、水牛等化石。这一臼齿还是明朝一位僧人挖到的，现在那里的地层已不复存在，洞中大部分哺乳动物化石也是后来采集的，它们之间的关系已不得而知。另外，在苏北泗洪发现的下草湾人（仅有一段肢骨），其年代只距今不到5万年。

提升了南京地区文化品位 世界各地发现的猿人化石地点，大部分位于边远的山区，交通不便，人迹罕至。因交通方便，人多的地方其遗迹大都被破坏，包括一些溶洞。虽然北京周口店在发掘时没有被破坏，但交通不便，且溶洞不大，作为一个旅游景点有所欠缺。而出土南京猿人头骨的葫芦洞的地理位置却得天独厚。它坐落于著名的温泉之乡汤山北麓，紧邻南京东郊风景区，附近有堪称“世界之最”的阳山碑材和律宗名刹隆昌寺等名胜古迹。葫芦洞内的景观五彩斑斓、如梦如幻，堪称奇观。并且这里交通便捷，宁杭国道、沪宁高速都从汤山经过。这些与世界上其他猿人化石出土地点相比，无疑是首屈一指的。葫芦洞自20世纪90年代开放后，一直游人如织。游人们的一句口头禅是“游葫芦洞，看老祖宗”。

南京猿人的发现，被誉为“绽放在东半球中国南京的人类文明的奇葩”。她不仅促进了当地旅游业的发展，而且提升了南京地区的文化品位。

第二节 头骨和臼齿

【一号头骨化石】

一号头骨化石呈棕褐色，石化程度很深。保存的部位有：与额相连的左颜面和残顶骨，由下颌骨齿槽缘到顶骨残缘长 161.50 毫米；与残枕骨相连左侧残顶骨长 64.20 毫米，宽 127.30 毫米；残右侧顶骨长 74.80 毫米，宽 52.90 毫米。三件头骨残件拼接后，包括三部分面额和大部分脑颅，构成了一件比较完整的颅骨，其完整性好于北京人。该头骨尺寸较小，脑颅低而狭长，发育有猿人样式的眶上圆枕和枕骨圆枕，前额低平、后倾，枕骨的枕平面与顶平面之间呈角状过渡，颅盖低，最大宽度近耳部，在颧骨处发育有十字隆起，顶骨处似有中矢嵴等（因顶骨处有病灶而看不清）。经考证，一号头骨为女性，年龄在 21 岁 ~ 35 岁之间，距今年代为 64 万年—56 万年。

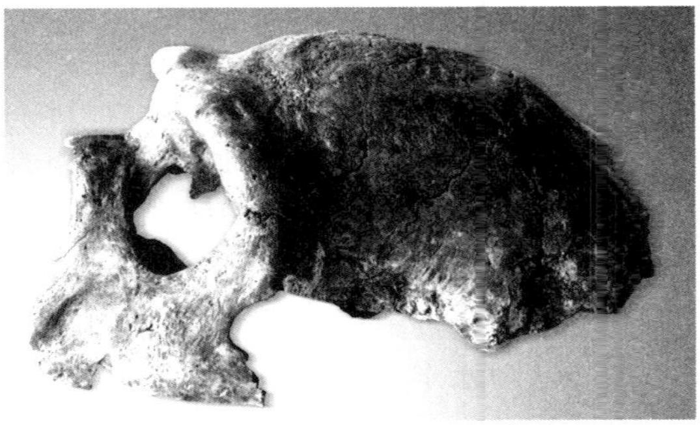

图 1-1-2 一号头骨化石

【二号头骨化石】

二号头骨化石呈棕黄色，杂有棕红色斑块，石化程度很深，颅骨厚重粗壮。保存有较完整的颅盖部分：额首，自前囟点向前 66 毫米和以后的部分基本完整，左侧额结节大部保存，右侧额结节缺失；顶骨，基本完整，右侧颞鳞部缺失；枕骨，上鳞部基本完整，下鳞部缺失；颞骨，仅存一部分左侧乳突部，并可见颞鳞覆盖的痕迹。该头骨因受挤压而变形错位，但一些重要的形态和特征仍很清楚。其额骨和北京人的额骨形状一致。经考证，二号头骨为男性，年龄在 30 岁 ~ 40 岁之间，处于直立人到智人的过渡阶段。距今年代可能在 46 万年—24 万年间，由于年代跨度太大，还待进一步考究。

图 1-1-3 二号头骨化石（正视）

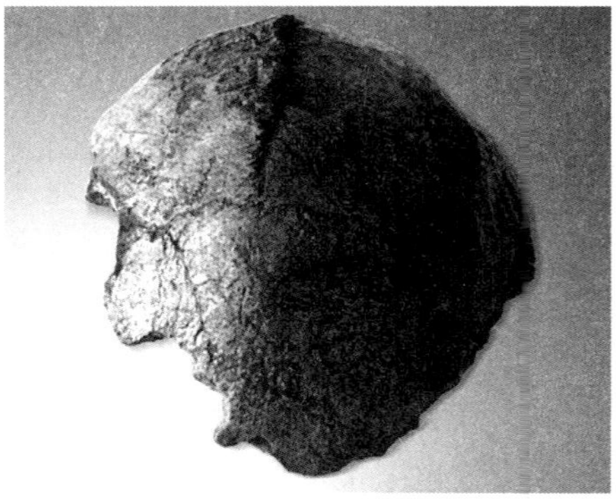

图 1-1-4 二号头骨化石（侧视）

【臼齿化石】

该臼齿出土时，除咬合面而外，其余都被薄薄的一层碳酸钙外壳包裹。当3个牙根的钙质壳剥落时，随之剥落掉极薄一层牙皮，而暴露出完整的牙本质。牙冠呈圆角三角形，前尖、后尖、厚尖和次尖各占三角形的角端，长10毫米，宽11毫米，高6毫米。前尖大而高，尖尚锐利，磨损不重。后尖低于前尖约1.50毫米，磨损较重。厚尖最大，稍低于前尖，尖总磨得圆钝光滑。次尖最低磨成圆凸呈慢坡状，向前和厚尖相连，向后侧和远中面相会。3个牙根，以颊侧前根最大，高11.50毫米，最宽处在近牙颈处为6.30毫米。根较直，不见牙根管。舌侧根稍粗壮，高9毫米，宽5.30毫米。经考证，该臼齿为南京猿人右上第三臼齿，同时根据其磨损程度和当时食物粗糙状况，认为可能代表着一个35岁左右的个体。

第三节　生存状况

根据南京猿人头骨考证的信息，并参考与南京猿人年代相近的北京猿人的一些资料，可以推测南京猿人的某些特征、习性和生存状况。

【身体状况】

南京猿人身体各部分的比例应与现代人区别不大，但头骨区别很大。骨壁厚，如头骨的骨壁要比现代人厚得多，有10毫米厚，而现代人仅有5毫米厚。同样，其臂骨和腿骨等处的骨壁均要比现代人厚得多。其脑量不及1000毫升，而现代人脑量为1400毫升～1700毫升。推测成年南京猿人的体重为50千克，身高1.40米～1.50米。南京猿人的身体肯定比现代人的身体壮实，但是，远不及现代人聪明。

【牙齿排列】

南京猿人的齿列与现代人相近，但牙齿比现代人坚硬、硕大、锋利。这是因为猿人的主食是比较坚硬的果实，此外，他们还要捕捉动物充饥。动物肉虽然经过火烤，但也大多半生半熟，这就需要有坚硬、锋利的牙齿撕咬、咀嚼。怎么知道南京猿人已会用火了呢？这是根据全国猿人已会用火推测的。因北京猿人用火根据很多，如洞中有的石头和土被烧成紫、黄、灰黑各种颜色；洞内有些动物骨骼不仅被烧黑，而且烧裂了，有些木头或种子被烧成木炭或碳渣；洞中有些地层可见长期用火后的灰烬层。至于北京猿人当时用火种的来源应是取自天然野火。

【说话能力】

南京猿人二号头盖骨所属的男性，生前可能已有说话能力了。中国科学院古脊椎动物与古人类研究所的古人类学家、院士吴汝康，根据北京猿人五号头骨（属于北京猿人晚期，距今大约30万年）大脑形态变化，分析认为这一时期的猿人不仅脑扩大了，而且形态上已有明显的不对称，应该具有说话能力了。而南京猿人的二号头盖骨的年代属于这一时期，其头盖骨特征与北京猿人五号头骨也很接近，甚至比他更进化些。据此推测，南京猿人可能已会说话。

【居洞穴】

其居所一般在洞穴。因为猿人已直立行走，如果居住在树上，其行动远不及猿、猴那样敏捷，生活显然不便。如果居住在地面，难以经受风霜雨雪的侵袭，也难防御毒蛇猛兽的袭击。洞穴既相对安全，又冬暖夏凉，适宜人居。因此，在房屋没有出现的年代，洞穴应该是猿人较好的居所。世界上发现的猿人化石大多在洞穴中，这也从一个方面证明洞穴是猿人的居所。南京猿人虽尚无确切的证据证明其居住在汤山葫芦洞，但是不能排除这样的可能。

【以渔猎为生】

他们可能还是过着群居的生活，集体从事捕猎、采摘等劳动。因当时使用的工具都很原始，如北京猿人使用的石器就比较粗糙，且大多是就地取材的硬砂石、石英、燧石等加工敲打成有棱有角的刮削器，用作削兽皮和肉，尖状器、砍砸器用作捕猎、砸野果，用鹿的头骨甚至猿人的头骨做盛水的容器。当然也有使用兽骨做工具的，靠这样的工具，个人是无法捕猎的。

【寿命】

其寿命与现代人不可同日而语。经过专家的研究，南京猿人一号头骨所属的女性的年龄在21岁～35岁之间，南京猿人二号头盖骨所属的男性的年龄在30岁～40岁之间。此外，还可以参考与南京猿人年代相近的北京猿人的寿命情况。根据美国古人类学家、教授魏敦瑞的研究和统计：北京猿人死于14岁以下的儿童占总数（“总数”指所发现的北京猿人个体的总数）的39.50%，死于30岁以下的青年占总数的7%，死于40岁～50岁的壮年占总数的7.90%，死于50岁～60岁的老人只占2.60%，寿命无法确定者占43%。尽管如此，依然可以明显地看出，北京猿人的寿命是很短的。这显然与当时的生存环境险恶以及古人类的生存能力低下有关。可以大胆地说，南京猿人的寿命不是“人生七十古来稀”，而是50岁甚至40岁就“稀”了。

第二章　点将台遗址和昝缪遗址

当中原地区仰韶文化、龙山文明及夏、商文明发展得如火如荼的时候，江宁地区的先民也在这块沃土上有声有色地书写着地域文明的篇章。早在6000多年前的新石器时代，江宁就留下了先民辛勤农作的身影。4000年—5000年前，文化的积累、传播、变革呈现出日益复杂的图景。1972年发现点将台遗址，遗址位于今汤山街道桦墅村，为夏、商、周时期遗址，遗址中、上层分别属于“湖熟文化”早、晚期遗存。1973年发现昝缪遗址，遗址位于陶吴镇昝缪村，为新石器时代商、周时遗址，遗址可分为西周时代文化层和新石器时代文化层。点将台、昝缪等文化遗址不仅具有鲜明的地域文化特色，是宁镇地区“湖熟文化”的直接来源，同时受到东部太湖流域崧泽文化、良渚文化和之后的马桥文化、东北部山东地区的岳石文化以及西北部河南龙山文化的影响，表现出文化交融的多元文化面貌。

第一节　点将台遗址

在距今约4100年到距今3700年之间，以点将台遗址下文化层为代表的考古学文化已进入青铜时代萌生期。

点将台遗址位于今江宁区汤山街道桦墅村，1972年发现，1973年由南京博物院暨江苏省第二期文博干部训练班进行发掘。遗址高出周围地面约2.50米，南北长60米，东西宽50米，面积约3000平方米。是一处较为典型的"台形遗址"。当时的人们告别了原始的采集狩猎生活，离开洞穴，开始在露天建造生活居所，出于防御的需要，再加上聚落处于山间盆地之上，选择台形基址是最符合生存需求的。

遗址堆积厚2.50米，分为上、中、下三个文化层。其中，中层和上层遗存分别属于宁镇地区"湖熟文化"的早、晚期，下层遗存是考古发掘的新收获，其时代早于"湖熟文化"，而晚期属于新石器时代晚期文化。遗存中黑陶比例增加，出现薄胎磨光黑陶，盛行篮纹、方格纹，呈现出比较特殊的文化面貌。此后，与点将台遗址下文化层相近的文化遗存，在江宁陶吴昝缪遗址、句容城头山遗址、丹徒团山遗址等地不断发现，人们对这种以点将台遗址下文化层为代表的新的考古学文化面貌有了较为全面的认识。1989年，有学者提出"点将台文化"的命名，对点将台文化分布范围、年代、面貌、特征、源流等进行全面阐述。认为点将台文化是分布于今宁镇地区及皖南马鞍山、当涂、芜湖等地最早的青铜文化，属青铜文化萌生期，与中原夏王朝的年代大体相当，皆为台形遗址。其文化来源应为当地新石器时代文化第三阶段和河南王油坊类型龙山文化，发展过程中虽受到中原文化和北方岳石文化影响，但具有明显的自身文化特征，是宁镇地区"湖熟文化"的直接来源。

图1-2-5　点将台遗址（2002年摄）

点将台遗址发现的工具以磨制石器为主，有石锛、石斧、石凿、石刀、石镞等。人们已经学会手工制作陶器，包括炊煮器、盛食器、容器等，可能还包括一些礼器。有甗、鼎、豆、罐、杯、瓮、簋、盘、钵、尊、三足盘等（南京博物馆：《江宁汤山点将台遗址》，《东南文化》，1987年第3期）。陶器的表面装饰有简单的纹饰如篮纹、绳纹、方格纹等，说明当时人们已经有原始的审美意识，开始在器物上进行装饰。在点将台生活的居民，与周边地区也开始有了交流，这点可以在生活用具上体现出来。陶器的器物在形制上与豫东龙山文化王油坊类型、山东龙山文化尹家城类型及江淮地区前龙山时代遗存中的器物颇为相似。而甗、三组盘和以石锛为主要生产工具则具有地域特色。说明点将台文化受龙山文化和良渚文化等诸文化因素的影响，而又不失自身特色。此外，还出土少量的玉器、骨角器、蚌器等。

关于点将台文化的社会形态，至今尚未发现足以说明问题的房屋和墓葬等。至于当时人们的经济生活，可以从生产生活工具上略窥一二。这时陶器制造比较发达，且拥有较多的石制工具如石锛、石斧、石刀等，说明当时应以农业经济为主，一定数量的石镞反映了狩猎经济也占有一定的比例。在点将台遗址中发现牛、羊、猪牙和鹿角，说明当时人们已经学会经营畜牧业。在上、中文化层中发现青铜锥和铜炼渣，说明点将台文化已初入“青铜时代”的门槛。

点将台遗址的发掘对于深入探讨“湖熟文化”的内涵和性质具有重大意义，尤其是下层文化的发现，解决了“湖熟文化”与新石器时代文化之间的缺环问题。

第二节　昝缪遗址

距今4000年和距今3000年前后，先后有两批古代先民生活于原陶吴镇昝缪村（今寺口街道陶东社区）旁的两个土墩上。

昝缪遗址位于陶吴集镇东北1000米左右的昝缪村，北距南京中华门约50千米，亦为“湖熟文化”众多遗址之一。

图1-2-6　昝缪遗址一角

昝缪遗址为连接在一起的大小两个土墩，现存面积近1万平方米，高出地面6米左右。墩顶平坦，土地肥沃，现种小麦、油菜等旱地作物。遗址周围农田，多种水稻。多年来，遗址范围内经常发现石器、陶器等古文化遗物。南京市博物馆在1973年发现该遗址，1979年对其进行试掘，并开始对其文化内涵、性质和时代进行考古学的分析研究。

昝缪遗址的古代文化堆积总厚度3.50米左右，按土质土色的自然分层一般为7层，从各层出土文化遗物内涵分析，该遗址主要为两个时期的文化堆积：上层为“湖熟文化”晚期，相当于中原西周时代文化层，下层是新石器时代文化层。

西周时代文化层，是古遗址的主要部分，堆积较厚，其文化遗物主要有生产工具和生活用具两大类。生产工具以石器为多，种类有锛、凿、刀、镞、纺轮等。石锛是当时的主要生产工具，比较标准的形式为较规整扁薄的长方体，单面平刃，长度3厘米～4厘米或6厘米～7厘米，通体磨制，制作比较精细。石刀，常见器形为“半月形”，一般背部平直较厚，刃部小弧，薄而锋利。石刀器体中部钻出两个圆形穿孔，用以穿带线绳，以便绑在手上作收割稻穗等农作物之用。石镞，造型比铜镞简单，如柳叶式，器形两侧圆弧而细长，为柳叶状，无铤无翼。如宽三角形镞，器形平面略呈等边三角形，底边为凹弧线，尾角尖锐。此外还有少量铜器和骨器。铜器器形仅发现箭镞一种，数量不多，而且锈蚀严重。铜镞均为燕翼式，镞体中部长菱形，中脊突出，两翼后掠，扁薄锋利，后有圆形镞铤，以便安装箭杆。

生活用器均为陶质器皿，分为夹砂陶、泥质陶和硬陶三大类。夹砂陶质的器皿多用作炊煮器，色泽以红色及红褐色为主，器表基本上都素面无纹，仅少数印有绳纹、弦纹及附加堆纹等。器形主要有鬲、甗、罐、盆等。具有三个袋足的鬲和甗，在这一时期已经取代陶鼎而成为炊煮器的主体。遗址中发现的鬲足，有袋足很深的圆锥足，也有袋足较浅的圆柱形足，数量很多，形式也很有特点。泥质陶主要用于饮食器和盛储器。色泽以黑、灰陶为多，器物表面也以素面无纹为多，装饰有纹饰者，一部分为绳纹、堆纹等，一部分为几何形的方格纹、梯格纹等拍印纹饰。

器形主要有罐、豆、盆、钵等。罐是当时主要的盛储器皿，典型的形式为敞口高领广肩深腹平底罐。豆是当时主要的食器，数量多，形式也比较复杂，比较明显的特点是豆盘多斜腹浅盘的豆把常见细高喇叭形。硬陶，在陶器总数中所占比例很小，但很具特色。这种陶器烧成火候很高，质地十分坚硬。已发现的器形有敞口高领罐和斜弧腹盘的豆等。器表装饰，除素面外，常在肩部和腹部拍印几何形印纹，多见方格纹、菱格纹、回纹、折线纹等，印纹深而清晰，构图比较规则，朴实而美观。

新石器时代文化层，堆积不厚，平均50厘米~60厘米，但内涵丰富，是昝缪遗址中十分重要的部分。在发掘中，出土的文化遗迹现象，主要有两类，一是大片的红烧土堆积，二是墓葬遗迹。在1979年发掘中，该文化层内曾发现一大片块状红烧土的二次堆积，分布范围15平方米左右，许多大小不等、形状不规则的块状红烧土，十分密集地堆放在此范围内，多数砖块为红色，少数青灰色，还有明显因过烧而呈现的蜂窝状，很明显经过长时间的高温烧烤。在这一片红烧土堆积中遗物甚少，出土的陶片，也多呈砖红色，并普遍存在着过烧、起泡、变形的现象。推测这应是拆毁的窑壁等陶窑废弃物的堆积。该发现对于研究当时陶窑的结构具有参考价值。墓葬遗迹，在本期地层接近生土的位置曾发现4座墓葬遗迹，历年采集的成组文物中也有部分属于新石器时代墓葬所出土。根据出土的迹象和遗物分析，昝缪遗址的新石器时代可能存在氏族的公共葬地。葬地内各墓有一定排列规则。基葬不挖土坑，有的墓葬覆盖一薄层黄土，也未发现葬具。这种不设墓圹的葬法，可能与后世吴国平地堆土掩埋的习俗有一定的渊源关系。墓葬的随葬品一般在6件左右，数量较少，也比较平均，多为实用器，玉器装饰品少见。以1979年发现的二号墓为例，该墓位于新石器文化层底部、生土层面上，距地表深度3.20米。随葬品共发现6件：生活用器有陶鼎、陶瓶、陶杯、陶豆各1件，生产工具有陶纺轮1件，装饰品有玉璜1件。6件器物大体分为两组陈放。陶瓶、纺轮和玉璜为一组，可能是放置在头胸部的遗物，其中玉璜为胸饰，陶瓶和纺轮可能分置于头部两侧。陶鼎、陶杯、陶豆为一组，距前一组约1米左右，当为放置于腰腿部的遗物；豆盘复置于腰部，鼎杯则侧放在腿侧。昝缪遗址墓葬遗迹特点的这些发现，对于南京地区新石器时代文化的研究是一批十分珍贵的资料。

昝缪遗址新石器时代文化层的文化遗物可分为生产工具、生活用品和装饰品三大类别。

生产工具除纺轮为陶质以外，均为石质，种类有穿孔石斧、石锛、石刀、石凿、石镞等。扁平穿孔石斧，是该时期的典型器物。器物形体扁薄规整，通体经精细的磨制，光滑明亮。有的器表呈现出石质的自然纹理，十分美观。器形平面多呈长方形。有的两侧边沿略向内弧凹，下部展开，形成“风”字形平面。石锛有两种，扁宽长方体型和有段型。石镞多为柳叶式，镞体为宽扁的柳叶式，两面均有中脊棱线，前端尖锐，尾端两侧增厚。出土一件三孔石刀，平面为横长方形，长21.50厘米、宽9.50厘米，上沿平直较厚，两侧边向下展开，下沿为微向外弧的平刃。器体中部并列有三个圆形穿孔。这件石刀，与南京北阴阳营遗址出土的7孔石刀，以及安徽潜山薛家岗遗址出土的多孔石刀属于同一类型，是具有时代和地区特点的典型器物。

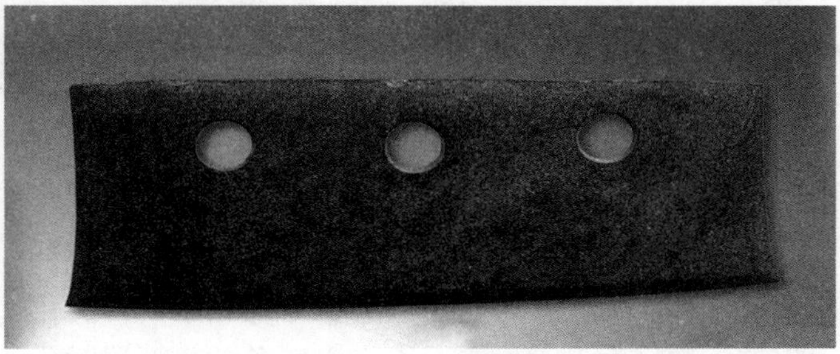

图1-2-7 昝缪遗址出土的三孔石刀

陶质生活用器，质地可分夹砂和泥质两大陶系。夹砂陶系，胎粗糙，一类在胎中羼夹很粗的砂粒，一类胎质疏松，其中大量孔隙，分析这一类胎中的羼和物当为植物茎、叶果实等碎末，经高温氧化烧失，形成孔隙。夹砂炊器的器形以鼎为主。鼎足数量和形式较多，主要有类似“鱼鳍足”的扁平形足，足根外侧压印凹窝状纹饰的凿形足等。墓葬所出一件为侈口鼓腹罐形鼎身，器腹一侧安有竖半环形把手；三个凿形足，足的两面刻画竖划纹；鼎有盖，盖纽成手捏的三角形。泥质陶按器表的颜色可分为红陶、灰陶和黑皮陶。陶质比较细洁而软。器形种类有罐、盆、壶、鬲等。罐有小敞口高直颈和圆唇缩颈弧肩等多种形式，有一件小罐质地为泥质黑皮陶，直口略敞，圆腹下垂，矮圈足，造型很匀称。壶的器形多数较小而精致。一件曲腹壶，直口外敞，圆肩，上腹弧直、中腹内收、下腹弧出后近底部再弧形内收，使腹部形成优美的曲线。另一件双鼻壶，颈直面高，扁圆腹、矮圈足，口沿上有两个对称的小鼻纽。这种器形与太湖地区良渚文化的典型器双鼻壶属于同一类型器物。陶器表面，多素面无纹，有的打磨光亮。纹饰有弦纹、划纹、捺印戳印纹，附加堆纹和雕镂纹饰等。器物的肩、腹部时见花边形带状纹饰，或以附加堆纹为主体，其上捺印凹窝纹；或以数道弦纹为主，其间再饰以刻画的短条纹，戳印的种子纹。在圈足、豆把等部位，常以圆形、弧边三角形、菱形等镂刻花纹组成成组图案，并以绳索纹联结为横条状图案。以精细的构图表现一种质朴的风格，这是该时期的文化特点之一。

作为装饰品的玉质饰件在昝缪遗址的新石器文化层中虽然出土数量不多，但很有研究价值，其中有玉璧、玉坠、玉环、玉佩等。玉璧，扁平圆形，直径 12 厘米左右，通体磨光，素面圆纹。玉佩，扁薄的玉片，平面上小下宽略呈梯形，值得特别注意的是在玉佩正面有纤细线条组成的阴刻兽面纹，刻画十分简单，与良渚文化玉器上的精细的刻画纹饰显然有着直接的联系与渊源关系。

图 1-2-8　昝缪遗址出土的鱼形玉饰（上）、玉梳背（一称玉冠形佩饰）（下左）、半圆形玉璜（下右）

昝缪遗址是宁镇地区重要的古文化遗址。其西周时期文化层为研究这一地区商周文化面貌提供重要的实物资料，其新石器时代文化层更以其丰富的内涵为这一地区新石器时代的研究填补一段考古学资料的空白。考古工作者根据对北阴阳营、太岗寺、营盘山、昝缪等一系列古文化遗址中新石器时代文化层的综合研究，揭示出这一地区存在着一支具有自身特色的新石器时代考古学文化，对于长江下游新石器时代考古学文化区系的形成和发展具有独特的贡献。

第三章　湖熟文化

古时湖熟，由于湖泊遍布，气候适宜，有许多利于人类活动的条件。早在商周时期就有人类在此居住。距今4000多年前，已有人类在湖畔岗地定居活动，披荆斩棘开发自然，繁衍后代。西汉武帝元朔元年（前128），设胡孰侯国，当时湖熟镇已非常繁荣。后从湖边、河边高出水面的不少土台上，发现大量先人使用过的石器、陶器、青铜器等遗物，考古者把这些土台定名为“台形遗址”，又陆续挖掘出地下埋有的大量古墓葬群和珍贵文物，这些古文化遗址，在新中国成立初期被南京考古工作者所确认，1959年被考古界专家曾昭燏、尹焕章命名为“湖熟文化”。“湖熟文化”的发现，把江宁的文明史从文献记载的汉代提到了夏商时期，并且还代表着整个长江下游文明社会的第一个高峰，是江宁文明发展的第一块里程碑，第一个人文坐标。“湖熟文化”也被史学家誉为“南京文明的摇篮”。“湖熟文化”是全国最早发现的远古文化之一，属上古青铜器时期，由族文化延伸而至的国文化，与“河姆渡文化”齐名，是吴越文化的前期，代表长江中下游地区4000多年的灿烂历史和文化渊源。1989年，全国著名考古专家云集南京，召开纪念“湖熟文化”命名30周年学术讨论会，对“湖熟文化”的特点、范围进行研讨，基本界定“湖熟文化”是商周时期江南地区青铜时代的考古文化。

第一节　发现和分布

【发现和命名】

“湖熟文化”的最早发现人是钱立三，他是江苏句容葛村赤岸村人，爱好考古，上海大夏大学肄业后随父经商。新中国成立初，他在湖熟镇开设一家源和酒店，一边寻求谋生之计，一边继续着自己对考古学的研究。1949年冬，钱立三到南京博物院参观“从猿到人”展览，对古文物知识有一定了解。之后，他开始关注这类考古信息。他闲暇时间经常在梁台附近散步，某次不经意间捡到一些石器、陶片、箭镞等，后又陆续收集一些，并认真保存。1951年3月，钱立三把这些东西带到南京博物院请专家鉴别，引起该院高度重视。是年春，南京博物院组建由博物院院长曾昭燏、南京大学文化院院长胡小石领导，由六七位资深考古专家参加的考古小分队，赴湖熟镇开展实地考察调查。考古小分队由钱立三引路，先后考察紧靠湖熟镇北面高出地面约十余米的城岗头和距城岗头约100米的梁台等台形遗址。接着又考察城岗头西南约500米处的小宝塔山和鞍头岗、老鼠墩等5处，证实湖熟镇确有新石器时代遗址存在。特别是梁台的文化层和遗物蕴藏相当丰富，从其断岩土层上可以清楚地辨别出文化的分期。其中东部断层中还有1米厚的贝壳层，这是古人类渔猎为生的食后遗壳。专家们根据钱立三收集的文物残片和现场勘查作出判断，认为秦淮河两岸凡是高岗都可能有这种文化遗存。

根据这个判断，考古小分队先由点到线、由线到面地普查，实地勘查这一时期文化遗址的分布范围。最后在老鼠墩和前岗这两处较有代表性的遗址进行试掘，得到许多古人类遗物，有石器、陶器、青铜器等。

通过近10年的田野调查、发掘、研究，在西起安徽省马鞍山，东到武进孟河的沿江区域，发现159处遗址。1959年，曾昭燏、尹焕章联名发表《试论湖熟文化》。由于这一类型文化，在江南考古上具有一定的代表性，又是首次在湖熟发现，因此在考古学上便以湖熟命名，称之为“湖熟文化”。

【分布】

“湖熟文化”是一个地区性文化，创造它的主人属荆蛮族。经过多年的考古发掘、研究，基本摸清遗址分布范围，这是以湖熟镇为中心，幅员广阔、蕴藏丰富的文化宝库。遗址分布的地域范围：北至安徽含山、滁县与江苏六合、扬州一线，南到皖南的广德与苏南宜兴地带，西抵皖南贵池、青阳等地，东与马桥文化在常州一带分界，分布面积约400平方千米。周围山脉绵亘，当中是秦淮平原的圩田区。秦淮河及其支流两岸，凡高出水网的土墩，大都有“湖熟文化”的遗址。

江宁区属“湖熟文化”中心区域，遗址分布极广。原东山、淳化、湖熟、土桥、周岗、汤山、上峰、麒麟、秣陵、禄口、陶吴、横溪、丹阳、江宁、铜井、谷里等镇和江宁经济技术开发区、江宁科学园等地几乎全区范围内都有分布。

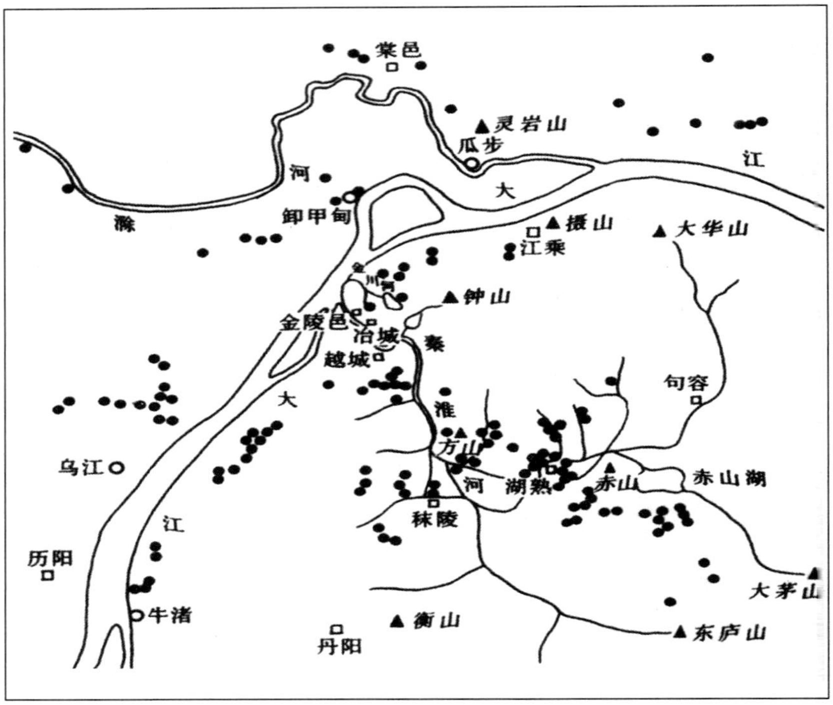

图1-3-9 南京地区原始村落遗址分布示意图

第二节 遗址与遗物

【遗址】

“湖熟文化”遗址在长江下游迄今已发现的有200处～300处，在考古学上占有相当重要的地位，为研究长江下游新石器时期的古文化和江宁区历史提供了极为珍贵的实物资料。位于区内湖熟镇的有梁台、船墩、神墩、老鼠墩、前岗等十多处，是新石器时代晚期至商周时期的古文化遗址，即“湖熟文化”遗址的中心区域。

梁台古文化遗址 位于湖熟镇句容河北岸，从灵顺桥往东约300米处，呈台形。因南朝萧梁昭明太子曾在这里读书而得名“梁台”。台面约1500平方米，高约10米，文化层丰富，埋有不少贝壳、陶片、石制工具，为4000年—5000年前青铜时期和新石器时期遗存物。属市级文物保护单位。

神墩古文化遗址 位于湖熟镇新墩村，距淳化索墅东南面约1500米，呈台形。面积约3500平方米。高约10米。属商周时期遗存物，保存完好，为市级文物保护单位。

船墩古文化遗址 位于湖熟镇赵家边村，在梁台河东岸圩田内。遗址面积约4800平方米。高出地面十余米。属商周时期遗存物，保存完好，为市级文物保护单位。

老鼠墩古文化遗址 位于湖熟镇西北1000米处。老鼠墩又名“榆墩”或“虞墩”。1951年试掘过，器物残片甚多。属青铜器时期和新石器时期遗存物，为市级文物保护单位。

前岗古文化遗址 位于湖熟镇耀华行政村，秦淮河北岸，湖土公路约5000米处。1951年试掘过，遗址面积约2400平方米，属商周时期遗存物，为市级文物保护单位。

图 1-3-10 梁台古文化遗址

图 1-3-11 神墩古文化遗址

图 1-3-12 船墩古文化遗址

图 1-3-13 老鼠墩古文化遗址

【遗物】

“湖熟文化”遗址出土的遗物很多，有石器、陶器、青铜器。考古学者认为，“湖熟文化”的主人是一支使用青铜器的部落，他们在新石器时代村落的废墟上，建起自己家族的新家园。

生产工具 石器是当时主要的生产工具，以刀、镰、斧为多，还有石镞和网坠等渔猎工具，说明其以农业为主兼及渔猎。石制的多复合工具，可以安柄使用，如有段石、有槽石斧、穿孔石镰、穿孔石斧、穿孔石刀、有铤石矛、豆铝镞，都是为便于安装木柄，缚以绳索或将铤部插入杆中而制成的。石料多就地取材，有闪长岩、角页岩、砂岩、页岩、粗砂岩、燧石岩多种。石器的制作过程，系先将石块打成雏形，再打出刃部，然后磨光。石斧类大型器主要磨制刃部，但有的也全磨光。一般小件器，如石刀、石镞、小石锛等，都通体磨光。钻孔技术，基本上分为两种：

图 1-3-14　前岗古文化遗址

一种利用质料坚硬的尖状器两面对钻，孔壁粗糙，孔呈“X”形；一种用管状工具旋孔，孔壁光滑，旋下的石核心腰部呈现略为突出的一圈，显示在旋制将通时，用力打下的。用作旋孔的管状工具，可能是竹管（古人很早就使用竹器，南京北阴阳营第三层出有竹编织物）。在南京北郊宋家山遗址发现的石核心 1 件，直径为 4.30 厘米；在丹徒谏壁烟袋山遗址发现的 1 件，厚 2 厘米，直径 3.70 厘米，可证明石器本身之大。

由于遗址中常发现石料、砺石、半成品、石核心以及集中的石片堆积层，说明当时居住在这些地方的人们都自己制作石器，自己使用。他们制造石器的技术已达到相当高的水平，制出的器物数量也相当多。

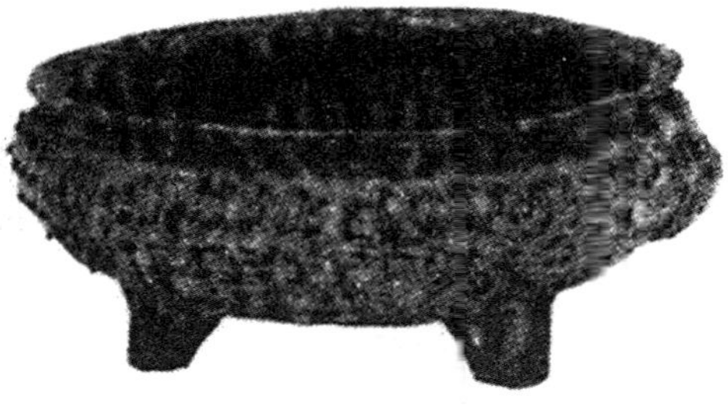

图 1-3-15　原始瓷捺刺纹鼎

生活用具　生活用具大多是陶器，以夹砂粗陶为主，还有泥质黑皮磨光陶、几何印纹陶和原始瓷器。几何印纹硬陶多见于晚期，早期较少。早期多为几何印纹软陶。陶器的主要器形有鬲，也有带角状把手的鬲、鼎等地域性特点的器形。泥质磨光陶中有与青铜器相似的罍和瓿，此外还有盆、罐、钵、豆、盂、瓮等。还发现有刀、斧、镞、鱼钩等小件青铜器和铜砂石，炼铜用的陶钵、炼渣等，表明当时已掌握了青铜冶炼技术。

当时人们已能烧造陶器，在各遗址中普遍的发现制陶工具，如陶拍、陶垫和使陶器表面光滑的打磨工具。各遗址内都有大量的红烧土块，其中有火度高而烧成蜂窝状的。在烧土块上，常有一节一节的植物枝干痕，内显草拌泥状，这些都是与烧造陶器有关联的。1957 年秋，在南京北阴阳营遗址进行第三次发掘时，在第二、第三层交界处，曾发现陶窑两座，烟口已不存，但火门与窑腔下部还在。窑作长方形，其中一座腔内口 2.10 米 ×1.10 米，高约 0.60 米，另一座大小略同。两座四壁表层经火烧后，相当坚硬，色黑红，有植物枝干印痕与客汗，窑壁由内向外逐渐转黄而灰，窑内填灰尽木炭块，还有残破陶器。这更证明当时人们自己烧造陶器，自己使用。他们是采用当地黄胶土作原料，按照器物不同的用途而掺入不等量的细砂、粗砂或其他砂类。制造以手制为主，许多泥质印纹软陶四壁尚存指印，但也有轮制和模制的。

图 1-3-16　几何印纹硬陶瓮（左一）、瓷圆腹缸（左二）、红砂陶鬲（左三）、青铜鱼钩（左四）

第二编

建置　区划

南京地区最早的古人类化石“南京直立人”（俗称“南京猿人”），即发现于江宁汤山的石灰岩溶洞内。境内秦淮河中游两岸，则是自新石器时代到青铜时代先民密集居住的所在。约商末的商王武乙时期，相传太伯、仲雍南奔荆蛮，到达今江宁区境内的横山，建国号句吴，江宁之地属吴。周元王三年（前473），越王勾践灭吴，吴王夫差自杀，江宁之地属越。周显王三十六年（前333），楚威王大败越国，取故吴之地，楚筑城石头山，置金陵邑，江宁域内的南境和西南沿江一带，当时主要是军事基地。

秦始皇东巡会稽（今绍兴市）途中（前210年），曾到过丹阳（今江宁区丹阳）和江乘（今栖霞区沿江至江宁区淳化一带），因而设置丹阳、江乘二县，并改金陵邑为秣陵县，县治迁至今江宁之秣陵。汉时又加设湖熟县。终秦汉之世，今江宁域内是数县并立。

西晋太康元年（280），分秣陵县的西南沿江之地先设临江县，次年即改江宁县，这是江宁之名首次出现于金陵的历史记述。至民国23年（1934），江宁地域建置更迭频繁，沿革复杂多变。《重修江宁府志》卷之四《沿革》（清光绪六年刻本）载：“辨沿革者莫艰于江宁。”或数县并存，或侯国与郡县同列，或一县统管，或二县同城而治。建县之前，境域同属一邑，或分属数县，其隶属关系每与今南京密不可分。周显王三十六年（前333），江宁地域属金陵邑管辖。“六代豪华”，江宁地域即为建康都城京畿，之后南唐、明、太平天国、中华民国等立都南京，均为京畿之地。建县后，江宁县即隶属于设治南京的州、郡、府所辖；杨吴天祐十四年（917），恢复了唐代中期被废的江宁县，并与上元县在金陵府城内同城而治。这种情况历经南唐、两宋、元、明、清各代，一直延续到清末，长达千年之久。明代，朱元璋确定南京为大明国都，江宁和上元是都城的附郭首县。江宁县辖境偏于西南，辖地少而人口稠密；上元县辖境偏于东北，辖地多而人口较少。清朝建立后，江宁和上元仍为附郭首县。民国元年废置上元、江宁两县，以后今市区地域全属江宁县辖地，直到民国16年南京建市后，始有市、县分划，并于民国23年正式划界。纵观历史，江宁县之建置沿革不仅与南京市密不可分，而且在区域范围内所设县级以上名称曾因朝代更迭而变化不定。有秣陵、丹阳、江乘、湖熟、建业、建邺、建康、临江、同夏、金陵、白下、升州、上元、集庆、应天、南京、天京等40多个。

2000年12月，江宁县撤县设立南京市江宁区。

行政区划的设置，先是乡、都、里、图，后是区、乡、闾、邻（保），再是区、乡、村制。1958年，成立人民公社，实行政社合一。1983年，撤销人民公社，恢复乡镇建置。1987年，开始撤乡建镇，至2000年，全县有18个乡镇。2002年，开始撤镇设立街道。至2007年，全区总面积1572.87平方千米，辖9个街道，共有127个社区居民委员会，77个社区村民委员会。

第一章　建置沿革

江宁县始建于西晋太康二年（281），建县之前县域或属于一邑，或分属数县。据《史记·吴太伯世家》载，周朝以前，江宁属荆蛮之地。春秋战国时期，江宁属吴国。战国初期为越国管辖。周显王三十六年（前333）属楚国金陵邑管辖。

秦始皇二十六年（前221），秦灭六国后，分天下为三十六郡，郡以下设县。是年至三十七年，改金陵邑为秣陵县，移治于秦淮河中游的今秣陵街道。三十七年，秦始皇东巡，过丹阳前往钱塘，新置丹杨县（亦称丹阳、丹暘），县治在今江宁、当涂交界的丹阳。秦始皇返回时，经过吴地，从江乘渡江，置江乘县，县治在今栖霞区摄山西湖村。秣陵、丹阳、江乘3个县均隶属会稽郡。

秦亡后，项羽称霸，江宁属西楚。刘邦统一全国建立西汉后，分江乘县地置胡孰县（亦称胡熟、湖孰，后统称湖熟），县治在今江宁区湖熟街道。汉高祖五年（前202），刘邦分项羽楚地，封韩信为楚王，江宁在其封地内，属会稽郡。继属荆国、吴国、江都国鄣郡。元朔元年（前128），汉武帝改秣陵、丹阳、胡孰3县为侯国。元狩元年（前122）丹阳侯国复为丹阳县，武帝元鼎四年（前113），秣陵侯国复为秣陵县，武帝元鼎五年，胡孰侯国复为湖熟县。元狩二年后属鄣郡，元封二年（前109）后属丹阳郡。天凤元年（14）七月，王莽下令改丹阳郡为宣亭郡，江乘县改为相武县，秣陵县改为宣亭县，今江宁区所涉各县均属宣亭郡。至淮阳王刘玄更始元年（23），又废相武、宣亭之名，复江乘县、秣陵县、丹阳郡旧称。东汉末，建安十七年（212），孙权于楚金陵邑故址建石头城，改秣陵县为建业县，治所由秣陵关迁石头城；后废胡孰、江乘二县，改设湖熟、江乘典农都尉。建业、丹阳二县和湖熟、江乘典农都尉均属丹阳郡。西晋太康二年（281），改临江县为江宁县，这是历史上第一次出现江宁县名，并沿用至2000年，其间为1719年，除去江宁“被废”的年份，江宁县在历史上存在约1500年。

2000年12月，江宁县撤县设区，区人民政府驻东山镇。

第一节　置　县

西晋太康元年（280），改孙吴建业复为秣陵县，析其西南境置临江县；太康二年，更名为江宁县，为江宁县建县之始（江宁县之始，金陵地方志各说不同，有以江宁县境秦时已置县设治，即就秦置秣陵为江宁县建县肇始，清〔同治〕《上江两县志》即作此说。而宋《景定建康志》、元〔至正〕《金陵新志》等，以晋时析秣陵地置江宁，两县并置，沿革各异，江宁别为一县，以晋太康年建江宁为县之始。江苏省地方志办公室编《江苏市县概况·江宁县》亦作晋始置县。今以后一说为据）。江宁县建县之初隶丹阳郡，县治在今江宁区江宁街道。县域范围约在今南京市区西南沿江一带、板桥镇、江宁县西部4个乡镇及安徽省马鞍山市慈湖东北地区一带。

从江宁县现在辖域上溯，建县前、后沿革复杂多变。

【置县沿革】

西晋，太康元年（280），改建业县为秣陵县，县治由石头城迁回秣陵关；废湖熟、江乘典农都尉，复为湖熟县、江乘县；析秣陵县西南境新置临江县。

太康二年（281）二月，临江县更名为江宁县，“江宁”之名自此始。县治在今江宁区江宁街道。太康三年，分秣陵县秦淮河以北设置建邺县，南为秣陵县，复置江乘、胡孰二县。《南京建置志》等地方文献认为太康元年江宁置县后不久即废，至永嘉元年（307）复置江宁县（明〔万历〕《应天府志》记载，太康二年改为江宁县后“寻废江宁”，至永嘉元年九月“复置江宁县，治所在今城南七十里，南临浦水……名江宁浦”）。建兴元年（313），改建邺县为建康县。

东晋，建武元年（317），晋元帝定都建康，史称东晋。除了原有江宁、秣陵、湖熟、丹阳、建康等县仍属丹阳郡外，咸康元年（335），割江乘县建立琅琊侨郡，江乘县改属琅琊郡，并析江乘县西境为侨置临沂县。东晋设置的郡县还有魏郡、广川、高阳、堂邑、怀德、阳都、博陆等，以安置北方南渡的士族和平民，其中部分侨置郡县在今江宁区境内。

南朝宋、齐、梁、陈相继立都建康。宋、齐两代，改江乘等县所属的琅琊郡为南琅琊郡。梁天监元年（502），分丹阳郡置南丹阳郡。梁大同元年（535），梁武帝置其出生地秣陵县同夏里为同夏县，属丹阳郡。陈天嘉五年（564），罢南丹阳郡。陈太建十年（578）十月，又罢琅琊郡，以原琅琊郡及南丹阳郡地之大部分另置建兴郡。此时，今江宁地域分属七县二郡。建康县、秣陵县、江宁县、丹阳县属丹阳郡；湖熟县、江乘县、同夏县属建兴郡。

隋开皇九年（589）正月，隋灭陈，废丹阳、建兴诸郡，及东晋、南朝所有侨置郡县，省建康、秣陵、同夏3个县入江宁，属蒋州。又废江乘、丹阳、湖熟3县并入江宁。至此，江宁一县辖境，尽括六朝京畿之地。大业三年（607），废蒋州，复置丹阳郡。江宁县属丹阳郡。

唐武德三年（620），改江宁县为归化县，隶扬州（辖江宁、溧水两县），为望县。八年，改归化为金陵县；九年，金陵更名为白下县，属润州；贞观九年（635），白下县复称江宁县；天宝元年（742），江宁县属丹阳郡；至德二年（757），以江宁县置江宁郡，江宁县废（旧志或记为至德二年以江宁置郡，统江宁、句容、溧水、溧阳4个县，此处不记废县事，从《新唐书》及《景定建康志》）。乾元元年（758），改江宁郡为昇州；上元二年（761），江宁县更名上元县，属润州；光启三年（887），上元县又属昇州。有唐一代，江宁县六易其名，并一度废置，更七迁其隶属，建置之变动纷繁，惟地域无大改动，以一县而统领秦、汉、六朝于南京地区先后设置的十数县之地，为县史上辖境域最广的时期，范围远超出现在的江宁区区境。

五代十国时期，唐天复二年（902），杨行密占领昇州，受封称吴王，史称杨吴，上元县始属杨吴昇州统辖。杨吴天祐十四年（917），分上元县西南19个乡、当涂县北2个乡共21乡重置江宁县。置县之初，江宁县寄于上元县署。此后，上元、江宁同城而治。杨吴武义二年（920），改昇州大都督府为金陵府，江宁县、上元县属杨吴金陵府。南唐元年（937），建都金陵。改金陵府为江宁府，江宁县、上元县属南唐江宁府。

北宋开宝八年（975）十一月，宋灭南唐，改江宁府为昇州府，辖江宁、上元等县。天禧二年（1018），复江宁府，辖江宁、上元等五县。南宋建炎三年（1129），改江宁府为建康府，仍辖江宁、上元等五县，江宁县列为次赤县。

元代，至元十二年（1275）三月，元军进占建康，上元、江宁二县始属元。至元十四年，改建康府为建康路，辖江宁、上元等县。天历二年（1329），改建康路为集庆路，辖江宁、上元等县。

元至正十六年（1356）三月，朱元璋攻克集庆，改集庆路为应天府。明洪武元年（1368）八月，朱元璋下诏以应天府为南京，江宁、上元等五个州、县属应天府。永乐十八年（1420），明成祖朱棣正式将国都由南京迁至北京，下令“诏改京师为南京”后，南京作为留都，被称为“南都”。在〔洪武〕《京城图志》中的十六座外城门中，麒麟、沧波、高桥、上方、夹岗五门就在今江宁境内。江宁、上元二县仍隶属于应天府。江宁县为赤县。

清代，顺治二年（1645），改南京为江南省两江总督衙门治所，并改应天府为江宁府，辖江宁、上元等八县。康熙六年（1667），江南省左、右布政使司改称江南安徽、江苏布政使司，江宁府属江苏布政使司，江宁县、上元县仍属江宁府。其间，咸丰三年（1853）至同治三年（1864）太平天国定都江宁府，改名天京，存江宁县、尚元县，隶属天京省江宁郡。同治三年，清军攻克天京，江宁府恢复旧制，仍辖江宁、上元等县。

中华民国元年（1912）1月1日，临时政府成立于南京。废江宁府及上元、江宁二县，以上、江两县地置南京府，定为国都。民国2年，废南京府，复置江宁县，将上元县地并入江宁。民国3年5月，置金陵道，江宁县属之，并为道治所在。民国16年4月18日，国民政府定都南京，废金陵道，建南京市，6月6日，命名南京特别市。江宁县隶属江苏省。县治仍在南京市城内三坊巷。民国22年2月10日，以江宁为自治实验县，仍属江苏省政府（其国民党县党部直属于中央党部）。民国23年，江宁县治由南京城内迁移至东山镇，同年9月，属江苏省行政督察区。

民国26年（1937）12月，江宁县被日军侵占。民国27年，伪南京市自治委员会将南京市及江宁县各乡镇划为10个乡区，旋又将江宁县划出；伪维新政府和伪国民政府时期，江宁县先后设伪县署和伪县政府。民国26—34年，分别属江苏省第十行政督察区、江苏省江南行政督察区和江苏省第一行政督察区。民国27年，中国共产党领导的新四军奉命挺进苏南敌后，首先挺进江宁地区，在江宁敌后先后建立横山、江宁、上元等抗日民主县政府。时县境内民国江宁县政府、汪伪县政府、抗日民主政府三方政权，各有建置区划随军事斗争形势而变动。

民国34年（1945）8月15日，日本投降，民国江宁县政府复员接收汪伪县政府返回东山镇。10月，新四军北撤，各抗日民主县政府随军撤离县境。至民国38年4月，江宁县属民国江苏省第一行政督察区管辖。

民国38年（1949）4月24日，江宁县解放。28日，江宁县人民政府成立，隶属苏南行政区镇江专区。1949年12月2日，改属南京市。1950年1月，仍划回镇江专区。1958年7月5日，江宁县改属南京市。1962年5月8日，复归镇江专区管辖。1971年3月11日，江宁县又划归南京市管辖。此后至2000年12月底，没有变化。

【六立六废】

历史上的江宁县先后有过“六立六废”。

西晋时临江县改名为江宁县，但不久即废，即《景定建康志》江宁次赤县条目下云“后废”。具体何年所废，史载不详。此一立一废。西晋永嘉元年（307），复置江宁县，唐武德三年（620）更名归化县，八年更归化为金陵，九年更金陵为白下。此二立二废。

唐贞观九年（635），更白下县为江宁县，唐至德二年（757），江宁县为江宁郡，江宁县废。此三立三废。至德三年，江宁郡改名昇州，复置江宁县。上元二年（761），江宁县改名上元县。此四立四废。杨吴天祐十四年（917），分上元县西南19个乡及当涂2个乡复置江宁县，并与上元县在金陵府城同城而治。这种状况历经南唐、两宋、元、明、清各代，一直延续到清末，长达千年之久。民国元年（1912），中华民国临时政府废江宁、上元两县，改设南京府。此五立五废。民国38年4月24日，江宁县解放，28日成立江宁县人民政府。2000年12月，撤县设立南京市江宁区。此六立六废。

综观江宁县的建置沿革，其在历史上出现的时间虽然没有秣陵等县那样早，且曾多次被废，但废后总是又被“复置”，以致一直沿革到2000年；在今江宁区境内历史上较早出现过的秣陵、丹阳、湖熟、江宁、同夏5个县中，江宁不仅是存在时间最长的县，也是唯一延至现代的县；在今南京城区的历史上曾出现过的建业、建邺、建康、秣陵、江宁、归化、金陵、白下、上元9个县中，江宁县同样不仅是存在时间最长的县，也是唯一延续至现代的县。

第二节 设 区

改革开放后，特别是1988年江宁县被国家列为对外开放县后，全县经济综合实力跃上新的平台，各项社会事业得到全面快速发展。江宁县先后在城区的城市建成区面积、总人口、工农业总产值等方面，均达到或超过当时撤县设市的标准。根据江宁县地处重要位置、优势条件和大改革、大开放、大发展的需要，现有县建制已很不适应这一要求。1992年7月，江宁县政府向南京市人民政府提交《关于撤销江宁县设立江宁市的请示》。1994年12月，江苏省人民政府向国务院、民政部呈报江宁县撤县设市的报告。由于当时国务院对撤县设市工作暂时冻结，未获批准。

1992—1998年，经过7年的快速发展，江宁县撤县设市条件日益成熟。1992年、1994年，连续两届进入全国农村综合实力百强县行列，分别列63位和66位。1998年，全县工农业总产值255.30亿元；国内生产总值86.10亿元，其中第三产业增加值19.61亿元，占总产值的22.78%；预算内财政收入4.60亿元，人均617元，上缴中央财政2.98亿元。是年，全县粮食总产量4.75亿公斤，上交国家商品粮1.07亿公斤；各类市场53个，集市贸易成交额11亿元，社会消费品零售总额15.01亿元。全县职工平均工资7243元，农民人均纯收入3787元，人均储蓄4177元。

图2-1-1 2001年1月15日，江宁县举行撤县设区揭牌仪式

县政府驻地东山镇是全县政治、经济、文化中心。通过兴建新区，改造旧城，使县城面貌焕然一新，基础设施和服务功能日趋完善，历史文化得到保护和发扬。县城建成区面积18平方千米，规划面积41.20平方千米。全镇总人口15万人，其中非农业人口13.10万人。工业企业302家，固定资产原值15.80亿元。1998年，实现国内生产总值22.95亿元，工农业总产值63亿元。为了充分发挥优势，加快城市化步伐，进一步推动经济持续、健康、快速发展，1999年1月28日，江宁县再次向南京市人民政府提交《关于撤销江宁县设立江宁市的请示》。

按照江苏省委、省政府做大、做强、做优、做美中心城市，把江宁纳入南京主城统一规划发展和市委、市政府提出的“形成主城、都市发展、市域三个层次的发展格局，把江宁纳入中心城市空间发展的统一安排，以城市新区、产业发展基地和生态环境调节圈为功能定位，形成具有时代特色，充满发展活力，为主城合理分工、呼应的新区”的要求，2000年，江苏省向国务院提交《关于撤销江宁县设立江宁区的请示》（苏政发〔2000〕96号）。同年12月21日，国务院国函〔2000〕131号批复，同意撤销江宁县，设立南京市江宁区，以原江宁县的行政区域为江宁区的行政区域，区人民政府驻东山镇。2001年1月15日，江宁县举行撤县设区揭牌仪式。2001年2月28日，在国旗广场举行撤县设区庆典。至2007年年底，政区未变。

第三节 境 域

晋设江宁县，县域范围约当今南京市区西南沿江一带、板桥镇、江宁区西部4个乡镇及安徽省马鞍山市慈湖东北地区一带。隋开皇九年（589）正月，隋灭陈，将南朝京畿诸县并入江宁县，江宁县辖境，尽括六朝京畿之地，包括今南京市和江宁区全境。五代十国杨吴天祐十四年（917），江宁、上元两县在金陵府城内同城而治至清末。关于两县的境域记载，唐至五代十国期间史料不详。宋以后才逐渐明晰。清代，南京改为江宁府，领江宁、上元等县，江宁和上元仍为附郭首县。江宁县的辖境为城西南及今江宁区境西部南部，辖地少而人口稠密；上元县辖境为城东北及今江宁区境东部北部，辖地多而人口较少。

【江宁县】

宋代 宋代江宁县为次赤县，南宋时有22个乡。境域为：东西八十五里，南北九十八里。东至上元县界一里，以御街中分为界；西至和州乌江县界四十里，以鳗鵥洲大江中流为界，自界首至乌江县十五里；南至溧水县界九十三里，以乌刹桥为界，自界首至溧水县四十五里；北至上元县五里，以金陵乡为界；东南到句容县界七十里，以湖山乡为界，自界首到句容县九十里；西南到太平州当涂县界一百六里，以章公塘为界，自界首到当涂县十七里；东北到上元县界二十五里，以崇礼乡为界；西北到上元县五里，以金陵乡为界。

元代 元代江宁县为中县，并宋代22个乡为18个乡。境域为：东西八十五里，南北九十八里。东至上元县界，旧以御街中分，今抵录事司、城门为界；西至和州乌江县界四十里，以鳗鵥洲大江中流为界，自界首至乌江县十五里；南至溧水县界九十三里，以乌刹桥为界，自界首至溧水县四十五里；北至上元县五里，以金陵乡为界；东南到句容县界七十里，以湖山乡为界，自界首到句容县九十里；西南到太平路当涂县界一百六里，以章公塘为界，自界首到当涂县十七里；东北到上元县界二十五里，以崇礼乡为界；西北到上元县五里，以金陵乡为界。

明代 在城西南，古为秣陵、建邺、丹阳故地。东西八十五里，南北九十八里（东、西、南、北四至与元代同）。

清代 江宁县为江宁府附郭，与上元县同城。县境辖城西南一面。自和尚港口东北历烈山、大胜关至下关口，计七十余里，与江浦分界。自下关江心沿秦淮河东南至上方门，自上方门下沿秦淮，而由上方镇至土桥镇，再往南仍沿秦淮至乌刹桥，再西出碾砣桥，计一百四十余里，与上元分界。自碾砣桥西南至丹阳，再西北至和尚港口，计六十余里，与当涂分界。其东猴山、严郎渡一带，又有飞地一百六十余方里，在上元、溧水、句容境内，隔秦淮河，界不连属。全境地形斜方，山居十分之二，河道不足二百里，没有湖荡。“农田西资江水，东挹山泉，沟洫之利，盖逊于平陆水乡也”，“积地三千四百十四方里，合一万六千四百余顷”。〔同治〕《上江两县志》认为，上元、江宁两县疆界的复杂源于县邑并省。如上元的道德、静洁二乡是省并湖熟县所致，石埠、龙潭、宜昌洲地是省并江乘县所致；江宁县的永丰乡是省并秣陵县所致，丹阳、朱门地是省并丹阳县所致。因此，上元、江宁两县与句容、当涂分界互有交错。

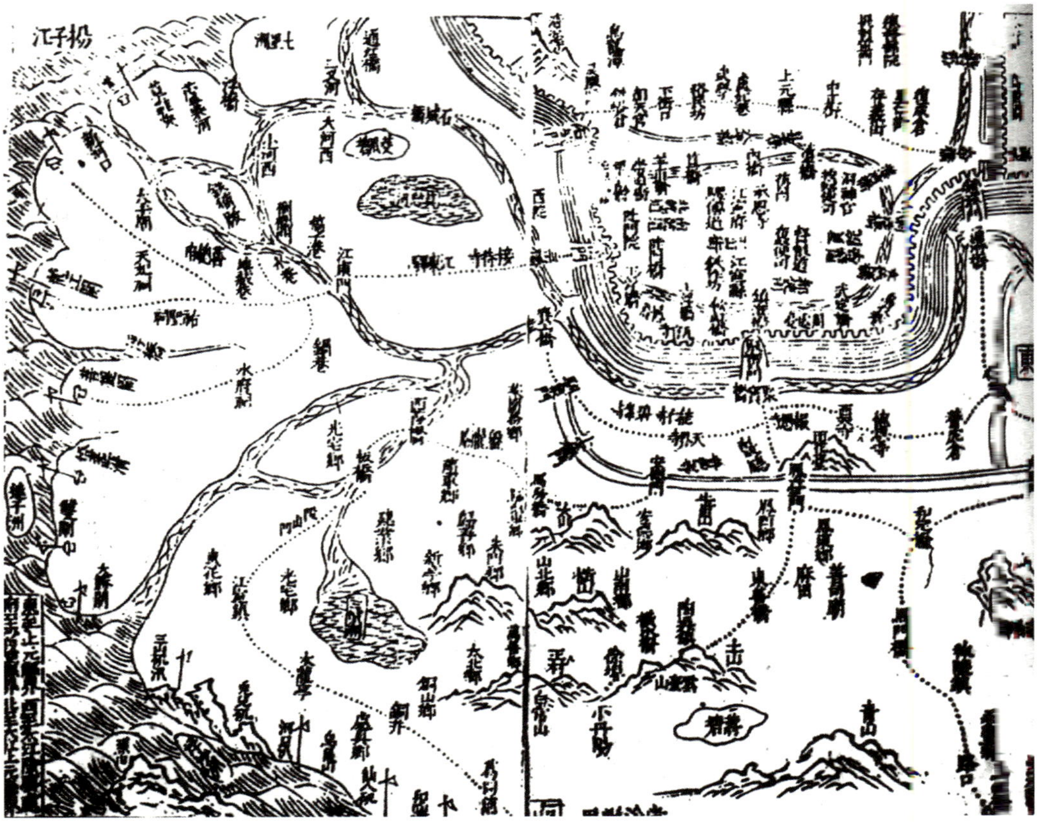

图 2-1-2 清〔康熙〕《江宁县志》中的江宁县境图

中华民国 民国元年（1912），并废上元、江宁两县，设立南京府。民国 2 年，废南京府，复置江宁县，将上元县地并入江宁县。江宁县辖 7 个市 9 个乡，地域包括今南京市和江宁区全部。民国 16 年 4 月，江宁县改辖城外乡郊，不再管辖城区。江宁县辖区为原南城明代外郭以外地域，县政府仍设在城内三坊巷（今长乐路西端），直隶于江苏省政府。这是江宁县建县以来县域范围首次退出城区。民国 23 年 9 月，南京市与江宁县具体界限确定，实行交割。市区东以乌龙山明代外郭遗址，南以铁心桥、大胜关，与江宁分界，江宁县面积为 1837 平方千米。

中华人民共和国 江宁县四周边界基本稳定，略有变化。其中西界与安徽省和县隔江相望，西南与安徽省马鞍山市区、当涂县相邻一直未变；东界、南界与溧水、句容相接基本未变；西北、北和东北界与南京市犬牙交错，频繁调整变化较大。

1953 年，南京市夹岗门乡划归江宁县，南京市九区的汤山、东流等乡镇划归江宁县，江宁县八区的摄山、栖霞划归南京市；南京市十一区的铁心桥、西善桥等，划归江宁县，江宁县九区的高桥镇一部分和牌楼乡划归南京市。1956 年，江宁县板桥等 4 个乡镇和沙洲区铁心桥等 9 个乡镇划归南京市。1969 年 11 月，曾分属江宁、句容、溧水 3 个县管辖的周岗圩 13 个大队成立周岗人民公社，划归江宁县。1987年3月，江宁县长江、营防、花园3个乡划归南京市栖霞区。1995年3月，江宁县农花等7个村划归南京市雨花台区。

2000年，江宁县辖境之边界：东与句容市衔接。由汤山街道的桦墅向东，经射乌山、螺丝冲，再向南经上峰的马墟头，折回西经茆家，再向东经土桥的元桥、向南经湖熟街道的赤山、高阳桥至葛家边，边界线长127.26千米。

东南与溧水县毗连。由湖熟街道的葛家边，向西经乌刹桥，向南经王家渡、禄口街道的溧塘角至西横山的四径山南，边界线长60.87千米。

南与安徽省当涂县接壤。由西横山的四径山南向西，经灯张挂壁、青堦岘、徐附岗，再至横溪街道的尖山，边界线长48.62千米。

西南与安徽省马鞍山市相邻。由横溪街道的尖山向北，经凤凰山、火地山、娘娘山、戴山至江宁街道和尚港河口、新生洲南，边界线长62.31千米。

西与安徽省和县以及南京市浦口区隔江相望。由江宁街道的新生洲南，向北经新济洲、子母洲西，至江宁街道的江宁河闸江边，边界线长21.02千米。其中由新生洲向北至乌江码头长7.52千米，是与安徽省和县的分界线。

西北、北、东北与南京市雨花台、秦淮、白下、玄武、栖霞等区依次相连。由江宁街道的江宁河闸江边向东，经牛首山、韩府山、岔路口北、高桥门、麒麟门，再向东北至汤山街道的桦墅社区，边界长121.60千米。

县境边界线共长441.68千米。

【上元县】

宋代　宋代上元县为次赤县，共设18个乡。境域为东西九十里，南北八十五里。东至句容县界八十里，以周郎桥中分界；西至江宁县界一里，以御街中分为界；南至江宁县界七十里，以永丰乡北白米湖为界；北至真州六合县界四十九里，以瓜步大江中流为界；东南到句容县七十里，以东陈村为界，自界首到句容县三十五里；西南到江宁县界四里，以大隐乡为界；东北到句容县界六十里，以章桥为界，自界首到句容县八十里；西北到真州六合县界三十九里，以大江中流为界，自界首到六合县八十五里。

元代　元代上元县为中县，元末设18个乡。境域为：东西九十五里，南北八十五里。东至句容界八十里，以周郎桥中分为界；西至江宁县界，旧以御街中分，以抵录事司、城门为界；南至江宁县界七十里，以永丰乡北白米湖为界；北至真州六合县界四十九里，以瓜步大江中流为界；东南到句容县界七十里，以东陈村为界；自界首到句容三十五里；西南到江宁县界四里，以大隐乡为界；东北到句容县界六十里，以章桥为界，自界首到句容县八十里；西北到真州六合县界三十九里，以湖墅大江中流为界，自界首到六合县八十五里。

明代　在城东北，古为江乘、临沂、湖熟故地。东西九十五里，南北八十五里，其东、西、南、北四至与元代同。

清代　〔同治〕《上江两县志》记载比较详细，并为〔光绪〕《续纂江宁府志》《宁省图说》所引用。上元县为省城江宁府附郭首邑。县境辖城东一面，北宽南窄，自汉河口至乌刹桥一线下垂，又有飞地，“故袤广斜直难以言状”。城中在三山门、聚宝门与江宁分界。下关镇江口以东，历观音门至三江口，计沿江八十余里，与仪征、六合为界。自三江口江心往南，历龙潭、汤水、土桥至高阳桥，计一百五十余里，与句容县分界。自高阳桥西南至乌刹桥，计二十里，与江宁县分界。自乌刹桥西南至丁公山，计二十里，与溧水县分界。自丁公山西北至碾砣桥，约二十里，与当涂县分界。自横溪东，历乌刹桥北，沿秦淮而上，至下关镇江口，计一百三十里，与江宁县分界。境内多山水，形胜甲于东南。全县“积地三千三百四十一方里，合一万八千顷”。

民国元年（1912），与江宁县同时被废，改设南京府。

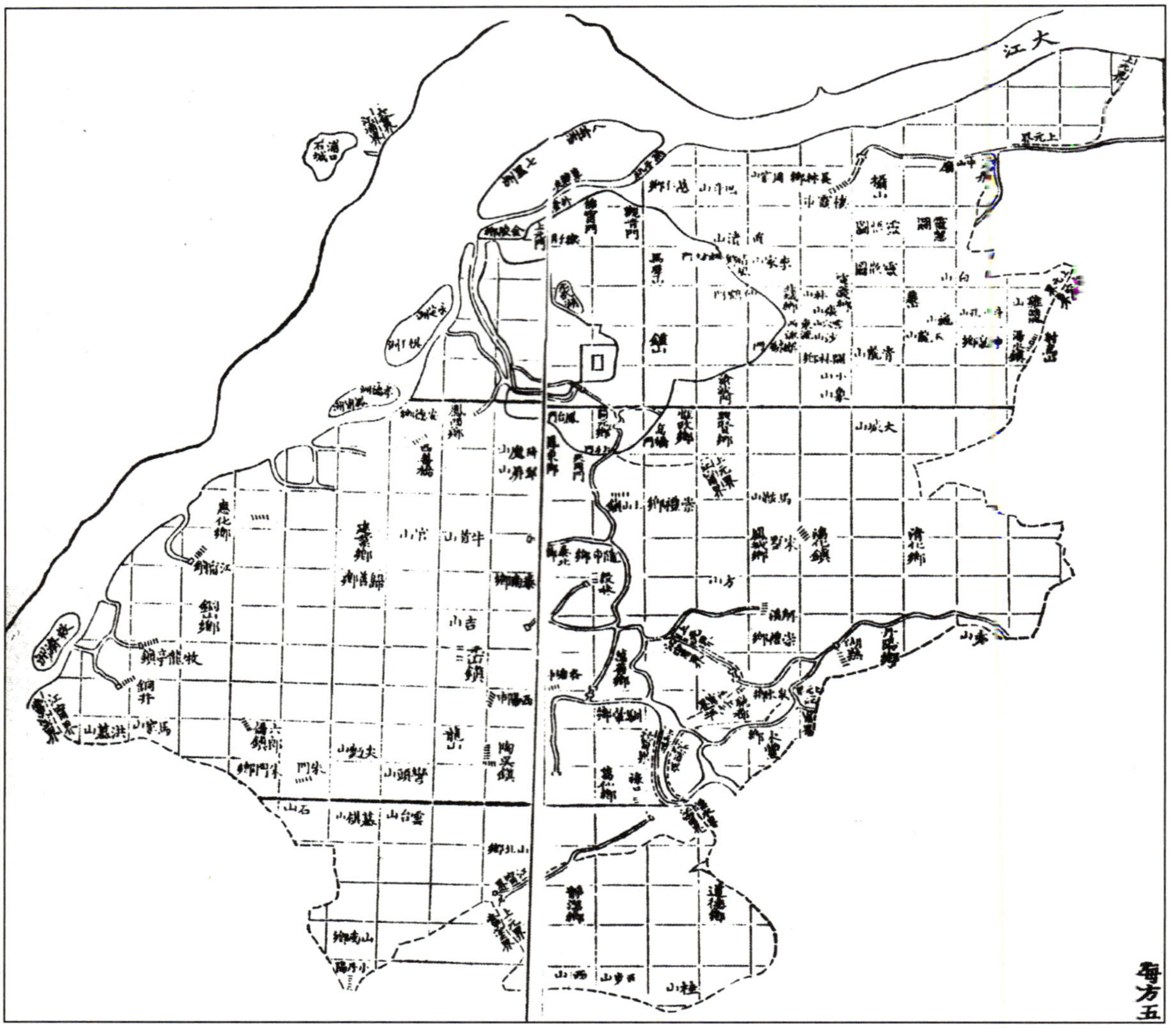

图 2-1-3 清〔同治〕《上江两县志》中的两县总图

【江宁区】

2000 年 12 月 21 日，国务院国函〔2000〕13 号文件，同意撤销江宁县，设立南京市江宁区，以原江宁县的行政区域为江宁区的行政区域。至 2007 年 12 月底，江宁区境域没有变化。

【边界勘定】

江宁区地域周边界线，历朝历代官府均有勘查测定，仅志书记载的就有宋、明、清三朝 5 次核定，总体上清晰明确。但由于自然地理、历史人文或行政区划调整等因素，也有一些地段界线不清或起止地点不定，往往容易引起矛盾和冲突。

20 世纪 80 年代，江宁县曾会同驻江宁地区的军事单位、省市属企事业单位，对驻县外管单位的地域界线做过勘测认定工作。根据国务院和省、市的统一部署，1996 年 8 月 23 日，成立江宁县勘界工作领导小组。从民政局、国土资源局、建设局等部门抽调8人成立工作班子，开始与南京市浦口区、雨花台区、秦淮区、白下区、玄武区、栖霞区、溧水县，镇江句容市，安徽省当涂县、马鞍山市、和县等省、市、区（县）一道进行界线勘界工作。双方坚持“尊重历史、尊重现实、互谅互让”的原则，通过实地勘察、对照地图、协商研究，共同解决一些长期存在的历史遗留问题。经过5年多时间，至2001年12月底，江宁区与周边行政界域界线勘定工作全面完成。共勘定边界线总长度441.68千米，其中省界118.44千米，市界127.26千米，区（县）界195.98千米。形成行政区域界线走向文件、资料和地形图。并在界线上设立33个界桩点，埋设界桩42块。

图2-1-4　南京市、江宁区民政部门与测绘部门联合勘界（1998年摄）

第四节　治　所

五代十国时期，杨吴天祐十四年（917）分上元县南19个乡、当涂县北2个乡，重置江宁县。置县之初，江宁县治所寄于上元县署。此后，上元、江宁两县同城而治，其治所代有变动，而两县并列共存的局面直至清末。

【江宁县】

西晋太康二年（281），改临江县为江宁县。《景定建康志》引《图经》（北宋《祥符州县图经》）云：“古县治南临浦水（即江宁浦，又名南浦，今称江宁河），在城（南京城）西南七十里。”因此，江宁县治就在今江宁街道（江宁镇）。

西晋永嘉元年（307），复置江宁县，县治未变。隋开皇九年（589），县治移置宣阳门外陈朝安德宫。次年迁至冶城东之西州城旧址，即今朝天宫一带。关于此，〔乾隆〕《上元县志》引《续通典》云：“开皇十年移江宁治冶城。”又引《金陵志》云：“建康旧址在吴冶城东，时建康既省（被废），故即移江宁治其地也。”

唐代，江宁县曾先后改名为归化、金陵、白下、上元等，但县署仍在今朝天宫一带。唐上元二年（675），改江宁县为上元县时，仍治于此。

杨吴天祐十四年（917），复置江宁县，与上元县同署，治所在城南凤台山西南。

南宋建炎三年（1129），县治迁府城南门外旧县尉廨（今中华门外，雨花路西侧）。

明洪武元年（1368），县治迁银作坊原集庆路治所，即今长乐路西端西圣堂原江苏省邮电学校一带。至中华民国建国之初均无变化，先后长达550年。

民国23年（1934）冬，江宁县治由城中迁往南郊土山镇（后改为东山镇），直至2000年12月撤县设区。

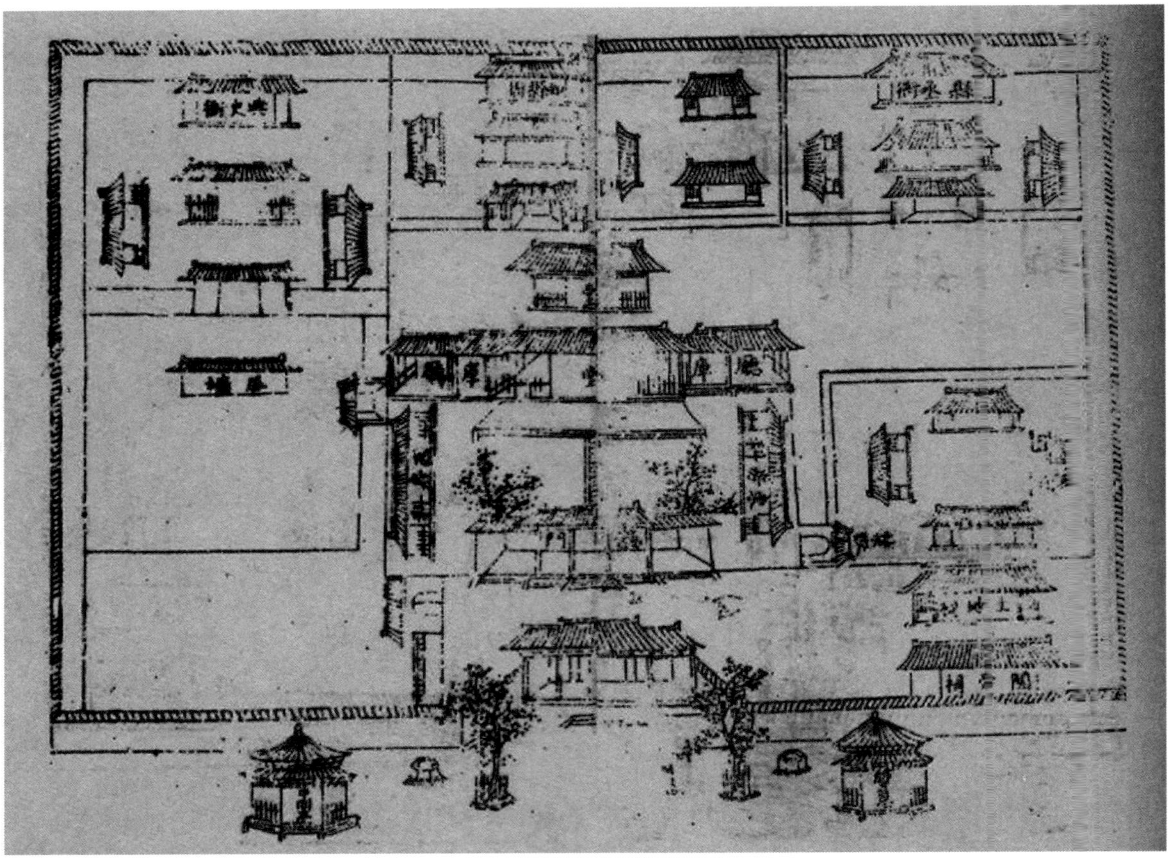

图2-1-5 清〔康熙〕《江宁府志》中的江宁县治图

【上元县】

唐上元二年（761）正月，废昇州，改江宁县为上元县，隶润州。为上元县之始。据《元和郡县图志》载：县治在冶城东故所。光启年间移至凤台山西南一里，与江宁县同署。

宋初迁南唐司令府（原尚书省），在府治（时府治为原南唐宫城，在今内桥北）以东，即南宋时的御街前后军营内。南宋建炎年间，又迁徙到府城东门外，明道书院西侧，细柳坊东，东门大街之北，距行宫一里左右地方（即今白下路北、长白街以东、复兴巷以西中共南京市委党校及以西一带）。

元代，上元县署在昇平桥张字铺，即南宋建炎以来上元县县治旧址。元至正十六年（1356），朱元璋改集庆路为应天府时，曾迁治于淳化镇，次年又迁回中正街（今白下路）昇平桥处。

清代，县署仍在原址。嘉庆十五年（1810），上元县署毁于火灾，知县朱景昌重建。咸丰三年（1853），太平天国军队占领江宁，上元县署移置淳化镇（〔光绪〕《续纂江宁府志》卷十四载）。咸丰六年，太平军一破江南大营，上元、江宁县境基本为太平军所占，其后上元县署寄治地不详。同治二年（1863），清军攻破天京。游移不定的上元县署始重返江宁城内。同治九年，重建上元县署于旧址。

民国元年（1912），上元县被废。

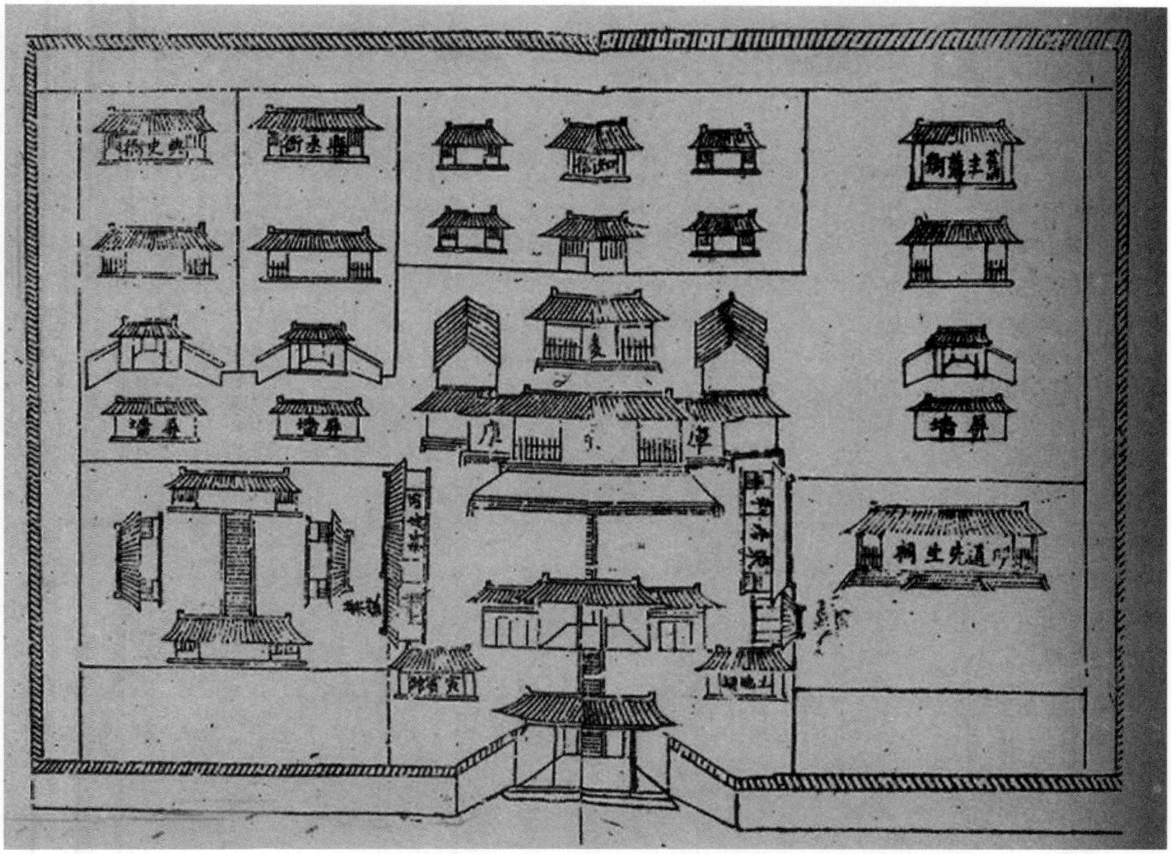

图2-1-6　清〔康熙〕《江宁府志》中的上元县治图

【江宁区】

2000年12月，江宁县撤县设区，江宁区人民政府驻东山镇（2002年3月，改名为东山街道）。至2007年12月底，没有变化。

江宁政区沿革情况表

表 2-1-1

朝代	政区名称	在今江宁区辖域范围或区划设置	隶属	备注
春秋战国	不详（约商末至公元前 472 年）	—	吴国	大约商末，相传太伯、仲雍南奔蛮荆至今江宁横山，建国号句吴，地属吴 周元王四年（前 473），越灭吴，地始属越 周显王三十六年(前 333),楚灭越,置金陵邑,地始属楚 金陵邑是今江宁区境有史可考的行政建置之始
	不详（前 472—前 333）	—	越国	
	金陵邑（前 333—前 221）	今江宁区全境	楚国 江东郡	
秦	秣陵县（前 221—前 206）	约今江宁区中、北、西部	会稽郡	秦始皇二十六年（前 221），秦并六国。是年至三十七年间，改金陵邑为秣陵县 三十七年，秦始皇东巡，两过今江宁区境，新置江乘、丹阳县，徙秣陵县治于今秣陵街道
	江乘县（前 210—前 206）	约今江宁区东北境		
	丹阳县（前 210—前 206）	约今江宁区西南境		
汉	秣陵侯国（前 128—前 113） 秣陵县	约今江宁区中、北、西部	会稽郡 鄣郡 丹阳郡	汉初属韩信楚国会稽郡，继属荆国、吴国、江都国鄣郡，元狩二年（前 121）后属鄣郡，元封二年（前 109）后属丹阳郡 王莽新朝改丹阳郡为宣亭郡，秣陵县、江乘县分别改称宣亭县、相武县 东汉复郡县原称，胡孰改称湖熟，有湖熟侯国
	丹阳侯国（前 128—前 122）丹阳县	约今江宁区西南境		
	胡孰侯国（前 128—前 112）胡孰（湖熟）县	约今江宁区东南境		
	江乘县（前 206—220）	约今江宁区东北境		
孙吴	建业县（212—280）	约今江宁区中、北、西部	丹阳郡	汉建安十七年（212），孙权改秣陵县为建业县 孙吴废湖熟县、江乘县改设县级民屯行政区湖熟、江乘典农都尉
	湖熟典农都尉（？—280）	约今江宁区东南境		
	江乘典农都尉（？—280）	约今江宁区东北境		
	丹阳县（222—280）	约今江宁区西南境		
西晋	建邺县（建康县）（282—316）	约今江宁区中、北部，秦淮河以北地区	丹阳郡	太康元年(280),改建业县为秣陵县,废湖熟、江乘典农都尉，复为湖熟县、江乘县。析秣陵县西南境新置临江县，次年改称江宁县 太康三年，析秣陵县秦淮河以北置建邺县，以南仍为秣陵县 建兴元年（313），建邺县改名为建康县
	秣陵县（280—316）	约今江宁区中、北部，秦淮河以南地区		
	江乘县（280—316）	约今江宁区东北境		
	湖熟县（280—316）	约今江宁区东南境		
	丹阳县（280—316）	约今江宁区西南境		
	江宁县（临江县）（280—316）	约今江宁区西部沿江地区		
东晋	建康县（317—420）	约今江宁区中、北部，秦淮河以北地区	丹阳郡	

续表 1

朝代	政区名称	在今江宁区辖域范围或区划设置	隶属	备注
东晋	秣陵县（317—420）	约今江宁区中、北部，秦淮河以南地区	丹阳郡	咸康元年（335），割江乘县境立琅琊等侨郡，江乘县改属琅琊郡，并析江乘县西境为侨置临沂县 侨置诸县不列表中
	江宁县（317—420）	约今江宁区西部沿江地区		
	湖熟县（317—420）	约今江宁区东南境		
	丹阳县（317—420）	约今江宁区西南境		
	江乘县（317—420）	约今江宁区东北境	琅琊郡	
南朝（宋、齐、梁、陈）	建康县（420—589）	约今江宁区中、北部，秦淮河以北地区	丹阳郡	宋、齐两代，改江乘等县所属的琅琊郡为南琅琊郡，梁代仍称琅琊郡。梁天监元年（502），分丹阳郡置南丹阳郡。陈天嘉五年（564），罢南丹阳郡。陈太建十年（578）十月，又罢琅琊郡，以原琅琊郡及南丹阳郡地之大部另置建兴郡 梁大同元年（535），梁武帝置其出生地秣陵县同夏里为同夏县 侨置诸县不列表中
	秣陵县（420—589）	约今江宁区中、北部，秦淮河以南地区	丹阳郡	
	江宁县（420—589）	约今江宁区西部沿江地区	丹阳郡	
	湖熟县（420—589）	约今江宁区东南境	丹阳郡（宋、齐） 南丹阳郡（梁） 建兴郡（陈）	
	丹阳县（420—589）	约今江宁区西南境	丹阳郡	
	江乘县（420—589）	约今江宁区东北境	南琅琊郡（宋、齐） 琅琊郡（梁） 建兴郡（陈）	
	同夏县（535—589）	约今江宁上坊、麒麟地区	丹阳郡（梁） 建兴郡（陈）	
隋	江宁县（589—618）	今江宁区全境	蒋州 丹阳郡	开皇九年（589）正月，隋灭陈，并南朝京畿诸县入江宁县（秣陵并入江宁，北宋时置秣陵镇。丹阳郡改置蒋州，丹阳县亦废入溧水。湖熟县一部分划归句容县，一部分并入江宁县）
唐	江宁县（618—620）	今江宁区全境	丹阳郡	武德三年（620）六月，江南之地归唐，废丹阳郡，改置扬州 至德二年（757），以江宁县置江宁郡 乾元元年（758），改江宁郡置昇州
	归化县（620—625）	今江宁区全境	扬州	
	金陵县（625—626）	今江宁区全境	扬州	
	白下县（626—635）	今江宁区全境	润州	
	江宁县（635—757）	今江宁区全境	润州 丹阳郡	

续表 2

朝代	政区名称	在今江宁区辖域范围或区划设置	隶属	备注
唐	江宁郡（757—758）	今江宁区全境	江南东道	
	江宁县（758—761）	今江宁区全境	昇州	
	上元县（761—902）	今江宁区全境	润州 昇州	
五代十国	上元县（902—917）	今江宁区全境	杨吴昇州	唐天复二年（902），杨行密占领昇州，受封称吴王，史称杨吴，上元县始属杨吴统辖
	上元县（917—975）	今江宁区秦淮河东、北区域	杨吴昇州 杨吴金陵府 南唐江宁府	杨吴天祐十四年（917），以上元县西南19个乡、当涂县北2个乡共21个乡重置江宁县。上元、江宁二县始同城而治 南唐昇元元年（937），上元、江宁二县始属南唐
	江宁县（917—975）	今江宁区秦淮河西、南区域，辖21个乡		
宋	上元县（975—1275）	南宋时期辖18个乡3个镇52个里	昇州 江宁府 建康府	开宝八年（975）十一月，宋灭南唐，改江宁府为昇州，上元、江宁二县始属宋
	江宁县（975—1275）	南宋时期辖22个乡3个镇87个里		
元	上元县（1275—1356）	辖18个乡4个镇52个里	建康宣抚司 建康路 集庆路	至元十二年（1275）三月，元军进占建康，上元、江宁二县始属元
	江宁县（1275—1356）	辖18个乡4个镇86个里 元末有20个乡		
明	上元县（1365—1645）	明初辖18个乡5个镇（一说4个镇）203个里，万历以后并为150个里	应天府	元至正十六年（1356）三月，朱元璋克集庆，改为应天府 明崇祯十七年（1644）三月，明亡。五月，福王朱由崧在南京建南明弘光政权，仍设上元、江宁二县
	江宁县（1365—1645）	辖21个乡4个镇68个里（一说74个里）		
清	上元县（1645—1911）	前中期：18个乡5个镇150个里 晚期：7个区7个乡（〔同治〕《上江两县志》）；15个乡16个镇（《宁苏图表》）	江宁府	顺治二年（1645），清军占领南京，沿设
	江宁县（1645—1911）	前中期：21个乡4个镇 晚期：4个路64个图22个乡（〔同治〕《上江两县志》）；13个镇（《宁苏图表》）		

续表 3

朝 代	政区名称	在今江宁区辖域范围或区划设置	隶 属	备 注
太平天国	尚元县（1853—1864）	仿太平军制度，有乡军、乡师帅等	江宁郡	咸丰三年（1853），太平军克江宁，沿设，改名
	江宁县（1853—1864）	仿太平军制度，有乡军、乡师帅等		
中华民国	南京府（1912—1913）	6 个市 9 个乡（不包括城厢的江宁市）	临时政府内务部	民国元年（1912），废上元、江宁二县设
	江宁县（1913—1927）	民国 3 年（1914）停止市乡自治，但市乡制仍然保留，民国 8 年再次实行市乡自治	金陵道	民国 2 年（1913），撤销南京府，改设
	江宁县（1927—1933）	民国 16 年（1927）废除市乡制，改行村制，全县划为 300 余个村；民国 17 年，县下增设 10 个区；民国 18 年，村制改为乡镇闾邻制，全县设 295 个乡镇	江苏省 江苏省江宁行政督察区	民国 16 年（1927），设南京市，江宁县辖域退出城区 民国 21 年，江苏省下增设 10 个行政督察区
	江宁自治实验县（1933—1937）	下辖 295 个乡镇，闾邻改为村里（共设 2049 个）；民国 24 年（1935），乡镇之下设保甲	江苏省	民国 22 年（1933），改江宁县为自治实验县
	江宁县（1937—1945）	县下设乡镇保甲	江苏省第十行政督察区 江苏省江南行政督察区 江苏省第一行政督察区	民国 26 年（1937），江宁自治实验期结束 是年年底，江宁沦陷；此后，江宁县政府驻地游徙不定 民国 27 年，伪南京市自治委员会将南京市及江宁县各乡镇划为 10 个乡区，旋又将江宁县划出；伪维新政府和伪国民政府时期，江宁县先后设伪县署和伪县政府
	江宁县（1945—1949）	民国 35 年（1946），全县 85 个乡镇合并为 31 个镇 15 个乡，分属 7 个区	江苏省第一行政督察区	民国 34 年（1945），江宁县政府复员

续表 4

朝　代	政区名称	在今江宁区辖域范围或区划设置	隶　属	备　注
中华民国（中共所设政区）	江宁县（1941—1945）	民国 32 年（1943），有 5 个区，下辖 60 个乡镇	苏南第五行政督察区 苏南行政督察区 苏南区 苏南第一行政分区	民国 30 年（1941）8 月，成立江宁县抗日民主政府；民国 34 年 10 月，撤离县境
	江当溧三县（1942—1943）	下辖 3 个片 8 个区	苏南区	民国 31 年（1942）8 月，成立江当溧三县行政委员会
	横山县（1943—1945）	下辖 3 个片 8 个区	苏南区 苏南第三行政分区 苏南第一行政分区	民国 32 年（1943）冬，江当溧三县行政委员会改为横山县抗日民主政府；民国 34 年 10 月，撤离县境
	上元县（1945）	下辖 5 个区	淮南路东区	民国 34 年（1945）4 月，成立上元县抗日民主政府；同年 9 月，撤离县境
中华人民共和国	江宁县（1949—2000）	2000 年下辖 18 个镇、343 个村民委员会、61 个居民委员会	镇江专区 南京市	民国 38 年（1949）4 月属镇江专区，1949 年 12 月改属南京市，1950 年 1 月划回镇江专区，1958 年 7 月改属南京市，1962 年 5 月复归镇江专区，1971 年 3 月又归南京市，至 2000 年未变
	江宁区（2001—2007）	2007 年下辖 9 个街道、127 个社区居民委员会、77 个社区村民委员会	南京市	2000 年 12 月 21 日，国务院国函〔2000〕131 号批复，同意撤销江宁县，设立南京市江宁区。政区范围不变

第二章 行政区划

古江宁县，县以下行政区划，按制自建县时起即分置乡、里。自晋至五代十国，史载未详。自宋代起，历代志书具体记载乡、里设置情况。明清变化尤大，且称谓各不相同，有曰乡亭里阁，有称坊厢都图。宋时，据《景定建康志》载，宋及宋以前，上元、江宁两县共设7个镇40个乡级建置。其中，上元县3个镇、18个乡；江宁县4个镇、22个乡。至清同治年间，上元县设7个区17个乡，江宁县设4个路、22个乡、64个图。

民国2年（1913），上元县地并入江宁县。民国时期，县以下设过区、乡镇、闾、邻四级。民国5年，划设7个市、9个乡；民国17年，有10个区、295个镇；民国22年，江宁为自治实验县，废闾、邻，设村里，295个乡镇编为2049个村里，区撤销。民国23年，又行区、乡镇、保、甲四级行政管辖之制。民国37年，全县分为7个区、46个乡镇、476保和6803甲。

中华人民共和国成立后，区域内区划调整变化较大。新中国成立初，沿用旧有区、乡镇、保、甲区划，全县为7个区47个乡镇。废保甲制后，建立村组织。1950年，全县分10个区、114个乡镇。1957年撤区并乡，全县设24个乡镇。1958年建立人民公社，政社合一，江宁全县分为19个人民公社。1982年，实行体制改革，政社分开，恢复乡镇和行政村，全县有东山、汤山、湖熟3个县属镇和26个乡。1987年，江宁县开始撤乡设镇，至2000年，全县调整为18个镇，343个村民委员会和61个居民委员会。2002年3月，撤销东山镇建制，设立东山街道和百家湖街道，至2005年12月底，全区设7个街道、13个镇，145个社区居民委员会和139个村民委员会。2006年3月起，进行街镇行政区划调整和村（社区）整合工作，至2007年12月底，全区调整为9个街道，127个社区居民委员会和77个社区村民委员会。

第一节 江宁县

【宋代】

宋代江宁县为次赤县，南宋《景定建康志》记江宁已有二十二乡。这二十二乡分别是：凤台东乡、凤台西乡，西乡约在今花神庙及安德门一带，东乡则在上坊门秦淮河以西一带，有小郊里、娄湖里、常乐里、金陵里；安德乡，并丹阳乡为一，有洪塘里、张野里、佐慕里、清陵里、新林里、郊坛里、董林里、路西里，包括今西善桥北、西及江边、北抵秦淮、东括沙州（小行）一片；新亭乡，在县东南四十里，有子塘里、颜墟里、商墟里、河亭里、梁墟里，约在今岔路口及以西一带；随车乡，在县南四十里，有下干里、五袴里、向社里、来晚里，约在今殷巷北境一带；光宅乡，在县西南四十里，有孟湖里、龚亭里、丁家里、三山里、平头里，在今西善桥及其以南板桥一带；开元乡，在县南四十里，有白山里、蒲干里、孝义里、金井里，约在今岔路口以西、东善桥北境及铁心桥以南一片；万善乡，在县南五十里，有高村里、仇村里、经村里，约包括今殷巷以南、秣陵北境；长泰南乡、长泰北乡，在县南五十里，有丹阳里、永泰里、韦义里，约在今陶吴一带；驯翚乡，在县东南六十里，有东金里、湖头里、刘亭里、秣陵里，约在今秣陵街道一带；惠化乡，在县南六十里，有鲁下里、赤岸里、三山里、方旗里、白都里，约在今江宁街道及东北一带；葛仙乡，在县东南七十里，有李塘里、湖南里、令东里，乡境约在今禄口一带；建业乡，在县南三十里，有时安里、东林里、魏亭里、浦东里、东淮湖里、塘头里，约在今谷里之北部一带；永丰乡，在县南九十里，有令西里、上义里、鹿阳里，在今周岗社区；归善乡，在县西南六十里，有归化里、仁寿里、仁恭里、归善里、归德里，乡境在牛首山、祖堂山以西，约今谷里一带；处真乡，在县西南七十里，古孝感乡在其境内，有归善里、仁爱里、仁惠里、兴德里、长兴尚署里、大薄[illegible]湖里，约在今铜井一带；铜山乡，在县南九十里，有马浦东西里、施计里、东西里、濮里、后黎支尚里、杨庄下溪里、故堂尚署里，约在今陆郎及其以南一带；朱门南乡、朱门北乡，在县南九十里，有龙山里、汤冯里、朱门里、前泊里、马里，约在今陆郎东境、谷里东南境、陶吴的龙山及东善桥的吉山南境一带；横山南乡、横山北乡，在县东南一百二十里，有灵仙里、横水里、岳阳里、大蚬里、龙马窟里、甘泉里、石塘里，约在今丹阳及横溪街道的西境。

江宁县宋时设四个镇。金陵镇，即今陶吴集镇，原为陶吴铺，因陶、吴二姓世居于此而得名。宋景德二年（1005），设为金陵镇，后改陶吴镇，位于古丹阳路上，是通往太平（宣）州当涂县交通要冲；秣陵镇，原为秦代秣陵县治所，三国吴改建业县移治今南京市，景德三年，于此设秣陵镇，为交通要道，宋代设秣陵驿；大城巷镇，位于江宁县西南七十里；江宁镇，晋时江宁县治所，今江宁区西南江宁集镇所在。

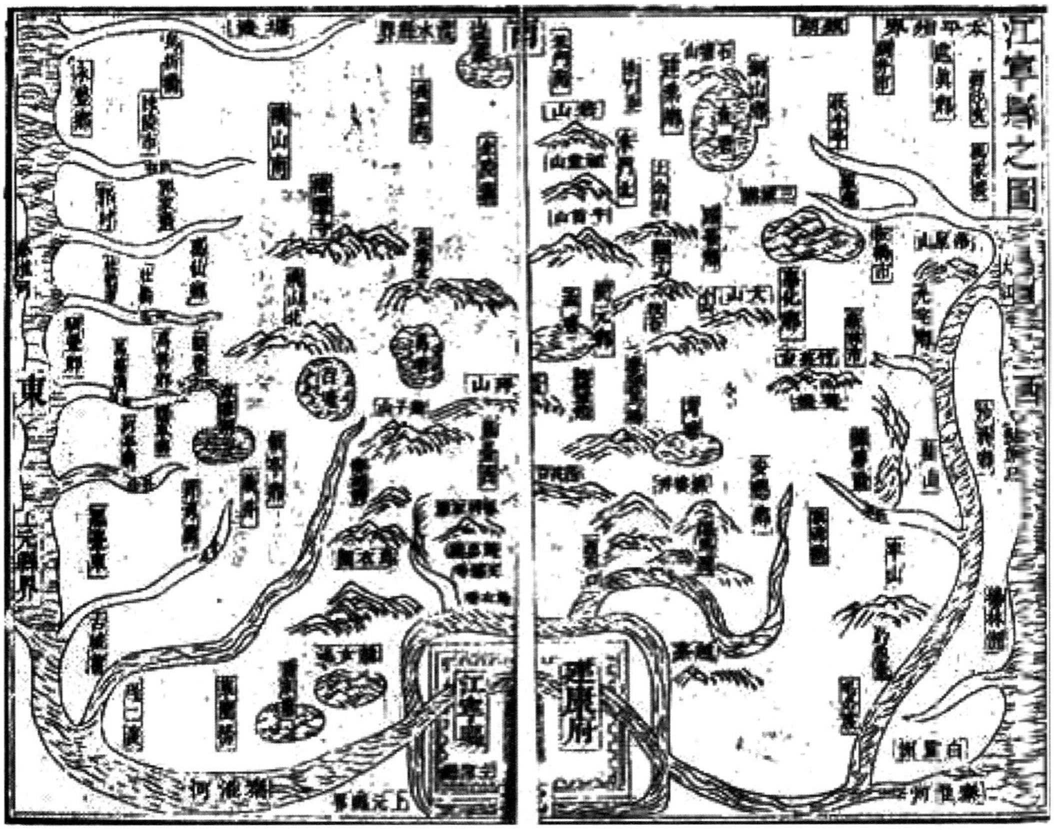

图 2-2-7　宋江宁县图

【元代】

元代，江宁县基本沿袭南宋之旧，仅个别有所变动。时并宋代二十二乡为十八乡，共八一六里，即宋代朱门南、北二乡并为龙山乡，凤台东、西二乡并为凤台乡，横山南、北二乡并为横山乡，长泰南、北二乡并为允泰乡，减少了四乡。这十八乡及所辖诸里分别是：凤台两乡，在县东南十里，并大隐乡为一，有小郊里、娄湖里、常乐里、金陵里；安德乡，在县西南三十里，并丹阳乡为一，有洪塘里、张野里、佐慕里、清陵里、新林里、郊坛里、董林里、路西里；新亭乡，在县东南四十里，有子塘里、颜墟里、商墟里、河亭里、梁墟里；随车乡，在县南四十里，有下干里、五袴里、向社里、来晚里；光宅乡，在县西南四十里，有孟湖里、龚亭里、丁家里、三山里、平头里；开元乡，在县南四十里，有白山里、蒲干里、孝义里、金井里；万善乡，在县南五十里，有高村里、仇村里、经村里；允泰二乡，在县南五十里，有丹阳里、永泰里、韦义里；驯翟乡，在县东南六十里，有东金里、湖头里、刘亭里、秣陵里；惠化乡，在县南六十里，有鲁下里、赤岸里、三山里、方旗里、白都里；葛仙乡，在县东南七十里，有李塘里、湖南里、令东里；建业乡，在县南三十里，有时安里、东林里、魏亭里、浦东里、东淮湖里、塘头里；永丰乡，在县南九十里，有令西里、上义里、鹿阳里；归善乡，在县西南六十里，有归化里、仁寿里、仁恭里、归善里、归德里；处真乡，在县西南七十里，并孝感乡为一，有归善里、仁爱里、仁惠里、兴德里、长兴尚署里、大薄河湖里；铜山乡，在县南九十里，有马浦东西里、施计里、东西里、濮里、后黎陵尚里、杨庄下溪里、故堂尚署里；龙山乡，在县南九十里，有龙山里、汤冯里、朱门里、前泊里、马里；横山两乡，在县东南一百二十里，有灵仙里、横水里、岳阳里、大蚬里、龙马窟里、甘泉里、石塘里。据〔至正〕《金陵新志》卷四记载："别有沙洲乡，在县西南。菜园务，在城东南。"沙洲乡约在今上新河一带长江中，当时虽有鲇鱼口、扬州洲、白鹭洲等地名，但人烟稀少，至元末始置乡，故未计入上述十八乡之内。所以直至元末，江宁县有十九个乡。

元代江宁县设集镇与宋代相同，仍为四个集镇。

图2-2-8 元江宁县图

【明代】

明代，江宁县镇市、乡里设置与元代基本相同，但亦有一些变化。明代江宁县仍设江宁镇、金陵镇、秣陵镇、大城港镇四个镇，其中江宁镇还设有水马驿，金陵镇革除元代所设税务，秣陵镇在明代仍设有巡检司，大城港镇设有大胜关和水马驿。明代江宁县共设二十二市，其中五市在今江宁区域范围内，皆为元代旧市，分别是：铜井市，在县西南八十里，隶铜山乡；朱门市，在县南九十里，隶朱门南乡；水桥市，在县南六十里，隶归善乡；杜桥市，在县南四十里，隶万善乡；路口市，在县南七十里。关于乡里设置情况，各志记载稍有区别。〔万历〕《江宁县志》记有二十一乡、六十八里，《南畿志》记有二十一乡、七十四里。乡名多袭旧称，但亦有分合增损，所辖村里亦然。不过，旧里皆有名称，明代之里多仅言凤东一里、凤东二里而已。所设二十一乡分别是：凤东乡，旧并大隐乡为一，在县东南十里，辖里二（旧里二村一）；凤西乡，旧并凤东乡为一乡，称凤台二乡，在县东南十里，辖里三（旧里二村三）；安德乡，旧并丹阳乡，在县西南三十里，辖里四（旧里八村四）；菜园务乡，旧名开元，在县城南四十里，辖里五（旧里四）；新亭乡，在县东南四十里，辖里二（旧里五村二）；建业乡，在县南三十里，辖里四（旧里六村三）；光宅乡，在县西南四十里，辖里二（旧里五村一）；惠化乡，在县西南六十里，辖里五（旧里五村一）；处真乡，旧并孝感乡，在县西南七十里，辖里五（旧里六村三）；归善乡，在县西南六十里，辖里三（旧里五村三）；铜山乡，在县南九十里，辖里三（旧里七村三）；朱门乡，旧名龙山乡，在县南九十里，辖里四（旧里五村四）；山南乡，旧与山北乡合称横山二乡，在县东南一百二十里，辖里六（旧里四村六）；山北乡，在县东南一百三十里，辖里三（旧里三村二）；泰南乡，宋代与泰北乡合称长泰南北二乡，元代作允泰二乡，在县南五十里，辖里四（旧里二村二）；泰北乡，在县南五十里，辖里二（旧里一）；随车乡，在县南四十里，辖里三（旧里四村二）；万善乡，在县南五十里，辖里二（旧里三村四）；驯翚乡，在县东南六十里，辖里四（旧里四村二）；永丰乡，在县东南九十里，辖里三（旧里三村二）；葛仙乡，在县东南七十里，辖里二（旧里三）。

【清代】

晚清，江宁县与上元县一样，乡镇设置也有较大变化。据〔乾隆〕《江宁新志》载，江宁县也沿袭明制，有二十一乡（明时分七十四里，该志缺两乡里数）。乡里划分如下：凤东乡，辖二里；凤西乡，辖二里；安德乡，辖里数缺；菜园务乡，辖五里；新亭乡，辖二里；建业乡，辖里数缺；光宅乡，辖五里；惠化乡，辖五里；处真乡，辖五里；归善乡，辖三里；铜山乡，辖三里；朱门乡，辖四里；山南乡，辖六里；山北乡，辖四里；泰南乡，辖四里；泰北乡，辖二里；随车乡，辖三里；万善乡，辖二里；驯翚乡，辖四里；永丰乡，辖三里；葛仙乡，辖二里。同书《民赋志》中则记录，清乾隆十一年（1746）时全县乡区分为建邺、惠化、山南、山北、永丰五区，共六十五图。镇的设置也记载不一。该志记为江宁镇、金陵镇、秣陵镇、大城港镇（即大胜关）。而〔乾隆〕《大清一统志》、〔乾隆〕《江南通志》记为江宁镇、金陵镇、秣陵镇。〔嘉庆〕《江宁府志》记为江宁镇、秣陵镇、大城港镇，并称江宁镇或谓金陵镇。另外，〔乾隆〕《江南通志》还记有板桥、杜桥、路口（禄口）、朱门、铜井等市。太平天国战争后，江宁县区划也有所变动。据〔同治〕《上江两县志·图说》记载，全县分为四路、六十四图。分别是：东路，有太北、新亭、随车、万善、驯翚、太南、葛仙、永丰、凤东九乡地；中路，有太南、朱门、处真、山北、山南五乡地；西南路，有铜山、处真、惠化、朱门四乡地；南路，有安德、凤西、光泽、建业、归善五乡地；附郭，有开元（即菜园务）、沙洲二乡地，但同书《城厢考》未列此二乡。

其中，太南、朱门、处真三乡被分为不同的路。该书《城厢考》所列集镇有陈墟桥、殷巷、秣陵关、禄口镇、铁心桥、东善桥、元山镇、陶吴镇、横溪桥、丹阳、六塘桥、铜井镇、牧龙亭、江宁镇、朱门镇、西善桥、板桥镇、谷里村十八个。而民国《江苏省通志稿·方域志》所引晚清《宁苏图表》载，江宁县集镇有下关镇、上新河镇、板桥镇、江宁镇、牧龙亭镇、铜井镇、元山镇、殷村巷镇（误书，应为殷巷镇）、秣陵关镇、陶吴镇、禄口镇、横溪桥镇、丹阳镇十三个。

【中华民国】

据《江宁县乡土志》记载，至民国5年（1916），江宁县行政区划重新划分为7个市9个乡。即城厢设江宁市，其南为凤台乡、秣陵市、道静乡，东南为淳化市、丹泉市，西南为新林市、云台市、江宁镇市，东为钟灵乡、汤泉乡，东北为江乘乡、便民乡，北为北固乡，西为滨江乡、江东市。清末开始的上、江两县市乡自治制至此结束，仅保留市乡的划分。

民国17年（1928），江宁县根据《县组织法》设立10个区。区名以数字为序，大体由东北、东南，转而西南、西北，分别为第一至第十区。其中，迈皋桥至栖霞为第一区，麒麟门、孝陵卫一带为第二区，汤山一带为第三区，殷巷、上方、禄口等为第四区，淳化、索墅等为第五区，湖熟、土桥等为第六区，曹村、秦村等为第七区，东善至丹阳一带为第八区，板桥、江宁镇、铜井等为第九区，上新河一带为第十区。自民国18年国民政府公布重订的《县组织法》，江宁县根据此法废除村制，改设295个乡镇。

民国22年（1933）6月，江宁县废除闾邻制，改行村里制。全县295个乡镇，共编成2049个村里。

民国23年（1934）7月，江宁县裁撤区公所，改县、乡镇两级行政制。全县295个乡镇被并为109个（市县划界后减为88个）。

民国35年（1946）1月，江宁县全面恢复保甲制，全县设7个区、46个乡镇。下设477保、6376甲。其具体划分为：

一区，东山镇（7保，丙等）、岔路镇（15保，甲等）、桥头镇（13保，甲等）、淳化镇（12保，甲等）、上高镇（10保，乙等）、殷巷镇（11保，甲等）、解溪镇（13保，甲等）；

二区，江宁镇（12保，甲等）、谷里镇（11保，乙等）、板桥镇（14保，甲等）、陆郎镇（13保，甲等）、铜井镇（14保，甲等）、牧龙镇（12保，甲等）、风雅乡（12保，甲等）；

三区，陶吴镇（12保，甲等）、东善镇（7保，丙等）、朱门镇（6保，丙等）、元山镇（6保，丙等）、横溪镇（10保，乙等）、丹阳镇（10保，乙等）、西安乡（12保，甲等）；

四区，禄口镇（13保，甲等）、秣陵镇（12保，甲等）、铜山镇（8保，丙等）、秦曹镇（8保，丙等）、仁孝乡（12保，甲等）、和平乡（11保，乙等）；

五区，湖熟镇（15保，甲等，后升为市）、龙都镇（10保，乙等）、索墅镇（11保，乙等）、土桥镇（12保，甲等）、丹桂乡（14保，甲等）、京六乡（11保，乙等）；

六区，青林乡（7保，丙等）、上峰乡（6保，丙等）、孟北乡（6保，丙等）、阜东乡（7保，丙等）、鹤龄乡（6保，丙等）、定林镇（6保，丙等）；

七区，龙潭镇（12保，甲等）、栖霞镇（10保，乙等）、摄山镇（7保，丙等）、靖安乡（7保，丙等）、尧辰乡（8保，丙等）、天昌乡（10保，乙等）、三杨乡（8保，丙等）。

民国37年（1948），江宁县乡镇数未变，保减为476个，甲增为6803个。是年8月，县参议会通过议案，重组地方行政机构以适应战时体制。决议为：

于江宁镇设置西区区署，辖原第二区各乡镇；

于横溪镇设置南区区署，辖原第三区各乡镇及原第四区之铜山、秦村、禄口、和平等11个乡镇；

于索墅镇设置东区区署，辖原第五区各乡镇及淳化、阜东、青林、上峰、鹤龄等11个乡镇；

于栖霞镇设置北区区署，辖原第七区各乡镇及孟北等8个乡镇。

东山、岔路、殷巷、桥头、秣陵、解溪、上高、定林和仁孝乡9个乡镇仍直属县政府。

此外，抗日战争时期，县境建立3个抗日民主县政权。

江宁县抗日民主政府，民国30年（1941）8月成立。辖境为：京杭公路以南和以西，溧（水）武（进）公路以北，京溧（水）公路以东，包括江宁、溧水、句容三县边区。初建时辖有江宁五、六、七区，句容六、七区和溧水虬山、秦淮两区的一部分。民国31年后，先后建立龙都区、索墅区（后改索北区、青龙区）、郭庄庙区（后并入赤山区）、秦淮区、方山区、虬山区等建制区。次年调整为青龙、赤山、秦淮、方山、虬山5个区，60个乡镇，594个保。民国34年10月，江宁县政府随新四军北撤。

横山抗日民主政府，民国31年（1942）8月，在江宁县境西部和当涂、溧水边界地区成立江当溧三县行政委员会（即苏南行政公署横山办事处），次年冬，改建为横山抗日民主政府。辖区包括铜山、丹阳、横溪、陶吴、东善桥、谷里、江宁镇、板桥、陆郎、铜井等地，即秦淮河以西的大半个江宁县。横山县抗日民主政府控制范围西到马鞍山，北到长江，南至石臼湖，东与江宁县抗日民主政权相接。民国34年10月，横山抗日民主政府随军北撤。

上元县抗日民主政府，民国34年（1945）5月成立。管辖范围包括南京到镇江的沿江地区及江北六合县沿江一带，下辖南京东北郊的尧化门区、栖霞区、龙潭区、下蜀区和长江北岸的南圩区（包括大河口、划子口、龙袍、玉带各乡）。同年9月，上元县抗日民主政府亦随军北撤。

【中华人民共和国】

民国38年（1949）4月，江宁县解放。区域内的区划沿袭解放前夕的区、乡镇、保、甲制。是年6月，原句容县滨江乡划归江宁县七区。全县设7个区、47个乡镇、477保、6376甲。1949年11月，废除保甲制度，建立村级组织。是年年底，区、乡镇设置情况为：一区辖东山镇、淳化镇、上高镇、岔路镇、桥头镇、殷巷乡、解溪乡、泰山乡；二区辖江宁镇、谷里镇、陆郎镇、铜井镇、牧龙镇、风雅镇、板桥镇；三区辖陶吴镇、东善镇、横溪镇、朱门镇、元山镇、西安乡、丹阳镇；四区辖禄口镇、秣陵镇、铜山镇、秦曹镇、和平乡、仁孝乡；五区辖龙都镇、索墅镇、土桥镇、丹桂乡、京六乡、湖熟镇（一度为市，不久改为县属镇）；六区辖青林乡、上峰乡、孟北乡、鹤龄乡、定林乡、阜东乡；七区辖龙潭镇、靖安乡、天昌乡、栖霞镇、摄山镇、寿辰乡、滨江乡。

1950年起，区域内实行部分大乡划成小乡的大区小乡制。当年将原先的7个区、47个乡镇划分为10个区、114个乡镇（其中湖熟镇仍为县属镇）。一区的东山镇析出方宁乡，岔路镇析出石马乡、秦淮乡和定坊乡，桥头镇析出方山乡、共和乡和洋桥乡，殷巷乡析为殷巷镇、渡桥乡和其林乡；二区的江宁镇析出永乐乡、三山乡、安乐乡、建中乡（划归十区）、松宁乡（划归十区）和清修乡（划归十区），谷里镇析出石坝乡、新民乡、风林乡和公塘乡（划归三区），板桥镇析出近华乡，风雅镇废镇设乡；三区的陶吴镇析出陶西乡、陶南乡和西阳乡，东善镇析出长山乡，横溪镇析出横山乡和云台乡，丹阳镇析出山岗乡和兴隆乡；四区的禄口镇析出信陵乡和义陵乡，和平乡析出齐尚乡，秣陵镇析出爱陵乡和晋陵乡，铜山镇析出和定乡和水晶乡，秦曹镇析为秦村镇和曹村镇；五区的龙都镇析出万安乡和东阳乡，土桥镇析出周子乡、永平乡、滨淮乡和西城乡，湖熟镇析出耀华乡、河南乡、河北乡和和进乡；六区的青林乡析出路西乡，阜东乡析出阜西乡，定林乡划归九区；七区的龙潭镇、靖安乡、天昌乡、滨江乡析为龙潭乡、龙梅乡、临江乡、靖安乡、滨江乡、天昌乡、大棚乡和永隆乡；原七区的摄山镇、栖霞镇、尧辰乡析为摄山镇、栖霞镇、石埠镇、新合乡、仙林乡、尧辰乡、三阳乡和龙泉乡另置为八区；原一区的淳化镇析出青龙乡和九华乡，上高镇析为上坊镇（湖西、薛家2个自然村划归一区方宁乡）、高桥镇和佘建乡，解溪乡析为解溪镇和胜利乡另置为九区；原二区的铜井镇析出洪幕乡、三兴乡和新济乡，陆郎镇析出新宁乡、西宁乡和朱门镇（划归三区）以及原牧龙镇另置为十区。

1951年，一区的方宁乡并入东山镇，二区的板桥镇析出桥南乡和桥北乡，三区的陶吴镇和西阳乡各划出一部分析为陶东乡，六区的鹤龄乡析出插花乡，孟北乡析出孟塘乡，七区增置营防镇和清明乡，八区的栖霞镇析出衡阳乡，九区的淳化镇析出双岗乡，青龙乡析出青山乡，高桥镇析出前进乡，定林乡析出建新乡，九华乡更名为新华乡。

1953年，南京市部分乡镇与区域内部分乡镇进行调整。原南京市十区部分村合并的夹岗门乡划为江宁县一区管辖；原南京市九区的汤山、东流、麒麟、青西、龙山、古泉以及江宁县九区的定林乡划为江宁县六区管辖；原江宁县八区的摄山镇、栖霞镇、石埠镇、新合乡、仙林乡、尧辰乡、三阳乡、龙泉乡和衡阳乡全部划归南京市；原南京市的永定、棋杆、东宏、园通、兴隆、中和、双闸、所街、大胜、铁心桥、西善桥11个乡镇和茶亭乡、江东乡的5个村划归江宁县十一区，次年3月，十一区改称八区；原南京市的牌楼、高桥划归江宁县九区管辖。三区的东善、朱门、元山，四区的曹村、秦村，九区的上坊和十区的牧龙7个镇废镇设乡。

1954年，殷巷、桥头、谷里、横溪、铜山、索墅、东流、营防、高桥、解溪、淳化、铜井、陆郎13个镇废镇设乡。是年年底，区域内辖10个区、134个乡镇（另湖熟镇为县属镇）。

1955年9月，根据国务院“关于市辖区和县辖区公所均应按地名称呼，不按数字排列”的规定，区域内实行县下属的以数字冠区名改为以区政府所在地命名（简称“区冠地名”）。此时，将原以数字命名的1区～10区按区政府所在地地名依次冠名为东山区、板桥区、陶吴区、禄口区、湖熟区、汤山区、龙潭区、沙洲区、淳化区和铜井区。同年，板桥区的永乐乡并入三山乡，汤山区的定林乡划归淳化区。

1956年，区域内实施部分区乡撤并调整。东山区的泰山、定坊、夹岗门3个乡划归南京市雨花台区，石马乡并入岔路乡，方山、共和、洋桥3个乡并入桥头乡，渡桥、其林2个乡并入殷巷乡；板桥区更名为江宁区（系县属区）；铜井区全部并入江宁区，其区域内的板桥、近华、桥北、桥南4个乡镇划归南京市雨花台区，安乐、松宁、建中3个乡并入江宁镇，风林、新民2个乡并入谷里乡，洪幕、三兴2个乡并入铜井乡，新宁、西宁2个乡个并入陆郎乡；陶吴区的陶东、陶西、陶南、西阳4个乡并入陶吴镇，长山乡并入东善乡，西安、云台2个乡并入横溪乡，丹阳镇与山岗、兴隆2个乡并为丹阳乡，公塘乡并入元山乡；禄口区的信陵、义陵2个乡并入禄口镇，仁孝乡并入秣陵镇，和定、水晶2个乡并入铜山乡，齐尚乡并入和平乡；湖熟区的京六、东阳2个乡并入龙都镇，永平、西城2个乡并入土桥镇，河南、和进2个乡并入湖熟镇，周子乡并入滨淮乡；汤山区的汤山镇划为县属镇，青林乡更名为作厂乡，路西乡并入作厂乡，孟北乡并入孟塘乡，龙山乡并入古泉乡，麒麟、青西2个乡并入东流乡，阜东、阜西、鹤龄3个乡并入上峰乡；龙潭区的龙潭、龙梅2个乡并入临江乡，靖安、天昌、滨江3个乡并入营防乡，永隆乡并入大棚乡；沙洲区的永定、棋杆、东宏、园通、兴隆、中和、双闸、所街、大胜、铁心桥、西善桥11个乡全部划归南京市雨花台区；撤销淳化区，其区域内的佘建乡并入上坊乡、前进乡并入高桥乡、胜利乡并入解溪乡并划归东山区，淳化、双岗、新华乡并入淳化镇，青山乡并入青龙乡并划归湖熟区，建新乡并入定林乡并划归汤山区，牌楼乡划归南京市栖霞区。至1956年年底，全县划分为7个区、56个乡镇（其中湖熟、汤山2个镇为县属镇）。

1949—1956年江宁县行政区划情况表

表 2-2-2

区 别	年 份	所属乡镇名	备 注
一 区	1949	东山镇、淳化镇、上高镇、岔路镇、桥头镇、殷巷乡、解溪乡、泰山乡	—
	1950	东山镇、殷巷镇、桥头镇、岔路镇、秦淮乡、共和乡、洋桥乡、渡桥乡、方山乡、石马乡、其林乡、方宁乡、泰山乡、定坊乡	原淳化、上高、解溪等乡镇另建为九区
	1951—1952	东山镇、殷巷镇、岔路镇、桥头镇、秦淮乡、共和乡、洋桥乡、渡桥乡、石马乡、其林乡、方山乡、泰山乡、定坊乡	—
	1953—1954	东山镇、殷巷镇、桥头镇、岔路镇、秦淮乡、共和乡、洋桥乡、渡桥乡、方山乡、石马乡、其林乡、泰山乡、定坊乡、夹岗门乡	夹岗门乡由南京市划入，1954年，殷巷、桥头两镇废镇设乡
东山区	1955	同 上	—
	1956	东山镇、桥头乡、殷巷乡、岔路乡、解溪乡、高桥乡、上坊乡、秦淮乡	淳化区的上坊、高桥、解溪等乡划入该区；泰山、定坊、夹岗门等乡划归南京市
二 区	1949	江宁镇、谷里镇、陆郎镇、铜井镇、牧龙镇、风雅镇、板桥镇	—
	1950	江宁镇、谷里镇、板桥镇、风雅乡、石坝乡、永乐乡、新民乡、三山乡、风林乡、安乐乡、近华乡	原铜井、陆郎等镇另建为十区
	1951—1954	江宁镇、谷里镇、板桥镇、桥北乡、近华乡、桥南乡、风雅乡、安乐乡、石坝乡、永乐乡、新民乡、三山乡、风林乡	板桥镇析出桥南乡、桥北乡，1954年，谷里镇废镇设乡
板桥区	1955	江宁镇、谷里乡、三山乡、安乐乡、石坝乡、新民乡、近华乡、风雅乡、风林乡、板桥镇、桥南乡、桥北乡	永乐乡并入三山乡
江宁区	1956	江宁镇、铜井乡、风雅乡、三山乡、谷里乡、清修乡、牧龙乡、陆郎乡、石坝乡、新济乡	板桥区改称江宁区（系县属区），板桥、近华、桥北、桥南等乡镇划归南京市，铜井区并入该区
三 区	1949	陶吴镇、东善镇、横溪镇、朱门镇、元山镇、西安乡、丹阳镇	—
	1950	陶吴镇、横溪镇、元山镇、朱门镇、东善镇、陶西乡、陶南乡、公塘乡、长山乡、横山乡、云台乡、山岗乡、兴隆乡、西阳乡、西安乡、丹阳镇	—

续表 1

区 别	年 份	所属乡镇名	备 注
三 区	1951—1952	陶吴镇、横溪镇、元山镇、朱门镇、东善镇、陶西乡、陶南乡、公塘乡、长山乡、横山乡、云台乡、山岗乡、兴隆乡、西阳乡、西安乡、陶东乡、丹阳镇	陶吴镇和西阳乡各划出一部分增设陶东乡
	1953—1954	陶吴镇、横溪镇、东善乡、朱门乡、元山乡、陶东乡、陶西乡、公塘乡、长山乡、横山乡、云台乡、山岗乡、陶南乡、兴隆乡、西阳乡、西安乡、丹阳镇	东善、朱门、元山 3 个镇废镇设乡，1954 年，横溪镇废镇设乡
陶吴区	1955	同 上	—
	1956	陶吴镇、东善乡、元山乡、横溪乡、横山乡、朱门乡、丹阳乡	—
四 区	1949	禄口镇、秣陵镇、铜山镇、秦曹镇、和平乡、仁孝乡	—
	1950—1952	禄口镇、秣陵镇、铜山镇、曹村镇、秦村镇、爱陵乡、晋陵乡、信陵乡、义陵乡、和平乡、和定乡、齐尚乡、水晶乡、仁孝乡	—
	1953—1954	禄口镇、秣陵镇、铜山镇、曹村乡、秦村乡、爱陵乡、晋陵乡、信陵乡、义陵乡、和平乡、和定乡、齐尚乡、水晶乡、仁孝乡	曹村、秦村 2 个镇废镇设乡，铜山镇废镇设乡
禄口区	1955	同 上	—
	1956	禄口镇、秣陵镇、和平乡、曹村乡、铜山乡、秦村乡、晋陵乡、爱陵乡	—
五 区	1949	龙都镇、索墅镇、土桥镇、丹桂乡、京六乡、湖熟镇	这时湖熟一度为市，不久改为县直属镇至 1957 年
	1950—1954	龙都镇、土桥镇、索墅镇、周子乡、丹桂乡、永平乡、耀华乡、河南乡、河北乡、滨淮乡、万安乡、京六乡、东阳乡、和进乡、西城乡、湖熟镇	1954 年，索墅镇废镇设乡
湖熟区	1955	同 上	—
	1956	龙都镇、土桥镇、淳化镇、丹桂乡、耀华乡、河北乡、滨淮乡、索墅乡、青龙乡、万安乡、湖熟镇	淳化区部分乡镇并入该区
六 区	1949	青林乡、上峰乡、孟北乡、鹤龄乡、定林乡、阜东乡	—
	1950	路西乡、阜东乡、阜西乡、孟北乡、上峰乡、鹤龄乡、青林乡	青林乡析出路西乡，阜东乡析出阜西乡
	1951—1952	路西乡、阜东乡、阜西乡、孟塘乡、上峰乡、鹤龄乡、孟北乡、插花乡、青林乡	鹤龄乡析出插花乡，孟北乡析出孟塘乡

续表 2

区别	年份	所属乡镇名	备注
六区	1953—1954	路西乡、阜东乡、阜西乡、孟塘乡、孟北乡、上峰乡、鹤龄乡、插花乡、青林乡、汤山镇、东流镇、麒麟乡、青西乡、龙山乡、古泉乡、定林乡	原南京市九区汤山、东流等乡镇以及江宁县九区定林乡划入该区，1954年，东流镇废镇设乡
汤山区	1955	汤山镇、东流乡、麒麟乡、青西乡、龙山乡、古泉乡、路西乡、阜东乡、阜西乡、孟塘乡、孟北乡、上峰乡、鹤龄乡、插花乡、青林乡	定林乡划归淳化区
	1956	作厂乡、上峰乡、插花乡、孟塘乡、古泉乡、东流乡、定林乡、汤山镇	汤山镇划为县属镇至1957年，淳化区的建新乡并入该区定林乡
七区	1949	龙潭镇、靖安乡、天昌乡、栖霞镇、摄山镇、尧辰乡、滨江乡	原句容县滨江乡划归该区
	1950	龙潭乡、龙梅乡、临江乡、靖安乡、滨江乡、天昌乡、大棚乡、永隆乡	原栖霞、摄山、尧辰等乡镇另建为八区
	1951—1954	营防镇、龙梅乡、临江乡、靖安乡、靖明乡、滨江乡、天昌乡、大棚乡、永隆乡、龙潭乡	增设营防镇和靖明乡，1954年，营防镇废镇设乡
龙潭区	1955	同　上	—
	1956	临江乡、靖明乡、大棚乡、营防乡	—
八区	1950	摄山镇、栖霞镇、石埠镇、新合乡、仙林乡、尧辰乡、三阳乡、龙泉乡	由原七区摄山、栖霞、尧辰等乡镇析置该区
	1951—1952	摄山镇、栖霞镇、石埠镇、三阳乡、龙泉乡、衡阳乡、新合乡、仙林乡、尧辰乡	栖霞镇析出衡阳乡，1953年全区划归南京市
	1953—1954	永定乡、棋杆乡、东宏乡、园通乡、兴隆乡、中和乡、双闸乡、所街乡、大胜乡、铁心桥乡、西善桥乡	原南京市十一区划归该区
沙洲区	1955	园通乡、双闸乡、大胜乡、中和乡、兴隆乡、所街乡、永定乡、棋杆乡、东宏乡、西善桥乡、铁心桥乡	1956年全区划归南京市雨花台区
九区	1950	淳化镇、高桥镇、解溪镇、上坊镇、定林乡、青龙乡、余建乡、胜利乡、九华乡	由原一区淳化、上高、解溪等乡镇另置该区
	1951—1952	余建乡、胜利乡、新华乡、上坊镇、高桥镇、解溪镇、淳化镇、前进乡、建新乡、定林乡、青龙乡、青山乡、双岗乡、胜利乡、新华乡	—
	1953—1954	淳化镇、高桥镇、解溪镇、上坊乡、前进乡、建新乡、青龙乡、青山乡、余建乡、双岗乡、胜利乡、新华乡、牌楼乡	定林乡划归江宁县六区，上坊镇废镇设乡，1954年，高桥、解溪、淳化3个镇废镇设乡
淳化区	1955	高桥乡、解溪乡、淳化乡、上坊乡、前进乡、建新乡、青龙乡、青山乡、余建乡、双岗乡、胜利乡、定林乡、新华乡、牌楼乡	定林乡由六区划入，1956年淳化区撤销，分别并入东山区、湖熟区和汤山区，牌楼乡划归南京市栖霞区

续表 3

区 别	年 份	所属乡镇名	备 注
十 区	1950—1952	铜井镇、陆郎镇、牧龙镇、洪幕乡、三兴乡、新济乡、建中乡、松宁乡、西宁乡、新宁乡、清修乡	由原二区铜井、陆郎等乡镇另析该区
	1953—1954	铜井镇、陆郎镇、牧龙乡、洪幕乡、三兴乡、新济乡、建中乡、松宁乡、西宁乡、新宁乡、清修乡	牧龙镇废镇设乡，1954 年，铜井、陆郎 2 个镇废镇设乡
铜井区	1955	同 上	1956 年全区并入江宁区（系县属区）

1957 年，江宁县实行撤区并乡，将 7 个区全部撤销，56 个乡镇并为 24 个大乡镇，形成县直管乡镇格局。是年，桥头、岔路、秦淮 3 个乡并入东山镇，丹桂、耀华、河北 3 个乡并入湖熟镇，作厂、孟塘、古泉 3 个乡并入汤山镇，高桥乡并入上坊乡，江宁镇与三山、清修 2 个乡并入江宁乡，风雅、石坝 2 个乡并入谷里乡，牧龙、新济 2 个乡并入铜井乡，朱门乡并入陆郎乡，元山乡并入东善乡，横山乡并入横溪乡，禄口镇与秦村乡合并为禄口乡，晋陵、爱陵 2 个乡并入秣陵镇，曹村乡并入铜山乡，淳化镇和索墅、青龙及原东山区的解溪 3 个乡合并为淳化乡，龙都镇与万安乡合并为龙都乡，土桥镇与滨淮乡合并为土桥乡，东流、定林 2 个乡合并为麒麟乡，插花乡并入上峰乡，临江、靖明 2 个乡合并为龙潭乡，大棚乡并入营防乡。陶吴镇更名为陶吴乡。

1958 年 8 月起，区域内开始撤乡建社。将 24 个大乡镇建为 19 个政社合一、“一大二公”的人民公社。8 月 25 日，营防乡与龙潭乡合建为长江公社。在随后一个多月里，东山、殷巷、上坊 3 个乡镇合建为东山公社，和平和禄口 2 个乡合建为禄口公社，上峰与汤山 2 个乡镇合建为汤山公社，其余江宁乡、谷里乡、铜井乡、陆郎乡、陶吴乡、东善乡、横溪乡、丹阳乡、铜山乡、秣陵镇、湖熟镇、淳化乡、土桥乡、龙都乡、麒麟乡分别改建为江宁公社、谷里公社、铜井公社、陆郎公社、陶吴公社、东善公社、横溪公社、丹阳公社、铜山公社、秣陵公社、湖熟公社、淳化公社、土桥公社、龙都公社、麒麟公社。是年，原公塘乡划归谷里公社设为公塘大队，原铜井乡前台来等 5 个自然村划归安徽省马鞍山市。

1959 年，东山公社分为东山、上坊 2 个公社，湖熟公社友谊大队的张家渡村划归龙都公社，土桥公社的徐相村划归湖熟公社。年底，全县为 20 个人民公社。公社所属大队为：

东山公社（共 20 个大队）：桥头、健康、殷巷、下墟、渡桥、其林、五库、太平、胜利、前庄、陈墟、龙花、邵盛、龙西、山西、横岭、铺岗、翻身、东山、前进。

上坊公社（共 10 个大队）：上坊、机场、高桥、市井、大里墅、泥塘、中下、佘村、陵里、共和。

江宁公社（共 11 个大队）：陈塘、建中、司家、上湖、江宁、永安、清修、邵庄、新洲、三山、新建。

陆郎公社（共 7 个大队）：陆郎、西宁、荷花、张府、花塘、大庙、庙庄。

铜井公社（共 7 个大队）：铜井、新民、牧龙、北庄、星辉、洪幕、新济。

谷里公社（共 14 个大队）：石坝、砖墙、三义、工农、国庆、共和、新民、公塘、荆刘、张溪、花岗、鸡儿、莲花、杜家。

陶吴公社（共 10 个大队）：龙山、西阳、新村、西章、钟村、东京、上脉庄、甘西、红星、桃红。

东善公社（共10个大队）：元山、霞辉庙、吉山、东善、祖堂、前圣、长山、水阁、三合、破塘。

横溪公社（共7个大队）：红旗、横溪、安民、红杨、云台、许村、横山。

丹阳公社（共8个大队）：丹阳、幸福、光明、同心、山景、踊跃、红光、双河。

禄口公社（共20个大队）：永兴、陆岗、秦村、俞庄、新生、东湖、青圩、黄桥、高福、山塘、马塘、马甫、成功、张桥、和平、焦村、秦淮、山西、绿杨、群力。

铜山公社（共15个大队）：铜山、魏庄、浣溪、埂方、溧塘、徒墙、桑园、陈巷、尚洪、小彭、山南、张家、曹村、石堰、彭福。

秣陵公社（共16个大队）：桥南、桥北、东旺、后圩、百塘、新丰、高塘、凤凰、小里、双基、家园、金村、周桥、东埠、建农、火炬。

湖熟公社（共15个大队）：梅林、和进、友谊、永裕、湖熟、河南、金桥、三界、先进、河北、耀华、新耀、新墩、杜桂、范抠。

土桥公社（共14个大队）：土桥、柏墅、茶岗、周郎桥、祝庄、滨淮、永平、西坛、西湖、下埠、民主、周子、远景、永勤。

龙都公社（共11个大队）：勤丰、夏庄、新光、光明、永安、解放、东阳、同进、新农、乐安、晶明。

淳化公社（共13个大队）：青龙、新庄、宋墅、王墅、双岗、吴墅、五一、淳化、咸田、新华、解溪、青山、焦村。

汤山公社（共22个大队）：插花、白鹤、新宁、孟墓、李岗头、宁西、宁东、阜东、阜西、上峰、潭山、高庄、龙泉、古泉、建设、路西、作厂、西梅、汤山、青林、孟塘、孟北。

麒麟公社（共13个大队）：东流、袁家边、锁石、西流、青西、晨光、定林、建新、其林、窦村、猪场、麒麟铺、泉水。

长江公社（共12个大队）：长江、龙潭、上首、临江、联盟、陈店、太平、滨江、花园、龙梅、营防、天界。

1962年，东山公社分为东山、横岭（后改称方山）、殷巷3个公社，长江公社分为长江、营防、花园3个公社，汤山公社分为汤山、上峰2个公社。当年，恢复东山、湖熟、汤山3个镇为县属镇，秣陵、江宁2个镇划为县属镇，淳化、湖熟2个公社境内的青龙山林场划归南京市管辖。是年，全县划为5个直属镇和24个人民公社。

1964年，秣陵、江宁2个镇分别并入秣陵、江宁2个公社。

1966年，江宁县铜山公社的山南、独山两大队划归溧水县石湫公社，溧水县柘塘公社的和平大队划归江宁县铜山公社。

1969年11月，原溧水县柘塘公社的长干、徐慕、钱家、石辣，句容县郭庄公社的西程、光明、高阳、新农，加上江宁县禄口公社的焦村、和平、秦淮、新桥、绿杨共13个大队，合并建成周岗公社，属江宁县管辖。

至1978年，全县划分为东山、湖熟、汤山3个县属镇，26个人民公社，375个生产大队和4967个生产小队。

1979年，江宁县禄口公社的北口渡、杨家庄划入溧水县柘塘公社，周岗公社的庄看村划归湖熟公社。至1981年，全县划为3个直属镇和26个人民公社，直至乡镇恢复。

1957—1981年江宁县行政区划情况表

表2-2-3

原区名称	区划形式	年份	乡镇（公社）名	备注
东山区	撤区并乡	1957	东山镇、殷巷乡、上坊乡	东山镇划为县属镇
	撤乡建社	1958	东山公社	东山镇属东山公社
		1959—1960	东山公社、上坊公社	东山公社分为2个公社
		1961—1981	东山公社、上坊公社、殷巷公社、方山公社、	原东山公社划为3个公社；东山镇复为县属镇至1982年
江宁区	撤区并乡	1957	江宁乡、谷里乡、铜井乡、陆郎乡	—
	撤乡建社	1958—1981	江宁公社、谷里公社、铜井公社、陆郎公社	铜井公社前台来等5个自然村划归安徽省马鞍山市；1961年江宁镇划为县属镇，1964年江宁镇并入江宁公社
陶吴区	撤区并乡	1957	陶吴乡、东善乡、横溪乡、丹阳乡	陶吴镇废镇设乡
	撤乡建社	1958—1981	东善公社、横溪公社、陶吴公社、丹阳公社	—
禄口区	撤区并乡	1957	禄口乡、铜山乡、和平乡、秣陵镇	—
		1958—1969	禄口公社、铜山公社、秣陵公社	1961年秣陵镇划为县属镇，1964年秣陵镇并入秣陵公社；1966年铜山公社山南、独山大队划给溧水县；溧水县和平大队划给江宁县铜山公社
		1969—1981	禄口公社、铜山公社、周岗公社、秣陵公社	溧水县柘塘公社长干、徐慕、钱家、石辣，句容县郭庄公社西释、光明、高阳、新农及江宁县禄口公社焦村、和平、绿杨、秦淮、新桥13个大队合并建成周岗公社
湖熟区	撤区并乡	1957	龙都乡、土桥乡、淳化乡、湖熟镇	—
	撤乡建社	1958—1960	淳化公社、湖熟公社、土桥公社、龙都公社	湖熟镇属湖熟公社
		1961—1981	淳化公社、湖熟公社、土桥公社、龙都公社	湖熟镇复为县属镇至1982年，青龙山林场划归南京市
汤山区	撤区并乡	1957	汤山镇、麒麟乡、上峰乡	—
	撤乡建社	1958—1961	汤山公社、麒麟公社	汤山镇属汤山公社，1961年汤山镇复为县属镇至1982年

续表

<table>
<tr><th>原区名称</th><th>区划形式</th><th>年 份</th><th>乡镇（公社）名</th><th>备 注</th></tr>
<tr><td>汤山区</td><td>撤乡建社</td><td>1962—1981</td><td>汤山公社、上峰公社、麒麟公社</td><td>原汤山公社分为汤山、上峰2个公社，1965年“麒麟”改作“其林”</td></tr>
<tr><td rowspan="3">龙潭区</td><td>撤区并乡</td><td>1957</td><td>营防乡、龙潭乡</td><td>—</td></tr>
<tr><td rowspan="2">撤乡建社</td><td>1958—1960</td><td>长江公社</td><td>—</td></tr>
<tr><td>1961—1981</td><td>长江公社、营防公社、花园公社</td><td>原长江公社分为3个公社</td></tr>
</table>

1982年，全县开展农村政治体制改革，实行政社分设，乡镇恢复。全县时有东山、湖熟、汤山3个县属镇和东山、上坊、殷巷、方山、江宁、谷里、铜井、陆郎、东善、横溪、陶吴、丹阳、禄口、周岗、铜山、秣陵、淳化、湖熟、土桥、龙都、汤山、上峰、其林、长江、营防、花园26个乡。

1983年5月，区域内实行镇管村体制，撤销湖熟乡、汤山乡，分别并入湖熟镇、汤山镇。东山乡的中前村、章村和骆村划归东山镇管辖。

1985年，东山乡更名为岔路乡，区域内时有东山、湖熟、汤山3个镇和岔路、上坊、殷巷、方山、江宁、谷里、铜井、陆郎、东善、横溪、陶吴、丹阳、禄口、铜山、周岗、秣陵、淳化、土桥、龙都、上峰、其林、长江、营防、花园24个乡。

1987年，区域内开始撤乡设镇。当年12月，撤销丹阳乡，设立丹阳镇。同年4月，长江、花园、营防3个乡划归南京市栖霞区。

1989年，撤销江宁、陶吴、秣陵、禄口、淳化5个乡，设立江宁、陶吴、秣陵、禄口、淳化5个镇。是时，区域内共辖东山、湖熟、汤山、丹阳、江宁、陶吴、秣陵、禄口、淳化9个镇和岔路、上坊、殷巷、方山、谷里、铜井、陆郎、东善、横溪、铜山、周岗、土桥、龙都、上峰、其林15个乡。

1992年1月，撤销岔路乡，并入东山镇。

1994年5月，撤销其林、周岗、龙都、铜井、土桥、陆郎6个乡，设立麒麟、周岗、龙都、铜井、土桥、陆郎6个镇。是时，区域内共辖东山、湖熟、汤山、丹阳、江宁、陶吴、秣陵、禄口、淳化、麒麟、周岗、龙都、铜井、土桥、陆郎15个镇和上坊、殷巷、方山、谷里、东善、横溪、铜山、上峰8个乡。

1995年，东山镇农花村，江宁镇的永安、孙家、邵庄、新建、三山村和谷里乡的梅村与梅山冶金公司、绿洲机器厂所处地域划归南京市雨花台区。

1996年2月，撤销上峰、铜山2个乡，设立上峰、铜山2个镇。这时，区域内共辖东山、湖熟、汤山、丹阳、江宁、陶吴、秣陵、禄口、淳化、麒麟、周岗、龙都、铜井、土桥、陆郎、上峰、铜山17个镇和上坊、殷巷、方山、谷里、东善、横溪6个乡。

1999年，撤销上坊、东善2个乡，设立上坊、东善桥2个镇。是时，区域内共辖东山、湖熟、汤山、丹阳、江宁、陶吴、秣陵、禄口、淳化、麒麟、周岗、龙都、铜井、土桥、陆郎、上峰、铜山、上坊、东善桥19个镇和殷巷、方山、谷里、横溪4个乡。

2000年2月，撤销横溪、谷里、方山3个乡，设立横溪、谷里、方山3个镇。当年3月，殷巷乡（除殷巷集镇及殷巷、前庄、下墟、铺岗、渡桥、朱村、其林、五库等村划归县开发区外）和方山镇并入东山镇，铜山镇并入禄口镇，龙都镇并入湖熟镇，陆郎镇并入江宁镇。是年年底，全县划分为东山、湖熟、汤山、丹阳、江宁、陶吴、秣陵、禄口、淳化、麒麟、周岗、铜井、土桥、上峰、上坊、东善桥、横溪、谷里18个镇，辖343个村民委员会和61个居民委员会。

1982—2000年江宁县行政区划情况表

表2-2-4

阶段	时间	乡镇名	备注
乡镇恢复	1982—1984年	东山乡、上坊乡、殷巷乡、方山乡、东山镇	1983年东山乡秦淮河东部分并入东山镇
	1985—1986年	岔路乡、上坊乡、殷巷乡、方山乡、东山镇	东山乡更名为岔路乡
	1982—1986年	江宁乡、谷里乡、铜井乡、陆郎乡	—
	1982—1986年	东善乡、陶吴乡、横溪乡、丹阳乡	—
	1982—1986年	禄口乡、周岗乡、铜山乡、秣陵乡	—
	1982年	湖熟镇、淳化乡、土桥乡、湖熟乡、龙都乡	—
	1983—1986年	湖熟镇、淳化乡、土桥乡、龙都乡	湖熟乡并入湖熟镇
	1982年	汤山镇、汤山乡、上峰乡、其林乡	—
	1983—1986年	汤山镇、上峰乡、其林乡	汤山乡并入汤山镇
	1982—1986年	长江乡、营防乡、花园乡	1987年划归南京市栖霞区
撤乡设镇	1987—1991年	岔路乡、上坊乡、殷巷乡、方山乡、东山镇	—
	1992—1998年	东山镇、上坊乡、殷巷乡、方山乡	岔路乡并入东山镇，1995年东山镇农花村划归雨花台区
	1999年	东山镇、上坊镇、殷巷乡、方山乡	—
	2000年2月	东山镇、上坊镇、殷巷乡、方山镇	—
	2000年3—12月	东山镇、上坊镇	殷巷乡、方山镇并入东山镇，同时将原殷巷乡所属的殷巷集镇及殷巷、前庄、下墟、铺岗、渡桥、朱村、其林、五库等村划出
	1987—1988年	江宁乡、谷里乡、铜井乡、陆郎乡	—
	1989—1993年	江宁镇、谷里乡、陆郎乡、铜井乡	—
	1994年至2000年1月	江宁镇、谷里乡、陆郎镇、铜井镇	1995年江宁镇永安、孙家、邵庄、新建、三山村和谷里乡梅村等划归雨花台区
	2000年2月	江宁镇、谷里镇、陆郎镇、铜井镇	—

续表

阶　段	时　间	乡镇名	备　注
撤乡设镇	2000 年 3—12 月	江宁镇、谷里镇、铜井镇	陆郎镇并入江宁镇
	1987—1988 年	东善乡、陶吴乡、横溪乡、丹阳镇	—
	1989—1998 年	东善乡、陶吴镇、横溪乡、丹阳镇	—
	1999 年	东善桥镇、陶吴镇、横溪乡、丹阳镇	—
	2000 年	东善桥镇、陶吴镇、横溪镇、丹阳镇	—
	1987—1988 年	禄口乡、周岗乡、铜山乡、秣陵乡	—
	1989—1993 年	禄口镇、周岗乡、铜山乡、秣陵镇	—
	1994—1995 年	禄口镇、周岗镇、铜山乡、秣陵镇	—
	1996—1999 年	禄口镇、周岗镇、铜山镇、秣陵镇	—
	2000 年	禄口镇、周岗镇、秣陵镇	铜山镇并入禄口镇
	1987—1988 年	湖熟镇、淳化乡、土桥乡、龙都乡	—
	1989—1993 年	湖熟镇、淳化镇、土桥乡、龙都乡	—
	1994 年至 2000 年 2 月	湖熟镇、淳化镇、土桥镇、龙都镇	—
	2000 年 3—12 月	湖熟镇、淳化镇、土桥镇	龙都镇并入湖熟镇
	1987—1993 年	汤山镇、上峰乡、其林乡	—
	1994—1995 年	汤山镇、上峰乡、麒麟镇	—
	1996—2000 年	汤山镇、上峰镇、麒麟镇	—

第二节　上元县

【宋代】

宋代上元县为次赤县，县官称知县（宋代普通县称县令，大县、重要县称知县）。据南宋《景定建康志》记载，上元县共设十八乡、五十二里。十八乡分别是：金陵乡，在县北，有东里、西里，辖域在玄武湖以西，约在今城北鼓楼、下关两区；慈仁乡，在县东北，有东里、北里，东里约在今板仓一带；钟山乡，在府城之北，有泉乡里、南里、北里，大约包括幕府山、鸡笼山、钟山西北一带；北城乡，又名龙城乡，在县东北，有东里、西里，约在今尧化门一带；清风乡，在县东北，有上里、中里、下里，在今甘家巷、十月村一带；长宁乡，在县东北，有长亭里、东里、西里，在摄山及其以东；惟政乡，在县东，有惟信一里，包括钟山以南地区，西尽护城河；开宁乡，在县东北，有开义里、开元里，约在今马群及其以东麒麟社区北境和仙鹤门一带；宣义乡，在县东，有东里、西里、南里，约在今栖霞山西北石埠桥、四坂桥、戴家埠一带；凤城乡，在县东，有西里、中里、东里，约在今淳化街道西境、上坊社区及其以东一带；清化乡，在县东，有崇信里、崇林里、清化里、长涧里，在今麒麟社区东部及汤山街道西境；神泉乡，在县东北，有神泉里、万安里、上达里、郭干里，乡境包括今汤山街道及南部的上峰一带，神泉里在今汤山街道，万安里在今万安村一带，上达里疑即今上峰社区所在；丹阳乡，在县东南，有新兴里、平子里、新建里、永宁里、丹阳里，乡境约在今土桥及湖熟街道以东一带；崇礼乡，在县东南，并建康乡为一，有西里、东里、南里、中里、北里，西与江宁县以秦淮河为界，境内北有土山，南有方山；泉水乡，在县东南，有西里、东里，约在今龙都及湖熟以西一带；道德乡，在县南，有道德里、埂头里、铜山里，乡境约在今铜山、横溪的南部；尽节乡，在县南，有东里、西里，乡境约在今横溪、禄口境内秦淮河（支流）以南部分，以及铜山西北部；长乐乡，在县东，有上里、中里、下里，乡境约在今上坊东北境、麒麟西南境及雨花台区东南境一带。

上元县宋代设三个镇。淳化镇，在上元县凤城乡，宋淳化五年（994）置，即今江宁区东南淳化街道所在，为宋昇州城与句容县交通要道，故又名淳化关；石步镇，在上元县东北四十五里，即刘宋时的古罗落桥，在今栖霞镇西北一带；土桥镇，在上元县东南六十里，与句容县交界，即今江宁区土桥集镇。

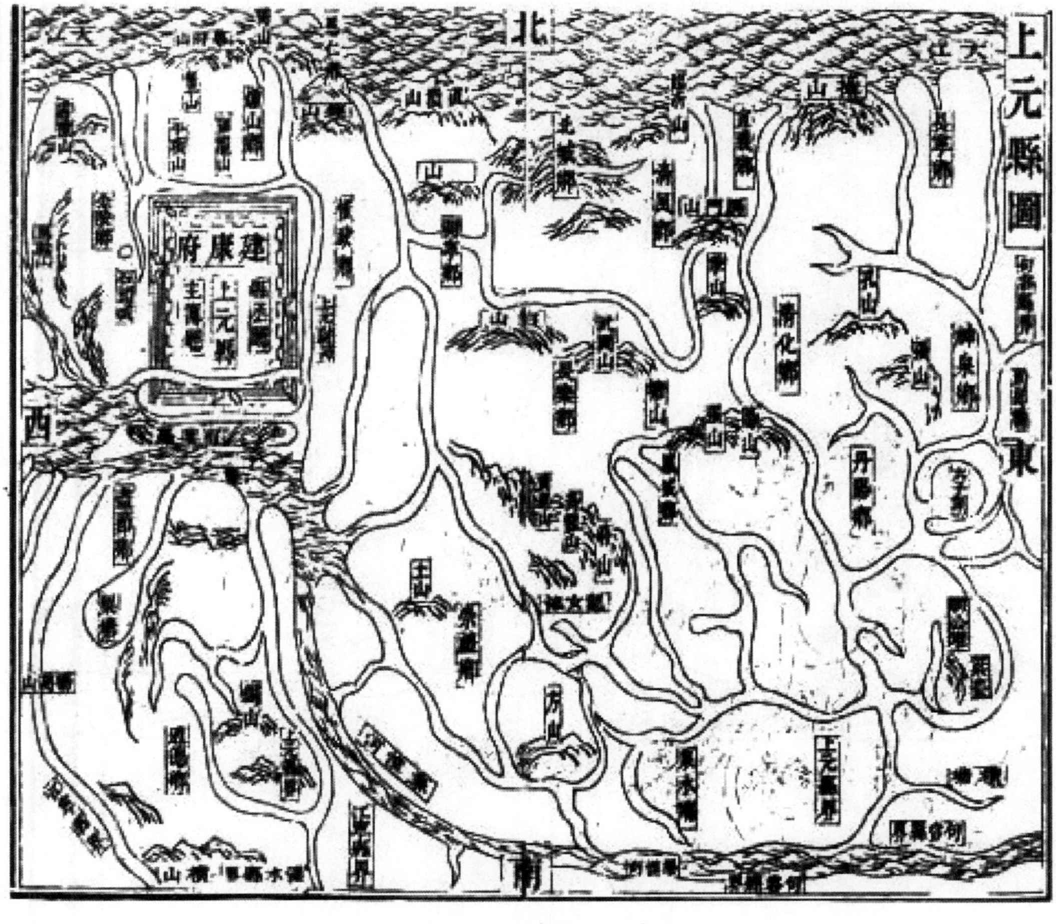

图 2-2-9　宋上元县图

【元代】

元代，上元县基本沿袭南宋之旧。据〔至正〕《金陵新志》载，上元县为中县，共设十八乡、五十二里，改长乐乡为兴贤乡，惟政乡为惟信乡。各乡及所辖诸里分别是：金陵乡，在县北，有东里、西里；慈仁乡，在县东北，有东里、北里；钟山乡，在县西北，有泉乡里、南里、北里；北城乡，一名龙城乡，在县东北，有东里、西里；清风乡，在县东北，有上里、中里、下里；长宁乡，并为政乡为一，在县东北，有长亭里、东里、西里；惟信乡，在县东，有惟信里（南宋景定年间改名为“为政”）；开宁乡，在县东北，有开义里、开元里；宣义乡，在县东，有东里、西里、南里；凤城乡，在县东，有西里、中里、东里；清化乡，在县东，并崇信乡为一，有崇信里、崇林里、清化里、长涧里；神泉乡，在县东北，有神泉里、万安里、上达里、郭干里；丹阳乡，有新兴里、平子里、新建里、永宁里、丹阳里；崇礼乡，在县东南，并建康乡为一，有西里、东里、南里、中里、北里；泉水乡，在县东南，有西里、东里；道德乡，在县南，有道德里、埂头里、铜山里；尽节乡，在县南，有东里、西里；兴贤乡，在县东，有上里、中里、下里。

上元县元代设四个镇：淳化镇、石步镇、靖安镇（县十五里金陵乡）、土桥镇。

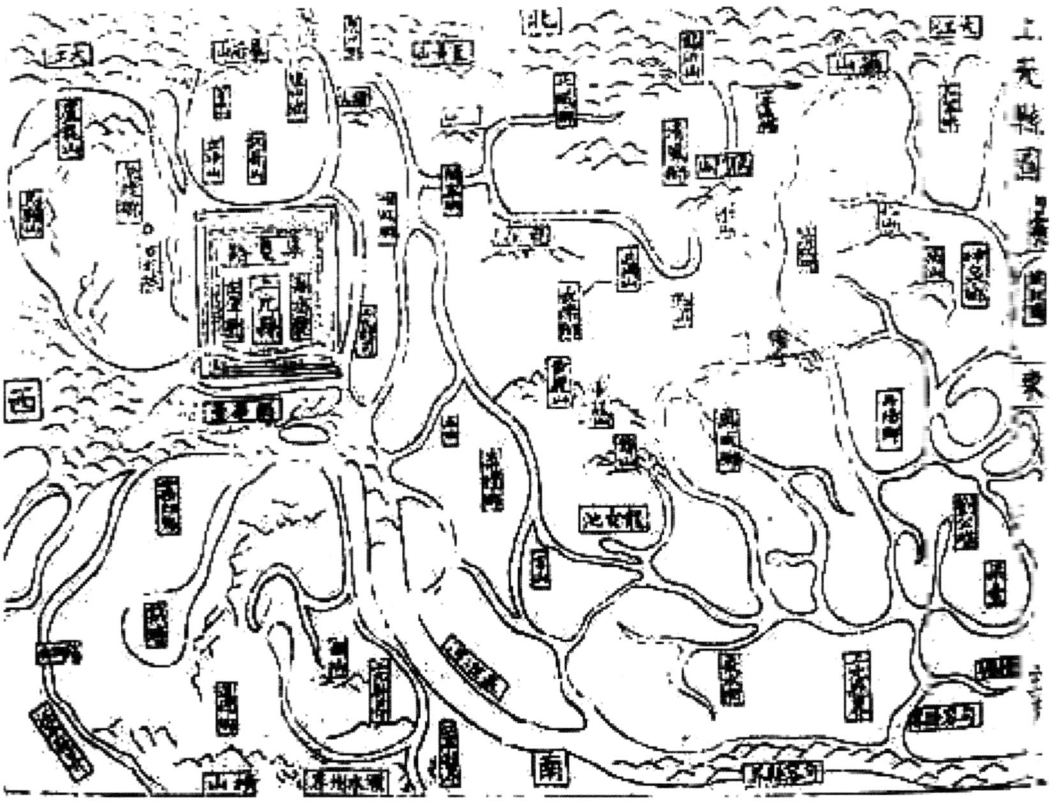

图 2-2-10　元上元县图

【明代】

明代上元县镇、市、乡、里设置情况与元代基本相同，但亦有一些变化。据〔万历〕《上元县志》记载，明代上元县设五个镇，分别是淳化镇、石步镇、土桥镇、靖安镇、湖熟镇，其中淳化、土桥、湖熟三个镇在今江宁区域范围内。《南畿志》仅记淳化、石步、土桥、靖安四个镇，而无湖熟镇。

关于集市设置情况，明代上元县新添九市均在今南京城内，余汤泉、栖霞、索墅、泉都、东流、花林、龙湾、竹篆、西干、章桥、石井、蛇盘、麒麟、五城、土桥诸元代旧市在明初可能仍然存在。洪武二十四年（1391），上元县共设十八乡、二百零三里。后因永乐北迁都城，人员大半随行。且此后徭役滋繁，民户逃亡甚多，村里多有归并。至万历年间，上元县已并为一百五十里。乡里分布情况如下：泉水乡，辖里十一；道德乡，辖里十；尽节乡，辖里七；兴贤乡，旧名长乐乡，辖里七；金陵乡，辖里三；慈仁乡，辖里六；钟山乡，辖里六；北城乡，一名龙城乡，辖里三；清风乡，辖里十一；长宁乡，旧并惟政乡为一，辖里十；惟政乡，辖里六；开宁乡，辖里二；宣义乡，辖里五；凤城乡，辖里十四；清化乡，并崇信乡为一，辖里六；神泉乡，辖里十六；丹阳乡，辖里十七；崇礼乡，并建业乡为一，辖里十。

【清代】

晚清，上元县乡镇设置发生较大变化。清初，承袭明制，附郭以外的地区仍设乡镇。据〔道光〕《上元县志》载，上元县有十八乡、一百五十里。乡里划分如下：泉水乡，辖十一里；道德乡，辖十里；尽节乡，辖七里；兴贤乡，辖七里；金陵乡，辖三里；慈仁乡，辖六里；钟山乡，辖五里；北城乡，辖三里；清风乡，辖十一里；长宁乡，辖十里；惟信乡，辖六里；开宁乡，辖三里；宣义乡，辖五里；凤城乡，辖十四里；清化乡，辖六里；神泉乡，辖十六里；丹阳乡，辖十七里；崇礼乡，辖十里。镇的设置则记载不同，〔乾隆〕《大清一统志》记有淳化、靖安、土桥、石步四镇。〔乾隆〕《江南通志》、〔嘉庆〕《江宁府志》、〔道光〕《上元县志》记有凤城乡的淳化镇、长宁乡的石步镇、清化乡的土桥镇、金陵乡的靖安镇、丹阳乡的湖熟镇，共有五个镇。另外，〔乾隆〕《江南通志》还记有花林、东流、栖霞、汤泉、索墅、龙都等市。经历太平天国战争之后，上元县区划设置有所变动。据〔同治〕《上江两县志·图说》记载，全县分为七区、十七乡。分别是：泉水区，有泉水、道德、静洁三乡；丹阳区，有丹阳、清化二乡；凤城区，有凤城、惟政、兴贤、开林四乡；崇礼区，有崇礼乡；神泉区，有神泉、宣义二乡；长林区，有长林、清风二乡；慈仁区，有慈仁、金陵、北城三乡。该书《城厢考》所列集镇有湖熟镇、龙都镇、淳化镇、土桥镇、解溪镇、王墅、骆村、东流市、西流桥、栖霞街、石步桥、孝陵卫、迈皋桥、章桥、纪家边十五个。又据民国《江苏省通志稿·方域志》所引晚清《宁苏图表》载，上元县有十五个乡，所列集镇也不尽相同，分别是东流镇、汤水镇、章桥镇、栖霞街、上方镇、淳化镇、索墅镇、解溪镇、湖熟镇、土山镇、桥头镇、龙都镇、秦村、曹村、谢村、吴门贵镇十六个。集镇数量的激增反映了农村经济商品化的发展。至光绪末年，清政府在推行地方自治的过程中，开始清理镇、乡关系。此后镇的设置和行政地位进入了一个急剧变化的阶段。

民国2年（1913），上元县地并入江宁县。

图 2-2-11 清上江两县乡镇图

第三节 江宁区

2001年年初，全区辖18个镇，共有343个村民委员会和61个居民委员会。2002年3月，经南京市人民政府批准，同意撤销东山镇，设立东山、百家湖两个街道，将东善桥镇水阁、长山两村划归百家湖街道。是年10月，将东山街道辖区东南部分（即原方山镇地域）划出，另设方山街道。是年年底，全区辖3个街道、17个镇，共有243个村民委员会、40个社区居民委员会和11个居民委员会。

2003年，全区居委会改制工作全部完成，新组建社区居民委员会28个。是年年底，全区辖3个街道、17个镇，共有68个社区居民委员会和218个村民委员会。

2004年4月25日，经南京市人民政府批准，撤销淳化镇、东善桥镇、秣陵镇和上坊镇，以其原辖区分别设立淳化街道、东善桥街道、秣陵街道和上坊街道。同时对社区居委会和村委会进行调整。是年年底，全区辖7个街道、13个镇，共有102个社区居民委员会和182个村民委员会。

2005年，撤销43个村民委员会，新组建43个社区居民委员会。12月12日，经南京市人民政府批准，撤销江宁镇、汤山镇，以原辖区分别设立江宁街道和汤山街道。是年年底，全区辖9个街道、11个镇，共有145个社区居民委员会和139个村民委员会。

2006年3月，区域内开展大规模区划调整工作。省、市人民政府批准区域内的9个街道、11个镇调整合并为7个街道、2个镇。原东山街道地域与原上坊街道的上坊、天云、泥塘、佘村、高桥、永安、大里7个社区居民委员会及原麒麟镇的泉水、定林、建南、窦村4个村合并设立新的东山街道；原百家湖、秣陵、方山3个街道与原湖熟镇的新林社区居民委员会、原上坊街道的陵里社区居民委员会和原淳化街道的王墅、宋墅、永宁、解溪、新华5个社区居民委员会合并设立新的秣陵街道；原汤山街道和原上峰镇以及原麒麟镇的麒麟门、麒麟铺、晨光、锁石、青西、袁家边、悦民8个村（社区）合并设立新的汤山街道；原淳化街道的淳化、双岗、青山、青龙、索墅、吴墅、田园7个社区居民委员会和原土桥镇合并设立新的淳化街道；原禄口镇与原陶吴镇的陶东、钟村、上穆3个社区居民委员会合并设立禄口街道；原江宁街道和原铜井镇合并设立新的江宁街道；原谷里镇和原东善桥街道合并设立谷里街道；原湖熟镇（除新林社区）和原周岗镇合并设立新的湖熟镇；原横溪镇和原陶吴镇的桃盛社区及甘村、新杭、桃红、龙山、西泉、西阳、红星、甘西8个村与原丹阳镇合并设立新的横溪镇。是年年底，全区辖7个街道、2个镇，共有141个社区居民委员会和78个村民委员会。街镇平均面积174.80平方千米，人口8.70万人。

图2-2-12 2006年3月8日，江宁区召开镇街行政区划调整工作会议

2007年4月19日，为建立城乡统一的社区管理体制，区政府决定将全区77个农村“村民

委员会”更名为“社区村民委员会”。是年12月12日，经省、市人民政府批准，撤销湖熟镇、横溪镇，以原辖区设立湖熟街道和横溪街道。是年年底，全区辖9个街道，共有127个社区居民委员会和77个社区村民委员会。

2001—2007年江宁区行政区划情况表

表2-2-5

年 份	镇、街道名	备 注
2001	全区设18个镇：东山镇、秣陵镇、禄口镇、上坊镇、淳化镇、周岗镇、东善桥镇、陶吴镇、横溪镇、丹阳镇、江宁镇、谷里镇、铜井镇、上峰镇、土桥镇、麒麟镇、湖熟镇、汤山镇	—
2002	全区设3个街道、17个镇：东山街道、百家湖街道、方山街道；秣陵镇、禄口镇、上坊镇、淳化镇、周岗镇、东善桥镇、陶吴镇、横溪镇、丹阳镇、江宁镇、谷里镇、铜井镇、上峰镇、土桥镇、麒麟镇、湖熟镇、汤山镇	2002年3月，经南京市人民政府批准，同意撤销东山镇，设立东山、百家湖两个街道；10月，将东山街道辖区东南部分（即原方山镇地域）划出，另设方山街道
2003	同 上	—
2004	全区设7个街道、13个镇：东山街道、百家湖街道、方山街道、淳化街道、东善桥街道、秣陵街道、上坊街道；禄口镇、周岗镇、湖熟镇、土桥镇、陶吴镇、横溪镇、丹阳镇、江宁镇、谷里镇、铜井镇、麒麟镇、上峰镇、汤山镇	2004年4月25日，经南京市人民政府批准，撤销淳化镇、东善桥镇、秣陵镇和上坊镇，以其原辖区分别设立淳化街道、东善桥街道、秣陵街道和上坊街道
2005	全区设9个街道、11个镇：东山街道、百家湖街道、方山街道、淳化街道、东善桥街道、秣陵街道、上坊街道、江宁街道、汤山街道；禄口镇、周岗镇、湖熟镇、土桥镇、陶吴镇、横溪镇、丹阳镇、谷里镇、铜井镇、麒麟镇、上峰镇	2005年12月12日，经南京市人民政府批准，撤销江宁镇、汤山镇，以原辖区分别设立江宁街道和汤山街道
2006	全区设7个街道、2个镇：东山街道、秣陵街道、汤山街道、淳化街道、禄口街道、江宁街道、谷里街道；湖熟镇、横溪镇	2006年3月，经省、市人民政府批准，区域内的9个街道、11个镇调整合并为7个街道、2个镇
2007	全区设9个街道：东山街道、秣陵街道、汤山街道、淳化街道、禄口街道、江宁街道、谷里街道、湖熟街道、横溪街道	2007年12月12日，经省、市人民政府批准，撤销湖熟镇、横溪镇，以原辖区设立湖熟街道和横溪街道

第三编

地理环境

江宁区位于北纬31° 37′ ~ 32° 07′，东经118° 28′ ~ 119° 06′，东西长最大距离33千米，南北长最大距离37千米，总面积1572.87平方千米。江宁区东距长江入海口300千米，总体地势较低，河川众多。但就全区范围来看，地貌区域为宁镇扬丘陵山地的一部分，结构复杂。在距今大约2亿年—1.50亿年前，即中生代晚三叠世到中侏罗世末这段时期，江宁所在南京地区处在一个地壳激烈动荡时期，经过多次造山运动和大自然的风化、侵蚀等作用，宁镇山脉逐渐崛起。在距今大约7000万年前的早第三世纪到距今300万年左右，是江宁现代山水地貌形成的最后阶段。经过多次地壳的上升断裂运动，再加上大自然的不断“雕刻”和“改造”，今日江宁地区的山山水水就基本形成了。区境在大地构造单元上系扬子准台地组成部分。西南部为宁芜断陷盆地的北缘，其两侧为长江挤压破碎带。东北部为宁镇褶皱束的西段。按地貌形势分类，大体可分为低山、丘陵、岗地和平原。低山丘陵和黄土岗地约占总面积2/3，沿河沿江平原约占1/3。总面积中，水面积约占1/10。

秦淮河为区境内最大的河流，从南至北纵贯全境，上承句容河、溧水河，至西北村汇合，下游经南京市入江。秦淮河全长110千米，在区境内约80.50千米。主要支流有汤水河、索墅河、解溪河、云台山河、牛首山河等，总长167.80千米。另外，于1975—1979年，新挖一条长18千米，宽130米~200米的秦淮新河。秦淮河灌溉全区农田面积3.47万公顷，带来灌溉之利，哺育了江宁人民。但雨季上游来水量大，大水年份又能泛滥成灾。2005年，江宁区总水资源量为10.44亿立方米。江宁区气候地带属北亚热带季风气候区，气候湿润，温暖宜人，四季分明，无霜期较长，雨水充沛，日照充足。在正常年份，气候条件既适宜水稻、棉花等喜温作物生长，又能满足三麦、油菜等耐寒作物需要，并使多种畜禽、鱼类繁衍生息，亚热带、暖温带多种林木可以因地种植。

境内有丰富的森林野生植物、木本植物和药用植物，共计1000多种，有动物400多种。20世纪70年代中后期，由于人口剧增，环境污染，特别是工业发展和城市化进程加快，动植物种类和数量日趋减少，少数珍稀动植物甚至濒临绝迹。境内列入国家重点保护珍稀濒危植物8种，列入国家重点保护的野生动物37种，其中珍稀野生动物9种。

江宁区灾害性天气比较频繁。影响江宁区的气象灾害以水灾、旱灾、风灾为烈。

第一章　地　质

江宁地区最古老地层为寒武系中上统的观音台群，距今约有 5.30 亿年。地层出露较全，构造属宁镇、宁芜褶皱带。从南京至湖熟断裂带为界，划分成北东区和西南区，在地质背景上有着明显的差异。北东区为宁镇山脉的西段，岩浆岩均属钙碱系列为主的酸性、中酸性侵入杂岩，露头较多。形成时代属于燕山晚期，为晚侏罗世—早白垩世早期的产物，岩体较复杂，岩石类型较多，明显地反映岩浆岩活动的多期性。西南地区地质构造复杂，对构造起决定作用的是燕山一、二、三幕运动。前两次运动形成宁芜继承式火山岩盆地的基底，后两次运动形成盆地的火山岩盖层。多次剧烈的岩浆岩喷发和侵入作用，生成丰富的金属矿带，江宁境内的铜、铁、铝、锌、金、银等金属矿藏，主要在燕山期形成。褶皱和断裂构造亦形成于燕山期。

江宁区处在地震水平较低的地段，地震活动随时间发展而存在平静—活跃—再平静—再活跃的规律。1984 年后，每隔 1 年至 2 年都有小地震发生，无破坏性。

第一节　地　层

按照国家华东地区地层区划，江宁地域隶属于扬子地层区下扬子地层分区的镇江地层小区和江宁—芜湖地层小区，两小区以南京—湖熟断裂（北西向区域性断裂）为界，一分为二。北东侧相对抬升，西南侧相对下降。北东区属镇江地层小区，处在宁镇隆起的西南端，广泛发育一套古、中生代地层。西南区位于宁芜中生代陆相火山岩盆地的北端，发育着巨厚的侏罗—上白垩统地层，而下三迭统及更老的地层未见出露。

江宁地区出露的最年轻地层为第四系全新统，为黏土和砂砾，未成岩，全区都有分布。最古老地层为寒武系中上统的观音台群，岩性以白云岩为主，分布在汤山镇西约 2.50 千米的团子尖一带，距今约有 5.30 亿年。

依照“地层层序律”，以新地层在上，老地层在下，列表依序记述。

宁镇地区地层系统情况表

表 3-1-1

界	系	统	组	代　号	厚度（米）	主要岩性
新生界	第四系	全新统	—	Q_4	68	园砾、砂砾、粗砂、粉细砂、粉砂质亚黏土
		上更新统	下蜀组	Q_3X	24	棕黄色黏土、粉砂质亚黏土、含钙质铁锰结核
		中更新统	—	Q_2	17	棕黄色黏土、砾石层夹黏土透镜体
	第三系	上新统	方山组	N_2f	>20	气孔状橄栏玄武岩
			雨花台组	N_2y	>12	砾石层、含砾粗砂层、夹粉砂质泥岩
		渐新统	三垛组	E_3S	>11	钙质粉砂岩、粉砂质灰岩

续表 1

界	系	统	组	代号	厚度（米）	主要岩性
中生界	白垩系	上统	赤山组	K_2C	>92	砖红色粉砂岩、细砂岩
			浦口组	K_2p	>586	紫红色砾岩、细砂岩
		下统	葛村组：圌山组	K_1g：K_1C	>552：>449	杂色泥质粉砂岩，粉砂质泥岩，含砾砂岩，长石石英砂岩，岩屑砂岩：上部为碱性流纹质含集块角砾岩；中部为富钾碱性流纹岩；下部为钙泥质粉砂岩，凝灰质粉砂岩及砾岩
			葛村组：上党组	K_1g：K_1S	>552：>2174	四段 802 米，英安质流纹岩，英安流纹质角砾熔岩夹橄榄玄武岩。三段 559 米，石英粗面岩。二段 213 米，上部石英粗安质角砾熔岩、石英粗安岩；下部为石英粗安质集块岩。一段 >600 米，上部为石英安山质集块角砾岩与石英安山岩互层；下部为安山岩、安山质集块角砾凝灰岩
			葛村组：杨冲组	K_1g：K_1y	>552：>573	上段为泥质粉砂岩、粉砂质泥岩夹砾岩，中段为细砂岩、泥岩夹泥灰岩、藻灰岩、钙质砾岩
	侏罗系	上统	大王山组	J_3d	174	辉石安山岩、安山质集块火山角砾岩、安山质凝灰熔岩、角砾凝灰岩
			云合山组	J_3y	67	上部为集块角砾岩、含角砾凝灰质砂岩；中部为凝灰质含砾砂岩、凝灰质粉砂岩；下部为凝灰质粉砂岩
			龙王山组	J_3L	353	上部安山质角砾岩、角砾凝灰岩；下部安山岩、安山质凝灰熔岩；底部安山质凝灰岩、角砾凝灰岩
			西横山组	J_3X	>1107	上部为凝灰质角砾岩、沉凝灰岩、粉砂质夹沉角砾凝灰岩、钙质砾岩；下部为砾岩、砂砾岩、砂岩、长石石英砂岩
		中下统	象山群	$J_{1-2}X_n$	>1062	上段 >544 米，为含粗粒长石石英砂岩，岩屑砂岩夹钙质泥岩；中段 396 米，为粉砂岩、石英砂岩、粉砂质泥岩夹炭质页岩和煤层；下段 122 米，为石英岩状砂岩、石英砾岩

续表 2

界	系	统	组	代 号	厚度（米）	主要岩性
中生界	三叠系	上 统	范家塘组	T_3f	225	深灰色粉细砂岩夹薄煤层
		中 统	黄马青组	T_2h	1059	上部为粉细砂岩、钙质粉砂质泥岩夹含铜砂岩；下部为杂色钙质粉细砂岩、粉砂质泥岩夹泥岩
			周冲村组	T_2X	130 ~ 410	上部为灰岩、泥质灰岩夹角砾状灰岩，粉砂质泥岩；下部为角砾状、蜂窝状灰岩与泥质灰岩互层
		下 统	青龙组	T_1qL	208	上青龙为中厚层灰岩，上部夹蠕虫状灰岩，下部与泥质灰岩互层；下青龙上部与薄层灰岩、含泥质灰岩与钙质泥岩、泥岩互层，下部为泥灰岩、泥岩
古生界	二叠系	上 统	大隆组	P_2d	11	上部为泥岩、硅质泥岩夹硅质层及灰岩；下部为黑色泥岩
			龙潭组	P_2L	101	上部深灰色泥岩夹灰岩；下部为长石石英细砂岩、砂页岩夹煤层
		下 统	堰桥组	P_1y	89	上部粉砂岩夹细砂岩；下部为泥岩、页岩
			孤峰组	P_1g	30	上部为硅质页岩夹燧石层；中部为页岩夹硅质页岩；下部为黑色硅质岩、灰岩
			栖霞组	P_1q	193	上部为厚层灰岩，含燧石结核；中部为薄层硅质页岩；下部为厚层臭灰岩；底部为碎屑岩
	石炭系	上 统	船山组	C_3C	40	灰白、灰黑色厚层灰岩
		中 统	黄龙组	C_2h	80	灰白、灰褐色厚层灰岩
			丁山组	C_2d	16	灰、深灰色厚层白云岩
		下 统	老虎洞组	C_1L	0 ~ 9	灰色厚层白云岩、含燧石团块
			和州组	C_1h	0 ~ 18	泥质灰岩、钙质泥岩夹白云岩
			高骊山组	C_1g	53	粉砂岩、泥岩、页岩、黏土页岩夹石英砂岩透镜体
			金陵组	C_1j	0 ~ 9	厚层灰岩、底部为铁质砂岩
	泥盆系	上 统	五通组	D_3W	166	上部石英细砂岩、泥质粉砂岩、页岩夹黏土岩；下部中粗粒石英砂岩；底部为石英砾岩
	志留系	上 统	茅山组	S_3m	26	灰紫色粉砂岩、粉砂质岩、石英细砂岩
		中 统	坟头组	S_2f	318	页岩、粉砂质页岩、泥质粉砂岩、局部夹薄层胶磷矿；下部中厚—厚层岩屑石英砂岩、粉砂质泥岩及泥砂岩
		下 统	高家边组	S_1g	870 ~ 1539	上部为页岩与粉砂质页岩、泥质粉砂岩；中部为粉砂质泥岩、粉砂岩、泥岩；下部为砂质页岩、页岩、局部夹细砂岩

续表 3

界	系	统	组	代　号	厚度（米）	主要岩性
古生界	奥陶系	上　统	五峰组	O_3w	17	灰色硅质页岩，含铁硅质岩夹粉砂质泥岩
			汤头组	O_3t	9	灰黄瘤状泥质灰岩、页岩夹泥岩
		中　统	宝塔组	O_2b	57	上段为瘤状泥灰岩夹泥岩；下段上部为中薄层龟裂纹状灰岩，下部为浅紫色泥质灰岩
			大田坝组	O_2d	2	肉红色含泥质生物碎屑灰岩
		下　统	牯牛潭组	O_1g	12	灰色含生物碎屑灰岩夹[illegible]瘤状泥质灰岩
			大湾组	O_1d	>24	上部为薄—中薄层泥质灰岩、泥灰岩；中下部为生物结晶灰岩
			红花园组	O_1h	205	灰色中—厚层灰岩、生物碎屑灰岩，下部夹白云岩
			仑山组	O_1L	99	深灰色中—薄层灰质白云岩、白云质灰岩、灰岩
	寒武系	中上统	观音台组	€$_{2-3}$gn	623	中薄—厚层白云岩、底部夹灰质白云岩含燧石结核及条带
		下　统	炮台山组	€$_1$P	78	泥质白云岩、灰色中薄层白云岩夹灰质白云岩

宁芜地区地层情况表

表 3-1-2

界	系	统	组	代　号	厚度（米）	主要岩性
新生界	第四系	全新统	—	Q_4	6.90	黏土、粉细砂、砂砾
		上更新统	下蜀组	Q_3X	55.00	亚砂质黏土、细砂、砂粒等
	第三系	上新统	方山组	N_2f	248.90	上段：橄榄玄武岩、集块岩、角砾岩； 下段：橄榄玄武岩、玄武岩、粉细砂岩等
			雨花台组	N_2y	>12.80	砾石层、含砾粗、细砂岩
		中新统	洞玄观组	N_1d	62.90	粉砂黏土层、细砂层、砂砾层
中生界	白垩系	上　统	赤山组	K_2C	>520.20	细砂岩、局部夹玄武岩和石膏
			浦口组	K_2P	206.60	粉、细砂岩、砾岩、凝灰质砾岩
		下　统	娘娘山组	K_1n	>592.70	上段：响岩、夹熔结凝灰岩；中段：熔结集块岩角砾岩、凝灰岩；下段：火山角砾岩、集块岩
			白头山组	K_1b	>537.20	上段：辉石粗安岩、凝灰质粉砂岩；中段：粗安岩、凝灰质粉砂岩；下段：沉角砾凝灰岩

续表

界	系	统	组	代号	厚度（米）	主要岩性
中生界		下统	姑山组	K_1g	254.10	上段：熔结凝灰岩；中段：辉石石英安山岩；下段：沉角砾凝灰岩
	侏罗系	上统	大山王组	J_3d	1282.60	上段：黑云母辉石安山岩；中段：安山质集块岩、火山角砾岩；下段：安山质沉火山角砾岩、沉凝灰岩、粉砂质泥岩
			龙王山组	J_3L	516.30	上段：角闪安山岩、火山角砾岩、集块岩；下段：火山角砾岩、集块岩、沉凝灰岩
			西横山组	J_3X	>1043.10	长石石英砂岩，含砾砂岩、底部为杂砾岩
		中统	陡山组	J_2d	1078.50	上段：泥质粉砂岩、粉细砂岩、夹石英砂岩；下段：中、粗粒石英砂岩、局部砾岩
			朱村组	J_2z	>1010.00	上段：石英砂岩、粉砂质泥岩、夹石英砂岩；中段：泥岩、泥质粉砂岩、含钙质结核；下段：中、粗粒石英砂岩，下部含炭质，底部为薄层砾岩
		中下统	象山群	$J_{1-2}Xn$	>509.10	上段：长石石英砂岩、粉砂岩、页岩组成不等韵律；下段：石英砂岩、含粒石英粗砂岩、砂岩
	三叠系	上统	范家塘组	T_3f	6.80	炭质页岩、粉砂岩、泥质粉砂岩、黏土岩
		中统	黄马青组	T_2h	482.10	紫红色砂岩、部分含泥质或钙质
			周冲村组	T_2z	402.20	上段：灰质白云岩、白云质灰岩、下部夹角砾状硬石膏；下段：硬石膏夹角砾状硬石膏、白云质灰岩
		下统	青龙组	T_1qL	>74.70	蠕虫状灰岩

第二节 岩浆岩与构造

【岩浆岩】

江宁区内岩浆岩发育，既有喷出岩，也有侵入岩。岩浆岩出露面积约350平方千米，占基岩总面积的80%。

北东区的岩浆活动主要发生在燕山期，具有多旋回、多阶段、多样化的特点，区域上形成规模甚大的宁镇山脉火山——侵入岩体，大致呈东西向展布，岩浆岩以钙碱系列的酸性侵入岩为主，岩石类型主要为花岗斑岩，有些岩体的铜铅锌钼银等含量相对较高，如伏牛山岩体，含铜高达百万分之六十，大于岩石克拉克值的数倍至数十倍。

西南区的岩浆岩以喷出岩为主，主要发生在燕山运动的二、三幕，可分为五个旋回，从老至新分别为龙王山旋回、大王山旋回、姑山旋回、白头山旋回、娘娘山旋回。岩性由基性、中性、中酸性、酸性、次碱性和碱性组成的杂岩，而喜山期的岩浆活动也有显示，为中心式喷发，火山口处于方山，岩性以玄武岩为代表，为晚第三纪上新世产物，有两次喷发，形成上下两套玄武岩。

【构造】

江宁地区所处大地构造位置为下扬子准地台褶皱带的东北段，淮阳山字形构造东翼反射弧（即宁镇弧）的西段。两个地层小区具有两种不同类型的构造形迹。

褶皱 北东区分为基底褶皱和盖层褶皱两种。基底褶皱主要为主轴近东西向的结晶基底隆起带；盖层褶皱形成于印支运动，受燕山运动的叠加改造，是构成宁镇褶皱束的主要构造成分，主要有龙潭—仓头复式背斜、范家塘复式向斜，桦墅—亭子复式向斜，汤山—仑山复式背斜等。

西南区褶皱构造主要发育于火山岩系之下的基底层，以燕山期一、二幕形成的褶皱最大，有呈北东30度方向的宁芜向斜，凤凰山—乔木山倒转背斜等。

断裂 北东区有四种类型，即东西向、北西向、北北东向和近东西向断裂。

东西向为逆掩断裂，主要有徐家山—金子山断裂、杨坊山—长林村断裂、西山头—团山断裂3条。

北西向为平移断裂，主要有南京—湖熟断裂、庙山—狼山断裂两条。其中南京—湖熟断裂是区域性（安徽滁县至江苏溧阳以东）的断裂。该断裂走向310度～320度，倾向南西，倾角较陡，在江宁区内通过的长度约30千米，断裂带全被中、新生代地层所掩盖。

北北东向为平移断裂，主要为瓜埠—铁心桥断裂，方山—丹阳断裂2条。

近东西向断裂带，该组断裂形成较晚，一般都切割白垩系等新地层，主要为桦墅—亭子复式向斜两翼呈断裂分布的一对相向倾斜的断裂带。

西南区由于燕山期强烈的火山—侵入活动，形成不同方向、不同性质的断裂系统，共见大小断裂135条，其中以北东、北西两组规模较大，构成主要格架。

第三节 地 震

江宁区范围内共有两条断裂带：南京—湖熟断裂。从浦口南门镇经南京鼓楼、向东南方向延伸至江宁上坊、湖熟及常州溧阳，总体走向310度左右，倾向南西，倾角较陡，具左旋正断性质。在地质上，南京—湖熟断裂切断宁镇山脉，控制了宁芜火山岩盆地和溧水火山岩盆地的发育，历史上在该断裂附近曾发生过5次破坏性地震，对现代小震有控制作用，断裂北东盘的小震活动明显强于南西盘。方山—丹阳断裂。位于方山—凤凰山—陶吴—横溪—丹阳一线，走向北北东，倾向南东东，倾角较陡，具压扭逆断性质。在江宁区上坊附近，该断裂被南京—湖熟断裂所切。据研究，该断裂在燕山运动时期强烈活动，为宁芜火山岩盆地与溧水火山岩盆地之分界；上新世早期又复活，引起方山、斧山玄武岩（N_2y）喷发。该断裂部分控制了秦淮河水系的发育，沿断裂有小震活动。1984年后，每隔1年至2年都有小震发生，其中有感地震的震感范围大。如1991年3.1级地震及1995年青龙山2.3级地震，震感半径达3千米左右。

此外，距江宁仅30千米的茅山断裂带是中国东部中强震频繁活动地区之一。该断裂带走向北北东向，倾向南东东，以逆冲性质为主。在该断裂带附近分别于1839年、1974年、1977年、1979年发生4.75级、5.5级、4.1级和6级地震。

江宁区及邻近地区地震情况表

表 3-1-3

时　间	地　点	北　纬	东　经	震级 MS	深度（千米）	备　注
南齐永元元年（499）八月四日	南　京	—	—	4.75	—	—
南梁太清二年（548）十月二十七日	南　京	—	—	5.25	—	—
清康熙十八年（1679）十二月二十六日	溧阳县	—	—	5.25	—	—
民国 16 年（1927）2 月 3 日	江苏黄海	33° 5′	121°	6.5	—	南京市、县均有震感
1967 年 7 月 11 日	安徽省马鞍山	31° 40′	118° 30′	4.6	—	南京、江宁、江浦均感地震
1974 年 4 月 12 日	溧阳县上沛	—	—	5.5	—	—
1979 年 7 月 9 日 18 时	溧阳县	31° 27′05"	119° 15′	6.0	—	江宁震感强烈
1979 年 7 月 9 日 22 时	溧阳县	31° 27′05"	119° 15′	3.7	—	江宁有震感
1979 年 7 月 10 日	溧阳县	31° 27′05"	119° 15′	4.0	—	江宁有震感
1979 年 7 月 11 日	溧阳县	31° 27′05"	119° 15′	4.8	—	江宁震感强烈
1980 年 7 月 31 日	溧阳县	31° 25′	119° 14′	3.3	—	江宁有震感
1981 年 3 月 25 日	江宁县板桥	31° 57′	118° 37′	0.7	—	江宁无震感
1982 年 3 月 29 日	溧阳县上沛	31° 28′	119° 17′	3.6	—	江宁普遍有震感
1983 年 11 月 7 日	山东省菏泽	35° 18′	115° 36′	5.9	—	江宁少数人有震感
1984 年 5 月 21 日 23 时 37 分	南黄海	31° 28′18"	121° 36′48"	5.7	—	江宁有强烈震感
1984 年 5 月 21 日 23 时 38 分	勿南沙	32° 28′42"	121° 35′24"	6.2	—	江宁震感强烈
1984 年 6 月 1 日	汤　山	32°	119° 1′16"	—	—	汤山有人感到大楼、桌震动
1984 年 12 月 28 日	东山东南	31° 56′	118° 52′	2.1	15	—
1985 年 4 月 5 日	陶吴西南	31° 47′	118° 44′	0.8	8	—
1988 年 12 月 6 日	殷巷东北	31° 56′	118° 50′	0.3	—	江宁无震感
1990 年 2 月 10 日	常熟太仓	31° 41′	121° 00′	5.1	—	江宁县部分地区有震感
1990 年 9 月 12 日	禄口西南	31° 44′	118° 50′	1.2	10	—
1991 年 9 月 12 日	丹　阳	31° 37′	118° 41′	3.4	10	有感半径 30 千米
1993 年 1 月 15 日	淳化西北	31° 57′	118° 55′	1.4	10	—
1993 年 3 月 9 日	大连山北	32° 00′	118° 59′	1.2	10	—
1995 年 8 月 4 日	青龙山	31° 58′	118° 59′	2.3	11	东山等地有震感
2004 年 7 月 22 日	南　京	—	—	1.5	—	—
2007 年 1 月 16 日	陶吴西南	31° 51′	118° 44′	1.7	—	—
2007 年 1 月 26 日	谷　里	31° 52′	118° 47′	2.2	—	—
2007 年 12 月 30 日	上　坊	31° 58′	118° 52′	2.2	15	东山部分有震感

第二章 地 貌

江宁区地貌区域为宁镇扬丘陵山地的一部分，结构复杂。西南部为宁芜断陷盆地的北缘，其西侧为长江挤压破碎带。东北部为宁镇褶皱束的西段。复杂的地质构造，加上大自然的多次改造，才逐渐形成今日的地貌形态。按地貌形态分类，江宁区大体可分为低山、丘陵、岗地和平原。低山丘陵和黄土岗地约占总面积的 2/3，平原约占 1/3。低山丘陵在区境东北部和西南部，总面积 316 平方千米，海拔高程 300 米左右。黄土岗地分布于南北低山丘陵之间，面积约 8[illegible]6.10 平方千米。地势呈残丘缓岗，局部留于平原圩区之中。沿河沿江平原以秦淮河平原较为宽广，也是区内最大的平原，面积约 569.60 平方千米，地面高仅 6 米 ~ 8 米。此外，还有沿江平原，位于区内西部的江宁街道。地势平坦，海拔高多在 5 米以下，最低处海拔 2.20 米。沿江平原成土和耕作较迟，一般在数百年和数十年不等。

第一节 地貌形成与基本特征

【地貌形成】

宁镇山脉 江宁区秦淮河以北主要山岭属宁镇山脉一部分。该山脉的形成大致在距今 2 亿年—1.50 亿年前，即包括中生代的晚三叠世到侏罗世末这一段时间。当时江宁地区的地面，经过 7 亿年的沉积，分布着大量的海洋和大陆盆地中堆积的沉积物。各种各样的沉积岩石，开始好像风平浪静的湖水水面一样，一层一层的呈水平状态分布在海洋和大陆盆地之中。通过三叠纪末期的“印支运动”(在江苏亦称宁镇运动)，原来呈水平状态的层状岩石，在南北向水平挤压力作用下，受到挤压，渐渐发生褶皱，变得波状起伏。在褶皱的同时，还有强烈的上升，这样就更显出山体的雄伟。从此辽阔的海洋一变而为崎岖的大陆，海水再也没有进入江宁地区。后经“燕山运动”继续改造，才奠定了江宁区东北地区现代山水地貌的基础。

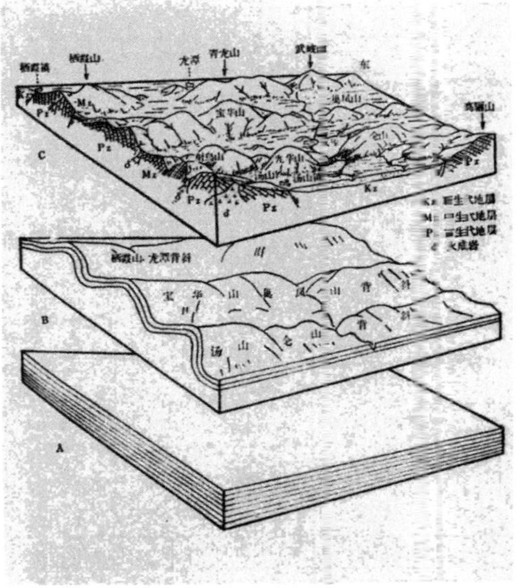

图 3-2-1 宁镇山脉形成过程示意图

宁芜山地 到晚侏罗世末期，在宁镇山脉诞生前后，江宁地区地壳变动频繁，引起强烈而多次的火山喷发和岩浆侵入活动。这种火山爆发在江宁区西南部尤为猛烈，为宁芜山地的形成谱写地质历史篇章。整个山地当时为盆地。从晚白垩世开始，即火山喷发后盆地隆起，形成现代地貌轮廓。

秦淮河流域的黄土岗地和平原 秦淮河流域地跨江宁区、句容市与溧水县境，在江宁区主要是中部。其范围大致在宁镇山脉以南，横山之北，茅山之西，云台山、牛首山之东，实为一个比较完整的盆地。其流域达 2630 平方千米。在距今大约 7000 万年前晚白垩世后期，今秦淮河流域却是一个很大的湖泊。当时由于气候炎热干燥，所以湖底沉积了红色的泥沙，经过胶结以后成为红色砂岩，地质学上叫红层。到白垩纪末期，由于地壳运动的影响，岩层形成波浪状的褶皱，原先沉积的水平岩层，变成 10 度 ~ 20 度的缓缓倾斜，同时整个区域又微微上升，湖面逐渐缩小，最后完全消失，转变为陆地。同时，形成北偏西 30 度的断裂。形成的阶地被流水进一步分割成黄土岗丘。大气降水沿着原来的湖底和断裂破碎带流动，最早的秦淮河在这个时期已经孕育。根据地质勘探资料，在原东山镇至方山秦淮河两岸平原上，全新世沉积物厚度 30 米 ~ 40 米，这些沉积物下部一般由几米到十几米砂砾层，上部有 20 米 ~ 30 米的粉砂、亚黏土的沉积。沉积物的这种结构正是河流沉积物所具有的特征。所以，秦淮河中下游的富庶平原，是在近代地质历史时期内由秦淮河的沉积作用而形成。

沿江平原 江宁区西部和东北部“飞地”滨江平原已几经历史演变，现有的大部分滨江沙洲，据考证都是近几百年，由沙洲和边滩逐渐成长的陆地，主要由长江带来的泥沙冲积而成。江宁区地处长江下游，而且是长江由北东流再折而东流的弯曲所在，是长江的凸岸。这一段长江，江面比较宽广，江流曲折，受潮汐影响显著，流速相当缓慢，泥沙容易在这里沉积，形成沙滩。沙滩堆积越来越高，最后露出水面，便形成沙洲。沙洲与岸边之间的水道淤塞，就慢慢和陆地连接起来，形成新生的沙洲平原。江宁区铜井、江宁等地的大片平原圩田，大部分是明清后相继开发耕种的。这种沙洲平原的特点是狭小而纵长，地势平洼，土壤以江淤土、洲肝土、青沙白螺蛳土为主，土质较肥沃，土层堆积较厚，水源丰富，适宜稻、麦、棉等作物生长。

江宁区沿江沙洲情况表

表 3-2-4

名 称	简 介
新济洲	位于江宁街道西南长江中，东距江岸 1 千米～2 千米，洲南北长，东西宽，总面积约 8.50 平方千米。该洲形成于清乾隆、嘉庆年间，因土地当时为金陵救济局所有，曾名济漕洲，后因西部洲头不断冲蚀，上坍下涨，不断下移至今位置，更名为新济洲
新生洲	位于江宁街道西南长江中、新济洲南，东距江岸 1 千米，面积约 4 平方千米。该洲形成于 1954 年后，因是新成的沙洲定名
再生洲	位于江宁街道西南江中，东距江岸约 1 千米，面积约 1 平方千米。因成洲在新生洲之后得名
子汇洲	位于江宁街道西南江中，东距江岸约 300 米，面积约 0.50 平方千米。该洲形成于新中国成立后
子母洲	在江宁街道东北江中，距江岸约 1.50 千米，面积约 1 平方千米。该洲形成于新中国成立后
新 洲	位于江宁街道西部，洲呈长条形，面积约 3 平方千米。该洲原为边滩，1993 年前后开垦成田，因是新涨的洲滩得名

【基本特征】

马鞍形的地势 江宁区东北部是宁镇山脉西段；西南为“S”形茅山山脉西延部分的北缘，即宁芜山地的北段；中部是一个对东北和西南低山丘陵有明显倾斜的黄土岗地和一个由秦淮河穿连冲积而成的秦淮河平原。因此，由南北山地组成的地貌界线，使江宁区地貌自南向北明显分为三带：一是西南部低山丘陵；二是中部的黄土岗地和只有少数低山突起的平原；三是东北部低山丘陵。南北两低山丘陵对中部有明显的倾斜，地势南北高而中间低，形同“马鞍”。

多种多样的地貌类型 区境内地质条件十分复杂，在漫长的地质历史演化过程中，内外营力所塑造的地貌类型比较齐全。常态地貌有低山、丘陵、岗地、平原和盆地，其中丘陵岗地面积最大。还发育有方山、射乌山、娘娘山、赤山等火山地貌。此外，在第三纪长期湿热条件下发育而成的红层地貌也有少量显露。

山多且低 江宁区多山，但山势一般不高，高程在300米左右。据统计，区境称山的大小山丘有400多个，其中海拔超过300米以上的5个，大部分在200米以下。在类型上，按照地势和切割的深度，山地在温和湿润的气候条件下风化壳较厚，受到强烈的流水剥蚀作用，地形支离破碎，坡度较低，相对高差大都小于200米。所以，从广义上说，这些山应为丘陵。

第二节 地貌类型与分布

【低山丘陵】

在区境东北部和西南部，包括原麒麟、汤山、上峰、淳化、土桥、上坊、东善桥、陶吴、横溪、铜山、丹阳、谷里、陆郎等镇全部或部分，总面积约316平方千米，海拔高程约300米。东北部低山丘陵东境，汤山、孔山诸峰，高逾300米，愈趋西南，高度渐减。山脉延长方向，东境约为东西向，至汤山以西，折向西南，略成弧状，向东南环抱。山体多为石灰岩组成，岩层都已褶皱倾斜，甚至倒转。逆掩断层发育，且有火成岩侵入。山势连绵，山坡陡峭，沟谷深邃，即宁镇山脉主体所在。西南部低山丘陵区，包括横山、云台山、天马山、莺子山诸山，多系茅山余脉。山势雄伟，气象万千，峰峦挺拔，海拔高程多在250米～350米。横山最高峰拖船壑海拔459米，矗立在区南部不远的当涂县内。次高峰四径山，海拔363米，为江宁区最高山峰。山文多作东西走向，或作东北—西南走向，山体多为砂岩，陆相火山碎屑岩组成，岩层倾斜，风化壳较厚。这两部分低山丘陵、山坳和缓坡大多已绿化，多为常绿针叶林、落叶阔叶林，有的地方有疏林灌丛或为浅草地。

【黄土岗地】

黄土岗地分布于南北低山丘陵之间，包括原东善桥、陶吴、横溪、铜山、淳化、湖熟、方山、上坊、土桥、上峰等镇丘岗地带，面积约816.10平方千米。地势呈残丘缓岗，局部留于平原圩区之中。岗地地形较复杂，地表起伏显著，海拔高程10米～40米不等。岗体宽一千米至数千米，长达数千米至数十千米不等。地表几乎为第四系黄色黏土覆盖，所以俗称黄土岗地。岗顶平缓，岗间梯田展布，自上而下，田面逐渐增大成扇状。

【沿河沿江平原】

这些冲积平原沿秦淮河、七乡河、九乡河等中下游两岸和长江岸边呈带状分布。其中秦淮河平原较为宽广，面积约569.60平方千米。

秦淮河平原为区境最大平原。它位于区境中部，包括原周岗、龙都、土桥、湖熟、上坊、淳化、岔路、秣陵、禄口、方山、殷巷等乡镇圩田区，土地面积约3.07万公顷，占全区土地面积25.70%。平原大部地势平坦，少部分属于从垄岗过渡而成的低平岗，地面高仅6米～8米。

但也有少量突起的石山，如牛首山、阳山、方山等成岛状分布。应当指出的是，中生代以来火山活动，对秦淮河平原上的山岭地貌发育起着重要的点缀作用。兀立在辽阔的秦淮河平原上的方山，是一座在新第三纪喷发的死火山，组成方山的岩石主要是一种抵抗风化能力很强的火山喷出岩——玄武岩。开始这种岩石是平铺在火山口周围，而后大地经过上升和风化剥蚀，方山就成了平地突起的一座孤立的小山。陶吴的南山、大金山等是玄武岩的岩浆上升残留的火山颈。类似方山的古火山遗迹，在秦淮河平原上还有赤山。凤凰山、殷巷的其林山则是由于中生代火山活动及火山岩浆侵入地表而形成的。这种穹隆状的构造与成矿有密切关系。

沿江平原，包括区西部的原铜井、江宁两镇部分和东北“飞地”。这种平原地处长江天然堤与东侧或南侧丘陵岗地间呈带状分布，或四面为天然堤成岛状沙洲显露在长江中，地势平坦，海拔多在5米以下，最低处海拔仅2.20米。平原区成土和耕作较迟，一般在数百年与数十年不等。田园规划整齐，渠道交织如网，村庄周围，河流道路两岸浓荫如盖，一派江南水乡景象。

第三节 山 丘

江宁区境内主峰海拔310米以上的石质山地(低山)有横山，海拔363米；孔山，海拔341.90米；云台山，海拔319米。山体主要由石灰岩、白云岩、砂页岩、砾岩等构成，切割不深，起伏较为和缓。山前坡麓和谷地中普遍掩覆着下蜀黄土，受流水切割，成岗、塝、冲交替排列状。区境内主峰海拔300米以下的低矮石质山地（丘陵）有400余座，分布较广。以山体单薄，山势和缓为特征。江宁区丘陵主要分布在两处：一处是东北部汤山一带，海拔200米~300米，范围广；另一处是江宁区西南，牛首山、祖堂山至云台山南北向的一片，海拔大部分在200米上下，与汤山一带丘陵同属宁镇山脉西段南支。

【低山】

横山 位于区南端苏、皖交界处，在原横溪、铜山两镇南境。地理坐标为北纬31° 09'，东经118° 49'。又名横望山、衡山。据明〔嘉靖〕《太平府志》载：“春秋楚子重伐吴，至衡山即此，四望皆横，故名。”又据民国时期《当涂县志》称：“左氏传作衡山，衡、横通用也。”山体近东西呈弧形分布，山脊线长约15千米，南北宽3千米~5千米，由大小62个山峰组成，苍翠亘天，横列若屏障。

图 3-2-2 横山远景

主峰呈拱形，太阳一出即可照到，故名太阳拱，俗称拖船壑，位于省境附近安徽省当涂县境内，海拔458米，次高峰四径山，海拔363米，为江宁区最高峰。另有陡山、神仙洞、灯张挂壁、大茅岭庵、青堦岘等山峰，海拔均在200米左右。山地坡度一般在20度~25度之间。山体主要由石英砂砾岩和砂岩构成，局部边缘山地有少量紫色砂页岩与火成岩分布。秦淮河支流横溪河源于此。横山地势险要，易守难攻，自古以来，为兵家必争之地。山上盛产竹木、药材，多野兽、野禽。20 世纪 50 年代始，建有国有林场，植树造林，主要为马尾松和黑松，森林覆盖率 80% 以上。

孔山 在区东北部的原汤山镇北部，东至句容市观山，西至汤山坟头北部，与青龙山相接，北与射乌山相邻，南隔广谷与汤山相望。地理坐标为北纬 32° 04'，东经 119°。古名雁门山，又称羊山。明代胡广《游阳山记》又称此峰为阳山。乡人还称此山为空山、巩山。《景定建康志》记载："山势连亘，类北地雁门，因名。"唐李白诗"绿水向雁门"，即指此山。山体东西延伸 7 千米许，南北宽 1.50 千米。主峰居中略西，海拔 341.90 米。自此往东、西，高度渐低，宽度亦渐小。山势绵延，山体较为完整，由石英砂岩及石灰岩组成。孔山突兀挺拔，气势雄伟，险峻陡峭，不易攀登。东北西有登山小道，但荆棘丛生，林木繁茂，行走困难。山顶地势宽平，北望澄江如练，南俯众山连绵，郁郁葱葱。羊山之巅有袁机墓。主峰西南半山坡有明永乐年间遗留的巨大碑材。南坡已基本绿化，以松林为主，有孔山石灰石矿。

云台山 在原陶吴镇西南部，地理坐标为北纬 31° 44'，东经 118° 40'。因陶吴镇上古有云台寺得名。山地狭长，近南北向延伸 5000 多米，总面积 7.20 平方千米。山势巍峨，数十里外，望之秀入云霄，主峰海拔 319 米，南端一峰，名母鸡山，海拔 273.80 米，与南侧天台山峰公鸡山，似鸡一对南北对峙。山体主要由砂砾岩和砂岩构成，西坡有火山岩出露。东麓有云台山硫铁矿，东南麓有云台山抗日烈士墓。旧有泉石之胜。《景定建康志》引《六朝记》云："云台山北有大石，如卧鼓，中空，可坐数十人，其高九尺，山有小石，吴时呼为石鼓。"今已无存。山上遍植马尾松、黑松。

白露头 位于江宁区汤山街道青林社区东北部，是句容市九华山的西延长峰，南接南山，西、北隔山谷与文山、乌鸦山相望。山体在汤山境内约 1.50 平方千米，海拔 304 米。因山势较高，雨前云雾笼罩，天气晴好，山头重新露出，俗称"白露头"。

【丘陵】

土山 在原东山镇北部，秦淮河东岸。地理坐标为北纬 31° 58'，东经 118° 50'。海拔 62.10 米，方圆约 0.30 平方千米。山体多为侏罗系象山群砂岩及砾岩构成。又名小东山。据志书记载，晋太元中谢安于土山营墅楼馆，竹林甚盛；《丹阳记》载，安旧稳居会稽东山，筑此拟之，世称小东山，也叫东山。旧时山上名胜古迹颇多，山顶上，历代都修有寺院，寺周多蔷薇花。县志载："春来作花，灿如云锦，故游迹胜矣。"清初，"东山秋月"被列为"金陵四十八景"之一。民国时期，古迹破坏殆尽，林木多遭砍伐，已荒芜。新中国成立后，重新绿化，建楼台亭阁。有龙亭、茅亭、思源亭、秋月门、天松门、赏月台、寒乐轩、喷水池、花房等。1983 年，命名为东山公园。

汤山 在原汤山镇西部。以温泉"四时如汤"而得名，因北京有汤山，故亦称南汤山。山地东西向延伸 5 千米，宽约 1.50 千米。主峰团子尖居中，海拔 292.20 米，由此往东、西山势渐低，为一穹隆状短轴背斜。山体由寒武系及奥陶系白云岩和石灰岩构成，由于受岩浆侵入的影响，灰岩及泥质灰岩均已变质为硅质灰岩。奥陶系上统汤头组（O_3t）命名地。有盐子洞、朱砂洞、老虎洞等溶洞分布。1984 年发现雷公洞，1990 年发现葫芦洞，1993 年出土两具南京直立人猿人头骨。2000 年 5 月，在江宁县汤山服装公司采石场岩口发现一溶洞，洞内钟乳石发育较好，待开发。句容河支流汤山河源于此山。北坡及南坡东段有松林覆盖。东麓有多处温泉出露，为著名温泉疗养胜地。1984 年，汤山温泉被评为"金陵新四十八景"之一。

青龙山 在区东北部，跨原上坊、淳化、麒麟、汤山等镇。地理坐标为北纬 32° 01'，东经 118° 57'。清〔同治〕《上江两县志》载，此山石坚而青，重峦叠嶂，迂回曲折，与黄龙山成二龙竞走状，故名青龙。唐李白有“青龙见朝墩”诗句，即描述此山，一名青山。《南唐书》载，后主李煜猎青山，即此山。山地狭长，呈西南—东北走向，长 15 千米，宽约 2 千米。海拔 200 米以上山峰有大山凹、武岗山、千二山、小茅山、湾子窑等，主段在中段，海拔 227 米。山体多由泥盆系、石炭系、二叠系、三叠系石灰岩和砂岩构成，其中石灰岩厚度大，质地纯。山间多冲凹，最大的 5000 米长山凹，宽约 300 米，长近 4000 米。山西麓山口村附近有泉水出露。青龙山资源丰富，山麓大部绿化，生长马尾松、杉和中药材。藏有煤、白泥、石灰石等。青龙灰岩，质地良好，自古以来即为南京、江宁一带碑础产地。

图 3-2-3　青龙山远景

牛首山　在原东善桥镇西北部，跨原谷里镇和雨花台区铁心桥镇。地理坐标为北纬 31° 54'，东经 118° 44'。山顶南北双峰对峙如牛首，故名；又以双峰耸峙如天然石阙，名天阙山；山西峰有一石窟，梁武帝于其下建寺庙一座，名“仙窟”，山亦称为仙窟山。主峰在江宁区境内，海拔 242.90 米，面积近 5 平方千米。山体由砂岩、凝灰岩和粗面岩等构成。山上名胜古迹颇多，除六朝古刹宏觉寺外，有唐大历九年(774)始建，明代重修的七层八面砖塔；建于北宋皇祐二年（1050）的五层四面方形砖塔。寺塔周围分布有白云梯、白龟池、虎跑泉、舍身崖、文殊洞、辟支洞（洞前有石佛）、地涌泉以及梁昭明太子饮马池等名胜。惜历遭兵燹，年久失修，名胜古迹多已荒废。山上至今保存弘觉寺塔和东峰舍身岩，还有摩崖石刻佛像、雪梅岭、文殊洞、白云梯、野猪洞、感应泉、饮马池，以及岳飞抗金故垒等名胜古迹。古时山上盛产松、竹、茶（名为“天阙茶”）、兰，尤其是暮春季节，桃李盛开，满山春兰和杜鹃花，加以松竹掩映，景色绝佳，所以明清时有“春牛首，秋栖霞”之美称。“牛首烟岚”列为清初“金陵四十八景”之一。现是东善桥林场牛首分场所在地，“中华虎凤蝶保护基地”及牛首山国家森林公园的建设，使牛首山的风景更为美好，是市郊踏青游览胜地。

图 3-2-4　牛首山

祖堂山　位于江宁区中部，牛首山之南。地理坐标为北纬 31° 54'，东经 118° 44'。清〔同治〕《上江两县志》载，此山古名幽栖山，因南朝宋大明三年（459）建有幽栖寺而得名。唐贞观初，法融禅师在此得道，成为佛教南宋第一祖师，山地更名祖堂山，又名花岩山。面积约 3.60 平方千米，主峰芙蓉峰，层峦叠嶂，远望酷似芙蓉花，故名，海拔 255.90 米。山体多为砂岩构成。祖堂山松竹茂盛，银杏高大，遍埂的紫藤布满祖堂山麓。山间泉水潺潺，清秀四溢，显得幽静而典雅。此山名胜古迹颇多，“金陵四十八景”中的“祖堂振锡”“献花清兴”皆处此山。原幽栖寺内有祖师洞、虎跑泉、月牙池、银锭桥、天盘岭，寺外有芙蓉峰、拱此峰、献花岩、飞来石、藏经楼、拜金台等。1949年后，在山西南麓曾发掘距今千年的“南唐二陵”。1998年后，宏成法师在此重建宏觉寺，规模较大，香火渐旺。

方山 在江宁区境中部，秦淮河东岸。地理坐标为北纬31° 54'，东经113° 52'。山体呈方形，孤绝耸立，山顶平坦，故名方山。又因四角方方，似天堂印鉴落地，古称天印山。海拔208.60米，面积6.50平方千米。山体基部坡度较缓，上部则悬崖壁立。四周受雨水冲刷，沟壑纵横。山体石质多为第三纪杏仁状玄武岩和火山角砾岩。

方山是南京市著名的死火山之一，据考，在距今300多万年至1000万年间，曾两次喷发。组成山体的岩石，海拔100米以下的山坡，由白垩系上统赤山组砂岩和第三系中统洞玄观组砂砾层，上覆54米厚的玄武岩，再上是一些碎屑沉积物，顶部又为玄武岩覆盖。系上第三系上新统地层方山组（N_2f）命名地。方山顶部平坦，多为自然草原和针叶林覆盖。山腰为陡坡地，坡度约在20度～45度之间，最陡处达60度～80度。历经长期雨水冲刷，山体周边有大小涧沟36条，由山顶向山底呈辐射状分布。山脚缓坡地多为黄砂土、红砂土，厚度在1米～1.50米，适宜种植旱谷。方山为南京南郊历史文化名山，东吴以来建有多所寺庙观庵和林苑。东有东霞寺，西有宝积庵，南有洞玄观，北有上定林寺，山顶有海慧寺及洗药池、炼丹井、石龙地、仙人提盘等。由于历经战火又年久失修，古迹多数被毁。现仅存建于南宋乾道年间的上定林寺塔。“天印樵歌”为明代“金陵八景”之一、清代“金陵四十八景”之一。

2007年江宁区主要丘陵情况表

表3-2-5

丘陵名	简　介
竹　山	位于东山街道骆村社区境内，又名石硊山，海拔32.70米。《江宁府志》称，秦始皇諸长垄，即此。北山麓建有邓仲铭烈士纪念亭
黄龙山	位于原上坊、麒麟镇境内，以青龙山相对得名，又名小青龙山。山体狭长，西一东北向延伸4千米，宽约0.60千米，主峰海拔209米。地势险要，抗日战争前，山顶碉堡矗立，山谷建有弹药库。山凹有蚁塘堰（上、下堰）两座水库
马鞍山	位于原上坊镇东部，北与黄龙山相连。山势状同马鞍得名。海拔157.50米。顶峰有航标1座
祈泽山	位于原上坊镇境内，马鞍山南部。志称，山下有祈泽泉，旧时为祈求丰水以除旱情，故名。海拔60米。“祈泽池深”为清初“金陵四十八景”之一
大连山	位于原上坊、淳化、上峰镇交界处。山体较大，与青龙、天宝等山相连，故名，又名彭城山。近南北走向，长约3千米，宽约1.50千米，一般海拔200米左右，主峰海拔282.50米
韩府山	位于秣陵街道秦淮社区境内，跨雨花台区铁心桥街道。旧志记载，明朝韩宪王墓葬此而得名。海拔105米
翠屏山	位于秣陵街道太平社区境内。旧志载，其山“翠如屏羽”而得名。海拔90.60米
将军山	位于秣陵街道牛首社区东南部，又名降魔山。旧传明代七十二将军葬此得名。海拔105.50米
静龙山	位于秣陵街道家园社区境内。旧志称禁龙山，后讹传为今名。西北一东南走向，长约2千米，宽约0.50千米，海拔123米。山中产石英砂
龙吉山	位于秣陵街道凤凰、家园两社区交界处。旧称龙脊山，后语讹，传“脊”为“吉”得今名。山体狭长，南北延伸1.50千米，宽约0.20千米，海拔75米
凤凰山（秣陵街道）	古称章山，又名张山。位于秣陵街道凤凰社区中部。因矿石“色彩鲜艳，美丽凤羽”得名。面积4平方千米，主峰海拔101米。山中蕴藏赤铁矿，新中国成立后，兴办国营南京凤凰山铁矿，实现机械化开采

续表 1

丘陵名	简 介
天宝山	位于原淳化、上峰镇境内。旧时有煤层裸露，多人谓之天宝，故名。西北—东南向延伸 2 千米，宽 1 千米，主峰海拔 225.30 米
赤 山	位于原湖熟、土桥镇与句容市交界处。山石多为红色，因名，又名绛岩山，为第三纪以前火山喷发堆积成的死火山。是白垩系上统地层赤山组（K_2C）命名地。山体略呈半径 1 千米的圆形，海拔 228.90 米
尚义山	为湖熟街道周岗圩内以突出小石山，地处尚义里而得名，海拔 42.20 米
吉 山	位于原东善桥镇西部，南宋征虏将军建成侯吉翰墓在此，故名。山体平面略呈椭圆形，近东西走向，长 1.50 千米，宽 1 千米，主峰海拔 235.20 米。西段坡度较陡，东段较缓。山上树木以松、杉及阔叶林为主。有较丰富的铁矿石，1971 年建有吉山铁矿进行开采，2000 年停止开采
东大山	位于原东善桥镇东部，旧志称大山。1949 年后，因地处东善桥镇东，更今名。南北走向，长 2.50 千米，宽 1 千米左右，海拔 175.30 米。西坡较缓，东坡较陡，多沟壑。是区东善桥林场总场所在地，山上松、杉、竹已成林，郁郁葱葱，清静幽雅。1970 年，在山的南端最高处建有“211”微波中转站
阔塘山	位于原东善桥、陶吴镇交界处。因山下有大塘名阔塘而得名。山体呈弧形，弧口向西北，山脊线长 1.50 千米，宽 0.50 千米，海拔 91.50 米。山中有铜矿，山上植有松树、杉木和毛竹，已成林
皇姑山	位于原东善桥镇南部。旧传一施姓村女，死后封为皇姑，墓葬于此而得名。山体呈西南开口之弧形，山脊线长约 1.50 千米，宽约 0.50 千米，海拔 101.30 米。2002 年，发现此产有绿松石，系珠宝装饰品主要原料
靠 山	位于原东善桥镇境内。相传明时山上有百年老松，村民视为神物，烧香朝拜，靠以福佑，故名靠山。山体狭长，西南东北向延伸 1.50 千米，宽 0.50 千米，海拔 78.30 米。此山石材质地优良，1980 年建石料加工厂。为保护环境，2003 年停产
戴 山（谷里街道）	位于原谷里镇，跨南京市郊。原名岱山，因国民党特务头子戴笠坐机失事，碰死于此山，改称今名。面积约 0.67 平方千米，海拔 183 米
林木山	位于原谷里、陆郎两镇交界处。旧时因山林茂密而得名。近南北走向，长 2 千米，宽 1 千米，海拔 143.60 米
狮子山（谷里街道）	位于原谷里、东善桥两镇交界处，牛首山南。因山势状若雄狮，故名。近南北延伸 1.50 千米，宽约 1 千米，海拔 159 米
鸡笼山（谷里街道）	位于原谷里、东善桥两镇交界处。因远望山峰，形似鸡笼，故名。海拔 105 米
虎 山	位于原谷里镇公塘村，山形似猛虎，故名。海拔 85.60 米
金牛洞山	位于原谷里镇南半公里处。以山北侧金牛洞得名。面积约 1 平方千米，海拔 67.30 米
大金山（谷里街道）	位于原谷里、陆郎、陶吴三镇交界处。旧时此山为金姓所有，且与小金山相对，故名。海拔 195.70 米
龙 山	位于原陶吴镇西北部。因山势狭长蜿蜒，状若游龙，故名。西南—东北走向，长近 2.50 千米，宽约 0.70 千米，主峰在西南段，海拔 125.30 米。1977 年，在此山曾开采过钾矿
大金山（横溪街道）	位于原陶吴、谷里、陆郎三镇交界处。旧时此山为金姓所有，且与小金山相对，故名。西北—东南向延伸 2 千米，宽约 1 千米许，海拔 193 米
杨家大山	位于原陶吴镇、陆郎镇交界处。旧传此山为杨姓所有，故名。西北—东南走向，长约 1.50 千米，宽约 1 千米，海拔 25.40 米。山峦重叠绵延逶迤，山体主要由砂岩构成
陈家山	位于原横溪镇东南部。旧时此为陈姓所有，故名，海拔 160 米
天台山	位于原横溪、丹阳两镇交界处。旧有天台寺高耸山巅，山以寺名。近东西走向，长近 3 千米，宽约 1 千米，主峰在西段，海拔 261 米。东段高峰名公鸡山，海拔 180.10 米，与云台山母鸡山南北对峙

续表 2

丘陵名	简 介
大平山	位于原丹阳镇北部，北接天台山。因山顶平坦，与小平山相对，故名。山体平面略呈半径为0.60千米的圆形，海拔263米。1959年、1968年，在此山曾开采过锰铁矿
鸡笼山（横溪街道）	位于原丹阳镇西北部，因山顶岩石突兀，形似鸡笼，故名。西北—东南走向，长约2千米，宽0.70千米，主峰居西，海拔284.80米，往东山势渐低
乔木山	位于原丹阳镇西北西岗村境内，旧称荞麦山，旧时因山周围盛长荞麦而得名。后因音讹而改今名，海拔120.70米
七仙山	位于原丹阳镇境内。神话七仙女下凡于此，旧有七仙女庙，故名。海拔58.60米。2007年，安徽来安人朱某在七仙山采石。主峰被切，分为南北两个山头
夜合山	位于原横溪镇红旗村境内。由公鸡山和母鸡山组合而成，海拔180.10米。南峰公鸡山与天台山连接，北峰母鸡山与云台山相连。南北两峰相连且对峙，形成对鸡。夜合山谷口以西为“凹”字形深谷袋状，山口以东为平川，山间四时不一，山岚水气，云蒸雾霭。傍晚时分，谷口常为云封雾锁，故名夜合山
尖 山	位于原丹阳镇北部。山峰呈圆锥形，故名。海拔131.30米
火地山	位于原横溪与陆郎两镇交界处，东北接莺子山。因其山南谷里夏日酷热，人称火地，故名。山体略呈西北开口的弧形，主峰偏南，海拔197.10米
凤凰山（横溪街道）	位于原丹阳镇北部，北靠萝葡山。山有二峰，林木苍翠，景色秀丽，形同一对凤凰，故名。海拔145米
三 山	位于原江宁镇北部，濒临长江。以三峰得名。六朝都建康，三山为西南江防要地，又称护国山。唐李白《登金陵凤凰台》诗中有“三山半落青山外”句，即指此山。山体呈弧形，弧口向东北，三峰并列，最高一峰54.50米，面积约0.20平方千米
娘娘山	位于原铜井镇与安徽省马鞍山市交界处。旧时山上有庙，供奉送子娘娘，故名。近南北走向，长1.50千米，宽1千米，海拔217.10米。为第三纪以前的死火山，是白垩系下统地层娘娘山组（K_1n）命名地
戴 山（江宁街道）	位于原铜井镇内，跨安徽省马鞍山市郊。旧时此山为戴姓所有，故名，平面略呈圆形，面积约0.30平方千米，海拔153.70米
白头山	位于原铜井、陆郎两镇交界处。元〔至正〕《金陵新志》称白盈山，后讹传现名。平面略呈菱形，南北走向，长约3千米，宽约2千米，海拔210.30米。山体石岩主要由辉石安山岩组成。现满山苍翠，与东麓大片梨园交相辉映
马子头山	位于原铜井镇南部。旧时山属马姓，名马家山，后讹传现名。南北向延伸1千米，宽0.50千米，山有两峰，主峰居北，海拔120米
梨头尖山	位于原铜井镇与安徽马鞍山市交界处。因山峰似梨头得名。山体呈东北开口的弧形，山脊线长约2千米，主峰居中，海拔176.60米
洪幕山	位于原铜井镇西南境洪幕行政村。〔同治〕《上江两县志》称红幕山，后语讹传现名。西南—东北走向，长2.50千米，宽1.50千米，主峰海拔166.90米。山中蕴藏铜矿
羊山子	位于原铜井镇东南洪幕李村。山形似羊，原名羊子山，与南侧马子山相对，后语讹为今名。西南—东北向延伸1千米，宽0.80千米，海拔121米
蒋门山	位于原陆郎镇东部。旧时此山属蒋姓，故名。山体呈西北开口的弧形，山脊线长约2千米，主峰居中段，海拔196米，峰下西坡较陡，东坡较缓。山体石质由辉石闪长玢岩组成。山间林深草茂，盛产药材，有大蟒洞穴
施 山	位于原陆郎镇境内。旧属施姓，故名。南北一东南走向，长约0.60千米，宽约0.40千米，海拔114.80米
牛迹山	位于原陆郎镇与安徽省马鞍山市交界处。传说一神牛在此留下足迹，故名。呈东南开口的弧形，山脊线长约2.50千米，宽约0.70千米，主峰在东段，海拔128.10米。山体石质属花岗岩类。现绿化覆盖面积为50%，其中国外松20%，黑松30%，南麓为岩层。山以“牛迹”闻名遐迩，此迹现于山西坡背上的一块巨石上，牛角和牛索链的痕印依然明晰可见。〔同治〕《上江两县志》载，西汉永光（元帝刘氏）五年（前43）碑，位于牛迹山，金陵金石此为最古

续表 3

丘陵名	简 介
歪头山	位于原陆郎、陶吴两镇边境。因顶峰倾斜，头歪向南得名。西北—东南走向，长 1 千米，宽 0.70 千米，山有两峰，主峰海拔 195 米
铜 山（江宁街道）	位于原陆郎镇境内，东南邻施山。旧传此山产铜，故名，海拔 93.20 米
莺子山	位于原陆郎镇朱门集镇东南，跨陆郎、陶吴、横溪三地。〔同治〕《上江两县志》谓朱门山；后以其主峰莺子山更现名，又名阴子山。县志称“其山层峦叠嶂，莫可识名，数十里外，望之秀人云霄”。山体略呈椭圆形，东北—西南走向，长约 3 千米，宽约 2 千米，主峰居中，海拔 269 米。山上竹树遥连，苍翠横天，松、杉占山总面积 70%，毛竹占 30%。旧尤以产春兰（名墨线兰或铁线兰）著称。数百多年中，在此发生的大小战事不下数十次
白茅山	位于原陆郎与谷里两镇交界处，北接林木山，东连大金山。旧时因山上白茅草遍野而得名。山体狭长，西北—东南走向，长近 2 千米，宽 0.50 千米。海拔 177.50 米
美人山	位于江宁街道清修社区内，山似“睡美人”而得名。海拔 110 米。系白头山余脉，旧为荒山秃岭。新中国成立后，几经绿化，山林面积占总面积 70% 以上，郁郁葱葱。1999 年，在山的东南侧建造一座颇具规模的公墓园
直 山	位于原陆郎镇南部，南靠莺子山，山体矗立，形似笔，故名。海拔 152 米
铜 山（禄口街道）	位于原铜山镇东部。志载，南朝间以产铜而得名。山体东西坐向，山地东西长 1.60 千米，南北宽 0.90 千米，面积约 1.44 平方千米。分东西两峰，东峰称大铜山，海拔 195 米；西峰名小铜山，海拔 97 米。山体主要系砂砾岩构成，局部山地含少量紫色砂页岩
尖刀山	位于原铜山与横溪两镇交界处。峰顶陡峭，形似尖刀，故名，海拔 143 米
射乌山	位于原汤山镇孟塘行政村北部，南与孔山相对。神话传说后羿在此射日（乌，金乌，即太阳）得名。为第三纪以前火山喷发留下的死火山。平面略呈半径 1.50 千米的圆形，海拔 100 米以下的山麓坡度较小，以下则陡。主峰海拔 233.20 米
棒棰山	位于原汤山镇境内，孔山北部。因山体狭长，状若棒棰而得名。近东西走向，长约 2 千米，宽 0.50 千米，主峰在东段，海拔 187 米，坡度较陡，在 25 度 ~ 30 度之间，山体主要由青龙灰岩构成
斗 山	位于原汤山镇北部。原以山势陡峭名陡山，后为书写简便更今名。山形如开口向南的“山”字，主峰居中，海拔 157 米
豹 山	位于原汤山镇南部。山形似豹，故名。略呈向东北开口之弧形，主峰偏南，海拔 158 米
半面山	位于原汤山与上峰两镇交界处。山峰南坡平缓，北坡陡峭，状若刀削其半面，故名。海拔 273 米
狼 山	位于原上峰镇西北部。旧时此山多狼，故名。东西走向，长 1.20 千米，宽 0.50 千米，主峰在西段，海拔 165.70 米
老虎山	位于原上峰镇西南部。旧传山中有虎，故名。海拔 88.60 米
小龙山	位于原汤山与上峰两镇交界处。因与大龙山相对得名。海拔 177 米
团 山	位于原上峰镇西北部。峰呈圆团形，故名。海拔 120.10 米
轿子山	位于原麒麟与上坊两镇边境。峰顶似轿子得名。海拔 93 米
西 山	位于原麒麟镇南部。地处青龙山以西，故名。山体呈向西北开口的弧形，山脊线长约 1.50 千米，宽约 0.50 千米，主峰偏西，海拔 95.90 米
荆 山	位于原麒麟镇东部。旧时荆棘丛生，故名。近南北向延伸，长 1.50 千米，宽 0.60 千米，主峰在南段，海拔 174 米
珠 山	位于原麒麟镇南部，位处青龙、黄龙两山间，山呈团圆形，意谓“二龙戏珠”，故名。面积约 2 平方千米，海拔 183 米
象 山	位于原麒麟镇东南，东靠青龙山，西与狮子山相对，山形似象，故名。西南—东北走向，长约 0.60 千米，宽约 0.30 千米，海拔 98 米

续表 4

丘陵名	简　介
狮子山（汤山街道）	位于原麒麟镇东南部，东靠青龙山，与象山相对，山形若卧狮，故名。海拔 10[illegible] 米
凳子山	位于原麒麟镇东部，东靠青龙山，山形似长凳，故名。西南—东北走向，长约 1 千米，宽约 0.50 千米，主峰在东北段，海拔 151.10 米
刺　山	位于原汤山镇北部，山上榨刺丛生得名。海拔 168 米
灵　山	位于原麒麟镇北部，跨栖霞区尧化镇。据考证，旧称陵山，以南朝刘宋文、武两帝陵墓葬此得名。后讹传为今名。海拔 155.10 米
桂　山	位于原麒麟镇与栖霞区交界处。为一独立小山体。海拔 154.10 米
线　山	位于原汤山镇西部，因山东西侧各有泉眼渗水，旧称仙水山，也得名仙山，后讹传为现名。海拔 125 米
金牛山	位于原汤山镇东部。山产铜，古称五金之一，意谓山有金牛隐伏得名。海拔 14[illegible] 米
窑　山	位于原汤山镇境内射乌山西部，与庙山相连，成为独立小山体。窑山海拔 104.70 米，庙山海拔 88 米
乌鸦山	又名文山，位于原汤山镇青林上窑湾北部。山呈东北—西南走向的长形，像一堵屏障，山体黑色。海拔 293.60 米
大凹山	位于原汤山镇境内，青龙山北部。两峰之间鞍形较大，故名。有横山小路。海拔 255 米
千儿山	位于原汤山镇境内，青龙山中部，海拔 203 米
五条岭	位于原汤山镇龙尚行政村西南部，半面山西部，海拔 286 米
近　山	位于原汤山镇境内，半面山北部，海拔 215 米
道贯山	位于原汤山镇境内，半面山东北部，海拔 214 米
白鹅岗	位于原麒麟镇西部，海拔 78.90 米
和尚山	位于原麒麟镇东部，海拔 88 米

说明：本节选介的丘陵未列入此表

第三章　水系　水文

江宁区西北濒临长江，境内地势东南高，西北低，河水多为西北流向。全区水脉或东西横列，或南北纵贯。青龙山、汤山、孔山矗立于东北，牛首山、东大山、云台山、天马山等盘踞中、南，将区境河流分为 3 个水系。青龙山、汤山以北，牛首山、天马山以西，分别为江宁河、板桥河等 9 条河流，是流入长江的沿江水系；介于青龙山、汤山、牛首山、横山、天马山之间分别为秦淮河干河、秦淮新河等 21 条河流，为秦淮河水系；横山、天马诸山以南为丹阳河，注入石臼湖，即石臼河水系。因此，全区河流从纵的方面看，以长江为经，诸河为纬；从横的方面来说，以秦淮河为纲，其余诸河为目，自然形成纵横交错的河网。

秦淮河纵贯全区南北，支流密布，是境内最大的河流，灌溉全区农田面积 3.47 万公顷，占全区农田面积一半以上。长江流经江宁区境全长 19.20 千米，水面达 3000 公顷，长江过境水为江宁区提供充足的水资源。

江宁区平均年降雨量为 1012.1 毫米，一般年份水量供需基本平衡，但年际变化很大。据水文观察分析，江宁区的水文特征主要表现为降水受北亚热带季风气候和地形的影响，年间不均，因降水量不均而造成河流水位变幅大、流量和径流量差距大等情况出现。

第一节 水 系

【秦淮河水系】

秦淮河水系主要有秦淮河干流、秦淮新河、句容河干河、溧水河干河、汤水河、解溪河、牛首山河、溧水一干河、溧水二干河、溧水三干河等21条河流。

秦淮河 本名龙藏浦，汉时起称淮水。唐代以后，因旧传秦始皇"凿方山，断长垄"，始有秦淮河的名称。《六朝事迹类编》称此河"分派屈曲，不类人工，疑非秦皇所开"。地质考古学者也证实，远在7000万年前，就有这条自然河流雏形。所以，秦淮河之名是唐朝文人根据传说入诗的结果。李白《留别金陵诸公》诗中，有"六代更霸王，遗迹见都城。至今秦淮间，礼乐秀群英"的诗句，出现"秦淮"河名。

图 3-3-5　秦淮河鸟瞰图

秦淮河为区境内最大河流，纵贯南北，支流密布。这条河有两个源头：东源句容河出自句容县城北30千米的宝华山，汇集赤山湖水之后，进入江宁区淳化街道土桥境内，流经湖熟，到龙都西北村与南源汇合。南源溧水河来自溧水县东南10千米的东芦山，经溧水县城和江宁区铜山、禄口、秣陵、龙都等地，也流到西北村附近。两源在西北村汇合后，再绕方山的南西两面，转西北流，经殷巷、东山、上坊等地，向北流到南京市入江。这是秦淮河的主要河道。该河全长110千米，在区境内长约80.50千米。在江宁区主要支流有汤水河、索墅河、解溪河、云台山河、牛首山河，总长167.80千米。

秦淮新河 1975—1980年，从东山附近的河定桥至南京郊区的金胜村入江处开挖成一条全长18千米、河面宽130米~200米，行洪800立方米每秒的人工泄洪河，即秦淮新河。并在该河口附近建有节制闸，以适应排洪、抗旱和航运的需要。秦淮新河在区境内长4.64千米。

溧水河干河 秦淮河上游两大支流之一，源于溧水县东南10千米的东芦山，因名。经周岗、铜山、禄口、秣陵、龙都等地，至西北村汇入秦淮河干流。在区境内长18.68千米。

句容河干河 秦淮河两大支流之一，源于句容市城北30千米的宝华山，因名。全长50千米，在区境长30.40千米。汇集赤山湖水，经区境土桥、湖熟、龙都等地，至西北村也汇入秦淮河干流。

横溪河 在江宁区境，源自横溪街道，横贯横溪、禄口等地。1975—1976年废老河，开新河，从黄桥滩入溧水河，全长11.12千米，流域面积138.20平方千米。

汤水河 源自汤泉水库，流经江宁区的汤山、上峰、土桥和句容市的黄梅、石狮等地，全长25.22千米（其中4千米在句容市），流域面积240.40平方千米。

梁台河 原名索墅西河，在江宁区境，源自青龙山，从梁台河桥至涧边桥，长6.35千米。

同进河 原名索墅东河，在江宁区境，源自青龙山，从栾墅港至马家坝，长5.35千米。西河与东河的流域面积，合计为72.80平方千米。

解溪河干河 在江宁区境，自索墅至句容河，长4.80千米，流域面积84.10平方千米。1975年后开新河，此河改为解溪干河、前进河、胜利河。

云台山河 在江宁区境，自司家桥至河口，长14.90千米，流域面积135平方千米。

溧水一干河 源头在溧水县，中间一段为江宁区禄口街道铜山与溧水县柘塘乡的界河，下游流入溧水河，全长18千米，在区境为6.25千米。

溧水二干河 源头在溧水县，全长25.60千米，下游为江宁区（湖熟街道周岗）与溧水县的界河，长8.90千米。流域面积251平方千米。

溧水三干河 源头从溧水县西横山水库起，由方家村自江宁区禄口街道铜山入溧水河。这条河全长12千米，在区境6.25千米。

【沿江水系】

沿江水系长江江宁段有铜井河、牧龙河、江宁河、板桥河、七乡河、九乡河等。

长江河段 长江自西向东，流经江宁区江宁街道的铜井、江宁两地西北部边境。江中自马鞍山市、江宁区、和县三地交汇点起，向南岸至慈湖河口与马鞍山市为界；隔江与和县、浦口区的江浦以主流中心线为界；由西南向东北至江宁、江浦、雨花台三地区中心交汇点，向东南至江宁河口西与雨花台区为界。长江流经江宁区境共长19.20千米，水面达到3333.30公顷。长江水资源丰富，对江宁区经济建设以及人民生活关系极大。沿江有和尚港、铜井河口、新济洲、仙人矶等码头，可停泊船只，商船东可出海，西可达长江中、上游各城市。秦淮新河在长江边建的节制闸可以排涝和提水抗旱，对江宁区一半以上农田旱涝保收起着关键作用。江宁区已在长江边（地址在雨花台区双闸镇五星村）建造日产30万吨自来水提水工程，保证向城区充分供应生产、生活用水。

铜井河 源头在江宁街道铜井，经铜井西流入长江。全长2.80千米。

牧龙河 古称牧龙浦。宋《景定建康志》称："旧有香木浮其上，士人迎之以建亭，曰木龙亭。"后"木"讹传为"牧"，才有今名。源自江宁街道铜井经牧龙而注入长江。全长约4千米。

江宁河 古称南浦，也称江宁浦，源头在安徽天马、萝卜山和区境娘娘山、杨家山等山。北经原陆郎、江宁两镇，在原江宁镇河口附近注入长江。区境长19.05千米，除灌溉上述两镇约4666.70公顷农田外，自原江宁镇以下一段，夏季可通船。

板桥河 源头在牛首山、吉山等山，全长12千米，在区境长4.70千米。旧称板桥浦，清宣统二年（1910）更现名。因河身窄淤，仅供两岸灌溉用。在南京市雨花台区大胜关附近入江。

七乡河 源头在江宁区境汤山、孔山诸山。旧时因河流经汤山、骆墅、孟塘、孟北、龙泉、东阳、三阳7乡，得名七乡河。河在原汤山镇境内，先呈东西流向，到墙里与许巷间折而北流，经市郊栖霞区摄山乡的漳桥、西渡流入长江。全长18千米，在区境长12千米，是江宁区汤山街道重要泄洪和灌溉河道。

九乡河 源头在江宁区原麒麟镇境内，古称琐石溪，下游是明代重要运粮运石水道，名运粮河。新中国成立前，河为锁石、东流、西流、麒麟、仙林、长林、衡阳、栖霞、石埠9个乡镇666.67公顷农田排灌所用，改名九乡河。全长23千米，在区境内13.23千米。河除泄洪、灌溉外，下游还是运输石料的主要水道。

【石臼湖水系】

石臼湖 又名北湖，是高淳、溧水、当涂3个县共有的湖泊。在江宁区境内流域面积227平方千米。

丹阳河 是石臼湖水系的河流之一。全长约15千米，在江宁区境西湖农场至建设桥长0.86千米。河从横溪街道丹阳向南经当涂县流入石臼湖。

2007年江宁区主要河流情况表

表3-3-6

流域	河名	汇水面积（平方千米）	起讫地点		长度（千米）		备注
			起	讫	总长	区境	
秦淮河水系	秦淮新河	—	金胜村	河定桥	18.00	4.64	区境由麻田桥至河定桥
	秦淮河干流	2631	三岔河	西北村	34.10	14.41	区境由上坊门桥至西北村
	运粮河	119	河口	上坝河	11.00	5.90	区境由小水关桥至上坝河
	牛首山河	46	石家捍	司家桥电站	7.16	7.16	—
	阳山河	28	王家庄	南庄	3.22	3.22	—
	云台山河	135	新河桥	石坝	14.90	14.90	包括秣陵新河
	句容河干河	1303	西北村	周岱	50.00	30.40	区境由西北村至黄泥坝
	解溪河干河	84	犁头尖	解溪河口	4.80	2.10	—
	前进河 胜利河	84	解溪河口 解溪河口	后宋墅 双塘墅	7.45 10.27	7.45 10.27	原西解溪河 原东解溪河
	梁台河 同进河	73	梁台河桥 栾墅港	涧边桥 马家坝	6.35 5.35	6.35 5.35	原索墅西河 原索墅东河
	汤水河	240	石秋河口	汤山集镇南	25.22	21.22	—
	溧水河干河	41	西北村	三干河	18.68	18.68	溧水河汇水面积833平方千米
	句容南河	94	庞家	龙德桥	8.10	8.10	—
	横溪河	138	横溪河口	桃花坝	11.12	11.12	—
	溧水一干河	184	三干河口	天生桥	18.00	6.25	区境由河口至曹家坝
	溧水二干河	251	朱公村	葛家边	25.60	8.90	左岸为溧水县
	溧水三干河	125	达里港	石秋坝	12.00	6.25	区境由达里港至石岗桥上
	团结河	—	三干河窑墩	红卫电站	3.45	3.45	—
	徒壋河	—	横溪河	上村	2.70	2.70	—
沿江水系	江宁河	178	江宁河口	兔儿岗	19.05	19.05	陆郎境称陆郎河

续表

流 域	河 名	汇水面积（平方千米）	起讫地点		长度（千米）		备 注
			起	讫	总 长	区 境	
沿江水系	牧龙河	20	河 口	铁路桥	4.00	4.00	—
	铜井河	25	河 口	公路桥	2.80	2.80	—
	和尚港	—	河 口	严陡门	1.40	1.40	—
	天然河	21	河 口	安徽慈湖小学	2.00	2.00	—
	星辉河	—	河 口	乌山站	1.20	1.20	—
	板桥河	84	大胜关	石 坝	12.00	4.70	区境由祠子山至樊家村
	七乡河	44	下坝电站	孟塘公路桥	18.00	12.00	—
	九乡河	—	袁家边闸	尚 庄	23.00	13.23	—
石臼湖水系	丹阳河	—	西湖农桥	建设桥	15.00	0.86	—

第二节 湖 泊

江宁区湖泊有自然湖和人工湖两类。自然湖在江宁历史上曾星罗棋布。秦淮河平原上，句容河两岸有夏驾湖、刘阳湖、白米湖、植莲湖等，秦淮河下游有象鼻湖、倪湖、燕湖等。沿江平原西部有三城湖等。东北低山丘陵有半汤湖、小平湖等。所有这些湖，大都是平原洼地积水而成，并且多与江河相通，对调节水量起着重要作用。由于泥沙淤积严重，加上人工围湖垦田，现剩下的仅是一些较大湖泊残迹而已。2007 年，主要有百家湖、杨柳湖、西湖 3 个。人工湖，江宁历史上本没有人工开挖的湖，20 世纪 90 年代后，江宁区为了发展旅游事业，将一些山水资源比较丰富可以开发为景点的人工开挖的水库，改名为湖，如安基水库改名为安基湖、公塘水库改名为银杏湖，赵村水库改名为蟠龙湖等。

【自然湖】

百家湖 位于原东山镇西南部，总面积约 53.30 公顷（1 公顷 =15 亩，下同），其中养鱼面积 44.70 公顷，水深平均约 4 米。古时湖畔坡坨周延，芳草如茵，为牧马场所，曾名马牧湖（浦），后因灌溉周围百家农田，更名为百家湖。20 世纪 70 年代后，湖区建有养殖场，专事水产养殖，周围农田已不用这里的水灌溉。1992 年 6 月，江宁经济技术开发区成立后，为更有效地开放开发，招商引资，发展经济，依托有利的自然条件，建设园林式新城区，百家湖自然成了建设

图 3-3-6 百家湖（2007 年摄）

的重点。1996 年年底至 1997 年下半年，开发区投资 3000 多万元对该湖进行全面整治，完成了清淤、护坡、修环湖路、建桥等基础开发工程，湖面拓宽到 66.70 公顷，为开发区增添一道亮丽的风景线。

杨柳湖　位于原龙都镇北部低洼处，杨柳村南部。古代水面浩瀚，碧波万顷，为县东南大湖之一。西汉时，因周围特产丰饶，曾在附近设置胡孰县，湖名叫刘阳湖。后经历代淤塞和围垦，至 1949 年年底，仅剩下水面 53.30 公顷，近来又缩至 30 公顷，现为杨柳湖养殖场，靠建闸控制水位。

西湖　位于原土桥镇中部，面积 33.30 公顷。湖区建有农场，从事水面养殖事业。

【人工湖】

安基湖　原为安基山水库，位于原汤山镇北部 3 千米，1974 年兴建，面积 66 公顷。20 世纪 90 年代，被南京市定为东郊汤山地区旅游景点之一，并更名为安基湖。安基湖源接天雨，色孕山泉，盛产淡水鱼，湖边有千亩果园、茶场，加上库区群山叠翠，岸线曲折迂回，湖面碧波荡漾，湖水清澈见底，颇具风采。几经开发，辟为安基山人工湖后，面积扩大到 0.67 平方千米。安基湖又与距汤山集镇北 6 千米处，“律宗第一名山”的宝华隆昌寺相连，同时附近还有阳山碑材、雷公洞、葫芦洞，多处温泉，形成了碑、洞、泉、湖、寺五位一体，人文历史名胜与自然风景的巧妙结合，构成独特景观。因此，安基湖既是吸引众多旅游爱好者的旅游胜地，也是吸引国内外人士投资的好地方。

图 3-3-7　安基湖（安基山水库）

银杏湖　原为公塘水库，位于原谷里镇南部 7.60 千米处，1966 年兴建，面积 76.60 公顷。20 世纪 90 年代末，台湾中鑫国际等几家公司看上该水库丰富的山水资源，共同出资 3000 万美元开发建设，遂改名为银杏湖。一期工程打造近万亩，于 2000 年 5 月启动，至 2004 年年底，已初步形成以银杏湖为中心的千亩碧波、千亩生态茶园、千亩花园、千亩樱花和万株名贵乔木、千亩银杏、千亩金桂、千亩草坪以及千亩球类健身场所融为一体的度假、休闲与旅游景区。至 2007 年已部分开放，景观令人流连忘返。

蟠龙湖　原为赵村水库，位于原横溪镇东南部，始建于 1957 年冬，面积 253.30 公顷，蓄水量 1043.20 万立方米，是江宁区最大的水库。2003—2004 年，由江宁区水利局争取水利部、省水利厅、市水利局支持，投资 3100 万元，翻建溢洪闸、东西引水涵洞，进行了砼护坡、块石倒滤和水库绿化，新建了进库道路、坝顶公路和水库管理房。遂将水库更名为蟠龙湖。引进南京报业集团投资开发建设。该湖三面环山，山峦重叠，青山倒映，绿水拥翠，景色十分美丽。湖内盛产鱼虾，尤以湖水煮湖鱼，最为鲜美。该湖正在开发建设之中。

第三节 地下水

江宁区地下水多年平均资源量为1.72亿立方米。其中含地热水4200万立方米。2005年，根据《江宁区地下水资源评价规划》调查测算，地下水不重复量为1.20亿立方米，比多年平均资源量减少30%，全区地下水不同类型、不同区域储水量各有不同。

【地下水类型】

据区域水文地质资料，江宁地区除上更新统棕黄色黏土和下石炭统高骊山组黏土页岩不含水外，其他各层位都不同程度含水。大致可分为4种主要类型。

松散岩类孔隙水（Q_4） 可分为三种。全新统冲积孔隙潜水：主要沿长江及其支流江宁河、板桥河、秦淮河、汤水河等呈树枝状分布。其水位埋深1米~3米，富水性一般为10吨/日~100吨/日。在地下水补给充足的粉细砂层中，富水性可达300吨/日~500吨/日。上更新统下蜀组（Q_x）上段孔隙含水组：分布在丘陵山地前缘与平原之间，通常组成一级阶地，堆积厚度一般为3米~5米。其层位稳定，多呈扇形或树枝状分布。为区内弱孔隙潜水含水层，富水性一般小于10吨/日。由孔隙潜水、承压水组成的混合型含水组：主要分布于沿江窄长条带（最宽处延长达2千米），几个江心洲也属之，其上层潜水如前述，下层为长江河床相沉积。此层水量丰富。雨花台区西善桥镇旁秦淮新河西岸钻孔曾获得1680吨/日涌水量，水质尚好，属HCO_3-Ca-Mg型水，矿化度低于1克/吨。

碎屑岩类孔隙裂隙水与裂隙孔隙水 区内孔隙裂隙水地层主要为象山群砂岩（包括中统朱村组、陡山组），西横山组砂岩、砾岩，主要分布在横山、云台山、韩府山地区以及李墅至龙王庙一带。其中，象山群水量级为100吨/日~500吨/日，西横山组水量级为10吨/日~100吨/日，水质多为HCO_3-Na、Ca型水，矿化度为1克/升左右。属裂隙孔隙水的地层主要为赤山组砂岩，主要分布于东南部秦淮河平原地区，边缘也有出露。其岩性为砖红色细砂岩、砂岩，含水层厚度大且稳定。其含水性一般较差。但邻区资料在合适部位也有含水性较丰者，一是顶部风化裂隙发育处，如句容汽车修理厂钻孔深19米，即获得432.36吨/日的水量；二是向斜轴部，大厂镇西北新集孔深208米，水量107.42吨/日，其承压水头高达数十米。

碳酸盐岩类裂隙岩溶水 区内碳酸盐类岩石广泛出露在汤山、青龙山、大连山一带。其层位较多，主要层位有观音台组、仑山—汤头组、黄龙组、船山组、栖霞组、青龙组、周冲村组。岩性有灰岩、白云岩、角砾状灰岩等。这些碳酸盐岩构造裂隙发育，在长期水体作用下，溶蚀洞穴普遍发育，形成良好的储水层。此类裂隙岩溶水受层位制约且呈多层产出，同时受断裂影响明显，张性断裂及断裂交会处水量更大。现有钻孔资料水量一般大于100吨/日，部分可达到1000吨/日，且水质一般较好，多为HCO_3-Ca/Na型水，矿化度小于0.50克/升。上峰一井涌水量达2000吨/日。

基岩裂隙水 此类地下水的发育与基岩介质关系密切，可分为三类。火山岩中基岩裂隙水：江宁区西南部龙王山组、大王山组、姑山组、白头山组、娘娘山组火山岩等分布面积广，厚度大，其中断裂构造普遍发育。又受到沉积间断影响，风化裂隙也普遍发育。有粗大碎屑岩产出部位，富水性甚好，其水质多属HCO_3、SO_4-Ca、Mg型，硬度1克/升左右。侵入岩与次火山岩体中裂隙水：区内侵入岩与次火山岩普遍发育，既有中基性岩，也有酸性、碱性岩，其裂隙包括成岩裂隙、构造裂隙与风化裂隙，地下水即贮存在这些裂隙中，而各类岩体与围岩的接触带，包括捕虏体接触带，往往岩石破碎，也有较好的富水性，其中酸性岩体中裂隙水的水质良好，符合矿泉水标准（如麒麟门）。碎屑岩中基岩裂隙水：又可分为两类，一是坚硬的石英岩类（如五通组），裂隙发育且连通性好，含水性较好；二是泥质岩石，层位较多，如高家边组、坟头组、龙潭组、大隆组、孤峰组、黄马青组。其中砂页岩裂隙发育较差，一般为弱含水岩组，如排山煤矿的日排水量仅几十吨。上述基岩裂隙水，其水量一般分两级，一为 100 吨 / 日 ~ 500 吨 / 日，另一为 10 吨 / 日 ~ 100 吨 / 日。

【地下水分区储量】

江宁区地下水按水文地质可划分为 5 个区域，各区域储量不同。

长江漫滩区 这一区域在区境西部铜井、江宁两地的长江边滩及新济洲、新生洲内，面积约 19 平方千米。单井涌水量 1000 立方米 / 日 ~ 3000 立方米 / 日，天然补给量（主要指降雨入渗量和灌溉回渗量，下同）435 万立方米 / 年，储存水资源量 2850 万立方米 / 年，可开采量 307 万立方米 / 年，为储存水资源量的 10.80%。

秦淮河漫滩区 这一区域在区境中部，呈南北条带状分布，由东山至禄口，南北长约 27 千米，东西平均宽约 6.80 千米，面积约 184 平方千米。单井涌水量 100 立方米 / 日 ~ 500 立方米 / 日。天然补给量 4417 万立方米 / 年，储存水资源量 7360 万立方米 / 年，可开采量 1766 万立方米 / 年，为储存水资源量的 24%。

碳酸岩类岩溶水 这一区域在区内东部，淳化—上峰一线以北，东山—淳化一线以东，面积 265 平方千米。单井最大涌水量 3000 立方米 / 日。储存水资源量 1803 万立方米 / 年，可开采量达 100%。

侏罗系火山岩为主的裂隙水区 其广泛分布于全区，是一套巨厚的火山岩及碎屑岩地层，在秦淮河漫滩以西，面积约 770 平方千米。局部单井涌水量 1000 立方米 / 日 ~ 3000 立方米 / 日，但大部分地区地下水量不大，小于 300 立方米 / 日。若不计算储存水资源量，则可开采量达 1940 万立方米 / 年。

白垩系红层为主的裂隙贫水区 秦淮河漫滩以东，淳化—上峰一线以南，这里是江宁地下水最为缺乏的地区，面积约 335 平方千米。在淳化街道七里岗曾打过 286 米的深井为干孔，没有水。整个丘陵山区土层孔隙水涌水量小于 10 立方米 / 日，无开采价值，但通过比拟法测算，可开采量为 844 万立方米 / 年。

2005 年江宁区地下水资源量情况表

表 3-3-7　　　　单位：万立方米

项　目	天然补给量	储存水资源量	可开采水资源量
合　计	4852	12013	6660
长江漫滩区	435	2850	307
秦淮河漫滩区	4417	7360	1766
碳酸岩类岩溶水	—	1803	1803
侏罗系火山岩为主的裂隙水区	—	—	1940
白垩系红层为主的裂隙贫水区	—	—	844

【地下水资源特征】

根据《江宁区地下水资源评价规划》调查，地下水资源特征，全区有6个富水地段。

长江漫滩孔隙水富水地段。主要分布在长江古河床地段，含水层厚度大，单井涌水量可达300立方米/日，补给充沛，资源丰富。

秦淮河漫滩孔隙水富水地段。主要分布在秦淮河古河床部位，单井涌水量可达100立方米/日~1000立方米/日。

图3-3-8 颐尚温泉（2007年摄）

汤山热水富集地段。热水温泉分布在汤山社区和侯家塘附近。汤山东端汤山社区附近地下水水温53摄氏度~65摄氏度，单井涌水量280立方米/日~1200立方米/日，为偏硅酸、氟医疗热矿水。汤山西端侯家塘附近地下水水温30摄氏度~39摄氏度，单井涌水量250立方米/日~1920立方米/日，为氟医疗热矿水。汤山地下水补给区分布在汤山山体中部块段，是降水通过碳酸盐岩裂隙溶洞渗流经深循环向热水温泉区补给。在地下水渗流未进入深部循环的浅部含水岩段，地下水水温18摄氏度~25摄氏度，单井涌水量126立方米/日~1920立方米/日。

坟头富水地段。分布在坟头村北、九乡河及其分支断裂组成的一个三角地带，面积约10平方千米，单井涌水量可达1000立方米/日~3000立方米/日，水质良好。

上坊—赵家山—山口村富水地段。该段北界以西山山脊为界，南界为珠山，十里长山北麓。单井涌水量1000立方米/日，开采资源量可达5000立方米/日，水质良好。

大连山—大龙山富水地段。该区段有优质含锌矿泉水及含锶矿泉水，并且有一定的开采价值。

【矿泉水】

按照1996年8月1日实施的《中华人民共和国国家标准》（GB 8537-1995）规定，饮用天然矿泉水的定义是："从地下深处自然涌出的或经人工揭露的，未受污染的地下矿水；含有一定量的矿物盐、微量元素或二氧化碳气体；在通常情况下，其化学成分、流量、水温等动态在天然波动范围内相对稳定。"江宁区矿泉水产地发现有3处，其中2处在原麒麟镇，1处在原上峰镇。原麒麟镇的东1井储量较大。

东1井矿泉水井位于原麒麟镇北约500米的麒麟铺村，地表以下29米为第四系松软层，29米深起见岩体（石英二长岩），岩体中见石灰岩（属三叠系的灰岩）捕虏体。井深194.50米，水井区有北西向和北北西向两组断裂交叉穿过，矿泉水为石英二长岩与石灰岩构造断裂带矿泉水，该岩体受其西北侧的"仙鹤门地下水源地"补给，经长途地下径流，在缓慢的深循环过程中，由于水介质的作用，将岩体中的有益组分带出而形成矿泉水。该井为偏硅酸、锶复合型饮用天然矿泉水。水温19.5摄氏度，pH值7 ~ 7.10，矿化度770毫升/升~809毫升/升，水中锶含量0.37毫升/升~0.52毫升/升，偏硅酸含量47.84毫升/升~53.10毫升/升，达到饮用天然矿泉水国家标准，其感官指标、微量元素成分指标、污染物指标、微生物指标等也符合国标要求。井水静止水位埋深29.10米，涌水量270立方米/日，允许日开采量200立方米/日。

第四节 水文特征

【降雨量】

常年雨量 根据东山水文站逐年各月降水量记录，据1951—2006年的56年逐月完整统计，江宁区常年的降雨量每年平均为1045.7毫米。全年平均大于或等于0.1毫米的降雨日数为117.8天。有50%以上的年份雨量在800毫米～1200毫米之间，有20%的年份雨量在1200毫米以上。一般年份水量供需基本平衡，但年际变化大，旱涝悬殊。1991年年雨量最多，达2014.9毫米，1978年年雨量最少，只有479.6毫米。南京自清光绪三十一年（1905）有气象记录以来，最多年雨量是1991年，最少年雨量仍是1978年，年雨量最多的年份是最少年份的4倍以上。一年中月份之间差异更大，7月份是全年雨量最多月，月雨量达176.7毫米，占年雨量的16.90%，12月份为全年雨量最少月，月雨量只有30.2毫米，占年雨量的2.89%。全年有3个较明显的多雨期，4月至5月上旬春雨连绵，群众称之为“桃花水”；6月下旬至7月上旬的梅雨季节，群众称之为“黄梅水”；9月常有台风影响，多秋雨。全年有3个较明显的少雨期，5月中旬至6月中旬的初夏旱，7月中旬至8月的伏旱，12月至次年1月多干冷天气。

梅雨量 梅雨又称“黄梅水”。每年6月中旬到7月中旬为梅雨季节，江宁历史上的水旱灾害多数发生在此季节。据1959—2006年的48年统计，江宁区平均梅雨量为244.6毫米，梅雨有正常型、早黄梅型、迟黄梅型、旱黄梅型、涝黄梅型之分。

1962年的梅雨属正常型。6月16日入梅，7月9日出梅，梅雨期24天，梅雨量274.2毫米，这时梅雨对生产有利。

1956年、1961年、1971年的梅雨属早黄梅型。5月底或6月初入梅，较正常早10天左右。6月中、下旬出梅。降水量虽不算少，但因出入梅偏早往往形成干旱年份，其发生概率平均4年～5年1次。

1959年、1965年、1969年、1997年的梅雨属迟黄梅型。入梅推迟10天～20天，对农作物管理不利。其发生概率平均10年1次。

1958年、1978年、1994年、2001年、2005年的梅雨属旱黄梅型。梅雨期只有3天～4天，1958年梅雨量12.1毫米，1978年梅雨量19.9毫米，1994年梅雨量38.5毫米，2001年梅雨量43.5毫米，2005梅雨量44.9毫米。其发生概率平均13年～14年1次。

民国20年（1931）、1954年、1991年、2001年、2007年的梅雨属涝黄梅型。1931年梅雨量486.6毫米。1954年6月13日入梅，7月30日出梅，梅雨期48天，梅雨量540.5毫米。1991年6月8日入梅，比常年提早10天～20天，比1954年还早5天，梅雨持续38天，直至7月15日出梅。梅雨量达1038.4毫米，是常年梅雨量的5倍，是1954年和1931年梅雨量的2倍，全县遭受特大洪涝灾害。2007年梅雨量也大，6月19日入梅，7月24日出梅，梅雨持续36天，梅雨量达609毫米。其发生概率平均4年1次。

汛期雨量 汛期一般在5—9月，统计年份1951—2007年，平均降水量达662.9毫米，占全年平均降水量的63.21%，其中1991年汛期雨量高达1534.1毫米，占该年平均雨量的76.14%，是江宁区57年平均年雨量的1.46倍。

1950—2007年江宁区东山站各月降水量情况表

表 3-3-8　　单位：毫米

年份	1月	2月	3月	4月	5月	6月	7月	8月	9月	10月	11月	12月	汛期(5—9月)	全　年
1950	—	—	—	—	—	—	—	113.4	52.8	97.6	24.4	4.1	—	—
1951	11.3	79.4	26.2	91.9	97.5	152.0	207.0	108.6	33.4	38.5	44.0	42.8	598.5	932.6
1952	18.5	106.3	133.9	94.8	91.3	12.8	119.6	207.8	119.4	46.3	31.7	6.4	550.9	988.8
1953	36.1	72.5	67.6	25.2	24.9	231.9	121.2	51.5	127.5	47.7	19.9	46.1	557.0	872.1
1954	88.3	77.1	33.7	91.4	223.2	194.8	442.1	57.8	53.3	26.1	8.3	114.7	971.2	1410.8
1955	23.6	57.3	122.9	50.9	34.4	115.4	102.4	37.2	30.0	16.1	23.6	39.3	319.4	653.1
1956	18.8	5.1	127.8	54.7	195.6	371.5	95.1	213.2	232.1	28.6	1.1	1.7	1107.5	1345.3
1957	49.9	44.7	36.5	117.4	131.1	200.5	223.7	65.3	20.1	15.3	72.9	21.5	640.7	998.9
1958	12.1	24.5	44.7	197.3	37.7	77.3	60.3	180.2	216.0	90.0	11.8	9.3	571.5	961.2
1959	26.1	74.5	57.3	83.2	104.8	156.4	73.2	36.5	34.2	20.0	61.3	63.5	405.1	791.0
1960	23.4	15.8	92.4	68.5	101.8	131.6	122.4	86.5	106.7	15.1	73.1	2.7	549.0	840.0
1961	26.8	21.8	62.5	27.6	49.3	191.9	72.4	109.1	198.4	68.0	45.3	15.0	621.1	888.1
1962	10.4	39.4	20.1	120.9	84.7	162.5	215.0	248.1	249.3	34.7	67.3	31.1	959.6	1283.5
1963	0.9	17.2	79.3	123.5	170.4	126.1	194.9	218.1	28.1	20.8	33.0	26.0	737.6	1038.3
1964	36.7	71.2	69.8	215.2	123.3	204.1	71.6	81.4	80.3	109.0	1.3	10.1	560.7	1074.0
1965	16.2	54.6	49.9	103.3	99.8	66.0	149.7	354.4	28.0	40.4	176.2	13.0	697.9	1151.5
1966	55.2	20.1	99.3	78.5	41.4	104.9	50.9	21.9	77.0	15.4	49.7	53.0	296.1	677.3
1967	10.7	47.4	79.6	93.4	73.1	47.1	65.4	5.4	122.9	16.2	168.0	1.9	313.9	731.1
1968	44.0	4.1	47.9	56.0	44.6	73.2	154.3	99.1	45.9	40.3	17.8	84.2	417.1	711.4

续表 1

年份	1月	2月	3月	4月	5月	6月	7月	8月	9月	10月	11月	12月	汛期（5—9月）	全 年
1969	47.2	42.0	60.2	96.8	76.7	50.0	560.4	90.5	89.8	5.2	35.8	7.5	867.4	1162.1
1970	8.4	92.9	60.0	134.9	104.2	74.3	210.9	70.7	132.2	86.7	20.3	15.4	592.3	1010.9
1971	13.5	43.3	38.4	46.1	126.9	272.3	151.9	22.1	104.0	53.3	18.5	22.0	677.2	912.3
1972	29.6	74.0	173.7	93.3	39.4	376.3	118.5	221.3	22.9	67.5	91.8	27.9	778.4	1336.2
1973	27.6	52.0	89.6	165.5	73.7	175.3	128.5	9.1	137.3	16.6	3.7	0.2	523.9	879.1
1974	40.4	61.8	44.3	56.2	151.2	143.1	385.3	62.0	57.9	64.6	43.7	71.0	799.5	1181.5
1975	22.5	55.3	31.0	114.1	35.6	423.6	131.2	146.1	128.8	173.3	42.3	41.7	865.3	1345.5
1976	8.8	64.6	31.3	77.2	118.0	363.0	36.1	98.3	66.1	68.5	32.7	6.7	681.5	971.3
1977	38.7	14.1	116.3	103.6	280.4	63.9	115.0	135.4	112.9	40.8	46.7	56.8	707.6	1124.6
1978	27.8	45.9	57.7	17.1	41.4	48.0	73.6	22.8	54.5	25.7	54.9	10.2	240.3	479.6
1979	26.5	32.3	106.4	114.6	73.4	216.1	177.9	45.0	84.8	0.2	14.8	54.2	597.2	946.2
1980	38.2	20.1	93.7	56.6	71.8	141.0	320.0	118.8	48.5	20.6	25.7	0.2	700.1	955.2
1981	40.2	50.4	59.1	85.7	37.2	81.7	274.2	115.2	42.3	155.7	93.4	1.9	550.6	1037.0
1982	28.6	37.4	50.7	69.3	37.8	107.6	275.3	162.0	30.4	23.7	143.4	10.5	613.1	976.7
1983	40.2	26.9	38.1	94.8	108.8	272.9	117.8	119.1	127.7	240.2	10.0	13.6	746.3	1210.1
1984	66.4	24.9	38.5	57.0	74.8	238.8	88.0	100.8	189.2	32.7	54.1	74.5	691.6	1039.7
1985	16.7	51.8	37.7	49.1	130.1	138.9	187.9	50.3	108.2	209.9	37.6	32.8	615.4	1051.0
1986	13.9	2.7	42.9	58.8	35.1	190.6	186.9	77.0	41.9	40.6	65.0	39.9	531.5	795.3
1987	44.3	86.7	141.7	136.9	136.2	98.5	378.1	229.7	15.5	88.3	47.4	—	858.0	1403.3
1988	12.9	68.1	96.5	27.3	170.6	201.4	143.7	41.1	115.2	34.8	5.3	5.1	672.0	922.0

续表 2

年份	1 月	2 月	3 月	4 月	5 月	6 月	7 月	8 月	9 月	10 月	11 月	12 月	汛期（5—9 月）	全 年
1989	49.8	103.8	49.1	87.0	92.9	109.6	209.7	311.0	98.4	7.6	99.4	26.0	821.6	1244.3
1990	31.3	133.7	76.2	68.2	78.6	210.5	99.0	180.7	31.4	45.4	76.7	40.1	600.2	1071.8
1991	31.2	96.2	164.8	121.9	144.8	554.0	532.5	233.6	69.2	1.5	18.2	47.0	1534.1	2014.9
1992	37.8	14.8	183.6	45.9	46.1	89.7	93.3	178.0	40.7	75.9	15.0	22.0	447.8	842.8
1993	118.3	72.0	132.5	67.9	137.8	262.4	79.9	106.4	69.9	60.7	95.1	18.1	656.4	1221.0
1994	17.7	52.3	39.1	80.5	83.7	124.4	52.5	56.1	16.9	37.6	30.6	29.0	333.6	620.4
1995	39.4	24.0	68.6	40.9	161.7	206.2	43.7	129.4	1.1	51.4	0.2	11.0	542.1	777.6
1996	64.2	23.1	151.8	29.6	77.1	268.7	354.3	82.3	46.7	98.3	102.4	6.5	829.1	1305.0
1997	31.9	39.8	114.4	52.8	110.7	115.0	98.7	210.4	11.0	38.4	104.2	60.5	545.8	987.8
1998	112.3	36.0	179.9	93.4	104.6	231.6	266.5	134.7	28.3	36.5	10.4	29.2	765.7	1263.4
1999	23.7	23.3	70.0	75.6	85.2	341.5	55.4	300.1	80.6	176.0	34.5	—	862.8	1265.9
2000	83.2	35.3	27.3	41.6	90.1	162.9	136.0	123.2	85.1	108.8	86.9	27.1	597.3	1007.5
2001	105.5	65.1	13.4	57.8	17.6	106.3	112.4	167.2	6.0	15.3	43.6	98.0	409.5	808.2
2002	38.6	47.1	115.4	86.9	180.6	185.3	83.8	170.0	39.6	65.6	5.8	111.0	659.3	1129.7
2003	43.0	83.5	129.3	175.0	25.6	215.5	490.8	123.3	195.3	85.4	73.5	22.1	1050.5	1662.3
2004	59.9	33.4	53.8	96.4	127.2	246.6	42.7	91.5	33.4	8.8	72.4	37.0	541.4	903.1
2005	31.9	85.0	43.7	77.9	54.6	63.3	221.6	174.5	109.4	39.7	66.2	16.0	625.4	985.8
2006	112.4	74.4	17.5	129.2	116.8	259.7	320.9	101.8	97.5	8.0	104.7	14.1	896.7	1357.0
2007	19.5	60.1	77.0	59.5	55.8	110.9	513.8	104.9	96.0	58.7	18.2	44.2	881.4	1218.6

【水位】

秦淮河水系源短流急，上游调蓄能力较小，洪水上涨快，洪峰次数多，下游汇入长江，洪水位受长江洪水顶托影响，河口虽有3个控制的武定门闸、秦淮新河闸、天生桥闸，但大水年份，尤其是汛期，水位仍高，陡涨慢落，而且持续时间较长。1991年大水，东山水位达到10.74米，超过8.50米的警戒水位2.24米，比1954年历史最高水位10.18米还超出0.56米，其他支流水位亦高。历史上秦淮河水位超过10米的有9年：1954年、1962年、1969年、1974年、1991年、1996年、1998年、2003年、2007年。少雨年份，秦淮河流域产水量少，河道干枯，依靠翻引长江水补给，1979年12月6日秦淮河曾干枯。

长江源远流长，流域面积大，支流多，此涨彼落，交叉互补，河槽容蓄量大，下游河流洪水位涨落较缓。江宁段的汛期涨水和退水过程延续四五个月。长江下游入海口常受潮汐影响，最高水位往往出现在上游洪水与下游的潮汐相遭遇的时期。南京下关水文站自民国元年（1912）有水文资料以来最高水位是10.22米（1954年8月17日），正值夏历7月19日的大潮汐；最低水位1.54米（1956年11月9日）。长江大通站自民国12年后最大流量92600立方米每秒（1954年8月17日），其次是83900立方米每秒（1997年7月23）、82300立方米每秒（1998年8月2日）。下关水位超过9.50米较大的洪水年份有7年：1954年、1983年、1991年、1995年、1996年、1998年、1999年。下关警戒线水位是8.50米。江宁沿江流域有铜井河、江宁河、板桥河等9条河流，独流长江。这些河流除1996年板桥河口建闸、1999年江宁河口建闸外，其他河流河口均未建闸。江潮直进直出，河道源短，比降陡，雨到水到。1998年大水，铜井河、新济洲、江宁河水位分别达到11.36米、11.24米和10.65米。

长江低潮位一般发生在冬季，从12月至次年2月居多。长江枯水期，内河经常断流，依靠翻引江水灌溉。

1960—2007年秦淮河（东山站）最高水位情况表

表3-3-9　　　　单位：米

年份	最高水位	日期	年份	最高水位	日期	年份	最高水位	日期
1960	8.20	8月7日	1976	9.26	7月1日	1992	8.47	7月20日
1961	7.78	6月12日	1977	9.74	5月5日	1993	9.38	8月22日
1962	10.02	7月7日	1978	7.78	10月3日	1994	8.17	7月1日
1963	8.73	8月22日	1979	8.47	6月26日	1995	9.32	7月2日
1964	9.52	6月27日	1980	9.33	8月30日	1996	10.14	7月22日
1965	9.41	8月22日	1981	8.53	7月10日	1997	9.02	8月25日
1966	7.50	7月19日	1982	8.52	7月20日	1998	10.37	7月1日
1967	8.31	7月6日	1983	9.83	7月18日	1999	9.54	6月29日
1968	8.10	7月23日	1984	8.94	6月14日	2000	8.36	9月1日
1969	10.48	7月17日	1985	7.89	6月26日	2001	8.91	8月12日
1970	9.41	7月20日	1986	8.33	7月24日	2002	9.12	8月28日
1971	8.51	6月21日	1987	8.71	8月26日	2003	10.34	7月11日
1972	8.65	6月23日	1988	8.64	9月17日	2004	9.31	6月25日
1973	8.89	6月30日	1989	9.46	7月9日	2005	8.80	9月7日
1974	10.28	8月1日	1990	8.81	7月13日	2006	8.73	7月23日
1975	9.47	6月25日	1991	10.74	7月11日	2007	10.12	7月9日

民国元年（1912）至2007年长江南京下关水文站最高水位情况表

表3-3-10　　　　　　　　　　　　　　　　　　　　　　　　　　　　单位：米

年　份	最高水位	日　期	年　份	最高水位	日　期
民国元年（1912）	8.38	7月17日	1965	7.93	7月30日
民国2年（1913）	7.79	7月6日	1966	7.99	7月20日
民国3年（1914）	7.84	6月28日	1967	8.22	7月11日
民国4年（1915）	7.84	8月25日	1968	8.72	7月27日
民国5年（1916）	7.66	8月16日	1969	9.20	7月13日
民国6年（1917）	8.05	8月20日	1970	8.73	7月21日
民国7年（1918）	8.00	9月6日	1971	8.00	6月25日
民国8年（1919）	7.87	8月14日	1972	6.79	7月14日
民国9年（1920）	8.05	7月22日	1973	9.19	7月2日
民国10年（1921）	8.68	8月22日	1974	8.85	7月22日
民国11年（1922）	8.55	9月13日	1975	8.49	5月27日
民国12年（1923）	8.59	8月12日	1976	8.71	7月28日
民国13年（1924）	8.59	8月17日	1977	9.30	7月2日
民国14年（1925）	7.03	9月8日	1978	7.35	6月24日
民国15年（1926）	8.71	8月25日	1979	7.35	9月3日
民国16年（1927）	8.19	7月17日	1980	9.20	8月28日
民国17年（1928）	6.91	9月2日	1981	7.95	8月1日
民国18年（1929）	7.68	7月10日	1982	8.61	6月26日
民国19年（1930）	8.04	7月15日	1983	9.99	7月13日
民国20年（1931）	9.29	9月15日	1984	8.29	6月15日
民国21年（1932）	8.22	7月9日	1985	7.26	7月30日
民国22年（1933）	8.38	7月8日	1986	8.19	7月24日
民国23年（1934）	7.40	6月29日	1987	8.41	7月28日
民国24年（1935）	8.74	7月18日	1988	8.73	9月25日
民国25年（1936）	7.74	7月5日	1989	9.08	7月21日
民国26年（1937）	8.74	8月24日	1990	8.75	7月[illegible]1日
民国36年（1947）	8.21	8月19日	1991	9.69	7月[illegible]3日
民国37年（1948）	8.71	7月21日	1992	9.05	7月[illegible]5日
民国38年（1949）	9.17	7月25日	1993	9.06	8月21日
1950	8.01	8月1日	1994	8.74	6月27日
1951	7.49	7月21日	1995	9.66	7月11日
1952	8.26	9月24日	1996	9.89	7月19日
1953	7.28	8月18日	1997	8.86	7月13日
1954	10.22	8月17日	1998	10.14	7月29日
1955	8.32	7月3日	1999	9.88	7月25日
1956	8.28	8月2日	2000	8.07	7月5日
1957	7.99	8月13日	2001	7.45	6月2[illegible]日
1958	7.74	5月21日	2002	9.08	8月2[illegible]日
1959	7.80	7月9日	2003	9.23	7月1[illegible]日
1960	7.41	8月9日	2004	7.75	8月[illegible]日
1961	7.13	9月12日	2005	8.49	9月1[illegible]日
1962	8.68	7月19日	2006	7.21	7月24日
1963	7.37	9月6日	2007	8.33	8月10日
1964	8.48	7月11日			

说明：民国27—35年（1938—1946）资料缺失

【水面蒸发量】

据东山水文站对秦淮河流域多年（1964—2005 年）的观测资料统计，江宁区境内平均水面蒸发量为 950.1 毫米。其中 8 月、7 月蒸发量最大，分别占年均蒸发量的 13.46%、13.10%；1 月最小，占年均蒸发量的 5.28%。

干旱指数。1964—2005 年，江宁区平均降雨量为 1052.3 毫米，蒸发量为 950.1 毫米，两者相比，干旱指数为 1.08。表明江宁区属气候比较温润地区。

江宁区月平均水面蒸发量情况表

表 3-3-11　　单位：毫米

项　目	合　计	1月	2月	3月	4月	5月	6月	7月	8月	9月	10月	11月	12月
蒸发量	950.1	31.2	39.8	61.9	78.8	100.6	109.5	124.5	127.9	100.5	79.8	55.8	39.8

说明：此表数据为1964—2005年观测资料平均数据

【径流量】

江宁境内多年平均径流深为 334 毫米，径流时程与降水量一致，主要集中在汛期（6—9 月），其径流量约占全年 60% ~ 70%。根据江宁区水资源调查评价，计算结果为 1964—2005 年多年平均降水量 1052.3 毫米，多年平均径流深为 334 毫米，多年平均径流系数为 0.32。不同时间段产流系数和平均地表水资源不尽相同。秦淮河流域（不含南京市区）不同典型年，全区不同水平年也不尽相同。江宁区 1964—2005 年平均年径流量为 53023 万立方米，最多时段为 1980—1989 年，10 年平均年径流量 57097 万立方米，对比超过 8%；最少时段为 1964—1969 年，10 年平均年径流量 42275 万立方米，对比减少 20%。

1964—2005 年不同时间段江宁区地表水径流量情况表

表 3-3-12

时段（年）	平均降雨量（毫米）	年径流深度（毫米）	产流系数	年径流量（万立方米）
1964—2005	1052.3	334.0	0.32	53023
1964—1969	917.9	268.8	0.29	42275
1970—1979	1018.7	330.8	0.32	52023
1980—1989	1063.5	363.0	0.34	57097
1990—1999	1137.1	347.0	0.33	54588
2000—2005	1082.8	360.5	0.34	56701

不同典型年份，秦淮河流域（不含南京市区）地表水径流量也不相同。根据江宁区水利局对地表水径流量的测算，选择 5 个有代表的典型年进行调查，分别是 2005 年、1999 年、1993 年、2004 年、1994 年，分别代表现状年、丰水年、平水年、中等干旱年和特殊干旱年。调查计算结果，不同典型年份地表水径流量悬殊明显。地表径流深与地表水径流量，丰水年为 455 毫米、126544 万立方米；特殊干旱年为 151 毫米、42176 万立方米。

秦淮河流域不同典型年江宁区径流量情况表

表 3-3-13

不同典型年	地表径流深（毫米）	地表水径流量（万立方米）
现状年（2005）	268	74357
丰水年（1999）	455	126544
平水年（1993）	315	87673
中等干旱年（2004）	257	71302
特殊干旱年（1994）	151	42176

不同水平年、各个不同地区产生的径流量也不同。江宁区在水资源调查中，将全区分为四个区域，测定不同地区的径流量。这四个区域是：秦淮河，位于宁镇山脉西段以南，茅山山脉西延以东，面积为1059.70平方千米，占全区总面积1572.94平方千米的67.37%，境内有秦淮河穿越冲积而成的秦淮河平原，圩田分布较多，属于秦淮河流域；沿江北区，位于宁镇山脉西段以北，面积为88.50平方千米，占全区总面积的5.63%，主要为丘陵、岗地，属于长江流域的沿江小流域；沿江西区，位于茅山山脉以西，面积为369.80平方千米，占全区总面积的23.51%，主要为丘陵和盆地，属于长江流域的沿江小流域；丹阳分区，位于江宁区南端，面积较小，为54.90平方千米，占全区总面积的3.49%，属石臼湖水系。四个区域测定计算结果表明，不同水平年、各个不同地区产生的径流量也不同，圩区地表径流深度、产生径流量深而多，相反，丘陵山区则浅而少。

不同水平年江宁区地表径流量情况表

表 3-3-14

不同水平年	径流深（毫米）	水资源分区产生径流量（万立方米）				
		合 计	秦淮河区	沿江北区	沿江西区	丹阳区
现状年（2005）	359	56601	38536	2055	15705	305
丰水年（1999）	449	70649	48254	2581	19431	383
平水年（1993）	350	55101	41427	2914	10323	432
中等干旱年（2004）	261	41128	29331	2256	9207	334
特殊干旱年（1994）	132	20860	16077	1236	3364	183

第五节 水资源

江宁区地处长江下游，属北热带气候，年均降水量1012.1毫米，地表水水网密布，地下水资源相对较为丰富。据江宁区水资源配置规划调查，2005年，江宁区总水资源量为10.44亿立方米。其中，地表水5.66亿立方米、地下水不重复量1.20亿立方米，过境水3.58亿立方米（不包括长江过境水9730亿立方米）。正常年份水量供需基本平衡。水质各河湖的矿化度很低，属极软水或软水。

【地表径流】

江宁区地表水多年平均资源量为5.83亿立方米，2005年测算全区为5.66亿立方米，比多年平均资源量减少2.91%。地表水的产流分为山区和圩区两大类，其中山区占全区总面积的2/3，圩区占1/3。总流量是水面、水田、旱地与非耕地、城镇等面积产流量的总和，其中包括降雨入渗补给量，但不包括水库塘坝的蓄水量。

全区建有73座水库、41805面塘坝，蓄水量共计2.41亿立方米，但这些水量不能纳入地表水资源量中，因为它属于重复计算。而水库、塘坝的蓄水，对于调节全区不同年份、年内不同月份的地表水资源量，为当地居民生活用水和灌溉用水提供了水源保证。

【过境水】

长江过境水 长江过境水为江宁区提供充足的水资源，但不包括在区水资源总量之中。长江多年平均过境水量占全国地表水资源的1/3，达9730亿立方米。最大年（1954年）过境水量13590亿立方米，约为多年均值的1.40倍；最小年（1928年）为6320亿立方米，为多年均值的65%。

1956—1979年长江过境水量各月分配情况表

表3-3-15

月份	水量均值（亿立方米）	折合月平均流量（立方米/秒）	月份	水量均值（亿立方米）	折合月平均流量（立方米/秒）
1	260	9700	8	1082	40400
2	250	10300	9	951	36700
3	370	13800	10	858	32000
4	582	22500	11	574	22100
5	956	35700	12	358	13400
6	1046	40300	全年	8575	27083
7	1288	48100			

秦淮河上游过境水 在编制水资源配置规划中，江宁区利用新安江模型对秦淮河上游来水量进行计算，2005年（现状年）秦淮河上游过境水量为3.58亿立方米。但不同典型年份各有不同，丰水年为7.83亿立方米，平水年为4.62亿立方米，中等干旱年为4.20亿立方米，特殊干旱年为2.61亿立方米。

【水质】

长江江宁河段是南京河段入江的前段，由于长江水源保护局南京监测站不断进行水质的例行监测和组织治理，至1985年，沿江长20千米、宽10米的油污带基本消失，各自来水厂水源处的水质基本合格。1987年，沿江的梅山冶金公司等6项重点废水治理工程建成运行，使沿江重要工厂排污的总量得到控制。据1989年监测结果表明，长江南京（包括江宁）段水质保持良好状态，在17个水质理化分析项目中，有15个符合国家标准。

秦淮河干流及秦淮新河，据1989年监测结果表明，化学耗氧量和油类的超标率在80%

以上，氨氮超标率在41%以上。2005年，江宁区进行水质监测，全区地表水包括河湖在内，水资源质量总体上比往年有所下降，监测断面超标率由上年的68.75%上升为75%，主要超标项目依次为高锰酸盐指数29.40%、溶解氧29.40%、5日生化需氧量23.50%、化学需氧量11.80%、氨氮5.90%。共监测断面16个，达标的4个，其中II类水断面3个、III类水断面1个；未达标的水断面12个，其中IV类水断面5个，V类水断面4个，大于V类水断面3个。对主要供水水源也在取水口进行监测。从监测资料分析表明：赵村水库、铜井河口供水水源地水质最好，基本维持II类；安基山水库供水水源地水质次之，以III类为主；其他供水水源地水质全年主要维持在III类和IV类之间。对全区4眼深层地下水监测井进行水质监测，采用《地下水质量标准》（GB/T 14848—1993）评价，监测结果为2眼综合评价为优良，还有2眼为较差。对水质存在的问题，区水利部门会同有关单位采取工程与非工程措施进行保护和治理。经监测，2007年，长江江宁段和秦淮河水质全面达到相应功能区标准和全国生态县（市）的考核标准。

第四章 气候 物候

江宁地区属北亚热带季风气候区，由于一年四季太阳高角度的变动及昼夜长短的变化适中，所以四季分明，气候温和，无霜期长，雨水充沛，光照充足。春季冷暖多变，夏季炎热多雨，秋季秋高气爽，冬季少雨寒冷。雨热同季，气候条件较为优越。但由于兼受西风带、副热带和低纬度天气系统的共同影响和“马鞍”形特殊地形，所以天气变化比较复杂，灾害性天气频繁。

江宁区年平均气温15.7摄氏度。1月份为全年最冷月，月平均气温2.8摄氏度；7月份为全年最热月，月平均气温27.9摄氏度。年极端最低气温零下13.3摄氏度，出现在1977年1月31日；年极端最高气温40.4摄氏度，出现在1959年8月22日。常年平均初霜日为11月8日，平均终霜日为3月27日，平均无霜期为224天。平均初雪日为12月16日，平均终雪日为3月6日。年平均降水量为1072.9毫米，最多1991年高达2014.9毫米，最少的1978年只有479.6毫米。日雨量≥0.1毫米的年雨日为117.8天。一日最大降水量为299毫米，出现在2007年7月7日14时至8日14时，一小时最大降水量为80.8毫米，出现在1976年6月29日。平均年日照时数为2017.2小时，年蒸发量为1472.5毫米，最多的2006年达1994.3毫米，最少的1984年只有1265.9毫米。年平均风速2.5米/秒。2分钟最大平均风速为22米/秒，出现在1974年6月17日；10分钟最大平均风速为25米/秒，出现在1974年6月17日19时10分至20时40分，风向东北偏北。瞬时极大风速在37米/秒。出现在1974年6月17日。

江宁区境内物候期基本相同，受天气变化的影响，年与年之间略有差异。

第一节 四季气候

【四季划分标准】

四季划分有多种标准。按照天文上来划分四季，把春分（3月21日前后）、夏至（6月22日前后）、秋分（9月23日前后）、冬至（12月21日前后）分别作为四季的开始。按民俗上划分四季，把立春（2月4日前后）、立夏（5月5日前后）、立秋（8月8日前后）、立冬（11月8日前后）分别作为四季的开始。

气象学和相邻学科四季的划分，通常把3—5月划为春季，6—8月为夏季，9—11月为秋季，12月至次年1月、2月为冬季。这种划分既考虑到天文因素，也考虑到气候因素，并且四季等长，便于相互比较，因此被广泛应用。

气候学家张宝堃结合农业生产和物候现象的长期观察，提出了更为精细的分季标准，即以5天的平均温度稳定通过10摄氏度～22摄氏度为春季，22摄氏度以上为夏季，22摄氏度～10摄氏度为秋季，而10摄氏度以下为冬季。按此标准划分四季，起讫日期每年都有所不同。如果出现第一次5天的平均温度大于（低于）某季节规定的5天平均温度，又出现低于（大于）某季节划分规定的温度，则某季节开始日从第二次5天的平均气温稳定的通过所规定的温度日作为该季节的开始日。依此标准，江宁区的四季划分，春秋短，仅各2个月；冬夏长，各4个月。这与人们的实际感受是比较一致的。四季划分起讫日期为：

春季，3月下旬或4月上旬开始，5月下旬或6月上旬结束，平均历时63天；

夏季，5月下旬或6月上旬开始，9月中旬结束，平均历时116天；

秋季，9月中下旬开始，11月中下旬结束，平均历时63天；

冬季，11月下旬开始，次年3月下旬或4月上旬结束，平均历时123天。

【四季气候特征】

春季（3—5月）春温多变 春季是由冬到夏的过渡季节，冷暖空气交替频繁，温度变化大，降水开始增加，大风也增多。春季平均风速2.8米/秒，为全年最大，平均大风（大于8级）日数2.3天。春季太阳辐射增强，晴朗天气时温度迅速上升，但中高纬度的冷空气会频繁南下，影响时有偏北大风，温度骤降，乍暖还寒，往往会形成降水过程。3月份是全年寒潮出现概率较大的月份。春季平均降水量是257.6毫米，平均雨日34天，春季降水概率为37%，各月降水量: 3月84.8毫米，4月74.3毫米，5月98.5毫米。春季平均气温14.9摄氏度，3月、4月、5月各月平均气温分别为8.8摄氏度、15.3摄氏度、20.7摄氏度。

夏季（6—8月）炎热多雨 夏季明显分为初夏的梅雨期和盛夏两个阶段。梅雨期前往往有一段初夏旱，每年6月中旬前后，副热带高压西北侧的暖湿气流与北方冷空气在长江中下游一带交汇形成梅雨天气。梅雨期内降水特别丰富，相对湿度大、云量多、日照少、风力弱，时有暴雨发生。每年梅雨的早迟、长短、丰歉年际间差异悬殊，梅雨量的多少大体决定了夏季的旱涝，也主要决定着全年雨量的多寡。平均梅雨期为6月18日至7月10日，出梅后一般会进入晴热高温少雨的盛夏阶段。夏季平均气温26.7摄氏度，6月、7月、8月的平均气温分别为24.6摄氏度、27.9摄氏度、27.5摄氏度。年最高气温≥35摄氏度的高温日数13.2天，高温日数最多的长达41天，出现在1994年的大旱年。累年极端最高气温达40.4摄氏度，出现在1959年8月22日。高温常与伏旱相伴。夏季平均降水量为512.1毫米，6月、7月、8月的降水量分别为207.7毫米、

177 毫米、127.4 毫米，平均雨日 35.3 天，降水概率为 38.4%。7—9 月常有台风影响南京，会造成台风暴雨和大风灾害，但有时受台风外围影响，也会带来降水，对解除伏旱、减轻暑热发挥着有利的作用。

秋季（9—11 月）秋高气爽　江宁的秋季地面与高空均受高压控制，天高云淡，秋高气爽，多温湿宜人的舒适天气。秋季也会出现“秋老虎”高温天气，但较短暂，有的年份也会出现秋季连阴雨。秋季平均降水量 188.9 毫米，雨日 25 天，降水概率 27.4%，9 月、10 月、11 月的平均降水量分别为 68.9 毫米、69.8 毫米、50.2 毫米。11 月是全年寒潮最多的月份，寒潮带来大风、急剧降温、雨雪和冰冻。秋季也是全年大雾频繁季节，平均雾日 6 天。年平均初霜日为 11 月 8 日。秋季平均气温 17.2 摄氏度，9 月、10 月、11 月的平均气温分别为 23 摄氏度、17.6 摄氏度、11.1 摄氏度。

冬季（12 月至次年 1 月、2 月）少雨寒冷　冬季的特点是冷而干，冬季平均气温 4.1 摄氏度，12 月、1 月、2 月的平均气温分别为 5.2 摄氏度、2.8 摄氏度、4.4 摄氏度。日最低气温 ≤ 0 摄氏度平均日数为 38.7 天。初雪平均日期为 12 月 17 日，最早初雪日为 11 月 16 日，最晚初雪日为 3 月 18 日。终雪平均日期为 3 月 1 日，最早终雪日在 1 月 14 日，最迟终雪日为 4 月 15 日。最大积雪深度 37 厘米，出现在 1984 年 1 月 19 日，冬季平均雪日 9.9 天，历史上最多雪日 16 天，出现在 1977 年。强寒潮侵袭后最低气温可降至零下 10 摄氏度以下，1977 年 1 月 31 日曾出现零下 13.3 摄氏度的极端最低气温。冬季平均降水量 114.4 毫米，12 月、1 月、2 月的平均降水量分别为 26.2 毫米、39.3 毫米、48.9 毫米。冬季降水概率为 26.4%。平均雾日 6 天。

江宁区累年各月主要气象情况表

表 3-4-16

时　间	日照时数（小时）	平均气温（摄氏度）	极端最高气温（摄氏度）	极端最低气温（摄氏度）	降水量（毫米）	降水量 ≥ 0.1 毫米雨日（天）	平均风速（米 / 秒）
1 月	133.2	2.8	21.5	−13.3	38.9	8.2	2.3
2 月	126.7	4.4	26.5	−12.6	48.2	9.4	2.6
3 月	138.6	8.8	29.5	−4.4	83.8	12.4	2.9
4 月	170.2	15.3	33.5	0.1	75.7	10.7	2.8
5 月	195.2	20.7	36.2	5.2	101.1	10.9	2.7
6 月	170.9	24.6	37.9	12.7	201.7	11.8	2.6
7 月	208.1	27.9	39.9	16.7	182.5	12.4	2.5
8 月	215.3	27.5	40.4	17.7	122.0	11.1	2.7
9 月	171.5	23.0	38.4	10.5	73.3	8.8	2.3
10 月	173.5	17.6	34.0	1.8	68.3	8.7	2.3
11 月	158.4	11.1	28.9	−4.4	52.0	7.4	2.2
12 月	155.6	5.2	22.0	−11.5	25.4	5.9	2.2
全　年	2017.2	15.7	40.4	−13.3	1072.9	117.8	2.5
统计年份	1971—2000	1971—2000	1959—2007	1959—2007	1971—2000	1971—2000	1971—2000

江宁区累年（1971—2000）四季气象要素值情况表

表 3-4-17

项　目	春　季	夏　季	秋　季	冬　季	全　年
平均气温（摄氏度）	14.9	26.7	17.2	4.1	15.7
高温（气温≥ 35 摄氏度）日数（天）	0.0	8.5	4.7	0.0	13.2
低温（气温≤ 0 摄氏度）日数（天）	1.5	0.0	1.7	38.7	41.9
降水量（毫米）	260.7	506.2	193.5	112.5	1072.9
雨日（降水量≥ 0.1 毫米）数（天）	34.0	35.3	25.0	23.5	117.8
降水概率（%）	37.0	38.4	27.4	26.4	32.3
暴雨日（降水量≥ 50 毫米）数（天）	0.4	2.2	0.5	0.0	3.1
雪日数（天）	1.5	0.0	0.4	10.0	11.9
雷暴日数（天）	6.6	19.3	2.1	0.5	28.5
平均风速（米 / 秒）	2.8	2.6	2.3	2.4	2.5
大风（风力≥ 8 级）日数（天）	1.0	1.2	0.4	0.3	2.9
雾日数（天）	3.9	2.0	6.0	6.0	17.9

第二节　气候要素

【气温】

年变化　江宁区年平均气温，1961—1990 年，30 年平均值为 15.5 摄氏度；1971—2000 年，30 年平均值为 15.7 摄氏度；1959—2007 年，49 年平均值为 15.8 摄氏度。历年年平均气温最高值为 17.3 摄氏度（2004 年），其次为 17.2 摄氏度（1998 年）、17.1 摄氏度（1994 年）；历年年平均气温最低值为 14.8 摄氏度（1969 年、1972 年、1980 年），其次为 15 摄氏度（1984 年）。最热月 7 月和冬季（12 月至次年 2 月）气温年际变化大。最热月 7 月平均气温为 27.9 摄氏度，最高年份高至 30.6 摄氏度（2001 年），最低为 26 摄氏度（1980 年），相差 4.6 摄氏度。冬季 12 月平均气温 5.2 摄氏度，最高年可达 7.2 摄氏度（2004 年），而最低年为 2.8 摄氏度（1985 年），相差 4.4 摄氏度。

四季气温　江宁区春季气温回温快，但冷暖变化大，尤其在 3 月下旬至 4 月上旬，会发生倒春寒、低温和晚霜冻的危害。7月中旬至8月上旬是全年出现高温天数最多的时段。全年高温日（气温≥ 35 摄氏度）数最多长达 41 天（1994 年），次长是 35 天（1978 年）。累计平均高温日为 13.2 天，连续高温日数最长达 21 天（1994 年 7 月 19 日至 8 月 8 日），极端最高气温极值 40.4 摄氏度（1959 年 8 月 22 日），次之是 39.9 摄氏度（1978 年 7 月 7 日）。一般到“处暑”节气，8 月 23 日以后最高气温≥ 35 摄氏度的机会就不多了，暑气渐消。秋季日平均气温一般在 10 摄氏度 ~ 22 摄氏度，进入晚秋（11 月）日平均气温显著偏低，当日最低气温降至 5 摄氏度以下时，江宁地区就会出现霜或霜冻，常年平均初霜日在 11 月 8 日。强烈的降温和过早出现气温＜ 0 摄氏度的最低气温均会对越冬作物，尤其是蔬菜造成冻害。一般冬季气温下降比春秋季缓慢得多，冬季最高气温多为 5 摄氏度 ~ 15 摄氏度，最低气温多为 0 摄氏度 ~ 5 摄氏度。取日平均气温连续 5 天≤ 1 摄氏度的时段为寒冬期，江宁平均寒冬期在 12 月中旬至次年 2 月上旬。1 月份为全年最冷月，极端最低气温为零下 13.3 摄氏度。

江宁区气温特征值情况表

表 3-4-18

项　目	特征值	出现时间	统计年份
极端最高气温（摄氏度）	40.4	1959 年 8 月 22 日	1959—2007
极端最低气温（摄氏度）	-13.3	1977 年 1 月 31 日	1959—2007
年平均气温（摄氏度）	15.7	—	1971—2000
1 月平均气温（摄氏度）	2.8	—	1971—2000
7 月平均气温（摄氏度）	27.9	—	1971—2000
高温（气温≥ 35 摄氏度）日数（天）	41.0	1994 年	1959—2007
年平均高温日数（天）	13.2	—	1971—2000
春季平均气温（摄氏度）	14.9	—	1971—2000
夏季平均气温（摄氏度）	26.7	—	1971—2000
秋季平均气温（摄氏度）	17.2	—	1971—2000
冬季平均气温（摄氏度）	4.1	—	1971—2000

【降水】

江宁区平均年降水量：1961—1990 年，30 年平均为 1020.4 毫米；1971—2000 年，30 年平均为 1073 毫米；1959—2007 年，49 年平均年降水量为 1053.3 毫米。历史上年降水量最多的年份是 1991 年，为 2014.9 毫米，次之是 1662.3 毫米，出现在 2003 年；历史上年降水量最少的年份是 1978 年，为 479.6 毫米，次之是 620.4 毫米，出现在 1994 年。

全年降水分配　全年降水量在夏季（6—8 月）最多，占年总量的 47%，春季占 25%，秋季占 18%，冬季占 10%。这样的降水量分布，基本满足农作物生长的需水量，自然降水集中的季节，亦正是主要农作物最需水的时候，但年间降水量的差异很大，从年平均量而言，最多的 1991 年是最少的 1978 年的 4.20 倍。

暴雨日数和大暴雨日数　江宁日雨量≥ 50 毫米的暴雨日数，全年平均为 3.1 天，但有的年份有 10 天（1991 年），次多的年份为 1988 年和 2003 年，各有 7 天。无暴雨的年份有 1967 年、1973 年、1978 年、1992 年、1994 年 5 年。江宁日雨量≥ 100 毫米的暴雨日数，全年平均 0.6 天，1959—2007 年累计大暴雨日数共有 28 天。日雨量达到 250 毫米以上的特大暴雨的标准有 1 次，出现在 2007 年 7 月 7 日 14 时至 8 日 14 时，日雨量达 299 毫米，这是江宁区 50 年来日降水量极值。

降雪和积雪　降雪：年平均降雪日数为 11.9 天，最大日降雪量为 34.9 毫米，出现在 1984 年 1 月 18 日。1 月和 2 月降雪机遇较大，平均 3 天 ~ 5 天，12 月和 3 月平均 1 天 ~ 2 天，11 月和 4 月小于 0.3 天。历史上积雪天数最多的年份是 1977 年，有 16 天，其次为 14 天（1969 年）。江宁平均初雪日期为 12 月 16 日，终雪日期为 3 月 6 日，最早初雪日为 11 月 16 日（1969 年），最迟初雪日为 2 月 7 日（1963 年），最早终雪日为 1 月 14 日（1993 年），最迟终雪日为 4 月 15 日（1983 年）。平均初终雪间日数为 81.5 天。积雪：江宁积雪日数平均 7.2 天，历史上积雪最多日数为 18 天（1977 年 1 月），积雪深度平均在 5 厘米 ~ 10 厘米，最大的积雪深度为 37 厘米，出现在 1984 年 1 月 19 日（《江宁县志》曾记载 1954 年 12 月 31 日积雪深度达 50 厘米；1955 年 1 月 1 日积雪深度 51 厘米）。

江宁区降水特征值情况表

表 3-4-19

项 目	特征值	出现时间	统计年份
最多年降水量（毫米）	2014.9	1991 年	1959—2007
最少年降水量（毫米）	479.6	1978 年	1959—2007
年平均降水量（毫米）	1073.0	—	1971—2000
年平均降水日数(降水量≥0.1毫米)(天)	117.8	—	1971—2000
日最大降水量（毫米）	299.0	2007 年 7 月 7 日至 8 日	1959—2007
1 小时最大降水量（毫米）	80.8	1976 年 6 月 29 日	1959—2007
最长连阴雨日数（天）	37.0	2002 年 4 月 16 日至 5 月 22 日	1959—2007
春季平均降水量（毫米）	257.6	—	1971—2000
夏季平均降水量（毫米）	512.1	—	1971—2000
秋季平均降水量（毫米）	188.9	—	1971—2000
冬季平均降水量（毫米）	114.4	—	1971—2000
最大积雪深度（厘米）	37.0	1984 年 1 月 19 日	1959—2007

【风】

江宁区由于受季风气候的影响，冬季和秋季盛行东北风，春季和夏季吹东南风，全年以东北到东南风出现的频率最大。西南偏南（SSW）和西北偏西（WNW）频率最小。偏北风的风速明显大于偏南风，年平均风速 2.5 米 / 秒，以 3 月的平均风速最大，为 2.9 米 / 秒，11 月和 12 月最小，均为 2.2 米 / 秒。

产生江宁大风的主要原因：秋冬季节冷锋后部偏北大风、春季的江淮气旋大风、春夏季的雷雨大风（强对流）、夏秋季的台风大风。所以一年四季都会出现 8 级以上的大风。江宁年平均大风（风力≥ 8 级）日数为 6.6 天，最多年份为 37 天（1962 年），春季和夏季大风日数多，分别为 2.3 天和 1.6 天。以累年平均大风日数论，7 月最多，平均有 1 天；以 12 月和 10 月最少，均为 0.2 天。就各月最多大风日而论，以 1 月最多，有 9 个大风日（1963 年），其次是 4 月和 8 月分别为 7 个大风日，分别出现在 1961 年和 1962 年；最少为 10 月，仅 2 个大风日，出现在 1962 年和 1963 年。各季大风占全年的比例，春季 35% 左右，夏季 36% 左右，秋季 13% 左右，冬季 16% 左右。年最大风速的常见风向，最多的是偏北风，其次是偏西风。

【日照】

年、月日照时数 全年太阳总辐射量在 4600 兆焦耳 / 平方米左右。太阳总辐射量以夏季最多，冬季最少。1961—1990 年，30 年统计平均年日照为 2108.6 小时；1971—2000 年，30 年统计平均年日照为 2017.2 小时；1959—2007 年，49 年统计平均年日照为 2063.8 小时。据 1971—2000 年 30 年资料统计，江宁区 8 月是全年日照时数最多的月份，日照时数达 215.3 小时；2 月最少，日照时数为 126.7 小时。

季日照时数 江宁区日照时数夏季最多，为 594.3 小时，占全年的 29.5%；冬季最少，为

415.5 小时，占全年的 20.6%；秋春季大致相近，秋季为 503.4 小时，春季为 504 小时，均占全年的 25%。冬季比夏季日照时数少 178.8 小时，相当于全年的 9%。

日照百分率 江宁区日照时数最高的月份是盛夏 7—8 月和秋高气爽的 10 月，日照百分率均超过 50% 以上。2 月和 3 月日照百分率是全年最少的月份，在 41% 左右。据 1971—2000 年资料统计，区全年晴天概率为 41.1%，阴天概率为 19.1%，全年雨日（降水量≥ 0.1 毫米）数为 117.8 天，全年雾日平均为 17.9 天，全年降水概率为 32.3%。

【湿度和蒸发】

湿度 湿度表示空气潮湿的程度，与人们生活的舒适度和生态环境密切相关。江宁全年平均相对湿度为 76%，夏季最大，冬季最小，秋季略大于春季。1 月份是相对湿度最小的月份，为 73%，最大的月份为 8 月，达 82%。江宁一日内相对湿度最大值：冬季为 7 时，夏季为 5 时，春秋季为 6 时；相对湿度最小值，夏季为 15 时，其余季节为 14 时。

蒸发量 由于太阳辐射、气温和空气中水汽含量的季节变化，造成蒸发量明显的季节特征。江宁全年蒸发量为 1472.5 毫米。盛夏 7—8 月的蒸发量明显大于其他季节，全年蒸发量最小值在冬季，后春大于深秋。全年以 7 月下旬蒸发量为最大，以 1 月中旬为最小。历史上最多年蒸发量 1994.3 毫米，出现在 2006 年；最少年蒸发量是 1265.9 毫米，出现在 1984 年。

江宁区湿度和蒸发量特征值情况表

表 3-4-20

项 目	特征值	出现年份	统计年份
最多年蒸发量（毫米）	1994.3	2006	1959—2007
最少年蒸发量（毫米）	1265.9	1984	1959—2007
年平均蒸发量（毫米）	1472.5	—	1971—1989
1 月平均相对湿度（%）	73.0	—	1971—2000
7 月平均相对湿度（%）	82.0	—	1971—2000
年平均相对湿度（%）	76.0	—	1971—2000

第三节 气候变化

近百年来，全球正经历一次以变暖为主要特征的气候变化。气候变化导致全球大气环流和水循环及分布发生变化，继而导致气象灾害极端事件频繁发生和动植物生长习性的改变及生态链的破坏。江宁气候变化复杂，气象灾害频繁发生，全球气候变暖，对江宁的自然生态系统和社会经济系统已经产生并将继续产生较大影响，是江宁区实现可持续发展的严重制约因素之一。

【气温的变化】

年平均气温呈上升趋势，20世纪90年代以来江宁在变暖。从江宁每10年的年平均气温演变看，1960—1969年为15.6摄氏度，1970—1979年为15.4摄氏度，1980—1989年为15.4摄氏度，1990—1999年为16.3摄氏度，2000—2007年为16.8摄氏度。1990—1999年10年的年平均气温比1970—1979年和1980—1989年10年的年平均气温上升了0.8摄氏度；2000—2007年8年的年平均气温比1970—1979年和1980—1989年10年的年平均气温上升了1.4摄氏度。1997—2007年，江宁年平均气温已连续出现10个气温偏高年份。其中1994—2007年更为突出，2004年出现了江宁50年来最高年平均气温值17.3摄氏度。从南京站资料看，2004年和2006年平均气温值均为17摄氏度，是南京站1905年有记录以来的最高值，连续出现百年最暖的年份。

冬季气温显著上升，近20年来暖冬频繁出现。从1986—1987年冬天起，江宁的冬天开始暖起来，至2007年均未出现冷冬年。江宁从1959—2007年一共出现8个暖冬年，其中6个出现在1994年冬天以后的年份。其中2000—2001年、2001—2002年、2002—2003年、2003—2004年的冬天连续出现4个暖冬年。2001—2002年江宁冬季平均气温为6.4摄氏度，比常年偏高2.2摄氏度；2003—2004年的冬季平均气温为6.5摄氏度，2002年和2004年的冬季是江宁50年来最暖的冬天。除了暖冬以外，冬季长度也变短，入冬时间已连续7年推迟，冬天雪越下越小，2006—2007年的冬天甚至无雪，常年冬至的最高气温平均值为7.5摄氏度。进入21世纪后，除2005年冬至较正常外，其他年份里，江宁冬至大多数在10摄氏度以上，是温暖的“小阳春”天气。

夏季气温呈高—低—高变化过程，近20年来江宁凉夏年增多，酷暑年减少。从50年来的酷暑与凉夏年的年代分布看，1959—1968年出现了4个酷暑年和1个凉夏年，而1989—1998年10年正好相反，出现4个凉夏年和1个酷暑年。江宁的夏季高温冷热大约有20年周期一变的特点，在经历了1958—1978年“热夏周期”后，1979—1999年江宁处在“凉夏周期”之中。但自2000—2007年，江宁的夏季高温出现抬升现象，2002年极端最高气温39.6摄氏度，高温日17天；2003年极端最高气温39.6摄氏度，高温日数21天，其中7月24日至8月7日出现连续15天高温。

秋季连续15年偏热，入秋推迟。江宁常年入秋是在9月19日，2000—2007年，江宁平均入秋已推迟到9月25日至10月8日之间。从1993年起，江宁的秋季气温连续15年偏高。2007年秋天来得特别迟，10月8日才入秋，比平均入秋日推迟了19天。2007年夏天比常年长31天，2007年成为江宁50年来最迟入秋的年份和最长的夏天记录。1961—1990年，江宁秋天结束时间一般在11月15—20日之间，而1991—2007年，江宁秋季结束时间约在11月21—25日之间，近年来秋季延长的时间与冬季缩短的时间基本一致。夏天早到秋天迟到，夏秋两季天数延长，冬春两季天数缩短，江宁的四季也悄然发生变化，这是全球气候变暖在江宁的重要表现之一。

春季气温1989年后偏高。1959—1988年，江宁春季气温大部分年份都偏低，低于常年春季平均气温14.7摄氏度的比率为20 ： 30，其中1970年的春季气温只有13.3摄氏度，为江宁50年来春季气温最低值，1989—2007年春季气温大部分年份偏高，高于常年平均气温值的比率为15 ： 18，其中2000年的春季气温高达17.7摄氏度，高于常年值2.1摄氏度，为江宁50年来春季最热的年份。

【降水的变化】

1990年后年降水量变幅增大，强降水增多。1959—2007年，年降水量在20世纪60年代和

70年代后期处于少雨期，70年代前中期和80年代后期至90年代前期处于多雨期，进入90年代后至2007年，降水量变幅增大。日雨量在150毫米以上强降水江宁一共出现7次，60年代、70年代、80年代、90年代各出现过1次，而21世纪头8年就出现3次。说明气候变暖引起降水分布不平衡，降水的极端事件增多。从降水的总趋势看，江宁进入20世纪90年代后年降水量在增加。

梅雨期的入梅期推迟，降水量变幅加大。1958—1978年，21年里江宁梅雨丰梅年少，枯梅年异常偏多。而1979—1999年则恰恰相反，丰梅年多，枯梅年较少，特别是1998年特大洪水给人们留下深刻印象。1979—1999年这段时间降水多，也直接导致许多年入夏晚，该时段异常晚出梅及异常晚入夏的年数分别是1958—1978年的7倍～8倍。进入21世纪，梅雨期降水量变幅加大，至2007年，出现3个枯梅年：2000年（77.2毫米）、2001年（43.5毫米）、2005年（44.9毫米）；2个丰梅年：2003年（529.3毫米）、2007年（609毫米）。2003年和2007年梅雨期大暴雨和特大暴雨，给江宁造成严重的城区内涝。此外，进入21世纪，江宁的梅雨入梅期推迟，出梅和入夏期则提前。

【日照和雾日变化】

日照减少 霾天增加 1959—2007年，江宁年日照时数呈减少趋势。1959—1968年10年的年日照时数平均为2174.3小时，1969—1978年的年日照时数平均为2134.8小时，1979—1988年的年日照时数平均为2033.5小时，1989—1998年的年日照时数平均为1955.1小时，1999—2007年的年日照时数平均为1787.4小时。日照时数的减少，说明江宁的雨日和阴霾天的增加，霾天的增加反映大气污染程度的增加，空气中的细小悬浮颗粒增多。江宁八成霾天总和雾在同一天，成为江宁一个最新的气象特征。由于霾的存在，雾的消散明显变慢，往往让江宁天气长时间灰蒙蒙。霾天秋冬多，春夏少，这与江宁降雨量息息相关。江宁霾天从2001年开始有明显增加趋势，1995—2000年，全年霾天平均为5.3天，2000—2007年全年霾天平均为66天。其中2005年全年霾天竟高达106天。霾已成为江宁新增加的一种灾害性天气。

雾日呈减少趋势 1959—2007年，江宁每10年的雾日天数呈减少趋势。1959—1968年10年的年平均雾日为19天，1969—1978年的年平均雾日为17.6天，1979—1988年的年平均雾日为21.6天，1989—1998年的年平均雾日为14.1天，1999—2007年的年平均雾日为17.4天。江宁1971—2000年30年统计雾日平均值是每年17.9天，50年来以1979—1988年10年的雾日最多，进入20世纪90年代，江宁雾日的天数呈减少趋势。

第四节 物 候

江宁区四季分明，境内物候特征明显。由于境内自然环境、自然条件基本相同，物候总体变化不大。但随着农业现代化和农业新技术的推广应用，高效农业（品牌农业、质量农业、生态农业、设施农业、规模农业）得到长足的发展，使农作物的生长期相应提前或缩短，收获期相应延长，且培育出反季节作物。如秋延西瓜、四季萝卜、樱桃番茄、早毛豆等。正常年份常见生物物候和主要农事活动按月列表如下。

江宁区常见物候及主要农事活动情况表

表 3-4-21

月份	物候现象		节令	农事活动
	植物候	动物候		
1	三麦、油菜越冬。腊梅始花（上旬）、盛花（中旬）。水仙含苞（上旬）、始花（中旬）、盛花（下旬）。枇杷终花期（上旬至2月下旬）	喜鹊结对营巢	小寒（5日或6日） 大寒（20日或21日）	农田庄稼施腊肥，树木整枝。防治大麦黄花叶病。鱼池清塘整修
2	小麦返青（中旬）。白菜型油菜抽薹、菖蒲等发芽（下旬）。腊梅花谢（上旬）、发芽生叶（中旬）。月季萌芽（中旬）。春梅现蕾（中旬）。雪松、黑松、杉木、柳树春芽萌动（下旬）。枇杷春梢开始生长（中旬）	蟹进行繁殖（2—3月）。猫发情	立春（4日或5日） 雨水（18日或19日）	三麦施返青肥、锄草。油菜培土壅根。继续防治大麦黄花叶病
3	小麦拔节（中旬）。甘蓝型油菜抽薹。腊梅全叶。广玉兰春芽萌动。桃、梨、苹果萌芽（中旬）。杏始花（下旬至4月初）。柿子萌芽（中旬）。李树始花（上旬）、盛花（下旬）。樱桃花芽萌动（中旬），叶芽萌动、开花（下旬）。草莓始花（下旬）。春梅萌芽（上旬）、始花（上、中旬）。意杨萌芽、含苞（中旬）、开花（下旬）。水杉、刺槐萌芽，柳树、杞柳展叶（下旬）。湖桑树萌芽（中旬）。竹出笋（下旬）。茶树萌芽（中旬至下旬）。桂花春芽萌动（上旬）。红枫萌芽（中旬至下旬）。樟树春芽萌动。泡桐展叶（下旬）。悬铃木萌芽（下旬）。黑松新梢生长（中下旬）。杉木新梢生长、开花（中、下旬）	青蛙始鸣。蚊出洞。菜蛾出现。蜜蜂始见。燕子回归（月底）。野兔活动。鲤鱼、鲫鱼产卵（月底）。黄鳝移至地表洞穴，开始寻食生长（下旬）。蟾蜍出土上岸活动（上旬至中旬）。鳗鱼自海入江湖，生长育肥（3—5月）	惊蛰（5日或6日） 春分（20日或21日）	植树造林。果树嫁接。栽种荷藕。复晒稻种。防治三麦黏虫（3月下旬至5月初）。蜜蜂春繁
4	油菜抽薹开花（上旬）。棉花播种出苗（上中旬）。小麦抽穗。桃、梨开花（上旬）、盛花，花谢、挂果（下旬）。苹果开花（中旬）、盛花（下旬）。葡萄萌芽（上旬）、展叶（中下旬）。石榴全叶（上中旬）。杏终花（中旬）。柿子展叶（中上旬）、始花（月底至5月初）。板栗展叶（中上旬）。草莓盛花、幼果（中旬）。紫薇萌芽（中、下旬）、展叶（下旬）。广玉兰新梢生长（中旬）、始花（下旬）。悬铃木幼叶与花序同放（上旬）、开花（中旬）。桂花、红枫新梢生长，红枫展叶（下旬）。茶树展叶（中上旬）。竹出笋毕（月底）。樟树新梢生长（中下旬）。水杉展叶（上旬）。杨树展叶，柳树开花（上旬）。泡桐始花（下旬）。刺槐展叶（中旬）、始花（下旬）。湖桑展叶、抽条（上中旬）。石榴全叶（上中旬）、始花（中下旬）。月季初蕾（月底）	燕子垒巢。大雁北去。喜鹊交配产卵、孵卵。猫、野兔换毛。青蛙鸣、交配产卵。蛇出洞（上、中旬）。鲢鱼产卵（4月下旬至5月上旬）。青鱼、草鱼产卵（4月底至5月初）。乌鱼产卵（4—5月）。龟开始活动、产卵（4月初）。鳖开始活动（4月初）。泥鳅开始活动（月底）	清明（4日或5日） 谷雨（19日或20日）	早熟中稻落谷，常规中稻浸种（下旬）。防治三麦赤霉病、白粉病和油菜菌核病（4月下旬至5月上旬）。银杏授粉。春蚕催青、共育。开始放蜂采蜜

续表 1

月份	物候现象		节令	农事活动
	植物候	动物候		
5	小麦扬花(4月下旬至5月初)、灌浆(中旬)、乳熟(下旬)。油菜、豌豆、蚕豆成熟(下旬)。水稻播种、出苗(上中旬)。刺槐、石榴、柿树开花(上旬)。枇杷夏梢抽生(中下旬),果实快速膨大(下旬)。银杏果实膨大。葡萄开花(上旬)。柿子盛花(下旬至6月初)。樱桃果实成熟(4月下旬至5月上旬)。泡桐结果(中下旬)。板栗开花(中下旬)。草莓果实成熟(上中旬)。月季始花(上中旬)。红枫叶变色(下旬)。樟树始花	春蚕结茧。蝌蚪脱尾。蟾蜍出蛰。燕子交配产卵。猫产仔。布谷鸟回归,始鸣。鳙鱼产卵(中下旬)。鳊鱼产卵(5—6月)。蚊子开始活动。蟹苗由长江口溯江而上(5—6月)	立夏(5日或6日) 小满(21日或22日)	四夏大忙开始,收割大麦、油菜及夏杂粮。套种玉米。湖桑春蚕采叶。棉花移栽。防治水稻一代二化螟、稻蓟马。湖桑夏伐(下旬末)。青、草、鲢、鳙、鳊等鱼人工繁殖
6	小麦成熟收割(上旬)。水稻活棵(上中旬)、分蘖(中下旬)。棉花现蕾。石榴盛花。枇杷夏梢继续抽生,果实成熟(上旬)。桃子果实成熟。杏果实成熟(中上旬)。银杏果实继续膨大,处于硬核期(中下旬)。湖桑树夏伐后再发芽(上中旬)。柿子盛花(6月初)	雏燕试飞,杜鹃日夜啼鸣,寻偶交配产卵。野兔产仔。刺蛾第一代幼虫发生(上中旬)。蝉始鸣。泥鳅产卵(下旬)。鳖产卵(6—8月)	芒种(5日或6日) 夏至(21日或22日)	收割小麦。水稻栽秧、追肥、除草、搁田。防治水稻二代纵卷叶螟、稻蝗(下旬)。栽红薯,挖土豆
7	水稻分蘖(上旬)、拔节(中旬)。棉花开花(上中旬)。玉米抽雄、吐丝、授粉、结棒。大豆开始结实。湖桑枝条旺盛生长。冬青梧桐开花(上旬)。石榴终花、结果。白凤桃成熟。银杏处于硬核期。菱始花(下旬)。毛竹竹枝长齐,竹叶展放形成新竹(4—7月)。葡萄成熟(7—9月)	雏燕出户。蚊子活动猖獗(7—8月)	小暑(7日或8日) 大暑(22日或23日)	水稻中期田间管理,搁田、追穗肥,防治水稻纹枯病及二代二化螟、二代大螟、三代纵叶螟(下旬)。湖桑夏蚕采叶期
8	水稻抽穗(杂交中稻中旬,粳稻下旬),棉花吐絮(下旬末),玉米灌浆、成熟。芝麻开花,高果出穗、开花。银杏硬核期渐止(上旬)。枇杷抽生秋梢(中旬)。荷花盛开(上旬)。菱结角(中旬)。茭白孕茭(下旬)。紫薇始花(上旬)、盛花(中旬至9月上旬)。刺槐荚果成熟(下旬)	蚊、蝇猖獗。刺蛾第二代幼虫发生(中旬)。喜鹊换毛。鳗鱼性成熟的亲鳗降河入海繁殖,产后死亡(8—9月)。布谷鸟终鸣(下旬)	立秋(7日或8日) 处暑(23日或24日)	水稻追施粒肥、叶面喷肥,防治水稻二代二化螟(上旬),三代纵卷叶螟、三代稻飞虱(中下旬),水稻破口期防治三代二化螟。收获玉米。蜜蜂越夏防暑

续表 2

月份	物候现象		节　令	农事活动
	植物候	动物候		
9	中粳稻成熟（下旬末）。花生果成熟。油菜出苗（下旬末）。杏、杨、柳树等叶黄渐落。桂花开。石榴、柿子成熟。银杏种子成熟（下旬至10月上旬）。板栗果实成熟（中下旬）。红枫叶又变色。黑松球果成熟	燕、杜鹃南下	白露（7日或8日） 秋分（23日或24日）	水稻防治四代稻飞虱、四代纵卷叶螟（中旬）。油菜育苗（中旬）。收获水稻、芝麻、花生。采菱角。湖桑秋蚕采叶期
10	粳稻成熟（上中旬）。油菜苗期，小麦播种出苗（下旬）。池杉果实变色（下旬）。水杉秋叶变色（下旬）。菊花盛开，冬青子熟。银杏落叶（中旬）。枇杷开花（中下旬）。茶树开花（中下旬）。紫薇叶变色（10月初）。广玉兰果实成熟（中下旬）。雪松开花（10—11月）。杉木球果成熟（中下旬）	螃蟹回游到海水洼水交界处，交配、繁殖（中旬）。蚊子开始匿迹。青蛙蛰伏。大雁回归，蝉化蛹入土	寒露（8日或9日） 霜降（23日或24日）	收割粳稻，耕耖稻田（上旬）。三麦播种（下旬）。油菜移栽。收红薯、杂粮（中下旬）。蜜蜂越冬保养
11	小麦分蘖（中旬）。油菜幼苗生长期。棉花成熟（上旬）。湖桑、意杨、水杉、刺槐、泡桐、桃、梨、苹果、石榴、樱桃、板栗、月季、春梅、紫薇、红枫等落叶。枇杷盛花（中下旬）。银杏休眠。茭白分蘖停止。柿子成熟完落叶（下旬）。樟树果实成熟（中下旬）。悬铃木果实成熟（下旬）	乌鱼停止摄食（中旬）。乌龟、蛇冬眠。泥鳅钻入淤泥越冬。蟾蜍下河入土冬眠（中旬）。青蛙冬眠	立冬（7日或8日） 小雪（22日或23日）	三麦、油菜追施苗肥。化学锄草、中耕，清墒理沟
12	三麦、油菜越冬（下旬）。池杉、柳树、杞柳落叶。腊梅含苞。银杏叶落尽（月底）。水杉叶落尽。悬铃木落叶（上旬）	—	大雪（7日或8日） 冬至（22日或23日）	三麦、油菜追施越冬肥，做好抗旱排涝准备。冬前化学锄草。防小麦纹枯病

第五章 土壤与生物

江宁区自然土壤属于黄棕壤地带，但长期以来受地形、山水运动、人为灌溉及耕作施肥影响，绝大部分已形成水稻土，圩区更受河流历次泛滥的影响。按其成土母质的差异及发育影响的不同，江宁区土壤可分为4部分：丘陵地区土壤、河圩地区土壤、江圩地区土壤和山区土壤。根据《全国第二次土壤普查暂行技术规程》制定的分类系统标准，全区土壤分为6个大类，10个亚类，22个土属，50个土种，91个变种。

对地层、土壤、孢粉、古气候资料分析可知，距今50万年前，江宁境内植被丰富，以落叶阔叶与针叶混交林为主，草本植物为辅。阔叶树以桦树、榆树和栎树为主，针叶树主要有松树和铁杉。汤山一带有松树、栎树、枫香等林木生长，在距葫芦洞不远的稍高的山上还可能生长着铁杉，而山坡及宽谷可能分布着以禾本科为主的草地，还有海金沙等蕨类生长。迄今为止，在汤山葫芦洞内发现的哺乳动物化石至少有6目15科22属24种。然而，森林植被由于自然因素制约和人类活动的严重影响，遭到破坏。随着历史的变迁，时代的发展，农林逐渐成为主要生产事业，自然植被也逐渐被人工森林植被和农田栽培植物所代替，不同地区呈现不同的植被景观。

据有关部门统计，区内有高等植物143科，1400余种。其中，维管束植物中的秤锤树等8种植物为国家公布的重点保护的珍稀濒危植物。江宁的动物在区系上属东洋界，在动物群落上则为东部耐湿动物群。据不完全统计，区境内有脊椎动物290余种。其中，中华鲟等6种野生动物是国家1988年公布的重点保护珍稀野生动物。

第一节 土壤分布

江宁区自然土壤属于黄棕壤地带，按其成土母质的差异及发育影响的不同，可分为4个部分。

【丘陵地区土壤分布】

丘陵地区土壤主要是下蜀系黄土母质发育的水稻土，分布高程为10米～50米。丘陵冲田典型地段的土壤分布，从高到低依次为：黏盘黄土→黄土→黄白土→马肝土→青肝土，其中黏盘黄土及黄土系岗田，黄白土为小冲田或塝田，马肝土和青肝土多为冲田，各种土壤发育的剖面，也受地势、水流等影响，出现规律性的分布。

黄土丘陵土壤的分布现状是在漫长的地质年代中，受水流切剖、冲刷等影响逐步形成的。开始土壤受雨水下淋的作用，表土黏粒开始下移，在某一层次中淀积起来成为黏盘层。之后，顶部渐受雨水剥蚀，使土壤层中黏盘层逐步向地表暴露，形成黏盘黄土。顶端缓坡冲刷较轻的，成为黄土。坡的上、中部由于地表径流较慢，以及受侧流雨水的影响，表土黏粒开始向下坡移动，留下的是质地较沙的粉沙粒，形成粉沙性的黄白土。在冲田开阔地带，由于地势平坦，地下水位较高，历年又受耕作、灌溉等影响大，土壤逐步形成潴育层，发育为马肝土。

【河圩地区土壤分布】

沿河圩区土壤，是次生下蜀土及山地表土，经过河流搬运及历次泛滥沉积而成，其分布高程在 5 米 ~ 10 米之间。分布规律：在近河而地势较高的为河白土，质地重壤；地势比较平坦的为河淤土，质地轻黏；分布在低洼地方的如青泥条土，质地轻黏。由于该地区在不同地点发生过生草化过程，又经过泛滥沉积的河淤土埋藏，因此，在河白土和青泥条土之间的土壤中，常有黑土层或泥炭层分布。在 0 米 ~ 0.30 米内出现黑土层的，称上位黑土河淤土，在 0.30 米以下出现的为下位黑土河淤土。

【江圩地区土壤分布】

江圩地区的土壤是由长江新冲积物发育而成，成土时间较短，分布高程 3 米 ~ 6 米之间。分布规律：近靠长江的土壤分布顺序为飞沙土→沙土→夹沙土，三种土壤在分类上均属旱地灰潮土。这种土壤的土体内，有残留的芦柴根孔，漏水、漏肥，虽有较长的耕作历史，但是以种植旱地作物为主。离长江比较远的平缓地带，土质较黏，多为洲马肝土、江淤土和沙淤土。地势比较低的地方，分布质地黏重的青沙白螺丝土。由于分布位置低洼、地下水位高，洲地马肝土和青沙白螺丝土等土壤已有渗育层出现，发育成水稻土。在这个地区的土壤剖面中，常出现下沙上黏的土层，根据沙土层出现的位置，分为沙土上位、中位、下位 3 种。

【山区土壤分布】

山区属低山丘陵，一般海拔高程在 100 米 ~ 200 米之间，最高的西横山，海拔 363 米。山区土壤分布规律，不仅由岩石风化而成的母质来确定，而且与高程、位置、坡的缓陡以及径流等水分活动密切关联。在同类型的母质中，山顶冲刷剥蚀严重，多分布薄层型的山地土壤；山脚水流平缓，较多的承接上部流失的泥沙，多分布薄层型的山地土壤；山腰处于两者之间，多分布中层型山地土壤。山地土壤分布规律，高程由上至下、土层从薄至厚为：薄层夹石土（土层厚 0 米 ~ 0.30 米），中层夹石土（土层厚 0.30 米 ~ 0.60 米），厚层夹石土（土层厚大于 0.60 米）。在石灰岩地区，分布红色石灰岩土及棕色石灰岩土。在石灰岩低山丘陵地带，部分长期种植水稻的土壤已发育为潴育型水稻土，即石马肝土。

第二节 土壤种类与特征

在江宁区范围内，历史上进行过民国 23 年（1934）、1959 年、1979 年 3 次较系统的土壤普查，由于调查范围、内容及采用的分类依据不同，3 次土壤调查中，对全县土壤种类的分类、统计各不相同。

民国 23 年（1934）春，陈方济、陈伟等人进行土壤调查，据调查后撰写的《江宁县土壤报告》记载，按种类制分类，将全县的 625635 公顷的土壤分成“红色土”“森林土”“湿土”3 类。

1958—1959 年，在江宁县进行的的第一次群众性的土壤普查中，根据各类土壤在地形、母质、利用特点及成土时间等方面的不同，将全县划分为低山土壤、黄土岗土壤、冲田土壤、河圩土壤、江圩土壤及洲地土壤 6 类。又据地形对水分的影响、土粒移动情况、结构、耕性等因素，分成 32 种土壤。

1979—1982 年，在江宁县进行的第二次土壤普查中，通过观察土壤剖面形态、土体构型，调查形式过程及土壤生产性能，分析土壤理化性质等内容，然后进行比较，最后根据全国第二次土壤工作会议制定的土壤分类方案规定的要求，将全县土壤分为 6 个土类，10 个亚类，22 个土属，50 个主种，91 个变种。

1979—1982年江宁县土壤分类及主要特征情况表

表 3-5-22

土类	亚类	土属	主种	面积（公顷）	占土壤总面积比例（%）	分布地区	主要特征
水稻土	潴育型水稻土	淤泥土（河圩）	1. 河淤土	12971.20	10.64	秦淮河圩区的龙都、禄口、秣陵、周岗、方山、东山、湖熟、土桥等	分布河圩较平坦地方，表土质地轻黏，土体构型 A-P-W-Bg-G 型，微酸性
			2. 河白土	3056.53	2.51	殷巷、湖熟、秣陵、江宁、上峰、陆郎、周岗、上坊、方山、铜山、土桥等	分布于河圩地势较高处，表土质地重壤，微酸性，土体构型 A-P-W-Bg 型
			3. 上黑河淤土	88.00	0.07	丹阳等	0 米～0.30 米处出现黑土层，质地轻黏—重黏，1 米土层微酸性
			4. 中黑河淤土	680.53	0.56	湖熟、周岗、土桥、禄口等	分布地势比较低洼，0.30 米～0.60 米处出现黑土层，其他同上
			5. 底黑河淤土	926.93	0.76	湖熟、周岗、土桥、禄口、铜山等	在 0.60 米～1 米处出现黑土层，其他同上
		马肝土（下蜀）	6. 马肝土	17395.53	14.27	丘陵地区的陶吴、横溪、丹阳、铜山、铜井、谷里、汤山、淳化、土桥等	分布于丘陵冲田中下部，土体构型 A-P-W-Bg 表土质地物理黏粒大于 50%，地下水位在 0.80 米左右
			7. 黄白土	12977.33	10.65	淳化、丹阳、横溪、陆郎、上峰、汤山、谷里、湖熟、东山、江宁、土桥、上坊等	分布于丘陵冲田上部及塝田，表土物理黏粒 <50%，剖面构型为 A-P-W-Bg 型，地下水位 0.80 米～0.90 米
		石肝	8. 石肝土	962.13	0.79	分布于石灰岩地区的上坊、其林、上峰、汤山等	分布于石灰岩冲积的丘陵冲田下部，pH 值 7.50～8，有弱石灰反应，土体构型为 A-P-W-Bg 型，质地为重壤
			9. 石黄白土	381.33	0.31	上坊、汤山、其林等	分布于石灰岩地区的冲田中上部，质地为中壤有弱石灰反应，pH 值 7.20～7.60

续表 1

土 类	亚 类	土 属	主 种	面积（公顷）	占土壤总面积比例（%）	分布地区	主要特征
水稻土	渗育型水稻土	河沙土（河圩）	10. 河沙土	1102.93	0.91	谷里、禄口、淳化、殷巷、东山、方山、湖熟、上峰等	分布于河圩近河流处，表土质地轻壤—中壤，土体构型为 A–P–W–C
		江淤土（江圩）	11. 江淤土	2509.60	2.06	分布于长江洲地的长江、花园、营防、江宁、铜井等	长江新冲积物，表土质地为轻黏—中黏，一般底土有沙土层出现，微碱性，土体构型为 A–P–W–C 型
			12. 沙淤土	657.07	0.54	江宁、花园等	表土质地为重壤，其他同上
	潜育型水稻土	青泥条	13. 青泥条（河圩）	3363.40	2.76	分布于周岗、铜山、龙都、丹阳、殷巷、上坊、东山、江宁、秣陵、禄口、湖熟等	分布于秦淮河低洼处，地下水位在 0.50 米以上，剖面 G 层有亚铁反应处表土质地多为轻黏，土体构型 A–P–Wg–G 或 A–P–G 型
		青肝土	14. 青肝土（下蜀）	932.80	0.77	分布于丘陵地区的谷里、陆郎、龙都、东善、秣陵、东山、其林、横溪等	分布在丘陵的低洼处，地下水位 0.50 米以上，土地构型为 A–P–Wg–G 型
		汤 土	15. 汤 土	23.47	0.02	汤山等	石灰岩地区，温泉土，土体构型为 A–P–Wg–G 型
		青沙白螺丝土	16. 青沙白螺丝	639.47	0.52	营防、花园、江宁等	长江冲积物，弱石灰反应，土体内有白螺丝壳，属 A–P–Wg–G 型
潮 土	灰潮土	灰潮土	17. 沙 土	2966.67	2.43	分布于沿江地区的铜井、江宁、长江、营防、花园等	长江新冲积物，石灰反应强，质地为轻壤—中壤，pH 值 8 左右，旱作土壤
		灰潮土（长江）	18. 夹沙土	1294.33	1.06	铜井、长江、营防、花园等	石灰反应弱，表土质地重壤，底土层有中壤及轻黏出现，pH 值 7.50
			19. 洲干土	2715.60	2.23	长江、营防、花园等	有强至弱石灰反应，表土质地轻黏底土为重壤，pH 值 7 ~ 8

续表 2

土类	亚类	土属	主种	面积（公顷）	占土壤总面积比例（%）	分布地区	主要特征
黄棕壤	粘盘黄棕壤	粘盘黄土	20. 上粘盘黄土	357.07	0.29	淳化、湖熟、横溪、铜山、土桥、汤山、江宁等	下蜀黄土母质，分布于剥蚀严重的丘陵，在 1 米土层内质地出现重壤—轻黏—重壤规律
			21. 中粘盘黄土	1005.07	0.82		
			22. 底粘盘黄土	2227.67	1.83		
		黄岗土	23. 黄　土	16179.93	13.28	丘陵地区的陶吴、东善、方山、横溪、铜山、汤山、上峰、湖熟、谷里等	黄土分布于丘陵顶部，质地重壤—轻黏，旱黄白土分布于二塝田，质地 <0.01%，占 40% ~ 50%
			24. 旱黄白土	7356.87	6.04		
		菜园土	25. 蚕沙土	225.93	0.19	陶吴、汤山、东山等	发育于下蜀黄土，土壤有机质含量 2.50% 左右，土体构型介于水稻土与旱作土之间，有原渗育层的遗迹
	普通黄棕壤	栗色土（安山岩）	26. 薄层栗色土	3430.80	2.82	陆郎、铜井、陶吴、谷里、横溪、东善、丹阳、汤山、东善桥林场等	发育于安山岩风化残积母质，pH 值 6 ~ 6.50，质地为中壤—轻壤，表土黄褐色
			27. 中层栗色土	5400.80	4.43		
			28. 厚层栗色土	2454.60	2.01		
		红砂土（红色砂岩）	29. 薄层红砂土	115.20	0.09	土桥、汤山、湖熟、方山等	红色砂岩的坡积物，pH 值 5 ~ 6，质地轻壤土，表土棕红色
			30. 中层红砂土	168.07	0.14		
			31. 薄层页灰土	247.07	0.20		
		页岩土（页岩）	32. 厚层红砂土	844.00	0.69	汤山、上坊、东善桥林场等	页岩发育的土壤，pH 值 5.50 ~ 6.50，质地重壤—轻粘
			33. 中层页灰土	891.20	0.73		
			34. 厚层页灰土	292.20	0.24		
		夹石土（花岗岩）	35. 薄层夹石土	29.53	0.02	其林等	花岗岩发育的土壤，质地轻壤土，pH 值 5.50，表土灰黑色，有 10% 砾石
			36. 中层夹石土	257.13	0.21		
		黄砂土（砂岩）	37. 夹石土	1310.67	1.08	汤山、上峰、东善桥林场、丹阳、陶吴、东山、铜山、横溪等	砂岩发育的土壤，质地中壤—重壤，pH 值 5 ~ 6.60，含 5% ~ 10% 砾石，表土黄褐色
			38. 薄层黄砂土	4154.60	3.41		
			39. 中层黄砂土	1943.33	1.59		

续表 3

土 类	亚 类	土 属	主 种	面积（公顷）	占土壤总面积比例（%）	分布地区	主要特征
石灰岩土	棕灰色岩石	棕石土	40. 薄层棕石土	692.00	0.57	汤山、淳化、上峰、其林等	石灰岩发育的土壤，pH 值 7 ~ 8，有机质含量 2.50% 以上，暗棕色；质地轻黏—中黏，多粒状结构，呈穴状分布
			41. 中层棕石土	2654.00	2.18		
			42. 厚层棕石土	1462.07	1.20		
	红灰色岩石	红石土	43. 薄层红石土	106.00	0.09	汤山、其林等	土壤有机质含量 2.50% 以下，棕红色，质地轻黏，发育石灰岩母质，pH 值 7 ~ 8，粒状结构，土壤薄厚不等
			44. 中层红石土	388.33	0.32		
			45. 厚层红石主	163.13	0.13		
紫色土	紫色土	紫色土（紫色砂页岩）	46. 薄层紫色土	228.80	0.19	横溪、铜山、丹阳、其林、东善桥林场、陆郎、东善等	紫色砂页岩发育的土壤，质地重壤，剖面比较均一，含有钙质，pH 值 7 ~ 8
			47. 中层紫色土	560.80	0.46		
			48. 厚层紫色土	430.87	0.35		
基性岩土	基性岩土	暗色（玄武岩）	49. 薄层暗色土	344.47	0.28	铜山、方山、汤山等	玄武岩、火山灰发育的土壤，质地重壤—轻壤。酸碱度，表土层为微酸性，接近母岩层为中性

第三节 动 物

江宁区动物在区系上属于东洋界，在动物群落上则为东部耐湿动物群。由于自然条件制约，即气候、植被的不同，从动物组成和生态特征来看，动物又是亚热带林灌、草地、农田动物群。但由于受人类活动的影响，区境内天然植被已被破坏，多为农田、灌木、草所代替，所以野生动物日趋减少。

江宁区动物主要分为无脊椎动物和脊椎动物两大类。无脊椎动物包括腔肠动物、扁形动物、原腔动物、环节动物、软体动物和节肢动物，节肢动物中又数昆虫的种类和数量最多；脊椎动物有鱼类、两栖类、爬行类、鸟类和哺乳类等。

【无脊椎动物】

腔肠动物 水螅（Hydra）。20 世纪 50 年代普遍可见，但现已很难找到。

扁形动物 日本血吸虫（Schistosoma japonicum）、狗绦虫（Diphlidium caninum）。

原腔动物 蛔虫（Ascaris lumbricoides）、蛲虫（Enterobius vermicularis）、十二指肠钩虫（Ancylostoma duodenale）、班氏丝虫（Wuchereria bancrofti）、小麦线虫（Anguina tritici）。

环节动物 环毛蚓属（Pheretima）、蛭纲（Hirudinea）。

软体动物 蜗牛（Fruticicola）、蛞蝓（Limax）等。

节肢动物 甲壳纲（Crustacea）中的米虾（Caridina）、对虾（Penaeus orientalia）、河蟹（Eriocheir sinensis）等；蛛形纲（Arachnida）中的蜘蛛（Araneida）、蝎子（Buthus martensi）、蚱蝉（Cryptotympana pustulata）、人疥螨（Sarcoptes scabiei hominis）、朱砂叶螨（Tetranychus cinnbarinus）；昆虫纲（Insecta）种类繁多，主要包括蜻蜓（Odonata）、蜚蠊目（Blattaria）、螳螂目（Mantodea）、等翅目（Isoptera）、直翅目（Orthoptera）、同翅目（Homoptera）、虱目（Anoplura）、缨翅目（Thysanoptera）、鞘翅目（Coleoptera）、鳞翅目（Lepidoptera）、膜翅目（Hymenoptera）等。

【脊椎动物】

据不完全统计，全区脊椎动物有 290 多种。分属 5 个纲，鱼类、两栖类、爬行类的体温不恒定，随环境温度变化而变化，称为变温动物。鸟类和哺乳类是恒温动物。

鱼类 中华鲟（Acipenser sinensis）、鲥鱼（Tenualosa reevesii）、刀鲚（Coilia ectenes）、白鲟（Psephurus gladius）、大银鱼（Protosalanx hyalocranius）、鳊（Parabramis pekinensis）、鳜（Siniperca chuatsi）、鲫（Carassius auratus）、鳙（Aristichthys nobilis）、鲢（Hypophthalmichthys molitrix）、草鱼（Ctenopharynodon idellus）、青鱼（Mylopharyngodon piceus）、鲤（Cyprinus carpio）、鳢（乌鱼）（Channa argus）、黄鳝（Fluta alba）、鳗鲡（白鳝）（Anguilla japonica）、泥鳅（Misgurnus anguillicaudatus）等。

两栖类 中华蟾蜍（Bufo gargarizans）、黑斑蛙（Rana nigromaculata）、金线蛙（Rana plancyi）、虎纹蛙（Rana rugulosa）等。

爬行类 赤链蛇（Dinodon rufozonatum）、水蛇（Natrix natrix）、双斑锦蛇（Elaphe bimaculata）、黑脊蛇（Achalinus spinalis）、虎斑游蛇（Rhabdophis tigrina）、乌梢蛇（Zaocys dhumnades）、蝮蛇（Agkistrodon blomhoffii）、丽纹蛇（Calliophis macclellandi）、北草蜥（Takydromus septentrionalis）、扬子鳄（Alligator sinensis）、乌龟（Chinemys reevesii）、鳖（Trionyx sinensis）、多疣壁虎（Gekko japonicus）等。

鸟类 麻雀（Passer montanus saturatus）、大山雀（Parus major）、环颈雉（Phasianus colchicus torquatus）、大嘴乌鸦（Corvus macrorhynchus）、喜鹊（Pica pica）、灰喜鹊（Cyanopica cyana swinhoei）、黑枕绿啄木鸟（Picus canus）、斑啄木鸟（Dendrocopos major）、山斑鸠（Streptopelia orientalis）、翠鸟（Alcedo atthis bengalensis）、八哥（Acridotheres cristatellus）等。夏候鸟有家燕（Hirundo rustica gutturalis）、鹰鹃（Cuculus sparverioides sparverioides）、大杜鹃（Cuculus canorus canorus）、小杜鹃（Cuculus poliocephalus poliocephalus）、黄鹂（Oriolus chinensis diffusus）、棕背伯劳（Lanius schach schach）等；冬候鸟有绿头鸭（Anas platyrhynchos platyrhynchos）、鸿雁（Anser cygnoides）、鸳鸯（Aix galericulata）等。

哺乳类 獾（Meles meles）、狐（Vulpes vulpes）、黄鼠狼（Mustela sibirica）、豹猫（Felis bengalensis）、刺猬（Erinaceus europaeus）、河麂（Hydropotes inermis）、狼（Canis lupus）、野猪（Sus scrofa）、穿山甲（Manis pentadactyla）、褐家鼠（Rattus norvegicus）、伏翼（Pipistrellus abramus）、家兔（Oryctolagus cuniculus domestica）、河狸（Castor fiber）等。

第四节 植 物

【植被】

江宁区在北热带中部，按照植物类型及地理分布，属亚热带常绿阔叶林与落叶阔叶林的混交林带。栽培植被分为大田作物型、蔬菜作物型、经济林型、果园型及绿化型等。不同地区呈现不同的植被景观。

西南和东北低山丘陵地区 这两个地区地势较高，山脉走向多种多样，小气候区域明显。在植被上除有零星分布的胡颓子、冬青、紫楠、苦槠、小叶女贞、构骨等常绿阔叶树和化香、胡枝子、山胡椒、柘树、黄檀、响叶杨、赤杨、麻栎、白栎等落叶阔叶林外，还有乌饭、杜鹃、闹羊花及零星分布的铁芒箕等酸性指示植物。东北部低山石灰岩地带有云石景、天三七等石灰性指示植物分布。这个地区是江宁区主要林业生产基地。人工培植的马尾松、杉木、黑松、国外松、毛竹林等广为分布，多数山地已层峦叠翠，绿帐千仞，十分幽邃；少数山地长有疏林灌丛。

黄土岗地区 这一带原有植被已被破坏无存，大多被辟为农田、果园、茶场，部分岗丘为疏林草地，也有由于人工耕垦不当而造成只长茅草的“三跑地”(跑水、跑土、跑肥)。人工森林植被主要有马尾松、果树、桑、茶、竹等。

秦淮河平原区 是江宁区最早的耕垦地，自然植被已几乎全部被农田栽培作物替代。秦淮河平原，农田处处、精耕细作，河渠纵横，村镇星布，掩映在翠绿丛中。虽然不存在天然林，但村镇四周、河湖两岸、街巷两侧，依然林木繁茂，花草丛生。植被多为人工栽植的树种，有泡桐、悬铃木、苦楝、榉榆、柳、白杨以及堤埂上的杞柳，一般长势较好。

沿江平原区 地势平洼，紧临长江，温差比较明显，湿度较大。从物候观察，白杨枝叶有向西北倾斜现象，说明东南风较多，风力较强。江堤外滩地水柳和野生芦苇覆盖，构成绿色地带。堤内农作物及蔬菜、瓜果之类，品种繁多，生长旺盛。村镇周围，家前屋后，河流和道路两旁多为人工栽植的枫杨、柳类、泡桐、臭椿、白杨、香椿、刺槐、榆树、池杉和杞柳等。多种多样的植被景观，充分说明江宁区植物种类繁多，植物资源丰富。据有关部门调查统计，全区有高等植物143科，1400余种。

水生植被 野生水生植物主要有野菱、茨实、水草、兰藻、圭藻等，江边及低洼荡田有芦苇、菖蒲。20世纪90年代后，在低洼荡田及河沟、塘坝中人工栽植水芹、慈姑、荸荠、菱、藕等水生作物。

【野生植物】

江宁野生植物资源丰富，主要有药用、纤维、淀粉、油脂、芳香油、鞣料、树脂与树胶、保健饮料食品8个植物种类，1000多个品种，可采量大，用途广泛。

药用植物 夏枯草（Prunella vulgaris）、益母草（Leonurus japonicus）、葎草（Humulus scandens）、明党参（Changium smyrnioides）、鳢肠（Eclipta prostrata）、龙芽草（Agrimonia pilosa）络石（Trachelospermum jasminoides）、桔梗（Platycodon grandiflorum）、直立百部（Stemona sessilifolia）、艾蒿（Artemisia argyi）、茵陈蒿（Artemisia capillaris）、六月雪（Serissa foetida）、何首乌（Polygonum multiflorum）、紫花地丁（Viola philippica〔V. Philippica ssp. munda〕）、丹参（Salvia miltiorrhiza）、野菊（Chrysanthemum indicum）、轮叶沙参（Adenophora tetraphylla）、蛇床（Cnidium monnieri）、芡（Euryale ferox）、活血丹（Glechoma longituba）、红柴胡（Bupleurum scorzonerifolium）、水蜈蚣（kyllinga brevifolia）、茜草（Rubia cordifolia）、玉竹（Polygonatum odoratum）、垂盆草（Sedum sarmentosum）、黄海棠（Hypericum ascyron）、杜蘅（Asarum forbesii）、紫萁（Osmunda japonica）、太子参（Pseudostellaria heterophylla）、栝楼（Trichosanthes kirilowii）、白英（Solanum lyratum）、白鲜（Dictamnus dasycarpus）、一枝黄花（Solidago decurrens）、徐长卿（Cynanchum paniculatum）、白头翁（Pulsatilla chinensis）、马鞭草 (Verbena officinalis）、马兜铃（Aristolochia debilis）、威灵仙（Clematis chinensis）、忍冬（Lonicera japonica）、半支莲（Portulaca grandiflora）、蒲公英（Taraxacum mongolicum）、毛茛 (Ranunculus japonicus)、田皂角（Aeschynomene indica）、地榆（Sanguisorba officinalis）、绞股蓝（Gynostemma pentaphyllum）、鸭跖草（Commelina communis）、黑三棱（Sparganium stoloniferum）、七叶一枝花（Paris polyphylla）、浙贝母（Fritillaria thunbergii）。

纤维植物 柳属（Salix）、化香树（Platycarya strobilacea）、榆树（Ulmus pumila）、朴属（Celtis）、糙叶树 (Aphananthe aspera)、青檀 (Pteroceltis tatarinowii)、榉树 (Zelkova schneideriana)、柘树 (Cudrania tricuspidata)、桑属 (Morus)、构树 (Broussonetia papyrifera)、葎草 (Humulus scandens)、苎麻 (Boehmeria nivea)、苦参 (Sophora flavescens)、草木犀（Melilotus spp.)、野葛 (Pueraria lobata)、紫藤 (Wisteria sinensis)、杭子梢 (Campylotropis macrocarpa)、一叶萩 (Securinega suffruticosa)、南蛇藤 (Celastrus orbiculatus)、椴树属 (Tilia)、扁担杆 (Grewia biloba)、苘麻（Abutilon theophrasti）、芫花（Daphne genkwa）、八角枫（Alangium chinense）、水烛（Typha angustifolia）、芦苇（Phragmites australis）、白茅（Imperata cylindrica var. major）、芒属 (Miscanthus)、芦竹 (Arundo donax)、大油芒 (Spodiopogon sibiricus)、狼尾草 (Pennisetum alopecuroides）、荆三棱（Scirpus yagara）、灯心草（Juncus effuses)、野灯心草 (J. setchuensis)。

淀粉植物 栓皮栎 (Quercus variabilis)、麻栎 (Quercus acutissima)、白栎 (Quercus fabri)、枹 (Quercus glandulifera)、菝葜 (Smilax china)、蕨 (Pteridium aquilinum var. latiusculum)、麦蓝菜 (Vaccaria segetalis)、睡莲 (Nymphaea tetragona)、芡 (Euryale ferox)、千金藤 (Stephania japonica)、野菱 (Trapa incisa var. sieb.)、栝楼 (Trichosanthes kirilowii)、野燕麦 (Avena fatua)、百合 (Lilium)、玉竹 (Polygonatum odoratum)、土茯苓 (Smilax glabra)、山慈姑（Iphigenia indica）、石蒜（Lycoris radiata）、薯蓣（Dioscorea opposita）、贯众（Cyrtomium fortunei）。

油脂植物 山胡椒（Lindera glauca）、狭叶山胡椒（Lindera angustifolia）、播娘蒿 (Descurainia sophia)、碎米荠(Cardamine hirsuta)、毛叶石楠(Photinia villosa)、臭椿(Ailanthus altissima)、楝树(Melia azedarach）、乌桕 (Sapium sebiferum)、梧桐 (Firmiana simples)、算盘子 (Glochidion puberum)、黄连木 (Pistacia chinensis)、木蜡树 (Toxicodenddron sylvestre)、野漆树 (Toxicodendron succedaneum)、盐肤木(Rhus chinensis)、南蛇藤(Celastrus orbiculatus)、无患子(Sapindus mukurossi)、栾树(Koelreuteria paniculata)、毛梾 (Cornus walteri)、白檀 (Symplocos paniculata)、茉莉 (Jasminum sambac)、紫苏 (Perilla frutescens)、鼠尾草 (Salvia farinacea)、牛至 (Origanum vulgare)、苍耳 (Xanthium sibiricum)。

芳香油植物 山胡椒（Lindera glauca）、狭叶山胡椒（Lindera angustifolia）、石竹（Dianthus chinensis）、蛇床（Cnidium monnieri）、藿香 (Agastache rugosa)、薄荷 (Mentha haplocalyx)、黄花蒿 (Artemisia annua)、艾蒿 (Artemisia argyi)、茵陈蒿 (Artemisia capillaris)、野菊 (Chrysanthemum indicum)、泽兰 (Eupatorium japonicum)。

鞣科植物 栓皮栎（Quercus variabilis）、麻栎（Quercus acutissima）、茅栗（Castanea seguinii）、化香树（Platycarya strobilacea）、构树（Broussonetia papyrifera）、拳蓼（Polygonum bistorta）、酸模（Rumex acetosa）、枫香（Liquidambar formosana）、地榆（Sanguisorba officinalis）、金樱子（Rosa laevigata）、龙牙草（Agrimonia pilosa）、臭椿（Ailanthus altissima）、楝树（Melia azedarach）、盐肤木（Rhus chinensis）。

树脂、树胶植物 树脂植物：马尾松（Pinus massoniana）、黑松（Pinus thunbergii）、枫香（Liquidambar formosana）、野漆树（Toxicodendron succedaneum）；树胶植物：臭椿（Ailanthus altissima）、皂荚（Gleditsia sinensis）、乌蔹莓（Cayratia japonica）、石蒜（Lycoris radiata）、白及（Bletilla striata）。

保健饮料、食品植物 野山楂（Crataegus cuneatae）、湖北山楂（Crataegus hupehensis）、悬钩子(Rubus palmatus)、金樱子(Rosa laevigata)、牛奶子(Elaeagnus umbellata)、胡颓子(Elaeagnus pungens）、君迁子（Diospyros lotus）。

第五节 生物保护

【珍稀动物保护】

在动物地理区划中，江宁属于动物种类较为丰富的东洋界华中区的东郊丘陵平原亚区，其动物属亚热带林灌草地——农田动物群。常见动物有伶鼬、獾、野兔、山鸡、蝙蝠、刺猬等，鸟类约有400多种，主要有东方小鸊鷉、鸬鹚、凫、灰鹭、小鹈、鹗、鸢、鸥等。

图 3-5-9 中华鲟，为江宁渔民1959年捕获，后制成标本存放于江宁高级中学（2007年）

从20世纪70年代开始，特别是工业发展和城市化进程的加快，动物的种类和数量急剧减少，虎豹、灵猫、狼、豺、豪猪、河麂、白鳍豚等已消失或罕见。80年代末，江宁地区的脊椎动物共有290种。其中中华鲟、白鳍豚、扬子鳄、穿山甲、水獭等野生动物是国家1988年公布的重点保护的野生珍稀动物。

从20世纪80年代初期开始，南京市人民政府和有关部门开展以鸟类资源保护为主的野生动物保护工作，确定每年4月20—25日为“爱鸟周”，以提高全社会的爱鸟护鸟风气。1985年6月2日，市人民政府颁布《严格保护野生动物资源的通告》，把野生动物资源的保护纳入法制轨道。通告中划定全年及部分时段禁猎区域，对大鸨、白鹤、穿山甲、牙獐、灵猫、鸳鸯、白鳍豚、江豚、中华鲟等国家明令保护的珍稀动物严禁捕猎、收购、买卖、运输与出口，对违法者直至追究刑事责任。

图 3-5-10 中华虎凤蝶

1990年，南京市为保护濒临亡绝的国家二级保护动物中华虎凤蝶，在适宜繁殖生长的江宁县东善桥林场牛首山分场建立保护基地，严禁捕捉，营造繁殖条件，使得中华虎凤蝶的数量有所增加。

江宁地区国家重点保护野生动物情况表

表 3-5-23

动物名称	保护级别	现 状
金钱豹（Panthera pardus）	一 级	偶 见
白鳍豚（Lipotes vexillifer）	一 级	濒 危
河狸（Castor fiber）	一 级	偶 见
丹顶鹤（Grus japonensis）	一 级	偶 见
大鸨（Otis tarda dybowskii）	一 级	稀 有
扬子鳄（Alligator sinensis）	一 级	濒 危
中华鲟（Acipenser sinensis）	一 级	濒 危
白鲟（Psephurus gladius）	一 级	濒 危
大灵猫（Viverra zibetha）	二 级	濒 危
河麂（Hydropotes inermis）	二 级	渐 危
斑嘴鹈鹕（Pelecanus philippensis）	二 级	稀 有
小天鹅（Cygnus columbianus jankowskii）	二 级	稀 有
大天鹅（C. cygnus cygnus）	二 级	稀 有
鸳鸯（Aix galericulata）	二 级	稀 有
松雀鹰（Accipiter virgatus）	二 级	稀 有
鸢（Milvus korschun lineatus）	二 级	稀 有
蜂鹰（Pernis apivorus）	二 级	稀 有
苍鹰（Accipiter gentilis schvedowi）	二 级	稀 有
赤腹鹰（Accipiter soloensis）	二 级	稀 有
雀鹰（Accipiter nisus nisosimilis）	二 级	稀 有
鵟（Buteo buteo burmanicus）	二 级	稀 有
大鵟（Buteo hemilasius）	二 级	稀 有

续表

动物名称	保护级别	现 状
毛脚鵟（Buteo lagopus）	二 级	稀 有
灰脸鵟鹰（Butastur indicus）	二 级	稀 有
乌雕（Aquila clanga）	二 级	稀 有
秃鹫（Aegypius monachus）	二 级	稀 有
白尾鹞（Circus cyaneus cyaneus）	二 级	稀 有
小隼（Microhierax melanoleucos）	二 级	稀 有
游隼（Falco peregrinus leucogenys）	二 级	稀 有
燕隼（Falco subbuteo streichi）	二 级	稀 有
灰背隼（Falcocolumbarius）	二 级	稀 有
红脚隼（Falco vespertinus amurensis）	二 级	稀 有
红隼（Falco tinnunculus）	二 级	稀 有
长耳鸮（Asio otus）	二 级	稀 有
短耳鸮（Asio flammeus）	二 级	稀 有
虎纹蛙（Rana rugulosa）	二 级	稀 有
中华虎凤蝶（Luehdorfia chinensis）	二 级	渐 危

【珍稀植物保护】

江宁属北亚热带季风湿润气候，生境多样，植物种类繁多。但由于江宁地区开发甚早，在人类经济活动的长期影响下，原生植被绝大多数已不复存在。典型地带性植被类型的落叶、常绿阔叶混交林，还有零星残存，取代的为各种次生植被和栽培植被。据统计，江宁区共有维管束植物（不包括引种栽培类）143 科、1400 余种。江宁地区的维管束植物中的秤锤树等 8 种植物数日趋减少，甚至濒临绝迹，而成为国家公布的重点保护的珍稀濒危植物。江宁区在加强保护陆生野生动物的同时，也加大了对森林野生植物保护工作的力度，未经林业主管部门允许，不准进入森林进行挖树桩、挖中药材、采条等活动。

江宁区国家重点保护珍稀濒危植物情况表

表 3-5-24

植物名称	保护级别	现 状
秤锤树（Sinojackia xylocarpa）	二 级	濒 危
狭叶瓶尔小草（Ophioglossum thermale）	三 级	渐 危
中华水韭（Isoetes sinensis）	三 级	濒 危
短穗竹（Brachystachyum densiflorum）	三 级	稀 有
明党参（Changium smyrnioides）	三 级	稀 有
青檀（Pteroceltis tatarinowii）	三 级	稀 有
野大豆（Glycine soja）	三 级	渐 危
琅琊榆（Ulmus chenmoui Cheng）	三 级	濒 危

第六章　自然灾害

由于江宁区所处特定的地理位置和特殊的地形，再加上兼受西风带、副热带和低纬度热带天气系统的影响。因此，江宁区也是长江下游天气变化剧烈的地区之一。境内有史以来，涝、旱、风、雹、雪、霜等灾害屡有发生，交替为患，尤以水、旱、风灾为烈。从三国吴嘉禾三年（234）开始记载，至1949年，历时1716年，其间发生水灾218次，旱灾210次，风灾85次，雹灾32次，雪灾25次，连阴雨56次，合计626次。群众中相传“旧社会三年两头灾”，历史的记录说明这话是确切的。重灾之年往往伴有疫病发生。历史记载，大水，“秦淮河水涌入石头”“平地水深余丈”“街道通船”“损禾溺人”“溺死甚众”；大旱，“秦淮河水涸”“井水多竭，河可涉”“麦焦枯”“寸草不生”“大饥疫”“人相食”，悲惨景象，不一而足。

新中国成立后，党和政府领导江宁人民进行大规模的水利建设，并采取一系列措施，做到灾前防，灾来抗，灾后救，从而不同程度地减轻自然灾害造成的损失，保证人民生命财产的安全。

江宁古代发生的自然灾害，史籍记载有两种情况，一为发生于郡府，一为发生于县境，发生郡府是否影响江宁，难以确定，仅按原文记录。

第一节　水　灾

【灾害性天气】

江宁地区发生水灾主要灾害性天气有洪涝和暴雨等。

洪涝。据史籍记载，自三国吴赤乌十三年（250）至1949年，江宁地区发生洪涝灾害218次。新中国成立后至2007年，江宁出现洪涝年共有24年：1949年、1954年、1956年、1962年、1965年、1969年、1972年、1974年、1975年、1976年、1980年、1981年、1982年、1983年、1987年、1989年、1991年、1995年、1996年、1998年、1999年、2003年、2006年、2007年。其中达到大涝年标准的有6年：1954年、1969年、1991年、1998年、2003年、2007年。

洪涝的成因主要是梅雨量大、客水压境、海潮顶托、台风袭击等。江宁的洪涝类型可以分为4种。流域型洪水，即长江流域性大洪水与秦淮河及其上游地区普降暴雨产生的洪水相遇，呈现出长江、秦淮河水位高，高水位持续时间长，洪涝并发，如1954年、1991年、1996年的洪涝属此类型；长江型洪水，即长江流域发生大洪水时，江宁及周边邻近地区降雨正常或偏少，洪水主要威胁长江江宁河段，如1949年、1980年、1983年、1995年、1998年、1999年的洪涝属此类型；区域型洪水，即长江流域没有发生洪水，而江宁境内秦淮河及中下游地区普降暴雨发生洪涝，如1956年、1962年、1965年、1969年、1972年、1974年、1975年、1976年、1981年、2003年、2007年的洪涝属此类型；局地型水灾，即长江和秦淮河水位平稳，一个或部分街道内遭受集中暴雨产生的洪涝灾害，如1981年、1982年、1987年、2006年的洪涝属此类型。

1949—2007年的59年中有24年发生洪涝，其中有6年是大洪涝年，大洪涝年的共同特点是：梅雨量多，在500毫米以上；梅雨期大多集中在6月至7月上旬；秦淮河东山站水位在10米以上，长江南京下关水位在9米以上。1969年7月1—21日共降雨573.6毫米，秦淮河东山水位10.48米，比最高1954年高0.30米，全县淹圩88个，受灾面积2.01万公顷，房屋倒塌12655.50间。

暴雨。暴雨是江宁的主要灾害性天气过程之一，往往是引起洪涝灾害的直接因素，连续暴雨和大暴雨会给人民的生命财产带来重大损失。日雨量（日界20时至20时，下同）50毫米～99.9毫米为暴雨；日雨量100毫米～249.9毫米为大暴雨；日雨量≥250毫米为特大暴雨；5天中如果有3天暴雨日，就称连续暴雨过程。1959—2007年，江宁区暴雨和大暴雨日数共176天。其中，暴雨148天，大暴雨28天。自1959年以来，一年中出现暴雨最早的是1972年3月19日，降水量54毫米，最晚的是1982年11月28日，降水量57.3毫米。暴雨主要集中在6月下旬至7月下旬。如按任意24小时雨量计算，江宁50年来只出现过1次特大暴雨，即2007年7月7日14时至7月8日14时，日降雨量299毫米。

【水灾录】

三国吴赤乌十三年（250），八月丹阳及诸邑山崩，洪水溢。

太元元年（251），江海涌溢。平地水深八尺。

五凤元年（254），夏，大水。

永安四年（261），五月大雨水，泉涌溢；五年，八月壬午大雨，震电水，泉涌溢。

西晋元康八年（298），秋九月又大水。

永嘉四年（310），夏四月江东大水。

东晋大兴三年（320），六月大水；四年，秋七月大水。

太宁元年（323），五月京师大水。

咸和元年（326），夏五月大水；二年，五月京师大水；四年，七月丹阳大水；七年，夏五月大水。

咸康八年（342），正月朔京都大雨。

永和四年（348），夏五月大水，江宁大水；六年，夏五月大水，是岁大疫；七年，七月涛水入石头，溺水者数百人。

升平二年（358），夏五月大水；五年，夏四月大水。

太和六年（371），夏六月京师大水，平地数尺。

宁康元年（373），三月京都大水。

太元三年(378),夏六月大水;五年,五月大水;十年,五月大水;十三年,冬十二月戊子涛水入石头,毁大桁杀人；十七年，六月甲寅涛水入石头，毁大桁，漂船舫，有死者；二十一年，五月大水。

元兴二年（403），春，江水暴涨，漂没居人；三年，二月己丑夜涛水入石头，败大航，杀人。

义熙元年(405),十二月涛水入石头;二年,涛水入石头;三年,夏五月大水;四年,十二月涛水入石头;九年,五月辛巳大水;十年,夏五月丁丑大水,西明门地穿涌水出,毁门扇及限;十一年,秋七月京师大水。

南朝宋元嘉三年（426），大水；五年，夏六月庚戌京邑大水；十一年，五月建康大水；十八年，五月江水溢，没居民，害田稼；十九年，闰五月京邑雨水；二十一年，六月建康大水；二十四年，六月丹阳大水，疫疠；二十九年，都下大水。

大明元年（457），春正月庚午京邑雨水；五年，秋七月京邑雨水。

泰始二年（466），六月建康雨水。

泰豫元年（472），六月京师雨水。

元徽三年（475），三月己巳大水。

齐建元四年（482），夏四月癸未诏，雨水频降。

永明五年（487），六月建康、秣陵水；九年，秋八月都下大水。
永元元年（499），七月丁亥涛水入石头，漂杀沿淮居民；三年，六月京邑雨水。
梁天监六年（507），八月建康大水；七年，五月建康大水；十二年，四月建康大水。
普通元年（520），七月江、海并溢。
大通五年（533），夏五月戊子京师大水，御道通船。
陈太建十年（578），六月丁卯大雨。
祯明二年（588），六月涛水激入石头。
唐贞观三年（629），秋大水；八年，秋七月江淮大水。
贞元二年（786），六月江溢；八年，七月江淮大水害稼，溺死人。
太和四年（830），江南大水害稼。
开成四年（839），夏，江溢，大水害稼；五年，七月江南大水。
会昌元年（841），七月江南大水。
咸通七年（866），江淮大水害稼。
南唐昇元六年（942），春正月金陵大水，秦淮溢。
北宋乾德四年（966），四月扬子等县，潮水害民田。
开宝元年（968），六月大雨水，江河泛溢，坏民田庐舍。
太平兴国八年（983），秋七月江溢。
北宋大中祥符四年（1011），夏六月江南水灾；六年，七月江水溢，坏官私庐舍。
天圣二年（1024），扬子大水；四年，江淮大水；五年，秋七月江宁府江水溢，坏官民庐舍；六年，七月壬子江宁江水溢，坏官民庐舍。
嘉祐元年（1056），五月江溢。
元丰四年（1081），七月大风雨，溺居民坏庐舍。
政和五年（1115），六月江宁府水灾；六年，秋大水，民户流移，漂没者众。
重和元年（1118），夏，江淮诸路水，民流移，漂没者众。
南宋绍兴二十七年（1157），建康大水；二十八年，九月江东大风水。
隆兴元年（1163），秋八月江东大水；二年，七月建康大水，侵城郭，坏庐舍。
乾道四年（1168），七月建康水；六年，建康大水；九年，五月戊午建康，水。
淳熙十一年（1184），建康大水。
绍熙三年（1192），江东大水；五年，建康大水。
嘉泰三年（1203），四月江南郡县水。
嘉定九年（1216），秋九月诏江东被水甚者，蠲其租；十四年，夏，大水。
淳祐二年（1242），建康大水。
咸淳二年（1266），大水，饥。
元至元十九年（1282），江南大水；二十四年，九月江水溢；二十七年，江南大水。
元贞元年（1295），夏五月建康水；二年，六月建康水。
大德二年（1298），建康水；四年，江南大水；五年，秋七月大风，江涨，损禾溺人。
延祐元年（1314），秋八月建康大水。
泰定元年（1324），江东水。
至顺元年（1330），七月江南水；三年，八月江水溢。
至元五年（1339），秋九月大雨。

至正九年(1349),秋九月江溢,漂民居禾稼。

明洪武三年(1370),八月京师大雨,水;六年,五月雨泡;九年,五月水溢。

永乐二十年(1422),秋八月,免南畿水灾粮刍;二十一年,秋八月,免南京水灾田租。

宣德七年(1432),秋,免南畿水灾税粮。

正统四年(1439),八月水,溺死甚众;九年,秋七月应天大水;十二年,六月南京大风、雷、雨,山川增灾,殿庑俱毁;十三年,龙潭江水奔溃。

景泰元年(1450), 六月先是风雨,江水泛涨,坏城垣官舍民居甚众;三年,秋八月赈南畿水灾,免税粮,赈南畿流民。

成化元年(1465),秋七月应天水;六年,十月江水泛滥,冲塌新河口岸;七年,夏四月,外水泛滥,应天府民饥;八年,七月大风雨,江溢,免上元县秋粮;九年,水旱,免南京旗守等卫易子粒三万二千七百余石,以水灾故也;十二年,十一月癸亥大雷雨;十六年,水灾;十七年,七月大雨水溢。

弘治四年(1491),以水灾免南京等三十九卫屯粮六万四千三百四十石有奇;五年,夏南畿水,以水灾免应天等府秋粮;七年,以水灾免南京等卫屯粮之半;十一年,以水灾免南京应天府等卫屯粮二千四百石有奇;十四年,以水灾免南京水军左等三十四卫所屯田子粮有差;十五年,以水灾免应天府秋粮;十六年,七月大风雨,江潮入南京江东门内五尺有余,没庐舍,船漂人溺。

正德五年(1510),十月免应天等秋粮,以水灾故也;八年,秋八月免南畿水灾税粮;九年,八月以灾伤免应天府所属上元等八县税粮有差;十二年,四月、五月后各处水患非常;十三年,九月应天等处大雨弥月,平地水深丈余,漂溺室庐人畜不可胜计。

嘉靖元年(1522),七月二十五日猛风骤雨,江水涌溢,大江船只漂溺甚众,上新河等处边疆军民房屋被水冲塌者不计其数;五年,以水灾免南京应天府等州县夏税有差;九年,以水灾免南京府军左等卫所税粮有差;十一年,以水灾免应天府等存留税粮有差;十六年,南畿水;十八年,以水灾免南京等四十二卫屯粮如例;二十二年,以水灾免应天等府税粮;三十四年,应天府六月水,没田禾;三十九年,七月江水涨至三山门,秦淮民居有深数尺者。

隆庆五年(1571),以水灾命改折南京等卫所屯粮。

万历十四年(1586),五月大雨,自初三至十七日,城中水高数尺,江东门至三山门可行舟;十五年,自五月以来淫雨连绵,江湖泛滥,平地水深丈余;十七年,江水泛溢,应天等府平地水深丈余,田庐没为巨浸;十九年,南畿大水;三十六年,五月大雨水,陆地泛舟;四十一年,七月大水。

天启四年(1624),江南水灾。

清顺治十一年(1654),春正月辛丑以水旱故停织造二年,戊申免去年被灾额赋。

康熙二年(1663),九月大水,船行市上;三十二年,夏濒江水溢;三十五年,诏免水灾额赋;四十三年,水。

雍正四年(1726),免水灾额赋;五年,赈水灾饥民;十一年,缓征江苏被水州县,江宁与焉;十二年,被水州县,江宁与焉;十三年,秋八月诏免水灾额赋。

乾隆元年(1736),酌免被水乡邨,江宁与焉;三年,免水灾额赋有差;六年,夏水;三十二年,水;三十六年,水;三十九年,水;四十三年,水灾;四十九年,水灾;五十二年,夏水。

嘉庆九年(1804),水;十三年,水;十五年,水。

道光三年(1823),水灾;九年,水灾;十年,水灾;十一年,水灾;十二年,水灾;十三年,水灾;十八年,水;十九年,夏水;二十年,水灾;二十二年,八月大水陡发,平地四尺;二十四年,夏水;二十五年,夏水;二十八年,秋大水;二十九年,大水,平地深丈余。

咸丰五年(1855),六月江水溢;七年,十一月江宁被水。

同治八年(1869),夏水。

光绪十一年(1885),春二月大雨,山水泛溢,圩田淹没;二十三年,夏六月大水,低洼处皆漫溢;二十七年,五月大雨五日,舟行陆地,濒江圩皆破;三十一年,春二月,山水暴发,秋,江河泛溢;三十二年,雨量五月、六月稍多,七月314.6毫米,八月343.7毫米。

宣统元年(1909),五月低处上水,六月上、中旬雨量319.8毫米,七月上旬雨量281.8毫米。二年,六月大雨、雷、电,六月下旬到七月上旬雨量达331.7毫米;三年,夏秋之交大雨,城中上水,七月雨量368.6毫米。

中华民国4年(1915),6月雨量406.9毫米,集中在下旬。

民国5年(1916),6月下旬到7月上旬雨量386.4毫米。

民国6年(1917),6月中旬雨量达235.1毫米。

民国11年(1922),9月上旬雨量偏多,中旬151毫米。

民国20年(1931),大水,7月雨量达618.8毫米,圩田多成泽国,山地则庆丰收。

民国21年(1932),5月21日长江水大涨,水位达11米。7月26日江水稍退。

民国22年(1933),6月15日长江水位飞涨,堤岸危;17日水涨不已,水位之高数十年未有;26日长江上游、中游水势渐退,下游仍稍涨。长江上游川鄂湘等省多雨,山洪暴发,江水骤涨,武汉三镇势将陆沉。其他沿江各埠亦均岌岌,其险象与民国20年相若。江宁地处长江下游,上受汹涌之江水,下当澎湃之海潮,100千米江堤皆呈险象。

中华人民共和国,1950年,7月上旬雨量171.4毫米。全县洪涝灾害面积8373.33公顷,粮食减产1747万公斤。

1954年,江宁发生百年未有的特大洪水,5月中旬开始连续降雨,3个月中降雨58天,共降869毫米。7月份1个月集中降雨442.1毫米。秦淮河水位7月2日涨至9.83米,7月24日最高达10.18米。全县汛期漫决圩堤404条,淹田17410.80公顷;内涝被淹及山洪冲坏的田28146公顷,共计受灾达45440余公顷,被淹房屋37403间。全县139个乡镇有89个受到不同程度的灾害,受灾农户59735户。

1962年,7月4—7日全县受到大暴雨的严重袭击。降水66.7毫米~266.4毫米。东山雨量166.6毫米,雨势猛,雨量集中,秦淮河最高水位达10.02米,加上底水足,长江水位高,据县委统计,全县内涝面积1.06万公顷;倒、漫大小圩141个,淹没稻田2871.73公顷;被山洪冲毁稻田、旱谷906.20公顷;倒掉水库6座,倒塌房屋4028间,淹死和倒房压死12人,重伤8人,淹粮食305880公斤。9月6—7日,14号台风过境,全县普遍降水100毫米~140毫米,内涝面积达14466.67公顷。

1965年,8月份因受13号台风影响,全县降水普遍在150毫米以上,最多的长江公社降雨288毫米。据县人委办公室统计,至8月21日受害面积达9713.33公顷,其中内涝5363.47公顷,无收680公顷;山洪漫灌1275.93公顷,外滩旱地受涝1727.27公顷;倒塌房屋1200间,其中长江、营防、花园、土桥等公社受害较重。

1969年,7月1—21日连续出现暴雨,总雨量573.6毫米,雨势之猛,雨量之集中是历史上所罕见。据县生产指挥组了解,17日秦淮河水位达10.48米,比1954年高0.30米。全县受灾面积达20190.13公顷,其中倒、漫圩88个,计4647.40公顷;内涝14326.87公顷,山洪冲击392.87公顷,外滩淹没823公顷。全县死1人,伤7人,房屋倒塌12655.50间,计21个公社,87个大队968个生产队受害。

1974年,7月28日起遭受暴雨袭击,4天总雨量东山达302.1毫米,秦淮河最高水位达10.28米。据县防汛指挥部统计:全县受涝面积21333.33公顷,其中严重受涝11726.67公顷,山洪冲坏3466.67公顷。另外倒塌房屋633间,受伤10人,冲坏桥梁3座,霉烂发芽粮食650万公斤。

1975年,6月下旬连降暴雨,21—25日东山总雨量达247.3毫米。水位猛涨,东山大桥最高水位达 9.48 米。据县防汛指挥部统计，至 26 日，全县受涝面积达 4893.93 公顷，其中东山、方山、上坊、花园、营防、长江、土桥等公社受害较重。

1980 年，7 月 8—9 日降大暴雨。东山总雨量 141.1 毫米，铜井达 257 毫米。全县 7700 公顷水稻受害，其中受害严重的田块早稻产量损失近一半，棉田被淹 1000 公顷，受害严重的改种水稻。

1982 年，7 月 19 日普遍下大暴雨。据县农业局统计，全县受涝面积达 3406.67 公顷，其中铜井、汤山、龙都、周岗、营防等地受害较重。

1983 年，6 月 19 日至 7 月 19 日梅雨季节，因受暴雨影响，加上长江水位高，全县受涝面积 1718.33 公顷。花园乡龙潭圩于 7 月 13 日凌晨 2 时 30 分决口倒圩，受到严重损失。

1987 年，7 月上旬雨量达 260.1 毫米，秦淮河圩区主要干河均超警戒水位，5000 公顷水稻受涝，受损 10% ~ 20%。8 月下旬降水 162.6 毫米，秦淮河上游大量客水入境，秦淮河水位 8.71 米，部分地区内现内涝。

1989 年，7 月 5—8 日，降大到暴雨，梅雨量 256.7 毫米，梅雨期 38 天（6 月 6 日至 7 月 13 日），7 月 9 日秦淮河水位达 9.46 米，内涝面积 1000 公顷。

1991 年，出现百年未遇的特大洪涝灾害。6 月 12—16 日，县内出现第一次洪水，连续降水量 305.3 毫米；6 月 30 日至 7 月 11 日出现第二次洪水，降雨 646.2 毫米；8 月 6—8 日，出现第三次洪水，降雨 159.2 毫米。3 次洪水总雨量 1110.7 毫米。受灾面积 3.53 万公顷，其中严重受淹 2.87 万公顷，倒塌房屋 4500 多间，很多企业厂房受淹停产，直接经济损失 1.33 亿元。

图 3-6-11　江宁县被淹村庄水最深处达 1.50 米以上（1991 年摄）

1995 年，出现旱涝急转。5 月至 6 月上旬，少雨，大面积水稻缺水，丘陵地区部分田块无法栽播。6 月 20—21 日晨 18 个小时东山地区降雨 168.7 毫米。6 月下旬至 7 月 8 日，长江中下游多次大面积降水，新济洲水位 10.58 米，严重威胁铜井、江宁两镇。水稻受涝 5000 公顷，减产 10%。

1996 年，6 月 16 日至 7 月 22 日，梅雨期 37 天，梅雨量大，共降水 618.4 毫米，是常年梅雨量 2.30 倍。主要暴雨过程：6 月 24 日（68.1 毫米）、6 月 28 日（117.8 毫米）、7 月 2 日（114.5 毫米）、7 月 5 日（97 毫米）。水稻受灾面积 4000 公顷，减产 10%。

1998 年，6 月 24 日至 7 月，江宁梅雨量 302.7 毫米，主要暴雨过程：6 月 26—27 日、6 月 30 日、7 月 29—30 日。该年长江流域发生特大洪水，来势猛，水位高，流量大，轮番袭击江宁区。秦淮河 7 月 1 日水位达 10.37 米，江宁江堤和圩堤长期受高水位的浸泡和冲刷。46000 公顷水稻受涝、3000 公顷蔬菜受渍害。

1999年，6月7日至7月18日，梅雨期42天，梅雨量362.1毫米，是常年值的1.40倍，主要暴雨过程：6月16日、6月27—28日。其中6月16日雨量达110.3毫米。汛期雨量862.8毫米。部分农田受涝。

2003年，7月4—5日，普降特大暴雨，汤山镇雨量达212毫米，秦淮河水位6日达9.97米，超过警戒水位1.47米。6月21日入梅至7月12日，又普降大到暴雨。梅雨量529.3毫米，是常年梅雨量的2倍。主要暴雨过程：6月26日、6月29日、7月4—5日、7月8—10日。7月11日秦淮河水位达10.34米。仅次于1991年和1998年的高水位。受灾面积16000公顷，其中水稻7000公顷，旱作物4000公顷，蔬菜5000公顷。直接经济损失405.80万元。

2006年，7月20日大暴雨，降雨量157.9毫米，造成城区严重积水，秦淮河水位7月23日达8.73米。水稻受灾面积3000公顷，减产10%。

2007年，7月7日下午4时30分至10日上午9时整，累计雨量380.6毫米。尤其是7月7日14时至8日14时，24小时雨量达299毫米，达到特大暴雨极值。这是江宁50年来最大的也是唯一一次特大暴雨。秦淮河水位7月9日达10.12米。城区严重积水，局部水深1.50米。全区农作物受淹面积16400公顷，直接经济损失8000万元。

第二节 旱 灾

【灾害性天气】

江宁地区发生旱灾主要灾害性天气有干旱、高温和酷暑。

干旱。据史籍记载，自三国吴嘉禾五年（236）至1949年，江宁地区发生干旱灾害210次。江宁区丘陵山区易受旱灾威胁，常年有3个较明显的时期。初夏旱。从5月下旬至6月中旬，气温稳定在20摄氏度以上，当连续15天或15天以上，累计雨量＜10毫米时，即会出现初夏旱。1959—2007年，江宁出现初夏旱年有14年：1961年、1963年、1964年、1967年、1969年、1973年、1974年、1979年、1981年、1992年、1993年、1995年、1997年、2005年。伏旱。从7月中旬至8月下旬。梅雨结束后，副热带高压开始控制江宁区，进入高温少雨时期。在丘陵山区，只要连续10天以上，累计雨量＜5毫米，即露旱象，这种气候在江宁区多数年份都会发生，若在7月中旬至8月底期间，连续3旬总雨量＜30毫米，称为伏旱。伏旱常伴有高温（日最高气温≥35摄氏度）天气，对早稻灌浆结实，后季稻育秧和夏、秋茶叶产量、品质均有不同程度的影响，而且持续高温会造成棉花蕾铃脱落，高温高湿还会造成水稻纹枯病等流行。1959—2007年，江宁出现伏旱年有11年：1959年、1966年、1967年、1968年、1970年、1971年、1973年、1976年、1978年、1984年、1994年。秋旱。在江宁区发生概率高于伏旱，自9月至11月底，持续30天以上累计雨量≤10毫米，则发生秋旱。秋旱除对晚稻、茶树、山芋等旱作物的产量有较大影响外，对秋播作物的出苗也是不利的。1959—2007年，江宁出现秋旱年有28年：1959年、1960年、1964年、1965年、1966年、1967年、1968年、1969年、1970年、1971年、1973年、1974年、1976年、1979年、1980年、1984年、1987年、1988年、1989年、1991年、1992年、1994年、1995年、1997年、1998年、2001年、2002年、2004年。1959—2007年，江宁区伏秋连旱的年份有10年：1959年、1966年、1967年、1968年、1970年、1971年、1973年、1976年、1984年、1994年。典型的干旱年有5年：1959年、1966年、1978年、1988年、1994年。

其中大旱年有 3 年：1959 年、1978 年、1994 年。1966 年 5 月、7 月、8 月总雨量只有 114.6 毫米，最高气温达 39.7 摄氏度，到 8 月底全县水稻受旱达 1.68 万公顷。

高温。1959—2007 年，江宁最高气温大于或等于 35 摄氏度的高温日平均每年 13.2 天，最多达 41 天（1994 年），最少 1 天（1980 年）。江宁高温一般出现在 5—9 月，以 7 月、8 月最多，尤其集中在 7 月中旬至 8 月上旬，相当于农历的“三伏”期间。全年高温日大于或等于 20 天的年份有 15 年：1959 年、1964 年、1966 年、1967 年、1971 年、1978 年、1988 年、1990 年、1994 年、1995 年、1998 年、2001 年、2003 年、2004 年、2005 年。出现 15 天以上连续高温有 4 年：1966 年、1978 年、1988 年、2003 年。极端最高气温 40.4 摄氏度，出现在 1959 年 8 月 22 日。1949—2007 年，江宁出现气象学上定义为“秋老虎”一共是 4 年：1953 年、1959 年、1964 年和 1967 年。其中 1967 年 8 月 21 日至 9 月 2 日，持续高温 12 天后，又于 9 月 7—9 日出现第二段高温，8 月 27 日最高气温达 39.3 摄氏度，这是江宁历史上“秋老虎”持续时间最长的一年。

酷暑。1959—2007 年，江宁一共出现 6 个酷暑年：1959 年、1966 年、1967 年、1971 年、1978 年、1994 年。其中最典型的酷暑年是 1994 年，是年 7—8 月高温日数 37 天，7 月、8 月两个月平均气温 30.2 摄氏度，极端最高气温 38.4 摄氏度，这一年也是江宁典型的大旱年。酷暑的气候特征除气温偏高外，还有降水少、雨日少、光照充足、梅雨期短、伏旱严重等异常表现。

【旱灾录】

三国吴嘉禾五年(236)，自去年十月不雨至于夏，大旱。

赤乌五年(242)，夏四月旱，是年大疫。

五凤二年(255)，大旱。

太平三年(258)，秋八月不雨，沉阴四十余日。

宝鼎元年(266)，夏旱。

西晋永嘉二年(308)，夏大旱，江东竭可涉。

永嘉三年(309)，夏大旱，江竭。

东晋大兴元年(318)，夏六月旱；四年，夏五月旱。

永昌元年(322)，六月旱，闰十一月京都大旱，川谷并竭。

太宁三年(325)，自正月不雨至于六月。

咸和二年(327)，夏四月旱；五年，夏五月旱，且饥疫；六年，夏四月旱；九年，夏六月大旱。

咸康二年(336)，春三月旱；三年，夏六月旱。

建元元年(343)，夏五月旱。

永和九年(353)，三月旱。

隆和元年(362)，夏四月旱。

太和元年(366)，夏四月旱。

咸安二年(372)，大旱，饥。

宁康元年(373)，五月旱。

太元四年(379)，夏六月大旱；五年，夏四月大旱；十年，秋七月旱，饥；十三年，夏六月旱；十七年，自秋不雨至于冬；十八年，秋七月旱。

隆安四年(400)，六月旱。

南朝宋元嘉四年(427),五月京都疫,秋旱;二十八年,三月大旱。
大明七年(463),旱;八年,江东诸郡旱。
元徽元年(473),八月建康旱。
梁天监元年(502),是岁大旱,斗米五千,人多饿死。
大宝元年(550),自春迄夏大旱,人相食。
陈永定三年(559),闰四月久不雨。
隋大业十三年(617),大旱,自淮及江东绝水无鱼。
唐总章元年(668),江淮大旱饥。
如意元年(692),五月江淮旱,饥。
永贞元年(805),江南旱。
元和三年(808),江南旱;四年,春,江南旱饥。
长庆二年(822),冬十月诏江淮旱;三年,三月江南旱。
太和八年(834),夏,江淮大旱。
咸通二年(861),江淮旱;九年,江淮旱,蝗。
中和四年(884),江南大旱饥。
南唐昇元三年(939),自五月不雨至于闰七月。
保大十年(952),是岁大旱;十一年,七月大旱,井泉涸,民饥疫;十二年,自去年八月不雨至于三月,大饥疫。
北宋雍熙元年(984),秋,江南大旱。
至道三年(997),旱,除昇州今年秋税。
景德元年(1004),闰九月,江南旱。
大中祥符二年(1009),四月昇州大旱;三年,秋八月昇州亢旱;五年,夏五月江淮旱。
天禧元年(1017),江淮旱蝗。
明道元年(1032),江淮旱。
绍圣二年(1095)、三年,江东大旱,溪河竭。
建中靖国元年(1101),江淮旱。
大观二年(1108),自六月不雨至于十月江南大旱;三年,夏秋旱。
政和三年(1113),江东旱;六年,夏江淮旱。
南宋建炎三年(1129),十一月江南大旱。
绍兴七年(1137),秋七月建康旱疫;十一年,应天府大旱;十八年,夏江东旱。
乾道七年(1171),三月江东旱;九年,旱。
淳熙二年(1175),建康大旱饥;七年,建康大旱;八年,七月不雨至十一月,建康旱;十年,建康旱。
绍熙四年(1193),八月江东旱。
庆元六年(1200),建康旱。
嘉泰元年(1201),江东旱;二年,春旱至于夏秋,建康为甚。
嘉定二年(1209),夏建康大旱蝗;三年,建康旱蝗;八年,春旱至八月不雨,建康为甚。
嘉熙元年(1237),夏建康旱。
咸淳六年(1270),江南大旱。
元大德四年(1300),春建康旱;十一年,是岁大旱,民饥疫。
天历二年(1329),旱饥。

元统元年（1333），秋，江宁不雨；二年，秋江宁旱。

至元二年（1336）秋，江宁旱。

至正二十七年（1367），旱。

明洪武三年(1370)，五月旱；八年，八月大旱；十四年，金陵久不雨；二十四年，夏六月旱；二十六年，夏四月大旱。

宣德二年(1427)，南畿旱；八年，春夏不雨，河水干涸，麦焦枯；九年，江宁自春至秋不雨，溪涧绝流，寸草不生，民皆饥饿。

正统三年（1438），南畿旱，饥；五年，夏，应天旱，蝗；七年，南畿大旱；十一年，南畿旱。

景泰四年（1453），数月不雨；五年，应天府免所属江宁县、上元县旱灾田地秋粮；六年，三月至六月亢旱无雨，不能播种，秋成无望；七年，秋九月应天旱，蝗。

天顺元年（1457），春，久不雨；三年，南畿旱；五年，春三月南畿连月旱，伤稼。

成化三年(1467)，旱；四年，春夏不雨；十七年，应天府春夏大旱；二十一年，十二月，应天等六府旱荒。

弘治元年（1488），以旱灾免南京四十二卫屯粮之半；三年，旱；九年，以旱灾免应天府所属五县粮草有差；十六年，九月应天府大旱，灾重民穷。

正德二年（1507），以旱灾减免南京锦衣等四十二卫屯粮三之二；三年，江南旱；十年，冬十二月免南畿旱灾秋粮；十六年，旱。

嘉靖二年（1523），大旱，人相食；三年，以旱灾免应天十府二州夏税有差；五年，十月，以旱灾实免征应天各卫所屯粮；九年，应天府大旱；十一年，以旱灾蠲免应天府夏税有差；十三年，应天九月旱灾；十七年，夏大旱；二十三年，夏秋大旱，民饥；二十四年，夏大旱；二十五年，应天府等十一府旱灾；三十二年，南畿旱。

隆庆五年（1571），应天府春不雨，井泉多竭，河可涉。

万历五年（1577），春不雨，井泉多竭，河可涉；十六年，夏旱，疫死者无算；十七年，夏六月雨畿大旱，发帑金赈之。

天启四年（1624），江南旱灾。

崇祯九年(1636)，旱，自四月至七月不雨，遍野如扫；十年，夏南畿大旱；十一年，大旱，蝗；十三年，旱，蝗，大饥；十四年，六月大旱，蝗，饥。

清顺治元年（1644），自冬十一月至五月不雨。

康熙四年（1665），秦淮河水涸；十八年，免江南旱灾额赋；二十七年，夏六月旱；四十六年，夏旱；四十七年，旱灾。

乾隆三年（1738），旱灾；十二年，旱灾；十九年，大旱，赈饥甚周；二十年，旱，大疫；三十三年，旱；四十一年，旱；五十年，夏大旱。

嘉庆十年(1805)，旱；十三年，旱；十四年，大旱；十五年，旱；十七年，夏旱，井泉竭；十九年，旱灾；二十年，夏旱大疫。

道光元年（1821），旱；十五年，旱。

咸丰六年（1856），旱，虫。

同治六年（1867），夏旱，水涸。

光绪三年（1877），旱；六年，秋不雨；十三年，八月沉阴不雨经月，冬旱；十四年，夏旱；十五年，夏五月旱；十七年，夏旱；十八年，夏旱；十九年，冬旱；二十年，夏大旱，奇热；二十七年，秋旱，冬旱无冰；三十一年，秋旱，十一月雨量 10.1 毫米；三十四年，六月酷旱六旬，八月雨量只有 7.5 毫米。

宣统元年（1909），夏四月旱，四月雨量 18.1 毫米，五月雨量 14.7 毫米。

中华民国 2 年（1913），夏，秋旱，雨量 7 月 74.7 毫米，8 月 0 毫米，9 月 30.8 毫米，10 月 0 毫米。

民国 3 年（1914），夏旱，雨量 6 月偏少，7 月 24.3 毫米。

民国 6 年（1917），春旱，3—5 月降水连续偏少，总雨量 56.3 毫米。

民国 8 年（1919），夏、秋旱，8 月雨量 27.4 毫米，9 月偏少，10 月雨量 11 毫米。

民国 9 年（1920），秋旱，雨量 10 月 10.3 毫米，11 月 5.5 毫米。

民国 13 年（1924），秋旱，8 月雨量 14.2 毫米，9 月、10 月偏少。

民国 15 年（1926），春旱，4 月雨量 6.1 毫米。

民国 16 年（1927），秋旱，11 月雨量 0.8 毫米。

民国 17 年（1928），秋旱，10 月雨量 1 毫米。

民国 18 年（1929），春秋旱，4 月雨量 23.1 毫米，5 月雨量偏少，11 月雨量 8.4 毫米。

民国 20 年（1931），秋旱，10 月雨量 0.1 毫米。

民国 21 年（1932），秋旱，10 月、11 月雨量合计 3.6 毫米。

民国 23 年（1934），春季雨水少，加之雨量 6 月 32.3 毫米，7 月 34.5 毫米，极端最高气温达 43 摄氏度。是年夏雨量之少为 30 年来所少见，全县 4 万余公顷山田尽成灾区无论矣，即圩田地势较高者汲水困难，灌救不及，灾情亦颇为严重。

民国 24 年（1935），夏、秋旱，7 月雨量 12.7 毫米，9 月雨量 16.3 毫米。

民国 25 年（1936），秋旱，雨量 9 月 17.7 毫米，10 月 0.1 毫米。

民国 30 年（1941），秋旱，10 月雨量 5.4 毫米。

民国 31 年（1942），秋旱，10 月雨量 4.8 毫米。

民国 36 年（1947），春旱，4 月雨量 14.3 毫米。秋旱，8 月雨量偏少，9 月雨量 16.3 毫米，10 月、11 月雨量只有常年的 1/3。

中华人民共和国，1956 年，秋旱，11 月雨量 1.6 毫米。

1959 年，7 月雨量 83.9 毫米，8 月雨量 37.2 毫米，最高气温达 40.7 摄氏度，9 月雨量 32.3 毫米。全县受旱面积达 3.08 万公顷，成灾面积 1.20 万公顷，减产粮食 1800 万公斤。

1961 年，6 月中旬至 7 月中旬总雨量 61.6 毫米。全县受旱面积达 3.47 万多公顷，其中成灾面积 3.07 万公顷，粮食减产 2345 万公斤。

1964 年，自 7 月初起，20 多天未下透雨，高温、晴热，西南风多而大。据县人委办公室统计：全县受旱 2952 公顷，其中干白田 709.73 公顷；全县总塘坝 54356 个，其中干塘有 4478 个，干坝 12 条。

1966 年，5 月、7 月、8 月总雨量只有 114.6 毫米，最高温达 39.7 摄氏度。据人委办公室统计到 8 月底，全县水稻受旱 16847.13 公顷。

1967 年，6—8 月总雨量 141.2 毫米，最高气温达 39.5 摄氏度。全县受旱面积达 8000 公顷。

1968 年，7 月下旬至 8 月中旬总雨量 32.2 毫米，全县受旱面积达 6666.67 公顷，其中 4000 公顷成灾。

1971 年，自 7 月 12 日至 8 月中旬，未下透雨，共降雨 13.6 毫米，不足常年的 1/5。全县受旱面积 0.67 万公顷。

1973 年，7 月雨量偏少，8 月雨量只有 13.2 毫米，不足常年的 1/8，全县受旱面积达 1.60 万公顷。

1978 年，4—8 月降水连续明显偏少，总雨量只有 203 毫米，比历史上最旱的民国 23 年（1934）还少 158.8 毫米，全县受旱面积 12000 公顷，其中成灾面积只有 1333.33 公顷，获得了大丰收。

1979 年，8 月雨量 36.2 毫米。全县受旱面积 1793.33 公顷，其中成灾面积仅 153.33 公顷。

1981年，5月雨量44.3毫米，6月上、中旬只有9.3毫米，秦淮河水位较低，影响中稻栽秧和早稻生长。

1988年，6月30日至8月18日，降雨少、气温高，7月18日最高气温达38.9摄氏度，24个乡镇、131个行政村受旱面积18700公顷，成灾11900公顷，其中稻苗干死而绝收533.33公顷。

1994年，县发生新中国成立以来最严重干旱，从6月11日后，持续高温少雨，至8月20日总雨量只有109.5毫米，不足常年的1/3。水稻受灾面积2.87万公顷，0.53万公顷旱作物80%干枯，直接经济损失2.50亿元。

1995年，9—12月，出现历史上少见的秋冬连旱热秋天气。9—12月累计降水量65.2毫米，较常年同期少70%。9月11日至10月2日和10月25日至12月14日，大部分为晴好天气，气温明显偏高，9月上旬平均气温高达29.2摄氏度。秋冬旱十分严重。受旱面积达1万公顷。

2000年，全年干旱，年降雨量959.8毫米。梅雨量只有77.2毫米，比常年梅雨量少70%以上。水稻受旱13000公顷，小麦受旱1000公顷，油菜受旱0.30万公顷，旱作物受旱4000公顷，绝收1000公顷，经济损失800万元。

2001年，3—7月，出现历史上少见的春夏连旱。3—7月累计降雨量296.7毫米，较常年少50%～60%；平均气温较常年高2摄氏度左右。持续高温，蓄水量日趋减少，有11座水库干涸，12座水库水位在死水以下，2700公顷塘坝蓄水仅200万立方米左右。受旱面积9000公顷，其中小麦1000公顷，油菜7000公顷，旱作物1000公顷。部分镇人畜饮水困难。

2002年，9—11月累计降雨96.8毫米，比常年同期少50%，尤其11月份降水量只有5.8毫米。旱作物受旱3000公顷，油菜受旱3000公顷。

2004年，9月至11月上旬，累计降雨33.3毫米。其中10月仅1.1毫米。丘陵山区受旱严重，生活用水紧张。小麦受旱面积1000公顷，油菜受旱面积3000公顷，旱作物受旱面积2000公顷。

第三节 风灾 雹灾

【灾害性天气】

江宁地区发生风灾和雹灾的主要灾害性天气分别是热带气旋和强对流天气。

热带气旋。据史籍记载，自三国吴太元元年(251)至1949年，江宁地区发生风灾(台风、大风、龙卷风)85次。热带气旋（台风）对江宁地区影响程度虽不及省的东部和东南部地区，但它仍然是造成江宁地区风灾和暴雨的主要影响系统。按照热带气旋影响江宁的程度分为4级。有特大暴雨或有大暴雨并伴有强风（平均风速≥11米/秒或阵风≥17米/秒）为最严重级；有大暴雨或强风（平均风速≥11米/秒或阵风≥17米/秒）或暴雨伴有大风（9米/秒≤平均风速＜11米/秒或11米/秒≤阵风＜17米/秒）为严重级；有暴雨或大风（9米/秒≤平均风速＜11米/秒或11米/秒≤阵风＜17米/秒）为较轻级；有降水但无暴雨也无大风（平均风速＜9米/秒或阵风＜11米）为最轻级。1959—2007年，江宁区受严重热带气旋影响有13次，平均每年0.3次，最多的每年2次（1962），有的年份1次也没有。对江宁区影响最早的热带气旋出现在1961年5月27—28日，6104号热带气旋，最晚的出现在1952年11月25—26日，5231号热带气旋。影响的峰值期在8月，其次在9月和7月。1962年9月4—7日，受6214号台风影响，产生过程总雨量95.2毫米，最大10分钟平均风速17米/秒（8级），瞬时极大风速24米/秒（9

级）。使江宁人民生命财产造成重大损失。全县倒塌房屋1970间，损坏房屋9203间，死2人，伤24人，内涝面积达1.45万公顷。

强对流天气。据史籍记载，自三国吴嘉禾四年（235）至1949年，江宁地区发生较大的冰雹灾害32次。强对流天气是指冰雹、龙卷风、雷暴、雷雨大风等对流强烈发展的天气现象，往往相伴发生，是江宁重要的灾害性天气之一。1959—2007年，江宁共发生28次强对流天气，平均每年0.6次，多的2次~3次，少的1次也没有。历年强对流天气最早初日出现在1979年3月30日，最晚终日为1962年9月11日。6—8月是强对流天气的频发期，一般发生在14时至18时。强对流天气在江宁范围内存在明显地区差异，丘陵山区和沿江出现机会多，影响程度较严重，而圩田地区较少，影响程度也较轻。1959—2007年，江宁冰雹共发生22次，其中冰雹直径大如乒乓球大小的有9次，损失一般较重。龙卷风6次：1962年9月11日、1964年4月17日、1967年4月30日、1971年7月4日、1973年4月25日、2004年8月16日。凡是龙卷风经过的地方都遭到毁灭性打击，损失惨重。发生飑线2次：1973年6月26日、1974年6月17日。发生雷雨大风9次：1961年5月31日、1967年7月20日、1977年4月23日、1980年7月20日、1982年5月26日、1982年7月4日、1983年4月26日、1983年4月28日、1984年7月27日。1982年5月26日，铜山、横溪、陶吴、东善、谷里、江宁等56个大队遭受冰雹袭击，油菜受害716公顷，小麦损失两成以上有1533.33公顷，早稻受害2166.67公顷，死1人，伤6人。

【风灾录】

三国吴太元元年(251)，八月朔大风，吴高陵松柏皆拔，郡城南门飞落。

建兴元年(252)，冬十二月丙申大风雷电。

东晋永昌元年(322)，秋七月丙寅大风拔木，屋瓦皆飞；八月暴风坏屋拔御道树。

升平五年(361)，正月朔京师大风。

太和三年(368)，夏四月癸巳大风折木；六年，二月京师大风。

宁康三年(375)，四月朔暴风迅起，飞沙扬砾。

太元二年(377)，三月甲申暴风折木拔屋，六月己巳暴风扬沙石；三年，三月乙丑雷雨暴风，发屋折木；四年，秋八月乙未暴风扬沙石；十二年，春正月壬子暴风，发屋折木；十三年，冬十二月乙未大风昼晦；十七年，六月乙卯大风拔木。

元兴二年(403)，春二月大风雨，大航门屋瓦飞落；三年，二月己丑夜，大风吹朱雀门，楼上层坠地。

义熙四年(408)，冬十一月辛卯西北方疾风，发屋拔树；六年，五月壬申大风，拔北郊树；甲戌又风发屋折木。

南朝宋景平二年(424)，春正月乙巳大风，天有五色云。

元嘉二十九年(452)，三月大风，拔木飞瓦；三十年，正月大风拔木。

大明七年(463)，四月大风折和宁陵华表。

永光元年(465)，正月朔京邑大风。

泰始二年(466)，京师屡大风。

元徽二年(474)，七月京邑大风；三年，六月大风两见；四年，十一月大风；五年，三月、六月皆大风。

齐永明八年(490)，六月乙酉都下大风发屋。

永元元年(499)，七月建康大风，十围树及官舍、居民屋皆偃拔。

梁天监六年(507)，秋七月戊戌，大风折木。

陈天嘉六年（565），七月有大风自西南至，广百馀步，激坏灵台候楼。

太建十二年（580），六月大风坏臬门中阃；十三年，秋九月癸亥夜大风，发屋拔树。

祯明二年（588），六月大风拔朱雀门，涛水激入石头。

唐天复二年（902），昇州大风，发屋飞大木。

天禧元年（1017），江淮大风，多吹蝗入江海。

元丰四年（1081），七月大风潮，漂荡沿江庐舍，损田稼。

南宋咸淳四年（1268），闰正月，建康大风雷雨。

明洪武三年（1370），秋七月丁亥，是日大风；五年，春正月甲午大风，晦，雨雪交作；二十一年，六月癸卯暴风。

正统六年（1441），三月癸亥是日南京大风，折孝陵树三百余株。

景泰元年（1450），三月壬子南京大风拔树。

天顺二年（1458），春暴风，二月暴风拔孝陵树，懿夕陵殿兽脊多摧。

成化八年（1472），三月癸丑南京大风雨，孝陵木为所坏者三十株；九年，大风雨拔太庙社稷坛树；十四年，八月大风拔树；十五年，秋八月辛卯大风拔孝陵木；二十年，五月大风拔太庙树；二十一年，五月南京大风。

弘治二年（1489），大风雷雨；六年，十二月初二日夜，雷电震耀，风雨交作，林木拔起无数；七年，六月酉亥，南京暴风雨坏孝陵树，七月大风雨坏殿宇城楼，九月丙戌朔南京风雨骤作，太庙孝陵等处树木有拔仆者，且飘落殿宇；十五年，八月庚戌，大风雨灾，十月庚戌南京大风；十八年，七月大风拔木。

嘉靖元年（1522），七月大风自北来，屋瓦皆飞，树木尽拔；四十五年，春二月大风雨，震报恩寺殿宇皆尽。

万历十五年（1587），七月终自飓风大作；十七年，七月飓风大作，数百里地一望成湖。

天启七年（1627），大风吹落皇城门扁。

清顺治二年（1645），正月朔大风拔木。

光绪九年（1883），秋大风败稼；二十三年，夏六月大风；二十七年，春二月，黄霾大风四日。

中华人民共和国，1951 年，3 月 18 日，17 米 / 秒，风向东北偏北；5 月 20 日，18 米 / 秒，风向西南；7 月 20 日，17 米 / 秒，风向西北偏北，极大风速 25.1 米 / 秒；2 月 23 日，极大风速 26 米 / 秒，风向东北。

1952 年，3 月 18 日，极大风速 26.8 米 / 秒，风向北。11 月 12 日，20 米 / 秒，风向东北，极大风速 22.5 米 / 秒；12 月 1 日，17.7 米 / 秒，风向北，极大风速 25.2 米 / 秒。

1953 年，5 月 12 日，18.3 米 / 秒，极大风速 24.6 米 / 秒。6 月 20 日，18.3 米 / 秒，北风，极大风速 30 米 / 秒，风向东南。

1954 年，9 月 24 日，极大风速 24.2 米 / 秒，风向东北偏北。

1955 年，3 月 12 日，19.7 米 / 秒，风向北。3 月 17 日，极大风速 22.7 米 / 秒，风向东北偏北。

1956 年，8 月 2 日，18.3 米 / 秒，风向东北，极大风速 25.9 米 / 秒，风向东。

1957 年，6 月 21 日，极大风速 21.4 米 / 秒，风向东北。

1958 年，8 月 20 日，极大风速 23.3 米 / 秒，风向西北偏北。

1959 年，受 4 号台风影响，8 月 31 日最大平均风速 20 米 / 秒，风向北，并伴有 44.5 毫米降水。

1960 年，受 7 号台风影响，8 月 2 日最大平均风速 14 米 / 秒，风向东南偏东，瞬间风力≥ 8 级，并伴有 65.9 毫米降水。

1961年，10月4—5日，受26号台风影响，最大平均风速18米/秒，瞬间风速24米/秒，风向北，并伴有54.8毫米降水。迟栽中籼落粒，倒伏较重，并刮倒房屋2座，死2人。

1962年，7月24—26日，受5号台风影响，最大平均风速14米/秒，瞬间风速17米/秒，风向东南偏东，并伴有降水40.7毫米；8月6—7日，受8号台风影响，6日夜里起开始有大风，维持到7日傍晚，最大平均风速14米/秒，瞬间风速达24米/秒，全县共刮倒房屋888间，倒伏水稻1031.53公顷，死6人，伤32人；9月6—7日，受14号台风影响，最大平均风速17米/秒，瞬间风速24米/秒，风向东北偏北，并伴有95.3毫米降水。全县内涝面积达1.47万公顷，倒场房屋1970间，损坏房屋9203间，对将成熟的中稻危害最大，伤24人，死2人。9月11日，秣陵、龙都、殷巷、东善、谷里等公社先后受到龙卷风袭击，刮倒房屋800多间，打伤打死17人，水稻倒伏3000公顷。

1964年，4月17日16时左右，横溪公社许村、呈村、长冲3个大队和陶吴公社杨树桥小队遭受龙卷风袭击，并下暴雨66.7毫米~100毫米。刮倒草房3间，死1人，草房盖草被刮掉164间，刮倒大树91棵，麦子倒伏34.07公顷。

1965年，8月19—22日，受13号台风影响，最大平均风速14米/秒，瞬间风速24米/秒，全县降水量普遍在150毫米以上。有涝灾发生，倒塌房屋1200间，对水稻影响较大。

1967年，4月30日15时多，江宁公社新洲、司家、邵庄、孙家、三山、新建6个大队遭受龙卷风袭击，估计风力9级，阵风10级。刮倒草房22间，草房盖草被揭掉315间，瓦房瓦被刮掉打碎2间，刮断碗口粗树12棵，刮倒三麦、油菜、蚕豆104.13公顷。7月20日、21日，东山、殷巷、方山、长江、花园、陆郎、铜井、江宁8个公社遭受大风影响（县气象站2天瞬间风速均为24米/秒），损坏房屋1259间，吹坏树木60多棵。

1969年，9月27—30日，受11号台风影响，最大平均风速达14米/秒，瞬间风速17米/秒，并伴有61.7毫米降水。

1971年，7月4日下午，从安徽省当涂县丹阳公社近城大队发生龙卷风，18时左右影响江宁县丹阳公社。由西南向东北，先后有横溪、铜山、禄口、周岗、龙都、湖熟、土桥、上峰、汤山10个公社计92个大队，其中以禄口、周岗、龙都3个公社严重。受害严重的地方维持5分钟~6分钟大风（估计风力11级左右），伴有短时暴雨和冰雹，据县生产指挥组统计，龙卷风影响损坏房屋13017间，吹倒、断高低压电杆、广播、电话线杆计363根，早稻受到影响97.33公顷，伤33人，死2人，耕牛受伤11头。这次龙卷风影响之广，强度之大，为害之重，是江宁县历史上从未有的。9月21—25日，受23号台风影响，最大平均风速达14米/秒，瞬间风速17米/秒，并伴有67.7毫米降水。

1972年，8月17—20日，受9号台风影响，最大平均风速13米/秒，瞬间风速17米/秒，并伴有降水14.8毫米。

1973年，4月25日18时左右，江宁、铜井、谷里、陆郎、东善、陶吴、横溪、铜山8个公社80个大队、959个生产队受龙卷风影响（估计风力有10级）。三麦受影响面积4428.13公顷，油菜894.60公顷，花草750.90公顷，损失小秧稻种84450公斤，损坏房屋13295间，刮倒高、低压线杆282根，广播线杆516根，刮断毛竹22500株，伤15人，死1人。猪死伤38头。6月26日下午受飑线影响，东山、龙都、殷巷、方山、上峰、汤山6个公社，共刮坏房屋529间，刮倒断电杆102根，电话、广播杆106根，伤12人，死牛3头。

1974年，6月17日受飑线影响，19时10分至20时40分出现最大平均风速25米/秒，瞬间风速37米/秒的东北偏北大风。这次暴风雨来势之迅猛，袭击范围之广泛，破坏性之严重，都是罕见的。全县 26 个公社 370 个大队，社社受灾，队队遭害。工厂、商店、学校、机关都受到袭击，国家和人民生命财产受到严重损失。全县因灾死亡 7 人，重伤 29 人，轻伤 150 人；耕牛死亡 17 头，受伤 67 头；倒塌房屋 14728 间，损坏房屋 77484 间；刮断高、低压电杆，电话、广播杆 6333 根；粮食受潮 172.50 万公斤，刮走损失粮食 8.23 万多公斤；早稻受到不同程度危害的达 17800 多公顷，占早稻面积 70%；中稻受灾 1333.33 多公顷，后季稻小秧损失 460 公顷，损失种子 26 万公斤。

1977 年，4 月 23 日 15 时 55 分至 16 时 20 分之间，花园、营防公社在降冰雹同时，刮 5 分钟 ~ 10 分钟 10 级左右西南风。损坏房屋 1862 间，受伤 23 人；吹断水泥杆 234 根；三麦、油菜倒伏 1148 公顷。9 月 11—13 日，受 8 号强台风正面袭击，最大平均风速达 14.7 米 / 秒，瞬间风速达 25 米 / 秒。大风持续时间长达 17 个小时，使人民生命财产造成较大损失。据县农办统计，全县倒塌房屋 908 间，损坏房屋 5132 间，死 1 人，伤 2 人；刮倒电杆、广播杆 1621 根，水稻倒伏 3424.80 公顷。

1980 年，7 月 20 日 19 时 30 分，铜井公社的星辉、铜井、魏家、北庄、双虎、陶村、牧龙、良种场 8 个大队降雹时有 10 级 ~ 11 级大风，良种场大队 3 层大楼被风刮得晃动；铜井大队汤村队 5 间瓦房仓库齐墙脚被刮倒，还刮倒社员草房 25 间，牛房 24 间，猪圈 38 间，社员住房檐口被刮坏不计其数。

1982 年，5 月 26 日 15 时 10—45 分，江宁县南部铜山、横溪、陶吴、东善、谷里、江宁等 8 个公社，出现 9 级 ~ 11 级雷雨大风，损坏房屋 4934 间，倒、折电线杆、树木上千根。7 月 4 日 14 时 20—40 分，湖熟、龙都 2 个公社 7 个大队受到 7 级 ~ 8 级阵风 9 级 ~ 10 级大风影响，水稻受灾 698.33 公顷，房屋倒塌 220 间，电线杆倒断 90 根，龙都有 9.40 公顷早稻颗粒无收。

1983 年，4 月 28 日 22 时多出现大风，县气象站最大平均风速 12.7 米 / 秒，瞬间风速≥ 17 米 / 秒，使三麦倒伏 9766.80 公顷，倒伏在 666.67 公顷以上的有东善、铜山、江宁、谷里等乡，小秧受害 586.87 公顷；瓦房损坏 315 间，草房损坏 1539 间，“三杆”（电杆、电话杆、广播杆）倒、断 1094 根；轻伤 2 人，伤亡耕牛 8 头。

1984 年，7 月 27 日 15 时多，殷巷、方山两乡出现 10 级左右大风，直径 0.33 米多粗大树连根吹倒，损坏房屋 538 间，倒、断“三杆”132 根，吹倒树木 823 根，吹落梨 3.14 万公斤，有 11 人受伤。

1987 年，8 月 10 日凌晨 4 时 55 分，陶吴、横溪两乡 22 个行政村遭到大风袭击，短时间风力 9 级以上。刮断电线 10 根，倒塌损坏房屋 23 间，水稻受灾 1492.60 公顷，严重受灾 534.07 公顷；旱谷作物受灾 308.67 公顷。

1988 年，夜晚，东善桥林场遭受罕见风灾，胸径达十几厘米松树连根掀起或拦腰折断，受灾面积 66.67 公顷，损失木材蓄积量约 1300 立方米，直接经济损失 30 万元。

1989 年，8 月 3—6 日，编号为 8913 号台风在上海登陆，登陆后西行，穿过苏南造成暴雨过程，对江宁地区及周边造成严重影响。江宁 24 小时最大降水量 151.7 毫米（8 月 4 日 8 时至 5 日 8 时），平均风速 20 米 / 秒。损失资料不详。

1990 年，8 月 31 日，编号为 9015 号台风在浙江省椒江市登陆。江宁在台风影响期间，8 月 31 日至 9 月 1 日，出现平均风速 11 米 / 秒，瞬时极大风速 20 米 / 秒，台风过程雨量 69.7 毫米。有 12000 公顷杂交稻和 1000 公顷棉花严重倒伏，损坏房屋 743 间，刮倒大树 1200 棵，电杆 489 根，14 条高压线路跳闸断电 2 小时 ~ 4 小时。

1996 年，7 月 20 日和 21 日上午，两次突遭罕见的强风暴雨袭击。龙都、上峰两镇遭雷击造成死亡 2 人、受伤十多人；通讯、电力设施、房屋及树木遭受重大破坏，损失较重。

1997 年，8 月 18—19 日，江宁遭受编号为 9711 号台风影响，台风过程降雨 77.4 毫米，最大 10 分钟平均风速 6 级，极大瞬时风速 9 级（21 米 / 秒）。受损资料不详。

2004 年，8 月 16 日，区境发生龙卷风。

【雹灾录】

三国吴嘉禾四年（235），秋七月有雹。

赤乌十一年（248），四月雨雹。

建兴元年（252），十月大风震雹。

西晋元康五年（295），十二月雨雹。

东晋太宁二年（324），四月庚子京都雨雹，燕雀死；三年，夏四月己亥雨雹。

咸康二年（336），夏四月丁巳雨雹。

太和三年（368），夏四月癸巳雨雹。

太元二年（377），四月己酉雨雹；十二年，夏四月己丑雨雹；二十一年，夏四月丁卯雨雹。

南朝宋元嘉九年（432），春京邑雨雹；十八年，春三月雨雹。

泰始五年（469），四月壬辰京邑雨雹。

元徽三年（475），五月乙卯京师雨雹。

梁中大通二年（530），夏四月庚申大雨雹。

陈太建元年（569），六月辛卯大雨雹；十年，夏四月庚申大雨雹；十二年，冬十月癸丑大雨雹雷震；十三年，秋九月癸亥夜大雷震雹。

南宋淳熙四年（1177），建康雨雹；五年，闰六月雨雹。

明洪武十八年（1385），春二月久阴雨、雷雹。

正统元年（1436），雨雹杀人；九年，七月十七日大风、雨雹；十四年，六月风雨、雷雹。

嘉靖三十八年（1559），四月雨雹。

万历四年（1576），三月雨雹。

清顺治二年（1645），正月癸巳大雷电、雨雹。

康熙三年（1664），三月雨雹。

乾隆八年（1743），雹灾。

道光九年（1829），雹灾。

中华人民共和国，1953 年，6 月 20 日南京地区下冰雹。

1956 年，3 月 22 日南京地区下冰雹。

1964 年，4 月 5 日清晨，方山、东山、麒麟、营防下冰雹，油菜花瓣、小秧稍有影响。4 月 17 日下午，东山有冰雹，时间短，影响轻。

1966 年，6 月 8 日 16 时 6—22 分，县气象站附近下冰雹，最大直径 1.60 厘米，平均重量 5.54 克。

1967 年，4 月 30 日下午，江宁的孙家、三山、新建 3 个大队下冰雹，最大的有弹子大，小的有豌豆大。

1971 年，4 月 28 日 16 时 28—30 分，县气象站附近遭小冰雹，最大直径小于 5 厘米。同时，东山地区的章村、东山大队；上坊的 12 个大队和淳化公社以及湖熟地区的新敦、跃华两个大队也有冰雹，时间短，受害较轻。7 月 4 日 18 时左右，丹阳、横溪、铜山、禄口、周岗、龙都、湖熟、土桥、上峰、汤山 10 个公社有冰雹，大的有鸡蛋大，小的有黄豆大，损失严重。

1973年，4月25日18时，江宁、谷里、陆郎、东善、陶吴、横溪等公社有冰雹，大的有乒乓球大，一般有蚕豌豆大，损失严重。

1974年，6月17日19时10分至20时，淳化、周岗、上峰、湖熟、龙都、花园、汤山、东善公社有冰雹，损失较重。7月28日15时45—49分，县气象站和东山的卫东大队有冰雹，最大直径1.60厘米，损失较轻。

1975年，5月30日18时10分至19时50分，江宁、铜井、陆郎、谷里、东善5个公社64个大队，先后遭到冰雹袭击，大的有鸡蛋大，小的有蚕豆大。其中江宁、陆郎有10个大队比较严重。全县损失麦子980公顷约29.50万公斤；早稻、棉花都有不同程度的受害。

1976年，6月10日15时左右，江宁、铜井、陆郎、陶吴、横溪、丹阳、花园、营防8个公社38个大队，降冰雹，最大的有蚕豆大，因时间短，密度小，损失较轻。

1977年，4月23日15时55分至16时20分，花园和营防的滨江受冰雹危害，最大的有铜板大，损失严重。

1979年，3月30日23时55分，上坊、殷巷、淳化、东山4个公社下冰雹，一般有黄豆大，持续3分钟～4分钟，损失较轻。6月8日22时，上峰遭冰雹，有黄豆大，因时间短，水稻叶片仅有被砸的痕迹。

1980年，7月20日19时30分，铜井的星辉、魏家、北庄、牧龙等8个大队遭冰雹，有黄豆大，4.67多公顷早稻稻头被折断。

1982年，5月26日15时10—45分，铜山、横溪、陶吴、东善、谷里、江宁等有56个大队遭冰雹，一般有黄豆大，最大的有乒乓球大，油菜受灾716.40公顷，损失产量50万公斤；小麦损失两成以上的1533.33公顷，早稻受害面积2166.67公顷，死1人，伤6人。7月4日14时20—40分，湖熟的友谊、郭村、和进大队，龙都的解放、六安大队遭冰雹，一般蚕豆大小，最大的直径约3厘米，损失较重。

1983年，4月26日23—24时之间，铜山、陶吴、横溪少数地方降数分钟冰雹，冰雹小，时间短，影响不大。4月28日22时45分，县气象站降两分钟冰雹，一般直径3毫米～4毫米，大的4毫米～5毫米，另在东山、方山、花园、湖熟、谷里等乡镇部分地区也降冰雹，损失较轻。

1984年，7月27日13时37—44分和14时10—20分，殷巷、方山两乡17个自然村降冰雹，一般有蚕豆大，个别有鸡蛋大，其中殷巷受害较重。

1987年，8月10日凌晨4时55分，陶吴、横溪两乡22个行政村遭冰雹、大风袭击。冰雹持续7分钟，大的有子弹大，小的有黄豆大。

1990年，5月13日，发生中等冰雹，有蚕豆、桂圆大。7月10日又发生较大冰雹，大的有乒乓球、鸡蛋大。

2007年，7月26日，发生小的冰雹，有玉米、花生米大。

第四节 连阴雨灾

【灾害性天气】

连阴雨是指连续5天以上的一次降水过程，对农业生产影响很大。春季连阴雨是指出现在3月1日至5月31日的连阴雨，秋季连阴雨是指出现在9月1日至11月30日的连阴雨。

1959—2007年，江宁区一共发生24次春季连阴雨。历史上最长的春季连阴雨长达37天，出现在2002年4月16日至5月22日，连阴雨过程累计雨量227.5毫米。秋季连阴雨一共发生19次。历史上最长的秋季连阴雨16天，出现在1985年10月10—25日，过程总雨量189.1毫米。

春季连阴雨会造成早稻烂秧死苗，又会造成麦类赤霉病流行。江宁历史上出现15天以上的春季连阴雨有11年：1960年、1964年、1967年、1969年、1975年、1977年、1980年、1987年、1992年、1996年、2002年。其中最典型的是2002年春季连阴雨，长达37天，连阴雨时间最长，灾情也很严重。其次是1977年4月23日至5月9日的连阴雨，过程雨量达334.6毫米，造成全区三麦严重受涝，三麦赤霉病流行，三麦减产。

秋季连阴雨常伴随低温，会影响晚稻抽穗扬花、灌浆及棉花正常吐絮。10月下半月至11月上旬的秋季连阴雨，还会影响秋收秋种的进度和质量。江宁历史上出现10天以上的秋季连阴雨有4年：1961年、1965年、1985年、2000年。其中1985年秋季连阴雨长达16天，过程总雨量189.1毫米，对秋收秋种造成严重影响，水稻、棉花减产，秋播推迟约10天。

【连阴雨灾录】

东晋咸和四年（329），二月大霖雨。

南朝宋元嘉二十一年（444），夏六月京邑连雨水；二十九年，夏五月丹阳霖雨，伤禾稼。

齐永明八年（490），夏四月己巳京邑阴雨十七日，八月建康霖雨；十年，十一月霖雨；十一年，六月建康霖雨。

陈太建十二年（580），秋八月大霖雨。

北宋大中祥符三年（1010），四月昇州霖雨。

南宋建炎二年（1128），十月霖雨；三年，六月大霖雨，

绍兴七年（1137），冬十月久雨。

淳熙二年（1175），夏建康霖雨；十一年，建康大霖雨。

元至元二十四年（1287），九月大霖雨，江水没民田。

至正九年（1349），秋七月大霖雨，江溢，漂民居禾稼。

明洪武十二年（1379），春正月己酉诏以雨雪经旬。

永乐元年（1403），三月京师淫雨，坏城西南隅五十余丈；二十二年，淫雨伤麦禾，江畿饥。

成化十三年（1477），十一月初旬天即阴晦，雨雪连绵。

弘治六年（1493），十月以来雨雪连旬，阴云蔽日；八年，六月壬子朔，南京阴雨自五月一日至是日始晴，坏朝阳门北城墙；十五年，自六月一日以来淫雨浃旬，平地皆水；十八年，六月霖雨。

正德十二年（1517），四月、五月后，阴雨连绵，历二三月不止。

嘉靖四十五年（1566），十二月大雨二十余日，民有冻死者。

清道光十四年（1834），连月雨甚，夏四月缓征上元等县逋赋。

光绪九年（1883），春恒雨；十五年，秋八月雨潦；十六年，恒雨三月；十九年，八月阴雨伤稼；二十二年，三月积阴弥月，冬连雨无雪；二十三年，二月淫霖弥旬；二十五年，冬雨雪连绵两月；三十一年，三月十日至二十二日连续阴雨，其量107.2毫米；三十二年，夏五月恒雨，低处皆水；三十三年，十一月十六日至二十四日连续阴雨，其量62.7毫米；三十四年，春寒阴，夏淫雨，六月二十四日至七月一日连续阴雨，其量101.2毫米。

宣统元年（1909），五月淫雨，低处上水，七月一日至八日连续阴雨，其量281.6毫米；二年，六月二十五日至七月二日连续阴雨，其量246.7毫米。

中华民国2年（1913），7月3—10日连续阴雨，其量31毫米。

民国3年（1914），10月23—30日连续阴雨，其量27.9毫米。

民国4年（1915），4月13—21日连续阴雨，其量103.8毫米；6月27日至7月6日连续阴雨，其量243毫米；10月19—27日连续阴雨，其量168.1毫米。

民国5年（1916），6月20—27日连续阴雨，其量176毫米。

民国7年（1918），4月3—10日连续阴雨，其量39.5毫米。

民国19年（1930），4月6—15日连续阴雨，其量106.8毫米。

民国20年（1931），7月3—13日连续阴雨，其量352.1毫米。

民国22年（1933），4月13—20日连续阴雨，其量92.8毫米；5月13—20日连续阴雨，其量111.7毫米。

民国25年（1936），7月23—31日连续阴雨，其量19.9毫米。

民国26年（1937），9月22—30日连续阴雨，其量45毫米。

民国35年（1946），4月27日至5月4日连续阴雨，其量43.9毫米。

民国37年（1948），3月11—20日连续阴雨，其量115.4毫米。

民国38年（1949年9月30日止），5月26日至6月2日连续阴雨，其量68.6毫米。

中华人民共和国，1951年，4月24日至5月1日连续阴雨，其量24.7毫米。

1952年，8月21日至9月2日连续阴雨，其量97.3毫米。

1953年，7月15—23日连续阴雨，其量103.9毫米。

1954年，7月1—12日连续阴雨，其量245.9毫米。

1955年，8月14—22日连续阴雨，其量52毫米。

1957年，4月20—27日连续阴雨，其量39毫米。

1959年，5月3—11日连续阴雨，其量64.1毫米。

1960年，9月1—8日连续阴雨，其量84.8毫米。

1961年，8月31日至9月10日连续阴雨，其量130.4毫米。

1962年，10月6—13日连续阴雨，其量16.5毫米。

1963年，4月17—24日连续阴雨，其量87.8毫米。造成双季早稻烂秧严重，并对三麦、油菜影响较大。

1964年，4月上、中旬连续阴雨，至4月18日，全县三麦内涝6589.53公顷，其中龙都、禄口、方山等公社受害较重；10月16—23日连续阴雨，其量93.2毫米。

1965年，9月30日至10月8日连续阴雨，其量40.4毫米。

1968年，5月4—11日连续阴雨，其量29.2毫米。

1973年，3月4—12日连续阴雨，其量78.1毫米。

1974年，10月1—9日连续阴雨，其量63.1毫米。

1977年，4月30日至5月9日连续阴雨，其量195毫米。造成全县三麦受涝4400公顷，小秧受涝500公顷，雨日之多，雨量之集中，日照明显不足，是南京光绪三十一年（1905）有气象记录以来所罕见，带来三麦赤霉病大流行，千粒重下降3克～4克。

1981年，10月1—8日连续阴雨，其量132.2毫米。使水稻、棉花等秋熟作物受到较大影响。

1982年，7月13—21日连续阴雨，其量158.9毫米，有内涝发生。

1983 年，10 月 14—22 日连续阴雨，其量 126.3 毫米，全县有 1.33 万公顷 ~ 1.67 万公顷中秈、中粳出现 5% ~ 10% 的发芽现象；三麦播种季节推迟 7 天 ~ 10 天；对后季稻灌浆、乳熟不利，千粒重下降 1 克 ~ 2 克。

1985 年，从 10 月 10—31 日连续阴雨，总雨量达 200.2 毫米，降雨量≥ 0.1 毫米雨日达 15 天，对秋收秋种带来严重影响。据农业局统计：全县影响单季粳、糯稻收获 3615.60 公顷，影响脱粒 2020.73 公顷，其中造成发芽 244.13 公顷，棉花受灾 1400 公顷，棉桃霉烂、僵桃严重，单产比 1984 年减少 1/3，并使秋播季节推迟约 10 天。

1986 年，3 月 9—18 日，10 天，过程雨量 30.8 毫米。9 月 5—14 日，10 天，过程雨量 20.8 毫米。

1989 年，11 月 2—8 日，7 天，过程雨量 81.1 毫米。

1991 年，5 月 18—27 日，10 天，过程雨量 116 毫米。

1992 年，3 月 13—28 日，16 天，过程雨量 132.1 毫米。

1993 年，3 月 22—28 日，7 天，过程雨量 116.9 毫米；5 月 12—21 日，10 天，过程雨量 88.4 毫米；11 月 5—12 日，8 天，过程雨量 26.2 毫米。

1994 年，4 月 5—12 日，8 天，过程雨量 49.1 毫米；10 月 14—20 日，7 天，过程雨量 26.2 毫米。

1996 年，3 月 13—30 日，18 天，过程雨量 144.1 毫米；11 月 4—12 日，9 天，过程雨量 74.6 毫米。

1997 年，3 月 9—16 日，8 天，过程雨量 90.2 毫米；11 月 11—17 日，7 天，过程雨量 32 毫米。

1998 年，5 月 8—17 日，10 天，过程雨量 56.3 毫米。

1999 年，10 月 9—16 日，8 天，过程雨量 77.9 毫米。

2000 年，10 月 16—29 日，14 天，过程雨量 31.6 毫米；11 月 10—16 日，7 天，过程雨量 25.9 毫米。

2002 年，4 月 16 日至 5 月 22 日，37 天，过程雨量 227.5 毫米。

2006 年，11 月 21—29 日，9 天，过程雨量 89.4 毫米。

第五节 雪灾 霜灾

【灾害性天气】

江宁地区发生雪灾和霜灾主要灾害性天气分别是寒潮和冻害。

寒潮。当冷空气影响江宁时，24 小时气温下降幅度大于 10 摄氏度或 48 小时气温下降幅度大于 12 摄氏度，且最低气温下降至 5 摄氏度以下时，称为一次寒潮天气过程。影响江宁的寒潮，按季节可划分为秋季寒潮（10—11 月）、冬季寒潮（12 月至次年 2 月）和春季寒潮（3—4 月）。江宁寒潮平均每年出现 3.2 次，最早出现在 10 月 27 日（1978 年），最迟出现在 4 月 24 日（1980 年）。全年 11 月出现寒潮的概率最大。寒潮产生的最低气温为零下 13.3 摄氏度（1977 年 1 月 31 日），最大日降雪量 34.9 毫米（1984 年 1 月 18 日），最大积雪深度 37 厘米（1984 年 1 月 19 日）。寒潮给农业生产和人民生活带来严重影响。1984 年 1 月 15—20 日，受北方冷空气影响，江宁普降大雪，过程雪量达 43 毫米，日最大雪量 34.9 毫米（1 月 18 日），最大积雪深度 37 厘米（1 月 19 日）。由于大雪，全县交通、邮电、广播一度中断。高压线杆断 18 根，低压线杆断 233 根；

冻坏100千伏变压器2台；广播线杆断1391根，电话线杆断535根；房屋被雪压塌670间；冻死耕牛28头；损失花木、林竹353公顷。

冻害。由于冷空气南下，气温急剧下降，对农作物引起的低温冻害，常发生在春秋两季。冻害可分为冬季冻害、春季冻害、秋季冻害。冬季冻害，当三麦和油菜等越冬作物遇到最低气温低于零下5摄氏度时就会受到轻度冻害，遇到零下8摄氏度时，就会受到严重冻害。春季冻害，3月下旬至4月上旬，当最低气温低于2摄氏度时就会发生冻害。尤其在暖冬年份，三麦和油菜出现生育期提前现象时，如果遇到春霜冻害，危害更加严重，是江宁当年夏季作物减产的重要气候原因之一。秋季冻害，一般发生在10月20日至11月末，秋霜出现得越早危害越重，一旦发生就会影响棉花、花生、山芋、喜温蔬菜等晚秋作物的后期成熟和产量。1959—2007年，江宁一共出现比较严重的冬季冻害年10次，这些年的冬天最低气温大多在零下10摄氏度左右。比较典型的秋霜冻害年6次，春霜冻害年9次。江宁的春霜冻害比秋霜冻害危害要大。1972年夏季气温低，前季稻生长期延长，后季稻抽穗期推迟，加上秋季低温来得早，使该年后季稻发生严重翘穗，部分田块甚至颗粒无收。

【雪灾录】

三国吴赤乌四年（241），正月大雪，平地三尺，鸟兽死者大半。

西晋元康五年（295），十二月大雪。

东晋太元二十一年（396），十月大雪。

义熙五年（409），春三月乙亥大雪。

南朝宋元嘉二十五年（448），正月积雪冰寒。

泰始三年（467），正月庚午建康大雨雪。

梁普通二年（521），三月庚寅大雪，平地三尺。

大同十年（544），冬十一月大雪三尺。

陈永定三年（559），春正月丁酉大雪，夜及旦。

元大德四年（1300），十二月大雪逾尺。

明景泰五年（1454），春正月南畿大雪连四旬。

成化十年（1474），二月己未大雨雪伤麦；十三年，十一月初至新年正月大雪。

正德四年（1509），冬大雪，树皆枯死。

嘉靖三十九年（1560），冬大雪，禽鸟戢翼冻死。

清顺治二年（1645），正月雪数尺。

光绪十年（1884），九月雪；十二年，冬十二月大雪经月，折木坏屋，平地深五尺；二十一年，二月奇寒，又大雪，九月大雪奇寒；二十四年，二月连阴大雪，奇寒，流民冻死无数。

宣统二年（1910），二月旋大雪平地尺余。

中华人民共和国，1952年，3月4日雪深18厘米。

1953年，2月17日雪深13厘米。

1954年，1月23日雪深17厘米，12月31日雪深50厘米。

1955年，1月1日雪深51厘米。

1957年，2月6日、9日雪深1厘米，3月13日雪深10厘米。

1964年，2月14日雪深18厘米。

1972年，2月6日、7日雪深10厘米。

1977 年，1 月 30 日雪深 13 厘米，2 月 9 日雪深 12 厘米。

1984 年，1 月 17—19 日，县境内普降大雪 40.2 毫米；19 日积雪深 37 厘米。全县交通、邮电、广播一度中断，高压线杆断 18 根，低压线杆断 233 根，冻坏 100 千伏变压器 2 台，广播线杆断 1391 根，电话线杆断 535 根，房屋倒塌 670 间，冻死耕牛 28 头，损失花木、林竹 353.33 公顷，共损失 52.70 万元。

1998 年，3 月 19 日晚 20 时至次日 11 时，遭受特大寒流和暴雪侵袭。降雪量达 29.1 毫米，积雪深度 13 厘米。3000 公顷大黄籽油菜基本绝收，25300 公顷三麦、15000 公顷油菜受冰害严重，40 公顷大棚、266.67 公顷蔬菜以及新栽毛竹、果树大部分受损严重，茶叶、水产也受灾害影响，直接经济损失 2 亿元以上。

【霜灾录】

三国吴嘉禾三年（234），九月陨霜杀谷；四年，秋七月陨霜。

东晋太宁元年（323），春正月丙寅陨霜，壬申又陨霜杀谷，三月丙戌陨霜杀草。

永和十一年（355），夏四月壬申陨霜。

南朝梁天监三年（504），春三月陨霜杀草；六年，春三月庚申陨霜杀草。

大同三年（537），六月朐山陨霜，京师霜为灾，百姓饥。

陈太建十年（578），秋八月戊寅陨霜杀稻菽。

中华人民共和国，1957 年，4 月 3 日，10 月 30 日有白霜。

1958 年，10 月 23 日有白霜。

1959 年，10 月 30 日有白霜。

1960 年，4 月 2 日、10 月 27 日有白霜。

1961 年，4 月 16 日有白霜。

1962 年，4 月 18 日有白霜。

1963 年，4 月 9 日有白霜。

1966 年，4 月 5 日、10 月 28 日有白霜。

1970 年，10 月 29 日有白霜。

1972 年，4 月 10 日有白霜。

1974 年，4 月 2 日、10 月 23 日有白霜。

1978 年，4 月 3 日、10 月 29 日有白霜。

1980 年，10 月 26 日有白霜，后季稻灌浆受到影响。

1981 年，10 月 23 日有白霜。

1982 年，4 月 9 日有白霜。

1984 年，10 月 21 日有白霜。

1988 年，3 月 16 日有白霜。

1990 年，2 月 1 日有白霜。

1991 年，12 月 29 日有白霜。

1993 年，11 月 24 日有白霜。

1998 年，3 月 20 日、22 日有白霜。

第四编

国土资源

清代以前，江宁区虽无专门土地管理机构，但有专人管理土地，不断进行调查统计，以便收取田赋、契税等。民国时期，江宁县建立土地局或地政科，专门管理土地。

新中国成立后，经过土地改革，废除封建、半封建土地所有制，实行农民个体土地所有制。1956 年，农业合作化运动后，建立土地全民所有制和劳动群众集体所有制两种形式的社会主义土地公有制。土地管理以土地利用为中心，由江宁县各部门分管，处于多头管理的状态，土地使用实行“无偿、无限期、无流动”的制度。1982 年，江宁县农村全面推行家庭联产承包责任制，土地所有权和使用权分离。1988 年 4 月，建立江宁县土地管理局（现为南京市国土资源局江宁分局），各乡镇建立土地管理所，对全县土地和城乡地政实行统一管理。并由单纯的征、拨用地转变为对土地的规划、利用、开发、整治的全面管理，由单一的行政管理，扩展为行政、经济、法律相配套的管理，逐步走上依法、统一、全面、科学管理的轨道。

江宁区把依法合理用地，保护土地资源作为土地管理中最重要的工作来抓。完成 1990—2007 年两轮区、街道（镇）土地利用总体规划编制工作，对“吃饭”与“建设”用地进行合理布局，对建设用地进行总量控制；划定区、街道（镇）两级基本农田保护区，首次划定一级保护农田面积 6.30 万公顷，保护率 82.19%，二级保护农田面积 2.50 万公顷。从 1988 年起，江宁区建立健全区（县）、街道（镇）、社区（村）土地监察网络，制订办案、信访、举报等制度；开展创建无违法批地、无违法管地、无违法用地“三无”乡镇和创建“土地执法模范乡（镇）”活动，土地管理宏观秩序得到改善。

随着土地使用制度改革的深入，1997 年后，江宁县经营性土地使用权全部依法实施“招拍挂”方式出让，经营性用地全面步入市场化管理。2007 年，江宁区工业用地也实施“招拍挂”方式出让。同时，建立征地拆迁、地价评估、土地储备等服务机构，促进国有土地资产的优化配置和合理流动。

境内矿藏资源丰富，地质勘查资料表明，至 2007 年，全区已发现矿产 41 种。其中，金属矿有铁、铜、锰、钴、金等 9 种；非金属矿有硫、磷、含钾岩石、陶土、白泥、耐火泥、高岭土、方解石、重晶石、红砂和石灰石等 27 种，石灰石储量尤为丰富，仅青龙山水泥厂矿区就达 1 亿吨；水气矿有地下水、矿泉水 2 种；能源矿有煤、地热、铀矿 3 种。已探明储量的 20 多种，矿产地 100 余处。

2007 年，江宁区土地总面积 157287.14 公顷。其中，农业用地总面积 110689.37 公顷，建设用地面积 36928.33 公顷，未利用地面积 9669.44 公顷。

第一章 土地资源与承载

早在五六千年前，先民们就在江宁这块土地上定居，耕织渔猎、繁衍生息。虽经战争动乱，朝代更替，人口忽多忽少，但居民点仍在扩大，而且比较密集。据宋代《景定建康志》载，上元、江宁两县仅有人口 43074 人，每人平均占有土地达 28.80 亩。明万历五年（1577），上元、江宁两县人口 195878 人，每人平均占有土地 8.55 亩。清代康熙年间，上元、江宁两县人口 184908 人，每人平均占有土地达到 11.30 亩。民国 35 年（1946），江宁县人口为 436227 人，每人平均占有耕地 2.46 亩。

新中国成立后，随着经济建设用地不断增加和人口不断增长，江宁县人均耕地面积越来越少，人口密度也越来越大。1949 年，全县耕地面积 97.85 万亩（1 公顷 =15 亩，下同），人口 43.71 万人，人均耕地面积 2.24 亩；粮食总产量 12767.44 万公斤，人均粮食 292.09 公斤，人口密度 284 人 / 平方千米。1979 年，全县耕地面积 91.73 万亩，人口 71.12 万人，人均耕地面积为 1.29 亩；粮食总产量 44246.10 万公斤，人均粮食 622.13 公斤。人口密度为 415.80 人 / 平方千米。

2007 年，江宁区耕地面积 97.48 万亩，人口 87.94 万人，人均耕地面积 1.11 亩；粮食总产量 24604.80 万公斤，人均粮食 279.79 公斤，人口密度为 559 人 / 平方千米。

第一节 土地资源总量

据《南齐书 · 武十七王传》记载：“建元三年（481）文宣王子良表曰，近……诸县循履得丹阳等四县（包括江宁）堪垦之田，合计荒熟八千五百五十四顷。”

明正德、嘉靖年间，地籍又复紊乱，隆庆年间，海瑞巡抚奏请清丈。至明万历五年（1577），上江两县共有田地山塘杂产 1674358 亩。其中，上元县 920860 亩，不含丈减坍江田地 6700 亩；江宁县 753498 亩，含丈增欺隐田等 3887 亩。

清光绪五年（1879），进行土地清查。据清〔光绪〕《续纂江宁府志》记载：“又案兵燹后，清查各县原额，民卫赋田地山塘杂产上元县 996241.78 亩，江宁县 847684.25 亩，合计 1843926.03 亩。”

民国 25 年（1936）前，江宁县土地总面积向无确数，至民国 26 年，江苏省财政厅根据陆军测量局所绘 1 ： 50000 地图计算，江宁县土地总面积为 2272.25 平方千米，折合 3408375 亩。其中，平地面积 1587375 亩，山地面积 1683000 亩，江湖水面积 138000 亩。至此，江宁县土地面积有了准确数字。

民国 38 年（1949）4 月江宁县解放，至 1951 年 12 月底，全县登记面积达 72148.27 公顷，比 1949 年 65234 公顷增加 6914.27 公顷，增长 10.60%。

1982 年 12 月至 1985 年 12 月，江宁县开展土地利用现状调查。全县有 27 个乡镇，5 个国营场圃，377 个行政村，分 4 个农业区。详查结果（至 1984 年）：全县土地总面积为 170221.92 公顷。其中，北部丘陵区 42906.60 公顷，占总面积 25.22%；秦淮河圩区 34862.84 公顷，占 20.45%；南部丘陵区 70342.54 公顷，占 41.33%；沿江圩区 22109.94 公顷，占 13%。

1992 年 4 月，江宁县开展土地利用现状补充调查。这次补查，对全县土地在地权、地类方面的重大变更进行剖析。由于行政区划调整（江宁县管辖的花园、营房、长江 3 个乡划给南京市栖霞区），县界接边土地调整，江宁县总土地面积比 1984 年详查有所减少。补查结果：全县实有土地总面积 159842.58 公顷。其中，村集体土地面积 139481.23 公顷，占总面积 87.26%；乡（镇）集体所有土地面积 3756.90 公顷，占 2.35%；国有土地面积 16604.45 公顷，占 10.39%。

1995 年 10 月，江宁县开展土地利用现状变更调查。变更调查结果：全县实有土地总面积 157386.16 公顷。其中，集体土地面积 138880.85 公顷，占总面积 88.23%；国有土地面积 18505.31 公顷，占总面积 11.77%。

2001 年，江宁区开展土地利用现状更新调查。经此次调查，查清江宁区所辖 17 个镇、2 个街道、2 个开发园区的土地状况。更新调查结果：总面积为 156749.90 公顷。其中，集体土地 132302.50 公顷，占总面积 84.40%；国有土地 24447.40 公顷，占总面积 15.60%。

2007 年，江宁区开展第二次土地调查工作。这次调查是继 20 世纪 80 年代组织的土地详查以及 2002 年完成的 1 ：5000 更新调查之后的又一次重大土地资源调查。此次调查查清了江宁区所辖 9 个街道、3 个开发园区的土地状况，调查结果：全区总面积为 157287.14 公顷。其中，农用地 110689.37 公顷，建设用地 36928.33 公顷，未利用土地 9669.44 公顷。

第二节　土地利用结构

土地开发利用结构随着人口增加、经济建设发展而变化。明、清两代有关志书均有江宁土地开发利用结构情况的记载。这些志书着重记载耕地面积和地籍权属，作为征收赋税的依据。如明代〔正德〕《江宁县志》记载县境有 39 个牧草场计 17657 亩，〔万历〕《上元县志》记载县境有牧草地 9506.20 亩。至清代，〔乾隆〕《上元县志》除记载县境有牧草场 9506 亩，还明确记载："牧马草场，俗名十八垌……皆明初置，今垦为田。"

民国 22 年（1933），《江宁县政概况》对土地利用结构情况有详细的表述。其中田地有塘田、沟田、卫田、牧马田、芦田等 37 个项目，牧马草地有 5 个项目，共有土地 15273 亩。

新中国成立后，江宁经济不断发展，土地利用结构也在不断变化。

【耕地】

1982 年 12 月至 1985 年 12 月，江宁县开展土地利用现状调查。1984 年，全县土地总面积为 170221.92 公顷，其中耕地为 87309.30 公顷，占总面积 51.29%。1992 年 4 月，江宁县开展土地利用现状补充调查，由于区划调整等原因，县土地面积比 1984 年面积有所减少，全县土地总面积为 159842.73 公顷，其中耕地为 81103.85 公顷，占总面积 50.74%。1995 年，江宁县开展土地利用现状变更调查，全县土地总面积为 157386.16 公顷，其中耕地为 78307.40 公顷，占总面积 49.76%。2001 年，江宁区开展土地利用现状更新调查，全区土地总面积为 157295.55 公顷，其中耕地为 75215.63 公顷，占总面积 47.82%。2007 年，江宁区开展第二次全国土地调查，全区土地总面积为 157287.14 公顷，其中耕地为 58323.09 公顷，占总面积 37.08%。在耕地中，灌溉水田为 41303.13 公顷，占耕地面积 70.82%；旱地为 14580.30 公顷，占耕地面积 25%；菜地为 2439.66 公顷，占耕地面积 4.18%。

【园地】

1984年，全县有园地2724.12公顷，占总面积1.60%。1992年，全县有园地2648.89公顷，占总面积1.66%。1995年，全县有园地2563.25公顷，占总面积1.62%。2001年，全区有园地2911.90公顷，占总面积1.85%。2007年，全区有园地2534.86公顷，占总面积1.61%。在园地中，果园面积为492.10公顷，占园地面积19.41%；桑园面积为107.06公顷，占园地面积4.23%；茶园面积1832.71公顷，占园地面积72.30%；其他园地102.99公顷，占园地面积4.06%。

【林地】

1984年，全县有林地19621.44公顷，占总面积11.53%；牧草地3990.11公顷，占总面积2.34%（1992年，牧草地不再单独成一类统计）。1992年，全县有林地19418.15公顷，占总面积12.15%。1995年，全县有林地19789.96公顷，占总面积12.57%。2001年，全区有林地19643.43公顷，占总面积12.49%。2007年，全区有林地24335.57公顷，占总面积15.47%。在林地中，有林地为17504.73公顷，占林地面积71.93%；灌木林地4461.37公顷，占林地面积18.33%；疏林地922.35公顷，占林地面积3.80%；未成林地709.32公顷，占林地面积2.91%。苗圃737.80公顷，占林地面积3.03%。

【居民点及工矿用地】

1984年，全县居民点及工矿用地18811.11公顷，占总面积11.05%。1992年，全县居民点及工矿用地19352.09公顷，占总面积12.10%。1995年，全县居民点及工矿用地19825.36公顷，占总面积12.60%。2002年，全区有居民点及工矿用地26333.55公顷，占总面积16.74%。2007年，全区有居民点及工矿用地29954.81公顷，占总面积19.04%。在居民点及工矿用地中，城市用地3928.39公顷，占居民点及工矿用地面积13.11%；建制镇用地1903.23公顷，占居民点及工矿用地面积6.35%；农村居民点用地12004.31公顷，占居民点及工矿用地面积40.08%；独立工矿用地10124.53公顷，占居民点及工矿用地面积33.80%；特殊用地1994.35公顷，占居民点及工矿用地面积6.66%。

【交通用地】

1984年，全县交通用地面积为2381.67公顷，占总面积1.40%。1992年，全县交通用地为2355.83公顷，占总面积1.47%。1995年，全县交通用地为3010.10公顷，占总面积1.92%。2001年，全区交通用地为2104.12公顷，占总面积1.34%。2007年，全区交通用地为3288.91公顷，占总面积2.09%。在交通用地中，铁路用地96.31公顷，占交通用地面积2.93%；公路用地2578.36公顷，占交通用地面积78.40%；民用机场用地605.99公顷，占交通用地面积18.42%；港口码头用地8.25公顷，占交通用地面积0.25%。

【水域】

1984年，全县水域面积为32230.30公顷，占总面积18.93%。1992年，全县水域面积为28030.04公顷，占总面积17.54%。1995年，全县水域面积为26657.08公顷，占总面积16.93%。2002年，全区水域面积为10664.06公顷，占总面积6.78%。2007年，全区水域面积10337.37公顷，占总面积6.57%。在水域面积中，水库水面1889.78公顷，占水域面积18.28%；水工建筑面积1794.83公顷，占水域面积17.36%；河流水面面积5131.47公顷，占水域面积49.64%；苇地面积600.32公顷，占水域面积5.81%；滩涂面积920.97公顷，占水域面积8.91%。

【未利用地】

1984年，江宁县未利用地面积为3153.89公顷，占总面积1.85%。1992年，未利用地面积为6933.88公顷，占总面积4.34%。1995年，未利用地面积为7233.02公顷，占总面积4.60%。2002年，全区未利用地面积为3585.07公顷，占总面积2.28%。2007年，全区未利用地面积为3016.69公顷，占总面积1.92%。在未利用地中，荒草地2653.13公顷，占未利用地面积87.95%；裸土地12.57公顷，占未利用地面积0.42%；裸岩石砾地166.58公顷，占未利用地面积5.52%；其他未利用地184.41公顷，占未利用地面积6.11%。

第三节 土地承载

宋代《景定建康志》卷四十二载，上元、江宁两县有人口43074人，每人平均占有土地28.80亩。元〔至正〕《金陵新志》记载，上元县有29277户，人口不详，江宁县有人口132787人，每人平均占地22.50亩。明代《郡国利病书》卷十三记载："明太祖之下金陵也，患反侧，尽迁其民于云南，而迁南直隶，浙江民二万户于京师，充仓脚夫。命户部籍天下富民万四千三百余户，徙其家实京师日富户。"明洪武十三年（1380），又徙苏浙上户四万五千余家实京师，壮丁发各工局充匠，余为编户。〔正德〕《江宁县志》、〔万历〕《上元县志》载，洪武二十四年，上元、江宁两县人口高达473200人，每人占有土地3.97亩。永乐时又'选其富者三千户为大宛二县厢长，其后贫乏，其本籍户之殷实者佥补之"。《郡国利病书》还载："成祖北迁，取匠户二万七千以行，故户口减其半。弘治又减，户口渐少，征科日繁，监局人匠旧额二千五百七十五名逃亡殆尽。"明万历五年（1577），上元、江宁两县人口降至195878人，比洪武期间下降58.60%，耕地也减少26万亩，下降13.80%。由于人口下降幅度大，人均占有土地达8.55亩。到万历二十年，上元、江宁两县仅存45307户、51384人，人均土地高达31.50亩。实际上田地因无人耕种，大都抛荒。清代康熙年间，社会比较稳定，人口才逐渐恢复，上元、江宁两县人口上升到184908人，在土地清丈中丈增出田地、芦地等20余万亩，人均田地达到11.30亩。国民政府建都南京后，一段时间江宁农村比较安定，民国21年（1932），江宁县人口达到562063人，人均占有耕地只有2.32亩。由于区划调整，江宁部分乡镇划归南京市，加上抗日战争动乱，日军大屠杀，到民国35年，人口又减到436227人，人均占有耕地上升到2.46亩。

1949年，行政区划范围调整，江宁县划出3镇1乡，耕地面积97.85万亩，较民国35年（1946）减少94972亩，人口为437120人。由于人口仍比民国35年多，所以人均耕地面积减少为2.24亩。经土地改革农民群众获得土地后，其积极性在开垦荒地、增加耕地中充分发挥出来，1950—1952年的3年，耕地面积逐年上升到103.10万亩、108.22万亩、110万亩。这3年是历史上人均耕地面积增长速度超过人口增长速度的3年。人均耕地面积从2.24亩上升到2.52亩、2.61亩、2.61亩。1953—1955年的3年，江宁县耕地面积保持在109万亩，但由于人口增长，人均耕地面积均低于1949年的人均数，其中1954年人均耕地面积降为1.90亩。1956—1960年，水利、交通、基建、改林改牧等事业发展，开始比较大规模地征用耕地，但人口出现负增长，人均耕地面积仍然在2亩以上。20世纪60年代，江宁人民从三年困难时期中复苏，经济开始上升，人民生活条件有了改善，生育恢复正常，虽然开展节制生育，提倡晚婚晚育，但人口还是逐年上升，到60年代末，全县总人口超过60万人，人均耕地面积降至1.53亩。70年代，采取计划生育，提倡一对夫妇只生一个孩子，由于人口基数高，增长速度并没有减缓下来，加上经济建设需要不断征用土地，到1979年，人均耕地继续降至1.29亩。进入80年代，计划生育定为基本国策，推行节制生育技术措施，有效地控制人口出生率，而土地却因经济建设的加速，用地面积的增长，人均耕地面积继续降至1.13亩。90年代，城乡经济建设和社会各项事业的迅速发展，人口死亡率下降和按计划生育的自然增长，到1995年年底，全县耕地继续减少为80.14万亩，人均耕地面积降至1.08亩。随着人口的增长和建设用地的不断增加，江宁县人均耕地面积逐年减少。至2007年年底，人均耕地面积为1.11亩。

新中国成立后，随着人口不断增长，江宁人口密度越来越大。从几个年度调查统计材料看，土地面积因行政区域划进划出，土地有增有减，但人口增长趋势明显，人口密度也在不断加大。1949年，江宁县面积1540平方千米，人口437120人，平均每平方千米284人。1982年面积1706.10平方千米，人口732700人，平均每平方千米429.50人。1985年面积1702.22平方千米，人口743166人，平均每平方千米436.60人。1993年面积1598.43平方千米，人口752800人，平均每平方千米471.20人。1995年面积1573.86平方千米，人口740118人，平均每平方千米470.10人。2007年年底，江宁区土地总面积为1572.87平方千米，人口为879391人，平均每平方千米559人。人口过速增长，江宁区土地承载越来越重。

1949—2007年江宁区人口耕地粮食情况表

表4-1-1

年 份	人口总数（万人）	耕地面积（万亩）	人均耕地（亩）	粮食产量（万公斤）	人均粮食（公斤）
1949	43.71	97.85	2.24	12767.44	292.09
1950	40.85	103.10	2.52	14164.90	346.75
1951	41.53	108.22	2.61	15402.25	370.87
1952	42.13	110.00	2.61	19307.54	458.28
1953	53.50	111.04	2.08	19000.45	355.15
1954	57.46	109.10	1.90	14275.03	248.43
1955	52.92	108.98	2.06	20508.58	387.54
1956	44.56	108.95	2.45	19131.96	429.35
1957	44.86	106.17	2.37	19327.57	430.84
1958	46.54	101.76	2.19	19567.65	420.45
1959	45.92	97.96	2.13	16132.00	351.31
1960	44.56	96.75	2.17	15515.58	348.20
1961	44.49	97.40	2.19	14053.94	315.89
1962	45.23	97.87	2.16	17623.46	389.64
1963	50.03	99.24	1.98	26439.02	528.46
1964	51.80	98.96	1.91	27814.16	536.95
1965	52.56	98.71	1.88	30294.49	576.38
1966	55.09	97.93	1.78	29693.97	539.00
1967	56.41	96.61	1.71	29349.83	520.29

续表

年　份	人口总数（万人）	耕地面积（万亩）	人均耕地（亩）	粮食产量（万公斤）	人均粮食（公斤）
1968	57.78	95.46	1.65	31056.58	537.50
1969	61.48	93.92	1.53	31819.13	517.55
1970	63.43	95.32	1.50	30901.38	487.17
1971	64.81	94.85	1.46	40834.05	630.06
1972	65.64	94.49	1.44	39114.94	595.90
1973	66.92	94.33	1.41	39935.78	596.77
1974	68.00	94.01	1.38	42092.40	619.01
1975	68.74	93.05	1.35	38006.85	552.91
1976	69.46	93.45	1.35	47115.17	678.31
1977	70.65	93.17	1.32	35295.13	499.58
1978	71.56	92.74	1.30	44562.27	622.73
1979	71.12	91.73	1.29	44246.10	622.13
1980	71.55	91.51	1.28	41215.80	576.04
1981	72.22	91.32	1.26	40052.40	554.59
1982	73.27	91.13	1.24	44440.30	606.53
1983	73.68	91.10	1.24	51139.60	694.08
1984	74.04	90.84	1.23	52510.90	709.22
1985	74.32	90.78	1.22	47704.80	641.88
1986	75.04	83.41	1.11	50305.30	670.38
1987	71.13	83.36	1.17	45691.70	642.37
1988	72.25	83.23	1.15	45685.30	632.32
1989	73.33	83.16	1.13	47641.50	649.69
1990	74.04	83.14	1.12	46835.10	632.56
1991	74.54	83.01	1.11	42310.00	567.61
1992	75.08	82.70	1.10	45713.60	608.87
1993	75.28	82.64	1.10	47618.70	632.55
1994	75.52	81.76	1.08	44389.20	587.78
1995	74.01	80.14	1.08	46903.90	633.75
1996	74.10	79.37	1.07	49404.00	666.72
1997	73.92	78.90	1.07	49758.90	673.15
1998	74.70	78.40	1.05	47547.30	636.51
1999	74.27	78.40	1.06	45083.00	607.01
2000	74.07	78.30	1.06	36809.20	496.95
2001	74.65	67.70	0.91	32363.90	433.54
2002	75.19	92.62	1.23	26954.20	358.48
2003	76.44	87.96	1.15	17888.10	234.01
2004	78.31	88.56	1.13	22710.70	290.01
2005	81.08	89.91	1.11	20934.30	258.19
2006	84.55	88.34	1.04	24831.10	293.69
2007	87.94	97.48	1.11	24604.80	279.79

第二章　土地开发利用与保护

江宁县土地开发利用历史悠久，特别是三国时代吴国建都建业后，经东晋、宋、齐、梁、陈共6个朝代在此建都300多年，曾大规模开发京畿之地。历史记载，吴国在县境湖熟仿军建制设“典农都尉”，兴修水利，开垦农田。明清两代都重视南京外围垦荒利用土地，至民国时期，江宁县大片荒地已不多见，但荒山仍触目皆是。民国35年（1946），江宁县有耕地71564.82公顷，粮食作物种植面积77717.13公顷（含复种面积）。

新中国成立后，大规模兴修水利，劈山造田，植树造林。以土地利用规划为统领，科学地进行农田、林地、园地、洲滩、水面、后备资源等开发利用，农、林、牧、副、渔五业生产都有较大发展。据统计，1988—1995年，全县共开发复垦土地1261.79公顷；1999—2007年，共开发复垦土地156宗，实现净增耕地面积22510.78公顷。

江宁区人多地少，耕地后备资源不足，耕田面积呈逐年减少的趋势。为此，江宁区贯彻《江苏省基本农田保护条例》，建立农田基本保护区，充分运用法律、经济等手段，建立健全农田基本保护的规章制度和管理方法，以保持耕地面积的相对稳定，巩固农业的基础地位。

第一节　土地利用总体规划

1993年3月至1994年5月，江宁县根据《中华人民共和国土地管理法》第十五条“各级人民政府编制土地利用总体规划”的规定，编制江宁县土地利用总体规划。至此，江宁县的土地利用和管理进入以规划为统领的新阶段。至2007年年底，江宁区共编制3轮土地利用总体规划。

【1993年土地利用总体规划】

规划目标　规划确定基期为1990年，目标期为2000年，过渡期为1995年，规划期限为1990—2000年。

土地需求量预测　农业用地量预测。预测到目标年全县需确保基本农田70986.67公顷，占基期年耕地面积的87.30%。

林地。基期年林地全县有19440公顷，至目标年全县林地达20820公顷。

园地。基期年园地全县有2680公顷，至目标年将增至6626.67公顷。

水产业用地。基期年水产业用地为7106.67公顷，至目标年全县养殖水面达7333.33公顷。

农村居民点用地。基期年农村居民点占地面积9760公顷，平均每户0.78亩，人均（指农业人口）0.22亩。预计至目标年，全县农村居民点用地将增至10000公顷，规划期的10年净增240公顷，其中耕地142.92公顷。

城镇及乡集镇用地。预计至目标年，全县建制镇、乡集镇建设用地净增1429.81公顷。

经济技术开发区和工矿用地。江宁县县级经济技术开发区规划“八五”期间开发680公顷，“九五”期间开发870公顷，规划期内合计开发1550公顷；民营科技园（江宁科学园）规划“八五”期间开发109公顷，“九五”期间开发200公顷，规划期内合计开发309公顷；麒麟开发区规划用地 525 公顷，“八五”期间开发 186.67 公顷，“九五”期间开发 338.33 公顷。3 个开发区“八五”期间共开发 975.67 公顷，“九五”期间共开发 1408.33 公顷，规划期内总计开发 2384 公顷。

交通用地。基期年全县交通用地 2353.33 公顷，占土地总面积的 1.47%。规划期内交通建设的主要任务是公路建设改造和机场建设。规划期内公路建设新增用地 1054.17 公顷，其中耕地 948.05 公顷；南京禄口国际机场规划用地 933.33 公顷，其中耕地 845.87 公顷。规划期内交通建设用地累计共需 1987.50 公顷，其中耕地 1793.92 公顷。

水利用地。规划期内主要进行句容河整治工程和土桥镇汤水河裁弯取直工程两项建设。“八五”期间水利建设用地 341.60 公顷，其中耕地 330.20 公顷；“九五”期间用地 33.33 公顷，全部为耕地。规划期内合计用地 374.93 公顷，其中耕地 363.53 公顷。

利用结构调整 耕地。基期年耕地面积为 81300 公顷，至目标年为 75473.33 公顷。规划期内减少耕地 7813.33 公顷。其中交通建设占用 1793.33 公顷，水利建设占用 366.67 公顷，居民点及工矿占用 2640 公顷，农业内部结构调减 3013.33 公顷。规划期内，可开发复垦未利用地增加 1986.67 公顷，实际规划期内净减耕地 5826.67 公顷。

园地。基期年园地面积为 2680 公顷，至目标年达 6629.33 公顷，规划期内扩大 3949.33 公顷，其中桑茶果均有大面积的发展。

林地。基期年林地面积为 19440 公顷，至目标年达 20820 公顷，规划期内净增 1380 公顷。林地的增长主要是靠开发土地后备资源。

居民点及工矿用地。基期年居民点及工矿用地面积为 19073.33 公顷，至目标年达 22746.67 公顷，增加 3673.34 公顷。其中城乡居民点用地净增 1353.33 公顷（其中农村居民点净减少 80 公顷，城镇增加 1433.33 公顷）；开发区新增 2320 公顷。

交通用地。基期年交通用地面积为 2353.33 公顷，至目标年达 4340 公顷，规划期内净增 1986.67 公顷。

水域。基期年水域面积为 28040 公顷，至目标年达 28206.67 公顷，净增 166.67 公顷。

未利用地。基期年未利用地面积为6960公顷，至目标年还有1633.33公顷，减少5326.67公顷。

1990—2000年江宁县各类土地利用规划情况表

表 4-2-2 单位：公顷

土地类型	基期年（1990）	过渡年（1995）	过渡年比基期年增减数	目标年（2000）	目标年比基期年增减数
耕 地	81300.00	77586.67	−3713.33	75473.33	−5826.67
园 地	2680.00	5093.33	2413.33	6629.33	3949.33
林 地	19440.00	20140.00	700.00	20820.00	1380.00
居民点及工矿用地	19073.33	20720.00	1646.67	22746.67	3673.34
交通用地	2353.33	3133.33	780.00	4340.00	1986.67
水 域	28040.00	28340.00	300.00	28206.67	166.67
未利用地	6960.00	4833.33	−2126.67	1633.33	−5326.67
合 计	159846.66	159846.66	—	159849.33	2.67

规划的实施 江宁县级土地利用总体规划，对全县土地进行了总体安排，规划的各项指标纳入国民经济和社会发展的计划管理之内。各单位、部门在进行农业、非农业建设用地时，按

照土地利用总体规划的要求申请用地。对计划外而又非用不可的土地，则采取先申请追加计划指标，再报批使用土地的办法加以解决。到 1995 年检查总体规划执行情况时，过渡期内总体规划执行情况良好。

农业用地规划执行比较稳妥。按照过渡期的规划，农业内部结构调整变动较大，对比基期，耕地将减少 3706.67 公顷，减少 4.63%，但实际只减少 1960 公顷，减少 2.57%。主要原因是园地没有调整，林地调整量不够，按规划园地将增加 2393.33 公顷，增长 90.66%，但实际与基期持平没有增加。林地按规划将增加 700 公顷，增长 3.66%，而实际增加 653.34 公顷，增长 3.41%。

1995 年江宁县土地利用总体规划执行情况表

表 4-2-3　　单位：公顷

项　目	基期年（1990）	过渡年（1995）		1995 年完成数对比			
		规划数	完成数	基期年		过渡年	
				增减数	增减（%）	增减数	增减（%）
耕　地	80053.33	76346.67	78306.67	−1746.66	−2.18	1960.00	2.57
园　地	2640.00	5033.33	2566.67	−73.33	−2.78	−2466.66	−49.01
林　地	19133.33	19833.33	19786.67	653.34	3.41	−46.66	−0.24
居民点及工矿用地	18780.00	20406.67	19826.67	1046.67	5.57	−580.00	2.84
交通用地	2320.00	3093.33	3006.67	686.67	29.60	−86.66	−2.80
水　域	27606.67	27906.67	26660.00	−946.67	−3.43	−1246.67	−4.47
未利用地	6853.33	4763.33	7233.33	380.00	5.54	2470.00	51.85
合　计	157386.66	157383.33	157386.68	0.02	—	3.35	—

说明：1995年因区划调整，全县土地总面积及各类土地面积比总体规划基期年减少，为便于对比，修正了基期年土地总面积及各类面积，使之与1995年口径相同

【1998 年土地利用总体规划】

1998 年 2 月，在 1993 年第一轮土地利用总体规划和 1995 年全面划定基本农田保护区的基础上，又开展新一轮土地利用总体规划编制和修订工作，历时 4 个月，全面完成市政府下达的三项控制指标，即到 2010 年补充耕地指标 2666.67 公顷，净增耕地 920 公顷，二级保护农田 15700 公顷，规划期末耕地保有量 79005.60 公顷；建设占用耕地指标 1586.67 公顷。科学合理地编制了 1996—2010 年土地利用总体规划、基本农田保护区规划、土地整理复垦开发规划等。形成的主要工作成果：县级土地利用总体规划成果，共 8 类各 4 套；各乡镇土地利用总体规划文本、各乡镇土地利用总体规划说明书各 92 份等。

【2005 年土地利用总体规划修编】

2005 年 9 月，江宁区着手开展新一轮土地利用总体规划修编前期工作。

初步确定至 2020 年全区土地利用和保护的主要目标：合理控制建设用地规模。至 2020 年，全区建设用地需求总量为 15200 公顷。其中，新增建设用地 10200 公顷，比省、市政府正常下达数再增加 6666.67 公顷，年均约 666.67 公顷（其中至 2010 年为 6533.33 公顷）。需占用耕地 8133.33 公顷，比省、市正常下达数再增加 5333.33 公顷，年均约 533.33 公顷；严格保护耕地和基本农田。规划目标年 2020 年耕地期望保有量为 50866.67 公顷，基本农田期望保护面积为

53200 公顷，比省、市正常下达数再减少 6000 公顷；促进土地节约集约利用。力争使城乡人均建设用地降低 30%，力争使单位城镇用地第二、第三产业增加值提高 35%；适度开发土地后备资源；保证生态用地供给。

此次规划修编前期工作取得一定成效，也反映出江宁区土地资源存在的一些问题：江宁区正处于工业化、城镇化、新农村建设加快发展的重要阶段，土地资源供需矛盾日益突出。主要矛盾有：需要和可能之间的矛盾。根据前期各镇街和开发园区预测，今后 15 年江宁区用地达 2 万公顷；依 2005 年发展状况，估计需要用地 1 万公顷。据悉，按正常情况，省、市可能下达给江宁区有关规划指标大致为：新增建设用地指标 3333.33 公顷左右，占用耕地指标 2666.67 公顷左右，耕地保有量减少 4000 公顷左右，基本农田保护面积在全区 59800 公顷基础上，有望核减 666.67 公顷，难以满足江宁区近远期经济发展用地需要；保障和保护之间的矛盾。“保护”就是依法保护耕地，特别是基本农田保护，确保数量不减少、质量不下降、用途不改变，保护农民的合法权益；“保障”就是保障经济社会发展对建设用地的合理需求。实现江宁“两个率先”(率先全面建成小康社会、率先基本实现现代化)，离不开土地的支撑，但又不能以减少耕地为代价。1997—2004 年，全区年均耕地减少量达 666.67 公顷以上，土地利用特别是耕地减少的严峻形势，要求必须通过规划修编，科学合理地安排各类各业用地，以保护和利用好有限的土地资源；解决用地和产出之间的矛盾。江宁区在土地需求居高不下的情况下，粗放利用土地现象比较普遍，存量土地挖掘潜力大。地均 GDP、投入和产出等指标仅占苏南昆山、江阴等地的 20% ~ 30%。

至 2007 年年底，该规划修编工作仍在进行之中。

第二节 土地开发利用

【农田开发利用】

江宁早在四五千年前就有被称为“荆蛮族”的部落，在境内利用石刀、石锛等简易工具垦荒种植。至西汉时代，江宁县湖熟一带已是“阡陌纵横，鱼米甚丰”之地。三国时代，东吴在江乘、湖熟设典农都尉，兴修水利，开垦农田。南朝刘宋元嘉四年 (427) 和二十二年两次疏浚秦淮河，开发湖熟至方山埭的“废田千余顷”，迁长江沿岸 14000 多人到建康落户，并徙越城流人、淮南流人至湖熟从事农业生产。清代，垦荒利用有所发展，县境内的天印 (今方山)、牛首、朱门等丘陵山区“皆垦其平者为田，溪涧所经，筑塘坝以蓄水，非大旱潦率，得中稔”。

据民国《江苏六十一县志》物产篇记载，民国 25 年 (1936)，全县可耕之田共计 84734.20 公顷，其中山田 45209.87 公顷，水田 39524.33 公顷。稻米年产约百余万担，棉花年产约千担；次为麦、豆、麻、落花生等。山地则多种芋魁、荞麦、蜀黍、薯蓣、甘蔗之属。

图 4-2-1 汤山街道锁石村千亩蔬菜基地（2007 年摄）

新中国成立后，利用集体的力量开发荒地为农田。1957 年开发 239 公顷，其中新垦荒 225.13 公顷。1962 年开发 439.80 公顷，其中新垦荒 401.67 公顷。1970 年中央北方农业会议后，掀起"农业学大寨"的热潮，全县组织数以万计的农民向荒山进军，进行大规模的开发运动，当年就开垦土地 1435.53 公顷，创造了新中国成立以来荒地开发的新纪录。在全县水利建设已取得综合治理成效，解决旱涝保收问题的基础上，丘陵山区又开展了"劈山造田运动"。江宁公社清修大队结合兴修水利，先后削平 27 个山头，填平 13 个大洼，造田 70 公顷，建设梯田、格田成方 166.67 公顷。1978 年后，这种开发逐步停止。1988 年后，农田的开发利用列入后备资源开发利用专项管理之中。

【林地开发利用】

在远古时代，江宁的先祖对这些山地就已开发利用，初以垦殖林特产树木为主，栽桑养蚕，种植茶果。养蚕最早见于三国时代，据元〔至正〕《金陵新志》记载："吴黄龙三年 (231) 夏九月，建业有野蚕为茧，大如鸟卵。"茶叶，始植唐朝，江宁县牛首山一带，产茶品质极优，色香俱绝，旧称"天阙茶"。清代，全县 (上、江两县) 桑园面积已达 6 万亩，蚕茧年产量 1.80 万担 (合 90 万公斤)。

据统计，民国 21—22 年 (1932—1933)，全县山地造林共 918.60 公顷、523.60 万株。至抗日战争前夕，全县林业已粗具规模。据民国 36 年统计，县内各林场及施业区造林面积 1844.13 公顷，共栽马尾松、黑松、麻栎、洋槐、乌桕等树木 952.35 万株。民国初期，蚕桑生产十分活跃，县境陶吴、横溪等南乡农村仍是"家家养蚕，户户缫丝"。据《江宁县政概况》记载：民国 18 年之前，全县每年生丝产额 300 万两左右（1 两合 31.25 克）。民国 19 年之后，由于世界丝价下跌等原因，桑蚕生产一落千丈，蚕丝年产额不过数十万两。民国 22 年，江宁自治实验县成立后，蚕业一度复苏，养蚕农户 3167 户，产茧 22.98 万公斤。民国 26 年，日军侵占江宁县后，蚕桑生产濒于绝境，至新中国成立前夕，仅残存桑园 29.20 公顷，年产茧 5985 公斤。

新中国成立后，江宁县有计划地开展荒山造林，据 1975 年森林资源调查，全县有林地面积 18580 公顷，占全县林业用地面积的 69%，比 1949 年有林地面积增加 3.86 倍。"七五"期间，年平均造林 833.33 公顷，至 1992 年补查结果 (不包括已划给市管辖的花园、营防、长江 3 个乡面积)，全县有林地面积达 22066.67 公顷，其中园地 2646.67 公顷，使县境占 81.50% 的宜林山地披了绿装。1992—1995 年，累计植树 220 万株，先后绿化"三荒"(荒山、荒地、荒滩)1389.27 公顷，新建和完善农田林网 5.63 万公顷，基本消灭宜林荒山。1995 年，根据变更调查统计 (除去划给市管辖的农花、梅村等 7 个村面积)，全县山地有林面积达 22353.33 公顷，其中园地 2566.67 公顷 (桑园 1299.67 公顷、茶园 825.87 公顷、果园 416.40 公顷、其他园地 24.73 公顷)。同年，通过省和国家的检查验收，成为江苏省实现平原绿化的达标县之一。至 2006 年，江宁区林地面积达 33162.42 公顷，其中有林地面积 25461.19 公顷，灌木林地面积 4683.80 公顷，疏林地面积 374.60 公顷，新造林地 1105.51 公顷，苗圃地 124.31 公顷，未成林造林面积 1413.01 公顷。

【园地开发利用】

1949 年，江宁县有果园面积 62.67 公顷，1956 年降为 42.07 公顷。最多的年份 1978 年达 697.47 公顷，1983 年又降为 294.87 公顷。1988 年后，江宁各级抓紧开发经济林果，1990 年果园面积增加到 420.47 公顷，主要品种有桃、李、梨、葡萄、板栗等。至 1995 年，全县果园面积（除因区划调整减少外）仍有416.40公顷。“八五”期间还注重扶持农户的庭院经济发展，栽植各类干鲜果树16万株，被誉为农户的“摇钱树”。至2007年，江宁区果园用地达492.10公顷。

茶园面积一直呈直线上升。1949年，江宁县茶园面积只有0.33公顷，中共十一届三中全会后，茶园用地发展迅猛，至1979年发展到391.73公顷。茶业基地主要分为东、西二片，东片以淳化茶场为中心，西片以县茶场为中心。1982年，全县茶园面积上升到682.80公顷。进入20世纪90年代，广植茶树，新发展茶园，到1994年已有1646.67公顷，全年产茶24.79万公斤。至2007年，江宁区茶园面积2416.73公顷，全年产茶60.73万公斤。

蚕桑生产，起伏性很大。1956年，全县桑园面积恢复到936.67公顷，蚕茧产量2.95万公斤。1957—1960年，蚕桑生产大发展，桑园面积3062.93公顷，蚕茧产量达16.11万公斤。1975年后，毁桑种粮现象严重，桑园面积降至473.33公顷，连续5年蚕茧产量徘徊在30万公斤～50万公斤。1983年后，蚕桑生产体制变动，桑园到户管理，加上养蚕成本高，收益微薄，蚕桑生产又逐年下降。至1988年，全县桑园面积只有114.53公顷，产茧5.02万公斤。1996年后，蚕桑用地逐步萎缩，至2007年，江宁区桑园面积仅为124公顷，为新中国历史最低水平。

【洲滩开发利用】

江宁洲滩大部分分布在西部和东北的滨江地带。至宋代已达156337亩，其中上元县112027亩，江宁县44310亩。当时称沙田，就是芦洲。据元〔至正〕《金陵新志》记载，芦洲田地面积有105946亩，其中上元县21260亩，江宁县84686亩。清初，围垦面积变动很大，至嘉庆十一年(1806)丈后，滨江芦洲田地共计215545亩，其中上元县186619亩，江宁县28926亩。据〔光绪〕《续纂江宁府志》记载，光绪五年(1879)，熟芦课洲滩还有185903亩，其中上元县136812亩，江宁县49091亩，比嘉庆年间清丈时减少13.75%，其中上元县减少26.69%。

民国初年，据《江苏省财政说明书》记载，围垦面积达14974.54公顷，其中上元县10909.87公顷，江宁县4064.67公顷。民国22年(1933)江宁自治实验县成立后，进行土地陈报时有芦洲田地11833.20公顷，其中种粮田地6715.73公顷。

新中国成立后，铜井的新生洲、再生洲，江宁的子汇洲、子母洲相继形成，面积计650公顷。这些洲地由于土壤肥沃，有机质含量高，一直为长江两岸人民零星开垦。20世纪60年代初，中国人民解放军海军学校曾在铜井乡的新生洲垦植26.67公顷。后该校撤走，铜井乡在此建立农场，以种粮为主，兼营副业，1975年收夏粮30多万公斤。1990年已开发耕地66.67公顷，主要种植旱谷。2007年，江宁区滩涂面积达920.97公顷。

【水面开发利用】

早在西汉时代，湖熟一带已是鱼米甚丰之地，但历代养殖面积无凭稽考。直至清代人工养殖始有记载，据〔嘉靖〕《重刊江宁府志》记载，乾隆四十年(1775)，上、江两县已有渔坞面积3357亩。养殖品种主要为青鱼、草鱼、白鲢、花鲢等。当时渔业捕捞主要在内河、塘坝，捕捞自然生长的鱼类，其中以圩区最多。

新中国成立后，江宁水产养殖业也走过一段马鞍形道路。1957年，全县养殖面积由1949年的636.67公顷发展到4133.33公顷，增加5.49倍。1962—1976年进入徘徊期，年养殖面积3000公顷左右，水产品产量200万公斤上下。1978年改革开放后，水产养殖业有了蓬勃发展，养殖面积不断上升。是年，养殖面积增至3739.80公顷。至1985年，全县养殖面积已达7189.37公顷。

进入 20 世纪 90 年代，又大力发展名、特、优、新水产品种的养殖，如中华鳖、中华绒蟹、珍珠、鳜鱼、加州鲈、牛蛙等，以适应市场的需求。1995 年养殖面积 7153.33 公顷，产量 2392.40 万公斤。至 2007 年，全区养殖水面达 12400 公顷，放养各类鱼种 960 万公斤。其中特种水产品养殖 6973.33 公顷，占总面积 56.24%，实施无公害水产品养殖 5740 公顷，高效渔业养殖 2466.67 公顷。全区实现渔业总产值 8.19 亿元。

江宁水域后备资源是丰富的。据县区划办等单位 1983 年的土地调查，除长江、秦淮河水面外，全县净水面有 16783.53 公顷 (其中河沟水面 5417.73 公顷，塘坝水面 10117.67 公顷，水库水面 1248.13 公顷)。1986 年，花园等 3 个乡划出净水面 1879.13 公顷，江宁县实有详查净水面 14904.40 公顷。1995 年统计，全县淡水养殖面积达 7153.33 公顷，对比详查的净水面，全县有荒水面积 7751.07 公顷。2007 年统计，江宁区有净水面 15934.97 公顷，其中养殖水面为 12400 公顷，有荒水面积 3534.97 公顷。

【后备资源开发利用】

1988 年后，在全县范围内开展对土地后备资源的开发工作。据县区划办等有关单位的调查，全县尚有未开发利用的宜农土地 8403.20 公顷，其中十边隙地 1453.33 公顷，村前屋后空地 4840.92 公顷，荒山 1303.72 公顷，荒地 (包括废弃地)218.50 公顷，荒滩 350 公顷，荒水 236.73 公顷。首先对“四荒”面积 2108.95 公顷实行立项，分批分期进行开发复垦，1988 年共开发复垦土地 49.67 公顷。1989 年，全县共开发复垦土地 225.67 公顷，其中“四荒”218 公顷，废弃地 7.67 公顷。1990—1992 年，全县开发复垦工作在“因地制宜，合理开发，量力而行，分年实施，当年开发，当年收益”的思想指导下，深入而广泛地发展。3 年全县开发复垦土地 395.78 公顷，其中耕地 240.46 公顷，林地 91.87 公顷，鱼池 57.12 公顷，其他 6.33 公顷。1993—1995 年，全县开发复垦工作按照“土地开发复垦规划”的要求，逐步走上规范化、制度化。各乡（镇）、村基本做到“五个定”，即定项目负责人、定开发面积、定开发质量、定完成任务时间、定扶持资金。3 年全县开发复垦土地 590.67 公顷，其中耕地 126 公顷，林地 352.67 公顷，鱼池 112 公顷。

1988—1995 年，全县开发复垦工作共立 68 项，其中省立 6 项，市立 9 项，县立 53 项，共开发复垦土地 1261.79 公顷，完成立项开发数的 60%，其中开发耕地 371.80 公顷，共投入资金 161.83 万元，其中省投入 70 万元，市投入 27.50 万元，县投入 64.33 万元。

图 4-2-2　江宁县土地局扶持陶吴孚儿岗村开垦丘陵荒地发展的茶园（1995 年摄）

图 4-2-3　上坊乡利用荒地荒水养鸭子（1995 年摄）

1988—1995 年江宁县土地开发复垦面积统计情况表

表 4-2-4　　　　单位　公顷

年　份	合　计	耕　地	林　地	鱼　池	其　他
1988	49.67	3.00	46.67	—	—
1989	225.67	2.33	176.67	46.67	—
1990	89.00	38.00	26.67	23.33	1.00
1991	159.33	135.33	8.00	10.67	5.33
1992	147.45	67.13	57.20	23.12	—
1993	150.67	28.00	112.67	10.00	—
1994	166.67	48.01	93.33	25.33	—
1995	273.33	50.00	146.66	76.67	—
总　计	1261.79	371.80	667.87	215.79	6.33

说明：1995年变更调查时，土地开发复垦面积分别计入有关地类中

1999 年，修订后的《中华人民共和国土地管理法》开始实施，根据新法规定，土地利用必须要实现耕地占补平衡。为实现这一目标，全县上下科学规划，合理实施，广开途径找资源，充分挖掘各类后备资源潜力，1999—2007 年，全区共实施开发复垦整理土地 156 宗，新增耕地面积 1510.79 公顷。

1999—2007 年江宁区土地开发复垦情况表

表 4-2-5　　　　单位：公顷

年　份	项目数（宗）	净增耕地面积	年　份	项目数（宗）	净增耕地面积
1999	9	114.53	2004	13	76.93
2000	10	151.20	2005	12	300.42
2001	27	141.33	2006	21	231.65
2002	21	163.04	2007	27	259.46
2003	16	72.23	合　计	156	1510.79

第三节　基本农田保护

【基本农田保护区的划定】

1995 年 3—6 月，江宁县开展基本农田保护区的划定工作。以 1993 年为基期年，2030 年为目标年，对全县基本农田保护控制的三项主要指标进行了预测。

人口增长预测：以 1993 年全县 75.28 万人的数据为基数，预测 2030 年全县人口将增至 85.21 万人，增长 13.19%，其中非农业人口增至 73.40 万人。

基本农田需求量预测：以满足目标年全县国民经济的发展和人民生活对主要农产品的基本需求量为依据，在确保国家征购任务完成的前提下，预测 2030 年全县基本农田将保证有

63046.67 公顷，全县将需粮食 57805.40 万公斤，其中口粮 38344.50 万公斤，种子粮 1542.50 万公斤，饲料粮 3400 万公斤，征购粮 14518.40 万公斤。

建设用地需求量预测：主要包括集镇、村庄、交通、水利、工业等用地指标，依据国家有关规定及土地利用总体规划，预测到 2000 年建设用地预留区面积 1586.67 公顷。

基本农田保护区分为一级基本农田保护区、二级基本农田保护区和建设用地预留区。全县 23 个乡镇、343 个村，划定基本农田保护区的面积共 89673.34 公顷，其中一级基本农田 343 片、2744 个保护块，保护面积 63046.67 公顷，保护率 70.31%。这部分耕地是全县人民的饭碗田，实行永久性保护。二级基本农田划定 343 片、1715 个保护块，保护面积 25040 公顷，保护率 27.92%，其中耕地 12680 公顷。这部分土地，在 2000 年前实行阶段性保护，它既可作为一级基本农田“占一补一”的补充，又可做 2000 年后经济发展建设的后备用地。建设用地预留区面积，至 2000 年确定为 1586.67 公顷，占保护区面积 1.77%，其中耕地 986.67 公顷。

图 4-2-4　上坊乡上坊村基本农田保护区一级农田小麦丰产片（1995 年摄）

村镇建设规划区本着“适当发展县城，重点发展集镇，缩并建设中心村”的指导原则，确定用地范围，坚持人均占地不超过 100 平方米的标准统一规划。

基本农田的分等定级依据全县农业生产水平、地力、产量，同时参照全县土壤普查资料和肥力动态监测资料，经综合评定，全县一级基本农田保护区内，一等田面积 24533.33 公顷，占 38.91%；二等田面积 23866.67 公顷，占 37.86%；三等田面积 14646.67 公顷，占 23.23%。

设置保护标志。江宁县各乡镇的标志牌统一建制，统一规格和书写内容。以地块为单位，全县共埋设标志牌 3110 块，其中乡镇级 23 块，村级 343 块，保护区 2744 块。以土地权属分界，共埋设界桩 13000 多根。

1998 年 2 月，在市政府统一部署下，江宁县完成市政府下达的三项控制指标：到 2010 年补充耕地指标 2666.67 公顷；净增耕地 1123.33 公顷；基本农田保护面积 63220 公顷，一般农田保护面积 15703.33 公顷，规划期末耕地保有量 79005.59 公顷，建设占用耕地指标 1320 公顷。

图 4-2-5　江宁区设置的基本农田保护公示牌（2004 年摄）

2000 年上半年，根据省、市国土管理局有关精神和江宁开发区发展、城区建设的实际需要，结合行政区划调整，共划定南、北丘陵区，秦淮河区和沿江平原 4 个农业区，23 个基本农田保护区、343 个保护片，划定基本农田保护面积 63286.67 公顷，并制作保护标志牌，制订管理制度和保护措施，明确保护责任，落实责任人。

2004 年，全区以基本农田保护大检查为契机，对全区基本农田进行了统计。据统计，全区共有基本农田保护区19个，保护片226个，保护地块1655块，全区实际定位基本农田保护总面积为59830.85公顷，占省、市政府1995年下达的基本农田保护指标63286.67公顷的94.54%。其中，耕地40098.56公顷，园地863.56公顷，林地2870.53公顷，其他农用地15998.20公顷，在园地等农用地中，可调整地类4254.51公顷。同时，将全区基本农田划分为1级～5级，其中，一等地面积5596.55公顷，二等地面积12375.16公顷，三等地面积22327.59公顷，四等地面积15369.85公顷，五等地面积4161.70公顷。

为确保全区补划的1506.67公顷基本农田数量与质量的统一，通过对基本农田区位、面积、土种、农田生态环境等情况分析，采取"补钾工程"、秸秆还田、快速腐熟、平衡施肥等有效措施，对五等、六等地进行快速培肥，使基本农田质量得以提高。同时在2004年启动江宁区耕地质量调查与环境评价项目，实施"沃土工程"，推广有机废弃物利用等施肥改土技术，并进行农田水利设施建设以及小流域治理综合工程，改良中低产农田，建设高产稳产农田，收到良好的效果。

【保护区的管理】

建立基本农田保护责任制 基本农田保护区的划定，其保护与管理由下对上逐级负责。县、乡镇、村、组逐级签订基本农田保护责任书。保护措施重点做到"八不准"，即基本农田保护区内不准单位与个人建房，不准建坟，不准取土制砖，不准建窑，不准开挖鱼池，不准弃耕抛荒和破坏地力，不准向基本农田排放污染物，不准损坏基本农田保护标志及其他田间农田建筑等农田设施。各村、组在与承包户签订的承包合同中，也相应地明确承包户对基本农田的保护责任。2004年，区政府与镇政府（街道）、镇政府（街道）与村委会、村委会与村民小组、组与联户、区国土资源局与镇（街道）国土资源所双线层层签订基本农田保护责任书，共3666份，涉及农户105769户，深化责任落实。

审批手续 凡不符合土地利用总体规划与集镇、村庄规划，占用基本农田的，一律不予批准用地。确因经济建设需要占用基本农田的，则需按照《江苏省基本农田保护条例》第二十二条、二十四条的规定，搞好规划的调整与基本农田的再造，报省政府批准，收取征地费总额2倍～3倍的造地补偿费。对于非法占用基本农田的，则按照条例依法查处。

建立基本农田检查监督网络 区政府建立基本农田保护管理领导小组，下设办公室，具体负责全区基本农田的保护管理工作。各镇街也相应建立组织，负责基本农田动态监察管理工作，要求每年提供一张动态图、一张动态变更表、一份动态变更说明书，及时反映动态变化情况。同时，区政府每年要组织农业、土地、水利、环保、监察、城建等部门检查基本农田的保护管理情况1次～2次，发现问题及时查处。2004年，按照江苏省统一标准，通过招标等方式，在交通沿线和村镇周边醒目处又树立基本农田保护区、片、块标志牌1900块，其中镇级标志牌19块（5米×5米），村级标志牌226块（3.50米×3.70米），保护地块牌1655块（0.80米×0.60米），并埋设界桩8000多根，同时落实标志牌管护责任人。

建立保护档案 在划定基本农田保护区的过程中，所形成的各种图表及文字资料，组织专人及时整理分类，立卷归档。全区共立24卷、24册，其中区级1卷1册，乡镇级23卷23册。图件资料区级2套、6张；乡镇级46套、92张；村级686套、1372张。

第三章 建设用地管理

建设用地管理是对所辖行政区域范围内城乡建设用地的征用、划拨和出让实施统一管理，承办由同级政府审批的建设用地的审查、报批工作，指导、监督、协调各部门的建设用地，会同有关部门制订有关建设用地管理的行政规定、技术政策和经济管理办法，负责国有土地使用权转让、出租、抵押的监督。

新中国成立前，江宁县的建设用地需求量不大，人地矛盾不明显。新中国成立后，尤其是改革开放后，随着经济不断发展，人民生活水平逐步提高，人口快速增加，国家和镇村建设以及农民建房对土地需求量越来越大。加之20世纪80年代前对土地缺乏统一管理，多渠道用地，造成大量耕地被乱占乱用。顺应形势的发展，1988年4月，江宁县成立土地管理局，作为县人民政府职能部门，对全县土地实行统一管理。加强对建设用地管理是土地管理部门工作的重点。根据《中华人民共和国土地管理法》，江宁区在严格建设用地审批制度，做好计划用地、节约用地，建立健全建设用地管理制度的同时，积极开发复垦，实行“开源”与“节流”并举，坚决制止和杜绝乱占滥用耕地的现象，努力实现耕地总量动态平衡，促进经济持续发展。

第一节 建设用地

【居民点及工矿用地】

居民点及工矿用地包括城市用地、建制镇用地、农村居民点用地、独立工矿用地和特殊用地。2007年，江宁区居民点及工矿用地面积为29954.81公顷。

城市建设用地 江宁区政府所在地东山街道，旧名土山镇。民国23年（1934），江宁县治由南京迁到这里，改为东山镇。当时镇区范围很小，只有0.25平方千米。房屋矮小，有南北平行碎石铺垫长约400米的街道两条，工商业不发达，仅有几爿小店，相当于农村小集镇。同年，江宁自治实验县政府曾有建设规划，分东山镇为行政、商业、教育、河港、住宅、园林6个区。但不久，抗日战争爆发，日军侵占东山，规划未能实现。

新中国成立后，县城东山镇发生巨大变化，特别是改革开放给东山镇带来发展机遇，加速县城建设步伐，城区迅速向东发展，向南、北、西三面延伸。1992年6月，在老城区西部兴建江宁经济技术开发区。1994年5月，又在县城南部兴建民营科技园（江宁科学园）。岔路镇并入东山后，老秦淮河与秦淮新河呈T字形在镇中心交汇，把全镇分为3个自然区，由河定桥、东山桥、盛太桥、竹山桥4座大桥，将老城区(东山镇)、新城区(江宁经济技术开发区)和岔路区连接成一体。至1995年，县城建成面积已有12平方千米，其中老城区及岔路区6.50平方千米，江宁经济技术开发区5.50平方千米（根据区建设局提供的规划资料，至2010年，东山城市建设扩大到北起南京绕城公路及城北路，南抵牛首山河岸，西依韩府山、翠屏山，东及城南路。规划面积41.20平方千米，其中老城区17平方千米，新城区18平方千米，岔路区6.20平方千米）。

东山城市建设用地，包括范围很广，主要有道路、机关、文教、卫生、商业、金融、住宅以及园林绿化等用地。至2007年年底，东山城市用地共计3928.39公顷。

建制镇用地 江宁除县城东山镇外，1983年，汤山、湖熟两乡分别与镇合并，率先被省政府批准为建制镇。1989年，江宁、陶吴、丹阳、秣陵、禄口、淳化等乡被批准为建制镇。1994年，周岗、铜井、陆郎、龙都、土桥、麒麟也相继被批准为建制镇。至1995年，全县共有湖熟、汤山、丹阳、秣陵、江宁、淳化、陶吴、禄口、铜井、陆郎、土桥、龙都、周岗、麒麟14个建制镇（不含东山镇）。14个建制镇建成区共11.11平方千米。1996—2001年，又有谷里、东善桥、横溪、上峰被批准为建制镇，至此，全区共有17个建制镇（不含东山镇，陆郎并入江宁镇）。2002年，全区建制镇用地为2070.91公顷，2007年，全区建制镇用地为1903.23公顷（2007年有部分建制镇用地划入城市建设用地中）。

农村居民点用地 新中国成立前，江宁农民住房贫富差别很大，一般富户选择靠近水源、避阴向阳的地势建造深宅大院，占地很多，贫苦农民则在自己有限的土地上择地而居。有的无地，避居山谷、河边，甚至以破庙栖身。

新中国成立后，经过土地改革，无房或少房的贫困户分得了住房。随着生产的发展，农民生活水平的逐步提高，农村居住条件日益得到改善。20世纪50年代以修修补补为主。60年代改造、扩建房屋增多，但仍以草房、土墙为主。从70年代开始，普遍翻建、新建砖木结构的平瓦房、水泥地面，有的附设走廊。进入80年代，农村掀起建房热。建房则以楼房为多，而且式样不断翻新，住房面积不断扩大。至1985年，全县农村居民住宅建筑面积为1371万平方米，人均19.50平方米。1990年增至1641万平方米，人均24.10平方米。“八五”期间，仍是农村建房的高潮时期，5年建房户达27298户，建房面积450万平方米，分别比‘七五’计划末增长28.58%和66.70%。至1995年，农（居）民建房总面积达2091万平方米，人均32.50平方米，分别比1990年、1985年增长27.42%和52.52%。农村居民住宅建设用地，根据县土地统计年报汇总，1988—1995年的8年共用地138.93公顷，年均17.37公顷。其中耕地36.13公顷，年均4.52公顷。1996年后，尤其是2000年12月江宁县撤县设区后，江宁经济高速发展，城市化进程大大加快，已经逐步融入南京都市圈，为适应城市化发展需要，农村宅基地审批进一步从严、从紧，1996—2007年，农村新增宅基地用地总面积31.81公顷，其中耕地0.21公顷。

至2007年，全区农村居民点用地为12004.31公顷。

独立工矿用地 江宁历史上以纺织、金箔等业著称，矿业仅有小量开采，砖瓦业只是雏形。至新中国成立前夕，江宁县只有私营天宝小煤矿1座，粮食加工及食品作坊20家，个体手工业户1055家，用地量很少。新中国成立后，江宁县利用靠近大都市的优越地理位置，便利的交通条件，丰富的矿产、旅游以及劳力资源，大力发展工矿企业。20世纪50年代，主要发展采矿业和手工业。采矿业有牛首山、青龙山、伏牛山铁矿和小王山锰矿等；手工业有制作铁、木、竹等小型农具的手工业社37家。60年代，兴建化肥厂、机械厂、印刷厂、自来水厂、金箔锦线厂等11个。70年代后，除县属工业企业大量发展外，部、省、市属单位也利用江宁县的有利环境兴建工业企业，如上海梅山冶金公司、南京官塘采石公司、南京云台山硫铁矿公司、南京吉山铁矿公司等。据《江宁县县属工业志》记载，至1985年，全县工业企业已有建材、冶金、机械、化工、轻工、纺织等63家，用地面积共2043.75公顷，其中县属企业35家，用地242.03公顷；市属以上企业28家，用地1801.72公顷。1986年后，县属企业利用各自优势，深化改革，扩大开放，优化组合，革新技术，至1995年，县属企业个数虽减少为25家，但建起了16个重点骨干，并组成八大集团，即时花电器集团、三钢集团、金箔集团、天宝水泥集团、东方发展集团和双宁实业集团等。在用地面积没有增加的前提下，却增强了经济实力，提高了产品竞争能力，效益大幅提高。进入21世纪后，产业结构持续优化，更加注重结构转型和层次提升，"高、轻、优"产业特色凸现。2001年，全区独立工矿用地为4467.68公顷，至2007年，全区独立工矿用地为10124.53公顷。

军事用地 江宁依山控江，地形险要，历来为军事要地。因此，江宁境内军事用地较多，有"北昌平，南江宁"之称。

江宁军事源远流长，春秋战国时代，吴军已沿江设置水师、战船，东晋沿淮(今秦淮河)、沿江立栅置烽火台。从战国起先后设垒，历代均布有重兵驻守。至清代，上元、江宁两县防江营汛有烈山、白庙、仙人矶等21处。民国时期，江宁防务逐步上升至军事中枢地位，海军舰艇、炮垒要塞、机场车库、军事院较等分布于城郊县镇。民国19年（1930），汤山、麒麟、上峰等地靶场用地达2000余公顷，其中耕地400余公顷。日军占领期间，日本陆、海、空军及特种部队驻守江宁，除占用国民党国防设施外，民国28年，还在东山镇建土山机场，强占章村等处土地133.33余公顷。抗日战争胜利后，国民党军队接收在江宁县的军事设施和用地。

新中国成立后，因军事需要境内不断征用土地进行建设。至2007年，江宁区军事用地面积为1994.35公顷。

【交通运输用地】

公路用地 国民政府定都南京后，建设通往沪、浙、皖、赣等多条公路，均经过江宁县境。民国25年（1936），江宁自治实验县动员民工建设公路，据《南京近代道路史》等资料记载，县境建有东丹路、上秣路、东岔路、车上路、口解路、东秦路、江板路、板谷路、板中路、江禄路、陶禄路、西元路、禄檐路、咸龙路、湖上路、湖淳路、江句路、禄谢路、滨江路等19条，总长100千米以上，用地面积约100公顷。不久，日军侵占江宁，公路遭到严重破坏。民国35年虽一度进行抢修，但因战争及缺少经费而中途停止。到新中国成立前夕，仅有宁杭、宁芜、宁望、宁溧、宁丹及淳句6条线路，在县境内总长124.75千米，用地面积约166.67公顷。

新中国成立后，江宁县十分重视发展交通，不断开辟新建公路。1950—1960年，新建陶吴—丹阳、陶吴—云台山、淳化—土桥、江宁—陆郎等8条公路，总长92.30千米。1961—1972年，除完成以上筑成路基的6条公路外，又新建陶吴—禄口、殷巷—东善桥、横溪—铜山、铜山—曹村的4条公路，共长31千米。1973年后，在继续新建公路的同时，加强柏油路建设。至1990年，全县已建公路46条，总长484.10千米，用地面积337.08公顷。其中国道2条，长51.60千米；省道3条，长80.90千米；县道41条，长351.60千米。

进入20世纪90年代，全县公路建设又有了飞跃发展。1992年5月，南京绕城公路施工，在江宁境内用地13.20公顷。同年6月，开始建设沪宁高速公路，至1996年9月建成试营运，总长274千米，在江宁县境经过麒麟镇的西流至汤山镇的青林，长16.17千米，路幅宽26米，4车道。全线实行全封闭，共征用江宁县土地103.27公顷。1995年春，又将104国道东山至土桥段23.60千米的路基12米和路面9米，分别拓宽为15米和12米，用地27.53公顷。同年6月18日，动工兴建禄口机场高速公路，至1997年6月28日竣工正式通车，共征收江宁县土地211.60公顷。据江宁县农村土地变更调查统计，至1995年年底，全县公路用地面积达607.46公顷，对比1990年增长80.21%。

2005年8月31日，沪宁高速公路扩建工程江宁段批准实施，其中涉及江宁麒麟、汤山2个镇、10个村、38个村民小组，共征用土地50.01公顷，共撤销8个村民小组建制。2006年，宁杭高速公路开始施工，2007 年基本建成。其中涉及江宁区东山、淳化、湖熟 3 个街道，14 个村（社区），96 个村民小组，长度达 20.60 千米，共办理征地 142.23 公顷，其中涉及农转用 109.37 公顷。

至 2007 年，江宁区境内公路有国道江宁段 61.38 千米，省道江宁段 185.07 千米，县道 428 千米，乡道 1189.73 千米。公路用地 2578.36 公顷。

铁路用地 江宁境内铁路有国营和专用两类。国营铁路主要有宁芜铁路江宁段，于民国 24 年（1935）动工兴建，次年竣工通车。江宁县境内长 16 千米，设江宁镇、铜井镇 2 个车站。1985 年统计两站年货运量为 4.40 万吨，客运量 10.30 万人次。专用铁路：一条是凤凰山铁路，从江边凤翔码头到凤凰山，全线长 18.60 千米，江宁境内长 10 千米，民国 28 年兴建，民国 34 年被破坏，1957 年修复通车，由芜湖工务段管理；一条是云台山铁路，由板凤线 17 千米处叉出，经陶吴至云台山硫铁矿。1971 年 1 月动工，次年 7 月通车，全长 17.03 千米。据 1995 年农村变更调查统计，铁路用地共 69.25 公顷。2006 年，南京地铁一号线南延工程开始施工，南延线江宁境内全长 18.74 千米。至 2007 年，江宁区铁路用地为 96.31 公顷。

禄口国际机场用地 1992 年 9 月 11 日，经国务院、中央军委批准，在江宁县建立南京禄口国际机场，共需用地 933.33 公顷，其中耕地 845.87 公顷。江宁县委、县政府十分重视这一工作，于 1993 年 2 月 22 日批准成立南京禄口机场建设江宁县服务指挥部，5 月 13 日，省、市、县三级签订南京新机场建设征地拆迁安置工作责任协议书，拉开征地拆迁的帷幕。经过 1 个多月的努力，一期完成征地 465.33 公顷，其中耕地 275.80 公顷。1994 年一期建设又追加征地 118.80 公顷。至 1995 年，机场共征地 631.93 公顷，其中江宁县 631.49 公顷。

南京禄口国际机场按照中华人民共和国一级民用机场标准进行总体规划，实行“一次规划，分期建设”。1997 年 7 月 1 日正式通航。南京禄口国际机场有 4E 级标准的 3600 米长、60 米宽的飞行跑道和 3600 米长、45 米宽的滑行跑道各 1 条，并建有 1 座 13.20 万平方米的航站楼、6052 平方米的航管楼以及 6700 平方米的货运仓库。

此外，江宁区有港口码头用地 8.25 公顷。

至 2007 年，江宁区交通运输建设用地共计 3288.91 公顷。

【水利设施用地】

江宁区历届政府十分重视水利建设，一方面由政府投资大搞水利基础设施，重点整治秦淮河；另一方面坚持“自力更生为主，国家补助为辅”的方针，发动人民挖塘坝，建水库，开沟渠，筑桥、涵、闸、站等配套工程。

秦淮河古道 秦淮河纵贯江宁南北，有 16 条支河呈扇形汇集，涉及 34666.67 公顷农田灌溉及排洪。20 世纪 60 年代前，对秦淮河进行一般性的治理，以联圩、并圩缩短防线，加固堤防，整治河道，建库蓄水，兴建机电排灌设施，提高防汛、抗旱能力为主。70 年代后，对秦淮河实行流域性的治理，采取“上蓄（兴建滞洪水库）、中挡（加固堤防、拓宽理直河道）、下泄（扩大行洪断面，老河扩大困难，采取开挖分洪道办法）”的措施，大、中、小工程密切配合，山水田林路综合治理，达到百日无雨保灌溉、3 天雨量 300 毫米不受涝的要求。

秦淮新河工程 秦淮新河工程于 1975 年 12 月动工，至 1979 年 10 月完工，历时 4 年，分三期施工。第一期，铁心桥切岭段。全县 26 个公社 4 万名民工参加，将长 2.90 千米，由 4 个小山连接的切岭段挖深 10 米 ~ 20 米，1976 年 5 月结束，挖土方 295 万立方米。第二期，石方工程。1976 年 7 月动工，至 1978 年 10 月完工，开挖石方 244.50 万立方米。第三期，防护工程。由江宁县组织专业队常年施工。分洪主河道、船闸及引河土方工程，则于 1978 年 11 月 8 日开工，

1979年1月完工，除江宁县发动10万名民工参加施工外，句容、溧水、高淳、丹徒、溧阳、金坛、宜兴、武进、扬中9个县按收益负担原则组织12万劳力参与突击，江浦、六合也分摊任务。秦淮新河的建成起到分洪作用。1982年7月下旬，流域面雨量200毫米，最大日雨量90毫米，新河、老河一起泄洪，使河定桥水位压低到警戒水位以下。秦淮新河工程，共做土石方2179万立方米，国家投资8000万元，用地面积达382.80公顷。

句容河整治工程 句容河自句容的宝华山至江宁县龙都的西北村，全长50余千米，在江宁境内长31千米。1974—1975年，全县组织8万名民工，对龙都西北村至土桥长16千米的河道首先拓宽，然后将土桥的祝庄机头经远景、周子到中圩大队的夏三岔长11千米的堤段做成标准堤。但因河床未根治，沿岸的土桥、周岗、湖熟、龙都一带大圩防洪压力仍很大。因此，省、市十分重视，“八五”期间将句容河再度整治工程列入重点水利建设项目。按50年一遇洪水标准设计，分两期整治，共做土方800万立方米，建配套建筑物78座，其中涵洞41座、排涝站31座、大桥6座。国家投资9500万元。

全区国家水利工程用地，据农村土地利用现状变更调查统计，1995年1866.98公顷，其中秦淮河用地1036.07公顷，水工建筑用地830.91公顷。至2007年，水利设施用地共3684.61公顷，其中水工建筑月地1794.83公顷，水库水面用地1889.78公顷。

第二节 用地计划与征地审批

【用地指标】

20世纪80年代前，江宁县对非农业建设用地既没有明确的限额，也没有正规下达过计划指标。1982年2月13日，国务院颁布《村镇建房用地管理条例》。同年5月4日，又颁布《国家建设征用土地条例》。江宁县政府根据国务院、江苏省、南京市有关加强土地管理的文件精神，开始规定用地指标。

限额用地 1982年，江宁县政府颁布《江宁县村镇建房用地管理暂行办法》，首先对农(居)民建房规定限额:“社员建房用地(包括房屋四周和前后出场)要严格控制。新建住房，凡土地较少，人均耕地1亩左右的地方，建房用地平均每户2分左右，城镇郊区人多地少的地方，建房用地还应减少一些；凡土地较多，人均耕地2亩左右的地方，建房用地平均1户应控制在3分左右。为了节约用地，提倡兴建楼房。农村集镇非农业人口的建房用地，应参照城镇职工住宅面积办理。”1989年9月，江宁县又颁布《农(居)民建设用地暂行规定(试行)》。全县24个乡镇有21个乡镇制订关于加强土地管理和农民建房的具体规定，切实做到使农民有法可依、有章可循。同时，通过保护耕地的国策宣传和严格办理审批手续，当年全县有15户追回申请占用耕地建房的报告，少占耕地0.24公顷，较好地控制农民的建房用地。1991年，江宁县出台《江宁县非农业用地有偿使用收费管理实施细则(试行)》，将农(居)民建房用地限额又作出具体规定：“集镇周围的农(居)民、菜农和人均耕地在1亩以下的村，每户(1人~4人，下同)宅基地不超过133平方米；人均耕地在1亩~2亩的，每户不得超过167平方米；人均耕地在2亩以上的，每户不得超过233平方米。超过4人以上的户，每增加1人，可增加用地25平方米，但每户增加用地最多不得超过67平方米。宅基地计算，包括多处附属建筑物及堆放场。”并且确立“圩区上埂，丘陵上坡，改造旧村”的建房路子，充分利用旧宅基地，村内空闲地，尽量少占或不占耕地。地处丘陵的上峰乡，全乡 77 户新建房户，这一年仅用耕地 133 平方米，节约耕地 0.15 公顷。全县 1165 户建房户，分配使用耕地指标 4.09 公顷，实用耕地 2.11 公顷，节约指标 1.98 公顷，占分配数的 48.41%。此后，农（居）民建房继续执行此限额标准。

计划指标 从 1982 年起，江宁县用地开始实行计划指标控制。每年上半年根据南京市下达的国家、集体建设和个人建房三项用地的指令性计划指标，分耕地和非耕地指标进行平衡，然后分解到乡镇。其中，国家建设用地指标由县土地管理局掌握，计划指标不得突破。如确因建设需要追加用地指标，则需提出申请，经市以上政府批准后才可使用。县里坚持“一家管、一本账、一支笔”的审批制度。1991 年，南京市环保局建垃圾处理场，准备征用麒麟乡窑村土地 28.67 公顷。县土地管理局派员现场查看后，帮助测算，提出建池增加容量、压缩用地面积的方案被采纳，结果少占耕地 4.67 公顷。梅山冶金公司二期扩建工程，原打算征用原江宁镇邵庄等村土地 20.47 公顷，经县土地管理局审核整体用地方案，提出免征原锅炉移地大修场地的合理化建议后，被用地单位接受，实际用地 12.47 公顷，一次节约耕地 8 公顷。由于采取从严控制占用耕地、从紧核定用地指标办法，使计划指标年年节余。1988—1991 年，南京市计经委下达江宁县 3 项用地计划指标计 221.73 公顷，实际批准用地 141.67 公顷，少用土地 80.06 公顷，节约计划 36.11%。

1992 年后，江宁县出现大开发、大发展的势头，国家重点建设项目不断增多，省、市下达的计划用地指标难以控制。基建超标准，用地超计划屡见不鲜。还有部分地方在开发热中盲目圈地，或占而不开，或开而不发，造成部分土地荒芜、闲置，面积达 89.53 公顷。为保护耕地，强化建设用地计划管理，县政府按照省、市规定，从 1997 年 1 月 1 日起，全县实行建设用地总量控制制度，没有计划的不供地，超过计划的停止审批用地，违法的依法追究责任。

【征地审批】

国家建设征（拨）土地 20 世纪 50 年代，征（拨）土地以军事用地为主。1950—1959 年，全县共办理征（拨）土地 1769.23 公顷。在 1958 年“大跃进”和“文化大革命”期间，依法批地受到干扰，特别是县级工业企业出现“手划为界、手指为桩、挥臂为凭”的做法，只用不征或先用后征的问题相当严重。70 年代后期，通过拨乱反正，恢复依法征用土地，全县共办理征（拨）土地 2666.32 公顷，年均 133.28 公顷。80 年代，江宁县政府根据 1982 年国务院公布的《国家建设征用土地条例》和《江苏省建设征用土地实施办法》，继续为国家机关、企事业单位建设征用土地。1980—1987 年，全县共办理征用土地 782.59 公顷，年均 97.82 公顷，最多的年分 1986 年征地达 283.14 公顷。1988 年后，征用土地由江宁县土地管理局主管。这一时期，江宁县国民经济发展十分迅速，特别是 1992 年后，江宁经济技术开发区、南京新机场、机场路、沪宁路等国家重点工程项目建设需要征用大量土地。县土地管理局按照《中华人民共和国土地管理法》《江苏省 < 土地管理法 > 实施办法》《南京市建设用地管理条例》等法规、文件，办理征用土地手续。1988—1995 年，全县共办理征（拨）土地 1843.88 公顷，年均 230.49 公顷。其中 1994 年最多，达 942.88 公顷。根据《江宁县城乡建设志》和土地统计报表提供的数据，1950—1995 年，全县共办理征（拨）各类土地计 7123.78 公顷，年均 154.86 公顷。其中，耕地 2891.19 公顷，年均 62.85 公顷。

1950—1998年江宁县征拨土地情况表

表 4-3-6　　　　单位：公顷

年 份	水 田	旱 地	菜 地	山 地	其 他	合 计
1950	156.33	—	—	—	110.33	266.66
1953	13.73	3.86	3.51	1.43	13.21	35.74
1954	3.71	9.58	1.68	0.10	7.54	22.61
1955	222.22	257.13	7.14	4.42	456.95	947.86
1956	55.24	9.16	—	0.80	76.56	141.76
1957	—	—	—	—	94.20	94.20
1958	0.41	—	—	3.31	65.18	68.90
1959	10.10	1.72	0.79	5.43	173.48	191.52
1960	48.85	39.14	0.15	118.60	195.78	402.52
1961	7.37	8.33	0.16	36.30	32.53	84.69
1962	3.70	1.88	0.56	0.09	8.09	14.32
1963	7.21	5.94	—	177.39	1.18	191.72
1964	5.42	1.11	0.07	11.95	0.79	19.34
1965	5.23	4.37	0.12	7.81	10.28	27.81
1966	2.69	1.01	1.50	17.34	87.40	109.94
1967	0.65	0.69	—	0.70	2.16	4.20
1968	—	—	—	—	9.47	9.47
1969	1.37	2.72	0.44	—	422.96	427.49
1970	7.96	16.03	7.51	11.82	20.54	63.86
1971	24.80	21.42	0.44	73.44	16.99	137.09
1972	112.05	97.07	7.31	35.45	37.09	288.97
1973	5.47	7.52	0.02	45.97	4.45	63.43
1974	2.67	11.21	0.12	32.00	18.82	64.82
1975	4.60	13.77	—	0.06	397.01	415.44
1976	9.96	23.34	—	—	45.38	78.68
1977	12.57	9.37	2.53	22.78	25.19	72.44
1978	22.39	6.21	4.54	47.98	39.81	120.93
1979	10.85	3.47	—	0.99	53.81	69.12
1980	13.49	7.74	6.04	4.40	26.59	58.26
1981	95.38	7.96	6.78	53.22	18.60	181.94
1982	5.02	7.90	3.05	3.98	5.75	25.70
1983	16.11	10.86	0.32	0.03	47.19	74.51
1984	30.77	6.88	4.63	2.72	6.23	51.23
1985	8.88	5.90	5.54	6.36	3.59	30.27
1986	30.46	65.34	9.08	80.68	156.34	341.90
1987	47.79	5.47	3.15	2.04	19.10	77.55
1988	42.80	2.74	—	—	20.90	66.44
1989	39.45	9.02	—	—	31.10	79.57
1990	5.99	2.01	1.97	—	3.41	13.38
1991	67.97	27.49	—	3.39	38.91	137.76

续表

年 份	水 田	旱 地	菜 地	山 地	其 他	合 计
1992	19.61	14.41	—	23.05	42.20	99.27
1993	94.75	11.35	—	0.03	69.74	175.87
1994	510.45	113.75	—	33.07	285.61	942.88
1995	224.59	4.89	—	—	102.24	331.72
1996	—	—	—	—	—	478.96
1997	—	—	—	—	—	509.74
1998	—	—	—	—	—	826.42

1999 年新修订的《中华人民共和国土地管理法》实施后，县级土地审批权限上收，所有农转用土地的审批和征收均由国务院和省级人民政府审批。1999—2007 年，江宁区共经批准征用土地 5706.32 公顷。

1999—2007年江宁区征地情况表

表 4-3-7　　单位：公顷

年 份	征地面积	其 中			
		农用地		建设用地	未利用地
		面 积	其中耕地		
1999	61.62	49.78	45.39	7.22	4.52
2000	196.76	170.65	120.34	14.64	11.47
2001	1112.99	892.63	761.11	143.63	76.73
2002	1435.60	1170.83	1012.74	193.64	71.13
2003	1457.22	1024.71	821.59	326.43	106.08
2004	170.70	109.66	98.00	58.17	2.37
2005	425.46	290.71	213.76	101.74	33.01
2006	371.06	294.88	196.17	64.59	11.59
2007	474.91	370.54	207.90	94.04	10.33
合 计	5706.32	4374.39	3477.00	1004.10	327.83

乡（镇）村建设用地审批　自 1956 年农村土地实行集体所有制后，江宁县在一个较长的时间里，对于乡（镇）村的建设用地未能很好地建立起严格的审批制度，社队企业、公共设施、公益事业建设等用地，大多数自批自用，不受限制，使集体耕地不断减少。据统计，1963—1982 年的 20 年中，全县耕地每年以 0.89% 的递减率下降。1970—1982 年的 13 年中，平均每年减少 246.67 公顷，相当于每年减少 1.20 个大队的耕地，即每年就有 2078 个农民失去生存的基础，问题十分严重。1982 年 5 月，县政府根据国务院〔1982〕29 号《村镇建房用地管理条例》和省、市有关规定，制定颁发《江宁县村镇建房用地管理暂行办法》，从此，对农村非农业建设用地的审批有法可依。1987 年，县政府贯彻执行《江苏省＜土地管理法＞实施办法》，对乡（镇）村各项建设用地，坚持合理布局、节约用地的原则，制订规划，由主管单位江宁县基建局审核

办理审批手续。1988 年后由江宁县土地管理局主管，至 1995 年，依法办理批准乡 (镇) 村各项建设用地计 118.93 公顷，年均 14.87 公顷，其中耕地 72.87 公顷，年均 9.11 公顷。1999 年，新修订的《中华人民共和国土地管理法》实施，尤其是 2000 年 12 月江宁县撤县设区后，区级乡 (镇) 村的建设用地审批权限上收，此项用地的数量已经包含在上一目国家建设征 (拨) 土地统计数据之中。

农 (居) 民住宅用地审批 新中国成立后很长一段时期，对农 (居) 民住宅建设用地没有明确、具体的法规，缺乏村镇全面规划和必要的管理，致使一些农 (居) 民建房用地随意性很大。1982 年 5 月，江宁县政府颁发《江宁县村镇建房用地管理暂行办法》，要求农村人民公社遵循土地利用总体规划和村镇规划，遵循“因地制宜，合理布局，有利生产，方便生活，合乎卫生，适当集中，节约用地”的原则，规划村镇用地范围，绘制村镇用地平面图，合理安排好社员的宅基地，并规定用地限额。1988 年后，江宁县政府根据《中华人民共和国土地管理法》和《江苏省农村宅基地管理办法 (暂行)》的规定审批农 (居) 民住宅用地，由县土地管理局主管办理审批手续，至 l995 年，全县共办理宅基地审批 138.93 公顷，年均 173.67 公顷，其中耕地 36.13 公顷，年均 4.52 公顷。最多的是 1995 年达 40.27 公顷，其中耕地 18.20 公顷。主要是南京禄口国际机场、机场路等国家重点工程建设农民拆迁重建新居所致。1996 年后，尤其是江宁县撤县设区后，江宁经济高速发展，城市化进程大大加快，已经逐步融入南京都市圈，为适应城市化发展需要，农村宅基地审批进入从严管理阶段，农 (居) 民住宅用地审批基本冻结。

第三节 征地补偿安置

国家、集体建设用地，在征用集体土地过程中，为确保建设项目顺利实施，保证人民群众的生产生活，处理好国家、集体和个人的三者利益关系，建设单位按国家有关规定支付用地补偿费，并做好剩余劳动力安置等事宜。用地补偿费包括土地、青苗、附着物、房屋拆迁以及安置等补偿、补助费。

【1995 年前用地补偿及人员安置】

土地补偿费 20 世纪 60 年代末，江宁县征用个人或集体土地根据国务院颁布的《国家建设征用土地办法》的规定精神，按被征用土地最近 3 年 ~ 4 年产量总值计算补偿费。从 1969 年起，改按土地类别、不同农作物分别计算年产值的 3 倍给予补偿，茶山、桑、竹、果园等特殊用地，则根据具体情况变通处理。

1983 年 7 月，市政府颁布《南京市国家建设征用土地补偿安置实施细则》，江宁县根据细则规定，按每亩平均年产值的 5 倍、3 倍标准计算各类土地补偿费。

1989 年 8 月，调整土地补偿费，其标准为：征用耕地、蔬菜地，根据国家规定的价格政策，按该土地征用前 3 年平均年产值 (下同) 的 6 倍计算；征用鱼塘、藕塘、养殖场、果园、竹园、林地等土地，按该土地年产值的 5 倍计算；征用柴山、滩地、水塘、苇塘和其他有收益的非耕地，按该土地年产值的 3 倍计算；征用宅基地按邻近耕地的补偿标准计算；房屋由建设单位另行征地移迁重建的，原宅基地不再给予补偿；征用无收益的非耕地，一般不予补偿。

1983 年江宁县国家征用土地补偿费标准情况表

表 4-3-8　　单位：元

土地类别	平均年产值	补偿标准	补偿金额
大棚菜地	900	年产值的 5 倍	4500
地膜覆盖菜地	800		4000
老菜地	700		3500
新菜地	500		2500
季节菜地	300		1500
水　田	300		1500
旱　地	260		1300
精养鱼塘	700		3500
菱、藕、一般鱼塘	350		1750
林　地	300		1500
园林苗圃	600		3000
经济作物	400		2000
柴山、山地、滩地	120	年产值的 3 倍	360
水塘、水沟	66		198

青苗补偿费　新中国成立后至 1982 年，江宁县对青苗补偿没有统一标准，1983 年，市《国家建设征用土地补偿安置实施细则》下发后始有青苗补偿标准。最高按一般农作物一季的产量产值计算，能收获的不予补偿。对多年经济作物，可以移植的，用地单位应付给移植费；不能够移植的，用地单位则给合理补偿或作价收购。在征地管理部门主持协商征地方案后，抢种的作物、树木和抢建的房屋等一律不予补偿。

1983 年江宁县国家征用土地青苗补偿费标准情况表

表 4-3-9　　单位：元 / 亩

类　别	品　种	补偿标准
蔬　菜	蔬　菜	160
粮食、油料作物	中稻、晚稻、花生果	120
	大豆、油菜、早稻、小麦	80
	红豆、山芋、芝麻、大麦、蚕山、绿豆	60
经济作物	甘　蔗	200 ~ 350
	棉花、甜菜、麻类	120 ~ 150
	西　瓜	80 ~ 120
	草　莓	60
	药材、香料	按市价
水生作物	菱	140
	藕	150
鱼　类	精养鱼	400
	二龄鱼	200
	一龄鱼	120
	粗养鱼	100
	鱼　秧	80

附着物补偿费 附着物补偿费项目很多，主要有农田水利工程设施和机电排灌设施、水井、人工鱼塘、养殖场和电力、广播通讯设施等附着物，按照实际情况付给迁移费或补偿费。

房屋拆迁补偿费 房屋拆迁补偿费，拆除旧房由拆迁单位按照原房屋的结构、面积付给补偿费，按规划进行复建。属于自拆自建的，每平方米付给补助费20元～25元；统一复建的，平房每平方米付给复建费50元；简易楼房每平方米付给70元，经费包干使用。之后随着物价的不断调整补偿标准也随着变动。

安置补助费 1983年，按照市《国家建设征用土地补偿安置实施细则》，征地前平均每个农业人口实际占用耕地(包括不在册的耕地面积，下同)在1亩以上的生产队，征用每亩耕地的安置补助费一律按该地年产值的2倍计算；人均耕地在1亩以下，0.30亩以上的生产队，按年产值的3倍计算，每减少耕地0.10亩，安置补助费相应增加年产值的1倍；人均耕地在0.30亩以下的生产队，其安置补助费按年产值的10倍计算。属特殊情况，报经省人民政府批准后可适当增加，但土地补偿费和安置补助费的总和最高不得超过被征土地年产值的20倍。

1989年8月，对安置补助费标准作出调整，征地前农业人口人均耕地在1亩以上的被征地单位，征用耕地的安置补助费为该耕地被征用前3年平均每亩年产值的3倍；征地前农业人口人均耕地不满1亩的被征地单位，征用每亩耕地安置补助费以年产值的4倍起算。人均耕地每减少0.10亩，安置补助费相应增加年产值的1倍，但最高不得超过年产值的10倍。征用非耕地安置补助费，按该土地年产值和略低于邻近耕地的安置补助倍数计算；征用房屋和其他建筑物的地基以及无收益的非耕地，不支付安置补助费，其余条款未变。

1992年，县政府根据现行有关政策、法规，结合实际情况，相应作出了征地拆迁补偿安置等具体规定。其中《关于南京禄口民用机场建设征地拆迁补偿安置有关规定》就十分具体明确。这个规定共有13条100余款。土地补偿费标准条下8款：水田、自留田、园地、林地、鱼塘5款，每亩均为1800元；旱地1款，每亩1560元；水塘、非耕地2款，每亩均为700元。青苗补偿费标准条下6款：水稻每亩240元，三麦每亩160元，蔬菜每亩320元，菱藕每亩420元，成鱼每亩500元，未成鱼每亩300元。劳力安置托带及保养条下4款，其中征地或撤队劳力安置托带费每人均为5000元，保养金每人10000元等。这些具体规定，便于查照执行，对于推动和加速该工程建设征地拆迁工作的顺利开展起到积极作用。1993年5—6月，禄口机场一期征地465.33公顷，按此文件规定及时妥善安排好涉及禄口镇、铜山乡的秦村、黄桥、俞庄、东湖、青圩、徒𡎺6个村53个村民小组的征地补偿、拆迁、撤队、“农转非”等事宜。但由于物价不断变化，在实际执行过程中，为照顾人民群众利益，用地单位的补偿付出，往往超过文件规定的标准。1995年6月，机场高速公路施工，征用江宁经济技术开发区至禄口沿线乡镇20个村211.60公顷土地，其中耕地174.39公顷(水田157.51公顷、旱地16.88公顷)的青苗补助费，县政府文件规定水田每亩240元、旱地每亩160元，用地单位则按水田每亩360元、旱地每亩240元的标准计算。

劳动力安置 1979年前，江宁县对国家建设征用集体土地采取“只补偿，不安置”的办法；1979年后，国家、省、市对征地后剩余劳动力有了安置的规定。1979年，江苏省人民政府119号文规定，对被征地的社队人均耕地不足0.50亩的，则按土劳比例吸收农民到集体所有制单位当正式工人，户口粮油关系不变。1983年，《南京市国家建设征用土地补偿安置实施细则》规定，征地后平均每人实际占有耕地在0.50亩以上的生产队，不再另行安置；实际占有耕地在0.50亩以下的生产队，由社队统筹安排；确实无法安置的，由当地政府在省政府批准下达的征地劳动计划范围内，安排到附近城镇的集体所有制单位，经省政府同意，也可由用地单位招收，并按人数相应核减安置补助费。安置的年龄为16周岁～40周岁，必须政审，体检合格，经劳动部门批准后，由接收单位分配工作。22周岁以下的，一般安排当学徒工。据《江宁县县属工业志》记载，至1985年，上海梅山冶金公司、南京云台山硫铁矿等8家招收被征地行政村共2860名农民当工人，并为他们转了城镇居民户口。

1988年，江宁县贯彻执行《江苏省＜土地管理法〉实施办法》和《南京市建设用地管理条例》等法规的有关规定，对征地后的多余劳动力采取“谁用地、谁安置、谁受益、谁负担”的原则多渠道安置，用地单位有招工指标和条件的，多余劳动力原则上由用地单位吸收为工人；经县人民政府批准，由乡（镇）企业安排的，被安排人员可享受县属大集体待遇；应安置的劳动力需自谋职业的，经本人申请，乡（镇）人民政府审核，与用地单位签订协议，在当地公证部门办理公证手续后，用地单位一次性发给自谋职业费，用地单位以后不再重新安置；有条件接受安置劳动力的企业，用地单位可委托安置，并一次性支付劳力托带费；因国家建设需要，经市人民政府批准，下达劳动计划指标的，由劳动部门安置等。

撤销队（组）建制 1983年，《南京市国家建设征用土地补偿、安置实施细则》规定，“耕地被全部征用的生产队或征地后人均占有耕地不足0.10亩的生产队，经省人民政府批准，可以撤销生产队建制。被撤销的生产队，应安置劳动力的年龄：男性为16周岁～50周岁，女性为16周岁～45周岁。对于男性51周岁～60周岁，女性46周岁～55周岁的村民，由用地单位安排当长期合同工，但到退休年龄时不享受子女顶职待遇，每月发给27元生活费，保养终身”。同年，江宁县政府根据细则的这一规定，报省政府批准，撤销江宁化肥厂中庄、后庄两个生产队建制，村民户口“农转非”。这两个生产队共有人口294人，耕地经几次征用只剩2200平方米，人均7.48平方米。生产队建制撤销后，294人全部转为城镇户口。183名劳动力，除以往征地带人已吸收为该厂集体职工的50名外，尚余133名，按照招工条件由化肥厂统筹安排。1984年6月，县政府又报批撤销东山镇小里村一队建制。该队原有耕地3.14公顷全部被征用，283人均转为城镇居民户口。共有劳动力112人，其中符合劳动力安置条件的93人（男16周岁～50周岁31人，女16周岁～45周岁62人）；符合安排长期合同工的19人（男51周岁～60周岁6人，女46周岁～55周岁13人），由用地单位安置；超龄劳动力保养的22人（男61周岁以上8人，女56周岁以上14人），每人每月27元保养费，计15年，一次性由九四〇厂拨给东山镇人民政府逐月发给个人。撤队后，该队48403.33元公积金、8027.76元公益金以及房屋设备、农机等固定资产清点核实后，交给东山镇人民政府作为安置失去劳动能力无人赡养人员生活补助和保养人员费用不足部分的补充。1983—1987年，全县共撤销生产队（组）15个，有保养人员388人，月保养费提高到35元。

1988年后，由于国家建设用地较多，撤销队（组）建制和“农转非”人口增多。至1995年的8年，全县撤销村民小组70个，“农转非”人口14008人，其中以南京禄口机场为多，撤组达25个，“农转非”3733人；江宁经济技术开发区也较多，撤组18个，“农转非”3307人。保养费经过几次调整已提高到75元，但医疗补助费（每人每年50元）和丧葬费（一次性300元）等标准未变。

【1996年后用地补偿及人员安置】

1996年后，随着政策和相关法律法规的变化，用地补偿从标准到安置方式上都发生不小的变化。

土地补偿费 1996年宁政发〔1996〕131号文和2000年宁政发〔2000〕340号文，均是江宁根据自身的发展和县情，专门制定实施的征地补偿安置办法。根据江宁县实际情况，详细规定了新的征地补偿和安置的依据、适用范围、操作程序、补偿标准及具体的实施方法。

2005 年 8 月，江宁区又根据市政府《南京市征地拆迁补偿安置办法》（宁政发〔2004〕93 号文件）出台实施新的征地补偿安置办法，即《南京市江宁区征地拆迁补偿安置办法》《南京市江宁区被征地农民基本生活保障试行办法》（江宁政发〔2005〕166 号文件），大幅提高了对被征地农民的补偿标准。2005 年的补偿标准较 2000 年在土地补偿费上提高了近 1 万元 / 亩，在青苗补偿费上平均提高 2000 元 / 亩，在安置补偿费上平均调高 1 倍多。新办法的实施为江宁经济快速发展和社会稳定奠定了基础。

人员安置 根据宁政发〔1996〕131 号文相关规定，在劳动力安置上仍然沿用之前的方式，发放代劳费 1.50 万元 / 人。2000 年宁政发〔2000〕340 号文实施后，对代劳人员和保养人员一般采取办理“农转非”手续、发放安置补助费的方式进行，代劳费 1.50 万元 / 人，保养费 1 万元 / 人。2005 年 8 月 1 日起施行的《南京市江宁区征地拆迁补偿安置办法》和《南京市江宁区被征地农民基本生活保障试行办法》规定，对被征地农业人员进行就业培训，纳入全区下岗和再就业人员培训体系；对被征地农业人员，包括以前历次征地已进行过安置和保养的人员，凡是符合城市低保条件的，均纳入城市低保体系。同时，大幅提高代劳费和保养费，代劳费 2.80 万元 / 人，保养费 2.20 万元 / 人。江宁区政府从 2005 年起专门设立被征地农民基本生活保障资金，纳入财政专户，实行收支两条线管理，专项用于被征地农民的基本生活保障。

1996—2007 年江宁区征地拆迁补偿情况表

表 4-3-10

<table>
<tr><th colspan="2">补偿项目</th><th>1996—1999 年
补偿标准</th><th colspan="2">2000 年至 2004 年 4 月
补偿标准</th><th colspan="2">2005—2007 年
补偿标准</th></tr>
<tr><td rowspan="6">土地
补偿费
（元 / 亩）</td><td>菜 地</td><td>4800 ~ 6800</td><td colspan="2">8000 ~ 16800</td><td colspan="2" rowspan="6">18000</td></tr>
<tr><td>水 田</td><td>6000</td><td colspan="2">8000</td></tr>
<tr><td>旱 地</td><td>4800</td><td colspan="2">7300</td></tr>
<tr><td>林 地</td><td>4000</td><td colspan="2">5000</td></tr>
<tr><td>园 地</td><td>7000</td><td colspan="2">7000</td></tr>
<tr><td>一般鱼池</td><td>5000</td><td colspan="2">5000</td></tr>
<tr><td rowspan="4">青苗
补偿费
（元 / 亩）</td><td>蔬 菜</td><td>600 ~ 800</td><td colspan="2">650 ~ 1000</td><td colspan="2">800 ~ 1000</td></tr>
<tr><td>粮油作物</td><td>350 ~ 750</td><td colspan="2">533 ~ 600</td><td colspan="2">800 ~ 1000</td></tr>
<tr><td>经济类作物</td><td>800</td><td colspan="2">800</td><td colspan="2">1000</td></tr>
<tr><td>鱼 类</td><td>400 ~ 600</td><td colspan="2">600 ~ 800</td><td colspan="2">800 ~ 1200</td></tr>
<tr><td colspan="2">劳动力自谋职业费
（万元 / 人）</td><td>1.50</td><td colspan="2">—</td><td colspan="2">—</td></tr>
<tr><td colspan="2" rowspan="2">安置补助费（元 / 人）</td><td rowspan="2">—</td><td>16 ≤男 <60
16 ≤女 <50</td><td>安置自谋职
业费：15000</td><td>16 ≤女 <45
16 ≤男 <50</td><td>28000</td></tr>
<tr><td>60< 男 / 女≤ 70</td><td>10000</td><td>45 ≤女 <55
50 ≤男 <60</td><td>28000</td></tr>
</table>

续表

<table>
<tr><th>补偿项目</th><th>1996—1999 年
补偿标准</th><th colspan="2">2000 年至 2004 年 4 月
补偿标准</th><th colspan="2">2005—2007 年
补偿标准</th></tr>
<tr><td rowspan="2">安置补助费（元 / 人）</td><td rowspan="2">—</td><td>70< 男 / 女≤ 80</td><td>9500</td><td>女≥ 55
男≥ 60</td><td>22000</td></tr>
<tr><td>男 / 女> 80</td><td>9000</td><td>—</td><td>—</td></tr>
<tr><td>执行文件</td><td>宁政发〔1996〕31 号文</td><td colspan="2">宁政发〔2000〕340 号文</td><td colspan="2">宁政发〔2005〕166 号文</td></tr>
<tr><td>补偿政策</td><td colspan="5">2000 年至 2004 年 4 月补偿政策：
1. 土地补偿费依法归农村集体经济组织所有，青苗补偿费和附着物补偿费归其所有者所有；2. 青苗补偿费，按一季农作物的产值计算，能收获的不予补偿；3. 安置补助费：建议征用耕地造成的多余农业人口，应当给予户口“农转非”并安置
2005—2007 年补偿政策：
1. 土地补偿费：（1）征用村民小组土地，土地补偿费总额的 70% 纳入被征地农业人员基本生活保障资金；土地补偿费总额的 30% 支付给该村民小组，纳入公积金管理，必须用于农村集体经济组织发展生产和公益性事业，不得挪作他用。（2）征用镇、村集体土地，土地补偿费总额的 70% 纳入区政府被征地农民基本生活保障资金社会统筹账户，用于该镇、村被征地农民基本生活保障；土地补偿费总额的 30% 支付给镇、村集体经济组织，用于发展农村集体经济；2. 青苗补偿费，按一季农作物的产值计算</td></tr>
</table>

第四章　地籍管理

据江宁县史志记载，历代当政者都重视抓地籍管理工作，不断实行土地清丈、土地陈报、划分田界、编造税籍等。南朝齐时曾对江宁部分土地进行查丈。明正德、嘉靖年间，地籍又复紊乱。隆庆中，海瑞巡抚奏请清丈。万历五年（1577），江宁县有田 753498 亩。通过清丈，编造税册，“行一条鞭法，官民田土粮差悉取一则”。清代，土地测量较为频繁，康熙、乾隆、光绪等年间都对上、江两县的土地进行测量。据清〔光绪〕《续纂江宁府志》载：“又案兵燹后，清查各县原额，民卫赋田地山塘杂产上元县 996241.78 亩，江宁县 847684.25 亩。”民国 26 年（1937），江苏省财政厅根据陆军测绘局地图计算，江宁县土地总面积为 3408375 亩。

新中国成立后，江宁区对农村和城镇地籍调查做了大量工作。至 2001 年，江宁区共进行 4 次土地利用现状调查，查清区内土地资源、土地权属、土地利用现状及土地变更等情况，并逐步建立全区土地档案。2007 年，进行第二次全国土地调查，建立了影像、图形、地类、面积和权属一体的土地调查数据库和数据管理系统，为合理利用与保护土地资源，发展国民经济，提供可靠依据，也为土地的初始登记，建立健全地籍管理制度提供了基础资料。

第一节　地籍调查

地籍调查是指依照国家规定，通过权属调查和地籍测量，查清宗地的权属、界址线、面积、用途和位置等情况，形成数据、图件、表册等调查资料，为土地注册登记、核发证书提供依据的一项技术性工作。地籍调查是土地登记的法定程序，是土地登记的基础工作，其资料成果经土地登记后，具有法律效力。

【土地勘丈】

南朝齐时，江宁曾对部分土地进行过查丈。据《南齐书·武十七王传》记载："建元三年(481)文宣王子良表曰，近……则诸县循履得丹阳等四县(包括江宁)堪垦之田，合计荒熟八千五百五十四顷。"明正德、嘉靖年间，地籍又复紊乱。隆庆中，海瑞巡抚奏请清丈。至万历五年(1577)，上、江两县共有田地山塘杂产1674358亩，其中上元县920860亩，不含丈减坍江田地6700亩；江宁县753498亩，含丈增欺隐田等3887亩。通过清丈，编造税册，"行一条鞭法，官民田土粮差悉取一则。原买者卖者，或以官作民，或以民作官；民田减价出鬻，差役并于细户；滑胥乘之恣诡寄、花分等弊病，一扫而清，民始有乐业"。清代，土地测量较为频繁。清嘉庆十一年(1806)轮丈，上、江两县有腹里滨江芦洲田地共215545.04亩，其中上元县186618.61亩，江宁县28926.43亩。咸丰以后，鱼鳞推收诸册焚毁，散失征税依据。光绪五年(1879)进行土地清查。据清〔光绪〕《续纂江宁府志》记载："又案兵燹后，清查各县原额，民卫赋田地山塘杂产上元县996241.78亩，江宁县847684.25亩，合计1843926.03亩。"光绪七年冬，左宗棠任两江总督，设清丈局，专司土地测量、整理地籍等工作。

民国时期，江宁县清丈业务在汤山35平方千米范围内实施，使用1∶5000地形图。从民国19年(1930)12月开始至民国20年10月1日，共清丈土地18328亩。后因江宁县改组为江宁自治实验县，清丈业务于民国22年2月停止进行。江宁县的土地总面积尚无确数。民国26年，江苏省财政厅根据陆军测量局所绘1∶50000地图计算，得知江宁县土地总面积为2272.25平方千米，折合3408375亩，其中平地面积1587375亩，山地面积1683000亩，江湖水面积138000亩。至此，江宁县土地面积有了准确数字。

新中国成立后，江宁县多次进行土地测量。1951年春，全县各地采取抽丈办法，至1951年年底，全县登记的耕地面积达72148.27公顷，比1949年的65234公顷多出6914.27公顷，增加10.60%。

20世纪70年代初，在"农业学大寨"运动中，江宁县各地结合平整土地，格田成方，进行土地丈量。在全县6.20万公顷耕地面积中，进行这种丈量的有3.33万公顷，占53.71%。80年代初，江宁县农业普遍推行家庭联产承包责任制，在按劳力或人劳比例分配责任田时，除按田的好坏、远近分等定级进行搭配外，对群众有意见的田块，由各村、队自己组织丈量，该增的增，该减的减，进行内部调整，以达合理分配。

【常规测量】

1988年11月后，土地测量作为一项常规性的工作，主要进行确定权属、勘定界址、丈量面积等工作。其中有几次规模较大：1990年，在国有土地申报登记工作中，对东山、汤山、湖熟、丹阳等地申报的1597个企事业单位和个人2890.40公顷国有土地，分别丈测核查1298.53公顷。1991年，为江宁境内驻军划定两区(军事管理区、军事禁区)进行了地界勘定。1992年6—7月，对江宁境内的上海梅山冶金公司用地进行勘界确权。1994年1—11月，在东山集镇进行城镇地籍调查；11—12月，对南京禄口机场多处、多次征用的土地进行放样勘界。1995年下半年，开展江宁境内铁路系统勘界工作。

2000年，完成了上峰集镇50公顷和禄口集镇160公顷的地籍调查测绘工作。同时还完成了汤山集镇、麒麟集镇的地籍外业调查工作。2001年3月26日，南京市地籍调查办公室为了保证南京市控制测量的精度，在全市范围内统一组织采用GPS的手段测量。在江宁范围内共选择了141个GPS控制点，形成了江宁区域的地籍测绘控制成果，为细部测量打下基础。2002年，完成了全区180宗用地、31个批次（个案）、910.97公顷新增建设用地的外业勘测和内业绘图工作。2003年，全区共投入150万元开展东山地区和江宁经济技术开发区约2000公顷的地籍测绘工作，进一步完善了全区城镇地籍调查成果。2004年，全区共完成农转用185宗土地的勘测定界报告和596宗供地勘测定界报告，保证了全区重点工程用地审批的顺利进行。2005年，完成了全区农转用212宗土地的勘测定界报告和378宗供地勘测定界报告。2006年，完成了开发园区四周范围定界工作，完成滨江开发区产业区的定界放桩工作，完成第三期南京江宁经济技术开发区（包括江宁经济技术开发区、江宁科学园、空港工业园、秣陵工业园、上坊工业园）的定界工作。

2007年1—3月，航空摄影测量形成了覆盖全区的1 ∶ 1000的正射影像图。为村庄地籍调查和全国第二次土地调查的开展提供了技术支持。是年，完成各类勘测定界775宗，保证了土地权利人的需求。受理单位土地登记1787宗，登记发证率100%。

【权属调查】

农村权属调查 民国时期，江宁县政府曾结合整理地籍，进行过土地权属调查。据《江宁县施政概况》记载，民国35年(1946)5—11月，江宁县在开展土地权属清理登记期间，清理出一些权属不清的白契及伪契，县政府派工作队下去调查核实，并调解土地纠纷2起。

新中国成立后，进行土地改革运动，1950年，全县有110507户领到由县人民政府颁发的土地证，确权耕地72224.27公顷。同时，在调查发证中，处理农民历史土地权属纠纷1282起。

1951年江宁县农村土地改革各阶级、阶层占有耕地情况表

表 4-4-11

成分	总户数		总人口		土改前占有耕地面积（亩）				土改后占有耕地面积（亩）			
	数量（户）	比重（%）	数量（人）	比重（%）	数量	比重（%）	户均占有	人均占有	数量	比重（%）	户均占有	人均占有
合计	110507	100.00	484572	100.00	1083364	100.00	9.80	2.24	1083364	100.00	9.80	2.24
地主	4043	3.66	20510	4.23	341667	31.54	84.51	16.66	25655	2.37	6.35	1.25
富农	2656	2.40	17755	3.66	74649	6.89	28.11	4.20	66378	6.13	24.99	3.74
工商业兼地主	534	0.48	2393	0.49	17141	1.58	32.10	7.16	1563	0.14	2.93	0.65
小土地出租	5105	4.62	16909	3.49	52645	4.86	10.31	3.11	34737	3.21	6.80	2.05
中农	28610	25.89	146095	30.15	308932	28.52	10.80	2.11	381565	35.22	13.34	2.61
贫农	58767	53.18	245781	50.73	203153	18.75	3.46	0.83	502652	46.40	8.55	2.05
雇农	7223	6.54	22393	4.62	4595	0.42	0.64	0.21	43296	3.99	5.99	1.93
其他	3468	3.14	12358	2.55	7669	0.71	2.21	0.62	23840	2.20	6.87	1.93
未划成分者	101	0.09	378	0.08	1833	0.17	18.15	4.85	—	—	—	—
公田	—	—	—	—	71080	6.56	—	—	3678	0.34	—	—

说明：由于统计口径不一，表内总人口数与公安部门统计的户籍人口有误差

1992 年 4 月，江宁县在土地利用现状详查补充调查中，进行权属调查。补查结果，在 159842.73 公顷土地总面积中，属村集体所有的 139481.24 公顷，占 87.26%；属乡（镇）集体所有的 3756.90 公顷，占 2.35%；国有的 16604.59 公顷，占 10.39%。共签订《权属界线协议书》1043 份，《土地争议原由书》180 份。

1995 年 10 月，南京市政府调整玄武区、白下区、江宁县等区县行政区划，将江宁镇的永安、孙家、邵庄、新建、三山 5 个村，谷里乡的梅村和东山镇的农花村共 3 个乡镇的 7 个村 3174.93 公顷土地以及梅山冶金公司的用地范围划归雨花台区管辖，部分变动界线进行权属变更调查。在与雨花台区共同核实变更部分，详细对照图文无讹后，双方重新签订部分权属界线协议书，并相应地修订权属界线图。

城镇权属调查　1994 年前，江宁县一直没有进行过城镇权属调查。1994 年 1—11 月，对东山镇开展初始地籍调查工作。调查面积 5 平方千米，涉及 48 个街坊、1909 个宗地，其中确权的 1868 宗，占 97.85%。1995 年 3 月，成果经江苏省土地管理局、江苏省城镇地籍调查验收组验收合格，予以通过。同年 5 月，又分别获国家、省土地管理局优秀成果一等奖。

2002 年年底，江宁区国土局完成江宁区 1573 平方千米 1 ∶ 5000 的土地利用现状更新调查，并通过国土资源部地籍司的验收。此次更新调查不仅准确统计出江宁区各类土地面积，也使江宁区的耕地面积从 2001 年国家核准的 7.52 万公顷核准为 2002 年的 6.17 万公顷，更是江宁区以后撤组、征地、带劳安置工作中的基础数据。2003 年 8 月开始，区国土资源局开展江宁区集体土地所有权登记工作。至 2004 年年底，全区制发 19424 本集体土地所有权证，标志着江宁区集体土地所有权登记的全覆盖，离江苏省国土资源厅提出的“对内以图管地，对外以证管地”目标迈出一大步。是年，区国土资源局联合河南遥感测绘院开展对全区 14 个镇、18097 个宗地、面积为 20.51 平方千米土地的权属调查工作，形成《宗地界址点坐标册》、以街坊为单位的面积汇总表、以镇为单位的分类面积统计表、1 ∶ 5000 地籍图（电子）等调查成果。2005 年 4 月，对原东山街道、百家湖街道建成区土地约 4500 公顷范围，实施地籍更新调查。2006 年 9 月，江宁区村庄土地登记工作正式开始。至 2007 年年底，完成 3 万多宗地的调查和相应数据库的建立，为村庄土地登记发证打下坚实的技术基础。

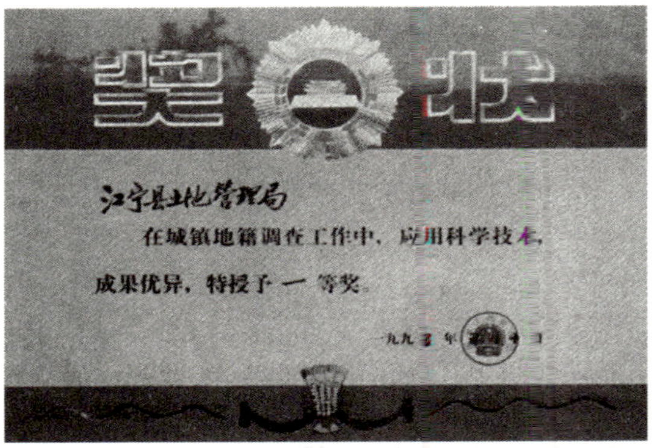

图 4-4-6　1995 年，江宁县土地管理局获国家土地管理局城镇地籍调查工作优秀成果一等奖

第二节　土地利用现状调查

【详查】

1982 年 12 月至 1985 年 12 月，江宁县开展的土地利用现状详查（简称土地详查），是以查清全县现有土地资源数量及其分布为主要内容的全面调查。全县有 27 个乡镇，5 个国营场圃，377 个行政村，分 4 个农业区。详查土地总面积为 170221.92 公顷，其中北部丘陵区 42929.97 公顷，

占 25.22%；秦淮河圩区 34810.38 公顷，占 20.45%；南部丘陵区 70352.72 公顷，占 41.33%；沿江圩区 22128.85 公顷，占 13%。土地类型按四级分类：一级八类，即耕地、园地、林地、牧草地、居民点及工矿用地、交通用地、水域、未利用地；二级（从一级类分出）46 类，三级、四级（依次类推）各为 52 类、23 类。在一级分类中，耕地为 87309.30 公顷，占土地总面积的 51.29%；园地 2724.12 公顷，占 1.60%；林地 19621.44 公顷，占 11.53%；牧草地 3990.10 公顷，占 2.34%；居民点及工矿用地 18811.10 公顷，占 11.05%；交通用地 2381.67 公顷，占 1.40%；水域 32230.30 公顷，占 18.93%；未利用地 3153.89 公顷，占 1.85%。

【补查】

1992 年 4 月至 1993 年 4 月，江宁县开展的土地利用现状详查补充调查（简称补查）。初步查清县境各级土地权属面积及其利用结构，划清了县级境界，形成一批土地利用现状图，编写了补查报告。其成果通过江苏省土地利用现状调查成果验收组的验收，并获得 1994 年度土地利用现状调查优秀成果国家三等奖、省级二等奖。通过补查得出 1992 年江宁县实有土地总面积 159842.73 公顷，其中农村集体所有土地面积 139481.24 公顷，占 87.26%；乡（镇）集体所有土地面积 3756.90 公顷，占 2.35%；国有土地面积 16604.59 公顷，占 10.39%。

补查对全县土地在地权、地类方面的重大变更进行了剖析。在地权方面的变更主要有两项：一是因行政区划调整。原属江宁县管辖的花园等 3 个乡划给南京市栖霞区，江宁县土地总面积由详查时的 170221.92 公顷变为 159900.07 公顷，减少 10321.85 公顷，其中花园乡 3688.97 公顷、营防乡 3530.67 公顷、长江乡 3102.21 公顷。二是因县界接边土地调整。这次补查，在核实县境接边界线及飞地等因素时，划进划出（划进 84.03 公顷、划出 141.37 公顷）相抵后，又减少土地 57.34 公顷。最后全县实有土地总面积 159842.73 公顷，对比详查数减少 10379.19 公顷。

1992 年江宁县土地权属及利用结构情况表

表 4-4-12　　单位：公顷

利用结构	合计面积	村集体所有		乡集体所有		国有	
		面积	占比（%）	面积	占比（%）	面积	占比（%）
耕地	81103.85	80480.93	99.23	536.90	0.66	86.02	0.11
园地	2648.89	2371.08	89.51	190.88	7.21	86.93	3.28
林地	19418.15	15154.85	78.05	509.04	2.62	3754.26	19.33
居民点及工矿用地	19352.09	12621.36	65.22	858.72	4.44	5872.01	30.34
交通用地	2355.83	1693.53	71.89	255.97	10.86	406.33	17.25
水域	28030.04	20632.27	73.61	1169.29	4.17	6228.48	22.22
未利用地	6933.88	6527.22	94.14	236.10	3.40	170.56	2.46
总计	159842.73	139481.24	87.26	3756.90	2.35	16604.59	10.39

1984 年与 1992 年江宁县土地利用类型对比情况表

表 4-4-13　　　　单位：公顷

利用类型	详查结果（1984 年）		补查结果（1992 年）		增减数	增减比例（%）
	面　积	占总面积比例（%）	面　积	占总面积比例（%）		
耕　地	87309.30	51.29	81103.85	50.74	−6205.45	−7.11
园　地	2724.12	1.60	2648.89	1.66	−75.23	−2.76
林　地	19621.44	11.53	19418.15	12.15	−203.29	−1.04
牧草地	3990.10	2.35	—	—	−3990.10	−100
居民点及工矿用地	18811.10	11.05	19352.09	12.10	540.99	2.88
交通用地	2381.67	1.40	2355.83	1.47	−25.84	−1.08
水　域	32230.30	18.93	28030.04	17.54	−4200.30	−13.03
未利用地	3153.89	1.85	6933.88	4.34	3779.99	119.85
合　计	170221.92	100.00	159842.73	100.00	−10379.19	−6.10

【土地利用现状变更调查】

土地利用现状变更调查是指在土地利用详查的基础上，结合每年用地实际的变化状况进行的土地调查。江宁区有重点、有针对性的专门调查共 3 次，即 1995 年土地利用现状变更调查、2001 年土地利用现状更新调查、2007 年第二次全国土地调查。

1995 年土地利用现状变更调查　1995 年 10 月，江宁县开展农村土地利用现状变更调查，至 1996 年 5 月全部完成。变更调查结果，至 1995 年年底，全县实有土地总面积 157386.17 公顷。其各类土地利用现状：耕地 78307.40 公顷，占全县土地总面积的 49.76%（其中水田 61582.15 公顷，占耕地面积的 78.64%，旱地 14252.54 公顷，占 18.21%，菜地 2472.71 公顷，占 3.15%）；园地 2563.25 公顷，占 1.62%；林地 19789.96 公顷，占 12.57%；居民点及工矿用地 19825.36 公顷，占 12.60%；交通用地 3010.10 公顷，占 1.92%；水域 25657.08 公顷，占 16.93%；未利用地 7233.02 公顷，占 4.60%。在全县各乡镇土地利用现状统计中，江宁经济技术开发区（包括划进的殷巷乡 1 个村，东山镇 6 个村、场、圃）作为一个独立的乡镇级行政区划单位进行统计。

变更调查的结果，土地权属与 1992 年补查的结果对比，又有重大变化。在土地权属变化上，全县土地总面积 1992 年为 159842.73 公顷，1995 年为 157386.17 公顷，因划出 7 个村，对比应减少土地面积 3174.93 公顷（其中农花 322 公顷、梅村 321 公顷、孙家 373 公顷、新建 312.03 公顷、永安 471 公顷、邵庄 262 公顷、三山 1113.90 公顷），但同时对与安徽、溧水等地区接边地界调查，又增林地、未利用地等地类面积 718.37 公顷，增减相抵后，1995 年，全县土地总面积实减 2456.56 公顷。

1992 年与 1995 年江宁县地类变化对比情况表

表 4-4-14　　　　　　　　　　　　　　　　　　　　　　　　　　单位：公顷

地　类	1992 年修正数	1995 年数	净增减数
土地总面积	157386.17	157386.17	0.00
耕　地	80326.10	78307.40	−2018.70
园　地	2578.70	2563.25	−15.45
林　地	19789.11	19789.96	0.85
居民点及工矿用地	18112.93	19825.36	1712.43
交通用地	2257.53	3010.10	752.57
水　域	27040.51	26657.08	−383.43
未利用地	7281.29	7233.02	−48.27

2001 年土地利用现状更新调查　2001 年，江宁区开展一次大规模的土地利用现状更新调查工作。调查查清：南京市江宁区所辖 17 个镇、2 个街道、2 个开发园区，总人口 74.65 万人，土地总面积为 157295.55 公顷，实施土地利用现状更新调查面积 156749.90 公顷。其中集体土地 132302.50 公顷，国有土地 24447.40 公顷。各地类面积占总面积比例分别为：耕地占 40.78%，园地占 1.86%，林地占 15.49%，居民点及工矿用地占 18.12%，交通用地占 2.33%，水域用地占 18.96%，未利用地占 2.46%。

2007 年第二次全国土地调查　2007 年，根据《国务院关于开展第二次全国土地调查的通知》（国发〔2006〕38 号），在全区范围内开展第二次土地调查工作。土地调查主要实现的目标是：建立区集影像、图形、地类、面积和权属一体的土地调查数据库；建立土地权属变更、土地资源变化信息调查统计、及时监测与快速更新的数据管理系统；实现土地利用现状空间信息的查询及统计与分析，并在此基础上实现与土地管理中其他信息（包括村庄地籍、土地利用总体规划、土地开发复垦、耕地保护等）的集成与共享。调查包括六项内容：实地逐个地块调查土地的地类和面积，掌握全区耕地、园地、林地、工业用地、基础设施用地、金融商业服务用地、开发园区用地、房地产用地以及未利用土地等各类用地的分布和利用状况；逐个地块调查全区城乡各类土地的所有权和使用权状况，掌握国有土地使用权和农村集体土地所有权状况；调查全区基本农田的数量、分布和保护状况，对每一块基本农田上图、登记、造册；调查全区后备资源，包括耕地后备资源以及城镇、村庄建设用地后备资源的面积、分布和利用状况；建立互联共享覆盖全区的土地调查数据库，并与国家土地调查数据库连接；建立土地资源变化信息的调查统计、及时监测与快速更新机制。

第二次土地调查按照计划将于 2008 年 9 月完成，至 2007 年 12 月底，江宁区的各项调查工作正在积极开展之中。

2001—2007年江宁区土地变更调查情况表

表 4-4-15

单位：公顷

项目			2001年	2002年	2003年	2004年	2005年	2006年	2007年
农用地	耕地	灌溉水田	59332.77	43851.27	42838.47	42014.95	—	41702.71	41303.13
		旱地	13454.55	15446.86	14961.27	14607.59	—	14722.15	14580.30
		菜地	2428.31	2421.89	2462.37	2418.31	—	2468.37	2439.66
	耕地合计		75215.63	61720.02	60262.11	59040.85	59283.19	58893.23	58323.09
	园地	果园	522.85	279.50	291.37	294.01	—	279.55	492.10
		桑园	1406.15	113.31	112.76	110.53	—	107.06	107.06
		茶园	949.29	1995.41	1924.02	1885.97	—	1843.70	1832.71
		其他园地	33.61	77.75	102.81	104.72	—	103.31	102.99
	园地合计		2911.90	2465.97	2430.96	2395.23	2376.57	2333.62	2534.86
	林地	有林地	17260.56	17701.13	17554.24	17508.84	—	17534.37	17504.73
		灌木林地	27.51	4602.85	4554.61	4512.93	—	4480.63	4461.37
		疏林地	1352.70	939.09	930.39	928.82	—	923.91	922.35
		未成林造林	860.81	713.26	713.53	713.28	—	711.55	709.32
		苗圃	141.85	336.28	480.32	729.80	—	739.56	737.80
	林地合计		19643.43	24292.61	24233.09	24393.67	24383.81	24390.02	24335.57
	其他农用地	畜禽饲养地	—	89.70	147.89	165.77	—	170.03	169.96
		设施农用地	—	94.33	94.23	92.62	—	92.61	92.61
		农村道路	1426.73	1534.31	1427.88	1397.79	—	1364.61	1345.68
		坑塘水面	—	10312.90	13641.16	13506.61	—	13308.37	13202.45
		养殖面积	—	3532.34	703.23	877.21	—	887.75	842.75
		农田水利用地	—	5758.83	5543.17	5485.25	—	5399.56	5342.35
		田坎	—	4644.93	4504.05	4473.69	—	4372.17	4314.35
		晒谷场等用地	—	194.51	189.11	186.83	—	186.83	185.70
	其他农用地合计		—	26161.85	26250.72	26185.77	26113.84	25781.93	25495.85
农用地总计			—	114640.45	113176.88	112015.52	112157.41	111398.80	110689.37

续表

项目			2001年	2002年	2003年	2004年	2005年	2006年	2007年
建设用地	居民点及工矿用地	城市用地	—	4134.79	3938.53	3928.39	—	3928.39	3928.39
		建制镇用地	3764.08	2070.91	1986.74	1911.84	—	1906.47	1903.23
		农村居民点用地	—	13232.21	12909.59	12707.87	—	12181.17	12004.31
		独立工矿用地	4467.68	4759.77	6372.08	7826.80	—	9205.85	10124.53
		特殊用地	3987.42	2135.91	2038.87	2038.87	—	2003.99	1994.35
	居民点及工矿用地合计		—	26333.59	27245.81	28413.77	28571.97	29225.87	29954.81
	交通运输用地	铁路用地	70.93	96.14	96.38	96.38	—	96.31	96.31
		公路用地	1519.40	1370.23	2044.76	2136.51	—	2387.62	2578.36
		民用机场	512.16	605.99	605.99	605.99	—	605.99	605.99
		港口码头	1.63	—	—	—	—	8.25	8.25
	交通运输用地合计		2104.12	2072.36	2747.13	2838.88	2925.03	3098.17	3288.91
	水利设施用地	水库水面	—	1887.35	1880.11	1880.11	—	1889.78	1889.78
		水工建筑用地	—	1760.33	1 839.65	1823.95	—	1809.71	1794.83
	水利设施用地合计		—	3647.68	3719.76	3704.06	3696.54	3699.49	3684.61
建设用地总计			—	32053.63	33712.70	34956.71	35193.54	36023.53	36928.33
未利用地	未利用土地	荒草地	—	3184.28	3066.80	3018.29	—	2703.18	2653.13
		裸土地	—	13.52	13.29	13.29	—	12.67	12.57
		裸岩石砾地	—	166.59	166.58	166.58	—	166.58	166.58
		其他未利用地	—	220.68	199.95	193.49	—	166.31	184.41
	未利用土地合计		—	3585.07	3446.62	3391.65	3129.37	3048.74	3016.69
	未利用水域	河流水面	9184.19	5465.15	5177.55	5150.65	—	5136.31	5131.47
		湖泊水面	62.63	—	—	—	—	—	—
		苇地	59.65	543.31	665.39	665.39	—	632.87	600.31
		滩涂	36.99	1007.93	1107.96	1107.21	—	1026.83	920.97
	未利用水域合计		9343.46	7016.39	6950.90	6923.25	6806.79	6796.01	6652.75
未利用地总计			—	10601.46	10397.52	10314.90	9936.16	9844.75	9669.44
土地总面积			157295.55	157295.54	157287.10	157287.13	157287.11	157267.08	157287.14

第三节 土地登记

土地登记，是依照国家法律对土地的所有权、使用权和他项权利的登记，保护土地权利人的合法权益。民国 19 年 (1930)，国民政府颁布的《土地法》专设土地登记编。《中华人民共和国土地管理法》以及国家土地管理局公布的《土地登记规则》等法律法规，都是开展土地登记的依据。

【农村土地总登记】

江宁的农村土地陈报登记，有文字记载最初见于元代，当时称经理。元《食货志》记载：“民田则经理之法，最为元之稗政，所谓自实田也。”又记载：“经理大事，元世祖已尝行之，但其欺隐尚多，未能尽实，以熟田为荒田者有之，惧差而析户者有之，富民买贫民田而仍其旧名输税者亦有之。”在这种情况下，农村土地进行陈报登记，当时已达 1/3。据元〔至正〕《金陵新志》记载，泰定元年 (1324)，上元、江宁两县官民田土共 2992907.19 亩，其中自实田土 984974.79 亩，占官民田土总数的 32.91%。两县中，上元县自实田土最多，有 923470.55 亩，占自实田土数的 93.76%；江宁县较少，有 61504.24 亩，占 6.24%。

明太祖既定天下，就着手核实天下土地，造成册籍。开展土地清查，编制全国统一的土地登记册，即鱼鳞图册。上、江两县鱼鳞图册一直沿用 250 余年之久。

民国期间，江宁自治实验县开展土地陈报工作。这次陈报，自民国 22 年 (1933)4 月 16 日起至 6 月 30 日止，取得明显效果。全县陈报的 117204 户陈报田地达 86782.46 公顷，对比旧册，增加面积约 1.33 万公顷，增长约 18%。民国 35 年，江宁县进行土地权利清理登记，自 5 月 1 日开始至 11 月 30 日止，计接受国人申请案件 10810 份，其中白契约占 40%，契据遗失约占 30%，伪契约占 15%，其他约占 15%。对于白契及伪契，经审查无纠纷的给予发还；契据遗失，经公告后而无异议的，则由县政府发给土地权利清理证明书；其余由县政府分别调查，经取具四邻或确实保证以后能确定申请人权利的，仍给予续办。

新中国成立后，开展过多次土地登记。规模较大的为 1951 年 5 月开始的土地改革颁发土地所有证时的土地登记工作。至 1951 年 9 月，全县 10 个区、122 个乡镇土地登记发证工作结束。

1956 年，江宁县实现高级农业生产合作化后，农民的土地所有证已不起作用，农村土地实行社会主义集体所有制，土地权属明确，土地登记一度停止。

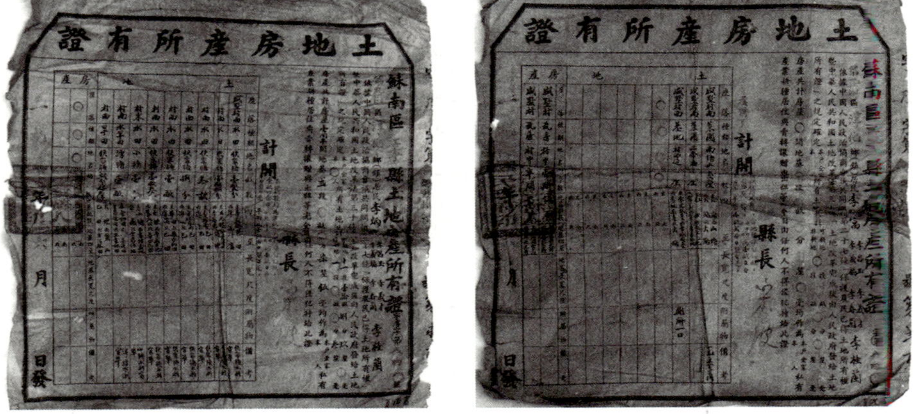
土地房產所有證
土地房產所有證

图 4-4-7 1951 年的江宁县土地房产所有证

1989 年 1 月，在贯彻《中华人民共和国土地管理法》后，为加强土地管理，推行土地有偿使用制度，坚持凭证用地，江宁县再次动员全县 l576 人，用大约 6 个月时间，对 24 个乡镇的非农业用地逐一进行检查核实，对符合或基本符合“面积准确，图表一致，内容齐全，违章处理”要求的 2228 宗乡、镇、村集体单位用地 891.01 公顷，173226 宗农民建房用地 3258.33 公顷，按照《土地登记规则》给予登记、注册，并发放“集体土地建设用地使用证”共 173566 份，其中集体单位 340 份，农民个人 173226 份。

2003 年 8 月 14 日，根据《江宁区人民政府关于开展集体土地所有权登记的通告》（江宁政发〔2003〕279 号）规定，利用 2002 年完成的土地利用现状更新调查成果，对全区范围内的集体土地所有权进行登记，至 2004 年 12 月 31 日登记工作圆满结束。此次调查登记工作查清了江宁区实际土地总面积和细分到三级类的各地类详细面积情况，查清各镇（街）权属界线、各村权属界线和各村民小组的界线，摸清每一村民小组的用地数量及质量，共登记颁发集体土地所有权证 19424 本，登记总面积 1230132.82 公顷。

【城镇土地总登记】

民国时期，江宁县就进行过城镇土地登记。民国 37 年 (1948)，江宁县政府办理城镇地籍整理，对全县各镇分发土地所有权登记册，但由于政局动乱而未填报。

1951 年 5—9 月，江宁县根据苏南行政公署颁发的《苏南区土地房产所有权实施细则》的精神，在全县各城镇开展房地产所有权的登记发证工作。1953 年县财粮科统计，登记公房 8290 间、24 万平方米，并且已绘图造册，完善了城镇公地、公房受理的有关事项。1964 年，全县再次进行城镇房地产的清理登记工作，进一步划清城镇公、私房地产的所有权。1977 年 8 月，县政府下文收回由公社代管国有房地产的权限，交由县房管所专门管理。1985 年，全县开展 3 个镇 (东山镇、湖熟镇、汤山镇) 以及县级以上工矿区域的普查登记工作。从 6 月开始至 12 月底结束，共登记注册建筑面积 301.54 万平方米，绘制房地产图 6007 幅，立了 5964 卷。1987 年 8 月，县政府发出《关于开展江宁县城镇房地产登记发证的通知》，至 1989 年年底，全县有湖熟镇及 24 个县团级以上机关、部队、学校、工矿企事业单位发证结束，其余 23 个乡 (镇) 发证工作还在进行。

1988 年 10—12 月，开展国有土地申报登记工作。申报范围及对象为江宁县县城、建制镇及其所辖区内使用国有土地的单位及个人。经统计，全县应申报单位 (户)l751 个，已申报 1597 个，占 91.21%，申报面积 2890.40 公顷。经过审核，至 1991 年年底，已发“国有土地使用证” 512 份，面积 1298.53 公顷，其中单位 163 个，个人 349 户。与此同时，县土地管理局根据国务院及中央军委的有关规定，在县政府的组织下会同县人民武装部、县军民共建办公室，配合有关部队，划定军事管理区、军事禁区。

1991 年 l—11 月，在东山镇进行初始地籍调查时，申报登记国有土地 1909 宗，其中登记确权 1868 宗，占申报数的 97.85%，登记面积 486.15 公顷，其中商业金融业用地 18.15 公顷，工业仓储用地 126.47 公顷，市政用地 18.21 公顷，公共建筑用地 103.61 公顷，交通用地 54.71 公顷，特殊用地 0.36 公顷，农用地 (包括水域)70.44 公顷，住宅用地 54.71 公顷，其他用地 39.49 公顷。

【专项土地登记】

专项土地登记是指土地管理部门针对特定的对象进行的土地登记。1995 年 6—8 月，在清产核资的基础上，接受 92 家国营企事业单位申报土地 376 宗，面积 361.13 公顷，其中县属企事业单位 80 家，340 个宗地，面积 208.40 公顷；市属企事业单位 12 家，36 个宗地，面积 152.73 公顷。按照《土地登记规则》及有关政策规定，经审核给予登记的 268 宗，占申报数的 71.2[illegible]%，面积 222.34 公顷，其中县属 256 宗，133.67 公顷；市属 12 宗，88.67 公顷。同年，“三资”企业（中外合资经营企业、中外合作经营企业、外商独资企业）的申报达 95 家，涉及行业有金宣、印刷、化工、鞋业、食品、竹业、塑料、钒合金、房地产、旅游业等。其中 75 家经过核查，按照《土地登记规则》给予登记确权，面积 433.04 公顷，颁发“国有土地使用证”。

【日常土地登记】

日常土地登记是指土地管理部门开展的针对土地使用者获取土地使用权以后主动申请要求的登记。特点是分散性、日常性。国有土地申报登记工作，被地籍管理所纳入日常的业务范围，随时接受国有土地使用者的申报登记。1989—1995 年，共接受申报宗地 838 个，面积 1816.50 公顷，经审查核实登记宗地 402 个，面积 1346 公顷。1996—1999 年，全县共进行国有土地登记 594 宗，面积 2782.98 公顷。2000 年 12 月江宁县撤县设区后，随着全区经济社会的高速发展，江宁区国土资源局加大国有土地登记工作的力度，2000—2007 年，全区共进行国有土地登记 6477 宗，登记面积 17792.86 公顷。

1996—2007年江宁区土地所有权证登记情况表

表 4-4-16　　单位：份

年　份	国有土地所有权证	集体土地所有权证	登记总量	年　份	国有土地所有权证	集体土地所有权证	登记总量
1996	61	—	61	2003	987	18649	19636
1997	104	—	104	2004	783	54	837
1998	201	—	201	2005	815	99	914
1999	228	—	228	2006	1084	38	1122
2000	238	27	265	2007	1649	3	1652
2001	474	22	496	合　计	7071	18909	25980
2002	447	17	464				

说明：2003 年集体土地所有权证含上峰镇集体土地登记发证试点工作的土地所有权证数

1996年开始，全区实施“三大房”（商品房、二手房和房改房）的登记发证工作。1996—2007 年，全区“三大房”发证 102078 本。

第四节　土地统计年报与台账

土地统计反映着土地管理的成果，是记载土地数量、质量、分类、分布、权属和利用状况的基础资料。不仅为政府及其他各部门制订国民经济计划，进行社会主义经济建设提供准确的数据，而且也为更加科学合理地进行土地管理，实行统计监督提供可靠的依据。统计资料的取得，主要通过统计年报和统计台账。

【土地统计年报】

新中国成立前，土地统计年报的填报已是江宁历届政府日常工作的一部分。民国18年(1929)8月江宁县土地局成立后，由第二课(登记调查)负责。民国22年，江宁自治实验县成立后改局为科，由土地科负责。民国35年，改由地政科负责。当时，年报种类很多，不仅有土地行政、土地地籍、土地地价、土地权属、土地地势(地形、山脉、岛屿)查报表，还有土地使用、租佃制度、土地税查报表等不下40余种，但实际填报的不多。

新中国成立至1987年，土地统计主要由县统计部门在每年统计全县国民经济和社会发展情况的年报里一并统计。《江宁县国民经济统计资料》(1949—1964年、1965—1976年、1980—1986年)和统计年鉴等小册子中，有关土地的统计年报有土地面积、土地面积分类、耕地面积增减变化等内容。1988年，江宁县土地管理局成立后，由县土地管理局按照国家土地管理局和国家统计局共同制订的土地统计报表制度进行填报。至1995年，江宁土地管理部门填报的统计年报主要内容有：耕地面积及其变化情况、各类建设用地当年增加面积、城镇建设当年增加面积、土地利用现状分类面积、建设用地地类汇总、土地开发复垦情况、国有土地使用权有偿出让、土地出让分类、土地出让项目、土地违法案件检察处理情况、土地管理机构和人数等十余种。这些年报的统计口径，均以土地详查数据为基数。

【土地统计台账】

根据国家土地管理局〔1992〕国土(籍)字第8号文《关于日常地籍管理办法(农村部分)(试行)》以及〔1995〕国土(籍)字第68号文件要求，江宁县于1995年11月建立土地统计台账。统计台账系统地、规范地反映全县土地利用现状数据及变更情况。1995年10月31日为全省一致的初始土地统计台账的截止期日，以土地详查、补查及变更调查的数据为基础，记载各个乡镇行政辖区范围内全部土地的地类图斑及变更状况，并按集体土地所有权单位、国有土地使用权单位以及国有后备土地分别立户记载。初始状况填写1985年土地利用现状的图幅号、图斑号、图斑地类面积及初始合计；变更情况填写统计年度内变更后的图斑的编号、地类和面积，并用红线或蓝线相应地划出变更前的图斑。至于图斑的权属性质，因土地详查时没有明确，所以1985年的土地统计台账上未进行填写。补查及变更调查明确了图斑的权属性质，所以1992年和1995年的土地统计台账上就分国有、乡(镇)村集体所有、外单位集体所有等项填写，并留有专页列出年初面积、原图斑面积、现图斑面积、年末面积等项，相应可算出权属性质的面积。这种台账比较科学，既可反映地类变更，又可反映地类不变而权属性质变化的情况，全县建立土地统计台账计365册。

【土地统计簿】

土地统计簿按年度统计上报。统计起止日期为每年的11月1日至次年的10月31日。上报时间为每年的11月底。填写的数据来自于土地统计台账。土地统计簿分(一)、(二)、(三)3种。

土地统计簿(一)，分县、乡(镇)两级。乡(镇)级土地统计簿(一)，依据每个行政村土地统计台账的年末面积分集体所有(村集体，乡、镇集体)、国有进行统计。县级土地统计簿(一)，依据各乡(镇)土地统计簿(一)，按相应格式过录汇总而得全县数据。

土地统计簿(二)，反映全县不同权属性质各地类的面积及不同权属性质面积的合计数，其数据由县土地统计簿(一)得出。

土地统计簿(三)，是对县行政范围内的土地按权属性质及所属系统进行汇总统计。统计簿

（三）的集体所有土地面积、国有土地面积来自于县土地统计簿（一）中的合计面积。国有土地的所属系统面积及国有后备土地面积，由乡（镇）土地统计簿（一）过录、整理汇总而来。

江宁县土地统计簿自1995年启用，至10月底，全县建立土地统计簿数量：县级（一）、（二）、（三）分别为3张、1张、1张；乡（镇）级（一）、（二）分别为168张、24张。

1996年后的土地统计被江宁国土资源管理部门每年开展的土地利用现状变更调查工作取代。

第五章 土地经济

改革开放后，随着江宁区经济社会的不断发展，对土地需求量越来越大，土地经济也日益得到社会各界的关注和重视。江宁区在土地规费、土地分等定级、地价评估、土地市场管理方面做了大量工作。

新中国成立后，在较长一段时间内土地不准出租买卖，没有地价。1988年4月，全国人大七届一次会议通过《中华人民共和国宪法修正案》，增加"土地使用权可以依照法律规定转让"这一新规定。《中华人民共和国土地管理法》相应作了修改。从此，江宁区开展地价管理工作。1995—2007年，每年都要进行土地定级和地价更新工作，逐步建立全区科学合理的地价管理体系。

20世纪90年代后，江宁县国有土地使用权的出让、转让、出租、作价入股、抵押等经济活动日益增多，土地市场逐步形成。土地级别的划定、基准地价的评估、宗地标定地价修正系数体系的建立等，为培育、发展、规范土地市场提供了合理、公平的价格依据。1992—2007年，江宁区共出让土地使用权2291宗，出让面积9153.37公顷。2000—2007年，全区实施经营性土地使用权公开"招、拍、挂"方式出让129宗，成交面积1235.36公顷，成交价1170241.47万元，平均地价947.25万元/公顷。8年中，在土地二级市场办理土地使用权转让237宗，面积1344.95公顷，转让金额96776.94万元；办理土地使用权抵押968宗，面积13473.18公顷，许可抵押金额2118201万元。2000—2004年，办理土地使用权出租11宗，出租面积37.30公顷，收取年租金共1927.98万元。

第一节 地 价

【土地分等定级】

土地分等定级主要目的是为了制订税则和评估地价，有农村土地分等定级和城镇土地分等定级两种。

农村土地分等定级 江宁农村土地分等定级由来已久。据清〔乾隆〕《上元县志》民赋篇记载："禹贡则三壤以成赋，周官辨五物九等以制天下之地，征要不过什一而止。"最初为征收田赋，按土地肥瘦分等级定科则，历代相沿，至清时定则又趋复杂。据清〔同治〕《上江两县志》记载：

“金陵田制，因于明之留都，有官田(今学田)、民田、卫田(今屯田)、马牧、公费之别。”“分上下田地，余则芦地、草场、荒滩之属。”如民田(包括田地山塘)，上元县定12则，江宁县定10则；卫田，上元县定32则，江宁县定27则；公费田地(官租)，上元县定62款，江宁县定35款等，各款则都定有纳税标准。

民国初期，江宁县土地分等定级沿用清制。民国19年(1930)，江宁县政府按民、卫屯、牧、公费、荒等田地分别定等级。民国22年，江宁自治实验县成立后，实行一条鞭法，统一科则，一律改为三等九则，为改征地价税做了准备。民国36年，县政府在制订地价时，将全县土地分为基地、田、地、山、塘、沙滩6类，其中基地分为三则，田分为三等九则。

新中国成立后，土地分等定级用途为：一是土地征税。1951年开展查田定产，全县计税面积75553.34公顷，按照土地肥瘦、远近、山圩等差别分为6等，其中一等面积24953.33公顷，亩均定产207.95公斤；二等面积25180公顷，亩均定产181.20公斤；三等面积19786.67公顷，亩均定产157.04公斤；四等面积3886.67公顷，亩均定产141.85公斤；五等面积826.67公顷，亩均定产107公斤；六等面积920公顷，亩均定产103公斤。以此计征农业税。二是评定土地质量。1959年和1982年的两次土壤普查，进行土地分等定级，其中第二次土壤普查的123500公顷，共评10级。对各级的土壤质量进行鉴定，并提出今后的利用和改良措施。三是建立保护区。1995年在建立基本农田保护区时，按照地力、产量及一般生产水平等因素对全县63046.67公顷一级基本农田分三等，采取相应措施进行保护。

2002年，省国土资源厅将江宁区确定为全省农用地定级估价试点单位。至2003年12月，江宁区完成试点工作，形成江宁区农用地定级估价工作报告、技术报告、专题研究报告，绘制了全区和13个镇、7个街道的农用地级别与基准地价图及各项中间成果图。

城区土地定级　据江宁区档案馆提供的资料，民国35年(1946)，县政府为制订城镇宅基地地价，对县城东山镇3条主要街道包括的范围，根据所处位置、繁华状况、交通条件等因素定级，占城区总面积约50%的大马路区，定为甲级；占城区总面积30%的二马路区，定为乙级；占城区总面积20%的江宁路区，定为丙级。

1995年，城镇土地定级在县城东山镇进行。土地分级范围，以东山镇为主，包括近郊在内总面积为697.63公顷。东至中心河，南至南京工业学校，西至秦淮河，北至城北路南。根据商业繁华状况、交通条件、基础设施、环境状况、自然条件以及与土地相关的其他社会经济等资料，经综合评定，将这些土地定为四级。其中一级地39.49公顷，占5.66%；二级地165公顷，占23.65%；三级地335.26公顷，占48.06%；四级地157.88公顷，占22.63%。

城区土地定级成果更新　1998年，江宁县对县城土地定级成果进行更新。此次县城土地定级成果更新面积约973公顷，比1995年县城土地定级估价范围扩大275公顷。将县城土地确定为4个级别。在一级地临街地带以商业用地为主；二级地以住宅、行政事业、科教文用地为主；三级地以住宅、工业用地为主；四级地主要为工业用地。

2001年，江宁区国土资源局与江苏金宁达土地评估有限公司合作，对江宁城区(含开发区、科学园、百家湖街道、上坊街道、方山街道)范围内土地进行一次全面的定级估价，面积扩大到10615公顷。完成了土地定级、土地估价以及地价动态监测体系成果。其中土地估价成果又包含了地价指数成果、基准地价评估成果、宗地地价修正体系成果、图件成果、文字成果及信息系统成果。

2004年，江宁区国土资源局与江苏金宁达不动产评估咨询有限公司在2001年城区土地级别调整与基准地价更新的基础上，对城区定级估价进行了全面更新，面积扩大到15754公顷。

2004 年 8 月至 2005 年 3 月，全面完成江宁城区土地级别调整与基准地价更新，并更新了城区的地价动态监测体系。

2007 年，开展新一轮的城区土地定级估价工作。11 月初，完成了江宁城区地价更新的中间成果——区段划分成果，2.50 万公顷定级估价范围共划分了商业区段 37 个（面积约 600 公顷）、住宅区段 37 个（面积约 1.12 万公顷）、工业区段 11 个（面积约 1.50 万公顷）。11 月下旬，全面进入地价测算阶段，至 12 月底初步完成地价测算。

集镇土地分等定级 1997 年，江宁县土地管理局与金陵土地资产评估高新技术公司合作，完成了江宁县建制镇、乡集镇土地分等定级估价工作，将建制镇、乡集镇土地分为四个等级：第一等级有汤山镇、禄口镇、麒麟镇，基准地价为商业用地 700 元 / 平方米、工业用地 340 元 / 平方米、住宅用地 380 元 / 平方米；第二等级有江宁镇、湖熟镇、秣陵镇、陶吴镇，基准地价为商业用地 530 元 / 平方米、工业用地 290 元 / 平方米、住宅用地 300 元 / 平方米；第三等级有上坊镇、淳化镇、殷巷集镇、方山集镇、丹阳镇、铜井镇、土桥镇、龙都集镇，基准地价为商业用地 440 元 / 平方米、工业用地 240 元 / 平方米、住宅用地 280 元 / 平方米；第四等级有上峰镇、横溪镇、东善集镇、周岗镇、陆郎集镇、谷里集镇，基准地价为商业用地 350 元 / 平方米、工业用地 160 元 / 平方米、住宅用地 200 元 / 平方米。

2003 年，南京市江宁区国土资源局与江苏金宁达不动产评估咨询有限公司对江宁区的建制镇、乡集镇分等定级估价成果进行一次更新工作。此次分等定级估价工作共涉及 16 个建制镇，共完成土地分等、土地定级、土地估价和地价监测体系四个方面的成果。

2006 年，南京市国土资源局江宁分局与江苏省苏地房地产咨询评估有限责任公司对江宁区建制镇、乡集镇分等定级估价成果又进行一次更新。此次分等定级估价工作共涉及 8 个建制镇，分为两个等次，一等镇有汤山、禄口、秣陵，基准地价为商业用地 1230 元 / 平方米、工业用地 385 元 / 平方米、住宅用地 1040 元 / 平方米；二等镇有江宁、湖熟、谷里、横溪、淳化，商业用地 860 元 / 平方米、工业用地 340 元 / 平方米、住宅用地 720 元 / 平方米。

【地价评估】

农村地价评估 民国时期，江宁县政府曾多次对农村土地进行地价评估，其中以民国 19 年 (1930) 的一次规模较大。据胡品芳《江宁县田赋之研究》一书记载："于该年 1 月 23 日召集评定地价会议。参加的代表有农民协会、妇女协会、商民协会、县农场、县党部、土地局、公安局、建设局、教育局等，评定每亩地价，上等田 100 元、下等田 30 元、芦田 20 元。"又据《江苏省田赋改征地价税统计表》所载，江宁县共有计价土地 1330256 亩，共评地价 103644070 元 (其中上等田 942217 亩，评定地价 94221700 元；下等田 166162 亩，评定地价 4984830 元；芦田 221877 亩，评定地价 4437540 元)，平均每亩 77.92 元。民国 36 年，又开始评估地价，地价增高。民国 37 年，地价又在民国 36 年的基础上增长 3 倍。

城镇地价评估 民国 35 年 (1946)，江宁县在城镇土地分等定级的基础上，对东山镇 3 条街道所辖地区宅基地的地价进行评估，按方丈计算 (60 方丈为 1 亩)，甲等大马路，每方丈地价 12000 元；乙等二马路，每方丈 8000 元；丙等江宁路，每方丈 6000 元。

新中国成立后，经过土地改革和农业合作化，不允许土地买卖，所以在一段较长时间里，没有评估过地价。1988 年后，江宁县开始对城镇土地进行地价评估工作。最终确定为商业宗地 655 元 / 平方米 ~ 210 元 / 平方米，工业宗地 200 元 / 平方米 ~ 90 元 / 平方米，住宅宗地 250 元 / 平方米 ~ 130 元 / 平方米。

基准地价评估 江宁县县城的基准地价评估，从1995年8月开始至12月结束，分地区(县城、经济开发区、民营科技园)分类(商业、住宅、工业)评估出基准地价和宗地地价。

商业用地基准地价，包括商业路线价和商业用地级别基准地价。商业路线价评估。根据土地区位条件和商业网点的分布状况，将县城划分为8条商业段，除竹山路北段外，其他各条路线区段先从房地出租样点测算出平均地价后，再按路线价的一定修正系数，修订成一定标准宽度和深度的路线区段的基准地价水平。

1995年江宁县城区商业路线价情况表

表4-5-17

编　号	路线名称	起止点	土地级别	标准深度(米)	标准宽度(米)	路线价(元/平方米)
01	大街西路	公园路—土山路	1	5 ~ 7	4 ~ 6	2390
02	大街东路1	土山路—建筑公司	1	5 ~ 7	4 ~ 6	2245
03	大街东路2	县建行—东新路	1	5 ~ 7	4 ~ 6	1990
04	大街东路3	东新路—上元路	1	5 ~ 7	4 ~ 6	1770
05	土山路1	大街西路—老干部局	1	5 ~ 7	4 ~ 6	1580
06	土山路2	老干部局—二级地界线	2	5 ~ 7	4 ~ 6	1145
08	东新北路	芙阁路—大街东路	1	5 ~ 7	4 ~ 6	2500

商业用地级别基准地价评估。调查估价区内商业、服务企业390个，从中筛选有代表性的91个参算样点，测算各级商业用地平均地价。调查土地使用权出让、转让、房地出租、征地拆迁、柜台出租、房屋买卖、商品房出售等商业住宅用地样点999个，从中抽出所有商业用地样点，测算出样点价。然后将两者测算结果进行综合比较，从而确定商业用地级别基准地价。江宁城区商业用地级别基准地价平均为：一级1350元/平方米，二级850元/平方米，三级560元/平方米，四级350元/平方米；地价变幅，一级1000元/平方米~1700元/平方米，二级650元/平方米~1050元/平方米，三级400元/平方米~750元/平方米，四级300元/平方米~450元/平方米。

住宅用地基准地价评估。首先从所调查的999个商业住宅用地样点中，抽出所有住宅用地样点，也采用2倍方差法选出239个参算样点，先分别测算出房地出租、房屋出售、商品房开发等级别平均地价；然后根据县城实际情况和地产管理政策等，综合确定其住宅用地基准地价。江宁城区住宅用地级别基准地价平均为：一级505元/平方米，二级410元/平方米，三级350元/平方米，四级300元/平方米；地价变幅，一级420元/平方米~650元/平方米，二级350元/平方米~480元/平方米，三级300元/平方米~400元/平方米，四级280元/平方米~330元/平方米。

工业用地基准地价评估。调查79个工业企业，收集这些企业的行业性质、土地级别、用地面积、流动资金、固定资产、工资、利税总额等资料，采用级差收益法测算出各级别的平均地价，最终综合确定工业用地基准地价。江宁城区工业用地级别基准地价平均为：一级450元/平方米，二级380元/平方米，三级320元/平方米，四级280元/平方米；地价变幅，一级380元/平方米～500元/平方米，二级320元/平方米～450元/平方米，三级280元/平方米～350元/平方米，四级260元/平方米～300元/平方米。

综合用地基准地价评估。根据最高收益原则和县城规划用地现状，利用各行业的基准地价进行综合分析，最后确定综合级别基准地价。江宁城区综合用地级别基准地价综合价为：一级1050元/平方米，二级600元/平方米，三级400元/平方米，四级300元/平方米。

江宁经济技术开发区基准地价评估。经济技术开发区地价的评估范围是东至秦淮河，南至马木桥，西至机场路，北至秦淮新河，面积1000公顷。按照各用地类型内的土地开发程度的差异，共划分为12个估价区。除商业用地基准地价参照县城四级商业用地基准地价评估外，对住宅用地、工业用地的平均地价，住宅用地利用土地市场资料，工业用地利用土地出让、土地开发等资料，分别进行测算，然后综合分析确定各区片的基准地价。

1995年江宁经济技术开发区基准地价情况表

表4-5-18

区 片	用 途	区片价（元/平方米）	区 片	用 途	区片价（元/平方米）
01	工 业	270	07	住 宅	320
02	住 宅	345		商 业	350
	工 业	320	08	住 宅	300
03	工 业	290	09	工 业	260
04	住 宅	360	10	工 业	280
	工 业	310	11	住 宅	300
05	工 业	280	12	工 业	255
06	住 宅	300			

南京民营科技园（江宁科学园）地价评估。对该园东至成山路，南至六号路，西至秦淮河，北至四号路，面积为150公顷一期工程进行工业用地地价评估。确定园区工业用地基准地价为280元/平方米，相当于县城东山镇四级工业用地基准地价水平。

2004年，为进一步规范土地市场，保障土地市场公开、公平、公正、健康、有序的发展，加强土地资产管理，制订《南京市江宁区国有土地使用权地价管理暂行办法》。2005年，制订《南京市江宁区2005年协议出让国有土地使用权价格审定方案》。2006年，制订当年协议出让国有土地使用权价格继续一年一定的方案。同时，开展江宁区土地分等定级估价成果的更新工作。是年9月，形成江宁区城镇土地分等定级估价的一个初步更新成果。

2007年，全面启动江宁城区基准地价成果更新工作，完成1244个样点的外业调查任务和江宁城区地价区段划分成果。制订江宁区工业用地招标拍卖挂牌出让底价标准。全区工业用地最低价标准划分为19.20万元/亩、22万元/亩、26万元/亩三个等次，确立全区科学合理的工业用地地价体系。

全区土地定级工作和地价更新工作每年都按照要求同时完成。

第二节 土地市场

【土地使用权出让】

1992年6月，江宁县政府以协议方式将4.33公顷土地使用权出让给宏泰旅游运动用品有限公司,此举开了土地出让的先河。接着出让3.33公顷土地使用权给健力宝金色科技开发有限公司,出让66.67公顷土地使用权给香港华润集团有限公司。此后，江宁经济技术开发区、民营科技园等土地使用权都纷纷依法出让。2001年开始，根据国土资源部《划拨供地目录》，凡未列入划拨土地使用权目录的，均需通过出让方式有偿取得。

1992—1995年，江宁县共办理出让土地使用权143宗，面积1684.80公顷，出让总金额108645万元。1996—2007年，共出让土地使用权2148宗，出让面积7468.57公顷。

【土地使用权招、拍、挂】

经营性土地使用权招、拍、挂 自2000年开始,根据国家和省、市有关规定,江宁区对经营性土地使用权一律实行招标、拍卖、挂牌方式公开出让。同年9月26日,在江宁宾馆召开江宁县经营性土地使用权公开招拍挂方式出让会,首次公开以"招、拍、挂"方式出让位于东山镇大街东路168号,面积23599.30平方米地块的经营性土地使用权。经过23轮竞争,最终由江宁广厦房地产责任有限公司以1230元/平方米(总价2634.45万元)的最高出价竞得该地块的经营性用地使用权,并当场签订了成交确认书。自此次公开出让经营性土地使用权后,江宁区所有经营性土地使用权均以招、拍、挂方式实施公开出让。2000—2007年,全区实施经营性土地使用权公开招、拍、挂方式出让129宗,成交面积1235.36公顷,成交价117.02亿元,平均地价947.25万元/公顷。2004年开始,江宁区范围内经营性土地招、拍、挂纳入南京市范围内统一实施,具体工作由南京市国土资源局市场办统一操作,江宁分局负责经营性用地招拍挂前期调查和相关材料上报工作。

工业用地招、拍、挂 2006年，国务院31号文《国务院关于加强土地调控有关问题的通知》明确规定："工业用地必须采用招标拍卖挂牌方式出让。"江宁区按照要求，根据《江苏省工业用地招标拍卖挂牌出让办法(试行)的通知》和《南京市招拍挂工业用地规划管理规定(试行)》的要求，对区内的工业用地使用权采用招标、拍卖、挂拍方式公开出让，出让价格不得低于国家、省、市公布的最低价标准和成本价。制订《江宁区工业用地招标拍卖挂牌出让实施细则》和具体操作程序，为全面实施工业用地招、拍、挂出让工作提供了组织和制度保障。2007年10月18日，江宁区公开公告发布了分别位于东山街道、禄口街道、科学园、空港开发区的7宗国有建设用地使用权招拍挂信息。10月23日，在江宁区土地交易市场实施了公开挂牌出让，7宗工业用地全部成交，成交总面积49.40公顷，成交价15400万元，平均成交地价313.05万元/公顷。

图4-5-8 江宁区国有土地使用权挂牌出让现场(2003年摄)

【土地储备】

2003年，区政府建立了土地储备机制。是年，完成土地储备340公顷，出让261.98公顷，出让总金额15.68亿元。2004年，完成麒麟、上坊泥塘、东山杨家圩收储地块概念性规划和控制性详规，完成收储土地出让总金额7.24亿元，同华夏银行、浦发银行、建设银行达成贷款协议2.30亿元。2005年，完成收储土地出让总金额23.30亿元，实现土地收益13.70亿元。2006年，完成储备土地出让总金额23.81亿元，实现土地收益8.74亿元。2007年，区土地储备中心累计贷款融资61.46亿元，完成土地收益12.17亿元。

【土地二级市场】

按照"宏观管严、微观搞活"的原则，高度垄断的一级市场出让方式由协议出让逐步向招标、拍卖、挂牌方式出让转变。同时，以土地使用权转让、出租、作价入股和抵押等方式为主的土地二级市场不断兴起。2000—2004年，办理土地使用权出租11宗，出租面积31.30公顷，收取年租金1927.98万元。2000—2007年，办理土地使用权转让237宗，面积1344.95公顷，转让金额96776.94万元；办理土地使用权抵押968宗，面积13478.18公顷，许可抵押金额2118201万元。

第三节 土地规费

【国有土地有偿使用费】

20世纪80年代中期，国有土地开始实行有偿使用，收取土地使用费（税）、有偿划拨费等。

土地有偿使用是社会主义土地使用制度的一项重大变革。1984年前，不论是国家经济建设使用国有土地，还是农村非农业建设使用集体土地都是无偿的。1984年起，依照市政府〔1984〕97号文件精神，江宁县对已使用国有土地的单位和个人开始征收国有土地使用费，当年共征收13.65万元。1988年，执行费改税办法，土地使用费改为赋税，交县税务部门统一收取。1992年起，根据苏土计〔1992〕70号文件精神，开始征收国有土地有偿划拨费。征收对象为通过行政划拨等取得国有土地使用权进行建设（包括新建、改造和扩建）的用地单位和个人，收费标准为15元/平方米~45元/平方米。1994年，又根据省财政局、物价局和土地局3家联合颁发的《关于收取土地有偿使用费有关问题的通知》，将其标准降为城镇国有土地30元/平方米；1995年，根据苏价涉〔1995〕155号、苏土计〔1995〕63号文件规定，国有土地有偿划拨费收费标准调整为：城镇国有土地30元/平方米，国有荒山、荒地、荒滩7.50元/平方米，城镇以外的其他国有土地15元/平方米。1992—1995年，全县划拨国有土地使用权面积共23.61公顷，按上述各类标准分别收取有偿划拨费。这项费用作为预算内资金管理，主要用于土地复垦开发和城镇建设。

1992年，江宁县根据江苏省苏政发〔1992〕106号文件精神，在对国有土地有偿、有期出让上做了尝试。首先对"三资"企业和具备条件的国内大、中型企业以及住宅、商业、娱乐等经营性用地，采取协议、招标、拍卖等办法有偿出让，最高使用年限分别为工业用地50年，住宅用地70年，商业用地40年。自1992年6月开始至2007年止，共办理土地使用权出让2272宗，面积9134公顷。

【农村非农业用地有偿使用费】

1987年，江宁县开展非农业用地清查工作。1987年12月至1988年2月，对乡（镇）、村、机关、企事业及农(居)民住宅等逐一清查171459处，共清查出非农业用地5177.46公顷。这次清查工作，为加强非农业用地管理及其有偿使用工作的开展，奠定了良好基础。1988—1995年，全县共办理乡镇企业用地171件，审批用地118.93公顷。1991年，江宁县制订《江宁县农村非农业建设用地有偿使用收费管理实施细则(试行)》共11条，开始向用地的乡(镇)企事业单位收费。

1990年8月19日至9月8日，在陶吴镇杭村进行农民建房用地有偿使用的试点工作。对全村508户宅基地按照0.05元/平方米的收费标准共收取4484元。全村13个村民小组，有49户退出多占或超标准宅基地3348平方米，有效地制止多占、乱占土地的现象。在陶吴工作试点的基础上，1992年，在全县23个乡镇、350个村进行宅基地有偿使用工作。收费标准，乡(镇)企事业单位用地0.20元/平方米；农民建房用地0.05元/平方米。当年全县有163905户，收取宅基地有偿使用费108万元；乡镇企事业单位用地因收费难度较大，没有开征。为减轻农民负担，江宁县又根据市土地局宁地综字〔1993〕64号文件精神，只收取1年，从1993年起，停止收取农民宅基地有偿使用费。1995年，根据宁价房〔1995〕62号文、宁地办〔1995〕35号文规定，非农业用地有偿使用费收取标准为：0.50元/平方米，此标准一直沿用至2007年。

2003年3月27日，根据《关于印发江宁区新增建设用地有偿使用费收缴使用管理办法的通知》，建设用地有偿使用费只针对国务院或省级人民政府批准的农用地专用、征用土地收取，标准为13.60元/平方米。2004年，为进一步减轻农民负担，规范农民建房中的收费行为，切实保护农民合法权益，南京市物价局下发《关于农民建房收费有关问题的通知》，文件明确了农民建房收费的性质、项目和标准，对原来的经营服务性收费改为农民自愿，不得强制或变相收取。2006年起，南京市国土资源局和南京市物价局联合发文《关于进一步加强国土资源系统规费征收管理的意见》，文件规定农民宅基地免缴非农用土地有偿使用费。

【土地管理费】

土地管理费包括征(拨、使)用土地管理费、城乡居民建房用地管理费等。征(拨、使)用土地管理费从1984年8月起，江宁县按照苏政发〔1984〕100号、160号文的规定开始收取。标准为征地总费用的3%。随着征、拨、使用土地业务量的增加，收费标准也随之变化。1988年，县土地管理局成立，当年收费9万元，1989年增至115万元，至1995年年底，江宁县共收取征(拨、使)用土地管理费914万元，年均收取114.30万元。2001年，根据苏价涉房〔1993〕219号、苏财保〔2001〕145号、苏价服〔2001〕281号文规定，城、郊区征(拨、使)用土地管理费为征地总费用的1.40%，其余征(拨、使)用土地管理费收费标准为征地总费用的2%，非房建设用地费标准为征地总费用的2% ~ 3%，此标准沿用至2007年。

城乡居民建房用地管理费，1992年，江宁县根据苏土计〔1992〕70号文的规定，按0.40元/平方米的标准收取，但每户最多不超过55元。该项费用自1992年以来一直由国土资源部门延续收取。随着江宁县撤县设区，城市化进程加快，已经逐步融入南京都市圈，城镇居民建房受到严格控制，土地管理费收取量逐年萎缩。

【土地权属用途变更费】

土地权属用途变更费，按照苏土计〔1992〕70号文的精神，江宁县收费标准为1元/平方米，从1993年开始至1995年年底止，共收取177万元，其中自1993年9月1日起，根据江宁县物价局〔1993〕宁价字第68号文的通知，农村部分已停止收费。1995年，根据宁价房〔1994〕76号、苏价涉〔1995〕155号文土地权属用途变更费标准为城镇国有土地30元/平方米，城镇以外其他国有土地15元/平方米，荒山、荒滩、荒地7.50元/平方米。1999年后，土地权属用途变更费改为土地用途变更费，延续收取至2007年。

【国有土地使用权出让金】

土地有偿出让金和国有土地有偿划拨费一样，除按规定部分上交国家财政外，主要用于土地复垦开发、城镇基础设施建设和破产企业职工安置。

2005年，为进一步规范江宁区国有土地使用权出让金（简称土地出让金，下同）的征收管理，保障被征地农民的基本生活，提高土地资金的使用效率，结合江宁区实际，制订《江宁区国有土地使用权出让金管理办法》。土地出让金实行收支两条线管理。区财政部门是土地出让金的主管机关，负责江宁区所有土地出让金的核算管理；区国土部门是土地出让金的代征机关，负责全区所有土地出让金征收管理。

1992—2007年，共出让土地使用权2291宗、面积9153.37公顷，征收土地出让金262.32亿元。

第六章　土地法规宣传与执法监察

20世纪80年代后，国家建设、集体建设、人民群众建房用地大量增加，乱占滥用耕地、浪费土地现象时有发生。因此，增强全民学法、知法、用法，提高保护国土资源意识，显得十分重要。江宁区坚持运用对比方法进行土地国情、区情、乡情教育，使“保护土地资源，节约、合理利用资源”的基本国策深入人心。江宁区强化土地监察工作，全区建立街道、社区监察网络。在全区范围内开展争创“三无”（无违法批地、无违法管地、无违法用地）乡镇活动和创建“土地执法模范乡（镇）”活动。至1998年，全县23个乡镇中有20个达到省、市“三无”乡镇标准。其中，达省标的2个镇，达市先进的5个乡镇，达市标的13个乡镇。至2000年，有3个镇被评为市“土地执法模范乡（镇）”先进单位。

全区开展土地行政执法和非农业用地清查工作。1988—2007年，共处理土地案件268件。其中，2001—2007年，共立案查处违法案件158件，涉案土地面积162.05公顷，罚款1585.49万元。重视来信来访工作。1988—2007年，共接待人民来信来访1630件次。其中，来信801件，来访829人次，办案处理结案达95%以上。

第一节　土地法规宣传

【土地国情、区情教育】

1986年，《中华人民共和国土地管理法》颁布实施，江宁县举办培训班。培训班上以土地、人口、粮食相关问题进行算账对比，谈国情、讲县情、摆乡情，着力提高参训人员的土地忧患意识和增强法制观念。1988—1990年，除运用算账对比方法，提高全民对国情、县情的忧患感和紧迫感以外，县、乡（镇）两级政府还大张旗鼓地运用各种方法开展宣传教育活动：在各乡镇主要道口悬挂横幅标语 100 幅，共制作标牌式宣传标语 1659 条，刷写墙头标语 1 万余条；县、局领导利用电视和有线广播宣讲146次；被省、市宣传部门和市土地管理刊物选用宣传稿件21篇；分发土地管理宣传材料近 1000 份，翻印《中华人民共和国土地管理法》和《江苏省〈土地管理法〉实施办法》2000 份；利用电影、幻灯宣传 129 场，受教育群众达 10 万人次；结合非农业用地清查登记发证和国有土地申报发证，清理建设用地越权审批，农村宅基地有偿使用试点等工作，进行有针对性的宣传教育；抓住违法违章典型案件，除作严肃处理外，还运用通报、简报和编印不定期的《土地管理情况》等形式进行宣传。经过几次较大规模的宣传活动，县级机关干部全部受到教育，城镇农村基本群众受教育面达 95% 以上。

1991 年春末夏初，中共江宁县委宣传部牵头，会同县土地、农业、文教等 6 个单位，组织“人口、土地、粮食”专题宣传节目演出。完成通讯报道 26 篇。其中，《南京日报》刊载 3 篇、《江宁报》刊载 4 篇、南京土地管理刊物登载 9 篇、市电台“6500 平方千米大地行”录播 4 篇、县电台广播 6 篇。1992—2007 年，运用对比方法坚持进行土地国情、区情教育，使“保护土地资源，节约、合理利用资源”的基本国策深入人心。

【土地日宣传活动】

1991 年 5 月，国务院 83 次常务会议决定，每年 6 月 25 日为全国“土地日”。从此，每年的 6 月 25 日，江宁都要开展以土地管理宣传为主要内容的“土地日”活动。尤其是《中华人民共和国土地管理法》颁布五周年的第一个“土地日”，江宁县政府动员全社会积极参与庆祝和宣传活动。在县城主要道口悬挂宣传横幅 20 多幅，宣传彩车沿东山大街、三号公路、竹山路等闹市口，大张旗鼓进行国法、国策、国情宣传；在县城中心设立咨询点，接受人民群众对建房用地、征地的手续、规定等咨询；召开庆祝大会，参加人员 1300 人；县电台进行有线广播，把全县宣传活动盛况传送到千家万户；县电影院加播 10 条宣传口号幻灯，并持续到月底。各乡镇也都纷纷组织宣传活动，进行国情、国策、学法、守法、用法等教育。江宁县还积极参加南京市土地管理局和南京人民广播电台组织的五县四郊“6500 平方千米大地行”的宣传活动，配合市广播电台制作“全县简介”等 4 盘录音带，并播放 2 周 ~ 3 周。

1992—1995 年，江宁县根据省、市土地日确定的“土地与改革”“土地与经济”“土地与市场”“土地与法制”等主题开展宣传活动。运用宣传车、咨询点、幻灯、板报、报纸、专栏，县领导发表广播、电视讲话，播放土地电影专场，组织文艺宣传等形式开展法制宣传教育，提高全县干群对土地管理工作在国民经济发展中作用与地位的认识，营造切实保护好耕地的氛围。

1996 年 6 月 25 日，正值《中华人民共和国土地管理法》颁布 10 周年和第 6 个全国土地日，江宁县突出宣传土地管理 10 年的成绩，同时，大力宣传土地管理适应“两个根本性转变”，控制土地供应总量，切实保护耕地。全县紧紧围绕“土地与发展——保护我们的生命线”这个主题，加大宣传力度，扩大宣传广度。

2000 年，江宁县在全国土地日宣传活动期间，悬挂横幅 50 余条，制作灯箱广告 3 处，全县更新宣传标语 1000 多条，常年在《江宁报》上开辟国土管理之窗，累计刊登宣传稿及报道 60 余篇。2001 年，通过发放宣传纪念品、电视台点歌、设立大型咨询台等形式开展富有成效的宣传活动，特别是土地管理知识有奖征答活动，参与者十分踊跃，共收到答题卡 2000 多份，有 1000 余名群众到现场咨询土地法律法规政策、参与答题。

2002 年，共投入宣传教育经费 20 余万元，制作站台灯箱广告，全区更新宣传标语 1000 余条，在《江宁报》开辟宣传专栏，举办各种形式培训班，参加省、市专项培训，分发各类法律法规资料1万余册，区委、区政府主要领导还发表了电视讲话。

2003—2007年，大力宣传江宁区在土地市场建设、土地资产管理、土地招标拍卖等方面的新举措、新成就、新经验。并适当利用反面典型，增加宣传的力度，把宣传活动引向深入。

图4-6-9　江宁县纪念《中华人民共和国土地管理法》颁布十周年座谈会（1996年摄）

图4-6-10　江宁县国土管理局在街头开展第8个全国“土地日”宣传活动（1998年摄）

第二节　土地执法监察

【信访接待与处理】

1988—1995年，共受理来信来访679件次，其中，来信216件，接待来访463人次，办理结案率95%以上。

1997年，市国土管理局根据土地管理法规和国家有关信访工作的政策、法规，出台《南京市国土管理局土地信访工作暂行规定》，对全市信访工作进行规范，加强土地管理的民主监督。江宁县国土管理局根据相关要求，结合县情，进一步明确土地信访工作机构职责，规范土地信访工作。1998年，县国土管理局根据《江苏省市级土地信访工作目标管理考核检查评分标准》及《信访案件结案报告规范化要求》，严格按照考核评分标准开展土地信访工作，信访工作得到进一步完善，提高了信访工作效率。2000年，按照无越级上访、无信访老户、无集体上访、无信访积案“四无”先进单位的要求，县国土管理局从源头抓起，对群众来信来访认真接待，仔细调查，严格依法办事，做到件件有落实，事事有回音。全年共收到人民来信34件，接待群众来访22人次，其中立案查处9件，全部结案。

2001—2005年，共受理来信来访529件次，其中，人民来信349件，人民来访180人次，办理结案率95%以上。2006年，南京市国土资源局江宁分局成立局信访办公室，抽调专人从事信访工作。建立健全信访登记制度、接待制度、各类信访台账、信访工作人员职责等；继续完善“土地信访局长接待日”制度，进一步规范信访接待工作。全年共接待人民来信64件，接待人民来访60次、70余人。全年立案查处64件，并全部办结。

2007年，全年共接待人民来信来访242件次，其中市国土资源局交办111件次，江宁分局受理 27 件次；电子邮件 104 件，分别为举报非法占地 35 件，安置补偿 31 件，其他咨询 176 件，全部结案并报结。当年江宁区信访工作被省国土资源厅评为国土资源信访工作先进集体。

【土地执法巡回检查】

江宁县从 2000 年正式开展土地执法巡回检查工作。2000—2004 年，共巡查 782 次，发现违法用地 187 起。其中，处理 86 起，制止 101 起。

2005 年，为及时掌握全区的土地利用情况，及早发现各类违法用地行为，把土地违法行为制止在萌芽状态，避免重大经济损失和违法用地案件的发生，南京市国土资源局江宁分局积极创新执法巡回检查工作机制，建立完善一个"层层联防、三级联动、以人定责、以责定奖惩"的执法机制和环境。建立土地巡查汇报制度，全面掌握全区用地动态。根据市国土资源局提出的"每月最少巡查两次"的巡查要求，结合江宁区区域面积大、开发较快、违法用地形成周期短的实际情况，江宁分局要求每个巡查小组及基层国土所每个星期巡查不少于两次，坚持每个星期的周末巡查小组小结制度，坚持每个月巡查工作的总结制度及每个季度基层国土所巡查工作汇报制度；拓宽国土资源巡查渠道，加入 110 联动执法体系。2005 年，共巡查 241 次，发现违法用地 22 件，遏制 8 件，停工 14 件，查处 10 件，面积 3.22 公顷，罚款 28.65 万元，依法没收非法建筑 1580 平方米。2006 年，共进行土地巡查 243 次，其中行政处罚案件 23 宗，面积 43.61 公顷。2007 年，共进行土地巡查 273 次，查处并结案 57 宗，面积 58.07 公顷，处罚款 581.50 万元。

【违法案件查处】

1988 年，江宁县查处土地违法案件 22 件，处理了 16 件，都是个人占地建房，共占面积 1.14 公顷。1989 年，查处违法占地案件 37 件，占地面积 15.77 公顷，责令拆除建筑面积 15440 平方米，收回土地 1.55 公顷（其中恢复耕地 1.41 公顷），收缴罚款 2111 元，行政处分 1 人。1990 年，查处违法用地案件 8 件，经调查处理，拆除建筑面积 104 平方米，收回土地 300 平方米，复耕 200 平方米，收罚款 11400 元。1991—1999 年，查处违法案件 51 件。

2000 年，江宁区开展土地违法案件清查工作，先由各镇政府进行自查自纠，找出第二次卫星遥感以后新增和遗漏的各类违法用地，绘制成表统一上报，共立案查处违法案件 45 件。区国土资源局对各镇违法用地逐一进行调查并作出处理。涉案面积 24.36 公顷，罚款金额 71.20 万元。拆除建筑面积 121.60 平方米，没收建筑面积 30532 平方米。2001—2006 年，共立案查处违法案件 98 件，涉案面积 101.31 公顷，罚款金额 823.74 万元。

2007 年，全年立案查处违法案件 60 件，涉案面积 60.74 公顷，罚款金额 599.71 万元，没收违法所得 3.93 万元，其中 3 件违法案件移交区林业部门处理。

【非农业用地清查】

根据中共中央、国务院中发〔1986〕7 号文件《关于加强土地管理制止乱占耕地的通知》和江苏省委、省政府苏发〔1986〕17 号文件的精神，江宁县组织县城建局、环保局等单位，集中力量，对东山、湖熟、汤山开展非农业用地清理工作。在 3 个镇规划范围内所属的 8 个行政村中共清查出国家、集体单位租地占地 2 家，占地面积 2.23 公顷；违章占用土地的村办企业 30 家，占地 23.62 公顷；农户未经批准占用耕地建房的 109 户，占地 1.35 公顷。

1987 年 12 月，对全县国家建设、乡镇村建设、农民宅基地、联合体、专业户、砖瓦窑 6

个方面的用地进行清查，查明全县非农业用地总面积5177.46公顷，占土地总面积的3.04%，其中耕地473.58公顷，占土地总面积的0.28%，占耕地总面积的0.54%。这次非农业用地清查至1988年2月结束，历时3个月。县、乡镇、村三级共有5861人参加，全县非农业用地情况基本查清。据此统计，全县发生无审批手续的违章违规用地共4668件，其中国家建设8件，乡镇、村集体建设138件，农村农民无证建房4510户，专业户8户，砖瓦窑厂4件，违章违规用地168.79公顷。

在1987年12月至1988年2月非农业用地全面清查的基础上，县土地管理局从1989年1月1日至7月底，对全县过去清理工作进行复查处理和登记发证、建档。经过1576人7个月的努力，复查工作取得面积准确、图表规范、标准一致的成果。全县24个乡镇、352个行政村复查最后统计：村民住宅173226户，面积2950.33公顷；乡镇、村企事业单位1964个，面积809.30公顷。

1997年年初，中央11号文件和国家、省、市国土管理局紧急通知下发后，江宁县土地管理局以“冻得住、查得清、管得好”的实际行动坚决贯彻中央治本之策。对1991年后的全县非农业建设用地情况进行全面清查。

大清查结果显示，1991年后，全县各类非农业建设用地10971件，面积3805.25公顷（含耕地2814.13公顷）。其中，依法批准非农业建设用地10743件，批准用地面积2888.61公顷（含耕地2223.13公顷）；各类违法用地228件，面积916.63公顷（含耕地571.36公顷）。在228件违法用地中，国家建设138件，面积717.93公顷（含耕地459.77公顷）；集体建设90件，面积198.70公顷（含耕地111.59公顷）。各大园区29件，面积267.34公顷（含耕地162.19公顷）；公共设施及道路建设用地54件，面积364.67公顷（含耕地252.37公顷）；乡（镇）及其他各类用地145件，面积284.62公顷（含耕地156.80公顷）。对违法用地对照政策界限，分门别类进行登记，拟定相应处理意见。至1997年11月20日，全县补办用地手续32件，面积434.17公顷（含耕地286.31公顷），14.20公顷闲置土地恢复耕种；罚款2件，面积54.40公顷，罚款8万元；拆除建筑物420平方米。

【创建“三无”乡镇和“土地执法模范乡（镇）”活动】

1992年，江宁县开展土地管理无违法批地、无违法管地、无违法用地“三无”乡镇活动，有效地抑制全县乱占滥用土地现象，减少土地违法案件发生。年底初评，淳化镇、龙都乡、上峰乡、铜山乡、陆郎乡、横溪乡6个乡镇成绩显著、工作扎实、用地规范，江宁县开展“三无”乡镇活动迈出可喜的一步。1993年，在总结1992年创“三无”乡镇经验的基础上，在全县范围内，大力开展宣传和创建“三无”乡镇达标活动，巩固、发展“三无”乡镇成果。同时进行不定期的巡回检查，组织淳化、龙都、上峰等6个乡镇到高淳县凤山乡参观学习，总结提高，借鉴外县具体做法和先进经验，推进江宁县创建“三无”乡镇活动深入开展。是年年底，在市土地管理局组织的验收评比中，江宁县第一批合格达标的“三无”乡镇有淳化、上峰、龙都、铜山、横溪、禄口、陆郎7个乡镇，其中淳化镇为省“三无”先进单位，龙都镇为市“三无”先进单位。1994年，把创建“三无”乡镇列入乡镇整体目标考核内容中，与乡镇领导干部的报酬、晋升挂钩，1993年7个乡镇达标后，是年又有土桥、湖熟、东山、江宁4个镇经市土地管理局组织验收达标。

1995年，县政府明确规定，江宁县土地管理“三无”乡镇达标考评由政府组织实施。是年年底，全县通过南京市土地管理局验收合格的“三无”乡镇有：麒麟镇、殷巷乡、铜井镇、谷里乡、周岗镇5个。至此，全县23个乡镇有16个达到省、市“三无”乡镇标准，占69.57%。其中达省标的有淳化、龙都2个镇，达市先进的有江宁、麒麟、殷巷3个乡镇，达市标的有上峰、铜山、横溪、禄口、陆郎、土桥、湖熟、东山、铜井、谷里、周岗11个乡镇。1997年1月，市国土管理局对各县、区开展“三无”乡镇活动进行全面检查、考核、验收。江宁县上坊乡、方山乡、东善乡、丹阳镇连续两年达到“三无”乡镇标准。其中方山乡为“三无”乡镇先进单位。1998年，根据南京市《土地管理“三无”乡镇达标考核评分》和《土地信访工作责任目标管理百分考核》的规定，在各县、区国土管理局认真组织自查、评比的基础上，经市国土管理局考核、验收，土桥镇人民政府在市国土管理局举办“三无”乡镇先进单位评选工作中获先进单位称号。江宁县自1992年至1998年开展“三无”乡（镇）创建活动中，贯彻“以防为主，防查结合”的土地监察工作方针，有效减少违法用地的发生，促进土地管理工作依法运行。此后，乡、镇土地管理工作的职能和工作重点转到执法监察上。

根据省、市国土管理部门的要求，创建“三无”乡镇的专题活动于1999年改名为创建“土地执法模范乡（镇）”活动。秣陵镇、陶吴镇在1999年市国土管理局“土地执法模范乡（镇）”先进单位评选工作中获先进单位称号。2000年，深入开展创建“土地执法模范乡（镇）”活动，麒麟镇通过市级“土地执法模范乡（镇）”的验收。

2001—2007年，江宁区在开展创建“土地执法模范乡（镇）”中，贯彻“预防为主，防查结合”的土地监察工作方针。为促进创建“土地执法模范乡（镇）”活动深入持久开展，巩固创建成果，做到年初有计划，年中有检查，年底有抽查；坚持加强宣传教育，提高广大基层干部对创建工作的认识，调动各镇争创“土地执法模范乡（镇）”的积极性；坚持完善、落实责任制，建立目标考核，增强基层组织和干部对创建活动的责任感，保证江宁区“土地执法模范乡（镇）”活动的顺利开展。

第七章　矿产资源构成

江宁区域内蕴藏的矿产资源，在种类和探明储量上与省内其他区、县（市）相比，位居前列。其中硫铁矿、铜矿、金矿储量及产量均居全省第一，地热矿产资源更是享誉全国，汤山温泉有全国八大温泉之一美誉。2007年年底统计，江宁区已发现矿种达41种。其中金属矿有金、银、铁、锰、钒、铜、铅、锌、钼；非金属矿有硫铁矿、磷矿、石灰岩（包括水泥用、制灰用、溶剂用、电石用、制碱用、化肥用、玻璃用、饰面用、建筑石料用石灰岩）、白云岩、重晶石、含钾岩石、硬石膏、硅灰石、石英岩、钠长石、绿松石、耐火黏土、高岭土、膨润土、陶瓷土、砂岩（包括建筑用砂岩和铸型用砂岩）、砂页岩、泥页岩、大理岩、玄武岩、火山灰、凝灰岩、花岗岩、闪长玢岩、安山岩、安山玢岩、第四系黏土（包括砖瓦用黏土和水泥配料用黏土等）；水气矿产有矿泉水、地下水；能源矿产有煤、地热和铀。

上述矿种中，除铀矿为矿化点外，其他都已探明或部分探明了储量。至2007年年底，除磷、白云岩、重晶石、硅灰石、钠长石、大理岩和铀7种矿产外，都有了不同程度的开发利用。

第一节 金属矿产

【贵金属】

江宁区域内贵金属矿有金、银两种，共有矿床、矿（化）点35处，分布在江宁、谷里、汤山、禄口、横溪5个街道。金、银矿的规模都不大，已探明储量的有汤山金矿、伏牛山铜（多金属）矿、铜井金（铜）矿和横山铜（金、银）矿。

铜井金（铜）矿，位于原铜井镇东南娘娘山、铜坑山、洪幕山一带。经勘探，铜为小型矿床，金为中型矿床，且含量较高。金探明储量5.04吨，保有储量1.12吨；银探明储量12吨，保有储量2.24吨。

汤山金矿西起汤山头村，东至原汤山镇，北起宁杭公路，南至建新村，面积约10平方千米。自汤山镇—黄栗墅—汤山头—建新村已控制大于0.10克/吨的金矿化带总长6.80千米，金矿带中已发现金矿体17个。共分为4个矿（化）段，即黄栗墅矿（化）段、汤山镇矿（化）段、建新村矿（化）段和汤山头矿（化）段。全矿以0.50克/吨为边界品位圈定金矿体，共获2.10吨资源量。

江宁区贵金属矿山情况表

表4-7-19

矿山名称	品位（克/吨）	探明储量（金属量：吨）	规模
汤山金矿	Au ＞ 1.00	0.61	小型
伏牛山铜（多金属）矿	Au 0.42 Ag 16.75	2.45 97.46	中型
横山铜（金、银）矿	Au 0.65 Ag 10.30	0.56 9.00	小型
铜井金（铜）矿	Au 4.50 Ag 13.00	5.04 12.00	中型

【黑色金属】

江宁区域内黑色金属矿已发现铁、锰、钒3种，共有矿床、矿（化）点35处。其中铁矿31处，锰矿3处，铁锰矿1处。钒矿与铁矿伴生产出，尚未发现独立钒矿体。铁矿可分为磁铁矿、赤铁矿、镜铁矿、菱铁矿和褐铁矿5种，以磁铁矿和赤铁矿为主。上述矿床、矿（化）点中已探明储量的有9处，即凤凰山铁（钒）矿、其林山赤铁矿、静龙山赤铁矿、吉山磁铁矿、卧儿岗磁铁矿、皮库磁铁矿、戴山磷铁矿、小王山锰（银）矿、荷叶山锰（多金属）矿。

凤凰山铁（钒）矿位于原秣陵镇南西2千米的凤凰山。该矿于清光绪三十年（1904）被发现。民国20—25年（1931—1936）间，中国地质工作者谢家荣、陈恺、程裕琪、李学清、袁见齐、刘季辰等做过地质调查，测绘了五万分之一区域地质图；民国29年，日本东中秀雄测绘了垂直和水平磁力线图。地质勘探工作始于1955年，由冶金部地质局华东分局预备队进行地表详查，提交《江苏省江宁县凤凰山铁矿地质勘探工作报告》和《勘探设计书》。1956年3月至1959年9月，由江苏省冶金局第一勘探队进行深部详细勘探，1959年9月，提交《凤凰山铁矿地质勘探最终报告》，获得铁矿石储量3677万吨，其中工业储量3162万吨，远景储量515万吨。1960年1月29日，《江苏省矿产储量委员会关于江宁凤凰山铁矿地质勘探最终报告审批决议书》核定铁矿储量为3556万吨，为一中型规模铁矿。矿区共分4个主矿体，分别是凤凰山矿体、牛山矿体、扁担山矿体和日响山矿体。该矿新中国成立前就已开采。新中国成立后，由南京凤凰山铁矿开采。后因亏损，于1992年转让给秣陵镇地方开采。2002年1月7日，省国土资源厅注销秣陵铁矿采矿许可证，该矿关停。

江宁区黑色金属矿山情况表

表 4-7-20

矿区名称	品位（%）	探明储量（矿石量：万吨）	规　模
凤凰山铁（钒）矿	TFe 42.66 V_2O_5 0.23	2465.00 0.30	中　型
其林山赤铁矿（东庄段）	TFe 43.16	1038.30	中　型
其林山赤铁矿	TFe 40.95	378.20	小　型
静龙山赤铁矿	TFe 40.57	70.76	小　型
吉山磁铁矿	TFe 18.19	20924.00	大　型
卧儿岗磁铁矿	TFe 50.95	23.20	小　型
皮库铁矿	—	180.00	小　型
戴山磷铁矿	TFe 56.17	20.00	小　型
小王山锰（银）矿	Mn 20.00	30.49	小　型
荷叶山锰（多金属）矿	Mn 3 ~ 5	40.32	矿　点

【有色金属】

江宁区域内共有有色金属矿床、矿（化）点41处，分布在汤山、东山、谷里、江宁、禄口、淳化、横溪各街道。其中铜31处，铅、锌10处。铜矿按有用元素数量不同，可分为单独矿床和铜（多金属）矿两种。

在以上的有色金属矿中，资源量较多并形成一定规模的矿床有9处，他们都是铜矿床或与铜有关的矿床，包括谷里铜矿、大岭岗铜矿、陈家山铜矿、大平山铜矿、伏牛山铜（多金属）矿、仙人桥铜（多金属）矿、安基山铜（多金属）矿、横山铜（金、银）矿和铜井金（银、铜）矿。铅、锌矿在江宁地区多以矿点出现。矿床成因除铜（多金属矿）为矽卡岩型外，其余皆为热液（充填—交代）型。安基山铜（多金属）矿位于原汤山镇北东7千米螺丝冲、梨家山一带。矿化带大致呈北北西向延伸，长1.50千米 ~ 2千米，宽100米 ~ 300米，东部平顶山、西排山一带，已探明的铜矿体57个。西部螺丝冲、砂石山、酱油缶一带已圈出的矿体有45个。整个矿区共探明地质储量（金属量）铜17.90万吨，铅0.68万吨，锌5.74万吨、钼0.19万吨。

江宁区有色金属矿山情况表

表 4-7-21

矿区名称	品位（%）	探明储量（金属量：万吨）	规模
谷里铜矿	Cu 1.51	1.75	小型
大岭岗铜矿	Cu 1.54	0.47	小型
陈家山铜矿	Cu 2.49	0.65	矿点
大平山铜矿	Cu 0.48	4.44	小型
伏牛山铜（多金属）矿	Cu 1.06 Zn 1.25 Mo 0.21	6.32 1.64 0.03	中型
仙人桥铜（多金属）矿	Cu 0.75 Zn 6.04	1.11 0.48	小型
安基山铜（多金属）矿	Cu 0.96 Zn 7.54	1.19 1.38	中型
安基山铜（多金属）矿 7～13线	Cu 0.68 Pb 2.74 Zn 3.19 Mo 0.03	16.72 0.68 4.36 0.18	中型
横山铜（金银）矿	Cu 1.12	0.80	小型
铜井金（银、铜）矿	Cu 1.33	1.70	小型

第二节 非金属矿产

非金属矿产按用途可分为冶金辅助原料非金属、化工用非金属、建材及其他用非金属3类。江宁区境内的非金属矿床、矿（化）点除建筑用砂石和砖瓦用黏土非金属矿产外，尚有60多处。非金属矿是江宁区的主要矿产品。

【冶金辅料非金属】

江宁区域内冶金辅助材料非金属矿主要有石灰岩、白云岩、耐火黏土和铸型用砂岩矿4种。白云岩矿主要分布在汤山街道的孔山和汤山一带；耐火黏土矿见于原麒麟镇西流村南约500米处；铸型用砂岩实为白垩系上统赤山组砖红色粉砂岩、细砂岩，汤山、淳化、东山、秣陵及湖熟街道都有分布；石灰岩在层位上主要有石炭系中统黄龙组灰岩、上统船山组灰岩、二叠系下统栖霞组灰岩和三叠系下统青龙组灰岩4个层位，主要出露在汤山、淳化、东山3个街道境内。奥陶系下统红花园组中的灰岩在区内亦有少量分布。区内石灰岩矿资源比较丰富，品质较好，不但可做冶金辅助材料，同时也是重要的化工原料和建筑石料，是南京地区最重要的水泥原料供应基地。

孔山白云岩矿，位于原汤山镇西北4千米孔山山坡。矿区地处汤仑复背斜中段北西翼。矿体呈层状，延长约2千米，厚15米～20米。该矿为小型矿床，矿石质量好，达到工业用白云岩的指标。

唐山耐火黏土矿，位于原麒麟镇南约500米的唐山。长约620米，宽250米，厚25米。储量 970.50 吨。

方山铸型用砂岩矿，位于秣陵街道的方山。矿体形态为层状，地表围绕方山四周作环形分布，出露面积较大，矿层稳定，易开采，可作工业铸型用砂。

青龙山石灰岩矿，位于原汤山镇坟头村西南约 7 千米。矿体呈层状，层位稳定，延长 2.30 千米。青龙山石灰岩矿共探明地质储量 8084 万吨，外围预测资源量为 73245 万吨。

【化工非金属】

江宁区域内化工非金属矿至 2007 年年底共发现硫铁矿（包括黄铁矿和伴生硫）、重晶石、含钾岩石和磷矿 4 种。其中硫铁矿 7 处，分布在横溪和谷里街道，硫铁矿以两种形式产出，一种是单独产出的黄铁矿体，另一种是与铜多金属矿伴生产出。以单独形式产出的黄铁矿主要产于横溪云台山一带。重晶石 4 处，分布在谷里街道。含钾岩石 3 处，分布在江宁和横溪街道。磷矿 1 处，分布在谷里街道，与铁矿共生产出。其中硫铁矿、重晶石、磷矿已初步求得品位储量。

云台山硫铁矿，位于横溪街道横溪社区西 5 千米。共圈出矿体 85 个。矿石矿物主要为黄铁矿，偶见白铁矿。经最终勘探，云台山硫铁矿床储量 1149.80 万吨，为一大型黄铁矿床。

龙山含钾岩石，位于横溪街道陶吴社区西北约 3 千米的龙山。矿体产于闪长玢岩与围岩接触带的外带龙王山组中，少量在朱村组中。按 K2O 含量大于 7%，在地表可圈定 3 个矿体，面积约 0.80 平方千米；若按 K2O 含量大于 10%，在地表可圈定 5 个矿体，面积约 0.20 平方千米。

戴山磷（铁）矿，位于谷里街道谷里社区北东 7.20 千米处（石干水库西）。为磷铁共生矿床。北矿段矿体呈透镜形，长 600 米，宽 180 米 ~ 340 米，厚 17.17 米，标高 70 米 ~ 130 米；南矿段矿体呈圆形，长 287 米，厚 14.36 米，标高 5 米 ~ 215 米。共探得磷灰石储量 C 级 326 万吨，D 级 733.30 万吨，共计 1059.43 万吨；铁矿储量 69.70 万吨。

江宁区化工非金属矿产资源情况表

表 4-7-22

矿区名称	品位（%）	探明储量（矿石量：万吨）	资源量（矿石量：万吨）	规 模
云台山硫铁矿	S 23.80	1157.90	—	大 型
母鸡山硫铁矿	S 34.62	550.40	—	中 型
天台山硫铁矿	S 8.26	109.40	—	中 型
前石塘硫铁矿	S 9.20	—	6618.30	矿 点
伏牛山铜（多金属）矿	S 8.63	S 51.80	—	中 型
仙人桥铜（多金属）矿	S 18.81	S 34.30	—	小 型
安基山铜（多金属）矿	S 7.54	S 5.80	—	小 型
安基山铜（多金属）矿 7 ~ 13 线	S 13.50	1520.00	—	中 型
杨山重晶石	$BaSO_4$ 60.00	5.37	—	矿 点
娘娘山含钾岩石	K_2O 10.50	—	1500.00	矿 点
戴山磷（铁）矿	P_2O_5 18.23	1059.43	—	小 型

【建材及其他非金属】

建材及其他用途的非金属矿产在江宁区域内发现石膏、石灰岩、石英岩、硅灰石、钠长石、大理石、绿松石、建筑砂石、高岭土、膨润土、陶土、第四系黏土（指水泥配料用黏土、砖瓦用黏土）12种。除建筑砂石、第四系黏土外，共有矿床或矿（化）点37处。其中石膏矿3处、石灰岩10处、石英岩2处、硅灰石1处、钠长石1处、大理石1处、绿松石2处、高岭土9处、膨润土5处、陶土3处。分布在汤山、淳化、东山、秣陵、横溪、谷里、江宁等街道境内。江宁区可作建筑砂石材料的除石灰岩外，尚有大量的闪长岩、闪长玢岩、安山岩、安山玢岩、花岗斑岩、凝灰岩及砂页岩等多种，而可作水泥配料黏土和砖瓦用黏土的第四系黏土几乎遍布全区各街道。

韩村硅灰石矿，位于横溪街道韩村。矿区内有5个较大的杂砾岩体，呈透镜状，其中2个为具有工业意义的硅灰石矿体。北西矿体长180米，宽0米～50米，厚2.45米～6米，西段延伸约130米，东段延伸不大；南东矿体长130米，宽最大66米。矿石矿物主要为硅灰石，硅灰石平均含量为59.70%～62.87%。矿石量15.96万吨。

吉山钠长石矿，位于吉山铁矿西南部。矿物成分有钠长石，含量40%～60%，碳酸盐矿物20%～40%。D级储量可达1000万吨以上。

周冲石膏矿，位于汤山街道汤山社区北西约7千米。具有工业价值的硬石膏矿层贮存在矿区南部，共见矿16层，累计厚400米左右。周冲石膏矿为一大型矿床，共探明地质储量72253.20万吨，另有远景资源量20亿吨。该矿于1984年开始开采，2006年9月11日因突发大水，巷道被淹停产。至2007年年底尚未恢复生产。

小龙山石英岩，位于宁镇中段南缘汤仑复背斜西端转折处尾延部分，西起淳化，东止汤山，长20.50千米，宽4千米～6.50千米。预测玻璃用石英岩E+F级储量11.60亿吨，冶金用石英岩E+F级储量4亿吨。

祖堂山高岭土矿，位于东善桥祖堂山西南坡。主要矿石矿物有高岭土、蒙脱石、水云母、多水高岭土、地开石、叶腊石、石英、明矾石。为一小型矿床，其中明矾石可综合利用。

龙泉膨润土矿，位于汤山街道龙泉村。AI2O3含量13.71%～27.05%，分为白色和紫红色两大类型。该矿规模较大，开采条件较好，已探明地质储量在1800万吨以上。

第三节 能源矿产

江宁区域内能源矿产有煤、地热和铀矿3种。共有矿床、矿（化）点21处。其中煤矿17处，地热2处，铀矿2处。2处铀矿，一处分布在汤山地区，为某部队在铀矿普查时发现，属异常点；另一处在铜井地区，为江苏省物探队在铀矿普查时发现，属矿化点。

【煤】

煤矿共有17处，分布在汤山、淳化和东山3个街道区域内。煤矿因其品质较差，灰分高，热能普遍较低，且煤层薄，夹石层厚，开采成本高等原因，仅在扭转“北煤南运、南粮北调”时期开采了几年就全部关闭了。汤山桦墅村委会为缓解村民燃料困难，曾于20世纪90年代初一度交由私人承包打井开挖煤炭资源。因设备简陋，安全生产存在极大隐患，于1991年被强制关闭。

江宁区主要煤矿资源情况表

表 4-7-23

矿区名称	品　级	探明储量（万吨）	资源量（万吨）	规　模
灵山煤矿	贫煤、瘦煤	92.90	189.81	小　型
团山煤矿	焦　煤	385.00	—	小　型
湖山煤矿	贫　煤	8.60	—	小　型
排山煤矿	贫　煤	10.30	—	小　型
官塘煤矿	气煤、焦煤	气煤 1.60 焦煤 14.90	—	小　型
陈家边煤矿	贫　煤	83.18	84.62	小　型
宝华山煤矿	无烟煤	53.90	—	小　型
长山煤矿	焦　煤	32.44	—	小　型
天宝山煤矿	无烟煤	222.78	6.53	小　型
青龙山煤矿	无烟煤	97.00	359	小　型
淳化煤矿	贫煤、无烟煤	50.66	9.80	小　型

【地热】

地热矿产资源是指在现有经济技术条件下，地壳内可供开发利用的地热能、地热流体及其有用组分。江宁区汤山温泉属于热水型地热，其下限温度为 25 摄氏度。汤山温泉由于利用量逐年加大，现已很难见到自溢现象，常年几乎都是用深井潜水泵抽取使用。至 2007 年年底，井深在 50 米以内的浅井有 6 眼，50 米以上的深井有 16 眼。

汤山地区地热井（井深50米以上）情况表

表 4-7-24

井权单位	井编号	井深（米）	出水量（立方米／日）	水温（井口温度：摄氏度）	打井时间
7317 工厂	深井 1	110.00	250	32.0	1980 年
特种养殖厂	深井 1	110.00	1920	39.0	1991 年
	深井 2	120.16	300	35.2	—
蒋氏别墅	深井 1	161.80	840	59.0	1995 年 2 月
八三医院	深井 1	181.53	280	62.0	1995 年 4 月
	深井 2	201.00	300	64.0	1995 年 5 月
澳洲山庄	—	163.81	530	—	1995 年 12 月
军区游泳馆	深井 1	180.45	1200	56.2	1996 年 7 月
	深井 2	220.00	1200	60.0	2002 年 6 月
省工人疗养院	深井 1	323.80	480	65.0	1999 年 12 月
地热公司	深井 1（新 1 号）	306.50	1200	62.1	2003 年
	深井 2	200.00	1200	65.0	1994 年 11 月
	深井 3（新 2 号）	211.10	1200	59.0	2004 年 4 月
洋兰公司	深井	225.16	200	62.0	2005 年 11 月
四维村东北	—	170.00	400	28.0 ~ 32.0	—

第八章　矿产资源管理

新中国成立前，江宁县没有专门的矿产资源管理机构。新中国成立初期，矿产资源的勘查主要由国家和省一级地矿部门负责，各系统的专业地质队伍都可以进入江宁区域内从事勘查、找矿活动。县级没有行政管理机构。矿产资源的开发，江宁境内的省、市属矿山企业由省、市经委管理，县及乡镇所属的小型矿山企业，由县工业主管部门和乡镇管理，后又归口过县经委、县工交党委和县计经委管理。

1989年7月13日，江宁县政府批准成立江宁县矿产开发管理办公室，设在江宁县计划经济委员会内。1994年7月1日，成立江宁县矿产资源管理领导小组，全面负责县境内矿产资源的开采管理和开发利用。组长由县政府常务副县长担任，下设江宁县矿产资源管理办公室，原江宁县矿产开发管理办公室同时更名为江宁县矿产资源管理办公室。2002年5月，江宁区矿产资源管理办公室划入区国土资源局。至2007年，没有变化。

图 4-8-11　2000年3月，江宁县矿产资源管理办公室被评为1999年度全省地矿系统先进集体

江宁区的矿产资源管理是以矿业法律法规为准绳、以区境内矿产资源储量为依据、以矿业权为核心、以保护地质环境为目的、以矿业监督为保证的行政管理。包括矿业规划、矿产资源勘查、矿产资源开发利用、矿业秩序的监督和地质环境保护等各项管理。

第一节　矿业规划

《江苏省矿产资源管理条例》第七条中指出：矿产资源规划是县级以上地方人民政府及其地质矿产主管部门对矿产资源勘查、开发利用和保护进行监督管理的依据。至2007年年底，江宁区已先后完成《江宁县矿产资源和矿业发展规划》《南京市江宁区矿产资源总体规划（2002—2012年）》《南京市江宁区汤山地下热水资源调查评价与利用规划》等5个规划。

【江宁县矿产资源和矿业发展规划】

1996年7月至1997年6月，江宁县矿产资源管理办公室在江苏省地质矿产技术经济信息所的协助下，完成《江宁县矿产资源和矿业发展规划》（以下简称规划）。1997年9月10日，通过了南京市科学技术委员会的评审。规划是新中国成立后，第一次将江宁县地质资料进行系统收集和整理，并对矿产资源的开发利用分2000年和2010年两个时段作出具体规划。

主要成果　规划廓清了江宁县矿产资源情况。至1996年年底，全县共发现矿产38种，有

23个矿种被县内364家企业开发利用。规划求出县内矿产资源潜在经济价值为1526.38亿元，据其产出价值估算的经济价值为27.60亿元，合计1553.98亿元。规划划分出江宁县的优势矿产、潜在优势矿产和一般矿产。优势矿产为石膏、石灰岩、硫铁矿、地热4种；潜在优势矿产为铁、石英岩、铜3种；一般矿产为水泥配料黏土、高岭土、膨润土、金、矿泉水等。规划提出了建设3个矿业基地、4个矿业小区的意见。3个矿业基地分别为汤山—上坊建材基地、汤山温泉城旅游基地和云台山硫化工基地；4个矿业小区分别为淳化—汤山—上峰膨润土矿业小区、东善桥—谷里高岭土矿业小区、铜井金矿小区和麒麟矿泉水小区。规划还提出6条矿业发展的具体对策。

此外，规划还对利用丰富的地质旅游资源进行勾勒，提出打造汤山风景旅游区、牛首山文化风景区和秦淮河风光带3个各有特色、不同内涵的以地质资源为特色的旅游区设想。还完成全县五万分之一地质图和矿山企业分布图以及江宁县矿产资源登记表。

规划的实施 1998—2000年，全县境内的地质勘查和采矿活动基本按照规划有条不紊地进行。地质勘查的全过程，县矿管部门都能掌握并帮助维护勘查权。随着江宁城市化建设进程的加快，建筑砂石、水泥用灰岩、砖瓦用黏土等矿产资源的开采速度加快，建材矿业基地呈现蓬勃发展形势。2001年《省人大常委会关于限制开山采石的决定》发布后，规划部分内容进入调整期。云台山硫化工基地由于受资金的限制和国内外硫磺价格走势的影响，规划期内没有得到大的发展。地质旅游资源开发起步，汤山温泉综合开发收到良好效果，秦淮河风光带中的方山省级地质公园于2007年12月获江苏省地质公园评审委员会批准。

规划还为《江宁区国家级生态示范区建设总体规划》提供翔实资料。

【南京市江宁区矿产资源总体规划（2002—2012年）】

2002年7月至2004年3月，南京市国土资源局江宁分局组织编制了《南京市江宁区矿产资源总体规划（2002—2012年）》（以下简称总体规划）。2005年5月8日，江苏省国土资源厅审核批准了总体规划。同年6月7日，经江宁区人民政府批准实施。总体规划分为9个部分：前言，经济社会发展概况，地质勘查和矿产资源特点，指导思想、基本原则和规划目标，地质调查评价和矿产勘查，矿产资源保护与开发利用，矿山生态环境保护与恢复整治，规划的实施和附则。

指导思想 以“三个代表”重要思想为指导，贯彻中央关于人口、资源、环境的基本国策，突出可持续发展战略，把生态环境保护放在首位。依靠制度创新、科技创新，推进矿产资源管理方式和开发利用方式的根本转变，合理开发利用与保护矿产资源，重视矿山生态环境保护与恢复治理，防治矿山地质灾害，逐步建立矿业循环经济模式，建设生态矿业，促进矿业可持续发展，达到经济、社会和环境效益的统一。

基本原则 开发与保护并重，开源与高效、循环利用并举，把保护放在首位；充分发挥市场机制优先配置资源的基础作用；调整优化规模和产品结构，在有资源条件的区域建立新的基地，促进矿业经济发展；充分利用“两种资源”“两个市场”；坚持科技创新与体制创新。

规划目标 规划分为近期目标（至2007年）和远景目标（至2012年）。近期目标：进一步加强公益性地质调查和战略性矿产调查评价工作；合理开发利用和有效保护矿产资源；进一步调整和优化矿业结构；初步形成采矿权市场；进一步提高矿产品市场竞争力；有效遏制“三废”（废水、废气、废渣）排放，积极治理矿山环境，初步形成生态矿业格局；明显提高地质矿产管理的宏观调控和社会服务能力。矿石开采总量得到控制并逐年压缩，矿产资源综合利用水平得到提高，固体矿石年产量控制在2000万吨左右。开山采石矿山和砖瓦用黏土企业减少50%，矿产资源采选回收率平均提高5%，矿山综合利用率提高5%。2007年，矿山生态环境恢复治理率达20%，砖瓦黏土用地复垦率达50%。远景目标：适应社会主义市场经济的矿产资源宏观管理体制和微观运行机制得到完善，全面实现采矿权的资产化管理，矿业企业按照规划的现代矿业经营模式运作。固体矿产矿石年产量控制在1500万吨左右。

规划的实施 江宁政办发〔2005〕77号《关于组织实施南京市江宁区矿产资源总体规划（2002—2012年）的通知》发出后，自2005年6月至2007年，地质勘查工作一直稳步进行。在江宁区内从事勘查工作的有江苏省地质调查研究院、江苏省地质工程勘察院、江苏省地质局第一地质大队、江苏省中成建设工程总公司、华东有色地质矿产勘查开发院、江苏省有色金属华东地质勘查局807队、有色金属矿产地质调查中心、北京金有地质勘查有限责任公司、中化地质矿山总局江苏地质勘查院、江苏省地质矿产局第三地质大队等专业地质勘查队伍。勘查资金大多数为各专业队伍争取到的国家资金。勘查项目主要集中在金、银、铜、铁、硫铁矿等矿种的普查上，有的已探出了333级资源量。勘查地点主要分布在江宁区的东北和西南两片。根据规划，矿山开采数目逐年减少，2004年年底全区保有矿山数为182家，2006年年底为137家，2007年年底为128家。其中，由南京市国土资源局江宁分局发证的75家，全部是开采砖瓦用黏土的企业。企业开采规模逐渐规模化、集约化，不达规划要求规模的不予审批。矿山企业的分布位置也作了相应调整，并能严格执行生态环境准入制度，严把立项审批关。对在采矿山加强生态环境的监督管理，督促采矿权人依法履行生态环境保护义务，并全面实施矿山环境治理保证金制度。对已关闭的矿山宕口按治理规划有序地进行环境恢复治理。

【汤山地下热水资源调查评价与利用规划】

2004年5月，江宁区国土资源局委托江苏省地质工程勘察院编制《汤山地下热水资源调查评价和利用规划》（以下简称规划）。2004年12月31日完成初稿。2005年4月18日，通过专家评审组的评审。规划分为调查评价和开发利用两部分。调查评价部分在收集自然经济地理、区域地质概况等前人资料的基础上，又加大地质、水文、地球物理和地球化学方面的工作量。开发利用规划，提出在汤山集镇地段和汤山集镇侯家塘村地段，以注重地热水可持续利用和达到生态环境良性循环为原则，用10年至15年时间，逐步实现采补平衡，适当限制地热水开采量，控制水位埋深。汤山集镇地段水位控制在25米标高（埋深20米）以内，侯家塘地段控制在34米标高（埋深36米）以内，对现行开采量作适当调整，且不再增加新地热开采井。对主要补给区（两地热水地段间的汤山山体部位），压缩冷水的开采量，在隐伏灰岩区，可开展地热资源的勘查，以求得到新的开采量。

除上述3个规划外，2005—2006年，南京市国土资源局江宁分局还组织编制了《江宁区沪宁高速公路两侧可视范围内露采矿山环境治理规划》和《南京市江宁区青龙山关闭矿山地质环境治理规划》。

第二节 勘查管理

【勘查】

江宁是全国较早开展地质调查的地区之一。清同治七年(1868)起,先后有英、德、匈牙利、美、法、瑞典和日本等国地质学家到南京地区(含江宁)进行地质调查和考察。其中法国地质学家李希霍曾3次在南京做地质调查,著有《中国》一书,书中对宁镇山脉地质作了较为详细的论述。民国时期,中国一批著名地质学家如李四光、谢家荣、黄汲清等先后在南京任职并从事地质矿产调研工作,发表过许多地质矿产论著。论著涉及地区多为江宁、句容、镇江等地。在宁芜、宁镇地层表中,地层组的用名有许多取用江宁县内地名,如方山组、周冲村组、西横山组、老虎洞组、汤头组等。宁镇地区被誉为中国地质工作者的摇篮。

新中国成立后,先后有多支地质专业队伍到江宁境内进行地质普查、勘查和科研工作。1955年,冶金部地质局华东分局预备队对凤凰山铁矿做了地表详查,并提交详查报告。1956年,江苏省冶金局第一勘探队开始对凤凰山铁矿进行深部详细勘查等。1958—2007年,到江宁进行地质勘查的专业队伍有:江苏省地质局系统的区调队,区测队,地质一、二、三队,水文队,物探队;中国有色金属总公司华东地质勘探局的807、809、810、813、814队及冶金、煤炭、化工、建材、核工业部、石油、黄金部队等单位。从事科研教学的有南京大学、武汉测绘学院、中南矿冶学院、合肥工大、南京地质学校等十余所院校。地勘单位驻江宁区内的有原省地质局系统的区调队、地质一队、水文队等,有色金属总公司华东地质勘探局的809、813队及建材江苏总队等。

1987—2007年,各专业地质队在江宁境内开展的地质勘查项目合计133项。科研院校及各专业队通过几十年的辛勤劳动,获得丰硕成果。完成了包括江宁全区在内的二十万分之一、五万分之一和万分之一区域地质调查报告和多项科研项目,在江宁区内发现一大批不同类别的矿床、矿(化)点、矿种,累计40多种。

【勘查监督管理】

江宁区地质矿产管理部门根据法律法规赋予的职能,对在江宁区域内的勘查活动认真履行监督管理职责,并为勘查单位排忧解难,提供帮助,化解纠纷,有力地维护勘查单位的合法权益,使勘查工作得以顺利进行。在江宁区从事地质勘查的专业队伍能遵纪守法,配合年度检查。工作中遇到困难能及时与矿管部门沟通,取得好的进展能主动通报。北京金有地质勘查有限责任公司于2005年1月20日至2007年1月23日在江宁区獾子洞铜矿进行普查,将其勘查成果(铜资源量11712吨、伴生金621.20千克、伴生银9.20吨)及时通报,并指出该矿点与邻区驼龙山矿点之间的找矿前景。区矿管部门对极少数违法勘查行为进行适当处罚,维护了勘查管理秩序。1998年5月至2007年年底,先后为华东有色地质勘查局807队、江苏省地质矿产勘查开发公司、中国建材地勘中心江苏总队、华东有色地质勘查局810队、华东有色地质矿产勘查开发院、江苏省地质工程勘察院、江苏省地质调查研究院、有色金属矿产地质调查中心、北京金有地质勘查有限责任公司、江苏省中成建设工程总公司、江苏省地质矿产局第一地质大队、中化地质矿山总局江苏地质勘查院、江苏省地质矿产局第三地质大队13家地勘单位的60项勘查项目进行排他性核查。其中,1998年10项,1999年11项,2000年3项,2001年5项,2003年6项,2004年16项,2005年6项,2006年12项。

第三节 开发利用管理

【开发利用】

位于汤山街道的九牛山铜矿、伏牛山古铜场于1973年发现，1987年7月由南京博物院和南京市博物馆进行调查和清理。早在春秋时期，已有先民对此进行开采和冶炼，伏牛山古铜矿场的发现证明，中国该项采矿技术的运用至少领先西方1000年。两汉时期，包括今江宁区境在内的丹阳郡是当时最重要的产铜地之一。据志书记载，谷里铜矿明代有人开采，深度达50米。青龙山的龙身石灰闻名南京地区。民国《首都志》记载："青龙山产石材，郡人竞采为碑或煅以取灰。"民国时期，在江宁地区经营煤矿开采的公司有27家。日本侵略者曾对凤凰山、牛首山、青龙山的铁矿，铜井的铜矿，小王山、小龙山的锰矿大肆掠夺。民国28—34年（1939—1945），采走凤凰山铁矿石95万余吨。新中国成立前夕，采矿企业大多奄奄一息，小煤矿仅剩8家，小石灰窑59家。全县主要矿产品仅有煤、石灰、砖瓦等。

新中国成立后，县域内的金属矿山及大中型矿山由省或市一级经营管理。1958年后，江宁县非金属矿产开采发展较快。至1985年，非金属矿开采企业达213家，生产人员15869人，产值515万元。开采的品种主要有酸性陶土、白泥、耐火泥、瓷土、七零砂和石灰岩等。2001年年底，全区开发利用矿产达24种，开采矿山329个，从业人员3万余人，矿山开采的矿石总量约1487万吨，工业总产值2.47亿元。人均占有矿石量19.90吨，远高于全省人均3吨的水平。至2007年年底，全区境内共有矿山企业128家。其中，开采建筑石料企业42家，砖瓦企业68家，开采膨润土、石英砂企业6家，开采金、硫、铁矿企业各1家，开采水泥用灰岩企业4家，开采地热资源企业5家。年产矿石1381.17万吨，工业总产值15.55亿元，从业人员近1万人。

与此同时，江宁区矿山生态环境遭到影响和破坏也较为严重。露采矿山开发对阳山碑材、汤山古溶洞、祖堂山、安基湖等风景区的景观、植被及生态环境造成严重的破坏，很大程度上影响了沪宁高速公路、宁杭公路、机场高速公路等交通干线两侧的景观，影响了南京市的整体环境和城市形象。露采矿山占用和破坏了大量的土地，全区306个采石宕口共占用土地992.40万平方米，其中破坏土地面积670.50万平方米。306个采石宕口复垦率不到1%，山体景观和植被遭破坏、水土流失、土地退化等生态环境问题十分突出。露采矿山的开采还易造成崩塌、滑坡、泥石流等地质灾害，给人民的生命和财产带来损害。

【登记发证】

1989年，根据市政府《关于采矿申请登记颁发采矿许可证的通告》，在全县首次对集体采矿企业和个体采矿户进行登记和发证。是年11月28日，县计经委、公安局、工商局、税务局、劳动局5个部门联合发出《江宁县集体采矿企业和个体采矿户登记发证工作的通知》，明确全县采矿企业办理采矿许可证的具体要求。至1990年年底，全县首次登记发证330个。其中县属集体采矿企业4个，林场属集体采矿企业3个，乡镇及村办集体采矿企业322个，个体联户1个。采矿许可证有效期两年，到期后换发新证。县内10家国有矿山企业经县矿管办初审后，也在省或市地矿管理部门办理采矿登记和领证手续。1991年10月28日至1992年4月22日，共换发采矿许可证258个，注销31个，新办5个，换证率为90%。

1998年11月至1999年11月，先后对江南水泥厂（茨山矿）、中国水泥厂（孔山矿）等

21家在省、市换证企业的资料进行初审，并出具有关证明材料报省、市地矿管理部门审核。2000年，对在江宁县矿管部门换证的企业进行换证。全县应换证346个（其中包括在省矿管部门换证的20个，在市矿管部门换证的2个），已换证345个（省矿管部门19个、市矿管部门2个）。关闭不符合办矿条件的矿山企业11家，调解矿山纠纷4起。

2002年，区国土资源局被国土资源部授予全国采矿许可证换证工作先进单位称号。

从2005年起，南京市国土资源局江宁分局只对管辖区内的砖瓦用黏土企业颁发采矿许可证，其他矿种颁发采矿许可证的权限收归市里。2006年，全区境内有矿山企业144家，2007年，有矿山企业128家。

1991—1999年江宁县矿山企业统计情况表

表4-7-25

年份	矿山企业普查注册												许可证领证复审换证率（%）	采矿从业人员（人）
	矿山（个）	采石宕口（个）	其中				地下开采（个）		露天开采（个）		砖瓦土方开采（个）			
			县属矿山（个）		乡镇矿山（个）									
			数量	采石宕口	数量	采石宕口	数量	采石宕口	数量	采石宕口	数量	采石宕口		
1991	312	—	6	6	306	—	2	5	234	—	76	—	64.83 不含砖瓦	23313
1992	328	—	3	3	325	—	2	5	250	—	76	—	90	—
1993	328	—	3	3	325	—	2	5	250	—	76	—	100	—
1994	312	—	6	6	306	—	2	5	234	—	76	—	100	40000
1995	309	—	3	3	306	—	2	5	231	—	76	—	100	40000
1996	312	—	6	6	306	—	2	5	234	—	76	—	100	40000
1997	298	323	6	6	292	317	2	5	211	238	85	85	100	22419
1998	267	337	8	8	259	348	2	5	188	255	77	77	100	25000
1999	273	362	8	8	265	353	2	5	191	215	80	80	100	25000

【“采矿许可证”年检注册】

年检注册 江宁县集体和个体矿山企业采矿许可证年检工作始于1990年。1990年，年检注册300家。1991年，通过年检的集体采矿企业260家，并换发新的采矿许可证，将取得采矿权但不具备开采条件的采矿企业31家予以注销。之后每年10—12月均进行年检注册。

2006年，全区登记注册的矿山企业137家。其中，水泥用灰岩企业11家、金矿企业1家、铁矿企业1家、硫铁矿企业1家、地热水企业6家、砖瓦企业75家、建筑石料企业42家；按发证权限划分，省、市矿管部门发证企业62家，区矿管部门发证企业75家。在江宁区参加年检均为开采砖瓦用黏土矿的企业，年检率100%。结合企业年检，注销采矿登记5家。

2007年，区内开采砖瓦黏土企业全部更换新证，不再年检。

1990—2006 年江宁区矿山企业年检注册情况表

表 4-7-26　　　　单位：家

年　份	年检注册数	年　份	年检注册数	年　份	年检注册数
1990	300	1996	—	2002	287
1991	260	1997	304	2003	202
1992	—	1998	260	2004	103
1993	273	1999	—	2005	105
1994	263	2000	326	2006	75
1995	287	2001	291		

统计年报　江宁区矿产资源统计年报工作始于 1990 年。1990—1995 年是按企业所有制性质分为国营矿山企业和乡镇集体企业两种报表分别填报。统计内容包括矿山企业基本情况、年产矿石量、产品方案、企业现价工业总产值、销售收入以及开采方法、选矿方法、伴（共）生矿产综合利用等内容。具体操作程序：每年采矿许可证年检时，企业在矿管办人员指导下将“统计基础报表”填写好，由矿管办汇总后报市地矿局。后又改为分甲、乙两类矿种分别汇总填报，1996 年改为所有矿山企业分矿种汇总上报。2004—2006 年改为只报“快报”。2007 年又改为各分局报各企业的单份材料，由市国土资源局统一汇总。

【规费征收】

采矿登记费　1989 年，江宁县开始对采矿企业收取采矿登记费。集体和个体采矿企业全部按小型矿山企业征收标准，每证每次收取 200 元。每两年换证一次。

矿产资源补偿费　1994 年，江苏省将 1989 年开始征收的矿产资源费更改为矿产资源补偿费。1994 年 4 月 1 日起，江宁县开征矿产资源补偿费。矿产资源补偿费纳入国家预算，属于中央级财政管理，入国家金库，实行专项管理。涉及江宁县境内开采矿种的费率为：金、银、矿泉水 4%，地热 3%，其他各矿种 2%。1994—2007 年，江宁区实际征收矿产资源补偿费 3403.49 万元。

采矿权使用费　1999 年，江宁县开征采矿权使用费，标准为矿区面积大于 1 平方千米的按每平方千米 1000 元计征，面积不足 1 平方千米的按每个采矿许可证收取 500 元。江宁区采矿权使用费每年都能 100% 征收到位。

采矿权价款　江宁区采矿权出让，自 2003 年 7 月 4 日签订第一份出让合同至 2007 年，已出让 54 宗矿产地。其中 11 宗矿产地进行二次出让。合同总价款 11221.74 万元。至 2007 年 6 月 30 日，已缴价款 6318.10 万元，欠缴价款为 4903.64 万元。至 2007 年 12 月底，实际征收采矿权价款 7456.25 万元。采矿权价款扣除出让成本后，按 15%、10%、75% 的比例分别解缴省、市、区财政部门开设的“采矿权使用费和价款财政专户”。缴区财政专户的采矿权价款的 2/3 返还给采矿权出让所在街道（区属企业除外）。

矿山环境恢复治理保证金　2003 年，江宁区开始征收矿山环境恢复治理保证金。属江宁区征收保证金的矿山企业共 47 家。2003—2007 年，江宁区共征收矿山环境恢复治理保证金 1035.07 万元。

第四节　矿业秩序整顿和禁采限采

【矿业秩序整顿】

1989—1990 年，江宁县首次颁发“采矿许可证”，并对全县采矿秩序进行全面整顿。通过 1 年多的调查摸底，基本上掌握全县采矿行业的矿山数、开采地点和范围、从业人员、开采矿种、年采矿石量和销售等基本情况。为全县 330 家集体采矿企业和个体采矿户颁发“采矿许可证”；省、市地矿主管部门也第一次为县境内的 10 家国有矿山企业颁发“采矿许可证”。此后，各集体和个体采矿企业每两年换发一次“采矿许可证”。江宁县境内所有采矿企业进入依法采矿的轨道。

1996 年，江宁县政府办公室以江宁政办发〔1996〕15 号文转发县计划经济委员会《在全县范围内开展矿业秩序整顿的通知》，制订矿业秩序整顿的具体措施。通过宣传、自查、互查、自纠、督促等方法，整顿取得成效。1995 年，因拖欠矿产资源补偿费未通过年检的 70 家采矿企业都通过年检注册；20 多起矿界纠纷事件得到妥善解决；对 6 家采矿企业发出限期停产整顿的通知；加大对长江非法采砂活动的打击力度，先后查扣非法采砂船只 15 条，罚没款 1 万余元，使铜井、江宁两镇江面非法采砂活动得到遏制。1996 年 5 月 21 日起，在县人大常委会主任带领下，由 5 个部门组成调查组，用 8 天时间调查县内 8 个乡镇 22 个矿山企业。同年 6 月 20 日，在副市长蒋裕德带领下，市矿业秩序治理整顿检查组检查了江宁县的治理整顿工作，并进行现场评议。

2001 年 4 月，江宁区根据全国和省矿产资源管理秩序治理整顿工作会议精神，结合江宁实际，提出在全区范围内开展矿产资源管理秩序治理整顿工作意见。全面排查无证采矿、乱采滥挖、越界越层开采、非法转让、浪费资源、破坏环境等行为。经过 8 个月的治理整顿，2002 年 1 月，注销 46 家采矿权人的“采矿许可证”，终止其采矿活动。2005 年 11 月 24 日至 12 月 13 日，对全区 107 家矿山企业、17 家地勘察单位和 42 名矿管执法人员进行全面排查和清查。检查表明，总体情况良好，但也存在无证开采、越界越层开采现象。汤山地区无证开采地热资源的情况比较突出。这次整顿共查处无证采矿 7 起，对开采规模小、存在安全隐患、严重破坏生态环境、不具备继续开采条件的 38 家矿山企业予以关闭，并注销企业采矿许可证。

图 4-8-12　2003 年 6 月 30 日，江宁区召开首批采矿权挂牌出让现场会

2007 年 11 月 12 日，省整顿和规范矿产资源开发秩序检查验收组到江宁区检查验收，给予充分肯定并通过检查验收。

【禁采限采】

2002 年 4 月 22 日，市政府以宁政发〔2002〕105 号文公布南京市首批禁止开山采石、限制开山采石区境范围，涉及江宁区地矿部门换发采矿许可证的企业有157家。涉及禁采区面积690平方千米，占全区总面积的43%；宁高高速公路禁采带内，涉及江宁发证的企业4家；青龙山—大连山限采区全部在江宁区内，涉及矿山数35个，限采区面积73.50平方千米。江宁区在贯彻执行限制开山采石的决定中，坚持“依法关闭”的同时，注意消化处理关闭中的矛盾，对关闭企业以及所在镇（街道）实行“三免一补”的扶持政策。即对限期关闭的企业免交当年矿山环境恢复治理保证金、采矿权有偿出让价款和矿产资源补偿费；对关闭企业所在镇酌情补发工业用地指标，对如期完成关闭任务给予补助奖励。经过两年多的努力工作，至2004年9月30日，除经省政府批准，在禁采区内保留采矿企业14家外，应该关闭的146家采矿企业按计划全部关闭。

2006年5月，江宁区根据省、市关于全面整顿矿产资源开发秩序的实施意见，公布江宁区第二轮禁采限采方案。禁采区范围由原来的690平方千米调整到822.94平方千米。限采区范围由原来的79.58平方千米调整到96.13平方千米；可采区范围由原来797.42平方千米调整到647.93平方千米。调整共涉及区内18家采矿企业。18家企业在2006—2008年分期关停。此方案经省政府批准，于2007年开始正式实施，至是年12月，按计划时间表已关闭采矿企业8家。

此外，2001—2003年，江宁区还关闭砖瓦黏土开采企业17家，复垦土地95.22公顷。

第五节 地质环境管理

【地质灾害的防治】

灾情险情调查 2003年2月，江宁区国土资源局委托江苏省地质调查研究院开展江宁区露采矿山地质环境调查。查明全区306个露采矿山宕口总占地面积992.40万平方米，其中破坏土地面积670.50万平方米。露采宕口可造成山体崩塌、滑塌、泥石流等地质灾害隐患，区内306个露采宕口曾发生滑塌8次，存在滑塌隐患的矿山10个。龙口石灰石矿，因废石堆滑塌，造成坡下围墙被挤垮10米，护堆墙体被挤裂，2万立方米左右的废石堆还存在再次滑塌的隐患。《南京市市区地质灾害发育分布特征专题研究》中列出江宁区滑坡以及滑坡、崩塌隐患点共147处，皆为小型。其中，土质滑坡3处，岩质滑坡2处；土质滑坡隐患11处，岩质滑坡隐患31处，岩质崩塌隐患93处；尾砂库崩塌隐患7处。滑坡滑动土石方量在530立方米～24000立方米，滑坡均处于不稳定状态。区内7个较大的尾砂库占地面积60万平方米，均有潜在垮塌危险。江宁区地面塌陷地质灾害主要包括岩溶塌陷和地下采矿采空区造成的地面塌陷两种类型。岩溶塌陷最明显的位于淳化街道内的南京大连山水泥厂采石场6号宕口，塌陷于2003年11月初被发现，至11月18日，断裂裂开宽度由0.10米迅速增至0.50米，再后来断口拉开约2米，巨大的岩石不时崩落到宕口内。采空区塌陷主要由地下开采造成。江苏省金源黄金有限责任公司矿区范围内先后发生4次地面塌陷和1次井下泥石流地质灾害。其中，2004年12月17日井下泥石流地质灾害造成2人遇难，直接经济损失180余万元，抢险、抢救费100万元。

防治方案 江宁区通过各镇（街道）及国有林场拉网式巡查危险点，排出全区地质灾害危险点和隐患点，并确定监测人。2003年，共排出地质灾害危险点、隐患点51处。其中，铜井镇

22 处，东善桥林场 11 处。2004 年，编制《江宁区 2004 年地质灾害防治方案》，方案将 2003 年最终确定的 15 个地质灾害隐患点及威胁对象、范围予以公布。区政府成立区地质灾害防治领导小组，由区常务副区长任组长，成员由 12 个局和街镇主要负责人组成，各成员单位都有明确职责。2005 年，江宁区会同市国土资源局邀请专家对区 2004 年列出的地质灾害点进行论证筛选，最终确定 2005 年重点防治地质灾害隐患点 28 处。其中，地面塌陷 9 处，尾砂坝 7 处，易崩落、滑崩 7 处，易滑坡 5 处。并提出消险和整治建议性方案。2006 年，确定地质灾害重点防治区、隐患点、危险点共 28 处；2007 年的防治方案与 2006 年相同，仅增加方山定林寺一处的滑坡防治，共 29 处。

治理 洪幕地区地面塌陷的治理。2003 年 9 月 29 日下午 4 时许，铜井镇洪幕村小柘塘东约 300 米处发生地面塌陷，导致 200 多平方米农田被毁，两户村民及一个奶牛棚被迫搬迁。江宁区国土资源局及时邀请省、市国土资源部门有关领导及省地调院、省工勘院有关技术人员现场查看，分析塌陷原因，并由省工勘院负责编制《南京市江宁区铜井镇洪幕村采空区地面塌陷地质灾害治理方案》。2004 年 1 月 1 日至 2 月 15 日，由铜井金矿按治理方案进行工程治理，治理经费 60 万元，其中区政府自筹资金 30 万元，省国土资源厅补助 8 万元，市国土资源局补助 22 万元。

岩溶塌陷的治理。2003 年 11 月，南京大连山水泥厂开采石灰石的 6 号宕口发生断裂，造成宕口西半部岩石崩落、下陷，属于岩溶塌陷类型。该厂做了大量地质灾害防治工作，并邀请有资质的单位编制《地质灾害治理施工方案》。其后又选定南京同力矿山建设与复垦公司对 6 号宕口进行消险治理和恢复开采。

滑坡治理。2006 年 6 月上旬，南京三龙水泥有限公司金龙新型干法水泥生产线北侧山体发生山体滑坡地质灾害。经地质工程勘察院对灾情调查评价，由江苏南京地质工程勘察院编制的《山体滑坡地质灾害调查评价及治理方案》得到专家组审查通过。治理工程由三龙水泥有限公司自行组织完成，治理费用经审核为 220 万元左右，按照区政府对积极开展治理的单位给予适当补助，南京市国土资源局江宁分局从采矿权价款区留成部分列支了 88 万元予以补助。2007 年，方山定林寺藏经楼（准备复建）地基滑坡、王府山附近公路高切坡引发的山体滑坡、宏觉寺门前因修路引起的山体滑坡及牛首山盘山公路的滑坡，都及时邀请专家进行了论证和评估，制订治理方案。至是年年底，对小型滑坡做了消险、降坡、清淤、减荷、疏通排水、修建护坡等工程治理。

【矿山地质环境治理】

2004 年，江宁区在全区露采矿山地质环境调查成果的基础上，突出重点，先易后难，筛选一批急需治理的矿山。2005 年，选定陶吴东坑采石场和汤山古泉凤泉采石场两地作为南京市地质环境恢复治理的试验场地。陶吴东坑采石场位于江宁区陶吴镇西的“万亩竹海”范围内，汤铜公路南侧。2005 年 3—8 月，共完成岩面喷播 13845 平方米，平面绿化 30480 平方米，治理资金 193.30 万元。汤山古泉凤泉采石场位于沪宁高速公路、宁杭公路南侧，2005 年 6—11 月，共完成立面挂网喷播 21548 平方米，平面造景绿化 21210 平方米，工程治理资金 248.10 万元。2006 年 9 月，江苏省国土资源厅在江宁区召开全省百矿环境整治现场推进会，参会人员参观了陶吴东坑采石场和汤山古泉凤泉采石场两个地质环境恢复治理试点工程项目现场，以推进全省矿山地质环境治理工作。

2006 年，对汤山街道内汤山雷公炼灰采石场等 6 个矿山宕口进行生态环境恢复治理，由汤山街道负责实施。治理面积 11.62 万平方米，工程治理资金 986.50 万元。与此同时，3 个采石场平台式复绿治理由汤山街道负责实施。共完成石方爆破 22.56 万立方米，土方回填、堆埂计 5.02 万立方米；植树大侧柏 2500 株、大洒金柏 4500 株、小洒金柏 12000 株、茨桧 2000 株、火炬树 1000 株、广玉兰 1000 株、爬山虎 3500 米、常春藤 3500 米。平台式复绿治理面积 98584 平方米，治理经费 652.20 万元。麒麟晨光第五采石场等 5 个采石场刻槽复绿治理由原麒麟镇负责实施。爆破刻槽长 7300 米，对刻槽采用优质土回填。栽种树种有高杆女贞、大叶黄杨、小叶女贞、藤本爬山虎、扶芳藤、常春藤、火棘、石楠、迎春等。刻槽复绿治理矿山面积 19.90 万平方米，治理费用 500 万元。此外，南京汤山金矿关闭后，经过整治，获 1 万平方米水面和 7.76 万平方米建设用地。

图 4-8-13　江宁区开展矿山环境恢复治理（2004 年摄）

2007 年，矿山地质环境治理集中在东山街道上坊桃园段。治理面积 437809 平方米，治理方法主要以露岩用挂网喷播复绿、平场用一般绿化方式完成，4 个矿区治理于是年年底完工。治理费用 2035.64 万元。3 年养护期后作最终验收。同年，还采取以奖代补运作方式，完成江宁区将军山废弃矿山地质环境治理项目，治理立面面积 2.05 万立方米，资金来源除省国土资源厅补助 100 万元外，其余费用由开发商自筹。

第五编

人　口

区境内人类活动历史悠久，距今4000年和距今3000年前后，先后两批古代先民生活居住于今横溪街道陶吴社区昝缪村旁的两个土墩上，今称昝缪遗址。在距今约3700年到距今约3000年之间，今江宁区域星罗棋布般分布着大量的湖熟文化聚落遗址，其时代相当于中原商至西周初期，表明这一时期先民对江宁这块热土的开发进入到一个高潮。夏商时期，江宁地区先民是一种与北方淮夷、东夷和东南越人有所联系的土著居民。他们成为西周以后作为吴地的江宁地区句吴族先民的主体。商末周初，太伯奔荆蛮建国，自号“句吴”，江宁始地属吴国，其统治者是南奔的姬姓周人，而一般居民族属应仍无大的变化（长期定居于此的与淮夷、东夷有所联系的土著）。换言之，西周、春秋时期江宁地区的句吴族先民实际上是当地土著与小部分南奔周人的融合。周元王三年（前473），越王勾践灭吴，江宁始地属越国。越灭吴后，吴人中虽有一部分迁往晋国，但大部分仍生活在今宁镇地区，不过其上层统治者已易为越人，而且因为吴、越二族“同气共俗”，无疑已有一部分越人迁居今江宁地区。周显王三十六年（前333），楚威王尽取越国故吴之地，江宁始地属楚国，上层统治者又易为楚人，但原吴地居民之主体并未有大的变化，只是在吴、越族人中再添一部分楚人。秦王政二十五年（前222），秦取楚江南之地，旧吴地有一部分人躲进茅南、皖南、浙北一带山区，被称为“山越”，而包括今江宁区域在内的大部分吴地先民留居下来，逐渐与中原民族融合，成为此后汉民族的重要来源之一。虽经战争动乱，朝代更替，人口发展数度起落，但仍然生生不息，繁衍流传。

《景定建康志》载，宋代境内人口稀少，上元、江宁两县仅有人口43074人。几经变化，至明洪武二十四年（1391），上元、江宁两县人口总数超过473200人，这是明初建都南京时的最高数。明代中后期出现下降现象。万历二十年（1592），上、江两县人口总数仅51401人。与洪武时期人口相比较，两县人口仅为明初的1/10略强。直至清康熙年间，上元、江宁两县人口增至184908人。嘉庆十四年（1809），上、江两县乡区人口超过百万大关，这是十分惊人的数字。民国时期辖区比清代两县乡区略小的江宁县人口不过四五十万人，人口密度几乎与现在水平相当（2004年，江宁、栖霞两区人口117万人）。民国时期，江宁与南京市建置分开，县治迁出城区，民国37年（1948），江宁县人口为448700人。

新中国成立后，全区人口总的趋向是出生率呈下降趋势，死亡率降低，人口增长平稳增加。1964—1970年，全县人口增长达到高峰，其中1969年比1968年净增37050人，增长6.41%。20世纪70年代起，境内全面开展人口与计划生育工作。1980年9月25日，中共中央发表《关于控制我国人口增长问题致全体共产党员、共青团员的公开信》，江宁县认真学习贯彻公开信精神。1982年，提倡一对夫妇只生一胎，控制人口过快增长。人们的生育观念亦由传统型逐步转为现代型，由早生、多生向少生、优生转变。20世纪90年代，计划生育进入法制管理阶段，人口过快增长势头得到有效控制，人口和计划生育工作进入稳定低生育水平及生育优质服务新阶段。2007年年底，江宁区人口总数为879391人，另有暂住人口313892人。全区计划生育率98%。

第一章　人口规模

江宁地域古代户籍人口多少，变化如何，史书旧志历历可考。南宋《景定建康志》，元代〔至正〕《金陵新志》，明正德、万历年间的县志，清《江宁府志》和几部志书都留下上元县、江宁县户籍人口的记载。

民国 17 年（1928），江宁县设立户口调查处，调查全县户口。至是年 9 月结束，全县共有 96156 户、475413 人，其中不识字 248211 人。这是江宁历史上首次近代意义上的户口调查。民国22年10—11月，江宁自治实验县进行一次比较科学缜密的人口调查，对全县户数、人口、男女、年龄、文化、职业等情况，留下比较翔实的资料。抗日战争爆发后，江宁县于民国 26 年年底沦陷，保甲机构摧毁无余，户口册籍丧失殆尽，户口异动极度混乱。抗日战争胜利后，整理户籍，办理国民身份证，办理户口异动表。民国 34 年 10 月，江宁县民政调查显示，全县约 91306 户，人口约 433056 人。

新中国成立后，根据国家统一部署，先后进行 5 次人口普查，遂有较为完整、系统、准确的人口资料。至 2007 年年底，江宁户籍总人口为 879391 人，比 1949 年年底 437120 人增长 442271 人，增加 1.01 倍。平均每个街道人口为 97710 人，9 个街道中，人口最多为秣陵街道，人口为 185699 人；最少为谷里街道，人口为 56026 人。人口密度最高为东山街道，每平方千米 1591 人；最低为江宁街道，每平方千米为 336 人。

第一节　人口总量

据元〔至正〕《金陵新志》载，汉代县域为丹阳郡，江宁所属分别为秣陵县、江乘县、丹阳县和湖熟县。西汉时丹阳郡所统十多县计有 107541 户、405170 人；东汉时为 136518 户、630545 人。

六朝时期是境内人口大发展时期，三国东吴曾在今湖熟一带兴修水利，开垦农田。吴赤乌八年（245），孙权派校尉陈勋一次就发兵三万在此开凿破岗渎。由于这一工程成为贯通建业（今南京市）与太湖流域的交通要道，因而带来秦淮河两岸农业发展和经济繁荣。由此人口增加较快，加上东汉末年北方战乱不止，北方人纷纷南逃，此时境内的建业、秣陵和丹阳，已有人口 20 万人左右。

两晋时，县城仍隶丹阳郡。晋太康元年（280），丹阳郡有 41010 户、237341 人。

隋灭陈后，今江宁区域人口较南朝大为减少。据《宋书》卷三十五记载，刘宋时江宁区域有建康、秣陵、丹阳、江宁、湖熟、江乘 6 个县。6 个县约有 27025 户、157686 人。

《景定建康志》载：宋代上元县有 18746 户、24542 人；江宁县有 13611 户、18532 人。上、江两县计有 32357 户、43074 人。后由于中原战乱，宋室南渡，河南等地的北方人口大量徙入，因此人口增加。据〔至正〕《金陵新志》卷八所录，到至元二十七年（1290），建康路抄籍户口，上元县 29277 户、170000 人；江宁县 22705 户、132787 人。两县合计 51982 户、302787 人。

志载洪武二十四年（1391），上元县户数超过38900户，人口超过253200人；江宁县户数超过27000户、人口超过220000人。两县总计户数超过65900户，人口超过473200人。明成祖迁都北京后，县民及匠户27000人随行，加之赋税太重，很多人逃亡，人口逐减大半。此后，南都及所辖诸县户口一路锐减，甚至达到“十不逮一”的地步。成化、弘治年间，江宁县5112户、11200多人。正德十年（1515），上元县29160多户、135800人；江宁县5112户、11213人。两县总计34272户、147013人。万历二十年（1592），上元县27717人（户数无资料）；江宁县17592户、23684人。两县人口计为51401人。与洪武时期人口相比较，正德年间不足其时人口的1/3，而至万历二十年，两县人口仅为明初的1/10略多。人口累年逐减的原因，主要是明代中晚期南京赋役日增，人口、住户或流亡或投倚豪门；而当时地方政府编造册籍，为减轻地方赋税负担，有意隐瞒丁口，这也是当时普遍的社会现象。此外，人口减少可能还与沙洲乡划属江浦有关。

清康熙五年（1666），上、江两县合计43242人。康熙年间，社会比较稳定，人口逐渐增长，上、江两县人口增至184908人。乾隆十一年（1746），江宁县在乡人口已达177881人。明清鼎革，旧朝的南都虽降为新朝的江南省城，但上元、江宁两县的设置仍沿袭不替，江宁作为前朝京畿地区，也是明代遗民活跃的区域之一。经历百余年的康乾盛世，至嘉庆十四年（1809），上、江两县乡区人口超过百万之数，达到历史高峰。

民国8年（1919），《江苏省政治年鉴》记载，江宁县（包括南京市区）中国籍人口163435户、821762人，外国籍人157户、583人，合计163592户、822345人。民国18年，县政府根据各区的表册，统计出全县户数为96156户、人口475413人。民国22年，江宁县改为自治实验县后，进行人口调查。调查结果，全县户数117204户、人口562063人。其中，男303582人、女258481人。民国34年，全县户数约91306户、人口约433056人。其中，男228619人、女204437人。民国37年，江宁县人口为448700人。其中，男231900人、女208700人（原资料男、女人数与人口总数不符，详见《江宁历史文化大观》712页）。

1949年年底，江宁县总户数为91958户，人口为437120人。1953年，第一次全国人口普查资料显示，江宁县总户数为131123户，总人口为534979人。1964年，第二次全国人口普查资料显示，江宁县总户数为126423户，总人口为505826人（人口普查资料数据与公安部门统计户籍人口数据不一，下同），与1953年第一次人口普查相比，人口减少29153人。人口减少的原因主要是1958—1961年工作失误和天灾，造成全县死亡率上升，出生率下降。其中，1958年死亡数为5166人，比1957年增加7.63%，死亡率为11.10‰；1959年死亡数为9827人，死亡率为21.40‰；1960年死亡数为14616人，死亡率为32.80‰。1982年，第三次全国人口普查资料显示，全县总人口为725688人，与1964年第二次人口普查514068人（由于区划调整，取最后调整数）相比，净增211620人，增长41.17%，平均每年增加11757人，年平均递增率为2.29%。人口增长速度不仅高于全市，而且高于全省平均水平。1990年，第四次全国人口普查资料显示，江宁县总户数为201017户，总人口为733757人。与1982年第三次人口普查时总人口675898人相比（已扣除1985年划入栖霞区的长江、营防和花园乡3个乡的人口），8年间共增加57859人，增长8.56%。平均每年增加7232人，年平均增长率为1.07%。比1964年第二次人口普查到1982年第三次人口普查18年间人口平均增长率减少1.22%。1990年，县人口总数占南京市总人口的比重为14.20%，比第三次人口普查时下降1.96%，总人口数量在市5县中仍居首位。2000年，第五次全国人口普查资料显示，江宁县总户口数为245086户，总人口为781344人。与1990年第四次人口普查时733757人相比共增加47587人，增长6.49%。平均每年增加 4759 人，年平均增长率为 0.65%。在总人口中，农业人口为 592736 人，占总人数的 75.86%; 非农业人口为 176965 人，占总人数的 22.64%，尚有 11643 人户口待定或在国外暂无户口。

2007 年年底，全区总户数 297204 户，总人口 879391 人，比 2000 年第五次全国人口普查净增 98047 人，增长 12.55%，平均每年增长 14007 人。总人口中，非农业人口为 519661 人，占总人数的 59.09%，比 2000 年第五次全国人口普查净增 342696 人，增加 1.94 倍。

1949—2007 年江宁区户籍人口统计情况表

表 5-1-1

年 份	年末总户籍数（户）	户均人口（人）	年末总人口（人）			性别比（女=100）	非农业人口（人）
			合 计	男	女		
1949	91958	4.75	437120	229462	207658	110.50	28000
1950	—	—	408500	—	—	—	27800
1951	—	—	415300	—	—	—	27000
1952	—	—	421300	—	—	—	25700
1953	131123	4.08	534979	275707	259272	106.34	25200
1954	—	—	574620	—	—	—	23500
1955	—	—	529180	—	—	—	22900
1956	—	—	445600	—	—	—	29000
1957	—	—	448600	—	—	—	32300
1958	—	—	465400	—	—	—	49300
1959	—	—	459200	—	—	—	47800
1960	—	—	445600	—	—	—	57500
1961	—	—	444900	—	—	—	51600
1962	—	—	452300	—	—	—	41600
1963	129332	3.87	500307	254918	245389	103.88	34747
1964	127291	4.07	518014	265872	252142	105.45	35357
1965	128314	4.10	525571	269361	256210	105.13	35215
1966	130703	4.22	550929	280116	270813	103.44	35763
1967	131795	4.28	564084	287199	276885	103.73	36916
1968	132934	4.35	577774	294609	283165	104.04	33926
1969	143798	4.28	614824	309627	305197	101.45	24679
1970	147726	4.29	634313	320966	313347	102.43	26546
1971	150428	4.31	648140	324285	323855	100.13	27250
1972	151741	4.33	656379	331270	325109	101.90	28513
1973	155875	4.29	669205	338747	330458	102.51	32540
1974	160502	4.24	680022	344142	335880	102.46	28871
1975	162535	4.23	687429	347085	340344	101.98	29620
1976	165100	4.21	694643	351175	343468	102.24	30743
1977	170304	4.15	706457	356935	349522	102.12	31074
1978	176562	4.05	715634	361525	354109	102.09	32961
1979	175976	4.04	711238	359494	351744	102.20	41274
1980	175618	4.07	715494	359951	355543	101.24	42980
1981	182491	3.96	722180	364249	357931	101.77	42645

续表

年　份	年末总户籍数（户）	户均人口（人）	年末总人口（人）			性别比（女=100）	非农业人口（人）
			合　计	男	女		
1982	184467	3.97	732672	369949	362723	101.99	46005
1983	184625	3.99	736750	372248	364502	102.13	46912
1984	183773	4.03	740403	373820	366583	101.97	98454
1985	188875	3.93	743166	375348	367818	102.05	11448
1986	193305	3.88	750408	379494	370914	102.31	55168
1987	186010	3.82	711315	359781	351534	102.35	56567
1988	204556	3.53	722463	366452	356011	102.93	65440
1989	213527	3.43	733286	371299	361987	102.57	71615
1990	218481	3.39	740416	374758	365658	102.49	72745
1991	222364	3.35	745422	376234	369188	101.91	75051
1992	230590	3.26	750808	378588	372220	101.71	82400
1993	231988	3.24	752797	380057	372740	101.96	88130
1994	235538	3.21	755198	381286	373912	101.97	94201
1995	240508	3.08	740118	373670	366448	101.97	100127
1996	237867	3.12	740957	373639	367318	101.72	109916
1997	237490	3.11	739174	369936	369238	100.19	108105
1998	241016	3.10	746952	374082	372870	100.33	119940
1999	243803	3.05	742653	372883	369770	100.84	121883
2000	246606	3.00	740718	371484	369234	100.61	123901
2001	252182	2.96	746527	374067	372460	100.43	127986
2002	257567	2.92	751865	376520	375345	100.31	155314
2003	273091	2.80	764436	381694	382742	99.73	334400
2004	278508	2.81	783106	390532	392574	99.48	423150
2005	283226	2.86	810828	404219	406609	99.41	442247
2006	290118	2.91	845459	421637	423822	99.48	670029
2007	297204	2.96	879391	438874	440517	99.63	512661

说明：公安部门统计户籍人口数据与全国人口普查资料数据不一，下同

第二节　人口分布及密度

【人口分布】

江宁县古代人口分布史籍记载甚微，唯一一次在文献中记录县以下区域分布是江宁知县袁枚主编的〔乾隆〕《江宁新志》，详细记载乾隆十一年（1746）全县人口分布情况，极为难得。该书《民赋志·户口》中载：江宁合计有878保、8733甲，共87297户、335091口。其中，在城部分有14约所（相当于乡区的图）、239铺，编为414保、4125甲，共41241户、157210口；在乡部分有5区、65图、1080村庄、18卫所，编为464保、4608甲，共46056户、177881口。保、甲、户的编组基本上遵循十户一甲、十甲一保的规定。乡区的具体分布：建邺区，有13图、233村，编为74保、733甲，共7330户、25318口；惠化区，有13图、249村，编为94保、913甲，

共 9306 户、34675 口；山南区，有 13 图、247 村，编为 85 保、845 甲，共 8445 户、31292 口；山北区，有 13 图、198 村，编为 98 保、980 甲，共 9796 户、39753 口；永丰区，有 13 图、153 村，编为 85 保、845 甲，共 8441 户、36683 口；圩所各卫，有 18 卫所，编为 28 保、247 甲，共 2738 户、10160 口。

民国 22 年（1933），经调查统计，全县有 117204 户、562063 人。全县分为 10 个区（按区划分布情况见表 5-1-2）。

民国 22 年（1933）江宁自治实验县人口统计情况表

表 5-1-2

地区别	门牌数（个）	户数（户）	总人口（人）	男（人）	女（人）	户均人数（人）	性别比
第一区	16576	19448	90389	48050	42339	4.65	113.49
第二区	7417	9002	43400	23048	20352	4.82	113.25
第三区	5617	6160	30241	16273	13968	4.91	116.50
第四区	10611	12876	62923	34068	28855	4.89	118.07
第五区	8106	12787	60635	32010	28625	4.74	111.83
第六区	7249	10927	55441	29868	25573	5.07	116.80
第七区	4503	5788	26937	15247	11690	4.65	130.43
第八区	8779	10828	48899	27411	21488	4.52	127.56
第九区	12783	15303	76683	41481	35202	5.01	117.84
第十区	11861	14085	66515	36126	30389	4.72	118.88
合　计	93502	117204	562063	303582	258481	4.80	117.45

民国 22 年（1933）江宁自治实验县户口分类统计情况表

表 5-1-3　　单位：人

地区别	总人口数	男			女		
		住　宿	客　居	他　住	住　宿	客　居	他　住
第一区	90389	44078	255	3717	41615	188	536
第二区	43400	20401	64	2583	19885	48	419
第三区	30241	14663	61	1549	13603	52	313
第四区	62923	29679	79	4301	28030	101	724
第五区	60635	24969	145	6896	26830	239	1556
第六区	55441	24527	92	5249	24200	163	1210
第七区	26937	13356	22	1869	11297	24	369
第八区	48899	25229	107	2075	21052	113	323
第九区	76683	35645	218	5618	34356	163	683
第十区	66515	33917	323	1895	29881	247	261
合　计	562063	266464	1366	35752	250749	1338	6394

说明：住宿加客居是现住人口（调查时在场的人口），住宿加他住为常住人口（本籍人口）

民国23年（1934）江宁县各乡镇人口数统计情况表

表 5-1-4　　　　　　　　　　　　　　　　　　　　单位：人

乡镇	人数		乡镇	人数		乡镇	人数		乡镇	人数	
东山镇	男	4099	岔路镇	男	7671	上高镇	男	5023	靖安乡	男	3050
	女	3883		女	7465		女	4913		女	2727
淳化镇	男	6490	解溪镇	男	5847	桥头镇	男	5571	栖霞镇	男	3108
	女	6078		女	5464		女	5221		女	2841
板桥镇	男	6639	风雅乡	男	5285	殷巷镇	男	5027	尧辰乡	男	3158
	女	6369		女	4979		女	4672		女	2946
江宁镇	男	4730	牧龙镇	男	5318	铜井镇	男	7063	三扬乡	男	2179
	女	4371		女	5025		女	6281		女	2799
陆郎镇	男	6446	谷里镇	男	5355	东善镇	男	3739	摄山镇	男	2104
	女	5705		女	4724		女	3429		女	2006
元山镇	男	3299	陶吴镇	男	8147	朱门镇	男	3380	五桥镇	男	4218
	女	2811		女	6517		女	2756		女	3783
横溪镇	男	5037	丹阳镇	男	5473	西安乡	男	4615	天昌乡	男	5143
	女	4144		女	4331		女	3702		女	4665
秣陵镇	男	5201	仁孝乡	男	4440	禄口镇	男	7317	定林镇	男	2720
	女	4344		女	3986		女	6519		女	2765
和平乡	男	5655	秦曹镇	男	5689	铜山镇	男	5893	鹤龄乡	男	2933
	女	4949		女	4926		女	4484		女	2515
湖熟镇	男	7567	龙都镇	男	4722	京六乡	男	4698	上峰乡	男	2586
	女	6342		女	4286		女	4411		女	2276
丹桂乡	男	5656	索墅镇	男	5628	土桥镇	男	6506	—		
	女	4810		女	4977		女	5478			
青林乡	男	3704	孟北乡	男	2257	阜东乡	男	2187			
	女	3277		女	2121		女	2069			
合计	421715		男		222573			女		199142	

民国35年（1946），全县有91529户、436233人。分为7个区，按区人口分布为：第一区15615户、77446人，第二区16292户、80323人，第三区13152户、61192人，第四区14022户、63328人，第五区14128户、67965人，第六区6591户、30770人，第七区11729户、55209人。

新中国成立后，1953年，第一次全国人口普查资料表明，全县有131327户、535717人（由于统计口径不一，该数据与公安部门统计的户籍人口数据有误差，下同）。分为10个区、1个直属镇，人口分布为：第一区12172户、51947人，第二区11390户、47824人，第三区18410户、73269人，第四区18370户、71582人，第五区16634户、64350人，第六区11691户、48249人，第七区10474户、44001人，第八区7470户、34113人，第九区12378户、48823人，第十区10891户、45662人，湖熟镇1447户、5897人。

1964年，第二次全国人口普查资料表明，江宁县有126423户、505826人。全县划分为25个人民公社，3个镇（人口分布情况见表5-1-5）。

1964 年江宁县人口分布情况表

表 5-1-5

地区别	总户数（户）	总人口（人）	非农业人口（人）	地区别	总户数（户）	总人口（人）	非农业人口（人）
东山公社	3715	15099	7	淳化公社	7119	29914	2029
殷巷公社	3171	12327	214	湖熟公社	5945	23290	20
方山公社	3731	14062	871	龙都公社	6130	22150	1026
上坊公社	3714	14550	495	土桥公社	5916	22580	1048
江宁公社	6835	26826	2835	汤山公社	5054	22386	16
谷里公社	6671	26209	714	上峰公社	4539	18972	261
陆郎公社	4915	19908	1035	其林公社	4257	18799	1206
铜井公社	5735	23111	800	营防公社	3404	13725	297
陶吴公社	4994	20020	1210	花园公社	3202	12654	237
东善公社	4017	16465	753	长江公社	2352	10466	227
横溪公社	4858	19200	762	东山镇	1077	6078	5352
丹阳公社	3961	16016	979	汤山镇	1275	5659	5403
铜山公社	5541	20940	333	湖熟镇	870	3625	3589
禄口公社	7652	29244	1309	合 计	126423	505826	34645
秣陵公社	5773	21551	1617				

1982 年，第三次全国人口普查资料表明，江宁县有 180811 户、725688 人。全县划分为 3 个镇、26 个人民公社（人口分布情况见表 5-1-6）。

1982 年江宁县人口分布情况表

表 5-1-6

地区别	总户数（户）	总人口（人）			家庭户平均每户人数（人）
		合 计	家庭户	集体户	
总 计	180811	725688	711197	14491	3.95
东山镇	4923	19890	14266	5624	2.97
湖熟镇	1093	2625	2438	187	2.27
汤山镇	1438	4487	3646	841	2.60
东山公社	5538	20782	20714	68	3.74
殷巷公社	4441	18049	17861	188	4.03
方山公社	5043	19660	19423	237	3.87
秣陵公社	7987	31335	31131	204	3.91
禄口公社	7879	31972	31589	383	4.02
上坊公社	5366	21454	20913	541	3.91
淳化公社	9434	37736	37030	706	3.93
土桥公社	8012	32388	32135	253	4.02
湖熟公社	8265	31903	31903	—	3.86
龙都公社	8144	31086	31022	64	3.81
周岗公社	5815	22623	22418	205	3.86
东善公社	5463	23165	22328	837	4.11

续表

地区别	总户数（户）	总人口（人）			家庭户平均每户人数（人）
		合 计	家庭户	集体户	
陶吴公社	6982	28114	27588	526	3.96
横溪公社	6682	27819	27562	257	4.14
丹阳公社	5199	22272	21986	286	4.24
铜山公社	7581	30872	30593	279	4.04
江宁公社	9499	36047	35428	619	3.74
铜井公社	7900	33055	32760	295	4.16
陆郎公社	7005	29135	28926	209	4.14
谷里公社	8802	35973	35649	324	4.06
其林公社	6107	25895	25578	317	4.20
汤山公社	7888	31870	31870	—	4.04
上峰公社	6322	25691	25424	267	4.04
花园公社	4175	16800	16469	331	3.96
营防公社	4409	18585	18365	220	4.18
长江公社	3419	14405	14182	223	4.12

1990年，第四次全国人口普查资料表明，江宁县有201017户、733757人。全县划分为9个镇、15个乡（人口分布情况见表5–1–7）。

1990年江宁县人口分布情况表

表5–1–7

地区别	总户数（户）	总人口（人）			家庭户平均每户人数（人）
		合 计	家庭户	集体户	
总 计	201017	733757	722632	11125	3.60
东山镇	12239	43336	38244	5092	3.17
湖熟镇	10511	36814	36814	—	3.50
汤山镇	10179	40067	38820	1247	3.84
丹阳镇	6513	24502	24422	80	3.76
江宁镇	9737	39748	39591	157	4.07
陶吴镇	8136	29066	28627	439	3.53
秣陵镇	8843	32651	32445	206	3.68
禄口镇	9495	33233	32927	306	3.47
淳化镇	11572	40945	40100	845	3.47
岔路乡	5003	18609	18442	167	3.69
殷巷乡	5081	19017	18990	27	3.74
方山乡	5695	20272	20076	196	3.54
上坊乡	6345	23269	22841	428	3.61
周岗乡	6620	23623	23486	137	3.55
龙都乡	8592	31063	31063	—	3.62
土桥乡	8867	34117	34067	50	3.85
东善乡	6924	25311	24850	461	3.61

续表

地区别	总户数（户）	总人口（人）			家庭户平均每户人数（人）
		合　计	家庭户	集体户	
横溪乡	8539	29922	29918	4	3.50
铜山乡	9000	31902	31869	33	3.54
谷里乡	10240	38368	38306	62	3.74
陆郎乡	8682	30010	29829	181	3.44
铜井乡	9227	33789	33765	24	3.66
其林乡	7457	27586	26734	852	3.60
上峰乡	7520	26537	26406	131	3.52

2000 年，第五次全国人口普查资料表明，江宁县有 245086 户、781344 人。全县划为 18 个镇（人口分布情况见表 5–1–8）。

2000 年江宁县人口分布情况表

表 5–1–8

地区别	总户数（户）	总人口（人）	非农业人口（人）	地区别	总户数（户）	总人口（人）	非农业人口（人）
东山镇	43078	137771	84245	横溪镇	9291	27250	3465
秣陵镇	10183	33606	7845	丹阳镇	7096	21616	1518
禄口镇	19982	58888	10936	江宁镇	16336	53765	5230
上坊镇	7742	26508	2870	谷里镇	9847	33938	2794
淳化镇	13390	41134	4445	铜井镇	9651	30182	2037
湖熟镇	19763	62721	7606	麒麟镇	10053	33958	6728
周岗镇	6918	21309	1176	汤山镇	13824	42699	10005
土桥镇	8923	30681	1680	上峰镇	8200	25221	1599
东善桥镇	7585	23539	3441	江宁经济技术开发区	14814	49854	14517
陶吴镇	8410	26704	4828	合　计	245086	781344	176965

2007 年，区公安部门提供数据表明，全区有 297204 户、879391 人。其中非农业人口 519661 人。全区经过区划调整，划分为 9 个街道（人口分布情况见表 5–1–9）。

2007 年江宁区人口分布情况表

表 5–1–9

街　道	总户数（户）	总人口(人)	非农业人口（人）	面积（平方千米）	人口密度（人 / 平方千米）
东山街道	54267	151140	151140	95	1591
秣陵街道	58759	185699	131275	182	1020
汤山街道	32310	100543	21802	223	451
淳化街道	18305	58606	58606	132	444
禄口街道	26771	82980	82980	165	503
江宁街道	27612	86746	38500	258	336

续表

街　道	总户数（户）	总人口(人)	非农业人口（人）	面积（平方千米）	人口密度（人/平方千米）
谷里街道	22501	56026	4640	158	355
湖熟街道	29506	83628	13964	145	577
横溪街道	27173	74023	16754	215	344
合　计	297204	879391	519661	1573	559

说明：此表数据为区公安部门统计的数据

【人口密度】

民国22年（1933），根据陆地测量局所测，江宁县面积为9089市方里（2272.25平方千米），人口为562063人，人口密度为每方里61.84人（每平方千米247.36人）。

1949年，江宁县面积1540平方千米，人口437120人，平均每平方千米284人。第一次、第二次、第三次、第四次、第五次全国人口普查资料显示：1953年，人口密度为313人/平方千米；1964年，人口密度为296人/平方千米；1982年，人口密度为429.50人/平方千米；1990年，人口密度为459人/平方千米；2000年，人口密度为499人/平方千米。

2007年，江宁区人口密度为559人/平方千米。比1949年增加275人，增长96.83%。区内人口密度最高为东山街道，每平方千米1591人。人口密度最低的为江宁街道，每平方千米336人（各街道人口密度情况见表5-1-9）。

第二章　人口变动

史载，江宁历史上有西晋、南朝、隋唐、明朝等大迁徙。明初，因定都金陵，既有大量外籍人口迁徙入籍江宁，也有因戍边等需要，不少江宁籍居民远徙云南等地。洪武时期，移居京师的人户由三部分构成：其一，从全国各地征调众多手工业匠户，计45000户，至少有20万人，这些人中相当一部分留居金陵。其二，南京驻军有20万人，加上随军家眷，则人数更加庞大。三是朱元璋两次从全国徙富户于南京。一次是洪武二十四年（1391），徙天下富户5300户于南京；一次是洪武三十年，徙浙江等省、应天诸府富户14300余户至南京，其总数近10万人。与此同时，亦有大量包括江宁区域范围在内的南京居民移徙云南等边区。这些人绝大部分是随征镇大军远徙云南的。直到今天，云南一些集镇村寨汉族居民其口头语不少与江宁农村的方言土语相同，当地老人甚至代代相传地说他们的祖籍是“南京应天府江宁县”或“南京应天府上元县”。

新中国成立后，人口出生率虽几经变化，但总体呈下降趋势。1962—1966年，其间出生率分别为37.80‰、44.30‰、42.50‰、42.30‰和38‰。自从推行计划生育后，人口出生率明显下降并趋于稳定。1993—2007年，人口出生率一直保持在6.35‰～10.37‰之间。2007年，人口出生率为9.20‰，死亡率为5.64‰，自然增长率为3.56‰。随着改革开放的不断深入，1992—2007年，江宁区人口机械增长平稳增加，其间共迁入281811人，迁出167137人，净增114674人，年均增加7645人。

第一节　自然变动

【出生】

1950—1982年，江宁县出生率经历了“两高两低”的变化。全县共出生人口495500人，平均每年出生15015人，年平均出生率为27.16‰。其间大致经过四个阶段：第一阶段是1950—1957年8年中，共出生人口123530人，平均每年出生15441人，年平均出生率为32.71‰。这是江宁县人口出生第一个高峰。第二阶段为1958—1961年，是江宁县人口出生较低时期，年平均出生率下降到17.83‰，平均每年出生8130人，仅为1950—1957年平均出生人口的52.65%，同时，由于死亡率上升，使总人口由1957年的44.86万人，降至1961年的44.49万人。其中，1959年、1960年2年人口出现负增长。第三阶段是1962—1966年，其间出生率大幅度上升。分别为37.80‰、44.30‰、42.50‰、41.54‰和37.48‰，年平均出生率为40.72‰，为1958—1961年的2.28倍，平均每年出生20752人，为新中国成立后人口出生第二个高峰。第四阶段为1967—1982年，由于逐步推行计划生育，使人口出生率呈明显下降趋势。年平均出生率为22.48‰。其中，1976年、1977年、1978年3年曾分别为14.90‰、14.69‰、14.85‰，高出生的势头基本得到控制。

1983—1992年，其间人口出生率保持平稳并呈下降趋势，出生率在10.78‰～17.76‰有8年，其余1984年、1985年人口出生率分别下降到9.12‰和10.35‰。1993—2007年，人口出生率进一步下降，一直保持在6.35‰～10.37‰之间。其中人口出生率最高为1997年的10.37‰，最低为2001年的6.35‰。2007年，人口出生率为9.20‰。

【死亡】

1950—2007年，江宁区人口死亡率明显下降并趋于稳定。1950—1955年6年中，年平均死亡率为16.33‰。1959—1960年，由于工作失误加之天灾，人口死亡率大幅度上升，1959年为21.40‰，1960年高达32.80‰。自20世纪60年代中期，人口死亡率逐渐趋于稳定，至2007年，江宁区的人口死亡率稳定在6‰左右。其中2005—2007年的人口死亡率分别为5.73‰、5.26‰和5.64‰。

1950—2007年江宁区人口自然变动情况表

表5-2-10

年　份	出　生		死　亡		自然增长	
	人数（人）	出生率（‰）	人数（人）	死亡率（‰）	人数（人）	自然增长率（‰）
1950	12623	30.90	7966	19.50	4657	11.40
1951	12874	31.00	7019	16.90	5855	14.10
1952	14160	33.61	6362	15.10	7798	18.51
1953	17494	32.70	8078	15.10	9416	17.60
1954	19250	33.50	9654	16.80	9596	16.70
1955	15558	29.40	7726	14.60	7832	14.80
1956	14928	33.50	5303	11.90	9625	21.60
1957	16643	37.10	4800	10.70	11843	26.40
1958	12612	27.10	5166	11.10	7446	16.00

续表 1

年份	出生		死亡		自然增长	
	人数（人）	出生率（‰）	人数(人)	死亡率（‰）	人数（人）	自然增长率（‰）
1959	7485	16.30	9827	21.40	–2342	–5.10
1960	5704	12.80	14616	32.80	–8912	–20.00
1961	6718	15.10	4582	10.30	2136	4.80
1962	17097	37.80	3347	7.40	13750	30.40
1963	22164	44.30	3552	7.10	18612	37.20
1964	22016	42.50	4766	9.20	17250	33.30
1965	21832	41.54	3364	6.40	18468	35.14
1966	20649	37.48	3416	6.20	17233	31.28
1967	18417	32.65	5111	9.06	13306	23.59
1968	20517	35.51	7176	12.42	13341	23.09
1969	23947	38.95	3320	5.40	20627	33.55
1970	19981	31.50	3045	4.80	16936	26.70
1971	18064	27.87	3694	5.70	14370	22.17
1972	15425	23.50	3282	5.00	12143	18.50
1973	13679	20.44	3547	5.30	10132	15.14
1974	11384	16.74	3482	5.12	7902	11.62
1975	10985	15.98	3417	4.97	7568	11.01
1976	10350	14.90	3751	5.40	6599	9.50
1977	10378	14.69	3744	5.30	6634	9.39
1978	10627	14.85	3550	4.96	7077	9.89
1979	10718	15.07	3514	4.94	7204	10.13
1980	12471	17.43	3306	4.62	9165	12.81
1981	14639	20.27	3972	5.50	10667	14.77
1982	14111	19.26	3883	5.30	10228	13.96
1983	8635	11.72	4177	5.67	4458	6.05
1984	6752	9.12	4272	5.77	2480	3.35
1985	7687	10.35	4107	5.53	3580	4.82
1986	10994	14.65	4812	6.41	6182	8.24
1987	12336	17.34	4097	5.76	8239	11.58
1988	11278	15.61	4044	5.60	7234	10.01
1989	13026	17.76	4068	5.55	8958	12.21
1990	12585	17.00	4434	5.99	8151	11.01
1991	11320	15.14	4518	6.04	6802	9.13
1992	8095	10.78	4428	5.90	3667	4.88
1993	6924	9.20	4511	5.99	2413	3.21
1994	6742	8.93	4454	5.90	2288	3.03
1995	6753	9.12	4801	6.49	1952	2.63
1996	6777	9.15	4458	6.02	2319	3.13
1997	7663	10.37	4171	5.64	3492	4.73
1998	6385	8.55	4692	6.28	1693	2.27

续表 2

年 份	出 生		死 亡		自然增长	
	人数（人）	出生率（‰）	人数(人)	死亡率（‰）	人数（人）	自然增长率（‰）
1999	5765	7.76	4034	5.43	1731	2.33
2000	6143	8.29	7022	9.48	-879	-1.19
2001	4737	6.35	3915	5.24	822	1.11
2002	5932	7.89	4514	6.00	1418	1.89
2003	6388	8.36	5239	6.85	1149	1.51
2004	7197	9.19	5257	6.71	1940	2.48
2005	7429	9.16	4649	5.73	2780	3.43
2006	7620	9.01	4447	5.26	3173	3.75
2007	8093	9.20	4959	5.64	3134	3.56

说明：此表数据为区公安部门统计的数据

第二节 机械变动

【人口迁徙】

南朝宋文帝元嘉二十二年（445）秋，武陵王刘骏（后为孝武帝）遣沈庆之讨平诸蛮，俘获3万余口，强行迁徙北来，其中万余人居于建康。时浚淮，得湖熟田1000余顷，即徙越城散居流人及北来流人3万余人至湖熟，定居种田。

明洪武初，朱元璋定都南京，既有大量外籍人口迁徙入籍江宁，也有因戍边等需要，不少江宁籍居民远徙至云南等地。明〔万历〕《江宁县志》载："昔自洪武定基，凡金陵旧民驱置滇南。"县志古迹篇云：南京城内有地名叫花石桥、杨柳湾。《诗汇》云：明太祖多徙金陵旧姓大族于滇。今滇南一些大族的宗谱记载：元末时居住上元县花石桥，或上元县杨柳湾。尽迁其民、驱置滇南、使城内空荡无人。于是朝廷又迁徙南直隶、浙江居民人万多户到南京居住。又下令户部：选择天下富民14300余户迁到京师居住，这些户被称为富户。〔万历〕《江宁县志》载：别取浙、直上户45000余家填实京师。民国《首都志》载：又洪武十三年（1380），徙苏浙上户45000余家实京师，其壮丁发各工局充匠，余为编户。凡置之都城之内者曰坊，置之都城之外者为厢，隶于上元县者曰图。时上元县有坊、厢、图共计176个，江宁县有坊、厢142个。经审编，每个坊、厢各有10甲，每甲有10户，即每坊、厢有100户之多。建文四年（1402），明成祖朱棣攻占京师，后迁都北京，南京为留都。志载：永乐北建，坊民厢民大半北迁。选择其中较为富有的3000户为大宛二县厢长。《郡国利病书》载：成祖北迁，取其民匠户27000户以行，故京师户口减其半。明正统初，应天府尹邝樊思审编坊厢，江宁有坊只剩35个，上元尚余44坊。二县坊厢数户口数只及原先的1/4。富户工匠北迁后，上、江两县人口由洪武二十四年的473200人，减至正德十年（1515）的147000人，又减至万历二十年（1592）的51384人，清康熙五年（1666）只剩下43342人。究其原因，据民国《首都志》载：户口大减而差役实增，赋税日重，田价日减，细户不支，因而逃往流窜很多。清初江宁城内惟皖鄂两省人居十之七，回回户又居土户三之一，本地土户实占土户之二。回回户散居各街巷外，凡上下浮桥、七家湾、牛头巷、汉西门皆其族也。

【迁入迁出】

1949—1992 年，江宁县迁入、迁出人口数量大体相当。其中，1964 年，迁入人口 3634 人，迁出人口 3619 人；1986 年，迁入人口 9395 人，迁出人口 7204 人；1992 年，迁入人口 15532 人，迁出人口 15785 人。20 世纪 90 年代末至 2007 年，随着改革开放的不断深入，江宁区引进大量人才，迁入人口数量远远超过迁出人口数量。其中 2003 年，迁入人口 16100 人，迁出人口 5500 人；2006 年，迁入人口 38300 人，迁出人口 7000 人；2007 年，迁入人口 39000 人，迁出人口 9700 人。

1963—2007 年江宁区人口机械变动情况表

表 5-2-11　　单位：人

年　份	迁入人数	迁出人数	机械增长数	机械增长率（‰）	年　份	迁入人数	迁出人数	机械增长数	机械增长率（‰）
1963	8909	16506	–7597	–15.18	1987	10495	8286	2209	3.11
1964	3634	3619	15	0.03	1988	9773	6473	3300	4.57
1965	7471	7716	–245	–0.47	1989	9777	8611	1166	1.59
1966	6411	9001	–2590	–4.70	1990	6007	7184	–1177	–1.59
1969	12058	6956	5102	8.30	1991	15532	15785	–253	–0.34
1970	24320	8641	15679	2.47	1992	15532	15785	–253	–0.34
1971	3319	6176	–2857	–4.41	1993	7683	8278	–595	–0.79
1972	4286	6211	–1925	–2.93	1994	8524	8552	–28	–0.04
1973	8344	5571	2773	4.14	1995	14246	15465	–1219	–1.65
1974	9062	6258	2804	4.12	1996	11021	10980	41	0.06
1975	6881	7289	–408	–0.59	1997	11505	12477	–972	–1.31
1976	9910	9359	551	0.79	1998	9400	8200	1200	1.61
1977	13239	8405	4834	6.84	1999	10100	14900	–4800	–6.46
1978	15408	13291	2117	2.96	2000	15900	15700	200	0.27
1979	18196	31591	–13395	–18.83	2001	19400	14500	4900	6.56
1980	12090	16440	–4350	–6.08	2002	10800	7200	3600	4.79
1981	10905	12873	–1968	–2.73	2003	16100	5500	10600	13.37
1982	9054	8527	527	0.72	2004	23000	6500	16500	21.07
1983	9651	10568	–917	–1.24	2005	31300	6400	24900	30.71
1984	7634	6503	1131	1.53	2006	38300	7000	31300	37.02
1985	7197	7434	–237	–0.32	2007	39000	9700	29300	33.32
1986	9395	7204	2191	2.92					

说明：此表数据为区公安部门统计的数据。其中，1949—1962年、1967—1968年人口机械变动情况资料缺失

【流动人口】

旧时，农村从业人口经常带有流动人口性质的，主要是外出谋生而不改变户口性质的工匠。新中国成立后，人口国内迁移的数量与方向受迁移管理制度变动的支配，又受政治形势和经济体制变化的制约。1950—1957 年，为人口自由流动时期，1958—1978 年，为限制农村人口向城

市流动时期。中共十一届三中全会后，农村实行联产承包责任制，农村多种经营和乡镇企业迅速发展，农村劳动力结构发生重大变化，国家在政策上亦鼓励一部分劳动力外出营生，大批农民从土地的束缚中解放出来，农村进城务工、经商办企业的人数逐年增多。同时，外地人口到江宁的越来越多。

1982年第三次人口普查资料显示：常住江宁1年以上，户口在外地有1960人，人住江宁不满1年，离开户口登记地1年以上70人，人住江宁户口待定1729人，原住江宁现在国外学习或工作暂无户口的9人。在江宁有常住户口外出1年以上有6266人。1988—1989年，共发暂住人口证24587人。

1990年第四次人口普查资料显示：常住江宁县1年以上，户口在外县、市有11704人，人住江宁不满1年，离开户口登记地1年以上有677人，人住江宁、户口待定24023人，原住江宁现在国外工作或学习，暂无户口7人。在江宁有常住户口外出1年以上有11655人。1992—1994年，在江宁县暂住人口共41697人。1996年，江宁县暂住人口18116人。

2000年第五次人口普查资料显示：居住在江宁县半年以上，户口在外乡镇街道有102627人，在江宁居住不满半年，离开户口登记地半年以上4366人，居住江宁户口待定11586人。户口在江宁，现在国外工作学习暂无户口57人。户口在江宁、外出半年以上74764人。2001—2004年，江宁区暂住人口计280570人。2005年，江宁区有流动人口35.30万人，其中暂住人口13.30万人，寄住人口22万人。2006年，有流动人口49.21万人，其中暂住人口22.40万人，寄住人口26.81万人。2007年6月底，江宁区暂住人口313892人。

2007年1月1日至6月30日江宁区暂住人口统计情况表

表5-2-12　　单位：人

性质	合计	暂住时间			来自地区		暂住地分类				
		1月以下	1月至1年	1年以上	省内	省外	旅店	居民家中	单位内部	工地现场	租赁房屋
总计	313892	19382	129827	164683	100172	213720	5221	4048	76165	135254	93204
务工	197228	9876	55526	131826	70681	126547	—	902	49730	133291	13305
务农	2385	8	349	2028	919	1466	—	1157	—	—	1228
经商	11082	280	6937	3865	4073	7009	1135	—	528	516	8903
服务	59232	4252	41115	13865	15550	43682	2744	11	25805	1445	29227
因公出差	19	2	17	—	1	18	19	—	—	—	—
借读培训	33664	1026	24190	8448	8055	25609	1106	1725	—	—	30833
保姆	15	—	3	12	5	10	—	10	—	—	5
投靠亲友	452	8	116	328	265	187	108	223	102	—	19
探亲访友	75	5	65	5	40	35	55	20	—	—	—
旅游观光	2	2	—	—	—	2	2	—	—	—	—
其他	9738	3923	1509	4306	683	9055	52	—	—	2	9684

第三章 人口构成

1949—2007 年，江宁区常住人口中男性与女性性别比呈下降态势。1949 年，根据公安部门统计数据，性别比为 110.50。1964 年，第二次全国人口普查资料显示，性别比为 105.80。2000 年，第五次全国人口普查资料显示，性别比为 106.28；2007 年，根据公安部门统计数据，性别比为 99.63。但 70 岁以上高龄人群中，则女性多于男性。

江宁区人口文化素质不断提高。1964 年，大学文化 866 人，占 6 周岁以上人口 0.20%；高中文化 5233 人，占 1.21%；初中文化 22002 人，占 5.10%；小学文化 44636 人，占 10.35%。2005 年，大学以上文化（含专科、研究生）46519 人，占 6.06%；高中文化 135491 人，占 17.65%；初中文化 297237 人，占 38.72%；小学文化 232293 人，占 30.26%（详见本编第四章第二节《文化素质》）。

由于人均寿命延长，至 1992 年年底，江宁县已进入老龄化社会。人口从业结构发生很大变化。20 世纪 50 年代，从业人员以第一产业居多，其次是第二产业、第三产业；至 2007 年，从业人员第二产业最多，占 49.36%；其次是第一产业，占 26.38%，第三产业占 24.26%。

新中国成立后，随着社会的发展，江宁地区婚姻制度、家庭结构发生深刻变化，自由恋爱取代包办婚姻，传统的几代同堂大型家庭逐渐解体，为小型家庭所代替。1949 年，江宁县每个家庭户为 4.75 人。2000 年，第五次人口普查资料显示，每个家庭户为 3.19 人。在家庭规模中，三人户和二人户所占比重最大，分别占全部家庭户的 36.10% 和 21.91%，六人以上家庭只占 3.70%。从家庭结构看，全区二代户和一代户为主体，占全部家庭户的 51.88%，四代户只占 0.89%。2007 年，全区每个家庭户 2.96 人，比 1949 年每个家庭户减少 1.79 人。

第一节 性别 年龄

【性别】

民国 22 年（1933），江宁县改为自治实验县后进行人口调查，江宁县人口男性为 303582 人，女性为 258481 人，性别比为 117.45（女 =100，下同）。民国 34 年，男性为 228619 人，女性为 204437 人，性别比为 111.83。民国 37 年，男性为 231900 人，女性为 208700 人，性别比为 111.12。

1949 年年底，江宁县男性为 229462 人，女性为 207658 人，性别比为 110.50。1953 年，第一次全国人口普查资料显示，男性为 275707 人，女性为 259272 人，性别比为 106.34。1964 年，第二次全国人口普查资料显示，男性为 260043 人，女性为 245783 人，性别比为 105.80。1982 年，第三次全国人口普查资料显示，男性为 367600 人，女性为 358088 人，性别比为 102.66，低于全省 103.41 的水平，显正常状态。但从各年龄组性别构成来看，存在较大差异。其中 36 岁 ~ 59 岁年龄组性别比为 113.44，比任何年龄组高（除 60 岁以上两个不可比年龄组外）。60 岁以上人口，年龄越高，女性所占比重越大。60 岁 ~ 85 岁年龄组性别比为 78.11，86 岁以上年龄组性别比为 19.24。说明江宁县女性人口寿命比男性长。1990 年，第四次全国人口普查资料显示，男性为

372362 人，女性为 361395 人，性别比为 103.03。比第三次人口普查时高出 0.37%，在正常合理范围内，既低于全国 106.60 的水平，也低于全省 103.64 的水平。分年龄组看，婴幼儿性别比偏高，是否意味着有溺弃女婴现象存在，值得重视。2000 年，第五次全国人口普查资料显示，男性为 402569 人，女性为 378775 人，性别比为 106.28。比第四次人口普查高出 3.25%。年龄组分段资料表明，0 岁 ~ 69 岁各年龄组为男多女少，特别是 60 岁 ~ 64 岁和 15 岁 ~ 19 岁两个年龄组性别比高达 120 以上，分别为 123.67 和 120.08。65 岁以上各年龄组是女多男少，年龄越高，性别比越低。

2007 年，江宁区总人口中男性为 438874 人，女性为 440517 人，性别比为 99.63。男性比例呈下降趋势（1949—2007 年江宁区人口性别统计详见本编表 5-1-1）。

1964 年第二次全国人口普查江宁县分年龄组性别统计情况表

表 5-3-13

年龄组（岁）	人口数（人）			占总人口数的百分比（%）			性别比（女 =100）
	合 计	男	女	合 计	男	女	
0 ~ 4	67077	34853	32224	13.26	6.89	6.37	108.16
5 ~ 9	68916	36524	32392	13.62	7.22	6.40	112.76
10 ~ 14	69469	36488	32981	13.73	7.21	6.52	110.63
15 ~ 19	53096	27991	25105	10.50	5.54	4.96	111.50
20 ~ 24	37462	19849	17613	7.41	3.93	3.48	112.70
25 ~ 29	34644	18577	16067	6.85	3.67	3.18	115.62
30 ~ 34	34219	17824	16395	6.76	3.52	3.24	108.72
35 ~ 39	33613	17803	15810	6.65	3.52	3.13	112.61
40 ~ 44	29027	15354	13673	5.74	3.04	2.70	112.29
45 ~ 49	22091	11136	10955	4.37	2.20	2.17	101.65
50 ~ 54	17347	8402	8945	3.43	1.66	1.77	93.93
55 ~ 59	13453	5975	7478	2.66	1.18	1.48	79.90
60 ~ 64	11710	4965	6745	2.31	0.98	1.33	73.61
65 ~ 69	7177	2572	4605	1.42	0.51	0.91	55.85
70 ~ 74	3956	1118	2838	0.78	0.22	0.56	39.39
75 ~ 79	1661	355	1306	0.33	0.07	0.26	27.18
80 ~ 84	476	70	406	0.09	0.01	0.08	17.24
85 ~ 89	91	9	82	0.02	0.00	0.02	10.98
90 ~ 94	11	0	11	0.00	0.00	0.00	0.00
95 ~ 99	1	0	1	0.00	0.00	0.00	0.00
100 及以上	0	0	0	0.00	0.00	0.00	—
年龄不详	329	178	151	0.07	0.04	0.03	117.88
总 计	505826	260043	245783	100.00	51.41	48.59	105.80

2000年第五次全国人口普查江宁县分年龄组性别统计情况表

表 5-3-14

年龄组（岁）	人口数（人）			占总人口数的百分比（%）			性别比（女=100）
	合 计	男	女	小 计	男	女	
0 ~ 4	29597	15441	14156	3.79	1.98	1.81	109.08
5 ~ 9	43235	22601	20634	5.53	2.89	2.64	109.53
10 ~ 14	66125	34378	31747	8.46	4.40	4.06	108.29
15 ~ 19	59265	32337	26928	7.59	4.14	3.45	120.09
20 ~ 24	54070	27781	26289	6.92	3.56	3.36	105.68
25 ~ 29	66881	33975	32906	8.56	4.35	4.21	103.25
30 ~ 34	88920	45554	43366	11.38	5.83	5.55	105.05
35 ~ 39	77469	39791	37678	9.91	5.09	4.82	105.61
40 ~ 44	51186	26205	24981	6.55	3.35	3.20	104.90
45 ~ 49	65466	34022	31444	8.38	4.35	4.02	108.20
50 ~ 54	52582	27144	25438	6.73	3.47	3.26	106.71
55 ~ 59	34439	18557	15882	4.41	2.38	2.03	116.84
60 ~ 64	27605	15263	12342	3.53	1.95	1.58	123.67
65 ~ 69	24682	12439	12243	3.16	1.59	1.57	101.60
70 ~ 74	19430	9249	10181	2.49	1.18	1.30	90.85
75 ~ 79	12466	5261	7205	1.60	0.67	0.92	73.02
80 ~ 84	5621	1968	3653	0.72	0.25	0.47	53.87
85 ~ 89	1834	501	1333	0.23	0.06	0.17	37.58
90 ~ 94	416	89	327	0.05	0.01	0.04	27.22
95 ~ 99	53	13	40	0.01	—	0.01	32.50
100 以上	2	0	2	—	—	—	0.00
总 计	781344	402569	378775	100.00	51.52	48.48	106.28

【年龄】

民国 22 年（1933），《江宁县政概况》记载，这一年人口结构，30 岁以下的 349128 人，占总人口数的 62.12%，其中 0 岁 ~ 5 岁年龄段人数最多，有 76158 人，占总人口数的 13.55%。60 岁以上的老人有 28324 人，占总人口数的 5.04%。

民国 22 年（1933）江宁自治实验县人口年龄与性别对比情况表

表 5-3-15

年龄组（岁）	人口数（人）	男（人）	女（人）	性别比（女 100）
0 ~ 5	76158	40367	35791	112.79
6 ~ 10	68920	37306	31614	118.00
11 ~ 15	62916	34546	28370	121.77
16 ~ 20	54275	30292	23983	126.31
21 ~ 25	44943	25249	19694	128.21
26 ~ 30	41916	23542	18374	128.13
31 ~ 35	42609	24127	18482	130.54

续表

年龄组（岁）	人口数（人）	男（人）	女（人）	性别比（女 100）
36 ~ 40	38072	21560	16512	130.57
41 ~ 45	32756	18455	14301	129.05
46 ~ 50	28084	15414	12670	121.66
51 ~ 55	22569	11901	10668	111.56
56 ~ 60	20229	9807	10422	94.10
61 ~ 65	14693	6495	8198	79.23
66 ~ 70	8716	3161	5555	56.90
71 ~ 75	2254	633	1621	39.05
76 ~ 80	1625	317	1308	24.24
81 ~ 85	774	178	596	29.87
86 ~ 90	216	36	180	20.00
91 ~ 95	24	2	22	9.09
96 ~ 100	22	15	7	214.29
100 以上	—	—	—	—
年龄不详	292	179	113	158.41
总 计	562063	303582	258481	117.45

新中国成立后，江宁区人口年龄结构发生较大变化。1953 年、1964 年、1982 年 3 次全国人口普查资料表明：在 1953—1982 年 30 年中，各类人口占总人口的比重发生明显变化。其中，育龄妇女、劳动力、老年人口均呈增长趋势。不满周岁的婴幼儿占总比重由 4.13%、3.88% 降至 2.30%；学龄前儿童由 19.11%、13.67% 降至 10.45%。反映出低出生、低死亡的发展趋势。江宁县人口特征：呈成年型，人口年龄中位数明显上升，1982 年为 24.12 岁，比 1964 年的 18.31 岁增加 5.81 岁，说明有一半人口在 24.12 岁以上，年龄明显地由年轻型向成年型转化；少年人口比例明显下降，1964 年为 40.52%，1982 年降至 30.29%；老年人口比例和人口老化系数（65 岁以上人口同 15 岁以下的比例）都有增长，老年人口比例由 1964 年的 2.65% 上升为 1982 年的 4.50%，人口老化系数由 1964 年的 6.18% 增至 1982 年的 13.91%。

1953 年、1964 年、1982 年江宁县人口普查年龄基本构成对比情况表

表 5-3-16

年龄基本构成	第三次人口普查（1982 年）		第二次人口普查（1964 年）		第一次人口普查（1953 年）	
	人口数（人）	占总人口比重（%）	人口数（人）	占总人口比重（%）	人口数（人）	占总人口比重（%）
1. 总人口	725688	100.00	514068	100.00	534979	100.00
2. 不满周岁乳儿	16707	2.30	19971	3.88	22105	4.13
3. 学龄前儿童（1 岁 ~ 6 岁）	75831	10.45	70271	13.67	102217	19.11
4. 少年儿童（7 岁 ~ 14 岁）	127278	17.54	118066	22.97	85091	15.91
5. 兵源（男 18 岁 ~ 22 岁）	29618	4.08	22265	4.33	22845	4.27
6. 育龄妇女（15 岁 ~ 49 岁）	191960	26.45	117771	22.91	120800	22.58
7. 劳动力小计	442580	60.99	275626	53.62	287601	53.76

续表

年龄基本构成	第三次人口普查（1982年）		第二次人口普查（1964年）		第一次人口普查（1953年）	
	人口数（人）	占总人口比重（%）	人口数（人）	占总人口比重（%）	人口数（人）	占总人口比重（%）
男（15岁～60岁）	232727	32.07	146889	28.57	153755	28.74
女（15岁～55岁）	209853	28.92	128737	25.04	133846	25.02
8. 男60岁、女55岁以上老人	63292	8.72	30134	5.86	41600	7.78

1990年，全国第四次人口普查资料表明，江宁县人口年龄中位数为26.75岁，比1982年第三次全国人口普查时24.12岁，提高2.63岁。少年儿童人数（0岁～14岁）占总人口的比重为24.24%，与1982年人口普查相比下降6.05%。老年人口（65岁及65岁以上）占总人口的比重为5.93%，与1982年相比提高1.39%。

2000年，全国第五次人口普查资料表明，江宁县学龄前儿童占总人口比例，比“四普”下降5.01%，学龄前儿童减少34051人。随着人口自然增长率的下降，全区学龄儿童绝对数逐年减少。青年（15岁～25岁）人数占总人口的比重比“四普”下降7.18%，绝对数减少45191人。育龄妇女（15岁～49岁）人数比“四普”虽然增加11804人，但占总人口比重却下降0.25%。劳动力年龄人口呈增长态势。全县劳动力比“四普”增加48812人，增长10.13%，占总人口的比重增加2.25%。人口年龄呈老年型。与第四次人口普查相比，少年人口系数下降6.46%，老年人口系数上升2.33%，人口年龄位数增加6.27岁，达33.02岁。

1990年与2000年江宁县人口普查年龄基本构成对比情况表

表5-3-17

年龄基本构成	第四次人口普查（1990年）		第五次人口普查（2000年）		2000年比1990年增长比重（%）
	人口数（人）	占总人口比重（%）	人口数（人）	占总人口比重（%）	
1. 总人口	733757	100.00	781344	100.00	6.49
2. 学龄前儿童（0岁～6岁）	78489	10.70	44438	5.69	–43.38
3. 学龄儿童（7岁～11岁）	67719	9.23	57696	7.38	–14.80
4. 青年（15岁～25岁）	168730	23.00	123539	15.81	–26.78
5. 育龄妇女（15岁～49岁）	211788	28.86	223592	28.62	5.57
6. 劳动力小计	481595	65.63	530407	67.88	10.14
男（15岁～59岁）	247594	33.74	285366	36.52	15.26
女（16岁～54岁）	234001	31.89	245041	31.36	4.72
7. 老年人口（60岁以上）	69524	9.48	92109	11.79	32.49

2007年，根据区公安局提供资料，全区总人口为879391人。其中，18岁以下140008人，占总人口15.92%；19岁～35岁271702人，占总人口30.90%；36岁～60岁346759人，占总人口39.43%；60岁以上为120922人，占总人口13.75%。

2007年江宁区人口年龄结构情况表

表 5-3-18　　　　　　　　　　　　　　　　　　　　　　　　　　　　　　　单位：人

所属统计单位	总人口	18岁以下	19岁～35岁	36岁～60岁	60岁以上
江宁公安分局	879391	140008	271702	346759	120922
东山派出所	96855	19651	29979	37665	9560
岔路派出所	21053	4242	8013	7042	1756
上坊派出所	33232	5347	9439	13750	4696
开发区派出所	39712	6992	16279	12699	3742
方山派出所	88677	11445	48771	21532	6929
百家湖派出所	23202	3953	6535	9445	3269
秣陵派出所	34108	5637	8768	14329	5374
东善桥派出所	20376	3145	5382	8704	3145
谷里派出所	35650	5320	9248	15488	5594
江宁派出所	27179	4024	6949	11899	4307
铜井派出所	31452	4750	7907	13586	5209
陆郎派出所	28115	4147	6022	13007	4939
土桥派出所	32206	4551	6979	14765	5911
淳化派出所	26400	3827	6694	11581	4298
禄口派出所	45094	7539	11133	19519	6903
铜山派出所	37886	4707	14532	13574	5073
汤山派出所	42577	5545	14225	17021	5786
上峰派出所	26119	3676	5675	12185	4583
麒麟派出所	31847	7945	11830	9146	2926
周岗派出所	22312	3284	4618	10318	4092
湖熟派出所	31538	4385	7549	13882	5722
龙都派出所	29778	4155	6948	13369	5306
陶吴派出所	20826	3208	5152	9120	3346
横溪派出所	28805	4508	7279	12330	4688
丹阳派出所	24392	4025	5796	10803	3768

第二节　民　族

夏商时期，江宁地区先民是一种与北方淮夷、东夷和东南越人有所联系的土著居民。他们成为西周以后作为吴地的江宁地区句吴族先民的主体。秦始皇二十五年（前222），秦取楚江南之地，旧吴地有一部分人躲进苏南、皖南、浙北一带山区，被称为“山越”，而包括今江宁区域在内的大部分吴地先民留居下来，逐渐与中原民族融合，成为此后汉民族的重要来源之一。

回族，据湖熟马氏家谱记载，他们的祖先原住西域鲁密国，马白好五丁、马古台等于明朝洪武年间到南京定居。嘉靖年间，马白好五丁的第七世孙马文泉和马古台的第七世孙马近泰、马仪泰等宗支迁到湖熟居住。全区回族马氏居多。区境内其他少数民族，或因婚配，或因调动工作，陆续迁到区境居住。

江宁区居民一向以汉族为主，回族次之。1953年，第一次全国人口普查资料显示，江宁县有少数民族5个共1878人，占全县总人口的0.35%。其中回族1856人，其他民族20人，还有朝鲜、日本各1人。1964年，第二次全国人口普查资料显示，有少数民族11个共1720人，占全县总人口的0.34%。其中回族1649人，其他少数民族57人，民族不详12人，外国人加入中国籍2人。1982年，第三次全国人口普查资料显示，有少数民族13个共2090人，占全县总人口的0.29%。其中回族2010人，其他少数民族78人，民族不详1人，外国人加入中国籍1人。1990年，第四次全国人口普查资料显示，有少数民族21个共2424人，占全县总人口的0.37%。其中回族2211人，其他少数民族213人。2000年，第五次全国人口普查资料显示，有少数民族29个共3470人，占全县总人口的0.45%。其中回族人口2257人，其他少数民族1192人，未识别民族21人。

2007年，江宁区有少数民族37个共5775人，占全区总人口的0.66%。其中，回族人口3450人，其他少数民族2325人。

第一至第五次人口普查和2007年江宁区人口民族构成统计情况表

表5-3-19 单位：人

民族		“一普”（1953年）	“二普”（1964年）	“三普”（1982年）	“四普”（1990年）	“五普”（2000年）	2007年
总人口数		534979	505826	725688	733757	781344	379391
汉族		533101	504106	723598	731333	777874	373616
少数民族合计		1878	1720	2090	2424	3470	5775
少数民族占总人口比重（%）		0.35	0.34	0.29	0.33	0.44	0.66
其中	蒙古族	2	6	3	6	75	257
	回族	1856	1649	2010	2211	2257	3450
	藏族	—	—	—	25	107	39
	维吾尔族	—	—	4	4	33	37
	苗族	1	11	3	19	163	213
	彝族	—	3	5	17	81	98
	壮族	—	—	17	17	42	160
	布依族	—	—	2	25	143	121
	朝鲜族	—	—	4	10	48	128
	满族	16	12	25	45	154	539
	侗族	—	16	2	7	50	92
	瑶族	—	—	—	—	6	44
	白族	—	—	—	2	27	47
	土家族	—	1	—	16	204	351
	哈尼族	—	—	—	3	3	6
	哈萨克族	—	—	—	—	—	7
	傣族	—	—	—	1	—	15
	黎族	1	—	—	—	12	44
	傈僳族	—	1	—	—	2	1
	佤族	—	—	—	—	1	2

续表

民族		“一普”（1953年）	“二普”（1964年）	“三普”（1982年）	“四普”（1990年）	“五普”（2000年）	2007年
其中	畲族	—	—	—	3	4	25
	高山族	—	3	8	7	4	8
	拉祜族	—	—	—	—	1	5
	水族	—	—	—	2	3	5
	纳西族	—	1	2	1	2	5
	土族	—	—	3	2	8	22
	达斡尔族	—	—	—	—	—	10
	仫佬族	—	3	—	—	3	4
	羌族	—	—	—	—	2	10
	毛南族	—	—	—	—	—	1
	仡佬族	—	—	—	1	7	8
	锡伯族	—	—	—	—	—	13
	普米族	—	—	—	—	—	2
	乌孜别克族	—	—	—	—	—	1
	裕固族	—	—	—	—	—	2
	鄂伦春族	—	—	—	—	—	2
	俄罗斯族	—	—	—	—	1	1
	珞巴族	—	—	—	—	1	—
	未识别民族	—	12	1	—	21	—
	外国人加入中国籍	2	2	1	—	—	—

第三节 行业 职业

【行业】

1982年，第三次人口普查资料显示：江宁县从业人口的行业分布，以农牧林渔部门为最多，从业人口为290240人，占全县从业人口的72.06%。其中，种植业为278898人，占农牧林渔部门从业人口的96.09%，牧、林、渔三业从业人口共11342人，占3.91%。工业部门从业人口居第二位，为72199人，占全县从业人口的17.92%。按轻、重工业分，轻工业28289人，占39.18%；重工业为43910人，占60.82%。在工业部门中，制造业职工为61318人，占84.93%。从业人口性别构成，男多于女。男性占55.01%，女性占44.99%。多数行业从业人口年龄比较轻。全县行业人口平均年龄为32.20岁。

1990年，第四次人口普查资料显示：全县从业人口行业分布以农林牧渔水利业为多，人数为290248人，占全县从业人口的63.64%；其次是工业，为113149人，占全县从业人口的24.81%。从事第三产业人口发展较为缓慢，从业人员只有45156人。8年仅增加17946人，所占比重为9.90%，比1982年提高2.65%。卫生、体育、社会福利事业、教育、文艺、广播电视、科学研究和金融保险等只占从业人口的4.50%。大力调整产业结构，发展第三产业显得十分必要。

1982 年、1990 年江宁县从业人口行业分类情况表

表 5-3-20

行业分类		1982 年		1990 年	
		从业人数（人）	构成（%）	从业人数（人）	构成（%）
总 计		402792	100.00	456071	100.00
1. 农、林、牧、渔、水利业		290240	72.06	290248	63.64
2. 工 业	矿业及木材采运业	10704	2.66	113149	24.81
	电力、煤气、自来水的生产和供应业	177	0.04		
	制造业	61318	15.22		
3. 地质普查及勘探业		1131	0.28	837	0.18
4. 建筑业		9774	2.43	6681	1.47
5. 交通运输、邮电通讯业		5184	1.29	7637	1.69
6. 商业、公共饮食业、物资供销和仓储业		9576	2.38	16932	3.71
7. 房地产管理、公用事业、居民服务业和咨询服务业		964	0.24	2639	0.58
8. 卫生、体育和社会福利事业		2102	0.52	2601	0.57
9. 教育、文化艺术和广播电视业		7257	1.80	9193	2.02
10. 科学研究和综合技术服务事业		39	0	75	0.02
11. 金融、保险业		563	0.14	1013	0.22
12. 国家机关、政党机关和社会团体		3132	0.78	4897	1.07
13. 其他行业		631	0.16	113	0.02

2000 年，第五次人口普查资料显示，整个从业人口中，农、林、牧、渔业的比重最大，人数为 216123 人，占全县从业人口的 45.78%。其次为制造业，人数为 115284 人，占全县从业人口的 24.42%。农、林、牧、渔业和制造业两部分占全部从业人口的 70.20%，其他 14 个部门占 29.80%。从业人口与第四次人口普查相比，第一产业减少 17.86%，第二产业增长 16.13%，第三产业增长 1.61%。

2000 年江宁县从业人口行业分类情况表

表 5-3-21

行业分类	从业人数（人）	构成（%）
总 计	472090	100.00
1. 农、林、牧、渔业	216123	45.78
2. 采掘业	11661	2.47
3. 制造业	115284	24.42
4. 电力、煤气及水的生产和供应业	4154	0.88
5. 建筑业	31111	6.59
6. 地质勘查业、水利管理业	567	0.12
7. 交通运输、仓储及邮电通信业	16948	3.59
8. 批发和零售贸易、餐饮业	34462	7.30
9. 金融、保险业	1935	0.41

续表

行业分类	从业人数（人）	构成（%）
10. 房地产业	1699	0.36
11. 社会服务业	8781	1.86
12. 卫生、体育和社会福利业	3966	0.84
13. 教育、文化艺术及广播电影电视业	13030	2.76
14. 科学研究和综合技术服务业	378	0.08
15. 国家机关、政党机关和社会团体	11047	2.34
16. 其他行业	944	0.20

2005 年，南京市 1% 人口抽样调查资料显示：整个就业人口中，制造业比重上升到第一位，人数为 118447 人，占全区从业人口的 28.91%。其次是农、林、牧、渔业，人数为 115691 人，占全区从业人口的 28.23%。与第五次人口普查相比，制造业增长 4.49%，农、林、牧、渔业减少 17.55%。2007 年，区统计局提供资料，全区就业人数为 309764 人。其中，第一产业 81731 人，占就业总数的 26.38%；第二产业 152895 人，占 49.36%；第三产业 75138 人，占 24.26%。

2005 年江宁区就业人口行业分类情况表

表 5-3-22

行业分类	就业人数（人）	构成（%）
总　计	409778	100.00
1. 农、林、牧、渔业	115691	28.23
2. 采矿业	7542	1.84
3. 制造业	118447	28.91
4. 电力、燃气及水的生产和供应业	3771	0.92
5. 建筑业	39692	9.69
6. 交通运输、仓储和邮政业	20837	5.08
7. 信息传输、计算机服务和软件业	1692	0.41
8. 批发和零售业	35969	8.78
9. 住宿和餐饮业	10733	2.62
10. 金融业	2369	0.58
11. 房地产业	6188	1.51
12. 租赁和商务服务业	2998	0.73
13. 科学研究、技术服务和地质勘查业	870	0.21
14. 水利、环境和公共设施管理业	3094	0.76
15. 居民服务和其他服务业	11071	2.70
16. 教育	10926	2.67
17. 卫生、社会保障和社会福利业	3868	0.94
18. 文化、体育和娱乐业	1305	0.32
19. 公共管理和社会组织	12715	3.10

【职业】

据元〔至正〕《金陵新志》卷八录：至元二十七年（1290），建康路抄籍户口，江宁县共

22705 户、132787 人。不同职业的人户统计：民户 19907、14357 人，医户 75、571 人，淘金户 823、7792 人，财赋佃户 573、3251 人，儒户 75、425 人，弓手户 86、846 人，乐人户 1[illegible]、112 人，无名色户 18259、101360 人，军户 1113、3930 人，站户 491、5202 人，匠户 373、3116 人，哈剌赤户 483、4137 人，铺夫户 116、1144 人。上元县共 29277 户、170000 人，分南人户、北人户、汉人户三类统计，南人户计 28266 户，其中儒户 74、医户 94、弓手户 78、财赋佃户 1957、贵户 11、哈剌赤户 788、民户 24227、军户 106、急递铺夫户 46、匠户 437、水马站户 448；北人户计 1011 户，其中色目户 17、蒙古人户 14（以上两类人户数记载有误）、畏吾儿户 1、回回人户 1、契丹人户 1；汉人户计 994 户，其中军户 976、匠户 2、民户 15、马户 1（原始资料记载有误，详见《江宁历史文化大观》255 页）。

民国 35 年（1946），江宁县民政调查表显示，从业人口共 305986 人，其中男 160876 人，女 145110 人。从事农业 131311 人，其中男 110345 人，女 20966 人；从事矿业 487 人，其中男 284 人，女 203 人；从事工业 12953 人，其中男 12699 人，女 254 人；从事商业 13506 人，其中男 13250 人，女 256 人；从事交通运输 720 人，其中男 705 人，女 15 人；公务人员 3340 人，其中男 3234 人，女 106 人；自由职业人员 1537 人，其中男 1400 人，女 137 人；从事服务人员 2052 人，其中男 1941 人，女 111 人；其他 915 人，其中男 848 人，女 67 人；无业人员 139165 人，其中男 16170 人，女 122995 人。

1982 年，第三次人口普查资料显示：在各种职业中，以农、牧、林、渔劳动者为最多，人数为 267188 人，占职业人口的 66.33%。其次为生产工人、运输工人和有关人员，人数达 94644 人，占 23.50%。从年龄上看，职业人口中，35 岁以下占全部从业人口的 64.43%，35 岁～54 岁占 29.67%，55 岁以上占 5.90%，职业队伍是年轻的。职业人口的文化程度以各类专业技术人员为最高，大学文化程度占职业人口全部大学文化人数的 79.43%，它是职业人口素质的重要标志。文盲、半文盲遍及各业人口，占各业人口比重最高的是农、牧、林、渔劳动者，占 44.20%，其次是服务性工作人员，占 30.02%。

1990 年，第四次人口普查资料显示：与第三次全国人口普查相比，8 年中，农、牧、林、渔劳动者所占从业人口比例下降 7.52%，各类技术人员的比重下降 0.10%，而生产、运输工人的比重上升 3.45%，商业、服务性工作人员各上升 1.67% 和 1.18%。8 年中，各类职业文化程度都有所提高。但脑力劳动与体力劳动文化程度的差距有所扩大。各类专业技术人员，国家机关、党群组织和企事业单位负责人、办事人员及有关人员高中文化程度分别达到 32%、39.73%、49.60%，比第三次人口普查提高 13.77%、14.97%、14.94%；而农、牧、林、渔劳动者等体力劳动者高中文化程度几乎没有得到提高。

2000 年，第五次人口普查资料显示：从事农、林、牧、渔、水利生产人员和生产运输设备操作人员及有关人员等两类职业人数占总从业人数的 78.33%。在全区从业人口中，初中及以下文化程度占从业人口的 81.80%，且集中在农、林、牧、渔、水利生产人员类，占该类人口的 56.11%。高中及以上文化程度的人口占从业人口的 18.20%。大专以上文化程度的人口占从业人口的 3.57%，且集中在机关、专业技术人员、办事人员三大类。

2005 年，南京市 1% 人口抽样调查资料显示：从事农、林、牧、渔、水利业生产人员和生产工人、运输工人及有关人员两类职业占总从业人数的 67.93%，比 2000 年第五次人口普查下降 10.40%。其中，从事农、林、牧、渔、水利业生产人员下降 17.60%，生产工人、运输工人和有关人员上升 7.20%。商业、服务性工作人员占总从业人数比第五次人口普查上升 7.16%。

第三至第五次人口普查和2005年抽样调查江宁区从业人口职业分类情况表

表5-3-23

职业分类	2005年1%抽样调查		"五普"（2000年）		"四普"（1990年）		"三普"（1982年）	
	人数（人）	构成（%）	人数（人）	构成（%）	人数（人）	构成（%）	人数（人）	构成（%）
从业人口总计	409778	100.00	472090	100.00	456071	100.00	402792	100.00
各类专业、技术人员	25285	6.17	24265	5.14	19795	4.34	17869	4.44
国家机关、党群组织、企事业单位负责人	7929	1.93	13455	2.85	9930	2.18	4617	1.15
办事人员和有关人员	23254	5.67	12180	2.58	4169	0.91	2351	0.58
商业工作人员	74839	18.26	52402	11.10	15783	3.46	7207	1.79
服务性工作人员					15214	3.33	8672	2.15
农、林、牧、渔、水利业生产人员	115498	28.19	216170	45.79	268200	58.81	267188	66.33
生产工人、运输工人和有关人员	162828	39.74	153618	32.54	122906	26.95	94644	23.50
不便分类的其他从业人员	145	0.04	—	—	74	0.02	244	0.06

第四节　家庭　婚姻

【家庭】

南宋江宁县每个家庭户人口，据《景定建康志》卷四十二载，江宁县有13611户、18532人，平均每个家庭户1.36人；元代有22705户，平均每个家庭户5.84人；明洪武二十四年（1391），江宁县户数超过2.70万户，人口超过22万人，平均每个家庭户8.14人。民国34年（1945），江宁县有91306户，平均每个家庭户4.74人。

1953年，第一次人口普查资料显示，江宁县有131123户，平均每个家庭户4.08人。1964年，第二次人口普查资料显示，江宁县有126423户，平均每个家庭户4人。1982年，第三次人口普查资料显示，江宁县总户数为180811户。其中，家庭户180235户、711197人，家庭户平均每户人数为3.95人；集体户576户、14491人。1990年，第四次人口普查资料显示，全县家庭户共有200367户，平均每个家庭户为3.61人。从各种规模家庭户所占比重看，3人户～4人户所占比重为最高。一人户1.86万户，占总户数9.26%；二人户2.48万户，占12.38%；三人户5.17万户，占25.79%；四人户5.78万户，占28.85%；五人户2.90万户，占14.49%；六人以上1.85万户，占9.23%。不同家庭户类别：单身户14260户，占总户数7.12%；一对夫妇户15006户，占7.49%；二代户125929户，占62.85%；三代户35356户，占17.65%；四代户1092户，占0.54%；一代户和其他亲属非亲属945户，占0.47%；二代户和其他亲属非亲属2240户，占1.12%；三代户和其他亲属非亲属1197户，占0.60%；四代户和其他亲属非亲属45户，占0.02%；其他户4297户，占2.14%。2000年，第五次人口普查资料显示，全区有家庭户235600户，平均每户人口3.10人，比第四次人口普查时的3.61人减少0.51人。在家庭户中，三人户和二人户所占比重最大，分别占全部家庭户的 36.10% 和 21.91%。六人以上家庭仅占 3.70%。从家庭的结构看，全区以二代户和一代户家庭为主体，二代户 122225 户，占全部家庭户的 51.88%；一代户 65331 户，占全部家庭户的 27.73%；三代户 45946 户，占 19.50%；四代户 2098 户，占 0.89%；全区没有五代户及五代户以上家庭。

1990 年江宁县不同规模的家庭户类别情况表

表 5-3-24　　　　单位：户

户规模	合 计	单身户	一对夫妇户	二代户	三代户	四代户	一代户和其他亲属和非亲属	二代户和其他亲属和非亲属	三代户和其他亲属和非亲属	四代户和其他亲属和非亲属	其 他
总 计	200367	14260	15006	125929	35356	1092	945	2240	1197	45	4297
一人户	18557	14260	—	—	—	—	—	—	—	—	4297
二人户	24810	—	15006	9224	—	—	580	—	—	—	—
三人户	51679	—	—	50283	761	—	227	408	—	—	—
四人户	57811	—	—	49746	7210	8	72	727	48	—	—
五人户	29024	—	—	14062	13763	102	44	693	360	—	—
六人户	11377	—	—	2318	8090	269	12	273	404	11	—
七人户	4239	—	—	271	3352	303	5	81	220	7	—
八人户	1630	—	—	23	1239	234	5	29	88	12	—
九人户	735	—	—	2	548	118	—	15	43	9	—
十人及以上户	505	—	—	—	393	58	—	14	34	6	—

2000 年江宁县不同规模的家庭户类别情况表

表 5-3-25

户规模	家庭总户数		一代户		二代户		三代户		四代户	
	总户数（户）	占总数（%）	总户数（户）	占总数（%）	总户数（户）	占总数（%）	总户数（户）	占总数（%）	总户数（户）	占总数（%）
合 计	235600	100.00	65331	27.73	122225	51.88	45946	19.50	2098	0.89
一人户	22859	9.70	22859		—		—		—	
二人户	51618	21.91	41549		10069		—		—	
三人户	85060	36.10	699		82692		1669		—	
四人户	43209	18.34	142		26050		16983		34	
五人户	24148	10.25	48		2961		20714		425	
六人户	6598	2.80	14		353		5239		992	
七人户	1351	0.58	9		62		833		447	
八人户	541	0.23	2		22		386		131	
九人户	149	0.06	4		6		85		54	
十人及以上户	67	0.03	5		10		37		15	

2005年，南京市1%人口抽样调查资料显示：全区共283226户，平均每户2.86人。家庭规模：一人户30900户，占家庭总户数的10.91%；二人户79162户，占27.95%；三人户96637户，占34.12%；四人户40416户，占14.27%；五人户27416户，占9.68%；六人户5976户，占2.11%；七人户1473户，占0.52%；八人户1076户，占0.38%；九人户57户，占0.02%；十人户113户，占0.04%。家庭类别：一代户92530户，占家庭总户数32.67%；二代户131700户，占46.50%；三代户56164户，占19.83%；四代户2832户，占1%。

2007年，全区共297204户，平均每个家庭户2.96人。

【婚姻及婚龄人口】

据民国35年（1946）统计，江宁县15周岁及15周岁以上婚龄人口452093人，其中男性299314人，女性152779人（按照国际上通用的相关标准，婚龄人口是指15周岁及15周岁以上人口，下同）。已婚237559人（男120538人，女117021人）；丧偶37763人（男14799人，女22964人）；未婚176771人（男163977人，女12794人）。

1982年，第三次人口普查资料显示，江宁县15周岁及15周岁以上人口为505872人，其中男254124人，占50.23%；女251748人，占49.77%。性别比为100.94，基本平衡。其中，未婚139859人（男82113人，女57746人），占婚龄人口27.65%；有配偶326939人（男159724人，女167215人），占64.63%；丧偶36192人（男9670人，女26522人），占7.15%；离婚2882人（男2617人，女265人），占0.57%。

1990年，第四次人口普查资料显示，江宁县15周岁及15周岁以上人口为555851人，男279838人，占50.34%；女276013人，占49.66%。性别比为101.39，基本平衡。未婚120510人（男71494人，女49016人），占婚龄人口21.68%；有配偶397225人（男196444人，女200781人），占71.46%；丧偶35524人（男9679人，女25845人），占6.39%；离婚2592人（男2221人，女371人），占0.47%。

2000年，第五次人口普查资料显示，江宁县15周岁及15周岁以上人口为623260人，男315530人，女307730人，性别比为105.78，基本平衡。婚龄人口中，未婚106990人（男66130人，女40860人），占婚龄人口17.17%；有配偶473590人（男236330人，女237260人），占75.99%；丧偶39100人（男10440人，女28660人），占6.27%；离婚3580人（男2630人，女950人），占0.57%。

2005年，南京市1%抽样调查数据资料显示，江宁区15周岁及15周岁以上人口为695772人，男340786人，女354986人。婚龄人口中，未婚109793人（男64611人，女45182人），占婚龄人口15.78%；初婚有配偶527395人（男258316人，女269079人），占75.80%；再婚有配偶11689人（男4731人，女6958人），占1.68%；离婚5288人（男3543人，女1745人），占0.76%；丧偶41607人（男10087人，女31520人），占5.98%。

1982年江宁县15周岁及15周岁以上人口婚姻情况表

表5-3-26

单位：人

年龄组（岁）	15周岁及15周岁以上人口			未婚			有配偶			丧偶			离婚		
	合计	男	女	小计	男	女	小计	男	女	小计	男	女	小计	男	女
总计	505872	254124	251748	139859	82113	57746	326939	159724	167215	36192	9670	26522	2882	2617	265
15～19	95894	48098	47796	94589	48028	46561	1303	70	1233	1	0	1	1	0	1
20～24	45458	21571	23887	27072	16869	10203	18360	4695	13665	18	5	13	8	2	6
25～29	74050	37353	36697	9303	8539	764	64556	28708	35848	125	62	63	66	44	22
30～34	63554	32146	31408	2893	2809	84	60181	29038	31143	340	190	150	140	109	31
35～39	43751	22472	21279	1731	1699	32	41279	20338	20941	571	285	286	170	150	20
40～44	34134	18779	15355	1314	1300	14	31727	16840	14887	835	403	432	258	236	22
45～49	33011	17473	15538	1038	1021	17	29979	15413	14566	1475	541	934	519	498	21
50～59	60733	32160	28573	1106	1074	32	51195	27664	23531	7363	2429	4934	1069	993	76
60～79	51836	23247	28589	779	742	37	27952	16655	11297	22467	5278	17189	638	572	66
80及以上	3451	825	2626	34	32	2	407	303	104	2997	477	2520	13	13	0

表 5-3-27

1990 年江宁县 15 周岁及 15 周岁以上人口婚姻情况表

单位：人

年龄组(岁)	15 周岁及 15 周岁以上人口			未婚			有配偶			丧偶			离婚		
	合计	男	女	小计	男	女	小计	男	女	小计	男	女	小计	男	女
总计	555851	279838	276013	120510	71494	49016	397225	196444	200781	35524	9679	25845	2592	2221	371
15 ~ 19	64779	33167	31612	63202	32882	30320	1575	285	1290	1	0	1	1	0	1
20 ~ 24	85195	42106	43089	43180	25505	17675	41901	16543	25358	59	32	27	55	26	29
25 ~ 29	71020	35081	35939	4793	3999	794	65944	30910	35034	146	91	55	137	81	56
30 ~ 34	53518	26752	26766	1802	1750	52	51267	24678	26589	241	158	83	208	166	42
35 ~ 39	65529	33383	32146	2056	2016	40	62629	30827	31802	572	329	243	272	211	61
40 ~ 44	52440	26549	25891	1623	1591	32	49569	24292	25277	996	464	532	252	202	50
45 ~ 49	35119	18774	16345	1153	1132	21	32444	16972	15472	1319	489	830	203	181	22
50 ~ 54	29673	16484	13189	968	949	19	26403	14581	11822	2015	683	1332	287	271	16
55 ~ 59	29054	15298	13756	694	683	11	24488	13207	11281	3455	1016	2439	417	392	25
60 ~ 64	26021	13434	12587	455	438	17	19757	11102	8655	5450	1559	3891	359	335	24
65 ~ 69	20246	9913	10333	317	304	13	12860	7615	5245	6842	1787	5055	227	207	20
70 ~ 74	12389	5374	7015	150	141	9	5870	3653	2217	6253	1479	4774	116	101	15
75 ~ 79	6764	2486	4278	80	71	9	1974	1373	601	4662	1003	3659	48	39	9
80 ~ 84	2999	815	2184	24	21	3	477	352	125	2492	437	2055	6	5	1
85 ~ 89	953	205	748	12	11	1	64	51	13	874	140	734	3	3	0
90 ~ 94	138	16	122	1	1	0	3	3	0	133	11	122	1	1	0
95 ~ 99	13	1	12	—	—	—	—	—	—	13	1	12	—	—	—
100 及以上	1	0	1	—	—	—	—	—	—	1	0	1	—	—	—

2000年江宁县15周岁及15周岁以上人口婚姻情况表

表 5-3-28　　单位：人

年龄组（岁）	15周岁及15周岁以上人口			未婚			初婚有配偶			再婚有配偶			离婚			丧偶		
	合计	男	女	小计	男	女	小计	男	女	小计	男	女	小计	男	女	小计	男	女
总计	623260	315530	307730	106990	66130	40860	462430	231820	230610	11160	4510	6650	3580	2630	950	39100	10440	28660
15～19	56020	30680	25340	55940	30680	25260	80	0	80	—	—	—	—	—	—	—	—	—
20～24	49740	24800	24940	34630	20500	14130	15030	4280	10750	20	0	20	60	20	40	—	—	—
25～29	62290	30620	31670	6140	4980	1160	55420	25310	30110	250	100	150	350	210	140	130	20	110
30～34	86900	43540	43360	2210	2040	170	82630	40570	42060	1330	450	880	480	330	150	250	150	100
35～39	74310	37310	37000	1020	990	30	70810	35190	35620	1400	570	830	570	390	180	510	170	340
40～44	50160	25460	24700	1090	1080	10	46740	23420	23320	1250	420	830	420	290	130	660	250	410
45～49	65200	32760	32440	1470	1410	60	59960	29640	30320	1560	660	900	530	410	120	1680	640	1040
50～54	51650	26810	24840	1180	1170	10	46250	24050	22200	1280	480	800	370	320	50	2570	790	1780
55～59	35770	18780	16990	1080	1060	20	30340	16360	13980	900	360	540	210	150	60	3240	850	2390
60～64	27910	15590	12320	980	980	0	21510	12710	8800	910	410	500	210	170	40	4300	1320	2980
65及以上	63310	29180	34130	1250	1240	10	33660	20290	13370	2260	1060	1200	380	340	40	25760	6250	19510

说明：本表是第五次人口普查随机抽取10%户数的资料

第四章　人口素质

新中国成立前，区境内多数居民温饱得不到解决，身体素质较差，青少年发育不良占10%。因卫生条件较差，各种常见病、地方病流行，人口患病率高达20%以上。民国37年（1948）2月至38年1月，全县人口死亡率高达19.20‰。

新中国成立后，随着人民生活水平不断提高，医疗卫生条件不断改善，居民身体素质逐渐提高。由于执行婚姻法，禁止近亲结婚，妇女妊娠期营养状况良好，新生儿遗传病率和先天残疾大幅度下降。2007年，新生儿缺陷发病率仅为4.41%。血吸虫等地方病防治取得明显效果。经省验收，达到血吸虫病疫情控制标准。人口寿命不断提高，死亡率下降。2007年，区人口期望寿命为76.29岁，其中男性73.35岁，女性79.37岁。人口死亡率为5.60‰。

全区人口文化素质不断提高，2005年，全区小学以上文化程度人口为711540人，其中大学（包括专科）以上文化46519人，占6.54%；高中文化135491人，占19.04%；初中文化297237人，占41.77%；小学文化232293人，占32.65%。

第一节　身体素质

【国民体质测试】

2000年起，江宁区每年都要进行国民体质测试。每次测试人数少则千人，多则3000人。受测人群范围广，涉及各行业，受测试人群年龄段从20多岁到70多岁。测试期间，还邀请专家现场为市民提供健康咨询服务。通过国民体质测试及相关数据的分析，为江宁区市民的总体健康状况积累资料，为指导全民健身奠定基础。

2007年5—7月，全区9个街道共2500余人接受国民体质测试。测试对象分为成人组（25岁～59岁）和老年人组（60岁～69岁）。测试结果：

全区成年男子、女子平均身高分别为169.80厘米和157.10厘米；平均体重分别为68.90公斤和59.50公斤；肺活量均值分别为3718.80毫升和2356.30毫升；台阶指数分别为61.50和59；坐位体前屈均值分别为7.70厘米和8.70厘米；握力均值分别为44.30公斤和27.60公斤；闭眼单足立均值分别为16.20秒和22.40秒；选择反应时均值分别为0.50秒和0.60秒；纵跳均值分别为33.30厘米和23.80厘米；男子俯卧撑均值17.20次，女子一分钟仰卧起坐均值18.40次。

老年男子、女子平均身高分别为167.90厘米和155.60厘米；平均体重分别为66.60公斤和59.70公斤；肺活量均值分别为3276毫升和1892毫升；握力均值分别为40.90公斤和25公斤；坐位体前屈均值分别为6.10厘米和8.20厘米；闭眼单足立均值分别为12.60秒和10.70秒；选择反应时均值分别为0.60秒和0.70秒。

【地方病人口】

血吸虫病　民国时期，江宁县血吸虫病流行，长江乡马渡村共24户112人，死于血吸虫病有27人。新中国成立后，调查显示，县疫区分洲滩型、山区型和水网型3种类型。历史上有螺的乡镇 13 个：上坊、淳化、方山、谷里、其林、上峰、长江、营防、花园、横溪、铜井、江宁等乡和汤山镇；有螺的村 59 个。流行区总人口 117914 人。1953—1987 年，累计发生病人 17085 人，居民感染率为 14.50%。通过积极防治，期间，累计治愈血吸虫病人 1585[illegible] 人，治愈率 92.80%。

1988—2007 年，共完成综合查病 242880 人，查出病人 1896 人，均给予正规治疗。2007 年，尚有登记在册晚期血吸虫病人 15 名。血吸虫病经过多年的防治，投入大量的人力物力财力，取得显著成效。2007 年 12 月，经中国疾病预防控制中心和省血吸虫研究所考核验收，认定江宁区提前一年达到“血吸虫病疫情控制标准”。

碘缺乏病 民国 35 年（1946），县卫生院曾调查东山镇 5 所学校学生 1275 人，发现缺碘者 1133 人，并治疗 8117 人次。新中国成立后，1983 年，调查 5 个乡、10 个村居民 161[illegible] 人，患甲肿率 37.45%。1984 年，调查全县 7 岁 ~ 14 岁学生 93971 人，患甲肿率 49.89%。是年，江宁县被确定为全省 10 个碘缺乏病重点病区县之一，开始在全县实施 7 岁 ~ 14 岁中小学生补服碘油丸和在全县供应加碘食盐的综合防治措施。1989 年 6 月，通过省专业考核组考核验收，达到“基本控制地方性甲状腺肿标准”。1997 年 11 月，通过省专业考核评审组考核验收，达到“消除碘缺乏病标准”。2007 年，全区甲状腺肿大率在 5% 以下，且病情稳定，居民食碘盐合格率达标。

【残疾人口】

据 2003 年调查，全区有残疾人 2.10 万人，占总人口的 2.80%。其中，视力残疾 2434 人，占残疾总数 11.83%；听力语言残疾 2039 人，占 9.71%；肢体残疾 11363 人，占 54.11%；智力残疾 2982 人，占 14.20%；精神残疾 1806 人，占 8.60%；综合残疾人 326 人，占 1.55%。残疾人中有劳动能力的 9446 人，其中从业人员 7174 人，占 75.95%；未就业的 2272，占 24.05%；无劳动能力的 11554 人，其中纳入低保的 3024 人，纳入低保户 2929 户。

2006 年 4 月，第二次全国残疾人抽样调查，江宁区共有残疾人 5.13 万人，占总人口的 6.07%。其中，视力残疾 7600 人，占残疾人口 14.81%；听力残疾 15400 人，占 30.02%；言语残疾 500 人，占 0.97%；肢体残疾 12300 人，占 23.98%；智力残疾 4000 人，占 7.80%；精神残疾 4100 人，占 7.99%；多重残疾 7400 人，占 14.42%。有 9918 人得到就业，4568 人纳入低保。

【期望寿命】

民国 18—20 年（1929—1931），金陵大学学生对全国 16 个省、101 个县的 38256 户农户进行国人寿命调查，调查表明：农民平均寿命，男性 34.68 岁，女性 34.63 岁。江宁县情况亦大致相似。

新中国成立后，由于社会因素和自然因素，以及卫生条件改善，1982 年，第三次全国人口普查资料显示：江宁县人口平均预期寿命为 68.79 岁，其中男 66.17 岁，女 71.43 岁。与 1931 年全国农民人均期望寿命相比，男性增加 31.49 岁，女性增加 36.80 岁。

1990 年，第四次全国人口普查资料显示：江宁县人口平均预期寿命为 70.57 岁，其中男为 68.23 岁，女为 73.17 岁。

2000 年，第五次全国人口普查资料显示：江宁区人口平均期望寿命为 73.39 岁，其中男性为 71.26 岁，女性为 77.52 岁。2007 年，依据全区人口信息资料统计，江宁区居民人口平均期望寿命为 76.29 岁，其中男性 73.35 岁，女性为 79.37 岁。2004—2007 年，全区居民患病死亡前 3 位顺序为恶性肿瘤、脑血管病、心脏病。

第二节　文化素质

【文化程度】

据民国 22 年（1933）统计资料，全县识字者为 50725 人（识字标准，以能认识自己的名字为准），占总人口数 562063 人的 9.02%。其中，男的识字有 47365 人，女的有 3360 人，女的识字只占总人口数的 0.60%。民国 35 年统计，全县识字者有 89924 人，占总人口数 436524 人的 20.60%。其中，男的识字有 66498 人，女的有 23426 人，女的识字只占总人口数的 5.37%。

1964 年，第二次人口普查资料显示，全县小学以上文化程度人口为 187987 人。其中，大学文化 866 人，占 0.46%；高中文化 5233 人，占 2.78%；初中文化 22002 人，占 11.71%；小学文化 159886 人，占 85.05%。1982 年，第三次人口普查资料显示，全县小学以上文化程度人口为 415839 人。其中，大学文化 1503 人，占 0.36%；高中文化 42838 人，占 10.30%；初中文化 130078 人，占 31.28%；小学文化 241420 人，占 58.06%。在两次普查的 18 年间，受过中等以上教育人口比重大幅上升，由 1964 年的 14.95% 增至 1982 年的 41.94%。其中，初中文化由 11.71% 增至 31.28%，高中文化由 2.78% 增至 10.30%。而大学文化则由 0.46% 降至 0.36%，这主要是因为“文化大革命”期间，高等学校停止招生，使部分高中毕业生失去上大学机会。文盲、半文盲占 12 周岁及以上人口的比例由 79.02% 降至 37.79%。

1990 年，第四次人口普查资料显示，全县总人口中，具有小学以上文化程度的 531586 人。其中具有大学（含大专）文化程度 4209 人，具有高中（含中专）文化程度 54140 人，具有初中文化程度 192698 人，具有小学文化程度 280539 人。与 1982 年人口普查数据相比，每万人中拥有各种文化程度的人数都有不同的增加。具有大学文化的由 21 人上升为 57 人，具有高中文化的由 584 人上升为 738 人，具有初中文化的由 1770 人上升为 2627 人，具有小学文化的由 3320 人上升到 3823 人。全县总人口中，文盲、半文盲人口为 126511 人，同 1982 年第三次人口普查数据比较，文盲、半文盲人口占总人数的比例由 29.19% 降至 17.24%。

2000 年，第五次人口普查资料显示，全县 6 岁及 6 岁以上人口为 744183 人，受过各种文化程度教育的人口有 694530 人，占 6 岁及 6 岁以上人口的 93.32%，比第四次人口普查时的 90.90% 提高 2.42%。与 1990 年第四次人口普查数据相比，每万人中拥有初中以上文化程度的人数又有不同的增加。具有大学文化的由 57 人增至 368 人，具有高中（含中专）文化的由 738 人增至 1245 人，具有初中文化的由 2627 人增至 3412 人，具有小学文化的由 3823 人降至 3524 人。全区 15 岁及 15 岁以上人口中，文盲数为 50685 人，占全县总人口的 6.48%，与 1990 年第四次人口普查时 17.20% 相比，文盲率下降 10.72%。普查资料还显示，全区男性文化程度明显高于女性，初中以上文化程度中，男性占 6 岁及 6 岁以上人口的 30.82%，女性占 22.02%，文化程度越高，男性所占比重越大。文盲人口中，男性占 24.65%，女性占 75.35%，女性是男性的 3 倍。

2005 年，南京市 1% 人口抽样调查资料显示：具有研究生及以上文化程度人口为 768 人，大学本科文化程度人口为 9058 人，大学专科文化程度为 36693 人，高中文化程度为 135491 人，初中文化程度 297237 人，小学文化程度 232293 人。与第五次人口普查相比，大学文化程度增加 16435 人，高中文化程度增加 38222 人（“五普”含中专），初中文化程度增加 30640 人，小学文化程度减少 43070 人。

第二至第五次人口普查和2005年抽样调查江宁区6周岁以上文化程度情况表

表 5-4-29

文化水平		2005 年 1% 抽样调查		“五普”（2000 年）		“四普”（1990 年）		“三普”（1982 年）		“二普”（1964 年）	
		人数（人）	占 6 周岁以上人口比重（%）	人数（人）	占 6 周岁以上人口比重（%）	人数(人)	占 6 周岁以上人口比重（%）	人数（人）	占 6 周岁以上人口比重（%）	人数（人）	占 6 周岁以上人口比重（%）
6 周岁以上人口		767656	100.00	744183	100.00	662876	100.00	643996	100.00	431216	100.00
未上过学		56116	7.31	49653	6.67	131290	19.81	—	—	62427	14.48
文盲、半文盲		—	—	—	—	—	—	228157	35.43	211893	49.14
扫盲班		—	—	25868	3.48	—	—	—	—	—	—
初小		—	—	—	—	—	—	—	—	84159	19.52
小学		232293	30.26	275363	37.00	280539	42.32	241420	37.49	44636	10.35
初中		297237	38.72	266597	35.82	192698	29.07	130078	20.20	22002	5.10
高中		135491	17.65	76338	10.26	46714	7.05	42838	6.65	5233	1.21
中专		—	—	20931	2.81	7426	1.12	—	—	—	—
大学	专科	36693	4.78	18035	2.42	3380	0.51	1503	0.23	866	0.20
	本科	9058	1.18	11281	1.52	829	0.13				
研究生及以上		768	0.10	117	0.02	—	—	—		—	—

【专业技术人员】

民国 22 年（1933），江宁自治实验县成立，实验县政府成员大多是专家和高学历者。县长梅思平历任国立中央大学、中央政治学校教授。县政府职员共 115 人，其中留学者 3 人，中央政治学校学生 26 人，中央大学学生 9 人，其余职员大多数毕业于其他各类大学或职业学校，没有学历的只有 5 人。此外，还逐步形成农业、医疗卫生等为主的科技队伍。

新中国成立后，科技队伍不断壮大。根据第三次至第五次全国人口普查资料和 2005 年南京市 1% 人口抽样调查资料，1982 年，全县有各类专业技术人员 17869 人，占从业总人口的 4.44%；1990 年，有各类专业技术人员 19795 人，占 4.34%；2000 年，有各类专业技术人员 24265 人，占 5.14%；2005 年，有各类专业技术人员 25285 人，占 6.17%。大学本科学历 9058 人，研究生及以上学历 768 人。

【公民基本科学素质】

公民基本科学素质由对基本科学观点、基本科学术语、基本科学方法以及科学技术与社会关系的了解程度决定，四个方面均达到基本了解才算具有基本科学素质。2005 年调查，市民具备基本科学素质的比例只有 3%。2007 年达 4.70%（千人中 47 人），高于江苏省和全国平均水平。

调查显示，不同年龄段、不同群体、不同学历的市民具有基本科学素质情况存在明显差异。民众中 40 岁 ~ 49 岁年龄段人的科学基本素质最高，达 11.10%（千人中 111 人）。在不同群体中，公务员和干部群体科学基本素质最强，农民较低。大学本科以上学历的基本科学素质比例已接近 20%，基本达到发达国家水平。

第五章 计划生育

新中国成立前，由于受“早生儿子早得福”“子孙满堂”“人丁兴旺”和“重男轻女”等封建思想影响，早婚、生育多、间隔密，且死亡率高。

新中国成立后，国家颁布《中华人民共和国婚姻法》，废除封建婚姻。20 世纪 60 年代，开始提倡节制生育，“生稀一点，养好一点”，逐步推广“放环”“人工流产”和男女结扎手术。70 年代，提出“一个不少，两个正好，三个嫌多”的口号，并要求第二胎与第一胎相隔不少于 3 年。1979 年，提倡“只生一个”。1980 年 9 月 25 日，中共中央发表《关于控制我国人口增长问题致全体共产党员、共青团员的公开信》，号召一对夫妇只生一个孩子。1982 年 8 月，江宁县计划生育办公室升格为县人民政府的职能部门，列为县政府的编制序列；在各基层单位陆续配备计划生育专兼职干部，计划生育各项工作全面展开。1994 年，在全县推行村卫生室与村计划生育服务室“二室合一”的服务工程。2001—2007 年，创新计划生育服务新体系；实行计划生育村（居）民自治，“自我管理，自我教育，自我服务”；将计划生育服务站打造成世代服务品牌等，提高育龄群众的幸福感和满意度。2007 年，全区计划生育率 98%，依法管理、优质服务和群众满意率 90% 以上，孕前—围孕期保健率 95% 以上，政策兑现率 95% 以上，流动人口计生管理服务率 85% 以上，信息准确率 98%。

江宁区计划生育工作受到国家、省、市的20多次表彰。其中，1986年，被国家计生委授予全国计划生育先进集体称号，被省委、省政府授予江苏省计划生育先进集体称号；2004年12月，被国家人口和计生委授予全国计划生育优质服务先进区称号；2007年，被市委、市政府评为南京市2006年度人口计生工作先进区。

第一节 政策法规

江宁计划生育政策是根据《中华人民共和国宪法》《中华人民共和国婚姻法》《江苏省计划生育条例》《江苏省计划生育条例实施细则》《南京市计划生育管理暂行条例》等有关法律、法规条款以及党和国家有关人口与计划生育的政策、规定，结合江宁具体情况完善和实施的。

20世纪60年代，中共中央、国务院发出“认真提倡计划生育”的指示。江苏省提倡晚婚晚育和计划生育，其目的是控制多孩生育。江宁县的计划生育从1962年开始，逐步进行试点、推广工作。

70年代，国务院〔1971〕51号文件转发卫生部军管会、商业部、燃料化学工业部《关于做好计划生育工作的报告》，提出“一个不少，两个正好，三个嫌多”的计划生育要求。1978年2月，全国五届人大通过的《中华人民共和国宪法》规定，国家提倡和推行计划生育。同年10月26日，中共中央下发69号文件，即《中共中央批转〈关于国务院计划生育领导小组第一次会议的报告〉的通知》，提出了晚、稀、少的具体要求，即一对夫妇生育子女数最好一个，最多两个，生育间隔3年以上。江宁县认真贯彻中共中央的“晚、稀、少”方针，坚持靠宣传、靠政策、靠自觉，推进全县的计划生育工作之后，又对晚、稀、少作出具体规定：晚，即提倡农村男25周岁、女23周岁，城市男26周岁、女24周岁结婚；稀，即第一个孩子满3周岁以上始得安排生育计划；少，即每对夫妇生育的子女数，最好一个，不得超过两个，杜绝三个。

80年代，1980年9月25日，中共中央发表《关于控制我国人口增长问题致全体共产党员、共青团员的公开信》。1982年2月，中共中央、国务院发出《关于进一步做好计划生育的指示》，即中发〔1982〕11号文件，明确作出普遍提倡一对夫妇只生一个孩子，严格控制二胎，坚决杜绝三胎的规定，并指示：“某些群众确有实际困难要求生二胎的，经过审批可以有计划的安排。”同年9月，中共十二大把实行计划生育确定为基本国策。1987年，省政府在《关于进一步加强计划生育工作的通知》中，将江苏省的婚育政策概括为“两提倡、一照顾、两严禁”，即继续提倡晚婚晚育、少生优生，提倡一对夫妇只生一个孩子，有计划、按政策照顾确有困难的群众再生一个孩子，严禁计划外生育二孩和多孩，严禁未到法定婚龄的青年提前结婚。

2002年10月23日，江苏省第九届人民代表大会常务委员会第三十二次会议通过《江苏省人口与计划生育条例》，提倡和鼓励一对夫妻只生一个孩子，鼓励公民晚婚、晚育。2003年9月9日，南京市人民政府令第222号发布《南京市人口与计划生育规定》，人口与计划生育应当依法管理、村（居）民自治、政策推动、综合治理，大力推进信息化管理和服务体系建设。

江宁区严格执行党和国家以及省、市计划生育相关的法律法规，结合江宁实际制订实施细则。1982年，江宁县人民政府颁布《江宁县计划生育若干问题的暂行规定》；2001年4月，区计划生育委员会发布《江宁区照顾再生一个孩子工作审批工作规范》；2005年8月，区人口和计划生育局、区财政局联合发布《江宁区农村部分计划生育家庭奖励扶助制度实施方案》等，促进全区人口和计划生育工作健康发展。

第二节　宣传教育

【政策法规宣传】

20世纪60年代，宣传的重点是以避孕节制生育为主。70年代，大力提倡一对夫妇最好生一个孩子。1980年9月25日，中共中央《关于控制我国人口增长问题致全体共产党员、共青团员的公开信》发表后，江宁县利用广播进行政策的宣传。1982年，中共十二大把计划生育定为国家的一项基本国策后，江宁县利用各种媒体，展开声势浩大的宣传活动。运用对比算账的方法进行人口理论的宣传教育。是年元旦前后，全县各公社召开计划生育宣传月动员大会，县宣讲团到各公社、大队巡回宣讲，广播站集中报道计划生育的内容和宣传月动态消息。制订加强经常性宣传教育工作的措施和办法，使计划生育的宣传教育工作经常化、制度化。1987年，大力宣传树立新的婚育观成为精神文明建设的一项重要内容，加强优生优育等科普知识的宣传，制订简单明了的宣传口号。1989年，组织"优生优育科普宣传活动"，放映多部计生宣传影片，举办计划生育展览，发行科技丛书。针对计划生育工作出现滑坡，多胎生育明显回升，极少数地区出现人口失控的严峻形势，对广大干部和中共党员进行人口形势、人口政策的教育，将市计生委编写的《认清我国人口与国情，从严控制人口增长》宣传提纲作为教材，利用各种宣传阵地，采用多种宣传形式，广泛开展宣传教育。1994—1999年，大力宣传一对夫妻只生一个孩子的生育政策，把工作重点放在村、组，促进全县村级计生工作规范化、制度化。完善人口与计划生育基础知识教育的目标管理、考核和评估。2000年，中共中央、国务院颁布实施《关于加强人口与计划生育工作稳定低生育水平的决定》，区新闻媒体开辟专栏专题进行宣传，征订和制作学习资料和图文并茂的宣传品，举办知识竞赛，在主要路口和人群集中地带悬挂张贴固定的计生标语口号，使中央决定精神进入千家万户。

图5-5-1　江宁区计划生育局在东山街道大市口广场展出的人口与计划生育宣传板（2003年摄）

2001年，江宁区举办全区人口与计生专题文艺汇演，在《江宁日报》、区电台开办《人口与政策》专题栏目。至2002年，在广播电视上播发新闻稿件140条左右，在《南京日报·江宁版》共刊登通讯、消息等80多篇。

2002年9月1日，《中华人民共和国人口与计划生育法》正式实施，区领导发表电视讲话，制作33块宣传展板，并举办一场大型的宣传咨询活动，免费赠送13种价值6000余元的避孕药具，发放计生书刊、法律法规等宣传品2万多份。发挥镇村人口学校宣传教育主阵地的作用，利用橱窗、板报张贴《人口与计划生育》系列挂图，印发《中华人民共和国人口与计划生育法》《社会抚养费征收管理办法》10000余份。同年12月1日，《江苏省人口与计划生育条例》实施，订购《中华人民共和国人口与计划生育法》300本、"一法三规"（"一法"即《中华人民共和国人口与计划生育法》，"三规"即《流动人口计划生育工作管理办法》《计划生育技术服务管理条例》《社会抚养费征收管理办法》）合订本2000本、省计生条例释义1000本等，及时发放给区、镇主要领导和镇、村计生干部，共举办各类培训班31期。2003年，在全区开展人口与计划生育法律法规知识竞赛，全年共举办各类培训班21期，参加培训人数达1200多人次。在2004年的计生宣传中，共发放各类知识卡片、折页108.75万多份，计划生育宣传教育活动的群众参与率达93.85%，宣传品入户率达98%以上，知识普及率达92%以上。在干部培训方面，全年共举办34期培训班，培训人数达1276人次。《人口与计划生育》《人口理论与实践》《江苏人口信息》《人口文摘》等杂志发行到各镇（街道），全区各镇（街道）和80%以上的村都征订《中国人口报》。是年，建立计划生育网页，开设人口与计划生育政策法规、办事指南、避孕节育知识、健康知识等栏目供育龄人群查阅。2005年，以创建省人口与计划生育工作示范区为目标，积极开展各种宣传活动。发放宣传资料2万份，义诊2000人次，制作300个"计划生育好、政府帮养老"的宣传帽。全年共为区管干部轮训班和青年干部培训班讲授人口理论课6次，参训人员达300余人次；举办镇（街道）分管领导培训班、计生助理培训班、技术服务人员培训班等共20次，培训达到1200余人次。

图5-5-2 江宁区举办"中国人寿保险杯"人口与计划生育法律法规知识竞赛（2003年摄）

2007年，通过宣传横幅、知识展板、知识讲座、法规知识宣传车、法规知识专题节目等形式，扎实推进法律法规的宣传活动。下发《江宁区关于开展中共中央国务院 <关于全面加强人口与计划生育工作统筹解决人口问题的决定> 暨人口计生法律法规知识宣传月活动的意见》，将4月份定为中央决定集中宣传月，与中共南京市委宣传部、南京市人口计生委联合在汤山街道举行宣传月启动仪式，并举办专场文艺演出。在《今日商报》开辟专栏，将中央决定的主要内容及人口计生法律法规知识以答记者问的形式进行专题宣传。还在人口计生网页上登载中央决定精神和群众关心的人口计生法律法规知识，对全区网民进行广泛宣传。

【婚育知识宣传】

1983年，县委、县政府主要负责人利用无线广播向全县作动员，各乡镇分别召开专题会议，全县共组织32个宣讲团，共计1100多人，42个文艺宣传队，4辆宣传车先后在23个乡镇的街头、村头宣传400多场次。计划生育办公室还发放8000多份小册子。据统计，全县成年人受教育面达到90%以上。在1985年的婚育知识宣传中，做到"三结合"，即普及避孕节育知识和优生优育知识相结合，定点宣传与流动宣传、集中宣传与经常性宣传相结合，向群众宣传与为群众服务相结合，把宣传教育寓于服务之中，为育龄群众做好事、办实事。1988年8月，国家教委、国家计生委联合发出《关于在中学开展青春期教育的通知》，江宁县在中学开展内容充实、形式多样的教育活动。1989年，全县开展优生优育科普宣传活动。放映婚育影片，举办计划生育知识展览，发行科技丛书，使科普宣传活动落到实处。

进入21世纪后，在开展"婚育知识进万家"活动中，结合广场文化、社区文化、群众文化、军营文化、校园文化，构建新型生育文化网络。借助"江宁之春"群众文化节这个平台，组织计生干部及文艺人才编排节目，演出宣传"晚婚晚育、少生优生、生男生女一样好、女儿也是传后人、计划生育丈夫有责"等婚育新风知识的节目，既丰富了群众的文化生活，又最大限度地宣传了婚育知识。区计生部门还多次组织或参加上级组织的外出参观活动，先后到上海、江阴、张家港等地参观学习，借鉴好的经验，有针对性地转变婚育知识的宣传手段、宣传阵地的环境布置等，取得显著成果。在婚育知识的宣传上，江宁区实现几个方面的转变：在国情国策教育方面，由过去单纯强调国家利益，转向维护群众的切身利益和合法权益，实现国家利益与家庭利益的有机结合；在宣传对象上，由育龄妇女转向男性、青少年在内的广大育龄群众；在政策法规宣传上，由过去单纯宣传群众的守法义务，转向宣传群众权利与义务的统一；在科普知识宣传上，由过去单纯宣传避孕节育知识转向系统宣传避孕节育、生殖健康、优生优育、关爱女孩、男性健康、艾滋病防御等知识，着力拓展婚育知识的宣传内容。对流动人口在加强管理的同时，免费为其进行B超检查，提供避孕药具。对青少年加强青春期教育，印制青春期教育知识卡片1万多份，向全区50多所中等以上学校免费赠送青春期教育光盘。在婚育知识的宣传中，更加重视对男性的教育，唤起男性参与计划生育的主动性和责任感。2004年，江宁区精心制作包括性知识和孕产知识、育儿知识、政策法规知识（奖励优惠政策）在内的《婚育指南》，与区民政局联系，委托区婚姻登记中心专人将《婚育指南》与结婚证一同发放到新婚对象手中，送一份祝福、送一份知识给一对新人，填补新婚计生教育的空白。区计生局还把已婚育龄妇女分成新婚期妇女、上环妇女、使用工具妇女、服用避孕药妇女等不同类型，分别印制不同宣传材料，由计生干部和计生卫生技术人员发放到育龄群众手中，并进行面对面的讲解，变"千人一卡"为"因人设卡"，变集中培训为个别宣传。这种有选择、有目的的婚育知识宣传教育受到群众的普遍欢迎。

图5-5-3 2002年9月1日，江宁区举办广场宣传活动，祝贺《人口与计划生育法》颁布实施

在2007年开展的"和谐家园工程"中，注重推进婚育知识的宣传。共完善22个村级人口学校（含生育文化图书角）、18个环境宣传阵地（其中有9个生育文化广场、人口文化公园、婚育文化广场等精品工程）。开展生育关怀零距离服务、独生子女才艺大赛、"甜蜜的事业"人口计生专场文艺演出和"生育传承希望、关怀相伴和谐"万人签名等一系列传播新型婚育观的宣传教育咨询活动。

第三节 晚婚节育

【晚婚】

20 世纪 50 年代末期，旧式的封建婚姻制度虽然已经基本废除，新型的社会主义自主婚姻逐渐形成，但是早婚、早育、密育、多育等婚育陋习依然存在。1950 年 5 月颁布的《中华人民共和国婚姻法》规定：结婚年龄男子不得早于 20 岁，女子不得早于 18 岁，早婚现象大大减少。1964 年 11 月，江宁县开展节制生育工作，提出按照法定婚龄推迟 3 年结婚为晚婚年龄。至 1975 年年底，全县男性青年晚婚率 89.20%，女性青年晚婚率 85.30%，1976—1980 年统计，全县男性青年年平均晚婚率 94.12%，女性青年年平均晚婚率 93.10%。

1981 年 1 月 1 日，正式实施修改通过的《中华人民共和国婚姻法》，新婚姻法规定：结婚年龄，男不得早于 22 周岁，女不得早于 20 周岁，晚婚晚育应予奖励。1981 年，青年女性的晚婚率达 71.23%。1982 年，县人民政府颁布的《江宁县计划生育若干问题的暂行规定》中规定：男女青年均应自觉实行晚婚晚育，即按法定年龄推迟 3 年以上结婚，女 24 周岁以后生育的初产为晚育。1986 年，江宁县青年女性的晚婚率达 70.85%。2002 年 10 月 23 日，江苏省第九届人民代表大会常务委员会通过《江苏省人口与计划生育条例》中规定："男年满 25 周岁或者女年满 23 周岁初婚，为晚婚。"江宁区坚持贯彻执行法律法规，强化政策措施，加强晚婚晚育工作。2007 年，区青年女性晚婚率 58.12%。

1976—2007 年江宁区青年女性晚婚情况表

表 5-5-30

年 份	初婚人数（人）	符合晚婚数（人）	晚婚率（%）	年 份	初婚人数（人）	符合晚婚数（人）	晚婚率（%）
1976	4533	4093	90.29	1992	8386	5459	65.10
1977	5674	5168	91.08	1993	6674	3795	56.[illegible]6
1978	5768	5280	91.54	1994	6884	4373	63.52
1979	6009	5805	96.61	1995	5550	3654	65.[illegible]4
1980	6872	6559	95.45	1996	5104	3197	62.[illegible]4
1981	8357	5953	71.23	1997	4884	2937	60.[illegible]4
1982	6080	3874	63.72	1998	4999	2759	55.[illegible]9
1983	6182	3932	63.60	1999	5150	2770	53.[illegible]9
1984	4796	3202	66.76	2000	5283	2525	47.[illegible]9
1985	6460	4490	69.50	2001	5175	2299	44.[illegible]3
1986	9976	7068	70.85	2002	4790	2216	46.2[illegible]
1987	7043	4761	67.60	2003	5068	2244	44.2[illegible]
1988	6166	4265	69.17	2004	5794	2959	51.0[illegible]
1989	8712	5598	64.26	2005	4993	2726	54.6[illegible]
1990	9340	5771	61.79	2006	5458	3205	58.7[illegible]
1991	7934	5112	64.43	2007	5103	2966	58.1[illegible]

【避孕节育】

避孕套和子宫帽是江宁县最早的男女避孕工具，在 1956 年节育工作开展初期已推广使用。

20世纪60年代初，江宁县避孕节育措施以宫内节育器为重点，辅以男、女绝育术。1956年之前，卫生部门对于人工流产及引产术的施行，采取限制态度，经批准，才能予以手术，且能开展此类手术的医院为数不多。1963—1966年，做节育手术19320人，其中，结扎输精管1020人，结扎输卵管5408人，上环10177人，其他节育手术2715人（含人流引产1810人）。“文化大革命”时期，计划生育工作受到干扰。1977—1980年，使用避孕药具逐年上升，年平均5197人，年平均节育率85.52%。1981—1985年，年平均节育率91.65%。

1992年，已婚妇女人数172099人，其中应落实采取节育措施的妇女人数达到160821人，实际采取各种节育措施的人数158743人。1998年，采取各种节育避孕措施人数160396人，其中，男扎454人，女扎52434人，上环99789人，药具7655人，其他64人。2005年，采取各种节育避孕措施人数157547人，节育率91.31%，其中，男扎172人，女扎28288人，上环113046人，药具15998人，其他43人，人工流产率1.13%。

1976—2007年江宁区育龄夫妇避孕节育措施情况表

表5-5-31

年份	采取各种节育避孕措施人数(人)	节育率(%)	各种计划生育手术例数（人）					人工流产率（%）
			男扎	女扎	上环	药具	其他	
1976	72680	81.10	1952	36503	29296	4210	719	—
1977	79350	85.30	1918	38133	32386	5111	1802	—
1978	83058	84.50	1739	38188	37533	4787	811	—
1979	85501	86.67	1590	38869	38981	5090	971	—
1980	89534	85.60	1804	37816	43242	5801	871	5.45
1981	84676	87.70	1950	34957	40020	7294	455	5.87
1982	94510	89.70	984	35074	48212	9335	905	6.17
1983	105234	94.98	1201	57039	40694	6037	263	6.18
1984	118886	91.90	1320	64672	45263	6951	680	6.29
1985	127159	93.97	1265	65111	48600	12168	15	4.48
1986	132441	91.27	1270	65001	54456	11414	300	3.42
1987	127296	89.64	1102	60747	54292	10956	199	3.05
1988	133562	86.14	1078	60616	61567	10125	176	2.48
1989	134929	88.45	1000	60024	63205	10691	9	2.89
1990	143626	89.78	929	61940	70256	10481	20	3.09
1991	148774	89.81	932	67077	70842	9923	0	5.23
1992	158743	92.24	764	67948	80726	8172	1133	2.85
1993	160950	91.97	703	65518	85972	8757	0	1.71
1994	163173	91.93	622	64283	90448	7820	0	1.02
1995	161836	92.30	489	61165	92811	7360	11	1.14
1996	160984	91.89	472	58832	94615	7028	37	1.03
1997	160748	91.32	485	55106	97539	7560	58	0.82
1998	160396	91.10	454	52434	99789	7655	64	0.82
1999	158830	90.77	400	49276	100907	8027	220	0.79

续表

年 份	采取各种节育避孕措施人数(人)	节育率(%)	各种计划生育手术例数(人)					人工流产率(%)
			男 扎	女 扎	上 环	药 具	其 他	
2000	161251	90.65	380	46707	105344	8815	5	0.78
2001	158478	90.28	358	43917	104799	9392	12	0.79
2002	159238	90.65	301	40245	108338	10354	0	0.91
2003	160841	90.25	265	36677	110256	13643	0	0.94
2004	159113	90.45	211	32127	109966	16805	4	1.05
2005	161537	91.31	172	28288	113046	15998	43	1.13
2006	158599	91.21	134	24199	110365	23901	0	1.18
2007	159406	91.39	111	21199	109720	28376	0	1.24

1978—2007 年江宁区育龄妇女生育情况表

表 5-5-32

年 份	育龄妇女人数(人)	已婚育龄妇女人数(人)	分孩次出生人数(人)			独生子女领证人数(人)	领证率(%)
			一 孩	二 孩	多 孩		
1978	—	98273	5719	3484	1355	—	—
1979	—	98640	5949	3826	1022	29069	29.47
1980	—	104549	7047	4546	877	37596	35.96
1981	—	111262	8192	5285	1089	31376	28.20
1982	—	117210	7593	5307	1103	55323	47.20
1983	—	119624	5958	2185	418	81177	67.85
1984	193530	129752	5992	656	95	16738	12.90
1985	195516	135315	6957	731	6	18010	13.31
1986	204606	145112	9481	1584	4	19395	13.37
1987	195378	142001	9844	1320	4	20042	14.11
1988	200842	155054	10053	963	2	22111	14.26
1989	200118	152547	9853	3134	39	23554	15.44
1990	208229	159977	10186	2475	10	26607	16.63
1991	212229	165658	8316	2861	36	29450	17.73
1992	216345	172099	6887	794	3	33934	19.72
1993	219604	175001	6360	461	0	36074	20.61
1994	221586	177502	6495	252	1	44902	25.30
1995	218689	175328	6369	236	3	48411	27.61
1996	220831	175190	6018	240	0	49908	28.4[illegible]
1997	219832	176022	5640	321	19	44930	25.53
1998	219185	176068	5155	283	10	41955	23.83
1999	216087	174985	5092	250	5	41294	23.60
2000	218162	177882	5362	260	1	40731	22.90
2001	218508	175532	5073	301	0	39478	22.49
2002	216444	175672	5387	287	0	39961	22.75

续表

年　份	育龄妇女人数（人）	已婚育龄妇女人数(人）	分孩次出生人数（人）			独生子女领证人数（人）	领证率（%）
			一　孩	二　孩	多　孩		
2003	219718	178214	6988	335	7	46275	25.97
2004	219614	175920	6426	362	5	74747	42.49
2005	223179	176904	8426	394	10	77797	43.98
2006	221401	173885	6466	405	15	77196	44.39
2007	222852	174415	6920	418	20	77381	44.37

【优生优育】

在旧中国，妇女尤其是乡镇农村妇女分娩，一般由接生婆接生或自产自接。遇到难产，则粗暴蛮干或者求神拜佛，往往枉送母婴性命。

新中国成立后，政府大力推广新法接生，以保障妇女、儿童的安全。1950年5月公布施行的《中华人民共和国婚姻法》第六条规定：直系血亲和三代以内的旁系血亲，以及麻风病未经治愈或其他在医学上认为不应结婚的疾病的人禁止结婚。20世纪50年代初期，江宁县卫生部门在推广新法接生的同时，配合工矿企业、农业合作社，建立女工卫生室及保健所、站，开展防治流产、早产及妇科疾病，降低产妇产褥热等工作。1967年，婴儿的死亡率降低到0.20%的低水平。20世纪70年代起，接受婚前检查的青年开始增多。

1971年6月，在全县3个镇、26个公社和县属单位及厂矿范围内，对143695名育龄妇女进行妇女病普查，发现病患78671人，并对其中23433名发病妇女进行相关治疗。在宣传避孕节育知识的同时，亦宣传优生知识。尤其在全县普遍提倡“一对夫妇只生一个孩子”政策后，为达到少生、优生，加强对孕妇孕前期、孕早期、孕中期和早晚期的“四期”管理，尽量避免残疾儿的出生。

80年代中期，孕产妇和婴幼儿死亡率还比较高，小儿麻痹症、乙脑、流脑等传染病尚未完全控制，智弱儿仍占相当比例，一些儿童生理缺陷得不到及时矫治。为此，1987年，江宁县采取一系列措施，其中包括：县、乡（镇）卫生部门与计划生育部门以及妇联部门密切配合，通力协作，把防病治病、妇女儿童保健、计划生育三方面工作结合起来。编印《母子保健服务手册》，对优生优育进行宣传。1987年6月，县计划生育委员会转发江苏省计生委《关于重申不得任意进行胎儿性别预测的通知》。1987—1989年，由世界计划生育联合会、日本家族国际协力财团和国家计划生育协会联合，在江宁县试行“优生优育，妇幼保健，寄生虫控制”三结合项目。通过驱虫治疗，打井、改井，建无害化粪池，人员培训等工作，控制人口出生率和提高优育率取得重大成效。1999年7月，在全县范围内开展独生子女病残儿童的检查和鉴定工作。

2001年2月1日规定：凡是在江宁区行政区域内出生的新生儿均应参加新生儿先天性甲状腺功能低下，苯丙酮尿症疾病筛查；积极动员群众自愿参加先天愚型、先天性肾上腺皮质增生症等疾病的筛查。同时建立新生儿疾病筛查保障制度，确保患儿得到及时有效治疗。2002年，颁布《南京市江宁区育龄妇女生殖道感染综合防治实施方案》。在试点过程中，政府分管领导亲临现场，计生局负责人坐镇指挥，各医疗、保健单位积极参与、配合。利用广播、板报、宣传单等形式宣传育龄妇女RTI防治工作的重要性，将“健康体检通知单”“致已婚育龄妇女的一封信”一一送到住户手中。2001—2007年，江宁区每年都开展对育龄妇女进行例行检查，每年对病残儿童进行例行鉴定工作。

第四节 计划生育服务

【药具发放和供应】

20世纪60年代起，江宁县避孕药具实行计划调拨，由卫生部门和各医保药店供应，群众购买。1974—1984年，实行计划调拨、免费供应的办法；1985年开始，进行改革，实行计划调拨、经费包干办法。

1986年，发放1.10多万人的避孕药具。健全一支管理队伍，县有专职的药具管理员，乡、村配有兼职的药具管理员。订立一套管理措施，做到送药上门，及时发放无差错。

1994年3月，江宁县计生委下发《关于进一步加强计划生育药具管理工作的意见》。对药具工作提出强化领导，健全网络；健全各种制度和账册；合理安排计划，保证发放率、随访率、有效率“三率”达标；加强宣传和培训工作；实行逐级考评等工作要求。2000年，全县上环率、知情选择率均80%以上，知识普及率、随访服务率、群众满意率均90%以上。

2002年11月，对全区各药具经营点进行年度审核工作，保证育龄群众的用药安全。2003年，共发放15万元免费计生药具，保健品批发19万元。2003年11月，省计生药具站推广江宁区规范避孕药具管理的经验，市计生委在江宁区召开现场会。2005年3月，江宁区被国家人口和计生委授予全国人口和计划生育药具管理先进集体称号。2006—2007年，江宁区加大避孕药具改革工作力度，积极为育龄群众提供“五到位”优质药具服务，即宣传知识到位、情况摸底到位、发放随访到位、诊治服务到位、效果分析到位，受到育龄群众的欢迎和拥护。

【优生服务】

育龄群众工作 20世纪90年代后，加强婚育同步管理、村级规范化管理等基础性工作。1996年，江宁县步入省计生先进县（二档）行列。为全面提高江宁区出生人口素质，努力降低出生缺陷发生率，区人口与计划生育领导小组于2003年4月实施出生缺陷干预工程。此项工程全面开展后，全区出生缺陷一级干预率70%，育龄群众对出生缺陷基本知识知晓率达70%以上，新婚与安排再生育夫妇知识知晓率90%以上。

2003年，对13个镇育龄群众进行查治工作。至2003年10月底，全区共体检102002人，其中4种目标疾病40311人，妇科疾病6758人，环位下移1264人，已治疗42360人。全区参查率85.30%。2004年，编印5万份青少年生殖健康保健知识宣传资料，省、市编制的宣传资料近10万份宣传发放。推广营养素的服用，全区下发叶酸26箱。2006年，知情选择率、随访服务率、不良反应防治率达85%以上，出生缺陷一级干预率80%以上。2007年10月22—30日，特请金陵男科医院专家帮助江宁区进行“不孕症检查诊治工作”。在此期间，为144对夫妻提供免费检查。

病残儿童鉴定工作 每年分两批对全区上报的病残儿童进行复检，按照有关规定要求，对每一位病残儿童的病残状况都进行严格检查，把好质量关。2001年，江宁区根据江苏省有关文件精神建立独生子女病残儿童医学鉴定组。是年11月，开展独生子女病残儿童医学鉴定工作。2003年，收集上报病残儿资料25份，鉴定审批12人。2004年，下发《进一步提高搞好全区出生缺陷一级干预》的通知，上报市计生委病残儿材料共59份，组织检查48人。2005年，组织两次检查、审批工作。上报市计生委病残儿资料14份，经检查确认12例病残儿，进行2例家系调查。2007年，共收集申请病残儿鉴定资料39份，全年参加鉴定37人，经鉴定符合再生育条件的有32个家庭。

“二室合一”服务工程 1994年9月，在全县推行村卫生室与村计划生育服务室“二室合一”服务工程。“二室合一”服务是指：以村卫生室、乡村保健医生为依托，充分发挥医疗、预防、保健、康复、计生等服务功能，实行“两块牌子，一套班子，两种职能”，合署开展服务的一种新型村级公益福利性机构形式。在“二室合一”工程具体实施过程中，牢固树立“三个服务”的观念，即为完成人口控制的目标服务，为计生各项措施落实服务，为广大育龄夫妇服务。这也是江宁县计生工作中颇具特色的一个项目。

随着“二室合一”工程的贯彻实施，全县计生工作呈现“两下降、一提高”的良好发展态势。“两下降”即人流量及引产人数逐年下降、人口出生逐年下降。据统计，全县在1992年时，共计手术人流3696例，引产1844例；1993年人流降至1696例，引产降至452例；1994年则减少至人流1087例，引产236例。全县人口出生率也由全国“四普”时的20.25%降至1993年年底的8.90%。“一提高”即计划生育率逐年提高。根据1991—1994年4年间年报表内容统计，全县计划生育率已由1991年的83.47%提高至1993年年底的97.40%。1994年之后，全县计生工作仍然保持着稳步、健康发展的势头。至1994年10月底，全县出生人口4895人，人口出生率控制在6.37‰以下，计划生育率达98.67%。至1998年，全县23个乡镇共投入1380万元，建成使用面积达1.03万平方米，融宣传教育、技术服务、政策咨询、信息管理为一体的服务阵地。2000年，全县的知情选择率80%，上环率88%。17.80万名已婚育龄妇女全部建起“生殖保健手册”。

图 5-5-4 麒麟镇锁石村“二室合一”服务室（2000年摄）

2004年，全区已健全区计划生育宣传技术指导站、5个中心服务站和18个镇计生服务所、291个村级计生服务室三级计划生育技术服务网络。区、镇计划生育服务站（所）全部领取“计划生育技术服务机构执业许可证”。全区16万名已婚育龄妇女接受规范的生殖道感染综合防治，共查到患各类疾病者7万多人，90%给予现场治疗和指导治疗，目标人群参查率达85%以上。使用避孕套人数为10208人；知情选择率91.40%；随访服务210241人，随访服务率93%；服务所内上环5220人，取环1974人；生殖道感染综合防治工程查治22123人。2005年，全区知情选择率93%，随访服务率96%，镇服务站内上环率79.10%，出生缺陷一级干预率达90%以上。

2007年，开展“送知识、送政策、送健康”的“三送”活动，将计生政策、法律法规、避孕节育、优生优育、生殖健康、生产致富等知识送到群众手中。通过进村入户，为全区20万名已婚育龄妇女进行生殖健康检查服务。在东山街道开展已婚育龄妇女宫颈癌危险因素调查，为13000名妇女进行健康检查。督促指导镇（街道）做好世代服务品牌建设，进一步规范世代服务运作，为育龄群众提供更加温馨、周到的服务，提高群众的幸福感和满意度。

创新计划生育服务新体系 江宁区实行计划生育村（居）民自治，认真制订和组织实施计划生育村（居）民自治章程，实行“自我管理、自我教育、自我服务”。2001年10月，市计生委在江宁区召开现场会。至2004年11月，全区96%的村（居）委会实行计划生育村（居）民自治，其中，汤山镇孟塘村、上峰镇上峰村、谷里镇花岗村、土桥镇土桥村、淳化镇青山村5个村被评为南京市计划生育村民自治示范村。此外，建立健全育龄妇女信息系统，实现省、市、区、镇四级联网。2003年8月，南京市计生委在江宁区召开现场会进行推广。是年，加快建立属地管理新机制，全面推行属地管理，街道与辖区单位签订双向服务协议，并建立联席会议制度，各单位配备计生联络员，定期提供计生信息。2004 年 5 月，市计生委在江宁区召开郊县社区人口与计生工作改革现场会。是年，被国家人口和计划生育委员会授予全国计划生育优质服务先进区称号。

图 5-5-5　2004 年 12 月，江宁区被国家人口和计划生育委员会授予全国计划生育优质服务先进区称号

2006 年，创新避孕节育和生殖保健服务体系建设，完善三级服务网络，与卫生部门实现资源共享，优势互补。2006 年，全区育龄妇女接受月服务 33.32 万人次，服务率 98%。

2006—2007 年，打造全区计划生育中心服务站“世代服务机构”品牌，创造出优雅的服务阵地。2007 年 7 月 4 日，南京市人口计生委在江宁区召开全市“世代服务”品牌建设现场会，介绍江宁区“打造世代服务品牌，创新计划生育技术服务新体系”的做法。

第五节　计划生育管理

【机构队伍】

领导机构　江宁县计划生育工作始于 1963 年。当时，计划生育工作由县卫生局代管，与县妇幼保健所合署办公。1964—1966 年，计划生育工作的具体事务，由各级妇联和妇幼保健所以及各医院推行。“文化大革命”中，计划生育机构瘫痪，工作濒于停顿。1976 年秋，县卫生局设计划生育办公室，局长兼任办公室主任。1978 年 9 月，县革命委员会成立计划生育领导小组，县政府主要领导担任组长。1979 年 2 月，江宁县成立县计划生育办公室，当时工作人员有 5 人，机构级别仍属于卫生局的一个股室。1981 年，全县各镇、公社配备计划生育专职人员。

1982 年 8 月，江宁县计划生育办公室升格为县人民政府的职能部门，列为县政府的编制序列。1983 年 1 月，工作人员增至 7 人。1984 年 4 月，计划生育办公室改为江宁县计划生育委员会。2001 年，县计划生育委员会更名为江宁区计划生育局，机关行政编制总数为 15 名。2004 年 4 月，更名为江宁区人口和计划生育局。至 2007 年，机构名称没有变化，机关行政编制总数为 14 名。

基层组织　20 世纪 60 年代前，乡村两级没有计划生育专职干部，计生工作一般由妇女干部或卫生技术人员兼管。1963 年，公社成立计划生育指导委员会分会。70 年代，公社和镇建立计划生育领导小组，生产大队由副大队长、生产队由妇女队长兼管。

1982 年，各公社、镇开始配备专门的计划生育专职干部，到年底，全县 29 个公社、镇都配备计划生育专职干部。至 1985 年，全县各乡镇共配备计划生育专职干部 55 人，行政村配备专兼职人员 2084 人，自然村配备计生服务员、宣传员 2475 人，计划生育网络建设取得新的发展。2007 年，全区各街道共配备计划生育专职干部 56 人，有计生技术服务人员 88 人，村(社区)配备专兼职人员 202 人，自然村配备计生服务员、宣传员 1350 人。

区计划生育宣传技术指导站　始建于 1984 年 4 月，性质为全民事业单位，隶属于江宁区人口和计划生育局。1988 年，设业务科室 6 个，在编人员 20 人，医疗设备总金额 10 万元。是年，该站获得全国先进计划生育服务站称号。2007年，设床位6张，设7个科室。在编人员28人，其中卫生技术人员17人，高级职称1人，中级职称9人，从事临床工作的13名专业技术人员领取“计划生育手术合格证”。医疗设备总金额40万元。占地面积1302平方米，建筑面积2049平方米，其中业务用房1640平方米。该站常年开设计划生育手术（引产、人工流产、上环、取环）、药物流产、早孕诊断、妇女病的检查及治疗，宫颈糜烂的微波治疗、乳腺疾病的诊治、优生优育检测及各种避孕药具的批发零售。

区计划生育协会 南京市江宁区计划生育协会成立于1986年7月17日。1990年11月，召开第二次会员代表大会。1999年12月，召开第三次会员代表大会。2006年1月9日，召开第四次会员代表大会，会议选举产生第四届理事会理事47人、常务理事11人。

县计生协会成立后，基层协会组织纷纷建立。至2007年，街镇协会数9个，村（居）协会数219个，企业协会数450个，会员数76850人。

【依法管理】

江宁区计划生育管理工作从单一的行政管理逐步向依法管理过渡，促进了计生工作深入开展和工作内涵质量的提高。

1986年，县司法局和计生委联合编写计划生育工作有关法律问题的问答，组织广大干群认真学习，并在农村广泛进行宣传。1988年，县首先在上坊乡进行计划生育合同公证的试点。在此基础上，向全县予以推广，全县24个乡镇共签订二胎生育合同769份。1989年，继续推广计划生育合同公证。促进了“一胎上环，二胎结扎”为主的节育措施落实。

1991年，依法审批二孩725个，占全年出生人口总数的6.47%，基本达到省要求的审批二孩占全年出生人口总数6%的要求。1996年，在东善乡召开全县计划生育依法管理现场会，制定下发《计划外生育调查处理报告制度》，规范了对计划生育依法管理程序，建立计划外生育费“乡收县管，财政监督”的管理体制，确保计划外生育费的专款专用。根据“五五普法”和依法治县规划的具体要求，1999年，积极推进计生行政执法责任制。根据有关法律、法规、规章和规范性文件，清理计生行政执法的依据，理清主体执法和协同执法的关系，明确执法的范围和职责。坚持权责一致的原则，建立以领导责任为核心的行政执法责任制。编发《行政执法责任制》，建立起行政执法办公会议制度、执法公示制度、错案责任追究制度等18种工作制度，规范合同管理程序、“独生子女证”办证程序、照顾再生育审批程序、行政处罚程序等8个工作程序，保证计划生育行政执法有章可循、依法行政。严格执行江苏省生育政策。在制订行政执法责任制时，制订照顾再生一个孩子集体审批制度、照顾再生一个孩子审批备案制度。据统计，从1998年至2001年6月，依法审批照顾再生一个孩子对象1318人。

2001年，江宁区制订《2001—2005年普法规划》和《2001—2005年计划生育依法治理工作规划》，制订《江宁区照顾再生一个孩子审批工作规范》。2001—2002年，全区行政执法过程中无违反计生法律、法规现象，计生行政执法责任制和行政执法规范落实率100%，无违反国家人口计生委规定的“七个不准”行为。在征收社会抚养费的行政行为中，计生部门与区法院密切配合，做到依法征收。两年共审批650对夫妇照顾再生一个孩子。2003年，区计生局下达处罚决定书7份，应征收社会抚养费26万元，实际征收11万多元。全区计划生育工作无一行政违法行为和不作为，无一错案，没有发生行政诉讼案件。2003年9月，江宁区计划生育局被评为全国人口和计划生育法制建设先进集体。

2003—2007年，全面落实行政执法责任制，着力打造“阳光计生”“法制计生”，积极开展创建法制合格单位活动。完善政务公开，将二孩审批条件和程序以各种形式进行公示。协调法院等执法部门开展社会抚养费征收专项治理，提高征收率。严格按条件、程序做好照顾再生育的审批，重视和加强计划生育来信来访工作，认真解决群众反映和关心的计划生育问题。5年全区审批二孩2225例，调查处理来信来访828件次，结案率100%。开具社会抚养费征收决定书156份，征收金额245万元，申请法院强制执行61例。2007年，行政执法责任制和行政执法规范落实率95%。

图5-5-6 2003年9月，江宁区计划生育局被授予全国人口和计划生育法制建设先进集体称号

【流动人口管理】

1985年，随着开放、搞活经济的形势发展，各乡、镇开始注重对流动人员的管理。东山镇与县工商行政管理局主动配合，加强对镇域流动人员的管理、调查、摸底，明确重点，签订计划生育合同，定期组织检查。1986年，以乡镇企业为阵地，实行厂村挂钩，以厂带村，以村促厂，互通情况，加强计划生育管理。对一些外出务工、经商的育龄妇女，要求签订计划生育合同书，交纳保险金，定期交回当地县以上医院妇检证明。1987年，县委制订《关于加强计划生育管理工作的补充意见》。1988年，江宁县计生委与县工商局、县个体劳动协会联合印发《个体户计划生育管理细则》，使流动人口的管理有章可循，这是江宁县在流动人员管理上的一大突破。

1993年，大力宣传《南京市流动人口计划生育管理规定》，确定"谁用工谁负责，谁收费谁负责，谁的地盘谁负责"的管理原则；实施户籍地和居住地共同协作管理；建立专门的流动人口台账。1994年开始，县政府与公安、工商、建工等8个部门签订流动人口计划生育管理责任书，加强新形势下流动人口的计划生育管理。1996年，颁布《江宁县流动人口计划生育管理办法》。1998年5月，下发《关于在春节前后抓紧抓好流动人口计划生育各项管理工作的通知》。1999年，流动人口管理开始纳入各乡镇、各部门、各单位人口与计划生育工作目标管理责任制，完善考核奖励机制。2000年，成立流动人口计划生育工作领导小组。县政府分别与有关部门和单位签订《流动人口计划生育管理责任书》。

2001年，发放《致流动人口一封信》2万份，对房屋出租户进行清理整顿，实施"挂牌"管理，共登记房屋出租户2020户，全部签订综合管理责任书。到2001年年底，全区登记在册流动人口30081人。其中流出人口8996人，流出已婚育龄妇女6912人，签订流出人口合同5996份，领取"婚育证明"4837份。流入人口21085人，流入已婚育龄人员15029人，签订流入人口合同6932份，持有"婚育证明"1991份，经审验发给"审验证明"10096本。据2001年全区计生抽查，流出人口发证率47%，流入人口证明验审率22%。2003年，继续坚持实施目标管理责任制，区政府继续与相关部门签订计划生育综合治理责任书，责任书的名称统一改为《人口与计划生育综合治理责任书》。2004年，全区计生部门共登记流入人口80210人，已婚育龄妇女15243人，计生合同签订率85.28%，"婚育证明"持证率14.96%，管理服务率53.44%；流出人口7925人，已婚育龄妇女3340人，计生合同签订率88.32%，"婚育证明"持证率50%。2006年，查验流动人口婚育证明12.50万人次，发放流动人口婚育证明6.40万份（其中临时流动人口婚育证明5.40万份），江苏省流动人口避孕节育报告单7200份。做好全国流动人口信息交换平台中反馈信息的核对工作，接收信息395例，反馈信息169例，发出查询信息7例。年内流出已婚育龄妇女发证率达90%以上。

2007年，查验、发放"婚育证明"8.50万份。流动已婚育龄妇女"婚育证明"持证率、服务率分别达95%、90%。积极创建流动人口计划生育管理服务示范社区。2003—2007年，共发放、查验"流动人口婚育证明"38.20万份。

第六编

地　名

江宁地域广阔，环境独特，作为地方标识的地名也显得丰富多彩。地名编共收录江宁区域各类地名信息逾千条，其中镇（乡）、街道等政区地名类 40 条；居委会名 204 个，居民建筑类 211 条；城区道路、街（巷）类 127 条；自然实体类 106 条。总体而言，其地名既有共性，也有鲜明个性。

江宁历史渊源流长，在地域地名中留有很深的印记。东山镇、谢公祠、天阙山、淳化镇、胭脂井路、万安北路等名称，一个地名一段故事，留下一段对历史沧桑巨变的回忆，引人遐思。江宁历史上曾出现数次移民潮，从地域地名，特别是自然村镇地名中可以看出独特的历史文化信息。其中较大的两次：第一次发生在西晋末年，随司马睿南渡的中原士族及北方民众纷纷迁到江宁，在江宁地域设侨置郡县，造成特殊、复杂的地域及名称变动现象。江宁以“墅”为通名的村镇多为北方移民建立的村落，以“墅”字寄托居于野土，心怀故里的情感，如戴马墅、咸墅、黄栗墅等；第二次发生在明、清时期，特别是清代，移民村落不少至今仍沿用北方称谓。江宁地域为宁镇扬丘陵山地的一部分，结构复杂，地貌多样，百里秦淮穿境而过。正是域内天然的山川形胜给江宁地名的命名留足丰富的空间。“依山傍水”是江宁地名的一大特点，遍布江宁的村落除通名“村”“庄”外，“冲”“坳”“岗”“坎”“墩”“凹”“塘”等贴近自然的名称随处可见。如孙家冲、晋家坳、李家岗、蔡坎、皇后墩、龚家凹、安民塘等。江宁的民间传说有着浓郁的地方性，这是其地域文化的一个重要组成部分。由此衍生出的山、水、村等地名，皆有灵性，情致意趣美不胜收。相传横溪街道丹阳集镇勇跃村大傅、小傅两个自然村及集镇北面的七仙山、饭山和董永与七仙女的美丽传说有关；关于秦始皇单骑挥神鞭，形成江宁域内方山、东山、竹山、赤山的传说，至今仍在民间流传。

随着社会的不断发展，地名也在不断演变，有的消退，有的新生。中共十一届三中全会后，特别是江宁县撤县设区后，城市化进程加快，经过 10 余年的建设，一个个高档住宅小区和价廉物美的农民复建房小区拔地而起。至 2007 年，全区 9 个街道共有居民住宅区 211 个，自然镇 37 个，因开发建设需要消失的自然村 880 余个。

此外，全区关于地名资料的搜集工作成果丰硕，至 2007 年，存有地名档案 376 册，编印出版地名图书 4 部，分别是《江苏省江宁县地名录》《江苏省江宁县地名手册》《江宁区地图》《江宁城区图》。

第一章 镇（乡）名 街道名

秣陵，是南京地区秦汉时期的地名，也就是江宁的秣陵镇（又名秣陵关）。类似秣陵这样的千年古镇名，江宁地区还有丹阳、湖熟、江宁、汤山、淳化、陶吴等。江宁县有关乡镇设置的记载，唐以前，多语焉不详，直至宋代《景定建康志》才有较为具体的记载。宋代有“镇市”“街巷”“坊里”“乡社”等。〔正德〕《江宁县志》明确记载：“在城曰坊，在郭曰厢，在野曰乡。”清代沿袭明制。民国时期，江宁县实行区、乡镇、保甲制。

新中国成立后，县内行政区划经历多次调整。其中，1957 年，撤区并乡，全县辖直属镇 3 个，乡 24 个。1984 年，开始撤乡设镇，至 2000 年，全县辖 18 个乡镇。2002 年，开始撤镇设街道。至 2007 年，全区辖 9 个街道。

尽管乡镇先后调整为街道，但千年古镇的历史如同江宁区其他老地名一样，世代流传下去。本章收录乡名 5 个（现已废，其中 3 个乡已划出），由乡名改为镇名 22 个（现已废），由镇（乡）名改为街道名 13 个（其中 4 个已废）。

第一节 镇（乡）名

【东山镇】

镇（废）。位于江宁区中部偏北。1949 年建镇，以驻地东山自然镇得名。1958 年，并入东山公社。1961 年析出复建镇。1991 年，岔路乡并入。2000 年，方山镇、殷巷乡并入。2002 年 3 月，方山镇、殷巷乡析出。

【上坊镇】

镇（废）。位于江宁区东部。民国 22 年（1933）谓上高镇，以境内有上坊、高桥 2 个自然镇得名。1950 年，以驻地上坊自然镇，置上坊乡。1957 年，并入东山镇。1958 年，为东山公社一部分。1959 年析出建上坊公社。1982 年改乡。1999 年更置上坊镇。

【秣陵镇】

镇（废）。位于江宁区中部，溧水河西岸。1949 年，置秣陵镇和仁孝、爱陵、晋陵 3 个乡。1957 年，1 个镇 3 个乡合并为秣陵镇。1958 年改公社。1982 年称乡。1989 年称秣陵镇。

【方山镇】

镇（废）。位于江宁区中部。1961 年，由东山公社析出，建方山公社，以境内方山得名。1982 年改置方山乡。2000 年 2 月撤乡设镇，驻横岭自然镇。3 月，又撤销并入东山镇。

【汤山镇】

镇（废）。位于江宁区东北部。1949 年，为南京市第九区汤山镇、古泉乡范围。1953 年划归江宁县第三区，称汤山镇，驻汤山自然镇。1957 年撤区并乡，汤山镇街区为县直属镇，街区周围农村地域分设为作厂、孟塘、古泉 3 个乡。1958 年，上述镇、乡合并建公社，以驻地自然镇称汤山公社。1961 年，街区从汤山公社划出，复置汤山镇，镇、社分开。1982 年，汤山公社改汤山乡。1983 年，汤山乡并入汤山镇。

【上峰镇】

镇（废）。位于江宁区东北部。1949 年称上峰乡，以驻地上峰村得名。1958 年，并入汤山公社。1962 年，析出建上峰公社，改驻高庄自然村边（今已发展为上峰自然镇）。1982 年复为乡。1997 年改置镇。2006 年撤销，其境并入汤山街道。

【麒麟镇】

镇（废）。位于江宁区北部。1949 年置麒麟乡，以驻地镇得名。1957 年，与东流镇、青西乡、定林乡合并称麒麟乡。1958 年改置公社。1982 年，复为麒麟乡。1994 年更置镇。2006 年三月撤销，其境东北部并入汤山街道，西南部划入东山街道。

【淳化镇】

镇（废）。位于江宁区东部。1949 年为淳化镇，以驻地镇而得名。1957 年，合解溪、索墅 2 个乡置淳化乡。1958 年改公社。1983 年复为淳化乡。1989 年更置镇。

【土桥镇】

镇（废）。位于江宁区东部。1949 年，以驻土桥自然镇，名土桥镇。1957 年，合永平、滨淮、周子、西城 4 个乡置土桥乡。1958 年改公社。1983 年复为土桥乡。1994 年复置土桥镇。2006 年，该镇并入淳化街道。

【禄口镇】

镇（废）。位于江宁区东南部。1949 年为禄口镇。1957 年，秦村、和平 2 个乡并入称禄口乡。1958 年改公社。1983 年复为禄口乡。1989 年更置镇。

【铜山镇】

镇（废）。位于江宁区南部。1949 年为铜山镇。1954 年改置乡。1958 年建公社。1983 年复为乡。1997 年更置镇。2000 年撤销，其境并入禄口镇。

【江宁镇】

镇（废）。位于江宁区西南部。1989 年，改江宁乡置镇。2000 年，陆郎镇并入其境。

【陆郎镇】

镇（废）。位于江宁区西南部。1949 年为陆郎镇，以驻地自然镇陆郎得名。1956 年为陆郎乡。1957 年，朱门、西宁、新宁 3 个乡并入。1958 年改公社。1982 年复为乡。1994 年更置镇。2000 年撤销，其境并入江宁街道。

【铜井镇】

镇（废）。位于江宁区西南部。1949年，为铜井镇。1956年，改为铜井乡。1957年，牧龙、新济2个乡并入。1958年建公社。1983年复为乡。1994年更置镇。

【东善桥镇】

镇（废）。位于江宁区中部。1949年，为东善桥镇，以驻地镇而得名。1953年改为东善乡。1958年，与元山、长山2个乡合并建东善公社。1983年改乡。2000年，复改东善桥镇。

【谷里镇】

镇（废）。位于江宁区西部。1949年置谷里镇。1956年改谷里乡。1958年改公社。1983年，复为谷里乡。2000年复置镇。

【湖熟镇】

镇（废）。位于江宁区东南部。1949年为湖熟镇，以驻地而得名。1957年，丹桂、耀华、河南、河北4个乡并入，仍为镇。1958年，以镇成立湖熟公社。1961年，析置湖熟镇，与湖熟公社并存。1982年，公社改乡。1983年，湖熟乡并入。2000年，龙都镇撤销，其境并入。2006年，周岗镇撤销并入湖熟镇。

【龙都镇】

镇（废）。位于江宁区东南部。1949年为龙都镇。1957年，与万安、东阳等3个乡合置龙都乡。1958年改公社。1983年复置乡。1994年复置镇。2000年撤销，其境并入湖熟镇。

【周岗镇】

镇(废)。位于江宁区东南部。原为周岗圩，由江宁、句容、溧水3个县分管，因领导体制不一，经常闹水利纠纷。1970年合并，建周岗公社，划归江宁县管辖。1982年改乡。1994年更置镇。2006年撤销，原境并入湖熟镇。

【横溪镇】

镇（废）。位于江宁区南部。1949年，谓横溪镇，以驻地镇得名。1950年改属横溪、安民、横山、云台4个乡。1957年合并为横溪乡。1958年改公社。1983年复为乡。2000年更置镇。驻横溪镇区吴楚路。2006年丹阳镇、陶吴镇大部分（除陶东、钟村、上穆3个社区居委会）并入横溪镇。

【丹阳镇】

镇（废）。位于江宁区西南部。1949年置丹阳镇，以驻地丹阳镇得名。1956年与山岗乡、兴隆乡合并改丹阳乡。1958年改丹阳公社。1982年复为丹阳乡。1987年复置镇。2006年撤销，其境并入横溪镇。

【陶吴镇】

镇(废)。位于江宁区南部。1949年为陶吴镇，以驻地镇得名，周边设陶西、陶南、西阳等乡。

1957 年，合并改置陶吴乡。1958 年建公社。1982 年复为陶吴乡。1989 年更置镇。2006 年年初，陶吴镇撤销，其境一部分划入禄口街道，大部分并入横溪镇。

【殷巷乡】

乡（废）。位于江宁区中部。1949 年为殷巷乡。1958 年划入东山公社。1961 年分出，以驻地殷巷自然镇而称殷巷公社。1983 年改乡。2000 年撤销，其境并入东山镇。2002 年划入百家湖街道。

【岔路乡】

乡（废）。位于江宁区中北部，秦淮河西岸。1958 年，建东山公社，以驻地东山镇得名。1983 年改乡。1985 年，因与东山镇专名混淆，亦与西南东善乡同音，而以驻地岔路口改称岔路乡。1991 年撤销，其境并入东山镇。

【花园乡】

乡（废）。位于栖霞区龙潭街道东北。原为长江公社一部分。1962 年析出建公社，以境内花园村的“花园”二字得公社名。1982 年改乡。1987 年从江宁析出，划入栖霞。1993 年，并入龙潭街道。

【营防乡】

乡（废）。位于栖霞区东北部。〔同治〕《上江两县志》载，有水兵驻守。此地为营地大门口，故名营房口。清末发展为镇，称营房口镇，为句容县西北五镇之一。民国因之。1949 年，划归江宁区，改为营防镇。1987 并入栖霞区。历为乡、镇、公社驻地，靖安街道办事处设此。

【长江乡】

乡（废）。位于栖霞区东北部。1949 年设大棚、永隆 2 个乡。1958 年合并，与营防、花园等乡组成长江公社，驻营防自然镇。1962 年分社，此处仍称长江公社，改驻上坝自然镇。1982 年改乡。1987 年从江宁析出，划入栖霞。2000 年 5 月，与营防镇合并建靖安镇。

第二节 街道名

【东山街道】

街道。位于江宁区中部偏北，秦淮河与秦淮新河交汇处。以驻地镇得名。2002 年，东山撤镇设东山街道。2004 年，上坊撤镇设街道。2006 年 3 月，上坊街道（除陵里社区）、麒麟镇的 4 个村与东山街道合并，组成新的东山街道。

【秣陵街道】

街道。位于江宁区中部。以驻地镇得名。2004 年，秣陵撤镇设街道。2006 年，秣陵、百家湖、方山 3 个街道与淳化、上坊、湖熟 3 个街道（镇）的 7 个社区（村）合并设立新的秣陵街道。

【汤山街道】

街道。位于江宁区东北部。以驻地镇得名。2005 年，汤山撤镇设街道。2006 年，汤山街道、上峰镇和麒麟镇部分地域合并设立新的汤山街道。

【淳化街道】

街道。位于江宁区东部。以驻地镇得名。2004 年，淳化撤镇设街道。2006 年，淳化街道与土桥镇合并设立新的淳化街道。

【禄口街道】

街道。位于江宁区南部。以驻地镇得名。2006 年 3 月，禄口撤镇设街道。

【江宁街道】

街道。位于江宁区西南部。以驻地镇得名。2005 年，江宁撤镇设街道。2006 年，江宁街道和铜井镇合并设立新的江宁街道。

【谷里街道】

街道。位于江宁区西部。以驻地镇得名。2006 年，东善桥街道和谷里镇合并设立谷里街道。

【湖熟街道】

街道。位于江宁区东南部。以驻地镇得名。2007 年，湖熟撤镇设街道。

【横溪街道】

街道。位于江宁区西南部。以驻地镇得名。2007 年，横溪撤镇设街道。

【百家湖街道】

街道（废）。位于江宁区中部偏北。2002 年 3 月，撤销东山镇时，以原镇秦淮河西和秦淮河南部分的含原江宁经济技术开发区、殷巷乡和东善桥镇（水阁、长山 2 个村等），建街道办事处，以境内百家湖得街道名。驻金龙路 10 号。

【方山街道】

街道（废）。位于江宁区东南部。2002 年 10 月，从东山街道析出，以原方山镇范围建街道。驻营前路 8 号。2006 年 3 月撤销，并入秣陵街道。

【上坊街道】

街道（废）。位于江宁区中部。2004 年，撤上坊镇建街道。驻石马街 22 号。2006 年撤销上坊街道，其境大部并入东山街道，陵里社区居委会并入秣陵街道。

【东善桥街道】

街道（废）。位于江宁区西部。2004 年夏，撤销东善桥镇建街道。驻西虹桥（街）88 号。2006 年 3 月撤销东善桥街道，其境并入谷里街道。

第二章 社区居（村）委会名

1961年，江宁县5个建制镇设立17个居民委员会。1982年始，江宁县将原农业生产大队改为行政村，建立村民委员会。2001年始，江宁区逐步调整居委会规模，建立社区居民委员会。2007年4月，为推进城乡一体化建设，建立城乡统一的社区管理体制，将村民委员会更名为社区村民委员会。至2007年12月底，全区共设置127个社区居民委员会，77个社区村民委员会。其中，127个社区居委会中有近40个社区的名称源自江宁域内的山川河流，如长山、牛首、方山、汤山、上峰、祖堂、吉山、湖滨、南山湖、秦淮、公塘、杨柳湖等。这些以山川河流命名的社区居委会大都得名较早，受当时生产方式、经济规模的限制，大多是民间自行定名，约定俗成。随着商品经济的快速发展，这些社区居委会名称或是社区村委会名称约定俗成的内容更丰富，除了以山川、河流等方式命名外，还增加人文景观命名，他们或以寺庙、园林、街坊命名，或以建筑物命名，如江宁街道霞辉庙社区居民委员会，以境内霞辉庙得名；江宁街道司家社区居民委员会以境内师姑庄（庵名）得名；东山街道高桥社区居民委员会以境内皋桥得名；东山街道天云社区居民委员会，以境内天云居民住宅小区得名。此外，还有的以机构、设置命名等，如东山街道岔路社区居民委员会，以地处岔路镇得名；汤山街道鹤龄社区居民委员会，以其境原为鹤龄乡得名。因此，江宁区无论是社区居委会名称还是社区村委会名称，绝大多数都属于约定俗成的地名。

第一节 社区居委会名

【东山街道社区居民委员会】

章村社区居民委员会 旧时称章村，以土地主人姓章得名。2001年12月，章村、三新、岗山桥和石羊4个居委会合并设立新的章村社区居委会，下辖8个居民小组。

中前社区居民委员会 取境内中巷、前巷2个村首字得名。2001年12月，中前、府后和公园路3个居委会合并设立中前社区居委会。2005年5月，撤机场村委会设城北社区居委会。2006年，中前社区居委会与城北社区居委会合并设立新的中前社区居委会，下辖10个居民小组。

东山社区居民委员会 因在东山镇街市周围得名。2001年12月，东山、府前、玉堂巷、宁中巷和芙阁5个居委会合并设立新的东山社区居委会，下辖10个居民小组。

骆村社区居民委员会 以驻地村得名。驻地在大骆村，大骆村原名骆村，三国时为骆统军宅。《吴志》载："骆统，字公绪，为濡须督，封新亭侯。"2001年12月，骆村、竹山路、外港路3个居委会及东山竹山居民小组合并，成立新的骆村社区居委会，下辖7个居民小组。

岔路社区居民委员会 因地处岔路镇得名。2001年12月，岔路、史家里、金汇路、史北和翻身4个居委会合并设立新的岔路社区居委会，下辖8个居民小组。

邵圣社区居民委员会 地处邵盛圩内，故名。2001年12月，撤邵盛居委会设邵盛社区居委会。2006年7月，邵盛社区居委会更名为邵圣社区居委会，下辖7个居民小组。

龙西社区居民委员会 其名由合作化时期龙西高级社、公社化时期龙西大队沿袭而来。2001

年9月，撤红光村委会设红光居委会。2001年12月，撤红光居委会设龙西社区居委会，下辖10个居民小组。

晓里社区居民委员会 原名小里村。东晋时称土山里，清末时原名潘家店，因遭兵祸，仅剩几户人家更名小里村。1983年，因重名改为晓里村，后沿用此名。2001年12月，晓里居委会与上元居委会合并设立新的晓里社区居委会，下辖8个居民小组。

外港社区居民委员会 因地处外港河畔，故名。2001年12月，由府前居委会府前路以西，明月居委会和外港居委会合并设立新的外港社区居委会，下辖8个居民小组。

佘村社区居民委员会 相传元代有数户皖籍佘氏农民，为避战乱迁徙于此建村得名。2005年5月，撤佘村村委会设佘村社区居委会，下辖17个居民小组。

上坊社区居民委员会 因地处上坊集镇得名。2003年9月，撤上坊村委会设上坊社区居委会。2006年7月，上坊社区居委会与中下社区居委会合并设立新的上坊社区居委会，下辖43个居民小组。

泥塘社区居民委员会 以驻地倪塘村得名。胡三省《通鉴》注："倪塘在建康东北方山埭，倪氏筑塘。"后"倪"讹为"泥"。2003年9月，撤泥塘村委会设泥塘社区居委会，下辖13个居民小组。

永安社区居民委员会 由市井、城壗2个行政村合并而成，寓意人民永远安居乐业，团结稳定，并以此得名。2001年，城壗村委会与市井村委会合并设立永安村委会。2005年4月，撤永安村委会设永安社区居委会，下辖16个居民小组。

高桥社区居民委员会 〔至正〕《金陵新志》载，汉皋伯通居此，有古桥名"皋桥"，后语讹为"高桥"，故名。2006年7月，高桥社区居委会和潘村社区居委会合并设立新的高桥社区居委会，下辖23个居民小组。

大里社区居民委员会 清末，此处原有一棵大栗树，习称"大李墅"，民国初更现名。2001年，大里村委会和魏村村委会合并设立新的大里村委会。2005年7月，撤大里村委会设大里社区居委会，下辖25个居民小组。

天云社区居民委员会 以境内天云居民住宅小区得名。2002年7月，撤上坊集镇居委会设上坊社区居委会。2003年10月，原上坊社区居委会更名为天云社区居委会，下辖4个居民小组。

泉水社区居民委员会 清末，因地近青龙山麓一泉水而得名。2006年7月，泉水村委会与定林村委会合并设立泉水社区居委会，下辖17个居民小组。

建南社区居民委员会 由建新村与南庄村合并取2个村村名首字组合命名。2006年7月，建南村委会与窦村村委会合并设立建南社区居委会，下辖21个居民小组。

【秣陵街道社区居民委员会】

王墅社区居民委员会 南宋一叫王道的大官居此，因名王墅。2007年3月，王墅社区、东方社区部分地域合并设立新的王墅社区居委会，下辖34个居民小组。

新华社区居民委员会 1950年，于此建新华乡，后沿用此名。2004年6月，撤新华村委会改称新华社区居委会，下辖19个居民小组。

解溪社区居民委员会 明时武官谢洪经此，慕其山清水秀，于晚年居此，以"解甲归溪"之意名解溪。2004年7月，解溪村民委员会设为解溪社区居委会，下辖29个居民小组。

永宁社区居民委员会 取名永宁，一是传说乾隆皇帝下江南曾路过侯家场与西焦间一座小石桥，并为之取名永宁桥；二是因时处构建和谐社会、创造永远安宁时代。2007年3月，宋墅社区、永宁（焦村）社区、茶场（汪家坟村）合并设立新的永宁社区居委会，下辖15个居民小组。

陵里社区居民委员会 旧传看守南朝陈武帝万安陵的人住此，故称陵里。2004年6月，撤陵里村委会改设陵里社区居委会，下辖18个居民小组。

科苑社区居民委员会 2001年12月，成立科苑社区居委会。2007年3月，高山社区居委会部分地域划入科苑社区居委会。是年年底，科苑社区居委会下辖9个居民小组。

方山社区居民委员会 以境内方山得名。2007年3月，方山社区居委会、健康社区居委会和东方社区居委会部分地域合并设立新的方山社区居委会，下辖11个居民小组。

横岭社区居民委员会 清雍正年间，建横岭村，在一东西向小山岭上，其名由此而来。2007年3月，横岭社区居委会与原方山社区居委会合并为新的横岭社区居委会，下辖3个居民小组。

桥头社区居民委员会 明初为横头闸桥边一小集市，清时发展为镇，后沿用此名。2007年3月，桥头社区居委会和高山社区居委会部分地域合并为新的桥头社区居委会，下辖27个居民小组。

成山社区居民委员会 取境内成村、山西村首字得名。2007年3月，成山社区与共和社区部分地域合并设立新的成山社区居委会，下辖6个居民小组。

杨村社区居民委员会 袭用辖区内杨村之名。2007年3月，杨村社区居委会、洋桥社区居委会与新河村委会合并为新的杨村社区居委会，下辖14个居民小组。

秦淮社区居民委员会 辖境古为新亭乡地，新中国成立初置石马乡、秦淮乡隶江宁县一区、东山区。2002年，石马村委会改名为秦淮社区居委会，下辖10个居民小组。

胜太社区居民委员会 2007年3月，胜太社区与龙池社区合并成立新的胜太社区居委会，下辖28个居民小组。

湖滨社区居民委员会 2007年3月，学府社区居委会和湖滨社区居委会合并设立新的湖滨社区居委会，下辖28个居民小组。

太平社区居民委员会 其名袭用1954年成立的太平农业合作社之名。2001年，撤天元西路居委会设太平社区居委会。2007年3月，学府社区居委会部分地域划入太平社区居委会，下辖19个居民小组。

殷巷社区居民委员会 明代为殷万李村，为三姓聚居地。后殷姓居多，房舍又沿担路兴建似巷，故更名殷巷。2007年3月，九龙社区居委会与殷巷社区居委会合并为新的殷巷社区居委会，下辖35个居民小组。

青源社区居民委员会 2007年3月，青源社区居委会与其林社区居委会合并成立新的青源社区居委会，下辖20个居民小组。

东南社区居民委员会 2007年3月，东南社区居委会、燕湖社区居委会和下墟社区居委会部分地域合并设立新的东南社区居委会，下辖16个居民小组。

下墟社区居民委员会 明时夏姓人居此称夏墟。后夏氏绝，改称下墟，后沿用此名。2007年3月，下墟社区居委会部分地域和钱庄社区居委会、殷巷社区居委会合并设立新的下墟社区居委会，下辖36个居民小组。

长山社区居民委员会 其名由合作化时期长山高级社、公社化时期长山大队沿袭而来。2002年12月，撤长山村委会设长山社区居委会。2007年3月，其林社区居委会部分划入长山社区居委会，下辖22个居民小组。

牛首社区居民委员会 〔同治〕《上江两县志》谓水谷村。因近牛首、祖堂两山山谷，山水汇流于此。后谷讹为阁。1982年，撤水阁大队为水阁村委会。2004年2月，撤水阁村委会设牛首社区居委会。2007年3月，牛首社区居委会以及学府、其林、长山3个社区居委会部分地域合并设立新的牛首社区居委会，下辖 20 个居民小组。

西旺社区居民委员会 明洪武年间建村，为求兴旺发达，取名西旺村，后沿用此名。2007 年 3 月，西旺社区村委会与桥南社区居委会合并设立西旺社区居委会，下辖 13 个居民小组。

东旺社区居民委员会 其名由合作化时期东旺高级社、公社化时期东旺大队沿袭而来。2002 年 12 月，东旺村委会与秣陵关居委会、南关口居委会、东长居委会合并设立新的东旺社区居委会，下辖 8 个居民小组。

双金社区居民委员会 2007 年 3 月，双金社区居委会部分地域与后圩村委会合并设立新的双金社区居委会，下辖 20 个居民小组。

家园社区居民委员会 元至正年间即有张家园村，因村北有张姓大户花园得名。2007 年 3 月，家园社区居委会、新丰社区居委会部分地域和双金社区居委会部分地域合并为新的家园社区居委会，下辖 16 个居民小组。

【汤山街道社区居民委员会】

汤山社区居民委员会 因地处汤山集镇得名。2006 年 8 月，汤山社区居委会、汤泉社区居委会和寺庄村委会合并设立新的汤山社区居委会，下辖 32 个居民小组。

古泉社区居民委员会 民国 18 年（1929），于此设置古泉乡，后沿用此名。2005 年 4 月，撤古泉村委会设古泉社区居委会，下辖 25 个居民小组。

青林社区居民委员会 新中国成立前，境内山色青青，绿树成林，遂置青林乡，后沿用此名。2005 年 4 月，撤青林村委会设青林社区居委会，下辖 22 个居民小组。

作厂社区居民委员会 相传唐宋时期此处为铸币作坊，称作厂，后沿用此名。2006 年 8 月，作厂社区居委会、中心社区居委会和西梅村委会合并设立新的作厂社区居委会，下辖34个居民小组。

麒麟门社区居民委员会 元代称麒麟市，以地近南朝石麒麟得名。明代为南京外城门之一，称麒麟门，后沿用此名。2006 年 8 月，麒麟门社区居委会、悦民社区居委会部分地域和青西村委会合并设立新的麒麟门社区居委会，下辖 29 个居民小组。

麒麟铺社区居民委员会 古为急送公文铺所，铺前有初宁陵石麒麟和天禄各一只，因名，后沿用此名。2006 年 8 月，麒麟铺社区居委会和悦民社区居委会部分地域合并设立新的麒麟铺社区居委会，下辖 4 个居民小组。

晨光社区居民委员会 1956 年，曾于此建晨光高级社，后沿用此名。2004 年 8 月，晨光村委会改称晨光社区居委会，下辖 6 个居民小组。

锁石社区居民委员会 〔至正〕《金陵新志》载，元时以地近锁石溪得名，后沿用此名。2004 年 8 月，撤锁石村委会设锁石社区居委会，下辖 7 个居民小组。

孟墓社区居民委员会 宋时原为孟氏墓地，故名。2006 年 8 月，孟墓社区居委会和插花村委会合并设立新的孟墓社区居委会，下辖 37 个居民小组。

鹤龄社区居民委员会 此地原为鹤龄乡，后沿用此名。2006 年 8 月，新宁村委会和百合村委会合并设立鹤宁社区居委会，同年更名为鹤龄社区居委会，下辖 28 个居民小组。

高庄社区居民委员会 其名由公社化时期高庄大队之名沿袭而来。2006 年 8 月，高庄社区居委会和高峰社区居委会合并设立新的高庄社区居委会，下辖 40 个居民小组。

上峰社区居民委员会 元代一叫王长峰的迁此，后人以王者，千人之上，称为上峰，故名。2006 年 8 月，上峰社区居委会与李岗头社区居委会合并设立新的上峰社区居委会，下辖 18 个居民小组。

【淳化街道社区居民委员会】

青龙社区居民委员会 1950年，曾于此设青龙乡，后沿用此名。2003年9月，撤青龙村委会设青龙社区居委会，下辖28个居民小组。

索墅社区居民委员会 《景定建康志》谓李墅坊，宋时名人索琳居此，故名索墅。2003年9月，撤索墅村委会设索墅社区居委会，下辖28个居民小组。

青山社区居民委员会 因背靠青龙山脉而得名。2003年9月，撤青山村委会设青山社区居委会，下辖31个居民小组。

吴墅社区居民委员会 宋时吴姓人居此，名吴墅。后因"吴""无"谐音，村人避讳，改为洪墅。1958年，复称原名。2005年6月，撤吴墅村委会设吴墅社区居委会，下辖21个居民小组。

双岗社区居民委员会 境内原有松岗和岗下2个自然村，故名。2003年9月，撤双岗村委设双岗社区居委会，下辖26个居民小组。

淳化社区居民委员会 因地处淳化集镇得名。2002年12月，淳化村委会与淳化镇集镇居委会合并设立淳化社区居委会，下辖32个居民小组。

田园社区居民委员会 取境内咸田村和果园村各一字得名。2001年，咸田村委会与果园村委会合并为田园社区村委会。2005年8月，撤田园社区村委会设田园社区居委会，下辖17个居民小组。

土桥社区居民委员会 相传三国时，以镇北原有复土石桥得名。2003年4月，土桥集镇居委会、桂园居委会、土桥村委会合并设立桂花园社区居委会。2006年7月，桂花园社区居委会更名为土桥社区居委会，下辖13个居民小组。

新兴社区居民委员会 取名新兴社区，寓意气象更兴旺发达。2006年7月，新兴社区居委会和永平村委会合并设立新的新兴社区居委会，下辖39个居民小组。

【禄口街道社区居民委员会】

白云路社区居民委员会 因禄口集镇主干道白云路贯穿其中部而得名。2001年3月，撤禄口村委会设白云路居委会。2002年12月，撤白云路居委会设白云路社区居委会，下辖10个居民小组。

茅亭社区居民委员会 清时境内有茅亭庙，故名。2006年7月，茅亭、青圩和蓝天3个社区居委会合并设立新的茅亭社区居委会，下辖9个居民小组。

机场社区居民委员会 因近禄口国际机场得名。1993年，设立机场居委会。2002年12月，撤机场居委会设机场社区居委会，下辖4个居民小组。

铜山社区居民委员会 明正统年间，谢氏居此称谢村，清代发展为镇，民国时期，以近铜山更现名。原为铜山集镇居委会，2002年12月，撤铜山集镇居委会设铜山社区居委会，下辖8个居民小组。

钟村社区居民委员会 明时称横岗村。因村处一东西向山岗上。清同治间，钟姓住户增多而更名钟村，后沿用此名。2005年4月，撤钟村村委会设钟村社区居委会，下辖25个居民小组。

群力社区居民委员会 1956年，此地曾建群力高级社，后沿用此名。2005年4月，撤群力村委会设群力社区居委会，下辖23个居民小组。

山塘社区居民委员会 以境内山嘴、山里周、莱山朱等3个村的"山"字与定塘、广塘、横塘的"塘"字合并得山塘村名。2005年4月，撤山塘村委会设山塘社区居委会，下辖15个居民小组。

永兴社区居民委员会　1956年，于此建永兴高级社，后沿用社名。2005年5月，撤永兴村委会设永兴社区居委会，下辖9个居民小组。

陆纲社区居民委员会　以境内陆家、于岗称陆岗。1986年，为纪念抗日时期中共江宁县委书记陆纲而改设陆纲村委会，后沿用此名。2006年7月，陆纲社区居委会和马塘社区居委会合并设立新的陆纲社区居委会，下辖27个居民小组。

谢村社区居民委员会　明正统年间，谢氏居此称谢村，后沿用此名。2006年7月，谢村社区居委会与许桃村委会合并设立新的谢村社区居委会，下辖26个居民小组。

高伏社区居民委员会　以境内高家、大伏泽2个自然村各取一字组成村名。1982年，撤高伏大队设高伏村委会。2005年4月，撤高伏村委会设高伏社区居委会，下辖12个居民小组。

新生社区居民委员会　其名由合作化时期新生高级社、公社化时期新生大队沿袭来。2006年7月，新生社区居委会和农牧场社区居委会合并设立新的新生社区居委会，辖7个居民小组。

上穆社区居民委员会　明成化九年（1473），穆氏由湖南迁此，清时村分上下2个村，上穆由此而来。2005年4月，撤上穆村委会设上穆社区居委会，下辖20个居民小组。

陶东社区居民委员会　2001年2月，东京、昝缪与后村3个村委会合并设立陶东村委会。2005年4月，撤陶东村委会设陶东社区居委会，下辖34个居民小组。

彭福社区居民委员会　明万历年间，高朱二姓居此称高朱村。清时遭兵祸村毁。后彭氏迁此，为祈求永远得福定名彭福村。2005年4月，撤彭福村委会设彭福社区居委会，下辖24个居民小组。

【江宁街道社区居民委员会】

朱门社区居民委员会　以驻地朱门镇得名。2001年3月，朱门村委会与张府村委会合并设立新的朱门村委会。2005年4月，撤销朱门村委会设朱门社区居委会，下辖24个居民小组。

星辉社区居民委员会　因其原驻地在小星辉村而得名。2006年8月，星辉村委会和三兴村委会合并设立星辉社区居委会，下辖37个居民小组。

南山湖社区居民委员会　以境内有南山湖（向阳水库）得名。2006年8月，双虎社区居委会和北庄社区居委会合并设立南山湖社区居委会，下辖33个居民小组。

陆郎社区居民委员会　清代称六塘桥镇，以镇西北有六塘桥（又名陆郎桥）得名，民国更现名。2006年8月，陆郎社区居委会与神山社区居委会合并设立新的陆郎社区居委会，下辖24个居民小组。

河西社区居民委员会　因地处陆郎河西岸得名。2001年3月，河西村委会、桥西村委会合并设立新的河西村委会。2005年4月，撤河西村委会设河西社区居委会，下辖17个居民小组。

江宁社区居民委员会　因地处江宁集镇得名。2006年8月，江宁、梅府与瑜桥3个社区居委会合并设立新的江宁社区居委会，下辖31个居民小组。

司家社区居民委员会　司家古名司家寨，又名师姑庄，以一庵得名，后“姑”演化为“家”。2005年4月，撤司家村委会设司家社区居委会，下辖21个居民小组。

渔业社区居民委员会　原为渔民小组住地，专事长江渔业捕捞作业，故名。2001年3月，撤渔业村委会设渔业居委会。2002年12月，撤渔业居委会设渔业社区居委会，下辖3个居民小组。

牧龙社区居民委员会　《景定建康志》载：“旧有香木浮其上，土人通之以亭曰木龙矣。”一曰牧龙亭秦桧祖茔在镇南边，清时称牧龙镇，后沿用此名。2001年3月，牧龙、陶村与共和3个村委会合并设立新的牧龙村委会。2005年10月，撤牧龙村委会设牧龙社区居委会，下辖39个居民小组。

荷花社区居民委员会 以境内荷花塘村得名。2006 年 8 月，荷花村委会与河东村村委会合并设立荷花社区居委会，下辖 33 个居民小组。

叶村社区居民委员会 此地是叶氏聚居地，故名。2001 年 3 月，叶村村委会并入铜井镇集镇居委会。2002 年 12 月，撤铜井集镇居委会设叶村社区居委会，下辖 12 个居民小组。

铜井社区居民委员会 以地近铜矿得名。2005 年 10 月，撤铜井村委会设铜井社区居委会，下辖 20 个居民小组。

新民社区居民委员会 1956 年，于此建新民高级社，后沿用此名。2005 年 10 月，撤新民村委会设新民社区居委会，下辖 22 个居民小组。

陈塘社区居民委员会 明时附近有水塘，为陈姓所有，因名。2005 年 10 月，撤陈塘村委会设陈塘社区居委会，下辖 16 个居民小组。

建中社区居民委员会 1956 年，于此建建中高级社，后沿用社名。2001 年 3 月，由原来的建中村、官山村合并为建中村。2005 年 10 月，撤建中村委会设建中社区居委会，下辖 25 个居民小组。

【谷里街道社区居民委员会】

东善桥社区居民委员会 清代因村落以南有东善桥得名。2005 年 10 月，东善行政村更名东善社区。同年 12 月，东善社区居委会与东善集镇（原东虹居委会）合并，成立新的东善桥社区居委会，下辖 13 个居民小组。

公塘社区居民委员会 其名由公社化时期公塘大队沿袭而来，后沿用此名。2001 年 3 月，公塘村委会与赵林村委会合并设立新的公塘村委会。2004 年 9 月，撤销公塘村委会设公塘社区居委会，下辖 28 个居民小组。

谷里社区居民委员会 以驻地谷里镇得名。2006 年 8 月，莲花、花岗、谷里 3 个社区居委会合并设立新的谷里社区居委会，下辖 33 个居民小组。

吉山社区居民委员会 以地近吉山得名。2001 年 2 月，吉山村委会和小张村委会合并设立新的吉山村委会。2003 年 11 月，撤吉山村委会设吉山社区居委会，辖 27 个居民小组。

霞辉庙社区居民委员会 以境内霞辉庙得名。2001 年 2 月，霞辉庙、袁家桥与后泾桥 3 个村委会合并设立新的霞辉庙村委会。2003 年 11 月，撤霞辉庙村委会设霞辉庙社区居委会，下辖 30 个居民小组。

胜家桥社区居民委员会 因地有胜家桥得名。2004 年 9 月，撤胜家桥村委会设胜家桥社区居委会，下辖 14 个居民小组。

童前社区居民委员会 取童桥和前圣 2 个村村名首字组合得名。2001 年 2 月，童桥村委会与前圣村委会合并设立新的童前村委会。2003 年 11 月，撤童前村委会设童前社区居委会，下辖 27 个居民小组。

箭塘社区居民委员会 以境内箭塘村得名。2001 年 3 月，箭塘村委会与国庆村委会合并设立新的箭塘村委会。2004 年 9 月，撤箭塘村委会设箭塘社区居委会，辖 28 个居民小组。

向阳社区居民委员会 境内原为向阳大队，后沿用此名。2001 年 3 月，向阳村委会与王村村委会合并设立新的向阳村委会。2004 年 9 月，撤向阳村委会设向阳社区居委会，下辖 29 个居民小组。

张溪社区居民委员会 〔同治〕《上江两县志》谓张溪桥，村以桥为名。2004 年 9 月，撤张溪村委会设张溪社区居委会，下辖 24 个居民小组。

元山社区居民委员会 以地近元山得名。2006 年 8 月，元山社区居委会与三合社区居委会合并设立新的元山社区居委会，下辖 28 个居民小组。

周村社区居民委员会 清同治间，以住户多姓周得名。2004 年 9 月，撤周村村委会设周村社区居委会，下辖 22 个居民小组。

祖堂社区居民委员会 以其境在祖堂山前得名。2003 年 11 月，撤祖堂村委会设祖堂社区居委会，下辖 12 个居民小组。

【湖熟街道社区居民委员会】

湖熟社区居民委员会 因地处湖熟集镇得名。2006 年 8 月，湖熟社区居委会与灵顺社区居委会部分地域合并设立新的湖熟社区居委会，下辖 33 个居民小组。

河南社区居民委员会 因地处句容河南岸得名。2006 年 8 月，河南社区居委会与灵顺社区居委会部分地域合并设立新的河南社区居委会，下辖 21 个居民小组。

和进社区居民委员会 土改时为和进乡境，因名。2006 年 8 月，和进村委会与友谊村委会合并设立和进社区居委会，下辖 39 个居民小组。

金桥社区居民委员会 以境内金家桥得名。2006 年 8 月，金桥村委会与颜庄村委会合并设立金桥社区居委会，下辖 21 个居民小组。

尚桥社区居民委员会 由尚义村与新桥村合并，取 2 个村村名“尚”“桥”二字组合命名。2001 年 3 月，尚义村委会与新桥村委会合并设立尚桥村委会。2006 年 8 月，撤尚桥村委会设尚桥社区居委会，下辖 28 个居民小组。

周岗社区居民委员会 以居周干圩中部高岗得名。2006 年 8 月，长干村委会与齐尚社区居委会合并设立周岗社区居委会，下辖 21 个居民小组。

龙都社区居民委员会 相传曾有九龙聚此，因名。2006 年 8 月，龙都社区居委会与泉都社区居委会合并设立新的龙都社区居委会，下辖 29 个居民小组。

双新社区居民委员会 由新光村与汾前村合并，汾前原名新生，故名双新。2006 年 8 月，双新村委会与淮源村委会合并设立双新社区居委会，下辖 48 个居民小组。

杨柳湖社区居民委员会 以境内杨柳湖得名。2006 年 8 月，乐安村委会与解放村委会合并设立杨柳湖社区居委会，下辖 33 个居民小组。

新农社区居民委员会 1955 年，于此建新农初级社，后沿用社名。2001 年 3 月，新农村委会与夏庄村委会合并设立新的新农村委会。2006 年 8 月，撤新农村委会设新农社区居委会，下辖 13 个居民小组。

【横溪街道社区居民委员会】

丹阳社区居民委员会 秦代以此地山多赤柳名丹杨，隋代避帝讳改“杨”为“阳”，后沿用此名。2006 年 8 月，丹阳社区居委会、幸福村委会和双河村委会合并设立新的丹阳社区居委会，下辖 52 个居民小组。

横溪社区居民委员会 因地处横溪集镇得名。2006 年 8 月，横溪村委会和西塘社区居委会合并设立横溪社区居委会，下辖 32 个居民小组。

陶吴社区居民委员会 本为陶吴铺，宋景德元年（1004）设镇，因陶、吴二姓人世居于此得名。2006 年 8 月，桃红村委会与桃盛社区居委会合并设立陶吴社区居委会，下辖 25 个居民小组。

西岗社区居民委员会 西山村和长岗村合并，取 2 个村村名中“西”“岗”二字组合得名。

2006年8月，西岗村委会与泗陇村委会合并设立西岗社区居委会，下辖54个居民小组。

西阳社区居民委员会 明初谓西杨村，因杨氏聚居尹山西，后“杨”演变成“阳”，因名。2006年8月，西阳村委会和龙山村委会合并设立西阳社区居委会，下辖32个居民小组。

甘泉湖社区居民委员会 以境内甘泉湖（红星水库）得名。2006年8月，红星村委会和甘村村委会合并设立甘泉湖社区居委会，下辖44个居民小组。

新杨社区居民委员会 新塘村和红杨村合并，取2个村村名中“新”“杨”二字组合得名。2001年3月，新塘村委会与红杨村委会合并设立新杨村委会。2006年8月，撤新杨村委会设新杨社区居委会，下辖32个居民小组。

新杭社区居民委员会 杭村和孚而岗村合并，意为新的杭村。2001年3月，杭村村委会和孚而岗村委会合并设立新杭村委会。2006年8月，撤新杭村委会设新杭社区居委会，下辖20个居民小组。

西泉社区居民委员会 西章村和湖头村合并，取“西”字与湖头含义“泉”字组合得名。2001年3月，西章村委会和湖头村委会合并设立西泉村委会。2006年8月，撤西泉村委会设西泉社区居委会，下辖25个居民小组。

甘西社区居民委员会 原名干西，因此地原有一经常干涸的小河，人称干河。村处河西名干西，后“干”演化成“甘”。2006年8月，撤甘西村委会设甘西社区居委会，下辖25个居民小组。

第二节 社区村委会名

【秣陵街道社区村民委员会】

凤凰社区村民委员会 以境内有凤凰山得名。2007年3月，凤凰村委会、高塘社区居委会、新丰社区居委会部分合并设立新的凤凰村委会。2007年4月，凤凰村委会更名凤凰社区村委会，下辖14个村民小组。

建东社区村民委员会 建农村与东埠村合并，取2个村村名首字组合得名。2001年2月，建农村委会与东埠村委会合并设立建东村委会。2007年4月，建东村委会更名为建东社区村委会，下辖4个村民小组。

周里社区村民委员会 其名取自周桥、小里、大里3个村村名中的“周”“里”组合得名。2001年2月，周桥、小里与大里3个村委会合并设立周里村委会。2007年4月，周里村委会更名为周里社区村委会，下辖30个村民小组。

新林社区村民委员会 2001年3月，郭村村委会与梅林村委会合并设立新林村委会。2007年4月，新林村委会更名为新林社区村委会，下辖7个村民小组。

火炬社区村民委员会 1950年，曾于此建火炬高级社，后沿用此名。1982年，撤火炬大队建火炬村委会。2007年4月，火炬村委会更名火炬社区村委会，下辖20个村民小组。

【汤山街道社区村民委员会】

路西社区村民委员会 以地处宁杭公路西侧得名。1982年，撤路西大队建路西村委会。2007年4月，路西村委会更名为路西社区村委会，下辖20个村民小组。

建设社区村民委员会 以境内建设高级农业合作社得名。1982年，撤建设大队设建设村委会。2007年4月，建设村委会更名为建设社区村委会，下辖21个村民小组。

龙尚社区村民委员会 由龙泉村和北尚庄村合并，取2个村村名中的“龙”“尚”二字组合得名。2001年3月，龙泉村委会和北尚庄村委会合并成龙尚村委会。2007年4月，龙尚村委会更名为龙尚社区村委会，下辖17个村民小组。

湖山社区村民委员会 元时称护山村，以保护玉泉寺山林而得名，后“护”转为“湖”。1982年，撤湖山大队设湖山村委会。2007年4月，湖山村委会更名为湖山社区村委会，下辖4个村民小组。

孟塘社区村民委员会 南宋淳熙三年（1176），即有孟塘村，因住户多姓孟得名。2001年3月，孟塘村委会与安基山村委会合并设立新的孟塘村委会。2007年4月，孟塘村委会更名为孟塘社区村委会，下辖10个村民小组。

孟北社区村民委员会 1951年，于此建孟北乡，后沿用乡名。1982年，撤孟北大队设孟北村委会。2007年4月，孟北村委会更名为孟北社区村委会，下辖13个村民小组。

桦墅社区村民委员会 相传南宋秦桧家族一支居此，名大王庄。后秦桧声名狼藉，遂以当时盛长桦树而更桦墅村。1982年，撤桦墅大队设桦墅村委会。2007年4月，桦墅村委会更名为桦墅社区村委会，下辖29个村民小组。

东流社区村民委员会 因此处水流向东，因名。2001年3月，东流村委会与西流村委会合并设立新的东流村委会。2007年4月，东流村委会更名为东流社区村委会，下辖7个村民小组。

袁家边社区村民委员会 以袁氏聚居地得名。1982年，撤袁家边大队设袁家边村委会。2007年4月，袁家边村委会更名为袁家边社区村委会，下辖10个村民小组。

宁西社区村民委员会 在东林禅寺之西，取寺中名“林”的谐音“宁”得名宁西。1982年，撤宁西大队设宁西村委会。2007年4月，宁西村委会更名为宁西社区村委会，下辖18个村民小组。

阜东社区村民委员会 以在一长土山东得名。2001年3月，阜东村委会与宁西村委会合并设立新的阜东村委会。2007年4月，阜东村委会更名为阜东社区村委会，辖16个村民小组。

阜庄社区村民委员会 其名取自阜西、庄里2个村村名首字。2001年3月，阜西村委会与庄里村委会合并设立阜庄村委会。2007年4月，阜庄村委会更名为阜庄社区村委会，下辖12个村民小组。

【淳化街道社区村民委员会】

茶岗社区村民委员会 明末福王妃出逃，死后葬于此地称“花墟”，后“墟”改为“坵”。清康熙年间名上合村，又传该村原名上鼎村，明末与另一村合并改为上合村。2001年，花坵村委会与上合村委会合并为茶岗村委会。2007年4月，茶岗村委会更名为茶岗社区村委会，下辖29个村民小组。

周郎社区村民委员会 境内有周郎桥，周瑜攻打笮融时曾过此桥，村以桥名，故沿用此名。1982年，撤周郎大队设周郎村委会。2007年4月，周郎村委会更名为周郎社区村委会，下辖20个村民小组。

滨淮社区村民委员会 以辖境在秦淮河边得名。2006年7月，滨淮村委会与祝庄村委会合并，设立新的滨淮村委会。2007年4月，滨淮村委会更名为滨淮社区村委会，下辖7个村民小组。

民主社区村民委员会 取人民当家做主之意得名。2006年7月，民主村委会与远景村委会合并设立新的民主村委会。2007年4月，民主村委会更名为民主社区村委会，下辖18个村民小组。

周子社区村民委员会 因地处周子圩内得名。1982年，撤周子大队设周子村委会。2007年

4月，周子村委会更名为周子社区村委会，下辖4个村民小组。

西埠社区村民委员会 取下埠、西湖2个村村名中各一字组合命名。2001年3月，下埠村委会与西湖村委会合并设立西埠村委会。2007年4月，西埠村委会更名为西埠社区村委会，下辖21个村民小组。

西城社区村民委员会 以境在西城圩内得名。2006年7月，西城村委会与中于村委会合并设立新的西城村委会。2007年4月，西城村委会更名为西城社区村委会，辖20个村民小组。

柏墅社区村民委员会 1956年，在此建柏树高级社，后改“树”为“墅”。1982年，撤柏墅大队设柏墅村委会。2007年4月，柏墅村委会更名为柏墅社区村委会，下辖20个村民小组。

【禄口街道社区村民委员会】

溧塘社区村民委员会 1956年，在此建溧塘高级社，后沿用此名。2006年7月，溧塘村委会与南夏村委会合并设立新的溧塘村委会。2007年4月，溧塘村委会更名为溧塘社区村委会，下辖13个村民小组。

埂方社区村民委员会 取境内大埂头、方边2个村村名中各一字得名。1982年，撤埂方大队设埂方村委会。2007年4月，埂方村委会更名埂方社区村委会，下辖22个村民小组。

曹村社区村民委员会 宋淳化年间村多曹姓，称曹村。2001年3月，曹村村委会与张家村委会合并设立新的曹村村委会。2007年4月，曹村村委会更名为曹村社区村委会，下辖3个村民小组。

小彭社区村民委员会 取境内小梁、大彭2个村中各一字得名。2006年7月，小彭、梁彭与魏庄3个村委会合并设立新的小彭村委会。2007年4月，小彭村委会更名为小彭社区村委会，下辖21个村民小组。

石埝社区村民委员会 明嘉靖年间，李氏由湖南移此，房屋周围用块石垒成小埂，因名石埝村。2006年7月，石埝村委会与浣溪村委会合并设立新的石埝村委会。2007年4月，石埝村委会更名为石埝社区村委会，下辖23个村民小组。

尚洪社区村民委员会 取原尚陶、洪家边2个高级社社名首字得名。2006年7月，尚洪村委会与呼嘘村委会合并设立新的尚洪村委会。2007年4月，尚洪村委会更名为尚洪社区村委会，下辖12个村民小组。

徒墻村民委员会 徒氏于南宋时从河南洛阳迁此，称村徒墻。1982年，撤徒墻大队设徒墻村委会。2007年4月，徒墻村委会更名为徒墻社区村委会，下辖23个村民小组。

陈巷社区村民委员会 以境内前、后陈巷自然村得名。1982年，撤陈巷大队设陈巷村委会。2007年4月，陈巷村委会更名为陈巷社区村委会，下辖24个村民小组。

桑园社区村民委员会 明正德年间，刘氏从江西省泊水村迁此，辟种桑园，因名。清代称桑园铺，新中国成立后更今名。1982年，撤桑园大队设桑园村委会。2007年4月，桑园村委会更名为桑园社区村委会，下辖26个村民小组。

黄桥社区村民委员会 境内有黄桥，村以桥名。2006年7月，黄桥村委会与俞庄村委会合并设立新的黄桥村委会。2007年4月，黄桥村委会更名为黄桥社区村委会，下辖11个村民小组。

杨树湾社区村民委员会 因地处秦淮河弯曲处，且盛长杨树得名。1982年，撤杨树湾大队设杨树湾村委会。2007年4月，杨树湾村委会更名为杨树湾社区村委会，下辖5个村民小组。

成功社区村民委员会 1956年，于此建成功高级社，后沿用社名。2006年7月，成功村委会与铺头村委会合并设立新的成功村委会。2007 年 4 月，成功村委会更名为成功社区村委会，下辖 10 个村民小组。

马铺社区村民委员会 境内原有前、中、后 3 个马铺村，因名。1982 年，撤马铺大队设马铺村委会。2007 年 4 月，马铺村委会更名为马铺社区村委会，下辖 10 个村民小组。

张桥社区村民委员会 清代张姓于此修造一座小石桥称张桥，村以桥名。2001 年 3 月，张桥村委会与白庄村委会合并设立新的张桥村委会。2007 年 4 月，张桥村委会更名为张桥社区村委会，下辖 9 个村民小组。

秦村社区村民委员会 明洪武年间已有此村。2006 年 7 月，秦村村委会与东湖村委会合并设立新的秦村村委会。2007 年 4 月，秦村村委会更名为秦村社区村委会，辖 9 个村民小组。

【江宁街道社区村民委员会】

清修社区村民委员会 以境内古有清修寺定名。1982 年，撤清修大队设清修村委会。2007 年 4 月，清修村委会更名为清修社区村委会，下辖 19 个村民小组。

上湖社区村民委员会 旧因在三城湖的上首得名。1982 年，撤上湖大队设上湖村委会。2007 年 4 月，上湖村委会更名为上湖社区村委会，下辖 21 个村民小组。

新洲社区村民委员会 始建于民国 22 年（1933），时称“薛丁洲”或“薛汀州”。1982 年，撤新洲大队设新洲村委会。2007 年 4 月，新洲村委会更名为新洲社区村委会，下辖 5 个村民小组。

大庙社区村民委员会 原驻地在一大庙内，因名。1982 年，撤大庙大队设大庙村委会。2007 年 4 月，大庙村委会更名为大庙社区村委会，下辖 22 个村民小组。

西宁社区村民委员会 1956 年，于此建西宁高级社，后沿用此名。2001 年 3 月，西宁村委会与南门村委会合并设立新的西宁村委会。2007 年 4 月，西宁村委会更名为西宁社区村委会，下辖 15 个村民小组。

牌坊社区村民委员会 此处有光绪六年（1880）所建善门牌坊一座，记载河南八府巡按甘圣年家人事迹，后沿用牌坊名。2001 年 3 月，牌坊村委会与黄龙岘村委会合并设立新的牌坊村委会。2007 年 4 月，牌坊村委会更名为牌坊社区村委会，下辖 14 个村民小组。

庙庄社区村民委员会 1956 年，曾于此设庙庄高级社，后沿用此名。2001 年 3 月，庙庄村委会与大塘村委会合并设立新的庙庄村委会。2007 年 4 月，庙庄村委会更名为庙庄社区村委会，下辖 11 个村民小组。

花塘社区村民委员会 清时因境内有“花塘”得名。1982 年，撤花塘大队设花塘村委会。2007 年 4 月，花塘村委会更名为花塘社区村委会，下辖 28 个村民小组。

洪幕社区村民委员会 以境内洪幕山得名。2001 年 3 月，洪幕村委会与李村村委会合并设立新的洪幕村委会。2007 年 4 月，洪幕村委会更名为洪幕社区村委会，下辖 4 个村民小组。

天然社区村民委员会 以驻地设在一天然山岗上得名。1982 年，撤天然大队设天然村委会。2007 年 4 月，天然村委会更名为天然社区村委会，下辖 5 个村民小组。

【谷里街道社区村民委员会】

柏树社区村民委员会 〔同治〕《上江两县志》载，清同治年间此处盛长柏树，得名柏树村。2001 年 3 月，柏树村委会与砖墙村委会合并为新的柏树村委会。2007 年 4 月，柏树村委会更名为柏树社区村委会，下辖 23 个村民小组。

双塘社区村民委员会 以境内梁塘村委会与兴塘村委会合称得名。2001 年 3 月，梁塘村委会和兴塘村委会合并设立双塘村委会。2007 年 4 月，双塘村委会更名为双塘社区村委会，下辖 32 个村民小组。

亲见社区村民委员会　此处曾有人亲眼看见鸡儿岗的金鸡在石臼村石臼里吃米被舂死，此 2 个村在打官司时，请该村人到庭作证，村以为名。1982 年，撤亲见大队设亲见村委会。2007 年 4 月，亲见村委会更名为亲见社区村委会，下辖 19 个村民小组。

荆刘社区村民委员会　取其境原荆村、刘牧岗 2 个村首字得名。1982 年，撤荆刘大队设荆刘村委会。2007 年 4 月，荆刘村委会更名为荆刘社区村委会，下辖 16 个村民小组。

石坝社区村民委员会　因村后有石坝一座得名。1982 年，撤石坝大队设石坝村委会。2007 年 4 月，石坝村委会更名为石坝社区村委会，下辖 18 个村民小组。

【湖熟街道社区村民委员会】

新跃社区村民委员会　因 1956 年在此建新跃高级社，后沿用此名。2006 年 8 月，新跃村委会与范坵村委会合并设立新的新跃村委会。2007 年 4 月，新跃村委会更名为新跃社区村委会，下辖 19 个村民小组。

三界社区村民委员会　1956 年，于此成立三界高级社，后沿用此名。2001 年 3 月，三界村委会和北涵村委会合并设立新的三界村委会。2007 年 4 月，三界村委会更名为三界社区村委会，下辖 14 个村民小组。

耀华社区村民委员会　为纪念在此抗日牺牲的革命烈士张耀华命名。2006 年 8 月，耀华村委会与新墩村委会合并设立新的耀华村委会。2007 年 4 月，耀华村委会更名为耀华社区村委会，下辖 18 个村民小组。

河北社区村民委员会　土改时为河北乡境，因名。2006 年 8 月，河北村委会与赵家边村委会合并设立新的河北村委会。2007 年 4 月，河北村委会更名为河北社区村委会，下辖 16 个村民小组。

丹桂社区村民委员会　原为丹桂乡，因在赤山西，境内有杜桂村得名，“丹”即“赤”，后沿用此名。2001 年 3 月，丹桂、长岭与丹林 3 个村委会合并设立新的丹桂村委会。2007 年 4 月，丹桂村委会更名为丹桂社区村委会，下辖 19 个村民小组。

和平社区村民委员会　新中国成立前曾于此置和平乡，后沿用此名。2006 年 8 月，和平村委会与秦淮村委会合并设立新的和平村委会。2007 年 4 月，和平村委会更名为和平社区村委会，下辖 39 个村民小组。

钱家社区村民委员会　因驻地在钱家村得名，后沿用此名。2006 年 8 月，钱家村委会与石辣村委会合并设立新的钱家村委会。2007 年 4 月，钱家村委会更名为钱家社区村委会，下辖 28 个村民小组。

徐慕社区村民委员会　原为徐氏墓地，称徐墓。民国 19 年（1930），徐姓人改“墓”为“慕”。2006 年 8 月，徐慕村委会与双释村委会合并设立新的徐慕村委会。2007 年 4 月，徐慕村委会更名为徐慕社区村委会，下辖 32 个村民小组。

绿杨社区村民委员会　〔至正〕《金陵新志》谓鹿阳里。清时名洛阳头，后语讹为绿杨头。2006 年 8 月，绿杨村委会与高李村委会合并设立新的绿杨村委会。2007 年 4 月，绿杨村委会更名为绿杨社区村委会，下辖 44 个村民小组。

万安社区村民委员会　地处原万安乡，因名。2001 年 3 月，永安、永胜、永跃 3 个村委会合并设立万安村委会。2007 年 4 月，万安村委会更名为万安社区村委会，下辖 20 个村民小组。

晶明社区村民委员会　1961年，由光明大队分出，取“晶明”二字得名。2006年8月，晶明村委会与光明村委会合并设立新的晶明村委会。2007年4月，晶明村委会更名为晶明社区村委会，下辖15个村民小组。

东阳社区村民委员会　辖境在东阳圩内，故名。2006年8月，东阳村委会与双龙村委会合并设立新的东阳村委会。2007年4月，东阳村委会更名为东阳社区村委会，下辖28个村民小组。

【横溪街道社区村民委员会】

安民社区村民委员会　境内旧有安民寺，村以寺命名。2001年3月，安民、大柏和铁家3个村委会合并为新的安民村委会。2007年4月，安民村委会更名为安民社区村委会，下辖25个村民小组。

红旗社区村民委员会　1956年，曾于此建红旗高级社，后沿用其名。2001年3月，红旗村委会与石塘村委会合并为新的红旗村委会。2007年4月，红旗村委会更名为红旗社区村委会，下辖24个村民小组。

官长社区村民委员会　取官塘、长冲2个村村名首字组合而得名。2001年3月，官塘村委会与长冲村委会合并设立官长村委会。2007年4月，官长村委会更名为官长社区村委会，下辖13个村民小组。

横山社区村民委员会　地处横山下，故名。2001年3月，横山村委会与上庄村委会合并设立新的横山村委会。2007年4月，横山村委会更名为横山社区村委会，下辖15个村民小组。

许呈社区村民委员会　取许村、呈村、赵村3个村中的“许”“呈”二字组合得名。2001年3月，许村、呈村和赵村3个村委会合并设立许呈村委会。2007年4月，许呈村委会更名为许呈社区村委会，下辖19个村民小组。

云台社区村民委员会　辖境在云台山边，因名。2001年3月，云台村委会和横岗村委会合并设立新的云台村委会。2007年4月，云台村委会更名为云台社区村委会，下辖17个村民小组。

山景社区村民委员会　以靠山边且山景秀丽得名。1982年，撤山景大队设山景村委会。2007年4月，山景村委会更名为山景社区村委会，下辖6个村民小组。

勇跃社区村民委员会　1956年，在此地建勇跃高级社，后沿用此名。1982年，撤勇跃大队设勇跃村委会。2007年4月，勇跃村委会更名为勇跃社区村委会，下辖10个村民小组。

许高社区村民委员会　取许上、高台2个村村名首字组合命名。2001年3月，许上村委会与高台村委会合并设立许高村委会。2007年4月，许高村委会更名为许高社区村委会，下辖18个村民小组。

宁光社区村民委员会　其名源于汤村与蔡坎村合并时定名为宁光。2001年3月，汤村村委会与蔡坎村委会合并设立宁光村委会。2007年4月，宁光村委会更名为宁光社区村委会，下辖19个村民小组。

第三章 居民地地名

至2007年年底，全区9个街道共有居民住宅区211个，另有自然镇37个，自然村1903个。此外，境内还有由于诸多原因而消失的自然村880个。

一方山水养一方人，在江宁广阔的农村地区，自然村落如繁星广布，村落地名的命名含有诸多历史元素，反映当地的风土人情。本章介绍的189个自然村村名由来，可以看出形成村名的两大要素，各占40%左右。一是根据村落所处的自然位置，以山、岗、溪、坳、冲、墩、塘等地理实体名称，或加上方位、大小、形状等组成地名，如尹山、官山、黄土岗、上浣溪、横山凹、下戴塘、西山口等，因为境内多湖泊，农村俗称“塘”，以“塘”组成村名有约140条。二是自然村落地名中多含有姓氏，一般姓氏后面加“通名”，如陈家村、王家村、鱼家村、刘村、蔡村等；还有双姓氏后面加“通名”，如包王庄、尚陶村、毛林村、沈杨村等。除了姓氏后加“通名”外，也有加地形、方位、大小称谓的，如张家凹、程家墩子、周冲、孟岗、前梅村等。由于历史造成闭塞的缘故，以姓氏命名的自然村落重名的也有不少，如高家、夏家、陈家、王家、许家等村。村名中还有60余条含“头”字的。“头”字在当地解释为：南边为头或周边最高处的意思，如窑头、大湖头、庄头、岗头等。

境内还有许多新增地名词，这些地名富含着深厚的文化意味与内在意蕴，他们凸显历史、地理、语言和社会意识的信息，极具现代气息。本章所介绍的211处城市居民地，即是最好的佐证。如以植物花卉命名的楼盘项目有近20处，如芙蓉园、紫薇花园、杏花园、枫情佳园等；以吉祥字意命名的楼盘项目10余处，如金禄、欣旺、永欣、金发等；含有异域风情的项目有莱茵东郡花园、复地朗香别墅、高尔夫西花园等；更多的项目名称是取意于自然山水，占20%之多，如山水方舟雅苑、碧水湾花园、天泽苑等。

第一节 自然镇名

江宁古称金陵，历史渊源流长。建县以来共形成自然镇37个，其中有湖熟、秣陵等千年古镇，有新设立的方山、上峰、周岗等镇，也有因历史变迁失去昔日繁华而成为社区居委会驻地的索墅、东流、朱门等镇。

【东山街道自然镇】

东山镇 据〔同治〕《上江两县志》和〔光绪〕《续纂江宁府志》载，土山坐落镇北，清时称土山镇。民国23年（1934），江宁县治由南京移此，以土山别称小东山，更名为东山镇。2006年，此地为江宁区政府及东山街道办事处驻地。

上坊镇 因境内北部有南朝陈武帝陈霸先万安陵，以其处于陵的上方而得名，后以“方”为“坊”；又一说，传明代此地有石碑坊，以地势处其上得名。清代称镇。2006年，此地为上坊社区服务中心、天云社区居委会驻地。

岔路口镇 以两条大路在此交叉得名，清称岔路村，民国中期发展为镇。2006年，此地为岔路社区居委会驻地。

高桥镇 汉名人皋伯通曾居此，清代有集市，一名高桥镇。2006年，此地为高桥社区居委会驻地。今镇区一分为二，北属白下区，南属江宁区。

定林镇 古为驿站，因有驿亭称亭林。清光绪年间讹为定林。民国间谓定林镇。2006年，此地为泉水社区居委会驻地。

【秣陵街道自然镇】

秣陵镇 秦代于此设秣陵县，以县得名。宋景德年间建镇。宋代称秣陵关。清代为江宁三大重镇之一。2006年，此地为秣陵街道办事处驻地。

殷巷镇 清代置镇。2006年，此地为殷巷社区居委会驻地。

横岭镇 原为横岭村一部分，1961年方山公社建此，渐发展为镇，镇取村名。2006年，此地为横岭社区居委会驻地。

桥头镇 19世纪20—30年代，设立桥头镇。汪伪时期，镇公所社设于镇上。2002年，桥头镇全部拆迁，居民入住潭桥公寓。2006年，归秣陵街道桥头社区管辖。

解溪镇 清时称镇。2006年，此地为解溪社区居委会驻地。

方山镇 以近方山得名。2000年，以乡置镇。2006年，此地为方山社区居委会驻地。

【汤山街道自然镇】

汤山镇 镇以近汤山得名。山有温泉，冬夏常热，四时如汤，故山名汤山。〔至正〕《金陵新志》谓汤泉市。清代因汤涧水流贯镇中，称汤水镇。民国23年（1934），更汤山镇。2006年，此地为汤山街道办事处驻地。

作厂镇 相传明初有铸币作坊得名作厂，民国元年（1912）后渐成集镇，称作厂镇。2006年，此地为作厂社区居委会驻地。

麒麟门镇 2006年，此地为麒麟门社区服务中心驻地。

东流镇 《景定建康志》称"东流市，市有桥曰东流，以水流向东，因名之"。宋时称市，清末称镇。2006年，此地为东流村委会驻地。

上峰镇 又名高庄镇。据《庞氏家乘》载，北宋末年宰相庞籍之孙南来任为衢州别驾，病逝后迁葬于此。曾嘱其子将其葬于高岗之上，以视"金寇逞凶能几时"。其后人买地开圹，于高岗墓下结庐守孝，定居为村，取名为高庄。1962年，上峰公社建此，渐发展为镇，取公社名。2006年，此地为高庄社区居委会驻地。

【淳化街道自然镇】

淳化镇 北宋淳化五年（994），置淳化镇于此，以年号命名。明初一度为上元县治，后置淳化关，清复为镇，为上元县四大镇之一。2007年，此地为淳化街道办事处驻地。

土桥镇 据〔同治〕《上江两县志》载，三国时始成部落，后称土桥市，宋代改为土桥镇，古为军事重地。2006年，此地为土桥社区居委会驻地。

索墅镇 清时设镇。2006年，此地为索墅社区居委会驻地。

【禄口街道自然镇】

禄口镇 相传此地从元代起始有村落，因当时仅一户六口之家居此，故名六口，清代称镇，后以谐音名禄口镇。2007 年，此地为禄口街道办事处驻地。

铜山镇 2006 年，此地为铜山社区居委会驻地。

曹村镇 宋淳化年间，村人多曹姓，称曹村。明代曾发展为小集市，清代称镇。2006 年，此地为曹村村委会驻地。

秦村镇 明洪武年间即有此村，〔同治〕《上江两县志》称："秦村，大村落也，南有太平岗、趋建平大路。" 清末称街，民国至 1952 年称镇。2006 年，此地为秦村村委会驻地。

【江宁街道自然镇】

江宁镇 晋太康元年（280），于此置临江县。次年，改临江县为江宁县，县治在今江宁镇。宋代称镇。2006 年，此地为江宁街道办事处驻地。

陆郎镇 又名六郎镇。宋、元、明皆称六塘（因镇北有一"六塘"得名）。清道光十五年（1835），境内建成三孔石拱桥，以三国吴郁林太守陆绩得名陆郎桥。从此桥名、地名均称"陆郎桥"，清同治年间称陆郎桥镇。民国元年（1912），更名陆郎镇。2006 年，此地为陆郎社区居委会驻地。

铜井镇 《景定建康志》称铜井市，以地近铜矿得名，清时改称镇。2006 年，此地为铜井社区居委会驻地。

朱门镇 〔至正〕《金陵新志》载，宋时为朱门市，明清称镇。旧传以当时富户较多，大门多饰红色得名。2006 年，此地为朱门社区居委会驻地。

牧龙镇 2005 年，牧龙镇被滨江开发区征地拆迁。

【谷里街道自然镇】

谷里镇 元代因其地处金牛山谷，乡下设置"里"，故称为谷里。清代称谷里村。民国时期称谷里镇。2006 年，此地为谷里街道办事处驻地。

东善桥镇 清代为村，民国时期渐发展为镇。2006 年，此地为东善桥社区居委会驻地。

元山镇 以近元山得名。清代称镇。2006 年，此地为元山社区居委会驻地。

【湖熟街道自然镇】

湖熟镇 据〔同治〕《上江两县志》称，以近刘阳湖，物产丰饶得名。汉代置镇，明代称镇。2007 年，此地为湖熟街道办事处驻地。

龙都镇 历史上称泉都市。据《景定建康志》和〔同治〕《上江两县志》载，以境内多泉井而得名，相传曾有九龙聚会于此，清代改泉都为龙都镇。2007 年，此地为龙都社区居委会驻地。

周岗镇 因地处圩区，三面堤岸绕环，中部有长条形缓岗地，形同"周"字，昔称"周干圩"，后通称"周岗圩"。1970 年，设周岗公社于此，后渐发展为镇。2007 年，此地为周岗社区居委会驻地。

【横溪街道自然镇】

横溪镇 地处横溪河北岸，因横溪桥（又名横水桥）得名。清代有集市，后称镇。2007 年，此地为横溪街道办事处驻地。

陶吴镇 2007 年，此地为陶吴社区居委会驻地。

丹阳镇 2007 年，此地为丹阳社区服务中心驻地。

第二节　自然村村名

1981 年 3 月至 12 月，江宁县开展地名普查工作。共查出自然村居民地 2808 个。随着江宁城市化进程加快，成片土地被征用，整村房屋被拆迁，至 2007 年年底，全区共有自然村 1903 个，本节辑选其中 189 个详细介绍，其余 1714 个自然村见表 6–3–1。

【东山街道自然村】

前淹儿港村　位于中前社区东北部。传明时某娘娘的儿子淹死在此河港里故名。清代有前后之分。

马场　位于中前社区北部。传明代此地为牧马场。

富塘　位于龙西社区东北部。明代时此处水塘形似斧头，旧称斧塘，后“斧”演变成“富”，后沿用。

张家凹　位于龙西社区北部。清初原以张姓人居小山凹里得名，后村移至高地。村因姓氏和位置得名。

岗山村　位于章村社区南部。原名石羊岗，因岗上有明朝石羊一对，后以近岗山更现名。

七甲村　位于佘村社区东北部。新中国成立前实行保甲制，此村为十二保第七甲，故名七甲村。

赵家山　位于上坊社区北部。清时原名金山，据说曾勘探有金矿，后被赵姓买去，更名赵家山，山上有赵家祖坟。

窑头　位于上坊社区北部。清嘉庆年间即有此村，因村头有一土窑得名。

桃园　位于上坊社区北部。清时村民多种植果树，桃树成林，故名桃园村。

倪塘　泥塘社区驻地。

大里墅村　位于大里社区北部。

汤村　大里社区驻地。〔同治〕《上江两县志》称汤庄，新中国成立后更现名。

余社　位于大里社区南部。原名余市，余姓聚居地，有集市。清嘉庆年间过“社火”，此村是过“社火”的集中地方，故名。

谢家边　位于大里社区南部。谢家边原名“万家边”，相传乾隆皇帝私访路过此村，说是“万家边”有超“万岁”之嫌，即令改名为“谢家边”，有凋落衰退之意。

卢家桥　位于永安社区西部。相传清代卢氏出资在此建一石桥（卢家桥），村以桥名。

城墙村　位于永安社区东南部。明代该村四周筑有围墙，像城垣叫城墙，“墙”是村的意思。

大定林　位于泉水社区西北部。古为驿站，因有驿亭称亭林，清初有大、小之分。光绪年间讹为定林，民国年间谓定林镇，1949 年镇建制撤销后沿用此名。

艾塘村　位于建南社区南部。相传明代此村有一水塘为艾姓所有，故名艾塘。又传该村水塘有 108 个，塘挨塘，故名挨塘，后演变成艾塘。

东解村　位于建南社区北部。相传明代村西有宝善寺，以佛经中“从善福无边，万恶全解脱”之意得名解脱村。后分东、中、西三村，东解村在东，故名。

窦村　位于建南社区东部。〔同治〕《上江两县志》谓窦村，以东边小山有孔穴得名。明清时为石匠聚住地。“窦”在方言中有“拼凑”之意，即来自外地的著名石工拼凑的村庄。

【秣陵街道自然村】

蒲神庙 位于东旺社区东部。清时此处建有蒲神庙，以祭祀蒲神而名，村近庙，因名。

后西厢 位于新华社区西北部。相传明时谓西厢，因村在淳化镇西边，故称“厢”，“厢”即“边”的意思。清代发展到前、中、后3个村，此村在后，故简称为后西村。

解溪村 解溪社区驻地。

殷岸 位于解溪社区南部。相传清康熙年间殷氏由河南逃荒至此，因居秦淮河岸边故名。

后梅村 位于新林社区北部。据《李谱》载，清代为梅村。传梅姓最早居此，后村分为前、后2个村，此村在后，故名。

章茅村 位于西旺社区东南部。清时此处盛长红果子的茅草，叫长茅草，因名，后“长”演化为“章”，又称章茅草村。

高家庄 位于火炬社区西部。相传明时此处在东旺圩最高处，且在一河沟起点处，初名高家沟头，清末改称现名。

后张村 位于火炬社区北部。明洪武十九年（1386）建村，张氏驻地，因名，后村有前后之分。此村在后，故名。

南社村 位于双金社区西南部。明时过社火，此处是祭祀土地神、谷神的地方，因在一大村叫中村之南，故名。

双基街 位于双金社区西北部。据《蔡谱》载，明洪武年间名双溪街，因在原九里河和白塘河之间，且有集市，后“溪”演化成“基”。

三板桥 位于周里社区南部。《江宁府志》记载，清光绪年间即有此村，传旧时村中有用三块石板制作的小桥叫三板桥，村以为名。

艾岗 位于周里社区东南部。相传清代此处岗上有庙，后庙被毁，人称庙子岗，光绪年间艾氏迁此定居，遂更名艾岗。

源湖 位于周里社区东南部。明初因村西侧有一面积五十二亩的水面燕湖而得名，后“燕”演化成“源”。

东葛村 位于凤凰社区北部。明代在葛塘湖边建一寺，名葛塘寺，村以为名。清末，以庙的方位分为东、西、北3个村，此村居东。已拆迁。

大埕村 位于建东社区东南部。清时即有此村，村因地理位置得名，其与秦淮河堤坝水平，故名大埕村。

【汤山街道自然村】

徐家边 位于汤山镇南部。原名徐贾边，因徐、贾二姓得名。后遭太平天国兵焚，贾氏绝户，改名为徐家边。

东林 位于麒麟铺社区北部。该村附近有东西二帝陵，东为宋文帝陵，村近东陵，因名，后人语讹“陵”转为“林”。

麒麟铺 麒麟铺社区驻地。

桦墅 桦墅社区驻地。

新民村 位于桦墅社区东南部。〔同治〕《上江两县志》引《石迈古迹编》，唐武后时，此地有石佛十余尊，称石佛庵。1963年建村更现名。

东流镇 东流社区驻地。《景定建康志》载，宋代称市，以此处水流向东得名，清末寺镇。1957年镇建制撤销。

湖山 湖山社区驻地。元末谓护山村，因村后有玉泉寺，为保护寺院山林而得名。后因“护”转化成“湖”。

柏家庄 位于孟塘社区西北部。相传清时武举人李山白曾在此居住，名百家庄，后人谓“百”字不吉利，改为柏家庄。

黄栗墅 位于古泉社区东部。《江宁府志》载，南宋时一黄姓大官隐居于此，称黄墅。又据《侯氏谱》载，明弘治丙辰年此村更名黄栗墅，后沿用此名。

侯家塘 古泉社区驻地。《侯氏谱》载，清顺治元年（1644）即有此村，村中有大肚塘，属侯家所有，村以塘得名。

四维村 位于古泉社区南部。民国25年（1936）建此村，为国民党步兵学校家属住区，村名取自“礼义廉耻，国之四维”，后村废。1956年炮兵靶场扩建，青龙山中几村住户迁此定居，仍用此名。

阳山村 位于古泉社区西部。《侯氏谱》载，清嘉庆年间即有此村，村靠山，山形如坟，叫坟头村，故名。后因村靠近阳山碑材，2006年更名为阳山村，但当地老百姓仍叫坟头村。

小湖 位于孟北社区东北部。清嘉庆丙寅年即有此村，因村靠近小平湖，遂得“小湖”名至今。

北岗 位于孟北社区东北部。相传南宋时，张氏由云南迁此垦荒定居。因村处许巷北面山岗上，因名。

湄塘 位于孟墓社区东部。宋时建村，因村边有一山丘，山丘边有一水塘，名为湄塘垛子，故名。

郄坊 位于孟墓社区南部。清初该村原居住户姓端木，是一大家族移居此地。家中以作坊致富，作坊之名叫郄坊，因名。

大新庄 位于孟墓社区西部。清宣统三年（1911），豫、鲁、蜀三省灾民迁此定居，取新建村庄之意得名。

白合 鹤龄社区驻地。南宋时期，村周筑高墙，有瞭望台，与句容南堠村相对，因名北堠村。清时雅化为白鹤村。1950年更现名。

案子桥 位于建设社区南部。清道光年间，陈氏先祖由安徽迁此定居，村南有一石桥，石桥形似官府公案，故名。桥分南北，桥北为上案子桥，桥南为下案子桥。

万安 路西社区驻地。〔至正〕《金陵新志》载，元代称万安里，明朝中期称上元。戴氏先祖迁此时，“受其形势乃卜居于此，并名其村为万安，盖欲安基地而万其世也”。

塘泽 位于路西社区东北部。唐朝即有此村。村为山冲平地，山水汇聚，并筑有塘坝，沃土良田，因称此名。“泽”，聚水的洼地。

言家村 位于作厂社区东部。传此处为唐宋时铸钱作坊，简称作厂。清初该村居民言氏发展壮大，取名言家村。

牛牧岗 位于作厂社区东北部。原为荒山牧场。清初，此地马姓居多，故名马家棚子。民国时，国民党炮校部队经常在此遛马，故名遛马岗。新中国成立后，老百姓常在此放牛、放羊，故又称牛马岗。1983年地名普查后，更名牛牧岗村。

后巷 位于作厂社区南部。村人多姓皇甫，明万历年间有皇甫老兄弟三人从陕西逃荒而来，分别落户在阜庄新村和后巷。新村在该村前面叫前巷，该村即名后巷。

桥西 位于作厂社区东部。《高氏谱》载，明正统年间名仙涧村，清同治时村东建桥，名仙涧桥，村以桥名。以仙涧桥为界，河的西边就叫桥西。

新庄 位于作厂社区南部。原名叫马子山、六亩山。民国4年（1915）前后，钱姓由仪征北门迁此落户，称钱家，后王姓由栖霞迁来，称王家，新中国成立后更名新庄。

高庄 高庄社区驻地。据《庞氏家乘》载，北宋末年宰相庞籍之孙南来任为衢州别驾，病逝后迁葬于此。曾嘱其子将其葬于高岗之上，以视“金寇逞凶能几时”。其后人买地开圹，于高岗墓下结庐守孝，定居为村，取名为高庄。

宣山 位于高庄社区西南部。原名上谢家边，因在军事设施征用范围之内，后迁至古禄庙南面上坡上，并因宣姓人较多，故名。

王伏 位于青林社区东部。相传明弘治年间王蛮子家居此地，人称王家庄。新中国成立后，王家庄、小伏牛、下王庄合并后改名为王伏。

上窑湾 位于青林社区北部。《叶氏谱》载，太平天国时其始祖由安徽桐城来此定居。因山势弯曲，且多炭窑，遂名窑湾，后分建成2个村，此村在上，故名。

周棚 位于青林社区南部。原周姓在此居住，太平天国时周姓人家被杀绝，后重建此村仍用原名。原住汤泉水库荒山沟中的姜姓和丁姓几户人家，称棚子，因修建水库后2个村合并称周棚。

詹家边 位于上峰社区南部。宋建炎年间，尚书詹大良因不满朝政辞官，隐居于此，后发展为村，以姓氏得名，“边”为古代村庄通名。

茶场 位于龙尚社区西部。原为隐静寺庙址，该寺初建于明永乐年间。1957年于此建茶场，后沿用此名。

北尚庄 位于龙尚社区西南部。明成化年间即有此村，原名北上村，后因村人多在龙泉寺当和尚更现名。

谢塘 位于麒麟门社区东南部。传明末此地大旱，多数塘干，唯此塘有水，村人感激，故称谢塘。另一说谢塘为南朝谢灵运家所有，故名。传说谢灵运墓亦在此。

【淳化街道自然村】

北塘村 位于茶岗社区南部。传明时此处有窑，窑北有大水塘，因名窑北塘，后人语化，“塘”演化成“浪”。新中国成立后称现名。

大花圩 位于茶岗社区西部。〔同治〕《上江两县志》载，明福王出逃时路经此地，有一王妃自杀葬此，因名花墟，后村有大、小之分，“墟”讹为圩，又因该村大，故名。此地又名“吊死娘娘堆”。

蒋巷村 位于民主社区南部。相传明时以村有过社火神巷，是蒋姓人住地，因名。后蒋氏绝户，章、周二姓人移此，村名未变。

东龙 位于青龙社区北部。南北呈长龙形，与西龙村相对，故名东龙。

松山村 位于青山社区南部。村在一小山西，小山上长满松树。又一说为明清时期附近有一座大庙名松岗庙，庙后山上多松树，故名松山村。

巷口村 位于青山社区东南部。传明代此处是一大村，太平天国抗清时，村大部分毁于战火，仅剩一巷，遂称现名。

周旺村 位于双岗社区南部。《李谱》载，元至正年间即有此村，传周氏从河南逃荒到此，为兴旺发达，以姓氏加吉祥字“旺”得名。

巷上 位于索墅社区南部。传明代即有此村，龚氏最早居此，曾名龚家巷，后因该村比周围村高，简称今名。

郝墅 位于吴墅社区南部。传南宋建炎年间河南一叫郝隆的官员隐居于此，取名郝墅。

石子涧 位于吴墅社区北部。〔同治〕《上江两县志》载，清同治年间即有此村，村在一山涧边河底遍布砂石，因名。

后张村 位于西城社区南部。明代此地一做官的因操守不清正被削职归田，人称其为“脏”官，称其地为“脏村”。后“脏”演化为“张”，故名。

东水门 位于新兴社区南部。〔同治〕《上江两县志》载，清同治年间，因靠排水用的大陡涵得名水门。民国时期村有东西之分，因村在东，故名。

洪巷 位于周郎社区东部。传此村原名红巷。明末毁于兵火，后彭、许、吴三家迁此复建村，更名为洪巷，意为三姓共居一村。

周郎桥 位于周郎社区东北部。

搭离岗 位于周子社区南部。传清时此处为陡岗，手推车经此须卸下货物，抬搭上此岗，故名。

【禄口街道自然村】

周官梓 位于溧塘社区东部。清光绪年间附近一做官的曾将其浪子禁闭于此，因名周关子。新中国成立前，村人嫌此名不雅，则改“关子”为“官梓”，梓，梓里，家乡。

南夏 位于溧塘社区西南部。明时山东枣庄一夏姓人住此，得名夏村，后因与铜山北面一夏村同名，遂更今名。

大埂头 位于埂方社区东北部。〔至正〕《金陵新志》载，元至正年间即有此村，因在圩堤埂上得名，是埂方村驻地。

卷篷 位于埂方社区南部。相传此处为“船地”，明代建村称“卷篷”，意为篷帆卷起来，船就停泊。

曹村 曹村社区驻地。宋淳化年间，村人多姓曹，故称曹村。民国27年（1938），村毁于兵火，重建后仍称曹村。

张敏家 位于彭福社区东南部。明正统年间，石湫汤庄和柘塘张桥迁来两户张姓，永结友好称村为张盟，后语讹“盟”成“敏”。

彭福 彭福社区驻地。明万历年间，高、朱二姓居此，称高朱村，清初遭兵祸村毁，后彭氏迁此为祈求永远得福更现名。

王得胜 位于小彭社区西北部。相传清代王氏在过社火活动中，每次都争得头旗，村因名王得胜。

水荆墅 位于石埝社区东南部。秦末刘氏由江西省泊水村迁此，取“水”“荆”“墅”三字得村名，“水”即故乡泊水，“荆”谓占荆州刘备的后代，“墅”为野土，意为客居外地。

上浣溪 位于石埝社区南部。清代乾隆年间建村，因人多在村前小溪边洗濯得名浣溪，后分上、下2个村，该村在上，故名。

东焦 位于石埝社区南部。相传明时，此地近乌龟墩，村人忌讳，遂名焦村，意为烧焦乌龟，后发展为东西2个村。此为东，故名。

前邓家边 位于尚洪社区东北部。明代称墩家边，以村北有一治风水的墩子得名。后分为前、中、后3个村，“墩”演化为“邓”，此村在前，故名。

庄业 位于陈巷社区东南部。明正统年间，业氏居一大槐树桩边，因名桩业村，新中国成立后更现名。

上桑园 位于桑园社区西南部。清代称桑园铺，新中国成立前分建上、下2个村，上村在上，故名。

范家 位于桑园社区西北部。明嘉靖年间，范氏由苏州迁此，名范家。后分为高山、低山2个村，此村变称低山范家。

四角井 位于永兴社区东南部。原名四口井，相传明时太师刘应洪在此建有庄园，周围有四口井，后语讹为现名。

上马塘头 位于陆纲社区西北部。相传明时村南有军马饮水的水塘，因名。后分上、下2个村，此村在上，故名。

铺头 位于成功社区东南部。《长江志》载，明清时期此处曾为急送公文的铺所，因名。

甘村甸 位于上穆社区东南部。明代甘氏聚居此地，“甸”为古代划分田亩或住所的单位，故名甘村甸。

【江宁街道自然村】

后阳 位于朱门社区北部。〔万历〕《江宁县志》载，此处附近有家宋开宝八年（975）赐额而建的后阳寺，村以寺得名。

小冯 位于朱门社区东北部。〔至正〕《金陵新志》谓汤冯里，传冯氏于清代分出，后因村小称今名。

严陡门 位于星辉社区南部。传清初一叫严庚尧的官员在此修陡门闸，人称“严陡门”，因名。

晏子 位于牌坊社区南部。传清时此处建有晏子庙，供奉晏子，故名。

西水桥 位于清修社区北部。《景定建康志》称水桥市，元、明、清三代为金陵古市之一，民国衰败为村，有东西之分。该村因与东水桥相对，故名西水桥。

糟坊 位于清修社区西部。相传清咸丰年间李氏在此开坊酿酒，故名糟坊。

八府 位于清修社区西北部。传明时一甘姓八府巡按家居此，故名八府。

高丰村 位于上湖社区南部。传清代原有庙，供奉汉高祖神像，后因村形似磨盘得名高皇磨盘村，新中国成立后此村与庆丰村合并，更名高皇庆丰村。1958年，简称现名。

安德 位于南山湖社区西部。清代因村边有座形似卧牛的小山得名卧牛村，清光绪年间村前建有安德庵，村以庵名。

大塘 位于庙庄社区西部。〔同治〕《上江两县志》谓惠家大塘，后因芮姓人居多，更称芮家大塘。1963年简为现名。

陈上 位于庙庄社区北部。旧传此地近宋代女将陶三春墓葬处，故名陶村。清末陈姓在此高地定居，更现名。

陶塘岗 位于天然社区南部。传明万历年间，因处山岗，岗下有人工围成水塘，村因名淘塘岗，后“淘”演化成“陶”，得现名。

涧南坝 位于天然社区东南部。相传清初此处筑坝能挡住塘山涧的水，因坝筑在南部，故称涧南坝，村因此得名。

老良塘 位于洪幕社区南部。传明时刘基在此写诗，诗中“大地出良塘，日照分两旁”，此塘较大，故名。

和尚岘 位于大庙社区东南部。传清时此处东边原有庙，和尚进出须从此山口过，遂称山口为和尚岘，村以山名。

李家园 位于江宁社区北部。《李谱》载，清康熙年间，李氏由安徽迁此，以种菜为业，人称李家菜园，后简称今名。

营前 位于江宁社区西北部。相传明代此处有驻兵营房，此村在营房前，故名。

中屯营 位于司家社区北部。古为屯兵场所，〔同治〕《上江两县志》谓中屯营，在三山上营与仙人矶下营中间，故名。

中和 位于花塘社区西北部。清宣统年间，陈中和在此修小石桥，名中和桥，村以桥名。

上陈庄 位于牧龙社区东部。原名陈庄，传为南宋时一陈状元收租庄房。1957 年，分上、下 2 个村，此村在上，故名。

九车塘 位于牧龙社区东南部。清时此地有口九车塘，旧时逢干旱，塘边有九个车铺可供车水。

九亩桥 位于牧龙社区南部。原名陶叶村。清宣统年间，陶、叶两姓人不和，即以田冲为界分开，此村村前有九亩田和一座桥，故名。

二府庄 位于建中社区境内。旧传三国时周瑜在该地区用兵，帅府连迁，第二次帅府迁此，村以为名。

大府庄 位于西宁社区西南部。传清代此处为张、夏、胡等五大户所有，名大五庄。民国初，土地统归毛氏，更现名。

姑塘 位于西宁社区南部。清时陈姓大户居此，取“陈”字的右半字“东”，加上兴旺的“兴”得名东兴。民国时以近姑塘得更现名。

兔耳岗 位于荷花社区西北部，清时建村，在土岗上，岗似兔耳，因名兔耳岗。又名油砣，旧时此处遗有油砣（榨油用具）一只。

【谷里街道自然村】

亲见春 亲见社区驻地。

大槐湖 位于柏树社区东部。〔万历〕《江宁县志》谓淮湖，传此处有小湖，湖边盛长槐树，人称槐湖。民国时期，分建大小 2 个村。1958 年，以村民多邓姓更名邓家，复称原名。

吴家 位于柏树社区西南部。清咸丰年间，此地岗上建有道士庵，村因名道士庵。1962 年，以村人多吴姓更现名。

大袋子冲 位于石坝社区东部。传清代陈氏由徽州迁此，因在另一陈村前称陈前村，后因地处山间冲地，其形如口袋遂更名袋子冲。民国 15 年（1926），分大小 2 个村，此村大，故名。

赤岸 位于石坝社区北部。〔万历〕《江宁县志》载，宋元时期即有赤岸里名，因此处有山沟称赤岸山。据墓志载：“明翰林院进士忻惟德驾东赤岸山之阳，后卒于此。”后人依山建村，故名。

张家凹 位于石坝社区南部。清咸丰年间，徽州人张氏到此山凹居住，又因村边池塘呈“凹”字形环抱村庄，人称张家凹子，后简称今名。

尹都庄 位于石坝社区北部。相传明朝中期庄内住一姓尹的都司，故名尹都司庄，新中国成立后更名为尹都庄。

朱家碾 位于石坝社区北部。相传太平天国年间，南京城南朱氏在此开碾坊，后因时变，逃往朱门而得名，此地现有残存碾砣。

何家庄 位于石坝社区南部。传清代此处水塘盛产莲藕，人称此塘为“荷塘”。光绪年间张氏迁此，以“荷”的谐音“何”字称何家塘。民国 16 年（1927）更现名。

小袋子冲 位于石坝社区南部。此村比大袋子冲小，故名。

徐家院 位于张溪社区北部。清末徐氏在此开槽坊，酿酒，人称槽坊。后槽坊倒闭，仅剩一四合院为徐家所有。清宣统二年（1910）建村时，遂以徐家院为名。

砻簖塘东 位于张溪社区南部。清代建村，原名砻部塘，后为龙埠塘。因村中一水塘形似碾米工具砻簖。新中国成立后，分为东西2个村，此村在东，故名。

棉花塘 位于元山社区南部。传说民国时一次地名普查，有人到该村询问，因当时只有几户人家，亦无村名，普查人员见村中有个大塘，塘边有块棉花地，就说此村叫棉花塘村。

大世凹 位于周村社区东部。相传南宋绍兴年间，岳飞大败金兵时曾屯兵于此山凹间，因名大师凹，后“师”讹为“世”。

乌石岗 位于周村社区北部。〔同治〕《上江两县志》载，明朝梁国公赵德胜葬于山岗上，岗上石头呈黑色，故名。

太白店 位于双塘社区东部。相传唐朝大诗人李白曾于此地酒店饮酒，后建村，村以店名。又名太伯甸。

新塘 位于双塘社区东部。清时名新朱村。光绪年间，因村有一大塘叫破塘，遂更名为破塘村。1958年，破塘经修整，更名新塘，村亦更名。

皮库 位于箭塘社区东北部。相传宋代建村时，该村原址设有皮库，村以为名。1969年因建水库，村民迁居于此地，村名未变。

西宕 位于箭塘社区西部。这一带地势起伏，地貌上自然形成东西南北中5个凹宕，清嘉庆间，这5个宕分别建村，此为西宕。

铜库 位于箭塘社区南部。相传宋建隆年间在牛首山附近设有5个仓库，此地为铜库，故村以为名。

鄂儿岗 位于荆刘社区南部。传清代牛首山宏觉寺一小僧化缘归来，经此山岗因饥饿无力上山，坐在岗上流泪，人称落泪岗。清末张、谢二姓定居于此，改称今名。

大马湾 位于荆刘社区北部。民国5年（1916）建村时，因此处原有马厩，且在小河弯曲处，取名马湾村。民国21年，因靠白山，更名为白山村。民国33年，复称原名后，又分大小2个村，此村大，故名。

大毛埂 位于霞辉庙社区西南部。传清代此处有一土墩与埂堤相连，形似船锚，人称锚埂，村以为名。新中国成立后，分为大、小2个村，此村为大，且“锚”讹为“毛”而名。

邵墟 位于胜家桥社区西南部。传元代即有此村，邵氏居住地。“墟”，墟里，古代村庄和小集市通名。传宋时为一邵姓官员家宅。“墟”意为庐舍，村以此为名。

同心 位于胜家桥社区东南部。1956年，该村原地处前干东北的一处洼地，村小只有詹、熊两姓（原叫小村上），1964年发洪水被淹没，房屋全部倒塌，在当地干部群众的同心协力下，全面搬迁至前干西的蚂蚁山上面居住，故改称同心。

胜家桥 胜家桥社区驻地。原名庄房村，传为清代刘钦差的收租房。1950年，以村旁盛家桥为村名。后“盛”讹为“胜”。

【湖熟街道自然村】

西释 位于徐慕社区东部。〔至正〕《金陵新志》谓西释里，因东近佛寺得名。后称西释。

皮家庄 位于钱家社区南部。传清末一皮匠最早居此，称村为皮匠庄。后人语讹，更为皮家庄。

徐相 位于丹桂社区东部。因“明代编图在城曰坊，在郭曰厢，在野曰乡”得名，后“乡”讹为“相”得名。

前石涵头 位于河南社区东南部。清代此处地势西高东低，中间筑有土埂，埂下有石涵，村在涵边，后村有前、后之分，此村在前，故名。

永安东村 位于万安社区东部。明时河南贵德府灾民移此定居，取“永久安宁”之意命名。清初从永安村分出，因位于永安村东得名。

大六渡 位于万安社区南部。传明代一戴老六在此摆渡，人称戴六渡。后人语讹，“戴”讹为“大”。

前元 位于湖熟镇西北部。明代怀远侯常延龄闻国变，居此种菜，因名园上。后村分前、中、后，“园”讹为“元”，此村在前，故名前元。

陶田圩 位于金桥社区南部。传元代此处地势低凹，形似淘米箕，人称淘箕圩，村以圩名，后“淘箕”演化为“陶田”，故名。

栾墅港 位于新跃社区东南部。相传明时栾氏祖上居此，因房舍建在岗地上称栾墅岗。后因此处开河，更名为栾墅港。

皇后墩 位于龙都社区南部。传明时某王逃难经此，一好心姑娘给水喝，被其嫂嘲讽，姑娘羞辱自杀后葬此，后称此处为皇后墩。

西河南 位于东阳社区北部。明代即有东、西旱銮，“銮”即铃铛，因2个村分别处于旱滩东西两侧，状如两个铃铛。1958年，西旱銮扩至句容河南堤边得名。

老观嘴 位于东阳社区南部。相传明时称此地为凤凰地，后在凤凰嘴处建有观音庙，遂更老观嘴。

南窑 位于晶明社区南部。明洪武年间，因地处东阳圩最南端得名南阳村。清时村南河堤边多烧制瓦窑，遂更现名。

朱公村 位于和平社区南部。传清道光二十九年（1849）发大水，此处决口冲成一深潭，朱氏最早在潭边名朱公潭，新中国成立后更现名。

【横溪街道自然村】

大陈塔 位于丹阳社区西北部。原名陈塔，因其后山原有镇墓小石塔，住户多姓陈，故名。后分大、小2个村，此村较大，故名。

团林 位于丹阳社区东北部。元至正元年（1341），在此建团林庵，清代废庵，村近庵因名。

张坳村 位于丹阳社区北部。相传旧时此山坳有强盗，生人在此常遭抢劫，遂有脏坳之称，建村后取“脏”的同音字“张”得名。

龙安桥 位于红旗社区北部。明代此处建桥，因与附近凤凰桥相对，取名龙安桥，村以桥名。

蕈郎头 位于许呈社区北部。明时因村建于一社庙水塘边，谓庙塘头。后因塘边多种苕子更现名。“苕子”即“蕈”。

胡家庄 位于云台社区东北部。明初为陶吴镇一杨姓庄房称杨家庄。万历年间田产归胡氏所有更现名。

梅村 位于山景社区东南部。明大臣梅伯高劾奸被害，其子良玉隐居于此，故名。

山坎 位于山景社区北部。原名箍村，因村周有大山环抱。清时因一富豪住房门楼上雕有花草人物，改称花门楼。1956年更现名。

甘茂岗 位于勇跃社区西部。地近东晋甘卓墓，原称甘墓岗，旧有碑云“梁州刺史甘府君墓”。后“墓”演变成“茂”。

陈塘头 位于许高社区南部。明时一官员陈子荣由安徽迁此，居于塘边，因名陈塘头。又名陈郎头。

上龙库 位于许高社区南部。迷信流传此地为“龙地”，因土地肥沃，盛产稻麦，有似粮仓，故称龙库。后分建上、中、下 3 个村，此村在上，故名。

藤墅 位于横溪社区西部。南宋建炎年间，毕氏由河南省迁此，因住地四周杂草丛生，藤葛交错，遂命此名。

桃花塘 位于横溪社区北部。明代村在蚕姑庙水塘附近。每年桃花盛开季节，蚕姑须上庙进香并在塘边嬉戏，因名桃花塘。

大胡蜂眼 位于西岗社区南部。相传此地旧时胡蜂窝很多，故村名胡蜂眼。后人语讹称吴丰堰。新中国成立后村分大小 2 个村，此村较大，故名。“胡”亦作“蜈”。

官武村 位于新杨社区西南部。明时因官庄、乌丰堰2个村合并，谓官乌村，后“乌”演化为“武”。

红杨墅 位于新杨社区西部。王氏先祖随康王赵构南来，辞官归隐于此，房舍建在红杨树边，名红杨树，后“树”改为“墅”。

杨巷 位于新杭社区南部。明时一叫杨景武的官仁居此，因名。

何马厂 位于宁光社区东北部。清乾隆年间即有此村。此地原为明代牧马场，何姓人到此落户，因名。

蔡坎 位于宁光社区西北部。原名蔡科里，因旧时此地为明朝新科状元蔡白皆所有。后人语讹“蔡科”为“蔡坎”。

2007年江宁区自然村情况表

表6-3-1

街道名	自然村名
东山街道（64个）	土山村、后淹儿港村、竹山村、府后村、中前村、澳东村、鞭鞍桥、马村、曹村、王家凹、聂村、小里村、建设、李家、王家、建国、梅家山村、山下村、山里、湖西村、顾家庄、西倪塘、东倪塘、薛家村、邢家桥、村西岗、孙家头、魏村、吕壋、李村、西市井、中市井、东市井、下坊村、东林跃、长城岗、小定林、后庄头、山口村、城头村、安泉村、西林跃、大泉水、小泉水、新九村、大湖头、小湖头、南庄村、窑上、许家庄、梁家山、谢壋村、西解村、潘家头、赵家头、马家头、沟西村、徐家山、前庄头、庄头、潘村、神路口、王武庄、新桥
秣陵街道（103个）	东长村、后郭村、三里湾、殷家村、程家小圩、傅家、李家、奚家小村、徐家村、张家头、中西厢、前西厢、高家边、咸家边、塔墓、坟山、许村、前梅村、东张塘、西张塘、小山姚、俞家村、大刘村、小刘村、埠头村、大体巷、南关口、奚家村、王家坝、牌坊村、谢家角、韦家湾、前张村、周家村、夏家村、司马庄、程家墩子、佘家村、涵头村、王家坝、大路街村、范家村、范家角村、老虎社村、驴子头村、祁家村、前村、西村、中村、小碾村、小祁家村、新圩村、严公渡、小严公渡、洋桥、元塘村、袁家巷、杨家桥、流塘、王家、干边、毛家、丁家、蒋家、八家、大里、小里、叶家、东里、后里、长塘村、老庄村、马路队村、彭家、邵家、朱家、曹家（周里社区）、包家、黄村、富村、章山王、十房、黄山圩、芦塘沿、前村、中村、葛塘寺、西葛村、北葛村、陈家、顾家村、黄土岗、后社、大路、前村张、张家庄、东头村、西头村、蔡家、曹家（建东社区）、楼房、小村、魏家头
汤山街道（174个）	汤林、李家庄、汤岗、新建队、张肖庄、汤泉、后村东、夏家场、后村西、塘山头、徐家边、白家场、西村、马家桥、西林、小李家、小丁家、东山下、陈家、上庄、大马家、周冲、下法汛、幸福村、圩东（桦墅社区南）、水家边、杨柳塘、陈岗、三八队、袁家边、朱家边、前巷、平家岗、骆家边、横山凹、山南头、上街头、下埠头、大庄、小庄、观音洞、后库、西流、黄壋头、高井、小湖山、高庄、上法汛、盛村、后巷、螺丝冲、雪浪庵、裴墅、葛巷、张家岗、陈家边、安基山、孟塘、汤山头、外圩村、河西、排山、山南凹、前新、许巷、壋里、郭圩、桥东、桥西、阮塘圩、万家、岗头村、七里圩、周良、朱家山、水西、胡岗、寺边、马墟头、雷岗头、下塘　、孟墓、神童、陈坊、陆家、郗家圩花家、插花庙、塘箕、三府庄、侯家庄、王家庄、岗窑上、上戴塘、茆家、平墓地、东边山、陈家、小前、后新宁、郗家山、涧东、涧西、上曹、殷家边、大凹、王家坟、小一队、个子山、黄塘庵、丁墅、下曹、高家、宕子、西岗头、下山村、梅家边、曹家、汤家、桥东、果园、庄里、大岗头、北庄、道婆庵、石地、前新、西庄、新民村、姚家边、王家山、周家边、幸福队、上高埝、下高埝、顾家棚、培东、下桑圩、中桑圩、曹府、古禄庙、山头上、潭子头、石门关、刘岗头、伏牛山、下窑湾、沿村、葛家边、张府仓、寺后、王壋、李岗头、上峰、圩东（上峰社区南）、关塘堰、神家庄、孟家场、涧南、龙王庙、庞家边、孙家边、锁石、小东山、新孟、上甸、麒麟门、上山岗、下山岗、高壋、冯家、丁家、王街、后巷
淳化街道（130个）	柏树岗、陈家庄、管头、后李壋、后孙壋、前李壋、邵家庄、塘头、西岗、蔡柏街、马场山、秦家边、王家边、祝庄、后郑家边、宁家庄、上合村、小花圾、赵家边、前郑家边、东街、东山头、南街、上庄（淳化社区）、西街、西山头（淳化社区）、下庄（淳化社区）、新林村、蔡家墩、宕山村、戈家边、葛壋头、前沓村、后沓村、任壋头、陶家嘴、万家、万家墩、王得村、王居宁、西壋头、下宅村、赵家边、庄上、毛家、大城村、下戴塘、邓家庄、东大城、杜村、纪村、魏村、西龙、西山头（青龙社区）、上岗家边、下庄（青龙社区）、下岗家边、大山凹、戴马墅、花塘、三里店、上埝、孙家边、徐壋村、许壋、杨家庄、桥头、上漆阁、下漆阁、唐家村、咸墅、小咸墅、涧边、姊妹桥、兰家庄、南街头、石塘头、镇东、镇西、岗下、后村、后祁村、咸田、前巷、松岗庙、苏庄、老街、里墅、吴墅、祁家边、严家边、曹村、陈家、马巷、前孙壋、任巷、高家、下桥、塘东、大井头、前村、邵家边、孙家边、廖家庄、孙家、王家、西水门、上庄（新兴社区）、下庄（新兴社区）、新兴、张巷、樊家、甘家岗、彭家边、吴家墩、窑头、永宁、元桥、窑上、顾家棚、蔡家湾、港东、后桥头、前桥头、石秋、孙庄、万家边、卫星连、吴家渡、殷家边

续表 1

街道名	自然村名
禄口街道（176个）	三角、双塘、府里庄、茅村、青草圩、泉井冲、溧塘阁、铜山端、方边、曹家山、山阴村、张家（曹村社区）、夏家（曹村社区）、欢墩山、彭福新村、竹园村、井头、青桧树、宕巴、沈庄、王家渡、高家渡、东岗头、杨门涧、徐家宕、坂田埂、大塘刘、井头迟、小彭、小魏庄、大魏庄、王家圩、梁彭、大彭村、张塘角、石埝、门塘头、庄墶村、小埂头、下浣溪、邓家圩、郑家村、北夏村、王家边、星塘头、西焦、柘木桥、夏家（尚洪社区）、尚陶、周方、中邓家边、后邓家边、东洪家边、西洪家边、山头上、呼嘘、小庄、潘家、孙家宕、庞家桥、后庄、翟家、胡家、上徒墶、墶上、柴堆山、大戴村、刘墶头、灯台寺、朱坊、护驾坊、毕村、毛郎头、小戴村、安桥、后陈巷、倪家、前陈巷、后业村、前业村、排驾口、驻驾山、高山范、下桑园、西庄、前周家冲、后周家冲、下湾塘、座塘、外槽坊、茅西、臧家村、肖家山、山坎、小村上、河沿村、谢家村、高家山、毛家、下马塘头、王家庄、陆家、毛林桥、杨家村、扒扒张、邓家、五家、朱家村、桃园、新农村、岑村、许村、张业村、尚周村、山业村、汪家村、薛张村、余家村、蒋家、祠山嘴、官庄、沈家村、冯潭庄、前杨树湾、中杨树湾、后杨树湾、窑边陈、新村、乌刹桥、方家湾、子埂、杨家边、大圩王、汪家、徐家、陈家、栗树下、东头仓、刘家（成功社区）、吴家（成功社区）、大塘嘴、韩庄、夏家、张家（马铺社区）、朱家（马铺社区）、宋家村、施家、刘家（马铺社区）、荷花地、王家角、杨家、李家（马铺社区）、河沿上、蔡庄、张桥、小圩、水土、北庄、东庄、西庄、李家（张桥社区）、大伏泽、高家、伏西、张铭鉴、邵墶周、付家、贾家庄、上穆庄、下穆庄、吴家（上穆社区）、内官庄、走马岗、丁家边、西边穆、勾家边
江宁街道（325个）	张村、周村、陈村、斗凹、大菱角、张家庄、大高楼、小高楼、山下、三家村、张府、高家、庙岗、汤村、枯庄岘、晋家坳、直山、花厅、黄土岗、乌庄、小松园、孙刘、小山坎、上营、乌山、沙地、赵冲、周旺、潘祁、大松园、铺头、梅子墅、河南、镰刀、兴圩、谢桥、蔡家、韩村、庙下、马府桥、唐家、小王家、西天、响水、中村（牌坊社区）、栾村、陶家、王家、黄龙岘、张家上、岘下、钱家村、小山咀、永明塘、小店、王场、吴庄、花庄、曹村、朱庄、仓门、管村、钟庄、邵家、陈村、高场、汪家庄、大石门李、东场、大榆树、上湖、王小、庆丰、东水桥、韩家、中村（上湖社区）、后梢、西村、柏胜村、黑城、芮家坝、石山村、王庄（上湖社区）、纪小村、徐府、赵府岗、双虎、张村、周家、柏塘、柏埂、中村（南山湖社区）、王家（南山湖社区）、查家、土桥、念家、郭塘、庄房、上坝村、周岗、小石山、大石山、高场、山林、孙旺店、墩桥、北庄、花园、祝塘、俞家、杨安、嵇家、福兴、院子、庙西、鲁家、马家、孙庄、张山、小高庄、董家、黄头、寿庄、芝林、许场、高桥、周全、柳全、刘家山洼、芮家、汤家村、胡上、顾上、郑家村、柏水塘、全旺、上庄、山凹、小良塘、东冲、铜坳、大柘塘、嵇凹、南庄、李家大村、戴村、嵇村、小洪幕、小柘塘、管山、戴家庄房、柳山、马家、石门张、方儿岗、墩子下、石门李、温家庄、禅居、韩家、周塘、西山头、王庄（陆郎社区）、俞庄、朱家村、栾村、娘娘坟、宝塔、高场、蒲塘、屠家、小牛落、大牛落、孙家冲、沈家墩、老鸦塘、小菱角、栗树滩、姚家庄、史家、戴家庄、张家村、夏家村、大山南、莺山村、和尚庄、下溪庙、后城、向基坝、人评、官塘、吴家、傅家、华西、沈家场、哑巴山、高公、郭庄、曹家、傅家菜园、大姚、马场、大塘、桥南、西河、邱家庄、小庄、纪家村、陈府庄、梅府、白马庙、柏家桥、后柏家桥、高场、侯村、谢家村、夏家村、小圩、刘前、刘后、蒋家湾、新村、东湖、窑凹、司家庄、高村、小碾、官山（司家社区）、后洼、上坝、大路村、小路村、老滩、下坝、大庄、千里、山北、花塘街、大荷塘、小荷塘、长冲、百尔村、方村、柏树、南门头、南门后、菜籽岘、湾山、曹上、观东、观西、新府、栗树、小庄、艾上、转塘、下陈庄、前朱村、后朱村、杏塘、李庄、苏桥、母山、俞村、王村、墩子罐、塔下村、红庙、张褚村、独村、官塘、梅府庄、周巷、官山（建中社区）、王家（建中社区）、刘家店、双板桥、七里岘、杨库、倪家、毕家、井塘、濮家、石坵桥、小府庄、张庄、周家宕、高村、孙家、祠堂、桐梓塘、吴家、山门口、后南门、南门村、戚家村、小五村、马塘、独龙、大前村、小前村、王府庄、工家场、圩子、白家宕、桃园、九塘、东塘、俞家马厂、马厂、蒋岗了、铜山村、丁家、后村、大纪、小纪、油坊、荷花塘、山腰、涧边、张家村、力塘、纪家、郑家庄、芝圃

续表 2

街道名	自然村名
谷里街道（194个）	和尚庄、刘后、薛家凹、大湾沟、小湾沟、庄村、红土凹、石臼村、鸡儿岗、红庙、公山寺、尖山脚、石塔、马场、小槐湖、大塘角、琵琶井、朱山村、陶家、梁家、赵家、支家、江家、金家庄、赵府村、乔家、姚家凹、上砖墙、下砖墙、傅家、大柏树、小柏树、陈村、石坝、李家庄、新村、祁家庄、薛家沟、店门口、车家湾、方村、张溪桥、彭家村、孙家店、大栏杆、小栏杆、官塘稍、大湖村、小湖村、西湖、马府院、大岭刚、薛塘头、长冲、观音殿、蔡塘、西毗夏、西毗苏、南山村、石塘李、窑头、石塘朱、石塘尤、元山街、小西毗夏、竹丝塘、面糊塘、周村、郑家、岱家庄、潘家、浦家、周家、王家糟坊、张槐树、吴家庄、严村、小段山、端村、善南村、山凹、铁路、大北山、金尹村、小北山、南山、竹塘、大泉、小泉、张家、梁塘、山边吴、沙墙、石明张、翰林桥、梧桐树、大塘金、小夏家、大夏家、蔡家、丁家、孙家、石塘张、竹园李、周家窑、蒋云庵、公塘头、箩家宕、卢村、大杨村、张家宕子、小夏、山后村、东山口、西山口、龙埠塘西、吴庄、雅塘杨、宋家、红土、芝塘、赵林、新华、小塘、街西、街北、陶家院、杜家、四门口、大蒋店、前花岗、三元、高塘、戴家、石马、柏家、戴家花园、邓家、左墅、风波坟、山凹李、后村、菱塘、陈家村、西塘村、孝义村、大段山、后张毗、蒲塘凹、夏方、汤家、三板桥、陆宕、前张毗、中宕、大孙村、唐家窑、小马湾、沈家、刘牧岗、小孙村、小荆村、杨村、后汉桥、青壮、丰收、钟家村、同意、泥塘、李家岗、古山、史家、后干、沟西、沟东、前干、二坝、五星、戴家、王村、肖家桥、六家庄、塘头徐、官塘坝、山头李、山头吴、宕庄、小圩子、大甘里、小甘里、鲍塘村、亭子村、吴村、王家
湖熟街道（232个）	陡门口、新潭头、庞家桥、花园村、石桥口、焦村、山东、山西、广严寺、蛇伸头、张巷、庄上（周岗社区）、下圩庄、东释、小东头、港南、杨家（徐慕社区）、麻岗、杜家边、唐头、徐慕、钱家、石辣、葛家边、泗庄、涵头上（钱家社区）、河庄、下杨、上杨、窑上、李家（丹桂社区）、朱家（丹桂社区）、潘家、潘相、杜桂、山北头、王岗、茅家、圩东、冲西、岗西、尧上、后山岗、前山岗、湖西、魏家边、下应、上潘岗、下潘岗、曹家边、小诚达、大诚达、林家庄、涵头上（三界社区）、马场圩、陈家、王家（三界社区）、鱼家、东庄、小陶家边、大陶家边、前杨柳村、后杨柳村、东岗头、张家（杨柳湖社区）、李家（杨柳湖社区）、庞家坟、陈家边、宋家边、薛家边、张家渡、佘家渡、杨家桥、笪家桥、樊家边、后石涵头、薛家庄、张家碾、燕窝、姚东、姚西、西北村、东北村、南庄、饲养场、刘村、尹村、蔡村、闸口、涵头上（双新社区）、高房子、张家边、刘家汾前、许家边、柏树巷、王家坝、涵头、陶家村、小李家、章京埠、梅家、焦公渡、孙家、谈家边、蒋家庄、梅家庄、小新圩、东库、堰埠头、谈村、前塘西、后塘西、永安中村、永安西村、庄头、桥南、中元、后元、河沿、高场、吴家台、东杨家边、西杨家边、长家山、吕壋头、水北、南街、刘家庄、温家庄、金家桥、王涵头、小埠子、大埠子、姚家村、颜庄、庄上（金桥社区）、王渡窑、邓府、后窑头、前窑头、东山涧、西山涧、前栾墅、后栾墅、范圾、东新建、西新建、西冲、晓春岗、邢家庄、陈家边、油榨上、上方家庄、下方家庄、赵家边、蔡家边、徐家边、向家边、前贾墅、后贾墅、兴旺村、前岗、高家边、东胡、西洋湖、皮家庄（耀华社区）、前胡村、后胡村、山里王、湖塘头、马壋、栾家、新府、吴家庄、七家、瓦罐庄、毛家圩、戴家、蔡家山、水北、西时村、东阳圩、焦家、杨板桥、尹家、东阳村、杨家庄、西杨村、张家（东阳社区）、王家（东阳社区）、陶家、庞家桥、双涵头、东时村、上蒲塘、下蒲塘、小埠村、丁家、小巷、大巷、谢家、戴家边、三陵桥、庄上（晶明社区）、丁家口、竹丝棚、严郎渡、刘古庄、马场、小焦家、孙家桥、钱家渡、宋家、庞家、杨家（新农社区）、邹家、周家边、郭家边、夏庄、王家边、大庄头、小庄头、凤凰桥、徐家、前李壋、朱家（绿阳社区）、中李壋 、后李壋、祁家庄、俞壋、高阳桥、绿杨头

续表 3

街道名	自然村名
横溪街道（316个）	藕塘庄、油坊边、前村、卜古塘、小柏村、马桥、中村、路家、中槐村、塘庄、养马村、曹塘冲、孙生宕、韩村、大塘、赵塘、圩房、七里沟、竹园坝、大柏村、铁家、上冯、下冯、窑头（安民社区）、王塕、北片村、大塘、东迟、西迟、东河沿、岗东、老庄、孙塕、西河沿、严村、洋塘、岗子顶、李家庄、窑上、岗西、竹园、昝家、张家、钱家、羊岗、姜家、曾庄、鸡笼、三王村、山北戴、端家、陈家、夏庄、养鱼塘、安民塘、鲢鱼塘、窑头（红旗社区）、榨槽子、前石塘、朱塘、清塘、新生、徐驸村、徐附岗、徐附街、雇冲、喜神张、赵家、李园、白家凹、韩村、牛塘、下湾、长冲、李家湾、薛家凹、发旺、上湾塘、后村头、杨家甸、沈杨村、上庄、陶村、张公、邓村、业家甸、许家甸、乌龟堰、闵家、陶家山、小呈村、东头村、前旺、沟沿、马郎岗、呈村、赵村、赵东、赵西、白石村、周家、陈家村、业家、陶家、西旺村、鸭子塘、二房庄、后坎塘、前坎塘、西冲、洪塘、北胜村、青龙埂、横岗、杜林、老庄、前东村、杨树冲、后东村、社塘、北村、鸭塘、广塘、油坊、顾市村、泗泊塘、大彭村、孙家庄、东岳庙、毛家甸、谷塘凹、榨岗头、小甸、大甸村、东新庄、山径口、鲍家庄、船上、大傅村、小傅村、大甘村、纪家村、涧北村、小甘村、油坊桥、虞村、许村、上塕、大岘、倪家店、新庄、乔木山、冷水坳、小上塕、白板、大庙、盛家村、盛坳、高台寺、张家村、畔山村、姜林村、大牛王村、小牛王村、葫芦坝、青年队、东岗、谷村、王家山、安山、桥西、庄头、丰家、西塘角、桥东、高尤山、吴家、章后、后长冲、前长冲、邱家冲、街北头、清水塘、小桃村、十亩地、王家园、陶高村、朱高村、汉塘、干巴塘、枫山口、小陈塔、西山下、田冲、花山坳、下龙库、中龙库、石步岗、长岗村、韩桥头、王家坝、丁邵村、横丹路、双庙村、更楼、张村、下泗陇、鲍家宕、泗陇村、龙王、西坳、双槐、大桥、大路村、钟家塘、唐山老、小胡蜂眼、官山坳、西阳、前安、后安、草塘、大王村、陶村、赵村、柴塘、夏坝、老庄、粽子糖、王山村、朱山、兴范、范上、中星、先锋、西毗、陶港、二塘、沙地、郭村、秧塘、小陶村、谭村、俞家、魏家、大贾村、渣塘、山后、半村、缪家、马场、范村、风塘高、后石塘、吴村、南山坎、甘村、小贾村、小村、朱高村、陈村、断腰、大上村、欧村、夏家甸、郑家庄、翟家边、大邵家、小邵家、喜神塘、老坝头、杭村、洪村、杨树桥、陶茂、大庄、孚而岗、前庄、长塘、龙庵、双塘、新庄、方家庄、钱村、小吴村、刘村、尹山、王山嘴、湖头、夏家、西北塘、陶家、甘西、官塘角、关山沿、上脉腰、下脉腰、三洋塘、肖家庄、王马厂、汤家前、朱马厂、东汤村、西汤村、洪家岗、黄岗头、小岗、山下桥、藤子树、榨槽村、新房子、山高村、黄塘拐、流冲塘、塘家墩、大岗

说明：至 2007 年年底，江宁区共有 1903 个自然村，表中列 1714 个，其余 189 个见此表前文中介绍

第三节 居民住宅区名

【东山街道居民住宅区】

利民新村 南京造币厂家属小区，1986年建成。此项目东至宁泉南苑，南至石油公司住宅，西至上元路，北至物资局住宅。

江宁医院住宅小区 江宁医院职工住宅小区，故名。

时花公寓 20世纪70年代建成，是时花集团住宅小区，因厂得名。此项目东至天印大道，南至东城家园，西至长塘巷，北至文靖路。

志宁花园 1997年，由志宁房产公司开发建成而命名。此项目东至玉堂巷，南至中国银行，西至竹山路，北至鼓山路。

东虹园 1997年开发，2000年建成。此项目东邻东山街道办事处，南至上元大街，西邻加油站，北至河滨路。

天宝新寓 1999年命名。为南京天宝水泥集团公司职工住宅楼，故取公司名天宝与新寓组合命名。此项目东至明月新寓，南至新亭东路，西至东新南路，北至金箔路。

金发公寓 2001年命名。以该项目开发单位南京金发房地产开发有限公司金发二字命名。此项目东至长塘巷，南至上元大街，西至商务局，北至教师进修学校。

金盛公寓 2005年命名。因小区临金盛路，为农民安置房，取金盛二字与公寓组合命名。此项目北至水利学校，南至金盛路，东至天地新城，西至赢家花园。

康馨花园 1999年命名。取健康温馨之意，故名。此项目东至文华街，南至文靖路，西至土山路，北至宏运大道。

粮食局住宅区 1983年5月，由粮食局系统建成小区，是粮食局系统职工住宅小区，故名。此项目地处上元大街772号。

丝织厂小区 2000年命名。原是江宁丝织厂职工住宅区，故名。此项目地处天印大道996号。

东城家园 2002年命名。取自总公司名称金东城发展股份有限公司中“东城”二字，物业管理让业主能感觉家一般的温馨，故名。此项目东至天印大道，南至上元大街，西至长塘巷，北至文靖路。

经纬城市花园 1999年命名。取开发单位江苏经纬房地产有限公司名称中“经纬”二字，同时地处南京城市南扩范围，且小区环境优美，住宅高档典雅，故名。此项目南至金盛路，北至解放军理工大学，东至盈嘉花园。

杭怡花园 2001年命名。该项目为杭州投资商开发建设，开发商希望居民居住此小区能够快乐幸福，故取“杭”“怡”二字组合命名。此项目东至北沿路，南至国土分局住宅楼，西邻武夷花园，北至文靖西路。

中心花园 1995年命名。因处于东山商业中心位置，故名。此项目东至玉堂巷，南至鼓山路，西、北与东山步行街相邻。

教工新寓 1999年命名。该小区全部为教育局系统教职工住宅楼，故名。此项目东至94968部队，南至文靖路，西至文华街，北至文华街68号至27号。

新光花园 2004年命名。为老城区旧房改造，推陈出新、设计新颖、风光秀丽，符合现代生活潮流，同时亦带有古典园林韵味，是花园式住宅小区，故名。此项目东至秦淮中学，南至泰富花苑，西至东沟巷，北至秦淮中学。

南方花园 2001年命名。因地处南京南大门江宁区岔路口核心地段，且小区环境优美，故名。此项目东至秦淮河，南至秦淮新河，西至双龙大道，北至岔路口。

枫叶苑 2006年命名。因组团内树种以枫树为主，故以“枫叶”与通名“苑”组合命名。此项目东至宋村，南至秦淮新河，西至宏运大道，北至宏运大道。

章村新寓 2002年命名。因该小区全部为章村村民安置房，故名。此项目东至待建章村复建房，南至文靖路，西至东新北路，北至待建章村复建房。

东城福园 2006年命名。取开发单位江苏金东城集团名称中“东城”二字，且使所有入住的业户幸福健康，故名。此项目北至竹新路，南至新亭西路，西至秦淮河，东至四音巷。

黎明公寓 2001年命名。该项目邻近613厂利民新区，后因小区规模不断扩大，配套设施不断完善，故取“利民”二字谐音“黎明”而名。此项目东至宁泉北苑，南至利民新村，西至粮食局住宅楼，北至上元大街。

东城风景花园 2004年命名。“东城”取自该项目开发的金东城集团名，同时指处东山城区东边，一语双关。“风景”指该项目是人、家居、邻里之间一道亮丽的风景线，故名。此项目北至宁泉南苑，南至金箔路，西至金元宝大酒店、金箔家园，东至天印大道。

山水方舟雅苑 2004年命名。通过景观设计，使业主置身于“宏发豪气于山林间，方舟激情于秦淮畔”的意境中，故名。此项目南临宏运大道，北面和西面皆临秦淮河，东至名境雅筑北苑。

北苑阁新村 1994年命名。因地处东山镇芙阁路北侧，故名。此项目北至文靖路，南至芙阁路，西至土山路，东至东沟巷。

世纪东山花园 2006年命名。“世纪”代表开发公司怀有跨世纪的豪情，对建设项目有信心，且小区地处东山，环境优美，故名。此项目北至文靖东路（规划待建），南至万安西路，西至中心河，东至规划道路。

园中园 1999年命名。该小区建筑新颖，功能合理，配套齐全，环境优美，且处原江宁hotel城内，故名。

雅仕居 2002年命名。因地理位置闹中取静，且住户文化修养各方面比较高，故名。此项目北至招商街，南至明月路、园中园，西至园中园，东至一鸣花园。

竹山雅居 2001年命名。因临竹山路，且居住环境优雅，故名。此项目西至竹山路，北至潭园西路，南至劳动技校，东至供销社职工楼。

万欣翠园 2003年命名。因园内自然景观与人造景观遥相呼应，呈现一派欣欣向荣的景象，故名。此项目东至江宁区民政局办公大楼，南至竹新路，西至南京天印高级中学北侧，北至外港河、竹山公园。

万欣花园 2001年命名。寓万象更新、欣欣向荣之意得名。此项目位于竹山路378号。

恒达嘉园 2004年命名。取开发单位南京恒达房地产开发有限公司名称中“恒达”二字，又因该建筑设计高雅美观，故名。此项目东至竹山路，南至金箔路，西至金牛公司住宅楼，北至东平村。

盈家花园 2002年命名。取开发单位南京盈嘉恒生实业有限公司名称中“盈嘉”谐音“盈家”二字，寓意“赢家”，且内部环境优美，故名。此项目位于东山街道金盛路175号。

长塘佳苑 2001年命名。因位于长塘巷西侧，小区内环境优美，故取“长塘”二字与“佳苑”组合命名。此项目北至玉靖花园，东至长塘巷，南至金发公寓，西至教师进修学校。

芙蓉园 2001年命名。此项目北至文靖路，东至芙阁新村，南至芙阁路。

一鸣花园 1994年命名。由名师设计，建有多幢不同风格的建筑，希望有一鸣惊人之创举，故名。此项目北至招商街，东、南至萃文路，西至雅仕居。

天水雅居 2001年命名，因紧邻秦淮河和内河，天水相映，生活方便、优雅，故名。此项目北至金盛路，南临秦淮河，西至紫薇花园，东至碧水湾花园。

芙蓉新村 1994年命名。因临芙阁路，寓意在芙阁路上绽开芙蓉花，故名。此项目南至顺达佳苑、秦淮中学，西至秦淮中学，北至芙阁路。

宏运国际村 1994年命名。取开发单位南京宏运房地产开发有限公司“宏运”二字，为花园式住宅，故名。此项目南至秦淮新河，西至宋艾新村，北至宏运大道，东至左邻右里家园。

紫薇花园 1999年命名。取“紫微”星官名，“紫微星”又称“紫薇宫”。该小区近东山，寓紫气东来之意，故名。此项目东至天水雅居，南至武夷商城，西至名嘉佳园，北至金盛路。

碧水湾花园 2000年命名。因该小区位于秦淮河河湾处，河水碧波荡漾，小区内建有长廊、喷泉、星座广场、小码头、小桥、小溪，构成一幅美丽的画卷，故名。此项目东至秦淮河，南至秦淮河，西至金盛路，北至瀛洲湾花园。

宁泉苑 2000年命名，有北苑、南苑之分，北苑、南苑相对。“宁”为南京的简称，“泉”为中国古代钱币之称，含南京造币的意思。该小区由南京造币厂建设，为造币厂职工住宅楼，故名宁泉苑。北苑南至宁泉南苑，东至天印大道，北至黎明公寓，西至黎明公寓。南苑南至东城风景花园、金箔家园，东至天印大道，北至宁泉北苑，西至利民新村。

竹山公寓 2000年命名。小区位于竹山路旁，紧邻竹山，为解决东山社区竹山居民小组住房而建，故名。此项目北至万欣翠园，东至竹山村，南至竹山村。

馨绿园 2005年命名。该小区为江宁区林副业局职工集资房，意为建造温馨绿色家园，故名。此项目南至新亭东路，东至上元路，西至天宝混凝土搅拌站，北至天宝新寓。

新亭兰苑 2005年命名。因小区紧靠新亭东路，内部景观绿化以花中真君子兰花为主题，故名。此项目南至新亭东路，东至东新南路，西至广汇花园，北至广汇花园。

新塘公寓 2005年命名。此地原有一池塘叫“新塘”，且小区东南面邻近休闲、娱乐为一体的新塘公园市民广场，故名。此项目南临市民休闲广场，北临万安北路，西临科斯电源有限公司，东临金陵铸造厂。

中前公寓 2003年命名。因是中前社区建设的居民集中居住小区，故名。此项目东至黄泥塘，西至北沿路，北至文靖西路，南至黄泥塘。

建南新村 2003年命名。因该小区为建南村部分农民拆迁集中安置房，故名。此项目位于运粮河以南，西解村以北，南京人口学院以西。

东山阳光新城 2003年命名。处于东山老城区东部，每天早晨迎来第一缕阳光，故名。此项目北至上元大街，东、南至同夏路，西至天印大道。

海明珠花园 2001年命名。为上海共富经济发展有限公司开发建设，取公司名称中“海”字；小区为明月路环绕包围，似一颗明珠，且小区内绿化景观优美，故名。

天宁雅居 2007年命名。因小区位于天宁路旁，周围环境优雅，故取“天宁”与“雅居”通名组合命名。此项目北至上坊粮管所，南至规划道路，西至康洁装饰工程职工宿舍楼，东至天宁路。

云深处花园 2007年命名。因该小区位于青龙山脉水库边，横山水库又名天云湖。唐代诗人贾岛《寻隐者不遇》云：“只在此山中，云深不知处。”此句与该小区意境相似，故名。此项目北至青龙山山脚，南至江苏省足球训练基地，西至天云湖，东至青龙山山脚。

爱秦湾花园 2007年命名。因该项目紧邻秦淮河湾，依托秦淮河的自然人文资源，建设高档住宅区，体现浪漫美好的生活，故名。此项目北至宏运大道，南至文靖西路，西至秦淮河，东至名境雅筑。

本家润园 2007年命名。“本家”原指同姓，“润”指居住氛围像水一样融润，寓意小区的业主能够像一家人一样其乐融融，故名。此项目北至蓝园文院，南至教工新寓西苑，西至文华街，东至粮食局大院。

金陵天成广场 2007年11月，由“金陵天城”更名，意为金陵帝都，大气天成，故名。此项目北至金箔路，南至规划道路，西至金旺宾馆，东至天印大道。

日光广场 2004年命名。“日光”寓意着生机和希望，预示着商业街的发展前景，且建有1万平方米公共休闲广场，故名。此项目北至瓯江J2地块，南至利民路，西至东新南路，东至食品厂宿舍。

日光佳园 2004年命名。因拥有闹中取静的环境，居民能感受到日光带来的温暖和舒适，生活惬意富足，故名。此项目东至广都苑，北至广都苑，西至东新南路，南至利民路。

左邻右里家园 2004年命名。体现一种人与人之间亲切、互助的邻里关系，强调一种高品质和睦生活氛围，故名。此项目北至宏运大道，东至中驰路，南至秦淮新河。

武夷水岸家园 2007年命名。小区依中心河而建，具有水景优势，体现“家”的温馨，同时延伸“武夷”地产的品牌效应，故名。此项目北至宏运大道，南至世纪东山花园，西至中心河，东至规划道路。

武夷花园 1997年命名。取开发单位南京武夷房地产开发有限公司“武夷”二字，同时该小区绿化率较高，取“花园”作为通名，故名。此项目东至北沿路，北至文靖西路，西至河滨路，南至秦淮河。

明月花园 1994年命名。小区紧靠东山，明月取自金陵四十八景“东山秋月”，加之小区环境优美，故名。此项目东至贵都花园，西至胜太东路，南至外港河，北至明月路。

明月新寓 2002年命名。取开发建设单位南京明月开发建设有限公司名称中“明月”二字命名。此项目东至天印大道，西至上元路，南至昌宁路，北至金陵天成广场。

梦蝶园 2003年命名。因地形宛如一只蝴蝶，故名。此项目北至明月集团办公楼，南至胜太东路，西至假日花园，东至胜太东路。

天鹅湖花园 2004年命名为沁园春城。后因开发理念变化，于2007年更名。由于小区内有大面积的自然水系，故名。此项目东至中心河，西至中北汽车站，南至外港河，北至万安西路。

港湾花园 2002年命名。因地处秦淮河河湾内，宛如一座港湾，故名。此项目东至秦淮河堤，西至金盛路，南至规划道路，北至双麟路。

假日花园 2001年11月命名。地处风光秀丽的秦淮河畔，紧邻绿草成茵的东山文化广场，故名。此项目东至东山文化休闲广场，西至秦淮河，南至胜太东路，北至上元大街。

汇景新苑 2002年5月命名。小区居住环境优美，建筑形式现代，聚美景于一体，故名。此项目东至东新北路，西至文靖新村，南至文靖路，北至宏运大道。

【秣陵街道居民住宅区】

沁湖景岸别墅 2003年6月命名。因紧邻百家湖，取渗透心怡之意，且全部为别墅，故名。此项目东至百家湖，南至百家湖花园，西至利源中路，北至湖滨路。

双赢花园 2004年4月命名。取义经济交流中“诚信、双赢”，故名。此项目北至金宝装饰城，西至莱茵达路，南至科学园小学，东至风和日丽花园。

现代城 2003年12月命名。因地处该都市新商业中心，以充满活力和创造性的建筑设计，诠释着现代新气象和活力，故名。此项目东至沟渠，西至双龙大道，南至庄排路、牛首山河，北至天元中路。

复地朗香别墅 2004年4月命名。“复地”取自开发投资建设单位名称，“朗”为明朗、华丽，而“香”则传达芬芳的气氛，且全为别墅，故名。此项目南至佛城西路，北至将军山，西至牛首山风景区，东至香榭岛小区。

艺术家园 2004年3月命名。“艺术家园”是艺术和心灵的共鸣，从追求艺术到享受感受艺术的美好过程，故名。此项目北至同曦街，南至湖东公寓，西至同曦公寓，东至百家湖中学。

同曦鸣城 2003年4月命名。寓指像太阳一样永远光明灿烂，且范围较大，故名。此项目南至池田路，北至胜太东路南侧，西至双龙大道，东至胜泰华府百家湖小学。

胜泰华府 2004年3月命名。主楼是一座造型美观，设计品位较高的现代化大厦，且在胜太东路南侧，故取“胜太”谐音“胜泰”命名。此项目北至胜太东路，南至百家湖小学，西至同曦鸣城，东至庄排路。

颐心园 2003年7月命名。“颐”为保养之意，“颐心”即让心情、心致得以充分滋养，表现一种自得惬意的生活情趣，故名。此项目东至南京华卓电子公司，南至高湖路，西至牧浦街，北至华锦生物制药厂。

东恒花园 2000年8月命名。因开发单位为江苏省东恒国际服务集团，故名。此项目北至高湖路，东至马浦街，西至牧浦街，南至牛首山河。

玉鉴园 2003年7月命名。因“玉”是传统名贵珍宝，结合中国传统、古典私家园林特色，寓意“传世典藏”精品，故名。此项目北至高湖路，西至马浦街，南至牛首山河，东至双龙大道。

伴山香槟园 2007年11月命名。寓指该项目与方山相邻的特殊地理位置和优越的自然环境。“香槟”寓意人们的生活像香槟一样甜美，故名。此项目北至弘景雅墅，南至格致西路，西至科学园用地，东至乐活时尚街区。

文鼎雅苑 2007年11月命名。文鼎谐音为“问鼎”，寓意身份和价值观定位尊贵，且环境优雅，故名。此项目北至玉树路，南至文博苑，西至文博路，东至前进河。

蓝天公寓 1999年3月命名。取开发单位南京民营科技园蓝天实业公司名称中的“蓝天”二字得名。此项目东至竹山路，西至万欣北苑，南至金山路，北至骆盛巷。

天泰公寓 1999年3月命名。取开发单位蓝天实业公司与联营单位南京安泰顺实业有限公司名称中的“天”“泰”二字组合得名。此项目东至天元城，西至竹山雅居，南至天泰路，北至天元城。

时代雅居 2001年6月命名。小区遵循“以人为本”的原则，倡导健康生活概念，努力营造集文明公益、文化娱乐于一体的社会文化，故名。此项目东至天印大道，西至馨绿园，南至新亭东路，北至昌宁路。

欧陆经典花园 2002年12月命名。该项目的建筑外立面呈现出现代欧式风格和经典园林风格，故名。此项目东至天琪雅居，西至通淮街，南至胜太西路，北至胜利西路。

香山美墅 2003年12月命名。“香山”指小区所在的园区靠山抱湖；“美墅”指别墅嵌入山水背景的清新之美，构成美丽山水画卷，故名。此项目东至韩府路，南至翠屏山路，西至翠屏山朱家营水库，北至开元欣街。

湖畔水竹苑 2003年11月命名。因临百家湖畔，有亲水情结，绿化植物以“竹”为主，故名。此项目北至湖滨路，南至百家湖，西至佳湖东路，东至静月花园、百家湖。

天泽苑 2005年10月命名。“天泽”意为对家园、环境、对人生的美好追求，呈现宁静祥和、典雅华贵的生活主题，故名。此项目北至玉带河，东至竹山路，西至秦淮河，南至雍景园。

莱茵东郡花园 2003年2月命名。“莱茵”取公司名称“莱茵达置业”前二字，“东”寓意公司发展如旭日东方升起，“郡”体现楼盘品位上的与众不同，故名。此项目南至科建路，北至天元东路，东至天印大道，西至莱茵达路。

学府风景花园 2006年命名。周边文化氛围浓厚，小区景观设计与周边风景融为一体，故名。此项目北临宋墅路，南临江苏海事职业技术学院，西临至善路，东至樵歌路。

龙湖文馨苑 2006年9月命名。因项目北临九龙湖景观带，与东南大学江宁校区、南师附中、科研院为邻，洋溢浓郁文化气息，故名。此项目北至兰台街，南至康博花园，西至文心街，东至规划道路。

佳湖绿岛 2001年命名。取百家湖之“家湖”谐音，绿岛指项目位置处百家湖西部半岛，区内绿草茵茵，故名。此项目北、东两面临百家湖，南至水秀苑大酒店，西至佳湖西路。

华门花园 2003年9月命名。“华门”寓指华贵雍容之府邸及高尚居住，故名。此项目南至康厚路，北至文华山庄，西至将军山，东至将军大道。

翰林苑 2004年4月命名。“翰林”释为唐以后皇帝文学侍从官，从进士中选拔，因该项目与河海大学相邻，人文气息浓郁，故名。此项目位于秣陵街道江宁开发区中西部。

颐秀居 2005年9月命名。此项目北至高尔夫西花园，西至通淮街，东至高尔夫国际花园，南至百家湖大街。

康博花园 2007年命名。此项目北临规划道路，南至吉印大道、同仁医院，西至文心街，东至规划用地。

武夷绿洲 2002年命名。为树立武夷品牌，故取名“武夷”，且绿化面积较大，水系景观占总面积8%，外围三面环水，故名。此项目北至天元中路，南至科建路，东至竹山路，西至秦淮河。

天景山公寓 2003年命名。原址为“天井山”，取谐音“天景山”命名。此项目南至天元东路，西至湖山路，东至泉东路，北至东山街道。

潭桥公寓 2002年命名。境内桥头村始建于明初，因村东边有一石龟潭，时把桥头村叫石龟潭。该小区建于境内，故取“潭”“桥”二字组合命名。此项目北至武夷绿洲，南至天泽苑，西至秦淮河，东至竹山路。

天元城 2001年命名。因南临天元东路，占地面积和建筑规模较大，各类配套设施齐全，故取“天元”二字与“城”组合命名。此项目东至莱茵达路、天印花园，南至天元东路，西至宁电馨苑、天泰花园、南京工程学院康尼学院，北至新亭路。

加州城 2005年命名。该项目建筑别具风情，环境优美，规模较大，故名。此项目东至弘景大道，南北为生态园（规划待建），西至方山环山路。

天元瑞沨名苑 2007年命名。该小区地处天元中路，故取“天元”二字，且建筑风格为新古典主义，物业形态丰富。“沨”音同“风”，意为美丽的旋律，故名。此项目东至竹山路，南至武夷绿洲，西至江宁供电公司，北至天元中路。

漪水园 2001年命名。因临高湖体现亲水文化理念，表现成功人士的艺术思想和文化理念如湖中涟漪源源不断，故名。此项目东至爱涛路，南至佛城东路，西至机场高速公路，北临高湖。

翠湖花园 2006年命名。因邻翠屏山风景区和高湖，取“翠”“湖”二字组合命名。此项目东至机场高速公路，南至国检路，西至将军大道，北至江南文枢苑。

水韵别墅 2002年命名。因南面毗邻牛首山河，以水为文化、艺术、音乐，体现水的旋律和韵味，且全为低密度别墅，故名。此项目东至绿地，南至牛首山河，西至机场高速公路，北至佛城东路。

凤凰港商贸城 2003年命名。位于秣陵街道江宁开发区中部百家湖畔，邻凤凰广场，为商住一体项目，故名。此项目东至双龙大道，南至天元西路，西至百家湖、文化名园，北至凤园广场、百家湖。

左岸名苑 2002年命名。因在秦淮新河南岸，可称为左岸，故名。此项目东至机场高速公路，南至秦淮路，西至海通大厦，北至秦淮新河。

龙池新寓 2003年命名。因处原龙池村境，故名。此项目东至秦淮河西河堤，南至中鼎特公司，西至排水沟，北至通用磨坊路。

太平新寓 2003年命名。因处原太平村境，故名。此项目东至通淮街，南至长泰街，西至静淮街，北至胜太西路。

石马新寓 2003年命名。因处原石马村境，故名。此项目东至开发区排涝站，南至秦淮路，西至机场高速公路，北至秦淮新河。

胜利新寓 2003年命名。为胜利村居民拆迁集中安置房，取原村名“胜利”二字命名。此项目东至秦淮河西河堤，南至通用磨坊路，西至庄排路，北至鑫都公寓。

殷巷新寓 2003年命名。因位于殷巷集镇，故名。此项目东至前庄路，南至诚信大道，西至双龙大道，北至清水亭东路。

银凤新寓 2003年命名。意为银色的凤凰，取自境内凤凰山之名，意指吉祥如意，故名。此项目东至玉麟街，南至银凤街，西至故治路，北至正方东路。

天禧公寓 2003年命名。取自境内“天禧湖”之名，寓意吉祥幸福，天人同寿，故名。此项目东至凤仪街，南至金龙街，西至玉麟街，北至银凤街。

杏花园 2003年命名。取自吴敬梓描绘秣陵诗句“一带江城新雨后，杏花深处秣陵关”，故名。此项目东至玉麟街，南至建兴街，西至故治街，北至秣陵关公园。

宏健公寓 2003年命名。“宏”指宏伟的建筑，“健”指健康的家园，组合得名。此项目东至凤仪街，南至银凤街，西至玉麟街，北至正方东路。

百家湖花园 1999年命名。因在百家湖畔，故以“百家湖”与“花园”组合得名。此项目东至百家湖，南至文化名园、天元西路，西至通淮街，北至百家湖大街、百家湖。

百家湖公寓花园 1999年命名。以开发单位公司名称中百家湖而名。此项目东、西、南都至百家湖，北至湖湾路。

天琴湾花园 2003年命名。此项目东至双龙大道，南至秦淮路，西至天秀湾花园，北至秦淮新河。

天秀湾花园 2004年命名。“天”取自开发单位天惠房地产公司名称，“秀”体现出建筑形态风格和所处区域环境的优美，“湾”代表得天独厚的环境资源，故名。此项目东至天琴湾花园，南至秦淮路，西至天龙湾花园，北至秦淮新河。

天龙湾花园 2006年命名。“天”取自开发单位天惠房地产公司名称首字，“龙”象征18层高的建筑，“湾”指临秦淮新河，具有亲水特征，故名。此项目东至天秀湾花园，南至秦淮路，北至秦淮新河。

文化名园 2001年命名。“文化”指此项目的形象功能和品质定位，有城市名流生活方式的意义，故名。此项目东至凤凰港商贸城，南至天元西路，西至利源中路，北临百家湖。

翠屏国际城 2001年命名为“翠屏山庄”。后因规划调整，于2003年更名为翠屏国际城，因紧邻翠屏山，规模较大，故名。此项目东至将军大道，南至英华学校，西至翠屏山，北至韩府路。

宁电馨苑 2003年命名。“宁电”指江宁供电，“馨苑”谐音“心愿”，故名。此项目东至天元城，南至天元东路，西至兴民北路，北至天泰路。

成山公寓 2003年命名。因小区坐落于原成山村旧址，为安置原成山村拆迁农户而建，故名。此项目东至湖山路，南至新亭东路，西至天印大道，北至昌宁路。

天印花园 2000年命名。该小区面对天印山（方山），且地块方正极似印章，故名。此项目东至莱茵达路，南至天元东路，西至天元城，北至天元城。

西苑 1999年命名。“西”意为西子美人，“苑”意为树木茂盛，故名。此项目东靠八一三地矿队，南至昌宁路，西至天印大道，北至南京造币厂。

湖滨公寓 1994年命名。因南邻百家湖，故名。此项目东至佳湖东路，南至湖滨路，西至佳湖西路，北至胜太路。

南京世界村 1994年命名。因此别墅群集世界各国之别墅风格兴建，故名。此项目东至佳湖西路，南至湖滨路，西至利源中路，北至汇金旗林大厦。

湖滨世纪花园 1999年命名。因靠百家湖畔，环境优美，建筑造型典雅，故名。此项目东至利源中路，南至平泰街，西至通淮街，北至胜太西路。

胜泰新寓 2000年命名。该项目位于胜太路旁，取开发单位南京生泰房地产开发有限公司“生泰”和“胜太”谐音“胜泰”而名。此项目东至挹淮街，南至胜太路，西至第一城，北至胜利路。

枫情佳园 2001年命名。地块较小，绿化用枫树点衬，故名。此项目东至佳湖西路，南至南京世界村，西至汇金旗林大厦，北至胜太路。

静月花园 2001年命名。西南临百家湖，有闹中取静之意，故名。此项目东至双龙大道，南至岚岛别墅，西至百家湖，北至湖滨路。

碧水湾西园 2001年命名。碧水湾西园与碧水湾花园为姐妹园，西园处于碧水湾花园西部，故名。此项目东至利源北路，南至胜利西路，西至宝泰家电，北至董村西路。

金德茂花园 2002年命名。取开发单位南京金德茂置业有限公司名称中“金德茂”与通名“花园”组合命名。此项目东至机场高速公路，南至牛首山河，西至将军大道，北至佛城东路。

湖东公寓 2002年命名。因处百家湖东，故名。此项目东至艺术家园，南至池田路，西至双龙大道，北至大都会中心。

仲景公寓 2002年命名。为江宁中医院职工住宅区，取古代医药家张仲景之名命名。此项目东至利源北路，南至胜太西路，西邻天琪雅居，北至德塑公司。

鑫都公寓 2002年命名。因坐落于江宁开发区商贸生活中心之地，故名。此项目东至秦淮河，南至胜利新寓，西至庄排路，北至胜太东路。

美之国花园 2002年命名。因环境优美，建筑雅致，故名。此项目东至将军大道，南至麻田路，西至韩府山，北至秦淮新河。

翠屏清华园 2000年命名为“翠屏菁华园”。后因地处翠屏山麓，取水木清华，故名。此项目东至将军大道，南至井头路，西至韩府山，北至开元欣街。

高尔夫国际花园 2003年命名。旁有高尔夫球练习场，故名。此项目东至利源中路，南至百家湖大街，西至通淮街、高尔夫西花园，北至平泰街。

高尔夫西花园 2006年命名。位于高尔夫国际花园西侧，故名。

瀚海翠庭 2003年命名。“瀚海”古意为笔海，“翠庭”体现翠屏山山湖林海美景，故名。此项目东至青城苑，南至佛城西路，西至河海大学，北至青城苑。

金王府 2003年命名。为金箔集团下属企业开发建设，且有高档典雅府邸之气，故名。此项目东至秦淮河，南至严柳新寓胜太东路，西至双龙大道，北至上元大街。

亲水湾花园 2004年命名。紧邻秦淮河和秦淮新河相交处，体现亲近热爱自然，故名。此项目东至秦淮河，南至上元大街，西至江宁区交通局，北至秦淮新河。

天琪雅居 2004年命名。天琪，取自天使安琪，故名。此项目东至仲景公寓，南至胜太西路，西至欧陆经典花园，北至胜利西路。

欣旺花苑 2004年命名。“欣”代表欣欣向荣，“旺”代表兴旺发达，故名。此项目东至东旺社区，南至秣龙路，西至凤仪街，北至正方东路。

海花苑 2004年命名为海企苑，后因名称无特色，于2005年更现名。此项目东至利源南路，南至高湖路，西至通淮街，北至德塑企业。

严柳新寓 2005年命名。因靠严柳街，故名。此项目东至严柳街，南至双龙苑，西至双龙大道，北至新区加油站。

南航揽翠苑 2005年命名。为南京航空航天大学教职工住宅区，有将翠屏山之绿色一览无遗之意，故名。此项目东至正德学院，西至韩府路西侧，北至井头街。

天目水秀府 2006年命名。因地处高湖和九龙湖之间，两湖相对清澈见底宛如双目，故名“天目”，又因在牛首山河畔取“水秀”，为独立或双拼别墅，故名。此项目东至牧浦街，南至牛首山河，西至苏源大道，北至佛城东路。

科嘉花园 2006年命名。“科”指科学，“嘉”意为美好，“科嘉”又为开发单位南京科嘉房地产开发有限公司名称，故名。此项目东至江南青年城，南至诚信大道，西至金智路。

翠屏东南城 2006年命名。地处翠屏山旁，为东南大学教职工住宅区，翠屏和东南组合暗合“孔雀东南飞”，寓意许多优秀人才汇聚东南大学，故名。此项目东至顺翔西街，南至麻田路，西至将军大道，北至秦淮路。

诚基花园 2006年命名。取开发单位南京诚基房地产开发有限公司名称中“诚基”二字，又因小区环境优美，故名。此项目东至规划道路，南至科嘉花园，西至金智路，北至佛城西路。

万科金域蓝湾 2006年命名。为万科集团属下项目，“金域”指黄金般的土地，“蓝湾”为水色形态，且小区地处秦淮河与牛首山河交汇河湾处，故名。此项目东至秦淮河，南至清水亭东路，西至排水沟，北至牛首山河。

嘉瑞山庄 2007年命名。“嘉”取开发公司名称，“瑞”为吉祥，且建筑全部为低密度独立别墅，故名。此项目东至朱家营水库，南、西、北三面至翠屏山。

亚都天元居 2007年命名。“亚都”取自公司名称，“天元”指位于天元西路，故名。此项目东至经纬纸业，南至天元西路，西至静淮街，北至顺泰街。

恒龙园 2007年命名。因紧邻将军山龙脉主峰下，故名。此项目东至华门花园，南至康厚街，西至法官学院，北至将军山。

翠海名家园 2007年命名。地处翠屏山，又开发单位为海通建设集团有限公司下属子公司，故取“翠”“海”二字组合得名。此项目东临翠屏山路入口，南至瑞景园、文华山庄，西至翠屏山隧道口，北至翠屏山。

颐和西园 2002年命名。意为祥和富贵安康，引发美好安居意境，因处于“东园”“南园”

西部，故名。此项目东至苏源大道，南至佛城东路，西至爱涛路，北至高湖路。

颐和东园 2003年命名。因地处颐和西园东侧，故名。

颐和南园 2007年命名。因地处颐和西园南侧，故名。

尚景公寓 2006年命名。因周边风景独到、环境优美、文化气息浓厚，故名。此项目北至江宁区公安局，南至科苑路，西至竹山路，东至工厂。

书香名苑 2002年命名。因周边高等院校较多，具有书香之气，故名。此项目北至时代雅居，南至天元东路，西至天佳商业广场，东至天印大道。

新合家花园 2007年命名。“新”体现欣欣向荣积极向上，“合”有和合美满之意，故名。此项目位于秣陵街道诚信大道899号。

方山熙园 2007年命名。因位于方山脚下，“熙”取义光明吉祥，故名。此项目北至月华路，南至博学苑，西至商苑，东至樵歌路。

商苑 2007年命名。为江苏经贸职业技术学院（原江苏商业干部学院、江苏省商业学校合并）教职工居住房，故取“商”字，而苑、院同音，因名。此项目北至月华路，东至博学苑，南至博学苑，西至龙眠大道。

东方龙湖湾 2006年命名。因地处方山东部的龙眠大道旁，且有一湖环抱两侧，故名。此项目北至凤水路，南至鹏山路，西至知行路，东至龙眠大道。

陶苑 2007年命名。为陶行知先生创办的南京晓庄学院教职工住宅区，故取“陶”“苑”二字组合得名。此项目东至华菁水苑，南至文鸿路，西至翰香苑，北至齐武路。

弘景雅墅 2006年命名。全为别墅，紧靠方山和江宁大学城，显示出文化底蕴和住宅尊贵，故名。此项目位于弘景大道旁，东至弘景大道，南至乐活时尚街区，西至方山，北至弘景大道。

协众雅居 2007年命名。小区生活环境幽雅优美，取开发单位名称中“协众”二字与通名“雅居”组合命名。此项目北至鹏山路，南至格致路，西至文鼎广场，东至龙眠大道。

印湖山庄 2006年命名。因位于方山脚下、天印湖旁，故名。此项目北至印湖路，西至孝慧路，东至东霞路。

东渡国际青年城 1997年命名为“东渡花园”。因建设内容调整及旧城改造，2006年更现名。“东渡”取自开发单位东渡房产公司名称，“国际”指建筑设计、建筑质量具国际水平，“青年”指住宅针对青年人设计，且小区规模较大，故名。此项目北至规划道路，南至天元中路，西至秦淮河，东至兴宁路。

恒安嘉园 2005年命名。“恒安”寓意美好家园，安康永远，故名。此项目南至科建路，北至天元东路，东至莱茵达路，西至开源路。

风和日丽花园 2005年命名。“风和日丽”取自中国成语，寓意人们向往“健康、温馨、舒适”的居住环境，故名。此项目东至成元路，南至天佳商业广场，西至双赢花园，北至成元路。

康桥公寓 2005年命名。小区居住环境生态、健康、绿色，为小康生活建桥铺路，故取“康”“桥”二字组合而名。此项目东至湖山路，南至尚名苑，西至天印大道，北至新亭东路。

科苑公寓 2004年命名。该名称主要以科学园中“科”和“园”的谐音得名。此项目东至兴民北路，南至天元东路、南京京伟电子有限公司，西至邮政老年康复中心，北至天泰花园。

美仕别墅 2003年命名。“美”为美好和谐意，“仕”为雅士高雅意，故名。此项目南至开元欣街，北至麻田路，东至将军大道，西至韩府山。

金东城雅居 2007年命名。开发商南京金发房地产开发有限公司隶属江苏金东城集团，故取其“金东城”3字命名。此项目东至天景山公寓，南至湖山尊邸，西至湖山路，北至外港河。

【汤山街道居民住宅区】

银河湾紫苑 2006年命名。紫色为高贵时尚之色，体现小区尊贵和家的港湾情结，故名。此项目东至开城路，南至规划道路，西至文荟路，北至丹青路。

和谐家园 2006年命名。寓意建设和谐社会，故名。此项目东至宝山路，南至麟东路，西至九乡河，北至南京华艺公司。

绿色家园 2002年命名。为一大型充满阳光和绿色环保的健康型社区，故名。此项目东至麒麟山庄，南至悦民街，西至泰盈路，北至宁杭公路。

银河湾花园 2004年命名。依据地形地势特点，小区内的楼栋、道路、组团景点都以星座命名，故名。此项目东至泰盈路，南至悦民街，西至新地雅苑，北至宁杭公路。

青林公寓 2002年命名。因安置青林村拆迁农民而建，故名。此项目东至教堂，南至沪宁高速公路，西至蛋鸡场，北至青林村。

养龙山庄 1994年命名。此项目东至汤泉水库，南至汤泉水库，西至沪宁高速连接线，北至沪宁高速公路立交环路。

天涯公寓 2005年命名。因远离都市区，故名。此项目东至麒麟门社区，南至麒麟天涯娱乐城，西至宣义路，北至麒麟门社区。

锦绣花园 1998年命名。取开发单位江苏锦绣房地产开发有限公司“锦绣”二字与“花园”通名组合得名。此项目东与麒麟门社区相邻，南至宁杭高速公路，西与麒麟铺社区相邻，北与麒麟铺社区马家桥村相邻。

东郊小镇 2003年命名为清城，2004年更现名。“东郊”展现项目所在区域，处于南京东郊，因规模较大，故取通名“小镇”与“东郊”组合得名。此项目南至宁杭公路，北至沪宁高速公路，西至晨光社区。

城开汤山公馆 2006年7月命名。“城开”取自开发公司名称，“汤山”指该项目位于汤山街道，“公馆”体现建筑风格以灰砖、灰梁、黑红窗体为特征，故名。此项目北至温泉路，南至汤铜路，西至规划道路，东临汤水河。

悦民公寓 2004年9月命名。因位于悦民街两侧，故名。此项目北至广宁街，南至中心小学路，西至文荟路，东至电灌沟。

馨泉苑 2004年4月命名，据温泉建成馨香浦院的花园式住宅小区得名。此项目北至汤山林场，东、西、南至汤山社区林场自然村。

麒麟山庄 2006年9月命名。取开发单位南京麒麟山庄开发有限公司名称，且小区依山傍水，座拥湖光山色美景，故名。此项目北至宁杭公路，西临规划道路，东至西村靶场。

东湖丽岛 2001年7月命名。汤泉水库又称“汤泉湖”，为南京东部第一座人工湖泊，故取“东湖”；且项目位于该湖中央，三面环水，为半岛形状，故名。此项目东至农田，南、西至汤泉水库，北至汤山环镇路（东湖路）。

【淳化街道居民住宅区】

迎湖花园 2003年命名。因位于东焦水库（又名梅龙湖）北侧，故名。此项目东至淳化到大连山公路，南至104国道，西至淳化部队，北至淳化社区新林村。

【禄口街道居民住宅区】

铜岭新村 1994年命名。始建于1994年，安置机场建设拆迁农民复建房，故取名“铜岭新村”。此项目东至宁铜公路，南至铜岭公路，西至谢桃社区许村自然村。

永欣新寓 2006年命名。意为欣欣向荣之意。又以所在地永兴社区谐音而命名。此项目东接禄口大街，南至黄桥社区，西邻高伏社区，北连信陵路。

君驰华庭 2005年命名。“君”泛指购房业主，“驰”指奔驰，寓指购房业主事业与生活飞速发展，故名。此项目东接水塘，南至南京特种气体厂，西至天禄大道（宁溧公路）。

文豪花园 1994年命名。因项目开发商禄口房地产开发公司合作伙伴为深圳文杰公司，“文杰”意即“文豪”，且小区环境优美，故名。此项目东临古秦淮河古道，北至宁溧公路。

金禄新村 2001年命名。因在金禄路边，故名。

来凤新村 2001年命名。因靠来凤路，故名。此项目东至钓鱼滩渔场，南至信陵路，西至来凤路，北至蓝天路。

栖凤新村 2001年命名。取有凤来栖之意，故名。此项目位于禄口集镇南2千米处。

金岭新村 2001年命名。传说铜山有金牛洞，金牛象征富裕祥和，该小区地处铜山脚下，故名。

金玉新村 2001年命名。因金玉路从小区内穿过，故名。此项目东至白云新村，南至金石路，北至白云新村。

颐家名苑 2005年命名。此项目位于禄口街道来凤路3号。

博恩花园 2004年命名为天河湾花园，2005年更现名。“博恩”体现“给一生挚爱”的精神内涵，同时也与南京“博爱之都”的城市定位吻合。此项目北至罗渣滩，南至陆纲村，西至天禄大道（宁溧公路），东至马铺村。

【江宁街道居民住宅区】

盛江花苑 2005年命名。寓意呈现盛世江宁繁荣景象，故名。此项目东至长兴大街，南至规划道路，西至地秀路。

新铜花苑 2005年命名。取建设新时代铜井之意命名。此项目东至205国道，南至汤铜公路，西至规划道路，北至规划道路。

【谷里街道居民住宅区】

新民花苑 2005年命名。因处原新民村境得名。此项目东至双塘村，南至铜矿、花岗社区，西至大谷路。

东虹花苑 2006年命名。因坐落于原东虹社区境内，故名。此项目东邻东大山，南至东善桥林场及江苏省林科院，西接丹阳大道，北靠古凤铁路。

【湖熟街道居民住宅区】

绿野枫景花园 2006年命名。取开发单位南京绿野房地产开发有限公司名称中“绿野”二字，枫景取自“风景”谐音，故名。此项目北邻金箔集团湖熟鸭业公司，西至湖熟中学，东、南面与湖熟社区相接。

虹南苑 1993年命名。因地处虹南路西面得名。此项目东接虹南路，西邻泉都街，北连虹南巷，南至龙都社区蔡家山自然村。

【横溪街道居民住宅区】

桃茂花园 2003年命名。取“日出桃红”“繁荣茂盛”之意命名。此项目东至石坝街，西至家园南路，南至桃盛大街，北至老陶禄路。

横苑公寓　2003 年命名。因地处横溪集镇而得名。此项目东接宁丹路，南至桃李路，西至横溪中学，北至吴楚西路。

第四节　消失自然村村名

新中国成立初至 2007 年年底，江宁区（县）有近千个自然村消失，究其原因，一是新中国成立初行政区划不断调整，对部分分散居住的小村进行撤并，一些村落消失；二是 20 世纪 50 年代，江宁县汤山区插花乡、青西乡为给南京军区扩建炮兵射击场和军事训练场，拆迁部分村庄；三是 1958 年，成立人民公社后至农业学大寨运动中腾地建水库，动迁部分村庄；四是 2000 年，江宁县人民政府为保障铜井镇西北部居住在长江新济洲上新济村人民的生命财产安全，对该村所辖 12 个自然村实施整体搬迁；五是随着经济建设发展，城市化步伐加快，特别是江宁三大经济园区开发建设，成片土地被征收，整村制房屋被拆迁，不少自然村落消失。据统计，1950—1977 年，全县共消失 205 个自然村；1978—1982 年，共消失 83 个自然村；1990—2007 年，全区（县）共消失 608 个自然村，由于资料繁杂，现仅列举东山、秣陵、禄口 3 个街道的消失自然村村名，江宁、谷里、湖熟、汤山、横溪等街道的消失自然村村名详见《江宁区地名志》。

1978—1982 年江宁县消失自然村情况表

表 6-3-2

隶属关系		消失自然村	隶属关系		消失自然村
公　社	原属大队		公　社	原属大队	
殷　巷	桥　南	安乐村	龙　都	乐　安	薛　湖
	大　里	魏　家		解　放	花　园
禄　口	马　铺	周齐渡	周　岗	钱　家	下　窑
	张　桥	后塘村			暗　山
	俞　庄	杜鹃塘			油坊庄
	东　湖	妙明寺		秦　淮	周古庄
铜　山	石　埝	牛宁渡	东　善	前　盛	陈家村
	南　夏	孙家边		祖　堂	大和尚庄
淳　化	吴　墅	涧　西			田家院
		上涧边			杨家凹
	索　墅	金家凹	陶　吴	上　穆	本山庵
上　坊	佘　村	上七村		孚而岗	列山咀
		上挡村		龙　山	晋家凹
土　桥	周　郎	慈山台		红　星	王　家
湖　熟	新　墩	薛家庄	横　溪	呈　村	窑　上
	金　桥	许　家	丹　阳	山　景	大板桥
江　宁	陈　塘	菜　园	江　宁	江　宁	大　姚

续表

隶属关系		消失自然村	隶属关系		消失自然村
公 社	原属大队		公 社	原属大队	
铜 井	新和	宋刘村	江 宁	江 宁	小 姚
	牧 龙	甘家村	上 峰	插花庙	小九湖村
		徐 家		孟 墓	蔡家棚子
		方 村		白 合	小庄上
	新 和	向阳村			大庄上
	双 虎	祝 家	其 林	泉 水	臭水塘
		王家坳			八卦窑
谷 里	亲 见	王家窑	花 园	临 江	后大圩
	谷 里	杨家冲			芦庄桥
	公 塘	和尚庄			恤 庄
		张傅安			渊 庄
	张 溪	伍 家			忠 庄
陆 郎	花 塘	墩子上		三 官	亨 庄
		坝沿上			本 庄
	陆 郎	吴 家		龙 梅	欧子桥
	牌 坊	前 龙			周子桥
	张 府	后杨寺			目莲庵
	西 宁	小 河		龙 潭	罗家岗
		荒 村			二道埂
		七 房			中和洲
		孙 家			杠子埂
		红 庙			处 洲
汤 山	寺 庄	周家山			五块埂
	龙 泉	枇杷堰		—	

说明：1978—1982 年，江宁县共消失自然村 83 个

1990—2007 年东山街道消失自然村情况表

表 6-3-3

社区（村）	消失村名	消失时间	备 注	社区（村）	消失村名	消失时间	备 注
大里	泥塘巷	2005 年 7 月	上坊工业园征地	上坊	耿 岗	2003 年 7 月	科学园征地
邵圣	杨家坝	2002 年 6 月	—		高 庙	2003 年 7 月	科学园征地
	苏家渡	2002 年 6 月	金盛南苑		管 头	2003 年 7 月	科学园征地
	后埠村	2003 年 5 月	—		戴家边	2004 年 7 月	科学园征地
	前埠村	2003 年 5 月	—		王家边	2004 年 7 月	科学园征地
	河场村	2005 年 5 月	—		建茂村	2004 年 7 月	科学园征地
	大焦村、小焦村	2006 年 7 月	住金竹花园		下 村	2004 年 7 月	科学园征地

续表

社区（村）	消失村名	消失时间	备　注	社区（村）	消失村名	消失时间	备　注
东山	实小东村、南村	2000 年 5 月	—		上　村	2004 年 7 月	—
	实小北村	2000 年 5 月	—	中前	黄泥塘	1993 年 5 月	—
	府前村	2006 年 4 月	—		小　圩	2000 年 4 月	—
龙西	曹家桥	1994 年 6 月	—		夏　村	2000 年 4 月	—
高桥	张家庄	2005 年 7 月	—		中　前	2006 年 4 月	—
岔路	河定桥、宋村、艾村、史家里	2004 年 3 月	—	—			
	圩村、圩塘、李家里	2004 年 6 月	—				

说明：1990—2007 年，东山街道共消失自然村 33 个

1990—2007 年秣陵街道消失自然村情况表

表 6-3-4

社区（村）	消失村名	消失时间	备　注	社区（村）	消失村名	消失时间	备　注
长　山	同心村	2001 年 11 月	—	牛　首	马　家	2003 年 4 月	—
	孔家前头	2001 年 11 月	—		官　塘	2003 年 4 月	—
	李高头村	2001 年 11 月	—		水阁村	2003 年 4 月	佛城路建设拆迁
	张高头村	2001 年 11 月	—		西汪村	2003 年 8 月	佛城路建设拆迁
	大杲园	2001 年 12 月	—		荫墅村	2003 年 8 月	宁丹路改造
	高　桥	2001 年 12 月	—		颜　圣	2003 年 12 月	宁丹路改造
	安　平	2001 年 12 月	—		庙　塘	2006 年 12 月	—
	红　卫	2001 年 12 月	—	凤　凰	中　村	2003 年 4 月	—
	汪子村	2002 年 1 月	—		梁家庄	2003 年 4 月	欣旺花苑（二期）
	小杲园	2002 年 1 月	—		西岗头	2003 年 12 月	—
	中盛戴家	2002 年 3 月	—		葛塘寺	2003 年 12 月	—
	蔡　村	2002 年 3 月	—		东葛塘	2003 年 12 月	—
	陈家村	2002 年 3 月	—		钱家村	2003 年 12 月	—
戎　山	山　西	2001 年 7 月	科学园征地		西葛塘	2003 年 12 月	—
	沟　西	2002 年 5 月	科学园征地		张家村	2003 年 12 月	—
	彭　村	2002 年 6 月	科学园征地		朱　村	2003 年 12 月	—
	高　岗	2002 年 7 月	—		高塘埂	2003 年 12 月	—
	潭　塘	2002 年 8 月	科学园征地	双　金	陶　巷	2003 年 3 月	秣陵工业园建设
	罗　墟	2002 年 8 月	科学园征地		刘家村	2003 年 3 月	秣陵工业园建设
	成　村	2002 年 8 月	科学园征地		蔡家花园	2003 年 4 月	秣陵工业园建设
桥　头	周　村	1996 年 10 月	—		竹园村	2004 年 3 月	秣陵工业园建设
	骆家渡桥	2000 年 1 月	—		窑　上	2004 年 3 月	秣陵工业园建设
	六段湖	2003 年 3 月	—		坝　头	2004 年 3 月	秣陵工业园建设
	高　山	2003 年 3 月	—		金　村	2004 年 4 月	秣陵工业园建设
	桥　头	2003 年 6 月	—	家　园	东新丰	2001 年 3 月	秣陵工业园建设
	河北桥	2003 年 10 月	—		胡家小社	2001 年 3 月	秣陵工业园建设

续表 1

社区（村）	消失村名	消失时间	备 注	社区（村）	消失村名	消失时间	备 注
桥 头	杨 家	2003 年 10 月	—	家 园	后 村	2001 年 3 月	秣陵工业园建设
陵 里	陵 里	2003 年 3 月	—		前新丰	2001 年 3 月	秣陵工业园建设
	三家村	2003 年 3 月	—		屠 家	2001 年 3 月	秣陵工业园建设
	李家庄	2003 年 3 月	—		张家窑	2001 年 3 月	秣陵工业园建设
方 山	上乐村	2003 年 12 月	科学园建设		王家窑	2001 年 3 月	秣陵工业园建设
	陶家庄	2003 年 12 月	科学园建设		赵家楼东	2002 年 2 月	秣陵工业园建设
	下乐村	2004 年 12 月	科学园建设		赵家楼西	2002 年 2 月	秣陵工业园建设
	山芋棚	2004 年 12 月	科学园建设		邱家村	2002 年 2 月	秣陵工业园建设
	武家庄	2004 年 12 月	科学园建设		仁吉村	2002 年 2 月	秣陵工业园建设
	李家庄	2004 年 12 月	科学园建设		白 塘	2002 年 2 月	秣陵工业园建设
	魏家庄	2004 年 12 月	科学园建设		佘 村	2002 年 2 月	秣陵工业园建设
	南埠村	2006 年 12 月	科学园建设		新家庄	2002 年 2 月	秣陵工业园建设
	葛 桥	2006 年 12 月	科学园建设		杨家碾	2002 年 2 月	秣陵工业园建设
	长 塘	2006 年 12 月	科学园建设		蒋家村	2002 年 2 月	秣陵工业园建设
	涧 东	2006 年 12 月	科学园建设		张家园	2003 年 2 月	秣陵工业园建设
横 岭	方 前	2003 年 5 月	科学园建设		周家杆	2003 年 2 月	秣陵工业园建设
王 墅	余家社	2001 年 9 月	大学城建设		上新丰	2003 年 3 月	秣陵工业园建设
	大井村	2002 年 8 月	大学城建设		党 家	2003 年 9 月	秣陵工业园建设
	严 村	2002 年 8 月	大学城建设		陈 家	2003 年 9 月	开发区建设
	苏宋岗	2002 年 8 月	大学城建设	秦 淮	大菇塘	1996 年 4 月	开发区建设
	王家山	2002 年 8 月	大学城建设		赵家村	1996 年 4 月	开发区建设
	顾家山	2002 年 8 月	大学城建设		小菇塘	1998 年 5 月	开发区建设
	冯家山	2002 年 8 月	大学城建设		石马北队	1998 年 5 月	开发区建设
	杜家山	2002 年 8 月	大学城建设		麻田东队	1998 年 5 月	开发区建设
	毛 塘	2002 年 8 月	大学城建设		麻田西队	1998 年 5 月	开发区建设
	倪家边	2002 年 9 月	大学城建设		山口村	1998 年 5 月	开发区建设
	塘南头	2002 年 9 月	大学城建设		石马南队	2001 年 10 月	开发区建设
	下王墅村	2002 年 11 月	大学城建设		东王村	2006 年 1 月	开发区建设
	侯 村	2003 年 3 月	大学城建设	湖 滨	李家角	1996 年 5 月	将军路建设
	上王墅村	2003 年 4 月	大学城建设		前家庄	1997 年 3 月	将军路建设
杨 村	下李家庄	2001—2004 年	大学城建设		高 家	1997 年 3 月	将军路建设
	青沙嘴	2001—2004 年	大学城建设		邵 家	1997 年 3 月	将军路建设
	小张家潭	2001—2005 年	大学城建设		林 家	1997 年 3 月	将军路建设
	张家潭	2004 年 6 月	大学城建设		高湖村	1997 年 11 月	佛城路建设
	前 埠	2004 年 6 月	大学城建设		赖石岗	1997 年 11 月	—
	中 埠	2004 年 6 月	大学城建设		扬陈村	1998 年 3 月	开发区建设
	后 埠	2004 年 6 月	大学城建设		马 后	1998 年 3 月	—
	涧 西	2004 年 6 月	大学城建设		高 茂	1998 年 3 月	将军路建设
	丁 村	2004 年 6 月	大学城建设		戴 家	1998 年 3 月	将军路建设
	虞 村	2004 年 10 月	大学城建设		康 后	1999 年 3 月	佛城路建设
	直埂村	2004 年 10 月	大学城建设		魏家村	1999 年 3 月	长江引水工程

续表 2

社区（村）	消失村名	消失时间	备　注	社区（村）	消失村名	消失时间	备　注
杨　村	杨　村	2004 年 10 月	大学城建设	湖　滨	大庄村	1999 年 10 月	开发区建设
	崔　村	2004 年 10 月	大学城建设		何魏村	1999 年 10 月	佛城路建设
	留　墟	2004 年 10 月	大学城建设		排　塘	1999 年 10 月	长江引水工程
东　旺	程家小圩	2002 年 10 月	将军大道南延工程		井　头	2000 年 4 月	长江引水工程
	傅家村	2002 年 10 月	将军大道南延工程		张家营	2000 年 4 月	河海大学建设
	李家村	2002 年 10 月	将军大道南延工程		朱　南	2000 年 4 月	河海大学建设
	奚家小村	2002 年 10 月	将军大道南延工程		朱　北	2000 年 4 月	河海大学建设
	徐家村	2002 年 10 月	将军大道南延工程		马家深渊	2001 年 3 月	佛城路建设
	张家头村	2002 年 10 月	将军大道南延工程		前　坟	2001 年 4 月	长江引水工程
西　旺	太平村	2002 年 8 月	—		石　前	2001 年 4 月	长江引水工程
	前晋村	2002 年 8 月	秣陵工业园建设		墩塘村	2001 年 4 月	统宝工程建设
	后晋村	2002 年 9 月	秣陵工业园建设	青　源	大五库	2000 年 2 月	开发区建设
	新　跃	2002 年 9 月	秣陵工业园建设		小五库	2000 年 7 月	开发区建设
	西圩村	2002 年 9 月	秣陵工业园建设		陈　墟	2000 年 8 月	开发区建设
永　宁	刘家边	2002 年 6 月	大学城建设		兴　塘	2001 年 2 月	开发区建设
	西焦村	2002 年 8 月	大学城建设		董　村	2002 年 2 月	开发区建设
	前宋墅村	2002 年 10 月	大学城建设		白　土	2002 年 7 月	开发区建设
	东焦村	2002 年 12 月	大学城建设		戴家村	2002 年 7 月	开发区建设
	后宋墅村	2002 年 12 月	大学城建设		丁家村	2002 年 7 月	开发区建设
	侯家场	2003 年 10 月	大学城建设		龚家村	2002 年 7 月	开发区建设
	上汪家村	2003 年 10 月	大学城建设		李家头	2002 年 7 月	开发区建设
	下汪家村	2003 年 10 月	大学城建设		陆家村	2002 年 7 月	开发区建设
陈　墟	徐家坝	2000 年 2 月	开发区建设		其林村	2002 年 7 月	开发区建设
	后　庄	2000 年 4 月	开发区建设		小兴塘村	2002 年 7 月	开发区建设
	刘家渡村	2000 年 4 月	开发区建设		姚　家	2002 年 7 月	开发区建设
	刘家埠村	2000 年 4 月	开发区建设	殷　巷	马木桥	2000 年 4 月	开发区建设
	木头桥村	2000 年 4 月	开发区建设		葛家边	2000 年 4 月	开发区建设
	欧家头村	2000 年 4 月	开发区建设		庄　东	2000 年 4 月	开发区建设
	杨家角	2001 年 1 月	开发区建设		王家边	2001 年 6 月	开发区建设
	杨家庄	2001 年 1 月	开发区建设		林　塘	2001 年 8 月	—
	东头村	2001 年 1 月	开发区建设		罗家庄	2001 年 8 月	—
	陈　家	2001 年 1 月	开发区建设		小殷巷	2001 年 12 月	开发区建设
	王家小圩	2001 年 1 月	开发区建设		桃　园	2001 年 12 月	开发区建设
	朱　村	2001 年 3 月	开发区建设		张　庄	2001 年 12 月	开发区建设
	下　墟	2002 年 5 月	开发区建设		西　庄	2001 年 12 月	开发区建设
	毛　家	2002 年 9 月	开发区建设		里家头	2001 年 12 月	开发区建设
	周　家	2003 年 1 月	开发区建设		铺南、铺北	2003 年 2 月	开发区建设
	朱　家	2003 年 1 月	开发区建设		马　村	2003 年 12 月	开发区建设
	西头村	2003 年 1 月	开发区建设		亭子口	2004 年 4 月	开发区建设
	陶港口	2003 年 1 月	开发区建设	太　平	湖堰村	1997 年 3 月	开发区建设
	前　庄	2003 年 1 月	开发区建设		石柱村	1998 年 3 月	开发区建设

续表 3

社区（村）	消失村名	消失时间	备注	社区（村）	消失村名	消失时间	备注
陈墟	长吉头	2003 年 12 月	大学城建设	太平	小二村	1998 年 4 月	开发区建设
东南	渡桥	2000 年 12 月	开发区建设		黄茂岗村	1998 年 4 月	开发区建设
	鄂村	2001 年 1 月	开发区建设		大邵村	2000 年 10 月	开发区建设
	周村	2001 年 1 月	开发区建设		红庙村	2001 年 2 月	太[illegible]新寓
	燕湖	2001 年 3 月	开发区建设		腰二村	2001 年 4 月	开发区建设
	小朱村	2001 年 3 月	开发区建设		邓家村	2001 年 8 月	开发区建设
	小燕湖	2001 年 3 月	开发区建设	胜太	董村	1992 年 8 月	开发区建设
	王家庄	2000 年 12 月	开发区建设		徐茂村	1993 年 4 月	开发区建设
	小周村	2001 年 1 月	开发区建设		严柳村	1993 年 8 月	开发区建设
	张家上村	2001 年 8 月	开发区建设		排头	1995 年 8 月	开发区建设
	任家边	2001 年 8 月	开发区建设		大庄	1995 年 12 月	开发区建设
	外水	2001 年 8 月	开发区建设		杨家前	1995 年 12 月	开发区建设
	渡桥新村	2001 年 12 月	开发区建设		魏巷	1995 年 12 月	开发区建设
牛首	印塘村	2000 年 2 月	统宝光电建设		李家门	1996 年 1 月	开发区建设
	印长	2000 年 2 月	统宝光电建设		小庄头	1996 年 5 月	开发区建设
	阮家	2000 年 12 月	宁丹路改造		后河	1996 年 9 月	开发区建设
	新民	2002 年 2 月	统宝光电建设		西池	1995 年 10 月	开发区建设
	菜塘	2002 年 8 月	佛城路建设拆迁		北池	1995 年 10 月	开发区建设
	碾坊	2002 年 8 月	宁丹路改造		南池	1997 年 11 月	开发区建设
	陈家花园	2003 年 1 月	晨光厂建设		前河	1996 年 9 月	开发区建设
	高家庄	2003 年 1 月	晨光厂建设	新华	坟山	2006 年 8 月	大学城建设
	青年（王贵村）	2003 年 2 月	晨光厂建设	下墟	姚家	2001 年 1 月	大学城建设
	西家善村	2003 年 2 月	晨光厂建设		仙家庄	2001 年 9 月	大学城建设
	凹子	2003 年 2 月	晨光厂建设		马家头	2003 年 12 月	大学城建设
	赵库	2003 年 2 月	—		石家埠	2004 年 4 月	大学城建设
	史家井	2003 年 3 月	晨光厂建设	—			

说明：1990—2007年秣陵街道共消失自然村268个

1990—2007 年禄口街道消失自然村情况表

表 6-3-5

社区（村）	消失村名	消失时间	备注	社区（村）	消失村名	消失时间	备注
秦村	俞家庄	1994 年 6 月	机场拆迁	上穆	陶塘边	1994 年 8 月	—
	东湖村	1994 年 6 月	机场拆迁	群力	花园边	2003 年 7 月	空港工业园征地
	青圩村	1994 年 6 月	机场拆迁		上梁村	2003 年 7 月	空港工业园征地
	大迟家	1994 年 6 月	机场拆迁		松园	2003 年 7 月	空港工业园征地
	秦村宕	1994 年 6 月	机场拆迁		昝巷	2003 年 7 月	空港工业园征地
	邵家边	1994 年 6 月	机场拆迁		南塘	2003 年 7 月	空港工业园征地
	土桥头	1994 年 6 月	机场拆迁		太山	2003 年 7 月	空港工业园征地

续表

社区（村）	消失村名	消失时间	备 注	社区（村）	消失村名	消失时间	备 注
秦 村	秦村街	1994 年 6 月	机场拆迁	群 力	小伏泽	2003 年 7 月	空港工业园征地
	陶家边	1994 年 6 月	机场拆迁		十 甲	2003 年 7 月	空港工业园征地
	神村岗	1994 年 6 月	机场拆迁		孔家山	2003 年 7 月	空港工业园征地
	东湖前村	1994 年 7 月	机场拆迁		上村张	2003 年 7 月	空港工业园征地
	东湖后村	1994 年 7 月	机场拆迁	钟 村	王而相	1996 年 6 月	空港工业园征地
	王家山	1994 年 7 月	机场拆迁		双石头	2003 年 6 月	空港工业园征地
	迟家村	1994 年 7 月	机场拆迁		邓 家	2003 年 6 月	空港工业园征地
徒 壒	小徒壒	1994 年 5 月	机场拆迁		钟 家	2003 年 6 月	空港工业园征地
	王后上	1994 年 5 月	机场拆迁		沟边塘	2005 年 5 月	空港工业园征地
新 生	油坊圩	2003 年 5 月	机场拆迁		前西京	2005 年 5 月	空港工业园征地
	西 庄	2007 年 5 月	机场拆迁		后西京	2005 年 5 月	空港工业园征地
	三 甲	2007 年 5 月	机场拆迁		敬思庵、大庄	2005 年 8 月	空港工业园征地
	老鸦山	2007 年 5 月	机场拆迁		包王庄	2005 年 8 月	空港工业园征地
陶 东	昝 村	2003 年 5 月	空港工业园征地		前 庄	2005 年 8 月	空港工业园征地
	新 村	2003 年 5 月	空港工业园征地		后 庄	2005 年 8 月	空港工业园征地
	中 村	2003 年 6 月	空港工业园征地		沙 埂	2005 年 8 月	空港工业园征地
	花 墩	2003 年 6 月	空港工业园征地	茅 亭	严尹村	1993 年 4 月	空港工业园征地
	后 村	2003 年 6 月	空港工业园征地		新塘毛	1993 年 4 月	空港工业园征地
	牛 郎	2003 年 6 月	空港工业园征地		井头迟	1993 年 4 月	空港工业园征地
	草塘冲	2003 年 6 月	空港工业园征地	山 塘	广塘朱	2003 年	—
	东 京	2003 年 6 月	空港工业园征地		新 庄	2003 年 9 月	空港工业园征地
	昝 缪	2007 年 5 月	空港工业园征地		横塘头	2003 年 9 月	空港工业园征地
	谷 盛	2007 年 5 月	空港工业园征地		莱山朱	2003 年 9 月	空港工业园征地
	大南庄	2007 年 5 月	空港工业园征地		山 嘴	2003 年 9 月	空港工业园征地
	小南庄	2007 年 5 月	空港工业园征地		定 塘	2003 年 9 月	空港工业园征地
陆 纲	陆家山	2007 年 5 月	—		山里周	2003 年 9 月	—
石 埝	星塘头	1993 年 8 月	机场拆迁	黄 桥	管家边	1993 年 5 月	机场拆迁
白云路	茅亭庙	1993 年 8 月	机场拆迁		俞家庄	1999 年 5 月	机场拆迁
高 伏	贾家庄	1994 年 8 月	机场拆迁		庄湖村	1999 年 12 月	机场拆迁
上 穆	甘家村	1994 年 8 月	机场拆迁	—			

说明：1990—2007 年，禄口街道共消失自然村 74 个

第四章　城区路名与街（巷）名

江宁区城区道路与街巷纵横，布局整齐，交通畅通，据统计，共有道路104条，街（巷）23条，共计127条。

按照这些路名、街（巷）名的来源，可将其分为四大类。一类地名或街巷名表达人们的美好愿望，如“富康路”取意社区居民生活富裕达小康；“丰收路”寓意企业发展，利税大丰收。此类地名、街（巷）名共有13个。一类是根据路或街巷所在地的历史文化渊源而来，它们或取自境内所有的文化遗址得名，如“天册路”中的“天册”源自东吴末帝孙皓的第六个年号，在此地块附近发现有东吴皇族大墓，由此得名。“万安东路”“万安西路”“万安南路”“万安北路”分别在境内万安陵石刻（国家保护文物）之东、西、南、北，故名。他们或由历史文化传说而来，如“胭脂井路”，此路原址有口古井，传说朱元璋带着老婆在兵荒马乱时路过此地，马娘娘用这口井水洗脸，烟脂粉落入井中，后得名叫胭脂井，路名据此而来。此类地名、街（巷）名共有30个。一类是根据路或街巷所在地所有的标志性地理名为名，如“帕威尔路”因此处有江苏帕威尔电气公司而得名；“马场路”因路经过马场村，故名。“瑶池巷”，是此地原有一池塘，叫瑶池塘，建路后命名为瑶池巷。此类地名、街（巷）名共有75个，所占比例最多，占所有路名、街（巷）名总数的57.69%。此外，还有一类路名或街巷名的含义，由于历史久远，已无从得知这类路名或街巷名的来源，但从人们口耳相传得知，此类地名、街（巷）名共有9个。

第一节　路　名

【宝鼎路】

东起醴泉路，西至神风路。这一带曾发现多处三国孙吴贵族墓葬，墓中有孙吴宝鼎年号，故名。路长1.72千米，宽22米，沥青路面。

【赤乌路】

南起宁句公路（104国道一段），北至国家足球训练基地。2006年11月，因此路附近发现三国时孙权皇族大墓，遂以孙权年号“赤乌”二字得名。路长3.50千米，宽22米。

【建衡路】

西起赤乌路，东至神风路。“建衡”为吴末帝年号。路长850米，宽22米，沥青路面。

【醴泉路】

南起104国道（宁句段），北至赤乌路北。2006年11月，以此路近解溪河上游，其河的水与青龙山的泉水混合而甜美，故以“醴泉”二字命路名。“醴”，甘美的泉水。

【帕威尔路】

西南起104国道，东北至赤乌路以北。因此处有江苏帕威尔电气公司而得名。2006年命名。路长2.50千米，宽30米，沥青路面。

【天册路】

西起赤乌路，东至醴泉路。"天册"为东吴末帝孙皓年号，地块附近有东吴皇族大墓，故名。2006年命名。路长1.33千米，宽20米，沥青路面。

【农贸路】

龙西路至王家凹自然村。该路主要为社区的农贸市场服务，故名。2007年命名。路长1.60千米，宽6米，水泥路面。

【兴业路】

104国道至外秦淮河。该路从上坊街道工业集中区（后并入东山街道工业集中区）穿过，故名。2007年命名。路长550米，宽8米，水泥路面。

【湖山南路】

北起万安西路，南至外港河。此路由原山西村通向湖西村，取"湖""山"二字组合，且此为南段，故名。2007年命名。路长620米，宽6米，水泥路面。

【沿山路】

小龙口至东林村方向。沿泉水社区内的小山头修筑，故名。2007年命名。路长2.50千米，宽7米，沥青路面。

【小城路】

东至小定村，西至城头村。以小定村居民小组和城头居民小组各取一字命名。2007年命名。路长4千米，宽5米，水泥路面。

【泉水路】

泉水大门至泉水社区居委会。因西至泉水大门楼，故名，为泉水社区主干道。2007年命名。路长2.90千米，宽7米，水泥路面。

【宝善寺路】

北至沧波门桥，南至宝善寺。此路通往宝善寺，故名。2007年命名。路长2.50千米，宽7米。

【名人岛路】

北至建南广场，南至东麟路。此路段有名人岛美食休闲中心，故名。2007年命名。路长800米，宽6米，水泥路面。

【富民路】

高桥社区居委会至麒麟新区。该路贯于多个居民小区，取“强国富民”之意命名。2007年命名。路长4千米，宽5米～6米，水泥路面。

【富康路】

神路口村至王武庄村。取意社区居民生活富裕达小康。2007年命名。路长4千米，宽5米～6米，水泥路面。

【李家路】

上佘路至李家村。因路通至李家村，故名。2007年命名。路长2.50千米，宽4.50米，水泥路面。

【孙家路】

上佘路至孙家村。因路通至孙家村，故名。2007年命名。路长1.50千米，宽3.50米，水泥路面。

【上佘路】

佘村水库至上坊镇石灰厂路口。此路为上坊镇通往佘村社区的主干道，故名。2007年命名。路长3千米，宽7米，沥青路面。

【临麒路】

南起东麒路，东至规划中道路（预留地）。因该路段紧邻区级公路东麒路，故名“临麒”。路长2.08千米，宽16米，沥青路面。

【润麒路】

南起东麒路，东至规划中道路（预留地）。该路与区级公路东麒路接壤，且寓意在此投资，企业利润回报丰厚，故以“润”“麒”二字命名。路长2.13千米，宽38米，沥青路面。

【天临路】

西起上高公路，东至规划中道路。取福天宝地之意，以“天”“临”二字命名。路长1.70千米，宽16米，沥青路面。

【丰泽路】

西起上高路，东至规划中道路。取名寓意在此投资兴业，回报丰厚。路长1.70千米，宽33米，沥青路面。

【定林路】

北起天印路，南至定林寺塔附近。1996年6月，因通向定林寺塔而以“定林”二字命路名。2003年6月并入天印大道。

【大泉路】

西起泉水社区，东至长城路口。为泉水社区主干道，故名。该路新中国成立后即建，1999

年修建为沥青路面。路长 1.50 千米，宽 4 米，沥青路面。

【兴发路】

西起上高公路，东至规划中道路。取入驻的企业兴旺、财源广进之意，以“兴”“发”二字命名。路长 1.65 千米，宽 39 米，沥青路面。

【金盛路】

西起双龙大道，向东再折向北至江宁区与秦淮区交界处。1996 年，因起于双龙大道，止于在邵盛圩内，且因当时该地区路名都取“金”字为首字，故以“金”字加“盛”字组合命路名。路长 2.77 千米，宽 30 米。

【永胜路】

南起东麒路，东至兴发路。路名寓意勇往直前，永操胜券。路长 1.51 千米，宽 16 米，沥青路面。

【万泰路】

南起东麒路，东至规划中道路（预留地）。路名寓意安泰富康。路长 2 千米，宽 33 米，沥青路面。

【东青路】

南起山口村书泵房，北至汤山青西村。以山口东村和青西村命名。20 世纪 80 年代前为土路，2005 年修建为水泥道路，路长 200 米，宽 7 米。

【大新路】

大里至新桥。以两地首字组合命名。1982 年始筑，铺沙碎石路面；2002 年，拓宽改铺水泥路面，路长 2.50 千米，宽 6 米。

【上高路】

高桥门至上坊神路口。以两地首字组合命名。上高路新中国成立前是石子路，路面宽约 5 米，1980 年建为沥青路。2004 年，建为水泥路，路长 1.60 千米，宽 7.50 米。

【青龙路】

东北至泉水社区小龙口（原沧小路），西南至轿子山垃圾处理场。因沿途紧靠青龙山山脉，故名。新中国成立前为石子路，1992 年扩建为柏油路，1995 年改建为水泥路，路长 4 千米，宽 7 米。

【五组路】

东起五组村，西至司法所。以五组村命名。20 世纪 80 年代前为土路，2000 年改建为沥青路，路长 2 千米，宽 3 米。

【西林跃路】

南起沧炔路，北至泉水大道。以西林跃居民小组命名。20 世纪 80 年代前为土路，2002 年修建为水泥路。路长2千米，宽3.50米。

【东林跃路】

东起沿山路，西至东林跃村。以东林跃村命名。20世纪80年代前为土路，1986年新建，2006年建为沥青路，路长1.50千米，宽3.50米。

【广场路】

南至沿山路，北至泉水社区。以路边广场命名。20世纪80年代前为土路，2006年新建沥青路面，路长650米，宽7米。

【湖九路】

北至大湖头，东至新九。以新九村和大湖头村各取一字命名。20世纪80年代前为土路，2003年修建为水泥路。路长1千米，宽3.50米。

【安新路】

南至新九，北至安泉。以新九村和安泉村各取一字命名。20世纪80年代前为土路，2003年建为水泥路。路长1.50千米，宽4米。

【后庄路】

南至安泉，北至后庄头。以后庄头村命名。20世纪80年代前为土路，2003年建成水泥路，路长1千米，宽3.50米。

【城后路】

西至原定林村大门，东至后庄头村。以城头村和后庄头村各取一字命名。2003年，由原定林村村委会出资新建，路长2千米，宽7米，水泥路面。

【沧炔路】

沧波门至乙炔气厂。以沧波门和乙炔气厂各取一字命名。新中国成立初期新建砂石路，1997年改建为水泥路，路长4.50千米，宽8米。

【长城岗路】

东泉桥至长城岗村。20世纪80年代前为土路，1985年新建砂石路，1998年改建成沥青路，路长1千米，宽4米。

【市井路】

南起上高线入口处，北至胜利河十字桥连接点。2006年命名，因此路靠近市井村，故名。路长1.16千米，宽6米，沥青路面。

【丰收路】

南起上高公路，北至胜利河。路名寓意企业发展利税丰收。2006年命名。路长1.16千米，宽 6 米，沥青路面。

【市大路】

市井村至大里社区。以市井村和大里社区各取一字命名。1973 年始筑路面，1983 年改建为沙石路面，2001 年拓宽改铺水泥路面。路长 3 千米，宽 6 米。

【胭脂井路】

东至东陵路，西至万安北路。此路原址有口古井，传说朱元璋带着老婆在兵荒马乱时路过此地，马娘娘用这井水洗脸，烟脂粉落入井中后得名叫胭脂井，路名据此而来。20 世纪 80 年代前为土路，2002 年新建。路长 400 米，宽 8 米，水泥路面。

【天宁路】

北至万安东路，南至万安南路。因路靠近天印山，故名。1988 年新建，1990 年扩建。路长 400 米，宽 12 米，沥青路面。

【园中路】

东至新润路南口，西至万安南路路口。因路在上坊工业园内，故名。2003 年命名。路长 1 千米，宽 12 米，水泥路面。

【万安北路】

南起万安西路，北至新润路。路在万安陵石刻北面，故名。2003 年命名。路长 2 千米，宽 10 米，沥青路面。

【万安南路】

北起万安西路路口，南至天景山公寓。路在万安陵石刻南面，故名。2003 年命名。路长 500 米，宽 10 米，水泥路面。

【新润路】

南起万安东路，北至轿子山垃圾站。因路侧有南京新润食品有限公司而名。2003 年命名。原为上坊村至桃园村路，20 世纪 80 年代前为土路，2007 年，因道路向北延伸，止点调整至轿子山垃圾站。路长 5.30 千米，宽 5 米 ~ 8 米，水泥路面。

【万安西路】

东起东陵路，西至同夏路、上元大街交叉口。在万安陵石刻西面，故名。此路原是 104 国道路的一段，新中国成立之初是石子路，1966 年建成沥青路，1995 年改造后更现名。路长 1.50 千米，宽 15 米，沥青路面。

【万安东路】

西起陈陵路，东至天元东路。因路在万安陵石刻东面，故名。该路原是 104 国道路段，新中国成立之初是石子路，1966 年修造成沥青路，1995 年改造后更名为万安东路。路长 1.50 千米，宽 15 米，沥青路面。

【萃文路】

北起上元大街，南至明月路。路名寓意该路段人文荟萃、商业繁荣。1994 年 9 月建成并命名为萃文路。路长 1 千米，宽 9 米，沥青路面。

【明月路】

北起上元大街，南至上海明珠转盘。1994 年始建并命名为市中路，2003 年统一调整更名为明月路。路长 1.30 千米，宽 9 米，沥青路面。

【鼓山路】

西起竹山路，东至东新南路。因 20 世纪 70 年代前此处有山丘叫大鼓山，故名。1985 年命名。原路的止点为新医路，后因规划调整，路的止点延伸至东新南路。路长 1.05 千米，宽 18 米，水泥路面。

【二街东路】

西起竹山路，东至东新南路。民国 20 年（1931）始建，初名湖熟路，1981 年因与北边的另一条大街相近并与之平行，且分为东西两段，此为东段，故名。2003 年，此街与二街西路合并称上元二街。

【二街西路】

东起竹山路，西至上元广场。民国 20 年（1931）始建，为东山街道内最早的街巷之一，初名湖熟路，俗称二街。1981 年，因在二街东路西，并与之相对，名二街西路。2003 年，与二街东路合并称上元二街。

【桃园路】

西起玉堂巷，东至东新南路。坐落地原为良种场桃园，故名。1993 年始建，1999 年扩建为水泥路。路长 760 米，宽 14 米。

【富塘村路】

该路主要为富塘村服务，故名。20 世纪 80 年代前为土路，2004 年建设水泥路面。路长 1.20 千米，宽 4 米。

【古庙北路】

东起石羊路，西至东新北路。因该路在一古庙旧址北面，故名。2007 年命名。路长 600 米，宽 13 米，水泥路面。

【石羊路】

南起文靖路，北至章村工业园。因该路路口曾有两座石羊，故名。1985 年命名，原起止点为大街东路（上元大街）至章村。2003 年，将大街东路至文靖路段与岗山路、天印路、定林路统一调整为天印大道，文靖路至章村段仍为石羊路。路长 1.20 千米，宽 14 米，沥青路面。

【创建路】

南起宏运大道，北至农花村。路名寓意不断创建新成绩。2007 年命名。路长 2.20 千米，宽 14 米，水泥路面。

【王家花园路】

南起宏运大道，北至农花村。该路王家村附近绿化环境优美似花园，故名。2007 年命名。路长 2.40 千米，宽 12 米，沥青路面。

【兰叶路】

龙西路至兰叶公司。以南京兰叶混凝土有限公司命名。路长 800 米，宽 12 米，水泥路面。

【金汇路】

东至双龙大道，西至岔路幼儿园。因金汇皮鞋厂而得名。路长 1.10 千米，宽 6 米，水泥路面。

【淹儿港路】

共建路至淹儿港村。因通往淹儿港村而得名。2007 年命名。路长 1.50 千米，宽 4 米，水泥路面。

【共建路】

南起 94672 部队，北至马场路。因社区与 94672 部队共建，故名。2007 年命名。路长 2.20 千米，宽 12 米，水泥路面。

【奥东路】

南起马场路，北至奥东村。因路通奥东村得名。2007 年命名。路长 800 米，宽 8 米，水泥路面。

【河堤路】

南起 94672 部队，北至上坊门桥。因在秦淮河堤上而命名。2007 年命名。路长 2.50 千米，宽 5 米，水泥路面。

【芙阁路】

东至东新北路，西至土山路。因路经过芙阁新村，故以“芙阁”二字而命名。原是农民菜地和鱼塘，后改造，1993 年建成。路长 1 千米，宽 7 米，水泥路面。

【秋月路】

南起上元大街，北至文靖西路。1985 年，命名为公园路，2003 年因重名更名为秋月路，因在东山（土山）西侧，取“金陵四十八景”之一“东山秋月”中“秋月”二字得名。原起止点为大街西路至东山公园。路长 1 千米，宽 15 米，沥青路面。

【东麒路】

西起宁杭高速连接线，东至麒麟集镇境内。该路连接东山城区和麒麟集镇，故取“东”“麒”二字组合命名。路长 10 千米，宽 50 米，沥青路面。

【土山路】

原南起大市口广场，接上元大街、竹山路，北至军用机场。1981 年始建。以南段西近土山得名。2005 年后，北端延至宏运大道。

【岗山路】

北起上元大街，南抵金箔路。1983 年，以近岗山得名。2003 年拓宽，并入天印大道。

【金箔路】

西起水上公园广场，东至岗山桥广场。含外港东路和外港西路一部分。南京金箔集团在此路上，1997 年，以“金箔”二字命名。

【同夏路】

西南起天印大道，东北至上元大街与万安西路交会处。1983 年，以南朝梁武帝曾在县境置同夏县，以古县名“同夏”二字命路名。

【利民路】

东起岗山路，西抵东新南路。1985 年建。因该路经原利民机械厂生活区的道路，以厂名命路名。今仍为 940 厂生活区向外的主要通道。

【东新南路】

南起金箔路，北抵上元大街。1994 年，以原东新路南段命名。今路以南延至新亭路。

【东新北路】

南起上元大街，北抵文靖路。1994 年，以原东新路北段命名。

【大街东路】

西起大市口，东至泥塘西桥。民国 20 年（1931），在原京湖公路上修建，始名县府路。又因此路当时为最宽、最繁华街道，亦称大街、大马路。1983 年，以大市口为界，大街东段更名为大街东路。2003 年 7 月因通名重叠，与大街西路一道更名为上元大街。

【大街西路】

东起大市口，西抵河定桥广场。民国 20 年（1931），在原京湖公路上建，初名县府路。又因当时为最宽、最繁华街道，亦名大街、大马路。1983 年，以大市口为界，大街西段更名为大街西路。2003 年因通名重叠，与大街东路一道，复更名为上元大街。

【文靖西路】

东起土山路，接文靖路；西至北沿路。2000 年，因处文靖路之西，以“文靖”二字加“西”字命名路名。

【文靖路】

西起土山路，东至天印大道。1996 年，因地近东晋太傅（宰相）谢安建墅的东山（即土山），以谢安的别号“文靖”二字命路名。

【上元路】

北起上元大街，南抵金箔路。1981 年，因今江宁县在清代为上元、江宁两县地，此地属上元县，遂以旧县名“上元”二字命路名。

【河滨路】

东起水上公园广场，西近秦淮河边，再折向南，接上元大街。曾为原大街西路一段，1996 年划出，因在秦淮故道南岸而更为今名。

【新医路】

原北起上元大街，向南经新医院（今江宁区医院）抵金箔路。1981 年，因是南、北通向新医院主要道路，故名。后因通过医院路段被截断，路北段由玉堂巷、桃园路再转向南段。今南段已改建为中国女人街，仅剩下上元大街至医院大门约 400 米路段，即原路的北段。

【戴家塘路】

南起上元大街，向北经江宁宾馆再折向东北接土山路。1981 年，以北经戴家塘居民区得名。

【胜太东路】

西起双龙大道，向东经胜泰桥，折向北至上元大街。1997 年因在胜太路之东而得名。

【苗圃路】

北起金箔路，南至新亭路。1995 年，因路经原东山苗圃，以“苗圃”二字命路名。

【东新路】

南起金箔路，北抵文靖路。是东山镇新建的街路，1981 年，命名为东新路。1994 年后，路向南北延伸，分为东新南路、东新北路。

【北沿路】

南起上元大街，北至宏运大道。1983 年，南段因近土山，曾以唐李白《土山》诗中“白云还自散，明月落谁家”中的“白云”二字，命名为白云路。后因路在原北沿圩内，而更称为今名。

【河滨北路】

文靖西路至宏运大道。路长 450 米，宽 18 米，沥青路面。

【湖山北路】

南起万安西路，北至顾家村。此路由原山西村通向湖西村，取“湖”“山”二字组合，且此为北段，故名。2007年命名。路长1.30千米。

【马场路】

南起北社区门前，北至上坊门桥。因路经马场村，以村名命路名。路长2千米，宽6米，水泥路面。

【奥滩路】

东起马场路，西至奥东路。因路经奥滩村，以村名命路名。路长800米，宽8米，水泥路面。

【中水路】

南起金盛路，北至江苏水利学校。因该路在邵圣社区中部，且通向水利学校，故名。路长200米，宽15米，水泥路面。

【新润南路】

南起万安东路，西至园中路。因在新润路之南，以该路名“新润”加方位“南”字命路名。路长355米，宽6米，水泥路面。

【天行路】

西起上高公路，东至规划道路。该路为园区外环街，交通便利，故名。路长1.40千米，宽16米，沥青路面。

【陈陵路】

南至万安西路，北至万安北路。万安陵石刻为五代帝王陈霸先陵墓，故名。此路原为省道的一段，1988年扩建改现名。路长700米，宽10米，沥青路面。

【中驰路】

北起宏运大道，南至中驰汽车园综合交易大厅及沿街商铺的南端。2004年4月，以中驰汽车园的专名“中驰”二字命路名。

【中前路】

北起文靖路，南至黄泥塘路。2004年7月，因主经中前社区居委会辖区，故以社区名“中前”二字命路名。

【润发路】

南起上（坊）高（桥门）公路，北至大里社区（原大里墅村）。2006年7月，以“润发”二字命路名。

第二节 街（巷）名

【天云北街】

南至万安西路，北至胭脂井路。此路为贯穿天云社区道路，被万安西路分为南、北两段，此为北段，故名。2003年命名。街长300米，宽8米，水泥路面。

【石马街】

东至市民广场，西北至陈陵路。路段原有两石刻形状像马，故名石马街。是上坊一条老街，20世纪80年代前为石板路，1966年始建，2006年按照明清时风格改建。街长400米，宽6米，沥青路面。

【天云南街】

北至万安西路，南至园中路。此路贯穿天云社区，被万安西路分为南、北两段，此为南段，故名。2003年命名。街长1千米，宽12米，水泥路面。

【石坊街】

南起石马街，北至万安西路。2005年10月，以古代上坊镇北曾有的石碑坊而命名。

【新塘街】

北起万安北路，南起胭脂井路。2005年9月，因近新塘公寓，以“新塘”二字命街名。

【招商街】

东起萃文路，西至胜太东路。该街在商城北部，是商城建成的第一条商业街。1995年8月，以“招商”二字命街名。

【金虹街】

东起双龙大道，西至双龙保税仓库。原名金贸街，因重名，2003年更名。路名寓意金色彩虹。街长1千米，宽6米，沥青路面。

【文华街】

北至宏运大道，南至文靖路。因路旁有教师公寓，住有大批从事文化教育工作的人员，1999年取“文化”的谐音“文华”命名。街长500米，宽15米，水泥路面。

【小石坊巷】

东起石坊街，西至陈陵路。因上坊有万安陵石刻，且此巷较小，故名。2005年命名。巷长120米，宽3米。

【豆腐巷】

北起上元二街，向南再折向东抵竹山路。旧时此处多豆腐作坊集中地，故名。

【文苑巷】

北起区中医院，南抵东平巷。1983 年，因巷内当时多文化单位，故以“文苑”二字命巷名。

【玉堂巷】

北起新医路，南至桃园路。因巷边有一水塘名野鱼塘，取“鱼塘”谐音“玉堂”得名。1985 年命名。巷长 350 米，宽 7 米，混凝土路面。

【中宁巷】

东起黄泥塘路，西至北沿路。1994 年命名为黄泥塘路，1999 年更名为中宁巷。因在中前村境内，取“中”字与吉祥字“宁”字组合命名。巷长 400 米，宽 6 米。

【青云巷】

南起上元大街，北至东新北路。1984 年，因青龙山水泥厂在此巷建房，取平步青云之意得巷名。

【东沟巷】

东起土山路，向东再折向北抵文靖路。1981 年，因巷南段西侧有盖板排水沟而称东沟，巷以沟名。

【瑶池巷】

南起上元大街，北至八一三队围墙。1983 年，因巷侧原有大水塘，名姚池塘，以“姚池”雅化为“瑶池”二字命巷名。

【宁中巷】

南起上元大街，北抵江宁县中学（今秦淮中学）大门。1981 年，以江宁县中学的简称“宁中”二字命巷名。

【实小巷】

西起竹山路 27 号到实小巷 118 号。因通江宁实验小学（简称实小），故名。20 世纪 70 年代建成，巷长 300 米，宽 15 米，沥青路面。

【长塘巷】

南起上元大街，北至文靖路。1981 年命巷名时，因东北有一长形水塘，故以“长塘”二字加“巷”字得名。

【三新巷】

南起上元大街，北至教师进修学校大门。原为土路，因在三新村旁而得名。巷长 150 米，宽 8 米。

【一人巷】

北起上元大街，南抵上元二街（今上元步行街）。1981 年，巷北端仅容一人通过，故名。

【一条巷】

北起上元大街，南抵上元二街。1983 年因此处及附近由东向西有三条同样长宽的巷子，此巷因在最东面按顺序排为第一条，故名。

【二条巷】

北起上元大街，南抵上元二街。1981 年，因此处及附近有三条相同长宽的巷子，按序此为第二条，故名。

第五章　自然地名

江宁地域处于宁芜盆地和宁镇山脉西段，境内丘陵、山区、冲田、岗地、圩田和洲地相互交错，有大小山丘 400 多个，海拔超过 300 米的有 5 个，其中横山最高峰达 459 米，大部分在 200 米以下。东北部青龙山、黄龙山、汤山、孔山等海拔约 300 米的为宁镇山脉主体；西南部横山、云台山、天马山等海拔 250 米 ~ 350 米多系茅山余脉；中部有方山、吉山、牛首山等突兀而起，海拔 200 米 ~ 243 米。此章辑录低山 4 个，丘陵 65 个。

江宁区境内襟江带河、河渠纵横、水面开阔。境域内河流主要分成 3 个水系：青龙山、汤山以北，牛首山、天马山以西，分别为九乡河、七乡河、江宁河、牧龙河、铜井河等，为流入长江的沿江水系；青龙山、汤山与横山、牛首山、天马山之间为秦淮河水系，向西北流经南京市城区注入长江；横山、天马山以南，包括横溪街道的丹阳部分地区，为东南流向，注入石臼湖，即石臼湖水系。境内旧时天然湖泊众多，受自然和人为影响，不少湖泊消失，现存湖泊中百家湖、杨柳湖、西湖等较大。新中国成立后兴修水利，建成总库容量 1 亿多立方米的水库 70 多座。境内独特的自然环境，孕育出以汤山温泉为代表的极品地下水资源。此章辑录 3 个水系共 21 条河流，主要湖泊 9 个，水库 7 个。

第一节　山体名

【低山】

横山　位于苏、皖两省交界处，在原横溪、铜山两镇南境。因其由大小 62 条山岭组成，横列如屏障，故名。据《太平府志》载：“春秋楚子重伐吴，至衡山即此，四望皆横，故名。”又据《当涂县志》称：“《左氏传》作衡山，衡、横通用也。”因此，又名横望山、衡山。

孔山　位于原汤山镇北部。古名雁门山，又称羊山。《景定建康志》载：“山势连亘，类北地雁门，因名。”又因此山主峰形似羊角，也称羊山。明代胡广《游阳山记》称此山为阳山，亦为后人延用。俗称此山为空山、巩山，后谐音为今名。

云台山　位于原陶吴镇西南部。此山附近有陶吴镇，陶吴镇古有云台寺得名。

白露头 位于汤山街道青林社区东北部。因山势较高，雨前云雾笼罩，天气晴好，山头重新露出，俗称“白露头”。

【丘陵】

土山 位于原东山镇北部，秦淮河东岸。因石山（指清凉山）多石，土山多土而得名。又名小东山，今多用此名。晋太元中，谢安于土山营墅楼馆，竹林甚盛。《丹阳记》载，安旧稳居会稽东山，筑此拟之，世称小东山，也叫东山。

汤山 位于原汤山镇西部。因该山有泉，四时如汤，故名。又因北京有汤山，故亦称南汤山。

青龙山 位于区境东北部，跨原上坊、淳化、麒麟、汤山等镇。〔同治〕《上江两县志》载，此山“石坚而青”“重峦叠嶂”，迂回曲折，与黄龙山成二龙竞走状，故名青龙。唐代李白有“青龙见朝暾”诗句，即描述此山，一名青山。

牛首山 位于原东善桥镇西北部，跨原谷里镇与雨花台区铁心桥镇。山顶南北双峰对峙如牛首，故名；又以双峰耸峙如天然石阙，名天阙山；山西峰有一石窟，梁武帝于其下建寺庙一座，名“仙窟”，山亦称为仙窟山。

祖堂山 位于区境中部，牛首山之南。〔同治〕《上江两县志》载，其山因南朝宋大明三年（459）于山南建幽栖寺，因名幽栖山。唐贞观初，法融禅师在此得道，成为佛教南宗第一祖师，故改名为祖堂山，又名花岩山。

方山 位于区境中部，秦淮河东岸。山体呈方形，酷似玺印，故名方山，亦称天印山。《丹阳志》称：“山形方如印，故曰方山，亦名天印山。”

鸡笼山（横溪街道） 位于原丹阳镇西北部。因山顶岩石突兀，形似鸡笼，故名。

大连山 位于原上坊、淳化、上峰3个镇交界处。山体较大，与青龙、天宝等山相连，故名，又名彭城山。

莺子山 因其在原陆郎镇朱门集镇东南部，〔同治〕《上江两县志》谓朱门山。后以其主峰莺子山更现名，又名阴子山。

大平山 位于原丹阳镇北部。因山顶平坦且与小平山相对，故名。

吉山 位于原东善桥镇西部。因南宋征虏将军建成侯吉翰墓在此，故名。

射乌山 位于原汤山镇孟塘行政村北部。神话传说后羿在此射日（乌：金乌，即太阳）得名。

赤山 位于原湖熟、土桥镇与句容市交界处。山石多为红色，因名，又名绛岩山。

杨家大山 位于原陶吴镇与陆郎镇交界处。旧传此山为杨姓所有，故名。

娘娘山 位于原铜井镇与安徽省马鞍山市交界处。旧时山上有庙，供奉送子娘娘，故名。

白茅山 位于原陆郎镇与谷里镇交界处。旧时因山上白茅草遍野而得名。

白头山 位于原铜井镇与陆郎镇交界处。〔至正〕《金陵新志》称白盈山，后讹传现名。

黄龙山 位于原上坊镇与麒麟镇境内。以青龙山相对得名，又名小青龙山。

半面山 位于原汤山镇与上峰镇交界处。山峰南坡平缓，北坡陡峭，状若刀削其半面，故名。

蒋门山 位于原陆郎镇东部。旧时此山属蒋姓，故名。

歪头山 位于原陆郎镇与陶吴镇边境。因顶峰倾斜，头歪向南得名。

铜山（禄口街道） 位于原铜山镇东部。志载，南朝间以产铜而得名。

大金山（谷里街道） 位于原谷里、陆郎、陶吴3个镇交界处。旧时此山为金姓所有，且与小金山相对，故名。

棒槌山 位于原汤山镇境内。因山体狭长，状若棒槌得名。

珠山 位于原麒麟镇南部。处青龙、黄龙两山间，山呈圆形，意谓二龙戏珠，故名。

天台山 位于原横溪镇与丹阳镇交界处。旧有天台寺高耸山巅，山以寺名。

犁头尖山 位于原铜井镇与安徽省马鞍山市交界处。因山峰似犁头得名。

荆山 位于原麒麟镇东部。旧时因山上荆棘丛生，故名。

洪幕山 位于原铜井镇西南部洪幕行政村。〔同治〕《上江两县志》称洪墓山，后语讹传现名。

狼山 位于原上峰镇西北部。旧时此山多狼，故名。

陈家山 位于原横溪镇东南部。旧时此为陈姓所有，故名。

狮子山（谷里街道） 位于原谷里镇与东善桥镇交界处，牛首山南部。因山势状若雄狮，故名。

豹山 位于原汤山镇南部。山形似豹，故名。

马鞍山 位于原上坊镇东部，北与黄龙山相连。山势状同马鞍得名。

斗山 位于原汤山镇北部。原以山势陡峭名陡山，后为书写简便更今名。

戴山 位于原铜井镇内，跨安徽省马鞍山市郊。旧时此山为戴姓所有，故名。

直山 位于原陆郎镇南部。山体矗立，形似笔，故名。

凳子山 位于原麒麟镇东部。山形似长凳，故名。

林木山 位于原谷里镇与陆郎镇交界处。旧时因山林茂密而得名。

尖刀山 位于原铜山镇与横溪镇交界处。此山峰顶陡峭，形似尖刀，故名。

牛迹山 位于原陆郎镇与安徽省马鞍山市交界处。传说一神牛在此留下足迹，故名。

东大山 位于原东善桥镇东部。旧志称大山。1949年后，因地处东善镇东，更现名。

龙山 位于原陶吴镇西北部。因山势狭长蜿蜒，状若游龙，故名。

静龙山 位于秣陵街道家园社区境内。旧志称禁龙山，后讹传为今名。

羊山子 位于原铜井镇东南洪幕李村，与南侧马子山相对。山形似羊，故名。

团山 位于原上峰镇西北部。峰呈圆团形，故名。

马子头山 位于原铜井镇南部。旧时山属马姓，名马家山，后语讹为今名。

犁头尖山 位于原铜井镇与安徽省马鞍山市交界处。因山峰似犁头，故名。

小龙山 位于原汤山镇与上峰镇交界处。因与大龙山相对得名。

鸡笼山（谷里街道） 位于原谷里镇与东善桥镇交界处。因远望山峰，形似鸡笼，故名。

将军山 位于秣陵街道牛首社区东南部。明代传七十二将军葬此得名。清改称降魔山，但民间仍习称此山为将军山。

皇姑山 位于原东善桥镇南部。旧传一施姓村女，死后封为皇姑，墓葬于此得名。

凤凰山（秣陵街道） 位于秣陵街道凤凰社区中部。因矿石色彩鲜艳，美如凤羽得名。

狮子山（汤山街道） 位于原麒麟镇东南部。与象山相对，山形若卧狮，故名。

象山 位于原麒麟镇东南部。因山形似象，故名。

西山 位于原麒麟镇南部。地处青龙山以西，故名。

铜山（江宁街道） 位于原陆郎镇境内，东南邻施山。旧传此山产铜，故名。

轿子山 位于原麒麟镇与上坊镇边境。因其峰顶似轿子得名。

阔塘山 位于原东善桥镇与陶吴镇交界处。因山下有大塘名阔塘而得名。

翠屏山 位于秣陵街道太平社区境内。旧志载，以其山“翠如屏羽”而得名。

虎山 位于原谷里镇公塘村。因山形似猛虎，故名。

靠山 位于原东善桥镇境内。相传明时山上有一百年老松，村民视为神物，烧香朝拜，靠以福祐，故名靠山。

龙吉山 位于秣陵街道凤凰社区与家园社区交界处。旧称龙脊山，后语讹，传“脊”为“吉”得今名。

祈泽山 位于原上坊镇境内，马鞍山南部。山下有祈泽泉，旧时为祈求丰水以除旱情，故名。

七仙山 位于原丹阳镇境内。神话传说七仙女下凡于此，旧有七仙女庙，故名。

第二节 水体名

【秦淮河水系】

秦淮河 本名龙藏浦，汉时起称淮水。唐代以后，因旧传秦始皇“凿方山，断长垄”，始有秦淮河之名。

秦淮新河 因其为1975—1981年人工新挖的秦淮河下游支流，故名秦淮新河。

汤水河 源自汤山街道汤泉水库，故名。

梁台河 原名索墅西河。源自青龙山，从梁台河桥至涧边桥，后改为现名。

同进河 原名索墅东河。源自青龙山邓家水库，流经淳化、湖熟两街道，后改今名。

解溪河干河 源自青龙山云湖水库。1975年后开新河，此河改为解溪干河、前进河、胜利河3条。

云台山河 源自江宁街道大庙村，流经江宁、横溪、秣陵3个街道。因河近云台山，故名。

牛首山河 源自牛首山，故名。

溧水河干河 秦淮河上游两大支流之一，源于溧水县东南10千米的东庐山，因名。

溧水一干河、溧水二干河、溧水三干河 源头在溧水县境内，下游流入溧水河。

句容河干河 秦淮河两大支流之一，源于句容市城北30千米的宝华山，因名。汇集赤山湖水，经区境土桥、湖熟、龙都等地，至西北村汇入秦淮河干流。

横溪河 源自横溪镇，横贯横溪、禄口等地，故名横溪河。

【沿江水系】

长江河段 长江流经江宁区境共长19.20千米，水面达3333.30公顷。

铜井河 源头在原铜井镇，经该镇西流入长江，故名铜井河。

牧龙河 源自原铜井镇，经牧龙集镇注入长江。

江宁河 古称南浦，也称江宁浦，源头在安徽省天马山、萝卜山与区境娘娘山、杨家山等。北经原陆郎、江宁两镇，在原江宁镇河口村附近流入长江。

板桥河 旧称板桥浦，清宣统二年（1910）更现名。源出牛首山、吉山等地，在南京市雨花台区大胜关附近入江。

七乡河 旧时因河流经汤山、骆墅、孟塘、孟北、龙泉、东阳、三阳等7个乡，得名七乡河。源头在汤山、孔山等地，经南京市栖霞区摄山的漳桥、西渡流入长江。

九乡河 源头在原麒麟镇境内，古称罗花浦、江乘浦，上游称锁石溪，下游是明代重要运粮运石水道，名运粮河。新中国成立前，河为锁石、东流、西流、其林（麒麟）、仙林、长林、衡阳、栖霞、石埠等9个乡镇666.67公顷农田排灌所用，改名九乡河。

【石臼湖水系】

石臼湖 又名北湖，后改名石臼湖。

丹阳河 亦称丹阳新河，后改称丹阳河。

【湖泊】

百家湖 位于原东山镇西南部。古时湖畔坡坨周延，芳草如茵，为牧马场所，曾名马牧湖（浦），后因灌溉周围百家农田，更名为百家湖。

杨柳湖 位于原龙都镇北部。《景定建康志》载："刘阳湖在城东六十里，当即此。故今疑为实原刘阳湖遗迹。"名曰"杨柳"，实为"刘阳"之反声。

西湖 位于原土桥镇中部。因旧时在西水门之西，因名。

西毛湖 位于牛首山河南部，原殷巷镇西北部。

大湖 位于原殷巷镇西南部。

高湖 位于秣陵街道湖滨社区境内。古称高亭湖、燕湖，后更现名。

象鼻湖 位于秣陵街道白塘社区西部。因湖形似象鼻，因名。

银湖 位于原铜井镇西南部。

赛湖塘 位于江宁街道梅子树村西部。

【水库】

赵村水库 位于横溪街道横山北麓。1958 年建，因近赵村而得名。

红星水库 位于原陶吴镇西南部2千米处。1958年建，以在当时陶吴公社红星大队境内，故名。

汤泉水库 位于原汤山镇东北部。1958 年建，以汤山温泉之意命名。

佘村水库 位于东山街道佘村南部。1958 年建，因建于佘村而得名。

双虎水库 位于江宁街道双虎社区双虎自然村。1959 年建，其所在地为双虎村，故名。

公塘水库 位于谷里街道公塘社区境内。1966 年建，以旧有一大水塘称为公塘而得名。

安基山水库 1974 年建，以库区在汤山公社安基山大队境内而得名。

第六章 地名管理

江宁县人民政府从 1981 年 3 月起，根据国务院和省、市政府的部署，成立由民政、公安、建设等 11 个委办局领导参加的江宁县地名普查领导小组，负责处理全县地名普查工作。1982 年 6 月，江宁县地名普查领导小组改为江宁县地名委员会，至此，全县的地名命名和更名按照国务院的《地名管理条例》和省、市政府地名管理法规的有关规定由县地名委员会负责办理。

自 1982 年江宁区（县）地名委员会成立至 2007 年，地名委员会成员已经过 8 次调整。江宁区（县）地名委员会，认真履行地名管理职责，严格执行上级有关地名管理规定，做好区（县）内的地名命名和更名等各项管理工作。并在全区进行地名普查与调查工作，对全区（县）的路、街、巷、桥、广场牌设置与管理工作、全区门牌设置工作作出明确的分工和严格的管理。

江宁区（县）地名委员会重视地名档案管理工作，至2007年年底，共保存地名档案376册。编印出版《江苏省江宁县地名录》《江苏省江宁县地名手册》《江宁区地图》《江宁城区图》，这些地名资料准确反映江宁区最新的地理信息和自然风貌，同时，对经济、旅游、投资、开发和管理等方面起到积极作用。

第一节 地名普查 地名标志管理

【地名普查】

江宁县人民政府于1981年3月至12月底，在全县范围内组织开展地名普查工作。首先在县内成立江宁县地名普查领导小组，县民政、交通、公安、水利、林业、邮电、基建、文教等单位领导参加。江宁县地名普查领导小组用2天至3天时间集中培训县、社、镇的地名普查骨干。之后由点到面分批展开，先在东山公社和东山镇通过试点，取得“一看、二读、三记、四查、五析、六填”的基本经验后，分两批在全县展开。以中国人民解放军南京军区司令部1 ：50000地图为基础，历时数月，对区域内29个社（镇）、6个场圃、380个大队、2794个自然村和1241处主要自然地理实体、人工建筑物、名胜古迹以及各专业名称作全面核查，对重名的24个大队、14个场、144个自然村和东山、汤山、湖熟3个镇的76条路、街、巷进行命名、更名；对普查的所有地名都加注汉语拼音做规范化处理。

【地名标志管理】

20世纪50年代，江宁县域内集镇少而且集中，集镇门牌管理工作由民政部门负责，乡镇门牌管理是一片空白。90年代开始，南京市的门牌管理工作划归市地名办负责后，1997年，江宁县实行农村户口城市化管理，各个集镇的门牌由地名办负责，农村门牌由公安机关负责。其间，全县办理门牌约20万块。

2003年，根据上级要求，江宁区政府批转江宁区民政局、江宁区公安局《关于调整我区门牌管理体制及开展地名和门牌整顿工作的实施意见》，全区门牌管理工作由江宁区公安局负责，其他各类地名标志管理仍由区地名办负责。区公安局接手后随即在全区开展门牌及户籍管理整顿工作。采取逐村逐组、逐户逐单位核对，对跳号、缺号和编排不规范的门牌予以调整，无门牌号的予以编制，还建立门牌编制的详细台账，绘制门牌编制示意图。其间，制作安装门牌共14000块，逐户上门核对安装。前后历时2年多，使江宁区门牌管理步入正规化常规化管理。

随着江宁改革开放的深入发展，单位或个人在江宁投资越来越多。这些单位或个人凭建设规划许可证复印件、拟建建筑平面位置图、地名办批复向公安机关申请门牌号码确认证书；如若单位和个人变更地址时，凭地名办批复和公安机关出具的地址（门牌号码）变更证明到相关部门变更即可。

2007年，根据南京市地名委员会《关于在全市农村开展村委会居住地地名设标工作的通知》（宁地名委〔2006〕1号）要求，在全区开展村级地名设标工作，全区新命名村级地名631条，设置地名标志1453块，共投入设标经费170多万元，有力地推动江宁区地名公共服务工程的开展。

第二节　地名命名

【俗成定名】

江宁地区素有“六山一水三平原”之称。古代早期出现的地名主要是山、川及聚落。受当时生产方式、经济规模的限制，大多是民间自行定名，约定俗成，以地形和姓氏定名山川、河流、自然村的方式被广泛采用。随着经济的发展，人口增多，交往扩大，地名定名方法也有变化，方位、大小、序数及物产都用来命名地名。随着商品经济的发展，地名约定俗成内容更加丰富，城镇道路除以姓氏、山川、名人等方法命名外，还增加人文景观命名，有的以寺庙、园林命名，如宝善寺路（因宝善寺得名）；有的以作坊命名，如豆腐巷（此地有一豆腐坊，故名）；有的以建筑物命名，如鼓山路（因 20 世纪 70 年代此处的山丘叫大鼓山，故名）；有的以机构、设施命名等，如新医路（因该路上建有江宁医院，故名）、实小巷（因通向江宁实验小学，简称实小，故名）。江宁区现有的不同时期地名群、地名层，除少数外，绝大多数都属约定俗成地名。约定俗成由民间进行，其主要问题是缺乏规范，存在大量重名，还形成不少一地多名现象。

【统一命名】

根据国家的方针、政策和地名标准化规定，1982 年 6 月起，将全县的自然地理实体名称，各级行政区划名称，居民地名称，公路、道路名称，市政交通设施名称等 9 类 60 种地名，由以往约定俗成定名，或分口命名的状态纳入统一命名的轨道。凡新出现或过去没有名称的上述地理实体都要进行命名。对需要更改名称的要进行更名。因此地名命名、更名，已成为地名管理的重要内容和地名工作的首要任务。1981 年全县地名普查前，普遍存在着地名相同，一地多名、一名多写，有地无名以及错字、错音、用字不当现象，特别是受极左思想影响，乱加改动的“一片红”地名，给地名工作和人们思想造成混乱，在地名普查中全县全面进行命名、更名工作。对区域内 29 个社（镇）、6 个场圃、380 个大队、2794 个自然村和 1241 处自然地理实体、人工建筑物、名胜古迹以及专业名称全面核查，对重名的 24 个大队、14 个场、144 个自然村和东山、汤山、湖熟 3 个镇 76 条路、街、巷进行命名、更名；对普查的所有地名都加注汉语拼音等规范化处理。基本消除过去存在的地名混乱现象，初步实现低层次的地名标准化。

随着社会的发展进步，江宁开发园区的开发力度不断增强，行政区域随之调整，地名经常发生新的变化，地名命名、更名等工作亦随之成为经常性工作。在行政区划命名方面，1983 年根据市政府政社分设指示，将人民公社改成同名乡、镇，将大队改成同名村。1989 年开始，为适应南京改革开放形势，便于行政管理和发展经济，江宁县实行撤乡设镇、乡镇合一的镇管村体制，如将岔路乡与东山镇合并为东山镇，汤山乡改为汤山镇，共 10 多个乡镇专名有了变动。道路命名是密切配合城市道路建设的重要方面，自地名委员会成立后，经江宁区政府批准道路、公路 969 条。道路命名主要采用古旧政区、自然地理实体名等为专用名，并注意地理方位相对的方法。如天印大道、上元大街、上元二街、竹山路等，使地名的指位性更强。各街道道路名称多采用起讫点首字组合地名。2000 年后，路名命名选择一些时间性、空间性强的词语命名一些大道，如将军大道、宏运大道、双龙大道等；也批准以单位命名的道路，如金箔路、帕威尔路、西门子路、菲尼克斯路等。

高层建筑、居民住宅区命名是地名命名的重要内容之一，共命名 10 层以上大厦 20 个、居民地 460 条。这两类命名数量逐年增加，高层建筑通名除采用大厦、大楼等外，还增加广场、苑、阁等。商品住宅区通名有花园、苑、居、公寓、园、庭、院、山庄、别墅、城等。高层建筑和新型居民住宅区专用名词大多比较雍贵、雅致、气派，全称绝大多数为四音节词，少数为三音节词或五音节词以上，如雅仕居、金陵天城等。由于出现“广场”无场、“花园”无花等命名混乱现象，故严格控制上述通名使用。自然地理实体名称是地名命名工作的一个比较薄弱环节，少数重名现象还有待调整。

第三节 地名档案 地名图书

【地名档案】

地名档案是在地名工作中形成的具有考查利用价值，并按归档制度集中保管起来的文件资料。其内容包括地名调查的原始资料、地名照片，经过加工整理的地名表、地名卡片、地名图及地名概况的文字说明材料，各级政府及有关部门颁发的关于地名工作的文件、地名命名更名审批材料等。

1981年，江宁县开展第一次地名普查工作，将所形成的地名材料集中统一管理。按照国家、省、市有关于地名档案归档管理的要求，2007年，江宁区地名档案在区民政局档案室独立保存，并有专人负责保管。档案包括：第一次地名普查资料、1989—1990年地名补查更新资料、第二次地名普查资料、地名审批材料、相关地名文件、地名录、地名手册、地名图、地名照片等。至2007年年底，共有地名档案376册，其中短期7本、长期21本、永久348本。其他图书、照片若干。

【地名图书】

1984年，江宁县根据国务院1979年颁发的《关于地名命名、更名的暂行规定》和省人民政府颁发的《江苏省地名工作管理暂行规定》，在地名普查和地名标准化处理的基础上，编印出版《江苏省江宁县地名录》。该书是江宁第一部以地名为主体，载有历史、地理、政治、经济、文化等方面简况的资料书，是江宁地名普查成果的集中反映。全书约30万字，共编入县、乡、镇以上行政区划以及其他重要地名（包括名胜古迹）概况60篇，县、乡、镇地名图和地名照片26幅，录写各类地名3800条，约占全县地名总数的90%。

1994年，根据国务院《地名管理条例》和省、市地名管理规定，在《江苏省江宁县地名录》和地名补查资料的基础上，对全区各类主要地名作标准化处理后，编印出版《江苏省江宁县地名手册》。《江苏省江宁县地名手册》主要包括江宁县概况、江宁历史沿革、各乡镇概况、行政区划和主要居民地名称、自然地理实体名称、重要专业部门和企事业单位名称、重要人工建筑物名称、主要名胜古迹和革命纪念地名称等。同时收录地名图两幅，县、乡、镇文字概况24篇。

《江宁区地图》于2001年第一次编印出版，详细标注了行政区划、自然村庄、道路交通、城市街巷、河流湖泊和旅游景观，并用不同颜色将各行政区域进行划分，图示准确、条块清晰、方便易用且美观大方。2005年，更新再版发行。2005年编印的《江宁城区图》作为建区后的首张东山新市区地图，详细完整地标注东山新市区范围内的政府机关部门、金融商业网点、餐饮娱乐设施，公司企业单位、居民住宅小区以及道路街巷名称。

第七编

城乡建设

江宁历史文明古老，城乡水乳交融。早在四五千年前，江宁先祖就在这块土地上创造湖熟文化。秦至隋唐先后出现秣陵、丹阳、湖熟、江宁等县城镇。宋至清代中叶，除4个县城镇外，还有淳化、金陵（陶吴）、土桥等著名集镇。从隋代至民国初年，江宁县治大部分时间是在南京城里。民国23年（1934），县治才从南京迁到东山镇。此外，境内还有集散型的集市：汤泉（汤山）、索墅、泉都（龙都）、东流、麒麟、铜井、水桥（江宁镇东、西水桥）、路口、五城、朱门、石井（市井）等。清末，石井、水桥二市消失，出现殷巷、解溪、土山（东山）等镇。民国中期，全县有大小集镇31个。

新中国成立前，江宁县集镇数量虽多，但因屡遭兵燹，时建时毁，集镇建设缓慢。多数集镇仅有一条短而窄的“一”字形街道，街道两旁多为砖木结构的平瓦房。伴随着集镇长期发展形成规模大小不一的数千村庄，农民十之八九困居在低矮的茅棚草舍内，建筑零乱、破旧、简陋。城乡公共建筑甚少，较好的建筑主要是一些寺庙庵堂。

新中国成立后，这片饱经沧桑的土地从此焕发青春。特别是改革开放后，江宁的综合经济实力显著增强，城乡面貌焕然一新。全区紧紧围绕城市服务功能，改善投资环境，以道路建设为突破口，基础设施为重点。全区9个街道全部通二级公路，等级公路密度居全国之首，达157千米/百平方千米。长江引水二期工程基本完成，已惠及9个街道中的7个街道，受益人口38万人。全区煤气管网467千米，燃气用户9.50万户。建成江宁经济技术开发区污水处理厂和江宁科学园污水处理厂一期工程，日处理能力分别为4万吨，服务人口分别为16万人、20万人。还在重点街道及村（社区）建立一批污水处理设施，区、街、村三级污水处理体系初步建立并逐步实现全覆盖。镇村建设水平明显提高，禄口等5个镇被命名为省级新型示范小城镇；上峰等9个镇被命名为市级新型小城镇。已建成和正在建设的居民集中区34个，建筑面积累计达到400万平方米。2007年，9个街道全部实现小康，全区人口城市化率达65%。

池城建设，公房修造，统称营造，历代均设机构管理。明至清中叶，县衙内有一人管公房，兼管水利、交通等各项工程建筑，民间营造无人管理。清光绪末年（1908），县置实业所，兼管公房、道路、桥梁等公共事宜。民国元年（1912），江宁县治设在南京城内，在县府内设建设局。民国22年，江宁自治实验县成立后，改建设局为建设科，主管农田水利、道路、交通、桥梁、工商、建筑工程的设计、预算和施工。新中国成立后，城乡建设管理机构几经变化。至2007年，江宁区城乡建设管理机构有江宁区建设局、江宁区规划局和江宁区市容管理局。

第一章 城镇规划

民国22年（1933）2月，江苏省政府以“江宁地近首都，国际观瞻所系”为由，在江宁设立自治实验县，作为全国乡城改良运动的模范。县政府决定将县治迁至东山镇。为此，江宁自治实验县制订迁治工程即江宁县东山建设规划，也是历史上江宁县城第一部规划。

新中国成立后直到1977年，江宁县城区建设虽有所发展，但无科学的总体规划。1978年5月，江宁县草拟《县城东山和南岔路口地区轮廓规划》，为县城总体规划作准备。1984年5月，完成《县城总体规划（1983—2000年）》。1984年12月，经南京市人民政府批准实施。1993年，县政府按照“经济强县、南京附城”的要求，高起点编制《东山城市总体规划（1992—2010年）》。1999年年初，建设部和南京市人民政府决定在江宁县进行县城规划编制试点工作。是年9月30日，完成《江宁县县域规划（1999—2010年）》的编制工作。2000年，获市政府批准实施。

2003年，江宁区以东山新市区为核心，将全区1567平方千米用地全部纳入城市规划编制范围，编制形成《东山新市区总体规划调整（2003—2010年）》（以下简称调整）。2004年11月16日，调整获市政府审批通过。江宁区以调整为依据，把东山建成南京市区域副中心、综合交通枢纽、重要教育科研和知识创新以及新技术产业基地、山水城林融为一体的花园式新市区。

第一节 江宁自治实验县迁治规划与实施

【东山建设规划】

县政府将东山镇作为县治，为全县政治、经济、文化中心，通过规划建设，使之成为一个理想的都市。县治用地范围2.25平方千米，北至章村北，南至骆村南，东到泥塘桥，西到秦淮河岔路口。据民国22年（1933）《江宁县政概况》载，之所以选定东山镇作为县治并作如此规划，是因其居全县之中，山环水抱，地势雄伟，易于建设，地方经济不难发展。相关人员经实地勘察认为，县境各地集镇较多，秣陵、丹阳、湖熟、江宁、陶吴等，但各有利弊，交通便利者未必地点适中，地势雄伟者又苦无经济基础。经多方比较，认为选东山镇作为县治比较适合，故决定迁治东山镇。

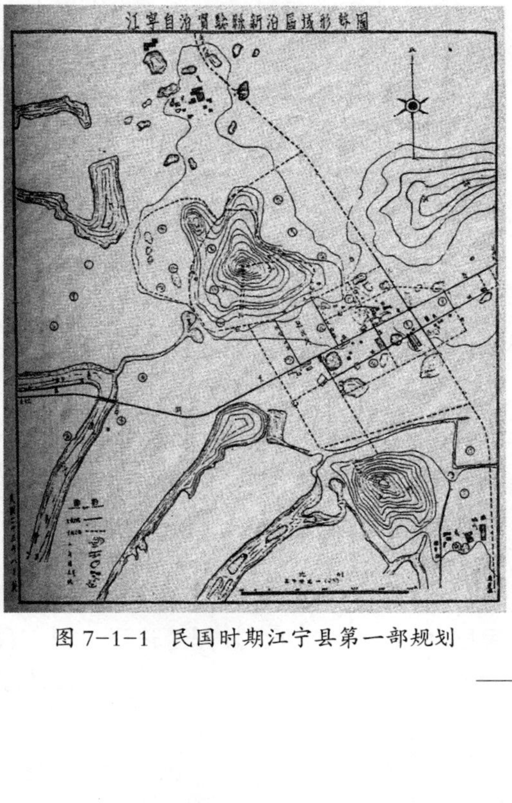

图7-1-1 民国时期江宁县第一部规划

县治规划中，将东山全镇分为行政、教育、商业、园林、住宅、河港6个区。行政区定在交通便利的县城中心；教育区选在风景优美、安静的地域；园林区以土山为主体，加以开拓；其他各区，皆依其性质而定。具体位置选择是把土山南麓孙家祠左右平地宽140米，长190米，作为新建县府基地。

全镇道路分为四等：按宽度分 12 米为一等，10 米为二等，8 米为三等，5 米为四等。其中，一等为主干道，二、三等为次干道，四等为街巷。同时，对各功能区的用地范围也进行划定。

市政道路建设首先是建设县府路和江宁路。县府路。为京湖公路的一段，向西折向北，直通南京；向东折向南，通抵湖熟。江宁路。与县府路成直角交叉于磨盘街（今大市口），北延伸连接宁杭公路，往南通至桥头及龙都。上述两条路在县城成直角交叉的纵横路，是县城过境公路，也是重要对外交通干道，宽度为 12 米。其他各路的名称分别为：秣陵东路、秣陵西路、环山路、陶吴路、湖熟路（今二街路）等。以上设计都完成后，拟分步实施。

【规划实施】

政府办公楼建设 民国 21 年（1932）12 月至民国 22 年 3 月，委托基泰工程师设计，民国 22 年 6 月招标，新中工程公司以最低标价 10.40 万元（银元）中标。是年 7 月开工建设，12 月底完工。江宁县政府建筑是一座两层办公楼，采用中国传统的宫殿式样，县长、秘书、会议室的楼房居中间；大礼堂在楼房之后，能容纳 300 人；建设科和教育科在两旁楼房里；财政科和土地科及公安、民政两科同设在一座平房内，位于正楼之前，形成拱卫之势。其他机关如地税征收处、警察宿舍及职员宿舍等，都已建造完成。全部的建筑物“虽未能富丽堂皇，尚不失朴实美观也”。除县政府新办公楼，还建造职员住宅，由建设科负责设计，每幢以居住两户为原则，分为四种式样，每样四幢，以避免呆板的弊端。为节省经费，由江宁县政府准备建筑材料，虽然每幢建筑费用高达 3200 元（银元）左右，但比预计的每幢 4500 元（银元）还是节省不少。

图 7-1-2 20 世纪 30 年代江宁自治实验县政府

东山市区建设 江宁县政府迁到东山镇时，镇区范围小，西起今人民政府，东到大司十字路口，总长不到 400 米。县政府迁到东山后，开始在县治修建街道，整理土地。县府路是京湖公路一段，在民国 22 年（1933）已经修建完毕，并铺设路面，建造路栏、下水道。其他如江宁路、栖霞路、湖熟路、秣陵路已经建成土路。整理县治土地是为充分利用土地，促进市政发展。首先对土地进行测量，然后制订土地和商业中心区的各项规章，并在民国 23 年 6 月颁布实施。此外，公用设备如电灯、电话等，还有其他公共建筑如中学、贷款所、医院也在积极筹建中。

公路建设 京湖公路。京湖公路北起中华门外，南抵湖熟镇，全线长 28 千米。时誉为“江宁县第五大交通干线”。民国 22 年（1933）12 月初开工建设，县政府内设全县公路水利处（主任以建设科长兼任），同时于淳化镇设立京湖公路工程处，分设“段事务处”于土山镇和湖熟镇。实际施工分两段：南京至土山一段，路宽 7 米，铺 3 米宽碎石路面；土山至湖熟一段，路宽 6 米，铺 3 米宽弹石路面。全路桥梁 8 座，建方涵洞 6 座，总价 4925.16 元（银元）；圆涵洞 159 座，总价 7994.13 元（银元）。至民国 23 年 7 月底，碎石路面已从南京铺至东山，至民国 23 年年底和民国 24 年年初，全线通车。对于包括土山、淳化在内的沿线居民来说，在家门口登上长途汽车尚属首次。

东丹公路。北起东善桥，南通丹阳。该路纵贯县境第八区，为沟通江宁县南部之重要干线。民国 23 年（1934）3 月开工建设，分三段进行施工，东善桥至陶吴一段，从民国 23 年 3 月 10

日在东善桥小学举行开工典礼起，约为半个月，全段土基即告完成；陶吴至横溪一段，于是年6月完成；横溪至丹阳一段，此段完成时间不详。

禄谢公路。北起京建路沿线的禄口镇，南抵谢村（位于铜山主峰西南），长11千米。当时谢村为一小镇，曾为第七区区公所及警察局、中心小学所在地。因地近江宁、溧水两县边境，故禄谢路是县境最南部的重要交通干线。民国23年（1934）7月，县政府组织禄谢路的测量和设计，并决定采用以工代赈法，于年底征召灾民修筑路基土方。

土山大桥。位于土山镇之西，横跨秦淮河，长64米，连同引桥超过百米。在当时即为浩大之工程。土山大桥建造式样为石桥墩水泥桥梁，木质桥面。为力求俭省，经投标确定，标价35000余元（银元）。民国23年（1934）1月10日开工，至4月底竣工。其雄伟坚固之貌，为县境内地的京杭、京芜、京建各公路桥梁所不及，因桥址与土山镇甚近，亦可为新县府所在地的一道风景。

市场建设 江宁镇菜市场。江宁镇是自治实验区，因在京芜铁路沿线，市面比较发达。但江宁镇街道狭小，加之各摊贩随处乱摆乱放，行人几乎很难通过，且该镇水产比较丰富，鱼类摊贩沿街乱摆，严重影响卫生。江宁镇区公所和警察局决定在两处建设菜市场：一处在南街，另一处在北街，每处建设菜市房间20间。该房面积，长20丈，宽3丈（1丈=10市尺，1公尺=3市尺），经估计，共需600银元。建筑费用由江宁县政府在建设经费下借给300元，剩余300元由区公所和警察局筹款。全部的建筑费以日后每日收取的菜市捐来弥补，由该镇设立的菜市场管理委员会负责办理。管理委员会由区长、警察局局长、江宁镇镇长、商会会长等地方名流组成。市场建设完成后，江宁县政府还拨100银元对内部设施进行改善，以方便摊贩进入。各摊贩于民国22年（1933）7月间陆续进驻，正式对外营业。

湖熟菜市场。第六区湖熟镇商业繁荣，是全县工商业最发达的地方，过去菜市场没有设立时，菜贩沿街乱摆，秩序很乱。民国22年（1933）8月，区公所和警察局在湖熟商会左右三面的空地建成一个菜市场，是年9月1日开始登记营业，10月1日开始照章收费。

陶吴凉棚。第八区陶吴镇街道狭窄，摊贩四处乱摆，影响市容。该区警察局清洁街道，设立一处菜场，所有零星设立的摊贩，一律搬进去经营。他们还在此处菜场上建筑许多凉棚，免除菜农风吹日晒之苦。凉棚的建筑花费50银元，由摊贩集资。

第十区菜市场。民国22年（1933）7月，第十区上新河菜场建成并开始营业（此地今属南京建邺区）。

第二节　江宁县县城总体规划

依据国务院〔1984〕2号文件颁发的《城市规划条例》以及1980年12月16日国家建委颁发的《城市规划定额指标暂行规定》，在南京市总体规划指导下，从江宁县城自然环境和现状出发，江宁县人民政府于1980—1984年组织编制《县城总体规划（1983—2000年）》。

【总体规划（1983—2000年）】

1978年5月，根据全国第三次城市会议精神，江宁县草拟《县城东山和南岔路口地区轮廓规划》，为制订县城总体规划作准备。1981年6月，成立江宁县城镇规划领导小组，开展县城规划编制工作。组织业务技术人员，对近期和远期县城发展趋势进行调查，并进行详细的地形勘测。1984 年 5 月，绘制出《江宁县县城位置图》《江宁县县城现状图》《江宁县县城近期规划图》《县城总体规划（1983—2000 年）》（以下简称规划）及说明书等。1984 年 12 月，经南京市人民政府批准实施。

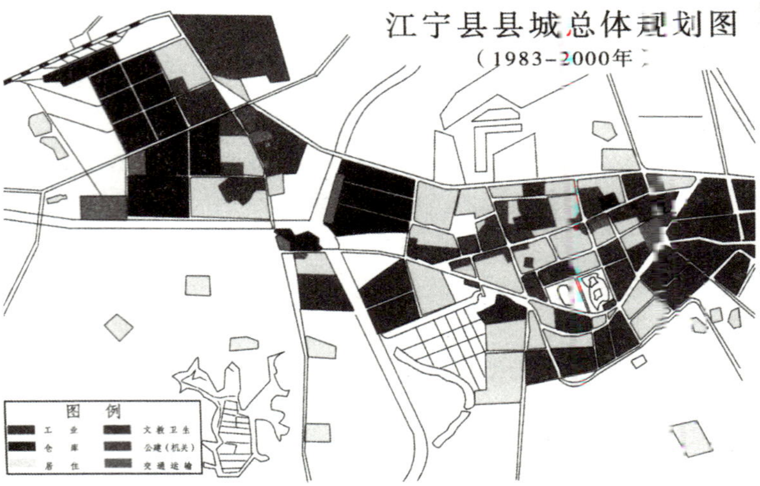

图 7-1-3　新中国成立后江宁县第一部规划：江宁县县城总体规划图（1983—2000 年）

东山用地规模现状为建成区面积 3.60 平方千米，人均用地面积 117 平方米；近期面积 4.50 平方千米，人均用地面积 104 平方米 ~ 109 平方米；远期面积 7 平方千米（东至泥塘西桥，西至秦淮河边，南至泄洪沟，北至土山机场），人均用地 86 平方米 ~ 103 平方米。规划人口规模从 1982 年 2.56 万人，到 1990 年发展为 3.57 万人 ~ 3.76 万人。至 2007 年，人口控制在 6.20 万人 ~ 7.90 万人以内。

规划规定县城各功能分区。党政机关集中在土山南侧、大街西路。建设有特色的工业区，东部以机械、轻纺工业为主，有利民机械厂、电扇厂、发动机厂、电机厂、起重机厂、轴承厂、缫丝厂、丝织厂、爱德印刷厂、植物油厂、糖果冷食厂、金箔厂等。西部以化工、冶金工业为主，有化肥厂、钢铁厂、印染厂、酒厂等。商业中心在大街东、西路和土山路、竹山路交叉的十字街口（大市口）。影剧院、江宁商场、汽车站附近为第二商业中心。文教区按服务半径分点布置，东、西、南三面布局为：东部有图书馆、工人文化宫、影剧院、农干校、党校、教师进修学校、县中、竹中、实验小学、第二小学、第四小学；西部有文化馆、职工培训中心、电视大学、秦淮中学、第三小学；从卫生学校向南过外港河至骆村有石油管道学校、南京工业学校等。西部北沿圩地区为港口码头区，在易家圩秦淮河边安排用水量大的企业。县城北、西南为蔬菜、副食品生产基地。

【近期建设规划（1996 年前）】

近期建设用地控制在 4.50 平方千米以内，平均每年征地 13.33 公顷。城镇人口 4 万人左右。工业积极发展轻纺工业。仓库与码头拆迁旧城区分散仓库，建立秦淮河边北沿圩仓库区，建综合性现代化码头和砂石专用码头。城区道路，适当延伸拓宽主次干道 5 条，逐步改造老街巷，消灭泥泞土路面。住宅建设，1990 年，居民人均居住面积 6 平方米，建筑面积 10 平方米。采用老城改造与新区开发相结合的方式，建设住房面积 32.50 万平方米，投资 3975 万元，使居民住房紧张状况初步得到缓解。建设公共建筑，在 4 个居住小区建立商业网点，增设农贸市场；促进文化教育发展，新建少年宫、体育场和儿童电影院，扩建、新建中小学和电视大学；完善医疗卫生设施，扩建县人民医院，创建中医院和妇幼保健院；建成竹山公园。城区自来水普及率 95% 以上。在县城总体规划中，还对其他各项专业相应地提出规划及具体指标和要求。

第三节 东山城市总体规划

1984 年编制的《县城总体规划（1983—2000 年）》，在实施规划过程中，随着改革开放的不断深入，江宁社会经济文化和城市建设的快速发展，原县城总体规划已不能适应经济建设和城市发展的需要。为此，1992 年 4 月，江宁县人民政府成立东山城市规划修订工作小组，对原县城总体规划进行调整和修订，并于 1993 年年底完成《东山城市总体规划（1992—2010 年）》的编制工作。

【总体规划（1992—2010 年）】

1993 年年底，编制《东山城市总体规划图》《江宁县城镇体系图》等专业规划图 14 张。1993 年 12 月 31 日，通过由南京市 12 名专家组成的东山城市总体规划评审组的评审。1994 年，江宁县人民政府以江政发〔1994〕145 号文向市政府作《关于报请批准东山城市总体规划的请示》。1996 年 12 月 23 日，南京市人民政府正式批准这一总体规划的实施。

东山城市规划面积 2000 年为 23 平方千米，2010 年为 41.20 平方千米。具体范围北起南京绕城公路和县城规划中的城北路，南抵四号公路南 500 米和牛首山河北岸，西到韩府山、翠屏山、将军山，东达县城规划中的环城路。远景规划面积 110 平方千米。具体范围北起南京绕城公路，南沿都市圈界线，东到新的 104 国道，西抵宁丹公路。

县域城镇体系规划，以主城向南发展的次轴，为江宁城镇体系发展的主轴（宁高公路、机场专用公路沿线），并确定 4 条发展轴（宁高公路与宁杭公路、205 国道、104 国道、宁丹公路）。县域城镇体系结构层次分为四级：东山镇作为县域内的中心城市为第一级；县域内片区的中心建制镇为第二级；一般建制镇为第三级；23 个社区和行政村所在地的历史重镇为第四级。

功能分区方面，规划东山城市人口近期为 18 万人 ~ 20 万人，远期为 28 万人 ~ 30 万人。规划用地布局以新、老秦淮河为界分为 3 个功能区，即老城区、新城区和岔路口区。老城区（秦淮河以东）规划面积 17 平方千米，作为城市的政治、文化、金融和商贸中心。调整工业产业结构，搬迁有污染的企业，优先发展轻工、机械等工业。新城区规划面积 18 平方千米，是以优先发展工业为主体，集科、工、贸于一体，第三产业配搭的经济技术开发区，形成一个相对独立的新城区。岔路口区规划面积 6.20 平方千米，依托南京火车南站，面向东山，背靠南京，逐步建成东山的副中心。严格控制南京火车南站用地，将其用于发展交通运输仓储和服务于车站的第三产业。

城市道路交通骨架采用三纵四横布局，对内交通外成环，内建网，建成经八纬六的内部交通骨架，以便将老城区、岔路口区、新城区连成一个整体。市区道路按其功能和性质分为三个等级，即主干道、次干道和支路。主干道间距 1 千米，规划红线宽度 40 米 ~ 60 米，道路密度每平方千米 2.10 千米；次干道间距 500 米，规划红线宽度 25 米 ~ 30 米，道路密度每平方千米 2.40 千米；支线规划红线宽度 15 米 ~ 18 米。规划还提出建 4 个广场，包括河定桥广场、水上公园广场、竹山公园广场并设置城市雕塑，另建 4 个停车场。

【近期建设规划（2000 年前）】

东山人口至 2000 年达 20 万人。城市发展规模用地范围，西起经济技术开发区，北抵城北路控制区，东到中心河附近，南达桥头路，大力发展河定桥地区，适度发展老城以南竹山民营科技园，基本拉开东山城市建设的框架。改善环境质量，调整工业布局和产业结构，建立污水处理站。近期完成新城区秦淮南路跨秦淮河大桥、天元路、胜太路—新亭路跨秦淮河大桥。在东山城市总体规划中，还对其他各项专业相应地提出规划及具体指标和要求。

第四节 江宁县县域规划

1999 年 9 月 30 日，《江宁县县域规划（1999—2010 年）》（以下简称规划）由南京大学城市规划设计研究院与南京市规划设计研究院合作完成。2000 年 1 月 6—8 日，建设部规划司和北京、上海、南京的规划专家对江宁县县域规划进行评审。评审结果，专家对江宁县县域规划给予充分肯定，南京人民政府亦批准该县域规划。

全县规划的总体战略是：到 2010 年，基本形成经济强县的经济规模和综合实力；基本实现农业现代化；基本形成现代化中等城市的城市规模和城市构架；基本形成与国内经济联系，广泛开放的格局；基本形成依靠科技推动经济发展的增长方式；基本形成比较完善的市场经济运行机制；基本形成可持续发展、和谐发展的社会体系和生态环境。奋斗目标是追赶苏南，全面进入省内先进行列，多项经济指标力争进入前 10 名，到 2010 年基本实现现代化。针对江宁县产业结构性格局，规划主要方案是：调整一产比重，提高二产质量，加快三产发展，形成合理的结构比重，第一、第二、第三产业的比重为 5% ~ 8% ：50% ~ 55% ：40% ~ 45%。同时，对工业布局和三产发展及城市建设作具体探索和要求建议。

江宁县县域空间发展战略确定为与南京都市圈相整合的城镇建设、农业发展及生态空间格局，创造持续发展的空间协调组合。规划提出，增加城镇和交通用地供给，降低农村居住地比重，合理安排军队用地，限制工矿区用地。调整农业用地结构，保护基本农田，扩大生态绿化用地面积。规划将县域空间总体上划分为四大类型区，即都市空间延伸区、市镇密集区、农田开敞区和生态敏感区。

城镇体系发展形成内外两圈层，内圈位于二环路以内，包括东山、麒麟、方山、上坊、殷巷等；其余属于外圈。内圈以城市郊区化为主，外圈以郊区城市化为主。

规划将全县划分为 5 个城镇经济区域。东山城市经济区包括东山、方山、上坊、殷巷、东善、淳化，形成东山、淳化、东善 3 个城镇。禄口城镇经济区包括禄口、铜山、横溪、丹阳、陶吴、秣陵、周岗 7 个镇，陶吴是该区域的副中心。汤山城镇经济区以汤山镇为中心，包括上峰、麒麟、汤山 3 个镇。湖熟城镇经济区包括土桥、龙都、湖熟 3 个镇。江宁城镇经济区包括铜井、陆郎、谷里，形成江宁、铜井、陆郎 3 个镇和谷里集镇的格局。

城镇体系等级规模功能组合结构为三个中心。一级中心：全县 1 个，以东山镇为中心，近期（2005 年）人口规模 20 万人 ~ 25 万人，远期（2010 年）人口规模 30 万人。主要功能是南京新城区，县域中心。二级中心：有 4 个，即汤山、禄口、湖熟和江宁。三级中心：共有 16 个镇，包括麒麟、秣陵、陶吴、淳化、铜山、丹阳、铜井、横溪、陆郎、土桥、东善、周岗、上峰、龙都、谷里、方山。这些镇按其所处区位的特点，各个镇的主要职能各有不同。规划分别对各个镇提出了规划要求和目标以及建设标准。东山属于优先发展、重点建设型；4 个中心镇属于积极发展、大力促进型；16 个一般镇按照《村镇规划标准》建设。

县域综合交通规划主要是以现有公路为基础，形成“二环九放射”对外交通网络。二环是南京都市圈规划中公路二环和公路三环。九放射是沪宁高速、宁杭高速、宁高高速、宁马高速、

205 国道、104 国道、宁杭公路、宁高公路、宁丹公路。除了上述重要内容外，规划还对市政基础设施、社会服务设施、旅游、环境保护、综合防灾、近期发展和实施机制等分别作了规划。

第五节　东山新市区总体规划调整

2002 年 8 月 29 日，江宁区建设局（规划局）和深圳市城市设计研究院开始东山新市区总体规划的编制工作。经过一年多的努力，完成规划调整文本说明，图纸 10 张。2004 年 11 月 16 日，南京市人民政府批准《东山新市区总体规划调整（2003—2010 年）》。

首先确定东山新市区规划范围内 2010 年人口为 50 万人。东山新市区总体规划范围，北抵绕城公路接南京主城，东至规划的宁杭高速公路，南至规划公路二环，西至宁丹路及江宁区行政界线，规划总用地 107 平方千米，以人均建设用地面积控制在 120 平方米，规划至 2010 年城市建设用地控制在 90 平方千米，规划区内为远景发展预留约 15 平方千米的备用地。新市区内片区的建设用地和人口规模为：老城片区，9 平方千米，13 万人；民营科技园片区，11 平方千米，12 万人；新城区（开发区一期片），20 平方千米，8 万人；新城区（开发区二期片），18 平方千米，12 万人；岔路片区，8 平方千米，5 万人；教育功能区（大学城片），18 平方千米，23 万人；方山片区，6 平方千米，3 万人。在开发区二期用地和土山机场地段分别预留 8 平方千米、6 平方千米的发展备用地。

规划将全区的布局结构打造成“一轴六片”,“一轴”是构建中心功能景观发展轴,依托秦淮河，以宁溧路和竹山路为联系，串以城市的各类中心、体育公园、广场、风光带、公园绿地等公共空间和商贸服务等公共设施，构建中心功能景观发展轴。“六片”是指 6 个各具特色的片区，岔路片区，以交通枢纽、物流中心为主要功能，兼具居住、教育功能；老城片区，以行政、商贸、居住等为主要功能；民营科技园片区，以先进制造业和居住为主要功能；开发区一期片区，维持现有的先进制造业和居住的功能；开发区二期片区，主要功能包括市级中心、高新技术产业及居住等；大学城片区，即江宁大学城，以教育科研为主要功能，并提供一定的居住、体育及其他公共设施用地；方山片区，以研发、居住及旅游服务为主要功能。

这次调整还提出要完善城市公共活动中心体系的问题，要设立市级、片区级二级中心。市级中心应具有相当的用地规模，便于服务城市各个片区，有利于引导城市新的发展方向。并且有条件的塑造标志性城市景观。规划市级中心设在开发区二期片区东北角，牛首山河与秦淮河交汇处，其用地南起建设路，北止天元路，东临竹山路，西至宁溧路，面积约为 4 平方千米。片区中心是在各个片区内依托现有公共设施、交通条件与服务范围分别培育该片区的片区中心。

对外交通方面，主要包括铁路，岔路片区有铁路南站可与各地联通。航运，有秦淮河航运码头，秦淮河设货运码头，在东山桥、中心公园及方山村片区设小型客运码头。公路，包括机场高速、宁杭高速、绕城公路、二环路、宁溧公路及将军路的二环以南部分、宁丹公路和 104 国道（宁杭高速以东部分）。另有地铁 5 号线从主城到定林路，7 号线至宁溧路与胜太路的交叉口，设 4 处换乘枢纽站。轻轨，东山新区内设环形轻轨线，沿交通联系环架设与地铁及地面交通有 3 处换乘枢纽连接。

城市道路交通，建立方格网加环状放射的混合型干道系统。建立交通联系环，承担货运交通；制造业集中区及片区间交通，由将军路、城南大道、定林路、城北路构成；建立生活功能环，承担城市中心区、主要生活区及公共客运交通，由利源路、建设路、竹山路、秦淮路构成；建立十字形景观干道，以宁溧路、天元路构成，其余则为方格网状次干道。

在东山新市区总体规划调整中，还对其他各项专业提出相应规划及具体指标和要求。

第二章 市政建设和公用事业

民国时期，县城东山镇面积仅为0.25平方千米，有大街、小巷7条，路面多为夹沙土覆盖，间或乱石铺砌。县内公共事业设施很少。沿街屋宇低矮破旧，店铺稀少，市容不整。

新中国成立后，县城建设逐步发展，至1977年，县城面积扩大至9.90平方千米。中共十一届三中全会后，尤其是2000年12月撤县设区后，东山城区建设坚持以规划为龙头，集中力量加快城市化和城市现代化步伐。至2007年年底，东山新市区面积扩大至107平方千米，建成区面积54平方千米，城区道路基本形成“环网相连、节点畅通、结构合理、高效便捷”的城市道路网架。自来水普及率100%，城区气化率100%。南京新城巴士公司和南京通盛客运公司经营公交线路150条，有公交车1090辆。此外，还有出租车769辆。东山新城区新建绿化广场15个，绿色小区129个，建成区绿地率41%，绿化覆盖率41.60%，人均公共绿地面积12.80平方米。

一个经济发达、功能齐全、交通便捷、环境优美的现代化新城区基本建成，成为南京市副中心。

第一节 城区道路

【道路建设】

东山老城区道路建设 民国时期，县城东山镇有大街小巷7条，其中主要街道有大马路、二马路2条，长412米，路宽分别10米、8米，其余为狭窄小巷。大马路、二马路为砂石路面，长期破损，高低不平，下雨泥泞，雨停积水，人、车通行困难。

新中国成立后，初期路况变化不大。后经过扩建、改建和维修，情况有所改观。1950年，将大街西路铺成全沥青路面，并向东延伸到80米。1961年，二街加铺碎石、道砟，改善路面，道路也相应延长和拓宽。其后又改为沥青路面。1963年后，与大街东、西路垂直交叉的竹山路、土山路也随之拓宽改直，总长约300米、宽8米。

1971年起，城区不断向东边农村发展，许多乡间道路经过拓宽，裁弯取直，降坡等工程，逐步改建为城区道路。至1979年，改建城区道路的有新医路、工农巷、宁中巷等。大街东路也在原有宁溧公路基础上拓宽并延伸至岗山路附近。主干道大街全部拓宽改建成柏油路面，设车行道、人行道。整个城区干道在质量上显著提高，结构上也趋于合理。

进入20世纪80年代，新辟和维修的道路日益增多。新建的城区道路有府前路、外港东路、外港西路、上元路、公园路、同夏路、东沟巷、玉堂巷、青云巷、瑶池巷、长塘巷等。拓宽、延长的道路有东新南路、岗山路、天印路等。至1989年年底，建成道路、广场占地15.50万平方米，总长17千米，95%为水泥、沥青路面，可通行汽车的道路有28条，总长约14千米，初步形成一个布局合理、交通方便的道路网络。

1991—1995年，东山老城区共投资1735.86万元，先后新建青云巷、鼓山路、芙阁路、成墟路、新医路、桃园路等；拓建外港路、竹山路，总长6.94千米，均为水泥路面。1996—2000年，新建文靖东路、文靖西路、成墟路、土山路、城北西路等。改造金箔路、大街西路；实施天印大道、竹山南路和二街路拓宽改造工程等。累计新增、改造城市道路50千米，新增道路面积110万平方米，铺设人行道25万平方米。至2000年，县城老城区道路总长65.60千米，总面积162万平方米。

2001—2003年，改造老城区二街中段，彻底改变脏、乱、差的面貌，成为东山首条高品位的商业步行街。2003年，对东山老城区的大街西路、北沿路、竹山北路、东新北路等4条主要城市道路进行改造、延伸。此外，还对文苑巷、中医院路、戴家塘路、河滨路等支路实施改造。全年改造、新建城市主、支道路4200米，面积8万多平方米，投资800万元。2004年，为适应城东拆迁安置房、经济适用房建设需要，区建设局实施宏运大道东延和天印大道北延工程。宏运大道东延工程，西起天印大道、东至中心河，全长900米，路幅宽45米，为城东湖西地块道路主干网东西向主干道，是年5月20日开工建设，至年底主车道通车；天印大道北延工程，南起文靖路、北至公路管理站机修厂，全长800米，路幅宽45米，为湖西地块道路主干网南北向主干道，于是年9月2日开工，至年底主车道通车。2005年，实施城北路、文靖西路二期、河滨路、大街东路东延改造，学院东路、新亭东路续建等5项道路新建、改建工程。其中，城北路、文靖西路二期西接双龙大道，东至土山路，是江宁城北主干道，也是连接东山城区与南京主城的交通要道。全长2800米、宽45米，是年3月底开工建设，至10月中旬竣工，工程投资3000万元。河滨路东接北沿路，西经东山老桥与上元大街相连，全长750米，宽13米，于是年5月初开工建设，至10月中旬竣工。大街东路东延段东起同夏路路口，西至岗山路，全长500米、宽26米，于是年4月开工建设，12月竣工。新亭东路东起天印大道，西至成墟路，全长1400米、宽24米，2004年开工建设，至2005年10月竣工。2005年，新建道路1720米，2.87万平方米，改造道路2800平方米，改道面积11.93万平方米。

2006—2007年，完成文靖西路西段工程建设和实施金箔路东山桥至竹山路段改造工程。主要将水泥路面全部改为沥青路面，取消原快慢车道隔离带，快车道由15米增加到21米，由4车道拓宽为6车道；并增加绿化、亮化，同步实施污水管道铺设工程，整合道路排水系统，实现雨、污水分流。

江宁经济技术开发区道路建设 1992—1995年，建成道路总长50千米。其中，混凝土路面12.48万平方米，沥青路面36.61万平方米。东西走向的秦淮路、胜利路、董村路、胜太路、天元路、池田路和南北走向的庄排路、经一路、经二路、经三路、经四路、经五路、将军大道等八经八纬道路，基本实现内成环、外成网，形成每13.33公顷一个道路方块。主干道天元路长4.50千米，宽60米，创下南京市城郊道路建设史上最宽最好的纪录。1996—2000年，完成将军大道、经三南路、佛城西路、经四路、经五路、庄排南路、高湖路等沥青路面铺设，总长19.90千米；完成胜太西路、天元东路、天元西路等水泥路面铺设，总长13.30千米。2001—2002年，新建、改造清水亭大道、水阁大道、城南大道、水阁路南延等58条道路，总长89千米。2003年，新建、改造将军路南延等30条道路，总长55千米。2004年，新建道路工程26项达24千米。对胜太路等城市主干道两侧的临街建筑立面进行重点改造。还增设16处公交站台，方便居民出行。打通开发区与禄口地区的第二条快速通道，将军大道南延工程建成通车。2005年，对胜太路、经四路等 4 条主干道立面出新改造，形成开发区特色的商业街，机场高速公路匝道加快建设。至 2007 年年底，江宁经济技术开发区共有道路 74 条，总长 222.95 千米。

江宁科学园道路建设 1994—1995 年，江宁科学园完成土石方 54.60 万立方米，铺设道路 5450 米。1996—2000 年，新建、改建道路 5000 米；改造 12 条区间道路，总长 3800 米。2001—2002 年，投资 5 亿元，建设改造路幅 20 米宽的 6 号路、路宽 22 米的 7 号路、路宽 30 米的 8 号路和大学城百米宽的大道等 18 条道路，总长 30.50 千米，使江宁科学园的道路网络进一步完善。2003 年，新建道路 22 条，总长 28 千米。2004 年，新建道路 21 千米，实现道路成网，新、老城区多路相通，融为一体。2005 年，开工建设新亭路等 16 条道路，完成道路里程 15.90 千米，总投资 1.90 亿元。2006 年，加速方前大道等 16 条道路的建设，实施天印路、天元路、竹山路、成墟路等景观路改造，全年投入 3.20 亿元，完成道路建设 21.80 千米。2007 年，道路桥梁建设总投资 2.80 亿元，新建和续建道路 21 千米，百米大道等 4 条道路实施景观路改造。至 2007 年，江宁科学园共有道路 76 条，总长 136.34 千米。

此外，2006 年，在江宁商城大门口，金箔路与上元大街及河滨路交会处，建起全区第一座地下人行通道——商城地下通道，通道为钢筋混凝土箱形结构，呈“X”形，中心部位设地下商铺，在东、西、南、北、西北的人行道上各设一个出口，共 5 个出口，地下人行道净宽 5.50 米，中心直径 20 多米，总建筑面积 3000 多平方米。

【道路网络】

江宁区城区道路网络主要由城市入口路、主干道、次干道、支路与巷道组成。

城市入口路 宏运大道（天印大道至宁杭高速段），东起宁杭高速，经中心河桥，北至天印大道，是连接东山老城区与宁杭高速的重要通道，也是重要的城市入口路。全长 1000 米，路幅宽 45 米。天印大道至中心河桥段新建于 2005 年，中心河桥及与宁杭高速连接段于 2007 年动工兴建并完成。道路路幅断面 4.50 米人行道 +5 米非机动车道 +2 米绿化带 +22 米机动车道 +2 米绿化带 +5 米非机动车道 +4.5 米人行道。两侧非机动车道下铺筑雨、污水管道。

双龙大道（河定桥至气象学院），南起河定桥，北至气象学院，全长 2132 米，路幅宽 60 米，为进入江宁的主要城市入口路。改建于 2000 年，机动车道属于交通部门建设管理养护，道路路幅断面 7 米人行道 +6 米非机动车道 +4 米绿化带 +26 米机动车道 +4 米绿化带 +6 米非机动车道 +7 米人行道。两侧非机动车道下铺筑排水管道。

主干道 上元大街，西起东山桥，东至同夏路，全长 3610 米。2001—2003 年，对水上公园至天印大道段道路实施分期改造，拓宽后路幅宽 16 米 ~ 26 米，车行道由原 12 米拓宽至 14 米 ~ 20 米，沥青路面，人行道宽 1.50 米 ~ 3 米。2007 年 7 月，对东山桥至水上公园段道路实施改造，重新铺筑沥青路面，铺筑人行道大理石、彩砖，铺筑雨、污水管道，绿化、亮化及其他各管线的改造同步实施。

金箔路，东起天印大道，西接上元大街，道路全长 3600 米，路幅宽 35 米 ~ 39 米。金箔路建设年代较为久远，原路中快车道混凝土板块施工于 1992 年，两侧隔离带及慢车道于 1998 年修筑，道路排水为雨、污合流，采用明沟加管道的形式。2007 年 7 月，实施金箔路改造工程（东山桥至竹山桥），改造后路幅断面 4 米人行道 +12 米车行道 +3 米绿化带 +12 米车行道 +4 米人行道。主车道原混凝土路面改造成沥青路面，取消原快慢车道隔离带，人行道铺装和绿化、亮化、管线综合施工，同步实施污水管道铺设工程。

土山路，南起上元大街，北至文靖路，道路全长 900 米。于 1997—1998 年实施分期拓宽改造，拓宽后路幅宽 21 米，车行道宽 12 米，混凝土路面，两边人行道各宽 4.50 米，铺筑彩砖，埋设排水管道。

宏运大道（双龙大道至北沿路段），新建于 1999—2000 年，后于 2005 年铺筑面层沥青及人行道彩砖。西起双龙大道，经秦淮河北大桥，东至北沿路，全长 1400 米，路幅宽 45 米，车行道 22 米，绿岛各 2 米，两边慢车道各 5 米，人行道各 4.50 米，埋设雨、污水管道，绿岛绿化，安装路灯。

文靖路，西起北沿路，东至天印大道，全长 2350 米，路幅宽 45 米，土山路至北沿路段新建于 1999—2000 年，后于 2005 年铺筑面层沥青及人行道彩砖，路幅宽 45 米，车行道 22 米，绿岛各 2 米，慢车道各 5 米，两边人行道各宽 4.50 米，埋设雨、污水管道，绿岛绿化，安装路灯。土山路至天印大道段于 1997 年新建，一期工程施工至快车道沥青路面，慢车道、人行道成型。2000 年，开工建设二期工程，施工快车道混凝土路面，慢车道沥青路面，铺筑部分人行道彩砖、路灯杆出新，并将原大街东路的原有法桐（占车行道）360 棵成功地移栽到该路人行道上。

文靖西路，东起北沿路，西至河滨北路，长 616 米、宽 30 米，新建于 2006 年。道路断面车行道 22 米，两边人行道各宽 3 米，将在建的河滨北路与文靖西路西侧，与北沿路、城北路、金箔路连接构成环路。车行道沥青路面，人行道铺装和绿化、亮化、排水、管线综合施工。

图 7-2-4　文靖西路西段旧貌（1999 年摄）

图 7-2-5　建成后的文靖西路西段（2006 年摄）

天印大道（原石羊路段），南起上元大街，北至文靖路，全长 320 米，2001 年实施拓宽改造工程，线型向西侧调整，路幅宽至 45 米，车行道 32 米，沥青路面，两边人行道各宽 6.50 米，铺筑彩砖，栽植行道树，埋设排水管道，安装路灯，沿线供电、广电、邮电等杆线全部下地。

天印大道（原岗山路段），南起金箔路，北至上元大街，全长 480 米，2001 年实施拓宽改造工程，路幅宽至 45 米，车行道 32 米，沥青路面，两边人行道各宽 6.50 米，铺筑彩砖，埋设排水管道，沿线供电等杆线下地，并安装路灯。

天印大道北延（文靖路至宏运大道段），南起文靖路，北至宏运大道东延，全长 800 米，路幅宽 45 米。湖西地块道路主干网南北向主干道，新建于 2005 年，车行道 32 米，沥青路面，两边人行道各宽 6.50 米，铺筑彩砖。车道两侧设置雨、污水管道，安装路灯。

竹山路（上元大街至金箔路段），全长 510 米，改造于 2003 年。路幅总宽 25 米，其中车行道 18 米，两边人行道各宽 3.50 米，原车行道中间 9 米混凝土路面利用，加铺沥青混凝土面层，人行道铺设彩砖，埋设排水管道，沿线供电等杆线下地，并安装路灯。

次干道　东山步行街（竹山路至新医路），道路全长 467 米，路幅宽 14 米，新建于 2001 年。路面铺筑大理石、花砖，为步行街，沿路布置小品、IC 卡电话亭、声光喷泉、广场雕塑、座椅等，埋设排水管道，杆线下地。2001 年，步行街被命名为南京市旅游观光购物街。2007

年，全街共有 142 户商户，经营项目有餐饮、品牌服装、美容美发、婚纱摄影等，是全区四大特色街之一。

学院路（金盛路至宏运大道），全长 470 米，路幅宽 18 米，新建于 2005 年，车行道 12 米，沥青路面，两边人行道各宽 3 米，铺装面包砖，铺装雨、污水管道，绿化、亮化，跨鞑鞍河新建桥梁 1 座。该路是连接东山老城区与岔路、邵圣等社区的重要干道。

东新南、北路，金箔路至章村工业园，全长 2800 米，改建于 2001—2003 年，路幅宽 21 米，车行道 15 米，沥青路面，两边人行道各宽 3 米，铺装彩砖，铺筑排水管道。

河滨路，东接北沿路，西经东山老桥与上元大街相连。全长 700 米，路幅宽 13 米，车行道 7 米，沥青路面，两侧人行道各 3 米，铺装面包砖。栽植行道树，结合水域沿河南侧进行绿化布置，安装路灯，实施管线综合工程等。

支路与巷道 江宁区城区区间路主要有长塘巷、玉堂巷、秋月路、戴家塘路、文苑巷、宁中巷、东沟巷和黄泥塘路。1998 年前，江宁县有 36 条巷里。经过拆迁建设，至 2007 年，城区巷里有靖安里、乐安里、中和巷、中平巷、营中巷、工农巷等。

【道路照明】

民国时期及新中国成立初期，江宁县县城没有路灯。1965 年，东山镇普及电灯照明后，县城主要街道开始装路灯。随着经济社会事业的发展，江宁城区道路、桥梁、广场和居民区路灯数量不断增加，光源和灯具也不断更新。先后用过日光灯、高压汞灯、碘钨灯、镝灯和高压钠灯、钪钠灯等新光源。

1985 年，江宁县城主要街道安装 10 余盏白炽灯，其他街道照明杆线 9 条，高压汞灯 39 盏、钠灯 21 盏，街道覆盖率 80% 以上。1990 年年底，县城照明主要干线 11 条，路灯由原来的 70 盏发展到 210 盏，是 1985 年的 3 倍，覆盖街道率 90% 以上。

1995 年，县城路灯主要干线由 1990 年的 11 条发展到 24 条，路灯总数由 210 盏发展到 940 盏，主变电器由 3 台增至 9 台，分别是 1990 年的 4.47 倍和 3 倍。与此同时，江宁经济技术开发区共架设路灯 822 盏，高杆灯 2 盏，使入区大公司如爱立信、金鹏、东陶、通江大厦等企业门前亮化，开发区内四号路、河定桥转盘及宁溧路、胜太路、秦淮新路等多条道路夜间灯火辉煌。

1996 年，县路灯管理所新架设路灯 99 杆、174 盏。1997 年，在芙阁路、文靖路、鼓山路和一些“窗口”地区架设各式路灯 170 杆、359 盏。通过加强路灯管理，节约电费 8 万多元。1998 年，组织实施大市口长 100 米的亮化、美化拼装工程，在金箔路、北沿路、竹山路等地段新架设路灯 233 杆、475 盏。1996—2000 年，改装高杆不锈钢路灯 1098 盏，一般道路改装路灯 43 盏。

2001—2002 年，新装城市公路路灯 871 盏，由此，东山老城区路灯总数增至 5443 盏、1428 杆，亮灯线路长度增加 20.16 千米，总长 91.68 千米。初步完成石羊路、岗山路、天印路等城市景观圈道路路灯的改造和架设。并完成大街东路、东新北路、竹山南路、新亭路以及胜太桥、东山大桥等一批道路的路灯改造和架设。加强路灯日常维护保养，路灯亮化率、完好率常年保持在 90% 以上。与此同时，江宁经济技术开发区两年间架设路灯、广场草坪灯 15708 盏；江宁科学园架设各类路灯 1886 盏。2003 年，完成桃园路路灯安装工程。2004 年，对金箔路和开发区佛城西路 200 余杆旧灯进行出新改造。2005 年，对秦淮东路、胜太西路 145 杆路灯进行改造出新；新安装竹山南路、成墟路等道路路灯 56 杆；完成府前路与金箔路路口红绿灯安装工程；完成学八路与弘景大道路口红绿灯安装工程；完成竹山路南延、成墟路庭院灯安装工程；完成瀍桥商业街路灯安装工程和河滨路路灯控制箱安装。

2006年，完成文靖路西延路灯安装工程；东新南路与金箔路路口红绿灯安装工程；完成文靖路与天印大道路口红绿灯安装和玉堂巷路灯安装工程。2007年，区路灯管理所职工放弃节假日休息时间，突击完成大市口广场和市民文化休闲广场景观亮化工程；并完成建设大厦、有泉宾馆、多服公司、明月港湾、审计局大楼、园林所办公楼等楼宅亮化改造工程和城北大桥的亮化工程。完成东山公园、竹山公园、外港河堤、金箔路、土山路亮化工程。选用节能、环保、新式、美观，具有一定特色内涵的路灯和景观灯。

2007年，新增监控老城区31台、开发区53台、科学园34台，新增控制柜老城区15台、开发区28台，新增箱变老城区4台、开发区29台、科学园27台，新增杆变老城区14台、开发区34台、科学园5台。

2006—2007年，区路灯管理所加强与公安、市容、社区等部门联系，争取社会支持，消灭管理“盲区”。充分利用路灯自动化控制等科技手段，实时监控所辖路灯，实现路灯亮化率长期保持在98%以上。

第二节　城区桥梁

【江宁老城区桥梁】

至2007年，江宁老城区共有桥梁12处，计15座。

东山桥　原名土山桥，随土山镇易名东山镇而改名东山桥。跨越秦淮河，位于东山镇西。民国22年（1933）1月10日开工，于是年4月底完成。始建为石桥墩，水泥桥梁，木质桥面，长64米。新中国成立后，于1962年改建为钢筋混凝土装备式桥，7孔。后因秦淮河改道拓宽，1978年又于原桥西新秦淮河上另建新桥，仍名东山桥。新桥为钢筋混凝土桁架拱桥，3孔，长167.60米，桥面宽9米，两边行人道各1.50米。1984年，新建三号公路铺设水泥路面，公路改线。新旧二桥同存，一名二桥，为同名桥。1995—1996年春，新东山大桥扩建，总宽增至33米，其中行车道12米，两边慢车道各7.50米，人行道各1.50米。至2007年，因公路改道，此桥来往车俩较少，利用率不高。

河定桥　原名河亭桥，跨秦淮河支河——沙河，为傍淮东南驿道站桥，位于新、老东山桥之西，在今岔路境内。清代重修，民国时改为石墩木面公路桥。新中国成立后，于1964年又改建。1979年，在桥北百米之地挖成秦淮新河，1978年10月，在新河上预建新桥，河成后老桥废。新桥为双曲拱重力台式，全长165.80米，3孔，净宽12米，两边各有人行道1.20米。原为宁望（即宁溧）线公路桥。1988年12月，宁句线一级公路建成通车，104国道定名，为国道、省干两线咽喉桥梁。1988年12月30日，建成同长同宽同结构双桥一座，双虹凌跨秦淮新河，较为壮观。1997年春，为扩大行车路面，又将双桥合并为单桥，总宽度增加到26米，其中行车道达24米。

秦淮河北大桥　建于1999年，连接宏运大道跨越秦淮河。桥长165米，宽30米，6跨预应力组合桥，设计通航标准六级航道，通航水位8.50米。

宏运大道中心河桥　新建于2007年，桥长40米，宽4.50米，3跨钢筋混凝土简支板桥。该桥及东延道路建成后，将连接东麒公路宁杭高速跨线桥，与宁杭高速实现对接。

2007年江宁区老城区桥梁情况表

表 7-2-1　　　　单位：米

桥　名	桥　位		桥　长	桥　宽	上部结构	孔　数	建设年份
河定桥	秦淮河（两桥并列）	原桥	138.50	17.50	钢筋砼双曲拱	3	1978
		南桥	138.50	17.50			
东山桥	秦淮河（三桥并列）	中间	167.80	13.50	钢筋砼桁架拱	3	1978
		两侧		各 5.0			
盛太桥	秦淮河		169.20	24.20	钢筋砼桁架拱	3	1995
四号路秦淮河大桥	秦淮河		220.00	22.0	钢筋砼 T 梁	9	1996
秦淮河北大桥	秦淮河		165.00	30.00	预应力组合梁	6	1999
泥塘西桥	中心河		21.70	11.00	钢筋砼空心板	1	1979
竹山桥	外港河		20.00	7.00	钢筋砼桁架拱	1	1979
仲铭桥	外港河		37.70	7.00	钢筋砼双曲拱	1	1985
竹山新桥	外港河		46.00	12.00	钢筋砼桁架拱	3	1989
成墟桥	外港河		15.00	21.00	钢筋砼 T 梁	1	1996
岗山桥	外港河		27.46	12.50	钢筋砼空心板	1	1997
宏运大道中心河桥	中心河		40.00	4.50	钢筋混凝土简支	3	2007

【江宁开发园区桥梁】

江宁经济技术开发区桥梁　开发区内共有桥梁60座，2035延米，总投资18090万元。主要有：将军路4座，共373延米。苏源大道5座，共295延米。宁溧路3座，共116延米。秦淮路1座16米。胜太路2座，共202延米。天元路3座，共222延米。诚信大道5座，共106延米；吉印大道2座，共60延米；丹阳大道2座，共42延米。正方大道3座，共123延米。板霞线4座，共68延米。清水亭西路2座，共32延米。东大商业街2座，共40延米。韩府街1座14米。牧浦街1座14米。殷华街2座，共30延米。铺岗街2座，34延米。前庄路3座，42延米。兰台街1座13米。文心街1座13米。水阁路1座20米。康平街1座14米。开元欣街1座14米。井头街1座14米。董村路1座16米。胜太路1座16米。高湖路1座16米。康后路1座14米。燕湖路1座14米。花园街1座14米。将军路A线1座28米。

江宁科学园桥梁　江宁科学园内共有桥梁11座，693延米，总投资12200万元。具体为：玉树路前时河桥，60米。兴民路秦淮河桥，25米。开源路秦淮河桥25米。弘景大道天印湖桥，60米。建设大道秦淮河桥（彩虹桥），208米。月华路前进河桥，60米。格致路秦淮河桥，48米。梅龙河桥，16米。学四路前进河桥，84米。龙眠大道前进河桥，82米。建衡路前进河桥，25米。

滨江开发区桥梁　滨江开发区内共有桥梁5座，171延米，总投资3149万元。具体为：十号路牧龙河桥，60米。十号路十字河桥，20米。四号路山水河桥，39米。205国道山水河桥，13米（又幅）。205国道牧龙河桥，39米（双幅）。

第三节　城区公共交通

江宁城市交通始于民国8年（1919），南京钟灵街至江宁汤水镇（今汤山）之间的钟汤公路建成后，城内达官贵人乘车到汤水泡温泉或旅游。域内公共交通始于民国20年5月，江南公司在京杭（宁杭）公路开通南京经汤水至句容客运班车。其后，随着京（南京）芜（湖）、京溧、京湖（熟）公路建成，客运班车相继开通。除日本侵略军侵占时期外，其余多为江南汽车公司经营。直至1953年4月，被省汽车公司接收，其后则由省公司南京分公司和市公交公司经营。

江宁解放后，县内公共交通逐渐发展。1958年10月，南京中华门至东山短途汽车运营线路开通，在县城西设公共汽车站，市公交车直抵县城，每天6时从中华门发车，至18时结束，半小时一班。1975年1月，江宁县客车队成立，逐步形成以县城为中心向全县辐射的公共客运网，但进城必须乘市公交公司车辆。是年，全县共有汽车15辆，375个座位，年客运量38.07万人次，周转量448.10万人千米。1977年5月，市公交公司向江宁县内新开、延伸线路至20条。为方便群众进城，1981年7月，江宁县客车队与省公司南京分公司（二处）联合成立客运公司，开通10个乡镇直达中华门五贵里班线。因管理体制原因，江宁公交车无法进城。1995年下半年，江宁客运市场有限放开，允许社会车辆在交纳有偿使用费后在规定的线路上经营，先后开通环城车和区内公交车。1995年年末，有客车359辆（含长途班车），中型客车59辆，农用客车61辆，合计479辆。1998年9月，开通县城公共汽车，至1999年9月，有城区公交线路4条，长38千米。1999年年末，全县有客运汽车线路31条（含通往外省、市8条），运营车241辆，客位4571座，年客运量556万人次，客运周转量9256万人千米，客运收入770.10万元。2000年1月，江宁客运公司与市公交公司联营开通东山直达南京火车站的南金线。2001年8月，为加快区内公交化步伐，由中北公司收购了客运公司，并对个体客车进行赎买改造。管理体制上条块分割障碍消除后，区内客运市场得到迅速发展。2002年，江宁区实现客运管理公司化、镇及客运线路运营公交化，在全市率先实现镇镇通公交。2006年年底，成立通盛客运公司，扩大客运线路的覆盖面，缓解了市民出行难的矛盾，收到良好的效果。至2007年年底，全区共有公交车1090辆，有营运线路150条。

支线和短途客运最早以手扶拖拉机和柴油三机为主，20世纪80年代末，开始有少量小轿车从事出租，夏利轿车是当时的主要车型。20世纪90年代，出租车以普通型桑塔纳为主，到2003年达424辆。2003年8月，整治东山镇地区“三小车”（柴油三轮车、残疾人车、人力三轮车）后，先后投入200辆出租车，2007年又投入150辆，全区出租车总数达769辆，基本满足出行需要。

2006年9月3日，全长21.72千米、总投资85亿元的南京地铁一号线正式投入商业运营。为加快东山新市区与主城的无缝对接，市政府决定启动地铁一号线南延工程。南延线起于安德门站，止于江宁大学城北端的城东站，全长18.01千米，其中地下线12.71千米，高架线5.30千米。工程概算总投资69.36亿元，工期3年，2009年年底建成通车。南延线建成后，将与一号线正线一起构成贯穿南京南北方向的城市轨道交通主骨架。

第四节 防洪排水

江宁城区东山地处秦淮河下游，地势中间高两侧低，海拔6米～11米。秦淮河自南向北擦城而过，主要街道地势偏低，其中海拔高度土山桥8.70米，泥塘西桥9.80米，外港路5.60米。市区绝对高度一般在夏季洪水水位以下，因此常受秦淮河上游洪水威胁。

新中国成立后，逐年加大人力、物力、财力的投入，组织实施县城秦淮河、秦淮新河、牛首山河、外港河等河堤加固加高工程。至1998年，县城全长21千米的河堤全部达标，解除洪涝威胁。同时，开始有计划地埋设地下排水管道，改建、扩建、新建一批泵站，排水系统趋于合理和完善。全区江河堤防以高标准防洪堤为主体，排涝闸站配套的外抗内排的防洪排水体系基本形成。至2007年年底，东山新市区有外排雨水排涝泵站46座，东山老城区（包括岔路片区、上坊片区）29座，江宁经济技术开发区和科学园26座。排水管道总长度（老城区）53千米。污水排放量970万立方米，污水日处理能力8万立方米，污水年处理量964万立方米。

【防洪】

秦淮河裁弯取直工程 1954年，加宽加高秦淮河沿河堤埂。1969年冬至1970年春，组织14个公社会战，疏浚从武定门翻水站至长干桥段，全长2300米。河底挖至高程1米，底宽30米，边坡1 ∶ 2.50，完成土方50万立方米。是年冬季，进行健康圩洋桥至青砂嘴段裁弯和汤水河改道工程。经过一冬春，将原长4.60千米5个弯的圩堤裁直为1.90千米，缩短了防洪线路，也扩大了引洪能力。此后，对上坊桥至前淹儿港河段2千米、南圩骆家渡至外港河段1.80千米、王家小圩至朱庄河段2千米、洋桥向上至窑墩河段0.80千米等4段河道先后裁弯取直。同时，开挖外港河，完成复堤土方36万立方米，加固加高防洪堤9千米。

秦淮新河工程 1979年，在镇江地区、武进、句容等县劳力支援下，在县城西南侧拓宽了老秦淮河，开挖秦淮新河，还兴建东沟、北圩沿、易家圩3座抽水站，基本疏通排水出路，解除洪涝威胁。秦淮新河工程于1975年12月20日开工，至1982年，新河开挖和配套工程基本竣工。秦淮新桥上共架公路桥10座，另改建铁路桥1座。秦淮新河工程共做土方1930万立方米，石方249万立方米，混凝土8.20万立方米，浆砌和干砌块石10.20万立方米，总投资近8000万元。

2007年江宁区东山城区排水河道情况表

表7-2-2 单位：米

河道名称	起讫点	长 度	上口宽度	河道断面形成	备 注
章村河	秦淮河—东新北路	1843	12～92	梯形、矩形复式	内 河
机场河	土山机场东—机场泵站	2240	2	梯 形	内 河
东 沟	城北路—文靖路	521	5～32	矩 形	内 河
武夷河	河滨路—夏村路	772	10～16	梯 形	内 河
古道河	河滨路—上元大街—河滨路	1021	23～100	矩 形	内 河
商城河	明月花园变电站—4号雨水泵站	175	6	梯 形	内 河
3号河道	金箔路—3号泵站	90	11～34	梯 形	内 河
2号河道	金箔路—2号泵站	70	13～18	梯形复式	内 河
中心河	运粮河—沿河路	2864	4～80	梯形、矩形复式	内 河

续表

河道名称	起讫点	长 度	上口宽度	河道断面形成	备 注
外港河	河滨路—湖山路	6224	6 ~ 145	梯形、梯形复式、矩形复式	外 河
秦淮河	外港路—站前路	4982	110 ~ 195	梯形，设防洪堤	外 河
运粮河	宁杭公路—站前路	1667	40 ~ 80	梯形，设防洪堤	外 河
合 计		22469	—		

【排水】

排水管道 新中国成立前，江宁县城街道排水以自流为主，局部地段有砖砌阴沟和明沟，因年久失修，多已坍塌或被垃圾堵塞。新中国成立初期，在美化环境，开展爱国卫生运动中，发动群众清理阴沟，并在主要街道埋设地下管道。由于口径偏小，直至20世纪70年代初期，排水问题仍未解决好，每逢多雨季节，背街小巷，污水四溢，街道两旁积水盈盈，严重影响市容市貌和人民群众健康。1978年，结合街道建设，着手抓下水道建设，改明沟为暗管式排水。当年完成大街东、西路，土山路、二街等主要街道埋设下水管道任务，总长1920米，水泥涵管直径900毫米。

进入20世纪80年代，全县地下管道等排水设施建设进入新阶段，下水管网日趋合理，排水能力大幅提高，基本达到雨停路干的要求。1981年，分别在宁中巷、工农巷、府前路等埋设下水支管道，总长657米，直径600毫米 ~ 800毫米。1984年，先后在戴家塘、东沟巷、东新北路等街区增设口径不等的下水管道923米。1987年，在上元路、东新南路、竹山路等主要道路埋设直径600毫米 ~ 900毫米下水水泥管道1640米。

埋设下水管道的同时，部分地段还构筑覆盖水泥板式的淌水沟。1978年，在土山路北段砌筑长400米，宽1米，深1.20米淌水沟1条，上面全由水泥板覆盖。1988年，在中前村完成长677米的排水沟及部分暗管埋设工程。在埋设下水主、支道过程中，还注意对住宅区、后街小巷的下水道，进行全面改造和建设，接通所有排水干、支道管，统一排水。1984年，沿外港东路、外港西路挖简易水沟1米，东起毛纺厂，西至易家圩，长2300米，作临时性污水排放渠。至1990年，江宁县城共修建下水道5.32千米，排放污水1.33万吨 / 日，其中排放生活污水4000吨 / 日。县城排水主要依靠东高西低的地势，南部由竹山、易家圩排水站向外港河外排，北部由东沟排水站向秦淮河外排，排水系统趋于合理和完善，能适应排水的需要。

1991—1995年，江宁经济技术开发区进行基础设施建设的同时，区内已随路铺设地下给水、排水管道100.18千米，江宁民营科技园沿路埋设下水管道500米。县建设局新筑外港路砖混结构排水沟（1.50米 ×1.50米）3000米，在县城内铺设直径400毫米 ~ 800毫米排水管道6940米，新筑涵洞2个。1996—2000年，江宁经济技术开发区完成胜太西路、天元东路、天元西路等沿路给、排水与排污管道的铺设，建成2.80千米的西部防洪沟。县建设局新增窑井、雨水井近1500座，消防栓84组。至2000年年底，管径600毫米及600毫米以上的下水道共有28.48千米。

2001—2004年，每年对外港河岗山桥至仲铭桥段、中前十字沟以及老城区35千米长的排水管道进行清淤、疏通。完成对金箔路卫校、新医路等地段进行排水管改造，解决多年遇雨排水不畅的问题。2005—2007年，将玉靖花园至东新北路排水管道直径由500毫米改造为1000毫米；解决中前十字沟排水不畅的问题。建设局还组织对老城区55千米排水管道进行清淤、疏通，完成商城沟、中前十字沟外港河清淤6万多立方米。做到管通、井清、沟畅，增强老城区整体排涝能力。

至2007年12月底，东山老城区主要排水管道已铺设39.70千米，其中，雨水管道24.20千米，污水管道4.70千米，合流管涵10.80千米。

泵站建设 为解决县城南外港河一带企业、居民住家常被洪水围困的问题，1990年，在该地新、扩建排水站3座，总设计能力为日降雨量100毫米能及时排出。共装机8台（套），动力317千瓦，流量2.80立方米/秒。工程于当年7月竣工，经汛期、雨季和当年11号台风考验，此地区没有积水成灾。1991—1995年，江宁经济技术开发区扩建原有的康后和朱家营2座水库，使蓄水能力达到30万立方米。同时，建有曹村、胜利小区等排水电站5座，排水流量达17.10立方米/秒，提高内水外排和防洪抗洪能力。科学园新建一座5.70个流量的排水站。建设局投资200万元新建、扩建易家圩、东沟、小里等4个排水站，装机8台（套），新增流量3立方米/秒。另外，还新增启闭机5座，更新改造4个排水站的配电设备。2003年，对城区所有泵站进行全面检查，增配9台14英寸临时机泵，增强排涝能力。2004年，实施城北泵站续建和中前泵站新建工程，工程均采用国内先进设备，实现全程电脑控制，工程外线均采用双电源供电，为汛期正常使用加上“双保险”，增强老城区防汛能力。2005年，建设局在2号泵站增加一台流量0.50立方米/秒混流泵。2006年，对排水薄弱地段实施殷家潭临时储水工程，并在2号泵站和3号泵站各增加一台流量1立方米/秒混流泵，确保安全度汛。至2007年，东山新市区有各种外排雨水排涝泵站46座，流量215.10立方米/秒，总动力2.30万千瓦，另有污水提升（或排放）泵站6座。

图7-2-6 20世纪90年代中前泵站原貌

图7-2-7 改造后的中前泵站（2004年摄）

【污水处理】

江宁经济技术开发区和江宁科学园废水排放实行污水和雨水分流制，这种做法不仅降低污水处理成本，而且对环境保护起到积极作用。至2007年12月底，全区已建成江宁开发区污水处理厂一、二期工程，处理污水能力达4万吨/日。还建成江宁科学园污水处理厂一期工程，处理污水能力达4万吨/日。此外，2007年5月28日，江宁城北污水处理厂开工建设（详见本志第八编第三章第二节《城市环境综合整治》）。

第五节 供水 供气

新中国成立前，县城东山镇居民生活和生产用水，主要为河水和塘水，新中国成立后至1985年，供水水源发展到8处，并建有供水2500吨/日的自来水厂。20世纪90年代后，先后建设供水5万吨/日的新区水厂，为长江引水一期工程，至2002年，长江引水一期工程全面竣工，2005年，完成长江引水二期工程，供水能力达30万吨/日。至2007年，城区有新区水厂（马木桥水厂）和开发区水厂2个水厂，自来水管道已铺设至淳化、湖熟、禄口、谷里4个街道以及铜山、周岗、龙都、陶吴、土桥等地。区自来水公司主要供水管道长约400千米。

江宁县县城供气始于1978年，时用瓶装液化气，气源来自南京。1986年，液化气用户仅1300户。1986年9月，兴建管道煤气工程。1988年9月，江宁县居民开始使用管道煤气，至1989年使用煤气用户5400户。从1990年开始，江宁县燃气发展方向是以城市管道燃气为主，液化气为辅。随着江宁区域经济的快速发展和江宁城市化进程的不断加快，新建居民区增多，江宁天然气工程有了显著发展，城市燃气用户不断扩大。至2007年年底，江宁区管道天然气用户9.50万户，供应总量2731万立方米/年，液化气用户13.90万户，供应总量1.49万吨/年，城区气化率100%，城镇气化率99.90%。

【供水】

水源 1960—1976年，江宁县城自来水供水水源仅有1处，出水量9.10万吨/年。至1985年，供水水源先后发展到8处。

土山桥水源，位于县城西北土山桥边，以秦淮河为水源。1959年在此建水厂，1961年竣工。产水250吨/日，水质良好，符合国家饮用水标准。1985年，扩建水面6.60公顷，蓄水量25万吨/年，产水增至650吨/日。丝厂水源，习称3号井，位于丝厂西南，紧靠大街东路。1976年成井一眼，深510.79米，产水150吨/日。水质为诸地下井之首，后因出水量不理想，于1981年停止使用。长塘水源，习称4号井，位于东山镇东长塘巷附近。1976年掘深井一眼，深400.48米，出水量230吨/日。1981年，因出水量日趋减少而废弃。黄泥塘水源，习称2号井，位于黄泥塘村西，江宁实验小学北，1976年成井一眼，深229.13米，产水180吨/日。1985年，出水量日趋减少，加之补水站已建成，该井报废。源沟水源，习称1号井，位于土山桥东南，源沟村西，原为江宁县化肥厂生产冷却水井，1978年移交水厂使用，井深215.30米，出水350吨/日。1981年废弃。竹山水源，习称5号井，位于竹山南，1979年成大口井一眼，深400米，产水1000吨/日，1985年作为备用水井。府前村水源，习称6号井，位于府前路东水厂家属住宅楼北。1980年成大口井一眼，深400余米，产水1000吨/日。1985年改作备用水井。泥塘桥水源，位于上坊乡泥塘桥西北侧中心河畔，此河南至天井山，北至南京小水关，长约20千米。1979年，以该河为水源时，水质良好，抽水2242吨/日。1985年扩建，出水增至5000吨/日。随着江宁县城工业的发展和城建规模的扩大，用水日趋紧张，该河由于垃圾污染，水质下降，只得另觅水源。

江宁县县城地下水源几经勘测，系属红土层贫水地带。为缓解日益紧张的用水状况，经南京市政府批准，1985年起，江宁县正式兴建接通南京自来水系工程。1986年年底，符合国家饮用水标准的南京自来水，开始流入县城居民家。

进入20世纪90年代，为促进江宁经济和社会发展，满足生产生活对自来水日益增长的需求，县委、县政府决定实施长江引水工程，修建双闸水源厂。该厂位于南京市建邺区双闸街道长江夹江边，占地面积 3.05 公顷，为江宁水厂和新区水厂提供原水，是长江引水工程的一部分。双闸水源厂（一期工程）于 1996 年 6 月正式兴建，18.50 千米输水管道于 1997 年 7 月施工，两项工程于 1997 年年底同期竣工。1998 年 1 月，双闸水源厂一泵房输送长江原水至江宁新区水厂；1999 年 6 月，输送沉淀水至江宁开发区水厂。2002 年，长江引水一期工程全面竣工。一期工程主要由双闸水源厂、输水主管道和江宁开发区水厂三大部分组成，供水能力为 15 万吨 / 日，总投资 2.94 亿元（含意大利政府贷款 700 万美元）。2003 年 9 月 29 日，双闸水源厂扩建工程（二期工程）正式开工。经过艰苦建设，2007 年 6 月，双闸水源厂 A 组沉淀池主体工程竣工并投入运行，B 组池主体竣工。是年 12 月底，双闸水源厂扩建工程全面竣工。至此，全区建成供水规模 45 万立方米 / 日的取水头部、处理能力 30 万立方米 / 日的沉淀池和输水能力 45 万立方米 / 日的输水管道。

图 7-2-8　2007 年年底，江宁区日供水 45 万吨的双闸水源厂建成

水厂　1959 年，江宁第一座自来水厂开始建设，即秦淮河水厂，1960 年建成。供水能力 250 吨 / 日，水源为秦淮河水和深井水（5 号、6 号等深井水），用户 200 户。随着县城经济发展，人口增加，供水能力增至 3000 吨 / 日，1976 年用户增至 700 户。

1986 年，中心河水厂开始投产，供水能力 5000 吨 / 日，水源为秦淮河水。1993 年，扩建中心河水厂，其供水能力增至 1 万吨 / 日，用户增至 1000 户。1996 年，中心河水厂改为增加站。

1993 年，开始筹建供水能力 5 万吨 / 日的新区水厂（马木桥水厂），1994 年一期工程竣工投产，1996 年二期工程竣工投产，水源为牛首河水。1998 年后，水源改用长江水。

1999 年，开始建设江宁开发区自来水厂。是年 9 月，一期工程正式开工，2002 年 5 月正式投入使用；二期工程于 2003 年 9 月开工建设，2005 年 6 月竣工通水。两期工程建成后，开发区水厂供水能力达 30 万吨 / 日，供水范围主要为东山主城区及周边殷巷、方山、东善桥、上坊等地区，服务面积 110 多平方千米，服务人口超过 30 万人，从根本上解决江宁城区长期以来供水不足的难题，同时以此水厂为中心，向全区各街道辐射，提高区内群众的饮用水质量。

至 2007 年，江宁城区有 2 家水厂：新区水厂（马木桥水厂）和开发区水厂，其中新区水厂为备用水厂。与此同时，正在兴建供水能力 15 万吨 / 日的科学园水厂和 90 万吨 / 日的滨江水厂。

供水管线及设施　1959 年，江宁第一座自来水厂开始建设，县城输水管道自土山桥起，经县政府沿大街西路、大街东路，向东延至泥塘东桥，各种口径的支管呈环形管网向南、北延伸。至 1989 年，主要供水管道总长 36.84 千米。其中直径 500 毫米的供水管道 1889 米；直径 400 毫米的供水管道 1707 米；直径 300 毫米的供水管道 5839 米；直径 200 毫米的供水管道 7734 米；直径 150 毫米的供水管道 9217 米；直径 100 毫米的供水管道 10475 米。为接通南京自来水，另埋设输水管道 4100 米。

1990 年年底，县城产自来水 2 万吨 / 日，供水管道 150 毫米以上的由 1985 年 28.90 千米发展到 38 千米。1993 年，开始建设江宁县新区水厂，还扩建中心河水厂，铺设县城四号公路沿线直径400毫米～600毫米的自应力砼管（混凝土）及铸铁管给水管，全长4.92千米。至1995年，江宁县城直径100毫米以上供水管线由1990年的38千米增至70千米。年供水总量达1800万吨，是1990年的3.35倍。供水人口由1990年的5.50万人增加到1995年的7.50万人，饮水普及率100%。2001年，提前完成老城区6千米旧供水管道改造。2002年长江引水一期工程全面竣工，供水能力15万吨/日，同时完成城市12千米自来水主干道供水管道的铺设。

图7-2-9 江宁区日供水30万吨的长江引水二期工程施工现场（2006年摄）

2005年，长江引水二期工程完成后，供水能力30万吨/日。区自来水管网往东沿庄排路、天元路至104国道；往西沿高湖路至苏源大道、佛城路、宁丹路方向；往北沿宁溧路至河定桥方向；往南至殷巷方向。2006年，实施区域供水工程，至2007年，管道已铺设至淳化、湖熟、禄口、谷里4个街道以及铜山、周岗、龙都、陶吴、土桥等地。区自来水公司主要供水管道长约400千米。

此外，1997—2002年，江宁区增压站有3个：岔路口增压站，储水能力400吨；林园增压站，储水能力400吨；中心河增压站，储水能力1万吨。2003—2007年，岔路口增压站撤销，留有与南京自来水的接口，只保留林园增压站和中心河增压站，储水能力不变。

供水管理 江宁区自来水厂加强供水安全，保障区内居民喝上放心水，建立健全水质管理网络和安全供水管理制度与办法，包括水质管理制度、水质检验制度、水质事故处理办法、重大水污染事件应急预案等。2000年12月撤县设区后，区建设局加大自来水抄表到户改造的工作力度，抄表到户工作年年取得新进展。至2007年12月，全区自来水抄表到户9.94万户。

【供气】

液化石油气 1978年，江宁县居民始用液化气，县兴建民用液化气站一座，气源来自南京。1983年，南京市煤气公司在县城设液化气供应站，此后数年，年用气量平均百吨左右。1986年，有库容150个周转瓶，液化气用户1300户。至1992年，全县液化气经营企业发展到4家，下有供应站20个，供气量3000吨/年。1993年，江宁县液化石油气公司和县经济协作委员会劳动服务公司注册成立南祥实业总公司，主要经营罐装液化气销售，隶属江宁县经济协作委员会。1998年，南祥实业总公司有罐装液化气用户4万余户。2003年，南祥公司整体转让给南京百江液化气公司。全区液化气经营企业发展到12家，下有供应站（点）190个。至2007年，江宁区液化气经营企业有13家，供应站点170个；液化气储罐站8座，储配能力448吨；供气量1.49万吨/年，供气用户13.90万户。

煤气 江宁县管道煤气工程。1986年9月，江宁县城利用化肥厂驰放气，开始筹建管道煤气工程，主建1万立方米煤气柜1个，埋设150毫米以上供气管道13.24千米。1988年8月30日，一次点火成功，9月投入运行，年底用户4500户。至1989年年底，煤气用户5400户，占城内居民的46%。1990年为5900户，供气9000余立方米/日，达到原设计的饱和状态，这与县城人口成几何增长的现状相比，供需矛盾日益突出。县政府于“八五”时期（1991—1995年）投资900万元，兴建煤气管道二期工程。建成一座3万立方米的储气罐，新增直径100毫米以上供气管道4.50千米。县城供气用户为6780户，比“七五”末（1990年）增加880户。1998年，埋设150毫米煤气管道18.24千米，向居民供应煤气管道用户7562户，其中家庭用户7468户，供气总量174万立方米。石油液化气和管道煤气普及率95%，但江宁管道燃气的发展速度已远远不能满足江宁经济社会发展和人口增长的需要，因而寻求新气源的问题迫在眉睫。

南京—江宁管道煤气联网工程。1998年6月28日，江宁县煤气（集团）公司成立。新注册的县煤气（集团）公司由原江宁县煤气公司和南京南祥实业总公司组成。江宁县煤气（集团）公司的成立和1998年6月26日开工建设的“南京—江宁煤气联网工程”，标志着江宁县燃气事业进入一个新的发展时期，江宁老百姓即将用上南京直供管道人工煤气。南京—江宁煤气联网工程是集团公司成立后开工建设的第一个大工程，是江宁城区重要的基础设施建设项目，工程总投资2600万元，其中一期工程1600万元。建设计量房一座，埋设直径500毫米的燃气主管2.50千米，改造、新铺直径100毫米～300毫米的中压管道5千米。工程于1998年6月26日破土动工，至是年9月即完成了按施工周期需半年时间才能完成的任务。从此，江宁老百姓用上了南京直供管道人工煤气。2001—2002年，县城铺设管道煤气地下管网66千米，发展新用户9834户，团体用户68户，供应量1.50万立方米/日。同时，还对10座老式调压器和部分老管网进行改造。2003年，东山城区全年铺设地下供气管网80.10千米，发展管道煤气用户6400户。相继为南师附中江宁分校和南京医科大学江宁校区、南京工程学院等高校，以及二十一世纪花园、汇景新苑、书香名门、同曦鸣城、武夷花园等居民住宅小区通上煤气管道。2003年年底，城区地下供气管网总长220.50千米，管道煤气用户3.08万户。2004年，东山城区铺设中低压管网87千米，发展煤气新用户11404户，发展工业团体用户12户。2005年，煤气管网建设加快推进，全年铺设燃气管线70千米，发展新用户13094户。是年年底，全区拥有燃气管线370余千米，管道燃气用户5.53万户。

天然气 江宁区天然气改造工程。随着国家“西气东输”工程的开发，用天然气取代人工煤气成为新型燃气已经势在必行。为迎接“西气东输”天然气的到来，江宁区政府于2002年6月8日成立区西气东输工程建设领导小组，区煤气（集团）公司成立天然气筹备办公室，着手开展有关工作。2003年，加快与“西气东输”工程对接工作，是年年底，全区不适合天然气运行要求的户外、户内设施改造工作基本结束。2003年9月，区煤气（集团）公司开始对全区管道燃气用户进行入户调查，至2004年年底，完成《江宁区天然气置换总体方案》的编制，确保天然气置换工作有序开展。2005年10月7日，江宁经济技术开发区将军路计量站天然气置换成功，标志着江宁区正式具备接收天然气的条件。10月15日，江宁区天然气置换工程正式启动，按照气源走向和现有阀

图7-2-10 2005年10月，江宁区天然气转换工程正式启动（由南京市转供）

门阻隔以及用户分布，依据由外到内，先新城区后老城区的原则，将全区6万余用户划分为10个片区依次进行转换工作。是年12月28日，完成全区5.53万余户民用燃气用户、74家工商户、650台大锅灶天然气的置换任务，使其全部用上清洁、高效、环保的绿色能源。在置换改造中共改造、更换民用灶具3.50万台，热水器1.30万台。2006年，全年铺设燃气管网71千米，新建站房28座，发展新用户1.40万户。是年年底，全区共拥有燃气管网417千米，管道燃气户近8万户，工商团体用户90余户，各类调压站房147座。2007年，进一步延伸管网，完善供气设施建设。全年发展新用户1万户，铺设管网49千米，江宁经济技术开发区CNG压缩天然气供应站工程10月竣工投运，在冬季用气高峰时节每日购气1万余立方米，以补充江宁区用气缺口，缓解区内冬季供气矛盾。是年，区煤气（集团）公司还对东山老城区芙阁新村小区燃气地下管网更新改造。芙阁新村小区有燃气用户600户，地下燃气管网2000米，运行近20年，管网腐蚀严重，存在一定的安全隐患。改造过程中拆除小区长期占压在燃气管道上的3处违章建筑，消除了安全隐患。至2007年年底，全区共有天然气中低压管网466.90千米，管道燃气用户9.50万户，团体用户150户。

图7-2-11　江宁区煤气（集团）公司铺设天然气管道施工现场（2006年摄）

筹建江宁区“川气东送”利用工程。2007年年初，江宁区煤气（集团）公司全力以赴开展江宁区“川气东送”利用工程前期准备工作。7月，与江苏省天然气投资有限公司签订了年供气1亿立方米的“川气”购销意向书；8月7日，江宁区“川气东送”利用工程项目申请报告通过专家组评审，办理完成“川气东送”利用工程句容接气门站及江宁区内各高中压调压站的规划选址和土地预审手续。同时完成安全评估、环保评估、能源评估等报告。顺利地拿到省发改委对江宁区“川气东送”利用工程的批复文件。该工程从镇江市上党分输站接气向西至江宁区境内，沿途铺设天然气高中压管网90余千米，并建设天然气接收门站及高中压调压站7座，同时建设江宁区输气管网及相应配套设施。

燃气管理　为加强对燃气工作的管理，1993年，成立江宁县燃气管理办公室。1994—2007年，江宁区燃气管理办公室按照《江苏省燃气管理条例》《南京市燃气管理条例》，对江宁区燃气企业依法加强管理工作，规范燃气市场秩序，狠抓安全工作，重点检查安全生产制度落实情况以及有无违章情况。2000—2007年，江宁区年年都要层层签订燃气生产责任状，明确燃气安全生产责任。至2007年，江宁区燃气行业已实现14年安全生产无事故。

第六节 园林绿化

江宁县县城绿化主要以两山（东山、竹山）及城区上元大街、二街、府前路为主，至1989年，县城绿化面积18公顷，人均公共绿化面积3.40平方米。

20世纪90年代，江宁抓住历史机遇，先后建起江宁经济技术开发区、江宁民营科技园，县城规模迅速扩展，城区园林绿化快速发展，绿化总量逐年增加。1995年，县城绿化面积117公顷，是1990年的3.06倍，其中公共绿地面积45公顷，人均6平方米，分别是1990年的2.90倍和2倍。县城绿化覆盖率9.80%，比1990年增长1.60%。2000年12月，全区道路绿化、广场绿化、居民小区绿化和单位绿化迅速发展。至2007年12月底，东山新城区新建绿化广场15个，绿色小区129个，建成区绿地率41%，绿化覆盖率41.60%，人均公共绿地面积12.80平方米。是年，城区有公园、景点5处，东山公园、竹山公园、戴家塘景点、水上公园和城东公园。此外，江宁经济开发区还建有凤凰台公园、龙口公园与湖心岛公园等。

【公园】

东山公园 位于土山山麓，是江宁老城区最大的公园。东山原名土山，据《晋书》及有关资料记载，东晋太傅谢安仿会稽东山故居“于土山营墅”，改土山名为东山。谢安于东山作出淝水之战的战略决策，打败百万秦兵，取得淝水之战的胜利。从此，东山名声远扬，此地原有谢公墅、谢公泉等名胜。“东山秋月”为清代金陵四十八景之一。新中国成立后，县人民政府组织干部群众在山上植树绿化。1978年起，从山腰到山顶砌起曲折的水泥台阶。园内建仿古楼台亭阁，有龙亭、芳亭、思源亭各一座，有“东山秋月”和“天松”两个圆门，还有赏月台、寒乐轩、喷水池、布塞亭等建筑。山顶有环形跑道，中央为平台，登上平台可俯瞰东山全景。公园内主要树种有蜀桧、香樟、马尾松、黑松、雪松、大叶女贞等。1982年，县人民政府正式将其命名为东山公园，总面积约7公顷。2004年，区建设局对东山公园进行总体规划设计，2005年5月，东山公园总体规划设计方案获区政府常务会议批准。2007年，区建设局对公园进行修缮出新，使公园成为广大市民休闲、健身、游玩的场所。

竹山公园 又名竹山烈士陵园，位于外港河南竹山，1983年2月建成，面积约3公顷。为纪念抗日战争时期在江宁牺牲的苏南区党委副书记邓仲铭烈士，在园内西北侧山坡建六角亭台一座，立有四方形大理石纪念碑。“仲铭亭”三字为中共江苏省委原书记江渭清手书。山顶另有烈士墓两座。园内主要树种有马尾松、五叶槭、樱花、水杉和刚竹等。南麓有竹林一片，并附有花圃。

戴家塘景点 位于区政府机关大院后门东侧，面积1500平方米。建于1982年，因原有一水塘称戴家塘，故名。戴家塘经人工修缮改成八角形池塘，塘内有太湖石造型景观，塘周围附铁栏杆，塘上有曲桥一座，贯穿东西。东侧有长廊水榭和六角亭。西侧为儿童嬉戏场所，设水泥大象滑梯一座。园四周广植水杉、广玉兰、冬青、黄杨等四季常绿树木，为居民小憩之地。该景点现为区政府机关事务所负责管理。

水上公园 始建于1987年，先后建成芙蓉榭、藤碧廊、挹翠亭、曲桥等，园内广植花草树木。1988年10月，一期工程竣工并交付使用。公园占地1.80万平方米，水面面积1.20万平方米。20世纪90年代后，园内新置儿童游乐场、环园游览车、游艇等。2007年年初，因天印广场建设，将其拆除。

【广场与道路绿化】

广场绿化 东山文化休闲广场，1997年建成，位于东山大桥东南侧，总面积5万平方米，其中水面1.70万平方米，绿地2.02万平方米，广场及道路6500平方米，建筑及景点5500平方米，停车场800平方米。广场以绿地为主，采用传统中轴对称式布局方式，由一条主轴和两条副轴景观线组成，分为主景区、天河牵虹景区、曲水流觞景区、河滨游览区、绿化观赏区等五大景区。广场布置大型程控喷泉、旱喷、下沉式广场、跌水、涌泉、山石、廊柱、园林小品、林荫道、休憩座椅等，安装各式庭院灯28盏，草坪灯62盏，投光灯33盏，礼花灯6盏。工程投资1100万元。2006年，区建设局对广场绿化格局进行调整，增植桂花、香樟、雪松等乔木及花灌木，形成绿树成林的绿化效果。2007年，对其设施、亮化进行改造，给市民休闲、遮阴提供更好的条件。2005年，东山文化休闲广场在南京市园林系统星级评定中被评为一星级广场。2006年，经调整、改进被评为二星级广场。2007年，被评为三星级广场。

大市口广场，1999年建成，位于土山路与大街西路交叉口西北侧，总面积7200平方米，绿地面积1664平方米，绿地率24%，设置花坛、园路、景观雕塑、景观壁画、喷泉、景观灯等。2005年，大市口广场在南京市园林系统星级园林评定中被评为一星级广场。2007年，被评为二星级广场。

外港河河滨广场，2000年建成；2006年，实施堤顶道路、园路、广场铺装、灯具安装、堤顶长廊、扇亭、方亭等工程，并对绿化精心布置，平面图案与立体结合，使之成为绿色长堤。广场总面积1.85万平方米，绿化面积1.43万平方米，绿地率77.20%，园林内有塑石假山、小型喷泉，依山傍水。2005年，在南京市园林系统星级园林评定中被评为二星级广场。2006年，经调整、改进被评为三星级广场。

上元广场（国旗广场），1999年建成，位于上元大街区政府南侧，占地6000平方米。场中设置升旗台，花坛绿化、景观亮化等。该广场不仅是市民休闲娱乐的场地，同时也是良好的教育基地。2007年年初，该广场因天印公园建设而拆除。

道路绿化 20世纪60年代前，江宁县只有大街西路、大街东路、二马路、竹山路、土山路等主要街道，街道边植有绿化树木，但树种杂乱，排列稀疏。树种多为白杨、悬铃木等。其中，悬铃木近5000株，白杨有6万多株，还有水杉、柳、槐、榆、枫杨等数千株。至1989年，绿化行道13.76千米，栽有悬铃木、雪松、杉等各类树种7万株，还试种银杏、广玉兰、白榆等。

1993年3月，江宁县县级机关、企事业单位、驻军部队数千人在江宁经济技术开发区种植行道树2万多株，有松柏、垂柳、雪松、香樟、海桐、龙柏、蜀桧等13个名种。1995—2000年，建成金箔路、双龙路、利源路等5条园林景观路。栽植6个品种灌木10万余株，行道树700余株；建绿岛90个，栽植各种树苗（苗木）26万株，面貌为之一新。2002年，全区道路绿岛面积37公顷，比2001年增加14公顷。双龙路、天元路被南京市绿化委员会评为景观路。金箔路沿线绿地出新，竹山路电子文化街通过高品位、立体化绿化，乔、灌木的配搭，加之垂直绿化，使整个一条街绿化层次分明，体现以人为本的特点，改善了电子文化一条街的生态和景观，也使之成为生态示范专业街。

江宁经济技术开发区和江宁科学园道路绿化，主要以新增双龙大道、宏运大道、天印大道、将军大道、苏源大道、弘景大道、竹山路、科宁路、天元路等一批道路绿化为主。在绿化中根据道路条件和景观需要选择合适树种进行绿化。在植物的配置中因地制宜，将乔、灌木花草结合，形成主体绿化带。在沟渠、支路、街巷两侧，选择水杉、柳树、水松等耐水湿、深根性且显有景观特色的树种。在山地丘陵地段选择桃、杏、柿、板栗、银杏、枇杷等水果、干果、药材等经济型树种。宽阔地带，选择常绿树和落叶树混交，如香樟树、女贞、棕榈、广玉兰、国槐、法桐、龙柏、雪松、白杨、大叶黄杨、枣杨、罗汉松等。至2007年，江宁经济技术开发区道路绿化面积 84.45 万平方米，江宁科学园道路绿化面积 24.20 万平方米。

至 2007 年，江宁区城区道路绿化总面积 119.20 万平方米，东山老城区主要道路、街巷共栽植悬铃木、龙柏、蜀桧、水杉、高杆女贞、香樟、马褂木、白玉兰、合欢等树种的行道树 3576 棵。

【居住区与单位绿化】

居住区绿化 至 2007 年，江宁区建成居住区绿地总面积 518.22 万平方米，其中老城区居住区绿化面积 105.45 万平方米，江宁经济技术开发区居住区绿化面积 222.08 万平方米，江宁科学园居住区绿化面积 190.68 万平方米。2002—2007 年，江宁区有 28 个住宅小区被评为南京市星级园林小区。其中四星级园林小区 2 个，三星级园林小区 3 个，二星级园林小区 12 个，一星级文明小区 11 个。

单位绿化 江宁区绿化委员会采取一系列措施，促进各基层单位绿化建设。每年与单位签订绿化目标责任状，并根据责任状内容指导、帮助解决绿化工作中的难题，年底考核兑现；并聘请有关专家到各单位现场指导绿化工作，使单位绿化水平得到提高。此外，还开展绿化帮扶活动。至 2007 年，江宁区单位附属绿地总面积 924.14 万平方米。其中，老城区单位附属绿地面积 130.37 万平方米，江宁经济技术开发区单位附属绿地面积 627.26 万平方米，江宁科学园单位附属绿地面积 166.51 万平方米。

2007 年江宁区单位附属绿地（2 万平方米以上）情况表

表 7-2-3 单位：平方米

范 围	单位名称	绿化面积	范 围	单位名称	绿化面积
江宁老城区	陆航团	66700	江宁经济技术开发区	三隆包装	156449
	94672 部队	81761		英华达科技公司	43800
	94968 部队	58717		跃进汽车集团公司	236403
	空港经济园	27500		南京菲亚特汽车公司	286655
	东山外国语学校	21500		南京东陶公司	37943
	区人民医院	21300		德塑实业	62892
	实验小学	24876		南师附中江宁分校	120226
	税务干部学校	39351		太平工业园	31506
	秦淮中学	27900		南京利源物业公司	130315
	江苏水利科教中心	27800		江苏爱源物业公司	23537
	江宁工业园	58588		经纬纸业公司	21504
	章村社区内工厂	69278		大和聚酯容器	25650
江宁经济技术开发区	南京新城置业公司	53360		解放军 5311 厂	21237
	南京航空航天大学	573106		南瑞继保电气	28397
	丽宁电子	123328		南京台中建设开发公司	22236
	海关检疫	42469		省烟草公司南京分公司	24956
	双威科技	64438		南京市清水亭中学	21243
	南京苏脉高新通信技术公司	117201		江苏东恒国际经贸公司	20099
	南京利源物业发展公司	26018		江苏恒胜公司	24452
	运盛实业	218905		恒胜实业	260358
	石马工业园	27137		海欣丽宁长毛绒	24979
	正德学院	40088		华锦生物制品	54427
	正德职业技术学校	76171		百事可乐	22210
	英华国际中学	70435		江宁市政建设	28334

续表

范　围	单位名称	绿化面积	范　围	单位名称	绿化面积
江宁经济技术开发区	开发总公司	65233	江宁经济技术开发区	菲尼克斯电气	50612
	金厦实业	81147		南京宝佳基础开发公司	31848
	河海大学江宁校区	306077		东方客华置业	130140
	盛唐艺术	118859		南京克莉丝汀软管公司	31856
	电气光伏公司	23002		金岛中欧服饰	26413
	南京祥凯电子	26013		中电电气公司	48691
	南京华瑞建设工程公司	30015		南京高精齿轮制造公司	64552
	统宝光电	52346		玻璃纤维设计院	27780
	南京青和投资集团公司	41354		南京造币厂	87278
	国航工业第一集团公司	57495		消防器材股份公司	58004
	园林公司	23345		中圣石化工程公司	27693
	海威机械	28874		舜天服饰公司	32918
	东华高科	52783		上海海欣丽宁服饰公司	23850
	东南大学九龙湖校区	79769		南京汉德电子公司	55154
	中京达	30815		兰埔成新材料公司	22420
	南京晨光公司	138274		天正集团公司	72064
	南京瑞年双科制药公司	49417		江宁区供电公司	22194
	南京苏源江宁电力公司	47117		江宁高级中学	45000
	区自来水总公司	32193		帕威尔电气公司	127873
	吉马新型材料	43771		五洲制冷集团公司	36324
	百家湖中学	27693		玻璃纤维研究设计院	51032
	长安福特马自达汽车	255912		江宁科学园管委会	36688
	南京爱立信熊猫公司	28067		多伦集团	37419
	国电南京自动化公司	41968		石化管道南京培训中心	46500
	西门子数控	116105		康尼学院	48024

第三章　城市管理

民国时期，江宁域内无专门的城市管理机构。新中国成立后，区内城市管理工作由城建、公安、工商、卫生等职能部门各司其职，分工管理。“文化大革命”中，城市管理呈无序状态。20世纪80年代，江宁县的城市管理工作由县城乡建设环境保护局管理。管理重点是治理“脏、乱、差”，净化、绿化、美化市容市貌，解决群众行路难、如厕难等问题。1991年6月，县城所在地东山成立东山镇城镇管理委员会，主任由县长兼任，副主任由分管城建、卫生的副县长兼任。1994年4月，成立江宁县市容管理委员会，同时成立江宁县建设局市容管理办公室及江宁县市容管理监察大队。

2002年3月，江宁区市容管理局成立，全方位地开展城市管理工作。2005年，区市容局由政府事业局调整为区政府工作部门。同年11月，成立江宁区城市管理执法局，与市容局实行“两块牌子，一套班子”。2006年4月，成立江宁区城市管理行政执法大队。全区9个街道和三大开发园区按照属地管理、条块结合、以块为主的原则，均建立健全相应的工作机构与管理队伍，负责各辖区内城市管理工作。从而在全区上下逐步建立“两级管理，三级网络”的江宁城市管理模式和工作运行机制，形成纵向到底、横向到边覆盖全区的城市管理工作新格局。区市容局以市容环卫长效管理为重点，强化队伍建设，狠抓环境综合整治。对违章占道经营、违法建设及违章建筑加大清理整顿力度；加强户外广告管理；道路保洁运作有序，日产垃圾清运处理及时；厕所实行达标考核。规范行政执法，创新执法理念，强化服务意识，倡导人性化管理。至此，区内城乡面貌发生深刻变化，居民居住环境和生活质量大幅提高。

1988—2000 年，江宁县在南京市“金陵市容杯”竞赛中，连续 13 次获 5 县组第一名。1999 年 11 月，江宁县获省级卫生城称号，同时获建设部授予的全国城市环境整治优秀城市（县）称号。2003 年 11 月，区市容局被市委、市政府评为创建国家环保模范城市先进单位。2005—2006 年，连续 2 年被评为省城管创优考核优胜单位。

第一节 市容管理

【市容整治】

1981—1985 年，县城镇管理部门始终把治理“脏、乱、差”，改变市容环境卫生面貌，当成一项主要工作来抓。特别是城镇主要干道和“窗口”地段的管理，做到经常化、制度化。全县城镇开展整顿市容、整顿环境卫生、整顿交通秩序的“三整顿”活动。组织东山、汤山、湖熟 3 个镇城管工作互查，检查内容为镇容镇貌、饮食卫生、交通秩序、摊点场地、环境保护以及城管各项规章制度、管理办法等。对查出的问题限期治理。1984 年，在大街东路、西路开展以市容环境为主要内容的文明一条街活动；是年，还在居民地和各单位住宅区开展文明院落的检查评比活动。

1986—1990 年，东山镇重点抓 12 个沿街建筑工地的现场管理，坚持经常性卫生检查评比活动，努力保持街面道路清洁。与此同时，湖熟、汤山等 8 个建制镇进一步强化市容管理，通过开展“江宁杯”市容竞赛，提升市容管理水平。

1991 年后，江宁县市容管理力度加大，坚持长效管理。1995—2000 年，先后组织城建、市容、交通、工商等职能部门整治 43 次，清理城区乱堆、乱放和倚门开店 5000 多次，清理乱搭、乱建违章建筑 4859 平方米，清除乱贴、乱挂及墙体广告 97 处。累计罚款 30.90 万元，从而改变了市容市貌及卫生状况。大力组织开展创建省级卫生城和县城环境综合整治考核等活动，广泛深入进行宣传教育，提高市民环境卫生意识和法制意识，形成城市卫生人人有责、个个参与的良好氛围。

2001—2002 年，查处各类违章 3651 起。其中，占道经营 1455 起，乱倒渣土 93 起，抛洒滴漏 178 起，清除乱张贴 1300 起，其他 625 起。查处率 95% 以上。2002 年，完成市容保障任务 143 次，有力地保障“万人看江宁”等活动顺利进行。2002 年，区市容局被市政府评为十佳亮化建设单位，被市爱卫会评为先进单位。2003 年，获省城管创优考核优秀奖。2004—2005 年，共查处各类违章 25128 起，查处“三乱”（乱停、乱放、乱占）违章人员 94 人次，集中整治 157 次，清理卫生死角 221 处，清除“三乱”违章 8491 处，完成各类市容保障 509 次。2005 年，开展“十项”创建活动：创十条景观路、十佳窗口地区、十条无违章街巷、十个文明住宅小区、十佳农贸市场、十条广告示范街、十条亮化街（路）、十条文化围墙、十条卫生保洁免检街（路）、十佳公厕活动。

2006年，开展城市环境综合整治活动。以东山城区、江宁经济技术开发区、江宁科学园等为重点，出动8996人次，车辆1107多台次，查处各类违章221起，取缔各类非法占道经营2890次，查处运输渣土违章856起，处理各类行政处罚案件4681起。2007年，坚持多措并举，多管齐下，上下联动，深入开展各项市容整治活动。全年查处各类违章17492起，处罚5421起，完成重大市容保障任务400多次，清运生活垃圾7.30万余吨，建筑垃圾6500吨，清理卫生死角17处，查处"三乱"违章人员19名，清除"三乱"违章29076处。城市面貌得到明显改观。

图7-3-12 2004年，江宁区创建市容景观路

【门前三包】

1985年6月，市政府决定在全市沿街两侧的机关、部队、厂矿、商店、学校等单位和居民户中实行"门前三包"（包门前卫生、绿化、秩序）管理责任制。是年，在东山镇进行"门前三包"试点。1986年，与责任单位（户）签订责任书，全县各街镇主干道"门前三包"挂牌1500户。1987年，新增楼群单元"门前三包"，签订746户，挂牌412户，院落签订152户，街巷签订470户。1988年，整顿土山路、金箔路、东新路、竹山路、天印路、商城等"窗口"地区"门前三包"工作。各道路分段配备卫生检查员，还结合"金陵市容杯"竞赛，及时公布检查评分结果，对不合格的单位责令补课并处以罚款。

1989—1993年，开展主干道"门前三包"先进一条街活动，签约率100%，达标率95%。1995年，对"门前三包"实行百分制考核，平均达标分值为91分。1996年，举办"门前三包"培训班，重签"门前三包"责任书3000余份。

2004年，为不断完善和改进"门前三包"责任制，区市容部门在调查研究的基础上，决定以"门前包卫生、包秩序、包立面"替代旧的"门前三包"。4月中旬，在东山街道9个社区进行试点，发放《致沿街经营业主的一封信》2000份，投资2万元制作2000块"门前三包"铝牌。通过宣传、签约和挂牌，城区沿街经营全部实行新的"门前三包"。8月，又相继在其他街镇投放4680块新"门前三包"宣传牌，全面推行新的"门前三包"责任制。并按新的标准对"门前三包"知晓率、记录完整率、覆盖率和现场达标率进行随机抽查验收。对不达标的单位及个人下达整改通知书，限期整改，确保新"门前三包"责任制落到实处。

至2007年，江宁区建成竹山路电子一条街，温州一条街，北沿路一条街，文靖路一条街，大街东、西路一条街，金箔路一条街，双龙大道一条街共7条"门前三包"示范街。

【户外广告、店招（牌）管理】

20世纪80年代开始，县城建部门仅在法定假日期间，清理整顿干道、广场等影响市容市貌的横幅标语及气球。从1994年5月开始，县市容委规定，凡在县内设置路牌、电子屏墙护栏、电动翻牌、霓虹灯等户外标志和广告，一律收取广告空间占用费，由县市容委办公室办理城市空间有偿使用手续。1998年3月，市容委规定城区内所有单位不得在未经许可的情况下，擅自设置户外广告和标志，审批手续一律由县市容委办公室办理。

2006年，区市容管理部门按照减量治乱、调整置换、出新提档、市场运作的要求，落实新设置违规广告零目标管理，出台《江宁区户外广告设置准则》，规范行政审批手续，开展户外广告调查摸底，建立户外广告管理数据库。拆除不符合规划要求的广告牌、店招店标、过街横幅、电杆、路灯灯箱广告等。2006—2007年，共作出行政审批1448项，拆除违规破损体量较大的广告牌和部分重点地段店招店牌662块，面积6.12万平方米，清理出新店招131处。

图7-3-13 户外广告（2002年摄）

1998—2007年，全区共审批户外广告标志牌5684块，面积4.76万平方米；审批店招牌5266户。

【摊点管理】

1985年前，区内占道摊点主要由县城管、工商、卫生等部门配合，县政府对夏季瓜果市场实行县、镇两级管理，严格统一收费标准，垃圾做到“摊前三包”，每个摊贩做到一摊、一证、一容器。

1986—1994年，共清理整顿违章占道经营摊点1.47万户次。1994年4月，县市容委要求全县所有瓜果摊点到市容委申请摊位证，在指定地点销售。1997年，取缔广场、窗口地段占道瓜果摊点。1998年，城区早点餐车实行统一垃圾桶（袋）、统一着装、统一地板革、统一使用消毒碗筷、统一经营地点、统一收市时间。修旧摊点在次干道路边、巷口和居民区内设置。有一个工具箱、一把伞、一块地板革。书报摊点统一使用书报亭，早设晚收，摊点群所有店招统一设置，喷字、遮阳伞高度一致，色彩统一，经营物品堆放整齐，备有统一的垃圾桶。1999年，城区建成早点群10余处，引导100多户摊贩入室经营，全县主干道实现白天无摊点。

2002—2007年，区市容管理部门创新夏季西瓜等销售摊点管理办法，制订《瓜果摊点设置方案》，实行瓜农联系卡制度。瓜农凭卡进入规定摊点群销售，并免缴相关费用。2006年，全区100多户瓜农全部进入城区9个瓜果直销摊群销售。2007年，在东山设立瓜果销售临时摊点11处，150多户瓜果全部划行归市，既有效地维护市容环境整洁，也方便市民生活。

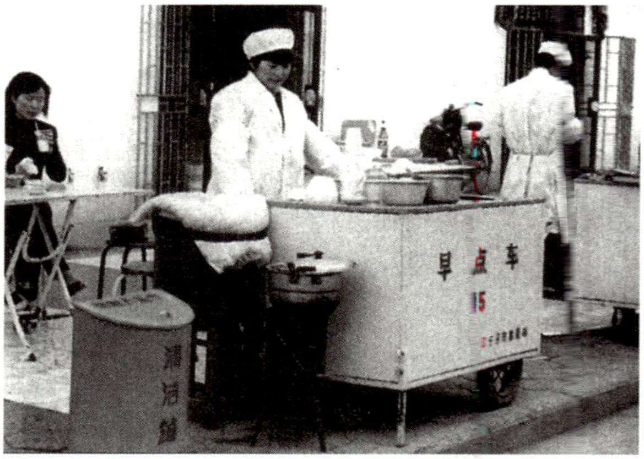

图7-3-14 临时摊点（2002年摄）

此外，根据江宁区下岗工人、失地农民以及外来打工人员日益增多的情况，2004年，在土山路、东新北路、成墟路等路段设置部分疏导摊点，为他们谋生、创收提供便利。至2007年，安排夜市排档10处，分别是土山路、第二农贸市场、文靖路农贸市场、成山农贸市场、竹山路农贸市场及开发区的5个农贸市场。将上述夜市排档纳入市容委年度对街道市容卫生的考评当中，要求无摊点外溢、无占道摊点、无垃圾遍地、无污水横流。

第二节 环境卫生

【机构队伍】

新中国成立前，县城无专门清洁队伍，主要街道都由街市各户自行清运。后街小巷垃圾乱堆，粪缸遍布，雨天污水四溢，晴天臭气熏蒸，环境卫生较差。

1955年，县城东山建立专职清扫组，有职工4人。1979年，成立五七街道小组，有职工13人。下设3个小组，2个小组负责马路清扫，1个小组负责东山镇29个旱厕管理。1980年12月，成立东山镇清洁管理所。1982年12月，环卫队伍由县卫生局划归县基本建设局领导。1989年，县城环卫队伍有职工56人，其中农民合同工18人。1995年，有职工82人，其中农民合同工27人。1998年，有职工216人，其中农民合同工161人。

2003年12月，东山清管所由区建设局划归区市容局管理。2007年，江宁区环境卫生管理所（东山清管所）有职工254人，其中农民合同工205人。

【环卫设施】

新中国成立前，江宁县政府所在地东山镇除有几座厕所外，几乎没有什么环卫设施。新中国成立后，环卫设施逐年增加。1980年，东山镇有大小公厕29个，建城北垃圾中转站1座，有1台拖拉机。1985年，东山环卫所有机动清运车4辆，两轮箱式保洁车6辆，清运垃圾汽车1辆；主要街市两侧设垃圾箱163个。各单位自建垃圾箱117个；垃圾中转站1座，垃圾堆放场1个，占地0.40公顷。

1996—2000年，加大对环卫设施的投入，共添置5吨垃圾自卸车2辆、拖拉机2台，3吨垃圾装载机1台、5吨洒水车1辆，新建垃圾中转站2座。2001年9月，东山岔路口垃圾中转站建成使用，中转站造价50万元，建筑面积144平方米，安装压缩设备1台，吊斗容量2.88立方米，中转站居南京地区先进水平。同年，21世纪房地产开发公司赠给东山清洁管理所1辆8吨洒水车。2001—2002年，先后建设垃圾收集房20个，垃圾池12个，果壳箱50个。

图7-3-15 岔路口压缩式垃圾中转站（2002年摄）

至2007年，东山城区共有机械化垃圾中转站3座：土山路城北垃圾中转站、大街东路城东垃圾中转站、岔路口压缩式垃圾中转站。有公厕15座，均为水冲式3类以上公厕。有5吨东风垃圾自卸车11辆，其中7辆为密闭式车辆，可杜绝运输过程中二次污染；吸粪车1辆；8吨洒水车1辆；3吨装载机1台。有50处垃圾池、45处垃圾屋以及300个果皮箱。

【道路保洁】

1955—1978年，主要街道每日清扫一次。住宅区分组划片，责任到人。1980年，清扫范围扩大到背街小巷，每日清扫两次。1983年后，在住宅区内、机关、学校、工厂等企事业单位附近设立砖砌垃圾箱，主要街道两侧设置陶制瓜果垃圾箱。1984年，在大街东路、西路，开展以市容环境卫生为内容的文明一条街活动，在闹市地段配备全日保洁员。

20世纪90年代起，加强区域干道清扫的检查督促工作，市容巡查人员每日检查所有清扫路段，不留死角，发现问题及时处理。2000年下半年，县城12条主、支干道的清扫保洁权全市通过招、投标竞选管理者。2003年起，在东山大市口、竹山路、土山路及重点窗口地区推行14小时清扫保洁制度，确保区域干道清扫保洁水平达到“四个一样”（白天晚上一样、雨天晴天一样、大街小巷一样、检查与平时一样）。2006年，推广环卫保洁新模式，对城区主要干道和街巷实行“一家管、两班运、三清扫、全天保”模式，在城区重点繁华地段实行晚间保洁，改14小时保洁制为18小时保洁制，确保主干道、主要街巷清扫保洁水平达到“四个一样”。

图7-3-16 “城市美容师”（2002年摄）

至2007年，江宁区环境卫生管理所有职工254人，其中正式职工49人，合同工205人，分编清扫组24个。作业内容为清扫和保洁两部分，清扫时间4小时，保洁时间全天候。工作模式为先清扫后保洁，清扫以主干道为主，支干道为辅。保洁实行全天候保洁，街上做到无垃圾，无漂浮物、无杂物。保洁范围为18条主次干道，总面积120万平方米。具体道路包括金箔路、上元大街、双龙路、府前路、竹山路、土山路、上元二街、文苑巷、鼓山路、东沟巷、天羽路、宏运大道、文靖路、东新南路、东新北路、新医路、石羊路、岗山路。

【垃圾处理和清运】

1955年，县城东山镇建立专职专扫组，清扫后用人力手推车将垃圾倒入水塘水沟内。1980年，成立东山镇清洁管理所，专事街道、公厕清扫和垃圾、粪便的清运。1985年，有机动清运车4辆，清运垃圾汽车1辆。1989年，配有清运垃圾和粪便的各种机动车辆11辆，年清运垃圾粪便14600吨。

20世纪90年代后，随着辖区内人口的增加和城市建设速度的加快，环卫清扫面积突破120万平方米，垃圾产生量呈上升趋势。2002年，年清运垃圾3.50万吨，区域垃圾日产日清。2003年后，城区生活垃圾确保一日两清，并做好晚间垃圾清运和垃圾运输车辆密闭化管理，杜绝抛酒滴漏现象，确保日产180吨垃圾全部运出东山城区。2006年，实施垃圾运输车辆密闭化改造。通过加高车辆厢板、提高后门，增大垃圾运输车盖布尺寸等方法，减少垃圾托运过程中的二次污染。

2007年，江宁区有5吨东风垃圾自卸车11辆。区环境卫生管理所对每日生产的垃圾实行定时收集、定时清运。各垃圾池、垃圾屋、果皮箱为临时垃圾集中收集点。由各清扫组利用拖拉机或小板车将每日产生的生活垃圾运到垃圾中转站集中。春、秋、冬三季日清运垃圾粪便130吨，夏季高温期间清运垃圾粪便200吨以上，确保日产日清，清运率100%。在运输过程中密闭化运输比率达80%以上。年清运垃圾粪便量达6.50万吨左右，全部运往南京水阁垃圾处理厂进行无害化处理。

【公厕管理】

新中国成立前，江宁县内仅有几处旱用公厕，卫生状况极差，夏天蚊蝇乱飞，蛆虫较多，臭气熏天。

新中国成立后在各级政府的重视下，城区逐步对环卫设施进行添置和完善，尤其是对公厕进行彻底的改造和兴建。首先是旱改水，其次是实行专人管理，再次是对原先的旧公厕进行翻新，以及另外兴建新的标准化公厕。

1981 年后，新建、改建现代化公共厕所 17 个，外部造型美观，内部蹲坑，墙裙、分隔墙，以瓷砖贴面，设高位水箱冲排粪便，水、电设备齐全。1983 年于镇北建化粪池一座，对粪便集中进行无害化处理。公共厕所的清扫、清运工作，建立完善制度，定时撒药消毒灭菌，采用抽粪车清运粪便。1984 年，清洁管理所又对各单位公共厕所进行统一承包清运。2000 年下半年起，对县城 14 座公厕的管理权通过招、投标竞选管理者，效果较好，有力促进了公厕管理水平的提高。

图 7-3-17　景观式公厕（2002 年摄）

2007 年，东山城区有公厕 15 个，均实行水冲并有专人管理，组织开展创建十佳公厕活动，并设置 14 块新式导厕牌，方便市民群众如厕。城区公厕均为三格式化粪池，环卫所定期清理，并及时为社会提供粪便清理服务。清理出的粪便，部分作为有机肥料还田或水产养殖，其余均运往南京石门坎粪便处理场进行无害化处理。

2007 年江宁区东山城区公厕分布情况表

表 7-3-4

地　址	占地面积（平方米）	建筑面积（平方米）	蹲位（个）		形　式
			男	女	
芙阁路	50	44	5	5	水冲式二类
会　堂	60	54	6	5	水冲式二类
瑶池巷	65	61	5	5	水冲式二类
大街东路医药公司	60	56	6	4	水冲式二类
大街东路岗山（城东）	70	61	5	4	水冲式一类
上元大街	25	21	3	2	水冲式三类
竹山路（竹山桥）	180	160	8	4	水冲式二类
骆　村	75	67	5	4	水冲式二类
东桥村	76	68	6	4	水冲式二类
竹山路腾江大厦	35	30	4	4	水冲式三类
交通局	36	32	4	3	水冲式二类
新河村	55	50	6	5	水冲式二类
小　里	70	60	5	4	水冲式二类
二小区	70	60	5	4	水冲式三类
长塘巷	40	35	6	4	水冲式二类

第四章 新型小城镇创建

江宁的小城镇，多由区域自然条件与历史沿革的变化而形成的，为方圆十里乃数十里范围的农副产品集散地。所谓“日中为市”的农村集镇几经兴衰。新中国成立前，全县较大的城镇有东山、湖熟、汤山、秣陵、江宁、陶吴、淳化等。新中国成立后，发展经济，扩大城乡交流，集镇贸易十分活跃。20 世纪 70 年代后，部分乡镇开始兴办工业，逐步形成农副工综合发展的格局，集镇经济增添活力，为城镇建设创造有利条件。1985 年年底，全县有东山、汤山、湖熟 3 个建制镇，另有 24 个乡。1990 年，丹阳、秣陵、禄口、淳化、江宁、陶吴调整为建制镇，全县共有 9 个建制镇，另有 16 个乡。1995 年年底，龙都、麒麟、土桥、铜井、周岗调整为建制镇，全县共有 15 个镇，另有 8 个乡。2000 年，全县区划调整为 18 个建制镇：即东山镇、上坊镇、秣陵镇、禄口镇、江宁镇、谷里镇、铜井镇、东善桥镇、陶吴镇、横溪镇、丹阳镇、湖熟镇、淳化镇、土桥镇、周岗镇、汤山镇、麒麟镇和上峰镇。

20 世纪 80 年代后，按“科学规划、合理布局、节约用地、保护环境”要求，江宁县全面开展新型小城镇建设。至 2003 年，全区有禄口、麒麟、秣陵、汤山、陶吴 5 个省级新型示范小城镇；有上峰、湖熟、龙都（1999 年被评，2000 年并入湖熟镇）、铜井、江宁、丹阳、上坊、淳化、横溪 9 个市级新型小城镇。2005 年后，大力推进三个集中，即“工业向园区集中，人口向城镇集中，居住向社区集中”，使重点中心镇产业集聚度、基础设施、人居环境和辐射带动功能显著提升。2007 年，江宁区城市化率 65%，比全省平均城市化率高 10.80%。

第一节 省级新型示范小城镇

【禄口镇】

禄口镇地处江宁区南部，是南京禄口机场所在地。机场高速公路、宁高一级公路穿境而过并与南京三环路（汤铜公路）在禄口交会形成中心，构成融水、陆、空为一体的现代交通网络。禄口镇是建设部全国 500 家小城镇建设的试点镇之一，省 222 家重点建设中心镇之一、30 家重点镇联系点之一，是南京市实施“三城九镇”（“三城”即六合的雄州、溧水的永阳、高淳的淳溪；“九镇”即禄口、汤山、铜井、汤泉、桥林、八百桥、横梁、白马、桠溪）战略之首镇和对外的“窗口”城镇，也是江宁实现“空港经济”战略的核心重镇。镇政府设在禄口集镇。

1990 年前，禄口集镇有街道 5 条、巷 10 条，主要街道装有高压汞灯 70 盏。1991—1995 年，在改造老街的同时开辟新街，突出骨架道路建设，把一条宽 7 米、长

图 7-4-18 禄口镇一景（1999 年摄）

500 米的老街铺成水泥路面；将 1000 米长的茅亭街拓宽到 24 米，取直金石街；拓宽从禄口中心街至永兴四角井长 350 米的道路。按照城镇建设南扩西进的战略，新建一条长 500 米、宽 40 米的农民商业街；完成长 900 米、宽 40 米的新南北大街基础工程设施。1996—2000 年，新增道路长度 15 千米，形成全镇交通道路内成网的新格局。2001—2002 年，投资 1735 万元，建成华商路等 4 条主干道，主干道绿化普及率 96.50%。2005 年，投入 7240 万元，对白云路等 8 条主干道实施拓宽改造，埋设雨、污水管道，同时进行杆线下地、绿化美化工程，在各主干道新安装路灯 280 盏，亮化 10 千米。

集镇自来水普及率 100%。排水网路畅通，做到雨住路干，百姓出行比较方便。集镇有南京安德门（地铁站）开往铜山的安铜线，东山义乌小商城开往铜山的东铜线，禄口客运站开往空港工业园的禄港线。此外还有 9 条村村通公交线路。

1995 年，禄口镇被江苏省政府评为苏中百强乡镇之一；被市政府评为南京市综合经济实力 20 强乡镇之一。1996 年，被市政府命名为南京市新型小城镇。1997 年，被省建设厅命名为江苏省新型示范小城镇。

【麒麟镇】

麒麟镇位于江宁区北部。2005 年，镇区建成面积 4 平方千米。镇政府设在麒麟集镇。

1990 年前，集镇只有道路 5000 米，道路以电力线杆为杆安装臂长 30 厘米的简易路灯。20 世纪 90 年代后，在麒东路、麒西路及工业小区的开城路依水泥电杆安装臂长 1 米的专用路灯，在麒麟新大街安装 24 杆、48 盏、杆高 8 米的双头路灯，随之又在悦民路安装 10 杆 6 头园林灯。2004 年，麒麟境内道路有 4 条，除麒龙县道外，其余 3 条道路均为过境公路。2005 年，麒麟集镇进行道路建设改造，拓宽燕西公路麒麟集镇段，路面由 6 米拓宽至 17 米，路面结构改为沥青砼。2006 年，新建麒麟门新大街和悦民路。2007 年，建设丹青路、麒麟新大街南延线、悦民路东延线、泰盈（华汇）路、天泉路、天旺路、天和路、麒东路、麒西路、宝山路、宣义路与文荟路等，里程 15 千米。

图 7-4-19　2004 年，南京市市长蒋宏坤（右一）视察麒麟镇小城镇建设

集镇居民自来水普及率 100%。2005 年，集镇有 2 米 ~ 3 米见方的排水盖板沟两条，这两条盖板沟承担区内污水排放的功能。另外，在每条道路西侧或中央埋下直径 500 毫米 ~ 1000 毫米的排水管道，镇区内共建排水管沟 20 千米，排水畅通。集镇内还有一个公交起讫站场（悦民路北侧），有 55 路、309 路、314 路、213 路市无人售票公交线；南京公交还开辟 121 路公交线路。此外，区内还有 4 条公交线路（金麒线、东麒线、东上线、麒建线）开往麒麟，境内百姓出行非常便捷。

1995 年，麒麟镇被评为南京市 20 强乡镇之一、苏中百强乡镇之一；1998 年，被市政府命名为南京市新型小城镇；1999 年，被省政府命名为江苏省新型示范小城镇。

【秣陵镇】

秣陵镇位于江宁区中部，素有“宁邑东南巨镇”之称，镇政府设在秣陵集镇。

1989 年前，秣陵集镇有街道 6 条、巷 8 条，街、巷总长 4370 米，主要街道安装高杆灯 24 盏。街市行人络绎不绝，物资丰盛，生意兴旺。至 2005 年，秣陵主要街道发展到 12 条，总长 5700 米，共安装路灯 300 余盏。秣陵集镇有九龙桥和鹰皇桥两座桥梁。

供水方面，秣陵水厂设计规模 5000 吨 / 日，实际供水能力 5000 吨 / 日，最高供水量 2500 吨 / 日，供水人口 1.50 万人。水厂占地 0.20 公顷。水厂水源来自秦淮河。供水主干管直径 200 毫米 ~ 300 毫米。水厂有一座容积为 1000 立方米的清水池。排水方面，20 世纪 90 年代，完善排水设施，埋设各种口径管道 10 千米，基本做到下水道系统化，纵横畅通，雨后集镇无积水。为解决集镇居民住房紧缺和拆迁居民住房问题，秣陵镇政府统一规划，先后兴建 5 个住宅小区，杏花园小区、银凤公寓、天禧公寓、明月公寓、欣旺花苑。此外，集镇内有 2 条公交线路，金秣线与秣双线。

图 7-4-20　2003 年，秣陵镇召开创建新型示范小城镇动员大会

1995 年，秣陵镇小城镇建设被南京市委、市政府评为样板工程，列为南京市示范小城镇。同时被列为江苏省环保示范镇、江苏省百家小城镇试点乡镇等。1997 年，被市政府命名为南京市新型小城镇。2003 年，被省建设厅命名为江苏省新型示范小城镇。

【汤山镇】

汤山位于江宁区东北端，是江南古镇，著名的温泉之乡。集镇建成区面积 9.60 平方千米。镇政府设在汤山集镇。

1992—1998 年，汤山镇主干道建设力度加大，先后续建集镇至九华山铜矿水泥路，修建孟塘至桦墅柏油路、孟塘至湖山水泥路，还修建拓宽交通技校至西岗水泥路。2002 年，新建坟头至庄里宁杭新路；2003 年，新建和改造汤山至龙潭道路。2003—2004 年，江宁区和汤山镇两级通力合作，新建汤铜路。此外，还拓宽改造阳山至湖山水泥路，修建拓宽孟家场至龙尚湖水泥路。集镇还配套改建、新建大小桥梁 12 座。

1998 年，随着全镇经济发展和集镇人口增加，镇政府投资 80 万元，对自来水厂进行改造，供水量 1 万吨 / 日。此外，还对汤水河、湖山圣村河、坟头河进行整治、清淤，增强全镇排水防汛能力。2003 年，全镇绿地覆盖面积 35%，人均绿化面积 18.60 平方米，是年，汤山镇被南京市评为绿化先进单位。至 2005 年，汤山集镇开发建设汤山温泉公寓、养龙山庄、龙珠山庄、碧水华庭温

图 7-4-21　汤山集镇全景（2005 年摄）

泉山庄、东湖丽岛等居民小区，计有公寓、别墅、商城以及各种配套设施建筑面积50万平方米。是年，汤山温泉公寓被评为江苏省文明住宅小区。集镇居民出行非常便捷，境内有3条公交线路，即123路公交线、金汤线与南汤线。此外，还有6条村村通线路，汤北路线、汤湖路线、汤路路线、汤孟路线、汤中路线和汤青路线。

1995年，汤山镇被评为南京市经济实力20强乡镇之一、江苏省百家名镇之一。1996年，被列为省200多个重点中心镇之一。1999年，被市政府命名为南京市新型小城镇。2002年，被列为南京市“三城九镇”战略之一。2003年，被省建设厅命名为江苏省新型示范小城镇。

【陶吴镇】

陶吴镇古名金陵镇，位于江宁区西南部，镇政府设在陶吴集镇。

1949年，陶吴镇境内仅有一条一字形狭窄的街道，南北长约250米，宽4米，青石条铺面，其余基本是泥土小巷。1989年，新建4条新街道，并在主要街道设置路灯17盏。至2005年，陶吴镇共有街道10条，总长3.80千米；巷道9条，总长1.20千米。由此形成以主干道为骨干，小街小巷为支脉的集镇道路网络。集镇在修建、扩建、新建街路的同时，均铺设地下排水管道，全镇排水网络设置合理、科学，排水通畅，做到雨住路干。

图7-4-22　陶吴镇集镇一景（2003年摄）

陶吴水厂始建于1983年，位于红星水库南岸、新杭村大庄自然村的石头山上，海拔32米，占地面积3000平方米，水源为陶禄路口王家园田中的一口深井。由于地下水中对人体有害的矿物质超标，1986年，政府将水厂搬迁到红星水库。2003年，政府投资对集镇主管网进行彻底改造。水厂设计规模为3000吨/日，实际供水能力为2000吨/日。供水范围包括11个行政村约65平方千米，供水户5040户，约2.10万人。陶吴水厂原水取自红星水库，水库容量538万立方米。陶吴集镇有3班过境公交车：宁丹线、安丹线、金丹线。还有开往各村的村村通线路3条：陶甘路线、陶龙路线和陶红路线。

1999年，陶吴镇被市政府评为南京市新型示范小城镇。2004年，通过市级环境优美小城镇及市卫生城镇的达标验收。2005年1月，被省建设厅命名为江苏省新型示范小城镇。

第二节　市级新型小城镇

【上峰镇】

上峰镇位于江宁区东北部，汤龙公路、宁杭公路贯穿全镇。镇政府设在上峰集镇，集镇建成区2.20平方千米。

1990年前，上峰集镇只有道路5330米。1992—1993年，建设上峰集镇至宁峰水泥厂、李岗头的水泥路 2 条。至 1997 年，上峰集镇形成三纵三横的道路交通网。1998 年，建设阜庄到婆庵村至新宁杭路宽 5 米、长 2000 米水泥路。2000—2004 年，集镇境内先后建设阜东东岳庙至句容新塘、孟墓至百合村、李岗头至百合等水泥路 4 条。至 2005 年，上峰境内新建、扩建道路 12 条，总长 30 多千米，配套建设大小桥梁 8 座。是年，上峰镇绿地覆盖面积 40%，人均绿化面积 26 平方米。

上峰集镇自来水普及率 100%。排水方面，1996 年，对王八塘（高峰湖）进行清淤、扩建，提高上峰镇排水防洪能力。通过区域内排水设施建设和河道的综合治理，排水系统采用雨、污水分流制，保护河流，保护环境，且排水畅通。境内百姓出行方便，集镇内的公交线路有金汤线，班次较多。此外，还有开往各村的村村通线路 3 条，上插路线、上百路线、上宁路线。

图 7-4-23　上峰镇市民广场（2003 年摄）

1998 年，上峰镇被市政府命名为南京市新型小城镇。2005 年，通过江苏省新型示范小城镇验收。同时，还通过南京市卫生镇、南京市万树绿化工程、南京市环境优美乡镇的验收。并获得市政府颁发的“增收杯”银杯奖和全市为民办八件实事先进集体。

【湖熟镇】

湖熟镇是江苏省百家名镇，素有“小南京”之称。位于江宁区东南，地处江宁、句容、溧水三区（市、县）交界处，镇政府设在湖熟集镇，集镇建成区 4.89 平方千米。

新中国成立后至 20 世纪 90 年代，湖熟镇有计划有步骤地进行道路建设，扩建桥南大街，延伸桥北大街，新辟花园塘，修整旧街巷，提高路面质量。新建改建道路 8 条，巷 6 条。1992 年，完成桥南大街翻新工程，道路拓宽至 20 米。1995 年，开始进行集镇道路两纵三横建设，新建河南东街、河南西街等。1998 年，投资 450 万元建设绕镇路 2.50 千米。1999 年，投资 250 万元对集镇道路进行整修改造。至此，境内基本形成“两纵三横”的格局。2005 年，湖熟集镇有道路 16 条，道路两侧安装路灯近千盏。

图 7-4-24　2005 年，湖熟小城镇进行道路美化、亮化、绿化工程

湖熟集镇供排水建设发展较快，20 世纪 90 年代前，湖熟镇有自来水厂一座，制水 800 吨 / 日，水源为句容河水，用户 1540 户，供水管线长 3.50 千米。2005 年，湖熟自来水厂位于河南社区姚东居委会，句容河与镇梁台河交汇处，占地 0.50 公顷。供水能力扩大到 4000 吨 / 日，供水人口 1.20 万人。水源取自句容河，供水管直径≥ 100 毫米，管道长 15200 米。是年，有排水排污管道 9500 米，排水畅通。雨住路干，无积水。集镇内有公交线路 2 条，金湖线、金周线。还有开往各村的村村通线路 7 条，湖和路线、

湖龙路线、湖颜路线、湖丹路线、湖河路线、湖友路线与湖新路线。

1999年，湖熟镇被市政府命名为南京市新型小城镇。

【龙都镇】

龙都镇位于江宁县东南部，1995年，龙都镇成为全县10家率先达到小康水平的乡镇之一。其驻地为龙都集镇，集镇面积0.60平方千米。

1990年前，龙都集镇有道路1640米，桥梁1座，路灯12盏，排水管道合计500米。1990年后，原有集镇规模不适应经济形势的发展，在保留原有集镇的基础上向东进行扩建，1995年的集镇规模比“七五”末扩大一倍。至2000年，龙都集镇公路网有龙咸路、龙周路、湖龙路、龙秣路穿镇而过。集镇内主要道路有陵园路、九龙路、东阳路与虹南路等，共计3500米。在道路建设的同时，埋设直径500毫米~1200毫米的主排水排污管道3173米。安装路灯近百盏。同时对道路两旁进行绿化美化，栽植香樟、梧桐等树650棵，绿篱面积1500平方米，绿地面积1680平方米。此外，集镇公共交通仅有东周线。

图7-4-25　1991年龙都商业大街

龙都集镇供水建设日益完善。1990年前，龙都集镇有自来水厂1座，供水1000吨/日，受益人口1900人。至2000年，龙都自来水厂设计规模4000吨/日，最高供水量2500吨/日，供水人口2.50万人。龙都水厂原水取自句容河。供水主干管直径160毫米~200毫米，管网总长度57.30千米。龙都集镇主供水管网直径110毫米~150毫米，管网总长度3100米。

1999年，龙都镇被市政府命名为南京市新型小城镇。2000年，龙都镇被撤销，并入湖熟镇。

【铜井镇】

铜井镇位于江宁区西南部，境内205国道、宁芜铁路、宁马高速公路立交互通及汤铜一级公路穿镇而过。铜井镇是南京市“三城九镇”战略之一，镇政府设在铜井集镇，集镇面积1.58平方千米。

1990年前，铜井乡有街路4750米，路灯30盏。1995年，完成对各街道命名并标牌上墙工作；启动1100米长、33米宽的主街道拓宽工程，并在主街道两旁建起水利站、交管站、财政和派出所办公楼；开通金利街，使农民商业街和老街区联为一体；1996—2000年，集镇道路建设力度加大，新增道路长度1200米；铺设水泥路面6600平方米，柏油路面5800平方米；安民街、安兴街、安业街、安基街、金利街、福兴街、兴业路的道路分

图7-4-26　铜井镇集镇一景（2003年摄）

别拓宽 8 米 ~ 15 米。2001—2002 年，先后投入资金 180 多万元，完成集镇开发小区、安民街、安兴街、福兴街的 6.40 千米的水泥路面和铜井大道沥青摊铺工程，安装自控高杆路灯 30 余盏。2003 年，投入 315 万元，完成共和采石厂至汤铜路、铜井农桥至铜井河口、铜井河口至周旺小学等总长 15.20 千米镇村水泥路建设。2004 年，投入 200 多万元，全面实施城镇主干道和汤铜公路入境窗口段的亮化、美化、净化工程，设置路灯 160 盏，亮化里程 5 千米；新建 3 条城镇水泥路。2005 年，结合 205 国道拓宽工程，完成城镇人行道道砖铺设、长宁路亮化等项目。此外，区内公共交通线路有东井线和宁井线。

铜井镇水厂设计规模为 5000 吨 / 日，最大供水量为 3000 吨 / 日，供水人口 2 万人，水厂占地 0.24 公顷。铜井水厂原水取自长江，取水口在铜井河南面几十米处。供水主干直径为 110 毫米 ~ 160 毫米。有 2 座清水池，容积分别为 500 立方米和 100 立方米。排水方面，1995—2000 年，铺设下水管道 5500 米，2001—2002 年，铺设下水管道 5800 米。2005 年，对集镇排水系统进行改造，提高集镇排水排污能力。此外，2004 年，对天然河、牧龙河 3900 米堤防进行达标工程，使铜井镇防洪抗灾能力得到加强，农业生产条件进一步改善。

1999 年，铜井镇被市政府命名为南京市新型小城镇。2003 年，铜井镇荣获绿色江苏建设先进镇称号。

【江宁镇】

江宁镇位于江宁区西南部，宁芜铁路、宁芜公路穿过镇境。镇政府设在江宁集镇。

1990年前，江宁集镇有道路5条、巷13条，并在主要街道装高压汞灯74盏。道路总长1407米。1990—1999年，相继建设瑜桥街水泥路、静安街1100米下水道及350米水泥路、桥北路、南浦街及新镇区 1 万平方米彩色走道。2001 年，进行南浦街、瑜桥街、水巷 3000 平方米道路黑色化路面摊铺。2002 年，投资 150 万元建设文卫路水泥路及 200 米下水道。2003 年，投资 250 万元完成新镇区太康、昌宁、惠宁路的水泥砼路面铺设，以及路两侧路线人行道铺修和绿化工程。2005 年，投资 1000 万元完成 205 国道以北亮化、美化、绿化改造工程和华西路建设。是年年底，江宁集镇形成二纵四横的道路框架。集镇内有 2 路公共交通线路：东井线和宁井线；还有开往各村的村村通线路 2 条：江上线和江陈线。

图 7-4-27 江宁镇农民新居（2003 年摄）

1980 年，建设江宁水厂，设计规模为 150 吨 / 日。1988 年，改造为 2400 吨 / 日。2001 年进行第二次改造，设计规模为 5000 吨 / 日，平均供水量为 4000 吨 / 日，平均供水量约 70 万吨 / 年，供水人口 1.40 万人。集镇内所有道路均铺设排水排污管道。2002 年，完成新镇区排水工程，清理 2000 米下水道。2005 年，投资 1 亿元，全面根治江宁河，完成沿岸整治、水泥护坡和环境保护等多项工程，极大提高江宁镇的排水和抗洪能力。

1987 年，江宁镇成为南京市第一个亿元乡；1993 年，利税创南京市十佳乡镇之首，受到农业部表彰；1995 年，跻身于苏中农村综合实力百强乡镇行列；2001 年，通过市级新型小城镇验收，是江苏省 222 个重点中心镇之一。

【丹阳镇】

丹阳镇，一名小丹阳，地处江宁区西南端，东、西、南三面与安徽省马鞍山市和当涂县接壤，是苏皖交界处的著名古镇。镇政府设在丹阳集镇。

新中国成立前，丹阳镇仅有一条纵向狭窄街道，长 500 米、宽 4 米 ~ 5 米，青石条铺面，因年久失修，破损严重，泥泞不平，其余皆为小道。新中国成立后，特别是 1978 年后，全镇加快道路建设，至 2005 年，丹阳集镇主要街道有 7 条，总长 4318 米。集镇内有丹阳北桥、七仙南桥、中心桥、新桥等 4 座桥梁；主要道路架杆 185 根，安装各种路灯 260 盏。供水建设方面，丹阳镇三面环河，居民饮用水历来以丹阳河河水为主。1983 年，建立丹阳水厂。1999 年，新建二水厂和联片水厂（松子山）。2004 年，又新建山景水厂和高台水厂。水厂共有 4 个取水点，大岘、松子山、山景、高台，供水量 2500 吨 / 日，用户 4800 余户、1.40 万人。至 2005 年，集镇自来水普及率 100%。排水建设，丹阳集镇共铺设下水管道 15 条，总长 8136 米，排水畅通，即使遇上大水年份，集镇也不易积水。境内公共交通便捷，主要有 3 条线路，宁丹线、安丹线和金丹线。此外，还有村村通线路 5 条，丹许路线、丹山路线、丹泗路线、丹长路线与丹蔡路线。

图 7-4-28 丹阳集镇（2005 年摄）

2001 年，丹阳镇被市政府命名为南京市新型小城镇。

【上坊镇】

上坊镇位于江宁区中部，北与南京市区相连，西与东山街道相连，东和南分别与麒麟镇、汤山镇、上峰镇、淳化镇毗邻。镇政府设在上坊集镇。

新中国成立前，上坊集镇仅有一条正街道，长 220 米、宽 3.40 米，为条石路面。街中小巷多为泥土小巷，宽窄不一。新中国成立后，经过多次整修、扩建和新建，至 2005 年，集镇道路 21 条，总长 10.56 千米。全集镇范围主要道路安装各式路灯 372 盏，极大方便夜间车辆行人通行。集镇公共交通十分便捷，过路公交车有 8 班，区内 8 路、东麒线、金其线、金汤线、金湖线、金周线、东土线与东周线，此外还有东山总站至大里社区村村通的东大线。

图 7-4-29 上坊镇集镇主街道（2002 年摄）

上坊集镇供排水设施比较完善。20 世纪 80 年代前，集镇居民历来饮用塘水。1982 年，接通县自来水厂管道后，集镇居民用上自来水。1994 年，上坊集镇至江宁县自来水厂管道增容，铺设直径 300 毫米主供水管道，为上坊集镇后续发展生产和生活用水奠定了基础。至 2005 年，上坊集镇生产生活用水仍为江宁区自来水厂供水。上坊集镇在改建、扩建、新建道路的同时，均铺设地下排水管道，地下排水系统设置合理，集镇排水防洪问题基本得到解决，做到雨住路干。集镇市民广场绿化面积2674平方米，新塘公园绿化面积1.20万平方米。道路绿化总面积9.54万平方米。集镇内共有10个小区，绿化总面积3.25万平方米。此外，还有绿化单位35家，绿化总面积6.75万平方米。

1992年，上坊镇被市列为南京市20家重点乡镇之一。1995年，被列为苏中百强乡镇之一。2001年，被市政府命名为南京市新型小城镇。2003—2005年，连续3年获市委、市政府颁发的“发展杯”金杯奖。2005年，被市委、市政府授予建设新南京有功单位称号。

【淳化镇】

淳化镇位于江宁区中部，104国道、汤铜路穿境而过。镇政府设在淳化集镇，集镇建成区面积2.25平方千米。

至2005年，淳化集镇内有6条主干道，即南街、东街、菜市街、中市街、临川路、淳关路，所有道路均有路灯，晚上灯火通明。境内道路104国道及淳湖公路全部完成绿化任务，绿化总长度25.90千米。是年，境内有中北公司的8路车往返东山淳化，路过淳化的公交线路有金湖线、金汤线和金周线；另有淳青线，由淳化集镇开往青龙社区，是全区第一家直通行政村的交通车。

图 7-4-30 淳化镇梅龙湖市民休闲广场（2005年摄）

淳化集镇境内有水厂2家：一是淳化水厂，建于1984年，分一厂和二厂，日生产能力5000吨，2005年最大供水量为1万吨/日，服务人口5.50万人；另一水厂为金桥水厂，设计规模为4000吨/日，2005年最高供水量2000吨/日。淳化水厂水源取自黄龙埝水库，金桥水厂水源取自汤水河。淳化水厂供水管道已通往各村庄，主管道长128千米，支管长256千米。境内原有老街道及新建道路均安装排水排污管道，使整个集镇的排水排污都比较畅通。2000年，新建的中市街和中市南街地势较低，原有排水管道不适应较大流量，在连续阴雨或突发暴雨时排水不畅。镇政府对这两条街下水道进行改造，由原来的直径250毫米管道换成直径400毫米～500毫米排水管道，使集镇排水排污能力增强，做到雨住路干，无积水现象。

2002年1月，淳化镇被市政府命名为南京市新型小城镇。

【横溪镇】

横溪镇地处江宁区西南部，东邻禄口镇，南交丹阳镇，西连江宁镇、安徽省马鞍山市釆塘镇，北接陶吴镇，紧邻南京禄口机场。镇政府设在横溪集镇。

新中国成立前横溪集镇只有一条长50米、宽不足3米，用碎石铺砌成的街道。镇中心有一座晚清时期建造的单拱全石质横水桥。新中国成立后，经过不断改建、扩建、新建，1987年街道总长2900米，有桥梁2座。至2005年，集镇有道路10条，总长9337米。镇区所有主干道、人行道的路灯共160盏，亮化率95%。横溪集镇境内的过路公交车有3班：宁丹线、安丹线和金丹线。此外，还有6条村村通线路：横官路线、横山路线、横铁路线、横石路线、横上路线、横云路线。

横溪集镇供水设施主要有建于1985年的横溪水厂，设计规模4500吨/日，实际供水能力2500吨/日，用户5750户、1.70万人。水厂原水取自赵村水库，供水主干管直径200毫米，长约4.50千米，供水管网为枝状管网，水厂在集镇附近建有22千瓦的增压站1座。2005年，镇区自来水普及率100%，镇域范围内普及率为90%。1985年前，镇区主干道、次干道、公共场所、集中居住区均铺设地下排水管道，逐步做到雨、污水分流。1996—2001年，逐年清理、完善地下排水管道，使镇区排水管网更加合理、科学。2002年，在工业小区建设污水处理站，污水排放达到国家标准。至2005年，横溪集镇排水畅通，做到雨住路干。

图7-4-31 横溪镇村级水泥路（2005年摄）

1991年，横溪镇被江苏省评为绿化先进单位。2002年，被市政府命名为南京市新型示范小城镇。

第五章 村庄建设

江宁县村庄形成的历史有长有短，规模大小不一。三四千年前的青铜时代，江宁境内秦淮河两岸就有船墩、橙子墩等十多处氏族部落遗址。

新中国成立后，江宁农村经过58年的建设，发生翻天覆地的变化。2000年，全县276个中心村全面完成建设规划的编制工作。2007年，还完成67个村庄居民点和19个特色村庄的规划编制工作。在村庄规划的指导下，农村建设日新月异。2005年，13个建制镇住宅面积368.25万平方米，人均使用面积18.34平方米；村庄住宅面积599.86万平方米，人均使用面积25.37平方米；有公共建筑111.61万平方米，平均每人6.20平方米；生产建筑272.79万平方米，平均每人15.13平方米。自来水普及率100%，覆盖全区1571个村庄，有供水设施的村庄114个。2006年3月，区划调整，建制镇变化比较大，无法统计2007年的数据。2007年，全区所有行政村通上公交车，实现“门前都是水泥路，抬脚就上公交车”的梦想。是年，全区有6个行政村达到省康居示范村标准，还有74个行政村达到省、市综合整治村标准。

第一节 建设规划

新中国成立前，江宁县农村无建设规划。官僚、地主等富户选择靠近水源、通风朝阳的地方建造院落房舍；贫苦农民在自己有限的土地上择地而居；极贫困者避居山岭谷地，或到江外堤边荒瘠土地上搭茅棚栖身。加之农村经济的凋敝，战争的破坏和自然灾害的侵袭，农村多数地区一片萧条荒凉，建筑布局呈现分散零乱、简陋破旧的状态。麒麟乡小五组村只有十几户人家，所居茅棚天女散花般的分布在几平方千米的溪边、岗地、沟谷里。上峰乡塘基村，仅七八户人家却星罗棋布地分散在长约五六千米狭长的山沟里。

新中国成立后，农村规划建设经历了一个曲折的过程。中共十一届三中全会后，随着农村各项改革不断推进，农民生活水平大幅度提高。村庄建设健康发展，农村建设规划工作应运而生。

【总体村庄规划】

1949—1957年，江宁县经过土地改革和农业合作社运动，农村生产和农村经济得到恢复并有很大发展。农村许多地方兴建新房，修整道路，发展文化教育事业，改善了环境。但多数地区由于农民底子薄，仍在原有基础上修修补补，居住条件改善不大，根本没有什么完整的建设规划。1958年，人民公社运动中，在极左思想影响下，全县农村许多地方编制所谓共产主义建设蓝图规划，因违背科学，脱离实际而落空。在国民经济调整时期，农村经济在恢复中有所发展，农民建房日趋增多，但建房仍无规划。仅是由所在大队指定宅基地建房。1966—1976年，江宁农村经济受到极大冲击，谈不上科学规划建房以及公共基础设施建设。

1983年起，全县各地开展农村建房规划工作。1989年，全县347个行政村、2383个自然村已完成了建设规划。1990年，全县350个行政村、2785个自然村基本实现村村有规划。

1991—1995年，对村庄的规划进行修订。对全县345个行政村、2799个村庄，普遍进行了一次规划调整修订工作。1998年，共完成165个中心村规划的编制。1999年，又将剩余的111个中心村规划编制完成。至2000年，全面完成全县276个中心村规划编制工作，并确定每个镇1个～2个中心村为建设试点村。

【重点村庄规划】

2005年3月，区建设局联合南京大学城市规划设计研究院编制《江宁区镇村布局规划》。是年8月，完成汤山、麒麟等13个建制镇的镇村布局规划，9月通过专家论证。2006年2月，完成上坊街道、东善桥街道、秣陵街道、淳化街道4个涉农街道的镇村布局规划，3月通过专家论证。17个镇、街的镇村布局规划总共确定保留居民点525个。

在镇村布局规划的指导下，2005年，开始对重点村庄编制村庄建设规划。是年，完成了汤山镇锁石村，上峰镇孟墓村、李岗头村，禄口镇彭福村4个村庄居民点的村庄建设规划的编制工作。2006年，完成横溪镇龙山村，淳化街道茶岗村、青龙村，江宁街道江宁村、清修村，汤山街道青林村、古泉城，东山街道泉水村，秣陵街道周里村，湖熟街道和进村，禄口街道石埝村，谷里街道周村郑家居民点12个村庄居民点的村庄建设规划编制工作。至2007年12月底，完成67个村庄居民点的建设规划编制工作，超额完成市下达的目标任务。

【特色村庄规划】

根据2005年编制的《江宁区镇村布局规划》，江宁区保留原湖熟镇新墩村、赵家边村、耀华村、杜桂村，原禄口街道水荆墅、彭福村、张家村，原上峰镇插花村，原江宁镇高场村、黄龙、大山南，原横溪镇新生、呈村、张公、沈杨，原谷里镇郑家村，原陶吴镇石塘村，原麒麟镇窦村，原汤山镇周冲19个特色村庄。

2007年，对尚未编制规划的禄口街道彭福村，谷里街道郑家村，东山街道建南社区窦村居民点，横溪镇红旗村新生居民点、许呈村呈村居民点、横山村张公居民点、横山村沈杨居民点、甘泉湖社区石塘居民点，湖熟镇耀华村前岗居民点和栾马居民点、丹桂村杜桂居民点、河北村兴旺居民点，禄口街道石埝村水型墅居民点、曹村张家村，江宁街道高级和黄龙居民点、大庙村大山南居民点，汤山街道桦墅村周冲居民点16个特色三类村庄，通过招、投标的方式确定由南京博来城市规划设计院和南京环宇规划设计院负责规划编制工作。是年10月30日，区建设局邀请市规划设计院5名专家对16个特色村庄的方案进行论证。通过5名专家认真仔细评审，一致认为16个三类村庄建设规划内容充实，图件齐全，规划基本符合《江苏省村庄建设规划导则（2006年试行版）》的要求，予以通过。2007年12月15日，江宁区19个特色村庄规划通过省建设厅的验收。

【编制村镇住宅设计方案】

江宁区的村镇住宅经过“20世纪50年代盖草房，60年代盖瓦房，70年代盖楼房，80年代加走廊，90年代建洋房”的过程，虽然人均住宅面积不断扩大，但有部分住宅存在着造型呆板、功能布局不合理的现象，既不适应人们对改善居住条件、提高生活质量的要求，也不适应综合开发、经营小城镇的时代要求。

2001年年初，根据全区农村住宅发展形势，区建设局成立江宁区村镇住宅设计方案编制工作小组。在江宁环都设计院的参与下，经过3个多月辛勤工作，共设计出60多个住宅方案，从中精选出20个符合全区农村经济发展水平和农民居住习惯的方案，汇编成集。

2007 年江宁区镇村布局情况表

表 7-5-5

街道名	现状					规划				规划可节约建设用地（公顷）
	行政村、社区（个）	自然村（个）	人口（人）	建设用地（公顷）	人均建设用地（平方米）	居民点（个）	人口（人）	建设用地（公顷）	人均建设用地（平方米）	
东山街道	18	90	30288	384.20	57.26	20	10890	96.21	90	295.69
秣陵街道	12	121	30113	469.00	162.47	12	4420	43.00	90	191.00
汤山街道	24	182	70572	1161.96	161.80	73	33660	318.24	90	509.53
禄口街道	30	225	64751	1185.14	220.11	82	27798	249.75	90	627.65
江宁街道	25	475	74787	1829.20	236.05	101	34750	313.02	90	1049.36
淳化街道	17	153	47946	34.98	165.26	58	22290	63.27	90	469.79
谷里街道	18	256	42271	619.62	140.10	14	7030	197.55	90	157.50
湖熟街道	22	154	46047	514.87	112.64	66	23900	215.10	90	217.75
横溪街道	20	321	63374	1509.50	232.77	99	35200	316.80	90	1062.62
合计	186	1977	470149	7708.47	165.38	525	199938	1812.94	90	4580.89

第二节 住宅建设

新中国成立前，江宁县农村经济落后，农民生活困苦，住房简陋。据有关资料查证，全县农村绝大多数是草房，瓦房很少。住瓦房的，秦淮河平原地带较多，较富庶的山区次之。穷僻山区、沿江平原，几乎都是草房。

新中国成立后，江宁农民居住条件日益改善。土地改革时，政府没收地主多余的住房15000余间，分配给无房和少房农民。20世纪60年代中期，农村渐次出现新建的红砖瓦简易平房。结构为单砖夹墙，水泥柱贴，预制水泥梁，椽子为杂树、竹梢，屋面芦帘垫底，上铺红瓦，两头落檐，泥地或砖铺，其墙俗称“解放墙”。20世纪70年代起，新建的新式平瓦房逐渐增多，讲究质量，较多应用水泥，木质椽子，青红瓦盖，小瓦压脊，水泥地坪；前有1.50米走廊，窗户增多，尺寸放大，有的三开窗，有的还装摇头窗；屋宽4米，深7米，并注意外表美观。

中共十一届三中全会后，农村普遍进行草房改平房、平房变楼房的工程，草房逐渐灭迹，楼房逐渐增多。1985年，全县建农房67.88万平方米，其中楼房12.62万平方米。楼房多为下3间、上2间、1平台设置，水泥构件的花窗、栏杆、走廊及雨篷、阳台，水泥砂浆粉刷外墙，坡屋面、平房面，造型各异，坚固美观。室内宽敞明亮，使用功能明确，普遍使用内墙涂料装饰墙面。农民住宅条件日渐改善，住房面积优于城镇居民。至1985年年底，全县有新旧农民住宅1487万平方米，其中混合结构楼房121万平方米，砖木或混合结构的平瓦房1347万平方米，草房茅舍及其他简易结构房屋19万平方米。

1986—1990年，全县农民住房面积增至1641万平方米，人均24.10平方米。农民住宅在质量上有新的变化，砖木和混合结构的住房面积为1639万平方米，占99.90%；土草房只剩下2万平方米，仅占0.10%；混合结构的楼房大量增加，“六五”（1981—1985年）计划末，全县楼房比重只占8.18%，到1990年年底，楼房面积已上升18%，增加9.82%，并在房屋外观上开始重视住宅内外的装修和环境美化，一部分先富起来的农民建房向庭院别墅方向发展。

1991—1995年，仍是江宁县农村建房的高潮时期。5年建房数27298户，比“七五”末（1989—1990年）增长28.58%；建房总面积450万平方米，比“七五”期间增长66.70%；人均建房面积由“七五”期末的24.10平方米，增至32.50平方米；农村建房中楼房占总数的94%。1995年，全县集镇住宅面积202.31万平方米，其中楼房面积143.34万平方米，人均使用面积24.29平方米；村庄住宅面积1688.47万平方米，其中楼房面积741.01万方米，人均使用面积20.19平方米。

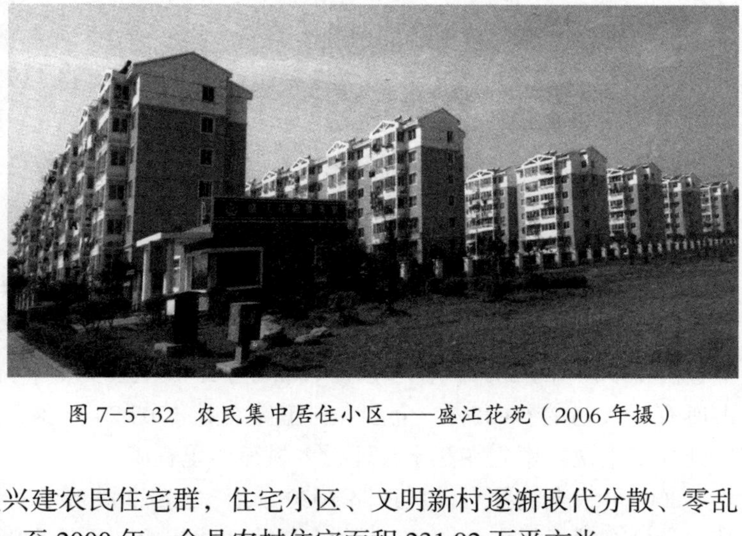

图7-5-32 农民集中居住小区——盛江花苑（2006年摄）

1996—2000年，在村镇田野里兴建农民住宅群，住宅小区、文明新村逐渐取代分散、零乱的农民住宅，加快农村城镇化进程。至2000年，全县农村住宅面积231.92万平方米。

2005年，江宁区13个建制镇住宅面积368.25万平方米，其中楼房337.68万平方米，占总住宅面积的91.60%，人均使用面积18.43平方米；村庄住宅面积599.86万平方米，其中楼房面积448.16万平方米，占村庄住宅总面积的74.71%，人均使用面积25.37平方米。是年，市委、市政府提出开展郊县“三个集中”（土地向规模经营集中、工业向工业园区集中、农民居住向城镇集中）的工作要求，江宁区以“三个集中”作为统筹城乡发展的突破口，加快农民居住向城镇和农村居民点集中的步伐。2005—2007年，全区共完成已建和在建农民居民集中区18个，总建筑面积60.44万平方米。

第三节 基础设施建设

【道路建设】

江宁自古以来，以陆路为便。秦汉至隋唐经县境的主要道路有秦皇驰道、小丹阳路、新亭大路、方山大路、上容路等。宋代南京抵镇江府、广德军（县）太平州等驿道，均经江宁县。

民国中期，国民政府定都南京，大兴公路，在原驿道基础上扩建通往沪、浙、皖、赣等公路。凡通往上述省份的公路均经江宁县，江宁农村公路渐趋发达。据民国25年（1936）有关资料载，当时县境有东丹路、上秣路、东岔路、车上路、口解路、东秦路、江板路、板谷路、板中路、江禄路、陶禄路、西元路、禄檐路、咸龙路、湖上路、湖淳路、江句路、禄谢路、滨江路等路19条，待建的乡村公路尚有7条。后因侵华日军侵占江宁，已建成的公路遭到严重破坏，未建成的杂草丛生。民国35年，国民政府虽一度进行抢修，但因忙于内战，加上经济崩溃，而使修路“工款支出，应付维艰”，半途停止，公路仍未畅通。远离公路的偏僻乡村仍以历史上自然形成的泥质小路保持乡、村间的微弱联系。至新中国成立前夕，全县无汽车，货物运输主要靠肩挑畜驮，兼以独轮车。一般老百姓外出只能靠步行。沿河沿江地区一般用木船运输。

新中国成立后，中国共产党和人民政府重视农村道路建设，除对接收下来的公路叠加修建、改建、扩建外，还根据人民生产生活需要，大力修筑县、乡、村公路。20世纪50年代至60年代，各乡村分别把通往集镇形成的田间小路逐步拓修成2米左右的大土路，路面凹凸不平，只能通驴、马、小车。70年代初，结合农田建设兴建了一批乡村道路。1978年后，随着农村经济改革的深入，乡村道路建设加快，路面也显著改善。至1990年年底，全县24个乡（镇）350个行政村全都有公路相通，并通上客运班车。全长累计1846.94千米（省、县养护510.60千米），宽4米以上，可通行汽车、各种类型的拖拉机等。另有大批机耕道路，宽约2米～3米，多为碎石路面，分别接通各主要干线和支线公路，联成一个较完整的道路网络。

1991年，全县实现所有自然村通路目标后，紧接着采取“县里补一点，乡镇出一点，企业和行政村集一点”的办法，帮助有条件、要求迫切的行政村改建柏油路。1995年，全县柏油路里程由1990年的266千米，增至470.50千米。全县377个行政村有250个行政村铺上柏油路，占所有行政村的66.35%。全县乡村道路总长1203.24千米，乡村道路数量之多，引起南京市工程处高度重视，率先在江宁县埋设乡村道路里程碑。

2000年，全县拥有镇村道路2030千米，完成300多千米乡村道路柏油路面和水泥路面改造。其中，已有镇通村水泥路48千米。与柏油路相比，虽然水泥路一次性投入比较大，但具有质量高、寿命长、易护养的优点。

2003 年，全区镇村道路总长 2213 千米，其中高等级、次高等级道路 1372 千米，占总里程的62%。在南京市交通局统一要求和以补代奖政策的扶持下，江宁县于2000年启动镇村道路“灰色化”（水泥化）路面工程，当年完成 83 千米，2001 年完成 164.80 千米，2002 年完成 244 千米，2003 年完成 385 千米。合计完成 876.80 千米，共投入资金 2.51 亿元。全区 287 个村（社区）全部通上水泥路，在全市率先实现村级道路“灰色化”。2005 年，全区 13 个建制镇有道路 608 千米，其中高等级、次高等级道路 488 千米，占总里程的 80.26%；村庄道路 1324 千米，其中高等级、次高等级道路 940 千米，占总里程的 71%。当年完成镇村公路水泥化改造 114 千米和农村道路标准化改造 168 千米。农村水泥路面总里程达 1200 千米，路网密度在全市各区、县中领先。

2006 年，为适应建设社会主义新农村的需要，继续推进农村道路改造工程。全年完成水泥路改造 290 千米。2007 年，完成水泥路改造 486 千米。据区统计局统计，2007 年全区集镇道路 665 千米，村庄道路 1362 千米，农村共有道路 2027 千米。

【桥梁建设】

江宁县农村河、港、溪、汊众多，历来桥梁也多。据旧志记载，江宁较著名的桥梁就有 92 座，未见史籍记载的乡间小桥多达数千座。特别是秦淮河平原、沿江平原地区，人家尽枕河，出门即遇桥。桥结构一般比较简单，人行桥多为石拱桥、木桥、砖桥、小石板桥。偏远乡村田间，过沟越溪只放上一平板或几根捆扎的树棍，一般称为跳板、独木桥等。民国时期，江宁公路兴起，通行汽车过水路面桥梁增多，但所建的一般以木质桥梁为主，使用时间较短。抗日战争时，又遭严重破坏，至新中国成立前夕，多数桥梁被毁，幸存者也破烂不堪。

新中国成立后，随着大规模农田基本建设的开展和村民生产生活的需要，旧存的 2000 余座桥梁，多数于 1958 年后拆毁，或改建成钢筋水泥结构桥梁。公路桥亦因河道拓宽、公路扩建，多数建成永久性桥梁，同时还建成众多新桥。

据 1964 年普查，江宁县共有清代及其以前所修建的古桥梁 163 座（含残存桥墩及倒桥、险桥）。1983 年，结合文物普查补查，尚存 68 座。至 1989 年年底，全县新建、改建的桥梁 1777 座，其中大中型公路桥 335 座，农桥 142 座，古旧桥梁 50 余座，一般小型人行桥梁达 1300 余座。新建桥梁结构多为钢筋混凝土结构，设计新颖，造型美观。1996—2000 年，为解决公路拓宽后桥梁的“卡脖子”问题，江宁县在拓宽道路的同时或是在其前后，对桥梁也进行拓宽改造或易旧建新。5 年中，新建和改建的大型桥梁有宁铜路上的马木桥、金村桥和横溪河桥，104 国道上的河定桥、东山大桥等。2001—2002 年，重建 102 省道上的禄口令桥，拓宽秦淮河上的乌刹桥，拓宽改造 205 国道上的铜井桥。至此，干线桥梁的“卡脖子”问题全部解决。

2003 年，市、区政府决定实施“为农村农民办八件实事”工程。启动为期 3 年的危桥改造和撤渡建桥工程。建设资金采取分级负担的办法：国、省道上的危桥改造资金全部由交通部门承担；县（区）级以下道路上的危桥改造资金全部由区和镇街分担。江宁区经过调查甄别，排出 93 座危桥需要改造，5 道渡口需要改建桥梁，合计 98 座。是年年底，完成 30 座危桥改造和 1 座渡口改桥，总投资 6400 万元。2004 年，完成 35 座危桥改造和 1 座渡口改桥。2005 年，完成 36 座危桥改造和 3 座渡口改桥，并在全市率先实现无渡区。

2006 年，启动新一轮危桥改造工程。当年完成 9 座危桥改造。2007 年，完成 11 座危桥改造。至此，区内农村公路桥梁的技术等级明显提高，安全隐患基本消除。

【水厂建设】

江宁县境河沟塘坝众多。千百年来，广大农民以此为水源，水井微乎其微。新中国成立前，虽然水源水质较好，但由于缺乏管理，村头路边，人畜粪便、垃圾等经常污染池塘，沟渠蚊蝇病菌孳生，饮用水很不卫生。新中国成立后，江宁县加强饮水卫生管理，保障人民健康。20世纪50年代中期，提倡吃、用水塘分开或河沟分段饮水。60年代起，工业逐渐发展，工业废水排放日趋增多，加之农业生产中，化肥、农药大量使用，使很多地区饮用水受到污染。为解决农村饮用水问题，1974年起，农村除打大口井外，还发动群众打小口径井，靠手摇加压吸水。20世纪80年代，全县大力兴建自来水设施。至1989年，全县共打大口井2225眼，小口井9115眼。同时，大力提倡各乡所在地自建水厂。1984年，全县农村饮用自来水人数为6.35万人，仅占当年全县农村总人口的9%。1985年后，随着农村经济的发展，农民生活水平不断提高，各地要求兴办自来水厂日益迫切。县政府决定每年从地方财政中拨出一部分资金，作为农村改水专用资金，补助农村兴建自来水工程。各地也通过群众自己掏一点，集体拿一点的方式筹措用于改水资金，积极进行自来水建设工作。继全县23个乡镇所在地办起22家水厂后，42个行政村也陆续办起自来水站。72个行政村通过延长管道的办法，接通南京市及附近厂矿部队自来水。至1990年，农村自来水受益人数为3万人，占全县总人口的41%。

图7-5-33　江宁区供水跨河管道施工现场（2002年摄）

1991—1995年，全县先后新建、扩建、改建12家集镇自来水厂，总投资3520万元，新增供水能力1.95万吨/日。至1995年年底，全县农村自来水受益人口达34.20万人，占人口总数的47%，比1990年增长6%。

图7-5-34　淳化自来水厂（2004年摄）

2001年，全区自来水普及率100%，自来水覆盖村庄2058个，有供水设施村庄数172个，全区农村自来水使用人口61.38万人。2002年，全区100%的村庄用上自来水，自来水覆盖村庄2111个，有供水设施的村庄258个。2003年，全区农村有自来水厂30家，供水能力10万吨/日，供水管道1027千米。2005年，全区13个建制镇及所辖村庄自来水普及率100%，覆盖村庄1571个，有供水设施的村庄114个。

2005 年江宁区建制镇自来水情况表

表 7-5-6

镇（区）名	自来水受益镇数（个）	有供水设施的镇数（个）	水厂数（个）	自来水厂日供水能力（吨）	自备水源日供水能力（吨）	供水管道长度（千米）	年供水总量（万吨）			用水人口		人均日生活用水量（升）
							合计	其中 生产用量	其中 生活用量	人口（万人）	用水普及率（%）	
江宁区	13	13	17	91400	5000	738	2972	1253	1719	22.85	100	206.11
江宁镇	1	1	1	6600	1200	119	272	169	103	1.96	100	143.98
禄口镇	1	1	3	27000	—	90	870	480	390	5.00	100	213.70
湖熟镇	1	1	1	4500	—	80	135	75	60	1.20	100	136.99
陶吴镇	1	1	1	5000	—	50	181	80	101	1.22	100	226.81
汤山镇	1	1	1	10000	—	64	340	130	210	2.00	100	287.67
麒麟镇	1	1	1	3400	300	18	124	42	82	2.04	100	110.13
铜井镇	1	1	3	4000	—	32	146	42	104	2.32	100	122.82
上峰镇	1	1	1	8000	—	21	292	100	192	0.98	100	536.76
土桥镇	1	1	1	2400	800	27	99	16	83	1.38	100	164.78
丹阳镇	1	1	1	4000	—	46	80	52	28	0.45	100	170.47
周岗镇	1	1	1	2000	2000	18	79	6	73	0.78	100	256.41
横溪镇	1	1	1	4500	700	41	174	31	143	0.99	100	395.74
谷里镇	1	1	1	10000	—	132	180	30	150	2.53	100	162.43

说明：2006 年 3 月，区划调整，13 个建制镇变化较大，无法统计 2007 年的数字

第四节　省康居示范村简介

为推动村庄建设，实施农业现代化，农村城镇化，城乡一体化的战略，1998 年，全县 350 个村有 165 个中心村制订建设规划，按照村当镇建要求进行建设。同时，开始在禄口铜山的彭福村和上峰孟墓村实施省级中心村建设试点，为全县启动中心村建设树立样板。1999 年，在完成全县 276 个中心村规划的基础上，2000 年，县建设局分别与 17 个建制镇签订目标责任书，确定每个镇 1 个 ~ 2 个中心村进行试点建设。2004 年，又开展省康居示范村和综合整治村的创建工作。至 2007 年，江宁区有 6 个村为省康居示范村，分别是汤山街道李岗头村、孟墓村、锁石村、上峰村，禄口街道彭福村和淳化街道青龙村。

【汤山街道李岗头村】

李岗头村地处上峰镇南，面积 4.50 平方千米，耕地 185 公顷。辖李岗头、寺后、王村、张府仓、詹家边 5 个自然村，18 个村民小组，共有 621 户、2227 人。2005 年，全村村级经济收入 163 万元，农民人均分配水平 8487 元。

李岗头村是全区闻名的塑料村，该村自 1975 年创办上峰塑料厂开始，至 20 世纪 80 年代全村大办塑料厂，形成办塑料厂热，其间相继建立南京光明塑料模具厂、南京增益塑料厂、南京泉山卫生器材厂与李岗头小学塑料厂。90 年代，创建南京星辰塑料模具厂和南京宏达塑胶电器厂，经过滚动发展，至 2005 年，建成 24 家塑料企业。是年，该村实现工业总产值 1.50 亿元，税收 520 万元。

图 7-5-35　汤山街道李岗头村民委员会（2003 年摄）

2000 年后，该村社会事业发展迅猛。至 2004 年，5 个自然村实现水泥道路村村通，修筑水泥路面 6.50 千米，自来水入户率 100%，改厕率 90%，有线电视入户率 80%，全村还建造垃圾池 30 个、无公害公厕 2 座。

2001 年，李岗头村获南京市文明村荣誉称号；2003 年 8 月，被评为省消防示范村；2004 年 10 月，被评为省康居示范村，并连续 3 年荣获南京市综合实力百强村称号。

【汤山街道孟墓村】

孟墓村位于原上峰镇西南角（2006 年并入汤山街道），面积 9.07 平方千米，耕地总面积 216.93 公顷。辖 7 个自然村：孟墓、湄塘、神童、郗家、郄坊、陆家、陈坊村，22 个村民小组。有 752 户、2471 人。至 2005 年，全村经济收入 288 万元，农民人均纯收入 8400 元。

全村农业生产主要以种植水稻、小麦、油菜、大豆为主。1985—2004 年，开挖“当家塘”（为蓄水救田，用于群众洗衣洗菜、牲畜饮水、浇田灌溉等被群众称为“当家塘”。）27 个，蓄水能力明显增强。2005 年粮食总产量 300 万公斤。副业生产到 2000 年已形成“四个一千”，千亩茶园、千亩果园、千亩鱼塘混养基地、千亩棉花基地。

工业发展蒸蒸日上。1965 年始，村里利用资源优势，先后办起陶土厂、窑厂、民用采石厂，以滚雪球方式，推进村办工业发展。20 世纪 90 年代开始引进外资办厂。其间，全村工业产值、利税收入一直名列全镇 13 个行政村前列。1998—2004 年，跨入南京市综合实力百强村行列。2005 年列第 25 位。是年，全村实现工业产值 2.60 亿元，利税 3900 万元，就业人数 2000 人。

2000 年始，全村社会事业不断发展。当年全村所有村民均饮上马蹄堰含矿泉水成分的优质自来水。村村都通水泥路。2005 年，对年满 60 周岁、70 周岁、80 周岁及以上老人按月发放 40 元、50 元、60 元的养老金，同时对失去劳动能力的 28 户五保户、43 户低保户做到应保尽保。是年，全社区（村）共改水改厕 640 户，新砌垃圾池 92 个、垃圾房 8 座。同时对马新河两旁、休闲广场、主干道两旁进行绿化、美化和亮化。共植树 10 万株，安装路灯 79 盏。

图 7-5-36　汤山街道孟墓村老年人活动中心（2006 年摄）

2005 年，孟墓村被评为省级康居示范村。

【汤山街道锁石村】

锁石村位于南京中山门外，宁杭公路旁，总面积 4.80 平方千米，其中耕地面积 86.67 公顷。辖 3 个自然村共有 415 户、1582 人。2007 年，实现三业总产值 3.80 亿元，村级可支配收入 943 万元，农民人均纯收入 1.58 万元。汤山街道锁石村，连续 12 次获南京市综合实力百强村称号；先后获得江苏省文明村、生态示范村、康居示范村、卫生村、文明标兵村以及全国文明村、全国美德在农村示范点等荣誉称号；2006 年，被评为江宁区十佳新农村建设先进单位第一名（详见本志第三十二编第三章第一节《文明村》）。

图 7-5-37　全国文明村——汤山街道锁石村。图为锁石村体育场（2006 年摄）

【汤山街道上峰社区】

2006 年 8 月，汤山街道上峰村和李岗头村合并成立上峰社区。社区面积 7.93 平方千米，共有 1224 户、4062 人。2007 年，社区人均年收入 1.20 万元。

上峰社区大力发展工业，投入资金 300 多万元，平整土地 33.33 公顷，建立工业园区。引进江苏省派特公司、可莱威饲料公司、南京金城电动车有限公司等 15 家耗能低、效益高、无污染、环保节能型企业落户。2007 年，工业总产值 3 亿元，初步形成塑料、模具、机动车三大特色产业。大力发展现代农业，建成高峰湖蔬菜、花卉生产基地，并与省农科院合作建设南京市高效农业示范区。

至 2007 年，先后投入 1300 万元用于村庄建设。新建 6000 平方米的社区服务中心，架设路灯 100 余盏，改厕 1100 多户，改厕率达 90% 以上。新建垃圾房 70 多个，成立 26 个人的保洁队。并分别完成李岗头村和上峰村的村庄建设规划。

至2007年，上峰社区先后获得省科普文明社区、省康居示范村、市和谐青年文明社区等称号。

【禄口街道彭福村】

彭福村位于禄口街道东南端的秦淮河畔，全村面积2.34平方千米，耕地面积115.37公顷。辖8个自然村、2个居民小组，有居民386户、1313人。全村有村民住宅楼49幢，建商业门面楼28套间。修建占地11公顷、蓄水量30万立方米水库一座，改善村民饮水质量。村里建有建筑面积1.04万平方米的社区活动中心，健身娱乐器材和各种书籍一应俱全。有建筑面积2500平方米幼儿园一座，建筑面积1600平方米的村卫生所一座，自来水、液化气、有线电视等入户率达90%以上。学龄儿童入学率100%。彭福村为南京市综合实力百强村、小康示范村；江苏省百佳生态村、文明村和康居示范村（详见本志第三十二编第三章第一节《文明村》）。

图7-5-38　江苏省文明村——彭福村（2005年摄）

【淳化街道青龙村】

青龙村位于淳化街道104国道与汤铜公路交接处，总面积10.08平方千米。下辖5个自然村，共有1082户、3320人。2007年，村级集体收入520多万元，农民人均收入1万元。青龙村是南京市社会主义新农村建设试点村之一。

2005—2007年，青龙村加大环境整治力度。对东龙、西龙、杜村3个自然村进行环境整治。拆除露天粪坑、草坑等200余个，清理河道4千米，清淤水塘2公顷，共清淤土方18.32万立方米。新建公厕5个，垃圾房60个。新建广场2个。对17.50千米长主干道两旁进行绿化，村庄绿化共种植各类树木5万多株，铺设草坪4600平方米。全村自来水入户率、有线电视入户率、宽带网络入户率均为100%；垃圾收集处理率、卫生厕所普及率均为100%。

图7-5-39　省级康居示范村——淳化街道青龙村（2006年摄）

青龙村先后获得区文明村、十佳富民村、绿化先进单位等称号；2007年，被评为省级康居示范村。

第八编

环境保护

新中国成立之初，江宁县工业基本空白，工业污染甚微，城乡环境质量较好。1978年后，环境污染日益严重。1980年10月，县政府成立江宁县环境保护局。随着工业生产中排放的污染物逐渐增多，环境污染日益加重，县环保局分别于1985年、1989年、1990年、1995年、1997年、1999年共6次对全县范围内的工业污染源进行调查，全县污染防治开始从污染末端的治理转变为生产过程的控制。1990—2000年，全县工业污染治理投资8000多万元，竣工各类治理工程45项，关闭“十五小”（小造纸、小制革、小染料、土炼焦、土炼硫、土炼砷、土炼汞、土炼铅锌、土炼油、小选金、小农药、小漂染、小电镀、土石棉制品、土法放射性制品等）污染企业24家，改善了全县环境质量。1996—2000年，全县每年减少工业废水排放量15[illegible]8万吨，各种主要污染物、化学耗氧量（COD）和悬浮物（SS）分别削减2787.30吨和4420吨，大气中的二氧化硫和粉尘分别减少5840吨和965.70吨，氨氮减少752吨。秦淮河和秦淮新河水质已基本达到功能区水质标准，大气环境质量也优于国家一级标准。2004—2007年，全区取缔和关停化工、造纸、电镀等重污染行业和企业160[illegible]多家；江宁经济技术开发区烟控区内取缔10吨以下燃煤锅炉，实施区域集中供热。同时，全区开工建设集中式污水处理厂21座，日处理污水能力30.60万吨。

区环境保护局充分履行依法管理环保工作的职能。1985年始，县环保局实行对新建、扩建、改建项目中，有关环境保护设施必须与主体工程同时设计、同步施工、同时投产的“三同时”审批手续。1990—2007年，共审办建设项目3052个，建设项目“三同时”执行合格率为100%，使经济发展和环境保护得到双赢。198[illegible]—2007年，完成第一至第四轮南京市对区（县）长环保目标责任状的考核任务。开展环保专项行动，严厉打击环境违法行为。1996—2007年，完成排污申报8914家次。其间，区环保专项行动出动3.60万人次，先后开展饮用水源地专项整治、开发区水环境整治、化工企业专项整治等工作。

2000年10月，江宁县向省环保厅申报创建省级生态示范区。2001年，江宁区被国家环保总局批准为第六批全国生态示范区试点地区。2004年12月，通过国家环保总局的考核验收，获得全国生态示范区的命名。此后，又提出创建全国生态区的目标。2006—2007年，先后投入100多亿元，完成近百项重点生态工程和生态示范项目，全面达到全国生态区建设的5项基本条件和22项指标要求。初步形成比较完善的生态经济、生态产业、生态环境、生态人居、生态文化体系。至2007年，全区9个街道基本达到全国环境优美街道的考核要求，建成省级生态村14个，省、市绿色学校33所，国家级、省级、市级绿色社区40个，全国、省绿色家庭3个。

第一章　环境质量

全区环境质量主要反映在水环境、大气环境、声环境等3个环境要素中污染物的含量或噪声声级与国家规定的标准限定量衡量后的优劣状况。

20世纪70年代前，江宁县环境质量的总体水平处于相对良好的状态。这一时期尚无专门的环境管理机构和污染物排放监测手段，也未形成具体的文字材料。

从20世纪80年代开始，由于工业的发展，人口的增加，使得进入环境的各类污染物的排放量明显增多，并逐渐超过环境自然净化能力，从而产生环境污染，导致环境质量下降。在环境各要素中，水质污染和水质下降较为严重。80年代后期，由于工业污染防治和环境综合整治取得成效，环境污染恶化的趋势有所遏制。进入90年代后，江宁县环境质量总体水平稳定，部分区域环境质量得以改善，但与国家标准相比还有差距。2000年始，江宁城市化建设步伐加快，环境保护工作力度加大，特别是全国生态区的创建活动，使全区环境质量有较大提高。

第一节　水环境质量

【秦淮河水质】

秦淮河是县城东山镇主要自来水饮用水源。1984年，对秦淮河定期采样监测，各批次化验分析中均有酸、化学耗氧量、汞、氨氮、石油等有害物质。

1990—1995年，工业发展迅速，导致工业污染源增加，水环境质量连续下降。1994年，土桥镇祝庄至湖熟集镇段由于上游句容县大量工业废水的排入，污染十分严重，尤其在平水期、枯水期，水质发黑发臭。

1996年，秦淮河水质局部有改善，总体仍然较差，非离子氨、挥发酚、化学耗氧量等污染物普遍超标。受殷巷五金厂污水排放的影响，马木桥水厂水源六价铬超标，饮用水源水质达标率为80.60%。洋桥至东山桥段水质有所改善，除石油外，其他指标均达到GB 3838-88规定的国家四类水质标准。祝庄至洋桥段水质污染仍较严重，石油类、挥发酚、溶解氧、化学耗氧量、非离子氨等超标。

2000年，上游句容河实施水利工程建设，句容市的城镇污水截流，对境内地面水影响减小，秦淮河水质污染状况得到控制。至2007年，经过整治的秦淮河水质总体得到改善，特别是感官性状已有好转，恶臭、悬浮物大幅减少。工业废水对河水的污染有所控制，酚、氨、汞、铬、砷、铅、镉等污染物含量基本上符合国家标准。经监测，秦淮河水质全面达到相应的功能区标准，达到全国生态县（市、区）的考核标准。

【中心河水质】

中心河位于上坊，是环绕县城东山镇的河流，全长10千米，承担着上坊乡近万亩农田的灌溉和东山部分居民生活饮用水。中心河水厂建立于20世纪80年代初期，水厂建成后，河流枯水期（冬季）水量达不到设计要求。每逢干旱年，都要通过泵站从运粮河翻水，翻水过程中也将运粮河的污染物带入中心河。中心河及运粮河沿岸有8家重点工业污染源，境内上申化纤制品有限公司日排废水60吨，上坊电镀厂日排废水100吨，上坊高桥电镀厂日排废水20吨，麒麟电镀厂日排废水50吨；南京市区内的金陵制药厂南山分厂日排废水120吨，南京电器厂四分厂日排废水30吨。

20世纪80年代初，南京城区的部分垃圾倾倒在中心河雨花台区一侧，使得局部河段宽度由原来的80米缩至20米左右，严重影响河道的防洪排涝能力，长年堆积的数十万立方米垃圾，使中心河形成重度污染，还造成周围高桥、潘村、机场3个村的生活环境恶化。1991年春，在高桥门地区发生因在垃圾场上养猪，造成生猪感染流行传染病，死亡1000多头的事件。

2007年3月，区政府投资6500万元实施中心河水环境综合整治工程，主要包括河道清淤及堤防加固工程、穿心沟堤防及挡墙工程、上坊门泵站工程与景观绿化工程等四大项。中心河环境综合治理，消除了堤防隐患，保护了堤防安全，还扩大行洪断面，增加蓄水容量25万立方米，减少了生活污染水源及河底淤泥的污染，同时也改善了水质，修复了水体生态环境。由此，东山新市区实现秦淮河—中心河—外港河—秦淮河的水循环，水体生态环境质量全面提升。

【外港河水质】

外港河贯穿江宁老城区东西，全长6.50千米。20世纪80年代前，外港河水质尚好，有鱼群活动。90年代之后，除竹山仲铭桥以下至秦淮河入口处1310米左右污染较上段略轻外，岗山桥至仲铭桥段约2190米污染逐年加剧。1997年，由于大量污水、废弃物等污染物的排入，致使河床淤泥严重，污水中含有较重的六价铬、悬浮物等有害物质，影响居民的生存环境与市容市貌。

2004—2006年，外港河曾实施综合整治工程。通过整治，搬迁沿岸重点排污企业和竹山桥菜场，并实施绿化河道清淤和景观工程，使外港河水质有明显改善。但由于沿河两岸特别是岗山桥至竹山桥段为居民生活区，乱扔垃圾的现象较为严重，河水有时比较浑浊。

2006—2007年江宁区水环境质量达标情况表

表8-1-1

河流名称	断面名称	水环境功能区名称	水质类别	达标情况		断面坐标		备 注
				2006 年	2007 年	经 度	纬 度	
长 江	江宁河口	渔业用水区	Ⅱ	达 标	达 标	118° 37.134′	31° 50.579′	小康断面
秦淮河	乌刹桥	饮用水源保护区	Ⅲ	达 标	达 标	118° 49.078′	31° 56.568′	—
	汤铜路桥	饮用水源保护区	Ⅲ	达 标	达 标	118° 49.068′	31° 55.732′	—
	洋 桥	农业用水区	Ⅳ	达 标	达 标	118° 49.068′	31° 55.668′	小康断面、省控
	小龙湾	渔业用水区	Ⅲ	达 标	达 标	118° 49.098′	31° 55.564′	—
	天元路桥	饮用水源保护区	Ⅲ	达 标	达 标	118° 49.110′	31° 55.438′	—
	东山大桥	景观娱乐用水区	Ⅳ	达 标	达 标	118° 50.122′	31° 56.221′	—
秦淮新河	河定桥	工业用水区	Ⅳ	达 标	达 标	118° 50.722′	31° 56.201′	小康断面
铜井河	铜井镇桥	农业用水区	Ⅳ	达 标	达 标	118° 36.732′	31° 49.250′	—
江宁河	江宁镇桥	农业用水区	Ⅳ	达 标	达 标	118° 37.234′	31° 50.139′	—
横溪河	黄 桥	农业用水区	Ⅲ	达 标	达 标	118° 45.536′	31° 41.856′	—
云台山河	金村桥	农业用水区	Ⅳ	达 标	达 标	118° 46.253′	31° 48.557′	—
句容河	三岔河	景观娱乐用水区	Ⅲ	达 标	达 标	118° 59.085′	31° 54.567′	省 控
	湖熟桥	农业用水区	Ⅲ	达 标	达 标	118° 54.160′	31° 51.702′	—
	友谊桥	农业用水区	Ⅲ	达 标	达 标	118° 52.775′	31° 53.604′	—
牧龙河	牧龙桥	农业用水区	Ⅳ	达 标	达 标	119° 03.425′	31° 53.019′	—
牛首山河	陈扬大桥	农业用水区	Ⅳ	达 标	达 标	118° 49.375′	31° 55.326′	—
索墅西河	赵家边桥	农业用水区	Ⅳ	达 标	达 标	118° 54.553′	31° 56.793′	—
索墅东河	耀华桥	农业用水区	Ⅳ	达 标	达 标	118° 54.203′	31° 55.121′	—
汤水河	周郎桥	渔业用水区	Ⅲ	达 标	达 标	119° 03.259′	32° 00.384′	—
丹阳河	丹阳镇桥	渔业用水区	Ⅲ	达 标	达 标	118° 42.679′	31° 42.265′	—
安基山水库	安基山水库	饮用水源保护区	Ⅲ	达 标	达 标	119° 03.513′	32° 05.289′	—
赵村水库	赵村水库	饮用水源保护区	Ⅲ	达 标	达 标	118° 48.365′	31° 40.307′	小康断面

第二节 大气环境质量

【城区大气环境质量】

1983年，县城东山镇一年四季二氧化硫、氮氧化合物等平均浓度基本符合国家标准。但在史家里工业区的钢铁厂、化肥厂、河定桥地区的上空，大气质量降至国家三级标准。至1985年，酸雨出现率11%。

1994年，城区大气环境质量达到国家大气环境质量二级标准，属微轻度污染。主要污染物是尘，降尘量最高时达18.36吨/平方千米·月，年平均值为9.74吨/平方千米·月，较1993年下降29%。全年二氧化硫、总悬浮物微粒、氮氧化物平均浓度分别为0.033毫克/标立方米、0.145毫克/标立方米、0.046毫克/标立方米。降水中酸雨的出现率为10%，共5次，较1993年下降6%，最低一次pH值为5.32，较1993年下降0.37。城区大气环境质量有所改善。2002年，城区大气污染状况总体趋于稳定并继续得到改善，达到国家二级标准。大气中的主要污染物如总悬浮物微粒、氮氧化物、降尘明显下降。

2007年，经设立在开发区湖滨路18号百家湖花园主城区环境空气自动监测点监测，主城区环境空气质量达到《环境空气质量标准》（GB 3095-1996）表1中国家二级标准，达到全国生态县（市、区）的考核要求。

【街道大气环境质量】

20世纪70年代初期以前，江宁县所属各人民公社的大气环境质量尚未受到工业废气的污染影响，因而没有明显的大气污染状况。70年代后期开始，农村逐渐受到工业废气排放的影响。

1989年，全县各乡镇大气中的二氧化硫、氮氧化物与总悬浮微粒年平均含量除总悬浮微粒略超标外，其他项目均符合国家标准。各乡镇大气环境质量总体状况处于轻微污染，优于城区。1995年，全年二氧化硫排放量4.50万吨，烟尘、粉尘5万吨。1990—1995年，每年都有降尘超标并出现酸雨的现象。2002年，全区大气污染状况总体趋于稳定并得到改善，大气中主要污染物如总悬浮微粒、氮氧化物、降尘等明显下降。

2007年，根据各街道环境空气质量监测报告，环境空气质量均达到《环境空气质量标准》（GB 3095-1996）表1中国家二级标准，也达到国家生态县（市、区）考核标准。

第三节 声环境质量

【城区环境噪声】

1985年，县城东山镇等效声级平均值最低44分贝，最高77分贝，拖拉机和汽车喇叭声是主要噪声声源，工厂机器和建筑施工机械噪声也较为严重。区域分布为县城西部的噪声污染比东部严重。

1995年，县城噪声污染较严重，城区环境噪声等效声级平均值为56.20分贝。2000年，城区环境噪声等效声级平均值为54.60分贝，呈逐年好转的趋势。此后，城区环境噪声等效声级平均值一般都保持在56分贝。

2007 年，城区环境噪声等效声级均值在 51 分贝，比 2006 年的 54.80 分贝下降 3.80 分贝，根据《声环境质量标准》（GB 3096–2008）评价，环境噪声达标率为 89%。

【城区交通噪声】

由于城镇道路建设跟不上，汽车保有量不断增加，20 世纪 80 年代中期开始，交通噪声一度成为社会热点问题。江宁县交通噪声主要来源有喇叭声、车辆与路面的摩擦声和汽车马达声。区域主干道宁溧路等路段噪声达到 80 分贝以上。

20 世纪 90 年代始，县城交通噪声污染严重。1993 年，东山镇的 15 个路段交通噪声均值 77.90 分贝，超过国际标准化组织建议的 70 分贝的基准 7.90 分贝。至 1995 年，东山镇 15 个路段噪声均值下降至 71 分贝，但超过 70 分贝的路段仍占 57.80%，75 分贝以上的高噪声路段占 14.90%。

2001 年，江宁城区交通噪声得到一定控制，污染状况有所改善。虽然平均车流量达到历史最高的 991.10 辆 / 小时，但主干道交通噪声均值降至 69.70 分贝，超标准路段率降至 43.50%。这种状况一直保持到 2007 年，其间主干道交通噪声均值始终控制在 70 分贝以下。2007 年，城区平均车流量为 1465 辆 / 小时，交通噪声超过 70 分贝的路段比例仅为 21.90%。

【街道环境噪声】

经过多年综合治理，至 2007 年，全区 9 个街道建成区区域环境噪声均达到《声环境质量标准》（GB 3096–2007）中国家二类区标准，并达到国家生态县（市、区）的考核要求。

2007 年江宁区街道功能区噪音达标情况表

表 8–1–2　　单位：分贝

街镇名	功能区类别	监测结果		评价标准		功能区达标情况
		昼　间	夜　间	昼　间	夜　间	
东山街道	二类区	54.20	45.70	60	50	达　标
	三类区	56.70	47.60	65	55	达　标
汤山街道	二类区	53.10	43.20	60	50	达　标
	三类区	55.30	46.20	65	55	达　标
淳化街道	二类区	54.20	43.20	60	50	达　标
湖熟街道	二类区	53.10	42.00	60	50	达　标
	三类区	54.70	45.10	65	55	达　标
江宁街道	二类区	54.20	43.60	60	50	达　标
谷里街道	二类区	53.70	43.10	60	50	达　标
禄口街道	二类区	54.60	44.20	60	50	达　标
	三类区	55.80	45.20	65	55	达　标
横溪街道	二类区	53.20	43.20	60	50	达　标
	三类区	54.80	44.60	65	55	达　标
秣陵街道	二类区	53.00	42.80	60	50	达　标

第二章 污染物排放

新中国成立之初，江宁县只有1座小煤矿和20家粮油加工及食品作坊，污染物排放量较小，全县自然环境良好，生态基本平衡。20世纪50年代后期至60年代初，工业中的“三废”（废水、废气、废渣）排放不多，环境污染基本未造成危害。20世纪70年代至80年代，全县工业迅速发展，“三废”处理能力差；乡镇（包括村办）工业在发展中，招进不少在城市限制发展的有严重污染的电镀、化工、造纸和“三废”转嫁等项目。至1985年，全县有污染企业589家，这些企业超标排放污染物，导致局部地区环境负荷加大，环境问题突出。20世纪90年代开始，现代工业发展迅速，城市规模不断扩大，人口大量增加和集聚，工业“三废”、生活污染物的排放量逐渐加大，城市噪声等物理性污染源增多，农用化学品流失量也随农用化肥、农药施用量的增加而增加。2007年，全区工业废水排放量1593.60万吨，达标排放率96.86%；工业废气排放量2325380万标立方米；区工业固体废物产生量30.01万吨，综合利用率为97.86%；城镇生活垃圾产生量29.24万吨，无害化处理率98%。

第一节 工业“三废”排放

【工业废水排放】

构成全县水环境污染的主要有秦淮河、秦淮新河及其支流，还有单独流入江的江宁河、铜井河、七乡河、九乡河等。尤其秦淮河沿岸集中全县冶金、电镀、造纸、印染、化工、电力等企业，其排放工业废水量占全县废水的90%左右，河流局部污染严重。20世纪70年代中期，污染已危及到县水厂水源。不久，该河又被垃圾污染，因而不能饮用。1984年，对秦淮河定期采样监测，各次化验分析中均有酸、化学耗氧量、汞、氨氮、石油等有害物质。80年代中期，县城饮用水改用南京自来水。

1991—1995年，全县地表水污染十分严重，大量河段（句容河段、外港河段）水质劣于国家地表水环境质量标准GB 3838–88，部分乡镇饮用水源受到影响，环境污染程度有所加重。1991年，全县工业废水排放总量1034万吨，工业废水处理量1024.69万吨，工业废水处理率99.10%；排放达标量412万吨，工业废水达标率39.80%。外排工业废水中的污染物681.94吨。1995年，全县工业废水排放总量831万吨，全部直排江河湖中。工业废水处理率35.70%，排放达标量93万吨，工业废水达标率11.20%。外排工业废水中的污染物含六价铬、铅、挥发酚、氰化物、石油类、化学需氧量、悬浮物等1290.68吨。2000年，工业废水排放总量1318.74万吨，工业废水排放达标量327.74万吨，工业废水处理率31.30%。工业废水中的污染物排放量6495.50吨。2000年，全县工业产值达到55.34亿元，1996—2000年，五年产值年均递增15.80%，全县废水污染排放总量却得到显著削减，工业废水污染得到有效控制。

2007年，全区工业废水排放量1593.60万吨，有废水治理设施92套，废水治理设施日处理能力5.20万吨，废水治理设施运行费用3212.60万元，工业废水处理量1261.70万吨，工业废水排入污水处理厂437.40万吨，工业废水排放达标率96.86%。2001—2007年，全面推进水环境治理工程，外秦淮河江宁段、秦淮新河、运粮河、百家湖等水质达到相应功能区标准，东山城区饮用水质达标率100%，中心镇饮用水质达标率99%以上。

1991—2007年江宁区工业废水排放情况表

表 8-2-3

年份	工业用水总量（万吨）	工业废水（万吨）		外排工业废水中的污染物（吨）										
		排放总量	直接排入江河湖库	镉	六价铬	铅	砷	挥发酚	氰化物	石油类	化学需氧量	悬浮物	硫化物	氨氮
1991	2764.00	1034.00	992.00	—	0.37	—	0.01	—	0.56	55.00	313.00	313.00	—	—
1992	2960.00	983.00	983.00	—	0.33	—	—	—	0.04	142.00	323.00	431.00	3.15	—
1993	1227.00	655.00	655.00	—	0.17	—	—	2.67	0.04	55.00	351.00	1171.00	2.18	—
1994	1245.00	681.00	666.00	—	0.25	—	—	18.34	0.18	85.00	630.00	1108.00	7.87	—
1995	2545.00	831.00	831.00	—	0.02	0.01	—	0.52	0.13	115.00	395.00	780.00	—	—
1996	1657.92	602.58	594.98	—	0.06	—	0.01	0.36	0.02	78.58	444.43	460.96	—	—
1997	960.00	860.00	860.00	—	0.05	—	0.01	0.38	0.03	80.56	343.50	360.96	—	—
1998	958.00	818.79	808.79	0.01	—	0.02	—	2.10	—	1.55	6365.51	635.01	—	—
1999	2296.82	1267.24	—	0.03	0.01	0.03	0.02	0.19	0.05	1.24	14464.65	653.37	—	—
2000	1877.50	1318.74	—	—	0.01	0.03	0.02	0.11	0.04	1.96	6260.43	232.90	—	—
2001	1101.25	399.00	—	—	0.05	0.01	0.01	0.03	0.04	4.89	1155.60	—	—	6.36
2002	2159.36	1501.06	—	—	0.08	0.01	—	0.04	0.10	5.18	2884.88	—	—	108.65
2003	2621.19	1427.21	—	—	0.32	0.01	—	0.08	0.49	3.89	2702.60	—	—	91.22
2004	3208.46	1241.51	—	—	0.12	0.01	—	0.05	0.11	3.37	3181.41	—	—	2.52
2005	12284.22	1264.94	—	—	0.10	0.01	—	0.03	0.05	1.50	2958.57	—	—	30.43
2006	13612.30	1496.20	—	—	0.04	0.06	0.02	0.04	0.06	2.91	3156.73	—	—	51.19
2007	14606.00	1593.60	—	—	0.04	0.06	—	0.04	0.06	3.87	2551.74	—	—	56.66

【工业废气排放】

新中国成立初，污染物排放量较小，对大气环境不足以形成污染。20 世纪 50 年代后期至 60 年代初，工业虽有发展，但生产规模不大，工业废气排放也不多，由于环境的自净能力，大气污染基本未造成危害。20 世纪 70 年代至 80 年代，全县工业迅速发展，工业废气排放量增多，工业废气处理能力差，污染日渐严重。

1985 年，江宁县二氧化硫排放量为 251.31 吨，烟尘 50278 吨。江宁东山县城范围内飘尘含量在各功能区均劣于三级质量，部分砖瓦、水泥、冶炼企业所在地区，煤烟型污染十分严重。从 1986 年起，对全县工业污染的废气排放量及主要污染物种类数量进行 6 次比较规范的调查和统计，结果显示工业废气污染程度加重。

1991 年，全县工业耗煤量 22 万吨，耗燃料油量 0.33 万吨。废气排放总量 353802 万标立方米；经除烟消尘的 203394 万标立方米，消烟除尘率 90.10%；经净化处理的 83039 万标立方米，净化处理率为 64.80%。废气中排放的污染物主要有二氧化硫排放量 4643 吨，二氧化硫去除量 232 吨，二氧化硫去除率 4.80%；工业烟尘排放量 969 吨，工业烟尘去除量 3637 吨，工业烟尘去除率 79%；工业粉尘排放量 16557 吨，工业粉尘回收量 14885 吨，工业粉尘回收率 47.30%。是年，工业废气中的主要污染物二氧化硫排放量是 1985 年的 18.47 倍。

1996 年，全县工业耗煤量 36.34 万吨，燃料油消费量 0.01 万吨。消耗量大的仍是水泥、冶炼、煤制气等行业。14 家重点污染源拥有锅炉 19 台、工业炉窑 24 台。全年工业废气排放总量 683663 万标立方米，经过除尘消烟的 215341 万标立方米，消烟除尘率 99.80%；经净化处理的 434912 万标立方米，净化处理率 92.90%。废气中排放的污染物有工业二氧化硫排放量 9145.01 吨，二氧化硫去除量 1587.13 吨，二氧化硫去除率 14.80%；工业烟尘排放量 4092.65 吨，工业烟尘去除量 8279.42 吨，烟尘去除率 66.90%；工业粉尘排放量 13074.43 吨，工业粉尘回收量 12143.84 吨，工业粉尘回收率 48.20%。1996 年，工业废气中主要污染物二氧化硫排放量是 1991 年的 1.97 倍，但二氧化硫去除率提高了 10%。

2001 年，江宁区煤炭消费总量 65.87 万吨，燃油消费量 0.22 万吨。工业废气排放量 545587 万标立方米。二氧化硫去除量 751.74 吨，二氧化硫排放量 5302.69 吨，其中排放达标量 3588.67 吨；烟尘去除量 1230 吨，烟尘排放量 5404.93 吨，其中排放达标量 4369.39 吨；工业粉尘去除量 5856.95 吨，工业粉尘排放量 788.75 吨，其中排放达标量 769.35 吨。2001 年，工业废气中主要污染物二氧化硫排放量是 1996 年 0.58 倍。

2007 年，全区煤炭消费量 97.42 万吨，燃油消费量（不含车船用）0.63 万吨。工业废气排放量 2325380 万标立方米。氮氧化物去除量 8500 吨，氮氧化物排放量 7802.10 吨，氮氧化物达标排放量 7801.90 吨；二氧化硫去除量 5494.95 吨，二氧化硫排放量 6632.92 吨，二氧化硫达标排放量 5718.38 吨；烟尘去除量 28731.47 吨，烟尘排放量 5812.89 吨，烟尘达标排放 5443.77 吨；工业粉尘去除量 213731.28 吨，工业粉尘排放量 15324.49 吨，工业粉尘排放达标量 14118.94 吨。2007 年，工业废气中主要污染物二氧化硫排放量是 2001 年的 1.25 倍，二氧化硫达标排放量比 2001 年多 2129.71 吨。

1991—2007 年江宁区重点工业企业废气排放情况表

表 8-2-4

年份	煤、油消耗（万吨）		废气排放总量（万标立方米）	废气中污染物（吨）								
	工业耗煤量	耗燃油量		二氧化硫排放量	二氧化硫去除量	其中：排放达标量	烟尘排放量	烟尘去除量	其中：排放达标量	工业粉尘排放量	工业粉尘回收、去除量	其中：排放达标量
1991	22.00	0.33	353802	4643.00	232.00	—	969.00	3637.00	—	16557.00	14885.00	—
1992	26.00	0.36	326716	7554.00	595.00	—	1238.00	6037.00	—	14594.00	64050.00	—
1993	28.00	0.43	319492	8367.00	211.00	—	3422.00	15106.00	—	23826.00	27897.00	—
1994	32.00	0.29	617918	6797.00	504.00	—	1155.00	6856.00	—	12320.00	26804.00	—
1995	32.00	0.18	624806	7861.00	332.00	—	1237.00	8211.00	—	4971.00	28352.00	—
1996	36.34	0.01	683663	9125.01	1587.13	—	4092.65	8279.42	—	13074.43	12143.84	—
1998	87.41	—	373200	24111.00	1056.00	—	13346.00	3415.00	—	26189.00	34111.00	—
1999	91.39	0.32	473332	19657.99	2423.75	—	11470.59	5905.52	—	21905.20	4358.24	—
2000	71.38	0.23	819679	10705.11	1658.12	—	6772.26	6395.45	—	14491.28	21857.40	—
2001	65.87	0.22	545587	5302.69	751.74	3588.67	5404.93	1230.00	4369.39	788.75	5856.95	769.35
2002	68.72	0.30	2425613	5967.68	194.26	1970.06	6104.93	1372.29	1461.82	3182.82	17994.67	3089.42
2003	89.33	0.82	3293779	70809.45	46870.03	69950.97	25352.00	1350214.46	25162.24	2382.70	47838.04	2327.30
2004	96.32	0.65	2697359	8247.76	2375.90	5375.55	5875.50	12765.60	4542.36	22683.28	262392.00	22683.28
2005	89.82	0.40	2128511	7663.12	5252.50	1997.10	4658.55	19145.97	3942.83	14071.76	184747.50	13590.00
2006	102.22	0.61	2523151	7387.72	5473.70	5090.46	4357.89	28427.65	3327.57	18401.80	257636.78	18401.80
2007	97.42	0.63	2325380	6632.92	5494.95	5718.33	5812.89	28731.47	5443.77	15324.49	213731.28	14118.94

说明：1. 工业粉尘回收、去除量一栏，1999年（含当年）前为工业粉尘回收量；2000年（含当年）后为工业粉尘去量

2. 2006 年开始统计氮氧化物排放量等。2006 年排放量为 8984.20 吨，氮氧化物去除量为 8500 吨，排放达标量为 8984.10 吨；2007 年氮氧化物排放量为 7802.10 吨，氮氧化物去除量为 8500 吨，排放达标量为 7801.90 吨

3.1997 年数据缺失

【工业固体废物排放】

江宁县的固体废物主要是工业废渣。1958 年，全县工业废渣堆存量 4375 万吨，加上历史上遗留下来的其他废渣 2796 万吨，占地面积 137.70 万平方米。此后，这类废渣仍有增无减，据调查，全县年排放废渣量在 1 万吨以上的企业有 34 家，以开山采石、采矿的企业居多。部分含氰、铬、铅的废渣，对环境的污染和人体危害较大。

1991 年，全县工业固体废物产生量 52.60 万吨，含有冶炼废渣、粉煤灰、炉渣、化工渣、尾矿、其他废物等。工业固体废弃物综合利用量 13.80 万吨，内含冶炼废渣、粉煤灰、炉渣、化工渣、尾矿、其他废物等。是年，工业固体废物排放量为零。

2000 年，全县工业固体废物产生量 23.79 万吨。工业固体废物综合利用量 11.50 万吨，综合利用率 48.40%。是年，工业固体排放量 0.58 万吨。

2007 年，全区固体废物产生量 30.01 万吨。包含危险废物 6277.40 吨、冶炼废渣 6.17 万吨、粉煤灰 12.57 万吨、炉渣 9.76 万吨、其他废物 0.89 万吨。工业固体废物综合利用量 29.37 万吨，工业固体综合利用率 97.86%。是年，工业固体废物排放量为零，危险物排放量为零。

1991—2007 年江宁区工业固体废物处置、贮存排放情况表

表 8-2-5

年份	工业固体废物产生量（万吨）	工业固体废物贮存量（万吨）	其中：危险废物贮存量（万吨）	工业固体废物处置量（万吨）	其中（吨）		工业固体物排放量（万吨）	工业固体废物累计贮存占地面积（万平方米）
					危险废物处置量	送往集中场处置		
1991	52.60	879.75	—	3.68	—	—	—	161.00
1992	56.48	865.69	—	2.47	—	—	—	158.00
1993	48.22	891.96	—	0.96	—	—	—	159.00
1994	46.15	198.77	—	0.92	—	—	—	68.00
1995	52.32	224.17	—	0.92	—	—	—	113.00
1996	48.99	17.13	—	—	—	—	—	102.80
1998	66.30	25.70	—	—	—	—	2.00	117.00
1999	61.76	—	—	—	—	—	—	—
2000	23.79	—	—	—	—	—	—	—
2001	6.55	—	—	0.08	93.00	93.00	—	—
2002	16.03	7.13	—	0.18	118.48	10.00	—	—
2003	11.41	—	0.01	0.01	—	8.00	—	—
2004	15.05	0.03	0.03	0.12	1151.86	261.95	—	—
2005	20.98	0.03	0.01	0.17	1594.36	1010.96	—	—
2006	20.57	0.02	90.40	0.15	1480.15	440.35	—	—
2007	30.01	0.01	98.80	0.63	6178.62	6099.42	—	—

说明：1.1991—1995 年工业固体废物贮存量（万吨）为历年累计堆存量。1996—2007 年为当年贮存量（万吨）

2.1997 年数据缺失

第二节 生活性污染物排放

【生活性污水排放】

20世纪80年代开始，全县每年约有2000万吨生活污水从各条支流排入秦淮河，致使该河河道污染严重，水质恶化。横穿县城南境的外港河，除天然降水外，上游无水源补给，下游关闭，基本是死水一潭，成为县城排污渠道之一。

1996—2000年，江宁县平均每年产生生活污水2074万吨。2002年，全区产生污水2310万吨，江宁经济技术开发区污水处理厂处理生活污水190万吨/年，余下2120万吨生活污水几乎没有经过处理直接排放，进入城市管网或江河中，对水环境影响很大。

至2007年，全区有江宁经济技术开发区污水处理厂，处理能力8万吨/日；江宁科学园污水处理厂，处理能力4万吨/日；滨江开发区污水处理厂，处理能力3.50万吨/日。此外还有东山、秣陵、汤山、禄口、谷里、湖熟污水处理厂，处理能力8.10万吨/日。全区10家污水处理厂处理能力达23.60万吨/日。是年，生活污水排放量3050万吨，生活污水化学需氧量8192吨，生活污水氨氧排放量474吨。

此外，全区还加强对医院排放污水进行监测采样。2007年，全区医院废水排放总量为44.50万吨，达标排放量为44.50万吨，废水排放达标率为100%。

【生活性废气排放】

生活性废气的排放，主要源于居民生活和餐饮业等社会服务性行业燃煤过程中的废气。20世纪70年代，县城东山镇生活性耗煤量有限，对大气环境质量影响较小。70年代后，县城人口增加，生活性耗煤量也随之增加。

自1978年始，江宁县在生活性燃耗中使用石油液化气，至1989年年底，使用煤气用户为5400户，占县城居民总户数的46%。居民生活耗煤的无组织排放因家庭气化率的不断提高而降低。但由于社会服务性行业耗煤户逐年增多，使社会服务性耗煤废气的污染排放成为生活废气排放的主要污染源。

2007年，全区城镇居民家庭气化率增至98%以上，生活性耗煤量大大下降。是年，生活源废气排放总量为3.55亿立方米，其中二氧化硫、烟尘、氮氧化物的排放量分别为122.09吨、801.03吨和120.97吨。

【生活性固体废弃物排放】

江宁区生活性固体废弃物的排放主要是生活垃圾与粪便。生活垃圾处理方面，1949年前，江宁县城东山镇没有专门的清扫队伍，主要街道都由街市各户自行清运，后街小巷垃圾乱堆，粪坑遍布，环境卫生较差。1980年，成立东山镇清洁管理所，专事街道、公厕、粪便的清运，绝大部分由环卫部门清运到农村作为肥料使用，流失量较小。

20世纪80年代后期开始，县城生活垃圾产生量平均每年递增100%以上，生活垃圾处理处于原始消纳水平，长期裸露，垃圾中易腐物质已产生出高浓度、有异臭、黑褐色的垃圾渗水，造成二次污染，有些渗水直接排入河道，污染水质。至1992年，麒麟乡境内的南京轿子山大型垃圾场建成使用，使生活垃圾无害化处理率达到95%。

2000年，全区生活性垃圾产生量50万吨。其中城区14万吨，城区生活垃圾全部集中进行无害化处理。2002 年，江宁区通过江宁市容杯考核。2005 年，东山、禄口、秣陵、东善桥、麒麟、湖熟、上坊、横溪、百家湖、陶吴等城镇生活垃圾及部分农村垃圾已能运往两大市级处理场作无害化处理。

2007 年，全区有保洁员 3168 人，垃圾中转站 14 座，垃圾清运车 32 辆，保洁车辆 1051 辆，垃圾房 5500 多座，果皮箱 5400 多只。这些环卫设施和设备服务面积基本覆盖全区各个街道、村组，使农村生活垃圾收集有了物质保障。全区 9 个街道的城镇生活垃圾已全部运往水阁和轿子山垃圾处理场作无害化处理。是年，全区城镇生活垃圾产生量 29.24 万吨，生活垃圾无害化处理率 98%，达到全国生态县（市、区）的考核要求。

粪便处理方面，1981—1985 年，县城东山新建改建公共厕所 7 个。新建住宅楼均有配备设施。1983 年，在东山镇建化粪池 1 个，集中粪便进行无害化处理。至 2007 年，城区有公共厕所 15 个，均为三格式化粪池。是年年底，全区完成卫生户厕改造 291022 户，卫生户厕普及率为 97.90%，达到全国生态县（市、区）的考核要求。

第三节　噪声与放射性污染源

【噪声污染源】

20 世纪 70 年代至 80 年代，江宁县城噪声声源源于企业的锻造、风机、电锯、冲床等在生产过程中产生的噪声。1985 年，按 250 米 ×250 米网格布点法均匀测点方式设监测点 65 个。监测结果，1985 年，白天等效声级最低为 44 分贝，最高为 77 分贝。

20 世纪 90 年代后，江宁县城交通噪声声源中机动车鸣号声突出，施工噪声影响加大，工厂厂界噪声仍较严重。此外，社会生活噪声也成为影响环境的噪声源。1993 年，县城噪声污染严重，区域环境噪声等效声级平均值 58.90 分贝，交通噪声等效声级平均值 77.90 分贝，主要道路、大街噪声 71.60 分贝。1995 年，县城 15 个路段交通干线两侧噪声等效声级平均值为 71 分贝，平均车流量为 904 辆 / 小时，超过 70 分贝的路段占 57.80%，75 分贝以上噪声路段占 14.30%。30 个环境噪声超标点中，有 16 个点受交通噪声影响，占 53.30%；10 个点受施工噪声影响，占 33.30%；4 个点受工厂厂界影响，占 13.30%。

1996—2000 年，县城环境噪声呈平稳态势，变化不大。县城内国营六一三厂、南京利民机械厂、江宁县植物油厂、江宁县东方发展集团、江宁县冷饮厂、南京长江机器制造厂、中外合资乐超纤维有限公司、江宁县发动机厂等工业企业生产过程中的噪声仍较严重。2000 年与 1996 年相比，平均车流量增加 34.70 辆 / 小时，等效声级平均值下降 0.70%，超标路段率保持在 43.51%。

2001 年后，江宁区区域环境噪声逐渐得到有效控制。2007 年，江宁区主城区声功能区监测结果均达到《城市区域环境噪声标准》（GB 3096–1993）规定的相应功能区标准；各街镇建成区区域环境噪声均达到《城市区域环境噪声标准》（GB 3096–1993）中的国家Ⅱ类区标准，至此，全区环境噪声达到全国生态县（市、区）的考核要求。

【放射性污染源】

2004 年，全区使用放射性同位素的企、事业单位有 15 家，拥有放射性同位素 55 枚；使用 X 射线类放射源的医疗机构 27 家，拥有 X 射线类放射源 56 枚。集中在水泥生产、造纸和医疗等行业。2007 年年底，全区使用放射源 133 枚，使用射线装置 141 台，集中在广播电视台、科研院校、医疗卫生、设备制造、纺织、化学工业、医药制造等行业。

第四节 农业污染源

【化学农药】

新中国成立前，县内使用化学农药防治农作物虫害和病害，如用砷酸钴毒剂杀蝗虫、地老虎等害虫；用石灰硫磺合剂、波尔多液等无机农药防治农作物病害等，但仅在少数农场使用。新中国成立后，化学农药防治开始在全县推广，使用较普通的有杀虫剂“六六六”“二二三”“一六〇五”等有机氯农药。

从 20 世纪 50 年代后期开始大量使用有机农药，而且农药施用量逐年增加。由于农药的用量大而利用消化率仅在 30% ~ 50% 左右，剩余的农药散失到土壤，流失到水体、大气中，成为污染源，造成农业环境的污染。70 年代中期，开始控制和部分禁用有机氯农药。此后，施用高毒、高残留农药逐步减少。

1983 年，江宁县根据国务院禁止生产“滴滴涕”和“六六六”农药的决定，全县禁止生产销售和使用此类农药。此后，有机氯农药的用量逐年减少，由于仍有一定的库存量，直至 1990 年，才基本没有使用的情况。

20 世纪 90 年代后，江宁县使用的化学农药主要是有机磷杀虫剂、沙蚕毒素杀虫剂等高效低残农药，化学农药的用量呈明显下降的趋势。2004 年，全区农药的用量 446 吨，仅为 1982 年用量的 11.50%，相应对农业环境的污染影响也逐渐降低。2007 年，江宁区农药使用量约为 400 吨。虽然农药使用数量没有增加，但农村农药的使用盲目性较大，不能按照农业技术部门要求进行科学使用，容易造成浪费和农药污染环境。

【化学肥料】

据 1951 年统计，全县化肥施用量为 71 吨，平均每亩仅 0.67 公斤。20 世纪 60 年代初，江宁建起生产碳酸氢铵的小化肥厂，全县化肥用量有较大幅度的增长。至 1982 年，全县固体氮肥用量 83251 吨，液体化肥用量 9661 吨，磷肥用量 23038 吨。施用化肥的种类，20 世纪 50 年代以硫酸铵（肥田粉）为主，60 年代后，以碳酸氢铵代替硫酸铵。之后，又有尿素、硝酸铵等品种，但基本以碳酸氢铵为主。60 年代中期，全县年磷素化肥用量达到 600 吨 ~ 900 吨。70 年代起，磷肥的施用受到普遍重视，1979 年的用量比 1970 年增长 4.30 倍，用量最大的 1985 年达到 41524 吨。到 80 年代中后期，开始施用复合肥。1985 年，复合肥用量 7370 吨，占当年化肥总用量 106528 吨的 6.90%。2000 年后，全区年化肥使用总量保持在 20 万吨左右。2007 年，全区使用化肥总量为 21.80 万吨。其中，碳酸氢铵 11.85 万吨，尿素 2.85 万吨，复合肥 7.10 万吨。

由于化肥的大量使用造成施肥结构不合理，土壤中磷和钾的亏缺，严重影响施肥效果和农作物产量。化肥对农业环境的污染主要表现在氮肥方面，氮肥在使用中转化为氨态氮、硝态氮，进入大气和水体中造成环境污染。

第三章 污染治理

随着工业生产中排放的污染物逐渐增多，环境污染日益严重。为掌握污染物的分布和变化情况，江宁县环保局分别于1985年、1989年、1990年、1995年、1997年、1999年，共6次对全县范围内的工业污染源进行调查；2007年，开展全区污染源普查，建立污染档案，由此，全区工业污染防治开始逐步从污染末端的治理转变为生产过程的控制。1990—2000年，全县工业污染治理投资8000多万元，竣工各类治理工程45项，关闭“十五小”污染企业24家，大大改善全县的环境质量。1996—2000年，每年减少工业废水排放量1568万吨，各种主要污染物、化学耗氧量（COD）和悬浮物（SS）分别削减2787.30吨和4420吨，大气中的二氧化硫和粉尘分别减少5840吨和965.70吨，氨氮减少762吨。秦淮河和秦淮新河水质已基本达到功能区水质标准，大气环境质量也优于国家一级标准。

2004—2007年，全区组织实施一系列减排示范工程，取缔和关停化工、造纸、电镀等重污染行业和企业160多家；江宁经济技术开发区烟控区内全面取缔10吨以下的燃煤锅炉，实施区域集中供热。区、街道和村同时实施污水集中处理工作，全区共开工建设集中式污水处理厂21座，污水处理能力30.60万吨/日。至2007年，建成集中式污水处理厂（场）17座，完成新建污水提升泵站13座，铺设污水收集主管网总长209千米，投入运行的污水处理能力达25.50万吨/日。通过工程减排、政策减排、项目减排、管理减排等多种手段和方式，减排工作取得明显成效。是年，全区化学需氧量（COD）排放强度为3.40千克/万元、二氧化硫（SO2）排放强度为1.95千克/万元，达到全国生态区的建设标准。

第一节 工业污染治理

工业污染治理主要包括工业废水治理、工业废气治理和工业固体废弃物治理等。20世纪80年代初，全县开展以秦淮河沿岸的工业废水排放量大的企业和电镀行业为重点的工业废水治理工作，先后整治、关闭一批污染严重企业。90年代中期后，建设废水污染防治设施，提高工业废水处理率，减少废水排放和有害物质排放。工业废气治理始于80年代中期，重点安装消烟除尘设备、改进生产工艺和推广粉尘回收利用；1996年后，加大工业废气的治理投入，建设了一批废气治理设施，县城东山镇实施烟控区建设，大气质量明显优化；2007年，区政府出台《关于实施大气洁净工程的意见》，工业废气治理由此步入法制化管理轨道。工业固体废弃物治理主要通过不断提高综合利用率的方法减少其对环境的污染。

【工业废水治理】

20世纪70年代，江宁县的工业废水排放量有限，基本不经处理，直接排放。

1981年，全县以电镀业为重点，普遍推行简易废水净化设施，pH、氰化物、六价铬、铜、锌等污染受到一定控制。1982年，对秦淮河沿岸的县钢铁厂、县化肥厂等8家废水排放量大的企业，实施生产工艺改革，治理污水。1984年，县化肥厂完成硫磺回收、含酚废水治理项目。

1985 年，县钢铁厂正式启用废水冷却冲渣循环使用设备，减轻了废水排放污染程度。1988 年年底，驻县省、市属企业如吉山铁矿、云台山硫铁矿、九华山铜矿等，都相继建成废水治理设施。1989 年，对污染较严重的电镀行业，采取分批限期治理，全县有 10 家电镀厂通过达标验收。

1996 年 12 月，县环境保护局、市环境科学研究所编制《秦淮河江宁段水环境保护规划》（简称规划），按照规划要求，县政府对位于县城的利民机械厂、金拉丝厂、三钢集团土烧结车间等实行了环保搬迁；对土桥镇制革厂、新蕾化工公司印染厂、东山中前氧化厂等实行关闭；对红光造纸厂、南京造币厂、金鹏铝业公司、南京农药厂、秣陵电镀厂等 40 家企业实行限期治理；对上峰化工厂、金陵化工厂等污染较小的企业实行转产。到 1997 年年底，综合整治设施投入 6000 万元，秦淮河江宁段的工业废水污染治理工作取得明显效果。"九五"期间，全县在工业废水排放治理工作上，建成废水污染防治设施 37 台（套），年处理工业废水 4027 万吨。

2006 年，根据工业废水监测数据，对南京江大服饰有限公司等 11 家超标排污企业实施挂牌督办，对 7 家严重超标排污企业实施 3 个月的限期治理，对 3 个月内未完成治理任务的南京大众水洗有限公司实行停产。对 49 家排污超标严重的企业下达为期 1 个月整改通知书，对治理验收仍不达标的 2 家企业实施关停。

至 2007 年年底，全区工业企业废水排放 1593.60 万吨，污水排放达标率 96.86%。全区有废水治理设施 92 套，废水设施处理能力 92 万吨 / 日，污水治理设施运行费 3212.60 万元，污水排放口 107 个，废水污染物在线监测仪 9 套。

1991—2007 年江宁区工业企业废水排放处理情况表

表 8-3-6

年份	排放总量（万吨）	排放达标量（万吨）	达标率（%）	排入污水处理厂量（万吨）	废水治理设施（套）	废水设施处理能力（万吨 / 日）	污水治理设施运行费（万元）	污水排放口数（个）
1991	1034.00	412.00	39.85	—	—	—	—	—
1992	983.00	291.00	29.60	—	—	—	—	—
1993	655.00	147.00	22.44	—	—	—	—	—
1994	681.00	169.00	24.82	—	—	—	—	—
1995	831.00	93.00	11.19	—	—	—	—	—
1996	602.58	79.07	13.12	—	—	—	—	—
1998	818.79	94.52	11.54	—	—	—	—	—
1999	1267.24	300.46	23.71	—	—	—	—	—
2000	1318.74	327.74	24.85	—	—	—	—	—
2001	399.00	375.86	94.20	113.97	57	0.74	914.70	81
2002	1501.06	1458.21	97.15	135.47	64	3.46	1985.40	102
2003	1427.21	1422.09	99.64	1.88	30	3.96	1118.70	41
2004	1241.51	819.75	66.03	114.20	48	2.48	1962.70	60
2005	1264.94	1072.54	84.79	119.18	54	3.19	2418.30	—
2006	1496.20	1421.69	95.02	292.20	83	4.43	2854.50	97
2007	1593.60	1543.60	96.86	437.40	92	5.20	3212.60	107

说明：1997 年数据缺失

【工业废气治理】

1984—1985年，全县对工业锅炉实行烟道除尘改造，先后对污染严重的86台锅炉安装消烟除尘设备，烟尘排放基本达到国家标准。1989年，南京第三钢铁厂建设一座自备电站，由于设计不够合理，造成新的废气污染源，对此，该厂投入20万元，架设一条长480米的煤气管道，引炼铁高炉煤气到发电站，降低消耗。

1996—2000年，全县工业废气治理投入4500万元，建成废气治理设施190台（套），年处理工业废气约100亿标立方米，县城完成烟控区7.10平方千米。2000年，全县313家工业废气企业被列入市、县长目标责任状，要求达标排放。通过整治，大气中的二氧化硫和粉尘分别减少5840吨和965.70吨，氨氮减少762吨，大气质量优于国家一级标准。

2004年，全区共整治燃煤锅炉16台，拆除锅炉12台。2007年，区政府出台《关于实施大气洁净工程的意见》，继续重点解决煤烟型污染以及工业污染。在控制煤烟型污染方面，启动禄口国际机场、滨江开发区20蒸吨/小时以下（含20蒸吨/小时）燃煤锅炉改造，推进燃气管网已到位区域20蒸吨/小时以下燃煤锅炉改燃工作；江宁经济技术开发区所有新、扩、改建项目20蒸吨/小时以下锅炉必须使用清洁能源，全区范围内新、扩、改建窑炉必须使用清洁能源，其他的新、扩、改建燃煤设备必须配备高效除尘设施（除尘效率≥95%），并进行脱硫治理和燃用低硫优质煤双重治理。全区各电厂（含自备电厂）全面完成烟气脱硫安装工程。在控制工业污染方面，2007年年底前，完成了36家化工企业、40家选矿企业的关闭，改进生产工艺，杜绝生产过程中跑、冒、滴、漏污染现象，稳定达标排放；凡排放废气、恶臭的新、扩、改项目，必须遵循循环经济原则，采用清洁生产工艺，确保稳定达标。

1998—2007年江宁区重点工业企业废气治理设施情况表

表8-3-7

年份	工业废气排放总量（万标立方米）	废气治理设施数（套）	其中：燃料燃烧排放（万标立方米）			其中：生产工艺排放（万标立方米）			废气治理设施处理能力（万标立方米/小时）	废气治理设施运行费用（万元）
			合计	经过消烟除尘	消烟除尘率（%）	合计	经过净化处理	净化处理率（%）		
1998	373200	45	81197	75114	92.51	292003	292002	100.00	—	—
1999	473332	98	293754	284151	96.73	179578	176041	98.03	—	—
2000	819679	101	339491	338413	99.68	480188	480188	100.00	—	—
2001	545587	109	89609	—	—	455978	—	—	74.41	389.70
2002	1425613	112	117463	—	—	1308150	—	—	277.55	507.40
2003	3293779	71	411521	—	—	2882258	—	—	99.35	1475.30
2004	2697359	98	386490	—	—	2310869	—	—	97.44	2939.50
2005	2128511	106	446163	—	—	1682348	—	—	162.04	2671.30
2006	2493151	128	257548	—	—	2235603	—	—	164.72	2950.70
2007	2325380	128	305722	—	—	2019658	—	—	186.00	2927.50

【工业固体废弃物处置利用】

20世纪70年代，江宁县工业固体废弃物中的废渣（煤渣、炉粉灰）主要由水泥厂、砖厂烧制水泥和砖瓦做原料，还有一部分用作填塘、修路，或经筛选后投入农田改良土壤。但综合利用量有限，大部分工业废渣处于露天随意堆放的状态，少量有毒工业废渣就地掩埋。

80年代开始，由于各产渣大户重视工业废渣的综合利用，全县综合利用量逐年增加。1984年，江宁县在工业燃料供给上实行处理利用回收的配给措施，使全县工业固体废弃物的综合利用量增加。1985年，国家经委颁发《关于开展资源综合利用若干问题的暂行规定》，建立了较为完整的工业废渣综合利用工作体系和制度。据此，位于江宁县岔路乡史家里的南京第三钢铁厂，投资21万元，建造日处理能力8000吨的冲渣沉淀池，引水冲渣，变干渣为水渣，成为水泥制造行业质高价廉的添加剂，不仅避免环境污染，而且每年还可增收100多万元。至1991年，全县工业固体废物综合利用量为13.80万吨，工业固体废物综合利用率达到25.60%，其中，南京新蕾化学工业公司、南京第三钢铁厂等年产渣量超过万吨的企业综合利用率达到100%。但县内吉山铁矿、九华山铜矿、谷里铜矿等产渣大户的综合利用率小于10%，工业企业废渣综合利用发展仍不均衡。

2000年，全县被列入市、县长目标责任制要求限期达标治理的工业固体废弃物污染源企业137家。通过综合治理，全部按要求达到标准，并通过验收。2001年，全县工业废渣综合利用率为98%，其中冶炼渣、炉渣、粉煤灰综合利用率达98%以上，尾砂、废矿石的综合利用率接近98%，主要用于城市道路建设。

2001—2006年，江宁区6年的工业固体废物产生量为90.59万吨，平均每年产生量为15.10万吨；6年工业固体废物综合利用量为74.18万吨，平均每年综合利用量为12.36万吨，平均年综合利用率为91.74%。其中，2003年工业固体废物综合利用率最高，为99.94%；2002年工业固体废物综合利用率最低，仅为54.40%。

2006—2007年，区政府制订《江宁区循环经济促进办法》等相关政策规定，有效促进固体废物处置利用工作。2007年，全区通过资源综合利用认证的企业95家。同时对危险废物重点加强监管，严格执行危险废物转移处置规定，建立一厂一档制度。是年，区卫生局与区环保局联合下发《关于医疗卫生单位医疗废弃物实施集中处置的通知》，对全区313家各级医疗单位所产生的医疗废弃物实行统一收集，转运至南京汇丰固体物处理中心集中处置。

2007年，全区工业固体废弃物综合利用量29.37万吨，工业固体废弃物处置量0.74万吨，工业固体废弃物处置及综合利用量35.26万吨，处置及综合利用率99.97%。无危险废物排放，达到全国生态县（市、区）的考核要求。

1991—2007年江宁区固体废物综合利用情况表

表 8-3-8 单位：万吨

年 份	工业固体废物综合利用量	其中							工业固体废物利用率（%）
		危险废物	冶炼废渣	粉煤灰	炉 渣	尾 矿	化工废渣	其他废物	
1991	13.80	—	4.26	2.50	4.65	1.04	0.40	0.95	25.60
1992	16.58	—	6.78	1.01	4.56	3.00	1.23	—	27.90
1993	20.83	—	7.07	1.62	4.24	1.31	6.59	—	42.10
1994	17.69	—	5.68	1.63	4.89	—	5.49	—	38.00
1995	25.38	—	9.66	1.71	2.43	1.06	7.25	3.27	48.20
1996	31.86	—	3.64	1.26	3.59	10.95	—	12.42	65.00
1998	25.57	—	0.01	0.49	1.44	23.63	—	—	37.80
1999	2.41	—	—	0.66	1.75	—	—	—	100.00
2000	1.20	—	—	—	1.20	—	—	—	100.00
2001	5.84	1.67	—	1.30	2.15	—	—	0.36	98.82
2002	7.42	0.03	0.16	1.95	5.09	—	—	0.19	54.40
2003	9.70	—	5.00	2.10	2.56	—	—	0.04	99.94
2004	14.73	2.04	5.30	3.11	3.88	—	—	0.40	99.07
2005	20.57	1.68	5.30	6.55	6.49	—	—	0.55	99.06
2006	22.04	2.40	5.06	7.20	7.38	—	—	[illegible]	99.16
2007	29.37	—	6.15	12.57	9.76	—	—	0.89	97.86

说明：1997年资料缺失

1993—2007 年江宁区企业环境保护情况表

表 8-3-9

年份	工业企业数（家）	环保设施原值（万元）	环保工作人员（人）	其中：监测人员（人）	“三废”综合利用产品产值（万元）	“三废”综合利用产品利润（万元）	污染事故赔款（万元）	污染事故罚款（万元）	工业锅炉数（台）	其中：烟尘排放达标（台）	工业锅炉蒸吨数（蒸吨）	其中：烟尘排放达标（蒸吨）	工业窑数（座）	其中：烟尘排放达标（座）
1993	—	2432.70	96	41	656.00	33.20	43.70	2.30	48	48	205.00	205.00	46	34
1994	—	1484.00	97	38	261.60	38.90	23.60	—	42	42	191.00	191.00	36	27
1995	—	3520.80	99	26	371.00	346.00	24.60	—	41	32	183.00	112.00	26	14
1996	35	—	114	—	431.00	205.90	1.50	0.40	45	42	196.50	190.50	25	17
1998	41	—	80	—	476.30	219.70	—	—	31	29	118.50	114.50	32	30
1999	41	—	65	—	281.00	166.70	—	—	47	39	197.50	187.00	39	32
2000	47	—	116	—	194.30	63.80	—	—	51	51	143.50	143.50	45	45
2001	128	—	333	—	3102.30	—	—	—	64	57	413.50	402.00	101	60
2002	139	—	400	—	4322.70	—	—	—	69	61	370.00	357.00	103	64
2003	58	—	303	—	909.10	—	—	—	31	30	268.00	267.50	69	42
2004	78	—	305	—	4190.60	—	—	—	51	46	429.00	429.00	109	47
2005	77	—	251	—	2882.30	—	—	—	59	59	977.00	977.00	61	44
2006	104	—	286	—	3486.60	—	—	—	74	74	1057.00	947.00	68	60
2007	113	—	310	—	3736.20	—	—	—	82	82	990.50	980.50	68	60

说明：1997年资料缺失

第二节 城市环境综合整治

城市环境综合整治,包括城镇污水处理、烟尘控制区建设、城市噪声达标区建设和城市垃圾处理4个方面。2007年,江宁区城镇生活污水集中处理率为82.30%;城区烟尘控制区面积为131平方千米,覆盖率100%,主城区环境空气质量达到《环境空气质量标准》(GB 3095-1996)表中国家二级标准;主城区声功能区达到《城市区域环境噪声标准》(GB 3096-1993)相应功能区标准;城镇生活垃圾无害化处理率98%。上述各项指标均达到全国生态县(市、区)的考核要求。

【城镇污水处理】

污水处理 1979年,江宁县梅山工程指挥部(今上海梅山冶金公司)在职工生活区建成日处理生活污水2000立方米的污水处理站。2002年5月20日,全区首座污水处理厂——南京宁环水质净化厂一期工程建成并投入运营。该厂位于江宁开发区秦淮西路66号,从事江宁城区的污水处理,总设计规模为处理污水8万吨/日,占地面积8.34公顷。区首座污水处理厂建成并运行后,区政府先后投资4亿多元,建设江宁经济技术开发区污水处理厂三期工程、江宁科学园污水处理厂、江宁滨江开发区污水处理厂及各个街道等21座污水集中处理厂(场),处理规模达30.60万吨/日(另有15个村建成村级污水处理设施)。2006—2007年,区政府投资2亿元,新建中心河、新河村、新民南路、方前、洋桥等10余座污水提升泵站;投资5亿多元,铺设污水管网200多千米。2006—2007年,江宁区城镇污水收集及处理系统总投入10亿元以上。2007年,城镇投资13948万元建设长59057米的污水管道,还投资1353万元建设4座污水提升泵站,投资5966万元建设2座污水处理厂。

污水处理厂选介 江宁经济技术开发区污水处理厂。位于秦淮路秦淮河畔,占地面积8.34公顷。处理污水能力8万吨/日,总投资1.10亿元,主要接纳开发区内生活、工业污水,总服务面积为32.50平方千米,服务人口10万多人,由江宁水务集团公司建设和运营。开发区污水处理厂分三期建成,一期规模2万吨/日,2001年启动建设,2002年建成运营;二期扩建规模2万吨/日,2004年启动建设,2005年建成运营;三期扩建规模4万吨/日,2007年启动建设,2008年年底建成运营。污水处理采用双沟式氧化沟工艺,全部自动化控制,出水口安装在线监控仪,全天候监控污水处理排放情况,出水水质达到国家《城镇污水处理厂污染物排放标准》规定的一级(B)标准。

图8-3-1 江宁经济技术开发区污水处理厂全景(2001年摄)

江宁科学园污水处理厂。位于江宁科学园方山以南、秦淮河以东的秣陵街道杨村，规划总规模8万吨/日，服务范围为科学园工业区、大学城区、科学园研发区等，服务面积为120平方千米，服务人口近10万人，由江宁水务集团公司建设和运营。规划分两期建设，近期设计规模8万吨/日，占地面积为7.27公顷，总投资约1.40亿元。其中，一期规模4万吨/日，用地4.64公顷，投资6000万元。2005年3月启动建设，2007年年底建成并运行。污水处理采用双沟式氧化沟工艺，出水水质达到国家《城镇污水处理厂污染物排放标准》规定的一级（B）标准。

【烟尘控制区建设】

1984—1985年，江宁县对工业、服务业锅炉实施烟道除尘改造，先后对污染较严重的86台锅炉安装消烟除尘设备，烟尘排放基本达到国家标准。1989年，青龙山水泥厂、上坊水泥厂分别投入数十万元，实施水泥粉尘处理，新蕾化工公司印染厂、江宁有机农药厂等污染烟尘实行限期治理，使全县污染状况得到控制。1990年，实现东山城区3.60平方千米的"无烟区"。

1991—2001年，全区完成从江宁经济技术开发区将军山沿四号路接上坊高桥门以西、北靠南京雨花台区共53.41平方千米的"烟尘控制区"建设。2002年，全区拆除江宁区秦新化工有限公司、南京永灵润滑油品厂等13家单位的20台燃煤锅炉；对江宁东新大酒店等超标锅炉实施清洁能源改造，改用轻质燃油锅炉；对红光化工厂、江苏舜达针织品有限公司等9家单位的16台燃煤锅炉进行技术改造，投入资金500多万元，全部更换为燃用轻质柴油。大气污染源治理取得明显成效，治理达标率100%。东山地区已有的99台锅炉、34台茶炉与282眼大灶，达标率均为100%。

2007年，全区实施禁燃区4吨以下燃煤锅炉清洁能源改造，淘汰2吨以下的工业锅炉，1吨以下的燃煤茶炉大灶，禁止新上1吨以下燃煤锅炉项目。严格控制机动车污染，继续集中整治机动车尾气，规范燃油清净剂的添加工作；对新、改、扩建的热电厂实施烟气脱硫改造；建设餐饮业污染控制示范街，城区烟控区面积131平方千米，覆盖率100%。江宁区主城区环境空气自动监测点位于百家湖花园（湖滨路18号），自动站有效运行天数为360天。监测结果显示，空气污染指数优良天数为314天，空气污染指数优良率为86%；二氧化硫年平均值为0.05毫克/平方米，二氧化氮为0.03毫克/平方米，可吸入颗粒物为0.08毫克/平方米。由此，主城区环境空气质量达到国家《环境空气质量标准》（GB 3095-1996）表中二级标准。

【城市噪声达标区建设】

江宁东山新市区环境噪声主要来自于建筑施工噪声和道路交通噪声。通过加快道路建设，扩大禁鸣路段，使超标路段比例下降，交通噪声低于70分贝之下。1984年，县城三号公路（今金箔路）建成后，主要闹市区控制货车、拖拉机进入。对工业噪声，协助工矿企业单位因陋就简，先易后难，采取隔声隔音吸声等措施。如安装隔音罩、消声器，或在车间内安装消声器材等，都收到良好的效果。

1991—1995年，江宁县东山镇区域环境噪声为60分贝；1996—2000年，东山镇区域环境噪声（覆盖面积为6.50平方千米）平均为54.10分贝。

2001年，在东山地区（含江宁经济技术开发区）新建53.41平方千米的环境噪声达标区（其所噪声功能区分别为Ⅱ、Ⅲ类区）。其中，Ⅱ类区为37.73平方千米，区内有固定噪声源38个，共划分350米×350米的环境噪声网络点308个；Ⅲ类区15.68平方千米，区内固定噪声源23个，共划分350米×350米环境噪声网络点128个。是年12月4日，经南京市环境监测中心对固定噪声源和环境噪声进行随机抽查复测，东山地区 53.41 平方千米环境噪声达标区通过市级验收。

2003 年，区政府正式启动百家湖地区噪声达标区建设。区环境保护局与各职能部门配合，加强达标区内敏感地带固定噪声声源的动态管理，设立噪声显示屏和禁鸣标志，布置 128 个监测点，对超标噪声源加大整治力度。噪声达标区噪声分贝值降至 54.30 分贝。是年 12 月，百家湖地区 54.08 平方千米的噪声达标区建设全面完成，并通过市级验收。全区噪声达标区面积扩大到 107.49 平方千米，覆盖率为 82.10%。

2007 年，区政府制订关于实施宁静工程的工作方案，重点实施生产活动噪声污染防治、施工噪声污染防治、交通噪声污染防治和社会生活噪声污染防治。至 2007 年年底，噪声达标区面积达 131 平方千米，全区环境噪声安静区域面积占 70% 以上。

【城市垃圾处理】

新中国成立前，江宁县城的生活垃圾的处理以在偏僻处填埋为主，少量由农民收去积肥。粪便亦由农民挑运出城作肥料。1955 年，县城东山镇成立专职清扫组，有职工 4 人。但此时城市生活垃圾的清运、倾倒和处理还存在诸多问题，生活垃圾得不到全部及时清运，随地倾倒现象较为普遍。到 20 世纪 80 年代初期，县城对生活垃圾的处理方式仍沿用过去洼地、河塘填埋与收运至农村作农田施肥的方式。

1982 年，市政府投资建设了江宁东善乡水阁垃圾弃置场，占地 6.30 万平方米，场地堆积容量大，远离农户，场内外积水分离，场内设污水池，避免污水外流，防止二次污染。至 1989 年，县城环卫队伍有职工 56 人，配置清运机动车辆 11 辆，年清运垃圾粪便 1.46 万吨。

1990 年，南京市在江宁县轿子山等地兴建大型生活垃圾无害化处理场。1992 年 8 月，轿子山垃圾处理场建成使用。该处理场建设投资 1700 万元，占地 27.90 公顷，库区总容量 150 万立方米，包括填埋作业库区、污水处理站、管理设施和 2.36 千米长的进场通道，符合垃圾无害化卫生填埋的要求。

2000 年后，区环卫部门对每日产生的垃圾实行定时清扫、定时收集、定时清运。2007 年，东山城区拥有城北、城东和岔路口 3 座垃圾中转站，全区各主要集镇均建设并启用垃圾中转站，还配置自卸车、密闭车、吸粪车、洒水车、装载机等，平均每日清运垃圾粪便 180 吨，夏季 200 吨以上，并实现日产日清，清运率 100%，密闭化运输率达 80% 以上。年清运垃圾粪便总量约 6.50 万吨，分别运往南京水阁垃圾场和石门坎粪便处理场进行无害化处理。

第三节　水域整治

【秦淮河整治】

20 世纪 80 年代后，秦淮河的污染与淤塞日趋严重。为此，以治理水质污染为主要内容的综合整治秦淮河工程逐步开展。1996 年，江宁县环境保护局、市环境科学研究所编制《秦淮河江宁段水环境保护规划》（简称规划），按照规划要求，县政府对县城内秦淮河沿岸的利民机械厂、金拉丝厂、南京三钢集团土烧结车间实施了环保搬迁；对土桥镇制革厂、新蕾公司印染厂和中前氧化厂等实行了关闭；对红光造纸厂、南京造币厂、金鹏铝业公司、南京农药厂、秣陵电镀厂等 40 家单位责令限期治理；对上峰化工厂、金陵化工厂等污染较小的企业进行转产。

1997 年 3 月 20 日，县人大常委会同时组织全县 16 个职能部门分 5 个检查组，对秦淮河江宁段流域工业污染的治理情况、执行环境影响评价制度和“三同时”（建设项目中防治污染的措施，必须与主体工程同时设计、同时施工、同时投产使用）执行情况进行执法检查，制订治理方案。是年年底，综合整治设施投入 6000 万元，新蕾公司印染厂、金陵化工厂按要求完成转产任务，南京三钢集团土烧结车间、利民机械厂顺利搬迁，红光造纸厂、南京农药厂等提前按要求实施治理，其余 3 家已停产。秦淮河江宁段的水污染治理工作取得了明显的效果。

2007 年，全区不断加大对秦淮河江宁段治理的投入，实施河道清淤浚深、护砌河坡、河底块石砌体、埋设两岸污水截留管等，沿岸多家企事业单位相继完成废水治理，河道水质连续多年控制在国家四类标准。

【外港河整治】

1994 年 3 月，县环境保护局与外港河沿岸的 36 家企事业单位签订了环境保护治理责任书，对企事业单位排放污染物实行总量控制和污染物排放许可证制度。同时，治理一批污染企业，控制新的污染源产生，分别对南京恒建通讯器材厂、南京造币厂、红光造纸厂、南京汽车发动机厂、上申化纤制品有限公司、骆村电镀厂、乐超纤维品有限公司依法进行废水治理，督促其达标排放，对东山行政村化工厂实行搬迁，对第二溶剂厂实施关闭。

2004 年，实施外港河综合整治一期工程，一期工程自岗山桥向东至造币厂东侧围墙段长 700 米，4 月 4 日正式启动，按照河道断面 16 米 ~ 30 米宽进行河道清淤、弓形护坡砌筑、挡墙砌筑、驳岸绿化、沿岸景观改造等，同年 11 月竣工。2005 年，启动外港河综合整治二期工程。11 月，搬迁竹山桥露天菜场，实施岗山桥至南京造币厂段 700 米绿化工程，新增绿化面积 8000 平方米。

2006 年，江宁区再次实施外港河整治工程。一期工程于 2006 年年初开工，是年 7 月竣工，总投入 3000 万元以上。外港河一期工程的整治范围为竹山桥上游至河口段，长 1.80 千米。整治工程分六部分，清淤疏浚，共清淤 18 万立方米、垃圾 1500 吨；建立截污排污系统，新建滚水坝 1 座和 4 个提污泵站，铺设 2000 米截污管，将生活污水排入截污管道，提升至城北污水处理厂；拆除沿线建筑，共拆除房屋 762 平方米，猪圈 891 平方米，确保堤防安全，改善外港河沿岸生态环境；关停、搬迁污染源，外港河的工业废水主要来源于滚水坝上游的 7 家企业，对其中的上坊电镀厂、水洗厂实施了关闭，对植物油厂、爱德印刷厂实施搬迁，对另外 3 家严格监管，达标排放；堤岸景观建设，种植 60 多种树木 3000 株，铺设草皮面积约 7 万平方米，2 千米堤顶铺设透水砖道路，架设庭院灯、草坪灯等景观照明系统，建成 5 个亲水平台，实施生态型护坡工程；水体生态治理，在铺设水下柔性排污涵道的同时，实施水体生态修复，有选择性地放养水生植物、动物，使之达到吸污净化水质的目的。

【中心河整治】

中心河是东山街道上坊境内的一条老河，其上、下游分别接外港河、运粮河，全长 7.50 千米，宽约 30 米 ~ 40 米，汇水面积 10.46 平方千米。该河曾为境内防洪排水、农田灌溉等发挥重要作用，后因年久淤积未疏浚、河道两侧侵占及人为阻塞现象日益严重，部分河段堵塞，且污染严重。对此，2006 年，江宁区委、区政府制订中心河水环境综合整治规划，并将整治工程列入 2007 年重点工程。

2007 年 3 月 14 日，中心河水环境综合整治工程全面开工，主要包括河道清淤清杂工程、堤防加固整修工程、泵站涵闸工程及景观绿化工程四大项，总投资 6890 万元。至 4 月，“歇人不歇机”苦干40天，完成7.50千米河道的清淤清杂，总清淤量约30万立方米，共完成土方10万立方米。修筑堤坝15千米，修建挡土墙1100米，并拆除附属用房4476平方米、猪圈4269平方米，迁坟478穴。是年9月开始，中心河整治工程实施了5项子工程建设，投资600万元打通穿心沟，使中心河与秦淮河互通，形成水循环；投资700万元，在上坊门桥处建设排灌两用泵站一座；投资100万元，在中心河与穿心沟建造一座控制闸，用于调节水位差；投资100万元，建设一座岔口桥，连通中心河两边堤坝道路；投资400万元，修建堤坝道路5.50千米，全部按照宽4米的水泥路标准建设，方便周边泥塘、泥西等7个村的近万名居民出行。至2007年年底，工程尚在建设中。

第四节 水源保护区和饮用水源整治

【设立饮用水源保护区】

至2007年，江宁区共设立东山城区、殷巷、汤山、禄口、横溪、周岗、土桥、铜山、铜井、陶吴、上峰、麒麟、秣陵、龙都、江宁、陆郎、湖熟、谷里、丹阳、淳化共20个集中式饮用水源保护区，全区水源地保护面积达96.90平方千米。

地表水取水点周围半径100米的水域内，严禁捕捞、种植水生植物、网箱养殖、停靠船只、游泳和从事其他可能污染水源的活动。地表水取水点上游1000米、下游100米的水域内，不得排入工业废水和生活污水；其沿岸保护范围内不得倾倒垃圾废渣、尾矿、农药和油类等有毒有害废液残渣；不得设立有毒、有害化学物品仓库、堆栈，不得设立装卸垃圾、粪便和有毒有害化学物品的码头；不得进行集市贸易、采矿、挖沙；不得使用工业或生活废水灌溉及施用难降解或剧毒的农药；不得排放有毒气体、放射性物质；不得从事放牧等有可能污染该段水域水质的活动。

作为生活饮用水源的水库和湖泊，将取水点整个水域及其沿岸划为水源保护区，并按上述规定执行。

以河流为给水水源的集中式供水，可把取水口上游1000米以外的一定河段划为水源保护区，严格控制上游污染物排放量。

对生活饮用水水源的输水明渠、暗渠，应重点保护，严防污染和水量流失。

地下水源地的保护范围，以井点为中心，半径50米。保护区内严禁设置厕所、污水坑、粪坑、垃圾堆，严禁设置有毒、有害化学物品仓库，以及其他可能污染的地下水的污染源。

【饮用水源整治】

2003年，江宁区城区和中心镇饮用水源水质达标率稳定在95%以上；农村集中式饮用水源水质达标率在80%以上。

2004年，区环保部门对全区20个集中式饮用水源进行监督性监测和管理，设立保护标志，消除水源隐患。经监测，东山街道饮用水源水质达标率在97%以上；中心镇饮用水源水质达标率在95%以上。

2005年，区环保部门对全区集中式饮用水源地开展环保专项整治行动，确保饮用水安全。是年年初，制订专项行动工作方案。5月，分5个小组对各镇街、村（社区）79个集中式饮用水源地进行全面调查。至9月，初步查清并掌握区内各集中式水源保护区、保护区上下游和各镇街、村（社区）饮用水源地1000米范围内工业污染排污情况、农业面源污染、生活污染源和流动污染源的分布及污染程度，水源保护区及2000米范围内建设项目审批情况。经调查，有9家自来水厂存在水污染威胁，对其采取相应对策，同时又对6家超标排污企业进行整治，2家度假村进行整改，一处受房地产排放污水影响的居民自来水管道进行改道，并依法取缔5家塑料制品厂。经过专项治理，东山城区饮用水源水质达标率99%以上，中心镇饮用水源水质达标率97%以上，秦淮河江宁段水质控制在国家四类标准。

2006年，区环保部门查清饮用水源的分布、构成以及饮用水源保护区的划定情况，各集中式水源保护区内、保护区上下游3000米和镇街饮用水源地周围1000米范围内工业污染源数量、主要污染物分布及污染物排放情况、农业面源污染、生活污染源流动分布及污染程度等。全区共79个饮用水源，其中74个水源水质稳定达标，5家村级水厂水质受工业污水排放影响部分指标不达标。对此，区环保部门采取分级划分水源保护区，设立水源保护标志牌，制订村级集中供水规划等措施。依法查处擅自设立排污口、违法开办码头及堆场、违规停泊船只、工业污水超标排放等影响水源地水质的违法行为。对饮用水源污染重、影响大、安全距离不足的2家企业实施关闭。

2007年，先后关闭4家威胁水源地水质的电镀企业、2家造纸企业。经监测，并对照《地表水环境质量标准》（GB 3838-2002）国家Ⅲ类标准，2007年，全区16个集中式饮用水源地全部达标，饮用水源水质达标率为100%；经统计，全区全年集中式饮用水源地取水总量为13851.80万吨，达标水质为13851.80万吨，集中式饮用水源地水质达标率为100%。上述两项指标均达到全国生态县（市、区）的考核要求。

第四章　环境监测

环境监测是指间断或连续地测量环境中污染物的浓度，观察、分析其变化和对环境影响的过程。

江宁的环境监测始于20世纪70年代末，初始阶段作为县基本建设部门监管的职能，主要进行大气、酸雨、水质、噪声等方面对环境污染的调查与监测。此后，随着环境监测手段、分析方法、数据处理现代化程度逐步提高，监测范围扩大至大气、水域、声环境和酸雨的例行监测；振动、放射性及污染源的监视性监测，污染事故的调查监测等，并先后通过计量认证、标准化站建设和国家实验室认可。2006年，开始实施“十一五”期间环境监测现代化建设。随着环境监测站现代化建设的推进和质量控制体系的建立，监测工作进一步规范化、标准化、制度化。

至2007年，区环境监测站拥有1000元以上的监测分析仪器及各类辅助仪器、设备79台（套），总价值218万元。实施监测的项目达到4类77项。省、市、区监测站在全区地域和空间范围内布设各类监测点167个，2007年完成监测数据67105个。基本可以及时、准确、客观地把环境质量状况和变化趋势提供给政府环境管理部门，充分发挥了环境保护的“耳目”和“哨兵”作用。

1996年，县环境监测站被评为市先进环境监测站；1999年，通过省计量认证；2000年、

2003 年，先后整体通过江苏省环保厅、国家环保总局组织的环境监测站标准化达标验收；2005 年 10 月，区监测站质量体系运作通过国家评审。

第一节　例行监测

1981 年，江宁县环境监测站成立后，陆续开展水质、大气、酸雨和噪声例行监测工作。到 1983 年，年监测分析项目达到 44 个，获取数据 4524 个，监测分析质量达质控标准。至 2007 年年底，全区共布设环境监测点 167 个，其中，水质监测点 39 个，大气监测点 6 个，酸雨监测点 1 个，噪声监测点 121 个。监测分析项目 77 个，年获取数据 67105 个。

【水环境监测】

自 1984 年起，江宁县开始对秦淮河水质定期进行采样监测，主要监测分析酚、化学耗氧量、汞、氨氮、石油等有害物质。

1985 年开始，秦淮河共设置 4 个断面、16 个监测点，中心河设置 2 个断面、4 个监测点，外港河设置 3 个断面、6 个监测点，监测分析项目有酸碱值、溶解氧、化学耗氧量、氨氮、亚硝酸盐氮、挥发酚、氰化物、砷、汞、六价铬、铅、镉等 22 个，获取数据 572 个。到 1990 年，监测数据达 1650 个。

1991—1995 年，县环境监测站完成水环境监测数据 9306 个，其中 1991 年 890 个，1992 年 1506 个，1993 年 1565 个，1994 年 2140 个，1995 年 3205 个。1996 年，分别在秦淮新河增设 6 个监测断面，牛首山增设 2 个监测断面，百家湖增设 1 个监测点，高湖增设 1 个监测点，主要对水中的化学耗氧量、石油类、汞、挥发酚、悬浮物、总磷、总氮等污染物进行采样监测分析，获取数据 200 个。

至 2007 年年底，对水环境的例行监测已覆盖全区的主要水域，布设饮用水源监测点 9 个，地表水监测点 28 个，地下水监测点 2 个。集中式饮用水源地每月监测 1 次，乡镇水源地每季监测 1 次，监测分析项目 31 项。2 个“省控点”每月监测 1 次；8 个“市控点”每年监测 3 次；4 个“小康断面”和 22 个“省水环境功能区断面”分别每年监测 6 次，并接受省、市环境监测部门的质量考核。基本完成对江宁区水质状况和变化趋势的有效的监控。

【大气环境监测】

1983 年，江宁开始对大气环境设点采样监测，在县城东山地区根据不同功能区域划分工业、交通、商业、清洁对照等 4 个功能区，分别布设县钢铁厂、县化肥厂、文苑巷、县肉联厂 4 个监测点，监测分析大气中的降尘、二氧化硫、氮氧化合物的含量，由县环境监测站每季进行 1 次例行监测。

1992 年，布设的县环境监测站监测点监测周期与频次为人工监测每季度 1 次，连续 5 天，每天采样 4 次；降尘每次采样 1 个月。监测项目为二氧化硫、氮氧化物、总悬浮微粒、降尘、硫酸盐化速率等 5 个必测项目。全年获取大气监测数据 1034 个。

到 2007 年，全区布设大气环境质量监测市控点 1 个，位于开发区百家湖，监控范围为东山镇，区域面积 36 平方千米，人口约 18 万人。市控点实行连续自动每月监测，监测项目为二氧化硫、二氧化氮、可吸入颗粒物。布设降尘、硫酸盐化速率监测点5个，分布在区环境监测站、南京工业学校、区实验小学、南京旺旺食品有限公司和东善桥林场，监测频次每月1次。

【酸雨监测】

1982年，市环境监测中心站在江宁境内的梅山冶金公司布设酸雨监测点，逢雨必测，主要测试降水中pH值，此为江宁酸雨监测之始。1985年，实行逢雨必测，从不间断，同时增加了硫酸根、硝酸根、铵离子、钙离子、电导率等6个分析项目。全年测雨63次，发现酸雨7次，获取数据170个。自1989年开始，市环境监测中心站将江宁等区县监测点的酸雨样品每月分析阴、阳离子一次，进一步掌握和了解酸雨出现的状况和规律。

2007年，江宁区布设降水例行监测省控点1个，位于区环境监测站楼顶，逢雨必测，每月15日起第一场雨监测酸碱值、电导率、降水量、硫酸根、硝酸根、氯离子、铵离子、钠、钙、钾、氟、镁，其余场次监测酸碱值、电导率、降水量。

【声环境监测】

1982年，江宁县开始在县城东山镇主要街区、工业区、生活区按季度进行噪声监测。1985年，全县按区域人群稠密区的建筑物分布及交通负荷情况，统一布设65个监测点。是年3月，全市统一布设功能区噪声监测点，反映城市商业中心和交通干线等不同功能区域的声环境状况，全县布设江宁宾馆、613厂两个功能区噪声监测点，由市、县监测站分工承担，监测频度为每年4次。5月，市环境监测中心站在江宁境内与市区搭界的主要交通干道布设监测点，开展交通噪声监测。

至2007年，全区共布设功能区噪声监测点2个，监测频率为每年4次，每季度末上旬监测；布设区域环境噪声（优化）监测点104个，每年监测2次，5月中旬昼、夜各1次。

第二节　专题监测

【监视性监测】

1985年2月，市环境监测中心站明确县环境监测站进行污染源监视性监测的频次，工业废水每年监测不少于2次，工业噪声和炉窑烟尘全年不少于1次，对治理设施运转情况的监测同步进行。是年，县监测站的监视性监测范围逐步扩大，其中包括县属医院以及部队医院的含菌污水的处理及排放的监视性监测。

1991年3月，江宁县开始进行机动车尾气年检，同时对辖区内各类机动车实行路查（临时设点，随机抽查）。是年，共检车辆1821辆。1992年，设立各类机动车尾气检测点，对汽油型机动车直接测试尾气排放一氧化碳、碳氢化合物浓度、柴油型机动车检测尾气排放柴油黑度，全年定点监测和路（抽）检监测各类机动车共3500辆。

2002年3月，区环境保护局与公安局共同研究制订《江宁区机动车尾气污染治理工作方案》，对污染物检测项目、车辆范围以及检测程序等方面作出规定，至是年年底，共监测机动车辆4500多辆，获取数据9000个。2003年3月，区环境保护局与区公安分局、交通局联合制订《江宁区机动车尾气路检工作方案》，并设立2个路检流动站、1个定点检查站，当年出动路检人员870人次，路检车辆2500辆。

2007 年，区环境监测站开始组织全区农村地表水环境质量的监视性监测，监测范围包括列入《江苏省地表水（环境）功能区划》中的 23 个水质监测断面，水环境功能区划未覆盖的 7 条乡镇及以上河流，农村行政村河流及全区主要水库（湖泊），共布设监测点 149 个。监测项目为酸碱值、溶解氧、高锰酸盐指数、化学耗氧量和氨氮、石油类、总磷等。监测分析方法采用国家规定的监测分析方法进行。评价采用单因子评价法。评价标准执行《地表水环境质量标准》（GB 3838–2002）。农村地表水功能区按水环境功能区要求进行评价，江宁区农村地表水综合达标率为 87.90%。

【调查性监测】

1972 年 4 月 4 日起，市卫生局防疫站和南京大学等大专院校、科研单位针对工业废气污染环境，影响人体健康及植物生长情况，首次进行全市工矿企业废水污染现状调查的监测工作。此次调查监测在梅山工程指挥部烧结厂二氧化硫气体污染的环境中进行。在污染中心至周围 5000 米范围内布设监测点 78 个，历时 5 天，获取数据 238 个。

1985 年，市环境监测中心站与市卫生防疫站等单位合作，首次全面系统地对陆地、土壤和各种水体进行环境天然放射性水平调查监测，布设长江江宁段、城镇自来水、农村井水、有经济价值的泉水监测点，分析水体中天然放射性核素铀 –238、钍 –232、镭 –226、钾 –40 含量，此次调查监测至 1989 年结束。

此后，由于各类环境要素例行监测、污染源监视性监测已基本处于正常和规范化的状态，对重点区域环境质量综合性调查监测工作一般不再开展。

2006 年，区环境监测站分 4 个季度组织对辖区内的自来水厂（包括备用水源）和 18 个乡镇的集中式饮用水源地进行全面调查监测。对化学耗氧量、氨氮、高锰酸钾指数等 14 项指标进行分析，同时沿各水厂水源地上下游进行污染源跟踪调查和监测分析，全面了解和掌握了江宁区集中式饮用水源地水质及污染状况。

第五章　生态文明建设

自然生态保护是区域生态文明建设的重要组成部分。从 20 世纪 80 年代开始，江宁县对著名的风景名胜、森林等典型自然生态环境和野生动植物资源，特别是濒于危亡的珍稀动植物加以重点保护。进入 21 世纪，江宁区结合全国生态示范区和全国生态区建设，划定中华虎凤蝶保护基地、汤山温泉两个自然保护区和青龙山、大连山水源涵养区，马头山水源涵养区，安基山水源涵养区，横山水源涵养区，方山森林公园，牛首山风景名胜区，汤山国家地质公园，东坑生态公益林区，长江河流重要湿地，秦淮河清水通道维护区，长江南京江宁子汇洲饮用水源保护区，赵村水库饮用水源地共 12 个生态功能保护区。

全区环境保护绿色创建活动形式多样，内容丰富多彩。1996 年 12 月，开始创建环境与经济协调发展示范镇活动；1999 年，开展创建绿色学校（幼儿园）活动；2002 年，相继开展创建环境优美乡镇活动，创建江苏省生态村活动，创建绿色人居环境社区活动（2004 年，统一改为创建绿色社区活动）；2006 年，开展创建绿色家庭活动。全区环境保护绿色创建活动成果丰硕。1999 年 11 月和 2002 年，秣陵镇和禄口镇被命名为江苏省环境与经济协调发展示范镇；2002—2006 年，汤山等 8 个镇被命名为南京市环境保护优美乡镇；2002—2007 年，禄口街道彭福村等 14 个村被命名为江苏省生态村；2002—2007 年，东山街道外港社区等 40 个社区被命名为绿色社区，其中国家绿色社区 1 个，省绿色社区 12 个，市绿色社区 27 个；1999—2007 年，秦淮高级中学等 33 所学校（幼儿园）被命名为绿色学校，其中省绿色学校（幼儿园）8 所，市绿色学校（幼儿园）25 所；2006—2007 年，有 8 个家庭被命名为江苏省绿色家庭。

根据国务院颁布的《全国生态环境保护纲要》，在全国范围内推进生态示范区。2000 年 10 月，江宁县向省环保厅申报创建省级生态示范区。2004 年，江宁区国家级生态区通过国家环保总局考核验收组验收，并达到全国生态示范区一类地区标准。2006—2007 年，全区先后投入 100 多亿元，完成近百项重点生态工程和生态示范项目，全面达到全国生态区建设的 5 项基本条件和 22 项指标要求，初步形成比较完善的生态经济、生态产业、生态环境、生态人居、生态文化体系。

第一节　自然生态保护

【自然保护区】

中华虎凤蝶保护基地　1990 年年初，南京市环境保护局在江宁县东善桥林场牛首山分场建立全国第一个中华虎凤蝶保护基地，占地 4 万平方米。中华虎凤蝶仅产于中国长江中下游以南地区，是中国特有的珍稀蝴蝶。1981 年春，蝴蝶爱好者、南京八一医院工程师吴琦在牛首山一带首先发现濒临绝迹的中华虎凤蝶成虫，种群数量 20 只左右。1987 年，南京市科学技术委员会针对中华虎凤蝶遭到捕捉并走私出口的现象，发出《关于保护中华虎凤蝶的通知》，并责成江宁县政府在每年 3 月上旬至 4 月上旬派专人巡逻监视，保护处于成虫状态的中华虎凤蝶免遭危害，当时这一保护措施在国内尚无先例。1988 年 12 月，中华虎凤蝶经国务院批准被列为国家二级保护动物。1990 年，市环境保护局拨专款完成中华虎凤蝶主要栖息地金果山的围网护蝶工程，并在保护基地竖立醒目标志，还选派 2 名专职人员常年保护、管理基地。此后，保护基地的中华虎凤蝶种群数量逐年增加，至 1991 年，成虫增至 40 余只；1992 年，中华虎凤蝶成虫数量有 100 只左右。2002 年，横溪镇建成面积 33.34 公顷的中华虎凤蝶保护与科研基地。2006 年，中华虎凤蝶保护项目首次以"生态恢复"项目获得世界著名的福特汽车环保奖提名奖。

汤山温泉　汤山温泉位于汤山东麓的汤山街道东郊，泉水呈微蓝色，透明无嗅，有苦涩味，泉水水温在 50 摄氏度 ~ 60 摄氏度，冬夏水温差仅 1.5 摄氏度。温泉流量每秒 20 升，平均每昼夜流量在 150 吨 ~ 500 吨之间。泉水总硬度为 660 毫克 / 升 ~ 680 毫克 / 升，属硫酸钙型水，并含有丰富的矿物质。1996 年 11 月，地质矿产部南京综合岩矿测试中心对中国人民解放军八三医院 A、B 两口热水井的水样进行分析检测。经分析，泉水的化学类型为硫酸钙镁型，一升泉水中，硫酸钙含量约 0.50 克，硫酸镁含量约 0.10 克。泉水中氡的含量为 5.49 马赫，具有较高的医疗价值。锶含量约 10.30 毫克 / 升，达到医疗矿泉水锶水的含量标准（10 毫克 / 升）。氟含量 3.50 毫克 / 升，达到医疗矿泉水氟水含量标准（2 毫克 / 升）。偏硅酸含量 68 毫克 / 升 ~ 72 毫克 / 升，达到医疗矿泉水硅水含量标准（50 毫克 / 升）。此外，泉水中还含有锂、硒、硼、钒、铬、锰、钴、镍、铜、锌、锗、钼、锡等 10 多种有益于人体健康的微量元素，含量在允许范围内；而有毒有害元素和成分的含量极微，均未超过标准。因此，可以确定汤山温泉为氡、锶、氟、偏硅酸、硫酸盐等复合型优质医疗矿泉水。经检测，汤山温泉最大自流量为1500立方米/日。1958年后，汤山地下热水的水位出现3次明显下降，下降幅度1米～3米。20世纪80年代，泉水便不再露头，不得不凿井抽水。1993—1994年，秋、冬季节大旱，浅井也无水可抽，不得不投巨资钻探深井取水。经测算，汤山东区6口井和西区2口井每年开采的地下水分别为35万立方米和15万立方米。汤山地区每年开采的冷地下水约47万立方米（2007年，汤山接通南京自来水，地下冷水的开采量大大减少），地下水的开采量和补给量大体平衡。汤山温泉是国内著名的温泉疗养游览区之一，已开发利用8眼井，分布在江苏省汤山工人疗养院、中国人民解放军第八三医院、南京军区某部、汤山集镇、弄里大队等处，日出水量500吨。2007年，汤山街道年接待游客80万人次，实现旅游业总收入1.60亿元。由于汤山温泉在开发利用时，缺乏科学的开采和保护，致使温泉受到不同程度影响与破坏。

【生态功能保护区】

青龙山、大连山水源涵养区 青龙山、大连山水源涵养区位于江宁城区东北部，地跨麒麟、上坊、淳化、上峰、汤山5个城镇。以青龙山、大连山山体为主，包括横山水库、余村水库、南山水库、徐家达水库、黄龙堰水库、邓家庄水库、青龙水库、大成水库、青龙埝水库、狼山水库、潭山水库、向阳洞水库、案子桥水库、涧南水库。其西部以麒麟晨光村的夏家场、徐家边，青西村的谢塘、王后村，泉水村的山口村、东林跃，窦村徐家山，市垃圾处理厂、市化轻公司仓库，上坊的赵家山、桃园为界；南部以上坊的窑头，中下的建茂、上村，淳化的淳化村新庄、大连山水泥厂、上庄，青山的上堰、炮台山、杨家庄，青龙村的邓家庄、大成村为界；东部以上峰插花村的塘箕塘、插花庙、侯家村、大新庄，高庄村的潭子头、石门关，建设村的下案桥、上案桥、黄塘安、上曹村为界；北部以汤山古泉村的外圩村，龙尚村的涧南村、龙王庙、北尚庄、孙家边、庞家边、茶场村、孟家场，古泉村的河西、坟头、排山村为界。区域总面积81.16平方千米，占全区国土面积的5.18%。地貌特征为低山丘陵，属森林生态系统，主导及辅助生态功能为水源涵养，生物多样性保护、自然与人文景观保护。区内森林生态系统保存完好。区域内的自然资源主要是低山次生林；动物资源有山雀、斑鸠、啄木鸟、大杜鹃、蜡嘴鸟、画眉、狗獾、刺猬等；主要景点有潘氏老宅、潘氏宗祠等。自明清起县内就有采石活动。新中国成立后，由于经济发展，县内涌现许多小采石场，虽关闭许多小采石场，但尚有少量工业生产和农业开发活动，对该区的景观和生物多样性有较大影响。该区经营方向主要以保护和发展风景林为主，开展森林旅游业。原有的采石业按南京市整体规划的要求进行调整，将采石与“理景”结合。

马头山水源涵养区 马头山水源涵养区位于江宁区西南部江宁街道境内，包括白头山、岱山、娘娘山、洪幕山、马子山、戴山等山体，有向阳水库、双虎水库、人评水库、南山湖、李村水库、铜矿水库、洪幕水库等。东北向以清修村的钱家村、肖山铺，河西村的和尚庄、人评、官塘、吴家，西宁村的盛家村、小五村、刘家店、双板桥、杨库为界；西南以牧龙村的陈庄、后朱、前朱，双虎村的柏埂、小双虎、安德、花园组、杨安组，洪幕村的南庄、福兴、高塘，三兴村的山林、铺头为界；南部以区界为界。区域总面积15.24平方千米，占全区国土面积的0.97%。地貌特征为低山丘陵，属森林生态系统，主导及辅助生态功能为水源涵养、生物多样性保护和自然景观保护。区内主要有低山次生林，地带性森林植被和环境，野生动物及栖息环境。区内工业和农业生产活动较少，森林生态系统保存较完好，总体生态环境状况良好。根据马头山水源涵养区兼有丰富森林景观的特点，经营方向以发展风景林为主，开展森林旅游，为城市服务，为中外游客提供休憩、游乐场所。

安基山水源涵养区 安基山水源涵养区位于江宁区东北部，汤山桦墅村以东。以安基山山体为主，包括周冲塘水库、圣村水库、安基山水库、窑湾水库、伏牛山、射乌山。西部以汤山桦墅村的周村、新民为界；南部以湖山村的圣村，孟塘村的培墅、葛巷、张家岗、孟塘和青林村的大窑湾、小伏牛村为界；北部和东部以区界为界。区域总面积21.08平方千米，占全区国土面积的1.35%。地貌特征为低山丘陵，属森林生态系统，主导及辅助生态功能为水源涵养、生物多样性保护、自然与人文景观保护。区内自然资源有低山次生林，地带性森林植被和环境。保护对象是国家保护的珍稀濒危植物物种，有国家二级保护植物秤锤树、狭叶瓶尔小草等。区内工业生产和农业开发活动较少，森林生态系统保存完好，拥有丰富的动植物资源。根据安基山自然保护区有丰富森林景观的特点，经营方向以保护和发展风景林为主，适当开展森林旅游，为城市服务，为中外游人提供休憩、游乐场所。

横山水源涵养区 横山水源涵养区位于江宁区南部，横溪与禄口街道内。以横山为主体，有驻驾山水库、溧塘水库、回龙塘水库、排驾口水库。其北部以横溪官长村的西韩村、牛塘、李家湾、薛家坳，许呈村的赵村、白石，禄口许桃村的岭村、桃园，埂方村的卷蓬为界；其他以区界为界。区域总面积34.50平方千米，占全区国土面积的2.20%。地貌特征为低山丘陵，属森林生态系统，主导及辅助生态功能为生物多样性保护、自然与人文景观保护。区内自然资源有低山次生林；地带性森林植被和环境，野生动物及栖息环境；主要景点有新四军先遣部队旧址等。区内总体森林生态系统保存完好。根据横山水源涵养区兼有丰富森林景观的特点，经营方向以保护和发展风景林为主，开展森林旅游。

方山森林公园 方山森林公园位于江宁区秣陵街道，范围主要是方山山体。其北部以横岭镇，东方村的毛塘、大井村为界；西部以横岭村的方前，杨村的熘村、崔村、虞村、丁村为界；南部以健康村的涧东、长塘、魏家庄为界；东部以方山村的上李家庄、山芋棚、乐村为界。占地面积3.55平方千米，占全区国土面积的0.23%。地貌特征为低山丘陵，属森林生态系统，主导及辅助生态功能为自然景观保护和生物多样性保护。园内自然资源有低山次生林；动物类资源有山雀、斑鸠、啄木鸟、大杜鹃、蜡嘴鸟、画眉、狗獾等；主要景点有上定林寺、东霞寺、海慧寺、洞玄关等。园内森林生态系统保存完好，具有生物多样性保护、水源涵养及水土保持等重要生态功能。近年来，房地产开发和江宁大学城的建设，给该地带来一定的环境污染和森林破坏现象。根据方山森林公园景观的特点，经营方向以保护和发展风景林为主，开展森林旅游。此外，方山是南京地区著名的休眠火山，现有石质多为第三纪杏状玄武岩和火山角砾岩，有大量火山地貌景观，其科考价值和旅游价值早已得到专家认同，可以在此开发火山地质观光带。

牛首山风景名胜区 牛首山风景名胜区位于谷里、东善桥、东山、秣陵等城镇范围内，包括牛首山、将军山、翠屏山、韩府山、戴山、祖堂山，内有石十水库、唐家窑水库、郑和湖、皮裤水库、石塘水库、大塘金水库、祖堂水库、风波坟水库等。其北部以区界为界；西部以谷里荆刘村的刘牧岗、小孙村、大荆村，周村的端村、张槐村、浦家、石岗、马场、盛家、黄家、大林凹，箭塘村的皮库、三板桥，祖堂村的泉庄、大北山、小北山、上田，双塘村的张家、山边吴、大塘金、梧桐树、刘家地为界；南部以东善桥吉山村的山凹李、耿家、风波坟、石马、蔡塘、邓家、古耳井，秣陵新丰村的汤家、党家，东善桥霞辉村的上玉村、下玉村为界；东部以秣陵高塘村的西葛塘、葛塘寺、北葛村，新丰村的张家窑、前新丰，东善桥童前村的马山凹、山坎、山边、前盛、高村，东山水阁村的辉煌山庄、青年、史寨凹、颜圣、隐龙、官塘、赵库、水阁村、五库村和石马村为界。区域面积30.67平方千米，占全区国土面积的1.96%。地貌特征为低山丘陵，属森林生态系统，主导及辅助生态功能为生物多样性保护、自然与人文景观保护。景区自然资源有低山次生林；植物类资源以壳斗科、蝶形花科、桑科、金缕梅科、山矾科树种为主；动物以国家一级保护动物中华虎凤蝶为主；主要景点有岳飞抗金故垒、宏觉寺塔、牛首山摩崖石刻、王以旂墓、李瑞清墓、南唐二陵、幽栖寺旧址等。景区总体生态环境良好，但房地产开发，特别是在将军山、翠屏山大量建房，给景区造成一定的环境污染。景区经营方向以保护和发展风景林为主，开展森林旅游业，为中外游人提供休憩、游乐场所，突出森林野趣。

汤山国家地质公园 汤山国家地质公园地处汤山街道境内，北抵孔山、狼山北麓，南至汤山头和团子尖南麓，东达汤山集镇，西至黄龙山脚，包括汤泉水库、石门堰水库。东部与安基山保护区相接；北部沿七乡河向东；西部以孟北村的前薪，锁石村的锁石、新庄，古泉村的排山村、坟头、侯家塘、汤山头、林业队为界；南部以建设村的大凹，寺庄村的徐家为界。公园总面积 21.31 平方千米，占全区国土面积的 1.36%。地貌特征为低山丘陵，属森林生态系统，主导及辅助生态功能为古地质遗迹保护、考古研究、科普教育、自然与人文景观保护。公园内的自然资源有低山次生林；植物类资源以壳斗科、蝶形花科、桑科、金缕梅科、山矾科树种为主；主要景点有阳山碑材、葫芦洞、汤山温泉等。园内森林生态系统保存完好，具有生物多样性保护、自然人文景观保护、水源涵养及水土等重要生态功能。由于历史原因，留下一片采石宕口，对该区的景观和生物多样性有较大的影响。园区经营方向以保护和发展风景林为主，开展森林和地质旅游，为中外游人提供休憩、游乐场所。原有的采石业应按南京市整体规划的要求进行调整，留下的采石场可将采石与“理景”结合起来。

东坑生态公益林区 东坑生态公益林区位于江宁区南部，呈狭长状南北延伸，包含谷里、横溪、江宁等街道的部分地区。以东坑万亩竹海为中心，包括龙塘水库、和平水库、战备水库、王塘水库、牌坊水库、朝阳水库、公塘水库、白鹭水库、红星水库、南山水库、坎塘水库、鸡笼水库、官塘水库、泗陇水库、新坳水库等。东南部以横溪街道西岗村的长岗村、丁邵村、横岗路，许高村的乔木山、盛家村、盛坳、冷水坳、高台寺、畔山村、许村，丹阳水厂，山景村的上泾口、毛山凹，红旗村的窑头、曾庄，云台村的南山坎、洪塘，新杭村的前庄、孚而岗、甘村、大庄，红星村的红星、俞家、魏家庄，龙山村的朱山村、前安村、沙地村、秧塘村、草堂、冷山村为界；北部以谷里街道胜家桥村的史家、邵墟，三合村的团结村、西毗苏、蔡塘、黄姑施，公塘村的西山，江宁街道花塘村的千里村、菜籽岘、大庄、北山为界；西部以江宁街道牌坊村的庙下、牌坊、唐家、新建，荷花村的油坊、铜山村，朱门村的施山村、山下、汤村、晋家坳、斗凹、亘山、枯桩岘，大庙村的小菱角、莺山村、夏家村、和尚岘、戴家庄、孙冲家为界；其他以区界为界。区域总面积 66.10 平方千米，占全区国土面积的 4.22%。地貌特征为低山丘陵，属森林生态系统，主导及辅助生态功能为生物多样性保护、自然与人文景观保护。区内自然资源有低山次生林；动物类资源有山雀、斑鸠、啄木鸟、大杜鹃、蜡嘴鸟、画眉、狗獾、刺猬、黄鼬、草狸、野兔等；主要景点有云台山烈士墓、甘泉湖旅游休闲生态度假区等。区内以休闲、旅游活动为主，有少量的工业生产和农业开发活动，在开发中由于注重生态环境的保护，对生态环境影响较小，总体生态环境良好。根据该区有丰富森林景观和人文景观的特点，东坑生态公益林应突出竹海特点，开展森林旅游，为中外游人提供休憩、游乐场所。

长江河流重要湿地 长江河流重要湿地位于江宁区西南部，长江河道。有新生洲、子汇洲、子母洲、新济洲湿地。东部沿岸以江宁街道三兴村的上云，星辉村的镰刀，铜井村的河口、咸村、团结、万柳、新江组，新民村的烈山组、云盘、彭村、响塘，陈塘村的湖埂、林村、杨村、沈家凹、陈塘、秦家村、仙人矶、渔业村，新洲村的新洲一队、三队、四队、五队、六队、七队、九队、十队为界；西部以江宁区的长江西岸为界。区域面积 55.46 平方千米，占全区国土面积的 3.54%。地貌特征为河流，属河流湿地生态系统，主导及辅助生态功能为湿地生物系统保护、景观保护。该区自然资源有湿地景观资源、芦柴林地、野生动物、水生植物、栖息鸟类等动物和沿江长 70 米左右的防护林。该区主要的社会经济活动以航运、沿江工农业生产和经济开发区建设为主，对长江水环境造成很大影响。为保护长江水资源，应限制高能耗、高污染的化工、冶金、造纸、水泥等工业，发展生态农业和有机农业，发展旅游产业，提高高新技术产业比重，加快清洁生产推广步伐，发展循环经济。

秦淮河清水通道维护区 秦淮河清水通道维护区位于江宁区中部，秦淮河河道。区域总面积 7.10 平方千米，占全区国土面积的 0.43%。地貌特征为河流，属河流湿地生态系统，主导及辅助生态功能为河流湿地景观、生物多样性保护。区内自然资源有湿地景观资源、芦柴林地、野生动物、水生植被和栖息鸟类等。人文景观有湖熟文化遗址。区内主要的经济活动为航运、沿河工农业生产和房地产建设。沿河的工业生产，使秦淮河受污染严重，水质为劣五类，水体黑臭，对秦淮河生态服务功能影响较大。因此需要通过治理、截污、清淤等整治工作，来控制水体的黑臭，清除河中的污染物。同时，还要通过调水、防洪工程，提升水位，使水质阶段性地达到或优于五类水体标准。此外，还要严格控制污染物排放，拆除沿河码头，流域内工业实施清洁改造，重点污染企业实施搬迁改造。

长江南京江宁子汇洲饮用水源保护区 长江南京江宁子汇洲饮用水源保护区长度从烈山下游 1 千米至小洲洲尾，宽度 1 千米，其中陆域以自然防洪堤为界，纵深至陆地 500 米形成的区域；水域以自然防洪堤为界，纵深至水域 500 米形成的区域。该区总面积 8.60 平方千米，占全区国土面积的 0.55%。地貌特征为长江水面，沿江岸线，防洪堤，属水域生态系统，主导及辅助生态功能为饮用水源地。该区主要自然资源与保护对象为江水及陆地生态。区内长江通航及支流河水汇入对水源水质有一定影响，因而需控制上游水质，此外，还要严格按照雨水、污水分流要求，确保所有污水进入污水处理厂。

赵村水库饮用水源地 赵村水库饮用水源地位于江宁区横溪街道境内，包括赵村水库的全部水面及岸边 200 米以内的陆域范围。区域总面积 2.60 平方千米，占全区国土面积的 0.17%。地貌特征为水库，属水域生态系统，主导及辅助生态功能为饮用水源地。区内农业面源污染对水库有一定的影响，需采取控制周边农业生产时使用化肥、农药的强度和出水，以保护饮用水源。

2001 年江宁区生态功能保护区情况表

表 8-5-10　　　　　　　　　　　　　　　　　　　　单位：平方千米

保护区名称	编号	面积						备注
		总面积	占江宁国土面积(%)	红线区	占江宁国土面积(%)	黄线区	占江宁国土面积(%)	
青龙山、大连山水源涵养区	A01	81.16	5.18	19.22	1.23	61.94	3.95	拟建
马头山水源涵养区	A02	15.24	0.97	—	—	15.24	0.97	拟建
安基山水源涵养区	A03	21.08	1.35	5.11	0.33	15.97	1.02	拟建
横山水源涵养区	A04	34.50	2.20	20.09	1.28	14.41	0.92	拟建
方山森林公园	E01	3.55	0.23	—	—	3.55	0.23	拟建
牛首山风景名胜区	F01	30.67	1.96	1.86	0.12	28.81	1.84	已建（2003年）
汤山国家地质公园	G01	21.31	1.36	—	—	21.31	1.36	拟建

续表

保护区名称	编号	面　积						备　注
		总面积	占江宁国土面积(%)	红线区	占江宁国土面积(%)	黄线区	占江宁国土面积(%)	
东坑生态公益林区	I01	66.10	4.22	24.19	1.54	41.91	2.67	拟　建
长江河流重要湿地	L01	55.46	3.54	—	—	55.46	3.54	拟　建
秦淮河清水通道维护区	M01	7.10	0.43	—	—	7.10	0.45	拟　建
长江南京江宁汇子洲饮用水源保护区	J01	8.60	0.55	1.50	0.10	7.10	0.45	已建(2003年)
赵村水库饮用水源地	J02	2.60	0.17	1.59	0.10	1.01	0.06	已　建
合　计	—	347.37	22.16	73.56	4.70	273.81	17.46	—

第二节　绿色创建活动

【环保示范镇　环境优美镇（街）】

环保示范镇创建　秣陵镇创建示范镇工作。1995年年底，省环境保护委员会确定江宁县秣陵镇为17个环境与经济协调发展示范镇之一，南京市仅此一家。在创建过程中，秣陵镇以城镇总体规划为龙头，规划了水环境、气环境、声环境和生态环境等，建立组织网络，并对照创建标准，分步实施。为控制和治理新老污染源，秣陵镇对所有进入工业小区的项目，一律执行“环保第一审批权”，杜绝污染项目入园，城镇、商业方面的建设项目也严格按规划审批。将化工、农药等生产企业集中到离集镇较远的凤凰山铁矿排石场，关停3家污染治理不力企业，同时投资4万多元对2家电镀厂配备处理净化器，投资3万元在镇化工厂建造大型沉淀池。为改善居民饮水水质，投资200多万元建成日产5000吨的新水厂，并建立化验室，保证居民饮水长期达标。集镇生活垃圾全部集中运到过去露天开采过的山坳里，利用铸造黑纱进行分层覆盖处理。1996年，经南京市环境保护科学研究所对秣陵镇水、气、声、固体废弃物等环境现状的测定，各项指标均能满足示范镇的发展要求。1999年10月16日，秣陵镇通过江苏省环境保护委员会验收组的验收，并被省环境保护委员会命名为“环境与经济协调发展示范镇”。

图8-5-2　1995年，江宁县秣陵镇被江苏省环境保护委员会确定为环境与经济协调发展示范镇

禄口镇创建示范镇工作。禄口镇按照国际机场的总体规划和建设“省门第一镇”的要求，坚持整体规划，分步实施，滚动开发，长效管理。在创建工作中，对镇内所有新建、扩建、改建项目，先评价，后建设，执行环境影响评价制度、“三同时”制度和环保“第一审批权”；对超标排放企业实行限期治理，污染治理不得力、不见效的企业坚决予以关停。在环境基础设施建设方面，投资72万元新建水冲

式公厕12座；投资720万元建成日供能力1万吨的自来水厂，自来水利用率100%，水质综合合格率95%；投资60万元，种植花卉苗木5000多株，铺设草坪近4万平方米，还建设了1.70万平方米的令桥五岔路绿化广场和绿化小景点16处。2002年，经市环境监测部门监测和省环境保护委员会考核验收，禄口镇被命名为江苏省环境与经济协调发展示范镇。

环境优美镇（街）创建 创建南京市市级环境优美乡镇是建设“绿色江宁”的具体举措。2002年9月5日，成立创建市级环境优美乡镇工作领导小组。按江宁区创建市级环境优美乡镇考核指标表规定的各项标准，江宁区汤山镇、秣陵镇、上坊镇、禄口镇、麒麟镇、陶吴镇、上峰镇与湖熟镇先后开展了创建市级优美乡镇的工作。2002年12月5日、6日、10日，南京市环境保护委员会分别对汤山、秣陵、上坊、禄口镇创建环境优美乡镇进行考核验收，一致同意4个镇通过市环境优美乡镇的考核验收。同年12月24日，市环境保护委员会正式命名汤山、秣陵、上坊、禄口4个镇为南京市环境优美乡镇。2003年12月11日，市环境保护委员会对麒麟、陶吴两镇创建市级环境优美乡镇工作进行考核验收。同年12月30日，市环境保护委员会正式命名麒麟、陶吴两镇为南京市环境优美乡镇。2005年12月20日，上峰镇顺利通过市环境保护委员会组织的考核验收，被命名为南京市环境优美乡镇。2007年1月29日，湖熟镇通过市环境保护委员会组织的考核验收，被命名为南京市环境优美乡镇。

江宁区创建市级环境优美乡镇考核指标情况表

表8-5-11

考核内容	序　号	指标名称	指标值
社会经济发展	1	农民人均纯收入（元/年）	4500
	2	城镇居民人均可支配收入（元/年）	6000
	3	环境保护投资指数（%）	≥1.0
	4	公共设施完善程度	完善
	5	建成区自来水普及率（%）	≥98
	6	农村生活饮用水卫生合格率（%）	≥90
	7	公共厕所建设与管理	达到国家、省卫生镇有关标准
乡镇建成区环境	8	地表水环境质量	达到环境规划要求
	9	空气环境质量	达到环境规划要求
	10	声环境质量	达到环境规划要求
	11	工业污染源排放达标率（%）	100
	12	生活垃圾无害化处理率（%）	≥90
	13	生活污水处理率（%）	≥50
	14	人均公共绿地面积（平方米/人）	≥8
	15	主要道路绿化普及率（%）	≥95
	16	清洁能源普及率（%）	≥60
乡镇辖区生态环境	17	林木覆盖率（%）	≥10
	18	农田林网化率（%）	≥60
	19	退化土地治理率（%）	≥80
	20	农用化肥施用强度（公斤/公顷，折纯）	≤280
	21	农药施用强度（公斤/公顷，折纯）	≤3
	22	规模化畜禽养场粪便综合利用率（%）	≥90
	23	规模化畜禽养场污水排放达标率（%）	≥75
	24	农作物秸秆综合利用率（%）	≥95

2006年开始，江宁区东山街道、汤山街道、秣陵街道、谷里街道、淳化街道、禄口街道、湖熟街道、江宁街道与横溪街道积极开展国家级环境优美街道创建活动，推进江宁国家生态区的创建进程。

【省级生态村 绿色社区】

省级生态村创建 2002年开始，江宁区选择一些有条件的村开展江苏省生态村的创建工作。按照江宁区各乡村创建省生态村考核指标情况表的相关要求，2002—2007年，江宁区有16个村被命名为江苏省生态村，分别是汤山街道的锁石村、宁西村、孟墓村、李岗头村、上峰村，禄口街道的彭福村、陈巷村，横溪街道的许呈村、龙山村、西岗村、宁光村，秣陵街道的周里村，江宁街道的新洲村，谷里街道的箭塘村、祖堂村，淳化街道的青龙村。至2007年12月底，全区有14个村被省环境保护委员会命名为江苏省生态村。

江宁区创建省生态村考核指标情况表

表 8-5-12

序　号	评价指标	指标值
1	自来水普及率	≥ 98%
2	垃圾收集、转运处理率	100%
3	地表水环境质量	达Ⅲ类水质或环境功能要求
4	无公害、绿色、有机从产品基地占农田面积比例	≥ 30%
5	村庄绿化覆盖率	≥ 30%
6	秸秆综合利用率	≥ 90%
7	卫生厕所普及率	≥ 90%
8	畜禽粪便综合利用率	≥ 90%
9	工业污染源治理达标率	100%
10	可再生能源入户率	≥ 10%

绿色社区创建 2002年，江宁区开展创建绿色人居环境社区活动。区政府成立了创建绿色人居环境社区领导小组。2002—2007年，全区共投入环境治理资金880多万元，拆除一吨以下小锅炉42台，其中治理12台，改造太阳能800多平方米，改造油炉22台，治理餐饮业油烟及废水、隔油、隔渣共246家。投入180多万元，治理小五金企业98家。投入28万元，配置垃圾箱、废电池回收桶，制作禁鸣标志牌262块。拆除违章建筑近2万平方米。新增绿地面积180多万平方米，新增居民太阳能上万台，竖立环保公约牌34块，建立宣传橱窗286块。累计组织近1000人参观市宣传教育中心展览馆，举办环保知识竞赛32场次，28个社区参加人数近万人。制作经济环保地牌1380块。6年中，宣传教育共投入资金148万元。2002—2004年，全区共创建9个市级绿色社区：外港社区、太平社区、学府社区、秦淮社区、科苑社区、中前社区、胜太社区、龙池社区与湖滨社区；1个省级绿色社区：太平社区。2005年，全区共创建3个市级绿色社区：邵圣社区、章村社区和成山社区；3个省级绿色社区：外港社区、学府社

区和科苑社区；1个国家绿色社区：太平社区。2006—2007年，全区创建省级绿色社区4个：东山街道晓里社区、岔路社区，秣陵街道湖滨社区、秦淮社区；市级绿色社区15个：东山街道晓里社区、岔路社区、高山社区、东山社区、骆村社区，秣陵街道东旺社区、桥头社区，禄口街道群力社区、彭福社区，江宁街道铜井社区、南山湖社区，汤山街道麒麟门社区、锁石社区，谷里街道谷里社区和童前社区。

绿色社区选介 国家绿色社区——太平社区。秣陵街道太平社区面积4.80平方千米，辖区有3个居民小区，4390户居民，1.28万人。在创建绿色社区过程中，社区先后投入近1000万元用于烟尘、油烟、噪声治理。取缔辖区内锅炉，推行区域集中供热。成功创建胜太路餐饮服务一条街环境管理示范街。实现雨水、污水分流和污水集中处理。社区绿化覆盖率达35%以上，绿地面积16.80万平方米，人均公共绿地面积13.10平方米。2003年，太平社区被命名为市级绿色社区；2004年，被命名为省级绿色社区；2005年，被命名为国家绿色社区。

图8-5-3 2005年6月，国家环境保护总局授予江宁区全国绿色社区创建活动第一批先进社区称号

省绿色社区——外港社区。东山街道外港社区在开展绿色社区创建中，开展形式多样的宣传教育活动。投入4万多元制作生态、环保宣传口号和标语牌，在主要路段、小区橱窗等进行户外宣传；利用环保志愿者队伍在明月花园、21世纪花园等小区347个楼道口张贴宣传单，让绿色创建活动家喻户晓、人人皆知；在社区图书室设立环保书籍专柜。小区设立禁鸣标志和废电池回收箱，清理卫生死角，整治道路，植树种绿，美化环境。红领巾环保志愿者、巾帼环保志愿者、夕阳红环保志愿者以及老党员环保志愿者自觉组织起来，开展环保宣传活动，驻区单位党员干部走上街头，清理卫生死角，修剪花草树木。2002年、2005年，外港社区先后创建成市级绿色社区和省级绿色社区。

【绿色学校 绿色家庭】

绿色学校（幼儿园）创建 1999—2000年，江宁县有市级绿色学校3所：秦淮高级中学、江宁示范幼儿园和百家湖小学。2001—2002年，全区创建市级绿色学校5所：东山三小、上峰小学、横溪幼儿园、湖熟小学与上元小学；省级绿色学校1所：百家湖小学。2003—2007年，全区共创建17所市级绿色学校：上峰中学、秣陵中学、方山中学、翠屏山小学、周岗中学、科学园小学、陶吴小学、铜山小学、实验小学、横溪中学、桃红中学、清水亭小学、禄口中学、上坊中学、丹阳中学、横溪小学与翠屏山幼儿园；7所省级绿色学校：江宁示范幼儿园、上元小学、秦淮高级中学、翠屏山小学、秣陵中学、科学园小学与陶吴小学。其中，南京翠屏山小学创建成果丰硕。该校创建于2001年，地处翠屏山脚下，百家湖畔，占地面积2.80万平方米，建筑面积1.50万平方米。学校先后创建成南京市绿色学校、江苏省实验小学、江苏省绿色学校，被授予南京市教科研基地、南京市德育先进学校等10项荣誉称号。在创建绿色学校过程中，高起点对校园环境绿化进行规划和建设，栽种了桂花、红枫、黄杨、翠竹、香樟等几十种花木，绿化面积7.20万平方米，占建筑面积的48%。教室黑板是高分子弧形黑板，每个窗户采光面积3.80

平方米，教室总采光面积达19.20平方米，教室装有8盏双管高度节能日光灯。学校有完善的节电、节水措施和制度，对食堂的油烟排放系统进行了改造，学校食堂达A级标准。学校开展草地领养、为树木挂牌、社区小卫士、清理牛皮癣、革除陋习天天环保、参观水阁垃圾处理厂和开发区污水处理厂、爱我母亲河观摩会、出环保教育板报、写环保教育征文等活动。还编印学生《环保行为规划》，使学生从小养成爱护环境、保护环境的习惯。

省绿色家庭创建 2006年，江宁区按照省环保厅、省妇联的要求，在省级绿色社区中创建绿色家庭。经过一年的创建，江宁区有4个家庭被省环保厅和省妇联共同命名为江苏省首批绿色家庭，分别为秣陵街道学府社区的钮福平家庭、秣陵街道科苑社区的韩国源家庭、秣陵街道太平社区的孙邦荣家庭和东山街道外港社区的蒋金苟家庭。2007年，全区又有4个家庭被评为江苏省绿色家庭，分别为东山街道中前社区的张苏苏家庭、东山街道邵圣社区的刘双根家庭、东山街道章村社区的王琴家庭和秣陵街道成山社区的汪灵珠家庭。至2007年12月底，江宁区绿色家庭数达到8个。

第三节 全国生态区创建

2001年年初，江宁区被国家环保总局正式列为全国第六批国家级生态示范区建设试点单位。3月，区人民政府成立江宁区创建国家级生态示范区工作领导小组，由此江宁区国家级生态示范区的创建工作正式启动。在创建过程中，全区围绕环境标志产品开发、生态产业基础建设、生态文化建设、环境建设与综合整治、农村面源污染控制五大体系实施18项工程，数十个生态型建设项目。

2004年，江宁区政府委托江苏省环境科学研究院编制《南京市江宁区生态区建设规划》（简称规划）。2006年，规划通过省环境保护厅组织的专家评审，经区人大审议批准实施。因空间区划调整，又委托省环境科学研究院对规划进行更具可操作性的修编。全区各街道都相应完成区域环境规划的编制或修编。是年，区政府成立由33个区级部门和街道领导组成的江宁区全国生态区建设领导小组，负责生态区及环境优美街道的创建及一系列生态工程的组织、指导、协调、督查、反馈和宣传工作。2006—2007年，全区先后投入100多亿元，进行18项生态工程建设。

【国家级生态示范区创建工作】

生态示范区总体规划 2001年，区政府委托省环境保护研究院编制《江宁区国家级生态示范区建设总体规划》（简称规划）。2002年9月，提请区十三届人大第三十六次会议审议通过并批准实施。规划分15章，共10万字。包括生态经济功能区的划分，较为系统地制订了区生态农业建设、生态林业建设、农地生态保护、农田水利建设及水土保持、生态工业、露采矿区废弃地生态环境治理、生态城镇、城乡环境保护、生态旅游等若干子项目规划。确定重点及优先支持的工程项目，提出了实施规划的具体保障措施。规划结合考核验收的26项指标，针对不足确定主攻方向，制订五大建设工程30多个工程项目：环境保护产品开发工程、生态产业基础建设工程、生态文化建设工程、环境建设与综合整治工程、废物综合利用工程。筛选出规划近期10项重点实施项目，累计投入在14亿元以上。规划还宏观地提出实施规划的9

条保障措施。

国家级生态示范区的创建 环境标志产品开发。重点开展无公害、绿色和有机农产品及基地建设工程，通过市级认定的无公害农产品基地5个，省级认定无公害农产品基地21个，认证无公害农产品34个；通过市级认定的绿色农产品基地2个，认证绿色农产品2个，通过省级认定绿色农产品基地1个，认证绿色农产品1个；通过认定有机农产品基地1个，认证有机农产品1个。全区无公害、绿色、有机农产品基地总面积3667公顷，品种涉及蔬菜、茶叶、瓜果、大米、畜禽制品等数十个门类。

生态产业基础建设。"绿色江宁"建设工程，完成机场路、沪宁路、宁马路绿色通道面积1300公顷，沿江沿河生态防护林2673公顷，退耕还林2887公顷，城市绿化及人居森林900公顷，建成森林防火带60千米，新增绿化面积6860公顷，并启动建设754公顷的秦淮河湿地公园；标准化园区及特色基地建设工程，基本建成1个省级（横溪现代园艺科技示范园），5个市级（横溪现代园艺科技示范园、陶吴科技园、麒麟锁石千亩观光园、东南郊奶牛科技园、江宁农副业产品深加工科技园），5个区级（横溪瓜果基地、陶吴珍稀苗木基地、中药材科技示范基地、优质稻米生产示范基地、食草性畜禽示范养殖基地）标准化园区和18个镇级产业园区和特色基地；农田保护和治理工程，完成中低产田改造1800公顷，加强小流域治理，推广节水农业2.33万公顷，运用和推广肥床旱育、低压管灌和滴灌等节水农业新技术；科技兴农建设工程，实施各类农业科技项目96项，举办各类科技培训活动375场次，培训4.80万多人次，引进推广农业新品种1000多个，新技术300多项，新增经济效益6.50亿元，获利润1.80亿元；防洪保安工程，133.60千米堤防达标，对铜井等段塌江进行治理，斥资对新济行政村实施整体搬迁，完成63.63千米的长江堤防、通江河道固堤护砌工程和东山城区防洪工程。

生态文化建设。实施环境管理体系达标认证工程，江宁经济技术开发区、三隆包装厂、秣陵铸造厂等13家园区和企业通过ISO 14000环境管理体系认证。实施生态型旅游景区建设工程，编制完成全区旅游总体规划；横溪西瓜节和淳化山田牛奶文化节成为全区生态文化宣传教育基地。

图8-5-4 2004年12月，江宁区召开创建全国生态区考核验收汇报会

环境建设与综合整治。在城市污水处理工程方面，完成江宁经济技术开发区污水处理厂二期工程，日处理污水能力达4万吨；开工建设江宁科学园日处理污水8万吨的污水处理厂工程；启动规划江宁经济技术开发区南片污水处理厂、华商园污水处理工程建设。在城市环境建设与改造工程方面，相继建成东山步行街、竹山路电子一条街、同曦商城、同曦假日广场、中国女人街等一批标志性建设群，2003年完成农民复建小区建设面积10万平方米。在工业污染源防治工程方面，3年查处环境违法行为220起，40家污染严重治理无望的企业被关停，33个项目因污染问题在审批时被否决。2003年，全区污染总量削减2%。在露采矿山禁采与复垦工程方面，基本完成江宁区矿山总体规划编制工作，2002—2004年共关停露采矿山146家。在城市区域环境质量控制工程方面，2001年，建成东山地区53.41平方千米噪声达标区和烟尘控制区，城区主干道设置噪

声分贝显示仪，2003 年，建成百家湖地区 54.03 平方千米噪声达标区。全区大气、噪声达国家二级功能区标准，秦淮河、秦淮新河水质达国家四类功能区标准。

农业面源污染控制。实施秸秆综合利用示范工程，对禄口石埝秸秆气化站进行扩容，秸秆气用户 150 多户；推广实施秸秆还田及综合利用技术，2003 年，全区秸秆综合利用率达 96%。实施农药化肥控制工程，通过调整农业结构，建成一批高效农业、观光休闲农业。实施畜禽粪便无害化工程，以土桥泽成奶牛公寓、山田奶业淳化奶牛公寓为试点，探索畜禽粪便无害化处理新途径。

2004 年 12 月 21—22 日，江宁区生态示范区建设试点工作通过全国生态示范区考核验收组的考核验收。

【全国生态区创建工作】

建设生态工程 水资源安全及生态保护工程。开展饮用水源地保护。2002 年 5 月，全区开始实施以饮用长江水的长江引水工程。2004 年，江宁区政府以文件形式将辖区内 16 个水源地划定为饮用水源一、二级保护区，编制完成《江宁区水资源管理“十一五”规划》，制定并颁布了较为完善的饮用水源地保护应急预案和水源地保护有关规定，落实各项水源保护措施。实施区域集中供水工程。2006 年，启动了区域集中供水工程建设，分管道工程、滨江水厂、提升工程三大部分，总投资 21 亿元，计划于 2009 年年底率先实现长江水村村通、区域全覆盖，并向周边的溧水、高淳供水。实施节水工程。2007 年，江宁区被列入全国 12 个节水型社会建设试点区县之一，区内聘请专家完成《江宁区农业灌溉节水规划》《江宁区丘陵山区水保规划》和《江宁区节水型社会建设规划》的编制，还先后对江宁造纸、南京锗厂、协鑫电厂、谭山湖蔬菜食品等一批水耗较高的企业实施节水技改。推广喷、滴、管灌等农业节水新技术和新方法，建成以节水灌溉为重点的上峰宁东片国家级节水灌溉示范工程、省级麒麟农村水利现代化工程和秣陵、禄口、陶吴 3 个市级节水灌溉示范工程。推广水稻浅、湿、控和旱育秧等节水灌溉技术，全区旱育秧推广率 100%，喷、滴、管灌示范面积 567 公顷。开展节水进高校、进社区活动，2007 年河海大学通过省级节水型高校评估验收。

耕地保护工程。2007 年，区政府委托南京大学修编江宁区土地利用总体规划，科学划定基本农田保护区，实地设立基本农田保护标志牌。界定保护范围、保护面积等，并制订基本农田保护长效管理办法，建立完善基本农田 8 项保护制度。成立基本农田长效管理领导小组。建立基本农田保护与管理的动态监测和巡查制度，聘请有一定责任心和协调能力的老党员、老干部、村干部担任基本农田保护信息员，定期或不定期地进行基本农田巡查和监督。严格建设用地规划审批制度与程序，实施土地整理、复垦，并有计划地关闭砖瓦窑厂。

污水集中处理设施建设工程。2007 年，投入 4 亿多元，新建开发区污水集中处理厂，实施开发区污水处理厂扩建工程，建成城北、科学园、滨江及街道污水集中处理厂。是年，全区开工建设污水集中处理厂（场）21 座，污水处理规模 30.60 万吨 / 日。至是年年底，除三港污水处理厂和 3 个街道污水处理厂（场）正在建设中，汤山新城和铜山集镇污水处理厂已进入设计和招投标阶段外，已有 16 座污水处理厂（场）建成并投入运行，实际日处理污水能力 25 万吨，覆盖全区 9 个街道和 2 个开发园区。完善泵站管网配套收集系统建设。对城镇新区的建设与开发，强制实行雨水、污水分流，管网随地入地。2006 年，购置探管仪等高科技设备，对开发区、东山老城区雨水、污水分流基础设施进行调查和改造。是年，投入近 2 亿元，新建新民南路、中心河、新河村、方前、洋桥、学十一路等污水提升泵站。还投资 5 亿多元，铺设污水收集管网 200 多千米。

此外，还推进村级生活污水处理设施建设。是年，禄口街道石埝村建成了全市第一个采用生物氧化处理模式的村级生活污水处理场。

总量控制与减排工程。结构减排。2007年，江宁区制定并颁布《关于提高环保准入门槛的实施意见》，严禁引进化工、造纸、冶金、印染、水洗等行业及日排放废水超过1000吨的高耗水建设项目。对产生二氧化硫排放的项目，除已经列入省政府“十五”规划的新建电力项目和热电联产项目外，不再批准新建火电项目。对老企业的改建、扩建、改造项目严格实施总量控制，实现“以新带老、增产不增污”。新增污染排放总量项目必须从具体减排项目中加以平衡。推进环境基础设施建设，建设城镇污水处理设施，确保投入实际运行，发挥减排功能。推进“禁燃区”清洁能源改造工作，取缔燃煤锅炉，利用电厂热源，实施区域集中供热。推进企业污水回用能力建设，开展创建节水型企业活动，支持化工、电力、建材、造纸等产业建设工业循环水再利用工程，提高工业用水循环利用率，减少排放量。管理减排。成立减排工作领导小组，建立减排工作联席会议制度，把减排工作作为区长环保目标责任书的重要任务，分年度制订污染物减排实施方案，将年度减排任务进行有效分解，落实到部门、企业和项目中。

水环境综合整治工程。2006年，区政府制定颁布《江宁区三年水环境治理工程实施方案》，明确区域水体达标功能区标准。3年中，累计关闭污染企业162家。到2007年年底，全区没有“十五小”或“新五小”企业，没有选矿企业，保留的1家造纸企业实现污水零排放。建立重点源污染物排放档案，区环保监测部门加大监测频次，加大违法排污行为惩治力度，提高其违法成本。实施限期治理，期限内不能完成治理任务达标排放的，依法进入关闭程序。区环境保护与卫生管理部门联合开展全区医疗废水专项治理行动，落实医疗危险废弃物集中收集处置的措施，并实施医疗废水治理工程，实现规范管理。

大气环境综合整治工程。关闭燃煤锅炉和窑炉。2005年，江宁区编制并实施《南京市东山新市区供热规划（2005—2010年）》，依托协鑫和新苏两大电厂，逐步淘汰禁燃区内的燃煤锅炉，东山新市区和开发园区集中供热网日臻完善。取缔了开发区禁燃区内所有锅炉，并向禄口禁燃区和滨江开发区延伸。推行集中供热工程后，全区累计关停和取缔大小燃煤锅炉50多台，每年可节约标煤6万吨以上。控制建筑和道路扬尘。在全区交通主干道、重要路口和临近施工工地区域设置执法卡点，开展扬尘控制联合专项整治行动。加强施工工地监管，要求施工现场定时洒水降尘，无粉尘蔓延，进出口地表硬化，并按规定设置冲洗台和冲洗设施，确保净车出场。在高温干燥季节和施工高峰期间，对东山城区主干道洒水降尘，控制城区扬尘。监管机动车尾气。区政府组织各部门联合开展为期半年的“三小车”专项整治行动，东山新城区全面取缔“三小车”。从2007年12月起，新购机动车强制执行“国Ⅲ”标准，否则不予上牌。

“绿色江宁”建设工程。实施沪宁路、机场路、汤铜路及境内国道、省道绿色通道工程和江宁经济技术开发区、滨江开发区绿色交通廊道工程，植绿面积1467公顷；沿江洲地、滩涂和土桥、谷里、周岗、秣陵、江宁等地的沿河堤营造以杨树、柳树为主的沿河防护林2800公顷；丘陵岗坡地带建设苗木花卉、经济林果、速生丰产林基地，发展经济林和商品林4933公顷；建设荒山生态林1200公顷；宁丹路、板霞路、东麒路等公路、街道道路两侧绿化以及农田林网化工程植绿640公顷；以青龙山人居森林为代表的三大人居森林工程面积660公顷；建设“绿化新村”28个。“绿色江宁”建设工程实施6年中，全区累计完成造林造绿1.47万公顷，其中通过省、市林业主管部门验收的2公顷以上成片造林面积1.23万公顷。2003—2004年，连续2年获南京市政府建设绿色南京特等奖和江苏省林业局建设绿色江苏先进区称号；2005年，被市委、市政府评为2003—2005年绿色南京建设先进集体；2006年、2007年，被市绿化委员会评为绿色先进单位。

农村环境综合整治工程。2006年，江宁区编制《农村环境综合整治总体规划》，全面实施以“三清一绿”（清垃圾、清粪污、清河塘和村庄绿化）为主要内容的农村环境综合整治。村庄河塘清淤。2007年10月，全区135个村庄全面开展河塘清淤工程，共投入6000多万元，完成河塘清淤4220条（面），清淤土方1761万立方米，基本实现河塘清淤一遍的目标。村庄环境整治。全面清理整治村庄环境，街、村、组同步推进。重点清理村庄乱搭乱建、乱堆乱放、乱贴乱画。稳妥推进农村生活垃圾规范化管理，硬件、软件并举，建立农村保洁员队伍，健全和完善市容卫生长效管理机制。卫生户厕改造。2005—2007年，区级财政对农村改厕资金补助1050万元。至2007年年底，全区有50多个村获市农村改厕普及村称号，建成省级卫生城1个，省级卫生村（社区）6个；市级卫生镇（街道）7个，市级卫生村（社区）27个。全区农村卫生厕所普及率97.90%。

环境优美镇（街道）创建工程。2001年后，秣陵、禄口两镇率先成为江苏省经济与环境协调发展示范镇，湖熟等7个镇先后获得南京市环境优美乡镇的命名。2007年，东山、汤山、秣陵、谷里、淳化、禄口、湖熟、江宁等8个街道先后开展创建全国环境优美街道活动，并接受省级技术考核组的考核验收。

防洪保安系统建设工程。长江堤防硬质化达标工程。全区先后投入5670万元，高标准实施抛石固堤、堤身灌浆护坡、筑挡浪墙及堤防绿化等系列工程，翻建涵闸20余座，填塘固基8.70千米，栽种水杉、广玉兰等树木近万株，境内全长19.20千米长江主江堤和36千米长的通江河道全部实现堤身硬质化、堤防景观化。2007年7月，通过南京市长江标准堤的验收。水库除险加固工程。全区有在册水库72座，2005—2007年，共投入6200万元，对其中的33座水库实施了除险加固和泵站改造工程，消除事故隐患，保障库堤、库区安全。组织实施填塘固基、涵闸改造、泵站修建、块石护坡及堤身绿化景观建设工程，先后建成黄龙砚、赵村、龙山、大山凹等一批水库景观。河道整治疏浚工程。先后完成了外港河、牛首河、秦淮河、中心河、长干河、二干河等重要河流水系的清理和整治工作。2003—2007年，全区完成疏浚整治土方3432万平方米，占计划数的108%；完成总投资3.77亿元，提前2年完成规划的农村河道疏浚整治任务。

固体废弃物处置与利用工程。2007年，全区投入1300多万元，建设垃圾中转站5座、垃圾房1585座，改建公厕26座，配备垃圾清运车9辆、保洁车600辆。至2007年年底，全区拥有垃圾中转站14座，垃圾清运车32辆，保洁车1061辆，垃圾房5500多座，果皮箱5400多只。环卫设施和保洁服务覆盖全区城镇和村庄，9个街道基本建立“组保洁、村收集、镇运转、区处理”的垃圾收集处置模式。城镇生活垃圾全部集中清运至市水阁和轿子山两大垃圾处理场作无害化处理。是年，全区通过资源综合利用认证的企业有95家，利用工业固体废弃物近35万吨，固体废弃物处置及综合利用率99%以上。重点实施垃圾沼气制热、垃圾发电等资源化利用示范工程。轿子山垃圾填埋场将垃圾产生的填埋气集中收集，通过沼气转化为热能用于生活能源；水阁垃圾填埋场建成全市第一家垃圾发电场，总装机容量5.20兆瓦，成为联合国垃圾资源化利用示范工程。通过污染源普查，确定全区22个工业危险废弃物重点源，严格执行危险废弃物转移处置规定，建立一厂一档制度，加强重点源监管。

清洁生产与循环经济发展工程。环境管理体系认证。20世纪90年代，江宁县开始启动ISO 14000环境管理体系认证工作，至2007年年底，全区有28家企业通过ISO 14000环境管理体系认证。清洁生产支持体系建设。区政府每年在安排固定资产及技术改造工程项目中优先安排清洁生产示范项目，建立了促进类清洁生产审核企业给予减税等优惠政策，强制类企业在通过清洁生产审核后使用专项资金给予补助的支持体系。2005年后，先后对7家污染物超标或使用有毒有害化学物质的企业进行强制清洁生产审核。2005年，江宁区下达第一批循环经济试点企业后，将废弃物的页岩和煤矸石资源综合利用，建成年产6000万块的页岩烧结砖项目；引进并实施垃圾沼气发电、污泥焚烧发电等资源化循环利用项目；采取沼气与农牧结合、农林渔结合等生物链处理模式，对辖区内规模化养殖畜禽场粪便、农作物秸秆进行综合利用。

农产品安全保护工程。区政府推进"三品"（无公害农产品、绿色食品、有机食品）基地建设，至2007年年底，全区有通过认证的无公害农产品生产基地66个，无公害农产品79个，绿色食品62个，有机食品4个。其中，粮油类25个、果蔬类91个、茶叶类48个、水产类24个、奶制品类7个、禽类8个、蜂类4个。"三品"农产品种植面积5.33万公顷，占农作物复种面积的70%以上。从2007年起，采取试验示范的方法，在横溪建立有机肥推广施用示范区1333公顷，年施用有机肥3100吨。发展专门生产有机肥料的南京宁粮生物肥料有限公司等3家有机肥生产加工企业。开展并推广测土配方施肥。各街道成立了"放心菜"检测中心，实行周报制度，每周向主管部门上报农产品品质检测情况，农药残留超标的不予上市。2007年，全区累计抽检农产品样本9.50万个，合格9.32万个，合格率98.11%。

农作物秸秆禁烧与综合利用工程。区政府及各街道分别成立农作物秸秆禁烧与综合利用领导小组。推广收割机安装秸秆切碎喷洒装置，配合反转灭茬、留高茬、墒沟填埋等方式直接还田，秸秆用作饲料或厩肥还田，秸秆粉碎后用于蚯蚓饲养、食用菌种植、茶床底肥等秸秆综合利用技术。推广秸秆资源化利用，2000年，全区首座秸秆气化站在禄口石埝村建成。2006—2007年，相继建成秸秆气化站19座，总投资2900万元，发展秸秆气用户近6000户。

规模化畜禽养殖场粪便综合利用工程。2000年，锁石奶牛公寓率先引进国家专利技术，对畜禽粪便进行沼气处理的资源化利用工程，取得了效果，并在全区推广。2006年，淳化山田奶牛场引进农业部的畜禽粪便沼气发电项目，投资281万元，建设厌氧发酵塔1000立方米、储气柜200立方米、生物氧化塘400立方米及沼气发电设备等，年处理畜禽粪便4万吨，发电50万千瓦时，减少甲烷排放40万立方米。年产沼液4万吨、沼渣2000吨，可供施667公顷农田的有机肥，年节约电力和肥料投入成本60多万元。2007年，全区畜禽粪便综合利用率99%以上。是年年底，全区14家规模化养殖场（奶牛9家、鸡4家、生猪1家）中，实施粪便沼气处理资源化利用的有10家，畜禽粪便资源化利用率为71.43%。

露采矿山生态修复工程。2003—2004年，区政府先后制定并颁布《关于在禁采区禁止开山采石的实施意见》《关于加强废弃露采矿山环境整治工作意见》，除政策性保留的两家外，其余采石企业全部关停。至2007年年底，全区累计关闭露采矿山企业173家。2004年后，全区采取平台复绿、刻槽复绿、立面挂网客土喷播、平面造景绿化等先进技术和方法，完成46个采石宕口的植被复绿工程，工程化复绿面积146万平方米，累计投入8847万元。

城市生态人居和绿地系统建设工程。在江宁区经济建设快速发展的同时，东山公园、竹山公园等城市天然绿地依然保护完好，并建设和恢复方山地质公园、牛首山森林公园等城市天然绿地。规划建设百家湖凤凰台广场、翠屏山广场、东山文化休闲广场、九龙湖广场等一批休闲绿地广场。结合旧城改造，在城市中心区域建设的标志性广场——天印广场。2006—2007年，全区先后投入近2亿元用于道路绿化和景观建设。住宅开发遵循"节能、节水、节电、节地"的原则，有效推广了雨水回用、地下车库自然采光、中庭绿色通风、温控及热水供应、太阳能光伏发电、全屋顶植绿等一系列环保节能措施。

生态文化及旅游景区建设工程。绿色创建。2007 年年底，全区已建成国家级绿色社区 1 个、省级绿色社区 15 个、市级绿色社区 40 个，有 25 个村通过省级生态村的考核验收，45 所学校分别被命名为省、市级绿色学校，13 个家庭被命名为全国和省级绿色家庭。实施秦淮河和新济洲湿地保护工程，分别编制完成《秦淮河湿地保护规划》和《新济洲湿地公园建设规划》，并投入巨资加快建设。历史文化遗产保护和修复。编制全区文物建筑保护与利用规划，基本形成了汤山史前文化区、湖熟传统文化发源区、牛首山帝王风景区、阳山碑材历史文化区、汤山温泉休闲度假区、方山佛教文化区、横山近代革命风景区等七大文物保护区和 72 家文物保护单位。区政府投资 3000 万元新建江宁区博物馆，财政每年拨付专款进行历史文化遗产的保护和修缮，先后实施了杨柳村修复、南朝石刻保护、南唐二陵防水、定林寺塔修复、郑和墓修缮等重点工程。生态旅游体系建设。至 2007 年年底，全区拥有国家等级景区 11 个，占全市总数的 31.40%，全国农业旅游示范点 2 个，全国工业旅游示范点 2 个，旅游农业专业村 16 个。

全国生态区创建成果 经济效益。2004—2007 年，江宁区经济一直保持 20% 左右增长幅度，增长幅度波动较小，经济增长协调性明显增强，呈现出又好又快的增长态势。三次产业结构进一步优化。2007 年，全区实现地区生产总值 339.50 亿元，比 2006 年增长 18%；三次产业比例由 2006 年的 6.50 ∶ 62.20 ∶ 31.30 调整为 2007 年的 5.58 ∶ 62.58 ∶ 31.84。财税收入有新突破。同年，全区财政收入实现 111.14 亿元，首次突破 100 亿元，同比增长 70.80%；投资环境明显改善，实际利用外资 5.98 亿美元，同比增长 28.10%；全社会实现固定资产投资总量达 370.50 亿元，同比增长 23.20%；第三产业迅猛发展，全区实现旅游接待人数 125 万多人次，旅游收入达 5 亿元。在全社会的固定资产投资中第三产业投资总额达 137 亿元，比 2006 年增长 36%。社会消费品零售总额达 91 亿元，比 2006 年增长 18.20%。

社会效益。农村环境面貌一新。通过大力实施以"六清六建"（清理垃圾，建立垃圾管理制度；清理粪便，建立人畜粪便管理制度；清理秸秆，建立秸秆综合利用制度；清理河道，建立水面管护制度；清理工业污染源，建立稳定达标制度；清理乱搭乱建，建立村庄容貌管理制度）和"三清一绿"为主要内容的农村环境综合整治，涌现一批绿色社区、绿色新村、生态村、农业旅游示范村，农民居住环境有了明显改善。2004 年，由农民拆迁复建而成的秣陵街道太平社区获得国家级绿色社区称号。城镇基础设施日趋完善。2004—2007 年，江宁区相继建设了 5 座区级污水处理厂、14 家街道污水处理厂（场）、15 个村级污水处理设施，并完善了与之相配套的管网和泵站建设。投资 20 多亿元实施区域集中供水工程，日供水能力提高到 45 万吨，长江供水主管网实现全覆盖。全区新增公路"水泥化"486 千米，园区及主要干道实现景观化。全区煤气、天然气、液化气使用总户数达 25.50 万户，占全区总户数的 92%。学龄儿童入学率 100%，初中入学率 100%，初中升学率 96.20%。2007 年，

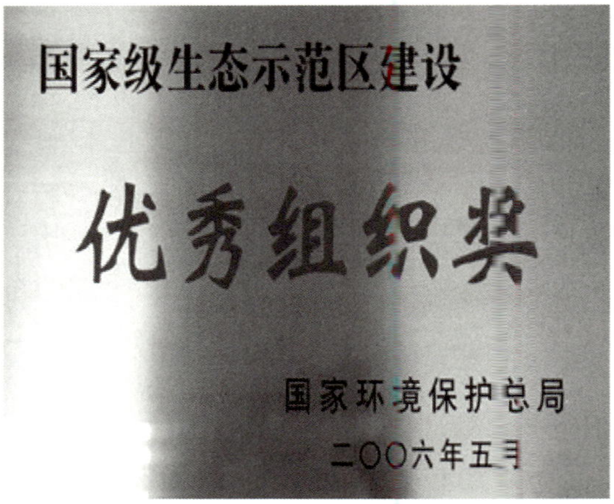

图 8-5-5 2006 年 5 月，国家环境保护总局授予江宁区国家级生态示范区建设优秀组织奖称号

高校录取率 79.10%。至此，全区集普教、职教、成教、高教于一体的现代化教育体系基本形成。

环境效益。2004—2007 年，江宁区先后投入数十亿元，实施城镇污水处理、水源地保护、污染源治理、农业面源污染控制、环境综合整治、园林绿化、城镇垃圾集中处理、区城集中供水等一系列关系环境、关系民生的生态工程，环境保护投资占国内生产总值的比例由 2003 年的 1.50% 提高到 2007 年的 3.70% 以上。环境质量逐步改善。通过实施诸如关停污染企业等水、气、声环境质量达标的保障措施，区域环境质量得到逐步改善。饮用水水质优良，水环境达功能区标准，大气环境保持良好水平，空气质量优等的天数多年保持在 90% 以上，2007 年达 315 天。城市区域环境噪声值和交通干线噪声平均值符合国家规定标准并逐年改善。2005—2007 年，江宁区城市环境综合整治定量考核得分在全市乃至全省名列前茅。

第六章　环保管理

1980 年 10 月，江宁县环境保护局成立后，充分履行依法管理环保工作的职能，其工作由单一的“三废”治理向规划布局、污染源控制等深层次展开。将建设项目“三同时”、环境影响评估、排污费征收等一系列环境管理制度与措施定量化、目标化，全面贯彻实施。

1989 年开始，南京市在环境保护工作中实行目标管理，至 2007 年，在“四轮”市长、区（县）长环保目标责任制考核中，江宁区均取得好成绩。其间，在区（县）、乡镇、企业实行行政首长环境保护目标责任制，并以此为龙头，推行污染限期治理、综合整治定量考核、排污许可证等管理制度，以此推进全区节能减排目标的实现。

开展环保专项治理，严厉打击环境违法行为，1996—2007 年，区环保局专项治理行动出动了 3.60 万人次，先后开展饮用水源专项整治、饮食业环境整治、开发区水环境整治、选矿企业专项整治、化工企业专项整治、建筑施工专项整治、建设项目专项整治、危险固体废弃物专项整治等。关闭区内所有选矿、小化工、电镀及国家明令禁止的行业和不能完成限期治理的企业、不能完成挂牌督办的企业。

第一节　环境保护规划

1982 年 10 月，江宁县环境保护局编制全县第一部环境保护规划——《江宁县环境保护“六五”规划》。至 2007 年，又陆续制订《江宁县环境保护“九五”规划及 2010 年长远规划意见》《江宁县“十五”环境保护发展计划》《江宁区国家级生态示范区建设总体规划》《江宁区“十一五”环境保护计划》和《南京市江宁生态区建设规划》等。此外，在制订的江宁县域总体规划中也有环境保护工作的规划内容。如在制订《东山城市总体规划（1992—2010 年）》和《南京市东山新市区总体规划调整（2003—2010 年）》中均突出环境保护的内容。

【区（县）环境保护规划】

江宁县环境保护“六五”规划　1982年10月，江宁县环境保护局编制完成的《江宁县环境保护“六五”规划》（简称规划），规划明确提出“六五”期间主要治理的项目和重点解决工业污染问题。是年，根据关、停、并、转的原则，将全县39家电镀厂（车间）削减为8家，保留县缝纫机厂电镀车间、陆郎剪刀厂电镀车间、东山手工业社电镀车间、其林公社电镀厂、秣陵公社电镀厂、湖熟公社电镀厂、长江公社电镀厂，保留的电镀厂（车间）必须搞好治理工作，力争在1983年、1984年年底分别达到国家排放标准。此外，还要解决县化肥厂、县钢铁厂废水污染问题，将县钢铁厂高炉湿式除尘改为布袋除尘，于1983年年底完成。县化肥厂建成废水循环使用系统，废水不得排入秦淮河，该工程争取在1985年年底前完成。按照先近后远、先易后难的原则，对消烟除尘、改造锅炉，分期分批实施改造，15台1吨以上卧式锅炉在1985年年底前完成改造任务。规划还要求切实做好水源和大气污染的监测工作，对未经治理或治理后仍达不到排放标准的废水、废气实行罚款。

江宁县环保“九五”计划及2010年长远规划意见　1995年，县环境保护局制订《江宁县环境保护“九五”计划及2010年长远规划意见》。主要内容包括改革开放15年的发展状况及“八五”环境保护情况，对“九五”到2010年经济社会状况分析预测，“九五”期间分年度排污费征收指标，“九五”计划组织实施的重点项目、资金来源、规划实施的措施及意见，2010年建设发展重点及改革建议等7个方面。其中环境保护重点项目是外港河综合治理工程（清淤、引水疏通）、江宁开发区污水处理厂建设工程等。

江宁县“十五”环境保护发展计划　2000年12月5日，县环境保护局编制完成《江宁县“十五”环境保护发展计划》（简称计划）。计划提出全县环境质量目标，主要水体水质均达到功能区规定的标准，重点饮用水源地区水质达到国家Ⅱ类标准；大气环境质量按照功能区要求，达到《环境空气质量标准》国家二级标准，污染企业搬迁出县城，全县基本无黑烟排放现象；控制交通噪声、工业生产噪声、施工噪声、社会噪声，分别达到功能区标准。

江宁区国家级生态示范区建设总体规划　2001年6月，江宁区人民政府委托江苏省环境科学研究院编制《江宁区国家级生态示范区建设总体规划》（简称规划），2002年1月，规划编制完成，并通过专家组的评审。规划基准年为2000年。近期为2001—2005年，2001—2002年，集中解决生态环境中存在的突出环境问题，杜绝人为的生态破坏和环境污染，关闭污染严重、治理无效的小企业，并建成一批示范工程，为建设生态示范区打好基础，满足国家环保总局对江宁生态示范区的验收要求。2003—2005年，按生态示范区总体目标要求全面开展工作，基本建立起适应可持续发展的良性生态系统，实现验收指标中的相应标准值，初步建成生态示范区。远期为2006—2015年，按总目标要求，进一步巩固生态示范区建设，实现验收指标中的相应标准值，把江宁区建成环境质量良好，生态良性循环，基本实现可持续发展的一流生态示范区。

江宁区“十一五”环境保护计划　2004年，江宁区环境保护局编制完成《江宁区“十一五”环境保护计划》（简称计划）。计划分为主要环境质量目标、工业污染控制目标、农村生态环境目标、城市环境管理目标四部分，并提出实施计划的主要措施。计划的主要内容包括加强水环境综合整治，加快污水管道铺设和污水处理厂扩建步伐，建成科学园大学城日处理能力8万吨的污水处理厂、江宁经济技术开发区南移后的8万吨污水处理厂和东山老城区8万吨的污水处理厂，使全区日处理能力达到30万吨，处理率达80%；推行以秦淮河、外港河、牛首河为重点的治理工程，城市地面水质达到功能区标准率为100%；加强大气环境综合整治，城市全年空气环境质量达到国家二级标准的天数320天；加强噪声污染整治和控制，城市环境噪声达标区覆盖率达到90%以上，城市区域环境噪声小于55分贝；推进固体废弃物的减量化、资源化、无害化处理和工业固体废弃物的内部转化利用，工业固体废弃物综合利用率达到90%以上；实施绿色隔离通道建设，在南京主城与东山新市区之间、东山新市区与镇街之间及镇街与镇街之间，打造生态隔离空间，构建生态屏障，重点推进安基山自然保护小区、长江河流湿地保护小区、横山自然保护小区等10个生态功能保护小区建设；推进以“绿色江宁”为主体的绿色生态建设，开展以生态林地、生态防护绿地、公共绿地为主的绿化造林活动，提升生态建设水平，推进生态镇街、生态村建设，努力营造人与自然和谐相处、适应经济发展的生态环境。

江宁生态区建设规划 2006年，区人民政府委托江苏省环境科学研究院编制《南京市江宁生态区建设规划》(简称规划)，9月27日通过专家评审，11月30日通过区人大常委会审议批准。规划按两个空间尺度展开：一是江宁全区，面积1573平方千米；二是东山新市区范围，北抵绕城公路接南京主城，东至宁杭高速公路，南至公路二环，西至宁丹路及江宁区行政界线，面积107平方千米。规划现状基准年为2005年，按照近期（2006—2010年）和中期（2011—2015年）2个规划期规划，另以2020年为远景规划期。

规划总体目标分三个阶段实现，第一阶段，2006—2010年为创建推进阶段，2008年基本实现国家生态区36项考核指标，2009年通过国家生态区技术考核；第二阶段，2011—2015年为全面建设阶段，在全面达到国家生态区考核指标的基础上，实施全面建设，重点提升；第三阶段，2016—2020年为提高完善阶段，瞄准国内外先进地区生态建设目标，从经济生态高效、社会发展和谐、城乡环境优良的高度，全面完成江宁生态区建设目标。规划将全区划分为10个生态功能区，设计包括重要生态功能区的保护与建设、区域环境综合整治、生态农业、生态工业等方面的48个生态建设项目，总投资73.60亿元。近期重点实施污水处理厂新建与扩建工程、生态工业园区和循环经济试点建设、河道整治与景观改造工程、沿江与江河湿地公园建设、区域供水工程等，预计总投资35.20亿元。

江宁县总体规划中的环保规划 1984年，经南京市人民政府批准实施的《江宁县总体现状（1983—2000年）》中编制了环境保护规划。规划提出，到1990年全区环境保护要实现的目标主要有，烟囱不冒黑烟，厂区车间基本不见粉尘，废水废气排放接近国家标准；结合工业企业调整，对居民、商业、机关、学校等稠密地区污染严重的企业，要有计划地搬迁到性质相同的工业区内，确保城区环境质量；对新建、改造、扩建工程必须实行“三同时”。规划还要求迁移秦淮河沿岸工厂排污水口，保证城区两家自来水厂的水质；控制新污染源的产生，同时对原有污染提出治理要求及措施，规划远期目标力争在2000年前对“三废”的治理，基本达到国家排放标准。建立健全生活排水系统，大搞绿化，净化空气，使城区绿化覆盖率达55%。规划还将有污染的、需要搬迁转产的企业名单一一列出，排出搬迁或转产时间表。

【东山新市区环境保护规划】

东山镇环境综合整治规划 1992年，江宁县根据《江苏省小城镇建设区环境保护纲要》要求和南京市环境保护局工作部署，结合县城东山镇总体规划和环境保护工作现状，在进行环境预测的基础上，组织县环境保护局、东山镇等部门和单位，开始编制《江宁县东山镇环境综合整治规划》（简称规划）。1994年10月，规划经有关部门和专家论证，由县人民政府公布并施行。规划基准年为1992年，近期规划至1997年，中期至2000年。分为大气污染防治规划、水污染防治规划、噪音污染防治规划、固体废弃物综合利用规划、绿化规划5个部分。

《东山城市总体规划》中的环保规划 《东山城市总体规划（1992—2010年）》（简称规划）制订于1993年，1996年12月，经南京市人民政府批准实施。规划中的环保规划首先分析环境保护工作现状，进而划分水环境功能区、大气功能区和声环境功能区。规划近期（至2000年）目标是，不得允许有污染的工业企业进入城区；在老城区加强工业企业的废水治理，要求治理达标，并在外港河建立污水处理站；在新建区建一座二级污水处理厂，日处理水量2万吨，区内企业的工业废水和生活污水集中处理；同时着手制订江宁商城和民营科技园的环保规划；到2000年，管道煤气和石油液化气普及率达到90%以上。规划还提出搬迁第三钢铁厂炼铁分厂，对化肥厂进行产业结构调整，最终将其发展成以第三产业为主的商贸区。规划还要求老城区烟尘控制区覆盖率达到100%。

远期规划目标（至2010年）的具体指标为，城区工业污染得到控制，用于环境综合整治和污染防治的总投资，不低于国民生产总值的1%（硬指标）；饮用水源得到保障，水质100%符合饮用水标准；确保百家湖水体的水质符合景观娱乐用水标准；大气环境质量符合国家大气环境质量二级标准；新城区建成一座污水处理厂和雨水、污水分流的排水体系，北沿圩建污水处理厂一座，竹山民营科技园建污水处理厂一座，集中处理工业废水和生活污水；建成处理工业废弃物和30万人口的生活垃圾的垃圾处理厂。规划还分别对水污染、大气污染、声污染和工业废弃物提出控制措施及具体要求。并将整个东山城市生态网架规划成纵有秦淮河风景绿带、机场路防护绿带，横有韩府山森林绿化、百家湖风景区、印潭公园、天景山森林绿地、牛首山水源涵养林带和秦淮新河风光带。

东山新市区总体规划调整的环保规划 《东山新市区总体规划调整（2003—2010年）》（简称规划调整）制订于2003年，2004年11月，经南京市人民政府批准实施。规划调整根据东山新市区的大气环境、水环境和声环境监测结果，提出新市区环境保护的总目标和综合防治目标，以及为实现目标应采取的环境保护措施。对工业布局的调整和引导、生态防护进行规划。对东山老城区已有的污染严重的企业、混杂在非生产性用地的工业企业进行用地调整，以减轻污染；将东山新市区的工业用地布置在江宁经济技术开发区与江宁科学园；提出注意引导工业的门类，发展高新技术产业及其他无污染的工业，使东山新市区的环境污染降到最低程度。

规划调整强调，配合区域空间总体格局形成的需要，依托山系和道路，建构大范围的绿色森林景观带，形成“一轴、二圈、三网、四带”的森林生态廊道系统。“一轴”是秦淮河绿色生态轴，以秦淮河、宁高公路、机场高速公路绿化为主体，构筑南北向纵贯江宁腹地的绿色生态主轴。“二圈”是森林生态保护圈，第一圈是依托南京二环公路，结合汤山森林公园、九龙湖森林居住区、方山森林公园、秦淮河湿地公园、牛首山森林公园等构筑而成；第二圈是依托汤铜公路和生态走廊，结合周边山地绿化形成。“三网”为森林生态防护网，依托农田林网、水系网区公路网络绿化形成。“四带”以沪宁、宁杭、宁马3条高速公路和宁丹公路绿化形成四条放射状的森林景观带、森林生态防护带。

【街道环境保护规划】

1992—2007年，江宁区下辖9个街道先后全面完成街道环境规划的编制。

东山街道环境保护规划 东山街道环境规划始编于1992年。根据《江苏省小城镇建设区环境保护纲要》要求和南京市环境保护局工作部署，江宁县环境保护局、东山镇等部门和单位合作编制《江宁县东山镇环境综合整治规划》（简称规划）。1994年10月，规划经有关部门和专家论证，由江宁县人民政府公布并施行。规划分为大气污染防治规划、水污染防治规划、噪音污染防治规划、固体废弃物综合利用规划、绿化规划五部分。2003年，编制完成《东山新市区总体规划调整》，将东山街道的环境规划纳入东山新市区总体规划中，并予以重新调整。2004年，经南京市人民政府批准实施。

禄口街道环境保护规划 2003年，禄口街道委托江苏省环境工程咨询中心编制完成《南京市江宁区禄口镇环境保护规划》（简称规划）。规划以2001年为基准年，规划期限中远期至2020年。分总论、自然社会经济概况、环境影响分析、环境质量现状评价、环境保护规划措施、工程项目及投资概算、规划实施保证措施等篇章。

其他街道环境保护专项规划 为创建全国环境优美街道和全国生态区，2007年，谷里、秣陵、江宁、淳化、湖熟、汤山和横溪7个街道委托南京市环境科学研究院，先后完成了街道环境保护专项规划的编制。街道环境规划分总论、区域概况、环境现状调查与评价、社会经济发展趋势分析、污染负荷趋势分析、生态环境功能区划、规划方案、实施规划保证措施等8章。规划指标体系由社会经济发展、环境质量、建成区环境、辖区环境四大类22项指标组成。同时编制了水环境保护、大气环境保护、噪声污染控制、固体废物污染控制、工业集中区环境保护、生态环境保护与建设、人居环境综合整治和生态产业发展8项子规划方案，提出各街道重点实施的生态建设工程和保证措施。

第二节 环境保护目标责任制

1989年5月，环境保护目标责任制在第三次全国环境保护会议上被正式确定为一项新的环境保护管理制度。同年5月24日，南京市人民政府颁发《关于实行县长环境保护任期目标责任制的通知》，决定推行县长环境保护目标责任制，并将其列为考核县长政绩的重要内容。至2007年，南京市人民政府市长和江宁区（县）长签订四轮县（区）长环境保护目标责任状。

【第一轮县长环保目标责任状】

1989年8月15日，南京市市长戴顺智与江宁县县长陈大法签订《江宁县县长环境保护任期目标责任状》。第一轮县长任期环境保护目标时限为1989—1992年，其间，组织资金272.80万元，对全县24家重点污染企业进行污染治理，江宁有机化工厂、青龙山水泥厂等一批污染企业的污染状况得到有效控制；建成县城东山镇3.60平方千米无烟区和0.30平方千米噪音达标小区，至此，全县基本完成第一轮县长任期环境保护目标责任制的三大目标。期内考核得分逐年提高，1989年为80分，1990年为83.50分，1991年为85.40分，1992年为97.40分。经考核，江宁县在全市5个县中名列第二，被评为优秀等级。

【第二轮县长环保目标责任状】

1993年6月26日，南京市市长王武龙与县长庞顺根签订《第二轮（1993—1997年）县长环境保护任期目标责任状》。1993—1997年，江宁县县城饮用水源水质达标率稳定在96%以上，县城区域环境噪声平均值和县城交通干线噪声平均值分别控制在58分贝和71分贝以内，大气总悬浮微粒年日平均值控制在250毫克/标立方米以内，秦淮河水质达到国家四类水质标准。“三同时”执行率达标，日供水5万吨的自来水厂建成，日处理能力2万吨的新区污水处理厂开工建设，江宁经济技术开发区6.80平方千米内河道进行清淤护坡、绿化。完成“611”工程并通过省级验收。加强重点排污单位的现场检查工作，对污染严重的企业进行关停、取缔，并对南京第三钢铁厂土烧结车间实施部分搬迁，完成“九五”环境规划与产业结构调整计划执行目标。1998年1月13日，市环境保护考核领导小组对江宁县第二轮县长环境保护目标责任状的四大部分24个子项目进行检查验收，考核领导小组一致认为，江宁县第二轮环境保护责任状考核目标基本实现，并通过第二轮县长环境目标责任制的考核验收。但江宁开发区内企业逐步实行集中供热、供气没有如期完成；分片设立4个环境保护所，只完成2个所的组建；由于宏观经济和企业经营等因素，未完成南京第三钢铁厂土烧结车间搬迁。

【第三轮县（区）长环保目标责任状】

1998年11月5日，南京市市长王宏民与江宁县常务副县长徐和宁签订《第三轮（1998—2002年）县长环境保护目标责任状》。其间，江宁县（区）完成了政府县（区）长环境保护任期目标。环境质量目标：城区饮用水源水质达标率一直稳定在97%以上；区域环境噪声平均值控制在57分贝以内，城区交通干线噪声平均值控制在70分贝以内；大气总悬浮微粒年日平均值控制在240毫克/标立方米，城区大气环境质量标准控制在国家二级标准以内；秦淮新河水质保持在国家四类水质标准。工业污染防治目标：建立污染物排放总量台账，实行排污总量控制，实行排污许可证制度，实现长江流域达标排放，实现工业企业污染物达标排放，污染设施运转率达100%。工业企业废水处理达标率达91%以上，工业固体废弃物综合利用率达90%以上。对34家企业实施关停并转，主要污染物排放逐年削减2%。坚持建设项目环保“第一审批权”，企业“三同时”执行率100%。环境综合整治目标：完成秣陵、禄口镇省级经济与环境协调发展示范镇的创建任务，完成禄口镇彭福村省级生态村创建任务。建成区域53.41平方千米的烟尘控制区。汤山、上坊、禄口、秣陵4镇通过市级环境优美小城镇验收。江宁经济技术开发区8万吨/日污水处理厂建成，建成日供水5万吨自来水厂一座。环境管理目标：办理人大议案、政协提案结案率100%，区环境监测站达省级标准化要求，区环境监察大队通过国家二级标准验收，实现排污收费2550万元。2003年4月1日，江宁区通过第三轮市长环保目标责任状考查组检查。

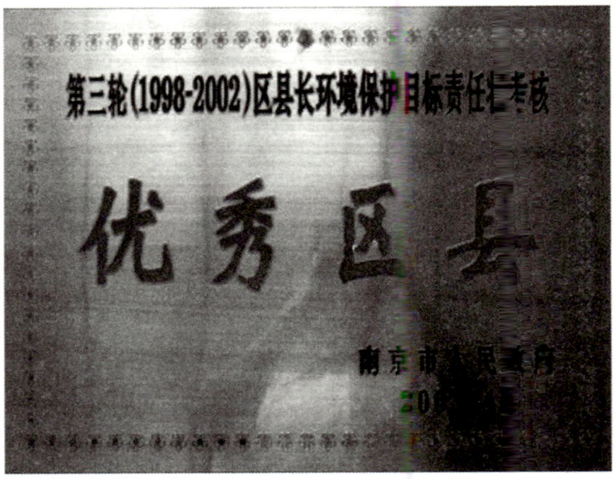

图8-6-6 2003年6月，南京市政府授予江宁区第三轮区（县）长目标考核优秀区县称号

【第四轮区长环保目标责任状】

2003年6月5日，南京市市长蒋宏坤与江宁区区长单景南签订《第四轮（2003—2007年）江宁区区长环境保护目标责任状》。《第四轮区长环境保护目标责任状》期间的5年，环境质量控制目标：长江江宁段、外秦淮河（洋桥）、秦淮新河、运粮河、江宁河、铜井河、百家湖等水质达到相应功能区标准；东山新城区及中心镇饮用水质达标率100%，秦淮新河江宁段水

质控制在国家三类标准；东山城区环境空气质量达到国家二级标准；区域环境噪声控制在56分贝以内，交通干线噪声控制在70分贝以内。工业防治污染目标：限期治理17家工业污染企业，关闭9家工业企业，关闭41家选矿企业，重点工业企业废水全面达标排放，达标率为100%；严格执行《中华人民共和国环境影响评价法》和“三同时”制度，“三同时”执行合格率100%。环境综合整治和生态建设工作目标：完成科学园污水处理厂一期工程并试运行，完成开发区污水处理厂三期扩建工程70%，开工建设城北污水处理厂；巩固原有绿色社区创建成果，完成岔路、晓里、湖滨、秦淮4个社区创建省级绿色社区的任务，完成东山、骆村等12个社区创建市级绿色社区的任务，完成淳化青龙村等9个省级生态村的创建任务，完成38个村农村人居环境建设和环境综合整治任务；城镇垃圾无害化处理率90%以上。环境管理工作目标：全年共征收排污费1681万元；环保投入占全区国内生产总值的2%以上；完成科学园、陶吴中心小学2家创建省级绿色学校任务，完成横溪、禄口中小学等5所学校创建市级绿色学校任务；全区所有医疗机构废弃物集中处理率95%以上，二级以上医院达100%；全区无重大环境污染、生态破坏案件。

2007年2月7日，市环境保护委员会考核组认定，江宁区此届政府任期环境保护责任状目标基本实现，并一致通过第四轮区长环境目标责任制考核验收。

第三节　环境保护管理制度

【建设项目“三同时”制度】

1984年，江宁县计划委员会、县城乡建设环境保护局、县工商行政管理局联合发出通知，对新建、扩建企业的污染问题，提出治理污染的设施同主体工程同时设计、同时施工、同时投产的要求，由环境保护部门、企业主管部门、金融部门协同把关。至1990年年底，共审办企业新扩建项目296个，“三同时”审办率100%。

1991—1995年，审批项目633个，比“七五”期间增加611个，增长28倍，审办率、执行率均达到100%。1996—2000年，批审办建设项目405个。2001—2007年，建设项目环境保护“三同时”审办和验收项目数量大幅上升，审办项目由2001年的30个增至2007年的716个，验收项目由2001年的4个增至2007年的130个，审办率和执行率均为100%。

【环境影响评价制度】

1987年，位于江宁县境内的梅山冶金公司的380万吨生铁和250万吨钢材的二期扩建工程的环境影响评价工作全面展开。1988年，完成梅山冶金公司扩建工程的环境影响评价工作。是年，南京凤凰山铁矿扩建的铅锌冶炼转产工程，因污染严重威胁秦淮河上游水质，被市环境保护局、规划局、经委等有关部门认为选址不当而否定。

1996—2000年，否决化工、造纸、电镀等环境保护不达标项目24个。对验收时达标，投入生产后不能稳定达到国家或省、市规定的污染排放标准的新项目，责令其停止超标排放污染物，并同时报请县政府作出停产或限期治理决定。5年中关闭江宁县制革厂、龙都第二化工厂等企业25家，治理东山镇拉丝厂、江宁县民政容器厂等企业182家。

2002—2003年，审批各类新、改、扩建项目1708个，否决污染严重项目45个。2004年，据区政府《关于做好清理固定资产投资项目工作的通知》，区环境保护局认真清查建设项目审批中存在的环境保护违规情况，全区有78个建设项目补办了环境影响评价。是年，审批建设项目243个，否决项目7个，其中一个被否决的项目计划投资达2亿元。2005年，区环境保护局先后3次到开发园区和镇街、企业，梳理重点建设项目255个。全年审批建设项目332个，否决污染项目12个。是年，还组织对丹阳、横溪、陶吴、铜井、江宁等5个镇的19家企业进行清查，对13家不具备环境保护审批手续和生态环境影响严重的企业，分别下达停止建设或生产、限期补办环境保护手续通知书。

2006—2007年，先后20次深入镇街、园区和企业，重点梳理建设项目550个，两年共审批建设项目1115个，否决污染重、能耗高项目36个。

【排污收费制度】

江宁县环保局根据中共中央批转的《环境保护工作汇报要点》和《中华人民共和国环境保护法》中有关实行排放污染物收费制度的要求，全县自1981年起征收排污费。排污费由县环境保护部门组织征收，其中80%返还原单位用于企业污染源治理，20%用于环保事业、环境公用设施和经费困难单位污染治理补助。治理后达到国家标准的，可申请免交排污费。是年，全县征收排污费21.99万元。

1989年，全县超额完成全年排污费征收计划，总额达57.60万元。“七五”期间，全县共征收排污费264万元，其中用于返还企业治理污染费用194万元，用于货款支持企业治理费用38万元，两项费用合计占收费总额的87.90%。

1992年，全县全年排污费的征收创历史最高金额，达113万元。“八五”期间，征收排污费863万元，比“七五”期间增加599万元，增长2.26倍，年递增30%以上；返还企业污染治理资金460.83万元，比“七五”期间增加266万元，增长1.37倍，还组织环保贷款和环保贴息贷款50万元。1996—2000年，全县征收排污费2119万元，年平均递增14%，其中2000年征收额450万元。

2007年，全区征收排污费的单位有724家，征收金额1680万元，分别比2006年增长3.10%和52.70%。

第四节 环境监察

1991年7月，江宁县成立环境保护监察队，1993年年底，建立环境监理站。1994年9月，监理站通过国家级验收，成为全省第三家、全市第一家通过国家验收的监理站。监理站组建后，从“三查二调一收费”（“三查”一是对单位和个人执行环保法规进行监督、检查；二是对各项环境保护管理制度的执行情况监督检查；三是对海洋污染和生态破坏情况进行监督检查。“二调”是调查污染事故和污染纠纷并参与处理。“一收费”即全面实施排污收费制度）开始，开展强化现场监督管理，提高现场检查频率，至1995年，使限期治理及烟尘许可证实施率上升到145%，“三废”处理运转率达88%，“三同时”执行率比1993年增加17%，排污收费征收面由138家增至198家。

1996—2000年，对全县重点污染源的现场监督检查达1.80万次，平均每年递增15%，污染源现场监理6000频次，“一控双达标”（排放总量控制在国家规定的排放总量指标内，排放污染物达标和环境功能区达标）监理834次，完成排污申报4570家。

2000年，县环保局依法对各有关单位进行检查，突击检查350家企业。开展建筑施工专项检查，对65家建筑企业进行检查，实行施工申报登记和夜间施工审批制度。2001年6月15日，全区召开严肃查处环境违法行为专项行动大会，并以江宁政办〔2000〕63号文件下发《关于在全区开展严肃查处环境违法行为专项行动的通知》，全面部署专项行动工作，区环境保护局成立6个督查组，深入企业单位，开展督查。至7月30日，全区共出动检查人员1377人次，检查企业358家，占总数的84.83%，查处违法行为39起。

2001—2002年，区环境保护局与区公安分局、工商局、计经委等部门联合，对区内电镀、化工、造纸等一批重点企业及群众反映的环保热点、难点问题进行环境执法大检查，先后出动检查人员7328人次，查处环境违法行为176起，清理和整治电镀、化工、造纸企业99家，依法搬迁科思化学、秦新化工、元泰化工3家公司，对排放废水严重超标的湖熟镇耀华抛光厂实行关闭，对没有履行环保手续的上坊镇魏村金属制品加工厂实施停产，对5家破坏生态环境的土烧结进行取缔。是年，区环保局环境监理大队标准化通过国家二级考核验收。

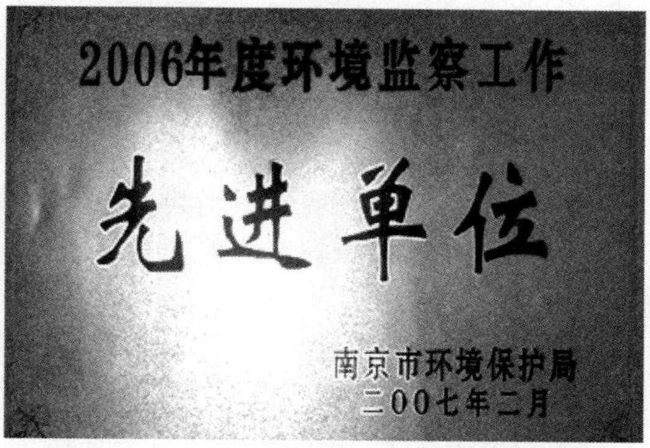

图8-6-7　2007年2月，南京市环境保护局授予江宁区环境保护局2006年度环保监察工作先进单位称号

2003年，区环境保护局会同区计经局、工商局等部门对全区化工、冶金、水泥、电镀、印染等行业的重点企业进行拉网式检查。对50家环境违法企业实施行政处罚，对属于国家明令禁止的“十五小”、“新五小”（小钢铁、小水泥、小炼油、小玻璃、小火电等），无任何环保手续、无任何废水处理设施，严重污染环境的6家企业和车间实施了关闭，对禄口福根铁粉加工厂法人代表拒交排污费实施了5天行政拘留。对6枚废弃的放射性同位素，实施专门妥善保管处置，维护区内环境安全。2004年，区环保局联合区公安分局、工商局等6部门，在全区范围内开展“整治违法排污、保障群众健康”的环保专项行动。整个专项行动共出动监察人员1800余人次，检查企业686家，查处企业37家，关闭1家，责令停产7家，限期治理4家，挂牌督办2家，罚款51万元。

2005年5月，组织开展全区集中式饮用水源地环境保护专项整治行动，成立5个检查组对各镇街、村（社区）79个集中式水源保护地进行全面检查。通过检查，查清并掌握了区内各集中式水源保护区、保护区上下游各镇街、村（社区）饮用水源地1000米范围内工业污染源排污状况，农业污染源、生活污染源和流动污染源的分布及污染程度，水源保护区及2000米范围内建设项目审批情况。全区实施环保监管627家企业，现场监察1941次，行政处罚65起。2006年，组织开展选矿企业、化工企业、废水超标排放、放射源和危险废弃物专项整治行动。全面调查78家化工企业的环境影响评价和“三同时”执行情况，废水、废气、废渣等污染物排放总量及排放去向、环境危险应急预案制订与演练、环境安全管理制度及责任制落实等情况。

2007年，区环保局拉网式检查93家国控、省控、市控污染企业，重点污染单位和多次超标偷排企业，还有群众反复投诉的企业和单位，查处违法违纪行为17起。普查101家重点污染企业，7家企业分别被市、区挂牌督办，对1家限期治理未完成治理任务企业和9家违法排污企业实施处罚，全年查处环境违法行为140起。1997—2007年，全区环保行政处罚案件总计592件，罚款金额达484.61万元。

第五节 环保宣传和教育

20世纪80年代初，江宁县环保局从环境保护科普知识讲座开始，发展到每年围绕一个宣传主题，同时在“6·5”世界环境日、宣传月（周）等特定宣传日向全区宣传环保知识，提高全区人民的环保意识。至80年代末，全县广泛开展各级领导及污染企业领导干部的专题学习、中小学生的环境教育、社区居民环保行动、青年环保志愿者主题活动等社会性环境保护教育。2001—2007年，区环境保护局共举办各类环境保护培训班近30期，培训3000多人次。

1992—1993年，县环境保护局被市环委会评为环保宣传教育有功单位；2006年，区环境保护局被江苏省环境保护厅评为省环境宣传教育先进单位；2007年，被评为市环境宣传教育先进单位。

【环保宣传】

1980年3月，江宁县县城及各地影剧院和放映点放映环境保护幻灯片，大多数工矿企业是利用广播、黑板报、橱窗等阵地进行广泛宣传。县环境保护局还组织人员对县属企业、社办企业、队办企业进行摸底调查，基本掌握全县窑炉、电镀、化工等分布情况及“三废”排放现状，为环境综合治理提供依据。1981年，每周定期在有线广播和县城闭路电视上宣传环保法及全县开展环保工作的情况，扩大教育面，提高全县人民环保意识。

1990年，县环保局共出12期《环保简报》，县局的环保工作在省、市、县各种报刊中共登载7篇文章。1991—1992年，县环保局共印发《环保简报》36期（3600份），印发500本《江宁县环保局政务公开制度》，每年为企业订阅200份《中国环境报》，扩大宣传面。1995年6月5日，县环保局召开“6·5”世界环境日座谈会，县人大、县政府领导，县环境保护委员会委员及有关企业负责人应邀参加座谈会。1992—2007年，区环保局先后举办5届“环保”征文比赛，旨在以征文比赛的形式在全区宣传环保知识，提高全区人民的环保意识。

图8-6-8 2003年，江宁区环保局在竹山林园开展以“保护母亲河，保护生态环境”为主题的宣传活动

1996—2000年，编印9期《江宁县环境法制学习材料》，共计2000多本。5年中，累计编发有关报导50多篇，制作各类宣传展板100多块，还举办3期环保征文比赛，共有19个单位获奖。

2001—2002年，全区结合“6·5”世界环境保护日、“3·15”国际消费者权益日和科普宣传周等开展环保系列宣传活动；与教委、妇联、科委、农业局等20多个部门举办“建设绿色小区，共创美好家园”主题的系列活动；组织百米长卷绘画万人签名活动；邀请10户家庭绿色环保志愿者种植花草，绿化园区；编制环保学习资料3期。在中前社区举办一期80人的环保法律法规讲座，展出环保成就展板150余块，悬挂横幅标语80多条，为各镇、机关和学校发放环保知识画册、法律法规宣传资料6500多份；投资12万余元先后在繁华路段、交通要道、商业区设立大小型环保公益广告牌29块，在《南京日报·江宁版》开辟《环保天地》专栏，在江宁电视台开设《环保周末》专栏。

2003—2004年，利用“6·5”世界环境日召开座谈会、进行环保咨询活动等；举办5次以“保护家园、建设绿色社区”为主题的宣传活动；发表环保文章47篇，悬挂横幅130余条，制作户外环保宣传广告牌16块、宣传展板100块，播放《创模过后看江宁》《生态示范区建设纪实》专题片，编制电视《生态新闻》系列报道20多期，编印《生态江宁》画册等。2005年6月5—12日，为纪念“6·5”世界环境日34周年，营造“人人参与环保，建设绿色家园”的氛围，区环境保护部门组织开展“6·5”环境宣传周活动。

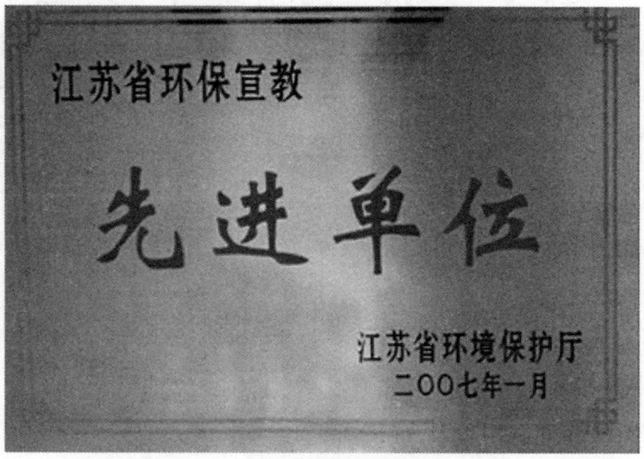

图8-6-9　2007年1月，江苏省环境保护厅授予江宁区环境保护局江苏省环保宣教先进单位称号

2006—2007年，区环保部门深入开展环保“四进”活动（进街道、进社区、进学校、进企业）。组织16次黑板报进镇街、社区活动和4期绿色社区、绿色学校创建培训班；分别在2所中学及区机关部门举办6次环保知识讲座，并为全区各级分管环保工作的领导举行“环境保护与生态建设”专题报告会；举办首届“双菱杯”中学生环境知识竞赛。是年6月5日，江苏省、南京市、江宁区三级人民政府以“污染减排与建设环境友好型社会”为主题，联合在东山市民休闲广场召开纪念“6·5”世界环境日大会。江宁区人民政府向全市13个区、县发出“全面达小康，建设生态市”倡议书。

【环保教育】

1990年9月4日，县环境保护局组织全县43家重点污染企业厂长（经理）在南京第三钢铁厂举办学习班，学习贯彻《中华人民共和国环境保护法》。

1992年5月19日，县环境保护局再次在县农业学校举办县属、乡镇重点污染企业及乡镇环保员培训班，组织学习《中华人民共和国环境保护法》《中华人民共和国水污染防治法》及《污水处置设施环境保护监督管理办法》（〔1988〕国环水字第187号）等环境保护法律法规。至1993年年底，县环境保护局共举办6期《中华人民共和国环境

图8-6-10　2007年3月9日，江宁区举行青少年“保护母亲河绿色和谐统一行动”启动仪式

保护法》学习培训班，培训骨干400多人次。全县各企业共举办学习培训班56期，参加学习培训的领导359人次，受教育人员52631次。

2001—2002年，全区组织青年团员参加环境保护宣传活动6543人次，参加植绿护绿活动4570人次，植绿面积6.67公顷，植树8000株。2006年，区环境保护局编制《行政执法责任制汇编》，并配套编印《行政执法责任制汇编》以及《环境保护行政执法依据汇编》，开展对执法人员环境保护法律法规和环境执法知识培训。

2007年3月9日，由团省委、团市委主办，团区委、区环境保护局、淳化街道办事处共同承办的江苏省暨南京市青少年“保护母亲河——绿色和谐统一行动”启动仪式在淳化街道梅龙湖广场举行，全区500多名青少年向全省青少年和社会公众发出“保护母亲河，共建绿色和谐家园”的环保倡议。是年，区环保局被评为全市环境宣传教育先进单位。

2007年，配合全区创建“全国生态区”中心工作，区环境保护局分别举办4期绿色社区、绿色学校创建工作培训班，还组织全区各镇街、部门及相关企事业单位分管环保工作的领导举行“环境保护与生态建设”专题报告会。

第九编

水　利

第一章　河流整治
第二章　堤防建设
第三章　蓄水工程
第四章　桥闸涵隧与沟渠
第五章　排灌工程
第六章　农田水利基本建设
第七章　防汛　抗旱
第八章　水利管理

江宁地域兴修水利历史久远。史载秦王政三十七年（前210）秦始皇东巡时，曾下令在方山、石跪山一带切岭引龙藏浦（秦淮河本名）北入长江。吴赤乌八年（245）孙权建都建业，使校尉陈勋作屯田，发戍兵三万，凿破岗渎，筑方山埭，治理淮水（即秦淮河）。南朝刘宋元嘉二十二年（445）疏浚淮水，在湖熟县开田千顷。明洪武年间，江宁葛仙、永丰二乡患水，筑堤防得田240公顷。清同治十年（1871），知县莫祥芝加深大胜港，沟通上新河与秦淮支流，并加高加固堤防，取得当年丰收。民国20年（1931）大水，长江江堤溃决，秦淮河也多处破圩，4.20万公顷农田受淹，20多万名灾民无家可归。民国22年2月，江宁自治实验县责成各区、乡（镇）水利委员会每年春征集民工修补江堤圩堤。是年，修建陶吴镇牛王坝闸、汤山镇汤水闸。民国23年，拨款3600元（银元）重建桥头闸，闸成适逢大旱，当年发挥效益。但由于缺少经费，县水利建设只限于一些小修小补工程，水旱灾害仍很严重。民国35年，江宁县曾在沿江江堤堵口复堤，做了二期工程，挑土102万立方米，仅完成计划的40%。新中国成立前夕，农田水利长期失修，河道淤浅，塘堰荒废；江河堤防千疮百孔，残缺不全。加之江宁地处长江、秦淮河交汇处的特殊水利自然条件，县域内既怕涝又怕旱的局面始终未能改变。自清至民国，江宁县几乎是旱涝交替，十年九灾。

新中国成立后，中共江宁县委、县人民政府充分运用社会主义制度下可以集中力量办大事的优越条件，自力更生，艰苦奋斗，克服种种困难，大搞农田水利建设。20世纪70年代，全县10万水利大军会战土桥句容河段，高筑堤，深挖河，摆脱了3个大圩容易遭受破圩灭顶之灾的悲剧。20多万水利大军（包括原镇江地区兄弟县支持民工）开挖秦淮新河，逢山揭土切岭，平地深挖新河道，连年不断，以顽强的精神建设江、港、洲、圩标准堤。把一个既怕旱又怕涝的穷地方，建成绝大部分农田旱涝保收、高产稳产的富庶之乡。

进入21世纪后，加快水利机制、体制改革，全区进入由工程水利向资源、环境水利，由农村水利向城市水利，由传统水利向现代水利的转变。至2007年，江宁区水利建设累计完成土石方达5.63亿立方米，总投资达8.58亿元；开挖河道43条，271.20千米；建排涝站336座、装机656台（套）、容量42023千瓦；固定电灌站870座、装机1647台（套）、容量76457千瓦；建水库73座，大小塘坝4万多座，蓄水量共2亿多立方米；桥闸涵隧等各配套建筑物总数19449座。基本形成符合江宁实际的防洪、防涝、防旱、防渍、调水等比较完整的农田水利工程体系，极大提高了抗御自然灾害的能力，为江宁区改革开放、经济社会可持续发展提供了可靠的基础条件。

第一章　河流整治

江宁区低山丘陵和黄土岗地占耕地面积一大半，沿江沿河平原约占 1/3，主要河流由秦淮河水系、沿江水系和石臼湖水系三大水系 32 条河流组成。2007 年，境内河流总计长 280 千米，汇水面积 5948 平方千米。由于江宁区地势高低落差很大，易受旱，又易受涝，旱涝灾害连年发生。秦淮河流域，跨句容市、溧水县、江宁区以及南京市区，流域面积 2631 平方千米，其中江宁区境 996 平方千米，占 37.86%。江宁区沿秦淮河圩区为一山间盆地，上游支流多，下游河床浅窄。每逢暴雨，来水猛而排水缓，汛期河网水位经常高出圩内农田 3 米 ~ 5 米，排泄洪水 400 立方米 / 秒，不足洪水量的 1/3。从三国时代吴嘉禾三年（234）开始记录，到 2007 年的 1774 年中，江宁区秦淮河地区共发生水灾 235 次。新中国成立后，经过 50 多年的努力，基本治理好了秦淮河的水害。秦淮河下游泄洪量提高到 1200 立方米 / 秒，基本解决洪水出路问题。其间，沿江河流和其他河流也得到全面整治，极大提高了抗御洪水的能力。

第一节　秦淮河流域治理

【秦淮河整治】

秦淮河干流整治　秦淮河干流流程 34.10 千米，在江宁境内长 15.60 千米，河道底高程 3 米 ~ 3.50 米，河底平均宽度 49 米，堤顶高程 9.50 米 ~ 10 米，行洪断面 400 平方米。1959 年冬，江宁县组织 14 个公社 2 万多名民工疏浚秦淮河干流，自雨花台以下至三岔河口段，六合县民工 2000 人参加支援，疏浚河道长 6 千米，河底标高由 3 米降至 0 米。1963 年冬至 1964 年春，组织 17 个公社 2 万名民工疏浚和加固秦淮河干流堤防，消灭险工隐患，历时 50 天，将秣陵河口上下游河段局部裁弯退建，共完成土方 95.14 万立方米，并建涵洞 9 座，使 12 个大圩 1.87 万公顷农田的防洪条件得到改善。1969 年冬至 1970 年春，组织 14 个公社 2 万名民工会战武定门，经过 1 个多月的战斗，疏浚拓宽武定门至水西门段 2.30 千米，河底高程挖至 1 米，河底宽 30 米；堤顶高程 11.50 米，顶宽 5 米，边坡 1 ∶ 2.50，共做土方 50 万立方米，消除肠梗阻，保证了红旗抽水站的引水。1971 年冬至 1972 年春，组织 17 个公社 3 万名民工，经过 70 天施工顺直南埠圩 4 个弯段计 6.20 千米，同时退堤浚河 5 千米，排洪断面由 400 平方米扩为 800 平方米，共做

图 9-1-1　1959 年 7 月，在秦淮河兴建拦水坝，引江水灌溉江宁、溧水、句容等县 3.33 万公顷农田。图为施工现场

土方 290 万立方米。1979 年 12 月 6 日至 1980 年 2 月 10 日，组织 14 个公社 4.70 万名民工完成东山的小龙圩段拆坝，殷巷的方前弯、坝水庙段退建，方山的洋桥段疏浚和禄口的张桥小圩段裁弯等工程，5 段共整治 7169 米。通过治理，使河道泄洪能力由原有 390 个流量增至 1200 个流量，共做土方 231.40 万立方米。1986 年 12 月至 1987 年 3 月，组织 20 个乡镇 4 万名民工对骆家渡至赵家渡的小龙湾段进行裁弯取直，长 2.09 千米。河道经裁直后，长 1.41 千米，缩短防线 677 米，并降低洪水位 0.10 米，共做土方 79.54 万立方米，投资 149 万元。小龙湾裁弯取直的整治是 1970 年以来分段整治的最后一段，使干流泄洪量扩大，相应降低了上游河床的水位，减轻防洪压力。至 1989 年，秦淮河干流河道底高程变为 2 米 ~ 3.50 米，河底平均宽度为 75 米，堤顶高程 12.50 米 ~ 13.50 米，顶宽 5 米 ~ 6 米，边坡 1 ∶ 3 ~ 1 ∶ 4，行洪断面达 800 平方米。

图 9-1-2 江宁县疏浚秦淮河施工现场（1991 年摄）

秦淮河支河整治 溧水河整治。溧水河流域面积 833 平方千米，在区境西北村至乌刹桥，长 14.20 千米。1979 年 4 月 24 日，省水利局下达《关于溧水河一干河（江宁部分）整治工程的批复》，整治一干河、三干河口至新村圩段，主要是开河筑堤。江宁县负担 3.41 千米河段，于是年 2 月 7 日就组织 11 个公社 4 万名民工进入工地，至 4 月底基本完成（配套由各公社自行施工，1980 年全部竣工），开河底高 2.80 米 ~ 3 米，河底宽 50 米，河坡 1 ∶ 3，平台高 7.50 米，堤顶高程 14.20 米 ~ 14.50 米，顶宽 6 米，内外坡 1 ∶ 3。并将溧水河禄口段西岔的十里长河两头大坝堵死，使一干河、三干河改经东岔独流，拓宽泄洪，杨树湾一段由弯改直，共投入 204 万个工日，做土方 285.60 万立方米，石方 1 万立方米，投资 161 万元。同时将万寿、常熟、高伏 3 个大圩和其他小圩，合并成一个大圩——禄口联圩，缩短防线 14.30 千米，消灭蒋家团子、鬼子坡、双河口等多个险工地段，扩建乌刹桥，增加泄洪量，受益面积 3333.33 余公顷。1981 年 12 月 12 日，省水利局下达《关于秦淮河整治（句容河、溧水河）下段工程的批复》，同年 12 月 20 日至 1982 年 3 月，江宁县组织 17 个公社 5 万名民工整治溧水河下段秣陵的小新圩至陈家圩段，拓宽复堤长 1961 米，并对句容河的出口段西北村至犁头尖裁弯拓宽，共做土方 133.50 万立方米，石方 1727 立方米，工程费用 138.50 万元。溧水河通过整治，汛期行洪、旱年引水灌溉的条件都大有改善。

句容河整治。句容河从句容的宝华山至江宁县龙都的西北村，长 50 余千米，流域面积 1258 平方千米。1974 年春，在对汤水河土桥段整治中，全县组织 8 万人培修句容河堤，从土桥祝庄机头经远景、周子到夏三岔，共培标准堤 11 千米。1981 年 12 月，在治理溧水河下段的同时，治理了句容河的出口处，西北村至犁头尖，裁弯拓宽 1203 米，增强了泄洪能力。1991 年特大洪水发生后，省政府把整治句容河工程和治淮治太（湖）一道列入“八五”时期省重点水利工程。整治句容河工程主要做了河道整治、祝贤圩裁弯、赵家村切角和江宁侧复堤四部分。其中，河道整治工程最大，江宁县承担从龙都的东北村到土桥渔场与句容交界处全长20.50千米的任务，于1992年11月18日开工，至1999年5月竣工。第一期工程（1992—1995年），采取先机械后人工的办法，分两段施工，第一段从龙都镇的东北村至解放大闸，长5.20千米，于1992年11月18日开工，1993年5月上旬基本结束，共做土方250万立方米；第二段从龙都解放大闸至湖熟镇新大桥，长6千米，于1994年10月动工，1995年6月全面完成，共做土方210万立方米。第二期工程（1996—1999年）从湖熟镇的新大桥至土桥镇的土桥渔场，长9.30千米，全部采用机械化施工，共做土方299万立方米。句容河河道整治工程中，共兴建跨河桥梁6座，涵洞41座，排涝站31座，行洪能力由原来的258立方米/秒增至616立方米/秒，共挖压土地267.40公顷，拆除民房2800间，共做土方800万立方米，国家投资9500万元。1993年2月5日至5月底，完成祝贤圩裁弯工程，共做土方36.10万立方米，投资500万元，挖压土地20.80公顷，新建和接长涵洞2座，排涝站和挡水闸各1座。1996年12月初至1997年4月，完成赵家村切角工程，共做土方7.68万立方米，投资60余万元。1999年12月初至2000年5月，完成蒋巷段复堤工程，共做土方12.27万立方米，投资163.50万元。同时，对有迎流顶冲的6处用块石护坡，长1500米，以确保复堤后的堤防坚固安全。

秦淮河汊河整治 对秦淮河汊河的整治很多，重要的有5条。

云台山河改道。云台山河是秦淮河干流的一条汊河，源于陶吴云台山，分两支。一支在凤凰山附近自西向东横穿秣陵全境，在火炬司马庄入溧水河；一支名为九里河，改折北上，在双基严公渡入秦淮河干流。该河在秣陵境内长6.30千米，河道弯曲浅窄，堤防单薄低矮，险工隐患多，防汛任务艰巨。经县水利部门协助全面规划，废除两支老河，开一条南起小章山接云台山小河、北至双基严公渡、由南向北高地穿行的新河入秦淮河。1969年11月至1970年6月，秣陵公社发动全公社16个大队8000多劳力开了一条新河，长5.60千米，河底高程4米~5米，河底宽10米，共做土方107.60万立方米。新河开通后，东旺、西旺、南旺和常熟4个大圩合并为秣陵联圩，防洪堤线由50千米缩短为14.40千米，增强防洪能力，确保秣陵联圩1733.33公顷农田的旱涝保收。

横溪河改道。横溪河是溧水河的一条主要汊河，集水面积70平方千米，河道弯曲，断面狭小，堤身低矮，汛期山洪暴发险象丛生。该河横贯横溪、禄口两地，横溪9个小圩466.67余公顷，禄口3个大圩2000公顷常受威胁，曾于1954年、1956年、1962年、1969年4次决口破圩。1974年7月19日，县水利局制订横溪河的改道规划，分上、下两段进行。1975年冬，横溪公社发动5000劳力开挖上段，由横溪集镇西的桃花坝经刘家山、丰收村，基本上沿高岗穿行至罗大圩；1976年冬，禄口公社出动7000劳力开挖下段，接罗大圩撇开老河重开新河，由黄桥圩入溧水河。全长11.20千米，共做土方180万立方米，石方10万立方米。河底高程4米，河底宽4米~6米，堤顶高程14米，顶宽6米，行洪能力208立方米/秒。该河的改道，改善了两个公社的防洪压力，确保3333.33公顷农田的灌溉用水。

三干河改道。三干河是溧水河的一条汊流，流经溧水县石湫和江宁县铜山公社，全长17.69千米，下段在县境长6.50千米。原河道弯曲狭窄，外河内沟，堤身矮小，难以加高加固，汛期受洪水威胁。1969年冬，铜山公社出动3000劳力实施改道工程，废老河，开新河。从反修桥向西北取直开挖，在小魏庄下移1千米出口至王家圩入一干河，河底高程6米~10米，河底宽4米~8米，并将王家、木马、香草、小西、长塘、南圩6个小圩并成一个万亩大圩，即五圩。至1973年冬，做土方130万立方米，缩短防洪堤线10千米。

汤水河治理。汤水河是句容河北岔的主要汊河，源于汤山九华山，向南流经上峰、土桥及句容市的黄梅、石狮等镇，至石湫电站入句容河，全长25.22千米，在县境长21.22千米，流域面积240平方千米。该河河系紊乱，河道浅窄、弯曲，比降也较陡，沿河农田常遭洪害之苦。1974年12月底，调集全县24个公社8万名民工，次年1月7日会战汤水河土桥段，主要工程项目为疏浚拓宽河道做标准堤，新开河道，清淤、清基、清杂。至1975年3月，共做土方400万立方米。从时庄至红土山段，开新河5.40千米，汛期洪水位13.84米时，行洪能力达398立方米/秒；句容河培堤11千米。1975年冬至1976年2月，上峰公社组织全社13个大队3000人开挖汤水河上游，共做土方75万立方米，石方4万立方米，建桥4座，自动翻板水闸1座，投资131.83万元。1969年、1979年冬，分别对汤水河下游周子、东水门两段裁直；1981年，在下半段建大桥1座。2000年12月8日，对汤水河土桥镇下埠村长1.48千米的弯道进行裁直；建桥涵站等配套建筑物5座，共做土方50万立方米，总投资905万元，于2003年4月全部竣工，汛期发挥了作用。

图9-1-3 1990年冬，殷巷乡组织疏通秦淮河五库段工程会战场面

二干河一期综合整治工程。二干河是溧水河一条主要汊河，河道全长25.60千米，在区境长8.90千米。一期工程主要整治内容为5.15千米堤防达标；改建3座泵站、3座涵洞；修建堤顶防汛道路；退堤段新做护坡1078米；堤身绿化景观建设。2007年11月18日至是年年底，5.15千米堤防达标工程全部完成，做土方13万立方米；泵站及涵洞改建工程于当年12月18日开工。其余工程至2007年年底尚未开工。

【开挖秦淮新河】

治理规划 1971年，南京市提出整治秦淮河方案设想。1974年，省水电局完成《秦淮河流域水利规划报告》，新河开挖按此实施。新河起于江宁县河定桥，经雨花台区的铁心桥、西善桥至金胜村入长江，全长18千米，其中铁心桥至红庙切岭段，长2.90千米，最大切岭深30米，桥梁12座，涵洞和跌水20座，节制闸、翻水站及南河涵洞各1座等，总计工日2015万个，共需投资3510万元。新河河道基本位于丘陵地区，地形起伏较大。河定桥至铁心桥段长5.80千米，地势较高，最高处高程31米。红庙至长江口段长8.10千米，一般地面高程8米～10米，其中西善桥以下到长江口长5.40千米为沙洲圩地区，地势平坦，地面高程6米左右。地质情况甚为复杂，施工难度大。根据演算结果，对新河河道在分洪流量、洪水位、水面比降、河底高程、堤顶高程、河底宽度等方面都作了精心的设计。

工程实施 切岭工程。切岭段是由4个小山头连接起来的长2.90千米的岗地，坐落在韩府山北麓铁心桥旁。1975年12月20日，全县26个公社4万名民工参加会战，主要有揭土、切岭、护砌三大任务。1976年5月，完成揭土任务，共投入344.90万个工日，做土方354.10万立方米，其中揭土土方295万立方米，完成任务的84.20%。1976年7月至1978年6月，由6000余名民工组成的专业队完成切岭任务，做石方182.50万立方米。1978年6—10月，完成护砌工程，共护砌块石79101立方米，垫层碎石24903立方米。至1978年10月，切岭工程全面完成，共投入 860 万个工日，做土方 437.40 万立方米，石方 244.50 万立方米。先后伤亡 417 人，其中重伤 163 人，轻伤 247 人，死亡 7 人。

河道开挖。1978 年 11 月 8 日全面开工，江宁县承担切岭段至入江口的土方任务，全长 11 千米，全县 24 个公社出动民工 10 万人。另外，江浦、六合、溧水、高淳、句容以及武进、扬中、丹阳、宜兴、溧阳、金坛等外地市县也前来支援，出动民工 12 万人，承担河定桥至切岭段的土方任务。1979 年 1 月，河道开挖土方任务基本完成，共挖河 15.10 千米，做土方 1302 万立方米，石方 23 万立方米，还为各地平坡整田 86.70 公顷。1980 年 6 月 5 日，秦淮新河通水。

图 9-1-4　江宁县开挖秦淮新河土桥工程会战场面（1975 年摄）

桥梁建设。秦淮新河上建桥梁 11 座，其中铁路桥 1 座，正桥长 216 米；公路桥 5 座，其中铁心桥为 1 孔 90 米大跨度钢筋混凝土肋拱桥；机耕桥 4 座、人行便桥 1 座。10 座桥梁采用不同设计方案，称“十姐妹桥”。共做土方 17.53 万立方米，石方 0.70 万立方米，混凝土 2.21 万立方米，包括 1 座机电排灌站、19 座排灌涵洞等农田配套建筑物在内，于 1982 年陆续建成。

枢纽工程。秦淮新河枢纽工程包括节制闸、翻水站和船闸 3 个部分，土方任务由江宁县承担。1978 年 6 月，抽调 8 个民工营 3000 名民工投入枢纽工程战斗，用 3 个月时间抢挖节制闸、翻水站、船闸和鱼道基础。同年 10 月，节制闸与翻水站建设开工，闸于 1980 年 6 月竣工，站于 1982 年 6 月试运行并投入使用，共做了 160 万个工日，完成土方 80 万立方米。船闸于 1979 年 3 月始建，1980 年因全国基本建设项目调整停工缓建，1984 年春复工续建，1985 年 10 月初建成通航。秦淮新河的开辟与河口船闸的建成，不仅恢复了秦淮河干流和主要支流的季节性通航，而且也为秦淮河沟通长江与水阳江及太湖流域创造了条件。

图 9-1-5　江宁县举行秦淮新河通水典礼大会（1980 年摄）

经过 7 年奋战，新河开挖以及配套工程基本竣工，共做土方 1930 万立方米，石方 249 万立方米，总投资近 8000 万元。新河挖成后，秦淮河下游增加流量 800 立方米 / 秒，基本上解决行洪问题；遇到旱年，可以从新河河口节制闸翻引长江水入秦淮河；秦淮河流域 10 万公顷农田基本变成旱涝保收的稳产田，沿河 100 多万人民生命财产安全也有了保障。

第二节 沿江及其他河流整治

【沿江河流整治】

顺直铜井河 铜井河从河口至铜井镇公路桥的2.80千米狭窄弯曲，河宽只有20余米，引排不畅，每逢雨汛，洪水漫堤，险象丛生。1966年冬，铜井公社发动6000多劳力开挖拓宽，顺直河道，并将三岔子弯道裁直。经过一冬春的实干，做土方17万立方米。经整治后的河道上口宽达50米，底宽8.50米，底高4.10米～4.60米，堤顶高程12米，顶宽5.50米，边坡1 ：2.50。

拓宽牧龙河 牧龙河从烈山河口至牧龙铁路桥，长4千米，河道狭窄，堵水严重，一遇洪水，农田受淹。1969年冬，铜井公社组织6800余名民工拓宽该河，奋战20余天，开挖土方19万立方米。使河面宽达50米，底宽6.50米，底高4.10米～4.60米，堤顶高程12米，顶宽3米，边坡1 ：2.50，增加流量，扩大了洪水出路。

整治江宁河 江宁河是沿江最长的通江河流之一，从江宁河入江河口至陆郎的兔儿岗，长19.05千米。该河年代久，长期失修，淤积严重，堤防矮小，防洪能力较差，1954年大水，江宁镇南大街淹水，上湖大水漫堤1米，全乡80%以上的农田受灾。1956年冬，全乡组织800多人，整治蒋家湾至中屯营一段，经过两个月的苦干，做土方9万立方米，裁直了这段800米的弯道，使底高程降至3米，底宽达10米，边坡1 ：2，使河道下游畅通无阻。1968年冬至1969年春，县革委会组织陆郎、谷里、江宁3个公社5000多名民工，对该河上游进行整治，做土方15万立方米，疏浚河道17千米，提高江宁河引水和泄洪能力。1999—2000年，建造江宁河闸，省、市投资1500万元，从而使江宁河能减洪、能蓄水、能挡潮、能通船，极大提高了江宁河防洪抗旱能力。2003年，因长江灭螺工程项目对江宁河两岸河堤进行块石挡墙护砌，使江宁河堤进一步提升为标准堤。

开挖工农河 工农河从河口至土家村长4.50千米，是江宁公社人工开挖的一条新河，分两段完成，共开挖土方39.60万立方米。第一段从铁路至史家村，长1154米，于1974年5月，全公社组织800劳力，经1个月的施工，做土方5万立方米。第二段从河口至永安池子园，长3294米，于1976年12月，全公社集中8000余劳力开挖，经1个月奋战，做土方34.60万立方米。河道达到底高程5米，底宽2米～4米，边坡1 ：2。

治理板桥河 板桥河是跨谷里和板桥两地全长12千米的一条通江河流，在谷里境内4.70千米。该河曲窄淤浅，引泄不畅，每遇暴雨，山洪漫溢，少雨塘坝干涸，常受旱涝之苦。新中国成立后，制订开挖新河理直种子山至樊家村一段4.70千米的板桥河的方案。其中较大的工程为两期土方工程和一次切岭工程。第一段土方工程于1976年冬开工至1977年春结束，谷里公社发动民工6000余人，奋战两个月开挖成一条种子山至下坝长2.50千米的人工河，共做土方40万立方米，河底高宽各4米，边坡1 ：2.50，堤高12米。同时利用土方工程的余土围圩0.60公顷以上小圩3个，并开撇水沟3850米，使历史上存在的潮水倒灌、洪水漫冲等问题得到初步解决。切岭工程于1977—1980年组织小分队40余人苦战3个冬春，搬掉连家山，开成长160米，宽20米，坡为1 ：0.50的河床段，共做石方2万立方米。第二段土方工程于1981年冬在切岭工程完工基础上展开，谷里公社组织5000名民工分莲花塘和老丘口两段，突击1个月 共挖河道2.20千米，做土方34万立方米。

整治九乡河 该河在区境长13.23千米，河道弯曲狭窄，有水引不进，水大排不出。1954年、1969年和1972年的3年大水，两岸300多公顷农田受淹，水深1米～2米。1973年冬和1974

年春，其林公社发动全社 13 个大队 1 万余劳动力整修九乡河，大干 4 个月，共做土方 64.60 万立方米。其中石方 2.68 万立方米，由专业队施工，至 1974 年年底完成。经过挖深拓宽裁弯取直，河底高程 10.50 米，底宽 12 米，河顶高程 17 米～ 17.50 米，顶宽 2.50 米，边坡 1 ： 2.50。投资 31.75 万元。挖压土地 40 公顷。

疏浚七乡河　该河全长 18 千米，在区境长 12 千米。因年久失修，淤塞阻水，两岸农田常遭旱涝之灾。1978 年，汤山公社结合建设七乡河翻水线，发动全公社 16 个大队 1 万余劳力，在上游按照底宽 8 米～ 10 米，底高程 10 米～ 12 米，堤顶高程 17 米～ 19 米，边坡 1 ： 2.50 的标准大干一冬春，疏浚挖深河道长 6550 米，做土方 100 余万立方米。该河通过疏浚，干旱时，确保了七乡河翻水线从长江提引水灌溉，大到暴雨时，提高了迅速泄洪的能力。

【其他河流整治】

丹阳河　属石臼湖水系，全长约 15 千米，在区境长 0.86 千米，河道淤浅狭窄，流水不畅，每逢汛期，两岸农田常受淹。1969 年 12 月，丹阳公社组织 3500 余劳力，突击 16 天，对该河拓宽疏浚，清淤土方 11.30 万立方米，解决了长期以来流水的肠梗阻问题。

外港河　系秦淮河汊流，东西走向，贯穿东山镇境。该河源于上坊、方山丘陵地带。河床淤塞，久未整治，部分地段成为泥滩荒地，无雨即旱，遇暴雨便成灾。20 世纪 60 年代初，县曾组织有关公社的劳力进行疏浚，水利条件初步有了改善。1971 年冬，对南埕圩至外港河口长 1300 多米的一段进行裁弯取直，共做 33 万个工日，完成土石方 40 万立方米。1972 年冬，东山镇发动全镇劳力，对外港河进行彻底整治。按照底高程 3 米，底宽 40 米，上宽 100 米，堤顶高程 12.50 米，边坡 1 ： 3 的标准，从竹山脚下至秦淮河口开挖 1.50 千米长的新河，经过 70 余天的战斗，做土方 30 万立方米，极大提高该河的泄洪能力。但随时间的推移，该河淤积越发严重，河水脏臭，两岸布满垃圾，影响城市形象。2005 年 12 月至 2006 年 3 月，实施外港河整治工程，完成清淤、截污、防洪三大工程，总投资 2000 多万元。2006 年 4 月初至是年年底，完成配套建设的景观园林和水生态修复工程。

图 9-1-6　外港河景观堤

第二章 堤防建设

江宁区沿长江、秦淮河圩区的堤防，是防汛抗洪的生命线。全区堤防总长度338.67千米，其中江港洲堤65.20千米，圩堤273.47千米。这些堤防保护着全区3.65万公顷土地和9个街道29万多人生命财产安全与工农业经济的发展。新中国成立前，江宁县江、河堤防防洪能力差。江堤堤顶高程仅在9米左右，与民国20年（1931）洪水持平，顶宽只有1米～2米，且常年失修。圩堤堤身矮，堤坡陡，堤顶窄。险工险段很多，经常发生破圩、倒圩事故。

新中国成立后，江宁县开展大规模的堤防建设，利用每年冬春时间退建、复堤、加高加固，做了大量土方，兴建护岸、护坡和配套建筑物。1949—2007年，共做江、河、圩堤土方3亿多立方米，建排涝站331座、656台(套)、装机容量42023千瓦，修筑涵闸7245座，建成了一个比较完整的防洪体系。全区堤防普遍达到可抗御民国20年(1931)、1954年、1991年、1998年、2003年较大洪涝灾害的能力。

第一节 江洲港堤整治

【江洲港堤整修加固】

江宁地区江洲港堤线较长，因区划、涨坍等变动，堤线不断变化。至1999年，江堤为19.20千米，洲堤（仅剩新济洲）为14千米，港堤为32千米。

江洲港堤整治，历代虽有开展，但受经费及技术条件的限制，只在小范围内修修补补。明代，军卫沿江屯田，对江堤进行过培修，据清〔同治〕《上江两县志》记载："明洪武年间，军卫屯田皆沿江，而沙洲南北圩为尤重，故常修治堤岸以为水利。"清代，对洲堤及闸坝局部进行整修，据《东华续录》记载："清时，带子洲堤、江宁镇濒江闸坝，均先后动工修筑。"民国时期，整治江洲港堤开始有组织地进行。民国22年（1933）10月至23年4月，沿江一、九两区乡镇共修筑带子洲、金家圩、荒戚圩等段江堤14处，投资16053.50元（银元）。民国34年，江宁县曾利用冬季农闲时间征集民工修筑。江苏一区专署民国35年年刊《江宁县施政概况》记载："但因工程浩大，非地方财力、物力所能竣事，经与扬子江水利委员会堵口复堤工程处江宁工务段接洽，派员查勘后，分别分期、分段征工修筑，并由苏宁分署拨发面粉，以工代赈。"复堤共分两期，民国35年，完成第一期长江复堤土方88137立方米；次年完成第二期复堤土方299650立方米，石方2000立方米。解放战争期间，江堤再次受到严重破坏。1949年大水，铜井的三兴圩江堤及新济洲先后漫决，决口十余处，淹田1333.33公顷。

新中国成立后，江宁县及时成立修堤委员会，按照苏南行署规定的标准，对江洲港堤进行整修加固。江堤顶宽3米～4米，外坡1∶3，内坡1∶2，堤顶高程超过1949年最高洪水位1米（1949年长江下关最高洪水位9.17米）；港堤顶宽1米～2米，外坡1∶2，内坡1∶1.50，共培堤141.40千米（包括花园、长江、营防3个乡）。这些工程共做土方98.75万立方米，石方0.26万立方米，受益面积达9466.67公顷。1954年长江发生特大洪水，江堤受到严重创伤，沿江倒漫圩17个，淹田4.93万公顷。新济洲两次破堤被淹。1955年，全县开展了大规模的复堤工程会战，江宁和铜井地区群众加高加固江堤3.60千米，铜井乡将镰刀湾裁弯取直，退建江堤800米，并做到层土层夯，保证质量。1958年后，江洲港堤防工程转入以维修养护为主，有计划有重点地除险加固。1972—1975 年，铜井、江宁两乡分别组织 1 万人加高加固江堤，堤顶高程 12 米~ 12.50 米，顶宽 4 米以上，边坡多数达到 1：3。与此同时，改建和新建穿堤涵洞，增建排灌站，填塘固基，在迎流顶冲弯道堤段用块石护坡，防止冲刷。经过逐年整治，除堤顶宽度还未达到 6 米外，其余均已达到 1983 年市水利局规定的江洲港堤防标准，即堤顶高程一般超过 1954 年洪水位的 1.50 米，内外坡 1：3。进入 20 世纪 90 年代，对江洲港堤建设提出了更高的要求，采用混凝土预制板和现场浇筑等办法除险加固，实现堤防硬质化。1995 年后，对江洲港堤开展护岸护坡工程。

【江堤护岸工程】

1997 年，根据省、市初步设计，江宁县编写长江堤防标准建设任务书，开展长江护岸工程，达标标准为堤顶高程 12.50 米~ 12.80 米，顶宽 6 米，外坡 1：3，内坡 1：2.50 至圩内地面。19.20 千米堤防全部采用灌浆措施加固，堤坡加高培厚，填塘固基。江宁县长江护坡工程的实施，其中包括通江河出口处部分港堤的护坡，1996 年冬至 1997 年春，江宁镇组织施工队采用混凝土预制板铺设，完成江宁段 3.20 千米的护坡。1997 年冬，江宁、铜井两镇调集 6000 多人，出动机械 16 台（套），干了一冬春，完成土方 2.60 万立方米，将 19.20 千米的主江堤基本做成了标准堤。1998 年春至 5 月底，组织 6 个施工队 230 多名民工，完成护坡及防浪墙 3.92 千米，其中铜井段 2.10 千米，江宁段 1.82 千米。1999 年 1 月，江宁县水建公司组织 4 个施工队 2100 余人开展堤防达标续建工程，新建护坡 14.84 千米，防洪墙 0.59 千米，对 1997 年前所建 3.20 千米预制板护坡进行加固，对 21 座穿堤涵闸进行翻建加固或拆除。至 5 月底汛期之前全线完工。1997 年春至 1999 年夏，江宁县抗排队完成 19.20 千米长江江堤的灌浆工程。长江护岸达标工程共完成 21.96 千米，其中港堤 2.76 千米，共投入 30 余万个工日，做土方 31.30 万立方米，投资 3726 万元。2002 年，长江流域在汛期出现超警戒大洪水，高潮水位在 8.35 米。1—5 月，江宁区共降雨 450 毫米，比常年降水量多 110 毫米。虽然江宁区长江护岸工程已达标，但个别地方仍出现险情。区政府及时采取措施消除险情，但仅是权宜之计。2004 年春，市长江堤防管理委员会实施塌江的治理工程，投资 9500 万元，进行钢筋混凝土沉排固基，全部于汛前完成，发挥了作用。

图9-2-7　长江铜井江堤护坡工程施工现场（1999年摄）

【洲堤护坡工程】

针对新济洲堤防抗洪能力降低，大部分地段无护坡、无齿坎、无挡墙，堤岸防护设施不全，抗浪击、抗台风能力较低等情况，省、市、县决定开展新济洲护坡工程。从 1995 年开始，至 1997 年竣工，分两期进行。一期工程（1995 年 12 月至 1996 年 5 月）组织 300 余人施工，全线分 9 段进行，共完成硬质化护坡 4 千米，浆砌块石挡浪墙和劈裂防渗灌浆各 4 千米。二期工程（1997

年 1—5 月），县水建公司出动 5 个队 500 余人完成 7.50 千米，村建筑队出动 300 余人完成 2.50 千米；县抗排队完成 10 千米堤防灌浆，共用黄土 2000 余立方米。新济洲护坡达标工程用时 2 年，护坡高程 7 米，防浪墙从 12.50 米砌至 13.50 米。完成硬质护坡 14 千米，实行劈裂帷幕灌浆 14 千米，铺设结石防汛道路 2 千米，建排涝站 9 处，涵闸 2 座。共投入 27 万个工日，做土方 33 万立方米，浆砌块石 2.30 万立方米，混凝土 1.56 万立方米，投资 1395.26 万元。1998 年汛期，新济洲遭受特大洪水袭击，14 千米洲堤硬质化护坡等水利工程设施发挥了作用，但西江堤横埂段由于土质差，基础软，经洪水冲淘出现管涌，有塌江危险。江宁县立即组织人力物力进行固脚，抛石 2.08 万吨，控制了险情。1999 年汛期，距江堤仅有 10 米处出现了 60 米的塌江，全县组织 1 万人抛石 2.93 万吨，护住堤基，防止了塌江。新济洲 14 千米洲堤虽然进行了硬质化护坡和抛石固脚等措施，但自 1998 年大水过后，长江水系发生变化，塌江程度日益加剧，范围不断扩大，最近处距江堤仅 5 米，严重威胁着全洲上人民生命财产的安全。2000 年 12 月，根据国务院“平垸行洪，退耕还江”的指示精神，江宁区决定对该洲实施整体搬迁，退耕还江。至 2000 年 11 月 30 日，洲上 1200 余户 3960 余人全部稳定、安全、有序地搬迁完毕，分别安置到 14 个镇，实现洲上“不留一人，不留一户”的整体搬迁目标。

第二节 圩堤建设

【圩堤整治】

新中国成立前，境内圩堤单薄矮小，堤顶高程只 9 米左右，顶宽 1 米 ~ 2 米，边坡 1 ∶ 1 ~ 1 ∶ 1.50，抗洪能力极低。民国 5 年（1916），湖熟白米圩破圩，顿时一片汪洋。民国 20 年大水，长江江堤溃决，秦淮河多处破圩。民国 22 年汛期，长江上游大暴雨，江水骤涨，长江、秦淮河流域圩堤皆呈险象。汛后，江宁县组织民工培修沿江、沿河圩堤，较大工程派技术人员指导。抗战胜利后，江宁县曾订颁办法，令饬各区随时利用农闲设法修筑圩堤。但由于长期受土地私有制的制约和历年兵祸与自然灾害的破坏和影响，全县 433 余千米圩堤（包括江洲江堤在内，下同）已百孔千疮，破烂不堪。

新中国成立后，江宁县以工代赈，着力圩堤建设。1949 年冬至 1950 年春，发动群众投入 32.40 万个工日，培修圩堤长 199 千米，做土方 42.30 万立方米，发放工赈粮 7.50 万公斤。1951 年，组织民工进行春修，修筑圩堤 309 条，做土方 90 万立方米，发放工赈粮 12.50 万公斤。此后逐年整修，至 1954 年春，全县共做土方 200 万立方米。1954 年特大洪水过后，全县组织大规模复堤工程，至 1957 年，累计完成土方 1074 万立方米，沿河圩堤标准基本达到防御 1954 年洪水位的要求。1958 年后，对圩堤进行维修，提高质量，重点是消险，对于外坡过陡、弯度较大的采取移顶、裁弯等措施。1963 年，重点对秦淮河沿岸 12 个圩堤进行移顶、裁弯和加固，共做土方 70 万立方米，国家补助经费 50 万元。1965 年冬春，全县兴修水利形成高潮，投入劳力最多时达 10 万人，占总劳力的 50%，共做土方 702 万立方米，其中防洪筑堤土方 220 万立方米。1969 年江宁发生特大洪水后，全县防洪工程建设再掀高潮。1969 年 9 月至 1970 年 3 月，共完成土方 1243.80 万立方米，其中防洪消险土方 544.50 万立方米，加高加固圩堤 136 条，长 194 千米。20 世纪 70 年代，全县结合大规模的农田基本建设，有重点地退建、裁弯、加固薄弱堤段，做了大量土方，进一步提高圩堤的抗洪能力。1983 年汛期出现特大洪水，长江、秦淮河水位高涨，全县着力加高加固堤防，共做土方810万立方米，其中防洪消险土方480万立方米。1986—1990年，全县加固圩堤298.19千米，完成土方782.48万立方米，其中大部分土方用于做标准堤。据县农田水利工程普查建档统计，至1990年，全县圩堤长345.79千米（划出长江等3个乡圩堤长86.21千米），已达标105.24千米，占30.43%，未达标240.55千米，占69.57%。

1991年特大洪水发生后，全县开始修复水毁工程和建设标准堤，至1992年3月，共完成土石方1070万立方米，其中消险筑堤土方512万立方米，占47.85%。对涉及9个乡镇、5个圩结合部的险工地段，如天宝圩的铜山、横溪、禄口结合部，胜利圩的陶吴、秣陵结合部，新生圩禄口与陶吴的结合部等，一并做了大量土方，消灭隐患。1991—1995年，全县防洪、建标准堤土方共2102.30万立方米。1992年，江宁县被省水利厅授予"大禹杯"水利先进县称号。1998年大水，汛期水势猛、水位高、时间长、洪峰多。全县338.67千米堤防经受严峻考验，发挥巨大作用，夺取了抗洪抢险的胜利。汛后，各个乡镇重点搞标准堤建设。1996—2000年，全县共做土方4715.70万立方米，其中做标准堤土方1901.90万立方米。至2000年，全县圩堤长338.67千米，已达标235.95千米，占69.67%；未达标102.72千米，占30.33%。

2001—2002年，江宁区共完成水利建设土方2158.90万立方米，其中建设标准堤土方达到1359万立方米，共建设标准堤84.90千米。2003年，区水利局编制堤防达标工程总体规划，建设标准堤总长200千米，涉及全区16个镇、街道、园区。堤防建设标准较高，堤顶宽度最低达6米，堤顶高程为历史最高水位加1.50米安全超高，内坡比1 ∶ 3，平台高程10米，宽10米，外坡比1 ∶ 2.50。至2004年，经过两个冬春的苦战，共做土方1975.90万立方米，投资2.20亿元，建成堤防达标工程204.90千米，率先在全市实现堤防达标。

1990—2004年江宁区圩堤达标情况表

表9-2-1　　单位：千米

年　份	圩堤长度	已达标		未达标	
		长　度	占总长度（%）	长　度	占总长度（%）
1990	345.79	105.24	30.43	240.55	69.57
1991	345.79	120.05	34.72	225.74	65.28
1992	345.79	131.25	37.96	214.54	62.04
1993	345.79	144.55	41.80	201.24	58.20
1994	345.79	158.49	45.83	187.30	54.17
1995	338.67	165.47	48.86	173.20	51.14
1996	338.67	180.90	53.41	157.77	46.59
1997	338.67	192.08	56.72	146.59	43.28
1998	338.67	198.35	58.57	140.32	41.43
1999	338.67	224.15	66.19	114.52	33.81
2000	338.67	235.95	69.67	102.72	30.33
2001	362.24	276.15	76.23	86.09	23.77
2002	362.24	320.85	88.57	41.39	11.43
2003	362.24	422.85	116.73	—	—
2004	362.24	525.75	145.14	—	—

说明：2003年、2004年达标堤长度百分比超额部分是按更高标准在已达标的堤防上重新再做的标准堤长度

【堤防硬质化建设】

江洲堤的堤防硬质化建设在20世纪90年代末已全部实现。沿秦淮河流域的圩堤（干流、支流及分汊堤）的硬质化建设分批、分段进行。1986年1月，东山镇邵圣圩的宋东闸等护坡100米，接着苏家渡段、前庄段也进行了护坡。进入90年代，东山镇杨家圩、北易联圩，方山乡的新河圩、健康圩、玉带圩，秣陵镇的秣陵联圩，上坊镇的马场圩，龙都镇的东阳圩，湖熟镇的白米圩、周岗圩等先后对重点地段进行了护坡。其中工作量较大、技术含量较高的为东山镇河滨南路堤的护坡，1997年3月至5月底，由县水建公司组织30多名技术人员进行施工，护坡全长404米，做石方80立方米，混凝土150立方米。2000年后，江宁区加大了堤防硬质化建设力度。2001—2002年，对铜井河、牧龙河等通江河和秦淮河东山段进行硬质化建设，堤防建设与景观建设相结合，总投资1108.90万元，共完成长度6553米。做土方2万余立方米，石方1.20万立方米，混凝土1.30万立方米，铺草皮1万余平方米，栽瓜子黄杨4.10万余株。2005—2006年，堤防硬质化建设重点做了江宁河的水利血防工程。工程护砌共做20.52千米，并增做了防汛道路8千米。共做土方30.91万立方米，石方2.54万立方米，混凝土1.96万立方米。总投资1699万元。2006年11月29日组织验收，被评为合格工程。

图 9-2-8 秦淮河护坡工程（2000年摄）

第三章 蓄水工程

江宁区低山丘陵和黄土岗地占总面积的2/3，海拔10米以下的沿江沿河平原圩区占总面积的1/3，大面积的丘陵岗地容易受干旱威胁。历史上，在封建土地所有制的束缚下，小农经济生产方式不可能搞水库、大塘大坝大沟等蓄水引水工程，一些小型塘坝沟渠等年久失修，因此，江宁县丘陵地区几乎十年九旱，农民过着半饥饿的生活。新中国成立后，江宁县针对山区缺水怕旱的突出问题，坚持“以蓄为主，蓄、引、提、调结合的方针”，大抓水库、塘、坝、环山河、撇洪沟的开挖，做到库、河、塘、坝相连，长藤结瓜，梯级控制，层层拦蓄，大搞灌区建设，不断完善蓄引水和配套工程。经过50多年的艰苦奋斗，至2007年，在丘陵地区建成水库73座，大小塘坝4万余座，蓄水量共达2亿多立方米。提高了丘陵山区防旱抗旱能力，结束历史上大片农田几乎“望天收”的局面。

第一节 水 库

【水库建设】

江宁县丘陵岗地的大片可耕地，高低不平且落差大，最大落差达 60 米，自然形成的排水河道以及沟渠坡降大，水流湍急存不住水。丘陵腹地积蓄地面水很少，这是十年九旱的根本原因。新中国成立后，江宁县利用丘陵山区两山夹一凹的自然条件修筑水库。1953 年 3 月 2 日至 5 月 7 日，全县组织横溪、丹阳等 11 个乡镇出动 3000 余劳力，投入 18 万个工作日，建成江宁县第一座水库——大山凹水库，集水面积 2.84 平方千米，设计库容量 65 万立方米，水库大坝高 14.70 米，顶宽 6 米。共做土方 35 万立方米，当年蓄水 20 万立方米，扩大灌溉面积 13.33 公顷，改善灌溉面积 66.67 余公顷，有效地提高了库区抗旱能力。横溪乡大山凹水库建设成功带动了全县丘陵地区水库工程建设。1953 年，上峰建设藏龙埝水库；1955 年，铜山建设回龙坳水库；1957 年，上坊建设蛇塘、北大埝水库；1957 年冬，在横溪乡建设赵村水库。1958 年，江宁县丘陵地区掀起建设水库的热潮，当年开工建设的有汤山汤泉水库，丹阳大岘水库，陆郎牌坊水库，上坊佘村水库，淳化黄龙埝水库、东焦水库，东善邵处水库、风波坟水库，丹阳泗陇水库，上峰阜东水库、潭山水库，铜井向阳水库等。至 1959 年，全县兴建水库 34 座，做了大量工程，增加了蓄水量。但是，许多工程未经全面规划设计，建成后不能发挥预期的效益。20 世纪 60 年代，对“大跃进”时期建的水库进行加固整修，建设溢洪道、灌溉渠道以及闸门等配套建筑物。

20 世纪 70 年代，新建水库紧抓规划设计工程，各地均报县水利部门审核，由县人民政府批准后施工，水库建成经验收后蓄水使用。1972 年后，江宁县水库建设出现第二个高潮。上坊建成横山佘村水库，丹阳建成东山凹水库，陆郎建成杨库、高庄水库，谷里建成赵宕、红庙水库。至 1988 年，全县建成水库 89 座，其中小（一）型 28 座，小（二）型 61 座。90 年代又兴建 5 座。1996 年，省、市对江宁县 94 座水库进行全面检查鉴定，其中横溪赵村水库由小（一）型水库升级为中型水库，陆郎的龙潭水库由小（二）型水库升级为小（一）型水库，降级下册的 21 座。至 2007 年，全区在册水库实有 73 座，其中中型 1 座，小（一）型 28 座，小（二）型 44 座。水库数量对比 1988 年虽然减少，但标准质量提高了，库容量达 9972.20 万立方米，在防旱抗旱中发挥作用。

【水库除险加固】

江宁区在册水库共有 73 座，大多数建于 20 世纪 50 年代、60 年代，经过多年运行，大坝护坡、溢洪道和涵洞等建筑物破损严重，坝体出现渗漏。70—80 年代，结合新水库的建设，对有问题的水库做了很多除险加固工作。90 年代后，加大水库除险加固力度。1996—2000 年，全县进行水库除险加固的有 49 座次，共做土石方 43.12 万立方米，工程投资 458 万元，增加库容 312 万立方米。

2000 年 12 月江宁县撤县设区后，开展水库安全鉴定工作，并依据鉴定结论对全区所有水库进行除险加固，彻底解决水库存在的安全隐患。2002 年 11 月 26 日，首先对赵村水库进行安全鉴定，将该库定为三类坝。2004 年 9 月 21 日至 2005 年 3 月 24 日，对赵村水库开展除险加固工作，总投资 3110.47 万元。2005 年 6 月 2 日，赵村水库通过水下部分段验收，水库在防洪效益、经济效益和社会效益上大有提高。同年起，对小型水库进行安全鉴定，经过 1 年多的努力，完成43座水库的安全鉴定工作，并针对病险水库存在的问题及其原因施行除险加固工程。2005年，省水利厅、市水利局先后批复江宁区泗陇、高山、双虎、龙山、大山凹、回龙坳、黄龙岘、藏龙埝、郑家边9座小型水库除险加固项目，总投资1612万元。2007年，批复牌坊、安基山、汤泉、东焦、大岘、安山、大塘金7座水库除险加固项目，总投资1381万元。至是年年底，有13座小型水库的除险加固工程已全部完成且通过验收，还有3座正在施工。

图9-3-9 黄龙岘水库除险加固达标工程（2006年摄）

【重点水库简介】

赵村水库 位于横溪东南，赵村南面，是横溪河主要发源地，流域面积18.32平方千米，占横溪河流域山区的70%。1956年，江宁县设计建设赵村水库，工程规模为中型水库，最高洪水位34.70米，总库容1100万立方米。1957年11月，组织11个公社开工建设，上工人数达5000人，投入工日86.70万个。1959年1月，大坝合龙蓄水，大坝高程35米，顶宽4米，坝长300米，完成土方54万立方米，石方1.90万立方米，建成均质土坝1座，输水涵洞1座，溢洪闸4孔、总净宽10.40米。当时为国营，由县水库管理所管理。该水库在运行过程中，针对暴露的安全问题，进行续建和完善。由于该水库蓄水长期达不到标准，1969年被降为小（一）型水库，同时下放给横溪公社管理，性质由国营水库变为集体水库。1982—1983年，续建溢洪闸、下游护坦和消力设施。为发挥水库灌溉效益，先后整修新建干渠8千米，支渠3条长4千米，渡槽3座，分水控制闸20座，小涵洞7座。该水库经多次扩建后，库容量达1000万立方米以上。1997年6月17日，赵村水库收归国家管理，性质为全民事业单位。同年11月17日，赵村水库升级为中型水库。2000年后，对赵村水库进一步施行除险加固工程。2002年进行大坝安全鉴定，确定该水库为三类坝，并对其除险加固工程进行设计。2004年9月21日至2005年3月24日，除险加固工程完成大坝、溢洪闸、输水涵洞3项建筑物建设，共做土方15.15万立方米，石方3180立方米，混凝土灌砌石等43666立方米，总投资3110.67万元。坝顶高程36.30米，最大坝高15.30米，坝顶宽7米。总库容量由原1100万立方米调整为1034.20万立方米，实际灌溉面积由533.30公顷增至1000公顷，增加87.51%，供水能力由日供2000吨提高到4350吨，总体工程效益年均达498.77万元。

红星水库 位于陶吴镇西南2千米处，云台山河上游，集水面积19.60平方千米。1958年下半年兴建时，原设计总库容1600万立方米，要求灌溉面积达到800公顷。后因工程过大，淹田过多，调整为蓄水500万立方米小（一）型水库。1960年上半年完成第一期工程后，当年蓄水达425万立方米，可灌溉农田333.33公顷。后又陆续修建，增加库容量，扩大灌溉面积。1988年水库普查中，红星水库调洪演算：百年一遇设计洪水位23.67米，五百年一遇校核水位24.30米，相应库容588.50万立方米，大坝安全超高1.60米，水库汛限水位22米，水库设计灌溉面积800公顷，有效灌溉面积466.67公顷。该水库经多年运行出现大坝渗水、闸门漏水等问题。1997—1999年，进行除险加固，大坝背水坡复堤加宽加固，更换高低涵闸门及启闭设备，溢洪道也建消力池1座，块石挡墙70米，护坦20米，加固翻建原溢洪道堰顶段，铲除原浆块底板，全部重新浇筑钢筋混凝土。

公塘水库 位于谷里镇南部7.50千米处，板桥河上游，集水面积5.30平方千米。该水库于1958年开始规划，1966年春施工。不久，因“文化大革命”停工，1967年冬续建。当时坝高做到10.70米，蓄水186万立方米，对公塘、张溪两个大队333.33公顷农田防旱抗旱起着显著作用。但大坝经不起洪水袭击，1969年7月14日的一场暴雨（日降雨216.7毫米）坝堤决口，当时组织全公社千余名劳力堵口复堤，但公塘水库存在的安全隐患没有得到解决，于是决定扩建。1973年11月扩建工程动工，至1975年春，大坝及附属工程全部建成。大坝加高4.30米，最大坝高15米，顶宽达到5米，坝顶高程实际达到42.50米，坝顶长590米。建灌溉涵洞3座，溢洪闸1座，非常溢洪道1座。共做土方20万立方米，石方1.20万立方米。1988年水库全面普查中，公塘水库调洪演算：百年一遇设计洪水位40.55米，五百年一遇校核水位41米，相应总库容483万立方米，大坝安全超高1.50米，水库汛限水位39.50米。该水库经多年运行，大坝出现滑坡，高涵产生漏水，溢洪道浆块风化，1997—2000年，对该水库进行除险加固工作，确保水库安全。

安基山水库 位于汤山镇北3千米处，孟塘村西，七乡河上游，集水面积17.20平方千米。1974年冬开始兴建，至1976年冬完成，大坝高18米，坝长350米，坝顶高程53米，并建有高低涵、溢洪道闸、非常溢洪道。共做土方34万立方米，国家投资15万元。水库设计灌溉面积766.67公顷，建成后，经过逐年配套已粗具规模。1978年大旱后，为补汤泉水库灌区用水不足，安基山水库调剂余缺。1979年，在库下建二级提水站两座，解决了汤泉水库附近8个行政村560公顷的灌溉用水。1988年水库全面普查中，安基山水库调洪演算：百年一遇设计洪水位50.12米，五百年一遇校核水位50.90米，相应总库容618万立方米，兴利库容366万立方米，大坝安全超高2.20米，水库汛限水位47.50米。1999—2007年，对该水库进行除险加固，修建高低涵洞，并加强水库管理。

第二节 塘 坝

【塘坝建设】

历史上江宁县丘陵地区十年九旱，农业产量低而不稳，甚至连年失收。历代当政者曾发动修筑一些小塘小坝，蓄水防旱抗旱，但蓄水量不多，不能解决连年受旱的问题。民国时期，江宁自治实验县编纂的《江宁县政概况》记载：“牛王坝位于本县第八区，居陶吴镇之东约五里，为秦淮支流一重要之大坝，长十三公尺，深七公尺半，旧坝为石质，筑于明代，颇为坚实，唯年代久远，逐渐倾坏，数年前江宁县建设局奉军事当局令建筑自秣陵关到采石矶军用路，以限期急迫，就近拆卸该坝石片之一部以充筑桥材料。嗣后该坝倾倒益形不堪，全失蓄水之力，民国20年（1931）、21年，两岸近400公顷农田，均以缺水歉收，损失甚大。前建设局虽有修复计划，但迄未实现。去年春间，县政府以该坝关系重要，乃派技术人员重行测勘，改建三闸六门钢骨水泥坝一座，造价为二千九百六十七元二角四分，土方工程则由附近民工担任，自六月底开工，至八月初工竣。”民国33年，中国共产党领导的横山县抗日民主政府，号召丘陵地区修塘筑坝增加蓄水，防旱抗旱，发展农业生产。是年冬，谷里乡发动群众整修中坝和杜家坝，军民共建团结坝、车家坝、金牛洞坝，蓄水抗旱。

新中国成立后，江宁县发动丘陵地区农民大规模地进行修塘筑坝工作。1950年冬至1951

年春，全县共修塘369面，修坝251座，其中新开塘2面，新筑坝17座，共做13万工日，政府拨贷大米12.98万公斤。修建和新筑的塘坝当年蓄水，受益农田达4807公顷。1951年冬至1952年春，掀起兴修水利的群众运动，共开浚水塘2089面，修坝埝1010道，加上其他水利工程，一个冬春共做土方90.60万立方米，石方1125立方米，政府贷款1.49万元，蓄水抗旱防旱受益农田达3.67万公顷。1952年冬至1953年春，共修建水塘8026面，坝埝1009座。1958年冬至1959年春，共兴建塘坝1375座。经过连年不断修塘筑坝，至80年代末，全县丘陵山区共有塘坝近4万面，正常年景蓄水量达到1亿立方米以上。1996—2000年，江宁县加大塘坝修建力度，特别是重视当家塘的开挖，这期间，全县共修建塘坝1662面，增加蓄水1060.60万立方米，其中开挖蓄水2万立方米以上的当家塘331面，占20%。2001年后，各个乡镇采用机械化施工办法，续建与改造塘坝，日最高出动机械2588台（套），至2003年，共修建塘坝702面，做土方946万立方米，其中新建2万立方米以上当家塘30面，做土方620万立方米。之后连年进行改造和兴建。至2007年，全区拥有塘坝41805面，蓄水量14079万立方米，提高了全区丘陵山区蓄水抗旱的能力。

【塘坝蓄水与分布】

江宁区的塘坝分布在低山丘陵和黄土岗地上，2007年，共有塘坝41805面，库容14079万立方米，其中降为大塘的水库22座、库容1112万立方米，分别占塘坝总数和总库容的0.05%和7.90%；10万立方米至2万立方米的1013面、库容2902万立方米，分别占2.42%和20.61%；2万立方米至1万立方米的1559面、库容2265万立方米，分别占3.73%和16.09%；1万立方米以下的39211面、库容7800万立方米，分别占93.80%和55.40%。2007年，全区拥有塘坝10000面以上的有横溪街道，达11130面；拥有塘坝10000面至5000面的有淳化街道、谷里街道、汤山街道；拥有塘坝5000面到1000面的有东山街道、秣陵街道、禄口街道、江宁街道；拥有塘坝1000面以下的有湖熟街道。库容量在2000万立方米以上的有谷里街道、横溪街道、江宁街道、汤山街道；库容量2000万立方米至1000万立方米的有东山街道、淳化街道；库容量在1000万立方米以下的有秣陵街道、禄口街道、湖熟街道。

第四章　桥闸涵隧与沟渠

桥、闸、涵、隧等建筑物及各类沟渠，是农田水利建设的重要组成部分，是充分发挥各项已建水利工程效益的关键设施。新中国成立前，江宁地区历代已兴建不少桥、闸、涵、沟渠等设施。新中国成立后，江宁区在建设水利工程的同时，配套建设大批桥梁、水闸、涵洞、隧洞等建筑物及各类沟渠。至2007年，全区建桥、闸、涵、隧等各类配套建筑物总数为19449座，其中小沟级17128座，中沟级以上2321座。共开沟渠14975条，长5764.10千米。当代水利配套建筑物普遍进行科学设计，使用钢骨水泥等材料，开挖的各类沟渠不少都进行护砌，标准质量较高，在水利上的挡、排、灌、控和交通等方面起着重要作用。

第一节 桥梁 水闸

【桥梁】

江宁区山圩并兼，河、港、溪汊较多，历史上桥梁建设也多，发展变化很大。据查史志，从汉至唐，江宁地域书有桥名的已见 11 座。如汉时的高桥（今马木桥）、葛桥、新林桥（今西善桥），唐时的五成桥（今苏家渡处，宋时废）等。宋代修建桥梁增多。据宋《景定建康志》记载，在建康城郊外修建桥梁有铜桥、石步桥、钱公桥、周郎桥、土桥等 34 座。明代，有集资造桥之风，据史志记载，建有通济桥、中和桥、上方桥、下方桥等 32 座。清代，承袭明代建桥之风，建有小水关桥、分水桥、万安桥（今龙都大桥）、索墅桥（古姊妹桥）、童家桥等著名桥梁 20 余座。至清末，全县有古桥 163 座（1964 年桥梁普查资料）。

民国时期，修建桥梁在数量上有所增加，在技术上也有所提高。据碑载，民国 4 年（1915），重修跨牛首山河的新定桥；民国 10 年，修建跨沙河（今前进河）的曹家桥；民国 14 年，重修芦家桥，投资 1313 元（银元）；民国 19 年，修建跨句容河的长虹桥（张公渡桥）；民国 22 年，修建龙都镇的万安桥、永丹乡的和尚桥、夏淳乡的龙溪桥、福淳乡的涧边桥等 12 座。民国 23 年 1 月至 4 月底，新建土山大桥（后改为东山大桥），该桥工程浩大，横跨秦淮河，长 64 米，投资 3.50 万元（银元）。后因时局动乱，桥梁修建很少，抗日战争期间又遭严重破坏，至新中国成立前夕多数桥梁已毁，残存的也破烂不堪。

新中国成立后，1956—1959 年，全县修建公路桥 7 座，长 78.50 米；重点农桥 18 座，长 240.10 米。1962 年，修建农桥 9 座；公路桥 13 座，长 276.60 米。1963 年，全县编制农村交通十年规划，农桥建卡，并整修桥梁 56 座，其中试建水泥桥 12 座，石拱桥 15 座，木桥 29 座。1964 年，交通系统进行桥梁普查，全县共有大小桥梁 1887 座，其中公路桥 14 座，农桥 1873 座。20 世纪 70—80 年代，由于河流、公路不断改线和拓宽，大搞平整土地、格田成方等农田基本建设，再加上自然毁坏等因素，桥梁拆毁、改建、新建的很多。据 1988 年县农田水利工程设施普查，当年年底，全县有桥梁 3341 座，其中中沟级以上 915 座，小沟级 2426 座。90 年代，因新型城镇、公路网、续建流域性工程和现代化农田整治的需要，又新建、扩建了大量桥梁与之配套。据统计，1991—2000 年，全县新建桥梁 1600 座，其中中沟级以上 129 座，小沟级 1471 座。

图 9-4-10 句容河整治中新建的渡桂桥（1999 年摄）

2001 年后，农用桥建筑主要分布在丘陵山区。2003 年，全区新建、改造桥梁 31 座，其中中沟级以上 11 座。2006 年，全区新建桥梁 65 座，其中中沟级以上 32 座。至 2007 年年底，全区共有桥梁 7221 座，其中中沟级以上 1094 座，小沟级 6127 座。桥梁结构也逐步由木桥、砖石拱桥发展为预应力的板梁桥、双曲拱桥、三铰拱桥和桁架桥。

【水闸】

江宁区建闸历史，早在三国孙吴建都建业时就已出现。据《江苏水利全书》记载，赤乌八年（245），孙吴发屯兵三万开挖句容中道，建筑上下14埭，其中下7埭进江宁界，入秦淮，方山埭为最后一埭。埭相当于今天的拦河土坝，用于分级节制水流，是现代水闸的雏形。以后历代都有修建水闸的记载。南朝梁天监九年（510），新作缘淮塘置闸，时为栅寨门，调节秦淮河水位。南吴天祐十一年（914），杨吴修建金陵城，凿城壕，秦淮始以城墙分内外流。跨内秦淮河进口有东水关，贯城出口有西水关。明初，将东水关改置通济水关，分上中下3层，每层11孔，下层通水。清康熙十一年（1672），因水患，闭水关，仅留1孔通水。西水关亦分3层，下层中孔闸门大，可通舟筏。

民国时期，修建了不少水闸，其中修复古闸较多。民国22年（1933），修建水闸共36座。其中，新建10座，修复或重建的古闸26座。26座古闸中，明代1座，重建桥头闸；清代7座，修复雍正年间建的六区京丹乡焦公渡闸，乾嘉年间的五区清淳乡清石闸，同治年间的二区汤山镇土桥坝闸，光绪年间的孝陵镇老虎闸、四区新陵乡下坝闸、九区颂林乡天板闸、中宁乡与谷里镇之间的官塘闸；民国初年5座，修复二区汤山镇的沥泉堰闸，孝陵镇的杨大圩塘闸、广大圩小闸等。其余13座因年代久远无法考证建置年代。以后虽有修建，但终因时局不稳，成效甚微。

新中国成立后，随着蓄水工程、河道整治工程和农田水利基本建设工程的展开，江宁县水闸修建同步进行。20世纪50年代，以修复旧闸为主，新建不多，但丘陵山区为控制水源首先建闸。至50年代末，全县新建水闸50余座，其中中沟级以上9座，修复古闸100余座。60年代，水闸修与建并举，特别是丘陵地区结合灌区建设和水库续建配套新建了许多，至60年代末，全县建闸200余座，其中中沟级以上19座。进入70年代，全县大搞农田基本建设，大力进行流域性的工程治理，山区、圩区普遍建闸，调节水源，特别是70年代后期抗旱翻水线纷纷建立，建闸数量日益增多。铜井公社从70年代初陆续调整原有水闸，先后拆除孙家闸，新建通江王结闸、营盘通江闸、秦桥闸、和庄闸、后湖闸5座。淳化公社从1976年至1979的4年间，新建元家边、上王、双塘、坟山、咸家边等中沟级以上闸11座。80年代初，谷里公社在经过整治的板桥河上接连新建肖家桥、连家山、下坝、小栏杆4座带桥的闸，其中小栏杆为桥闸坝结合式。整个80年代，全县建闸以每年80座递增，其中中沟级10座以上，至1988年，据县农田水利工程设备普查统计，全县建有水闸2278座，其中小沟级2050座，中沟级以上228座。在中沟级以上水闸中配有启闭机395台，采用人工启闭的225座，电动的1座（安基山水库溢洪闸），水力操纵的2座（上峰关塘埝、横头坝翻板闸）。90年代，水闸兴建主要集中在有中低产田改造、小流域治理和高标准整治农田的地区。1991—2000年，全县新建水闸735座，其中中沟级94座，小沟级614座。1999年11月至2000年12月，新建江宁河闸，是新建中沟级以上水闸中最大的。投资1093万元。该水闸上承178平方千米的来水，下接长江，起着泄洪防洪，汛期挡潮，平时引水灌溉的三大作用。至2007年，全区共有水闸3825座，其中中沟级以上333座，小沟级3492座。中沟级水闸分布在山区243座，占72.97%；圩区90座，占27.03%。

图9-4-11 新建的江宁河闸（2000年摄）

第二节　涵洞　隧洞

【涵洞】

民国22年（1933），江宁自治实验县兴办水利工程，修复和兴建涵洞（含陡门）83座。其中，修复明代涵洞4座，分别为嘉靖年间五区健康圩的中涵、虞涵、芦塘涵以及六区东丹乡秦塘圩的赵家涵。清代54座，其中光绪年间的28座，有四区秣陵镇的黄山圩、曹家圩、南旺圩等11座，武陵乡马林圩、韩家圩和忠陵乡的小圩等12座，六区吴丹乡的陡门、土桥镇的西马路涵等5座；康熙、乾隆年间的8座；道光、同治、宣统等年间的18座。民国初年15座，主要分布在四区的邵盛圩、高伏圩、常熟圩中。当年新建10座，建在九区铜井、牧龙两镇。抗日战争胜利后，江宁县也建了一些涵洞，湖熟有东新建涵、范坻涵、孟干湖涵，龙都有南庄涵等，但为数不多。

新中国成立后，江宁县十分重视涵洞修建。1958年后逐步以新建为主，当年受“大跃进”影响，新建涵洞848座。20世纪60—80年代，因流域性的工程治理和农田水利建设配套需要，全县各地新建大量涵洞，据县农田水利工程设施普查统计，至1988年，全县建涵洞4453座，其中中沟级以上533座，小沟级3920座。至此涵洞建设已粗具规模。90年代则修建并举。修，除了修复病涵外，主要是满足江洲堤达标、句容河整治工程需要，共翻建59座，接长5座；建，主要在进行高标准农田整治的地区新建。1991—2000年，江宁县新建涵洞2679座，其中中沟级以上152座，小沟级2527座。跨入21世纪后，结合农村水利现代化和节水灌溉示范工程等建设，不断对涵洞进行改造翻建和新建。2001年，投资539万元，新建和翻建15座，2005年翻建最多达33座，2006年新建15座。至2007年，全区共有涵洞8215座，其中中沟级以上706座。中沟级以上的涵洞中，结构为圆管式的132座，条盖式的201座，拱式的36座，箱式的329座，立窗式的8座；分布在山区的282座，圩区的424座；建在塘坝水库上的99座，河流（含长江）上的301座，沟渠上的306座。

图9-4-12　涵洞建设施工现场（2007年摄）

【隧洞】

隧洞是沟通沟渠，联系水网，进行引、排水的重要工程之一。江宁县丘陵山区开挖环山山渠、撇水沟、建抗旱翻水线，穿山过岭凿建很多隧洞。1976年，陶吴公社红星大队为避翻山越岭之苦，在庙家自然村凿建长68米，高1.80米，宽1.20米的隧洞1座，贯通了渠系3000余米，提引红星水库水，灌溉全大队180公顷农田。1978年大旱后，汤山七乡河、上峰管潭、丹阳汤村、淳化林塘等翻水线上凿建寺古埝、茆家山、何马厂等隧洞16座。1996年，上峰镇续建管潭翻水线，又在向东延伸的渠道上凿建顾家棚隧洞，至此，全县有11个乡镇共筑中沟级以上隧洞25座。洞身总长5657米，共做土方6.75万立方米，石方1.99万立方米，混凝土0.83万立方米。耗用水泥2006吨，木材63立方米，钢材8吨，总造价102.43万元。之后隧洞建设很少。

第三节 沟 渠

沟渠是蓄、引、提、调工程的重要组成部分，并与之相应配套。20世纪50年代，以小型为主，开挖小沟小渠，主要用于塘坝灌水和田间排水。60—70年代，随着水库灌区和提水站的建设，逐步开挖比较大型的沟渠，并不断整修加固和配套桥、涵、闸等建筑物。80—90年代，以配套、提高质量为主。2000年后，江宁区对大型沟渠全面配套，对重点沟渠进行护砌，实现硬质化。1949—2007年，全区共开沟渠14975条，长5764.10千米，其中中沟渠以上沟渠1169条，长1632.90千米，已用浆块护砌的420.20千米，占25.73%，配套桥涵闸等建筑物2314座。沟渠类型较多，在中沟渠以上主要有拦蓄、灌溉、引水三类。

【拦蓄沟渠】

这类沟渠主要是指用来拦蓄、拦洪的环山沟渠。县境丘陵地区集水面积1195平方千米，开挖环山沟渠，拦截来水，不仅可为塘坝、水库增加蓄水，而且也可减轻山洪冲刷，有利于水土保持。20世纪60—70年代，上峰、汤山、陆郎、谷里、横溪、陶吴等公社，开挖环山沟渠，取得效益。1971年冬，上峰公社组织13个大队3000名民工开挖红峰渠，经过4个冬春，建成一条上接藏龙埝水库，下到潭山水库，穿过10座山梁，串通14座水库（其中有8座降为大塘）的环山渠，长8千米。配套桥、涵、闸等建筑物26座，共做土方99.50万立方米，石方3.50万立方米，总投资52.18万元。拦蓄水量559万立方米，西水东调130万立方米，受益面积1200公顷，其中自流灌溉1000公顷。1975年，陆郎公社开挖战备环山渠，组织16个大队5000名民工大搞土方工程；1976年，组织500人的专业队做石方工程。历经2年，建成一条从前山崖、战备水库至牌坊水库的环山渠道，全长7千米。配套桥、涵、闸等建筑物5座。该渠以牌坊水库为中心，串联岘下、战备、朝阳等水库，集水面积5.10平方千米，做到蓄、引、调结合，使9个大队666.67余公顷农田受益。此后，该公社又开挖杨库环山渠、官塘环山渠、山南撇洪沟等环山沟渠多条，对拦洪、蓄洪、补库起到很大作用。与此同时，东善公社开挖长山、前盛、东善3条，汤山公社开挖桦墅、上曹、坟头、黄栗树、汤山等6条，丹阳开挖大岚、山景等3条环山沟渠。至80年代末，全县丘陵山区共开挖环山沟渠126条，长378千米，配套桥、涵、闸等建筑物756座。90年代后，结合小流域治理等新开挖环山沟渠30条，长90千米。至2007年，全区共有拦蓄沟渠156条，长468千米，大部分都进行护砌。

【灌溉沟渠】

这类沟渠主要与水库灌区配套，用于灌溉农田。20世纪50年代末起，江宁丘陵山区大力建设蓄水工程，至80年代末，已建水库灌区91个，总灌溉面积1.02万公顷，其中超过333.33公顷的8个，灌溉面积4666.67余公顷。共开挖灌溉沟渠348条，其中有21条较大的建在8个大灌区内。公塘水库灌区有2条干渠，其中西干渠经过20年才逐步配套齐全，长2.54千米。汤山安基山水库灌区有支渠4条，其中高干渠1975年开挖，历经3年建成，渠线全长4千米，采用双曲拱筋和钢丝网排架两种形式，在张家岗、葛巷、培墅、马山口4处各建长150米以上的渡槽1座，配套桥、涵、闸等建筑物23座，共做土方5万立方米，石方0.50万立方米，灌溉面积400公顷。赵村水库灌区建干渠2条，长5千米，支渠7条，长15.20千米。余村水库灌区建了支、斗渠 4 条，长 12.60 千米。至 2007 年，全区共有灌溉沟渠 484 条，长 1320 千米，其中已护砌 950 千米，占 71.97%。

【引水沟渠】

这类沟渠主要与抗旱翻水线配套，主要用于引进江河水，以提补蓄。丘陵山区水源缺乏，干旱年份主要靠翻引江河水灌溉。20 世纪 60 年代末，一些近山远水地区始建提水站，引水沟渠也开始小量开挖。1978 年大旱后，翻水站纷纷兴建，引水沟渠则随之大量开挖。全县所建 104 条翻水线配套渠道长 415.50 千米，平均每条线路长 4 千米。其中 6 条大翻水线，配套渠道长 92 千米，平均每条线路长 15.30 千米，配套桥、涵、闸等建筑物 86 座，做到引、灌、撇水结合，并不断采取防浸、防渗、防漏措施。至 80 年代末，在 92 千米引水沟渠中，已护砌实现硬质化的防渗渠 22.79 千米，占 24.77%。90 年代后，引水沟渠仍不断开挖。1994 年 10 月 7 日至 1995 年 4 月，东善乡水阁村组织 500 多名劳力，十几台机械，采取人工会战、机械施工相结合的办法开挖引水渠，从秦淮河支流牛首山河引水至牛首山脚下，全长 6 千米。自筹资金 100 万元。这条引水渠沿等高线 28.50 米开挖，底宽 1.20 米，深 1 米。沿线建提水站 1 座，装机 2 台（套）、110 千瓦，流量 0.30 立方米 / 秒。建直径为 1.20 米，长 600 米的地下管道 1 条，13 米高、530 米长的高架渡槽 1 座，共做土方 6 万立方米。这条引水渠的开挖，不仅保证了该村 300 公顷农田的灌溉，而且还解决复垦牛首山脚下荒田 66.67 公顷的水源。1996—2007 年，全区新开引水沟渠 6900 余条，其中中沟以上沟渠 300 余条，长 430 余千米，其中用浆块护砌的 200 千米，占 46.51%。至 2007 年，全区共有中沟以上引水沟渠 529 条，长 740 千米，其中已护砌 296 千米，占 40%。

第五章　排灌工程

新中国成立前，江宁县的农田排灌主要使用人力车、牛车和风车，防洪抗旱能力很差，难以抵御自然灾害。新中国成立后，江宁县大力发展机电排灌事业，兴建圩洲排灌工程、丘岗翻水工程。至 20 世纪 70 年代中期，全县农田基本实现排灌机械化。80 年代后，除继续新建机电排灌站外，还不断对原有泵站进行更新改造，进一步提高排灌能力。至 2007 年，全区拥有固定和流动机电排灌设备 17027 台（套）、157635 千瓦，其中电动机 12944 台、130721 千瓦；内燃机 4083 台、26914 千瓦。已建固定电力排灌站 870 座，装机 1647 台（套）、76457 千瓦。其中按地区分，圩内有电站 331 座、656 台（套）、42023 千瓦；山区有电站 539 座、991 台（套）、34434 千瓦。按功能分，单排站为 190 座、566 台（套）、29292 千瓦；单灌站有 575 座、834 台（套）、36938 千瓦；排灌结合站有 105 座、247 台（套）、10227 千瓦。在翻水线上有翻水站 201 座，装机容量 390 台（套）、19269 千瓦，渠道总长 215.37 千米。其中一级翻水站 40 座，装机容量 118 台（套）、6265 千瓦，提水流量 44.87 立方米 / 秒。

第一节 圩洲排灌工程

【工程建设】

江宁区圩洲地区水源较充足，但也是洪涝灾害多发地区，用机器排涝和灌溉起步早于圩田山区。民国23年（1934）6月大旱，江宁自治实验县购进抽水机16部，最大功率为14.70千瓦，最小功率为4.41千瓦。首先分到秦淮河水系禄口、方山、湖熟、土桥、龙都及长江水系江宁、雅林等乡镇，其他或安置在船上往来流动，或装置在岸上打吸河水，灌田保苗，受益面积五六万亩。同年下半年，开始筹建电力排灌工程。12月1日，县农业生产设计委员会与首都（南京）电厂合资兴办灌溉工程。在县境内8个乡镇建立29个电力抽水站，每站安装电机1台（套），动力为12.50千瓦～29.40千瓦。投资29.05万元，受益面积3066.67公顷。抗日战争爆发后，电力抽水机站毁坏殆尽。民国35年4月，永隆、大棚二保（原属长江乡）农民，自筹资金购置抽水机12台（套），总功率205.80千瓦，其中22.05千瓦的4台，14.70千瓦的8台。至民国38年4月江宁县解放时，全县圩区的排灌动力所剩无几。

新中国成立后，圩洲地区不断增加以柴油机为主要动力的抽水机。1954年，全县有抽水机28台，排灌动力458.70千瓦，灌溉秦淮河两岸的东山、岔路、殷巷、方山等乡14个圩和1处湖田地区共1051.30公顷农田，平均每千瓦灌田2.30公顷。1958年后，全县圩区着手兴建电力排灌工程。1958—1959年，国家投资兴建龙都的焦公渡、大六渡，秣陵的东旺、西旺，东山的建康、大马墩6处排灌站，总装机19台（套）、1047.40千瓦，灌2866.67公顷，排5000公顷。1959年，禄口公社建立张桥和禄口电站，共装机4台（套）、220千瓦，首先使用电力排灌，收到显著效益。1962年大洪涝，周岗圩兴建8座排涝站，总装机28台（套）、1205.40千瓦，充分发挥了机械排涝作用。沿江圩洲地区电力排灌站也纷纷建立。至1966年，全县圩区建电力排灌站42座，装机88台（套）、4561千瓦。随着圩洲地区河网化的建立、旧河沟的改造、新水系的开辟、联圩并圩等一系列工程的开展，各个公社陆续兴建大量电力排灌站与之配套，以满足圩田整治后的排灌需要。至1977年，全县圩区兴建电力排灌站232座，装机555台（套）、24832千瓦，排涝流量231.48立方米/秒，排涝面积3.33万公顷。全县圩洲地区排灌工程建设已粗具规模，每万亩排涝能力（模数）达4立方米/秒。但按照农业种植结构、河网水面积、田间拦蓄等因素核算，每万亩需要排涝能力6立方米/秒相比，尚差2立方米/秒。全县圩区总面积3.83万公顷，共少115立方米/秒。1978年后，针对上述问题，逐圩进行规划，合理布局，在大力兴建排灌站的同时，按照标准不断充实调整、扩建和更新改造，适当加大对秦淮河流域圩区和万亩大圩的投入。据全县农田水利工程普查，至1988年年底，圩洲地区排灌站已建311座，739台（套）、32245千瓦，排涝流量298.14立方米/秒，分别比1977年增加34%、33.20%、29.90%和28.80%，平均每万亩排涝能力增加到5.44立方米/秒，排涝模数接近标准。90年代后至2007年，全区圩区排灌站新建很少，主要进行挖潜配套，更新改造。

【重点排涝站简介】

新桥排涝站 位于高桥秦淮河上，建于1977年。有机房3层共30间，660平方米。初装机9台（套）、530千瓦。1984年改建，装机容量增为11台（套）、620千瓦。排水流量8立方米/秒，排涝面积800公顷。投资20万元，其中国家补助7万元。1994年，该站进行更新改造，投资50万元，其中国家补助35万元，增加排涝面积666.67公顷。

钱家渡排涝站 位于周岗溧水河上，建于1979年。有机房7间，120平方米，装机8台（套）、430千瓦。排水流量7立方米/秒，排涝面积212.30公顷。总投资15万元，其中国家补助12万元，群众自筹3万元。

乌刹桥排涝站 位于横溪河上，建于1979年。有机房12间，252平方米，装机10台（套）、550千瓦。排水流量5.18立方米/秒，排涝面积388.30公顷。总投资20.90万元。

第二节 丘岗翻水工程

【工程建设】

江宁县丘陵山区主要分布在县境东南和西北部，离水源远，历来缺水怕旱。新中国成立后，全县丘陵山区大力整修塘坝，兴建水库，增加蓄水面积，但仍不能满足农田用水需要。抗旱时，全县要组织十万、几十万人，架车十道、几十道从长江翻水灌田。20世纪60年代中期，山区人民开始建立电力翻水站，按照“扎根江河，以提补蓄”的要求，建设长距离、多层次的翻水线路。1964年，谷里公社建立该公社第一座电力翻水站——汤巷电站，装有50千伏安变压器1台，装机1台（套）、28千瓦，提引板桥河水，灌溉救苗200多公顷。1966年抗旱时，该公社又建立江家翻水线，全长13.80千米，建翻水站7座，装机13台（套）、688千瓦，提引江宁河水，一级提水流量1.66立方米/秒，灌田466.67公顷。随着电力事业的发展，各个公社通电后纷纷建山丘翻水工程。1968年，陆郎公社建立团结翻水线，全长22.10千米，建翻水站13座，装机21台（套）、777千瓦，一级提水流量1.65立方米/秒，灌田953.33公顷。1969年，上峰公社建立戎岗头翻水线，全长5千米，建灌溉站16座，装机29台（套）、1426千瓦，提引句容河水流量1.66立方米/秒，灌田800公顷。1971年，铜井公社先后建立星辉、铜井、新民等翻水站，环山开渠长19.50千米，装机13台（套）、638千瓦，提引长江水流量1.50立方米/秒，灌田433.33公顷。

1978年特大干旱，虽然翻水工程设施起了很大作用，但仍不能满足抗旱需求。旱情过后，江宁县加大力度继续进行翻水工程建设，特别是加快重点翻水线的建设。1979年，省水利厅投资109.34万元建设汤山七乡河、上峰管潭、丹阳汤村翻水线，于1981年先后竣工受益。与此同时，各个公社也自筹资金陆续兴建。至1982年，全县建立大小翻水线104条，共建翻水站531座，装机735台（套）、28549千瓦，补水灌田2万余公顷。1983—2007年，丘陵山区的翻水站新建不多，主要调整充实翻水线路，挖潜配套，改造更新低效电站，不断提高机泵装置效率，增加翻水流量。至2007年，丘岗翻水线站集中到了南丘陵地区的谷里、陆郎，北丘陵地区的汤山、上峰等14个乡镇。拆除原为抗旱所建的临时的不符合规格的线路，建固定的规范的线路42条，共有翻水站201座，装机容量390台（套）、19269千瓦，渠道总长215.37千米。其中一级翻水站40座，装机容量118台（套）、6265千瓦，提水流量达44.87立方米/秒，抗旱补水面积2万余公顷。

【重点翻水线简介】

汤山七乡河翻水线 该线始建于1978年冬，1981年开始受益，1983年后进行续建和更新改造。经十多年建设逐渐配套，渠线全长19.15千米，东线长7.55千米，南线长7.80千米，两线共用部分长 3.80 千米。全线共建电站 8 座，装机 26 台（套）、1850 千瓦。其中，一级站装机容量 5 台（套）、315 千瓦，提引流量 2 立方米 / 秒。正常年景灌田 666.67 公顷，干旱年份补水入库，直接或间接灌溉全镇 16 个村 1733.33 公顷农田。

图 9-5-13 七乡河翻水线侯家塘渡槽（1999 年摄）

上峰管潭翻水线 该线路跨土桥、上峰两地。1979 年初建，主要解决西片 5 个村的抗旱水源；1995 年续建，主要解决中片 4 个村农田抗旱问题。该线经十多年建设逐渐配套，共分四级，提引句容河水，渠线全长 20.10 千米。下埠一级站、西湖二级站、管头三级站建在土桥，渠线长 5 千米。管头站至潭山水库四级站再至汤水河，渠线长 15.10 千米。这条扎根江河、长距离、多功能的翻水线，采取梯级控制，塘、坝、河、库串联办法，起到了灌、补、调水的作用。

丹阳汤村翻水线 该线路跨横溪、丹阳两地。1979 年始建，至 1996 年建设逐步配套。该线主渠道全长 19.50 千米，其中已护砌石渠长 2.16 千米，占 11.08%。沿线建有各类配套建筑物 85 座，其中渡槽 10 座，长 1470 米；隧洞 9 座，长 1575 米；桥 22 座、涵 18 座、闸 9 座、倒虹吸 1 座。沿线建有四级翻水站，提引横溪河水，总装机 16 台（套）、1320 千瓦。灌溉面积 1000 公顷。先后投资 225 万元。共做土方 42 万立方米，石方 3 万立方米。

淳化林塘翻水线 该线由淳化公社在原翻水线基础上重新规划设计，自 1979 年开始至 1983 年止，自筹资金 102 万元建成。主渠道全长 16.20 千米，沿线建站 20 座，装机 36 台（套）、1842 千瓦。七级提水，其中解溪一级站装机 4 台（套）、300 千瓦，提引解溪河水流量 2 立方米 / 秒，灌田 1466.67 公顷，是全镇抗旱用水的一大动脉，效益很大。1983 年又投资 15 万元，将解溪一级单灌站改建配套为排灌两用站，并建排涝渡槽 1 座，长 420 米，做土方 1.50 万立方米，从而使解溪圩 420 公顷农田的排涝问题得到解决。

第三节 泵站改造

【泵站测试】

1983 年，根据水利部 1980 年颁布的《国营机电排灌实行八项技术经济指标的暂行规定》，对全县电力排灌站进行测试。是年，全县有排灌站 870 座，其中 80% 的泵站建于 1980 年前，一般已运行 20 年 ~ 30 年。其中运行 30 年以上的 212 座，运行 20 年以上的 474 座。至 1987 年，共测试 27 个乡镇 226 座泵站，367 台（套）、17971 千瓦。测试平均装置效率为 46.87%，比部颁标准 54.40% 低 7.53%。达到部颁标准的 75 台（套），占已测数的 20%。装置效率在 29.90% 以下的 15 台（套），占已测数的 4.10%；30% ~ 39.90% 的 70 台（套），占 19%；40% ~ 49.90% 的 154 台（套），占 42%；50% 以上的 128 台（套），占 34.90%。通过测试，找到了泵站效率偏低的主要原因：一是设备陈旧老化，装置效率低；二是泵站机房及进出水池破损严重；三是电气设备老化，运行不安全；四是安装布置不合理。

【泵站更新改造】

针对全县泵站测试发现的问题，按照省农田水利基本建设八条标准，逐步对泵站进行更新改造。1983 年，首先在周岗乡进行初改试点。在已测试的 10 座、16 台机组、平均装置效率为 47% 的泵站中，改造了 4 座泵站，6 台机组、275 千瓦，装置效率提高到 58.20%，净增 11.20%，收效显著。1984 年，泵站改造由点到面，先后在岔路、方山、上坊、龙都等 16 个乡推开。在面上推开泵站改造的同时，推广虹吸泵站，并不断进行改进。同年，在长江乡小农场装置虹吸泵 1 台，改后出水量比改前增加 31%，功率消耗由改前的 23.40 千瓦时降至 19.20 千瓦时，被省水利厅评为水利科技成果三等奖。至 1986 年，改造泵站 22 座，60 台（套）、2985 千瓦。平均装置效率由 38.75% 提高到 53.35%，净增 14.60%。能耗由 7.02 千瓦时每千吨米降为 5.10 千万时每千吨米（标准能耗 5 千瓦时每千吨米），年节电达 30.27 万千瓦时，增加流量 12.47 立方米 / 秒，改善灌溉面积 6300 公顷。改造共用经费 94.50 万元。1989 年，在上坊马江口泵站进行虹吸装置和高比转速叶轮和降速的试验，功率消耗由原 39.76 千瓦时降为 20.77 千瓦时，下降 48.10%，每千瓦出水量增加 100.10%。这一成果获南京市科委农村泵站技术改造推广运用一等奖。1990—1995 年，全县改造泵站 58 座，194 台（套）、10449 千瓦，使用改造经费 1267.30 万元。1996—2000 年，全县改造泵站 42 座，127 台（套）、7421 千瓦，增加流量 21.60 立方米 / 秒，使用改造经费 1729.50 万元。2000 年 12 月江宁县撤县设区后至 2007 年，全区共改造泵站 37 座，91 台（套）、3303 千瓦，使用改造经费 2001.30 万元。

图 9-5-14 新建造的玉带圩泵站工程（2000 年摄）

1983—2007 年，全区共改造泵站 160 座，477 台（套）、24535 千瓦，装置效率达到或超过部颁标准，增加流量 83.50 立方米 / 秒，改善排涝面积 2 万余公顷，共投入改造资金 4872.10 万元，其中国家补助和多渠道支持 3445 万元，群众自筹 1427.10 万元。

第六章 农田水利基本建设

历史上留下的农田水利基础条件很差，难以抗御洪、涝、旱等自然灾害，粮食产量低而不稳。新中国成立后，江宁县发动群众在治河、治江的同时，进行大规模的农田水利基本建设。20 世纪 50 年代，丘陵山区主要整修塘坝，进行水库开挖，努力增加蓄水量，增强抗旱能力。圩区重点联圩并圩，并港建闸，修筑堤防，尽力提高防洪排涝能力。60 年代，丘陵地区继续修建水库，开挖环山河、撇洪沟、灌溉渠，兴建库上提水站，不断进行灌区配套工程建设。圩区继续疏通内水沟，建设排灌配套工程，增加排灌动力。进入 70 年代，江宁县贯彻江苏省农田水利基本建设的“六条标准”以及之后的“八条标准”，掀起建设旱涝保收、稳产高产农田的热潮。丘陵地区治理岗、塘、冲，建造水平梯田，植树造林，减轻水土流失，挖好一冲三条沟，消灭冷浸田。圩区开展“四分开”（内外分开、高低分开、山圩分开、排灌分开）、“二控制”（控制地下水位、控制内河水位）的治理，改造老河网，建设新水系，搞好排灌沟渠配套，消除涝渍。80年代，农田水利建设转入以改造中低产田为重点，采取工程措施、农艺措施、生物措施以及专业各种先进技术相结合的办法进行整治，改善生产条件。同时对已建工程不断进行更新改造，挖潜配套，充分发挥其作用。90年代，在丘陵地区按照高标准、高起点、高效益的要求，进行水土保持小流域综合治理，在县境高速公路两侧和重点村开展示范带、示范村的建设。2000—2007年，试验和推广节水灌溉示范工程，取得显著效益。

第一节 丘陵山区治理

江宁区丘陵山区总面积10.47万公顷，占全区土地总面积的66.80%，其中耕地面积3.05万公顷，占全区耕地面积58.40%。新中国成立前，农田水利条件很差，山区人民长期受洪、旱、涝、渍灾害的困扰，粮食产量低而不稳。新中国成立后，江宁县针对山区缺水怕旱的突出问题，坚持“以蓄为主，蓄、引、提、调”结合的方针，大抓水库、塘坝、环山河、撇洪沟的开挖。大搞灌区建设及渠系配套，不断完善引水、提水工程。大力开展平田整地，格田成方，进行稳产高产农田建设，实行山、水、田、林、路的综合治理，改善农田的水利条件。经过50多年的建设，山区的农田水利面貌大变。

【蓄引提调工程】

新中国成立后至20世纪60年代，以抓蓄水工程为主，重点解决水源问题。1949年，全县有塘坝3万余座，蓄水量5720万立方米，每666.67平方米农田平均蓄水110立方米，水源极为缺乏。从1950起，政府拨贷款鼓励群众开塘筑坝，蓄水灌田。当年全县共修塘坝439座，受益面积4807公顷，出工13万个，共拨贷大米12.48万公斤。1951年，又浚塘2089面，修坝1010座。自1953年始，国家补助修筑水库，先后修建横溪大山凹水库、上峰藏龙埝水库等，增加蓄水150万立方米，扩大灌溉面积133.33公顷。1956年，全县建立高级农业合作社，省、专、县三级在索墅乡搞蓄水试点，创造出沟塘串联，变死水塘为活水塘的新方法。经过一冬春，全乡共整修塘坝245个，建临时水库8座，开引水沟33条，做土方13万立方米。全乡586.67公顷水田，每666.67平方米农田平均蓄水由170立方米增至290立方米，增加70.10%，抗旱能力提高到60天不雨不再受旱的水平。扩大旱改水面积18.50公顷，改善灌溉面积300公顷。1958年“大跃进”时期，江宁县各地都发动群众，逢凹建库，拦河筑坝，绕山开渠，共完成土石方达1802万立方米，新建小水库196座，塘坝1375座，开挖渠道32条，撇水沟259条。1962年后，贯彻“巩固提高，积极配套，重点新建，充分发挥现有工程效益”的治水方针，大搞工程配套工作，增加塘坝蓄水，扩大自流灌溉面积。1966年，丘陵山区对“大跃进”时期所建的“半拉子”工程进行整修、续建。至60年代末，全县经过整修、续建比较成型的塘坝有3.30万余座，水库91座，蓄水量15100万立方米，每666.67平方米农田平均蓄水增至287立方米。

20世纪70—80年代，以抓蓄引提调结合为主，重点建设提水工程。70年代，提水站普遍发展，1978年的大旱加速了提水站的建设，至1981年，全县建立翻水线104条，一级提水动力达 76.40 立方米 / 秒，补水面积 2.53 万公顷，其中以丹阳的汤村、汤山的七乡河、上峰的管潭和戎岗头、淳化的林塘、其林的上坝 6 条翻水线最大，补水面积均在 666.67 公顷以上。同时，开挖渠道 415.50 千米，并相应地开了数以千计的环山河、截水沟与库塘相连，互济互补，调节水源。据县农田水利普查建档统计，至 80 年代末，全县建提水站 562 座，装机 780 台（套）、31355 千瓦，流量 181.52 立方米 / 秒，灌田 2.02 万公顷，蓄、引、提、调工程粗具规模。90 年代至 2007 年，对已有工程完善提高，挖潜配套，同时结合小流域综合治理，建立健全农田的灌溉系统，特别是塘坝到田头的供水设施，进一步发挥工程效益。

【平田整地】

新中国成立初期，农民对自家高低不平、大小不一的田块，采取肩挑人抬的办法，进行小面积的整平。1956 年后，结合兴修水利，不少公社开始组织劳力对山丘不平的田块进行整治。从 20 世纪 60 年代中期至 70 年代末，全县各地大规模开展平田整地，江宁、铜井、上峰、上坊、陶吴等公社声势较大。1964—1976 年，全县平田整地共做土方 210 万立方米，年均 17.50 万立方米。每 666.67 平方米农田产粮由 1969 年的 400 公斤提高到 1976 年的 875 公斤，增加了 1.13 倍。1982 年，江宁县根据省重新颁布的农田水利建设“八条标准”，对山丘田的整治标准提出更高要求。对大冲田，一般按“用”字模式治理，小冲田，则按“月”字形开沟。从 1989 年开始，结合中低产田改造，集中连片进行治理。至 1999 年，全区山丘田平整格田成方的达 2.33 万公顷，建成旱涝保收的 2.06 万公顷，分别占山丘田面积的 70% 和 61.80%。2000—2007 年，结合小流域治理、节水示范工程等进行土地平整。

第二节 圩区治理

江宁区圩区总面积 5.20 万公顷，占全区土地面积的 33.20%，其中耕地面积 2.17 万公顷，占耕地总面积的 41.50%。新中国成立后，在流域性治理基础上，针对圩区最易涝渍的突出问题，采取联圩并圩，大搞沟渠配套等一系列措施，对圩内进行治理。

【联圩并圩】

20 世纪 50 年代初期，圩区治理以防洪为重点，集中力量培修江、港、河堤。1954 年大水后，全县圩区在加高加固堤防的同时，先后将秦淮河地区的 157 个圩合并为 108 个圩，其中 66.67 公顷以上的圩 47 个。通过联圩并圩，一方面缩短了防洪堤线，增强防洪能力；另一方面圩区扩大，形成整体，给圩内治理、沟渠配套创造了条件。自 60 年代后期起，圩区的各个公社相继制订联圩并圩方案，统一农田水利规划，互相协作，团结治水。在疏浚河道，改造旧河沟，建立新水系中进行联圩并圩。江宁公社把新中国成立初沿江 100 多个零星小圩并成 6 个大圩，调整原水系，顺直排灌沟渠，沟通塘坝江河，全公社 860 公顷圩田的排灌条件得到改善。1970 年，秣陵公社结合云台山河改道，将东旺、西旺、南旺和常熟 4 个大圩合并成秣陵联圩，防洪堤线由 50 千米缩短为 14.70 千米，并开挖南旺、西旺、六横、南北 4 条排涝沟，理顺被联圩打乱的水系。同时还建起新跃等 7 座大型排灌站，确保联圩的 2066.67 公顷农田的旱涝保收。1969 年冬至 1973 年冬，铜山公社在三干河改道中将王家、木马、香草、小西、长塘、南圩 6 个小圩合成一个大圩，即五圩，缩短防线 10 千米，做土方 130 万立方米。1973 年，陶吴公社组织 4300 个劳力，新开挖长 5225 米的胜利河和 3052 米的干沟各 1 条，联圩并圩 1 个，改造旧河汽，建立新水系，缩短防线 11.70 千米，并结合做配套建筑物 4 座，共做土方 60.40 万立方米，对 333.33 公顷圩田的防洪、排涝和 1200 公顷农田的提水抗旱起了很大作用。1979 年，禄口公社在会战整治溧水河支流一干河、三干河期间，将万寿、常熟、高伏、陈墒和其他小圩合成禄口、秦村两个联圩，缩短防线 14.30 千米，新建排涝站 5 座，装机 35 台（套）、1803 千瓦，流量 18.50 立方米 / 秒，使总面积 2900 公顷的两个联圩消除了洪涝灾害的困扰。至 1981 年，江宁县水利区划统计，全县圩子经多次联并减至 71 座，其中万亩大圩 15 个，千亩大圩 56 个。据 2001 年《江宁区圩区基本资料》统计，全区圩子经过划出和新的合并，还有大、小圩 56 个，耕地面积 2.23 万公顷，其中万亩大圩仍为 15 个，耕地 1.55 万公顷，千亩大圩 41 个，耕地 6793.40 公顷。这些圩区的分属，秦淮河水系有 43 个，耕地 2.01 万公顷；长江水系有 13 个，耕地 2200 公顷。至 2007 年，全区大、小圩的数量基本没变。

【圩内整治】

新中国成立前，由于封建土地所有制的束缚，一家一户没有能力进行统一的农田水利建设，大部分圩田涝渍严重。新中国成立后，全县进行圩田整治，大力兴修农田水利，开挖沟渠，建立排灌工程设施。1954 年，县国营抽水机站成立，首先在东山的易家圩、大马墩圩、玉带圩和宋东圩开渠道，建渡槽，用机器排涝、灌溉。1958 年大搞圩内整治，调整圩内水系，全县各公社新开渠道 32 条，整修 109 条，开撇水沟 159 条，建涵闸 848 座。至 20 世纪 50 年代末，圩区水利条件得到初步改善，抵御旱、涝、渍灾害能力有所增强。60 年代，全县共开挖疏浚河道 26 条，大、中、小沟渠 9665 条，兴建涵闸 1241 座。

20 世纪 70 年代，圩内整治按照省建设旱涝保收、稳产高产田的“六条标准”，提高要求。以四分开二控制的原则，建设河网化，改造旧河沟，增开新水系，平田整地，除涝降渍，实现山、水、田、林、路的综合治理。70 年代初，湖熟公社万亩大圩白米圩，采取高低分开办法，分南北为 10 片，开挖梯级排水沟。同时，建排涝站 8 座，装机 24 台（套）、1070 千瓦，排水流量 9.90 立方米 / 秒，小型控制闸 5 座，进水涵 2 座，投资 52.08 万元，解决了洼地涝渍问题。1975 年冬，土桥公社组织 7000 多劳力整治五城圩，开挖中心沟 3 条，降水沟 35 条，建配套建筑物 61 座，平整土地，格田成方，修机耕路，路旁植树，真正建成河网化的稳产高产田。沿秦淮河的方山玉带圩、秣陵联圩、禄口联圩、周岗圩以及沿江的江宁、铜井公社的圩田都学习五城圩经验进行治理，建设旱涝保收、稳定高产农田。至 70 年代末，全县圩区共开挖较大的撇水沟 160 多条，长 255.91 千米，撇水面积 335.11 平方千米，配套桥、涵、闸等建筑物 481 座。80 年代后至 2007 年，结合一系列农田整治工程，也进行圩田整治。

第三节 河沟塘坝清淤

江宁区有山有圩，河沟纵横交错，塘坝星罗棋布。境内大的河沟 1000 余条，塘坝 4 万余面。新中国成立后，在大搞农田水利中，对河沟、塘坝进行疏浚。20 世纪 60 年代、70 年代，农业生产为集体经营，大多数生产队为积肥料，利用冬春季节在塘坝取泥，和“草塘泥”。据 1973

年调查，全县用草塘泥做基肥的面积占水稻种植面积的80%。因此，当时全县的河沟塘坝基本无淤积。1980年后，农村经济体制改革，农业实行家庭联产承包责任制，逐步丢掉了和“草塘泥”的习惯。由于山洪冲刷等原因，河沟塘坝淤积日益严重。据2002年调查，河沟平均淤积厚度1米左右，有的达1.50米以上，大大降低了灌排和蓄水能力，农村的污水塘、臭水沟比比皆是，影响人居环境和经济发展。区委、区政府先后出台疏浚河道和塘坝的规划，2003—2007年，全区大规模开展河沟塘坝清淤工作。

【河沟清淤】

2003年，根据省、市要求以及《江宁区2003—2007年河道疏浚规划》，在全区开展河沟清淤工作。2003年冬至2004年春，百家湖办事处、湖熟镇、土桥镇、丹阳镇等，采用机械化施工办法，对牛首山河、同进河、梁台河、丹阳河以及镇管大中沟进行清淤。共清河道15条，清淤土方105.60万立方米，投资911.70万元。2005年，河沟清淤纳入冬春水利规划，经过一冬春，全区共清河道22条，总长67.71千米，清淤土方107.84万立方米，投资709.04万元。2006年，区政府出台《江宁区2006—2008年度河道清淤工程实施方案》，明确3年内完成清淤河沟137条，长330千米，土方368万立方米。区政府与各镇（街道）签订责任状，对清淤工程实行补助，各镇街制订施工方案。2006年冬至2007年春，全区共清河道49条，做土方265.10万立方米，投资477万元。至此，农村水系得到疏通，水环境得到改善；提高引排能力871立方米/秒，保证河道行洪畅通；改善排涝面积7333.33公顷，改善灌溉面积4666.67公顷，增加农业产出，增加农民收入；植树造林16万多株，美化环境。清淤过程中做到一土多用，壅土植树，结合发展林木，增加农田肥效，肥沃田园，发挥了综合效益。

【塘坝清淤】

2005年冬，在全区农村开展塘坝清淤工作。至2006年3月，全区共清淤河塘817面（条），完成疏浚土方278.40万立方米，超额完成96.10%。这次疏浚整治，涉及全区236个村（社区），直接受益13.74万人。在整治过程中，共清理垃圾2016吨，修建垃圾箱（池）1121座，增加蓄水量302万立方米。疏浚后可用水面养殖面积增加185.10公顷，增加土地复垦面积14.40公顷，河塘周边植树32720株，落实河塘管护责任人449名，村容村貌明显改善，人民群众生产生活环境显著提升。

图 9-6-15 湖熟下溢塘清淤工程（2006年摄）

2006年，区政府将农村塘坝清淤作为冬春水利土方任务列入各镇街的千分考核内容。同年11月，区政府与各镇街签订河塘清淤责任状，明确任务、目标和时间。计划疏浚整治42个村858面（条）河塘，土方370万立方米。区、镇街、村三级层层细化和分解，将清淤计划落实到每一个村、每一个河塘。区水利局成立专门工作班子，下派18个技术人员定镇街检查，并加强技术指导和服务，保证工程建设质量。至2007年3月25日，全区共完成河塘疏浚1434面（条），完成清淤土方589.30万立方米，分别完成计划的167.10%和159.30%。通过疏浚，疏通了农村水系，改善了水环境，河岸护砌，河坡、埂植树绿化，呈现出“水清、岸绿、河畅、景美”的村容村貌。

第四节 高标准整治农田

20 世纪 80 年代后期，江宁县提出高标准整治农田的要求。1988 年冬开始，全县发动群众大规模地对中低产田进行新的改造。在水土保持小流域综合治理和建立示范带（区、片）的过程中，按照“高起点规划、高标准实施、高效益运行”的原则，围绕“统一规划、土地平整、三沟达标、配套跟上”的总体思路，进行现代化农田水利建设，取得了显著效益。

【中低产田改造】

江宁境内中低产田较多。1959 年，全县有低产田 1.98 万公顷，占耕地面积的 31.30%。20 世纪 60—70 年代，全县结合农田水利基本建设采取开沟排水、降低地下水位、增施暖性有机肥如牛马粪等、水旱轮作、改变土性、改土换土、增厚耕层等办法，逐步进行改造，初步改变了低产田的面貌，产量显著提高，但改造的标准不够高。1990 年 3—8 月，按照省、市规定的中低产田划分标准，全县有中低产田 3.83 万公顷，占全县耕地面积的 73.10%，其中低产田 1.61 万公顷，占中低产田面积的 42.10%。这些中低产田，全县各乡镇均有分布，但面积多寡不等。其中南北丘陵区面积分别占 50% 和 29.30%，沿河沿江圩区面积分别占 14.50% 和 6.20%。

1988 年冬，江宁县开始对中低产田进行新一轮改造，以禄口为龙头带动铜山、汤山、土桥、方山等乡镇，按照中低产田改造标准，采取治水与改土相结合的措施，大搞土方工程。至 1990 年年底，共改造中低产田 2333.33 公顷，其中禄口镇禄口联圩改造 1000 公顷。全县开挖大、中、小沟 50 条，长 70.10 千米；筑灌溉渠 69 条，长 32 千米；铺机耕路 59 条，长 117.50 千米。共计完成土方 46.75 万立方米，石方 6800 立方米，共投资 180.52 万元，其中国家投资 164 万元。经过改造的中低产田，对比 3 年前粮食产量平均增产 8.90%。

1991—1996 年，江宁县中低产田改造分两期进行。第一期（1991—1993 年）主要改造东山、方山、秣陵、禄口、陶吴、东善、横溪、铜山、丹阳 9 个乡镇 30 个村，实施以治水为中心、改土为关键、配方施肥为重点的综合治理措施，共改造中低产田 3680 公顷。其中，建设吨粮田 306.67 公顷，平整土地 1013.33 公顷；开降渍沟 613 条，长 147.50 千米；建防渗渠 30 条，长 10.48 千米；造灌溉站 33 座；筑灌溉渠 285 条，长 91.28 千米；铺机耕路 174 条，长 182 千米；建田间配套建筑物 7665 座。良种覆盖率 93% 以上，测土配方施肥占 80%。全县完成土石方 163.79 万立方米。投资 581.45 万元，其中国家投资 415.67 万元。第二期（1994—1996 年）采取集中连片的办法，改造上峰、土桥两个镇 18 个村的中低产田 2866.67 公顷，其中上峰 1400 公顷，土桥 1466.67 公顷。共做土方 238.80 万立方米，石方 1.20 万立方米。投资 709.30 万元，其中国家投资 671 万元。1997 年，改造汤山、麒麟两个镇中低产田 1333.33 公顷，其中格田成方 600 公顷。1998 年，江宁县加大改造中低产田的力度，把改造目标放到县主要产粮区——秦淮河流域。共改造中低产田 2000 公顷，其中湖熟镇白米圩、龙都镇东阳圩、周岗镇周岗圩各 666.67 公顷。按照“三高”（高标准规划，高起点设计，高效益治理）和集中连片的原则，合理配置山、水、田、林、路、桥、涵、闸、站。据测，粮食每 666.67 平方米农田增产 150 公斤，油料每 666.67 平方米农田增产 25 公斤；农民收入增加；生态环境得到改善。1999 年年底，江宁县按标准完成国家级中低产田改造 1200 公顷，其中 1000 公顷在秣陵、禄口沿机场路两侧，200 公顷在横溪乡的大柏冲。

1988—1999 年，江宁县共改造中低产田 1.34 万公顷，占应改造数的 35.20%，共投资 2831.27 万元，其中国家投资 2610.67 万元，乡（镇）村自筹 220.60 万元。

【小流域综合治理】

《江苏省丘陵山区水土流失现状及分区治理技术》资源卫星拍摄图片详解资料表明，江宁县山丘区水土流失现象较为严重。在全县被查的 733.30 平方千米山丘区面积中，水土流失面积达 405.18 平方千米，占被查山丘区面积的 55.30%。其中强度流失 42.27 平方千米，占水土流失面积的 10.40%；中度流失 117.83 平方千米，占 29%；轻度流失 239.55 平方千米，占 59.10%；裸岩 5.53 平方千米，占 1.50%。20 世纪 60 年代中期，江宁县开始对山丘区的水土流失进行治理，并在方山公社做了试点。

20 世纪 70 年代起，丘陵山区水土流失普遍推广方山治理的经验，至 80 年代初，全县初步控制了水土流失面积 328.12 平方千米，占全县水土流失面积的 81%，修建水平梯田 2.67 万公顷，兴建水库 89 座，总库容 9558 万立方米，有较大的灌区 8 处，山丘区蓄、引、提、调工程基本形成体系，山圩分家，山冲分家，洪水归槽等主要撇洪工程也已建立，新建和发展水土保持林 2.09 万公顷。80 年代中期，根据省农田水利建设"八条标准"，对丘陵山区以水土保持为中心的小流域综合治理提出更高要求。1987—1990 年，江宁县在汤山镇青林村 3 平方千米水土流失严重地区，进行水土保持小流域治理试点。在大于 25 度的荒山、荒坡上栽植成材林和经济林 183.33 公顷；开环山撇水沟，修建水库，开沟降渍，平田整地，修筑梯田，安装桥、涵、闸等配套式建筑物，同时配置机耕路、渠道，实行自流灌溉；兴办综合养殖场、木材加工厂、炭窑厂和水泥预制厂等，提高水库水资源的利用率。至 1990 年，该村有效控制了水土流失，还增加了经济效益。1990—1995 年，在陆郎乡的大庙、铜山乡的曹村、湖熟镇的和进等地进行青林试点经验推广。经过治理，基本解决山洪冲刷和干旱问题，农副业得到发展，农民收入也有所增加。

1996—1999 年，先后治理横溪乡的大河冲、赵村冲，铜山镇的石山冲、铜山冲和驻驾山冲，汤山镇的孟塘冲、新塘冲，秣陵镇的家园，上峰镇的阜西冲、湄塘冲和汤水河冲，谷里乡的石坝冲等。其中铜山镇的石山冲和上峰镇的湄塘冲是省 1998 年立项治理的两个小流域，治理面积 6 平方千米；铜山镇驻驾山冲，横溪赵村冲和上峰镇汤水河冲 3 个小流域是国家 1999 年立项治理的水土保持项目，治理水土流失面积 25.50 平方千米，整治基本农田 933.33 公顷，建设高标准精品农田 163.33 公顷。经过 1 年治理，这 5 个小流域面貌大变，被治理的 1533.33 公顷农田展现了现代化农田水利的新景观，达到田块方正化，沟渠硬质化，机耕路砂石化，耕作机械化，配套建筑物装配化。经济效益也大有提高，粮食产量每 666.67 平方米农田增加 143.30 公斤，人均收入增加 191 元。

据统计，1988—1999 年，全县开展水土保持小流域综合治理 16 个，其中省、市立项的 13 个，国家立项的 3 个，总治理面积 68.24 平方千米，投资 2041.57 万元，其中国家投资 1356.84 万元，乡（镇）村自筹 684.73 万元。

【现代化农田整治】

1997 年起，江宁县启动农业现代化工程建设，以沪宁路、机场路和宁马路沿线为重点突破口建立示范带，同时建立示范区（村）。

沿高速公路示范带建设 沪宁、机场、宁马3条公路，呈东西及南北贯穿县境。在江宁县段总长63.80千米，沿线两侧涉及10个乡镇。1997年起，3条高速公路两侧农业现代化示范工程先后启动。

沪宁高速公路，贯穿汤山、麒麟两镇，长16.50千米，其中汤山镇境9.80千米，麒麟镇境6.70千米，有耕地1933.33公顷。1997年冬，两镇组织2万余劳力，129台（套）各类机械会战，做土方185.70万立方米，投资239万元。改造中低产田513.33公顷；平整土地，格田成方190公顷；新建水库3座，当家塘8口；开沟渠163条，长136.50千米；铺机耕路42条，长54.50千米；建配套建筑物178座；栽植经济林果94公顷，40余万株。与此同时，青林村还对郭塘冲、窑弯冲进行治理。格田成方98公顷，造梯田11.33公顷；建机耕路4条，长320米；衬砌硬质化渠道8条，长3200米；配套水闸2座，泵站1座。2001年度麒麟镇被省列为农村水利现代化试点镇，以沪宁路两侧晨光、锁石两个村295.90公顷农田为示范片，进行重点建设。经过1年的努力，完成在水稻种植灌溉区内平整土地、格田成方104公顷；开挖中心河一条长1.25千米；安装大棚蔬菜微喷、滴灌等节水灌溉设施20.33公顷；建筑微喷、滴灌亭式泵房2座以及桥、闸、涵等配套建筑物41座。共完成土方21.27万立方米，混凝土525.80立方米，浆砌石2537立方米，投资154.91万元，其中省、市投资100万元，镇自筹54.91万元。

机场高速公路，贯穿江宁经济技术开发区和殷巷、东善、秣陵、禄口4个乡镇23个村，长27.30千米，沿线有耕地1180公顷。秣陵段家园村有68公顷农田被机场路切成了赵家冲、白塘圩、胜利圩三大块，1997—1998年，该村按设计标准建设成农业示范园。共做土方20.40万立方米，总投资352万元。3个冲（圩）建成3个农场，共建沟渠19条，长8055米；中心路2条，长910米；机耕路2条，长1480米。田块格田成方，沟渠路，相互垂直，桥、涵、闸、站96座，相应配套。沟渠两侧栽植杉木，中心路两侧栽种名贵花木，池塘边栽插垂杨柳，实现了农田的园林化。1998—1999年，禄口、秣陵两侧按照现代化农田水利要求改造中低产田333.33公顷，投资206万元。

宁马高速公路，贯穿谷里、江宁、铜井3个乡镇8个村，长19.50千米，沿线有耕地1000公顷。1998年，江宁镇整治后稍圩、西村圩、柏树棵圩136.90公顷，次年，采取人机结合方式整治清修槽坊冲82.30公顷。1999年，谷里乡在水土保持石坝小流域综合治理中，平整土地，治理宁马路沿线两侧岗田333.33公顷，做土方28万立方米。同年，铜井镇完成郭塘冲、未塘冲的整治任务，并将宁马路铜井互通立交桥东侧20多公顷的旱地和荒坡地推平，建成标准化农田。

至1999年，3条高速公路两侧农业示范带治理好1080公顷，初步达到预定的标准。

示范区（村）建设 1997年后，全县有重点地开展高标准农田水利示范区（村）建设。至1999年，初步建成汤山的青林、麒麟的锁石、上峰的汤水河冲、秣陵的家园、铜山的彭福5个示范区（村），治理面积1666.67公顷。示范区（村）内田成方，渠成网，建筑物配套成龙，其中彭福村最为典型。

彭福村位于区境铜山镇最南部，半山半圩，较为偏僻。全村土地总面积2.34平方千米，其中种植面积118.33公顷。1997年起，该村结合小流域综合治理，至1999年初步实现农田水利现代化的目标。土地平整，格田成方116公顷，占耕地面积的98%；新建灌溉渠道、纵横排水沟、田间降渍沟等18条，总长19200米；建涵闸、农桥、排灌站等配套建筑物85座；机耕路12条，长7500米；纵横交通干道6条，田间道路6条，主干道1条，水泥路长4500米；道路两侧及田边栽植花草树木，进行绿化、美化。3年中，共做土方34.88万立方米，投资1851.60万元，其中国家投资400.80万元，村自筹1450.80万元。实现土地平整方块化、排灌系统电动化、沟渠路边林网化、种田技术科学化和耕种作业机械化。至1999年，该村的三业总产值、利税、人均分配水平分别增加12.40%、44.10%和11.10%。

【节水灌溉增效示范项目】

20世纪90年代末，江宁县在农田水利建设中开始对节约水资源进行研究和探讨。先后在秣陵镇的家园，上峰镇的宁东片，汤山镇的尚庄、路西等地进行节水灌溉增效的项目示范，均取得显著效果，并逐步向全县展开。

水稻节水灌溉试验示范与推广 1998年，秣陵镇承担水稻节水灌溉技术试验示范研究项目，试验区设在家园村，面积156.67公顷，采用浅湿灌溉技术。与采用当地常规灌溉的区域比较，实验区水稻，节水省电，防病、抗病，节肥增效，增产增收，具有经济、社会、生态三大效益，实为一条农业增产、农民增收的好途径。2000年，该镇推广节水灌溉农田达1866.67公顷。2002年，节水灌溉技术在全区全面推开。示范镇的设立由2001年的4个增加到8个，即秣陵、上峰、陶吴、禄口、土桥、横溪、麒麟、铜井，实际推广面积2.01万公顷。共节水2664万立方米，增加产值823万元，节约成本48万元，社会、生态效益大有提高。

节水灌溉示范工程 2001年，在上峰镇宁东片开展节水灌溉示范工程。该工程是经国家发展计划委员会与水利部批准的2001年度节水增收国债项目，在上峰镇阜东、宁东两个村内，示范面积154公顷。同年5月26日开工，2002年3月底竣工。共做土方10.62万立方米，混凝土1958立方米，浆砌石2580立方米，投资304.42万元。这项工程的实施，产生了良好的经济效益和生态效益。一是节水、省工，每666.67平方米农田节水343立方米、省工0.70个；二是土地面积增加，粮食增产，效益增收，全示范区增加经济效益年均120多万元；三是合理、优化配置水源，提高农民生活质量，并减少农药残留物的流失，减轻肥料、农药对环境的污染。该工程被评为优良工程。

2004年度国家节水增效示范项目在汤山镇进行。示范区在该镇龙尚、沟西两村，示范面积136.40公顷。工程于2005年9月1日施工，2006年4月底竣工。共做土方265595立方米，石方9367立方米，混凝土1892立方米，投资300.77万元。该工程在投入使用后，取得较好的经济、社会、生态效益。每666.67平方米农田节水163立方米，增产42公斤，省工2个，净增收入800余元。增加土地10公顷。项目区域内抗御自然灾害的能力得到提高，农业生产条件显著改善，用水压力得到缓解，降低农业生产成本，提高农户种田的积极性，优化整体环境，促进和带动了地方经济的发展。

1950—2007年江宁区水利建设完成土石方及建设经费情况表

表9-6-2

年　份	完成土石方（万立方米）		水利建设经费（万元）		
	土　方	石　方	合　计	国家补助	群众自筹
1950	127.00	0.30	2.10	—	2.10
1951	155.00	0.40	2.60	—	2.60
1952	406.00	2.00	23.40	11.90	11.50
1953	365.00	0.70	50.30	41.40	8.90
1954	237.00	0.50	56.10	53.00	3.10
1955	464.00	0.30	79.10	68.00	11.10
1956	1238.00	0.80	105.30	42.00	63.30
1957	457.00	0.60	22.40	13.50	8.90
1958	1800.00	2.00	93.00	50.00	43.00
1959	707.00	0.70	245.00	128.20	116.80
1960	1005.00	3.70	215.50	184.00	31.50
1961	58.00	1.00	64.60	58.00	6.60
1962	207.00	1.70	138.00	81.00	57.00

续表

年份	完成土石方（万立方米）		水利建设经费（万元）		
	土方	石方	合计	国家补助	群众自筹
1963	430.00	2.70	73.20	53.50	19.70
1964	660.00	2.60	138.80	80.00	58.80
1965	702.00	2.00	94.00	37.00	57.00
1966	610.00	4.00	142.70	83.70	59.00
1967	749.00	1.00	60.00	28.00	32.00
1968	858.00	2.00	135.00	66.00	69.00
1969	1305.00	5.00	269.60	148.60	121.00
1970	1239.00	4.00	116.00	46.00	70.00
1971	1120.00	3.50	131.00	53.00	78.00
1972	1210.00	15.00	263.00	215.00	48.00
1973	816.00	13.50	60.00	60.00	—
1974	1590.00	13.20	161.50	161.50	—
1975	2234.00	13.20	280.30	280.30	—
1976	2782.00	42.30	277.30	277.30	—
1977	2892.00	141.80	345.40	255.40	90.00
1978	2894.00	190.00	507.10	507.10	—
1979	1410.00	34.10	439.00	439.00	—
1980	1216.00	16.20	323.90	302.10	21.80
1981	579.00	12.50	227.70	201.00	26.70
1982	391.00	12.30	428.40	163.10	265.30
1983	472.00	12.90	437.40	197.30	240.10
1984	810.00	5.40	264.90	136.10	128.80
1985	714.00	2.50	108.20	108.20	—
1986	617.00	1.60	90.60	90.60	—
1987	518.00	3.00	216.00	137.70	78.30
1988	692.00	3.10	180.90	105.30	75.60
1989	715.00	3.20	281.80	135.60	146.20
1990	829.00	10.20	350.00	184.40	165.60
1991	975.00	3.20	2399.20	350.20	2049.00
1992	1070.00	3.30	207.80	100.60	107.20
1993	937.00	0.40	3483.70	2373.70	1110.00
1994	958.00	4.80	2100.70	1576.30	524.40
1995	980.70	5.00	2344.90	1203.70	1141.20
1996	1043.00	16.80	2224.50	966.30	1258.20
1997	1152.00	5.00	2653.50	1424.50	1229.00
1998	1100.00	4.20	3599.80	2250.70	1349.10
1999	1258.00	9.50	7608.00	5074.50	2533.50
2000	1114.90	3.50	4809.90	3830.10	979.80
2001	1085.60	12.30	4571.00	3448.00	1123.00
2002	1049.50	11.50	5829.00	4500.00	1329.00
2003	1022.00	2.00	2799.90	1606.00	1193.90
2004	1326.00	1.00	7375.10	4648.52	2726.58
2005	657.00	2.00	6133.30	4355.72	1777.58
2006	722.00	5.00	8362.89	7551.35	811.54
2007	902.00	0.00	11757.48	9705.97	2051.51
总计	55632.70	677.00	85761.77	60249.96	25511.81

第七章　防汛　抗旱

江宁区位于秦淮河下游与长江交汇处，地处山水头潮水尾，千百年来易涝易旱。据史志记载，从三国时代吴嘉禾三年（234）江宁地域有水旱等自然灾害记录以来，至2007年的1774年，有历史资料记录的水灾235次，旱灾228次，连阴雨灾78次，若加上大风、台风、龙卷风、冰雹、雪霜等灾害，合计达771次。旧社会人们对自然灾害往往无能为力。新中国成立后，江宁县开始进行大规模的农田水利基本建设，兴建大批机电排灌工程，基本上可以有效控制大水、大旱等灾害。1949—2007年，江宁区境内发生较大洪涝灾害16次，旱灾13次。由于50多年来水利基础设施的建设，以及广大干群的奋勇抗灾，江宁区人民在每次灾害面前都夺得了抗灾的全胜。至2007年，全区基本达到洪水排得出，大旱有水灌溉，形成“大汛能防，大洪能抗”“小旱大丰收，大旱也丰收”的局面。

江宁区防汛抗旱组织机构健全。新中国成立不久就遭到洪水袭击，1950年7月，成立江宁县防汛总队部，由县长任总队长，县委书记任政委，各区、镇也相继成立防汛指挥部。1954年春，成立江宁县防汛防旱总队部，由县委或县政府一名领导及有关部门负责人组成。此后在每年汛期到来前建立县防汛防旱指挥部。20世纪70年代起，县指挥部由县党政领导和有关部门负责人组成，办公地点设在县水利局。80年代后期起，县指挥部内设秘书、工程、后勤等科室，从县计委、财政、交通、水利、物资等部门抽调人员组成工作班子，每年5月恢复办公。指挥部制订当年工作方针、具体计划、落实任务与要求，各乡镇、街道成立相应组织并层层落实防汛防旱岗位责任制。此项组织网络与制度一直沿用至2007年。

第一节　防　汛

【抗洪救灾】

江宁地区自三国吴嘉禾三年（234）有洪灾记录，至新中国成立前的1715年间，据不完全统计有洪灾219次，防汛工作并无史料记载。1949—2007年的59年间，江宁区有较大水灾16次，均组织人民群众抗洪救灾。

1954年夏，江宁县发生百年未有的特大洪水。5月中旬开始连续降雨，3个月降雨58天，共降869毫米。7月集中降雨442.1毫米。秦淮河水位7月2日涨至9.83米，7月24日最高达10.18米。全县倒圩堤404道，淹田1.74万公顷，内涝被淹及山洪冲坏的田地2.81万公顷，共计受灾达4.56万公顷，被淹房屋37403间。全县139个乡镇有89个受到不同程度的灾害，受灾农户59735户，淹死64人。灾害发生后，县委、县政府及时发动群众进行抗洪排涝，抢修堤防。在水势危急时，抢险人员多达9万人以上，抢险船只800余艘，加固土石方近70万立方米。最终保住了较大圩堤内1.73余万公顷农田和人民财产的安全，抢救出被水围困的51403人，牺牲6人。全县受灾农田经多次随涝随排，除2.59余万公顷颗粒无收外，先后救出近2万公顷农田，经及时补种、改种，仍取得一定收成。

1956年汛期来得早，雨量大，次数多，灾害重。从5月21日起至9月底，全县共遭受4次暴雨，

2 次台风袭击，汛期累计雨量 1107.5 毫米，相当于全年的雨量。东山最高水位 9.76 米，湖熟最高水位 11.70 米，超过 1954 年最高水位 1.52 米。9 月 24 日受暴雨袭击最严重，降雨 197 毫米，倒漫圩 67 个，淹田 2000 公顷，外滩田被淹 1780 公顷，内涝面积 13000 公顷。8 月 2 日台风，倒塌房屋 2504 间，死 4 人，伤 49 人。灾害发生后，全县出动 4 万余人投入抢险，在健康圩决口时，地方驻军 3000 多人和群众 1000 多人及时在马路上筑起一道子埝，保住了 333.33 公顷未淹。在排涝过程中，组织水车 4205 部，抽水机 63 台，日夜抢排。

1962 年 7 月 4—7 日，江宁县遭到历史罕见的暴雨。4 天中，全县连续降雨量 250 毫米以上，丘陵山区有 12 个公社雨量达 300 多毫米。6 日早晨，陆郎、铜井等地两三小时内降雨就达 200 多毫米，瞬间山洪暴发，秦淮河水位 7 日一昼夜从 7.50 米陡涨到 10.02 米，接近 1954 年最高水位。由于雨量集中，江潮顶托，河水宣泄缓慢，致使全县漫决大小圩堤 141 条，冲倒水库 6 座、塘坝 2000 多面。陆郎至朱门方圆数十里一片汪洋，丹阳、横溪、陶吴等地水深过人，新生洲全部、新济洲外圩均被淹。全县被淹田地 1.44 万公顷，其中内涝 1.06 万公顷，倒漫圩淹没 2871.33 公顷，山洪冲毁 906.20 公顷，倒塌房屋 4028 间，淹死和倒房压死 12 人，伤 8 人，被淹粮食约 31 万公斤，全县家禽家畜等损失也较严重。在暴雨袭击危急时，县领导带领大批干部连夜赶赴沿江沿河公社坐镇指挥，动员十余万人，日夜抢险护堤。7 月 10 日，一方面组织全县人民继续护堤加固，消除隐患；另一方面发动群众排涝救苗，补种、改种，至 26 日，沿江沿河堤防基本转危为安，受灾群众生活得到初步安排，生产逐步恢复正常。

1969 年 7 月 1—21 日连续出现暴雨，总雨量 573.6 毫米，雨势之猛，雨量之集中历史罕见。灾害发生后，县革委会领导全县 30 多万军民抗洪抢险。

1991 年 6 月 8 日至 7 月 16 日，江宁县遇到历史上特大洪涝灾害。梅雨期长达 39 天，梅雨量 1038.4 毫米，是常年梅雨量的 3.90 倍。东山水位达到 10.74 米，沿江沿河防汛全线告急，全县受涝面积达 3.53 万公顷，倒塌房屋 4500 间。灾害发生后，全县 3000 多名干部同 15 万群众、驻军官兵与洪水展开殊死搏斗。投入排涝机械达 8996 台（套），总动力 155943 千瓦。总运行时间达 472.29 万台时。同时，出动手扶拖拉机7000余台次运送防汛人员和抢险物资，保住了全县 345.29 千米江港洲河堤和 16 个万亩大圩，把洪涝灾害损失降到最低限度。当年全县仍取得较好的收成，工农业总产值较上一年还增长 16.22%。

1998 年入汛后，长江发生了继 1954 年之后又一次全流域性的特大洪水，在江宁县境段甚至超过 1954 年的历史最高水位。经过广大干群 3 个月的战斗，消除了大量险工险情，取得了抗洪斗争的全面胜利。

2003 年，江宁区全年降雨量达 1662.7 毫米，是常年雨量的 1.60 倍，其中 5—9 月汛期降雨量达 1050.5 毫米，接近 1991 年特大洪水的雨量。其中 7 月 4—5 日，全区普降特大暴雨，东山日雨量 175 毫米，汤山 212 毫米为历史少见。秦淮河水位 7 月 11 日高达 10.34 米，超警戒水位 1.84 米。全区受灾面积 1.60 万公顷。由于区委、区政府和水利部门组织有力，严防死守，加上全区堤防建设工程普遍达标，使全区达到有洪无灾，

图 9-7-16　1991 年 7 月，江宁镇新洲村破圩抢险场面

安全度汛。

2007年汛期，江宁县遭受百年未遇特大暴雨袭击。暴雨下在梅雨期间，6月19日至7月24日，36天累计梅雨量达609毫米，是常年梅雨量的2.60倍，居全省之首。其中，7月7—8日的不到24小时内，降雨量累计达299.2毫米，是历史同期平均值的3.40倍。7月7—9日3天时间，东山地区降雨量达418.7毫米，秦淮河全线均超警戒水位，最大峰值东山水位达10.12米，超警戒水位1.62米。由于受高水位的浸泡，秦淮河堤防有8处出现塌坡、管涌、渗漏等险情，73座水库有57座溢洪。据统计，全区有8个镇街、107个村（社区）、12万人口不同程度地受灾。城镇和农村受淹住宅8814户，损坏房屋1852间，倒塌房屋47间，及时转移并安置受灾群众1100人；遭受雷击损坏的泵站20座；道路短暂积水170条，达48.90千米。全区农作物受淹面积1.64万公顷，其中受灾面积0.52万公顷，绝收面积0.30万公顷。7月7日暴雨发生后，区防汛防旱指挥部立即进入应急状态，紧急派出6个督查组和5个技术指导组，分赴重点镇街和开发园区，加强对秦淮河堤防、水库防汛抗灾的工作督查和技术指导。全区3.70万千瓦排涝动力机械全部开启，日夜排涝，并临时架设100台（套）柴油机突击抢排。同时，从市抗排总队、高淳等地调集80台（套）柴油机，对重点城区、镇街的内涝和积水进行排除。全区337个、16833人的防汛抢险队伍、180个民兵抢险队、36个河道及管理单位抢险队、41个水库抢险队和71个其他专业抢险队分别在各灾区进行紧张的抢险战斗，确保险工险段安全度汛和及时排除内涝，取得了抗灾的全胜。

【重大抗洪救灾纪略】

1969年抗洪保圩 1969年7月1—21日连续出现暴雨，总雨量573.6毫米，雨势之猛，雨量之集中历史罕见。7月6日降雨103毫米，14日雨量最大，降雨169.4毫米。17日秦淮河水位达10.48米，比1954年高0.30米。全县受灾面积达2.01万公顷，其中倒漫圩88个，计4607.40公顷；内涝1.43万公顷，山洪冲击392.90公顷，外滩淹没823公顷。全县死1人，伤7人，房屋倒塌12655.50间，有21个公社、87个大队、968个生产队受害。

在特大洪水面前，江宁县军民奋起抗灾，保圩抢种，一方有难，八方支援。禄口公社的万寿大圩急需防洪器材，东善桥林场接到任务后，场革委会主任立即带领100多名工人上山，仅一个半小时就超额完成2000根毛竹的砍伐任务。横溪、陆郎、陶吴公社连夜组织1500多名运竹大军，翻山涉水，在不到一天的时间里，将毛竹全部运到10千米以外的险区，确保了抢险的需要。为了帮助龙都、土桥、禄口、淳化4个重灾公社5个圩排涝抢种，在县政府统一领导下，丘陵山区6个公社，自带机械、机工、口粮，组成支援队，以最快速度调齐和安装430台共8085多千瓦的机电设备，经过半个多月的战斗，排出5个圩7000多万立方米的积水，使得这5个圩2万多人能够重整家园，恢复生产。汤山、上峰公社革委会主任亲自带领7000多名贫下中农，挑着秧，自带工具和干粮，一天就帮助土桥公社栽秧80公顷。淳化公社306.67公顷解溪圩漫堤决口后，积水很深，单靠自己力量3个月也排不完，集中几个公社的力量9天就排完了。排出后自己抢种要半个月，全公社组织突击排出一块种一块，水排完，田就种上了。参加江宁县“三支”“两军”的部队和当地驻军的广大指战员，全力以赴地投入战斗。驻军各部队的首长都亲自上阵，指挥战斗，各个大圩都有部队参加抢险，在抢险中，全县驻军出动5700多人，汽车169辆，运输1200车次，共20万吨公里。方山公社的健康圩被洪水冲开十余米的决口，情势十分危急。通讯兵某部和工程兵某部闻讯后，部队首长立即亲自带领300多名指战员赶到险区，奋不顾身地扑向决口，和贫下中农一起排成三道人墙，用身体挡住激流，经过3个多小时的激战，终于堵住决口。接着又沿着险工地段筑起一道新堤，保障圩堤安全。

7月18日，当秦淮河水位略有降落时，立即组织全县排涝抢种，先后出动支援的人力高达20余万人次，技工1000多人；动力机械700多台（套），共1.47万千瓦；稻种50万公斤，秧苗1333余公顷。经过十余天的连续奋战，排出受灾农田1.67万公顷，并及时进行补种、改种，从而缩小了受灾面积。是年，全县夏粮总产量达4584.32万公斤，比1968年增长18.17%；油料总产量313.68万公斤，比1968年增长33.90%；秋粮也获得丰收。全年粮食总产量31819.13万公斤，取得农业大丰收，创造了历史奇迹。

1998年长江流域江宁县河段防洪 1998年入汛后，长江发生全流域性的特大洪水，江宁县长江河段水位超过1954年历史最高水位。洪水来势猛，流量大，水位高，持续时间长。6月17日至7月19日，长江中下游普降暴雨、大暴雨，洪水下泄，长江沿线水位迅猛上涨，超过警戒水位。6月24日，县境普降大到暴雨，长江、秦淮河水位同步暴涨，27日下关高潮达9.49米，东山水位由24日的6.87米上涨到9.04米，3天上涨2.17米。至7月1日，东山水位最高达到10.37米，然而长江水位仍在高涨。东山秦淮河超警戒水位77天。7月28日，长江大通流量由5.50万立方米/秒猛增到8.17万立方米/秒，短短9天增加1.67万立方米/秒。7月29日，长江下关水位达到10.14米，江宁县境的江宁、铜井和新济洲的高潮水位分别达到10.65米、11.36米和11.24米，均超过1954年历史最高水位。这期间长江中上游暴雨依然不断，至8月30日，大通流量一直维持在7.50万立方米/秒以上。秦淮河流域降雨比常年多，5—9月汛期雨量776.2毫米。6月24日入梅，7月6日出梅，受江水顶托，梅雨量300毫米。

是年3月24日，县政府恢复县防汛防旱指挥部，24小时全天候值班。各乡镇层层建立防汛组织，各乡镇村、万亩大圩先后成立抢险巡逻队和专业打桩队。同时，成立8个圩区联防指挥组和3个抗旱联防组。4月前，江宁县已储备大量防汛物资，有防汛草包43万只，木材668立方米，铅丝、元钉、油布、电机、变压器、电杆和通信设备均按计划到位。县防汛防旱指挥部还对防汛物资储备情况进行多次检查，做到"兵马未到，粮草先行"。6月24日入梅后，全县普降大到暴雨，47名县级机关定圩定库负责人立即赶到各自岗位，会同乡镇领导参加防汛。县水利农机局派出27名工程技术人员随即驻点23个乡镇和开发园区，组织3支抢险技术组派驻江宁铜井和新济洲，在技术上现场指导。随着长江水位的升高，险情接连出现，防汛物资紧急调运，交通部门调集车辆，使防汛物资及时运送到位。县委、县政府组织万人大军抗击洪水。6月27日，连夜抽调20多名县级领导和机关领导奔赴沿江第一线。次日，召开全县抗洪紧急动员大会，宣布全县进入防汛紧急状态，并进行全面部署。当晚又在铜井镇召开二镇一洲沿江防汛紧急会议。县委号召全县干群在江、港、洲堤各个战场上，严防死守，誓夺防汛抗洪胜利。至此，立足抗御1954年特大洪水的"江、河、洲、城、库、港"六防五守防汛责任体系全面运作。

图9-7-17 1998年新济洲抗洪抢险场面

6月27日，下关高潮水位猛涨到9.49米，高出警戒水位近1米，部分堤段已开始出现险情。江宁镇上湖八百圩撇水沟内塌15米；铜井河王八滩段堤散浸；牧龙河张亩塘闸渗漏，所有险情都出现在通江河和支叉河上。7月1日，禄口机场东管区徒墙河圩出险，机场1号泵站旁内塌30米，且出现渗漏，机场安全受到威胁。县委领导迅速赶到现场指挥消险，当即指令调集机械、民工抢险固堤。新济洲水位高达 11 米时，县委、县政府二次作出老、幼、病、残撤离决定，转移群众 840 名，公安机关组织 200 多人次警力担任警戒做好保卫工作，确保新济洲人民群众生命安全。7 月 30 日，人民子弟兵临汾旅550人和舟桥旅110人先后赶到江宁镇和新济洲投入抗洪抢险斗争，50多天日夜保大堤。8 月下旬，新济西江横埂段出现塌江险工，8 月 20 日塌江险情加重，新济洲危急。县委、县政府作出“奋战 7 天，抛石 2 万吨”的决策。23 日起，组织全县万人抛石护岸大会战，奋战 6 天时间，完成抛石任务，确保了主江堤的安全。正确的决策，科学的指挥，充足的物资，确保军民及时排除大小险工 108 处，较大险情 14 处，战胜了超历史特大洪水。

经过92天的斗争，全县抗洪涝取得了全面胜利，没有破圩、垮库，也没有人死伤，保住了江堤、秦淮河圩堤和沿江沿河的城镇及农村人民的生命财产安全。据初步统计，防汛抗洪共耗用“三袋”（麻袋、草袋、蛇皮袋）34.60 万只，木材 213 立方米，土工布 2280 平方米，块石 7.10 万吨（包括积石 5 万吨），共耗资 2290 万元。县卫生部门共出动医疗队 88 支，医护人员 1366 人次，发放药品价值 18.80 万元，救治人数近 2 万人，做到大灾之后无大疫，保证人民群众身体健康。是年，江宁县秋粮总产量 4.18 亿公斤，比 1997 年增产 3682.20 万公斤，单产净增 40.57 公斤，创历史最高水平。全县保持了国民经济稳定健康发展，实现国内生产总值 86.10 亿元，按可比价增长 15.60%，人均国内生产总值 11560 元，增长 13.20%，县财政收入 4.60 亿元，同比增长 12.90%，连续 20 年实现平衡有余。大灾之年不见灾，再创历史奇迹。是年，江宁县被评为江苏省抗洪救灾先进集体。

第二节 抗 旱

【抗旱救灾】

江宁地区自吴嘉禾五年（236）有旱灾记录，至新中国成立前的 1713 年间，据不完全统计有旱灾 335 次，抗旱工作并无史料记载。1949—2007 年，江宁区发生旱灾 13 次，均组织人民群众抗旱救灾。

1958 年，江宁县汛期雨量稀少，至 8 月 12 日的 102 天中，仅降雨 209.60 毫米。秦淮河水位降到 5.39 米，全县干涸塘坝 26480 个，河沟 293 条，1.33 万公顷水稻脱水，3.33 万公顷受旱，少数地区人畜饮水困难。灾害发生后，全县人民开展翻水抗旱斗争，出动人数最多时达 35 万人，出动水车 2.10 万部，抽水机 76 台。横溪乡组织 8092 人，集中 832 部水车，经过 33 座丘陵小山，跨过 11 条小河，途经 26.50 千米，车水抗旱。汤山、麒麟两乡从距离 30 千米的长江，驾车 70

图 9-7-18　1959 年，江宁县陆郎公社在“抗旱抗到天低头，保苗保到粮进仓”的口号激励下，通过几道水车引低水灌高田

余道提水灌溉。抗旱至8月中旬结束，战胜百年不遇的大旱，粮食作物依然取得丰收。

1959年，江宁县继1958年大旱之后又发生连续性特大干旱，全县受旱面积达3.08万公顷。灾害发生后，全县党政军民全力投入抗旱，因旱情太重，条件有限，最后全县仍成灾1.20万公顷，粮食减产3435.65万公斤。

1966年，夏季偏旱，5月、7月、8月总雨量只有114.6毫米，最高气温达39.7摄氏度，水稻受旱面积1.68万公顷，旱情一直持续到11月初。全县开展抗旱斗争。县抽调35名干部和400多名技工、民工，在武定门安装抽水机，翻引长江水。经过7天7夜的突击，安装电机1859.50千瓦。同时，在江宁河口、烈山河口和禄口张桥3处分别建立翻水站，保证圩区2.40万公顷农田有水栽秧。7—9月，雨水仍稀少，旱情继续发展。为了保苗，全县一度出现4000多人挑水浇苗。武定门翻水站第二次兴建时，工程十分艰巨，需挖三道坝，安装电机112台，柴油机63台，计4410千瓦。800多名干群奋战7昼夜，全部竣工。不仅保证江宁县3.40万公顷农田的水源，还解决句容、溧水和南京郊区2万公顷水稻用水。通过长期艰苦奋斗，最终夺得历史性大丰收，粮食总产量达到3.10亿公斤。

1978年，江宁县汛期出现百年罕见特大干旱，春旱、夏旱、空梅、秋旱，一直持续到11月份。1—9月，降雨量仅388.8毫米。全县92座水库和所有的塘坝几乎全部干涸。5.33万公顷水稻，666.67公顷棉花，5200公顷旱作物受旱。灾害发生后，全县每天投入抗旱劳力2万人～3万人，最高达5万人。新建扩建机电站520座，大小翻水线63条，总长406千米。开挖土石方139万立方米，出动电机3460台、40016千瓦，柴油机3457台、38604千瓦，日夜开机翻水。全县共引提长江水4.91亿立方米。其中在秦淮河翻水3.65亿立方米，水稻按复种指数8万公顷计算，每666.67平方米翻水410立方米，全县共用经费1750万元，经过6个月终于战胜旱魔，夺得超历史的大丰收。三麦总产量8500万公斤，超历史最高产量10%，水稻总产量4.05亿公斤，全年粮食总产量4.90亿公斤。

1994年，江宁县遇到近60年来特大干旱。从6月至9月4日，96天持续高温，35摄氏度以上有40天，蒸发量大于降水量若干倍。灾害发生后，全县动员11.60万人投入抗旱斗争，最终取得了抗旱的全面胜利。

2001年，旱情之重，持续时间之长均超过1994年。3—6月，只降雨195.1毫米，梅雨期间仅降雨48毫米。进入主汛期，长江水位一度低于5.60米，9条通江河全部干涸断流。全区73座水库有23座出现死库容，4万多面塘坝30%干涸，受旱面积9000公顷。从夏种到秋收抗旱历时6个多月。先后3次开启秦淮新河翻水站向秦淮河供水，共翻水2亿立方米；1次开启天生桥闸向秦淮河引水，共引水1.18亿立方米，抬高秦淮河水位；沿江地区两次在通江河口打坝，驾机从长江直接提水3000万立方米，灌满干涸的9条通江河。全区组织机械日夜开机翻水补塘、补坝和补库，灌溉全区3.33万公顷在田作物。日最高出勤抗旱各种人员3万余人，各类动力机械4000余台，7.40万千瓦，42条翻水线满负荷开机。全区上下支援抗旱，有90家机关企事业单位个人捐款达122万元，集体捐资到镇村的有68.71万元。全区抗旱共投入经费4478.60万元，耗电4146万千瓦时，用油405吨。取得了大旱之年大丰收。

【重大抗旱救灾纪略】

1959年抗旱　江宁县继1958年大旱之后又发生连续性特大干旱。旱情特点是：初夏雨量正常，盛夏初秋雨量稀少、气温特高、蒸发量大，江河水位低，干旱期长，旱情猛烈，是历史上旱情最严重的年份之一。7月雨量83.9毫米，8月雨量37.2毫米，最高气温达40.7摄氏度，

9月雨量32.3毫米。全县5.30万个塘坝干涸88%，5.20万公顷水稻有2.14万公顷断绝水源，0.87万公顷一度脱水龟裂，0.93万公顷旱谷干得叶卷焦黄。全县受旱面积达3.08万公顷，陆郎、谷里、东善等11个公社、279个生产队、38033人饮水发生困难。

灾害发生后，县委、县政府动员11.60万人投入抗旱斗争，出动柴油机222台，计4104千瓦，电动机24台，计1217.20千瓦，龙骨车15528部，牛车2055部，风车8部。市委、县委在物资上给予大力支持，共调运柴油机101台（购买31台），补助抗旱经费10万元。为了引水进塘、入田，开引水沟511条，架天桥19座，打坝41道。上峰公社在水稻急需用水之际，3241个塘基本干涸，人畜饮水发生困难，受旱面积达1400公顷，其中成灾533.33公顷。在公社抗旱指挥部统一领导下，分东、中、西三片，先后组织2080个劳力，出动各种长短车，大小轴245部件，开挖引水沟98条，长约15千米，车东塘到西塘，只要塘坝底子有点水，千方百计提上保秧苗。经过上峰公社广大干部群众的努力，全年粮食总产量仍达502.40万公斤。

进入8月后，高温无雨，水源大幅度缺乏，抗旱斗争转入一个新阶段：由近距离翻水转变为远距离翻水，由一个生产队单独作战，发展到几个公社联合抗旱。谷里、陆郎、江宁、铜井4个公社在江水低落、通江河道干后，由一个公社或两个公社联合起来，在4条通江河口打坝、开沟、架机翻水，解决4467公顷农田灌溉用水。土桥公社在河干后，抽调10个大队、340个劳力，集中5台抽水机和45部水车，逐级打坝翻水，确保1667公顷水稻丰收。全县经过两个多月的苦战，保住了大面积水稻生长，终因条件有限，水利建设标准不高，机械动力不足，全靠人力水车翻水，不能及时送水，全县仍有1.20万公顷农田，89812户受灾，粮食总产量比1958年减少17.56%。

1994年抗旱 1994年，江宁县遇到近60年来特大干旱。6月，东山雨量132.4毫米，比1993年减少一半以上，特别是梅雨季节，6月21日至7月28日仅降雨35.2毫米，基本上是空梅，只有常年的1/6。8月降雨55.4毫米，是常年的一半。从6月至9月4日，96天持续高温，35摄氏度以上有40天，蒸发量大于降水量若干倍。由于沿河大量提水灌溉，秦淮河水位逐步下降，至8月9日降到7米。秦淮河各抗旱支流纷纷告急，多数翻水线一道站打不到水，或开机不足，旱情持续发展。

6月下旬，旱象刚刚露头，县委、县政府已开始作紧急部署，组织县级机关200多人，分配到抗旱第一线协助抗旱工作。据统计，抗旱高峰期全县出动抗旱大军每天达10万人以上。全县有10个丘陵地区的乡镇是抗旱重点，圩区乡镇支援抗旱资金14.50万元，支援水泵14台以及柴油等一批抗旱急需物资。全县共收省、市、县等机关单位及外地江宁籍人士抗旱捐款268.70万元。全县支援抗旱斗争的驻军有25家单位，前后出动3254人次，挖沟8080米，出动送水车76台，为饮水困难的群众送水。秣陵镇新丰村地处偏僻丘陵，无水源，24.67公顷水稻、371人缺水，十分紧急，需开沟1200米。驻军83111部队领导知道后，主动请战，迅速派600名官兵突击挖渠950米，为当地群众饮水、灌田解决了大难题。此次抗旱充分发挥了已经建成的水利工程的作用，特别是充分利用秦淮新河从长江提水灌溉的功能。据统计，秦淮新河共翻长江水16886万立方米，新河闸和天生桥闸共引水5994万立方米，全县共提引外来水22880万立方米。另外，全县89座大小水库，为丘陵地区提供5000万立方米蓄水。已建成的81条多级翻水线和数百座提水站，也充分发挥了作用。据不完全统计，抗旱斗争中投入的电机功率达80026千瓦，柴油机24546.10千瓦，日夜翻水，把水送到内河，滋养了4.67万公顷在田水稻，基本达到70天无雨保灌溉的要求，同时还保证了人畜饮水、工业用水。经过全县干部群众的努力，抗旱取得全面胜利，全县水稻超常年丰收，粮食总产量达44389.20万公斤，实现了大灾之年保丰收。

第八章 水利管理

江宁县历史上地方官吏也重视水利工程管理工作，据旧县志记载，明、清两代一般由县令主管水利工作，有的年代县还设县丞，佐理农田水利等事务，上元县曾设粮捕水利县丞一员，官为正八品。据史籍记载，江宁圩田地区一般推举地方有威信的人士担任圩长或圩董，制订圩规民约，管理圩堤整修以及防汛抗洪等事宜。江宁县的各大圩立圩规规定，每年新春后组织劳力整修圩堤、涵洞，劳动力按田亩摊派。还规定防汛抢险警报（分慢锣、紧锣、紧锣密鼓）和劳动力上堤办法。发生严重险情时，全圩所有青壮劳动力均上堤抢险。群众的木船、挂桶、房屋木料、木板都要服从紧急使用，事后折价赔偿。对惩罚、抚恤等办法也有一套规定。

民国时期，江宁县没有水利专职机构，开始由县政府建设局分管水利。民国22年（1933），江宁自治实验县裁并建设局为建设科。同年，各区先后成立水利委员会，还有一批乡镇也成立水利委员会，负责兴修水利事宜。

新中国成立后，水利工程先后由县人民政府建设科、农建科负责。1955年6月单独成立水利科。1956年11月改为水利局。江宁县进行大规模水利工程建设，县政府专管水利的办事机构不断加强充实，各乡镇也先后建立水利管理机构，不断加强水利管理工作。1984年精简机构，水利局与农机局合并，成立县水利农机局。2001年12月，区水利农机局更名为区水利局。

1990年，县政府颁发《江宁县水利工程水费计收和管理的实施细则》；1992年，颁发《江宁县水利工程管理实施细则》；1999年9月14日，南京市人民代表大会常务委员会正式公布《南京市防洪堤保护管理条例》；2003—2007年，省人民政府颁布《江苏省水资源管理条例》等。这些条例、管理实施细则的公布，使水利工程管理有了法律依据，对促进和加强江宁区水利管理工作起了重要的保证作用。

第一节 江港圩堤管理

【管理组织和制度】

1949年，江宁县遭受特大洪水袭击，江港圩堤受到严重破坏。沿江区、乡分别组成防汛队、抢险队、修堤委员会，领导群众抢修堤防，当年修补92个圩的江堤。1950年春，沿江沿河各区以乡为单位，组成修圩委员会，共修圩131个。同时，沿江区分段组织复堤委员会，加强江港洲堤修复和日常管理工作。1951年2月下旬，江宁县成立水利委员会，同时部署各区、乡都建立水利委员会。县、区、乡水利委员会，都下设工务、总务、宣传、财务4个股。各级水利委负责检查江港圩堤险工段，组织劳力抢修。据统计，1951年春，修筑圩堤309条，疏浚河港、整修江堤达78.40千米。

1964年10月，江宁县开展大规模农田水利建设的同时，大力贯彻建管并重的方针，批判重建轻管的思想，推广专管与群管的方法。在圩区，以圩为单位成立堤防委员会。生产队划段包干，各圩、各段有专人负责管理堤防。定圩管理人员的报酬，原则上不低于参加其他农业生产的收入。圩堤管理办法，主要是由群众制订护堤公约，互相监督，共同遵守。对管理人员贯彻岗位责任制，做到有职有权，有奖有罚。这种定圩专管与群管的堤防管理组织和制度，延续多年使用，对保证江港圩堤安全起了重要作用。但经过“文化大革命”，江港圩堤管理工作出现松弛现象，有的堤防没有管理机构或无人管理，甚至遭到破坏。1982年6月18日，江宁县颁发《关于加强水利工程设施管理的布告》；1992年，又颁发《江宁县水利工程管理实施细则》。根据布告和管理实施细则，县、乡（镇）人民政府以及水利办事机构，不断检查江港圩堤管理组织及人员落实的情况，发现问题及时解决，这对堤防管理坚持不懈常年抓，保证安全起到重要作用。

2000年12月江宁县撤县设区后，加大江港圩堤管理力度，按照《江宁县水利工程管理实施细则》，进一步改革水利工程管理体制，明确工程管理权责。成立堤防水库管理所，对区管河道（秦淮河东山大桥至洋桥段、牛首山河、外港河、中心河、前进河）直接管理，句容河由区句容河管理所直接管理，对其他区管河道委托所在镇、街水利站实施管理。镇、街所管河道由各镇街水利站自行管理，区负责监督检查。同时，层层建立目标管理责任制和检查考评制度，条件成熟的区管城区河道，还实行管养分离办法。

【汛期应急管理】

新中国成立初期，江宁县江港圩堤堤身单薄而低矮，经不起长江和秦淮河大水冲击，破圩倒圩的事故常有发生，影响农副业生产，甚至危及人民生命财产安全。1950年7月，江宁县建立县防汛总队部，沿江各区及镇江专署防汛指挥部派工程师负责技术指导。县防汛总队部也派干部至各区检查江港圩堤，发现险情，立即组织消险。1951年7月，江宁县又组织县防汛总队部，沿江4个区组建4个防汛大队，23个中队，173个分队，834个小队，计有14190人参加防汛。内圩区一区、三区、四区、五区、九区成立5个防汛大队，71个中队、分队及小队。以行政村、自然村为单位，所有圩田受益群众均参加防汛。1954年春，江宁县偏旱，5月进入汛期，雨量又较多。5月20日，江宁县及时成立县防汛防旱总队部，并抽派25名县级机关干部，分赴一区、三区、五区、八区，督促各区立即组织防汛大队，进行防汛抢险与排涝。县人民政府总结1954年抗御特大洪涝灾害的经验教训，加强力量保卫江港圩堤，以后每年都在汛期到来前（一般5月份）建立县防汛防旱总队部，并制订当年防汛防旱工作方针、具体计划，落实任务与要求。这项汛期加强江港圩堤管理的制度，一直延续至2007年（20世纪70年代防汛防旱总队部更名为县防汛防旱指挥部）。

第二节　蓄水工程管理

【水库管理】

小型水库管理　新中国成立前，江宁县没有水库，只有小塘小坝。1953年，横溪乡建设大山凹水库。之后，上峰、汤山、谷里、陶吴等丘陵山区的乡镇纷纷进行水库建设，水库管理也逐步建立健全。1964年，全县重点贯彻“建管并重”方针，推广专管与群众管理相结合的办法。500万立方米以上大水库建立管理所，配备专职管理干部；上百万立方米的水库由公社配备专人管理，其余小型水库和较大的塘坝按大队受益范围成立管理小组管理。全县共成立各种水库管理委员会72个，管理小组3120个。

江宁县撤县设区后，加大小型水库管理的力度，逐步明确和落实管理体制、管理人员及管理经费。水库的大坝安全由区人民政府及区水利行政主管部门实施监督管理。区水利局负责全区水库建设管理维修养护项目的审批和监管。镇（街道）、村管理的小型水库一并收归镇（街道）政府统一管理，镇长为水库安全管理运行的第一责任人；水库的日常管理和维修养护及经营，由镇（街道）水利站具体负责，站长为第二责任人。每座小型水库配备1名～2名管理员或协管员。2007年，江宁区下发《江宁区小型水库运行管理实施意见》和《关于加强小型水库管理工作的通知》，同时要求每座小型水库配备1座管理房和1部电话。至年底，全区72座小型水库已有27座建了管理房，并各配备1名专职管理员，另外45座也各配备了1名兼职管护员，对水库进行日常的维修养护，并与其签订水库管理责任书、水库管护协议，制订管护员违法责任追究制度、水库日常巡查管护制度、管护员学习培训制度、管护员岗位职责，定期填报维修养护记录表等。有19座水库安装了固定电话。

中型水库（赵村水库）管理 1957年，赵村水库按中型水库的设计进行建设，是江宁县最大的水库。根据专业管理与群众管理相结合的方针，于1963年建立赵村水库管理所，设两名专职干部，常年驻水库实行专职管理。横溪公社成立水库工程管理委员会。水库受益的4个生产队抽调4人组成水库工程养护专业组，并制订出水库管理的具体制度。水库管理所和管理委员会主要职责是贯彻执行有关工程管理的各项方针和制度，负责工程的维修、养护，编制用水计划，做好控制用水，开展多种经营，负责计收水费，处理受益队在管区内发生的水利纠纷和矛盾。另外，管理水库的人员还在水库堤上种植草皮0.67多公顷，在库区荒山植树6.67多公顷。并禁止群众上水库放牧，到堤上种植庄稼。因此，水库四环山清水秀，水土流失得到有效控制。但该库库容量一直达不到中型水库1000万立方米的额定标准（实有875万立方米），1969年，降为小（一）型水库下放横溪公社管理。后经多次扩建，库容量达1100万立方米，1997年经省水利厅批准，升级为中型水库，收归国有，同时成立赵村水库管理所，配备5人，专职负责该库的工程维修、养护、用水、多种经营等一切管理事宜。2000年12月江宁县撤县设区后，至2007年，该库实施了除险加固工程，管理所得到加强，性质确定为全额拨款事业单位，编制由5人增至8人。在管理方式上，采取管养分离的模式。工程的运行、维修、养护等任务，通过招标投标，实行市场化运行；水库管理单位负责对承包单位或个人的监督和技术指导。

【塘坝管理】

新中国成立初期，江宁县塘坝一般在水利部门的指导下，群众自行管理，自行使用。每年冬季至第二年春季，县、乡组织大批劳力，对塘坝挖深清淤，并定专人负责引水灌塘，拦蓄桃花水以及梅雨天落水，这对防旱抗旱起到不小的作用。

随着农业合作化的发展，塘坝管理由农民群众自管自用，发展成为农业社集体管理。早在1956年，丘陵地区的索墅乡就建立水利委员会，共19人，负责全乡塘坝管理工作。至20世纪60年代初，各个公社都建立水利委员会负责塘坝管理。每年冬春，塘坝管理人员提出整修塘坝计划，保证塘坝堤埂牢固，清淤挖深，力争多蓄水，保护水源。塘坝管理制度一直沿用到1983年。由于农村生产方式的转变，由集体劳动变为分散劳动，弱化对塘坝的统一管理，塘坝长期得不到及时清理，因而淤积日益严重，流水不畅，水质变差，卫生状况低下，影响人居环境。江宁县撤县设区后，江宁区开展农村建设，改善村容村貌。2005年，启动对农村塘坝的清淤疏浚工作，取得了显著成效。2006年，出台《江宁区村庄河塘管理暂行办法》，建立长效管理机制，巩固塘坝整治成果。至2007年两年间，各镇街根据各自特点，采取不同形式，结合塘坝的整治，制订不同的长效管理办法，主要是建立责任制、订立村规民约、养殖与管护结合等。

第三节　白蚁防治

白蚁危害是堤防、水库大坝的一大隐患。1981 年，横溪乡赵村水库发现大坝有白蚁，次年复查危害严重。1983 年，采取挖探测沟找蚁道蚁巢，用药熏杀，收效较大。1984 年、1985 年，对全县水库、堤防进行白蚁危害普查，共普查 44 座水库和铜井乡的新济洲江堤，其中 17 座水库和新济洲江堤均有蚁害，占普查数的 40%。县水利部门随即举办全县白蚁防治技术培训班，重点讲解引诱桩、引诱坑和“灭蚁灵”的使用知识，并采取防治措施，虽取得了一定效果，但并没有彻底消除白蚁危害。1996 年，在对全县 70 座水库和汛期堤防出现渗漏的堤段检查中发现，有蚁害的水库 22 座，占 31.40%，蚁害仍很严重。根据重点地段重点治理、以点带面的原则，共设置引诱桩、引诱坑 2149 个、37 处，其中堤防 4 处，投药 1370 包，被白蚁采食 233 包，佘村、十号库、杨库、汤泉水库灭蚁效果明显。其中仅湖熟黄泥圩段出现的裂缝，投药 220 包，钉引诱桩 120 根，带药设堆、坑 23 处。又将 80 米长的严重段毁堤重建，加拌石灰，层土层夯，做土方 1.20 万立方米，彻底杜绝白蚁再生。

江宁县在消除堤坝险工隐患的措施中，除采用药物灭杀白蚁外，还采用劈裂帷幕灌浆技术。1984 年 7 月，首先在横溪乡赵村水库大坝实施劈裂灌浆技术。对水库大坝可灌浆长度 380 米，采用三个钻孔程序，计钻孔 77 个，每孔灌浆 5.50 立方米，总计灌浆 420.80 立方米。1984—1989 年，全县共灌水库 11 座，方山健康圩堤 3 处。1990—1998 年，水库大坝灌浆 21 座次，江堤、河堤 28 段次，全长 38.60 千米，灌土方 1.22 万立方米，投资 301.51 万元。经过 1991 年和 1998 年洪水考验，凡有蚁害渗漏的堤、坝，灌浆后基本没有出现险情，抗灾能力显著提高。

江宁县撤县设区后，区政府每年仍投入人力和资金进行白蚁防治，各个镇街建立健全防治白蚁的管理责任制。汤山街道规定各库管理人员既是水库管理员，又是蚁防员，具体负责平时坝面杂草的清除，灭药灵的投放观察与记录，设置蚁防档案，做好有关资料的登记与整理。2007 年，区水利局会同各镇街水利站对全区水库和堤防进行白蚁情况普查。全区 73 座水库，有 59 座有白蚁危害或发现活动迹象，40 座水库的危害甚为明显，防治工作存在长期性。9 月，又组织各镇街水利站负责人和蚁防人员在横溪新坳水库召开白蚁防治现场会，邀请专家现场讲解白蚁迹象查找，投药方式，引诱桩、引诱坑的选用、设置，使与会人员增加防治白蚁的知识，增强防治白蚁的手段，进一步推动全区防治白蚁工作。

第四节　水资源管理

新中国成立初期，水资源供需单一，管理较为简单，随着水资源工程大量兴建及用水量不断增加，水资源管理内容越来越多。1988 年，《中华人民共和国水法》公布后，根据省、市主管部门和江宁实际情况，进行水政水资源组织网络建设，不断完善一套完整的规章制度和监督制度。依法进行水政水资源管理，重点抓取水、地下水和水质检测等工作；大力宣传水政法律法规，提高全区人民保护水资源、节约水资源的意识；严格水政执法，认真进行水费征收。促进全社会科学用水、合理用水、节约用水。江宁区水政水资源管理工作取得显著成绩，1986—1997 年，连续 12 年被江苏省水利厅、南京市水利局评为先进单位。

【水政法规宣传】

1988年《中华人民共和国水法》颁布，1991年6月，又颁布《中华人民共和国水土保持法》。江宁县大力宣传水政法律法规。“八五”时期，县、乡镇两级举办管理干部培训班，每年冬春季各举办1次，参加学习的每期30人～50人，通过学习，增强各级干部遵守水法意识，并通过他们层层进行宣传教育。“九五”时期，在纪念第四届至第八届“世界水日”（3月22日）、第九届至第十三届“中国水周”（3月22—28日）期间，开展形式多样的宣传活动。每年统一制作横幅50条、宣传画250份、永久性标语100条，在县城、集镇和村主要路口悬挂和张贴。同时，还通过报纸、广播和电视媒体进行宣传，加深干部群众对水政法律法规的认识，提高人们自觉遵守水政法律法规的意识。

2001—2007年，加大水政法规的宣传力度，把宣传工作做细做实。区水利局、区妇联、区环保局等单位联合在“世界水日”和“中国水周”期间，开展“珍惜水资源”“保护水环境，争创节水型家庭”等活动。2006年，还在大市口广场开展“节约用水，从我做起、从家庭做起”的大型宣传活动；东山街道各社区的200多名老年文艺表演队，为市民表演宣传水法的节目；近万人在“节约用水，从我做起”的条幅上签名。同时，充分利用新闻媒体，实行全方位宣传报道。2002—2003年，在《南京日报·江宁版》、江宁电视台开辟专版和专栏，全面宣传水政法规。还通过江苏电视台、南京电视台、《南京日报》和《金陵晚报》等新闻媒体，宣传江宁区禁采江砂的整治成果。此外，还主动到企事业单位进行面对面宣传。2001—2007年，区水政监察部门连年派专人到区自来水公司、各街道自来水厂、江宁天宝集团以及汤山地区驻军、江苏监狱等单位进行宣传服务。将日常工作与水政法规宣传工作有机结合起来，提高企事业单位遵守水政法律法规自觉性，促进江宁水资源可持续利用。

【取水用水管理】

按照国家颁布的水法等法规，无论是取用地表水还是地下水，用水单位必须经过水利主管部门审查批准，办理合法手续，方可取用，严禁非法取水。

取用地表水 “九五”期间，江宁县于每年年初下达用水计划，规范用水管理，实行取水许可制度。全县登记发证327份。其中，工业、生活用水193份，农业用水134份，并且每年进行年审。安装取水计量器150台，安装率达85%。但是，也发现8个单位不办理手续擅自取水用水，经县水政监察大队调查取证后，依法进行处理。2003年，区植物油厂搬迁需新建取水工程，区水政部门提前介入，超前服务，在取水工程的设计位置、水情资料上给予无偿帮助。还帮助协鑫热电公司选址论证取水口位置，并提供河道相关资料。2002年，国家修订后的水法颁布实施，国家对水资源依法实行取水许可制度和有偿使用制度，并强调水资源统一管理。针对新情况，江宁区加强四项基础性工作：对全区180户取水户和农业取水户发放“取水许可证”并进行年检年审，全面贯彻国务院《取水许可制度实施办法》；推进取水计量器的安装工作；加强镇（街道）自来水厂管理；强化地下水“一卡、一牌、一证、一个计量”的“四个一”管理工作。2007年，开设行政审批窗口，实行“一站式审批”，为用水单位提供便捷的服务平台。

取用地下水 严把审批关，杜绝黑井。“九五”期间，县水政监察部门查处非法凿井案6起。2001年，开展对地下井的注册登记工作，全区共登记注册地下井7口，对地下井实行“四个一”管理。对于汤山地热水的管理，采用“宣传、普查、执法、收费”四位一体的管理办法，逐家逐户上门宣传、服务，取得了阶段性成果。基本摸清汤山地区地下冷井18口，地下热井8口。在加强管理的同时，依法制订汤山地区地下水利用规划，为进一步合理利用汤山地区地下水资源打下良好基础。

【水费征收】

江宁区水费征收项目包括农业用水费、工业用水费、生活用水费、排放污水费和水资源费等。20世纪50年代中期起，江宁县就开始征收水费。据1963年23个公社调查统计，全县平均每亩农田灌排收费2.50元，符合镇江专区规定的降低农业成本的要求。

1985年，国务院发布《水利工程水费核定、计收和管理办法》，1988年1月，国家公布《中华人民共和国水法》，征收水费有了法律依据。1996年，江宁县出台《江宁县水费核定、计收和管理实施细则》，全县征收水费步入法制化轨道。1995—2000年，共征收水费1110.64万元。其中，水利工程费1076.64万元（含农业用水费790.54万元、工业供水费139.14万元，生活用水费89万元，排放污水费57.96万元）、水资源费34万元。

2002年，国家公布修订后的水法，进一步明确水利工程水费和水资源费的收费性质。水资源属国家所有，收取水资源费属于行政收费，非经营性的水利工程费原为行政收费，改为经营性收费。2006年，全区征收水费982.80万元。其中，征收水资源费467.30万元，水利工程费515.50万元（其中工业用水费269.20万元、农业用水费246.30万元）。2007年，改以往一年征收一次为每半年征收一次，分阶段、分区域征收，提高征收效率。全年征收水费1153万元。其中，水资源费500万元，水利工程费653万元，均超额完成市水利局下达的征收任务。

第五节　水政执法

江宁区水政监察，自1991年建立组织起，至2007年，在水政执法上，坚持依法行政、文明公正，充分履行工作职能，对各类违章行为和水事案件坚决查处，不留情面，在清障护堤、打击非法采砂等方面工作取得显著成绩，为全区经济发展和人民生命财产安全提供有效保障。

【清障拆违】

县水政部门十分重视清理河道障碍、拆毁违章建筑工作，每年都加大监察力度，清障拆违，发现一处，处理一处。1994年4月汛前监察，县水政部门会同东山镇镇政府、县公安局、新蕾公司联合行动，对秦淮河东山大桥两岸乱堆砂、乱垦植等损坏堤防现象进行大清理，不仅保证堤防安全，也解决多年难以处理的违章问题。是年，共查处这类案件25起，全部结案。自此，对水事案件的处理逐步走上法制化轨道。

图 9-8-19　江宁县水政监察人员进行水政执法（1999年摄）

1996—2000年，县水政部门查处在堤防上乱垦、乱植、擅自建房、临时占用、非法取土等河道案件122起，结案率95%以上。江宁县撤县设区后，清障拆违工作得到不断加强。2001年至2002年汛期，清障拆违工作结合纪念“世界水日”和“中国水周”活动，查处案件66起，立案7起，全部结案。共清除堤防违章种植13.33公顷，迁坟207座，拆除影响行洪渔网、渔簖20多处，铲除江砂10万多吨，确保安全度汛。2003—2004年，共查处水事案件39起，结案率100%，其中拆除违章建筑43处。较为典型的案件有：2003年，东湖丽岛在汤泉湖房地产开发案，杨某在秦淮河堤上违章建房案；2004年，上海梅山（集团）南京冷轧板有限公司擅自在云台河堤防破堤扩建泵房案，江南青年城房产公司擅自在水利工程管理范围内开发建设案等，经区水政监察大队依法调查，最后都得到圆满处理。

2005—2007年，区水政部门通过巡查和举报，查处非法占用和违章搭建类案件46起，结案率100%。2006年，区某局在东麒路、宁杭高速公路施工中，将东山街道翻身河撇洪沟、上坝河及外港河撇洪沟严重堵塞，缩窄了行洪断面，一旦洪水下泄，将迅速抬高上游水位造成洪水泛滥，威胁人民生命、财产安全。区水政部门以江宁防指〔2006〕16号文《关于确保公路建设跨越河道安全度汛的紧急通知》责成该局采取补救措施，该局于6月13日前自行拆除违章建筑，确保汛期安全度汛。2007年，秦淮河洋桥段有3家砂场因不符合相关水文设施建筑要求，影响到水文监测工作的正常开展。区水利局根据《中华人民共和国水文条例》相关规定，对这3家砂场进行立案查处，当事人最终接受行政处罚，搬离原址，保障了水文监测设施的正常运转。

【打击长江非法采砂】

2000年后，江宁区开展打击长江非法采砂工作。区水政监察大队受省总队的委托，负责省际边界长江禁砂工作。按照国务院《长江河道采砂管理条例》，坚决贯彻“陆治水打”方针。在省、市统一布置下，2001年，重点打击苏皖交界的铜井至马鞍山段长江江面非法采砂活动。是年10—12月，共扣押非法采砂王4艘、小型吸砂船9艘，摧毁吸砂机具416件，没收吸砂泵12台、发电机1台、柴油机2台、望远镜3台以及电缆、水管等，猖獗一时的非法采砂活动得到有效遏制。2002年，重点打击长江上游江心洲、七坝、烈山段等江面的偷采区。全年出动水政执法人员1579人次，船艇245航次，依法查处非法采砂船589艘，其中吸砂王17艘。摧毁采砂设施1286台（套），割断吸砂管8820米，扣押非法船只54艘。2005年，重点打击非法过境大型采砂船。是年，区监察大队共出动执法人员1528人次，船艇航行241航次，依法查处非法采砂船198艘，其中非法过境大型采砂船6艘，摧毁采砂设施11台（套），割断吸砂管305米。2007年，共出动船艇202航次，查处船只51艘。区监察大队按照“陆治水打、打防结合”的原则，对于当地船只指定在陈塘停靠点并请专人看守；对于外地船只严打高压，摧毁采砂机具，没收非法收入；对于一些黑社会性质的惯犯，联合公安、渔政部门进行打击，并采取扣押船只等做法，有效打击非法采砂户的嚣张气焰；对于江心洲、七坝等重点水域，采取大船停靠定点守候，缓解矛盾，保一片平安的做法，遏制非法采砂。

第十编

电　力

清宣统元年（1909），南京城里开始办电。清宣统二年秋，装灯用电，江宁县辖区内第一次出现电灯。民国22年（1933），将电力线路由中华门配电所架设到土山镇（今东山地区）。民国34年，江宁自治实验县政府在土山等3个乡镇建立电力灌溉实验区，线路由中华门经土山镇，再循秦淮河延伸青沙嘴（原方山乡内）。民国35年，县内秦淮河沿岸8个乡镇建立29个电灌站，灌溉面积近3333.33公顷农田，这是江宁县农业用电的开端。民国37年，由于国共内战，供电设施全毁，供电中断，全县电力设施所剩无几。

新中国成立初期，江宁县人民政府为解决用电，从南京大校场飞机场引3.30千伏电源至东山镇，安装30千伏安变压器一台，为县政府机关、社会团体和工商业照明用电服务。1955年，县人民政府通过地方集资架设13.20千伏线路，在东山镇建成江宁县第一个配电房，配电变压器容量180千伏安。1963年，江宁县供电所成立。1966—1976年，县电力建设重点是为农业排灌服务。1976年，成立江宁县供电局。是年年底，全县有高压线路901千米，通电的生产大队364个。1979年起，全县各乡村均已通电。

20世纪80年代起，全县县属工业和乡（镇）村工业蓬勃兴起，电网建设加速。江宁县电力建设以适应农业大县电力需求，稳定和加强供电网络，保证工农业生产和人民生活需要为目的。1995—1996年，江宁县自筹资金3200万元对农村400伏及以下低压电网和设备进行第一次较大规模改造，并先后通过华东电管局和江苏省、南京市有关部门验收，成为农村电气化、农村用电标准化（简称两化）和电力"三为服务"（为农业、为农民、为农村经济服务）达标县。

2000年，农村配电网和城区配电网先后进入大规模建设和改造。至2002年年底，电网建设投资高达2.70亿元，完成新建110千伏佛城变电站、扩建110千伏民营变电站输变电工程，完成35千伏及以上线路工程11项。是年，南京供电局江宁分局（2001年1月，江宁县供电局更名为南京供电局江宁分局）更名为南京供电公司江宁供电公司。2007年11月14日，南京供电公司下发《关于撤销南京市江宁供电公司建制》通知，江宁供电公司建制并入南京供电公司。是年年底，江宁区拥有35千伏及以上变电站35座，主变压器总容量203.92万千伏安；10千伏及以上输配电线路总长3783.81千米。江宁电网规模已由原先服务于以农业为基础，地方国营和集体经济为主导的工农业生产和城乡居民生活用电的农村电网，发展成为服务于以外向型经济为主导的城市区域电网。

第一章 电 网

江宁区电网主要有四种类型：10千伏及以下网络、35千伏电网、110千伏电网与220千伏电网。至2007年，全区拥有10千伏线路230条，总长3138.41千米，其中电缆690.68千米；10千伏配电变压器7871台，总容量255.22万千伏安。10千伏及以下配电网络大部分分布于乡、村和开发的热点地区。35千伏公用变电站15座，主变压器31台，总容量21.70万千伏安，35千伏公用线路32条，总长363.91千米，其中电缆长17.61千米；客户自备35千伏线路16条（含T接线路），总长78.79千米，其中电缆长17.19千米；35千伏客户自备变电站21座，主变压器38台，总0.16万千伏安；35千伏直配变压器8台，总容量0.45万千伏安。110千伏公用变电站17座（含汤山、麒麟），主变压器27台，总容量103.55万千伏安；110千伏客户自备变电站6座，主变压器10台，总容量17.70万千伏安；110千伏公用线路19条，线路总长240.06千米，其中电缆长25.38千米。此外，江宁地区还有西片以龙山变电站，中片以殷巷变电站，东片以高桥变电站为电源的220千伏供电网络。

第一节 10千伏及以下网络

1965年前，江宁县邻近南京周边的公社、大队10千伏供电线路均由南京相关的变电站提供电源。1965年始，江宁县部分地区相继建成35千伏栏江桥、铜井、侯家塘、杨村、禄口简易变电站，与其配套的10千伏线路也不断增加。至1970年，江宁县供电所管理的10千伏线路已有10条。东善、秣陵、禄口部分大队仍由凤凰山铁矿引出6.60千伏线路供电。

1971—1979年，江宁县供电局管理的10千伏线路增至19条，总长609.60千米。1979年1月，江宁县铜井公社新济大队新建10千伏过江电缆投运。至此，全县所有乡村均用上电。为适应社办工业发展，1979—1987年，由省、市、县供电企业投资806万元，地方集资374万元，对全县两线一地线路进行两线改三线，对6.60千伏线路进行升压改造。1995—2000年，江宁县供电局借助创农村电气化县、用电标准化县和农村电网建设与改造机遇，按照小容量、密布点、短半径建设10千伏配电网络原则，投资近2亿元，对农村10千伏配电网络进行建设、改造。2001年，农网建设改造二期工程和城网建设与改造工程启动，历时两年又投入1亿多元资金，对江宁境内的农、林、场、圃、县城及集镇10千伏网络进行建设、改造。至2002年，全区在农网、城网建设与改造中，共新建、改造、迁移10千伏线路938.17千米；新建、更换、迁移10千伏配电变压器1495台；新装柱上断路器51台，完成农户受电装置改造并更换电能表164018只。

至2007年，全区已拥有10千伏线路230条，总长3138.41千米。10千伏及以下配电网络大部分分布于乡、村和开发的热点地区，为全区经济建设社会事业的发展，城、乡居民生活用电发挥重要作用。

1963—2007 年江宁区 10 千伏及以下网络设备情况表

表 10-1-1

年　份	线路数（条）	10 千伏线路长度（千米）		10 千伏配电变压器	
		架空线	电　缆	数量（台）	容　量（千伏安）
1963	—	24.00	—	11	1320
1965	—	74.20	—	35	5170
1970	10	203.90	—	138	17340
1975	—	711.70	—	597	73720
1980	—	970.90	1.40	1027	137673
1985	—	1129.90	1.40	1335	185698
1990	58	1133.80	1.40	1367	202218
1995	92	1232.00	14.62	1823	337260
1996	94	1254.00	18.47	1898	364615
1997	97	1277.00	24.71	1920	371910
1998	102	1338.00	29.60	2031	389130
1999	107	1397.00	35.09	2269	447050
2000	112	1697.20	41.27	3072	555435
2001	116	1702.28	65.99	3220	644610
2002	142	1838.19	94.11	3564	796000
2003	126	1745.85	159.70	3940	945920
2004	145	1813.58	291.02	4526	1245215
2005	161	1952.88	480.48	5732	1738560
2006	179	2091.02	566.02	6336	1990355
2007	230	2447.73	690.68	7871	2552150

说明：2007 年，10 千伏线路、配电变压器含麒麟和汤山两地设备，其他年份统计数据均为江宁县供电局（公司）直接供电设备，不含麒麟、汤山两地设备

第二节　35千伏电网

江宁县第一条 35 千伏江宁线始建于 1958 年，1959 年 5 月投运，线路全长 37.50 千米。第一座 35 千伏铜井简易变电站建于 1965 年，同年 8 月投运。随着农田排灌和社办工业发展用电需要增加，各公社办电积极性高涨。1965—1983 年，采取国家补助、供电企业和地方投资相结合，先后新建和异地建设 14 座 35 千伏变电站及其相配套的 35 千伏进线。至 1983 年年底，江宁县已有 35 千伏公用变电站 13 座，主变压器 23 台，总容量 9.86 万千伏安。随着改革开放不断深入，江宁县经济建设和社会事业快速发展，给江宁电力事业的快速发展注入新的活力。1987—1998 年，为改善部分乡（镇）用电状况，又先后新建 35 千伏铜山、陶吴、上峰、龙都、丹阳、周岗、殷巷 7 座变电站，新建和改造 35 千伏公用线路 16 条。至 1999 年，江宁县实现一乡（镇）一变电站目标。2000—2007 年，为提高 35 千伏变电站设备健康水平、互供能力、电能质量、供电可靠性等，先后对全区 35 千伏公用变电站进行设备更新、扩容、线路改造、更换小截面导线。至 2007 年年底，全区 35 千伏公用变电站 15 座，主变压器 31 台，总容量 21.70 万千伏安，35 千伏公用线路 32 条，总长 363.91 千米。

【江宁线】

江宁线是江宁县第一条35千伏线路，1959年5月投运。该线路从南京城南变电站出线，途经铁心桥、岔路、殷巷、方山杨村至龙都焦公渡为主干线，并在杨村处接一条支线，经秣陵至禄口，支线名称为江宁线禄口支线，线路总长37.50千米。线路沿途装接江宁县第一批35千伏直配排灌变压器6台。由于农田排灌需要，1960年起，该线路不断延伸，沿途支线和装接变压器不断增多。江宁线主干线经龙都、湖熟延伸至土桥吴德庵站。从岔路起沿途支接新装35千伏直配变压器21台。禄口支线延伸至铜山张塘角和溧水柘塘公社，支线沿途新装35千伏直配变压器7台。1963年，句容县郭庄庙降压站建成投运，其35千伏电源支接于江宁线238杆。是年年底，江宁线线路总长96千米（不含句容郭庄支线），直配变压器34台，总容量0.88万千伏安。1964年起，江宁线主干线延伸至土桥集镇，并新建土桥集镇变压器1台。是年，35千伏凤凰山变电站至秣陵2回线建成，线路名称为凤秣2回线，为分流江宁线输电容量，并将江宁线秣陵至禄口、铜山段线路接入凤秣2回线，该线路1966年延伸至铜山红卫电站。

图10-1-1　2004年，江宁电力公司人员巡视35千伏线路

1965年，35千伏杨村开关站建成投运，江宁线一线分三线运行，城南变电站至杨村开关站线路名称仍为江宁线，为杨村开关站35千伏电源线，杨村至土桥集镇线路更名为35千伏湖熟支线，杨村至秣陵线路更名为杨秣线。是年，湖熟线团子涵支线延伸至句容县赤山顶，为南京714厂新装35千伏直配变压器1台。1968年，杨村开关站改造为35千伏变电站。1972年，35千伏湖熟支线从西城支线延伸至土桥柏墅大队上塘抗旱站，新装35千伏直配变压器1台。1975年7月1日，35千伏东山变电站投运。是年，35千伏索墅变电站投运。1981年，35千伏杨村变电站退役，35千伏秣陵变电站建成投运，其间再次将35千伏江宁线与35千伏湖熟线相连，线路仍为江宁线，原湖熟线改为湖熟支线，杨秣线改由秣陵变电站供电。

因江宁线线路长，负荷重，电能质量差，供电可靠性低，1981年和1983年，35千伏湖熟、土桥变电站分别建成投运，先后将装接在35千伏江宁线湖熟支线上的土桥境内和湖熟境内的35千伏直配变压器改压为10千伏供电。1982年，35千伏东山变电站升压为110千伏变电站。1986年，将原江宁线供电的用电负荷改由东山变电站直接供电至湖熟变电站，线路更名为35千伏东湖线。至此，东湖线几经改造，线路全长39.89千米。1987年，110千伏天井山变电站投运后，1993年5月，东湖线由东山变电站供电改由天井山变电站供电，从天井山变电站新建35千伏线路至方山，并与东湖线相连，同时将江宁线37号至125号杆线也并入天湖线（含杨秣线），至此天湖线由110千伏天井山变电站出线，至湖熟、秣陵和殷巷矿山机械厂变电站。35千伏江宁线名称自然消失。

【铜井变电站】

江宁县第一座35千伏简易变电站是铜井变电站，1965年8月投运。电源线由原35千伏铜（矿）马（鞍山）线支接，支线长4.80千米，变电站主变压器1台，容量0.08万千伏安，电压变比35/3.3千伏。该站坐落于铜井公社铜井大队境内，占地面积666平方米，由铜井公社自筹资金，自建自管。1966 年 4 月，变电站移交江宁县供电所运行、维护、管理。1969 年 6 月至 1977 年，铜井变电站先后新增 35 千伏主变压器 3 台，总容量 0.46 万千伏安，电压变比均为 35/10.5 千伏。1980 年，经南京供电局同意，迁移改造 35 千伏铜井变电站，新变电站坐落铜井镇以南 0.50 千米的宁芜铁路北侧，占地面积 2757 平方米。变电站由江宁县供电局设计、施工，198[illegible] 年 5 月 30 日投运。新变电站投运后，原铜井和铜矿变电站退役。1991 年 12 月，为提高铜井变电站供电可靠性，变电站由 35 千伏陆郎变电站出线，新建 35 千伏陆铜线 1 回，至铜井变电站，为铜井变电站第二电源线。1993 年和 2000 年，铜井变电站设备几经更新改造；至 2007 年年底，35 千伏进出线有江铜线、铸钢线、陆铜线，35 千伏户外六氟化硫断路器 5 台；主变压器 [illegible] 台，容量均为 0.63 万千伏安。

第三节 110千伏电网

江宁县首条 110 千伏大（定坊）东（山）线和首座 110 千伏东山变电站投运于 1982 年。110 千伏线路长 16.19 千米，110 千伏主变压器 1 台，容量 3.15 万千伏安。其电网结构单一，供电能力弱。1987 年起，江宁县供电局先后新建升压改造和异地升压改造 110 千伏公用变电站 16 座（含汤山、麒麟），新建和改造 110 千伏线路 19 条。至 2007 年年底，江宁区 110 千伏公用变电站 17 座（含汤山、麒麟），主变压器 27 台，总容量 103.55 万千伏安；110 千伏公用线路 19 条，线路总长 240.06 千米。

【线路】

大殷线　殷天线　两条线路均由原 110 千伏龙大线龙天支线调整得名，龙天支线 1988 年 7 月 17 日开工建设，同年 12 月 25 日投运，与 110 千伏天井山变电站相连，线路全长 19.4[illegible] 千米，由南京供电局与江宁县供电局联合设计，江宁县供电局施工，总投资 182 万元。1996 年 9 月 19 日，220 千伏殷巷变电站投运后，将龙天支线 47 号杆线路开断环入至殷巷变电站，环入后一线分二线运行，原龙天支线名称废除，其 47 号杆小号侧线路更名为 110 千伏龙大线龙殷支线，线路全长 10.90 千米。2000 年，该线路更名为 110 千伏大殷线，由 220 千伏大定坊变电站出线至殷巷变电站。至 2006 年年底，大殷线架空线全长 12.95 千米，电缆线总长 1.54 千米。原龙大线龙天支线 47 号大号侧线路与 110 千伏天井山变电站相连，由殷巷变电站供电至天井山变电站，并更名为 110 千伏殷天线，线路全长 8.91 千米。2004 年始，殷天线几经改造，至 2007 年年底，110 千伏殷天线架空线全长 12.65 千米，电缆长 0.45 千米。

大佛线　该线路为 110 千伏佛城变电站配套工程，由原 110 千伏大新线调整得名，2002 年 3 月 31 日投运。线路由 220 千伏大定坊变电站出线，1 号至 28 号杆线利用原大新线，并从 28 号塔延伸 17 基钢管塔至 45 号塔，再用电缆敷设至佛城变电站。该线路架空线长 7.52 千米，电缆长 0.86 千米。2003—2007 年，大佛线几经更新、改道，至 2007 年年底，大佛线架空线全长 5.11 千米，电缆长 3.78 千米。

殷佛线　该线路为佛城变电站配套工程，由殷巷变电站出线与殷新线同塔双回布置至 23 号塔，再敷设电缆延伸至佛城、新区和南汽跃进变电站，该线路架空线路长 5.85 千米，电缆线长 5.47 千米，2002 年 3 月 31 日投运。至 2007 年，殷佛线架空线路全长 7.12 千米，电缆长 8.17 千米。

殷新线　该线路 1997 年 1 月 20 日投运，由殷巷变电站出线，新建线路 4.58 千米，与 110 千伏原大新线 44 号杆大号侧线路同塔双回布置的东侧预留线路相连至 110 千伏新区变电站，线路全长 7.99 千米。该线路于 2000 年、2001 年、2007 年进行调整；至 2007 年，调整后的殷新线架空线全长 9.37 千米，电缆长 3.95 千米。

殷民线　该线投运于1999 年3月29日,线路由220 千伏殷巷变电站出线至110 千伏民营变电站,为民营变电站主供电源线。线路全长 6.83 千米。2002 年 9 月后,因地方建设需要,该线路多次进行改道。至 2006 年年底,该线全长 7.60 千米。220 千伏高桥变电站投运后,为提高民营变电站供电可靠性,从高桥变电站出线,新建 110 千伏架空线 5.11 千米,再敷设电缆线 4.25 千米,调整后的线路于 2007 年 1 月 6 日投运。至 2007 年年底,该线路全长 16.96 千米,电缆长 4.25 千米。

高化线　该线由原 110 千伏淳化线调整得名，淳化线 1996 年 9 月 14 日投运，线路由 110 千伏天井山变电站供电至 110 千伏淳化变电站，线路全长 7.52 千米。2004 年，因江宁科学园建设需要，淳化线 1 号至 6 号线路实施改道。220 千伏高桥变电站投运后，将由天井山变电站供电的淳化线改由高桥变电站供电，即由高桥变电站出线，新建 110 千伏同塔双回路布置线路 7.77 千米，一回与淳化线 27 号杆相连至淳化变电站，另一回与 110 千伏高殷线相连，原淳化线 1 号至 26 号杆线退役，调整后的淳化线更名为 110 千伏高化线。至此，高化线全长 10.92 千米，调整后的高化线 2006 年 2 月 22 日投运。

高殷线　该线由原 110 千伏殷淳线调整得名。殷淳线 1998 年 11 月 26 日建成投运，该线路由 220 千伏殷巷变电站出线至 110 千伏淳化变电站，线路全长 18.79 千米。220 千伏高桥变电站投运后，为提高殷淳线安全运行水平，经南京供电公司同意，即从高桥变电站新建 110 千伏双回路线路 5.09 千米，一回与殷淳线凌野（客户）支线相连，至凌野、淳化、湖熟、殷巷变电站，另一回与 110 千伏高化线相连，调整后线路名称更名为 110 千伏高殷线，2007 年 2 月 14 日投运。至 2007 年年底，高殷线全长 35.99 千米，该线为凌野（客户）、淳化、湖熟、洋桥变电站的电源线。

大路线　该线路由大定坊变电站出线至岔路变电站，线路全长 11.67 千米，线路杆线 1 号至 10 号利用南京供电局管辖的原 110 千伏大雨线，32 号塔 T 接至跃进变电站，支线长 0.03 千米，33 号至 46 号与殷新线岔路支线同塔双回布置。该线路为岔路变电站和跃进变电站主供电源线，2001 年 4 月 21 日投运。2003 年 6 月后，该线路经过 2 次调整，至 2006 年 5 月，大路线架空线全长 9.27 千米，电缆长 1.35 千米。

高方线　该线为 110 千伏方山变电站配套工程，线路由 220 千伏高桥变电站出线与方山变电站相连。线路由架空线和电缆线组成，架空线全长 8.51 千米，电缆长 0.85 千米。该线 2004 年 12 月 27 日投运。2006 年 8 月 22 日，110 千伏学景变电站投运，该变电站电源线 T 接于 110 千伏高方线 22 号塔，线路名称为高方线学景变支线，支线长 1.86 千米，至此，高方线全长 10.37 千米，其中电缆长 0.85 千米。

高山线　该线路由原 110 千伏天东线调整得名。天东线又是原 110 千伏大东线天井山支线调整得名。天井山支线 1987 年 12 月 25 日投运，原 T 接于 110 千伏大东线，为 110 千伏天井山变电站电源线。1995 年 9 月 1 日，该线路由 T 接改为开断环入至 110 千伏东山变电站，环入后天井山支线更名为 110 千伏天东线，线路全长 2.63 千米。2005 年 2 月，220 千伏高桥变电站投运，为提高东山变电站供电可靠性，即从高桥变电站出线，新建 110 千伏同塔双回布置线路至 18 号塔，再建单回路线路与天东线相连至东山变电站，线路名称由天东线更名为 110 千伏高山线（另一回与 110 千伏殷民线相连至 110 千伏民营变电站和 220 千伏殷巷变电站）。至此，高山线全长 7.77 千米，调整后的线路于 2006 年 2 月 25 日投运。

高天线 为提高110千伏天井山变电站供电可靠性，经南京供电公司同意，从220千伏高桥变电站出线，新建110千伏线路6.44千米与天井山变电站相连，作为天井山变电站第二电源线，全线铁塔、钢管塔31基。2006年4月24日，110千伏高天线建成投运，原110千伏天东线退役。

龙滨线 该线路属110千伏滨江变电站配套工程。线路由220千伏龙山变电站出线与滨江变电站相连，为滨江变电站唯一电源线。线路全长18.10千米。该线路2004年12月开工建设，2005年9月29日投运。

【变电站】

东山变电站 110千伏东山变电站坐落原东山镇小里村农场内（后东新南路供电所内），占地面积7852平方米，原为35千伏电压等级变电站，投运于1975年7月1日。变电站35千伏主供电源由南京110千伏城南变电站出线，利用10千伏化工线升压改造为35千伏线路至东山变电站，变电站备用电源T接35千伏江宁线。1980—1988年，东山变电站先后新增35千伏主变压器1台、35千伏东淳线，并启动升压改造工程，与此同时，还将东山变电站供电的35千伏东淳线、化工线，10千伏上坊线、杨东线、方山线部分用电负荷移至天井山变电站供电。1994年后，东山变电站因地方建设需要，几经调整。至2003年年底，220千伏高桥变电站投运后，对东山变电站备用电源进行调整，即从高桥变电站出线，新建110千伏线路5.84千米，与原110千伏天东线相连至110千伏东山变电站（退役天东线与天井山变电站相连线路）线路名称为110千伏高山线，为东山变电站第二电源线。至2007年年底，110千伏东山变电站110千伏进线2回，分别为殷山线、高山线；110千伏主变压器2台，容量均为3.15万千伏安；10千伏出线14回，供电范围为东山镇中部、东部地区。

天井山变电站 110千伏天井山变电站坐落于原方山乡共和行政村和上坊乡陵里行政村交界处，占地面积10952平方米。变电站于1987年3月1日开工，同年12月30日投运，总投资325.40万元。1988—1989年，天井山变电站接上110千伏东山变电站供电的35千伏东淳线、化工线，并新增35千伏出线4回。1992—1999年，天井山变电站几经调整、改造。2001—2003年，天井山变电站更换35千伏户外多油断路器为户外六氟化硫断路器10台，110千伏原户外少油断路器为户外六氟化硫断路器5台。为适应江宁科学园发展用电需要，2005年9月6日，天井山变电站扩容改造工程开工，2005年11月3日，扩建改造工程竣工投运，并实现无人值班。2006年，天井山变电站电源线有2回，一回源自220千伏殷巷变电站，另一回源自220千伏高桥变电站。至2007年年底，天井山变电站110千伏进线2回，分别为殷天线、高天线，主变压器2台，容量均为5万千伏安；35千伏出线8回，分别为天九线、化工线、天水线、天淳线、天湖线（热备用）、天其线、金鹏线、三钢线，户外六氟化硫断路器12台；10千伏出线26回，已有向外供电线路24回，分别为佳苑1号线、佳苑2号线、佳苑3号线、佳苑4号线、佳苑5号线、佳苑6号线、上坊线、泥塘线、吉第1号线、吉第2号线、山西线、利民线、玉带1号线、莱茵1号线、莱茵2号线、横岭线、天印线、方山线、洋桥线、民营线、岗山线、桥头线、高桥线、中下线。

陆郎变电站 110千伏陆郎变电站坐落于原陆郎乡陆郎行政村境内，占地面积4259.80平方米，原为35千伏变电站。为适应江宁县西部乡镇用电需要，陆郎变电站列为南京供电局1989年技改升压工程项目，该项目于1992年5月30日投运。变电站110千伏电气主结线为线路变压器组，进线1回，主变压器1台，容量3.15万千伏安，电压变比110/38.5/10.5千伏，工程总投资145万元。1994年5月10日，变电站新增35千伏陆江线至35千伏江宁变电站。1997年，原35千伏主变压器容量0.32万千伏安更换为0.56万千伏安。2000年4月6日，陆郎变电站改造工程开工，当月21日投运，总投资163.13万元。是年6月，变电站新增35千伏陆谷线至35千伏谷里变电站。2001—2002年，先后更换35千伏户外多油断路器为六氟化硫断路器6台。2002年11月，变电站完成综合自动化改造，并于当年12月实现无人值班。为提高陆郎变电站设备运行水平，再次对该变电站部分设备进行更新改造。更新改造工程于2006年9月28日开工，同年10月25日竣工投运。至2007年年底，陆郎变电站110千伏进线1回，为龙郎线，户外六氟化硫断路器1台；110千伏主变压器1台，容量3.15万千伏安；35千伏主变压器1台，容量0.63万千伏安；35千伏进出线4回，分别为龙陆线、陆铜线、陆江线、陆谷线，户外六氟化硫断路器6台；10千伏出线8回，已有4回，分别为朱门线、南山线、花塘线、陆郎线，出线向外供电。

新区变电站 110千伏新区变电站坐落江宁经济技术开发区胜太路和胜利路之间，占地面积3330平方米。一期工程建设于1993年1月28日开工，同年10月16日投运，总投资1199万元。建成110千伏进线1回，T接于110千伏大东线；110千伏电气主结线为线路变压器组，主变压器1台，容量3.15万千伏安，电压变比110/10.5千伏。同时建设35千伏主进线1回。1996年，变电站二期扩容工程被列入江苏省电力工业局技改项目，其内容包括拆除原35千伏进线和主变压器1台，新增110千伏主变压器1台，容量3.15万千伏安，电压变比110/10.5千伏。工程于1997年1月20日建成投运，总投资312万元。2001年4月，变电站完成远动设备的升级改造，于是年6月1日实现无人值班。2002年3月31日，变电站原备用电源由原110千伏大新线改为新建的110千伏殷佛线供电。2007年5—6月，新区变电站进行更新改造。至是年年底，新区变电站110千伏进线2回，分别为殷新线、殷佛线，主变压器2台，容量分别为3.15万千伏安和5万千伏安；10千伏向外供电线路21回，分别为胜太1号线、胜利1号线、高尔夫线、董村1号线、西花园线、秦淮1号线、苏源1号线、东陶线、南航线、水厂线、湖滨线、太平线、胜太2号线、苏源2号线、前进线、高尔夫2号线、胜利2号线、董村2号线、红光线、跃进线、秦淮2号线。供电范围主要是江宁经济技术开发区。

图10-1-2 1993年10月16日，江宁县举行110千伏新区变电站启动投运典礼

岔路变电站 110千伏岔路变电站为江苏省1998年农网建设改造项目。变电站坐落原东山镇翻身行政村境内，占地面积3917平方米。变电站一期工程建设规模：110千伏殷新线岔路支线进线1回，主变压器1台，容量3.15万千伏安，电压变比110/38.5/10.5千伏，35千伏出线3回，10千伏出线8回。项目于2006年6月30日投运，总投资2087.91万元。2001年4月21日，变电站新增110千伏大路线进线1回，是年6月1日，变电站实现无人值班。

为适应岔路地区发展用电需要，2006年4月30日，110千伏岔路变电站扩建，扩建后于2006年6月20日投运。至2007年年底，该变电站110千伏进线2回，分别为殷新线岔路支线、大路线，六氟化硫断路器5台；110千伏主变压器2台，容量均为3.15万千伏安；35千伏出线3回，投运1回；10千伏电容器2组，总容量10800千伏；10千伏出线16回，中置式真空断路器柜23台，已有15回线路对外供电，分别为河定桥线、中前线、北沿线、岔路线、邵圣线、明月线、南方线、天地2号线、武夷线、名嘉线、南淅线、中淅线、碧水线、天地1号线、新城线。

佛城变电站 110千伏佛城变电站坐落于江宁经济技术开发区佛城西路旁，为江宁开发区范围内的第二座110千伏变电站，占地面积5919平方米。变电站建设规模：110千伏出线远景4回，本期2回（大佛线、殷佛线），110千伏六氟化硫断路器3台；主变压器远景2台，本期1台，10千伏出线远景24回，10千伏电容器1组，容量5010千伏。2002年3月31日，变电站投运，并实现无人值班。是年年底，变电站已有10千伏对外供电线路7回，分别为佛其线、佛太线、苏源3号线、苏源4号线、佛前线、文枢线、爱涛线。为适应新进开发区企业、高校用电需要，2004年3月11日，佛城变电站扩建工程开工。2004年5月22日，扩建设备投运。至2007年年底，变电站共有10千伏对外供电线路21回，分别为高湖线、佛太线、苏源3号线、机电线、凤凰1号线、将军2号线、佛前线、文枢线、佛其线、榄翠1号线、长山线、河海线、骏园线、翠屏湾线、凤凰2号线、榄翠2号线、爱涛线、将军1号线、盛唐线、佛水线、苏源4号线。

方山变电站 方山变电站坐落江宁科学园大学城百米大道与学八路交界处，占地面积2400平方米。变电站规模：110千伏进线远景2回，本期1回，110千伏主变压器远景2台，本期1台，容量5万千伏安，电压变比110/10.5千伏，10千伏远景出线24回，本期12回。变电站于2002年11月29日开工，2004年12月8日投运，总投资4600万元。为提高该变电站供电可靠性，2006年4月7日，经南京供电公司批准，从220千伏高桥变电站出线，新建110千伏高方线1回，由高桥变电站送电到方山变电站，作为方山变电站的主供电源。至2007年8月底，该变电站110千伏进线有殷天线方山变支线、高方线；10千伏向外供电线路有海医1号线、海医2号线、横岭线、交院线、商院线、金菱线、晓科线、药科1号线、药科2号线、健康线共10回。

图10-1-3 2004年，区长单景南（右一）、南京供电公司经理阚炳良为110千伏方山变电站投运揭彩

湖熟变电站 湖熟变电站位于湖熟镇和进行政村境内，占地面积10090平方米。变电站规模：110千伏出线远景4回，本期1回，110千伏主变压器远景2台，本期1台，容量3.15万千伏安，电压变比110/38.5/10.5千伏；35千伏出线远景6回，本期4回，10千伏出线远景12回，本期8回。该变电站于2003年10月10日开工，2005年6月26日投运并实行无人值班，概算总投资2276万元。变电站投运后，原35千伏湖熟变电站对外供电线路逐步移至该变电站，至2007年8月底，湖熟变电站向外供电线路35千伏有湖土线、龙周线、淳湖线。10千伏向外供电线路有太圩线、梅林线、新涵线、耀华线、金城线。供电范围：湖熟街道、土桥、龙都、周岗变电站。

吉龙变电站 110千伏吉龙变电站坐落江宁经济技术开发区东南大学九龙湖校区内，占地面积2400平方米。变电站规模：110千伏进出线远景4回，本期2回，分别T接于110千伏殷佛线、大殷线，110千伏主变压器远景3台，本期1台，容量5万千伏安，电压变比110/10.5千伏，10千伏电缆出线远景36回，本期12回。变电站于2006年1月17日开工，2006年8月12日投运，概算总投资4483万元。变电站投运后，至2007年年底，10千伏对外供电的线路有东南1号线、东南2号线、东南3号线、东南4号线、吉渡线、吉九线、金博线、同仁1号线、源瑞1号线、源瑞 2 号线、吉殷线、九龙 1 号线共 12 回。

学景变电站 110 千伏学景变电站坐落江宁科学园龙眠大道与月华路交界处，占地面积 7000 平方米。变电站规模：110 千伏出线远景 4 回，本期 1 回，T 接于 110 千伏高方线，110 千伏主变压器远景 3 台，本期 1 台，容量 5 万千伏安，电压变比 110/10.5 千伏，10 千伏电缆出线远景 36 回，本期出线 12 回。该变电站于 2005 年 10 月 16 日开工，2006 年 8 月 22 日投运，总投资 3680 万元。变电站供电范围：江宁科学园大学城及科学园东部地区。至 2007 年年底，变电站 10 千伏对外供电线路有景足线、乾德线、医科 1 号线、龙眠 2 号线、熙园线共 5 回。

洋桥变电站 110 千伏洋桥变电站坐落江宁科学园竹山路南延路杨村段，占地面积 7000 平方米。变电站规模：110 千伏电缆进出线远景 4 回，本期 1 回，T 接于 110 千伏高殷线（原殷淳线），110 千伏主变压器远景 3 台，本期 1 台，容量 5 万千伏安，电压变比 110/10.5 千伏，10 千伏电缆出线远景 36 回，本期 12 回。该变电站于 2005 年 11 月 14 日开工，2007 年 5 月 31 日投运并实现无人值班，概算总投资 4050 万元。变电站投运后，至 2007 年年底，10 千伏线路向外供电，线路有明月 1 号线、明月 2 号线。

滨江变电站 为满足江宁滨江开发区发展需要，经江苏省电力公司和南京供电公司批准，110 千伏滨江变电站于 2005 年 1 月 8 日开工建设。变电站坐落江宁滨江开发区顺力路和天成路交界处，占地 7000 平方米。变电站规模：10 千伏进出线远景 4 回，本期 1 回，由 220 千伏龙山变电站接入；10 千伏主变压器远景 3 台，本期 1 台，容量 5 万千伏安，电压变比 110/10.5 千伏；10 千伏出线远景 36 回，本期 12 回。该变电站于 2005 年 9 月 29 日投运并实现无人值班，概算总投资 4998 万元。变电站投运后，至 2007 年年底，滨江变电站 10 千伏对外供电线路有天成 1 号线、天成 2 号线、地秀 1 号线、地秀 2 号线、滨花线、官山线、景明 1 号线、景明 2 号线、三江线共 9 回。

1982—2007 年江宁区 110 千伏电网设备情况表

表 10-1-2

年份	线路条数 / 长度（千米）	变电站（座）	主变压器（台）	主变压器总容量（千伏安）	年份	线路条数 / 长度（千米）	变电站（座）	主变压器（台）	主变压器总容量（千伏安）
1982	1/16.19	1	1	31500	1995	4/54.53	5	6	173500
1983	1/16.19	1	1	31500	1996	7/86.00	7	9	268000
1984	1/16.19	1	2	63000	1997	10/96.00	7	11	331000
1985	1/16.19	1	2	63000	1998	11/114.84	8	13	394000
1986	1/16.19	2	2	63000	1999	12/121.67	9	14	425500
1987	1/18.45	3	3	94500	2000	12/126.64	10	15	457000
1988	2/37.90	3	3	94500	2001	13/132.31	10	15	457000
1989	2/37.90	3	3	94500	2002	14/133.52	11	17	538500
1990	2/37.90	3	3	94500	2003	14/135.58	11	17	554000
1991	2/37.90	3	3	94500	2004	15/144.00	12	21	717000
1992	3/50.45	4	4	126000	2005	15/165.00	14	23	835500
1993	3/53.86	5	6	173500	2006	19/200.80	17	26	967000
1994	3/53.86	5	5	173500	2007	19/214.67	17	27	1035500

说明：2007 年，另敷设 110 千伏电缆线路的有大殷线 1.54 千米、大佛线 3.78 千米、大路线 1.35 千米，殷马线 0.52 千米、殷长线 0.53 千米、殷天线 0.45 千米、殷民线 4.25 千米、殷新线 3.95 千米、殷佛线 8.17 千米、高方线 0.85 千米，计 25.39 千米（上述统计含 110 千伏汤山变电站和麒麟变电站主变压器）。以上电缆线路均由南京供电公司运行、维护、管理

第四节 220千伏电网

江宁县境内220千伏电网初建于1972年，原属南京供电局管辖，为方便管理，南京首条220千伏谏（壁）龙（山）线（后改为龙华线）和龙（山）采（安徽采石）线及首座220千伏龙山变电站先后于1992年和1994年由南京供电局移交江宁县供电局。随着江宁县的大开发、大开放，用电负荷快速增长，由江苏省电力工业局、南京供电局、江宁县供电局投资建设的220千伏殷巷变电站于1996年投运。由江苏省电力公司、南京供电公司投资的220千伏高桥变电站2005年建成投运。至此，江宁地区形成西片以龙山变电站，中片以殷巷变电站，东片以高桥变电站为电源的220千伏供电网络。

【线路】

龙华线 220千伏龙华线（1995年10月14日前为220千伏谏龙线）江宁境内原属南京供电局管辖，1992年8月8日，移交江宁县供电局运行、维护、管理，移交线路长34.35千米。1995年10月14日，因句容县220千伏华阳变电站建设需要，原谏龙线开断环入至华阳变电站，环入后华阳变电站至220千伏龙山变电站线路更名为龙华线，途径江宁、句容。2002年，该线路江宁境内2号至32号、61号至64号杆线进行改造，新立铁塔27基，同时更换架空地线10.87千米。至2007年年底，龙华线江宁供电公司运行、维护、管理的线路全长34.66千米。

东殷1号线 220千伏东殷1号线为220千伏殷巷输变电工程配套项目。线路由220千伏东善桥开关站（1998年6月升压为500千伏变电所）出线至新建的220千伏殷巷变电站，线路全长3.35千米。该线路于1996年9月19日投运，为殷巷变电站首条电源线。为减少该线路通道占用土地资源，由江宁经济技术开发区投资，2006年2—3月，东殷1号线全线进行改造，将原单回布置的东殷1号线与原单回布置的东殷2号线合并为同塔双回布置。合并后该线路全长3.38千米。

东殷2号线 220千伏东殷2号线为殷巷变电站二期扩容工程配套项目。线路由500千伏东善桥变电所（220千伏东善桥开头站）出线至殷巷变电站，线路全长3.43千米。该线路于2000年12月20日投运。为减少该线路通道占用土地资源，由江宁经济技术开发区投资，2006年2—3月，东殷2号线进行改造，将原单回布置的东殷2号线与原单回布置的东殷1号线合并为同塔双回布置。合并后该线路全长3.38千米。

龙采线 220千伏龙采线东起南京龙山变电站，西至安徽220千伏采石变电站，途径江苏江宁和安徽马鞍山、当涂等县、市。该线路原为苏南、皖南的主要输电通道，线路全长31.73千米。江苏境内原属南京供电局管辖，1992年8月8日，移交江宁县供电局运行、维护、管理。移交线路长12.32千米。2000年1月1日，龙采线退役。

【变电站】

龙山变电站 220千伏龙山变电站坐落原陶吴镇龙山行政村境内，占地面积3.66万平方米，原属南京供电局管辖，1994年3月1日，移交江宁县供电局运行、维护、管理。移交时主变压器2台，容量均为9万千伏安，220千伏进出线4回，分别为谏龙线、龙采线、龙东线、龙秣线；110千伏出线5回，分别为龙九1号线、龙九2号线、龙洪线、龙郎线、龙大线，35千伏出线

4 回，分别为龙凤线、龙云线、龙吉线、龙陆线。1996 年 4 月 30 日至 2007 年 5 月，龙山变电站几经改造、设备更新，至 2007 年年底，220 千伏进出线 3 回，分别为龙华线、龙东线、龙廻线，220 千伏六氟化硫断路器 7 台；110 千伏出线 5 回，分别为龙九线、板龙线、龙滨线、龙郎线、禄口线，110 千伏六氟化硫断路器 9 台；35 千伏出线 4 回，分别为龙凤线、龙云线、龙陶线、龙陆线，35 千伏六氟化硫断路器 7 台；原电磁性保护装置，已全部更新为微机保护装置，变电站经过综合自动化改造，已具备“四遥”功能（遥信、遥测、遥调、遥控），并已实现无人值班变电站。该变电站已于 2003 年 5 月回归南京供电公司运行、维护、管理，此前由江宁县供电局管理。

殷巷变电站 220 千伏殷巷变电站，坐落原殷巷乡渡桥行政村境内，占地面积 19980 平方米，1993 年 12 月开工建设，1996 年 9 月 19 日投运。一期建设规模：主变压器 1 台，容量 12 万千伏安，电压变比 220/121/38.5 千伏，220 千伏进线 1 回，110 千伏出线 6 回，35 千伏出线 3 回。殷巷输变电工程总投资 5600 万元。1998—1999 年，变电站新增出线 3 回，分别为 35 千伏所变线、殷镇线及 110 千伏殷民线。经江苏省电力工业局批准，殷巷变电站二期扩容工程被列为省电力局 1999 年第一批电力大中型基本建设及“以大代小”项目，该工程于 2000 年 12 月 20 日投运，总投资 3100 万元。2002—2007 年，殷巷变电站出线经过数次增加，设备经过数次更新改造，至 2007 年，殷巷变电站 220 千伏进出线 3 回，分别为东殷 1 号线、东殷 2 号线、殷溧线。110 千伏进出线有协鑫 1 号线、协鑫 2 号线、殷长线、殷民线、殷佛线、高殷线等 12 回；35 千伏出线 7 回，分别为殷龙线、殷秣线、晨光线、东善线、所变线、英华达线、殷镇线，变电站经过改造，已具备“四遥”功能，并实现无人值班变电站。该变电站于 2003 年 5 月前，由江宁县供电局管理，此后由南京供电公司运行、维护、管理。

图 10-1-4 殷巷变电站（2001 年摄）

高桥变电站 由江苏省电力公司全额投资的 220 千伏高桥变电站于 2004 年 3 月 17 日开工建设。变电站坐落原上坊街道大里社区境内，占地面积 22797 平方米。变电站建设规模：220 千伏进出线 4 回，分别为高东 1 号线、高东 2 号线、高钟 1 号线、高钟 2 号线；220 千伏主变压器 2 台，容量均为 18 万千伏安，电压变比 220/1121/10.5 千伏，110 千伏出线 11 回。变电站于 2005 年 2 月 3 日投运。至 2007 年年底，该变电站 110 千伏向外供电线路有高山线、高天线、殷民线、高方线、高殷线、高化线，分别向 110 千伏东山、天井山、民营、方山、淳化等变电站供电。10 千伏向外供电的线路有陈墚线、湖西线、章村线、高桥 1 号线、高桥 2 号线、银龙线、上科线。该变电站由南京供电公司运行、维护、管理。

第二章 供 电

江宁县供电水平，随着江宁县经济发展和城乡居民用电水平的提高而逐年提升。20世纪30年代，全县极少数地区已有少量供电，但由于日军侵华战争爆发，电力设施被毁，供电中断。

新中国成立后，江宁县初期供电量从零的突破到1979年全县实现乡乡、村村通电。据统计，至1980年，由县供电局直接管理的供电量已增至1.70亿千瓦时，供电负荷最高为4.95万千瓦。20世纪80年代，乡镇工业、五小工业、农田排灌及城乡居民用电逐步增多，1991年 由县供电直接管理的供电量已达3.32亿千瓦时，最高供电负荷增至6.50万千瓦。

随着改革开放不断深入，江宁县外向型经济快速发展，给江宁供电事业注入新的活力。至2000年，由县供电局直接管理的供电量增至8.25亿千瓦时，最高供电负荷增至17.60万千瓦。进入21世纪，江宁区城市化进程加快，经济建设和社会事业快速发展，江宁电网供电能力全面提升，供电管理水平不断提高，2004年起，各变电站均已实现无人值班，线路和变电设备健康水平全面提高，其主设备完好率均保持100%。1982—2007年，江宁区创下连续25年调度无考核事故的纪录，而且不断完善现代通信手段和推行先进的现代信息管理技术，使电力调度逐步走向科学化、法制化、现代化轨道，成为真正的电力生产指挥中心。至2007年年底，江宁区35千伏变电站已全部实现“四遥”功能。江宁供电公司供电量高达29.86亿千瓦时，最高供电负荷59.99万千瓦。供电可靠率、线路损失率均创历史最好水平。

第一节 供电水平

【供电范围】

江宁县电源由华东电网供给。江宁县东部地区的麒麟、汤山、上峰1993年6月1日前由南京供电局110千伏麒麟和35千伏侯家塘变电站供电，供电业务管理由南京供电局负责。1993年4月，35千伏上峰变电站投运后，上峰乡用电改由上峰变电站供电，该乡供电业务管理于当年6月变更为江宁县供电局负责。江宁县西部地区的江宁、陆郎、谷里1978年前由南京供电局35千伏铁东变电站供电（后升压为110千伏西善桥变电站），其供电业务管理由南京供电局负责。1978—1980年，江宁、陆郎、谷里3座35千伏变电站相继投运后，此三乡供电业务管理移交江宁县供电局管理。江宁县原花园、营防、长江1962年通电，通电后由江宁县供电局管理，1987年，因行政区划调整，此三乡供电管理于当年年底移交南京供电局管理。江宁县南部地区原岔路、东山、上坊、方山、殷巷、龙都、湖熟、土桥、淳化、铜山、丹阳、横溪、秣陵、禄口、陶吴、铜井、东善乡（镇）供电业务管理由江宁县供电局负责，其中上坊乡高桥、大里、潘村、四井、魏村、机场6个行政村，谷里乡周村、国庆行政村，土桥乡远景行政村，2000年前其供电均由南京供电局和句容县供电局负责，2000年农网建设与改造后，上述行政村10千伏及以下配电网络统一移交江宁县供电局负责供电管理。至2007年年底，江宁区除汤山、麒麟继续由南京供电公司供电外，其余街道均由江宁供电公司负责供电管理。

【供电负荷　供电量】

民国22年（1933），国民政府首都电厂向江宁县土山镇（原东山镇）供电，照明用电负荷不足20千瓦，民国24年，江宁县极少数地方农田使用电力排灌，土山镇增加少量生活照明，其最高用电负荷750千瓦，年供电量约70万千瓦时左右。民国26年，江宁供电设备被毁，供电中断。新中国成立后，江宁引入南京电源至东山镇，供电变压器容量为30千伏安。20世纪50年代末至60年代初，江宁县秦淮河两岸和原长江地区，先后新建部分电力排灌站，至1963年，由江宁县供电所管理的配电变压器已有45台，当年售电量385万千瓦时。1965年始，江宁县化肥厂、水泥厂，青龙山煤矿等五小工业和社办、村办企业及农田排灌电力设施逐年增多，至1979年全县实现乡乡、村村通电，由县供电局供电的配电变压器已有1004台，总容量1.40万千伏安，当年年供电量接近1.50亿千瓦时。

中共十一届三中全会后，江宁县县属工业和乡、村工业快速发展，虽然各企业采取柴油机发电，但县供电局供电范围供电量仍有一定增长，到1987年最高供电负荷逾5万千瓦，当年供电量3.05亿千瓦时。随着江宁经济技术开发区、民营科技园、南京禄口国际机场相继成立建设，电力需求日益迫切，给江宁电力事业注入快速发展的动力。到2000年，属县供电局供电范围的最高供电负荷为17.64万千瓦，当年年供电量8.25亿千瓦时，与1987年相比，14年年平均增长13%。2001年始，全区城、乡用电条件全面改善，特别是江宁经济技术开发区、民营科技园、滨江开发区大建设大发展的形势，给江宁电力事业增添新的发展机遇，区供电公司供电范围的供电负荷，供电量快速上升，至2007年，最高供电负荷已达59.90万千瓦，与2000年相比，供电负荷7年增长2.40倍，年供电量29.86亿千瓦时，与2000年相比增长2.62倍，8年年平均增长51.69%。

1964—2007年江宁区供电水平情况表

表10-2-3

年　份	最高供电负荷（万千瓦）	供电量（万千瓦时）	售电量（万千瓦时）	线损率（%）	供电可靠率（%）
1964	—	647	543	16.07	—
1975	—	—	5726	—	—
1978	—	12144	10604	12.68	—
1980	4.95	17032	15949	10.79	—
1982	3.94	18532	17043	7.99	—
1983	4.14	19722	18322	7.10	—
1984	4.15	21011	19618	6.63	—
1985	5.13	21785	20473	6.02	—
1986	4.61	25907	24263	6.35	—
1987	5.04	30472	28773	5.58	—
1988	5.10	31125	29436	5.43	—
1989	5.84	31883	29966	6.01	—
1990	4.66	29973	28182	5.98	—
1991	6.50	33173	31355	5.48	—
1992	5.81	37884	35813	5.47	99.80
1993	7.10	47524	44862	5.60	—

续表

年 份	最高供电负荷（万千瓦）	供电量（万千瓦时）	售电量（万千瓦时）	线损率（%）	供电可靠率（%）
1994	10.30	58520	55010	6.00	—
1995	10.50	65015	61225	5.83	—
1996	10.00	66732	62962	5.65	99.83
1997	13.65	67971	64179	5.58	99.83
1998	15.02	69679	65837	5.51	—
1999	15.90	72941	69260	5.05	99.96
2000	17.64	82504	78406	4.97	99.96
2001	20.70	93519	88525	5.34	99.96
2002	22.50	110663	104902	5.21	99.99
2003	—	139161	130302	6.37	99.51
2004	31.10	167097	157011	6.04	99.68
2005	38.87	203955	192005	5.86	99.77
2006	50.91	246989	230279	6.77	99.79
2007	59.99	298564	278355	6.77	99.00

第二节 运行与检修

【线路运行与检修】

线路运行 1959—1974年，江宁县供电所处于组建初期，职工少，机构不健全，尚未建立独立的运行管理机构，线路运行仅由线路班负责，线路班既负责运行，又承担线路检修，还从事电力工程施工。每年定期对线路进行数次的巡线检查，以了解线路运行状况，发现线路缺陷和威胁线路安全供电隐患，及时制订线路消缺和检修计划。随着电网的快速发展，县供电所（局）内部机构逐步完善。1975年之后，10千伏及以上线路运行管理由生产技术组（股、科）负责。线路运行采取以线路定人、以人定责、分季考核，相对固定的包线制。按照运行规程，运行人员做到10千伏线路每季巡线一次，35千伏线路每两月巡线一次，110千伏及以上线路每月巡线一次。必要时安排特巡、夜巡。为充分发挥乡、村电工职能。1985年起，江宁县组建群众性护线组织，在乡、村电工中聘请12名护线员，对110千伏及以上重点线路进行巡视，义务护线员发现线路缺陷及时向县供电局汇报，由县供电局派人处理。为解决线路人员不足，1993年7月1日起，江宁县供电局陆续将上峰、铜井、土桥、丹阳等10个乡（镇）10千伏线路移交属地的乡（镇）电力管理站运行、维护、管理，但检修工作仍由其负责。从2002年起，江宁供电公司组建了专门的35千伏及以上输电线路运行班，又逐年扩大和完善群众性义务护线网路，护线员初期仅对110千伏及以上线路开展护线，后扩大到10千伏线路。至2007年，群众性护线人员已达88人，他们对全区10千伏及以上线路按照属地管理的原则，分线、分段实行群防群治，起到专业队伍无法代替的作用。线路运行人员每年均能发现各类线路缺陷近百项，由于得到及时处理，避免了事故或事故扩大。

线路检修 1959—1974年，江宁县供电所线路检修虽无专业的管理机构，但由专业的技术人员负责，具体操作由线路班实施。由于交通工具缺乏，遇有检修任务，线路工人经常拉着板车，利用河道拉木船，携带工具、器材，步行至检修现场，如无法返回，则在公社、大队食宿。对无法搬运的笨重器材，请相关大队支援，采取人工搬运，为不影响客户生产用电，正常情况下，检修班组会在3天前向调度申请停电计划，由调度下达停电通知书给客户，明确停电起、终时间。事故抢修由于受时间限制，一般由检修班组申请，由调度电话通知相关的重要客户。为减少停电给客户生产带来影响，1966年江宁县供电所曾2次派出线路工人学习带电作业技术。至1968年，已有10多名线路工人具有等电位和低电位带电技能，并先后从事10千伏～35千伏线路带电换杆、拆搭接户线、更换绝缘瓷瓶和横担、更换跌落熔丝和避雷器等，收到良好效果。

20世纪70年代中期，江宁县供电局设立了生产技术组，线路检修、线路运行、电力工程施工均由该组管理。线路检修工具和交通工具逐步改善，检修效益得到提高，基本做到线路大修，更新改造，小修和避雷器更换均能按月、按季度、按年度计划执行。1995年，全局选派3名职工到南京供电局电缆所培训，并于1996年11月8日组建电缆班，承接380伏～35千伏电缆敷设与检修。进入21世纪，江宁地区10千伏及以上线路已突破3000千米，由于职工人数限制和线路职工年龄增加，从2001年起，线路检修，特别是线路大修、更新改造、电力工程施工，全局自身力量已无法适应，为确保线路正常安全运行，其线路检修基本上由社会上的电力施工队伍承担，按照招标、投标方式，由中标单位按检修项目实施，江宁区供电公司派人负责线路停、送电调度，器材供应，检修质量监督和竣工验收，以确保检修有序进行。

【变电运行与检修】

变电运行　变电运行始于1965年，1965—1974年，江宁县先后建设一批35千伏简易变电站，变电站结构简单，多数无继电保护控制装置，也无控制室和开关室，仅靠柱上重锤式断路器控制10千伏出线。变电站建筑面积只有60平方米～80平方米，运行值班条件较差，每个变电站仅配1人，实行单人值班。1975—1991年，随着工农业生产的发展，全县电力负荷不断提升，又陆续新建和异地改建35千伏变电站12座，110千伏变电站2座（不含110千伏麒麟变电站）。原简易变电站多数设备已更新换代，不仅主变压器容量增大，断路器、保护、监测设备也渐齐全。为提高变电站运行人员的素质和管理水平，于1980年抽调一批具有初高中文化的青年职工，经培训后充实变电运行值班岗位。变电站采取以站定人，责任到人的包站制。因人员不足，35千伏变电站一般安排2人，实行单人值班，110千伏变电站一般安排4人，实行2班5天轮换值班制。1992—2000年，随着变电站的增多及220千伏变电站的投运，为解决变电站人员不足的问题，1992年后又先后3次增添具有高中及以上学历经较长时间培训的青年职工充实变电站值班力量，同时1995年2月1日起又从各乡（镇）电力管理站借用37名高中文化，并具有一定电气知识的职工经过变电站运行值班培训，充实35千伏运行值班力量。至1997年，35千伏变电站值班工增至3人，110千伏变电站值班工增至5人～6人。2001—2007年，随着变电站设备的更新换代，调度自动化和变电站综合自动化装置的投运，江宁区变电站大部分已具备“四遥”功能。至2007年年底，江宁区35座变电站（含南京供电公司管辖的220千伏3座变电站和麒麟、汤山2座变电站）已全部实现无人值班。无人值班变电站的实施，不仅减轻变电站值班压力，而且大幅减少了值班人员。

变电检修　1965年前，江宁县管理的供电范围尚无一座变电站，变电检修主要以配电变压器为主，由该所的内线班负责。1965—1974年，江宁县供电所先后新建一批35千伏简易变电站。为适应变电站设备检修需要，组建变电班承担变电站主变压器、断路器、继电保护和配电变压器的预防试验和检修。1975—1983年，变电站设备增多，变电班人员也逐步增多，为便于管理，提高工作效率，1980 年，在原变电班基础上改为变电班和开关保护班。变电班负责电站主变压器和配电变压器的预防性试验和检修，开关保护班负责变电站断路器、继电保护预防性试验和检修。检修周期由于受人员不足限制，对变电站的主设备基本上能按周期要求，做到应修必修，但对客户变电站设备和配电变压器无法达到应修必修的要求。1984 年后，对变电站设备预防性试验，检修不仅做到应修必修，而且做到修必修好。1986 年，又组建了远动通讯班，负责变电站调度自动化和综合自动化设备的预试和检修。至 2007 年，江宁区 32 座变电站（含南京供电公司 3 座 220 千伏变电站），在每年的设备预防性试验中，设备的大修、小修在每次设备故障处理、消缺中均能应修必修、修必修好，既保证了变电站设备完好率达 100%，又保证电网安全运行。

第三节 电力调度

【调度管理】

江宁县电力系统包括用户自备电厂、变电所、输配电线路、35 千伏及以上电力用户等，根据江宁县电网联络结构状况，并按照分层分级管理、发挥经济效益以及调度指挥等要求，实行统一调度管理，以保证电力系统安全经济运行。随着电网发展，调度管辖范围不断调整。

1985 年，江宁地区电网调度范围划分为：属于南京供电局调度所（简称地调）调度管辖的设备有江宁县 110 千伏大东线、东山变电所进线刀闸及主变压器中心点刀闸；属江宁县调度管辖、取得许可的设备有东山变电所 110 千伏母线及附属设备、主变压器 110 千伏母线侧开关、35 千伏江宁线、东山线开关、县供电局直接管理运行的各变电所设备。涉及县供电局线路搭接到市供电局线路上或直接由市供电局变电所规定的线路调度范围，按资产权属划分；调度操作和事故处理属地调管辖的设备，在地调的委托下，进行操作和事故处理；地调许可的设备，县调在操作前须征得地调当值调度员许可。此后，江宁县电网调度范围随线路与变电站的新建几经调整。

至 2002 年，江宁供电营业范围包括公用 220 千伏变电站 2 座，110 千伏变电站 9 座，35 千伏变电站 15 座，220 千伏线路 3 条，110 千伏线路 14 条，35 千伏线路 30 条，10 千伏线路 134 条。供电局调度的 35 千伏用户线路 10 条，10 千伏用户线路 8 条。2002 年 6 月体制改革前，江宁县电网调度管辖范围划分为：110 千伏线路（龙郎线、禄口线、殷新线、殷淳线、殷山线、殷佛线、殷民线、殷天线、殷禄线、淳化线、天龙线）、天井山变电站 110 千伏母线及附属设备和佛城变电站 110 千伏进线隔离开关 9801/8601 均由南京供电局地调管辖。其余 110 千伏断路器及 35 千伏凤凰山线、西铜线、西定线、阳侯线、35 千伏所变线由县调管辖，地调许可。110 千伏及下设备均由县调管辖。当年 6 月实施体制改革，调度管理所撤销并成立调度监控班后，110 千伏线路调度管辖权全部移交南京供电局地调，其余不变。

【调度通信】

有线通信 1979 年前，通信设施比较简陋，调度员用磁石式手摇电话机，通过县邮电局总机转接与各变电所值班员进行调度业务联系、处理事故，并与南京供电局调度所联系。1974 年 12 月，县供电局架设 1 条东山至南京城南变电所专用有线通信线 10.95 千米，投资 1.37 万元。有线通信由于其稳定可靠，在长期的电力通讯中，一直作为江宁县供电局主要通信手段，但该方式受制于地方电信部门，且机动性差，也无法保证数据信息传输。随着电力通信技术的发展和现代信息系统的建立，该局有线通信在电力调度中已逐步由主要手段演变为辅助手段。1989年、1994年，先后对交换机进行增容。1999年，对交换机进行更新，改为广州有线电厂与美国合资的哈里斯M型非冗余1920门程控交换机，并且通过不断扩容、改造，已达到5个2赫兹方向，分别带金卡公司、苏源软件开发中心等交换机，用户已近1400户，主要用于日常办公和生活。

电力载波通信 1980年，南京供电局调拨1台ZS-3型小载波机给县供电局使用，利用35千伏东山线作通信通道，专供地调和县调业务联系。1982年，小载波机换成ZDD5-A型大载波机。1985年12月，东山、秣陵、禄口、淳化、土桥等5个变电所使用载波通信，共有载波机5台，通信质量良好。1995年，全局具备通道条件的变电站全部建成载波通信，设备采用南京734厂的ZDD-5A型载波机，天井山作为中心站，信息由天井山变电站通过50对通信电缆传至该局通信机房。1996年后，县供电局光纤通信网络逐步建立，电力载波通信在电力调度中逐步变为辅助手段。

无线电通信 1985年，经江苏省无线电管理委员会批准，江宁县采用新的JDD801型无线电通信设备，主台架设在供电局办公大楼，12个变电所架设分台天线，于1986年4月投入运行，以电台组网方式实现调度通信无线电通讯网形成。1989年，经江苏省电力工业局农电处研究决定，江宁县供电局为新型无线电拨号系统当年试点单位。该局于6月开始实施，并于8月全部安装结束，经3个月试运行，性能可靠，改变了以往选呼系统常出故障的状况，同期，调度无线选呼系统和局内有线交换机正式并网。同年5月，为保证调度自动化系统需要，该局购买230赫兹JDD-801型电台5部（接收频率为225.700兆赫，发射频率为232.700兆赫）用于系统数据传输和通讯。江宁电网调度自动化系统数据传输所使用的无线电通道频率系省电力局无线电管理委员会临时指定工作频率。通过几年运行实践，此频率能达到电力调度自动化工程的设计要求。1992年，调度自动化工程竣工并通过验收后经申请省电力局无线电管理委员批准将此频率作为江宁县电力调度自动化固定使用频率。发信频率223.900兆赫；收信频率226.900兆赫。1996年，载波通道基本建成。无线电台因其可靠性差，不便数据传输，逐步退出运行。

光纤通信 1996年，江宁县供电局在220千伏殷巷变电站至220千伏东善桥开关站开通4芯普通光缆，主要传输该局和南京供电局程控交换机信息及自动化上传数据，所用设备为江苏省通信设备厂生产的PDH光传输设备。1996—1997年，架设110千伏新区变电站4芯普通光缆，解决新区变电站调度电话及远动信息传输。该局一期信息网于2001年11月20日开工，2002年1月15日结束，共开通江宁地区16个变电站ATM信息网通信。一期建设厂站有：江宁县供电局总站、东山、天井山、淳化、土桥、湖熟、龙都、周岗、秣陵、禄口、龙山、陆郎、铜井、江宁、岔路、新区变电站，计16个厂站；一期建设农村供电所光缆：东山、秣陵、陆郎、江宁、铜井、殷巷6个供电所。2002年12月20日，江宁电力信息网二期工程开始建设，2003年工程竣工，完成全部信息网建设。

【调度自动化】

模拟图板 电力调度操作监控以模拟图为依据。江宁县供电局早期使用的是简易模拟图板；1988年，改为上海继电器厂生产的防火塑料镶嵌式模拟屏，共9面。1990年9月，调度室搬入新调度楼后，投资10万元，采用江阴申岗模拟屏厂的模拟屏，对老模拟屏进行改造，并增加至13面，占地面积近40平方米。1996年8月，全局投资24万元进行改造，购买浙江宁海模拟屏厂生产的模拟屏，实现光电显示，并与调度自动化系统接口，极大地方便了调度员的工作。随着电网调度自动化系统建立和不断完善，占用面积大、接线复杂、故障多、检修维护困难的老式模拟屏逐步让位。2002 年 6 月，功能更强大的调度自动化系统更新升级工程完成，调度室重新装修后，老式模拟屏完成其历史使命后被拆除，并被大型微机屏幕代替。从此，电力调度指挥、操作及电网实时安全监控（SCADA）均在调度自动化系统中完成。

自动化系统 江宁县电网调度自动化系统初期工程系江苏省电力工业局试点工程，1987 年立项，分三期进行，总投资 69.50 万元，由中国科学院计算机技术研究所、北京联大电子工程学院和县供电局共同合作完成。至 1990 年 10 月 31 日三期工程完成，全县共开通局总站及 15 个变电站和 1 个用户 35 千伏变电站计 16 个子站。该系统在 1989 年北京国际博览会展出，获银牌奖；1991 年 11 月 21—23 日，通过省电力局组织的实用化验收；1992 年 5 月，在全国首批通过能源部组织的县级电网调度自动化系统实用化验收。1995 年，在用的调度自动化系统升级改造工程列入省电力局农改项目，总投资 220 万元。1996 年 11 月，系统升级改造任务完成。1997 年 5 月，顺利实现省电力局、南京供电局给江宁县供电局下达的新老系统平稳过渡的目标。1998 年 9 月，该系统在全省率先通过省级升级验收。1999 年 10 月，江宁县供电局投资 311.40 万元对系统再次进行升级，采用南京力导电子系统公司研制的 SE-900 分布式县级电网调度自动化系统。2002 年 10 月，又投资 21 万元将该系统升级为 SE-9000 系统。2003 年 4 月，投入资金对主站计算机系统进行改造。2005 年 8 月，主机站新增一台物理隔离装置，有效地防止黑客、计算机病毒的入侵。2007 年 5 月，成立江宁区供电公司监控中心站，配备 SE-9000 自动化系统终端 2 台，19 英寸液晶显示器 4 台，打印机 1 台。

图 10-2-5　1992 年 5 月 2 日，江宁县电网调度自动化系统实用化通过部级验收

变电站综合自动化 江宁县变电站综合自动化改造始于 1997 年，是年 5 月，对 110 千伏东山变电站进行综合自动化改造，8 月投运。设备的投运，使调度自动化系统监控的变电站运行设备首次具备遥测、遥信、遥控、遥调功能。1999 年 8—9 月，110 千伏民营变电站与 35 千伏殷镇变电站相继投运，远动设备均选用变电站综合自动化系统。2000 年 8 月，县供电局调度自动化系统主站端升级改造工作完成，110 千伏岔路变电站远动设备采用变电站综合自动化装置。至 2002 年年底，全区东山、民营、岔路、新区、佛城、淳化、禄口、陆郎、陶吴、殷镇 10 个变电站已实现无人值班（有人值守），秣陵、上峰、土桥、龙都、周岗、横溪 6 个变电站已具备“四遥”功能。2003 年 3—9 月，公司自筹资金 300 万元对 12 个 35 千伏变电站综合自动化系统进行全部改造。2004 年 4—12 月，先后完成 110 千伏东山变电站、110 千伏禄口变电站综合自动化系统改造，110 千伏民营变电站增容。2005 年 6 月至 2007 年 4 月，110 千伏湖熟变电站、110 千伏学景变电站、110 千伏方山变电站、110 千伏滨江变电站、110 千伏吉龙变电站、110 千伏洋桥变电站相继建成投运，综合自动化系统均采用南京电研公司生产的 NSA 2000 型综合自动化系统。

第三章 用 电

民国22年（1933），江宁县开始用电。后来由于战争原因电力设施破坏，供电终止，1949年起逐步恢复，初期主要以政府机关和市政生活用电为主。1960年前后，农业用电开始起步。粮食加工业在工业中较早启用电力作能源。1966—1970年，具有一定规模的工业用电开始起步，1970年全县用电量实现2335万千瓦时。20世纪70年代起，农村照明用电户不断增加，到1979年已普及到所有自然村。1979年后，县属工业、乡镇工业取得较大发展，并逐渐成为全县用电量的主体。1987年，全县年售电量（不含汤山、麒麟）为2.88亿千瓦时，其用电量比重分别为县属以上工业占25.32%、乡镇工业和农副产品加工占41.07%，市政生活和农村照明占6.62%，排灌占14.06%，其他占12.93%；全县人均年用电量494千瓦时。1992年，江宁经济技术开发区成立，全县经济社会发展全面提速，江宁地区电力建设以此为契机，进入大建设大发展阶段，全县用电水平逐年提升。至2000年，江宁地区售电量7.84亿千瓦时（不含南京直供的汤山、麒麟），其中工业电量占71.01%，市政生活占20.07%，农业排灌占8.92%。

2000年12月，江宁县撤县设区，电力基础设施建设取得突飞猛进发展，全区用电水平迅速提升。2002年，不含南京直供的汤山、麒麟，全区用电最高负荷22.50万千瓦，年售电量10.49亿千瓦时，至2007年，全区用电量已突破30亿千瓦时，江宁供电公司营业范围内，用电最高负荷59.99万千瓦，年售电量达278355万千瓦时。

第一节 用电水平

民国22年（1933），江宁县东山镇和周围农村即开始用电，但唯一的一条供电线路在侵华日军侵占南京后被毁。新中国成立后，1949年，江宁县引南京电源，主要供党政机关、群众团体、商店和少数居民照明，工业用电几乎为零。20世纪50年代末至60年代初，农业用电开始起步，并逐步向农业排灌和小型加工业动力用电发展。1971—1975年，农业用电量持续上升，化学工业、建材工业、食品工业、机械工业和其他工业用电量都有不同程度增长，煤炭工业用电量逐年下降。中共十一届三中全会后，各行业尤其是县属工业、乡镇工业发展很快，全县用电量上升较大。1987年，江宁县供电局年售电量2.88亿千瓦时，全县人均年用电量494千瓦时。1995年，县供电范围内最高用电负荷10.50万千瓦，用电量6.12亿千瓦时。1996—1998年，江宁地区电量增长速度放慢，但最高用电负荷仍以较快速度提升，最低年增长率5.86%，最高年增长率36.50%。2000年，全县最高供电负荷17.64万千瓦（不含南京直供的汤山、麒麟地区），售电量78406万千瓦时，全县人均用电量1035千瓦时。至2007年，全县年售电量达278355万千瓦时，供电最高负荷达59.99万千瓦。

【营业范围】

江宁地区电源由南京电网供给。供电营业区域由于地理环境和历史原因与南京市区边缘地带纵横交错，电网穿插较多。1959—1987年，江宁县东部地区的汤山、麒麟、上峰3个乡镇电力由南京麒麟门变电站和侯家塘变电站供电，用电业务归南京供电局城南供电所管理。1987 年 12 月，由于行政区划的变更，长江、营防、花园 3 个乡划归南京市区管辖，其用电业务从 1988 年 1 月 1 日起正式由南京供电局城北供电所管理。1993 年 6 月，上峰乡供电营业由南京供电局移交江宁县供电局管理。1995 年 4 月，因行政区划调整，东山镇农花、邵盛，江宁镇孙家、梅府、三山、新建、永安 7 个行政村划归南京雨花台区管辖，其用电业务相应划出。东山岔路部分地区、上坊镇和谷里乡部分行政村供、用电营业由南京供电局直供。此外，溧水县陈村用电由江宁县供电局 10 千伏线路供给。在边远地区如铜井乡部分村落由安徽马鞍山低压供电，土桥乡部分自然村由句容市 10 千伏供电。

1998—2000 年，"两改一同价"（改革农电管理体制，改造农村电网，实现城乡用电同网同价）工程期间，除汤山、麒麟镇范围供、用电仍由南京直供直管外，江宁地区内外交叉供电全部切除。至 2002 年年底，江宁供电营业范围为：东山城区、江宁经济技术开发区、江宁科学园、上坊镇、秣陵镇、东善桥镇、谷里镇、淳化镇、禄口镇、湖熟镇、周岗镇、土桥镇、陶吴镇、横溪镇、丹阳镇、江宁镇、铜井镇、上峰镇共 3 个园 15 个镇。随江宁地区城市化进程和行政区划调整，一些镇、区重新划分或合并，至 2007 年 11 月江宁供电公司撤销前，全区属江宁供电公司管辖的营业范围为：东山、秣陵、汤山、淳化、禄口、江宁、谷里 7 个街道和湖熟、横溪 2 个镇，其中东山、汤山 2 个街道的部分行政村仍由南京供电公司直接供电、管辖。

【负荷和电量】

民国 22 年（1933），首都电厂向江宁县东山供电，照明用电最高负荷不足 20 千瓦。民国 24 年，全县农业排灌用电最高负荷 750 千伏安，属季节性负荷，用电量约 70 万千瓦时。民国 26 年，供电设备被毁，供电中断。

新中国成立后，江宁引入南京电源。20 世纪 50 年代初，全县用电最高负荷不足 30 千瓦。1955 年，县政府集资扩建配电房，配电变压器容量 180 千伏安。50 年代末至 60 年代初，电力灌溉的发展开始为农业生产服务。据统计，1963 年，县供电所管理的配电变压器 45 台、10150 千伏安（其中 35 千伏直配变压器 34 台、8830 千伏安），年售电量 385 万千瓦时。1965 年，江宁县化肥厂、青龙山煤矿和上坊水泥厂等"五小工业"（指小煤矿厂、小钢铁厂、小化肥厂、小水泥厂和小机械厂）开始起步，电力开始为工业生产服务。1970 年，全县用电量增至 2335 万千瓦时。1971—1975 年，农业用电量持续上升，工业用电量除煤炭行业用电量逐年下降外，化学工业、建材工业、食品工业、机械工业等用电量均有不同程度增长。1975 年，全县用电量 5726 万千瓦时。

中共十一届三中全会后，各行各业尤其县属工业和乡（镇）村工业用电量增长较快。到 1987 年，县供电范围内的营业户已达 2503 户（农村以 1 台变压器为 1 个用电户）用户用电设备总容量逾 26 万千瓦，用电最高负荷逾 5 万千瓦，年用电量 28773 万千瓦时。自 1963 年江宁县供电所成立起到 1987 年的 25 年间，用电量年平均增速 19.69%。1988—1991 年，江宁地区乡镇工业发展较快，电力负荷有所增长，但用电量增长不大，年增长率最低 0.72%，最高 3.89%。

1992 年，江宁地区县供电范围内供电最高负荷 5.81 万千瓦，1995 年增至 10.50 万千瓦。其间，1993 年和 1994 年售电量增长率分别达 25.27% 和 22.62%。1995 年起，江宁城乡电力基础设施发生较大变化，投资环境改善，用电需求激增。1997 年，最高供电负荷增长率 36.50%；1998 年，最高供电负荷 15.02 万千瓦。但受宏观经济调控影响，实际社会用电量增长速度放慢，售电量年增长率 1996—1998 年期间在 4% 以下。2000 年，江宁供电营业区内供电最高负荷 17.64 万千瓦，年用电量 7.84 亿千瓦时。

2000 年 12 月江宁县撤县设区后，城市化进程加快，农网二期和城网建设工程的实施，促使城乡电网建设步伐加速并跃上新台阶。2002 年，江宁供电范围供电最高负荷增至 22.50 万千瓦，年用电量 10.49 亿千瓦时。2005 年，供电最高负荷 38.87 万千瓦，年用电量 19.20 亿千瓦时。至 2007 年，江宁最高供电负荷 59.99 万千瓦，年用电量 27.84 亿千瓦时，是 1995 年的 4.55 倍、2000 年的 3.55 倍。

第二节 用电结构

1949 年，江宁县引南京电源，供县党政机关、群众团体、商店和少数居民照明用电，工业用电几乎为零。20 世纪 50 年代末至 60 年代初，农业用电开始起步。据统计，1963 年，年用电量 385 万千瓦时，其中农业排灌用电量占 71%、社员粮食加工用电量占 24.70%、生活照明用电量占 4.30%。从 70 年代起，农村照明用电户不断增加，全县用电增多，到 1979 年已普及到自然村。至 1988 年，江宁电力仍以农村用电为主，乡镇工业占很大比重，虽然工业电量是用电量主体，但大工业用电量只占总用电量 32.14%，不占主导地位。1992 年起，工业用电大幅上升，大工业用电量逐步占主导地位。随着经济发展和人民生活水平提高，照明用电不断增长，1994—1995 年，已与农业用电并驾齐驱，并逐渐超出而占第二位。

至 2007 年，江宁供电营业区总用电量 278355 万千瓦时，其中工业用电量 190923 万千瓦时，占 68.59%，照明用电量 83649 万千瓦时，占 30.05%，农业用电量 3783 万千瓦时，占 1.36%。

【工业用电】

新中国成立前，江宁县工业极微薄，全县仅剩有私营天宝小煤矿一座、粮油加工及食品作坊 20 家，无一使用电力进行生产。新中国成立后，江宁县充分利用地方资源，因地制宜，使全县工业开始复苏并逐步发展。由于生产设备陈旧，各道生产工序均需人工操作，劳动强度大，生产效率低。20 世纪 50 年代末，县粮食加工行业在汤山油米厂开展技术革新和技术革命活动，首先使用电力进行生产。

20 世纪 60 年代初，全县工业生产急剧下降，工业用电量很少。1965 年，工业用电量达 66 万千瓦时。“文化大革命”期间，工业发展严重受挫，工业用电量继续下降。1969 年，工业用电量下降到 31 万千瓦时，为 1965 年工业用电量的 47%，占全年总用电量的 2.60%。1970 年，江宁化肥厂、江宁钢铁厂、青龙山水泥厂、江宁县化工厂和江宁丝织厂等先后得到新建和扩建，同时出现一批县属集体企业，使得工业用电量大幅上升。是年年底，全县工业用电量增至 1091 万千瓦时。随着工业生产的发展，1971—1978 年，工业用电量每年以近 20% 的速度递增。1978 年，全县工业用电量达 4310 万千瓦时，占总用电量 40.65%。1979 年后，全县工业迅速发展，促使工业用电量成倍增长。1985 年，全县工业用电量达 6941 万千瓦时，比 1975 年增长 2.10 倍，占总用电量的 33.90%。1987 年，工业用电量（包括乡镇、村工业用电量）占据首位，达 19098 万千瓦时，占总用电量 66.37%。1988 年，全县总用电量比例，乡镇工业占 23.68%，县属以上工业占 27.40%。1988—1990 年，工业生产较为平稳，用电结构无大变化。1992 年起，全县工业发展步伐加快，尤其是化工、黑色金属、建材及乡镇工业四大主体工业用电量占总用电量的半壁江山。至 1995 年，全县工业用电量达 4.17 亿千瓦时，占总用电量 68.09%。1996—2000 年，前 3 年全县工业用电总量变化不大，只在 4.40 亿千瓦时左右徘徊。2000 年，因工业的增长带动电量的攀升，是年，工业用电量增至 5.57 亿千瓦时，占总用电量 71%。2002 年，工业用电量达 7.63 亿千瓦时（其中大工业用电量为 5.97 亿千瓦时）。2005 年，工业用电量达 13.47 亿千瓦时（其中大工业用电量为 10.37 亿千瓦时）。至 2007 年，工业用电量为 19.09 亿千瓦时（其中大工业用电量为 15.16 亿千瓦时），是“九五”计划期末 2000 年的 3.43 倍。

【农业用电】

20 世纪 50 年代始，全县陆续建造电力排灌站。1963 年，农村用电计 385 万千瓦时，其中排灌用电 273 万千瓦时，占农村用电总量的 70.91%。经过 50 多年的发展，2007 年，江宁区农业用电 3783 万千瓦时，是 1963 年排灌用电的 13.86 倍（详见本编第四章第二节《农村用电》）。

【市政生活用电】

江宁县生活照明用电始于宣统二年（1910）。民国 22 年（1933），东山镇接通南京电源，供县政府和主要商号照明，百姓无钱用电灯，街道也无路灯。民国 26 年，侵华日军侵占东山镇，用电中断。日伪统治时期，伪县政府改用柴油发电机发电照明。民国 35 年年初，东山镇创电力供应社，用缴获汪伪的木材发电机（后改柴油机）发电，供商店和部分居民照明。是年 8 月，因机器耗油量大、灯户稀少、每月亏损而停止发电。

新中国成立后，县政府从南京大校场引 3.30 千伏电源，供党政机关、群众团体和商店以及机关周围的少数居民等照明。20 世纪 50 年代初，市民称东山县城“马路狭窄不平坦，路灯昏暗泛红光，肩挑车拉汲饮水，山柴木屑燃锅膛”。1955 年，江宁县人民委员会筹集资金，改造供电线路，建设东山镇配电房，东山镇电灯照明用户增加至 200 户。20 世纪 60 年代初，淳熟镇、汤山镇、禄口镇、铜井镇、江宁镇等主要集镇开始安装路灯，直到 1963 年市政生活用电量还是微乎其微。1965 年，东山镇电灯照明基本普及。1975 年，全县除铜井乡新济洲外，电灯照明已普及到各村农户，照明灯具主要用白炽灯，少数用日光灯，每个农户 1 盏 ~ 2 盏。每农户月用电量 2 千瓦时 ~ 3 千瓦时，集镇居民用电量稍多。同年，全县照明电量 288 万千瓦时。1978 年后，由于城镇建设的发展，包括路灯在内的各类公共设施陆续兴建，至 1987 年，全县照明电量已增至 1270 万千瓦时。1988 年前后，由于电力紧张，为保证工农业生产需要，江宁县居民生活用电只能维持最低水平，全县公用路灯不足 600 盏，路灯照明包括其他公用事业用电很少。市政生活用电量（含各类照明）1988 年全年总量只有 2459 万千瓦时，占全县总用电量 8.35%。经过农村用电标准化和农村电气化县（简称两化）建设，农、城网改造，城乡电力基础设施建设取得长足进展，促使家用电器逐步普及到千家万户，成为生活用电的增长主体。城镇公用事业的迅猛发展使路灯和城市亮化事业成为电量新的增长点。1995 年，江宁县城区路灯，东山镇已增至 265 杆、770 盏，科学园 34 杆、34 盏，开发区 459 杆、806 盏。至 2002 年，东山镇发展到 1438 杆、4993 盏，科学园 963 杆、1894 盏，开发区 4415 杆、10011 盏。居民生活用电量也逐年递增，至 1995 年，用电量达 8694 万千瓦时，到 2002 年，达 1.73 亿千瓦时。2002 年，全区市政生活用电量达 2.55 亿千瓦时。2006 年，根据国家政策，商业照明取消并入其他照明类，是年，各类照明用电量为 6.86 亿千瓦时。2007 年，各类照明总电量 8.36 亿千瓦时，占总电量 30.05%。

1963—1985年江宁县用电情况表

表 10-3-4

年份	售电量合计（万千瓦时）	农村用电（万千瓦时）		工业用电（万千瓦时）	市政生活用电（万千瓦时）	供电范围			
						公社/乡（个）		大队/行政村（个）	
		小计	其中排灌用			小计	其中用上电的	小计	其中用上电的
1963	385	385	273	—	—	25	19	—	—
1964	543	536	357	7	—	—	—	—	—
1965	712	636	478	66	10	—	—	—	—
1966	826	743	559	62	21	—	—	—	—
1967	971	909	671	40	22	—	—	—	—
1968	933	877	660	34	22	—	—	—	—
1969	1179	1123	973	31	25	—	—	—	—
1970	2335	1196	1014	1091	48	—	—	—	—
1971	3135	1718	1479	1339	78	26	26	370	300
1972	3443	1717	1576	1624	102	26	26	370	326
1973	4033	2142	1763	1751	140	26	26	369	348
1974	4184	2308	1823	1712	164	26	26	369	348
1975	5726	3334	2546	2240	152	26	26	369	355
1976	6612	3576	2587	2880	156	26	26	369	364
1977	7921	3973	2770	3765	183	26	26	374	372
1978	10604	6121	5003	4310	173	26	26	368	366
1979	12634	7041	4537	5378	215	26	26	374	374
1980	15194	8551	4837	6320	323	26	26	375	375
1981	16439	10119	4323	5925	395	26	26	377	377
1982	17043	10865	3794	5837	341	23	23	333	333
1983	18322	11883	3580	5976	463	23	23	336	336
1984	19618	12471	3703	6619	528	23	23	335	335
1985	20473	13000	3826	6941	532	24	24	335	335

1988—2007 年江宁区用电情况表

表 10-3-5　　单位：万千瓦时

年份	总用电量	工业用电量			农业用电量		市政生活用电量		
		总电量	其中大工业		总电量	其中排灌	生活照明	商业照明	其他照明
			电量	比例（%）					
1988	29436	20581	9461	45.97	6396	4023	2459	—	—
1989	29966	20586	11624	56.47	6229	3313	3151	—	—
1990	28181	18480	9686	52.41	6184	3373	3517	—	—
1991	31355	19797	10393	52.50	7594	3710	3964	—	—
1992	35813	23618	11874	50.28	7545	3744	4650	—	—
1993	44862	30683	14724	47.99	8319	5301	4911	—	949
1994	55010	36893	20432	55.38	9495	7978	6955	—	1667

续表

年份	总用电量	工业用电量			农业用电量		市政生活用电量		
		总电量	其中大工业		总电量	其中排灌	生活照明	商业照明	其他照明
			电量	比例（%）					
1995	61225	41689	22627	54.28	8926	4888	8694	—	1916
1996	62962	44198	24391	55.19	7923	7054	8809	—	2032
1997	64179	43881	24738	56.38	7894	7488	9786	—	2618
1998	65837	44590	24517	54.98	7424	7063	10610	—	3213
1999	69287	48536	32354	66.66	6723	6387	10706	374	2948
2000	78406	55678	45598	81.90	6992	6639	11720	722	3294
2001	88525	63477	50946	80.26	5780	5267	13513	1053	4702
2002	104902	76280	59706	78.27	3088	2933	17307	1644	5583
2003	130302	93988	73427	78.12	3690	—	21102	2770	3482
2004	161657	119674	91901	76.79	3768	—	22376	4286	11553
2005	192005	134746	103735	76.99	4207	—	28533	5856	18663
2006	230278	157412	122101	77.57	4278	—	35439	—	33149
2007	278355	190923	151610	79.41	3783	—	40095	—	43554

第三节 电力平衡

1976年前，农业用电季节性负荷虽较大，但工业用电负荷不大，电力供需矛盾并不突出，电力平衡工作由调度员负责。1978年，江宁县计划用电、节约用电、安全用电领导小组办公室（简称三电办）成立至1998年，电力平衡工作主要由三电办具体组织、协调、实施。三电办工作除协助县供电局进行安全用电和电价执行管理外，主要职能是计划用电、节约用电和地方电源建设。1988—1998年，三电办通过集资，购电或以煤、油换电计5.44亿千瓦时，先后投入1320万元进行电力基础设施建设；降损节电工作成绩显著，多次受上级表彰。1991年，被南京市政府评为节能先进单位；还支持企业办电，先后建设企业自备发电机组5台，总容量2.65万千瓦。1999年，三电办撤销，电力平衡工作转为电力企业自身行为，按市场需求进行调节。

【计划用电】

计划指标 计划经济时期，江宁县电力分配工作，在县计划经济委员会的领导下，根据南京市三电办计划分配指标，由县三电办负责具体分配和平衡，向客户下达最高用电负荷、电量、用电时间，并核定单位产品电耗定额，实行计划用电。1983年，南京市三电办下达《南京市计划用电包干实施细则》。江宁县根据文件规定和下达的电量、负荷率指标，从1984年正式开始编制电力分配方案。电力计划分配按工业系统、商业系统、粮食系统、文卫系统，省、市属单位、部队及21个乡镇进行，并实行按月进行分配办法。1999年7月起，加工电取消，电力平衡由市场调节，按比例分电不再进行。

削峰填谷 1976—1978年，江宁县遭遇了几十年未遇的大旱，农业抗旱用电量增加，但由于县城工业用户多为一班制生产厂家，电力负荷集中在8时至22时，峰谷差很大，超计划用电较为普遍，导致上级电力部门对江宁县拉电频繁。1978 年 9 月 7 日，南京市革命委员会“三电”领导小组办公室发出通知，要求“谁超拉谁（限电），今超明还”。据此，江宁县“三电”领导小组和县供电局采取多种措施，对江宁县厂矿实行调峰用电和对农村电力线路实行轮流供电，以缓解电力供需矛盾。1979 年，县供电局和三电办根据南京市分配的负荷和负荷率计划要求，按照保证重点、兼顾一般的原则，除向少数大的厂矿企业负荷和负荷率计划外，重点调整一班制和两班制生产企业的生产班次，避开用电高峰。对农村社队工业、农副产品加工业、排灌用电等实行分片分线定时轮流供电。为控制高峰负荷，做好削峰填谷，充分利用南京地区峰谷差，从 1987 年起鼓励电力用户深夜多用电。同时对负荷较大的 10 千伏出线和大的电力用户安装负荷电量控制记录仪和电力负荷定量器 9 台；安装分时计量表 13 套，从而能够控制年电量 1.50 亿千瓦时，占总供电量的 52%。同年，每日多利用深夜负荷 1 万千瓦。从 1988 年起，南京市三电办对各县实行峰、谷电量考核，每日 8 时至 22 时为高峰用电段，22 时至次日 8 时为低谷用电段，峰谷比各占 58% 和 42%。江宁县电力负荷集中在每日 8 时至 22 时，其余时间用电量较少。县三电办下文明确规定：一班制企业调整生产班次，从单一的白班，改为一周白班、一周中班；调整星期天休息时间，在全县分片，从星期一到星期天，每天均有企业在休息，并明确规定，对电加热、注塑、铸造、水泥磨机、炼钢、电石生产等设备，必须在 22 时至次日 8 时时段用电；对高峰时段超负荷使用的单位，按市三电办规定罚款，并对大电力客户安装负荷电量控制仪、电力负荷定量器和分时计量表；对乡镇、村工业，农副产品加工企业，农灌等实行分片，分线定时轮流供电。每年市三电办下达的 58 ∶ 42 峰谷比指标，全县均能达到。

【节约用电】

宣传教育 三电办从 1978 年成立起就把节约用电作为一项重要工作开展。县三电办会同县供电局广泛开展节约用电宣传教育，县广播站、江宁报社、各企业厂矿黑板报均有刊登节约用电的文章。每年发放大量宣传画、宣传手册，进行广泛张贴。县城大街小巷、农村集镇，农民居住的集中地，随处可见节约用电的宣传画。在公共场所、机关、企业、事业单位办公室，每盏灯开关处，都可见到“节约用电，随手关灯”的小标签。1999 年，三电办撤销后，江宁县供电局将每年节约用电的宣传教育工作纳入局“优质服务”内容，并作为一项常规工作进行。

图 10-3-6 2004 年，南京供电公司江宁供电公司工作人员进行节电宣传

新技术采用 1978 年起，推广远红外加热干燥新技术代替低温电加热设备。1981 年，推广硅酸铝耐火纤维保温节电新技术代替中温电阻炉。1988 年起推广节能型变压器。1990 年推广交流接触器无声运行和交流电焊机改装空载自动断路器等节电新技术，并邀请有关权威技术部门对客户的水泵、风机进行效益测试和改造，改造后的风机、水泵可节电 30% 左右。1990 年后直至三电办撤销，重点推广电机变频调速节电技术和电机无功就地补偿技术。对路灯、企事业单位室外照明灯从 20 世纪 80 年代中期推广改为高压钠灯，1991 年起普遍采用。据统计，1985—1998 年，全县社会节电达 5.50 亿千瓦时。

考核竞赛 从20世纪80年代初，三电办就对高耗电产品实施耗电定额考核。1992年后，三电办在对产品电耗进行考核的基础上，将节电指标分解下达到各乡镇、厂矿企业，要求层层分解落实到车间、班组，责任到人。至1992年，全县所有参加电耗定额考核的单位，按照国家产品电耗定额标准，已全部消灭超电耗生产。是年，三电办还组织9家水泥厂参加南京地区同行业节电竞赛活动，南京大连山水泥厂，到1992年已由原来的每吨水泥电耗130千瓦时左右降至82千瓦时左右，多次在同行业竞赛中获第一、第二名。

【补充电源】

地方和企业自办发电 江宁县供电局、三电办在电力紧张时期，采取多种措施，鼓励地方和企业自办发电。江宁县化肥厂（后改为南京新蕾公司）于1981年利用化肥生产蒸汽余热发电建成3000千瓦（实际出力2300千瓦）机组后，于1988年12月底建成6000千瓦凝汽式机组1台。县钢铁厂（后更名为南京第三钢铁厂）在将原两台发电燃煤锅炉全部改造为燃煤气发电（机组容量1650千瓦，实际出力1000千瓦）的基础上，于1987年9月正式向县计经委申请建利用高炉煤气的6000千瓦自备发电机组1座，机组于1989年12月并网发电。投产后，基本解决该厂电力自发自用，并略有节余上网。其发电工艺1989年通过省级技术鉴定，并获南京市科技进步三等奖。南京第三钢铁厂、南京新蕾公司自备发电厂安装的4台总容量计16650千瓦的发电机，1990年前全为自发自用，1990年起，除自发自用外，剩余电量上网。1994年，南京第三钢铁厂在云台山新建炼铁厂，同期新建1500千瓦发电机组1台，自发自用。云台山硫铁矿自建1000千瓦发电机组1台，于1997年4月采用400伏并网发电，全部自发自用。同年5月，新苏电厂1.20万千瓦热电结合发电机组建成投产，机组年发电量8000万千瓦时～9000万千瓦时。1999年和2002年，南京第三钢铁厂、南京新蕾公司自备电厂4台发电机组，先后停止发电。

2003年7月14日，由江苏省发展计划委员会批准立项。南京协鑫热电有限公司投资6.30亿元，在江宁经济技术开发区陈墟工业园（小周村）建设热电联产电厂1座，机组于2004年9月28日正式并网发电。

柴油发电机组 江宁县域内中小型企业和乡镇工业企业，为保证生产还备有柴油发电机组，在停电时坚持生产。据统计，1990年，全县自备柴油发电机组673台，装机容量31419千瓦，1994年达735台，装机容量37113千瓦。1995年后，随用电形势逐步好转，全县运行柴油发电机组数量逐步减少，至1998年，江宁县域内除个别特殊单位（如禄口国际机场、部队等）仍有备用柴油机组外，其余已基本撤除。

集资办电 1988年前后，全县电力供需矛盾突出，电力负荷严重，拉闸限电频繁。1989年，动员青龙山水泥厂，一次性投入290万元购买华东用电权（每1元钱每年可购2千瓦时电力），使县集资用电权年电量达到1591万千瓦时。1989年起，全县共向徐州电厂、南京下关电厂、南京热电厂、镇江谏壁电厂、常州戚墅堰厂、苏州望亭电厂等，交纳煤炭14.14万吨，重油4882.96吨。每吨煤换电1785.71千瓦时，每吨重油换电3952.57千瓦时。1988—1995年，换回电量2.72亿千瓦时。1996年后，交煤工作停止，由省统一组织煤炭。江宁县改为向上交付购煤炭费用，至1998年，共计购回煤加工电1.08亿千瓦时。1988—1998年，煤油换电共计换回电量3.80亿千瓦时，累计可减少加工电差价费5100多万元。

第四节 电力营销

【业扩报装】

业务受理 江宁县供电局电力销售的受理环节称业扩报装（也称用电报装），是供电局用电营销面向客户的第一个环节，主要内容为新装、增容与变更用电。1966年前，电力排灌站的新建和增容工程，均由县水利局和县计划委员会等部门负责。1966年，江宁县供电所划归部属企业后，业务领导隶属南京供电局，东山镇用电业务由南京供电局移交给江宁供电所管理。1978年，报装业务管理归口江宁县供电局用电部门——业务股，并设营业室。

业扩流程 江宁县供电局业务扩充从受理到实施主要依据南京供电局制订的《南京地区<全国供电规则>实施办法（暂行）》进行，但流程及各类报表、台账不正规。1978年，业务扩充由业务股办理，包装程序：低压用户由业务股负责审批、装表接电；高压用户向县供电局和县计经委申请，对用电设备容量在500千伏安以上者，报南京供电局审批。1982年，江宁县供电局制订业务流程表，之后又有几次修改，但执行并不规范。1990年起，江宁县供电局业务扩充工作流程全面执行江苏省电力工业局下达的17种业务工作传票和11种业务台账，业扩工作逐步走向规范。1993年1月，该局结合江宁改革开放形势下客户增多，业扩工作量大增，迫切要求简化程序的实际，将用电业务和业扩工程的管理一口对外，在分管局长领导下归口于用电科。供电方案分低压客户和高压客户，低压客户由用电科直接审批，科长签署意见后执行，高压客户报局供电方案审核会进行审核，批准后执行。该流程一直沿用到2002年。2002年，江苏省电力公司研发的营销管理信息系统经过努力和试运行后，于当年12月在江宁上线运行。从12月28日起，江宁县供电局业扩工作流程全部按省公司统一流程执行，并进入无笔化运行。营销业扩流程包括新装、增容、变更用电和其他杂项四大类共计34种流程。

图10-3-7 2000年12月，国家电力公司华东公司授予江宁县供电局“城市供电营业规范化服务达标窗口”称号

供电合同 《中华人民共和国电力法》颁布前，江宁县供电局和客户之间的供用电关系由《供用电协议》确定。《中华人民共和国电力法》颁布后，该关系转为合同关系，但由于配套文件未下达，1998年前仍沿用原协议。1998年5月，该局作为非独立法人企业，按南京供电局统一部署开始贯彻执行《江苏省电力公司供用电合同管理办法》。供电合同的签订和补签，2000年前按南京供电局下达统一格式操作，2000年起按省公司统一规范文本进行。该工作于2001年9月完成，供用电双方的关系遂正式进入合同化管理轨道。

业务量 1988—1992年，江宁供电局受理业扩报装总户数为1721户。1992年，全县用户配电变压器1459台，用电总客户数为4005户（不含农村低压客户和城镇总表以下客户）。1992年后，用电业务量大幅上升，至1997年的6年间业务受理总户数为10299户，新增用户配电变压器430台（其中35千伏配电变压器16台），新增用电客户8135户。1998年起，随着农村“两改一同价”工程及城镇一户一表改造工程的推进，全县用电业务量大增。1998—2002年，全县新增10千伏变压器1320台（含农村综合配电变压器），新增客户400伏及以下33450户（不含农村）。农、城网改造工程中，供电局逐步实施城乡电力直供直管到户。工程结束后，全县用电情况和统计口径发生变化。按新统计口径所记，2002年年底，全县10千伏配电变压器台数已增至3566台，总容量76.94万千伏安，城乡电力客户总数达265849户，用电装机总容量70.14万千瓦。至2007年11月底，江宁地区城乡电力营业客户总户数379705户，其中大工业631户，专用变（含非工业、普通工业）7498户，生活照明348246户，其他照明19882户，农业生产3448户。

【业扩收费】

贴费 江宁县供电局从1979年起，开始向工业用户收取网络改造费用，每千伏安20元，为贯彻水利电力部下发的《关于110千伏以下供电工程收取贴费的暂行规定》，从1984年4月25日开始，对110千伏以下供电工程收取贴费。据统计，1983年前，全县共收取网络改造费27.19万元；1984—1987年，共收供电贴费833.71万元，配电贴费69.75万元；同时，为扩大供电能力而用于新建、扩建和改造供电设备的供电贴费547.81万元，配电网络改造费15.49万元。1993年5月，南京供电局下发《南京地区贯彻<能源部关于110千伏及以下供电工程收取贴费的暂行规定>的实施办法》。江宁县供电局从4月15日开始按新标准执行。江宁县供电局在贯彻执行新标准的同时，结合江宁实际，对收取口径进行调整：凡在江宁供电区域内新装客户所有外部工程均由客户自建，其贴费按客户自建外部工程标准收取。2000年6月28日，县供电局按南京市《关于调整供配电贴费标准等通知》，对贴费收取标准进行调整。

电费、电能表保证金 1990年7月起，江宁县供电局根据南京供电局下发《关于颁发<南京地区贯彻“实行电费、电能表保证金制度的暂行规定”的实施办法>的通知》精神，对新装电力用电客户（含照明带动力）按受电设备装接容量计收电费、电能表保证金。1999年12月1日起，江宁县供电局按南京供电局通知对所有客户一律停止收取电费、电能表保证金，并从2000年6月开始，向社会公示予以退还，退还工作于2002年结束。

电力增容集资费 1995年1月1日起，江宁县供电局根据县政府通知，执行1994年12月南京市计划委员会下发的《关于在我市五县开征电力增容集资费的通知》，对全县范围内需要增加用电容量的所有单位（包括三资企业）征收电力增容集资费。征收标准为除双电源按单电源征收外，其他均按供配电贴费同口径，同标准征收。该项收费于1998年11月17日按省政府办公厅文件精神停止执行。

第五节 电价和电费

【电价】

1966年前，江宁县供电所属县一级供电企业，实行独立核算。县与南京供电局是趸售关系。1965年4月1日前，县供电所的售电价格（元/千瓦时）为农业电价0.065元，工业电价0.115元，照明电价0.24元。此后，江宁县供电所按照全国公布的统一电价表执行，并根据自身实际情况进行相应调整。1999年7月15日起，江宁县执行全省统一销售分类电价，统一销售电价平均水平为每千瓦时0.527元（含国家规定的附加）。为提高电价政策的透明度，各级地方政府加价权取消，国家批准的电力建设基金及附加费均已纳入统一销售电价中，各地不再另行加收，同时地方综合差价相应停止执行。居民生活照明用电价格从 1999 年 8 月 1 日抄见电量起执行；其他价格从 1999 年 7 月 15 日抄见电量起执行。自此，江宁县电力销售价格在全省框架内得到真正统一，原分类综合电价遂停止执行。

根据江苏省物价局、计经委、电力工业局《关于在部分行业试行峰谷分时电价的通知》和南京供电局统一部署，江宁县从 1999 年 10 月 1 日起在部分行业执行分时电价。分时电价又称峰谷电价，其适用范围：机械、冶金、化工、医药、建材、纺织六大行业，受电容量在 315 千伏安及以上的工业客户及电热锅炉（含蓄冰制冷）用电的电度电价。基本电费和利率调整仍按原办法计算（对最大需量计算基本电费的企业，以峰、平时最大需量作为结算依据）。分时电价的时段分为三个时段：峰时、平时、谷时（峰时 7 时至 11 时，17 时至 21 时；平时 11 时至 17 时，21 时至 23 时；谷时 23 时至 8 时）。电价确定：平时电价等于省统一销售电价值，峰时电价是平时电价的 1.67 倍，谷时电价是平时电价的 1/3 加 0.06 元。分时电量的计算方法：实行分时电价的客户，必须装配带有分时装置的电能表，分别计量高峰、低谷电量（照明电价电量应用专表计量）。

1999 年江苏省统一销售电价情况表

表 10-3-6

电价类别	电度电价（元 / 千瓦时）				基本电价	
	1 千伏及以下	1 千伏～10 千伏	35 千伏～110 千伏	110 千伏	最大需量（元 / 千瓦 / 月）	变压器容量（元 / 千伏安 / 月）
城镇居民生活	0.52	0.51	—	—	—	—
农村居民生活	—	0.39	—	—	—	—
商业照明	0.90	0.88	0.87	—	—	—
其他照明	0.79	0.78	0.76	—	—	—
非普工业	0.66	0.65	0.63	—	—	—
大工业	—	0.47	0.46	0.44	27	18
农业生产	0.42	0.41	0.40	—	—	—

说明：表中非普工业用电是非工业用电和普通工业用电的合并简称，下同

【电费】

江宁县电力销售体制 2001 年前为分级管理。县城城区低压客户江宁县供电局直抄到户（合表户抄到总表），高压户抄到单位变压器总表。总表以下，高压户由单位自管，低压户由分表户自行管理。农村用电，县供电局管理到变压器，计量抄表到变压器总表。变压器总表以下，电管站管理到村，村（电工组）管理到户。1991 年开始，县供电局在农村逐步推行 10 千伏以下用电承包责任制，凡已实行用电承包责任制的，抄表到 10 千伏线路关口总表。在政府的支持和组织下，南京凤凰山铁矿、南京吉山铁矿、南京云台山硫铁矿、南京三钢集团先后切除转供电，由县供电局直管直抄。2000 年 5 月 16 日，县政府成立江宁县城镇居民用电一户一表改造工程领导小组，组织实施一户一表改造，实行“四到户”（收费到户、服务到户、销售到户、抄表到户）。2001 年，随农村电网改造工程的完成，农村全部实行一户一表，改为供电企业派出机构的供电所实行抄表到户。按上级要求农电承包取消。供电所抄录数据作为电费结算依据向客户收取电费。2002 年，江宁城乡电力客户全部实现“四到户”“五统一”（统一电价、统一发票、统一抄表、统一核算、统一考核）。

根据市公司统一布置，江宁供电公司于2003年1月1正式启用江苏省电力公司电力营销电费管理子系统，电费核算、开票等工作均在系统程序中完成，电费工作的效率和准确性得到较大提高，抄核收工作的行为更加规范，避免手工操作的随意性。2004年9月，江宁供电公司与南京供电公司抄表公司联系，经协商并于2004年10月签订东山城区电费走收小用户抄核收工作委托该公司办理的协议，在协议中重点就抄见率、差错率、回收率，双方明确责任。抄表公司委派6人（后增至8人），负责东山新城区内4万户（后增至12万户）的抄表工作。

2006年3月，江宁供电公司同南京供电公司负控中心联系，对大客户进行负荷控制抄表试点，至2007年，负控抄表已推广到所有的直抄大工业、非普工业及供电所代抄的已安装负控装置的用户，电费直抄户和乡站代抄户已全部用上抄表机。

第四章 农村电力

江宁县原为农业大县，新中国成立后，从20世纪50年代开始发展农村电力，主要为农业生产和农村抗旱排涝用电。60年代中期，工业用电开始起步，特别是中共十一届三中全会之后，乡镇企业电力需求大幅上升，并逐步占据主导地位。随着农村经济发展，农村居民生活用电得到发展，并随农民生活水平的逐步提高不断增长。

1987年前，由于江宁县农村电力一直由地方政府和用电单位自建、自用、自管，农村电力管理较为混乱。1987年机电分设，成立乡镇电管站后，江宁县供电局依靠县、乡两级政府，建立健全各项规章制度，多方筹措资金，大搞农网建设，不断推进农电体制改革，推动农电事业向前发展。1992年后，经过几次具有一定规模的农村电网建设与改造，农村电力基础设施取得长足进展。1996年，全县农村电气化建设和“三为”服务通过验收，体制改革初见成效，农电事业跃上新台阶。1998年11月，被称为农电二次创业的“两改一同价”（改革农电管理体制，改造农村电网，实现城乡用电同网同价）工程进入实施。2000年6月，总投资1.71亿元的一期农网建设改造工程提前完成。2002年，总投资7170万元的农网一期二批及农网二期建设、改造、完善工程完成。经过建设，农村电力基础设施得到全面发展，配电网结构更趋合理，配电装置健康水平、安全运行系数、用电可靠性、电能质量均得到显著提高，并达到或超过国家规定的指标要求。

第一节 农网建设

【农村电气化建设】

用电标准化建设 1989年，经南京供电局、江宁县人民政府验收合格，江宁县淳化镇焦村、江宁镇渔业村被正式命名为用电标准村，是全县首批用电标准村。1991年，方山、淳化2个乡（镇）投资320万元进行标准化建设，是年12月23日，经南京市供电局、江宁县政府验收合格，被命名为用电标准乡（镇），填补了全县用电标准乡（镇）建设的空白。1992 年 4 月起，江宁县供电局为 21 个乡镇（不含汤山、麒麟、上峰）办理 201 台农村集体资产变压器代管工作，并以此为契机，狠抓标准化建设。同年 12 月 18 日，上峰乡被命名为用电标准乡。1993 年 9 月 23 日，东山镇被命名为用电标准镇。1992—1994 年，江宁县供电局投资 230 万元，整改农村低压线路 3549 千米，更换不合格变压器 45 台，淘汰旧型号电表 4317 只，全县年供电量逐年增加，综合线损下降 0.10% ~ 0.20%，既提高了农村电网电压质量，又使农村电力管理趋向标准化。至 1995 年年底，全县用电标准化工作通过南京供电局验收，为农村电气化建设夯实基础。

图 10-4-8　1996 年 7 月，江苏省电力工业局授予江宁县农村用电标准化县称号

创建农村电气化县　1995 年 3 月，江宁县委、县政府提出，一年内建成农村电气化县的目标。据此，江宁县供电局将工作内容分成低压、高压、线损、软件 4 个部分，将全县分成 5 个片，实行分片包干、责任落实、结果考核的办法。建设资金采取“县补助一点、乡镇补贴一点、行政村及村办企业筹集一点、农户自筹一点”的办法进行筹集，同时，贯彻“产权属谁谁出资、谁出谁受益”的原则。1995—1996 年，共筹集资金 3255.80 万元投入农村低压设备改造。“两化”（农村用电标准化和农村电气化县）建设中，全县新装变压器 66 台，迁移变压器 6 台，共扩、增容量 23590 千伏安，新增电杆 23121 根，耗用钢材 391.56 吨，各种规格导线 326.20 吨，新架和改造低压线路 1646.40 千米，并对全县 7000 余千米低压线（含接户线、联户线、进户线）全部进行整治，改造配电屏 1052 块，整改 21.73 万户农户照明装置，安装家用漏电保护器 128876 只。电气化建设增强农村低压电网的供电能力，使电网健康水平得到改善，农村安全用电系数得到提高。1996 年 7 月，经省人民政府和华东电管局有关部门验收合格，江宁县成为用电标准化县、农村电气化县。江宁县供电局受到南京供电局、江宁县政府嘉奖。

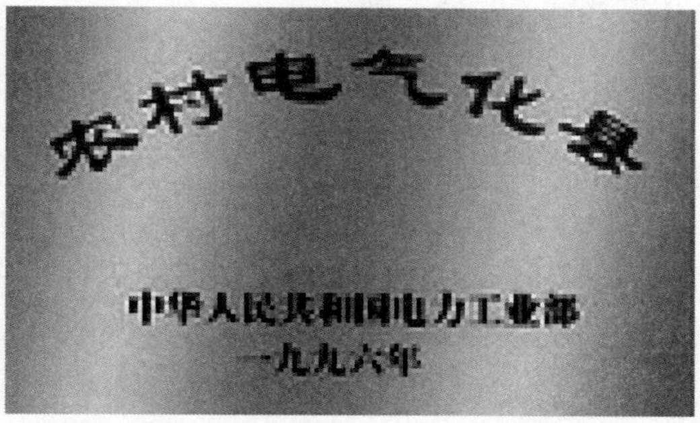

图 10-4-9　1996 年，电力工业部授予江宁县农村电气化县称号

【农网建设与改造】

1998 年 6 月，国务院召开全国电视电话会议，部署农村电力“两改一同价”工作，按照全省统一安排，江宁县 1998 年 12 月开始进行农网建设与改造工程。江宁县供电局在县农网建设、改造领导小组的领导下成立江宁县供电局农网建设与改造实施、协调领导小组。从 1998 年 12 月到 2000 年 6 月，被省政府列为全省首批农网建设改造竣工县之一的江宁县，提前完成 1.71 亿元的农网建设与改造任务，其中，农村配电设施共新建、改造 10 千伏线路 626.86 千米，400 伏及以下线路 5519.11 千米；新建、更新、增容、迁移配电变压器 1139 台，总容量 12.55 万千伏安。农网工程使江宁地区 315 个行政村、21 个乡镇集镇所在地和少数矿山转供电村落的农村电网得到有效的建设与改造，共为农户更换电能表 164018 只。通过电网建设和改造，农村电力设施容量不足问题得到改善，供电可靠性得到加强，过去部分农户日光灯无法启动、电视图像不

清、电扇有气无力的现象得到根本解决；农村低压线损大幅下降，由改造前的25% ~ 30%降至12%以下；农村电价按物价部门规定标准收取，不再向农户加价或由行政村补贴，窃电现象和人情电、关系电、权力电问题得到遏制；农村供电设施标准、可靠，漏电保护器做到三级保护（即总保护、分路保护、农户家庭保护），安全用电提高到一个新水平。

图10-4-10　2000年4月9日，江宁县10千伏及以下农网建设与改造工程通过省级验收，并被列为全国首批农村电网建设与改造县

2001年10月，江宁县供电局按照有关文件精神，共完成农林圃配电设施改造工程投资380万元；新建10千伏线路28.60千米，改造2.25千米；新建400伏及以下线路140.50千米，改造47.80千米；新上、更换配电变压器32台，总容量2420千伏安；新上配电箱30只。该工程项目纳入农网一期二批工程。

江宁供电公司于2002年4月开始实施二期农网建设与改造工程。其中共完成10千伏及以下工程投资6100万元；新建改造10千伏线路280.36千米；新建、改造400伏线路1789.01千米；新建、改造配电变压器324台，总容量45870千伏安；新上柱上开关51台。

第二节　农村用电

【农业用电】

民国23年（1934），江宁自治实验县政府为预防旱涝灾害、增加农业生产，专门设置农业生产设计委员会，办理电力排灌事宜。同年12月1日，县政府与首都电厂签订为期3年的电力排灌合同。从民国24年开始，各电灌站陆续投入运行，至9月20日，各站用电约70万千瓦时，受益农田3066.67公顷，首都电厂收回资金4.10万元（银元）。民国26年，日军侵华战争爆发后，江宁沦陷，供电设施全毁，供电中断。

20世纪五六十年代，全县陆续建造电力排灌站，大力发展农业。1959年，由江苏省水利厅投资、县水利局设计，在沿秦淮河和句容河两岸的马墩圩、健康圩、东西旺圩、万寿圩、东洋圩、万安圩建造了坝水庙、洋桥、东旺、张桥、大六渡、焦公渡等6个大型电力排灌站，安装电动机和抽水泵19台（套），容量近1000千瓦，架设35千伏直配变压器6台1360千伏安。灌溉面积2933.33公顷，排水面积5000公顷。这是新中国成立后江宁县电力灌溉的开始。1960年，在东山公社、铜井公社和江宁公社等地继续建设电灌站14座，安装电动机和抽水泵28台。随着国民经济的调整，农业用电发展很快。据统计，1963年全县国营机电站83个，其中电灌站75座；集体所有制机电站55个，其中电灌站43座。是年，全县售电量385万千瓦时，农业排灌用电量占71%，通电乡（公社）达19个。1966年，江宁县遭受历史上罕见的干旱，丘陵山区水库、塘坝基本干涸，全县 21 条支岔河，有 19 条断流。为夺取农业丰收，县委决定翻引长江水抗御自然灾害，当年临时安装电动机和水泵 100 多台（套），总容量 2530 千瓦，保证圩区 24000 公顷水田按时插秧。1967 和 1968 年，每年都有近 1000 台电动机投入抗旱。到 1975 年，全县供电范围达 26 个公社、355 个大队，用电大队占 96.20%，用电生产队占 75%，全年售电量 5726 万千瓦时，其中农村用电量 3334 万千瓦时，占 58.20%。

20 世纪七八十年代，全县再次掀起建造电力排灌站的热潮，一时间农业发展迅猛，农业用电量也大幅上升。至 1988 年，农业生产用电量达 6396 万千瓦时，占总用电量 21.71%。1991 年，全县农业电量突增，达 7594 万千瓦时。1994 年，江宁县遭遇新中国成立后最严重干旱，受旱面积 80% 以上。据统计，全县投入抗旱电机 80026 千瓦，柴油机 24562.76 千瓦。抗旱期间，还新装和增容 10 千伏配电变压器 16 台。是年，全县农业用电高达 9495 万千瓦时，创历史新高。

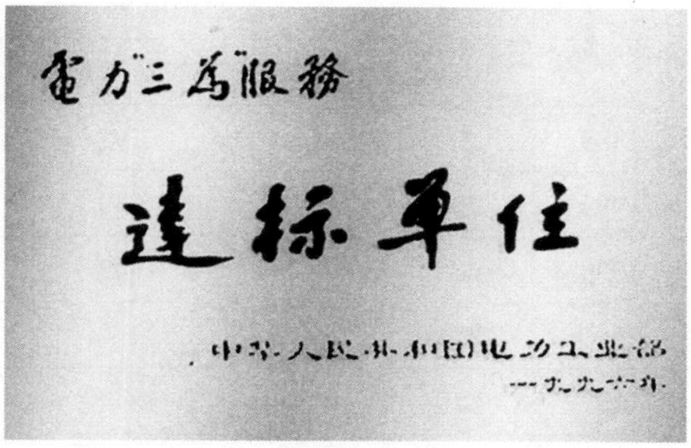

图 10-4-11　1996 年，电力工业部授予江宁县供电局“三为”服务达标单位称号

1995 年，江宁发生特大洪涝灾害，为确保农业生产和人民生活用电，该年农业用电量达 8926 万千瓦时，仅次于 1994 年。1996—2000 年，农业结构调整步伐加快，农业生产用电量除 2000 年较 1999 年增长 3.95% 外，其他均逐年下降，下降率最大为 11.24%。2001 年，区农业结构调整基本完成，工业化进程进一步加快，耕地面积逐年减少；至 2002 年，农业用电量只有 3088 万千瓦时。2003—2007 年，全区农业用电量在 4000 万千瓦时左右徘徊，增减幅度约为 200 万千瓦时。

【用电水平】

民国 22 年（1933），江宁县农村即开始用电，主要在靠近东山镇周围地区，后由于战争线路被毁，供电终止。新中国成立后，恢复供电。20 世纪 50 年代末至 60 年代初，农业用电开始起步，主要为秦淮河沿岸的圩区灌溉。据统计，1963 年全县农村排灌用电量 273 万千瓦时，占总用电量 71%。1965 年，用电量继续上升，农业排灌用电量占 67.20%。1966—1970 年，江宁县具有一定规模的工业企业用电开始起步，全年工业用电量 1091 万千瓦时，占总用电量 46.70%，而农业排灌用电量为 1014 万千瓦时，占总用电量 43.40%，第一次低于工业用电量。70 年代起，农村照明用电户不断增加，全县用电增多，到 1979 年已普及到自然村。中共十一届三中全会后，乡（镇）村工业用电量增长很快，到 1987 年，农村用电量为 17815 万千瓦时，而乡镇工业用电量为 11813 万千瓦时，占总用电量 66.13%。

江宁县农村用电 1988 年用电量 1.77 亿千瓦时，人均用电量 269.69 千瓦时，乡镇工业所占比例为 45.13%，农业用电量占 45.61%，照明占 9.26%，用电水平在全省属中等偏下。1996—2000 年，随着经济的发展，农民生活水平提高，农村电力基础设施得到改善，农村电价渐渐降低，农村居民生活用电量逐年递增。随着农田水利设施逐步完善，产业结构调整日见成效，逐步合理，农业机械化普遍推行，加之农业灌溉面积逐步减少，农业生产用电量不增反减，并逐步稳定在一个较低水平上。

2002 年，江宁农村乡镇以下用电量（不含专用变压器用电）4.03 亿千瓦时，其中，工业用电量 2.58 亿千瓦时，占 64.15%，照明用电量（含生活和非生活照明）1.14 亿千瓦时，占

28.18%，农业用电量只占7.67%。至2007年，江宁农村公用综合变压器以下年用电量4.10亿千瓦时，其中，工业用电量1.16亿千瓦时，占28.33%，照明用电量（含生活和非生活照明）2.60亿千瓦时，占63.45%，农业用电量只占8.22%。

1988—2002年江宁区农村用电分类情况表

表10-4-7　　　　单位：万千瓦时

年　份	农业用电量				非普工业	生活照明	其他照明	合　计
	小　计	排　灌	农业生产	农副加工				
1988	8085	4023	992	3070	8000	1642	—	17727
1989	7386	3313	949	3124	6883	2011	—	16280
1990	6857	3374	942	2541	6969	2434	—	16260
1991	8741	3710	2160	2871	10773	3009	—	22523
1992	8204	3744	1847	2613	11537	3923	—	23664
1993	8245	5301	1270	1674	17521	4774	—	30540
1994	10223	7978	1099	1146	16895	6231	—	33349
1995	9553	4888	2980	1685	16738	6489	—	32730
1996	7827	7054	66	707	17288	6502	—	31617
1997	7943	7488	455	—	15199	6832	—	29974
1998	7423	7063	360	—	15915	6871	—	30209
1999	4423	4023	400	—	18085	7003	—	29511
2000	6993	6540	453	—	16847	7211	—	31051
2001	3691	3113	578	—	19934	5913	1486	31024
2002	3086	2934	152	—	25840	8611	2741	42278

说明：表内数据不含汤山、麒麟

2003—2007年江宁区农村用电分类情况表

表10-4-8　　　　单位：万千瓦时

年　份	非普工业	农　业	生活照明	非生活照明	商业照明	售电量
2003	6205	3822	10525	633	475	21660
2004	7743	3600	12285	1108	1002	25738
2005	8810	3851	15579	1247	1195	30682
2006	10315	3991	19306	1856	1543	37011
2007	11628	3372	21719	4326	—	41045

说明：表内数据不含汤山、麒麟

【城乡用电同网同价】

在电价实行双轨制期间，由于从省、市、县到自然村各级都有权加价，政出多门，随意性大，农村电价较为混乱。江宁县政府于1991年8月13日召开会议贯彻部署清理整顿工业电价工作，会议对推行综合电价问题进行了舆论准备和思想动员，但因条件不具备，会议没有出台相关政策。1992年10月1日，全县着手整顿农村低压设备维修管理费的收取，由物价局和供电局联合发文规定低维费使用统一票据，按月上交由江宁县农村电力管理联站（简称县农电联站）统一管理。此举使全县农村低维费的管理和收费标准得到统一，但全县农村电价在1993年前仍居高不下。

《江宁县分类综合电价管理办法》于1993年年底出台。1994年1月1日开始执行的江宁县分类综合电价对电费结算方式进行改革，电管站对农村用电按规定价格直接到户，电价分类简单、透明，使农村电价混乱现象得到治理。

江宁县物价局、供电局于1998年10月对农村电价进行整顿，联合发出通知，规定全县农村生活照明分每千瓦时0.60元、0.65元、0.75元三个区域价，要求严格执行，不得突破，并将电费收缴情况每月按时在自然村张榜公布，接受广大农民监督。凡在1998年内电价还未降至最高限价以内的乡（镇）、村，其电管站站长及村电工将受到免职和解聘处理。这一举措有效遏制了各种名目的价外加价。

全县农村统一销售分类电价从2000年3月起由江苏省物价局批准执行。农村用电于2000年12月起对已完成农网改造的部分村实行生活照明城乡同价，2001年3月1日对全区居民生活用电实行城乡同价，自2002年8月起对农村其他照明实行城乡同价，2003年2月，农村各类用电全部实行城乡同价。至2007年未变。

第五章 电力安全管理

20世纪60年代之后，随着江宁用电逐步增长，安全生产和用电安全管理逐步受到重视，尤其是进入80年代后，江宁县供电局围绕安全生产奋斗目标，坚持安全第一，预防为主的方针，不断完善以局长为第一责任人的三级安全生产管理网络和以安全生产责任制为核心的各项规章制度，落实各项预防事故措施和电力设施保护工作，狠抓职工安全生产教育和安全生产大检查，加大安全生产奖惩考核力度，加大城市和农村电网改造力度。县供电局安全生产管理水平逐年提升，安全生产和农村安全用电情况逐步好转，多次荣获江宁县安全生产先进单位和南京供电局安全生产先进集体。

随着江宁地区大开发，施工现场作业不规范以及破坏电力设施犯罪增加，外力破坏电力设施现象呈上升趋势。江宁县电力设施保护按照惩教结合、打防并举原则，收到明显效果。1988—2007年，共发生外力破坏案件341起，平均每年17起，其中2003—2007年5年间发生192起，超过前10年总和，2003年发生70起，为历年最高。2007年，共发生外力破坏案件26起，查处26起，追回经济损失58万多元。

1978—2007年，全区共发生人身死亡事故4次（4人）、人身轻伤事故10次（10人）、送电事故12次、变电事故20次。1988—2007年，江宁区供电局实现百日无考核事故78个，最高安全纪录1691天。

第一节 安全网络与规章制度

【安全网络】

江宁县机电排灌管理所成立初期，安全生产工作由所主任和主管技术人员负责。江宁县供电所成立后到1979年，安全生产管理由分管生产的副所（局）长负责。在1984年进行的企业整顿中，确定由主任工程师具体负责安全生产工作，江宁县供电局配专职安全员1人，各股和班组设兼职安全员，全局上下形成三级安全生产网。同时规定，每周末为安全生产活动日。为确保安全生产，同年9月1日明确工作负责人和工作票签发人以及有权单独巡视变电所人员名单等。同年11月22日采取组织措施，明确各类技术管理负责人，配备三项监督防雷专职、开关专职、保护专职、变电运行专职、线路专职、计量专职等人员。1988年9月，实施局长负责制后，局长成为安全生产第一责任人。1998年6月12日，经南京供电局批准，县供电局增设安全保卫科，配置5人。

2000年10月14日，县供电局首次组建安全生产委员会，成员14人。2002年6月，江宁供电公司将安全保卫科更名为综合监察部，调整后的兼职安全员共23人。2006年1月9日，供电公司将综合监察部更名为安全监察部，担负着全公司安全监察、消防保卫等工作。

【规章制度】

在保证安全生产中，江宁县供电局在贯彻落实国家及国家电力主管部门《电业安全工作规程》《电业生产事故调查规程》《中华人民共和国电力法》《南京供电局安全生产全过程管理实施细则》等规程、制度的同时，不断结合全局实际，制订和完善安全生产规章制度，先后制定《加强劳动纪律、值班纪律、行业纪律的管理意见》《加强进网电气设备管理的规定》《防误装置管理规定》与《班组成员互保实施办法》等规章制度。

自1980年起，县供电局一直严格贯彻“两票”（工作票、操作票）、“三制”（巡回检查制、交接班制、定期切换制）这一组织措施。同时制定《江宁县用户工作票双签发制度》，以杜绝无票工作、无票操作和违章作业现象。为不断提高“两票”质量，全局和上级安全管理部门每年不定期对“两票”进行检查，“两票”合格率均在98%以上。1988—2002年，执行工作票、操作票计117984张，合格率99.77%。2003—2007年，执行工作票、操作票计39555张，合格率100%。

1984年，县供电局制定《江宁县供电局安全生产责任制》，明确局党政领导以及全局各类人员安全生产责任。1992—2002年，全局2次修订《江宁县供电局安全生产责任制》，明确局长对全局安全生产负全面责任。

为保证变电所刀闸操作时不发生误操作，一直坚持2人工作制（1人操作、1人监护），并按要求进行模拟操作和坚持复诵制度。单人值班的变电所刀闸操作，由当值调度员按操作程序指挥值班人员逐项进行。

第二节　安全教育与安全检查

【安全教育】

为使职工牢固树立安全第一、预防为主的思想，全局加强职工安全生产教育工作。新人员上岗前进行两级安全生产教育（即局、班两级）。首先进行系统安全生产知识和电气知识教育，再安排跟班实习一段时间，经考试合格后方可上岗工作。安全教育主要内容：针对供电生产特点开展以安全生产为中心、遵纪守法、消除隐患、杜绝事故、增强责任的教育。

从 1983 年起，全局每周末以部门和班组为单位，召开安全会议，全局每月召开 1 次安全生产分析会，每年开展一次安全月活动，及时学习传达上级安全会议精神和文件、简报，并结合安全生产情况，适时进行安全生产教育。1992—2007 年，全局先后开展以贯彻落实《江宁县供电局安全生产责任制》和电力生产防人身事故“六要素”（现场勘察、安全带、安全帽、停电、验电接地、现场监护）及四个事故隐患控制点（梯子上作业、瓷件上作业、配变台架上作业、砍伐树木上作业）的教育，学习贯彻能源部安全生产 1 号、2 号指令及电力工业部《安全生产工作决定》、《中华人民共和国电力法》及中共中央总书记江泽民“隐患胜于明火，防范胜于救灾，责任重于泰山”的重要指示、南京供电局《安全生产第一责任人到位的十条标准》的教育。

图 10-5-12　2002 年 10 月 18 日，南京供电公司江宁供电公司举行用电业务人员装表技能竞赛

2002 年，《中华人民共和国安全生产法》颁布，全局及时组织职工学习，并于当年 10 月中旬组织各部门参加学习贯彻安全生产法知识竞赛活动。2004 年，坚持每月对生产人员进行一次安全方面的教育培训，进行各类安全教育培训 11 次，共有 1895 人次参加各类安全教育培训。2007 年，组织 50 名职工参加江苏省安全生产法律法规百题知识竞赛活动。同年，会同团委在公司范围内的广大团员青年中联合举办安全生产演讲竞赛及巡回演讲选拔活动；组织职工对《农网配电典型作业防止重特大人身事故措施（试行）》进行学习。同年 6 月 10 日，在江宁区大市口广场举办全国“安全月”宣传日活动，向市民发放《电力设施保护手册》150 余份，《电力设施保护宣传画册》80 多份，《用电安全宣传手册》100 余份。同年，围绕全国安全生产月综合治理，保障平安的活动要求，开展了征集“一封安全家书”活动，此次活动共收到 32 封书信。

为提高生产工人技术业务素质，每年组织一次安全规程学习和考试，并将考试成绩填入个人安全合格证。1987 年 6 月，该局生产人员进行安全规程考试，参考人员 87 人，90 分以上 25 人，80 分以上 31 人，不及格 3 人。2005 年，举办各类安全技术培训班 5 期，共 800 多人参加培训考试，合格率 100%。2007 年，江宁供电公司举办反违章学习班、安全规程培训班、农电安全规程培训等安全技术培训班 4 期，共 1000 多人参加培训。

【安全检查】

20世纪70年代之后，江宁县供电局结合电力行业季节性特点，每年有组织、有计划、有措施地进行一年一度的春季、迎峰度夏、冬季安全生产大检查，必要时还开展专项安全检查和现场作业检查。

1993年，把春季、迎峰度夏和冬季安全大检查作为创安全、文明生产双达标的重要措施。在当年的冬季安全大检查中，坚持以自查为主，抽查为辅，边查边改的原则，发现变电、线路设备缺陷77处，及时消缺32处，暂未消除的缺陷，列入整改计划。防人身事故是此次冬季安全大检查的重中之重，全局先后购置个人保安接地线43套、电子报警表43只、语言警告标示牌60块、更换登高板7副、安全带8根、竹梯8张、10千伏及以上验电器3只。当年，全局实现4个百日安全生产考核无事故纪录。1997年，为确保南京禄口国际机场用电和全县人民收看电视用电，全局专项检查和夜间特巡220千伏线路6条次，110千伏线路15条次，35千伏线路18条次，10千伏线路38条次。变电站专项检查和夜间特巡的有220千伏龙山、殷巷变电站，110千伏禄口、新区、淳化变电站和禄口国际机场35千伏变电站。

图10-5-13　2000年8月20日，江宁县供电局领导率领党政工团安全督查队在淳化变电站检查安全工作

2000年，成立施工现场安全督察队，每周2次～3次，深入作业现场实行全方位、全过程、全时段的监督检查。是年，安全监督队参加作业现场检查300多人次，发现习惯性违章9人次，罚款2200元。2003年，共组织检查施工现场92次，特巡6次，夜间检查3次。共查处违章22处，开违章处罚单26张，罚款5100元。2004年，现场安全检查298人次，违章处罚12次，罚款3800元。同时，对各类人员在安全生产上的好人好事进行大力表扬，共奖励安全生产上的好人好事11起共计3000元。2005年，安全督察组共进行现场安全检查近140人次，查出有问题的工作现场8处，根据实际情况对工作班组、人员进行及时的批评、教育、处罚，并现场责令有关人员进行整改。查处违章17次，共处罚金额5500元。

2007年，开展春节和“五一”节前安全大检查、继电保护专项检查、安全月等活动。检查发现各类问题、缺陷252起，当即处理235起，其余17起均落实责任人、制订整改计划逐步进行处理。供电所出动检查人员336人次，共检查2814座次台变、1756座次配电房、1033面次配电箱、20667条次0.4千伏线路、87条次10千伏线路，共发现各类缺陷1017处，消除各类缺陷375处，修剪树木157棵。对遗留缺陷，各生产班组、供电所根据线路设备轻、重、缓、急制订缺陷消除计划。此外，供电所还对168座排涝站线路设备进行检查，发现主设备缺陷共33处，线路不合格2处，检查组人员及时下发整改通知书，确保排涝期间设备正常运转。

第三节 电力设施保护

【组织设置】

江宁县电力设施保护工作依据国务院《电力设施保护条例》和南京市电力设施保护三级管理精神，采取供电部门专业管理和地方政府行政管理相结合的办法，使电力设施保护组织逐步完善。1988 年之后，江宁县供电局电力设施保护管理职能先后归口于人秘股、办公室、安全保卫科、综合办公室。1990 年 4 月 2 日，江宁县电力设施保护领导小组成立。同年，全县 21 个乡镇（不含其林、汤山、上峰）相继成立电力设施保护领导小组，同时每乡镇从电力管理站和村电工中选拔 2 名 ~ 3 名护线员，组成全县群众性的护线网络。因县政府分管电力设施的副县长人事变动，全县分别于 1993 年、2002 年和 2004 年对县（区）电力设施保护领导小组成员进行调整。

2002 年 12 月 10 日，经市电管部门批准，江宁区公安局驻江宁供电公司办公室成立，为电力设施保护提供法律保证。随着农电体制改革的深入，全局对义务护线员进行调整，护线员队伍发展到 88 人。

【保护措施】

1990年后，全局每年开展电力设施保护宣传周以及其他形式宣传活动，利用会议、张贴标语、悬挂横幅和警示牌、发放宣传单和通知书等形式，进行电力设施保护宣传工作，提高全民电力设施保护意识。1997 年，全局在电力设施安全宣传周活动期间，张贴标语 1500 张，悬挂横幅 72 条，并向居民、村民、中小学生、建筑施工队工人发《告电力沿线用户书》600 份。1999—2000 年，全县悬挂横幅 42 条，张贴标语 2502 张，挂警示牌 446 块。2002 年，在电力设施保护宣传周中，共设立咨询台 22 处，参加咨询人员 94 人次，接受咨询人员 1722 人次，发放各类宣传资料 5741 份，悬挂横幅 26 条，张贴宣传标语 977 张。2004—2005 年，进行电力设施保护知识宣传咨询 22 次，召开电力设施保护会议 6 次，发放宣传材料 25948 多份，张贴宣传画 1500 张，安装宣传牌 306 块。2006 年，全局召开电力保护设施会议 6 次，发放宣传单 10463 份，宣传资料 5470 多份，给全区小学生发放 3 万多本电力设施保护知识读本，安装警示牌 600 多块。

县供电局采取技术防范措施，每年对配电变压器加装防盗螺栓。1988—2007 年，共对 3720 台变电压器加装防盗螺栓。每年还组织生产部门人员和护线员对电力设施进行检查。2001—2003 年，护线员 1515 人次对电力设施进行巡查，发现处理隐患 167 处。2004—2006 年，护线员 874 人次对电力设施进行巡查，发现处理隐患 219 处。

第四节 农村用电安全管理

为改变农村用电不安全状况，县供电部门从 1963 年起每年发通知和通报，发动群众张贴安全用电宣传标语，发放宣传画，放安全用电影片，制定安全用电公约，建立安全用电规章制度等。1972 年，江苏省电力管理局在淳化公社召开全省各地市、县主管农电的负责人会议，推广江宁县安装电压型重锤式漏电保护器经验（该漏电保护器由县供电局组织江宁县中学仿制山东滕县产品，约500台）。至1985年，全县农村共装漏电保护器1463台，投运率93%，有效率90%以上。

1988年，江宁县各乡（镇）电力管理站、县农村电力管理联站和村管电组相继成立，行业管理得到加强。各站狠抓宣传教育，先后举办9期用电管理、触电急救和漏电保护器的使用及管理培训班，受训者1000多人次，使安全用电知识得到普及，漏电保护器使用率95%以上。是年，全县农电安全首创农村触电死亡人数零纪录。但由于农村用电基础薄弱问题未得到根本解决，安全隐患仍然存在。

1991—1993年期间，农电安全管理体制为县、乡（镇）、村（以村电工组为主）的三级管理模式。县农电联站为加强漏电保护器的管理，于1991年8月15日制定江宁县农村漏电保护器销售、使用、修理等统一管理规定，指定质量好的产品统一归口经销，设立漏电保护器维修站，并对指定产品实行免费维修。1991年下半年，县供电局开始与电管站签订安全用电管理协议以加强安全管理。

1994—1996年，农村电气化建设期间，农电安全管理工作的重点为落实不发生触电死亡和重大设备事故的安全目标，发生事故及时上报调查处理；狠抓安全措施，并进行考核；利用各种形式开展安全用电活动，主要在农忙期间重点进行宣传；电管站每年春、夏、冬三季，组织3次安全大检查工作，督促行政村进行整改；严格漏电保护器管理，宣传普及农户安装家用漏电保护器，要求安装率和投运率100%、灵敏率98%，农业用电出线要求安装分级保护。1996年4月8日，县农电联站通过考核正式明确各乡、镇电管站的低压工作票签发人，进一步完善各电管站安全管理体系。

1997年11月28日，县农电总站颁发《江宁县农村电力管理总站安全奖惩细则》，设立安全生产奖励等级和处罚等级及一次性奖惩标准。并在总站、电管站分设安全奖励基金。

从1999年电力资产逐步完成改造并移交供电企业，到电管站撤销改为电力企业派出机构供电所，农电安全工作逐步规范。2001年，江宁供电分局开始逐年与供电所签订《农电安全管理奋斗目标责任书》。2002年6月，新组建的农电部从编制上正式设安全专职员，专司全县农电安全工作。同年9月开始，农电生产工作票和操作票的严格执行及安全工器具定置摆放、定人管理，使农电安全真正纳入供电企业规范管理轨道。同年9—12月，江宁农村各供电所农电安全性评价工作全面展开，通过全方位、系统性安全基础工作，加强乡、镇以下农村电力安全管理，防止各类事故的发生，在全国尚属首例。2005年，开展供电所安全网活动，将全区21个供电所划分7个片区开展活动，做到每月活动一次，交流和促进安全工作，并及时消除安全隐患。1988—2007年，农村触电死亡人数大幅减少，其间有13年未发生触电死亡。

据统计，1959—1987年，农村用户因忽视安全用电而触电死亡250人，平均每年8.62人。1988—2007年，农村安全用电管理日益加强，触电死亡者仅11人，平均每年0.55人。

1959—2007年江宁区农村触电死亡人数情况表

表10-5-9

时　间	死亡人数	时　间	死亡人数	时　间	死亡人数
1959—1960年	2	1971—1975年	78	1984—1985年	10
1961—1962年	6	1976—1978年	58	1986—1987年	6
1963—1965年	9	1979—1980年	24	1988—2007年	11
1966—1970年	39	1981—1983年	18	合　计	261

第十一编

交通运输

江宁地区交通运输，特别是水路交通运输历史悠久。春秋吴越，三国孙吴迁都建业后，疏秦淮、凿运渎，江河码头常泊大小船只万艘，江宁水道与南京一脉相通，水运事业盛极一时。明初水运再次繁盛。明洪武二十六年至二十八年（1393—1395），挖洪昌河与胥河相通，引固城湖、石臼湖之水，汇秦淮入长江，是江南粮粟直达京师的要道。

江宁县陆运交通春秋战国时有驿道。秦修驰道，经丹阳，通吴楚。南宋经江宁、上元两县驿道有三条。太平天国后，驿道更遍布江宁境内。民国时期，干线公路大都沿驿道而筑。凡通往沪、浙、皖等地公路必经江宁，江宁陆运日益发达。民国17年（1928），宁垣长途汽车公司开始承办京汤客运。民国20年，江南汽车运输公司又开办京杭国道江苏段运输业务。民国22年后，江苏公路管理处经营京芜、京建两处客运业务。民国24年，自建京湖公路。是年，江南汽车公司与江宁自治实验县签订京湖线客运业务。抗日战争时期，道路受毁，桥梁失修，内河运输全为日本和日伪合办公司占据经营。开辟的京坛、京淳、京溧几条公路运输线，专供军事运输。抗日战争胜利后，因“工款支绌，应付维艰”，直到民国38年江宁解放时，境内公路未能全部修复畅通。

新中国成立后，江宁县对境内公路进行修复、改善，并大力修筑县乡公路。1949年有6条公路，辖区里程124.75千米。人畜力车货运量2万吨，货运周转量21万吨千米。1985年，全县共有省、县公路510.64千米，乡村公路1320.10千米，达到乡乡村村通公路。完成水陆运货量212.34万吨，周转量8537.70万吨千米；客运量662.40万人次，周转量12435万人千米。

1997年7月1日，位于江宁县禄口镇境内的南京禄口国际机场正式通航。至2007年年底，已开通国内外63个城市近120条航线，客运量由1997年的103万人次增至2007年的800万人次。货运量由1997年的1.40万吨增至2007年的18万吨。

至2007年年底，全区公路总里程为2030.38千米。其中，国道江宁段61.44千米，省道江宁段166.80千米，县道428.18千米；有公路桥405座17283.66延米（即延长米，是用于统计或描述不规则的条状或线状工程的工程计量）。有宁芜、古凤、凤云3条铁路线。境内有航道里程147.89千米，长江码头、秦淮河码头9座。开辟客运公交线路111条，通车里程达1151千米，有客运车辆923辆，实现行政村（社区）客运公交化，年客运量2667万人次，客运周转量133765万人千米。全区公（水）路货运量1674万吨，货物周转量124075万吨千米。

第一章 公 路

今江宁区境，为六朝古都近畿，古驿道、官道、堤道、庙路、大路、田埂，早已错综成蛛网式。

民国时期，江宁县境开始公路建设。据《江宁县乡土志》载，民国5年(1916)，城乡来往大道，约分7路。民国23年，江宁县县治迁址土山镇（原东山镇）后，兴建宁湖公路，从中华门养虎巷修筑到湖熟镇，后延伸到溧水县，名宁湖溧线。从而横联宁芜、京建、京杭三大纵线和宁沪铁路，开辟以县城东山镇为中心的辐射网。

侵华日军侵占江宁后，县境内公路遭到严重破坏。抗日战争胜利后，进行抢修和复建工作，但由于军事失败，经济崩溃，致使公路修复缓慢。至民国38年（1949）4月24日江宁县解放，境内有民国政府遗留下的6条线路，计113.20千米。

新中国成立后，江宁县公路建设虽然随着政治运动几起几落，但仍不断发展壮大。特别是中共十一届三中全会后，公路建设迅速崛起。至1990年，江宁县公路总里程为1959.79千米，其中：国道2条，里程51.62千米；省道3条，里程80.80千米；县道38条，里程348.63千米；乡村道路720条，里程1365.90千米；专用公路20条，里程112.84千米。公路覆盖密度为每平方千米1.23千米，实现以江宁县城东山镇为中心辐射的大辐射、小循环、水陆衔接、干支相连的公路网络。

根据2007年年底公路普查数据，全区公路总里程为2030.38千米，公路覆盖密度为每平方千米1.29千米。按行政等级分，国道江宁段61.44千米，省道江宁段166.80千米，县道428.18千米，乡道997.92千米，村道376.04千米；按技术等级分，高速公路60.25千米，一级公路181.08千米，二级公路310.40千米，三级公路121.09千米，四级公路1164.90千米，等外级公路192.66千米。

第一节 国道江宁段

国道，是国家干线公路的简称，包括重要的国际公路、国防公路以及连接首都与各省、自治区、直辖市首府的公路，连接各大经济中心、港站枢纽、商品生产基地和战略要地的公路。由首都向外辐射的以“1”字开头编号，南北走向以“2”字开头编号，东西走向的以“3”字开头编号。至2007年年底，江宁境内有3条国道：104国道、205国道、055国道（沪宁高速公路），总长61.44千米；正在建设中的国道2条：宁杭高速公路二期工程江宁段和南京绕越公路东南段江宁段（高速公路），共长61.80千米。

【104国道】

104国道是北京至福州的一条干线公路。江宁区起于与雨花台交界的双龙街，至河定桥向东经东山、淳化至土桥集镇东的元桥，往句容方向接宁杭公路。境内桩号为K1132+06米—K1162+86米，全长30.86千米。

该路双龙街至东山段始建于民国22年（1933），东山至淳化段始建于民国23年，淳化至土桥段始建于1958年。1982年，为避开东山大街闹市区于城南另建4.10千米新线，称三号马路（今金箔路），1984年国庆建成通车。1985年，对双龙街至河定桥段拓宽改建，1986年8月20日竣工。改建后道路达一级标准。路幅27米，双幅快车道共14米，慢车道共8米，中间分隔带1米。是年，淳化至土桥段拓宽改建为路幅宽12米，路面宽9米沥青路。三里店至七里岗裁弯取直。东山至土桥段1987年拓宽为路幅12米沥青路。是年，双龙街至河定桥段拓宽为路幅27米的一级公路，被定名为104国道。1990年，河定桥至秦淮中学（今江宁实验小学段）拓宽至22米。1992年，建设20千米标准路。同年将三号路拓宽至33米。1994年，土桥集镇段在镇南改新线4.70千米，同时拓宽新线往东5.30千米。1995年，全线扩宽至15米。2000—2002年，完成淳化至土桥段16千米拓宽改造工程，路基14米，路面12米。2001年，再次拓宽双龙街至河定桥段，路幅达51.20米，双向6车道，达一级路标准。是年，设立104国道高庙收费站，2002年2月18日起，开征车辆通行费。2003年，市交通局投资对泥塘桥、姊妹桥、管头桥、元桥进行改造。2005年，对双龙街至东山大桥段和上坊至淳化段进行路面大修。2007年由区建设局负责对河定桥至天印大道段进行路面改建。

图 11-1-1 1992 年 104 国道岔路段

【205国道（宁芜公路）】

205国道北起山海关，南至广州。江宁区境内从雨花台区板桥镇附近开始，途经新建（上海梅山冶金公司）、江宁镇、铜井至苏皖交界处的铺头村，通往马鞍山方向。江宁区境内桩号为K1287+52米—K1303+55米，全长16.03千米。

宁芜公路于民国19年（1930）开工，民国20年，因洪水泛滥而缓建。民国21年，应军事急需又修建，民国22年年底竣工。路基8米，路面3米。1955年，将路面拓宽至5.50米，小于200米半径的弯道加以改造，初步达到三级标准。1974年，建成6米沥青路面。1981年，境内5条干线路基全部拓宽至12米～13米，宁芜公路为国道，路基达13米。并将原从铜井街内穿过的1.50千米弯道改为从街东外围直线通过。1984—1986年，将全线沥青路面拓宽至9.50米，达二级标准。4座桥梁全部改建成净宽9米的永久式公路桥。

2002年4月，对板桥和双学桥进行改建，板桥改建时拆除东面老桥，保留西面桥梁。两侧同时拓宽至28米（行车道24.50米），双学桥则拆除老桥，在原址建新桥长30米，宽17.50米。2004年5月，对油坊桥至慈湖段32.15千米实施改建。工程按一级公路标准实施，路基宽25.50米，设计行车速度每小时100千米。2006年7月，工程竣工通车。

【055国道（沪宁高速公路）】

沪宁高速公路是沪蓉高速公路的一部分，起自上海市真如，向西经江苏昆山市、苏州市、无锡市、常州市、镇江市，止于南京东郊的马群，全长274千米（江苏段长248.21千米）。该路原路基宽26米，双向4车道，设计车速为每小时120千米。1992年6月14日正式开工，1996年11月28日正式通车。2003年5月，江苏省政府决定对沪宁路进行扩建。同年11月扩建工程开工，2006年1月1日建成通车。扩建后，路基拓宽至42.50米，行车道增至双向8车道。沪宁高速公路在江宁境内为14.55千米。桩号为K254+840米—K269+390米。在汤山境内设有互通连接道口和连接线。

【宁杭高速公路】

宁杭高速公路（江苏段）全长114千米。2004年，一期工程建成通车。2006年9月8日，开工建设宁杭高速公路二期工程。二期工程起于绕越公路高桥门枢纽，止于溧水县桂庄枢纽，途经南京市秦淮、白下、江宁3个区、镇江市的句容市，再至南京市的溧水县，全长37.89千米。分别设立高桥门、上坊、东山、湖熟、郭庄和溧水6个互通枢纽。预计工程于2008年建成通车。其在江宁境内长22.28千米。起讫桩号为：K0+616.14米—K22+900米。

【建设中的南京绕越公路东南段（江宁）】

南京绕越公路起于南京长江三桥连接线相交于宁芜铁路东岸，终点位于沪宁高速公路交叉。全长41.32千米，设计车速为每小时120千米，双向6车道。工程总投资39.80亿元。建设工期3年。2006年6月19日，工程可行性研究报告获国家发改委批复；同年7月24日，市政府批复成立南京绕越高速公路东南段有限责任公司；8月14日，成立工程建设服务指挥部。2006年12月30日，在江宁区方山举行开工典礼。南京绕越公路东南段有39.52千米在江宁区境内，穿越区4个街道、2个园区。起讫桩号为：K1+820米—K41+340米。工程预计2010年建成通车。

第二节　省道江宁段

省道是省、自治区、直辖市干线公路的简称，是联结省（自治区、直辖市）内中心城市和主要经济区的公路以及不属于国道的省际间的重要公路。1985年，省道经过或抵达江宁县的有6条，即宁杭线、宁芜线、宁溧线、宁丹线及淳句线，共长147.55千米。1990年，县境内有宁杭、宁高、宁丹3条省道。2001年，宁丹公路降为县道，汤铜公路被确定为省道。至2007年，区境内有5条省道：122省道（宁杭公路）、123省道（宁高公路）、337省道（龙铜公路）、104省道（南京机场高速公路）、105省道（宁马高速公路），共长166.80千米。

【122省道（宁杭公路）】

宁杭公路起于南京，经句容、溧阳、常州至杭州，初列省道时被命名为101，后改为122。江宁境内起止桩号为K1+795米—K21+500米，全长19.70千米。

宁杭公路于民国17年（1928）正式修建，民国20年10月竣工。路基宽9米，路面宽3米，时称京杭国道。民国21年，民国政府经济委和上海交通大学协作在马群至麒麟段修筑试验段，分别铺设净水泥混凝土、块石轨道、扁砌方砖等31种路面。民国22年10月，中山门至麒麟门建成7.20千米沥青路，为江宁的沥青路之始。

新中国成立后，宁杭线多次分段进行改建和改线，1981年，路幅拓宽至13米；1983年，拓宽沥青路面为7.50米；1985年，首先在汤山集镇段改建12米宽水泥混凝土路面1.70千米；1986年，麒麟至汤山新塘段20.70千米全部改建为9米宽的水泥路；1988年，全线路基放宽至

14.20米，两侧各有2.50米的宽硬路肩也改成沥青混凝土慢车道，并在全线首次砌挡墙，已路分家。全线3座桥梁也拓宽为净宽9米的永久性桥梁。

2001年5月8日，市交通局对宁杭公路南京段22千米道路进行改造的一期工程开工，工程起于百水河小桥东头，经麒麟、下山岗、西村、晨光、孟村，止于汤山镇的坟头，全长9.50千米。是年11月20日完工，改造后的路面达到二级公路标准。2004年，二期工程开工，工程从坟头另辟新线，经四维、窑上窝、上曹、新庄至新塘接老宁杭线，全长11.50千米。2005年建成通车。

为缓解宁杭公路麒麟集镇西与沪宁铁路平交道口段拥堵路况，2004年8月，市交通局投资建设白水桥立交，2005年年底工程竣工。该立交桥长325米，宽37.50米，距铁路净空7.60米，设计24小时流量5万辆。总投资4000万元，立交桥的建成缓解了交通堵塞的状况。

【123省道（宁高公路）】

123省道由南京经溧水至高淳。江宁境内从河定桥开始（河定桥至中华门立交桥与104国道共线），经秣陵、禄口至乌刹桥。起止桩号为K3+214米—K27+18米，全长23.97千米。1987年，河定桥至殷巷段5.17千米高二级修通后由省公路局命名为宁高公路。

1981年，秣陵至乌刹桥段路基由6米拓宽为12米，殷巷至渡桥段4千米也拓宽为路基12米碎石路。1985年，改建为路面9米的沥青路。1987年，殷巷渡桥经金村桥至骆家桥5千米乡村道路为省道，贯通宁高线。路基拓宽为12米，沥青路面宽9米。

1995年，岔路口至禄口段道路被县政府确定为全县南北大道主骨架。1996年年底，完成马木桥至禄口段8.10千米西半幅拓宽。2000年，对双龙街至马木桥段进行改造，去除中间绿岛分隔带，快慢车道摊铺沥青砼。同年，禄口段路肩拓宽至6米，并完成绿色通道工程3千米试验段。2001年，由市交通局全额投资拓宽了令桥、乌刹桥及两桥间的道路。

2000年后，开发区对河定桥至洋山河桥段进行改造，重新铺设路基和路面，两侧埋设排污排水管道及其他管线。2006年7月，市公路处投资9100万元对洋山河桥至乌刹桥段12.36千米进行改造，12月通车。经过改造，达到一级公路标准。

【337省道（龙铜公路）】

东起栖霞区龙潭镇，经江宁区汤山、湖熟、禄口、陶吴、江宁镇至铜井镇接205国道，全长85.83千米。江宁境内长78.53千米（含汤山—龙潭段）。其龙潭至汤山段由市交通局投资建设。江宁段则是在利用省交通厅“干线公路网化工程”补助款的基础上自筹资金建设。整个工程分三期实施。一期工程：陶吴至禄口段9千米（于2000年完成）、上峰至茶岗段3.80千米和陆郎至铜井段7.10千米（于2001年完成）；二期工程：陶吴至陆郎段22.30千米（于2002年开工并完成路面基层）；三期工程：汤山至上峰段6.60千米、宁马高速魏家立交出口至铜井段1.50千米、禄口至茶岗段22.80千米（于2003年完成主体工程，全线通车）；2004年，实施沥青混凝土上面层摊铺、绿化等完善工程。2006年，完成汤山集镇下穿沪宁高速公路2.20千米改线。

2001年，龙铜公路被省交通厅确定为337省道。经省政府批准，2004年12月，在铜井和原土桥镇（现土桥合并给淳化街道）分别设立收费站，两站先后于当年12月16日和20日正式开征通行费。

【104 省道（南京机场高速公路）】

北起绕城公路，南至禄口国际机场，全长 28.76 千米，同时是宁高高速公路共线段。1995 年 6 月 28 日开工建设，1997 年 6 月 28 日建成通车。机场高速在江宁境内长 26.30 千米，桩号为 K1+390 米—K27+690 米。在禄口镇镇北和翠屏山设有互通匝道。2007 年下半年，机场高速公路管理处决定在翠屏山互通新增 3 个匝道。工程 2008 年完工。

图 11-1-2　1997 年 9 月，南京机场高速公路建成通车

【105 省道（宁马高速公路）】

起于南京绕城公路刘村，止于安徽马鞍山市，全长 26.80 千米，经过江宁区谷里、江宁两街道的 15 个行政村（社区）。该路设计为双向四车道，全封闭、全立交，行车速度为每小时 100 千米。1996 年 9 月开工建设，1998 年 9 月建成通车。全线设互通式立交 4 座、分离式立交 2 处、中小桥 9 座、涵洞 118 道、通道 62 座。该路在江宁境内长 18.30 千米。桩号为 K8+500 米—K26+800 米。在谷里和铜井设有互通匝道。

第三节　县　道

县道是联结县城和县内主要乡镇、主要商品生产和集散基地的公路，以及不属于国、省道的县际间的公路。因《中华人民共和国公路法》没有区道这一划分类别，江宁县撤县设区后仍沿用县道概念。1985 年，全县有县道 42 条，长 363.09 千米。1990 年，全县有县道 41 条，后经调整、合并，至 2007 年，区内共有 34 条县道，长 428.18 千米。此外，还有一条建设中的滨江公路，预计 2008 年建成通车。

【宁丹线】

北起南京安德门，向南经铁心桥进入江宁东善桥水阁，再经东善、陶吴至丹阳。江宁境内桩号为 K5+96 米—K40+20 米，全长 34.92 千米。原为 103 省道，2001 年被降为县道。

1998 年，按二级路标准将东善集镇段改线至镇西外，水阁段裁弯取直并拓宽。1998 年年底，全线贯通。1999 年，由江宁县交通局出资建成古凤铁路道口，铺设完成东善桥至陶吴段沥青砼路面。是年 7 月 2 日，正式收取通行费，收费站设在水阁村境内。2001 年，陶吴至丹阳段摊铺沥青砼路面，东善桥段两侧路肩拓宽至 5 米。由于开发区的向西向南扩张，开发区按其自身的需要新建了 11.33 千米长的新宁丹线，路基宽 60 米，路面宽 50 米，双向 6 车道，这使得建成不久的宁丹线水阁段呈废弃状态，收费站远离公路成为摆设。当时东善桥狮子山以北的宁丹线已处江宁经济技术开发区内，经省政府批准，于 2004 年将收费站移至横溪镇南。是年 6 月 20 日，重新开征通行费。2007 年，区交通局完成了宁丹线横溪集镇段另辟新线工程。新线长 3.40 千米，宽 12 米，总投资 3300 万元。

【燕西线】

起于南京燕子矶，止于西善桥。始建于民国 17 年（1928）。1999 年，进行拓宽改建，从江宁岔路开始向西 3.69 千米。另有岔路向北 0.91 千米与 104 国道重复，重复段路基宽 60 米，路面宽 56 米。其余路基宽 25.40 米，路面宽 20 米，均为沥青混凝土路面，双向 6 车道的一级公路。

【上高线】

由上坊至高桥门东观盛世桥，全长 5.23 千米（《江宁县交通志》载 5.12 千米）。始建于抗日战争前，为路基 6 米，路面 3 米宽的弹石路。1974 年，改建成路基宽 7.50 米，路面宽 5.50 米的沥青路。现由高桥门向南全为水泥砼路面，均为三级双车道。

【板霞线】

由板桥向东经谷里、三合至宁丹线霞辉庙，江宁境内长 18.27 千米（原长 19.03 千米，因改线裁弯取直而缩短）。其板桥至谷里段为抗日战争前修建，谷里至霞辉庙段于 1976—1978 年修建，均为路基 6 米，路面 4.50 米的碎石路。1978 年，改建成路基 7.50 米，路面 6 米的沥青路。2003 年下半年，江宁开发区建设板霞大道，将霞辉庙至谷里公塘段 10.19 千米取直拓宽至路基 31.60 米，路面 21.60 米，沥青砼路面，6 车道的二级路。其余仍为沥青贯入路面双车道，三级、四级路。

【麒东线】

由麒麟门至东流以北，长 7.50 千米，为弹石路面。始建于民国 23 年（1934）。1962—1963 年，改建成路基 6.50 米，路面 4.50 米的碎石路。1973 年，建成 5.50 米宽的沥青贯入式公路。2002—2003 年，将麒麟以东 2.40 千米改建成路基 9 米，路面 8 米，双车道的三级水泥路；其余为路基 7 米，路面 6 米的四级水泥路。改建后，长度为 6.92 千米。

【淳溧线】

由 104 国道淳化向南至湖熟河南行政村，再往南通往溧水，江宁境内 14.70 千米。始建于民国 23 年（1934）。民国 24 年 5 月，通行客运班车，为路基 7 米的碎石路。1963 年，改淳化镇段 1.20 千米从焦村水库通过为镇西高岗通过。至 1990 年，全线已逐步改建成路基 12 米，路面 6.50 米的三级沥青路面。时为通过江宁的第 6 条省道。1987 年后，南京至淳化被列为 104 国道，后又被省公路局列为县道。1997 年，拓宽改建成路基 17 米，路面 14 米的沥青路面。并从湖熟集镇北口改线从镇西绕过集镇到镇南接老路。改线段长 2.60 千米。2005—2006 年，将原路淳化至汤铜路段 7.90 千米降坡补强，改建成路基 17 米，沥青砼路面 14 米的双向 4 车道二级路。其镇南 0.65 千米仍为路基 10.70 米，路面 7 米的三级路。改建后，江宁境内全长 11.97 千米，为淳溧复线。

【塘铜线】

由横曹线铜山金肯学院东往南至溧塘村，全长 2.29 千米。再往南通往溧水县石湫镇，为宁铜公路的一部分。该路原由铜山老集镇东谢村往东南。原土大路是南京到安徽建平古道路的一部分，新中国成立后修建成公路，为单车道碎石路。1997 年，废弃老线，改为在现在的位置新建，为 11.30 米路基，9.30 米沥青贯入式路面的二级路。2004 年，改建成水泥砼路面。

【栖湖线】

由淳溧线出湖熟地界至句容市石家边往西经高阳桥进入江宁区界。再往绿阳、周岗集镇，到地溪桥过二干河进入溧水县柘塘镇。江宁境内全长 8.73 千米，路基 7 米 ~ 9 米不等。1993 年，周岗至地溪桥段改建成油路。后为沥青贯入式四级公路。其句容郭庄段 2 千米处由江宁区公路管理站管养。

【大江线】

由宁丹线大定坊经谷里街道周村，跨古凤铁路，再经箭塘社区、谷里集镇往西，下穿宁马高速公路至江宁街道的江宁社区。由原大谷线和江陈线合并而成，江宁境内全长 12.73 千米，其中 4.09 千米至 7.07 千米段由江宁开发区改建为路基宽 26.20 米，路面宽 23.20 米的沥青砼双向 6 车道的一级公路（计划改建 9 千米，投资 1.20 亿元，区交通局补助 1200 万元），其余为路基 8.10 米 ~ 9.50 米，路面 6.10 米 ~ 7 米，沥青贯入式双车道三级公路。谷里集镇段有 0.28 千米与板霞线重复。

【汤龙线】

由汤山经句容鲍亭、南京栖霞区东阳至龙潭。始建于民国 25—26 年（1936—1937），时为 2.50 米宽骡马车行驶的弹石路。1963 年，改建成 6.50 米路基，4.50 米路面的碎石路。1985 年，改建成 5.50 米路面的沥青路。2004 年，由南京市交通局出资并组织施工，将其全程 12.73 千米改建路基 15 米 ~ 16 米，双向 4 车道沥青砼（水泥砼）路面的二级公路。改建后，该线为 337 省道（龙铜公路）的一段，江宁境内长 5.42 千米（汤山起向北有 0.71 千米为路基 15 米，路面 13.80 米的水泥砼路面）。

【汤土线】

由宁杭公路汤山集镇南经原上峰镇（归汤山街道）至原土桥镇（归淳化街道）茶岗。原路经盂墓、插花，全长 20.10 千米。1961—1962 年，建成碎石路。1980 年，改线从汤山南，过寺庄至上峰。1978 年，插花至茶岗 6 千米建成碎石路；1981 年，插花至上峰 8.10 千米改建成碎石路。1982—1986 年，又将盂墓、上峰水泥厂、乡政府西各 1 千米改成油路。1989 年，从上峰至茶岗 14.10 千米全部改建成 6 米宽的沥青路。2001—2002 年，建成汤铜公路上峰至茶岗段 8.80 千米。2003 年，建成汤山至上峰 6.60 千米。新路经上峰集镇西避开集镇，使汤土线缩短为 18.42 千米。其中，8.47 千米与汤铜线重复，重复段为路基 17 米，路面 14 米的沥青砼 4 车道二级公路。

【湖秣线】

由原湖龙（湖熟至龙都）和龙秣（龙都至秣陵）两条县道合并而成，由湖熟镇西绕镇公路起经龙都集镇至秣陵集镇，原路全长 19.30 千米。湖熟至龙都段是 1978—1979 年当地民工修造的大寨路。龙都境内 6 千米路基宽 6 米，路面 3.50 米。秣陵境内 3.70 千米路基 7.50 米，路面 5 米，为碎石路。1994 年，龙都至秣陵段改建成油路。2000 年，湖熟至龙都段改建成油路。现 K0 米—K5+99 米段路基 6 米，路面 5 米，沥青砼单车道四级路。K5+992 米—K7+798 米段为路基 10 米，路面 8 米的水泥砼双车道四级路。K7+798 米—K9+506 米段与汤铜路重复，为路基 17 米，路面 14 米沥青砼双车道二级路。K9+506 米—K16+455 米段为路基 6 米，路面 5 米沥青砼单车道四级路。K16+455 米—K16+685 米段为路基 10 米，路面 8.30 米沥青砼双车道四级路。总长 16.85 千米。

2007 年，秣陵至友谊桥段改造为水泥砼路面。

【咸周线】

由淳湖线咸田经龙都至周岗，原路全长 13.39 千米。其咸田至龙都段 7.50 千米在抗日战争前筑成土路。1960 年，民工建勤修筑路基；1961 年，由国家资助购置农民碎砖瓦砾铺筑成“三合土”（用石灰、黏土和细砂相混夯实而成的土料）路面。1977—1978 年，龙都至周岗段 5.89 千米修成碎石路。1988 年，全线改建成路基 9 米，路面 7 米的沥青路。1997 年，龙都集镇以北段裁弯取直，改线段路基 23 米，路面 21 米，并新建龙都大桥。1998 年，拆除陡门桥拱桥，新建宽出一倍的平桥。2001 年，双市桥至周岗段改建成路基 12 米，路面 9 米，沥青砼 2 车道二级路。2004 年，对咸田至双市桥段拓宽改建，路基 12 米 ~ 16 米，路面 8 米 ~ 12 米，沥青砼路面，并新建双市桥。至 2007 年，全线均达二级路标准。

【湖土线】

由湖熟老汽车站往东至土桥集镇。路长 12.40 千米，系村与村相连的土大路。1957 年筑成公路路基；1976 年建成 3.50 米宽的简易公路。1998 年，改建成路基 7 米，路面 5.50 米沥青贯入式油路，改建后，全长 11.79 千米。

【秣周线】

从秣陵往西经东善桥至谷里街道周村。由原东秣线和东周线合并而成，长 16.46 千米。其东善桥至秣陵段原为老京建公路（南京至安徽建平）的一部分。民国 29—34 年（1940—1945），因日本人修建古凤铁路而中断。1958 年 9 月，重新修通，大部分路段脱离原路改道，为路基 6 米，路面 3.50 米碎石路。1986 年，改建成 6.50 米宽的油路。1975—1976 年，东善桥至周村段修建成碎石路。1985 年，将东善桥五岔路口至吉山段 3 千米改建成油路，其余改成路基 6 米，路面 4.50 米碎石路。1998 年，将五岔路口至大谷线周村段 6.20 千米改建成二级沥青路。改建后，秣陵往西 5.69 千米仍为路基 10 米，路面 8 米的沥青贯入四级路。其余由江宁开发区改建成园区道路。其中 K5+69 米—K9+95 米段 4.27 千米为路基 60 米，路面 50 米沥青砼 6 车道二级路。K9+95 米—K16+16 米段 6.21 千米为路基 36 米，路面 32 米沥青砼 6 车道二级路。总长度为 16.16 千米，较原来缩短 0.30 千米。东善桥至周村段为 7 米沥青砼。

【禄铜线】

由禄口镇南黄桥过横溪河转向东至青圩接宁铜公路，全长 5.67 千米。1997 年，宁铜公路铺头至青圩段新建前，由禄口至铜山车经过此道。1989 年，禄铜线改建油路时为避开闹市区，另辟一条复线——宁铜公路禄口镇东拐弯处至永兴行政村四角井 850 米，路基 9 米，路面 7 米。2005 年，建成 9 米 ~ 18 米的沥青砼路面。

【土远线】

由土桥向南经水门桥至远景行政村，全长 9.29 千米。1973 年，修建 104 国道老路土桥中学丁字路口至水门桥 4 千米的简易公路，路基 5.50 米，路面 3 米。1985 年前，建成水门桥至远景碎石路。1998 年，全线改建成沥青贯入式路面。2006 年、2007 年先后改建成沥青砼路面。其土桥至水门桥段 3.80 千米为路基 11 米，路面 9 米的双车道三级路。水门桥以南 5.49 千米为路基 7.50

米，路面5.50米的单车道四级路。水门桥也在老桥西侧另建一长101.10米，宽12.50米的新桥（老桥长35米，宽6米）。

【江陈线】

由江宁镇至江边陈塘村，全长5.70千米。1981年，建成路基7.50米，路面5.50米的碎石路。1993年，改成沥青贯入式路面。2003年，将1.19千米至1.73千米段的0.57千米改建成路基8.50米，路面6.50米的水泥砼双车道路面。其余仍为路基8.50米，路面5.40米的贯入式油路。

【陶禄线】

由陶吴镇往东经东京至禄口钓鱼滩，全长9.58千米。1968年，修建路基7米，路面5.50米的碎石路。1984年和1986年，将禄口敬老院至禄口道班1.55千米铺成简易油路。2000年，改建成路基17米，路面14米的双车道二级路。2002年，建成连接机场高速公路禄口匝道与陶禄路的1.10千米禄口大道，同时将宁丹、宁铜两条干线公路连接起来。2006年，全线改造为一级公路。

【江横线】

由江宁镇经清修、陆郎、朱门、石塘，至横溪镇南接宁丹线，时长28.23千米。1958年，建成江宁至陆郎的简易公路。1967年，修至朱门、大庙。1970年，修至横溪，全线贯通，均为路基6米～7米，路面3.50米的碎石路。1974年，江宁至陆郎段改线。1981年，陆郎至朱门段改线。1979年，0千米至3千米段改为6米宽沥青路。1981年，油路延伸至5千米处。1984年，改至陆郎汽车站。1994年、1996年，改建陆郎至朱门段。2003年，改建成6.60米路幅的沥青贯入路面，朱门往东山5.01千米（K9+80米—K14+81米）与汤铜公路重复。由此经石塘往横溪12.43千米于2006年改建成7米路基，4.80米路面的单车道四级水泥砼路面。改建后，公路全长27.23千米。

【横曹线】

由横溪镇向东南经铜山至曹村，全长15.39千米。1978—1979年，修筑成路基6.50米，路面3.50米的碎石路。1988年和1989年，将铜山街道西侧到医院段1.50千米拓宽为路基15米的沥青路。1997年，全线拓宽成路基11米～16米，路面9米～13米的沥青路。2000年，对铜山街道2千米拓宽至路基18米，路面16米。2003年，将铜山东金肯学院至曹村段改建成水泥砼路面。2006年，将其4千米至8千米段改建成路基15.80米，路面12.80米的水泥砼路面双车道三级道路。改建后，全线长15.48千米。

【陆谷线】

陆郎向北至谷里车家湾，全长9千米，路基6米～7米，路面4米～5米，为碎石路。1980年，由陆郎、谷里两乡共建。1996年，改建成沥青贯入路面。2006年，改建成水泥砼路面。

【丹云线】

由丹阳北桥至江横线22千米处石塘水库（过水处），原长9.50千米。1983年，修通8.30千米至云台山采石场。1985年全线接通，为路基6米，路面4.50米碎石路。2004年，将0米至

460 米段改建成路基 25 米，路面 23 米 6 车道二级标准水泥路。2006 年，将 K0+46 米—K6+13 米段改建成路基 8.50 米，路面 6.50 米水泥路。2005 年，将 K6+13 米—K9+09 米段改建成路基 8.50 米，路面 6.50 米沥青砼双车道二级道路。改建后，全长 9.09 千米，并于 2006—2007 年改建成水泥路。

【丹向线】

由丹阳北镇至安徽向山（亦说象山）苏皖交界处，原长 8.75 千米。此线有 1.20 千米属安徽地界，但公路管养归江宁公路管理站，为丹阳至向山、马鞍山的一条主要通道。该路于 1966—1967 年修到西山下。1976 年，接通安徽交界，时为路基 6 米，路面 3.50 米的碎石路。1985 年，为避开丹阳北镇闹市区，在镇北之北桥以南，另辟新线 800 米接上丹向线。1990 年，将 K0 米—K6+75 米段拓宽为路基 12 米，路面 9 米碎石路。剩余 2 千米于 1991 年完成，并拓宽乔木山、陶云山 3 道涵洞、四亩坝闸桥、新桥。1992 年，全线改为沥青贯入路面。2002—2003 年，改建成 9 米宽沥青砼路面。2006 年，为避开安徽界，从西岗村向东另辟新线 2.70 千米接宁丹线。改建后，丹阳镇北口至 1.45 千米段为路基 9.50 米，路面 7.50 米水泥砼双车道二级路，其余均为路基 12 米，路面 9 米的沥青砼双车道二级路。2006—2007 年，将全长 7.63 千米的线路改建成水泥路。

【陶朱线】

由陶吴至东坑鹰山嘴接江横线，西至朱门、陆郎，东至横溪，原长 10.44 千米。此路由两段组成：陶吴至甘村 3 千米原为云台山硫铁矿专用线。1986 年，交江宁公路部门管理养护。1973 年，建甘村至鹰山嘴 7.44 千米，均为路基 7 米，路面 5 米的碎石路。1984 年，为避开红星水库将甘村至渣塘一段 3 千米裁弯取直改线。1988 年，将陶吴镇出街 1 千米改成简易沥青路。2003 年，陶吴出街段 1.47 千米改建成水泥路。2004 年，甘村段 2.24 千米改建成水泥路。改建后，K1–47 米—K3+04 米段和 K6+63 米—K7+90 米段仍为碎石路，K3+04 米—K4+36 米段和 K7+90 米—K10+79 米段为汤铜公路覆盖。全长 10.79 千米，除汤铜路段外，其余实际已降为乡村道路。

【沧小线】

由燕西线沧波门至小龙口之徐家山村，原长 5 千米。此路原是抗日战争前军事备用线路，弹石铺成。新中国成立后，由公路部门养护。1975 年，改建成路基 6 米，路面 4.50 米碎石路。1985 年，由麒麟乡与公路部门共同集资改建成 5.50 米宽沥青路。1997 年，因轿子山垃圾场运送垃圾需要，市清洁管理处与市公路管理处共同出资再次改建。2002 年，改建成路基 8 米，路面 7 米的双车道三级水泥路，全长 6.85 千米。

【天秣线】

由东山镇东端岗山路口穿越金箔路，经方山、杨村、洋桥、后圩、秣陵集镇，接 123 省道（宁高线），原长 18.50 千米。此路修建于民国 25 年（1936），时为国民党方山战备营所建坦克训练路。日伪时遭严重破坏，成为宁溧线主线。1972—1973 年，改建成 5.50 米宽沥青路。1994 年，由于江宁科学园的开发，其东山至方山段许多被园区道路覆盖。方山至秣陵段除秣陵集镇以北 800 米由秣陵政府扩建成路基 27 米，路面 25 米的沥青砼 6 车道一级路外，其余仍为 1973 年改建后的状况。2006—2007 年，拆除洋桥重建。改建后，K0 米—K1+87 米为路基 23.50

米，路面 21.50 米沥青砼 6 车道一级路。K1+87 米—K4+44 米段（天印大道）为路基 36 米，路面 32 米沥青砼 6 车道一级路。K4+44 米—K8+66 米段为路基 10 米，路面 8 米沥青砼双车道四级路。K8+66 米—K14+45 米段为路基 8 米，路面 6 米沥青贯入路面单车道四级路。K14+50 米—K15+26 米段为路基 27 米，路面 25 米沥青砼 6 车道一级路。K15+26 米—K17+46 米段为沥青贯入路面单车道四级路。全长 17.46 千米。

【104 国道东山复线】

由秦淮河东山大桥东经区检察院楼后过老东山大桥，经东山大街（上元大街）至城东三岔路口接 104 国道主线，全长 3.55 千米。原为 104 国道主线，1982 年，3 号路（今金箔路）建成后为复线，禁止货车通行。至 2007 年，此线一直由公路部门管理养护。

【104 国道土桥复线】

由 104 国道柏树岗东经土桥中学北、桂花园，至土桥集镇东接 104 国道。全长 3.96 千米，时为 104 国道主线。1994 年，在镇南另辟 4.70 千米新线后成为复线。改建后，为路基 8 米，路面 6 米的沥青砼双车道三级路。

【淳溧线湖熟复线】

由今汤铜路湖熟镇北十字路口经湖熟集镇至河南村。原为淳溧线主线，全长 2.38 千米。1997 年，镇西改新线后成为复线。镇北入口处 128 米为路基 10.70 米，路面 7 米沥青砼双车道二级路。K0+13 米—K0+71 米段为路基 14 米，路面 12 米沥青砼双车道二级路。K0+71 米—K1+07 米段为路基 14 米，路面 12 米水泥砼双车道二级路。K1+07 米—K2+38 米段为路基 14 米，路面 12 米沥青砼双车道二级路。

【宁丹线东善复线】

由东善桥五岔路口穿越古凤铁路，经东善桥集镇，过东善桥接新宁丹线，全长 2.04 千米，时为宁丹线主线。1996 年，为避开集镇闹市区在集镇以西辟新线后成为复线。改建后，K0 米—K0+959 米段为路基 8.50 米，路面 6.50 米的沥青贯入路面双车道四级路。K0+959 米—K2+035 米段为路基 18 米，路面 16 米沥青砼四车道二级路。

【周岗复线】

由咸周线八一桥至周岗集镇，全长 1.37 千米，时为咸周线主线。2001 年，八一桥至周岗集镇段裁弯取直后成为复线。改建后，K0 米—K0+31 米段为路基 7.50 米，路面 6 米沥青贯入路面单车道四级路。K0+31 米—K1+37 米段为沥青砼路面 4 车道二级路。

【宁杭复线】

由坟头经汤山集镇至新塘，全长 11.93 千米，时为宁杭公路主线。2001 年，为避开汤山镇由坟头至新塘另辟新线后成为复线。改建后，K0 米—K11+77 米段为路基 15 米，路面 14 米的水泥砼路面双车道二级路。K11+77 米—K11+930 米段为路基 12 米，路面 10 米的沥青砼路面双车道二级路。

【东麒公路】

由东山镇宏运大道东段至麒麟镇开城路，全长 8.80 千米。采用一级路兼城市道路标准，路幅宽 45 米，双向 6 车道，总投资 3.30 亿元。2006 年 5 月开工，2007 年完工并通过交工验收。

图11-1-3　2007年10月，东麒路建成通车

【滨江公路】

起于滨江开发区锦文路，向西下穿宁芜铁路，上跨宁马高速公路，终点接江宁经济技术开发区正方大道，全长 8.70 千米，路幅宽 60 米，双向六车道，沥青砼路面，设计时速 80 千米 / 小时，一级公路加城市道路建设标准，总投资 4.60 亿元，其中建设安置费 2.53 亿元，分两期建设。一期工程于 2006 年 11 月开工，预计 2008 年建成通车。

第四节　乡道与其他公路

【乡道】

乡道是《中华人民共和国公路法》中级别最低的公路。主要为乡镇内部经济、文化、行政服务的公路，以及不属于县道以上公路的乡镇与乡镇之间及乡镇与外部联系的公路。新中国成立初，按“民需民办、民办公助”原则，由乡镇投资，群众投劳，市县适当补助修建，实行乡修、乡养、乡管。至 1957 年，全县共修建乡镇道路 524 千米，大多质量较差，一般不能通车，能行兽力车仅 101 千米。1976 年后，乡村公路建设发展较快，到 1985 年，全县乡村公路共长 1320.10 千米，其中能晴雨通车的长 1238.50 千米。27 个乡镇 380 个行政村实现晴雨通车。1990 年，全县有乡村公路 720 条，1365.90 千米。1992 年，县交通局将乡村公路建设重点放到改建油路提高路面质量上来，每年改建数十千米，解决几十个行政村通油路的问题，由于资金不足，进展缓慢。2000 年，麒麟镇自筹资金 300 万元，修建一条长 9.50 千米的村级水泥路。是年，铜山镇的彭福村也修成一条 10 米宽的水泥彭福大道。至 2007 年年底，全区农村水泥路总里程达 2294 千米。据 2007 年江宁区公路普查数据，全区共有乡道 711 条，997.92 千米；村道 418 条，376.04 千米。乡村道路合计 1129 条，1373.96 千米。

图 11-1-4　江宁区农村水泥路建设现场（2001 年摄）

【专用公路】

指专供或主要供厂矿、林区、旅游区、军事要地等与外部联络的道路。据 2006 年公路普查数据，全区共有专用公路 11 条，17.62 千米。因省、市交通部门规定，专用公路不列入资金补助，

江宁区交通局将其列入乡村公路上报。

【开发园区道路】

江宁三大开发园区境内建设了大量的道路，大部分由各开发园区自行规划、自筹资金、自建自管，不列入国家公路统计。江宁经济技术开发区境内第一条道路为1992年建设的董村路。至2007年年底，园区共建道路74条，222.95千米，总投资24.71亿元。江宁科学园境内第一条道路是1995年建设的科苑路。至2007年年底，全园区共有道路76条，136.34千米，共投资20.15亿元。滨江开发区内第一条道路是2003年建设的绣玉路。至2007年年底，园区共有道路17条，61.47千米，共投资6.56亿元。

【战备道路】

1999—2007年，国防动员委员会交通战备办公室改建13条战备路。

通往方山省民兵训练基地道路　全长5.20千米，原为碎石路。1999年，改建成路基7米，路面6米的沥青路。2005年再次改造。2007年，投资150万元改建成沥青砼路面。

炮兵学院汽车训练场外围道路　原为碎石路，1999年，改建成沥青路。

麒东公路　由江宁区麒麟集镇通往东流，时长7.50千米。民国23年（1934）始建，为弹石路面。1962—1963年，改建成路基6.50米，路面4.50米碎石路。1973年，改建成5.50米路面沥青路。2002年5月，市交通局会同市公路管理处、江宁区人民政府、江宁区交通局、麒麟镇政府现场察看，决定将其改建成水泥砼路面。7月开工建设，9月完工，总投资1200万元。改造后的道路全部采用水泥砼路面，宽7米，两侧绿化带各宽3米。2003年，又投资30万元，种植青松、紫薇2000棵。2002年，将麒东路至灵山靶场1.10千米道路改建成宽5米的水泥砼路面。

插花通往武警某部道路　原为碎石路。2003年，将插花庙桥至武警部队段1.80千米改建成路面宽5.50米的水泥砼路。同时往前延伸至采石场1千米。

新宁杭线至炮兵学院后门道路　2005年新建，是一条长1.50千米的油路。

汤山尚龙湖至省足球训练基地道路　长5千米。原为碎石路，路面损坏严重。2006—2007年，改建成路基8米，路面7米的水泥砼道路。

汤山侯家塘至寺庄道路　长3.80千米。原为碎石路。2006—2007年，改建成路基6米，路面5米的水泥砼道路。

汤山案子桥至南京军区第二干休所道路　长1千米，原为碎石路。2006年，改建成路基5.50米，路面4.50米的水泥砼道路。

汤山坟头至消防指挥学校道路　长1.50千米。原为碎石路。2006年，改建成路基6米，路面5米的水泥砼道路。

上峰炮兵靶场观测点至弹着点道路　长10千米，原为碎石路。2006年，将其中6千米改建成路基6米，路面5米的水泥砼道路。2007年，完成剩余的4千米。

省军区后勤训练基地至179旅道路　长1千米，原为碎石路。2006年，改建成路基5.50米，路面4.50米的水泥砼道路。

通往方山通信营道路　长0.50千米。原为沥青路，2006年，改建成路基4米，路面3米的水泥砼道路。

土山机场通往大校场油库的道路　长15.35千米。为两个军用机场的连接线，是南京军区确定的重点保障线路。2006年7月，由西部路桥公司中标，承担道路改造任务。

第二章　公路桥梁

江宁古桥，从汉代到唐代，史志所记的有高桥、张侯桥、郭家桥、板桥、牧马桥（马木桥）、葛桥等。南宋《景定建康志》载，南宋在建康城郊外修建桥梁34座，大部分在今江宁境内。明代史志载，增添桥梁32座。至清代，江宁县有桥梁163座。

据江宁县交通科1955年调查，全县共有各种桥梁39座（其中永久性桥梁12座，半永久性桥梁20座，临时性桥梁7座），有各种涵洞599道。在1964年普查登记的桥梁中，已有686座毁废，564座改建，全县共有公路桥14座，农桥1873座。1983年，结合文物普查复查，全县有清朝及清朝以前修建的基本完好的古桥69座。1988年，江宁县水利农机局、江宁县交通局、江宁县公路管理站3家桥梁档案综合统计，全县有水利桥、公路桥、小农桥、铁路桥1984座。其中，新中国成立后改建、新建的桥梁1283座。

据1993年11月版的《江宁县交通志》载，至1990年，全县共有公路桥297座，其中属于公路部门养护的公路桥98座，全为永久性钢筋水泥桥梁。双曲拱桥151座，总长2034.35延米。1991—2007年，江宁区道路发展迅速，在新建道路上修建许多大桥、中桥、小桥、涵洞等。2003年起，江宁区实施危桥改造工程。2005年，撤渡建桥工程完成后，江宁区在全市率先实现了无渡区。至2007年，全区有公路桥405座，17283.66延米。其中，国道江宁段有桥梁35座，1786.16延米；省道江宁段有桥梁78座，7271.50延米；县道有桥梁91座，2913.30延米；乡道有桥梁201座，5312.70延米。

第一节　国（省）道江宁段桥梁

【国道江宁段桥梁】

055国道（沪宁公路）江宁段　江宁区境共有桥梁20座，1187.96延米。具体名称和长度为：汤山互通1号桥，41.67米；汤山互通2号桥，30.68米；汤山互通3号桥，22.33米；汤山互通4号桥，71.44米；汤山环镇路桥，24.68米；工兵营分离桥，86.04米；石门堰小桥，29.93米；阳山分离立交桥，53.53米；五贵山分离立交桥，44.44米；新庄汽通桥，10米；周家边小桥，25.80米；麒麟1号分离桥，70.74米；后村东桥汽通，42.50米；塘山中桥，44.40米；九乡河大桥，166.22米；麒麟3号分离桥，71.44米；新建村分离桥，88.04米；黄栗树服务区1号桥，88.04米；养殖场分离桥，88.04米；侯家塘分离互通，88米。

104国道江宁段　江宁区境内有桥梁12座（《江宁县交通志》载，桥梁14座，多出的2座为河定桥，原为双桥，后补中空使双桥合一；管头东桥被涵洞所代），共461.10延米。具体名称和长度为：鞭鞍桥，9.60米；河定桥，138.20米；东山桥，167.60米；泥塘西路，21.70米；上坊桥，6.50米；高庙桥，21米；淳化桥，6.50米；石子涧西桥，14米；石子涧东桥，17米；姊妹桥，25米；管头桥，16米；元桥，18米。

205国道江宁段桥梁　江宁区境内有桥梁3座，共137.10延米。具体名称和长度为：江宁镇桥，68.90米；牧龙桥，43.20米；铜井桥，25米。

【省道江宁段桥梁】

104省道（机场高速公路）江宁段桥梁 江宁区境内有桥梁20座，4588.20延米。具体名称和长度为：胜太西路分离立交，60.40米；马家冲沟桥，34米；天元路互通立交桥，98.80米；高湖冲沟桥，34米；牛首山河大桥，717.10米；陈墟村桥，44.10米；殷东分离式立交桥，53.50米；小南庄北中桥，44.60米；秦淮新路大桥，277.60米；菜塘南中桥，44.50米；秦淮新河大桥217.20米；凤凰村中桥，85.40米；王家庄中桥，37.40米；禄口互通1号立交桥，85米；禄口互通2号立交桥，39米；横溪河大桥，105.10米；禄口高架桥，2380.50米；新丰渔场桥，44.10米；芦塘沿小桥，29.30米；云台山河大桥，156.60米。

图11-2-5 双桥合一后的东山桥（2000年摄）

105省道（宁马高速公路）江宁段桥梁 江宁区境内有桥梁18座，共906.60延米。具体名称和长度为：富贵山通道桥，34.60米；汽车通道，24.50米；嵇家坝中桥，44.60米；石山村中桥，53.40米；石山板通，26.10米；韩村通道，34.60米；江宁河大桥，239.10米；砖瓦厂箱通，29.90米；八府通道，21.20米；塔小中桥，44.40米；共和中桥，60.50米；服务区通道，24.50米；九亩河中桥，44.40米；铜井分离立交桥，65米；铜井箱通，29.50米；百胜村中桥，71.70米；上湖箱形通道，24.60米；中村小桥，34米。

122省道（宁杭公路）江宁段桥梁 江宁区境内有桥梁7座，共219延米。具体名称和长度为：官桥，35米；汤水河桥，32米；殷家边桥，17.50米；孟家场桥，33.50米；庄里桥，31米；仙涧河桥，38米；后港桥，32米。

123省道（宁高公路）江宁段桥梁 江宁区境内有桥梁11座，共462.70延米。具体名称和长度为：马木桥，83.80米；浦岗桥，12.60米；殷巷桥，7.80米；渡桥，8米；阳山河桥，49.60米；金村桥，98米；东旺桥，8.70米；秣陵桥，14米；桥南桥，103米；禄口令桥，52.40米；乌刹桥，24.80米。

337省道（汤铜公路）江宁段桥梁 江宁区境内有桥梁22座，共1095延米。具体名称和长度为：汤峰桥，16米；高峰桥，27米；孟塘桥，30米；曹府桥，13米；阚坊桥，40米；胡塘头桥，22米；下应村小桥，17米；向家边中桥，65米；向家边小桥，18米；杨里河中桥，53米；句容河大桥，131米；秦淮河大桥，241米；十里长河中桥，53米；边塘小桥，20米；甘西小桥，22米；南山坎小桥，36米；小贾村中桥，56米；老虎山小桥，23米；朱门干桥，56米；蒋岗子小桥，16米；蒲塘中桥，43米；陆郎河中桥，97米。

第二节 县（乡）道桥梁

【县道桥梁】

江宁区县道桥梁共91座，2913.30延米。主要有：宁丹路（X002）15座。高上线（X027）2座。燕西线（X026）1座。板霞线（X028）3座。麒东线（X032）1座。塘铜线（X031）1座。柘湖线（X032）3座。大江线3座。淳溧线（X032）3座。汤龙线（X040）1座。汤土线（X042）

5座。湖秣线（X403）3座。咸周线（X404）4座。湖土线（X405）5座。秣周线（X407）4座。禄铜线1座。土远线（X409）4座。陶禄线（X411）2座。江横线（X412）3座。横曹线（X413）7座。陆谷线（X414）4座。丹云线（X415）1座。丹象线（X416）5座。沧小线（X418）6座。宁丹线东善复线（X424）1座。宁杭复线（X426）1座。宁溧线湖熟复线（X423）1座。104国道东山复线（X420）1座。

【乡道桥梁】

江宁区乡村公路桥梁共201座，5312.70延米。其中40米以上的桥28座，具体名称和长度为：沧波门二桥，50米；银杉桥，50米；杨宴桥，48米；中坝大桥，42米；汤水河桥，45米；达里岗桥，139米；胜利桥，52米；大六渡桥，125米；葛桥，52米；姜林桥，44米；中槐桥，46米；马蹄桥，55米；铜井农桥，40米；吴江桥，61米；江宁镇桥，65米；肖家桥，42米；牛首山桥，110米；阳山河桥，105米；新城大桥，48米；秦淮河大桥，160米；牛首山河桥，63米；彩虹桥，150米；九龙湖桥，80米；爬爬桥，55米；鬼子桥，58.80米；同进桥，42.50米；周子桥，80米；横山洼桥，46米。

【危桥改造】

2003年8月5日，区交通局成立公路危桥改造和撤渡建桥领导小组，小组确定全区有98座危桥需要改造，分3年完成。在实施过程中，又增加4座，3年实际完成102座。

2003年，投资2022.82万元，完成危桥改造30座。具体为：湖熟镇的湖熟大桥、北涵桥；东善桥镇的东善桥；丹阳镇的张家桥、团子桥、光源桥、步子桥、七仙南村桥、渡戴桥；土桥镇的后巷桥、龙库桥；上峰镇的庄里桥；麒麟镇的横山洼桥；汤山镇的中坝桥；江宁镇的杭家桥；周岗镇的欢庆桥、山西桥、港南桥、木索桥、泗庄桥、光明桥；陶吴镇的西章桥、花东桥、石西桥、后一桥、后二桥；铜井镇的天然滚水坝桥、铜井农桥；淳化镇的青龙桥、下庄桥。

2004年，投资4005万元，完成危桥改造36座。具体是：江宁科学园的友谊大桥；江宁经济技术开发区的新跃桥；谷里镇的张西桥；东善桥镇的东善新桥；禄口镇的胜利河桥；土桥镇的远景桥、赵家桥、民主桥、卫星连桥；禄口镇的柘木桥、李家桥、后北桥、跃进桥、禄口农桥、壒上大桥；江宁镇的更新桥、张家坝桥、华西村桥；淳化镇的徐壒桥、孙家边桥、嵇村桥；陶吴镇的湖头桥、万水桥；横溪镇的中槐桥、夏庄桥、新阳桥；上峰镇的百合桥、工农桥；湖熟镇的蔡家边桥、同进桥；周岗镇的秦淮村桥；麒麟镇的后库桥；汤山镇的中坝二桥；上坊镇的兴桥；谷里镇的孙家坝桥；丹阳镇的允公桥。

图11-2-6 2007年建成的方山大桥

2005年，投资2288.10万元，完成危桥改造36座。具体是：禄口镇的沈家桥、陶家桥；陶吴镇的渣塘桥、老坝桥；土桥镇的西埠桥、马巷桥、曹村桥、上合桥、港东桥、孙壒桥；汤山镇的陈家边桥、戴家坝桥、孟村桥、孟塘桥、孟家场桥；横溪镇的马蹄桥、爬爬桥、龙安桥；湖熟镇的栾姑娘桥、后栾墅桥、下潘桥、新坝桥、徐家边桥；江宁镇的革命桥、南坝桥、施塘桥、溢洪桥；谷里镇肖家闸桥、孙家桥；麒麟镇的杨宴桥、东坝头桥；淳化镇的邓下一桥、邓下二桥；上峰镇的葛家边桥、关塘埝桥；方山街道的殷岸桥。至 2005 年，全区共完成危桥改造 102 座。

2006 年，共投资 1391.60 万元，改建危桥 10 座。具体是：江宁街道的花塘桥、荷塘桥、余庄桥；湖熟镇的跃华桥、三界桥；谷里街道的戴家桥；淳化街道的水门桥；方山街道的方山大桥（跨年度建设，2007 年完成）；汤山街道的孟墓桥、西流桥。

2007 年，共投资 2292.60 万元，改建危桥 10 座。具体是：湖秣线上的金水桥、白树桥；板霞线上的葛司桥；大江线上的莲花桥；宁丹线上的藕坝桥、后旱桥、涧北桥、长冲桥、丹阳北桥；汤土线上的插花桥（藏龙桥）。

【撤渡建桥】

新中国成立前，江宁摆渡工具只有木质船或长盆，还有的是罱泥用的木圆盆。1988 年，全部更换为钢质船。至 1990 年年底，江宁县境内有长江渡口 4 道，内河渡口 14 道；18 只渡船，计有渡工 29 人。18 只渡船中，座舱机动船 4 艘，97085.90 瓦（132 马力）；人力渡钢质船 14 只；共计 732 客座；日均渡量 1360 人次，年渡量 50 万人次。随着公路的发展，渡口人流减少，先后被撤除。至 2000 年，全县存有 7 道渡口。

2001 年，区政府决定对原新济洲居民实施整体搬迁，使之成为无居民生态湿地。新济洲东往铜井、西达江浦乌江的两道渡口以及小洲渡因失去存在价值而撤销；三山渡因行政区划调整归雨花台区管理。2003 年，江宁经济技术开发区投资 4048 万元兴建建设大桥（又名彩虹桥），原位于开发区北边的刘家渡被撤除。2004 年，建成了周岗的双渡桥。该桥位于原丁家渡和严郎渡之间，因名双渡桥。桥长 88.10 米，宽 8 米，总造价 360 万元。桥建成后，撤除丁家渡和严郎渡。2005 年，建成了周岗钱家渡桥、禄口镇的王家圩渡桥和方山街道的西北村渡桥。3 座桥长宽分别是 221 米、8 米，93.64 米、5.50 米和 135.90 米、5.50 米。总造价分别为 589.30 万元、171.60 万元、249.20 万元。至此，江宁区撤渡建桥任务全部完成，在全市率先实现“无渡区”。

图 11-2-7　江宁科学园撤渡建桥施工现场（2004 年摄）

第三章 航道 码头

古江宁为山越之国，沼泽之乡，有大江百里（自西南慈姥港至东北刀枪河划子口，长江岸线98千米），小江（秦淮）百里，众多湖泊、河浦入长江，古江宁居民擅驾木帆船。除长江航道外，秦淮内河航道在不同时期有多条支流与南京通航通江。如湖熟（可上溯三岔）、铜山王家渡（可上溯溧水）、禄口（由十里长河至令桥）、秣陵而陶吴（由九里汀上溯云台山河至河头）、陈墟桥（由牛首山河上溯）、土桥（汤水河上溯至周郎桥）、解溪（由方山河上溯至孙塘堰、王墅）。洋轮侵入长江后，木帆船被挤入内港。自沪宁铁路和江南铁路通车至1956年，江宁县内先后4次弃水从陆。1989年10月，秦淮新河船闸通航，秦淮河水道断航26年后恢复通江航行，但因西善桥铁路桥净空太低，不便大船通行，加上短途货运不如公路方便快捷，水运恢复并不理想。

为发展水运，江宁先后在长江兴建生建、治江、三山、陈塘、铜井、三江口码头。裁弯拉直小龙湾航道，恢复秦淮河东通句容，南通溧水，并通过胭脂河沟通石臼湖、弋阳江和太湖水系。1987年，建成东山码头。

2007年，滨江开发区港口建成4个万吨级泊位，可从事滚装、集装箱、杂件、重件装卸作业。10月，滨江开发区南京大件集团重件码头，首个重达180吨的大件货物吊装成功，此为江宁区内首座大型现代化港口。

第一节 航 道

【秦淮河主航道】

武定门节制闸至乌刹桥，全长34.28千米。枯水期水深2.10米～3.40米，底宽20米～60米，最大通航船舶100吨，维护等级6级，有跨河桥梁12座，其中天元路大桥、建设大桥、杨树湾大桥为1991年后新建，方山大桥、友谊桥在“危桥改造”工程中拆除重建。

【秦淮新河航道】

秦淮新河为秦淮河下游人工开挖的第二入江河道。东起江宁区河定桥，往西经雨花台区铁心桥、西善桥，穿割沙洲圩，在大胜关北金胜村入长江。全长18千米，江宁区境长4.64千米，枯水期水深2.50米～4米，底宽40米～60米，最大通航船舶100吨，维护等级为6级，江宁区境内有

图11-3-8 1990年秦淮新河船闸

跨河桥梁15座（其中机场高速公路大桥为1991年后新建）。1985年，秦淮新河船闸建成后，秦淮新河航道通航。长江航船经秦淮河可通溧水、高淳，东达太湖，南达安徽青弋江。

【秦淮河支流航道】

句容河 西北村至赤山友谊桥，长22.61千米。枯水期水深1.50米～2.50米，底宽20米～30米。最大通航船舶100吨，维护等级6级，有跨河桥梁10座。

溧水二干河 从湖熟镇毛公渡入江宁区境，在团头西村入秦淮河，区境长4千米，为江宁区与溧水县界河，航道归江宁管辖。枯水期水深1.50米，底宽20米，有跨河桥梁1座，为季节性航道。一年有6个月可通30吨船舶，属等外级航道。

溧水三干河 是1969年新开的人工河。江宁区境上起溧水石湫大圩东村与禄口街道曹村之间，下流王家圩入秦淮，区境内长7千米，为季节性航道。枯水期水深1米～1.50米，底宽8米～20米，有跨河桥梁5座。可通行30吨船舶，维护等级属等外级。

句容南河 源于赤山，在孙家桥入秦淮。江宁区境7.50千米，一年有8个月可通30吨船舶，枯水期水深1.50米，底宽25米～34米，有跨河桥梁4座，属等外级航道。

云台山河 源于云台山北麓东坑林场，在严公渡与阳山河汇合入秦淮河。凤凰山铁路桥至新河桥8.50千米通航。枯水期水深0.40米～2.50米，底宽6米～34米，有跨河桥梁11座。一年有6个月可通15吨以下船舶，属5级和等外级航道。

横溪河 源于横山和云台山，在三陵桥西之大河入秦淮河。航道里程12.50千米，枯水期水深0.20米～0.50米，底宽6米～22米，有跨河桥梁13座。一年有6个月可通20吨以下船舶，属等外级航道。

牛首山河 源于牛首山，在殷巷赵家渡入秦淮。通航里程5千米。枯水期水深0.80米～1.50米，底宽6米～14米，有跨河桥梁6座，一年有6个月可通10吨～30吨船舶，属等外级航道。

前进河（解溪河） 源于上坊佘村横山水库，在湖熟镇东北村卜家坝入句容河。通航里程4.50千米，枯水期水深1.50米，底宽12米～40米，有跨河桥梁3座。一年有6个月可通30吨以下船舶，属等外级航道。

汤水河 源于汤山温泉，在淳化街道塔离岗入句容河。航道里程11.50千米。枯水期水深0.60米～1.50米，底宽6米～36米，有跨河桥梁7座。一年有8个月可通30吨以下船舶，属等外级航道。

【沿江河道】

江宁河 源于大金山，在河口镇入长江。江宁镇至河口镇段，航道里程5.50千米。枯水期水深0.50米～1.50米，底宽6米～12米，有跨河桥梁3座。一年有8个月可通10吨～30吨船舶。江宁镇至陆郎段航道11千米。一年有6个月可通10吨～20吨船舶。

铜井河 源于白头山，从江宁街道万柳村入长江。通航里程3千米。枯水期水深1.50米，底宽8米，有跨河桥梁2座。一年有6个月可通30吨以下船舶，为江船避风河港。

牧龙河 源于鹅子山，从大王庙出口入长江，航道4千米。枯水期水深1.50米，底宽10米，有跨河桥梁1座。一年有6个月可通30吨以下船舶，属等外级航道。

2007 年江宁区航道情况表

表 11-1-1

航道名称	里程（千米）	起讫地点	枯水期		最大通航船舶（吨）	维护等级	跨河桥梁（座）	备 注
			水深（米）	底宽（米）				
秦淮河	34.28	武定门节制闸—乌刹桥	2.10 ~ 3.40	20 ~ 60	100	6 级	12	规划四级
秦淮新河	18.00	入江口门—东山码头	2.50 ~ 4.00	40 ~ 60	100	6 级	15	规划四级
句容河	22.61	西北村—赤山友谊桥	1.50 ~ 2.50	20 ~ 30	100	6 级	10	规划五级
三干河	7.00	河口—倒桥涵洞	1.0 ~ 1.50	8 ~ 20	30	等外级	5	—
二干河	4.00	河口—严郎渡	1.50	20	30	等外级	1	—
横溪河	12.50	河口—横溪镇	0.20 ~ 0.50	6 ~ 22	30	等外级	13	季节性通航
句容南河	7.50	河口—龙德桥	1.50	25 ~ 34	30	等外级	4	—
汤水河	11.50	河口—土桥镇	0.60 ~ 1.50	6 ~ 36	30	等外级	7	—
解溪河	4.50	河口—东科桥	1.50	12 ~ 40	30	等外级	3	季节性通航
云台山河	8.50	新河桥—凤凰桥	0.40 ~ 2.50	6 ~ 34	30 ~ 300	5 级、等外级	11	季节性通航
牛首山河	5.00	小龙湾—新桥	0.80 ~ 1.50	6 ~ 14	10 ~ 30	等外级	6	—
铜井河	3.00	河口—铜井镇	1.50	8	30	等外级	2	季节性通航
牧龙河	4.00	河口—牧龙桥	1.50	10	30	等外级	1	季节性通航
江宁河	5.50	河口—江宁镇	0.50 ~ 1.50	6 ~ 12	10 ~ 30	等外级	3	—
合 计	147.89 千米（其中 6 级 74.89 千米）							

第二节 码 头

早在清末民初，江宁县湖熟、龙都、禄口、秣陵等沿河集镇即有船码头，沿江有三江口港。1985 年，江宁有长江岸线 45.42 千米。沿江设有三江、沿江、三山、生建、仙人矶等 6 座码头，码头年吞吐量为 50.50 万吨。1987 年，长江、花园、营防等 3 个乡划归栖霞区，三江、沿江码头也随之划出。1995 年，江宁镇的部分行政村划归雨花台区，三山、生建两码头也随之划出。2007 年，区内有长江码头、秦淮河码头 9 座。

【仙人矶（陈塘）码头】

仙人矶码头位于今江宁街道陈塘社区境内长江边。1982 年，建成投产。主要货源来自周边的水泥厂等企业。货品主要是煤、水泥、红砖、杂货等。码头设施除 50 米石砌驳岸外，还有 100 米自然岸坡。装卸作业主要靠人工搬运。有泊位一个，最大能停靠 200 吨级船舶。堆场面积 1800 平方米。今已撤除。

【铜井码头】

铜井码头位于铜井河口北岸、距长江边 100 米处。由铜井村经营，年吞吐量为 2.35 万吨，其中年进口量为 0.25 万吨，出口量为 2.10 万吨。2003 年后，因铜井村被江宁滨江经济开发区征收、开发，铜井港不再经营。

【江宁镇码头】

江宁镇码头原在西河沿，1983 年迁至柏水河新桥闸头处。初属乡办生建搬运队领导，1984 年移交司家行政村管理，改名为司家码头。这里是附近几个行政村的工业产品外运装船之地。1985 年码头实行承包制后，年装货量达 1.20 万吨。江宁镇码头因江宁河河口段兴造排灌闸，船只无法通航，码头自然消失。

【滨江开发区永辉码头（港口）】

永辉码头位于铜井河与牧龙河之间的长江南岸。由中国香港永辉建筑工程有限公司投资建设，总投资 1.33 亿元。2006 年 10 月 24 日，正式开工建设。首先建设规模为 2 个 5000 吨级的散、杂货码头（上游为杂货泊位，下游为散件泊位），年货物吞吐量为 95 万吨。

【滨江开发区大件重件码头（港口）】

大件重件码头紧邻永辉码头。由南京大件起重运输集团全额投资建设，总投资 1.50 亿元。2006 年 10 月 18 日正式开工建设，建设规模为 2 个 5000 吨级泊位（上游以重大件为主，兼顾杂货的泊位，下游为杂货泊位）。重大件单件起吊吨位为 800 吨 ~ 1000 吨，年货物吞吐量为重大件 100 件，杂货 80 万吨，为长江南岸最大的重件码头。是年 6 月，永辉码头、大件码头开港。

【东山码头】

东山码头位于秦淮新河东端对岸。1985 年，县装卸公司（后更名为港务管理处，改制后更名为上元港口公司）投资建设。1987 年投产。码头装有简易塔式吊机 4 台，平台输送机 7 台，堆高机 2 台，装载机 2 台。码头长 100 米，有泊位 4 个，最大可停靠 200 吨位船舶。码头建有堆场 3000 平方米。货物吞吐量：1987 年 7.04 万吨；1990 年 12.10 万吨；1992 年 30.10 万吨；1995 年 21 万吨；1999 年 66.70 万吨；2003 年 71.40 万吨；2007 年 60.60 万吨。

图 11-3-9　东山码头装卸货物（1990 年摄）

【禄口码头】

禄口码头位于乌刹桥以北秦淮河西岸。1994 年，为服务禄口机场建设，由县交通局和禄口镇政府共同出资建设。为直立结构，前沿水深 4.50 米，泊位长 100 米，有 3 个泊位，可停靠 100 吨级船舶，年吞吐能力 20 万吨。1995 年，移交给禄口镇政府单独经营。该码头以进港江砂为主，建有吊机 3 台、装载机 1 台。年吞吐量：1994 年 3.80 万吨；1999 年 15 万吨；2004 年 12 万吨；2007 年 18 万吨。

【三江码头】

三江码头位于今江宁街道境内。始建于 1998 年，泊岸长 150 米。有吊机 2 台、装载机 1 台。年吞吐量：1998 年 1.80 万吨；1999 年和 2000 年均为 2 万吨；2001 年 3.50 万吨；2004 年 8.50 万吨；2007 年 20 万吨。

【上坊门码头】

上坊门码头位于今东山街道境内。建于 1995 年，泊岸长 200 米。有吊机 2 台、装载机 1 台。年吞吐量：1995 年 1 万吨；1999 年 3 万吨；2003 年 30 万吨；2007 年 25 万吨。

第四章　铁路　机场

清光绪三十四年（1908）十二月，沪宁铁路全线通车，铁路经过江宁县。民国 24 年（1935）5 月，江南铁路（宁芜铁路）南京中华门至芜湖通车，经过江宁县境 16 千米。侵华日军侵占南京期间，修建板桥（古雄）至凤凰山的古凤铁路专线。新中国成立后，新筑古凤铁路凤云铁路专线、牛首山支线。至 2007 年，江宁区境内有宁芜、古凤、凤云 3 条铁路线。此外，2006 年 11 月 20 日，启动建设地铁一号线南延工程（安德门至江宁大学城）。

1997 年 7 月 1 日，南京禄口国际机场正式通航。机场位于江宁区禄口街道境内。该机场是中国重要的干线机场，是华东地区主要的货运机场，与上海虹桥机场和浦东机场互为备用机场。机场在国际航空运输协会的代码为 NKG，在国际民航组织的代码为 ZSNJ。1997 年，被国务院批准为对外开放一类口岸。南京市口岸委对南京航空口岸行使口岸管理职能。南京海关、南京出入境检验检疫局、南京边防检查站负责口岸查验、现场办理过往人员、货物转口的出入手续。

2007年1月31日，禄口机场与新加坡樟宜机场签订协议，后者注资10.80亿元，收购前者29%的股权（此前，禄口机场由江苏省国资委100%控股）。

第一节 铁路 地铁

【铁路】

宁芜铁路 北起南京中华门，南至安徽省芜湖市，全长196千米，属上海铁路局管辖。民国24年（1935）5月建成通车，是区境内唯一从事客货运输的国有铁路线。纵贯江宁街道，在江宁境内长约16千米。1961年后，铁路逐步分岔向南延伸。先从芜湖分出经火龙岗至鹰潭到厦门（皖赣线），由鹰潭向西可通南昌。后从芜湖经钟鸣延至铜陵。

古凤铁路 由板桥（又名古雄）西之江边凤翔码头起，经宁芜铁路古雄车站叉出，经过江宁区的谷里、东善桥集镇到秣陵凤凰山铁矿，正线长18.60千米。民国34年（1945）日本投降后，国民政府并未正式接管和使用，致使铁路损毁严重。1957年，南京市政府组织民工修复铁路，9月正式通车。铁路在江宁区境内长10千米。

云台山铁路 由凤凰山铁路专用线17千米处岔出，经陶吴至云台山硫铁矿，全长17千米。1971年1月开工建设，1972年7月1日正式通车。1976—1984年，进行扩建和改建，使其年运输能力增加30万吨。

陶吴国家储备粮库专用铁路 该铁路由古凤铁路岔出至库区，长约500米。

【地铁】

2006年9月3日，全长21.72千米，总投资85亿元的南京地铁一号线正式投入商业运营。南延线起于安德门站，原计划止于江宁大学城北端的城东路站，全长17.95千米，工程概算总投资69.36亿元，工期3年，预计2009年年底建成通车。南延线原计划设12个站点，分别为宁丹路站、共青团路站、花神庙站、铁路南站站、岔路口站、河定桥站、胜太路站、百家湖站、小龙湾站、竹山路站、天印路站、城东路站。中途设2个换乘点，铁路南站与竹山路站。

2006年11月20日，南延线试验段开工。开工的河定桥站位于秦淮路以南，双龙大道以西。站体总长492.40米，由中铁五局负责施工。2007年6月19日，百家湖站开工。2007年7月，市政府决定将南延线继续南延7.13千米，直通江宁大学城。主线长由原来的17.95千米拉长至25.08千米，增设经贸学院站、江苏海事职业技术学院站和药科大学站。是年10月下旬，小龙湾站开工建设。

南延线江宁境内全长18.74千米，设车站12座，停车场1座。其中地下车站5座（南京南站站、岔路口站、河定桥站、胜太路站、百家湖站）、高架车站7座（小龙湾站、竹山路站、天印大道站、城东路站、经贸学院站、海事学院站、药科大学站）。南延线工程概算总投资89.99亿元，江宁区需承担26.40亿元。工程由中铁三局、中铁五局、中铁十三局、中铁二十局、中建八局、上海机械化施工公司等单位承建。

第二节 机 场

【土山机场】

位于南京市中华门外10千米处的江宁县东山镇，距大校场机场3.70千米。民国28年（1939）3月，侵华日军修建供轰炸机及战斗机使用的碎石跑道，长1600米、宽50米，两端保险道各100米，碎石滑行道1300米。能降B–24型、P–54型、C–47型飞机。机场四周有滑行道停机堡15座。该场地势高，跑道中间凸出，两端低，稍加扩充，可作民用航空专用机场。新中国成立后，1951年经过整修，作为中国人民解放军空军机场使用。1960年后至1999年，土山机场兼为民航通用航空基地。

【南京禄口国际机场建设】

选址立项 民国38年（1949）南京解放时，原有两个机场，一是明故宫机场，在中华门内，场地很小。另一个是大校场机场，一条土跑道，后按国际民航组织B级标准设计，改建成长2200米，宽45米的混凝土跑道。1956年7月，明故宫机场搬迁至大校场，实施军民合用。1985年，国家领导人邓小平和杨尚昆到江苏视察，当时省委、省政府主要领导向邓小平和杨尚昆请示，可否允许大校场机场进行扩建，以便更好地为南京乃至整个江苏的现代化建设服务。邓小平当即就同意了省委的请示，杨尚昆也说，就按邓小平的指示办。随后，省委向空军、南京军区和中央军委作了汇报，得到了他们的支持。同年，国务院批复，同意大校场机场飞行区按麦道82型大载重量扩建，跑道由2200米延长至2800米，道面按波音747型全重设计建设。但扩建后的机场设施仍然简陋，客航条件依然很差，跑道短，不能起降大型飞机，机场没有防雨走廊，没有登机场，甚至没有正规的旅客摆渡车。总体上说，机场设施条件同国际国内的现代化机场相比差距较大。改革开放后，特别是20世纪90年代后，江苏的现代化建设快速发展，对外开放不断扩大，航空客货运输量每年以20%以上的速度增长，航空条件远远不能适应，迫切需要建设一个新机场。新机场的选址就成了首要任务。

最初机场选址有两个方案，一个是将大校场机场再次进行扩建，另一个是另选其他地方建设新机场。第一个方案离南京城区太近，一旦大型飞机投入使用，会对市区产生很大的噪音，影响城市居民生活质量，而且大校场临近河道，地势低洼，不具备扩建条件，因而这一方案被否决。负责机场选址的人员在大江南北多个地方再进行比较选择后建议：新机场宜建在南京江宁县。经过一段时间的工作，省内对于机场选址意见逐步趋于一致，认为江宁禄口镇的预案比较可行。禄口离南京中心直线距离35千米，不干扰城市，净空条件良好，而且少占良田；再者，发展江宁的经济也符合南京市城市整体规划。专家们也认为，禄口各个方面条件都符合机场选址要求。在总参、空军、民航总局和南京军区、南京军区空军的支持下，1992年4月，省政府正式向国家计委上报南京禄口民用机场工程项目建议书。同年8月，国务院副总理朱镕基，在省政府听取新机场选址的汇报，同意把机场定在南京市江宁县内。9月，国务院、中央军委正式批准南京禄口新机场的立项。随后，省政府委托民航设计院进行可行性研究，并邀请中国国际咨询公司进行可行性评估，委托江苏省环境科学研究所进行机场环境评估。1993年，国家计委批准了南京禄口机场可行性研究。至此，历经8年，南京民用机场的选址、立项终于有了结果，最终确定在江宁县禄口境内建设南京民用新机场。

征地安置 南京禄口国际机场在禄口镇的南片共需征地933.33公顷。1993年5月至8月31日，首批完成征地465.33公顷。拆迁范围涉及禄口镇的秦村、俞庄、东湖、黄桥、青圩和铜山镇的徒墙6个行政村和兴富中学、秦村小学、青圩小学3所学校，还有1个秦村粮库。据国家土地管理政策，首次征地劳力托带安置1619人，超龄保养179人，并妥善安置群众生活。1993—1998年，省、市国土局共批准征地4批，共779公顷，撤除村民小组46个，批准农转非7555人。对拆迁人员根据不同情况，在住房、生活、就业等方面均有适当安排。机场建设对周边村民的生产、生活有一定的影响，尤其通航后，飞机噪音对机场周边的俞家庄、庄湖村和下徒墙村的影响较大，因而决定对3个村实行整体搬迁。1999年12月1日，江宁县委成立禄口地区稳定工作小组，做好村民的搬迁、解困工作。

图11-4-10　1995年2月28日，省委书记陈焕友及市县领导为南京禄口国际机场开工奠基剪彩

机场设施　机场建成一条4E级标准的长3600米、宽60米的起降跑道和一条长3600米、宽45米的滑行道以及相应助航灯光设施，能够满足世界上各类运输机全重起降；候机楼建筑面积13.20万平方米，实行进出港分流；机场货运仓库4.10万平方米，货棚面积1800平方米，库外货物处理场地2000平方米，具备特殊货物处理能力；机坪面积44.70万平方米，其中货机坪4.70万平方米。

机场建成一条长67.50千米的输油管线，连接南京炼油厂内的中转油库和机场的使用油库。机场使用油库设计总容量8万立方米，已建成3个1万立方米的航煤油储罐。同时建成油库至机场加油站及停机坪地勤加油管线系统。还建成从市区到机场的一条29千米机场专用高速公路，连接宁沪、宁杭、宁通、宁连等高速公路。

机场内有综合性商店5家，土特产商店15家。国际厅内还有免税商品商店。机场内设有6家餐厅，候机楼国内指廊出发层还设有母婴休息室，航站楼离港厅离港区内设有医疗服务位。此外，停车场面积3万平方米，有车位1200个。

【机场发展规划】

战略定位和规模预测　禄口机场的发展战略定位是“中国大型枢纽机场，航空货运和快件集散中心”。根据预测，2010年，旅客吞吐量超过1200万人，货邮吞吐量达到45万吨，高峰小时旅客吞吐量达到3710人；2035年，将分别达到6000万人，200万吨和15900人。

根据机场的战备定位以及远期年旅客吞吐量6000万人次、货邮200万吨的航空量预测，飞行区将原规划的2条平行跑道调整为南北两组的4条平行跑道，内侧2条跑道间距由1700米增加到2000米，在南北跑道外侧400米各建一条3200米长、能起降E类飞机的跑道。南侧近距离跑道能满足F类飞机起降要求。航站区在现航站楼南侧新增2号航站楼，西侧建设卫星厅，航站楼总面积由2007年的13.20万平方米增加到60万平方米，停机位增加到50个。远期货运设施在机场跑道北侧和东西两端发展（现西侧建设中国邮政航空快件集散中心，占地80公顷；东侧为空港保税物流中心，占地67公顷）。

航空城和交通网络规划　2007年9月，禄口航空城规划完成。规划中的航空城除了20多平方千米的禄口机场外，还拟建70平方千米的“一城三团”。“一城”即禄口新城，“三团”包括横溪、铜山、柘塘三个组团。2007年，全区已有航空指向性企业147家，包括航空企业巨头、世界500强的霍尼维尔。

根据规划，通过轨道交通和快速化网络，禄口机场和南京主城及南京与其他组团保持畅通渠道，并将加强与京沪高速铁路南京南站、龙潭港组团联系，形成以江海、航空、铁路三大交通枢纽为中心的南京城市发展新格局。一系列和空港城有关的建设正加速进行，省道243的高速改造已启动。轻轨道交通方面，将于2010年启动建设机场线，机场线将和京沪高速铁路无缝对接，经天元西路、利源路、苏源大道、清水亭大道向南进入机场高速沿线，并进入机场区，全长25千米。

规划建设铁路Z1线，由机场向东与扬州、镇江相连，向西与马鞍山、芜湖贯通。公路连接更是四通八达，机场东侧向南接入第二通道，与连三公路（上海至合肥高速公路江苏段）沟通，拓宽已有的机场高速公路，禄口机场与溧马高速将同步建设专门的连接线。

第五章　运　输

江宁区的交通运输主要由公路运输、水路运输和航空运输3部分组成。民国38年（1949）4月江宁解放时，公路客运陷于停顿状态；5月，各线路恢复通车。1951年10月，国营苏南汽车运输公司和商办江南汽车公司实行公私合营，有5条公路客运线，共172.64千米，其中130千米在江宁县境内。1975年，江宁县成立公共汽车队。1979年，县公共汽车队改建为“地方国营江宁县客运公司”后，全县23个公社通客车。1992年始，社会运力开始冲击客运市场，专业客运公司企业效益下滑，只能勉强维持生存。1995年6月，江宁县政府规定：个体载客在交纳一定的客运线路有偿使用费后，可以在交通部门规定的线路上经营（俗称“专业、集体、个体一起上”）。2001年8月，区政府决定由南京中北集团兼并江宁客运公司（中北集团江宁客运分公司、新城巴士公司）。2003年4月，江宁区在全市率先实现镇级客运公交化，其后又推进“村村通”工程。至2007年年底，实现行政村（社区）客运公交化，通达率100%。此外，江宁区还有省内外长途客运线路15条，日发班车50班次。

新中国成立初，县汽车货运分别由国营江苏省汽车运输公司和南京市各私营运输企业经营，县内仅有用人、兽力车运输或用肩挑货物的个体运输者。1953年后，才有乡办、县办专业运输组织。1982年后出现个体运输户。据《1990年运输业综合分类户籍资料汇编江宁分册》载，1990年，全县公路货运运输户为1019家。分为县交通部门、乡办交通、非交通部门（即县、乡、村工业，企事业，机关单位及省、市驻县单位）、个体户（含联户）4类。完成货运量1762.30万吨，周转量44409.20万吨千米。2007年，全区有营运货车6085辆、31066.16吨位，有5辆以上的货运企业118家；有水运货船15艘、3220吨，1346.80千瓦，均为个体经营户。是年，公（水）路货运量为1674万吨，货物周转量为124075万吨千米。

南京禄口国际机场自1997年12月通航至2007年年底，共完成旅客运输量4980.70万人次，货邮吞吐量120.48万吨。

第一节　公路客运

【公共汽车客运】

城市公共汽车客运　线路营运。1975年4月，江宁县成立公共汽车队，有汽车15辆，375个座次，每日发车27个班次。营运线路2条：东山—上坊—高桥门—麒麟门；东山—秣陵—禄口—陶吴—东善桥—殷巷—河定桥—东山桥环线。1981年，全县有24条客运线路。其中终点到大队10条，全县377个大队，通公共汽车的大队262个，占69.50%。1985年，县客运公司有客车64辆，营运线路34条，总里程627千米。省、市客运公司在县营运有车辆48辆，每天发车320班次，营运线路10条。1990年，江宁县客运公司营运线路32条，南京公交公司在江宁营运线路20条。1991—1995年，江宁县客运公司共完成客运量2060万人，周转量38515万人千米，分别比“七五”期间下降了36.24%和42.60%。由于票价调整，营业收入2110万元，比“七五”期间上升13.05%，但利润下降了90.03%，只有20万元。1995年，全县有客车359辆、5220座，分别比“七五”期间增加2倍和4倍。从1992年开始，中巴车逐步发展，至1995年年底共有中巴车59辆、890座。1996—2000年，江宁县公路客运发展势头迅猛。客运三机由1995年的61辆增加到2000年1709辆，增长36倍。客运中型客车从1995年的127辆增加到2000年205辆，增长60%；农用中型客车由61辆增加到189辆，为1995年的3.09倍。1999年年初，县客运公司先后开通6条县城公交线，并与市公交总公司联营开通由客运公司（金宝市场）至南京火车站、铜井至南京、武夷花园至南京白鹭花园的公交线路。2000年，全县客运量达1727万人次，客运周转量102382万人千米，分别比1995年增长17%、287%。2001年8月，南京市中北集团公司收购江宁区客运公司。中北客运公司先后对雨花台至铜山、东山至汤山、东山至湖熟、东山至土桥、东山至周岗等客流量较大的线路进行改造。将旧车全部换成新大巴车，开通12条城乡公交线路。加上南京城区直通江宁区的101路、102路、103路、104路、105路、南金线以及由南京公交公司独家经营的12条城乡直达公交车，使人们出行更方便。2003年，江宁区在全市率先实现镇级客运公交化。2004年，全区实施农村班线通达工程，新开辟镇村公交线路87条，210个村有191个村开通公交车，占90.95%，全区公交线路132条。2005年，新开通10个行政村公交班车，全区有201个行政村通公交班车，全区行政村通公交率达96%。2006年，区内新城巴士客运公司有客运车676辆，年客运量2567万人次，客运周转量123765万人千米。全区开辟公交线路116条，通车里程

图11-5-11　江宁县客运公司东山车站（1993年摄）

图11-5-12　1998年9月28日，江宁县四套班子领导参加县城公交车开通典礼

1151 千米。为解决江宁到南京主城上下班高峰时期乘车难的问题，自是年 3 月 18 日起，101 路线从 6 时 30 分至 8 时每 5 分钟从东山总站发一班“大站快车”，即只在岔路口站以内停车上下客，以后各站只下不上，到达终点站中华门内整个行程比原来缩短 10 分钟。新城巴士公司还在东山总站每日发送长途班线 33 班，日均发送旅客 800 人次。2007 年 1 月 12 日，成立南京通盛客运公司，开辟区内公交线路 10 条和村村通线路 5 条。是年，新城巴士公司新投放车辆 100 辆，新开辟线路 4 条。至此，江宁区内客运公交企业共有客运车辆 923 辆，年客运量 2667 万人次，客运周转量 133765 万人千米，全区开辟客运公交线路 111 条，通车里程达 1151 千米。此外，市公交总公司、南京中北公司、雅高公司经营的南京主城至江宁区客运公交线路 12 条，有客运车 126 辆。

公交客运车辆。1975 年，江宁公共汽车队有客运汽车 15 辆，1981 年有客车 45 辆。1985 年，江宁县客运车辆有 64 辆、4080 座，其中有 8 辆大通道车（一种超长车厢，3 开门，中间以转盘连接的长体客车）。1993 年，淘汰大通道车，更新大客和中巴车。是年，客运公司有营运车辆 80 辆。1994—1996 年，均为 79 辆。至 2001 年，除了与市公交公司联合经营的南金（东山至南京火车站）线外，区内仅存区内 1 路（东山至殷巷）、2 路（东山至石马工业园）、4 路（东山至胜利三小区）、5 路（金宝市场至龙西路）、8 路（东山至淳化）、10 路（东山至河海大学江宁校区）、11 路（河海大学江宁校区至南唐二陵）7 条线路，有车 58 台。东山至乡镇的线路只剩下东山至周岗、东山至湖熟、东山至土桥、东山至汤山、东山至铜山 5 条，共有车 177 台，均属承包公司车辆或公司职工自购后挂公司户头经营的车辆。在其他线路上经营的个体中巴车 347 辆。2001 年 8 月，中北集团公司并购江宁客运公司；11 月，成立中北集团江宁客运分公司。2002 年，中北江宁客运分公司与市公交总公司江宁客运部成立联合体，公司车辆增至 312 台。2007 年 1 月，新成立的通盛客运公司试运营，有车 156 辆。至 2007 年，区内公交企业共有车 923 辆。此外，市公交总公司、南京中北公司、雅高公司经营的主城至江宁线路 12 条，有车 126 辆。

公交客运站点与线路。1975 年，江宁县公共汽车队有线路 2 条，有客运站点 10 个。1985 年，县客运公司营运线路 34 条，设营运站点 157 个。1991 年，江宁县客运站点为 20 个，另有 168 个只立站牌的招呼站。1992 年，除东山总站作为社会中巴开放的共用性停车场外，其余车站全部闲置。2002 年，建成中北客运分公司（今新城巴士公司）东山总站。2003 年 9 月，建成 104 路江宁开发区文化名园站。2004 年 12 月，建成土桥车站。2007 年，投资 800 万元，建成谷里、禄口客运站；投资 600 万元，建成 388 对农村公交候车亭。2007 年 12 月，位于江宁科学园的江宁区长途汽车站建成，占地 3 万平方米，拥有 1 万平方米候车室，具有日发车 300 班次、接送旅客 1 万人次的能力。此外，区内 137 路、东铜线、东禄线、南广线、安广线以及 3 路、6 路、17 路、19 路、22 路公交线与其配套对接。至 2007 年年底，全区共有公交线路 123 条。其中，东山通南京主城 17 条，街镇通南京主城 5 条，东山通往街镇 15 条，东山新市区内 18 条，街镇之间及镇村之间 68 条。在 123 条线路中，市公交公司、中北公司、雅高公司经营 12 条，新城巴士公司经营 96 条，通盛公司经营 15 条。

农村公共汽车客运　江宁县农村公共汽车客运始于 1975 年，至 20 世纪 90 年代初，中巴车、农用中小客车（农巴）逐渐发展，以其灵活的经营模式，逐渐占领农村客运市场。2001 年 8 月 18 日，完成东山至各镇（街道）客运线路公交化改革后，先后开通多条通村线路。至 2007 年，全区行政村全部通公交车。是年，区交通局还在全区实现“村村有亭”的目标。

村级公路。1957 年 2 月，完成湖熟至土桥的乡道 12.40 千米，至 1979 年，江宁县共有公社公路 310.41 千米，有土路 203 千米。1986 年，全县共有乡村道路 711 千米，土路不列。1990 年，江宁县共有乡级以下公路 724 条，1365.90 千米。这些路的养护经费主要靠征收的手扶拖拉机养路费的返还和经济条件比较好的乡镇村的投入，远远不能满足需要。1985—2000 年，区交通局采取一些措施加强乡村道路养护，成效并不明显。1995 年后，上峰、麒麟等镇开始将通往采石场和行政村的重要道路改造成水泥路。2000 年，南京市交通局出台“以奖代补”政策。对按 4 级以上标准改造的水泥路给以每平方米 8 元的补助，据此，区交通局决定再给以每平方米 8 元的补助。2003 年，全区掀起水泥路改造的高潮。至 2004 年，全区共完成水泥路改造 1280 千米，实现村村（行政村）都通水泥路。2005 年年底，镇村公路上的危桥大部分得到了改造。是年，全区还完成 100 多千米的水泥路建设工程。2006 年 9 月下旬，区政府下发文件，要求从 2006 年到 2008 年，每年改造水泥路 200 千米，改造危桥 9 座。2007 年，完成危桥改造 19 座，完成农路水泥化改造 486 千米。至 2007 年年底，全区共完成农村公路水泥化改造 2294 千米，改造危桥 123 座。

农村公共汽车客运发展。江宁农村公交始于 1975 年。是年元旦，江宁县革命委员会批准成立地方国营江宁县公共汽车队。5 月，市交通局所属市公交公司下发旧跃进客车 15 辆。7 月 1 日，开通东山至上坊至其林；东山至上坊至解溪；东山至禄口、陶吴、东善、殷巷循环线。年底又增辟东山至土桥、周岗、殷巷（区间车）、曹村、大定坊 5 条线。到 1990 年，全县开通营运线路 32 条，通车里程 523.50 千米，站点 158 个。1985 年，小三轮机动货车开始发展。至 1990 年，达 1142 台。1988 年，大量货运三机转向客运。1990 年，从事客运的三机达到 600 台。1991—2001 年，农村客运市场秩序混乱，经营者以农民为主，市场上车型混杂，安全性差。2001 年后，新型大客车取代“中巴”“农巴”，在沿线主要村庄集镇都设有招呼站。2003 年 4 月，江宁区开通东山金宝市场至陆郎的公交线路，至此，江宁通往街镇的公交线有 12 条。至 2007 年，所有行政村通上公交车。

村村通工程。2003 年，全区通村（行政村、社区）公路全部完成“水泥化”改造任务。2004 年起，区交通局根据省、市交通部门的要求，协调新城巴士公司和镇（街道）政府（办事处）有计划分步实施农村客运“村村通”工程。新城巴士公司成立“村村通”管理办公室。至 2007 年年底，开辟班线 73 条，投放车辆 111 辆，全区 141 个行政村（社区）全部通上客运班车。“村村通”采取公有私营的经营模式，即车辆由新城巴士统一购置并拥有产权，由公司职工单车承包经营。2007 年，市交通局在全市实施农村客运站亭建设工程，计划用 2 年时间实现“镇镇有站，村村有亭”。2007 年年底，全区共完成镇街客运站 2 个，村（社区）候车亭 388 对。

图 11-5-13　2004 年，江宁区实施“村村通”工程，村（社区）通上公交车

【长途汽车客运】

民国 11 年（1922），有商办南京汤山长途汽车行驶钟汤路，自南京至汤山 30 千米，后因车资太高而停业。民国 22 年 5 月，京芜路南京至铜井段 35.04 千米通车（民国 26 年 12 月南京沦陷后停运）。民国 23 年元旦，南京到芜湖全线竣工通车，全程 93 千米，在江宁县境 22 千米。

同年，京建路南京至秣陵段24千米通车。民国24年5月1日，京湖公路南京到湖熟线32.20千米通车。

抗日战争期间，民国29年（1940）12月，汪伪《江苏建设》复刊号第一卷第一期载：京杭路南京至句容段54千米，江宁县境内14千米，由华中铁道长途汽车公司经营客班；京芜路通车32千米，全在江宁县境，由“华铁”经营客班；京建路南京至溧水段60千米，江宁县境37千米，改由东山、方山行驶，“华铁”经营客班；京湖路通车14千米（南京至东山），由合记京湖长途汽车公司经营客班。抗日战争胜利后，民国34年12月15日，首开京杭路京汤段客车；12月20日，营运京句、京湖两段客货运输。继而，江南公司营运江宁县境和穿行江宁县境4条线路：京杭直达330千米；京宜（兴）160千米；京溧60千米；京湖34千米。民国38年4月18日停驶。1949年4月24日，江宁解放。是年5月4日，恢复“京汤龙”传统环行线路；5月20日，恢复南京到句容客班；5月22日，恢复南京到天王寺、溧阳客班；6月5日，恢复南京至宜兴客班。此时，南京与汤山之间有区间车、环行车、过路车，一天10班往返。至1949年年底，江宁县境有过路客班和境内客班3线。京湖、京溧由江南公司经营，京杭线由国营南京汽车运输公司和江南公司混合经营。1958年，江宁县境4条客班由镇江专区汽车运输公司南京营业处经营，4线客班为南京溧阳线123千米，南京溧水县经湖熟60千米，南京溧水线经禄口61千米，南京至丹阳52千米。

1963年年底，南京上坝（长江公社）线开通，江宁县境增为5线客班。1965年4月1日，开通南京至铜井客运班车，江宁县境增为6线客班。1969年，开通南京至殷巷客班；1970年5月，开通南京至上峰客班；1970年7月，开通南京至周岗客班。至此，全县客班增为9线。1976年7月15日，省公司二处移交南京至上峰、南京至三合、南京至周岗3线客运班车，由江宁县公共汽车队经营，此后，江宁县境各路客班由省第二汽车运输处长途客班，南京市公共交通客班和江宁县客运公司混合行驶长途车、区间车和郊区公共交通车。1988年，县客运公司与浙江温州市长途汽车运输联合总公司开辟南京到温州长途客运线。至2006年，区境内有宁杭线、宁芜线、宁溧线、宁丹线等过路车过境。此外，河南、山东、湖北、安徽、浙江、福建、北京、广东、上海等省（市）均有长途客车经宁杭线过江宁区。

2007年12月，江宁长途客运站新站建成并投入运行。新站位于天元东路和龙眠大道交会口，按二级站标准建设。客运新站占地1.30万平方米，拥有1万平方米的停车场，具有日发车300班次，接待旅客1万人次能力。2007年，开通徐州、连云港、淮安、盐城、南通等省内长途班线和上海、杭州、安徽六安、泗县、芜湖，湖北武汉等省外班线，并代售全市八大车站车票。区内137路、148路、东铜线、大同线、南广线、大中线、盛广线、盛科线与其配套。

【出租汽车与人力三轮车客运】

出租汽车　1986年，江宁县始有出租车。出租车分为两部分，一部分为南京市区个体出租车，一般从南京送客到江宁，只下客不上客；另一部分为江宁县无固定职业居民和农民经营的出租车。按车型分为两类：一类为南京市统一发照管理的小型面包车，全县约40辆；一类为江宁县交通部门发照管理的5座以下小轿车2辆，汽油载客三机19辆，共59座。

出租车发展初始阶段，管理不严，秩序混乱。1990年，整顿出租车，实行明码标价，安装计程器。1991年，取缔从事客运的货运三机，规定出租车集中停放县客运公司大院内，由专门机构实行车进站、人归点的管理。1991年8月，对出租车实行额度管理，即凡新增车辆必须经乡镇交管所预审，再报县计经委、县交通局审批，公安部门才可核发牌证。1993年，全县共有出租车27

辆。1994 年，全县共有出租车 42 辆。1995 年增至 87 辆。1995 年，江宁县政府规定县内所有出租车，据其车剩余使用年限长短收取 1 万至 1.50 万元有偿使用费。1996 年，全县出租车有 142 辆。1997 年增至 374 辆，比 1996 年增长 1.60 倍。1998 年 4 月，南京市计划委员会派员到江宁县交通局，要求停止发展出租车。县交通局决定，从 5 月 1 日起停止审批出租车营运证。是年，全县仅增出租车 7 辆。1999—2002 年，出租车总数仍有少量增加。至 2002 年，出租车增至 424 辆。2001 年，应南京市政府对全市出租车更型的决定，江宁区的出租车与市区同步更型为以普通桑塔纳（简称普桑）为主的新车。2002 年更型完毕。2003 年，区政府决定对城区的“三小车”（柴油三轮车、残疾人车、人力三轮车）进行整治，同时投入 100 辆普桑出租车（由江宁东方公司购置实行公车私营）。2004 年，又新增 100 辆（东方公司 80 辆普桑，金鹿公司 20 辆桑塔纳 3000 型）。是年，全区出租车 619 辆。2005 年，江宁区推行客运出租汽车企业和汽车星级管理办法，完善电话调度和无线叫车服务，实现200辆出租车使用IC卡管理系统，并推广安装GPS卫星定位系统。2007 年 8 月 16 日，通盛客运公司 100 辆桑塔纳和金鹿公司 50 辆桑塔纳 3000 型出租车上路运营。全区出租车总数 608 辆。

图11-5-14　2004年，江宁区新增百辆出租车投入运营

人力三轮车　据统计，1991 年，全县有三轮脚踏车 2921 辆。此后，逐渐被公共汽车取代，数量越来越少。撤县设区后，数量有所增加。尤其是“三小车”增速惊人，到 2003 年，仅东山镇及周围地区的人力三轮车就有 500 多辆。这些车多为县内下岗职工和外地来宁打工人员自购经营，他们乱停乱放，影响市容，妨碍交通。2003 年 7 月，江宁区委、区政府决定乘全市统一整治“三小车”之机对东山城区的“三小车”进行整治。整治采取堵疏结合的办法，动员车主主动上交旧车，由政府折价收购后集中销毁，并承诺旧车车主在新的三轮车公司成立后有优先经营权。在区交通局的组织下，成立金鹿人力三轮车公司，选定 600 辆人力车投放客运市场，对投入车辆实行规范管理。是年 9 月 18 日，举行首批 100 辆三轮车上路仪式。至 2007 年年底，江宁区人力三轮车市场基本没有变化。

第二节　公（水）路货运

【公路货运】

新中国成立初，秣陵马在志、禄口陈步高、黄某某各有一辆货运汽车“跑黄鱼”（即沿途装货，沿途丢货），“跑零担”（定点托运），叫“野鸡车”。这 3 辆汽车归南京市管理。江宁农村有骡车、板车 800 辆，独轮车几千辆，车主农闲时上街跑运输；或为船码头和火车站装卸货物，从事短途运输。1949 年，人畜力车完成货运量 2 万吨，货运周转量 21 万吨千米。1959 年，有 1 辆汽车，2.50 吨位。1964 年，完成货运量 8.86 万吨。其中，汽车 12 辆完成货运 4.55 万吨，人畜力车完成 4.31 万吨。1976 年，县属交通企业 2 个汽车队，2 个装卸队；社办交通企业有 19 家，生产大队交通企业 23 家。全县有货运汽车 33 辆、91 吨位，货运挂车 13 辆、45 吨位，机动板车 41 辆、60 吨位，畜力货车 9 辆、7 吨位，人力货车 80 辆、41 吨位。完成货运量 28.40 万吨，货运周转量 494.90 万吨千米。

1983 年，全国放宽政策，搞活运输市场，允许农民个人或联户购买机动车。据统计，1987 年 4 月，全县个体户有 28 种车，197 辆，852.50 吨位。是年，全县完成公路货运量 471 万吨，公路货物周转量 12240 万吨千米。

1991—1995 年，全县交通局属 6 家货运公司，除第五公司外，都出现亏损，亏损额达 300 万元。5 年间，完成货运量 457.50 万吨，周转量完成 24572 万吨千米，比“七五”期间分别上升 20.13% 和 21.40%；营业收入 5508 万元，比“七五”期间增长 29.10%，但却亏损 196 万元。“八五”期间，全县非交通部门公路货运量为 2559.46 万吨，周转量完成 128436.04 万吨千米。1995 年，全县共有货车 3488 辆、15661 吨位，比“七五”期间增加分别了 76.97% 和 51.43%。1996—2000 年，作为农村运输主力的手扶拖拉机的数量逐年减少，与 1995 年相比，2000 年全县手扶拖拉机只有 2803 台，减少 38%。货运车辆的总台数虽有减少，但总载的吨位却增加了 10%，货运量增长 67.10%，货运周期增了 15.90%。5 年间，交通部门专业运输量为 324.60 万吨，货运周转量为 19381 万吨千米；非交通部门运输量完成 3178.75 万吨，周转量完成 143991.81 万吨千米。

图 11-5-15　江宁县运输公司车队（1993 年摄）

据区交通局管理部门统计，至 2002 年年底，全区拥有营业性货车 3844 辆、19532.15 吨，手扶拖拉机 3137 台，正三轮机动车 2262 台。完成货运量 1321 万吨，货运周转量 79457 万吨千米。2005 年，完成公路货运量 2502 万吨，货运周转量 115676 万吨千米。2006 年，全区有货运业主 4029 户，配车 6085 辆。从事商品混凝土运输企业 8 家，配专用车 192 辆；从事危险品运输企业 7 家，配车 179 辆。完成货运量 1484 万吨，货运周转量 118038 万吨千米。2007 年，全区完成货运量 1674 万吨，货运周转量 124075 万吨千米，分别比 2006 年增长 12.80% 和 5.10%。至 2007 年年底，全区共有营运货车 6085 辆、31066.16 吨位。

【水路货运】

新中国成立前，江宁有民船来往城乡，客货兼营，以运粮食、煤炭、杂货为主，都为个体经营，人力背纤，极为辛苦。1955 年，随着农业合作化高潮的到来，个体船只要求组织起来。因江宁船少，大都参加南京市运输组织，并归南京市交管局领导。一些未入社的木船仍在秦淮河一带自揽生意。1958 年，江宁各地成立运输社，船舶开始机械化。1960 年，19 个公社运输组织有轮船 1 艘、机帆船 3 艘、木帆船 91 只。1961 年，江宁县运输公司有拖轮 3 只、驳船 5 只、木船 148 只，通航里程 180 多千米。1964 年，全县完成水运量 2.35 万吨，货运周转量 70.90 万吨千米。1980 年，成立江宁县航运公司，拥有 4 个轮头，驳轮 41 艘，533.61 千瓦，1959 吨位。同时，出现乡镇大办运输企业的新局面。1981 年，全县社办企业水运量 69.22 万吨，周转量 2369.30 万吨千米。

1990 年，江宁县航运公司完成货运量 5.54 万吨，货运周转量 2045.98 万吨千米；社会（含乡镇）水运量 1.71 万吨，货物周转量 572.70 万吨千米。

1991—1995 年，江宁县交通企业完成水路货运 21 万吨，周转量 8382 万吨千米，分别比“七五”期间下降 45.41% 和 48.34%；5 年营业收入 542 万元，比“七五”期间减收 70.26 万元，利润为负 46.80 万元。港务完成运量 40 万吨，周转量 427 万吨千米，分别比“七五”期间增长 149.38% 和 128.71%；营业收入 1356 万元，比“七五”期间增长 160.11%，5 年中盈亏相抵，利润为负 2.40 万元。1996—2000 年，县水运市场呈逐年滑坡趋势。与 1995 年相比，2000 年船舶由 84 艘、3204 载重吨位降至 40 艘、1669 载重吨位，分别下降 52.40% 和 48.10%；货运量由 51.50 万吨降至 20 万吨，周转量由 17044.77 万吨千米降至 4713.30 万吨千米，分别下降 61.17% 和 72.35%。

2001—2002 年，区航运市场平稳回升。境内秦淮河主航道 36 千米（其中上坊门桥至乌刹桥 30.50 千米，河定桥至铁心桥 5.50 千米），为省干线 6 级维护航道。建有东山和禄口两座钢筋混凝土重力或机械化装卸作业码头。2001 年吞吐量为 21 万吨。2002 年吞吐量为 26 万吨。区内有一家集体所有制航运公司，2002 年改为股份制责任公司，有 3 艘 200 吨的货船。据区航运管理所统计，至 2002 年年底，全区共有本籍船 36 艘，总载重量为 6000 吨。运输货物以煤炭、砂石建材为主。两年中，进港的吨位由 2000 年的平均 150 吨 / 艘增加到平均 400 吨 / 艘 ~ 500 吨 / 艘。进出港船舶 2000 年为 19000 艘次，2001 年达 26000 艘次，2002 年达 29000 艘次。年运货通过量 2001 年为 54 万吨，比 2000 年增加 12.50%；2002 年为 63 万吨，比 2001 年增加 16.70%。2005 年，全区航运完成 142 万吨货运量，周转量 56800 万吨千米。2006—2007 年，全区货物吞吐量为：东山码头 130.70 万吨，禄口码头 32 万吨，三江装卸码头 38 万吨，上坊门码头 48 万吨。2007 年，全区拥有本籍船 16 艘、2929 载重吨。据江宁地方海事处提供数据，2007 年，进入江宁区的大部分是安徽、河南等地的运砂船。全年共有 6048 艘船进入江宁区各码头，货物装卸量 243 万吨，比 1991 年的 2648 艘、62 万吨分别增长 58.58% 和 74.49%。

【危险化学品运输】

危险化学品运输企业　2007 年年底，江宁区具有危险品运输企业资质的共有 7 家：南京南特运输有限公司、南京兰叶气体有限责任公司、南京长山化工有限责任公司、南京上元工业气体厂、南京特种气体厂有限公司、南京云台山硫酸矿有限公司和普莱克斯上海梅山实用气体有限公司。共有危险品运输车辆 179 辆。

危险化学品运输企业管理　2002 年前，除雷管炸药的生产、储存、运输、使用国家规定由公安机关监管外，对其余危险化学品的运输，国家没有特别规定。根据国务院发布的《危险化学品安全管理条例》与《中华人民共和国道路运输条例》相关规定，从 2002 年起，江宁区交通局会同公安、安监等部门，在对区内从事危险化学品生产和运输企业进行摸底调查的基础上，对企业和从业人员的资质进行了考核认定，对运输车

图 11-5-16　2004 年 2 月 24 日，江宁区交通局开展危险品运输专项检查

辆进行检查验收，并将其作为运输行业中的特种行业进行监督管理。2003 年，区交通局成立专项整治检查组，由检查组逐户、逐车、逐人进行拉网式检查。收回超过 7 年使用年限车辆的危险品道路运输证，注销其危险品运输资格；对危险标识不齐全、无排气管隔热装置等问题限期整改；对未检测的槽罐车的危险品运输证暂时收缴保存，待检测合格后发还；对查出的危险品运输无从业资格证的驾驶员，责令企业联系培训，取得资格后再上岗。2004 年，区运管所帮助各危险品运输企业建立健全安全学习制度、车辆行驶记录制度、车辆定期检查制度和一车一档管理制度等各项安全管理制度，举办危险品运输培训班，请市运管处领导上法律法规课，组织从业人员现场观摩危险品货物运输作业流程。清理挂靠经营的危险品运输车辆，实现“车辆资产、劳动关系、经营调度、财务结算”四统一。至 2007 年，全区 220 辆危险品货物运输车未发生大安全事故。

第三节　航空运输

1997 年 7 月 1 日，禄口机场正式通航。1997 年 12 月 26 日，中共中央总书记、国家主席江泽民为禄口机场题写“南京禄口国际机场”名。自通航至 2007 年年底，禄口机场通航 10 个国家和地区。禄口机场有东航江苏分公司、中国邮政航空公司、深圳航空江苏分公司等 3 家基地航空公司；有国航、南航、新加坡等 26 家航空公司在禄口机场营运定期航班。完成旅客运输量 4980.70 万人次，货运总量 100.48 万吨。

【航线网络】

至 2007 年年底，禄口国际机场已开通国内外 63 个城市的近 120 条航线。内地可辐射北京、天津、广州、西安、沈阳、成都等 54 个城市和中国港澳台地区。国际客运航班可直达新加坡、首尔、东京、大阪等地。国际（地区）货运定期航班有南京至首尔、汉城、新加坡、芝加哥、悉尼、阿姆斯特丹、曼谷等地；国际货运包机航线有南京至达卡、迪拜、伊斯坦布尔、伊尔库茨克、安格雷奇等地。2005 年 9 月 28 日，禄口国际机场与国际航空公司以“一票到底”的方式正式开通南京经北京至法兰克福和南京经北京至洛杉矶的两条国际客运航线；2007 年，禄口机场起降架次达到 81000 架次。2003—2007 年，5 年平均增长 16.90%，2007 年比 2003 年增长 106.60%。

【旅客运输】

禄口机场开通国内外 63 个城市 10 个国家和 3 个地区的近 120 条航线。内地可辐射北京、天津等 54 个城市和中国港澳台地区。国际客运航班可直达新加坡、首尔、大阪、曼谷等地。2005 年 9 月后，先后开通南京经北京至法兰克福、洛杉矶、莫斯科、伦敦、温哥华的“虚拟航班”（指由一个航班内两个或两个以上成员航班组成，用一个航空公司代码或成员中一个航班号表示，乘客直接购买由南京到目的地的国际客票，在禄口机场完成领取登机牌、办理海关检查、托运行李等一切出港手续后可将行李由始发地直挂目的地，同时拿到下一航班登机牌。在北京只需办理边检、检疫手续，就可登后续航班）。还开通南京至吉隆坡、普吉、沙巴等地的不定期包机。

机场航站楼设有 15 个登机口、3 组（每组 20 个）旅客办票柜台、3 个离港系统、4 个到港系统共 14 条传送带，3 个分拣转盘，4 台提取转盘和 1 个超大件转盘。候机楼高峰可每小时容纳 6183 人，每小时可办理登机手续 1500 人次。候机室每小时服务能力 4113 人次，每小时旅客登记服务能力为36架次，摆渡车每小时服务能力3600人次。候机楼前建有全省最大的室外停车场，面积3万平方米，有大、中、小车位1200个，实行24小时服务。2006年6月1日起，机场出售电子机票。旅客仅凭身份证就可以办理登机手续。10月起电子机票全面代替纸质机票。2007年11月15日，深圳航空公司南京基地正式启用。

机场自通航之后，旅客吞吐量逐年攀升。1997年105.80万人次、2000年243.60万人次、2003年332.90万人次、2006年626.90万人次、2007年800万人次。

【货运运输】

机场一期工程建有货运仓库，库内处理场地面积4.10万平方米、货棚1800平方米。库外处理场地面积2万平方米、货机停机坪4.70万平方米。

2006年3月，机场完成南京至瑞典国际货机出口操作。至2007年，机场共开通了南京至洛杉矶、南京至芝加哥、南京至阿姆斯特丹、新加坡经南京至阿姆斯特丹等国际货运航线。是年5月26日，亚洲规模最大、技术装备全球领先的中国邮政航空速递物流集散中心落户禄口机场。9月，机场货运中心竣工落成，总投资1.83亿元，占地8公顷，总建筑面积34168平方米，设计年货运处理能力30万吨。机场货运站占地10.20公顷，可保障世界最先进的波音747-2000型全货机在内的货物地面处理。是年7月1日，总投资880万元的“空港物流信息平台”网络系统投入使用。

1997—2007年货运量分别为：1997年1.40万吨、1998年3.13万吨、1999年4.25万吨、2000年5.38万吨、2001年6.25万吨、2002年6.79万吨、2003年9.68万吨、2004年13.90万吨、2005年16.50万吨、2006年15.20万吨、2007年18万吨。

【跻身全国前列】

1997年7月1日至2007年7月1日，禄口机场通航10年。其间，禄口机场飞机起降架次由1997年的2.90万架次增加到2006年的6.50万架次，2007年达8.10万架次；客运量由211万人次增加到2006年627万人次，2007年突破800万人次；货邮量由1.74万吨增加到2006年的15.20万吨，2007年达到18万吨。

通航10年，禄口机场相继开通南京至新加坡、东京、大阪、洛杉矶、莫斯科、伦敦、温哥华、芝加哥及中国香港、澳门地区等23条国际（地区）客货运航线。通航城市由通航初的48个增加到63个，日均航班量从70多班增加到230班。到2007年7月，有8家国际（地区）航空公司和14家内地航空公司加盟到禄口机场的运作。

至2007年12月底，先后建成南京机场无锡、宜兴、淮安城市候机楼，实现售票接送、专人引导、专用通道、优先登机等“一站式无缝隙”服务；同时还实现常州、镇江、扬州、芜湖、马鞍山等地旅客无缝隙转运。

【完成重大保障任务】

机场成立至2005年，完成一系列重大保障任务。2000年10月，中共中央总书记、国家主席江泽民和德国总统希拉克的专机保障任务；2001年9月，南京世界华商大会期间，国务院总理朱镕基、政协主席李瑞环以及590名客商安全进出港的保障任务；2003年2月，江泽民和古巴总统卡斯特罗专机保障任务；2005年10月十运会期间，中共中央总书记、国家主席胡锦涛，国务院总理温家宝以及国际奥委会主席罗格等专机保障任务。

第六章　交通运输管理

民国时期，江宁县交通运输管理机构有：民国19年（1930）7月成立的汤山养路工程处，民国23年8月成立的江宁县政府建设科养路工程队，民国35年10月成立的汤山管理站等。

民国38年（1949）6月，成立江宁工区。1953年4月，成立江宁县人民政府公路管理站。1956年，撤销公路管理站，分开成立4个养路工区。1957年，撤销4个养路工区，成立江宁工区。1960年10月，第二次成立江宁县公路管理站。1962年，江宁公路管理站改为镇江养路段江宁工区。1972年5月，第三次成立江宁县公路管理站。1990年，江宁县公路管理站设6个养护队、23个道班，养护公路480.98千米。多年来公路养护一直吃“大锅饭”，主要靠面公路管理处下拨的养护经费，用作养职工，造成用于公路养护费用严重不足，路况越来越差。为克服这一弊端，从1999年起，公路管理站对养护体制进行重大改革，至2007年，改革推行8年，收益明显。承担养护的555.06千米道路，干线好路率达92.30%，支线好路率达82.50%。路政管理有力，路容面貌改观。路政部门经常组织大规模清障活动，清理影响公路畅通的违法堆积物和摊点。2007年，全年清除障碍物389处，3376平方米，违章摊点80处，非交通标志57块。检查车辆700余次，对其中596辆超限车实施处罚，有效消除安全隐患，并维护公路的完好畅通。

第一节　道路管理

【公路养护管理】

道组　民国22年（1933）12月，成立省建设厅公路管理处，各线办事处下设养路队或养路道班。道班是负责公路养护作业的专业组织。每个道班养护的路段约10千米～15千米　道工的配备视行车密度与路况质量而定，或每千米1人，或每千米1.50人。

20世纪50年代，全县专业养护道班有安德门、汤山、史家里、方山4处。60年代增至11处，70年代增至17处，80年代增至23处。1990年，23个道班分属县公路管理站派出的有东山　秣陵、横溪、江宁镇、湖熟、汤山6个养护队。主要养护工具有：大货车9辆，油罐车3台，洒水、扫砂汽车各1台，大中型压路机10台，小型压路机8台，推土机1台，装卸机3台，大型拉机1台，混凝土搅拌机8台，养护车56台，手扶拖拉机66台等。

公路养护管理改革　长期以来，公路养护一直采取计划经济模式，即养路费由公路部门征收后全额逐级上交，养护经费再由上级逐级下拨。1991年，公路管理站成立工程队，对外承接工程施工任务。1999年，公路管理站对养护体制进行改革。保留公路管理站，同时列出养护业务单，向工商行政管理部门申请注册顺通道路养护工程有限公司，申领公路养护二级资质。公司下设两家养护分公司和一家工程公司。撤销原有的5个养护工区和工程队。东片为养护一分公司，地点设在淳化道班，管辖汤山、淳化、土桥、湖熟、东山、秣陵、龙都7个道班。西片为养护二分公司，地点设在横溪道班，管辖江宁、谷里、陆郎、陶吴、横溪、东善、丹阳、铜山8个道班。工程公司专司内外工程施工。据统计，2002—2007年，实现工程收入15760.60万元。

2001—2007年，区公路管理站参与创建“平安畅通区县”活动。2006年，完成205国道养护改善工程 G1 标、淳湖线等公路改造；对汤铜路等损坏路面进行铣刨摊铺；对宁丹线等主要县道进行路况改善。

2007 年，公路管理站养护的公路 52 条，555.06 千米。其中，国道 2 条，46.89 千米；省道 3 条，122.20 千米；县道 33 条，317.26 千米；乡道 14 条，68.71 千米。养护桥梁 148 座，5398.05 延米。其中，国道 16 座，820.94 延米；省道 40 座，1986.55 延米；县道 87 座，2700.65 延米；乡道 12 座，174.50 延米。干线好路率 92.30%，支线好路率 82.50%。

【路政管理】

清代，路政管理由督抚办理道路桥梁修置。民国时期，江宁县政府建设局（科）具体统筹规划，组织集资，动员民夫施工。

1953 年，江宁县公路管理站成立，统管公路和运输，实行养路、路政、征收、运输市场等一体化管理。1956 年，撤站为工区，路政管理仍是公路管理站（工区）。1984 年 1 月 20 日，县政府张贴《关于加强路政管理，保障公路安全畅通》布告；1989 年 6 月 20 日，县交通局、城建局、公安局、工商局、土地局联合发布《关于加快干线公路管理，确保安全畅通》通告。1989—1990 年，全县共清除路障 6939 平方米，纠正和清理违章建筑 2139.30 立方米，追回和处罚挖掘、破坏公路设施款项 63.20 万元；更新各类公路安全标志 207 块。

1991 年，公路管理站全年共处理路政案件 1161 起；拆除公路用地范围内老违章建筑 117 处 1431.90 平方米，新违章建筑 24 处 475.30 平方米，处理红线内违章建筑 15 处 207.30 平方米。处理挖掘路基路面 18 起，收缴赔偿费 8956.80 元；处理接道管理 31 起，签订合同 24 份，收费 10.82 万元；处理损坏公路设施 98 起，收费 5.07 万元；查获超限车 540 辆；清除路障 483 处。1992 年，共拆除违章建筑 3800 平方米，收缴路产损失赔偿费 26.50 万元。完成施工标线 47.20 千米，埋设公路界桩 5560 根，清除路障 393 处和违章广告牌等设施 93 处。1995 年，拆除违章建筑 263 处 28728.97 平方米，拆除干线公路非交通标志 400 多块，拆除公路用地内违章建筑 48 处 1090 平方米．控制干线公路新违章建筑 60 处 1072.30 平方米，清除路障 395 处 5942.80 立方米。处理挖掘占用公路 23 处 84 平方米，收费 5.53 万元。处理各类路产损失 144 起，结案率 100%，收缴路产损失补偿费 30.80 万元。

1996—2000 年，清除路障 2600 处 8269 立方米；清除占道摊点 377 处 862 平方米，拆除非公路标志 1188 块；控制违章建筑 179 处 3528 平方米，通过综合治理或申请法院强制执行拆除违章建筑 290 处 6335.70 平方米。

2001—2002 年，在区内宁杭、宁高、宁丹和 104 国道的 92 千米国道省道干线上开展创建文明样板路活动。拆除违章建筑 11 处、314 平方米；清除障碍物 1733 处、8164.50 平方米；清除占道经营摊点 394 处，清除非交通标志牌 788 块。查处超限车 11200 台次。2003 年 9 月 10 日至 10 月 31 日，开展超限车辆集中整治行动，清理障碍物 153 处、5369 立方米，清除占道摊点 73 处，拆除违法建筑 3 处、74 平方米，清除非交通标志 123 块，查处超限运输车 4232 辆，收取补偿费 401.18 万元，罚款 44.35 万元。2004 年，清理障碍物 553 处、2481 立方米，清除占道经营摊点 72 处，清理非交通标牌 177 块，收取各类路产赔偿 85.59 万元。检查车辆 3169 台次，处理其中超限车 1638 台次，收取赔（补）偿费 91.04 万元，卸载 257 辆共 1240.80 吨，处罚车辆 121 台次，罚款 9.95 万元。2005 年，清理障碍物 125 处、5180 立方米，清除占道经营摊点 78 处，非交通标志牌 93 块，收取各类路产赔偿补偿 34.30 万元。检查车辆 1434 台次，处理超限车 1078 台次，卸载 2983 吨。处罚 969 台次，收缴罚款 80.25 万元。

2006 年，清除障碍物 680 余处 6728 立方米，清除非交通标志 8 块，占道摊点 73 个，纠正各类路政违章 185 件，处理路产损失案件 103 件，收取赔（补）偿费 19.70 万元。路政案件的查处率、结案率均达 100%。治理超限运输车 540 余台次，卸载货物 239 辆、1234 吨，罚款 63.11 万元。2007 年，清理障碍物 389 处 3376 立方米，清理占道经营摊点 80 处、非交通标志牌 57 块，实施行政许可 10 起，处理路产案件 52 件，收取各类赔（补）偿费 196 万余元。查处超限车 596 辆次，罚款 80.36 万元。

【公路绿化】

民国 8 年（1919），京汤土路通车，沿途植树。民国 16 年，南京特别市要求"每建一线，要每隔 50 英尺（15.24 米）植树一棵。以荫行人，而蔽尘沙"。由于战乱破坏，新中国成立前夕，江宁县境只有宁望线秣陵至乌刹桥段，有行道树 1000 余株。

新中国成立后，从 20 世纪 50 年代开始，先干线后支线，分线分段绿化公路。到 60 年代中期，宁杭、宁芜、宁丹、宁高、宁溧等干线公路先后栽上行道树。树木品种有法桐、梧桐、白杨、垂柳等 15 个品种，以法桐、白杨为主。70 年代后，县、乡、村大规模植树，公路绿化里程 420 余千米，栽植行道树 11 万余株。但由于栽植只求速度，不讲科学，没有因地制宜选择树种，成活率差，一再补植，未达到"荫行人，蔽尘沙"的目标。

1982 年，江宁县人民政府规定，除国道省道干线公路绿化由公路管理部门自种、自管、自收益外，其他公路绿化的栽种、受益全部下放乡镇或村，并发林权证。1987 年，宁杭线拓宽时，实行路田分家，路基边坡砌筑挡墙，路肩硬化处理，原有行道树全部砍光。到 1990 年年底，县境内国道省道干线绿化 51.64 千米，有树木 2.73 万株。

从 1997 年起，开展高等级公路绿化通道建设。2001—2007 年，先后开展创建文明样板路活动和"绿色江宁"工程，区境内高等级公路绿色通道建设提高到一个新水平。至 2007 年，已完成 104 国道江宁段、055 国道（沪宁高速公路）江宁段、宁杭高速公路江宁段、205 国道（宁芜公路）江宁段；122 省道（宁杭路）江宁段、省道 104（南京机场高速公路）江宁段、汤铜路、省道 105（宁马高速公路）江宁段、宁铜路（宁溧路）、宁丹路 10 条高等级绿化通道绿化任务。

2002—2007 年，完成 70.50 千米县道绿化：2002 年，完成陶禄线 7 千米绿色通道建设；2003 年，完成宁丹线 34 千米绿化；2005 年，完成咸周线 12 千米绿化；2006 年，完成沧小线 6 千米绿化、江横线 3.50 千米绿化；2007 年，完成淳溧线 8 千米绿化。

第二节　运输管理

江宁县公路运输管理始于民国 35 年（1946）汤山镇设置公路管理站征收养路费、统计车流量、管理公路行车、监理行车安全等。其后变革多端。1989 年，全县 24 个乡镇均设管理所，其职能除管理运输外，还兼管乡村道路管理、渡口安全管理和三类汽车维修管理。2000 年年底，恢复以片设所。至 2007 年 12 月底，区运输管理所下设汤山、麒麟、淳化、东山、开发区、秣陵、陶吴、江宁 9 个运输管理分所，专司公路运输管理。

江宁县水路运输管理始于 1956 年设置的江宁县航管所。1987 年，成立江宁县港航监督所。2001 年 7 月，撤销港航监督所，成立江宁地方海事处，增加旅游景点水面小游艇管理职能。地方海事处与航道管理站、航运管理所三块牌子一套班子，履行三个机构职能。

【公路运输市场管理】

1957年上半年，县人民委员会交通科在板桥镇搞装卸搬运力资试点，全县统一计划，统一调配，统一运价。1958年，南京交通运输管理局江宁管理站改称江宁县交通管理站。1959年，全县20个公社19家成立社办交通运输管理站。县、社两级管理站既为运输生产单位，又为运输管理机构。1963年，全面清理全县散车、散工，管理运输市场。1973年10月16日，下发《江苏省江宁县革命委员会关于加强运输管理的通知》，规定县内运输和装卸必须服从统一货源，统一运价，统一票据管理；机关、厂矿和物资部门可以自货自运，不得自行招雇临时工；加强税收和交通规费征收，不准偷税漏税。1984年，试行安全监理、交通管理、路政管理“三合一”体制。1987年12月，“三合一”体制解散，恢复江苏省江宁县交通管理站名称。是年，整顿运输市场装卸作业、汽车维修行业和三轮机动车。1990年，公路运输经营许可证、营运证年度审验统计，应审1039户，实审1019户，审验率98%。

1991—1995年，围绕运输市场的发展，做好服务工作。1991年，全县统一取缔“三机”载客。1993年，审验营运汽车2676辆，占应审验数的97%；审验手扶拖拉机4970台，占应审数的96%。1994年，县交通局成立交通道路稽查队。1995年，先后两次组织行业管理20多人次赴张家港和山东等地参观学习。1996—2000年，县交通局依法对违章经营者实施行政处罚近2万起，打击黑车1万多辆次。2001—2002年，运管部门查获各类“黑车”（没有运营资格，不被国家允许的营利为目的的车）2万多台次。2002年，全区首次开展运输服务业的专项整治，查处8家违章经营业户。

2003年，对东山地区的近3000辆“三小车”进行整治，更新统一车型和标识的人力三轮车，新投入100辆出租车，下调出租车的起步价。2004年，在全省率先将城市公交企业跨行经营的车辆纳入交通运输行业管理，为新城巴士所有在路营运车辆办理经营许可证。2005年8月，组织运管、海事、路政等部门，对运输市场进行集中整治；对全区从事客运的车辆进行拉网式检查；对7家危险品运输企业组织专项检查30多次。是年，全区客、货运车审验率分别为95.80%和72%；查处“黑车”465辆；运输业从业人员持证率达100%。

2006年8月，区交通局运政稽查大队在全省第一家启用由省交通厅运输局下拨的车载动态监控取证系统，全年查处“黑车”2427次。2007年，区交通部门把保障危险化学品货物运输安全作为管理工作的重点，进行10次专项检查。

【危险品货物运输管理】

2002年起，区运输管理所增加了危险货物运输管理的职能。2003年7月1日至10月底，对所有危险化学品运输单位进行了拉网式检查，并建立危险品运输企业管理制度和台账。2004年，区运输管理所对全区7家危险品运输企业的157辆货车实施长效管理。是年11月10日起，实施道路危险品货物承运人责任保险制度，为承运人办理道路危险品货物承运人责任险。2005年6月，区运输管理所开始对全区170辆危险货物运输车实行“一车一档管理”。至2007年12月底，区内有危险品货物运输企业7家，专用车辆179辆（其中半挂12辆），897.70吨位。当年区内所有危险品货物运输车辆没有发生重大安全事故。

【水路运输管理】

水路运输管理主要包括水上交通安全管理、航道管理和航运管理（水上交通安全管理见本章第三节《交通安全管理》）。1956年，在中华门设立江宁县航运管理所。1979年1月，撤销航运管理所，改设江宁县航政管理站，1984年5月，撤销航政管理站，改为江苏省江宁县航道管理站。1987年12月，设江苏省江宁县港航监督所。航道管理站与港航监督所两块牌子，一套班子，兼管航运管理。

航道管理 1984年5月，成立江宁县航道管理站。主要职能是实施县境内航道的航政管理；配合水利部门疏浚航道，配合上级对口部门测量航线；检查设置航标，审批跨河建筑物与沿河码头建设；清除航道违章建筑物。1988年，秦淮河西北村至乌刹桥段水利疏浚工程扫尾，挖泥船处理航道残留142千米，挖取水下土方近40万立方米，由省交通厅、市交通局投资143万元；东山桥至洋桥段挖水下土方4万立方米，投资20万元。11月枯水季节，全程54千米内河航道扫床1次。更新30只直径为122厘米侧面浮标。1989年，36千米主航道扫床1次，清除水下障碍2处，挖水下土方4861立方米。1990年，疏浚河定桥至武定门航道，完成土方2.20万立方米。全年航政艇出巡37巡日，查船3098艘次，查处违章船533艘，查渡口269道次。1996—2006年，共投资258.20万元，疏浚秦淮河江宁境内洋桥段、友谊桥段、火炬段、三菱桥段、东山大桥下游段等航道6.85千米，完成土方27.80万立方米，全部被评为省优质工程。航标设置维护方面，共设置航标13座。航标正常率100%，发光率100%。1991—2007年，共审批临跨河建筑物110多起，保障了航道的通航不受影响。

航运管理 1996年前，江宁航运管理由江宁县港航监督站和江宁航道管理站兼管。1996年12月18日，成立江宁县航运管理所。管理的水运企业有江宁县宇运航运公司，有船5艘，970吨位，191.55千瓦；南京聚宝仓储有限公司，有船1艘，450吨位，120.62千瓦；个体船10艘，2110吨位，302.88千瓦。1991—2007年，入境船舶共60722艘次，货物装卸量1966万吨。1997年前以运输木材和江砂为主，1998—2007年以运输江砂为主。

第三节 交通安全管理

江宁县交通安全监理工作，水上始于1956年，以江宁县航运管理所为标志，公路始于1959年，以自行检验非机动车238辆为标志，开始宣传交通规则和安全监理，通报和统计交通安全事故。据1986年国务院关于改革道路交通管理体制规定，1987年12月1日起，原属于交通部门行使的道路交通安全管理职能划归公安部门。交通部门在安全管理上负责两方面工作：一是水上交通安全管理。负责渡口安全管理，对进出境运输船舶进行现场监督检验，办理进出境签证手续，核发航行簿和船舶检验证书，处理水上交通事故，对三级船员及机驾人员考核发证。水上交通安全管理由区交通局所属江宁地方海事处负责。二是对交通系统所属企事业单位的生产实施安全管理。江宁区连续46年无水上交通重大责任事故。2000年、2002年、2003年、2005年，区交通局被市交通局评为安全生产先进单位（优胜单位）。

【水上交通安全管理】

1956年，成立江宁县航运管理所，负责水上安全管理工作。1973年，水上交通安全大检查7次，全年22道渡口安全无事故。是年7月17日，秣陵公社西旺大队第三生产队6名女社员乘生产队农船回队时，遭遇翻船事故，淹死3人。1978年11月，江宁县渡口管理所成立，专司水上交通安全。1985年10月3日，县交通局在渡口安全会议上与有渡口乡镇签订渡口安全合同。

1987 年，设立江宁县港航监督所，职能扩大到内河航运的安全管理。1988 年 2 月 8 日，县交通局在龙都镇召开秦淮河沿河 11 个乡镇和 14 道渡口安全工作会议。7 月 13 日，在河定桥召开钢质渡船交接会议，渡船全部钢质化。全年上航上港 3888 人次，检查各类船只 3740 艘，水上交通无事故。1990 年，县交通局与有渡口的乡镇签订《1990—1992 年渡口安全管理责任书》，各乡镇又与有关行政村签订《安全责任管理书》，行政村又与有关单位和渡工签订安全渡运合同。

1991—2000 年，县交通港监部门疏浚航道、设置航标，实现渡口码头阶梯化、渡船钢质化。在 2001 年的铜井镇新济洲移民工程中，以区海事部门为主的交通安全组负责往返船舶的安全管理，组织出动汽渡船及挂机船 440 余艘次，未发生任何重大事故，被区政府评为新济洲移民工作先进集体。2001 年 7 月，撤销港航监督所，成立江宁区地方海事处。至 2002 年，全区航运渡运安全保持 41 年安全无事故。2003 年，江宁区开展农村撤渡建桥工作，撤除 6 道渡口、新建桥梁 5 座。2004 年 6 月 29 日，江宁地方海事处确定为副处级单位，与区航道管理站、航运管理所合署办公，三块牌子，一套班子。至 2005 年，完成 5 座渡口改桥，在全市率先实现“无渡区”。2007 年，区海事部门规范百家湖、南山湖等风景游览水域船舶安全管理，帮助和督促办理游艇检验及登记、核发船舶证书、证件及游艇船员证书，确保船舶适航、船员适任、证件齐全有效，并组织开展水上救援演练和对船标进行设施维护。1991—2007 年，全区地方海事处共上港上航约 20400 人次，签证船舶约 8.50 万艘次。

【企业安全生产管理】

1991—1994 年，先后开展“安全生产周”“夏季百日安全竞赛”活动。活动期间，出安全生产简报 71 期，黑板报（墙报）160 期，画廊 60 期。交通局安全生产办公室先后组织全系统安全技术干部学习 9 次，150 多人次参加学习；举办安全培训班 18 期，参加培训 720 人次；开展咨询讲座 15 次，参加人数 500 人次。1996—1997 年，开展“安全生产月”“百日安全无事故”竞赛活动。印发有关安全文件 13 次、272 份，印发安全简报 10 期、191 份，悬挂安全横幅 37 条，张贴宣传标语 700 多条，张贴宣传画 168 张，出黑板报 69 期、橱窗 27 期。1998—1999 年，召开各类安全生产会议 114 次、3566 人次参加。举办各种安全培训班 5 期，参加培训人员 299 人次。查出并整改安全隐患 119 个，更新灭火机 94 个，共投入安全资金 3.85 万元。

2000 年，交通部部署在交通系统开展“交通安全与运输市场管理年”活动。是年，未发生重大道路交通事故，职工伤亡事故、火灾、中毒事故为零，水上交通安全实现连续 39 年渡口无事故。2001 年，交通局将市交通局和区安全生产委员会下达的安全生产指标层层分解落实到局属 22 个企事业单位。首次实行安全生产风险抵押承包，根据单位大小、车辆多少、安全系数大小、工作性质，由第一责任人（主要负责人）向局交纳 200 元 ~ 800 元风险抵押金。

2002 年，成立区交通局生产安全事故应急救援指挥部。是年，下发和转发安全生产文件 17 次，组织学习 45 场次，1266 人次参加了学习。悬挂安全宣传横幅 77 条，彩旗 179 面，张贴安全标语 258 条，出黑板报、宣传栏、宣传橱窗 37 期，发放安全宣传资料 411 份，出安全简报 7 期。2003 年，全年召开区交通局安委会会议 4 次、全系统安全生产工作会议 10 次，参加会议 265 人次。是年，全系统一般性事故大幅度减少，未发生重特大生产安全事故；全系统行车事故、重伤人数、死亡人数、经济损失为零。水上交通事故、火灾事故、中毒事故为零；中层干部、安全管理人员持证率 100%，特种作业人员持证率 97%，特种设备检测率 85%。年终考核中，荣获市交通系统安全生产优胜单位称号。

2004 年，区交通局与所属单位签订安全责任书 185 个、975 份。局安委会组织成员和专职安全管理干部专题学习《中华人民共和国安全生产法》和《中华人民共和国道路交通安全法》，投资建设周岗双渡桥，撤除严郎渡和丁家渡，迈开撤渡建桥步伐。自是年5月起，系统内开展了清理挂靠车船专项治理工作，与41辆（台）车船解除了挂靠关系。2005年年初，局安委会分别于5月、6月举办了两期安全管理知识培训班，学习《江苏省安全生产条例》等安全法律法规和卫生救护知识，181人参训。是年，实现无重大伤亡事故、无重大设备事故、无重大火灾事故、无重大交通事故的“四无”目标。在年终考核中，荣获市交通系统安全生产优胜单位称号。

2006年，全区8家危险品货物运输企业168辆车的GPS定位系统车载终端全部安装到位。公路管理站投资1100万元，对承担养护的全区210千米干线公路和371千米县乡公路的标志标牌标线进行更新和增设。是年，公路行车事故起数、死亡人数、重伤人数均为零；火灾事故、工伤事故为零；单位负责人、安全技术干部、特种作业人员持证率达100%，特种设备检测率100%。在年终考核中荣获市交通系统安全优胜单位、江宁区安全生产先进单位称号。2007年4月初，组织新上岗领导进行安全生产管理知识培训，26人参训，持证率达100%。7—8月，区交通局组织开展以桥梁为重点的基础设施安全隐患排查。对全区省网规划线路桥梁进行逐一调查，共排查在建公路桥31座，干线公路桥57座，运营的公路桥186座，运营的撤渡建桥4座，计278座。8—9月，在全交通系统开展了火灾隐患排查整治活动。出动检查人员102人次，排查单位41个，查出火灾隐患5个并当场整改。是年，继续开展创建“平安畅通区县”活动，区交通局被评为创建平安畅通区县先进单位。在年终考核中荣获市交通系统安全生产目标管理先进单位、江宁区安全生产先进单位称号。

第四节 交通规费征收

江宁县养路费征收，始于民国35年（1946）4月16日，江苏省公路局公布《征收公路汽车养路费规则》及其实施细则，对征收养路费作了规定。

新中国成立后，1951年7月20日，交通部公布全国统一的《公路养路费征收暂行办法》和《养护公路暂行办法》。当年，江宁县启征养路费，归南京工务段征收。1958年10月1日，根据江苏省人民委员会《关于停征养路费的五项规定的通知》，在县境范围内停止征收养路费。1965年1月1日，江宁县根据省统一布置又恢复养路费征收。1966年实征总额13.19万元，1970年13.98万元，1980年155.27万元，1987年888.76万元，1990年1134.67万元。

1991—1995年，全县交通规费征收逐年增长，汽车养路费年均递增10% ~ 20%，5年共征收汽车养路费8718万元。公路运输四项规费年均递增在30%以上，5年共完成3660.70万元。水上交通规费年均递增3%，5年共征收353万元。1996—2000年，共征收汽车养路费和高等级公路集资费18609万元，运输管理费1892.90万元，货物附加费2934.70万元，客票附加费723.50万元，水上交通规费429.70万元。

2001—2002年，共征收交通规费17390万元。2006年，完成交通规费征收13126.66万元。其中，养路费收入首破亿元，全年征收养路费10658万元。2007年，完成交通规费征收14783万元。

【汽车养路费】

汽车养路费含农用车，为汽车、农用车交纳的公路养路费。一般按月收取，也接收半年和一年的（对一次性交纳一年养路费的出租车予以优惠 2 个月，对 10 吨以上大货车可优惠 2 个月，并可分 2 次交纳）。对因故不能行驶的车辆可以报停，报停期间不再交养路费。但一年累计报停按车辆类别有不同规定，即营业性货车不得超过 3 个月，非营运客车不得超过 4 个月，不能载货的特种车不得超过 6 个月。且新购车辆一年之内不得报停。报停期间不得上路行驶，否则将接受处罚。2001 年 11 月，《公路汽车征费标准计量手册》实施，对"大吨小标"（为帮助货车逃避超载的处罚，货车生产厂家把货车自重标高，即打在铭牌上的一种做法）车辆重新核发行驶证，并按新证吨位征收养路费，但这项工作在江宁遇到阻力。2003 年，对阻力最大的麒麟镇地区进行整治，8 月 1 日完成征收工作。2005 年 1 月起，江苏省实行联网征收养路费，江苏的车辆可以在省内任何一个公路征收部门或有代办业务的银行交纳养路费。至 2006 年，累计征收 71837.53 万元，另征收高等级道路建设基金 685.80 万元。1991—2007 年，累计征收 84153.53 万元。

【"五小车辆"养路费】

最早为手扶拖拉机（含方向盘式小四轮拖拉机）养路费，后来增了小三轮客车、革新三轮机动车、摩托车（含侧三轮、二轮、轻便）、正三轮摩托车（三机）等，统称"五小车辆"。1965 年，江宁县开始对领取营运许可证的手扶拖拉机，每月按营运收入的 6% 收取养路费。1990 年起，改按定额征收。1988 年 12 月 8 日，对手扶拖拉机养路费实行基数承包、按比例分成办法，并与各乡镇签订协议。由县交通局派驻各乡镇的交管所征收，所征费用用于乡村道路养护。对小型营业性运输车辆和所有的摩托（轻摩）由交管所征收养路费（摩托车养路费 1994 年前由公路部门征收）。1998 年，从事农田作业的手扶拖拉机归农机部门管理，既从事农田作业又从事公路运输的由农机交通两部门共同管理。1991—2007 年，累计征收"五小车"养路费 8589.30 万元。

【水陆运输管理费】

1962 年，江宁县交通科开始征收民间运输管理费。1984 年，民间运输管理费与公路运输管理费合并，统称公路运输管理费，此项经费由运输管理所和乡镇交管所征收，是运输管理系统主要经费来源。1997 年 7 月，国家计委规定运管费降低 20%。1991—2007 年，累计征收 7090.30 万元。

1956 年，江宁县在中华门设置航管所，开始征收水上运输管理费，按船舶营运收入比例征收。难以计算营运额的水运专业户、个体承包人和个体船只按船舶载重吨位计征。在航运管理所未成立前，由港监所和航道站合署办公的内设航管组征收。航运管理所成立后由航运管理所征收，为航运管理经费的主要来源。1991—2007 年，累计征收 69.26 万元。

【汽车客票附加费】

1986 年 3 月 1 日起，江宁县交通局按省政府规定，向营运性客车按行驶里程定额计征客票附加费，一客两票。1991 年 4 月 1 日起，改为一票，并改定额征收为按人千米计征。1991—2007 年，累计征收 9207.20 万元。

【货物附加费】

1988 年 7 月 1 日起征收。不论长短途，水陆货运一律按运费的一定比例计征。难以按量计算者按车船单位定额包干计征。由乡镇交管所和县港监所（航运管理所成立后由该所）征收。1991—2007 年，公路运输货物附加费累计征收 10033.20 万元，航运货物附加费累计征收 67.36 万元。

【搬运装卸事业基金】

具体开征时间已不可考。《江宁县交通志》自1973年起有记载。据《南京交通统计年鉴》记载，该项规费于1992年停收。1991年，全县征收17.20万元。1992年征21万元。

【汽车维修行业管理费】

1988年，在全县开展汽车维修行业整顿后开始征收汽车维修行业管理费，计征办法为企业营业收入的1%，以收费发票为依据，由县汽车维修行业管理所负责征收。1998年1月起停止征收。1991—1997年，累计征收107.07万元。

【航道养护费】

1964年，江宁航道养护费收费标准按《内河航道养护费征收和使用试行办法》由航道管理站对营运船舶按营运收入5%征收。1989年，江宁航道养护费收费标准按《江苏省航道养护费征收和使用实施办法》进行征收，从是年7月1日起，将征收标准提高到6.50%。非营运船舶按核定马力、总吨位及准载吨位计征。1991—2007年，累计征收480.70万元。

【船舶港务费】

1987年7月1日起开征。凡社会船舶进港或出港一次，分别计征进口、出口船舶港务费。标准按船舶载重吨位（客轮、渡轮减半计征），县属专业航运企业船舶在县境进出港按月优惠统交。该费由县港监所（地方海事处）征收。为港航监督机关专项事业经费。1991—2007年，累计征收796.23万元。

【车辆购置附加费（税）】

1995年10月，成立车辆购置附加费征收管理办公室，征收车辆购置附加费（税）。征收对象为内地生产和组装的、国外进口在内地销售和使用的大、小客车和通用型载货汽车、越野车、客货两用汽车、摩托车、牵引车、半挂牵引车以及其他运输车、挂车、半挂车、特种挂车等。征收标准为购车经费的10%（进口车为15%）。车购费收入全部上交交通部，由其按国家规定统一安排。2001年1月1日起，改为车辆购置附加税，仍由交通部门代征。2005年1月1日起，“车购办”移交给国税局。该税由国税部门征收。1991—2004年，累计征收3056.50万元。

【车辆通行费】

1996年12月6日，宁铜公路收费站开征车辆通行费。1999年7月2日，宁丹公路收费站开征车辆通行费。2004年12月16日，龙铜公路铜井收费站开征车辆通行费。12月20日，龙铜公路土桥收费站开征车辆通行费。2002年2月18日，104国道高庙收费站开征车辆通行费。从开征到2007年年底，宁铜公路收费站共征收通行费19669.22万元；宁丹公路收费站共征收2569.62万元；高庙收费站共征收11539.43万元；铜井收费站共征收2479.38万元；土桥收费站共征收2077.96万元。

图11-6-17　1996年11月9日，江宁宁铜公路收费站竣工

第十二编

邮政　电信

江宁通信事业历史悠久，最早可溯至春秋时期，吴国在江宁设烽燧，通邮传。其后各代王朝在上元、江宁境内筑堠，设烽火台、亭、驿馆、火驿、递运所等。清光绪三十年（1904），南京邮政局在江宁县湖熟镇设县内第一个邮政代办所。民国24年（1935），南京电信在东山设电信营业处，并成立东山邮政局。至抗日战争前，县境内有邮局7处，邮政代办所20余处，委办汽车邮路3条，电信营业处和电话交换点、无线电台各1处，可通电话的农村集镇5处。民国26年，日本侵略军侵占南京，全县的电信设施毁于战火，县内7处邮局均被迫撤退停业；民国27年，湖熟、东山、汤山邮局恢复。抗日战争胜利后，江宁县政府恢复电讯（信）交换所，架通至各区电话，但邮电未能达到战前发展水平。

1952年，改东山邮局为江宁邮局。县境内增自办邮政营业处6处、邮政代办所20余处。其间，县电讯（信）交换所开始代办电信业务。1953年，江宁邮局和县电讯交换所合并成立江宁邮电局，统一管理县内邮电业务。当年邮电局业务收入8.60万元。1959年，邮电业务收入30.70万元，是1953年的356.98%。1970年1月，江宁邮、电机构分设，1973年邮、电两局合并为邮电局。1977年，全年邮电业务收入35.45万元，是1959年的1.15倍。1989年，邮电业务收入343.55万元，是1977年的9.69倍。

1994年4月，县邮电局划归南京电信局领导。是年，全县安装程控电话交换机27392门，建地下电缆管道12.30千米，架光缆335千米，用户电缆1000多千米，建无线寻呼和移动通信基站1处、实现县内杆线邮路自办汽车邮运。当年邮电业务收入3001万元。之后由于邮电合一的传统模式下经营粗放，邮政、电讯事业发展较慢，1998年9月，实行邮电机构分设，分别成立江宁县邮政局和江宁县电信局。这是继1970年1月邮电分营后的第二次分营，并实行“一分到底，业务与人、财、物划分清晰”的政策。当年邮政业务收入1241万元，邮储存款年底余额2.76亿元，电信业务收入8087万元，市农话放装5000余号线，建成电话村23个，发展数据通信和互联网用户200余户。

至2007年，全区邮政业务收入6887.33万元，电信业务收入2.03亿元。全区固定电话用户累计25.75万户，宽带用户2.69万户，交换容量32.90万门。固定资产6.11亿元。移动江宁分公司电话用户80万户。联通江宁分公司有电话用户14万户。

第一章 邮 政

清光绪三十年（1904），南京邮政局在湖熟设江宁县第一个邮政代办所。是年，湖熟镇通旱班邮路，办理函包业务。民国元年（1912）撤驿递，南京邮政局在农村集镇增设邮政代办所，并增办汇兑业务。民国8年，县内主要集镇设邮政代办所19处。民国23年，县政府设电讯（信）交换所。民国24年，县境内邮政局所29处，委办汽车邮路3条。抗日战争期间，邮政业务萎缩，至抗日战争胜利后亦未能恢复。

新中国成立后，1952年，江宁邮局成立，开办报刊发行业务，增乡邮路线。1953年，江宁邮电局成立后，在农村增自办局所，形成以自办为主的农村局所网。1958年，公社组织邮电局，设公社投递员，大队小队通邮。1961年，仍以邮政系统领导为主，撤公社邮递员。1970年，邮政局单设，到1973年邮电重新合并时，农村邮政服务恢复至1958年水平。1978年，改革开放后，县邮电局增加集邮、特快专递和邮政储蓄业务；并开通县内自办汽车邮路，引进一批电子邮政设备，各局所邮政业务功能增强。

1998年，江宁县邮、电业务分开经营（分营）。至2007年年底，全局有邮电支局、代办所、代办点44处，从业人员414人，全年累计实现业务收入6887.33万元。

1997年，县邮电局被评为南京市1996—1997年度文明单位。1999—2007年，区邮政局连续9年保持省文明行业荣誉称号。

第一节 机 构

【邮驿】

邮传 秦在古江宁地区置丹阳、秣陵和江乘县。县邮传设传舍、仓储、马厩、食厨。县吏主管邮传，书曹掌文书收发，小吏舍人管传舍、厩、仓。汉承秦邮传制度。

烽燧 东吴时，铜井烟墩村、江宁镇烟墩凹村设烽燧，西接安徽境内烟墩村、烟墩山，东连南京石头城烽燧。又原江宁县营防的烟墩村烽燧，东接镇江高资郑家山烟墩，西连古江宁县治北三十里的白马城烽火台。

津·亭 三国吴赤乌八年（245）建方山埭，开通建邺至太湖流域的水陆邮传线，在东山建布塞亭。吴都城还有新亭，其他邮传道上有木（牧）龙亭、清水亭、东治亭、茅亭等。

晋代，亭中小吏称亭子。规定重要的法令要“悬之亭传”。南朝刘宋后，又在邮传线上由地方或寺院兴建十里长亭、五里短亭，接待过往官员、信使。自石头城沿江西去十里至查浦、又十里至新亭、又十里至孙林、又二十里至板桥、又三十里至烈山。自都城至方山陆行短亭有夏村、石羊岗、山西、沟溪水云庵、谭塘等。都城西南行有石马、大井头、陈虚桥、落泪岗等短亭。

津亭并称。方山埭（即方山津），为驿船引水、过渡，东晋至陈时，与石头津同为驿路要地。

馆驿 东吴时邮传客馆在蔡洲，称蔡洲馆。南朝刘宋时，馆驿并称。州县设承驿吏，朝廷文书规定“千里驿行”。江宁县古名临江县，临江驿在今江宁街道境内。又有彭城馆驿，是彭城王府驿，在今东山街道上坊社区附近。汤泉馆，在今汤山街道。南朝在今秣陵、东山街道境内设牧马场。

驿 唐代的驿，也称驿亭。在城区有石头驿、白下亭，在郊外有江宁驿（临江驿）。原麒麟镇定林村村名由亭林演变而来，亭林是对驿亭的俗称。驿亭东连镇江京口驿，西达当涂。五代时，南唐在古江宁（南京）建都，增建汤泉驿。宋灭南唐，大将曹彬接管南唐邮驿。后在原南唐仪仗院设永宁驿，今麒麟官塘村设官塘驿。南宋景定年间有四驿，永宁驿、江宁驿、秣陵驿、金陵驿。元代驿站称水马站。金陵马站，备马八十八匹。金陵水站，备船十九只。江宁（镇）马站，备马五十匹。大城港水站，备船二十五只，属江宁县。龙湾水站，备船二十五只，属上元县。江宁县有水马站夫四百九十一户，上元县站夫四百四十八户。元代的邮驿通信由兵部管理，水马站均有印信，设提领，官九品。元末，站夫户不堪奴役，纷纷逃亡。明初改站为驿，邮驿由府县管理。龙江水马驿有中下马五匹，驴四头，水夫二十七名。大胜水驿有水夫八名。江东驿有中马两匹。江宁（镇）驿有驴两头。

图 12-1-1　清代金陵驿（今南京市东郊麒麟社区蛇盘村山岗上）

清代驿兼接力快递文书。清初设驿丞，由县府官员管理。金陵驿，与龙潭驿、句容云亭驿、江东驿、江宁驿通。清初有马八十五匹，马夫八十五人。江宁驿，驿在原江宁镇，与金陵驿、安徽当涂驿通。清初有马五十二匹，马夫四十二人。江东驿，属上元县，与金陵驿和江浦的江淮驿通。清初有马七十五匹，马夫七十五人。大胜水驿属江宁县，清初有船二十只，水手二十人。龙江水驿，在上元县，大胜水驿裁撤后，由上、江两县合管，与仪征驿、江淮驿、安徽当涂通水驿。清初有水夫一百人。清宣统三年（1911），两江督院准江宁勤业道按邮传部电报接收驿站。民国元年（1912），上元、江宁两县合并为江宁县，原两县邮驿裁撤。

递铺、递运所 南宋时，递铺每铺距十里，建康至江东驿路，属上元县七铺，即东门、东十里、蛇盘、麒麟、东流、昆仑岗、张桥。建康至广德南驿路属江宁县九铺，即土门、夹岗、退店、清水亭、园墓桥、秣陵、李村、路口、乌拆桥。建康至太平洲（当涂）西驿路属江宁县九铺，即越台、石子岗、官庄、板桥、三城湖、江宁、青松林、铜井、葛家岗。建康至滁州北驿路属上元县四铺，即府前、西门、石碑冲、靖安。又至句容县驿路，每铺相距二十里，属上元县有石井铺、七里岗铺。元代递铺又名急递铺，每十铺设一"邮长"，铺设铺司，填写"铺历"（登记簿）、"长引隔眼"（排单）。铺的设置同南宋。明代递铺路线未变，但递铺裁减。江宁县有七里店、阴山镇、五里牌、钟家岗、马塘山、木龙亭、葛家岗、菜园、河定桥、殷巷、玄武桥、秣陵、茅亭、乌刹桥共十四铺；上元县有县前总铺、城东、磨石、麒麟、骆家、张家、高桥、淳化、索墅、三山、江东门共十一铺。每铺一般间距十五里。明代递铺专递文书，单设递送官物的龙江递运所，有座船水夫三十六名，"红船"（刷红漆官船）水夫十六名，所夫七十八名。

清代上江两县设县前总铺，又在江宁县菜园铺与上元县高桥铺设县间铺递线，转递文书。江宁县自县前总铺出发，西南路有七里铺、殷山、五里铺、马塘、牧龙、葛岗等铺。东南路有菜园务（与上元高桥铺相通），河定桥、殷巷、玄武、秣陵、茅亭、乌刹桥等铺。上元县自县前总铺出发，东路有高桥铺（与江宁县莱园务铺通）、淳化、索墅等铺；东北路有城东铺、磨石铺、麒麟铺、骆家、漳桥等铺；西路从江东铺渡江北去，北路渡江至浦口。两县铺递有备用线，从陶吴延伸可至当涂，从汤山可延伸至句容，从湖熟可延伸至溧水。江宁县各铺共有铺司兵五十五名。上元县各铺共有铺司、铺夫四十四名。清代递运所与龙潭驿、云亭驿、江淮驿等驿通递运线，有旱夫一百五十人。民国元年（1912），上元、江宁两县合并为江宁县，原两县递铺递运所裁撤。

【邮政局】

江宁的邮政事业始于邮政代办所，清光绪三十年（1904）五月十五日，湖熟邮政代办所（后改为自办邮局）成立。民国元年（1912），裁撤驿递后，南京邮政局在县内较大的农村集镇设邮政代办所。民国20年，县境内有22处邮政代办所：定林、东流、陶吴、元山、朱门、铜井、上坊、索墅、淳化、禄口、龙都、解溪、土桥、桥头、麒麟门、下王墅、南汤镇（汤山）、殷巷、江宁镇、秣陵关、横溪桥、六郎桥。民国26年，侵华日军侵占南京，各邮政代办所被迫停业。民国27年，陆续恢复。

图 12-1-2　新中国成立初期江宁县邮政局旧址

民国38年（1949）4月，江宁县解放后，苏南区镇江专区江宁县军事管制委员会派军代表伍文生进驻东山邮局，接收东山、湖熟邮局，归苏南邮政管理局领导。是年，境内有邮政代办所33处。1951年1月，江苏邮政管理局与南京电信管理局合并，成立江苏邮电管理局。5月，改东山邮局为江宁邮局。1952年，江宁邮政局成立。为发展农村业务，邮政局在农村较大的村庄设代办所，代办所增至64处。1953年，江宁邮局和电讯交换所合并为江宁邮电局。湖熟邮政营业处和原电讯交换所总机合并为邮电营业处。

图 12-1-3　江宁县邮政局办公营业楼（1999年摄）

1970年1月，邮电分设，成立江宁县邮政局。1973年，邮、电两局合并为邮电局。至1998年9月2日，江宁县邮、电分开经营（分营），江宁县邮政局正式挂牌成立。2001年5月9日，成立南京邮政局江宁分局。是年12月19日，南京邮政局江宁分局更名为南京市江宁区邮政局。

2007年，区邮政局的设置为2部1室，即客户服务部、市场发展部和综合办公室，全局在编管理干部15人。是年，全区有邮政支局29处、代办所1处、邮政代办点14处，邮政储蓄点26处、联网和异地存取邮储网点26处、电子汇兑网点29处、物流专营网点1处、投递部门28处、邮政信报箱群118处、邮政信箱筒114个、邮政信筒信箱45个、信报箱格口11801个、邮政妥投点9458个。

2007年江宁区邮政局及各支局综合情况表

表12-1-1

单位名称	邮政局所（个）		城市投递（个）	建筑面积（平方米）	邮政全功能服务	营业（个）		经营基础业务（个）										从业人员（人）		全年业务收入（万元）	邮政储蓄余额（万元）
	邮政支局	代办所				窗口电子化	联网	函件	包裹	特快	汇兑	报刊	邮政			集邮	国际业务	合计人数	其中在岗职工		
													储蓄	联网	异地存取						
江宁区邮政局	—	—	11	2400.00	—	—	—	—	—	—	—	—	—	—	—	—	—	414	120	6887.33	196204.03
东山	1	—	—	250.00	1	1	1	1	1	1	1	1	1	1	1	1	1	23	5	747.47	19824.25
胜太路	1	—	3	46.00	1	1	1	1	1	1	1	1	—	—	—	1	1	16	2	69.90	—
岔路	1	—	4	350.00	1	1	1	1	1	1	1	1	1	1	1	1	1	14	2	291.12	8076.11
上坊	1	—	3	564.10	1	1	1	1	1	1	1	1	1	1	1	1	1	11	1	156.75	6760.85
殷巷	1	—	3	53.00	1	1	1	1	1	1	1	1	—	—	—	1	1	7	1	54.40	—
秣陵	1	—	3	813.60	1	1	1	1	1	1	1	1	1	1	1	1	1	7	3	149.94	6750.09
禄口	1	—	4	800.00	1	1	1	1	1	1	1	1	1	1	1	1	1	13	3	229.00	9710.08
方山	1	—	2	510.00	1	1	1	1	1	1	1	1	1	1	1	1	1	10	3	181.04	5424.43
湖熟	1	—	3	84.00	1	1	1	1	1	1	1	1	1	1	1	1	1	9	2	175.78	10422.45
淳化	1	—	3	72.00	1	1	1	1	1	1	1	1	1	1	1	1	1	8	1	135.79	7084.24
土桥	1	—	3	440.00	1	1	1	1	1	1	1	1	1	1	1	1	1	8	1	182.08	10318.21
周岗	1	—	2	551.36	1	1	1	1	1	1	1	1	1	1	1	1	1	6	—	155.96	9680.56
龙都	1	—	3	1354.00	1	1	1	1	1	1	1	1	1	1	1	1	1	8	—	156.71	8952.32
汤山	1	—	3	59.00	1	1	1	1	1	1	1	1	1	1	1	1	1	11	2	190.46	7446.95
竹[illegible]	1	—	1	287.00	1	1	1	1	1	1	1	1	1	1	1	1	1	5	2	124.95	2476.85
麒麟	1	—	5	47.00	1	1	1	1	1	1	1	1	1	1	1	1	1	10	2	153.54	4682.94

续表

单位名称	邮政局所（个）		城市投递（个）	建筑面积（平方米）	邮政全功能服务	营业（个）		经营基础业务（个）										从业人员（人）		全年业务收入（万元）	邮政储蓄余额（万元）
	邮政支局	代办所				窗口电子化	联网	函件	包裹	特快	汇兑	报刊	邮政			集邮	国际业务	合计人数	其中在岗职工		
													储蓄	联网	异地存取						
上 峰	1	—	3	54.00	1	1	1	1	1	1	1	1	1	1	1	1	1	8	2	72.06	2357.31
陶 吴	1	—	3	1518.00	1	1	1	1	1	1	1	1	1	1	1	1	1	8	1	228.98	12894.05
东善桥	1	—	3	782.00	1	1	1	1	1	1	1	1	1	1	1	1	1	8	2	105.79	5135.38
横 溪	1	—	3	590.00	1	1	1	1	1	1	1	1	1	1	1	1	1	8	—	158.84	8099.69
丹 阳	1	—	3	1113.00	1	1	1	1	1	1	1	1	1	1	1	1	1	8	1	156.04	7501.52
铜 山	1	—	3	844.20	1	1	1	1	1	1	1	1	1	1	1	1	1	8	—	159.88	6570.78
江宁镇	1	—	3	554.00	1	1	1	1	1	1	1	1	1	1	1	1	1	7	2	201.33	9061.99
铜 井	1	—	3	515.00	1	1	1	1	1	1	1	1	1	1	1	1	1	7	—	50.83	3181.50
陆 郎	1	—	2	885.00	1	1	1	1	1	1	1	1	—	—	—	1	1	3	1	7.52	—
谷 里	1	—	3	450.00	1	1	1	1	1	1	1	1	1	1	1	1	1	8	—	179.73	9826.70
东 郊	1	—	—	468.00	1	1	1	1	1	1	1	1	1	1	1	1	1	7	3	267.30	7393.21
坟头所	—	1	1	187.00	1	1	1	1	1	1	1	1	—	—	—	1	1	2	—	—	—
百家湖	1	—	6	2130.00	1	1	1	1	1	1	1	1	1	1	1	1	1	14	4	159.14	3875.97
天元路	1	—	—	—	1	1	1	1	1	1	1	1	1	1	1	1	1	3	—	—	2695.60

第二节 函件 包件

【函件】

函件业务有进口和出口业务，主要有四大类，进、出口计费平常函件，有平函、印刷和大宗信函、印刷品，还有免费（邮局、军免）函件；商业函件，分为商函制作（广告费、账单类）、邮送广告（中邮专送、代投）、广告明信片（普邮资片、企业金卡）；给据函件，有进出口的普挂、刷挂和国际、港澳、台湾给据函件，还有免费给据函件（邮局、其他）；其他广告，有户外广告和其他。2007年后，区邮政局还开办、拓展新型函件业务，主要有邮资封片、对账单、大宗期刊收寄、商业信函等。

1949年，东山、湖熟两局出口计费信函24万件。1953年，发展农村信函业务，连同南京划入的淳化、江宁镇等5个营业处，出口计费函件62.20万件，平均每件0.09元。信函业务收入占邮电业务总收入的65%。1964年，出口计费信函126.70万件，含军邮免费出口计73万件。1970年，计费出口函件222万件，取消军邮后免费出口10.60万件。1971年，出口计费信函220.60万件，进口信函171.20万件。1980年，出口函件280万件，其中免费出口12.10万件。1984年，计费出口函274.80万件，平均每件单价0.076元，进口271.80万件。1985年恢复军人免费。是年，出口计费信函243.60万件，平均每件0.085元。1989年，受快件影响，计费出口给据函件只有26.60万件，占总量4.80%。

1990年，计费出口函件215.20万件，内地函件平均每件单价0.13元。含军邮免费出口206万件，进口共422.50万件。1992年，开办贺年有奖明信片业务，发售4万枚，占出口计费函件1.80%。1995年，计费出口信函291.80万件，业务总量占邮电计费业务总量的[illegible].57%。免费出口函件207.80万件。1998—2000年，全局函件业务量1387.27万件，函件收入434.05万元。2000年，全局销售有奖明信片5万多枚，实现收入7.80万元。2001—2003年，全局函件业务量1463.29万件，函件收入488.20万元。2004—2006年，全局函件收入883.3[illegible]万元。2004年，开发中邮专递业务32期，实现收入18万元；制售邮资封32万枚，实现收入25.60万元；销售、揽制各类明信片8.40万枚，实现收入9.24万元；揽制企业金卡1.30万枚，实现收入2.40万元。

2007年，全局函件业务量443.58万件，函件收入580.36万元。函件业务量比2006年减少32.75%，函件收入比2006年增加48.95%。

【包件】

包件业务分为进口和出口，其种类分为内地包件（含快递包件）和国际及中国港、澳、台地区包件。1949年，东山、湖熟两局出口计费包件600件，1952年增至4565件，平均每件资费0.40元，重1.90公斤。1953年，县邮电局出口计费1.22万件，业务收入占邮电业务总收入的2.73%。1959年，因大炼钢铁，增加流动人口，副食品邮寄增多，出口包件5万件。1960年，停收商包，限收副食品包，出口包件降至2.97万件。1965年，包件出口1.78万件，进口3.59万件。1975年，出口4.03万件，进口4.50万件。1979年，设乙类保价包件业务。1980年，扩大商品包收寄，当年出口4.28万件。1984年，包件出口4.25万件，进口5.50万余件。1986年，调整包件计费办法，增纸质品包件业务，1987年，包件出口6.80万件。

1990年，全局出口4.73万件，平均每件资费2.55元，当年进口5.20万件。1991—1995年，出口包件 22.17 万件。1996—2000 年，完成包件 24.62 万件，实现包件业务收入 212.19 万元。2001—2003 年，完成包件 21 万件，实现包件业务收入 241.31 万元。2004—2006 年，实现包件业务收入 468.03 万元。2007 年，完成包件 11.96 万件，实现包件业务收入 205.04 万元。包件数量比 2006 年增加 2.92%，包件业务收入比 2006 年增加 20.06%。

第三节　特快专递

【特快专递服务点】

特快专递前身是快件业务，民国 19 年（1930），县境内湖熟局始办快件业务。民国 24 年，东山、秣陵、汤山等地设局后，办理快件业务的网点增至 6 处。新中国成立前，湖熟、汤山、东山局办理快件业务。1953 年，快件业务停办。1988 年，邮政快件业务恢复，办理快件业务的局所有 29 处。

1992 年 3 月，东山支局开办特快专递业务。同年 5 月 15 日，办理特快专递业务的局所扩大到全县除江宁镇、铜井镇外各乡镇邮电局、所，共 22 处。此后，江宁镇和铜井邮路由火车委办转为邮政自办后，也都开办特快专递业务。1994 年，县邮电局成立速递公司，专柜、专车收投，东山镇城区划为专递区，接受用户预约上门服务。1998 年，县邮电局设速递公司，专营特快专递业务，全局 29 个分支机构都办理特快专递业务。2000 年，办理特快专递的服务点有 30 个；至 2007 年，全区办理特快专递的服务点有 30 个。是年，江宁区邮政局速递公司专营队伍有 31 人，专用车辆 12 辆，城区快件已实行专网投递。

【邮政快件与特快专递业务】

邮政快件业务　1989 年，出口快件 13.40 万件，均为信函型快件。当年进口快件 15.10 万件。1990—1993 年，出口快件 67.44 万件，进口快件 70.07 万件。1994—1995 年，出口快件 35.18 万件。

特快专递业务　邮政特快专递业务分国内和国际两种。国内的特快专递业务主要有 7 种，特快专递、次晨达特快专递、“全夜航”（邮政为加快特快专递的投递速度，特别开通此业务）、国内特快专递代收货款、单证照、国内特快专递礼仪与国内特快专递邮件保价。国际特快专递业务有 5 种，全球邮政特快专递（EMS）、“卡哈拉”（是一项集团性的国际邮政业务合作项目）、“东京次日递”、中国速递国际快件、国际非邮政快件。

图 12-1-4　江宁县邮政局的特快专递邮政车辆（1999 年摄）

1992 年 3 月，江宁东山支局始有特快专递业务。当年出口快件 311 件，其中国际快件 72 件，平均每件 150.28 元；进口快件 513 件，其中国际快件 146 件。1993—1995 年，全局出口快件 26810 件，其中国际快件 1981 件。1993 年，国内快件平均每件 24.74 元，国际快件平均每件 232.09 元。当年特快专递业务量 4 万元，占邮电计费业务总量的 0.20%。1994 年，出口国内快件平均每件 28.41 元，国际快件平均每件 242.08 元。1996—2000 年，全局完成特快业务收入 1212.07 万元，业务量 36.48 万件。2001—2003 年，完成特快业务收入 1116.29 万元，业务量 27.08 万件。2004—2005 年，完成特快业务收入 1291.40 万元。2006 年，特快专递业务收入突破 1000 万元，全年实现收入 1012.91 万元，当年区邮政局率先成为南京地区速递业务收入过千万的区局。2007 年，完成特快业务收入 1432.32 万元，业务量 239.83 万件。业务收入比 2006 年增加 41.41%，业务量比 2006 年增加 28.61%。

第四节 报刊发行

【订销网点与推广组织】

1949 年，邮局以低资费接受报刊邮寄，但不接受报刊订阅零售。1952 年，邮政局接办报刊代订业务。1953 年，推行“邮发合一”（指报社将报纸发行业务全部交邮局办理的委办性报纸发行体制），全县 71 个邮政局所均可订阅报刊。1956 年，订阅报刊的局所调整为 36 处，设流动报刊零售点，汤山邮局接收派报人和派报业务，湖熟的派报人改为湖熟邮局的批销户。1957 年，报刊零售点撤销。1962 年，省邮电局核定全县 37 个局所办理报刊发行业务。1977 年，组织社会报刊发行站 15 个。1980 年，报刊定额放宽，全县办理报刊订阅的局所有 39 处，设报刊零售专柜 1 处，社会报刊发行站 29 处，个体报刊零售亭 3 处。至 1985 年，订阅报刊的局所有 39 处，设 17 个报刊零售专柜，7 处个体报刊零售亭，社会报刊发行站 55 处，聘兼职发行员 101 人。1990 年，办理报刊订阅业务的局所 35 处，设报刊零售门市部 1 处，报刊零售专柜 31 处，个体报刊零售亭 9 处，社会报刊发行站 78 处。1995 年，办理报刊订阅业务的邮电局所 35 处，设报刊零售门市部 1 处，零售柜 29 处，个体报刊零售亭 17 处，社会报刊发行站 90 处。1998 年，全县有 25 个支局、4 个自办邮政所和 7 个代办所办理订阅报刊业务，另有 90 个社会发行站也办理收订报刊。1999 年，全县有 29 个支局所、10 个代办所和 85 个社会发行站办理报刊订阅业务。此外，还有 26 个支局开办零售报刊业务。

2003 年，全区有 28 个分支机构、14 个邮政代办点和 92 个社会发行站办理报刊收订工作。2005 年，全区有 29 个分支机构、17 个邮政代办点和 102 个社会发行站办理报刊收订工作。2007 年，全区有 30 个分支机构、18 个邮政代办点和 113 个社会发行站办理报刊收订工作。

【报刊发行（订销）业务】

1952 年，邮政局打开报刊发行进入农村的业务渠道，累计订销报纸 38.20 万份，杂志 4.20 万份。1953 年，“邮发合一”后，邮发报刊 500 余种，累计订销 66.70 万份。当年报刊平均每份 0.06 元，提取的发行收入占邮电业务总收入的 7.90%。1956 年年底，报刊期发 2 万余份。是年 3 月 1 日，创刊《江宁报》，1961 年 4 月停刊，共出 609 期，累计发行 623.20 万份，最高期发 6608 份。1962 年，全年订销报刊累计 161.10 万份。1964 年，乡邮投递力量增加，报刊定额放宽，全年报刊累计期发 280.80 万份，平均每份 0.043 元，订销报刊发行业务收入占邮电业务总收入的 13.30%。1968 年，报刊订销累计 419.90 万份，其中报纸订销份数增加，杂志订销份数下降。1980 年，邮发报刊品种增加，报刊零售政策放宽，允许个人经营，当年报纸期发 6.30

万份，杂志4.90万份。1982年，报刊发行定额逐步取消，零售6.50万元，占报刊流转额的9.80%。至1985年，报纸期发12.20万份，全年累计1845万份；杂志期发9.10万份，全年累计112.60万份；报刊流转额共116万元。是年，订销报刊主要有《人民日报》2100余份、《新华日报》7200余份、《南京日报》15200余份、《南京广播电视报》22600份。发行2000份以上的杂志有《中国青年》《半月谈》《大众电影》等。此外，是年年底，期发《江宁报》5487份，全年累计27.50万份。

1990年，邮发报刊3500多种，报纸期发5.65万份，杂志期发4.40万份。订销报刊平均每份0.19元。1995年，订销报纸534种，杂志1983种，年末期发报纸7.90万份，杂志4.10万份，订销报刊平均每份0.34元，报刊计费业务总量占邮电计费业务总量的1.45%。1998—1999年，全局收订报刊2806.10万份，收入350.09万元。1999年3月，江宁邮政局成立了报刊发行投递公司（发投公司），负责全县报刊发行、投递工作的生产（服务）管理，对报刊发行工作实行专业化经营。是年，全局收订报刊主要有：《人民日报》651份、《解放军日报》1445份、《参考消息》1195份、《新华日报》1826份、《南京日报》5367份、《江宁日报》12218份、《求是》721本、《半月谈》998本、《扬子晚报》3993份。

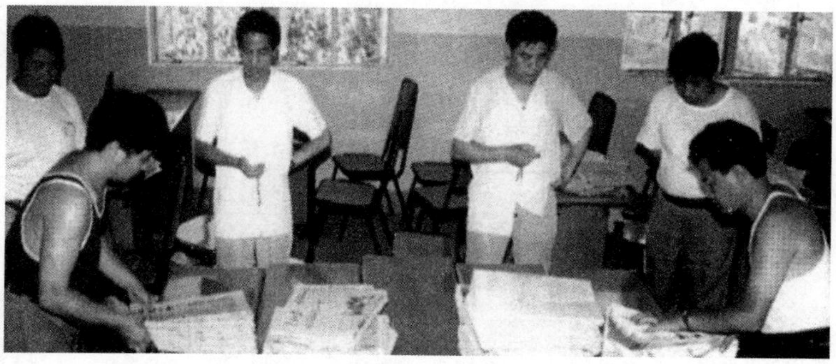
图12-1-5 江宁县邮政局举办报刊分发比赛（1999年摄）

2000—2005年，区邮政局报刊发行收入1384.55万元。2006年，收订报刊1689.47万份，收入316.50万元。是年，各类党报、党刊的征订数量稳中有升，其中，《新华日报》4277份、《南京日报》9902份。2007年，收订报刊1719.81万份，收入348.06万元。收订数量比2006年增长1.80%，收入比2006年增长9.97%。

1998—2007年江宁区邮政局各支局所报刊流转额情况表

表12-1-2 单位：万元

局/支局	1998年	1999年	2000年	2001年	2002年	2003年	2004年	2005年	2006年	2007年
东山（发投）	183.96	255.70	281.26	279.86	356.03	374.95	380.41	423.40	467.72	218.85
湖熟	17.32	19.66	23.41	18.33	24.88	24.04	24.75	24.31	25.79	33.00
淳化	18.84	37.06	41.06	43.94	46.86	52.75	47.67	49.17	54.53	58.47
陶吴	15.15	18.55	23.18	20.91	28.28	26.96	25.40	28.44	27.39	25.56
禄口	24.81	27.10	29.36	19.39	34.88	33.98	35.00	37.46	39.86	57.80
江宁镇	13.88	17.60	19.82	18.40	22.64	20.96	23.30	23.96	25.34	37.12
岔路口	27.33	31.11	35.05	39.57	46.33	52.47	62.05	51.14	44.63	50.61
汤山	21.66	29.64	33.08	77.69	39.70	59.87	54.11	55.77	57.17	60.11
秣陵	25.74	27.16	30.20	11.07	30.87	29.67	27.39	30.35	33.27	32.26
方山	22.04	25.50	27.76	20.11	31.35	32.42	42.60	40.75	40.13	49.12
铜井	10.91	17.16	19.81	17.70	19.89	20.61	23.29	25.89	27.40	20.24

续表

局/支局	1998 年	1999 年	2000 年	2001 年	2002 年	2003 年	2004 年	2005 年	2006 年	2007 年
麒 麟	29.39	39.32	42.29	37.85	51.86	52.15	50.71	55.41	54.56	47.88
东善桥	15.72	18.10	19.19	7.51	19.32	20.78	20.00	23.55	28.62	27.78
横 溪	14.74	17.40	18.84	9.82	19.58	17.77	17.84	21.26	21.71	28.45
上 坊	14.21	17.16	20.83	20.48	25.04	26.28	26.25	30.65	35.68	37.02
土 桥	16.08	17.21	17.88	11.45	18.33	19.72	20.95	23.52	21.52	23.38
龙 都	11.74	19.90	21.96	16.12	17.15	16.80	15.90	17.99	18.55	17.09
谷 里	12.72	16.41	18.02	17.48	20.10	21.04	19.70	21.37	22.36	30.37
铜 山	10.62	16.16	17.01	11.39	22.50	25.01	31.47	27.92	33.51	24.60
丹 阳	15.71	17.14	20.52	14.32	20.29	20.71	19.10	21.01	21.08	18.13
陆 郎	9.68	12.90	13.39	13.01	16.57	15.74	14.53	15.08	15.91	15.01
殷 巷	8.18	12.11	12.73	11.93	13.00	16.57	27.20	30.76	45.65	50.59
周 岗	8.63	13.16	15.95	15.57	16.12	16.49	15.85	17.56	20.47	14.78
上 峰	13.55	21.18	22.32	20.05	24.91	25.22	22.94	24.48	23.89	22.27
作 厂	23.6	30.96	34.19	—	39.50	41.12	43.77	47.01	58.68	53.37
坟 头	13.53	15.12	16.16	—	15.24	—	—	—	—	—
青龙山	9.91	—	—	—	—	—	—	—	—	—
东 郊	0.02	—	0.19	—	—	—	—	—	—	—
胜 太	—	—	0.22	—	0.36	—	—	—	—	—
百家湖	—	—	—	—	—	—	—	—	—	132.73
零 售	—	—	—	—	—	—	—	—	17.14	—
汇总台	—	—	—	40.62	—	—	—	—	—	—
合 计	609.67	790.47	875.68	814.57	1021.58	1064.08	1092.18	1168.21	1282.56	1186.59

第五节 邮政储蓄

【邮储服务点】

民国38年（1949）5月，东山、湖熟两邮局相继开办邮政职工保险邮储业务；1953年9月停办。1986年10月14日，江宁县东山支局邮储开业，此后县内邮政支局所相继开办邮储业务。至1998年，全县开办邮政储蓄的局所有东山、东郊、汤山、陶吴、禄口、淳化、湖熟、江宁镇、丹阳、秣陵、龙都、殷巷、周岗、上峰、麒麟、方山、上坊、东善、土桥、横溪、谷里、陆郎、铜井、作厂、铜山、岔路

图 12-1-6 江宁县邮政储蓄大厅（1999 年摄）

口，共26处。1999年，县人民银行对江宁邮政储蓄点进行核减，减掉殷巷、上峰、铜井、陆郎4个支局，至此，办理邮储业务的局所有22个。2005年，增百家湖支局邮储服务点，邮储服务点增至23个。2006年，增上峰、铜井、天元路支局3处邮储服务点，邮储服务点增至26个。2007年，全区邮储服务点有26个，包括东山、岔路、上坊、秣陵、禄口、方山、湖熟、淳化、土桥、周岗、龙都、汤山、作厂、麒麟、上峰、陶吴、东善桥、横溪、丹阳、铜山、江宁镇、铜井、谷里、东郊、百家湖、天元路等。

【邮储业务】

邮政储蓄业务自1986年恢复开办后，经过20多年的发展，已建成全国覆盖城乡网点最广、异地交易额最多的个人金融服务网络。至2007年，其业务主要有基金认购、储蓄业务、中间业务、信贷业务等。储蓄业务中，又包含多种服务项目，有常规储蓄、预约转账业务、邮政储蓄卡（绿卡）、外币储蓄业务等。中间业务有绿卡（活期账户）代理业务、手机充值缴费业务、商户收单业务（POS）、电话转账业务（家家易）、代理保险业务、代理基金业务、其他代理业务（代理销售、兑付国债等）。信贷业务主要是存单小额质押贷款业务。

1986—1990年，江宁县有储户1.54万户，邮储余额944.90万元。1986年，邮储利息由人民银行支付，人民银行按邮储存款付给邮政2.20%的手续费，当年邮储收入0.21万元。1989年，开办“汇转储”（指把别人或其他单位寄给自己的汇款转存为邮政储蓄）业务；当年邮储收入4.10万元。1990年，有“汇转储”1200户，9.60万元；当年邮储年均余额180.90万元，年收入5.30万元。

1991—1995年，储户18万户，邮储余额1.62亿元。1991年，代办兑付国库券业务，兑付本金300余万元，利息19万元。是年年底，“汇转储”客户255户，“汇转储”金额7.40万元。当年邮储年均余额768.70万元，年收入17.60万元。1995年，邮储年均余额7031.70万元，是年年底，邮储资金7145.60万元，内含现金30.80万元，存款利息5.80万元。1998年，全年邮储业务量2.76亿元，比1997年增长44.41%，邮储余额2.76亿元，实际净增余额8484.70万元，实现收入542.08万元。1999年，邮储平均余额3.32亿元，当年累计实现业务收入727.02万元，比1998年增长34.12%。

2000—2002年，邮储余额累计17.65亿元，邮储平均余额16.07亿元，定期储蓄余额14.42亿元，活期储蓄余额3.18亿元，邮储收入4147.77万元。2003—2004年，邮储余额累计20.25亿元，邮储平均余额18.56亿元，期末储蓄余额18.05亿元，邮储收入4561.94万元。2005年，区邮政局各支局为宣传邮储业务挂出宣传横幅180条、散发业务宣传品10万余份、刷写墙体广告148条，还动员全体员工逐店、逐村、逐户上门散发宣传品，形成立体式营销网络，将邮储业务宣传到千家万户。是年，区邮政局实现邮储业务收入2622.64万元。2006年2月，陶吴支局邮储余额1.01亿元，成为南京首个超亿元的农村邮储网点。是年，江宁邮储预存代扣业务启动，全区绿卡缴费一卡通平台建立。分别开办固定电话费、幼儿园学生生活费、出租车月租金、管道燃气费等预存代扣业务。是年，全局邮储业务收入2888.83万元，占邮政业务总收入的53.94%，邮储余额超16亿元（16.22亿元）。2007年，全局邮政储蓄年末余额19.62亿元，收入3356.24万元，占全局邮政业务收入的50.66%。

第六节 汇 兑

【汇兑服务点】

汇兑，即由汇款人通过收汇机构开具汇票，经过传递到收汇人手中，收款人到当地汇兑机构按规定手续领取汇款。这种业务古称“飞钱”，亦称“便钱”。

民国初年，湖熟设邮局后办理汇兑业务。民国20年（1931），湖熟局可办理每张800元（银元）以下汇款，淳化、禄口、龙都、解溪、土桥、南汤镇（汤山）、江宁镇代办所可办理每张200元（银元）以下的汇款。此后，汇兑业务一度停办。民国38年（1949）6月，汇兑业务恢复，境内办理汇兑业务的局所30处。1952年71处。1956年，办理汇兑业务的局所核定为49处。1958年，公社邮电局均办理汇兑业务。1962年，省邮电局核定汇兑局号16092，电汇由县邮电局办理，各邮电支局所均不收电汇，但可兑付，15个自办局所中有13个代办所可办汇兑业务。至1980年，办理汇兑业务的局所有38处。

1995年，办理汇兑业务的局所有34处，其中办理电汇业务的有1处，办理快汇业务的有31处，还有2个同城邮电所，只汇不兑。1998年，全县有25个支局和4个自办邮政所办理汇兑业务。2000年，青龙山所改为代办所，全县办理汇兑业务的支局所减为28处。2006年，增设天元路支局，区内办理汇兑业务的支局有29处。至2007年，区内办理汇兑业务的支局（所）有30处，包括东山、胜太路、岔路、上坊、殷巷、秣陵、禄口、方山、湖熟、淳化、土桥、周岗、龙都、汤山、作厂、其林、上峰、陶吴、东善桥、横溪、丹阳、铜山、江宁镇、铜井、陆郎、谷里、东郊、坟头、百家湖、天元路等。

【汇兑业务】

1949年，东山、湖熟两局开发计费汇票0.30万张。1950—1955年，全局开发计费汇票17.07万张。1953年，江宁邮电局成立，银行和邮政汇兑分工，邮政办理个人汇款，开发计费汇票2.90万张，平均每张汇票开发15元，汇兑业务收入占邮电业务总收入的0.60%。1959年，实行汇票内走信汇制度。1965年，开发汇票10.68万张，其中计费汇票10.24万张，兑付汇票13.09万张。1975年，开发汇票7.94万张，其中计费7.28万张，平均每张汇费0.26元，兑付11.91万张。1985年，开发汇票9.99万张，其中计费9.37万张，500元以上的高额汇票约占0.80%，汇兑业务收入占邮电业务收入的2.30%。

1990年，开发汇票8.36万张，其中计费7.48万张，快汇约占24%。平均每张汇费1.21元。1995年，开发汇票11.36万张，其中计费10.02万张，占邮电计费业务总量的0.44%。随着经济的快速发展，原有的汇兑方式已不能满足人们的需求，江宁邮政开发了新的汇兑业务。1999年，开办邮政礼仪汇款和入账汇款业务（即汇款转为邮政储蓄），礼仪汇款使用专用礼仪汇款通知和礼仪卡。是年，江宁局除坟头、青龙山邮政所，全县27个支局所都开办邮政汇兑超限额汇款业务（指用户一次交汇的款项在1万元～5万元之间的汇款）。当年全县开发汇票10.24万张，收入56.17万元。

2000年，开办电子汇兑业务，汇兑业务由人工操作改为电脑操作。当年开发计费汇票10.31万张，收入60万元。2001—2003年，全局开发计费汇票34.46万张，收入214.03万元。2004—2005年，全局汇兑业务收入210.89万元。2006年，全局开发计费汇票14.88万张，汇兑业务收入128.90万元，其中汇兑增值业务实现收入23.64万元，占汇兑总收入的18.32%。2007年，全局开发计费汇票18.48万张，汇兑业务收入219.45万元。

1949—1995 年江宁县邮政局主要业务情况表

表 12-1-3

年份	出口函件（万件）	出口包件（万件）	计费汇票（万张）	快件（万件）		报刊（万份、万元）			邮储业务（万户、万元）		集邮（万枚）
				进口	出口	报纸	杂志	流转额	户数	存款余额	
1949	24	0.06	0.30	—	—	—	—	—	—	—	—
1950	25	0.11	0.50	—	—	—	—	—	—	—	—
1951	31	0.27	0.90	—	—	—	—	—	—	—	—
1952	35	0.46	1.61	—	—	38.20	4.20	—	—	—	—
1953	60	1.22	2.92	—	—	61.20	5.50	—	—	—	—
1954	77	2.36	5.37	—	—	105.50	12.40	—	—	—	—
1955	77	2.61	5.77	—	—	117.00	19.60	—	—	—	—
1956	81	2.30	5.70	—	—	189.00	19.30	—	—	—	—
1957	96	1.90	5.80	—	—	187.30	18.80	—	—	—	—
1958	138	2.10	7.00	—	—	267.00	26.80	—	—	—	—
1959	166	5.00	8.60	—	—	331.00	31.50	—	—	—	—
1960	184	2.97	10.90	—	—	323.00	24.60	—	—	—	—
1961	202	2.76	10.30	—	—	211.00	12.30	—	—	—	—
1962	170	3.30	8.50	—	—	152.70	9.40	—	—	—	—
1963	130	2.30	8.00	—	—	192.00	9.00	—	—	—	—
1964	127	1.92	9.23	—	—	267.50	13.40	—	—	—	—
1965	154	1.78	10.24	—	—	331.30	22.80	15.21	—	—	—
1966	150	1.82	9.95	—	—	376.90	25.20	—	—	—	—
1967	120	1.81	7.34	—	—	313.20	12.50	12.64	—	—	—
1968	123	2.47	5.74	—	—	414.50	5.40	14.41	—	—	—
1969	181	3.13	7.08	—	—	636.50	1.80	—	—	—	—
1970	222	4.01	7.63	—	—	880.00	27.80	24.18	—	—	—
1971	221	3.86	8.33	—	—	1008.30	15.40	32.48	—	—	—
1972	181	4.05	8.10	—	—	876.50	24.70	32.39	—	—	—
1973	197	3.95	8.18	—	—	866.70	26.30	33.40	—	—	—
1974	194	4.03	7.65	—	—	913.00	31.10	35.24	—	—	—

续表

年 份	出口函件（万件）	出口包件（万件）	计费汇票（万张）	快 件（万件）		报 刊（万份、万元）			邮储业务（万户、万元）		集 邮（万枚）
				进 口	出 口	报 纸	杂 志	流转额	户 数	存款余额	
1975	205	4.03	7.28	—	—	926.50	34.20	37.43	—	—	—
1976	202	3.90	6.82	—	—	945.00	40.90	32.82	—	—	—
1977	209	4.31	7.08	—	—	933.40	38.00	34.66	—	—	—
1978	218	4.20	7.68	—	—	1070.50	43.00	42.75	—	—	—
1979	254	4.05	7.84	—	—	1308.40	51.00	48.81	—	—	—
1980	268	4.28	8.76	—	—	1506.60	62.20	57.37	—	—	—
1981	297	4.70	8.43	—	—	1441.80	70.20	63.17	—	—	—
1982	304	4.36	7.71	—	—	1459.30	100.40	66.32	—	—	—
1983	305	4.44	8.06	—	—	1610.40	102.60	77.37	—	—	—
1984	275	4.26	8.47	—	—	1688.20	101.60	78.47	—	—	—
1985	244	4.73	9.37	—	—	1845.50	112.60	116.41	—	—	—
1986	271	4.98	9.28	—	—	1859.60	107.70	136.88	0.11	94.00	—
1987	415	6.84	8.85	—	—	1966.60	117.30	148.02	0.16	144.00	—
1988	296	5.29	8.96	—	—	1947.80	107.90	164.65	0.32	178.00	—
1989	267	4.14	7.70	15.10	13.40	820.50	62.90	174.44	0.44	245.00	—
1990	215	4.73	2.48	17.10	15.30	785.10	59.40	163.28	0.51	283.90	12.83
1991	202	3.42	7.30	20.66	16.61	1040.30	61.80	197.11	7.80	1085.90	20.70
1992	218	4.32	8.21	19.51	18.03	1123.80	64.60	229.23	3.13	1614.30	24.20
1993	253	5.26	9.22	19.80	17.50	1202.30	53.20	289.99	2.72	2472.30	16.80
1994	288	4.13	9.96	—	17.89	1121.70	49.10	363.40	1.87	3994.00	23.60
1995	292	5.04	10.02	—	17.29	1221.20	48.80	425.25	2.48	7031.70	30.00
合 计	8864	157.96	341.12	92.17	116.02	36883.80	1889.20	3147.78	19.54	17143.10	128.13

1996—2007 年江宁区邮政局业务量与收入情况表

表 12-1-4

指标名称（单位）		1996 年	1997 年	1998 年	1999 年	2000 年	2001 年	2002 年	2003 年	2004 年	2005 年	2006 年	2007 年	合 计
业务总量（万件）		581.43	723.86	991.89	1192.44	1500.37	2861.00	3668.92	4412.19	4900.53	—	—	—	20832.63
业务总收入（万元）		693.90	1172.00	1241.42	1565.94	2031.97	2474.80	2896.20	3376.00	3977.03	4528.97	5436.80	6887.33	36282.36
邮储年末余额（万元）		11477.20	19106.18	27782.06	33425.90	44418.63	55730.12	76391.71	94745.62	107756.16	137423.53	163111.12	196204.27	967572.50
函件业务	万件	614.09	484.86	523.80	452.85	396.63	410.65	526.32	526.32	—	—	659.59	443.58	5038.69
	万元	92.55	144.85	130.38	137.98	165.69	152.04	155.27	180.89	237.42	256.57	389.64	580.36	2623.64
包件业务	万件	5.54	4.66	4.62	5.60	4.20	5.50	7.75	7.75	—	—	11.62	11.96	69.20
	万元	32.80	44.57	44.00	41.45	49.37	58.82	87.22	94.75	133.07	164.18	170.78	205.04	1126.05
汇票业务	万张	12.16	12.02	11.43	10.24	10.31	10.54	11.96	11.96	—	—	14.88	18.48	123.98
	万元	57.35	62.82	58.39	56.16	59.09	61.68	68.91	82.71	102.45	108.44	128.90	219.45	1066.35
报刊发行业务	万份	1238.83	1265.89	1236.31	1565.29	1620.42	1780.11	1811.19	1811.19	—	—	1689.47	1719.81	15738.51
	万元	139.70	140.85	147.33	202.75	227.04	264.33	252.43	270.49	302.80	294.46	316.50	348.06	2906.74
集邮业务	万枚	39.66	50.87	49.91	67.54	48.23	74.41	90.51	90.51	—	—	119.11	158.31	789.06
	万元	33.90	85.76	86.45	100.87	170.54	180.74	116.56	144.65	173.52	190.32	197.63	259.70	1740.64
特快专递业务	万件	2.75	3.37	3.91	5.35	6.15	7.00	10.04	10.04	—	—	30.97	39.83	119.41
	万元	111.02	201.30	225.17	292.75	359.15	324.65	345.78	445.78	537.65	753.75	1012.91	1432.32	6042.23
其他收入	万元	2.50	31.09	7.62	6.96	5.57	2.79	80.98	116.38	95.58	132.13	328.15	288.61	1098.36

说明：从 2001 年开始业务总量按 2000 年不变单价计算

第七节 集 邮

【集邮业务】

1984年2月10日，县邮电局东山集邮门市部成立，省邮票公司拨开办费2000元。征订集邮预订户315户，销售邮品1.53万元。是年年底，库存邮品1.04万元，集邮业务收入占邮电业务总收入的1.60%。1985年，集邮预订户742户。1990年，集邮业务售出邮票12.83万枚，平均每枚邮票0.34元，集邮业务量占邮电计费业务总量的2.80%。1992年，汤山、东山两家个体商贩开始经营集邮商品，汤山、秣陵两支局开办集邮业务。1993年，平均每枚邮票0.75元。1995年，农村集邮市场的邮商增至6家，湖熟支局开办集邮业务，集邮预订户1500户，预订票款7.18万元。当年集邮业务量占邮电计费业务总量的0.30%。至1998年，集邮业务收入取决于县内集邮爱好者每年一度的邮票年册预订数量，农村集邮市场也没有很好地开发，造成该项业务发展缓慢。是年，全局出售邮票49.92万枚，完成集邮收入86.40万元。1999年，县邮政局把开发和培育农村集邮市场作为突破口，抓住年度国家大事、喜事多的契机，及时改变经营策略，组织适销对路邮品。中共十一届三中全会二十周年邮折销售2360套，澳门回归纪念币销售1200套，民族大团结邮折销售3500套，邮品销售收入40多万元，占集邮收入的40%以上。是年，出售邮票67.54万枚，完成集邮收入100.87万元，比1998年增长16.75%。

2000—2003年，全局出售邮票303.66万枚，完成集邮收入612.49万元。2000年，会同县集邮协会深入学校，举办4次邮展和集邮知识讲座，培育江宁集邮市场，全年实现集邮收入170.50万元，完成市邮政局下达计划的103%，由此，区邮政局的集邮收入排名从全省第69位上升至第57位。2004—2005年，全局完成集邮收入363.84万元。2005年，为全国运动会江宁赛区制作以“激情十运、华彩江宁”为主题的专题邮册5000册，实现收入30万元；为企业和个人定制个性化邮票10800版，实现收入55万元。是年，完成全年集邮收入190.32万元。2006年，在邮票年册专项营销活动中，销售额首次突破百万，达到113万元，全年实现集邮收入197.63万元，其中预订收入47.16万元，邮品销售收入150.47万元。2007年，全局出售邮票158.3[illegible]万枚，完成集邮收入259.70万元。

【集邮协会】

1986年12月20日，成立江宁县集邮协会。1987年，成立基层集邮协会或集邮小组。至1988年年底，全县邮协有基层分会1个，基层邮协和小组共24个，会员644人。是年9月28日，举行江宁县首届集邮展览，展出贴片648张，邮品300余枚，26部邮集。有2000余人参观展览。1991年，县邮协“集邮者之家”开放，有活动场地70平方米。是年年底，基层邮协和集邮小组51个，会员670人。1992年12月27—29日，县邮协举办“迎春观摩”邮展，展出9个专题，共400余张贴片，有1000余人参观展览。1994年，“集邮者之家”组织邮品交换活动5次，每次参与交换者百人以上。至1995年年底，共有基层邮协小组53个，会员1070人。1999—2007年，区集邮协会共在区局、部队、学校、单位举办邮展15次，还组织部分邮集参加省、市级邮展10次、韩国釜山国际邮展1次，参展的部分作品获金、银奖。有6篇以集邮为主题的文章被南京市《邮票与南京》一书采用，其他一些集邮文章被省、市级集邮刊、书物采用。2000年，县邮协分别被省、市邮协评为集邮先进集体。2002年8月，全国邮联成立20周年表彰大会在北京举行，区邮协赖海兵被授予全国集邮先进个人称号。

第八节 邮路 投递

【邮路】

江宁县内最早的邮路是旱班邮路，即步班、自行车班邮路。清光绪三十年（1904），南京至句容旱班邮路过湖熟。民国6年（1917），南京至汤山线、南京至句容线、南京至湖熟线、南京至溧水线、南京至横溪线、南京至马鞍山矿区线相继开通。民国18年，南京局开通南京至湖熟、南京至溧水、南京至宜兴（宁杭公路）委办汽车邮路。抗日战争期间，委办汽车邮运有时不通，县内邮运主要靠南京一支局旱班邮路调度。抗日战争胜利后，自南京一支局出发到江宁的步班邮路有3条，南京至土桥线、南京至朱门线、南京至陆郎线。境内邮局邮路有东山至殷巷线、至解溪线，湖熟至葛庄（句容县）线、汤山至孟墓线。南京健康路（一支局）发运经江宁县的委办汽车邮路有南京至湖熟线和沿途的岔路口、东山、淳化、咸田交换邮件；南京至溧水线和江宁县的秣陵关、禄口交换邮件；南京至句容线和江宁县的麒麟门、坟头、汤山、作厂交换邮件。

民国37年（1948）9月，江宁镇、铜井邮件由南京至芜湖铁道邮路带运。1949年年底，全县农村旱班邮路全长200千米，委办汽车邮路（包括至陶吴邮路）陆续恢复。1958年，县内旱班邮路主要有东山至殷巷线、湖熟至土桥线、汤山至高庄线、禄口至谢村（铜山）线、江宁镇至陆郎、谷里线，含农村投递共31条、733.25千米。1968年，停江宁镇、铜井铁道运邮。其后再度恢复，时用时停，至1992年全停。

1970年，江宁县至公社已无旱班邮运，县邮政局和公社所在地共24个局所邮件均由南京局郊邮台交委办汽车发运，公社以下还保留旱班邮路，有禄口至和平线，淳化至索墅、解溪线。是年9月5日，南京至无锡的省内自办汽车邮路开通，代运麒麟、坟头、汤山、作厂邮件。1986年，开通花园至长江的三轮车邮路16千米（后划归南京龙潭），东山至殷巷自行车邮路7千米。淳化至索墅、解溪改为自行车邮路，至此，全县已无步班邮路。是年7月1日，县内自办邮路开通，邮车从东山（县邮电局）出发，依次和上坊、淳化、龙都、周岗、湖熟、土桥、上峰、青龙山、东山东郊邮电所交接邮电返回，行程90.50千米。

1995年，县内有淳化境内的自行车邮路41千米。委办汽车邮路一条16千米。是年，和江宁县邮电局所交换邮件的省、市自办汽车邮路有南京至高淳、南京至芜湖、南京至东山、南京至作厂共4条。县内自办汽车邮路2条，长169千米，日行程215千米。1998年，邮路总条数为9条（和1997年相同），其中自办汽车（农村）邮路2条，总长169千米。起止东山—上峰—东山的交换邮件局所有上坊、淳化、龙都、周岗、湖熟、土桥、上峰、汤山、其林、东山10处；起止东山—丹阳—东山的交换邮件局所有殷巷、东善、陶吴、横溪、铜山、丹阳、谷里、陆郎、东山等10处。另有汽车委办农村邮路一条，总长单程直线16千米，逐日行程32千米，起止其林—周村—其林。还有自行车委办农村邮路6条，单程共长41千米，逐日行程83千米。起止淳化—解溪，起止淳化—索墅，起止七里岗—青龙山水泥厂，起止秣陵—凤凰山，起止汤山—铜矿，起止陶吴—云台山。

2000年，邮路总条数由1999年的9条增至13条，邮路总长从41.30千米增至73.30千米。新增邮路是4条自行车委办邮路，淳化—青龙山林场的自行车委办邮路，直线单程16千米；岔路—气象学院的自行车委办邮路，直线长4千米；东山—正德学院的自行车委办邮路，直线长6千米；东山—核工业学校的自行车委办邮路，直线长6千米。2001年新增自办汽车邮路1条，起止东山、殷巷、秣陵、禄口、陶吴、东善桥、河海、胜太、东郊、东山 环形单程55千米（下午班）。新增委办汽车邮路两条，起止东山、江宁镇、铜井、东山，环形单程50千米；起止东山、胜太、南航、正德、河海、东山，环形单程8千米委办（上午班）。还增加东善桥—吉山直线单程4.90千米的自行车委办邮路1条。撤掉原七里岗—青龙山水泥厂、汤山—铜矿、东山—正德学院3条自行车委办邮路。是年，邮路总条数增至14条。至2003年，又撤掉秣陵至凤凰山自行车委办邮路1条。自2005年开始，江宁邮政局的7条农村委办自行车邮路相继被撤，改为投递段道。是年，新增邮路9条，撤销13条，还剩9条邮路。2006年，邮路数量仍为9条。

2007年，由于区划调整，农村汽车邮路改称市区自办邮路，全区共有自办汽车邮路9条，单程总长度596千米。

【邮件封发】

清光绪三十年（1904），县内邮运由南京局组织，邮件由南京局封发。民国8年（1919），各局所进出口邮件均由南京奇望街支局（一支局）封发，附设在该支局的郊邮台，是县邮件封发中心。1953年，县邮电局在东山设邮件封发台，封发县城（东山）寄往县内各局所的邮件，封发格口23个。县邮电局的封发台只是县内辅助的邮件封发中心，各邮电局所出县进口邮件，仍由南京中心局经转分拣封发。1956年，县邮电局封发，增加宁内（南京市内）、宁转、上海、镇江等直封口。1984年，封发直封格口39个。

1990年，各局所的内地函件、包件均由南京局经转。国际和中国港、澳、台地区各类邮件进出口由江宁县邮电局封发。内地快件除宁高、宁汤（山）自办汽车邮路沿线8个局进出口由南京局封发外，其余各局所由县（东山）邮电局封发。1992年，全县进出口速递邮件由县邮电局速递公司封发。1994年4月，宁高线二次邮车运行，县邮电局（东山）函件和快件实行二次封发。1995年，南京邮件封发中心封发县内31个局所的邮件，江宁（东山）邮电局封发支局所的县内邮件。1998年，南京邮件封发中心对江宁县内31个局所的邮件进行封发，由一支局往返江宁（东山）邮政局的邮车，路经江宁（东山）—百家湖—岔路。江宁（东山）邮政局再对支局所封发。

2007年，增加一趟南京—高淳的特快专用邮车。区邮政局江宁镇、铜井、汤山、麒麟、文头、作厂、方山、秣陵、禄口邮件每日两次直接和南京邮车交接邮件，其中方山、秣陵、禄口的本埠邮件由南京邮车带回江宁交接，再由县邮政局分发，其他外埠邮件由南京邮车带到南京分管。

【城乡投递】

清光绪三十年（1904），县内信件由代办所兼投，但代办所只投集镇，很多农村信件靠集镇上的商店稍转或由个人到代办所自取。民国24年（1935），县政府迁到东山镇后东山邮局设城镇投递段。

1952年，农村邮路的乡邮员开始兼带投递邮路沿线的单位、学校信报。农村兼投递的邮路全长200千米。1954年，兼投的农村邮路23条，全长762千米。1958年，不兼乡邮改两次投递，一次专投省报，一次投外报和信函。当年农业社投递员改公社投递员，全县公社投递员109人。1962年，公社投递员撤销，调整和划定农村邮路和投递路线。是年年底，全县有农村邮路和投递路线38条，全长644.50千米。20世纪70年代，投递向生产队发展。1976年，全县5094个生产队中，当日投递的3943个，隔日投递的648个，捎转的503个，农村地区的给据邮件亲投率达80%。

中共十一届三中全会后，农村体制改革，农村投递向自然村发展。1985年，全县共有自办、委办投递人员86人，投递路线全长3415千米，全用自行车，基本是逐日班。是年，全县有机要投递路线4条，全长157千米，平均日行程149千米。为方便用户收取信报，东山镇要求用户在楼梯口自设信报箱，是年，东山地区共设有160余只信报箱。

1990年，全县农村投递路线2700千米，其中自行车班2607千米，摩托车投递路线93千米。1995年，全县共有自办乡邮40段1180千米，委办29段960千米。临时工10段337千米。1998年，全县共有投递段79条，其中县城投递段12条，农村投递段67条。从事投递的国营性质职工17人，委办性质投递员62人。是年，全县累计投递报纸1195.18万份、杂志41.13万份。

2000年，全县投递段84条，其中农村投递段72条，城区投递段12条，农村投递路线总长2590千米，全年累计投递邮件712.80万件。是年，全县有信报箱群54处、邮政信筒信箱144个、邮局用户信箱28个。2001年，全县农村投递段67条、城区15条，共82条投递段道。全年累计投递报纸1741.35万份、杂志38.76万份。2003年，农村投递段道67条，城区增到17条，农村投递里程长2390.90千米。2005年，全区投递段85条，其中城区24条，投递里程598千米，农村投递段61条，里程2391千米，妥投点9241个。是年，全区有信报箱群75处、邮政信筒信箱110个、用户信箱28个，信报箱格口3400个。2007年，城区投递段道71条，农村17条，妥投点9281个。是年，全区有信报箱群112处、信箱信筒110个、用户信箱70个、信报箱格口7794个。

图12-1-7　邮政投递点邮递员整装待发（1999年摄）

【邮政编码】

1978年，核定江宁县邮政局邮政编码是211100，前两位数21代表江苏省苏南邮区，千位数上的1代表邮件经转的南京中心局，百位数上的1代表江宁县（区），后两位数代表县（区）局投递的东山镇地区。其后，区内邮政编码随区划调整与新单位的入驻屡有调整。区内新增胜太路、百家湖邮政支局211106与天元路邮政支局211105两处邮政编码，后又增加入驻江宁院校、滨江开发区等单位邮政编码10处。至2007年，全区43个支局、代办处共用41个邮政编码。

2007年江宁区邮政编码情况表

表 12-1-5

支局代办处名称	邮政编码	支局代办处名称	邮政编码
东山支局	211100	岔路支局	211101
东郊支局		殷巷支局	211102
秣陵支局	211100	方山支局	211112
淳化支局	211122	青龙山代办处	211123
龙都支局	211126	汤山支局	211131
上峰支局	211134	麒麟支局	211135
东善桥支局	211153	三　合	211154
丹阳支局	211157	江宁镇支局	211161
谷里支局	211164	南京医科大学江宁校区	211166
金陵科技学院	211169	江苏海事职业技术学院	211170
南京交通职业技术学院	211188	中国药科大学江宁校区	211198
上坊支局	211103	百家湖支局	211105
天元路支局	211105	胜太支局	
禄口支局	211113	湖熟支局	211121
土桥支局	211124	周岗支局	211125
作　厂	211132	坟　头	211133
陶吴支局	211151	云台山	211153
横溪支局	211155	铜山支局	211156
铜井支局	211162	陆郎支局	211163
江苏经贸职业技术学院江宁校区	211167	南京工程学院	211168
南京晓庄学院方山校区	211171	中国传媒大学南广学院	211172

第九节　邮政设备

【日戳和夹钳】

1949年，全县有日戳30余把，周边多为点，上格为省名江苏，下格为局名，中文右左、上下排列。1955年，换用新戳，文字均上下、左右排列，江宁局后加括弧东山戳取消，分支机构前加“江宁”字样。1958年，各局所先后换用新型日戳，日戳周边为线形，使用简化字．左右排列，上框为江苏省名，下框为局名，分支机构前加“江宁”，后加括弧，“支”表示支局，“所”表示邮电所，“代”表示代办所，同一局所日戳分别编号，1号戳多为营业用戳。又启用方形“邮资已付戳”和“电报”专用日戳。

1986年1月10日，原戳停用，共收回120余把，改用邮政编码日戳，即戳上框用“江苏江宁”，下框为局所邮政编码的日戳，配发200余把。此后一直使用邮政编码日戳，至1996年，停用编码日戳，改用取消内框的地名日戳。

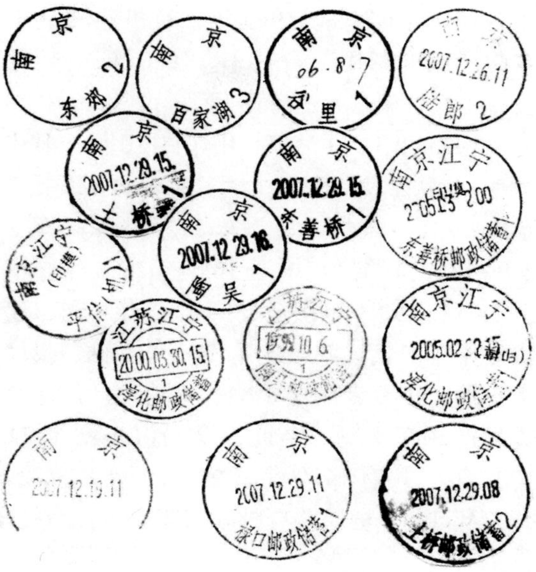

图 12-1-8 江宁邮政局部分日戳样戳

2002年，根据上级文件精神，取消邮资已付戳。2003年，江宁区邮政局更换日戳，全区局所除投递日戳外，均改用储墨式日戳，其形状和文字未变，只有邮政储蓄台用戳改为周边直径3厘米，中间时间不加框的大号日戳。2006年，全局再次更换日戳，戳面上方文字改成南京字样，下方为支局地名，更换后的日戳除投递用戳外，其他仍为储墨式日戳，但原每日更换时间字钉改为时间拨轮，其戳面大小形状未变，只是邮政营业台席用戳未采用时间拨轮，而是采用储墨式海绵时间字钉（每日更换海绵字钉）非拨轮日戳。2007年，仍沿用2006年的日戳形式。

【邮政工具与设备】

1949年，收寄信函用小戥子，称大件用杆秤（公斤秤），无其他工具和机械。1954年，陆续配备信函磅秤和包裹磅秤。1977年，分配邮票出售机3台，包裹收寄机1台。1986年，配改进的包裹收寄机1台。

1990年，县邮电局始用信函计费电子秤，各局所小戥子和杆秤全部停用。1991年，配发过戳机2台，报刊捆扎机1台，后过戳机因轧信停用。1995年年底，全县邮政计有经县计量局校验的磅秤70余台，电子计费磅秤21台，包裹收寄机2台。捆扎机1台，电子计算机11台。1998年，邮政主要设备有自动柜员机（ATM）1台、过戳机1台，捆扎机1台、计算机局域服务器1台、两个终端P150工作台、微机69台。

2000年，全局自动柜员机（ATM）增至2台，新增YXGP2B过戳机1台、邮资机1台，微机总数增至74台，还新增调入美国思科系统公司产的网络路由器18台。2004年，有邮政内部生产使用的微机15台，邮政营业窗口使用的微机43台，综合管理微机18台。自动柜员机（ATM）增至5台，另有网络路由器18台、网络交换机1台、邮资机2台、过戳机2台。2006年，从市邮政局调入自动取款机4台，自动柜员机（ATM）增至9台，局域网服务器增至2台，还有计算机65台、网络路由器18台。2007年，有邮资机3台、自动柜员机（ATM）增至23台、过戳机3台、交换机2台、计算机52台、网络交换机2台、网络路由器2台。

【邮运车辆】

1953年，江宁邮电局乡邮段始用自行车。1962年，省邮政局下拨旧摩托车1辆，又增加邮用自行车10余辆。1969年，有机器脚踏车3辆。1973年，邮政用自行车101辆，至此，全县乡邮段已全部用上自行车。1980年，全县共有红邮车2辆，摩托车4辆。至1985年年底，全县有邮车2辆，摩托车3辆。

1995年12月，邮政用车共10辆，其中邮运4辆，特快2辆，邮储1辆。又有两轮摩托3辆。至1999年，全局共有汽车11辆，摩托车2辆。2000年，全局汽车增至13辆。2003年，汽车增至18辆。2004年，全局邮运车有4辆、速递特快专用车5辆、邮政储蓄专用车4辆、投递专用车6辆、物流专用车1辆、其他生产用车2辆、非生产用车2辆，至此，全局汽车增至24辆。2005年，共有邮政汽车29辆，摩托车2辆。至2007年年底，全局共有邮政汽车43辆，摩托车2辆。

图 12-1-9　20世纪20年代使用的邮政汽车

第二章　电　信

民国8年（1919），汤山、秣陵两处为南京电报局代办电报业务。民国24年，县政府迁到东山镇后，东山镇建电信营业处，开通电报、长话和县、区电话业务。侵华日军侵占南京时，电信设施被毁。抗日战争胜利后，民国35年，设汤山电信营业处，恢复电报和长话业务，但乡镇电话仍是一片空白。1953年，江宁邮局和县电讯交换所合并，成立江宁邮电局。1970年，江宁县邮电局分为江宁县邮政局、江宁县电信局。1973年，两局合并为江宁县邮电局。1978年改革开放后，对滞后的电信设施进行技术改造。

20世纪90年代，江宁电信进入高速发展阶段，实现历史性跨越。1994年，全县电话实现程控自动交换，光缆数字传输。1995年年底，数据通信系统开通，进入数据公用网。1998年9月2日，江宁县邮政、电信再次分营，分别成立江宁县邮政局和江宁县电信局。2000年6月，成立江苏省电信公司南京电信分公司江宁电信局。2001年5月14日，成立江苏省电信公司南京分公司江宁区局。此后，江宁电信机构一直没有变化。至2006年年底，江宁电信的各项信息工程建设投资8630万元，建成接入网点115个，形成固定电话容量32.90万门，建成核心网络设备至南京骨干网出口带宽18G，非对称数字用户环路（ADSL）宽带端口7.14万个，江宁电信网络覆盖全区9个镇街，284个村（社区）。当年全区联通网络覆盖率98%以上，用户12万户。全区有移动服务网点200余个，网络覆盖率100%，在网用户60万户。

2007年12月底，全区电信分公司共有员工200余人，服务用户30余万户，年营业收入超过2亿元。中国移动江宁分公司有移动电话用户80万户，服务网点600多个。中国联通江宁分公司有用户14万户，服务网点400多个。

第一节 机 构

【电信营业处】

清光绪八年（1882），在南京城内建江宁电报局，县境内麒麟门设巡线房。民国8年（1919），南汤镇、秣陵关两处代办电报业务。民国17年，江宁县政府设置磁石式电话小交换机。民国24年5月18日，县政府自南京城内迁到东山镇，南京电信局在东山购地建房，设电信营业处，开办电报和长话业务。是年，县政府电讯交换所架通秣陵关、湖熟、江宁镇、陶吴、龙潭、板桥、翟山7个区的电话，进入南京电信局网。

抗日战争期间，江宁县地方电信设施毁于战火，东山电信营业处被侵华日军占用；汤山、秣陵电报代办处撤销。抗日战争胜利后，民国35年（1946），设汤山电信营业处，恢复电报和长话业务；县政府恢复电讯交换所，架通各区的电话单机。电报只供政府机关内部使用。民国38年（1949）4月，县地方电信设施再次毁于战火。

【省电信有限公司江宁分公司】

民国38年（1949）7月，县政府在建设科下设电讯交换所。1952年，南京电信局将县电讯交换所改为电信代办机构。是年，改东山邮局为江宁邮局，恢复电报长话业务。1953年，江宁邮局和县电讯交换所合并，成立江宁邮电局。1955年，称江宁县邮电局。1958年，全县各公社均设邮电机构。1970年，江宁县邮电局分为江宁县邮政局、江宁县电信局。1973年，两局合并为江宁县邮电局。

图 12-2-10 江苏省电信公司江宁分公司大楼（2006年摄）

1994年4月，县邮电局划归南京电信局领导。1998年9月，实行邮电机构分设，分别成立江宁县邮政局、江宁县电信局。是年，县电信局机构设四部一室，即综合办公室、市场经营部、设备维护部、计划财务部、人力资源部，有员工186人。1999年，江宁县电信局改制为江苏省电信公司江宁县电信局。2000年，撤销江苏省电信公司江宁县电信局，成立江苏省电信公司南京分公司江宁区局，仍保留四部一室。2001年，江苏省电信公司南京分公司江宁区局获1999—2000年度江苏省文明行业称号。2002年8月，江宁区局缩编为综合办公室、市场经营部、运行维护部二部一室，下辖12个班组、22个支局。是年11月，南京电信分公司江宁区局作为江苏省电信公司的组成部分，在美国、中国香港成功上市。2003年4月28日，更名为江苏省电信有限公司江宁区分公司。

2007年，全区共设11个电信分局，东山分局、开发区分局、科学园分局、秣陵分局、淳化分局、湖熟分局、谷里分局、汤山分局、滨江分局、禄口分局和横溪分局等。

【移动江宁分公司】

1998年，江苏移动有限责任公司江宁分公司从原江宁县邮电局分出，成为江宁地区最早提供移动电话网络服务的电信运营商。2003 年，中国移动江宁地区营业点有 23 个。至 2007 年，中国移动有限公司江宁分公司服务网点有 600 多个。

【联通江宁分公司】

2001 年 5 月 15 日，中国联通有限公司在南京设立分支机构，承担中国联通在南京地区的电信建设和业务发展。2003 年，中国联通江宁营业厅有 12 个。至 2007 年，中国联通有限公司江宁分公司服务网点有 400 多个。

第二节 电 报

【有线电报】

民国 8 年（1919），县境内有南汤镇（汤山）、秣陵关两处电报代办点。民国 24 年，南京电报局在东山开办电报业务。新中国成立前后，县内未开办电报业务，若发报要去南京，接报或由南京电信局派人专送，或交邮局转，时效较差。

1952 年 6 月，江宁县（东山镇）、湖熟为南京电信局代办电报业务。当年江宁（东山）、湖熟代办电报去报 200 份。1953 年，正式开办电报业务。1954 年，南京电信局拨入电键、音响机和转电线圈等，江宁始有电报机械，由此开通了南京至江宁的人工音响机电报电路。县内各局除汤山仍用长话电路传外，其余各局所接发电报使用县内农话电路话传由江宁局上机转发。当年县邮局计费发报 2600 份。1956 年，全县办理电报业务的有江宁（东山）、汤山、湖熟、江宁镇、禄口、陶吴、淳化、秣陵等 8 处。1958 年，各公社成立公社邮电局，先后有 25 处公社邮电局开办电报业务。是年，县邮局计费发报 5400 份。

1961 年，限自办的农村支局和邮电所有 14 处办理电报业务，电报服务点减少，电报业务下降，当年计费发报 1.39 万份。1963 年，可以办理电报业务的邮电代办所有 26 处，当年计费发报 9400 份。1967 年，全县办理电报业务的局所有 27 处。是年，南京局拨入 63-1G 电传机一部，并将南京至江宁改为电传电报电路。同时停南京至汤山长话话传，设汤山至东山县内电报话传电路，当年计费发报 1.16 万份。1973 年，全县计费发报 1.55 万份，接报因加飞机场气象电报，年达 8 万份。

1980 年，全县办理电报业务的局所 33 处，其中江宁（东山）、汤山开办夜间电报服务。电报电路共有 3 路，南京至江宁省内电传电路、东山至汤山县内农话话传电报电路、至土山机场气象台市内话传气象电报电路。是年，全县计费发报 3.31 万份，接报 10.80 万份，电报业务收入占邮电业务总收入的 5.20%。1985 年，全县办理电报业务的局所 34 处，当年全县计费电报 6.21 万份，全年电报业务收入占邮电业务总收入的 8.50%。是年 12 月，江宁电报电路进入省自动转报网，局名标识为 JSJI。1989 年，农村电话趋向普及，电报业务从新中国成立以来的高峰回落，当年计费发报 9.64 万份，接报 11.50 万份。

1990 年，全县计费发报 8.25 万份，接报 14 万份。当年国际及港澳发报 93 份，接报 203 份。1995 年，全县办理电报业务的局所 32 处，其中自办局 23 处，邮电代办所 9 处。是年，内地电报用户 1 户，电报挂号户发展到 155 户，礼仪电报全年发报 454 份，接报 237 份。据 1995 年 12 月电报质量数据统计，电报服务差错率为零，发报逾限为零，投递电报 3589 份，亲投率53.75%，一次投妥率99.92%，用户盖章率24.27%，投递逾限为零。检查省内电报全程时限128份，逾限2份，省际电报全程时限257份，逾限8份。1998年，全县计费电报1.23万份。

随着商品经济发展，电话自动化程度不断提高，先进的通信手段逐渐代替传统的电报业务。2000年，全县计费电报1.11万份，其中主要是内地公众电报，国际及中国港、澳地区公众电报仅有1份。2005年，内地公众电报250份，用户电报为零，国际电报出口业务量及中国港、澳、台地区发报业务量下降至零。

1952—2000年江宁县邮电局电报计费发报业务情况表

表12-2-6　　单位：万份

年份	计费发报	年份	计费发报	年份	计费发报	年份	计费发报
1952	0.02	1965	0.76	1978	2.71	1991	8.62
1953	0.02	1966	0.71	1979	2.88	1992	8.71
1954	0.26	1967	1.16	1980	3.31	1993	7.46
1955	0.17	1968	1.12	1981	3.95	1994	5.26
1956	0.14	1969	1.33	1982	4.22	1995	3.69
1957	0.11	1970	1.49	1983	4.95	1996	2.98
1958	0.54	1971	1.31	1984	4.72	1997	1.78
1959	0.84	1972	1.50	1985	6.21	1998	1.23
1960	1.49	1973	1.55	1986	6.19	1999	1.17
1961	1.39	1974	1.70	1987	8.56	2000	1.11
1962	1.19	1975	2.02	1988	10.75	合计	145.75
1963	0.94	1976	2.20	1989	9.64		
1964	0.90	1977	2.54	1990	8.25		

说明：2001—2007年，因管理体制变化，江宁区不再统计电报业务量

【无线电报】

民国24年（1935），江宁县政府电信交换所设无线电台和当时在镇江的江苏省政府通报，抗日战争时停开。民国35年，江宁县政府在县电信交换所内设5瓦无线电台，并和当时在镇江的省政府通报，不对民众开放，民国38年（1949）4月停开。

1965年8月21日，江宁县邮电局与镇江邮电局无线报路开通，使用X-D6型收发报机1台。该报路是备用电路，不收发电报，有效期从1965年6月5日至1969年6月4日。1968年4月28日，江宁县革命委员会会同县邮电局革命委员会封存收发报机和文件。1971年，又开通无线备用报路，配15瓦55A型收发报机2台。1977年9月26日，撤销电台执照，停止开机。1978年5月，3台无线收发报机同时废止。

第三节 固定电话

【市内电话】

民国 24 年（1935），县政府内设交换机，政府部门安装单机。1949 年新中国成立后，设电话小交换机。1953 年，县邮电局成立时，市话、长话、农话合设磁石交换机 1 部 40 门，有市话用户 29 户。全年市话月租费收入占邮电业务总收入的 3%。1957 年，东山镇用户电话按磁石式百门以下收取包月制月租费，每户年均 60 元。是年年底，有用户 61 户，其中免费 4 户。1961 年，改百门以下收取包月制月租费。至 1964 年年底，有用户 128 户，其中免费 18 户。1973 年年底，有用户 157 户，其中免费 18 户。

1980 年，使用准电子自动电话交换机，局号 26，号码 5 位数收自动电话局包月制月租费，户均年 154.63 元。根据市区发展，划定市话基本营业区，东起东新路、西至河定桥、南起竹山、北至机场，面积约 4 平方千米。年底用户 325 户，其中免费 26 户，年市话业务收入占邮电业务总收入的 7.40%。1985 年，江宁县东山市话进入南京市话大网，局号 62。是年年底，有市话用户 687 户，其中计费 641 户。按用户性质分，党政机关占 15%，事业单位占 35%，企业单位占 47%，其他占 3%。有小交换机 9 部，交换机 400 门，实装话机 217 部，还有 20 部话机，直接接入南京市话网。全县有杆路 54 杆千米，明线 90 对千米，开通 PCM 32 路编码机 2 套，出局线对增至 1355 对。1988 年 2 月，纵横交换机开通，号码升 6 位，电话用户装机申请不再受限，比上年增加 30%。

图 12-2-11　1970 年 9 月，江宁县电信局制成电话载波机

图 12-2-12　新中国成立初期江宁县电交所使用的十门小交换机

1990 年 2 月，程控制自动电话交换机开通，局号改为 28，检测接通率 79.60%。年末用户 1615 户，内有免费电话 77 部。市话出租专线 8 对，出租代维和其他收入 70 余万元。当年江宁至南京开通光缆中继电路。汤山进入江宁县市话网，开通市话载波中继电路 24 路。1991 年年底，全县有用户 2054 户，市话业话 1250.90 万次。市话业务含专线、出租代维等，占邮电计费业务总量的 25.32%。当年长市中继 128 路，至南京各市话分局 480 路。1996 年，全县电话业务发展迅猛，全年放装 25794 部，比 1995 年增长 42.20%。当年全县市话实现了 F-150 一个制式，市话交换机容量达 2.50 万门。

2000 年，市话交换机容量达到 5.10 万门，话机实装率 50%，市用电话用户放号 3.30 万部。当年全县市农话传输建成东片和东南片 2 个同步数字体系（SDH）环状网络。东片包括东山、县开发区、麒麟、汤山、上峰、淳化等地区；东南片包括东山、县开发区、禄口、秣陵、陶吴、东善桥等地区。2001年，新增电话用户34947户（含市话、农话，下同），完成来电显示话机4997部。当年在通信线路建设工程上，完成东山、开发区等重点线路工程16个，户线调网项目178项，架设电缆1554皮长千米，架设杆路436.65杆千米。2003年，全年完成电话放装2.30万部，市话净增1万户。净增交换容量3.50万门，总容量达25.30万门。是年12月6日，江宁境内固定电话号码与南京市同步，全部由7位升至8位，这增加了江宁地区可用固定电话的号码资源，江宁电信近20万电话用户全部成功升位。2005年，新增交换扩容4万线，新建管道160管程千米，杆路4.60杆千米，电缆532皮长千米，光缆388皮长千米。至是年年底，全区固定电话用户累计23.46万户，交换容量27.50万门，电信业务收入2.03亿元（含宽带业务收入）。

2007年，全区建成接入网点115个，形成固定电话容量32.90万门，固定电话用户25.75万户。

【农村电话】

1950年，县政府投资在湖熟、禄口、栖霞、江宁镇设交换点，各区安装电话，组成县到区的二级辐射电话网路。有磁石式小交换机约60门，中继电路4路，木杆70千米，铁线150余千米。1956年，各区设交换点，各乡通电话，组成县到区的一级辐射电话网路。1958年，人民公社成立，各公社设立交换点。1959年，大队基本通电话，并一度向生产队发展。当时全县有交换点21处，话机750部，已组成县到公社的二级辐射网络。

1962年，电话调整改制，保留湖熟、淳化、陶吴、秣陵、禄口、汤山、江宁镇等农话交换点7处，用户157户，其余均交集体经营。当时有杆路393杆千米，话机666部。当年农话业务收入5.60万元，占邮电业务总收入的21.20%。

公社不断投资、集资更新集体电话设备，社办邮电发展较快，但由于各公社经营方式不一，收费标准不一，人员待遇不一，存在着不同程度的混乱状况。因此，县政府决定，集体邮电自1979年起，由县邮电局统一管理，执行统一的规章制度。统管时，全县有集体邮电工作人员88人，交换点19处，交换机1030门，杆路1195杆千米，线路947对千米，电话单机879部，当年收入6.30万元，支出5.70万元，累计结余7.40万元。

1985年，全县农话用户400户，其中计费370户（内有个体户1户）。农话通话68万张，其中计费57.93万张。另有用户小交换机12部，共690门，装话机355部。当年农话的主要设备有交换机1320门（其中共电式60门），实占713门；单路载波机36端，3路载波机18端，环3路载波机4套。杆路289杆千米，明线564对千米，电缆57.60皮长千米。1986年1月，农村电话开始收取初装费，人工接续每部收取500元，行政事业单位减半，自动电话每部第一、第二年每年1000元，第三年1500元。行政事业单位减半，住宅电话免收，并规定原人工电话改自动电话初装费减半，三年的初装费可一次预收。当年农话平均每张通话费增至0.62元。至1988年，全县共有农话交换点9处，乡镇集体邮电代办交换点14处，村办、茶厂办交换点3处。

1991年，农话期末用户902户，其中计费846户。在总户数中有纵横自动电话610部，农话通话42.40万张次，其中计费40.22万张次。当年农话计费业务量占邮电计费业务总量的16.55%。当年农村电话有县乡直达电路113路。1995年，全县农话交换点共19处。年末用户8104户，其中计费7972户，全年通话量612.30万次，其中计费593.40万次。全年农话计费业务量占邮电计费业务总量16.21%。当年农话当地网至东山市话网路增至1380门。1994年后，全县一些乡镇的农话逐渐并入江宁市话网，当年岔路乡并入东山镇，全县上坊、方山、殷巷3个乡镇并入江宁市话网。1996年，全部淘汰原农村支局所使用的国产ZXJ-2000小交换机，引进日本富士通公司生产的F-150大程控交换机，农话实现F-150一个制式。当年农话交换机30892门。1997年，农话扩容20108门。1999年，农话扩容4539门。

2000年，农话交换机容量10万门。2003年，受投资和拆迁影响，农话增长速度下降，有的支局出现负增长。为此，江苏省电信有限公司江宁区分公司想方设法利用存量资源，挖掘内部潜力，共完成1.30万户的放装业务。2004—2007年，全区农话用户数量、农话收入统一纳入市话（统称为固定电话）范围，不另作单独统计。

【长途电话】

长途电话是指全县至外县、市的电话。民国24年（1935），南京电信局东山电信营业处开办长话业务。同时，县政府电讯交换所交换机进入长话网，其设在各区的话机亦可挂发长话。抗日战争期间，电话设备被毁，长话不通。民国35年，政府投资架设江宁至南京电话杆线，但电话不对外开放。

1952年，县电讯交换所为南京电信局代办长话业务。1953年，县电讯交换所并入县邮电局，办理长话业务的服务点有江宁（东山）、湖熟、栖霞3处，江宁至南京线路移交南京长途线务站，交换机与市话合用，无专用长话设备。是年，江宁县邮电局去话计费4000余张，收入占邮电业务总收入6%。1958年，各公社均设电话交换机，成立公社邮电局，办理长话业务的服务点增至24处。1964年，有27处邮电局、所可办理长话业务。是年，县内长话去话6.20万张，来话5.60万张。1973年，南京汤山直达长途电路停开。是年，长话去话7.89万张，长话来话7.02万张。1975年1月，江宁县开放中国港、澳地区长途电话业务，县内有长话电路8路。长话有3路载波机2端，磁石式交换机3部60门。

1980年，全县长话去话11.50万张，长话业务收入占邮电业务总收入的6%。是年，全县设共电式长途电话交换机2席。1985年，全县有35个局所办理长话业务。全年长话去话23.80万张，其中计费23.45万张，来话23万张。是年，长话平均单价0.53元。全年长话业务收入占邮电业务总收入的9.60%。全县共有长途电话电路37路。

1990年，江宁市话至南京中继电路开通，南京至江宁长话实用20路。是年，长话去话21.70万张，来话12万张，内地长话平均每张话费2.49元。1993年，全县16个乡镇实现长话直拨，内地长话去话257.68万张，来话197.31万张。1994年，江宁县邮电局撤长途台，全县进入南京市话大网，长话业务电路保留出租电路4路，人工长话通过南京电信局长途台接续。至1995年，全县办理长途电话业务的自办局所22处、代办所10处，市话公用电话162部、地方国有公用电话185部，可接受直拨长途电话的服务点遍布城乡。当年全县内地长话364万次，国际去话5.73万次，中国港、澳地区去话3.37万次。全年长话计费业务量占邮电计费业务量的34%。2001—2007年，由于全区已进入南京市话大网，长话业务量不再单独计算，一并归入市话业务量。

【便携式电话（小灵通）】

根据市场需求，2003年1月，江苏省电线有限公司江宁区分公司开始小灵通的建设；2月20日，江宁电信小灵通正式对外放号，实现了有线市话延伸服务。4月，完成江宁城区信号覆盖，是年年底，全区各镇小灵通相继开通。2004年，全区进行小灵通网络建设。7月10日前，完成城区网优基站站址勘察和所有镇（街道）基站站址的确定。10月完成建设，改善和带动小灵通的信号覆盖与销售。是年年底，全区新建小灵通基站700座，总数1050座。全年发展小灵通1.64万部，总数达2.80万部，全年累计完成小灵通收入1500万元。2005年，新建小灵通基站395台。2007年，无线小灵通在网用户8.40万户。

1949—1995年江宁县邮电局固定电话业务情况表

表12-2-7

年份	长话去话计费业务量（万张）	市话计费用户（户）	农话计费		年份	长话去话计费业务量（万张）	市话计费用户（户）	农话计费	
			用户数（户）	通话（万张）				用户数（户）	通话（万张）
1949	—	12	—	—	1973	7.78	139	202	28.28
1950	—	15	—	—	1974	9.37	158	195	29.33
1951	—	20	—	—	1975	9.74	173	207	29.98
1952	—	25	—	—	1976	8.68	183	211	33.65
1953	0.44	29	70	—	1977	9.31	197	216	35.83
1954	1.02	38	80	—	1978	10.50	240	248	41.52
1955	0.90	42	90	—	1979	10.54	271	245	43.63
1956	0.57	54	120	—	1980	11.32	299	267	46.74
1957	0.37	61	120	—	1981	12.04	342	276	47.16
1958	2.16	74	125	—	1982	13.26	381	302	51.58
1959	4.71	89	130	—	1983	14.98	444	326	55.10
1960	5.31	112	135	—	1984	16.93	536	350	55.44
1961	4.91	112	140	—	1985	23.45	641	370	57.93
1962	4.90	98	150	14.98	1986	17.01	721	408	56.19（万张次）
1963	4.64	113	138	22.60	1987	17.94	777	417	50.45（万张次）
1964	5.85	117	144	25.47	1988	18.87	1006	550	49.28（万张次）
1965	6.67	123	151	25.94	1989	16.61	1199	598	41.31（万张次）
1966	7.37	120	153	25.12	1990	21.52	1538	617	36.90（万张次）
1967	6.55	126	157	20.16	1991	44.34	1970	846	40.22（万张次）
1968	5.25	101	156	16.69	1992	91.58	2878	1358	77.18（万张次）
1969	5.98	111	155	18.12	1993	250.52	4583	2703	347.15（万张次）
1970	5.68	117	263	20.63	1994	408.57	7020	5264	597.48（万张次）
1971	5.56	114	176	22.50	1995	361.85（万次）	9911	7972	593.42（万张次）
1972	7.53	127	193	24.24					

1996—2000年江宁县邮电局固定电话业务情况表

表 12-2-8

年 份	长话业务量			县内电话业务量		
	内地长途电话（万次）	国际长话（万次）	中国港澳台长话（万次）	县内计次制平均户（万户）	县内计次制电话通知量（万次）	全县电话机总数（部）
1996	469.26	7.07	6.48	1.25	12362.59	37940
1997	616.57	4.04	14.97	1.43	12973.32	57264
1998	683.67	7.71	12.18	1.84	13793.00	77259
1999	761.53	9.64	14.88	2.27	5173.26	116173
2000	1017.90	10.34	15.45	4.68	6750.79	166831
合 计	3548.93	38.80	63.96	11.47	51052.96	457467

说明：2001—2007年，因管理体制变化，江宁区不再统计固定电话业务量

第四节 移动通信

【无线寻呼】

1993年4月18日，江宁县邮电局投资22万元，于江宁县（东山镇）建成无线寻呼基站，开通至南京126、127载波中继电路4路，设无线寻呼发射机和操作终端机各2台。无线寻呼业务先由县邮电通信发展公司兼营，后成立县移动通信公司。至是年年底，有无线寻呼计费用户699户。

1994年，无线寻呼并入南京无线寻呼网，寻呼操作终端机停用，有至南京载波电路4路。是年年底，共有用户1239户，其中计费1194户。平均每户收费222元。寻呼机用户中列单位名称的占23%，其余均为个人列名。

1995年，新增汤山、湖熟基站，共有发射机7台（其中备用2台），开通128、129台至南京的光纤数字传输中继电路2路，126、127台4路中继电路同时改为光纤数字传输。无线寻呼年末用户1757户，其中计费1688户，128、129台用户22户中，有中文机19部，数字机3部。全年无线寻呼业务量占邮电业务总量的0.10%。

随着手机的普及，无线寻呼逐渐退出市场。1995年下半年开始，在手机等通讯工具的强大攻势下，无线寻呼逐渐退出通信市场的舞台，传呼用户数量不再增加。1996年，无线寻呼用户减少，传呼台数量也急剧减少。至2000年，无线寻呼淡出江宁人民的生活。

【移动电话】

移动江宁分公司业务 1993年8月，投资180万元于东山镇建移动通信基站，设天线发射铁塔一座，塔高76米，引进瑞典爱立信B网移动通信信道8个，接受移动通信用户。1994年6月，投资259万元（其中美元19.80万元），引进美国摩托罗拉A网移动通信信道18个，移动通信有至南京移动通信公司数字控制电路30路，进入南京网。

1995年，移动通信扩容，并向乡镇发展。于汤山、湖熟各建天线发射铁塔一座，塔高60米。增美国摩托罗拉A网信道62个、德国阿尔卡特G网信道48个、瑞典爱立信B网信道24个，美国摩托罗拉无线寻呼发射机3端、中国台湾地区赫力无线寻呼发射机2端，共投资500余万元。至是年年底，东山移动通信有移动通信信道132端，无线寻呼发射机5端；汤山基站有信道18端，寻呼发射机1端；湖熟基站有信道10端，寻呼发射机1端。占有至南京电路216路，至乡镇交换点电路90路（电路数包括在市话、乡镇电话中继电路中）。移动通信网基本覆盖全县，但在铜井、丹阳一带边远地区有盲点，不能收到无线信号。

1996—2004年，江宁移动经过8年的建设与发展，逐步形成覆盖广、质量高、品种多、服务好的综合通信网络，网号139、138、137、136、135已家喻户晓。“全球通”“神州行”“动感地带”（这三项业务均为中国移动公司推出的品牌服务项目）等成为主打品牌。

2004年年底，移动江宁分公司有营业网点23家，用户累计超过30万户。是年，完成网络投资2500万元，信道较2003年增加30%。2005年，在全区有自营厅9个、合作厅45个，各高校校园内遍布江宁移动设立的营运网点。是年，在网用户33万户，业务收入2.10亿元，其中，新增业务收入5400万元，占总收入的26%。

2006年，江宁分公司以“提升能力，加速赶超，实现历史性的新跨越”为目标，实施“三项竞争策略”（规模效益领先策略、服务业务创新策略、管理支撑提升策略），通信能力继续保持领先。2006年年底，全区有服务网点200余个，网络覆盖率100%。是年，在网用户60万户，业务收入5亿元，比2005年增长1倍多；2007年，有服务网点600家，移动电话用户80万户，市场占有率增加8%。集团客户业务总收入1000万元，集团用户6万户。有基站总数500余个，覆盖率99.90%。全年完成业务收入5亿多元。

联通江宁分公司业务 联通江宁分公司承担江宁地区网络通信工程建设、运行维护、经营发展和客户服务等工作。至2004年年底，移动用户达15万多户，其中码分多址（CDMA）网络用户3万多户。重点扩建、升级、优化码分多址（CDMA）第一阶段网络，建成基站100个，使码分多址（CDMA）网络信号覆盖全江宁。2004年，江宁营业厅荣获市青年文明号称号。2005年，联通江宁分公司围绕“加快发展、提升服务、强化管理、降本增效”的目标，开展“真心维系、用心挽留、安心联通、舒心使用”的服务，使业务保持稳定发展，并改善网络质量，进一步增强通信服务实力。是年年底，移动用户16万户。分公司营业厅和客户服务部分别创建为2005年省级和区级青年文明号的荣誉。2006年8月，联通江宁分公司在驻区高校开通4个高校基站，为学生提供网络信息保障。至是年年底，建成码分多址（CDMA）基站76个，G网基站94个，网络覆盖面98%以上。全区营业网点12家、用户12万户。是年，江宁联通主营业厅获省级青年文明号的称号。

图12-2-13　中国联通江宁分公司营业大厅（2006年摄）

2007 年，江宁联通根据全区行政区域划分，在各镇街设立分局，将业务发展和客户服务渗透到全区 78 个村和 141 个社区。至是年年底，共建成 G、C 网基站 252 个，其中，G 网 900M136 个、1800M41 个，C 网基站 75 个。全区传输线路 761 千米，其中，管线 300 千米，杆线 461 千米。全区联通用户 14 万户，服务网点 400 多个，网络覆盖率 100%。通过亲情化服务、精细化服务，提高客户对联通感知度和服务满意度。

第五节 数据通信

1994 年，江宁县开通机 1 端、24 个端口，市电信局调度于 11 月 30 日开通南京至江宁光缆数字分组交换 1 路，江宁端企业代码 H 0320121。至此，全县分组交换系统开通。1995 年，开通数字数据 DDNLP 40000 节点机 1 端、16 个端口、2 个盘。同时开通南京至江宁数字数据网电路 30 路。至此，全县数据通信系统开通。至是年年底，有分组交换（PAD）用户 6 户，月使用 100 分钟，5000 字段。电子信箱 3 户，月使用国内信息 158 字符，1000 余字段。数字数据交换（DDN）1 户，月使用国内 1700 分钟、960 字段。1996 年，数字数据交换（DDN）用户 1 户。至 2000 年，达 32 户。

2000 年，宽带网建设在县城和江宁经济技术开发区均具备接入功能，待以发展宽带用户。2001 年，全区发展宽带用户 63 个。至 2002 年年底，宽带用户总数增至 721 个。随社会信息化程度不断提高，广大用户宽带上网的需求也不断增加。2003 年，全区各镇都开通了非对称数字用户环路（ADSL）宽带接入、光纤宽带接入，为江宁百姓和企业提供了高速、畅通的信息通道。当年共增加宽带用户 2000 多户。2004 年，净增区内网交换容量 3252 线，总容量 25.90 万门，非对称数字用户环路（ADSL）、FTT-LAN 端口数净增 1.20 万个，总容量 1.50 万个。宽带净增 0.69 万户。是年，为提高宽带业务的覆盖面，还通过 1208 元包年及其他多层次的消费套餐锁定客户、引导客户和培育客户。宽带用户的含金量不断提升，宽带渗透率从 2003 年的 68% 增至 85.50%，宽带数达 333 条。2005 年年底，新增非对称数字用户环路（ADSL）3.70 万线，宽带用户 2.69 万户。是年，为提高宽带业务服务水平，将电话宽带安装平均时限缩短至 5 日内，宽带 24 小时修复率达 98% 以上，用户满意度得到提高。

2006—2007 年，区电信分公司实施以“村村通工程”为重点，建设优质、高效、便捷、丰富的信息网络，为全区农村信息化建设奠定基础。2006 年，建成核心网络设备至南京骨干网出口带宽 18G，非对称数字用户环路（ADSL）宽带端口 7.14 万个。是年，江宁电信与东山街道泉水社区合作，实现户户加入虚拟网，60% 农户安装宽带网的目标。全年开通宽带端口 256 个，发展宽带用户 70 多户。2007 年年初，江宁区局开始建设农村接入点机房，至是年 4 月底，全区实现宽带村村通。

江宁区志

第二册

南京市江宁区地方志编纂委员会　编

方志出版社

贳龙岘茶园采茶

横溪西瓜园

横溪东坑毛竹林 （2001 年摄）

横溪龙山生态园苗木

横溪盆栽花卉一品红 （2004 年摄）

横溪现代大棚种植枫叶盆景

东山剑南蔬菜生产基地

谷里高效农业园蔬菜防虫网

2000年，江苏省亚壹梅花鹿养殖场落户陶吴镇，并被省农林厅林业局授予江苏省梅花鹿种源繁育供应基地

南京卫岗乳业淳化养殖基地机械化挤奶 （2005年摄）

湖熟蛋鸭个体养殖 （2006 年摄）

淳化养殖示范基地养殖的青虾

湖熟珍珠养殖基地 （2005 年摄）

农民喜不胜收

水稻秸秆机械化还田

位于横溪街道的南京市工厂化育苗中心创新出育种—种苗—服务一体化科研推广模式，服务农民。中心已建成设施温室 3 万平方米，育苗涉及西甜瓜、甜玉米等多个品种，年育苗能力达 50000 万株

南京江宁经济技术开发区管委会办公楼

南京空港保税物流中心

南京江宁经济技术开发区远景

2007 年 9 月，南京江宁经济技术开发区被亚洲品牌盛典委员会（香港）评为中国十大最具竞争力开发区。9 月 9 日，举行颁奖典礼，开发区代表（左三）喜领奖牌

2007年8月26日，在德国总理默克尔与中国国务院总理温家宝共同出席的在北京举行的两国经济技术合作项目签字仪式上，南京江宁区与蒂森克虏伯（中国）投资有限公司签署协议，宣告德国蒂森克虏伯发动机关键零部件项目正式落户南京江宁经济技术开发区

2007年8月29日，西门子数控（南京）有限公司举行三期扩建项目竣工投产暨公司成立十周年庆典。德国总理默克尔、省长梁保华、中国驻德国大使马灿荣、副省长张卫国、省政府秘书长李小敏、中国北方工业集团党组书记兼常务副总裁张国清，市、区领导蒋宏坤、靳道强、刘捍东、柏鹏等出席庆典

2005 年 9 月 27 日，长安福特马自达发动机有限公司奠基仪式

长安福特马自达汽车公司生产线

位于南京江宁经济技术开发区内的长安福特马自达有限公司

苏源大厦

普莱克斯上海梅山实用气体有限公司

南京埃斯顿自动化股份公司

南京南瑞继保电气有限公司董事长、中国工程院院士沈国荣（左二）与科技人员在实验室

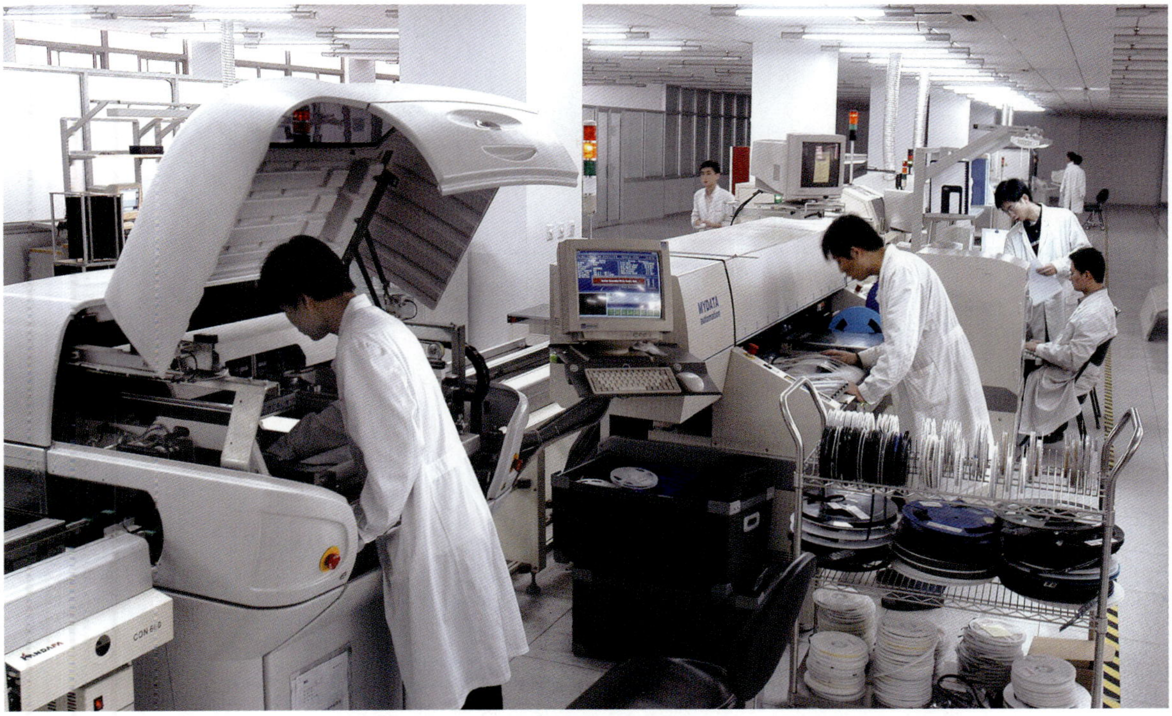

南京南瑞继保电气有限公司操作间

中电电气（南京）
光伏有限公司生产车间

华宝通讯南京
有限公司生产车间

南京博众光电工
程技术有限公司车间

南京江宁科学园远景

南京江宁科学园管委会

坐落在南京江宁科学园内世界500强企业：南京日立产机有限公司（左）、霍尼韦尔中国有限公司（右）

2006 年 6 月 12 日，南京市市长蒋宏坤（左）、市政协主席汪正生（右）为江宁滨江经济开发区升格为省级开发区揭牌

南京江宁滨江经济开发区门景

南京江宁滨江经济开发区管委会办公楼

胜太路商业街夜景

黄金海岸广场夜景

东山步行街夜景

百家湖 1912 街区一角

中国女人街

同曦步行街

金元宝大酒店

湖滨金陵饭店

义乌商品城

南京中驰汽车园奇瑞 4S 专卖店

金宝市场

东山第一农贸市场

方山风景区入口

方山定林寺大雄宝殿

汤山明文化村游客观光

蒋介石温泉别墅组照

南京锦尚金河露天温泉景观

汤山圣泉温泉夜景

汤山麒麟名人岛度假村
（2006年摄）

江宁陆郎雁南飞农业观光园

江宁陆郎六顺农艺生态园

目　录

第十三编　经济总览

第十四编 农 业

第十五编　工　业

第十六编　经济园区开发

第十七编 建筑业

第十八编　房地产业

第十九编 商业贸易

第二十编 商贸市场

第二十一编 服务业 旅游业

第二十二编 金融 保险

第二十三编 财政 税务

第二十四编　经济监督管理

CONTENTS

Part 13 Economic Overview

Part 14 Agriculture

Part 15 Industry

Part 16 Economic Park Exploration

Part 17 Construction Industry

Part 18 Real Estate Industry

Part 19 Commercial Trade

Part 20 Commercial Market

Part 21 Services and Tourism

Part 22 Finance and Insurance

Part 23 Finance and Taxation

Part 24 Economy Supervision and Administration

第十三编

经济总览

江宁自然条件优越，经济开发较早。早在四五千年前就有被称为“荆蛮族”的部落，在境内披荆斩棘、垦荒种植。至西汉时期，江宁县湖熟一带已是“阡陌纵横，鱼米甚丰”之地。史志记载的首推铸铜、铸铁、铸钱，其次是窑业、造船、纺织等。明初，集天下富户及良工精匠于上江两县地域。志又载：明洪武年间，上江两县新增320作坊，每坊10甲，每甲10户，约35000余户，其中多为能工巧匠。历经战乱，迭遭摧残，江宁历史上是南京产粮大户，但农业水平低下。民国35年（1946），全县粮食种植面积为77715.80公顷，粮食总产量13749万公斤，平均每人只有粮食315公斤。工业基础极其薄弱，以丝织、金箔业为主，1949年，全县仅剩私营天宝小煤矿1座，粮油加工及食品作坊20家，从业人员371人，个体手工业户1055家，从业人员1543人。全县工业总产值287.70万元，占工农业总产值的8.30%。

新中国成立后，经过土地改革、“一化三改”（逐步实现社会主义工业化，逐步实现对农业、手工业、资本主义工商业的社会主义改造）、农业合作化、完成“一五”计划，标志着社会主义基本经济制度的建立，江宁也开始进入社会主义传统计划经济时期。江宁经济发展虽屡经曲折，但总体上呈上升趋势。至1978年，国内生产总值（现价）19018万元。其中，第一产业9384万元，占49.34%；第二产业6781万元，占35.66%；第三产业2853万元，占15%。1979年起，农村和城镇先后实行经济体制改革，生产力进一步解放，经济活力不断增强，经济总量大幅增长，1992年邓小平南方谈话后，第二产业快速发展。产业结构得到优化，三次产业占国内生产总值的比重顺序，1985年，实现从“一三二”到“二一三”的历史转变；1997年，又实现从“二一三”到“二三一”的历史转变。经济发展多元化，1996年后，非公有制经济比例迅猛增加。2000年，完成工业总产值221.68亿元，占全区工业总产值的92%。2006年，外资企业的总产值、利润总额、税金总额和从业人员占全区的比重分别达到57.95%、47.97%、40%和48.71%。

2007年，全区实现地区生产总值339.53亿元，人均地区生产总值39050元，分别位列全省各县（市）第9位和第10位。财政收入实现111.14亿元，其中地方财政收入80.23亿元、地方一般预算收入45.08亿元，地方一般预算收入列全省各县（市）第6位。城镇固定资产投资215.50亿元，列全省各县（市）第2位。全年社会消费品零售总额91.02亿元，列全省各县（市）第11位。江宁开发园区（江宁经济技术开发区、江宁科学园和滨江开发区）完成工业产值（年销售收入1000万元以上的工业企业，下同）347.44亿元，占全区工业总产值的61.60%；实现工业利润31.79亿元，占全区工业利润总额的69.50%。

第一章　生产关系变革与社会主义改造

新中国成立前，江宁县农村土地大量被地主阶级占有，在封建半封建土地制度下，农民迫于生计，只能依靠定租、包租、分租、佃租等形式租种地主的土地。新中国成立后，1950 年下半年至 1951 年 9 月，江宁县开展土地改革运动，废除封建半封建土地制度，建立农民个体土地所有制。

随着中共过渡时期总路线的提出和经济建设有计划地进行，江宁县从 1953 年起，根据党中央有关方针政策，有步骤地全面开展“三大改造”运动。为防止两级分化和进一步帮助农民摆脱贫困，加快发展农业生产，县委领导全县人民大张旗鼓地开展农业合作化运动，创办农业生产互助组、初级农业生产合作社、高级农业生产合作社，实现对农业的社会主义改造。同时，认真贯彻中共一系列对手工业、私营工商业改造方针和政策，逐步将江宁个体手工业、私营工商业由资本主义私有制改造为基本上的社会主义公有制，顺利完成对私改造任务。通过对农业、手工业和资本主义工商业的社会主义改造，社会主义制度在江宁基本建立。

第一节　农村生产关系变革

【封建半封建土地所有制】

历代封建王朝的土地所有制形式主要是官田和民田。官田属于封建国家所有，民田属于封建地主和自耕农所有，江宁的封建土地所有制和全国各地一样。中华民国建立后，孙中山提出“耕者有其田”和“平均地权”的主张，但未能实行，仍然保持着封建半封建的土地所有制，地权分配极不平均。

官田　据宋《景定建康志》记载：“晋平吴之后，有司奏五公以国为家……当使城中有往来之处，近郊有刍藁之田，今可限之。……其官，第一品五十顷，每品减顷以为差，第九品十顷……而又得荫人为衣食客及佃客，量其官品以为差降。”南朝宋大明元年（457），对山泽立制五条，其中对官品“第一、第二品占山三顷，第三、第四品占山二顷五十亩，第五、第六品二顷，第七、第八品一顷五十亩，第九品一顷，皆依格条上赀簿。”这些土地以后成为官田，租给农民耕种，收取地租。沿至宋时官田增多。

据明史《食货志》载，土田之制凡二等：曰官田、曰民田。初，官田皆宋元时入官土地。境内自南宋以来就有不少官田，加上元世祖至元十三年（1276）占领江南后，没收宋室大臣的土地直接归官府掌握，因此官田陡增。〔至正〕《金陵新志》载：泰定元年（1324），上元县官田有 177731.43 亩，占官民田土地总数的 8.90%；江宁县官田有 182039.23 亩，占官民田土地总数的 18.28%。明朝官田面积极广，名目繁多，包括有还官田、没官田、断入官田、皇庄、牧马草场、园陵墓地、公占隙地、百官职田、边臣养廉田、军民商屯田等。据〔正德〕《江宁县志》载：江宁县官田有 216638 亩，占官民田土地总数的 35.72%，比元代江宁县的官田比例增加 17.44%。但自明嘉靖之后，由于官田税租加重，水旱灾害频繁，人口锐减，大量官田抛荒，官田制度日趋衰败。至清代中期，一部分官田转为民田，一部分向寺庙、祠堂及教堂、学校团体转让而成为公田，直至新中国成立前夕，全县有公田71080亩，占总耕地面积的6.60%。

民田 历代封建王朝，官田虽有一定数量，但民田仍占大多数。由于战争或天灾人祸等原因，自耕农、半自耕农有的丧失部分土地，有的完全丧失土地成为佃农或雇农。土地不断集中到地主、富农手中，这种情况周而复始。据宋《景定建康志》载，上元、江宁两县共有32357户，其中主户有22634户，占70%；客户9723户，占30%。所谓客户，是指没有土地的佃农。一般主户田及百顷，雇用佃客数十家，其间有用之牛而出己力者，也有用己之牛而事主户之田者，其收益分成只有少数，大多数佃客所剩无几，多被主户剥削而去。此情代代相沿。据民国36年（1947）江宁县土地使用查报表统计（系抗日战争前数字），全县有农户92344户，土地（耕地）110万亩，其中占总农户1.70%的地主1564户，占有土地22万亩，户均150.30亩；占总农户46.30%的自耕农42785户，有土地55万亩，户均12.80亩；占农户41.30%的半自耕农38112户，有土地33万亩，户均8.70亩。地主土地每户平均比自耕农多10.80倍，租入土地22万亩。

地租 地主富农主要靠出租土地剥削农民。1951年土地改革前统计，全县有出租田450545亩，其中地主出租田278953亩，富农出租田15294亩，工商业兼地主出租田15326亩，小土地出租田42020亩，公田出租田69458亩，其他出租田29494亩。纳租办法：一般为实物，也有少数以劳代租。在实物地租中，江宁县主要有包租、分租、佃租3种形式。收取租额较高，一般都占正产物的50%，高的达70%以上。地主耕地租给佃户，一般采取直租办法，主佃户之间当面确定。但也有少数地方采用转租办法，由承佃人先租地主耕地，然后再分割转租给佃户。这个承佃人称之为“二地主”。陶吴镇桃红村徐某，以每亩地租55公斤稻谷，租地主周聚恒20亩田，再以每亩112.50公斤的高额地租转手租给几户佃农耕种。各种租佃形式由凭证人担保，均需订立书面或口头契约。

减租 民国时期，国民政府曾宣传过减租减息，称体念佃农生活困苦之意。民国15年（1926）发出通告，规定业主得年收获量的50%的基础上再减去25%，即业主得35%，佃户得65%。当时只在一小部分区、县实行。抗日战争期间，中共江宁县委、县政府进行“二五”减租工作。民国31年，江宁县抗日民主政府首先在赤山区、秦淮区开展减租减息，后又扩大到青龙区、方山区、山西区等，并于民国34年制订减租减息实施办法，共7条16款。在减租方面，规定出租人的土地，不论公地（田）、佃租地（田）、伙种地（田），一律照原租减收25%为原则。原来对分租者，业主供给种子与牛力的改为四六分租，不供给种子与牛力的改为三七、六五分租。抗日战争胜利后，由于解放战争爆发，减租减息停止。民国38年（1949）4月24日江宁解放，县委、县政府制订江宁县减租实施办法。规定租额占年产量50%以上者，实行三七减租，不足50%者，实行二五减租。同年10月，县农民协会成立后，领导和发动群众开展减租斗争。

【农民个体土地所有制】

土地改革 土地改革是变封建半封建土地所有制为农民个体土地所有制的革命。江宁县土地改革从1950年下半年开始，经历准备阶段，典型试验阶段，全面推开阶段，检查、总结、发证阶段共四个阶段。至1951年9月底结束。

1950年6月30日，中央人民政府颁布《中华人民共和国土地改革法》。是年7月，成立江宁县土地改革委员会，广泛宣传土改法，轮训县、区干部，整顿农民协会，发动新民主主义青年团和民主妇联参加土地改革运动。是年8—11月，土改试点工作结束。12月上旬，土地改革运动在全县范围内推开，按照土改法规定进行土地登记。在划分阶级成分基础上，发动群众开大会、斗地主，声势浩大。在12月25日前，逮捕412名民愤极大的不法地主和恶霸，对1633名案犯分别判刑或交群众管制。同时，全县各地共召开965次斗争大会，有36.70万人参加。通过斗争，摧垮农村封建统治势力，保证土改的顺利进行。全县共没收、征收土地30300.27公顷，房屋15883间，耕畜7983头，农具72017件，家具36221件，粮食300.71万公斤。所有没收、征收的土地财产，合理地分给无地和缺乏生产资料的贫苦农民。全县共有79551户、369066人分得土地改革的胜利果实。其中，有57586户贫雇农分进土地22546.67公顷，有15306户中农也补进土地72633户，还有2784户地主亦留给土地1710.33公顷。1951年5月至9月底，农民陆续拿到新土地证。至此，全县土改工作胜利完成，废除了两千多年来的封建土地所有制，实现农民个体土地所有制。农业生产力获得解放，极大地调动了广大农民的生产积极性。是年，全县粮食总产量达15402.25万公斤，比1949年增加产量20.64%。

图13-1-1　1950年土地改革时期，江宁县郊区的控诉大会

互助合作　土地改革后，农业仍是以私有制为基础的个体经营，经不起天灾人祸，全县有121个村出现土地买卖现象。1951年，有681户、卖田107公顷；1952年，有2421户、卖田387.53公顷；1953年，有5100户、卖田714.40公顷。因此，土改一结束，江宁县引导农民走互助合作道路，防止农民所分到的土地及其他生产资料重新丧失。

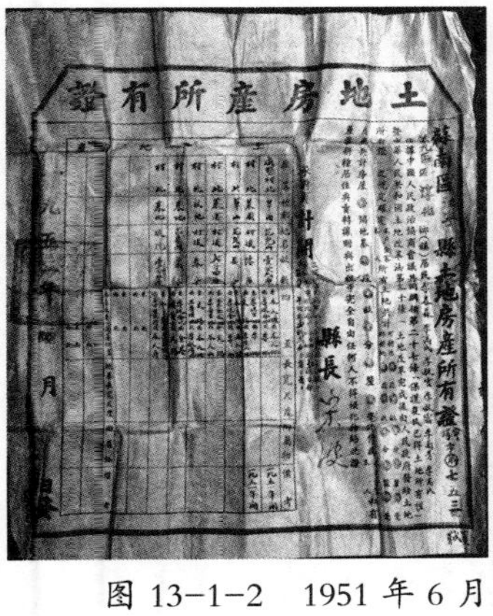

图13-1-2　1951年6月江宁县土地房产所有证

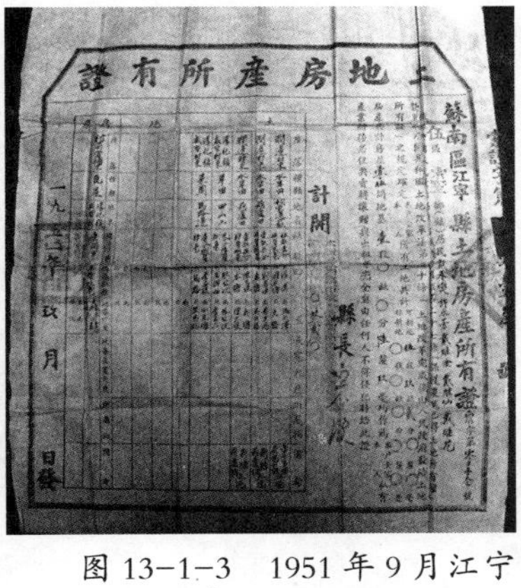

图13-1-3　1951年9月江宁县土地房产所有证

互助组。互助组用换工租借等形式，实行生产上的互助合作，而收获又归各农民自己所有，自己支配。1950年，东山农民自发办起3个各有8户参加的互助组。1951年，全县先后办起92个常年互助组、1791个临时互助组。1952—1953年，迅速发展到6957个互助组，其中常年互助组占23.30%，参加农户有56466户，占全县总户数的53.30%，每组平均8.10户。互助组保持农民土地所有制不变，在等价交换的基础上进行劳、畜力互助，促进了农业生产。1953年，全县粮食总产量达19000.45万公斤，比1951年又增长23.36%。

初级农业生产合作社。1953年4月，县委、县政府在常年互助组的基础上，试办江宁县第一个初级农业生产合作社——东山乡黄泥塘初级社。1954年3月，又办起20个县、区中心初级社。在贯彻中央《全国农业发展纲要（草案）》后，掀起了办合作社的热潮，至1955年年底，全县初级社已发展到2445个，入社农户达69126户，占总农户数的62.10%；入社耕地44331.27公顷，占耕地总面积的59.20%。初级社制订入股章程；在管理上实行折股归社，统一经营；在分配上，以社为单位统一核算，实行土四、劳六和投资分红、劳力分红相结合的方法，既承认土地等主要生产资料为农民私有，又体现“按劳分配、多劳多得”原则。

【劳动群众集体土地所有制】

高级农业生产合作社 1956年年初，随着农业合作化的开展，县、区、乡在初级社的基础上试办14个高级农业生产合作社后，发展迅猛。至是年年底，全县共办起高级社273个，入户农户112043户，占总农户数的99.20%。其中除占总农户62.10%的初级社转并入高级社外，另有占总农户的15.10%刚搭起架子的初级社和总农户的22%的单干户也一步跨入高级社。高级社下设10个～20个生产队，规模由初级社的二三十户增加到二三百户。高级社内的土地（包括分给社员的自留地、自留山、宅基地等）及其生产资料一律归集体所有；社员的大、中型农具全部折价作为投资，由社分期偿还。在生产管理上，实行统一经营，对生产队实行“三包一奖”（包工、包本、包产，超产奖励、减产赔偿）；在劳动方式上，以生产队为单位，划组作业。对社员采取定额管理，小段包工，评工记分；在分配上，以社为单位统一核算，取消土地分红，实行“按劳分配、多劳多得”原则。所有制形式，已由农民个体土地所有制转化为劳动群众集体土地所有制。在初级社升高级社过程中，领导者急于求成，工作粗糙，基本是一哄而上，一年完成，促使不少农民随大流，勉强入社，思想不通，有些政策规定长期得不到落实。

图13-1-4 1956年，江宁县东山高级农业社召开成立大会

人民公社 1958年8月，中共中央《关于在农村建立人民公社问题的决议》发表后，江宁县仅用一个月时间就把238个高级合作社合并成19个人民公社（后调为27个），下设生产大队和生产小队，实行“政社合一”、党政经三位一体的管理体制。集体土地所有制性质不变。随着公社化运动的发展，以高指标、瞎指挥、浮夸风和共产风为主要标志的“左”的错误在江宁县泛滥。自留地、山林果园、部分未入社的大中型农具和运输、加工工具全部收归公社所有。迅速实现所谓组织军事化、生产战斗化、生活集体化（即“三化”）。吃饭不要钱，全县共办公共食堂3466个，有99.40%的农户参加。人民公社使生产关系的变革超越生产力发展的水平，加之天灾人祸，导致农业生产水平迅速下降。1958年，全县粮食总产量19567.65

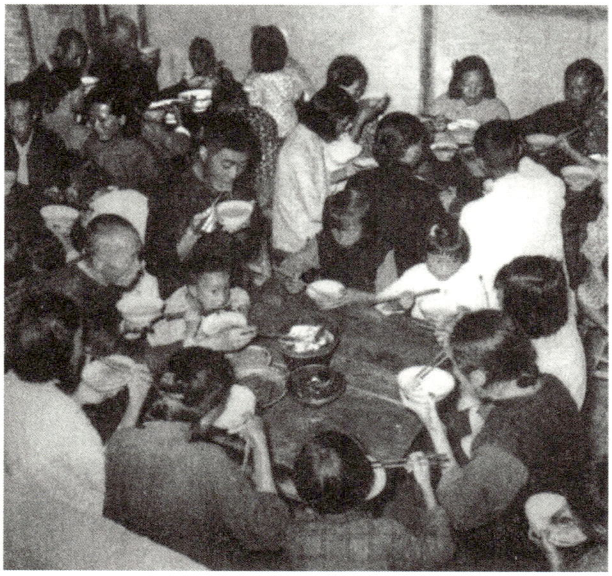

图13-1-5 江宁县长江人民公社食堂（1958年摄）

万公斤，比1955年少940.93万公斤；1959年下降到16132万公斤；1960年下降为15515.58万公斤；1961年只有14053.94万公斤。1959年虽然减产，但征购任务却比1958年多1249.50公斤。社员生活状况急剧恶化，粮食分配出现“空头”现象，不少农民连肚子都吃不饱。1960年春，浮肿病几乎蔓延全县，因饥饿死亡、外流等情况不断出现。从建立人民公社开始到1960年4月，全县劳动力从170158人减至136658人。1959—1960年，县贯彻执行三级（公社、生产大队、生产小队）所有的制度，以生产大队为经济核算单位，恢复高级社时期一些行之有效的办法，调动了广大社员的劳动积极性。1962年，贯彻中央《农村人民公社工作条例（修正草案）》（简称“六十条”），划小核算单位，江宁县全面实行以生产队为基本核算单位，土地所有权、经营权归生产队所有和使用，广大社员劳动积极性高涨。至1963年年底，全县粮食产量上升到26439.02万公斤，成为历史上产量最高的年份。1966年“文化大革命”开始，批判“工分挂帅”“物质刺激”，普遍推行“大寨式”的劳动管理制度，取消劳动定额。强调以粮为纲，把发展多种经营当做资本主义尾巴割。否定“按劳分配”的原则，实行平均主义、“大锅饭”。严重挫伤社员群众的生产积极性，阻碍农业发展。1982年12月，根据《中华人民共和国宪法》有关规定，重新建立乡镇人民政府作为政权的基层单位，江宁县成立3个直属镇和26个乡，大队和生产队相应改为村民委员会和村民小组。人民公社从此退出历史舞台。

图13-1-6 长江人民公社东方红拖拉机（1958年摄）

联产承包责任制 1979年2月召开的全县县、社、队三级干部大会上，根据中共十一届三中全会通过的《中共中央关于加快农业发展若干问题的决定》，县委明确把落实生产队的经营自主权、推行生产队责任制作为农村工作的中心任务。1980年年初，县委首先在湖熟公社和进大队进行生产责任制的试点。至1982年年底，全县实行联产承包责任制的有5637个生产队，占生产队总数的99.13%。1983年复种前，全县5686个生产队全部实行联产承包责任制（详见本编第二章第一节《农村经济体制改革》）。

第二节 私营工商业社会主义改造

江宁私营工商业行业复杂，人员众多，遍布城乡。其特点是户多、人多、规模小、资金少，且歇业、倒闭的甚多。新中国成立初期，县委、县政府通过银行贷款、加工订货、统购代销等措施，扶持私营工商业的发展，活跃了城乡经济。

随着“一五”计划的贯彻执行，国民经济中的计划管理日益加强，这就需要对私营企业的改造工作在五十年代初的整顿和进行初级改造的基础上向前推进一步，以适应国家工业化建设的需要。1954年8月中旬，根据中共中央《关于加强市场管理和改造私营商业指示》精神，县委成立对私改造办公室。首先对全县私营棉布商贩进行全行业的社会主义改造，后又分别对各种牙行和屠宰业进行整顿和改造。通过对私营商业实行经销、代销和控制商品批发，并定期编制进货计划，按照国家牌价销售，逐步纳入国家计划轨道。至9月中旬，全县82家私营棉布零售商户中，有31户转入农业生产，36户转为经销店，15户转入其他行业。至是年年底，全县酒业零售店和各种牙行也全部改造成经销店或土产服务组。

1955年年初，国营和集体商业发展后，一些私营零售商一时货源短缺，营业额下降。县委、县政府采取一系列措施，包括适当紧缩国营和合作社商业零售机构；相对扩大对私营零售商的批发业务，增加畅销货的供应；适当扩大批零差价和降低起批点；增加银行贷款等，帮助私营商业维持正常经营，克服因改组带来的暂时困难。同时，对514户私营商业、小商贩分别实行代购代销、经销或组织合作经营，使全县私营商业户第三季度的营业额比1952年同期增长57.70%。至是年年底，全县商业80%的批发业务基本上由国营和公私合营所取代，国营、合营商业零售额占市场零售额的比重由1952年的36.70%上升到75.80%以上。

1955年年底，在迅速发展的农业合作化推动下，全县掀起对私营工商业的社会主义改造高潮。1956年1月6日，县委成立由李锦荷、于文等9人组成的对资本主义工商业改造领导小组，领导开展“对资”改造运动。全县分别召开工会代表会议、工商界代表大会、手工业代表大会，大张旗鼓地开展党对资本主义工商业改造方针、政策的宣传。县、区两级共组织355人的工作队，深入到各集镇进行宣传发动，受教育人数2.30万人次。1月18日，全县对私改造运动迅速推向高潮。东山镇57户私营工商业集体申请公私合营获得批准，敲锣打鼓欢庆走上社会主义道路。湖熟、陶吴、营防等集镇私营工商户一面连夜聚会申请合营，一面突击装修店房门面迎接改造。在对私改造高潮中，私营工业企业转为地方国营的有东山轧花厂、建宁印刷厂以及板桥、陶吴、秣陵、湖熟、麒麟5家油米加工厂；转为公私合营的有陶吴、禄口、淳化、汤山4家碾米厂，以及秣陵酿酒厂、湖熟副食品厂、江宁义隆酱园；转为合作经营的有东山粮油加工厂。全县20家私营工业企业，除1家煤矿和1家砖瓦厂关闭外，全部转为地方国营或公私合营。1956年上半年，全县私营商业、饮食业、服务业等23个行业中，有154户私营商业转为公私合营，组成19家公私合营商店；有562户夫妻店和小商贩实行代销或过渡到供销合作社；有1011户夫妻店和小商贩实行合作化，组成合作商店和合作小组；有333户小商贩实行自主经销。

1956年8月开始，结合调整商业网点，全县对分散经营的流动小商贩（包括集镇）共1183户，除其中小部分已经加入合作商店外，其余的则分不同对象采取不同安排措施。即对分散经营的476名小商贩按自愿结合原则，帮助建立351个分散经营、自负盈亏、统一管理的合作小组；对集镇上的265名小商贩，则下迁到商业网点较少的农村；对维持经销、代销的小商贩，取消原规定6%～15%的分类固定手续费率，改为按批零差价计算手续费，以增加其收入。对没有国营批发机构的镇，以供销社中心店为主与税务机关、银行组成批发领导小组，对私商进行管理。同年9月起，又进一步放宽小商贩进货地点的限制，陆续对全县555户商贩发放全省通用购货证，对152户商贩发放临时购货证。同时，对关闭多时的自由市场也予以开放。至1956年年底，全县2609户私营商业通过各种形式的改造的有2219户，占总数的85.05%。其中公私合营154户，占6.94%；合作商店1053户，占47.54%；分散经营合作小组517户，占23.30%；经、代销店276户，占12.44%；过渡为供销社食堂219户，占9.87%。此外，私营运输业中除43户兽力车、板车业转入农业社外，其余全部批准为公私合营。全县市场商品零售额的公私比重发生根本变化，国营、合作社商业占96.80%。

在资本主义工商业改造高潮中，县委、县政府进行清产核资、作价入股工作。对实行公私合营的入股资金，按国家赎买政策，发给定息；对组织合作商店的入股资金，则按股金分红。对原企业的资方在职人员和资方代理人，根据中央政策，全部“包下来”，再根据“举才使用，适当照顾”的原则进行安排，有许多资方代理人都安排直接参加生产经营或企业管理工作。至

1957 年 9 月，县商业局接收国药（中药）、百货、棉布 3 个行业的领导管理工作，有公私合营店 10 家、合作商店 5 家、小商贩 12 家，从业人员 237 名，私营工商业者大都改造成为公私合营企业、合作商店、合作小组职工。以后，公私合营企业又上升为国营企业，合作商店、合作小组成为社会主义集体企业，从而进一步由国家资本主义经济转变到社会主义经济。

社会主义改造的胜利，使江宁社会经济结构发生根本变化，社会主义经济占绝对优势。但在资本主义工商业改造高潮中，全县仅在一两个月内便完成全行业公私合营，改造工作过快过粗、方法简单，使少数商业合营一度经营混乱，网点设置过于集中，给人民群众生产生活带来负面影响。但这场生产资料所有制的伟大变革，影响极为深远，不仅促进生产，而且提高人民生活。1956 年，全县实现工业总产值 1672 万元，比 1949 年增加 2.48 倍；社会商品零售额 2658 万元，比 1949 年增加 1.57 倍；职工年平均工资 457 元，是 1949 年的 1.72 倍。

第三节　手工业社会主义改造

新中国成立初期，江宁手工业主要有铁、木、竹、金银箔、缝纫、棉线、棉纺织、窑业、雨伞业等 48 种行业，从业人员 2105 人。但是，个体手工业生产规模狭小，资金短缺，设备简陋，技术落后，经营分散，劳动生产率低下。针对这种情况，在“三大改造”运动中，县委根据中共“统筹兼顾，全面安排，积极领导，稳步前进”的方针，坚持自愿互利的原则，通过说服教育，典型示范等方法，引导手业者走合作化道路。

国民经济恢复时期，县委、县政府认真贯彻中央、省、市有关发展手工业的指示精神，在努力恢复发展手工业生产的同时，积极引导个体手工业者走互助合作的道路。至 1952 年，全县共组织手工业生产小组 7 个，其中铁业 4 个，木业 2 个，竹业 1 个。1953 年，中共过渡时期总路线公布后，手工业的合作化运动由重点试办进入全面发展阶段。5 月，县委开始在板桥镇进行整组建社试点。以镇铁业生产小组为基础，吸收其他 4 家铁铺参加，于 9 月 19 日，经江苏省合作总社批准，正式成立板桥镇铁业生产合作社，成为全县第一个手工业生产合作社。

1954 年 5 月 7—9 日，县委主持召开全县第一次手工业代表会议。会议进一步明确手工业实行社会主义改造方针、政策，号召全县手工业者团结起来，走合作化道路，推动手工业互助合作运动的发展。至是年年底，全县共组织建立手工业生产合作社 5 个，生产加工小组 69 个，共有人员 553 人，占手工业总人数的 28.40%。

1955 年下半年至 1956 年年初，受农业合作化运动高速发展的影响，手工业社会主义改造迅速发展。1955 年年底，全县共组建供销生产合作社 2 个，手工业生产合作社 14 个，生产加工小组 93 个，参加互助合作组织的人数占手工业总人数的 68%。1956 年 1 月，在全县手工业代表大会上，县委确定 1956 年的工作计划，决定加快步伐，提前完成手工业的社会主义改造任务。会后，各乡镇手工业者纷纷申请建组、建社。至 1956 年年底，全县组建手工业合作社 44 个，社员 1647 人，生产小组 14 个，组员 139 人，共 1786 人，占应改造数的 94%。在组建合作社过程中，全县统一对社员的工具折价、社员资格确定及经营改组等方面作妥善处理，各手工业生产合作社响应县委号召，迅速掀起以提高产品质量，增加品种和产量为中心的竞赛运动，推动生产发展。

江宁手工业合作化过程中也存在片面追求速度，贪多求快，工作方法简单等问题，特别是在运动高潮时期，将个体手工业集中生产，有些行业的生产合作化规模过大，难以管理，许多服务性、修理性行业过于集中，造成群众生活不便。为保证手工业合作化运动向正常化、规范化方向发展，全县在合作化后，经过一次整顿调整，有844户农民兼手工业者并入农业社，原来划归手工业的酿酒和挂面、豆腐制作3个行业重新划入商业范围，一些纯手工业户划归供销社统一经营管理。铁、木、竹、缝纫、特种手工艺，分别成立专业生产合作社，实行统一经营，其他一般手工业按合作社、互助组形式从事集体生产。由于企业生产关系发生根本变化，解放了生产力，职工劳动热情空前高涨，劳动生产率得到很大提高。企业生产经营逐步纳入社会主义计划经济轨道，全县手工业获得迅速发展。1957年，全县手工业生产总值322万元，比1952年增长43%，在国民经济中发挥了积极作用。

第二章　经济体制改革

从1979年开始，江宁县在各乡镇推行定额包工、按劳计酬和包工到组两种责任制形式，同时进行联产计酬责任制的试点。1980年，开始推行家庭联产承包责任制。1983年夏种前，全县5686个生产队全部实行包产到户责任制，即家庭联产承包责任制。彻底改变延续30年的工分制模式。1984年后，进一步完善土地承包制度。1997年，完成农村土地二轮承包，延长承包期30年不变，给农民吃了一颗“定心丸”。20世纪90年代后，江宁县加快发展农业现代化进程，实施农业集约化经营，发展农业重点龙头企业，实施“产业化”升级战略。

江宁县工业企业改革从1985年起步，按照实行政企职责分开，所有权与经营权分离以及抓大放小的改革思路，工业企业改革历经由点到面、由单项推进到整体配套、由靠政策推动到实现制度创新的过程。2000年，围绕县委“彻底改、改彻底”的要求，对全县所有应改制工业企业进行一次全面梳理、分析，制定出一系列有利于推进企业改制的政策，同时对已改制企业做了全面验收及“回头看”工作。至2003年11月，全区应改制企业累计为1401家，完成改制1391家，改制率为99.29%。

江宁区商贸流通体制改革，至2007年，逐步实现由计划经济向市场经济的转变。商业、物资、供销、粮食等部门由计划经济时代下达指令性计划为主转为以指导性计划为主，以服务、指导行业经营并向市场经济过渡。通过拍卖、租赁、破产、实施股份制改造等形式，进行经营体制改革和产权制度改革。

第一节　农村经济体制改革

【家庭联产承包责任制】

联产承包责任制　1979年2月召开的全县县、社、队三级干部大会上，根据中共十一届三中全会通过的《中共中央关于加快农业发展若干问题的决定》，县委明确把落实生产队的经营自主权、推行生产责任制作为农村工作的中心任务。1980年年初，县委首先在湖熟公社和进大队进行生产责任制的试点。同年3月，又在东山公社赵册王生产队试办两个农业联产承包组。接着在全县范围内全面推行农、林、牧、副、渔、机（械）、财（务）、物（资）、干（部）和工（种）10个方面的责任制。是年9月，中共中央《关于进一步加快和完善农业生产责任制的几个问题》的文件传达贯彻后，思想进一步解放，各种形式的承包责任制发展迅速。至1981年4月底，全县推行各种形式责任制的有5031个生产队、1702家社队企业、315个林副队（场）。集体养猪、拖拉机等单项承包的已达50%。小宗经济作物、渔场、十边隙地和“鸡口田”已大部分承包，粮油棉大田作物已推行联产责任制的有730个生产队。1981年夏种，丹阳公社几十个生产队自发地搞包产到户责任制，经过半年的实践，干部群众更加思想解放。是年秋种前，全公社200多个生产队全部搞包产到户责任制。群众形象地概括这种责任制是“除了锅巴就是饭”“巷子里扛木头，直来直去不拐弯”。这种方法简便、利益直接的责任制在广大农民中产生巨大的吸引力。对此，县委明确表示，把生产责任制形式的决定权交给农民，只要群众愿意，有利于发展生产，无论哪一种形式都可以搞。随之，包产到户这种责任制，以燎原之势迅速遍及全县。至1982年年底，全县实行包产到户的已有5637个生产队，占生产队总数的99.13%。1983年夏种前，全县5686个生产队全部实行包产到户责任制，即家庭联产承包责任制。

图13-2-7 1982年江宁县养鸭专业户

实行家庭联产承包责任制，逐步形成农业经济的新框架，解放生产力，促进农业经济发展。1984年，农业总产值29389.40万元，比1980年增长42.50%；粮食产量53338万公斤，比1980年增长22.20%；油料总产量1679.50万公斤，比1980年增长84.80%。同时，结束把全部农民捆在土地上搞饭吃的历史，使农民获得独立生产者地位，解放大批劳动力转入乡镇工业和从事第三产业，农民真正开始走上富裕之路。据1985年统计，全县有10万多人从事乡镇工业生产，3.80万人参加林牧副渔生产，乡镇、行政村、自然村、社员个体和联户办各种企业达2159家。是年，农民人均纯收入512.20元，比全面推行承包责任制的1981年收入翻一番。

稳定完善土地承包制度 实行土地承包后，商品经济的不断发展，自然状况、经济状况的变化，以及外部环境的影响，使土地承包出现一些新情况、新矛盾。为此，1985年、1989年、1995年，先后3次进行全县性的土地承包统一调整工作。1985年春，坚持“大稳定、小调整”的原则，把原承包期3年延长为15年，并发土地承包使用证，促进农民向土地增加投资，实行集约经营。1989年4月，为解决原承包土地占地不均，负担不公的矛盾，在全县开展落实粮食合同定购任务，调整土地承包工作。全县调进土地的16110户、1789.07公顷，分别占承包户、承包总耕地的9.30%和3.50%；调出土地的有15210户、1713.60公顷，分别占8.70%和3.40%。粮食负担，全县被调减的有48199户，占总农户的27.80%，户均调减177.50公斤；被调增的有49341户，占总农户的28.40%，户均调增169.50公斤。1995年，解决土地承包中的“四无”（无力耕种、无田耕种、无心耕种、无偿耕种）问题，全县共解决12818户、2151公顷次。其中无力耕种的6181户，调出土地854公顷；解决无田耕种的4351户，调进土地599.07公顷；解决无心耕种的1141户，调出土地216.33公顷；解决无偿耕种的1145户，补办承包手续481.60公顷；解决全县抛荒和软抛荒耕地486.53公顷，减少土地资源的浪费。与此同时，从1996年开始，全县强化土地所有权、明确发包权、稳定承包权、搞活经营权，土地承包期延长“30年不变”。是年，全县共发放“南京市农村集体土地承包经营权证书”18.10万份，落实承包耕地4.65万公顷。

土地流转 江宁区土地流转始于20世纪80年代后期，全县在实行家庭联产承包责任制后，出现许多新情况、新问题。为解决问题，1985—1995年，组织3次动作较大的统一调整承包土地工作。1995年，在开展完善土地承包工作中，通过调查研究，首次提出建立土地承包流转机制，初步规定有关土地流转的程序、形式、手续，以及流转过程中的一些具体问题的处理办法。还规定，不管采用哪种形式都要签订承包土地转接包协议。是年，为1995年农户之间转包、接包土地不符合手续的1120户（共转包、接包土地216.40公顷）补办手续。各乡镇也依据县里提出的土地流转意见，制订当地的实施办法，促进承包土地有序地流转。

为推进土地承包经营权的流转，在稳定土地承包关系的基础上，按照“明确所有权、稳定承包权、搞活经营权”的要求，2000年4月，县委农村工作办公室制定下发《关于做好土地流转工作的意见》。全县通过转让、转包、反租倒包、租赁、入股、拍卖等形式，流转土地4000公顷，占全县总承包面积的9.20%，涉及农户10万多户。2002年3月22日，区委、区政府制订下发《关于江宁区农村承包土地使用权流转工作的意见》和《关于建设“绿色江宁”土地流转工作的指导性意见》，就土地流转中的具体问题提出处理意见。明确土地流转的原则、主要形式和具体要求，合理确定全区土地流转补偿标准，切实做好土地流转后的劳动力转移工作。同时建立土地承包台账，加强对土地流转的后续管理，让全区土地流转按照统一、规范的程序操作。至2002年年底，全区共流转承包面积14467公顷，占承包总面积的31.80%。2003年3月1日，正式实施《中华人民共和国土地承包法》，这是全国第一部对土地承包、流转、合同管理、纠纷仲裁等方面作出的规范法律。全区采取多种形式进行宣传贯彻。加强对土地流转的规范管理，制订统一规范的土地流转协议。对流转土地达33.33公顷以上的实行备案制。全年土地流转面积6547公顷，占总承包面积的15.70%。2004—2007年，全区以继续深入宣传贯彻落实《中华人民共和国土地承包法》和《国务院办公厅关于妥善解决当前农村土地承包纠纷的紧急通知》精神，进一步规范土地流转的操作程序及其内容，实行土地流转最低指导价，建立流转收益递增机制，规范土地流转合同文本和流转后的合同管理，形成较为规范有序的农村承包土地经营权流转机制。至2006年年底，全区农村承包土地流转经营权面积11467.20公顷，占总承包土地面积的30.30%。

【农业产业化经营】

农业产业化经营是农业经营体制的重大创新，是对统分结合双层经营体制的充实、完善和发展。江宁区采取“公司+基地+农户”等产业化经营模式，培育重点龙头企业25家，2007年，实现销售收入50亿元，带动农户8.20万户。同时，推进土地集约化经营，全区土地规模经营1公顷以上的有2060户。畜禽规模化养殖比重近70%。

农业集约化经营 20世纪90年代，江宁县在推进农业产业化进程中，积极探索农业适度规模经营。1992年，帮扶横溪乡石塘村创办规模上百亩的村办农场。1994年8月，在江宁镇邵庄和永安两个村搞农业适度规模经营的试点。1995年，增加谷里乡国庆和张溪行政村、江宁镇官山行政村、上峰乡庄里行政村等10个村农场，经营面积共29.73公顷；新发展种粮大户52户，承包土地99.73公顷；陶吴、上峰农科站兴办2个站办农场，经营面积15.13公顷。至是年年底，江宁县共有村办农场17个，种田大户216户，站办农场16个，共承包经营土地面积563.47公顷，为推进农业产业化打下基础。1996—2000年，加速全县产业化进程。通过种子产业化建设，使基地生产—加工—包装—销售服务一体化。建百亩以上农科站（村）办农场24个，面积213.33公顷，规模最大的为禄口农科站站办农场，面积51.53公顷。全县农科站站办农场共产粮230万公斤、繁育良种120万公斤、提供瓜果蔬菜种苗300万株、供水稻秧苗4万公顷次。通过建设以土桥为中心的优质米生产基地，带动全县扩粳（稻）工程，2000年，全县扩至2.80万公顷，比“八五”末增加近1.50倍。加强蔬菜产业化经营，形成横溪18.67公顷园艺场、上坊万亩叶菜调控基地、铜井千亩荠头、东善桥千亩香椿头基地、东山和殷巷10万平方米食用菌生产基地等。全县承包3.33公顷以上种植大户71户，1.33公顷以上养殖大户2091户。

至2007年，全区土地规模经营1公顷以上的有2060户，土地面积达1.27万公顷，占全区耕地面积的35.40%。其中，33.33公顷以上的大户71户，流转土地面积5013.33公顷。推进畜禽规模化养殖。全区市级以上规模大中型养殖厂（小区）122家，畜禽规模化养殖比重近70%，存栏数和规模化养殖率均列全市第一、全省前茅。

农业重点龙头企业 1995—2000年，在农业结构调整的过程中，采取政策激励、试验示范、增加收入等措施，建成一批产加销、贸工农一体化的农业龙头企业，牵引带动全县农副产品生产基地的发展。6年间，先后建成东山镇的南京牛羊食品公司、麒麟镇的康力鸽业有限公司、淳化镇的雨花茶有限公司、金箔集团的南山食品公司和金东海酱菜公司、铜山镇的南京铜山绿色农业公司、江宁镇的美宁草坪实业公司、横溪乡的南京绿桥农副产品有限公司、土桥镇的金陵优质米公司等20多家农业龙头企业。其中，经营规模较大的重点龙头企业6家。2000年，实现销售收入2亿元以上。与此同时，建成6.67公顷以上连片经济作物基地33个，66.67公顷以上连片经济作物种植基地12个。

图13-2-8 上坊镇特色农业——金陵乌嘴鸭（2000年摄）

进入21世纪，江宁区实施“产业化升级战略”。区委、区政府先后下发《关于加快农业产业化发展的实施意见》和《江宁区农业现代化规划（2001—2010年）》，明确水稻、油菜、蔬菜、茶果林、畜牧业、水产业、旅游农业、林业等八大主导产业。2001—2002年，共列入市现代化项目25个，总投资3855万元，争取市补助资金575万元。建成土桥万亩优质稻米基地、横溪万亩优质西瓜蔬菜基地、麒麟万亩蔬菜基地、丹阳万亩中药材基地、上坊万亩叶菜基地、周岗万亩水产基地、土桥万亩特种水产养殖基地、铜井万亩意杨种植基地、东善桥花卉苗木和淳化茶叶基地10个万亩生产基地，初步形成全区农业现代化的基本框架。2003年，大力推进产业化经营，着力培育土桥优质米、光明乳业、达丰羽绒、上坊新润食品等13家龙头企业，促进农业向区域化、规模化、市场化迈进。2004—2007年，江宁区通过强化服务壮大农业产业化龙头企业规模。不断争取最优惠政策扶持，使弘益油脂、顺达缫丝连续两年被列入市级农民直补试点单位，达丰羽绒、旺旺、光明等企业每年共获取100余万元的资金补助。积极向省、市推荐农业龙头企业。2007年，全区有市级重点龙头企业7家，省级龙头企业4家。积极鼓励、组织区内企业间开展横向联合。其中，王氏食品与金阳光集团通过合作，共同研发“酸奶伴侣”

新产品推向市场；宝隆制品与达丰羽绒实现资产重组；江宁棉麻利用超市帮助湖熟鸭业销售产品；新润食品与元润食品共同开发市场等。积极招商引资，以实现龙头企业投入主体多元化。至2007年，全区累计引进农业外资项目200个，实际利用外资5.15亿美元；累计引进农业内资项目84个，项目总投资20余亿元。25家区级农业产业化龙头企业总资本为20.87亿元。

把发展农产品加工作为推进高效农业规模化，实现农业跨越式发展的重要突破口。至2007年，全区规模以上农副产品加工企业117家、资产总计52.46亿元，分别占全区规模以上工业企业的23.20%和14.50%，从业人员2万多人，逐步形成农产品加工产业集群雏形。采取“公司+基地+农户”等产业化经营模式，培育了产品对接市场、市场拉动企业、企业带动农户的重点农业龙头企业25家。乳制品加工企业。南京卫岗、旺旺、光明、金阳光和山田5家乳制品企业的日加工能力超过800吨，全区奶牛饲养量占全省的1/8，成为全省奶业发展高地。食品饮料加工业。以旺旺、通用磨坊、白象食品、康师傅方便面和克莉丝汀食品等企业为龙头，形成食品加工产业集群；以娃哈哈软饮料有限公司、华润雪花啤酒、百事可乐和南京味事达等企业为龙头，形成了饮料加工产业集群。肉制品加工业。以元润、新润等企业为龙头，年加工生猪20余万头，加工肉鸭等禽类1000余万只。羽绒工业。以达丰羽绒、宝隆羽绒和太平洋畜产等企业为龙头，不断开拓国际市场，形成了羽绒制品出口生产基地，年创汇3000余万元。蚕茧生产加工业。以江宁顺达等企业为龙头，形成集养蚕、种桑、缫丝、捻丝及加工为一体化的生产基地。

2007年，全区25家龙头企业实现销售收入50亿元，实现利润4.60亿元；带动农户8.20万户，带动基地种植面积2.67万公顷；收购和销售当地农产品35.80万吨，带动农户增收2000多万元。25家龙头企业有18家企业投入技术改造和基地建设资金1.14亿元，龙头企业之间强强联合，开发新产品，拓宽新领域，为企业发展和农民增收添后劲。江苏顺艺丝绸有限责任公司在湖北英山投资300万元开办缫丝厂，在重庆设立重庆达驰丝绸有限公司；南京禾嘉牧业有限公司在北京、成都、山东建立分公司；南京王氏食品有限公司投资500万元，在内蒙古、哈尔滨等地建立豆奶加工厂和大豆生产基地。全区25家农业龙头企业中，有12家在外地拥有独资、合资企业或加工车间。产品向知名超市进军，25家龙头企业产品全部进入超市销售。其中，南京绿健米产品先后进入苏果超市、上海大润发超市、沃尔玛超市、时代超市等，年合同售销量近8000万公斤。南京新润食品有限公司通过麦德龙销售网络将产品销售到全国所有大中城市及越南等海外市场。向观光旅游延伸。南京川田乳品有限公司在淳化街道投资建设的蒙古风情园，获国家AA级景区认证，年参观人数超过100万人。奇水工贸建设的奇水园和南京亚壹鹿业生产车间，经市有关部门批准，成为南京休闲农业观光景点，定期向游客开放。

图13-2-9 周岗奇水园青虾养殖基地（2003年摄）

农民专业合作社 江宁区的农民专业合作社（协会）伴随着市场经济的发展、农业产业结构的调整，以及农业产业化的逐步形成而产生和发展。汤山镇养鸡业发展较快，并形成一批养鸡专业户。专业户对养鸡的饲养技术、防疫、信息、饲料供应，以及产品销售等方面的要求越来越高。1982 年 4 月，自发组建了县第一个养鸡专业协会。1983 年，禄口镇水产养殖大户自发成立水产养殖协会。1985 年，称为板鸭之乡的湖熟镇养鸭专业户组建养鸭专业合作社。这些较为成功的做法和经验，对全县农民专业合作经济组织的发展产生一定的影响。1990—1998 年，不仅原有的专业合作经济组织扩大了规模，而且新形成土桥稻米专业合作社、土桥水产专业协会、丹阳花茶协会、横溪瓜果协会、江宁奶业协会等一批专业合作经济组织。这些合作经济组织都制订章程、宗旨、原则、成员权利义务，以及内部组织机构等。2000 年，江宁区积极引导农民专业合作经济组织逐步向农民专业合作社过渡。专业合作社的构成分为 3 个层次，核心层是入股的股东，联系层是指有协议关系的社员，带动层是指辐射的周边农户。

2004 年，以横溪绿桥瓜果蔬菜专业合作社为示范，申报省级专业合作经济组织资格。全区建立专业合作社 18 家，有 13 家年生产能力达 1000 万元，6 家是具备“五有”（有制度、有场所、有服务、有渠道、有品牌）的农民合作经济组织。农民经纪人达 900 人。2005 年，全区专业合作社发展到 25 家，农民经纪人队伍扩大到 1500 人。2006 年，充分发挥 40 余家农民专业合作社及 1600 多名经纪人作用，让农民“抱团”闯市场。是年，横溪绿桥瓜果蔬菜专业合作社等 8 家营销额达 1000 万元，共有会员 1965 人，年销售额 25540 万元，带动增收农户 27780 户，年增收总额 2250 万元。区政府积极协调、出台政策，并通过资金扶持，增强专业合作社运输、加工、储藏等环节的服务能力。2006—2007 年，共为 10 家合作社提供 220 万元扶持资金，有力促进农民专业合作社的发展。江宁区农民专业合作社主要以“公司 + 合作社 + 基金 + 农户”的形式经营。合作社获得的利润一部分留在合作社内部，基本上用于购置固定资产并投股到每个股民；一部分分配给社员，大都以配送饲料、肥料、种苗等形式发放。2006 年，丹阳花茶合作社给社员农户发放茶种 20 万公斤、无菌系茶苗 40 万株，并免费为农户机修茶树。

2007 年 7 月 1 日，《中华人民共和国农民专业合作社法》正式实施，促进江宁区农民专业合作社蓬勃发展。至是年年底，共有农民专业合作社 48 家，成员总数 3321 人，带动非成员农户 45011 户。全年组织销售农产品总值 33784 万元，统购农业生产投入达 1153 万元，培训社员和农民 1654 人。拥有注册商标和通过农产品质量认证的专业合作社各 14 个。全区专业合作社有固定资产 9191 万元，全年实现收入 24221 万元，利润 4515 万元。利润提留公积金、公益金及风险金的专业合作社 19 个，可分配盈余按交易量（额）返还的专业合作社 10 个。至 2007 年，横溪瓜果蔬菜专业合作社、土桥稻米专业合作社成为省级示范专业合作经济组织；丹阳花茶合作社和湖熟奇水水产合作社成为市级“五有”合作经济组织。此外，全区还有村（社区）集体经济股份合作社 37 个，入股农户 4 万多户；土地股份合作社 18 个，参加农户 4000 多户；农民资金专业合作社 2 个，入社社员 370 户。

【农业社会化服务体系建设】

在全面实行家庭联产承包责任制后，县委、县政府对农业服务工作十分重视。1983 年春，要求各乡镇、队认真抓好机、牛、水和“一把锹”的服务，较好地解决一些队在实行家庭联产承包责任制过程中统的少、分的过多的倾向。1985 年，结合土地小调整，提出建立多层次多形式的农业服务体系。是年，建立各种形式的服务队 1202 个，其中常年服务队 157 个，季节性服务队 1045 个；服务组 4376 个，专业服务户 9702 户。服务项目也得到扩大，由过去的耕田、打水为主要服务内容，发展到耕田、排灌、催芽、植保、脱粒等多项服务。1986 年 5 月，县委、县政府下发《加强农业服务体系建设的意见》；次年 5 月，又下发《关于进一步加强农业服务体系建设的意见》，组织县、乡、村三级干部在全县开展农业服务体系的建设工作，还把这项工作列为各乡镇干部的考核内容。至1990年，全县已初步形成以县、乡有关职能部门为依托，以村级合作经济组织综合性服务为主体，以联户和农户服务为补充的多层次、多形式的农业服务网络。县、乡共建服务职能部门270个，拥有服务人员1795人。其中，县一级有农业技术推广中心、良种供应站、农业培训学校、农机推广站、抗旱排涝工程队、兽医防疫站等13个服务职能部门，拥有服务人员412人。乡一级有服务职能部门257个，拥有服务人员1383人。这些服务职能部门为农业生产提供试验示范、技术推广、良种供应、病虫害测报、技术培训、抗旱排涝、畜禽防治等产前、产中和产后服务。村级经济合作社共建各种服务组织224个，拥有各种服务人员13342人。另外，还有各类服务专业户1012户。有64个村基本实现产前、产中和产后服务系列化。1990年3月，县委、县政府在全县推行干部包服务、农户包任务的农业双向承包，以此推动农业服务体系的建设。

图13-2-10　1994年4月，江宁县水利农机局获得1993年度江苏省农机优质服务优胜单位称号

1991年，县农业系统在为农业生产服务方面实行“四统一分”，即统一机械耕作服务、统一农田排灌服务、统一机械植保服务、统一脱粒服务和分户生产作业经营。通过改革，全县耕作服务面积达4.23万公顷，占全县耕地面积90.60%；农田排灌面积达4.33万公顷，占93%；统一植保服务3万公顷，占64%；统一脱粒服务机械收割4.33万公顷，占93%。同时，加强农业科技服务体系建设，形成以县农技推广服务为中心、乡（镇）农技站为基础、村技术员为桥梁的农业技术服务网络。至2000年年底，全县23个乡（镇）农技站有农技干部129名，村级农技员330名，县、乡（镇）、村三级农技人员共有556名。行政村建立群众性农业服务组织395个，自然村设立科技示范户2295个，其中县命名的科技示范户100个。全县23个乡（镇）农技站有8个建成新型的“五有”农技服务站（有一支高素质管理队伍，有适应现代农业发展的服务设施和手段，有农业科技示范基地，有农业产业化经营公司，有与农户利益共同体的经营服务组织）。全区共推广转化高新技术132项，累计推广面积100万公顷次，建立农业高产示范工程方400个，改造中低产田0.53万公顷，建立良种基地433.33公顷，统一供种率达80%，其中杂交水稻、杂交油菜达100%，农作物良种覆盖率95%。农业科技进步份额占46%。

图13-2-11　1999年，铜山农机服务队跨区作业，“人民号”联合收割机整装待发

2006年，全区7个街道、2个镇都成立农业技术推广服务中心、街道兽医院，共有农技推广中心服务机构28个。其中，区级农技推广服务中心机构10个。农机服务组织11191个，农

机服务人员 12958 人。

2007 年，建立专业合作社 103 家，拥有会员 12000 多户，联系指导农户 4 万多户。专业合作社把游离于市场经济外分散的单家独户的自然经济单元组织起来，以科技服务为纽带，培育专业大户，促进农业产业化的发展，为农村科技社会化服务提供平台。还建有社会化农村专业技术协会 21 个、涉农专业协会 6 个。形成政府扶持、协会服务、农民受益的良好局面。积极开展农业科技示范工程，2005—2007 年，共创建各级农业科技示范基地（园区）19 个，其中省级农业科技园区 1 个，区级农业科技示范基地 18 个，科技示范面积 3000 公顷；新创建科技示范村 33 个。以此为依托，年引进推广农业新品种、新技术 50 多个，实施产学研合作项目 10 项以上，培训农民 1 万人次以上，已形成以“公司 + 基地 + 农户”“公司 + 农户”等新型公司化管理、企业化运行新模式。

江宁区初步建立覆盖区、街道、村（社区）三级农村综合信息服务体系。2005—2007 年，建成农村科普电子阅览室 23 家，建成信息化示范街道 2 家和信息化示范社区 12 家；通过整合农村信息资源，面向社区居民，制作并开通 23 家社区信息服务网点，把先进适用的技术信息推向农村。每年举办信息技术培训 50 多场，培训人员 3000 多人次，逐步建立由农业企业、种养大户、农技人员和村委会干部参加的农村信息员服务队伍。

【控减农民负担和农村税费改革】

控减农民负担 全区把控减农民负担作为维护农村稳定、促进农村经济发展的重要一环紧抓不放。1985 年起，在每年春季签订的合同中，应由农民合理负担的坚持定限政策，农民应依法缴纳农业税，向村合作经济组织上交集体提留（包括公积金、管理费）和提供“两工”（即劳动积累工、农村义务工）以及向乡镇上交经县政府批准的排灌费和代收的农业水费外，其他一切名目费用一律不准列入合同，各乡镇不得随意增加项目。明确规定合同之外的负担，农民有权拒付。每年开展 2 次 ~ 3 次合同内、合同外涉农负担收费检查工作。1993 年下半年，对照中央、省、市有关取消乱收费项目的一系列精神，全县组成联合调查小组，开展合同外涉农负担的调查清理，共取消 21 个不合理收费项目，取消和退回金额 97 万元。1991—1995 年，全县农民负担占上年农民人均收入的比例始终控制在 1% 左右，大大低于国务院规定 5% 的标准。劳动用工不超过规定的 25 个标准日。1995 年，全县订入合同的村提留共计 810.80 万元，人均负担 12.50 元，占 1994 年人均纯收入的 0.72%；落实劳动积累工和义务工共 635.28 万个工日，劳动力人均负担劳动用工 17.10 个工日。1996 年。县成立由农工部、监察局、法制局、物价局、财政局和计经委等部门参加的控减农民负担工作领导小组，加强检查监督，并将控减农民负担工作纳入对乡镇经济工作考核的内容之一。1996—2000 年，每年都出台一份农民负担管理规范性意见，对农民负担提取标准、收费项目、以资代劳款、收取办法、监督机制均作明确的规定。认真发放好农民负担监督卡，每年负担卡入户率都达 98% 以上。全县农民负担呈逐年下降的趋势。1996—1998 年控制在 1% 以内，1999 年只占上年人均纯收入的 0.85%，2000 年只有 0.78%，调动了广大农民种田积极性。

2001 年起，全区按照省、市规定，全面推行费改税工作，并且按照“减负、规范、稳定”的要求，严把审核关。严格执行农业税收政策。按常年平均每公顷 8700 公斤统一计税，一般农户每公顷承担 803.85 元。农民合同内负担由改革前的亩均 72.60 元降至 62.70 元，减少 9.90 元，减负率 13.60%。逐年减轻“两工”及以资代劳的农民负担。2002 年，限定筹集“两工”100 万个，以资代劳款 305 万元，分别比 2001 年下降 21% 和 45%。完善“一事一议”筹资办法，继续推行负担卡入户制度，年发放负担卡约16.80万份，入户率100%。2003年，负担卡落实负担3175.54万元。其中，农业税及其附加2986.87万元，"一事一议"筹资23.78万元，以资代劳款164.89万元。人均64.98元，比2002年人均69.73元减少4.75元。2004年，在全市率先实行"群众依法纳税，政府全额补助"政策，减轻农民负担2300万元，人均减负53.50元。2005年，全区全面取消农业税，实现"村村受益、户户减负"的目标。

2006—2007年，加强对控减农民负担的监督管理工作。开展对农业水费、电费及农民建房办证、身份证办理、殡葬和计划生育等收费项目的专项治理，严肃查处制造假冒伪劣农资、哄抬农资物价等坑农、害农问题。对基层落实各项支农惠民政策进行监督检查，坚决查处截留、挪用及克扣涉农补贴款问题。严格执行涉农收费公示制、报刊征订限额制和责任追究制，规范"一事一议"筹资、筹劳等各项收费的监督管理。

农村税费改革　2001年，全区全面贯彻党中央、国务院关于推进农村税费改革工作的方针政策，按照省、市的统一部署，以"减负、规范、稳定"为总体目标，在七个方面进行农村税费改革。按照"镇村为主、条块结合、上下联动、整体推进"的原则，取消镇统筹；取消农村教育集资等专门面向农民的行政事业性收费和政府性基金、集资；取消屠宰税；逐步取消统一规定的劳动积累工和农村义务工；调整农业税和农业特产税政策；改革村提留征收使用办法；实行公平负担政策。2001年4月13日，《南京市江宁区农村税费改革实施方案》出台，4月27日，经省、市税费改革领导小组批准实施。经过一年多的努力，改革取得阶段性成效。改革前（2001年），全区农民合同内实际负担4343万元，人均负担73.62元；合同外负担1320万元，人均负担22.38元。改革后（2002年），全区农民合同内实际负担2842万元，人均合同内负担51元，较改革前人均减负45元，减负率为47%；全区"两工"实际负担31万工日，较改革前减少520万工日，下降94%；以资代劳实际征收333万元，较改革前减少555万元，下降63%。农村税费改革后，农村税费制度基本规范。农民合同内对国家和集体只负担农业税收及"一事一议"筹资，初步理顺国家、集体和农民之间的利益分配关系。实行农业税收公示制度，推行定时定点集中征收和纳税大厅征收方式，推行农业税收助征员制度，推行农业税收"法律听证会"征管模式，规范了农业税征管秩序。

图13-2-12　2001年，江宁区举办农村税费改革培训班

2003年，继续深化农村税费改革，出台并实施《南京市江宁区农业特产税改征农业税实施方案》。农业特产税改征农业税，共为全区农民减轻负担近300万元；落实农业税先减后征，将223.80万元的社会减免于秋季征税前全部落实到户，然后再征农业税；实行村级的村组干部补贴与五保户供养经费、村级办公费及村报刊订阅费三项资金由区财政专户管理拨款。2004年，农业税征收办法改革，实行群众依法纳税，政府全额补助政策，减轻农民负担2300

万元，人均减负 53.50 元；实行粮食生产财政直补，直补资金 805 万元；继续实行村级三项资金由区财政专户管理政策，集中管理，直接支付到村，切实保障农村“五保户”供养和村级组织正常运转。此外，还全面调低农业税（含附加）税率，农村集体土地农业税率由 7% 调减为 4%，农业税附加由 1.40% 调减为 0.80%；国营场圃农业税率统一调减为 4%。是年，全区农业税税率调整实际降低农业税税额 1200 多万元。对因农业税税率下调影响镇级财力较大的镇，经区政府批准，实行专项转移支付补助，全年共补助 646 万元。2005 年，全区全面取消农业税，实现“村村受益，户户减负”的目标。实行粮食生产直接补贴，是年，全区实际兑付资金 794.55 万元，发放农户 11.24 万户，受益农民 40.40 万人，资金兑付率达 100%。全区还补贴购置水稻插秧机 50 台、收割机 11 台，补贴金额 57 万元。广大农民将上述举措称为“开天辟地头一回，种地免税得补贴”。

【农村集体资产管理体制改革】

改革开放以来，全区农村集体资产已形成相当的规模。但由于管理体制不顺，管理工作滞后，一些社队（企业）集体资产被随意改变权属或无偿占用；或出现被低价承包、变卖、折股等现象，造成集体资产的流失。全区在稳定农村基本政策和基本经营制度的基础上，加快农村集体资产管理体制改革。逐步实施社区集体经济股份制改造，把集体资产量化到人，构建起真正属于农民的经济组织，还农村经济本来面目，从根本上维护农民利益。

清产核资和化解债务 清产核资。1996 年 5 月，江宁县选择上峰、东善、谷里 3 个乡镇对农村集体资产进行全面清查登记、摸清家底、研究制订管好用活集体资产办法的试点。在试点的基础上，同年 7 月，全面开展农村集体资产的清产核资工作。县政府制定并下发《关于加强农村集体资产管理、搞好清产核资工作的意见》，明确规定清理的方法、步骤、目标和要求。10 月底，全县 23 个乡镇 7000 多个应清查资产的资产核实工作结束。据统计，全县农村共有集体资产 59.48 亿元，负债 39.87 亿元。其中，经营性资产 49.53 亿元，负债 35.56 亿元；非经营性资产 9.95 亿元，负债 4.31 亿元，资产负债率分别为 73% 和 67%。在清产核资的基础上进行产权界定、产权登记，核发产权证书。1998 年年初，对全县农村集体资源性资产进行全面清查、登记，并充分依据法律进行产权界定。据统计，全县属乡镇土地面积 3727.47 公顷，内有水面面积 745.60 公顷；村级土地面积 26619.13 公顷，内有水面面积 2784.33 公顷；组级土地面积 81287.80 公顷，内有水面面积 7167.80 公顷。通过清查发现，全县仍有 3626.27 公顷未开发利用的资源，其中村级有 1978.27 公顷，占 54.55%。

化解债务。至 2001 年年底，全区村级债务账面余额 3.96 亿元，村均 143.70 万元。2002 年，全区按照“区别情况、理清原因、分类处理、逐步化解”的基本要求，通过以账冲抵、回收债务、盘活资产、集体收入以及“两工”“一事一议”筹资和补助、减免、抵顶上交等方式，化解村级债务。同时采取切实措施，防止产生新的不良债务。2002 年年底，全区累计化解村级债务 1.62 亿元，化解率为 41%。其中涉农债务化解 2288 万元，化解率为 38.70%。

建立农村集体资产管理组织 1997 年 4 月，成立江宁县农村集体资产管理办公室。1998 年 6 月，县委转发农工部制定的《关于加强农村集体经济组织建设，成立乡镇集体资产经营有限公司的意见》，以指导各乡镇组建集体资产有限公司。至是年 10 月底，全县 23 个乡镇都依托企管站、农经站，严格按照《中华人民共和国公司法》，组建集体资产经营有限公司。将财政资金与集体资金、所有权与经营权、管理职能与运作职能区分开，确保集体资产保值增值。为加强乡镇企业改制回收资金的管理，2000 年 5 月，区政府下发《关于集体企业改制中有关集体资产处理问题的通知》，规定乡镇企业改制回收资金全部由乡镇农村集体资产管理办公室管理，开设专户、建立台账，实行由乡镇长一支笔审批，集体资产管理办公室统一扎口管理。

农村集体资产股份制改革 为寻求农村集体经济发展的新出路，促进农村集体经济的巩固与发展，增加农民收入，2004年，区委选择百家湖太平社区进行农村集体资产股份制改革试点。太平社区通过清产核资，确定经营性资产2413.50万元。其中，社区为2088.57万元，原19个生产队为321.91万元，按1000元一股折算，共折股24135股。股权设置3种股，即个人享受分红股，由股民持有，年终按股利分红到户，共有9402股，占总股份39%；集体公益福利股，由集体持有，参加分红，所得款项用于支付社区内“五保户”生活费、特困户与低保户补助、合作医保费、老年人生活补助及小区物管费补助等，共8000股，占总股份33.10%；集体经济发展股，由集体持有，参加分红，所得款项列为社区经济发展专项基金，用于社区集体经济扩大再生产，共有6733股，占总股份27.90%。全社区核准股民3077人，发放股权证书1260本。6月1日，召开太平股份经济合作社成立大会和第一次股东代表大会，通过《太平社区股份合作社章程》，选举产生董事会和监事会。是年年底，太平社区股民人均分红320元。农村集体资产通过股份合作制改革，既解决集体资产产权的设置问题，促进集体资产保值增值，又明晰原集体经济组织成员在集体资产中的受益，把集体资产量化到每个村民的头上，消除村民对自身利益的后顾之忧，增加农民收入，从而得到大多数村民的拥护。

图 13-2-13 2004年，中共南京市委副书记缪合林（左二）视察江宁区社区集体经济股份制改革

图 13-2-14 2005年，百家湖街道太平社区股份经济合作社召开第二次股东代表大会

在总结百家湖街道太平社区试点经验的基础上，2005年4月，区委、区政府颁发《南京市江宁区关于开展村（社区）集体经济股份制合作社试点工作的指导意见》，明确规定农村集体资产股份合作制改革的条件、方法和步骤。至2006年年底，全区有秣陵街道的太平社区、牛首社区、学府社区、湖滨社区和秦淮社区；东山街道的中前社区、章村社区、邵圣社区、龙西社区和骆村社区；禄口街道的群力社区等11个社区进行股份制改革，成立农村集体资产股份合作社，共量化集体经营性资产30179万元，折算股数301790股，享受股权人数30850人。是年，共分红1150万元，股民人均增加现金收入372元。

第二节　工业企业体制改革

【区属工业企业体制改革】

经营体制改革　厂长负责制及承包经营责任制。1979年前，县属工业管理体制基本上是“部门所有”、条块分割。生产、流通过程中，集中过多，统得过死。1980年，全县着手对各企业管理体制进行改革，对全民所有制企业推行百分制考核。在17家地方国营企业中，实行利改税。至1981年年底，“利改税”覆盖面85%以上。对集体企业实行定额计件考核制。1983年后，按照责、权、利相结合的原则，分别不同情况，逐步下放生产经营指挥权、资金使用权和部分人事权。实行厂长负责制以及“外包”（包括亏损包干、微利包干、超计划分成、增利全留等）、“内包”（包括超定额计件工资、利润分成、百分计奖、利润包干、浮动工资）等形式。1984年，制订《关于搞活经济的10项改革意见》。1985年，南京第三钢铁厂和南京新蕾化工公司实行厂长（经理）负责制。新蕾化工公司将车间改为14家分厂（队、站），层层下放自主权，独立核算，对外经营，形成一业为主、多种经营的经济实体，增强企业活力，工业产值由1981年的1277万元增至1985年的1804万元，增长41.27%。1988年，县属工业企业又实行“两包一挂”（包产值、包利税，工资总额和经济效益挂钩）的首轮承包责任制，促进企业自主经营，自我发展。1992年7月，国务院颁布《全民所有制工业企业转换经营机制条例》。同年，江宁县出台《关于加强转换企业经营机制的15条意见》。1993年，在总结前一阶段放权经营、放水养鱼（让利）的基础上，深化改革，探索转换机制新路子。经过深入调查，在16家重点骨干企业中筛选出14家，实行一厂多级法人、多实体、责权界定的总厂统筹下的二级法人分厂制。时花电器集团、金箔集团、三钢集团、新蕾化工集团和天宝水泥集团实行这一改革后，极大调动了企业内部的各种积极因素，取得明显效果。1992—1993年，三钢集团所属二级法人新兴开发公司，办起6家分公司，成为三钢集团的重要经济支柱之一。1994年，天宝水泥集团对其所属二级法人实行定额包干、承包经营制，仅半年时间，就多销水泥18.13万吨，比1993年增长24%，实现销售收入4540.46万元，同比增长11.66%。至1993年，全县工业企业全部实行经营承包责任制。企业由政府部门的附属物逐步向面向市场、自主经营、自负盈亏的法人实体和经营主体转变。

横向经济联合。20世纪80年代起，县属工业企业抓住当时城市区域划分、实行市管县的机遇，利用大城市、大工业、名优产品辐射的优势，大力组织横向经济联合。联营为两种模式：第一种与城市大厂联营，使之成为联营厂的有机组成部分，实行统一领导、统一计划、统一生产经营。实行这种模式的有：江宁县缝纫机厂（与南京国营长江机器制造厂联营，改建为该厂分属的长江电风扇厂）、南京东山动力机械厂（与南京汽车制造厂联营，易名为南京东山发动机厂）、江宁县丝厂（与南京中心源丝织厂联营）、南京乙炔气厂（与淮阴市天明化工厂联营）和江宁县轴承厂（与国营利民机械厂即613厂联营）5家企业。其中，长江电风扇厂于1985年4月改建完工投产。同年年底，生产出14英寸“蝙蝠牌”电风扇100847台，创产值1636万元，比生产缝纫机期间最高年产值的1982年增加3.30倍，实现利税371.15万元，经济效益跃居全县工业企业之首。同时，通过委托零部件加工等方式，带动县内23个县、乡镇工厂扭亏为盈。第二种是建立产销互惠合作，被联营厂接受联营厂的来料加工。实行这种模式的有：南京起重电机厂、江宁县第二化工厂、南京特种光源灯具厂、江宁县第三化工厂、南京江宁长江无线电标准件厂以及湖熟手工业社6家县属企业。至1985年，已先后与城市的130多家大中型企业，建立来料加工、零（部）件加工、配套产品生产以及联合销售、经销代销等多种形式的合作。1983—1984年，南京起重电机厂先后与南京第二压缩机厂、南京起重机械总厂、天津起重电机厂联产空气压缩机、电动葫芦、锥型电机等产品后，1984年，产值由1983年的136.40万元增至321万元，增加1.35倍。1986年，全县拉开与外资企业合作经营的序幕。至1990年，先后有3家企业与港台企业联营合作。县橡胶七厂与省工艺品进出口公司和港商联营的江南制鞋有限公司，发展出口硫化布鞋生产。南京服装十一厂与省外贸合营的南京华瀛时装厂，扩大出口服装生产规模。江宁县金箔厂与台商办的香港福捷实业公司以合作形式联营的长江纸业有限公司，专产湿纸毛巾，填补县工业产品的空白。此外，南京第三钢铁厂与省属南京钢铁厂建立钢材来料加工合作关系。南京第八毛纺厂并入长江电风扇厂，人员、厂房由电风扇厂统一安排使用，开发出新产品——吊扇和出口电扇，毛纺厂的债权债务也得到清理和补偿。

组建企业集团。企业集团是企业发展横向联合中形成的一种新型组织形式，是以某一企业为核心，以名、特、优、新产品为纽带，以利益均沾、风险共担为前提，由不同地区、不同部门、不同行业的相互之间具有经济技术联系的企业组成一种企业群体。参加企业群体的企业，不改变各自所有制性质和法律地位，相互之间既保持各自相对独立的商品生产者性质，同时在与集团外企业的竞争中，保持着一种利害一致的伙伴关系。根据县委、县政府的部署，区属工业企业用多种方式组建企业集团，扩大经济规模。1992—1998年，组建企业集团9家：南京三钢集团、时花电器集团、金箔集团、新蕾化工集团、天宝水泥集团、东方发展集团、双宁集团、利民集团和速顺达集团。

产权制度改革　江宁县属工业企业从1987年进行转换企业经营机制改革后，经过发展规模经济的过程，企业发展活力显现。1990年，国营工业现价总产值达4.83亿元，比1985年增加3.60倍。20世纪90年代初期，县属企业按照全民所有制工业企业法，有江宁县长江电风扇厂、金箔总厂、南京利民机械厂等企业开始试行股份制，发动职工持币入股，实行年终按股分红；在县乙炔气总厂进行有效大规模的股份合作制试点，股本金总额达2000多万元，成为全县股份合作制企业中规模最大的企业；一些企业仿效合资企业管理办法改革企业内部的人事管理、劳动用工管理制度，改革产品成本核算制度，推行浮动工资制等。1993年开始，引导和推动企业调整组织结构，组建企业集团，经论证、批准组建南京金箔集团、南京东方发展集团；进行企业兼并试点，由县上坊水泥厂兼并了县属集体企业湖熟塑料厂。1994年，围绕建立现代企业制度的目标，县属全民企业江宁县钢铁厂改组成有限责任公司；1995年，县属最大的全民企业青龙山水泥厂列为南京市现代企业制度的试点单位；同时对十分困难的全民所有制企业江宁县电机总厂实行并转，转入时花集团，充分发挥电机总厂存量资产的生产潜力。

图 13-2-15　南京金箔（集团）公司（1996年摄）

1996—2000年，全县大力推进企业产权制度改革，对重点骨干企业按“一厂一策”要求，分别采取分块搞活、剥离辅件、精干主体办法，加快改革改制步伐。实行规范的公司制度改革，对中小企业通过股份合作、拍卖、兼并等形式改制改组。允许经营者持大股，营销、技术、管理骨干多持股，实行产权多元化和股权结构合理化。严格按照《中华人民共和国公司法》规定，建立完善的公司法人实体和市场竞争主体。至1998年，县属工业企业完成产权制度改制企业

15家。其中股份有限公司1家、有限责任公司3家、股份合作企业2家、破产企业2家、兼并企业2家等。2001—2002年，区委、区政府两次召开全区企业改制大会，围绕区委“彻底改、改彻底”的要求，制定出一系列有利于改制企业的要求。区属工业加大力度，全面推进和深化企业产权制度改革，全区区属工业企业应改制企业27家，至2002年年底，完成改制企业27家，改制率为100%。其中，有限责任公司14家，股份合作制5家，联营1家，托管1家，破产6家。

通过推进和深化企业产权制度改革，产生一批有实力的民营企业，国有、集体资产基本退出。2002年，有规模企业12家。其中，建材企业1家：南京三龙水泥有限公司；冶金企业1家：长源（南京）铸造有限公司；机械企业4家：跃进汽车集团南京东山发动机厂、江苏时花电器进出口有限公司、南京起重电机总厂和南京利民机械制造有限责任公司；化工企业2家：南京长山化工公司、南京兰叶集团有限公司；轻工企业4家：南京金陵金箔有限责任公司、南京东方发展集团、江宁区顺达实业公司和南京大有服装有限公司。2001年，区属企业合计完成总产值（现价）207661万元，销售收入175999万元，利润总额3019万元，税金7938万元，从业人员12856人，固定资产净价85298万元，工业增加值51471万元。2002年，在有4家企业停产破产的情况下，仍完成工业总产值（现价）154274万元，销售收入158094万元，利润总额3911万元，税金总额7752万元，从业人员12028人，固定资产总值71874万元，工业增加值38158万元。

图13-2-16　2001年4月，江宁区计划经济委员会被评为南京市国有企业改革与脱困先进单位

同时，规范完善已改制的企业。2002年，先后解决原双宁集团改制后重组建的天龙水泥有限责任公司、原三钢集团改制后组建的云台炼铁厂等土地使用权的变更，置换了1000多名原国有企业职工的劳动关系。在建立改制企业现代企业制度上有突破，完善改制企业内部股东会、董事会、监事会，规范企业内部法人治理结构。积极引导督促改制企业按照产权清晰、权责明确、政企分开、管理科学的现代企业制度运行。全区区属重点骨干企业基本建立现代企业制度。

【乡镇工业企业体制改革】

经营体制改革　生产责任制。1979年5月，周岗公社社办企业实行定人员、定任务、定生产成本、定利润、定上缴利润和超产奖励的“五定一奖”责任制。全年产值达253.50万元，比计划增长19.80%；实现利润71.30万元，比计划增长23.40%。社队工业跃入全县先进行业。1980年3月，县人民政府在全县推广周岗公社和淳化公社采石场、江宁公社砖瓦厂、土桥公社五金厂实行“五定一奖”和“三定一奖”的经验。1982年，社队工业借鉴农业改革的经验，进一步完善“几定奖赔”责任制。是年，全县社队工业总产值第一次超过2亿元，达20343万元，比1981年增长17.40%。社队工业在农、副、工中的比重比1978年提高10%，达38.20%。

1983年，县政府制订《关于社队企业全面实行经营承包责任制的意见》，全县95%的社队企业实行了各种承包。铜井公社实行“四改”：改干部任命制为选聘制，改工人推荐制（即固定工制）为合同制，改工资固定制为浮动制，改企业利润金额上交为定额分成制。改革创新，打破过去干部能上不能下、工资能高不能低、职工能进不能出的旧传统，使干部职工增加工作（生产）动力，产品增强竞争力，企业增加活力。全县社队企业改变过去闭关自守、画地为牢的做法，闯关东、入云贵、跨雁门、过河西、赴鲁冀、进内蒙古，除台湾和西藏外，和全国所有省、市都建立了协作关系，组织计划外燃料和原料，保证生产的正常进行。1984 年，乡镇企业进行第三次改革。在全面实行经营承包责任制的基础上，企业内部进行配套改革。全县 95% 以上的企业推广改领导干部的委任制为选聘制，改工人的固定制为合同制，改固定工资制为浮动工资制（简称“一包三改”）的做法。是年，乡镇企业大踏步前进，总产值 33067 万元，比 1983 年增长 34.50%。与此同时，在中共中央《关于经济体制改革的决定》精神指引下，27 个乡镇完成工业领导体制改革，把过去单纯行政机构的工业办公室改建成管理、服务型的经济实体工业公司。1986—1990 年，全县 1885 个乡镇企业，90% 以上实行不同形式的经济承包责任制。主要形式有：资产经营制、厂长任期目标责任制、租赁经营、个人承包等。通过公开招标择定经营者。在抓好“外包”基础上，“内包”得到健全和完善。企业引入竞争机制，各项指标按纵向、横向分解，层层落实，实行计件工资制、定额工资制或联产计酬、联剩联本计酬等制度。1991—1995 年，全县乡镇企业根据建立社会主义市场经济的要求，本着分类指导、因厂制宜的原则，围绕如何建立现代企业制度、产权制度改革和健全企业积累机制、完善企业分配机制和强化企业约束机制进行积极大胆探索。抓大的，建企业集团；转中的，实行股份制改造；放小的，对小型、微利、亏损企业实行兼并、租赁、拍卖或风险抵押等，为后一步乡镇企业产权制度改革积累经验。

横向联合经营。1984 年，乡镇工业打破条块分割的旧框框、老体制，以城市为依托，利用自身的优势，开展广联多引：与大专院校、科研单位联合，引进人才和技术；与城市大企业联营，引进新项目、新工艺；与资源丰富地区联营，引进各种原材料；与港澳商联合，引进资金和信息；与有关地区、有关部门联合，引得生意和财源（即“五联五引”）。先后与 35 所大专院校、科研单位建立了挂钩联系；和 27 个部属、省、市企业实行联营，引进新技术、新项目、新产品 50 多项；与安徽、山东、福建、广西、甘肃等 10 多个省、市、县建立了协作关系，引进大批钢材、煤炭和木材。是年，增加产值 1500 万元、利润 160 万元。

1985 年，新建联合体 33 个，引进联营项目 49 个，引进资金 4452 万元，引进各类技术人才 600 多人。全年乡镇企业总产值 52854 万元，比 1984 年净增近 2 亿元，增长 59.80%，比 1980 年翻了近两番，占农、副、工三业总产值的 52.58%，为全县经济突破 10 亿元大关做出贡献。乡镇工业跃升为县工业经济的主体。实现利润 5328 万元，比 1984 年增长 48.60%；提供务工人员工资 6856 万元，比 1984 年增长 35.10%；安排农村剩余劳动力 108689 人，比 1984 年增长 18.90%；上缴税金 3516 万元，占县税收收入 74.40%，比 1984 年增长 45.30%。与此同时，新建一批重点骨干项目或企业：湖熟板鸭饲养加工“一条龙”生产线、“蝙蝠”电扇生产一条龙、横溪人造革厂（南京装饰材料厂）、南京特种气体公司、南京方便食品厂、南京针织地毯厂等。通过改革，全县 27 个乡镇都有工业，380 个行政村也都有工业。1985 年，行政村以下的联户办、户办工业企业有 541 家，年产值 1817 万元，吸收劳动力 5988 人，上缴税金 105 万元，农民直接得益 625 万元。1986—1990 年，乡镇企业横向联合有突破性发展。企业同外界的横向联合体共 200 多家，联合联营创造的产值和利润占总产值、总利润的 40% 左右。在发展横向联合中，坚持实行全方位联合，把目光投向全国各地，从先进地区引进技术、项目和产品，从发展地区寻找原材料和产品销售市场，先后与上海、北京、广州、郑州、沈阳等几十个大中城市、上千家单位建立经济协作关系。

1991—1995 年，根据县委、县政府的部署，在全县范围内以优势行业、名牌产品为龙头，以规模骨干企业为核心，以资产为纽带，用多种方式组建企业集团，扩大规模经济。按此要求和部署，至 1995 年，乡镇工业企业组建企业集团 10 家。其中省级企业集团 2 家，市级企业集团 6 家。

产权制度改革　江宁县乡镇工业企业转换经营机制改革起步较早，在“一包三改”中显示搞活经营的成效。但企业产权制度改革相对较迟，是在县属工业企业取得产权制度改革试点经验后，于1995年推行。1996—2000年，县乡镇工业工作重点是主攻乡镇企业产权制度改革，特别是1999年、2000年加大改制的领导力度，专门成立企业改制领导小组和工作办公室，制订加快企业改制的政策措施及检查验收办法，取得突破性进展。至2000年，全县1145家应改制乡镇企业，有1126家实施产权制度改革，改制面达98.34%。通过改制，较好地解决以往存在的产权不明、政企不分、企业活力不足、所有制结构单一、增长点不多、低水平投资、后劲不足等突出问题，充分调动投资者、经营者、劳动者的积极性，形成多种所有制经济共同发展的局面。在全县改制乡镇企业股本金总额中，镇村占13.20%、经营者占48.70%、经营层占18.10%、法人代表占9.80%、职工占10.20%，基本形成股权向经营者集中、经营者持大股的局面。

2001—2002年，全区乡镇企业围绕“三转一退一完善”（“三转”：即年销售额500万元以上非公司制企业向公司制企业转化，年销售额500万元以下的私营企业中的个人独资、合伙企业向公司制转化，面广量大的个私企业向私营或公司制转化；“一退”：即集体资本从企业退出；“一完善”：即完善企业法人代表治理结构和企业内部管理）进一步深化和完善企业改革。至2002年年底，全区有1841家企业完成不同形式的改制，占改制面的98%以上。其中，有限责任公司268家，股份合作制120家，个体私营企业1274家，三资企业152家，联营企业15家，破产企业12家。股本金总额5.80亿元，其中个人股金3.45亿元，占59.48%，外资股金9301万元，占16%。深化改革的一个显著特点是：不动产改制有所突破，有1.10亿元不动产被个人或民间资本购买。此外，企业内部配套改革进程加快，监督服务体系逐步建立，在已改制企业中，内部配套率达80%以上。

2003年，江宁区全面启动镇、村企业已改制企业不动产改革，成立由体改办、国土局、房产局、供电公司等9个部门组成的不动产改革办公室，分类指导全区177家企业完成土地、房产、电力设施等不动产改革，全区110家改制企业拍卖、出让不动产总额1.70亿元。

第三节　商贸流通体制改革

【国有商业体制改革】

经营体制改革　经济责任制。20世纪50年代，国营零售企业经营责任制为“拨货计价实物负责制”。实行营业组为单位，集体负责或营业员个人负责两种形式。1973—1976年，在400多个小组推行柜组核算，实行销售、利润、费用、资金、经营品种五定到柜。1979年，各公司、商店、商办工厂全面实行柜组和班组核算，考核结果与月奖相结合。1982年，在东山、湖熟、汤山3个镇饮食服务业及东山镇部分纯商业推行多种形式的经营责任制。1984年，县商业系统18家企业全面实行提浮工资制、超利润分成、计分计奖制等形式的经济责任制。

承包经营责任制。1987—1995年，县商业局所属企业先后实行三轮承包经营责任制。1987年9月，在县百货公司进行第一轮承包经营责任制试点。同年12月15日，县财政局、劳动局、商业局（为甲方）按照“包死基数、确保上交、超收全留、歉收自补”的原则，分别与县百货、纺织品、五交化、糖烟酒、医药公司5家批发企业（为乙方）签订了“两包一挂”（包上缴利税和企业自我改造、自我发展能力，实行工资总额与上缴利税挂钩浮动）的承包经营责任制和经理任期目标责任制，承包期4年（1987年1月1日至1990年12月31日）。零售企业（增加包服务质量，为“三包一挂”）、商办工厂共12家企业，承包期为3年（1988年11月至1990年12月31日）。1989年，县商业局按照“配套、完善、深化、发展”的要求，把改革的重点放在搞活企业内部的二次分配上，逐步完善对承包企业的考核管理，企业内部层层分解承包指标，初步形成一个纵向上下衔接、横向连锁互保体系。1990年，第一轮承包经营期结束。是年，县商业系统销售总额1.92亿元，实现利润258.44万元，分别比1987年增长69.70%和51.27%。1990年，县商业局、财政局贯彻《江宁县人民政府关于完善县属企业承包经营责任制的意见》，在商业企业第一轮承包经营责任制合同期满后，按照“稳定政策、兴利除弊、分类指导、多作贡献”的原则，继续延长承包期。县商业系统第二轮承包经营企业18家，承包指标利润和上缴利润，工资总额与经济效益挂钩，承包期2年（1991年1月1日至1992年12月31日）。1992年，第二轮承包期结束。是年全系统销售总额2.47亿元，实现利润308.31万元，分别比1990年增长28.65%和19.30%。与此同时，有计划、有步骤，积极稳妥地推行四放开（经营放开、分配放开、价格放开、用工放开）。按照政企职责分开，“放而有度，活而有序”“政府放权，企业严管”的要求，转换经营机制。企业实行在岗、试岗、待岗“三岗”制，做到人员能进能出，干部能上能下，工资能高能低。1993年，县商业局、财政局与商业系统17家全民所有制企业签订包国有资产保值增值、包上缴利润、包技术进步，工资总额同实现利税挂钩浮动的第三轮承包经营责任制，承包期为3年（1993年1月1日至1995年12月31日）。1995年，第三轮承包期结束。是年，全系统销售总额4.65亿元，实现利润324.11万元，分别比1992年增长88.26%和5.12%。是年，全系统17家企业2252名干部职工分别与所在企业签订无固定期、中期（5年）和短期（1年）“劳动合同书”。

抽资承包。1997年4月，县商业系统由点到面地推行以柜组为单位的抽资承包改革。抽资承包实行“五定”和“五不变”。五定：定经营范围、定岗位人员、定承包费、定库存商品资金、定承包年限（2年至3年）。实行承包人自筹资金，自主经营，自负盈亏，自主分配，按章纳税。五不变：即中标者按时足额交付承包费，企业门店、柜组性质不变，财务产权不变，承包人和组合上岗人员隶属关系不变，原档案工资级别不变，退休时各项待遇不变。1997年4月，在湖熟集体商业公司试点的基础上，在全县及时推广湖熟集体商业抽资承包经验，先后在秣陵商店、方兴商场、湖熟商店、县纺织品总公司、县百货总公司和江宁商场等企业进行抽资承包，抽资承包柜组205个，年承包费818.50万元。抽资承包改革直至2003年12月结束。

企业内部租赁经营。1986年，按照“三定五不变”（定经营范围、定资金、定租赁费；企业性质不变、隶属关系不变、职工身份不变、连续计算工龄不变、工调升级考核不变）办法，将县商业系统13个门点实行职工个人或集体租赁。1999年9月至2008年9月，汤山商店实行一轮、二轮、三轮租赁经营；2000年5月，县纺织品公司将设在国贸大厦一楼的11个零售柜组由1人整体租赁经营；是年11月，江宁商场34个柜组实行租赁经营；2001年1月至2006年4月，湖熟商店实施第一轮、第二轮租赁经营。

出租经营场地。2000年起，地处东山街道的新世界广场有限公司、新星食品有限公司、商业大厦、国贸大厦、食品总公司和江宁商场等企业，先后实施营业场地出租。2001年1月至2003年6月，新世界广场底层（使用面积1260平方米）租赁给南京联华超市有限公司开设联华超市，年租金30万元，每年递增1万元；2003年12月至2018年11月30日，新世界广场1层～4层（面积9000平方米）租赁给南京上元机电总公司，年租金150万元。2001年1月至2011年1月，新星食品公司将大街东路53号一楼门面房（面积310平方米），租赁给中国联通南京分公司，前5年租金11.63万元，后5年30万元。2001年9月20日至2016年9月19日，江宁商业大厦（面积9786平方米）租赁给上海世纪华联有限公司开设江宁世纪华联商业有限公司。第一年租金330万元，每3年按5%递增1次。2002年5月20日至2017年5月19日，江宁国贸大厦（面积9500平方米）租赁给江苏时代超市有限公司开设江宁时代超级市场购物中心。第一年租金210万元，每3年按4%递增1次。2007年9月20日，关门歇业。同年10月，江宁时代超市有限公司将经营场地转租给江苏五星电器有限公司。2003年4月30日至2008年4月29日，新星食品有限责任公司大街东路53号商用楼（面积1420平方米），租赁给南京小厨娘快餐有限公司经营餐饮业。年租金23.80万元。2004年10月1日至2012年9月30日，区食品总公司上元大街647号营业大楼（面积4096平方米），租赁给南京华陵发实业有限责任公司开设蒙地卡罗娱乐中心。租赁费第一年100万元，每年递增5万元。2005年7月1日至2015年6月30日，江宁商场上元大街707号营业楼1层～3层及后院简易仓库（面积5200平方米），租赁给南京上元机电有限公司。前5年年租金130万元，后5年年租金170万元。2006年1月17日，上元机电有限公司将经营场地转租给江苏鹏润国美电器有限公司。2006年6月1日至2014年5月31日，新星食品有限公司上元大街539号一楼（面积600平方米），租赁给江苏移动通讯南京分公司。年租金50万元。新星公司还将539号大院内生产综合楼一楼（面积700平方米），租赁给个体业主开设金东洗浴，年租金19万元。

产权制度改革 资产重组。1993年10月，县饮食服务公司兼并所属的理发、洗染、商店等6家集体企业。兼并时，所属集体企业在册职工17人，退休15人。1994年8月，南京扬子调味品厂并入江宁商场，注销扬子调味品厂企业法人资格。并入时，调味品厂固定资产原值106.02万元，在册职工46人，退休人员7人。1995年3月，县蔬菜副食品总公司所属岔路批发部、第三批发部、东山批发部分别划给纺织品总公司、医药总公司、方兴公司。划入时，岔路批发部移交资产59.27万元，在册职工29人；第三批发部移交资产28.72万元，经营性亏损30万元，在册职工15人，离退休人员2人；东山批发部移交资产166.10万元，债务113万元，在册职工18人，离退休人员5人。1996年4月，县饮食服务公司与江宁商场合并为一家法人企业，名称为江宁商业大厦。合并时，县饮食服务公司有职工115人，离退休人员46人。1998年2月，将县第二五交化公司、县五交化总公司合并为一家法人企业，名称为江宁县五金交电化工总公司。2006年，区金属回收有限公司出资50万元加盟南京宁南报废汽车拆解有限公司，于1月正式挂牌营业。是年，区食品总公司所属横溪站与陶吴站合并，龙都站、周岗站与湖熟站合并。顺利实施湖熟商业综合公司撤并及职工身份置换，账面总资产25.09万元，在册职工216人，离退休职工23人，全部划归湖熟商店。通过实施资产重组，实现优势互补，提高市场竞争力。

股份合作制。根据县经济体制改革委员会、县税务局、劳动局、工商局印发的《江宁县集体企业股份合作制实施细则》，1993年4月，县商业局在集体所有制的方兴商场进行股份合作制改革试点。方兴商场改制时，资产总额232.13万元，负债总额112.24万元，净资产119.89万元，在册职工88人。商场设企业集体股和个人股，集体股为5340股，个人股入股人数为87人，6910股。1994年7月，国营江宁县秣陵商店改为股份合作制企业。商店改制时，资产总额541.50万元，负债总额350.40万元，净资产191.10万元，在册职工61人，商店设国家股和个人股，国家股为3400股，个人股入股人数61人，1330股。1998年1月，国营江宁汤山商店改为股份合作制企业。商店改制时，资产总额1006.87万元，负债总额636.13万元，净资产370.74万元，在册职工183人。商店设国家股和个人股，国家股为14253股，个人股入股人数164人，7835股。

有限责任公司。1994年12月至2003年1月，区商业局所属国有企业的南京食品二厂、江宁医药总公司、江宁区食品总公司，成立南京新星食品有限责任公司、南京民信药房连锁有限责任公司、南京元润食品有限公司。南京新星食品有限责任公司由国营南京食品二厂控股，2名职工参股。股东合营期限3年（1994年12月28日至1997年12月27日），期满后延续。南京民信药房连锁有限责任公司由江宁医药总公司控股，医药总公司工会参股。公司合营期限20年（2002年5月24日至2022年5月23日）。南京元润食品有限责任公司由江宁区食品总公司控股，公司所属东山食品站参股，公司合营期限4年（2003年1月1日至2006年12月31日），期满后延续。

分流职工和置换职工身份 在转制过程中，随着租赁经营的发展以及东山旧城改造大量商业营用房拆除，区国有商业富余职工增多。按照区委、区政府流通企业改革及商业工作要求，拓宽职工分流渠道，采取终止合同、离岗休养等多种办法，稳步推进职工分流，有效化解职工安置、就业矛盾。2000年年底，区国有商业在册职工2089人，2002年年底减少到1814人。其中，在岗职工由2000年年底的1919人，减少到2002年年底的1440人。至2002年年底，国有商业部门累计终止短期劳动合同用工650人，辞退临时用工200多人。在册职工中共有688名职工离岗休养。2003年，100余名职工合同期满，置换身份，由企业人变成社会人，近300名职工办理离岗休养。是年年底，全系统在册职工已降至1500人，其中在岗职工仅666人，离岗休养职工累计达834人。

【国有物资体制改革】

经营机制改革 经济责任制。1983年，物资系统实行经济责任制度。企业上交的利润若比上年增长5%以上，县财政部门对企业实行奖励，将超出增长率5%以上的数额的70%奖励给个人。1984年1月，木材建材公司将经济责任制落实到每个职工，试行“评分计奖”办法，经济指标层层分解到组、站、厂和个人。是年8月，燃料公司煤基厂实行厂长承包责任制，包产量、质量、利润、安全，设超产奖、节约奖和综合奖。1985年，各物资供应站实行利润承包制，超额部分的15%奖励给个人。1986年4月，县物资局与所属7家企业签订1986年经济承包议定书，明确主管局与企业各自承担的经济责任。是年，全系统物资销售额6804.57万元，上缴利税107.67万元，职工人均年收入1183元，分别比1985年增长19.88%、23.47%和32.47%。

承包经营责任制。1987年起，县物资局先后对县金属材料厂、县建材公司、县燃料公司、县物资交易中心、县生产资料服务公司、县金属回收公司、县机电设备公司、县化工轻工公司实行经理任期目标负责制和承包经营责任制。一定4年不变（1987年1月1日至1990年12月31日）。各物资企业承包形式有上缴利税递增包干、滚动包干、基数包干3种。实行承包经营责任制后，经济效益明显提高。1987年，全系统销售总额首次突破亿元大关，比1986年增长141%。1991年，物资企业实施“两包一挂”（包上缴利润、包目标利润，工资总额同企业经济效益挂钩浮动）的第二轮承包经营责任制，承包期2年（1991年1月1日至1992年12月31日）。1993—1995年，继续实行承包经营责任制。1995年，全系统实现销售总额20873万元，在全市五县中仍保持经营规模第一的地位，有5家企业实现当年经营不亏损。同年12月，在物资系统内全面推行全员劳动合同制，1238名职工分别签订无固定期合同、中期劳动合同和短期劳动合同。对富余人员有计划、有步骤地进行优化劳动组合，妥善安置300多人。

产权制度改革 企业依法破产。1996年6月，县物资局依照法定程序向县法院提出申请，对长期亏损、资不抵债、扭亏无望、不能偿还到期债务的南京江宁县生产资料总公司、南京江宁物资贸易总公司、江宁县建材配套公司、南京江宁外贸企业物资公司、江宁县物资供应总站、江宁县物资开发公司、江宁县物资供销总公司和南京中山专用汽车厂8家国有独资企业实施破产还债。1996年9月12日，江宁县人民法院依法受理8家企业破产案。成立破产清算组负责8家企业的债权债务清算工作。1998年6月，经县法院裁定，8家企业依法破产，终结外债8500万元，470多名职工由物资局接受安置。到2000年年底，破产企业职工全部得到分流安置。

股份制改造。1996年10月至1997年12月，县物资局采取“大船搁浅、小船逃生、分块搞活”的办法，通过资产重组、人员双向选择，对所属金属材料总公司、物资大厦、新世界广场有限公司等10家国有一级法人企业进行股份制改造，将国有资产转化为国有股本。对自由组合股东在15人以上改制企业，物资局投入国有股30万元并提供经营场所；对参与改制的职工每人从企业工资节余基金中列支1000元作为配股，个人入股每人不少于5000元，经营者和高层管理人员不少于10000元，法人代表个人股不少于20000元。组建有限责任公司24家，股本总额1999万元。其中国有股933万元，法人代表股265万元，个人股793万元，分别占48.86%、13.31%和39.83%。有626名职工参与改制，占在册职工总数65%。

股份合作制。1997年2月至1998年12月，县物资局采取统一规划，分步实施的办法，先后对分布在乡镇的14家国有二级法人企业（物资站）实行先售后股式改制。按照政策要求和法定程序，向企业和职工出售净资产200余万元，有52名职工参与购买。同时，积极引导和组织破产企业职工、系统内部下岗职工建股份合作制经济实体，对自愿参加组建的下岗失业职工，物资局按每人5000元的标准给予配股。至1998年年底，共组建股份合作制企业32家。

国有控股企业转制。2000年，县物资局推进物资流通企业向民营化方向发展，制订《江宁县物资局国有控股企业深化改革实施细则》。是年4月，对1996年10月第一批改制的18家有限责任公司（国有控股企业）进行二次改制，一律实行以国有股全部退出为统一模式的有限责任公司民营化改造。在国有股退出上，采取设置基本股、增股、量化股、奖励股、配股和有偿转让的办法，使国有股一次从18家企业中全部退出。至2000年6月底，顺利完成有限责任公司二次改制任务，共退出国有股507.70万元。其中，量化、奖励部分269.38万元，有偿转让部分238.32万元，有251名职工进入民营企业行列。2001年4月至2002年7月，区物资系统18个国有控股企业和32家国有参股、股份合作制企业全部完成民营化改制，成为自主经营、自负盈亏的法人实体和市场竞争主体。全系统企业经济效益明显好转。2002年，全系统实现销售额15880万元，利润20万元，上缴税金142万元。职工总数由2000年638人减少为159人。其中因企业改制转到民营、私营企业的职工395人，终止、解除合同制职工55人。

【供销合作社体制改革】

基层供销社体制改革　20世纪50年代初，基层供销社建社时，发动农民入社投股集资。1958年后，供销社几经分合，所有制反复变更，股金付息分红不能兑现，增资扩股无人过问。1982年起，全县供销社恢复组织上的群众性、管理上的民主性和经营上的灵活性。是年，清股分红，全县股金分红兑现的有77957户，占老股户的95%以上，发放红利42124元。还开展扩股、增股工作，计有新股、老股157582户，占农户的97%，共有204193股，股金额40.84万元，占基层供销社流动资金的3.28%。1984年下半年，根据“入股自愿，退股自由”的原则，把过去一户不超过10股和单一的固定比例分红制度，改为不限入股时间、对象、地区、股额，并实行付息分红，年终兑现，中途退股，照章付息。1985年年底，全县27个基层供销社股金总额增加到254.14万元，占自有流动资金的15.38%，比1981年增加15倍多。此后，全系统社员股金逐年增加，1995年达到8079.21万元。

2000年，县供销合作总社系统原有的23个基层供销社都是根据乡镇行政区划设立的。自2000年12月江宁县撤县设区及乡镇区划调整后，基层社原有建制已不适应日趋显现的市场区域中心发展的客观需要。2002年，把全区23个基层社合并组成东山、禄口、陶吴、江宁、淳化、湖熟和汤山7个中心供销社。2003年，完成营业执照变更登记工作，取消各分社的法人代表资格，从法律上明确7个中心供销社的法人代表地位；完成财务的调整和归并工作；制订各中心社创建达标的标准。进一步提升基层供销社经营和服务能力。2006年，江宁、东山两个中心社获全国百强基层供销社称号。

直属企业改制 1998年开始，江宁供销总社以有限责任公司形式对直属企业进行改制。县总社以县社集团公司的名义出资入股，与改制企业形成股东关系，按出资额对公司承担有限责任。集团公司为有限责任公司控股方，按《中华人民共和国公司法》和公司章程委派董事会、监事会人选，公司职工持股会为参股方，按规定派员担任公司职务。至1990年年底，对原县总社再生资源公司、供销商厦总公司、农资公司、土产棉麻总公司和上元商场5家直属公司实施改制。坚持因企制宜，区别对待。再生资源公司、土产棉麻总公司和农资公司由于经济实力强，由县总社直接控股组建有限责任公司；对资产负债率高，但无形资产含量高的供销商厦公司，由县总社通过供销商厦控股或参股组建5家新的公司：江宁县工业品公司、江宁县家电交电总公司、江宁县土产棉麻总公司、江宁县再生资源总公司和江宁县果品食杂总公司。而企业竞争力不强的上元商场，参照基层供销社实行抽资承包经营为主的改革。改制后，有限责任公司总股本1281.60万元，县总社股份为910.60万元，占70.05%；职工股为371万元，占28.95%。县总社为职工配股110万元。

集体商业总店改制 集体商业总店人员多、负担重、效益差。1997年，县供销总社调整集体商业总店的经营方式，完善经营责任制，形成资产租赁制、职工托管制的经营模式。至2002年3月，全区供销系统集体商业总店经合并和托管，由原23家减少到13家。在职职工由1997年的952人减少到393人，社员股金由1997年的819.50万元减至86.02万元，银行贷款由1997年的269.50万元减至234.50万元。同年6月，区供销总社为集中优势，整合要素，将集体商业总店的13家企业合并，划入金鹏公司管理，取消集体商业总店的法人代表资格。金鹏商业公司下设6家分公司：东山分公司、江宁分公司、丹阳分公司、横溪分公司、淳化分公司和汤山分公司。改革使全区供销系统集体商业要素配置更加合理，整体优势得到充分发挥，促进集体商业企业的可持续发展。

承包经营责任制 1981年开始，集体商业实行经营承包责任制试点。1986—1990年，全系统不断完善企业承包经营责任制，并实行主任（厂长、经理）负责制和浮动工资制。1987年前，实行三级承包经营责任制，即县联社与公司、基层社每年签订承包合同，公司与各科室、基层社与各部门定指标、定资金、定人员、定费用承包，部门（科室）与柜组承包。1988年起，实行"两包一挂"承包经营责任制，即包国家税收、包企业发展，工资与效益挂钩。通过承包经营责任制，实现"三多、两好"，即国家多收、企业多留、个人多得；社会效益好、企业经济效益好。"七五"期间，全系统除上缴国家税金1963万元外，企业积累78.25万元，职工收入每人平均由1985年的1052元增加到1990年的1892元。1990—1995年，承包经营责任制主要有6种形式：实行全额工资浮动，定额利润、超利分成，联销（利）计酬，见利分成，抽资承包和定额上交。1996年，县总社在铜山供销社进行深化改革试点，并推广实施新的承包方案。各基层社陆续对国家已放开市场的生活资料，柜组实行全额风险承包经营责任制（也称抽资承包、抽底承包或买断库存承包），明确柜组的所有权，并统一了经营者的责、权、利。2007年，区供销系统根据企业自身实际，加强承包经营责任制的落实和管理，结合市场变化，适时调整承包费基数和资产租赁费标准。区再生资源公司通过实施抽资承包经营责任制，有效遏制企业经营亏损；上元商场引导承包职工适时调整经营结构，提高经营档次；供销农贸中心、供销商厦、禄口中心社、金鹏公司及所属各分公司等单位，资产租赁收入和职工承包收入都有较大幅度提高。

减员分流和清退股金 减员分流。1995 年 9 月，县总社对全系统基层供销社、直属企业单位和集体商业总店的职工，推行全员劳动合同制。1999 年 8 月，县供销合作总社下发《关于深化改革，严格劳动用工管理的通知》，在全系统实行减员增效。2001—2002 年，全区供销社结合企业承包经营责任制的推进，依照劳动合同法有关规定，采用多种途径减员分流职工 859 人，使全系统职工由 2001 年年初的 2696 人，减少到 2002 年年末的 1837 人。其中，改制公司有 458 人，基层社 1059 人，集体商业总店 320 人。至 2002 年年底，全系统减员分流和改制企业置换职工身份近 3000 人。2005 年 6 月，区总社发出《关于强化劳动用工管理的通知》，指出必须将引进人才经报批手续后方可录用，对新用的职工一律向人力资源公司租用，与人力资源公司签订租用协议。企业新录用的人员不再与企业建立劳动关系。2006 年，全区供销社系统职工总数为 961 人（供销商厦分出的有限责任公司人数不在其内）。

清退股金。至 1996 年年底，江宁县供销系统在职职工和退休职工合计 6000 人，负债 2.10 亿元。其中，社会集资性质的社员股金 9700 万元。巨大的社员股金挤兑风波时刻威胁着供销社的生存。1996—2000 年，积极筹措资金，清退原保息分红的社员股金。5 年中社员股金由最高时的 9700 万元减少到 2000 年的 2620.31 万元。全县供销社系统没有发生一起股金挤兑风波。2001—2002 年，继续清退社员股金，至 2002 年末，全系统社员股金由 2000 年的 2620.31 万元减少到 1565.30 万元。2004—2007 年，社员股金基本退清。

【粮食流通体制改革】

1949 年，中华人民共和国成立后，人民政府广泛开展借粮、预征和献粮运动，保证市场供应。1950 年，国营粮食公司和供销社经营粮食购销，逐步占领粮食市场。1953 年 11 月，实行粮食计划收购和销售的统购统销政策，不准私营粮食自由经营，粮食市场全部由国家控制。对城镇居民实行计划定量凭证供应。1955 年，对农民实行定产、定购、定销政策。1979 年后，粮食流通体制进行改革。

经营机制改革 1979 年后，粮食购销实行“双轨制”，既按计划统购统销，又有议购议销。全县放开粮油集市贸易，开展粮油议购议销。议价经营开展内购外销、外购外销和运用江宁邻近南京交通便利的有利条件，购进紧缺品种，满足市场需要，推销多余品种，依托产粮优势，面向全国，先后与全国 20 多个省、市，234 个县洽谈业务。1985 年，全县共外销粮食 2870 万公斤，从外省调进玉米、豆饼、葵花子、大豆等小杂粮 409.50 万公斤，经营总量 11830.50 万公斤，获利润 197 万元。1986—1990 年，全县贸易经营量为 70020 万公斤，贸易总额为 22171.17 万元，上缴国家利税 820 万元，实现利润 917.26 万元。1993 年，实行购销同价，取消定量计划和粮油凭证供应。1995 年，实行“两线运行机制”，将粮食部门政策性业务和商业性经营，分开核算。政策性业务由粮食局进行核算、管理，经营性业务由粮油总公司核算、管理。县粮油总公司建立起辐射全国重点粮食产销区的粮食经营网络。1997 年，实行“四分开一并轨”的粮食流通体制改革，即政企分开，国家储备和商业性经营分开，中央和地方责任分开，新老挂账分开；粮食定购与市场价并轨。1998 年，又提出“四分开一完善”，即在上述“四分开”的基础上，完善粮食价格机制。2001 年，实行“一取消三放开”政策，即取消粮食定购任务；放开粮食市场、放开粮食收购、放开粮食购销价格。2003年，区粮食局组建粮食购销公司和22家购销分公司。2006年，又成立粮食集团及22家子公司，实现区粮食局行政管理职能和经营职能分开的目标。

产权制度改革 2000年，县粮食局对企业进行股份制改革。是年6月，江宁面粉厂改制为金旺面粉厂有限公司，公司以带人、带资、带债形式取得面粉总厂全部资产；10月，江宁饲料公司改制为金旺饲料有限公司；12月，江宁县包袋厂改制为南京叶宁包装有限公司。2001年3月，湖熟油米厂改制为南京弘盛米业有限公司；6月，陶吴油米厂改制为南京润辉米业有限公司。2003年5月，江宁区植物油厂改制为南京弘益油脂有限公司。2004年5月，经江宁区人民法院裁定，宣告南京弘益油脂有限公司破产，2007年3月，该公司破产清算工作结束，营业执照被注销。2006年1月25日，南京江宁粮食投资发展集团有限公司成立，注册资金1亿元，其中吸纳自然人股金3000万元。公司为国有控股有限责任公司，下设26家子公司。2007年，该公司又投资成立南京天业粮食物流有限公司。

劳动用工制度改革 20世纪80年代，粮食系统各企业在册职工分为全民固定工、大集体工、劳动合同制工、农民合同制工和农民合同工等几种形式。1982年起，对新招收职工实行劳动合同制。90年代后，将5种性质用工全部改为劳动合同制，企业与职工分别签订无固定期和1年至10年期的劳动合同。1995年，随着粮食流通体制改革的深入，粮食企业人员多、负担重的矛盾逐渐显现。1996年6月，实行转岗分流，全系统共清退临时工、季节工347人，农民合同工转岗分流365人，职工内部退养252人。此次分流，全系统每年可减少工资支出500万元。2001年11月，对22家购销企业进行以减员增效为目的的内部改革，共减员736名，占全系统购销企业职工人数的61%，支付经济补偿金1450万元。2003年，粮食局成立22家粮食购销分公司，原粮管所、厂所合一的加工厂停止运作，所有粮管所职工与企业终止合同，与新成立的公司签订劳动合同，劳动合同一年一签订。2006年，又组建粮食集团公司和22家具有法人资格的粮食购销有限公司，用工制度仍是劳动合同制，一年一签订。

第三章 国民经济发展

历代史料，难见经济总量、产值等统计内容，只有少数作物产量统计数据。20世纪30年代，《江苏六十一县志》二卷民国25年（1936）江宁县物产篇记载："全县可耕之田共计1271073亩，……米年产约百余万担。"民国35年，全年粮食总产量为2749736市担。平均每人占有粮食630斤（315公斤）。工业以丝织、金箔业为著名，矿业仅有小量开采，砖瓦业只具雏形。

1949年，国内生产总值（现价）3011万元。其中，第一产业2890万元，占国内生产总值95.98%；第二产业109万元，占3.62%；第三产业12万元，占0.40%。人均国内生产总值（现价）74元。

新中国成立后，经过三年经济恢复时期，江宁的工农业生产有了较快发展，至1952年年底，全县国内生产总值4310万元，比1949年增长43.14%。其中，第一产业3874万元，比1949年增长34.05%；第二产业247万元，比1949年增长126.61%；第三产业189万元，是1949年的15.75倍。人均国内生产总值95元，比1949年增长28.38%。完成三年经济恢复任务，为有计划地进行大规模社会主义经济建设奠定了基础。从 1953 年到 2005 年，江宁经历了 10 个五年计划时期和三年经济调整时期，经济发展虽屡经曲折，特别是十年“文化大革命”时期，全县工农业呈“下降—回升—起伏”的状态，但总体呈上升趋势。尤其是改革开放后的“六五”时期到“十五”计划时期，江宁的国民经济和社会事业得到全面快速的发展。2007 年，全区以创建小康为重点，突出科学发展、和谐建设和改善民生，全区国民经济和社会事业呈现又好又快发展的良好态势，全面达小康如期实现。全面完成经济社会发展的各项目标和任务。全年完成国内生产总值（现价）339.53 亿元，可比价比 2006 年增长 18%。其中，第一产业完成 18.95 亿元，可比价比 2006 年增长 4.41%；第二产业完成 212.48 亿元，可比价比 2006 年增长 18.20%；第三产业完成 108.10 亿元，可比价比 2006 年增长 20.80%。人均国内生产总值 36399 元，可比价比 2006 年增长 17.40%。

第一节　三年经济恢复和“一五”计划目标与执行

【三年经济恢复（1950—1952 年）】

新中国成立后，百业待兴。面对极其困难的经济状况，江宁县委、县人民政府努力贯彻《新民主主义建国纲领》规定的新民主主义经济政策，为恢复和发展国民经济进行了艰苦的努力。在这段时期内，实行土地改革，废除封建土地所有制，实现“耕者有其田”的农业土地所有制；开展对私营工商业的整顿与改造，建立和发展国营经济和集体经济；统一财政经济，整顿田赋与税收；调整和发展文化教育事业。

经过三年艰苦卓绝的奋斗，实现国民经济和社会事业的全面恢复和发展。1952 年，全县工农业总产值 19043 万元（按 1990 年不变价格计算），比 1949 年增长 43.60%。其中，农业总产值 18320 万元，比 1949 年增长 43.30%。主要农产品产量均超过历史最高水平，全年生产粮食 19310 万公斤，棉花 46.40 万公斤，油料 365.50 万公斤，分别比 1949 年增长 51.20%、3.49 倍和 45.30%；工业总产值 723 万元，比 1949 年增长 50.60%；社会商品零售总额 2046 万元，比 1949 年增长 99.20%。随着生产的恢复和发展，全县文教卫生等社会事业也得到相应的发展，城镇干部职工、农民的收入增加，人民生活有所改善。

【“一五”计划（1953—1957 年）】

从 1953 年下半年起，县委根据中央和省、地委的部署，制定并实施发展国民经济的第一个五年计划，带领干部群众开展大规模的经济建设。

计划目标　1956 年 4 月 20 日，镇江专员公署将第一个五年计划下达江宁县。“一五”计划的主要指标有：农业生产，1956 年计划粮食总产量 27750 万公斤；1957 年达到 30500 万公斤。林业生产，1956 年计划造林 11467 公顷，其中防护林 1333 公顷，用材林 1300 公顷，特用林 7667 公顷；1957 年计划造林 9133 公顷。整顿和巩固已办的 541 个高级社，加快工商业、手工业的改造与发展，1956 年，全县社会商品业零售总额计划 2895.60 万元。发展文教卫生事业，五年内计划投资 600 万元，逐步增加文教卫生设施，新建中小学 90 所、医院（保健院）13 所。

计划执行　“一五”计划目标提前实现，全县的经济建设得到健康发展，取得前所未有的成就。国内生产总值：1957 年，国内生产总值 5499 万元，“一五”期间年均增长 4.99%。其中，第一产业 4475 万元，第二产业 612 万元，第三产业 412 万元，年均分别增长 2.93%、19.90% 和 16.87%；人均国内生产总值 114 元，年均增长 3.71%。财政收支：1957 年，财政收入 783 万元，比 1950 年增长 68%；财政支出 389 万元，“一五”期间财政支出年均增长 56.83%，比 1952 年增加近 8.50 倍；实现财政收支结余 394 万元，结余率 101%。农业生产：1957 年，农业总产值 4638 万元，比 1952 年 4475 万元增长 10.36%，其中，种植业产值 3507 万元，下降 3%；林业产值 100.70 万元，增长 401%；牧业产值 534.80 万元，增长 12.81%；渔业产值 81.50 万元，增长 276%。除 1954 年因遇水灾普遍减产外，“一五”计划其余四年，全县平均粮食总产值比三年恢复时期增长 19.50%。1955 年，粮食总产量首次突破 2 亿公斤，达到 20510 万公斤，比 1954 年增长 43.60%；全县人均占有粮食 452.50 公斤，平均每人向国家贡献粮食 168.50 公斤。工业生产：1957 年，全县工业总产值 1187 万元，是 1952 年的 1.45 倍，平均每年递增 25.50%；工业总产值所占工农业总产值的比重由 1949 年的 8.30% 增至 20.38%；人均工业产值由 1949 年的 7 元增至 24 元；工业利润率 15.40%。商业贸易：1953 年，全县社会商品零售额 2424 万元，比 1952 年增长 17.40%；人均社会商品零售额 50.98 万元，比 1952 年增长 15.10%。1957 年对私改造后，当年社会商品零售额 2793 万元，比 1952 年增长 35.30%，人均社会商品零售额 59.1[illegible] 元，比 1952 年增长 33.50%。交通邮电：1956 年，修建公路 4 条，共 22.31 千米；疏浚了以秦淮河为主的 4 条河道。1957 年，邮电业务总量 17 万元，电话机拥有量 181 部。社会事业：至 1956 年年底，全县小学发展到 518 所，班级 1207 个，在校学生 48221 人，教职员工 1382 人，分别是 1949 年的 3.02 倍、2.45 倍和 1.87 倍。全县普通中学已发展到 6 所（其中完中 1 所），48 个班级，分别是 1949 年的 6 倍和 16 倍；在校学生 2710 人（其中高中 119 人），教职员工 1[illegible]3 人，分别是 1949 年的 32.70 倍和 11.50 倍。至 1957 年，全县有医疗单位 44 个（其中县属 9 个），医疗卫生技术人员 300 人，比 1952 年增加 50%。

第二节　“二五”计划和三年经济调整目标与执行

【“二五”计划（1958—1962 年）】

1956 年 8 月，江宁县第二个五年计划草案编制就绪，几经调整修改，指标不断加码，直到 1958 年 8 月，计划正式制定出台。“二五”计划时期的前三年，受“大跃进”运动的影响，经济发展遇到严重困难，原定计划被迫中止执行。在 1961 年、1962 年初步调整时期内，江宁县贯彻中共中央“调整、巩固、充实、提高”方针。至 1962 年年底，全县经济形势开始好转。

计划目标　“二五”计划主要包括农、林、牧、副、渔业和工业、商业、文教、卫生等发展计划。农业方面：粮食总产量 35260 万公斤，比 1957 年增长 28.50%，棉花 30 万公斤，麻 45 万公斤，油料 1180 万公斤。牧畜发展计划为耕牛 34533 头，山羊 15 万头，生猪 25 万头，分别比 1957 年增长 16.19%、650% 和 108%。水产发展计划主要是鱼类 1520 吨，比 1957 年增长 167.31%。工业方面：计划 1958 年工业总产值达到 826 万元，比 1957 年增长 26.19%，到“二五”期末达到 1865 万元，比 1957 年增加 2.85 倍。计划 1958 年手工总产值 501 万元，比 1957 年增长 76.90%，到“二五”期末达到 902 万元，比 1957 年增加 2.19 倍。商业方面：计划增加商业网点、合作商店 260 个，固定服务组 150 个。社会事业方面：计划三年内普及全县小学义务教育，学龄儿童入学率达到 95.80%，实现乡乡有中学。高中、初中生在校人数分别达到 2200 人和 10010 人，分别增加 6.27 倍和 2.89 倍；小学生在校人数 86387 人，增长 75%；幼儿园在园人数 24300 人，增加 4.87 倍。计划全县综合医院增至 6 所，比 1957 年增加 1 倍，拥有医师 91 人，医院病床总数达 420 张，比 1957 年增加 2.82 倍。

计划执行　“二五”计划之初的 1958 年，全县经济和社会事业有一定发展，但由于受“大跃进”中的高指标、浮夸风和瞎指挥的影响，“二五”计划没能得到很好执行，一些目标未能实现。直到 1961 年后，贯彻“调整、巩固、充实、提高”的方针，计划工作才步入正轨，国民经济有所恢复。国内生产总值：1962 年，国内生产总值 5882 万元，比 1957 年增长 7%；“二五”期间年均增长 1.36%，其中一产 4416 万元，二产 660 万元，三产 806 万元，分别年均减少 0.27%、1.52% 和 14.36%，人均国内生产总值 121 元，年均增长 1.20%。基建投资：1962 年，县属全民所有制基本建设投资 82 万元，年均减少 1.40%。五年累计 1032 万元，是“一五”期间的 2.31 倍。财政收入：1962 年，财政收入 581 万元，比 1957 年下降 25.80%；五年平均减少 5.79%。商业：1962 年，社会消费品零售总额 3169 万元，比 1957 年增长 13.50%，年均增长 2.56%。农业：1962 年，全县实有耕地 65250 公顷，粮食总产量 17623 万公斤，棉花 27100 公斤，油料 170.07 万公斤，农机总动力 1.69 万千瓦，农业总产值 4257 万元，比 1957 年下降 8.22%，年均减少 1.64%。工交、邮电业：1962 年，工业总产值 1021 万元，比 1957 年下降 14%，年均减少 2.80%；全社会客运量 8 万人，货运量 4 万吨，邮电业务总量 32 万元，电话机拥有量 898 部。社会事业：1962 年，普通中学在校生 4200 人，小学在校生 39500 人，卫生机构数 110 个，卫生技术人员 500 人，其中医生 100 人，医院床位数 414 张。

【三年经济调整（1963—1965 年）】

为了争取国民经济的根本好转，根据党中央从 1963 年起再用 3 年时间，进一步贯彻执行“八字”方针的精神，县委决定在上两年调整的基础上，着重进行巩固、充实和提高工作。至 1962 年，全县调整经济任务完成，全县工农业生产进入新的发展时期。

1965 年，经过持续三年的增产，在严重的先旱后涝情况下，连续第四年实现大幅度增产，全县农业总产值 6893.50 万元，比调整前 1960 年的 3833.90 万元，增长 79.80%。粮食总产量 30294 万公斤，比 1960 年 15515 万公斤，增长 95.26%。全年出售给国家的粮食达到 12480 万公斤，比 1964 年增长 14.30%，按全县农业人口计算，平均每人 260 公斤，在镇江专区列第 1 位，全省列第 7 位。随着“八字”方针贯彻的不断深入，工业生产出现转机，1963—1965 年，全县工业总产值分别为 1012.20 万元、1193.20 万元和 1565.30 万元，呈逐年上升态势。随着国民经济的好转，全县的文教卫生等项事业得到发展，人民生活有了新改善。

第三节　“三五”“四五”“五五”计划目标与执行

【计划指标】

“三五”计划期间（1966—1970 年）和“四五”计划时期（1971—1975 年）处在“文化大革命”期间，“五五”计划时期（1976—1980 年）的第一年，“文化大革命”刚结束，江宁县没有编制完整的、正式的五年计划。“三五”计划时期的前三年，经济发展遭受挫折，“四五”计划时期经济发展有所起伏，“五五”计划时期，经济发展逐步走上健康轨道。

1964年7月，县计划委员会根据省、专区计委布置拟定《江宁县农业“三五”长期规划》。计划到1970年，全县播种面积123164.40公顷，全社会粮食指标3.15亿公斤，农日基本建设规划40公顷，油料324.50万公斤，蚕茧6万公斤，生猪存栏15万头，全社会农副业总产值7185万元，平均每人收入96.30元，五年累计水利土石方3326万立方米，投资总额3420万元。

1970年5月，县革委会召开全县三级干部大会，集中1000多名县、社、队干部，传达贯彻全国计划工作会议精神，讨论江宁国民经济第四个五年计划，部署1970年各项工作任务。会议重点强调坚持以粮为纲，全面支援农业，尽快把江宁建设成高产稳产的农业基地县。

江宁县在1975年制订《1975—1980年江宁县农业发展规划》中，提出到1980年“三麦翻一番，水稻增五成，项项作物大增产，多数社队超‘双纲’”，具体指标为：粮食总产量6.40亿公斤，亩产量750公斤，油料总产量1250公斤，亩产量125公斤，棉花总产量60万公斤，亩产量75公斤。

【经济运行】

1966—1968年“文化大革命”初期，江宁县经济遭受严重破坏。1968年，全年工农业总产值8911.40万元，与1966年基本持平，其中，工业总产值1833.50万元，比1966年下降8.34%。1969—1973年“文化大革命”中期，经济逐步回升。1973年，全县完成工农业总产值18581.30万元，比1970年的14008.10万元增长32.65%，其中，工业总产值5311万元，增长107.06%；农业总产值13270.30万元，增长15.98%。

1974—1976年“文化大革命”后期，是江宁经济起伏的三年。1974年，全年完成工农业总产值20268.70万元，比1973年增长9.10%。1975年，全年工农业总产值20854.40万元，比1974年仅增长2.89%。1976年，经济形势有了新的转变，全年完成工农业总产值25274.90万元，比1975年增长21.20%。“文化大革命”结束后，按照中央和有关“农业学大寨”会议的部署，采取一系列具体措施，大力发展农业生产；在工业战线，广泛开展“工业学大庆”运动，积极兴办工业。1978年，全县粮食总产量44562万公斤，比1977年增产9267万公斤，增长26.26%；全县工业总产值21539万元，比1977年增加3416万元，增长18.85%。由于思想上没有冲破“两个凡是”的禁区，在贯彻落实党在农村的各项政策时，明显受到束缚，造成经济发展的徘徊局面。全县国内生产总值1977年为12890万元，比1976年减少1827万元，下降12.40%；1978年为19018万元，比1976年增加4301万元，增长29.20%。1979年2月，县委召开县社队三级干部大会，学习贯彻中共十一届三中全会精神，把工作重点转移到经济建设上来，扭转经济徘徊局面，开始步入持续、稳定、健康发展轨迹。

【计划执行】

“三五”期末（1970年），完成国内生产总值9214万元，年均递增2.60%，其中一产6543万元，二产1453万元，三产1218万元，分别年均递增1.90%、4.90%和3.60%，人均国内生产总值149元，年均递减0.70%，完成财政收入949万元，年均递增5.90%。“三五”期间，县属全民所有制企业完成基本建设投资406万元，年均递减5.50%。期末粮食总产量30901万公斤，油料251.90万公斤，棉花27.89万公斤。

“四五”期末（1975年），完成国内生产总值12486万元，年均递增6.30%，其中一产7653万元，二产3446万元，三产1387万元，分别年均递增3.20%、11.90%和2.60%，人均国内生产总值183元，年均递增4.20%，完成财政收入1633万元，年均递增11.50%。“四五”期间，县属全民所有制企业完成基本建设投资1862万元，年均递增29.30%。期末粮食总产量38006

万公斤，油料393.70万公斤，棉花32.20万公斤。

“五五”期末（1980年），完成国内生产总值26407万元，年均递增16.20%，其中一产11873万元，二产10808万元，三产3726万元，分别年均递增9.20%、25.70%和21.90%，人均国内生产总值398元，年均递增16.80%，完成财政收入2765万元，年均递增11.10%。“五五”期间，县属和全民集体所有制企业完成固定资产投资3624万元，年均递增18.60%。期末粮食总产量41216万公斤，油料905.37万公斤，棉花81.28万公斤。

第四节　“六五”计划目标与执行

【计划目标】

1983年3月，县委、县政府根据中共十二大要求和全国人大五届五次会议通过的“六五”计划（1981—1985年），提出江宁县“六五”计划期末主要目标为：全县农副工总产值达到6.50亿元，年均递增10.70%。其中：农业1.50亿元，年均递增4.20%；副业1亿元，年均递增29%；工业4亿元，年均递增10.80%。

【计划执行】

“六五”期间，全县经济发展迅速，人民生活提高幅度较大。1985年，国内生产总值55982万元，工农业总产值100524万元，财政收入5380万元，职工年均工资及农民人均纯收入分别达896元和512元。农业生产：1985年，全县农业总产值29893万元，比1980年的20534万元增长45.60%，5年平均递增7.80%。其中，种植业20186万元，牧业7654万元，副业1092万元，分别增长25.40%、110.90%、740%和130%；林业300万元，下降22.90%。工业生产：1985年，全县工业总产值70631万元，比1980年增长190.39%，“六五”年均递增38.08%。工业总产值占工农业总产值的比重由1980年的54.22%增至70.26%。工业成为全县经济的重要支柱。城乡市场：1985年，全县社会商品零售额达33418万元，集市贸易成交额7713万元，分别比1980年增长86.11%和229%。1985年年底，全县共有商业网点4880个，比1980年增加2140个，在增加的商业网点中，个体商业1104个，占增长总数的52%。1985年，个体商业零售额达4356万元，是1980年的256倍。

第五节　“七五”计划目标与执行

【计划目标】

“七五”计划（1986—1990年）主要计划指标：到1990年，国民收入达到10.50亿元，年均增长16%；财政收入8660万元，年均增长16%。“七五”期间，财政收入总额达36100万元，比“六五”期间总投入增长57%。基本建设投资规模5年累计9500万元，比“六五”期间累计增长96.70%。在总投资中，工业占32.90%，文教卫生占10.60%，商业占25.70%，住宅占30.80%。农业总产值24000万元，比1985年增长18.90%；副业总产值（不含村办以下工业）

25000 万元，比 1985 年增长 158%。工业总产值（含村办以下工业）165000 万元，比 1985 年增长 134%。其中，县属 49500 万元，比 1985 年增长 174%；乡镇 115500 万元，比 1985 年增长 120%。社会总产值 25 亿元左右，社会商品零售额 50500 万元，比 1985 年翻一番。

根据“七五”计划纲要及上级要求，1986 年 10 月，制订江宁县“七五”期间国民经济和社会事业发展规划分年实施计划，涵盖农副工三业产值，工业分行业产值，主要工业企业产值，主要工交企业利润，主要工业产品产量，主要农副产品产值，“七五”期间商品粮基地建设，主要原材料、燃料、动力需求量，“七五”期间主要综合指标，“七五”期间主要技改项目等 10 个专项分年实施计划。

【计划执行】

综合经济：1990 年，实现国民生产总值 117450 万元，比 1985 年增长 46.10%，年均递增 7.88%；国民收入 107950 万元，比 1985 年增长 51.16%，年均递增 8.60%；完成国内生产总值 123302 万元，年均递增 17.10%；全社会固定资产投资 2353 万元。财政收入：1990 年，财政收入 8879 万元，比 1985 年增长 69.50%。产业经济：1990 年，实现工业产值 220758 万元，比 1985 年增长 212.55%；农业产值 85215 万元，比 1985 年增长 185.07%；粮食产量 46835 万公斤，比 1985 年增长 13.64%；油料产量 2261.80 万公斤，比 1985 年减少 6.58%；外贸出口收购值 8156 万元，比 1985 年增加 4 倍。已有“三资”企业 8 家，实际利用外资 107 万美元。1990 年，社会商品零售额 59398 万元，年均递增 13.17%。交通邮电：1990 年，新建公路 450 千米，每平方千米密度为全国第一，公路投资 6000 万元，电力建设 5 年投资 1150 万元，建成 68 项工程，供电量达 15 亿千瓦时，邮电部门完成 2000 门程控电话安装使用，有 18 个乡镇并入市话网。教育卫生：1990 年，各项教育投入 3920 万元，教育事业经费是 1985 年的 1.82 倍。全县有小学 425 所，初中 60 所，完中 7 所，职中 3 所。在校学生小学 70610 人，初中 29223 人，高中 4866 人，职高 2383 人。病床 1115 张，比 1985 年净增 93 张，“四苗”（卡介苗、脊灰疫苗、白百破、麻疹疫苗）覆盖率稳定在 90% 以上，饮用自来水人数达 32 万人，占总人口的 43.20%。

第六节　“八五”计划目标与执行

【计划目标】

“八五”（1991—1995 年）期末的主要计划指标是：国民收入达 16.32 亿元，年均递增 8%。社会总产值达 50.70 亿元，年均递增 9%。工农业总产值 35 亿元，比 1990 年增长 60.90%，年均递增 10%。其中，农业 2.35 亿元，副业 2.48 亿元，工业 30.17 亿元（县属 8.38 亿元，乡镇 21.79 亿元）。粮食总产量 4.80 亿公斤，比 1990 年增长 4.40%。油菜籽总产量 2000 万公斤，保持“七五”期末的水平。

【计划执行】

综合经济：1995 年，国内生产总值 547917 万元，年均增长 34.80%，其中一产 118505 万元，二产 331589 万元，三产 97823 万元，人均国内生产总值 7406 元。国民经济三次产业结构比由

1990 年的 35.52 ∶ 48.82 ∶ 15.66 调整为 1995 年的 21.62 ∶ 60.52 ∶ 17.85。全社会固定资产投资 242797 万元，是 1990 年的 15.39 倍，年均增长 72.80%。5 年累计完成投资 68.10 亿元。产业经济：1995 年，农业总产值 115187 万元，“八五”期间年均增长 5.26%。工业总产值 1191710 万元，“八五”期间年均增长 40.30%，工业增加值 294392 万元。社会消费品零售总额 149641 万元，“八五”期间年均增长 22.46%。实际利用外资 5426 万美元，“八五”期间年均增长 164.39%。财政金融：1995 年，财政收入达 26900 万元，“八五”期间年均增长 18.64%，其中，地方财政收入 14200 万元，财政支出 18128 万元。银行各项存款余额 26.09 亿元，其中储蓄存款 17.04 亿元，各项贷款余额 24.35 亿元。

第七节 “九五”计划目标与执行

【计划目标】

“九五”计划（1996—2000 年）经济发展目标：国内生产总值 200 亿元，其中一产 18 亿元，二产 114 亿元，三产 68 亿元。国内生产总值年均增长 30.10%，人均国内生产总值 2.65 万元，一二三产增加年均分别增长 12.50%、25.60% 和 48.90%。财政收入 5.50 亿元，年均增长 15.40%。全社会固定资产投资 5 年累计 120 亿元。期末出口商品供货总额 150 亿元，出口创汇 2.50 亿美元。社会发展目标：高标准、高质量实施九年义务教育，全县 85% 以上的初中毕业生进入高中阶段学习，县城和重点城镇普及高中阶段教育，积极发展地方高等教育，适龄青年受高等教育人数达到 10%。农村参加二、三产业就业人员占总劳动力的 75% 以上。

【计划执行】

2000 年，全县国内生产总值达到 101 亿元，年均递增 12.60%，经济总量在全省排序 15 位，占全市经济总量的 1/10。财政收入 8.18 亿元，年均递增 24.90%，占国内生产总值的 8.10%，地方性财政收入 4.83 亿元，年均递增 27.70%，连续 22 年实现财政收支平衡。全社会固定资产投资完成 36.66 亿元，年均递增 8.50%，5 年累计投入 153 亿元。农业经济：“九五”期间粮食产量连续稳定在 4 亿公斤以上，2000 年，实现一产增加值 12.80 亿元，年均递增 2%，粮食、油料及经济作物面积比由 1995 年的 72 ∶ 16 ∶ 12 调整为 50 ∶ 32 ∶ 18。工业经济：“九五”期末，实现工业增加值 55.34 亿元，年均递增 13.70%。汽车、电子、日用轻工、新型建材等四大支柱产业规模日益壮大，销售收入总量占全县工业总量的比重近 70%，金陵金箔、时花电器等 19 个产品获省、市名牌产品。全县规模以上 545 家企业销售收入、利税分别占全县工业总量 74.50% 和 78.80%；40 家重点骨干企业实现销售收入 68 亿元，利税 7.80 亿元，分别占全县工业总量的 28.90% 和 42.20%。5 年累计投入 91 亿元，建成速顺达丁基胶囊、金龙水泥等 1000 万元以上重点项目 75 个，形成以重点骨干企业为支柱、大项目为带动、多种经济成分共同发展的工业经济格局。实现建筑业增加值 6.10 亿元，年均递增 10.20%，建筑业持续保持快速发展态势。第三产业：“九五”期末，实现三产增加值 27.10 亿元，年均递增 22.60%。对国内生产总值的贡献份额达 26.70%，比 1995 年增长 8.80%。社会消费品零售总额 17.77 亿元，年均递增 5.80%。房地产、商贸流通、交通运输和金融保险四大支柱行业实现增加值 19.67 亿元，在三产中的比重由 1995 年的 69.10% 增至 73.40%。建成百家湖、牛首山、汤山等一批景区配套工程；新建金发、湖熟、土桥等一批农贸市场；建成金宝、速顺达等一批专业特色市场。全县三产从业人数达11.30万人，约占全社会劳动力的26.40%。对外经济："九五"期间，全县新批三资企业629家，投资总额达19.36亿美元，实际利用外资7.38亿美元，年均递增17.10%。格满林、百事可乐等一批外资企业开业投产，5年累计开业投产企业335家。全县引进500万美元以上项目140个，1000万美元以上项目80个，世界500强企业有14家在县内投资兴业。三资企业销售收入、实现利税、上缴税收均占全县总量的1/3以上，推动了全县经济快速发展。5年共引进内联项目382个，投资总额48.50亿元。南汽、金城、熊猫等一批大企业落户江宁县。"九五"期末，全县出口创汇1.40亿美元，年均递增14.50%，年出口创汇100万美元以上企业48家，其中1000万美元以上出口企业6家，机电产品出口比重由1995年的20%增至65%。对外承包劳务营业额207万美元，劳务输出162人，正方、东方、时花等一批重点企业积极利用成熟技术和闲置设备到境外投资办厂，开拓国际市场，多元化的外贸经营格局逐步形成。重点开发区取得突破性进展，县开发区成为长江三角洲地区外商投资的热土。初步完成24.98平方千米开发目标，基础设施投入达14亿元，区域内技工贸总收入151亿元。"九五"期间共引进外资项目224个，实际利用外资3.19亿美元；财政收入3.17亿多元。社会事业：5年共组织实施国家级科技计划25项，省、市科技重点项目122项；开发科技新品280个，认定高新技术企业25家。科技进步对经济增长的贡献份额达50%，比1995年增加8个百分点。5年间教育投入累计达8.50亿元，新建校舍11.60万平方米。省市重点示范学校达19所，初、高中入学率均达99.90%。建成的县文化活动中心、乡镇文化中心站全部达到省级标准。全县有线电视终端用户达4.60万户。改建县康复医院，县、乡医疗机构均达甲、乙等级标准，自来水受益率95%，荣获国家、省初级卫生保健先进县称号。

第八节 "十五"计划目标与执行

【计划目标】

"十五"计划（2001—2005年）按照省市委提出的建设要求和总体部署，围绕江宁未来发展目标定位"南京新区、高新技术产业密集区、都市农业集中区"，确定"十五"计划"六基本一跨越"的目标：基本实现农业现代化，基本建成南京新区的规模和框架，基本形成与国外经济联系广泛的开放格局，基本形成依靠科技推动经济发展的增长方式，基本形成比较完善的市场经济运行机制，基本形成可持续发展的社会体系和生态环境；经济规模和实力实现新的跨越。

全区国内生产总值年均增长11%左右，到"十五"期末达到170亿元左右，人均国内生产总值达2700美元，财政收入年均增长19.60%，总量超过20亿元。到2010年，全区国内生产总值达300亿元左右，人均国内生产总值达5000美元以上，基本接近中等发达国家水平，在全省率先基本实现现代化。

【计划执行】

2005年，实现国内生产总值230.53亿元，年均增长18.80%，比"十五"计划增长7.80%；实现人均国内生产总值28925元，折合3510美元；实现财政收入50亿元，年均增长43.60%；

5 年累计完成全社会固定资产投资 570 亿元。农业经济：实现一产增加值 16.40 亿元，增长 3.80%。农业结构调整深入推进，蔬菜瓜果、苗木花卉、优质米等特色基地加快建设，建成省级无公害基地 74 个，认定国家级无公害农产品 57 个，新注册农产品商标 6 个，创市级名牌农产品 7 个；农业产业化步伐加快，20 家重点龙头企业实现销售收入 33 亿元，增长 32%。初步形成奶业、优质米等 5 条"龙头 + 基地 + 农户"紧密型的产业链；旅游农业雏形初显，全区新建旅游农业点 30 个；农田水利设施进一步改善，投入 1.30 亿元，完成水利土方 630 万立方米，中低产田改造 1466.67 公顷；"绿色江宁"工程加快实施，完成造林造绿 2000 公顷。工业经济：实现工业增加值 118 亿元，增长 16.30%，规模以上工业企业实现销售收入 432 亿元、利税 41 亿元，分别增长 17%、18%。工业投入力度加大，全年完成工业固定资产投资 130 亿元，增长 44%。210 个重点工业项目中，竣工投产 120 个。高新技术企业贡献增大，市级以上高新技术企业达 150 家，实现销售收入 165 亿元，实现增加值 47 亿元，占工业增加值 40%。建筑业发展迅速，实现增加值 21.60 亿元，增长 28.60%，实现利税 4.50 亿元，增长 32%。1 家建筑企业获一级资质。第三产业：实现三产增加值 84 亿元，增长 23.20%。全社会消费品零售总额 66.44 亿元。华意时代广场、南京义乌小商品城等一批重点项目加快推进。房地产业全年开发面积 234.40 万平方米，下降 18.50%；销售面积 196.50 万平方米，销售额 69 亿元，增长 11.20%。南京金箔集团工业旅游区、横溪—陶吴农业旅游区分别获得全国工业、农业旅游示范点称号；全年接待游客 46.30 万人次，实现旅游收入 2.80 亿元。外向型经济：全年新批外资项目 180 个，其中千万美元以上项目 70 个；全年协议注册外资 14.80 亿美元，注册外资实际到账 5.50 亿美元，全年出口创汇 18.50 亿美元，增长 114.30%。民营经济：进一步完善加快民营经济发展的政策措施，民营经济发展环境不断优化。全年新增民营企业 1660 家，新增个体工商户 4300 户，新增注册资本 27 亿元。社会事业：大力实施科教兴区战略，实施国家火炬计划项目 5 项、国家中小型企业创新基金项目 6 项、国家重点新产品项目 10 项、省市科技计划项目 28 项。全年软件产业销售收入 20 亿元。农村中小学"六有"工程通过验收。教学质量，进入"省教育工作先进区"行列。有线电视"入户通"工程继续推进，全年新建有线电视杆线 173 千米，新增有线电视终端用户 4.30 万户，有线电视入户率达 96.30%，通过"全省有线电视示范区"验收。

第九节　"十一五"规划目标与执行

【规划目标】

"十一五"时期（2006—2010 年）国民经济和社会发展总体目标是：2007 年全面建成小康社会，为 2012 年率先基本实现现代化奠定基础，把江宁建设成为具有国际竞争力的先进制造业基地，自主创新能力较强的科教研发基地，服务功能配套完善的南京新市区，环境优美适宜人居的生态区。

综合经济实力实现新跨越。地区生产总值年均增长 18%，财政收入年均增长 20%，其中一般预算收入年均增长 21%；5 年全社会固定资产投资 1500 亿元，其中工业投入 1000 亿元；累计利用外资 30 亿美元。提高占全市经济总量的份额，提升在全省先进的位次。

经济增长方式实现新突破。新增高新技术企业 150 家以上，总数超过 300 家，其中：销售收入亿元以上企业 100 家以上；高新技术企业销售收入占工业经济总量达 50% 以上，资源综合利用效率显著提高，单位国内生产总值能耗比“十五”期末降低20%；三次产业结构调整为4 ： 58 ： 38。

自主创新能力实现新提升。引进和培育各类研发机构50家以上；建立重点工程技术中心50家以上；实施重点产学研合作项目100项以上；开发具有自主知识产权的专利技术和软件产品100项以上，专利申请量1000件以上，市级以上名牌产品100个以上，软件产品占高新技术产业比重达1/3以上。

城市化建设实现新进展。东山新市区实现全面融入南京主城，初步建成以东山新市区为核心，以禄口、汤山、滨江三个新城为重点，一般镇为支撑的新型城镇体系。区域城市化水平达到75%，基本形成城乡统筹发展新格局。

人民生活水平实现新提高。城镇居民人均可支配收入年均增长10%；农民人均纯收入年均增长10%；城镇登记失业率控制在3.50%以内；城镇养老保险、医疗保险、失业保险覆盖率98%以上；农村养老保险覆盖面达90%，农村新型合作医疗群众参保率98%以上；完善被征地农民基本生活保障制度；城镇、农民居民人均住房面积分别达到35平方米和40平方米。

生态环境质量实现新改善。城镇绿化覆盖达到45%以上，农村森林覆盖率达25%以上，城镇人均公共绿地超过14平方米，建成牛首山等5个国家等级景区。山水资源得到有效保护和利用，“绿色江宁”快速推进，形成具有生态旅游、休闲度假特色的绿色区域，环境污染得到有效控制，推进建设资源节约型、环境友好型社会。

【规划执行】

2006年，全区实现国内生产总值278.14亿元，可比价比2005年增长18.60%。其中第一产业18.15亿元，可比价比2005年增长5%；第二产业172.60亿元，可比价比2005年增长22.40%；第三产业87.39亿元，可比价比2005年增长14.50%。固定资产投资300.70亿元，可比价比2005年增长33.48%。社会消费品零销总额77.11亿元，可比价比2005年增长16.06%。三资企业出口创汇29.58亿元，可比价比2005年增长44.80%。财政收入65.06亿元，其中地方财政收入38.11亿元，地方一般性预算收入29.01亿元。三次产业结构比例调整为6.53 ： 62.05 ： 31.42。

2007年，经济又好又快发展，全面小康社会基本建成。完成地区生产总值339.53亿元，可比价比2006年增长18%，人均突破5000美元。第一产业18.95亿元，可比价比2006年增长4.41%；第二产业212.48亿元，可比价比2006年增长18.20%；第三产业108.10亿元，可比价比2006年增长20.80%。全社会固定资产投资370.46亿元，可比价比2006年增长23.20%。社会消费品零销总额91.02亿元，可比价比2006年增长18.04%。三资企业出口创汇27.24亿美元，可比价比2006年减少7.91%。财政收入111.14亿元，其中地方财政收入80.23亿元，地方一般性预算收入45.08亿元。三次产业结构比例调整为5.58 ： 62.58 ： 31.84。省定四大类18项25条小康指标全部实现。

第四章　经济结构

新中国成立前，境内经济所有制主要是封建半封建土地所有制和个体劳动者所有制，还有国民政府管理的公、私农林场圃和1家私营煤矿。新中国成立后，经济所有制结构发生重大变化。20世纪80年代前，主要是单一化的公有制结构。80年代中后期，经济所有制结构逐步由单一的公有制向多种所有制并存发展。农村全面实行家庭联产承包双层经营责任制，工业、建筑业、商贸流通在公有制占主导的情况下，个体私营经济、合资经济有所发展。随着90年代大规模改革改制，所有制格局逐渐发生根本性变化。2000年后，工业企业又进行大规模股份制改革，股权进一步向少数人集中，国有、集体股本渐次退出。至2007年年底，产品销售收入在1000万元以上的工业企业有472家。其中国有企业5家，占1.06%；集体企业15家，占3.18%；股份合作制企业13家，占2.75%；联营企业1家，占0.21%；有限责任公司61家，占12.92%；股份有限公司8家，占1.69%；私营企业195家，占41.31%；其他企业2家，占0.42%；港澳台商投资企业53家，占11.23%；外商投资企业119家，占25.21%。全区经济基本形成以民营经济为主的格局。

伴随着经济的增长，产业结构发生深刻变化。三次产业结构由1949年的农业为主、工业为辅、三产极少发展到1978年的49.34 ：35.66 ：15。2007年，进一步调整为5.58 ：62.58 ：31.84。由“一二三”变为“二三一”结构，标志着工业化城市化主导性产业的形成。人口就业产业结构，1978年，从事第一产业人口占总就业人口的74.08%，第二产业占18.28%，第三产业占7.64%；2007年，从事第一产业人口占总就业人口的19.58%，第二产业占46.65%，第三产业占33.77%。

第一节　所有制结构

【土地农民所有和逐步形成公有制经济（1949—1955年）】

民国38年（1949）4月，江宁县人民政府成立，8月，接管国民政府公、私农林场圃12家单位，及私营天宝煤矿1座，逐步加以改造。同时维持和保留私营个体油粮加工及食品作坊10家、个体工商户42家。1950年下半年，江宁县进行土地改革，废除封建土地所有制，将土地分给农民耕种，归农民所有。至1951年9月底结束，共没收、征用地主富农土地30300公顷。随着个体农户组织生产互助组，向初级农业生产合作社过渡；同时建立农村供销合作社，农村商业出现了集体合作组织；在1950年、1952年，对工商业进行二次调整，私营工商业有了进一步发展。1952年后，兴办起来的国营经济在人民生活必需品的生产和流通中已起到主体作用。当时国营工厂有3家，1952年年底实现工业总产值29.20万元，占全部总产值的15.20%，全民职工人数达207人。1953年开始，对农业、手工业和私营工商业进行社会主义改造。至1956年年初，农业基本实现初级社，并试办14个高级社（土地生产资料归集体所有，取消土地分红）；扩大手工业生产合作社和合作小组的规模。江宁经济结构逐步向公有制的所有制结构过渡。

【单一化公有制结构（1956—1984 年）】

1956 年，江宁经济所有制结构逐步形成单一化公有制倾向。农业社高级化方面，1956 年年初仅用一二个月时间就完成向高级化过渡，到 1956 年 2 月底，江宁县共办高级社 270 个，入社农户达 103529 户，占农户总数 97%。手工业生产，组建手工业合作社 44 个，社员 1647 人，占手工业者人数的 94%；成立公私合营工厂 7 家，职工 207 人，占县属工业职工人数 32.45%。江宁经济所有制结构已形成单一化公有制结构。在之后的“人民公社化”中，农业公有制更加集中，全县高级社合并成 19 个人民公社，实行“一大二公”的“政社合一”。虽经 1960—1962 年三年经济调整，但单一公有制结构并未改变，仅是管理体制上的调整而已。

在此期间，农村社队工业开始起步，至 1965 年，社队工业产值达 407 万元，占全县工业总产值 17.40%。集体所有制的社队工业发展，仅仅调整经济的产业结构和公有制的内部结构。1978 年，江宁县集体经济工业产值达到 12827 万元（1990 年不变价），比 1965 年 407 万元增长 31.50 倍。至 1984 年，江宁县工业总产值中，全民工业占 21.84%、集体工业占 48.43%、村办工业占 29.73%。全县社会商品零售总额中，全民商业占 25.70%、集体商业占 62.90%、个体商业占 6.70%。所有制结构基本上是全民所有制和集体所有制并存的单一化公有制。

【以公有制为主，多种形式所有制并存（1985—1995 年）】

中共十一届三中全会后，江宁县于 1983 年撤销人民公社建制，在土地集体所有的前提下，实行土地所有权和使用权分离，推行土地包产到户的家庭联产承包责任制，建立集体统一经营和农户分散经营相结合的“双层经营体制”。在第二、三产业中，随着全民企业及其他类型企业的改革改制以及开放开发的进展，企业间的经济联合、外商在江宁投资办企业的发展，出现了多种所有制的经济实体。有全民、集体、大陆个人、华侨、港澳台工商业者、外商等法人投资的所有制企业。私营个体和境外业主投资逐年增多。至 1995 年，非公有制企业职工人数达 2079 人，占全县职工总数的 3.60%，工业企业产值占全县工业产值 10.81%。特别是在第三产业中，1995 年江宁社会商品零售总额，国营商业占 26.60%、集体商业占 32.10%，合营商业占 10.20%，而非公有制商业占 31.30%。

【非公有所有制比例迅速增加（1996—2007 年）】

“九五”时期。工业企业所有制结构，1996 年年底，江宁县共有工业企业 2252 家，其中县属企业 181 家，乡镇企业 502 家，村办企业 1569 家；另外还有农村联营和个体工业 1635 家。从经济类型上看，国有企业有 77 家，集体企业 2045 家，其他企业 130 家。分别完成工业产值（2000 年不变价）151075 万元、1316118 万元和 309135 万元；分别占全县工业总产值的比重为 8.50%、74.09% 和 17.10%。至 2000 年年底，县属工业企业 114 家，乡镇 1909 家；另外有农村个体工业 971 家。经过体制改革，从经济类型上看，国有企业 25 家，集体企业 155 家，其他非公有制企业 1834 家，分别完成工业产值（2000 年不变价）43117 万元、149557 万元、2215806 万元，分别占全县工业总产值比重为 1.79%、6.21%、92%。非公有制企业比重明显上升。在“九五”期间农业所有制结构也有所变化，在合理调整土地的基础上，延长土地承包期。1998 年 10 月，全县共发放土地承包经营权证书 17.29 万份，到户率 95% 以上，落实承包耕地 4.65 万公顷，从而进一步稳定完善农村集体土地经营责任制。并加强了对农村集体资产管理工作。2000 年年末，全县耕地总面积 75739 公顷，其中国有 243.90 公顷，占 0.32%，集体 75495.20 公顷，占 99.68%。自 1984 年农村经济体制改革后，一直实行的土地集体所有联产承包责任到户，在实践中不断完善。商业企业所有制结构，在“九五”期间，不同所有制企业竞争激烈，个体经济发展迅速，年平均增长 11.84%；集体经济发展平稳，年平均增长 5.14%；国有企业呈下降趋势，随着经济体制改革企业改制后，企业数减少，年平均下降 4.30%。

“十五”时期和 2007 年。农业所有制结构稳定在“九五”时期的状况，2005 年年末，江宁区耕地面积为 5.94 万公顷。商业所有制结构，在社会消费品零售总额中，国有商业从 2000 年所占比重 24.95%，到 2005 年降为 10.45%；集体商业从 2000 年占 34.69%，到 2005 年降为 7.50%；个体商业从 2000 年占 9.93%，到 2005 年上升为 56.14%；私营商业从 2000 年占 11.35%，到 2005 年降为 10.25%。“十五”以来，个体商业明显大幅上升，私营商业基本持平，国有商业、集体商业下降明显。工业所有制结构的变化，主要体现在港澳台及外商投资企业在江宁区工业经济主要指标中的结构比重，明显呈逐年上升趋势。2007 年，全区规模以上企业（产品销售收入在 1000 万元以上企业）总产值为 579.20 亿元。其中，国有企业 11.34 亿元，占 1.96%；集体企业 9.68 亿元，占 1.67%；股份合作制企业 7 亿元，占 1.21%；股份有限公司 111.58 亿元，占 19.26%；外商及港澳台投资企业 302.85 亿元，占 55.46%；私营企业 116.43 亿元，占 20.10%；其他企业 0.68 亿元，占 0.12%。

第二节　产业结构

新中国成立前，江宁经济除农业、手工业、商业等传统产业外，几乎没有近代产业。1949 年，农业国内生产总值占总产值 96%，其他产业仅占 4%。江宁产业结构随着生产的发展和经济规模的扩大，经历了农业主体时期、农业工业主体转换时期、工业主体时期的演变过程。

1949—1984 年，江宁县三次产业结构为“一二三”产业次序格局，农业占主体地位。其中，1978 年，第一、第二、第三产业比重为 49.34 ∶ 35.66 ∶ 15.00。20 世纪 80 年代开始，江宁县在完善深化管理体制改革、经济结构改革和技术改革中，农村普遍实行大包干，农村经济正在从自给半自给型向商品化转化，农业生产从传统式经营向现代化经营转化，从单一的经营形式向多层次、多种经济形式转化；工业重点实施“外引内联”决策，发展横向经济联营，工农业总产值有较大幅度地增长。1984 年，第一、第二、第三产业比重为 46.05 ∶ 37.96 ∶ 15.99。与 1978 年相比，第一产业比重下降 3.29%，第二产业比重上升 2.30%，第三产业比重上升 0.99%。

1985—1996 年，江宁县三次产业结构为“二一三”产业次序格局，工业经济占主体地位，农业经济退居次席。1985 年，第一、第二、第三产业比重为 41.72 ∶ 42.50 ∶ 15.78，工业经济比重第一次超过农业经济比重。1991—1995 年，加大产业结构调整步伐，农业在深化农村改革的推动下，特别是战胜 1991 年特大洪涝和 1994 年持续干旱的自然灾害后，农业生产出现可喜的变化，种植业进一步优化调整，规模化、集约化经营长足发展，先进适用技术推广有所突破，农业产值、粮油产量和经济效益同步增长。工业大力发展规模经济，1991—1995 年，先后组建时花电器集团、三钢集团、金箔集团、新蕾化工集团、天宝水泥集团、利民集团、东方发展集团和双宁实业集团 8 家集团型企业，加快外向型经济发展步伐，至 1995 年，县属工业已建成包括机械、电子、轻纺、化工、建材等行业的合资企业 33 家。商业系统全面推行“四放开”（即经营放开、价格放开、分配放开、用工放开），加强网点建设，调整商业结构。1996 年，第一、第二、第三产业比重为 19.56 ： 61.58 ： 18.86。与 1986 年相比，第一产业比重下降 21.01%，第二产业比重上升 18.73%，第三产业比重上升 2.28%，进一步确立工业经济在全县经济中的主体地位。

1997—2007 年，江宁区三次产业结构为“二三一”产业次序格局，工业占主体地位。第三产业上升为第二位，农业退居第三位，实现历史性跨越。1997 年，第一、第二、第三产业比重为 15.46 ： 62.85 ： 21.69，实现三次产业结构由“二一三”向“二三一”重要转变。1997—2007 年，江宁区坚持优化经济结构，加快产业转型，产业结构日趋合理。在产业结构调整中，先后实施园区带镇、组团发展、先进制造业和现代服务业“双轮驱动”的战略，重点打造江宁经济技术开发区、滨江经济技术开发区、禄口新城三大先进制造业板块，东山副域、汤山新城两大服务业集聚区，培育电子信息、汽车制造两大支柱产业，智能电网与电力自动化、新能源、航空三大新兴产业，软件及服务外包、现代物流、旅游、高端商贸和文化创意三大现代服务业。加快农业结构调整步伐，大力推进农业产业化和科教兴农步伐，努力提高农业综合经济效益，促进全区农业经济健康快速发展。2007 年，实现国内生产总值 3395335 万元。其中，第一产业 189535 万元，第二产业 2124754 万元，第三产业 1081046 万元。第一、第二、第三产业比重为 5.58 ： 62.58 ： 31.84。与 1997 年相比，第一产业比重下降 9.88%，第二产业比重下降 0.27%，第三产业比重上升 10.15%。

1949—2007 年江宁区国民经济产业情况表

表13-4-1

时期	年份	国内生产总值（万元）	第一产业（万元）	第二产业（万元）	第三产业（万元）	人均国内生产总值（元）	比重（%）		
							第一产业	第二产业	第三产业
恢复时期	1949	3011	2890	109	12	74	95.98	3.52	0.40
	1950	3393	3186	143	64	83	93.90	4.21	1.39
	1951	3824	3513	188	123	93	91.87	4.92	3.21
	1952	4310	3874	247	189	95	89.88	5.73	4.39
“一五”时期	1953	4239	3729	302	208	92	87.97	7.12	4.90
	1954	3949	3359	377	213	84	85.06	9.55	5.39
	1955	5031	4271	453	307	106	84.90	9.00	6.10
	1956	5110	4172	594	344	107	81.64	11.62	6.73
	1957	5499	4475	612	412	114	81.38	11.13	7.49
“二五”时期	1958	5435	3989	852	594	110	73.39	15.68	10.93
	1959	4926	3325	874	727	100	67.50	17.74	14.76
	1960	5535	3804	938	793	115	68.73	16.95	14.32
	1961	4862	3247	841	774	101	66.78	17.30	15.92
	1962	5882	4416	660	806	121	75.08	11.22	13.70
调整时期	1963	7632	6031	690	911	154	79.02	9.04	11.94
	1964	8753	6772	887	1094	172	77.37	10.13	12.50
	1965	8112	5947	1145	1020	154	73.31	14.12	12.57
“三五”时期	1966	8416	6053	1294	1069	155	71.92	15.38	12.70
	1967	8272	5913	1300	1059	148	71.48	15.72	12.80
	1968	8738	6319	1283	1136	153	72.32	14.68	13.00

续表

时期	年份	国内生产总值（万元）	第一产业（万元）	第二产业（万元）	第三产业（万元）	人均国内生产总值（元）	比重（%）		
							第一产业	第二产业	第三产业
“三五”时期	1969	8917	6496	1253	1168	151	72.85	14.05	13.10
	1970	9214	6543	1453	1218	149	71.01	15.77	13.22
“四五”时期	1971	11092	7902	1781	1409	173	71.24	16.06	12.70
	1972	11237	7846	2009	1382	173	69.82	17.88	12.30
	1973	11892	8112	2365	1415	179	68.21	19.89	11.90
	1974	12824	8653	2696	1475	190	67.48	21.02	11.50
	1975	12486	7653	3446	1387	183	61.29	27.60	11.11
“五五”时期	1976	14717	8559	4344	1814	213	58.16	29.52	12.32
	1977	12890	5437	5316	2137	191	42.18	41.24	16.58
	1978	19018	9384	6781	2853	287	49.34	35.66	15.00
	1979	21584	10645	8068	2871	325	49.32	37.38	13.30
	1980	26407	11873	10808	3726	398	44.96	40.93	14.11
“六五”时期	1981	27261	12072	11147	4042	407	44.28	40.89	14.83
	1982	33371	15530	13089	4752	492	46.54	39.22	14.24
	1983	35296	15832	14060	5404	504	44.86	39.83	15.31
	1984	43845	20190	16644	7011	637	46.05	37.96	15.99
	1985	55982	23357	23793	8832	809	41.72	42.50	15.78
“七五”时期	1986	70277	28508	30113	11656	1000	40.57	42.85	16.58
	1987	81143	31421	35001	14721	1149	38.72	43.13	18.15
	1988	99729	38068	46342	15319	1391	38.17	46.47	15.36
	1989	118101	47827	51145	19129	1622	40.50	43.30	16.20
	1990	123302	43801	60200	19301	1673	35.52	48.82	15.66
“八五”时期	1991	143614	49703	63642	30269	1930	34.61	44.31	21.08
	1992	199286	62253	98333	38700	2659	31.24	49.34	19.42
	1993	326218	70816	202594	52808	4339	21.71	62.10	16.19
	1994	433851	87386	278944	67521	5843	20.14	64.29	15.57
	1995	547917	118505	331589	97823	7406	21.63	60.52	17.85
“九五”时期	1996	660443	129174	406693	124576	8919	19.56	61.58	18.86
	1997	758441	117233	476683	164525	10210	15.46	62.85	21.69
	1998	861038	117831	547070	196137	11545	13.68	63.54	22.78
	1999	936859	123603	582159	231097	12579	13.19	62.14	24.67
	2000	1013443	127536	614840	271067	13687	12.58	60.67	26.75
“十五”时期	2001	1136249	135403	669234	331612	15282	11.92	58.90	29.18
	2002	1356511	141133	788998	426380	18142	10.40	58.17	31.43
	2003	1683295	147900	998187	537208	22201	8.79	59.30	31.91
	2004	1904861	157580	1169138	578143	24617	8.27	61.38	30.35
	2005	2305333	166088	1414912	724333	28925	7.20	61.38	31.42
“十一五”时期	2006	2781403	181464	1725993	873946	33183	6.53	62.05	31.42
	2007	3395335	189535	2124754	1081046	36399	5.58	62.58	31.84

第三节 投资结构 劳动力结构

【投资结构】

新中国成立后，江宁固定资产投资的方向，随着经济发展的需要而改变，在经济发展的不同时期各有侧重。新中国成立初期到20世纪70年代中期，农业是全县经济的主体。投资的重点为加强农田水利建设，保证大、中型水库工程建设投资，同时发展化肥、农药、各种农业机械等农用工业。随着农业提供积累的增加，逐步围绕当地资源的开采建设，投资重点增加冶金、矿山、建材、化工、机械等基础工业建设，为工农业生产和其他经济建设提供原材料和技术装备。随着工业自身积累的增长，工业逐步成为江宁经济的主体。改革开放后，江宁县进入经济发展的新时期，能源、交通成为制约工农业生产和整个经济发展的薄弱环节，投资方向为加强电力、交通运输、邮电通信业，改善流通和投资环境；同时扩大技术改造投资，引进技术，加速生产企业的技术更新改造。在企业技术更新改造中，争取国家和省、市贴息贷款，利用划定给江宁的外汇额引进国外先进设备和技术，发展外贸出口产品。“六五”时期，技术改造年均增长15%左右，“七五”时期达40%。“八五”时期，由于改革开放，计划体制下放管理权限，工农业的基本建设和技术改造项目，有了突飞猛进发展。年度固定资产投资总额，1989年达1333万元，到1995年增至242797万元。江宁固定资产投资继2003年首次突破100亿元后，时隔2年（2005年）全社会投资和工业投资分别突破200亿元、100亿元，2006年分别达300.70亿元和200.30亿元，分别比2005年增长33.48%和54.07%。房地产业建设发展投资总额2006年是2000年的10倍。2007年，固定资产投资370.50亿元，其中房地产投资55.46亿元，同比增长39.40%。

1949—1998年江宁县固定资产投资情况表

表13-4-2　　单位：万元

时期	年份	固定资产投资完成额	其中基本建设完成	时期	年份	固定资产投资完成额	其中基本建设完成
恢复时期	1949	1	1	“四五”时期	1974	517	517
	1950	16	16		1975	559	559
	1951	3	3	“五五”时期	1976	351	351
	1952	32	32		1977	594	594
“一五”时期	1953	58	58		1978	521	495
	1954	90	90		1979	848	655
	1955	97	97		1980	1312	688
	1956	114	114	“六五”时期	1981	1296	585
	1957	88	88		1982	1660	446
“二五”时期	1958	138	138		1983	1173	275
	1959	305	305		1984	1303	456
	1960	379	379		1985	2574	1006
	1961	128	128	“七五”时期	1986	2999	790
	1962	82	82		1987	3826	382
调整时期	1963	42	42		1988	2728	854
	1964	101	101		1989	1333	706
	1965	206	206		1990	2353	1311

续表

时　期	年　份	固定资产投资完成额	其中基本建设完成	时　期	年　份	固定资产投资完成额	其中基本建设完成
“三五”时期	1966	84	84	“八五”时期	1991	4801	2358
	1967	61	61		1992	25391	16210
	1968	50	50		1993	158705	28038
	1969	56	56		1994	173677	34943
	1970	155	155		1995	242797	38591
“四五”时期	1971	131	131	“九五”时期	1996	279735	56037
	1972	305	305		1997	256491	87208
	1973	350	350		1998	300958	73194

1999—2007 年江宁区固定资产投资情况表

表13-4-3

年　份	固定资产投资完成额（亿元）	其中：工业投资完成额（亿元）	其中：房地产投资	
			投资完成额（亿元）	房屋施工面积（万平方米）
1999	33.20	15.70	2.39	43.40
2000	36.70	16.00	4.01	67.60
2001	40.90	14.10	7.28	127.50
2002	56.40	25.70	11.39	108.56
2003	100.30	46.60	14.93	123.95
2004	150.10	90.30	17.95	244.93
2005	225.27	130.00	30.76	319.66
2006	300.70	200.30	39.77	435.86
2007	370.46	240.50	55.46	400.12

【劳动力结构】

长期以来，农村经济结构单一，1949—1978 年，江宁县劳动力有 90% 左右被束缚在土地上从事集体耕作。1978 年后，随着农村经济体制改革深入和产业结构的调整，劳动力的分布发生变化，大批农村劳动力开始向工业、运输业、商业、服务业等非农产业转移，部分劳动力在城市打工，从事建筑、建材加工、运输、个体经营等。特别是在 2000 年江宁县撤县设区后，实施中心镇规模建设，农村人口向农民社区集中，促进劳动力向第三产业方向发展。农村劳动者从事第三产业的比例，从 1980 年的 9.21% 增至 2000 年的 25.93%，2006 年增至 33.40%。同时，为工业和建筑业的发展提供充裕的劳动力资源，2006 年，第二产业从业人员比 1980 年增加 1 倍。2007 年，从事第一产业人口占总就业人口 19.58%，第二产业占 46.65%，第三产业占 33.77%。

1978—2007年部分年份江宁区社会劳动力情况表

表13-4-4

年　份			1978	1980	1990	1995	2000	2005	2006	2007
社会劳动力（万人）			31.40	31.71	41.17	42.52	43.96	40.98	41.6	42.39
按经济类型分（%）	一、职　工		9.62	10.22	11.82	13.13	12.31	14.88	15.00	15.39
	其中	国有经济职工	6.11	6.75	7.98	8.96	5.67	5.61	5.41	5.19
		城镇集体职工	3.51	3.47	3.74	3.68	1.93	1.04	0.85	0.80
		其他经济职工	—	—	0.10	0.49	4.71	8.23	8.74	9.40
	二、城镇个体劳力者		—	0.03	0.13	0.31	10.49	8.85	9.86	11.32
	三、农村劳动者		90.38	89.75	88.05	86.36	77.2	76.27	75.14	73.08
按三次产业分（%）	第一产业		74.07	69.44	48.22	40.97	36.49	26.06	22.12	19.58
	第二产业		18.28	21.35	37.71	39.58	37.58	42.46	44.47	46.65
	第三产业		7.65	9.21	14.07	19.45	25.93	31.48	33.40	33.77

第五章　经济发展比较

改革开放后，江宁区域经济综合实力持续增长，特别是从20世纪90年代开始，通过建设工业开发园区以及各乡镇工业集中区，提升工业化水平，提升工业产业的支撑作用，并以江宁经济技术开发区带动区域城市化进程。1992年第一届中国农村综合实力百强县（市）中，江苏省进入百强县（市）有22个，江宁县榜上无名。1993年第二届中国农村实力百强县（市），江苏省进入百强县（市）有无锡县、江阴市、张家港市等26个，江宁县首次进入百强县（市）行列，在江苏省进入的26个县（市）中排名第21位。1995年第三届中国农村综合实力百强县（市）中，在江苏省进入25个百强县（市）中，江宁县由原第21位提升至第18位。2000年12月，江宁县撤县设区后，正式成为南京主城区的一部分，赢得新的发展机遇。2000—2007年，江宁经济社会取得跨越式发展，发展成果超过历史上任何时期。地区生产总值从2000年的不足100亿元，增至2007年的339.53亿元，财政收入111.14亿元，主要经济指标稳居南京市13个区（县）第一、江苏省十强。

与沿海27个交流县（市、区）比，江宁区主要经济指标有一定的差距。2007年，在27个沿海交流县（市、区）中，地区生产总值居第19位，全部财政收入居第11位，社会消费品零售总额91.02亿元，居第21位，农民年人均纯收入8140元，居第20位，城镇居民可支配收入19580元，居第15位。

第一节　江宁区国民经济在南京市地位

1971年3月，江宁县又划归南京市管辖。1978年改革开放后，江宁县享受着南京市都市化发展进程中的强大辐射，经济建设步伐加快。1985年，国内生产总值15.60亿元，为南京市国民生产总值79.80亿元的7.02%。1986年，江宁县在南京所属五县中，社会总产值、国民收入、工农业生产总值、预算内财政收入、社会商品零售总额、农民年人均纯收入、城镇职工年工资等指标均位居第一。1995年，江宁县国民生产总值54.79亿元，为南京市国民生产总值576.46亿元的9.50%，比1985年增长2.48%；工农业总产值154.31亿元，为南京市832.46亿元的18.54%；粮食产量46900万公斤，为南京市168570万公斤的27.82%；社会商品零售总额14.96亿元，为南京市246亿元的6.08%；财政收入2.69亿元，为南京市65.17亿元的4.13%。

2000年后，江宁区域综合实力得到显著提升，地区生产总值以每3年到4年翻一番的速度增长。2007年，江宁区地区生产总值339.53亿元，为南京市地区生产总值3275亿元的10.37%，居南京市13个区县第一；全社会固定资产投资总额，江宁区370.50亿元，为南京市1868亿元的19.83%；国有及1000万元以上非国有独立核算工业利税总额，江宁区63.80亿元，为南京市612亿元的10.42%；社会消费品零售总额，江宁区91.02亿元，为南京市1380.50亿元的6.59%；地方财政一般预算收入，江宁区45.08亿元，为南京市330.20亿元的13.65%；农民年人均纯收入，江宁区8140元，为南京市8020.30元的101.49%；城镇居民人均支配收入，江宁区19580元，为南京市20317元的96.37%。

1992—1995年江宁县国民经济主要指标占南京市比重情况表

表13-5-5

经济指标	1992年		1993年		1994年		1995年	
	县	市	县	市	县	市	县	市
国民生产总值（现价）（亿元）	19.93	247.60	32.62	339.45	43.39	466.86	54.79	576.46
占市比重（%）	8.05		9.61		9.29		9.50	
社会生产总值（亿元）	58.15	638.76	109.99	885.52	166.31	1455.33	191.90	1941.65
占市比重（%）	9.10		12.42		11.43		9.88	
工农业生产总值（不变价）（亿元）	50.12	530.98	89.64	583.97	122.45	695.40	154.31	832.46
占市比重（%）	9.44		15.35		17.61		18.54	
粮食产量（万吨）	45.71	164.83	47.62	160.32	44.39	153.98	46.90	168.57
占市比重（%）	27.73		29.70		28.83		27.82	
社会消费品零售总额（亿元）	7.77	104.49	9.51	141.31	11.97	187.70	14.96	246.00
占市比重（%）	7.44		6.73		6.38		6.08	
财政收入（亿元）	1.09	23.84	1.65	36.04	2.30	22.62	2.69	65.17
占市比重（%）	4.57		4.58		10.17		4.13	
全部工资总额（亿元）	1.36	45.70	1.85	62.56	2.61	86.89	3.15	104.38
占市比重（%）	2.98		2.96		3.00		3.02	

1996—2004 年江宁区国民经济主要指标占南京市比重情况表

表 13-5-6

年份		国内生产总值（亿元）	占市比重（%）	人均国内生产总值（元）	占市比重（%）	全社会固定资产投资总额（亿元）	占市比重（%）	社会消费品零售总额（亿元）	占市比重（%）	实际利用外资（亿美元）	占市比重（%）	出口创汇（亿美元）	占市比重（%）	地方财政收入（亿元）	占市比重（%）	城乡居民储蓄余额（亿元）	占市比重（%）	农民年人均纯收入（元）	占市比重（%）	职工工资（元）	占市比重（%）	粮食产量（万吨）	占市比重（%）
1996	县	66.04	9.79	8919	70.45	27.97	8.80	18.29	5.97	0.89	15.29	1.02	10.81	1.94	5.37	22.29	6.21	3256	104.09	6032	75.28	49.40	27.53
	市	674.90		12660		317.95		306.62		5.82		9.44		36.16		359.00		3128		8013		179.45	
1997	县	75.84	9.96	10210	72.93	25.65	7.32	17.70	5.13	1.27	17.16	1.32	25.38	2.28	4.94	26.54	6.04	3662	103.65	6505	73.53	49.76	27.27
	市	761.60		14000		350.50		345.00		7.40		5.20		46.20		439.70		3533		8847		182.50	
1998	县	86.10	10.43	11545	75.71	30.10	7.99	15.01	3.93	1.50	17.86	1.60	13.68	4.60	9.06	31.16	7.03	3787	101.69	7243	76.65	47.55	26.88
	市	825.60		15248		376.70		382.40		8.40		11.70		50.80		443.10		3724		9449		176.90	
1999	县	93.69	10.46	12579	76.49	33.20	8.90	16.51	4.36	1.80	20.69	2.60	45.61	3.10	4.67	35.67	6.28	3922	101.55	7654	64.15	45.08	26.55
	市	895.30		16446		373.00		378.60		8.70		5.70		66.40		568.10		3862		11931		169.80	
2000	县	101.34	9.94	13681	73.09	36.70	8.91	17.71	4.22	2.10	21.21	1.30	7.26	4.80	5.18	38.62	7.41	4210	103.64	8832	63.48	36.81	25.67
	市	1020.00		18719		412.10		419.80		9.90		17.90		92.60		521.50		4062		13912		143.40	
2001	区	113.62	9.84	15221	73.63	40.90	8.80	19.84	4.26	2.50	26.32	—	—	8.40	7.46	44.78	6.25	4375	101.48	10775	65.01	32.36	25.91
	市	1154.40		20671		464.90		465.80		9.50		—		112.60		716.10		4311.3		16575		124.90	
2002	区	135.65	10.47	18142	79.20	56.40	9.35	22.40	4.27	4.00	26.67	—	—	13.00	9.02	55.51	5.38	4649	101.55	—	—	26.95	24.39
	市	1295.00		22908		603.00		525.20		15.00		—		144.10		1031.00		4578.5		—		110.50	
2003	区	168.33	10.68	22201	81.37	100.30	10.51	26.30	4.38	6.00	27.15	—	—	22.20	11.57	70.04	5.59	5001	101.58	—	—	17.89	20.73
	市	1576.20		27283		954.00		600.20		22.10		—		191.80		1253.90		4923		—		86.30	
2004	区	190.49	9.97	26150	79.12	150.10	12.49	57.20	8.04	6.20	24.12	—		17.50	10.30	84.90	6.11	5620	101.57	—		22.71	22.10
	市	1910.00		33050		1201.90		711.4		25.70		—		169.90		1382.20		5533		—		102.4	

2005—2007 年江宁区国民经济主要指标占南京市比重情况表

表 13-5-7

年份		地区生产总值(现价)(亿元)	占市比重(%)	工农业总产值(亿元)	占市比重(%)	全社会固定资产投资总额(亿元)	占市比重(%)	国有及500万元以上非国有独立核算工业利税总额(亿元)	占市比重(%)	社会消费品零售总额(亿元)	占市比重(%)	注册外资实际到账(亿美元)	占市比重(%)	地方财政一般预算收入(亿元)	占市比重(%)	城乡居民储蓄余额(亿元)	占市比重(%)	农民年人均纯收入(元)	占市比重(%)	城镇居民人均支配收入(元)	占市比重(%)	在岗职工平均工资(元)	占市比重(%)
2005	区	230.53	9.54	435.85	10.33	225.30	16.06	39.60	10.84	66.44	6.61	5.50	38.73	22.00	10.42	106.85	6.37	6320	101.53	14207	94.73	18628	63.49
	市	2413.00		4219.82		1402.70		365.40		1005.00		14.20		211.10		1677.50		6225		14997		29342	
2006	区	278.14	10.03	581.46	11.96	300.70	18.64	51.80	12.76	77.11	6.61	4.40	25.88	29.00	11.77	126.17	6.60	7160	101.63	16801	95.80	24878	76.64
	市	2774.00		4861.20		1613.60		405.70		1166.90		17.00		246.40		1913.10		7045		17538		32459	
2007	区	339.53	10.37	—	—	370.50	19.83	63.80	10.42	91.02	6.59	6.00	29.13	45.08	13.65	143.42	7.13	8140	101.49	19580	96.37	30301	84.76
	市	3275.00		—		1868.00		612.00		1380.50		20.60		330.20		2010.30		8020.30		20317		35750	

说明：2007 年江宁区与南京市工业利税总额为国有及 1000 万元以上非国有独立核算工业利税总额

2005—2007 年江宁区国民经济主要指标在全市区县位次情况表

表 13-5-8

年份	地区生产总值(亿元)	位次	人均地区生产总值(元)	位次	当年完成固定资产投资(亿元)	位次	地方一般预算收入(亿元)	位次	当年实际利用外资(亿美元)	位次	城镇居民可支配收入(元)	位次	农民年人均纯收入(元)	位次
2005	230.53	1	28925	1	225.27	1	21.99	1	5.50	1	14207	4	6320	3
2006	278.14	1	31192	1	300.70	1	29.01	1	4.35	1	16801	1	7160	3
2007	339.53	1	36399	1	370.46	1	45.08	1	5.98	1	19580	4	8140	3

第二节 江宁区国民经济居省排位

20世纪90年代以前，江宁县国民经济在全省64个县（市）中，居中下游水平。1993年，江宁县首次进入全国百强县，在江苏省26个百强县（市）中排第21位。依次为：无锡县（排名全国第一，下同）、江阴市（二）、张家港市（四）、常熟市（六）、武进县（七）、太仓县（八）、吴县（九）、昆山市（11）、宜兴市（14）、吴江市（22）、扬中县（27）、丹阳市（33）、靖江县（46）、邗江县（47）、丹徒县（48）、溧阳县（52）、金坛县（54）、泰兴县（55）、南通县（56）、启东市（58）、江宁县（63）、海门县（72）、江都县（79）、铜山县（93）、泰州市（97）、东台市（100）。

1995年，在江苏省进入全国的25个百强县（市）中，江宁县由原第21位提升至第18位，依次为：锡山县（一）、张家港市（二）、江阴市（五）、常熟市（六）、吴县市（七）、武进县（八）、昆山市（九）吴江市（13）、靖江县（31）、宜兴市（32）、丹阳市（39）、邗江县（42）、丹徒县（46）、江都县（51）、泰州市（54）、通州市（64）、江宁县（65）、扬中县（68）、金坛县（70）、启东市（80）、溧阳县（82）、泰兴县（83）、泰县（93）、句容县（97）。

2003—2007年，江宁区国民经济主要指标进入全省十强。2007年，地区生产总值居全省第九位，人均地区生产总值居第十位，地方性一般预算收入居第六位，出口总额居第七位，城镇固定资产投资居第二位。

2003—2007年江宁区主要经济指标在全省位次情况表

表13-5-9

经济指标	2003年	2004年	2005年	2006年	2007年
人口（万人）	76.44	78.31	81.08	84.55	87.94
位 次	40	36	34	33	33
地区生产总值（亿元）	168.33	202.35	230.50	278.00	339.53
位 次	9	9	9	9	9
人均地区生产总值（元）	22201	26150	28925	33567	39050
位 次	10	10	10	10	10
地方一般预算收入（亿元）	22.00	17.50	22.00	29.00	45.08
位 次	5	6	6	6	6
粮食产量（万吨）	17.89	22.71	20.93	24.83	24.60
位 次	51	46	46	44	45
规模以上工业增加值（亿元）	85.10	98.60	97.20	118.80	145.4
位 次	7	7	9	11	12
社会消费品零售总额（亿元）	26.30	57.20	66.44	77.11	91.02
位 次	23	23	9	11	11

续表

经济指标	2003 年	2004 年	2005 年	2006 年	2007 年
出口总额（亿美元）	3.70	8.60	18.50	28.00	27.20
位　次	7	7	6	6	7
工业用电量（亿千瓦时）	—	—	—	16.00	19.09
位　次	—	—	—	13	12
城镇固定资产投资（亿元）	103.30	—	—	172.00	215.50
位　次	1	—		2	2
人均居民储蓄（元）	9238	10972	13408	—	—
位　次	18	18	17	—	—
人均地方一般预算收入（元）	2928	2262	2759	—	—
位　次	2	7	7	—	—

第三节　江宁区在沿海交流县（市、区）位次

江宁区统计局提供的“沿海交流县（市、区）主要经济指标”数据显示，江宁区与27个沿海交流县（市、区）相比，主要经济指标有一定的差距。除全社会固定资产投资居第二位外，其他经济指标均居中下游位置。其中，2007年，江宁地区生产总值为339.53亿元，居27个沿海交流县（市、区）第19位。

2003年，江宁区沿海交流县（市、区）为23个，2004年为25个，2005—2006年为24个。2007年为27个，其中江苏省13个：昆山市、常熟市、张家港市、江阴市、太仓市、武进区、宜兴市、锡山区、通州市、启东市、靖江市、海门市、江宁区；浙江省5个：绍兴县、萧山区、鄞州区、诸暨市、慈溪市；上海市2个：嘉定区、青浦区；广东省4个：南海区、三水区、高明区、顺德区；山东省2个：莱州市、荣成市；福建省1个：晋江市。

2003—2007年江宁区在沿海交流县（市、区）位次情况表

表13-5-10

经济指标	2003 年	2004 年	2005 年	2006 年	2007 年
地区生产总值（亿元）	168.33	190.49	230.53	278.14	339.53
位　次	16	17	17	17	19
工业总产值（亿元）	389.96	456.00	509.40	565.40	629.30
位　次	19	18	18	19	27
农业总产值（亿元）	30.23	16.30	35.40	—	—
位　次	7	13	9	—	—

续表

经济指标	2003 年	2004 年	2005 年	2006 年	2007 年
粮食产量（万吨）	18.07	22.80	21.10	—	—
位 次	13	12	13	—	—
全社会固定资产投资（亿元）	100.30	150.10	255.30	300.70	370.50
位 次	14	9	2	2	2
社会消费品零售总额（亿元）	26.30	57.20	66.44	77.11	91.02
位 次	23	18	19	19	21
全部财政收入（亿元）	35.02	40.01	50.02	65.06	111.14
位 次	11	9	11	12	11
地方财政收入（亿元）	22.20	17.50	22.00	29.00	45.08
位 次	7	11	12	11	10
农民人均纯收入（元）	5001	5620	6320	7160	8140
位 次	19	16	19	21	20
城镇职工平均工资（元）	9328	16931	18628	—	—
位 次	22	13	16	—	—
全社会用电量（亿千瓦时）	13.03	16.20	19.20	21.40	24.70
位 次	18	15	17	18	17
实际利用外资（亿美元）	—	—	5.50	4.40	6.00
位 次	—	—	4	12	6
城镇居民可支配收入（元）	—	—	—	16801	19580
位 次	—	—	—	13	15

第十四编

农　业

第一章　农业综合
第二章　种植业
第三章　林　业
第四章　经济林果
第五章　畜牧业
第六章　渔　业
第七章　农业机具

在距今约3700年—3000年间，今江宁区域分布着大量“湖熟文化”聚落遗址，其时代相当于中原商代至西周初期。遗址出土遗物的石器多磨制，有刀、镰、锛、斧、凿、矛、镞等，反映先民们对江宁这块热土农业开发进入到一个高潮。两汉时期，湖熟一带已是“阡陌纵横，鱼米甚丰”之地。三国东吴时期，十分重视农业开发，兴修水利促进秦淮河沿岸农业的发展和繁荣。宋、元、明、清各代，县境内农业生产有所发展。据清〔宣统〕《上元江宁乡土志》记述，县境内的“天印”“牛首”“东门”等丘陵山区，“皆垦其平者为田，溪涧所经，筑塘以蓄水，非大旱潦率，得中稔”“田之滨江者，筑土御水而耕其中，曰圩滨，秦淮者亦然。……膏沃甲一郡，兼有鱼、蟹、虾、蛤、葭、苇、菰、蒋之饶”。民国35年（1946），全县有田1073472.24亩（1公顷=15亩，下同），粮食作物种植面积为1165757亩，粮食总产量为2749736市担（1市担=50公斤，下同）。其中，夏粮为381165市担，占全县粮食总产量的13.86%；秋粮为2368571市担，占86.14%。46个乡人口总数436227人，每人年均占有粮食315公斤。

新中国成立后，实行土地改革，历经互助组、合作社、人民公社。江宁地区农林业生产由个体经营逐步走上集体经营，广大农民在各级政府领导下，兴修水利、平整土地，建设旱涝保收、稳产高产农田，植树造林，改善农林生产条件，推广优良品种和科学技术，使农、林、牧、渔业得到全面发展。“文化大革命”时期，虽然农村经济遭到一定程度的破坏，但由于广大农民和基层干部排除重重干扰，坚持工作和生产，农业生产仍有所发展。1978年，全县农林牧渔总产值42950万元（1990年不变价）。其中，农业产值33517万元，占总产值78.04%；林业产值793万元，占1.85%；牧业产值7812万元，占18.19%；渔业产值828万元，占1.93%。

1982年，全县基本实行家庭联产承包责任制，农民有了生产和经营自主权，劳动致富的积极性空前高涨，同时，调整产业结构，由过去单一的粮、棉生产转变为农、林、牧、渔多种经营全面发展。2001年后，江宁区坚持现代化农业总体定位，加快农业的功能性结构调整，基本形成以生态景观休闲农业片区、高效设施农业基地和农产品加工基地、特色精品基地、绿色基地为主体的现代农业布局。2007年，全区农林牧渔业总产值（1990年不变价）167362万元，粮食作物总产量24604.80万公斤，油料总产量2641万公斤，农业机械总动力43.31万千瓦，农民人均纯收入8140元。

第一章　农业综合

农业综合包括农业产业结构、农业区划、农业资源开发、优质高产高效农业和实施农业丰收计划项目五个方面。1949年，全县农林牧渔总产值12780万元（1990年不变价，下同）。其中，农业产值10278万元，占总产值80.42%；林业产值169万元，占1.32%；牧业产值2191万元，占17.14%；渔业产值142万元，占1.11%。1978年，农林牧渔业总产值42950万元。其中，农业产值33517万元，占78.04%；林业产值793万元，占1.85%；牧业产值7812万元，占18.19%；渔业产值828万元，占1.93%。上述数字表明，经过30年的发展，各业之间比重变化不大。1980—1984年，由42名农业技术人员和50多名知识青年组成的专业队伍，用4年多时间，完成江宁县阶段性农业区划工作，作出《江宁县综合农业区划成果报告》。1984年10月，经市有关部门验收合格。通过区划，在明确各区自然资源和生产特点的基础上，逐步调整产业结构。20世纪80年代后，加大各业结构调整力度，农业产值占农林牧渔总产值比重大幅度下降，渔业产值占总产值比重大幅度上升。至2007年，农林牧渔总产值167362万元。其中，农业产值79925万元，占47.76%；林业产值1751万元，占1.05%，牧业产值32402万元，占19.36%；渔业产值47333万元，占28.28%；农林牧渔服务业产值5951万元，占3.56%。

江宁区农业资源开发致力于加强农业基础设施建设，提高农业综合生产能力，加快农业结构调整进程，推进农业产业化经营，促进农业增效、农民增收，取得良好的经济、社会和生态效益。1998—2007年，完成国家级农业综合开发项目41个，其中土地治理项目36个、多种经营项目5个；省级农业综合开发项目27个；市级农业综合开发项目19个。

第一节　农业产业结构与农业区划

【农业产业结构】

1949年，江宁县农林牧渔业总产值12780万元。其中，农业产值10278万元，占农林牧渔业总产值80.42%；林业产值169万元，占1.32%；牧业产值2191万元，占17.14%；渔业产值142万元，占1.11%。到改革开放前的1977年，农林牧渔业总产值为37497万元。其中，农业产值为28403万元，占农林牧渔业总产值75.75%；林业产值1095万元，占2.92%；牧业产值7026万元，占18.74%；渔业产值973万元，占2.59%。2005年，农林牧渔业总产值158898万元。其中，农业产值为77618万元，占农林牧渔业总产值48.85%；林业产值1874万元，占1.18%；牧业产值35223万元，占22.17%；渔业产值38383万元，占24.16%；农林牧渔服务业产值5800万元，占3.65%。

2007年，农林牧渔业总产值167362万元。其中，农业产值为79925万元，占农林牧渔业产值47.76%；林业产值1751万元，占1.05%；牧业产值32402万元，占19.36%；渔业产值47333万元，占28.28%；农林牧渔服务业产值5951万元，占3.56%。

1949—2007年江宁区农林牧渔业结构（产值）情况表

表 14-1-1

年 份	农林牧渔业总产值（万元）	农 业		林 业		牧 业		渔 业		农林牧渔服务业	
		产值（万元）	占总产值（%）	产值（万元）	占总产值（%）	产值（万元）	占总产值（%）	产值（万元）	占总产值（%）	产值（万元）	占总产值（%）
1949	12780	10278	80.42	169	1.32	2191	17.15	142	1.11	—	—
1950	15400	11454	74.38	277	1.80	3495	22.69	174	1.13	—	—
1951	16783	12431	74.07	417	2.48	3717	22.15	218	1.30	—	—
1952	18320	14932	80.50	443	2.42	2665	14.55	280	1.53	—	—
1953	19454	14835	76.26	305	1.57	3864	19.86	450	2.31	—	—
1954	17644	11960	67.78	654	3.71	4231	23.98	799	4.53	—	—
1955	21700	15917	73.35	863	3.98	4270	19.68	650	2.99	—	—
1956	21265	14916	70.15	1334	6.27	4387	20.63	628	2.95	—	—
1957	20332	14366	70.66	1778	8.74	3411	16.78	777	3.82	—	—
1958	20563	14580	70.90	1468	7.14	3963	19.27	552	2.69	—	—
1959	17838	11899	66.71	2486	13.94	2723	15.27	730	4.09	—	—
1960	18858	12674	67.21	2828	15.00	2724	14.44	632	3.35	—	—
1961	15545	11605	74.66	748	4.81	2651	17.05	541	3.48	—	—
1962	17239	13518	78.42	511	2.96	2491	14.45	719	4.17	—	—
1963	25487	19576	76.81	514	2.02	4700	18.44	697	2.73	—	—
1964	28140	20999	74.62	940	3.34	5399	19.19	802	2.85	—	—
1965	28688	22249	77.56	750	2.61	4770	16.63	919	3.20	—	—
1966	31528	23455	74.40	877	2.78	6190	19.63	1006	3.19	—	—
1967	30666	23531	76.73	659	2.15	5550	18.10	926	3.02	—	—
1968	31776	24672	77.64	532	1.68	5701	17.94	871	2.74	—	—

续表 1

年 份	农林牧渔业总产值（万元）	农 业		林 业		牧 业		渔 业		农林牧渔服务业	
		产值（万元）	占总产值（%）	产值（万元）	占总产值（%）	产值（万元）	占总产值（%）	产值（万元）	占总产值（%）	产值（万元）	占总产值（%）
1969	32311	25092	77.66	633	1.96	5755	17.81	831	2.57	—	—
1970	30497	23437	76.85	971	3.18	5120	16.79	969	3.18	—	—
1971	38786	29747	76.69	1236	3.19	6848	17.66	955	2.46	—	—
1972	37631	28533	75.82	1241	3.30	7040	18.71	817	2.17	—	—
1973	38588	28962	75.05	1503	3.89	7168	18.58	955	2.48	—	—
1974	40717	31078	76.33	1367	3.36	7325	17.99	947	2.32	—	—
1975	33993	26136	76.89	823	2.42	6195	18.22	839	2.47	—	—
1976	44888	35057	78.10	908	2.02	8045	17.92	878	1.96	—	—
1977	37497	28403	75.75	1095	2.92	7026	18.74	973	2.59	—	—
1978	42950	33517	78.04	793	1.84	7812	18.19	828	1.93	—	—
1979	45812	33952	74.11	682	1.49	10190	22.24	988	2.16	—	—
1980	42068	30084	71.51	912	2.17	10030	23.84	1042	2.48	—	—
1981	41349	29797	72.06	600	1.45	9837	23.79	1115	2.70	—	—
1982	46768	33812	72.30	596	1.27	11064	23.66	1296	2.77	—	—
1983	50195	36337	72.39	504	1.01	11847	23.60	1507	3.00	—	—
1984	56985	41966	73.64	563	0.99	12786	22.44	1670	2.93	—	—
1985	56532	39568	69.99	704	1.24	13860	24.52	2400	4.25	—	—
1986	64742	45935	70.95	910	1.40	14765	22.81	3132	4.84	—	—
1987	66002	45588	69.07	1187	1.80	15687	23.77	3540	5.36	—	—
1988	70283	47741	67.93	1243	1.77	16310	23.20	4989	7.10	—	—
1989	70863	46718	65.93	1670	2.36	17065	24.08	5410	7.63	—	—

续表 2

年 份	农林牧渔业总产值（万元）	农 业		林 业		牧 业		渔 业		农林牧渔服务业	
		产值（万元）	占总产值（%）	产值（万元）	占总产值（%）	产值（万元）	占总产值（%）	产值（万元）	占总产值（%）	产值（万元）	占总产值（%）
1990	72690	47659	65.57	1651	2.27	17658	24.29	5722	7.87	—	—
1991	68897	43228	62.74	1304	1.89	17993	26.12	6372	9.25	—	—
1992	80133	52764	65.85	1700	2.12	18210	22.72	7459	9.31	—	—
1993	86200	57105	66.25	1878	2.18	18836	21.85	8381	9.72	—	—
1994	89393	58651	65.61	1862	2.08	19622	21.95	9258	10.36	—	—
1995	93907	60860	64.81	1885	2.01	20826	22.18	10336	11.00	—	—
1996	99576	64416	64.69	2049	2.06	21838	21.93	11273	11.32	—	—
1997	106824	65654	61.46	2238	2.10	23472	21.97	15460	14.47	—	—
1998	111213	64411	57.92	2495	2.24	26091	23.46	18216	16.38	—	—
1999	114530	67095	58.58	2706	2.36	25319	22.11	19410	16.95	—	—
2000	119288	68437	57.37	2903	2.43	26057	21.85	21891	18.35	—	—
2001	134193	76220	56.80	4118	3.07	29101	21.68	24754	18.45	—	—
2002	142925	76784	53.72	5050	3.54	31947	22.35	29144	20.39	—	—
2003	150636	72630	48.22	1552	1.03	32998	21.91	34712	23.04	8744	5.80
2004	159997	76724	47.95	1826	1.14	34842	21.78	37009	23.13	9596	6.00
2005	158898	77618	48.85	1874	1.18	35223	22.17	38383	24.15	5800	3.65
2006	165492	76443	46.19	1689	1.02	35677	21.56	45883	27.73	5800	3.50
2007	167362	79925	47.76	1751	1.05	32402	19.36	47333	28.28	5951	3.55

说明：农林牧渔业总产值及各业产值均为 1990 年不变价

【农业区划】

依据江宁区地貌特征、地域条件及自然资源状况，全区共划分为南部丘陵区、北部丘陵区、秦淮河圩区、沿江圩区四个农业类型区。

南部丘陵区 位于江宁区南部横山、云台山的横溪北及西南部的铜井、陆郎、谷里地区。包括横溪街道、谷里街道的全部，禄口街道铜山部分及江宁街道的陆郎、铜井部分，共有40个社区居委会和32个村委会。南部丘陵区系茅山余脉之所在，显著特点是地形地貌多样，山冈起伏，岗冲分明。土壤肥力偏低、偏酸性，缺磷钾。土地总面积7.33万公顷，占全区总面积46.80%，山丘岗地面积4.89万公顷，占全区总面积50.70%，有林地面积占全区总面积47.50%，为江宁林特产品的主要产区。耕地统计面积2.29万公顷，大多在海拔20米以上。气温、日照略高于其他农业区，平均气温比秦淮河圩区高0.2摄氏度，0摄氏度以上积温约高出100摄氏度左右。土地类型多样，适宜农、林、牧、副、渔全面发展，农业资源开发潜力较大；社会经济条件较好，尤其是临近南京，又与安徽交界，交通方便，宁丹公路贯穿其境，有利于接受城市经济技术辐射，进一步扩大对外开放。

北部丘陵区 分布在江宁区境东北部的青龙山周围，是宁镇山脉的主体。包括汤山街道的全部、淳化街道淳化部分和东山街道上坊部分，共有41个社区居委会和18个村委会。土地总面积4.62万公顷，其中耕地统计面积1.53万公顷，占全区耕地面积27.70%，人均耕地0.08公顷，耕地以黄土、马肝土为主，地力一般，长期以来以粮油生产为主。因地势高，距水源较远，抗旱线路长，常受干旱威胁，是全区重点抗旱区。山地面积1.31万公顷，占土地面积28.20%，林、牧业生产发展潜力较大。区内有丰富的非金属矿产资源和矿泉水资源，有利于发展相应的工矿企业；阳山碑材、溶洞、美龄宫等名胜人文古迹多，汤山温泉闻名遐迩，适宜发展旅游业，前景广阔。紧靠南京，交通发达，有利于接受城市经济、科技辐射。

秦淮河圩区 地处区境中部、秦淮河两岸，包括湖熟街道、秣陵街道、东山街道、淳化街道土桥部分、禄口街道禄口部分，共有37个社区居委会和27个村委会。地区地势平坦、土地肥沃、河沟交错、气候适中，是全区“鱼米之乡”“金盆之地”。总人口30.02万人，其中农业人口17.10万人。土地总面积3.07万公顷，其中耕地1.52万公顷。水面3086.67公顷，占土地总面积10%，其中可利用水面2886.67公顷。地区土壤有机质较高，中性偏酸，稻麦(油)两熟，注重精耕细作，农业生产水平较高，是全区粮油高产区，也是渔业生产基地。地区社会经济条件优越，区位优势明显，不仅紧靠南京，而且是江宁区建设南京新城区的所在地，国家级江宁经济技术开发区、江宁科学园、江宁大学城、禄口国际机场，均在此区范围内，水、陆、空交通便捷，有利于对外开放、建设外向型农业。湖熟板鸭、禄口裘皮等名、特、优农副产品畅销国内外。

沿江圩区 在区境西部、长江沿边，包括江宁街道临江的9个社区居委会及新生、新济、再生、子母、新洲5个江心洲地。大部分为长江冲积平原，地势平而低，地面真高5米左右，为全区最低。土壤以江淤土和洲马肝土为主，地力较高。沿江圩区受长江影响，有明显的海洋性气候，春季升温比其他地区迟而稳。地区土地总面积6466.67公顷。其中耕地1686.67公顷，适宜稻、麦、棉、油等农作物生长，沿江滩地适宜发展速生杨柳。工业基础较好，经济比较繁荣。宁芜铁路、宁马公路贯穿其境，沿长江边水陆交通极为方便，北临南京、西靠马鞍山，市场广阔。2005年后，江宁区响应省、市委号召，实施沿江开发战略，地区已成为滨江经济技术开发区的热土。

第二节 农业资源开发

【国家级农业综合开发项目】

土地治理项目 1998—2007年，江宁区共投资8052.52万元，完成国家级土地治理中低产田改造项目36个共1.30万公顷，累计完成土方586万立方米。新建中沟级农桥200座、涵洞232座、蓄水塘护坡16座、蓄水塘挡墙8座、滚水坝40座，新建小沟级农桥24座、涵洞288座、机井台160座，建造防渗渠168千米，新建泵站72座，购置300HW-5水泵56台、22千瓦电机8台、11千瓦电机56台。铺设水泥路89千米、砂石路272千米，平整土地1466.67公顷，鱼池改造1000公顷，农田林网种植香樟、马褂木、高杆女贞、广玉兰、金枝垂柳、西府海棠等15.80万株，钢架大棚200公顷，进行宁杂1号双低油菜推广200公顷，美国黑提、日本乒乓葡萄新品种推广13.33公顷，水稻肥床育苗、机械化栽播新工艺推广133.33公顷，推广种植苏密6号等优良品种西瓜、甜瓜20公顷，新品种、新技术培训9600人次。新增灌溉面积1400公顷，改善灌溉面积5466.67公顷，新增除涝面积2666.67公顷，改善除涝面积6000公顷，新增节水灌溉面积4533.33公顷，农田林网防护面积5533.33公顷。新增优质粮1280万公斤、油料262万公斤、蔬菜200万公斤。

图14-1-1 机场路国家级综合开发中低产田改造项目（2000年摄）

多种经营项目 1998年，在铜井镇投资130万元，完成国家级多种经营花荠头加工项目1个。种植花荠头104.20公顷，购置排灌设备195柴油机2台（套）、东方红75耕作机械2台（套），建造加工厂房1600平方米、盐渍水泥池1300平方米，年产花荠头半成品97.50万公斤。是年，在上峰镇投资30万元，实施完成国家级科技示范项目1个。该项目示范内容为农作物优质、高产新品种推广和新技术配套栽培技术，秸秆还田和土壤改良技术，低产果、茶园改造和名特果、蔬菜新品种的推广及配套高产栽培等技术。2003年，在禄口国际机场经济圈投资450万元，完成国家级多种经营奶牛养殖项目1个。2004年，在汤山镇投资300万元，完成国家级产业化经营花卉苗木基地项目1个。2005年，在土桥镇投资400万元，实施完成国家级产业化经营优质大米加工项目1个。

【省级农业综合开发项目】

1998—2000年，投资904.85万元，完成省级丘陵山区小流域治理项目6个共2666公顷。1998年，在东善乡投资55万元，完成省级丘陵山区多种经营早园竹竹母基地项目1个、133.33公顷。1999年，在丹阳镇投资55万元，完成省级丘陵山区多种经营中药材基地项目1个、66.67公顷。2000年，在横溪镇投资75万元，完成省级丘陵山区多种经营现代花卉产业科技园项目 1 个、66.67 公顷。2001 年，在禄口国际机场经济圈投资 77 万元，完成省级丘陵山区多种经营牧草基地项目 1 个、166.67 公顷。

2000—2007 年，投资 10060 万元，完成省级丘陵山区高效农业基地项目 17 个共 3433 公顷，累计完成土方 350.80 万立方米。新建中沟级农桥 30 座、涵洞 35 座、水闸 5 座、滚水坝 11 座，新建小沟级涵洞 536 座、溢洪道 12 座、节制闸 6 座、涵闸 12 座，塘坝、沟护砌 66.90 千米，铺设水泥路 50.70 千米、砂石路 85.80 千米，开挖沟渠 100.70 千米，建造砖混结构管理房 29000 平方米、牲畜产房 200 平方米、禽类房舍 2800 平方米，钢架大棚 173.33 公顷。架设低压电线 7 千米，购置 S195 拖拉机 5 台、粉碎机 1 台、弥雾机 3 台、茶叶清洁化加工生产设备 5 套，新建茶叶分级包装生产线 3 条。种植龙井 43、乌牛早、无性系等茶叶 186.67 公顷，种植苏柳、银牙柳、深山含笑苗木种苗 266.67 公顷，种植桂花、红枫、石榴苗木种苗 133.33 公顷，种植银杏、枫橡、桂花、广玉兰苗木种苗 240 公顷，农田林网种植香樟 4.90 万株。举办科技培训 4000 人次。

图14-1-2　江宁镇朱门省级丘陵山区小流域治理项目（2000年摄）

【市级农业综合开发项目】

2001—2002 年，投资 263 万元，完成市级土地治理中低产田改造项目 3 个共 600 公顷。2003—2007 年，投资 3003 万元，完成市级特色农业基地项目 16 个共 1121 公顷，累计完成土方 186.40 万立方米。新建中沟级农桥 69 座、涵洞 38 座、水闸 8 座、滚水坝 7 座、进水池 7 座，新建小沟级涵洞 270 座，沟渠及塘坝护砌 18.80 千米，建造泵站 20 座，架设 380 伏供电线路 20.20 千米，购置 10SN-19 水泵 10 台、30 千瓦电机 6 台。铺设水泥路 42.80 千米、砂石路 89.40 千米。土地平整 213.33 公顷，鱼池改造 93.33 公顷。种植花卉苗木 160 公顷，优质无公害蔬菜 840 公顷，葡萄 53.33 公顷，无性系生态茶叶 106.67 公顷，栽培香樟 30000 株、桂花 2600 株、含笑 2800 株，种植优质大豆和玉米 120 公顷、西瓜和水稻 413.33 公顷、牧草 533.33 公顷、栽培林果 66.67 公顷，农田林网种植香樟 3 万株、广玉兰 3000 株。配置 WJ-606K 型全自动茶叶包装机 5 台、6CSM-30 型杀青机 4 台、6CLZ-600 型理条机 8 台、30 型揉捻机 6 台、6CHM-901 型烘干机 5 台。

图14-1-3　铜山镇石山冲市级丘陵山区小流域治理项目（2000年摄）

【区级农业综合开发项目】

2002年，投资100万元，完成区农业综合开发农田整治项目2个共266.66公顷，其中湖熟镇133.33公顷、铜井镇133.33公顷。累计完成平整土地706.67公顷，完成土方120万立方米，投入劳动工日60万个，出动机械3500台（套），修筑机耕路30千米，建造田间配套设施4200座。

【编制农业综合开发计划和规划】

2002年，围绕“加快都市型农业，打造绿色江宁”总体目标，按照“立足资源、突出重点、放大特色、创造品牌”的发展思路，加快农业规模化基地建设，推进农业结构战略性调整，促进农业产业化经营，发挥引导示范作用。在充分调研论证的基础上，编制《江宁区“十五”后三年农业综合开发重点扶持主导产业计划》。“十五”时期后三年农业综合开发重点扶持优质经济林果和畜牧水产等产业，其中发展经济林果2000公顷，包括花卉苗木、优质蔬菜、葡萄、优质西（甜）瓜、中药材、优质茶叶生产基地，建立牧草示范基地40公顷，辐射带动2000公顷，开发特种水产养殖示范基地400公顷，辐射推广1333.33公顷。

2006年，按照省、市农业资源开发部门《关于编制农业综合开发“十一五”规划的通知》要求，区农业资源开发局会同区财政局开展调研，在广泛征求意见的基础上，编制完成《南京市江宁区农业综合开发“十一五”规划》。规划分基本情况、面临的形势和任务、指导思想和基本原则、主要目标和任务、重点区域和建设内容、主要保障措施等7个部分。确定汤铜线和咸周线、宁丹线、宁马线、宁溧线、沪宁线为农业综合开发重点区域。汤铜线和咸周线重点发展高效农业、优质稻米、特色水产；沪宁线重点发展经济林果、花卉苗木、种草养畜、优质蔬菜；宁丹线重点发展现代农业，培育农业综合开发园区和科技示范项目；宁马线和宁溧线重点发展都市农业、休闲农业、观光农业。

1998—2007年江宁区农业综合开发国家级土地治理项目投资情况表

表14-1-2

年份	项目总数（个）	项目建设规模（公顷）	项目总投资（万元）	项目财政投资（万元）					项目自筹资金（万元）	
				合计	中央	省	市	区（县）	街道（镇）	单位
1998	5	2000.00	890.00	540.00	250.00	90.00	86.25	113.75	350.00	—
1999	3	1200.00	418.43	256.00	127.76	25.55	48.94	53.75	162.43	—
2000	2	1400.00	565.14	315.00	157.50	31.50	63.00	63.00	250.14	—
2001	3	933.33	420.00	342.30	155.30	37.30	74.80	74.90	77.70	—
2002	5	1333.33	660.00	532.40	263.71	97.16	116.16	55.37	127.60	—
2003	4	466.67	716.00	435.60	198.00	71.28	95.04	71.28	50.40	230
2004	3	766.67	765.75	545.00	272.50	136.25	109.00	27.25	120.75	100
2005	4	1733.33	1492.00	1032.00	700.00	176.00	120.80	35.20	260.00	200
2006	3	1466.67	915.20	704.00	352.00	176.00	140.80	35.20	211.20	—
2007	4	1733.33	1210.00	926.00	463.00	239.00	179.20	44.80	284.00	—
总计	36	13033.33	8052.52	5628.30	2939.77	1080.04	1033.99	574.50	1894.22	530

1998—2007 年江宁区农业综合开发省级丘陵山区项目投资情况表

表 14-1-3

年 份	项目总数（个）	项目建设规模（公顷）	项目总投资（万元）	项目财政投资（万元）					项目自筹资金（万元）	
				合 计	中 央	省	市	区（县）	街道（镇）	单 位
1998	3	613.33	235.00	198	—	88.50	58.50	51.00	22.50	14.50
1999	3	1466.67	565.00	426	—	142.00	142.00	142.00	100.00	39.00
2000	8	1900.00	765.21	478	180	128.00	120.00	50.00	200.00	87.21
2001	1	166.67	162.00	116	30	32.20	29.40	24.40	—	46.00
2002	3	1000.00	316.00	256	80	59.20	62.40	54.40	—	60.00
2003	3	600.00	335.00	270	50	98.00	84.00	38.00	—	65.00
2004	1	133.33	125.00	100	—	50.00	35.00	15.00	—	25.00
2005	2	266.67	250.00	200	—	97.00	53.00	50.00	—	50.00
2006	1	133.33	520.00	130	—	100.00	21.00	9.00	—	390.00
2007	2	133.33	1040.00	260	—	200.00	42.00	18.00	—	780.00
总 计	27	6413.33	4313.21	2434	340	994.90	647.30	451.80	322.50	1556.71

2001—2007 年江宁区农业综合开发市级特色基地项目投资情况表

表 14-1-4

年 份	项目总数（个）	项目建设规模（公顷）	项目总投资（万元）	项目财政投资（万元）			项目自筹资金（万元）	
				合 计	市	区（县）	街道（镇）	单 位
2001	2	466.67	163	140	85	55	13	10
2002	1	133.33	100	78	60	18	12	10
2003	1	66.67	110	78	60	18	19	13
2004	3	233.33	185	145	110	35	22	18
2006	5	400.00	371	280	200	80	61	30
2007	7	420.00	620	450	330	120	100	70
总 计	19	1720.00	1549	1171	845	326	227	151

第三节 现代高效农业

【设施农业】

1992年，江宁县其林乡、横溪乡、东山镇、上坊镇、陶吴镇等地有少量的塑料大棚，进行蔬菜反季节栽培，种植面积共200公顷。1998年后，设施农业快速发展。2000年，全县设施蔬菜面积673.33公顷，其中大棚400公顷、中棚266.67公顷、小棚6.67公顷，主要分布在麒麟、横溪、江宁、陶吴、铜井、东山、龙都等地。利用设施栽培，可使草莓能在1—3月、土豆能在3—5月、毛豆能在3—6月、大白菜能在8—9月、西瓜能在10—12月提早或推迟上市；能够缩短蔬菜的生产周期，如宁蔬60早毛豆、优56包菜、早红萝卜、杨花萝卜、小菜秧等仅需1个月～3个月就能上市；能够种植名特优新稀名种，如江宁铜井的花荞头，殷巷的百合，横溪的礼品西瓜、姬松茸、蘑菇，谷里的樱桃番茄、香椿头等。全区设施应用的主要类型有：塑料钢（木）架大棚、中棚，主要分布在横溪、谷里、上坊、麒麟、湖熟等地；日光温室主要分布在横溪的园艺场。此外，遮阳网、防虫网、彩色膜、纳米膜等，全区各镇街均有一定的应用面积。

图14-1-4 蔬菜自控温房（2003年摄）

至2007年，全区设施蔬菜面积4280公顷，逐步形成一批在南京地区有较大影响的基地，如横溪万亩西瓜、谷里千亩设施叶菜、汤山街道锁石村设施农业休闲基地等。谷里街道设施蔬菜钢架大棚达204公顷，为全省单体第一。同时建成一个面积为10公顷的华东地区单体面积最大的防虫网基地，每年为南京市区提供80万公斤不施任何农药品的夏季防虫网叶菜。

【生态农业】

基地建设 1996—2000年，全县先后建成占地33.33公顷的秣陵生态园艺场和投资近千万元的东善桥白鹭湖休闲生态园两处，实现节水、节能和物质的循环使用；破土动工的方山生态园占地350公顷，功能齐全，品味档次高，成为全县生态农业建设的新亮点。2002年，按绿色食品标准种植水稻面积达6667公顷，比2001年增长50%。谷里600多公顷无公害蔬菜基地和横溪"大自然"牌西瓜生产基地建设已具有一定规模。全区无公害基地有5个，无公害农产品种植面积累计超过6667公顷。2004年，全区重点建设4个生态农业基地。花卉苗木生产基地。全区花卉、观赏苗木种植面积810.73公顷，培养温室10.74万平方米，实现产值5557.30万元。桑茶果生产基地。全区茶园面积2081.50公顷，年产茶叶44.40万公斤，实现产值1.01亿元；全区桑园面积233.33公顷，年蚕茧产量2539.40担，蚕茧产值217.79万元；年果品产量496.10万公斤，产值1294.50万元，全区成片果树面积635.60公顷，其中投产果树面积417.30公顷。无公害水产品养殖基地。全区无公害水产品养殖基地5333.33公顷，其中省级基地面积666.67公顷。旅游农业示范基地。全区建成和在建旅游休闲、观光项目20个，吸引游客25万人次。2007年，全区加快特色农业基地建设和农业产业化经营，优质稻米、蔬菜、食用菌和瓜果等农业生态工程建设取得成效。全区有无公害农产品基地74个。其中无公害粮油基地26个，面积2.35万公顷；无公害蔬菜基地11个，面积586.67公顷；无公害茶叶基地15个，面积193.33公顷；无公害畜禽基地10个，规模为奶牛2568头、鸡鸭鹅48万只、蜜蜂400箱；无公害水产品（绿色产品）基地12个，面积1940公顷。

生态能源 1998年起，江宁区重点实施以农村沼气、秸秆气化和畜禽粪便无害化沼气处理工程建设为重点的农村清洁能源工作。

沼气建设。1998—2000年，全县建沼气池99个，净化沼气池37个。2001—2005年，全区建沼气池421个，净化沼气池15个。2006年后，加强“一池三改”（一户一个沼气池，改厨、改厕、改圈）的户用沼气建设。汤山街道龙尚村、横溪镇宁光村，各建户用沼气池100个。禄口街道石埝村实施清洁家园技术，建设8平方米强回流沼气池100座，建立4个生活污水集中处理的沼气净化池，污水经处理后达标排放，用于农田灌溉。2007年，建设户用沼气池600个，分布在全区9个街道。至是年年底，全区有户用沼气池2000个。

图14-1-5 淳化街道双岗社区利用沼气发电（2006年摄）

规模化畜禽养殖场粪便处理工程。2000年，锁石奶牛公寓率先引进国家专利技术，对畜禽粪便进行沼气处理的资源化利用工程，取得效果。2003—2004年，先后完成禄口镇石埝村、麒麟镇锁石村奶牛粪便沼气无害化处理工程，两个工程日处理400头奶牛的粪便，日产沼气150立方米，供100户生活燃料所需。2006年，淳化山田奶牛场引进农业部的畜禽粪便沼气发电项目，投资281万元，建设厌氧发酵塔1000立方米、储气柜200立方米、生物氧化塘400立方米及沼气发电设备等，年处理畜禽粪便4000万公斤，发电50万千瓦时，年产沼气4000万公斤。至2007年，全区规模化养殖场14家（奶牛9家、鸡4家、生猪1家），其中实施粪便沼气处理资源化利用的有10家，利用率72.30%。

秸秆气化工程。1999年8月，在禄口镇俞庄建成一座秸秆气化站，因建设南京禄口国际机场，2000年搬到禄口镇石埝村。气化站年利用秸秆12万公斤，可向150户农户常年供气。至2007年，全区相继建成秸秆气化站19座，总投资2900万元，发展秸秆气用户近6000户。

图14-1-6 汤山街道上峰社区的秸秆气化集中供应站（2007年摄）

【旅游农业】

1997年，省、市农业科研院（所）在江宁县东善、横溪、铜山等丘陵地区建成经济林果、蔬菜园艺生产基地，在禄口建成水产养殖科技示范基地，为休闲观光农业开发奠定基础。1998年，国家推出“华夏城乡游”活动，推动乡村旅游业发展。2001年，江宁区提出建设东善桥白鹭湖、谷里银杏湖等十大休闲观光农业景区。是年，台湾商人投资建成东善桥白鹭湖生态园，将山林开发、水面养殖、休闲度假融为一体，形成生态度假区。南京利源集团出资开发江宁南山湖景区，依托山林水库资源建有游船码头、度假别墅、汽车越野赛场、南山茶园、跑马场等设施，成为国家AAA级景区。至2007年，全区已建成旅游农业景区（点）60处。其中由国家旅游局认定的景区（点）6个，由省、市主管部门及旅游部门认定的景区（点）10个；举办同旅游农业相关的节庆活动上千项，汤山旅游风景区和明文化村被评定为国家AAAA级旅游景区。初步形成以温泉为特色的汤山休闲度假游、以生态旅游为特色的横溪—谷里生态旅游等特色旅游线路，辅以草原风景为特色的山田牛奶文化园，以休闲、垂钓、会务为特色的南山湖，秣陵街道金波渔港，禄口街道黄桥滩渔家乐和江宁街道六顺农艺园等一批特色旅游景区。2007年，共接待游客114万人次，实现旅游农业收入4.02亿元，转移农村劳动力3300人。

【品牌农业】

1996年起，江宁县围绕“树立一个品牌，带动一个产业，推动一方经济，致富一方百姓”的总体思路，发展无公害产品、绿色食品、有机食品，实施品牌发展战略。至2000年，全县无（少）公害农产品开发面积已达1.33万公顷，创优质无（少）公害农产品品牌3个：农惠牌大米、珍珠牌优质米和金东海酱菜。2002年，向省、市申报品牌37个，申领农产品品牌商标26个，占全市总数的50%。2003年，推广农业部农产品生产标准，全区有16个园区、15个农产品按部颁标准组织生产，有21个农产品生产基地通过市级认定，4个水产品养殖基地通过省级认定，无公害水产养殖基地4800公顷，无公害农产品34个，其中26个进入各大超市。其中，奇水牌、五城牌、杨柳湖牌、天禧圩牌水产品获省无公害品牌认证。天仙牌七仙银芽茶叶在全市名茶评比中获金奖。

图14-1-7 绿色食品土桥牌珍珠米

2005—2007年，江宁区共培育省、市名牌农产品共16个。其中，省级名牌农产品3个，市级名牌农产品13个。至2007年年底，全区共有农业部认证无公害农产品64个，无公害农产品基地74个；获农业部认证绿色食品75个，产品涉及茶叶、水产品、禽产品、蔬菜产品、瓜果产品等；获农业部认证有机食品12个，产品涉及野生茶、茶叶、竹笋、食用菌、蔬菜等。

2005—2007年江宁区获省、市名牌农产品情况表

表 11-1-5

产品名称	企业产品	认定年月	获奖类型	注册地	备 注
奇水牌青虾	南京奇水工贸有限公司	2006年12月	省名牌	周 岗	
卫岗牌液体奶	南京卫岗乳业有限公司	2007年12月	省名牌	江宁经济技术开发区	—
方便面	南京白象食品有限公司	2007年12月	省名牌	上 峰	—
山田牌巴氏杀菌乳	南京川田乳品有限公司	2005年12月	市名牌	江宁经济技术开发区	复 审
绿王大自然牌西瓜、黄瓜、豇豆	南京绿桥农副产品有限公司	2005年12月	市名牌	横 溪	复 审
绿王大自然牌甜西瓜	南京绿桥农副产品有限公司	2006年12月	市名牌	横 溪	—
奇水牌青虾	南京奇水工贸有限公司	2006年12月	市名牌	土 桥	—
卫岗牌液体奶	南京卫岗乳业有限公司	2006年12月	市名牌	江宁经济技术开发区	复 审
板 鸡	南京汤山板鸡厂	2006年12月	市名牌	汤 山	—
酱 菜	南京金陵酱菜制品有限公司	2006年12月	市名牌	江 宁	—
土桥牌珍珠米	南京金陵优质米有限公司	2006年12月	市名牌	土 桥	复 审
多宝牌生鲜乌嘴鸭	南京市畜牧家禽科学研究	2006年12月	市名牌	上 坊	搬 迁
新润牌湖熟盐水鸭	南京新润食品有限公司	2006年12月	市名牌	湖 熟	—
新润牌熟食品（肉禽类包装食品）	南京新润食品有限公司	2006年12月	市名牌	湖 熟	复 审
金阳光牌酸牛奶	南京金阳光乳品有限公司	2006年12月	市名牌	江宁科学园	—
金阳光巴氏杀菌乳	南京金阳光乳品有限公司	2006年12月	市名牌	江宁科学园	—

2003—2007 年江宁区获农业部认证无公害农产品情况表

表 14-1-6

类别	产品名称	商标名称	认证年份	批准产量（万公斤）	生产企业
粮油	珍珠米	土 桥	2003	600.00	南京金陵优质米公司
	山 芋	七仙山	2004	400.00	南京七仙山玫瑰薯有限责任公司
	米	湖 熟	2004	325.00	南京市江宁区湖熟镇农业服务中心
	米	杨柳湖	2004	375.00	南京市江宁区龙都农资服务中心
	米	淳 茗	2005	921.10	南京市江宁区淳化镇农业服务中心
	米	周 岗	2005	684.00	南京市江宁区周岗镇农业服务中心
	米	秦 禄	2005	1000.00	南京市江宁区禄口镇农业服务中心
	米	陵 农	2005	122.00	南京市江宁区秣陵街道农业服务中心
蔬菜	豇 豆	绿王大自然	2003	100.00	南京绿桥农副产品有限公司
	南 瓜	绿王大自然	2003	10.50	南京绿桥农副产品有限公司
	辣 椒	绿王大自然	2003	65.00	南京绿桥农副产品有限公司
	黄 瓜	绿王大自然	2003	100.00	南京绿桥农副产品有限公司
	青 菜	绿王大自然	2003	15.70	南京绿桥农副产品有限公司
	芹 菜	绿王大自然	2003	105.00	南京绿桥农副产品有限公司
	番 茄	绿王大自然	2003	10.50	南京绿桥农副产品有限公司
	辣 椒	春牛首	2003	146.70	南京靓绿农副产品开发有限公司
	番 茄	春牛首	2003	84.00	南京靓绿农副产品开发有限公司
	大白菜	春牛首	2003	560.00	南京靓绿农副产品开发有限公司
	四季豆	春牛首	2003	30.00	南京靓绿农副产品开发有限公司
	黄 瓜	春牛首	2003	60.03	南京靓绿农副产品开发有限公司
	青 菜	春牛首	2003	180.00	南京靓绿农副产品开发有限公司
	萝 卜	宁 陆	2004	320.00	南京市江宁镇农业服务中心
	黄 瓜	宁 陆	2004	98.03	南京市江宁镇农业服务中心
	大白菜	满口福	2004	97.70	南京万安绿叶农副产品有限责任公司
	番 茄	满口福	2004	171.00	南京万安绿叶农副产品有限责任公司
	番 茄	丹 禄	2004	60.00	南京市江宁区丹阳镇农业服务中心
水产	中华绒螯蟹	奇 水	2003	7.00	南京奇水工贸有限公司
	青 虾	杨柳湖	2003	2.80	南京市江宁区龙都水产养殖场
	青 虾	奇 水	2004	12.00	南京奇水工贸有限公司
	青 虾	五 城	2004	10.00	南京市江宁区土桥农副产品公司经营部
	中华绒螯蟹	秦 禄	2004	8.00	南京市江宁区禄口镇农业服务中心
	青 虾	秦 禄	2004	13.00	南京市江宁区禄口镇农业服务中心

续表

类别	产品名称	商标名称	认证年份	批准产量（万公斤）	生产企业
水产	罗非鱼	秦 禄	2004	93.00	南京市江宁区禄口镇农业服务中心
	青 虾	奇 水	2006	12.00	南京奇水工贸有限公司
	青 虾	淳 茗	2006	2.00	南京市江宁区淳化街道农业服务中心
	螃 蟹	奇 水	2006	7.00	南京奇水工贸有限公司
果品	西 瓜	金 墅	2003	50.00	南京金晶园艺有限责任公司
	葡 萄	金 墅	2003	30.00	南京金晶园艺有限责任公司
	桃	金陵绿谷	2004	12.00	南京金陵绿谷现代园艺有限公司
茶叶	茶叶碧螺春、雨花茶、炒青	城 雾	2003	1.30	南京市江宁区土桥西城林场
	绿茶雨花、碧螺春、龙毫、龙针	黄龙岘	2003	3.00	南京市江宁区陆郎黄龙岘林场
	雨花茶	梅 龙	2003	0.90	南京淳茗茶业有限公司
	七仙银芽茶	天仙配	2003	2.00	南京市江宁区丹阳镇台子石林场
	茶 叶	雨 翠	2003	0.75	南京市江宁区茶叶实验场
	茶 叶	天 阙	2004	1.25	南京风坡茶场
	茶 叶	夜合山	2004	0.20	南京市江宁区夜合山农场
	茶 叶	淳 茗	2005	9.00	南京市江宁区淳化街道农业服务中心
	茶 叶	金陵后村	2005	1.05	南京市江宁区上坊林场
	茶 叶	双龙湖	2006	1.06	南京市江宁区上坊林场
畜牧	酸牛奶	山 田	2003	40.00	南京川田乳品有限公司
	牛 奶	山 田	2003	40.00	南京川田乳品有限公司
	巴氏杀菌乳	山 田	2003	50.00	南京川田乳品有限公司
	巴氏杀菌乳（消毒奶）	山 田	2003	150.00	南京川田乳品有限公司
	肉 鸭	湖 熟	2003	280.70	南京金箔湖熟鸭业有限公司
	蜂王浆冻干粉	西洋湖	2003	0.65	南京耀华蜂场
	酸牛奶	金阳光	2003	400.00	南京金阳光乳品有限公司
	巴氏杀菌乳	金阳光	2003	40.00	南京金阳光乳品有限公司
	鸡 蛋	汤 山	2004	36.50	南京汤山蛋鸡养殖场
	鸭 蛋	陵 农	2006	26.00	南京市江宁区秣陵街道农业服务中心

2007年江宁区获农业部认证绿色食品情况表

表 14-1-7

产品名称	商标名称	生产企业	认定年月	规模(公顷)
雨花茶、碧螺春、秦淮春芽	城 雾	南京市江宁区土桥西城林场	—	33.33
花白鲢	蟠龙湖	南京市江宁区横溪农工商服务公司	—	166.57
大 米	湖 熟	南京市湖熟农副产品有限公司	—	666.57
野生芦蒿、水芹、荠菜、菊花叶、马兰头、香椿、荷藕、茼蒿、包菜、毛豆、青蒜、竹笋	铜 井	南京铜井农副产品经营部	—	740.00
珍珠米	土 桥	南京金陵优质米公司	—	666.67
西甜瓜	绿王大自然	南京绿桥农副产品有限公司	—	666.67
双孢蘑菇、番茄、茄子、辣椒、黄瓜、草莓	天 禄	南京天禄农副产品有限公司	—	—
碧螺春绿茶、雨花茶(绿茶)、特制炒青	铜 井	南京铜井农副产品经营部	—	—
茶 叶	紫 雾	南京方山茶场	—	—
碧螺春、雨花、炒青	双龙湖	南京市江宁区上坊林场	—	60.00
番茄、大白菜、黄瓜、青菜	—	南京齐力农副产品合作社	—	—
西甜瓜	—	南京绿桥农副产品公司	2007年1月	—
雨花茶、春芽、碧螺春	—	南京绿峰农副产品有限公司	2007年2月	46.67
豇豆、菜豆、四季豆	—	南京绿峰农副产品有限公司	2007年2月	—
碧螺春、雨花、炒青	—	南京润丹农副产品公司	2007年6月	—
青蛋壳	—	南京天润园林有限公司	2007年6月	—
碧螺春、雨花、炒青	—	南京江宁区黄龙岘茶场	2007年6月	—
鸡蛋、草鸡	—	南京禄口禽业发展公司	2007年12月	90万公斤(3万只)
四季豆、青菜、辣椒、番茄、茄子、黄瓜、蕹菜、大白菜	—	南京靓绿农副产品公司	2007年12月	—
番茄、辣椒、黄瓜、大白菜、青菜	—	南京中琅园林有限公司	2007年12月	—
葡 萄	—	南京新明兰科技有限公司	2007年12月	—
大白菜、青菜、辣椒、茄子、马铃薯、冬瓜、青鱼、螃蟹、青虾	—	南京新绿洲生态开发有限公司	2007年12月	—

2007 年江宁区获农业部认证有机食品情况表

表 14-1-8

有机食品名称	商标名称	企业名称	认定年月	规模（公顷）
野生山叉子	黄龙岘	南京市江宁区陆郎黄龙岘林场	—	1333.33
竹 笋	铜 井	南京铜井农副产品经营部	—	166.67
双孢蘑菇、番茄、茄子、辣椒、黄瓜、草莓	天 禄	南京天禄农副产品有限公司	2007 年 1 月	—
秦淮芽茶、碧螺春、雨花	城 雾	南京市江宁区土桥西城林场	2007 年 12 月	33.33
七仙银芽	—	南京丹阳台子石林场	2007 年 12 月	—

第四节　实施农业丰收计划项目

1995—2000 年，江宁县承担部（省）、市安排的 5 个农业丰收计划项目。2001—2002 年，承担全国农牧渔业计划项目——稻麦（油）双免双套栽培技术试验示范推广。实施上述项目具有速度快、效果好的特点，在农业增产的同时，促进了农产品质量的提高。

【水稻旱育稀植及配套技术项目】

1996 年，江宁县在殷巷、秣陵、方山、东善、谷里、上峰等 13 个乡（镇）实施水稻旱育稀植及配套技术项目，面积为 2.57 万公顷，占全县水稻面积 4.62 万公顷的 55.63%。实施结果，1996 年、1997 年水稻平均亩产量分别为 520.40 公斤和 536.50 公斤，比实施前三年水稻平均亩产量的 490.10 公斤，分别增长 6.18% 和 9.47%，亩产量大幅提高，项目区和延伸区两年共新增产量 8629.10 万公斤，总产值达 1.29 亿元。

【活力素开发与推广农业丰收计划】

1998 年夏熟生产中，受渍害、冻害、病害等不利自然因素影响，全县小麦平均亩产量仅 129 公斤，较 1997 年减少 48.70%。灾后扬麦 158 每亩用一包活力素试验，比未用的增加产量 9%。于是，从育秧开始，全县把推广新品种（系），推广旱育秧扩行，稀植、抛栽，推广高产平衡施肥，推广病虫草综防技术，与实施活力素推广结合起来，使项目区水稻生产收到了较好的产量和效益，粳稻平均亩产量 582.60 公斤，比计划的 575.20 公斤还增 7.40 公斤，增长 1.28%。项目实施两年共推广活力素 5.27 万公斤，累计增加总产量 365.40 万公斤。

【优化配方施肥统配统供项目】

1998 年、1999 年，江宁县部分乡镇实施项目面积 2000 公顷，主要分布在湖熟、周岗、龙都 3 个镇，涉及 20 个村、7100 家农户，技术推广率达 100%。实施项目区新增总产量 213 万公斤，新增产值 319.50 万元。

【水稻抛秧技术项目】

1999年、2000年，江宁县实施“1万公顷水稻抛秧技术”项目，分布在殷巷、东善桥、陶吴、横溪、丹阳、铜山6个乡（镇），面积1.47万公顷，常年水稻种植面积1.11万公顷。实施项目区两年平均亩产量达554.60公斤，比实施前三年亩产量增加63.60公斤，增幅达13%；两年共增加产量2125.10万公斤，共省工节本852.50万元，扣除增加投入部分，两年累计增加效益3007万元。

【秸秆还田及其利用技术项目】

1999年、2000年，县农业部门承担秸秆还田及其利用技术项目，主要分布在禄口、秣陵、殷巷、东善桥4个乡（镇），实施项目区水田面积达6666.67公顷，占种植面积的90.10%，秸秆还田方式及利用途径也由原来单一化的留高桩变成由秸秆覆盖、反旋灭茬、快速腐熟、种植食用菌、秸秆气化5种主要形式的结合，每亩还草量由原来50公斤增至200公斤。这不仅优化了环境，培肥了土壤，也提高了水稻的产量。2000年，水稻亩产量595.10公斤，较之前每亩增加产量57.10公斤，增幅达10.60%，新增产量571万公斤。实施项目区内投入产出比为1 ∶ 7。同时，土壤理化性状也得到改善，土壤容量下降0.05克/立方米，有机质、速效磷、速效钾平均分别增加1.90克/公斤、3.50毫克/公斤、6毫克/公斤。

【稻麦（油）双免双套技术项目】

2001—2002年，区农业局承担了全国农牧渔业计划项目——稻麦（油）双免双套栽培技术试验示范推广。在“超高茬稻田套播麦高产栽培技术”和“超高茬麦油套稻高产栽培技术”试验示范推广取得成功的基础上，2001年，全区推广套播稻340公顷，基保油套稻186.70公顷，麦套稻153.30公顷；套播稻平均每公顷为3073公斤，比全区水稻平均每公顷增加产量414公斤，增长4.70%。禄口镇百亩油套稻示范方，平均每公顷为9450公斤，禄口镇成功村0.20公顷攻关田，推广套麦1667公顷，平均每公顷为4515公斤，比全区小麦平均每公顷增加产量465公斤。其中秣陵20公顷连片套麦丰产方，平均每公顷达5730公斤。

2002年，全区推广套播稻面积1167公顷，其中麦套稻比2001年增加80公顷，油套稻比2001年增加747公顷。示范地点重点在机场附近的禄口、横溪、陶吴、秣陵、东善桥、淳化及沪宁高速沿线的汤山、上峰8个镇。其中，禄口2002年扩大到567公顷，占总推广面积的48.50%。据实产调查统计，全区套播平均每公顷为9367.50公斤，比全区水稻平均每公顷8761.50公斤，增加606公斤，增长6.92%；全区套播稻连片方有12个，最大的连片方是禄口镇宁铜线两侧，涉及成功、黄桥、秦村3个村，面积近33.33公顷，平均每公顷为9661.50公斤，其中成功村0.33公顷套播稻攻关田，实施每公顷达到712公斤。推广稻套麦2000公顷，平均每公顷3945公斤，比全区小麦平均每公顷增加产量345公斤。

稻麦（油）双免双套技术作为一项省工节本、高产高效新型栽培技术，具有不育秧、不拔秧、不栽秧、不耕翻整地的优点，还解决了农业生产上存在的秸秆焚烧、土壤恶化等问题，实现了农业可持续发展。

第二章　种植业

区境内种植品种丰富，有粮、油、棉、麻、药等以及蔬菜瓜果。江宁先民们在农作物的播殖耕耘过程中，积累了丰富的种植经验，形成相应的农艺技术。从20世纪50年代起，江宁县种植业大力推行科学种田、推广良种、使用合理密植、籼改粳、中改晚、旱改水、扩大复种指数、增施化学肥料、科学防治病虫害等多种措施，粮食产量节节上升。中共十一届三中全会后，不断调优农业种植结构。70年代末，全县的农业种植布局由麦（油）—稻（早稻）—稻（晚稻）三熟制调整为麦（油）—稻两熟制。80年代中期，同步发展粮食、经济作物，在抓好粮食生产的基础上，积极发展多种经营。1988年，粮食作物和经济作物种植比例为77.90 ： 22.10。90年代起，在合理布局的基础上，着力提高优势作物的产量，着力扩大优质品种的面积，进一步扩大经济作物面积，把农业生产推向商品化市场。2001年，粮食作物和经济作物种植比例为45.26 ： 54.74，经济作物种植面积首次超过粮食作物面积。2007年，农作物播种面积为71309.27公顷，其中粮食作物播种面积为35108.67公顷，经济作物播种面积为36200.60公顷，粮食作物和经济作物种植比例为49.23 ： 50.77。粮食总产量为24604.80万公斤，亩产量467.21公斤。其中，夏收粮食3710.20万公斤，亩产量283.37公斤；秋收粮食20894.60万公斤，亩产量528.04公斤。油料总产量2641万公斤，亩产量146.82公斤。蔬菜50709.80万公斤，亩产量1803.39公斤；瓜果14324.80万公斤，亩产量2332.35公斤。

第一节　耕作制度和结构调整

【耕作制度】

新中国成立后，江宁县人民政府领导和组织全县农民进行多次重大耕作制度改革。每次改革都能挖掘资源潜力，充分发挥生产要素的作用，促进多种技术成果在农业生产中的应用，从而推动了农业生产的发展。

沤改旱　新中国成立初期，江宁县圩田90%以上只种一熟水稻，秋冬季多淹水沤田。秦淮河圩区的低洼田，丘陵山区地势低湿的冲底田、塘口田，部分土质差的土地，水源短缺田，都采取沤田和冬闲，复种指数低，产量不高。

20世纪50年代初，在一熟稻田集中的沿江圩区推行沤改旱的耕作制度，并逐步影响到沿河圩区和丘陵地区，使全县一熟制面积逐年缩小，复种指数提高。至1956年，全县一熟制面积已缩小到10%，两熟制包括绿肥田扩大到90%。因此，夏熟产量也逐年提高。1954年，全县夏粮总产量为3273.68万公斤，比1949年的1445.94万公斤增加1.26倍。就全县而言，沤改旱是成功的。至60年代，原主要沤田面积最大的沿江圩区，已成为县三麦高产区。在沤改旱过程中，也产生“一刀切”的问题，结果不但麦子产量低，或颗粒无收，甚至影响水稻产量。

旱改水　沤改旱实际是指秋播夏熟作物生长期的水改旱；而旱改水则是指秋熟作物生长期间，将旱地改成水稻田。这是另一项重大耕作制度改革。新中国成立后至20世纪50年代，随着水利条件的逐步改善，排灌能力不断提高，丘陵山区农民将水利条件较差、半旱半水的“望天收”田改成水田，将靠近水源的旱地改成水田，栽插高产粮食作物水稻。60年代后，将原有分布在高处的“龙脊田”改成水稻田。至70年代初，全县旱改水，声势浩大，成片的旱地改成水田，大搞“劈山造田群众运动”“人造小平原”，收到良好的经济效益。但部分社队搞形式主义，不求实效，有劳民伤财之嫌。

双季稻 1955年，陶吴区兴隆乡同心农业社曹长胜首先试种0.05公顷双季连作稻。前季栽江北早、五十子，亩产量251.30公斤；后季栽江西晚和长稞，亩产量161.30公斤。两季合计每亩产量为412.60公斤，比当年同心社中籼稻平均亩产量262.50公斤净增150.10公斤，增加产量57.18%。此后，在全县推广双季稻。由于缺乏经验和配套品种不理想，产量极不稳定，这是至20世纪60年代秋季稻不能大发展的主要原因。1970年起，学习苏州双季稻增产经验，扩大双季稻面积。1976年，全县双季稻面积达3.09万公顷，占水稻种植面积的57.12%，粮食总产量达47115.17万公斤。双季稻虽然复种指数有所提高，但成本加大，经济效益并不明显。中共十一届三中全会后，全县根据不同地区调整双季稻面积。1979年，双季稻下调到2.29万公顷，占水稻种植面积31.76%，粮食总产量44246.10万公斤。此后，双季稻面积逐年下降，被杂交中稻和B、G系统中籼为主的单季稻所代替。至1988年，双季稻全部被淘汰。

籼改粳 新中国成立后，全县长期属纯籼稻地区，而且以130天的早中稻类型为主。引进推广粳稻对全县耕作制度发生了一系列的影响，因此，籼改粳也是重要耕作制度改革之一。粳稻栽培始于1954年。1956年，籼改粳面积扩大到1.51万公顷，平均亩产量244.50公斤，比籼稻增长22.40%，这一年由于籼改粳，使稻谷增加产量855.67万公斤。1966年，全县粳稻面积占总水稻面积的83.80%，水稻亩产量302.50公斤。20世纪80年代初，引进并推广中粳盐粳2号，推广面积1.45万公顷，压缩和淘汰低产粳稻品种。1984年，全县试种杂交稻组合汕优63，亩产量都在500公斤以上。1988年，全县籼稻种植面积为3.93万公顷，粳稻面积降到0.76万公顷，籼稻与粳稻种植面积比为83.80 ∶ 16.20。从1989年开始，粳稻面积又逐渐回升。90年代初，引进试种武育粳2号、3号等品种。1995年，粳稻平均亩产量达530公斤，首次超过粳稻亩产量。1997年，全县粳稻种植面积为2.65万公顷，超过籼稻面积。2007年，全区水稻种植面积为2.31万公顷。其中，粳稻为2.16万公顷，籼稻为0.15万公顷。粳稻与粳稻种植面积比为93.30 ∶ 6.70。

粮经多熟制 中共十一届三中全会后，逐步纠正只抓粮食生产的片面做法，在种植业内部结构调整中，大幅缩小双三制的比例，恢复稻麦两熟制，推广粮食和经济作物间套作多熟制。在多种形式的两熟制中，主要有两类，一是以粮为主、经济作物为辅，有麦（油菜）—瓜—稻、麦—稻—茨菰（荸荠）、麦（油菜）—玉米—稻、麦（油菜）—马铃薯—稻、麦（油菜）—豆—稻等形式；二是以经济作物为主、以粮食为辅，有麦（油菜）套菜—瓜—菜、菜—瓜—稻等形式。1988年，江宁县被省、市农业部门列为高产高效立体种植技术综合开发示范点。提出麦套菜、稻套菇、田埂综合利用栽培模式，实现连片100亩（6.67公顷）、亩产量1000公斤、亩产值1000元的“三个一”农业经济目标。不仅使粮食稳定在一个较高的水平，而且又增加农民种田的经济效益。2000—2002年，全区实施农业部“农业三元结构种植示范区”项目，推广麦—玉米—稻、麦—瓜、玉米—稻、蔬菜—大豆—稻、麦（油菜）—山芋和牧草—牧草等栽培模式，并在汤山、上峰、禄口建立牧草种植基地。

【结构调整】

20世纪70年代末起，江宁县逐步调优农业种植结构。全县种植业布局由麦—稻（早稻）—稻（晚稻）三熟制调整为麦（油菜）—稻两熟制。1977年，粮食播种面积为9.87万公顷，粮食总产量为35295.13万公斤。改制后的1985年，粮食播种面积为8.69万公顷，粮食总产量达47704.80万公斤，比1977年少种1.18万公顷，可粮食总产量却增加12409.67万公斤，增长35.16%。

80年代中期，江宁县在抓好粮食生产的基础上，积极发展多种经营，实行耕作制度第二次改革和调整，着力发展粮经、粮菜、粮饲（料）等多种形式的立体间作套种多熟制。改制后的粮经多熟制主要种植形式有麦、棉套种，油、稻轮作。粮菜种植形式有麦—瓜（菜）—稻；粮饲（料）生产形式有麦—玉米—稻，进一步提高复种指数。1990年，粮食播种面积高达8.85万公顷，复种指数达160%。稻谷生产稳定在5万公顷，籼粳种植比例为85 ：15；饲料作物常年播种面积稳定在8.67万公顷次，粮、经、饲种植比例为85 ：10 ：5。粮食总产量为46835.10万公斤。

90年代起，在合理布局的基础上着力农产品质量的调优和产量的提高，进一步扩大经济作物播种面积，把农业生产推向商品化、市场化。调整种植业布局。1991年，粮食作物播种面积8.44万公顷，其中水稻面积为5.05万公顷，籼粳种植比由85 ：15调整为78 ：22。经济作物播种面积达2.73万公顷。其中，油料种植面积1.85万公顷，蔬菜种植面积6860.27公顷。1995年，粮经种植比由1991年的75.53 ：24.47调整为73.48 ：26.52，农作物播种面积提高到10.90万公顷，复种指数由160%提高到190%。调优农产品质量，以95系列品系粳稻为主的当家种，示范种植面积达1.33万公顷，占水稻总面积的28.85%，提高了全县大米的品位和市场占有率。

1996—2000年，江宁县依托省、市特种水产、良种果树、蔬菜、特种畜禽四大基地，充分利用其技术、人才、优良品种的优势，放大示范效应，把示范方与农业结构调整相结合，建成40个规模面积达500亩以上经济作物生产基地，其中1000亩以上20个。重点有上坊叶菜、横溪瓜果、丹阳中药材、禄口蚕桑、周岗稻田养殖、宁铜与宁丹线设施农业6个万亩基地，建成金陵优质米、光明乳业、中卫茶加工、金太阳锅巴等一批起点较高、科技性较强、带动性较大的龙头型企业。此外，谷里烟岚山庄、东善桥白鹭湖农业园等一批外向农业项目全面实施。2001年，全区农业总产值达76220万元，比1996年增长18.32%，年均递增3.66%。经济作物、畜牧业、渔业已成为农业发展和农民增收新的经济增长点。全年粮食播种面积4.32万公顷，经济作物播种面积5.22万公顷，粮经面积比由1996年的72.77 ：27.23调整为45.26 ：54.74，经济作物播种面积首次超过粮食播种面积。

2005年，全区实现第一产业增加值16.60亿元；粮食播种面积3.19万公顷，比2004年增加2405.20公顷，增长8.15%；粮食总产量20934.30万公斤，油料总产量5367.10万公斤，蔬菜总产量61018.40万公斤。全区种植业内部结构继续调优，粮经比调整为37.28 ：62.72，特种水产品养殖面积和无公害水产品养殖面积比重分别达到45.50%和42.90%。全区优质粮油、蔬菜瓜果、苗木花卉、养殖业等特色基地加快发展。2006年，全区实现第一产业增加值18亿元；全区设施栽培面积3300公顷；发展优质水稻2.64万公顷，占全区稻谷播种面积的95.20%，其中稻谷订单生产3000公顷。种植业内部结构粮经比调整为42.91 ：57.09，粮食作物所占比重比2005年回升5.63%。全区优质水稻覆盖面95%，双低油菜达100%。2007年，全区实现第一产业增加值19亿元；全区蔬菜复种面积2.93万公顷；新增设施栽培面积400公顷；新增西瓜面积333.33公顷；新增高效农业面积333.33公顷。龙头企业带动农民优化农业结构1000公顷。

第二节 粮食作物

区域内湖熟一带，两汉时期已是“阡陌纵横，鱼米甚丰”之地。白米圩以“产米洁白如玉”而得名，湖熟也因地近古刘阳湖，农副产品丰饶而设县。明〔正德〕《江宁县志》“毂之品”记述：“南乡米，形圆长而色白，饭盛瓷碗中，隐隐有绿色。金陵旧志有珠子米，即此。今稻有两种，有秔稻、糯稻，惟出南乡者多佳。又有红稻、黑稻，早稻、晚稻。品种颇多。”又载：“麦有大麦、小麦、紫杆麦、舜苛麦。豆有黄豆、绿豆、黑豆、白扁豆、茶豆、豌豆、赤豆、豇豆、蚕豆、刀豆，又有大红豆、小红豆。”

民国时期，几经战乱，加上自然灾害频繁，对江宁农业生产影响甚大。抗日战争胜利后，农业生产有所恢复。据统计，民国35年（1946），粮食作物种植面积为1165757亩，其中夏粮面积为448960亩，占全年粮食总面积的38.51%；秋粮面积716797亩，占61.50%。全年粮食总产量为2749736市担。其中夏粮为381165市担，占全年粮食产量的13.86%，秋粮为2368571市担，占86.14%。

新中国成立后，江宁粮食作物以种植水稻、小麦、大麦为主，辅以种植玉米、豆类、薯类等小宗作物。2007年，粮食作物播种面积为3.51万公顷，总产量24604.80万公斤，亩产量467.21公斤。

【水稻】

面积与产量 1949年，水稻种植面积为4.74万公顷，以早中稻为主，占水稻总面积的82%，晚稻占18%。总产量为10663.01万公斤，亩产量150公斤。水稻产量占全年粮食总产量的83.52%。1965年，水稻种植面积为5.17万公顷，水稻布局发生变化，占主导地位的中稻比例下降，被单季晚稻代替。其中，早稻播种面积为1369.67公顷，占水稻总面积2.65%；中稻播种面积1.89万公顷，占36.59%；单季晚稻播种面积3.14万公顷，占60.76%；双季后作稻播种面积842.27公顷，占1.63%。总产量为24065.15万公斤，亩产量310.56公斤。1970年，推广双季稻和三熟制，至1976年，双季后作稻种植面积增至3.08万公顷，占水稻总面积5.46万公顷的56.41%，中稻种植面积1.24万公顷，占22.71%，单季晚稻种植面积1.09万公顷，占19.96%，水稻复种指数达154.60%。水稻总产量为25258.13万公斤，亩产量308.61公斤。水稻产量占全年粮食总产量81.74%。1983年，全县的粮食布局又以稻麦两熟制代替双季稻，至1988年，全县双季稻全部淘汰。1990年，水稻种植面积为5.17万公顷，总产量为35816.10万公斤，分别占粮食种植面积和总产量的58.39%和76.47%。在水稻中，中籼稻面积为4.27万公顷，总产量为29900万公斤，分别占水稻种植面积和总产量的82.59%和83.48%。1991年起，全县粳稻种植面积逐渐回升，至1997年，粳稻种植面积为2.65万公顷，超过籼稻种植面积。2000年，全县水稻种植面积为3.79万公顷，其中籼稻面积为1.04万公顷，粳稻面积为2.75万公顷。随着粳稻品种不断调优，产量不断提高，特别是秦淮河圩区优质粳稻基地的建设，种植粳稻经济效益大大高于籼稻，使得籼稻种植面积迅速下降。

2007年，全区水稻种植面积为2.31万公顷。其中粳稻面积为2.15万公顷，籼稻种植面积为1499.80公顷。全年水稻总产量19373.60万公斤，亩产量559.74公斤。其中粳稻总产量为18150.70万公斤，亩产量564公斤；籼稻总产量为1133.80万公斤，亩产量504公斤。水稻产量占全年粮食总产量的78.74%。

品种 新中国成立初期，在水稻地方品种中，早籼有五十子和六十子；早熟中籼品种有七十子、八十子、黄瓜籼；中熟中籼品种有小稻、九十子、长棵、三粒寸等30余种；迟熟中籼稻品种有黑稻、野稻、大头黄、弯腰六等；晚籼品种有江西晚、九月黄、红稻和冬稻，沿用的推广品种有帽子头、胜利籼、中农四号及中农三十四号。1956年，在全县范围内大面积推广二六一、1509、葡萄青、铁梗青等多种晚粳1.38万公顷。1961年，引进中国农业科学院江苏分院育成的中籼一号、二号、四号、六号，至1964年，种植面积8289.40公顷。还推广农垦44、农垦46等中粳，苏稻一号、二号、公社六号等晚粳良种。60年代末，早稻以莲塘早为主，辅之以矮脚南特号等良种，良种面积达91.62%。中稻则以南京系统中籼为主，搭配农垦系统中粳，良种面积93%。晚稻以农垦58、公社系统为主，搭配苏稻二号，良种面积3.33万公顷，占晚稻面积93%。70年代在双季稻作为“革命稻”推广的时代，全县早稻品种达39个，后季稻品种32个。80年代，水稻良种推广以中稻、杂交稻为主，中晚搭配，籼粳并存。中籼以高抗白叶枯病、稳产高产的B、C系统（包括B、G系统，902及其选系910等）为当家种。1985年，910占中稻面积77%。杂交稻以汕优三号为主。晚粳稻推广盐粳二号为主，1985年，已占晚粳总面积的76.60%。1949—1985年，全县推广水稻良种近200个，更新换代4次。1991年，全县种植杂交水稻汕优63共3.03万公顷。1992年，引进示范种植迟熟中粳武育粳三号品种，该品种表现为适应性强，高产、稳产、质优，平均亩产量550公斤左右。1998年，籼改粳。粳稻推广种植早熟晚粳武运粳7号（9522、9250）和迟熟中粳武运粳8号（9516）。2000年，开始引进推广97系列优质粳稻新品种（系），并逐渐成为全县粳稻主栽品种。2007年，杂交水稻引进推广高产、优质的II优084和协优084和杂交粳稻组合86优8号。常规粳稻以武运7号（9746）、武香粳14（9915）等早熟晚粳类型品种为主栽品种。2001—2007年，分别累计推广种植5.63万公顷和3.33万公顷。1949—2007年，全区共推广水稻良种230多个，更新换代10次。

【三麦】

面积与产量 1949年，夏熟作物总面积为3.21万公顷，总产量1445.94万公斤，亩产量30.03公斤。其中，小麦面积1.94万公顷，占夏熟作物总面积60.44%，小麦产量925.29万公斤，亩产量31.87公斤；大、元麦面积9480公顷，占总面积29.53%，产量398.15万公斤，亩产量28公斤；其余为蚕豌豆。至1962年，在夏熟作物中小麦仍占主导地位。1963年，夏熟作物品种布局变化大，小麦面积由过去占夏粮面积的60%左右减至44.41%，大、元麦比例，由占夏粮面积的30%以下上升到53.61%。1970年，由于推广双季稻和粮油作物三熟制，在夏熟作物中，小麦面积上升，大、元麦面积下降。1976年，夏熟作物总面积3.42公顷。其中，小麦面积2.37万公顷，占夏熟作物总面积69.30%；大、元麦面积1.04万公顷，占30.43%。1988年，小麦面积3.01万公顷，占夏熟作物总面积3.20万公顷的94.06%，大、元麦面积下降到1933.73公顷，占5.94%。1998年，江宁县提出“缩麦扩油（料）、扩饲（料）、扩经（经济作物）”的结构调整意见，粮食面积逐年减少。2000年，夏熟作物面积7542公顷，比1998年减少19105公顷。其中，小麦种植面积6473.73公顷，比1998年减少19240.87公顷。小麦总产量2533.30万公斤，亩产量260.88公斤；大麦面积1068.27公顷，总产量279.90万公斤，亩产量174.68公斤。2001—2005年，小麦、大麦播种面积逐年下降，其中，2004年，小麦播种面积只有1140公顷，大麦播种面积440公顷。2006—2007年，国家出台种麦直补和农资源综合补贴政策，使得小麦、大麦面积有所回升。2007年，夏熟作物播种面积8728.60

公顷，总产量3710.20万公斤，亩产量283.37公斤。其中，小麦面积7934.53公顷，总产量3449.50万公斤，亩产量289.83公斤；大麦面积794.07公顷，总产量260.70万公斤，亩产量218.87公斤。

品种 民国后期，推广并保持到新中国成立初期的三麦品种有金大二九〇五、中农二十八号及美国白玉皮（又名碧玉麦）3个品种。新中国成立初期麦类地方品种，小麦有大烧天、早红芒、中红芒等10个品种；元麦有三月黄、四月黄、四棱子等7个品种；大麦有四棱子、六棱子、紫筋大麦等7个品种。1955年，全县小麦赤霉病大流行，县农业科从四川省南充地区调进大量南大二四一九麦种，更新了金大二九〇五。20世纪60年代前期，推广早熟小麦华东六号，抗锈能力较强的吉利、阿夫、西农，以及需肥和熟期适中的万年二号等新品种。60年代后期，良种小麦面积3.17万公顷，占小麦面积的94.90%。大元麦继续扩大良种九九元麦，在推广矮杆早元麦良种后，替代六棱子、四棱子等品种，成为当家种，占元麦面积的50.40%。70年代，小麦推广了抗锈、稳产、高产的扬麦系统一号、二号、三号，以及对肥料要求不严格的钟山二号，亩产量提高到200公斤以上。80年代，大元麦面积进一步缩小，小麦面积继续扩大。小麦品种的扬麦三号和四号，至1985年，分别达到1.33万公顷和1.60万公顷，合计占麦类总面积87.72%。大麦品种以早熟三号和矮早三号为主。90年代，全县小麦主栽品种为扬麦5号，后引进扬麦158。至2000年，全县累计种植扬麦158小麦10.10万公顷。从2001年开始，夏粮内部结构实行缩麦扩油的调整，突出麦类专用化生产的目的，引进适宜制作优质蒸煮类中筋力专用小麦品种，扬麦11号为主栽品种，搭配种植扬麦16号和扬麦12号。1949—2007年，全区引进推广麦类良种近百个，更新换代9次。

【玉米】

面积与产量 1949年，全县种植玉米2010公顷，总产量181.50万公斤，亩产量60.20公斤。只占粮食总产量的1.42%，占秋收粮食产量的1.60%。1949—2007年，种植面积最高的是1956年，面积为2893.53公顷，总产量345.30万公斤，亩产量79.56公斤；种植面积最少是1974年，面积为183.73公顷，总产量64.66万公斤，亩产量234.60公斤。2000—2007年，玉米种植面积稳定在724.40公顷～1084.20公顷之间。2007年，全区玉米种植面积845.87公顷，总产量496万公斤，亩产量390.92公斤。

品种 新中国成立初期，玉米地方品种有二郎早、大金黄等，零星种植公鸡跳，常作嫩玉米煮食，别有风味，俗称“珍珠米”。20世纪50—60年代，由于面积逐年缩小，推广品种不多，仍沿用老品种。70年代，曾推广杂交玉米，由于制种要求高，未能在江宁“扎根”。90年代，引进玉米苏玉一号、掖单二号、苏玉糯一号、甜玉米等。2001—2007年，引进苏玉糯、紫玉糯、苏甜八号和美国超甜玉米等新品种。2007年，分别在淳化、秣陵、上坊等地种植533.33公顷。

【豆类】

面积与产量 1949年，全县豆类种植面积2000公顷，总产量112.50万公斤，亩产量37.50公斤。1949—2007年，种植面积最高的是1955年，面积4929.47公顷，总产量567.91万公斤，亩产量76.80公斤；种植面积最少的是1976年，面积676.53公顷，总产量66.68万公斤，亩产量65.71公斤。2000—2007年，种植面积起伏较大，2000年、2001年分别为2762公顷和2963.47公顷；2003年，降至999.60公顷；2004年后，一直稳定在1333.33公顷以上。2007年，种植面积

1468.60 公顷，总产量 376.30 万公斤，亩产量 170.82 公斤。

品种 民国时期，推广的大豆品种有：金大三三二及岔路一号、矮脚黄、大白豆等品种。新中国成立初期，大豆品种有：矮脚黄、老鼠皮、大中老鼠毛、太平头黄、小平头黄、早黄豆、大粒黄、小白豆等品种。绿豆品种是明绿豆，这个品种豆粒绿色透明如珠，是绿豆中的上品。20 世纪 50—60 年代，除继续沿用金大三三二及岔路一号外，推广品种有南农 -4931。1972 年，江宁县曾推广种植泰州黑豆，由于成熟期特早，为推广麦—豆—稻等新的轮作制度创造条件，也增加农民的经济收益。80 年代，种植的毛豆品种有六月白、三月黄、辽鲜一号、苏豆一号、南农 18–6 等主栽品种。90 年代至 2007 年，引进推广的优良品种有大豆洪引一号、淮豆二号等，并逐步形成江宁区大豆的主栽品种。

【薯类】

面积与产量 1949 年，全县种植薯类面积 2460 公顷，总产量 294 万公斤，亩产量 79.67 公斤。1949—2007 年，种植面积最高是 1963 年，面积为 5463.93 公顷，总产量 1450.89 万公斤，亩产量 177.03 公斤，种植面积最少的是 2003 年，种植面积为 722.80 公顷，总产量 540 万公斤，亩产量 498.06 公斤。种植面积的减少，是因为随着种植业结构调整力度加大，粮食生产处于低谷，其他粮食作物如稻谷、玉米、豆类等种植面积比 2001 年均有较大幅度的减少。2004 年，国家出台一系列惠农政策，调动农民种粮积极性，粮食生产得到恢复性增长，薯类种植面积也随之上升。2006 年，薯类种植面积为 1026.13 公顷，比 2003 年增加 41.97%，总产量 660 万公斤，亩产量 428.79 公斤。2007 年，种植面积 990.93 公顷，总产量 648.70 万公斤，亩产量 436.42 公斤。

品种 新中国成立初期，薯类栽种的地方品种（土种山芋）有方山红、大红袍和二红等。这些品种实际上很难辨认，均为长蔓、红皮、白肉、纺锤形、结薯分散、水分多、生食甜嫩。推广品种有民国时期从美国引进的南瑞苕、胜利百号、九州七号，从日本引进的胜利百号和九州七号。20 世纪 50—60 年代，山芋被推崇为“高产作物”，引进了解放三号、解放四号、51–93、52–45、华北 117、恒进、河北 79、蓬尾等品种。种植时间较长、面积较大的是 51–93 和华北 117。1998 年，引进水果烘烤两用型山芋苏薯 8 号，在方山试种 5 亩，获得亩产量 3500 公斤的好收成，并逐步成为全县薯类主栽品种，满足了城乡居民膳食结构的不同要求。2000—2007 年，先后引进千香迷你薯、紫薯和北京 553 脱毒薯等品种。

1949—2007 年江宁区粮食作物面积和产量情况表（一）

表 14-2-9

年份	全年粮食作物合计			夏收粮食			其中								
							小麦			大麦			蚕豌豆及其他		
	面积（亩）	亩产量（公斤）	总产量（万公斤）	面积（亩）	亩产量（公斤）	总产量（万公斤）	面积（亩）	亩产量（公斤）	总产量（万公斤）	面积（亩）	亩产量（公斤）	总产量（万公斤）	面积（亩）	亩产量（公斤）	总产量（万公斤）
1949	1314385	97.14	12767.44	481565	30.03	1445.94	290367	31.87	925.29	142198	28.00	398.15	49000	25.00	122.50
1950	1385567	102.23	14164.90	506700	32.66	1655.00	260000	35.00	910.00	196700	29.99	590.00	50000	31.00	155.00
1951	1510838	101.95	15402.25	599502	39.02	2339.33	403000	40.53	1633.45	154273	36.06	556.37	42229	35.40	149.51
1952	1567144	123.20	19307.54	594467	49.24	2927.03	325872	46.54	1516.76	157368	58.27	917.01	111227	44.35	493.27
1953	1514891	125.42	19000.45	480332	52.10	2502.55	312827	56.31	1761.62	115069	53.24	612.61	52436	24.47	128.33
1954	1540934	92.64	14275.03	561960	58.25	3273.68	368763	63.73	2350.07	150434	56.48	849.69	42763	17.29	73.93
1955	1560082	131.46	20508.58	515203	36.09	1859.22	348166	37.65	1310.96	126242	38.68	488.25	40795	14.71	60.02
1956	1710357	111.86	19131.96	624927	42.49	2655.08	404384	39.05	1578.94	198922	51.28	1020.02	21621	25.96	56.13
1957	1643809	117.58	19327.57	603841	32.23	1946.21	346144	30.41	1052.50	240393	35.83	861.42	17304	18.66	32.29
1958	1543470	126.78	19567.65	560982	53.84	3020.54	273800	59.31	1623.94	268517	49.01	1316.01	18665	43.18	80.59
1959	1348174	119.66	16132.00	411720	63.09	2597.51	200166	71.57	1432.59	197780	56.27	1112.95	13774	37.73	51.97
1960	1421349	109.16	15515.58	473763	56.27	2666.05	236876	58.03	1374.52	225670	55.65	1255.77	11217	31.89	35.77
1961	1436442	97.84	14053.94	509942	62.48	3186.32	238929	58.00	1385.71	259678	67.90	1763.26	11335	32.96	37.36
1962	1482353	118.89	17623.46	552736	71.50	3951.99	221677	82.43	1827.28	313662	64.87	2034.76	17397	51.70	89.95
1963	1508188	175.30	26439.02	545499	56.20	3065.71	242249	61.11	1480.28	292419	52.95	1548.39	10831	34.20	37.04
1964	1459689	190.55	27814.16	519639	51.83	2693.08	260361	69.67	1813.96	241985	35.14	850.31	17293	16.67	28.82
1965	1337725	226.46	30294.49	443868	104.32	4630.52	317002	110.38	3499.21	117277	91.41	1072.01	9589	61.85	59.31
1966	1337420	222.02	29693.97	452512	96.25	4355.33	387686	99.13	3843.01	58750	78.28	459.92	6076	86.26	52.41
1967	1336357	219.63	29349.83	455921	105.85	4825.78	429180	107.13	4597.73	22604	85.79	193.92	4137	82.52	34.14
1968	1280535	242.53	31056.58	405013	95.79	3879.55	375250	96.49	3620.76	23840	87.38	208.31	5923	85.24	50.49

续表 1

年份	全年粮食作物合计			夏收粮食			其中								
							小麦			大麦			蚕豌豆及其他		
	面积（亩）	亩产量（公斤）	总产量（万公斤）	面积（亩）	亩产量（公斤）	总产量（万公斤）	面积（亩）	亩产量（公斤）	总产量（万公斤）	面积（亩）	亩产量（公斤）	总产量（万公斤）	面积（亩）	亩产量（公斤）	总产量（万公斤）
1969	1345303	236.52	31819.13	500637	91.57	4584.32	475264	92.14	4379.07	21862	78.09	170.73	3511	98.32	34.52
1970	1389836	222.34	30901.38	509494	94.82	4830.93	489543	95.12	4656.37	18615	88.30	164.37	1336	76.27	10.19
1971	1399403	291.80	40834.05	524180	104.42	5473.74	463113	103.70	4802.40	58645	109.73	643.52	2422	114.91	27.83
1972	1380197	283.40	39114.94	505717	86.83	4391.34	414925	85.87	3563.08	88681	90.65	803.86	2111	115.59	24.40
1973	1355646	294.59	39935.78	487178	84.97	4139.54	409987	86.15	3532.07	75577	77.69	587.18	1614	125.65	20.28
1974	1362424	308.95	42092.40	502166	113.48	5698.81	429772	113.53	4879.19	71110	112.26	798.27	1284	166.36	21.36
1975	1362880	278.87	38006.85	506129	137.16	6941.96	393670	141.98	5589.37	111459	119.64	1333.50	1000	191.00	19.10
1976	1359793	346.49	47115.17	512673	151.06	7744.45	356129	157.36	5603.99	156012	136.29	2126.35	532	265.41	14.12
1977	1480300	238.43	35295.13	324400	74.15	2405.43	324400	74.15	2405.43	—	—	—	—	—	—
1978	1479200	301.26	44562.27	365200	177.93	6498.17	365200	177.93	6498.17	—	—	—	—	—	—
1979	1434100	308.53	44246.10	352800	221.29	7807.00	352800	221.29	7807.00	—	—	—	—	—	—
1980	1624300	253.74	41215.80	520800	207.54	10808.80	439900	212.58	9351.60	80900	180.12	1457.20	—	—	—
1981	1607400	249.18	40052.40	504500	169.58	8555.30	443200	172.56	7648.00	61300	148.01	907.30	—	—	—
1982	1466400	303.06	44440.30	510400	199.44	10179.30	477800	200.79	9593.70	32600	179.63	585.60	—	—	—
1983	1427400	358.27	51139.60	572300	227.50	13019.70	556400	228.40	12708.10	15900	195.97	311.60	—	—	—
1984	1421400	369.43	52510.90	600900	216.90	13033.70	589100	217.46	12810.70	11800	188.98	223.00	—	—	—
1985	1303000	366.12	47704.80	501600	206.03	10334.30	482100	207.83	10019.50	19500	161.44	314.80	—	—	—
1986	1345900	373.77	50305.30	508800	244.83	12457.10	486100	247.96	12053.20	22700	177.93	403.90	—	—	—
1987	1253324	364.56	45691.70	448321	194.84	8735.30	423934	196.90	8347.30	24387	159.10	388.00	—	—	—
1988	1285315	355.44	45685.30	480298	209.73	10073.20	451292	212.12	9572.90	29006	172.48	500.30	—	—	—
1989	1316587	361.86	47641.50	485317	195.75	9500.30	454518	198.53	9023.60	30799	154.78	476.70	—	—	—

续表 2

年份	全年粮食作物合计			夏收粮食			其中								
							小 麦			大 麦			蚕豌豆及其他		
	面积（亩）	亩产量（公斤）	总产量（万公斤）	面积（亩）	亩产量（公斤）	总产量（万公斤）	面积（亩）	亩产量（公斤）	总产量（万公斤）	面积（亩）	亩产量（公斤）	总产量（万公斤）	面积（亩）	亩产量（公斤）	总产量（万公斤）
1990	1327925	352.69	46835.10	498897	199.20	9937.90	473834	201.64	9554.60	25063	152.93	383.30	—	—	—
1991	1266120	334.17	42310.00	450761	199.90	9010.60	429636	202.14	8684.60	21125	154.32	326.00	—	—	—
1992	1304629	350.40	45713.60	496577	222.56	11051.80	477866	225.13	10758.20	18711	156.91	293.60	—	—	—
1993	1217412	391.15	47618.70	433828	223.48	9695.30	408714	226.89	9273.20	25114	168.07	422.10	—	—	—
1994	1126305	394.11	44389.20	379908	220.18	8365.00	351506	224.62	7895.40	24844	171.55	426.20	3558	121.98	43.40
1995	1201166	390.49	46903.90	429312	225.20	9668.10	407834	228.37	9313.70	21478	165.01	354.40	—	—	—
1996	1196559	412.88	49404.00	422649	257.98	10903.50	399441	262.88	10500.50	23208	173.65	403.00	—	—	—
1997	1197793	415.42	49758.90	439928	265.24	11668.60	419768	268.85	11285.60	20160	189.98	383.00	—	—	—
1998	1168755	406.82	47547.30	399705	144.48	5774.80	385719	145.00	5593.00	13986	129.99	181.80	—	—	—
1999	1008046	447.23	45083.00	292830	267.08	7821.00	280028	273.81	7667.40	12802	119.98	153.60	—	—	—
2000	765156	481.07	36809.20	113130	248.67	2813.20	97106	260.88	2533.30	16024	174.68	279.90	—	—	—
2001	647880	499.54	32363.90	72908	248.15	1809.20	56464	255.45	1442.40	16444	223.06	366.80	—	—	—
2002	510312	528.19	26954.20	51129	231.02	1181.20	37592	235.00	883.40	13537	219.99	297.80	—	—	—
2003	356471	501.81	17888.10	36605	233.30	854.00	27863	237.30	661.20	8742	220.54	192.80	—	—	—
2004	442650	513.06	22710.70	23700	251.81	596.80	17100	255.67	437.20	6600	241.82	159.60	—	—	—
2005	478728	437.29	20934.30	27985	255.53	715.10	18434	262.23	483.40	9551	242.59	231.70	—	—	—
2006	526239	471.86	24831.10	59541	278.09	1655.80	49990	277.50	1387.20	9551	281.23	268.60	—	—	—
2007	526630	467.21	24604.80	130929	283.37	3710.20	119018	289.83	3449.50	11911	218.87	260.70	—	—	—

说明：1.1949—1976 年、1992—1994 年，将元麦产量、面积计入大麦的面积、产量中

2.1 公顷 =15 亩，下同

1949—2007年江宁区粮食作物面积和产量情况表（二）

表14-2-10

年份	秋收粮食			其中																	
				稻谷			薯类			玉米			豆类			高粱			其他秋粮		
	面积（亩）	亩产量（公斤）	总产量（万公斤）	面积（亩）	亩产量（公斤）	总产量（万公斤）	面积（亩）	亩产量（公斤）	总产量（万公斤）	面积（亩）	亩产量（公斤）	总产量（万公斤）	面积（亩）	亩产量（公斤）	总产量（万公斤）	面积（亩）	亩产量（公斤）	总产量（万公斤）	面积（亩）	亩产量（公斤）	总产量（万公斤）
1949	832820	135.94	11321.51	710870	150.00	10663.01	36900	79.67	294.00	30150	60.20	181.50	30000	37.50	112.50	—	—	—	24900	28.31	70.50
1950	878867	142.34	12509.90	747267	157.27	11752.40	37000	83.11	307.50	30000	64.98	194.95	40000	45.00	180.00	—	—	—	24600	30.51	75.05
1951	911336	143.34	13062.93	763965	160.52	12262.84	37000	79.35	293.60	30007	75.00	225.05	55364	35.10	194.33	—	—	—	25000	34.85	87.12
1952	972677	168.41	16380.51	840389	184.95	15543.36	37874	82.50	312.46	14499	80.00	115.99	50538	50.49	255.18	86	150.00	1.29	29291	51.98	152.24
1953	1034559	159.47	16497.90	864242	178.62	15437.12	46799	82.95	388.20	20928	91.28	191.04	64917	50.52	327.99	—	—	—	37673	40.76	153.57
1954	978974	112.38	11001.35	830472	123.11	10223.68	46257	78.19	361.67	17625	58.45	103.02	44583	32.68	145.69	—	—	—	40037	41.79	167.30
1955	1044879	178.48	18649.36	842986	202.55	17074.97	49718	90.24	448.65	31451	116.45	366.25	73942	76.80	567.91	—	—	—	46782	40.95	191.59
1956	1085430	151.80	16476.88	864442	174.47	15081.61	50319	83.40	419.65	43403	79.56	345.30	59529	57.30	341.11	135	196.30	2.65	67602	42.39	286.57
1957	1039968	167.13	17381.37	863419	185.41	16008.91	42705	92.96	397.00	25158	106.38	267.64	60840	78.42	477.09	108	96.22	1.05	47738	48.12	229.70
1958	982488	168.42	16547.12	814230	187.70	15282.88	57269	78.26	448.19	32394	105.40	341.43	45619	65.01	296.55	558	92.29	5.15	32418	53.34	172.93
1959	936454	144.53	13534.50	787337	159.92	12591.09	33638	84.28	283.49	29864	86.16	257.32	57976	53.64	310.98	342	72.51	2.48	27297	32.66	89.16
1960	947586	135.60	12849.53	795158	149.74	11906.52	40407	59.21	239.25	36868	110.42	407.11	20954	42.33	88.70	320	69.06	2.21	53879	38.19	205.75
1961	926500	117.30	10867.63	765671	127.01	9724.41	47088	85.43	402.29	26618	131.63	350.37	41728	43.75	182.58	40	27.50	0.11	45355	45.83	207.88
1962	929617	147.07	13671.47	770753	157.63	12149.65	51462	122.73	631.58	27658	155.16	429.13	41105	56.70	233.08	54	59.26	0.32	38585	59.02	227.73
1963	962689	242.79	23373.32	788326	260.48	20534.07	81959	177.03	1450.89	30595	254.63	779.03	43333	109.57	474.81	284	85.92	2.44	18192	72.60	132.08
1964	940050	267.23	25121.08	789772	293.70	23195.21	61884	120.55	746.00	29161	220.08	641.78	44004	102.69	451.86	8	437.50	0.35	15221	56.43	85.89
1965	893857	287.11	25663.97	774893	310.56	24065.15	41488	183.45	761.09	25412	163.06	414.38	42097	84.61	356.18	155	148.39	2.30	9812	66.13	64.89
1966	884908	286.34	25338.64	791173	308.17	24381.91	36377	92.82	337.66	19518	150.94	294.61	32423	93.74	303.93	—	—	—	5417	37.92	20.54
1967	880436	278.54	24524.06	791068	301.06	23816.26	34323	71.03	243.79	15938	66.08	105.32	31529	101.64	320.46	—	—	—	7578	50.46	38.24
1968	875522	310.41	27177.03	786553	331.99	26113.08	35359	154.75	547.17	11217	160.86	180.44	29965	85.54	256.31	—	—	—	12428	64.40	80.04

续表 1

年份	秋收粮食			其中																	
				稻谷			薯类			玉米			豆类			高粱			其他秋粮		
	面积（亩）	亩产量（公斤）	总产量（万公斤）	面积（亩）	亩产量（公斤）	总产量（万公斤）	面积（亩）	亩产量（公斤）	总产量（万公斤）	面积（亩）	亩产量（公斤）	总产量（万公斤）	面积（亩）	亩产量（公斤）	总产量（万公斤）	面积（亩）	亩产量（公斤）	总产量（万公斤）	面积（亩）	亩产量（公斤）	总产量（万公斤）
1969	844666	322.43	27234.82	770540	344.66	26557.56	33189	116.45	386.50	6860	124.43	85.36	17418	66.55	115.92	—	—	—	16659	53.72	89.50
1970	880342	296.14	26070.46	818443	308.61	25258.13	34560	161.81	559.21	4031	93.87	37.84	17995	104.29	187.67	—	—	—	5313	51.97	27.61
1971	875223	404.01	35360.31	818748	425.31	34822.33	31167	96.06	299.39	4892	135.92	66.49	16392	85.47	140.11	—	—	—	4024	79.50	31.99
1972	874480	397.08	34723.61	817589	415.04	33933.48	29017	161.99	470.06	4394	196.54	86.36	16797	96.81	162.62	—	—	—	6683	106.37	71.09
1973	868468	412.18	35796.24	814051	430.74	35064.52	28682	155.42	445.78	3591	172.35	61.89	16758	99.22	166.27	1318	163.35	21.53	4068	89.13	36.26
1974	860258	423.05	36393.59	814773	438.41	35720.18	24217	169.33	410.07	2756	234.62	64.66	15984	105.17	168.11	138	188.41	2.60	2390	117.03	27.97
1975	856751	362.59	31064.89	814658	376.20	30647.54	21625	119.35	258.10	2906	168.38	48.93	14242	60.35	85.95	6	116.67	0.07	3314	73.39	24.32
1976	847120	464.76	39370.72	811984	481.02	39057.89	18627	86.34	160.82	2987	191.40	57.17	10148	65.71	66.68	—	—	—	3374	83.46	28.16
1977	1155900	284.54	32889.70	1155900	284.54	32889.70	—	—	—	—	—	—	—	—	—	—	—	—	—	—	—
1978	1114000	341.69	38064.10	1114000	341.69	38064.10	—	—	—	—	—	—	—	—	—	—	—	—	—	—	—
1979	1081300	336.99	36439.10	1081300	336.99	36439.10	—	—	—	—	—	—	—	—	—	—	—	—	—	—	—
1980	1103500	275.55	30407.00	1103500	275.55	30407.00	—	—	—	—	—	—	—	—	—	—	—	—	—	—	—
1981	1102900	285.58	31497.10	1102900	285.58	31497.10	—	—	—	—	—	—	—	—	—	—	—	—	—	—	—
1982	956000	358.38	34261.00	956000	358.38	34261.00	—	—	—	—	—	—	—	—	—	—	—	—	—	—	—
1983	855100	445.79	38119.90	855100	445.79	38119.90	—	—	—	—	—	—	—	—	—	—	—	—	—	—	—
1984	820500	481.14	39477.20	820500	481.14	39477.20	—	—	—	—	—	—	—	—	—	—	—	—	—	—	—
1985	801400	466.32	37370.50	801400	466.32	37370.50	—	—	—	—	—	—	—	—	—	—	—	—	—	—	—
1986	837100	452.13	37848.20	796400	466.17	37125.70	22400	215.18	482.00	—	—	—	18300	131.42	240.50	—	—	—	—	—	—
1987	805003	459.08	36956.40	756980	476.72	36086.70	27766	212.45	589.90	—	—	—	20257	138.13	279.80	—	—	—	—	—	—
1988	805017	442.38	35612.10	758585	457.24	34685.80	26600	239.89	638.10	—	—	—	19832	145.32	288.20	—	—	—	—	—	—
1989	831270	458.83	38141.2	776955	477.64	37110.1	30081	244.71	736.10	—	—	—	24234	121.73	295.00	—	—	—	—	—	—

续表 2

年份	秋收粮食			其中																	
				稻谷			薯类			玉米			豆类			高粱			其他秋粮		
	面积（亩）	亩产量（公斤）	总产量（万公斤）	面积（亩）	亩产量（公斤）	总产量（万公斤）	面积（亩）	亩产量（公斤）	总产量（万公斤）	面积（亩）	亩产量（公斤）	总产量（万公斤）	面积（亩）	亩产量（公斤）	总产量（万公斤）	面积（亩）	亩产量（公斤）	总产量（万公斤）	面积（亩）	亩产量（公斤）	总产量（万公斤）
1990	829028	445.07	36897.20	775358	461.93	35816.10	29964	2 63.32	789.00	—	—	—	23706	123.22	292.10	—	—	—	—	—	—
1991	809359	411.43	33299.40	756936	429.89	32539.70	29663	191.21	567.20	—	—	—	22760	84.58	192.50	—	—	—	—	—	—
1992	808052	428.96	34661.80	752018	447.05	33619.10	30449	247.00	752.10	—	—	—	20436	122.48	250.30	—	—	—	5149	78.27	40.30
1993	783584	483.97	37923.40	710242	467.69	33217.20	31597	1302.40	4115.20	6292	204.55	128.70	32418	128.02	415.00	—	—	—	3035	155.85	47.30
1994	746397	482.64	36024.20	700889	499.86	35034.30	18088	346.09	626.00	4893	171.67	84.00	20990	122.87	257.90	—	—	—	1537	143.14	22.00
1995	771854	482.42	37235.80	691977	513.54	35536.10	34054	329.36	1121.60	6050	172.89	104.60	35256	114.51	403.70	—	—	—	4517	154.53	69.80
1996	773910	497.48	38500.50	693051	530.60	36773.00	34964	329.85	1153.30	6737	173.37	116.80	37491	115.17	431.80	—	—	—	1667	153.57	25.60
1997	757865	502.60	38090.30	688601	530.76	36548.50	30514	342.01	1043.60	5618	174.62	98.10	31507	118.99	374.90	—	—	—	1625	155.08	25.20
1998	769050	543.17	41772.50	690347	574.50	39660.70	33208	399.90	1328.00	6275	240.96	151.20	35598	160.01	569.60	—	—	—	3622	173.94	63.00
1999	715216	520.99	37262.00	639741	551.61	35289.00	29030	395.11	1147.00	9256	244.17	226.00	34078	160.07	545.50	—	—	—	3111	175.18	54.50
2000	652026	521.39	33996.00	567961	560.85	31854.20	27384	400.01	1095.40	15251	246.02	375.20	41430	162.01	671.20	—	—	—	—	—	—
2001	574972	531.41	30554.70	488391	569.42	27809.80	25866	478.78	1238.40	16263	309.29	503.00	44452	225.75	1003.50	—	—	—	—	—	—
2002	459183	561.28	25773.00	389640	590.28	22999.50	22628	500.00	1131.40	14759	350.02	516.60	32156	350.01	1125.50	—	—	—	—	—	—
2003	319866	532.54	17034.10	283164	550.70	15593.90	10842	498.06	540.00	10866	345.85	375.80	14994	349.74	524.40	—	—	—	—	—	—
2004	418950	527.84	22113.90	369600	566.32	20931.10	14550	336.77	490.00	12750	281.33	358.70	22050	151.52	334.10	—	—	—	—	—	—
2005	450743	448.57	20219.20	401982	471.54	18955.10	15708	373.31	586.40	11587	277.12	321.10	21466	166.12	356.60	—	—	—	—	—	—
2006	466698	496.58	23175.30	415404	520.19	21608.80	15392	428.79	660.00	13905	379.07	527.10	21997	172.48	379.40	—	—	—	—	—	—
2007	395701	528.04	20894.60	346120	559.74	19373.60	14864	436.42	648.70	12688	390.92	496.00	22029	170.82	376.30	—	—	—	—	—	—

说明：薯类按折原粮计算，计算标准为：1953 年前为 4 斤折原粮 1 斤计算，1954 年起，以 5 斤折原粮 1 斤计算

第三节 油料和棉作物

境内经济作物以种植棉花和油料作物为主，辅以种植甘蔗、麻类、药材等。油料作物中以种植油菜为主，还种植花生和芝麻。

【油菜】

面积与产量 1949年，油菜播种面积为4666.67公顷，占油料作物总面积5430公顷的85.94%。总产量227.50万公斤，亩产量32.50公斤。1953年，油菜播种面积虽然扩大到8816.20公顷，但总产量只有119.20万公斤，亩产量9.01公斤。播种面积是1949年的188.92%，但总产量只有1949年的52.40%。20世纪60年代，油菜品种曾推广甘蓝型的胜利油菜，但由于该品种栽培技术要求高，加之成熟期较迟，所以当家品种仍是大黄籽油菜。1969年，播种面积3731.40公顷，总产量289万公斤，亩产量51.63公斤，创历史新高。70年代，油菜种植面积逐年增长。1975年，种植面积为4980.93公顷，总产量379.24万公斤，亩产量50.76公斤。1985年，油菜种植面积1.78万公顷，总产量2420.10万公斤，亩产量90.57公斤。1998年起，江宁县作出扩油缩麦的决策，油菜播种面积逐年扩大，至2002年，播种面积扩大到2.87万公顷，总产量5346.90万公斤，亩产量124.22公斤。2003年开始，由于种植业结构调整力度加大，其他产业兴起，油菜种植面积逐步下降，2006年，降至2.09万公顷。2007年，降至1.06万公顷，总产量2359.50万公斤，亩产量147.84公斤。针对油菜种植面积和产量下滑的趋势，2007年秋播时，国家对油菜实施种子补贴政策，以便促进油菜生产，提高油菜种植效益。

图14-2-8 铜井镇的油菜丰产片（2003年摄）

品种 新中国成立初，江宁县种植的油菜地方品种是大黄籽，也称鱼黄籽、玉黄籽。其次在圩区种植一部分苦菜，因其味苦，故称苦菜。20世纪50—60年代，推广面积较大的是甘蓝型的兴化油菜，该品种产量和抗病性较好，但抗寒性、出油率、早熟等方面均不如大黄籽，不久被淘汰。当家品种仍然是大黄籽油菜。70年代，推广稳产、高产、熟期适中的宁油5号、宁油7号、沪油23号，配搭早熟品种大黄籽，由于品种更新茬口适宜，栽培技术不断提高，使油菜产量大幅度提高。至1979年，全县油菜总产量比1970年增加2.36倍。80年代，以甘蓝型宁油7号、华油8号和白菜型大黄籽为当家品种，宁油7号、华油8号种植面积占油菜总面积69.90%，大黄籽占30.10%。1985年，开始引进低芥酸油菜宁油8号等品种。90年代，以甘蓝型华油8号和中油821为主体品种，配搭种植宁油7号，淘汰白菜型大黄籽。杂交油菜以秦油2号高芥酸油菜为主栽品种，至2000年，全年累计种植5.67万公顷，占油菜总面积的42.16%。随着杂交油菜的推广种植，全县油菜平均亩产量由1991年的94.62公斤增至1999年的133.02公斤。1998年，引进半冬性中熟甘蓝型双低优质油菜苏油1号和甘蓝型双低优质杂交油菜秦优7号。2000—2003年，以油研7号、油研8号“双低”杂交油菜为主栽品种，搭配常规“双低”

苏油1号。至此，全区油菜全部实现双低化。2004年，引进皖油19示范种植。2005年，引进华油2709、镇油2号和扬油4号示范种植。2007年，引进秦优10号、沪油杂1号等品种（组合）示范种植，并逐步推广。至2007年，累计推广种植秦油7号4.55万公顷。1949—2007年，全区种植过的油菜良种近40个。

【花生】

1949年，全县种植花生面积163.33公顷，总产量11.03万公斤，亩产量45公斤。1957年，花生种植面积扩大到397.53公顷，总产量53.23万公斤，亩产量89.27公斤。20世纪70年代，花生种植面积逐渐减少，1976年，种植面积只有40.07公顷，总产量4.82万公斤，亩产量80.20公斤。90年代起，随着油料种植面积的扩大，花生面积也逐渐扩大。2003年，种植面积1090.27公顷，占油料作物总面积的3.88%，种植面积创历史之最。总产量288.60万公斤，亩产量175.47公斤。2007年，全区种植花生579.60公顷，占油料作物总面积的4.83%，总产量148万公斤，亩产量170.23公斤。

【芝麻】

1949年，全县种植芝麻面积600公顷，总产量13.05万公斤，亩产量14.50公斤。1964年，芝麻面积1069.80公顷，占油料作物总面积的19.55%，总产量73.13万公斤，亩产量45.57公斤。1965年起，芝麻种植面积逐渐减少，1975年，种植面积136.53公顷，占油料作物总面积2.64%，总产量8.41万公斤，亩产量41.04公斤。20世纪90年代起，芝麻种植面积逐渐扩大。2003年，种植面积1593.27公顷，占油料总面积5.67%，种植面积创历史之最。总产量299万公斤，亩产量125.11公斤。2007年，种植面积772.13公顷，占油料种植总面积6.44%，总产量133.50万公斤，亩产量115.27公斤。

【棉花】

面积与产量 1949年，全县种植棉花1786.67公顷，总产量9.38万公斤，亩产量只有3.50公斤。由于产量低，效益差，种植面积逐年减少。1962年，种植面积151.53公顷，总产量2.71万公斤，亩产量11.92公斤。棉花的布局集中在铜井公社的新济洲、江宁公社的新洲及长江、营防等少数洲地。1963—1976年，种植面积年平均在520公顷左右，亩产量在32公斤左右。1977年，棉花亩产量有新的突破，达到50公斤。1982年，全县种植面积扩大到1606.67公顷。20世纪90年代起，种植面积逐渐缩小，1991年，种植面积只有257.73公顷，总产量14.40万公斤，亩产量37.25公斤。2000年起，随着种植业结构调整力度加大，粮食作物种植面积减少，棉花种植面积逐年上升。2003年，种植面积1827.93公顷，比1982年种植面积多221.27公顷，总产量264.20万公斤，亩产量96.36公斤。2006年，种植面积1578.67公顷，总产量289.60万公斤，亩产量122.30公斤，亩产量创历史之最。2007年，种植面积1368.40公顷，总产量171.70万公斤，亩产量83.65公斤。

品种 新中国成立初期，江宁县棉花的品种主要是本棉种，又称铁子棉（棉子上无短绒毛），或称鸡脚棉（棉叶缺刻深，形如鸡脚）。1951—1953年，政府号召全县农民种植“爱国棉”时，推广过美棉斯字棉。20世纪50—60年代，推广岱字棉15号，低产、质次的土种铁子棉随之消失，也基本替代了斯字棉。1971年，以种植洞庭1号为主。1975—1979年，引进徐州岱字棉15号复壮种和徐州124，基本淘汰洞庭1号。1982年，引进推广泗棉2号（原泗阳835）为县主栽品种，由于品种更新和良种面积扩大，加上采用营养钵育苗、地膜覆盖等新技术，1983年，亩产量突破55公斤大关，达到56.21公斤。1994年，引进推广中抗枯萎病品种泗棉3号。1997年，引进推广高抗枯萎病、耐湿性好的中熟陆地棉品种苏棉12号，并逐步代替泗棉2号、泗棉3号，成为全县棉花主栽品种。2001—2003年，全区以苏棉12号、苏棉16号为主栽品种。2004—2007年，引进南抗3号、南抗8号、南优106为代表的具有高产、优质、大铃等性状的转基因杂交抗棉新品种，以及科棉1号、中抗3号等一批抗枯、抗黄萎病棉花新品种。1949—2007年，全区棉花种植良种15个。

第四节 蔬菜瓜果

江宁地区蔬菜种植可追溯到6000年前新石器时代。春秋晚期江宁先民由采集、狩猎进入农耕时代。据此推断当时或之前，江宁地区已进入蔬菜自给性生产的初始时期。几经变迁，新中国成立初期，江宁县蔬菜瓜果面积2666.67公顷。全县蔬菜由菜农自产自销，农业合作化后，蔬菜产销实行计划管理。1979—1984年，开始实行“大管小活”的购销形式。1985年后，建立以“统分结合、管放结合”为主的生产经营与购销体制。20世纪90年代，蔬菜生产、流通呈多元化新格局。1992年5月，蔬菜产销计划、价格与流通渠道全面放开，菜农实行联产承包责任制，蔬菜产销体制进入一个新阶段。2007年，江宁区蔬菜瓜果种植面积2.28万公顷，总产量65034.60万公斤。

江宁区的蔬菜种类主要有十大类：叶菜类、茄果类、瓜类、豆类、薯芋类、葱蒜类、甘蓝类、直根类、水生蔬菜类和菌类。瓜果生产以西瓜为主。

【蔬菜】

面积与产量 新中国成立初期至20世纪60年代，江宁县蔬菜生产以农民自产自销为主，淡旺季悬殊，供求矛盾突出。为数不多的蔬菜队以青菜、萝卜、黄瓜、茄子、辣椒、南瓜、冬瓜等大宗品种为主。全县种植面积在2667公顷～4385公顷之间。1961年4月，江宁县对三要农产品（包括商品蔬菜）实行合同派购政策。1966—1976年，蔬菜供应遵循就地生产、就地供应的原则。1979年后，国营商业部门重点负责县城蔬菜生产，按市场需求以销定产，安排蔬菜生产计划，与蔬菜队签订合同，并提供化肥、农药等生产资料。1979年，种植面积266.67公顷，由于种植面积少，供不应求。1980年，县商业局蔬菜公司从外地调入蔬菜44万公斤，弥补市场供应不足。1990年后，伴随农业经济体制改革，蔬菜生产退出计划生产，根据市场需求，种植面积逐年上升。1991年，种植面积6860.27公顷，总产量17806万公斤。2000年，种植面积扩大到1.54万公顷，总产量44352万公斤。2001—2004年，全区农业种植结构进一步调整，种植范围扩展到各个镇（街），种植面积进一步扩大。2004年，全区种植面积2.87万公顷，其中大棚蔬菜1.05万公顷，设施栽培面积4533.33公顷，年总产量75972.60万公斤。2007年，种植面积1.87万公顷，总产量50709.80万公斤。其中，湖熟、汤山、东山、谷里已成为蔬菜大棚栽培和设施生产基地。

品种 青菜，传统品种：矮脚黄、乌白叶、亮白叶、四月白、四月慢、二白、瓢儿菜、高桩腌菜、紫菜薹。更新品种：春月、春秀、矮脚黄、上海青、七宝青、绿星、热抗一号、热白玩。

萝卜，传统品种：杨花萝卜、泡里红、五月红、穿心红、旱红、中秋红、优抗。更新品种：庄红一号、红玉、红秀、夏白60、夏抗40、圆白萝卜、小红头、春玉萝卜。

辣椒，传统品种：羊角椒、灯笼椒。更新品种：苏椒2号、汴椒1号、洛椒、汴椒2号、湘研3号、苏椒5号、早丰1号。

番茄，传统品种：九龙大红、南京早红、红花、九龙、早魁、早丰、中蔬4号、中蔬6号、大红、大黄。更新品种：903、906、英石大红、金陵之星、101、102、苏红203、金棚一号和三号。

黄瓜，传统种植的有黄金坠、汶上黄瓜。更新品种：宁丰三号、四号，津春4号、5号，津绿3号，津优1号、10号，华早二号，津研2号。

大白菜，传统品种：阳青、胶州大白菜、早黑叶、青杂3号。更新品种：日本春莳1号、日喀则1号、德高春、夏丰、日本夏阳50、抗热照星、抗热王。

结球甘蓝，传统品种：牛心包、小平头、鸡冠包、早丰。更新品种：惊春893、苏晨1号、伏秋56等。

豇豆，传统品种：青豇、冷豇、兔子腿、红皮豇、白皮豇、盘豇等。更新品种：之豇28-2、白豇2号、宁豇1号和3号。

冬瓜，传统品种：本冬瓜、马群1号。更新品种：春皮冬瓜、金水1号、广东青皮、黑皮冬瓜。

莴苣，传统品种：白皮香、青皮香、紫皮香、青皮臭。更新品种：四季莴苣、成都二青皮、夏秋王、苦荬叶。

茄子，传统品种：苏州中角、紫长茄、大青茄。更新品种：苏琦茄、宁筘1号、黑骠、黑长龙。

毛豆，传统品种：六月白、八月白、大豆青。更新品种：宁蔬60。

雍菜，由大、小叶菜发展为泰国柳叶等品种。

苋菜，由荷叶苋发展为花叶苋、青苋菜等品种。

【蔬菜基地设施建设】

1994年4月，江宁县在其林、陶吴、横溪、秣陵等11个乡镇建立蔬菜生产基地300公顷，其中市级200公顷，县级100公顷，年提供蔬菜800万公斤。1995年开始，按市、县、镇（乡）人均3厘、2厘、1厘蔬菜地规划建设。1996年，全县蔬菜基地面积373.33公顷，其中，市级200公顷，县级173.33公顷。2000年起，蔬菜基地设施建设力度加大，以“无公害”和“绿色食品”为生产目标。至2002年，共建成八大特色基地：上坊、谷里万亩无公害叶菜基地，其品牌分别为“满口福”和“春牛首”；江宁镇、铜井镇千亩毛豆基地，其品牌为“神山头”；横溪、麒麟30万平方米食用菌生产基地；铜井莲藕基地；东善桥、横溪、陶吴的香椿、草莓基地，其品牌为东善桥的“椿禾”牌；江宁镇、铜井镇野生芦蒿基地，其品牌为江宁镇的“金寿”牌；横

图14-2-9 江宁区蔬菜千亩温室大棚（2003年摄）

溪为主的包菜、礼品西瓜基地；麒麟、上坊的丝瓜、豇豆基地。设施栽培面积已达 1046.67 公顷。2003—2005 年，全区设施栽培面积增至 3100 公顷，建有日光温室、连栋大棚和电脑全自动温控制温室等。形成麒麟晨光、锁石的 66.67 公顷大棚蔬菜等设施栽培基地，上坊早春叶菜设施栽培基地，丹阳防虫网基地，谷里向阳 33.33 公顷大棚蔬菜生产基地。全区新增食用菌生产面积 115 万平方米。2006—2007 年，通过招商引资，投入 500 万元，建成横溪日产金针菇 2000 公斤的食用菌生产基地和谷里 33.33 公顷夏季防虫网叶菜基地。

【西甜瓜】

面积与产量 江宁县西甜瓜种植见于《晋书·谢安传》“有陶江（含陶吴）西瓜”之记载。20 世纪 50—60 年代，西甜瓜种植面积在 66.67 公顷 ~ 200 公顷之间，且生产水平不高。70 年代，西甜瓜种植面积下降，1975 年，全县种植面积只有 45.27 公顷。1982 年，实行联产承包责任制后，西甜瓜种植面积迅速扩大。1988 年，江宁县西甜瓜主要分布在横溪、陶吴、铜山、丹阳、淳化、湖熟、龙都、周岗、秣陵、禄口等乡镇，种植面积 4009.33 公顷，总产量 10305.80 万公斤。90 年代，西甜瓜面积一直稳定在 1714.33 公顷 ~ 3013.07 公顷之间。2000 年后，随着农业种植结构的调整，西甜瓜种植面积逐年扩大。2003 年，全区西甜瓜面积 5760 公顷，总产量 20736 万公斤。横溪镇优质西甜瓜生产形成以瓜果示范园为依托的（西甜瓜）嫁接中心，在标准化、专业化生产中，无公害绿色西瓜品牌产品已注册为“大自然”牌西瓜。2004—2007 年，全区建成西甜瓜设施面积 1766.67 公顷。2007 年，全区共种植西甜瓜 4094.53 公顷，总产量 14324.80 万公斤，亩产量 2332.35 公斤。

图 14-2-10　横溪礼品瓜（2007 年摄）

2003 年，在江苏省园艺博览会上，南京绿桥农副产品公司研究的方形西瓜、情侣西瓜获精品一等奖。至 2007 年，横溪西瓜节已举办 6 届。

品种 西瓜品种分别为有子西瓜和无子西瓜。有子西瓜品种，20 世纪 50—60 年代，引进华东 24。70 年代，引种台黑和新澄 1 号。1981 年，从省农科院引进早熟品种苏蜜 1 号，逐步取代华东 24 和台黑，成为当家品种。90 年代开始，种植两农 8 号、皖定 1 号、抗病苏蜜、金钟冠农等西瓜品种。2000 年后，又引种早抗宁蜜、早佳 8424、京欣 1 号等。无子西瓜始种于 80 年代末。至 2007 年，种植的品种有黄蜜、黑蜜和花皮等。

1949—2007 年江宁区经济作物面积和产量情况表（一）

表 14-2-11

年份	经济作物总播种面积（亩）	油料作物			其中								
					油菜籽			花生			芝麻		
		面积（亩）	亩产量（公斤）	总产量（万公斤）	面积（亩）	亩产量（公斤）	总产量（万公斤）	面积（亩）	亩产量（公斤）	总产量（万公斤）	面积（亩）	亩产量（公斤）	总产量（万公斤）
1949	148250	81450	30.89	251.58	70000	32.50	227.50	2450	45.02	11.03	9000	14.50	13.05
1950	149100	85000	31.41	267.00	72500	33.00	239.25	2500	47.00	11.75	10000	16.00	16.00
1951	170330	92308	32.16	296.90	74808	35.01	261.90	2500	50.00	12.50	15000	15.00	22.50
1952	184925	106003	34.48	365.51	92822	32.50	301.67	2656	90.51	24.04	10525	37.82	39.81
1953	240845	146456	11.35	166.26	132243	9.01	119.20	2816	67.51	19.01	11397	24.62	28.06
1954	154100	80427	37.35	300.41	74247	37.52	278.60	1849	65.71	12.15	4331	22.33	9.67
1955	164210	100061	19.08	190.87	92530	17.69	163.65	1825	60.88	11.11	5706	28.25	16.12
1956	182606	101712	29.19	296.91	92505	26.88	248.68	5675	68.11	38.65	3532	27.12	9.58
1957	165390	96982	23.53	228.21	85058	18.90	160.77	5963	89.27	53.23	5961	23.84	14.21
1958	159336	97565	24.46	238.66	91149	22.40	204.18	4432	64.67	28.66	1984	29.39	5.83
1959	102420	36703	25.47	93.49	27065	17.20	46.56	7827	55.10	43.13	1811	21.04	3.81
1960	169365	107478	16.74	179.94	95119	14.76	140.39	4953	57.86	28.66	7406	14.72	10.90
1961	135874	73690	17.16	126.46	58658	14.11	82.78	5281	50.82	26.84	9751	17.27	16.84
1962	160543	81954	20.75	170.07	67396	18.98	127.89	4110	46.79	19.23	10448	21.98	22.96
1963	162388	64989	22.59	146.81	50210	16.46	82.64	2547	75.46	19.22	12232	36.75	44.95
1964	153470	82068	41.08	337.16	62590	38.27	239.54	3431	71.38	24.49	16047	45.57	73.13
1965	78024	70243	36.95	259.54	58433	33.78	197.40	3012	84.23	25.37	8798	41.80	36.78
1966	76632	65516	45.15	295.81	55566	46.06	255.96	2548	63.11	16.08	7402	32.11	23.77
1967	71218	56624	46.28	262.08	48007	47.15	226.37	1893	46.28	8.76	6724	40.08	26.95
1968	76830	54041	43.35	234.26	45416	39.95	181.44	1565	103.83	16.25	7060	51.80	36.57

续表 1

年份	经济作物总播种面积（亩）	油料作物			其中								
					油菜籽			花生			芝麻		
		面积（亩）	亩产量（公斤）	总产量（万公斤）	面积（亩）	亩产量（公斤）	总产量（万公斤）	面积（亩）	亩产量（公斤）	总产量（万公斤）	面积（亩）	亩产量（公斤）	总产量（万公斤）
1969	76911	60768	51.62	313.68	55971	51.63	289.00	1476	76.22	11.25	3321	40.47	13.44
1970	67108	54598	46.14	251.89	48396	44.81	216.85	1198	88.36	10.59	5004	48.88	24.46
1971	70276	60542	63.00	381.44	56510	64.04	361.88	826	64.89	5.36	3206	44.32	14.21
1972	90869	79577	56.11	446.50	75680	56.18	425.19	703	81.65	5.74	3194	48.78	15.58
1973	95758	84383	48.54	409.57	79941	48.06	384.20	655	90.23	5.91	3787	51.39	19.46
1974	87595	76159	41.55	316.45	71945	40.60	292.09	665	114.29	7.60	3549	47.25	16.77
1975	88816	77631	50.72	393.72	74714	50.76	379.24	869	69.97	6.08	2048	41.06	8.41
1976	78738	65904	43.93	289.53	62667	43.89	275.02	601	80.20	4.82	2636	36.76	9.69
1977	94305	71900	26.06	187.40	71900	26.06	187.40	—	—	—	—	—	—
1978	149994	135800	40.24	546.50	135800	40.24	546.50	—	—	—	—	—	—
1979	127861	116400	62.69	729.70	116400	62.69	729.70	—	—	—	—	—	—
1980	168296	129500	69.91	905.37	129500	69.91	905.37	—	—	—	—	—	—
1981	197550	151900	88.25	1340.50	151900	88.25	1340.50	—	—	—	—	—	—
1982	210344	164100	110.71	1816.80	164100	110.71	1816.80	—	—	—	—	—	—
1983	228207	158200	111.26	1760.20	158200	111.26	1760.20	—	—	—	—	—	—
1984	220034	148100	112.42	1665.00	148100	112.42	1665.00	—	—	—	—	—	—
1985	362689	267200	90.57	2420.10	267200	90.57	2420.10	—	—	—	—	—	—
1986	371600	243800	95.93	2338.80	243800	95.93	2338.80	—	—	—	—	—	—
1987	354246	235072	91.35	2147.30	235072	91.35	2147.30	—	—	—	—	—	—
1988	364542	200786	76.96	1545.20	200786	76.96	1545.20	—	—	—	—	—	—
1989	369499	223100	85.61	1909.90	223100	85.61	1909.90	—	—	—	—	—	—

续表 2

年 份	经济作物总播种面积（亩）	油料作物			其中								
					油菜籽			花 生			芝 麻		
		面积（亩）	亩产量（公斤）	总产量（万公斤）	面积（亩）	亩产量（公斤）	总产量（万公斤）	面积（亩）	亩产量（公斤）	总产量（万公斤）	面积（亩）	亩产量（公斤）	总产量（万公斤）
1990	368104	232713	97.19	2261.80	223760	97.77	2187.80	3573	103.55	37.00	5380	68.77	37.00
1991	410152	277667	94.25	2616.90	270968	94.62	2563.80	2863	110.02	31.50	3836	56.31	21.60
1992	385264	232270	116.98	2717.10	224439	117.28	2632.30	3402	145.80	49.60	4429	79.48	35.20
1993	419709	247918	112.10	2779.10	237382	111.80	2654.00	4808	169.09	81.30	5728	76.47	43.80
1994	433280	267953	94.14	2522.60	261944	93.14	2439.70	2474	223.12	55.20	3535	78.36	27.70
1995	433489	274714	117.43	3226.10	262478	117.46	3083.00	5494	159.63	87.70	6742	82.17	55.40
1996	447658	278433	124.41	3463.90	264415	123.56	3267.20	5541	193.11	107.00	8477	105.82	89.70
1997	442685	275682	132.91	3664.20	256929	132.98	3416.60	5738	183.69	105.40	13015	109.26	142.20
1998	466567	286478	71.16	2038.50	267632	66.30	1774.50	6316	189.99	120.00	12530	114.92	144.00
1999	575841	354996	138.50	4916.70	331234	138.02	4571.70	7874	200.03	157.50	15888	118.01	187.50
2000	730344	441891	137.68	6084.10	416200	137.00	5701.90	8801	203.95	179.50	16890	120.01	202.70
2001	783463	433805	144.99	6289.90	405960	145.00	5886.40	10320	174.81	180.40	17525	127.30	223.10
2002	914936	463820	125.75	5832.50	430435	124.22	5346.90	11189	186.43	208.60	22196	124.80	277.00
2003	1027665	421839	122.88	5183.60	381586	120.44	4596.00	16354	176.47	288.60	23899	125.11	299.00
2004	904800	387000	135.21	5232.70	358950	134.37	4823.20	9300	187.31	174.20	18750	125.49	235.30
2005	805344	388750	138.06	5367.10	365485	139.02	5081.10	8427	160.91	135.60	14838	101.36	150.40
2006	700142	334528	130.48	4364.90	313477	130.28	4084.00	8939	169.37	151.40	12112	106.92	129.50
2007	543009	179874	146.82	2641.00	159598	147.84	2359.50	8694	170.23	148.00	11582	115.27	133.50

1949—2007年江宁区经济作物面积和产量情况表（二）

表14-2-12

年份	棉花			蔬菜瓜果面积（亩）	其中					
					蔬菜			瓜果		
	面积（亩）	亩产量（公斤）	总产量（万公斤）		面积（亩）	亩产量（公斤）	总产量（万公斤）	面积（亩）	亩产量（公斤）	总产量（万公斤）
1949	26800	3.50	9.38	40000	40000	—	—	—	—	—
1950	22100	5.00	11.05	42000	42000	—	—	—	—	—
1951	30022	5.41	16.24	48000	48000	—	—	—	—	—
1952	34122	13.59	46.36	44800	44800	—	—	—	—	—
1953	28609	7.43	21.26	65780	65780	—	—	—	—	—
1954	15983	5.57	8.90	57690	57690	—	—	—	—	—
1955	18207	10.85	19.76	45942	45942	—	—	—	—	—
1956	16394	6.72	11.02	64500	64500	—	—	—	—	—
1957	8977	16.75	15.04	59431	59431	—	—	—	—	—
1958	5701	24.73	14.10	56070	56070	—	—	—	—	—
1959	3457	31.36	10.84	62260	62260	—	—	—	—	—
1960	2832	23.48	6.65	59055	59055	—	—	—	—	—
1961	2717	18.44	5.01	59467	59467	—	—	—	—	—
1962	2273	11.92	2.71	76316	76316	—	—	—	—	—
1963	2547	17.35	4.42	94852	94852	—	—	—	—	—
1964	3870	17.80	6.89	67532	67532	—	—	—	—	—
1965	5093	27.25	13.88	2688	962	—	—	1726	—	—
1966	7321	23.44	17.16	3795	1317	—	—	2478	—	—
1967	10794	26.90	29.04	3800	1800	—	—	2000	—	—
1968	15664	36.32	56.89	7125	3500	—	—	3625	—	—

续表 1

年份	棉花			蔬菜瓜果面积（亩）	其中					
					蔬菜			瓜果		
	面积（亩）	亩产量（公斤）	总产量（万公斤）		面积（亩）	亩产量（公斤）	总产量（万公斤）	面积（亩）	亩产量（公斤）	总产量（万公斤）
1969	10279	34.61	35.58	5864	4228	—	—	1636	—	—
1970	9426	29.59	27.89	3084	1733	—	—	1351	—	—
1971	6334	30.69	19.44	3400	2471	—	—	929	—	—
1972	6950	34.95	24.29	4342	3232	—	—	1110	—	—
1973	7745	38.71	29.98	3630	2627	—	—	1003	—	—
1974	8016	47.39	37.99	3420	2460	—	—	960	—	—
1975	7858	40.98	32.20	3327	2648	—	—	679	—	—
1976	8035	48.74	39.16	4799	3797	—	—	1002	—	—
1977	8180	50.00	40.90	14225	3800	2996.84	1138.80	10425	28.86	30.09
1978	—	—	40.00	14194	3800	2709.47	1029.60	10394	15.25	15.85
1979	—	—	93.60	11461	4000	2472.75	989.10	7461	60.50	45.14
1980	24000	33.87	81.28	14796	6900	1200.58	828.40	7896	93.06	73.48
1981	23300	36.65	85.40	22350	14400	1187.15	1709.50	7950	52.69	41.89
1982	24100	39.08	94.19	22144	17100	1332.63	2278.80	5044	130.53	65.84
1983	23400	56.21	131.53	46607	42200	1147.54	4842.60	4407	139.96	61.68
1984	20800	63.48	132.04	51134	45800	3580.59	16399.10	5334	106.19	56.64
1985	21300	42.16	89.80	74189	68400	1852.12	12668.50	5789	139.49	80.75
1986	—	—	99.50	127800	88300	1640.09	14482.00	39500	1337.95	5284.90
1987	—	—	9.90	119174	75991	2246.79	17073.60	43183	1563.51	6751.70
1988	—	—	13.10	163756	103616	1862.24	19295.80	60140	1713.63	10305.80
1989	—	—	10.50	146399	104250	1860.74	19398.20	42149	1906.83	8037.10

续表 2

年份	棉花			蔬菜瓜果面积（亩）	其中					
					蔬菜			瓜果		
	面积（亩）	亩产量（公斤）	总产量（万公斤）		面积（亩）	亩产量（公斤）	总产量（万公斤）	面积（亩）	亩产量（公斤）	总产量（万公斤）
1990	—	—	15.40	135391	109228	1822.58	19907.70	26163	2266.67	5930.30
1991	3866	37.25	14.40	128619	102904	1730.35	17806.00	25715	1371.03	3525.60
1992	5087	50.72	25.80	147907	112470	1676.42	18854.70	35437	1747.44	6192.40
1993	5941	50.50	30.00	165850	120654	1706.33	20587.50	45196	2040.67	9223.00
1994	6256	49.55	31.00	159071	120864	2027.85	24509.40	38207	2308.50	8820.10
1995	6653	65.08	43.30	152122	118814	2086.85	24794.70	33308	2863.79	9538.70
1996	7526	63.38	47.70	161699	128902	2130.80	27466.50	32797	2654.30	8705.30
1997	7861	73.91	58.10	159142	130133	2090.08	27198.80	29009	2410.25	6991.90
1998	9511	75.18	71.50	170578	135480	2333.50	31614.20	35098	2565.93	9005.90
1999	10811	76.31	82.50	210034	170403	2181.84	37179.20	39631	2439.76	9669.00
2000	12426	78.06	97.00	276027	231557	1915.38	44352.00	44470	2234.16	9935.30
2001	13284	81.23	107.90	336374	286458	2068.13	59243.30	49916	2215.48	11058.80
2002	17766	93.61	166.30	433350	371100	2234.10	82907.60	62250	2282.38	14207.80
2003	27419	96.36	264.20	578407	491985	1713.23	84288.20	86422	2399.39	20736.00
2004	22800	85.00	193.80	495000	430350	1765.37	75972.60	64650	2480.00	16033.20
2005	22197	98.75	219.20	394397	338214	1804.14	61018.40	56183	2418.56	13588.20
2006	23680	122.30	289.60	341934	293098	1757.20	51503.20	48836	2351.54	11484.00
2007	20526	83.65	171.70	342609	281191	1803.39	50709.80	61418	2332.35	14324.80

第五节 肥 料

新中国成立前和成立初期，江宁县农民栽培作物，除冬季休闲及轮作绿肥作物外，习惯以各种泥肥及猪、牛、羊囤等厩肥为主，辅之以人粪尿、菜籽棉等饼肥、农家肥、塘泥、灰杂肥。

20世纪50年代前期，冬闲田（占耕地面积32.60%）栽秧一般不施基肥，绿肥田（占水田面积15.30%）仅够本田肥料，两者约占半数。水稻田基肥一般每亩施塘泥70担～120担（1担=50公斤，下同），或猪羊囤厩肥30担～50担。有基肥的水稻田一般不施追肥，生长差的水稻，追肥多用人畜粪尿等农家肥。三麦、油菜不施基肥，秋种作物“白田下种”（即不施基肥）比较普遍，麦、油菜田一般在冬、腊月里挑些塘泥盖麦，每亩施100担左右，既作肥料，又有防冻保苗的作用。1951年，全县氮素化肥平均每亩只有0.07公斤，饼肥平均每亩为0.92公斤。

从50年代中期至60年代初，农业生产合作社经常发动积肥运动，提出“积肥如积粮，肥足粮满仓”的口号。这一时期的肥料结构以农家肥为主。绿肥面积发展至1.33万公顷左右，还开展割青草、铲草皮、抽干塘坝挖取塘（河）泥等多种积肥、造肥运动，对农业增产起了重要作用。1957年，全县5.76万公顷水稻，有83%的田施了基肥。1961年，全县施氮素化肥平均每亩5.75公斤。

60年代中期至70年代，全县施肥仍以农家自然肥料为主，占施肥量60%～70%。全县绿肥面积保持在1.33万公顷～1.93万公顷之间，鲜草产量有较大增加。又引进绿萍等水生绿肥，进一步丰富肥源。全县生猪饲养量有较快发展，供销部门组织城粪下乡支援农业。1973年调查，全县草塘泥施用面积占水稻面积的80%以上；绿萍利用面积达1.72万公顷，占水田面积的32%；生猪饲养36万头，猪囤粪肥施用面积占38.50%；组织城粪54万担。70年代中期起，全县化肥用量激增，并开始对磷、钾化肥配搭施用。从总体看，这一时期处于施用自然有机肥和化学肥料并重的阶段。70年代末期，已出现向以化学肥料为主过渡的趋势。1979年，平均每亩化肥施用量已达100.55公斤，超过同年全省平均用量的44.70%。化肥中氮、磷、钾的结构比例为1∶0.20∶0.01。

80年代，农民大量使用化肥，1989年，平均每亩化肥施用量达289公斤，比1979年增长1.87倍。由于大量施用化肥，以致土壤有机质减少，降低微生物的繁衍、活动，影响土壤的理化性能，使养分平衡失调。为此，栽培作物不得不补施一定比例的磷、钾化肥，甚至补充多种微量元素。

1989年开始，实施国家星火计划项目《土肥测配供施一条龙技术开发》。根据县情实际，研究制订出适应水稻、小麦、油菜生长的氮、磷、钾比例分别为8∶8∶9、9∶9∶8、10∶8∶7的专用配方肥。这一项配方施肥技术应用，使稻、麦、油产量分别提高8.70%、10%、13.50%。1996年，全县配方施肥面积2万公顷次，2000年，推广面积达8万公顷次。应用作物由稻麦油扩展到西瓜、甘蔗、蔬菜等经济作物上。2007年，平均每亩使用化学肥料223.46公斤；使用硼肥面积1.89万公顷，占耕地面积32.86%；使用活力素1.91万公顷，占29.44%。全区冬绿肥面积2933.33公顷，占耕地面积4.51%；秸秆还田3.04万公顷，占耕地面积46.77%；全年积肥4.57万公顷，占耕地面积70.33%。

1986—2007 年江宁区农作物施肥情况表（一）

表 14-2-13

年份	耕地面积（万亩）	化学肥料							
		碳铵		尿素		复合肥		亩施肥量合计（公斤）	总施肥量（万公斤）
		亩施肥量（公斤）	总量（万公斤）	亩施肥量（公斤）	总量（万公斤）	亩施肥量（公斤）	总量（万公斤）		
1986	83.41	180.40	15047.16	10.15	846.61	95.80	7990.68	286.35	23884.45
1987	83.36	182.45	15209.03	9.45	787.75	96.75	8065.08	288.65	24061.86
1988	83.23	182.61	15198.31	10.60	882.27	97.45	8111.04	290.66	24191.62
1989	83.16	183.81	15285.69	8.91	740.77	96.28	8006.99	289.00	24033.45
1990	83.14	179.49	14922.69	11.15	927.21	89.37	7430.16	280.01	23280.06
1991	83.01	174.61	14494.38	11.55	958.82	95.36	7915.46	281.52	23368.66
1992	82.70	176.30	14580.01	12.65	1046.16	94.65	7827.56	283.60	23453.73
1993	82.64	173.70	14354.57	12.90	1066.06	89.25	7375.62	275.85	22796.25
1994	81.76	172.70	14119.95	12.25	1001.56	88.15	7207.14	273.10	22328.65
1995	80.14	173.15	13876.24	13.40	1073.88	92.85	7441.00	279.40	22391.12
1996	79.37	173.43	13765.24	13.88	1101.85	93.28	7403.82	280.59	22270.91
1997	78.90	172.45	13606.31	14.15	1116.44	88.75	7002.38	275.35	21725.13
1998	78.40	172.75	13543.60	13.60	1066.24	87.65	6871.76	274.00	21481.60
1999	78.40	167.80	13155.52	14.45	1132.88	88.70	6954.08	270.95	21242.48
2000	78.30	156.35	12242.21	17.40	1362.42	88.20	6906.06	261.95	20510.69
2001	67.70	144.75	9799.58	21.35	1445.40	88.95	6021.92	255.05	17266.90
2002	92.62	136.70	12661.15	24.65	2283.08	82.30	7622.63	243.65	22566.86
2003	87.96	134.90	11865.80	25.15	2212.19	81.95	7208.32	242.00	21286.31
2004	88.56	140.73	12463.27	32.48	2876.14	83.61	7404.15	256.82	22743.56
2005	89.91	131.46	11819.93	31.57	2838.71	79.83	7177.95	242.86	21836.59
2006	88.34	129.86	11472.25	32.65	2884.63	80.36	7098.92	242.87	21455.80
2007	97.48	121.59	11852.15	29.23	2849.29	72.64	7081.25	223.46	21782.69

1986—2007年江宁区农作物施肥情况表（二）

表14 2 14

年份	耕地面积（万亩）	微量元素						有机肥					
		硼肥				活力素		冬绿肥		秸秆还田		全年积肥	
		面积（万亩）	占耕地（%）	亩施肥量（公斤）	总量（万公斤）	面积（万亩）	占耕地（%）	面积（万亩）	占耕地（%）	面积（万亩）	占耕地（%）	面积（万亩）	占耕地(%)
1986	83.41	28.30	33.93	1.05	29.72	3.30	3.96	4.50	5.40	36.12	43.30	69.56	83.40
1987	83.36	29.80	35.75	1.04	30.99	5.50	6.60	4.70	5.64	35.59	42.69	68.77	82.50
1988	83.23	32.40	38.93	1.06	34.34	7.30	8.77	4.90	5.89	33.08	39.75	70.17	84.31
1989	83.16	30.50	36.68	1.12	34.16	8.90	10.70	5.30	6.37	38.20	45.94	67.00	80.57
1990	83.14	29.70	35.72	1.05	31.19	9.80	11.79	5.50	6.62	39.75	47.81	72.10	86.72
1991	83.01	31.40	37.83	1.45	45.53	12.30	14.82	4.90	5.90	44.74	53.90	70.81	85.30
1992	82.70	33.20	40.15	1.47	48.80	15.40	18.62	4.70	5.68	46.89	56.70	70.05	84.70
1993	82.64	34.70	41.99	1.05	36.44	18.40	22.27	4.50	5.45	42.31	51.20	68.18	82.50
1994	81.76	32.30	39.51	0.89	28.75	22.70	27.76	4.60	5.63	48.07	58.79	70.07	85.70
1995	80.14	34.50	43.05	0.85	29.33	24.50	30.57	4.90	6.11	45.20	56.40	69.16	86.30
1996	79.37	35.50	44.73	0.87	30.89	26.30	33.14	5.10	6.43	42.26	53.34	67.62	85.20
1997	78.90	34.30	43.47	0.84	28.81	27.70	35.11	4.80	6.08	36.69	46.50	63.44	80.41
1998	78.40	31.90	40.69	0.83	26.48	30.40	38.78	5.30	6.76	38.34	48.90	63.74	81.30
1999	78.40	30.40	38.78	0.78	23.71	31.50	40.18	4.90	6.25	42.02	53.60	66.25	84.50
2000	78.30	32.50	41.51	0.73	23.73	33.20	42.40	4.50	5.75	42.63	54.44	64.68	82.61
2001	67.70	34.70	51.26	0.66	22.9	34.50	50.96	4.60	6.79	34.05	50.30	57.48	84.90
2002	92.62	33.60	36.28	0.76	25.54	37.90	40.92	4.80	5.18	39.64	42.80	77.52	83.70
2003	87.96	35.60	40.47	0.57	20.29	35.20	40.02	5.20	5.91	42.13	47.90	72.39	82.30
2004	88.56	34.90	39.41	0.50	17.45	34.40	38.84	4.60	5.19	47.17	53.26	73.19	82.64
2005	89.91	35.20	39.15	0.45	15.84	32.70	36.37	4.50	5.01	45.45	50.55	70.73	78.67
2006	88.34	30.10	34.07	0.50	15.05	31.40	35.54	4.30	4.87	43.56	49.31	70.41	79.70
2007	97.48	28.30	29.03	0.50	14.15	28.70	29.44	4.40	4.51	45.59	46.77	68.56	70.33

第六节 良种繁育

民国时期，江宁县的种子由专设的各类农场承担，并在特定地区建立推广区域。据《首都志》摘引《江苏政治年鉴》记载：民国8年（1919），在殷巷成立江宁模范农场，种植棉、稻、麦、豆良种，并有五分所，设四乡，在汤山设有模范农事推广区。据民国22年《江宁县政概况》记载："于八区东善镇之大山，设有农业改良场……凡作物、园艺、畜牧之试验改良，多种植物优良种子之推广指导，……以及关于其他农林事业皆属之。"又载："帽子头籼稻，系中大育成之良种，在抗日战争前推广农民种植，今仍保留，农村普遍栽培，产量甚丰。"抗日战争胜利后，将东山农场辟为示范农场，并与中央农业部所属的农业推广委员会苏皖种子繁殖站合作，承担良种繁殖任务。民国35年5月，县农业推广所成立，良种繁育和推广工作成为其主要任务。该所以东山、淳化两个示范农场为基地，从事水稻、小麦、棉花、大豆、山芋等作物良种的繁殖、示范、推广工作。又据民国37年江宁县农业推广所分月工作报告："以淳化农场为基地，在淳化、解溪两乡推广繁殖珂字棉2570亩，推广中农四号200亩。推广范围逐步扩大到湖熟、丹桂、龙都、东山、板桥等乡镇，推广帽子头籼稻约5万亩，二九〇五小麦4.50万亩，三三二大豆1.80万亩。"

1952年，原东山示范农场改名为江宁县农场。以县农场为"火车头"，先后在二区、三区、六区、七区、八区、九区相继办起区农场，承担良种繁殖、示范任务。1957年，成立江宁县种子站，专司全县良种引进、示范、繁殖工作。1958年，在东山公社胜利大队牌头村办百家湖农场，并将东山植物园改名为东山农场，承担全县良种繁殖任务。由于农场土地面积不大，1961年，稻、麦良种提纯复壮任务与公社种子特约繁殖基地共同承担。1963年，根据省统一规定，将东山农场命名为江宁县良种繁殖场，成为专业性良种繁育机构。至1965年，东山、江宁、花园、长江等5个公社的种子特约繁殖基地面积扩大至466.67公顷，形成了良种繁育场及公社良种特约繁殖大队两级繁育体系。1976年，县政府颁发《江宁县加强种子工作的意见》，强调良种繁育体系建设。是年，县良种繁育基地（包括县良种场、秣陵后圩农场和长江棉种场）达47.47公顷，特约良种基地1458.60公顷，15个公社小农场种子基地192.87公顷，全县共有良种繁育基地1698.93公顷。除各地自繁自用良种外，全年收购稻、麦良种415万公斤，其中支援南京市二县二郊一场的稻、麦良种89万公斤，支援四川、湖南等外省的苏粳2号良种45.50万公斤。1978年，三级良种繁育体系进一步健全，并出现种子技术员的专业分工，县级种子专业人员35人，大队种子员795人，生产队的"五员"中也有种子员，人数达5405人。

中共十一届三中全会后，良种繁育体系建设成为全县农业现代化的重要内容之一，全县种子基地达2989.80公顷，供种数量不断扩大。1982年，全县提纯复壮三麦原种8945公斤，原种一代20175公斤，水稻原种1548.50公斤，原种一代93950公斤，繁殖良种146.50万公斤，全县杂交水稻全部统一供种，常规稻的供种量达60%左右。自20世纪80年代初，农村推行联产承包责任制后，农村出现科技示范户及种子专业户等新形式，替代了大队农科队、种子场和生产队"五员"的作用。至1985年，全县县、乡两级良种繁育场尚保留基地266公顷，种子专业户1157户，承包良种繁殖田211.73公顷。全县全年为广大农户提供水稻、油料、绿肥和经济作物良种90万公斤，22个乡农科站经营良种49.30万公斤。

1963—1985年，县良种繁育场先后繁育常规水稻新品种40余个。早稻有十余个，中粳、中籼及晚粳各有15个，繁育不育系品种及配制杂交稻品种组合40多个。培育三麦新品种20余个。进行稻、麦主要推广良种的提纯复壮工作，为全县良种繁育体系提供原种或原种一代种子。总计繁育稻、麦良种163公斤，提纯复壮原种40多万公斤。

1986—1995年，中央和地方财政每年按一定比例配备建立发展粮食专项资金。其中投向江宁种子推广体系建设资金251.81万元，占整个专项资金总额的48.30%。通过对良种繁育体系投入的增加，全县良种繁育基地得到进一步发展和巩固。分别在县良种场、各乡（镇）站办农场以及行政村采取合同预约方式，建立特约良种繁育基地。至1990年，全县建立8个杂交水稻繁殖基地，面积413.33公顷，年生产量突破50万公斤，供种率达100%。常规稻麦良种繁殖基地433.33公顷，年产种子135万公斤，供种率45%。油菜籽特约繁殖基地6.67公顷，生产种子75000公斤，供种率50%。1995年，建立杂交水稻制种基地133.33公顷，年生产量达25万公斤，供种率100%；建立常规稻麦良种基地366.67公顷，年产种子90万公斤，供种率60%；油菜种子繁育基地33.33公顷，生产种子8.60万公斤，供种率达95%。全县稻、麦、油生产用种90%实现纯良化，年统一供种量125.10万公斤，良种覆盖率达98%。

1998年12月，新组建股份制江苏省新宁杂交水稻种业有限公司，共建异地杂交水稻制种基地200公顷。1999年，全县建立常规稻、麦、油种子生产基地442.67公顷，生产良种520万公斤，年统一供种率85%以上。其中，杂交水稻、杂交油菜以及杂交玉米种子统一供种率达100%，稻、麦、油主要农作物良种覆盖率95%。

2000年开始，全区全面完成籼改粳种植结构的调整，农作物良种繁育，主要以粳稻良种生产为主，至2007年，全区良种繁育基地保持在100公顷，生产粳稻种子80万公斤左右，基本上满足粳稻生产种子的需要。

第七节　栽培技术

民国时期，江宁县地近首都，中外观瞻所系，各种农技成果推广“占有近水楼台之优势”。民国22年（1933），曾向中央大学农学院购得十余种育种工作之结晶——“江东门”及“南京赤谷”改良麦种4000公斤，向金陵大学农学院购得26号麦种2000公斤，分别贷给第六、第八、第九等区农民种植。是年，还推广点灯诱蛾法和人工采卵法防治三化螟，用袋捕法突击扑杀蝗虫15万公斤。民国35年，先后从中大农学院和金大农学院引进水稻良种中农四号、胜利籼，小麦良种中农28及金大2905，在东山、淳化、上坊、汤山、上峰、龙潭一带推广种植，直至新中国成立。是年，还曾采用袋捕、开沟、扑打等方法，捕杀蝗虫23942公斤。

新中国成立后至2007年，农作物栽培技术发展较快。总的趋势旱作粮食棉花撒播改条播、纯作改套作、稀植改繁植。水稻推广旱育秧和抛秧技术，三麦散播改行播，实现良种化，油菜全面运用群体质量栽培技术，推广“双低”优质油菜品种。并根据各种农作物的生育规律、气候情况和生产要求，每年都制订栽培技术操作规程，提高科学种田水平。

【水稻】

20世纪50年代，江宁县在水稻栽培中，推广全国劳动模范陈永康的“落谷稀培育壮秧”“小株方形密植”“浅水勤灌”及根据晚粳小暑发棵、大暑长粗、立秋长穗生长规律的“合理施肥”

水稻高产栽培经验。60年代，推广江苏农学院与陈永康共同研究的"看苗诊断"的肥水管理措施。推广培育壮秧的"落谷稀"播种技术，由秧田习惯亩播150公斤下降到中稻不超过75公斤，晚稻不超过50公斤。1962年和1969年7月，两次暴雨受淹农田分别为1.87万公顷和2.47万公顷，推广"分青棵"和"早翻早"等技术措施，挽回被淹稻田损失，创大灾之年丰收的奇迹。70年代，水稻栽培从提高秧苗素质入手，以培育壮秧解决足穗与大穗的矛盾，总结推广通气秧田、两段育秧、无土育秧、旱地育秧、地窖催芽等育秧技术。1978年，运用杂交水稻分蘖优势解决秧田迟栽减产问题，在后季稻秧田沟里套栽杂交水稻简称"秧套稻"成功。70年代中期，杂交水稻试种成功，高产栽培技术逐步完善，形成规范，结实率由60%提高到80%以上。1979年，杂交水稻种植面积1.58万公顷，总产量达1亿公斤以上。80年代，推广"水稻旱播小苗条寄育秧""地膜覆盖保温育秧"和"生物能育秧"三种育秧新技术。1985年，应用叶龄模式栽培体系的面积4.53万公顷，一般增加产量10% ~ 15%。90年代，水稻普及应用群体质量栽培技术。推广水稻旱育秧和抛秧技术，改变了农民几千年来栽秧"脸朝黄土背朝天"的繁重劳动。1997年，推广旱育抛秧2.37万公顷，占水稻种植面积的51.63%。1998年，丘陵地区推广杂交稻旱育抛秧，圩区推广粳稻旱育稀植。同时，推广水稻群体质量栽培技术，全面应用"壮秧、扩行、减苗、调肥、挖水"十字栽培方针，至90年代末，全县水稻群体质量栽培技术应用率达到90%以上。

2000—2007年，全区推广直播稻。2000年，直播稻面积373.33公顷。直播形式多种多样，机械水直播、机械旱直播、人工水直播、人工旱直播等。至2007年，全区直播稻和机插秧面积7293.30公顷，其中，直播面积5826.70公顷，机播面积1466.60公顷。直播和机播面积占水稻种植面积的31.60%。

【三麦】

20世纪50年代，推广三麦深耕细耙、透耕宽墒及宽幅条播，全县70%的小麦田做到两耕两耙，畦宽5尺（1.67米），丘陵推广点播，洲地改变原始的"压子法""飘子法"。60年代，三麦引进新品种有早小麦华东6号、抗锈迟熟小麦吉利，九九元麦和矮秆齐元麦等。根据品种需要，推广增施基肥、精细整地，重施腊肥增孽增穗，巧施拔节肥等技术，使三麦亩产量提高到100公斤左右。70年代，推广化肥深施、三沟配套和开暗沟等技术，三麦化肥深施面积达80%以上。80—90年代，推行小麦免少耕技术。免少耕技术试验结果：上坊丰产方实种面积66.67公顷，平均亩产量301公斤，比同村耕翻麦田每亩增加76.90公斤，增加产量34.20%。1989年，全县免少耕技术应用面积11800公顷，占小麦播种面积35.30%。

2000—2007年，推广精量、半精量播种技术和机条播、免少耕技术，通过降低播量、施足基肥，达到出苗齐、苗健壮、分孽多的目的。至2007年，全区精量、半精量播种面积达80%以上，小麦亩产量稳定在250公斤以上。

【油菜】

20世纪50年代，油菜改混种为单种，改撒播为点播，并推广育苗移栽。1959年，点播面积占65.70%，移栽面积占12.30%，仍有20%撒播。70年代，推广殷巷公社的"三改"技术，即改黄籽（大黄籽）为黑籽（甘蓝型油菜籽为深褐色），改点播为育苗移栽，改迟播为早播，促进油菜产量的提高。1979年，油菜面积扩大到7760公顷，总产量729.70万公斤，与1970年比较，产量增加2.36倍。改变缺油面貌，一跃成为余油县。80年代，推广微量元素硼肥喷施和底施技术。1987年，推广油菜板茬移栽技术，达到省工、省本、争季节、夺高产的目的。继续推广甘蓝型油菜品种、育苗移栽和早播早栽技术。1989年，全县油菜面积14873.33公顷，其中甘蓝型宁油7号种植7600公顷，占油菜总面积的51.10%，育苗移栽5300公顷，占油菜总面积35.64%。90年代，淘汰大黄籽品种和严禁点播，实现百分之百为甘蓝型品种和育苗移栽。

2001—2006年，全面运用群体质量栽培模式。2001年，全面应用"壮苗、秋发、冬壮、春稳、活熟"的栽培方针，油菜籽亩产量达145公斤，总产量达5886.40万公斤；同时积极推广"双低"优质油菜品种，全区"双低"优质油菜种植面积达88.40%。2002年，油菜品种基本实现"双低"化，技术正确应用率达80%。2007年，油菜生产以直播和板茬免耕移栽为主。杂交稻茬采用直播油菜，充分利用阳光资源；晚粳茬口推广免少耕移栽，全年油菜推广轻简栽培技术9333.33公顷，占油菜种植面积的70%。

【棉花】

历史上的棉花播种多为散播。新中国成立后，大力推广条播、点播方式，至20世纪60年代全县普及。80年代，推广营养钵育苗、地膜覆盖等新技术，1983年，全县棉花亩产量突破55公斤大关。在棉花苗期管理上，提出"四早"：早除草松土，早间苗、定苗，早施苗肥，早防病治病。推广精心整枝技术，包括去公枝、剪老叶、抹赘芽、摘边心、打顶等。在施肥上，总结棉花生长规律，简化为施足基肥、轻施苗肥、重施花铃肥。2001年后，摒弃技术含量低、产量低的点播种植方法，推广使用营养钵种植方法。通过培育示范点、现场指导服务等方式，帮助棉农掌握新技术。2006年，全县种植棉花1578.67公顷，皮棉总产量289.60万公斤，亩产量122.30公斤。总产量、亩产量均创历史纪录。

【蔬菜】

20世纪70年代前，蔬菜采取常年露地种植方式。80年代，开始有保护地设施栽培技术，有地膜覆盖栽培，大、中、小棚，日光温室等。地膜覆盖栽培蔬菜一般可提早成熟7天～10天，增加产量30%～50%。大棚栽培，使蔬菜生产春季提前，秋季延后，可提早1个月～2个月或延后1个月上市，能均衡供应市场，一般增加产量30%，产值增加1倍。2000年，大棚面积439.33公顷，为南京地区最多。比1996年增加422.67公顷。还利用防虫网、遮阳网新材料，实施无公害生产技术。西瓜嫁接技术为农民解决病害的威胁。此外，大棚滴灌技术、套间作栽培技术、病虫害综合防治技术、温光调控技术、无土栽培技术、微肥施用技术等都有效地促进蔬菜产业的发展和农民收入的增加。2001—2003年，引进新品种88个，生物农药在蔬菜上应用2000公顷次。2004—2006年，推广蔬菜设施栽培技术、反季节生产技术、节本技术、电热线温床育苗技术、礼品西瓜生产技术等，蔬菜新品种覆盖率90%以上，西甜瓜达100%。2007年，全力推广蔬菜防虫网覆盖栽培技术。谷里、横溪和市蔬菜基地合计应用12.70公顷，为市场提供小青菜、苋菜、空心菜、无毛萝卜缨子等叶菜400万公斤，平均亩产值8000元以上。

第八节 植物保护

江宁县农作物的病、虫、草害有100余种，其中病害种类有40余种。新中国成立前，以蝗虫危害最烈，据清嘉庆十六年（1811）起至宣统三年（1911）的不完全统计，有5年发生蝗灾。光绪十八年（1892）有“飞蝗蔽天，府属皆荒”史料。民国18年（1929）、22年分别有“各乡发现大批蝗虫滋蔓……”“全县发生蝗蝻四万余方，……跳蝻滋生之处草木不留”的记述。由于科学技术落后，农民对病虫防治主要用人工捕捉、点灯诱蛾、烟草水治蚜虫等土办法。新中国成立后，建立农业植保测报、技术推广一条线网络，逐步摸清江宁地区病、虫、草、鼠的发生危害规律。随着农药化工的发展，从20世纪50年代的土农药、无机农药发展到60年代的有机农药，防治技术前进一大步。70年代后，全县大力开展粮、油、棉病虫草害的综合防治，从手工防治发展到机械化防治。90年代后，水稻、麦子、油菜、棉花等作物综合防治面积达95%以上，取得病虫危害下降、农药中毒下降、治虫成本下降、产量增加的“三降一增”的效果。2007年，全区植保技术普及率90%以上，重大病虫防治群众响应率70%以上，拥有机动喷雾喷粉器2712台，机械植保面积3.92万公顷。

【病害】

水稻 水稻主要病害种类：纹枯病、白叶枯病、稻瘟病、叶尖枯病、稻曲病、干尖线虫病、恶苗病、柴杆病、条纹叶枯病、普通矮缩病、黄矮病、黑条矮缩病、细菌性基腐病、叶梢腐败病等。

1950—1958年，百叶枯病发生普遍，纹枯病、稻瘟病、干尖线虫病等逐年上升。60年代，病害随品种布局变化，发生种类增加，新增恶苗病。1962年，全县发生叶枯病7348.47公顷。70年代，由于扩大双季稻和三熟制，病害新增条纹枯病、普通矮缩病、黄矮病、黑条矮缩病等病毒病。80年代，纹枯病上升为水稻主要病害。新发生病害：细菌性基腐病、叶鞘腐败病、叶尖枯病等。90年代，稻瘟病、纹枯病发病逐年加重，成为主要病害。2000—2007年，常发生的病害主要有恶苗病、纹枯病、稻瘟病、条纹叶枯病和稻曲病。其中2007年发生条纹叶枯病2.49万公顷。

三麦 三麦病害种类：赤霉病、白粉病、纹枯病、病毒病（土传梭条叶病）、大麦条纹病、大麦坚黑穗病等，大麦叶锈病、小麦条锈病、小麦叶锈病、小麦秆锈病、线虫病。

20世纪50年代锈病是小麦主要病害之一，1956年、1957年连续两年发生，部分地区损失产量高达70%，严重的颗粒无收。1955年、1958年赤霉病大发生，1958年全县防治面积1.63万公顷，占小麦田87%。60年代，小麦秆锈病比较严重，发病普遍率达100%。1972年、1973年和1977年，麦类赤霉病大发生；1974年、1975年和1978年，麦类白粉病和小麦线虫病大发生。80年代，白粉病、纹枯病上升为麦类主要病害，新发生的病害有土传梭条花叶病。90年代，小麦土传梭条花叶病由主要病害下降为次要病害。赤霉病、纹枯病和白粉病是全县小麦3个常发性病害。2001—2007年，由于受“缩麦扩油”的影响，小麦病害除白粉病、纹枯病等常发生外，随着免耕、少耕技术的推广，赤霉病发生有所上升。

油菜 油菜主要病害种类：菌核病、霜霉病、病毒病、白锈病。20世纪70年代起，由于普遍推广育苗移栽，忽视苗床期蚜虫防治工作，致使蚜虫传播的病毒病严重发生。1981年和1982年，霜霉病和白锈病混合发生。1985年，全县油菜普遍受菌核病危害，严重减产。90年代，油菜病害以菌核病为主，霜霉病为辅。1998年，种植面积2.67万公顷，受菌核病影响，普遍减产

20% ~ 30%。1999 年，暖冬现象十分明显，造成菌核病再次大爆发。2001—2007 年，除霜霉病等经常发生外，菌核病仍为主要病害。

棉花 棉花主要病害种类：立枯病、炭疽病、红叶茎枯病、枯萎病等。

立枯、炭疽病是棉花苗期主要病害。20 世纪 80 年代前，棉花主要是直播种植，土质差的田块发病死苗严重；严重的田块发病率高达 80% 以上。70—90 年代，由于大量引进棉种，枯萎病传入并在棉区逐步蔓延，成为棉花生产的大敌。2001—2007 年，枯萎病得到有效控制。

蔬菜 20 世纪 50—60 年代，江宁县蔬菜上的主要病害有软腐病、白粉病、霜霉病、青枯病、晚疫病，70 年代各种病害呈上升趋势，并出现病毒病、黑斑病、菌粒病，80 年代始番茄晚疫病、早疫病，十字花科蔬菜的霜霉病发生较为严重。1996 年，大白菜病毒病、霜霉病、软腐病流行，1999 年，灰霉病、叶霉病、早疫病、病毒病发生较为严重。2000 年病毒病大发生，出现绝收现象。软腐病种病发病率达 60% 以上。2002 年，全区大棚温室栽培番茄平均病株率为 16%。2003 年春季，连阴雨，部分设施栽培蔬菜病害发生严重，其中早疫病、灰霉病、霜霉病、病毒病等中等偏重发生。

新中国成立前，菜农对蔬菜病害缺乏科学知识，误认为是“天灾”“瘟疫”，束手无策。新中国成立后多用波尔多液、赛力散等农药防治病害，取得一定的效果。20 世纪 60 年代，推广 5.6 硝基苯、赛欧散等农药防治病害。70 年代，采用铜铵合剂、福美双、代森锰锌、托布津、多菌灵、敌克松农药。80 年代，推广应用多菌灵粉剂、瑞毒霉、乙膦铝等农药。1990—2007 年，全区推广速克灵、扑海因、甲霜灵锰锌、甲基托布津、杀毒矾、链霉素、病毒 A、甲霜灵、百菌清、雷多米尔、植病灵 7 等新型杀菌剂。

【虫害】

水稻 水稻害虫种类：二化螟、三化螟、稻飞虱、稻纵卷叶螟、稻苞种、稻蓟马、稻叶蝉、大螟、稻象甲等。

20 世纪 50—60 年代，三化螟是全县水稻之大敌。1949 年和 1950 年，受三化螟危害，穗率分别达 37% 和 17%。1961 年发生较严重。稻苞虫亦是重要害虫之一，1953 年，危害水稻面积 2.67 万公顷。70 年代，全县发展三季稻，稻纵卷叶螟上升为主要害虫，稻蓟马、稻飞虱和稻叶蝉等时有发生。1970 年，褐飞虱暴发成灾，也是全县历史上水稻最大一次虫灾，损失稻谷 1000 多万公斤。80 年代，害虫以二化螟、大螟、稻纵卷叶螟、褐飞虱和白背飞虱为主，三化螟下降为次要害虫。90 年代，螟虫发生程度逐年加重，三化螟由次要害虫上升为主要害虫。1997 年，三代三化螟特大发生，迟栽中杂稻和粳稻田自然白穗率高达 40% ~ 70%。2001—2007 年，水稻害虫以稻飞虱、稻纵卷叶螟等迁飞性害虫发生为主。2007 年，全区水稻纵卷叶螟为 1980 年以来发生最严重一年，为特大发生年份。

三麦 三麦害虫种类：粘虫、麦蜘蛛、蚜虫、麦叶蜂、蝼蛄等。20 世纪 50—60 年代，粘虫在沿江洲地麦田大量发生危害，麦蜘蛛在丘陵旱地和沿江洲地的麦田危害较重。70—80 年代，麦类害虫以粘虫为主，其次是蚜虫。90 年代，麦类害虫除蚜虫和粘虫外，小地老虎也时有发生。1998 年，冬季干旱少雨，暖冬现象十分明显，导致麦蚜和穗蚜大发生，致使小麦减产。2001—2007 年，麦类害虫仍以蚜虫为主，因蚜虫发生较轻，小麦面积减少，防治到位，没有造成损失。

油菜 油菜害虫种类：蚜虫、菜青虫、黄条跳甲、猿叶虫、菜螟等。江宁地区油菜害虫主要为蚜虫，发生轻重与气象条件有密切关系。1998 年，全县出现持续干旱、少雨天气，暖冬现象也十分明显，导致蚜虫大发生，防治不到位的田块颗粒无收，不得不改种其他作物。

棉花 棉花害虫种类：棉蚜、红蜘蛛、红铃虫、棉铃虫、金刚钻、盲蝽象、地老虎、叶跳蝉、玉米螟、卷叶虫、造桥虫、蜗牛等。20 世纪 50—60 年代，卷叶虫成为突发性害虫。粮棉间种，苗期受蚜虫，中期受红蜘蛛的危害。还有棉铃虫和盲蝽象。80 年代后，对棉花危害较大的仍然是棉铃虫、红铃虫、棉蚜和红蜘蛛，蜗牛危害也日趋严重。其次是盲蝽象和玉米螟等。

蔬菜 新中国成立初期，江宁县菜地上的主要害虫有潜叶蝇、蚜虫、菜青虫、瓢虫、菜螟、地老虎、蛴螬、蟋蟀等。春季以蛴螬、小地老虎等地下害虫为主，主要为害瓜、豆、茄果、马铃薯等蔬菜幼苗。夏秋季以蚜虫、菜螟为主，为害青菜、大白菜、包菜等。20 世纪 80 年代中期，小菜蛾在少数田块发生严重，1990 年春夏季小菜蛾发生早、数量多、范围广，1991 年在湖熟太圩发现斜纹夜蛾，1996 年小蛾发生严重，1998 年以斜纹夜蛾为主的夜蛾类害虫危害严重，1999 年蜗牛发生较重，蜗牛百株贝量 92 头～115 头，2000 年春季蚜虫大暴发，出现虫雨现象，虫株率 100%，蚜指数高达 84。2002 年，甜菜夜蛾偏重发生，2003 年甜菜夜蛾大发生。2007 年跳甲发生严重，虫株率 100%，平均百株有虫 313 头。

新中国成立初期，有蔬菜地的农民防治虫害以清洁田园、注意选种、选择适当的播种期和丰收期等栽培措施，20 世纪 50 年代采用六六六、DDT 等化学农药，60 年代用敌敌畏、乐果、敌百虫等高效有机磷农药，70 年代陆续采用敌杀死、三氯杀螨醇、除虫等低毒低残留的高效农药。90 年代开始，全县引进抑太保、卡死克、农地乐、BT 等新型生物农药，1995 年后，为配合无公害蔬菜栽培，选用推广宝路、吡虫啉、卫农 1 号、大复杀、乐斯本、地乐农、除尽、天虫神、氯氢菊酯、多虫净、绿保素、扑虱蚜等农药。

【草害】

水稻 水稻田草害有：稗草、野茨菰、牛毛草、三棱草、眼子菜、野荸荠、四叶萍、千金子等 14 科 24 种。20 世纪 50—60 年代，以夹棵稗、三棱草为主。70 年代，推广三熟制，农活紧张，管理很难跟上，往往形成“稗子草站岗、三棱草打伞、牛毛草铺地毯、眼子菜盖田不见天”的严重草灾。70 年代末，推广杂交稻，田间牛毛草害减轻。80 年代，莎草、眼子菜等数量增多，危害加重。90 年代后，由于推广新的栽培技术，稗草由以前的主要草害变成次要草害。阔叶草上升为主要草害。三棱草、野茨菰占移栽田杂草总量 20% 以上，千金子占 10% 以上。1998 年调查，水育秧田以稗草和异型莎草为主，占总草量的 69%。旱育田以马唐、稗草、狗尾草为主，占总草量 54.10%。水稻大田杂草密度低，不构成恶草危害。

三麦 麦田草害有：看麦娘、猪殃殃、大巢菜、繁缕、野燕麦、早熟禾、罔草、毒麦等为主 17 科 41 种。70 年代中期，进行麦田杂草调查：沿江洲地以巢菜、野燕麦、猪殃殃为主，沿河圩区以看麦娘、蓼科草危害最重，丘陵山区主要是看麦娘和巢菜。80 年代，麦田毒麦不断蔓延扩大。1984 年，发生毒麦的麦田达 1.28 万公顷，占三麦面积的 40.10%。严重田块毒株发病率高达 30% 以上。90 年代，三麦由棒头草、罔草上升速度快，占杂草总量的 80% 左右。2000 年后，麦田草害以看麦娘、猪殃殃、野燕麦、稻搓菜和大巢菜等为主。由于发展化学除草与人工锄草相结合，草害得到控制。

油菜 油菜田草害有：看麦娘、猪殃殃、大巢菜、罔草、早熟禾等。20 世纪 70 年代，由于株行距大，前期草害重，直播油菜易发生草覆苗现象。80 年代，推广禾本科杂草茎叶处理剂，看麦娘等杂草得到控制，但由于中耕少，阔叶草危害仍较严重。90 年代后，看麦娘发生量显著下降，罔草上升速度快，成为油菜田的主要杂草，占杂草发生量的 60% 左右。大巢菜、猪殃殃等阔叶杂草发生总量大幅度下降。恶性杂草早熟禾上升较快，占杂草发生量的 15% 左右，但地区间、田块间存在明显差异。

棉花 棉花草害有：婆婆纳、一年蓬、鸡眼菜、小蓟、雪见草、旱稗、马唐、青箱、野苋、墨旱莲、益母草等 17 科 40 种之多。20 世纪 70 年代中期后，由于推广棉田除草剂与人工锄草相结合，草害得到控制。

【鼠害】

1984 年，江宁县调查老鼠活动和危害情况。调查结果表明：对农业生产危害较大的鼠种有：褐家鼠、黑线姬鼠、小家鼠、黄胸鼠、麝鼩 5 种。1984 年，陶吴杭村 120 公顷水稻发生鼠害面积 4.50 公顷。1986 年，长江乡春玉米近 40% 遭鼠害，扒子率 40% 以上。1998 年 6—7 月，新济洲滩地被淹，害鼠向圩内农田迁移，8 月初，棉田棉铃受害率达 14.30%。2000 年后，由于各级政府十分重视春、秋农田灭鼠和室内灭鼠，鼠害密度得到有效控制，对农业生产没有造成明显的危害。

【病、虫、草、鼠害综合防治】

各个历史时期由于人们对病、虫、草、鼠害发生规律和生活（长）习性的认识和掌握的深度不同，社会为农民提供的防治条件又受到时代的限制，因此，各个时期的防治方法是不同的。20 世纪 60 年代前，防治虫害以人工和栽培防治方法为主，70 年代，对病、虫、草、鼠害提出“预防为主，综合防治”的方针。

人工防治 有的用拍打、梳捕、网捕、手捉等方法防治蝗虫、稻苞虫等害虫。用诱捕法防治螟虫、地老虎、粘虫。还有挖拾稻根剪拔枯心白穗、采卵块、产埂毁虫等方法。防治水稻纹枯病用捞浪渣除菌核。防治油菜菌核病、霜霉病用人工摘老叶等方法都有明显的效果。

农业防治 利用栽培措施预防或减轻病虫发生的办法。有栽培避螟：通过适期栽秧，使危险生育期错开螟卵盛孵时间，减轻危害。1960 年调查，全县中粳稻面积 2.15 万公顷，5 月 20 日前栽秧的 1.03 万公顷，平均白穗率仅 1.70%。5 月 20 日后栽秧的 4224.13 公顷，白穗率达 9.60%。深水灭蛹：采取稻田短时间灌渠水的方法淹灭虫蛹，减少下一代成虫基数。齐泥割稻：不留地面稻桩，能起到割死部分幼虫减少残留桩内的越冬基数。适当密植和合理肥水管理：适当密植能增加抵抗病虫害的能力，造成不利于病虫繁殖的环境，以减轻病虫害的发生和危害。合理肥水管理，能减轻稻纹枯病、稻瘟病、白枯病和麦子白粉病的危害。泥浆泼麦：此法不仅有利用麦苗防冻保苗，还能起到消灭土缝里越冬的飞虱和叶蝉的作用。

生物防治 农民在很早以前就懂得保护青蛙、燕子等益虫、益鸟，称青蛙为“护谷虫”。20 世纪 30—40 年代，采用放鸭捕食蝗虫或梳落稻苞虫。50 年代，广泛推广寄生蜂保护器保护赤眼蜂等螟虫天敌。70 年代，利用稻田养鱼治虫，提出保护蜘蛛、瓢虫、步行虫和各种寄生蜂等害虫天敌，保持良性循环的生态平衡。利用微生物防治农作物病虫害。全县 60 年代末开始推广微生物农药制造和使用。1972 年，东善公社自制青虫菌 6000 公斤，治虫 400 余公顷，灭虫效果 78% ~ 91%。70 年代中期，县农科所试制井冈霉素，用于防治水稻纹枯病取得显著效果。此后，秣陵公社在省、市有关部门协助下办起微生物农药厂，制造井冈霉素，用于县内、外防治水稻纹枯病。70—80 年代，全县每年用井冈霉素 5 万公斤左右，防治效果在 80% 以上，安全无毒，深受农民欢迎。90 年代至 2007 年，井冈霉素仍是主要生物农药品种之一。此外，还推广使用腊芽孢和 BT 乳油防治农作物病虫害。

综合防治 70 年代，江宁县对农作物病虫害防治提出“预防为主，综合防治”的方针，推广普及综合防治的方法。1984 年，全县有 8 个公社对水稻病虫进行综合防治，面积共 1.40 万公顷。主要方法是杜、浸、控、治四个字。杜，杜绝菌源，对水稻白叶枯病，不用带病种子，不用病稻草扎秧把和盖稻种催芽，秧田不靠近场地村庄，避免带菌水流入秧田的“三不”方法；浸，用药剂浸种或拌种消毒，预防种子带菌；控，推广抗病良种，控制病虫发生。从60年代起推广小麦良种，使麦锈病基本得到控制。1981年，引进抗水稻白枯病的B、G系统中秳，至1983年，扩种达1.42万公顷，控制白叶枯病发生；治，即综合运用农业防治、化学防治、生物防治方法防治病虫。

化学防治 全面开展病虫测报，查虫治虫，根据病虫发生规律，合理施用农药，选用高效低毒低残留农药品种。20世纪50—70年代以有机氯和有机磷为主，逐步发展到近40个农药品种。80年代农药化工发展迅速，农药品种大幅度增加，开始禁用杀虫脒和有机汞、砷类农药。水稻防治病虫草害的农药品种高达12种以上，由沙蚕毒素类农药，全面取代甲脒类农药防治害虫，逐步发展了有机杂环类、抗菌素类的单剂和复配剂防治各类病害；发展苯氧羧酸类、有机杂环类、三氮苯类的单剂及其复配剂防除杂草。麦、豆、油作物的除草剂发展最快，计五大类（苯甲酸类、苯氧羧酸类、有机杂环类、酰胺类、磺酰脲素）9个品种；病害防治药剂，计两大类（抗菌类、有机环类）6个品种；虫害防治计四大类（有机氯类、有机磷类、菊酯类、氨基甲酸酯类）8个品种。棉花的菊酯类农药及其复配剂、除草剂发展很快，防治害虫以菊酯类、有机磷、氨基甲酸酯类的单剂和复配剂为主，应用品种23个以上；防治病害的药剂发展到四大类（苯胺类、酰胺类、有机杂环类、二苯醚类）8个品种。农田、室内灭鼠药剂以抗凝血高毒杀鼠剂为主，计4个品种。

图14-2-11 弥雾机喷药防病治虫（2000年摄）

【植保组织】

预测预报机构 1961年，县农业局建立病虫测报站，专职人员2人，下设测报点，分5片由5名国家专业植保人员负责系统测报。1979年，长江公社建立专业性棉花测报站。从70年代开始，全县陆续建成公社、大队、生产队植保队伍三级测报网，有数以千计人员从事病、虫、草害预测预报。70年代末，调查农田杂草。1976年，全县有县、社病虫测报站（点）34个，专职测报人员37人，300多大队和4370个生产队有查虫技术员，形成全县范围内的病虫测报网络。1985年对经济作物病虫害及农田鼠害进行调查研究。90年代后，县农业局植保站有专业植保技术人员6人～8人。24个乡镇均有专职植保员。同时，指定湖熟、秣陵、铜山、周岗、谷里、陆郎、殷巷（上峰）、江宁8个乡镇为县植保站病虫草测报联系点，铜山、湖熟为鼠情测报联系点。2006年，区划调整后，区植保站8个植保联系点没有变，形成全区范围内病虫测报网络。2007年，全区进一步完善省、市、区、街道四级联动测报网络体系建设，对重点测报站分别配置电脑、传真机、显微镜、解剖镜等设施。全区测报灯亮率80%以上，系统测报拥有率50%以上，实现水稻条纹叶枯病、纵卷叶螟、稻飞虱等主要病虫害测报准确率100%。

防治组织 新中国成立前和成立初期，江宁县农业生产以农户为基本单位，无防病治虫的常年性组织，发生蝗群危害临时组织捕蝗队。20 世纪 50 年代初，县曾成立治螟指挥部，区乡建立相应组织，推动治螟运动。1958 年后，人民公社成立治虫指挥部，生产队成立 5 人 ~ 7 人治虫小组，维持到70年代末。1978年开始，在全县推广合作防治，以生产大队为单位实行“四统一”：统一筹措资金、统一购农药、统一查虫、统一防治时间。实行联产承包责任制后至 2007 年，原有植保组织自行解体，防病治虫组织有三种形式：农户根据病虫情况和通知自行进行防治；由植保专业户代治或承包；植保专业队代治和承包。2001—2007 年，创新服务手段，通过即发“病虫防治通知单”和实行统防统治等方式，将防治技术送到农户，2007 年，发放“病虫通知单”200 多万份，全区植保技术普及率 90% 以上，重大病虫防治群众响应率 70%。全区拥有机动喷雾（粉）器 2712 台，机械植保面积 3.92 万公顷。

第三章　林　业

江宁人工造林最早记载见于东晋。元至正二十六年（1366）至明宣德三年（1428），朝阳门（今中山门）外钟山南麓所栽桐、漆、棕榈三园树苗近 200 余万株。明万历年间，紫金山、青龙山、牛首山及附近诸山均被森林所覆盖。清《江宁府志》记载，康熙赞美南京诸山“蔚然深秀松森森”。鸦片战争后，森林遭到严重破坏。咸丰至同治年间，已是“四境青山濯濯而童”。光绪年间，推行新政，劝民植树。民国时期，国民政府相继在江宁创办公有汤山、东善桥林场，荒山造林成效明显。抗日战争胜利后，国民政府主要在国有林场成片造林，但保存率低。新中国成立前夕，全县仅有林地（含天然次生林）面积 3825.73 公顷，荒山随处可见。

新中国成立初期，扩建东善桥、汤山林场，成为全县重要的林业生产基地。1958 年“大跃进”运动，违背“适树适地”的原则，实行大兵团植树造林，造林保存率仅 20% 左右。三年困难时期，毁林发展粮食生产，毁林面积达 1666.67 公顷。1961 年后，林业生产有所恢复和发展。至 1965 年，全县有林地面积增长 58.30%。“文化大革命”期间，广大农民和林业职工坚持社队造林，但成活率低，同时再度刮起毁林种粮之风。1975 年林业普查统计，全县有林面积达 18580 公顷。

中共十一届三中全会后，实施造林工程，营造速生丰产林基地、经济林基地。同时，山水资源开发在全县兴起，推动林业结构调整。至 1989 年，全县建立白头山、横山、云台山、青龙山四大用材林基地，共有松、杉、竹、阔叶树 1.96 万公顷，占全县有林地 84.20%。20 世纪 90 年代，开展“消灭宜林荒山和平原绿化达标”的“两绿工程”，大抓荒山造林和平原绿化。至 1995 年，通过省农林厅消灭“三荒”（荒山、荒地、荒滩）和平原绿化验收，被评为江苏省平原绿化先进县。2002 年，区委、区政府作出建设“绿色江宁”的决定，2003—2007 年，全区新增成片造林绿化面积 12328.80 公顷，创历史之最。至 2007 年，江宁区有林地面积 25461.19 公顷，森林覆盖率 21.06%。

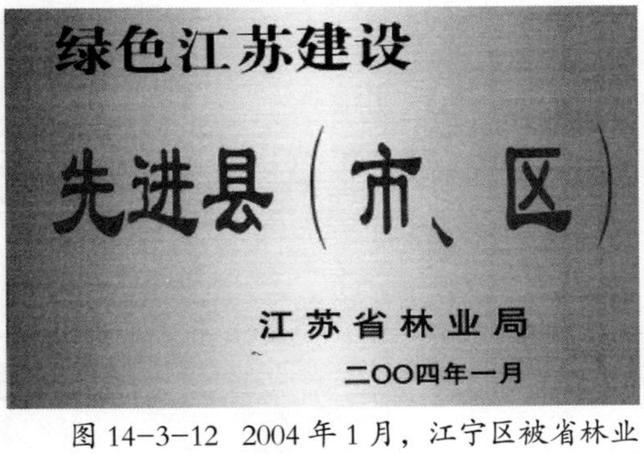

图 14-3-12　2004 年 1 月，江宁区被省林业局评为 2003 年度绿色江苏建设先进县（市、区）

第一节 森林资源

民国时期，成立中央模范林场，先后在牛首山、汤山、东善桥等地建林场。民国《首都志》记有汤山森林调查、牛首山森林调查之目录。据民国37年（1948）统计，江宁县共经营山地面积7666.67公顷，春季造林面积1846.67公顷，共栽马尾松、黑松、麻栎、刺槐、乌桕9[illegible]2.35万株。公有林场虽陆续造林，因无人管护，收效甚微。至新中国成立前夕，全县有林地（含天然次生林）面积仅存3825.73公顷，约占林业用地总面积的10.30%，森林覆盖率2.80%。新中国成立后，1949—1957年，全县国有林场和群众性的绿化造林面积16466.67公顷，封山育林面积近4000公顷。江宁县先后于1979年、1988年、1995年、2000年和2005年，开展一类调查5次；于1962年、1975年、1988年和2006年，开展二类资源调查4次，初步查清全区森林资源状况。至2007年，江宁区有林地面积25461.19公顷，森林覆盖率21.06%。

【林地面积】

林业用地 1962年，进行二类资源调查（此后均为二类资源调查），江宁县林业用地总面积为37204.93公顷。分属国有面积6184.60公顷，合营面积940.33公顷，集体面积30080公顷。荒山绿化率29%，森林覆盖率8%。1975年调查，江宁县林业用地总面积为26925.67公顷。分属国有面积5100公顷，合营面积77.40公顷，集体面积21749.27公顷。荒山绿化率82.90%，森林覆盖率11%。1988年调查，江宁县林业用地总面积为26331.40公顷。分属国有面积5099.53公顷，合营面积77.40公顷，集体面积21154.47公顷。荒山绿化率88.30%，森林覆盖率15.40%。2006年调查，江宁区林业用地总面积为33162.42公顷。分属国有面积4702.52公顷，集体面积28007.28公顷，南京市青龙山林场382.58公顷，江苏省林科院70.04公顷。荒山绿化率95.70%，森林覆盖率21.06%。

1962年、1975年、1988年、2006年江宁区林业用地普查情况表

表14-3-15　　　　单位：公顷

项目		1962年	1975年	1988年	2006年
林业用地总面积		37204.93	26926.67	26331.40	33162.42
有林地	合计	10327.85	18580.00	20174.27	25461.19
	用材林	5858.95	13593.33	16828.73	乔木纯林：15598.37 乔木混交林：6978.34
防护林		1488.67	—	95.08	—
薪炭林		318.87	246.67	9.87	—
特用林		—	—	31.13	—
经济林		1943.54	2640.00	1731.13	—
竹林		717.82	2100.00	1478.33	2883.98
疏林地		468.48	793.33	868.73	374.60
灌木林地		—	160.00	21.80	4683.80

续表

项　目		1962 年	1975 年	1988 年	2006 年
新造林地		—	3746.67	2026.80	1105.51
苗圃地		—	126.67	159.80	124.31
无林地	面　积	26408.60	3520.00	3080.00	1413.01
	其中宜林荒山	18386.50	3520.00	3080.00	—

树种　据1988年二类资源调查，江宁县主要树种资源有：马尾松成片林面积6130公顷，赤松成片林面积20.27公顷，黑松成片林面积4940.20公顷，国外松（含湿地松、火炬松两类）成片林面积1295.40公顷，柏树成片林面积20公顷，杉木成片林面积3018.27公顷，水杉成片林面积5.47公顷，栎树成片林面积374.60公顷，刺槐成片林面积72.67公顷，柳树成片林面积68.94公顷，杂树成片林面积858.67公顷，其他面积9.13公顷。毛竹成片林面积1256.33公顷，淡杂竹成片林面积222公顷。经济林成片林面积1731.13公顷，其中干果成片林面积211.60公顷，油料林81.40公顷，果树376.40公顷，桑树157.20公顷，茶树901.20公顷。此外，还引进主要外来树种湿地松、火炬松、水杉、落羽杉、池杉、意杨、杂交柳、泡桐、雪松、蜀桧、早园竹等，分布在全县各地。

【林木蓄积】

1962年，江宁县活立木蓄积量5.29万立方米，其中林分蓄积量4.87万立方米，占92.06%，“四旁”（村旁、宅旁、路旁、水旁）树木67.27万株，蓄积量4200立方米。在林分蓄积量中，国有蓄积量1.68万立方米，每公顷平均蓄积量5.85立方米；合营蓄积量1.95万立方米，每公顷平均蓄积量20.70立方米；集体蓄积量1.24万立方米，每公顷平均蓄积量6.15立方米。按林种分：用材林蓄积量4.63万立方米，防护林蓄积量2400立方米。按树龄组分：幼龄林蓄积量1.11万立方米，中龄林蓄积量3.27万立方米，近熟林蓄积量4900立方米。另有毛竹立竹58.76万株。

1975年，江宁县活立木蓄积量46.19万立方米，其中林分蓄积量43万立方米，占93.09%，平均每公顷蓄积量31.65立方米，“四旁”树木264.32万株，蓄积量3.19万立方米。林分蓄积量按林种分：用材林蓄积量43万立方米，其中主要树种蓄积量：松类22万立方米，杉木15万立方米，国外松4万立方米，麻栎、栓皮栎、白栎、枫香、黄连木、黄檀、山槐等阔叶树2万立方米。另有毛竹立竹750万株。

1988年，江宁县活立木蓄积量66.21万立方米，其中林分蓄积量49.51万立方米，占74.78%，“四旁”树木48.79万株，蓄积量15.28万立方米。在林分蓄积量中，国有蓄积量16.38万立方米，每公顷平均蓄积量53.10立方米；合营蓄积量5200立方米，每公顷平均蓄积量66.90立方米；集体蓄积量32.61万立方米，每公顷平均蓄积量23.70立方米。按林种分：用材林蓄积量48.79万立方米，防护林蓄积量4700立方米，薪炭林蓄积量36立方米，特用林蓄积量2500立方米。按树龄组分：幼龄林蓄积量12.97万立方米，中龄林蓄积量27.89万立方米，近熟林蓄积量7.53万立方米，成熟林蓄积量1.12万立方米。其中主要树种蓄积量：马尾松23.18万立方米，赤松300立方米，黑松9.99万立方米，国外松8100立方米，柏树48立方米，杉木10.17万立方米，水杉300立方米，栎类2.03万立方米，刺槐2000立方米，杨树54立方米，柳树3100立方米，泡桐200立方米，杂树2.73万立方米。另有毛竹立竹513.06万株。

2006年，江宁区活立木蓄积量93.82万立方米，其中林分蓄积量79.99万立方米，占85.26%，“四旁”树木1163.56万株，蓄积量13.17万立方米。在林分蓄积量中，国有蓄积量25.06万立方米，每公顷平均蓄积量47.10立方米；集体蓄积量49.23万立方米，每公顷平均蓄积量34.05立方米；个人蓄积量5.56万立方米，每公顷平均蓄积量20.85立方米；其他蓄积量1400立方米。另有毛竹立竹320.39万株。

1962年、1975年、1988年、2006年江宁区林木蓄积量情况表

表14-3-16　　单位：立方米

项目		1962年		1975年		1988年		2006年	
		蓄积量	亩均蓄积量	蓄积量	亩均蓄积量	蓄积量	亩均蓄积量	蓄积量	亩均蓄积量
总蓄积量		52900	—	461900	—	662100	—	938200	—
林分	合计	48700	0.63	430000	2.10	495100	1.95	799900	2.36
	针叶林	46600	0.84	410000	2.29	442200	1.89	—	—
	阔叶林	2100	0.14	20000	0.80	52900	2.60	—	—
	乔木纯林	—	—	—	—	—	—	624700	2.67
	乔木混合林	—	—	—	—	—	—	175200	1.67
疏林地		—	—	—	—	9800	—	2100	—
散生林		—	—	—	—	4400	—	4500	—
“四旁”树木		4200	—	31900	—	152800	—	131700	—

第二节 植树造林

历史上的江宁、上元两县均在南京城外围，有大片宜林山地。清光绪年间，执行新政，劝民植树，创办树艺垦植公司。民国初年，县境内相继兴办林场，开始成片造林，但私有山地造林甚少，加之战乱破坏，至新中国成立前夕，到处荒山秃岭，满目疮痍。

新中国成立后，历届政府重视绿化造林，积极发展国营育苗，带动群众性育苗，推行封山育林，全县掀起群众性造林高潮。中共十一届三中全会后，随着全民义务植树的大力开展，全面推进宜林荒山绿化造林和农田林网建设，从而加速全县荒山造林和平原绿化进程。2003年，“绿色江宁”全面启动，完成一批高标准林业建设工程。至2007年，合计造林面积12328.80公顷，经省、市林业主管部门组织的统一检查验收，2003—2007年，全区面积核实率96.33%，造林合格率100%，成活率93.18%，全区有林地累计保存面积25461.19公顷，荒山绿化率达95.70%，森林覆盖率达21.06%。

【种苗繁育】

采种　新中国成立前，民众造林的苗木多为政府提供或农民自采自育。新中国成立后，县政府在绿化造林工作中贯彻“自采种，自育苗，自造林”的方针和“造多少林，采多少种，育多少苗”的原则，把采集树种、插条作为林业生产的首要任务。1955年开始，实行国家统购办

法进行采种。另外，还依靠邻省外县支援。1949—1958 年，共采购种条 81.53 万公斤，其中种子 35.47 万公斤，扦插条 46.06 万公斤。属于自采自购的 28.73 万公斤，外地调进的 52.80 万公斤。20 世纪 60—70 年代，国有林场、集体林场和林业专业队依然采取以自采种为主、外地采购为辅的方法，在林木种子成熟期组织采种。1976 年，在东善桥林场东坑、东善两管理区各建 6.67 公顷杉木母树林，1987 年起，每年可收种子 500 余公斤。1984 年，在东善桥林场东善分场建 6.67 公顷马尾松种源林，引进栽植全国各地马尾松种源。1989 年，全县采种 195 公斤。90 年代，由于马尾松松材线虫危害，采种量锐减。1995 年，江宁县荒山绿化和平原绿化“双达标”后，宜林荒山面积较少，除育苗专业户家前屋后零星采集观赏树种子外，不再采集用于荒山造林育苗的树木用种。

育苗 民国 17 年（1928）10 月，农矿部通令全国：“广设苗圃培育苗木，倡导植树造林。”民国 21 年，实业部实地调查：青龙山林场有苗圃 1.80 公顷，江宁县汤山、东善桥林场有苗圃 4.07 公顷，主要培育松、栎、柏、乌柏、柳杉、枫杨、刺槐等 20 多个树种；扦插树种有白杨、悬铃木、垂柳等 6 个。生产苗木 133.29 万株。民国 35—37 年，中央林业实验所汤山林场、钟汤林场（今黄栗墅村北）、东善桥林场、牛首山施业区、栖霞山林场等共有育苗面积 12.92 公顷，主要培育松、栎、槐、扁柏及青桐、乌柏、苦楝、枫杨等苗木。1949 年，全县育苗面积不到 3.33 公顷，由于圃地荒芜，所产苗木质量甚差。

新中国成立后，1950—1952 年，全县育苗主要依靠栖霞山林场，3 年共育苗 33.67 公顷。1952 年后，大力贯彻林业部“自采种，自育苗，自造林”的方针，除国有林场继续坚持育苗外，积极开展群众性育苗。1956 年，县建立淳化苗圃，面积 33.33 公顷，培育荒山造林及“四旁”绿化苗，该苗圃于 1962 年 6 月撤销。1954—1957 年，全县国营育苗面积 158.14 公顷，农业社育苗发展很快，集体和群众育苗面积达 560.60 公顷。1959—1961 年三年困难时期，全县育苗面积下降，所育苗木不能满足造林需要。1966—1970 年，在极左思潮影响下，除国有林场及重点社队林场（专业队）坚持按计划育苗外，集体苗木生产面积减少。1971 年后，苗木生产得到重视，逐步形成国有林场、社办林场、大队林场、生产队林场四级育苗体系，育苗品种除松柏类等乡土树种外，开始引进意杨、泡桐、杉木、湿地松、火炬松、实生毛竹等速生用材树种。1977 年，苗圃面积达 340.27 公顷。1978 年后，除了培育造林绿化品种，主要培育农田林网和庭院绿化观赏苗木。80 年代，苗圃面积常年保持在 120 公顷 ~ 200 公顷，年产苗量 400 万株 ~ 500 万株。1982 年后，群众育苗积极性提高，据不完全统计，农户家庭育苗每年在 67 公顷左右，还涌现出一批育苗专业户。1986 年起，因观赏类苗木供大于求，苗木生产面积趋减，至 1990 年，全县苗圃面积仅有 107.13 公顷。1990—1995 年，实施平原绿化达标工程，因大量采用水杉树种而出现水杉热。

图 14-3-13 国外松芽苗移栽（1985 年摄）

2000 年后，苗木生产进入新的发展阶段。至 2002 年春，苗圃面积发展到 775.13 公顷。初步建成宁丹路苗木花卉示范带、沪宁路绿化景观带、苗木产业带，这一时期育苗的主要树种为雪松、蜀桧、广玉兰、香樟等。至2007年，全区育苗面积达1322公顷，产苗量1402万株。从业人员2325人，其中专业技术人员300余人；苗木生产实体100多家，其中生产面积在33.33公顷以上的大中型民营苗圃8个。苗木生产已成为江宁区的新兴产业。

1950—2007年江宁区育苗面积及产苗量情况表

表14-3-17

年 份	育苗面积（公顷）	产苗量（万株）	年 份	育苗面积（公顷）	产苗量（万株）	年 份	育苗面积（公顷）	产苗量（万株）
1950	4.60	109.10	1970	216.13	—	1990	107.13	550
1951	10.47	580.60	1971	553.13	—	1991	101.47	480
1952	18.60	1363.50	1972	438.53	—	1992	105.33	377
1953	16.93	670.00	1973	400.60	—	1993	106.67	—
1954	18.20	181.60	1974	346.40	—	1994	106.67	—
1955	18.20	1512.90	1975	211.40	—	1995	67.40	—
1956	346.00	21853.90	1976	261.07	—	1996	88.27	362
1957	331.07	5516.90	1977	340.27	—	1997	113.80	400
1958	120.87	8572.60	1978	145.07	—	1998	103.87	380
1959	175.73	—	1979	205.87	—	1999	93.73	218
1960	277.67	—	1980	192.80	—	2000	353.33	—
1961	94.13	—	1981	180.93	—	2001	525.27	224
1962	31.47	—	1982	280.27	—	2002	775.13	160
1963	24.87	—	1983	208.07	—	2003	925.40	411
1964	35.53	—	1984	119.87	—	2004	713.40	413
1965	164.80	—	1985	150.87	—	2005	941.93	982
1966	118.73	—	1986	177.20	—	2006	1125.33	662
1967	134.00	—	1987	138.40	417	2007	1322.00	1402
1968	18.67	—	1988	126.67	—			
1969	24.60	—	1989	111.73	680			

【荒山造林】

晋代已开始重视人工造林，组织民众在钟山（今紫金山）植树，用槐、柳作为秦淮河两岸的行道树。据《金陵志》记载："蒋山本少林木，刺史罢官还都，种植百株，郡守五十株。"这一制度一直沿袭到南朝宋元嘉年间，文帝责令诸州刺史，"罢职还都者，各栽松三千，以下各级官吏有所不同，以资倡导"。明代，朱元璋曾令驻军在钟山南麓种植油桐、漆树、棕榈各50万株，至明宣德三年（1428），已种植200余万株。还下令百姓广种桑、枣、柿、栎、胡桃等树种。明清时期，江宁青龙山、牛首山等诸山均被森林所覆盖，石头山（今清凉山）竹林30多千米。清光绪七年至九年（1881—1883），左宗棠任两江总督，执行新政设劝业道，劝民植树，鼓励经营林业有绩者，免征税额。光绪二十八年，南京创办私人树艺垦殖及江南树艺公司，无偿承领官山从事人工造林，营造松、竹、桑、茶等树种。

民国初期，在紫金山北麓及青龙山植树近267公顷。民国10年（1921），建第二教育林场第一区（即汤山林场前身）。民国16年，建东善桥林场。据《江苏省实业统计》年报，民国21—22年，全县共造林523.60万株，按每公顷5700株计，造林面积918.60公顷。到抗日战争前夕，全县荒山造林已初见成效。日军占领南京后，林地遭受严重破坏。至民国34年，造林保存面积仅1200公顷左右，保存率据江苏省教育林调查为40%。抗日战争胜利后，国民政府农林部建中央林业实验所，培育种苗，造林示范，组织保林协会，推动民众造林、保林，并接管东善桥、汤山、栖霞山林场及牛首山、东流施业区，逐步恢复造林。据民国36年《中央林业实验所年报》记载，境内5个林场及施业区春季造林面积1844.13公顷，共栽马尾松、黑松、麻栎、刺槐、乌桕952.35万株。民国时期，造林面积虽大，但因无人管护，损失较重，收效甚微。唯东善桥林场、汤山林场的造林地得到较好保护。至民国38年4月江宁县解放，全县仅留下残、次、疏林地3825.73公顷。

图 14-3-14　东善桥林场铜山分场的杉木基地林（1987年摄）

新中国成立初期，贯彻林业部提出的“普遍护林，重点造林”“先绿后好”（先绿化，后改造，再提高）的方针，采取“民造公助”、国家和群众“合作造林”等措施，调动群众造林和育林的积极性。1949—1957年，全县累计造林16479.79公顷，树种有马尾松、侧柏、刺槐、麻栎、松类等，保存面积6666.67公顷，保存率仅40.50%。1959—1961年，虽造林6978.67公顷，而成活率仅20%，实际保存面积1396公顷。全县还毁林种粮，蚕食林地面积1666.67公顷。1961年6月，中共中央开始纠正农村工作中的“左倾”错误，颁发《关于确定林权、保护山林和发展林业若干政策规定（试行草案）》（即林业“十八条”），江宁县恢复林业专业队，大力兴办社队林场，群众性绿化造林有新的发展。1962—1966年，全县造林面积4902.87公顷，保存率达90%以上。1967—1976年，受“文化大革命”的影响，全县造林17821.93公顷，有林地仅净增5333.33公顷，保存率仅29.90%，毁林面积1000公顷。

1976年，县委提出由一般绿化造林向基地林造林转变，并在营林基础较好的16个公社、71个大队和2个国营林场，建商品林基地，按技术规范施工作业，采取集约化营林管理措施，绿化造林工作有了新的进展。1978年冬，全县推广湖南省栽杉经验，大力开展湖南式造林。1979—1982年，每年湖南式造林333.33公顷左右，重点山区大队66.67公顷左右。1981年起，

图 14-3-15　东善桥林场铜山分场石马尖的马尾松基地林（1987年摄）

每年安排营造速生丰产基地林，至1987年，全县速生丰产基地林建设共完成1480公顷，其中国营86.67公顷，集体1393.33公顷。至1990年，连同过去经营的商品林基地，共建杉、松、竹、阔用材林21133.33公顷，占全县有林地面积85.60%，形成了白头山、横山、云台山、青龙山四大用材林基地。1991—1995年，全县绿化任务重点转向消灭宜林“三荒”。至1995年年底，累计造林合格面积（含采伐、改造迹地）3120公顷，成活率达90%以上，基本消灭宜林荒山。1995年12月，通过省农林厅消灭宜林“三荒”验收。1996—2000年，全县累计造林面积5584.73公顷。

图14-3-16 1992年3月，军民在江宁县方山建设成片林

2001年起，全区重点转向退耕还林，逐步开展林业产权制度改革，对用材林、经济林及待开发的宜林地进行不同形式的产权制度改革，有租赁承包、个体经营、联营、股份制等多种经营形式。2003年起，转入建设“绿色江宁”工程，至2007年，合计造林面积12328.80公顷。全区有林地累计保存面积25461.19公顷，其中林木所有权属于业主个人的有3354.80公顷，活立木蓄积量5.56万立方米。荒山绿化率达95.70%，森林覆盖率达21.06%。

1949—2007年江宁区造林面积情况表

表14-3-18　　单位：公顷

年 份	面 积	年 份	面 积	年 份	面 积	年 份	面 积
1949	24.73	1964	1545.87	1979	1548.87	1994	2020.53
1950	92.73	1965	672.13	1980	2118.00	1995	1130.80
1951	339.27	1966	1680.20	1981	1769.80	1996	894.67
1952	757.27	1967	469.67	1982	1357.00	1997	1439.73
1953	1226.13	1968	548.27	1983	1952.87	1998	1193.00
1954	3325.13	1969	1081.13	1984	1358.93	1999	744.00
1955	3525.40	1970	1230.67	1985	1402.60	2000	1313.33
1956	3960.93	1971	1268.80	1986	1373.33	2001	713.00
1957	3228.2	1972	2306.93	1987	1086.93	2002	1631.80
1958	2699.07	1973	4000.33	1988	1111.13	2003	4186.67
1959	4328.73	1974	3103.33	1989	811.53	2004	3400.00
1960	1943.47	1975	2262.80	1990	881.53	2005	1939.60
1961	706.47	1976	1550.00	1991	762.73	2006	1466.53
1962	507.00	1977	1539.53	1992	1091.40	2007	1336.00
1963	497.67	1978	1360.00	1993	1145.00		

【平原绿化】

1956 年，《全国农业发展纲要》颁布后，政府每年都下达“四旁”植树与荒山造林任务。农村人民公社化后，绿化向路旁、水旁、田旁成行、成带状栽植发展。1958 年“大跃进”中，栽植一哄而上，树种的选择、苗木的规格缺乏严格要求，栽后又疏于管护，成活率及保存率较低。1969—1979 年，平原绿化坚持 10 年，绿化江岸 15 千米，大小沟渠 20 千米，大小道路 30 千米，形成乔、灌木结合的林带。铜井新济洲土地 400 多公顷，沿江营造防护林带 18 千米，农田林网化林带 14 条，长约 7 千米。1982 年后，“四旁”绿化向农田林网化方向发展。全县每年按 266.67 公顷～666.67 公顷的农田面积配置林网，“四旁”植树每年平均在 150 万株左右。每网格控制面积 13.33 公顷左右，最大面积 26.67 公顷。据 1988 年林业调查资料，全县 2877 个村庄，平均林木覆盖率达 34%，县境内的省、县、乡、村 867 千米的干道公路及大小河流、渠道两旁基本实现绿化。并与血防部门结合，开展“兴林灭螺”，建造长江风光带工程林，每年营造杨树、柳树“兴林灭螺”工程林面积 133.33 公顷～333.33 公顷。1988—1990 年，江宁县新建农田林网 1720 公顷，栽植树木 12.30 万株，至 1991 年年底，已有 6666.67 多公顷农田实现林网化。

图14-3-17　江宁县江宁公社清修大队搞“人造小平原”（1975年摄）

1992 年 8 月 6 日，县政府出台《江宁县平原绿化达标实施意见》。1992—1995 年，共栽植农田林网树木 220 余万株，新建和完善农田林网 5.63 万公顷。1995 年年底，省农林厅进行达标验收，确认全县营建农田林网面积 2.83 万公顷，农田林网率达 85%，全县适宜绿化的路、渠、河、堤总长度 1511 千米，已绿化 1315 千米，绿化率 87%，村庄绿化覆盖率 39.40%，几项指标均达到或超过部颁标准，验收合格，进入江苏省平原绿化达标县行列。并获得江苏省 1995 年度绿化先进单位称号。此后，平原绿化工作以开展高标准农田林网乡（镇）达标为主要工作内容。全县先后有秣陵、殷巷、江宁、上峰、方山、土桥、龙都 7 个乡（镇）达标。同时，进一步强化农田林网管护责任制，继续开展新建和完善农田林网。“九五”期间，栽植农田林网树木 100 万株。1998

图14-3-18　长江公社江边防浪林（1979年摄）

年，江宁县顺利通过全国平原绿化先进县的复查验收，“两绿”工作取得阶段性成果。2000年，建成江宁区汤山和麒麟200公顷面积高标准生态林业示范工程，列为省级生态工程示范点。2001—2002年，建成麒麟九乡河万亩高标准农田林网片和江宁、铜井及沿江洲地万亩意杨生态林基地，之后，沿江防护林带建设纳入“绿色江宁”工程，在新生洲、新济洲、再生洲继续营造以意杨、杂交柳等为主的沿江防护林带，总面积达1333.33公顷左右，迅速改变了沿江地区面貌。

【绿色工程】

2002年10月，区委、区政府下发《关于建设“绿色江宁”的意见》。2003年，全面启动“绿色江宁”建设工程。2003—2007年，全区新增成片造林绿化面积12328.80公顷，经省、市林业部门核查，全区造林绿化面积核实率96.33%，造林合格率为100%，成活率93.18%。共投资2.30亿元，其中区财政部门投资0.80亿元。

绿色通道工程 至2007年，建成沪宁路（江宁段）、机场路（江宁段）、宁马路（江宁段）、汤铜路、宁丹路、104国道、205国道、宁杭路、宁铜路9条高等级公路绿色通道工程，全长227.60千米，造林总面积1446.67公顷。

图14-3-19 机场路（江宁段）绿色通道（2006年摄）

沿江沿河防护林工程 至2007年，在江宁街道的洲地及沿江滩涂营造以杨树、柳树等为主的沿江防护林2520公顷，在秣陵、淳化、谷里、禄口、湖熟等街道的通江河堤和秦淮河平台营造以杨树为主的沿河防护林293.68公顷。

商品林工程 结合农业结构调整和退耕还林，在丘陵岗坡地带，进行苗木花卉、经济林果和速生丰产林基地建设，至2007年，共发展经济林和商品林4940公顷。

生态林造林工程 2005年开始，全区对暂不易绿化的荒山、牧场大力实施生态林造林工程，至2007年，共营造生态林1166.67公顷。

林带绿化工程 主要包括宁丹路、板霞路等重要公路两侧绿化及农田林网工程，涉及东山、秣陵、谷里、江宁、汤山、禄口、横溪等地。其中，全区公路林带绿化621.92公顷，农田林网120.93公顷。重点镇（街道）、村庄绿化10.47公顷。

绿化新村工程 2006年年底，全区开始全面推进绿化新村工程，至2007年，先后建成东山街道章村、汤山街道锁石村、禄口街道彭福村、淳化街道青龙村、秣陵街道周里村等63个园林式村庄，共栽植各种树木花卉26.52万株。经市农林局组织验收，苗木成活率平均在95%以上，绿化覆盖率平均达38.10%，63个绿化新村评定为优秀等级42个、合格21个。

“人居森林”工程 全市首批批准试点建设的“人居森林”有6块，其中位于江宁境内的有3块：青龙山“人居森林”工程，总面积600公顷，至2007年，已造林533.34公顷，植树100多万株，其中名贵大树2万多株，辅种地被和灌木30多万平方米，主要景观建设基本完成，累计投资 8 亿多元；陶吴龙山“人居森林”工程，规划面积 533.33 公顷，至 2007 年，已造林 200 公顷；土桥“人居森林”工程，规划面积 200 公顷。

森林资源安全保障工程 包括生物防火阻隔带和防火通道两项工程。至 2007 年，完成省、市际毗连的一级生物隔离带 103.90 千米，其中省际 52.90 千米，市区际 51 千米，总面积 311.58 公顷，阻隔带宽度 30 米以上，主要栽植树种以女贞为主，也有少部分檫木等树种。树木成活率达 90% 以上。重点林区新建防火通道 374.59 千米，宽度 3.50 米以上，有的达到 5 米。验收面积（或长度）核实率 100%。

图 14-3-20 人居森林（2006 年）

生态湿地公园工程 2005 年年底，市委、市政府提出用 3 年时间在全市建设一批郊野公园，其中位于江宁区境内有两个，即秣陵街道九龙湖山水生态公园和江宁街道新济洲湿地公园。2006 年春，新济洲湿地公园新植以乡土树种为主的防护林 120.40 公顷，实现树木基本覆盖；2007 年，对江岸实施护坡工程，以确保江堤无塌方；同时结合土方灭螺工程，清理河道水系，完成土方 550 万立方米。九龙湖山水生态公园正严格按照工程规划建设中，至 2007 年，东岸景观已基本建成。

【义务植树】

民国 4 年（1915），国民政府规定每年清明节为植树节。民国 17 年，废止以清明节为植树节，确定每年 3 月 12 日孙中山逝世日举行植树式。民国 22 年 3 月，江宁县政府领导全县民众植树造林，植树 64.59 万株，林地面积 128 公顷。虽每年举行植树活动，但规模小，参加人员少，20 多年植树面积不大，收效甚微。

图 14-3-21 2007 年 11 月 28 日，市委书记罗志军（左一）、市长蒋宏坤（左二）在宁杭高速公路景观带植树

新中国成立后，义务植树主要由党团组织和社会团体发起。1955 年 12 月 25 日，南京市和江宁县 9000 多名青少年在江宁县方山营造“共青团青年林”，植树 35 万余株。国家三年困难时期和“文化大革

命”期间，群众义务植树活动中断。中共十一届三中全会后逐步恢复。1981 年 12 月，第五届全国人民代表大会正式确定每年 3 月 12 日为全国植树节。此后，江宁县开始组织广大适龄公民进行义务植树。1982 年 2 月 8 日，江宁县人民政府成立绿化委员会，义务植树从此开始制度化、正常化，每年义务植树尽责率均在 90% 以上。至 1991 年，先后建立牛首山、其林省级生态林示范义务植树基地等 4 处、66.67 公顷。之后每年春天，全县都组织开展义务植树活动，机关干部、企事业单位职工及驻地部队一般安排在绿化基地和绿化重点工程植树，农民实行义务投工，义务植树活动逐渐深入人心。1993 年 3 月 12 日，江宁县县级机关、企事业单位、驻地部队数千人在江宁经济技术开发区植行道树 2 万余株。1995 年 3 月 1 日，由团省、市、县委组织的 1000 多名团员在江宁经济技术开发区参加省第六个青少年义务植树日活动，栽植龙柏球、白玉兰、垂柳等 1300 余株。2003 年，城乡绿化取得一定成效，建成区总面积 5400 万平方米，绿地率 30.70%，公共绿地面积 109.10 万平方米，人均公共绿地 6.06 平方米。至 2007 年，建成区总面积 5400 万平方米，绿地率 41.60%，公共绿地面积 281.70 万平方米，人均公共绿地 12.80 平方米。

第三节 森林保护

民国 3 年（1914）起，江苏省先后出台 3 个森林法和 3 个实施细则，公布林业公会组织办法，并相应制订林业法规等。当时的县政府也有一些相应的保护山林资源的规定和措施，山林面积较大的乡建有保林会民间性组织。

新中国成立后，县人民政府重视保护森林资源。1958 年后，逐步建立护林队伍，配备专职护林人员。1982 年，全县基本上完成林业“三定”（稳定山林权、划定自留山、确定林业生产责任制）工作。同时，县政府重视依法治林，逐步健全林政管理机构，配备专职林政人员，加强森林资源保护，依法查处破坏森林资源的案件。1987 年 12 月，东善桥、汤山两个国有林场成立派出所，进一步加强森林保护工作。20 世纪 90 年代中期，《南京市林地管理条例》颁布后，进一步加强以法治林，依法查处非法占用林地与乱砍滥伐等违法行为，同时加强森林防火和森林病虫害防治工作，确保江宁森林资源的稳定增长。

【森林防火】

防火 新中国成立后，县政府大力宣传“护林防火，人人有责”。国有林场和集体所有山林都建有护林防火队伍，但无统一的防火指挥机构。20 世纪 50—70 年代，森林防火只采取营林措施，在造林同时预留防火隔离带，但扑救设施落后，扑火能力很弱。1987 年，江宁县成立护林防火指挥部，有关乡镇、县属国有林场亦成立相应组织。是年年底，县护林防火指挥部下发《关于加强森林防火工作的通知》，要求各地林区组织森林扑火队伍。两个国有林场组成森林扑火队伍 2 支、60 余人，全县林业重点乡及其集体林场共组织义务扑火队伍 150 个，队员 2359 人。1989 年，建设现代化护林防火设施，在全省率先建成森林防火无线电专用电台，采用市与县为一级，县与乡、国有林场为二级的现代化手段传递火情及火场指挥两级组网。配置立式机 4 台，移动式手持对讲机 26 部，车载台 3 台，风力灭火机 21 台，森林消防专用车 3 辆。同时，在东善桥林场横山分场的四径山、汤山林场龙泉工区的大连山建立 2 座防火瞭望台。90 年代后，市、县、乡镇及国有林场每年都安排防火设施投资，至 1998 年，全县拥有森林消防专用车 10 辆，立式通信电台 7 台，车载台 3 台，手持对讲机 66 部，风力灭火机 113 台。每年进入防火期（每年 11 月 1 日至次年 4 月 30 日）前，各地加强防火宣传。防火制度也不断完善，建立森林防火预案、森林防火值班制度、森林火灾报告制度、森林防火岗位责任制等。

2001 年后，区政府对护林防火工作高度重视，采取一系列森林防火措施。2003—2007 年，共建防火通道 529.59 千米；建设省界防火阻隔带长 52.89 千米，宽 30 米，折合面积 158.58 公顷；建设市区界防火阻隔带长 51 千米，宽 30 米，折合面积 153 公顷；散坟平迁 18.14 万穴；添置防火车辆、灭火器械等。5 年森林防火共投资 5563.09 万元。至 2007 年，全区有森林消防专业队 2 支，消防队员 94 人，森林消防半专业队 18 支，消防队员 898 人；瞭望台 2 座、森林防火指挥车 23 辆、中转电台 3 台、基地电台 14 台、车载台 22 台、手持对讲机 187 部、风力灭火机 666 台、二号灭火具 8860 把、灭火弹 7939 枚等。

火灾 民国时期，森林火灾无大灾记载，但小块荒火时有发生。新中国成立后，据《江宁县林业十年（1949—1958 年）》统计，1953—1958 年，共发生森林火灾 42 起，过火面积 354.47 公顷。其中，1956 年 12 月 6 日上午，在插花乡孟墓农业社的大龙山、小龙山国有山林，发生一起特大森林火灾，燃烧 2.50 小时，过火面积 106.67 公顷，烧毁马尾松 9 万株，飞子成林的幼林 40 公顷。20 世纪 60—70 年代，有记载的森林火灾 4 起。其中，1965 年 3 月 8 日 14 时，在上坊公社余村大队建设生产队发生一起特大火灾，过火面积 400 公顷，烧毁大小松树 30 多万株，新植幼树 10 万株，经济损失 4.20 万余元。

1980—2007 年，全区共发生森林火灾 71 起，受灾面积 160.40 公顷。其中重大火灾 7 起。1988 年 11 月 13 日，汤山镇古泉行政村鬼道堰山发生火灾，过火面积 22.93 公顷，损失活立木蓄积 250 立方米，死亡 1 人。同年 11 月 27 日中午，东善桥林场牛首分场与雨花台区铁心桥乡交界地区发生森林火灾，烧毁 20 年生马尾松林 10 公顷。1993 年 12 月 24 日 13 时，汤山镇所属龙泉、建设、古泉 3 个村交界处，军农水库北面山头发生森林火灾，过火面积 26.67 公顷，受害林地面积 12 公顷。1995 年 12 月 24 日 14 时，云台分场大南山发生森林火灾，过火面积 6.73 公顷，受灾面积 4.20 公顷，烧毁松、杉 8000 余株，损失活立木蓄积量 120 立方米，直接经济损失 6000 元。2002 年 2 月 13 日，“二一三”森林大火，安徽省当涂县横山林场发生火灾，林火蔓延到东善桥林场横山分场山林，火线长 10 千米，过火面积 52 公顷，其中烧毁森林面积 26.67 公顷，经济损失 183 万元。2004 年 11 月 4 日 16 时 30 分，安徽省当涂县横山林场又发生森林火灾，再次蔓延到东善桥林场横山分场山林，过火面积 20 公顷，烧毁森林面积 4.60 公顷，经济损失 60 万元。2005 年 4 月 5 日 13 时，安徽省大迟家村村民上坟烧纸引发森林火灾，林火侵入东善桥林场横山分场山林，过火面积 103 公顷，烧毁面积 89.70 公顷，经济损失 300 万元以上。

【病虫害防治】

民国 21—25 年（1932—1936），江苏省对病虫害的种类做过两次调查，江宁地区主要虫害为松毛虫、竹蝗、白蚁、栗毛虫、金龟子等数种；主要病害有马尾松和栎类锈病、松杉和白杨白腐病等 8 种。防治情况无记载。新中国成立后，从外地引进多种林苗，也带入多种病害和虫害。1980 年，市农林局根据林业部部署，首次组织开展森林病虫害普查，对包括江宁县在内的郊县进行为期一年的普查，清查 19 个主要树种，计有病害 57 种、虫害 216 种、虫害天敌资源 64 种。1985 年，江宁县首次发现松材线虫病害。2004 年 6 月至 2005 年 2 月，对江宁区林业有害生物开展普查，清查松类、银杏、竹类、杨树、茶叶等主要树种及苗圃主要有害生物 75 种。

江宁区森林病虫害防治工作基本上以松毛虫、松干蚧、松材线虫病作为重点。新中国成立初，限于机械设备和技术水平等原因，每当松毛虫大发生时，主要靠组织人力捕捉幼虫、摘虫茧、采卵块的方法扑杀虫灾。1954 年，开始使用药物防治。60 年代后，开始使用农用飞机对松毛虫进行农药防治，扑虫效果显著。“文化大革命”时期，治虫工作无人管理，松毛虫发生面积范围扩大，由于防治经费缺乏，农药供应紧张，防治工作只能重点保护国有林场。1978 年后，还采用微生物制剂防治和诱蛾灯进行灯光诱杀。1984 年起，对农药和飞机喷雾喷嘴进行革新，防治效果显著。2000 年后，采取树种更新的措施，扩大针阔混交的林分，至 2007 年，江宁地区基本上无重大松毛虫危害。自 1973 年江宁县发现松干蚧后，对危害严重、虫口密度大的虫株使用氟乙酰胺 20 倍液注入树干和 40% 氧化乐果原液涂刷树皮，同时，对伐除后的衰弱树及枝条及时清除，较大的树干剥皮后处理，树皮及时烧毁。80 年代后，基本扑灭松干蚧。但对松材线虫农药防治收效甚微，该病害自 1985 年在江宁县发现后至 2007 年，累计死树 52.54 万株，造成很大的经济损失。防治有效措施是进行林种改造，同时，对爆发性的病虫害及时进行化学药剂防治。经综合治理，使疫区范围及疫情基本得到控制，至 2007 年，有疫点 11 个，发病面积控制在 666.67 公顷以下。

2000 年后，随着经济的发展和林种结构的调整，杨树病虫害、园林树种病虫害、竹类虫害成为森林病虫害防治的重点。

第四节 林政管理

山林权属在新中国成立后经历过三次确定山林权属。第一次是 1961 年，贯彻落实中共中央颁发的《关于确定林权、保护山林和发展林业若干政策规定》（试行草案），落实林业政策，确定山林权属。第二次是 1981—1982 年，贯彻执行中共中央、国务院颁发的《关于保护森林、发展林业若干问题的决定》，在全县范围内开展稳定山林权、划定自留山、确定林业生产责任制（简称“三定”）工作，明确山林权属；林木采伐管理，重点从 20 世纪 80 年代后，实行限额采伐制度，坚持合理的年采伐限额，对用材林森林采伐进行有效控制。2001 年，全区全面进行森林分类区划界定工作，依据森林的主导利用功能，及其所在地区的生态重要性和生态脆弱性两大系列指标划分公益林和商品林，森林分类区划界定，使全区的森林资源和生态环境得到更好地保护。第三次是 2002 年，根据国家林业局《林木和林地登记管理办法》，全区全面开展林权发证工作，确认山林权，发放林权证。

【山林权属】

新中国成立前，由国有林场经营的山林面积不足万亩，比例很小。地主、寺庙、祠堂、矿山、农户各占一部分山林面积。新中国成立后，人民政府接管国有林场。经过土地改革，地主、富农的山林分给农民所有，寺庙、名胜古迹、风景区的山林面积收归公有。1954 年农业合作化后，将群众分到的山林全部折价收归集体所有，统一经营。至 1957 年，国有林地面积占 20.50%，集体山林面积占 68%，其他形式面积占 11.50%。1958 年人民公社化后，凡属私有的荒山一律采取无偿入社，取消农民山林的所有权。1961 年 6 月，贯彻落实中共中央颁发的《关于确定林权、保护山林和发展林业若干政策规定（试行草案）》，落实林业政策，确定山林权属，至 1962 年，江宁县山林权属国有林地面积 6184.60 公顷，占 16.62%；合营林地面积 940.33 公顷，占 2.53%；集体林地面积 30080 公顷，占 80.85%。“文化大革命”期间，社员的自留山、房前屋后的自留树被无偿收归集体所有。1970 年后，公社和大队创办一批公社林场和生产大队林场，实行“以林为主，多种经营，以副养林”的方针，开展荒山造林、育林活动。1981—1982 年，在全县范围内开展稳定山林权、划定自留山、确定林业生产责任制（简称“三定”）工作。至 1982 年，全县 2 个国有林场、27 个公社、156 个生产大队、72 个社队林场明确山林权属。2002 年，根据国家林业局《林木和林地权属登记管理办法》，全区全面开展林权登记发证工作。至 2006 年年底，共发放林权证 802 宗、356 份，发证面积 22194 公顷。

【采伐管理】

民国 38 年（1949）5—7 月，东善桥林场被盗伐林木 22 万多株。“大跃进”和“文化大革命”期间，乱砍滥伐现象严重。此后，少量盗伐林木现象仍时有发生。根据《中华人民共和国森林法》《中华人民共和国森林法实施条例》等有关法律法规，江宁县对滥伐盗伐者依法处置。1981—1990 年，全县发生滥伐盗伐 82 起，逮捕 18 人。1991—2000 年，查处滥伐 10 起，罚款 3.50 万元。2001—2007 年，查处滥伐 7 起，罚款 10.07 万元。

20 世纪 70 年代，全县只有东善桥林场、汤山林场对中幼林进行抚育间伐，还没有进行主伐。1982 年后，间伐、低产林改造、主伐同时进行，每年主伐任务仅 33.34 公顷 ~ 40 公顷左右，加上低产林改造共 66.67 公顷，每年主伐及低产林改造采伐的木材 7000 立方米 ~ 10000 立方米。1986 年后，主伐面积增加，每年均在 133.34 公顷，年采伐木材 1.50 万立方米左右。根据省、市主管部门的要求，每年的采伐量不得超过林木生长量的 60%，江宁县森林年采伐限额为 2 万立方米。江苏省林业局规定，2001—2005 年，江宁区森林年采伐限额为 2 万立方米，其中国有林 6500 立方米；2006—2010 年，江宁区森林年采伐限额为 18907 立方米，其中国有林 4925 立方米。同时规定，采伐申请单位或个人经批准后，并办理林木采伐许可证才能进行采伐作业。2001—2005 年，江宁区主伐 113.27 公顷，其中国有林 48.87 公顷。主伐蓄积量 1.04 万立方米，其中国有林主伐蓄积量 5701 立方米；其他采伐 491.13 公顷，其中国有林 135.53 公顷，采伐蓄积量 1.76 万立方米，其中国有林采伐蓄积量 6776 立方米。2006—2007 年，主伐 12.20 公顷，主伐蓄积量 991 立方米；其他采伐 79.13 公顷，其中国有林 8.47 公顷，采伐蓄积量 2910 立方米，其中国有林采伐蓄积量 634 立方米。

【林地管理】

20 世纪 80 年代以前，很少发生征占用林地事件，但发生过两次较大的毁林开垦事件，即三年困难时期，毁林开荒种粮，蚕食林地面积 1666.67 公顷；“文化大革命”期间，毁林种粮面积达 1000 公顷。80 年代后，大力发展乡镇企业，有些乡村开始兴办采砂、采石场，占用一部分林地，但须办理审批。1993 年 3 月，县政府下发《关于加强林地保护管理的通知》，1993 年 4 月，又下发《关于收取征、占用林地森林植被恢复费暂行规定的通知》。1995 年 6 月，《南京市林地管理条例》颁布实施。同年，江宁县对全县林地使用进行清查。据统计，至1997年年底，全县共有15个单位工程建设使用林地191.63公顷，118个单位开砂采石使用林地81.52公顷，14个单位建造公墓使用林地34.02公顷。在清查的基础上，对违法使用林地的单位进行查处。2000年，查处违法使用林地案件8起。2000年冬至2003年年底，在铜井新生洲、新济洲营造杨树林333.33公顷，确保被征占用林地异地恢复植被。2004—2006年，经省林业局批准共征占用林地90.76公顷，异地造林恢复植被149.33公顷。2006年，查处2起违法占用林地案。

【森林分类区划界定】

2001年，全区全面启动森林分类区划界定工作。依据森林的主导利用功能，及其所在地区的生态重要性和生态脆弱性两大系列指标划分公益林和商品林。参加区划界定林地总面积28836.60公顷，其中公益林面积12024.80公顷，商品林面积16811.80公顷，分别占全区林业用地面积的41.70%、58.30%。商品林与公益林比例为1.40 ∶ 1。

公益林 根据森林区划界定结果，全区公益林面积12024.80公顷，占林业用地的41.70%。其中国家级公益林215.10公顷、省级公益林8488.90公顷、市级公益林面积1645.20公顷、区级公益林面积1675.60公顷，分别占全区林业用地面积的1.80%、70.50%、13.70%和14%。全区公益林包括防护林面积10850.90公顷，占全区林业用地面积的37.60%；特种用途林面积1173.90公顷，占全区林业用地面积的4.10%。公益林各具体林种面积分别是：环境保护林面积79.70公顷，水土保持林面积5435.10公顷，水源涵养林面积3440.30公顷，护路林面积1644.40公顷，护岸林面积251.40公顷，国防林面积573.60公顷，名胜古迹与革命纪念林面积143.40公顷，风景林面积376.50公顷，实验林面积80.40公顷。

商品林 全区商品林面积16811.80公顷，占林业用地面积的58.30%。其中用材林面积12139.80公顷、薪炭林面积167.90公顷、经济林面积2912.80公顷、竹林面积1591.30公顷，分别占全区林业用地面积的42.10%、0.60%、10.10%和5.50%。商品林各具体林种面积分别是：一般用材林面积12139.80公顷，果树林面积462.90公顷，油料林面积4.20公顷，特种经济林面积3.80公顷，其他经济林面积2441.90公顷，薪炭林面积167.90公顷，竹林面积1591.30公顷。

2001年江宁区森林分类经营林种、树种情况表

表 14-3-19

单位：公顷

优势树种	总计	公益林										商品林							
		小计	国防林	名胜古迹与革命纪念林	风景林	实验林	环境保护林	水土保持林	水源涵养林	护路林	护岸林	小计	一般用材林	果树林	油料林	特种经济林	其他经济林	薪炭林	竹林
合计	28836.60	12024.80	573.60	143.40	376.50	80.40	79.70	5435.10	3440.30	1644.40	251.40	16811.80	12139.80	462.90	4.20	3.80	2441.90	167.90	1591.30
柏类	662.00	597.50	38.30	4.80	26.90		4.90	263.20	147.90	106.60	4.90	64.50	64.50	—	—	—	—	—	—
赤松	23.20	4.50	—	—	—	—	—	—	4.50	—	—	18.70	18.70	—	—	—	—	—	—
马尾松	4950.90	2994.80	90.10	11.40	20.60	66.10	59.70	1504.30	792.00	444.00	6.60	1956.10	1956.10	—	—	—	—	—	—
黑松	4511.00	2915.90	250.10	—	13.40	—	3.10	1148.40	1114.80	368.60	17.50	1595.10	1595.10	—	—	—	—	—	—
国外松	2846.70	687.00	—	6.80	69.20	—	—	281.40	135.20	189.80	4.60	2159.70	2159.70	—	—	—	—	—	—
杉木	4212.70	1136.10	—	12.40	71.90	—	12.00	713.40	248.00	78.40	—	3076.60	3075.10	—	—	—	—	1.50	—
水杉	25.20	—	—	—	—	—	—	—	—	—	—	25.20	25.20	—	—	—	—	—	—
栎类	357.10	265.30	25.40	—	3.20	—	—	173.00	28.50	6.00	29.20	91.80	85.10	—	—	—	—	6.70	—
刺槐	166.60	105.20	—	—	—	—	—	26.60	76.80	1.80	—	61.40	52.20	—	—	—	—	9.20	—
杨类	269.00	—	—	—	—	—	—	—	—	—	—	269.00	269.00	—	—	—	—	—	—
柳树	82.20	16.60	—	—	—	—	—	—	—	3.00	13.60	65.60	65.60	—	—	—	—	—	—
杂阔	3241.70	2062.90	19.00	45.00	114.10	14.30	—	935.90	722.60	212.00	—	1178.80	1089.00	—	—	—	—	89.80	—

续表

优势树种	总计	公益林										商品林							
		小计	国防林	名胜古迹与革命纪念林	风景林	实验林	环境保护林	水土保持林	水源涵养林	护路林	护岸林	小计	一般用材林	果树林	油料林	特种经济林	其他经济林	薪炭林	竹林
毛竹	2051.40	524.00	—	63.00	34.50	—	—	242.70	146.40	37.40	—	1527.40	—	2.90	—	—	8.60	—	1515.90
淡杂竹	145.20	30.50	—	—	—	—	—	11.10	4.70	14.70	—	114.70	—	—	—	—	39.30	—	75.40
其他果树	416.00	5.20	—	—	—	—	—	5.20	—	—	—	410.80	5.00	389.30	—	—	16.50	—	—
油茶	18.20	—	—	—	—	—	—	—	—	—	—	18.20	—	—	2.90	—	15.30	—	—
油桐	1.30	—	—	—	—	—	—	—	—	—	—	1.30	—	—	1.30	—	—	—	—
茶	2172.70	53.90	—	—	7.90	—	—	25.10	13.00	7.90	—	2118.80	8.20	67.00	—	—	2043.60	—	—
杜仲	9.10	—	—	—	—	—	—	—	—	—	—	9.10	5.30	—	—	3.80	—	—	—
其他经济林	173.40	3.70	—	—	3.70	—	—	—	—	—	—	169.70	49.10	—	—	—	112.80	7.80	—
其他	2501.00	621.70	150.70	—	11.10	—	—	104.80	5.90	174.20	175.00	1879.30	1616.90	3.70	—	—	205.80	52.90	—

第五节　林业经营

民国时期，江宁县山林大部分民营，东善桥、汤山两个国有林场经营着不足万亩的山林。民国35—38年（1946—1949），中央林业实验所还下辖钟汤林场、栖霞山林场。民国38年4月江宁县解放时，接管东善桥、汤山、栖霞林场。新中国成立后不久，栖霞林场划给栖霞区。其后，扩大东善桥、汤山林场的经营范围，虽林场没有增加，但林场经营面积扩大了，至1962年，国有林地面积6184.60公顷，占全县山林的16.63%，其后，基本稳定在这个规模。江宁县的集体山林，主要依靠集体林场进行经营管理，20世纪50年代中后期，兴办林业专业队，60—70年代，兴办社队林场（队）。80年代，兴办乡（镇）、村林场，到90年代中期，集体林场发展到鼎盛时期，经营着全县集体林地的96.50%。2002年后，江宁区开展林业产权制度改革，各地开始发展非公有制林业。

【国有林茶场经营】

东善桥林场　始建于民国16年（1927），前身为牛首山林场，为全国林业先驱陈嵘一手创办。建场初期隶属国民政府教育部，为绿化南郊附近荒山而建。民国18年，改为第十专员公署直属江宁县林场，业务上则归国民政府实业部领导。民国35年，林场归中央林业实验所管辖，同时，将牛首山林场作为东善桥林场的造林施业区。民国38年4月南京解放后，林场由解放军军代表接管。至新中国成立前夕，共有山林面积533.33公顷，其中有林地面积379.80公顷，苗圃地面积1.34公顷，仅有草房14间，职工15人。

新中国成立后，1950年上半年，林场由华东农业科学研究所接管，1954年移交省农林厅，同年6月改属江宁县。针对山林面积扩大，且又过于分散的特点，为加强管理，除将总场设在东善桥外，还下设牛首、东善、横山、铜山、云台山、东坑6个管理区，进行分区管理。1962年，林场重归省农林厅领导。1972年，林场又划归江宁县。至20世纪80年代初，林场一直是差额拨款事业单位，林业生产按计划进行，体制僵化，生产发展缓慢。80年代至90年代末，林场积极探索走以工养林、多种经营的路子，先后办起十多个工业企业，种植经济林果、新办苗圃等，为林场经济注入新的活力。但随着改革的不断深入和市场的开放，所办企业终因管理、资金、技术、市场等因素影响而难以为继，林场工业开始走向滑坡。

2000年12月，林场更名为南京市江宁区东善桥林场。2003年，区委下发《关于深化林茶场改革的实施意见》，林场制订以“四定”（定任务、定岗位、定职责、定报酬）为主要内容的改革方案，事业单位性质不变。同年11月，林场划归江宁经济技术开发区管理。至2007年，全场设牛首、东善、铜山、横山、西横山、云台、东坑7个营林分场，多数分布在宁丹公路两侧。有职工792人，其中在职职工219人，离退休职工573人。总

图14-3-22　东善桥林场石山造林（2004年）

面积达 3377 公顷，有林地面积 3013.70 公顷，非林业用地面积 363.30 公顷，在山林面积中，公益林面积 2405.70 公顷，森林覆盖率 94.60%，木材蓄积量 14.25 万立方米，毛竹立竹数 200 万株，茶园面积 31.33 公顷，苗圃面积 19 公顷，外围线防火通道 170 多千米。1986 年、1990 年，东善桥林场分别被林业部授予全国国营林场企业整顿先进单位、全国国营林场先进单位称号。

汤山林场 建于民国 10 年（1921），原为江苏省教育林场和省立第一农业学校第二教育林场第一区。建场初期，隶属于国民政府教育部，林场经营山地面积 33.34 公顷，职工十几人。抗日战争胜利后，由国民党中央林业实验所管理，称中央模范林场。民国 38 年 4 月南京解放，林场由南京军管会接管，1950 年，属华东军政委员会农林部，时称华东农业科学研究所附属汤山林场。1952 年，改名为南京市人民政府郊区行政办事处汤山林场，隶属于南京市人民政府农村工作委员会。1953 年后，林场划归江宁县管辖。至 20 世纪 80 年代初，林场为差额拨款事业单位，林业生产按计划进行，实行总场统一管理、工区二级财务核算的经济管理办法。80 年代至 90 年代末，林场走以工养林、多种经营的路子，先后办了 40 多家中小型企业。随着改革的不断深入和市场进一步开放，林场企业因资金、技术、市场等因素的影响逐步萎缩。

2000 年 12 月，更名为南京市江宁区汤山林场。2003 年 11 月，汤山林场从区林副业局划出，移交给江宁科学园管理，林场内部进行一系列体制改革，仍属全民事业单位。至 2007 年，全场设汤山、长山、佘村、龙泉、黄栗墅、方山 6 个分场。林场有职工 264 人，其中在职职工 107 人，离退休职工 157 人。经营面积 1988 公顷，其中有林地面积 1234.10 公顷，森林覆盖率 81.20%，活立木蓄积量 9.20 万立方米，毛竹立竹数 24.10 万株。1994 年，该林场获江苏省国营林场先进单位称号。

江宁区茶叶实验场 位于江宁区谷里境内，始建于 1957 年 12 月，时称江宁县公塘头茶场，在职职工 306 人。1960 年 5 月，江宁县公塘头茶场划归江宁县东善桥林场管辖，成立东善桥林场南山管理区。1968 年 10 月，成立江宁县“五七”干校，南山管理区同时名为“五七”干校第六连，生产经营及财务管理仍属东善桥林场管辖。1973 年 4 月，南山管理区从东善桥林场划出，成立江宁县“五七”林场，属县属场圃，实行独立核算。1980 年前，实行计划管理，经济发展缓慢。同年 3 月，更名为江宁县茶场。1980 年后，开始实行以管理区为单位的经济大包干，即场与管理区之间实行生产、财务包干，推行“四定”（定产量、定产值、定成本费用、定亏损包干）奖赔责任制。1989 年 12 月，更名为江宁县茶叶实验场。1996 年 7 月，全面推行经济体制改革，打破工资制，将茶园分户承包经营。2000 年 12 月，更名为南京市江宁区茶叶实验场。2003 年 11 月，对茶场内部进行改革，并移交给江宁经济技术开发区管辖。全场在职职工 49 人，离退休职工 107 人。

【集体林场经营】

新中国成立初期，部分山区和有林业生产任务的地区，组成合作造林委员会，造林结束后，原有组织转变为护林委员会负责护林及经营管理。20 世纪 50 年代中后期，全县开始兴办集体林业专业队，至 1960 年年底，共建社办林场、队办林场 3 个（铜井洪幕林场、陶吴东风林场、丹阳台子石林场），经营山林面积 106.67 公顷，职工 40 余人。国家三年困难时期，相继建立一些林场和林业专业队，但因农户争相垦荒种粮，蚕食林场周边林地，造林进度缓慢。尽管采取了稳场措施，大部分社办林场和大队办林业队解体，至 1962 年，全县保有丹阳台子石林场和东善桥水阁林业队。1963 年起，农村经济形势好转，部分解体的社办林场（专业队）开始恢复，并有新的发展，有的将林业队扩大规模改建为公社或大队林场。至 70 年代末，全县有社、队办林场（林业队）72 个，其中社办林场、队办林场 46 个，职工人数 2963 人，经营山林面积 12773.34 公顷。

中共十一届三中全会后，随着农村经济体制的改革，有的林场成立管理委员会，民主办场，自主经营。20世纪80年代，乡（镇）、村办林场，坚持集体经营，实行场长负责制，自负盈亏，定额补贴和上交，内部引进承包经营机制。90年代，江宁县乡（镇）、村办林场仍以集体承包、统一经营、统分结合、按劳取酬为主要经营方式，坚持“以林为主，多种经营”的经营方针。至90年代中后期，全县有183个乡村林场、林业队，其中乡（镇）办林场29个，村办林场109个，林业队45个。经营管理2.16万公顷集体山林，占全县集体林地面积的96.50%。在183个乡村林场（林业队）中，千亩以上的林场有58个（加上2个国有林场共60个），拥有林地面积12490.45公顷，占集体林场经营林地总面积的57.70%，占全县林业用地面积的47.30%。随着开放开发和经济建设的发展，一些集体林场因建设需要土地被征用，林场随之撤销，据统计，全县共撤销15个集体林场，其中千亩以上的5个。2000年后，开展林业产权制度改革，镇（街道）、村也进行林地拍卖、租赁、股份制等形式改革试点，积极探索营林、护林新机制。2002年10月，区委、区政府作出建设“绿色江宁”的决定，出台一系列扶持和鼓励发展非公有制林业的政策措施，吸引境外资本、工商资本、民间资本投资林业，多元化投资林业的格局初步形成。

【林产品产量及加工流通】

产量 20世纪50—60年代，江宁县的用材林大部分处于幼林阶段，国有林场也只有少部分马尾松林进入中龄林，林产品只有薪炭材和少量的抚育间伐材，抚育间伐材也只是材质不高、径级不大的马尾松材，竹材全县每年生产量5万根，篙竹50万公斤左右。70年代中期后，东善桥林场加大抚育间伐强度，据县林业部门统计，1975—1983年，间伐木材达1.33万立方米，销售收入222.20万元。80年代后，全县中幼龄面积剧增，一部分杉木林、马尾松林达到近熟林，每年三伐、间伐木材达2万立方米左右，竹材、篙竹年产量在20万根～40万根左右。2001—2007年，全区主伐、间伐木材4.95万立方米，竹材、篙材产量近120万根，除木材、竹材外，江宁区的林产品还有油茶籽、竹笋、板栗、白果、乌桕子等。

加工及流通 20世纪50—60年代，江宁县生产的木材主要用于社队农用房和农具修理；生产的竹材，除县农资公司每年向东善桥林场收购毛竹2万根左右，用于全县防汛和农具修理外，其余由县分配销售给全县各社队和手工业社。至70年代中期，江宁县木材生产仍仅限于销售原木、原竹，解决农民建房的椽子、桁条材料。1978年2月，物资系统成立江宁县木材建材公司。70年代末，东善桥林场兴办木器厂，开始为南京显微镜厂加工显微镜盒，后又为南京电子管厂生产包装箱，并用主伐、间伐材加工家具，走加工增值的综合利用路子。80年代初，又在铜山分场兴办包装箱厂，用分场低产林改造、间伐、主伐材进行加工，从建场初期每年消耗木材500立方米，收入几十万元，发展到90年代初，除每年消耗林场生产的木材1500立方米外，还要从县外购进木材，每年收入200余万元。80年代后，全县木材产量剧增，农村木材加工厂应运而生，江宁县国有林场和集体林场生产的木材除供应乡村农民作建房材料外，均流通进入木材加工厂作原材料。90年代后，木材、竹材生产计划供应基本取消，完全市场化运作。全县新增30余家有证经销木材的个体经营户。竹材除直接销售给农户和建筑公司外，还加工生产竹制包装箱和传统竹制品，有竹床、竹椅、竹篮、竹席等。

2000年后，江宁县木材经营、加工企业有所发展，至2006年，全区有木材经营企业43家，年经营木材3万立方米。木材加工企业77家，年加工用木材7.60万立方米。木材货源仅少量是江宁区地产木材，主要从外省木材产区进货。

第四章 经济林果

江宁地区，养蚕最早见于三国时期。东晋时已产果品，南北朝艺梅、赏梅之风已盛，栽桑、产茶则始于唐朝。明〔正德〕《江宁县志》记江宁县有果树 17 种。清〔康熙〕《江宁县志》记有树种 21 个；咸丰元年（1851）前，有桑园 4000 公顷，年产茧 90 万公斤；〔宣统〕《上元江宁乡土合志》记述："牛首、栖霞二山皆产茶，生于山顶，以云雾名，寺僧采之以供贵客，非尽人所能得。"民国 18 年（1929）之前，全县每年生丝产额达 300 万两左右（1 两合 31.25 克），列为江苏省蚕桑重点县。新中国成立前夕，全县仅存桑园 29.20 公顷、果园 62.67 公顷、茶园 0.33 公顷。

新中国成立后至 1957 年，经济林果生产以蚕桑、果树为主。1958—1978 年，以桑、茶、果为主，虽经"大跃进""文化大革命"等历程，总体上呈发展态势。至 1978 年，桑园面积和蚕茧产量分别比 1956 年增长 21.70% 和 2.23 倍；果园面积比 1957 年增加 4.14 倍；茶园面积从零增至 1979 年的 391.73 公顷。中共十一届三中全会后，经济林果生产进入优势产业发展时期。20 世纪 90 年代后期，花卉业开始快速发展。至 2007 年，茶园面积达 2416.73 公顷，产茶 60.73 万公斤；花卉面积达 1642.40 公顷；果园面积 492.10 公顷，年产果品 997.40 万公斤。蚕桑、茶叶、果树、花卉共创产值达 2.92 亿元，占全区种植业产值的 18.29%。优质茶叶、苗木花卉、果树已成为江宁农业的主导产业之一，也成为一些街道农业经济的支柱产业。

第一节 蚕 桑

【桑园面积与蚕茧产量】

江宁县养蚕最早见于三国时代，据元〔至正〕《金陵新志》载："吴黄龙三年（231）夏九月，建业有野蚕为茧，大如鸟卵。"自明代开始，南京所产的云锦等丝织品，其原料主要源自江宁。据清《明史》记载，明代"太祖初立国即下令，凡民田五至十亩者，栽桑、麻、木棉各半亩，十亩以上倍之"。清咸丰元年（1851）前，全县有桑园 4000 公顷，年产茧量达 90 万公斤。民国时期，蚕桑生产仍兴盛不衰。据《江宁县政概况》记载，民国 18 年（1929）之前，全县每年生丝产额 300 万两左右（1 两合 31.25 克）。民国 19 年后，由于世界丝价下跌等原因，蚕桑生产一落千丈，蚕丝年产额不过数十万两。抗日战争期间，桑园几乎被日军毁灭殆尽。至新中国成立前夕，全县仅残存桑园 29.20 公顷，年产茧量 5985 公斤。

新中国成立初期，鼓励农户栽桑养蚕。农业合作化期间，将私人桑园折价归集体所有，同时大力发展集体栽桑。1956 年，桑园面积增至 936.67 公顷，产茧 2.95 万公斤。1957 年开始，在丘陵岗地和低山缓坡大面积栽植实生桑。1960 年，全县桑园面积达 3062.93 公顷，产茧 16.11 万公斤。由于桑树栽植质量低劣，林业队解体后下放到生产队管理不善，致使大部分桑园荒废。1964 年，桑园面积仅为 614.53 公顷，产茧量降至 4.06 万公斤，蚕桑生产跌入低谷。是年，各地恢复林业队从事栽桑养蚕，桑园面积和蚕茧产量逐年上升。1974 年，桑园面积增至 1457.93 公顷，产茧 51.30 万公斤，进入全省蚕茧"万担县"行列，亩产茧 23.46 公斤。20 世纪 70 年代后期，毁桑种粮现象多有发生，桑园面积和蚕茧产量有所下降。1980—1982 年，桑园面积稳定在 1140 公顷左右，蚕茧产量连续 3 年超过 50 万公斤，并涌现出一批高产典型。1980 年，有 4 个公社（陆郎、江宁、东善、铜井）产茧量超 5 万公斤，17 个大队超 5000 公斤；52 个林业队亩产茧超 50 公斤。80 年代中后期，由于茧价偏低及承包者的短期经营行为等，蚕桑生产出现萎缩，至 1988 年，全县仅存桑园 114.53 公顷，产茧 5.02 万公斤，蚕桑生产第二次步入低谷。80 年代末，县政府把恢复和发展蚕桑生产列为调整农业结构、开发山水资源的重点项目之一。1988 年、1990 年，两次下发《关于恢复发展蚕桑生产的意见》，同时出台各种财政扶持措施。1994 年，桑园面积升至 1234.33 公顷，产茧 34.88 万公斤。是年，全县有 10 个村的产茧量超过 1 万公斤，这 10 个村共有养蚕户 1698 户，产茧 22.40 万公斤，分别占全县总量的 53.20% 和 82.05%。1995 年，蚕茧价格大幅下跌，中秋茧、晚秋茧收购价均不到 1994 年的 50%。秋冬季节，全县毁桑 800 多公顷，桑园面积由年初的 1234.37 公顷降至年底的 421.33 公顷。此后，蚕茧价格时升时降，广大蚕农生产积极性严重受挫。1997 年起，全县桑园面积在 130 公顷 ~ 267 公顷左右，年产茧量 15 万公斤上下。2006 年，全区桑园面积近 130 公顷，产茧 9.38 万公斤，第三次处于低谷，并呈继续萎缩态势。2007 年，桑园面积减至 124 公顷，产茧 7 万公斤。

1949—2007 年部分年份江宁区蚕桑生产情况表

表 14-4-20

年份	桑园面积（公顷）	养蚕张数（张）	蚕茧产量（万公斤）	亩产茧（公斤）	张产茧（公斤）
1949	29.20	386	0.60	13.58	15.41
1956	936.67	1139	2.95	2.10	25.86
1960	3062.93	12219	16.11	3.51	13.22
1964	614.53	1788	4.06	4.40	22.71
1974	1457.93	18232	51.30	23.46	28.14
1980	1140.00	16234	51.31	30.00	31.60
1981	1140.00	19429	52.16	30.51	26.85
1982	1147.53	20201	51.94	30.17	25.71
1988	114.53	1588	5.02	29.24	31.63
1994	1234.37	10153	34.88	18.84	34.35
2001	266.67	3058	11.60	34.10	37.92
2007	124.00	1800	7.00	37.63	38.89

【桑树品种】

新中国成立前，江宁县栽植的桑树多为华桑品系的实生桑。新中国成立后，1951 年开始推广湖桑，从外地购进湖桑苗。20 世纪 50 年代后期，大搞桑树上山，从广东购进桑籽，培育成桑苗后大面积栽植，品种为伦教 40 号、广东荆桑等。60 年代初，实生桑遭大面积淘汰。60 年代中期开始，用湖桑苗拓植新桑园。至 1974 年，全县桑园基本实现湖桑化，栽植品种为湖桑 32 号、湖桑 119 号、桐乡青、火桑、荷叶白等。1983 年，选定湖桑 32 号为抗逆性强的高产品种，育 237 号为适应性强、发芽早、适宜于稚蚕用桑的优良品种，湖桑 7 号为抗萎缩病能力强的优良品种。至 90 年代初，全县桑园形成以湖桑 32 号为主，配以少量育 237 号、育 2 号供稚蚕专用的新格局。2001—2007 年，引进、推广广东一代杂交桑、果桑等桑品种。其中 2003 年，种植果桑品种“大十”，此品种为果叶兼用型，既可产果，又可采叶养蚕，经济效益较好。因管理不善，2007 年已所剩无几。

【生产经营】

新中国成立前，栽桑养蚕由农户分散经营。蚕农将蚕茧制成土丝后入城出售。清〔宣统〕《上元江宁乡土合志》记述：“南乡之民朴勤，率以饲蚕为业。朱门及横水桥人比户皆然。……茧成缫釜，负以入城，行户收买，谓之土丝。”民国末年，禄口、横溪、铜山等地先后兴办小规模作坊式缫丝场，收购少量蚕茧，大部分蚕茧仍由蚕农制成土丝出售。

新中国成立后，蚕桑生产的经营大致经历了分户养蚕、林业队经营、农户承包、农户自营的演变过程。蚕茧由国家定价，统一收购。20 世纪 80 年代后期转轨为市场定价，多渠道收购。

1956 年建立高级农业合作社后，私人桑树折价归集体所有，同时大力发展集体栽桑。高级社内，生产队管理桑园，成立养蚕小组负责养蚕。养蚕组实行“三包一奖”，即包产、包工、包本，超产奖励，减产赔偿。1957 年，全县有 205 个高级社栽桑养蚕。1958 年人民公社成立后，由生产大队建立林业队专业从事蚕桑生产。1960 年，全县有林业队 215 个，劳力 4509 人，管理桑园 3015.15 公顷，占总面积的 98.44%。1960 年后，林业队解体，桑园下放到生产队经营，导致大面积毁桑种粮。1964 年着手恢复林业队。至 1974 年，全县有林业队 310 个，劳力 7082 人，桑园 1457.93 公顷，产茧 51.30 万公斤，成为宁镇茅山蚕区唯一进入全省蚕茧“万担县”行列的县。农村实行家庭联产承包责任制后，林业队解体，集体桑园由农户承包经营。承包形式主要有 3 种：农户承包、小组承包、集体承包。1984 年，东山桑苗圃将土地、母本桑等承包到职工，分户育苗、养蚕。由于经营不善，蚕桑生产萎缩，承包户减少。1988 年，全县仅剩养蚕承包户 402 户，经营桑园 114.53 公顷，产茧 5.02 万公斤。80 年代后期，政府倡导、扶持农户栽桑养蚕，农户自营很快成为江宁县蚕桑生产的主要形式。1995 年，全县养蚕户数增至 3192 户。由于蚕茧价格大幅下跌，1997 年起，全县养蚕农户减至 1000 户左右。2001 年，顺达公司（前身为县缫丝厂）在禄口镇买地栽植新桑。当地 27 户蚕农承包，形成“公司＋农户”的经营方式，探索蚕丝业产业化经营之路。但这种经营方式至 2005 年不复存在，农户自营成为江宁蚕桑生产的唯一形式。至 2007 年，全区有蚕农近 800 户。

图 14-4-23　1986 年 5 月，县委书记陈大法（左二）调研东山苗圃蚕桑种植

第二节 茶 叶

【茶园面积与茶叶产量】

江宁县茶树始植于唐代，散生于山野之中，清同治元年（1862）后始有成片茶园。清宣统年间，江宁植茶于牛首山、吉山。新中国成立前夕，全县仅存茶园 0.33 公顷，产茶甚少。新中国成立后，1957 年，江宁县开始发展茶叶生产，建立汤山龙泉、土桥白水岗、谷里公塘头 3 个国有茶场，共植茶 44.53 公顷。1958 年，龙泉、白水岗两个茶场下放给当地公社后很快荒废，保留了国有公塘头茶场（今江宁区茶叶实验场前身），时有茶园 15.13 公顷。20 世纪 60 年代前期，全县茶园面积有所减少，1964 年为 20.33 公顷，产茶 1250 公斤。60 年代后期，部分公社、大队开始兴办集体茶场，在低山、荒丘、岗地拓植茶园。1969 年，产茶 5200 公斤，1975 年达 2.25 万公斤。1979 年，茶园面积增至 391.73 公顷，产茶 3.01 万公斤。1982 年秋，全县 27 个乡（镇）中有 23 个乡（镇）的 244 个生产单位植茶，新老茶园总面积突破 666.67 公顷。1985 年，茶叶产量突破 10 万公斤，达 11.75 万公斤。1987 年实施山水资源开发后，茶叶生产快速发展。1994 年，全县有国有茶场 1 家、百亩以上规模的集体茶场 85 家，另有不少农户植茶。茶园总面积达 1646.67 公顷，当年新植茶园 473.60 公顷，全年产茶 24.79 万公斤。2000 年，全县茶园面积达 2310.80 公顷，有 7 个镇的茶园面积在 133.33 公顷以上；全年产茶 51.50 万公斤。此后几年，茶叶年产量稳定在 50 万公斤左右。至 2007 年，全区茶园面积共 2416.73 公顷，全年产茶 60.73 万公斤，销售额 14500 万元。

1949—2007 年部分年份江宁区茶园面积与茶叶产量情况表

表 14-4-21

年 份	茶园面积（公顷）	茶叶产量（万公斤）			销售额（万元）	干茶中名优茶产量（万公斤）
		春 茶	夏（秋）茶	全 年		
1949	0.33	—	—	—	—	—
1957	44.87	—	—	—	—	—
1964	20.33	—	—	0.13	—	—
1979	391.73	1.66	1.35	3.01	—	—
1982	682.8	4.04	4.09	8.13	—	—
1985	693.8	5.51	6.24	11.75	—	—
1994	1646.67	18.62	6.17	24.79	2512	—
1997	2021.67	22.40	20.55	42.95	4738	15.52
2000	2310.8	30.73	20.77	51.50	7171	21.35
2006	2203.6	—	—	62.50	12466	36.60
2007	2416.73	—	—	60.73	14500	36.08

【茶树品种及名优茶】

茶树品种 江宁县茶树栽种品种分为有性系品种和无性系茶树良种。有性系品种主要有江苏宜兴的小叶种、浙江的鸠坑种、福建的福鼎大白茶、安徽祁门的槠叶种和黄山的黄山小叶种等优良品种。无性系茶树良种，80 年代后期开始引进，品种为福鼎大白茶、龙井 43、福鼎大毫、乌牛早等，主要分布在横溪、淳化、江宁等地。至 2006 年，有性系品种茶园占全区茶园总面积的 96.50%，无性系良种茶园占 3.50%。

名优茶 雨花茶，1961 年 7 月，江宁县开始制作；翠螺、梅龙，1986 年江宁县研制而成；七仙银芽，1998 年，丹阳镇台子石林场研制而成；方山紫雾，2001 年，方山茶场研制而成。2007 年，全区名优茶产量 36.08 万公斤，占同年茶叶总产量的 59.41%。江宁雨花茶曾获第八届江苏省“陆羽杯”名特茶评定一等奖等多种奖项；翠螺在 1993 年第二届全国“机尤杯”机制名茶评比中，获优质品质奖；七仙银芽在南京市农林局 2001 年举办的名茶评比中获一等奖 方山紫雾在 2001 年获第九届江苏省“陆羽杯”名特茶评定一等奖。

【生产经营】

20 世纪 50 年代到 80 年代中期，江宁县茶叶生产有国营、集体两种经营体制。据 1981 年统计，全县有国有茶场 1 个、集体茶场（作业组）196 个（其中社办 4 个），经营茶园 491.13 公顷。80 年代中期至 90 年代中期，绝大部分集体茶场实行场长负责制，集体承包，统管统销，分园管理，责任到人（组）。90 年代后期，集体茶场逐步实行联产承包，主要有独户承包、合伙承包、分户承包 3 种形式。规模较大的集体茶场多采用后两种承包形式。1997 年前后，国有区茶叶实验场、东善桥林场、汤山林场也将茶园承包到职工。与此同时，自营茶园的农户迅速增加。80 年代初，少数农户自发在荒丘岗坡、自留地上拓植小块茶园。1994 年，方山、淳化、东善 3 个乡（镇）以乡（镇）办茶场为依托，以植茶专业户为示范，发动群众种茶致富，农户共植茶 29.47 公顷。1995 年，横溪乡植茶农户近 3000 户，茶园面积 133.34 公顷，分别占该镇农户总数和茶园面积的 31.70% 和 62.50%。21 世纪初，“三资”（民间资本、工商资本、境外资本）进入茶叶产业，民营茶场、外资茶场不断涌现。由此形成国有、集体、个体、民营、外资等多种经济成分经营茶叶生产的新格局。至 2004 年，全区有 10 家茶场通过省级无公害产基地或有机食品基地认定，认定面积 356.67 公顷，占全区茶园总面积的 14.76%。2006 年，注册茶叶品牌 11 个。据有关部门统计，2007 年，全区农户植茶近 666.67 公顷，占茶园总面积的 27.59%。

图 14-4-24 淳化街道茶果场——“淳茗茶”茶园一角（2007 年摄）

第三节 果 树

【面积与产量】

新中国成立前夕，全县果园面积62.67公顷，共产果品4万公斤。农业合作化后，淳化、铜山、陆郎、汤山等地开始建立集体果场，栽植桃、梨等果树140多公顷。20世纪60年代初期，国有东善桥林场、汤山林场用实生板栗绿化荒山，栽植近67公顷。1963年，全县果园面积增至500.10公顷，但果品产量少，年产仅14.91万公斤。由于栽后失管，不少地方毁果种粮，1965年果园面积减幅过半，仅存244.93公顷。此后，果园面积与果品产量有所增加，至1969年，全县果园面积与果品产量分别为181.07公顷和26万公斤。1974年起，果园面积快速增加，1978年达697.47公顷，是年旱情严重，果品年产量仅15.90万公斤。由于盲目引种不适宜江宁县自然环境的苹果、柑橘130多公顷，加上果树栽植质量不高，管理不善，果园面积再度锐减，1983年仅存294.87公顷，产果66.43万公斤。此后，果园面积和果品产量有所增长，至1986年，果树面积421公顷，果品产量首次超过100万公斤。1987年实施山水资源开发后，果树面积又一次快速上升，1989年回升到666.67公顷。90年代后，散生果树的果品产量占果品年总产量的2/3。2000年，果树面积创历史新高，达1010.47公顷，年产果品295.50万公斤，销售额544.30万元；全县散生果树有45.10万株。2001年起，果园面积保持在666.67公顷～800公顷，果品产量逐年增长。2004年，全区果园面积635.60公顷，年产果品496.10万公斤，销售额1294.50万元；散生果树减少到29万株，产果290.20万公斤，之后由于城市化进程加快等原因，散生果树减幅较大。2007年，全区果园面积492.10公顷，年产果品997.40万公斤，销售额4773.70万元。

【果树种类】

新中国成立后，江宁县栽植的果树有梨、桃、柿、葡萄、板栗、苹果、枣、李、杏、石榴、银杏、枇杷、花红、无花果、樱桃、山楂、核桃、柑橘、金橘、猕猴桃、果桑，计21种，前5种为主栽果类。

梨。梨在宋代已有栽培，距今约有700余年的历史。清〔宣统〕《上元江宁乡土合志》载："余如桃李梨榴葡萄之属随处可植。"20世纪50年代开始栽植梨树，逐渐成为江宁县主栽果树之一。至2005年，全区梨园面积99公顷，产果50.30万公斤。主栽品种为黄花梨、黄金梨、丰水梨、翠冠、翠绿等。

桃。桃树在晋代已有栽培。明清时期，江宁的桃花坞颇负盛名。新中国成立前，栽培的品种多为早、中熟硬肉桃，如酥红、歪嘴酸、吊枝白、六月白等。20世纪60年代，桃树成为江宁县主栽果树之一。至2005年，全区桃园面积143公顷，产果137.50万公斤。2002年，丹阳镇南山园艺场的"砂籽早生"桃在南京市第二届优质果品评比中获一等奖。

柿。宋代已有栽培。新中国成立后，主要从山东、安徽两省引进种苗。1982年，全县有柿园3.33公顷，平均亩产量500公斤左右，栽培品种为磨盘柿、方柿、铜盆柿、高脚方柿、大四办等。80年代中期，汤山乡古泉村从天津引进盖柿，成片栽植40多公顷。90年代初，在南京市举办的地方名优柿品种评选中，淳化方柿榜上有名。由于销路不畅等原因，90年代起，柿园面积逐年下降，2004年不足6.67公顷，产果近5万公斤。

葡萄。葡萄的栽培始于宋代。民间多采用高棚架式植于庭院，观景为主，食果为辅。20

世纪70年代，始有小面积成片栽植。2003年，全区葡萄种植面积89.53公顷，其中投产面积48.73公顷，产果69.50万公斤，栽植品种有巨峰、藤稔、京亚、红提、青提、美人指、无核白鸡心、伊利沙白等。2006年，江宁产葡萄获江苏省农林厅举办的优质果品评比金奖。

板栗。明代崇祯年间已有栽培，至清代，南乡的魁栗已为地方名产。据清〔宣统〕《上元江宁乡土合志》记载："南乡魁栗大如儿拳，以其时名之曰桂花栗。"民国时期，《南京》记述："魁栗产于南京，……拌砂炒之，味极香甜。"新中国成立前夕，横溪横山、陶吴东坑、丹阳长岗有板栗10公顷左右，但产量低。20世纪60年代初期，国有东善桥林场、汤山林场用实生板栗绿化荒山，栽植近67公顷。至1982年，全县有板栗11.60公顷，亩产量15公斤左右。1987年实施山水资源开发后，大面积栽植板栗。据统计，1987—1998年，累计栽植实生板栗733.33公顷。由于栽植质量不高、嫁接滞后、栽后失管等原因，大部分实生板栗处于荒芜状态。2006年，全区有板栗101.67公顷，且呈继续减少趋势。

此外，草莓生产在江宁也有所发展。新中国成立后始有栽培。20世纪80年代后期，陶吴镇东京、后村、昝缪等村逐步发展草莓，多采用露地栽培，品种为大鸡冠、宝交早生等。90年代，全县草莓面积稳定在66.67公顷左右，主栽品种为硕丰、硕蜜和宝交早生，逐步推广地膜加小弓棚覆盖。21世纪起，引进丰香、明宝、鬼怒甘、章姬等草莓良种，推广大棚促进栽培技术。随着新品种、新技术的推广，草莓种植面积逐年增加，至2005年达250.40公顷，产量423.17万公斤，主要分布在陶吴、禄口、横溪、土桥等地。

【生产经营】

新中国成立前，江宁县果品生产均由农户经营。农业合作化期间，将私有果园和部分散生果树折价归集体所有，同时开始兴办集体果园。1958年，青龙山农林牧场由南京市下放给江宁县，同年创办江宁县植物园，旨在发展果品生产。1962年，青龙山农林牧场划归南京市，20世纪60年代初，县植物园改建为农场，国有果场从此不复存在。60—70年代，集体果园继续发展，至80年代初，全县有集体果园146个，其中专业果场4个，其余为林场、茶场、林业队兼营；社办果园15个；生产大队办果园101个；生产队办果园30个。80年代前期，集体果园普遍推行承包责任制，承包形式主要有3种。即集体承包，约70%的集体果园实行；独户承包，面积较小的集体果园多采用；以及分户承包。农村实行家庭联产承包责任制后，庭院果树快速发展。1997年，全县涌现出散生果树果品产量超5万公斤的村30多个。至1998年，全县拥有"四旁"果树近40万株，共产果200万公斤，占该年果品总产量的78%。庭院果树成为新时期江宁果园经营的有效形式。90年代后期，民间资本进入果树产业，民营果园开始出现。

第四节 花 卉

【面积与产量】

20世纪60—70年代，国有场圃开始培植少量观赏苗木。70年代末，集体林场、林业队及部分农户也纷纷种植雪松、龙柏、蜀桧、黄杨等观赏苗木。1985年，全县观赏苗木面积130多公顷，后因供过于求，苗价猛跌，观赏苗木面积锐减。90年代后期开始，在城乡绿化需求和农业结构调整的推动下，全县花卉生产迅猛发展，花卉种类不断增加。2001 年，全区花卉种植面积突破 666.67 公顷，销售额近 2000 万元。2007 年，花卉种植面积创历史新高，达 1642.40 公顷，销售额 9393.50 万元。

2000—2007 年江宁区花卉生产情况表

表 14-4-22

年 份	面积（公顷）							销售额（万元）
	观赏苗木	盆 花	鲜切花	草 坪	饮（药）用花卉	其 他	合 计	
2000	113.47	—	15.07	37.73	—	—	166.27	1098.60
2001	524.40	40.40	24.13	173.33	—	0.67	762.93	1988.40
2002	775.07	41.20	19.07	228.66	166.00	—	1230.00	3257.80
2003	889.00	141.93	30.40	167.07	166.00	36.53	1430.93	5167.30
2004	696.53	86.47	27.73	52.8	66.67	16.87	947.07	5726.20
2005	927.87	56.00	25.33	28.00	30.00	14.00	1081.20	7425.80
2006	1118.40	78.27	115.47	37.66	6.67	0.20	1356.67	9639.70
2007	1322.60	126.20	83.20	35.40	—	75.00	1642.40	9393.50

【种类及名优花卉】

种类 按园林用途分类，江宁的花卉主要有观赏苗木、盆花、鲜切花、草坪、饮（药）用花卉 5 种。江宁先后培育的观赏苗木品种有女贞、玫瑰、雪松、龙柏、蜀桧、桂花、黄杨、棕榈、紫薇、山桐子、栾树、金丝垂柳、香樟、重阳木、美国红枫、红栌、红叶石楠、日本紫薇、七彩树、绣线菊、香港四照花、北美枫香、常绿白蜡等。主要分布在宁丹路、104 国道沿线镇街。盆花品种主要有白兰花、茉莉花、菊花、月季、苏铁、兰花、菊花等盆花。鲜切花主要培植唐菖蒲、月季、菊花、郁金香、百合、非洲菊、姜花等。草坪培植品种有日本结缕草、中华结缕草、大穗结缕草、沟叶结缕草、细叶结缕草、狗牙根、马蹄金等暖地型草，以及各类剪股颖、草地早熟禾、高羊茅、黑麦草等冷地型草。饮（药）用花卉主要培育白兰花、茉莉花，用以窨制花茶，由于销路不畅，2007 年已淘汰。

名优花卉 一品红，20 世纪 90 年代末引入江宁，主要栽培品种为自由红、彼得之星、天鹅绒、柯蒂丝、索诺拉等。兰花，主要品种为蝴蝶兰、石斛兰、洋兰。菊花，按栽培方式分类，江宁的菊花有盆菊（多头菊、独头菊、案头菊、大立菊、小立菊、悬崖菊 6 个系列）、切花菊、饮（药）用菊三大类。主栽品种有泉乡冲天、金剑云、霜满天、国华大芳、细雨含沙、绿牡丹等大花型品种，以及意大利红、万家灯火、如意全球、高山积雪、霞光等小花型品种。桂花，江宁主要有四季桂（日香桂、天香台阁、佛顶珠等）、秋桂（金桂、银桂、丹桂 3 个品种群）两大类。湖熟镇南窑村原“刘氏宗祠”内，存有南京地区最大的金、银桂花树各一株，树龄约 220 年，两树相距 4 米，树高均约 5 米，金桂胸径 51 厘米，银桂胸径 37 厘米。江宁街道花塘村“茶叶庵”存有一棵树龄一两百年的古桂花树。

【花卉经营】

20世纪70年代，全县两个国有林场（东善桥、汤山）开始培植少量观赏苗木。推行家庭联产承包责任制后，集体林场、林业队及部分农户纷纷种植雪松、龙柏、蜀桧、桂花、黄杨等观赏苗木，并涌现出一批育苗专业户。80年代后期，观赏苗木培植面积大幅下降，培苗的单位和农户随之锐减。90年代中期，花卉生产开始升温，种植花卉的农户增加，生产分工日益细化，并涌现一批营销花卉的农民经纪人。90年代后期，民间资本、工商资本、境外资本注入花卉业，江宁县花卉生产进入规模化、产业化快速发展阶段，出现“公司＋基地＋农户”“公司＋协会＋农户”等产业化经营形式。至2006年，全区从事花卉生产的农户1000多户，企业63家。其中种植面积2公顷以上的大户86户，年销售额500万元以上或种植面积3公顷以上的企业22家。

第五章　畜牧业

新石器时期，江宁已开始将狩猎所得的猪圈养。春秋时代江宁六畜皆有。吴国时，吴王夫差致力于在苏南发展畜牧业。秦代，秦始皇东游，驰马于江宁。汉武帝推广牛耕后，牛成为江宁县“农家之宝”。此时，江宁县养羊业也有所发展。南北朝后，由于战乱和移民，淮猪被引入宁、镇、扬、滁丘陵山区，逐渐演变成江宁的地方良种——山猪。南宋时，丘陵山区从华南移殖水牛，逐渐形成地方品种——山区水牛。明正德十四年（1519），因明朝皇帝姓朱，故禁民养猪，养猪业大受影响。正德皇帝死后禁令作废。太平天国重视畜牧业，此时江宁县养鸡、养猪有所发展。清末，太仆寺和驿站裁撤，武备用马日益减少，骡马转为民用。又引入国外良种奶牛、鸡、羊、兔、蜂等，进行饲养繁育推广。民国22年（1933），创设牧龙分场，专门进行牛、羊、猪、鸡的改良与推广。还试行耕牛登记及耕牛抵押贷款。新中国成立前，江宁县畜牧业落后，畜禽品种原始，生产性能低，经济效益差。

新中国成立后，江宁县重视畜牧业，重点发展生猪、禽蛋、奶牛等。中共十一届三中全会后，畜牧业高速发展。1978年，南京市政府在江宁县汤山投资建设10万只规模的机械化蛋鸡场。与此同时，大力发展重点户、专业户养禽。1990年，全县家禽存栏406.14万只，出栏616.36万只。1999年，全县奶牛存栏800头。此外，江宁养蜂业也有较大发展，1970年，全县养蜂50箱，2006年，南京西洋湖养蜂专业合作社成立，共有成员106人，养蜂8000多箱。同年，全区养蜂9540箱，为江宁区养蜂最高年份。至2007年，江宁区已认定无公害畜产品基地12个，其中国家级5个，省级7个；建成国家级奶牛标准化生产示范区2个，全区奶牛存栏达1.50万头；建成3000头以上生猪生产基地4个，5万只以上家禽生产基地18个，100头以上奶牛生产基地20个，500头以上特种畜禽基地1个。

第一节 家 畜

【猪】

品种 江宁地区饲养的生猪品种较多，有长期饲养驯化而形成的山猪；有国内著名的品牌，如太湖猪；有出于杂交改良目的从国外引进的良种，如约克夏、长白猪；还有杂交改良而成的新品种，如新淮猪、巴克夏等。江宁县还对当地山猪开展选育，提纯复壮，形成了各种适应当地环境的猪种类型，其中主要有带子洲猪、南乡猪，以及外地引进的二马脸猪、寿星头猪。

养猪体制 国有养猪。1954 年，青龙山农场开始养猪，全年饲养 131 头。1978 年，青龙山林场兴建半机械化猪场。1979 年 1 月，成立江宁县山猪原种场。1990 年，全县年末存栏生猪 26.22 万头，其中国营场圃养猪 3500 头，占 1.33%。1997 年 12 月 26 日，江宁县境内第一座现代化猪场——金象集团象山种猪场建成投产，种母猪规模 3000 头。

集体养猪。1954 年，初级农业生产合作社兴起集体养猪。至 1958 年 11 月底，全县有集体猪场 55 个，猪圈 28356 间，集体养猪 5.20 万头。1960 年，兴办一批规模较大的猪场，由于猪仔大群集中，带来饲料、饮水、防疫、猪舍、设施上诸多困难，加以猪气喘病、仔猪白痢等疫病流行，损失较大，被迫调整规模或停办。1962 年，在生猪生产上贯彻“公私并举，私养为主”的方针，强调集体办猪场以生产队为主，以养种猪为主。20 世纪 70 年代初，要求消灭集体养猪空白队，建立生产队百头猪场，生猪生产开始回升。1976 年，江宁县集体猪场中，县级种猪场 1 个，公社猪场 37 个，大队猪场 351 个，生产队猪场 4905 个。生产队 100 头以上的猪场 18 个，60 头～100 头的猪场 131 个，30 头以下的猪场 4756 个。平均每个生产队集体猪场存栏生猪 20 头。全县生猪饲养量达 42.64 万头。1979 年，全县有集体猪场 5275 个，其中公社猪场 63 个，大队猪场 377 个，生产队猪场 4835 个。1980 年，县多种经营管理局对全县集体猪场的经济效益进行调查，全县集体猪场 4450 个，其中盈余的 1209 个，占 21.17%；亏损的 2593 个，占 58.27%；持平的 648 个，占 20.56%。1981 年，全县发展重点户和专业户形式的家庭饲养业。家庭联产承包责任制推行后，集体养猪逐渐下降，至 1982 年年底，全县存栏生猪 26.45 万头。其中集体存栏生猪 7700 头，占 2.91%。1990 年，原有的集体养猪已基本消失，只有一些乡村渔场养猪。

家庭养猪。殷巷出土的青釉瓷猪圈是西晋时期圈养猪状况的真实写照。元、明两朝统治者曾一度禁养猪。民国时期，虽有少量恢复，但总体水平仍很低。农户饲养肥猪，由于品种老、饲料差、管理粗，一般育肥猪饲养期要 1 年以上，有的长达 16 个月。成批养猪的都是糟坊、砻坊、豆腐坊等加工作坊，一般既养母猪又养肥猪，自繁自养。新中国成立后，生产部门将生猪生产列于发展畜牧业之首。“一五”计划结束后，1957 年，生猪饲养量达 12.64 万头，比 1949 年增加 142.37%。1958 年，由于盲目发展集体养猪，致使生猪饲养量下降，至 1961 年，降至 6.72 万头。同年，开展调整政策试点工作，把收归集体的母猪下放给有条件的农户饲养。1962 年，贯彻“公私并举，私养为主”的养猪方针，鼓励社员养猪，生猪饲养量很快回升，1964 年达 18.45 万头，出栏肥猪 8.68 万头。1975 年，国家仍鼓励社员养猪，江宁县大力抓好社员家庭养猪，在饲料、苗猪、收购肥料上给予支持。1976 年，全县年末生猪存栏 28.67 万头，其中社员生猪存栏 18.73 万头，占存栏总数的 65.33%；年末母猪存栏 36647 头，其中社员母猪存栏 6640 头，占存栏总数的 18.12%。1978 年，发展养猪专业户、重点户。全县生猪饲养量达 43.44 万头，年末圈存生猪 29.10 万头，其中家庭养猪 18.12 万头，占 62.27%。1979 年，全县生猪饲养量达 49.60 万头，出栏肥猪 17.36 万头，交售国家肥猪 10.38 万头，其中社员交售 9.48 万头，占91.32%。2000年后,生猪饲养量稳定在80万头左右,农户养猪规模继续扩大,瘦肉型猪推广加快。2002年,全区生猪饲养量88.79万头,出栏肥猪66.58万头,为历史生猪最高养殖年份。2007年11月,由业主投资的汤山古泉生态生猪养殖场按现代化要求建设。是年,全区生猪饲养量为70.26万头,出栏肥猪50.33万头。其中年出栏50头以上的场(户)1101个,出栏肥猪26.40万头,占全社会出栏肥猪总数的52.45%。

1949—2007年部分年份江宁区生猪饲养情况表

表14-5-23　　　　单位：万头

年　份	出栏肥猪	年末存栏	年　份	出栏肥猪	年末存栏
1949	2.40	3.50	1980	21.80	31.73
1950	2.40	4.80	1985	28.83	25.15
1952	1.98	7.42	1990	35.79	26.22
1957	6.18	6.46	1995	47.94	24.35
1960	2.61	3.72	1999	58.84	23.21
1965	8.32	12.84	2000	63.32	22.75
1970	9.42	17.99	2002	66.58	22.21
1975	26.45	11.83	2005	61.31	20.32
1978	29.10	13.34	2007	50.33	19.93

【耕牛】

品种　江宁地区耕牛以山区水牛和土种黄牛为主。南宋时，从华南移植水牛，以供农业生产所需，经过长期饲养繁殖，形成山区水牛。江宁饲养的黄牛，系土种黄牛，一般不适宜水田耕作，饲养数量较水牛少。1975年，南京市引进3头摩拉水牛，原产于印度德里和旁遮普两省。其中1头放在陆郎公社林场饲养，1978年8月，进行杂交改良，但收效甚微。

饲养　江宁水稻产区以饲养水牛为主，丘陵旱地多饲养黄牛。民国21年（1932），江苏省政府为限制耕牛宰杀与买卖，公布耕牛检验之各种规则，但收效不大。民国23年2月，创设农业改良牧龙分场，从事开垦荒地及提倡畜牧业，进行牛、羊、猪、鸡四种畜禽之改良与推广。6月，实行耕牛登记，8月末，全县登记耕牛27538头，其中黄牛7995头，水牛19543头。新中国成立时，江宁县有耕牛18846头，其中黄牛6721头，占35.66%；水牛12125头，占64.34%。农业生产合作社成立后，耕牛很大比例上由个体分散饲养转变为农业社集体饲养。至1956年，各地耕牛逐渐折价入社，成为集体所有。1957年，耕牛从原社或队集体饲养改为固定到户饲养，减少了疾病传染，耕牛质量有所提高。1958年，全县有耕牛28170头，8月后，由于人民公社成立，生产关系超越生产力发展水平，加上自然灾害侵袭，致使耕牛数量下降。1963年，耕牛降至24159头。1964年，江宁县被列为全省耕牛繁殖十大基地之一，至年底，全县耕牛存栏数达24684头。1972年年底，全县耕牛存栏34248头，为江宁县新中国成立后饲养耕牛数最高年份。1980年，随着农业机械化程度的不断提高，耕牛数逐渐下降，开始实行承包责任制饲养耕牛。1984年，集体所有制耕牛全部折价到户。全县耕牛存栏24545头，其中水牛23708头，黄牛837头。1997年，全县耕牛存栏25710头，其中水牛存栏24910头，占96.89%。2002年开始，耕牛存栏降至2万头以下。2007年，耕牛存栏8600头，其中水牛8300头，黄牛300头。

1949—2007年部分年份江宁区耕牛存栏情况表

表14-5-24　　单位：头

年份	存栏数	其中		年份	存栏数	其中	
		水牛	黄牛			水牛	黄牛
1949	18846	12125	6721	1975	28812	26775	2037
1950	20778	13472	7306	1980	24430	23263	1167
1952	23675	15747	7928	1985	24508	23126	1382
1957	27321	16225	11096	1990	25693	24566	1127
1960	25863	18222	7641	1995	26900	25920	980
1965	26697	21176	5521	2000	24900	24300	600
1970	32628	28535	4093	2005	12907	12593	314
1972	34248	30977	3271	2007	8600	8300	300

【奶牛】

饲养　民国21年（1932），国民政府在汤山设立中央种畜场，曾饲养奶牛。民国25年，秣陵镇嘉禾农场曾饲养纯种荷兰奶牛对外出售。新中国成立后，江宁县奶牛饲养品种大多为中国黑白花奶牛。1950年，汤山医院饲养的9头奶牛并入南京乳牛场。1962年，江苏省财经学校饲养的3头奶牛移交给江宁县东山农场饲养。1982年，新建江宁县奶牛场，有奶牛88头。同年，南京市牛奶公司从新疆购进草原红牛36头，由铜井公社在新生洲饲养，1987年，因感染血吸虫病全部淘汰。1999年起，江宁县大力发展奶牛业。至2001年年底，全区存栏奶牛9060头，出现奶牛规模养殖大户40户。同时建造奶牛公寓8座。2002年，在扩建8座奶牛公寓的基础上，新建奶牛公寓13座。全区年末存栏奶牛达1.41万头，奶牛养殖户达3457户，其中饲养20头～99头的40户，饲养100头以上的10户。2003年6月26日，奶业工程被列为江宁区2003—2006年农业结构调整“十项工程”之一。同年，南京奶业集团投资4000万元，在淳化镇索墅村新建第二牧场，占地34公顷。该场一期工程于2004年年初竣工并投入生产，饲养奶牛1300头。同年，徐州维维集团投资500万元，在丹阳镇建成3000头规模的奶牛隔离场，为进口良种奶牛提供隔离观察饲养的场所。至2004年年底，全区存栏奶牛达2.19万头，100头以上的奶牛公寓33座，牛舍建筑面积9.60万平方米，规模养殖能力达1.16万头。2006年，江宁区奶业工程被省农林厅确立为江苏省高效农业百项工程。同年，全区年末存栏奶牛2.49万头，为江宁区奶牛养殖最高年份。2007年，由于饲料和劳动力成本大幅上涨，奶牛养殖效益下降，奶牛饲养量大幅下降，全区年末存栏奶牛1.50万头。

1956—2007年部分年份江宁区奶牛存栏情况表

表 14-5-25　　　　　　　　　　　　　　　　　　　　　　　　单位：头

年　份	存栏数	年　份	存栏数	年　份	存栏数
1956	3	1985	195	2003	16700
1960	83	1990	260	2004	21900
1965	136	1995	300	2005	23917
1970	15	2000	2420	2006	24900
1975	18	2001	9060	2007	15000
1980	49	2002	14100		

经营形式　新中国成立前，奶牛由国民政府公办牧场饲养。新中国成立后至20世纪70年代，奶牛由集体和国有场饲养。1980年，江宁县出现个体养殖奶牛。1982年，成立江宁县奶牛场，所养奶牛属国有。同年，铜井公社新生洲饲养的草原红奶肉兼用牛属集体所有。1988年，新建江宁县东山镇第二牧场，所饲养的奶牛属集体所有。2000年，江宁县奶牛场租赁给南京光明乳品有限公司。之后，江宁县大力发展奶牛业，在南京光明乳品有限公司、南京川田乳品有限公司、南京卫岗乳业有限公司、南京金阳光乳品有限公司等乳品企业的带动下，私营养殖奶牛发展很快，南京奶业集团在淳化索墅新建第二牧场，为股份制企业。随着奶牛业的发展，各乳品加工企业出资建设自己的奶源基地，个体业主和部分村投资建设奶牛公寓，全区先后建成100头以上奶牛公寓40多座，农户租用奶牛公寓的床位养殖奶牛，牛奶由业主收购供应乳品加工企业。

图 14-5-25　卫岗奶业集团奶牛养殖中心（2004年摄）

【马驴骡】

品种　据《上元县志·官守志》记载："南方天暑热而地卑湿，畜马孳生非所宜也。"故未形成当地特有马种。当地交通、运输所用之马，皆从外地引入。江宁所蓄养的驴，大多来自苏北，系小型毛驴，亦间有来自山东的德州驴。骡是公驴配母马所生，公马配母驴则生駃騠（俗称"驴骡"），都是种间杂种。除少数母骡和駃騠能受胎外，均不孕。江宁地区早无駃騠存在。

饲养　南北朝时，江宁县东南三十九里处建有马场。唐代，江宁县设置马务。宋代后，民间普遍养驴。明朝洪武年间在城东建立牧马草场，俗名十八垌。江宁境内有湖熟东场、湖熟西场、湖熟二场、焦田上场、焦田下场等。清康熙五年（1666），江宁县有牧马草场田地山塘共208顷8亩6分5厘。民国28年（1939），据满铁上海事务所调查，江宁县有马100匹、驴500匹、骡200匹。新中国成立时，江宁县饲养马27匹、驴1334匹、骡208匹。1952年，饲养驴2086匹、骡817匹，为历史养驴、骡最高年份。1953—1956年，养骡维持在200匹左右。1961年，饲养马61匹，为新中国成立后养马最高年份。此后逐年减少。1964年后，养驴维持在200匹以下。1971年，养马维持在20匹以上，1979—1981年只有1匹～2匹，1982年淘汰。1984年，骡只剩1匹，1985年绝迹。1991年，驴仅剩2匹，1992年全部淘汰。2001年，汤山板鸡厂从关东引进驴100匹，至2004年全部淘汰。2003年，南京山田企业在淳化新建牛奶文化园，从新疆购进马9匹，供游客骑乘，至2007年，还有7匹。

【羊】

当地山羊 原产于长江三角洲地带，属肉、皮、毛兼用山羊型品种。新中国成立前，江宁县养羊以农户家庭饲养，自繁、自养为主。1949年年底，全县存栏羊6884只。1956年，全县存栏羊1.34万只，比1949年增加0.95倍。1962年，全县存栏羊增至4万只，创历史新高。1963年后，由于养羊收益减少，饲养量逐年下降。1972年年底，存栏羊降至1.02万只。1973年，收购价格调高，饲养量缓慢回升。1979年，集体与社员养羊均有增长，全年养羊3.66万只，年末存栏3.03万只。1984年，由于山林承包后，林牧矛盾大，放牧困难，圈养费工，且养羊效益低，全县养羊再次下降，年末存栏羊仅1.20万只。1986年，因收购价格提高，养羊回升。1990年年底，存栏羊达3.15万只，比1984年增长1.63倍。1991年，南京市山水资源开发办公室在铜山乡建立种羊场，饲养种母羊100只（其中淮山羊38只），种公羊3只（其中四川黄羊1只）。1992年，全县山羊饲养量达9.18万只（年内出栏5.56万只，年末存栏3.62万只），比1991年增长6.49%。山羊发展主要以专业户为主，据丹阳、铜山等8个乡镇统计，49个专业户养羊2581只，平均每户饲养52.67只，年内出栏1316只，平均每户出栏26.86只。1996年，全县山羊饲养量达23.66万只，年末存栏山羊9.76万只。2000年，丹阳镇购进淮山羊1000只，扶持养殖大户，重点培育100只以上的养羊大户3户，50头以上的养羊户20户。2001年，全县加大山羊杂交改良技术推广力度，全区年末存栏羊12.04万只，当年出栏羊30.75万只，为历史最高养羊年份。2007年，全区年末存栏羊6.08万只。

波尔山羊 原产于南非，1959年起，经过几十年的选育和改良，已成为世界上最著名的肉用型山羊优良品种。1997年2月，江苏一统牧业有限公司成立于汤山镇古泉村，致力于开发波尔山羊繁育和杂交改良项目。1998年年初，投资300万元，从南非原产地引进纯种波尔种山羊100只（其中种公羊10只），用于纯种繁育；投资200万元引进国内优良山羊（淮山羊）母体种羊500只，用于杂交繁育。至1999年，销售纯种波尔羊30只，波淮杂交一代种山羊20只，为农户提供波尔羊精液500份进行人工授精。年末存栏纯种波尔山羊300只，波淮杂交一代种羊500只，淮山羊400只。2000年，南京市多种经营管理局从四川购进4头波尔山羊种公羊，分别放在丹阳和上峰饲养，进行当地山羊杂交改良。

1949—2007年部分年份江宁区羊存栏情况表

表14-5-26　　　　单位：万只

年　份	年末存栏数	年　份	年末存栏数	年　份	年末存栏数
1949	0.69	1970	1.19	1995	5.71
1950	0.71	1975	1.07	2000	10.27
1952	1.06	1978	1.21	2001	12.04
1957	1.05	1980	2.34	2005	9.72
1960	1.39	1985	1.39	2006	7.85
1965	1.59	1990	3.15	2007	6.08

【兔】

品种　江宁地区先后饲养过8个品种的兔，分别为中国白兔、力克斯兔、青紫兰兔、新西兰兔、比利时兔、日本大耳兔、丹麦兔、法国公羊兔，但未形成主要品种，一阵热过后即冷。

饲养　民国期间，江宁县养兔甚少。所养兔种，皆为土种白兔，老百姓俗称“白囊”，多由兔打洞穴居，用青草饲喂。也有少数户进行笼养。新中国成立后，外贸部门组织兔肉、裘皮、兔毛出口。同时，引进优良种兔，鼓励农户养兔。1963年，全县年末圈存兔1.31万只，1967年后逐年下降，至1971年，全县年末圈存兔仅1800只。1975年，江宁县上峰兔场建立。1976年，全县年末圈存兔达6.50万只，为历史最高养兔年份。1978年，全县年末圈存兔2.24万只，社员养兔由原来的512户，发展到1050户。其中，上峰公社兔饲养量达1.25万只。1983年，上峰兔场因经营亏损而倒闭。当年年底，全县兔圈存数仅为6000只。1984—1995年，全县兔年末圈存数一直徘徊在2000只～5000只之间。1999年，江苏绿色獭兔开发有限公司分别从德国、美国、法国引进獭兔良种，饲养5000余只，是集养殖、加工一体化的“獭兔养殖基地”。同年年底，全县圈存兔达1.56万只。2000年，江宁县林副业局承担全国农牧渔业丰收计划项目“獭兔高效饲养综合配套技术推广”，实施两年，取得较好效果。是年年底，全区圈存兔达4.73万只。此后，由于养殖效益不佳，区内养兔逐年下降。至2007年，全区年末圈存兔1.62万只。

第二节 家 禽

【鸡】

在江宁殷巷乡出土的西晋墓葬中，有青釉瓷鸡笼。史载西晋永康元年（300），在鸡笼山上依山为室建鸡场。南唐二陵墓葬中，动物画像有鸡。可见，江宁农村养鸡历史悠久。历代养鸡，以私养为主，规模甚小，以自食、散养为主。民国期间，开始引进少量来克航、洛岛红、澳洲黑等良种，尚无规模鸡场。由于疫苗不过关，死亡率高，养鸡业发展缓慢。

新中国成立后，疫苗防疫关被突破。20世纪50年代后期，开始发展规模饲养。60年代初，出现大型鸡场，但发展不大。1972年，汤山公社开始养肉鸡，引进白洛克等新品种。1973年，江宁县办公社养鸡场，饲养白洛克肉鸡。1975 年，南京市下达江宁县饲养肉鸡 10 万只、交售活鸡 7 万只的肉鸡生产任务。因此，多个公社开始饲养肉鸡。1976 年，江宁县白洛克种鸡饲养发展到 2000 只。

中共十一届三中全会后，大力发展养鸡重点户、专业户，蛋鸡生产直线上升。肉鸡品种推广加拿大的星布罗肉鸡和红布罗肉鸡；蛋鸡品种主要有当地草鸡、罗斯褐壳蛋鸡、星杂 288 白壳蛋鸡、星杂 579 褐壳蛋鸡、S220 蛋鸡、罗曼蛋鸡、伊莎蛋鸡、海兰蛋鸡等。1980 年，国外市场肉鸡价格暴跌，外销不畅，肉鸡饲养量下降。1984 年，江宁县良种繁育场鸡场引进罗斯蛋鸡种鸡 3000 只，1986 年共饲养 5000 只。1987 年，创办汤山 10 万只机械化蛋鸡场，引进新品种和先进设备，鸡蛋产量、质量明显提高。江宁县历史上首次出现“卖蛋难”。1988 年，全县养鸡专业户年末存栏肉鸡 3.42 万只，占南京市的 14.06%。90 年代后，推广美国的艾维因肉鸡。养鸡生产持续增长，并向专业化、区域化发展。1990 年，南京市粮食局在其林乡泉水村建成象山蛋鸡场，当年饲养蛋鸡 5 万只；全县出栏肉鸡 228.57 万只，占南京市出栏总数的 50.06%。1991 年，江宁县良种繁育场解体，鸡场关闭，7 年内共向全县农户推广罗斯蛋鸡 40 万只。1996 年年初，汤山镇建成年加工板鸡 100 万只规模的南京汤山板鸡厂，引进景黄鸡种鸡 1 万套和板鸡生产工艺技术，总投资 283 万元，采取“公司＋农户”的形式，向农户提供景黄鸡鸡苗和饲料。1998 年，全镇饲养景黄鸡 30 万只。

2000 年后，蛋鸡、肉鸡饲养向规模化、集约化方向发展，当地草鸡规模养殖户日渐增加。2002 年，全区鸡饲养量达 1002.49 万只，为历史最高养鸡年份，当年出栏 699.88 万只。至 2007 年，全区鸡饲养量 800.28 万只。其中，南京禽业发展有限公司存栏蛋鸡 8 万只，淳化青龙山蛋鸡场 9.65 万只，汤山蛋鸡场 5 万只，江宁街道久久蛋鸡场 6 万只、花塘蛋鸡场 6 万只。是年，全区存栏蛋鸡 500 只以上的养殖大户 429 户，存栏蛋鸡 39.42 万只；全区饲养草蛋鸡的规模养殖户 200 户，饲养草蛋鸡 75.77 万只；全区年出栏 2000 只以上的肉鸡养殖户 144 户，年出栏肉鸡 170.87 万只；当地草鸡规模养殖户 292 户，年末存栏 30.01 万只，当年出栏 154.17 万只。

1949—2007 年部分年份江宁区鸡饲养量情况表

表 14-5-27　　单位：万只

年 份	饲养量	年 份	饲养量	年 份	饲养量
1949	61.28	1970	73.05	1995	819.86
1950	68.07	1975	171.59	2000	939.39
1952	79.62	1978	221.60	2002	1002.49
1957	91.73	1980	259.44	2005	824.96
1960	69.99	1985	356.89	2007	800.28
1965	111.38	1990	621.22		

【鸭】

品种　江宁地区饲养的鸭品种主要有：北京鸭，原产于北京，民国 37 年（1948）引进；绍鸭，原产于浙江省绍兴、萧山、诸暨等市县，1958 年引进，属小型麻鸭；昆山麻鸭，原产于昆山县，20 世纪 70 年代引进，是用苏州地区的娄门鸭和北京鸭杂交育成的大型麻鸭；康贝尔鸭，原产于英国，1985 年引进饲养；樱桃谷鸭，原产于英国，1985 年引进，是用北京鸭和阿里斯勃里鸭杂交而成的肉用型鸭。

饲养与加工 宋代江宁养鸭已普遍，并用人工孵化苗鸭。明清两代，将家鸭作为专业饲养，并创造了填鸭肥育技术、人工孵化技术。清宣统二年（1910），在南京召开的南洋劝业会上，湖熟板鸭获得一等奖。湖熟制鸭工艺几经更迭，最终制出皮白肉嫩、油而不腻、香酥可口、风味独特的“白油板鸭”，远销大江南北。民国 25 年（1936），据调查，江宁县淳化镇有 2.50% 田场养鸭，品种多为土种麻鸭。

新中国成立初期，农户养鸭仍使用传统饲养方法。1959 年，铜井公社办起炕坊，向农户供应苗鸭。1977 年，湖熟公社渔场开始集体养鸭 1400 只。1979 年秋，湖熟公社成立板鸭厂，用马氏祖传 17 字“炒盐腌、清卤复、烘得干、煮得足、肉红骨头落”的真正传统工艺及百年老卤，发扬湖熟名特鸭产品。1980 年，全县出现一批养鸭专业户，全年养鸭 51.83 万只。1984 年，集体养鸭有所发展。上峰乡猪场饲养菜鸭 5000 只；岔路乡百家湖渔场饲养菜鸭 1.20 万只；龙都乡渔场饲养菜鸭 1 万只；湖熟镇渔场饲养种鸭 5000 只，菜鸭 2000 只。1985 年 1 月 24 日，湖熟板鸭厂被列为全市农村 10 个龙头企业之首。是年，湖熟镇筹建和扩建 10 家企业。至年底，全镇加工销售鸭鹅 102 万只，产值 920 万元。同年，全县鸭饲养量达 172.70 万只，年末存栏 67.70 万只。1992 年 10 月，南京首家乡镇企业集团——湖熟板鸭集团成立，所生产的“湖熟牌”板鸭系列产品荣获“七五”全国星火计划博览会金奖、“九五”走向世界战略研讨会金奖等数十枚奖牌。1993 年，全县肉鸭饲养专业户 44 户，出栏 7.06 万只；蛋鸭饲养专业户 19 户，存栏 0.90 万只，产蛋 10.80 万公斤。1996 年，湖熟板鸭集团被列为江苏省和南京市农业产业化重点龙头企业。1998 年 8 月，南京湖熟板鸭集团与南京金箔集团实行强强联合，成立南京金箔湖熟鸭业有限公司。同年，全县鸭饲养量 1296.20 万只，为历史上最高养鸭年份，当年出栏 1047.73 万只。2000 年后，饲养量平稳，重点提高肉鸭品质和养殖规模。2007 年，全区鸭饲养量 863.58 万只，当年出栏 698.75 万只。

【鹅】

品种 江宁地区饲养的鹅品种主要有：太湖鹅，原产于江苏、浙江两省沿太湖地区，是江宁县传统饲养品种；四季鹅，原产于安徽省寿县、霍邱、六安、舒城等县，20 世纪 60 年代流入江宁县；狮头鹅，原产于广东省饶平县浮滨公社，是中国最大的鹅种，1975 年引进，因经济价值差，逐渐终止饲养；皖西白鹅，原产于安徽，从河南省固始县引进 197 只公鹅；丽佳鹅，原产于福建泉州，2001 年 2 月引进。

饲养 江宁饲养的家鹅源于中国鹅。明代，江宁县养鹅已普遍。民国 21 年（1932），江宁县淳化镇有 1.50% 的田场养鹅。新中国成立后，政府重视发展养鹅。1961 年，国家对粮区公社集体留养的种鹅进行补助。全县 24 个公社（镇）集体养鹅场有 17 个建立“包产量、定任务、超产奖励”的责任制。中共十一届三中全会后，养鹅业得到发展。1985 年，全县鹅饲养量 116.62 万只，年末存栏 49.52 万只，当年出栏 67.10 万只。1990 年，全县鹅饲养量 250.07 万只，年末存栏 73.48 万只，当年出栏 186.59 万只，居郊县之首。饲养种鹅 20.20 万只，其中太湖鹅 0.20 万只，四季鹅 20 万只。1998 年，饲养四季鹅 10 万只以上的乡镇有土桥、湖熟、周岗、龙都。2001 年，推广冬鹅饲养和种草养鹅技术，推动养鹅发展。同年，南京市畜牧家禽研究所从福建泉州丽佳鹅有限公司引进丽佳鹅种鹅 500 套，在上坊大阳滩基地饲养。全区鹅饲养量 549.75 万只，年末存栏 91.93 万只，当年出栏 557.81 万只，为历史最高养鹅年份。全区有养鹅专业户 58 户，养鹅 6.99 万只，当年出栏 6.36 万只。至 2007 年，全区养鹅 341.35 万只，年末存栏 50.77 万只，当年出栏 290.58 万只。

第三节 特 禽

【火鸡】

1984 年春，丹阳乡山景村一名农村老干部，引进种火鸡 4 对饲养，次年，利用种火鸡自孵和土母鸡代孵的方法，火鸡发展到 200 多只，但因缺乏饲养管理和防病治病技术，终止饲养。1996 年，陆郎渔场从美国引进尼古拉火鸡 200 只，次年发展到 1000 多只，火鸡销往上海及南京各大宾馆饭店。2003 年，某养殖户引进法国贝蒂纳火鸡 200 多只在周岗饲养，2005 年发展到 1000 多只，2006 年迁至江宁街道荷花村饲养，存栏 1500 只。

【肉鸽】

1994 年年初，江苏省糖烟酒总公司组建江苏省康力鸽业有限公司，在其林乡锁石村新建肉鸽种鸽场。占地面积 3.20 万平方米，建筑面积 1.10 万平方米，总投资 850 万元。1995 年年底投入使用。1996 年 6 月，存栏美国落地王种鸽 1 万对。1998 年，存栏祖代核心群种鸽 3 万对。每年能提供优质父母代种鸽 3 万对 ~ 3.50 万对，生产商品乳鸽 30 万只。1999 年 6 月，上坊光祥王鸽养殖场引进种鸽 700 对，经 10 个月摸索出科学养鸽、人工喂雏新技术，并与众多养殖户结成松散型联合企业。2001 年，全区有养鸽专业户 16 户，存栏鸽 7.90 万只，当年销售乳鸽 13.69 万只。2006 年，江苏省康力鸽业有限公司倒闭。2007 年，全区肉鸽规模养殖户 13 户，年末存栏肉鸽 2.54 万只，当年销售乳鸽 10.25 万只。

【鸵鸟】

南京尤德鸵鸟养殖有限公司，由英国尤德联合发展有限公司投资兴建，位于江宁县铜井镇林场，总投资 74 万美元，占地面积 6.67 公顷，建筑面积 4500 平方米。1996 年 3 月，从美国得克萨斯州、田纳西州引进非洲种鸟 80 只，同时引进成套的孵化出雏设备和相关的饲养孵化技术。同年年底，存栏鸵鸟 150 只。至 2000 年，向社会提供非洲种鸟 500 只，肉鸟 300 只，同时带动部分农户养殖鸵鸟。但因养殖鸵鸟一次性投资大，鸵鸟肉的生产成本又高，故未得到推广。

【乌嘴鸭】

1999 年 4 月，南京市畜牧家禽研究所从福建连城引进乌嘴鸭种鸭，在上坊大阳滩基地饲养。2000 年，“乌嘴鸭良繁推广及产品开发”被列入江苏省三项工程。2001 年，通过江苏省乌嘴鸭种鸭场的验收，获得种禽生产许可证。并研制开发了乌嘴鲜鸭煲、乌嘴香鸭煲、乌嘴香鸭、乌嘴香鸭肫 4 个乌嘴鸭深加工产品。至 2004 年 1 月，共推广乌嘴鸭 140 多万只。同年 10 月，“乌嘴鸭良繁推广及产品开发”获江苏省农林厅系统农业丰收奖一等奖。2007 年，存栏种鸭 5000 套，年产商品乌嘴鸭苗 30 万只。

【乌骨鸡】

1974年，南京市药材公司建立乌骨鸡饲养场，从北京引进乌骨鸡514只，用乌骨鸡制作乌鸡白凤丸。同时，选用乌骨鸡蛋和农户家养黑毛鸡蛋，进行药用试验比较。1978年，药用试验比较得出结论，认为乌骨鸡蛋比一般黑毛鸡蛋所含的不饱和脂肪的量高，胆固醇含量低，是良好的保健品。同时，江宁一些集体养殖场和农户也开始饲养乌骨鸡。1996年6月，江苏省康力鸽业有限公司存栏乌骨鸡种鸡1万套。

第四节 疾病防治

【牛的传染病】

牛的传染病主要有口蹄疫、牛白血病、牛结核病、牛锥虫病、日本血吸虫病、牛巴贝斯虫病、恶性卡塔热、牛流行热、牛巴氏杆菌病、破伤风、炭疽等。

口蹄疫 是一种危害偶蹄兽的急性高度接触性传染病，传播快、流行广、危害大。1976年，江宁县殷巷公社9个大队13头牛发病。20世纪70年代，对该病放任自流，造成口蹄疫猖獗流行。1981年，全县11个公社31个大队278头牛发病。1983年，各级政府成立专门机构，采取对病畜扑杀，对可疑家畜进行封锁、隔离，同时加强消毒和检疫，并辅以每年夏季高温消毒灭源等措施，效果显著。是年，全县发病牛降至81头。1984年仅有2头牛发病，是年6月后，未见有新病例发生。

牛结核病 主要在奶牛中流行。江宁县奶牛场自1983年实行归口管理后，每年春秋进行两次结核菌素变态反应诊断。1983年，对全县101头奶牛进行检验，检出阳性牛1头，及时进行淘汰。1987年2月，从安徽滁县购进奶牛22头，4月份进行检验时，检出阳性牛6头，立即进行扑杀处理。1987年9月后，每次检验均未检出阳性牛。

牛锥虫病 是一种由伊氏锥虫引起的原虫病，对耕畜危害颇大。1954年，江宁县从苏北购进的水牛，曾有个别牛发病，此后20多年未发现典型病例。1981年，横溪等6个公社57头耕牛发病，病死率29.82%。1982年，扩大到11个乡镇、46个行政村，有108头牛发病，病死率22.22%。1984年，发病率达到高峰，有440头牛发病，病死率18.86%。1985年后，由于推广间接血凝的快速诊断和纳加奴尔的治疗方法，病死率逐年下降。至1988年，全县有138头耕牛发病，病死率降为2.17%。之后发病很少。

日本血吸虫病 是一种人畜共患的寄生虫病。1968年，江宁县卫生部门在铜井公社新济洲抽查水牛100头，检查结果阳性牛18头。1970年，全县有6个公社、27个大队的490头牛发病。经过10年的防治，1980年，全县病牛只有11头。1981—1985年，由于各地放松了灭螺工作，长江上游大量钉螺顺流而下，对江滩地区构成严重威胁。1983年，铜井新生洲55头黄牛4头感染血吸虫病。1985年，175头黄牛中查出病牛23头。1986年春，对全洲104头黄牛进行粪检时，查出阳性牛102头，阳性率高达98.08%。经投药治疗后，粪便检查未发现阳性牛。之后，江宁县每年进行查治、灭螺和加强粪管、水管等工作，使耕牛血吸虫病得到有效控制，并基本消灭。1988年后，全县未查出阳性牛。

牛巴贝斯虫病 又名焦虫病、梨形虫病或“红尿病”。1967年，汤山公社在句容宝华山放牧的耕牛首先发病。此后，其他公社耕牛陆续发病。20世纪70年代，大多发生于丘陵山区，

80 年代蔓延到黄土岗地和一些圩田、洲地的村庄。1967—1986 年，该病发病头数呈逐年上升趋势，至 1988 年年底，全县有 18 个乡镇的耕牛发生过牛巴贝斯虫病。1985 年，铜井新生洲从外地购进 70 头黄牛，不久全部暴发牛巴贝斯虫病，死亡 37 头。1987 年起，推广使用国产咪唑苯脲二盐酸盐进行预防和治疗，该病发病率明显下降。

恶性卡他热 又名牛恶性头卡他、坏疽性鼻卡他，是牛的急性、烈性传染病。发病率低，死亡率高，时有零星散发。1963 年 11 月，江宁公社清修大队西水桥生产队发生首例病例。1964 年 6 月，谷里公社谷里大队高庙生产队 1 头水牛发病。1965 年 12 月，东山公社章村大队 1 头水牛发病。至 1982 年，全县共有 7 个乡镇 17 头牛发病，死亡 13 头，病死率高达 76.47%。1983 年后未见发生。该病既无特效药物治疗，也无疫苗接种，主要以预防为主，实行牛羊分群饲养，分群放牧，杜绝传播。

牛流行热 又称三日热、牛流行性感冒，是牛的一种急性、热性、全身性的传染病。死亡率低，一般呈良性经过。江宁县水牛有零星发生。1983 年，南京地区各奶牛场发生大流行，波及江宁县奶牛场、东山镇小农场等奶牛饲养单位和一些个体奶牛饲养户，先后发病 48 头，除淘汰 3 头外，其余全部痊愈。1984 年后平息。防治上，要早发现、早隔离、加强护理，适当治疗；症状严重的病牛进行对症治疗。

破伤风 又称“锁口风”，是一种创伤性传染病。常见于猪、羊、牛、马因去势不慎而感染，公畜多见，但多限于零星散发。1949—1960 年，发病数 83 头，病死率达 87.95%；1961—1970 年，发病数 59 头，病死率为 84.75%。70 年代后，随着农村兽医和阉割人员消毒概念的增强，破伤风的发病率明显下降，1971—1980 年，发病数为 30 头。1981—1988 年，仅发病 1 头。此后未见病例。

【猪的传染病】

猪的传染病主要有猪瘟、猪口蹄疫、猪传染性水疱病、猪传染性胃肠炎、猪丹毒、猪肺疫、猪气喘病、猪弓形虫病、仔猪副伤寒、仔猪大肠杆菌病等。

猪瘟 又叫“猪霍乱”“烂肠瘟”，是一种高度传染性疾病，死亡率很高。新中国成立前，江宁县猪瘟流行情况严重，常使一些村庄的猪全部死光。新中国成立后，实施“预防为主”的方针，1949 年，全县发病猪 1811 头，发病率 3.07%；病死猪 1657 头，病死率 91.49%。1952—1981 年，全县发生 5 次猪瘟大流行。1952 年，全县 24 个乡、121 个村发生猪瘟，发病猪 4798 头，发病率 5.10%；病死猪 4568 头，病死率 95.21%。1955 年，禄口区爱陵、晋陵两乡发生猪瘟，病死猪 1000 余头，县畜牧科人员使用猪瘟血清进行紧急预防注射，经 1 个多月才控制疫情。1956 年后，每年春秋两季组织民间兽医使用猪瘟结晶紫疫苗，进行预防注射，发病率下降。1958 年，由于盲目从外地抢购生猪，造成猪瘟大流行。1958—1960 年，死于猪瘟的猪达 14624 头。1961 年后，使用猪瘟兔化弱毒苗进行防疫注射，县、乡、村三级防疫网络逐步形成，猪瘟发病率明显下降。1970 年，由于兽医机构撤销，兽医人员下放，造成猪瘟流行，全县 20 个公社、124 个大队 8929 头猪发生猪瘟，病死猪达 7673 头，病死率 85.95%。1974 年后，兽医防疫机构逐渐恢复，猪瘟发病率逐年下降。1981 年，由于农村实行生产责任制，生猪合作防治制度受冲击，疫情又开始流行。是年 4 月，龙都公社秦淮大队西北村 180 户农户养猪 203 头，因无人搞防疫，1 个月内有 55 头猪发生猪瘟，病死猪 36 头。1982 年后，江宁县把一年两季防疫改为一年四季防疫。1986 年，推广猪瘟免疫程序新技术，实行常年性防疫，强调防疫、检疫、灭源三结合。1987 年起，完全控制猪瘟病的发生。

猪口蹄疫 由口蹄疫病毒引起的偶蹄动物共患的急性、发热性、接触性传染病。1975 年，全县148头猪感染发病。1977年，发病猪达14666头，病死165头。1979年后，全县27个公社均有发生，每年发病猪在1万头以上。1982年，全县发病猪达18822头，是发病率最高的年份，病死266头。1983年，各级政府成立防治牲畜五号病指挥部，采取行政、技术、经济三结合的措施，至1984年，全县仅有发病猪14头，该病得到有效控制。1999年10月，麒麟镇窦村一农户饲养222头肥猪，67头猪感染发病，同群猪全部深埋处理。之后未见发病猪。

猪传染性水疱病 是由一种肠道病毒引起的急性传染病。1972年，东山、方山、禄口、铜山、其林等公社开始有部分猪零星发病，追查疫源均与在城里购买冻猪肉回家食用有关。是年，全县发病猪79头。1973年5月，江宁县食品公司东山门市部库存肥猪发病，很快通过肉品扩散至附近乡村。同年10月，周岗、铜井等公社也有零星发生。是年，全县发病猪224头。1974年后，流行范围扩大，至1979年，全县24个公社全部发生猪传染性水疱病。1980年，全县发病猪达8515头，是发病率最高的年份，病死43头。1982年，该病得到控制。

猪传染性胃肠炎 是一种高度接触传染性胃肠道疾病。1969年，集体猪场先后有发病猪。全县发病猪5935头，发病率2.34%；病死78头，病死率1.31%。1970年后，散养的架子猪也有发生，药物治疗效果极差。20世纪80年代，该病在全县仍呈地方性流行，但没有形成新的发病高峰。

猪丹毒 是一种急性、高热性传染病，在江宁县猪病中仅次于猪瘟。1956年5—9月，江宁县江宁、龙潭两个区发生猪丹毒大流行，由沿江向内地蔓延，县畜牧科组织两个畜牧兽医工作组用苏制抗猪丹毒血清进行紧急防疫，培养民间兽医使用抗毒素进行治疗。全县发病猪9512头，发病率7.90%；病死猪3791头，病死率39.85%。1958年，又因大批外购生猪，再次引起流行。1960年，开始使用自制的弱毒苗进行防疫，发病率、病死率逐渐下降。1984年后，猪丹毒发病率控制到万分之五左右。

猪肺疫 又称猪巴氏杆菌病。新中国成立初期，曾在江宁县龙潭区三官、龙梅等乡流行。1956年9月，该地区又发生地方性流行。同年，全县发病猪达1726头，病死猪359头。1958年，由于大办集体猪场，先后从外地购买大批生猪，在全县多次引起猪肺疫流行。全县发病猪达2015头，病死猪247头。1960年9月7日，上坊公社猪场暴发猪肺疫，不到24小时死亡成年母猪8头，架子猪27头，经采用青霉素、链霉素进行抢救治疗后，疫情得到控制。1974年后，该病在汤山、谷里、方山等地零星散发。1985年12月28日，江宁县食品公司猪场发生急性猪肺疫，突然死亡架子猪4头，后采取紧急措施，使疫情得以控制。1985年后，发病率明显下降，基本得到控制。

猪气喘病 又称猪霉形体肺炎，是一种慢性接触性传染病。1956年5月，龙潭区刘丰猪场3头猪发生气喘病；6月，汤山区麒麟门、作厂等地再次发生。1958年，全县各地大办猪场，由于引进种猪和苗猪未经检疫，加上饲养管理不善，造成该病广泛流行，全县几乎每个猪场都有发病。同年7月，麒麟畜牧场饲养的410头猪有313头发生气喘病，至12月底，共死亡168头，病死率高达53.67%。1962年，对全县3个全民所有制猪场和9个集体所有制猪场调查，1179头猪中，有气喘病症状的308头，占存栏数的26.12%。1963年后，集体猪场停办，社员养猪比例上升，饲养管理条件改善，疫情有所缓和。20世纪70年代初期，随着集体养猪的发展，盲目引进二花脸、米猪等对气喘病易感的猪种，该病又有回升。1983年后，集体养猪比例下降，发病率明显下降。

弓形虫病 又名弓形体病，是一种人畜共患原虫病。该病在江宁地区主要危害于猪。早期，因未能确诊，该病在江宁县被统称为“无名高热”。1977年11月后被确诊。全县发病猪16879头，发病率4.22%；病死2762头，病死率16.36%。1981年，全县发病猪20527头，发病率5.77%，病死率0.55%。20世纪80年代中后期，该病发病率有所下降。1988年，全县发病猪347头，发病率0.06%，病死率2.88%。

【鸡鸭鹅传染病】

鸡新城疫 又称亚洲鸡瘟，是严重危害养鸡事业的主要疾病之一。新中国成立前，江宁县农村常发生鸡疫病流行，传播迅速，死亡率高，当时称之为“鸡瘟”。1949年，全县养鸡61.28万只，因新城疫死亡11.68万只，占饲养数的19.06%。20世纪50年代危害仍很严重。1959年后，江宁县开始自行生产鸡新城疫Ⅱ系苗，随着兽医机构的建立，防疫工作开始走上正轨。60年代初，每年夏季开展鸡新城疫Ⅱ系苗防疫活动，收到一定效果。1964年后，疫情明显下降。“文化大革命”期间，由于兽医机构撤销，人员下放，疫情又有回升。1967年，全县因鸡新城疫死亡13.06万只鸡，占饲养数的14.52%。1974年，全县兽医体制恢复，防疫工作加强，疫情有所下降。全县因鸡新城疫死亡7.43万只鸡，占饲养总数的5.95%。1985年，国务院颁发《家畜家禽防疫条例》，由于加强了检疫工作，发病率明显下降，全县因鸡新城疫死亡1.81万只鸡，占饲养数的0.51%。80年代末，疫情稳定，1988年，全县因鸡新城疫死亡1800只鸡，占饲养数的0.03%。

禽巴氏杆菌病 即“禽霍乱”，又称“禽出败”，为江宁县养禽业中威胁最大的禽病之一，仅次于鸡新城疫。新中国成立初期，由于群众缺乏兽医知识，常把禽霍乱与鸡新城疫通称为“鸡瘟”。1949年，全县禽霍乱发病数12.80万只，病死9.27万只，病死率达72.42%。20世纪60年代后，兽医知识逐渐普及，治疗药物增多，禽霍乱死亡率有所降低。1969年，全县禽霍乱发病数8.01万只，死亡4.49万只，病死率56.05%。1977—1982年，为禽霍乱高发年份，6年发病数75.39万只，病死48.27万只，病死率达64.02%。80年代初，由于推广应用周效磺胺等有效治疗药物，病死率降低。1983年，全县禽霍乱发病数7.04万只，病死2.62万只，病死率为37.22%。由于加强市场检疫，疫情逐渐下降。

鸡马立克氏病 是一种淋巴组织增生性疾病，能引起鸡的急性死亡、消瘦和肢体麻痹，对养鸡事业构成严重威胁。20世纪70年代初，东山、岔路等地始有发病鸡，未引起足够重视，此后一些集体肉鸡饲养场陆续出现。1980年，全县有216只鸡发病，病死率达97.68%。此后每年均有发病。1986年，全县有3614只鸡发病，是发病最高的年份，病死率60.54%。1988年，全县有1085只鸡发病，病死率66.54%。之后发病率逐渐下降。

鸭瘟 是鸭的一种急性、败血性传染病，传播迅速，发病率和病死率很高。1963年10月，禄口公社家禽饲养场从高淳购进菜鸭2000只，运输途中就发生死亡，到达禄口后，同群496只北京鸭感染发病，共病死2221只，病死率为88.98%。此后，各公社均有发生。1986年，湖熟板鸭厂从安徽天长、含山、嘉山调进菜鸭11万只，由于没有严格检疫制度，病死鸭14750只，同群鸭进行急宰熟制，病鸭作销毁处理，疫区附近农村的鸭群进行紧急预防接种，经1个月时间才扑灭疫情。1987年，全县发病鸭515只，病死465只，病死率为90.29%。1988年后未见疫情发生。

小鹅瘟 是一种初生雏鹅急性传染病，主要侵害4日龄～20日龄的雏鹅，传染快，病死率高。1961年，县商业局饲养场及东山公社从扬州引进雏鹅3270只，发病死亡3006只，病死率为91.93%，经苏北农学院确诊为小鹅瘟。1962年、1964年、1972年、1975年4年中，其林公社从外地引进 2792 只苗鹅，发病死亡 2704 只，病死率为 96.85%。1977—1981 年，龙都、湖熟两公社局部地区发生小鹅瘟，每年发病 1500 只左右。1984 年，铜井乡从苏北地区购进苗鹅发生大批死亡，发病苗鹅 11338 只，病死 10513 只，病死率 92.72%。此后，江宁、铜井、汤山等乡镇购进的苗鹅时有发生。之后对留种母鹅在产蛋前严格执行小鹅瘟疫苗的免疫接种，以预防小鹅瘟的发生，发病率逐渐下降。

第六章　渔　业

江宁境内水域面积广阔，渔业生物资源丰富，渔业生产历史悠久。在江宁秣陵、湖熟境内发现新石器时代晚期至商、周时期古人类居住遗址，出土青铜制作的鱼钩及鱼骨、蛤蜊、螺蛳壳等物，表明三四千年前先民已从事渔业捕捞。春秋时期已有渔夫和渔船。三国时期，现淳化街道土桥境内便盛产鱼虾，号称“鱼米之乡”。明正德年间，江宁县有铺行 104 种，其中副食品有鲜鱼、干鱼等。历史上，江宁境内刀鲚、鲥、鳗鲡、中华绒螯蟹及张弶捕捞相当有名。民国时期，江宁县为南京重要的渔业养殖区域，民国 25 年（1936），中国农学会对江宁县 103 个村庄抽样调查，有 5% 的村庄是专为市区提供水产品的专业化渔村。民国 37 年 3 月，江宁县有鱼货市场 51 处。秣陵天禧圩时为江宁县渔业养殖中的佼佼者，曾有“天禧圩开网捕鱼，中华门渔市让市三天”之说。

新中国成立后，1949—1957 年，江宁县渔业养殖与捕捞快速发展，年递增长率都在 25% 以上。1958—1978 年，渔业进入低潮、徘徊时期。21 年间，有 14 年全县水产品总产量低于 200 万公斤，江河天然资源由于滥捕每况愈下。1979—2007 年，为江宁渔业快速、持续发展时期。众多乡镇开挖新的鱼塘，精养池塘面积不断增加，河沟养鱼、稻田养殖等新技术在江宁推广，养殖面积和产量不断攀升。1988 年，江宁县成为南京市第一个产鱼万吨县，养殖单产量 105.70 公斤，列五县之首。2000 年后，大力推进渔业结构调整，推进高效（规模）渔业、品牌渔业、安全渔业、休闲渔业发展。至 2007 年，江宁区养殖水面达 1.24 万公顷，其中稻田养殖面积 3900 公顷；渔业总产量 5140 万公斤，亩产量 276.42 公斤；共建有 12 个无公害水产品（绿色产品）基地，面积 1940 公顷，拥有无公害水产品 23 个，绿色食品 2 个。

第一节　水产资源

【鱼类资源】

江宁地区并未进行过专门的全面的鱼类资源普查。根据历史资料及各街道进行的调查情况反映，江宁鱼类主要由鲤形目鲤科鱼类组成，其中又以鲤科鱼类占优势，主要养殖品种有：青鱼、草鱼、鲢、鳙、鲤、鲫、团头鲂等。引进养殖品种有罗非鱼、加州鲈、异育银鲫、短盖肥脂鲤（俗称“淡水白鲳”）、斑点叉尾鮰、革胡子鲇、怀头鲶等。此外还有一些珍稀、名贵鱼类：白鲟、中华鲟为国家一级保护动物，胭脂鱼为国家二级保护动物，鯮、鲥被列入国家濒危动物红皮书，以及刀鲚、河豚等著名长江鱼类。

江宁区鱼类资源情况表

表 14-6-28

名 称	俗 名	备 注
中华鲟	王鲔鱼、鲟鱼、鳇鲟、鲟、大癞子、黄鲟、着甲，又称鳇鱼	国家一级保护动物，列入国家濒危动物红皮书
白 鲟	枪鱼、象鱼、象鼻鱼、箭鱼、柱鲟鳇、琵琶鱼、琴鱼、朝剑鱼，古时称鲔	国家一级保护动物，列入国家濒危动物红皮书
鲥	时鱼、瘟鱼、三来、三黎鱼、迟鱼、鲥刺等，古名鰣	长江著名经济鱼类，列入国家濒危动物红皮书
刀 鲚	凤尾鱼、河刀鱼、烤子鱼、黄齐、刀国、毛鲚、子鲚、刀鞘、海刀鱼、子鱼、刀鱼、鲚鱼、鳖鱼、望鱼、靠子鱼、毛花鱼等	长江著名经济鱼类
日本鳗鲡	鳗鱼、白鳝、青鳝、河鳗	长江著名经济鱼类
胭脂鱼	火烧鳊、黄排、木叶盘、红鱼、紫鳊、燕雀鱼、血排、粉排，又称作一帆风顺	国家二级保护动物，列入国家濒危动物红皮书
草 鱼	草混、鲩、油鲩、鲱、草鲩、白鲩、混子等	肉质鲜美，为常规养殖品种
鳡	黄占、黄鲇、黄秸秆	大型经济鱼类，凶猛性鱼类
鯮	鯼鱼、尖头鳡、马头鯮、鱼鯮	大型凶猛性鱼类，列入国家濒危动物红皮书
青 鱼	青混、黑鲩、青鲩、螺蛳青、乌青	肉质鲜美，为常规养殖品种
赤眼鳟	野草鱼、红眼草鱼、红眼马郎、马郎	—
翘嘴鲌	白鱼、翘嘴白丝、大白鱼	肉质鲜美，中、上层凶猛性鱼类
蒙古鲌	红了、红了白丝	肉质鲜美，中、上层凶猛性鱼类
红鳍原鲌	黄尚鱼、红了、黄掌皮	肉质鲜美，肉食性鱼类
团头鲂	武昌鱼、团头鳊	肉质鲜美，常规养殖品种
鲂	鳊鱼、三角鲂	—
鳊	鳊鱼、长春鳊	肉质鲜美，常规养殖品种
鳙	花鲢、胖头、胖头鱼、黑鲢、黄鲢、鳙鱼、大头鱼、大头鲢	肉质鲜美，常规养殖品种
鲢	白鲢、鲢子	肉质鲜美，常规养殖品种
棒花鱼	花鱼、烟筒头	小型食用鱼
铜 鱼	尖头、黄道士	肉质鲜美，长江捕捞居多
长蛇鮈	船丁鱼、麻条鱼	—

续表

名 称	俗 名	备 注
鲫	鲫鱼、河鲫鱼、本鲫	肉质鲜美，常规养殖品种
鲤	鲤鱼、鲤拐子	肉质鲜美，常规养殖品种
泥 鳅	鳅、鳅鱼	肉质鲜美，传统美食之一
长吻鮠	—	肉质鲜美，淡水食用鱼上品
黄颡鱼	盎公、盎丝、大头黄颡鱼	肉质鲜美，有人工养殖
胡 鲇	—	肉质鲜美，有药用价值
鲇	—	肉质鲜美，有药用价值
大口鲇	鲇巴朗、洼子	肉质鲜美，凶猛性鱼类
黄 鳝	鳝鱼、长鱼	肉质鲜美，有人工养殖
中国花鲈	鲈 鱼	肉质鲜美，上等食用鱼
鳜	鳜花鱼、季花鱼、桂花鱼、鳜鱼、鯚鱼	肉质鲜美，上等食用鱼
河川沙塘鳢	—	肉质鲜美，上等食用鱼
子陵吻虾虎鱼	—	小型鱼类，肉质鲜美，可形成渔汛
乌 鳢	黑鱼、乌鱼、才鱼、生鱼	肉质鲜美，有药用价值
暗纹东方鲀	河 豚	肉质鲜美，有毒
俄罗斯鲟	—	原产里海、亚速海、里海等地，引进养殖品种
欧洲鳗鲡	欧 鳗	分布大西洋、欧洲大陆，引进养殖品种
白 鲫	—	原产日本琵琶湖，引进养殖品种
银 鲫 （异育银鲫）	—	母本为银鲫，父本为兴国红鲤，常规养殖品种
短盖肥脂鲤	淡水白鲳、短盖巨脂鲤	原产亚马孙河及非洲，引进养殖品种
细鳞肥脂鲤	淡水黑鲳、细鳞鲳	原产巴拉那河与巴拉圭水系，引进养殖品种
宽体鲮脂鲤	小口脂鲤、巴西鲷	原产巴西、巴拉圭、阿根廷，引进养殖品种
斑点叉尾鮰	沟鲇、河鲇、美洲鲇	原产美国、加拿大，引进养殖品种
革胡子鲇	—	原产尼罗河流域，引进养殖品种
大口黑鲈	加州鲈、美洲鲈	原产密西西比河流域，引进养殖品种
莫桑比克口孵非鲫	非洲鲫鱼、越南鱼	原产东非及南非水域，引进养殖品种
尼罗口孵非鲫	非洲鲫鱼	原产塞内加尔、尼罗河等水系、埃及湖泊，引进养殖品种
奥里亚口孵非鲫	蓝罗非、紫金彩鲷	原产非洲水域，引进养殖品种

【其他渔业资源】

江宁境内除了鱼类以外还有：淡水软体动物，主要为瓣鳃纲、腹足纲的一些蚌、螺；甲壳类，主要为虾、蟹等；爬行类水生动物，主要有龟、鳖、扬子鳄等，其中扬子鳄为国家一级保护动物；淡水哺乳动物，主要有白鳍豚、江豚、水獭等，其中白鳍豚为国家一级保护动物，水獭、江豚为二级保护动物；水生饵料生物，主要有浮游植物，如绿藻门、硅藻门、蓝藻门等，浮游动物，如原生动物、轮虫、枝角类、桡足类等，水生维管束植物（水草），如藕、菱、茨菰、聚草、金鱼藻、水花生、水葫芦等。

第二节 养 殖

清代，江宁县始有人工养殖面积记载，据《重刊江宁府志》记载，乾隆四十年（1775），上、江两县已有鱼坞面积 3357 亩。新中国成立前，江宁各地均有渔业养殖分布，但规模甚小，生产水平极低。以私人放养为主，有小部分为群众投资，收获归保。国民政府也曾扶助渔业养殖，据民国 24 年（1935）《中国实业》记载："为改良京市水产，向芜湖大通等处购鱼苗 10 万余尾，贷放农民饲养，并将汤山、殷巷、土桥三处，划为首都养鱼合作试验区，派技术员前去指导以期对水产逐渐改善。"此外，江宁县花园等地当时出现一些养鱼公司，尤以秣陵天禧圩养殖较为出名。新中国成立后，江宁县渔业取得大发展，面积、产量、效益等不断提高。至 2007 年，江宁区渔业养殖面积为 1.24 万公顷，养殖产量为 4260 万公斤，分别比 1949 年增加 18.48 倍和 152.93 倍。

【养殖品种及面积】

养殖品种 20 世纪 70 年代前，江宁县渔业主要养殖青鱼、草鱼、鲢、鳙、鲫、鳊、鲤等品种，1970 年后，随着渔业养殖的发展和选育技术的提高，国外品种和选育品种不断增加，逐渐形成以常规鱼为基础，主要有青鱼、草鱼、鲢、鳙、鲫、鳊、鲂、鲤等，青虾、中华绒螯蟹、鳜、加州鲈等特种水产品为主导，健康、安全、高效生产为重点的养殖结构。

养殖面积 江宁的适渔水面约为 8000 公顷。新中国成立前，水面利用率较低，1949 年，全县养殖面积为 636.67 公顷，占适渔面积的 7.96%，且均为粗放粗养型。新中国成立初期，改革水面所有制，生产力得到提高，养殖面积不断增加。1953 年，全县养殖水面为 2002.40 公顷，比 1949 年增加 214.51%，集体养鱼增多，塘坝利用率提高。1958 年，养殖面积增至 5000 公顷，较 1953 年翻了一番。1962—1973 年，渔业生产受到各种因素影响，养殖面积波动较大。1974 年，江宁县在禄口钓鱼滩、龙都杨柳湖、东山百家湖、秣陵东河（老秦淮河）等处破土挖池，建起乡级渔场，作为商品鱼的生产基地，新的养殖高潮兴起。中共十一届三中全会后，渔业养殖面积大增，1980 年，全县渔业养殖面积为 4693.33 公顷。1982 年，开展"水面定权发证"，农民的渔业养殖积极性提高，渔业养殖面积随之增加。1984 年，全县渔业养殖面积为 7033.33 公顷，超出同期适渔水面的 1.80%，超出部分是退耕还渔、荒滩改造和低洼地挖塘养鱼面积。1985 年，进一步完善水面承包责任制，调整养殖结构，实行目标管理，精养池塘比重增加。1987 年山水资源开发，极大促进了渔业养殖，同时，结合水利工程建设，开挖一批新池塘。1985—1996 年，全县养殖面积保持在 6666.67 公顷以上。1997 年开始，稻田养殖逐步兴起，养殖面积不断增加。2004 年创历史新高，全区养殖面积达 1.26 万公顷。至 2007 年，全区渔业养殖面积为 1.24 万公顷。

1949—2007 年江宁区渔业养殖面积情况表

表 14-6-29　　单位：公顷

年 份	养殖面积	年 份	养殖面积	年 份	养殖面积	年 份	养殖面积
1949	636.67	1964	4128.20	1979	4516.60	1994	7053.33
1950	736.67	1965	5000.00	1980	4693.33	1995	7153.33
1951	896.67	1966	4533.33	1981	5055.13	1996	7186.67
1952	1056.33	1967	4000.00	1982	6230.67	1997	7193.33
1953	2002.40	1968	2814.67	1983	6162.67	1998	7280.00
1954	2118.47	1969	2352.40	1984	7033.33	1999	7313.33
1955	2266.67	1970	2657.27	1985	7189.87	2000	8826.67
1956	3577.40	1971	3000.00	1986	7370.27	2001	10713.33
1957	4133.33	1972	3000.00	1987	6793.33	2002	11333.33
1958	5000.00	1973	3666.67	1988	6861.87	2003	12223.00
1959	5000.00	1974	3012.00	1989	6931.47	2004	12600.00
1960	4576.67	1975	3246.67	1990	6933.33	2005	12272.00
1961	3524.53	1976	3499.47	1991	6940.00	2006	12333.33
1962	2884.07	1977	3500.00	1992	6986.67	2007	12400.00
1963	2786.00	1978	3739.80	1993	7020.00		

【成鱼养殖】

池塘（塘坝）养殖　池塘养殖是江宁渔业养殖的主要模式。历史上主要以私人放养为主，政府也曾出资兴办渔业基地。《中外经济周刊》102 期记载："民国 14 年（1925），南京城内外共有鱼塘 150 所，所产之鱼，以青鱼及鲢子鱼为主，是为家鱼。"民国 24 年，在江宁县汤山、殷巷、土桥三处，政府投资成立首都养鱼合作试验区。民国 29 年，江宁县花园地区成立一家养鱼股份有限公司，以曹金山为主，以东、西曹，前、后荡和孙家港（荡）五大荡的水面为基地，总水面约 138 公顷，但生产中捕得多放得少，1949 年解体。民国 34 年，江宁县营坊地区一姓赵的业主和上海私商合办成立赵家公司，以营防的南北荡为基地进行养殖，面积约 53.33 公顷。因经营不善，1949 年解体。民国 36 年 9 月，无限责任江宁县尚义山合作农场成立，下设养鱼组，有鱼卵池和长成池，向外出售鱼苗和成鱼。

新中国成立初期，养鱼池塘不多，主要是农户在塘口投放少量鱼苗，靠其自然生长，年底时拉网捕鱼，每亩产量 10 公斤 ~ 15 公斤。1949 年，全县养殖面积为 636.67 公顷。1953 年，养殖水面达 2002.40 公顷。农业合作化后，江宁的渔业养殖均为集体养殖，养殖面积和产量大幅增加，水面利用率也得到提高。1957 年，全县养殖面积为 4133.33 公顷，产量为 175.70 万公斤，分别比1949年增加5.49倍和4.26倍。1958年，全县有2个乡级渔场。70年代开始，兴建一批大的水产养殖场，有著名的龙都渔场、钓鱼滩渔场、东河渔场、百家湖渔场等，共有精养鱼池87.33公顷。中共十一届三中全会后，江宁县渔业生产进入全面发展时期。1979年，兴建禄口黄桥滩渔场，总水面为33.53公顷。80年代，商品鱼基地建设得到加强。1981年，全县有商品鱼基地23个，总养鱼面积528.60公顷，其中精养塘125.34公顷，鱼种池55.90公顷，粗养水面347.36公顷，饲料地22.30公顷，年产成鱼33.79万公斤，总产值96.07万元。1986年，全县有池塘养殖面积5320公顷，包括精养水面620公顷，水产品总产量537.20万公斤，其中精养池塘出产177.80万公斤。是年，全县有29个乡办基地渔场，放养面积占总数的8%，成鱼产量占总产量的14%，亩产量达375公斤，高于全县平均水平。1987年，江宁开展山水资源开发后，从1987年冬到1988年春，开挖鱼池172.13公顷。1988年，全县面积在6.67公顷以上的乡镇、村办渔场有25个，养殖面积595.11公顷，占全县总养殖面积的8.67%；养殖产量116.37万公斤，占全县渔业总产量的10.12%。是年，禄口乡开发水产养殖面积533.33公顷（含精养水面146.67公顷），占全乡可利用水面的80%。全乡共出成鱼191.20万公斤，居全南京市16个“万担渔乡”之首。

1990年，对列入南京市水产综合养殖基地的江宁县龙都渔场、彭福渔场等13家单位进行统计，共有水面287.20公顷，其中精养水面141.19公顷，年产成鱼91.55万公斤，占全县当年水产品总量的7.20%，平均亩产成鱼432.30公斤。渔业总产值353.44万元。当年，全县有池塘养殖面积5153.33公顷，产量1270万公斤，其中精养池塘为926.67公顷，产量364.50万公斤。1993年，江宁县林副业局获得南京市池塘养鱼“范蠡杯”高产竞赛一等奖。1994年，全县开发、改造荒滩、低洼地、低产水面780公顷，其中开挖建设鱼池446.67公顷，全县池塘养殖面积5093.33公顷，含精养池塘1360公顷。1996年，全县池塘养殖面积5166.67公顷，包括精养面积1733.33公顷；有乡（镇）、村办百亩渔场95个，养殖面积906.67公顷；全县池塘共出水产品1800万公斤，其中精养池塘出成鱼876.90万公斤。

2001年，全区池塘养殖面积达5600公顷，精养池塘面积约2800公顷。池塘养殖总产量2750万公斤，含精养池塘出产的1620万公斤。全区拥有6.67公顷以上的商品鱼基地97个，养殖面积933.33公顷。同时建设高效渔业面积200公顷；以禄口为单位，建立年销售额达2600万元养殖基地1个，当年共培植300个重点水产养殖户，其中年销售超35万元的8个。2004年，江宁区拥有以周岗奇水园、土桥五城圩、龙都杨柳湖、秣陵天禧圩、禄口科技园等无公害水产品养殖基地为龙头的无公害养殖面积5333.33公顷。是年，全区养殖面积在6.67公顷以上的水产大户共72户，经营面积约1333.33公顷，占全区养殖总面积的10.58%。2005年，全区6186.67公顷的池塘养殖面积共出产水产

图14-6-26 秣陵街道杨村社区的精养鱼池（2006年摄）

品2620万公斤。同年，全区建立11个高效渔业基地，面积为1000公顷。2006年，江宁区成立两个省级标准化示范区，分别是土桥的省级青虾标准化示范区和杨柳湖加州鲈标准化示范区。同年年底，全区池塘养殖面积6000公顷，共出产水产品总量2980万公斤。2007年，全区推广、实行生产记录的渔业水面1333.33公顷，实现高效渔业建设面积2000余公顷。全区池塘养殖面积5540公顷，放养鱼种960万公斤。实现渔业总产量5140万公斤，完成水产产值8.19亿元。

水库养鱼 新中国成立前，江宁丘陵地区未建一座水库，1953年，横溪大山凹水库建成，此后一批水库开始兴建。20世纪60年代，谷里水库渔业组在水库旁开挖鱼种池，放养自育鱼种。1970年，谷里畜牧场（原谷里水库渔业组）开始利用水库开展大水面养殖。1976—1982年，陆郎乡水利专业队开挖了牌坊和杨库两个水库3.33公顷的精养鱼池。1979年，谷里水库与淳化焦村水库开展网箱养鱼试验。同年年底，全县495.60公顷水库养殖水面共产水产品8.45万公斤。1985年，江宁县邵村水库开始实行水库精养，1986年，总产量达到6750公斤，高于粗养25倍多。1989年，安基山水库网箱养鱼面积达720平方米，全县水库养殖面积580.60公顷，共产水产品30.50万公斤。1993年，全县水库养鱼面积为580公顷，含精养面积46.67公顷，产出成鱼52.30万公斤，精养水面出产6.80万公斤。1994年，江宁县遭遇旱灾，有近半数的水库干涸，水库渔业养殖受到影响，但年底成鱼产量仍达59.40万公斤。1995年，全县的水库养殖面积达到666.67公顷，年产成鱼78.60万公斤，比1991年增长84.51%。2000年，江宁县水库养殖面积达866.67公顷，渔业总产量206.80万公斤，其中包括精养水面326.67公顷，精养水面出产成鱼168万公斤。2006年，全区水库产成鱼348.07万公斤，为历史最高。2007年，全区有水库养鱼面积1393.33公顷，产量为281.69万公斤。江宁区淳化街道的梅龙湖、黄龙岘水库为江苏省无公害水产品基地，横溪街道蟠龙湖养殖的鲢、鳙鱼品质高，为江宁地区唯一的水产绿色食品品牌。

河沟养殖 20世纪70年代前，县内只有少数生产队在河沟内放养鱼苗种，不进行管理和投喂，苗种成活率和成鱼出产量很低，亩产量不到10公斤。1970年后，河沟养鱼开始普遍推广。1978年，全县有河沟养殖面积960公顷，产出成鱼47.90万公斤，平均亩产量34.71公斤。1979年，营防公社的静安河、禄口公社的黄桥滩河、陆郎公社的陆郎河被南京市水产局纳入市级商品鱼基地建设，河道面积共56.67公顷，投资8800元。1985年，周岗乡在乡渔场的4公顷河沟开展拦网养鱼试验，亩产量增至60公斤；1986年，在76公顷的河沟开展千亩拦网放养，年底共收获成鱼6.84万公斤，亩产量达60公斤，比不拦网河沟增加产量2.50倍。1989年，江宁县河沟养殖面积353.33余公顷，亩产量83.49公斤，最高超过400公斤。1990年，周岗乡近220公顷的河沟开展拦网养殖，亩产量85公斤。1995年，全市开展“河沟高产高效养殖”项目，江宁县项目任务为200公顷。至1998年，全县完成总面积800公顷，放养鱼种45万公斤，平均每公顷投放562.50公斤；蟹种1.20万公斤，平均每公顷投放15公斤。收获成鱼总量192万公斤，平均亩产量160公斤；收获中华绒螯蟹21.35万公斤，平均亩产量17.79公斤。2007年，全区有河沟养鱼面积1566.67公顷，产量298.56万公斤。

稻田养殖 1977年，江宁县开始推广稻田养殖，全县共14个点，总面积8.73公顷，试验结果为平均亩产量18.20公斤。1979年，秣陵后圩农场2.40公顷的稻田共收获成鱼1215公斤，平均亩产量33.75公斤；收获水稻1.85万公斤，亩产量513公斤。1983年，谷里开展稻田养殖面积1.33公顷，主要养殖罗非鱼，产量8000公斤。1990年，湖熟镇三界村开始进行稻田养殖试验，试验面积3.33公顷，以放养鲫为主，但产量不高。1997年，江宁县开始重点发展稻田养殖。1999年，全县稻田养殖面积达800公顷，放养鱼种5万公斤，虾苗3200万尾，放养豆蟹、扣蟹305万只，实际收获水稻454.50万公斤，平均亩产量379公斤，收获成鱼15万公斤，青虾12.68万公斤，中华绒螯蟹20.64万公斤，实现总产值2181万元，每亩产值1819元。至2001年年底，全区建成周岗镇666.67公顷连片稻田养殖基地，土桥、湖熟镇333.33公顷连片的稻田养殖基地，禄口、陶吴、淳化等镇形成面积在66.67公顷以上连片稻田养殖基地。2002年，全区新增稻田养殖面积487.73公顷，总面积3470公顷，其中稻田养蟹面积713.67公顷，稻田养虾面积1306.67公顷。共出产水产品400万公斤，含33.09万公斤成蟹和42.18万公斤青虾。全区拥有周岗、土桥、湖熟、禄口4个面积在666.67公顷以上的稻田养殖基地，另有禄口、陶吴、淳化、上坊、方山等地面积在66.67公顷以上的稻田养殖基地多处。2004年后，全区稻田养殖面积稳定在4000公顷左右，产量和产值逐年增加。2007年，全区有稻田养殖面积3900公顷，产量574.32万公斤。

【特种水产养殖】

江宁特种水产养殖相对起步较晚，最早于1959年，汤山利用温泉首次进行古巴牛蛙养殖。20世纪80年代后期，特种水产品养殖逐渐兴起，90年代后，生产粗具规模。1995年后，特种水产品养殖发展迅速。至2007年，江宁基本形成以青虾、中华绒螯蟹、罗非鱼、鳜、加州鲈、淡水珍珠等为主导的特种水产养殖格局。单、混养殖面积6973.33公顷，年产量1000万公斤，分别占当年养殖总面积与养殖产量的56.24%和23.47%。曾在江宁地区养殖的特种水产品有牛蛙、罗非鱼、珍珠、鳗、甲鱼、淡水白鲳、斑点叉尾鮰、革胡子鲶、鳜鱼、加州鲈、黄颡、赤眼鳟、河豚、泥鳅、黄鳝、鳖、中华绒螯蟹、青虾、罗氏沼虾、南美白对虾等。

【病害防治】

20世纪70年代前，规模化、集约化渔业养殖较少，水质状况较好，鱼病发生较少，主要危害为因天气与施肥不当而引起的泛池。采取生石灰、巴豆等清塘，施用发酵后的有机肥预防缺氧泛池等措施。70年代后期，由于放养的鱼种规格增大，品种和密度增加，在每年5—6月和8—9月温度较高时节，烂鳃、肠炎、赤皮、中华鳋等鱼病较为流行，主要危害草鱼、鲢、鳙等。1977年，龙都水产养殖场部分鱼池中鲢、鳙多次发生中华鳋病，后经泼洒晶体敌百虫水溶液，病情好转；并利用高锰酸钾浸洗和漂白粉泼洒的方法，治疗鲢、鳙鱼种的铁锚虫病和白皮病，效果良好。1979年，营防公社水产养殖场并发草鱼“三病”（草鱼赤皮、肠炎、烂鳃），高峰期每天死鱼30尾～40尾，持续1个多月，损失较重。1980年，该场开展“吃食鱼与肥水鱼并重的模式，亩产量250公斤”的试验，由于防治措施得当，全年草鱼共发病3次，死鱼18尾，比1979年大为减少。80年代前期，江宁渔业病害主要为水霉病、打印病、指环虫病、车轮虫病等，均得到有效治疗。1989年，江浙一带淡水鱼区发生大规模传染鱼病，江宁县渔业高产养殖场受到波及，当年6—9月鱼病开始爆发，令桥滩、西湖水产养殖场较为严重。采用鱼体消毒、投喂含药物饲料、疫苗注射等措施，效果明显。1990—1991年，全县大规模爆发白鲫出血病，受害面积近2000公顷，主要分布在秣陵、禄口、东山等地，发病率和死亡率较高，给渔业生产带来极大的危害。1992年，全县大规模改白鲫放养为异育银鲫养殖，但异育银鲫仍然发病。后采取消毒加内服的方法来预防、治疗鱼病，外用药物为漂白粉、强氯精、三氯异氰尿酸等，内服的药物主要有抗生素、呋喃唑酮等，取得一定效果。1995年后，随着养殖密度和养殖规模的增大，以及特种水产养殖的兴起，渔业病害发生频繁，品种增多，每年都有塘口发病，死亡量逐年增加。

常规养殖鱼类疾病主要是出血病、烂鳃病、肠炎病、中华鳋病、锚头鳋病等；特种水产品中是以甲鱼、中华绒螯蟹等品种发病较为严重。1997年，鑫达特种养殖研究开发中心发生稚、幼鳖的腐皮病、穿孔病等，造成大量死亡。全县除在日常管理中采取药物防治外，加强生态预防，严格清池消毒，控制放养密度，适当的搭配鲢、鲫等，控制水质，并合理利用生石灰，取得较好的效果，死亡率大大减少。2000年后，发展健康无公害养殖，着重在养殖期内通过生产管理、水质调控以及生物预防等措施，以减少鱼病的发生，渔药的使用量也大为减少。但中华绒螯蟹发病率和死亡率逐渐增加。发病种类主要为烂鳃病、纤毛虫病以及颤抖病。烂鳃病利用外用消毒剂，内服杀菌药物；纤毛虫病利用杀虫药可以取得较好的效果。但中华绒螯蟹颤抖病为高发疾病，虽经多方研究，至2007年，仍未查明发病原因且无有效的治疗方法，在生产上主要采用预防为主的方针。

第三节　产量与产值

水产品的产量与产值是反映当地渔业发展水平的标志。江宁的水产品产量与产值呈现总量从少到多、组成内容从单一到多样的变化。1949年后，江宁水产品产量与产值总体上呈增长趋势，从1949年的33.40万公斤增至2007年的5141.38万公斤，增加152.93倍，产值达8.19亿元。

【水产品产量】

鱼苗产量　江宁县历史上就有省鱼种生产基地县之说。长江苗种产量高峰时在2亿尾~3亿尾左右，不仅能满足当地养殖需要，也能供应附近市县。1963年人工繁殖鱼苗成功后 全县开始推广鱼苗人工繁殖技术，涌现出一批鱼种场，人工繁育鱼苗的比重逐渐增加，每年鱼苗销往周边市县及东北、四川等地。1993年起，长江弶捕鱼苗停止，繁育鱼苗均来自各水产苗种场。

1949—2007年部分年份江宁区鱼苗生产情况表

表14-6-30　　单位：万尾

年份	合计	其中		年份	合计	其中	
		弶捕	人工繁殖			弶捕	人工繁殖
1958	13613	13613	—	2000	29800	—	29800
1961	33698	33698	—	2001	37000	—	37000
1963	6	—	6	2002	33500	—	33500
1966	22317	20317	2000	2003	47520	—	47520
1979	6500	1957	4543	2004	495000	—	495000
1980	13060	2365	10695	2005	50900	—	51000
1984	14200	95	14105	2006	61500	—	61500
1993	19424	—	19424	2007	75720	—	75720

成鱼产量 民国37年（1948）2月，江苏省渔业改进管理委员会发公文（第四科158号文）至江宁县，要求调查江宁鱼产鱼价月报。江宁县政府于3月1日上报2月份产量。该数值为所查江宁区最早渔业产量。

民国37年（1948）2月江宁县鱼产鱼价月报情况表

表14-6-31

鱼类名称	产量（万公斤）	价值（亿元，法币）
鳡 鱼	35.00	245
鲤 鱼	32.50	208
鲲 鱼	20.00	140
杂色鱼	25.00	150
其他鱼	40.50	243

说明：鱼类名称除“鲤鱼”外，均非现代学名。重量、价值为方便计，简化为“公斤”和“亿元”（法币）。“其他鱼”原始资料为“[鲟]鱼”，无从考证此鱼，故称为“其他鱼”

1949年，全县的水产品总产量为33.40万公斤。通过“一五”计划的实施，江宁渔业发展速度相对较快，1957年总产量为175.70万公斤，比1949年增加4.26倍。1959—1961年，渔业产量有所下降。之后逐年上升。1974年，除原有的龙都水产养殖场、秣陵东河渔场、禄口钓鱼滩渔场外，花园乡渔场、营防渔场、陆郎渔场等陆续建成。各乡镇开挖精养鱼池，池塘精养开始发展。“文化大革命”期间，江宁县渔业总产量始终徘徊在210万公斤左右，直至中共十一届三中全会后，1980年达230.90万公斤，为1949年后最高产量。随着新的渔业养殖技术与品种的引入，江宁渔业总产量年年增加。1987年开展山水资源开发后，江宁县鼓励群众充分利用水面发展渔业生产。商品鱼基地作用得到充分发挥，全县有8个基地被列入南京市综合水产养殖场行列中，11个基地被列入县直接管理基地，面积在6.67公顷以上的渔场有30个。1988年，江宁县成为南京市五县四郊第一个“万吨县”，渔业总产量达1149.40万公斤，占全南京市总产量的28%，养殖亩产量达105.70公斤。全县有年产“万担渔乡”（一担为50公斤）8个，这8个乡年总产量617.96万公斤，占全市16个“万担渔乡”年总产量1160万公斤的53.27%，禄口乡以191.20万公斤的产量列全市“万担渔乡”之首。同年，黄桥滩渔场、钓鱼滩渔场、百家湖渔场等7家渔场也成为年产5万公斤以上的商品鱼基地。20世纪90年代后，随着河沟养殖、稻田养殖快速发展，精养水面逐年增多，一批渔业基地和专业经济合作组织相继成立，养殖、捕捞产量不断攀升。1998年，全县水产品总产量突破3000万公斤，达3112.80万公斤；2001年突破4000万公斤，达4195.70万公斤；2006年突破5000万公斤，达5031.80万公斤；2007年，全区水产品总量为5141.38万公斤。

1949—2007 年江宁区水产品产量情况表

表 14-6-32　　　　　　　　　　　　　　　　　　单位：万公斤

年份	总产量	比上年增长(%)	其中			
			养殖	占总产量比例(%)	捕捞	占总产量比例(%)
1949	33.40	—	27.69	82.89	5.71	17.11
1950	41.40	23.95	—	—	—	—
1951	51.80	25.12	—	—	—	—
1952	67.00	29.34	—	—	—	—
1953	107.30	60.15	—	—	—	—
1954	190.40	77.45	—	—	—	—
1955	188.40	-1.05	—	—	—	—
1956	150.30	-20.22	—	—	—	—
1957	175.70	16.90	—	—	—	—
1958	125.00	-28.86	—	—	—	—
1959	165.00	32.00	127.00	76.97	38.00	23.03
1960	143.30	-13.15	80.00	55.83	63.30	44.17
1961	129.90	-9.35	81.40	62.66	48.50	37.34
1962	164.20	26.40	90.40	55.05	73.80	44.95
1963	161.50	-1.64	89.40	55.36	72.10	44.64
1964	179.20	10.96	114.40	63.84	64.80	36.16
1965	207.50	15.79	—	—	—	—
1966	228.00	9.88	187.50	82.24	40.50	17.76
1967	210.00	-7.89	168.50	80.24	41.50	19.76
1968	197.40	-6.00	153.70	77.86	43.70	22.14
1969	187.70	-4.91	121.80	64.89	65.90	35.11
1970	219.80	17.10	173.20	78.80	46.60	21.20
1971	194.00	-11.74	—	—	—	—
1972	184.50	-4.90	145.20	78.70	39.30	21.30
1973	216.10	17.13	175.10	81.03	41.00	18.97
1974	212.20	-1.80	—	—	—	—
1975	186.00	-12.35	153.00	82.26	33.00	17.74
1976	196.20	5.48	159.30	81.19	36.90	18.81
1977	217.60	10.91	—	—	—	—

续表

年份	总产量	比上年增长（%）	其中			
			养殖	占总产量比例（%）	捕捞	占总产量比例（%）
1978	185.60	−14.71	179.20	96.55	6.40	3.45
1979	213.80	15.19	189.70	88.73	24.10	11.27
1980	230.90	8.00	208.50	90.38	22.20	9.62
1981	252.50	9.35	226.25	89.60	26.25	10.40
1982	283.00	12.08	233.00	82.33	50.00	17.67
1983	337.75	19.35	301.20	89.18	36.55	10.82
1984	375.00	11.03	338.50	90.27	36.50	9.73
1985	538.70	43.65	510.10	94.69	28.60	5.31
1986	702.00	30.31	665.10	94.74	36.90	5.26
1987	794.00	13.11	749.70	94.42	44.30	5.58
1988	1149.40	44.76	1088.00	94.66	61.40	5.34
1989	1207.20	5.03	1137.10	94.19	70.10	5.81
1990	1271.00	5.28	1213.20	95.45	57.80	4.55
1991	1545.10	21.57	1297.80	83.99	247.30	16.01
1992	1791.20	15.93	1436.00	80.17	355.20	19.83
1993	1914.70	6.89	1586.30	82.85	328.40	17.15
1994	2060.50	7.61	1727.00	83.81	333.50	16.19
1995	2392.40	16.11	1993.30	83.32	399.10	16.68
1996	2695.40	12.67	2217.00	82.25	478.40	17.75
1997	2863.50	6.24	2393.30	83.58	470.20	16.42
1998	3112.80	8.71	2601.80	83.58	511.00	16.42
1999	3378.40	8.53	2753.80	81.51	624.60	18.49
2000	3751.90	11.06	3082.50	82.16	669.40	17.84
2001	4095.70	9.16	3328.60	81.27	767.10	18.73
2002	4179.40	2.04	3570.00	85.42	609.40	14.58
2003	4201.80	0.54	3607.90	85.87	593.90	14.13
2004	4829.50	14.94	4075.60	84.39	753.90	15.61
2005	4897.50	1.41	4086.90	83.45	810.60	16.55
2006	5031.80	2.74	4168.10	82.84	863.70	17.16
2007	5141.38	2.18	4261.50	82.89	879.88	17.11

【水产品产值】

根据民国37年(1948)2月江苏省渔业改进管理委员会发至江宁县政府公文〔第四科158号文〕反映，是年1月，江宁县水产品产值为986亿元（法币）。新中国成立后，特别是中共十一届三中全会后，随着新的养殖品种增加、水产品派购任务的取消、水产品价格上升，水产品产值不断增加。1981年，全县水产品产值为307.40万元。1987年为1112万元，比1981年增加2.62倍。1995年，全县水产品产值超亿元，达1.07亿元，比1987年增加8.66倍。2007年，全区水产品产值突破8亿元，达8.19亿元，较1995年增加6.62倍。

1981—2007年江宁区水产品产值情况表

表14-6-33　　单位：万元

年　份	水产品产值	年　份	水产品产值	年　份	水产品产值
1981	307.40	1990	5726.00	1999	23100.00
1982	356.88	1991	6428.00	2000	27100.00
1983	415.20	1992	7447.00	2001	47600.00
1984	460.10	1993	8318.19	2002	58000.00
1985	636.00	1994	9432.19	2003	58000.00
1986	854.57	1995	10746.91	2004	66000.00
1987	1112.00	1996	13596.00	2005	70000.00
1988	1465.45	1997	15622.50	2006	77000.00
1989	1516.00	1998	19215.58	2007	81942.04

第四节　渔政管理

元、明、清三个朝代就有关于渔业管理的记载。民国时期，江宁县先后成立渔会和农业推广所，管理县内渔业生产，对江宁县渔业生产起到一定推动作用。新中国成立后，开始配备水产专职干部管理渔业生产。1956年9月，江宁县成立水产科管理渔业。1957—1984年，水产部门先后与农、副、林部门合并，内设水产机构进行渔业管理，渔业管理逐渐走上制度化、规范化，促进渔业生产的发展。1984年，县林副业局成立后，内设水产股和渔政管理站进行渔业生产管理和渔政管理。1988年，成立江宁县渔政渔港监督管理站，依法履行渔政管理职责。1984—2007年，江宁区渔业管理水平逐步提高，依法行政，开创了一个崭新的局面。

【渔业资源保护】

20世纪70年代前，长江渔业资源管理主要抓渔汛生产。捞捕长江鱼苗时，成立鱼苗生产指挥部实施管理，并在江边设立鱼苗管理场。1972年5月2日，成立长江水产资源保护分片管理组织，江宁县与南京市、句容县、江浦县、六合县、仪征县列为第一片，每年春汛时期轮流值班，负责生产安排和资源保护工作。1979年，江苏省发文规定每年1月1日至9月15日为螃蟹禁捕期。1980年5月，江苏省确定每年7月20日至10月25日为长江鲥鱼禁捕期。1985年起，长江鳗苗捕捞量猛增，江宁县组织渔政兼职人员，在沿江地区开展检查，加强鳗鲡资源保护。由于暴利驱使，非法捕捞、运输、收购鳗苗现象仍然严重。1989年，江宁县组成禁鳗管理临时小组，开展沿江鳗苗捕捞检查，巡查走私鳗苗，取得一定成效。1992年起，长江江宁段无渔民捕捞鳗苗。1990年，南京市有关部门再次明确捕捞幼蟹需严格凭证，限额捕捞，实行定人、定船、定网具数量、定生产地段、定交售指标。江宁县严格按照上级指示，严厉打击无证捕捞、非法捕捞及走私贩运活动，并严格查处外港渔民进入长江江宁段偷捕。2001年，配合长江禁渔，江宁县开展长江鱼类增殖放流。2002年，农业部下发《关于在长江流域试行春季禁渔制度的通知》，要求江宁段所处的长江中下游江段于每年的4月1日至6月30日为禁渔期，在规定的范围和时间内，禁止所有捕捞作业。2004年起，江宁区开展内河增殖放流，时间在每年的4月，主要品种为青鱼、草鱼、鲢、鳙、鳊等，主要地点在秦淮河、云台闪等内河。

另外，江宁县加强对野生水生动物的保护。长江江宁段的国家重点保护野生动物有白鳍豚、中华鲟、江豚、胭脂鱼等。1975年6月25日，江苏省革命委员会发文要求沿江县市的渔民禁止捕猎白鳍豚和扬子鳄。1981年，江苏省水产局发文将白鳍豚列入全省水产资源重点保护对象，严禁各县市渔民捕杀白鳍豚，严禁收购。1982年，市水产畜牧局规定南京市所辖长江水域内，一律不准捕捞中华鲟。1996年，农业部、公安部联合发出《关于严禁炸鱼、毒鱼及非法电捕作业的通告》。2001年，区渔政部门查处非法捕捞90起，收缴电捕工具80台（套）、渔船2条、各式网具254片。2002年，南京长江水生野生动物保护培育基地在新济洲挂牌成立。2003年，区渔政部门收集、暂养、放生中华鲟、胭脂鱼等国家级保护野生动物十多条。2007年4月15日至5月15日，江宁区渔政部门对长江江宁段刀鲚进行监测，同年10月15日至11月15日，对长江中华绒螯蟹进行资源监测。

【水域管理】

内河水域管理　主要是秦淮河流域，开展水域类型、面积、历年产量、捕捞人数、渔具渔法及水域开发利用等情况的调查，并依此做到发放渔业许可证数与资源量相适应。1980年，南京市规定自1981年1月12日起，进入秦淮新河捕捞作业的船只，必须持有市水产局颁发的“渔业许可证”方能生产。每年5月1日至7月31日为秦淮新河禁渔期，新河闸两侧各5000米为常年禁渔区，严禁在鱼道附近设网、钓鱼等。江宁区渔政渔港监督管理站内设内河管理组，按照《中华人民共和国渔业法》的要求，开展规费收缴工作，签证率达98%以上，同时开展行政执法，查处违法案件。2005年，每星期对南北河分别巡查2个航次以上，2007年，秦淮河巡航检查共100多次。

水域环境管理　1980年，南京市革命委员会规定，各工矿企业要严格执行国家颁布的《中华人民共和国环境保护法》《工业“三废”排放标准》《放射保护规定》和其他有关规定，禁止向渔业水域排放有害水产资源的污水、油类混合物等污染物质以及废渣、垃圾。1996年起，县渔政部门对辖区内长江段、秦淮河流域排污单位和可能涉渔单位进行备案，上门宣传渔业法律法规。2001年，调解处理渔业污染案件7起，赔偿金额7万元。2005年，调解处理渔业污染事故8起，为养殖户争取经济赔偿5万多元。2007年，共调查处理渔业污染事故4起，其中立案查处1起，为渔民挽回经济损失20多万元。

【渔政案件查处】

20世纪80年代，偷鱼、毒鱼、炸鱼、电捕鱼、抢鱼等违法行为时有发生，也有少数渔民不遵守渔政管理规定，发生闯禁区、禁捕期，使用违禁网具、无证捕捞等违反渔业法规的行为。1986—1988年，县渔政部门依照《中华人民共和国渔业法》的规定，协助查处侵犯渔民合法权益的案件。据不完全统计，1988年上半年，开展涉渔案件检查192次，处理违章310起，其中偷、抢、毒鱼81起，无证捕捞135起，渔事纠纷29起，没收渔具117件，协助公安部门处理拘留2人，刑事处分1人。2000年后，县渔政执法队伍建设得到加强，各种渔政案件查处力度逐步加大。2001年，全区取缔禁限用工具60道、条，查处无证生产14起，调处生产纠纷19起，非法电捕鱼60余起；2004年，全区查处各类违法案件2起，立案2起，结案率100%，调处各类渔业生产纠纷12起；2006年，处理各种渔业纠纷10起，并加大全区渔业水域、污染事故和涉渔工程的执法力度，将涉渔工程纳入行政审核与备案；2007年，联合工商部门在"春禁"期间对市场检查2次，联合水上公安执法3次，配合省、市行动6次，并处理涉渔工程事件6起，为渔民争取赔偿30多万元，收取渔业资源赔偿费30多万元。

【权证发放】

江宁县渔政渔港监督管理站自1988年成立后，按不同作业水域、作业类型、捕捞品种发放捕捞许可证。历年签发办证达98%以上。2003年，区渔政渔港监督管理站被省、市渔政部门列为水域滩涂养殖使用证发放示范点，当年发放集体养殖证7本，国有养殖证14本。2004年，对全区水面进行调查摸底、登记建档，并予公示，至当年6月底，发放国有水域滩涂养殖使用证16本，面积408.20公顷，集体水域滩涂养殖使用证538本，面积5661.33公顷。2005年，全国开始换发新的捕捞许可证。2003—2007年，江宁区域滩涂养殖使用证共发放533本，发证面积5356.34公顷。至2007年年底，共发放捕捞许可证224本。

第七章　农业机具

新中国成立前，江宁县农民一直用钉钯、锄头、锹、犁、耙等传统农具依靠人力、畜力进行耕作，劳动强度大，工作效率低。民国时期，开始出现少量农业机械。新中国成立后，为发展农村经济和农业生产，积极开拓和推广应用各类农具与农业机械。江宁县农业机械化经历了发展排灌机械（1949—1965年）、耕整地机械（1966—1985年）、试用农机具（1986—1995年）和优化装备结构（1996—2007年）4个阶段。至2007年，全区农业机械总动力43.31万千瓦；有大、中型拖拉机1708台，联合收割机237台，水稻直播机8台，高性能插秧机341台，烘干机和精米加工机械各6台，秸秆还田机具5445台件。农机化综合作业水平达到83%，农业机械化已达到中级发展阶段。同时，农机作业服务不断完善，逐步建立起区、镇街、村（社区）、农机户四级农机服务网络。

第一节 传统农具

有史以来，江宁地区农业生产一般使用传统的手工机具，依靠人力、畜力进行耕作劳动。传统农具经不断进化，大致形成耕整地、种植田管、收脱清选、农田排灌、农副产品加工、农业运输6类。

【耕整地类】

这一类农具主要有钉钯、锹、犁、耙、耖等。钉钯，是最常用的传统手工工具，用于翻地和碎土平田。山镐，又称开荒锄，用于刨地掘土，丘陵山区20世纪60年代及70年代用于开垦荒山。锹，古时称锸，形状多样，用于翻地、挖土、挖沟和铲平、铲齐等作业。犁，古时称耒耜，仅能破土不能翻土，直至西汉中期创制了犁壁后，才能破土和翻土。江宁县使用木质的畜力铧式犁，在宋、元时代结构虽有一些改进，但至今没有发生根本变化。耙，木质结构，为畜力耙地机具，用于水田、旱地的碎土和平整。耖，江宁县常用的为“而”字形畜力作业机具，铁木结构，用于水田耕后的平整。耢，又称曼，是畜力带动一块拖板，既摩又压，起到刮土平田作用。机头，俗称牛额头，为半圆形，畜力配套器具，凡用牛力拖拽的农具都得用机头。

图 14-7-27 耖

【种植田管类】

这一类农具主要有锄、耥、喷雾器、罱泥器等。挖铲（包括手锄），是穴播农作物和栽菜等的手工工具，有木制和铁制两种，拐形。锄，型号多种，大小不一，大锄适用于较硬而又较深的土壤；二锄次之；三锄也称小刮锄，用于中耕锄草或地表松土，多为竹柄。耥，俗称乌头，用于水稻行间除草，由方棱硬木制成。耘爪，铁制耘稻器，其形如弯曲手指，4个~5个爪，既耘土又除草。喷雾（粉）器，是喷施农药治虫机械，有手摇喷雾器、单管式喷雾器、压缩式喷雾器、背负式喷雾器4种，均为人工操作，每天能喷0.13公顷~0.26公顷农田，1952年始用，当年全县仅有12台；至1985年，全县有50744台。罱泥器，由泥夹子、夹杆、泥勺组成，操作者执夹杆沉夹子于塘或河底夹泥，泥勺用于将船或盆内夹的泥铲甩上岸。化肥深施器，人工常用铁捣子深施化肥，功效每天333.40平方米，20世纪80年代后期使用的丰收2F-1C化肥深施器，适用于三麦、油菜、棉花等作物深施化肥。

【收脱清选类】

收割均用镰刀，常用的有长柄光刃割镰刀和短柄锯齿镰，前者用于收割三麦、油菜、杂粮、柴禾、草等，后者用于收割水稻。现仍使用。脱粒通用掼桶、连枷、碌碡、人力脱粒机等，打击脱粒。掼桶，亦称桶盒，为四方形大木桶，用于掼稻，平时可做储粮之用；连枷，形似田耙，竹制，用于豆麦脱粒；碌碡，又称石滚，用于铺场碾压谷物脱粒。清选谷物大都使用筛子、簸箕、风扇车等。筛子、簸箕，是用竹篾编制的手工清选、清扬工具，木掀是坚硬制具的清扬工具，均为农户普遍使用。风扇车，又称风部，古称扬扇，木制，用于谷场清粮或碓碾之后净米，室内外均可使用，手摇式，每小时可清谷800公斤。越箕、推箕、晒耙，均为晒谷场上的用具，可用于翻晒谷物，将场上谷物收拢或散开。

图 14-7-28 掼桶

【农田排灌类】

排灌农具 主要有龙骨水车、手摇水车、畜力水车等。龙骨水车，是靠人力或畜力提水的木制工具，有手摇、脚踏和畜拉等种类，操作者3人~6人，用于灌溉或排涝。手摇水车，数量较少，操作者2人，因动力小，多用于水位落差较小的地方引水灌溉。畜力水车，数量也少，用畜拉转盘带动轴杪旋转引水，多用于固定位置而又量大的地方灌溉。至20世纪60年代中期，江宁县除部分山区还用脚踏式水车外，大部分地区已不再用人力、畜力车水。

图 14-7-29 水车

农田建设农具 筑堤修埂，除了锹挖肩挑工具外，还有压实工具。农村常用的有3种：木夯，用一截方木或圆木制成，夯的下端有铁圈箍紧，四角留有圆柱形抓手，由2人操作。石硪，为一圆盘形扁石块，四周打出系绳子的洞眼4个~8个，由4人或8人操作。木榔头，主要用于砸实田埂，亦可用来槌草、打木桩等。

【农副产品加工类】

这一类农具主要有磨、砻、石臼、碓、木榨、铡刀、弹花弓等。磨，用于把小麦、玉米等磨成粉，大磨用牛、驴拉，小磨由人力推挽。砻，其形状与磨相似，是稻谷去壳成糙米的古老工具，有木砻和土砻两种，需两人推砻，每小时

图 14-7-30 铡刀

可砻谷50公斤。随着碾米机推广，砻停用。碓，是精熟稻米工具；碾，是精熟糙米工具；木榨，为传统木制榨油工具，均于20世纪50年代逐步停用。铡刀，是农村中常用的铡草工具，饲养大牲畜较多的农户均有。弹花弓，此具为一大木弓，长约1.40米，里侧张弦，用弓颤动膨松棉纤维，是农村普遍使用的弹花工具。今仍有使用。

【农业运输类】

这一类农具主要有尖担、扁担、箩筐、稻萝、笆箕、泥篮、人力车、胶轮手推车、非机动农船等。尖担、扁担、笆箕可用于挑抬重物；稻萝主要用于谷类装运；泥篮用于挑运河泥等。陆地运输主要有人力车和胶轮手推车，人力车又称独轮车，木制短途运输工具，用于田间运输、送粪、走街赶集、零星货运，有大、小两种，载重200公斤以上，20世纪60年代中期逐步停用；胶轮手推车，20世纪50年代将木制独轮车改用橡胶轮胎，采用滚珠轴承，载重300公斤，双轮、双辕，可推可拉，1985年全县拥有2.13万辆。平原水网地区水路运输传统使用非机动农船，配以篙、浆、橹和帆。进入70年代，水泥农船逐步代替木船。

第二节　农业机械

民国时期，江宁县有少量农业机械。民国23年（1934）大旱，江宁县派员去上海、无锡购置柴油机及水泵、水管6台（套）、161千瓦。同年12月1日，县农业生产设计委员会与首都（南京）电厂合资兴办灌溉工程。在县境8个乡镇建立29个电力抽水站，每站安装电动机1台（套）。民国35年4月，永隆、大棚二保农民自筹资金，购进柴油机12台（套），总功率205.80千瓦。同年，长江乡块子村农民董某，购进1台美国福特轮式拖拉机11.80千瓦。至新中国成立前，尚存的农业机械只有柴油机9台、129千瓦。

新中国成立后，党和政府按照“农业的根本出路在于机械化”的指导思想，大力推进农机化事业的发展。1949—1965年，江宁县农机化主要发展排灌机械。20世纪50年代，结合兴修水利，着重发展机电排灌机械，部分发展拖拉机耕作机械，主要用于示范。1954年，成立县国营抽水机站，有抽水机19台、330千瓦。1958年，大搞工具改革运动，促进了半机械化农机具的发展。1959年，成立电灌办公室，筹建机电排灌工程，大力购置排灌机械。60年代初期，由于电力的普遍使用，在发展排灌机械的同时，大力发展机动脱粒和农副产品加工机械。至1965年，全县农机总动力26272千瓦，其中排灌动力22469千瓦，占农机总动力的85.52%，有大中型拖拉机37台，首次引进手扶拖拉机13台。

1966—1985年，江宁县农机化主要发展耕整地机械。至1969年，全县农机总动力达45025千瓦，比1965年增加71.38%，其中排灌动力36387千瓦，占农机总动力的80.82%，有大中型拖拉机41台，手扶拖拉机57台，农用汽车4辆。70年代，全县在两次全国农业机械化会议的精神推动下，农机化的发展速度加快，农机总动力成倍增长。至1979年年底，全县农机总动力达250769千瓦，比1969年增加4.57倍，其中排灌动力139908千瓦，占农机总动力的55.79%，有大中型拖拉机146台，手扶拖拉机5570台，农用汽车189辆，农田耕作、排灌、植保、脱粒、农副产品加工、农业运输等项目基本实现机械化和半机械化。跨入80年代后，农业经济体制改革，农村实行联产承包制，调动了农民办机械化的积极性，手扶拖拉机及小型机械增加 41.50%，其中排灌动力 182795 千瓦，占农机总动力的 51.50%，有大中型拖拉机 140 台，手扶拖拉机 9030 台，汽车 409 辆。联户、独户拥有农机动力 98884 千瓦，占农机总动力的 27.90%，其中大中型拖拉机 20 台，手扶拖拉机 5835 台，农用汽车 52 辆，种植业机械数量达到较高水平，并向养殖及副业机械发展。

1986—1995 年，江宁县农机化主要任务是推广新机具、新技术。农机总动力基本上稳定在 40 万千瓦左右，其中排灌动力 19 万千瓦左右。主攻农田作业项目中稻、麦的栽插、播种、收获等仍以手工劳动为主的薄弱环节。推广的新机具主要有条播机、开沟机、盖籽机、机动插秧机、联合收割机和化肥深施器等。至 1995 年，三麦条播机已由 1986 年的 95 台增至 1381 台，增加 13.54 倍；开沟机已由 1986 年的 50 台增至 1120 台，增加 21.40 倍；机动插秧机已由 1986 年的 1 台增至 7 台；联合收割机已由 1986 年的零台增至 15 台。

1996—2007 年，江宁区农机化主要优化装备结构。农机具由小型向大、中型发展，由低技术档次向高性能方向发展，由旱作机械向水稻生产机械发展。同时，加大新机具、新技术的推广力度。另外，围绕农业种植结构调整，重点发展水稻生产机械化。主要项目有水稻种植机械化、稻麦收获机械化、农作物秸秆还田机械化。

至 2007 年，全区农业机械大致分为 7 类。农业动力机械，全区农业机械总动力 43.31 万千瓦，其中柴油机动力 22.51 万千瓦，占全县农机总动力的 51.97%；电动机动力 20.80 万千瓦，占全县农机总动力的 48.03%；全区拥有大中型拖拉机 1708 台、44896 千瓦；手扶拖拉机 3981 台、35112 千瓦。耕整地机具，全区拥有二铧犁 3350 台；旋耕机 3981 台；开沟机 1191 台；反转灭茬机 127 台；大中型牵引机具 157 台，手扶牵引机具 7823 台。种植机具，全区有手动配套条播机 893 台；高性能插秧机 341 台；水稻直播机 8 台；机动喷雾（粉）机 2712 台，机械植保面积达 3.91 万公顷。收脱机具，全区有机动割晒机 11 台；联合收割机 237 台，其中自走式的 165 台；机动脱粒机 12838 台，机械脱粒粮食数量达 24010 万公斤。水利机械，全区有各类农用水泵 12614 台；推土机 68 台、3805 千瓦；铲土机 15 台；挖掘机 27 台。农副产品加工机械，全区有各种碾米机 892 台；磨粉机 245 台；榨油机 126 部；饲料粉碎机 345 台；轧花机 66 部。农业运输机械，全区有小型拖车 3500 辆，大、中型拖车 10 辆；农用汽车 1916 辆；机动三（四）轮车 1915 台，其中四轮车 1051 台。同时，对这些机具结构进行优化调整与组合，科技含量较高，具有高效、高质、省工、省本的功用。

第三节 农机化新技术推广与示范

1976 年，江宁县开始农机化新技术推广，先后推广过插秧机、割晒机、开沟机、条播机、盖籽机等十多种新机具和新技术。20 世纪 80 年代起，加大三麦播种、稻麦收割机械化的推广力度。90 年代后期，水稻种植机械化、增肥改土机械化等提到重要位置。2000 年后，开始发展特色农业机械等。至 2007 年，麦类种植、水稻栽插、稻麦收割、增肥改土机械化水平大有提高，特色农业机械的发展已初见成效。

【农机化新技术推广】

麦类种植机械推广 主要有盖籽机、开沟机和条播机等机具的使用推广。1977 年，全县引进LG120型盖籽机37台，该机结构简单，容易操作，工效每小时达0.27公顷～0.33公顷，比人工提高70倍～80倍，覆盖率高，有利于增加产量。当年盖麦226.67公顷。1979年，引进开沟机22台，开沟319.30公顷。1980年，引进高淳县固城生产的三麦条播机1台，在江宁公社梅府大队小庄生产队试种0.13公顷，次年夏收核产，每666.67平方米增加产量28公斤，增加产量10%。1985年秋，麦类种植实行一条龙作业，用江南2BC-6A型稻麦免耕条播机和1KSQ-35圆盘开沟机组成新技术体系，在上坊乡上坊行政村条播1.67公顷，一次完成灭茬、开沟、播种、盖籽、镇压等作业，次年，夏熟测产增加产量10%。由于经济效益较好，随即在全县推广上坊乡机播一条龙的经验。1986年起，全县实行目标管理，建立机播责任制。1989年起，建立机播领导工程制，县、乡镇、村三级在秋播中领导工程面积分别为333.33公顷、13.33公顷、3.33公顷。是年，县政府举办机条播666.67公顷的招标活动，方山乡中标，实际完成680公顷，并配合市政府在宁溧公路沿线开好秋播现场会，使"两机"推广有较大突破，全县条播机增至290台，开沟机230台，机条播面积3533.33公顷，机开沟面积3933.33公顷。

1990年，江宁县出台《麦类机械暂行管理办法》，私有手扶拖拉机与集体所有的"两机"组成机组，开展有偿服务，作业合理收费。这一年秋播，全县户营手扶拖拉机出动6797台，条播机574台，开沟机441台，完成机耕面积1.60万公顷，机旋面积1.88万公顷，机条播面积0.68万公顷，机免少耕撒播、点种、移栽油菜3.20万公顷，机开沟面积0.81万公顷。1993年，秋播领导工程的面积分别扩大为县级666.67公顷，乡镇级33.33公顷，村级6.67公顷。这一年全县条播机发展为870台，开沟机806台，机条播面积8800公顷，机开沟面积1.15万公顷，分别比1989年增加1.49倍和1.92倍。以后领导工程除国道、省道、县道两侧外，已向腹地纵深发展。至1997年，条播作业量已达2.05万公顷。开沟机1123台，其中大型9台，小型1114台，年开沟作业量2.35万公顷，分别占三麦播种面积的77%和88.10%。全县23个乡镇、342个村，村村都有"两机"。之后由于农业种植结构调整，三麦面积大量减少，油菜等经济作物面积大量增加，"两机"发展减速。至2007年，全区有条播机893台，开沟机1191台，机条播面积5490公顷，机开沟面积1.53万公顷。

水稻播插机械推广　20世纪70年代起开始推广，1971年引进一台在殷巷公社进行试插。1977年已有70台，当年共插97.70公顷。营防公社工农大队的一台插了18.70公顷，创台插最高纪录。1978年，推广高邮县八桥农机厂生产的手动插秧机242台。5月，在东善公社潼桥大队召开机插观摩现场会后，全县由点到面逐步推开。当年前作稻栽插24.30公顷。1979年，手动和机动插秧机分别在东善公社元山大队、周岗公社徐慕大队试点，手动插前作稻3.50公顷，机动插中晚稻7.70公顷，并做了对比试验。秋收核产，机插666.67平方米产427.50公斤，手插666.67平方米产402.50公斤，机插增加产量6.21%。1986年4月，引进水稻田

图14-7-31　水稻栽插机械化（2000年摄）

间盘育秧、机械插秧成套新技术，在方山乡新河村推广示范。1台每天可插1.30公顷～1.70公顷，当年盘秧机插6.70公顷。秋收核产，666.67平方米平均单产量429.50公斤，比手插秧增加产量22.30%。1987年，扩大推广工作，全县机械化插秧发展到4个乡、5个行政村，有10台机动插秧机，机插面积45.70公顷。由于设备贵，农机、农艺难以配合及农民传统耕作习惯的影响，之后几年机械化插秧暂停。1997年，江宁县被确定为全国水稻生产机械化示范县后，水稻插播机械化走上正轨的示范道路。2001年，江宁区确立淳化镇为核心区，禄口、江宁两镇为示范区，推广高速插秧机10台，步行插秧机11台，机育秧流水线2套，完成机插面积413.33公顷，机插率上升为1%。2002年，向全区13个主要产粮镇铺开。全年共推广PF455S型步进式插秧机70台，占全市总推广量的50%以上。完成水稻轻栽培机械化种植面积4466.67公顷，其中机插面积1340公顷，水稻种植机械化水平提高到11%以上。2006年，全区完成52台高性能插秧机推广任务，机插面积达4333.33公顷，机插率10.50%，这两项指标的完成，均居全市之首。2007年，推广高性能插秧机86台，机插面积达4900公顷，机插率上升到11.80%。

稻麦收割机械推广 主要推广割晒机和联合收割机。1976年，开始推广割晒机28台。1979年增加到41台，收割913.33公顷。铜井公社洪幕大队机收36公顷，占应收面积的53%，是全县机收割数量最高的大队。1980年夏收时，只有江宁公社机收186.67公顷。割晒机只能割，捆、扎仍需人工，机子质量较差，机耕路又跟不上，因此未能推广开。1987年，引进桂林-2号联合收割机，在方山乡新河村进行推广示范，收割小麦23.70公顷，该机是背负式全喂入联合收获机械，一次可完成切割、输送、脱粒、清选、谷粒装包等的联合作业，每小时可收割0.20公顷～0.30公顷，作业效率高，收获质量好，很适合稻、麦的收获使用，之后秣陵、江宁、铜井、上峰等乡镇都积极发展。至1995年，全县联合收割机增至15台，收割面积566.67公顷。1996年，省农机化综合示范县确定在江宁县后，将稻麦收割机械化作为重点，发展十分迅速。至2000年，全县联合收割机已发展到254台，比1995年增加15.93倍，其中背负式联合收割机192台、人民号收割机58台、国产自走式收割机4台，全县23个乡镇有14个实现零的突破，平均达14.10台。全县稻麦机收割面积达25800公顷，比1995年增加44.53倍，机收率59.10%。2002年，引进推广高性能联合收割机7台，机收稻麦25800公顷，机收率达85.90%。至2007年，全区有联合收割机237台，机收面积上升到35783公顷，其中水稻机收面积达23115公顷，三麦机收面积12668公顷。

增肥改土机械化推广 增肥改土机械化指农作物秸秆还田机械化，秸秆还田的主要农作物是油菜，由于农业种植结构的调整，油菜面积大幅度增加，油菜秸秆过剩，农民放火焚烧，污染环境，影响交通，浪费大量宝贵的生物资源。1996年，江宁县选择剩余秸秆较多、焚烧现象较为集中的禄口、陶吴、横溪、丹阳、周岗、汤山、麒麟等乡镇搞示范，带动全县秸秆综合利用和禁烧工作。县农机主管局开展宣传秸秆还田和禁烧工作1个月，共挂横幅30多条，印信10万余封，开现场会十余次。全县投资395万元，购置和改装秸秆还田机械达5445台（套）。至2000年，秸秆还田面积由1996年的0.23万公顷增加到2.01万公顷，增长7.74倍。秸秆还田率达55%。1996—2000年，全县累计实施机械化还田面积8.70万公顷，共节约农本达1300万元。2002—2004年，全区增加各类小型反转灭茬机、秸秆粉碎机、旋耕机等50多台。至2007年，每年秸秆机械化还田面积都达到2万公顷，保护农村环境，也达到增肥改土、提高经济效益的要求。

特色农业机械的发展 2000年12月江宁县撤县设区后，随着都市农业、特色农业和设施农业的发展，江宁区开始发展特色农业机械，仅 2007 年，发展各种特色农业机械 50 余台（套）。其中，铜山、横溪推广担架式植保机械 10 台（套），湖熟推广秸秆打捆机 1 台（套），淳化、禄口、横溪、谷里等地推广茶叶成套机械、大棚用小型耕整机等田园管理机械 40 余台（套），以及农用温室等各种设施。

【农机化示范】

20 世纪 60—70 年代，江宁县农机化示范以农田耕作、排灌等机械化为主。1960 年 4 月，江苏省选择在江宁县进行农机具系列化、农业机械化试点，着重解决耕作、排灌、脱粒、运输和粮食、饲料加工等机械化问题，江宁县首先在长江公社、东山公社开展。要求长江公社机耕面积达 85% 以上，东山公社机耕面积达 60% 以上。省投入拖拉机 126 个标准台，电犁 800 台。后因经济和技术条件的限制而停办。1979 年，南京市在江宁县清修大队进行稻麦作物机械化试点，投资 19 万元，购红旗 100 推土机 1 台，丰收拖拉机 4 台（套），手扶拖拉机及配套 10 台（套），农用汽车 1 辆。这一年农田作业量由 1978 年的 2964.86 公顷增至 3066.47 公顷，机耕率由 1978 年占耕地面积 348.80 公顷的 60% 增至 80%，起到示范作用。

80 年代中后期，以推广三麦条播、收割和水稻栽插机械化试点为主。1987 年，对村农机服务队进行试点，确立禄口乡的群力、上坊乡的上坊、方山乡的新河、湖熟镇的湖熟等 18 个村农机服务队为试点队。配有农用拖拉机 489 台，其中大、中型 7 台，手扶拖拉机 482 台，配套农机具 864 台件。通过试点，扩大农机服务面，带动全县机条播、机开沟、机收割等作业水平的提高。

90 年代中后期，结合农业和农村现代化试验示范项目，以水稻种植、稻麦收割、秸秆还田机械化为主。1994 年 10 月，南京市人民政府命名江宁县铜山乡彭福村，上峰乡上峰村、孟墓村，上坊乡上坊村，方山乡高山村为市首批高产优质高效农业实验村，进行现代化农业建设。当年组织联合收割机 5 台，中型拖拉机、手扶拖拉机、开沟机等配套机具 41 台，单项机械化水平要求耕、耙、播种、开沟、农业运输达 90% 以上，收割达 70% 以上，植保、排灌、脱粒、农副产品加工达 100%。经过 5 年至 6 年，这 5 个村均达到或超过这一水平。

1996 年和 1997 年，江宁县分别被省政府和农业部确定为省级农机化综合示范县和全国水稻生产机械化示范县。农机化综合示范。1996 年为起步阶段，成立领导组织，制订计划和方案，在全县进行动员宣传。1997—1999 年为实施阶段，全县加大新技术、新机具的推广力度，解决夏、秋两季秸秆还田和禁烧及水稻机械化种植等问题；组建示范网络，在秣陵镇 8 个村 733.33 公顷农田建起农机化高产示范方，并以上峰、孟墓、上坊、高山、彭福 5 个市级“两高一优“（高产、高效、优质）实验村建成的农机化先行示范村为典型，带动全县农机化综合示范项目的完成；建立起以县为中心、以乡镇为骨干、村为基础、专业户为补充的农机服务网络；“九五”期间，在铜山、横溪、禄口、谷里等乡镇，开展大规模的小流域治理和中低产田改造工程，全县共改造 2 万多公顷，格田成方，沟渠路配套，站闸涵完善；全县共投入农机化资金 3856.88 万元。2000 年后为验收阶段，2001 年 1 月，江宁区对农机装备水平、农业机械化综合作业水平、农业服务体系建设三类指标进行自评，农业综合机械化作业水平为 72.10%，综合得分 90.80 分，均超过省基本实现农业机械化的标准。同年 6 月 1—2 日，经省、市验收，江宁区已达到省级农机化示范县要求。同时，江宁区农业机械化也达到中级发展阶段。至 2007 年，全区农机化综合作业水平为 83%。水稻生产机械化示范。1997 年，根据全国水稻机械化示范项目要求，选择在栽培制度、技术类型、地形地貌等方面有代表性的淳化、江宁两镇作为水稻生产机械化项目实施示范区。建设要求两个示范镇示范面积均不低于1333.33公顷，机械化耕整地水平达80%以上，种植水平达30%以上，收获水平达35%以上，施肥水平达40%以上，水稻生产机械化辐射面全县不低于2万公顷。1997—2000年，共投资2772万元，购置各类机械3074台件，其中联合收割机162台，抛秧机20台，机动插秧机2台、育秧流水设备2台（套），秸秆还田机778台，其他机具2110台件。水稻种植机械化，主要推广应用2ZTY-C型抛秧机，沪喜J-2BD-10型、苏昆2BD-8型等水稻直插机，RR6型高速插秧机等；水稻收割机械化，主要推广4GL-120A型割晒机、中拖配桂林-3号背负式联合收割机、国产自走式联合收割、高性能自走式人民号联合收割机等。2001年11月26日，经检查验收，江宁区达到农业部水稻生产机械化示范县建设项目的建设要求。淳化、江宁两镇的项目区水稻生产机械化示范面积达6600公顷，辐射全区18个镇面积达34600公顷。项目区水稻种植的机耕、机种、机收和机械化施肥深施4个关键环节的机械化水平，均达到或超过项目实施方案规定的目标。项目区累计增加粮食产量978万公斤，增加收入1164万元。

1997年，江宁县围绕沪宁、机场、宁马三条高速公路建设10个农业现代化示范区，示范面积4000公顷，其中沪宁路示范区2个，机场路5个，宁马路2个，高产区1个。市投资88.27万元。添置各种机具249台件，其中洋马收割机2台，桂林收割机39台，中型旋耕机31台，手扶拖拉机20台，抛秧机10台，条播机58台，反转灭茬机12台，机动弥雾机60台等。按六项（机耕、机播、机排灌、机植保、机收割、机脱粒）指标计算，1998年，江宁县农业生产综合机械化水平由1996年的50.50%提高到65.40%。至1999年，经验收达到预期效果。

2003年9月，江宁区在江宁镇陈塘村建立以水稻为主要农作物全程机械化试验示范基地。使用该村农田面积54公顷。投资30万元，新购置人民号联合收割机1台，大型谷物烘干设备1台（套），以及其他小型设施等。2003年上半年，有30公顷农田实现耕整地、排灌、插秧、植保等作业的全程机械化，机插秧苗普遍长势良好。2004年，因国家进行滨江开发，陈塘村土地被征收，该试验示范即行停止。

1996—2007 年江宁区农业生产综合机械化水平情况表

表 14-7-34

年份	综合机械化水平（%）	机耕		机脱		机排灌		机收割		机播		机植保	
		面积（万公顷）	机耕率（%）	作业量（万公斤）	机脱率（%）	面积（万公顷）	排灌率（%）	面积（万公顷）	机收率（%）	面积（万公顷）	机播率（%）	面积（万公顷）	植保率（%）
1996	49.40	3.62	68.33	4.60	96	4.84	98	0.28	2.47	1.81	24.21	2.82	53.00
1997	55.67	3.91	74.24	4.93	100	4.60	100	0.60	7.45	2.06	25.70	5.56	69.50
1998	62.16	4.41	83.77	4.88	100	4.64	100	1.27	18.00	1.61	25.18	6.00	84.91
1999	69.61	5.18	98.26	4.70	100	4.73	100	2.51	39.52	0.86	16.37	6.15	99.28
2000	72.10	5.12	98.00	3.32	100	4.21	100	2.58	59.10	0.35	8.69	4.34	99.50
2001	74.30	5.10	98.10	3.02	100	4.17	100	1.95	75.83	0.31	12.39	4.14	99.51
2002	80.02	4.37	98.16	2.44	100	3.96	100	2.58	85.90	0.56	19.83	3.94	99.50
2003	81.05	4.06	93.93	1.77	100	3.50	100	1.91	85.09	0.64	28.45	3.58	99.80
2004	81.09	4.02	94.23	2.32	100	3.53	100	2.51	85.92	0.84	27.27	3.30	99.50
2005	81.30	4.01	95.30	1.85	100	3.02	100	2.78	86.60	1.02	30.30	3.36	99.50
2006	82.00	4.00	95.00	2.41	100	4.08	100	2.71	85.00	0.94	23.00	4.80	93.00
2007	83.00	3.78	—	2.40	—	4.00	—	3.58	—	1.43	—	5.92	—

说明：2007 年，因计算口径变化，农业生产综合机械化水平的六项指标不再计算

第四节　农机作业服务

【农机服务网络】

20世纪80年代后，江宁县逐步建立起县、镇街、村（社区）、农机户4级农机服务网络，其中主要以村（社区）、农机户服务网络的发展为主。至2007年，全区有农机服务组织11191个，农机服务人员12958人，其中区级4个、35人，内含配件门市部1个、12人；镇街级18个、256人，其中有作业组织的9个、111人；村（社区）级199个、1433人；户营农机有10910户、11234人，其中农机专业户306户、341人。

村（社区）级农机服务队。20世纪70年代，江宁县的农机产权为大队和生产队集体所有，村级农机服务队起初称大队机工组或大队农机队。1973年，江宁县司家大队成立机工组，至1980年，全县农机集中管理的大队机工组有222个，占大队总数的58.20%。1980年后，农村经济体制改革，农户所有的农机比例迅速扩大，到1985年私有农机比例达96.40%，集中管理的大队机工组先后解体。由于实行家庭承包土地，无机户农民出现种田难状况，县农机主管部门开始建立村级农机服务队，1986年，全县347个行政村建立农机服务队的188个，占行政村总数的54.20%。下设机耕、植保、水电、技术4个服务组，组织8000余户农机户，共有服务人员9303人。至1991年，全县342个村，村村建立农机服务队，有实体型26个、依托型29个、合作型287个。至2000年，村农机服务队实体型增至40个，依托型50个，合作型降为252个，组织农机户22592户，农机服务人员2.70万人，农机作业服务覆盖率达90%以上。江宁县撤县设区后，由于农业结构的调整，农田作业量相对降低，农机服务队相应减少，至2007年，全区村（社区）农机服务队有199个，服务人数1433人，农机作业覆盖率为95%。

图 14-7-32　站办农机服务队（2000年摄）

农机服务专业户。1981年，全县有农机个体户79户、82人，至2000年发展到22592户、23189人。其中农机服务专业户7970户、8008人，在村农机服务队的统一组织下，与无机户签订合同，承包机耕、植保、脱粒、排灌、条播、收割等农田作业以及运输农机具修理等服务，不少农机修理专业户还办起修理厂。江宁县撤县设区后，一些掌握农机化最新技术的农机户不断扩大服务项目和服务范围，而一些农机户相应在竞争中缩小服务阵地，一些农机户则转入其他行业服务，因此，农机服务专业户有所减少。至2007年，全区还有农机户10910户、11234人，其中农机服务专业户306户、341人。

【农机作业】

境内作业　农机的主要作业项目有7个，即机耕、机排灌、机播（机插）、机植保、机收获、机脱粒、秸秆还田。1952 年，江宁县开始使用简易人力脚踏脱粒机。1954 年县国营抽水站建立，开始机耕与机排灌，当年机耕面积 100 公顷，灌田 1059.07 公顷。1958 年，江宁县开始使用药械防治病害，起初用手动喷雾器。1959 年，开始使用机动脱粒机。1960 年，省委在江宁县进行农机化试点，当年机耕面积 7333.33 公顷。1961—1970 年，江宁县经济较为困难，机耕面积减少，平均每年 2000 公顷 ~ 2666.67 公顷。1965 年，全县机电排灌已占主导地位，排灌动力 22469 千瓦，排灌面积 3.80 万公顷，但仍有 7000 余部人力水车继续使用。70 年代，农机化发展兴盛，1970—1971 年，引进手动和机动插秧机进行试验，机动比手动增加产量 6% 左右。1971 年后，使用机动喷雾机防治病害，年均机防治 8000 公顷。1973 年，全县机电排灌站达 541 座，装机 5697 台、59336 千瓦，机电排灌代替人工水车，农田基本实现排灌机电化。1975 年，全县稻麦 70% 以上实现机械化脱粒。1978 年大旱，全县大力建设排灌站，兴建长距离、高扬程的翻水线 63 条，其中较大的有汤山的七乡河、上峰的管潭、丹阳的汤村、淳化的林塘等翻水线。1979 年，江宁县机耕面积为 4.19 万公顷，机耕率达 66.10%。20 世纪 70 年代末，引进盖籽机、开沟机、条播机，经过试点，示范效果好，秋播质量有所提高，1981 年全县条播 373 公顷。

80 年代，江宁县机耕面积平均每年维持在 3.47 万公顷 ~ 4 万公顷，机耕率 60% ~ 70% 之间。1985 年，病害防治半机械化和机械化并驾齐驱，年机防治 2 万公顷。1986 年，在方山新河村进行田间盘育秧和机械化栽插示范，取得成功。1987 年，引进联合收割机，但机收率不足 0.20%。90 年代，机耕面积平均 4.07 万公顷，机耕率 76%，其中 1999 年最高达 5.18 万公顷，机耕率 98.26%。1995 年，江宁县开始实施秸秆还田，当年秸秆还田面积 800 公顷。1996 年，全县机收面积 2800 公顷，机收率 2.47%。1997 年，条播面积达 2.05 万公顷，占三麦面积的 77.50%。是年起，机脱粒率每年达 100%，当年脱粒 49330 万公斤。1998 年后，由于农业种植结构调整，三麦面积大幅度下降，条播机使用数量明显减少。1990—2000 年，病害以机械化防治为主，半机械化防治为辅，年均防治 3.60 万公顷。2000—2007 年，江宁区平均机耕面积 4.20 万公顷。2006 年，全区机植保面积 4.80 万公顷，机植保率 93%。至 2007 年，全区机收面积 3.58 万公顷，其中机收水稻 2.31 万公顷；条播三麦 5490 公顷，其中三麦条播率 42%；全区有排灌机械 17284 台，排灌动力 191518 千瓦，机电灌溉面积 4 万公顷；水稻机械作业面积 8342 公顷，占水稻种植面积的 20.40%，其中机插 4900 公顷，机直播 3442 公顷。全年机脱粒 24010 万公斤；秸秆还田 11290 公顷。

跨区作业 1998—2000 年，江宁县每年组织 80 余台机械，先后赶赴睢宁、南通、盐城和山东的临沂、安徽的当涂等地跨区作业。每年从外地获利 480 万元左右。2001—2002 年，江宁区农机跨区作业规模和范围扩大，每年平均组织 187 台机械先后赴睢宁、淮安、南通、盐城，山东的临沂，安徽的芜湖、巢湖、繁昌和上海等地作业，收割面积 2.53 万公顷，其中水稻 1.87 万公顷、小麦 0.66 万公顷。作业收入每年平均 813.50 万元。2004 年，江宁区在跨区作业服务中，联合收割机年内增至 260 台次，并首次开展插秧机跨区作业，先后有淳化、秣陵等农机站出动 15 台次，机插 33.33 公顷。至 2007 年，跨区作业每年平均出动收割、插秧机械 300 多台次，收割小麦、水稻 2 万多公顷，栽插 50 余公顷，作业投入 600 万元左右。

1949—2007年部分年份江宁区农机主要作业量情况表

表 14-7-35

单位：公顷

年 份	机耕面积	机排灌面积	机播面积		机植保面积	机收面积		机脱粒（万公斤）	机开沟面积	秸秆还田面积	机化肥深施面积
			合 计	其中机插面积		合 计	其中水稻				
1949	—	533.33	—	—	—	—	—	—	—	—	—
1953	—	533.33	—	—	—	—	—	—	—	—	—
1957	286.67	5533.33	120.67	—	—	—	—	—	—	—	—
1960	7333.33	25333.33	—	—	—	—	—	—	—	—	—
1965	1733.33	38000.00	—	—	—	—	—	—	—	—	—
1970	2333.33	44933.33	—	—	—	—	—	—	—	—	—
1975	28266.67	47333.33	—	—	—	—	—	—	—	—	—
1980	39653.33	48353.33	2.20	—	—	589.40	—	—	1445.50	—	—
1985	38306.67	51866.67	6.67	—	12018.33	653.33	—	—	—	—	—
1990	34800.00	43733.33	6833.33	—	23560.00	134.67	180.00	42700	8466.67	—	—
1995	34886.67	48280.00	13413.33	—	27920.00	566.67	266.67	50340	14416.67	800.00	4913.33
2000	51160.00	42080.00	3520.00	40	43353.33	25753.33	19213.33	33170	25333.67	20083.33	8950.00
2005	40078.00	30190.00	10162.00	3801	33595.00	27816.00	25758.00	18450	18240.00	14760.00	—
2006	40030.00	40780.00	9386.00	4334	47980.00	27070.00	22670.00	24090	16510.00	11790.00	—
2007	37770.00	39968.00	14282.00	4900	39172.00	35783.00	23115.00	24010	15320.00	11290.00	—

第五节 农机监理

1978年，江宁县成立农机安全监理所，配备专人进行农机生产的安全监督检查工作，至2007年，已形成区、街道、村（社区）三级监理网络，全区共有网点229家，农机监理人员285人，其中区级1家、6人；街道级9家、60人；村级（社区）219家、219人。区农机监理所实行定员、定岗、定职责制度，各乡镇（街道）也仿照制订，年终评比考核，不称职的下岗或者换岗。区、乡镇（街道）农机监理员在安全监理中，严格执行《江苏省农业机械管理条例》《中华人民共和国行政诉讼法》《中华人民共和国行政处罚法》等法律法规。

【年检年审】

拖拉机年检年审 1978年起，开始对全县拖拉机及其驾驶员开展检查考核发证工作。1982年，年检拖拉机2682台，年审驾驶员3188人，办理核发牌照851副。1989年起，对从事纯农田作业和既从事农田作业又从事乡村道路和田间运输的“两用机”，单独进行年检年审和核发牌照。至4月底，年检拖拉机5719台，年审驾驶员5719人。1991年，开展农机优质服务月活动，在春耕备种期间，对拖拉机逐台检验，对机手进行考核，考核合格的参与签订农机务农合同。是年，全县检审拖拉机5911台、驾驶员5911人，检审率95.40%。1994年1—3月，江宁县结合农机务农合同的签订、柴油计划的分配进行年检年审，检审拖拉机5963台、驾驶员5963人。1997年8月，除县城专营运输的拖拉机外，对上道路行驶的拖拉机开展安全技术检验、驾驶员考核和核发道路行驶牌证等工作，至年底，年检上道路行驶的拖拉机3000台，年审驾驶员2045人；纯农拖拉机160台、驾驶员86人。1998年年检年审工作，实行填表、检验、保险、收费、签证盖章、放大字号等一条龙服务，大幅提高检审率，全县共年检上道路行驶拖拉机及“两用机”4479台，完成计划指标的99.50%；纯农作业拖拉机1285台，居全市之首。2000年年检年审，除对“两用机”及纯农为主拖拉机及其驾驶员检审外，开始对上路变型拖拉机检审，实行上牌、发证、检验、考试一条龙服务，全年共上牌157台。2001—2007年年检年审，以检审变型拖拉机为重点，带动其他农业机械的检审，每年平均检审上路拖拉机4200余台，驾驶员3400余人，年检审率在98%左右。

农副产品加工机械年检年审 1986年10月，开始组织力量对农副产品加工机械进行摸底、登记、造册，共检验农副产品加工机具2147台（套），占应检数的89%，发操作证1576份，占操作手人数的84.60%，发安全许可证的1267份，占84%。1991年起，对全县农副产品加工机械及操作人员加强安全监理。全年共检验加工点1357个，合格率90%，发安全许可证1221份；检验机械2040台（套），合格率95%，发号牌1938副；培训操作人员1224名，考试合格率99.90%，发操作证1220份。1992年7月12日至8月12日，检审加工点1150个，操作手1200人，检审率达94.50%。至2007年，农副产品机械的检审每年正常进行，检审率都在90%以上。

其他机械年检年审 1990年、1993年分别检验脱粒机6639台和6755台，检验率为97%和99%。2000年，开始对联合收割机检审，当年检验81台，年审驾驶员151人，检审率达100%。至2007年，联合收割机及其驾驶员每年都进行检审。

【安全检查】

江宁区每年围绕夏、秋两季大忙，开展农机安全生产大检查，以确保农机安全投入生产。

重点放在场头和道路上，采取自查和互查两种方式。1982 年 5 月，在路口检查 15 个公社、256 台手扶拖拉机，当场收缴大皮带盘 32 个，大链轮 39 个。是年，共组织 4 次检查，全县发生农机事故 66 起，比 1981 年 90 起下降 26.67%。1987 年夏收夏种期间，组织 10 人巡回检查场头 72 个，纠正违章作业 12 起。1991 年，全县开展农机优质服务月活动，5 月中旬，全县出动 3250 人次，深入田头、场头、道路进行大检查。检查拖拉机 1852 台，纠正违章 420 余起，动员 135 人司乡务农；检查脱粒机、水泵旋耕机等各类机具 4530 台，消除事故隐患 56 起。实现全年农机安全生产无事故。1994 年两季大忙中，县、乡镇两级组织 2000 人次，查场头 5000 多个，机具 1 万余台件，纠正违章 400 多起，修理机具 5000 多台。2000 年，贯彻江苏省 164 号省长令，于 4 月 20 日至 7 月 30 日在全县开展农业机械田检路查突击月活动。共出动 400 余人次，查处未参检拖拉机 1000 多台，纠正各类违章现象 2500 余起。2007 年，组织全区 9 个农机站对农机事故隐患开展大检查，检查发现，有部分单位和个人违规挂外地变型拖拉机的农机牌证；存在非法载人、黑机非驾、酒后驾驶、未办年检等农机违法行为；部分农副产品加工机械没有必要的安全保护设施等。区农机安全监理部门积极采取措施进行消除。至年底，全区共出动执法人员 772 人次，依法查处农机违法、违章行为 645 起。

【依法管理】

中共十一届三中全会后，开始进行农机监理工作。1978—1996 年，县农机监理机构配合交通、公安部门行使农机监理权力。1996 年 12 月 23 日，《江苏省农机管理条例》颁布，之后一系列部、省规章、规定也开始实施，农机监理机构的执法依据逐步明确，开始开展行政执法。对一些法制观念不强、不服从管理的机手，首先进行思想教育，仍不转变的则坚持行政执法。按照法定程序发《检审通知》《告知通知书》《行政处罚决定书》，直到提交法院处理。1998 年，发《告知通知书》25 份，其中有 24 份办理检审手续，唯有上坊乡潘村的 1 名拖拉机手置之不理，最后通过法律途径解决。1999 年，登门做工作 887 户，受到行政处罚的 114 人，其中强制处理 39 人。2000 年，下发《告知通知书》84 份，《行政处罚决定书》11 份，申请法院立案 2 件，都作了不同程度的处罚。2002 年，以开展农机安全生产专项整治为重点，加大田检路查和行政执法力度。同时，与 22 个农机站签订《农机安全生产责任状》，进一步明确区镇两级农机管理部门各自的职责。全年共组织田检路查 258 次，纠正各类违章行为 3400 起。对违章经多次教育仍不服从管理的，运用法律手段，全年下发《行政处罚告知通知书》34 份，《行政处罚决定书》9 份，申请法院强制执行 6 件，胜诉率 100%。2004 年，全区结合农机安全月活动，大力宣传农机安全生产，开展农机执法教育。2005 年，田检路查 151 次，纠正各类农机违章行为 723 起。2007 年，田检路查 186 次。一系列专项整治活动的开展，减少了事故隐患，确保农机生产安全。

第十五编

工　业

早在春秋时期，已有先民对伏牛山古铜矿进行开采和冶炼，考古发现表明伏牛山古矿场采用的采矿技术至少领先西方1000年。丝织业元代即有“秣陵之民善织”的说法。据旧志记载，缎业“始于元而盛于清”“丝织为江宁巨业”。“元有东西染织局，明有神帛堂供应机房”，清“乾嘉年间，机有三万，其后稍稍零落，仅有万七八千”。民国时期，先后有27家公司在江宁经营煤矿开采、烧制砖瓦，几经兴衰。至民国37年（1948），江宁工业凋零殆尽，全县仅剩私营小煤矿1家，粮油加工及食品作坊20家，个体手工业户1055家。民国38年，江宁县工业总产值287.70万元，占工农业总产值的8.30%。

新中国成立后，江宁县充分利用当地资源办工业，自力更生，艰苦奋斗，从无到有。通过建立国营厂矿和对私营工商业、手工业的社会主义改造，逐步形成一个以生产资料公有制为主体的社会主义工业体系。1957年，有国营和地方国营企业15家，手工业202家，工业总产值1187.18万元，占工农业总产值的20.40%。1957年后，全县工业虽在“大跃进”特别是“文化大革命”内乱中，先后经历两次严重曲折，但工业仍有所发展。1970年前后开始兴起的“五小工业”（小矿山、小钢铁、小农机、小化肥、小水泥），对工业的恢复与发展起了明显的促进作用。1978年，全县有工业企业603家，工业总产值（1980年不变价）17301万元。1949—1978年，即新中国成立的28年中，尽管有曲折、有干扰，但由于县委、县政府和广大干部群众、职工的共同努力，相对减少损失，江宁县工业有所发展，有所前进，工业化进程由起步阶段进入工业化初级阶段，并为之后30年的发展奠定良好的基础。

1979年后，江宁县工业经济进入飞跃发展时期。乡镇工业异军突起，1985年，乡镇（含村）工业总产值（1980年不变价）52854万元，占全县工业总产值68628万元的77.02%。1992年后，江宁经济技术开发区、江宁科学园、江宁滨江经济开发区、街道工业集中区先后建立，构筑起江宁经济腾飞平台，使多种经济成分竞相发展，所有制结构不断优化，产业结构不断优化，经济效益显著提高。至2007年年底，全区工业企业3637家，拥有工业固定资产720.73亿元、从业人员12.71万人、工业总产值546.08亿元，实现利税81亿元。企业规模不断扩大，销售收入1000万元以上的规模企业472家。其中，亿元以上企业108家，10亿元以上企业11家，50亿元以上企业3家，100亿元以上企业1家，规模企业产出占全区工业经济总量的90%。一个具有一定技术水平、门类比较齐全的工业体系已经建立起来，工业主导地位显著增强，实现了工业化初级阶段到工业化中级阶段的历史大跨越。

第一章　经济类型

新中国成立后，江宁县有私营天宝小铁矿1家，粮油加工厂及食品作坊20多家，个体手工业1055家。1956年，全县工商业和手工业的社会主义改造完成后，确立了公有制在工业经济中的主导地位。是年，全县工业企业16家。其中，国营及地方国营9家，公私合营7家。16家企业工业总产值815.01万元，占全县工业总产值的73.40%。手工业有240家。其中，生产合作社41家，合作小组14家，个体手工业185家。手工业总产值295.39万元，占全县工业总产值的26.60%。此后，江宁县实行计划经济，生产资料片面追求“一大二公”（人民公社第一规模大，第二公有化程度高）。1978年，全县有工业企业603家。其中，全民所有制企业30家，工业总产值5582万元，占全县工业总产值的32.26%；集体所有制企业573家，工业总产值11719万元，占全县工业总产值的67.74%。

中共十一届三中全会及1992年中共十四大召开，党中央提出发展有计划的市场经济，强调以公有制为主体，其他经济成分为补充，多种经济成分共同发展。从此，非公有制经济得到了很快的发展。1993年，全县工业企业有2243家。其中，国有企业62家，集体企业2043家（县属89家，乡镇402家，村办1552家），联营企业34家，股份制企业58家，港澳台投资企业32家，外商投资企业14家。全县工业总产值（1990年不变价）793314万元。其中，国有企业工业产值113316万元，占工业总产值14.28%；集体企业工业产值543534万元，占全县工业总产值68.51%，其他类型企业工业总产值136464万元，占全县工业总产值17.21%。

1997年，中共十五大召开，在报告中提出公有制为主体，多种所有制经济共同发展，是中国社会主义初级阶段的一项基本经济制度。据此，江宁县加大工业所有制调整力度，通过工业经济体制改革，使非公有制经济蓬勃兴起，从而打破公有制经济一统天下的局面，形成多种经济形式并存的工业所有制新格局。2007年，全区产品销售收入1000万元以上的工业企业有472家。其中，国有企业5家，工业产值113373万元，占全区工业总产值2.08%；集体企业15家，工业产值99018万元，占全区工业总产值1.81%；股份合作制企业、联营企业（1家）14家，工业产值68367万元，占全区工业总产值1.25%；有限责任公司和股份有限公司69家（股份有限公司8家），工业产值1069164万元，占全区工业总产值19.58%；私营企业、其他企业（2家）197家，工业产值1082389万元，占全区工业总产值19.82%；港澳台商投资企业53家，工业产值914411万元，占全区工业总产值16.75%；外商投资企业119家，工业产值2114039万元，占全区工业总产值38.71%。

第一节　国有企业

1950年1月，为稳定社会秩序，江宁县中粮公司在湖熟镇成立中粮湖熟油米加工厂（租赁已倒闭的湖熟泰丰碾米厂），这是全县第一家地方国营企业，有职工13人，年产值10.90万元。1951年7月，中国人民解放军华东三野军法处与县政府联系，接管南京金城机器厂砖瓦公司，定名为南京生建砖瓦厂（1953年3月移交给省公安厅）。1952年6月，众望砖瓦厂由华东公安十六师移交给江宁县人民政府，定名为江宁县众望砖瓦厂。1954年，江宁县已有8家地方国营企业，年平均职工数634人，年工业总产值290.71万元。1956年，在私营工商业社会主义改造中，集体企业江宁县东山印刷厂转为地方国营。东山轧花厂，板桥、陶吴、秣陵、湖熟、麒麟5家粮油加工厂均转为地方国营。1956年，江宁地方国营企业有16家，全年工业总产值815.01万元，年平均职工数670人。1957年6月，南京生建砖瓦厂由江苏省公安局划归江宁县，为地方国营工业企业。1960年，全县地方国营企业有26家。1961—1963年国民经济调整，经过初步调整，1964年，全县地方国营企业有15家，年工业总产值850.59万元，年平均职工数532人。1976年，国营企业有26家，年工业总产值4020.50万元，占全县工业总产值的45.40%，年平均职工数3477人。

图 15-1-1 1985年江宁县青龙山水泥厂

1985年，全国工业普查时，国营企业有45家。其中，重点企业有江宁县钢铁厂、江宁县化肥厂、江宁县农机厂、江宁县长江电风扇厂、江宁县青龙山水泥厂等。工业总产值13142万元，年平均职工数10083人。1994年，全县有国有企业66家，其中重点企业有南京第三钢铁厂、南京新蕾化工公司、江宁县上坊水泥厂、时花集团、南京起重电机总厂、江宁县青龙山水泥厂、江宁县面粉厂等。工业总产值150055万元（1990年不变价），年平均职工数18109人。

图 15-1-2 1985年江宁县长江电风扇厂

1998—2003年，经过工业经济体制改革，国有企业产权发生很大变化。南京第三钢铁厂、南京新蕾化工公司、江宁县上坊水泥厂纷纷破产；时花集团、青龙山水泥厂、江宁县植物油厂、江宁县面粉厂等进行混合所有制改革。2005年，全区国有经济年产值在500万元以上的工业企业只有10家。2007年，国有经济年销售收入在1000万元以上的工业企业5家。其中，亏损企业3家，年工业总产值113373万元，年平均从业人员数6653人，利税总额31566万元。

第二节 集体企业

江宁区集体工业企业分为县属集体工业企业和乡镇集体工业企业。1958 年，全县 19 个人民公社先后办起 196 家企业，这是江宁县乡镇集体工业之始。1965 年，全县有集体所有制工业企业 111 家。其中，手工业系统合作工厂 1 家、合作社组 83 家，镇、社办 27 家。工业总产值 289.96 万元，职工 2592 人。1976 年，发展到 281 家。其中，县社合办企业 2 家，县属集体企业 7 家，手工业系统 95 家，镇社办企业 169 家，社厂办小铁矿 8 家。工业总产值 1190.90 万元，职工 18375 人。1985 年，江宁县有集体工业企业 1586 家。其中，县属集体企业 72 家，乡镇集体企业 402 家，村办集体企业 1112 家。工业总产值 55486 万元（1980 年不变价）。1993 年，全县有集体工业企业 2043 家。其中，县属集体企业 89 家，乡镇集体企业 402 家，村办 1552 家；工业总产值 543534 万元，企业职工数 132732 人。1998 年后，随着工业体制改革不断深入，集体所有制工业产权发生较大变化。1998 年，全县集体工业企业只有 1322 家，比 1993 年减少 721 家，减少 35.29%，主要原因是改制为股份合作制和私营企业。至 2003 年，全区集体企业 95% 以上改制为股份制企业和个体私营企业。2007 年，全区产品销售收入 1000 万元以上集体企业有 15 家。工业总产值 99018 万元。资产总额 88748 万元，利税总额 15385 万元，利润 8524 万元，年平均从业人员 2609 人。

【县属集体工业企业】

1965 年，江宁县有县属集体工业企业 2 家，有职工 172 人，年产值 290 万元。1968—1969 年，有县、社合办集体企业即县采矿组所属小铁矿 7 家（东善、陶吴、横溪、丹阳、谷里、陆郎、汤山）。1965 年后，积极扶持集体企业，县有关部门除了在资金、计划管理、劳动分配、福利待遇等方面予以照顾外，还通过多种方式，使之与地方国营企业挂钩配套。到 1976 年，恢复县属集体经济性质的有江宁金箔锦线厂、江宁纺织厂、江宁服装厂、江宁鞋帽厂；新建的县属集体经济性质的有江宁炼铁厂、水泥制品厂、春山石灰石矿、江宁轴承厂、江宁五金厂、江宁木器厂、江宁粮油机械厂；由合作经营转为集体经济性质的有湖熟塑料厂、湖熟五

图 15-1-3 1980 年江宁县金箔锦线厂

图 15-1-4 1985 年江宁县工业供销公司商场

图 15-1-5 1980 年南京第二鞋帽厂工艺鞋生产流水线

金厂、长山化工厂（即江宁第三化工厂）、东山无线电元件厂、汤山制药厂。县属集体企业（不包括县工业局系统经营管辖过的全县各乡、镇手工业社的统计数据）由1965年增至18家，职工人数1949人，占县属工业企业职工总数的35.90%。1976年，创产值1190.90万元，比1965年的210万元增长467.10%，占全县工业总产值的13.40%；固定资产净值942.80万元。

1977—1985年，以提高企业素质为中心，不断推进改革进程，重点实施“外引内联”政策，发展横向经济联营。在原材料涨价、电力供应紧张、资金短缺和市场竞争日趋激烈的情况下，仍取得较好经济效益。1985年，全县县属集体工业企业有13家，县、乡联营4家，集体企业实现工业产值2751万元，县、乡联营企业实现工业产值971.50万元。集体企业职工3553人，县、乡联营企业职工683人。1995年工业普查时，江宁县县属集体企业有93家，工业总产值13.54万元。

1996—2003年，经过工业体制改革，县属集体所有制工业企业产权发生变化，至2004年，县属集体工业企业95%以上改制为股份制企业和个体私营企业。2005年，全区工业产值500万元以上规模集体企业23家，工业总产值90376万元，资产合计95349万元，主营业务收入87449万元，税金总额6108万元，利润总额6099万元，年平均从业人员4196人。

【乡镇集体工业企业】

1958年，全县19个人民公社，先后办起196家企业，创产值462.82万元（包括公社自办和手工业社两部分）。1962年，受自然灾害影响，社队工业纷纷下马，产值减少到9.24万元，比1958年下降98%。1965年，社队工业实行“调整、巩固、充实、提高”八字方针，生产有所回升，企业发展到26家，创产值390.60万元。1966—1969年，受“文化大革命”干扰，城市大厂停产闹“革命”，生产任务无法完成，把一些加工任务拿到农村完成，全县社队办起一批加工企业，1969年，社办企业63家，产值564.60万元。1971年后，城市工矿企业出于安置上山下乡知识青年的考虑，纷纷与农村社队挂钩，帮助办小工厂，全县兴办殷巷毛巾厂，周岗被单厂，禄口染织、针织厂，土桥丝织厂等一批社队企业。1975年，镇、社办企业发展到145家，产值3610.70万元。1978年，全县社队企业发展到1021家，总产值9000多万元，利税总额2100万元，社队企业职工4万多人。

图 15-1-6 1980年湖熟羽绒厂

图 15-1-7 1980年江宁水杨酸厂

图15-1-8 1980年铜井耐火纤维厂

1980年后，全县各社队利用地处南京近郊，交通便利和市场广阔的优势，继续发展建材工业和为城市大工业服务的机械加工业，以及为人民生活与外贸出口服务的纺织、缝纫及皮革工业。1983年，社队企业发展到1104家，总产值7.40亿元，利税总额5845万元，职工人数7.10万人。全县已有冶金、石油、化学、机械、建材、纺织、皮革、造纸及文教用品等14个门类，初步形成门类较为齐全的乡镇集体工业体系。

1984年，社队企业改名为乡镇企业，四个轮子（乡办、村办、合作办、个体办）、六大产业（农、工、商、建、运、服）同时发展。1988年，乡镇企业2002家。其中，乡镇办企业539家，村办企业1463家，总产值11.90亿元，实现利税1亿元。1992年后，县委、县政府把发展乡镇企业作为经济工作的重点抓手，各乡镇兴办工业小区，乡镇企业在社会主义市场大潮中又一次跃上浪尖。1996年，乡镇企业发展到3706家。其中，乡镇办企业502家，村办企业1569家，村以下办企业1635家。工业总产值110亿元，外贸交货值10.50亿元，利税总额8亿元。从业人员13.20万人。

1998年后，随着产权制度改革的不断推进，个体、私营工业发展加快，集体工业比重逐年下降。至2003年，全县乡镇工业企业完成转制工作，转为股份制企业和私营企业。

第三节　私营企业

民国19年（1930），由董事长兼经理钱文英合股组办的南京金城机器砖瓦公司，是江宁县近代最早的私营工业企业，位于江宁县江宁乡犊儿矶长江边。设备有砖机1台、瓦机1台、34门轮窑1座、土窑10余座，并有轻轨、矿车等运输设施。有工人500人，年产青红砖1万余块、瓦100万余片，主要销往上海、北京、天津、武汉等大、中城市。抗日战争期间停产，民国35年恢复生产。1951年，被人民政府接管，定名为南京生建砖瓦厂。

1949年，江宁县有私营工业企业20家，职工人数371人，工业产值101.10万元。在1956年对私营工商业的社会主义改造中，全部转为地方国营或公私合营企业。此后，公私合营工业企业基本消失。

中共十一届三中全会后，私营工业企业开始萌发。1988年，江宁县工商局登记注册改革开放后的第一家私营工业企业——南京泉山卫生器材厂。至1990年，全县有私营工业企业39家，从业人员851人，注册资金305.70万元，产值601.30万元。1995年，有私营企业217家，从业人员4961人，注册资金8346万元。

图15-1-9　1995年江宁县踊跃铸造厂

1996—2000年，江宁县将私营经济作为主体经济摆上重要位置，明确目标任务，细化各项扶持优惠政策，逐步改善投资环境，尤其是南京民营科技园的建立，促进全县私营企业发展，数量、规模、质量都有明显提高。至2000年年底，全县私营工业企业1024家，工业产值714257万元，产品销售收入678323万元，利润总额25441万元，税金总额27128万元，从业人员48998人。另有个体经营户 971 家，工业总产值 75449 万元，从业人员 6933 人。2003 年，有私营工业企业 1422 家，工业总产值 1434942 万元；另有个体经营户 1475 家，总产值 35370 万元。全年新增私营企业中，规模私营企业有新的发展，注册资本 500 万元到 1000 万元有 29 家，1000 万元到 2000 万元有 22 家，2000 万元到 5000 万元有 7 家，5000 万元到 1 亿元有 2 家。2003 年年底，全区有私营科技型企业 75 家，其中，有 46 家通过 ISO 9000 质量体系认证。

图 15-1-10　1995 年南京安琪儿卫生用品有限公司

2007 年，产品销售收入 1000 万元以上私营工业企业有 195 家，工业总产值 116.43 亿元，产品销售收入 111.99 亿元，资产总额 93.51 亿元，利税总额 9.67 亿元，从业人员年平均数 34289 人。

第四节　股份合作企业

1995 年，全县县属工业企业有股份合作制企业 2 家；乡镇工业改制股份合作制 431 家，吸纳股金 3250 万元。1998 年，全县股份合作制企业达 262 家，工业总产值 168688 万元，从业人员 15860 人。其中，产品销售收入 500 万元以上的股份合作制企业有 49 家，工业总产值 107611 万元，资产总额 44564 万元，产品销售收入 99547 万元，利税总额 6756 万元，从业人员年平均人数 7490 人。2003 年，全区股份合作企业 118 家，工业总产值 184951 万元，产品销售收入 176453 万元，税金总额 8123 万元，利润总额 5731 万元，从业人员 9992 人。其中，产品销售收入 500 万元以上股份合作制企业 39 家，工业总产值 171418 万元，资产总额 55218 万元，产品销售收入 163802 万元，利税总额 12765 万元，利润总额 5233 万元，从业人员年平均数 7312 人。2005 年，全区产品销售收入 500 万元以上股份合作制企业 25 家，工业总产值 70323 万元，资产总额 52602 万元，负债 32578 万元，产品销售收入 67003 万元，利润总额 4166 万元，利税总额 7886 万元，从业人员年平均数 4193 人。

图 15-1-11　20 世纪 90 年代南京平达工贸有限公司

2007 年，产品销售收入 1000 万元以上股份合作企业有 13 家，工业总产值 6.76 亿元，产品销售收入 5.44 亿元，资产总额 5.33 亿元，利税总额 6330 万元，利润总额 2805 万元，从业人员年平均数 2248 人。

第五节　有限责任公司和股份有限公司

【有限责任公司】

有限责任公司是经济体制改革后，江宁工业经济中出现的新型经济类型企业。1995年后，江宁的大中型企业（集团）通过产权制度改革，改制成有限责任公司，如金箔集团有限责任公司、振容集团有限责任公司、南京鹰皇针织有限公司、南京大有服装有限责任公司等。至1998年，江宁县有限责任公司有8家，工业总产值44807万元，资产总额68198万元，产品销售收入25918万元，负债351万元，从业人员年平均数4931人。2001年，产品销售收入500万元以上的有限责任公司32家，工业总产值（现价）251053万元，资产总额247722万元，产品销售收入231962万元，利税总额45037万元，从业人员年平均数12161人。

图15-1-12　20世纪90年代南京小营药业有限公司

2007年，江宁区产品销售收入1000万元以上的有限责任公司达61家，工业总产值95.17亿元，产品销售收入98.89亿元，资产总额163.30亿元，利税总额23.69亿元，利润总额19.07亿元，从业人员年平均人数15862人。

【股份有限公司】

1994年12月，南京第三钢铁厂成为江宁县首家改制成股份有限性质公司。改制后，更名为南京三钢集团股份有限公司。2000年，全区产品销售收入500万元以上的股份有限公司有3家，工业总产值65243万元，资产总额60303万元，产品销售收入31555万元，利税总额3997万元，利润总额1953万元，从业年平均人数2383人。2007年，江宁区产品销售收入1000万元以上的股份有限公司有8家，其中亏损企业2家。8家企业工业总产值11.75亿元，产品销售收入11.51亿元，资产总额13.18亿元，利税总额1.63亿元，利润总额1.15亿元，从业人员年平均数1373人。

图15-1-13　20世纪90年代江宁县造纸厂生产车间

图15-1-14　20世纪90年代中国冶金设备南京有限公司

第六节　中国港澳台及外商投资企业

【中国港澳台投资企业】

1987年2月，香港奋发公司与江宁县东善乡工业公司合资（各投资20.70万美元）兴办南京奋发金属软管有限公司，主要产品为金属软管，该公司的建成结束江宁县无三资企业的历史，为全县发展外向型经济迈出第一步。1988年1月，香港三磊公司与县合成纤维厂及蛇口紫金信公司合资成立南京伟力竹业有限公司（各投资3.40万美元），生产竹筷。至1993年，中国港澳台投资企业32家，职工人数（平均人数）2889人，工业总产值（现价）28127万元，产品销售产值（现价）21145万元。1997年，产品销售收入500万元以上中国港澳台投资企业共52家，其中与内地合资经营37家。合作经营6家。独资企业9家。52家企业工业总产值（现价）308232万元，职工年平均数9093人，资产总额169471万元，产品销售收入288153万元，利税总额29891万元，利润总额20344万元。2002年，产品销售收入500万元以上中国港澳台投资企业80家，工业总产值439565万元，资产总额287997万元，产品销售收入426254万元，利税总额53537万元，利润总额37944万元，从业人员年平均数16336人。

图 15-1-15　南京鸿耕展金属有限公司（2002年摄）

2007年，产品销售收入1000万元以上中国港澳台投资企业53家，工业总产值91.44亿元，产品销售收入91.30亿元，资产总额81.33亿元，利税总额9.69亿元，利润总额7.55亿元，从业人员年平均数23571人。

【外商投资企业】

1990年1月，日本大杉兴宁株式会社与南京西服厂合资成立南京兴宁服装有限公司，总投资98万元，注册资本70万元，中方投资额占75%，日方投资额占25%。是年10月，日本福田孝与岔路手工业社合资成立宁泰旅游用品有限公司，总投资36万美元，注册资本25.40万美元，中方投资额占75%，日方投资额占25%，生产旅游篷架。至1993年，外商投资企业14家，工业总产值（现价）11989万元，产品销售产值11215万元，职工年平均数2889人。1997年，产品销售收入500万元以上的外商投资企业48家，其中中外合资企业32家。中外合作企业1家。外商独资企业15家。48家企业工业总产值174540万元，资产总额117098万元，产品销售收入161186万元，利税总额5545万元，利润总额663万元，职工年平均数10419人。2002年，产品销售收入500万元以上外商投资企业72家，工业总产值（现价）629927万元，资产总额665242万元，产品销售收入604711万元，利税总额67852万元，从业人员年平均数15767人。

图 15-1-16　莱华服装（南京）有限公司（2002年摄）

2007年，产品销售收入1000万元以上的外商投资企业119家，工业总产值211.40亿元，产品销售收入210.48亿元，资产总额172.70亿元，利税总额13.81亿元，从业人员年平均数40326人。

1949—1964 年江宁县工业基本情况表

表 15-1-1

年份	工业企业家数（家）							工业总产值（万元）				从业人员（人）
	总计	国营及地方国营	供销合作社营	公私合营	私营	手工业	公社办及街道办工业	总计	工业	手工业	公社办及街道办工业	
1949	1075	—	—	—	20	1055	—	287.70	101.10	186.60	—	1914
1950	1082	1	—	—	15	1066	—	327.39	109.32	218.07	—	1918
1951	1189	1	4	—	15	1169	—	431.30	211.20	220.10	—	2225
1952	859	3	5	—	16	835	—	484.11	291.26	192.85	—	2601
1953	791	3	5	—	15	768	—	606.15	416.49	189.66	—	2911
1954	950	3	5	—	15	927	—	741.39	494.59	246.80	—	2804
1955	864	3	5	—	14	842	—	869.06	606.46	262.60	—	2756
1956	256	9	—	7	—	240	—	1110.40	815.01	295.39	—	3030
1957	217	7	1	7	—	202	—	1187.18	906.89	280.29	—	2547
1958	110	15	—	3	—	—	92	1489.06	912.59	113.70	462.77	7444
1959	122	17	—	5	—	—	100	1943.47	1478.54	—	464.93	10241
1960	117	21	—	5	—	—	91	1775.91	1338.16	—	437.75	6070
1961	250	13	—	4	—	196	37	1474.63	1041.14	255.67	177.82	3844
1962	217	14	—	3	—	182	18	1020.77	704.90	223.46	92.41	2702
1963	174	13	—	3	—	144	14	1012.16	719.80	240.76	51.60	2499
1964	154	13	—	2	—	125	14	1193.15	850.59	262.73	79.83	2520

说明：工业总产值为 1957 年不变价

1965—1991 年江宁县工业基本情况表

表 15-1-2

年 份	工业企业家数（家）				工业总产值（万元）				从业人员（人）
	总 计	全 民	集 体	其 他	总 计	全 民	集 体	其 他	
1965	126	15	111	—	1565.26	1105.17	460.09	—	3375
1966	135	17	118	—	2000.33	1482.69	517.64	—	3566
1967	150	17	133	—	1820.10	1207.68	612.42	—	4440
1968	160	17	143	—	1833.49	1169.97	663.52	—	5379
1969	175	17	158	—	1953.65	1087.13	866.52	—	5947
1970	198	19	179	—	2299.46	1196.90	1102.56	—	7867
1971	233	23	210	—	3713.64	2020.07	1693.57	—	11528
1972	245	24	221	—	4330.85	2430.24	1900.61	—	12745
1973	253	25	228	—	5310.97	2960.46	2350.51	—	13795
1974	263	24	239	—	5968.82	3162.87	2805.95	—	15506
1975	275	24	251	—	7394.23	3736.72	3657.51	—	18247
1976	307	26	281	—	8850.29	4020.50	4829.79	—	21852
1977	588	31	557	—	14514.00	5025.00	9489.00	—	22832
1978	603	30	573	—	17301.00	5582.00	11719.00	—	23451
1979	600	34	566	—	19047.00	5964.00	13083.00	—	24511
1980	1162	36	1126	—	23623.00	6968.00	16655.00	—	24312
1981	1158	38	1120	—	25260.00	6647.00	18613.00	—	25001
1982	1115	41	1074	—	29412.00	7619.00	21793.00	—	24980
1983	1081	38	1043	—	33490.00	6060.00	27430.00	—	25471
1984	1220	38	1182	—	44015.00	9635.00	34470.00	—	25771
1985	1631	45	1586	—	68628.00	13142.00	55486.00	—	25997
1986	1754	45	1709	—	94142.00	17455.00	76687.00	—	26155
1987	1998	50	1948	—	127710.00	23246.00	104464.00	—	27673
1988	2192	56	2135	1	168831.00	28601.00	139752.00	478	155779
1989	2106	54	2050	2	160350.00	29788.00	129906.00	656	153006
1990	1999	51	1947	1	177320.00	30555.00	146329.00	436	145455
1991	2003	48	1954	1	271892.00	53801.00	217028.00	1063	155989

说明：1965—1970 年为 1957 年不变价；1971—1976 年为 1970 年不变价；1977—1990 年为 1980 年不变价；1991 年为 1990 年不变价

1992—2007年江宁区工业基本情况表

表15-1-3

年份	工业企业家数（家）			工业经济指标（万元）							从业人员（人）	备注
	总数	其中：产品销售收入500万元以上的企业数	其中：县乡独立核算企业	工业总产值（现价）	产品销售收入	利润总额	税金总额	固定资产净值平均余额	流动资产平均余额	资产总额		
1992	2131	—	486	249432	221824	9729	9504	53541	103118	—	160488	经济指标为县乡独立核算企业数据
1993	2243	—	539	498347	446842	17515	16186	78919	145918	—	161205	
1994	6013	—	549	724822	672225	16716	24479	149356	191039	411698	184813	
1995	2267	—	609	796689	745398	22097	29473	196217	248202	—	—	
1996	3887	—	561	1050948	946549	21501	35188	233677	294161	639557	167409	
1997	3762	535	—	1711234	1564953	54246	60060	307230	331058	887780	167557	经济指标为500万元以上企业数据
1998	3501	542	—	1816446	1705835	56583	68742	358134	455167	969762	170450	
1999	3109	536	—	2510302	2407317	96658	90774	471244	672509	—	164036	经济指标为全部企业数据
2000	2994	522	—	2409480	2287586	101120	95589	518861	714740	—	155442	
2001	2923	531	—	2788804	2605874	138033	101977	559900	884095	—	166815	
2002	3013	588	—	3471351	3226640	184739	151224	749033	1073692	—	179750	
2003	3427	607	—	3899558	3746883	257752	174474	768646	1307454	—	158518	
2004	4307	499	—	4559625	4408885	289733	170827	—	—	4051396	149924	
2005	2165	504	—	4004870	3869609	243490	181661	—	—	3844970	150148	
2006	—	537	—	4855985	4733215	364074	159313	—	—	4630241	120943	经济指标为500万元以上企业数据
2007	3637	472（1000万元以上企业数）	—	5460761	5396715	457566	180866	—	3332096	5646479	127075	经济指标为1000万元以上企业数据

第二章 采矿业

两汉时期，江宁区境内的丹阳是当时最重要的产铜地之一。据志书记载，谷里铜矿明代有人开采，深度达 50 米。青龙山的龙耳石灰闻名南京地区。民国《首都志》记载："青龙山产石材，郡人竞采为碑或煅以取灰。"时在江宁地区经营的煤矿开采公司有 27 家。日本侵略者曾对凤凰山、牛首山、青龙山的铁矿，铜井铜矿，小王山、小龙山的锰矿大肆掠夺。民国 24—34 年（1935—1945），采走凤凰山铁矿石 95 万余吨。新中国成立前夕，采矿企业大多奄奄一息，小煤矿仅 8 家，小石灰窑 59 家，全县主要矿产品为煤、石灰、砖瓦等。

新中国成立后，县域内的金属矿山及大中型矿山由省或市一级管理经营。1958 年后，全县办了 5 家集体开采厂，开采品种有石灰石、红砂、瓷土等。1964 年后，江宁采矿业逐步发展，先后办起县卧儿岗铁矿、小铁矿、春山石灰石矿等。1985 年，全县县、乡两级采矿企业共 43 家，工业总产值（1980 年不变价）1829 万元。

2001 年年底，全区开发利用矿产 24 种，矿山开采区 329 家，从业人员 3 万余人，矿山开采的矿石总量 1487 万吨，工业总产值 2.47 亿元，人均占有矿石量（大部分为石灰石）19.90 吨，远高于全省人均 3 吨水平。是年，省人大常委会颁布《关于限制开山采石的决定》。至 2004 年，全区共关停开山采石企业 143 家。

至 2007 年年底，江宁区共有矿山企业 128 家。其中，开采建筑石料企业 42 家，砖瓦企业 68 家，开采膨润土、石英砂企业 6 家，开采金、硫、铁矿企业各 1 家，开采水泥用灰岩企业 4 家，开采地热资源企业 5 家。工业总产值 15.55 亿元，从业人员 1 万人。

第一节 煤炭开采业

自清光绪三十四年（1908）至民国 37 年（1948）的 41 年间，江宁地区经营煤矿开采的先后有 27 家公司。较有名的有民国 25 年镇江包耀华开办的老华煤矿股份有限公司，集资约 2 亿元（法币）在青龙山一带开采煤矿。民国 35 年，杨俊等成立天宝煤矿有限公司；章绍周等设立合利煤矿公司，在淳化、东流一带采煤。民国 37 年，胡斌等集资 30 亿元设立建宁煤矿公司，在汤山孟塘一带采煤。由于社会动荡，资金缺乏，这些煤矿公司大多采采停停。1949 年 12 月，江宁县政府组织调查，小煤矿仅剩 8 家，经营体制较为完善的煤矿公司仅天宝 1 家。1949 年，全县产煤 4713 吨，总产值 4.83 万元。

1950 年始，江宁的煤矿企业一般由省或市一级经营管理。1958 年，江宁煤矿下放给江宁县管理。1959 年，大办煤矿，成立江宁县煤矿开采指挥部，下属青龙、官塘、湖山 3 个矿区。是年，又增加排山、小东山、象山、长山 4 个新矿区，煤矿职工最多时逾 4000 人。此后，除原有几个老矿区勉强可维持外，新建矿区均因开采得不偿失而先后关停，大办煤矿热潮造成相当严重的损失。仅剩的淳化、汤山煤矿区，因煤矿品质较差，灰分高，热能普遍较低，加之煤层薄，夹石层厚，开采成本高等原因，于 20 世纪 70 年代末 80 年代初先后关闭。汤山桦墅村委会为缓解村民燃料困难，于 90 年代初一度将打井开挖煤炭资源交由私人承包。因设备简陋，安全生产存在极大隐患，这些私人承包的小煤矿开采业很快被强制关闭。至此，江宁县无煤炭开采业。

第二节 金属矿采选业

【黑色金属矿采选企业及经济指标】

鸦片战争后，外国列强纷纷向中国伸出掠夺财富的魔爪，江宁地区难逃厄运。民国6年(1917)5月，北洋军阀段祺瑞政府与日本政府谈判，日方向中国提供1亿元军械借款，其条件为南京附近的凤凰山铁矿由中日合办。于10月28日与日方达成凤凰山开矿草约，引起国内广泛的政治风潮，抗议不绝。后因直、皖两系矛盾日益尖锐，段祺瑞在直系压力下，凤凰山铁矿权不了了之。抗日战争期间，日本侵略者曾对凤凰山、牛首山、青龙山的铁矿、小龙山的锰矿大肆掠夺。在凤凰山铁矿，从民国28年至34年，采走铁矿石达95万余吨。

新中国成立后，江宁区域内的黑色金属大中型矿山一般由省或市一级管理。1958年5月，南京市将江宁铁矿下放给江宁县管理。是年，掀起大办钢铁的热潮，江宁县除原先开采的3处铁矿和1处锰矿外，又增加云台山、月李子山、阴山、太平山、朱门、其林等6处铁矿。矿工最多时达5600余人。1959年，全县产铁、锰矿石80万吨。1962年2月下旬，县、社两级分别筹建开采丹阳太平山和凤凰岭、陆郎竹园山、东善桥冯村、秣陵引山、陶吴荫山、横溪前石塘、汤山伏牛山等地小铁矿，后又将原陆郎、横溪、陶吴、东善桥等公社筹建的小铁矿收归县所有，由县、社合办开采，是年，全县共采铁矿石近2万吨。1978年，在江苏省冶金工业厅组织的8家县级地方小铁矿生产会议上，江宁县境内生产的铁矿石和铁精粉质量，名列8家之首。1985年，全县黑色金属矿采选业有6家，工业总产值294万元，生产铁矿石（成品矿）84795吨，其中乡办企业生产46495吨；铁矿石（原矿）99759吨，其中乡办企业生产54700吨。1955—1985年，全县累计生产铁矿石400余万吨，锰矿石20余万吨。

图15-2-17 1959年宋文治创作的国画《凤凰山铁矿工地》

自1985年起，位于江宁县秣陵乡的南京凤凰山铁矿进入老化期，产量减少，品位下降，由此另建吉山新矿区。1992年，由于铁矿开采亏损严重，南京凤凰山铁矿转让给秣陵镇开采。2001年，生产铁矿石原矿量28.45万吨，2002年1月7日，江苏省国土资源厅以苏国土资发〔2002〕3号《关于第三批注销采矿许可证的通知》，将秣陵铁矿采矿许可证注销，该铁矿始停。至2002年，江宁区产品销售收入1000万元以上的黑色金属矿采选业只有1家，工业总产值（现价）2951万元，资产总额1596万元，产品销售收入 2812 万元，利税总额 144 万元，从业人员年平均数 187 人。2003 年后，江宁区产品销售收入 1000 万元以上的黑色金属矿采选企业数为零。2005 年，南京苏丹矿业有限公司在丹阳镇成立，是铁矿采选企业，2007 年 12 月建成投产。

江宁开采的铁、锰矿石，1978 年前纳入国家计划，由省、市冶金主管部门计划调拨，除供应南京钢铁厂、南京第三钢铁厂外，还供应给鞍钢、上钢、马钢、梅山冶金公司、上海铁合金厂、上海海关冶炼厂和山东莱芜、枣庄钢铁厂、山西阳泉钢铁厂等冶金企业。1978 年后，自产自销。

【有色金属矿采选企业及经济指标】

江宁的有色金属矿中，资源量较多并形成一定规模的铜矿床有 9 个。其中，中型矿床 3 个，小型矿床 4 个，矿点 2 个。储量最多的是安基山铜矿床，金属储量 16.71 万吨。金、银矿的规模都不大。新中国成立后，有色金属矿山由省或市经营管理。1958 年，冶金部决定将原属安徽铜官山矿务局的江宁铜矿划归江宁县管理。江宁县开始在铜井进行土法炼铜试验，拟将江宁铜矿建成从采铜到炼铜的一条龙生产联合企业。1972 年，在汤山镇附近的九华山脚下，建立南京九华山铜矿，原属南京铜井矿后备矿山。1981 年，铜井矿闭坑后，九华山铜矿独立经营（市属企业）。该矿以开采铜、硫为主的中型多种有色金属采炼配套企业，下设伏牛山、安基山 2 个矿区。是年，投产的还有南京谷里铜矿（市属企业）。1955—1985 年，全县累计开采铜矿石 7000 余吨。根据江宁县统计局统计资料显示：1991 年，江宁县有色金属矿采选业只有 1 家，总产值 314 万元。1996 年，县域内有南京九华山铜矿（伏矿），从业人数 773 人，年产量 11.30 万吨，产品销售收入 700 万元；南京九华山铜矿（安矿），从业人数 442 人，年产量 10 万吨，产品销售收入 544.70 万元；汤山金矿，从业人员 36 人，年产量 5000 吨，产品销售收入 96 万元。

2001 年，江宁区产品销售收入 500 万元以上有色金属矿采选业有 3 家，工业总产值（现价）9511 万元，资产总额 3169 万元，产品销售收入 9360 万元，利税总额 778 万元，从业人员年平均数 656 人。其中，贵金属矿采选业 2 家，总产值 1921 万元，资产总额 2368 万元，产品销售收入 1893 万元，利税总额 226 万元，从业人员年平均数 600 人；稀土金属矿采选业 1 家，总产值 7590 万元，资产总额 801 万元，产品销售收入 7467 万元，利税总额 552 万元，从业人员年平均数 56 人。生产铜精矿含铜量 328 吨，金矿含金量（包括精矿、块矿、砂金）106 千克，钼精矿折含量（含纯钼 45%）6 吨。

2006 年，产品销售收入 1000 万元以上的有色金属矿采选业（金砂）只有 1 家，工业总产值 1620 万元，产品销售收入 1620 万元，资产总额 1727.50 万元，利税总额 1135.80 万元，从业人员年平均数 78 人。

【企业选介】

南京苏丹矿业公司 是丹阳镇引进马鞍山的小南山矿业有限公司兴办的一家私营企业。位于镇西岗村官山坳与安徽交界 1.50 千米处。该矿创办于 2005 年 5 月，2006 年开始建设，设备投入 2000 多万元。企业占地面积 46.70 公顷，厂房面积 4000 多平方米。2007 年 12 月建成投产，有员工 200 人。企业年产铁精矿 20 万吨，年产品销售产值 1.10 亿元，利税 1500 万元，总投资 5000 万元，注册资金 900 万元。主要从事铁矿石加工，铁精粉品位 62% ~ 65%，建有 2 系列 4 条铁石加工生产线，原料源自马鞍山小南山矿业有限公司和马鞍山昭源矿业有限公司的自备矿山，生产的铁精粉成品销售到杭州钢铁厂、马鞍山钢铁厂等周边钢厂。年上缴税金 1500 万元。

江苏省金源黄金公司 前身为 1982 年 3 月成立的江宁县采金厂。1996 年，由中国黄金集团江苏黄金公司和南京铜井实业总公司投资成立有限责任公司。注册资本 332.40 万元，江苏黄金公司占其总股本 52%，南京铜井实业总公司占其股本 48%，是国有控股公司。公司地处江宁区江宁街道洪幕村境内。公司经营范围和项目为金银矿采选，金银“三废”回收、有色金属冶炼。主要产品为合质金及铜精矿。建矿之初，利用原南京铜井铜矿闭坑遗留的地表重砂和手选矿石，逐步发展成日处理 25 吨矿石的小选矿场，并从地表走向地下。1991 年、1997 年，经山东烟台黄金设计院 2 次改扩，日处理矿石量达 200 吨，年采掘矿石量 8 万吨以上，年处理矿石量 6 万吨以上，成为中型黄金矿山企业，也是江苏省内唯一的黄金开采矿山企业。2007 年，公司有职工 200 人，工业总产值 12736 万元，利税总额 751 万元。

图 15-2-18 江苏省金源黄金有限责任公司（2000 年摄）

第三节 非金属矿采选业

【行业企业及经济指标】

建材用非金属矿产是江宁的优势矿产资源。江宁乡镇工业的发展就是从开采石料起步的。1952 年，成立青龙山矿办事处，在青龙山桃园一带开采建筑石料。1954 年，成立地方国营江宁采石公司。1958 年，全县办起 5 家集体采石场，开采品种有石灰石、红砂、瓷土等。主要企业有淳化公社采石场、上坊公社采石场、汤山公社采石场、方山公社红砂场和东善公社矿产制品厂等。1978 年，非金属矿开采取得突飞猛进发展。全县共有陶土厂 7 家，七〇砂场 15 家，白泥场 14 家，红砂场 20 家，石粉厂 1 家，采石、黄沙场 170 家。年红砂产量 10.72 万吨，陶土粉 5.73 万吨，陶土块 2.83 万吨，白泥 1.91 万吨，耐火泥 1.16 万吨，七〇砂 12.60 万吨，水磨石粉 2200 吨，瓷土 5600 吨，石灰石 922.20 万吨，建筑石 82 万吨，黄沙 25 万吨。

1985 年，非金属矿开发粗具规模，有企业 213 家（包括村办企业），生产人员 15869 人，产值 5151 万元，产品销往全国 23 个省、市自治区。1990 年，县、乡二级非金属矿采选业有 27 家，工业总产值（1990 年不变价）2009 万元。其中，土砂石开采业 22 家，总产值 1652 万元；化学矿采选业 1 家，14 万元；其他非金属矿采选业 4 家，总产值 343 万元。

《中华人民共和国矿产资源法》颁布后，江宁县依法对全县非金属采矿业进行梳理，全县采矿业进入依法管理阶段。2001 年，全区产品销售收入 500 万元以上的非金属矿采选业企业有 17 家，工业总产值 28011 万元，资产总额 10174 万元，产品销售收入 27614 万元。利税总额 2468 万元，从业人员年平均数 2475 人。

2002年后，依据矿产开发与社会经济发展水平相适应要求，宏观调控矿山数量和矿山开采总量。至2007年12月底，全县非金属矿开采企业共有120家，开采的主要品种有酸性陶土、白泥、瓷土、硅酸铝等。全区产品销售收入1000万元以上的非金属矿采选业有7家，工业总产值12736万元，产品销售收入12455万元，资产总额18109万元，利税总额1885万元，从业人员年平均数742人。

【企业选介】

南京江宁区淳化采石厂 位于淳化街道淳化村，是专门从事石料开采、石灰冶炼的集体企业。创办于1958年，属淳化公社管理，有农民工45人。1973年，有工人280人，总产值（1970年不变价）82万元，利润54万元。1979年，划归江宁县社队工业局管理，为集体所有制企业。是年，工业总产值（1970年不变价）133.30万元，利润73.30万元。1984年，采石厂改为社会福利工厂，有工人282人。当年进行产品结构调整，增加石灰生产，产品销往上海梅山钢铁公司、大庆水泥厂等单位。1986年，开始生产冶金石灰，专供南京钢铁厂和上海梅山钢铁公司及民用建筑，经济效益逐年提高。2005年，共生产各种石料35万吨，冶金石灰粉12.80万吨，年产值2890万元。2007年，工业总产值2156万元，利税585万元，固定资产560万元。

南京汤山膨润土有限公司 1975年6月，成立南京汤山膨润土厂。2002年，通过企业改制，建立南京汤山膨润土有限公司。公司位于南京东郊汤山镇古泉村，占地面积2.37万平方米，职工125人，其中管理人员18人，技术人员8人。固定资产1200万元。有自主开采权8000多万吨优质膨润土储量的矿山2座，有完整的膨润土加工设备、化验和检测仪器。公司生产的“阳山牌”（公司商标）膨润土系列产品分为冶金铁矿球团黏结剂、精密铸造专用膨润土系列、生物饲料用膨润土系列、化工专用膨润土系列、长效降阻剂、干燥剂等。年产膨润土10万吨，产品畅销欧美、日本和东南亚市场。公司与国家级南京地矿研究所共同建成非金属研发中心，形成从矿的开采、产品设计、研发、加工，到营销及售后服务一体化企业实体。2005年，通过ISO 9001:2000质量管理体系认证。2007年，公司产值1500万元，利税200万元。

图15-2-19 南京汤山膨润土有限公司（2000年摄）

第三章　农副产品加工及食品制造业

江宁县有着良好的自然环境和丰富的农副产品资源，为农副产品加工及食品饮料制造业的发展提供可靠的资源保证。1949年，全县食品工业总产值96.27万元，其中粮油工业82.37万元。酿酒1.42万元和调味品、糖果、糕点等12.48万元。1985年，全县食品工业企业发展到54家。其中，粮油加工业17家，植物油加工业15家，糕点糖果制造业5家，屠宰及肉类加工业3家，罐头食品制造业1家，调味品制造业3家；饮料制品业8家，饲料工业2家。工业总产值6037万元。

20世纪90年代后，县农副产品加工及食品饮料制造业进入快速发展时期，随着一大批绿色生态农业示范区、无公害果蔬基地、有机食品生产基地的建立，吸引一批外地企业至江宁投资兴办食品深加工产业，为江宁的农副产品加工及食品饮料制造业的崛起和发展奠定了基础。2001年，全区产品销售收入500万元以上的农副产品加工及食品饮料制造业22家。其中，食品加工业9家、食品制造业8家、饮食制造业5家。工业总产值121831万元，从业人员年平均数3149人。

2002年后，江宁农副产品加工及食品饮料已从小而散，向集约化、规模化生产转变。2007年，全区产品销售收入1000万元以上的企业有19家。其中，农副食品加工业4家、食品制造业13家、饮料制造业2家。工业总产值27.46亿元，占全区工业总产值5.03%；利税总额2.48亿元，占全区工业利税总额3.90%；从业人员年平均数5998人。

第一节　农副产品加工业

【行业企业及经济指标】

民国时期，江宁农民普遍用石磨、石碾、石臼和木砻等加工粮食。随着生产发展，机器的应用，集镇上逐步兴办粮油加工厂。至新中国成立前夕，县集镇有粮油加工行业15家，农村有砻坊29家，磨粉坊31家、油坊21家、糟坊16家、饴糖坊27家，共计139家。

1949年，全县粮油工业总产值82.37万元。1950年，租赁倒闭的湖熟泰丰碾米厂兴办国营粮食公司加工厂。1951年，供销社办起东山、板桥、陶吴、秣陵4家粮油生产厂，这些私营厂因任务不足、成本高而逐步关停。至1955年年底，全县仅存私营油米厂10家。1956年，国家对私营粮油工业进行社会主义改造。1957年，全县有国营油米厂5家，公私合营碾米厂4家。实现工业总产值786.92万元。20世纪60年代初，粮油工业贯彻“调整、巩固、充实、提高”八字方针。1970年，有国营粮油加工企业8家，集体企业9家（社办），实现工业总产值821万元。1982年后，新建县植物油厂，随着经济发展，农副产品加工业几经调整和撤并。至1985年，全县有粮油加工企业17家，植物油加工业15家，屠宰及肉类加工企业3家，实现工业产值4527万元。

20世纪90年代后，加大对农副产品加工业的投入，形成一定规模，在江宁县面粉厂、江宁植物油厂、江宁县饲料公司和5家油米厂基础上，又新建了江宁米厂。1992年，南京甘汁园糖业有限公司落户江宁。1996—1998 年，县饲料公司新建一条特种饲料生产线和一条小鸭饲料生产线。至 2001 年，产品销售收入 500 万元以上的农副产品加工企业有 9 家，工业总产值 27336 万元，资产总额 11429 万元，产品销售收入 20505 万元，利税总额 746 万元，从业人员年平均数 788 人。

2001 年后，南京绿健米业有限公司、江苏苏果食品有限公司、南京弘益油脂有限公司相继成立。至 2007 年，江宁区产品销售收入 500 万元以上的农副产品加工企业有 12 家，产品销售收入 1000 万元以上的企业有 4 家。4 家工业总产值共计 16633 万元，产品销售收入 16585 万元，资产总额 8415 万元，利税总额 1037 万元，从业人员年平均数 239 人。

【企业选介】

南京绿健米业公司 位于南京市江宁区淳化街道工业集中区。1992 年，成立南京金陵优质米公司，占地面积 2 万平方米，属集体所有制企业。2002 年改制，组建南京绿健米业有限公司。公司是大米、皮糠、大糠、碎米、黄米、米粉等产品专业生产加工企业，是南京市重点农业龙头加工企业。周边优质稻谷种植面积 2 万多公顷，拥有 2 条优质大米加工生产流水线，年加工能力 6 万吨以上，总资产规模 3824 万元。2007 年，销售量 5500 万公斤，产品销售收入 13320 万元，利税 526.10 万元。公司生产的土桥牌珍珠大米，1999 年，被国家绿色食品发展中心认定为绿色食品。2002—2003 年，被农业部农产品质量安全中心、江苏省农林厅认定为无公害产品，同时获得南京市名牌产品称号。2005 年，被评为江苏省名牌农产品。2005 年 2 月，土桥珍珠米代表江苏参加在法国巴黎举办的国际农业博览会。产品还出口澳大利亚、意大利、日本和非洲一些国家。

图 15-3-20 南京绿健米业有限公司（2002 年摄）

南京弘益油脂有限公司 1981 年，创建江宁县植物油厂。2003 年 5 月，在粮食局企业改制中，植物油厂改制后成立南京弘益油脂有限公司。2004 年，易址新建，公司位于湖熟街道工业园区内，占地面积 3.20 公顷，当年被列入江宁区基础设施建设“十大奋斗目标”之一。公司拥有固定资产 3000 万元，生产工艺采用国内先进的预榨、浸出萃取法，年加工油料能力 6000 万公斤。主要产品为“素神”牌菜籽油，另有豆油、玉米油、麻油、橄榄调和油、风味调和油等“素神”系列产品。2002—2004 年，“素神”牌菜籽油和橄榄调和油被国家和省、市粮食行业办会授予“放心油”称号，被市粮食行业协会、市质量检验协会认定为“放心油”销售企业。在全国大中型企业产品国家监督专项抽查和企业保证产品质量必备条件调查中，“两查”合格，获产品质量合格企业铜牌。2000—2007 年，均被列为省、市农业产业化龙头企业。

第二节 食品饮料制造业

【行业企业及经济指标】

1949年，全县食品工业只是私人小作坊生产，有磨粉坊31家、饴糖坊27家、糟坊16家。年总产值13.90万元。其中，调味品、糖果、糕点等产值12.48万元，酿酒1.42万元。1958年，国营淮米厂兴办饴糖车间14个、酒车间13个、酒麯车间4个、山芋淀粉车间4个。是年，还办起东山食品厂。1960年后，相继兴建江宁县食品厂、湖熟食品厂、江宁县酿酒厂、江宁镇食品厂等。至1985年，全县食品饮料制造企业有17家，工业总产值1010万元。其中，糕点糖果制造业503万元，罐头食品制造业16万元，调味品制造业73万元，饮料制品业418万元。

20世纪90年代后，是江宁食品饮料制造业大发展时期，南京含羞草食品有限公司、南京川田乳品有限公司、南京金阳光乳品有限公司、南京海鹰食品有限公司、南京百事可乐饮料公司以及与台商合资的南京旺旺食品有限公司纷纷建立。至2001年，江宁区产品销售收入500万元以上的食品饮料制造业有13家。其中，食品制造企业8家，工业总产值49097万元，资产总额56876万元，产品销售收入48272万元，从业人员年平均数1835人；饮料制造企业5家，工业总产值45398万元，资产总额52549万元，产品销售收入59746万元，利税总额9597万元，从业人员年平均数526人。

2001年后，南京华久明实业有限责任公司、南京克莉丝汀食品有限公司、江苏东航食品有限公司、南京白象食品有限公司、南京百事可乐饮料有限公司先后落户江宁。至2007年，全区产品销售收入500万元以上的食品制造企业23家，饮料制造业4家。产品销售收入1000万元以上的食品制造企业13家，饮料制造业2家。13家食品制造企业工业产值18.34亿元，产品销售收入18.79亿元，资产总额19.23亿元，利税总额1.33亿元，从业人员年平均数5209人；2家饮料制造企业产值7.46亿元，产品销售收入5.88亿元，资产总额4.43亿元，利税总额1.05亿元，从业人员年平均数550人。在食品饮料制造企业中，南京百事可乐饮料有限公司，南京福旺食品有限公司，南京白象食品有限公司是区工业利润、固定资产规模、利税、产品销售收入、工业总产值百强企业；江苏东航食品有限公司是区工业利润、固定资产规模、利税百强企业；南京卫岗乳业有限公司是区工业利润、利税、产品销售收入、工业总产值百强企业；通用磨坊食品（南京）有限公司，南京光明乳业有限公司是区工业固定资产规模、产品销售收入、工业总产值百强企业。

【企业选介】

南京光明乳业有限公司 是由光明乳业股份有限公司和禄口机场经济圈发展有限公司共同斥资1500万元，于2000年9月16日组建的有限责任公司，由光明乳业控股经营。工厂设在禄口开发区来凤路2号，占地面积3.30万多平方米，建筑面积7500平方米。另外，公司还租用占地面积

图15-3-21 南京光明乳品有限公司（2003年摄）

12.67公顷的江宁区牧场，作为公司的奶牛饲养基地，实现基地饲养、乳品开发生产、电子商务销售为一体的现代化乳品企业。公司有职工254人，其中管理人员7人、生产技术人员247人；其中具备大、中专及高中以上学历的人员190人。公司于2003年年底通过ISO 9001、ISO 14001和HACCP三个质量环境安全体系的认证，并获得江苏省首批食品生产卫生许可证。至2007年，公司投资4300万元，其中固定资产投资3300万元。公司有1条进口屋顶包纯鲜牛奶生产线，2条新鲜杯纸杯牛奶生产线，4条瓶装鲜奶生产线，2条袋装奶生产线。主要产品有七大类40余个品种，日生产能力可达25万公斤。供应区域延伸至南京、镇江、扬州、合肥、马鞍山、芜湖等地区。

南京王氏食品有限公司 1992年，由新加坡盛顺贸易公司投资175万美元，与南京市江宁县其林镇政府合作创办。原名为南京麒麟新亚食品有限公司，于1995年更名为南京王氏食品有限公司。2000年经改制，外方全额收购了中方的股权，成为外资独资企业。公司位于南京市江宁区麒麟镇麒东路135号，占地面积近4万平方米，各种建筑物建筑面积近1.40万平方米。公司拥有从日本进口的先进食品设备100多台（套）。经过10年艰苦创业，已成功开发生产麦片、豆奶粉、芝麻糊、固体饮料（含精制茶）、蜂蜜六大类近200多个品种，2003年年底，推出“王氏蛋白质粉”，年生产能力达1000万公斤。公司积极开拓市场，完善销售网络，除在江苏省建立完整的销售网络外，还在北京、上海、河北、河南、湖北、辽宁、黑龙江、吉林、安徽、山东、福建、江西、内蒙古、陕西、甘肃、四川等地广设网点。2001年，通过ISO 9001:2000质量管理认证，产品获江苏省优秀科技产品、华东优秀科技产品等荣誉；由中国国际贸易促进会将公司产品介绍到欧洲市场，并颁发了证书。2003年11月，被中国保护消费者权益基金会评为保护消费者权益先进单位。公司还获得2003年度南京市江宁区十佳龙头企业称号和南京市建设新南京先进单位称号。

南京年余冷冻食品有限公司 创立于1983年，经过20多年的艰苦创业与拓展整合，成为江苏省农副产品深加工（冷冻食品）行业的先进企业之一。公司占地面积2.67公顷，建筑面积4万余平方米，固定资产5000余万元，年产值近1亿元。有员工400余人、技术人员40人。各种生产、生活设施配套齐全，拥有冷库容量8000余吨、速冻隧道5条、急冻间8间（300余平方米），并引进国内、外先进生产设备数十台（套）。公司主要生产以上等农副产品为主要原料的“年余”牌速冻小包装食品和水产肉类加工品，共计十大系列80多个品种，引进的台湾冷糕系列填补国内空白。公司被各级主管部门评为重合同、守信用企业、明星企业、文明企业、光彩之星与安全生产工作先进单位，并先后获得江苏用户满意商品金牌、江苏市场名优产品等荣誉称号。2005年，通过QS认证与ISO 9000:2001国际质量体系认证。

图15-3-22 南京年余冷冻食品有限公司（2000年摄）

第四章　纺织及服装裘革制造业

纺织工业及皮革制造业是江宁四大传统行业之一。新中国成立前，就有初级加工型的手工业生产，主要是为民生活服务需要而形成的街坊服务业，没有工厂化生产。1949 年，仅有手工织布机的棉布生产。是年，生产棉布 9.80 万米，纺织工业及皮革制造业总产值 50.57 万元。20 世纪 70 年代初，大批城市知识青年下放农村，南京大同被单厂、南京毛巾厂等企业，先后与县社队挂钩，从技术、资金、项目方面帮助办厂，在城市纺织工业支持下，办起禄口织布厂等 10 多家企业。1979 年，县委、县政府把纺织工业作为发展全县工业的重点。1985 年，江宁县纺织及纺织服装、裘皮制造业企业共 92 家，生产合成纤维 117.50 万公斤、布 660 万米、丝 7.10 万公斤、丝织品 247 万米、皮鞋 52 万双、鞣制皮革（折合牛皮）0.25 万张。工业总产值（1980 年不变价）6228 万元，占工业总产值 44344 万元的 14.04%。

20 世纪 90 年代后，一批纺织工业的规模企业先后落户江宁。2001 年，产品销售收入 500 万元以上的纺织业，纺织服装、鞋、帽制造业和皮革、毛皮、羽毛（绒）及其制品企业共 71 家。2007 年，产品销售收入 1000 万元以上的企业有 64 家。工业总产值 49.21 亿元，占全区工业总产值 9.01%；利税总额 3.97 亿元，占全区工业利税总额 6.21%。从业人员年平均数 28055 人。

第一节　纺织业

【行业企业及经济指标】

1949 年，江宁县纺织业只有手工织布机的棉布生产，年产棉布 9.80 万米，年产值 20.84 万元。1958 年 6 月，陶吴纺织生产合作社改建为地方国营江宁县纺织厂，有职工 300 人，1960 年调整下马，后又恢复生产。1970 年，江宁县丝厂投产，有职工 616 人，主要生产白厂丝和织绸。1976 年，江宁县丝织厂建成投产，生产出第一批棉丝纺。1976 年，纺织业总产值 315.10 万元。1978 年后，纺织业在乡镇工业中发展较快，江宁县织布厂、南京第二被单厂、铜山乡合成纤维厂、南京第三毛巾厂等相继建成投产。1985 年，全县纺织企业有 23 家，工业总产值（1980 年不变价）3308 万元。其中，棉纺织企业 3 家，总产值 1030 万元；毛纺织企业 7 家，总产值 464 万元；丝绢纺织业 5 家，总产值 1510 万元；针织品企业 8 家，总产值 304 万元。

图 15-4-23　1970 年江宁县缫丝厂蒸汽煮茧车间

20 世纪 90 年代后，一批纺织业规模企业先后成立。2001 年，全区产品销售收入 500 万元以上的纺织企业有 15 家，总产值（现价）42292 万元，产品销售收入 42358 万元，资产总额 23149 万元，利税总额 4950 万元，从业人员年平均数 2625 人。

2007年，全区产品销售收入1000万元以上纺织企业有20家，总产值11.28亿元，产品销售产值12.66亿元，资产总额14.31亿元，利税总额5757.90万元，从业人员年平均数4179人。主要产品产量：纱10614吨；布782万米，其中棉布585万米、棉混纺布（混纺交织布）117万米、化学纤维布（纯化纤布）80万米；毛机织物（呢绒）283万米。20家规模企业中，南京新纺织印染有限公司是区工业总产值、产品销售收入、固定资产规模、利税、利润百强企业；南京晨啸纺织品有限公司是区工业总产值、产品销售收入、固定资产规模百强企业；南京海欣丽宁长毛绒有限公司是区工业产品销售收入、固定资产规模、利润百强企业。

【企业选介】

南京市江宁区顺达实业公司　是以制丝和丝绸产品生产经营为主的股份制企业，改制前为南京江宁缫丝总厂，成立于1969年，位于东山上元大街619号。占地面积10万平方米，拥有资产3500万元。下属企业有南京铜山缫丝厂、南京江宁顺达捻线丝厂、南京江宁蚕茧公司等企业，有职工2500余人，专业人员80余人，主要生产白厂丝和经、纬线及丝绸产品，注册商标“顺艺”。是江苏省出口丝绸集团公司出口丝定点生产单位，年产缫丝40万公斤，手加工量60万公斤。白厂丝出口率80%，捻丝出口率100%，产品远销欧洲、美国、日本、印度、泰国、突尼斯。2001年，完成工业产值2510万元，产品销售收入2222万元，利润62万元，利税117万元。2007年，完成工业产值5000万元，出口创汇1500万美元。

2002年，企业通过ISO 9001:2000国际质量保证体系认证，取得自营进出口经营权，蚕丝绸产品获江苏省名优企业产品称号，连续7年为南京市重合同、守信用企业。公司为中国丝绸协会理事单位、江苏省丝绸行业协会常务理事单位。

南京铜山缫丝厂　隶属于顺达实业公司，占地面积2万平方米，建筑面积1.30万平方米，拥有固定资产815万元，职工总数179人，其中残疾人50人。缫丝厂主要经营化纤、化纤毛纺、织毯、包装盒、塑料、白厂丝、捻线丝等加工、销售。其产品白厂丝、捻线丝畅销全国各地，远销印度、日本等几十个国家和地区。2007年，产品销售额2810万元，上缴税金135万元。

图15-4-24　南京铜山缫丝厂（2000年摄

第二节　服装鞋帽制造业

【行业企业及经济指标】

1949年，江宁县个体缝纫业总产值26.91万元。1956年，成立南京第二帽厂，为集体所有制性质，生产布帽、童帽等。1969年，成立江宁县服装鞋帽厂（1985年，更名为南京服装十一厂）。1975年和1977年，在省、市外贸部门的支持下，办起岔路和上坊乡办服装厂，加工衬衫、护士服等出口服装。1985 年，全县纺织服装、鞋、帽制造企业有 34 家，工业总产值（1980 年不变价）1485 万元。

20 世纪 90 年代后，乡镇企业蓬勃发展，一批乡镇创办的服装企业规模扩大，产能提升，如土桥、陆郎、江宁、湖熟等乡镇办服装企业。2001 年，全区产品销售收入 500 万元以上的企业有 30 家，工业总产值 107720 万元，产品销售收入 103440 万元，资产总额 60456 万元，利税总额 6782 万元，从业人员年平均数 12205 人。生产服装 2814 万件，其中梭织服装 1471 万件、衬衫 173 万件、针织服装 1200 万件。

2007 年，全区产品销售收入 500 万元以上的企业有 58 家；产品销售收入 1000 万元以上的企业有 35 家。35 家工业总产值 30.16 亿元，产品销售收入 37.37 亿元，资产总额 20.48 亿元，利税总额 1.86 亿元，从业人员年平均数 20643 人。生产服装 6401 万件，其中梭织服装 5414 万件、衬衫 299 万件、儿童服装 155 万件、针织服装 553 万件。在 35 家企业中，南京金霞服饰有限公司是区工业总产值、产品销售收入、利润、利税、固定资产规模百强企业。

【企业选介】

南京大有服装公司　为私营责任有限公司，系南京永昌服装总公司南京服装十一厂改制组建。公司成立于 2000 年，注册资本 126 万元，位于南京市东山镇金箔路 189 号。总资产 5000 万元，厂区建筑面积 3.60 万平方米，专用设备 1000 余台（套），各种高档进口设备 200 多台，员工 1100 多人，技术人员 50 名，主要生产高档运动服、中空棉衣、羽绒服、休闲服、西裤、压胶服等中高档产品，为美国客户加工生产劳斯配斯、恰铭、贝尔等国际名牌服装，企业产品全部出口并取得进口权证，已通过 ISO 9001:2000 国际质量体系认证，并注册“弗锐德”商标。2001 年，完成工业产值（现价）4004 万元，工业增加值 1014 万元，产品销售收入 3566 万元，上缴税金 158 万元。2002 年，完成产值（现价）4398 万元，产品销售收入 4711 万元，上缴税收 202 万元。2007 年，生产各类服装 100 万件，工业总产值 5000 万元。

南京永联纺织服饰有限公司　成立于 2003 年 4 月，是中外合资企业。位于禄口街道彭福社区，占地面积 8000 平方米，建筑面积 6000 平方米，有员工 130 人。具有服装设计、制版、打样、缝纫等一条龙生产能力，有 6 条现代化生产流水线，各类服装生产设备 200 台（套），固定资产（不含房地产）255 万元，年生产量 60 万件（套），公司生产的便服套装、夹克、衬衫、牛仔系列等服装，全部出口到欧洲、美国、日本、澳洲、以色列等国家和地区。2006 年，实现产品销售额 2849 万元，其中直接出口额 300 万美元。2007 年，实现产品销售额 3964 万元，其中直接出口额 650 万美元。

第三节　裘革羽毛（绒）及其制品业

【行业企业及经济指标】

皮毛加工是江宁县民间传统加工业。新中国成立前，全县各地有不少个体皮毛匠，以禄口、陶吴 2 乡一带为最多。皮坊不仅在当地办，还去上海、香港等地开办。1949 年，皮革工业总产值只有 2.82 万元。1968 年 8 月，集体皮毛厂开始兴起，1970 年，有禄口和陶吴 2 家皮毛厂。1978 年，新增周岗乡综合厂、铜山乡皮毛厂、方山乡皮毛厂和秣陵乡东埠皮毛厂 4 家企业，新增湖熟镇皮鞋厂、土桥乡制革厂2家皮革制品企业。1983年，生产皮革制品84.92万件，皮鞋47.15万双，皮革1100张。1985年，县、乡两级有皮革、毛皮及其制品业17家，工业总产值（1980年不变价）1427万元，生产鞣质皮革（折合牛皮）2500张，皮鞋52万双，此外还生产照相机壳、皮箱、手枪壳、子弹袋、皮包、皮服装、手套等。1986年后，南京富宁皮件有限公司、伯格（南京）皮件有限公司、南京万里集团有限公司、南京隆丰纺织品有限公司、南京山和轻有限公司、南京贯中皮具有限公司等相继成立。

图15-4-25 江宁县禄口乡裘皮厂生产的服装展示（1984年摄）

至2001年，产品销售收入500万元以上的皮革、毛皮、羽毛（绒）及其制品企业有26家，工业总产值（现价）112367万元，产品销售收入107166万元，资产总额38451万元，利税总额5956万元，从业人员年平均数3865人。

2007年，产品销售收入500万元以上的皮革、毛皮、羽毛（绒）及其制品企业有12家，全区产品销售收入1000万元以上皮革、毛皮、羽毛（绒）及其制品企业有9家，9家工业总产值77731万元，工业销售总产值84378万元，产品销售收入84235万元，资产总额57395万元，利税总额15322万元，从业人员年平均数3233人。年产羽绒服装159万件，皮鞋248万双。

【企业选介】

南京达丰羽绒公司 是一家中外合资企业，建于1995年10月，厂址在横溪街道陶吴社区桃盛大街，占地面积13万平方米，建筑面积9万平方米。注册资金200万美元，总投资300多万美元。有员工3000人。主要生产“逸宁”商标注册的各档羽绒及其制品，包括羽绒服装及羽绒被、睡袋、枕、垫、罩等系列床上用品，年产量300万件套。95%以上的产品出口美国、欧洲、日本、俄罗斯等30多个国家及地区。1996—1999年，公司连续4年被南京市人民政府评为外商投资先进企业、最佳外商首批企业。1999年，“逸宁”牌羽绒系列产品，获江苏省乡镇企业名牌产品称号。从2002年开始，公司每年都被评为省、市级农业产业化龙头企业。2005年3月，通过ISO 9001质量体系认证。是年10月，南京市认定公司为市级企业技术中心，具有不断开发技术创新、新产品研发能力。2006年，公司实现外贸产品销售额4.20亿元，当年位居全区工业总产值百强企业第50位。

图15-4-26 省级明星私营企业——中外合资南京达丰羽绒有限公司（2000年摄）

以达丰羽绒公司为核心的南京达丰工贸科集团，下属有3家具有独立生产能力的公司、基地和1家专业从事外贸经营的贸易公司。在国家对中、小企业的政策扶持下，从美国引进全自动床上用品流水生产线5条，总投资额6000万元。公司固定资产1.90亿元。2007年8月，集团整体通过ISO 9001、ISO 14001、GB/T 28001的认证。2007年，公司年产值17216万元，上缴税金571万元，从业人员730人。

南京宝隆(宝岛)羽绒制品有限公司 建于1988年，为合资企业。拥有固定资产3000万元，位于禄口街道铜山，占地面积5.30公顷，建筑面积1.50万平方米，是集生产、加工、贸易于一体的外向型企业。公司生产及检测设备齐全，有德国引进羽毛（绒）加工生产自动流水线和国产羽毛加工生产流水线各1套，各类制品缝纫设备300台（套）。生产各种规格的羽毛、羽绒、羽绒被、睡袋、枕芯、羽绒服装等，产品远销欧洲、美国、日本等地，出口率95%。公司获准“实施检验检疫绿色通道制度企业”，并通过ISO 9001:2000质量管理体系认证。

第五章　建材与木材加工及家具制造业

建材工业（非金属矿物制品业）是江宁四大传统产业之一。据清宣统二年（1910）编修的《江宁乡土志》载，定林一带（今汤山街道青龙山）石灰窑甚多，年产六七万担。据《江宁县政概况》记载，民国22—23年（1933—1934）间，全县有个体砖瓦窑9处，生产石灰经营户2户。

新中国成立后，江宁县已有3处机械生产的砖瓦厂，经过近60年的发展，江宁区的建材工业在资源型水泥及水泥制品业、浅岗土综合利用砖瓦业和新型建材产品业3个方面快速发展。1965年，全县生产水泥1306吨，1985年，生产水泥40万吨，2007年，生产水泥397.50万吨。1950年，全县生产砖160.80万块、瓦14.20万片，1970年，生产砖658.50万块、瓦921.10万片，1985年，生产砖81683万块、瓦1714万片，2007年，生产砖3300万块。江宁区逐年适应市场需求开发新型建材产品，生产品种多、能力强。主要产品有彩钢复合板、三维板、JK板、硅型板、复合蜂窝板、GRC板、纤维复合板、陶粒砖等。新型建材产品生产量（折合标准砖），2000年为15万立方米，2005年为62万立方米，2007年为100万立方米。此外，江宁区非金属矿物制品业还生产玻璃及玻璃制品、塑料包装和容器制造、耐火材料、石墨等产品，2007年，全区产品销售收入1000万元以上的非金属矿物制品企业有38家，工业总产值26.61亿元，占全区工业总产值4.87%。

2007年，江宁区销售产品500万元以上的木材加工及竹藤棕草制品业11家，工业总产值13.68亿元；产品销售收入1000万元以上的家具制造业企业有4家，工业总产值1.07亿元，占全区工业总产值0.20%。

第一节 非金属矿物制品业

【行业企业及经济指标】

1949年，全县非金属矿物制品业（时称建筑材料工业）产值11.41万元，其中砖瓦5.40万元、石灰6.01万元。20世纪50年代初，全县有3家机械生产砖瓦厂，即生建砖瓦厂、众望砖瓦厂和汤山砖瓦厂。1958年，砖瓦生产开始发展，全县办起15家集体砖瓦厂，共生产砖1222.40万块，瓦50.10万片，总产值38.51万元，生产石灰670吨，产值12.47万元。1975年，江宁县非金属矿物制品业出现大发展的高潮。全县26个公社不仅都办起砖瓦厂，而且还在陆郎、江宁、铜井、谷里、汤山、秣陵、横溪、东善、岔路等9座轮窑。砖的产量12697万块，比1970年增长18.30倍；瓦的产量2380万块，比1970年增长1.60倍。与此同时，县水泥工业发展较快，1975年，建立南京青龙山水泥厂和铜山乡水泥厂，1976年，江宁乡水泥厂建成投产。1985年，全县非金属矿物制品行业发展到94家，总产值7296万元。其中，水泥制造业8家，产值2126万元；水泥制品及石棉水泥制品业33家，产值1206万元；砖瓦、石灰、轻质建材制品业47家，产值3047万元；玻璃及玻璃制品业2家，产值361万元；耐火材料制品业2家，产值242万元；矿物纤维及其制品业1家，产值162万元；非金属矿物制品业1家，产值152万元。

1986年始，产品销售收入4000万元以上的非金属矿物制品规模企业有9家，即南京天宝水泥集团有限责任公司、南京兰叶集团有限公司、江宁禄口水泥预制品厂、南京禄口特种预制品厂、江宁淳化水泥厂、南京宇力石棉制品厂、南京金江水泥厂、南京宁峰水泥厂、南京宁嘉混凝土有限公司。2001年，全区产品销售收入500万元以上的非金属矿物制品企业有57家。工业总产值17.49亿元，资产总额14.92亿元，产品销售收入16.87亿元，利税总额1.77亿元，从业人员年平均数13330人，生产水泥226万吨，水泥排水管37357吨，水泥预制构件75768立方米，石棉水泥瓦261.39万平方米，砖（折标准砖）49631万块，日用玻璃品7421吨，日用陶瓷241万件，耐火材料制品948吨。

2002年始，南京嘉伟混凝土有限公司、南京天印市政工程材料有限公司、南京五胜建材科技有限公司、南京派尼尔科技实业有限公司、南京宁耀玻璃实业有限公司、南京弘腾磨料磨具有限公司先后建成。2007年，全区产品销售收入1000万元以上的非金属矿物制品企业有38家，工业总产值26.61亿元，产品销售收入27.19亿元，资产总额30.20亿元，利税总额4.10亿元，从业人员年平均数6986人。生产水泥熟料254.59万吨，室外分解窑熟料（预分解窑熟料）99.73万吨，水泥397.50万吨，水泥排水管6.60万米，商品混凝土189.50万立方米，砖（折标准砖块）3300万块，中空玻璃33.80万平方米。在38家企业中，南京三龙水泥有限责任公司，南京兰叶混凝土有限公司，南京三龙新型建材有限公司，南京三和管桩有限公司是区工业利润、固定资产规模、利税、产品销售收入、工业总产值百强企业；南京一夫建材实业有限公司是区工业利润、固定资产规模、利税百强企业；南京金江水泥厂是区工业固定资产规模、利税、产品销售收入百强企业；南京天印市政工程材料有限公司是区工业利润，工业利税、产品销售收入、工业总产值百强企业。

【企业选介】

南京三龙水泥有限责任公司 是由原南京天宝水泥集团整体改组成立的股份合作制企业，

资产总额6亿元，员工1800余人，各类专业技术人员382人，占地面积80多万平方米。自有运输吨位2000吨，自有矿山石灰石储量丰富，已探明地区储量5亿吨，平均二氧化钙含量54.38%。

公司前身为南京青龙山水泥厂，始建于1973年，拥有2条新型干法旋窑生产线和1条商品混凝土生产线，年产水泥260万吨，混凝土100万立方米，形成以水泥为主业，以新型建材为产业链的同心多元化的大型企业集团，是中国建材百强企业、中国优秀建材企业和南京市优秀民营企业。公司经中国质量认证中心、中国建材质量体系认证中心和中国房建材料产品质量认证委员会、认证中心的双重评审，分别通过ISO 9001:2000版质量体系认证、产品质量认证和ISO 14001环境管理体系认证。公司主导产品“天宝山”牌32.5级、42.5级、52.5级普通硅酸盐水泥，先后被评为南京市名牌产品、江苏省名牌产品、江苏省重点保护产品、江苏省重点工程推荐产品、向全国消费者用户推荐产品、政府采购指定品牌、国家建材推荐产品等。2002年3月，被国家质量监督检验检疫总局评为国家免检产品。2002—2006年，完成工业总产值19.77亿元，是改制前5年的1.87倍；生产水泥899.93万吨，年递增率14.85%；实现利税总额4.87亿元。

图 15-5-27　南京三龙水泥有限公司（2000年摄）

南京三和管桩有限公司　位于江宁区104国道高庙南侧。2001年，由中山三和混凝土桩杆有限公司与香港裕盛国际集团有限公司合资组建。生产高强度预应力混凝土管桩（PHC桩）、商品混凝土，注册资本300万美元，是中国水泥制品工业协会会员单位，具有混凝土预制构件专业承包二级资质。公司设计生产能力为PHC桩400万米。2007年，形成PHC管桩250万米的生产能力。有员工426人，其中专业技术人员30人，有2条设备先进的PHC管桩生产线。2003年10月，通过ISO 9001:2000质量管理体系认证。2004年，被南京市工商行政管理局授予重合同守信誉企业称号。2006年9月，三和桩集团生产的“三和”牌预应力混凝土管桩被国家质量监督检验检疫总局评为中国名牌产品。2007年，产品销售额超1亿元。

图 15-5-28　南京三和管桩有限公司（2000年摄）

江苏省一夫新材料科技有限公司　位于江宁滨江经济开发区弘利路56号。公司成立于1999年，2000年开始投产。由原江苏省建筑材料研究设计院新材料研究所唐绍林、万建东二人下海创立，注册资金4200万元。公司主要从事节能、环保、新材料产品的研发、生产、经营及相应的技术服务，拥有一系列国际领先水平的现代化生产设备。

公司承担国家、省、市级科研项目10余项，共获各类国家专利20余项，其中，发明专利10项。主产品SGF粉刷石膏干拌砂浆、脱硫石膏制备 α 型高强石膏均荣获科技进步三等奖；SGF粉刷石膏干拌砂浆被列为国家级重点新产品及江苏省建设科技成果推广项目；"石膏基粉刷材料"发明专利被南京市人民政府评为市优秀专利。公司参与《SGF粉刷石膏预拌砂浆应用技术规程》《预拌砂浆技术规程》《建筑外遮阳图集》等多部省级标准的制定，并先后被认定（获得）为江苏省建设领域新技术产业化示范基地、江苏省民营科技企业、高新技术企业、江苏省化学建材诚信企业、全国石膏应用协会副理事长单位、江苏省化学及废弃石膏应用工程化研究中心主办单位、江苏省文明单位等殊荣。公司通过ISO 9000国际质量体系认证、ISO 14000国际环境体系认证。"一夫"商标被评为江苏省著名商标，主产品获江苏省名牌产品称号。

南京铜井陶纤有限责任公司 始建于1976年，是南京市民营科技企业，地处江宁滨江经济开发区南侧。占地面积6万平方米，固定资产4500多万元，制造各类电炉、窑炉100多台。企业下设5家分公司，即陶瓷纤维分公司、工程塑料分公司、纸箱包装分公司、涂装分公司、精密制造分公司。引进国外先进的技术和设备，建成自动化程度较高的制品生产线。具备年产陶瓷纤维系列制品8000多吨、工程塑料制品1000多吨、纸箱制品300多万平方米，PVC、PE各类管材近2000多万元，各类注塑配件1500万元的生产能力。硅酸铝纤维产品已属华东地区最大的生产基地，湿法卷毯填补国内空白。2000年，通过ISO 9001:2000国际质量管理体系认证。产品销售遍布全国各地及东南亚、西欧部分地区。公司先后获南京市明星企业，民营科技企业，重合同、守信用企业称号；江苏省科技二等奖、省计量合格确认单位等诸多荣誉。

图 15-5-29 南京铜井陶纤有限责任公司（2000年摄）

第二节 木材加工及家具制造业

【木材加工及竹藤棕草制品企业及经济指标】

1953年前，木材加工及竹藤棕草制品业为个体手工业。1953年，组织成手工业生产合作社、生产小组，主要生产木制、竹制农具。木制农具有耙、水车、木锨等90个品种；竹制农具有竹扒、竹筛、稻箩、泥筐等60多个品种。自成立手工合作社后，小农具生产屡受挫折。1968—1976年，在"农业学大寨"运动中，小农具生产虽受重视，但利润限制在5%～8%之间，造成企业积累不多，没有新发展。1976年，全县木材加工等产值只有81.20万元。1978年后，农村手工业社划归人民公社领导，县委、县政府对木材加工业虽有财政补贴政策，但由于原材料价格上涨幅度较大，造成经济效益微薄，甚至亏损，部分企业只好停产改行。1985年，全县木材加工及竹藤棕草制企业只有4家，生产木制农具1.90万件，竹制农具1.20万件，工业总产值（1980年不变价）141万元。1986年，企业数量有所发展，增至11家，工业总产值 279 万元，比 1985 年增加 97.87%。1990 年后，南京金东亚办公设备有限公司、南京海之丰包装有限公司、南京旺福包装制品实业有限公司等企业相继建成。2001 年，全区产品销售收入 500 万元以上的木材加工及竹藤棕草制品企业有 5 家，工业总产值 15068 万元（现价），产品销售收入 14214 万元，资产总额 3014 万元，利税总额 788 万元，从业人员年平均人数 424 人。2007 年，产品销售收入 500 万元以上的木材加工及竹藤棕草制品企业 11 家。工业总产值 13.68 亿元，产品销售收入 12.68 亿元，资产总额 7.67 亿元，利润总额 1.56 亿元，从业人员年平均数 3221 人。

【家具制造企业及经济指标】

江宁手工制作家具历史较长。新中国成立之前，大小集镇均设有个体经营的木作铺。20 世纪 50 年代，成立手工业生产合作社，归口县手工业局领导，生产桶、桌、凳、碗橱等。改革开放前，由于受“左”的路线影响，有一技之长的闲散木工不敢搞小工业，不敢经营。江宁家具行业直至 80 年代初才诞生。1985 年，全县家具制造企业 13 家，工业总产值 196 万元。1986 年，家具企业 18 家，工业总产值 752 万元。2000 年，全县家具制造业企业有 7 家，工业总产值 13449 万元，产品销售收入 13007 万元，资产总额 6827 万元，利税总额 910 万元，从业人员年平均数 685 人。生产家具 17.04 万件，生产用木制品 4497 万元。2001 年后，南京科雄工贸有限公司、荷蒙妮家居（南京）有限公司、南京我乐家居制造有限公司、南京仁盛木业有限公司、南京国晋塑胶制品有限公司、南京瑞丰塑业有限公司等先后建成。

图 15-5-30 科雄家具厂生产车间（2002 年摄）

2007 年，产品销售收入 500 万元以上的家具制造企业有 8 家。产品销售收入 1000 万元以上的家具制造企业有 4 家，4 家工业总产值 1.07 亿元，产品销售产值 1.28 亿元，产品销售收入 1.22 亿元，资产总额 8337.50 万元，利税总额 726.20 万元，从业人员年平均数 572 人，生产家具 495857 件。

【企业选介】

南京明霖木业有限公司 位于江宁经济技术开发区空港工业园（禄口）蓝天路，占地面积 2 公顷，总建筑面积 1.30 万平方米，是集木地板生产和销售为一体的专业公司。2007 年，生产各类‘华明”牌地板约 60 万平方米，产值约 5000 万元。公司通过 ISO 9001 国际质量管理体系认证和 ISO 14001 国际环境管理体系认证。公司连续多年被评为全国实木地板、多层实木地板 30 家质量和售后服务双承诺企业。“华明”品牌被评为中国“十佳”品牌，连续多年被评为上海实木地板、多层实木地板精品 20 家企业，上海市木地板十大畅销品牌。同时，公司开发国内外营销网络 150 多家，华明地板覆盖全国各大、中城市市场，并出口欧洲、美洲等 10 多个国家和地区。

南京金东亚办公设备有限公司 成立于 1996 年，坐落在南京江宁区淳化工业园，规划用地 7.33 公顷，其中，厂区建筑面积 2.40 万平方米，办公区及实验室面积 1.60 万平方米。公司主要生产及销售三聚氰胺中密度板、三聚氰胺刨花板、三聚氰胺防潮板，可广泛应用于家电制造（汽车、洗衣机、洗碗机、微波炉等）、家具制造（校用课桌、橱柜、壁柜、隔断系列）商业装潢及室内装饰。公司主要客户为德国西门子、瑞典伊莱克斯、美国惠而浦、韩国LG/三星、国内海尔、美的等世界500强企业。公司拥有自己的实验室，所进原料、出厂产品严格检验。每年省、市质监局，出入境检测中心，北京谱尼，上海SGS实验室等单位都要对公司产品进行质量监督审核，以此保证产品质量。

第六章 化工医药制造业

江宁的化工医药制造业，是新中国成立后崛起的工业，也是江宁的四大传统行业之一。1958年4月，开始建设江宁化肥厂，为地方国营企业。1970年，建设生产火化工产品的江宁县化工材料厂。随着经济建设的发展，全县的化工医药制造业不断扩大，化工产品有化肥、农药、火化工、日用化工、塑料制品、橡胶制品六大类。1985年，全县县、乡两级化工企业共35家。其中，化学工业31家、石油加工业2家、炼焦煤气企业2家；工业总产值（1980年不变价）3688万元，其中化学工业3570万元、石油加工业78万元、炼焦煤气及煤制品业40万元。20世纪90年代后，一些企业进行改制和重组，组建企业集团并引进一批中外合资企业。农村小型化肥工厂因国家产业结构调整限制发展，生物医药化工显现强劲发展势头。2001年，全区产品销售收入500万元以上的化工医药制造企业共95家。其中，石油加工及炼焦业8家、医药制造5家、化学原料及化学制品制造42家、化学纤维制造2家、橡胶制品4家、塑料制品33家；工业总产值41.33亿元，占全县工业总产值的18.16%。

进入21世纪，江宁区的医药化工行业逐步向集团化、规模化方向发展。以南京苏研科创农化有限公司为代表的化学农药制造业，以南京小营药业集团有限公司、江苏奥赛康药业有限公司、南京天邦科技有限公司为代表的医药制造业相继落户江宁。2007年，江宁区产品销售收入1000万元以上的化工医药制造企业（含石油加工、炼黑等）有54家。企业工业总产值35.51亿元，占全区工业总产值6.50%；利税总额4.85亿元，占全区工业利税总额7.60%；从业人员年平均数6401人。

第一节 化学原料及化学制品制造业

【行业企业及经济指标】

江宁县的化学原料及化学制品制造业起步于农药生产。1958年，建立江宁县农药厂（化工厂），年产值19.11万元。1965年，江宁县化肥厂建成投产。1971年，江宁县化工材料厂建成，是生产民用爆破器材的专业工厂。1973年，江宁县磷肥厂、南京乙炔气厂建成投产。1975年，全县有化学原料及化学制品制造业企业11家，生产合成氨6749.90吨，氮肥23911吨，磷肥3676.30吨，工业总产值693万元。

1976—1985 年，先后建成江宁县第二化工厂、江宁县第三化工厂、江宁县第三化肥厂、江宁县汤山电石厂等。1985 年，全县化学原料及化学制品制造企业有 32 家。其中，基本化学原料制造业 8 家，化学肥料制造业 6 家，化学农药制造业 3 家，有机化学产品制造业 10 家，炸药及火工产品制造业 3 家，日用化学产品制造业 2 家。工业总产值（1980 年不变价）3570 万元。

图 15-6-31　20 世纪 80 年代江宁县新蕾公司化肥厂

20 世纪 90 年代后，先后建立南京苏研科创农化有限公司、南京特种气体厂有限公司、南京叶氏化工厂、南京新成添加剂厂等企业。2001 年，全区产品销售收入 500 万元以上化学原料及化学制造品企业有 42 家，工业总产值（现价）161663 万元，资产总额 78081 万元，产品销售收入 15.41 亿元，利税总额 13462 万元，从业人员年平均数 5256 人。2002 年后，南京市江宁区志明化工有限公司、江苏苏博特新材料股份有限公司、南京理工科技化工有限责任公司、南京威驰化工有限公司等企业先后落户江宁。至 2007 年，全区产品销售收入 1000 万元以上的化学原料及化学制品制造企业有 23 家，工业总产值 17.99 亿元，产品销售收入 17.57 亿元，资产总额 11.92 亿元，利税总额 2.87 亿元，从业人员年平均数 2662 人。在 23 家企业中，普莱克斯上海梅山实用气体有限公司是区利润、固定资产规模、利税、产品销售收入、工业总产值百强企业；南京特种气体厂有限公司，南京道鹭建设材料厂是区利润、利税、产品销售收入、工业总产值百强企业。

【企业选介】

南京苏研科创农化有限公司　原为南京农药厂的联营厂，前身为 1988 年成立的江宁县铜山农药厂，现在是江苏省农药研究所有限公司直属企业，位于江宁区禄口街道铜山。公司注册资金 1020 万元，占地面积 20 公顷，企业员工 240 名，其中高级专业技术人员 10 名，中专以上技术人员 25 名。公司主要生产吡虫啉、草除灵、氯氰菊酯、高效氯氰菊酯、灭蝇胺、啶虫脒等杀虫、杀菌、除草三大系列产品。1998 年 7 月，取得自营进出口权；2003 年，通过 ISO 9001:2000 质量认证。公司先后获得南京市高新技术企业、南京市明星企业、江苏省高新技术企业、质量保证授信合格证书、江苏省科技先进企业等称号。年产原药近 500 吨，产品销往全国 20 多个省、市、自治区，并有部分产品出口东西亚及欧美、南美等地。2007 年，固定资产总额 1930 万元，实现产品销售收入 12154 万元，利税 750 万元。

江宁区道鹭建设材料厂　是江苏省建筑科学研究院直属科技先导型企业，工厂以省建科院建材研究所的科研成果作为发展原动力，专业生产各种类型的混凝土添加剂。1998 年，被江苏省科委正式批准为江苏省混凝土添加剂科技开发基地。工厂位于江宁区东山街道上坊山冲农场境内，占地面积 3.34 公顷，在职职工 150 余人，拥有化工合成和粉剂复配等 4 个生产车间，年设计生产能力 5 万吨。工厂的主要产品有三大系列 20 多个品种。工厂有工程技术人员 76 名，其中博士、硕士以上学历 20 名。自 1994 年建厂后，获省、部级科技进步一等奖 1 项，二等奖 3 项，获省、部级三等奖及省厅、市级科技进步奖多项。JM 混凝土系列增强剂于 1999 年被科技部等 5 个部、委、局评为国家重点新产品。1999 年 9 月，正式通过 ISO 9002 质量体系认证。产品销售遍及全国 23 个省、市、自治区，并成功地应用于长江三峡大坝、连云港田湾核电站、芜湖长江大桥、南京长江二桥和南京国际展览中心等一大批国家重点工程。2003 年，公司产品被授予南京市名牌产品称号；2004 年，获江苏省高新技术产品称号。2007 年，实现产品销售收入 2.80 亿元，利税 8000 万元。

南京特种气体厂有限公司 前身为 1984 年建立的南京特种气体厂。2004 年 12 月，改制成立南京特种气体厂有限公司。公司是江苏省高新技术企业，科技部创新基金支持民营科技企业，华东地区规模最大的特种气体生产基地。公司位于南京市禄口镇宁溧路 100 号。公司占地面积 3.30 万平方米，标准厂房 5000 平方米，固定资产 6000 余万元，拥有氢气生产装置、空分生产装置、乙炔生产装置、二氧化碳生产装置和气体充装设备、高纯气体提纯设备、气瓶检验设备以及分析检测仪器 50 多台（套），运输车辆 65 辆（其中槽车 11 辆），低温贮罐近百个，可实现各类气体产品生产全过程的严格质量控制和运输服务。公司有员工 400 余人。其中，大专以上文化程度的 35 人，中、高级技术人员 16 人。公司在浙江、安徽、上海、江西等省、市建立了 12 家分厂和办事机构。有 20 多种标准物质（标准气）获得国家二级标准物质证书和制造计量器具许可证。1999 年，通过 ISO 9002 国际质量体系认证；2002 年，通过 ISO 9001:2000 换版认证。是年，氮中氢、电光源等气体标准物质被认定为江苏省高新技术产品。2004 年，“晨虹”气体商标被认定为江苏省著名商标；多项产品获江苏省和南京市科技进步奖。是年，产品销售额首超 1 亿元。2006 年，被命名为南京市清洁生产企业。

图 15-6-32 南京特种气体厂有限公司（2005 年摄）

第二节 生物医药制造业

【行业企业及经济指标】

江宁县生物医药制造业起步于 20 世纪 70 年代后期。1976 年，县民政局在横溪乡建立福利工厂——江宁县中药材加工厂，有工人 21 名，生产加工中成药十几个品种，年产值 4 万元。是年，江宁县医药公司中药饮片加工厂成立，负责公司动、植物药材的切片、粉碎、蒸煮、炒、炙、制等炮制加工任务。1985 年，2 家企业工业总产值 74 万元，生产各种中成药 150 吨。

20 世纪 90 年代，是江宁生物医药制造业发展较快时期。1997 年 3 月，高科技民营股份制企业南京福润德动物药业有限公司在江宁经济技术开发区建立。1999 年 4 月，专门从事动物保健品的研发、生产、销售及相关技术服务的南京仕必得生物技术有限公司建立。2001 年，全区产品销售收入 500 万元以上的生物医药制造企业有 5 家，工业总产值（现价）12579 万元，资产总额 12524 万元，产品销售收入 11870 万元，利税总额 753 万元，从业人员年平均数 302 人。

2002 年后，江苏奥赛康药业有限公司、南京天邦科技有限公司、南京小营药业集团有限公司先后落户江宁。2007 年，全区产品销售收入 1000 万元以上的生物医药制造企业有 6 家，工业总产值 5.05 亿元，产品销售产值 4.62 亿元，资产总额 4.88 亿元，利税总额 1.03 亿元。从业人员年平均数 790 人。在 6 家企业中，江苏奥赛康药业有限公司入选南京市民营百强企业，是江宁区工业利润、固定资产规模、利税、产品销售收入、工业总产值百强企业；南京天邦生物科技有限公司是区工业利润、工业固定资产规模、利税、工业总产值百强企业。

【企业选介】

南京小营制药有限公司　前身是南京小营制药厂，创建于 1967 年，隶属南京军区空军司令部。2005 年 2 月，永泰投资控股有限公司采用溢价方式收购，并于 2007 年 7 月改组为南京小营药业集团有限公司，位于南京市江宁区东山高桥工业集中区润发路 18 号，注册资本 1 亿元。经营范围为大容量注射液 (含聚丙烯输液瓶、多层共挤膜输液袋)、片剂、原料药 (环维黄杨星 D)、中药提取物。2007 年年底，新生产线生产的注射液、片剂顺利通过国家 GMP 认证。历经 40 年，南京小营药业集团发展成集研发、生产、流通为一体的大型现代企业。公司有员工近 500 人，其中专业技术人员 80 人 (含高、中级技术人员 25 人)、大专以上学历 150 人。公司拥有玻瓶、塑瓶、软袋大输液生产线和片剂、胶囊、颗粒、固体制剂生产线，有 60 余个品种 (规格) 的产品，年生产输液 6000 万瓶 (袋)，片剂 3 亿颗 (粒)，产品覆盖江苏、北京、浙江、山东、上海、湖南、湖北、福建等 10 多个省、市，治疗心脑血管病的黄杨宁片被国家评为优质优价药品。公司系南京市高新技术企业，多次被评为南京市综合效益 50 强，曾被军委空军后勤部授予空军医药工业先进企业称号。1999 年，被列入江苏省医药工业利润 30 强；2000 年，被南京市人民政府评为双文明单位；2007 年，被南京市和江苏省科技厅评为高新技术企业。

江苏奥赛康药业有限公司　是集医药、精细化工的研发、生产、市场推广和销售为一体的中外合资民营高科技企业。公司位于江宁科学园，厂区占地面积 11.34 公顷。拥有通过 GMP 认证的原料药、冻干粉针和小容量注射剂等多条生产线，生产自行研制开发的各类新药。生产消化类、抗肿瘤类、抗生素类、心脑血管类四大类 26 个品种的 46 个规格产品。2006年，入选南京市民营百强企业。有员工 300 多人，其中大、中专学历人员占 70% 以上。2007 年，实现产品销售收入 6 亿多元，利税 1 亿多元。

图 15-6-33　南京奥赛康药业有限公司 (2005 年摄)

公司下设药物研究所和 DDS 研究中心。2007 年，被认定为南京市企业技术中心、南京市抗消化道溃疡药物工程技术研究中心和南京市产学研研究基地，每年在研项目 10 个以上。2006—2007 年，公司申请专利 45 项，其中获授权发明专利 8 项。2002 年开始，公司在江苏设立“奥赛康临床药学基金”，先后支持省内医院和科研单位多项临床科研项目；在南京工业大学设立“奥赛康奖学金”“奥赛康奖教金”“奥赛康科研基金”，培养优秀科研人才；与国家药学会建立伙伴关系，成立“奥赛康药学基金”，支持国内药学发展。汶川大地震时公司捐赠药品及现金，获南京市“5 · 12”抗震救灾博爱奖。

第三节 塑料橡胶制品业

【塑料制品企业及经济指标】

江宁的塑料制品业始于20世纪70年代，1970年，在湖熟镇成立江宁县塑料厂，生产编织袋、电风扇网罩等。1971年，成立江宁乡塑料厂，回收废旧塑料，加工条料切粒和农用塑料制品。1976年，新增方山乡和龙都乡2家塑料厂。1980年，成立县、乡联营的南京装饰材料厂，生产多种人造革，从荷兰引进一条具有80年代先进水平的圆网涂敷印刷生产线，年产人造革和防雨布24万米。1985年，全县塑料制品企业有20家，年产值（1980年不变价）1480万元；生产各种塑料制品3194吨，其中农用薄膜276吨。

20世纪90年代后，江宁县塑料制品业有了长足发展，南京真旺塑料有限公司、南京大东树脂化学有限公司、南京惠恩塑料科技有限公司、南京苏泉工贸有限公司、南京金永发塑料加工制品有限公司等相继成立。2001年，江宁区产品销售收入500万元以上的塑料制品企业有33家。工业总产值（现价）190614万元，资产总额111429万元，产品销售收入185997万元，利税总额26105万元，从业人员年平均数4192人。

2002年始，南京永湖电子有限公司、南京天鹏模塑厂、南京浪花塑业有限公司、南京天运塑业有限公司、南京兰埔成新材料有限公司、南京顺明塑料管道（南京）公司等企业先后落户江宁。2007年，全区产品销售额500万元以上的塑料制品业30家。产品销售额1000万元以上的塑料制品业21家。21家工业总产值10.94亿元，产品销售产值10.54亿元，产品销售收入10.91亿元，资产总额12.71亿元，利税总额7711万元，从业人员年平均数2667人。在21家企业中，南京真旺塑料有限公司是全区工业利润、固定资产规模、利税、产品销售收入、工业总产值百强企业。

【橡胶制品企业及经济指标】

1978年8月，江宁县土桥乡创办南京胶带厂，有职工70名，主要生产三角带、胶鞋底、扬声器及轮胎翻新等产品。1985年，实现工业总产值107万元。1996年，东山镇兴办江宁东山轮胎翻造厂，年产各种牌号摩托车外胎47.56万条，为“金城”“轻骑”“嘉陵”摩托车配套。1999年，成立南京坤辉包装材料有限公司。2001年，全区产品销售收入500万元以上的橡胶制品企业4家，工业总产值（现价）19504万元，资产总额14818万元，产品销售收入17859万元，利税总额1314万元，从业人员年平均数533人。

2002年始，南京金龙胶带有限责任公司，南京大恩机电有限公司等企业落户江宁。至2007年，全区产品销售收入500万元以上的橡胶制品企业有5家。产品销售收入1000万元以上的企业1家。该企业工业总产值3273万元，产品销售产值3767万元，产品销售收入3659万元，资产总额4684万元，利税总额661万元，从业人员年平均数126人。

【企业选介】

南京金永发塑胶加工制品有限公司 位于江宁经济技术开发区西门子路88号。是一家专业从事EVA塑胶产品研发及生产销售的宁台合资企业，创建于1997年，注册资金330万美元，公司拥有从美国、英国及中国台湾引进的专业生产线各1条，年综合生产能力3万余吨。所供EVA塑胶产品行销全国各地并出口美国、日本、韩国、西班牙、墨西哥、印尼、马来西亚、泰国、意大利、加拿大等国家。公司生产的各类工程或装饰性安全夹胶玻璃质量稳定可靠，达国家 GB 9962-1999 标准。公司通过 ISO 9001:2000 质量管理体系认证。1999 年 9 月，通过省轻工业厅组织的“新产品鉴定”及“科技成果鉴定”。自 2001 年起，每年都通过欧盟环保指标的检测。

南京中雪胶粘带制造有限公司 成立于 1992 年，是专门生产压敏胶粘带系列产品的民营企业。公司老厂区占地面积 8000 平方米，建筑面积 4000 平方米；新厂区占地面积 3 万平方米，建筑面积 1.50 万平方米，位于江宁区东山街道工业园。公司专业技术人员占职工总人数的 35%。2000 年，公司通过 ISO 9002 质量管理体系认证。公司拥有涂布生产线及制胶设备多台，年生产压敏胶粘带能力 2000 万平方米以上。公司下设南京江雪保护膜有限公司，生产以 PE、PET、PVC、纸等为基材的保护膜，广泛用于家用电器、装饰材料、各种防火板、不锈钢板及高档家具、卫生洁具等方面，中雪公司生产的特种 PE 压敏胶粘带，最先代替进口产品应用于冰箱、冰柜蒸发器盘管的固定，在国内市场上的占有率达 85% 以上。无衬纸铝箔压敏胶粘带，是该公司自主研制开发的技术含量较高产品，剥离强度高，初粘力好，背面与聚氨酯发泡材料的粘接率达 95% 以上。

图 15-6-34 南京中雪胶粘带制造有限公司（2005 年摄）

第七章 冶金及金属制品业

根据国家统计局行业分类方法，冶金及金属制品业产业包括黑色金属冶炼及压延加工业、有色金属冶炼及压延加工业和金属制品业 3 个行业。20 世纪 50 年代中期前，江宁的金属制品业主要是生产铁制小农具及匠作工具等。1958 年，在大炼钢铁运动中，全县共生产铁 968 吨、钢 109 吨。但炼出来的几乎全是废品，造成极大浪费，各炼炉群先后下马。1977 年，江宁县钢铁厂生产生铁 5544 吨。从 70 年代开始，江宁乡镇工业企业开始日用金属品生产，如民用剪刀、炊事用具、金属折叠椅、铁床、金属家具等。中共十一届三中全会后，广泛开展横向联合，乡镇企业一马当先，为城市大工业配套生产冶炼铸件和金属制品。规模较大的冶炼集体企业有秣陵铸管厂、东善异型钢管厂、铜山铸管厂、江宁乡轧钢厂等。金属制品企业有南京造币厂、南京佳仕奇机械有限公司、江宁县谷里五金配件厂、南京新华人防设备厂等。1985 年，全县冶金及金属制品企业有 65 家，工业总产值（1980 年不变价）5923 万元。其中，黑色金属冶炼及压延加工业 1543 万元、有色金属冶炼及压延加工业 668 万元、金属制品业 3712 万元。

20 世纪 90 年代后，县属冶金企业较长时间处于亏损经营状态。在 2000 年的企业改制中，地方国营第三钢铁厂（前身为江宁钢铁厂）进行破产重组，已有的炼铁、轧钢生产能力全被淘汰。

2001 年，全区产品销售收入 500 万元以上的冶金和金属制品企业有 57 家，工业总产值 25.71 亿元。

2002 年始，南京造币厂做大、做强，以蓝帜（南京）工具有限公司、江苏六维物流设备实业有限公司等为代表的大型金属制品制造业落户江宁，使江宁的冶金及金属制品业进一步发展壮大。2007 年，全区产品销售收入 1000 万元以上的冶金及金属制品企业有 66 家，工业总产值 166.45 亿元，占全区工业总产值 30.48%；利税总额 12.38 亿元，占全区工业利税总额 19.39%；从业人员年平均数 11687 人。

第一节　黑色金属冶炼及压延加工业

【行业企业及经济指标】

1958 年 8 月，江宁铁矿在岔路口筹建炼铁厂，年底建成 15.80 立方米的小高炉 1 座，名为江宁县铁矿炼铁厂，1959 年 3 月 23 日投产。是年，产生铁 5720.40 吨，产值 121.50 万元。1960 年，产生铁 8916.60 吨，产值 164.13 万吨。1960 年年底停产，1970 年重建，1971 年投产。1971 年，全县黑色金属冶炼及压延加工企业 9 家，其中 1 家为地方国营江宁县钢铁厂、8 家为社队企业。工业总产值 3713.60 万元。1976 年，发展到 10 家，工业总产值 8850.30 万元。中共十一届三中全会后，广泛开展横向联合，为城市工业配套生产冶炼铸件。主要企业有秣陵铸管厂、东善异型钢管厂、铜山铸管厂、江宁乡轧钢厂等。1988 年，乡及乡以上黑色金属冶炼及压延加工企业有 6 家，工业总产值（1980 年不变价）3915 万元。其中，炼铁业 2 家，总产值 3193 万元；钢压延加工业 2 家，工业总产值 722 万元。1988 年后，新增秣陵铸造总厂、南京宏祥带钢有限公司、南京江宁金属铸管厂等。1994 年，全县乡及乡以上黑色金属冶炼及压延加工企业有 12 家，工业总产值（现价）38882 万元，工业销售总产值 66469 万元。1995 年后，县属企业处于亏损经营，在 2000 年的企业改制改革中，地方国营南京第三钢铁厂（前身为江宁县钢铁厂）进行破产重组，已有的炼铁、轧钢生产能力被淘汰。至此，全区黑色金属冶炼及压延加工业变为铸件（管）型和钢加工型民营企业。2001 年，全区产品销售收入 500 万元以上黑色金属冶炼及压延加工企业有 7 家，工业总产值（现价）28991 万元，资产总额 25773 万元，产品销售收入 27691 万元，利税总额 363 万元，从业人员年平均数 2275 人。

2002 年后，新增冶炼企业有南京市丰华耐磨材料有限公司、南京海宏炉料有限责任公司、长源（南京）铸造有限公司等；新增钢压延加工企业有南京华东钢管制造有限公司、南京日恒物流设备有限公司等。2007 年，全区产品销售收入 1000 万元以上黑色金属冶炼及压延加工企业有 16 家，工业总产值 11.97 亿元，产品销售产值 11.37 亿元，产品销售收入 11.29 亿元，资产总额 6.56 亿元，利税总额 0.49 亿元，从业人员年平均数 1929 人。

【企业选介】

南京秣陵铸造总厂　是集铸件生产和机械加工于一体的中型民营企业。建于 1987 年 8 月，位于江宁区秣陵街道宁溧公路旁。建厂初就为上海柴油机厂配套生产铸件，逐年扩大生产后，年生产铸件能力 2.50 万吨，机械加工机体、飞轮壳等年产 5 万台（套）~ 10 万台（套）。工厂占地面积12万平方米，建筑面积7万平方米。有职工750人，其中，管理人员50人，技术人员28人。有树脂砂造型生产线2条，小件造型生产线1条，机加工生产线4条。铸造及机加工设备500多台（套），检测装备100多台（套）。工厂不断进行技术创新和管理创新。1999—2007年，先后通过ISO 9000、QS 9000、ISO 14000、ISO 18000、ISO/TS 16949体系认证。并与清华大学、东南大学合作成立技术开发中心。工厂曾获南京市质量管理奖和农业部全面质量管理达标企业称号。此外，还获联合国工业发展组织、全球环境基金认定的中国乡镇铸造企业节能与温室气体减排项目示范企业称号。

图 15-7-35　南京秣陵铸造总厂（2003年摄）

长源(南京)铸造有限公司　为外商独资企业，前身为南京第三钢铁厂环保搬迁企业。1998年，改制为股份合作制企业，即南京云台山钢铁厂。后被香港长源集团公司收购，2002年5月，成立长源（南京）铸造有限公司。公司位于横溪镇云台村，占地面积27公顷，有职工600人，主要产品为生铁。有28立方米的高炉4座，年产生铁10万吨，配备1500千瓦全高炉煤气燃烧发电机组2台（套），4立方米燃煤竖炉4座，3吨铸造中频炉2座。2002年，工业总产值5145万元，产品销售收入4752万元，实现利税191万元。2007年，该企业登记注册为私营有限公司，总产值25310万元，产品销售收入21412万元，上缴税金610万元。

第二节　有色金属冶炼及压延加工业

【行业企业及经济指标】

江宁区有色金属冶炼及压延加工业起步于20世纪80年代。1985年，县、乡两级有企业6家，工业总产值（1980年不变价）668万元。90年代后，先后建立南京寒锐钴业有限公司、南京市江宁区丹阳勇跃铸造厂、南京宝泰特种材料有限公司等镍钴冶炼和有色金属合金制造企业。2001年，全区产品销售收入500万元以上的有色金属冶炼及压延加工企业有6家，工业总产值（现价）20943万元，资产总额14393万元，产品销售收入19447万元，利税总额843万元，从业人员年平均数515人。

2002年后，南京华龙金属材料制品厂、南京长恒铸造有限公司、南京麦驰钛业有限公司、南京金基合金材料有限公司、南京三发电子材料有限公司、南京晨虹氢业有限公司等建成。2007年，全区产品销售收入500万元以上的有色金属冶炼及压延加工企业有14家，1000万元以上7家。7家企业工业总产值78035万元，产品销售产值77617万元，产品销售收入81639万元，资产总额58574万元，利税总额8139万元，从业人员年平均数838人。在7家企业中，南京寒锐钴业有限公司是区工业利润、利税、产品销售收入、工业总产值百强企业；南京宝色钛业有限公司是区工业利润、固定资产规模、利税、产品销售收入、工业总产值百强企业。

【企业选介】

寒锐钴业股份有限公司　为民营股份制企业，位于江宁经济技术开发区内，创立于1997年，注册资本8000万元。公司核心产品为金属钴粉。2007年，生产能力达1000吨金属量。“寒锐”商标在全球注册，寒锐钴粉已成为世界高端钴粉三大品牌之一。产品广泛运用于硬质合金、金刚石工具、电池材料和磁性材料等10多个不同领域，产品畅销20多个国家和地区，分别在韩国、日本、瑞士、美国、以色列、南非、印度等国家建立代理机构。2001年，公司通过ISO 9001:2000国际质量管理体系认证；2006—2007年，公司先后获江苏省高新技术企业和南京市重合同守信用企业等称号。

南京宝色钛业有限公司　位于江宁滨江经济开发区景明大街15号，占地面积5万平方米。1994年，由宝钛集团投资的南京宝色钛业有限公司成立。2005年，中国最大的钛材生产企业中国宝钛集团对南京宝色钛业有限公司实施资产重组和增资扩股，在江宁滨江开发区投资8亿元，建设大型特材成套设备制造基地，主要从事稀有金属的科研和生产制造。公司取得AR2级压力容器生产许可证，主要产品钛、镍、蒙耐尔、哈氏合金、锆、铌、钽、不锈钢、铝、铜及其爆炸复合材料的生产设备及零件。公司有员工450人，各类专业技术人员占45%。公司拥有特殊设备100台，具备年产2000吨钛、镍、不锈钢及其爆炸设备的能力。2007年，实现产品销售收入6亿元。

图15-7-36　南京宝色钛业有限公司（2006年摄）

第三节　金属制品业

【行业企业及经济指标】

1949—1964年，江宁县的金属制品业主要是生产金属工业品，包括铁制小农具及匠作工具等。主要产品有锹铲铣、钉耙、锄头、镰刀、犁头、犁铧等。1949年，金属制品产值30.32万元。1964年，产值101.90万元。1976年，开始生产日用金属品，陆郎公社建立剪刀厂，生产民用剪刀。1978年，24家农村手工业社划归社办企业，日用金属品生产增加炊事用具、服装剪刀等品种。1980年，在国家大力提倡增产消费品的形势下，日用金属工业品迅速发展，兴办企业37家。主要产品有龙都农机厂生产的电风扇，秣陵农机厂生产的金属折叠椅、茶几、拐杖，方山机箱厂制造的金属家具等。1982年后，南京造币厂国家“三线建设厂”内迁落户江宁。江宁县相继成立南京麒麟电镀有限责任公司、江宁县谷里五金配件厂、南京新华人防设备厂、长江电扇厂等。1986年，全县金属制品业有企业51家，工业总产值（1980年不变价）4892万元。

20世纪90年代后，南京佳德信物资有限公司、南京石诚井巷装备有限责任公司、南京万汇钢板桩有限公司、南京龙超金属工艺品厂、南京东升货架制造有限公司、南京苏星板带工程有限公司、南京上元容器制造有限公司等30余家金属制品企业相继落户江宁。2001年，江宁区产品销售收入500万元以上的金属制品企业有44家，工业总产值20.72亿元，资产总额9.34亿元，产品销售收入19.93亿元，利税总额2.33亿元，从业人员年平均数9270人。

2002年后，南京金邦冷弯型钢实业有限公司、南京创通管业有限公司、南京财礼电镀有限公司、江苏中圣高科技产业有限公司、南京斯迈柯特种金属装备有限公司、南京悦昌五金制品有限公司先后落户江宁经济技术开发区和滨江开发区。2007年，江宁区产品销售收入1000万元以上的金属制造企业有43家，工业总产值38.92亿元，产品销售产值37.04亿元，产品销售收入38.04亿元，资产总额37.94亿元，利税总额6.68亿元，从业人员年平均数8920人。在43家企业中，南京造币厂，蓝帜（南京）工具有限公司是区工业利润、固定资产规模、利税、产品销售收入、工业总产值百强企业；江苏六维物流设备实业有限公司是区工业利润、利税、产品销售收入、工业总产值百强企业；江苏南京中圣高科技产业有限公司是区工业利润、产品销售收入、工业总产值、工业利税百强企业。

【企业选介】

南京造币厂 隶属于中国印钞造币总公司，位于江宁区科学园内，是集印钞造币机械设计制造、流通硬币生产、增值税发票印刷于一体的国家大型一类企业。造币厂占地面积20.50万平方米，建筑总面积10.40万平方米。南京造币厂是由原东河印制公司国营五〇三厂的机械制造部分（三线企业）搬迁至江宁与九四〇厂（三线企业）以及江宁县五金厂合并组建而成。成立于1985年，造币厂拥有4000平方米机械装配厂，1500平方米的造机检测中心。2003年，新建7800平方米的装配厂房。主要设备有J 98型双面多色印钞机、W 92型四色凹版印钞机、YM 20820型双色印码机和YBW 150卧式压印机等。生产能力由125万份增至1亿份，同时具备电脑票和手写票两类产品的生产能力。2004—2007年，企业荣获得2005—2007年中国人民银行先进集体、全国机械工业现代化管理企业、江苏省质量管理奖、南京市绿色等级企业等称号。

江苏新众亚货架制造有限公司 是从事专业货架制造的民营股份制企业，成立于2004年8月，注册资金500万元。位于谷里街道工业集中区，占地面积3万平方米，建筑面积10.50万平方米。公司前身为南京新众亚货架有限责任公司。1999年1月，由3个股东注册51万元创建。历经5年，公司发展为拥有固定资产1000多万元，专业生产设备20余台（套），专业管理、技术人员30多人，年产值4000万元的中型企业。为适应日益扩大的生产规模，2004年8月，公司迁至现址，并重新注册成立“江苏新众亚货架制造有限公司”。员工300余人。其中，中、高级管理人员30人，中、高级研发人员20人，专业生产、安装技术人员50人，专、本科及以上学历50多人，高中以上学历150多人。公司设有上海、深圳、苏州、杭州和宁波等办事处。2004年，自主品牌“新众亚”获得国家工商行政管理总局商标注册权。2005年5月，通过ISO 9001国际质量管理体系认证。2006年1月，获得对外贸易自主经营权。2006年，产值6000多万元，利税550万元。

南京科圣机器制造有限公司 是主要从事各种机器制造的民营股份制公司，成立于2003年1月，注册资金1580万元。总部设在谷里街道东善桥社区境内，占地面积2660平方米，建筑面积9000平方米。公司是在村办铸造厂的基础上发展起来的，原铸造厂成立于1986年11月，最初有15名工人，3台冲床，只能生产一些简单的铸造零件。1999年，企业产权制度改革时，建立民营股份有限公司。企业不断发展壮大，2003年，兼并淮阴市国有企业江苏淮阴化工机械厂。公司合作伙伴为江苏科圣热能设备工程有限公司和南京工业大学（原南京化工学院合并部分）。公司下设热管、铆焊、翅片管和金加工 4 家分厂。有员工 350 人。其中，博士 3 人，硕士 6 人，大专以上学历 50 人，高中以上学历 250 人。主要产品有热换器、压力容器、各种化工行业非标设备。产品销往全国各地，其中，热换器销往韩国、越南、新加坡等地。2005 年，通过 ISO 9000 国际质量管理体系认证。2006 年，产值 2200 万元，利税 310 万元。

图 15-7-37 南京科圣机器制造有限公司（2000 年摄）

第八章 装备制造业

装备制造业（含机器制造工业）包括通用设备制造业、专用设备制造业和交通运输设备制造业，是江宁四大传统行业之一，也是江宁乡镇企业发展最早的行业之一。1958 年，全县各地先后办起农机修理厂 22 家。20 世纪 70 年代，在农机修理的基础上又发展农机制造，先后建立江宁县柴油机厂、江宁县拖拉机修理厂、江宁县缝纫机厂、江宁县轴承厂、江宁县泪泵油咀厂、江宁县制泵厂等。1976 年，机械工业总产值 2126 万元。80 年代后，调整产业结构，并形成一批上规模、上档次的装备制造骨干企业。1990 年，全县装备制造业企业共 76 家，工业总产值 12521 万元。

90 年代后，企业进行产权制度改革，基本实现民营化，通过技术改革、技术创新，内引外联，使装备制造业规模企业壮大实力，形成一批装备制造业企业集团。2001 年，全区产品销售收入 500 万元以上的装备制造业企业有 85 家，工业总产值（现价）30.26 亿元。

2002 年后，全区装备制造业整体水平进一步提升，主要包括以南京高速齿轮箱制造有限公司、南京五洲制冷集团有限公司、小原（南京）机电有限公司、南京日立产机有限公司等为代表的通用设备制造业；以腾亚（南京）塑料五金制品有限公司、南京神州莫诺华医疗科技有限公司为代表的专用设备制造业；以南京协众汽车空调集团有限公司、南京金城铃木摩托车有限公司为代表的交通运输设备制造业。2007 年，全区产品销售收入 1000 万元以上的装备制造业企业有 83 家，工业总产值 78.13 亿元，占全区工业总产值 14.31%；利税总额 14.49 亿元，占全区工业利税总额 22.70%；从业人员年平均人数 17811 人。

第一节　通用设备制造业

【行业企业及经济指标】

江宁县通用设备制造业始于20世纪50年代中期。1958年7月，由江宁县新式农具中心修配站改建成江宁县机械厂，是年年底，与南京红色机械厂合并，厂名仍为江宁县机械厂。与此同时，全县乡镇先后办起湖熟公社机械厂、汤山公社机械厂等22家农机修理厂。1970年，建起江宁县油泵油咀厂、江宁轴承厂等。主要产品产量：车床11台，农用轴承7100套，10马力柴油机1台，手扶插秧机6台，农用脱粒机929台，农用泵235台。是年，全县通用设备制造业产值（1957年不变价）328.20万元。1971年后，新办农机修造厂11家，并生产农用三轮货车、脚踏、电动两用脱粒机，3英寸、4英寸农用水泵等。80年代后，通用设备制造业上规模、上档次，在与大城市工业联营中，形成一批骨干企业，先后建立禄口机械厂、江宁机床厂、周岗锻压机床厂、南京晨光电伺服公司、南京禄口起重机械有限公司等40多家企业。90年代后，南京云龙建筑机械制造有限公司、溢泰（南京）环保科技有限公司、传力电子衡器（南京）有限公司、南京恒拓精测科技有限公司、江苏新蓝天钢结构有限公司、南京精明铸造合金有限公司、南京东骏机械有限公司、南京四角井机械厂等落户江宁。1993年，全县乡及乡以上通用设备制造企业56家，工业总产值（当年价）53384万元。主要产品产量：金属切削机床704台，数控机床94台，泵（液体泵）1179台，气体压缩机29500台，制冷空调设备1712台（套），阀门340吨，粉末冶金制品556吨。2001年，全区产品销售收入500万元以上通用设备制造企业56家，工业总产值20.55亿元，资产总额7.52亿元，产品销售收入19.28亿元，利税总额1.22亿元，从业人员年平均数8986人。

图15-8-38　1970年，江宁县轴承厂工人装配轴承

2002年后，在加大改革开放的过程中，充分利用外资，使通用设备制造业规模企业壮大实力，形成一批企业集团。如菲特（南京）压片机械有限公司、南京日立产机有限公司、南京五洲制冷集团有限公司、南京高速齿轮箱制造有限公司、南京韩威制冷设备有限公司等。2007年，全区产品销售收入1000万元以上的通用设备制造企业有50家，工业总产值57.09亿元，产品销售产值54.34亿元，产品销售收入53.77亿元，资产总额62.18亿元，利税总额6.66亿元，从业人员年平均数12871人。在50家企业中，南京高速齿轮箱制造有限公司是区工业企业利润、固定资产规模、利税、产品销售收入百强企业；南京佳力图空调机电有限公司是区工业利润、利税、产品销售收入百强企业；小原（南京）机电有限公司，南京日立产机有限公司是区工业利润、利税、产品销售收入、工业总产值百强企业；南京五洲制冷集团有限公司，南京高速齿轮制造有限公司是区工业利润、固定资产规模、利税、产品销售收入、工业总产值百强企业；溢泰（南京）环保科技有限公司是区工业固定资产规模、利税、产品销售收入、工业总产值百强企业。

【企业选介】

小原(南京)机电有限公司 是日本OBARA株式会社于1994年年底在南京成立的独资企业，专业生产电阻焊设备。注册资本250万美元，员工250人，其中各类专业技术人员44人。公司有AUTOCAD设计室，有近20名焊钳设计人员。拥有真空环氧树脂浇注机、自动绕线机、数控铅床、自动喷丸机、波峰焊机、中频炉及其他进口机床。产品有悬挂变压器、控制箱、一体化悬挂点焊机、焊钳、电缆、固定式点焊机、螺母输送机、群控系统、分时制控制系统等。2002年7月，通过国家强制安全认证（CCC）；是年9月，通过ISO 9001:2000质量体系认证。公司在广州、沈阳、天津、北京、重庆、长春等地设有营业事务所。2004年，实现产品销售收入（包括小原上海公司）14032万元，其中出口3149万元。

南京高速齿轮制造有限公司 2003年7月8日正式成立。位于江宁科学园，占地面积43.90公顷，建有27万平方米联合厂房，其中有4万平方米为恒温恒湿防震恒温车间。有员工734人，其中工程技术人员225人。公司是国内生产风力发电主传动及偏航变桨传动设备主要厂商，先后从美国、德国、日本、意大利、瑞士、奥地利等著名公司引进一流品牌的各种齿轮加工机床及成套的热处理设备、检测设备、刀具加工设备300多台（套）。公司是美国GE公司国际采购链的供应商之一。2007年，资产总额89778万元，实现利润6745万元，上缴税金2685万元。

图 15-8-39 南京高速齿轮制造有限公司（2006年摄）

南京五洲制冷集团有限公司 位于江宁科学园天印大道1529号。是中国制冷空调行业重点大型骨干企业之一，中国制冷空调工业协会成套设备专业委员会副主任委员单位，中国机械工业500强企业，江苏省和南京市高新技术企业，南京市国防科技工业协会理事单位。公司创建于1958年，2004年，改制更名为中外合资南京五洲制冷集团公司。集团占地面积20万平方米，总资产5亿元，员工1000余人，其中各类专业人员500余人。公司的年生产、经营能力达5亿元。1958年，公司前身南京冷气机械厂创立，制造出江苏省第一台制冷压缩机。1993年，被国家正式批准为国家大型二档企业。1998年，引进英国A/C公司技术生产的“绿色”牌环保压缩机投产。2001年，公司生产的除湿机等6种产品获得国家专利；公司产品被认定为江苏省名牌产品；螺杆冷水机组被评为国家重点新产品；集团公司被认定为江苏省高新技术企业；通过中国机械工业质量体系认证中心ISO 9001:2000质量体系认证。2002年，“五洲”商标被认定为江苏省著名商标，

图 15-8-40 南京五洲制冷集团有限公司（2005年摄）

获市“高新技术企业认定书”，公司进入中国机械500强。2003年，公司被中国工业经济联合会、中国机械工业联合会、中国工业报社联合授予2002年中国机械行业竞争力之星企业称号。2006年，获得江苏省名牌产品称号。2007年，公司资产总额50381万元，实现利润3067万元，上缴税金1210万元。

南京金城精密机械有限公司 是南京金城集团控股的宁台合资企业，是南京金城集团有限公司下属成员企业。由南京金城机械有限公司与台湾中国精密压铸股份有限公司于1993年投资兴建。位于江宁湖熟镇工业开发区，占地面积8万平方米，建筑面积9000平方米。2001年，取得ISO 9001（2000版）和QS 9000质量体系的认证。公司拥有10台日本压铸机；8台日本“大纪”连续熔解炉，7台日本“FANUC”机器人；2台日本生产的NC-4F型转式喷丸机；2台逐件清理切边机；1台美国BAIRD公司生产的FSQ型光谱分析仪；1台国产150千伏的X光探伤检测仪。公司还引进计算机CAD充型模拟技术，极大地缩短了工艺分析与摸索周期。公司有员工230人，其中高级工程师7人、工程师7人、研究开发人员12人。2007年，公司实现工业产值9500万元。

图15-8-41 南京金城机械有限公司（2000年摄）

第二节 专用设备制造业

【行业企业及经济指标】

江宁县的专用设备制造业起步于20世纪70年代，由加工部件到整机制造（模仿）逐步发展起来。1982年，南京集新重型机械有限公司成立，生产各种水泥窑用篦冷机、立磨机、辊压机、选粉机、预热机、煤粉燃烧器、增湿塔雾化系统等。1985年，江宁县有工业专用设备制造企业3家，工业总产值（1980年不变价）540万元；农、林、牧、渔业制造企业3家，工业总产值120万元。90年代后，相继成立南京甲中机械有限公司，生产食品饮料业专用设备；南京精凸印制版有限公司，生产印刷专用设备；南京彤天科技实业有限公司，生产塑料加工专用设备；南京江宁区光电仪器配件厂，生产电子工业设备；苏斯帕（南京）减震系统有限公司，生产医疗设备制造。这些企业的建立使江宁区专用设备制造业粗具规模，发展壮大。2001年，全区产品销售收入500万元以上的专用设备制造业有8家，工业总产值16454万元，资产总额7550万元，产品销售收入16234万元，利税总额625万元，从业人员年平均数564人。

2002年后，南京伊顿矿冶设备有限公司、南京鑫麟化工设备有限责任公司、南京法宁格节能制造有限公司（塑料加工专用设备制造）、南京时恒电子科技有限公司、南京神州英诺华医疗科技有限公司等先后落户江宁，使江宁区的专用设备制造业进入规模化发展阶段，门类较为齐全。2007年，江宁区产品销售收入1000万元以上的专用设备制造企业有19家。工业总产值5.21

亿元，产品销售产值5.20亿元，产品销售收入5.18亿元，资产总额5.25亿元，利税总额1.15亿元，从业人员年平均数1608人。

【企业选介】

南京彤天科技实业有限公司 2000年9月，南京玻纤院以管理人员和科技人员为主，成立南京彤天科技实业有限责任公司，注册资本5000万元，注册地江宁科学园。20C7年，公司总股本8000万元。公司是国内首家通过ISO 9001质量体系认证的玻纤涂覆制品生产企业。拥有意大利先进的生产设备，能为客户生产和研发各类玻璃纤维涂覆制品，产品幅宽可达2.20米。公司主要产品有硅橡胶、氟橡胶、聚四氟乙烯、氯丁橡胶、三元乙丙、丙烯酸、蛭石及其他高分子（EVA、PVC、PU）涂覆制品，远销欧美、东南亚等地。2007年，公司资产总额37100万元，实现利润25074万元，上缴税金2858万元。

南京时恒电子科技有限公司 位于江宁区东山街道岔路社区，是专业生产全系列NTC热敏电阻器、NTC温度传感器、PTC热敏电阻器和氧化锌压敏电阻器等敏感元器件的高新技术企业。2002年，通过ISO 9001:2000质量管理体系认证；2004年，被认定为南京市高新技术企业；2006年8月，被认定为南京市民营科技企业；2006年10月，被认定为江苏省民营科技企业；2007年12月，通过ISO 14001:2004环境管理体系认证。公司是中国电子元件协会（CECA）会员单位和中国电源协会会员单位。拥有1.10万平方米生产厂房、全套的自动化生产设备、完善的专项测试仪器，年产各类敏感电子元器件10亿只以上。全部产品均按欧盟RoHS指令实现环保生产。主要产品均通过CQC标志认证和美国UL、C-UL安全认证。公司具有进出口权，产品远销欧洲、北美等地。

南京神州英诺华医疗科技有限公司 位于南京东郊麒麟工业园。创建于2002年，占地面积4公顷，总投资1800万元。新建成的生产研发中心建筑面积1.30万余平方米，有现代化研究生产设备。拥有一支高素质团队，员工1150余人中82%具有大专以上文化程度，并有一支由教授、高级工程师和博士、硕士组成的专业开发队伍。

图15-8-42 神州英诺华医疗科技有限公司（2004年摄）

2003—2005年，公司先后开发达国际先进水平的全自动生化分析仪、半自动生化分析仪、血液分析仪、血凝仪、酶标仪、多种诊断试剂等系列产品。这些产品不仅在国内受到用户欢迎，更远销到欧洲、美国等60多个国家地区。自主知识产权已登记注册的产品品种有60余个，软件和专利产品达到100余项。其中，1项获省级科技进步三等奖，1项获市级科技进步二等奖，1项获国家科技部创新基金专项支持，同时获得国家发改委医疗器械专项国债支持；同时通过ISO 9001:2000认证、ISO 13485:2003医疗器械产品质量认证和欧盟CE产品质量认证。公司还在国内各主要城市设销售服务机构，在全球60余个国家建立销售代理机构。2005年，实现产值4800万元，利税720万元。

第三节 交通运输设备制造业

【行业企业及经济指标】

江宁交通运输设备制造业起步于20世纪60年代。1960年，成立造船厂，生产轮船外壳和木帆船各1只，质量符合设计要求。1973年11月，成立江宁县第一家汽车拖拉机修配厂，以汽车修理业为主，同时生产缝纫机零件。有职工100余人，工业总产值35.05万元。1976年，建立南京新济船舶修造厂，可修造3000吨以内各类船舶。是年10月，江宁县农业机械修理制造厂（前身为江宁农业机械厂）增挂江宁县柴油机厂牌子，生产柴油机（2.94千瓦）170台、东风71型船挂机、钟山-12型手扶拖拉机、上海58-1型柴油三卡等交通运输动力车。1979年，改建为地方国营南京东山动力机械厂。1984年，与南京汽车联营生产汽车发动机。1985年5月，改名为南京东山汽车发动机厂，生产D433A柴油发动机、NJ50型汽车发动机和170F柴油机。1983—1985年，建立国营利民机械一分厂（生产自行车薄型链条）和江宁县汽车修造厂。1986年，全县交通运输设备制造企业有12家，工业总产值（1980年不变价）607万元。其中，汽车制造业2家，工业总产值107万元；交通、运输设备制造业10家，工业总产值500万元。90年代后，江宁的交通运输设备制造业发展较快。先后建立南京江宁汽车配件厂、南京谷里五金厂、南京民光高压油管厂、南京斯凯汽车设备制造有限责任公司、南京金城三国机械电子有限公司、南京江宁县昌林摩托车配件厂等20家企业。2001年，全区产品销售收入500万元以上的交通运输设备制造企业有21家，工业总产值（现价）80719万元，资产总额63903万元，产品销售收入75569万元，利税总额3854万元，从业人员年平均数2732人。

2002年后，南京跃进汽车股份有限公司、南京协众汽车空调集团有限公司、南京星乔汽车零部件等27家企业落户江宁科学园，长安福特马自达发动机有限公司、长安福特马自达汽车有限公司南京公司、上海大众汽车有限公司南京分公司等5家整车制造企业落户江宁经济技术开发区；南京中船绿洲机器有限公司滨江分公司等10家企业落户江宁滨江经济开发区。江宁区的交通运输设备制造业逐步由低水平向高端化转变，由小机械、小制造向大型化、专业化转变；整体竞争能力得到提升。2007年，江宁区产品销售收入1000万元以上的交通运输设备制造企业有14家，工业总产值15.83亿元，产品销售产值15.45亿元，产品销售收入15.78亿元，资产总额22.42亿元，从业人员年平均数3332人。在14家企业中，南京协众汽车空调集团有限公司是区工业利润、工业利税、产品销售收入、工业总产值百强企业；南京金城铃木摩托车有限公司是区工业利润、固定资产规模、工业利税、产品销售收入、工业总产值百强企业。

【企业选介】

南京协众汽车空调集团有限公司 成立于1994年，位于南京江宁科学园，占地面积6.70万平方米。前身为南京中港汽车空调器制造有限公司。公司建成生产汽车空调系统30万余套的现代化流水线，是集汽车销售（一汽大众4S专卖）、汽车空调生产、汽

图15-8-43 南京协众汽车空调集团有限公司（2003年摄）

车零部件生产于一体的股份制集团有限公司。集团下属4家分公司，固定资产上亿元。主导产品是汽车空调器，有各种可适用于R134a和R12两种冷媒的空调系统和各类车用冷凝器、蒸发器。开发产品有层叠式蒸发器、管片式蒸发器、平行流式冷凝器、管带式蒸发器和冷凝器、暖风芯体、汽车空调管路、发动机散热器等。主要生产及试验设备从日本、美国等进口，能满足多品种汽车空调器的开发、生产和检测。2007年，有职工200人，其中大专学历以上105人。公司资产总额252135万元，实现利润6700万元，上缴税金1136万元。

跃进汽车集团南京东山发动机厂 为江宁东山动力机械厂与南京汽车制造厂联营，南汽股份占58%，东发厂股份占42%。工厂占地面积92561.64平方米，有职工2300人。主产品NI4102、4105系列自然吸气增压发动机适用于轻型汽车、小型工程机械、小型船舶、各种改装车、旅游车，并为跃进牌汽车、羊城汽车配套，和为国内汽车改装厂、面包车提供发动机，产品除销往全国各大城市外，还批量销往坦桑尼亚、肯尼亚、阿根廷及中东等国家和地区。2002年1月，为强化主业剥离副业，出售后方车间和车队2个经济实体，使其自主经营、自负盈亏。2002年7月，总厂实施环保搬迁，厂址由东山竹山路迁往江宁科学园。2001年，完成工业总产值16021万元，工业增加值3185万元，产品销售收入13949万元。2002年，该厂边生产边搬迁，完成工业总产值17025万元，比2001年增长6.20%，工业增加值526万元，产品销售收入17169万元，比2001年增长23%，利润比2001年减亏177万元。2005年，工业总产值10318万元，产品销售收入11524万元，资产总额4647万元，上缴税金206万元。

南京金城铃木摩托车有限公司 成立于1994年6月，系金城集团有限公司与日本铃木株式会社及日本冈谷钢机株式会社经国家工商局批准成立的中外合资企业。总投资2800万美元，注册资本2240万美元。1996年5月，公司开始边建设边生产，1997年9月底，迁入江宁县湖熟工业区新厂址，开始正式生产，设计年生产能力20万辆摩托车（含发动机）。公司集摩托车销售、生产和维修服务于一体，拥有国内领先的摩托车生产线，国际先进水平的冲压生产线、机械加工线、喷漆线以及各类精密检测仪器，其中，冲压生产线系高速深拉油压机、机器人组成的车架生产线，年生产能力20万台（套）。日本铃木株式会社派出4位高级管理专家和技术专家常驻公司，并且经常派出各方面专家亲临公司考察和指导工作，按铃木的生产方式和管理模式进行生产和管理。公司员工180多人，每年都有工作骨干作为研修生到日本铃木株式会社学习并在生产线上接受培训。2007年，工业总产值26900万元，产品销售收入27283万元，资产总额17476万元，上缴税金2871万元。

第九章 电器机械制造业

江宁区的电器机械及器材制造业起步于20世纪70年代，90年代后得到飞速发展，是江宁区的支柱产业、优势产业之一。2004年，江宁区被科技部命名为国家火炬计划电力自动化产业基地。区内形成南瑞继保电气有限公司等大型企业为龙头，南京大陆中电科技股份有限公司、南京东大金智电气自动化有限公司为支撑的电力自动化产业群。2007年，全区产品销售收入1000万元以上电器机械及器材制造企业有45家，工业总产值86.23亿元，占全区工业总产值 15.79%；实现利税 20.52 亿元，占全区工业利税总额 32.15%，是全区实现利税最多的行业，名副其实的“纳税大户”。其中，南瑞继保电气有限公司实现利税 79426 万元，列区工业利税第 2 位，实现工业利润 66187 万元，列区工业利润第 1 位；中电电气（南京）光伏有限公司实现利税 21623 万元，列区工业利税第 4 位，实现利润 21392 万元，列区工业利润第 4 位。继电保护和电力设备制造业在国内具有较强的竞争优势，国内市场占有率 80% 以上，并进入巴基斯坦、马来西亚等境外市场。产品主要包括继电保护、变电自动化、电力系统 MIS 系统，形成从发电、输电、配电到用电控制的电力自动化产品链，对国家的供电安全维护做出较大贡献。

第一节　电器机械及器材制造业

【行业企业及经济指标】

20 世纪 70 年代，江宁县先后建立县电机修造厂、东山无线电元件厂、汤山镇无线电元件厂、南京特种光源灯具厂等。1976 年，生产的电器机械产品主要有交流电动机 3060 台 /5372 千瓦、变压器 31 台 /3900 千伏安。1985 年，建立国营长江机器制造厂分厂（长江电风扇厂），生产“蝙蝠”14 英寸台扇和各款式 16 英寸豪华落地扇（出口商标“美佳乐”），系从国营长江机器制造厂（南京 720 厂）引进的名牌产品。同时，消化吸收长江机器制造厂工艺技术和管理经验，形成生产 9 英寸、12 英寸、14 英寸、16 英寸的台扇、落地扇、排风扇、电脑控制等系列化产品的能力，成为江宁县出口创汇的重要产品之一。1988 年，全县有电器机械及器材制造企业 37 家，工业总产值（1980 年不变价）14320 万元。其中，电机制造业 4 家，产值 958 万元；输配电及控制设备制造企业 6 家，产值 168 万元；电工器材制造业 17 家，产值 2299 万元；日用电器制造业 1 家，产值 10043 万元；照明器具制造企业 7 家，产值 622 万元；电气机械修理企业 1 家，产值 128 万元；其他电器制造业 1 家，产值 102 万元。主要产品产量为交流电动机 3.26 万千瓦、电力电缆线 1357 千米、电风扇 435261 台、灯泡 103.20 万只。

20 世纪 90 年代后，全县电器机械及器材制造业发展较快，南京曼奈柯斯电器有限公司、南京市江宁县东山印制板厂、南京鹏万达照明有限公司、南京永乐照明灯饰有限公司、南京申瑞电气系统控制有限公司、南京中科电机有限公司、南京江陵机电制造有限责任公司、南京因泰莱电器股份有限公司等 30 余家企业先后建立。2001 年，全区产品销售收入 500 万元以上电气机械设备制造企业 27 家，工业总产值 19.38 亿元，资产总额 13.88 亿元，产品销售收入 17.92 亿元，利税总额 3.26 亿元，从业人员年平均数 4582 人。

2002 年后，一批规模大的、科技含量高的电器机械及器材制造企业落户江宁，形成了产品链较为完整的产业。主要有南京因泰莱电器股份有限公司、南京江源电器设备有限公司、江苏帕威尔置信非晶合金变压器有限公司、江苏大金高压开关有限公司、南京国电南自电网稳定控制有限责任公司、南京大陆中电科技股份有限公司、南京南瑞继保电气有限公司、中电电气（南京）光伏有限公司等。2007 年，产品销售收入 1000 万元以上电器机械及器材制造企业有 45 家，工业总产值 86.23 亿元，产品销售产值 83.77 亿元，产品销售收入 89.74 亿元，资产总额 129.20 亿元，利税总额 20.52 亿元，从业人员年平均数 10084 人。在 45 家企业中，南京南瑞继保电器有限公司，南京南瑞继保工程技术有限公司是区工业利润、工业固定资产规模、工业利税、产品销售收入、工业总产值百强企业；中电电气（南京）光伏有限公司是区工业利润、工业固定资产规模、产品销售收入、工业总产值百强企业；江苏帕威尔置信非晶合金变压器有限公司，南京江陵电机有限责任公司，南京大金变压器有限公司是区工业利润、工业利税、产品销售收入、工业总产值百强企业；立维腾电子（南京）有限公司是区工业固定资产规模、产品销售收入、工业总产值百强企业；南京江源电气设备有限公司是区工业利税、产品销售收入、工业总产值百强企业。

【企业选介】

南京江陵机电制造有限责任公司　是由江宁区知名人士、区工商联执委张如兴于2000年6月投资创办的省民营科技企业。位于南京江宁区民营科技园内，占地面积4万平方米，建筑面积1.60万平方米。有各种机器设备302台（套）。拥有固定资产6000万元。职工700人，其中技术人员40人、中高级技术人才12人。公司生产“永力”牌起重建筑用0.20千瓦~24千瓦各种常规和非标的快慢速锥形转子电动机，年生产量45万台，年产值3亿元。公司于2003年通过ISO 9001:2000认证。2006年，公司成为全国生产锥形电机最大的企业，占全国总销量的50%以上。产品一次组装合格率88%，产品合格率98.50%。

南京因泰莱电器股份有限公司　成立于1999年，位于国家级经济技术开发区南京市江宁科学园，占地面积4公顷。公司专业从事电力系统自动化、工业自动化、企业能源动力监控与管理系统的技术研究、产品制造与工程实施，并提供全方位的系统咨询、设计、实施与服务。是国家级高新技术企业及软件企业、中国电工技术学会智能化电器专委会副主任委员单位、中国电器工业协会继电保护及自动化设备分会副理事长单位、江苏省软件协会理事单位、国家火炬计划南京市电力自动化产业基地成员单位、市级企业技术中心。公司逐步由专业电力自动化系统集成商向一流自动化系统集成商转变。公司拥有各类专利技术、软件著作权百余项，先后获得计算机信息系统集成二级资质、机电设备安装资质，并设有博士后科研工作站，承担多项国家863计划，省科技攻关计划等项目，荣获国家科技进步二等奖等多个国家、省、市级奖项。公司拥有员工300余人，本科以上学历人员占员工总数的80%以上。公司陆续引进计算机、自动控制、电力系统自动化、软件工程等各领域的技术人才、高级专家，在南京、苏州、西安分别设有研究中心。2006年，公司总资产9957万元，实现利润704万元，上缴税金478万元。

中国电气（南京）光伏有限公司　由中电电气集团与澳大利亚博士团队于2004年6月合作创立。一期投资3000万美元，拥有国际先进太阳能技术，集太阳能电池的研发、制造、销售和技术服务为一体的国家重点扶持的新型高新技术企业。公司拥有一流研发团队，以博士赵建华为首的技术团队长期从事高效率晶体硅太阳电池及晶体硅发光器的研究。公司总经理赵建华与副总经理王爱华一直保持着卫型硅太阳电池光电转换效率的实验室世界

图15-9-44　中国电气（南京）光伏有限公司（2006年摄）

纪录，研制成功世界上最高效率硅太阳电池，其转换效率高达24.70%。2006年，公司获商务部批准，相继在美国、荷兰、日本设立中电电气（美国）光伏有限公司、中电欧美有限公司、中国电气（日本）股份有限公司。是年，产品销售收入1.60亿元。

第二节　电力自动化产业

【行业企业及经济指标】

根据江宁电力自动化产业发展现状，2004年1月，江宁区政府向南京市科技局申请，成立江宁电力自动化产业基地。随后，市科技局向科技部火炬中心申请。2004年7月，科技部火炬中心高技术产业开发中心正式授牌批准基地成立，基地正式名称为国家火炬计划南京市江宁电力自动化产业基地。

经过3年建设，江宁电力自动化产业发展迅猛，基地内电力自动化企业快速发展，产业基地规模进一步扩大，基地企业由初期20多家逐步发展到47家。科技部在批准成立电力产业基地的同时，根据国家火炬计划产业基地骨干企业的认定条件，批准成立首批5家基地骨干企业，分别为南京南瑞继保电气有限公司、国电南京自动化股份有限公司、南京大陆中电科技股份有限公司、江苏东大金智软件股份有限公司、南京东大金智电气自动化有限公司。江宁电力自动化产业基地以骨干企业为龙头，带动基地内一批中、小成员企业发展。基地内中、小企业通过与骨干企业的配套协作、分工合作及联合经营等方式，使基地产品更加丰富。产品涵盖从高端的国家电网到工矿企业变电站以及大、中、小型水、火力发电厂的所有自动控制系统和设备，成为国内有一定知名度的电力自动化产品研发、生产基地。基地领导小组分别于2005年、2006年认定两批基地成员单位，共23家企业。

2006年，全区不断完善区内电力自动化产业基地成员单位，做大做强特色基地产业品牌。全年新增电力自动化企业6家，基地内电力自动化企业总数47家，实现产品销售收入55亿元，比2005年增长30%。其中，亿元以上企业15家，超1000万元企业27家。形成以电网保护、控制的自动化产业链，发电厂控制、保护的自动化产业链，高压电力自动化保护产业链，智能化设备产业链等电力自动化品牌。

2007年，电力自动化产业基地实现产品销售收入60亿元。其中，产品销售收入亿元以上规模企业15家，产品销售收入超1000万元规模企业27家。国家火炬计划重点高新技术企业4家，电力自动化软件企业22家。电力产业显现出集聚效应，产业链进一步完善和延长，形成包括一次、二次设备在内的相对完善的电力自动化产业链，涵盖从发电到输电、用电的整个电力自动化产业。

【企业选介】

南京南瑞继保电气有限公司　成立于1995年，位于南京江宁经济技术开发区，主要从事电力系统控制和保护技术产品的研究开发、生产销售和工程服务。为省、市高新技术企业，国家火炬计划重点高新技术企业和江苏省软件企业。2002—2003年，连续入选中国电气工业软件百强企业和国家重点布局软件企业。公司有员工650人，80%具有大学以上学历，其中博士、硕士180余人。公司法人代表、董事长沈国荣是中国工程院院士，国家级有突出贡献的中青年专家。

国家电力公司特等劳动模范、江苏省劳动模范，在电力系统自动化技术研究领域有很深的造诣，由他发明的基于二频变化量的系列继电保护原理被国内外广泛应用，获国家发明二等奖。公司开发生产的LEP-900系列输电线路成套保护产品及其推广应用获1999年国家科技进步一等奖。此外，科技创新与高新技术产业协调发展。科研成果获得国家技术发明二等奖工程、国家科技进步二等奖2项，省、部级科技进步一等奖9项，国家发明专利和实用新型专利70多项。2004年，实现产品销售收入17亿元。2007年，公司实现合同额30多亿元，上缴税收超过3.50亿元，入选2007年度中国企业集团纳税500强，列343位，劳动生产率达到同行业国际领先水平。2006年，被授予全国五一劳动奖状先进集体称号。党和国家领导人胡锦涛、温家宝、贾庆林、张德江分别视察南瑞继保公司。

图 15-9-45　南京南瑞继保电气有限公司（2006 年摄）

国电南京自动化股份有限公司　成立于2004年11月，位于江宁科学园内，是向电力行业提供技术、产品和解决方案的上市企业，是国家火炬计划重点高新技术企业，省市高新技术企业，为国内最大的继电保护和自动化产品生产基地。公司获国家科技进步奖9项，全国电力科技进步奖13项，华电集团科技进步一等奖，获国家发明及使用新型专利授权数10项，有20多项申请软件著作权登记并获证书，主持起草和组织制订多项国家标准和行业标准，获首届中国标准创新贡献奖。

图 15-9-46　国电南京自动化股份有限公司生产车间（2006 年摄）

第十章　电子信息与仪器仪表制造业

江宁的电子信息与仪器仪表制造业分别起步于20世纪70年代和80年代。经过近40年的建设和发展，特别是90年代后的迅速飞跃发展，江宁的电子信息产业由小变大，由大变强，已成为具有相当规模、专业门类比较齐全的新兴工业行业，包括通信导航、雷达设备、广播电视、电子计算机、电子元器件、电子测量与电子专用设备六大产业。该产业是江宁区规模最大、产品链较为完善的产业，也是优先发展的重点产业，在江宁国民经济中起着举足轻重的作用。2007年，产品销售收入1000万元以上的电子信息与仪器仪表制造企业共56家，工业总产值152.56亿元，占全区工业总产值27.94%；产品销售产值152.60亿元，占全区产品销售产值

28.28%；产品销售收入 155.03 亿元，占全区产品销售收入比重的 28.06%；总产值和产品销售收入均列全区工业行业第一位。资产总额 97.76 亿元，占全区工业资产总额 17.31%；利税总额 10.64 亿元，占区工业利税总额 16.67%。从业人员年平均人数 30212 人。

电子信息与仪器仪表主要产品包括通讯及网络设备、平板显示、新型电子元件器件、程控交换机、数控机床、汽车电子、工业自动化控制系统改造、电子测量仪器等。从产品的上下游关系看，移动通讯类产品链比较完整，主要有熊猫爱立信手机基站项目、英华达移动通讯终端项目、伟创力基测信号中心线路板项目等。其中，手机制造业总投资突破 1.80 亿美元，手机年产量 7000 万部，其装备达到国际先进水平，是国家最大的手机生产基地之一。

第一节　电子及通信信息设备制造业

【行业企业及经济指标】

1974 年 2 月，江宁县东山镇政府办东山镇无线电元件厂（1983 年定名为江宁县无线元件厂），生产晶体管收音机电源变压器，规模较小，基本手工生产。1975—1980 年，全县电子工业寥寥无几，乡镇企业只有其林晶体管厂、湖熟电子元件厂、方山横岭电子仪表厂和共和电子元件厂等。加工二极管、三极管的管座、管帽、线圈等。1985 年，全县电子及通信设备制造业只有 9 家，工业总产值（1980 年不变价）177 万元。另有 9 家村办企业。20 世纪 90 年代后，南京爱立信熊猫通信有限公司、南京汉德森科技股份有限公司、代傲电子控制（南京）有限公司等规模企业落户江宁经济技术开发区；南京华鼎电子有限公司、南京广顺电子技术研究所等企业落户汤山镇，使江宁县电子及通信设备制造业得到快速发展。2001 年，全区产品销售收入 500 万元以上的电子及通信设备制造企业共 23 家。工业总产值（现价）12.92 亿元，资产总额 7.24 亿元，产品销售收入 11.53 亿元，利税总额 1.31 亿元，从业人员年平均数 5201 人。

2002 年后，统宝光电（南京）有限公司、华宝通讯（南京）有限公司、伟创力（南京）科技有限公司、江苏航天信息有限公司、南京新星德尔塔电子有限公司、南京马吉克微电子有限公司、南京荣鑫机械制造有限公司、胡连电子（南京）有限公司、南京德普达电子技术有限公司、南京三埃工控股份有限公司等 20 多家企业落户江宁。2007 年，全区产品销售收入 1000 万元以上通信设备、计算机及其他电子设备制造企业 42 家，工业总产值 136.97 亿元，产品销售产值 137.46 亿元，产品销售收入 140 亿元，资产总额 78.82 亿元，利税总额 7.99 亿元，从业人员年平均数 27506 人。在 42 家企业中，南京爱立信熊猫通信有限公司，英华达（南京）科技有限公司，代傲电子控制（南京）有限公司，南京汉德森科技股份有限公司，南京华鼎电子有限公司是区工业利润、工业固定资产规模、工业利税、产品销售收入、工业总产值百强企业；南京菲尼克斯电气有限公司是区工业利润、工业利税、工业产品销售收入、工业总产值百强企业；南京新星德尔塔电子有限公司是区工业利润、工业固定资产规模、工业利税百强企业；江苏航天信息有限公司是区工业利润、区工业利税、工业产品销售收入、工业总产值百强企业；统宝光电（南京）有限公司，华宝通讯（南京）有限公司，泰艺电子（南京）有限公司是区工业固定资产规模、产品销售收入、工业总产值百强企业；南京科瑞达电子装备有限责任公司是区工业固定资产规模、工业利税、工业产品销售收入、工业总产值百强企业；伟创力（南京）科技有限公司是区工业利润、固定资产规模、工业利税百强企业。

【企业选介】

南京爱立信熊猫通信有限公司 位于江宁经济技术开发区。由瑞典爱立信公司、南京熊猫电子股份有限公司、香港永兴企业公司与江苏省邮电管理局于1992年9月共同投资兴办。注册资本2090万美元，总投资额4088万美元。是爱立信集团在中国成立最早的合资企业，也是爱立信在华规模最大的系统供应和支持中心。厂房面积1.24万平方米，有500名员工，70%具有大学以上学历。公司先后获得ISO 9001质量体系认证和ISO 14001环境体系认证。公司还荣获1999年中国工业100强第70位、中国百家高新技术企业第62位、中国外商投资双优企业、全国500家最大外事投资第16位等称号。2006年，工业总产值1061057万元，产品销售收入1136158万元，利税97550万元，利润48902万元。

图15-10-47 1996年3月11日，南京爱立信通讯有限公司举行江宁工厂落成典礼

华宝通讯（南京）有限公司 位于江宁经济技术开发区。系台湾华宝通讯股份有限公司投资成立。华宝通讯为仁宝集团手机专业制造商。2003年9月，华宝通讯在开发区立项，落户南京进出口加工区（南区），成为该出口加工区第1家注册外资企业。第一期投资总额2950万美元，注册资本2200万美元。2004年开工建设，2006年一期厂房投入使用，总面积4.70万平方米，月产手机600万台，同时形成手机研发基地。客户包括摩托罗拉、松下、康佳、海尔等公司，其市场已跨出亚洲，向欧洲、北美及墨西哥等地扩张。2004年8月，公司通过ISO 9000质量体系认证。2005年4月，通过ISO 14000环境体系认证。2006年，累计生产各种手机5697.50万台。工业总产值750718万元，列区工业总产值第2位；产品销售收入750573万元，列区产品销售收入第2位；工业利税17027万元，列区工业利税第8位；工业利润16957万元，列区工业利润第6位。

图15-10-48 2004年9月20日，华宝通讯（南京）有限公司举行竣工典礼

英华达南京科技有限公司 位于江宁经济技术开发区将军大道133号。创立于1993年10月，前身为英业达集团（南京）电子技术有限公司，是英华达股份有限公司在南京的全资子公司，注册资本额1200万美元，有员工5000多人，其中研发人员1000多人。英华达（南京）科技有限公司业务涵盖互联网网络产品、数码消费类产品、手持式通讯等产品的研发、设计、生产和销售。

1995年，公司获南京市高新技术企业称号；2003年，获南京市骨干软件企业称号。2004年，公司营业额16亿元，市场占有率达20%。2006年，公司工业总产值21.58亿元，列区工业总产值第3位；工业产品销售收入19.98亿元，列区工业产品销售收入第3位；工业利税2.13亿元，列区工业利税第5位；工业利润2.01亿元，列区工业利润第6位。

南京菲尼克斯电气有限公司　1993年，由德国菲尼克斯电气集团与中国电力工业部南京电力自动化研究院（NARI南瑞）合资组建，负责德国菲尼克斯集团各类产品在中国的销售和服务，引进世界一流的菲尼克斯生产技术和先进的管理经验，专业生产各种高质量的电连接器接插件、电子模块、信号变送器、现场总线、防浪涌过电压保护系统等产品。1996年，南京菲尼克斯电气有限公司即跃居全国电气接口行业市场占有率首位；1997年后，连续被评为江苏省重点外商投资工业企业、AAA级资信企业、南京市高利税企业、南京市高新技术企业、南京市外商投资先进企业、南京市三资企业管理工作先进单位，总经理李慕松连获南京市外商投资企业优秀总经理称号。1999年，通过ISO 9002质量体系认证。公司先后在北京、上海、广州、深圳、成都、昆明等地设立办事处。2000年，菲尼克斯对中国公司增资扩股，在江宁经济技术开发区先后征地8公顷，兴建其海外生产管理基地——菲尼克斯工业城。一期工程建筑面积7000平方米，2001年9月17日，正式迁至江宁经济技术开发区的新管理基地。2007年，年产品销售额突破2亿元。江宁经济技术开发区先后授予公司“菲尼克斯路”和城市吉祥标志性建筑“菲尼克斯凤凰坛”冠名权。

图 15-10-49　1993年南京菲尼克斯电气有限公司

第二节　仪器仪表制造业

【行业企业及经济指标】

江宁的仪器仪表制造业起步于20世纪80年代初，1980年，陶吴乡办起陶吴水表厂，年产水表2.50万只。1981年，建立东山镇中前光学仪器厂，生产各种眼镜片。是年，县方山仪器配件厂（1982年，改为方山分析仪器厂）引进HC-1型氯指数测定仪，具有国内外先进水平，同时还生产DX-Ⅱ型双光束低能单色X光机，上述两种产品均填补国内空白，被省乡镇企业局选至北京参加新中国成立35周年庆祝展览。1985年，全县仪器仪表及其他计量器具制造企业有4家，工业总产值（1980年不变价）199万元。90年代后，西门子数控（南京）有限公司、南京科远自动化集团股份有限公司、南京东富石油化工自动化设备有限公司、南京智达分析仪器有限公司、南京国电南自科技发展有限公司等企业先后落户江宁经济技术开发区，壮大了江宁的仪器仪表制造业。2001年，全区产品销售收入500万元以上的仪表仪器制造企业有10家，工业总产值（现价）29185万元，资产总额19996万元，产品销售收入24979万元，利税总额3088万元，从业人员年平均数1143人。

2002年后，又有一批仪器仪表制造企业落户江宁，主要有南京庆和电子设备有限公司、南京鹏力科技有限公司、江苏光一科技有限公司、南京一品光电科技有限公司、艾默生过程控制流星技术有限公司、江苏苏源仪器仪表有限公司、南京丰华光学仪器有限公司等。2007年，江宁区产品销售收入1000万元以上的仪器仪表制造及文化、办公用机械企业有14家，工业总产值15.59亿元，产品销售产值15.14亿元，产品销售收入15.04亿元，资产总额18.94亿元，利税总额2.65亿元，从业人员年平均数2706人。在14家企业中，西门子数控（南京）有限公司是区工业利润、工业固定资产规模、工业利税、工业产品销售收入、工业总产值百强企业；江苏华源仪器仪表有限公司，南京科远控制工程有限公司是区工业利润、工业利税、产品销售收入百强企业。

【企业选介】

南京大陆中电科技股份有限公司 建于1993年，位于江宁经济技术开发区庄排路89号，占地面积4万平方米，拥有近1万平方米的科研、生产基地，资产总额5000多万元。公司主产品涉及优化燃料、智能控制、电力自动化、环保新工艺、先进传感器、实时测控软件、信息管理软件等领域。公司先后承接国家“火炬”计划项目、国家首批中小型科技企业创新基金项目、国家重点技术创新项目、国家重大装备国产化创新项目和原电力部“八五”“九五”重点科技攻关项目等。公司通过ISO 9001国际质量体系认证，在同类产品中市场占有率60%以上。2001年1月，获外贸部批准的自营进出口权。

南京科远自动化技术有限公司·南京科远控制工程有限公司 成立于1996年4月30日，是专业从事热电厂控制系统、管理软件和仪器仪表开发、工程设计、加工制造、系统集成、现场调试和工程技术服务的技术密集型高科技企业。南京科远控制工程有限公司前身为南京科远凯易斯自动化仪表公司，于1993年6月18日在江宁经济技术开发区注册成立。2000年10月13日，南京科远自动化技术有限公司投资注入75%股份，将当时的南京科远凯易斯自动化仪表有限公司更名为南京科远控制工程有限公司。两公司合作后，经营范围有工程项目类产品（包括电厂控制系统、工业控制成套系统、电厂厂级监控系统）的设计、开发、生产和服务，电厂应用软件类产品的设计和开发，仪表类产品生产和服务提供等三大类。共同办公地均在江宁经济技术开发区科远公司园区内，占地面积6000多平方米，建筑面积8000多平方米。有员工200余人，其中大专及以上学历员工达85%，年生产能力超1亿元。两公司均为江苏省及南京市高新技术企业、江苏省软件企业。南京科远控制工程有限公司于1999年通过ISO 9001质量管理体系认证；2001年，顺利通过ISO 9001:2000转版认证审核。2004年，被授予国家火炬计划江宁电力自动化产业基地核心骨干企业称号；2005年6月，被科技部认定为国家火炬计划重点高新技术企业。2007年1月，被评为全国优秀民营科技企业。

西门子数控（南京）有限公司 位于江宁经济技术开发区西门子路18号。1996年8月12日

图15-10-50　1997年10月16日，西门子数控（南京）有限公司开业

成立，总面积3730平方米，注册资本1300万德国马克。公司是西门子（中国）有限公司与中国东方数控公司的合资企业，按照中国、东南亚地区及世界市场的不同要求，开发、制造和销售数控产品。1999年，公司通过ISO 9001国际质量体系认证。2000年，实现利税765万元，被评为江宁经济技术开发区纳税大户。2006年，产品销售收入62483万元，列区产品销售收入企业第10位；利税11572万元，列区工业利税企业第10位；利润10712万元，列区工业利润第8位。

第十一章　造纸印刷与文体工艺品制造业

1953年，江宁县的造纸印刷与文教工艺品总产值为28.36万元，占全县工业总产值606.15万元的4.50%。其中，造纸业1.10万元，印刷业4.03万元，工艺美术品23.23万元。1976年，江宁县的造纸印刷与文教工艺品总产值为252.50万元，占全县工业总产值8850.30万元的2.85%。其中，造纸业37.60万元，印刷业96.30万元，工艺美术品118.60万元。20世纪80年代后，行业门类逐渐增多，企业规模有所扩大。1990年，乡及乡以上造纸印刷与文教工艺品企业发展到39家，工业总产值（现行价格）8797万元，占全县工业总产值1445380的6.11%。其中，造纸及制品业13家，总产值966万元；印刷业12家，总产值852万元；文教体育用品制造业6家，总产值926万元；工艺美术品制造业8家，总产值6053万元。

20世纪90年代后，江宁造纸厂、南京爱德印刷有限公司等企业做大、做强；南京天印包装有限公司、南京盛溪印刷包装有限公司、南京爱涛礼品有限公司规模企业先后落户江宁。2007年，江宁区产品销售收入1000万元以上的造纸印刷与文体工艺品制造企业共有32家。工业总产值25.19亿元，占全区工业总产值4.65%；利税总额2.68亿元，占全区工业利税总额4.20%；从业人员年平均数7903人。

第一节　造纸及纸制品业

【行业企业及经济指标】

1955年，江宁县只有制造土纸的小作坊，年产值1.10万元。1958—1962年，村办小造纸厂生产土纸，5年的造纸工业总产值26.87万元，共生产土纸232.40吨。1963年后，土纸厂调整下马。20世纪80年代后，相继建立铜井乡造纸厂、江宁县造纸厂、江宁天印包装厂、南京春雷纸制品有限公司等造纸及纸制品企业。至1986年，江宁县有造纸及纸制品企业7家，工业总产值477

图15-11-51　20世纪80年代江宁县造纸厂

万元（1980年不变价），工业总产值比1985年增加39.47%，生产纸浆0.50万件，机制纸板10458吨。90年代后，南京健康春成纸箱有限责任公司、南京斯克尔卫生制品有限公司、永华包装有限公司等造纸及纸制品企业落户江宁。至2001年，江宁区产品销售收入500万元以上造纸及纸制品企业24家，工业总产值99267万元，产品销售收入94596万元，资产总额55690万元，利税总额7745万元，从业人员年平均数3832人。

2007年，全区产品销售收入500万元以上造纸及纸制品企业25家。产品销售收入1000万元以上造纸及制品企业13家。工业总产值8.93亿元，产品销售产值8.64亿元，产品销售收入7.56亿元，资产总额8.42亿元，利税总额63880万元，从业人员年平均数2270人。江宁造纸厂是江宁区利润、固定资产规模、利税、产品销售收入、工业总产值百强企业；南京盛溪印刷包装有限公司是江宁区固定资产规模、产品销售收入、工业总产值百强企业。

【企业选介】

南京盛溪印刷包装有限公司 始建于1981年，前身为江宁县纸箱厂。2001年7月11日，成立南京盛溪印刷包装有限公司。是南京市造纸及纸制品业骨干企业之一，是纸箱、彩箱生产的专业厂家。位于江宁区淳化街道工业园，占地面积6.60万平方米，拥有固定资产9000万元，有五层瓦楞纸生产线4条，为客户加工生产A、B、C、E各种瓦楞型号内包装。1991年，取得中国包装总公司颁发的生产许可证；1992年，取得省商检局颁发的出口商品包装许可证。2001—2003年，投资6000万元，引进日本三菱四色印刷机1台及台湾高精度贴面机等。形成月产纸箱500万只、彩箱彩盒12万只的生产能力。有职工350人，专业技术人员52人。2005年，产品销售收入1.20亿元。2005年，被评为江苏省包装行业百强企业。2006年，获“东方之星”长三角首届瓦楞纸箱质量评比金奖。2003年，通过中国质量认证中心ISO 9001:2000标准审核认证。

图15-11-52 南京盛溪印刷包装厂（2003年摄）

南京三隆包装有限公司 于1998年4月注册成立，坐落在江宁经济技术开发区内，主要生产“南京”“一品梅”两大品牌系列烟标，同时还为各大烟厂设计生产新型烟标。公司占地面积4公顷，拥有固定资产1.60亿元，员工200余人。公司主要生产设备为法国小森·尚邦GR-650型七色和八色两条凹印生产线，采用全电脑控制。2000年，年产烟标30万大箱，实现利润7600万元。2004年，新厂区扩建工程竣工。2006年，烟标产量首次突破50万大箱，实现利润超亿元。2007年，实现利润1.32亿元。2002年度，公司产品获华东地区第21届包装印刷产品质量评选优秀奖；“一品梅”烟标获南京印刷产品优秀奖；“南京”烟标荣获印刷新工艺（新技术）创新荣誉证书。

第二节 印刷业和记录媒介复制业

【行业企业及经济指标】

1952 年，江宁县有私人开办的小印刷厂，年产值 4.10 万元。1955 年 2 月，接收杜金广等人办的私营建宁印刷厂，成立集体所有制性质的江宁县东山印刷厂。1956 年 2 月，县东山印刷厂上升为地方国营江宁县印刷厂。20 世纪 60—70 年代，汤山公社、湖熟镇、土桥公社、丹阳公社相继开办印刷厂，印刷书刊、簿本、表册等。1976 年，全县印刷业年产值 96.30 万元，其中，国营印刷企业产值 60 万元，集体所有制（社办）企业 36.30 万元。1984 年，建立南京德胜印刷厂、南京江宁县海宁包装印刷厂等印刷企业。至 1986 年，江宁县印刷和记录媒介的复制企业有 7 家，工业总产值 294 万元，企业数量虽然比 1985 年减少 2 家，但工业总产值比 1985 年增加 24.58%。90 年代后，南京孚嘉印刷有限公司、南京三隆包装有限公司、南京科晖印刷科技有限公司、南京爱德印刷有限公司相继落户江宁。2001 年，江宁区产品销售收入 500 万元以上的印刷业、记录媒介的复制企业 8 家，工业总产值 40741 万元，资产总额 55690 万元，产品销售收入 94596 万元，利税总额 12327 万元，从业人员年平均数 838 人。

2007 年，全区产品销售收入 500 万元以上的印刷业和记录媒介的复制企业有 16 家。产品销售收入 1000 万元以上的企业有 8 家，工业总产值 7.20 亿元，产品销售产值 8.23 亿元，产品销售收入 6.33 亿元，资产总额 19.29 亿元，利税总额 1.55 亿元，从业人员年平均数 1287 人。南京爱德印刷有限公司是江宁区利润、固定资产规模、利税、产品销售收入、工业总产值百强企业。

【企业选介】

南京爱德印刷公司 1988 年 8 月，由爱德基金与联合圣经公会（U.B.S）香港出版有限公司合资兴办的南京爱德印刷有限公司成立。是中国圣经、字典等薄型纸书刊的生产基地之一。公司位于江宁区金箔路 287 号，占地面积 4 万平方米，拥有固定资产 8000 万元，年印刷能力为 30 万纸令，年装订能力为 45 万纸令。公司拥有英国铁姆公司 T32 薄型纸轮转印刷机，法国罗兰、日本秋山公司生产的单、双、多色单张纸印刷机及德国柯尔布斯公司生产的胶印平装书刊生产流水线等先进设备。2004 年 3 月，北京华夏认证公司对公司质量、环境管理体系进行年度监审，顺利地通过 ISO 9001 质量体系认证和 ISO 14001 环境体系认证。至 2007 年 12 月底，公司累计印刷各类圣经全书等 5617.86 万册。海外客户普及 61 个国家和地区。

图 15-11-53 南京爱德印刷有限公司（2007 年摄）

南京票据证券印刷有限公司 位于南京市江宁科学园，为省、市国家税务局、地方税务局、省财政厅常年定点印制发票和行政事业性收据的定点印刷公司；是经中国人民银行江苏省分行指定的银行内部会计凭证、非金融类有价证券和债券的定点印刷企业。有日产胶印、轮转印刷设备，德产海德堡凹色胶印机、卷式电脑发票专用生产流水线、八色轮转票证印刷机和德国产宽幅条码印刷机、苹果彩色图形电脑制作系统等各种票证专用设备。2000 年，公司通过 ISO 9002 质量体系认证。2003 年 7 月，完成 ISO 9001:2000 版的换版复评。

第三节 文教体育用品和工艺品制造业

【行业企业及经济指标】

1949 年，江宁县文教艺术用品产品只是个体户手工生产，年产值 1.03 万元（含金箔等）。1972 年，周岗公社创办周岗工艺厂，生产仿木雕、牙雕、泥塑、剪纸等工艺制品。1976 年，全县文教体育用品和工艺品产值 118.60 万元。20 世纪 80 年代后，文教体育用品和工艺品企业有所发展。1986 年，湖熟镇创建江宁羽毛球厂，生产羽毛球。1988 年，东山镇创建南京爱涛礼品有限公司，生产礼品、玩具、工艺品等。是年，全县有文教体育用品制造业 7 家，工业总产值 731 万元（1980 年不变价），其中文化用品制造业 4 家、体育用品制造业 2 家、玩具制造业 1 家。有工艺美术品制造业 8 家，工业产值 2009 万元（1980 年不变价），其中雕塑工艺品制造业 4 家、其他工艺品制造业 4 家。20 世纪 90 年代后，南京七仙玩具厂、南京金鹤工艺品有限公司、南京麒麟数学设备有限公司、南京弘大体育用品有限公司、南京士华体育用品有限公司、江苏康圣百利科技有限公司、南京长发猪鬃制品有限公司先后落户江宁。2001 年，全区产品销售收入 500 万元以上文教用品和工艺品制造企业 10 家，工业总产值（现价）44711 万元，资产总额 12688 万元，产品销售收入 42504 万元，利税总额 2552 万元，从业人员年平均人数 2470 人。生产体育用品及用具 1290 万元，玩具 25444 万元，工艺美术制品 3487 万元。

2002 年后，该行业进一步发展，南京气枪厂有限公司、南京斯凯克运动器械有限公司、江苏方洲实业有限公司先后落户江宁。至 2007 年，全区产品销售收入 500 万元以上文教体育用品制造业有 13 家，工艺品制造业有 6 家。全区产品销售收入 1000 万元以上的文教体育用品制造业有 7 家，工业总产值 1.78 亿元，产品销售产值 1.73 亿元，产品销售收入 1.74 亿元，资产总额 4.88 亿元，利税总额 966 万元，从业人员年平均数 1287 人。工艺品及其他制造业 4 家，工业总产值 7.27 亿元，产品销售产值 7.29 亿元，产品销售收入 6.70 亿元，资产总额 15.16 亿元，利税总额 3994 万元，从业人员年平均数 3059 人。

【企业选介】

南京雄峰运动器具公司 位于江宁区湖熟街道灵顺南路 121 号，是专门生产运动类产品的出口贸易公司，始建于 1986 年 6 月，原名为江宁县羽毛球厂，属镇办集体企业。2000 年，改制为民营企业后进行扩建，公司占地面积 3000 平方米，建筑面积 2200 平方米，有员工 250 人，其中中级及以上技术人员 30 人。2000 年后，添置机械播球设备 30 余台，由手工操作转变为机械化生产，产品由单一生产羽毛球发展到高档足球、排球、棒球、橄榄球、羽毛球以及各类促销球，年生产量 300 万只，产品远销亚洲及欧美等 20 多个国家。2003 年，年产值 800 万元，2004 年 1200 万元，2005 年 1600 万元，2007 年 2000 万元。公司注册商标“SEWFUN”（雄峰牌）。2006 年，公司总经理李顺林被评为南京市劳动模范。

南京麒麟教学设备有限公司 位于江宁区麒麟开城路 7 号，创建于 1997 年，原名为南京麒麟教学设备厂，2003年更名。公司占地面积10450平方米，厂房面积4560平方米。投资750万元，引进德国、意大利、日本成套设备，主要从事教学实验室及办公室家具生产。公司是中国教学仪器设备行业协会会员单位和江苏省教委教学仪器设备定点生产厂家。有员工168人。其中，高级管理人员12人，中、高级技术职称16人。2000年，获南京市人民政府颁发的科技进步三等奖。2003年，通过ISO 9001:2000国际质量体系认证。2007年，产品销售额3000万元，利税65万元。

第十二章 技术改造与产品创优

江宁县工业兴建初期，大多数厂矿为“土法上马”，技术设备陈旧落后。20世纪60年代后期，部分企业虽然先后增添一些设备，但机型大多不够标准，工艺流程配套不齐。1981年，县工业局设置科学技术股，加强对企业设备更新、改造的统一规划和领导。1981—1985年，先后完成178个技术改造项目，总投资5241万元。由技术设备更新、改造所创造的价值累计9384.80万元，相当于投资总额的2.10倍。1986—2000年，完成技术改造项目389个，投资额1069757万元；2001—2005年，完成技术改造项目201个；2006—2007年，完成技术改造项目178个，投资额172571万元。通过技术改造，实现内涵扩大再生产，促进产品升级换代，节约能源，降低消耗，提高了经济效益。

江宁工业大力实施名牌战略，争创优质产品、名牌产品和著名商标。1963—1985年，产品创优主要是改善企业素质，加强质量管理，提高产品质量和市场竞争能力。1985年，“金陵牌”金箔占全国金箔计划总产量的86%以上，并获得江苏省和轻工业部优质产品称号。1986—1993年，产品创优主要是提高质量管理和技术管理水平，争创市级以上优质名牌产品。1994—2007年，大力推进培育名牌产品。2006年，江宁区出台《江宁区名牌战略实施纲要（2006—2010年）》，又制定《江宁区“十一五”中国名牌产品培育发展目录》。至2007年，江宁区共有国家免检产品12个，市级以上著名商标52个，市级以上名牌产品103个。

第一节 技术改造

20世纪70年代，江宁县通过“五小”（小矿山、小钢铁、小农机、小化肥、小水泥）企业的兴建扩建，工业经济开始出现恢复性发展，但由于许多企业都是“土枪土炮”，生产工艺和操作方法比较落后。随着经济的发展，产品更新换代的加速，质量要求越来越高。落后的设备，薄弱的技术力量阻碍了企业的发展。1981—1985年，江宁县技术设备更新与改造进入高峰期，尤其是以县属工业为主。其间，县属企业先后完成178个技术改造项目，总投资5241万元，主要项目有南京第三钢铁厂的炉前铸造和炼钢车间、江宁县缝纫机厂与南京长江机器厂联营后扩建的年产50万台出口电风扇生产线、南京东山发动机厂扩建的年产2万台D433A柴油机生产线，江宁县乙炔气总厂的年产240万立方米溶解乙炔气一期工程、青龙山水泥厂旋窑改造工程。

1986年，在经济体制改革中，由于计划管理权限的下放。“七五”计划时期技术改造规模有所扩大，投资额44778万元。应用新技术，生产行业优势产品是“七五”技改的项目重点。主要有第三钢铁厂10吨单极直流电弧炉炼钢项目，是国家冶金行业重点节能示范工程；秣陵铸造厂与上海柴油厂联营铸造生产线；龙都烟滤嘴厂扩产丝束生产线；江宁化工厂2号炸药生产线、金箔总厂复合卷烟铝箔生产线，低残留高效农药溴灭菊酯生产线等。

“八五”计划时期，其技术改造规模达343979万元，主要围绕南京市发展“电、汽、化、特”为主的地方支柱工业，接受大城市工业辐射，先后吸收金城摩托、南汽、熊猫电子等一批企业到江宁县落户，兴建了江宁经济技术开发区和科学园，许多项目从技术改造途径实施，“跳过”基本建设项目严格的计划控制。主要技术改造项目有扩建汽车柴油发动机5000台生产线、扩大改造200万台(套)高档摩托车用轮胎生产线、电脑提花袜扩产改建项目、特种气体技术改造工程、秣陵铸造扩建生产线、生态板材生产线、汽（摩）车发动机链条生产线、真空镀铝纸生产线以及商品混凝土扩产生产线等。

“九五”计划时期，江宁经济技术开发区逐步建立完善后，外资企业的入驻支撑全县经济增长。混合所有制企业的形成，拓展了企业技术改造资金的渠道。1996年，全县51个重点技改项目完成技改总额约10亿元。1997年，技术改造项目42个完成投资12.50亿元。1998年，38个重量技改项目完成投资额12.70亿元。1999年，43个重点技改项目完成投资额17.50亿元。2000年，15个重点技改项目完成投资额15.40亿元。5年累计完成技改投资68.10亿元，是改革开放前15年（1980—1995年）的17.90倍。

“十五”计划时期，对固定资产投资管理体制进行改革，投资项目实行“投资业主负责制”，投资管理部门实行“投资项目登记备案制”，对固定资产投资进行宏观管理，登记备案部门为南京市经委。据区有关管理部门调查，全区2001年技改项目14项、2002年26项、2003年18项、2004年74项、2005年69项，主要项目有铜山农药厂200吨灭蝇胺续建项目、宁志新型太阳能热水器、金箔集团光亮卡纸扩产线、自动打箔机设备技改项目、中圣热管托管技改生产线、南京天龙水泥商品混凝土40万扩产生产线、卫岗乳业引进设备无菌灌装线、南京顺利嘉家具技改扩产生产线等。2006年，技改项目有106项，投资额86313万元，重大技改项目有兰叶混凝土技改1375万元；2007年，技改项目有72项，投资额86258万元，重大技改项目有江宁科学园风电产业技改3872万元。

第二节 产品创优

【产品质量管理】

1962年前，多数厂矿企业对其生产的产品质量检验，均由仓库保管员代管。1963年，生产车间设置专职检验员，对产品包括原材料、毛坯等进行质量验收。1980年，开始重视产品质量的全面管理，建立检验记录、按时统计、列入台账、逐级量权，设备检测手段渐趋完善。1984年，在企业全面整顿中，各厂矿（公司）普遍建立质量管理小组，班组设置不脱产质量检验员，重点车间和主要机台成立“QC”质量攻关小组，负责工艺流程的改进和产品质量管理，初步形成“专管”和“群管”相结合的三级管理网络体系。质量管理的改进，对提高产品质量和市场竞争力起到明显作用。至1985年，江宁县有省、部优产品3个：金箔、硅酸铝耐火纤维卷毯、薄型凹链条。市优产品2个：南大4.2偶联剂、白厂丝。

【争创优质产品】

1986年7月，国务院出台《关于加强工业企业管理若干问题的规定》，将提高产品质量、降低物质消耗和增加经济效益，作为考核工业企业管理水平的主要指标。围绕产品创优工作的开展，深入开展群众性质量管理活动，认真开展企业贯标工作，贯彻GB/T 19000标准。1987—1989年，全县共实施技改项目376个，总投资14892万元。1990年，对123家骨干企业和46个名优、新品，实行重点扶持，全县产品标准覆盖率97%。1991年，全面开展“质量、品种、效益年”活动，全年实施技改项目202项，总投资1.16亿元。1992—1993年，实施技改项目819个，总投资13.20亿元。至1993年，全县共创国家金奖产品1个，部优产品5个，省优产品3个，市优产品88个。

【实施品牌战略】

1994—2007年，江宁区企业大力实施品牌战略，争创著名商标和省、市名牌产品。

1994年，省、市开展名牌产品认定工作。1995年，时花家电、天宝山水泥、金陵牌金箔列入市名牌产品。“九五”时期，重点发展科技含量高的汽车、摩托车、彩电、程控交换机、数控机床等产品。加快发展市场潜力大的金陵金箔、烟箔、速顺达轮胎、旺旺食品、鹏翊铝型材等地产名牌产品。2000年，速顺达摩托车轮胎等10个产品获省名牌产品，金陵金箔等12个产品获市名牌产品。名牌产品对县工业经济贡献份额加大。1997年，全县省、市名牌产品实现销售收入102940万元，利税10521万元，分别占全县经济总量和利税的5.20%和7.50%。

2001—2003年，全区有近百家企业通过ISO 9000族贯标认证，企业的经营水平和内部管理水平切实提高，产品竞争力增强。至2003年年底，全区共创市以上著名商标21件。其中，国家名牌1件，省名牌4件，市名牌16件。省、市著名商标数量居全市各区、县之首。2004年，全区有230家企业通过ISO 9000质量体系认证，有11个产品的市场占有率在全国同行列前5位，其中金箔集团的“金陵”牌金箔占全国市场的70%以上。2005年，全区拥有中国名牌产品1个，江苏省名牌产品17个，南京市名牌产品53个。2006年，出台《江宁区名牌战略实施纲要（2006—2010年）》，明确未来5年争创市级以上名牌的奋斗目标。至2007年，江宁区有著名商标52个。其中，国家著名商标2个，江苏省著名商标16个，南京市著名商标34个；中国名牌产品7个，国家免检产品12个；省名牌产品30个，市名牌产品66个。

图 15-12-54　1997—2000年，江苏时花电器（集团）公司获得的荣誉称号

图 15-12-55　江苏省名牌产品“金陵牌”金箔（2006年摄）

图 15-12-56　南京名牌产品“晨虹”牌工业气体（2006年摄）

图 15-12-57　南京海尔曼斯公司生产的海尔曼斯牌羊毛衫获中国名牌产品称号（2006年摄）

2007年江宁区中国名牌、国家免检产品情况表

表 15-12-4

序 号	产品名称	企业名称	认定时间	获奖类型	注册地	备 注
1	海尔曼斯牌羊毛衫、针织服饰	南京海尔曼斯集团有限公司	2005 年 9 月	中国名牌	江宁经济技术开发区	—
2	电力自动化监控设备	南京南瑞继保电气有限公司	2007 年 9 月	中国名牌	江宁经济技术开发区	—
3	高效节能换热器	江苏中圣石化工程有限公司	2007 年 9 月	中国名牌	江宁科学园	—
4	电力自动化监控设备	国电南京自动化股份有限公司	2007 年 9 月	中国名牌	江宁经济技术开发区	—
5	高效减水剂	江苏苏博特新材料有限公司	2007 年 9 月	中国名牌	东 山	—
6	仓储自动化物流设备	南京音飞货架制造有限公司	2007 年 9 月	中国名牌	江宁经济技术开发区	—
7	减速机	南京高精齿轮集团有限公司	2007 年 9 月	中国名牌	江宁科学园	—
8	双猴牌水泥	江苏双龙集团有限公司	2007 年 12 月	国家免检	汤 山	复 审
9	千百度牌皮鞋	美丽华实业（南京）有限公司	2005 年 12 月	国家免检	江宁经济技术开发区	—
10	天宝山牌水泥	南京三龙集团有限公司	2005 年 12 月	国家免检	淳 化	—
11	浸胶木地板	南京歌雅地板有限公司	2006 年 12 月	国家免检	禄 口	—
12	爱诺法赛地板	南京爱诺法赛地板有限公司	2006 年 12 月	国家免检	禄 口	—
13	格林家居地板	南京格林家居有限公司	2006 年 12 月	国家免检	秣 陵	—
14	PA 系列微机综合继电保护装置	南京因泰莱电器股份有限公司	2006 年 12 月	国家免检	江宁经济技术开发区	—
15	防水卷材	南京禹王建材有限公司	2007 年 12 月	国家免检	汤 山	复 审
16	复合肥料	南京云台山硫铁矿	2007 年 12 月	国家免检	云台山	—
17	床上用品	南京达丰工贸集团有限公司	2007 年 12 月	国家免检	陶吴镇	—
18	蚕丝被	南京市江宁区顺达实业公司	2007 年 12 月	国家免检	东山镇	—
19	桑蚕丝针织服饰	南京海尔曼斯集团有限公司	2007 年 12 月	国家免检	江宁经济技术开发区	—

2007年江宁区省名牌产品情况表

表15-12 5

序 号	产品名称	企业产品	认定时间	注册地	备 注
1	NGC 牌齿轮箱	南京高精齿轮股份有限公司	2005 年 12 月	江宁科学园	复 审
2	跃进牌轻型载货汽车	南京跃进汽车股份有限公司	2006 年 12 月	江宁科学园	复 审
3	金城牌摩托车	南京金城集团有限公司	2006 年 12 月	湖 熟	复 审
4	双猴牌水泥	江苏双龙集团有限公司	2006 年 12 月	汤 山	复 审
5	天宝山牌水泥	南京三龙水泥有限公司	2006 年 12 月	淳 化	复 审
6	金陵牌金箔、铝箔	南京金陵金箔股份有限公司	2006 年 12 月	东 山	复 审
7	千百度牌胶粘皮鞋	美丽华实业（南京）有限公司	2006 年 12 月	江宁经济技术开发区	复 审
8	大陆牌电站自动化控制系统	南京大陆中电科技有限公司	2006 年 12 月	江宁经济技术开发区	—
9	海尔曼斯羊毛衫	南京海尔曼斯集团有限公司	2006 年 12 月	江宁经济技术开发区	—
10	晨虹牌工业气体	南京特种气体厂有限公司	2006 年 12 月	禄 口	—
11	艾志牌工业密封件	南京艾志工业集团有限公司	2006 年 12 月	江宁经济技术开发区	—
12	三力牌专用汽车、金属软管	南京航天晨光有限公司	2006 年 12 月	江宁经济技术开发区	—
13	音飞牌组装式货架	南京音飞货架制造有限公司	2006 年 12 月	江宁经济技术开发区	—
14	奇水牌青虾	南京奇水工贸有限公司	2006 年 12 月	周 岗	—
15	针织内衣	南京华瑞国际实业集团有限公司	2006 年 12 月	东 山	复 审
16	金枪鱼牌自动灭火机	南京消防器材有限公司	2007 年 12 月	江宁经济技术开发区	复 审
17	SBT 牌高效减水剂	江苏苏博特新材料有限公司	2007 年 12 月	上 坊	复 审
18	五洲牌制冷空调	南京五洲制冷集团有限公司	2007 年 12 月	江宁科学园	复 审
19	南锗牌锗系列产品	南京锗厂有限公司	2007 年 12 月	秣 陵	复 审
20	九竹电动伸缩门停车场管理系统	南京九竹科技实业有限公司	2007 年 12 月	江宁经济技术开发区	复 审
21	卫岗牌液体奶	南京卫岗乳品有限公司	2007 年 12 月	江宁经济技术开发区	—
22	顺艺牌白厂丝、捻线丝	南京市江宁区顺达实业公司	2007 年 12 月	东 山	—

续表

序 号	产品名称	企业产品	认定时间	注册地	备 注
23	中圣牌高效节能换热器	江苏中圣高科技产业有限公司	2007 年 12 月	江宁科学园	—
24	国电南自牌电力自动化监控设备	国电南京自动化设备有限公司	2007 年 12 月	江宁经济技术开发区	—
25	NR 牌电力自动化监控设备	南京南瑞继保电气有限公司	2007 年 12 月	江宁经济技术开发区	—
26	东大金智牌电力自动化监控设备	江苏金智科技股份有限公司	2007 年 12 月	江宁经济技术开发区	—
27	仓储自动化物流系统	江苏六维物流设备实业有限公司	2007 年 12 月	江宁镇	—
28	一夫牌 SGF 粉刷石膏干混砂浆	江苏省一夫新型材料科技有限公司	2007 年 12 月	东山镇	—
29	格林牌浸渍纸层压木质地板	南京格林家居工程有限公司	2007 年 12 月	秣陵镇	—
30	方便面	南京白象食品有限公司	2007 年 12 月	上峰镇	—

2007 年江宁区著（驰）名商标情况一览表

表 15-12-6

单位名称	商 标	使用商品	认定级别	认定年份
美丽华实业（南京）有限公司	千百度	鞋	国家级	2005
南京海尔曼斯集团有限公司	海尔曼斯及图形	服 装	国家级	2007
南京金陵金箔股份有限公司	金 陵	金 箔	省 级	1994、1997、2000、2004、2007
南京海尔曼斯集团有限公司	海尔曼斯	服装等	省 级	1999、2002、2005
南京新金陵鞋业有限公司	金 陵	皮 鞋	省 级	1994、1997、2000、2004、2007
南京利民机械有限责任公司	LM	自行车配件等	省 级	1997、2000、2004
美丽华实业（南京）有限公司	千百度	鞋	省 级	2003、2006
南京特种气体厂有限公司	晨 虹	工业气体等	省 级	2004、2007
南京巨威机械制造有限公司	巨 威	剪板机、折弯机等	省 级	2004、2007
南京奶业（集团）有限公司	卫 岗	牛奶等	省 级	2001、2004、2007
南京周宇机床制造有限公司	周 宇	剪板机等	省 级	2005

续表 1

单位名称	商　标	使用商品	认定级别	认定年份
南京银佳白水泥有限公司	银　洁	水　泥	省　级	2005
南京宁志太阳能设备有限公司	宁　志	太阳能集热器等	省　级	2005
江苏中圣高科技产业有限公司	中　圣	热管等	省　级	2006
南京寒锐钴业有限公司	HANRUI	粉末冶金等	省　级	2006
南京一夫建材实业有限公司	一　夫	非金属隔板	省　级	2006
南京佳盛机电器材制造有限公司	高水基	密封环生等	省　级	2007
南京利民机械有限公司	CMC	链　条	省　级	2007
南京海尔曼斯集团有限公司	海尔曼斯	服装等	市　级	1998、2001、2004、2007
南京金陵金箔股份有限公司	金　陵	金箔、铝箔	市　级	2001、2004、2007
南京特种气体厂	晨　虹	工业气体	市　级	2001、2004、2007
南京利民机械有限责任公司	LM	自行车配件	市　级	2001、2004、2007
南京天宝水泥集团有限公司	天宝山	水　泥	市　级	2001、2004、2007
南京新金陵鞋业有限公司	金　陵	皮　鞋	市　级	2001、2004、2007
南京奶业（集团）有限公司	卫　岗	牛奶等	市　级	2001、2004、2007
南京昆仑化学有限公司	昆　仑	磷化剂、促进剂	市　级	2001、2004、2007
南京汤泉湖天然水资源开发有限公司	汤泉湖	矿泉水	市　级	2002、2005
南京宁志太阳能设备有限公司	宁　志	太阳能集热器	市　级	2002、2005
南京宁容钢桶封闭器厂	n r	金属容器	市　级	2002、2005
江苏省农药研究所南京农药厂	图　形	农　药	市　级	2002、2005
南京巨威机械制造有限公司	巨　威	剪板机、折弯机等	市　级	2003、2006
南京秣陵铸造厂	双　陵	汽车零件	市　级	2003、2006
美丽华实业（南京）有限公司	千百度	鞋	市　级	2003、2006

续表 2

单位名称	商 标	使用商品	认定级别	认定年份
江苏中圣石化工程有限公司	中 圣	空气再热器等	市 级	2004、2007
南京汤泉湖天然水资源开发有限公司	美龄泉	矿泉水	市 级	2004、2007
南京周宇机床制造有限公司	周 宇	剪板机等	市 级	2004、2007
南京银佳白水泥有限公司	银 洁	水 泥	市 级	2004、2007
南京先特自动化设备有限公司	CEMT 先特	用于计算机操作仪表的机械装置等	市 级	2005
南京市江宁区顺达实业公司（南京铜山缫丝厂）	顺 艺	厂丝、绢丝等	市 级	2005
南京寒锐钴业有限公司	HANRUI	粉末冶金等	市 级	2005
南京新润食品有限公司	新 润	板鸭、肉等	市 级	2005
南京一夫建材实业有限公司	一 夫	非金属隔板	市 级	2005
南京佳盛机电器材制造有限公司	高水基	密封环等	市 级	2006
江苏六维物流设备实业有限公司	六维物流	金属支架等	市 级	2006
南京汉德森科技股份有限公司	Handson	计算机外围设备等	市 级	2006
南京利民机械有限责任公司	LMC	链 条	市 级	2006
南京奥联特运动器具厂	奥联特	运动用球	市 级	2006
南京三埃自控设备有限公司	图 形	测距设备、测力计等	市 级	2007
南京科雄工贸有限公司	科 雄	办公家具等	市 级	2007
南京奥赛康医药集团有限公司	奥赛康	人用药、针剂等	市 级	2007
江苏顺力冷弯型钢实业有限公司	顺 力	钢管金属等	市 级	2007
南京木达工贸有限公司	图 形	水泥管等	市 级	2007

第十六编

经济园区开发

江宁境内经济园开发区主要有3个，分别是南京江宁经济技术开发区、南京江宁科学园和南京江宁滨江经济开发区。

最早创建的是南京江宁经济技术开发区，创建于1992年6月18日。经过16年的开发建设，综合实力跻身全省各类开发区前列，已成为江宁乃至南京地区经济发展的重要增长极。在江苏省组织开展的2007年度全省经济开发区综合评价（包括经济实力、产业结构、科技能力、开放水平、集约程度、环境保护、社会贡献和管理状况等8个方面）中，江宁经济技术开发区排名第11位，在113个省级开发区中排名第4位。至2007年，园区累计投入220多亿元用于高标准基础设施建设，将园区建成道路四通八达，生态环境全省一流，整体布局别致有序，融合商贸、金融、教育、医疗、娱乐的新城区核心板块。城市化的快速发展有力促进了工业和现代化生产性服务业的集聚发展，先后引进42个国家和地区1860个项目。其中，1000万美元以上的项目351个，世界500强企业有36家入驻，累计实现合同利用外资和中国港澳台资52.99亿美元，实际到位外资和中国港澳台资28.15亿美元。

南京江宁科学园始创于1994年。2000年“二次创业”后至2007年，园区的发展驶入快车道，各项经济指标连年攀升，社会事业长足发展，是全国唯一集高新技术产业区、教育功能区（江宁大学城）和风景旅游度假区三区为一体的开发区。高新技术产业区吸引了美、德、英等15个国家和地区的知名企业370多家，投资总额30多亿美元，千万美元以上项目100多个。教育功能区吸引东南大学、南京航空航天大学、河海大学、中国药科大学等15所知名高校入驻，其中14所高校建成招生，师生近20万人。

2003年3月26日，在江宁沿江地区组建南京江宁滨江经济开发区。2006年4月15日，开发区被江苏省人民政府批准作为省级开发区予以保留；2006年5月31日，通过国家发改委审核，正式升格为省级开发区。2004—2007年，开发区累计完成地区国内生产总值17.44亿元，财政收入4.20亿元，全社会固定资产投资102.31亿元，出口创汇4340万美元。

2007年，江宁经济技术开发区、江宁科学园和江宁滨江经济开发区实现地区生产总值149.47亿元、地方财政总收入42.61亿元，全社会固定资产投资额238.69亿元，分别占全区总量的44.02%、53.11%和64.43%。全年新批外资项目103个，其中千万美元以上项目81个、超亿元项目11个。合同利用外资12.98亿美元，实际使用外资6.30亿美元。新增蒂森克虏伯、博世、霍尼韦尔等世界500强企业6家，至2007年年底，落户江宁的世界500强企业40家。

此外，江宁区还有东山、秣陵、汤山、淳化、禄口、江宁、谷里、湖熟、横溪9个街道工业集中区。

第一章 南京江宁经济技术开发区

南京江宁经济技术开发区北起秦淮新河，东至秦淮河，西邻韩府山、翠屏山、将军山，南抵牛首山河，三面临河一面靠山，西部高东部低，处于南京市正南。2007年，区域规划控制总面积317平方千米。

1992年6月18日，南京江宁经济技术开发区创建。1993年11月，开发区被江苏省人民政府批准为省级开发区。1997年2月，经国家科委批准设立国家级高新技术工业园。2002年8月，经中共江苏省委、省政府批准赋予国家级开发区经济审批权限。

1992—2007年，江宁经济技术开发区从县办自费开发的开发区，通过滚动发展，成为在国内外享有较高知名度和影响力的一流开发区，跻身江苏省省级开发区前列，成为江苏省对外开放的示范区、利用外资的集聚区、高新技术产业密集区和江苏省知识创新基地，成为南京主城新区。2007年，实现地区生产总值112.46亿元，地方财政收入32.40亿元，固定资产投资总额120.47亿元，新批进区企业85家，合同利用外资8.22亿美元，实际使用外资4.52亿美元。

2007年8月，被台商评为最值得推荐的投资地区；是年9月，被亚洲品牌盛典组委会（香港）评为中国十大最具竞争力开发区；2007年年底，被人事部、商务部评为全国商务系统先进集体。1994—2007年，连续14年被中共南京市委、市政府授予建设新南京有功单位称号。1996年和1999—2007年，连续多次被中共江苏省委、省政府授予江苏省先进集体、江苏省开放型经济先进集体、江苏省先进开发区和江苏省文明单位等荣誉称号。

第一节 园区规划

【总体规划】

1992年6月初，江宁县人民政府委托南京市规划设计院编制开发区一期首次总体规划。规划提出“三个圈层”的发展定位。即以百家湖作为核心圈层，主要建设发展风景游览，内设豪华别墅、高档游乐、旅游度假、国际会议等若干区域。核心圈层以外为中间圈层，主要发展金融商贸、文化事业、生活等第二圈层。外围的第三圈层为产业加工圈层。规划范围：东至秦淮河，南至马木桥（牛首山河），北至秦淮新河，西至将军山、翠屏山、韩府山，规划总用地面积15.50平方千米。规划开发期限：启动期1992—1995年，2.30平方千米；近期1996—2000年，6.80平方千米；

图16-1-1 1992年6月18日，江宁县县长庞顺根主持南京江宁经济技术开发区开工典礼

远期2000—2005年，15.50平方千米。将开发区建设成为以工业为主体，科工贸结合，功能齐全，设施配套的现代化新城区，并引进“三高一无”新型工业企业，即高科技、高附加值、高技术含量、无污染企业。

1995年5月，开发区管委会进行一期二次规划，提出建设南京的辅城、卫星城，以城市化带动工业化的定位理念。规划范围：东至秦淮河，南至马木河，北至秦淮新河，西至韩府山、翠屏山、将军山三座山，总面积24.98平方千米。功能布局以百家湖为核心，依次向外设3个发展圈层和1个科教区。规划目标为，到“九五”（1996—2000年）期末，第二、第三产业配套投入120亿元，国内生产总值50亿元，区域内人口达10万人；到2010年，通过开发功能辐射形成功能配套、高效运转的中等城市格局，国民经济总体实力达到中等发达国家水平，人口达20万。

1998年12月，对开发区进行总体修编规划。规划范围：东至秦淮河，南至牛首山河，北至秦淮新河，西至韩府山、翠屏山、将军山，总用地面积25.95平方千米。规划布局结构：机场专用路从开发区内穿越而过，将开发区分为东西两片。机场路以东地区以发展高新技术产业为主；机场路以西地区以发展教育科研、生活居住为主，以南京航空航天大学、河海大学为龙头，带动整个东山地区的教育、科技发展。

2000年，对开发区进行二期总体规划。规划总开发面积45平方千米。规划用地约34平方千米，不包括牛首山10.51平方千米(属绿地保护用地)。同时，以机场路为发展轴，将规划用地划分为东、西两片区域，东片由东向西依次是一类居住用地、二类居住用地、高新技术产业用地、无污染工业用地、中间镶嵌与百家湖、牛首山河相贯通的金马湖公园；西片以宁丹线为界划分为两部分，东侧为无污染工业用地，商教科研用地、二类居住用地，西侧为牛首山—祖堂山风景区，定位为南京高新技术产业生产研发基地、生态型产业园区。

2002年，对开发控制区进行总体规划。3月5日，将东善桥镇整体划归开发区控制管理，12月13日，中共江宁区委、区政府将秣陵镇、谷里镇、方山街道新河村、东善桥林场、江宁区茶场等划归开发区统一控制管理，构筑开发区“一核心、四轴、三组团”布局结构。“一核心”是指规划中的南京市二环公路以北地区。“四轴”分别指高科技产业发展轴、宁丹路发展轴、旅游发展轴和秦淮生态轴。“三组团”就是规划秣陵、东善桥、谷里三大发展组团。此外，还对河道、公路、铁路三种运输方式进行规划。

2006年5月，对开发控制区进行调整规划。规划范围：韩府山、翠屏山、将军山、牛首山、原吉山铁矿一线以东，板霞路以北、银杏湖以东区域。规划开发区（包括科学园、空港工业园）经济总量力争两年翻番，保持在全省处于领先位置，并形成汽车制造、电子信息与电力控制设备等产业集群；形成江苏软件园、南京IT产业园、总部经济基地、出口加工区和空港工业园五大开放开发平台，成为南京科技产业汇聚和人居环境优良的新城区。

【专项规划】

用地布局规划　1992—1995年，开发区累计用地1500公顷。开发区用地在基础开发为主的基础上，突出工业用地布局开发，改造其范围内的村庄，并形成居住小区。1996—2000年，规划区域累计用地2595公顷，主要分为公共设施用地、工业用地、居住用地、对外交通用地。1996—2007年，开发区整个规划控制区累计用地3798公顷，其中在规划中的南京市二环公路以北地区，设有行政管理中心、商务中心、服务中心和中高档居住区。

道路交通规划 1992年后，开发区域内交通客运以公共交通为主导，规划形成四通八达、层次分明的高水平公交网络；开辟区内货运专用通道，保证客货交通、内外交通顺畅；完善路网结构，明确道路功能，消除道路瓶颈，规划建立快速干道系统，构筑城市道路系统；建立与发展相适应的交通控制系统，满足车辆停放需求。1998年，合理规划布局城市对外交通设施，与城市布局紧密结合，加强对外交通设施与区内道路系统的衔接，提高城区交通的综合效率；规划道路两侧或隔离岛绿化系统主要以草坪、灌木、乔木等垂直绿化构成多层次绿化景观。2003年后，开发区道路交通规划以自然环境为背景，将建筑与自然融合，创造宜人的公共活动环境，并使之成为生态型新型城区。

供水规划 开发区供水系统规划实施开源与节流并重的方针，完成长江水源地保护线的划定工作，构建以长江水源为主的安全可靠的区域供水网络，使城市化地区供水普及率达100%，其他建制镇达100%，至2007年，长江水体水质保持在Ⅰ类～Ⅱ类地表水水质标准，并逐步恢复到Ⅲ类～Ⅳ类地表水水质标准。新建科学园水厂、陶吴加压泵站、禄口加压泵站，扩建新区水厂；沿汤铜公路配套敷设供水主干道，加快双闸水源厂水厂的完善工程。规划新增供水能力55万立方米/日，实际供水能力达70万立方米/日，满足近期预测用水量66万立方米/日的需求。

排水规划 1992年后，开发区排水采用雨水、污水分流制。建设和完善开发区排水系统，设置污水泵站。新建、扩建一批污水处理厂，使2010年污水处理率达75%以上，相应污水处理量28万立方米/日。新建科学园污水处理厂、开发区南区污水处理厂、扩建开发区一期污水处理厂，新增污水处理能力25万立方米/日，实际污水处理能力达29万立方米/日。开发区城市化地区排涝模数按3立方米/平方千米·秒～5立方米/平方千米·秒建设一批排涝泵站，圩内按20年一遇排涝标准建设排涝泵站。通过层次规划落实并建设雨水泵站，重点建设东山新市区、高等教育组团和禄口新城范围内的排涝泵站。东山新市区综合防洪标准达到百年一遇，高等教育组团、禄口新城，综合防洪标准达到50年一遇，其他区域综合防洪标准达到20年一遇。

供电规划 开发区供电规划工程依据开发区基础设施，采用先进技术完善电网调度自动化功能，采用先进设备提高电网供电可靠性。加大电网建设力度，对外提高南京500千伏电网接受华东电网的能力，对内提高江宁电网的供电能力和可靠性。电源建设方面，完成江宁区域内500千伏变电站选址工作；输变电工程方面，新建苏庄、禄口新城2座220千伏变电站以及配套线路工程，并开展科学园、开发区2座220千伏变电站的前期准备工作；新建6座110千伏变电站。

供热供气规划 开发区供热规划工程采取以热电联供为主、锅炉房为辅的集中供热方式，逐步形成生产用气，生活采暖、制冷和热水集中供给的格局。1996年，引进南京煤气，2007年起，开发区形成以天然气为主、其他气源为辅的供气格局，区域内天然气供应量达9.50亿立方米/年。并加快天然气置换人工煤气工程的进程，完成相应天然气管网和供应场站的建设。

环境保护规划 环境保护规划结合区域特点，坚持实行污染全过程控制，建立清洁生产的环境管理体系。城市垃圾、粪便清运率和机械化程度均达100%；道路机械化清扫率达30%；城市垃圾、粪便无害化处理率达100%，资源化处理率达30%。扩建南京水阁垃圾填埋场；新建中、小型垃圾转运站13座。

第二节　园区设置

1992年6月18日后，南京江宁经济技术开发区利用园区自然环境、区位和科技资源优势，构筑区内特色园，打造投资新平台。1997年1月，建立江宁高新技术工业园后，相继建立南京电子信息（IT）产业园、南京出口加工区（南区）、南京江宁经济技术开发区配套区（南京空港工业园），以及江苏软件园江宁吉山产业化基地。2005年后，开发区走出去发展，在省内淮安市“南北共建”——江宁开发区淮阴工业园，在非洲尼日利亚莱基自由贸易区建立境外合作区。

【开发区三次扩区】

1995年，开发区首期15.50平方千米土地开发完毕。是年5月，开发区进行第一次扩区，规划开发面积增至24.98平方千米，四至范围：东至秦淮河，南至马木桥，北至秦淮新河，西至韩府山、翠屏山、将军山。1998年12月，调整为25.95平方千米，四至范围：东至秦淮河，南至牛首山河，北至秦淮新河，西至韩府山、翠屏山、将军山。是年，开发区引进项目110个，总投资5.90亿美元，其中开工建设65个，竣工投产31个，吸引外资3.80亿美元；总投资1000万美元以上的项目10个；基础设施投入3.90亿元。2000年，开发区进行第二次扩区。至2000年年底，开发区管理一个集镇、15个村，总体规划面积70平方千米。是年，开发区技工贸总收入达110亿元，国内生产总值25亿多元，财政收入1.30亿元，出口创汇1.50亿美元。2002年，开发区进行第三次扩区。是年3月和12月，江宁区政府先后将东善桥镇、秣陵镇、谷里镇、东善桥林场、江宁区茶场、方山办事处原新河村划归开发区统一管理，至此，区域规划控制范围达317平方千米。是年，开发区实现技工贸总收入303.60亿元，完成财政收入10.81亿元，出口创汇3亿多美元，实际利用外资2.50亿美元，以上四项指标均居省级开发区前列。

【南京江宁高新技术工业园】

该工业园是1997年在南京江宁经济技术开发区和南京民营科技园发展基础上建立的，位于秦淮路以南，经三路以东，高湖路以北，成墟路以西，分布在秦淮河两侧，区域规划面积5平方千米，东侧约1.50平方千米在民营科技园境内，西侧约3.50平方千米在开发区境内。高新工业园依托空港优势，发展成为以高新技术为主导，电子、机电、生物化工、汽车、新材料为主体的南京新型工业园和民营高新技术产业化基地。园区境内建有日供5万吨、30万吨的2座自来水厂；1.20万千瓦、2.50万千瓦热电厂各1座，110千伏、220千伏变电站2座；装机容量5万门，设有计算机网络及通讯卫星装置的邮电电话大楼；区内排水实行雨水、污水分流，建有日处理8万立方米污水处理厂1座；区内道路纵横交错总长达55千米，另有连接禄口国际机场专用高速公路和沪宁高速公路的高等级道路。

1997年，进区项目239个，投资总额10.83亿美元，其中工业项目160个，三产项目79个。进区企业中，外资企业154家，合同利用外资8.82亿美元，实际到位外资2.86亿美元。2007年9月，高新工业园以每平方千米年产值超过百亿元的业绩，为江宁经济技术开发区赢得中国十大最具竞争力开发区品牌做出贡献。

【南京出口加工区（南区）】

2003年3月10日，经国务院批准设立南京出口加工区（南区）。出口加工区设在南京江宁经济技术开发区内，占地 2.50 平方千米，周边规划 3.50 平方千米的生产配套区和生活配套区。因设立出口加工区审批标准中有“同一开发区内只能设立一个出口加工区”的规定，江苏省政府拟文呈报国务院《江苏省人民政府关于在南京江宁经济开发区设立南京出口加工区（南区）的请示》。8 月 5 日，国家海关总署回复江苏省政府《海关总署关于设立南京出口加工区（南区）的函》，同意设立南京出口加工区（南区）。2003 年 9 月 28 日，南京出口加工区（南区）顺利通过由国家海关总署、国家发展改革委、财政部、商务部、国家税务总局、国家工商总局、国家外汇管理局和国家质检总局等国务院八部委组成的联合检查验收小组的验收，正式封关运作。

图 16-1-2　南京出口加工区（南区）（2003 年摄）

2004—2007 年，南京出口加工区（南区）进出口总额累计 64.94 亿美元，其中出口创汇 35.03 亿美元，占 54%。2006 年，总产出 108.20 亿元，亩均产出 738 万元。2007 年，完成工业产值约 50 亿元，完成增加值 3 亿多元。是年，空港保税物流中心（B 型）围绕“两仓”（保税仓库和出口监管仓库）的申报和建设，积极进行运作。至 2007 年年底，加工区引进项目 15 个，总投资 3.50 亿美元。区内有 10 家企业投入运营，其中，投资规模在 1000 万美元以上有 5 家；10 家企业用工人数近 9000 人，经济总量和进出口贸易实现平稳发展。

［南京空港工业园］

2005 年 6 月 7 日，江宁区政府决定成立开发区配套区（南京空港工业园），园区对外同时挂两块牌子，江宁开发区配套区与南京空港工业园。空港工业园位于开发区南部中心，紧邻南京禄口机场，园内投资环境优越，交通便捷，基础设施和配套设施齐全。2005 年，南京空港工业园引进项目 66 个（含外资项目 11 个，超千万美元以上 5 个），投资总额超过 5 亿美元。累计投资 60.60 亿元的机场保税物流区、金盛、环亚、六和、美星鹏、江山、嘉盛等 8 个项目一次签约落户。入园企业 33 家开业投产，22 家开工建设。2006 年，引进项目 38 个（外资项目 30 个，其中 3000 万美元以上项目 16 个，世界 500 强企业 3 家），投资总额超过 10 亿美元，注册外资 1.26 亿美元，实际到位外资 6260 万美元。入园企业 36 个开工建设，工业和物流项目开工建设面积 70 万平方米，18 个主体实现封顶，10 个进入主体建设，3 个竣工投产。2007 年，全年新引进项目 35 个，千万美元以上项目 20 个，平均每个单体项目投资近 2000 万美元；引进内资项目 7 个，平均每个单体项目投资达 1.20 亿元。是年年底，共引进项目 139 个，投资总额 25 亿美元。园区 15 个被列入重点推进的项目开工率达

图 16-1-3　江宁经济技术开发区空港工业园（2005 年摄）

100%，新开工企业23家进入主体建设，全年共计完成开工建设面积85万平方米，实现竣工投产企业20家，当年签约、当年开工、当年投产企业有4家。

【南京电子信息（IT）产业园】

2001年5月17日，江宁区政府呈报南京市政府《关于在江宁开发区建立南京IT产业园的请示》，6月15日，市政府批复，同意在开发区内设立南京电子信息（IT）产业园，为开发区区中园，首期规划面积4.53平方千米。园区位于开发区西南部，西接牛首山，北靠翠屏山、将军山。2001年，统宝光电（南京）有限公司成为首家入驻产业园的公司。2003年，统宝光电二期生产线开工建设。2007年年初，统宝项目建设第4次增资，新增9500万美元扩大产能，中、小尺寸面板生产规模有望跃居世界第一。2002年10月，摩托罗拉软件中心签约入园，建成SEICMM顶级（5级）标准软件中心。2004年5月，摩托罗拉（南京）软件中心开业，次年通过CMMIL 5级认证。2004年6月，日本西铁城电子株式会社独资企业在IT产业园区成立西铁城电子（南京）有限公司。2006年4月，西铁城（南京）公司竣工投产。至2007年年底，产业园已有统宝光电、西铁城电子、摩托罗拉软件中心等近30家企业集聚，形成平板显示、IC设计、移动终端、IT类综合产品等产品群。

【江苏软件园吉山产业化基地】

基地位于开发区南部吉山片区内，总规划面积6.80平方千米。2006年年初，成立吉山基地现场指挥部。一期开发2平方千米，建设期2年。2007年，基本完成基础设施框架。基地示范性项目吉山慧谷商务公园主体竣工，总建筑面积6.80万平方米，由38栋独立研发中心和4栋配套服务设施组成。由吉山基地与腾飞创造集团共同打造的南京研发办公物业第一品牌——腾飞创造中心启用。中心位于开发区将军大道55号，占地面积1.98万平方米，建筑面积5.50万平方米，可容纳5000名专业人员办公。2006年8月，神州数码、庆海微波、飞兆电子、创能科技、东大苏威、龙旗控股、德清华源、鹏电科技、新广国际、汉德森软件等10家企业成为首批入驻项目，一期投资计2.60亿元。至2007年年底，吉山基地已有20多家IT企业落户。

图16-1-4 江苏软件园吉山基地（2007年摄）

【区域外园区】

尼日利亚莱基自由贸易区 2003年，尼日利亚总统和拉各斯州州长访华时主动提出中国和尼日利亚共同开发莱基自贸区的设想。2004年2月至2006年9月，开发区作为莱基自贸区合作开发伙伴后，授权南京北亚投资集团负责该项目实施工作。2006年5月11日，在自贸区现场举行开工奠基仪式；9月，莱基自贸区开发公司在拉各斯正式挂牌，中尼工作人员进行合署办公；10月，尼方正式签发莱基自贸区首批30平方千米土地证，莱基自贸区项目进入实施阶段；12月，莱基自贸区开发公司与尼联邦政府签署管理协议，确认自贸区享有的各项优惠政策得到尼日利亚法律认可。2007年，尼日利亚莱基自贸区项目通过商务部等联合评审，正式确认为国家级境外经贸合作区。是年，基本完成莱基自贸区启动区5平方千米详规、30平方千米的界桩测量和地形勘测图绘制工作，以及启动区分区规划和道路管网设计等。是年年底，有120余家企业明确表示进区投资意向，近30家企业与自贸区公司签订投资协议。投资总额约50亿美元。

江宁开发区淮阴工业园 2006年10月10日，南京江宁经济技术开发区管委会和淮阴开发区管委会签署《关于共建南京江宁经济技术开发区淮阴工业园的框架协议》，达成17项协议。2007年5月26日，江苏省外经贸厅、江苏省发改委批准设立南京江宁经济技术开发区淮阴工业园。2006年12月，首批4个项目签约入驻，涉及汽车配件生产与销售、工程塑料染色和造粒、食品加工和彩色印刷，投资总额超过5亿元。至2007年，共有12个项目落户入园，总投资14.80亿元，涉及新材料、汽车零部件、新型食品等多个行业门类。是年年底，淮阴工业园完成基础设施项目总投资约1200万元，一期规划3平方千米初步实现“六通一平”（通路、通电、通上水、通下水、通讯、通热及土地平整）。

第三节 基础设施建设

南京江宁经济技术开发区从早期启动区开始，逐步拉开2.30平方千米、6.80平方千米、15.50平方千米、25平方千米的基础开发框架。1995年4月4日，江宁县政府决定成立开发区道路建设指挥部。1996年，先后成立南京禄口机场高速公路建设服务指挥部、“两湖两库”工程指挥部、引水工程指挥部、集中供热工程领导小组、供用电工程建设领导小组等基础设施建设领导小组和指挥部。2000年12月，“西进南拓”战略实施后，在新一轮45平方千米范围内实现通路、通电、通邮、通水、通排雨水、通排污水、通煤气（天然气）、通蒸汽、通宽频、通信、场地平整“十通一平”。

【土地平整】

开发区境内原为村庄田野或土丘水面，沟壑纵横且高低不平，因此平整土地是项目工程开工的基础和前提。1996年，开发区总公司按照规划项目控制要求，及时为建设工程提供测绘成果和成图服务。建立平面和高程控制点，保障区域内建设项目图面放样和平整土地施工的需要。2000年起，开发区对境内规划要求完善调整规划地形图，提供已建、在建、待建项目（图）坐标成果，对面积百亩以上进区单位提供准确坐标数据。2002年，完成全区24个GPS控制点的布设；东善桥地区1 ：1000地形测绘工作；龙池花园、创业中心、人才市场、庄排路十字沟、九龙湖岸线1 ：1000地形图测量；皇冠酒楼、三埃公司等30多家单位地形图修测；下墟路、文华街、朱家营水库路等30余条道路纵横断面测量；为统宝光电、溢泰环保、第一机床厂、江苏海企、宏发等30多家建设单位现场勘定界桩，为区内建设单位和施工单位提供控制点数据和道路高程点1000余次，开展钻探工作80余次。是年，开发区在土地平整中，严格按照技术规范要求，组织分期分段分地块实施。2006年，场平工作量计约140余万立方米。其中较大土石方工程有中电电气集团研发中心场平、福特研发中心场平、周里工业园场平、秣陵工业园场平等。2007年，平整土地工作量约480余万立方米，其中，有五十五所工地约30万立方米、天派40万立方米、中兴通讯 25 万立方米、迈瑞医疗 40 万立方米、金城 40 万立方米、汽车园场平 160 万立方米、出口加工区（南区）场平区 85 万立方米、秣陵工业园场平 60 万立方米。

【道路 桥梁】

过境快速交通线路 过境快速通道为市以上投资建设，均与开发区以外的高速公路、国道、省道相连接。1995 年 6 月 28 日，机场高速路开工建设，是连接南京市与南京禄口机场的快速通道，江宁境内路段有 28.70 千米，1997 年 6 月 28 日通车。2004 年 4 月，南京二环路开工建设，起点接南京三桥南接线，终点与 312 国道汤山段相接，全长 47.30 千米；2006 年建成通车，总投资 5 亿元。2006 年 11 月 20 日，地铁一号线南延线启动，江宁境内长 18.74 千米，有 8 个站点。2007 年 12 月，宁溧高架路开工建设，起点为双桥门立交桥，立交跨宁芜铁路过绕城公路，向南至百家湖天元路段。

图 16-1-5 园区主干道将军大道（2003 年摄）

境内主次交通道路 1992 年 6 月后，境内先后建成 90 余条道路，其中主干道 11 条，概括为五纵六横。五纵是宁溧路、宁丹路、清兴路、清水亭大道、将军大道；六横是指天元路、诚信大道、吉印大道、东秣路、烟岚路、板霞东路。2003 年起，根据道路各个不同功能区分要求，一般都设有车行道、人行道、绿带、街沟、交通设备（如信号灯、交通标志、交通岛、护栏、临时停车场和公交车站台等）、沿街地上设备、地下管线等，在高等级道路还设有机动车停车泊位。2006 年，先后开工建设的汽车园路、汽车园环行路、汽车园经一、经二路，改造维修牛首山环山路、秦淮路、佛城路、诚信大道、东善桥吉安墓园道路等；完善东善桥复建小区、秣陵复建小区内部道路；更换园区地名牌、道路提示牌等，完善园区公交站牌设施。全年完成工程建设投资约 3 亿元。2007 年，开工建设汽车园路，完成天元路与宁溧路转盘、天元路与利源路转盘改造计 2 万平方米；改造维修胜太路、高湖路、西截留路、麻田路、临淮街；完善殷巷复建小区、秣陵复建小区内部道路。全年完成市政道路工程建设投资约 3.40 亿元。

图 16-1-6 新城大道（2005 年摄）

桥梁、隧道、箱涵建设 开发区境内主次交通干道上的桥梁有 60 座，2035 延米，总投资 18090 万元（详见本志第七编第二章第二节《城区桥梁》）。境内立交桥有 5 座，分别为正方大道跨机场高速跨线桥、南京 001 铁路专用线立交桥、秣周路东段机场高速跨线桥、秣周路跨机场高速路桥、正方大道跨机场高速路桥。境内隧道、箱涵主要有将军山隧道、板霞线穿机场高速路箱涵、翠屏山隧道（扩建）、机场高速路中桥涵、机场路沿线涵管通道共设置 12 处、空港工业园胜利河溢流坝等。2006年，建设板霞线永丰河支流小桥、正方大道桥梁、将军路沿线A线道路阳山河桥，以及汽车园路，汽车园经一、经二路、大谷线等道路上的7座桥涵工程；完成板霞线东延、秣周路等沥青摊铺工程；完成河定桥转盘改造5.10万平方米；2007年，新铺设70余千米雨水、污水管道；完成天元路与宁溧路转盘、天元路与利源路转盘改造计2万平方米。

【公共交通】

开发区境内的南京市公交线路，最初只有新东线（新街口至东山）途经河定桥，线路繁忙，高峰时拥挤不堪。开发区启动区初步建成后，陆续有市区公交线路延伸进入。至2007年年底，南京市公交线路已有10多条入境，有101路、102路、103路、104路、105路、区105路、119路、148路、154路、河奥线、清安线、雨浙线、同景线、盛中线、盛同线、盛东线、安铜线与安丹线等。

开发区建设初期，县城东山至境内没有专线公交汽车，只有东山至东善桥、禄口等地的“过路车”经过宁溧公路。1996年起，江宁县公交除增加过路车外，还开通多条直达开发区境内的公交线路，有区20路、区11路、环湖路、金丹线、金秣线、河中线与盛清线，还有到殷巷的区1路、到河海大学江宁校区的区10路等，有的还开通夜行公交车辆（夜2路）。

【供水排水与污水处理】

供水 1992年6月，开发区从东山自来水管网到起步区东侧，沿宁溧路向南铺设干管以保证开发区启动区用水需要。随后着手建设供水5万吨/日的马木桥水厂，水厂占地3.13公顷，1993年7月1日投入运行。由于该厂日供水量不能满足一期开发15.50平方千米的需要，又因其水源牛首山河水源污染，1995年8月，研究引长江水源计划。1995年8月15日，为适应开发区迅速发展、用水量日益增加的需求，同时改善居民生活用水质量，江宁县政府决定以长江为水源，在马木桥建设新的供水工程。扩建30万吨/日的水厂，包括长江取水工程、输水工程和净水工程。1996年5月19日，经国家计委审批，长江引水一期工程总投资为27998万元。1997年6月，开工建设30万吨长江引水二期工程，总投资4502.66万元。是年8月，开工建设30万吨水厂输浑水管道，征用雨花台区引水管线占用土地2.67公顷，投资8696.04万元。2003年，投资约5.50亿元，继续建设长江引水工程。设计先期供水30万吨/日，建成后供水规模45万吨/日。2004年，工程加快推进，江宁段、秦淮新河段输水管线全部完工，扩建双闸水源厂动工，扩建开发区净水厂和新建科学园净水厂工程启动。2006年8月工程全面竣工投入运行。2006年年底，在先后实施长江引水供水30万吨/日、45万吨/日一期、二期工程后，江宁自来水总公司开始启动联网供水工程，开工建设供水90万吨/日的大型水厂，计划用3年时间将长江主管网通往全区各街镇。

排水 1993年7月后，开发区境内实行污水和雨水分开排放。雨水采用地下管道排放，地面设有漏水窨井盖。至1995年年底，区域内已随路铺设地下给、排水管道100.18千米。同时扩建、新建、改建排水泵站和蓄水水库，先后扩建的有康后村水库、朱家营水库，使蓄水能力达30万立方米；建有曹村、胜利小区等排水电站5座，排水流量17.10立方米/秒。

污水处理 开发区从启动之初，将污水管道成网布置并结合道路、雨水管道一并建设，收集企业及住宅区各类污水，采用管道排放进入拟建中的污水处理地。1995年年初，在马木桥筹建处理污水8万吨/日的污水处理厂，一期工程于1997年上半年投入使用。根据县委、县政府关于对城市供排水实行统一管理要求，2000年10月8日，开发总公司与县建设局签订关于开发区污水处理厂移交协议。县建设局责成江宁自来水总公司作为业主单位对开发区宁环水质净水厂进行投资续建，正式注册成立南京宁环水质净化厂。项目位于开发区秦淮西路66号，占地

5.33公顷，处理污水2万吨/日，一期总投资6500万元。2002年10月，就地开工建设二期工程，总投资3000万元，新增处理污水能力2万吨/日。2003年12月二期工程竣工。2005年5月14日，开发区污水提升泵站项目经开发区管委会批复同意。项目总投资200万元，位于天元路与马浦街交叉口处，主要收集宁溧路以东、池田一路以南、四号路以南、高湖以东地区污水，经机泵提升输送至天元路与经三路交叉口处的管道接管点。

图16-1-7　江宁经济技术开发区污水处理厂（2000年摄）

【供电供气供热】

供电　开发区初创时，电力供应从老城区接线，有3.50万伏变压器供基建工程建设和企业生产。由于10千伏架空供电线路过长，导线粗细不一，停电拉闸现象经常会发生。为此，开发区用不到一年时间，建成开发区境内第一座变电站，与原有3.50万伏供电线路形成双电源，配套建设110千伏变电站投入使用，规划15平方千米区域内的用电问题得到解决。至2006年12月，境内已有变电站31座，其中开发区自筹资金建有13座（含调度中心），电网负荷509.10兆瓦，有效保障正常用电需要。

图16-1-8　500千伏三河湾——龙王山变电站输电线路工程（2006年摄）

供气　1993年年初，开发区内的煤气是由新蕾化工公司煤制气车间供应。根据设计要求，布置口径300毫米的煤气铸铁管，沿胜利村顺经三路南下，至天元路折东到宁溧路北上，形成环状煤气供应路线。是年8月，建设供气20万立方米/日的煤气输送工程及煤气柜。1995年，新建一座3万立方米的煤气储气柜；1996年建成运营，年售气量达2.92亿立方米，年获利润2920万元。1998年5月，经南京市和江宁县政府决策，将南京煤气管网延伸至开发区。2004年12月8日，江宁煤气（集团）公司经开发区管委会审批，在境内新建天然气计量站、计量房和辅助用房各一栋，设计送气最高流量为每日2500立方米。2005年10月7日，开发区将军路计量站天然气置换成功；10月15日，正式启动用户转换工程；12月28日，完成全区6.20万户转用天然气置换。至2007年年底，开发区建有20万立方米/日、80万立方米/日储气罐各一座，引进南京煤气、天然气铺设管道180余千米，提供管道煤气用户6.20万户，天然气用户8.20万户，最高供气量1000多万立方米/日。

供热　1992年12月，开发区将供热厂设在经三路以西，胜太路以北，经四路以东区域，解决区内30家工业加工企业的生产生活。按照“集中供热”要求，1993年，采用热电联产方案，一次规划分二期实施。第一期发电容量为5万千瓦，供蒸汽量为150吨/时。1995年12月，由江宁开发总公司、南京汽轮电机厂与美方共同合资兴办中美合资南京华美热电有限公司调峰电厂。热电厂一期投资2650万美元，装机容量为4.95万千瓦。该项目因国家经济调控，被迫暂停建设。1997年10月，在华美热电厂项目停建情况下，开发区与南京三钢集团共同兴建南京三钢热电工程二期。由于南京三钢集团破产，项目中止，改由新苏热电有限公司二期扩建机组，实施供热、热网同步建设。2003年12月24日，开发区选择投资较少、便于施工和维护管理的热网管道，钢架跨河定桥铺设。供宏远房产、大桥机器厂及原南京第三钢铁厂地域；一条直径为450毫米的管道供爱立信公司、江宁化工厂、面粉厂等22家用户；另一条直径为500毫米的管道供华艺无纺布厂、旺旺食品、宝宁药业、向阳公司等企业以及居民生活。2004年1月，在开发区内建设南京协鑫热电有限公司热电工程，项目规模为3台240吨/小时循环流化床锅炉，总投资5.80亿元。2005年，开发区普及和推广太阳能，改变传统供暖主体，降低供热供暖设备投入及维护成本。为推动再生能源技术供热工程建设，开发区要求房地产开发企业自2008年1月1日开始，所有新建商品房在销售合同中载明能耗量、节能措施等信息。房地产开发企业须将所售商品房结构形式、节能措施、保温隔热性能等信息，载入商品房质量保证书和使用说明书。

第四节 招商引资

【招商机构】

开发区建区初期，招商引资工作由开发区管委会、开发总公司直接组织实施。1993年1月，开发总公司设立项目开发部，为专司招商工作机构。面对宏观经济调整和周边开发区招商引资激烈竞争态势，1996年9月，开发区管委会决定成立开发区招商局。2002年起，开发区先后设立11个招商局，进一步拓展招商渠道，加大招商引资力度。2003年年初，开发区管委会决定开辟第二工业园区，下达每个镇合同利用外资3000万美元的目标任务，在秣陵、百家湖、谷里、东善桥设立招商部门，分别编定为招商六局、七局、八局、九局，另在东善桥林场、江宁区茶场分别设立招商十局和招商十一局。11月10日，管委会决定成立招商内部事务局。2004年3月2日，设立南京江宁经济技术开发总公司驻韩国办事处。2005年7月，成立开发区汽车及配套产业招商局。2006年1月23日，设立江宁开发区驻北京办事处，与江宁区政府驻京办事处合署办公。6月20日，开发区管委会决定成立江宁开发区招商事务局对外联络部。6月23日，开发区管委会决定成立开发区专业招商工作领导小组。

【招商策略】

以大项目为中心招商 1992年，坚持“高起点、高标准、高速度、高效率”战略，着力引进国内知名大项目。1994年12月，南汽江宁基地在开发区举行奠基典礼，该项目是国家1994年批准新开工的四大工程之一，总投资40亿元，可形成年产100万辆轻型汽车的规模。1996年3月后，确立招商引资在“大”字上做文章，引大企业、上大项目、交大老板，吸引国内外著名企业和财团进区落户。此后，总投资4400万美元的南京爱立信通信有限公司、总投资2950万美元的南京东陶有限公司、总投资2000万美元的南京百事可乐有限公司，以及总投资5亿元的江苏省国际经贸工业园等，相继进区开工建设。1998年，开发区管委会组建大项目办公室，先后组团赴日本、韩国、法国、美国等地进行招商。2004年，开发区管委会通过“腾笼换鸟”

的方式，对建成区内规模小、档次低、形象差的企业进行整体搬迁，确保重点项目进区落户。根据省、市沿江开发总体规划和产业布局要求，2005年后，开发区管委会将产业发展重点放在汽车制造及电子信息等产业上。是年，开发区引进大项目110个，投资总额达5.90亿美元。

依托南京科技优势招商 开发区建区之初，就紧紧抓住南京科技力量和人才资源，锁定发展高新技术产业目标，通过积极争取，精心打造发展平台，建设开发区科技孵化基地，提升高新技术项目的承载力。1997年9月，设立5平方千米的国家级高新技术工业园（其中开发区3.50平方千米），较早地赢得高新技术产业发展的先机。1999年，投资建设开发区科技创业中心，吸纳高科技项目入区孵化，累计孵化企业83家成活率达93%。2000年，开发区管委会依托南京科技优势，构建专业人才高地，支撑企业加强自主创新。先后建设江苏省高级专家园、南京电子信息人才市场，吸引国家两院院士、知名专家和学者以及江苏省333工程培养对象、长江学者计划学术带头人等高级人才入驻开发区，为各类专业人才提供交流平台。重点引进和建设十多所高校、吸引数万名教职工和8万名大学生进驻江宁大学城，为自主知识创新提供强有力的科技人才保障。根据开发区产业发展的需要，2003年4月，开发区管委会通过财税政策扶持、土地价格等杠杆，有针对性地引导和扶持符合产业发展方向的优质项目和高科技企业。2004年起，开发区坚持引资与引智并举，重点引进高科技企业及其研发机构，提高利用外资质量。2005年后，每年新引进的千万美元以上项目都在50家以上，新引进世界500强企业平均每年达5家，随同高科技企业一并入驻区内的研究机构和研发中心不少于10家，引进先进技术10项以上，使区域内高新技术企业数量和高新技术产出比重不断加大、区域整体创新能力不断提升。

利用外事资源招商 2003年，开发区招商局打破直接向外国企业招商模式，开拓性地与日本、韩国一些地方政府商谈区域性合作。先后与日本名古屋、岐阜县，韩国釜山、大田、梁山等地市（县）政府等建立联系，构建区域性整块招商计划蓝图，以消除该国当地中、小企业对外投资的障碍。2005年，福特汽车南京新工厂举行启动仪式时，美国福特总裁前来参观后盛赞开发区是最好的开发区之一，开发区的服务团队和投资环境是一流的。在福特马自达整车和发动机项目带动下，在福特公司鼎力支持下，开发区成功地在美国底特律举办汽车产业专题招商会，引进法雷奥、精博电子、住友板材、烈光、立邦等一大批汽车零部件企业，延伸了开发区汽车及汽车零部件产业链，加速汽车制造产业集群的形成。2006年，开发区加强与省、市外事部门的沟通，注重借助跨国公司驻华办事机构以及国际招商中介机构的力量。同时大胆实践，把开发区的对外联络机构设到跨国公司的总部去。北京、上海是外国使领馆集中、跨国公司总部相对集中的城市。开发区在省市政府支持帮助下，分别设立驻京、驻沪联络处，就地保持与北京、上海地区使领馆、跨国公司的密切联系，及时捕捉投资信息。开发区在韩国三星总部所在地釜山设立驻韩联络处，在汽车之都美国底特律、日本大阪等地区设立联络处。2007年，开发区联合经济实力雄厚的北亚投资集团和在尼日利亚有成功投资经验的中国土木工程集团有限公司、中国铁建股份有限公司，共同组建新的联合体，联合投标非洲尼日利亚莱基自贸区开发项目。

图16-1-9 1996年5月9日，江宁经济技术开发区在北京钓鱼台国宾馆举行江宁投资环境说明会

实行多元化主题招商 2000年，开发区管委会改变综合招商的传统做法，事先选定明确的招商主题，通过精心组织主题招商会，邀请行业内的、有投资意向的客商参加。以主题鲜明的产业投资环境介绍为主要内容，切实提高招商成效。根据国内、国际产业发展形势，把招商活动办到产业集中的城市和国家。把汽车产业招商活动办到重庆、上海和美国底特律；把IT产业的招商说明会办到韩国、日本、欧洲和澳洲。2003年，开发区管委会确立产业引领招商思路。在着力打造硬、软投资环境的同时，招商工作必突出大项目推进，提高主题招商项目成功率，以利形成特色产业集群，形成一批战略性重点产业链，推动全区产业结构升级和经济结构调整。同时实行"退二进三"、内外资并举招商思路，实行主体多元化招商策略。2005年，开发区积极实施"请进来、走出去"战略，组织高水平主题招商和网络招商活动。强化网上招商、强化培育海外招商代理、强化专业性小分队招商，实现招商主体多元化和招商形式多样化。

主导产业定向招商 2005年后，开发区强化产业定向招商，派遣专业招商小分队，形成流动招商办事处。直接在重点地区如北京、上海、重庆以及韩国、日本的城市设立招商办事处，定期拜访重点企业。2006年后，开发区推行产业招商、定向招商和专业招商，将产业发展的重点放在汽车制造及电子信息等产业上。2007年，开发区将汽车产业作为重点产业招商，注重以专业招商功能定位确定培育招商定向对象。引入长安福特项目后，又招入百余家汽车配套厂商迅速跟进，并成功吸引摩托罗拉、福特、西门子、华为、东大金智、信息产业部电子第十四所等10多家与主导产业相关的研发中心入区落户。

［优惠政策］

内资企业税收优惠 1996年6月底前，对进区开工项目投资500万美元以上且符合国家产业政策、科技含量高、无污染的企业，可给予政策优惠。1999年，开发区实施免征营业税和企业所得税。2000年2月，开发区对入区企业给予所得税、增值税、土地契税三项优惠政策（所得税优惠不含中央企业和入省金库的省属企业）。2002年1月1日起，对已在开发区注册的区外经营企业，年纳税额500万元以上的重点企业，以2001年企业实缴增值税为基数，企业按超过基数的增值税额的一定比例申请使用管委会设立的企业发展专项资金。进入2007年，开发区调整优惠政策，对进区注册纳税企业，自经营之日起，按企业缴纳所得税对区级财政贡献额，前两年等额申请使用管委会设立的企业发展专项资金，第3至第5年按50%比例申请使用。

内外资投入优惠 1999年，开发区针对在南京的部、省、市属企业制定优惠措施，为进区企业提供或承建建筑设施的优惠。2000年年初，对入区生产性外商投资项目、经营期15年以上的，再享受"三税"特别优惠。是年2月22日，开发区对入区重点外资项目，经营期15年以上、投资总额在1000万美元以上（含1000万美元）及世界500强企业投资项目，给予项目前期投入费用优惠。2006年1月，对入区新办、经营期15年以上、外方出资1000万美元以上的中外合资、合作、外商独资生产型项目，及世界500强生产企业投资的项目给予优惠。

企业自主创新优惠 2006年起，开发区每年安排财政资金1000万元，设立科技型中、小企业技术创新专项基金，一定3年。资助以自主知识产权产品研发、生产、销售为主的科技型中、小企业，奖励企业自主创新成果和优秀科技人才，为成长型科技中、小企业提供流动资金贷款担保。2007年，开发区在鼓励国内外投资者到区设立投资机构，企业从高等院校、科研院所引进科研成果或开展技术难题攻关，高等院校、科研院所入区建立重点实验室、研发中心、技术公共服务平台，企业加大对具有自主知识产权产品的研发并实施产业化，企业创品牌、创名牌，实施企业创品牌引导工程，企业建立博士后工作站等方面，提供优惠。

进区企业减免收费 1999年，对在开发区内注册纳税的外商投资企业、内资工业企业和软件企业，给予减免优惠。2001年后，开发区向在区内注册纳税的企业发放“江宁开发园区进区企业减免收费优待证”，企业凭此证享有减、免收费待遇。2007年，对企业和其他单位的服务性项目，实行双向选择。

【招商成果】

1992—2007年，开发区共引进世界42个国家和地区1860个项目。千万美元以上项目351个，世界500强企业36家；累计投资总额129.61亿美元，合同利用外资和中国港澳台资52.99亿美元，实际到位外资和中国港澳台资28.15亿美元，并形成六大产业。

IT产业 引进平板显示、通讯产业以及集成电路等IT类项目约600余项，形成企业319家。爱立信、西门子、日立产机、PMC、普天、华为、菲尼克斯、大陆中电、南瑞继保、国电南自等项目引进后，大型企业不断发展，成为新的经济增长点。总投资10亿美元的统宝光电公司，其低温多晶硅技术（LTPS）、薄膜场效应晶体管（TFT）、液晶显示屏（LCD）产品技术含量达到世界领先水平，建成后产值可达400亿元。2007年，华宝通讯项目年产量为900万只手机，其项目全部投产后，手机年产量可达4000万只。开发区内还聚集怡宝通讯、英华达等一批手机制造、IC设计及晶园制造等项目，至此，开发区可形成年产1亿只手机的产业规模。

图16-1-10 2006年12月11日，总投资30亿元的中兴软件园项目正式与江宁经济技术开发区签约

汽车制造产业 开发区陆续引进福特马自达、菲亚特、南汽轻卡、晨光森田等汽车制造项目，推动汽车制造产业集群的形成。总投资31.50亿元的南京菲亚特公司，设计年产家用型小轿车15万辆，2007年，年产量达7万辆；总投资12亿元的南汽轻卡有限公司，设计年产轻型卡车10万辆，项目引进后于2004年年底投产。总投资15亿美元的福特马自达项目，整车项目一期设计年产中、高档轿车16万辆，最终年产可达40万辆；发动机项目最终达到年产50万台的产出规模，福特（中国）公司总部和研发中心设在开发区。随着福特马自达的落户，也吸引了包括日本住友板材、美国伟斯通和里尔等在内的多家汽车配套商到开发区考察投资。此后，又有多家项目先后入区，有总投资达8000万美元的联恒等配套项目；总投资10亿元的南京晨光森田有限公司，主要生产特种车辆，设计年生产能力5万辆；总投资5亿元的晨光车业园，主要生产特种改装车辆，设计年生产能力3000辆。

图16-1-11 2007年4月26日，长安福特马自达发动机有限公司举行投产庆典

软件产业 2004—2006年，管委会引进各类软件项目，至2007年，已兴建企业50多家，

拥有经登记认证的软件产品 195 项，拥有专利 74 项；有 27 家企业设有独立的研发机构，其中大陆中电建有 1 个博士后科研工作站；有 18 家企业通过 ISO 9001 质量管理体系认证，6 家企业获省、市高新技术企业认证，2 家企业通过系统集成认证，1 家企业获 CMM5 级认证。开发区有 20 多家软件企业致力于研发应用软件，拥有 120 多项软件产品。

电力控制产业 南瑞继保、国电南自、国电南思、大陆中电、东大金智电气自动化、科远控制以及力导科技、伏安电力设备、因泰莱电器等一大批拥有多项自主知识产权和核心技术的高科技企业先后落户开发区。2004 年，开发区被列为国家火炬计划的国家级电力自动化产业基地。

新材料、新能源等特色产业 2004 年 10 月，由河海大学、南京春辉科技公司和以色列合作建成江宁塔式太阳能试验基地，实现产业化。2007 年 12 月，总投资达 40 亿元的南京汽轮电机集团风力发电机组项目和南京高齿集团大型风力发电传动设备研发及生产基地项目正式落户。至此，开发区内拥有新能源、新材料产业的企业主要有宝泰特种材料、东陶、苏博特新材料、拉法基、中电光伏、宝色钛业、中材科技等。

1992—2007 年南京江宁经济技术开发区招商引资成果情况表

表 16-1-1

年 份	引进项目（个）	投资总额（亿美元）	合同利用外资和中国港澳台资（亿美元）	到位外资和中国港澳台资（亿美元）	千万美元项目（个）	超亿美元项目（个）	世界 500 强项目（个）
1992	42	—	0.29	—	2	—	—
1993	47	1.79	0.18	0.05	—	—	1
1994	29	1.07	0.28	0.28	2	—	—
1995	50	2.37	1.21	0.53	1	—	1
1996	70	4.38	0.58	0.89	3	—	2
1997	91	2.31	1.38	0.85	3	—	—
1998	115	3.24	1.29	0.65	3	—	1
1999	155	2.63	0.88	0.69	6	—	—
2000	191	3.09	1.31	1.03	8	—	2
2001	240	3.55	0.99	1.22	9	1	1
2002	236	5.36	3.52	2.51	16	1	3
2003	122	13.95	7.00	5.10	51	—	5
2004	162	20.38	11.01	3.15	66	1	4
2005	119	21.15	7.51	2.61	66	2	5
2006	113	21.59	7.34	3.60	58	2	6
2007	78	22.75	8.22	4.99	57	5	5
合 计	1860	129.61	52.99	28.15	351	12	36

说明：2004 年、2005 年数据含百家湖、东善桥、秣陵、谷里 4 个街镇，2006 年数据含科学园、空港工业园，规模企业招商引资项目随增资扩容参数统计

第五节　园区产业

至1995年年底，开发区有20多个国家和地区的114个项目相继入区，投资总额8.20亿美元，开工项目82个，竣工投产企业58家。1996—1999年，开发区引进项目441个，其中外资项目191个，内资项目250个（亿元以上大项目5个），128个项目开工投产。2000—2002年，开发区形成以高科技为先导的五大工业支柱产业。以瑞典爱立信、德国西门子、台湾统宝光电为主的电子产业；以意大利菲亚特、日本森田、江苏东华为主导的汽车及汽车零部件产业；以东南大学科技产业园以及南京航空航天大学江宁校区、河海大学江宁校区为主体的新型教育科研产业；以台湾旺旺、美国百事可乐、美国通用磨坊为龙头的食品产业；以日本TOTO、法国英红彩瓦为代表的新型建材产业。技工贸总收入从2000年的151.22亿元增至2002年的303.60亿元，主要经济指标实现两年翻番。2003—2004年，管委会确定92家规模小、档次低、形象差的搬迁企业，让出空间吸引优秀项目。并成立重点工程建设办公室，加大重点工程建设力度。2004—2005年，开发区以建设高科技花园新城和江苏知识创新基地为重点，加快江苏软件园、南京IT产业园、汽车零部件配套区、出口加工区和空港工业园五大平台建设。

至2007年，区内高新技术企业达153家，拥有中国名牌6个。技工贸总收入1600亿元，其中工业产品销售收入累计1164亿元；国内生产总值335亿元；固定资产投资总额349亿元，出口创汇48亿美元，利用外资15.50亿美元，竣工投产企业168家。

【汽车及零部件产业】

1998年起，开发区逐步引进汽车生产企业和配套产业进区落户。至2007年，已形成以长安福特马自达整车、发动机及福特研发中心等为龙头，集聚上海大众、南京依维柯等5家整车制造企业，包括住友、蒂森克虏伯、塔塔等15家世界500强企业在内的100多家汽车配套厂商，形成年产整车35万辆、发动机35万台规模。主要企业有长安福特马自达汽车有限公司南京公司、长安福特马自达发动机有限公司、南京菲亚特合资公司、跃进汽车股份有限公司、南京航天晨光股份有限公司、南京塔塔汽车零部件系统有限公司、精博电子（南京）公司、南京中冠汽车空调有限责任公司、南京开阳汽车塑料零部件有限公司、江苏派特科技发展有限公司、住商（南京）金属制品有限公司、南京优美克斯汽车部件有限公司、法雷奥汽车自动传动系统（南京）有限公司等。

【电子信息产业】

1992年，南京爱立信熊猫通信有限公司等几家电子信息企业先后落户开发区境内。2001年，总投资超过10亿美元的统宝光电（南京）有限公司成立。是年，“南京电子信息产业园”挂牌设立。2002年6月，江苏省政府确定开发区为“江苏省电子信息产业基地”。2003年，华宝通讯（南京）有限公司落户区内。此后，伟创力（南京）科技有限公司、西铁城电子（南京）有限公司、伊莫森科技（南京）有限公司、南京汉德森科技股份有限公司、代傲电子控制（南京）有限公司、南京北方光电有限公司工业信息化产业基地等一批生产性企业在区内投产运行。主要企业还有西门子数控（南京）有限公司、南京泰电电子有限公司、南京新捷中旭微电子有限公司、爱尔洁视光电（南京）公司、南京双登科技发展研究院有限公司等。

【软件产业】

2006年，区域内软件产业及系统基础实现销售收入45亿元，被确定为中国服务外包基地城市示范区。2007年，区域内共有软件企业50多家，拥有经登记认证的软件产品195项、专利74项。主要企业有摩托罗拉中国南京软件中心、中兴软件园有限责任公司、西门子软件与系统工程（南京）有限公司、江苏软件园吉山基地和创造中心等。

图16-1-12 摩托罗拉南京软件中心（2007年摄）

【电力控制产业】

开发区内的电力控制产业主要有国电南京自动化股份有限公司、国电南京自动化系统控制有限公司、南瑞继保电气有限公司、南京菲尼克斯电气有限公司、南京大陆中电科技股份有限公司、南京曼奈柯斯电器有限公司、南京科远自动化技术有限公司·南京科远控制工程有限公司、西门子电站自动化有限公司等。

【新能源新材料产业】

2005年10月，由河海大学、南京春辉科技公司和以色列合作建成开发区塔式太阳能试验基地后，新能源、新材料生产企业与科研机构开始集聚开发区境内。2007年12月，总投资40亿元的南京汽轮电机集团风力发电机组项目和南京高齿集团大型风力发电传动设备研发及生产基地项目正式落户。至此，开发区内主要企业有南京宝泰特种材料有限公司、南京东陶有限公司、中材科技股份有限公司、中电电气（南京）光伏有限公司、南京普天楼宇智能有限公司、拉法基屋面系统（南京）有限公司、南京长海纸品包装制造有限公司、江苏苏博特新材料股份有限公司、南京宝色钛业有限公司等。

第六节 园区经济

【经济指标及构成】

技工贸总收入与构成 1993—2007年，开发区累计实现技工贸总收入3967.12亿元，年平均增速50%以上。其中，1993年，实现技工贸总收入0.68亿元。1994年，一跃翻了两番多，突破3亿元。1995—1997年，均以每年95%以上的速度递增。1999年，技工贸总收入110.80亿元。2000—2007年，实现技工贸总收入3684.11亿元，相当于前7年之和的13倍。特别是2007年，全年实现技工贸总收入891.62亿元，创历史之最。开发区技工贸总收入主要由工业产品销售收入、三产经营收入和其他收入构成。1994—2007年，累计完成工业产品销售收入3200.24亿元，三产经营收入416.77亿元。其间，1998年前，三产经营收入年均超23%；2000年，工业产品销售收入131.56亿元，三产经营收入19.66亿元；2004年，工业产品销售收入412.12亿元，三产经营收入30.57亿元；2006年，工业产品销售收入519.41亿元，三产经营收入67.62亿元。

1993—2007 年南京江宁经济技术开发区技工贸总收入构成情况表

表 16-1-2　　　　单位：万元

年　份	技工贸总收入	其　中			
		工业产品销售收入		三产经营收入	
		数　值	所占比例（%）	数　值	所占比例（%）
1993	6800	6800	100.00	—	—
1994	32638	18634	57.10	14004	42.90
1995	115700	84700	73.20	31000	26.80
1996	255963	193057	75.42	62906	24.58
1997	505000	404955	80.19	100045	19.81
1998	806000	632710	78.50	173290	21.50
1999	1108000	956800	86.35	151200	13.65
2000	1512168	1315586	87.00	196582	13.00
2001	2023527	1860633	91.90	162894	8.10
2002	3035700	2671412	88.00	364288	12.00
2003	4112000	3403100	82.76	708900	17.24
2004	4627390	4121189	89.10	506201	10.94
2005	5510575	4700519	85.30	810056	14.70
2006	7103550	5194073	73.11	1909477	26.88
2007	8916172	6444995	72.28	2471177	27.72
合　计	39671183	32009163	—	7662020	—

地区生产总值与构成　1993—2007 年，开发区年累计完成国内生产总值 908.54 亿元，年平均增速 71.10%。其中，1993—1997 年，共完成国内生产总值 19.28 亿元。1998 年，开发区国内生产总值完成 20 亿元。1998—2006 年，每隔两年国内生产总值就增加 30 亿元～40 亿元。2007 年，完成国内生产总值 175.29 亿元，是 1993—1997 年总和的 9 倍。开发区国内生产总值主要由第一、第二、第三产业产值构成。1997 年，开发区完成国内生产总值 10.60 亿元，其中，第一产业 1.50 亿元，第二产业 8.90 亿元，第三产业 0.20 亿元，产业构成比例为 14.15 ： 83.96 ： 1.89；1999 年，完成国内生产总值 25.30 亿元，第一、第二、第三产业的比例为 12.65 ： 79.84 ： 7.51。2000 年，完成国内生产总值 32.60 亿元，第二、第三产业的比例为 91.72 ： 8.28；2003 年，完成国内生产总值 104 亿元，第二、第三产业的比例为 89.98 ：10.02；2005 年，完成国内生产总值 145.62 亿元，第二、第三产业比例为 89.38 ： 10.62；2007 年，完成国内生产总值 175.29 亿元，其中，第二产业 150.68 亿元，第三产业 24.60 亿元，第二、第三产业构成比例为 85.96 ： 14.04。

1993—2007 年南京江宁经济技术开发区国内生产总值情况表

表 16-1-3　　　　单位：万元

年　份	国内生产总值	比上年增长（%）	年　份	国内生产总值	比上年增长（%）
1993	2800	—	2001	404000	23.93
1994	12000	328.57	2002	708000	75.25
1995	21000	75.00	2003	1040000	46.89
1996	51000	142.86	2004	1151725	10.74
1997	106000	107.84	2005	1456170	26.43
1998	200000	88.68	2006	1600850	9.90
1999	253000	20.95	2007	1752872	9.50
2000	326000	28.85	合　计	9085417	—

1997—2007 年南京江宁经济技术开发区国内生产总值三次产业构成情况表

表 16-1-4　　　　单位：万元

年　份	国内生产总值	其中					
		第一产业		第二产业		第三产业	
		数　值	所占比例（%）	数　值	所占比例（%）	数　值	所占比例（%）
1997	106000	15000	14.15	89000	83.96	2000	1.89
1998	200000	21000	10.50	164000	82.00	15000	7.50
1999	253000	32000	12.65	202000	79.84	19000	7.51
2000	326000	—	—	299000	91.72	27000	8.28
2001	404000	—	—	380000	94.06	24000	5.94
2002	708000	—	—	643000	90.82	65000	9.18
2003	1040000	—	—	935788	89.98	104212	10.02
2004	1151725	—	—	1011779	87.85	139946	12.15
2005	1456170	—	—	1301486	89.38	154684	10.62
2006	1600850	—	—	1404872	87.76	195978	12.24
2007	1752872	—	—	1506836	85.96	246036	14.04
合　计	8998617	68000	—	7937761	—	992856	—

固定资产投资与结构　1993—2007 年，开发区累计固定资产投资总额 697.49 亿元，年平均增速 47%。其中，1996 年，固定资产投资额达 7.52 亿元。2001—2005 年，固定资产投资总额共 287.09 亿元，年平均增速 57%。2006—2007 年，固定资产投资总额为 349.11 亿元。开发区固定资产投资结构由工业固定资产投资、基础设施投入、其他投资（即投资于三产和其他服务业）三部分构成。1993—2007 年，开发区累计固定资产投资总额中，工业固定资产投资 389.42 亿元、基础设施投入 87.48 亿元、其他投资 221.44 亿元。1993—1995 年开发初期，固定资产总投资 7.93 亿元，其中，基础设施投入 4.90 亿元，其他投资 0.57 亿元。1996—2000 年，工业固定资产投入 37.95 亿元。2001—2007 年，固定资产投资中其他投资 213.73 亿元。

1993—2007年南京江宁经济技术开发区固定资产投资结构情况表

表16-1-5　　单位：万元

年份	固定资产投资总额	其中					
		工业固定资产投资		基础设施投入		其他投资	
		数值	所占比例（%）	数值	所占比例（%）	数值	所占比例（%）
1993	31142	9477	30.43	19665	63.15	2000	6.42
1994	30757	10200	33.16	17757	57.73	2800	9.11
1995	17449	5044	28.90	11541	66.14	864	4.96
1996	75195	60207	80.07	12000	15.96	2988	3.97
1997	102909	85300	82.89	17609	17.11	—	—
1998	111505	90002	80.72	21503	19.28	—	—
1999	131333	94026	71.59	11704	8.91	25603	19.50
2000	112684	50002	44.37	19860	17.62	42822	38.01
2001	189605	42839	22.59	69275	36.54	77491	40.87
2002	296000	114238	38.59	102405	34.60	79357	26.81
2003	537952	231212	42.98	161465	30.01	145275	27.01
2004	808405	407038	50.35	115846	14.33	285521	35.32
2005	1038891	604169	58.15	58553	5.63	376169	36.22
2006	1543833	933373	60.46	83857	5.43	526603	34.11
2007	1947276	1157082	59.42	143278	7.36	646916	33.22
合计	6974936	3894209	—	866318	—	2214409	—

财政收入与构成　1997—2007年，开发区累计完成财政总收入174.82亿元，年平均增速58.60%。开发区财政总收入按财政体制分成划分为上划中央收入与地方预算收入；按类别划分为税收收入、基金收入与其他收入。1997—2007年，累计上划中央收入64.29亿元，地方预算收入110.53亿元，两项之比大致为1 ∶ 1.72。1997—2007年，累计税收收入128.79亿元、基金收入44.91亿元、其他收入1.12亿元。

1997—2007年南京江宁经济技术开发区财政收入构成情况表

表16-1-6

年份	财政收入（万元）	其中						
		按财政体制分成划分（万元、%）				按类别划分（万元）		
		上划中央收入	所占比例	地方预算收入	所占比例	税收收入	基金收入	其他收入
1997	7091	2905	41	4186	59	7091	—	—
1998	9597	4534	47	5063	53	9597	—	—
1999	13169	6153	47	7016	53	13169	—	—
2000	29490	12175	41	17315	59	29490	—	—
2001	67076	31083	46	35993	54	67076	—	—
2002	108108	47686	44	60422	56	91236	16335	537
2003	184608	71494	39	113114	61	129201	53960	1447

续表

年 份	财政收入（万元）	其 中						
		按财政体制分成划分（万元、%）				按类别划分（万元）		
		上划中央收入	所占比例	地方预算收入	所占比例	税收收入	基金收入	其他收入
2004	204000	65946	32	138054	68	138097	64245	1658
2005	264000	119288	45	144712	55	220572	41193	2235
2005	319843	139128	43	180715	57	261078	56212	2553
2007	541220	142525	26	398695	74	321273	217185	2762
合 计	1748202	642917	37	1105285	63	1287880	449130	11192

税收收入与构成 1997—2007年，开发区税收收入128.79亿元，平均年增速51%。其中，2000—2001年增速最快，年均达125%，从1999年的1.32亿元到2000年的2.95亿元，再到2001年的6.71亿元；2004—2007年，开发区税收收入累计94.10亿元。至2007年，开发区内1000万元以上纳税大户增至61家，其中有3家过亿元。是年，开发区为各类企业办理减免退税，合计超过15亿元。开发区税收收入构成，按类别划分有工商税、农业税；按征收部门划分有国税、地税、财政。1997—2007年，工商税121.06亿元，农业税7.72亿元。1997—2007年，国税、地税、财政等三部门各自累计税收收入征收为70.06亿元、51亿元、7.72亿元。

【出口创汇】

1993—2007年，累计出口创汇91.11亿美元，年平均增速75%。其中，1995、1996年增速分别为474.25%、140.79%。1997年，开发区创汇额0.72亿美元；2000年，创汇额1.60亿美元；2002年，创汇额3.21亿美元；2004年，创汇额9.39亿美元；2006年，创汇额26.05亿美元。2005—2007年，开发区出口创汇总额66.50亿美元中有89%（59.20亿美元）是外商投资企业完成的。以华宝、统宝为代表的电子电器类和以西门子数控为代表的机械类外商投资企业是创汇的骨干。2006年，华宝创汇约16亿美元，统宝创汇4亿多美元。2003—2006年，开发区历年出口创汇总额在全省各级各类开发区排序分别是第十、第八、第七、第七位。2004—2007年，开发区内的南京出口加工区（南区）出口创汇总额达35亿多美元，在省各类出口加工区中位居前四名之内。

1993—2007年南京江宁经济技术开发区出口创汇情况表

表16-1-7

年 份	出口创汇额（万美元）	比上年增长（±%）	年 份	出口创汇额（万美元）	比上年增长（±%）
1993	998	—	2001	15406	-3.80
1994	400	-59.92	2002	32152	108.70
1995	2297	474.25	2003	49028	52.49
1996	5531	140.79	2004	93942	91.60
1997	7173	29.69	2005	177305	88.70
1998	8038	12.06	2006	260476	46.90
1999	15087	87.70	2007	227220	-12.80
2000	16015	6.15	合 计	911068	—

【利用外资和中国港澳台资】

1992—2007 年，开发区共计批准外商和中国港、澳、台投资企业 1009 个。1994—2007 年，两资项目的投资额累计为 112.81 亿美元，平均增速 45.80%。

外资与中国港澳台资项目投资额　1996—2000 年，开发区内有美国、德国、日本、中国香港等 22 个国家和地区，共计 233 个外资与中国港澳台资项目落户，投资总额近 13 亿美元。2001—2007 年，开发区引进外资与中国港澳台资项目 687 个，其中千万美元以上项目 323 个；累计外资与中国港澳台资项目投资总额为 96.47 亿美元。省有关部门对 2002 年度和 2003 年度全省各级各类开发区（84 个）批准外商与中国港澳台商投资企业的统计中，开发区分别占累计总数的 4.10% 和 4%。

1992—2007 年南京江宁经济技术开发区外商和中国港、澳、台投资情况表

表 16-1-8

年 份	新批外商与中国港澳台商投资企业		外资与中国港澳台资项目投资额	
	总数（个）	其中千万美元以上项（个）	总额（万美元）	比上年增长（±%）
1992	—	2	—	—
1993	31	—	—	—
1994	25	2	10314	—
1995	33	1	23222	125.00
1996	52	3	43388	86.80
1997	53	3	19854	-54.00
1998	41	3	30667	54.50
1999	45	6	13822	-55.00
2000	42	8	22101	60.00
2001	56	9	23092	4.50
2002	53	16	36620	58.60
2003	118	51	132997	263.20
2004	162	66	190924	43.50
2005	130	66	208272	9.10
2006	94	58	213065	2.30
2007	74	57	159751	-2.50
合 计	1009	351	1128089	—

利用外资和中国港澳台资额类别　1992—2007 年，开发区累计合同利用外资与中国港澳台资总额 52.97 亿美元，年均增速 54%；实际利用外资与中国港澳台资总额 27.59 亿美元，年均增速 63%。2000 年后，开发区外资与中国港澳台资企业增资扩股势头强劲，至 2007 年，年均增速 130%，2000—2007 年，增资 12 亿多美元。2007 年，开发区合同利用外资与中国港澳台资和实际利用外资与中国港澳台资，均位居全市各级各类开发区前列，其中，到位外资与中国港澳台资额在全省省级开发区排名中居首。

【园区企业】

企业规模 1992—2007 年，开发区新批外商与中国港澳台商投资企业 1009 个，其中千万美元以上项目 351 个，占 35%；新增注册内资企业 1143 个，其中亿元以上企业数 12 个，占 1%；投产开业企业 549 个，其中外资与中国港澳台资项目 305 个，占 55.60%。

1992—2007 年南京江宁经济技术开发区企业规模情况表

表 16-1-9　　单位：个

年份	新批外商与中国港澳台商投资企业数		新增注册内资企业数		投产开业企业数		
	总计	其中千万美元以上项目	总计	其中亿元以上企业数	总计	其中 外资与中国港澳台资项目	其中 所占比例（%）
1992	—	2	—	—	—	—	—
1993	31	—	16	—	10	10	100.00
1994	25	2	4	—	31	24	77.40
1995	33	1	17	—	59	28	47.50
1996	52	3	18	—	33	16	48.50
1997	53	3	38	—	23	14	60.90
1998	41	3	74	—	41	20	48.80
1999	45	6	110	5	31	16	51.60
2000	42	8	149	3	22	8	36.40
2001	56	9	184	1	41	8	19.50
2002	53	16	236	1	52	26	50.00
2003	118	51	177	—	37	18	48.60
2004	162	66	56	1	40	40	100.00
2005	130	66	34	—	41	39	95.10
2006	94	58	19	—	59	21	35.60
2007	74	57	11	1	29	17	58.60
合计	1009	351	1143	12	549	305	55.60

从业人员 1993 年，开发区有从业人员 3760 人。1996—1998 年，随着一批大项目竣工投产及三产联动发展，招聘了大量员工。1998 年，开发区从业员工 12500 人，比 1996 年增加 1.92 倍。2005 年，增员最多，比 2004 年增长 105.63%，员工总数达 7.22 万人。据对 2002 年、2003 年从业人员产业构成统计，第二产业从业人员分别为 23718 人和 26375 人，第三产业从业人员分别为 10896 人和 12291 人。至 2007 年年底，从业人员达 74404 人。开发区扩招员工方式主要有成立职业介绍所，定期举办市场招聘会；组织区内企业送岗位进社区；举办劳动力、就业专场招聘活动、培训、推荐就业等。2007 年，全年培训劳动力 6487 人次，推荐就业 14563 人次，创历史最好成绩。

第二章　南京江宁科学园

南京江宁科学园在秦淮河以东，咸周路、淳湖路、梅龙湖水库、青龙山一线以西，汤山林场、长山、上坊工业园、南京造币厂、丝织厂、新亭路、骆村社区一线以南，秦淮河以北。

1994年2月2日，江宁县政府决定，将原江宁竹山投资开发区创办成“南京江宁民营科技园”，园区规划面积12.60平方千米，先期开发面积1.50平方千米，并成立南京江宁民营科技园管理委员会；5月17日，将南京江宁民营科技园改为南京民营科技园，园区的规划、开发、招商、管理由江宁县人民政府负责。1995年3月17日，南京民营科技园被列为国家科委重点联系园区。1999年12月，南京民营科技园提出“二次创业”口号，园区发展加速。

2002年，中共江宁区委、区政府决定成立新的南京江宁科学园；4月9日，成立中共南京江宁科学园工作委员会、南京江宁科学园管理委员会；12月，成立方山街道办事处。此外，区委、区政府将上坊镇，淳化镇永宁、解溪、新华村，湖熟镇新林村、龙都11个自然村和汤山林场划归科学园统一管理。2003年6月，淳化镇整建制划归科学园统一管理。2004年8月，成立上坊街道办事处、淳化街道办事处。至此，科学园形成3个街道、1个林场的管理格局，控制规划面积240平方千米，占全区总面积的16%；人口14万人，占全区总人口的17%。

至2007年，南京江宁科学园建成以科技为先导的汽车制造、机电一体化、高教科研三大新平台，并形成高新技术产业区、教育功能区和方山风景旅游度假区“一园三区”的发展格局。是年，实现地区生产总值28.15亿元，地方财政收入9.15亿元，固定资产投资总额74.26亿元，新批进区企业26家，合同利用外资3.01亿美元，实际使用外资1.06亿美元。

第一节　园区规划

南京江宁科学园建设规划，经历三次滚动发展演变，渐成南京江宁科学园城市规划。

第一次为形成期。1994—2000年，南京民营科技园（含南京江宁民营科技园、江宁竹山投资开发区），被包含在《1992—2000年江宁县城东山镇城市经济区规划》中，成为南京江宁科学园高新技术产业一期范围。规划面积12.60平方千米，至1999年实际建成1.50平方千米。

第二次为“二次创业”起始发展期。2000年，进行第二次创业，将第一期规划扩展到10平方千米的建成区，并拓展开创南京市高等教育功能区（江宁大学城）。2004年，经南京市人民政府批准，编制完成《南京江宁大学城控制性详细规划》，规划面积34平方千米。

第三次为飞跃发展期。2004年后，南京江宁科学园进入飞跃发展阶段，在全区《2005—2010年南京市江宁科学园加快发展，结合东山新市区及其周围中心镇组团控制性详细规划》中，划分南京江宁科学园高新技术产业二期、三期用地及南京江宁科学园风景区用地范围，同时将方山风景旅游区规划为南京江宁科学园方山风景度假区。由此形成南京江宁科学园“一园三区”结构性的规划主体，“一园”为南京江宁科学园，“三区”为南京江宁科学园高新技术产业区、江宁大学城、方山风景旅游度假区，规划控制面积58平方千米。2006年，规划控制区范围96平方千米。

【总体规划】

2006年5月，江宁区委、区政府明确科学园规划控制区范围为秦淮河以东，咸周路、淳湖路、梅龙湖水库、青龙山一线以西，汤山林场、长山、上坊工业园、南京造币厂、丝织厂、新亭路、骆村社区一线以南，秦淮河以北的区域，区域面积96平方千米。

道路交通规划 科学园路网规划为快速路、主干道、次干道和支路。主干道间距1千米，规划红线宽度40米～60米，道路密度为每平方千米2.10千米。次干道间距500米，规划红线宽度25米～30米，道路密度为每平方千米2.40千米。支线规划红线宽度15米～18米。在主干道的枢纽点上建广场，并设置城市雕塑。在规划范围内，城市道路面积占有率为13%。

供水网络规划 科学园初期供水规划纳入《江宁县县域总体规划（1983—2000年）》。按照这一规划在南京市所规划的管网敷设4个环网中位于第4环。2002年，规划供水普及率100%，分片成区域网，分段供水。规划水质达到城市供水水质标准。远期规划“生活饮用水”成独立系统管网供应。

供电网络规划 园区电力供应主电源为殷巷220千伏变电站出线电源，分别由110千伏东山变电站、天景山变电站、淳化变电站供电。主变压器每台3.15万千伏安。规划新城由苏庄220千伏变电站至大学城110千伏变电站环网供电，大学城设1号、2号两座110千伏变电站，规划容量均为3×50兆伏安。

燃气、供热网络规划 2005年11月，由深圳市城市规划设计院规划气源为江宁区输入的天然气。园区用气接自江宁区中压A级管网，即从园区北部天元路以北地区，接入东山新市区燃气管网，在天元路以南分别沿天元路、建设大道敷设主干管网，再分支成干管网进行延伸供气。园区气化率为100%。园区供热初期由园区外热电厂供热；供热需求旺盛时，在预备热电厂位置拟建科学园热电厂。

排水及排污水网络规划 根据1996年9月南京市城市规划设计院与2005年11月深圳市城市规划设计院的设计，科学园排水系统采用雨水、污水分流排放，设有雨水管网、污水管网两套系统，并有污水处理系统。

电信网络规划 2005年11月，由深圳市城市规划设计院设计规划，园区除使用东山新市区程控电话总局800门缆线、方山支局4000门通信网线，以及方山邮政支局外，规划增设5座邮政支局，占地面积4000平方米。规划1座电信局，终期容量30万线，1座IP局、2座移动通信局、1座广播电视管理站。市话密度0.46万线/平方千米，市话普及率48%。高新技术产业二期、三期电信网络，全部埋设入地电缆线网，使用淳化、上坊的网络资源。

园林绿化布局规划 2005年11月，由深圳市城市规划设计院设计，园区公共绿地布局11.60平方千米，占规划开发面积17%左右。主要河道基本保留，秦淮河湿地面积0.41平方千米，前进河、解溪河公共绿地3.64平方千米、胜利河公共绿地1.92平方千米。条状绿化，是沿道路两侧形成宽窄不等的绿化带，主干道路两侧布局为城市绿化保护林带。各单位规划范围内的绿化面积达到容积率的30%左右。方山风景区园林绿地4.90平方千米。青龙山风景区保存近20平方千米的生态自然林地。

城市配套区建设 2000年，科学园实施“一园三区，三区联动”的滚动开发模式。城市配套区在滚动开发中，逐步形成“一园三区”的城市配套结构。高新技术产业区在一期建设中公建用地已安排1平方千米，占用地总面积7.10%。公建用地围绕科技大厦的建设，在其周边地段设置，主要场所位于天元路与城墟路的交叉地区。园区居住区为1.10平方千米，占总用地面积的8%。高新技术产业二期、三期建设规划中，市政设施用地7.70公顷、居住用地204.30公顷、公共服务用地44.33公顷，分别占总用地面积的0.60%、17.20%、3.70%。江宁大学城公共设施用地1164.74公顷，市政实施用地4.01公顷，居住用327.96公顷，分别占总用地面积的48.90%、0.20%、13.80%，设置在沿功能区共享中心带两侧，按5个组团片分布。

园区环境保护规划 科学园环境保护贯彻《南京东山新市区“五线”规划的环境保护规划》要求，除道路红线、轨道橙线、电力黑线外，还有河道蓝线和绿化绿线。进驻园区的企业、单位，贯彻执行ISO 14000环境管理体系标准，结合片区防护林带建设，降低噪声污染；入园单位一级治理污水后，园区统一集中进行污水净化治理；并对固体废弃物集中焚化。

【功能区规划】

高新技术产业区 高新技术产业一期原为南京民营科技园规划区，经江宁县人民政府批准，总用地面积12.60平方千米，东至宁杭高速公路以西城东路，南至南京市二环路，西至秦淮河，北至胜太路。2000年，经调整局部规划，园区北至骆上路—新亭路—外港河以南。

道路总体布局为方格网，南北向有竹山路、桥头路、玉带路、城墟路、定林路、印天路，东西向有胜太东路、骆上路、新亭路、昌宁路、天元路、南京二环路等。道路用地0.80平方千米，占总用地面积的6.30%。规划高新技术产业用地面积为8.75平方千米，占总用地面积的69.40%，按行业布置成各用地片区，主要是发展民营科技企业和民办研究机构。生产型服务业用地规划为0.90平方千米，占总用地面积的7.10%。水面、河道基本保留，条状绿化带主要是沿路、沿河两侧形成绿化地带，绿地面积为0.83平方千米，占总用地面积6.50%。2000年后，经过“二次创业”开发建设，从1平方千米发展到10平方千米，形成电子信息、装备制造、风力发电、新型建材、医药等主导产业群。

高新技术产业二期、三期位于宁杭高速公路东北侧。区域范围：东北紧靠青龙山风景区，赤乌路以南，东至胜利河，北至青龙山风景区马鞍山以西、上元路以南，西南至前进河、江宁大学城学十三路以北一线。二期和三期以104国道为接合部，二期在104国道以西，三期在104国道以东。规划用地总面积13平方千米。地势呈北高南低倾斜状，南部有梅龙湖，位于104国道旁。

区域内的道路交通除宁杭高速公路、104国道外，快速通道为南汽一号路、南汽二号路、帕威尔路。供电设施有已建成的110千伏淳化变电站一座，及35千伏、10千伏供电网络，建设中将全部改建成地下电缆。区域内雨水规划，二期区域内为自流排水，分成前进河、胜利河、梅龙河、梅龙湖四大雨水分区。三期区域内，上有横山水库位于青龙山风景区，中有余村水库蓄洪，南部皆为自流排水进入中心河。污水规划方面，三期地域内的污水通过污水管道进入东山新市区区域东污水管网。二期地域内污水处理，在区域东南胜利河西岸建设污水处理厂，规模为7万立方米/日。至2015年，预测污水总量6.82万立方米/日，污水经污水管道自北向南流入污水处理厂，经污水处理厂净化处理后流入胜利河。区域内的产业规划，二期产业为南汽跃进汽车制造集团的产业基地，南部为汽车产业配套区，以及北欧工业园。三期产业为机电工业园区。

江宁大学城 经南京市人民政府批准，建设“南京江宁教育功能区”，规划面积23.84平方千米。功能区规划范围，西北以南京市二环线为界，北部以宁杭高速公路为界，西南紧邻方山风景区。居住人口在26万人以上。

功能区的布局结构“一轴两翼”，以南北向的功能区共享带为发展主轴，高等院校、研发基地、体育文化中心呈“两翼”布局发展。共享带主轴设有5个片区，第1片区包含有四星级宾馆、购物中心、轻轨站综合服务区等；第2片区包含有美术馆、生态公园、高尔夫球场等；第3片区包含有体育中心（游泳馆）、商务办公区、商务公寓等；第4片区包含有数字图书馆、博物馆、产业孵化区、商业中心轻轨站次商业服务区等；第5片区包含有大学城行政管理中心、学术交流中心等。“两翼”同时配置建设3处教师公寓，以及中小学、幼儿园。布局还预留了国际知名高校、国家级重点实验室区域。

以方山和青龙山之间自然山陇形成功能区横向生态走廊，建成生态保护区。以生态保护区、公园高尔夫球场、旅游绿地等绿化开敞空间的沟通与联系，共同构成生态园整体形态。

功能区内建设百米大道、60米大道主干道形成区内交通“三纵四横”，南北纵向为宁杭高速、龙眠大道、弘景大道。

【农居复建规划】

科学园在建设规划中，对农居安置统筹规划。按照总体规划居住用地的布局，规划建设成山、潭桥、天景山小区共566幢，230万平方米复建房，总投资28亿元。小区包括社区管理机构、卫生医疗中心、健身休闲场所、文化娱乐场馆、生活服务设施、警务安全保障等。

1994年初期开发中，共拆迁行政村居民点10个，其中四号公路以北有6个：骆村、小骆村、骆家渡、周村、沟西、山西；四号公路以南有4个：桥头、成村、六段湖、杨家村。2000年“二次创业”发展中，共动迁行政村14个：共和、方山、成山、东方、横岭、高山、陵里、中下、宋墅、王墅、解溪、新华、杨村、健康等，约8400余户农居。

第二节　基础设施建设

1994—1999年，科学园投资3960万元，2000年“二次创业”后，总投资49.30亿元，其中飞跃发展的5年（2003—2007年）投资44.80亿元。园区内基础设施的现代化初具格局，基础设施建设实现“九通”，即道路、供水、排雨水、排污水、供电、供气、供热、通信、有线电视等，均已保障畅通。绿化建设投资超过2亿元。至2007年年底，科学园基础设施建设总投资49.70亿元。

【道路交通】

至2007年，共建成园区内主、次干道及支路76条，总投资20.16亿元。主干道62千米，呈网状结构；76条主、次干道总长135.70千米，连同居住区内各种建成道路，道路总长度260千米。最宽路幅100米，主干道宽40米～60米，次干道宽度35米。园区在135.70千米主、次干道上架设道路照明灯近7000盏。照明灯具使用高压钠灯。

景观大道　园内有4条景观大道，竹山路—竹山南路、天元路—天元东路、弘景大道、龙眠大道。竹山路—竹山南路，北接东山主城区，南至方山风景区的方前大道，是园区西部主干道，路幅宽38米，全长5027米，投资5731万元。天元路—天元东路，西跨秦淮河与江宁开发区天元西路相接，东穿104国道立交桥，通往园区高新技术产业二期、三期，是科学园“一园三区”的交通纽带，南京地铁一号线延长线在道路半空中架设轻轨，路幅宽60米，全长6612米，投资总额17852万元。弘景大道，北连南京城市二环快速路，南接方前大道，西越秦淮河通往江宁开发区，全长 6600 米，总投资 29700 万元。龙眠大道，北连南京城市二环快速路，南接南京城市三环快速路，是各高校校园间的交通主干道，全长 6600 米，总投资 17820 万元。

其他主干道　园内还有方前大道、建设大道、乾德路、天印路、定林路、月华路、格致路、侯焦路（南汽一号路）、端拱路、城墟路、帕威尔路等 10 条道路。方前大道，北接竹山南路、南连南京城区三环快速道，是园区西南部主干道，路宽 60 米，全长 2100 米，总投资 5670 万元。建设大道，是园区西南部通往江宁开发区主干道，西端通过横跨秦淮河的建设大桥与江宁开发区相通，东接大学城百米景观弘景大道，总投资 7470 万元。乾德路，是连接 104 国道与月华路以南工业园区的主干路，路幅宽 56 米，全长 3600 米，总投资 6804 万元。天印—定林路，北接东山主城区金箔路，穿过园区景观道天元路，南接大学城百米景观道弘景大道，是园区中部的主干纵向道路。路幅宽 45 米，全长 3458 米，总投资 4688 万元。侯焦路，为高新技术产业二期主干道，又名南汽一号路，幅宽 40 米，全长 2230 米，总投资 4014 万元。城墟路，后更名莱茵达路，北连东山主城区金箔路，穿过园区景观道天元路南接建设大道，路幅宽 36 米，总投资 3462 万元。帕威尔路，是高新技术产业三期主干道，连接 104 国道赤乌路，远期延伸至青龙山风景区，路幅宽 30 米，全长 1880 米，总投资 2538 万元。

公共交通　科学园内有 6 条公交线路直达南京主城区，公交 101 路、南金线、南广线、安广线、公交 137 路、公交 148 路。南京地铁一号线南延线至江宁大学城中国药科大学。此外，江宁区境内有 12 条公交线路经过科学园区。

【桥梁】

科学园境内主、次干道上的桥梁有 11 座，693 延米，总投资 12200 万元（详见本志第七编第二章第二节《城区桥梁》）。

【供水排水与污水排放】

供水　科学园自来水供应由江宁区水厂取自长江水并对原水进行水质处理，达到供水水质国家标准后，向科学园输水。江宁区供水能力达到 45 万吨 / 日，水厂出水口压力 0.60 兆帕斯卡，能满足科学园供水的需求，在最不利节点，市政水压达 0.50 兆帕斯卡，高于消防用水水压规定。科学园东部用水的增压，在中心河处建有江宁区自来水厂的增压泵站。供水主管道从江宁区水厂向东敷设，跨过秦淮河，进入科学园区西部，沿天元路、建设大道各用 4 根直径 800 毫米的给水干管输水，覆盖全部科学园，满足不同位置、不同用户的供水需求。至 2007 年，在滚动开发中已敷设供水干管 160 千米。

排水　雨水管网敷设总长度 165 千米，管径为 450 毫米 ~ 2000 毫米；修建排水沟渠 6.70 千米，整治河堤龙都东阳圩堤、天景山中心河工程等堤埂 40 千米。科学园共有排水防涝泵站 14 座，总排涝能力 42.25 立方米 / 秒。

污水排放　科学园敷设的污水管网总长度 131 千米，管径 400 毫米 ~ 1800 毫米。建成污水处理厂一座，位于秦淮河以东，方山以西，方山渠入河口南侧。总设计处理污水能力 16 万吨 / 日，近期建设规模 8 万吨 / 日，分两期建成。一期处理污水能力 4 万吨 / 日，投资 6000 万元，已建成投入运行。

【供电供气供热】

供电　电力网属华东电网，园区内有 10 千伏变电站 6 座：园区变电站、天景山变电站、淳化变电站、方山变电站、东山变电站、南汽变电站。外网为华东环电网，有220千伏变电站3座：殷巷变电站、高桥变电站、苏庄变电站；500千伏变电站1座：东善桥变电站。园区电网电压等级为110千伏、35千伏、10千伏、380/220伏，供电总容量25万千伏安。电力系统采用环网供电方式，平时开环运行，总共敷设高、低压电力线网192.20千米。

供气 园区内全部使用天然气，气源源自“西气东输”工程中的宁芜支线设于园区内方山南侧的南京城市天然气江宁站，以及绕城公路北侧的铁心桥高、中压调压站。两路气源对江宁供气能力均为1.50万立方米/小时，供气压力级制为中压A级一级配气系统。园区配气管网内，公建用户采用中—中压或中—低压用气，居民供气为中压调压后低压进户使用。园区用户用气率100%，年用气量1500万立方米。

供热 为满足南汽基地和园区其他单位供热需求，由位于南京江宁经济技术开发区的南京协鑫热电厂，向南汽基地集中供热。管网全长10.50千米，供热量300吨蒸气/小时，全天候24小时供热。河定桥地带另有新苏热电厂，与南京协鑫热电厂共有3台240吨蒸汽锅炉、2台5万千瓦热电机组，均能向科学园内各需热用户供热。

【绿化】

1994—2007年，科学园道路绿化面积296万平方米，道路两侧及广场的绿化全部到位，绿化率超40%，绿化投入累计超过2亿元。2000年后，园区绿化总面积1600万平方米，配合城市产业建设发展，将科学园打造成绿色花果树林式的风景地带。景观道路天元路移栽法国梧桐600株、高杆龙柏球920株、红花木9.93万株、丰花月季137.53万株；弘景大道、龙眠大道的绿化有“小植物园”之称。方山风景区林相改造10公顷，栽种各种花木10多万株，初步完成风景区的绿化架构。此外，秦淮河湿地绿化区、方山风景区、生态走廊绿化区、五湖五河绿化区等园区分片绿化区工程建设先后展开。

第三节 招商引资

【项目服务与优惠政策】

按照精简、统一、效能的原则，科学园建立了规范、高效的项目服务机制。始终把区域内的规划建设、项目审批、人才引进、社会保障、经济发展等职能服务作为中心工作，不断提高服务效率，提升服务水准，着力营造一流的服务环境。所有入园项目手续办理均由科学园招商事务局负责，实行一个窗口对外，“一站式”服务，一条龙服务到位，从立项到领取营业执照，从签订正式协议到办理土地证、房产证，都在科学园内独立完成。对开工建设项目，由项目开工服务小组专门跟踪负责，确定项目联络员，园区

图16-2-13 2005年，高科技项目入户江宁科学园签字发照仪式

各部门按照职责,“无缝”对接,做到规范化、制度化;对已投产的企业,设立专门的服务协调机构,对企业的困难、问题和疑惑负责全权帮解,针对具体问题服务内容明确,责任明确,责任人明确,为园区客商、入驻人员提供了公正、高效、便捷的服务。

生产型外资企业所得税税率为24%,并可享受“两免三减半”(从开始获利年度起,第1年和第2年免征企业所得税,第3年至第5年减半征收企业所得税)的税率优惠,同时给予增值税和土地契税优惠。除执行国家级开发区所享受的各项优惠政策外,园区还争取到政府出台的不同时期内扶持科技项目、重点内外资项目的财税优惠及专项补贴政策。此外,行政事业性收费实行统一扎口收取,并对外商独资企业实行除社会保障基金外“零收费”办法。

【招商活动】

1995年6月,苏、沪两省市110位民营企业家到园区考察。全年接待各类人士200余批次、近3000人次,新闻媒体报道100多次。先后赴新加坡、泰国、中国香港、中国台湾等地招商10多次。1996年3月,赴北京举办招商会;8月,赴厦门参加福建投资洽谈会,并在上海举办招商活动。先后邀请省致公党和九三学社的领导成员到园区举办投资环境说明会;10月,在南京第三次金秋恳谈会上,共接待洽谈投资外商14批次40余人,国内客商120人次。1997年2月,赴深圳讯业集团考察招商并签署项目协议。是年,先后邀请瑞典东约特兰省经济代表团、日本21世纪株式会社、德国凤凰公司、台湾联阳集团等13个国家和地区的客商127人次到园区考察。1998年,应用星火网、因特网、邮电信息网等进行网上招商,同时进行委托招商、中介招商等,全年引进项目9个。

2000年,召开“江宁之春投资环境说明会”“百名私营企业家联谊会”等20多次大规模的招商活动;还组织各招商部门赴广东、福建、北京、上海、浙江等地举办招商说明会,投送宣传资料3000余份。2001年,共举办多形式的招商活动16场次,海内外客商近千人到园区考察。是年,举办“2001年中国南京高新技术国际投资合作项目推介会”,吸引20多个国家和地区的驻华使领馆、商会、跨国公司和财团代表,及国内诸多知名大企业、大公司及高等院校、科研中心代表与会。活动期间举办2场项目签字仪式,总投资1亿元的苏源电气科技工业城和总投资2.60亿元的江宁移动通信大楼项目签字,扩大了科学园的知名度与影响力。2002年,参加江苏国际招商月、南京金秋经贸洽谈会、海外江苏之友、海峡两岸CEO金陵论坛等招商活动。2004年9月,在南京市金秋恳谈会上,南京大自然药业、南京沙河高尔夫置业、南京多伦精密机电公司、南京飞达人民机械厂、南京小营制药厂、南京飞天玻璃实业公司等招商项目签字领照。2005年2月,与台湾劲鸿茂科技公司举行招商会谈;10月,在连云港举行的第七届江苏国际合作洽谈会上,香港巨能机械公司与园区签署合作备忘录。2006年1月,中国国资委率全国机电产业集团组成单位在园区举行项目洽谈;4月,在科学园召开南京市机电行业协会成立大会,91家会员企业与会;9月,举行中国南京金秋经贸洽谈会江宁区投资环境推介会。

2007年3月,全球500强企业霍尼韦尔传感与控制部总裁伍贝斯等外方人员在科学园考察研发中心选址;4月,召开产学研发展联席第一次会议,驻江宁区24所高校以及30家国内、外知名企业参会;7月,华润雪花啤酒集团考察科学园南京工厂厂址;8月,德国工业巨擘蒂森克虏伯与科学园在北京人民大会堂签署框架性协议;12月,在科学园举行“江宁开发园区风电产业园”项目会议,国内风电产业龙头企业参加项目洽谈会。

【招商成果】

1994年6月开园后，至1994年年底，入园企业40家，总投资额2.96亿元，建成投产企业6家。1995年，引进企业23家，累计达到63家，其中外资与中国港澳台资企业9家；开工建设企业25家，投产企业15家。总投资3.95亿元，其中外资占57.60%。1998年，入园企业94家，协议总投资25.50亿元。至2000年年底，入园企业90家，开工投产企业78家，总投资12亿元，实际利用外资3400万美元。

2004年，科学园主攻世界500强日立产机入园成功，首次引进世界500强企业。2005年，引进外资与中国港澳台资企业36家，总投资6亿美元，协议投资3.40亿美元。当年外资企业美国麦姆西、日本福大发、韩国首元电子等9家企业追加投资，增加投资8000万美元。2005年后，区域实际利用外资完成额，在南京地区9个市级产业园区中，每年均名列第一。2007年，全年引进知名外资与中国港澳台资企业20家，千万美元以上项目15个，总投资额在1亿元以上项目6个。引进蒂森克虏伯、霍尼维尔、联合技术、特易购、盖世理等5家世界500强企业的投资项目。新开工项目33个，利星行、采埃孚船用、元创、星乔、斯凯汽车等8家企业竣工投产，再创历史新高。1994—2007年，引进项目380个，其中内资项目230个，外资项目150个；合同利用外资和中国港澳台资13.91亿美元，实际利用外资和中国港澳台资6.03亿美元。

1994—2007年南京江宁科学园招商引资成果情况表

表16-2-10

年份	引进项目（个）	其中		合同利用外资与中国港澳台资（万美元）	实际利用外资与中国港澳台资（万美元）	新开工项目（个）	投产企业（家）
		外资与中国港澳台资项目（个）	内资项目（个）				
1994—1996	12	6	6	1800	1026.89	7	6
1997	4	2	2	1830	1038.30	2	2
1998	9	2	7	4000	860.00	2	3
1999	15	1	14	1000	527.00	1	1
2000	9	1	8	400	8.00	3	3
2001	27	5	22	960	576.00	5	5
2002	51	6	45	5800	3660.00	20	8
2003	76	17	59	17659	12028.00	43	27
2004	48	29	19	25522	12310.00	33	11
2005	66	36	30	34001	10006.00	37	18
2006	37	25	12	16014	7572.00	36	20
2007	26	20	6	30143	10649.00	31	15
合计	380	150	230	139129	60261.19	220	119

第四节　园区产业

2001年，科学园“二次创业”后，通过“外引内联”，不断引进高新技术企业入驻园区，高新技术产业区内三个工业园区逐次拉开框架，打造汽车及零部件、机电装备制造、电子信息三大主导产业，以及生物医药产业、电气机械制造产业等先进制造业产业集群。随着世界500强企业、旗舰型企业相继落户园区，科学园主导产业集群特色更加鲜明，体系日趋完善。2001年，有高新技术企业3家；2004年，有高新技术企业21家。2007年，园区有高新技术企业41家，职工总人数5960人，其中大专以上科技人员3787人，占全员人数的63.54%；总资产80.65亿元；实现利润9.39亿元；缴税总额3.54亿元；研究开发经费投入3.73亿元。

【汽车及零部件制造业】

1994年，南京民光油管厂落户科技园，为最早具有一定生产规模的汽车零部件制造企业，此后陆续进入园区的企业有南京正皓汽配有限公司等。2005年，科学园引进南京跃进汽车股份有限公司，拓展成江宁科学园高新技术产业区二期园区，以跃进汽车股份有限公司为产业龙头，为跃进车配套的一批零部件生产企业陆续在二期园区建设生产企业，至此，科学园的汽车及零部件制造形成产业链，成为科学园高新区主导产业之一。2007年，科学园汽车零部件制造企业完成工业产值3.50亿元，是年，随着斯远公司、元创公司、星乔公司等一批汽车零部件生产企业的陆续投产，以及新宏洋、世界500强企业霍尼韦尔、蒂森克虏伯等大型汽车产业相继开工建设，科学园汽车及零部件制造的主导产业成为支柱工业。

【机电装备制造业】

1994年4月，有8家机械、电子类民营企业成为江宁科技园首批进园落户企业，总投资2960万元。2003年，国家大型企业南京高速齿轮制造有限公司落户科学园，至此，科学园机电装备制造产业正式形成。2006年4月8日，南京机电行业协会成立大会暨第一次会员大会在科学园区召开，协会的91家会员企业代表齐集于科学园的南京机电产业集团大楼，这标志着科学园成为南京地区机电行业的中心。2007年年底，机电装备制造产业，汇集中国传动南京高速齿轮制造有限公司、南京五洲制冷集团有限公司、德国ZF采埃（南京）公司、巨能机械（中国）有限公司、南京日立产机有限公司、利星行机械（南京）有限公司、南京高精船用设备有限公司、南京高精风能传动设备有限公司等40余家企业。是年，规模以上企业实现工业总产值（当年价）18.70亿元，占全园区总量的31%。机电装备制造业结合绿色科技产品的风电产业园区的发展成为科学园主要支柱产业之一。

图16-2-14　中国传动高速齿轮有限公司（2005年摄）

【电子及通信设备制造业】

首家落户科学园区的通信器材制造企业是江苏恒邮线缆有限公司。至 2007 年，集聚捷士通科技、福大发电子、汉德森科技、晋洲电子、德普达电子等 47 家通信设备、计算机及其电子设备制造业规模企业。是年，科学园电子信息类产业实现销售收入 10.20 亿元，占园区总量的 16.50%。

【生物医药制造业】

至 2007 年年底，南京奥赛康医药科技有限公司、江苏奥赛康药业有限公司、南京瑞年双科制药有限公司、南京欣迪生物药业工程有限公司、江苏润银药业有限公司、江苏亚昇药业有限公司、南京大自然药业有限公司、南京欣雨生物药剂有限公司等 8 家企业落户科学园。其中具有一定规模的企业有江苏奥赛康药业有限公司、南京欣迪生物药业工程有限公司、江苏润银药业有限公司等，在 2005 年开始形成产业规模。2007 年，完成工业产值 3.80 亿元，其中以江苏奥赛康药业为代表完成工业销售产值 30776 万元（当年价），实现利税总额 6550 万元，利润 2970 万元。

图 16-2-15　捷士通科技（南京）有限公司（2005 年摄）

图 16-2-16　南京汉德森科技股份有限公司（2005 年摄）

【电气机械制造业】

最早落户科学园的电气机械制造业企业有因泰莱配电自动化设备有限公司和因泰莱电器股份有限公司。2003 年，江苏帕威尔电气有限公司进驻科学园高新技术产业区三期园区，这奠定了电气机械制造产业的形成。2007 年，科学园境内有电气机械制造业内、外资企业 24 家，当年完成工业产值 18.03 亿元，占全园区总量的 29%，比 2006 年增长 489%。规模企业有江苏苏源电气仪表有限公司、南京大全变压器有限公司、南京因泰莱电器股份有限公司、南京因泰莱配电自动化设备有限公司、江苏帕威尔电气有限公司、南京邦瑞电力设备有限公司、南京伏安电力设备有限公司等 8 家。

图16-2-17　江苏帕威尔电气有限公司（2005年摄）

2007年南京江宁科学园高新技术企业经济指标情况表

表16-2-11

企业名称	职工总数（人）	其中大专以上科技人员数（人）	研究开发经费投入（万元）	总资产（万元）	工业增加值（万元）	净利润（万元）	缴税总额（万元）
江苏奥赛康药业有限公司	248	172	1498	23452	9173	2975	3659
江苏方天电力技术有限公司	—	—	1700	—	13401	9082	1543
江苏华丰科技发展有限公司	48	31	136	2980	907	396	342
江苏科能电力工程咨询有限公司	61	57	481	4967	—	2358	545
江苏帕威尔电气有限公司	249	87	1446	101903	76180	10107	3057
江苏帕威尔置信非晶合金变压器有限公司	150	25	965	17316	6010	2804	1428
江苏省邮电规划设计院有限责任公司	534	485	389	19642	16202	3588	3025
江苏省邮电建设工程有限公司	—	—	—	—	9607	2296	1900
江苏苏源信息技术有限公司	61	61	1409	9239	6935	2049	917
江苏苏源仪器仪表有限公司	—	—	—	—	457	-603	504
江苏源瑞国立自动化有限公司	28	28	0	848	193	103	46
江苏中康药物科技有限公司	—	—	78	—	—	-73	0
江苏中圣石化工程有限公司	—	—	—	—	—	-3	48
联创科技（南京）有限公司	1598	1481	15517	46048	39128	10409	3735
南京爱德印刷有限公司	379	154	2171	13939	5705	1943	997
南京安能电气控制设备有限公司	33	29	350	730	350	50	40
南京大全变压器有限公司	—	—	600	—	1550	650	350
南京德普达电子技术有限公司	—	—	51	—	—	—	30
南京高速齿轮制造有限公司	—	—	0	—	—	6745	2685
南京汉德森科技股份有限公司	392	203	1890	27178	8204	2100	972
南京航星信息技术有限公司	14	13	46	3484	—	129	38
南京金亚铝箔包装有限公司	119	38	29	125677	859	176	316
南京力导保护控制系统有限公司	—	—	97	—	—	-182	138

续表

企业名称	职工总数（人）	其中大专以上科技人员数（人）	研究开发经费投入（万元）	总资产（万元）	工业增加值（万元）	净利润（万元）	缴税总额（万元）
南京联创网络科技有限公司	214	202	1817	4355	2516	-533	500
南京联创系统集成有限公司	9	8	12	694	87	32	6
南京南消电子技术有限公司	—	—	40	—	—	—	41
南京鹏力科技有限公司	—	—	484	—	1119	242	264
南京瑞康资讯有限公司	20	20	143	1713	272	143	115
南京三大液压润滑设备制造有限公司	—	—	—	—	364	63	35
南京申瑞电力电子有限公司	—	—	100	—	1473	-214	79
南京顺风气力输送系统有限公司	53	35	258	1745	3349	290	250
南京顺风自动化控制系统有限公司	—	—	144	—	570	402	181
南京彤天科技实业有限责任公司	133	50	423	37100	3078	25074	2858
南京五洲制冷集团有限公司	791	249	1320	52455	8823	2390	1480
南京消防器材股份有限公司	490	154	1372	45507	14620	1362	1278
南京协众汽车空调集团有限公司	186	105	1340	252135	13776	6700	1136
南京新兴电子系统有限公司	150	100	197	13416	2075	1437	541
南京因泰莱电器股份有限公司	—	—	500	—	600	-755	40
南京因泰莱配电自动化设备有限公司	—	—	93	—	200	-3	5
南京智达分析仪器有限公司	—	—	48	—	771	-81	36
南京中圣园机电设备有限公司	—	—	112	—	—	248	233
合　计	5960	3787	37256	806523	248554	93896	35393

第五节 园区经济

【经济总量】

1994—1996年，园区处于启动阶段。其间，实现国内生产总值4350万元，技工贸总收入12300万元，工业利税230万元，工业总产值3366万元，工业销售收入3174万元；完成全社会固定资产投入5950万元，其中，工业固定资产投入4600万元，基础设施投入1350万元。2000—2007年，是园区二次创业阶段。其间，实现国内生产总值77.67亿元，技工贸总收入366.35亿元，工业利税19.54亿元，工业总产值159.80亿元，工业销售收入153.52亿元；完成全社会固定资产投入196.71亿元。2007年，园区实现国内生产总值28.15亿元，实现技工贸总收入115.67亿元，实现工业利税8.41亿元，实现工业总产值61.79亿元，工业销售收入59.63亿元。完成全社会固定资产投入74.26亿元，其中，工业固定资产投入39.61亿元，基础设施投入3.79亿元。

1994—2007年南京江宁科学园主要经济指标完成情况表

表16-2-12 单位：万元

年 份	国内生产总值	技工贸总收入	工业利税	工业总产值	工业销售收入	全社会固定资产投入
1994—1996	4350	12300	230	3366	3174	5950
1997	11000	49800	1761	16424	15527	6961
1998	16430	98950	2120	31220	30340	13560
1999	18850	90850	2700	42000	40300	15675
2000	21626	115060	5195	55685	55564	16800
2001	28753	133580	8273	84387	83127	20400
2002	33910	195810	8906	93219	87582	22257
2003	39129	273500	9417	102000	92037	274515
2004	50878	341065	12301	113313	113826	251614
2005	140061	590519	31209	214109	203078	140635
2006	180825	857329	35975	317370	303614	498235
2007	281494	1156672	84121	617942	596338	742610

【园区企业】

2007年，园区内60家规模工业企业实现工业利润61708万元。是年，园区内25家工业企业利税大户，实现工业利税83621万元，占园区总利税99.40%。园内销售收入在5000万元以上的园区工业支柱型企业15家，实现工业总产值33.14亿元，占全园区总量的53.62%。

至2007年，园区共有企业364家，其中园区内企业214家，园内注册园外经营企业150家。园区内214家企业中，建成经营企业136家，开工建设企业23家，筹建企业51家，停业企业4家；园区内214家企业中，“三资”企业有87家，其中，建成经营企业46家，开工建设企业14家，筹建企业24家，停业企业3家。园区内87家“三资”企业注册资本总额59398万美元。

第六节　园区带镇

2000年5月，江宁县政府将东山镇所辖的桥头、成山、高山3个村划归南京民营科技园管理，园区开发面积拓展至10平方千米。是年，全园区实现技工贸总收入14.50亿元，工业销售收入5.60亿元，出口创汇110万美元，园区国内生产总值达2.16亿元，实现利税6500万元。2002年3月，江宁区委、区政府将东山镇的方山办事处，上坊镇的陵里村，淳化镇的宋墅、王墅、茶场划归南京民营科技园管理。是年4月，南京江宁科学园成立；12月，江宁区委、区政府将上坊镇，淳化镇永宁、解溪、新华村，湖熟镇新林村、龙都办事处及汤山林场划归科学园管辖。至此，科学园开发总面积186平方千米，下辖37个村、4个居委会。2001—2002年，完成园区国内生产总值6.26亿元。2003年6月，江宁区委、区政府将淳化镇整体划归科学园。是年，科学园开发总面积240平方千米，规划控制面积58平方千米。

2003年，组织淳化、上坊、方山两镇一街道，规划建设镇级工业园及商业配套设施，并在龙都地区投资1亿多元进行经济建设。是年，投入5500万元，实施12项堤防达标工程、4处河道整治，1座泵站建设，全年完成圩堤土方297.80万立方米，河道砌护石7.18万立方米，保护园区内企业及人民生命财产安全。2004年，建设上坊10万平方米标准工业厂房，壮大镇村经济；投入2000万元建成陶家庄、玉带圩泵站，解除当地企业及人居受淹的困难。2005年，全年累计投资1300万元，新建5条道路，总长2.50千米，以及供水、供气等基础设施。2006年，与淳化街道青龙社区结对建设社会主义新农村，由华东有色金属测绘设计院做成规划，科学园投入800万元，建成由三龙公司至青龙工业集中区的道路，并配套建设桥梁以及路旁的水利、路灯、绿化；投入300多万元，对工业集中区20公顷场地开荒；投入200多万元，建设1800平方米公用建筑；并实施中心村的选址、规划、管网、村落整治等工程。2003—2007年，科学园及所带乡镇，累计完成国内生产总值69.23亿元，年均增长63%；技工贸总收入321.90亿元，年均增长43%；全社会固定资产投入216.40亿元，年均增长28%。

此外，园区与镇街村共建新城区。2001—2002年，拆迁农民房屋4433户，复建房开工建设面积22万平方米。2003—2005年，拆迁农民房屋11245户，复建房开工建设面积199万平方米，竣工面积135万平方米，交付房屋11268套。2006—2007年，复建房开工建设108万平方米，交付房屋12676套。

第七节　江宁大学城

2002年3月1日，江宁区人民政府与江苏省教育厅合作建设江宁大学城，由南京江宁科学园管委会开发管理。江宁大学城是科学园"一园三区"的重要组成部分，位于南京城市未来发展的战略主轴，地处科学园核心地带，东至宁杭高速，西至方山，北至南京二环。至2007年，江宁大学城共有15所高校入驻（含开发区4所高校），13所建成开学，师生规模超过18万人。

【区位条件与基础设施】

江宁大学城规划控制面积23.78平方千米，交通便利，104国道及地铁一号线南延线穿园而过；东有宁杭高速，西有南京二环路、机场高速，沪宁高速、宁马高速、绕城公路、312 国道与大学城相接，距禄口国际机场 20 千米。

大学城基础设施投资达 15 亿元。加强水系景观建设，投入 1000 多万元对区域内圩堤进行加固改造，疏通秦淮河支流解溪河，并建造 8 万吨 / 日的污水处理厂和 15 万吨自来水厂；建设高压输送电网，架设高压线 11 千米，建成 11 万伏方山变电站和学景变电站，实行双回路供电；建成 2 条主干道：弘景大道和龙眠大道，以及善鉴路、凤鸣路、日晖路、丽泽路、月华路、知行路、樵歌路、鹏山路、格致路、芝兰路、齐武路等道路；改建和扩建了定林路、天元路，构筑了完整的道路框架。宁杭高速南京段开工，南京地铁一号线南延线终点站设在中国药科大学附近，构成江宁大学城对外交流的快速通道。

【发展定位与功能分区】

江宁大学城的发展定位是建成一流生态型"高教名城"为主，其他人文型附属产业为辅的"文化新城"。建成后的江宁大学城将成为设施齐全的高等院校集中区，先进的高新技术研发基地，江宁区的文化体育中心与商业副中心，环境优美、富于特色的生态型现代化园区。

江宁大学城功能有三部分：传统校区单元、强化的城市功能和新产业新功能。传统校区单元由教学组团、生活组团、公共组团组成。强化的城市功能由社会化生活区、商业医疗设施、大型体育设施等组成，通过这部分和城市其他功能相联系。新产业新功能由教育研究中心、创业基地和职业教育基地组成，是提升教育功能区发展品质和区域地位的重要组成部分。

【建设与服务管理】

2002 年 4 月 18 日，首批高校包括南京工程学院、江苏经贸职业技术学院、南京晓庄学院和金陵科技学院签订入驻意向书。7 月，南京医科大学、江苏海事学院等 6 所高校进行新校区规划设计。2003 年 4 月 28 日，江苏经贸职业技术学院第一幢宿舍楼封顶。2003 年 9 月 16 日，南京医科大学 2003 级新生 3500 人正式入驻江宁新校区。随后，江苏经贸职业技术学院于 10 月 8 日进驻新生 3200 名，南京工程学院于 10 月 24 日进驻新生 4500 名，金陵科技学院于 11 月 9 日进驻新生 3600 名。至此，大学城在校生 1.50 万人。2003 年 9 月底，中国药科大学、金陵协和神学院、南京交通学院、中国传媒大学南广学院等 4 所高校相继签订正式入驻协议。

2005 年 12 月，江宁大学城内的高校完成建筑面积 152 万平方米，总投资 20 亿元。科学园在大学城配套建设方面，建成以龙眠大道和弘景大道为标志的 15 条市政道路，总长达 45 千米；新建 2 座 11 万伏变电站，为各高校提供双回路的电源保障；在公共交通方面，南广线、大同线、大中线、盛广线、盛科线 5 条公交线路直通大学城，连通各高校。

2006 年年初，江宁开发区境内东南大学、南京航空航天大学、河海大学、正德学院等 4 所高校纳入江宁大学城管理服务范围，至此，江宁大学城内高校达 15 所，在校生 18 万人。2006 年 10 月，大学城管理办公室成立，下辖 2 个高校服务企业：大学城高校产业集团和科学园高校物业有限公司。2007 年 1 月，江宁大学城城管分队正式成立，城管分队主要负责对大学城市容环境卫生、道口开挖、渣土运输、摊点摆放等项的综合管理。

【大学集中区与资源共享区】

大学集中区 至 2007 年，已有 15 所高校正式入驻，其中部属高校 6 所、省属高校 7 所、市属高校 2 所。15 所高校建成面积 252 万平方米，总投资逾 35 亿元，13 所高校对外招生。区内高校拥有省、部级以上重点学科64个，其中，国家级重点学科25个，省、部级39个；拥有省、部级以上重点实验室38个，其中，国家级重点实验室6个，省、部级32个；拥有众多科研成果和专利技术。入驻园区的高校中有两院院士18位，其中，南京航空航天大学8位，东南大学7位，河海大学2位，中国药科大学1位。

图16-2-18　江宁大学城地标雕塑（2007年摄）

资源共享区　规划面积200万平方米，位于大学城中部，是龙眠大道与知行路之间的狭长带形地区，宽度300米~500米，南北向全长8.50千米。资源共享区重点发展商贸商务、文化体育、休闲居住等服务业。共享区内规划建设十大配套工程：体育中心、商业中心、三甲医院、美术馆、企业孵化器、图书信息中心、影视中心、学术交流中心、文化中心、教师公寓等。江宁体育中心总投资8亿元，包括3万人体育场及5500人体育馆和1.50万平方米综合训练馆，曾成功承办十运会女足和摔跤2个项目。南京医科大学与省国信合资10亿元建设三级甲等医院，既是南医大的实训基地，又为大学城提供配套设施。此外，工程学院的工程中心、江苏经贸职业技术学院的四星级迎宾馆、中国药科大学的药用植物园、金陵科技学院的艺术馆等综合配套设施在规划建设中。

【高校联席会议与产学研合作】

高校联席会议　2007年4月，由江宁经济技术开发区、江宁科学园管委会、驻江宁部分高等院校和驻江宁部分企业等相关单位共同发起的，江宁驻区高校与政府、企业共同发展联席会议首次会议在东南大学九龙湖校区召开，会议由江宁区政府主办，驻区24所高校校长及30个重点企业法人出席会议，会上有27个合作项目签约。

产学研合作　随着15所高校以及江苏省建筑科学研究所、江苏省交通科学研究院、江苏省电力科学研究院、南京市玻璃纤维研究院、南京市水利科学研究院、8511研究所、霍尼韦尔研发中心、南京市机电一体化创业中心、南京航空航天大学科技园、高齿研发中心、东大科技园等科研院所、研发中心的入驻，园区开展“产学研一体化”发展的各项基础条件渐趋完善。科学园于2007年起组织实施“产学研一体化”工作，经过探索与实践，形成了一定的运行模式，即高校和企业自主联合进行科技攻关与人才培养，共建研究中心、研究所和实验室，高校与地区实行全方位合作等。通过产学研合作，园区形成一批拥有自主知识产权、自主品牌和持续创新能力的创新型企业。中圣集团股份有限公司与南京工业大学构建了全方位的产学研合作体系，成功研发了低温热棒新产品，双方共建成“国家热管技术研究推广中心”“动力工程与工程热物理博士后流动站”与“江苏省高校工业节能装备工程技术中心”，并牵头制订两项制造行业的国家标准，还针对石油、化工行业火炬管网改造的节能减排难题，自主研发出火炬气回收系统，被列为“国家重点新产品”。

【入驻高校】

2007年，江宁大学城陆续进驻高校15所，包括东南大学、南京医科大学、中国药科大学、南京航空航天大学、河海大学、南京工程学院、南京晓庄学院、中国传媒大学南广学院、金陵科技学院、金陵旅馆管理干部学院、金陵协和神学院、江苏海事职业技术学院、江苏经贸职业技术学院、南京交通职业技术学院和正德职业技术学院等，占地面积近3000公顷，投资总额120多亿元，开设463个专业，在校学生15万人（以上高校简介详见本志第三十三编第十一章第一节《本科院校》、第二节《大专院校 中专学校》）。

第八节　方山风景区开发与规划

方山位于南京江宁中部，由于山体呈方形，山顶平坦，故名方山。又因其四角方正，犹如一枚玉印从天而降，又称“天印山”。方山总面积约6.50平方千米，海拔208.60米。山体石质多为第三纪杏仁状玄武岩和火山角砾岩，植被繁茂，有茶木、榆树、栗树、檀树等树种，自然生态环境保护完好。方山历史人文资源深厚。从3000年前泰伯奔吴、2000年前秦始皇镇金陵王气，到六朝繁华旧事，方山凝聚了半部金陵文化史。明代，方山胜景“天印樵歌”被列入“金陵八景”和“金陵四十景”；清代，“天印樵歌”再次被列入“金陵四十八景”。今天的方山保留了天坛、海慧寺、宝积庵、定林寺塔等100多处遗迹。

2007年年底，由东南大学和广州旅游发展研究中心共同做出的《南京方山特色意图区规划设计》概念性规划方案通过正式评审（详见本志第二十一编第四章《旅游业》）。

第三章　南京江宁滨江经济开发区

南京江宁滨江经济开发区北邻上海梅山冶金公司，南接马鞍山和芜湖市，东依东山新市区，西靠黄金水道长江。

2003年3月26日，在江宁沿江地区组建南京江宁滨江经济开发区；4月3日，区政府明确开发区首期开发面积50平方千米，涉及江宁镇清修、建中、陈塘3个村，铜井镇铜井、新民、牧龙、北庄、双虎5个村，四至边界以规划红线为准，将8个村划入开发区开发管理；6月30日，市政府下达批复，批准成立南京江宁滨江经济技术开发区，开发面积按10平方千米控制，范围界定在江宁镇区以南，宁马高速公路和宁芜铁路线以西。9月4日，经区政府批准，成立中共南京江宁滨江经济技术开发区工作委员会。

2003年6月，南京市政府正式批准成立南京江宁滨江经济技术开发区。2006年，经江苏省人民政府同意并经国家发改委审核公告，更名为南京江宁滨江经济开发区，批准面积为5.53平方千米，正式升格为省级开发区。2007年1月，滨江开发区作为南京市八大新城之一，正式完成51.12平方千米的新城总体规划。

2007年10月，滨江新城正式启动建设，规划面积867.18公顷，规划区域为东至现状宁芜铁路、南至锦文路、西至丽水大街、北至江宁河。

2007年，开发区完成国内生产总值9.07亿元，比2006年增长54%；财政收入3.49亿元，比2006年增长815%；全社会固定资产投资45.74亿元，比2006年增长49.90%；协议注册外资1.75亿美元，比2006年增长83.50%；注册外资实际到账7170万美元，比2006年增长86.20%；出口创汇3620万美元，比2006年增长402.80%。全年引进签约项目50个，投资总额89亿元。43个市、区级重点产业项目开工建设，其中22家企业建成投产。

第一节 园区规划

南京江宁滨江经济开发区总体规划全名为《南京市江宁滨江新城总体规划（2006—2020年）》（以下简称总规），是在江宁区城市化大发展背景下提出制订的。总规依据南京市政府《南京都市圈规划（2002—2010年）》和江宁区政府《南京市江宁区近期建设规划（2003—2007年）》编制而成。总规明确开发区的功能定位，理清开发区发展思路，制订开发区近、远期发展目标和实施步骤。

【规划编制】

总体规划 2003年5月起，南京市江宁区规划局、南京江宁滨江经济开发区指挥部和深圳市城市规划设计研究院进行总规的编制工作。历时两年，于2005年完成相关工作。2007年1月20日，总规通过市政府审批生效。总规规划区面积51.12平方千米，南北以铜井河和江宁河的河址为界，东西以长江和宁马高速公路为界。总规对滨江新城的发展现状和特征做出分析，明确新城功能定位、规模和规划原则，就新城的布局结构、用地、公共设施、综合交通、绿地系统、城市面貌、生态环境保护、区域统筹发展、市政工程等作系统规划。总规对远景城镇人口作了科学合理的预测和分配，确定滨江新城远景人口规模50万人左右，用地规模50平方千米～60平方千米。总规规划2010年和2020年滨江新城的人口规模分别为13万人和30万人左右，远景规划人口规模按50万人左右预留。

控制性详细规划 2006年4月底，总规通过专家评审。2006年12月，南京市江宁区规划局、滨江开发区管委会委托深圳市城市规划设计研究院完成《南京市江宁区滨江新城中部组团（滨江开发区S0F 010）控制性详细规划》。规划用地范围：北至锦文路，南至牧龙河，西至长江，东至205国道，总规划面积18.09平方千米。中部组团的发展目标是建设政府引导、市场主导的加工制造产业以及创业、研发为一体的生态环保型先进制造产业园区。规划总就业人口约6.53万人，可容纳职工6.84万人。

2007年12月，上海同济城市规划设计研究院编制完成《南京市江宁区滨江新城铜井（南部）组团控制性详细规划》。规划范围：牧龙河以南、铜井河以北，西临长江岸线，东至205国道及铜井老镇区范围所在的地区，总面积约10.81平方千米。规划安排居住人口5.67万人。同时，上海同济城市规划设计研究院还编制完成《南京市江宁区滨江新城江宁（北部）组团控制性详细规划》。规划用地范围：东至现状宁芜铁路和规划经一路、南至锦文路、西至规划丽水大街、北至规划纬一路和江宁河。规划建设用地范围面积828.45公顷。规划提出2020年规划区内人口规模在14万人左右。

【专项规划】

电网规划 2005年1月，江苏省电力公司南京供电公司和南京市规划设计研究院编制完成《滨江新城电网专业规划》。根据滨江新城区域总体77平方千米（建设用地约50平方千米左右）、中部组团控规区域约20平方千米负荷预测，结合电网规划技术原则，江宁滨江新城区域内的220千伏变电容量需求约为171万千伏安，其中110千伏变电容量（扣除220千伏变电站直供）约为146万千伏安。规划新建4座220千伏变电站，按照滨江新城区域各片区的功能而分配，其中中部组团内安排220千伏变电站1座，其周边（南部）布置1座，其余视其他功能分区而定。新建14座110千伏变电站，在中部组团内布置4座，其余根据控规区以外的其他功能分区的分区规划或控制性详规而定。

供热规划 2006年7月，南京热电工程设计院编制完成《滨江新城供热规划（2006—2020年）》。规划供热范围为新城内的主要热用户，滨江新城集中供热热源点拟布置在丽水大街和翔凤路交叉口东南侧。热网系统以过热蒸汽为主要介质，局部区域考虑以热水为介质。热力网采用开式布置向供热范围内的热用户供热。热力网采用多分枝树枝状结构；热网干管的敷设，按一次规划、分期实施的原则安排。

天然气规划 2006年11月，南京市燃气工程设计院编制完成《天然气利用专业规划》。规划范围：开发区用地面积75.78平方千米的区域，规划服务的人口为16.30万人，供应区域内的居民、工商户、工业用户及天然气汽车使用。规划2010年居民用户的气化率达40%，2020年达98%。

道路交通规划 滨江新城的道路交通系统由公路交通、铁路交通和水路交通系统三部分构成。

公路规划。规划丽水大街（滨江大道）的道路等级为沿江快速路，预设汤铜线快速干道改造用地，远期形成以连接主城的宁马高速公路和丽水大街为主，以连接江宁区的汤铜公路、锦文路为辅的快速路网系统，畅通与南京主城和板桥新城的物流走廊和通道建设。规划205国道从滨江新城铜井镇开始，往北沿原来的公路，将其公路等级逐步改造为未来城市中的主干道。未来园区城市道路规划将分为快速路、主干路、次干路和支路4个层次。

铁路规划。滨江新城内有宁芜铁路江宁段。规划的铁路有4条：宁安城际铁路、新宁芜铁路、南京地铁8号线、港口货运专用铁路。其中，宁安、宁芜、地铁8号线3条铁路均为南北向，沿宁马高速通过滨江新城。铁路部门规划，宁安城际铁路为客运铁路，将在滨江新城北部段设立新江宁客运站。宁芜铁路为货运铁路，将在滨江新城南部段设立货运站场，承担南京南部的货运中转的任务。地铁8号线由板桥新城南侧进入滨江新城，转沿景明大街走向，止于普恚路。规划采取全线高架的敷设方式，在滨江新城内设置8个站点。港口货运专用铁路为东西向，连接码头和货场，作为水陆运输的连接线。

水路规划。开发区的水运规划由客运与货运两部分组成。开发区内拥有21.50千米的长江岸线，可利用岸线3.70千米。实施河道控制和航道整治工程，结合深水岸线资源保护和拓展，在铜井河至牧龙河之间建设铜井港区和散杂货码头，总吞吐量2010年、2020年分别为660万吨、1120万吨，满足新城产业发展对原材料和大宗物资的运输要求，服务于沿江大型企业物资的中转需求，并积极为江宁区及马鞍山地区的现代物流业发展提供服务。结合长江风光带和江心洲湿地公园的建设，建设客运旅游码头，开通新城到江心洲的水上巴士。

绿化景观规划 规划沿长江岸线构筑滨江绿带，沿江宁河、铜井河、牧龙河建设大型生态绿廊，沿道路、高压走廊、牧龙河建设带状绿化，用以串联公园绿地和街头绿地，形成以城市公园为节点，滨江、道路绿地为骨架，网络化、多元化的园林绿地系统。规划2020年城市绿地面积共674.74公顷，其中公共绿地面积356.95公顷，人均公共绿地面积12平方米；生产防护绿地面积317.79公顷。

滨江新城的公园由市级公园、街头公园和社区公园组成。规划市级公园5个，包括江宁河绿地公园、方旗庙失考石刻公园、城市功能区中心绿带公园、锦文路与景明大道交叉口西南的绿地公园，以及牧龙河绿地公园。规划街头公园1个，社区公园11个。

道路绿化建设与城市道路修建同时进行。丽水大街南部非快速路段东侧结合水系的分布设置35米宽的绿化带。在规划60米宽的道路两侧各控制20米宽绿化带，规划40米宽道路两侧各控制10米宽绿化带。

南京市提出“绿色沿江”的概念，园区用3到5年的时间，建成1.67万公顷左右的沿江森林。滨江新城境内长江岸线除港区用地外约为550多公顷的江滩，在南京市“绿色沿江”战略中承担森林旅游休闲和沿江防护的功能。在新的岸线功能调整中，把牧龙河—江宁河段岸线水域、陆地统一规划，以长江沿岸的北部湿地生态公园和中部滨江景观生态公园为主要形式，建设滨江风光带，发展长江沿岸的观光旅游。

【公共服务设施规划】

公共设施用地总面积228.41公顷（包括商办混合用地），占建设用地的6.30%，人均用地8平方米。

行政办公设施　规划行政管理与社区服务设施用地10.43公顷，占公共设施用地的4.60%。结合地铁站点和大型水系绿地，规划设置地区级行政办公中心一处，形成新的行政中心区，承担江宁街道办事处和开发区管委会的行政中心职能，规划用地面积约2.70公顷。另外沿地铁各站点周边新发展地区适当增设行政办公设施，其中行政办公中心1个，工业区管委会1个，街政管理中心4个。

商业金融设施　在城市功能区预留轨道站点周边发展成片的商业街区用地，形成具有城市辐射力的商业中心。结合片区级中心和居住社区中心发展一批商业网点集中区，共同构建点、线、面结合，功能完善、居民使用便利的商业服务设施网络。鼓励大型企业建设总部基地或研发中心，加速产业综合服务发展，提升新区商务地位。规划商业金融设施用地41.67公顷，占公共设施用地的18.20%。

社区管理与服务设施　扩大已有社区服务中心的规模，将社区健康服务中心、老年人活动站、社区文化活动室、社区青少年活动站、社区居委会（行政管理）以邻里大厦综合体的形式集中管理。规划每3万人～3.50万人设置1个邻里中心，共设置7个，每个用地面积为8000平方米～10000平方米。规划社区管理与服务设施用地6.75公顷，占公共设施用地的3%。在产业服务中心各设置1000平方米～3000平方米的社区服务用房，提供家政服务、职业培训、就业指导、中介、咨询服务、代客订票等服务。

文化娱乐设施　规划文化娱乐设施用地22.75公顷，占公共设施用地的10%，主要由四部分组成。在城市综合中心区地带设置区级文化中心区，建设一批档次较高、彰显城市文化形象品位的大型文化设施，推行“五个一”工程（一个图书馆、一个影剧院、一个博物馆、一个文化活动中心和一座中心书城），同时鼓励社会企业配建各种类型的文化艺术和休闲娱乐设施；在每个社区中心配套建设规模为4000平方米～5000平方米的社区文化活动中心，设置小型图书馆、科普知识宣传与教育影视厅、舞厅、游艺厅、球类、棋类活动室，开展科技、各类艺术训练等活动；新建居住小区按照不低于建筑总面积 1.50% 的比例，配套建设为向小区所有居民开放的文化娱乐设施；每个产业配套服务中心设置职工文化活动站 1 处，共设置 5 个，建筑规模不少于 600 平方米。

体育设施　规划体育设施用地 18.70 公顷，占公共设施用地的 8.20%，主要由 4 部分组成。建设区级重大体育设施，规划在城市综合中心区地带设置综合体育中心，包括一个 3000 人的综合体育馆及一处专项体育馆，总用地面积约 5.70 公顷；建设片区中心内的体育活动中心 3 个，每个占地 0.80 公顷 ~ 1.50 公顷，包括建筑面积 1500 平方米的室内体育活动场以及约 8000 平方米的室外运动场地；建成社区体育场地和设施，并结合滨河绿地、街头绿地构建大量全民健身点或健身路径，以及居住小区和商业设施内配建的健身房、球场、游泳池等设施，新建居住小区按照不低于建筑总面积 1.50%，配套建设为向小区所有居民开放的体育场地和健身设施；每个产业配套服务中心设置建筑规模 600 平方米的室外体育活动场地，并提供面积不少于 150 平方米的全民健身点。

医疗卫生设施　规划医疗卫生设施用地 15.21 公顷，占公共设施用地的 6.70%。规划在地区级中心中部设置 500 床位综合医院一所，占地约 6 公顷，服务于整个新城；在江宁镇片区的片区级中心和南部居住组团片区级中心各设置 300 床位综合医院一所，每个占地约 3 公顷，服务 3 万人 ~ 5 万人。规划每 3 万人 ~ 5 万人设置一个门诊所，每个用地规模在 3000 平方米 ~ 5000 平方米，床位 50 张，共设置 6 个，主要布置在居住社区中心和产业配套服务中心内。每个邻里中心附设社区卫生服务中心 1 个，建筑面积为 1500 平方米 ~ 3000 平方米。

社会福利与保障设施　规划社会福利与保障设施用地 3.94 公顷，占公共设施用地的 1.70%。规划在地区级中心配置社会福利中心一处，用地约 2 公顷（包括一个 200 张床位的老年公寓、一个建筑面积约 3000 平方米的养老院、一个残障救助中心等）；按 4 万人 ~ 6 万人配置养老院的标准，在 3 个片区中心和 1 个居住社区中心内设置 4 个养老院，每个用地规模在 2000 平方米 ~ 3000 平方米，在基本社区内设置建筑规模 600 平方米的托老所。规划建设综合医院 3 个，门诊所 6 个，社区卫生服务中心 7 个，社区福利中心 1 个，养老院 4 个。

教育设施　规划教育设施用地 11.50 公顷（中小学用地计入居住用地），占公共设施用地的 5%。规划在地区级中心和产业综合服务带各设置职业技术学校 1 所，满足工业区企业职工培训和新城人口就业培训的需要，每个占地 5 公顷 ~ 6 公顷。江宁镇区已有江宁中学，占地 2.58 公顷。规划在居住区配置高级中学 4 所，其中，北部居住组团 3 所，南部居住组团 1 所，每个占地面积为 3 公顷 ~ 4 公顷，服务人口为 4 万人 ~ 6 万人。初中、小学按已经确定的集中居住区用地和 25 万居住人口配套，规划每 2.50 万人 ~ 3 万人设 1 所初中，每处占地 1.50 公顷 ~ 3 公顷，共设 7 所；规划每 1.50 万人 ~ 2.50 万人配置 1 所小学，每处占地 0.80 公顷 ~ 1 公顷，共 12 所。其中职业技术教育学校 2 个，初、高级中学 7 个，小学 12 个。

公安及邮电设施　规划公安及邮电设施用地 2.40 公顷，占公共设施用地 1.10%。工业区内已设置派出所 1 个，位于盛安大道南侧，占地 1.07 公顷。规划派出所 6 个，工业区内设置 1 个，居住区内设置 5 个，每个单独占地 600 平方米。工业区内已设置邮政支局和电信分局各 1 个，布局于盛安大道南侧，总用地面积 0.73 公顷。规划在地区级商业中心内设置邮政支局和电信分局各 1 个；居住区内每 2.50 万人 ~ 3 万人配置 1 个建筑规模 150 平方米左右的邮电所，共设置 9 个，提供电报、电话、信函、包裹、兑汇和报刊零售等服务，结合商业设施布置，不独立占地。其中派出所 7 个，邮政支局 2 个，电信分局 2 个，邮电所 9 个。

第二节 基础设施建设

开发区市政基础设施建设管理由园区建设环保局负责。建设环保局前身是开发区工程建设指挥部，2003 年 3 月 30 日成立，主要负责园区行政区域内的征地拆迁、安置补偿、复建房、市政基础设施、环保、规划等工作。2004 年 2 月 28 日，开发区管委会成立建设环保局，制定《滨江开发区建设工程管理操作规程（暂行）》《工程部对监理工作管理细则》《开发区绿化管理暂行办法》等规章制度，并制定开发区市政设施报建管理办法和报建框图。至 2007 年，完成 20.50 千米道路建设任务，实现园区内环线的贯通；滨江至江宁经济技术开发区连接线完成全线主体工程建设；全面建成方旗庙石刻公园、205 国道、疏港路、锦文路等绿化景观带，新增绿化面积 45 万平方米。完成街道 22.20 公顷工业集中区基础配套建设；完成拆迁 2134 户；启动建设三期 67 栋、21 万平方米复建房；完成就业培训 1100 人次，安置就业 5100 人次。

【道路交通】

道路 开发区沥青砼路面均分 2 期实施。近期只摊铺中、下两层沥青砼，待路基稳定后再摊铺上面层沥青砼。路面分快、慢车道，分期建设，近期施工快车道，慢车道按绿化带实施，远期快、慢车分道行驶。至 2007 年年底，园区已建成道路 20 条，其中主干道 6 条，即盛安大道、205 国道园区内段、景明大街、丽水大街、汤铜路园区内段、锦文路；次干道 7 条，即宝象路、翔凤路、地秀路、弘利路、喜燕路、牧龙路、天成路；支道 7 条，即飞鹰路、绣玉路、润寿路、春阳路以及 02 号、03 号、04 号区间路。建成道路总里程 68.40 千米，铺装道路总面积 155.32 万平方米，铺装侧平石 17 万米。至 2007 年年底，开发区共安装路灯 2972 盏，覆盖 30 平方千米区域。

图 16-3-19 20 世纪 90 年代盛安大道原貌

图 16-3-20 建成后的盛安大道实景（2004 年摄）

桥梁 开发区境内有 5 座桥梁，171 延米，总投资 3149 万元（详见本志第七编第二章第二节《城区桥梁》）。

公共交通 2007 年 6 月，园区公交车站正式投入运营，结束开发区境内无公交的历史。至 2007 年年底，开发区开通至南京、东山以及区间公交线路 3 条。

【供水排水】

供水 2003 年，园区供水主要由铜井镇二水厂及江宁镇水厂供应。2005 年年初，滨江开区投资 400 万元，对铜井镇二水厂进行扩容改造，7 月完成一期 1 万吨改造工程；2006 年 7 月，二期 1 万吨建成投入使用。2007 年年底，开发区铺设自来水管道总长 66.60 千米，日供水量 1.40 万吨，年供水总量 305.88 万吨，入园企业用水普及率 100%。

排水　开发区下水道采取雨水、污水分流制。雨水管道按150年一遇的暴雨强度公式计算，使用机制平面砼管、B式基础。雨水分片收集，高水区就近排入江河，低水区通过泵站排入江河。区域内原有河、塘保留铜井河、牧龙河、江宁河、十字河，并根据园区排水规划，新开挖上联圩人工湖、百渡河。企业工业污水预先处理达到污水排放接纳标准后，排入园区市政污水管网，经开发区污水处理厂处理后达标排放。至2007年年底，开发区下水道铺设长度达87.10千米，其中污水管道长8.25万米。

【供电供气供热】

供电　2003—2004年，开发区用电总负荷约0.89万千瓦，供电主要由35千伏江宁变电站、铜井变电站供给，此外，部分用户变由35千伏铸钢厂变电站供给。区域内有两条10千伏配电线网，江宁变电站10千伏陈塘线和铜井变电站10千伏牧龙线，开发区首批入园企业的用电都由这两条线路提供并以陈塘线为主。2005年9月，开发区在首期启动区内开工建设一座11万伏变电站，容量5万千伏安。至2007年，园区累计建成架空线路47.50千米，电缆线路68.40千米。

供气　开发区使用的气体主要是天然气。2007年年初，开发区压缩气站（CNG）建成投入使用，由江宁煤气集团公司投资建设，储气能力1万立方米，最高日供应能力0.15万立方米。至2007年年底，开发区供气管网铺设管道8.20千米。

供热　开发区华冠热电厂位于丽水大街与翔凤路交界处，2005年6月筹建，一期投资1.50亿元，2007年年底完成一期主体工程建设，设备调试安装到位，计划2008年7月可投入运营，设计供热能力为50吨/小时。

【绿化】

2007年年底，开发区在已开发的13.50平方千米范围内，建成绿化面积213万平方米，绿化率占开发面积的15.80%。

道路绿化　开发区道路分主干道、次干道、支路三级，大小不同，绿地面积与配置也因之而异。绿化配置形式主要有六板七带、四板五带、三板四带、一板二带等。至2007年年底，开发区建成绿化道路52千米，种植乔木7.86万株，植被116万平方米。

生态林地　开发区加快推进“环山透绿、沿水露绿、傍路见绿”三大绿化工程，形成沿长江50米～100米宽幅的防护林带、遍布全园区的沟渠防护林带、20米～60米宽幅的道路绿化带。先后建成20余公顷滨江生态公园、方旗庙石刻生态公园、江宁河两侧绿化隔离带等生态林地。2006年，开发区获省级园林绿化城市称号。

湿地保护和开发利用　开发区注重对长江湿地的保护，加强植被建设，大兴广植林、草，优化、开发、美化、绿化洲、滩、河生态系统。重点实施新济洲湿地保育恢复生态圈工程、长江二道堤湿地生态保护工程以及铜井河、牧龙河等河流的河堤绿化工程。

第三节　招商引资

【招商机构】

2003年3月31日，区委、区政府批准成立江宁滨江经济技术开发区指挥部，同时成立江宁滨江经济技术开发区筹备工作组。是年，开发区招商筹备小组公开招聘招商人员，组成招商工作组；4 月 7 日，首批招商人员正式进驻开发区筹备指挥部开展招商工作；9 月成立招商局。2006 年 3 月，招商局在深圳设立招商办事处；5 月在杭州设立招商办事处。2007 年 5 月，撤销杭州办事处，在上海设立招商办事处。

【招商政策】

2003 年 4 月 11 日，为鼓励和吸引国内外各类企业、经济组织到开发区投资兴业，江宁区政府制定江宁政发〔2003〕119 号《关于南京江宁滨江经济技术开发区招商引资优惠政策》，明确项目前期投入费用的优惠、税收优惠以及其他方面优惠。2006 年 5 月 21 日，为鼓励和吸引国内外重大生产性项目落户江宁开发园区，江宁区政府制定江宁政发〔2006〕119 号《关于江宁区开发区园区鼓励重点生产性项目投资优惠政策》，进一步明确重点外资项目优惠政策、重点内资项目优惠政策与重大项目优惠政策。

【招商渠道与成果】

2003 年 9 月，开发区招商局正式成立，其间主要是以南京市的“退二进三项目”（指在产业结构调整中，缩小第二产业，发展第三产业）和国企“三联动”（指在国有企业改革中，资产、人员、债务一揽子解决）改制项目为突破口，引进一批重点项目。此外，还在境内举办招商环境说明会，在境外开展招商推介活动，利用一般中介机构开展招商，利用网络平台捕获项目信息，并利用律师事务所、咨询机构等平台开展招商。

2005—2006 年，开发区招商局设立外资局、大项目局、中小项目局，陆续引进立维腾电子、宝色钛业、南京起重机械、南京工程机械、南京工艺装备、南京压缩机等知名企业。

2007 年年初，引进中船绿洲、中国台湾东阳汽配、国家级特种设备检测中心等一批体量大，科技含量高、带动性强的大项目；同时一批为园区企业配套的中小企业也纷纷租厂房进入开发区。2007 年年底，累计签约项目 231 个（不包括区内注册区外经营项目），投资总额 225 亿元，其中千万美元以上的外资和中国港澳台资项目 18 个，亿元以上的内资项目 43 个；累计协议注册外资和中国港澳台资 5.90 亿美元，注册外资和中国港澳台资实际到账 1.89 亿美元；累计到位内资 85.60 亿元。

2003—2007 年南京江宁滨江经济开发区招商引资成果情况表

表 16-3-13

年 份	签约项目（个）			投资总额			利用外资		利用内资（亿元）
	外 资	内 资	总 数	外资（亿美元）	内资（亿元）	总额（亿元）	协议注册（亿美元）	实际利用（亿美元）	
2003	5	38	43	0.37	12.00	14.96	—	—	—
2004	2	28	30	1.80	19.20	33.60	1.40	0.36	13.40
2005	12	43	55	2.10	24.40	41.20	1.80	0.42	15.20
2006	7	46	53	1.70	32.30	45.90	0.95	0.39	24.45
2007	8	42	50	5.20	47.40	89.00	1.75	0.72	32.55
合 计	34	197	231	11.17	135.30	224.66	5.90	1.89	85.60

第四节　园区产业

开发区致力于打造以装备制造业为特色的国际一流先进制造业基地。至2007年年底，入园企业178家，其中，建成投产企业105家，在建企业75家。在建成投产企业中，制造业104家，建筑业1家。与此同时，开发区还引进和培育高新技术企业7家，分别为南京宝色钛业有限公司、南京工程机械厂、国冶星光电子有限公司、南京联合荣大工程材料有限公司、南京工艺装配制造有限公司、南京压缩机股份有限公司、南京中船绿洲设备有限公司。有省级民营科技型企业4家，分别为南京宁庆数控机床有限公司、南京科晖印刷有限公司、南京同胜仪器科技有限公司、南京派尼尔科技实业有限公司。

【产业分类】

至2007年年底，开发区投产企业中，制造业企业104家，分为三大类，装备制造业72家，占69.23%；消费品制造业19家，占18.27%；非金属及化学制品制造业13家，占12.50%。其中，装备制造业分为七类。即21家金属制品，生产物流仓储设备、货架制造，钢结构制作安装，一、二类压力容器、储气罐等产品；17家通用设备制造，生产起重机械、压缩机、鼓风机、各类阀门、锅炉设备等其他机械设备；6家专用设备制造，生产塑料机械、矿山专用设备、洗车设备、齿轮箱、自动焊接设备、真空获得设备、生物识别器材、新型挤出设备、传动设备、大型回转支承等；12家通信设备、电子设备制造，生产通信设备、电力器材、各种雷达整线天线、新型光电子元件、电声器材、军工产品扫频仪、电动车控制器等其他电子元器件产品；11家电气机械及器材制造，生产电控设备、特种电机、高低压成套设备、低压成套开关设备、各种变压器、变电箱、漏电保护开关插座等；2家交通运输设备制造，生产特种车辆、大型船用设备、输送带、汽车配件及零部件等；3家仪器、仪表制造，生产精密测量仪器、各种传感器等。

2007年南京江宁滨江经济开发区105家投产企业产业分类情况表

表16-3-14

产　业	类　别	个　数	产　业	类　别	个　数
消费品制造业19家，占18.10%	食品制造	3	装备制造业72家，占68.57%	金属制品	21
	纺织品制造	4		通用设备制造	17
	木材制品	1		专用设备制造	6
	服装制造	3		交通运输设备	2
	家具制造	2		电气机械器材	11
	造纸及纸制品	2		通信设备、电子设备	12
	印　刷	2		仪器、仪表	3
	文　体	2			
非金属及化学制品制造13家，占12.38%	化学品制造	2	建筑业1家，占0.95%		1
	塑料制品	3			
	非金属制品	8			

2007 年南京江宁滨江经济开发区 75 家在建企业产业分类情况表

表 16-3-15

产　业	类　别	个　数	产　业	类　别	个　数
消费品制造业 9 家，占 12%	食品制造	1	装备制造业 54 家，占 72%	金属制品	4
	农副产品加工	1		通用设备制造	11
	木材制品	2		专用设备制造	18
	家具制造	1		交通运输设备	8
	造纸及纸制品	2		电气机械器材	2
	印　刷	2		通信设备、电子设备	8
				仪器、仪表	3
非金属及化学制品制造 9 家，占 12%	化学品制造	1	商业服务 1 家，占 1.33%		1
	塑料制品	2	港口物流企业 2 家，占 2.67%		2
	非金属制品	6			

【产业集群】

2003—2007 年，园区装备制造业优势基本确立，在入园 178 家（包括在建企业 75 家）先进制造业中，装备制造业企业达 124 家，占制造业比重 69.66%。初步形成四大产业集群，即以美国立维腾电子、江源电气、神宇科技硅片、尚倍特太阳能、北二变科技、涌新电子等为代表的电子电力设备类产业集群，共 45 家，占 36.30%；以宝色钛业、上海宝冶、顺力钢业、南京起重机械总厂、工程机械厂、宇创石化设备、德尔塔动力设备、南工矿冶设备、南京压缩机厂等为代表的专用及通用设备制造类产业集群，共 35 家，占 28.20%；以南京工艺装备厂、宁天数控机床、马波斯自动化设备、南京三大液压专用设备、南京工仪数控机床、南京华辰精密机械、伟舜数控机床等为代表的精密机械制造类产业集群，共 34 家，占 27.40%。以中船绿洲机器厂、南京绿洲船用设备安装、东升船用设备制造、香港财富嘉捷特种车、意航汽车新技术、大昌汽车贸易、凯凯汽车零部件、新广源汽车配件、锐新汽车科技等为代表的交通运输设备制造类产业集群，共 10 家，占 8.10%。

图 16-3-21　立维腾电子（南京）有限公司（2006 年摄）

图 16-3-22　南京江源电气有限公司（2006 年摄）

图 16-3-23　南京宝色钛业有限公司（2006 年摄）

【企业规模】

2003—2004年，开发区内48家开工企业总投资17.83亿元，项目平均投资3700万元，平均注册资本500万元，投资强度为105万元/亩；2005—2006年，98家开工企业总投资68.26亿元，项目平均投资7000万元，平均注册资本1100万元，投资强度为155万元/亩；2007年，32家开工企业总投资76.93亿元，接近前两个阶段引进项目投资额的总和，项目平均投资达3.30亿元，平均注册资本3400万元，投资强度提高到292万元/亩。2007年年底，开发区规模工业企业达20家，完成工业总产值15.20亿元，比2006年增长39%；工业销售收入13.68亿元，比2006年增长30%；工业利税1.10亿元，比2006年增长76%，其中规模以上工业总产值13.24亿元，比2006年增长153.90%；工业销售收入12.77亿元，比2006年增长155.70%；工业利税9267万元，比2006年增长231.70%。主要规模企业有南京新一棉纺织有限公司、江苏顺力冷弯型钢实业有限公司、南京宝色钛业有限公司、立维腾电子（南京）有限公司、南京中船绿洲机器有限公司（隶属中国船舶工业集团）、江苏财富嘉捷实业有限公司、南京工艺装备制造有限公司、南京压缩机股份有限公司、江苏宝久实业有限公司、南京起重机械总厂有限公司、新世界印刷（南京）有限公司、南京绿洲设备安装工程有限公司等。

图16-3-24 顺力（中国）钢业集团（2006年摄）

2006—2007年南京江宁滨江经济开发区规模以上工业企业生产经营情况表

表16-3-16　　单位：万元

指标名称	2006年	2007年
工业总产值	109400	152000
工业销售收入	104947	136800
工业利税	6260	11000
规模以上工业总产值	59979	132380
规模以上工业增加值	8076	26476
规模以上工业销售收入	57324	127690
规模以上工业利税	3144	9267

说明：2006年规模企业9家，2007年规模企业20家

第五节 港口建设

开发区拥有21.50千米的长江岸线资源，上至马鞍山市慈湖河口，下至江宁河口，其中深水岸线达5千米，慈湖河至星辉河2.40千米，铜井河至牧龙河2.60千米，水深最深32米，可规划建设28个5000吨级泊位的深水码头。滨江地区按使用功能划分为港口岸线、自然岸线、

水源保护岸线、城市生活岸线四大类。结合岸线条件及开发利用需求，规划自然岸线3.20千米，水源保护岸线3.50千米，生态保护、城市生活岸线9.80千米，港口岸线5千米。首期规划港口岸线1.70千米（牧龙河至十字河），布置12个泊位。按照《南京港口总体规划(修编)》，2006年，开工建设一期、二期工程，建设规模为4个5000吨级泊位，其中1个重件泊位单件起吊能力达1000吨，是长江以南地区最大的重型机械码头。铜井港区是以件杂货、散货、重大件为主，仓储与现代物流相结合的现代化港区，主要为江宁区及周边地区提供货物进出口运输服务。

铜井港区一期工程为永辉码头，2006年10月14日，由香港永辉建筑工程公司投资建设，位于铜井河与牧龙河之间的长江南岸，建设规模为2个5000吨级通用泊位，总投资1.33亿元，上游是以件杂货为主的通用泊位，下游是以散货为主的通用泊位，兼顾一般件杂货。年设计货物吞吐量为95万吨。2007年年底，建成码头前平台、后平台、引桥等主体工程，计划2008年10月18日正式开港。

铜井港区二期工程为大件码头，2006年10月18日，由南京大件起重运输集团公司投资建设，紧邻一期工程，建设规模为2个5000吨级泊位，上游是以重大件为主兼顾件杂货的泊位，下游是以件杂货为主的泊位，总投资2亿元，重大件单体起吊吨位为1000吨，年重大件货物吞吐量为100件，件杂货物吞吐量为80万吨。2007年11月，建成重件泊位并试运营，当年实现货物吞吐量6.50万吨，营业额70万元。计划2008年10月18日全面开港运营。

图16-3-25 2007年，南京江宁滨江经济开发区港区投入运营

第六节 园区经济

【经济指标】

2004年，开发区完成国内生产总值0.80亿元，全社会固定资产投资10.06亿元。2007年，完成国内生产总值9.07亿元，财政收入3.49亿元，全社会固定资产投资45.75亿元，出口创汇3620万美元。至2007年年底，开发区累计引进美、欧及中国港、台等多个国家和地区的客商投资项目231个，投资总额225亿元，其中建成投产企业105家；累计完成全社会固定资产投资102亿元，其中工业固定资产投资93亿元；累计完成协议注册外资和中国港澳台资5.90亿美元，注册外资和中国港澳台资实际到账1.90亿美元。

2004—2007年南京江宁滨江经济开发区主要经济指标完成情况表

表 16-3-17

指标名称	2004年		2005年		2006年		2007年	
	完成值	增长(%)	完成值	增长(%)	完成值	增长(%)	完成值	增长(%)
国内生产总值（万元）	8000	—	17000	112.50	58700	245.29	90700	54.51
财政收入（万元）	419	—	2400	472.79	4286	78.58	34857	713.28
全社会固定资产投入(万元)	100600	—	160000	59.05	305000	90.63	457500	50.00
其中，工业投入（万元）	93600	—	148000	58.12	283000	91.22	410300	44.98
协议注册外资（万美元）	14000	—	18000	28.57	9535	-47.03	17500	83.53
注册外资实际到账(万美元)	3600	—	4200	16.67	3825	-8.93	7170	87.45
实际到位内资（万元）	134000	—	152000	13.43	245500	61.51	325500	32.59
出口创汇（万美元）	—	—	—	—	720	净增	3620	402.78

【财政收支】

财政收入。2004年，开发区实现财政收入419万元。2005年，实现财政收入2400万元，比2004年增长472.79%。2006年，实现财政收入4286万元，比2005年增长78.58%。2007年，实现财政收入34857万元，首次突破亿元。

财政支出。2005—2007年，开发区财政支出除积极支持企业技术改造外，其余支出全部用于园区基础设施建设。

【税收】

工商税收。2004年，开发区38家企业实现工商税收265万元。2005年，56家企业实现工商税收1991万元。2006年，102户企业实现工商税收3370万元。2007年，152户企业实现工商税收9127万元。

农业税收。开发区按所在街道标准核定，具体标准分别为：江宁镇每平方米6.50元；铜井镇每平方米6元；陆郎镇每平方米5元。2005—2007年，开发区共缴区财政耕地占用税1601万元。2005—2007年，开发区共入库土地契税510万元。

2004—2007年南京江宁滨江经济开发区开发建设情况表

表16-3-18

指标名称	2004年	2005年	2006年	2007年
一、开发区建成面积（平方千米）	3	4.70	5.57	8.60
二、历年累计基础设施投入（万元）	59100	108500	235659	399309
骨干道路（千米）	16	27	46.50	68
自来水管道（千米）	—	20	35	50.50
下水管道（千米）	36	62	68	85
绿化面积（万平方米）	30	62	152	213.40
三、历年累计批准进区项目（个）	49	104	197	247
其中外资项目（个）	7	16	23	32
四、进区项目历年累计总投资（万元）	25900	441900	713660	144000
其中外资项目总投资（万美元）	7307	26787	30926	43197
五、历年累计合同利用外资（万美元）	2305	16917	28097	45597
历年累计实际利用外资（万美元）	2606	6960	10812	17983
六、历年累计已安置劳动力（人）	595	2180	4285	9568
七、历年累计拆除房屋户（户）	571	2084	3960	6094
历年累计安置房屋户（户）	—	585	2362	4014
历年累计拆除房屋面积（平方米）	66363	104512	284003	445324
历年累计安置房屋面积（平方米）	—	75600	214230	396030
八、期末投产开业企业（家）	1	20	52	105
其中工业企业（家）	1	20	52	105
其中外资企业（家）	1	4	5	14
九、本年工业总产值（万元）	4725	49451	109400	152000
十、本年业务总收入（万元）	3770	47472	104947	136800
其中工业产品销售收入（万元）	3770	47472	104947	136800
十一、本年利税总额（万元）	1398	5573	6260	11000
其中利润（万元）	1176	3713	4288	6840
本年外资企业利税总额（万元）	1398	2269	3600	4788
其中利润（万元）	1176	1676	2064	2729

第四章　街道工业集中区

1987 年，土桥乡开发镇南工业新区，为江宁县第一个乡镇工业集中区。至 2000 年，先后建立殷巷乡工业小区、淳化镇工业园、湖熟镇工业集中区等。2001—2005 年期间，江宁区委、区政府抓住撤县设区机遇，统筹城乡发展，大力贯彻实施中共南京市委、南京市人民政府宁委发〔2002〕13 号文件《关于进一步加快重点乡镇企业园区建设的意见》，引导企业向园区聚集，推进镇街企业结构调整，扶持和促进镇街工业集中区的建设与发展，建立招商引资有效载体和新经济增长点。2002 年年底，全区 11 家重点镇级工业小区总规划面积 3600 公顷，启动建设面积 1946.70 公顷，完成投入 15.50 亿元，其中基础设施投入 3.10 亿元，项目投资 12.40 亿元，入园企业 398 家。2005 年，新增镇街工业集中区基础设施投入 20 亿元，新建工业标准厂房 70 万平方米，既为中、小型民营企业创业提供平台，又为投资者缩短建设周期，加快工业向园区集中的速度。是年，全区镇街工业集中区引进工业项目 88 个，总投资 60 亿元。2007 年，完成工业总产值 206.18 亿元，实现工业增加值 40.03 亿元；实现工业利税总额 15.66 亿元，上缴税金 6.79 亿元。至 2007 年年底，全区街道工业集中区投入总额累计 198.92 亿元，基础设施累计投入 45.47 亿元。有企业 1001 家，职工人数达 73675 人。

第一节　东山工业集中区

东山街道工业集中区包括原东山街道工业集中区、上坊街道工业集中区（南区、北区）与泉水片区。

2002 年，东山街道经江宁科学园管委会批准，从江宁科学园内划出部分土地成立的东山工业园，规划用地 80 公顷，注册资本 819 万元。2004 年，东山工业园更名为东山工业集中区。至 2005 年年底，区内引进工业企业 16 家，入园企业总投资 6.06 亿元，完成合同利用外资 1098 万美元，实际到位外资 872.50 万美元；实现销售收入 7.70 亿元，利税 1.16 亿元，提供就业 1500 人。

图 16-4-26　东山街道工业集中区标准厂房（2005 年摄）

1992 年，上坊乡政府以 104 国道为主轴，征收 53.33 公顷土地建设的上坊南区。至 2001 年 7 月，先后引进 20 多家企业，吸引投资 1.30 亿元，其中外资 939 万美元，完成年工业总产值 1.50 亿美元，利税 1300 万元，解决上坊地区 750 人就业。至 2004 年，上坊街道已建成上坊科技园南区、上坊科技园北区（高桥片区，位于高桥村）两处，南区规划建设面积 3 平方千米，北区 10 平方千米。至 2005 年年底，上坊（高桥）街道工业集中区引进体量大、效益高的项目 10 个，总投资 5.86 亿元，签订意向协议 12 家。

2006 年 3 月区划调整，原东山街道工业集中区与上坊街道工业集中区（南区、北区）归并成立新的东山街道工业集中区，同时启动泉水片区的选址、规划。是年，东山工业集中区开发建设面积 1.40 平方千米，基础设施投入 9500 万元；引进项目 58 个，总投资 25.03 亿元。集中区实现工业利税 1.20 亿元，工业固定资产投入 8.60 亿元，销售收入 23.30 亿元。累计入区企业 88 家，项目总投资 42 亿元。2007 年，总投资 28.90 亿元，完成工业总产值 45.63 亿元，实现工业增加值 12 亿元，工业利税总额 5.55 亿元，上缴税金 2.57 亿元。入区工业企业 165 家，职工人数 1.18 万人。

第二节　秣陵工业集中区

秣陵街道工业集中区包括原百家湖街道工业集中区、秣陵街道工业集中区与方山、上坊、淳化等乡镇境内的工业集聚区。

1992年，殷巷乡工业小区规划面积133.33公顷，投入资金1200万元。一期、二期工程征地33.33公顷，完成区内“四通一平”，即通水、通电、通路、通信，土地平整工程。1994 年 3 月，殷巷乡工业小区被评为市级重点工业小区。2002 年区划调整，成立百家湖街道后，改称百家湖科技产业园，占地面积 23 万平方米。后又改为百家湖工业集中区，位于南京江宁经济技术开发区的核心区域。2005 年，区内引进 60 家中外企业，年工业总产值超过 24 亿元，占街道工业经济总量的 90%，吸纳当地劳动力约 8000 人。

图 16-4-27　百家湖街道工业集中区标准厂房（2005 年摄）

1992 年 8 月 8 日，秣陵镇工业集中区建立，是南京市政府首批批准的乡镇工业园区。2005 年，区内入驻企业 48 家，其中，外资企业 23 家，内资企业 25 家。园区固定资产投入 4 亿多元，年生产能力 4 亿多元，创利税 2000 多万元。

方山乡当时没有建立乡级工业开发园区，而是以村委会为单位，建设并形成相对成块连片的工业集中区。2006 年，划入秣陵的原上坊、淳化等乡镇的村委会，同样形成一些工业集中区。

至 2006 年年底，秣陵街道建成工业集中区板块 7 个，其中东部 2 个，以电子行业为主；北部 2 个，以机电行业为主；西部 3 个，以机械加工业为主。工业集中区占地 26 公顷，一期 15 万平方米标准厂房交付使用，21 家海内外企业入驻，企业总投资 12 亿元，其中，内资企业 6 家，总投资 1 亿元；外资企业 15 家，总投资 11 亿元。2007 年，项目总投资 27.92 亿元，实际到位资金 21.99 亿元，其中，外资投资企业 83 家，总投资 1.36 亿美元，合同外资 1.13 亿美元，实际到位外资 8940 万美元。完成工业总产值 40.93 亿元，实现工业增加值 7.29 亿元，利税总额 3.23 亿元，出口交货值 9.15 亿美元。入区企业 285 家，职工人数 1.28 万人。

第三节　汤山工业集中区

汤山街道工业集中区由原南京富民经济园麒麟园、上峰塑业工业园与汤山镇工业小区组建而成。

1998 年 6 月，南京市政府批准成立南京富民经济园麒麟园区，园区分南园（在建新、南庄两村附近）、北园（在麒麟集镇附近）。2002 年 3 月，南京市委、市政府《关于进一步加快重点乡镇企业园区建设的意见》宁委发〔2002〕13号文命名麒麟工业园区为市级重点乡镇工业园区。2004年，南京富民经济园及其管理机构被撤销，重新命名为麒麟工业集中区。至2005年年底，区内先后引进落户企业63家以上，项目总投资达12亿元。

图16-4-28 麒麟工业集中区（2005年摄）

2001年3月，以李岗头村塑业企业为依托的上峰塑业工业园成立（后改为上峰镇工业集中区）。集中区总体规划面积500公顷，已开发面积133公顷，主要分布在高庄、上峰、李岗头3个村。至2005年年底，集中区内先后有63家企业落户，累计投入5.20亿元，其中，项目投入4.70亿元，基础设施投入0.50亿元。是年，园内共有41家企业建成投产，25家企业形成产业集聚，实现销售收入4.95亿元，缴纳税收1141.50万元，解决就业人数达2600人。区内工业总产值5.20亿元，利税总额5300万元。

2002年1月，经江宁区政府批准，在汤山集镇东部中心、西梅、作厂三村区域内正式成立汤山镇工业小区。11月更名为汤山中小企业创业园。至2005年年底，引进62家企业项目落户，项目总投资近20亿元。其中，投资超亿元的集团企业2家，已建和在建企业39家。

2006年3月区划调整后，汤山街道工业集中区归并麒麟镇、上峰镇、汤山镇三地工业集中区。2006年，区内引进项目21个，占全街道经济总量的68%；区内实现工业总产值16.74亿元，工业增加值4.45亿元，利税1.79亿元。是年，汤山街道工业集中区被南京市委、市政府评为建设新南京先进单位。2007年，区内引进项目33个，总投资7.50亿元。引进项目中，投资额1.50亿元以上的1个，5000万元以上的2个，3000万元以上的8个。区内落户企业234家，项目总投资近80亿元，其中，投资超亿元的集团企业6家，超5000万元的22家，超3000万元的86家；已开工建设的94家，投产运营的113家，建筑面积近100万平方米。园区内实现工业总产值26.50亿元，工业增加值6.90亿元，利税2.76亿元。

第四节 淳化工业集中区

淳化街道工业集中区包括原土桥镇工业集中区、淳化镇工业集中区、索墅工业集中区与淳化街道以南110公顷的工业集中区。

20世纪80年代，土桥乡政府拟定《1987—1997年土桥集镇104国道南侧工业园区的建设规划》。1987年，土桥乡政府根据规划，开发镇南工业新区，沿104国道南侧，东接镇新街，西至104国道镇区支路。1996年，开辟周郎工业园区，在土桥集镇以东，104国道两侧，开发利用面积8.67公顷。2000年，建设茶岗工业集中区，位于龙铜公路和104国道两侧，南与湖熟交界，开发利用面积36.67公顷。至2005年，土桥镇工业集中区入区企业达37家，其中，23家已投产，14家在建设中，投资超1000万元的有9家，全区累计注册资金4054万元，总投资达2.20亿元。

1997年，淳化镇政府在104国道南侧，西山头段，西南紧靠上坊乡地界处，开辟淳化工业园。2003年，在104国道南侧，淳化镇东400米处开辟新的淳化工业园区。2005年年底，该园已建成标准厂房 12 万平方米，总投资 3.60 亿元。

2006 年 3 月区划调整，淳化街道工业集中区将土桥镇三个工业集中区（镇南工业集中区、茶岗工业集中区、周郎工业集中区）和淳化工业集中区合并后，打造另外两个工业集中区，即淳化街道以南 110 公顷工业集中区和 104 国道以南 46.60 公顷的索墅工业集中区。是年，街道投入资金 2.35 亿元，年末入园企业 58 家，其中，投产企业 36 家，在建企业 22 家。至 2007 年年底，全街道 6 个工业集中区开发面积 290 公顷。区内入园企业 62 家，累计完成工业总产值 6.28 亿元，工业增加值 1.38 亿元，利税 5250 万元；实际利用外资 505 万美元，实际利用内资 3.25 亿元，完成出口供货值 7140 万元。

第五节　禄口工业集中区

禄口街道工业集中区东至机场路（宁溧路），南至横溪河，西至将军路，北至与秣陵街道交界处，总体规划面积 10 平方千米，开发面积 6.14 平方千米。

1994 年，禄生国际工业园创建，是禄口街道工业集中区之始。至 2000 年，园区内有企业 44 家，年产值 500 万元以上的企业 26 家，其中超亿元的有 5 家，占全镇工业总产值的 52%。2001 年，省、市侨办和江宁区人民政府在原禄口工业集中区的基础上成立江苏禄口华商科技园代替禄口工业集中区运作。规划面积 4 平方千米，投资 70 万元。2002 年 10 月，江苏禄口华商科技园被江苏省经济贸易委员会、江苏省乡镇企业管理局、江苏省中小企业局命名为江苏省乡镇企业示范园区。2003 年，园内累计引进内外资企业 200 家，合同利用外资 3.60 亿美元，实际利用外资 1.36 亿美元。是年 7 月，根据江宁区人民政府要求，南京江宁经济技术开发区管理委员会成立南京新城开发有限公司接管江苏禄口华商科技园，禄口工业集中区自行运作。

图 16-4-29　禄口镇工业集中区（2004 年摄）

2005 年，禄口工业集中区内引进项目 57 个。其中，引进外资项目 15 个，合同利用外资 1.18 亿元，实际到位外资 5004.30 万美元；引进内资项目 42 个，实际到位内资 5.94 亿元。2006 年年底，禄口工业集中区累计投入 110490 万元，进行基础设施建设，在开发范围内实现“七通一平”（供水、排水、道路、供电、电信、有线电视光缆、宽带网和土地平整）。区内投产及在建第二、第三产业企业 105 家，规模以上企业 25 家，5000 万元以上企业 4 家，亿元以上企业 3 家，高新技术企业 3 家，研发中心 3 个。完成工业总产值 10.25 亿元，营业收入 13.82 亿元，工业增加值 2.67 亿元；利税总额 8320 万元，上缴税金 3744 万元；出口产品交货值 2.01 亿元；实际利用外资 639 万美元；固定资产投资 3.98 亿元。2007 年年底，工业集中区二期工程启动建设，总投资 2000 万元，规划面积 4 平方千米。累计引进内外资企业 400 多家，引进内外资项目 63 个，合同利用外资 1200 万美元，实际到位外资 700 万美元，出口创汇 2500 万美元，内资到位 6 亿元。工业集中区内 23 家区级重点产业项目完成总投资 10.16 亿元，其中，当年开工当年投产 22 家。

第六节 江宁工业集中区

江宁街道工业集中区位于205国道与宁芜铁路火车货运站旁，总面积15平方千米，由4个工业集中区组成。

天然工业集中区位于天然行政村，其中，0.80平方千米主要以钢铁冶炼为主；0.50平方千米主要以精细化工生产及医药中间体的加工为主。

晓庄工业集中区位于205国道与宁芜铁路之间，紧邻上海宝钢梅山冶金公司，占地面积16公顷。2003年开始启动建设，2004年基本完成基建部分。2004年，引进项目8个，投产企业2家。至2006年，集中区引进项目27个，24家企业竣工投产。是年，完成工业总产值2.50亿元，工业利税1250万元。

汤铜路铜井段沿线工业集中区紧邻宁马高速铜井立交与汤铜公路交会处，占地面积67公顷。2003年，集中区基础设施建设投入1000万元，新建厂房1.79万平方米。进区企业20家，建成和开工企业12家（其中外资企业8家，签订协议3家）。引进1000万元以上项目6个。2005年，实现工业总产值1.50亿元，工业销售收入1.38亿元，工业利税1300万元，提供就业岗位1000多个。

图16-4-30 铜井镇工业集中区标准厂房（2004年摄）

江滩工业开发区，辖内沿江在2007年有18家业主进驻江滩，其中沙场11家，船厂4家、建材企业1家、仓储业1家和自来水厂1座。

2006年年底，街道工业集中区面积8平方千米，投入基础设施建设资金5000余万元。实际到位内资1.80亿元，实际利用外资450万美元。区内建成标准厂房6万平方米。累计入区企业69家。实现工业销售收入112350万元，利税8621万元。2007年，注册合同外资1219万美元，实际利用外资503万美元。入区企业50余家。区内完成工业总产值19.56亿元，实现工业增加值3.61亿元，工业利税总额1.10亿元，上缴税金7300万元。

第七节 谷里工业集中区

谷里街道工业集中区由原东善桥街道工业集中区和谷里镇工业集中区组建而成。

2001年9月20日，东善桥镇工业集中区建成，地处南京二环路以南，东善桥集镇商贸区以东、周秣路以北、将军路以西。园区总体规划1平方千米，其中，道路基础设施用地13.33公顷，标准厂房建设用地13.33公顷，项目投资区域占地73.33公顷，总体规划可容纳50家左右的中小型企业。至2005年年底，累计引进入园项目28个，项目总投资114630万元，已选址开工建设的项目有23家，已投产企业3家，产业类别主要是电子、机械配件、汽车配件、制药等。

2002年1月30日，谷里镇工业集中区经江宁区政府批准设立，总体规划面积3平方千米。其范围东至花岗村陶粒厂，西至宁谷路、南至振容路，北至向阳宕西。2001—2002年，区内吸引三资企业6家，合同利用外资726万美元，固定资产投资4900万元，工业技改投入2070万元；2003年，吸引投资项目11个，合同利用外资1104万美元，固定资产投资1.41亿元，工业技改投入6600万元。2004年，入驻外资企业7家，合同利用外资3150万美元，出口创汇223.52万美元。至2005年，32个区级重点项目全部开工建设，入园企业37家，其中机械制造企业18家。

图16-4-31　东善桥工业集中区标准厂房（2005年摄）

2006年3月区划调整，东善桥街道工业集中区和谷里镇工业集中区合并为谷里街道工业集中区，建成面积5平方千米。集中区全年引进项目56个，其中投资2000万元以上项目40个。是年年底，有80个工业项目落户谷里街道工业集中区，总投资30亿元，其中投产企业26家，开工建设企业40家。2007年，完成工业总产值5.29亿元，实现工业增加值1.65亿元，工业利税总额2428万元，上缴税金1107万元；出口交货值5988万美元。区内有工业企业163家，职工人数6905人。至2007年年底，谷里街道工业集中区内1000万元项目63个（含在建和已签约项目），其中机械制造项目22个。

第八节　湖熟工业集中区

湖熟街道工业集中区由原湖熟镇工业集中区和周岗镇工业集中区组建而成。

1992年，开工建设湖熟镇工业集中区，1994年，基本完成“三通一平”工程，总体规划面积4.40平方千米，集中区位于湖熟镇北，淳湖公路两侧。2005年，先后进行工业集中区一期、二期基础设施建设。投入资金1000多万元，全年签约项目16个，总投资1.50亿元，新开工企业10家，投产7家。

2003年，一期开发周岗镇工业集中区20公顷。2005年，启动工业集中区二期工程建设，总投资近800万元。集中区在集镇以西，临咸周公路。

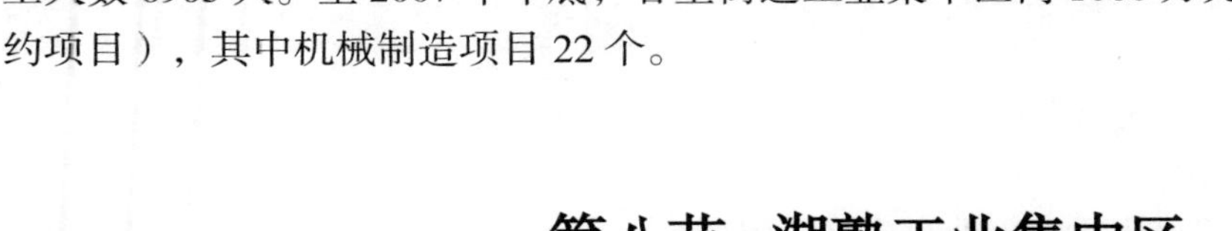

图16-4-32　湖熟镇工业集中区（2005年摄）

2006年行政区划调整后，湖熟、周岗2个工业集中区合并成立湖熟街道工业集中区，同时开启总体规划建设。总体规划面积6.40平方千米，其中湖熟工业集中区面积4.40平方千米，首期开发2.50平方千米，建成1.50平方千米，在建1平方千米。周岗工业集中区规划面积2平方千米，建成66.67公顷。区内有南京永湖电子有限公司、南京时恒敏感元件有限公司、南京新润食品有限公司等86家企业，项目总投资10多亿元，涉及机械、电子、食品、轻纺与包装等五大行业。全年实现国内生产总值51亿元，工业增加值7.60亿元，固定资产投资4亿元。2007年，引进项目22个，投入3000多万元，完成工业集中区一期配套。完成工业总产值56.80亿元，实现工业增加值6.30亿元，工业利税总额1.38亿元，上缴税金4700万元，出口交货值2.08亿美元。至2007年年底，累计投入20.35亿元，基础设施累计投入5.92亿元。区内有工业企业58家，职工人数6440人。

第九节　横溪工业集中区

横溪街道工业集中区由原横溪镇工业集中区、丹阳镇工业集中区与陶吴镇工业集中区组建而成。

横溪镇工业集中区有两处。1984年，创建老虎山工业基地，是以装饰材料厂为首的老工业园区，位于横溪镇西南面，横云南路，占地16.67公顷。2003年，启动建设新工业园区，位于镇政府北面，占地面积2.36平方千米，是年工业集中区一期建设启动，占地面积12公顷。2005年，集中区启动二期建设，当年引进7个项目，总投资9000万元；入园3家企业，企业增至17家。

20世纪90年代初开始建设丹阳镇工业集中区，至1993年初步开发。2003年，全区规划面积100公顷，首期开发34.65公顷，东至宁丹路，南至七仙街，西至西河沿，北至丹阳中学。至2005年，累计投入1420万元进行基础设施建设。是年，区内已落户企业16家，固定资产投入3950万元，年销售收入1.10亿元，利税550万元，就业人员100人。

2003年8月，正式开工建设陶吴镇工业集中区。规划总面积1.50平方千米，东至将军南路，西至宁丹路、北接陶禄路。一期汤铜路南侧开发43.30公顷，至2005年基础设施累计投入1000多万元。二期开发30公顷，于2005年年底开工建设。是年，工业集中区开展招商和项目洽谈20批次以上，累计到位内资1.40亿元，协议注册外资800万美元，实际到账外资208.60万美元，引进入园企业9家，总投资4.50亿元，开工建设6家。

2006年3月区划调整，横溪镇工业集中区、丹阳镇工业集中区与陶吴镇工业集中区组建新的横溪镇工业集中区，占地面积202公顷。是年，横溪镇在原有的3个工业集中区基础上，完成新规划的宁丹路以东、横铜路以南的5平方千米工业集中区的规划。新增开发面积111.33公顷，形成166.67公顷工业园区发展框架。全年引进各类项目40个，其中签订协议和开工项目21个，累计到位内资2.40亿元。2007年，横溪镇撤镇设街道，横溪街道工业集中区进行二期建设，完成设施投入3000多万元，形成200公顷的开发框架，落户企业46家，总投资7.80亿元。全年21个区重点产业项目全部开工，完成投入1.80亿元。全年签约落户工业项目15个，总投资6亿元。其中，投资3000万元以上的项目4个，实现到位外资1000万美元，到位内资4亿元。区内完成工业总产值3.38亿元，实现工业增加值0.74亿元；实现利税总额3000万元，上缴税金1900万元，出口交货值4254万美元。

第十七编

建筑业

江宁建筑业历史悠久，现存的南朝石刻，唐宏觉寺塔，宋方山定林寺塔，明阳山碑材，杨柳村建筑群及部分庙宇、祠堂等古建筑，证明全县古代建筑工艺及技术已达到一定的水平。民国时期，全县一些大的集镇，开始有行业性的生产行会组织。在瓦工、木工工匠作坊中，陶吴、湖熟木作技艺尤为突出，窦村的石刻曾闻名大江南北。民国22年（1933）建造的县府办公用房，系殿宇式砖木结构建筑物，是这一时期的代表作。

新中国成立后，建筑工人受到党和政府的关怀和尊重。1956年，集镇建筑工人均被划入同行业的集体生产组织（手工业社、建筑组）。农村工匠也先后组织起来，成立以农田水利基本建设为主的专业队（组），从事集体生产。1967年，江宁县建筑站成立，开始对全县集体建筑企业和部分建筑联合体实行统一管理。改革开放后，江宁县现代建筑工程开始起步，一批设计新颖、布局合理、造型美观的建筑工程涌现。1978年，江宁县建筑企业完成施工面积8.83万平方米，施工产值770万元，实现利税118万元。

随着改革开放的深入推进，国家经济建设快速发展，江宁县建筑业得到迅速发展。1984年开始，江宁县建筑业引入竞争机制，打破“大锅饭”体制，推行各种形式的承包责任制，实行合同用工制度。1987年8月，成立县建筑工程局，加强对建筑业的领导和管理。至1990年，全县建筑企业发展到257家，施工队伍达28140人。随着社会主义市场经济体制的建立，县建筑业集约化程度提高，施工能力增强，经营规模扩大，资质等级上升。1991—1995年，全县建筑工程共完成竣工面积268.20万平方米，创市优工程28项，建筑面积5.16万平方米，优良率25%。1995年，全县有资质等级企业66家，建筑队伍总人数3.50万人，在宁施工队伍8153人。1996—2000年，县建筑企业整体施工能力明显增强，5年竣工面积514.84万平方米，创优良工程137项，创“金陵杯”7项。2000年，全县有资质建筑企业86家，从业人员4万人。至是年年底，江宁县登记建筑企业改制面达85%，全县建筑基本建立了“产权清晰、权责明确、政企分开、科学管理”的企业管理制度。

2001年后，江宁区建筑业以建筑施工为依托，大力向高附加值的建筑业相关产业拓展，积极走多元化发展道路，构筑大建筑格局。2001—2007年，全区建筑工程竣工面积3350万平方米，创优良工程791项，市优质工程（“金陵杯”）160项，省优质工程（“扬子杯”）38项，获国家优质工程1项，国家钢结构工程金奖2项。至2007年，全区有资质等级企业160家。其中，一级资质企业10家、二级资质企业31家、三级资质企业102家、劳务企业17家，从业人员7.50万人。是年，全区建筑业总资产90亿元，施工面积880万平方米，竣工面积450万平方米，总产值146亿元，实现利税4.50亿元。全区建筑业共完成增加值（含多元化发展）46亿元，约占全区地区生产总值的15%。

第一章 建筑企业

新中国成立前，从事建筑业的工人一般称工匠，主要有木、瓦、石、漆、篾、茅等种类。凡有工程建设，均由官署或私人自募民间工匠。工匠中技术好、组织能力强的人被举为工头或称带班。有较大工程建筑时，由工头组织力量进行承包，工程完成后队伍即散。这种组织形式、操作方法沿至新中国成立初期。

1956年，集镇建筑工人均加入同行业集体生产组织（手工业联社、建筑组），农村工匠也先后组织起来，成立以农田水利基本建设为主的专业队（组），从事集体生产。中共十一届三中全会后，建筑队伍迅速增长，形成县乡建筑公司、村建筑队和联合体、个体户相互协调的队伍结构体系。至1985年年底，全县有建筑企业、联合体、个体户170家共23063人。其中，县属建筑企业2家、771人；乡镇建筑企业29家、10694人；村级建筑企业96家、10335人；个体及联合体43家、1263人。随着国家经济建设的快速发展，江宁县建筑队伍呈现出稳定发展的势头。2000年，全县建筑企业近300家，从业人员4.50万人。经过改制，等级企业改制面达85%。全县建筑业基本形成产权清晰、经营机制灵活的发展格局。

至2007年，全区建筑企业共有266家，其中国有企业5家，集体企业17家，股份合作企业15家，联营企业4家，有限责任公司114家，股份有限公司11家，私营企业99家，其他企业1家；港、澳、台商投资企业5家；外商投资企业8家。全区有资质等级企业160家。其中，一级资质企业10家、二级资质企业31家、三级资质企业102家、劳务企业17家。从业人员7.50万人。

第一节 建筑施工企业

江宁区建筑企业施工队伍，随着不同历史时期经济的兴衰起落而变化。新中国成立前，县内主要集镇都有一些木、石作坊或作铺，大多为师徒父子组成。民国期间，湖熟瓦木作坊比较闻名，陶吴竹木业技术居全县之首，农村则多为分散个体工匠，大部分亦工亦农，有的离乡背井外出谋生，诸多精湛技艺县内失传。民国23年（1934），县城东山进行区域建设，县城规划由基泰工程公司设计师设计，工程由南京新中公司承建，其工匠在县境内临时招募100余人。抗日战争开始后，县城建设停止，建筑业日趋萧条。

新中国成立后，建筑业开始组织起来，1950—1954年，东山、湖熟、汤山、陶吴、秣陵、江宁、淳化等集镇，相继成立建筑小组7个，从业人员305人。而农民兼营手工业十分普遍，1954年年底，有石匠、瓦匠、木匠、茅匠（盖茅草屋）、漆匠1821户、1875人。1955年，经社会主义改造，各建筑小组又发展为建筑合作社，次年从业人员达500余人。1958年“大炼钢铁”，建筑工人发展到1000余人，在东山镇建筑合作社基础上成立地方国营江宁县建筑公司。在1961年国民经济调整中，全县基建停止，县建筑公司撤销，又改为东山镇建筑合作社，职工精简仅剩32人。加上湖熟、汤山两个建筑合作社，全县从业人数为201人，性质为社办集体。

1965年起，建筑业开始复苏。在东山镇建筑合作社的基础上成立江宁县建筑站，施工队伍逐年扩大，至1968年发展到400余人。1978年，恢复县建筑公司，并以原乡镇建筑队伍为基础，成立建筑民兵连，县成立建筑民兵团，统一管理去南京的施工队伍。是年，在南京施工人数增至2000余人。1979年，乡镇建筑企业发展到60家，人员达1万余人。

中共十一届三中全会后，县乡镇建筑企业发展迅猛。1981年撤销建筑民兵团建制，改为第二建筑安装公司。1984年，各乡镇建筑队普遍升格为建筑公司，县第二建筑安装公司亦易名为县建筑安装总公司，在南京市施工人员发展到6200人。1987年8月，撤销县建筑安装总公司，成立县建筑工程局，统一管理县建筑行业。至1990年，全县建筑企业发展到257家，施工队伍为28140人。其中，县乡建筑企业31家、11370人；村办建筑企业102家、14160人；建筑个体户和联合体124家、2610人。总人数比1985年增加1120人。随着市场经济体制的建立，县建筑业的集约化程度提高，经营规模扩大，资质等级上升。1995年，全县有建筑企业220家。其中，县乡建筑公司76家，村级建筑队144家。全县具有资质等级企业66家，其中二级3家、三级17家、四级46家。建筑队伍总人数3.15万人，在宁施工队伍8150人。从事建筑业人员较1990年增长17.73%。

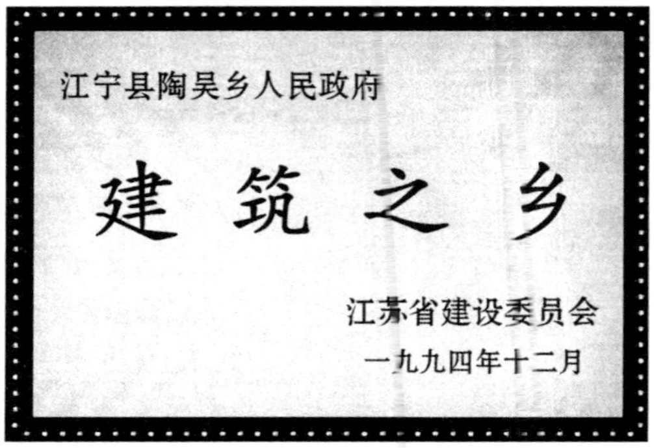

图17-1-1　1994年12月，江宁县陶吴乡被省建委授予“建筑之乡”称号

1996—1997年，县建筑队伍受国家宏观经济调控的影响发展不快。1998年后，随着国家经济建设的快速发展，县建筑队伍呈现出稳步发展的势头。2000年，有建筑企业近300家，从业人员已达4.50万人。经过改制，至是年年底，等级建筑企业改制面已达85%，其中实施净资产一次性买断的占90%，全县建筑企业基本形成产权清晰、经营机制灵活的发展格局，大批农村剩余劳动力转向建筑业，并从中获得较好的经济收入。

2001年后，全区建筑施工企业通过调整经营布局、拓宽经营范围、提升资质等级等方式，壮大自身实力，带动全区建筑业发展。2005年，全区有资质等级建筑企业105家，其中一级资质企业4家、二级资质企业22家、三级资质企业58家，劳务企业21家。建筑业从业人员5.10万人。至2007年，全区有资质等级企业160家，其中一级资质企业10家、二级资质企业31家、三级资质企业102家，劳务企业17家。建筑业从业人员7.50万人。

1977—1987年江宁县建筑企业情况表

表17-1-1

年份	总计		县属建筑企业		乡镇建筑企业		村级建筑企业		个体及联合体		外出施工
	单位数（家）	人数（人）	单位数（家）	人数（人）	单位数（家）	人数（人）	单位数（家）	人数（人）	单位数（家）	人数（人）	人数（人）
1977	59	7502	1	418	27	5880	24	1152	7	52	3820
1978	65	9084	1	491	27	6940	27	1566	10	87	4510
1979	74	10476	1	714	27	7452	32	2176	14	134	4840
1980	84	12473	1	994	27	8246	39	3042	17	191	5360
1981	97	13911	1	748	27	8684	48	4224	21	255	5650

续表

年份	总计		县属建筑企业		乡镇建筑企业		村级建筑企业		个体及联合体		外出施工
	单位数（家）	人数（人）	单位数（家）	人数（人）	单位数（家）	人数（人）	单位数（家）	人数（人）	单位数（家）	人数（人）	人数（人）
1982	115	16884	1	690	27	9876	61	5978	26	340	6420
1983	138	20126	1	711	29	10212	75	8750	33	453	6640
1984	155	21291	2	746	29	10441	84	9500	40	604	6790
1985	170	23063	2	771	29	10694	96	10335	43	1263	6950
1986	192	25440	2	793	29	10857	101	12190	60	1500	7120
1987	187	24589	2	829	26	10152	96	11908	63	1700	6940

说明：1.1977 年之前资料缺失

2.1987 年 3 月，长江、营防、花园 3 个乡建筑公司及建筑队划归南京市栖霞区管辖

1988—1998 年江宁县建筑企业情况表

表 17-1-2

年份	总计		二级企业	乙（三）级企业		丙（四）级企业		丁级和等外级		个体及联合体		外出施工
	单位数（家）	人数（人）	单位数（家）	单位数（家）	人数（人）	单位数（家）	人数（人）	单位数（家）	人数（人）	单位数（家）	人数（人）	人数（人）
1988	206	25980	—	2	841	26	10722	96	12067	82	2350	7060
1989	235	27060	—	2	866	28	10985	96	12714	106	2495	7180
1990	257	28140	—	2	901	29	10469	102	14160	124	2610	7250
1991	205	29680	—	2	946	31	11576	172	17158	—	—	7050
1992	205	29750	—	2	1058	34	11887	169	16805	—	—	7230
1993	206	30130	—	3	1217	38	11946	165	16967	—	—	7480
1994	219	31440	2	16	2316	41	12475	160	16649	—	—	7670
1995	220	31530	3	17	2408	46	12525	154	16597	—	—	8150
1996	220	31620	3	17	2496	46	12610	154	16514	—	—	8210
1997	222	31960	3	19	2748	44	12870	156	16342	—	—	8340
1998	225	32370	4	22	3196	41	13260	158	15914	—	—	8450

说明：1.1991 年起，个体和联合体从业人员，统一由乡镇建管站归口统计

2.1994 年 3 月，经县政府批准，建筑装饰企业隶属建筑工程局管理

3. 二级资质企业人数资料缺失

1999—2007年江宁区资质等级建筑企业统计情况表

表 17-1-3

年份	总计		一、二级企业			三级企业		劳务分包企业		外地来宁企业	
	单位数（家）	人数（人）	单位数（家）一级	单位数（家）二级	人数（人）	单位数（家）	人数（人）	单位数（家）	人数（人）	单位数（家）	人数（人）
1999	49	14810	—	4	2510	29	10540	16	1760	17	6970
2000	66	19330	—	7	4380	34	12120	25	2830	20	8210
2001	69	20840	1	9	5990	35	12210	24	2640	20	8260
2002	77	23250	2	14	10020	36	10480	25	2750	21	8610
2003	80	24160	2	14	10020	38	11280	26	2860	22	9030
2004	86	25970	3	18	11240	41	13310	24	2640	33	13540
2005	105	31710	4	22	13150	58	16250	21	2310	46	19320
2006	131	39560	8	25	19660	79	17810	19	2090	58	24360
2007	160	44990	10	31	23160	102	19960	17	1870	72	30240

说明：1999年起，取消四级及以下企业，增加劳务企业；同时增加外地来宁企业情况统计

第二节 混凝土预制构件企业

1965年，县建筑公司建立构件生产小组，开始试制跨度5米～7米屋架，翻模桁条及小型建筑板块，同年年底投入应用。1969年，开始生产预应力空心楼板。1970年，改生产小组为江宁县水泥制品厂，水泥构件生产向专业化方向发展。1982年，产量达3600立方米。产品有预应力空心楼板、预制民用桁条屋架、排水涵管以及花栏杆等小型构件，还有5米～7米广播线杆。1983年，产值突破100万元。1984年，与县建筑公司分置，直属县城建局，改称江宁县建筑构件厂。1985年，生产各类混凝土构件7700立方米，产品合格率达95%，年产值达182万元。预应力多孔楼板连续3年保持市优质产品称号。厂有各类机械设备137台，总动力478千瓦，固定资产净值54万元，职工131人。1979年后，各乡（镇）、村纷纷兴办建筑构件企业．至1985年年底，全县发展到73家。

1990年，县建工局帮助乡镇构件厂抓产品质量测试工作，对产品质量符合规范要求的11家构件厂发放“构件产品许可证”，其中9家办理产品进城准入证。同时对全县136家预制构件厂进行资质审查，通过资质审查，定位二级的1家、三级的61家、等外级的74家。1991—1993年，对全县预制构件生产企业进行全面治理，通过清理整顿，先后有45家构件厂领取“构件产品生产许可证”，66家无生产许可证的企业自行停产。至此，全县预制构件生产企业逐步走上规范化的管理轨道。

2001年，对42家混凝土预制构件企业进行资质审定，通过市预拌混凝土管理处资质复审的38家。2002年，对全区混凝土预制构件企业开展新资质就位工作，市建工局给38家混凝土预制构件生产企业核发三级企业资质证书。2007年年底，全区有三级以上混凝土预制构件生产企业23家。其中，二级混凝土生产企业3家，三级混凝土生产企业4家，三级预制构件生产企业16家。

第三节 企业选介

【南京陶吴建工集团有限公司】

公司立于江宁区陶吴集镇陶建路 28 号。是具有国家房屋建筑施工总承包一级、市政公用工程施工总承包一级、地基与基础工程专业承包二级、钢结构工程专业承包二级、装修装饰工程专业承包三级和起重设备安装工程专业承包三级资质的企业。曾先后获市先进单位、市建筑之乡、市乡村企业 50 强、市乡镇建筑企业综合实力 20 强、市乡镇企业百家最佳经济效益企业、市建筑业优秀企业、全国优秀施工企业等称号。1998—2007 年，均被南京承诚国际咨询评估公司评为 AAA 级资信企业。

图 17–1–2 南京陶吴建工集团办公楼（2006 年摄）

1955 年，陶吴乡政府组织建筑工人参加手工业社"瓦工修缮组"1958 年从手工业社划出成立陶吴集镇建筑小组。1972 年 6 月，改为陶吴公社建筑工程队。1977 年 4 月，改名为陶吴公社建筑站。同时成立民兵连、陶吴 302 建筑公司。1984 年 8 月，陶吴 302 建筑公司改名为陶吴建筑公司。1993 年 12 月，改名为陶吴建筑工程总公司，下设 13 家分公司。1996 年，公司改为股份合作企业。1997 年，被评为中国建筑行业最大规模乡镇企业第 66 名。1999 年，在全县建筑行业中率先通过 ISO 9000 质量体系认证。2000 年 11 月，成立南京陶吴建工集团有限公司。至 2007 年年底，集团公司有职工 2893 人。其中，高级工程师 11 人，工程师 95 人，会计师 5 人，经济师 4 人，统计师 1 人；助理工程师 127 人，技术员 131 人；造价师 1 人，一级建造师 12 人，二级建造师 15 人，项目经理 52 人。拥有各类大中型机械 1015 台（套），折合固定资产净值 4100 多万元。注册资金 5100 万元。

集团公司主要建筑工程有陶吴镇大礼堂、陶吴轮窑、南京市南湖小区 6 层～7 层住宅 4 幢、东山二小区住宅楼工程、江苏体育学院田径场、县金箔厂 4 层生产大楼、县土地局综合楼、新蕾化工厂住宅楼、扬子石化扬子十一村住宅楼 2 幢、南京银退房地产开发公司通江大厦工程、县农业银行金融干部学校综合楼、江宁第一居小区、胜泰新寓小区、天琪雅居 A 栋～ E 栋居民楼、县农业金融大厦的地基与桩基工程等，合格率 100%，优良率达 90% 以上。2007 年，公司完成各项工程建筑面积 40 万平方米，建筑施工产值 3.50 亿元，销售额 1.80 亿元。完成税收 860 万元，实现利润 890 万元。固定资产 5330 万元。

【南京宏亚建设有限公司】

公司位于江宁区东山街道文华路 66 号。是具有国家房屋建筑施工总承包一级资质的企业。2002—2006 年，连续 5 年被市建筑业协会评为南京市建筑业优秀企业。2005—2007 年，连续 3 年被省建筑业协会评为江苏省建筑业优秀企业。

1970 年，成立周岗乡建筑站，下设 1 个水电队和 1 个油漆队。1978 年，加入江宁县第二建筑工程公司，并更名为江宁县第二建筑工程公司周岗工程队（江宁县 503 建筑工程公司）。

1984年8月，成立江宁县周岗建筑公司，企业资质等级为四级。有职工300余人，其中管理人员50人，中级职称人员6人；有各种机械33台，钢模500平方米，钢管98吨。1985年，企业资质晋升为国家房屋施工总承包三级。2004年4月企业改制，更名为南京市周岗建筑安装工程有限公司，企业资质晋升为国家房屋施工总承包二级。2007年10月，公司晋升为国家房屋施工总承包一级资质，更名为南京宏亚建设有限公司。有职工3980人，其中管理人员380人，具有中、高级职称人员32人；公司拥有各种机械设备317台（套）。

1980—1984年，公司主要在南京城内建筑施工，年均完成施工面积5000平方米，其中1980年施工产值为500多万元。1985—1995年，年均施工面积12000平方米左右，其中1995年施工产值为1400万元。1996—2000年，年均施工面积60000平方米，其中2000年施工产值为3043万元。2003年，施工面积达189085平方米，实现施工产值超亿元，达1.30亿元，实现利税448万元。2005年，施工产值3.11亿元，销售收入2.17亿元，实现利税1080万元。2007年，施工面积为744844平方米，施工产值5.55亿元，销售收入3.88亿元，实现利税1930万元。

【南京桥新建设有限公司】

公司位于江宁区金箔路57号，是一家民营企业。是具有国家房屋建筑施工总承包一级、市政公用工程施工总承包二级、地基与基础工程施工专业承包三级和建筑装修装饰工程施工专业承包三级资质的企业。公司连续多年被市级主管部门评为安全生产先进单位、信用管理优胜企业；连续两年被江宁区人民政府评为建筑业优秀企业。

1971年，成立土桥建筑站。1976年，改名为土桥建筑工程队。1988年，更名为江宁县桥梁建筑工程公司。1997年，更名为江宁县桥梁建筑工程有限公司（土桥镇镇属企业）。2002年3月公司改制，成立南京市江宁区桥新市政建设有限公司。2004年10月，更名为南京桥新建设有限公司。注册资金5020万元，资信等级为AAA级。2005年，通过ISO 9000质量管理体系标准认证、ISO 14000环境管理体系标准认证和OHSAS 18000职业健康安全管理体系标准认证。2007年，公司从业人员1060人，有职称的工程技术和管理人员336人。其中，中、高级职称人员92人，一级、二级注册建造师（项目经理）18人。公司固定资产5137万元，拥有主要机械设备220余台（套），具备年施工房屋建筑面积65万平方米的施工能力。

2002—2007年，公司承建房屋建筑类工程110多个，市政公用工程20余个。其中，南京海之美纺织服饰有限公司厂房工程被评为2006年度市优良工程和优质结构工程“金陵杯”奖；南京河西新城泰山路工程、南京栖霞七乡河大道A标工程等被评为市级文明工地。公司经济效益逐年增长，2003年实现利税619.40万元，2004年1001.26万元，2005年1534.67万元，2006年1934.43万元，2007年3316.22万元。

【南京市第七建筑安装工程有限公司】

公司位于江宁区上坊园中路2号。是具有国家房屋建筑施工总承包一级、市政工程总承包二级和机电设备安装、桩基基础、建筑装饰、建筑防水、钢结构安装5个二级专项资质的企业。2000—2007年，共获优良工程69项、“金陵杯”20项、“梅花杯”55项、省级文明工地9项。

公司前身是南京市第七建筑安装工程公司，成立于1993年5月，为市属集体所有制企业。1998年12月，公司为江宁县建工局下属企业。2001年7月，公司完成所有制性质企业改制，成立南京市第七建筑安装工程有限公司，性质为民营有限责任公司。至2007年年底，公司有职工2508人，各类专业技术人员322人。其中，中、高级职称人员92人。公司拥有各类大、中型施工机械设备 192 台（套）。

2002 年，公司施工面积 54.70 万平方米，承接工程合同造价 4.20 亿元，完成施工产值 2.20 亿元，实现利税 1714.25 万元。2003—2006 年，每年平均施工面积 74.12 万平方米，竣工面积 25.80 万平方米，每年平均承接工程合同造价 3.55 亿元，完成施工产值 3.37 亿元、实现利税 1355.68 万元。2007 年，施工面积 60.11 万平方米，竣工面积 18.03 万平方米，承接工程合同造价 3.87 亿元，完成施工产值 3.80 亿元，实现利税 1866.03 万元。

【南京鸿业建设工程有限公司】

公司位于江宁开发区九竹路 88 号，为股份制民营企业。是具有国家房屋建筑施工总承包一级，市政公用工程总承包三级，装饰装潢、钢结构二级，地基与基础工程专业二级和机电设备安装专业三级资质的企业。曾有多项工程被评为省优质工程（“扬子杯”）、市优质工程（“金陵杯”）、市优良工程、省级文明工地、市级文明工地。

公司前身是江宁开发区建筑安装工程公司，成立于 1993 年。成立初期，只有为数不多的二级、三级项目经理，机械设备仅有搅拌机、弯曲机、卷扬机、切割机等小型机具。1998 年 3 月，并入江宁开发区市政总公司。2001 年，经过产权重组，成功改制，逐步发展拥有 9 家分公司。2005 年 12 月，更名为南京鸿业建设工程有限公司。有一级建造师 15 人，二级建造师 40 人，各类工程技术人员 276 人。设备有混凝土搅拌机 15 台、塔吊 38 台，井架 30 台，各种小型机具等 22 台。2006 年 10 月，公司通过 ISO 9001:2000 质量管理体系、ISO 14001:2001 环境管理体系、GB/T 28001-2001 职业健康安全管理体系的综合认证。2007 年 2 月，公司通过经营模式改革和组织机构调整，实行项目部管理模式。是年年底，公司下设 10 个项目部，拥有装饰装修、水电安装、建筑劳务 3 家专业公司。有一级建造师 22 人，二级建造师 46 人，有工程技术和经济管理职称人员 316 人。其中高级职称 18 人，中级职称 78 人。是年，公司从美国、日本等国进口大、中型施工及运输机械设备共 140 多台（套）。

1993 年，公司产值仅几百万元。1998 年并入江宁开发区市政总公司后，年产值达 1000 万元。2002—2006 年，年平均产值 2.59 亿元。2007 年产值 7.80 亿元。至 2007 年，公司先后承建大、中、小项目 1300 多个，项目涵盖各种类型、各种结构的工程。其中，住宅小区有天景山 A 组团、B 组团，禄口永欣新寓 A 组团、B 组团、D 组团，谷里小区二期工程等；学校有天景山中小学、科学园中小学、江宁职教中心、中国传媒大学南广学院等；办公楼有科创中心办公楼、江宇建设集团办公楼、科学园管委会大楼、华宇市政办公楼、禄口空港总部大楼、市容局办公楼、南京检验检疫局大楼等；厂房有江宁方山工业园厂房、上坊工业园厂房、南京出口加工区标准厂房、宏宝莱冷饮公司厂房（钢构）、艾默生厂房等；公用设施有欧尚超市（钢构类型）、天印公园、开发区污水处理厂、科学园污水处理厂等。

【海通建设集团有限公司】

公司位于江宁科学园兴民南路 78 号。是南京市第一家拥有国家房屋建筑施工总承包和市政公用工程施工总承包双一级资质的企业。曾多次获南京市建筑业优秀企业、南京市重合同守信用企业、省安全生产先进企业等称号。

1995 年，土桥乡十几人一起搞土石方工程，开始创业。2000 年年初，成为南京市第七建筑工程有限公司下的分公司，当年成立江宁县小海机械化有限公司，注册资金 300 万元。2001 年，更名为南京山海市政工程有限公司。2002 年 1 月，从南京市第七建筑工程有限公司分离，成立南京海通建筑安装工程有限公司，注册资金 2100 万元。2004 年，公司更名为南京海通建设（集团）有限公司，注册资金 3600 万元，下设 7 家子公司、6 家分公司。2006 年 7 月，更名为海通建设集团有限公司，注册资金 5200 万元。至 2007 年年底，集团公司下设 8 家子公司、2 家分公司。有高级工程师（会计师）4 人，工程师（会计师、经济师、统计师）28 人，助理工程师（助理会计师）39 人；有一级项目经理 8 人，二级项目经理 11 人，三级项目经理 10 人。拥有建筑工程主要施工机械 500 台（套），市政道路主要施工机械 357 台（套）。集团公司下属公司注册资金 1.08 亿元，固定资产净值 3 亿元。

图 17-1-3 海通集团办公楼（2005 年摄）

2002—2006 年，每年平均实现施工产值 35385.30 万元，利税 2476 万元。2007 年，实现施工产值 46211.40 万元，利税 2200 万元。至 2007 年，公司主要承建上坊“非典”医院、海通集团办公楼、江宁区高级中学食堂、江宁区天景山复建房工程、江宁区瀛洲湾小区 15 号和 16 号楼、江宁百家湖伦敦城 30 号和 33 号楼、滨江开发区海滨工业园办公楼、江宁区天景山 G 组团 35 幢、江宁区方圆检测中心 1 号厂房、铁心桥蓝岸尚城工程等。

2007 年江宁区资质等级建筑企业（名录）情况表

表 17-1-4

序号	企业名称	主项资质等级	资质证书号
1	南京绿野建设集团有限公司	房屋施工总承包二级	A2014032012103
2	南京荣旺建筑工程有限责任公司	房屋施工总承包二级	A2014032012104
3	龙都建设工程有限公司	房屋施工总承包二级	A2014032012111
4	江苏金东城集团	房屋施工总承包二级	—
5	江宁区上坊建筑工程公司	房屋施工总承包二级	A2019032012101
6	江宁区淳化建筑工程总公司	房屋施工总承包二级	A2014032012104
7	南京海晟建设集团有限公司	房屋施工总承包二级	A2014032012106
8	南京市江宁区汤山建筑总公司	房屋施工总承包二级	A2012032012102
9	南京明麓建筑工程有限公司	房屋施工总承包二级	A2014032012116
10	南京市江宁区殷巷其林建筑有限公司	房屋施工总承包二级	A2014032012118
11	南京市江宁区东山建工集团公司	房屋施工总承包二级	A2012032012101
12	南京永腾建筑安装有限责任公司	房屋施工总承包二级	A2014032012117
13	南京市江宁区新善建筑工程公司	房屋施工总承包三级	A3012032012107
14	南京市江宁区铜山建筑工程公司	房屋施工总承包三级	A3012032012118
15	南京市江宁区江宁建筑工程公司	房屋施工总承包三级	A3012032012117

续表 1

序号	企业名称	主项资质等级	资质证书号
16	南京市江宁区陆郎第二建筑公司	房屋施工总承包三级	A3014032012105
17	南京市江宁区谷里建筑工程公司	房屋施工总承包三级	A3013032012101
18	南京市江宁区禄口建筑工程有限公司	房屋施工总承包三级	A3014032012106
19	南京市江宁区上元建筑安装工程有限公司	房屋施工总承包三级	A3019032012101
20	南京市江宁区东山章村建筑工程公司	房屋施工总承包三级	A3012032012101
21	南京市宏宝建筑安装工程有限责任公司	房屋施工总承包三级	A3014032012102
22	南京江宁商城建筑工程有限公司	房屋施工总承包三级	A3014032012110
23	南京明阳建筑工程有限公司	房屋施工总承包三级	A3014032012114
24	南京市江宁区砖墙建筑工程有限公司	房屋施工总承包三级	A3014032012123
25	南京金厦建筑安装工程有限公司	房屋施工总承包三级	A3014032012109
26	南京市江宁区湖熟第二建筑工程有限公司	房屋施工总承包三级	A3014032012108
27	南京江宁区湖熟建筑工程有限公司	房屋施工总承包三级	A3014032012101
28	南京逋好建筑装饰工程有限责任公司	房屋施工总承包三级	A3014032012125
29	南京市江宁区中前建筑工程公司	房屋施工总承包三级	A3012032012105
30	南京市江宁区池田建筑工程有限公司	房屋施工总承包三级	A3014032012111
31	南京秣陵建筑工程有限公司	房屋施工总承包三级	A3012032012103
32	南京凯宇建设有限公司	房屋施工总承包三级	A3014032012118
33	南京中惠建筑工程有限公司	房屋施工总承包三级	A3014032012115
34	南京宝宁建筑安装工程有限责任公司	房屋施工总承包三级	A3014032012117
35	南京市江宁区东山城南建筑工程公司	房屋施工总承包三级	A3012032012113
36	南京市江宁区丹阳建筑工程公司	房屋施工总承包三级	A3012032012114
37	宝成（南京）建设工程有限公司	房屋施工总承包三级	A3016032012101
38	南京市江宁区桥梁建筑工程总公司三公司	房屋施工总承包三级	A3012032012116
39	南京任嘉建筑安装工程有限公司	房屋施工总承包三级	A3014032012121
40	南京企强建筑工程有限公司	房屋施工总承包三级	A3013032012102
41	南京市江宁区铜山第二建筑工程公司	房屋施工总承包三级	A3012032012118
42	南京弘正建设发展有限公司	房屋施工总承包三级	A3014032012122
43	南京金标工程建设有限责任公司	房屋施工总承包三级	A3014032012124
44	南京市江宁区横溪建筑工程公司	房屋施工总承包三级	A3012032012111
45	南京汉鼎建设工程有限公司	房屋施工总承包三级	A3014032012126
46	南京华致建设有限公司	房屋施工总承包三级	A3014032012130
47	南京润盛建设集团有限公司	市政公用工程施工总承包一级	—
48	航天晨光股份有限公司	钢结构工程专业承包二级	B2084032012103
49	江苏华建岩土工程有限公司	地基与基础工程二级	B2014032012102
50	江苏江宁基础建设工程有限公司	地基专业承包三级	B2014032012101

续表 2

序号	企业名称	主项资质等级	资质证书号
51	南京腾亚奥克体育设施工程有限公司	体育场地设施专业二级	B2594032012101
52	南京百科净化工程有限公司	机电设备安装专业承包二级	B2189032012101
53	江苏上元正信水电工程有限公司	机电设备安装专业承包二级	B2184032012104
54	南京合众冷气设备工程有限公司	机电设备安装专业承包二级	B2184032012103
55	南京市江宁区富达装饰水电安装有限公司	机电设备安装专业承包二级	B2184032012101
56	南京江宁区水电安装有限公司	机电设备安装专业承包三级	B3182032012101
57	南京银创电子有限责任公司	建筑智能化专业三级	B3204032012101
58	南京佳力图机房工程有限责任公司	建筑智能化专业三级	B3204032012102
59	南京九竹科技实业有限公司	建筑智能化专业三级	B3206032012101
60	江苏建瓴电子系统工程有限公司	电子工程专业承包二级	B2234032010501
61	南京零距离电子技术工程有限公司	电子工程专业承包三级	B3234032012102
62	南京禾邦体育场地工程有限公司	体育场地设施专业三级	B3594032012102
63	南京士兴钢结构安装有限公司	钢结构工程专业承包三级	B3086032012101
64	南京金箔集团金元钢构有限公司	钢结构专业三级	B3084032012101
65	南京大地建设万成钢结构有限责任公司	钢结构专业三级	B3084032010003
66	南京昊东钢结构有限公司	钢结构专业三级	B3084032012102
67	南京海骏钢结构有限公司	钢结构专业三级	B3084032012103
68	南京创地科技有限公司	机电设备安装三级	B3184032012103
69	南京因泰莱电器股份有限公司	机电设备安装三级	B3184032012106
70	南京连横水电安装工程有限公司	机电设备安装三级	B3184032012110
71	南京绿野建筑机械制造有限公司	起重设备安装三级	B3172032012101
72	南京德基建筑机械有限公司	起重设备安装三级	B3178032012101
73	南京云龙建筑机械制造有限公司	起重设备安装三级	B3173032012101
74	南京民德防腐筑炉工程有限公司	防腐保温三级	B3133032012101
75	圣德宝（南京）防水防腐保温工程有限公司	防腐保温三级	B3135032012101
76	南京绿荷防水工程有限公司	建筑防水三级	B3124032012101
77	南京汇益多防水工程有限公司	建筑防水三级	B3124032012102
78	南京营佳装饰装潢防水工程有限公司	建筑防水三级	B3124032012103
79	南京江龙基础工程公司	土石方工程专业承包三级	B3022032012101
80	南京合众阳光环境消防安全有限公司	消防设施专业承包三级	B3116032012101
81	南京恒建装饰（集团）有限公司	建筑装修装饰专业承包一级	B2034032012102
82	中惠（江苏）装饰园林工程有限公司	建筑装修装饰专业承包一级	B1036032012101
83	南京双全门窗工程有限公司	金属门窗一级	B1154032011501
84	南京金浪装饰工程有限公司	建筑装修装饰专业承包二级	B2034032012103
85	南京金陶装饰有限公司	建筑装修装饰专业承包二级	B2034032012105

续表 3

序号	企业名称	主项资质等级	资质证书号
86	南京维风园林装饰工程有限公司	建筑装修装饰专业承包二级	B2034032012104
87	南京芭莱环境艺术有限公司	建筑装修装饰专业承包二级	B2034032012106
88	江苏汇迈装饰工程有限公司	建筑装修装饰专业承包二级	B2034032118102
89	江苏丰彩新型建材有限公司	建筑装修装饰专业承包二级	B2034032000008
90	江苏天茂装饰园林工程有限公司	建筑装修装饰专业承包二级	B2034032012108
91	南京辰邦装饰工程有限责任公司	建筑装修装饰专业承包二级	B2034032012111
92	南京金箔集团装饰工程有限公司	建筑装修装饰专业承包三级	B3034032012101
93	南京市江宁区铜山装饰工程公司	建筑装修装饰专业承包三级	B3032032012101
94	南京欧雅装饰有限公司	建筑装修装饰专业承包三级	B3034032012102
95	南京泰豪复层涂料有限责任公司	建筑装修装饰专业承包三级	B3034032012103
96	南京丰艺建筑装饰工程有限公司	建筑装修装饰专业承包三级	B3034032012106
97	南京德豪建筑装饰设计工程有限公司	建筑装修装饰专业承包三级	B3034032012107
98	南京东南景观设计工程有限公司	建筑装修装饰专业承包三级	B3034032012110
99	南京景胜装饰有限公司	建筑装修装饰专业承包三级	B3034032012111
100	南京顺荣建筑装潢工程有限公司	建筑装修装饰专业承包三级	B3034032012114
101	江苏海一投资实业有限公司	建筑装修装饰专业承包三级	B3033032012101
102	南京同盛建筑装饰实业有限公司	建筑装修装饰专业承包三级	B3034032012112
103	南京洲洋建设工程有限公司	建筑装修装饰专业承包三级	B3034032012108
104	格满林（南京）装饰工程有限公司	建筑装修装饰专业承包三级	B3035032012101
105	南京美之源装饰工程有限公司	建筑装修装饰专业承包三级	B3033032012102
106	南京苏晟装饰工程有限公司	建筑装修装饰专业承包三级	B3034032012115
107	南京志村装饰有限公司	建筑装修装饰专业承包三级	B3035032012102
108	南京冰海装饰工程有限公司	建筑装修装饰专业承包三级	B3034032012120
109	南京金字塔建设工程有限公司	建筑装修装饰专业承包三级	B3034032012118
110	江苏绿海园林绿化工程有限公司	建筑装修装饰专业承包三级	B3034032012119
111	南京鹏迪幕墙工程有限公司	建筑幕墙专业承包二级	B2044032012101
112	南京诚德涂装工程有限公司	涂装专业三级	B3034032012109
113	江苏佳为实业发展有限公司	金属门窗工程二级	B2154032012101
114	南京宁装门窗有限公司	金属门窗工程二级	B2154032010501
115	南京捷美达门窗装饰有限公司	金属门窗工程三级	B3154032010012
116	南京浩远窗业有限公司	金属门窗工程三级	B3153032010001
117	南京武夷塑钢建材有限公司	金属门窗工程三级	B3154032010018
118	南京市江宁区建设塑钢窗业有限公司	金属门窗工程三级	B3154032012102
119	南京市江宁区新都建筑装饰工程有限公司	金属门窗工程三级	B3154032010016
120	南京市江宁区东山万春装饰工程公司	金属门窗工程三级	B3152032010002

续表 4

序号	企业名称	主项资质等级	资质证书号
121	南京兴盛门窗有限公司	金属门窗工程三级	B3154032012101
122	南京瞬达门窗制造有限公司	金属门窗工程三级	B3154032012103
123	南京江木木业有限公司	金属门窗工程三级	B3153032012101
124	南京冉发幕墙工程有限公司	金属门窗工程三级	B3154032010035
125	南京天宁塑钢门窗有限公司	金属门窗工程三级	B3153032010007
126	南京上元金星机械设备制造有限公司	金属门窗工程三级	B3154032010030
127	南京金利华门窗有限公司	金属门窗工程三级	B3159032010001
128	南京金弘门窗有限公司	金属门窗工程三级	B3154032010032
129	南京金方门窗有限责任公司	金属门窗工程三级	B3154032010038
130	南京永宁峰建材开发有限公司	金属门窗工程三级	B3154032012106
131	南京家具总厂有限责任公司	金属门窗工程三级	B3154032012105
132	南京源佳装饰工程有限公司	金属门窗工程三级	B3154032012104
133	南京江潮门窗有限公司	金属门窗工程三级	B3153032010006
134	南京腾威装饰工程有限公司	金属门窗工程三级	B3154032010047
135	南京德昌源工贸中心	金属门窗工程三级	B3159032010401
136	南京永伟门窗工程有限公司	金属门窗工程三级	B3154032012108
137	南京万东门窗有限公司	金属门窗工程三级	B3154032012109

说明：本章选介的 6 家房屋施工总承包一级企业、17 家劳务企业没有入表

第二章　建筑工程

民国时期至 20 世纪 50 年代，江宁县主要集镇店坊和乡间富户所建房屋多为传统中式结构，5 柱或 7 柱落地，又称 5 架梁、7 架梁，以木结构组成房屋骨架，青砖空斗填充。50 年代至 70 年代中期，江宁县房屋建筑结构大多为砖混。一些大型建筑，大多数建成钢筋混凝土屋面，格调单一，且一般在 2 层 ~ 3 层。70 年代后期开始，建筑队伍技术素质逐渐提高，建筑装备逐步改善，建筑工程向框架结构多层发展，设计新颖，布局合理，造型美观。进入 80 年代后，江宁县建筑开始向高层次、大跨度群体施工方向发展。县城房屋建筑一般在 5 层 ~ 6 层，最高 8 层。20 米以上大跨度建筑物开始出现。

1996—2007 年，城区房屋建设向 10 层以上更高层次、30 米以上大跨度群体施工方向发展。东山地区 10 层以上大楼接踵而起，鳞次栉比，造型各具特色。2007 年，区内建筑企业完成施工产值 110 亿元，施工面积 870 万平方米，竣工面积 430 万平方米。创市优良工程 60 项，市优质工程（“金陵杯”）27 项，省优质工程（“扬子杯”）8 项，获国家优质工程 1 项，国家钢结构工程金奖 2 项。

第一节　建筑工程施工

新中国成立后，江宁县房屋建筑结构逐渐向新式砖木结构和中西合壁式混合结构发展。改木柱承重为砖柱或墙承重，木板墙分隔改为砖墙分隔。其时县建筑公司承建的秦淮中学、湖熟中学、县卫生院（现中医院）等均系新式砖木结构平房。1958年建成的县人民大礼堂，是全县首建的大型公共建筑物。1959年，在县城大街口建的混合拱形结构2层楼房（1984年拆除），建筑施工应用了混凝土。进入20世纪60年代后，建筑施工以农机、化肥、水泥、矿业等工矿厂房为主，水泥预制构件开始生产应用。

1970年起，县境内厂房、商业、文教卫生、机关等用房，普遍采用混合结构和钢筋混凝土结构进行施工，楼房建筑逐年增多。1971年落成的原县商业局综合楼（后为东山饭店、东山照相馆，现已拆除），1972—1978年，县人民医院门诊部楼和手术楼、县化肥厂5000吨合成铵扩建工程、县丝厂缫丝车间等工业厂房及饮食服务公司大楼、县招待所北楼等建筑，都是这一期间建成。楼房为3层～4层。

1979年后，施工的经济形式由点工、包清工逐步转为定额工程承包，即包工包料。施工的各类建筑不仅规模大、层次高，而且还应用和推广新结构、新材料、新技术、新工艺。楼房多为4层～5层。如1980年建成的县汽车站办公、候车综合楼，县工人文化宫主楼；1981年建成的东山影剧院、县工商银行营业办公楼；1982年建成的县人民医院住院部、卫生学校教学楼；1983年建成的物资交易楼等。

1984年实行建筑改革，在县城推行工程招标投标制度，改变过去单纯依靠行政手段分配任务的办法，把竞争机制引入建筑市场。这一改革对缩短工期、降低造价、保证质量和促进企业管理起到积极作用。1978—1985年，全县建筑业共完成竣工面积183.19万平方米，平均每年完成22.90万平方米。

1986—1990年，由于人员素质和机械装备的不断提高，施工能力也随之增强，尤其是乡镇建筑企业发展壮大。5年间，全县建筑业共完成竣工面积191.08万平方米，平均每年完成38.22万平方米。这一时期的主要建筑有：南京爱德印刷厂厂房、腾江大厦、工业大楼、县中教学楼、南京第三钢铁自备电站等。1990年，全县竣工的工程合格率达100%，其中优良工程占17%，比1985年上升10%。岔路服装厂生产车间、县金箔厂金箔车间、县供电局综合楼以及真元商场等工程，被南京市评为优良设计工程。

1991—1995年，全县建筑工程竣工面积268.20万平方米，竣工面积与“七五”相比增长40.36%。通过检查、监督、优化等一系列质量管理工作，全县工程质量逐步上升。创市优工程28项，建筑面积5.16万平方米，优良率由“七五”期的17%上升到25%。这一时期，土桥桥梁公司承建的单向宽17.50米、全长212米的开发区四号公路大桥和宽23米、长169米的胜泰大桥，是江宁县桥梁史上“创纪录”的两项大工程。

1996—2000年，5年累计完成施工产值82.69亿元，施工面积763.20万平方米，竣工面积514.84万平方米。“九五”初期，县施工企业承接的工程大多以单一的土建为主，一般在5层～6层，10层以上较少。随着机械设备和施工技术的发展，至2000年，建筑企业人均装备率6000元，设备净值19408万元，较1996年增长105%，全县建工系统有高级工程师6人，工程师504人，助理工程师和技术员2156人。企业的整体施工能力有了显著增强。5年中承建的代表性工程有：农行大楼、交通大厦、建设大厦、江苏省足球训练基地30米跨的室内训练馆以及县外施工的宿迁大桥、南京集庆路西延工程等。5 年共创优良工程 137 项，创“金陵杯”7 项。

2002 年年底，全区有建筑企业 300 多家，其中 83% 实行改制，绝大部分企业实现从单一型土建企业向集房屋总承包、建筑安装、装饰装潢为一体的综合型、效益型企业转变。2003 年，外地建筑企业纷纷进入江宁区建筑市场。是年，在江宁区注册备案的外地施工企业达 177 家。2003—2006 年，全区建筑业平均每年完成施工产值 80.13 亿元，施工面积 1200 万平方米，竣工面积 643.25 万平方米。其中，区内建筑施工企业平均每年完成施工产值 49.05 亿元，施工面积 543 万平方米，竣工面积 298.50 万平方米，分别占全区平均建筑总量的 61.21%、45.25% 和 46.41%。全区建筑业累计优良工程 471 项，创市优质工程（“金陵杯”）109 项，创省优质工程（“扬子杯”）23 项。2006 年，全区建筑业彰显多元化特色，逐步形成一业为主、多业并举的具有江宁特色的建筑业发展模式。

2007 年，全区建筑企业整体资质居全市各区县前列。规模企业实力增强，涌现出江宇建设集团、中惠建设集团等十大企业集团。全年建筑企业完成产值 146 亿元，施工面积 880 万平方米，竣工面积 450 万平方米。其中区内建筑企业完成施工产值 110 亿元，施工面积 870 万平方米，竣工面积 430 万平方米。创市级优良工程 60 项，市级优质工程（“金陵杯”）27 项；省优质工程（“扬子杯”）8 项；获国家优质工程 1 项，国家钢结构工程金奖 2 项。

1957—1976 年江宁县房屋建筑竣工面积情况表

表 17-2-5　　　　单位：平方米

年份	总计	厂房	仓库	办公室	住宅	学校		医疗机构	其他
						合计	其中：小学		
1957	13692	1152	1196	639	4483	3434	—	463	2325
1958	13835	940	1200	1244	1860	632	—	—	7959
1959	36241	1671	1470	1805	2415	4760	666	—	24120
1960	21513	6880	1454	1861	3301	3408	3408	—	4609
1961	5190	1876	655	70	370	1931	306	—	288
1962	420	420	—	—	—	—	—	—	—
1963	1244	278	210	—	436	—	—	—	320
1964	2518	380	96	49	1993	—	—	—	—
1965	5873	872	1416	165	2089	282	—	780	269
1966	9014	50	2438	—	1266	1918	1918	1878	1464
1967	4322	—	2795	—	509	740	430	—	278
1969	4772	—	4272	—	500	—	—	—	—
1970	11521	2567	3341	—	2431	1235	800	400	1547
1971	9136	2206	2213	—	3625	—	—	—	1092
1972	6730	810	1384	—	1328	514	400	2516	178
1973	11595	146	2310	—	3044	4323	4323	1604	168
1974	20900	9054	2492	—	1112	4334	4334	3750	153
1975	32991	14477	4250	804	5907	4375	3930	345	2833
1976	19861	4850	2363	2936	5365	3679	3679	—	668

说明：1968 年资料缺失

1979—2007年江宁区房屋建筑竣工面积与产值利税情况表

表17-2-6

年 份	施工面积（万平方米）	竣工面积（万平方米）	施工产值（万元）	实现利税（万元）
1979	11.88	9.14	823	160
1980	16.28	12.52	1265	170
1981	22.00	16.92	1861	180
1982	29.33	22.56	2707	190
1983	38.59	29.68	3859	210
1984	50.12	38.55	5478	370
1985	59.68	45.91	7840	530
1986	62.61	48.16	9969	710
1987	62.70	48.23	10328	720
1988	52.17	40.13	10589	730
1989	32.30	28.86	10300	705
1990	28.78	25.70	10170	692
1991	37.60	25.50	12000	805
1992	65.20	39.50	23750	1380
1993	90.70	62.40	46310	2900
1994	109.40	66.80	72040	4100
1995	113.30	74.00	85782	5600
1996	124.20	87.28	111000	7800
1997	140.00	90.00	140000	9000
1998	160.00	105.00	167400	9500
1999	163.00	111.45	191100	13000
2000	176.00	121.11	217400	14400
2001	250.00	152.00	242000	16700
2002	300.00	160.00	265000	18100
2003	409.00	214.00	347000	16300
2004	495.00	250.00	425000	30000
2005	588.00	350.00	560000	31000
2006	680.00	380.00	630000	35000
2007	870.00	430.00	1100000	45000

说明：1977年、1978年资料缺失

第二节 工程选介

【办公楼建筑工程】

区政府机关大院装饰工程 位于上元大街369号。1949年起，为中共江宁县委、县人大、县政府、县政协办公处。1989年，占地面积26000平方米，房屋建筑面积17937.70平方米。主要建筑有县委办公楼（2层）、县政府办公楼（5层）计2400平方米；公安局、法院、检察院办公楼（5层）计2257平方米；档案馆楼（3层）1000平方米以及15幢平房。1990年后，几经改造与变迁，至2007年年底，为区委、区政府的办公处。

2006年，江宁区机关事务所决定对该大楼进行室内装饰。由中惠（江苏）装饰园林工程有限公司设计和施工，江苏省华厦工程项目管理有限公司监理。该建筑为框架结构，装饰面积32000平方米，工程造价1666万元。2006年11月1日开工，2007年5月26日竣工。2007年，该工程被评为市优质工程。

县物资局办公楼 位于上元大街东段北侧，占地面积2.40万平方米。主建筑有混合结构大楼2幢（4层），东楼2044.60平方米，为原物资局机关及下属各专业公司办公场所；西楼原为物资商场，分别建于1978年、1984年。

1993年1月1日，江宁县物资局物资大厦工程开工建设，地点在县物资局院内。建筑面积5400平方米，总投资700万元，框架7层，附房4层，由南京市江宁区淳化建筑工程总公司承建。1994年5月1日竣工验收，是年12月，被南京市建设工程质量监督站评为优良工程。

县财政局机关大院 位于上元大街东段南侧，一人巷西侧，占地面积2000余平方米，建筑面积2920平方米，内有5层、4层、2层楼房各1幢。分别建于1973年、1978年、1989年。2007年，为商业用房。

县工商局办公楼 位于上元大街东段北侧，建于1988年，为6层框架结构，建筑面积2252平方米，工程造价158万元。2007年，为江宁区工商局东山工商所办公处。

县供电局办公楼 位于大街东路中段南侧，为5层框架结构，建筑面积1628平方米，工程造价138.38万元。该楼建于1985年，由江宁县供电局投资建设，江宁县龙都建筑工程公司承建。2007年，为江宁供电公司办公用房。

宁峰大厦 位于江宁区汤山街道上峰宁峰路，框架结构，地上10层，地下2层，建筑面积5460平方米，工程造价426.68万元。由南京宁峰（集团）公司投资建设，江宁县上峰第二建筑工程公司承建，南京市市政设计研究院设计。1995年10月18日开工建设，1996年8月28日竣工。

陶建集团总公司办公楼 位于横溪街道陶吴陶建路28号，框架12层，建筑面积9280平方米。1992年7月开工建设，1995年7月竣工。由南京市江宁区陶吴建筑集团公司承建。

图17-2-4 江宁区工商行政管理局办公楼（2006年摄）

区工商局办公楼 位于金箔路，框剪结构，地上11层，地下1层，建筑面积8996平方米，工程造价2116万元。由南京市第七建筑公司承建，南京玻璃纤维研究设计院设计，南京南汽监理有限公司监理。工程于2002年5月18日开工建设，2003年6月21日竣工。2006年5月，被评为市优良工程（“金陵杯”）。

区民政局办公楼装饰工程 位于金箔路770号，混剪6层，建筑面积2700平方米，装饰工程造价195万元。该工程由中惠（江苏）装饰园林工程有限公司设计和承建，江苏省工程成套设备监理有限公司监理。2003年6月1日开工，12月15日竣工。2005年，该工程被评为市优质工程（“金陵杯”）。2007年年底，区民政局搬迁后，为粮食局办公楼。

区法院综合楼 位于江宁区金箔路40号，占地1公顷，建筑面积14715平方米，工程造价6000万元。2004年7月竣工并投入使用。

综合楼分主楼、辅楼两幢建筑。其中，主楼12层，建筑面积13368平方米，主楼负一层为地下车库，可容50辆大小警车停放；辅楼3层，建筑面积1347平方米。主楼1层~2层为审判区，3层~12层为办公区。审判区内共设大、中、小法庭和调解室19个。其中，大法庭1个，建筑面积512平方米；中法庭2个，建筑面积各176平方米。是全市首家审判法庭建设达国家标准的基层法院。

江宁科学园管委会大楼 位于江宁区诚信大道2211号，框架结构，地上5层，地下1层，建筑面积16835.50平方米，工程造价5472万元。由南京江宁科学园发展有限公司投资建设，深圳市市政工程设计院设计，中国核工业华兴建设有限公司、南京鸿业建设集团有限公司、南京明麓建设工程有限公司承建，南京南汽建设监理有限公司监理。2003年5月2日开工建设，2006年9月28日竣工。2007年5月，该工程被评为市优良工程（“金陵杯”）。

江宇集团办公楼 位于江宁经济技术开发区秦淮路，框架结构8层，建筑面积12445.30平方米，工程造价3540.81万元。由南京江宇建设集团投资建设，深圳市市政工程设计院设计，南京鸿业建设工程有限公司承建，南京工大建设监理咨询有限公司监理。2003年6月8日开工建设，2006年12月18日竣工。2007年，该工程被评为市优良工程和优质工程（“金陵杯”）。

华宇市政综合办公楼 位于江宁经济技术开发区九竹路88号，框架结构，地上6层、地下1层，建筑面积10563平方米，工程造价1046.90万元。由南京华宇市政建设工程有限公司投资建设，江苏省建工设计研究院有限公司设计，南京鸿业建设工程有限公司承建，南京江宁工程建设监理有限责任公司监理。2004年6月1日开工建设，2006年3月29日竣工。2006年2月，该工程被评为市优良工程；2007年5月，被评为市优质工程（“金陵杯”）。

南京海关江宁办事处办公楼 位于江宁经济技术开发区将军大道166号，为框剪结构，地上12层，地下1层，建筑面积13636平方米，工程造价1348.58万元。由南京江宁经济技术开发总公司投资建设，深圳市清华苑建筑设计有限公司设计，南京市第七建筑安装工程有限公司承建，南京南房建设监理咨询有限公司监理。2004年7月20日开工建设，2005年8月30日竣工。2006年，该工程先后被评为省级、市级文明工地；2007年，被评为市“金陵杯”工程。

天琴湾花园综合办公楼 位于江宁区双龙大道1008号，框架结构，建筑面积9000平方米，工程造价803.10万元。由南京天慧房地产开发有限公司投资建设，上海都市建筑设计有限公司设计，南京市江宁区淳化建筑工程总公司承建，江苏宏嘉工程项目管理有限公司监理。2005年3月12日开工建设，2006年4月14日竣工。

海通大厦 位于江宁经济技术开发区秦淮路100号，框剪结构28层，建筑面积40670平方米，工程造价2.60亿元。为江宁区第一高楼。由南京海通建设集团和南京海天房地产发展有限公司投资建设，南京金海建筑设计有限公司设计，南京海通建设（集团）有限公司承建，南京南汽建设监理有限公司监理。2005年3月15日开工建设，2007年8月15日竣工。2006年12月，该工程被评为省级文明工地。

自来水、煤气公司办公楼 位于江宁区天元东路2999号，框架8层，建筑面积23486.31平方米，工程造价2774.15万元。由江宁区自来水总公司和江宁区煤气（集团）公司投资建设，上海都市建筑设计有限公司设计，南京鸿业建设工程有限公司承建，江苏开源咨询监理有限公司监理。2005年8月20日开工建设，2007年12月竣工，为区建设局办公楼。2006年12月，该工程被评为省级文明工地。

南京出入境检验检疫局办公实验楼 位于江宁经济技术开发区将军大道东侧，框架结构，地上14层，地下1层，占地面积1.33公顷。建筑面积12000平方米，工程造价1280万元。由南京出入境检验检疫局投资建设，深圳市清华苑建筑设计有限公司设计，南京鸿业建设工程有限公司、南京明麓建设工程有限公司承建，江苏国信工程咨询监理有限公司监理。2006年9月9日开工建设，2007年10月13日竣工。2007年10月，该工程被评为省级文明工地和市"金陵杯"优质工程。

秣陵国土资源所办公楼 位于秣陵街道秣陵集镇，框架结构5层，建筑面积1718平方米，工程造价303.81万元。由南京市国土资源局江宁分局投资建设，北京中华建设规划设计研究院有限公司设计，南京宏宝建筑安装工程有限责任公司承建，南京江宁工程建设监理有限责任公司监理。2007年1月12日开工建设，至年底尚未竣工。

【工业建筑工程】

南京第三钢铁厂自备电站 位于东山街道岔路社区史家里。站区面积1.50万平方米，建筑面积（不含构筑物）6162平方米。主厂房是钢筋混凝土框架结构，高26.85米。土建和水电安装250万元。由南京金陵电力节能工程设计事务所设计，江宁县建筑公司施工。1988年7月动工，1989年12月建成发电，年发电量6000千瓦。

南京爱德印刷厂 该厂是爱德基金会与江宁县合作兴办的一座印刷厂。由国际圣经联合工会向爱德基金会捐赠印刷设备，由县政府征地建厂，并由市经委列为市1987年50项奋斗目标的重点工程。由江宁县建筑工程公司承建，主厂房建筑面积5830平方米。其中一层20间，面积4958.94平方米，二层8间，面积819.06平方米，三连跨跨度24米，混凝土全框架结构，工程造价170万元。1986年1月20日开工，1987年6月13日验收交付使用，实际工期提前210天。

摩托罗拉（南京）软件中心 位于江宁经济技术开发区。该厂房为框架结构3层，建筑面积9444平方米，工程造价674万元。由江宁经济技术开发总公司投资建设，信息产业电子第十设计院有限公司设计，信息产业电子第十设计院建设监理公司监理。2003年5月28日开工建设，2004年2月15日竣工。

南京造币厂 位于东山街道天印大道东侧，占地20万平方米，总建筑面积9万平方米。2002年，由江苏南通二建南京分公司承建的南京造币铜包钢技改工程，被评为省优质工程（"扬子杯"）；2004年，由江苏江都建设工程有限公司承建的南京造币厂造机装配车间，被评为市优质工程（"金陵杯"）和省优质工程（"扬子杯"）。

南京白象公司主厂房 位于汤山街道上峰工业园，钢构单层，建筑面积13680平方米，工程造价1256.15万元。2003年9月12日开工建设，2004年4月8日竣工。其中锅炉房及烟囱，框架4层，烟囱高52米，建筑面积324平方米，工程造价176.58万元。2003年7月18日开工建设，2004年1月8日竣工。这两项工程均由南京白象食品有限公司投资建设，河南豫泰工程设计有限公司设计，南京市江宁区汤山建筑工程总公司承建，河南华美工程咨询监理有限公司监理。

南京海欣丽宁主厂房 位于江宁经济技术开发区燕湖路201号，框架2层、混砖6层，建筑面积38867平方米，工程造价2884.17万元。由南京海欣丽宁服饰有限公司投资建设，南京金海设计工程有限公司设计，南京第七建筑安装工程有限公司承建，南京南汽监理有限公司监理。于2003年11月2日开工建设，2004年12月8日竣工。

东山工业集中区科创基地7号厂房 东山工业集中区位于江宁科学园东山工业集中区内，7号标准厂房为框架3层，建筑面积9980平方米，工程造价1257.42万元，由东山经济技术开发总公司投资建设，南京市江宁区东山建工集团承建。2004年9月28日开工建设，2005年4月28日竣工。2006年5月，该工程被评为市优质工程（“金陵杯”）。

江宁区净水厂扩建工程 位于江宁经济技术开发区高湖路88号，占地6.67公顷，是30万吨长江引水工程的配套工程，始建于1999年，总投资约4000万元。净水厂工艺运行构筑物主要由滤池、加氯加矾车间、反冲洗泵房、清水池、污泥泵房等组成。水厂扩建工程为构筑物，建筑面积7194平方米，工程造价1808.37万元。由江宁自来水总公司投资建设，中国市政工程西南设计研究所设计，南京明麓建设工程有限公司承建，南京建友监理有限责任公司监理。工程于2004年10月14日开工建设，2006年5月18日竣工。

南京科远工程研发楼和厂房 位于江宁经济技术开发区西门子路27号，框架结构，工程造价506万元。由南京科远控制工程有限公司投资建设，东南大学建筑设计研究院设计，南京市江宁区淳化建筑工程总公司承建，南京江宁工程建设监理有限公司监理。于2005年4月28日开工建设，2005年9月30日竣工。2006年1月，被评为市级文明工地。

海之美厂房 位于江宁区土桥工业园兴百路18号，占地面积3.20万平方米，厂房工程为框架3层，最大跨度24米，建筑面积8683.61平方米。工程造价873万元。由南京海之美纺织服饰有限公司投资建设，南京金宇建筑设计院设计，南京桥新建设有限公司承建，南京上元工程监理有限责任公司监理。工程于2005年1月28日开工建设，8月28日竣工。2006年1月，该工程被评为市级文明工地；同年3月、5月，分别被评为市优良工程和市优质工程（“金陵杯”）。

南京万厦工贸公司厂房 位于江宁经济技术开发区甫前街。该厂房为钢结构1层，建筑面积20850平方米，工程造价1298万元。由南京澳瑞特建筑设计咨询有限公司设计，南京市第七建筑安装工程有限公司承建，南京南汽监理有限公司监理。于2005年8月16日开工建设，12月5日竣工。

江宁科学园污水处理厂一期工程 江宁科学园污水处理厂占地2.87公顷，总设计日处理污水能力16万吨，分两期建设，一期工程日处理污水能力4万吨。该工程为构筑物，建筑面积9619.86平方米，工程造价4110万元。由江宁自来水总公司投资建设，深圳市市政工程设计院设计，南京明麓工程有限公司承建，理工大学工程兵工程学院南京工程建设管理部监理。于2005年11月24日开工建设，2007年12月14日竣工。

南京朗光科技厂房 位于江宁经济技术开发区百家湖科技产业园A区13栋。该厂房为框架结构4层，建筑面积2.40万平方米，工程造价1519.43万元。由江苏冶金建筑设计研究院设计，南京宏亚建设有限公司承建，南京上元工程监理有限责任公司监理。于2006年5月28日开工建设，2007年1月28日竣工。2007年8月，该工程被评为市优良工程。

爱德后勤综合楼及一期厂房 位于南京市江宁区东善桥秣周中路。占地面积8.70万平方米。

该厂综合楼及一期厂房为框架结构，建筑面积37765平方米，工程造价4536万元。由江苏省建筑设计院设计，南京明麓建筑工程有限公司承建，江苏建发建设项目咨询有限公司监理。于2006年12月28日开工建设，至2007年年底尚未竣工。2007年12月，该工程被评为市级文明工地。

江宁科学园艾默生厂房 艾默生亚洲流量中心落户江宁科学园内，占地面积1.25万平方米，拥有一个流量标定实验室和一个获得全球认证的生产制造中心。该厂房建筑面积12250平方米，工程造价2003.31万元。由江宁科学园发展有限公司投资建设，江苏华源建筑设计研究院有限公司设计，南京鸿业建设工程有限公司承建，南京南方建设监理有限公司监理。于2007年1月19日开工建设，11月18日竣工。

方圆检测中心1号厂房 位于江宁科学园崇业路。厂房为框架2层，建筑面积5764平方米。由江宁区方圆检测中心投资建设，南京海通建设（集团）有限公司承建。于2007年9月30日开工建设，12月28日竣工。是年12月，被评为市优良工程。

【商业服务业建筑工程】

腾江大厦 位于东山大街口西南侧，竹山路与大街西路交汇处。房屋造型为点式综合楼，框架结构，8层，高34.50米。该楼于1985年3月20日破土动工，1986年9月30日交付使用。1层～2层为营业厅、展览厅，3层～6层为办公室和大、中、小会议室，7层～8层为招待所。由南京建筑设计院设计，江宁县禄口建筑工程公司施工。该楼时为江宁县最高建筑物。

2003年1月16日，区国有资产经营（控股）有限公司与南京上元机电公司达成协议，以960万的价格将腾江大厦房产及土地使用权整体出售。2007年为五星电器江宁营业部。

工业大楼 位于大街东路西段南侧。建筑为钢筋混凝土框架结构，6层，高24米。占地面积500平方米，建筑面积2105平方米，由江宁县东山镇建筑公司承建。于1988年3月开工建设，1989年5月交付使用。1层为营业大厅，2层为工业供销公司办公室，3层～5层为县工业局办公室和中小型会议室，6层为大会议室兼工业样品陈列室。该工程为县内优良工程之一。

江宁商场 位于大街东路北，原县汽车站对面，框架结构，地面5层，地下1层，建筑面积5900平方米，由江宁县建筑设计室设计，1987年建成。

工商银行江宁分行营业楼 原为县工商银行，位于区竹山路口，混合结构4层，建筑面积2230平方米，1982年建成。

中国银行江宁分行楼 原为县中国银行，位于土山路中段西侧，框架5层，建筑面积2566平方米，1986年建成。

江宁宾馆 位于东山镇戴家塘44号。原为县政府招待所，混合4层，建筑面积7924平方米。由江宁县建筑设计室设计。1977年10月，建成一期工程。1994年10月，江宁县淳化建筑公司承建江宁宾馆综合楼工程，框架4层，建筑面积3300平方米，工程造价212.74万元。1995年10月30日交付使用。质量优良，为当时江宁地区标志性工程。

金旺宾馆 位于江宁区金箔路151号。框架结构，地上4层，地下1层，建筑面积8000平方米，工程造价2600万元。由江宁县粮食局投资建设，按国家三星级标准设计。于1995年3月开工建设，1996年11月18日正式对外营业。1997年，被南京市政府批准为涉外宾馆。

金宝市场装饰商场 位于东山镇三号路（现金箔路）。该商场为砖混6层，一期建筑面积3600平方米，工程造价270万元；二期为框架5层，建筑面积1661.60平方米，工程造价180万元。由江宁县淳化建筑公司承建。一期工程于1996年3月18日开工建设，9月30日竣工；二期工程于1996年12月2日开工建设，1997年4月28日竣工。质量等级优良。该工程原为江宁商场一期、二期综合楼工程，2007年，为金宝市场装饰商场。

南京锦绣阁商住楼 位于南京市鼓楼区省教育电视台对面。框剪结构21层，建筑面积19000平方米，工程造价1638.18万元。由南京蟠龙金陵建设开发有限公司投资建设，南京民用建筑设计研究院设计，南京绿野建设集团有限公司承建，南京方圆工程监理有限责任公司监理。于2002年10月1日开工建设，2003年12月29日竣工。2002年12月，该工程被评为市级文明工地；2003年1月，被评为省级文明工地。

图17-2-5　南京锦绣阁商住楼工程（2005年摄）

江宁殡仪馆改造和扩建工程 位于江宁区上坊镇鲤鱼岗。占地面积3.89公顷，主体工程包括三大功能区：业务办理大厅、丧葬用品商场组成业务区和告别礼厅、火化区。改造、扩建总投资3300万元。于2000年10月开工建设，2001年12月竣工。全馆建筑风格按江南园林特点布局，主体建成采用中西结合方法，中心花园广场设计体现天圆地方、天人合一理念。馆内绿化面积1.50万平方米，总体建筑和配套功能达到国家一级殡仪馆标准。

宁自馨苑商业服务综合楼 位于江宁科学园天元东路以北、兴民路东。该工程为框架4层，工程承包内容为土建、水电安装、建筑幕墙，建筑面积7261平方米，工程总价347.37万元。由南京市江宁区淳化建筑工程总公司承建。2003年5月20日开工建设，2004年3月20日竣工。工程质量等级为优良。

太平菜场综合楼 位于江宁经济技术开发区通淮街。为框架结构6层，建筑面积31398平方米，工程造价998.10万元。由南京江城房地产开发有限公司投资建设，江苏省园林建筑设计研究院设计，南京宏亚建设有限公司承建，南京南汽监理有限公司监理。于2003年12月31日开工建设，2004年11月30日竣工。2004年6月，该工程被评为合格工程。

浅水湾大酒店 位于鼓楼区湖北路24号。框架结构，建筑面积14028平方米，工程造价963.35万元。由南京威远汽车商城有限公司投资建设，深圳市政设计院设计，南京桥新建设有限公司承建，理工大学工程兵工程学院南京工程建设监理部监理。于2005年8月8日开工建设，2006年6月26日竣工。2007年1月，该工程被评为市级文明工地。

托乐嘉花园商业区商铺工程 位于江宁经济技术开发区将军北路与麻田路口。工程内容为土建、水电安装，建筑面积20840平方米，框架2层，局部3层，工程造价1203.62万元。由南京新城置业发展有限公司投资建设，南京市中艺建筑设计院设计，南京市江宁区淳化建筑工程总公司承建，理工大学工程兵工程学院南京工程建设监理部监理。于2005年3月10日开工建设，8月10日竣工。

黄金海岸A区楼 位于江宁区金箔路南侧，框架结构，地上16层、地下1层，建筑面积94715平方米，工程造价9641.14万元。由南京明月建设集团有限公司投资建设，南京宏亚建设集团有限公司承建，南京天京建筑工程监理事务所监理。于2005年7月开工建设，2007年5月竣工。2007年，该工程被南京市建筑业协会评为“金陵杯”工程。

秦淮商城和区供销综合楼 秦淮商城工程是区政府2004—2005年度第三产业重点监管项目，总投资3000万元，建筑总面积2.20万平方米，2004年10月18日动工，2006年11月1日竣工，并通过区政府验收，同时完成招商和合作开发项目。

区供销社（集团）公司综合楼于2005年10月20日动工，总投资1600万元，建筑面积9460平方米，主体工程2006年6月封顶，2007年年初投入使用。

绿野大厦 位于江宁区上元大街518号。框架结构，地上14层，地下1层。建筑面积12247平方米，工程造价1360万元。由南京绿野房地产开发有限公司投资建设，东南大学建筑设计研究院设计，南京绿野建设集团有限公司承建，江苏建源监理有限公司监理。于2005年9月16日开工建设，2007年9月18日竣工。2007年12月，该工程先后被被评为市优质工程（“金陵杯”）、省优质工程（“扬子杯”）。

图17-2-6 绿野大厦（2007年摄）

日光广场 位于江宁区东新南路，框架6层，建筑面积24586平方米，工程造价2895.40万元。由江苏瓯江投资有限公司投资建设，江苏省建筑设计研究院有限公司设计，南京海晟建设集团有限公司承建，南京上元工程监理有限责任公司监理。于2006年8月开工建设，2007年10月竣工。2007年12月，该工程被评为市级文明工地。

天云阁装饰工程 位于东山街道上坊。框架与钢混结构1层～3层，建筑面积7763平方米，工程造价1964.62万元。该工程由中惠（江苏）装饰园林工程有限公司设计和承建，江苏建星监理咨询有限公司监理。于2007年2月25日开工建设，5月20日竣工。是年，该工程被评为市优质工程（“金陵杯”）。

胜太路商业街外装修改造项目 位于江宁经济技术开发区最繁华的商业街区。全长4200米，工程造价1808.23万元。该工程由南京鸿业建设工程有限公司承建，江苏建科建设监理有限公司监理。于2007年3月18日开工，6月18日竣工。该工程为南京新市区最具特色、最具城市化、最具现代化商业街区的标志性工程。

南京欧尚超市江宁店 位于南京市江宁经济技术开发区秦淮路11号。钢结构2层，局部3层，建筑面积40453平方米，工程造价6564.07万元。由南京金尚置业有限公司投资建设，中国海诚工程科技股份有限公司设计，南京鸿业建设工程有限公司承建，南京工大建设监理咨询有限公司监理。于2007年4月20日开工建设，至年底尚未竣工。

【交通军事建筑工程】

开发区四号公路大桥和胜泰路大桥 四号公路大桥和胜泰路大桥，位于江宁经济技术开发区四号公路和胜泰路，为东西走向。其中，四号公路大桥，宽60米，长190米，1995年初建，2004年扩建；胜泰大桥，宽37米，长186米，1996年建成通车。两座桥均为江宁县土桥建筑桥梁工程公司承建，时为江宁桥梁史上创纪录的两项大工程。

江阴长江公路桥FH7标段装饰工程 该工程建筑面积5766平方米，框架结构，工程造价749.64万元。由江苏省长江公路大桥建设指挥部投资建设，江苏省装饰设计院设计，中惠（江苏）装饰园林工程有限公司承建，南京工苑建设监理公司监理。于1999年1月8日开工建设，10月1日竣工。2002年，被评为国家“鲁班奖”工程。

南京长江二桥管理楼、综合楼室外工程 该工程建筑面积1.86万平方米，框架结构，工程造价1766.18万元。由南京长江二桥建设指挥部投资建设，中惠（江苏）装饰园林有限公司设计、承建，江苏省建星监理有限公司监理。于 2000 年 9 月 3 日开工建设，12 月 1 日竣工。2004 年，该工程被评为国家“鲁班奖”工程。

徐宿高速公路房建装饰装修工程 该工程建筑面积 6856 平方米，框架结构 2 层。由江苏省高速公路建设指挥部投资建设，江苏省交通规划设计院设计，中惠（江苏）装饰园林工程有限公司承建，江苏华厦建设监理公司监理。于 2002 年 10 月 21 日开工建设，2003 年 8 月 10 日竣工。2005 年，该工程被评为省优质工程（“扬子杯”）。

宁杭高速公路南京段房建装饰装修工程 该工程建筑面积 6140 平方米，框架结构，工程造价 798.28 万元。由江苏省高速公路建设指挥部投资建设，江苏省交通规划设计院设计，中惠（江苏）装饰园林工程有限公司承建，江苏振星工程监理有限公司监理。2003 年 6 月 16 日开工建设，8 月 16 日竣工。2005 年，该工程被评为省优质工程（“扬子杯”）。

滨江开发区一号路 位于江宁滨江经济技术开发区，东起 205 国道，西至长江边，总长 3707 米，设中央绿化带，幅宽 16 米，两侧各设 24 米绿化带，绿化带内各设两条污水管道。机动车道的结构分别是 30 厘米，12% 石灰土底基层，32 厘米二灰碎石基层，沥青混凝土，5 厘米中粒式沥青混凝土，4 厘米细粒式沥青混凝土，道路设计年限为 15 年，工程总造价 7721 万元。由南京海通建设（集团）有限公司承建。于 2003 开工建设，2004 年竣工。2004 年，该工程被评为省级文明工地、市级文明工地和市文明项目部。

沪宁高速公路黄栗墅室外装饰工程 该工程建筑面积 5500 平方米，为框架结构，工程造价 700 万元。由江苏省沪宁高速公路扩建工程指挥部投资建设，南京金陵建筑装饰有限公司设计，中惠（江苏）装饰园林工程有限公司承建，北京远达建设监理有限责任公司监理。于 2005 年 2 月 26 日开工建设，2006 年 4 月 5 日竣工。2006 年，该工程被评为省优质工程（“扬子杯”）。

宿淮高速公路装修成子湖服务区工程 该工程建筑面积 1.82 万平方米，为框架结构，工程造价 1927 万元。由宿迁市高速公路建设指挥部投资建设，上海景泰建设装潢有限公司设计，中惠（江苏）装饰园林工程有限公司承建。江苏振星工程监理有限公司监理。于 2006 年 6 月开工建设，11 月竣工。是年，该工程被评为省优质工程（“扬子杯”）。

泰州大桥管理中心室内装饰工程 该工程建筑面积 2510 平方米，框架结构 4 层，工程造价 635.05 万元。由江苏省长江公路大桥建设指挥部投资建设，中惠（江苏）装饰园林工程有限公司设计、承建，江苏振星工程监理有限公司监理。于 2007 年 7 月 1 日开工建设，9 月 28 日竣工。是年，该工程被评为市优质工程（“金陵杯”）。

南京国防训练基地 该工程建筑面积 36796.20 平方米，为框架和砖混结构，工程造价 5800 万元。由中国人民解放军江苏省南京警备区投资建设，江苏省城市规划设计研究院设计，南京鸿业建设工程有限公司承建，南京旭光建设监理有限公司监理。于 2007 年 11 月 18 日开工建设，至 2007 年年底，工程尚未竣工。

【文化教育卫生体育建筑工程】

县图书馆 位于土山路中段东侧，县人民大会堂对面，占地面积 7000 余平方米，建筑面积 2856 平方米，框架结构，正面 3 层，背面 6 层。于 1984 年开工建设，1985 年建成。由江宁县建筑设计室设计，其规模在全国县级图书馆大楼中居首位。编目室、阅览室、书库等各类设施齐全。

秦淮中学教学楼 秦淮中学位于东山镇大街东路宁中巷，原江宁县中所在地，占地面积 77979 平方米，主要建筑有教学楼、实验楼、宿舍等。

教学楼位于原县中东南侧，楼高15米，为4层曲尺形混合结构，整个建筑占地1000平方米，建筑面积5500平方米。由东南大学设计，施工分两期进行。1986年12月至1987年8月完成第一期工程，施工单位为江宁县建筑工程公司；1987年9月至1988年8月完成第二期工程，施工单位为江宁县湖熟建筑公司。该楼时为县内最大教育设施。1990年，为江宁县中校舍，建筑面积16383平方米。2007年年底，成为南京市秦淮中学教学区，校舍总面积3.50万平方米。

江宁区实验小学 原为江宁县秦淮中学校舍，位于大街西路与河滨路相交处，占地45774平方米，建筑面积7475平方米，内有4层混合结构教学楼2幢及部分平房，1981年建成。至2007年年底，为江宁区实验小学校舍。

江宁区职工培训中心 位于江宁区实验小学西侧，河滨路北侧，占地17557平方米，内有2800平方米教学楼1幢（4层），框架结构，1982年建成。2007年年底，该校为南京市江宁区职工培训中心、南京广播电视大学江宁分校、南京江宁成人中等专业学校三块牌子合一的办学实体。学校占地面积2万平方米，建筑面积1.4万平方米，有标准教室22个，微机室4个，电教室、图书室、网络电子阅览室各1个。

南京东山外国语学校 原为江宁县卫生学校，位于外港东路南侧（现为金箔路），占地36630平方米，房屋建筑面积7709平方米。主要建筑有教学楼2幢（各4层），学生宿舍2幢（各3层），图书馆1幢（3层）。1981年建成。2007年12月，改为南京市东山外国语学校校舍。

区教师进修学校 原为江宁县实验小学，位于竹山路实小巷内，占地18756平方米，房屋建筑面积5846平方米。主要建筑有4层教学楼1幢，3层办公楼、住宅楼2幢，2层教师楼2幢及部分平房。该校是江宁县办学最早、设备最齐全的小学之一。2007年年底，为教育局办公楼和区教师进修学校所在地。

区广播电视技术楼 位于江宁区上元大街410号，该楼被列为全县“九五”期间社会事业发展的重点工程，并作为县城标志性工程之一。总投资1400万元（含设备投资），1997年7月破土动工，1999年9月竣工，由江宁县谷里第二建筑工程公司承建。该楼建有标准化新闻演播厅、电视综艺演播厅（200平方米）、双向广播电视会议厅、10个电视节目制作编辑室及化妆室、配电总控系统等。

区计生大楼 位于江宁区新医路东侧，框架结构6层，建筑面积3000多平方米，工程造价为380万元。由江宁县计划生育委员会投资建设，南京新亚太建筑设计事务所设计，南京绿野建设集团有限公司承建，江苏省省级机关中心装饰工程公司装饰。于1997年动工兴建，1999年3月竣工并投入使用。1层为商业用房，2层～4层为办公用房，5层为信息中心，6层为计划生育干部培训中心。

21世纪双语学校实验楼和图书馆 学校位于江宁区上峰汤峰路96号，1997年成立，已建成23万平方米的花园式学校。其中中学部实验楼、图书馆楼建筑面积1.68万平方米，框架结构4层～5层，工程造价1176万元。由中国人民解放军总后军需生产管理部第二建筑设计室设计，江宁县上峰第二建筑工程公司承建。于1999年4月8日开工建设，2000年1月1日竣工。

上元中学实验楼 学校位于江宁区天印大道701号，占地面积4.30万平方米，校舍15700平方米。上元中学实验楼，框架4层，建筑面积3700平方米，工程造价202.90万元。由江苏省教育设计研究院设计，南京鸿业建设工程有限公司承建，南京江宁监理公司监理。于2001年6月1日开工建设，2002年6月14日竣工。2003年，该工程被评为市优良工程；2004年，被评为市优质工程（“金陵杯”）。

江宁区中医院综合楼 医院位于江宁区东山文苑巷1号，占地面积1万平方米，建筑面积1.50万平方米。中医院综合楼为框剪结构，地上12层，地下1层，建筑面积13147平方米，工程造价1067.06万元。由区卫生局投资建设，南京环都建筑设计院设计，南京市第七建筑安装有限公司承建，南京江宁监理公司监理。于2002年1月26日开工建设，2004年1月25日竣工。2004年1月，该工程被评为省级文明工地。

综合楼主楼高度为49.50米，6层～12层为行政执法、机关办公用房，裙楼东侧及主楼1层～5层（东半边）为中医院门诊大楼，裙楼西侧及主楼1层～5层（西半边）为区妇幼保健所。该工程为一类建筑，是一幢全智能化的综合大楼。

江宁医院医疗综合大楼 医院位于东山鼓山路68号。2007年，占地面积57276平方米，建筑面积69955平方米，辅助用房建筑面积4491平方米。其中，医疗综合大楼工程建筑总面积13500平方米（不含设备层），主楼15层（地上14层，地下1层），大楼总高52.50米，裙楼3层为急救中心，工程总投资5500万元。于2001年4月9日开工建设，2003年建成。大楼主要功能包括放射影像科、标准手术室（9间）、ICU监护中心、标准化病区（9个）等。

图17-2-7 江宁医院医疗综合大楼（2007年摄）

江宁文化艺术中心大楼 位于江宁区上元大街168号，占地面积2173平方米，建筑面积13780平方米。2002年4月1日建成并正式启用。大楼采取三角形平面布局，地面13层，地下1层，高度62.80米，是江宁区东山城区入口处的标志性建筑，也是联结城区中心、开发区和秦淮河的景观建筑。大楼中5000平方米的文化艺术中心以公益性群众文化娱乐为主，设有小剧场、多媒体教室、展览厅、文化阅览室、老年活动室、少儿活动室、棋牌室、健身房等。设施齐全，设备先进，体现较高文化品位和现代化气息。

科学园小学综合楼 学校位于江宁科学园天元路与成墟路交汇处，占地面积2.82万平方米，建筑面积1.28万平方米，总投资3000万元。绿化面积13600平方米，绿化率48.20%。

科学园小学综合楼建筑面积1.10万平方米，框架4层，局部5层，工程造价827万元。由江宁科学园发展有限公司投资兴建，江苏省教育设计研究院设计，南京鸿业建设工程有限公司承建，南京江宁监理公司监理。于2002年6月12日开工建设，2003年8月26日竣工。2003年，该工程被评为市优良工程；2004年，被评为市优质工程（“金陵杯”）。

江宁体育中心空调工程 江宁体育中心位于江宁科学园大学城格致路1号，是区政府为迎接2005年第十届全运会而建设的多功能现代化综合性体育设施。于2003年3月奠基开工，2005年8月交付使用。总投资8亿元，占地面积31.20万平方米，是江宁区重要标志性建筑之一。体育中心由体育馆、训练馆、主体育场“两馆一场”组成。其中，体育馆占地面积5609平方米，建筑面积14481平方米，可容纳观众5500人；训练馆占地面积1.80万平方米，有羽毛球馆、网球馆、乒乓球馆、游泳馆等配套设施；主体育场建筑面积5万平方米，比赛场地由400米田径跑道和足球场组成。2007年12月，江宁体育中心被国家建筑行业协会评为国家优质工程银奖。

体育中心空调工程造价 1321.33 万元。由南京合资冷气设备有限公司承建。工程于 2003 年 7 月开工建设，2005 年 8 月竣工。

图 17-2-8 江宁体育中心（2007 年摄）

天景山 A 组团幼儿园 位于江宁科学园天景山小区，建筑面积 4974.47 平方米，框架结构，工程造价 507.67 万元。由南京江宁科学园发展有限公司投资建设，江苏工业民用建筑设计院设计，南京明麓建筑工程有限公司承建，南京旭光建设监理有限公司监理。于 2004 年 4 月 2 日开工建设，2006 年 1 月 25 日竣工。2005 年，该工程被评为市级文明工地；2007 年，被评为市优质工程（“金陵杯”）。

江宁职业技术教育中心 位于江宁区龙眠大道月华路 1 号。占地面积 25.60 公顷，第一期建筑面积 10.50 万平方米，2006 年 9 月破土动工，2007 年 9 月竣工，并将学校搬迁于此。

教学楼及技术培训中心。框架结构 6 层，建筑面积 15050 平方米，工程造价 2365.82 万元。由南京金海设计工程有限公司设计，南京鸿业建设工程有限公司承建，南京天京建筑工程监理事务所监理。于 2006 年 10 月 22 日开工建设，2007 年 8 月 22 日竣工。2007 年，该工程被评为省、市级文明工地。

学生宿舍楼、食堂、实习工厂。框架结构，建筑面积 30375 平方米，工程造价 6052.18 万元，南京金海设计工程有限公司设计，南京宏亚建设有限公司承建，南京天京建筑工程监理事务所监理。于 2006 年 10 月 22 日开工建设，2007 年 8 月 22 日竣工。2007 年，该工程被评为省、市级文明工地。

图文信息中心。框架结构 8 层，建筑面积 1.35 万平方米，工程造价 2800 万元。由南京金海设计工程有限公司，南京市第七建筑安装工程有限公司承建，南京天京建筑工程监理事务所监理。于 2006 年 11 月 1 日开工建设，2007 年 8 月 27 日竣工。2007 年，该工程被评为省级文明工地。

江宁大学城天景山综合楼幕墙工程 位于江宁区天元路北侧、天景山南侧，框架结构，幕墙总面积 1.60 万平方米，工程造价 840 万元。由南京市江宁区淳化建筑工程总公司承建。一期工程于 2005 年 11 月开工建设，2006 年 2 月竣工；二期工程于 2006 年 9 月开工建设，是年 11 月竣工。工程质量等级为优良。

南广学院学生活动中心 位于江宁科学园弘景大道 3666 号。框架结构，建筑面积 2.26 万平方米，工程造价 2599.44 万元。由华南理工大学设计研究院设计，南京宏亚建设有限公司承建，南京江宁监理公司监理。于 2006 年 12 月 1 日开工建设，2007 年 6 月 20 日竣工。

天印公园 位于江宁区政府南面、东山街道中心地段。框架结构，地下 1 层 ~ 2 层，地上 1 层 ~ 3 层，占地面积 9.40 公顷，建筑总面积 88696 平方米，工程造价 4.40 亿元。该工程由江宁建设发展有限公司投资建设，中国市政工程西南设计研究院设计，南京鸿业建设工程有限公司承建，南京新华泰建设工程监理事务所监理。于2006年11月开工，至2007年年底尚未竣工。

【住宅小区建筑】

府后村住宅小区 位于区政府东北，土山路以东，占地面积26879.60平方米。1981年，在拆除旧房的基础上，兴建成套住宅楼18幢。其中，6层楼1幢、5层楼2幢、4层楼5幢、3层楼6幢、2层楼4幢。另有平房22座，建筑面积16260平方米。

南湖小区（东七组团住宅群） 位于南湖小区沿河一村内。是江宁县建筑业首次承建最大的群体工程，建筑总面积27397平方米。有形态各异的砖混结构住宅楼15幢，最高为6层，最低为4层。工程于1984年9月动工。施工单位有陶吴、谷里、陆郎、秣陵、上峰、禄口、淳化7个建筑公司工程队。至1985年10月竣工。年终评比在十多个区、县中名列第二，受到市政府、市城乡委的嘉奖。

上海明珠花园853号楼 位于江宁区明月路，区实验小学东侧。该楼为混合结构6层，建筑面积5600平方米，工程造价340万元。由南京海华置业有限公司投资，中国航空工业规划设计研究院设计，南京市第七建筑安装工程有限公司承建，南京银佳监理公司监理。于2001年3月20日动工，2003年4月20日竣工。2004年6月，该工程被评为市优质工程（“金陵杯”）。

湖滨世纪花园34号A楼 位于江宁经济技术开发区利源中路20号，框架结构6层，建筑面积3650平方米，工程造价231万元。由南京市江宁开发区房地产开发有限公司投资，江苏省城市规划设计研究院设计，南京上元工程监理有限责任公司监理。于2001年12月25日开工兴建，2002年9月10日竣工。2004年6月，该工程被评为市优质工程（“金陵杯”）。

芙蓉园一期 位于江宁区文靖路138号，砖混结构，建筑面积34448万平方米，工程造价22391万元。由南京江天房地产开发有限公司投资，南京环都建筑工程设计院设计，南京宏亚建设有限公司承建，南京江宁监理有限公司监理。于2001年3月20日动工，2003年3月19日竣工。2002年9月，该工程被评为市级文明工地（“梅花杯”）；2003年3月，10号、11号楼被评为市优良工程；2004年6月，10号、11号楼被评为市优质工程（“金陵杯”）；2005年1月，10号楼被评为省优质工程（“扬子杯”）。

东城家园8–1号楼和2号楼 位于江宁区上元大街与天印路交汇处，框架2层、混合5层，共7层，工程造价495.16万元。由南京金发房地产开发公司投资，南京市民用建筑设计研究院设计，南京上元工程监理有限责任公司监理。于2001年12月29日开工兴建，2002年3月10日竣工。2003年1月，该工程被评为市级文明工地，同年10月，被评为市优良工程。

武夷花园1幢～4幢 位于江宁区上元大街159号，砖混结构5层，建筑面积13476平方米，工程造价633.28万元。由南京武夷房地产开发有限公司投资，南京建筑设计研究院设计，南京绿野建设集团有限公司承建，江苏丰华监理有限公司监理。于2001年7月开工，2003年10月竣工，同年，该工程1号、2号楼被评为市优良工程，3号、4号楼被评为市优质工程（“金陵杯”）。

同曦鸣城胜泰华府 位于江宁区胜太东路8号，框剪结构22层，建筑面积1.80万平方米，工程造价1554.24万元。由同曦房地产开发有限公司投资，煤炭工业部杭州建筑设计研究院设计，南京市第七建筑安装工程有限公司承建，南京方园监理有限公司监理。于2002年12月10日开工，2004年7月10日竣工。2004年，该工程被评为市优良工程。

湖滨世纪花园29号楼 位于江宁经济技术开发区利源中路，框架结构6层，建筑面积4400平方米，工程造价220万元。由江宁经济技术开发区房地产开发公司投资，江苏省城乡规划设计研究院设计，南京市第七建筑安装工程有限公司承建，南京上元工程监理有限公司监理。于2002年1月开工，11月20日竣工。2004年6月，该工程被评为市优质工程（“金陵杯”）。

金盛公寓10号楼及门面房 位于江宁岔路口金盛路北侧，砖混结构6层，建筑面积6000平方米，工程造价360万元。由南京东山投资实业有限公司投资，南京环都建设设计研究院设计，南京宏亚建设有限公司承建，南京上元工程监理有限公司监理。于2002年6月10日开工，2003年2月11日竣工。2003年1月，该工程被评为市级文明工地；同年10月，被评为市优良工程；2004年6月，被评为市优质工程（“金陵杯”）。

百家湖西花园A型公寓1号、2号和13号楼 百家湖西花园位于区百家湖大街以南、利民中路以西、通淮街以东、天元路以北，占地面积26.67公顷，建筑总面积27.80万平方米，共81幢。

1号、2号、13号楼为框架结构5层，建筑面积8696平方米，工程造价558万元。由南京利源物业发展有限公司投资，南京民用建筑设计研究院设计，江苏建科监理公司监理。于2003年8月28日开工，2004年5月5日竣工。2004年，该工程被评为市级文明工地；2005年，被评为市优良工程；同年，13号楼被评为市优质工程（“金陵杯”）。

芙蓉园20号～23号楼 位于江宁区文靖路138号，框架与砖混结构，建筑面积17724.20平方米，工程造价985.70万元。由南京江天房地产开发有限公司投资，江苏建设工程设计院设计，南京宏亚建设有限公司承建，南京江宁监理公司监理。于2003年5月28日开工，2004年2月8日竣工。2004年，该工程被评为市级文明工地；2005年，被评为市优良工程和优质工程（“金陵杯”）；同年，20号楼被评为省优质工程（“扬子杯”）。

水月秦淮住宅小区2号～4号楼 位于江宁区双龙大道1008号，砖混结构12层，建筑面积16420平方米，工程造价1208.98万元。由南京天惠房地产开发有限公司投资，上海林同炎李国豪土建工程咨询有限公司设计，南京绿野建设集团有限公司承建。于2003年12月10日开工，2004年12月30日竣工。2005年，该工程2号楼被评为市级文明工地；同年12月，3号、4号楼被评为市优良工程；2006年5月，3号楼被评为市优良工程。

翠屏清华园36号、40号、46号、47号楼 位于江宁区将军北路1号。由南京天创建设实业有限公司投资，南京金海设计工程有限公司设计，南京绿野建设集团有限公司承建，江苏顺悦监理有限公司监理。36号、40号楼，框架5层，建筑面积4500平方米，工程造价400万元。于2003年7月15日开工建设，2004年5月15日竣工。2004年，该工程被评为市优良工程，同年，36号楼被评为市优质工程（“金陵杯”）。46号、47号楼，框剪结构12层，建筑面积10935.94平方米，工程造价1360.74万元。于2004年3月15日开工，2005年1月15日竣工。2005年，该工程被评为市级文明工地。

西苑新寓36幢 位于江宁区天印大道，砖混结构，建筑面积3015.60平方米，工程造价200万元。由南京天印房产公司投资，东南大学设计院设计，南京明麓建筑工程有限公司承建，南京上元监理有限公司监理。于2004年8月28日开工，2005年11月15日竣工。2007年，该工程被评为市优质工程（“金陵杯”）。

双赢花园2号和5号楼 位于江宁科学园莱茵达路139号，砖混结构，建筑面积7542.53平方米，工程造价497.90万元。由南京如月房地产开发有限公司投资，南京市建筑设计研究院设计，南京宏亚建设有限公司承建，南京银佳建设监理有限公司监理。于2004年6月6日开工，2005年5月15日竣工。2004年，该工程被评为市级文明工地；2005年，被评为市优良工程；2006年，被评为市优质工程（“金陵杯”）。

汇景新苑51号～53号楼 位于江宁区文靖路，砖混结构，建筑面积7604平方米。工程造价 568 万元。由南京江城房地产开发有限公司投资，南京江宁建筑研究设计院设计，南京宏亚建设有限公司承建，南京新华泰建设监理有限公司监理。于 2004 年 4 月 1 日开工，2005 年 3 月 15 日竣工。2004 年 12 月，该工程被评为市级文明工地；2005 年，被评为市优良工程；2006 年，被评为市优质工程（“金陵杯”）。

亲水湾花园 D 地块住宅楼 位于江宁区河定桥旁，区交通局东面，框架结构，建筑面积 27338.39 平方米，工程造价 2023 万元。由南京江天盛德房地产开发有限公司投资，深圳市市政工程设计研究院设计，南京宏亚建设有限公司承建，南京上元工程监理有限责任公司监理。于 2004 年 7 月 1 日开工，2006 年 9 月竣工。2005 年，该工程被评为市级文明工地；2007 年，被评为市优良工程。

金陵翠屏 F-1 区 位于江宁区将军大道，砖混结构，建筑面积 1.65 万平方米，工程造价 1142.65 万元。由南京金陵置业发展有限公司投资，南京金宸建筑设计院有限责任公司设计，南京市江宁区淳化建筑工程总公司承建，南京工业大学建筑工程学院监理公司监理。于 2004 年 7 月 10 日开工，2005 年 4 月 10 日竣工。

水月秦淮二期·天秀湾花园 21 号楼 位于江宁区双龙大道，框剪结构，建筑面积 13231.10 平方米，工程造价 1500 万元。由南京天惠房地产开发有限公司投资，上海都市建筑设计有限公司设计，南京明麓工程有限公司承建，江苏宏嘉建设监理有限公司监理。于 2005 年 11 月 20 日开工，2007 年 4 月 8 日竣工。

百家湖西花园 22 号楼 该楼为框剪结构，地上 16 层，地下 1 层（人防车库），建筑面积 34239.71 平方米，工程造价 3114.20 万元。由南京利源物业发展有限公司投资，江苏建筑设计研究院设计，南京宏亚建设有限公司承建，南京南房建设监理咨询有限公司监理。于 2005 年 5 月 28 日开工建设，2006 年 6 月 12 日竣工。2006 年，该工程被评为省、市级文明工地；2007 年，被评为市优良工程。

恒达嘉园 位于江宁区竹山路，框剪结构，地上 16 层，地下 1 层，建筑面积 19234.60 平方米，工程造价 1817.56 万元。由南京恒达房地产开发公司投资，南京市建筑设计研究院设计，南京市第七建筑安装工程有限公司承建，南京工业大学建筑工程学院监理公司监理。于 2005 年 7 月开工，2006 年竣工。

图 17-2-9 恒达嘉园（2006 年摄）

武夷商城 B 组团风尚阁 1 幢 位于江宁区岔路口，框架 18 层。建筑面积 3.80 万平方米，工程造价 4372 万元。由武夷房地产开发公司投资，南京市江宁区东山建工集团公司承建。于 2005 年 6 月 10 日开工，2007 年 2 月 20 日竣工。2006 年，该工程被评为省、市级文明工地。

颐秀居 1 号楼 位于江宁经济技术开发区通胜街 159 号。占地面积 2587.52 平方米，建筑总面积 45049.17 平方米，有 11 层楼 4 幢、235 套。1 号楼为框剪结构，建筑面积 7969 平方米，工程造价 672 万元。由南京江城房地产开发有限公司投资，南京丰科建筑设计顾问有限公司设计，南京永腾建设有限公司承建，江苏开源工程咨询监理有限公司监理。于 2005 年 9 月 1 日开工，2007 年 2 月 5 日竣工。

天泽苑情景洋房 天泽苑位于江宁区彤天路与竹山南路交汇处，建筑总面积 25 万平方米。

情景洋房 A8-10 地下车库为砖混结构，建筑面积 8432 平方米，工程造价 807 万元。由南京天富房地产开发有限公司投资，江苏工业民用建筑设计院设计，南京永腾建设有限工程承建，南京新华泰建设工程监理事务所监理。于 2006 年 12 月 1 日开工建设，2007 年 6 月 30 日竣工。

托乐嘉花园睦邻居 16 幢 位于江宁区将军北路、玛斯兰德对面。托乐嘉花园占地面积 43.60 公顷，建筑面积 75 万平方米，有 17 幢小高层。睦邻居 16 幢为框剪结构 11 层，建筑面积 10000 平方米，工程造价 800 万元。由南京新城置业发展有限公司投资，南京民用建筑设计院设计，南京市第七建筑工程有限公司承建，南京工业大学建筑工程学院监理公司监理。于 2006 年 1 月开工，2007 年竣工。

天元吉第城住宅楼和幼儿园 位于江宁区湖山路，区委党校北侧，建筑面积 1.20 万平方米，工程造价 1720 万元。由南京上元房地产开发有限公司投资，南京市建筑设计研究院有限责任公司设计，南京市江宁区东山建工集团承建。于 2006 年 12 月 30 日开工，2007 年 9 月 20 日竣工。2007 年，该工程被评为市优良工程。

天元吉第城 80 幢、81 幢、83 幢楼 天元吉第城占地面积 24 公顷，总建筑面积 25 万平方米。由南京上元房地产开发有限公司投资，南京市建筑设计研究院有限责任公司设计。80 幢、81 幢、83 幢总建筑面积 9997.90 平方米，工程造价 713.01 万元。由南京永腾建设有限公司承建，南京广顺建设项目咨询有限公司监理。于 2006 年 9 月 12 日开工，至 2007 年年底尚未竣工。

连云港天景美地 1 号、2 号、5 号、6 号楼 位于连云港市沿河南路 75 号。下框架上砖混 5 层～6 层，建筑面积 13900 平方米，工程造价 1045.37 万元。由连云港天工置业有限公司投资，连云港建筑设计研究院有限责任公司设计，南京市江宁区淳化建筑工程总公司承建，连云港德晖工程项目管理咨询有限公司监理。于 2005 年 11 月开工，2007 年 7 月 31 日竣工。2006 年 12 月，该工程被评为连云港市文明工地；2007 年 9 月，被评为连云港市“玉女峰杯”优质工程和市优质结构工程。

第三章 施工技术

江宁地区的建设施工技术，从远古的建巢筑洞到树干草棚，从泥墙草屋到砖木结构房屋，均在不断延续与发展。一千多年前建造的“南唐二陵”，砖石砌体已达到较高水平。明清时期，砖木结构建筑较为普遍，施工技术日趋成熟。至今保存的寺、庙、陵、殿、塔等古建筑，其结构设计、施工技艺仍为人们赞叹。20 世纪 30 年代，江宁地区农村建房，多数墙体采用夯土板筑、泥球垒筑、泥草拌筑，称作泥巴墙，茅草房。经济条件较好的人家，大多为砖木结构或是里生外熟墙体（内用土坯、外用青砖）。

自 1949 年起，江宁县的民用建筑、公共建筑以及工业厂房，广泛采用砖混结构和钢筋混凝土结构。20 世纪 70 年代后，工业与民用建筑的地基与基础普遍采用水泥砂浆和砖石砌筑条形基础；地面工程普遍采用炉渣、砖石垫层和水泥砂浆抹面；在屋面屋架工程中，民用建筑屋面由木屋架、挂平瓦，向钢筋混凝土预制空心板屋面过渡；工业建筑由木屋架、钢屋架，逐步向钢筋混凝土薄腹梁、大型屋面板和钢筋混凝土结构过渡。随着墙体结构变化，钢模逐渐替代木模；钢屋架、钢筋混凝土屋架逐渐代替木屋架，钢筋混凝土屋面得到广泛应用。同时水泥石棉瓦、玻璃纤维瓦、铝合金瓦普遍推广。装饰工程技术由水刷石、剁斧石、干粘石，逐步发展到机械喷、滚、弹、涂新工艺，各种色彩图案开始用于装饰墙面。1986年，东山地区的高层建筑“腾江大厦”建成，框架8层，建筑面积3498平方米，标志着江宁地区建筑施工技术发展到一个新水平。从1994年起，全县建筑施工企业贯彻执行建设部《关于重点推广应用10项新技术的通知》，加快建筑工业化的发展，推动科技成果的转化，提高建筑施工技术的整体水平。1998年，在全国建筑业推广新技术工作会议的推动下，江宁县建筑企业的建筑材料从加工制作到成品、半成品安装基本实现工厂化和机械化。

2001年后，江宁地区10层以上的高层建筑不断涌现。一批高、大、难、新的施工技术要求高、结构复杂的建筑工程项目不断出现，进一步提升建筑工程的施工水平。

第一节　地基与基础工程

江宁地区的古建筑和过去的民用住宅多为木结构，其基础一般采用夯土垫基，在承重木柱下端垫以石基，形成浅层地基。随着经验的积累，发展到一般在承重墙下进行挖土、夯实，用三合土垫层和砌筑基础墙等方式形成浅基础。20世纪40年代，兴建砖木结构（2层～3层）房屋，全都沿用上述基础。3层以上的多为条形基础，形式较为简单。新中国成立后，基础施工技术发展较快。60年代，出现条形基础、混凝土独立柱基、深井基础等。70年代，广泛应用整板基础、浮筏基础、箱形基础、不埋板基础、薄壳基础、振冲碎石桩基础。进入80年代，各种施工技术发展加快，特别是高层建筑的大量兴建，推动了基础施工技术的进一步发展，出现一批能适应不同地质条件的地基与基础施工新技术、新工艺。90年代后至2007年，在高层及超高层建筑施工中，基础开挖随之加深、加大，深基坑开挖和支护、防震、防渗和降排水等施工技术，不断向高层次、高科技发展。

【地基处理】

换土法　适用于河滩、淤泥质土、素填土及杂填土等软弱地基的浅层处理。垫层材料一般采用砂石、素土、灰土、粉煤灰、二灰（粉煤灰加石灰）等。近代建造房屋，遇到软弱地基，都将条形基础底部软弱土挖去，换填砂石或灰土夯实，以达到加固地基的目的。20世纪70年代，该项技术发展成为大开挖换土法，挖土多半采用机械开挖，然后分层换填砂石料，用轧道机碾压。1985年，江宁县陶吴、秣陵、禄口、谷里、陆郎、淳化、上峰7家建筑公司，参加南湖住宅小区建设，在沿海一村住宅工程施工中，对部分软弱地基使用“换土法”。因换土法需要挖运大量土石方，80年代后期起很少使用。

强夯法　以80千牛·米～300千牛·米的重锤，8米～20米的落距，对地基土进行强力夯击，靠其冲击能，一般为500千牛·米～800千牛·米，由夯击能转换为压缩波、剪切波和瑞利波，共同提高地基的强度，降低土的压缩度，改善土的振动液化条件。后因强夯法施工存在噪音大等问题，除沿江地带工程外，城区一般不再采用。

深层搅拌法　深层搅拌加固软土地基是利用水泥作固结剂，通过特制的深层搅拌机械，在加固深度内将软土和水泥强制拌和，使软土硬结后具有整体性和足够强度的水泥土的一种地基加固方法。1985 年，在南湖住宅小区施工中，开始大规模应用于淤泥质软土地基加固。深层搅拌加固新技术具有无震动、无泥浆排出、减少环境污染、无噪音、施工周期短、不受自然条件干扰等优点。20 世纪 80 年代末，此项施工技术被普遍推广应用。

【桩基础】

钢筋混凝土桩基础 江宁地区应用混凝土桩是从建造桥梁开始的，后在建筑基础工程中应用。其工艺较多，有预制方桩、预制管桩、静力压桩等。20 世纪 60 年代，开始应用预应力混凝土预制管桩。80 年代，采用硫磺胶泥接桩法，并在动荷载作用下打桩获得成功。采用此法，无噪音无震动，既可满足设计与施工要求，又可提高工程质量，又能将长桩改为短桩，制作方便，缩短工期。进入 90 年代，该技术日渐成熟，后被编入江苏省标准图集。区内施工企业广泛应用此法。

混凝土灌注桩 其工艺较多，有振动沉管灌注桩、锤击沉管灌注桩、钻孔灌注桩等。20 世纪 80 年代初，首次在南京市粮食局慧园街宿舍工程中使用振动沉管灌注桩，共用 610 根，长 12 米，直径为 325 毫米，桩距 1.10 米 ×1.10 米。1990 年，南京市建委与南京市工程兵学院对钻孔灌注桩成孔灌注最佳时控进行研究，经实验、观察，钻孔孔径 20 厘米，长 950 厘米，孔深 850 厘米处，在旋转完毕后 20 分钟，孔壁发生经向位移 4 厘米。实践证明，在钻孔钻完后，需在 11 分钟内灌完桩身混凝土，才能保证桩身直径在允许误差以内。

人工挖孔灌注桩 该桩基具有占地面积小、挖土量少、对邻近建筑物影响小、对环境污染小和施工机具简单、操作方便等特点，特别是对施工场地小、建筑物密集地区的改建、扩建工程的施工更为合适。区内建筑施工企业在老城区改建、扩建工程施工中多采用人工挖孔灌注桩法。

【基础工程】

杯形基础（又称独立基础） 1957 年兴建的南京机床厂单层预制混凝土装配式厂房，率先采用杯形基础。20 世纪 60 年代，在建造装配式厂房中，多数采用此类基础形式。进入 90 年代，江宁县在一些大中型装配式厂房施工中，仍应用这一施工技术。

片筏整板基础 又称满堂基础，适用于软土地及上部结构荷载较大的工程。实践证明，片筏整板基础结构安全，使用良好，技术、经济和社会效益都较好。

不埋板式和折板基础 1966 年，江苏省建筑设计院在南京部分住宅工程中率先应用不埋板式基础。1974 年，在南京及全省普遍推广此项新技术。1976 年，江宁县在南京施工采用这项新技术，实用效果良好。折板基础是在不埋板基础上发展起来的，受力性能较好。此技术板基构造简单，施工方便，能避免繁重的土方作业，便于场地狭小的地区施工。板基底面积大，作用于地基上的附加力小，适用于承载力低的软土地基。可在土壤层次、性质基本均匀的软土地基上采用。

薄壳基础 一般用于土胎膜和土方量较少的工程。其施工难点是基础开挖复杂，土胎膜几何尺寸要求严格，布筋及浇筑混凝土技术要求高。在江宁区多应用于多层住宅工程中。

箱形基础 1956 年 11 月，在南京下关电厂一期扩建的主厂房工程中，首次应用箱形基础工程。20 世纪 70 年代后，在南京及江宁地区箱形基础技术广泛应用，多数用于高层建筑施工。箱形基础多用机械开挖土方，需要相应的配套降水及支护措施，才能保证施工安全。

沉井基础 用于建筑工程的沉井基础有两种：一种是钢筋混凝土沉井，另一种是砖沉井。

砖砌沉井中一般采用内芯分层填实 1 ： 1 砂石，井底都在天然地面下 3 米 ~ 6 米处较好的持力层上，施工中在地面砌筑井圈，井底挖土，利用自重或上面加载使沉井逐段下沉。

【深基坑支护工程】

锚杆支护 南京最早应用此项技术是 1986 年施工的省公安厅办公楼，采用“静爆扩成孔，钢管支护锚杆”方法。施工顺序先锚后支，整个基坑设 6 道锚杆，密度为 1 米 ~ 1.50 米，锚杆长 5 米 ~ 8 米。1989 年，此项技术获南京市科技进步二等奖。1994 年，建设部在全国推广应用。

人工挖孔灌注桩支护 人工挖孔灌注桩主要用于基坑开挖支护，1990 年，南京地区在古南都饭店施工中，首次应用该项支护技术。该技术由于施工造价低、支护效果明显，在南京及江宁地区广泛应用。

帷幕桩和土锚杆挡土 1989 年，南京市建筑二公司在南京电厂施工中采用此技术。在施工中，明确要求没有设置地面拉锚和内支撑条件的，不准用强夯施工，因此采用钻孔压浆混凝土帷幕桩和土锚杆构成的挡土结构。实践证明，利用普通钻孔设备，采用无套管湿法钻孔及压浆技术制成的钢筋混凝土帷幕桩和土锚杆构成的挡土结构在饱和软土层中施工是可行的。该挡土结构使用后，一直到排水沟工程完毕，其功能始终发挥正常，能有效地控制深基坑边坡的稳定，确保邻近建筑物的安全。

【降水】

江宁的古代及近代建筑施工，由于基础开挖深度不大，一般采用排水沟和积水井等措施，通过人工降水、排水，以满足基坑降水需要。20 世纪 50 年代，多用积水井及水泵抽水降低地下水位。60 年代，广泛应用轻型井点降水。70 年代，发展到应用电渗井点降水。80 年代后期，降水已发展成为综合配套技术。降水既要保证基坑支护和施工需要，同时又要考虑到周围邻近建筑物因降水而引起的沉降影响。因而逐步发展成为降水回灌施工技术。管井降水的应用，从 1982 年开始在高层建筑基坑施工中广泛应用。90 年代，各施工企业应用基坑降水技术和支护技术，均已形成综合配套体系，并且日趋完善。

第二节 主体结构工程

新中国成立前，房屋建筑，其墙体以砖墙、土墙为主，泥巴墙、石笆墙为次。土墙有用泥坯砌筑，也有木板或树棍夹泥逐层夯实而成。石墙一般用块石砌筑。泥笆墙以茅草、芦苇或细竹打笆涂泥筑成，施工工艺比较简单。砖墙施工工艺比较复杂，清水墙更加考究。新中国成立后，随着社会经济发展和科学水平提高，江宁地区工业厂房和各类公共建筑逐渐增多，墙体工程结构出现砖混结构和混凝土框架结构；墙体材料不仅用传统的粘土烧砖而且出现煤渣砖、粉煤灰砌块、水泥混凝土砌块、加气混凝土砌块和预应力构、配件等；灰浆由传统使用的青灰浆（熟石灰和草木灰拌和）、水泥砂浆、耐酸砂浆、环氧砂浆，微沫剂已在水泥砂浆中掺和使用；施工机械由原始的肩挑人抬发展为机械化、电气化和自动吊装；施工脚手架从竹棍、麻绳绑扎发展到钢管扣件。1994 年，江宁县建筑行业和建材行业贯彻落实建设部关于推广应用十大新技术的通知，开始发展混凝土小型空心砌块建筑体系和框架轻墙建筑体系，推广应用外墙保温隔热、节能保温门窗及门窗密封等技术。1998—2007年，新型墙体应用技术在江宁区普遍推广。

【墙体工程】

泥墙 江宁古代农村建筑以泥墙为主，在施工方法上主要有两种：一是将泥和草掺水拌和均匀后，放入一块长方形木框内，成为一块泥坯，待晒干后，用土坯垒墙叫土坯墙；二是直接用稀泥拌草一层层垒墙，成为土墙。为防止墙体被雨水冲刷，在土墙外面贴一层层茅草。新中国成立后，随着人民生活水平的提高和新型建筑材料的出现，农村和集镇泥墙建筑逐渐被淘汰。

石墙 至20世纪80年代，江宁县石墙建筑已为数不多。石墙砌筑技术主要有：乱毛石砌的"乱插墙"，整毛石砌的"平石墙"。平石墙有"三跪一丁""一跪一丁""一站一卧"几种砌筑方法。石墙对丁石要求较严，俗称"过墙"。"过墙"以过满墙为最好，砌筑的灰缝很有讲究，要求宽度不得超过2厘米，不许留三角缝，更不能采用大塞大垫的方法。更为讲究的是磨菇墙和花式墙，要求精工细致，不用刀口石。石墙的厚度一般为32厘米、36厘米、40厘米三种。江宁地区过去建筑的围墙、门跺、下水道等大都采用石墙。80年代，个别工程外墙底部仍采用石头砌筑。许多用石块砌筑的挡土墙和护披，墙面打出规则的线条，美观大方，富有艺术感。

砖墙 从古至今，用条砖（砖块）砌墙的方式多种多样。现存的牛首山宏觉寺砖塔，已有1200年历史，塔高30米，七级八面、无木梁，成为砖墙技术的代表作。砌墙砌筑方式有：平砖丁砌错缝，即砖块上下错缝，相互交搭；平砖顺砌错缝，均为单砖砌筑，侧砖顺砌错缝。平砖顺砌与侧砖丁砌，江南一带叫做"玉带墙"或"实滚墙"，墙厚为一砖长或二砖宽。通常砌法为平砖砌与侧砖丁砌两者轮流合砌，上层砖与下层砖（平、侧）砌法相反，即单层砖的砌法与双层砖的砌法相反，墙面外观如编席纹样。空斗及空斗式：其砌法可以空砌，可以实砌。砌筑方式，分单丁、双丁、大镶思、小镶思、大合欢、小合欢，一般空斗墙均在斗里装填泥土、碎石、碎砖等。平砌或扁砌式：这种墙分若干种形式，全作平砖丁砌者较少，全作平砖顺砌者极为常见。建筑工程通用三顺一丁、二顺一丁、一顺一丁组砌方式。近代及现代建筑的砖砌体，最流行的为一顺一丁组砌方式。

砖石组砌 古代的富户宅院以及官府衙门，多以砖石墙作为护墙。新中国成立后，组砌结构不断改进。20世纪50年代，为降低造价、节约资金，"24"（24厘米厚）墙、空斗墙开始出现。空斗墙一般有"一斗一卧""三斗一卧"空半墙。进入70年代，随着建筑业的发展和结构层次的提高，实心墙逐渐代替空斗墙。比较流行的砌砖方法有"三一砌砖法""满刀灰法"。常用的摆砖组砌方法有"全顺砌法""一顺一丁砌法""三顺一丁砌法""梅花丁砌法""三七缝砌法"。在清水墙及独立柱施工中，用探尺操作，使墙面干净利索，便于外墙勾缝，给人以美观舒适感觉。较大的工程，在房屋四角均竖有皮数杆，以控制建筑物的标高。

砖砌胶结 据历史资料记载，磨砖对缝与泥浆胶结始于战国时期。营造匠人为了提高砖墙体的稳定性，发明的一种磨砖对缝（干摆）新工艺。所谓对缝是指砖缝密合，不是指上下砖缝相对；干摆是指先将砖块摆好后再灌灰浆。磨砖对缝是将砖五面中心部分进行"五扒皮"，即砍掉一层，砖的四边及露明一面用砖加水磨光，达到角正边直，规格一致，砌墙时先在边口刮油灰（桐油合灰）少许，以免碰伤角，将干砖平摆顺砌错缝，然后在每层内部灌注白灰浆，每砌五层内加暗丁（丁砖）一道，使之上下叠压与墙体相连，凡在砌筑的重要部位均用这种方法。撕缝：又称磨砖勾缝，墙面用水磨干、勾缝，再用黑烟加胶水用毛笔刷黑，达到砖缝色彩一致。淌白撕缝：即砌砖用泼浆灰（白灰加白泥）砌好后墙面磨平，使灰缝与砖面成一平面，用青灰加胶水再加石灰的灰浆（线子灰或月白灰）刷灰缝，达到灰缝与砖色一致。带刀灰：即砖不需要加工，用瓦刀括灰勾缝，为垒砌一般房屋墙垣上部之用。糙砌（草砌）：即砖不需要加工，不勾缝，灰缝较大，多为抹灰面的浑水墙砌法。

胶结材料 古代砌筑砖墙，主要用泥浆垫平砖缝，作为粘结材料。从宋代开始，改用石灰浆作为粘结材料。明代南京城墙的粘结材料以石灰、糯米汁或高粱汁，再加桐油掺和而成。清代重要宫殿建筑主要以纯灰浆为主，辅用石灰砂浆，或用灰沙黄土的混合灰泥。民国时期，从国外引进的水泥在建筑工程上得到应用。民国12年（1923），南京正式生产泰山牌水泥。从此，水泥作为墙体砌筑砂浆中的主要胶结材料得到广泛应用。墙体砌筑砂浆分为两大类，即混合砂浆和水泥砂浆。

砌筑工艺 传统砌墙工艺有“坐浆砌”“刮灰砌”两种。“坐浆砌”是将砂浆倾斜在下层砖面上，均匀铺开，后将砖块紧压叠上，其侧向搭接处，用瓦刀刮平灰浆；“刮灰砌”是用瓦刀在砖面刮足灰浆，然后叠上砖块，以瓦刀轻敲平整稳定，将挤出墙面灰浆刮下，另行使用。这两种方法的工效比较低，后对传统砌砖法进行多次改革，推行“双手挤浆法”等新工艺。双手挤浆法操作有四人小组、三人小组。壮工铺灰，技工砌墙，将砖块倾斜在手中，使砖块后端翘起，前端置于浆体上，向前推挤，伸直放平，刮起灰浆，填满竖缝，随手在砖面上压紧作实。如此壮工、技工互相配合，高级技工与学徒工互相配合，既能保证质量，又可提高工效。

【混凝土工程】

混凝土工程包括钢筋混凝土和预应力混凝土工程。从20世纪60年代起，预应力混凝土施工技术开始应用于厂房装配结构。70年代，钢筋混凝土和预应力混凝土工程从搅拌、运输、震捣，全部实现机械化施工。80年代起，预拌混凝土生产逐步实现商品化。进入90年代，预拌混凝土生产呈现供大于求的局面。江宁区有平达、天宝、兰叶等十多家企业生产预拌商品混凝土。

模板工程 早期建筑模板工程主要以木模为主。用于仿古模板工程，施工前按“飞檐翘角、梁栋斗拱”翻样，分别照样配模，拼装而成。近代建筑结构，通常采用普通梁、板、柱模板，从圆木成材到成型模板加工全靠手工制作。进入20世纪50年代，混凝土结构工程的模板，从木模板到钢木模板，从钢木模板发展成为定型钢模，随后发展成为定型组合钢模板及定型组合胶木模板。60年代，为适应各类工程结构的需要，各种大模、滑模、台模、预应力叠合模板、塑料模壳等新技术及新工艺得到普遍应用。70年代，开始采用一模三板新工艺，其“一模”则指混凝土承重墙采用定型大钢模。80年代，推广“内浇外砌”施工技术，其内浇混凝土墙体采用定型组合钢模。由于定型组合钢模具有强度高、刚度好、组装灵活、周转次数多以及适用性、通用性好等优点，很快得到推广应用。从90年代起，混凝土结构工程普遍应用定型组合胶木模板。

模板工程主要工艺有：滑模工艺、预应力叠合板、台模工艺、塑料模壳施工工艺和大幅面胶合板模板工艺等。上述各有特点，根据不同工程、不同要求，一直都在广泛应用。

钢筋加工 20世纪50年代，钢筋混凝土结构工程的钢筋加工成型及绑扎，全靠人工完成。60年代，部分施工企业先后试制一些简单加工成型机械，如钢筋切断机、弯曲机等。进入70年代，钢筋的成型加工逐步实现车间机械制作，采用对焊工艺节省钢筋，然后运至各施工现场进行绑扎。现场有的应用焊接工艺进行绑扎焊和搭接焊。从80年代起，钢筋加工成型实现机械化，钢筋连接方式相继应用气压焊、电渣压力焊、冷压套筒连接及螺纹套筒连接施工工艺。1985年，南京构件二厂成功研制“手动液压钢筋接头焊接弯曲器”，用于检验钢筋闪光对焊、电渣压力焊、气压焊的钢筋接头焊接质量。1987年，江苏省建筑机械厂成功研制“LDI型钢筋预应力张拉机”，体积小、重量轻、测力准确，操作方便，后在构件生产企业中广泛应用。1990年，采用冷压套筒连接工艺。1995年起，各种型号的钢筋接头施工工艺，在江宁县建筑企业中持续广泛应用。

混凝土拌制、浇捣、养护 20世纪50年代，施工现场所用混凝土都是人工拌制，几块木板或几张铁皮作为工作面，几把铁锹作为工具，靠实践经验拌和，采用钢钎震捣，靠浇水自然养护。60年代，国家颁布钢筋混凝土设计与施工规范，混凝土采用重量比，以水灰比和砂率等数据设计混凝土配合比，同时混凝土搅拌逐步采用机械搅拌。70年代，混凝土搅拌以自落式混凝土搅拌机为主，以插入式震动器及平板震动器震实混凝土。进入80年代，强制式混凝土搅拌机开始逐步替代自落式混凝土搅拌机，混凝土的养护液开始在工程中应用，还应用混凝土真空吸水养护技术。90年代，混凝土搅拌、震捣及养护成为成熟配套的施工工艺。实践证明，混凝土的施工方法与技术措施，要掌握五个要领：严格控制混凝土设计标号，精选混凝土优质骨料，掌握混凝土施工的气温变化，严格遵守混凝土施工规范，重视混凝土成品的自然养护。

高效预应力混凝土施工技术 20世纪70年代初，江宁县建筑构件厂开始批量生产中小型预制构件、空心楼面板、大型屋面板、水泥桁条及隔热板等。80年代，预应力混凝土结构逐步发展到多层框架结构。90年代起，江宁地区推广应用高效新型Ⅱ级、冷轧紧肋钢筋、钢筋焊接网、低松弛高强度锚及高效预应力混凝土施工技术，进一步推动预应力混凝土施工技术的提高与发展。

特种混凝土 从20世纪60年代起，为适应各类工程结构需要，南京及江宁地区不断应用各种类型的外加剂（微沫剂、减水剂、缓凝剂等），用于节约水泥和提高混凝土强度。此后，陆续推广轻质混凝土（泡沫混凝土、陶粒混凝土）、无砂大孔混凝土、耐热混凝土、耐酸混凝土、防水混凝土、耐碱混凝土、耐火混凝土、低温混凝土、钢纤维混凝土、耐射线混凝土和防爆混凝土，从而满足不同性质结构工程的需要。

第三节 屋面工程 装饰工程

从古代建筑到现代建筑，屋面工程种类繁多。20世纪50年代，江宁城乡建筑屋面大多为带坡度的平瓦屋面，屋架结构及防水、保温构造变化不大。随着民用建筑与工业建筑的发展，城乡建造房屋逐步采用木屋架、钢屋架。自70年代起，由于防水要求及木材来源日趋紧缺，很少使用木屋架，逐步发展成预制屋面板及平屋面。进入80年代，江宁县各地屋面工程发展加快，逐步形成现代屋面结构形式。

古代建筑装饰技术主要有建筑雕刻技术、建筑彩绘技术和建筑镏金技术。新中国成立后，建筑装饰工程执行“经济、适用，在可能条件下注意美观”的方针。进入20世纪80年代，随着大批高层建筑的兴建，建筑装饰技术得到较快发展。90年代后，逐步形成综合配套、门类齐全、施工能力强的建筑装饰技术，并涌现出一批装饰技术高超的星级宾馆、高级办公楼以及豪华别墅等建筑。

【屋面工程】

传统大屋面 江宁地区传统屋顶结构形式，以柱和梁架支承木桁条，通过桁条连系梁（枋），使整个房屋形成一个整体骨架。此结构相当于现代建筑中的框架结构体系。墙体部分不起承重作用，只起围护和分隔之用。江宁境内现存的明清时期“杨柳村古建筑群”就是这种屋顶形式。古代建筑中的宫殿、庙宇、祠堂都采用四面落水屋顶形式。江宁区重建的牛首山南麓的宏觉寺大雄宝殿及方山北麓的定林寺大雄宝殿，仍保留古代屋顶式样。

坡屋面 传统坡屋面按照排水方向分为双坡、单坡、四坡，其承重结构多采用硬山搁桁条、木构架或木屋架等。硬山搁桁条是利用山墙砌成尖顶形状，直接搁置桁条以承重屋顶重量，一般以屋面板或桁条作屋面的承重材料，也有用望砖、席箔、芦席等代替屋面板，不用吊顶、屋面部分多用仰瓦、合瓦（平瓦）、少量使用筒瓦屋面。进入20世纪70年代，石棉水泥瓦、镀锌铁皮瓦、钢丝网水泥大波瓦、木质纤维大波瓦、玻璃钢瓦先后用于坡屋面。80年代后，坡屋面减少，少数乡村仍以双披屋面为主。

平屋面 随着水泥工业的发展和多层、高层建筑的增多，平屋面越来越多。同时对平屋面保温防水方面提出了更高的要求，一般采用“二毡三油一砂”防水屋面。20世纪80年代，出现带保温的防水屋面，保温层采用75号煤渣混凝土抹上1 ∶ 2水泥砂浆找平层，在抗脊处按间距留下深2厘米、宽3厘米的出气沟，再在沟上干铺15厘米宽的一层油毡。在铺设第一层油毡时采用粘贴法，第二层铺沥青，所有出气孔中的气体，全部通过气沟进入白铁制的小气筒排出，防止屋面油毡起鼓。

新型屋面结构 薄壳屋面。马鞍形薄壳即负高斯曲率壳体，属薄壁双曲空间结构的壳体，其外形合理美观，自身平衡外荷，整个屋盖简化成只有一种预制单体薄壳，通过拼装二次浇灌混凝土联结成整体屋盖，受力荷载下版壳全部处在受死状态，结构高度低，稳定性好，充分发挥预应力技术。它比各种屋面都节省，尤其省去了繁杂的模板体系和工序，只要具备几副几何尺寸标准的能承受张拉应力的土胎膜。用一般预应力张拉工艺和设备就能叠浇连续生产，施工方便，荷重较轻，节省三材，造价较低，可比多孔板平屋面节省一半造价。

网架屋面。多数在建造大型体育馆建筑中使用网架屋面。其屋盖结构选用整体刚性好、施工较简便的球节点管式三向平板型空间网架结构，该网架结构在地面镶拼组装成整体；有的屋面采用斜放四角锥钢空管空心球吊板网架，铺设若干块三角形预制钢丝网水泥板屋面。网架屋面虽然使用多年，仍无渗漏现象。

双向预应力大型屋盖。该技术在桥梁上应用较为广泛，在工程建筑中仅用于预应力楼板、预应力屋架等构件上。

屋面防水技术 平屋面防水有70%沿用传统的沥青油毡，一般为“二毡三油一砂”。20世纪60年代，出现普通混凝土钢性防水屋面。70年代，发展为性能优良的微膨胀混凝土刚性防水屋面成套技术，随后研制出预应力混凝土刚性防水屋面和双层防水屋面。从80年代起，逐步应用各种高分子化学成分生产的防水材料。90年代，较为广泛应用的防水技术有卷材防水、刚性防水等。

卷材防水屋面。20世纪80年代，江宁地区通常以石油沥青卷材作为建筑防水工程的传统材料，习惯做法选用石油沥青胶结材料做“二毡三油一砂”或“三毡四油一砂”。一般200号油毡适用于简易防水、临时性建筑防水及建筑防潮工程；300号和500号粉面油毡适用于屋面、地下、水利工程的多层防水；片状面油毡用于单层防水。但由于这种油毡延伸率差，脆性大，石油沥青规格复杂，含蜡量不一致，有的使用高蜡沥青，其粘结力差，耐热度难以掌握，往往影响防水效果。

刚性防水屋面。20世纪70年代后在各类工业与民用建筑中采用较为广泛。最初的刚性防水屋面做法是在屋面结构层上做厚2厘米～3厘米、1 ： 2水泥砂浆、掺5%防水剂的粉面层，也有用35毫米200号细石混凝土振浆抹光做法。但因南京及江宁地区冬夏温差大及夏季白昼与夜晚温差大，致使钢筋混凝土平屋面极易发生收缩开裂，造成渗漏。为预防渗漏，后在结构上浇捣一层厚40毫米、200号细石混凝土，内配直径4毫米，双向距离200毫米的钢筋网，再用厚15毫米、1 ： 2水泥砂浆、掺5%防水剂粉面。1973年，江苏省建筑科学院研究一种以膨胀水泥混凝土代替普通混凝土，用性能好的聚氯乙烯胶泥代替油膏，成功研制“微膨胀混凝土刚性防水屋面技术”。1982年，江苏省建工局专题编制“微膨胀混凝土防水屋面技术规程”。

塑料油膏防水屋面。塑料油膏是以煤焦油为基料，聚氯乙烯塑料为改性材料，加上适量的添加剂、填补材料配制而成，是可以冷热施工的聚氯乙烯高分子复合弹性塑料防水材料，具有高温不流淌、低温不脆裂、粘结力强、延伸性较好、老化缓慢、施工方便等技术性能。

氯丁胶乳沥青防水屋面。其主要成分是氯丁橡胶和沥青，因氯丁橡胶有天然橡胶的特点，且强度高、耐油、耐酸碱、抗老化以及防水性能好，曾得到大量的推广应用。1984年施工的上海梅山冶金公司9424厂204号楼（位于江宁县江宁镇），屋面面积约6000平方米，采用氯丁胶乳沥青防水技术，取得良好防水效果。

聚氯酯膜防水屋面。聚氯酯涂膜防水材料是由一定比例的主剂和硬化剂混合后，涂在防水层上面反应而成的橡胶状的弹性体。20世纪90年代起，国内主要有双组成的焦油系列和非焦油系列两大类，其焦油系列使用不多，而非焦油系列普遍应用于旧屋面翻修。非焦油系列涂膜防水为冷作业施工，工艺简单，防水涂膜弹性好、抗渗力强、材料无异味、耗用量少，有一定的优越性，是较好的防水材料之一。

柔毡防水屋面。因聚氯乙烯防水柔毡，其嵌缝条和冷粘胶，具有弹性大、防水性能好、施工简便、工效高的特点，在屋面工程中广泛应用。

【装饰工程】

古建筑装饰技术　建筑雕刻技术。主要分为木雕、石雕、砖雕三类。石雕、砖雕大都作为外观装饰，多数用于台基、大门、厅堂、山墙、屋脊等处。木雕主要作为内部装饰。据《营造法式》记载，石作雕镌制度的所谓四等：剔地起空、压地稳起、尊地平级、尊地素平，则是历史上石雕技法的总结。南京和江宁地区遗留保存的梁唐之后的陵墓石刻17处，特别是陈文帝永宁陵前的石麒麟、梁临川王萧詹墓前石辟邪、梁吴平侯萧景墓前的神道、石柱，其造型生动，气势宏伟，是中国雕刻艺术宝库中不可多得的瑰宝，具有很高的历史和艺术价值，被列为国家文物加以保护；砖雕是砖结构工程广泛使用条件下的一种特有装饰雕刻技术。在《营造法式》中，砖作品种类包括垒翠、砍磨砖、砖雕刻三种工艺，又分为地面斗八、龙凤、华祥、人物、福门、宝瓶等。砖雕的起源可追溯到“文砖”工艺，则是一种模制的花纹砖和画像砖。这种砖的纹饰预先在窑厂制作，工艺复杂，最早用于组装砖构的陛阶及墓葬内的装饰壁画。

建筑贴金装饰技术。贴金装饰技术就是选用极薄的金箔粘贴到建筑物体上，使其牢固、光亮。金箔是一种选用黄金或铂金，经过人工（手工）锤击或机械加工精制而成的新型高级装饰材料。金箔早期用于店堂牌匾、庙宇佛像（佛身）。从20世纪80年代起，广泛用于企事业单位标志牌、形象牌以及旅游景点的装饰物体。贴金技术就是通过粘结物将金箔粘贴到装饰物体上，使其既能保持原貌，又能金光灿烂。90年代后，江宁（南京）金箔集团生产的金箔在北京故宫博物院、西藏布达拉宫等古代建筑中，以金箔贴金技术取代古代镏金装饰技术。与此同时，其金箔产品以及贴金技术均远销东南亚及世界众多国家。

此外，古建筑装饰技术还有建筑彩绘装饰技术、建筑镏金装饰技术、玻璃装饰技术和抹灰及油漆装饰技术等。

现代建筑装饰技术 新中国成立后，城乡建筑装饰遵照“适用、经济，在可能条件下注意美观”的原则，大多数建筑装饰朴素单调，外墙多用红砖勾缝，兼有混夹清（即一段清水墙勾缝，一段砂浆粉刷）；少数公共建筑及临街商业建筑，外墙采用粗砂灰或细麻石外粉。内墙多用普通纸筋灰粉刷，面刷石灰水三度。20 世纪 60 年代，建筑装饰逐步向高层次发展，内粉开始采用水砂粉刷，石膏线角，顶棚天花老粉刷白，内墙采用油墙饰面；外墙开始铺贴泰山砖，楼地面采用拼花硬木地板，局部地面采用大理石块加铜条与彩色石子磨制地面，内外门窗选用细木装饰。70 年代，由于高层建筑的兴起，外墙装饰改变为清水墙勾缝及 1 ∶ 1 ∶ 6 普通混合砂浆粉刷，随后出现干粘石外墙粉刷工艺和彩色弹涂外墙饰面新工艺。80 年代，装饰工程采用白色玻璃马赛克外墙贴面，随之许多公用建筑及临街外墙普遍采用马赛克饰面。进入 90 年代，外墙饰面技术发展多种多样，各种材质的面砖饰面、大理石及磨光花岗岩饰面、铝合金玻璃幕墙、镜面不锈钢饰面等，外墙装饰逐步向华丽高档发展。与此同时，室内装饰技术成为门类齐全、技术配套的专门工艺，普通抹灰墙面从石灰水发展成各种质地涂料，采用“刷、涂、滚、弹”成熟配套工艺；高级装饰墙纸、墙布等同时得到广泛应用；天花顶棚从灰板条发展成为硬质纤维板吊顶、钙塑板吊顶、石膏板吊顶、轻钢龙骨加塑料及铝合金扣板吊顶等。地面装饰技术绚丽多彩，从普通水泥地面发展到水泥聚合物彩色地面、镶拼木条地板、各种材质面砖贴面、花岩石地面、各种材质地毯饰面等，给内部装饰创造了新天地。

第四节 机械施工技术

20 世纪 60 年代，南京地区建筑施工出现“少先吊”及“鹅头吊”等吊机设备，解决了轻型物料的垂直运输问题。1964 年，塔式起重机在较大范围内广泛使用，时为先进的起重装备，同时开始使用一吨位机动翻斗车。70 年代，由于高层建筑日益增多，施工企业不断自我武装，创新设计，制造一批新型建筑施工机械。80 年代，高层外附式塔吊、内爬式塔吊、单挂双笼施工附墙电梯、两柱三笼高层井架以及混凝土输送泵等施工机械不断增多。90 年代至 2007 年，江宁区建筑工程机械化施工达到高水平，其中一、二级建筑企业施工机械化达 95% 以上，三级建筑企业施工机械化达 80% 以上。

【垂直、水平运输】

新中国成立后，江宁地区的建筑施工垂直运输与水平运输落后，建筑材料主要靠牛拉驴驮及人工搬运，几乎没有施工机械。20 世纪 50 年代，少数大型施工企业才有仿苏 0.50 吨少先式起重机和苏制 10 吨履带吊。60 年代，建筑施工企业开始步入建筑机械化，推广使用金属井字架、电力卷扬、手推车等，逐步实现“垂直运输卷扬化、水平运输车子化”，结束过去肩挑人抬的历史。70 年代，开始研制小型建筑施工机械，初步解决了轻型物料的垂直运输。同时大范围地使用“红旗 16 吨 / 米塔吊”。该塔吊具有变幅及移动功能，扩大了施工覆盖面，满足了当时面广量大的工程施工需要。80 年代，由于多层、高层建筑日渐增多，施工生产急需各种类型的施工机械，江宁地区的建筑施工企业，通过自我武装途经，自行设计、自行制造垂直运输及水平运输机械，用于垂直运输的 25 吨 / 米、30 吨 / 米以及 45 吨 / 米塔机开始投放施工生产。水平运输开始使用 1 吨机动翻斗车和铁制手推车。90 年代起，众多的建筑施工企业都以塔式起重机取代独立把竿和井字架，江宁自行制造的 25 吨 / 米 ~ 45 吨 / 米的塔式起重机开始批量生产，投放建筑市场。与此同时，省、市一些大中型建筑施工企业，通过从国外引进整套机械设备和自行开发两种渠道，研制生产高层外附式塔吊以及人货施工电梯。随后成功研制单柱双笼施工附墙电梯、两柱三笼高层井架、门式提升机以及高层钢管井架快速卷扬机等。在垂直运输方面，施工现场的混凝土泵送能力极大增强。

【起重塔吊】

1949 年，因房屋结构简单，为数不多的建筑构配件，都以简单机械与人工操作进行。如木屋架或少数钢木屋架，全靠木制独立把杆，配以人工绞车及倒链葫芦进行吊装。20 世纪 50 年代，起重吊装逐步以井字架、卷扬机取代独立把杆及链葫芦。60 年代，南京市集中全市起重吊装力量，在机具站的基础上成立专业化机械施工公司（即今江苏省机械化施工公司），施工能力明显增强。70 年代末，江宁县最大的建筑施工企业——江宁县建筑工程公司，各种施工机械及运输机械 146 台，机械设备净值 96 万元，人均装备价值 1100 元。80 年代末，全县乡镇建筑施工企业主要机械设备 1986 台，机械设备净值 968 万元，人均装备价值 820 元。进入 90 年代，江宁地区中型以上的建筑施工企业，起重吊装设备均配套齐全，各种型号的汽车吊、履带吊、轮胎吊和各种型号的塔式起重机、移动式起重机、门式起重机、高层建筑的外附式塔吊以及大吨位平板拖车、运输自卸车等，均能满足各类结构工程的起重吊装需要。

【预制混凝土构件吊装】

20 世纪 50 年代，中型以上预制混凝土构件都由混凝土预制构件厂生产、吊装与装配。60 年代，一些大型建筑施工企业采用现场制作混凝土构配件，应用履带式起重机进行吊装与装配。80 年代，江宁县缝纫机厂总装配车间所有的混凝土构配件都是场地预制，均由“履带吊”吊装而成。90 年代后，单层与多层全装配厂房以及大跨度钢筋混凝土构件，都由重型液压吊装设备进行吊装。

【机械喷涂抹灰】

传统抹灰多以手工操作为主，其工效低，劳动强度大。江宁地区建筑施工机械喷涂抹灰工艺先后经历三个探索阶段。第一阶段（1959—1964 年），主要研制灰浆的运送机械化和底层砂浆喷涂到墙面两道工序的机械化。运送机械为灰浆泵，采用柱塞泵和隔膜泵两种形式，输送量为 3 立方米 / 时，垂直输送高度 40 米，水平输送 150 米，采用 0.60 立方米 / 时空压机，工作压力 15 千克 / 平方厘米，用胶管加上喷嘴将砂浆喷上墙面，刮平、抹平及压光仍是手工操作。第二阶段（1965—1969 年），将搅拌机、震动筛、空压机、灰浆泵整套设备安装在挂车上，组成可移动的联合机组，并对喷枪构造进行改进，减少落地灰，采用气流制动阀，解决操作开言与开车停车联系困难等问题。第三阶段（1970—1975 年），主要普及推广抹灰施工机械，研制刮平、压光配套机械，引用挤压泵，输送量为 3 立方米 / 时和 1.20 立方米 / 时两种，垂直距离 20 米，水平距离 60 米 ~ 80 米，并在砂浆中掺入微沫剂改善可泵性。20 世纪 80 年代后，机械喷涂因受机械配套维修以及劳动强度和卫生条件等影响，后期内粉刷很少应用机械喷涂，装饰性的外墙喷砂工艺仍在应用。

【脚手搭架技术】

20世纪60年代，江宁地区建筑施工外墙脚手架，以树棍、木板为主。70年代，脚手架以毛竹、人字梯、三角架、木跳板为主。80年代，外墙脚手架以钢管代替毛竹，以铁跳板代替木跳板。90年代后，随着高层建筑的激增，高层外墙脚手架普遍采用外爬式脚手架，悬吊式装饰脚手架，悬空附墙轨道式、升降式等机械脚手架。

第四章 行业管理

新中国成立后，江宁县建筑业管理体制、隶属关系几经变化。

20世纪50年代至70年代中期，江宁县建筑队伍从分散逐渐走向集中管理。1951年，东山地区12名瓦、木匠率先成立东山镇建筑小组。此后，汤山、湖熟、陶吴、秣陵、江宁、淳化等乡镇相继成立建筑小组。1956—1957年，通过社会主义改造，各乡镇成立建筑生产合作社。1958年"大跃进"，使全县建筑企业一度膨胀起来，成立地方国营江宁县建筑公司。1961—1964年，由于国民经济调整，县建筑业进入低潮期。1965年，建筑业开始复苏。1967年，东山建筑站更名为江宁县建筑站，除经营自身业务外，开始对全县集体建筑企业和部分建筑联合体实行统一管理。1975年，江宁建筑站由江宁县工业局划出，隶属江宁县计划委员会领导。1977年9月28日，江宁县建筑安装管理站成立，统一管理全县建筑业。是年12月，县计划委员会下发《关于加强全县建筑队伍管理的通知》，各公社（镇）建筑队伍统一定名为江宁县建筑安装工程队。1978年，组建江宁县建筑民兵团，与县建筑管理站合署办公，两块牌子，一套班子。

1981年1月，县建筑安装管理站和县建筑民兵团由县计划委员会划归江宁县基本建设局管理。是年5月，撤销县建筑民兵团，成立江宁县第二建筑工程公司，县建筑二公司与县建筑站合署办公，二公司主管所属工程队和外出施工队伍。1987年8月，撤销县建筑安装管理站和县建筑总公司，成立江宁县建筑工程局，与县城乡建设环境保护局合署办公。1992年12月，江宁县建筑工程局从县城乡建设局划出，隶属县政府直管。2000年12月，更名为江宁区建筑工程局。至2007年，机构名称没有变化。

第一节 市场管理

1980年以前，县、乡企业在县工商部门办理经营手续即可营业。之后，须经县基本建设部门审查会签方可营业。1984年3月，城乡建设部颁发《建筑企业营业管理条例》，明确企业开工登记条件。20世纪90年代初，江宁县开始实行建筑市场招标投标制度。1996年，在县建工局内设立招标投标办公室。建筑企业不仅要有营业执照，还要有国家资质等级证书等方可参加招标投标。同年，江宁县开始实行项目经理制度。1998 年 6 月，成立江宁县建设工程造价管理办公室。

至 2007 年，江宁区有资质建筑企业 160 家，建造师 1207 人。全年办理报建项目 324 项，建筑面积 1000.04 万平方米；新开工工程办理承包发包手续 1590 个标段，建筑面积 997.56 万平方米。报建、招投标均为 100%。

【资质管理】

企业资质管理　20 世纪 80 年代前，建筑企业尚未评定技术等级。1984 年 3 月，国家明确了建筑企业等级制度。1985 年年初，全县建筑企业开始评定技术等级。经南京市建工局批准，全县乙级企业 26 家，丙级企业 44 家，丁级企业 79 家。1987 年 8 月，县建筑工程局成立后，组织力量对县、乡两级建筑企业进行抽查、整顿。通过资质审查，全县有上等级企业 29 家，其中三级企业 6 家，四级企业 23 家。1989 年进行资质复查，重新确定资质等级。全县上等级企业共 30 家，其中三级企业 2 家，四级企业 28 家。随着社会主义市场经济体制的建立，县建筑业的集约化程度提高，经营规模扩大，资质等级提升。1995 年，全县拥有建筑企业 220 家，有资质等级的建筑企业 66 家，其中二级企业 3 家，三级企业 17 家，四级企业 46 家。1996—2000 年，全县建筑业的资质等级得到不断提升，大多数企业实现从单一型向综合型、效益型和技术型转变，集建筑安装、装饰装潢为一体，标志着江宁县建筑业的技术水平和综合实力上了一个新台阶。

2001 年，按照建设部新颁布的《建筑企业资质管理规定》和《建筑企业资质等级标准》，江宁区成立资质就位工作领导小组，帮助企业实施资质就位工作。南京第七建筑安装公司进行资产重组，是年 12 月，晋升为国家一级资质企业，是江宁县第一家有一级资质的企业。至 2002 年，全区共有建筑企业 300 多家，其中 85% 实行改制，有资质等级建筑企业 77 家，其中一级资质企业 2 家，二级资质企业 14 家，三级资质企业 36 家，劳务企业 25 家。2005 年开始，资质复查全面采取网络方式进行。至 2007 年年底，全区共有资质等级企业 160 家，其中一级资质建筑企业 10 家，二级资质企业 31 家，三级资质企业 102 家，劳务企业 17 家。江宇集团拥有 3 家一级资质企业；中惠集团、海通集团、陶吴建工集团均拥有双一级资质，全区建筑企业整体资质水平居全市各区、县前列。

建造师（项目经理）资质管理　1996 年起，全县统一实行项目经理制度。1996—1997 年，根据省市主管部门统一安排，对企业项目经理等级进行核定。2000 年，加强对项目经理的动态管理，每年进行项目经理资质年检。

2003 年，根据上级有关规定，取消建筑施工企业项目经理资质标准，由注册建造师代替，并设立过渡期。当年，根据人事部、建设部《建造师执业资格制度暂行规定》和《建造师执业资格考核认定办法》，对全区一级、二级项目经理进行梳理排队，帮助其参加考核取得一级、二级建造师执业资格。2005 年起，全区取消四级项目经理。2006 年起，实行建造师制度，开始由一级、二级建造师，取代一级、二级项目经理。至 2007 年，江宁区共有建造师 1207 人。其中，一级建造师 115 人，二级建造师 516 人，三级建造师 576 人。

在项目经理管理上，江宁区出台《南京市江宁区建筑施工企业项目经理管理办法》，明确项目经理在施工过程中不能随意调换，特殊情况需要调换的，应按变更程序和一定的操作方法进行，从而遏制一些施工企业用等级高业绩多的项目经理进行投标，中标后派低级项目经理负责施工和违法挂靠等行为；根据质量监督、安全监督等部门提供的项目经理不在岗的信息，会同执法大队进行查处，责令其整改，对整改不到位的，停止企业备案、投标活动。通过从严督管，项目经理不到岗现象明显好转；加强项目经理资质证书备案管理制度，遏制项目经理一证多投现象。

1997—2007 年江宁区建造师（项目经理）情况表

表 17-4-7　　　　　　　　　　　　　　　　　　　　　　单位：人

年 份	项目经理或建造师人数				
	合 计	一 级	二 级	三 级	四 级
1996	270	—	16	170	84
1997	296	—	24	196	76
1998	326	—	36	220	70
1999	353	5	41	243	64
2000	410	7	76	276	51
2001	502	24	108	347	23
2002	664	32	162	456	14
2003	763	34	197	519	13
2004	815	49	242	514	10
2005	877	68	253	556	—
2006	1085	92	281	712	—
2007	1207	115	516	576	—

说明：1.1996 年开始实行项目经理制度
　　　2.2005 年起取消四级项目经理
　　　3.2006 年起由建造师取代项目经理

【施工许可和合同备案管理】

施工许可证核发　1980 年前，建筑企业的开业经营，须经隶属主管单位同意签章后，由县工商局管理部门办理经营手续，之后由县基本建设局审查会签。建筑企业与建设单位签订施工合同或由县基建局安排施工。20 世纪 80 年代后，当各种施工条件完备时，建设单位按照计划批准的开工项目向县建工局办理施工许可手续，领取施工许可证。未领取施工许可证的不得擅自开工。2002 年，根据建设部 71 号令关于《建筑工程施工许可管理办法》的规定，从 10 月 1 日起，开始发放建设部统一制定的“建筑工程施工许可证”。是年，共发放施工许可证 570 份。2003 年，对全区建筑市场开展专项整治，不依法办理施工许可证的状况有所好转。是年，共核发施工许可证 464 份，施工面积 453 万平方米，工程价款 36.60 亿元。其中，外来企业办理施工许可证 266 项，施工面积 317 万平方米，工程造价 28 亿元。2004—2007 年，在核发建筑工程施工许可证前，制订办事程序、表单和台账，经办人员对建设单位提供的原件进行审核，科室负责人进行复查，局领导审批。4 年共核发施工许可证 1622 份，施工面积累计 2483 万平方米，累计工程价款254.41亿元。

合同备案 2002年，随着区建筑市场的开放，涌入大批外来施工队伍。为加强建筑市场的管理，对外来施工队伍实行单项工程备案制，在施工过程中进行跟踪管理。当年有60家外地企业在区承接工程。是年，全区共办理施工合同备案570份，合同施工面积335万平方米，合同造价22.70亿元。2003—2004年，加强合同备案管理，两年累计合同备案988项，合同施工面积1220万平方米，合同造价102.80亿元。2005年，合同备案做了三项工作：做好建筑工程施工合同的备案工作，全年共完成合同备案677份，合同施工面积650万平方米，合同造价61.40亿元；做好信用手册年检换证和外来施工企业的备案工作，当年共核发《江苏省信用管理手册》(附册)214份，其中外地企业124份，当地企业90份，并首次对外地企业进行单项备案，共进行单项备案368份；做好分包管理工作，共完成分包合同备案126份。2006年，共完成合同备案869份，合同施工面积849万平方米，合同造价90.40亿元。共进行外来建筑施工企业单项备案413份，监理企业单位单项备案16份，招标代理企业单项备案12份，预拌砼企业单项备案1份。同时，还完成分包合同备案484份。

2007年，进一步规范建筑工程施工合同的备案工作，并增加对项目部的管理人员和特殊工种的备案。全年共完成合同案件891份，合同施工面积992万平方米，合同价款119.10亿元。共进行外来建筑施工企业年度备案68家、单项备案521件；监理企业年度备案33家，单项备案22件；招标代理企业年度备案7家，单项备案18件。

【招标投标管理】

招标投标监督管理 1996年，成立江宁县建设工程招投标领导小组，下设办公室，建立工作制度。1998年，先后两次组织人员普查或抽查在建项目，处罚两项违章、违纪工程。2000年，审计检查全县各部门、各乡镇的工程项目从立项至竣工各项手续执行情况，涉及建设、施工单位97家，受检项目300项，面积113万平方米，工程造价6.70亿元，促使全县绝大多数工程纳入正常管理渠道。2001—2002年，借鉴外地经验，改进招标、投标、评标和定标办法；大力推行工程量清单招标，减少标底编制单位与投标单位之间的预算偏差，杜绝在开标过程中因标底误差而引发的矛盾；实行“明、暗两段式”招标，提高招标、评标、定标的合理性和透明度。2003年后，区招标办实现在手项目应招标项目招标率100%，应公开招标项目公开招标率100%，直接发包项目均符合法律法规规定，进一步强化招标代理市场管理。2005年，共受理招标代理企业进入江宁区从业登记46家（其中长期36家，单项登记10家），其中2家有违法违规行为，作出严肃处理。是年起，区招标办全面推广电子清标辅助系统。实行计算机辅助清标，通过对评标活动的自动化控制，进一步提高评标的效率和科学性。2005—2007年，共受理招标投标投诉17份，均依法进行处理。

2007年开始，在招标投标日常监管工作中，着重从事前、事中、事后三方面开展监督管理。事前监督，做好程序合法性的监督，依法核定招标方式，严格审查招标文件。事中监督，对开标程序、评标过程中评委履行职责情况予以重点监督，做到阳光操作，透明式办公。事后监督，突出对招标备案资料的核查，防止中标结果和投标评标结果不一致，确保建设工程招标、开标、评标的公开、公平、公正性。

建设工程招标投标情况 1996年，江宁县开始实施建设工程招标投标。1996—2007年，共办理报建项目2570项，总投资1265.81亿元；办理建设工程承发包手续7060项（标段），工程造价486.99亿元。报建、招投标均为100%。

1996—2007年江宁区建工局招投标指标完成情况表

表17-4-8

年 份	招投标指标完成情况
1996	办理招投标手续项目80个，造价1.30亿元，建筑面积22万平方米，其中补办项目32个，造价3200万元
1997	办理报建178项，招投标手续158项，报建、招投率100%，造价3.82亿元，中标3.65亿元，节减资金1700万元，节减率4.50%
1998	办理报建206项，办理招投标手续167项，报建、招投标率100%，造价4.61亿元，中标4.45亿元，节减资金1600万元，节减率3.50%。其中办理公开招标项目129个，公开招标率77%
1999	办理报建101项，办理招投标手续89个，报建和招投标率100%。其中公开招标87项（含直接发包47项），公开招标率97.80%。造价4.72亿元，中标4.54亿元，节减率3.80%
2000	办理报建109项，报建率100%，发放中标通知书191个单位工程，其中公开招标80个，公开招标率100%，面积35万平方米，中标价2.40亿元，节减率3.40%，直接发包40个，补办手续71个
2001	办理报建项目102项，建设面积184.66万平方米，投资19.69亿元。核发单项工程中标通知书199项，建筑面积110.39万平方米，工程造价6.64亿元
2002	办理报建168项，建筑面积494.88万平方米，投资78.79亿元，办理招标投标手续496个，建筑面积289.40万平方米。工程造价22.10亿元。报建、招投标均为100%
2003	办理报建269项，建筑面积850万平方米，投资174亿元。新开工程办理手续846项（标段），建筑面积665.78万平方米，工程造价58.03亿元
2004	办理报建242项，建筑面积673.64万平方米，投资137.47亿元，新开工工程办理发包手续732标段，面积672.53万平方米，造价66.52亿元，直接发包175个标段，面积78万平方米，报建、招投标均为100%
2005	办理报建334项，建筑面积980.46万平方米，投资249.36亿元。新开工程办理承发包手续961标段，面积759.01万平方米，工程造价80.18亿元。江宁区企业中标372项，占总数38.71%；面积320.54万平方米；占总数42.23%；造价36.68亿元，占总数38.26%。报建、招投标均为100%
2006	办理报建457项，建筑面积1111.54万平方米，投资306.40亿元，新开工工程办理承发包手续1560标段，面积875.42万平方米，工程造价96.84亿元。报建、招投标均为100%
2007	办理报建324项，建筑面积1000.04万平方米，投资296.10亿元。新开工工程办理承发包手续1590标段，面积997.56万平方米，造价140.16亿元。江宁区企业中标量为581个标段，面积352.15万平方米，占总数35.30%，造价56.18亿元，占总造价40%。报建、招投标均为100%

【造价管理】

1998年6月，成立江宁县建设工程造价管理办公室。2000年，先后被评为市造价管理先进单位和省造价管理先进单位。

地方材料价格测算发布 2001—2003年，区工程造价办公室及时传达市造价处的调整临时设施费，公布黄沙等地方材料补差办法，公布主要地方材料价格，发布装饰工程计价依据等相关造价调整文件。组织专人到施工企业和建材生产厂家进行调研，组织和收集各方面材料，充分听取各方面意见，经过科学的论证和测算，组织发布2003年江宁地区建筑工程材料预算价格及预拌（商品）混凝土指导价，并发寄到各相关单位，使全区建筑工程造价合理性、准确性得到可靠保证。2004年，采用2003年调研办法，组织发布2004年上半年和第三季度江宁地区建筑工程材料预算指导价。同时，积极推行施工企业工程造价编审电算化。是年，全区等级以上的施工企业均做到工程造价编审电算化。2005年，针对建材市场变化快、价格波动大的状况，将以往每半年出一次价格信息，改为每季度发布一次，使造价办发布的价格信息能够准确地反映市场价格的变化。2006—2007年，通过筛选，确定有代表性的建材厂家、商家和工程单位作为区造价办信息采集点，请其按季度定期向造价办传递市场价格信息，通过对这些信息进行统计平衡，使造价办发布的信息更能准确地反映市场价格的变化，更有效地指导预、决算编制。

决算备案管理　2005年9月1日起，按照建工局有关规定，在全区统一实行工程决算备案制度。是年，完成143宗工程决算备案，总造价35亿元；2006年，完成343宗工程决算备案，总造价33.70亿元；2007年，完成369宗工程决算备案，总造价47.70亿元。工程决算备案制度执行2年多，对造价咨询市场存在的高估冒算、围标串标、弄虚作假、阴阳合同、明招暗定等不规范行为起到遏制作用。

第二节　质量监督管理

20世纪70年代前，工程质量由施工队长、施工员、技术员负责，建设单位派人监督。1980年，县建筑企业内部设立质量检验科和质量检查组。1981年起，全县开展“三高三好”（高质量、高速度、高工效和安全生产好、现场管理好、经济效益好）创全优工程活动，工程质量迅速提高。1986年11月，成立县建筑安装工程质量监督站，为江宁县建筑业专门质量监督管理机构。2002年12月，区质监站获得建设部全国建设工程先进质量监督站称号。

【工程质量监督】

20世纪80年代，江宁县开始开展工程质量监督工作。1986—1990年，5年受监工程391项，受监面积57.67万平方米。1990年年底，全县受监工程覆盖面72%。1991—1995年，全县受监工程1230项，受监面积为274.13万平方米，受监工程合格率100%，县城及周边地区覆盖面90%以上。1996—1997年，全县受监工程732项，受监面积200.30万平方米，受监工程合格率100%。1998—2000年，全县受监工程1588项，受监面积560.93万平方米。3年中，质监人员巡回工地检查、验收8500多人次，查处工程质量问题60余起，确保受监工程未发生重大工程质量事故。

图17-4-10　2002年12月，江宁区建设工程质量监督站被建设部授予全国建设工程先进质量监督站称号

2001年后，随着江宁区开放开发深入推进，一大批国家、省、市、区重点建设项目开工建设，区建设市场规模总量逐年增加。区质监站严格按照国家规范标准和有关规定，严格把控工程质量关卡。2001—2005年，全区累计受监工程8269项，受监面积4531.74万平方米，共发出质量隐患整改通知单206份，停工通知单38份。5年中，全区现场监督抽测主体工程3786项，砼回弹抽测6554组，抽测砼强度不满足设计强度要求的380组。通过督查和抽测，使施工现场的施工质量和砼强度控制得到明显提高。2006年，全区受监工程2170项，受监面积1111万平方米。全年督查抽测主体工程1077项，砼回弹抽测2154组，抽测砼强度不满足设计要求的74组，发出监督抽查通知单62份，共发出质量委托整改通知单81份。2007年，全区受监工程3027项，受监面积1468万平方米，开展工程督巡查50次，督查工程50项，面积56.50万平方米。查处质量行为和质量问题286条。全年共督查抽测主

体结构工程1050项，抽测砼构件数2466个，其中不满足设计要求的191项，占抽检总数7.75%。是年，工程质量监督工作通过建设部、省建设厅以及市建工局各项质量检查，全年无质量事故发生，受监项目、面积均创历史最高水平。

【质量检查及专项治理】

20世纪70年代后，工程质量检查分月、季、年度查和抽查4种。月、季检查由各企业自查；年度检查由县城建局、建管站会同建设银行、有关设计部门和建设施工单位进行；抽查则由县城建局对可能发生质量问题的工程进行检查，防患于未然。工程验收由县城建局组织有关部门进行竣工验收，在质量等级上分为不合格、合格、优良和全优工程。1978—1985年，每个季度对企业工程质量检查1次，通过检查、监督和评比质量的优劣，有力地促进质量管理。1986—1990年，组织定期工程质量检查1175项次，检查面积143万平方米。1991—1995年，市、县组织质量检查的工程404项，面积82.80万平方米。1996—1997年，每年组织2次大规模的质量检查，消除在建项目的隐患。1998—2000年，接受省住宅工程质量大检查1次，共抽查工程7项，面积21865平方米，检查结果均达到合格标准；接受南京市建筑工程创优治劣大检查2次，共抽查工程16项，面积60338平方米，工程质量均达到合格标准。3年共组织全县建筑工程安全质量大检查6次，共检查工程项目172次，对发现存在的问题及时发出整改通知单21份，书面整改意见325条。2000年，还进行专项治理检查1次，共检查工程项目186项，面积70万平方米，签发停工通知单44份。

2001年，区建工局组织质量大检查1次，检查总面积9.17万平方米，共抽查28个建筑工程施工的44个工程现场质量及工程质保资料。对发现的问题及时发出整改通知单18份，书面整改意见80条。2003年，开展“全国质量月”活动，组织开展为时6天的全区建设工程质量检查。检查项目72项，面积78.90万平方米。检查结束后，召开全区建筑工程质量工作会议，对优劣工程进行通报表扬和批评。2004年上半年，接受并通过市建工局对江宁区建筑工程质量为期5天的专项检查，共检查在建工程项目19项。同时，对受监工程中钢结构工程进行专项质量普查，检查在建钢结构工程35项，面积36.90万平方米，发出监督记录70份，提出整改意见645条。同年下半年，组织开展全区建筑工程质量专项检查，共检查在建工程项目105项，面积82.60万平方米，共发出监督记录189份，提出书面整改意见1184条，签发质量问题整改通知单11份，签发砼强度复测抽检通知单7份。是年，对全区受监工程进行质量大检查2次。2005年，接受省、市组织的住宅工程质量检查、节能保温工作专项检查，以及建设部组织的监督执法大检查。检查结果表明江宁区建筑工程质量水平总体稳定。9月5—12日，组织开展为期7天的全区建筑工程质量专项检查。共检查项目105项，共发出监督记录157份，累计质量问题705条，下发整改通知单18份，签发砼强度抽检通知单15份。是年，建工局组织开展全区受监工程质量大检查2次。2006年，组织1次全区建筑工程质量大检查，共检查在建项目99项，面积128万平方米。通报批评项目管理差的施工企业6家，监理企业7家，下发工程质量整改通知单18份，累计质量问题350条，抽测不符合设计要求的砼结构10个。

2007年6月，在全区开展预拌砼质量专项检查，涉及预拌砼企业20家，工程项目18个；8月中旬，监督检查开发园区内的钢结构工程，随机抽查在建工程58项，面积49.60万平方米；9月初，结合“全国质量月”活动，组织3个检查组，开展为期1周的在建建筑工程质量大检查。同时，对监理企业实行专项检查，检查项目71个，建筑面积95万平方米。是年，接受建设部全国工程质量安全执法大检查、省建设厅建筑节能检查、市建工局的建筑节能、钢结构工程、郊区县工程质量安全专项检查等。

【工程创优】

1979 年，江宁县开始开展创建全优工程活动。是年，创全优工程 1 个，建筑面积 1174 平方米。1981 年，开展“三高三好”创全优工程活动。1980—1985 年，创全优工程 107 项，建筑面积 153048 平方米。其中，被市评为全优工程的 2 个，建筑面积 2582 平方米。1986—1990 年，创全优工程 127 项，建筑面积 183857 平方米。其中，被市评为全优工程有 4 项，建筑面积 6000 平方米。1990 年，全县竣工工程合格率 100%，其中优良品率 17%。1991—1995 年，通过检查、监督、优化等一系列质量管理工作，全县建筑业工程质量稳步上升，创市优工程 28 项，面积 51622 平方米。优良品率增至 25%。1996—2000 年，共创优良工程 121 项，创“金陵杯”9 项。

2001 年，江宁区创优良工程 103 项，主体工程优良率 74.80%。其中，创省优工程 3 项，创市优工程 10 项。2002—2005 年，全区共创优良工程 536 项，创市优质工程（“金陵杯”）90 项，创省优质工程（“扬子杯”）23 项。2006 年，全区创优良工程 61 项，创市优质工程（“金陵杯”）34 项，创省优质工程（“扬子杯”）7 项。2007 年，全区工程创优实现重大突破，获国优工程 1 项、国家钢结构工程金奖 2 项。创优良工程 60 项，创市优质工程（“金陵杯”）27 项，创省优质工程（“扬子杯”）8 项。

图 17-4-11 2007 年 2 月 6 日，南京宏亚建设有限公司承建的百家湖西花园工程获得“扬子杯”奖

图 17-4-12 2007 年，南京宝色钛业组装筒节装配车间获得钢结构工程国家金奖

【工程质量投诉处理】

1995 年前，工程质量投诉较少。随着建设市场规模的扩大，质量投诉也随之增长。1998—1999 年，共接受工程质量投诉 40 起。县质监站基本做到：投诉有答复，问题有整改，投诉方比较满意。

2000—2006 年，共接到工程质量投诉 210 起，对待群众投诉基本做到：群众的投诉及时答复，提出的问题整改完善。2005 年起，区质监站开通对外投诉电话，每星期 1 ~ 6 窗口处设专人接待咨询，规范投诉处理工作。

2007 年，加大工程质量治理力度。做好宣传工作，强化房地产企业的质量意识；加强分户验收工作的质量监督，严格按省分户验收规划，把好验收关；严把建筑节能材料检测和验收关；开展住宅工程试点观摩活动，鼓励先进，促进落实。由于措施得力，全年共受理工程质量投诉 14 起，投诉率降低。

1986—2007 年江宁区质量监督站受监工程情况表

表 17-4-9

年份	受监工程		优良工程		"金陵杯"	
	项目（个）	面积（平方米）	项目（个）	面积（平方米）	项目（个）	面积（平方米）
1986	25	64595	—	—	—	—
1987	88	116049	—	—	—	—
1988	71	109145	11	16910	—	—
1989	109	161950	16	22190	—	—
1990	98	125000	11	17500	—	—
1991	111	158300	8	9112	—	—
1992	143	296000	14	29600	—	—
1993	232	528000	11	24820	—	—
1994	321	760000	8	20030	—	—
1995	423	999000	6	14170	—	—
1996	412	1033000	16	87800	—	—
1997	320	970000	6	24800	—	—
1998	473	1613970	13	110460	3	78290
1999	486	1734850	26	140550	1	4400
2000	629	2260460	60	262650	5	29060
2001	905	4257400	103	389170	10	55950
2002	1066	6310000	136	540000	15	100000
2003	1410	7450000	150	640000	20	103000
2004	2034	13460000	111	480000	26	150000
2005	2854	13840000	139	696000	29	189000
2006	2170	11110000	61	471000	34	318000
2007	3027	14860000	60	416000	27	264000

第三节 安全监督管理

【安全生产监督检查】

20 世纪 70 年代后，江宁县建筑规模及机械化施工程度日益提高，安全施工受到重视，全县把“安全第一”和“预防为主”作为加强安全管理、文明施工的方针。1982 年 8 月，县政府针对青龙山水泥厂发生的黄泥库倒塌死亡事故，发出《加强基本建设管理，确保工程质量》的通知，在企业内设专职安全员和相应机构，专事施工安全工作，并制订和完善各项安全制度、措施。对建筑企业，县经常进行定期检查与抽查。检查内容时而侧重机械设备，时而侧重于施工管理。从 1982 年开始，每年 5 月作为安全月由县组织安全检查。至 1990 年，全县事故始终控制在 3% 以下。1989—1995 年，坚持每年 1 次安全检查。1997—1998 年，结合全国第七次、第八次“安全生产周”，全省第四次、第五次“安全生产月”，在企业自查的基础上，两年共抽查建筑企业 86 家，共查隐患 240 余条，当场整改 236 条，限期整改 4 条。1999—2000 年，4 次组织由安监、质监、计划、执法等部门参加的安全生产大检查，抽查 100 多个工地，没有发现较大的安全隐患，对一些共性的问题，当场给予整改。

2001 年开始，建立安全生产项目档案和安全生产检查日志，每一项工程均实行主管局的安监部门负责人、施工现场负责人、监理单位负责人共同签字制度，增强责任意识。2001—2002 年，共开展安全大检查 17 次，出动检查人员 200 余人次，检查工地 1575 个，检查面积 500 万平方米，查出事故隐患 3000 余条，发出整改通知书 200 余份，发出停工通知书 20 份。2003 年，加强日常监督检查，工程从开工到竣工，平均每个现场检查 4 次以上，全年日常检查项目 3400 多次，查出各类事故隐患 7100 余条，发出整改通知书 165 份，隐患整改率 95% 以上。全年组织较大规模集中检查 4 次。检查工程项目 773 个，面积 681.20 平方米。查出各类事故隐患 2823 条。15 个建筑工地被责令停工整改，4 家施工单位受到行政处罚。2004 年，建设部对十省市（包括江苏省、南京市）建筑业安全生产工作进行督查，江宁区是督查的重点对象之一。区建工局以迎接建设部安全大检查为契机，重点检查贯彻落实建设部颁发的《建筑施工安全检查标准》和《建筑工程预防坍塌事故若干规定》的落实情况。全年组织 6 次大检查，共检查施工现场 1675 个、1086.60 万平方米，查出事故隐患 11574 条，发出隐患整改通知书 128 份，隐患整改率 95% 以上，发出施工现场暂停通知书 67 份，有 8 家施工企业现场存在较大的事故隐患，整改不力，受到行政处罚。2005 年，办理建筑安全监督备案 873 个项目，面积 892.50 万平方米，日常检查过程项目 4016 次，查出各类隐患 11860 条，发出整改通知书 158 份，发出暂停通知书 65 份，隐患整改率 96%。全年组织安全生产集中检查 5 次。共出动检查人员 70 余人次，检查工地 248 个，建筑面积 335 万平方米，查出事故隐患 1241 条，发出整改通知书 16 份，暂停通知书 20 份。有 14 个项目、22 家施工单位被通报表扬，有 12 个项目、20 家施工单位、20 家监理单位被通报批评，并给予行政处罚。2006 年，下达安全监督记录 3692 份，下达隐患整改通知 347 份，下达暂停施工通知 152 份。完成专项检查 5 次，有 15 家建筑企业、12 家监理企业因安全工作不落实或发生安全事故被限制市场准入，有 21 家建筑企业、20 家监理企业因安全检查问题严重被通报批评，有 25 家施工和监理单位安全管理人员不尽职被通报批评。

2007 年，突出专项治理，把模板支撑系统、深基坑、施工用电、大型机械、大跨度与钢结构、脚手架、卸料平台、职工生活安全 8 个方面的内容列为专项治理的重点；突出抓年初、夏季和冬季这三个事故多发季节的安全监督；对检查中发现违法违规的施工行为进行严惩，共处罚施工单位 9 家，监理单位 5 家，机械拆装单位 2 家；完善安全生产有关规定。全年共监督工程项目 873 个，监督检查次数 4290 人次，下发隐患整改通知书 381 份，对施工现场存在违章操作、安全防护不到位和施工手续不全的 216 个工程下达施工现场暂停通知书，发放各类文件及通知 6400 余份，共消除重大安全事故隐患 138 处，组织实施专项检查 4 次。

【建筑机械设备管理】

新中国成立前，县建筑施工均以手工操作，工具简陋，瓦匠有一刀一桶一线砣而已，木匠有斧、锯、刨、凿等工具，其规格数百年依旧。新中国成立后，建筑规模和建筑技术的发展，为建筑机具的运用创造了条件。20 世纪 60 年代，圆盘锯、跬式打夯机等小型机具已普遍使用。70 年代后，井字架、卷扬机、混凝土搅拌机、木工刨床、带锯等大、中型机具开始应用。70 年代后期，逐渐使用钢管脚手架、钢模版、自备运输汽车。至 1985 年年底，县、乡（镇）两级建筑企业共有机具装备固定资产 521 万元，净值 343 万元。主要机具设备有：井字架、卷扬机 212 台（套），各类混凝土搅拌机 187 台，钢管脚手架 2227 吨，钢模版 509 吨，汽车 60 辆。还有工程自卸车、手推翻斗车、磨石机、木工刨床、钢筋切断机、调直机、冷拉机等机具直接用于施工和建材加工、半成品制作。随着现代建筑技术的运用，全县建筑机械化、半机械化的施工水平日益提高，与此同时，安全施工也受到威胁，加强建筑设备检测与管理十分必要。

2002年，成立局安监站检测分所。当年检测各类塔式起重机812台。2003年，江宁区施工工地机械设备事故发生频率有所上升，区建工局采取一系列措施。淘汰一批技术落后、安全性能差的变截面塔吊，对未经更新改造、安全装置不齐全的非标物料提升机禁止在江宁区范围内安装使用；对塔吊司机，塔吊拆装、使用管理人员进行专项安全技术培训；对全区塔吊的现状进行登记、编号、造册、调查摸底，并建档保存；实行塔式起重机安拆审批制度。2004—2005年，共检测各类塔式起重机2352台，检测各类打桩机、物料提升机、人货两用电梯及机械设备596台。2006年，对区境内42家塔机拆装队伍，只保留较好的20家。通过重新审核登记，消除在江宁非法、无资质拆装、依靠压低拆装价格而无技术的拆装队伍。全年共检测各类塔机874台，检测各类物料提升机、桩机430台。

2007年年初，在江宁登记备案的拆装企业共31家。全年共检测各类塔式起重机1145台，检测各类打桩机、物料提升机、施工升降机等机械设备462台。发出不合格各类施工联系单412份，杜绝不合格机械设备运转于工程施工中。

【标准化现场管理】

1994年，江宁县开始标准化现场创建工作。是年，丹阳和横溪建筑公司，分别在秦淮区创建一个面积为2500平方米和8500平方米标准化施工现场，经市主管部门验收合格并挂牌。1995年，大力宣传标准化施工现场，培训76名有关人员，跟踪检查指导。通过努力，有10个工地经市安监站验收达到标准化施工现场并挂牌。1996—1999年，共创建标准化施工现场84个。

2000—2001年，共创标准化施工现场200个。其中，市级文明工地26个，省级文明工地3个。2002年，严格按照建设部《建筑施工安全检查标准》进行主体验收前的现场达标验收。同时，引导和激励企业创省、市级文明工地。全年施工企业共创标准化施工现场288个，面积156.50万平方米。其中，区内企业167家，面积70.85万平方米；区外企业121家，面积85.65万平方米。创市级文明工地43个，创省级文明工地4个。2003年，创标准化施工现场380个，创市级文明工地45个，创省级文明工地5个。2004年，全区基本普及标准化施工现场，全年验收标准化施工现场1160个，市级文明工地63个，首次创建市级文明小区5个。2005年后，在全区基本普及标准化施工现场管理的基础上，深入开展创建文明工地活动。2005—2006年，全区建筑业创市级文明工地190个，创省级文明工地50个。2007年，创市级文明工地129个，创省级文明工地40个。

第四节　行政执法

2000年2月，成立江宁县建筑有形市场执法大队；6月，更名为江宁县建筑工程执法大队；12月，更名为江宁区建筑工程执法大队。

2000年下半年，执法大队对全县18个镇、开发园区进行拉网式执法大检查。对建设工程实行两看制：看工程施工现场，看工程手续办理资料。受检单位103家，受检项目340项，受检面积130万平方米，工程造价8.70亿元，发整改通知书76份。全年共督促补办111项单项工程，建筑面积40.12万平方米，工程造价2.29亿元，使东山地区的建筑市场秩序有了很大的转变。

2001—2003年，共检查工程项目1880个，建筑面积1240万平方米，工程造价58亿元。督办手续完善工程项目325项，建筑面积163.90万平方米，造价12.30亿元。执法补办手续工程项目57个，建筑面积70万平方米，造价4.10亿元。并对30家违规单位给予经济处罚。2004—2005年，共检查区域范围内工程项目3312个，面积1850万平方米，工程造价105.65亿元。执法补办手续工程项目330个。行政处罚建设和施工单位30家，处罚金额50万元。在执法过程中，保持无违规违纪行为，查出案件的正确率100%，立案和结案率100%，无行政复议和行政诉讼。2006年，加大督查力度，把建筑施工手续是否完整、合法，安全生产是否有保证作为督查的重点，坚持每周用3天～4天深入施工现场。通过检查，纠正项目经理、总监不在岗现象258起，督促补办施工手续192份，处罚违规单位13家，罚款10.05万元。

2007年，通过检查，补办施工许可证198份，发工作联系单107份，接受质检站工作联系单284份，安监站工作联系单117份，工作联系反馈单305份，各类函、通报52份，处罚违规单位24家，共罚款106.56万元。此外，根据市建工局关于开展2007年市建筑市场专项执法检查的要求，由建管科与执法大队成立专项执法小组，历时4个月，对全区建设市场开展专项执法检查。共检查工程项目216个，建筑面积558万平方米，涉及劳务作业人员21950人，共发整改通知单187份，行政处罚4家单位。连续5年保持查处案件正确率、立案率和结案率100%，无行政复议和行政诉讼。

第五章　市场开拓与多业并举

20世纪70年代，江宁县建筑队伍开始走向外地建筑市场。1977年，全县城镇建筑工人在南京从事建筑的有1000余人，并成立驻南京办事处，负责对南京施工队伍的日常管理，2004年撤销。江宁县撤县设区后，建筑业抓住开发开放的机遇，以建筑施工为依托，大力向高附加值的建筑业相关产业拓展，积极走多元化发展道路，构筑大建筑格局。在横向发展上，积极向市政、水利、道路桥梁、房地产、建筑业相配套的第三产业延伸，形成一业为主、多元发展的经营格局；在纵向发展上，建筑业企业经营范围拓展到科技工业、机械制造、酒店、旅游开发、文化教育产业、物流业、商贸服务业，从而改变建筑业粗放型，劳动密集型的传统格局，逐步走出一条跨行业、跨门类、多元化发展的路子。2007年，区建筑企业多元化产值达36亿元。

第一节　市场开拓

【国内市场开拓】

1970年，禄口建筑队率先派建筑工人去南京钢锯厂、华东工程学院承包工程，接着其他乡镇也纷纷派建筑队伍去南京做工。至1977年，全县乡镇建筑工人在南京做工的少则数百人，多则上千人。是年12月，成立江宁县驻南京办事处，负责南京施工队伍日常管理工作。1978年，以原乡镇建筑队为基础，成立建筑民兵连，县成立建筑民兵团，统一管理去南京的施工队伍。是年，在南京施工人数增至5600余人，1978—1981年，全县统一组织进入南京施工的有22940人，分布在450个工地上。其中，承包土建的有10040人，承包土石方的2250人，零星维修的10650人。1982—1983年，两年进入南京施工队伍共1.31万人，统一签订施工合同726份，完成建筑面积11.86万平方米。1984年，在南京完成建筑面积6.39万平方米。其中，承包的南湖小区（东七组团住宅群）工程，是县建筑业首次承建最大的群体工程，建筑总面积27397平方米。于1984年9月动工，1985年10月竣工，年终评比在十多个县中名列第二。1987—1988年，国家加强宏观调控，压缩基建规模。县建筑队伍为求生存与发展，坚持“立足本县，站稳南京，面向全国”的指导思想，逐步走向外地。秣陵家元工程队不仅在南京栖霞化肥厂施工，又在安庆、广州化肥厂接受筑炉、油漆等施工任务；陶吴建筑公司在北京承接一项面积为1.20万平方米工程。

1991—1995年，在南京施工人数为2.60万人次，完成施工面积3万平方米。1997年，除几家企业常年在南京施工外，陶吴建筑公司、东山镇中前建筑公司和正方集团建筑公司相继打入南京市场。1998年，14家在南京施工企业承接16项工程，施工面积7.30万平方米，施工产值7000多万元，施工人数3200人。1999年，在南京建筑市场的占有率明显提高，施工面积达8万平方米。2000年，在南京完成施工产值1.50亿元，建筑面积16.30万平方米，比1998年分别增长114%和123%，创优良工程5项，优质工程2项，创标准化现场4个，市级文明工地3个，其中创“梅花杯”1个。

2001—2002年，江宁区以“开拓市场、创优树牌”为目标，采取“挂牌上岗制”“首问负责制”“一站式”服务等措施，主动出击，通过多种渠道积极帮助区内企业获得工程信息，区外市场施工产值4.65亿元，施工面积42.50万平方米。2003年，南京第七建筑公司等8家企业在外地拥有施工工程。其中，东山建工集团、土桥桥梁公司、淳化建筑公司分别打入苏州、镇江和安徽黄山等地建筑市场，完成施工产值3.30亿元，施工面积29.62万平方米。

2004—2007年，江宁区建筑企业进行第二次产业结构调整，走多元化、产业化发展的道路。区内一批规模建筑企业以“项目开发先行，建筑施工配套紧跟”的外向开拓形式，参与区外房地产、工业园区和小城镇开发建设，实行投资、开发、建设、施工一体化。江宇建设集团在武汉、包头、成都、连云港、溧水等地区投资和参与房地产开发建设，在连云港和淮安投资建设工业开发区；海通公司在连云港投资房地产开发；中惠建设集团在广州、海南、连云港成立房地产开发公司，在西安启动200公顷商业和城市综合性项目的成片开发，实施开发、销售、施工为一体的经营化格局；金东城集团在溧水县和东海县投资工业园区和房地产开发与建设施工；富达水电公司作为专业施工企业，在句容投资建设富达工业园，并成立句容、张家港等多家专业公司。

【国际市场开拓】

1987年，土桥乡挑选54名技术工人，赴科威特参加市政工程建设。2000年，与内贸部江苏科信经济技术公司合作，选派20名技术工人参加对外劳务输出培训，有10名工人赴新加坡施工。2001—2002年，大力开展海外劳务市场输出工作，局属南京第七建筑安装工程有限公司成立海外公司，并向新加坡输出劳务人员70名。2007年，江宇建设集团率先走出国门，参与在非洲尼日利亚莱基自贸区建设，所属的南京鸿业建设工程有限公司在尼日利亚注册，成立南京鸿业集团尼日利亚有限公司，对外签订合同3700万美元，完成境外施工产值625万美元。

第二节 多业并举

1989年，国家治理整顿、压缩基建规模，这给县建筑业的发展带来困难。为摆脱困境，县建工局应变的对策和措施之一是“广开门路，一业多产”。县建筑公司在抓好建筑主业的同时，开办汽车修理业务和建材商店，先后安置富余人员60多人；淳化建筑公司保证金刚石锯片、家具制作、金属拉丝、木材加工、预制构件等企业的正常生产，从而使主、副业获双丰收，施工产值不仅完成250万元，而且多种经营还完成90多万元。是年，全县建筑业完成工业产值193.40万元，商品零售额155万元。1990—1992年，全县建筑行业完成工业产值890.70万元，商品零售额840万元。1993年，随着改革开放的不断深入和社会主义市场经济的发展，县建筑企业坚持一业多产，主、副业一齐上的经营策略，使企业实力增强。县建筑公司扩大木材加工规模，创办江宁建筑机械厂；陶吴、东善等公司也创办为建筑业服务的各种工厂；淳化镇在东山镇开发商品房40套。全年县建筑行业实现工业产值1020万元，商品零售额972万元。1994—1996年，面向市场，调整结构，建筑企业经营趋向多元化发展。陶吴建筑公司在原有土建基础上，完善市政、装潢、基础、建材等专业性公司，形成配套发展、自我一体的综合性企业；县建筑公司成立房地产开发公司，把建筑、开发、销售融为一体。3年全县建筑行业完成工业产值5236万元，商品零售额7093万元。1997—1999年，全县建筑行业完成工业产值4540万元。

2000年后，随着江宁大开放、大开发战略的深入推进，全区建设规模总量迅速扩张。2004年，全区共有单项建筑工程项目1800多个，施工面积达1300多万平方米。同时，经过大量的调研和反复论证，总结出江宁建筑产业的发展定位：以建筑施工为依托，大力向高附加值的建筑业相关产业拓展，积极走多元化发展道路，构筑“大建筑”理念，全力打造具有技术密集型、人才密集型、经营集约型、管理科学化、逐步向资金运作和资本运作集团化发展的具有江宁特色的建筑产业。2005—2006年，多元化特色彰显，经营范围拓展到科技工业、机械制造、房地产开发、酒店、旅游、文化教育、物流、商贸等行业，向跨行业、跨门类、多元化发展，逐步形成一业为主、多业并举的具有江宁特色的建筑业发展模式。

2007年，企业多元化发展提速，继续向房地产业、科技业、制造业、商贸服务业、物流业、文化教育产业、生态农业等跨行业领域发展，形成具有特色的建筑业发展之路。江宁建设集团经营领域涵盖房屋建筑、市政道路、设备安装、装饰装潢、沥青生产及商品混凝土、管桩生产、新型建材制造、中央空调销售安装维修、房地产、酒店、商贸、汽车销售、文化传媒、教育投资等。集团与中国传媒大学联合兴办的南广学院，成为建筑企业投资教育领域的新亮点。中惠建设集团从建筑、市政、园林、装饰起步到拓展房地产、有色金属新材料、纺织品科技工业等新型工业领域。从区内原来一家预制构件厂发展起来的江苏金东城集团，经营范围涵盖建筑施工、房地产、工业园区开发及以餐饮、商贸、农业生态旅游等行业，并投资开发200公顷绿色生态农业产品生产基地和农业生态观光旅游区。全年建筑企业多元化产值达36亿元。

第十八编

房地产业

从明代到清末，江宁县衙门一直在“六房（户、吏、工、兵、刑、礼）”中设有“工事房”，负责公房营造、修缮及其管理。民国初期，房地产归省财政厅主管，县财政科办理税契。江宁县政府建设局（后改为建设科）管理县属房屋建设工程。民国30年（1941），汪伪县政府设置公有款产管理处，主管全县房地产。抗日战争胜利后，江宁县政府房屋管理机构与抗日战争前基本相同。新中国成立后，公有房产及地产由江宁县人民政府财粮科管理。几经变化，至2001年5月，江宁区人民政府设置江宁区房产管理局，负责全区原有公房管理。2005年，全区实有公房面积5.26万平方米。其中，居住面积2.68万平方米，非居住面积2.58万平方米。

江宁住房制度改革从1993年实施住房公积金制度开始。经过10多年的努力，有效地改善居民的居住条件，同时，积极实施可居工程，重点做好经济适用房和廉租房的建设，1997年后，解决近3000户低收入家庭的住房困难。至1999年年末，县城东山镇房屋面积达362万平方米。其中，居住房212万平方米，占58.56%；非居民用房150万平方米，占41.44%。

经历茅舍变瓦房、平房变楼房、民舍变住宅小区的“步步高”演变，20世纪90年代起，江宁县迅速成为省内甚至长江三角洲地区房产业投资的宝地。1984年，江宁首家房产开发企业南京江宁城镇建设综合开发总公司成立，由江宁县财政局垫付划拨资金55万元作为开发芙阁新村住宅小区建设的铺垫资金，共建设住宅楼33幢，总面积6.20万平方米，可入住900户4000余人。芙阁小区成为江宁县第一个商品房小区。进入21世纪后，江宁区房产业发展迅猛。至2007年，江宁区房产开发企业有140家。房产投资总额91.33亿元，住宅建筑开发面积300.01万平方米。商品房销售面积308.87万平方米，销售额150.16亿元；地税收入14.88亿元，占全区入库地税总额的41.50%。伴随着房产经济的快速发展，产业队伍的迅速壮大，房产业已成为江宁区经济快速增长的重要支柱，成为南京房产业中的重要增长点。

第一章　直管公房

新中国成立后，江宁公有房产由县房地产管理所负责经营管理工作。江宁区房产管理局成立后，由新成立的南京锦泽资产经营管理有限公司承担公房管理职责。1949—1953年，所接受的公房除划拨驻县军政单位或国营企业外，剩余2580间归房管所用于经营管理。1980年前后，陆续接受煤矿和关闭企业的房地产，其中包括3次接受南京市铜井铜矿房屋17460平方米，公房总量达5388.50间，计13.64万平方米。随着“一拆二卖三建”房管办法出台，陆续将一批危房拆除，将边远零星公房变卖并在集镇新建一批门面房和住宅楼。1996年，全县开始出台并贯彻落实一整套房改方案，对各单位自建自管的国有、集体所有公房进行改革，根据单位性质、房屋结构年限、住户工龄级别等条件，折价变为私有房屋。至2007年，全区直管公房为3.86万平方米。

新中国成立初，接受的公房大多破损严重，年久失修。房管部门以“不漏不塌、安全为主”为原则实施管理，每年维修费在2万元～3万元。20世纪80年代后，由于加强维修和管理，公房质量明显提高。同时，加强对直管公房的安全管理，确保安全无事故。

第一节　公房总量

民国38年（1949）4月24日，江宁境内全面解放，陆续接管国民党政府机关及单位的一批房产；代管国民党军政人员出走弃留的房产70余户，面积7280平方米；与此同时，接受无主庙宇、大姓祠堂公用房屋8162平方米；在其后的土地改革中，没收一批地主、恶霸、反革命分子私有房产，除在农村的分给贫下中农外，在集镇的房产收为国有共4083间，建筑面积81368平方米。1953年，江宁县财粮科开展全县房产清理、注册工作，共查实登记公房（包括接管、代管部分）8290间，24万平方米。是年年底，政府划拨给县各行政、文教、卫生事业单位及县内驻军部队使用的公房5710间，占公房总数的61%，其余的2580间作为直管公房，由江宁县财粮科经营管理。在1956年1月开始的私营工商业社会主义改造中，工商业主原有经营性房屋可以作价入股，入股资金发给股息。工业、商业、供销社新增加一批工商业公房。是年，财政部门制订江宁县公房分配、使用及租金标准，全县各系统公房单位同时参照执行。

1961年，公房普查为2241间271厢261披。1964年，公房普查为4256间，其中楼房463间，瓦平房3585间。1965年，根据中央批准的对私人出租房屋进行社会主义改造精神，在建制镇范围内以国家经租形式进行社会主义改造。规定对私人出租房屋的改造起点为70平方米，非居住用房和资本家、地主出租房不受起点限制，每月按收入租金给房主固定租金20%～40%，以体现国家赎买政策。东山、汤山、湖熟共改造186户以上。至1966年10月，根据国家房产管理总局通知，固定工资停发，对少数依靠房租生活的，以生活补助形式继续发20%的租金，直到1988年仍未改变。私房社会主义改造后，未纳入社会主义改造的私房以自修自用，保证安全为主。1980年，公房普查面积是5388.50间，计13.64万平方米，其中居住用房3.30万平方米，包括接受铜井铜矿、江宁县拖拉机站、江苏省财经学校等单位的房产。

1982—1983 年，县房管所对偏远分散零星的不便管理的房屋，通过出售旧房集中一批资金，再到集镇翻建一批门面房出租经营。先后与陆郎手工业社，丹阳、龙都供销社共同翻建门面房 3084 平方米。1983 年成立江宁县房产经营公司后，对全县房产进行总盘点。当时统计资料显示，全县共有公房 4666.50 间 318 厢 359 披，计 13.21 万平方米，其中居住用房 4.11 万平方米。1985 年，在东山、丹阳、湖熟、汤山等窗口地区，出售旧房 3400 平方米，拆除旧房 2500 平方米，新建门面房 2000 平方米。全县直管公房 12.80 万平方米。1988 年，继续出售长江、营防、花园等乡镇旧房 1756.50 平方米，获房款 174.27 万元，在东山、汤山、丹阳、湖熟等地兴建商场和住宅房 11801 平方米，1989 年又建 1 万平方米。

至 1988 年，全县共有直管公房 11.62 万平方米，其中居住用房 4.39 万平方米。

1988 年江宁县直管公房结构情况表

表 18-1-1

项　目	建筑面积（平方米）	占公房总数（%）
合　计	116211.89	100.00
钢筋混凝土	4853.20	4.18
混合一等	13033.85	11.22
混合二等	17448.65	15.01
砖木一等	1049.20	0.90
砖木二等	28991.45	24.95
砖木三等	50574.86	43.52
简　易	260.68	0.22

1999—2000 年，全县公房经过不断拆旧翻新，质量有所提高，总面积达 9.20 万平方米。2001 年房屋普查，全区直管公房 8.26 万平方米，分布在全区 20 个乡镇。

2003 年，对各街道（镇）以下的零星公有房屋实行折价销售，共出售老公房 2500 平方米，集中资金到东山城区购置门面房，先后购置城镇开发公司、原县财政局办公大楼。2005 年，全区实有公房面积为 5.26 万平方米，其中居住面积 26772.99 平方米，非居住面积 25819.70 平方米。至 2007 年，全区直管公房为 3.86 万平方米。

第二节　公房租赁

【公房使用】

民国时期直至新中国成立初期，公房中的住宅用房只出租给政府公务人员居住，后教师、医生及其他事业、企业人员也可以租用县直管公房，较大集镇的居民户口无房者也可租房居住。至 20 世纪 60 年代，当地城镇居民持有单位或居民委员会证明，即可租用县直管公房，租金以实际面积与使用时间计算。70 年代后，居民人口激增，住房日益紧张，公房租赁采取评议分配方式进行。当时将集镇沿街公房出租给供销社、国营商店、集体商业及手工业社等单位，作为集体营业用房。而背街背巷的公有房屋则全为居民租用居住。80 年代后，人口激增，现有公房远远不能满足需要，境内各行政企事业单位自己兴建用房由少到多，直至普遍开花。此时房管所不再“承包”市镇居民住房，职工住房几乎全部改为由各单位自行解决。直管公房中的住房，主要为拆迁户和一时无力量建房的单位职工服务。1995 年后，实行住房制度改革，加速住房私有化。1996 年，凡成套的住宅房均折价卖给原承租户。

【公房租赁费用】

1949—1952 年，公房租金标准不一。1952 年，进行租金标准调整，废除押租和起租等不合理租金制，改以间数为计租单位，按照房屋所在地段和用途确定租价。当时上等房间月租 1.80 元 ~ 2 元，中等房间月租 1.20 元 ~ 1.40 元，下等房间 0.50 元 ~ 0.80 元。以上租价按平方米折算，每平方米月租金为 0.05 元 ~ 0.06 元。

1956 年，南京市开始以房屋使用面积计算租金，江宁县从 1958 年起按房屋使用性质、结构、质量计算租金。非住宅用房每平方米租金为 0.10 元 ~ 0.16 元；居民住房每平方米租金为 0.05 元 ~ 0.09 元。江宁县房管所当年租金收入为 6.41 万元。1965 年，出租房屋 3258 间，租金收入 11.27 万元，1974 年租金收入增至 18.30 万元。

1975 年年底，调整租金价格，企事业单位租房每平方米租金为 0.16 元，居住用房每平方米 0.09 元，当年租金总收入为 17.90 万元。

1976 年 4 月 1 日起，执行江宁县财政局规定，企事业单位租用公房每平方米调整为 0.30 元。同时对经过大修、翻建的公房，按用途和地理环境进行低幅度租金价格调整。调整价格分为三个类别，每个类别递增约 10% ~ 15%；居民住宅用房月租金提高到每平方米 0.17 元，1978 年出租 4560 间，收租金 49.08 万元。

1980 年 5 月，根据“以租养房”原则，江宁县城乡建设局经江宁县政府同意向江苏省建委申请，要求对全县非住宅公房进行租金调整。经江苏省建委批准，对全县直管公房非住宅用房租金进行调整，按地区、环境、结构、质量划分为四个等级，对全县 23 个乡镇公房逐幢评估，认定等级，然后根据文件精神调整。同时规定经新建、翻建、大修后的居住用房，月租金每平方米为 0.10 元 ~ 0.50 元，水、电、卫生设施另行计租，当年公房平均每平方米增至 0.34 元，年租金达 34 万元。

1985 年 2 月，根据南京市房产局发文，江宁县政府对非住宅用房租金调整，调整后当年租金收入为 58 万元。1988 年，江宁县政府根据南京市政府有关文件精神，批准从 1988 年 5 月 1 日起执行对非住宅公房租金调整标准，即每平方米租金为 1.08 元，年租金 76.94 万元。

1988 年江宁县非居住公房月租金情况表

表 18-1-2　　单位：元 / 平方米

公房结构	工商企业单位用房（100%）	行政事业单位办公用房（70%）	文教卫生微利单位用房（50%）
钢筋混凝土	1.52	1.06	0.76
混合一等	1.31	0.92	0.66
混合二等	1.16	0.81	0.58
砖木一等	1.47	1.03	0.74
砖木二等	1.01	0.71	0.51
砖木三等	0.87	0.61	0.44
简　易	0.74	0.52	0.37

1986—1995 年，随着对公房的翻建、新建而逐步改善使用效果，全县直管公房租金以 20% ~ 30% 的幅度上升。至 1995 年，全县公房租金年收入为 218 万元。

【公房租赁管理】

至 2000 年，由于出售、改建等因素，公房数量从 1988 年的 11.62 万平方米下降到 9.20 万平方米，年租金收入为 171.30 万元。2001 年，全区直管公房面积 8.26 万平方米，经营面积 7.55 万平方米，经营面积占直管公房面积的 91.40%，年租金年收入 185 万元。

2002 年后，随着改革的不断深入，乡镇中心点的搬迁，使得许多直管公房所处区位优势发生很大变化，由原来的闹市区变成偏僻的背街背巷，空关房显著增加。2001 年年底，空关房面积 14736.87 平方米。空关房的大量出现，对公房出租与发展带来较大困难，再加上经营体制的改变，承租公房的供销社、集体商业、手工业社等企事业单位在体制大多改为个体承包性质，或在经营状况上处于难以为继的境况，因而大都相继办理退租手续，或虽已承租但租金收取的难度极大。2002 年，经租面积 5.04 万平方米，其中居住面积 2.06 万平方米，非住宅面积 2.85 万平方米，出售危旧房 4566.88 平方米，收入 45 万元，年租金收入 184 万元。2002 年 12 月，锦泽房产经营管理有限公司成立后，把各街道以下的零星公房一律折价处理，资金集中到东山城区购置门面房，用于租赁管理。先后购买江宁区城镇开发公司大楼和原江宁县财政局办公楼，作为区房产局机关和下属企业的办公用房，因而全区直管公房明显减少。至 2007 年，全区直管公房面积为 3.86 万平方米。

第三节 公房维修

新中国成立后，江宁房管部门根据各个时期不同情况，确定公房维修原则和方针，持续不断地开展公房维修工作。同时，结合预防自然灾害袭击，加强对直管公房的安全管理。

国有公房大部分是新中国成立初期接管和没收的老式房屋，大多为砖木结构，质量较差，再加长久失修，破损严重。又因当时处于战后恢复期间，百废待兴，经费紧张，只能以“不漏不塌、安全为主”的原则进行小修小补。1950—1954 年逐年维修，由各乡镇上报预算计划，县财政局派人现场查看，确定维修标准，做到少花钱多办事，由县财粮科审核同意后拨给维修费，每年 2 万元 ~ 3 万元，实行经费包干使用，最后报江宁县人民政府批准后报销。1955—1962 年，根据江宁县政府“充分利用，加强维护，逐步改造”方针，对一般完好房屋保持原状，对重点险房特别是沿街门面房陆续进行翻建改造，这一期间，翻建、改建的房屋有 400 余间，1.20 万平方米。平均每年支出维修翻建费用 7 万元 ~ 9 万元。

1962—1965 年，针对公房自 1958 年下放到各公社镇政府管理，收回后又曾一度交给税务代管，部分地区重视收租而忽视维修，又由于缺乏专人专管，出现产权转移、情况不明现象及房屋质量越来越差等问题，江宁县财政局建立公房公产股，分片管理，按社镇建立管理小组，进行全面认真的房屋产权清查，弄清 1953 年以来房屋增减状况，建立登记册，于雷雨季节到来之前又对房屋质量进行全面检查，对其中的险房进行立即翻建消险。当年翻建险房 168 间，占公房总量的 4.20%，维修 1561 间，占公房总量的 39%。1965 年，制订公房修建原则，在保证维修基础上，如经费有结余则适当翻建。首先修缮有使用价值的危险房屋，同时在重点缺房地区考虑移建或新建。当年翻建150间，检修778间，占公房总量的36.20%。

1978年，全县组织力量对损坏程度严重的国有公房进行全面普查登记造册，弄清所有公房的完好损坏程度和状态分布。制订公房维修计划，建立局、所、组各级明确分工分级管理制度，并组织专人负责突击抢修。与此同时，翻建一批破旧房屋，淘汰一批险房和严重损坏房。当年翻建公房20处224间7342平方米，投资31.20万元。1977—1978年，两年翻建、维修费总计达65万元。其中有江宁旅馆、横溪浴室、周岗供销社和长江、花园等乡镇的一些门面房。

在加强维修的同时，采取“一拆二卖三建”办法，提高公有房屋的完好率。1982—1983年，先后与陆郎手工业社、丹阳和龙都供销社合作翻建门面房计3084平方米。1985年，在东山、丹阳、湖熟、汤山等窗口地区出售旧房3400平方米，拆除旧房约2500多平方米，新建门面房2000多平方米。1986—1988年，继续出售长江、营防、花园等乡镇旧房1756.50平方米，获房款174.27万元。在东山、汤山、丹阳、湖熟兴建商场和住宅楼11801平方米，1989年又兴建1万平方米。

1990—2002年，公房维修采取专项承包、费用控制、杜绝浪费、确保维修质量的办法进行。2003年，对各街道及镇以下零星房屋，一律折价出售，集中资金到东山城区购置门面房，用于租赁管理。当年出售老公房2500平方米，大修500平方米，维修总面积达3.80万平方米，支出维修经费30万元。2004—2007年，全区公房维修主要为扫房拾漏、修理门窗、粉刷墙面、排险加固等。4年共维修20.60万平方米，维修费用102.10万元。

在公房修缮管理过程中，江宁房产部门十分重视公房安全工作。常年实行公房专人监护制度，管理人员每月查房一次，及时发现危房险房，经常倾听承租人的意见，了解安全方面的隐患。每年汛前组织对全区公房安全大检查。每遇暴雨、台风等恶劣天气，保证24小时有人在岗。仅2004年就消险10余处，确保承租户生命和财产安全。2005年，在直管公房管理中，组织扫房拾漏3000平方米，疏通下水道260米，整修门窗114樘，装配玻璃26平方米，粉补墙面285平方米，排险加固4处，清理化粪池4座，急修水电21处。为确保安全度汛，拟定防汛、防台风预案，同样在汛期前对全区直管公房进行安全大检查，及时加固维修危旧公房2处，翻铺屋面60多平方米。同时对危旧公房设有专人监护，实行24小时值班制，建立5个防汛器材仓库，组建5支防汛突击队，随时奔赴抢险第一线。为防御第9号台风“麦莎”，及时发出紧急通知230份，劝导督促老旧公房承租户尽快搬出，安排无处可搬孤寡老人入住宾馆，确保用户安全。

第二章　住房制度改革

1992年11月，江宁县住房制度改革领导小组成立；1993年2月，建立县房改常设机构即江宁县住房制度改革办公室。

随着住房制度改革的不断深化，特别是1994年以来国家住房体制的三次变革，即1994年7月18日，国务院作出《关于深化城镇住房制度改革的决定》，改变以往住房实物福利分配方式，明确以按劳分配为主的货币工资分配方式，建立住房公积金制度等，开启城镇住房商品化大门；1998年7月3日，国务院下发《关于进一步深化城镇住房制度改革、加快住房建设的通知》，废除住房实物分配制度，确立商品房的市场主体地位；2007年8月7日，国务院出台《国务院关于解决城市低收入家庭住房困难的若干意见》，将调控方向由调市场转向调保障，把解决城市低收入家庭住房困难作为维护群众利益的重要工作和住房制度改革的主要内容，加快建立健全以廉租住房制度为重点、多渠道解决城市低收入家庭住房困难的政策体系。江宁县结合地区实际情况，适时制订一系列具体措施和实施细则。至 2007 年，全区住房公积金归集额达 10.38 亿元，利用公积金贷款额达 15.40 亿元。公有住房维修基金缴存 4376 万元，商品房维修基金缴存 9.07 亿元，出售公有住房 20527 套，建筑面积达 145.88 万平方米。停止住房实物分配，实行货币化补贴，全区共审核 300 多个单位 11327 人，补贴面积 38.18 万平方米，补贴金额约 1.83 亿元。共批准 21 个单位，自筹 2.20 亿元自建住宅房。

第一节　完善住房公积金制度

完善住房公积金制度是住房制度改革的基础。住房公积金是一项义务性的长期储金，职工依靠自己的力量加上所在工作单位的资助，通过长期的储蓄和积累，逐步解决职工购建住房的能力，逐步形成国家、集体、个人三方面筹集资金建设住房的机制。

1992 年 11 月，江宁县房改小组成立后，经县政府批准成立江宁县住房基金管理分中心，江宁县的住房公积金归集工作正式启动。由于当时宣传力度不够，人们对这项制度了解不深，缴存覆盖率不高，1993—1994 年共归集公积金 714 万元，1995 年归集公积金 386 万元。

1996 年 3 月，江宁县政府出台《江宁县住房制度改革方案》，与之配套的《江宁县住房公积金管理办法》也同时发布并正式实施。县房改部门通过报纸、电视台加大宣传力度，使得 1996 年的各单位住房公积金都能如期缴纳。是年，全县参加房改的单位 346 个，在职职工 3.50 万人，全年归集公积金资金 1080 万元，为南京市五县之首。1997 年，共归集公积金 2044 万元；1998 年缴存单位 365 个，归集公积金 2371 万元，覆盖率 96%。

1999 年 4 月 3 日，国务院发布 262 号令《住房公积金管理条例》，对住房公积金的归集、使用、管理和核算等工作作出明确规定，将住房公积金管理工作纳入法制轨道。江宁县房改办在《江宁报》上全文刊登，大力宣传。同时，根据条例精神，制定《江宁县贯彻＜条例＞的实施细则》（江宁房改〔1999〕44 号文件），对住房公积金的缴存对象、范围，公积金的缴存、转移、支取等条款做出更为具体阐述，使人们对住房公积金的归集有更深理解。当年新开户 24 个，新增人员 700 人，其缴存公积金 2915 万元，公积金归集额居全市五县之首。2000 年，缴存 3400 万元，2001 年达 4198.15 万元，2002 年升为 5900 万元，2003 年达 6971 万元。

在强化住房公积金归集的同时，加强对住房公积金的使用管理工作。允许自建、自购商品住宅房的职工在足额缴存住房公积金时进行个人政策性贷款。1999 年，申请贷款人数 131 人，累计发放公积金贷款 362.20 万元。2000 年，累计发放个人贷款 800 万元。2001 年，申请贷款人数 256 人，发放贷款 1448.5 万元，相当于 1995—2000 年的个人贷款总和。2002 年达 6248.30 万元，2003 年达到 8841 万元。2003 年后，住房公积金管理工作划归南京市住房公积金管理中心。

2007 年，经江宁区政府批准，出台《江宁区 2006—2007 年度住房公积金及新职工住房补贴缴存基数方案》，缴存比例由原 5% 增至 12%。至 2007，全区住房公积金归集总数为 10.38 亿元，利用公积金贷款总额达 15.40 亿元。

1993—2007 年江宁区住房公积金归集及贷款情况表

表 18-2-3

年　份	缴存单位（个数）	参加人数（万人次）	归集公积金（亿元）	申请贷款（人数）	公积金贷款（亿元）
1993—1994	309	2.15	0.07	—	—
1995	332	1.89	0.04	—	—
1996	346	3.50	0.11	—	—
1997	351	3.70	0.20	—	—
1998	365	2.78	0.24	—	—
1999	389	2.96	0.29	131	0.04
2000	389	3.20	0.34	240	0.08
2001	412	3.20	0.42	256	0.14
2002	440	3.60	0.59	1235	0.63
2003	326	3.73	0.70	1462	0.88
2004	394	3.91	1.13	1178	1.45
2005	448	3.91	1.54	2269	3.21
2006	533	4.53	2.04	2991	4.39
2007	744	6.66	2.67	2864	4.58
合　计	—	49.72	10.38	12626	15.40

第二节　公有住房出售与住房补贴

【公有住房出售】

1996 年，江宁县政府颁发《江宁县深化住房制度改革实施方案》，对稳步出售公房制订了具体明确的政策，同时认真组织指导各单位推进公房出售工作。出售工作分三个阶段展开，首先是试点，其次是逐步推开，最后是全面推开。

1995 年，江宁县房改办选择国有企业南京第三钢铁厂、南京金箔厂、江宁县物资局等不同类型的单位进行试点，执行以标准价每平方米 300 元出售有限产权（半产权），享受永久使用权和合法继承权，但不得转让、出租、赠与和改变用途。职工付清全部房款并住满 5 年后可以出售，给予一次性付款 20% 的优惠。三家单位共出售公有住房 1000 余套，回收资金 2600 万元。此款大都用于归还职工集资款。

江宁县房改办在总结三个试点出售公房工作的基础上，扩大公房出售范围，按计划在南京青龙山水泥厂、南京长江电风扇厂和江宁县粮食局下属部分企业逐步推开。以每平方米 300 元出售公房，一次性付款优惠 20%。干部职工积极参与购买公有住房，公房出售率达到 90% 以上。

1996 年 1 月，江宁县房改办出台《江宁县出售公有住房实施细则》，标志着江宁县公有住房出售工作全面推开。是年，全县申请出售公有住房产权的单位 218 个，可出售住房 9500 余套，建筑面积为 65.50 万平方米。职工实际购房 8706 套，建筑面积 59.52 万平方米，达到可售房 90% 以上，共回收房款 1.58 亿元，个人维修基金 327 万元，扣除各单位建房时的集资款，售房专户实际存入 7824 万元，为此后建房积蓄了资金。全年公有住房出售中有 7000 多职工提取住房公积金 500 多万元，解决 3000 多户购房资金不足的问题。1997—1999 年，出售公有住房

9346 套，建筑面积 68.35 万平方米。

2002 年 2 月，江宁县政府出台《江宁县已购公有住房上市出售试行办法》，明确已购公有房取得"中华人民共和国房屋所有权证""中华人民共和国国有土地使用证"，经房改办批准后即可上市交易。2003 年，经上级审批同意，取消已售公房的上市审批手续。至 2007 年，全区参加房改单位 377 个，累计出售公有住房 20527 套，建筑面积 145.88 万平方米，公有住房维修基金缴存 4376 万元，商品房维修基金缴存 9.07 亿元。

1996—2007 年江宁区出售公有住房统计情况表

表 18-2-4

年 份	套数（套）	面积（万平方米）	年 份	套数（套）	面积（万平方米）
1996	8706	59.52	2002	135	0.94
1997	6294	44.05	2003	773	6.01
1998	1412	11.20	2004	102	0.93
1999	1640	13.10	2005	242	1.93
2000	170	1.15	2006	125	1.00
2001	637	3.66	2007	291	2.39

【住房补贴】

1999 年，江宁县确定从 1998 年 12 月 1 日起，全面停止住房实物分配，实行住房货币化补贴。至 1999 年 12 月底，全县第一批 15 个单位上报货币化实施方案，其中县电信局、县总工会、县供电局、县质检站、社会保险所等 5 个单位获批准。至 2006 年年底，江宁区离休干部的住房补贴发放工作全部结束。至 2007 年年底，江宁区住房补贴工作共审批 300 多个单位 11327 人，补贴面积 38.18 万平方米，补贴金额约 18288.90 万元。

1998—2007 年江宁区住房补贴发放情况表

表 18-2-5

年 份	补贴单位数（个）	补贴人数（人）	补贴面积（万平方米）	补贴金额（万元）		
				住房补贴	工龄补贴	合 计
1998	66	2149	0.29	188.50	65.40	253.90
1999	115	1378	2.27	851.90	385.50	1237.40
2000	89	1082	2.34	909.90	432.80	1342.70
2001	62	436	1.04	273.40	49.70	323.10
2002	39	137	0.45	164.60	32.70	197.30
2003	27	85	0.26	94.50	12.50	107.00
2004	34	357	0.98	243.70	56.40	300.10
2005	82	1047	6.73	2171.30	437.50	2608.80
2006	142	2219	12.02	4727.10	1496.50	6223.60
2007	87	2437	11.80	4455.10	1239.90	5695.00
合 计	—	11327	38.18	14080.00	4208.90	18288.90

第三节 单位自建房管理

1997年8月，经县计经委批准的县经济适用住房发展中心自筹资金237.50万元，建设2幢54套4032平方米住宅楼。1998年，县永昌服装厂职工集资利用自有土地建设一幢36套2800平方米住宅楼，于当年开工，当年交付使用。同年，江宁县林副业局多服公司为系统职工集资建造64套5200平方米住宅楼，9月底前全部交付使用。

1999年，江宁县政府颁发《关于进一步深化住房制度改革的实施方案》，鼓励有条件的企事业单位利用自有土地在符合规划的前提下，集资合作建设经济适用房，解决本单位职工的住房，由此县城内单位职工集资建房兴起。是年5月，江宁县茶场经县计经委批准，自筹资金建造1幢36套2340平方米的住宅，每平方米600元。

2000年1月10日、2001年5月24日，南京市政府办公厅两次转发市建委、计委、规划局、房管局联合拟定的《关于加强我市企事业单位职工集资自建住房管理的实施意见》。2000年，江宁县以江宁政发〔2000〕142号文颁发《江宁县企事业单位职工集资自建住房暂行办法》，对企事业单位职工集资自建住房工作作了政策性规定。2001—2006年，江宁区房改办共批准21个单位自筹资金建造住宅楼，自筹资金2.20亿元，兴建1976套18.70万平方米的住宅楼（其中有6个单位因种种原因未建成），缓解单位职工住房紧张的矛盾。

2001—2006年江宁区房改办批准的21个单位筹集建房情况表

表18-2-6

申请单位	申请时间	套数（套）	面积（平方米）	集资（万元）	控制价格（元/平方米）	备注
江宁区煤气（集团）公司	2001-02-18	36	2880	320	655 ~ 867	—
区粮食局东山城镇粮管所	2001-04-17	20	1600	180	655 ~ 867	未建
江宁区食品总公司	2001-04-17	48	3840	400	655 ~ 867	—
江宁区司法局	2001-05-22	24	1920	240	655 ~ 867	未建
江宁丝织总厂	2001-05-22	192	15360	1100	655 ~ 867	—
江宁区对外经济贸易公司	2001-06-12	24	1920	240	655 ~ 867	—
江宁区湖熟卫生院	2001-06-12	24	1920	240	655 ~ 867	—
江宁国税局	2001-06-12	48	3840	400	655 ~ 867	未建
江宁地方税务局	2001-07-12	52	4160	500	655 ~ 867	未建
南京东山发动机厂	2001-07-13	144	11520	1100	655 ~ 867	—
东山供销合作社	2001-11-02	16	1280	160	655 ~ 867	—
江宁区林副业局	2001-11-12	72	5760	700	655 ~ 867	—
区环保局	2002-01-19	40	4000	400	655 ~ 867	未建
汤山商店	2002-05-29	20	2000	200	655 ~ 867	—
东方发展集团	2002-05-29	36	3600	400	655 ~ 867	—
南京三龙水泥厂	2003-07-03	72	8640	900	655 ~ 867	—
南京大桥机器厂	2003-07-15	400	4000	5700	655 ~ 867	—
华东地质813队	2003-09-25	400	4000	4800	655 ~ 867	—
南京大有服装有限责任公司	2004-04-08	72	6480	970	655 ~ 867	—
区交通局	2004-04-28	200	22000	2500	655 ~ 867	未建
南京矿山工程公司	2006-11-12	36	4320	648	655 ~ 867	—
合计21个单位		1976	187000	22000	—	—

第四节 住房保障机制

1995年，江宁县经济适用住房建设开始起步。是年5月20日，江宁县政府办公室转发江宁县房改领导小组制定的《关于经济适用住房建设的意见》，江宁县经济适用住房的建设工作迅速展开。2005年，江宁区面向全区城镇低收入阶层，进一步完善住房保障机制。根据建设部等五部委颁布的《城镇最低收入家庭廉租住房管理办法》，正式启动全区廉租住房保障工作。经过对全区低保家庭住房状况开展入户摸底调查，30多户住房困难的低保家庭纳入廉租住房保障范围，实行应保尽保。至2007年，全区先后建成顺达新苑、康馨花园、明月新寓、景祥佳园和杨家圩等经济适用住房小区，解决数千户城镇低收入家庭及城镇拆迁户的住房困难。

【经济适用房建设】

1995年11月22日，江宁县计划经济委员会批准金箔集团自筹资金166万元，新建48套3024平方米的解困房，每套面积不超过65平方米，于1996年交付使用，以每平方米500元出售给无房户，解决36户低收入家庭的住房困难。江宁县茶场自筹资金新建36套2309平方米住宅楼，于1996年年底交付使用。

1997年8月9日，经县计经委批准，县经济适用住房发展中心自筹资金237.50万元，新建职工宿舍楼2幢54套4032平方米。是年12月14日，经江宁县政府批准成立江宁县职工住房合作社。该社归江宁县房改领导小组领导，主要任务是结合住房制度改革，积极筹措社会资金，大力发展经济适用住房，改善中低收入职工群众的住房条件，推进城镇住房建设的商品化、社会化。1998年，康达房产联营公司在文靖路建设安居房，开工1.63万平方米，实现投资1500万元。1999年，完成经济适用住房4万平方米608套，分别由南京明月建设集团有限公司及南京江宁城镇综合开发公司承建，年内销售295套25204平方米。

2000年，县政府下达经济适用住房建设计划，由南京江宁城镇建设开发有限公司承建，全年竣工面积为45983.18平方米，销售45212.37平方米。2001年，下达给南京明月房地产开发建设公司建设明月新寓经济适用房小区，建设任务2.50万平方米，实际竣工3.13万平方米，计372套，全部销售完毕。根据区政府规划，把明月新寓小区建成江宁区经济适用住房集中区，使之成为较高档次和较高品味的居民社区。2003年，江宁区政府在康馨、顺达、明月新寓3个经济适用住房小区建设的基础上，重点筹建景祥佳园经济适用住房小区。是年11月17日，景祥佳园小区开始建设，总面积143909平方米，其中经济适用住房5万平方米，拆迁安置5.20万平方米，相应配套设施4.39万平方米，总投资1.29亿元，占地面积11.20公顷。2004年3月，区发展计划与经济局、区房

图18-2-1 江宁区经济适用房选房、摇号仪式（2004年摄）

管局对 2004 年度景祥佳园经济适用住房建设作出详尽计划，项目占地 10 公顷，建设地点在江宁区上坊镇，东至城东路、南至城北路、西至石羊路、北至 0 号路，建筑面积 15 万平方米，总投资 1.29 亿元。是年，江宁区发展计划与经济局和江宁区房管局联合发文，向江宁城镇建设开发有限责任公司下达建设城开美丽家园经济适用住房投资计划。该项目规划占地面积 2.24 公顷，地址在桃园路北、原党校地块，建筑面积 3.77 万平方米，总投资 7000 万元。江宁区政府确定"十一五"期间全区经济适用住房的土地供应量和年度开发量，确保每年经济适用住房供应不少于 2 万平方米。2007 年，区房管局、区发展和改革局联合向区政府申请 2007 年度经济适用住房建设计划 15 万平方米（其中用于城市拆迁安置住房 13 万平方米，解决中低收入住房困难家庭申购用房 2 万平方米）。

【廉租房建设】

2005 年，江宁区政府与房管局、市房改办与区房改办分别签订年度工作考核目标责任书，对东山、方山、百家湖三个街道范围内的低保家庭住房困难人员实施廉租住房保障工作进行试点。区房改办会同区民政局和东山街道，对所辖范围内住房困难家庭进行摸底，初步了解有 73 人 36 户家庭住房使用面积低于 8 平方米。江宁区按照以租金补贴为主、实物配租为辅的原则，对享受连续低保 6 个月以上、家庭人均住房使用面积 8 平方米以下的，按每月每平方米 20 元标准提供住房补贴，有住房未达标的，按实际面积和 8 平方米的差额补足。

图 18-2-2　2005 年，江宁区人大常委会主任吕界超（前右二）等视察景祥佳园经济适用房

江宁区建立廉租住房保障基金，开设廉租房资金专户，实行专户管理，专项用于租赁补贴的发放、保障性购房补贴发放及廉租住房新建、收购和改建。区房改办向市住房公积金管理中心争取到 100 万元廉租房建设资金，区财政局按 1 ∶ 1.10 配比数 110 万元到位，确保每年有不低于 30 户的最低收入家庭能享受廉租房租金补贴。

2006 年，为将廉租住房保障制度工作落到实处，由江宁区房改办牵头，联合民政局向各街道民政部门下发《江宁区最低收入家庭状况调查表》，对全区低保家庭住房状况展开全面深入调查。2007 年，江宁区政府出台《2008—2010 年江宁区住房保障规划纲要》和《解决城市低收入家庭住房困难的实施意见》，进一步完善全区住房保障体系，切实解决最基本的民生问题。是年，全区共有 1366 户城镇最低收入家庭，其中有 401 户为低保困难家庭，人均住房使用面积在 8 平方米以下的 81 户。经过初审、复审，确定最低收入住房困难户 34 户。经公示，最后区房改办与其中的 31 户签订保障协议，发给租房补贴款 3.76 万元，还为其中的 3 户减免房租。

第三章 房屋产权交易

新中国成立前，房产允许自由买卖，凭经纪人，俗称房牙子或中间人说合成立，签写税约。新中国成立后，交易由政府监督，价格双方议定，税务部门办理私房买卖契税贴花业务。“文化大革命”期间，私人间房产交易基本中断。

1984年后，县房管部门恢复私房交易和鉴证工作。1996年，江宁县房屋产权管理所下设产权科，具体负责全县房屋产权交易。1998年，成立江宁县房地产评估所（三级资质），对房地产抵押贷款进行评估。至1999年年底，共办理抵押1097件，按揭2110件。1999年，县城住宅商品房价格每平方米980元~2000元。同年，成立江宁县房地产交易中心，全面启动商品房销售、置换，并实现产权办证一条龙服务，对单位自管及私人出租房实行出租许可证制度。

2003年6月，江宁区房产管理局成立并独立运行，房产交易由其下设的产权科负责。随着城市的发展，尤其是房改的深化及住房商品化的推进，房地产市场日趋活跃，房屋产权日趋多元化，房屋的买卖、抵押、分析、入股、联营等行为越来越多，这些都要求有规范完善的权属管理作为保障。为加强房屋权属管理，做到办理各类登记有章可循，实现权属管理法制化、规范化，南京市政府于1998年1月颁布《南京市城镇房屋权属登记管理办法》，2000年12月，江宁县政府印发《江宁县城镇房屋权属登记管理办法》，为全区房屋权属登记提供了法律依据。江宁区为方便群众办理产权登记手续，开设房屋产权交易大厅，实行“一站式”服务。2003—2007年，江宁区私有房交易量累计104326件，商品房交易量累计62738件。

第一节 房产交易市场

1998年8月，经江宁县建设局批准，成立江宁县房产交易中心，属县房管所领导，独立核算，自负盈亏。注册资本1400万元，下设咨询、测绘、房地产评估、白蚁防治、中介服务、置业担保、产权登记受理等多个窗口，提供各类政策咨询和“一站式”便捷服务，与法律、公证、银行等各大系统结成联盟，共同逐步规范江宁房地产市场，构建房产二级、三级平台，形成一个专业化、社会化、集团化为发展方向的新型企业。

为加强房地产行业的行政管理，规范交易市场行为，解决房产交易有市无场问题，1998年9月，江宁县房管所将房管所办公楼二楼200多平方米场地设立10多个摊位，建立起江宁第一个房产交易市场，由县房产交易中心负责管理。交易市场安排10多家开发企业进场宣传自己的楼盘，散发宣传资料，正式挂

图18-3-3 江宁区房管局房产交易大厅（2003年摄）

牌交易。由于当时房产交易量不大，加上摊位设置不尽合理、客户感觉不太方便等原因，该房产交易市场维持半年多后即行中止。

1999年，江宁房管所将办公楼一楼大厅进行改造装修，设立产权登记、产权抵押、收费、司法公正、房屋租赁、二手房交易、契约鉴证、财政局契税交费等8个窗口，初步建成房产交易大厅。2000年，江宁县人民政府出台《江宁县房地产交易管理办法》，这一规范性文件使江宁房地产交易市场很快正常运转，实现收件、初审、终审一条龙服务。交易大厅窗口的工作人员由相关科室派出，县房产交易中心负责大厅的日常管理工作。2003年6月，江宁区房管局独立运行后，即开始扩大交易大厅面积，对原有窗口设置进一步细化，初步形成“一站式”服务，交易大厅成为江宁区房管局对外服务的窗口。

至2007年年底，区房管局在交易大厅设立包括公证处、3家银行在内的6个窗口，经调整，增设27个服务窗口。同时，还在区行政服务中心、开发区行政服务中心、大光路房产交易中心、区建工局4处分别开设服务窗口，方便开发企业和南京市城区市民购买江宁房产，办理房产交易手续，形成全方位的“一站式”服务。是年，交易中心被评为省青年示范窗口创建单位，产权科科长当选为江宁区十佳青年。

第二节　房屋产权交易和变更

【房屋产权交易】

私有房产权交易　随着江宁城市规模不断扩大，人口快速增长，东山及周边地区群众私房交易增多。而民间交易的契约不规范，交易后很容易引起矛盾和纠纷，因而房产管理部门加大私房产权交易的管理工作。自2003年起，江宁区私有房交易趋于合理有序。2003年，私房交易量为14856件；2004年交易量为15257件；2005年交易量为16051件；2006年交易量为19182件；2007年交易量为38980件。

商品房产权交易　1984年8月，南京江宁城镇开发总公司试行住宅商品化。1984—1989年，先后在芙阁小区建造商品房28幢，其中，6层4幢、5层7幢、4层17幢，总建筑面积48776平方米，公共建筑2幢1788平方米，所建商品房售出33958平方米。全部建成后共33幢，总面积达62000平方米，安排居住900户4000余人。芙阁小区是江宁县第一个商品房小区。

2000年12月江宁县撤县设区后，房市迅速发展。2002年，随着南京河西大开发、大规模拆迁和货币化安置，江宁房地产业超常发展，达到高峰期，先后形成东山城中片区、百家湖片区、科学园片区、东郊风景片区4个开发热点。2005年，江宁区政府对年开发量进行减量控制，计划开发面积170万平方米，实际开发量达234万平方米。2007年，年开发总量上升到300万平方米。江宁区的商品房开发达到高潮。

房产开发热潮促进商品房交易。2003年，商品房交易量为8182件；2004年交易量为8293件；2005年交易量为9032件；2006年交易量为11170件；2007年交易量为26061件。

单位自管公房产权交易　1958年后，由政府划拨的公房交易逐步停止。中央、省、市驻江宁的工业、交通、商业、文教卫生等单位以及县各行政部门或国营、集体单位，由于办公用房或住房越来越紧张，自筹资金自建房屋日益增多，至1988年，国营单位自建房屋发展到188.59万平方米，相当于房管部门直管公房的15.90倍。

20世纪80年代到90年代初，一些县属企业先后被兼并或破产，一些新型企业涌现。大量企业房产也伴随着经济的发展而不断转移变更权利人，房产市场趋于活跃，但这些产权变更都有政府相关部门参与。由于房产交易法规不够健全，人们的产权意识比较淡薄，自觉接受交易管理的并不多。

90年代起，城市所有的房地产经营活动都能依法行事，依法接受管理。单位自管公房的买卖交易及各类形式、各种原因发生的产权转移都能自觉接受管理，及时办理登记，申领新的房屋所有权证。单位自建公房中大部分是住宅房，至2006年3月，全区共有自建公房15411套，面积115.23万平方米。随着房改政策的落实，这些住宅全都出售给原居住户，按照房产交易管理办法办理房屋产权转移手续，领取房屋所有权证。

【房屋产权变更】

国有直管公房 新中国成立初期，由江宁县人民政府财粮科接管、接收、代管的各类房屋收为国有公房共8290间计24万平方米。至1953年年底，划拨给各级行政、文教卫生事业单位及驻军部队使用的公房5070间，约占总数的61%。1958年后，由政府统一划拨公房的工作逐渐停止，原拨给各系统的房产由各系统自修自用，其产权仍属国家。

1963—1976年，直管公房管理体制混乱，失修失养损坏严重，公房多数破旧不堪。直到1977年8月，江宁县房管所恢复成立后，直管公房的管理从公社（镇）政府收回，实行专业管理经营。1983年，成立江宁县房产经营公司，对国有直管公房实行专业化管理。此时，江宁县国有直管公房总量13.21万平方米。

江宁县房产经营公司成立后，先后对偏远、不便管理的、零星分散的公房进行出售。1985年，拆除东山、丹阳、湖熟等乡镇危旧公有房屋2500平方米。1986—1988年，继续出售花园、长江、营防地区的危旧公有房屋1756.50平方米。将售房钱款在东山等地区新建商场、住宅楼14081平方米，1989年建成11000平方米。至2001年，全区直管公房82634平方米。

2002年12月，南京锦泽资产经营管理公司成立，承担原房管所公房经营管理的职能。对各镇及镇以下零星、危旧房屋全部作折价处理。该公司管理直管公房面积62181.23平方米。2003年6月，江宁区房管局独立运行后，为管理好受政府委托的直管公房，使之保值增值，决定对劣质资产进行更新置换。在锦泽资产经营管理有限公司的具体操作下，对全区直管公房进行置换变现。2005年出售公房2449.67平方米，2006年出售公房14059.94平方米，2007年出售公房2532.90平方米。至2007年，全区直管公房减少为3.86万平方米。对锦泽经营管理公司出售的直管公房，均按照规定进行了产权变更登记手续。

国有房屋划拨 2003年，江宁区房管局独立运行后，根据江宁区人民政府办公室《南京市江宁区房管局职能配置、内设机构和人员编制规定》，经营性企事业单位的生产经营管理逐步授权资产经营公司管理。区房管局于2003年9月28日，授权委托正式挂牌成立南京市锦泽资产经营管理有限公司，经营管理原房管所名下62181.23平方米的直管公房。2005年2月，区房管局将代号为311019的公房划拨给该公司。该房屋建于1990年，建筑面积1923.94平方米，占地412.02平方米，账面净值30.30万元，评估价值916.50万元。2005年3月17日，江宁区国有资产办公室下达同意划拨资产的批复，确认锦泽资产经营管理公司为区房管局直属企业。同意将东山镇大街东路64号19幢直管公房无偿划拨给国有锦泽房产经营公司，使其尽快成为独立的经营实体，以建立适应城市房产管理市场的运作机制。该处房产确认建筑面积1941.70平方米，相应产值916.50万元。资产划拨后，其国有性质不变，公司只有经营权，承担资产保值的责任，并按期向主管部门、国资部门报送财务报告，履行国有单位应尽义务。

第四章 商品房开发与市场监督

江宁房地产业开发始于1984年。1992年6月18日，南京江宁经济技术开发区的成立，推动江宁房地产业由小至大不断发展。1996年与2007年相比，全区房地产年总投资由1.84亿元增至91.33亿元，房地产年开发面积由22.60万平方米增至300.01万平方米，年销售面积由10万平方米增至308.87万平方米，年销售额由1.80亿元增至150.16亿元，年房地产地税收入由686万元增至14.88亿元。房地产开发企业由1992年前的2家发展到2007年年底的140家。房地产业已成为江宁经济快速增长的重要支柱，成为关乎人民群众安居乐业的重要行业。

2003年6月前，房地产市场监管职能由江宁区建设局房地产综合开发办公室负责。2003年6月江宁区房管局独立运行后，由房产科具体负责。相关部门围绕市场监管工作，进一步加大管理力度，完善市场监管制度，重点落实预售许可制度、网上房地产管理制度、售楼现场标准化管理制度、"一房一价"制度及房地产市场检查制度等，开展商品房预售房款监管、商品房价格公示监管等多项监管工作，使江宁房地产市场始终保持稳步、建康、快速发展的良好局面。

第一节 商品房开发

随着社会发展和城镇居民对住房需求的增加，单位自建住房已不能满足广大城镇居民对住房的需求。1983年9月，江宁县政府颁发《江宁县城镇建设和统一开发施行办法》，规范房地产开发原则、程序、形式、管理收费、资金来源。10月，确定613厂（南京造币厂）生活区建设用地范围，将办理征地手续、进行单位设计，纳入统一开发轨道。1984年，南京江宁城镇建设综合开发总公司成立，这是江宁地区首家房地产开发企业（成立之初并非企业，而是事业单位），隶属于江宁县城乡建设环境保护局。1984年8月，江宁城镇开发总公司试行住宅商品化。江宁县财政局调拨55万元作为开发芙阁新村住宅小区（俗称"二小区"）的建设铺底资金。1984—1989年 芙阁小区建成面积累计6.20万平方米，建造商品房33幢，总建筑面积5.50万平方米，可供居住900户4000余人；小区公用建筑2幢楼1788平方米。当时所建商品房，凡属单位购买的，须持江宁县计划经济委员会批准计划；属于个人购买的，限为城镇常住人口。售房价格按照建设基本造价加征地税和管理费等因素确定，这为住宅建设逐步向商品房发展迈出第一步。

1985年，江宁县商品房价格250元/平方米，1987年为287元/平方米，1988年为310元/平方米，1989年增至425元/平方米。

1990年起，在金箔路外港新村（俗称五小区）建设商品房住宅小区，开发建设面积11.80万平方米。该小区的建成，使东山镇城镇居民住房有较大改善。

1992年6月18日，南京江宁经济技术开发区（简称开发区）开工建设，这预示着江宁房地产业前景光明。开发区前期以"三通一平"为特征，大搞基础设施建设，尚未涉足房地产业开发。是年，全县经营性房地产开发公司只有2家。同时，由于入驻开发区的企业规模小、入住人数少，住宅需求量不大。加上1993年国家宏观经济过热，以及受海南房地产泡沫经济影响，江宁房地产业进入清理和关停并转时期，刚刚起步的房地产业遇到困难，进入低潮期。

1994—1996年是江宁房地产行业发展的艰难期，年房地产开发量在20万平方米左右。1996年，全县房地产业总投资1.80亿元，房地产销售额1.80亿元，房地产开发企业由1992年开发区建设前的2家发展到29家。1997—1998年，江宁房地产业进入复苏期，年开发面积增至30万平方米。1998年房地产总投资2.82亿元，房地产销售额为1.74亿元。1999—2000年，由于住房制度改革实施，取消住房实物分配，住宅商品化进程加快，房地产市场需求量增大，全县房市趋旺。1999年，全县房地产开发面积51.40万平方米，总投资3.80亿元，销售额2亿元；2000年，全县房地产开发面积增至81.40万平方米，总投资7.27亿元，销售额4.18亿元。房地产开发企业迅速发展到40家。

2000年年底，江宁县撤县建区，规划建成南京三大新市区之一。2001年，江宁房地产业突飞猛进，年开发面积172.72万平方米，比2000年增长112%；房地产总投资额16.59亿元，是2000年的1.30倍；商品房销售面积129万平方米，销售额11.60亿元；房地产地税收入由1999年的686万元增至2001年的7530万元，占全区地税收入的16.40%；房地产开发企业由40家增至58家。2002年，南京河西地区开发建设，大规模的拆迁，旧城改造和货币化安置，加之江宁房价均价低于南京城南2000元/平方米～3000元/平方米，因此江宁房产约有75%为南京市民购买，从而极大推动江宁房地产业的快速发展。是年，房地产开发面积217万平方米，比2001年增长35%；房地产总投资35.61亿元；商品房销售面积217万平方米，房地产销售额34.20亿元；房地产地税收入1.53亿元，占全区地税收入的23.80%；房地产开发企业79家，其中外资、合资企业约占1/3，国有、集体房地产企业所占比重不到1/3，民营、私营和外资、合资企业占全部开发企业总数的2/3。

图18-4-4 别墅区远眺（2000年摄）

图18-4-5 外港社区上海明珠花园（2003年摄）

2004年，房地产开发面积287.60万平方米，比2003年增长34%；房地产总投资13.37亿元；商品房销售面积182.31万平方米，房地产销售额62亿元；房地产地税收入4.73亿元，占全区地税收入的33.90%。是年，江宁房地产业无论在开发规模、设计水平，还是功能配套、质量档次上，都有显著提高。2005年，

图18-4-6 天地新城（2006年摄）

在国家对房地产业进行宏观政策密集调控的形势下，江宁区政府对全区房地产开发总量进行减量调控，年开发面积 234.38 万平方米，比 2004 年减少 18.50%；房地产总投资 49.37 亿元；房地产商品房销售在住宅开工面积低于 2004 年同期 18.50% 的情况下，商品房销售面积 196.48 万平方米，房地产销售额 68.96 亿元；房地产地税收入 7.20 亿元，占全区地税收入的 38.90%。

2007 年，江宁区房地产业紧紧围绕全区城市建设总体规划，合理部署，有序推进，继续保持稳步、健康、快速发展的良好势头。是年，全区开发面积 300.01 万平方米，比 2006 年增长 44.20%；房地产总投资 91.33 亿元；商品房销售面积 308.87 万平方米，房地产销售额 150.16 亿元；房地产地税收入 14.88 亿元，占全区地税收入的 41.50%，各项指标均创历史新高。江宁房产开发地域布局已基本形成东山板块、科学园板块、开发区板块、岔路口板块、麒麟汤山板块和禄口板块等六大开发板块，与江宁区总体规划布局基本相符。

1996—2000 年江宁县房地产开发与销售情况表

表 18-4-7

项 目		1996 年	1997 年	1998 年	1999 年	2000 年	合 计
投资总额（万元）		18448.10	24106.00	28170.40	38035.10	72724.60	181484.20
其中	土地开发（万元）	2631.90	3078.90	3014.30	9943.00	23618.40	139197.70
	商品房建设（万元）	15816.20	21027.10	25156.10	28092.10	49106.20	42286.50
建筑面积（万平方米）		22.60	26.70	35.80	51.40	81.40	217.90
预售面积（万平方米）		3.10	5.30	4.40	7.10	21.90	41.80
销售面积（万平方米）		10.00	9.00	12.20	15.40	36.10	82.70
销售总额（万元）		18062.40	13453.10	17473.90	19970.50	41830.00	110789.90
契税收入（万元）		注：1992 年契税收入仅 8000 元			1508.00	2100.00	3608.00
地税收入（万元）		—	—	—	686.00	1130.00	1816.00

2001—2007 年江宁区房地产开发与销售情况表

表 18-4-8

项 目		2001 年	2002 年	2003 年	2004 年	2005 年	2006 年	2007 年	合 计
投资总额（亿元）		16.59	35.61	45.94	43.37	49.37	48.82	91.33	331.03
其中	土地开发（亿元）	4.32	11.96	24.74	12.77	24.87	27.43	61.58	167.67
	商品房建设（亿元）	12.27	23.65	21.20	30.60	24.50	21.39	29.75	163.36
开发面积（万平方米）		172.70	233.20	214.70	287.60	234.38	208.02	300.01	1650.61
许可预售面积（万平方米）		168.70	2202.00	209.70	282.60	229.47	202.76	289.76	3584.99
销预售面积（万平方米）		129.00	217.00	182.40	182.30	196.48	280.81	308.87	1496.86
销预售总额（亿元）		11.60	34.20	47.39	62.00	68.96	110.39	150.16	484.70
普通商品房价格（元/平方米）		1820	2250	2863	3386	3540	3936	4505	—

续表

项　目	2001 年	2002 年	2003 年	2004 年	2005 年	2006 年	2007 年	合　计
供销比	1.34 ： 1	1.07 ： 1	1.20 ： 1	1.50 ： 1	1.12 ： 1	0.70 ： 1	0.94 ： 1	—
房地产契税	0.49	0.60	1.00	1.49	1.47	2.50	3.12	10.67
房地产税	0.75	1.58	2.57	4.73	7.2	9.65	14.88	41.36
全区地税	4.57	6.65	9.42	13.95	18.52	24.77	35.82	113.70
占全区地税（%）	16.40	23.80	27.30	33.90	38.9	39.00	41.50	—

第二节　市场监督

2002 年上半年，江宁区开展全区房地产开发企业专项检查，有 60% 的房地产开发企业存在不同程度的违规问题，其中 8 家开发企业问题较为突出。对查出问题的企业，及时送达整改通知书，明确整改内容、时限；对问题突出的企业，责成房地产综合开发办公室专人督促整改、帮助整改，并进行复查验收。

2002 年 10 月 21—29 日，江宁区建设局、房管局、发展计划与经济局、财政局、国土资源局、工商行政管理局、物价局、建筑工程局、监察局 9 个局组成联合检查组，重点抽查 10 家房地产开发企业，查出存在问题企业 3 家。同时，动员全区各房地产企业对照文件规定，开展自查自纠工作。凡发现问题和不足的企业，自行按照文件要求进行整改，并将整改落实情况如实报告区房管局。

2003 年年初，江宁楼市销售过热，价格不断上扬，甚至出现新楼盘一上市就销售一空的现象。一些开发商乘机进行违规销售，一度造成媒体曝光不断，社会投诉剧增。2003 年 4 月，江宁区房管局成立检查组，对全区有销售项目的企业进行为期一周的突袭式明察暗访。在被查的 16 家企业中，存在收取客户定金、房号费、代理销售公司无资质等问题。为规范市场行为，检查组向 6 家企业下达限期整改通知。2003 年上半年，江宁区房管局与区工商局联合清理整顿全区中介机构，依法查封 2 家无证无照经营黑户。8 月下旬，由江宁区房管局牵头，联合区工商局、物价局、国土资源局等 9 个局联合开展全区房地产开发企业、物业管理企业执法大检查，及时纠正 19 项违规、违纪行为。是年 9 月，江宁区房管局组织全区 70 多家开发企业 170 多位销售和物业管理人员参加商品房销售合同管理培训班，规范区内商品房销售市场。

2004—2005 年，围绕全区房地产提档升级，江宁区房管局继续加大宏观调控和监管工作力度。2004 年，根据南京市开发资质年检工作要求，对在江宁区注册的 60 家开发企业资质年检材料进行严格审查，对个别长期无项目的企业坚决不予通过年检。指导 2 家具备资质升级的企业申报二级资质，适当提高外埠房地产商进入江宁门槛，发现并查处 5 本假房产证，责令 2 家违规预售的开发企业停止销售。

2005 年 7 月，江宁区房管局信息中心成立，专门负责对房地产特别是商品房运行情况的动态监测，进一步完善“网上房地产”电子交易系统。

2006 年 6 月 1—30 日，江宁区房管局等部门组成检查组对房地产开发企业开发、销售等情况进行检查和抽查。2007 年，江宁区房管局规范房地产市场秩序工作小组成立。11 月 30 日，江宁区房管局房产监察大队、房屋租赁管理办公室组成联合检查组，对全区100多家中介经纪机构进行为期一周的“拉网式”检查。对不符合要求的，责令其及时整改，确保江宁房地产市场的安全和稳定。

第三节　小区选介

【金王府】

金王府位于东山街道境内，胜太东路以北，上元大街以南，双龙大道以东，秦淮河以西。由南京金箔集团房地产开发有限公司投资兴建，占地面积24万平方米，建筑面积40万平方米。于2003年2月开工，2007年年底竣工。小区交通便利，101路、103路、南金线、东铜线等10多条公交线路均到达该地，地铁1号线南延线也在此地设站。地处东山区中心，紧邻同曦鸣城、黄金海岸两个商业区，胜太路商业街也邻近该小区，方便市民购物。区内还有一个大型超市，世纪华联超市江宁店，占地面积3500平方米。该小区集商业、文化、休闲为一体，为江宁东山新城又一商业副中心。

【南方花园】

南方花园位于东山街道境内，东至秦淮河，南至秦淮新河，西至双龙大道，北至岔路口。由江苏经纬房地产开发有限公司投资兴建，总投资6亿元，占地面积10万平方米，建筑面积25万平方米，2007年，开发面积23万平方米。小区交通便利，101路、102路、103路、南金线、新东线、新东区间等10多条公交线路经过该小区，地铁1号线双龙大道站可达该小区。小区周边有上海华联超市、华诚超市、青松超市、苏果岔路口社区店等超市，方便居民购物。周边学校集中，有华夏实验小学、岔路口中学、岔路口小学、夹岗小学、江宁实验小学，方便区内居民子女入学。

【天元吉第】

天元吉第位于东山街道江宁科学园境内，湖山路以东，昌宁路以北，与江宁高级中学为邻。由南京上元房地产开发有限公司投资建设，占地面积25.30万平方米，建筑面积27.30万平方米，绿地面积逾10万平方米，绿化率40.90%，有100幢多层住宅，共2598户。区内有“5.1米挑高小户型”“两代居”“花园公馆”“情景洋房”“坡地叠墅”五种创新户型，住房容积率仅1.007。区内所有住宅均采用保温节能技术，预留太阳能管井，全部加装中空玻璃，并装有雨水收集、污水处理等环保系统，使其拥有较好的环保节能性能。

【天鹅湖花园】

天鹅湖花园位于东山街道境内，东临湖山路，北接上元大街。由南京明月集团投资建设，占地面积11.30万平方米，建筑面积14.70万平方米，总投资5.20亿元。小区交通便利，有101路、江宁1路、江宁2路、江宁4路、江宁10路、南金线、东周线、金湖线等10多条公交线路经过此地。项目周边集中天景山中学、小学，江宁高级中学，菜市场、岗山超市、苏果便利店，工商银行、建设银行，博爱医院等，生活配套设施齐全，居民生活便利。

【百家湖别墅花园】

百家湖别墅花园位于秣陵街道江宁经济技术开发区中心的百家湖游览城北部半岛上，东、南、西三面临百家湖，北临湖滨路并接312国道。

该项目是南京利源物业发展有限公司在百家湖地区开发的第一个房产项目，总投资1亿多元，占地面积9.45万平方米，有临湖独栋别墅及独栋别墅类型17种，绿地1.67万平方米。百家湖别墅花园第一期工程主要建设两种类型别墅：连体型别墅，由湖滨路沿西向东建20座，每座面积160平方米～200平方米，花园面积100平方米；单体别墅，在西部靠百家湖边建筑4座独立式别墅，每座面积设计220平方米～280平方米，花园面积200平方米。别墅都有阳台和露台，前有花园，后有院子。第一期开工总栋数达32栋。1994年，第二期开工，开工栋数50栋。1995年，建成别墅7172平方米。此后先后完成区内网球场、占地面积915平方米的俱乐部建设，绿化面积3400平方米、护栏围墙1480米和园区道路500米，由此百家湖别墅花园粗具规模。1996年，开工1万平方米，建成园区绿地面积2万平方米。投入500多万元，建成南京第一流的百家湖俱乐部。同时，还配套建成附属设施室内游泳池、东岛室外18洞国际高尔夫推杆球场、2万平方米人造沙滩浴场，1997年建成对外开放。2000年后，先后兴建百家湖西花园、百家湖东花园两个项目。

【莱茵东郡】

莱茵东郡位于秣陵街道江宁科学园境内，西起城墟路，东邻大学城及科技产业园，北沿天元路，南望风景秀丽的方山旅游度假风景区。由南京莱茵达置业有限公司投资开发，占地面积38.67万平方米，投资7.50亿元，开发总量45万平方米。

小区以主轴线对称设计，水系、瀑布、滴水、亲水平台贯穿整个园区。其建筑风格偏向新古典主义风格，每幢楼的外立面，直线组合，纵横有序，色彩柔和清新，采用亚光特制面砖、不锈钢栏杆、双层中空玻璃等材质，0.93的低容积率，45%的高绿化率。区内设置五重安报系统：可视对讲系统、刷卡门禁系统、周界防越报警系统、24小时自动红外线监控系统与电子巡更系统，加上保安园区24小时巡逻，为住户提供安全可靠的居住环境。区内有33米宽的景观步行商业街，设施现代、功能完善的幼儿园，方便居民购物、上学。

【武夷绿洲】

武夷绿洲位于秣陵街道江宁科学园境内，天元路以南，秦淮河以东，竹山南路以西，玉带圩以北。小区紧依近千米秦淮河水岸，内有约3万平方米的原生私家湖泊和近2万平方米的公园，生态环境优美。2002年，武夷绿洲获南京楼盘“奥斯卡”生态设计奖。

项目由南京武宁房地产开发有限公司开发建设，占地面积近千亩，建筑面积63万平方米，总户数约5000余户，项目容积率1.25，绿化率45%。小区共分为六期开发：一期赏桂苑，二期观竹苑，三期品茗苑、四期品兰苑、五期沁荷苑、六期揽胜阁。项目整体以多层住宅为主，小高层、高层、别墅住宅为辅。

【加州城】

加州城位于秣陵街道江宁科学园境内，西靠方山，东临弘景大道，南北两侧均是生态公园，自然景色宜人。由江苏景枫置业投资有限公司投资建设，占地面积约75万平方米，建筑面积约50万平方米，是南京最大的别墅社区之一。规划有独栋别墅、联排别墅和花园洋房。一期规划占面积地约 7.50 万平方米，建筑面积约 5.60 万平方米。加州城原版复制南加州建筑风格，汲取其景观设计精髓，依山傍水，打造出一座大城。区内配备一个 5000 平方米的会所，内部设有地下篮球场和标准游泳池等。

第五章　农民复建房

1992 年 6 月 18 日创建的南京江宁经济开发区用不到 3 年时间，完成首期 15.50 平方千米土地的开发。随着开发建设的深入，大批重点项目的落户，先后进行三次扩区。境内许多村庄被整体拆迁。区房管部门，特别是房管局成立后，根据区（县）委、区（县）政府的部署和要求，在有关部门的大力配合下，高度重视解决拆迁农户安置问题，开展农民复建房的建设、分配、办证、管理等一系列工作。

1992 年起，对因开发建设而失地、失房农户的住宅问题，一般由征地单位按照政策规定出资，由地方政府择地建房安置。初期曾采取统一规划、另选地块、给予建房补助、农民自行建房的办法，安置拆迁村民。为提高复建房土地利用率，并保持整体性、舒适美观、便于管理，1993 年 10 月后，多采用建设复建房住宅小区的办法，安置失地、失房农户。江宁融入主城区后，区政府在农民复建房建设上，实行统一规划、统一标准，按照“统拆统建”模式，使复建房成为城市化住宅小区。

第一节　拆迁复建

【天印山片区拆迁复建】

1992 年，江宁县城东山镇向南发展，规划建设四号公路（即今天元路）。经县政府同意，征用方山乡共和、成山、桥头 3 个村土地 25.74 公顷，拆迁民房 6 户。此次征迁按南京市绕城公路的补偿办法，一是进行土地补偿，二是拆迁补偿，三是劳动力办理“农转非”，人员安置一律自谋职业。

1994 年 6 月 1 日，南京民营科技园挂牌成立，当时该园总体规划面积 12.60 平方千米，其中属于方山乡的约 10 平方千米，首期征收其中 4 平方千米土地。2000 年，民营科技园改称江宁科学园，拆迁按照《江宁县城镇房屋拆迁管理办法》（江宁政发〔1996〕64 号）文件精神及有关规定执行，2002 年，开始进入拆迁高潮。是年 10 月，方山街道成立，原淳化镇部分村庄划归方山街道，拆迁范围进一步扩大。2006 年，拆迁工作涉及 16 个社区 16165 户农户，拆迁人口 3.80 万人，拆迁公房民房 252.38 万平方米。这些拆迁工作确保西气东输、宁杭高速公路二期等国家重点工程的顺利开工，以及科学园项目引进、江宁大学城的开发建设。

拆迁工作全面展开的同时，农民复建房工程同时进行。方山街道共规划开工建设成山公寓、潭桥公寓、天景山公寓、横岭小区 4 个复建小区，至 2007 年基本建成。

2002—2007年江宁区天印山片区农民征地拆迁情况表

表18-5-9

社区（村）名	户数（户）	人口（人）	土地面积（公顷）	拆迁时间
成　山	2207	5070	342.10	2002—2003
东　方	884	—	520.00	2003—2007
方　山	2229	4240	293.20	2003—2007
陵　里	1188	2763	372.80	2003—2006
新　华	173	3360	298.67	2004—2006
新　林	44	3080	40.94	2004—2006
宋　墅	1030	—	291.72	2004—2006
王　墅	1877	4400	359.80	2004—2006
高　山	674	—	243.14	2003—2005
共　和	768	—	326.59	2003—2005
横　岭	515	1200	304.95	2005—2006
健　康	1086	—	268.98	2004—2007
桥　头	1611	3500	186.67	2003—2005
杨　村	2370	4112	525.00	2004—2007
永　宁	2094	3652	219.59	2004—2006
新　河	416	—	—	2005—2007
周村（属桥头）	66	—	—	2002
汪家坟（属永宁）	191	620	—	2003
总　计	19423	35997	4594.15	—

2007年江宁区天印山片区农民复建房安置情况表

表18-5-10

小区名称		户数（户）	人口（人）	总面积（平方米）	入住人口原属社区（村）	备　注
公寓名称	区域名称					
成山公寓	—	66	2412	254065	成　山	—
天景山公寓	欣荣苑	28	1116	118300	共　和	在　建
	碧华苑	28	1164	117880	东方、杨村、方山、永宁	
	黄锦苑	45	1908	188510	陵　里	
	佳福苑	40	1560	159880	宋墅、王墅	
	盛乐苑	28	1140	114100	方　山	
	瑞庭苑	41	1752	132860	共和、方前	
	春秀苑	68	2436	262500	健　康	
	H组团	51	218	213080		—
潭桥公寓	南　苑	36	1200	118370	高　山	
	北　苑	51	1992	198030	桥　头	
	西　苑	34	1404	140840	永宁、健康、杨村、新河等	
横岭小区	—	71	2924	266700	新　河	在　建
淳化小区	—	—	44	—	新　华	在　建
总　计	—	587	21270	2255115	—	—

【百家湖片区拆迁复建】

1992年，江宁经济技术开发区成立后不久，即对原胜利、池田、太平3个村进行征地拆迁。按照江宁经济技术开发区总体规划，当时规划面积6.80平方千米，首先启动2.30平方千米，需征用土地200公顷，拆迁农户240户，搬迁企业12家，拆迁公、私房屋73221平方米，撤销14个生产队建制。撤队农户人口农转非2298人、安排劳力就业1473人、保养191人。对粮食等青苗按规定给予补偿，拆迁房屋后在复建小区内给予安置住房并发给每户拆迁过渡费，整个拆迁过程较为顺利。

1996年，由于入园企业增多，江宁经济技术开发区急需西进南拓。陆续拆迁石马、太平、前进、陈墟、水阁、长山等村，并把殷巷列为配套区以备进一步开发。2002年，百家湖街道原殷巷乡部分开始陆续拆迁，2006年，拆迁工作基本结束。在征地拆迁的同时，农民复建房建设同步进行。1992—2007年，原百家湖街道拆迁涉及16个村委会11932户，涉及人口34686人。对失地农民，街道采取一系列措施进行安顿。至2007年，4个复建小区全部建成，配套设施完善，分房到户工作基本结束。

1996—2004年江宁区百家湖街道征地拆迁情况表

表18-5-11

社区（村）名	户数（户）	人口（人）	土地面积（公顷）	拆迁时间
殷 巷	1452	3503	388.23	2002年8月29日至2003年2月21日
前 庄	805	1982	304.49	2002年4月3日至2003年2月22日
下 墟	1120	2656	384.53	2002年5月4日至2003年1月6日
甫 岗	794	1909	246.31	2001年11月1日至2003年2月19日
渡 桥	687	2136	371.31	2002年8月18日至2003年1月5日
其 林	553	1408	279.13	2001年3月2日至2002年12月30日
朱 村	520	1335	249.72	2002年3月5日至2002年12月28日
五 库	820	2401	367.71	2000年10月至2001年11月
水 阁	1200	3420	522.74	1996年6月至2003年4月
长 山	603	2760	499.48	2001年5月至2002年3月
龙 池	602	2047	256.69	1992年8月至2004年12月
胜 利	831	2644	329.18	1992年8月
太 平	961	3228	604.82	1993年4月至2004年1月
秦 淮	518	1598	765.12	1995年8月至2003年5月
陈 墟	486	1659	514.82	1996年3月至2001年4月
总 计	11952	34686	6084.28	—

2007 年江宁区百家湖街道复建房安置情况表

表 18-5-12

复建小区名	幢数（幢）	户数（户）	总面积（万平方米）	入住人口原属社区（村）
胜太新寓（新村）	69	2904	27.74	胜太、龙池、学府、太平、湖滨、牛首等
太平新寓（花苑）	110	4584	45.49	太平、学府、湖滨、胜太、牛首、龙池
殷巷新寓	241	9372	88.83	长山、殷巷、钱庄、下墟、真林、燕湖、青源、东南等
石马新寓	19	984	12.42	秦淮、学府
总　计	439	17844	174.48	—

说明：胜泰新寓（新村）入住人口包括龙池新寓的人口

【秣陵片区拆迁复建】

1995 年，禄口机场高速公路经过秣陵家园、新丰、高塘、桥南、周桥、凤凰、大里、西旺 8 个行政村，总长 9 千米，第一次征地 60 公顷，拆迁 176 户；第二次征地 54.06 公顷，拆迁 134 户。这次拆迁由政府一次性发给住房重建补贴、青苗补贴，划拨房基地，由被拆迁农户按政府指定区域自己重建居宅。

2002 年，江宁经济技术开发区东进南拓，同时将军路、清水亭大道向南延伸。2003 年 2 月，秣陵镇西部、机场高速公路两侧开始征地拆迁。此次拆迁严格按照江宁县人民政府规定的拆迁安置补偿办法执行。从 2003 年 2 月到 2007 年，秣陵境内拆迁涉及家园、新丰、高塘、西旺、双金等 5 个村 3983 户、11604 人，征地 21.88 平方千米。同时为加固秣陵联圩水利工程，拆迁火炬、东埕村 113 户 400 人。对失地农户，同样发放过渡费、生活补贴费。2004 年年底，复建房一期 3372 套完工交付使用，二期 1553 套于 2006 年年底完工交付使用，复建小区定名欣旺花苑，复建房配套工程于 2007 年全部建成。

2003—2004 年江宁区秣陵片区拆迁情况表

表 18-5-13

社区名	户 数（户）	人 数（人）	土地面积（公顷）	拆迁时间
家　园	921	2745	200.13	2003
新　丰	991	2839	262.23	2003
高　塘	740	2151	200.00	2003
西　旺	765	2231	206.67	2003—2004
金　村	566	1638	100.00	2003—2004
东　埕	50	200	圩堤建设	—
火　炬	63	213	圩堤建设	—
总　计	4096	12017	969.03	—

第二节　小区选介

自1992年起，江宁县为配合和服务于开发建设，保障和维护拆迁农户利益，促进和拓展城市社区建设，坚持不懈地做好拆迁复建工作。至2007年，在江宁区拆迁的农户，已陆续集中于天印山、百家湖、秣陵等复建房片区，形成一处处宜于居住、景色美丽、风格各异的住宅小区。

【天景山公寓】

天景山公寓位于秣陵街道东北部，东至城东路，南至天元东路，西临湖山路，北接新亭东路。占地面积159.69万平方米，建筑面积109.70万平方米。2002年10月动工建设，2007年12月竣工交付使用。全公寓分8个组团，欣荣苑、碧华苑、黄锦苑、佳福苑、盛乐苑、瑞庭苑、春秀苑、H组团，共465幢，住宅18060套，入住29057人。小区内有湖东路、天景山路两条公路，另有区内主干道8条，小区楼间距27米，绿化率35%。公寓内有天景山中学、天景山小学，幼儿园4所（其中3所在建）。公寓内有2处超市，占地面积8800平方米。文化娱乐服务中心2所，占地面积1.30万平方米。

【成山公寓】

成山公寓位于秣陵街道东北部，东至湖山路，南临新亭东路，西接天印大道，北靠昌宁路。占地面积39.20万平方米，建筑面积25.40万平方米。2001年10月开工建设，2003年10月竣工。建住宅楼66幢，入住2412户，总人口5690人。小区内有主干道1条、次干道20条，小区绿化率35%。建有幼儿园1所，建筑面积4000平方米。在昌宁路建综合市场1处，占地面积4800平方米，建筑面积4000平方米，内设桑拿室、饭店、电玩、超市、果品批发、菜场等项目。小区内有文化娱乐休闲中心1所，建筑面积6000平方米，内设社区办公室、文化活动室、老人活动室、医务室等。休闲广场两处，健身器材齐全。

图18-5-7　农民复建房小区——成山公寓（2004年摄）

【潭桥公寓】

潭桥公寓位于秣陵街道北部，东临竹山路，南至天泽苑，西靠秦淮河，北接科建路。占地面积55.72万平方米，建筑面积45.72万平方米。2002年10月开工建设，2007年10月开始交付使用。建住宅楼121幢，入住4496户，人口约7200人。科宁路、兴宁路两条公路穿过小区，区内有主干道3条，次干道60条，小区绿化率35%。小区内有休闲娱乐文化服务中心1所，占地面积5000平方米，建筑面积4200平方米，内有社区办公室、文化活动室、老年活动室等。公寓内有潭桥幼儿园与西苑小学，2007年潭桥幼儿园被评为南京市优质幼儿园。投资100万元建菜场1所，建筑面积900平方米。2007年12月，潭桥商业街农贸市场建成开业，建筑面积3万平方米，街面长1800米，入住商户80多家。农贸市场建筑面积1113.40平方米，设粮油、蔬菜、禽兽类、水产类等61个经营摊位，满足社区居民生活需求。

【太平新寓】

图 18-5-8 花园式农民复建房小区——太平花苑（2005 年摄）

太平新寓，又名太平花苑，位于胜太路西侧，长泰街北侧，西至静淮街，南至通淮街。占地面积 31.35 公顷，建筑面积 45.49 万平方米。2000 年 12 月开工建设，2005 年 4 月竣工。建住宅楼 110 幢，入住 4584 户，人口约 2.60 万人。小区内有主干道 3 条，次干道 27 条，楼幢间距 25 米。菜场占地面积 4000 平方米，超市占地面积 1000 平方米，休闲广场占地面积 400 平方米。翠屏山小学、翠屏山幼儿园紧邻小区，方便区内居民子女入学。

【石马新寓】

石马新寓位于东山街道北部秦淮新河南岸，东靠曹村电站、天秀湾花园，西靠机场高速公路，南临秦淮路。占地面积 6.19 公顷，建筑面积 12.42 万平方米。1998 年 5 月开工建设，2005 年 5 月交付使用。建有住宅楼 19 幢，入住 984 户，人口 1944 人。小区内有主干道 2 条，楼幢间距 20 米，绿化覆盖率 34%。入住该小区居民均为原石马村村民，现为秦淮社区。2006 年，该社区被江宁区列为建设社会主义新农村示范点。是年，社区投入 360 万元，兴建综合办公大楼，内设社区卫生服务中心、老年活动室、青年活动中心等。小区内有占地面积 504 平方米的篮球场，小区临近翠屏山小学、翠屏山幼儿园，社区居民子女入学方便。

【胜太新寓】

胜太新寓由原龙池小区、胜利小区两部分组成。原龙池小区位于通用磨坊路南侧、庄排路以东、秦淮河以西、西门子路以北，2003 年 1 月开工建设，2005 年 6 月完工。原胜利小区在胜太东路以南，庄排路以东，通用磨坊路以北，秦淮河以西，1996 年 5 月开工建设，2002 年 12 月完工。整个胜太新寓占地面积 13.88 公顷，建筑面积 27.74 万平方米。建有住宅楼 69 幢，入住 2904 户，总人口 9000 余人。小区内有主干道 3 条，次干道 25 条，楼幢间距 20 米。小区内有大型菜场占地面积 4000 平方米；市民休闲广场占地面积 400 平方米，各种健身器材较齐全；有建筑面积 80 平方米卫生室，为居民提供健康服务。百家湖小学、百家湖中学、百家湖幼儿园紧临该小区，居民子女入学比较方便。

【殷巷新寓】

殷巷新寓是秣陵街道居住人数最多的复建小区，北抵清水亭东路和殷富街，南至九竹路，西到双龙大道，东靠钱庄路。占地面积 65.27 公顷，建筑面积 88.83 万平方米。2003 年 3 月动工建设，2006 年 3 月交付使用。建有住宅楼 241 幢，入住 9372 户，人口近 3 万人。原殷巷乡 8 个村委会下辖自然村拆迁农户入住该小区。小区内有主干道 13 条，次干道 72 条。区内菜场占地面积 5000 平方米，5 个超市总面积 1000 平方米，16 个休闲广场。清水亭小学、清水亭中学在小区西侧。隔双龙大道即为殷巷集镇，交通、购物、入学、就医较为方便。

【欣旺花苑】

欣旺花苑位于秣陵集镇东侧，东临东旺社区东长居民小组，西至凤仪街，北靠正方东路，南依秣陵至龙都公路。占地面积66.67公顷，约40万平方米，分两期建设。一期工程于2004年年底完工并交付使用，建筑面积27.37万平方米，99幢3372套，入住人口约1.20万人。二期42幢1553套，入住人口约5000人。小区有主、次干道各一条，楼幢间距23米。一条景观河长约1000米连通整个小区，是居民休闲、健身、观景于一体的综合性风景带。东大门处建1所幼儿园，占地面积8万平方米，建筑面积5000平方米。入住的各社区均分别建有文化活动室，可供开展各种文化活动。

第六章　房产管理

20世纪80年代开始，江宁县根据国家城镇房产政策和有关法律法规，对房产业进行全面管理。房屋管理主要包括房屋产权普查、产权登记、产籍管理、租赁管理、私房政策的落实、白蚁防治等相关情况。2004年8月，江宁区成立房产监察大队这一专职房产监察机构，以实现房地产行政执法的专业化、规范化、责任化和科学化，切实维护房产市场各个主体的合法权益。同时集中房管局各科室的行政执法权，促进房管局职能转变，改变过去传统管理模式，使房产行政管理走上依法行政的轨道。江宁区房产监察大队严格执行国家相关法律法规，重点监督群众反映强烈的房产违法违规问题，认真对待群众投诉，先后制订举报登记、查处批报、查处时限、举报反馈制度，均收到较好的管理效果。

第一节　房屋产权普查

至1985年，全县公房产权普查工作共组织5次，由城乡建设环境部与国家统计局组织1次。产权普查工作为保障房产所有者权益、加强房地产管理提供条件。

【县内公房产权普查】

新中国成立前，县内公房在民国初期有过登记，但登记案卷在抗日期间散失无存。1951年年初，苏南行政公署颁发《苏南区土地房产所有权实施细则》。是年5月开始，江宁县政府组织各区政府干部率普查人员，对除湖熟镇以外的全县各乡镇私有房产地产进行全面普查。在普查中按房产、地产分门别类，根据原先所有权进行登记发证，主要工作任务至是年9月底完成。

1953年，江宁县人民政府财粮科组织对全县国有房地产进行房产清查，清查后登记、绘图、造册，并建立产籍资料，共清查公房8290间24万平方米。是年年底，划拨给行政、文教卫生事业单位及部队使用的公房5710间，其余的2580间作为直管公房经营管理；同时完善公房公产管理的有关事项。

1964年，针对县直管公房自1958年下放给公社、镇管理，产生重视收租金忽视维修，后又收回交税务所单纯收费管理的现象，导致出现产权转移、情况不明等问题，江宁县财政局公房公产股进行分片管理，全面清查共有房屋产籍产权，建立登记册。普查着重从六个方面进行，即查清房产来源、坐落四至、房屋结构、房屋面积、内部设施、维修状况。经清查，县直管公房合计4256间，其中楼房463间，草房208间，瓦平房3585间。据此建立公有房产底册、收租底册、坐落简图，并重新设置公房门牌。

1983年10月实行政企分开，公房经营部分职能由房管所分出，另行成立房产经营公司，对直管公房实行专业化管理，房产经营公司为摸清家底，对全县公房进行清查登记，查实已有直管公房904座4666.50间，厢房318间，披子359间，建筑面积合计132088平方米，其中居住房面积41094平方米。

1984年8月，全县开展3个镇24个乡政府所在地和工矿区域的土地、房产普查，绘图造册、建卡、建档，经普查登记共列卷5964卷，测绘房产平面图6007幅，初步建立全县房产档案，为保障产权所有者合法权益和加强房地产管理提供有利条件。

【全国第一次城镇房屋普查】

为查清全国城镇房屋数量、质量以及占有和使用情况，1984年7月5日，城乡建设环境保护部与国家统计局联合发出《关于开展全国城镇房屋普查工作的通知》，要求各地房屋普查工作在1985年12月31日前结束。

1985年5月，成立江宁县城镇房屋普查领导小组，各镇也相应成立普查办公室，负责辖区内的普查登记具体事宜。全县抽调驻县部队团级军事单位，驻县的省、市机关、学校、工矿事业单位，县内各镇、各系统及县属单位的普查骨干160人（其中专业人员14人，系统单位140多人），统一组织进行业务培训，系统学习文件，掌握普查工作意义、目的、要求以及实施步骤和方法。同年7月1日起开始全面进行，经过实查、丈量、绘图，户户见面，采用校正分析、综合统计等办法，历时6个月，按时完成普查任务，按时上报各种报表材料，被江苏省普查领导小组评为城镇房屋普查工作先进单位。据这次普查资料统计，全县3个县属镇、驻县团级单位、在乡县属单位，共有房屋总面积301.54万平方米。

1985年江宁县全国第一次城镇房屋普查情况表

表18-6-14　　　　单位：万平方米

按用途分类

居住用房	非住宅用房	商业用房	工业交通用房	教育医疗科研用房	文化体育用房	其他用房
126.63	174.91	14.85	128.77	16.78	2.67	4.61

按结构分类

钢混结构	混合结构	砖　木	其　他
10.91	154.45	133.46	2.72

按层数分类

平　房	2层～3层	4层～6层	7层以上
155.51	80.68	65.15	0.2

按建成年份分类

1949年前	1950—1959	1960—1969	1970—1979	1980—1985
5.3	11.2	26.65	150.32	108.07

1985 年江宁县建制镇房屋产权普查情况表

表 18-6-15　　　　单位：万平方米

名称	建筑总面积	产权性质				建筑时间				
		直管公房	系统公房	集体公房	私房	1949 年前	1950—1959	1960—969	1970—1979	1980—1985
东山镇	82.57	0.91	55.29	11.11	15.26	1.62	2.53	4.63	32.68	41.11
汤山镇	15.99	0.84	5.55	3.41	6.19	0.65	1.49	0.87	7.39	5.59
湖熟镇	14.49	2.25	3.81	3.46	4.87	2.77	0.52	1.16	3.30	6.29
驻县团级单位	177.01	—	176.92	0.09	—	0.26	6.66	19.21	101.26	49.62
在乡县属单位	11.48	—	11.17	0.31	—	—	—	0.33	5.69	5.46

1985 年江宁县建制镇房屋使用普查情况表

表 18-6-16　　　　单位：万平方米

名　称	建筑总面积	居用住房	非居住用房						
			小　计	行　政	商　业	工业交通	科教医	文化体育	其　他
东山镇	82.57	40.75	41.82	5.19	6.20	25.21	4.11	0.94	0.17
汤山镇	15.99	8.33	7.66	0.46	2.16	2.78	2.15	0.01	0.10
湖熟镇	14.49	6.50	7.99	0.31	2.37	4.45	0.56	0.19	0.11
驻县团级单位	177.01	67.37	109.64	1.19	3.32	89.60	9.90	1.53	4.10
在乡县属单位	11.48	68.00	7.80	0.08	0.80	6.73	0.06	—	0.13

1985 年江宁县建制镇房屋结构及层次普查情况表

表 18-6-17　　　　单位：万平方米

名　称	建筑总面积	建筑结构							
		钢　混	混　合	砖　木	其　他	平　房	2 层 ~ 3 层	4 层 ~ 6 层	7 层以上
东山镇	82.57	0.99	37.22	44.22	0.14	43.74	27.4	11.43	—
汤山镇	15.99	—	4.88	11.05	0.06	10.66	4.33	1.00	—
湖熟镇	14.49	—	2.42	11.82	0.25	11.04	3.03	0.42	—
驻县团级单位	177.01	8.94	103.46	62.50	2.11	82.11	42.54	52.16	0.20
在乡县属单位	11.48	0.98	6.47	3.87	0.16	7.96	3.38	0.14	—

第二节 房屋产权登记和产籍管理

【房屋产权登记】

1951年5月，根据苏南行政公署颁发的《苏南区土地房产所有权实施细则》，对全县（除湖熟镇外）私有房地产分别按房产、地产所有权进行登记发证工作，至9月底完成。1952—1953年，全县国有房地产进行清查登记，绘图造册，同时完善公房公地的管理事项。1964年，再次进行房地产全面清理登记工作，进一步明确公、私房地产所有权。

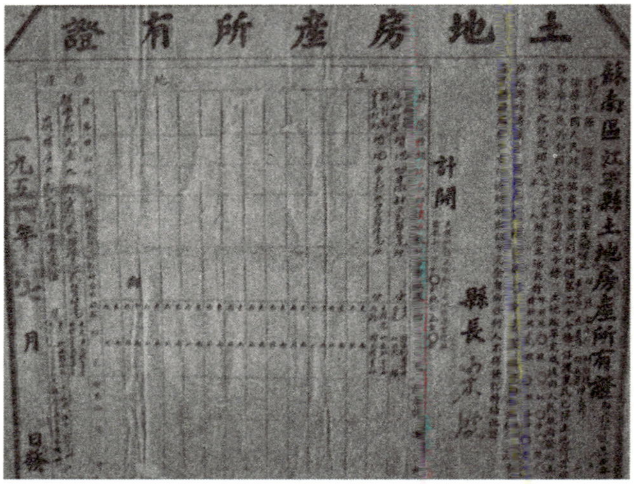

图18-6-9 1951年江宁县土地房产证

江宁县虽然先后搞过几次房屋产权登记，但一直没有设置专门机构和专业工作人员。几十年中，全县房地产状况发生很大变化，私有房屋的产权变更和房屋拆除，改、扩建等多数都没有进行登记和变更登记。机关、部队、团体、学校等企事业单位自管的房产转移或变更，多数没有办理任何鉴证手续。特别是20世纪80年代前期，由于法规不健全，房屋产权登记管理不规范，各项手续不完整，造成产权重复登记、房产纠纷案件屡有发生等问题大量出现。

1987年8月，根据国务院、江苏省政府有关城镇房屋所有权登记工作要求，江宁县人民政府发出《关于开展江宁县城镇房地产登记发证的通知》，决定普遍清理并发放“房屋所有权证”。范围是县属镇、地处农村县属以上机关、部队、学校、工矿企事业单位，以及相邻的城镇居民点和乡驻地镇。至1989年年底，初步完成湖熟镇及24个县团级以上单位的发证工作。全县大面积发证工作于1991年年底全部完成。

图18-6-10 20世纪80年代江宁县房屋所有权证

随着江宁经济不断发展，江宁城区城市化进程加快，住房制度改革深化。特别是2000年12月江宁县撤县设区，给江宁房地产业注入新的活力，地区房地产年开发量从1997年的26.70万平方米增至2007年的300万平方米。随之而来的房屋产权登记工作量越来越大。2000年12月，江宁县人民政府根据《中华人民共和国房地产管理法》和《南京市城镇房屋权属登记管理办法》，制定并公布《江宁县城镇房屋权属登记管理办法》，进一步规范房产权属登记的各项程序。2002—2007年，全区房屋确权登记累计发放“房屋权属证书”121692本。

1992年起，境内许多村庄被整体搬迁。县政府在四大园区实施一系列农民征地拆迁安置政策，开工建设农民复建房。农民复建房的房屋产权证办理工作关系到失地失房群众的切身利益。至2007年，南京江宁经济技术开发区、南京江宁科学园、南京江宁滨江经济开发区、南京江宁空港工业园，四大经济园区共有40632套农民复建房竣工交付。2007年2月，第一批10个小区163幢5568套复建房权证办理工作圆满结束。至2007年，全区复建房产权证办理已完成35091份，占总数的86.40%。

2002—2007年江宁区房屋产权证发放情况表

表18-6-18　　　　单位：件

年　份	发证数	其　中					
		新　建	新　购	转　移	变　更	房　改	换发证
2002	17366	—	—	—	—	—	—
2003	14856	328	8182	4249	322	986	789
2004	15257	109	8293	5977	379	319	180
2005	16051	150	9032	5359	1031	322	157
2006	19182	78	11170	5806	1893	114	121
2007	38980	1757	26061	9602	1150	147	263
合　计	121692	2422	62738	30993	4775	1888	1510

【产籍管理】

江宁区房屋产籍管理工作自新中国成立后开始，特别是成立江宁县房管所后逐步规范。1988年前后，江宁县房管所档案室是全县当时最好的档案室之一。江宁区房管局独立运作后，房产档案室健全网络管理、强化管理队伍、加大管理力度，在各类资料收集整理和产权档案管理利用上做了大量工作。至2007年年底，江宁区房管局档案室已存档12万份。

江宁区房管局档案管理工作已形成规模，房产产权产籍管理走上法制化、现代化轨道，可为房产继承、分割和过户提供不可或缺的法律依据，为执行房改政策、公房出售、住房补贴发放提供准确的材料。2006年，江宁区房管局档案室专门设立查（解）封受理岗位，使房产档案利用更为便捷。该岗位设立一年中，接受档案查（解）封231起，累计协同司法机关查（解）封1354起。为各级检察院、法院、律师事务所办理房产案件，及时准确地提供相关案卷，也为处理经济案件，提供必要证据。2007年，查阅利用档案630次。在全区城市化进程中，为拆迁部门提供600多份有价值的档案。

第三节　房屋租赁管理

2005年4月，江宁区开始开展房屋租赁管理工作，至是年年底，房屋登记备案面积44.63万平方米（考核指标10万平方米），备案在册户和合同在册数1174户（考核指标为600户），代征税款852.25万元，收登记备案费24.61万元。此项工作赢得各界一致好评，江宁区房产局房屋租赁管理办公室被南京市房屋租赁管理办公室授予2005年度南京市房屋租赁管理及征税工作先进单位称号。

2006年，全年完成房屋登记备案面积75万平方米（考核数为15万平方米），备案在册数和合同在册数1533户（考核数为1300户），流动人口房屋租赁发放登记备案簿800余本，代征税款2700万元，收取登记备案费34万元，二手房交易成交3471户，代收税收金额5928.50万元，房屋租赁和二手房营业税代征8700万元。是年年底，江宁区房屋租赁管理办公室被南京市房管局评为2006年度房屋租赁管理达标单位。

2007年，全年完成房屋登记备案面积80.61平方米，备案在册数和合同在册数2416户，流动人口房屋租赁发放登记备案簿970户，开具租赁发票金额3.30亿元，房屋租赁代征税收4077.04万元，收取登记备案费41.25万元。二手房交易成交6654户。开具发票31.66余亿元，代征税收1.76亿元，房屋租赁和二手房交易代征税款合计2.17万元，全面超额完成年度工作目标。江宁区房屋租赁管理办公室被南京市房屋租赁管理办公室评为2007年度南京市房屋租赁管理及代征税工作成绩突出单位。

至2007年年底，完成房屋登记备案面积200.24万平方米，备案在网数和合同在网数3677户，流动人口房屋租赁发放登记备案簿1770本，开具租赁发票金额14.04亿元，房屋租赁代征税款1.72亿元，收取登记备案费155.93万元，代征税金额4.43亿元，房屋租赁和二手房交易代征税款合计6.15亿元。

第四节　落实私房政策

1981年，江宁县房产部门根据国家有关文件规定，开始落实有关私房房产政策。主要工作：纠正个体工商业社会主义改造运动中，1965年前后受“左”倾路线影响，对私人出租房屋改造过程中违反国务院文件精神的错误做法，对不符合政策改造的117户全部重新落实政策；对新中国成立前夕原国民党军政人员出走弃留房屋76户，落实退回房产政策；对“文化大革命”中错误充公记账的35户1400平方米私房，全部予以纠正并落实退还政策。

【社会主义改造中部分私房落实政策】

1965年，根据中央对私人出租房屋进行社会主义改造的精神，全县对东山、汤山、湖熟3个建制镇的出租房屋进行社会主义改造。国务院文件规定，私人房屋出租必须达100平方米方可改造。同时还规定，常住人口必须留足自留房。一些私房拥有者将自己的门面房全部出租，又在别处租房居住，必须将出租面积扣除租入面积后达到起点面积的方可改造。同时还规定，地主、资本家和非住宅用房实行无起点改造。由于当时受极左路线影响，江宁县规定对私人出租房屋改造的起点为出租建筑面积70平方米，与政策规定的100平方米有很大出入；且现有人口租房居住面积又未予以扣除。全县3个镇共改造186户，房屋面积20199平方米。1981年起，对取消2个无起点出租房达100平方米的出租户进行核查，不符合私房改造条件的共有117户，房屋总面积5948平方米。至1985年，经领导小组对每户实际情况进行核实和研究，对不符合政策的117户决定按政策进行退还，在退还原房时并结算租金，扣除这一期间的维修费用；原房已拆除的折价赔偿。至是年年底，共将110户处理完毕，落实政策后应拨付房款168万元。尚余7户因户主不在当地，未办理。

【原国民党军政人员私房落实政策】

1981 年，房管所对代管原国民党军政人员出走时弃留的房屋进行排队摸底，全县共查出 76 户。江宁县政府组织统战部、对台办、民政局、财政局及房产部门进行逐户核查，先后核实处理 40 余户，房产面积 3800 平方米，全部按照国家政策予以发还或补偿。其中，原国民党南京炮校少将主任王某在汤山的 273 平方米房屋，由于年代已久，几经变迁，房屋已被拆迁，最后给予 39453 元经济补偿。

【“文化大革命”期间处理的部分私房落实政策】

“文化大革命”期间，在破“四旧”“割资本主义尾巴”浪潮中，私人住房和政策允许出租的房屋同样受到冲击或被挤占。全县被先后挤占、接管私人“交公”房屋 35 户 1400 平方米。1982 年落实政策时逐一核查，有 28 户在其下放时间已给过钱结了账，不再重新补偿；尚余 7 户，即按照国家政策规定该赔的赔，原房在的退还原房。

第五节 行政执法

2004 年 8 月 23 日，江宁区人民政府批准设立南京市江宁区房产监察大队。具体负责对全区范围内房地产交易、房屋租赁、房地产中介、房地产抵押、物业管理、产权产籍管理、房改、白蚁防治管理、商品房预售等房地产行政管理并对房地产违法违纪行为进行查处。

江宁区房管局贯彻落实国家、省、市政策精神，并结合房产工作实际，编纂《南京市江宁区房产局行政执法责任制汇编》，梳理出房管局作为房产行政执法主管机关具体行政行为 41 项，其中行政处罚 12 项。以此作为执法武器，江宁区房产监察大队专事查处全区房地产存在的主体违章违法行为。

【受理投诉咨询】

2004 年 8—12 月，接到企业、群众投诉及咨询共 68 件。2005 年，接到企业、群众投诉及咨询共 444 件。2006 年，接到企业、群众投诉及咨询共 605 件。2007 年，接到企业、群众投诉及咨询共 3060 件。房地产业的投诉与咨询呈逐年上升趋势，投诉的主要内容集中在房地产交易和物业管理方面，占投诉总量的 88.60% 左右。区房地产监察大队面对大量的投诉与咨询制订举报登记、查处报批、查处限时、举报反馈等规定，同时做到有访必接，有诉必查，有查必复，每年投诉结案率达 98% 以上。

图 18-6-11 2004 年 8 月，江宁区房产监察大队成立

2004—2007 年江宁区房产监察大队受理案件分类情况表

表 18-6-19　　单位：件

类别		2004 年	2005 年	2006 年	2007 年	合计
房产交易	投诉	2	28	26	30	86
	咨询	6	30	42	1280	1358
租赁	投诉	0	0	0	0	0
	咨询	3	4	8	32	47
抵押	投诉	0	0	0	0	0
	咨询	2	0	0	260	262
房改	投诉	1	2	2	4	9
	咨询	1	17	29	60	107
商品房预售	投诉	3	22	20	31	76
	咨询	5	8	15	52	80
房地产中介	投诉	1	2	2	5	10
	咨询	3	15	21	38	77
物业管理	投诉	16	128	131	249	524
	咨询	6	34	43	600	683
白蚁防治	投诉	0	0	0	0	0
	咨询	5	7	12	51	75
产权产籍管理	投诉	5	29	27	41	102
	咨询	9	118	227	327	681

【执法情况】

对违反商品房预售管理的处罚　2004 年 11 月，监察大队查处江苏经纬房地产有限公司在未取得商品房预售许可证的情况下，销售南方花园 D 组团商品房。经调查取证，违法事实成立。依据《城市商品房预售管理办法》第十三条，《城市房地产开发经营条例》第三十九条，要求该公司立即停止销售行为，退还所有预收款及利息，并处以 2 万元罚金的行政处罚，限期整改为 1 个月。2005 年，监察大队查出南京中关村置业发展有限公司在中南汽车别墅销售时未取得商品房预售许可证，给予其 3 万元罚金的处罚，退还所有售房款，并按银行利息赔付。

对违反物业管理的处罚　2004 年 12 月，查处禄口镇文豪花园物业管理公司无资质从事物业管理一案。监察大队 6 次去该花园调查处理，取缔不合法物业企业，并帮助小区成立业主委员会，实行自治管理。2005 年，湖滨公寓开发商南京天创房地产开发公司，欠交物业维修基金 295.30 万元，小区业主欠交维修基金 179.60 万元，造成小区水电网改造缺乏资金无法施工，小区内经常停电、停水，居民多次投诉、反应强烈，园区业主在业主委员会组织下集体上访。是年 10 月，房产监察大队一边进行劝说工作，一边按规定责令单位和个人补交房屋维修基金，逾期不足额缴纳的，按每日万分之五加收滞纳金。

对违反房屋租赁管理的处罚 2005年，依照行政处罚十二项之四“对违反房屋租赁管理的处罚”内容及《南京市房屋租赁管理办法》第二十六条规定，监察大队依法查封2家无证无照经营黑户。

对违反住宅内装饰装修管理的处罚 2005年9月，东城家园6-501室业主私自拆除承重墙体进行装修；2006年3月，南方花园C组团12-604业主私自拆除承重墙体装修；2007年1月，金兰湾02-4-1106室业主私自拆除客厅与卧室之间的隔墙进行装修；2007年5月，21世纪花园19-404业主在装修时违规施工，使楼上震动太大，并有细裂纹呈现等一批违规装饰装修工程。按照《住宅室内装修管理办法》规定，监察大队依法进行查处，发出整改通知单，同时处以相应罚款。

第六节　白蚁防治

【防治工作】

江宁地区气候潮湿、温暖，适宜白蚁生存，属白蚁危害高发地区。1980年，江宁县成立第一支白蚁防治专业队伍后，10多年中的工作重点是为直管公房进行白蚁灭治服务。虽然取得较大成绩，但白蚁危害程度不见减少，相反，随着江宁城市化进程加快，全球温室效应的影响等，蚁情时有告急，白蚁预防工作凸显重要。

江宁县新建房屋白蚁预防工作始于20世纪90年代中期，当时只对部分商品开发房屋建筑和少量公房在建设过程中进行白蚁预防和处理，很大一部分房屋在建设过程中没有进行白蚁预防处理，全区蚁灾仍很严重。根据上级关于“所有的新建、改建、扩建、装饰、装修房屋，必须实施白蚁预防处理”的硬性规定精神，江宁区政府将白蚁防治机构归口江宁区房管局统一领导；协调房产、建工、建设等有关房屋建筑的职能部门，共同做好江宁区新建房屋白蚁预防工作；通过机构改革，增加白蚁防治专业人员编制，健全专业队伍。

图18-6-12　白蚁防治现场（2005年摄）

因2006年冬季气温偏暖，20摄氏度以上气温天气屡屡出现，使得白蚁纷飞时间较往年提前，且蚁情蚁害可能高于以往任何一年。2007年，白蚁防治所组织学习相关条例、做好防治宣传工作，对工作人员进行培训、建立定期回访制度、开通热线服务电话、实行值班制、接受群众咨询，及时处置蚁害，为群众排忧解难。

2007年4月，《南京市房屋安全管理条例》颁布实施，白蚁防治工作有了法律法规的保障。新建房屋白蚁防治工作作为建设工程招标的必要条件，新建房屋白蚁合同签订到工程开工，都要进行白蚁预防施工。白蚁防治收费纳入政府财政预算内收入，不得减免，确保15年防治费用专款专用。根据白蚁防治的实施要求，白蚁预防的包治期为 15 年，从第一次预防施工到后续的长期跟进，定期回访复查、适时进行防治效果巩固性施工和发生蚁害时的免费灭治等。

1999—2007 年，区白蚁防治所收缴白蚁防治费累计 5622.41 万元。签订新建房屋白蚁预防合同 1170 份，合同建筑面积 2580.37 万平方米，新建房屋施工面积 2000.83 万平方米。已竣工房屋补办白蚁防治手续 229 户；整改补防建筑面积 256.22 万平方米；补缴白蚁防治费 544 万元；装修房屋白蚁预防 22 户，收缴白蚁防治费 16145 元。

1999—2007 年江宁地区新建房屋白蚁防治情况表

表 18-6-20

年　份	白蚁防治费（万元）	新建房屋合同		新建房屋施工面积（万平方米）
		合同（份）	合同建筑面积（万平方米）	
1999	33.00	20	15.50	12.40
2000	33.00	26	33.90	28.12
2001	225.00	54	132.60	106.11
2002	283.00	77	166.00	136.53
2003	635.80	111	302.00	206.11
2004	859.00	150	326.30	251.70
2005	918.86	164	443.60	421.30
2006	784.75	198	410.47	308.56
2007	1850.00	370	750.00	530.00
合　计	5622.41	1170	2580.37	2000.83

【灭治成果】

江宁县成立白蚁防治专业队伍后，在未开展综合治理前，主抓白蚁灭治工作。随着白蚁防治任务、法规的明确，在“预防为主”的前提下，灭治工作仍是一项重要内容。江宁白蚁防治单位在建立健全白蚁防治质量保证体系中，对灭治工作依法作了相关管理规定，如接到蚁情后，3 日内派出技术人员赴现场查勘，并规定施工方案，及时灭治白蚁；防治人员检查蚁情和进行灭治时，主动出示白蚁防治岗位证书；白蚁的预防包治期不少于 15 年，其间定期回访或复查，发生蚁害，免费予以灭治等。

2007 年 10 月，江宁区一市民准备盖新房，挖地基时挖出罕见的巨型白蚁窝，能藏进 3 人。接报后，江宁区白蚁防治所工作人员速到现场，经过仔细勘察，肯定其为罕见大型白蚁洞穴，估计可能生长数百万只白蚁。洞穴已被市民重新填了土，无法找到白蚁主巢。工作人员对该市民进行了相应指导，并保证一旦发现白蚁，立即进行专业灭治。

2002—2007 年，区白蚁防治所处理涉害房屋 556 户，灭治收费 42980 元，提供无偿蚁害检查 1030 次。

第七章　物业企业与物业管理

改革开放促进了江宁房地产业蓬勃发展，城市居民居住条件不断改善，物业管理服务企业应运而生。物业管理是指物业管理企业按照和业主的约定，对房屋及相关配套设备、设施和场地进行养护、维修和管理，维护住宅小区的环境卫生和秩序。

为维护广大业主的合法权益和住宅小区的正常秩序，规范物业管理中的主体行为，创造优美、整洁、和谐、文明的居住环境，1996 年，明确江宁县建设局负责全县物业管理工作。2003 年 6 月，江宁区房管局成立物业科。依据国务院《物业管理条例》《南京市物业管理办法》等有关物业管理的法律法规，不断加强对物业管理企业的监管，规范和提高各类主体行为和服务水平，从而提高江宁地区物业管理效能。至 2007 年，江宁区有托管项目的物业管理企业 90 家，从业人员近 1 万人，托管面积 2515.56 万平方米，有近 200 个住宅小区，6 万多居民户。历年获得国家优秀或国家示范项目 2 个，江苏省省优项目 12 个，南京市市优项目 22 个，初步形成规范化物业管理执法体系和管理服务体系，为广大群众的生产生活、为社会治安管理提供了有效保障。

第一节　物业服务企业

1994 年 7 月，江宁最早的物业管理企业江宁经济技术开发区物业管理有限公司成立，是在江宁注册的第一家三级资质的物业管理公司。其规模从小到大，整体服务水平不断提高，物业管理类型实现多样化，涵盖住宅小区、别墅区、办公楼、工业园等方面。

2000 年 12 月江宁县撤县设区，成为南京三大新市区之一。随着南京东山新市区建设步伐的不断加快，大规模的拆迁和货币化安置促成了一个又一个住宅小区。一批资质深厚、经验丰富的国内外一流物业管理公司开始相继入驻江宁。如深圳金地物业、上海巨星物业有限公司等，先后到江宁发展，共筑江宁物业管理市场。2001 年，全区有物业管理企业 22 家，其中外地企业 8 家。2002 年，有物业管理企业 30 家，其中外地企业 6 家，托管面积 431 万平方米，托管项目共 96 个，从业人员 1345 人，持证上岗率达 80%。2003 年，有物业管理企业 37 家，其中外地企业 11 家。2004 年，有物业管理企业 49 家，托管面积 1014.41 万平方米。2005 年，有物业管理企业 52 家，托管面积 1321.22 万平方米。2006 年，有物业管理企业 60 家，托管面积 1687.20 万平方米。2007 年，是江宁房地产业超常发展的一年，全区房地产业围绕全区城市建设总体规划，有序推进，年开发面积 300 万平方米，销售 308.87 万平方米。小区物业管理和建设长足发展，至 2007 年，全区有托管项目的物业管理企业共有 90 家，其中在江宁注册的本地企业 49 家，外地企业 41 家。托管面积 2515.56 万平方米，近 200 个住宅小区，居住户数 6 万多户。

物业管理企业吸纳江宁区万余人就业，2007 年总收入 1 亿元（2004 年收入 2903.03 万元）。2005 年，南京方成物业管理有限公司、南京锦江物业管理有限公司、南京明月物业管理有限公司、南京江山物业管理有限公司、江苏东恒不动产管理服务有限公司、上海复瑞物业管理有限公司南京分公司、南京新鸿运物业管理有限公司、南京青和物业管理有限公司等8家单位，分别荣获省、市优秀物业管理先进单位荣誉称号；2007年，深圳莲花物业管理有限公司南京分公司获得由南京市房产局、《扬子晚报》联合评选的“金牌管家”称号。

第二节　物业管理

【前期招投标管理】

为规范物业管理招标投标活动，保护招标投标当事人的合法权益，促进物业管理市场的公平竞争，根据建设部《前期物业管理招标投标管理暂行办法》（建住房〔2003〕130号）、南京市房产管理局《关于<前期物业管理招标投标管理暂行办法>的实施意见》（宁房物〔2003〕216号）的要求，结合江宁区实际情况，江宁房产局于2003年8月制定出台《前期物业管理招标投标管理暂行办法》，并从2003年9月1日起实行。在前期物业招标投标程序操作中，区房管局加强指导和监督管理力度，加大查处前期物管招投标活动中的暗箱操作行为，反对竞标活动中的低价竞争，按标准严格把关，对不规范的招投标活动，作流标处理，确保前期物业管理招标投标活动的工作质量，体现“公平、公正、公开”的原则。2004—2007年，共组织、指导34个新住宅项目，完成招标备案和中标备案。其中，2004年7个、2005年10个、2006年5个、2007年12个。

图18-7-13　2006年，江宁区举办物业管理经理培训班

【住宅小区管理】

推动“创优”工作　1992年，建设部在全国开展全国文明住宅小区评选表彰，1995年，建设部组织全国城市物业管理优秀（示范）住宅小区（大厦、工业区）考评活动，在上述活动的推动下，江宁区积极开展“创优”活动。1996—2007年，江宁区的明月花园、百家湖别墅、湖滨公寓等3个住宅小区先后被建设部命名为全国物业管理优秀小区；武夷花园、苏源颐和西园、江宁开发区爱立信工业区、湖滨世纪花园、江南文枢苑、翠屏清华园等21个项目被评为江苏省物业管理优秀小区；文靖新村、东恒国际大厦、百家湖花园、东城花园、中国人家、天印花园、江宁区人民法院办公楼、江宁科学园管委会办公大楼、国信秦淮绿洲等25个项目被授予南京市物

图18-7-14　2006年，江宁经济技术开发区物业管理有限公司获2006中国企业诚信经营示范单位称号

业管理优秀小区（大厦）荣誉称号。另外全区还有若干住宅小区被区评为安全文明小区、无刑事案件小区、江宁市容杯先进住宅小区等。

开展“创安”活动 江宁区组织各物管住宅园区积极开展创建“平安江宁”“小区科技创安”“创建文明城区”等活动，推动全区物管行业建设，改善江宁人居环境。2003年，为配合全区“创卫”“创安”活动，对全区住宅小区进行多轮次普查、抽查和拉网检查，并两次召开正反典型现场会，对少数问题较多、行动迟缓的小区，派员驻点，督促整改，使全区的治安保卫、环境卫生以及物业管理的软、硬件设施得到一定的改善。对新住宅小区，进一步完善和提高技防等级系统。对部分基础条件较好，有能力实现智能化管理小区的，形成完善的管理系统，使小区创安工作达到一类标准。对已建技防设施，尚未达到二类标准的小区，积极与开发商、物管企业协调，加大资金投入，力求技防等级达到二类标准。对在建住宅小区，督促开发建设单位在开发建设项目竣工验收前完成与该住宅区各个功能相匹配的科技创安设施。对东山老住宅小区，在全区加强人防、物防的基础上，着重协调相关部门督促开发企业加大资金投入，提高科技创安水平，使东山老住宅小区的安保最低达到三类标准。在各项措施的推动下，江宁区住宅小区没有发生过重大治安事件。

小区环境专项整治 2006年年初，对群众反映强烈、问题突出的部分住宅小区进行环境专项整治，清理“三乱”（违章建筑、卫生死角、乱堆乱放），清除“四害”。区房管局和区相关部门组织对全区住宅小区进行“双拆”（拆除危破房屋、拆除违法建筑）工作。在“双拆”工作中，对确认的近300处违章搭建，分别按户上门做工作，动员业主自觉自愿地拆除违建。“双拆”工作中，物管企业和住宅小区业主委员会发挥了重要作用，之后，近300处违章搭建如期拆除。

【业主委员会设置】

随着江宁房地产业的快速发展以及城市化基础配套设施建设的加快和不断完善，小区业主入住率渐高。江宁区房管局不断加强对全区住宅小区的业主大会和业主委员会成立工作的具体指导和监督。至2007年，江宁区先后成立龙珠山庄、武夷花园、百家湖别墅花园、世界村、湖滨公寓、胜太新寓、经纬城市花园、苏源颐和西园、宏运国际村、江南文枢苑、东城家园、明月花园、21世纪假日花园、天印花园、百家湖花园、玉靖花园、文靖新村、碧水湾、湖滨世纪花园、水韵别墅、竹山雅居、汇景新苑、左岸名苑、佳湖绿岛、广都苑等61个住宅小区业主委员会。

江宁区住宅小区业主委员会主要有两种类型：小区业主自发成立业主大会，选举产生业主委员会；开发建设单位或是物业服务企业的需要，组织成立业主大会，选举产生业主委员会。江宁区房管局按照国家关于规范发展物业管理行业的要求，规范发展业主委员会，给区域内广大业主、物业使用人创造安全、整洁、舒适的居家环境，最大限度地满足物业使用人、物业投资者实现物业保值增值的需求。

【房屋装饰装修管理】

江宁区房管局根据建设部《住宅室内装饰装修管理办法》、南京市人民政府《南京市房屋安全管理办法》和《南京市城市房屋安全管理条例》等有关法律、法规，对全区住宅室内装饰装修活动进行全程监督管理和查处，保证装饰装修工程质量和安全，保障房屋使用的安全。2002年9月至2007年，江宁区房管局根据建设部和南京市的规定，结合实际，制定出住宅装修的程序和许可范围，并完成南京市房屋结构安全审定书2167件。

江宁区房管局在接到业主举报和投诉后，能及时进行调查和处理，使投诉问题得到圆满解决。

东山镇中心花园业主举报3幢307室住户在装修房屋时拆除承重墙体，给该幢其他住户带来安全隐患。经物业科工作人员现场查看了解，在确认住房建筑结构的情况下，使307室住户认识到拆除承重墙体的严重危害性。根据《南京市城市房屋安全管理条例》的相关规定，在无法办理装修许可的情况下，业主对违法拆除的部位及时恢复原状。江宁开发区翠屏东南业主联名投诉52幢104室住户在装修时拆除剪力墙（又称结构墙），给该幢住户安全造成很大影响。经物业科现场查看了解，确定装修拆除剪力墙对该幢房屋的结构部位有很大影响。根据相关法律规定，要求业主到有建筑设计资质的加固设计院请专业加固公司对拆除部位进行专业加固，恢复原状，保障房屋使用安全。

2002—2007年，物业科受理住宅室内装饰装修方面的来信、来电、来访投诉约800多件，均及时进行调查和处理，结案率98%以上。

【居民投诉处理】

随着法制建设的不断完善和健全，以及人民群众维权意识的增强，江宁区广大业主对小区物业管理中存在的问题和部分业主违法违规行为的投诉逐年增多。居民投诉涉及物业的方方面面，房管局对以小区环境卫生、水电路网设施改造、住宅室内装饰装修、物业服务及收费等方面的投诉进行了重点的调查调解和处理，通过治理整顿，物业管理更加规范，物业管理社会投诉逐年下降，市民的满意度逐年提升。

成墟路29号住宅区投诉处理 2005年8月中旬，成墟路29号住宅区部分业主向区有关部门投诉小区无人管理，环境脏、乱、差等方面的问题。江宁区房管局等相关部门在借鉴以往经验的基础上，寻求小区管理的新路子。短短2个月时间，区房管局先后10多次与方山街道、粮食局、信用社等单位协调，召开住宅区各方面的调研会、协调会，研究解决方案，并深入小区进行宣传，由于前期工作到位，小区业主大会筹备组顺利成立。2005年11月5日，成立业主委员会。区房管局筹措资金10万元用于该小区的环境整治，使小区业主真正享受到小区业主自治管理所带来舒适整洁的生活环境，为部分单位自建自管住宅小区实现业主自治管理探索出新模式。

中心花园小区投诉处理 2005年2月，区房管局多次接到中心花园业主投诉，住宅小区无人管理，卫生脏、乱、差，垃圾无人清运等问题。接到小区业主投诉后，区房管局及时派员到现场调查。2005年2月，区房管局召集东山社区、玉堂房地产开发公司、开发区物业管理公司的协调会，研究解决办法。经多次协调、研究和督促检查，最终玉堂房地产开发公司派人负责小区内日常卫生保洁，区内每户业主每月缴纳10元保洁费。使中心花园住宅小区日常卫生保洁工作得到落实，为广大业主创造一个干净、舒适的生活环境。

湖滨公寓小区投诉处理 湖滨公寓是天创开发公司于1992年开发建设的老住宅小区。因小区开发地段原有不少水塘、洼地，开发商填平后铺设了供水、供电管网。虽然符合当时建设工程相关标准，也通过相关部门的综合验收。但是由于建设年代较长，地基不断沉降，水、电管网老化，常出现管道断裂、电线电缆短路，小区停水、停电现象时有发生，业主反应强烈。根据小区水、电管网的锈蚀状况，自来水公司、供电公司认为仅靠应急维修解决不了根本问题，根本的解决办法是进行大规模的水、电管网改造，约需资金300万元。2004年，小区业主委员会向有关部门申请解决小区水、电产权及水、电正常使用问题。2006年5月9日和8月1日，区政府办公室两次组织召开开发单位、开发区管委会、供电公司、自来水公司、房管局等相关部门协调会，对湖滨公寓住宅小区水电路网改造问题达成共识。经各相关单位的通力合作和小区业主的大力支持，湖滨公寓住宅小区水、电路网改造工程顺利实施，2006年下半年，改造工程竣工。

第十九编

商业贸易

历史上江宁县治在南京城内，南京商业的兴衰直接影响到江宁商业荣萎。民国23年（1934），迁治东山镇后，工商繁盛区域尽入南京市范围。江宁县内虽有31个集镇，坐商和外商户共1200多家，但其规模较小，多数以经营粮食、百货、烟酒、布匹、糕点为主。民国22—23年间，对1136户商业户的调查统计，共有资本404130元。其中，100元以下的587户，101元～500元的374户，501元～1000元的115户，1001元～5000元的53户，5000元以上只有7户。日本侵略军侵占后，商业遭到严重破坏。抗日战争胜利后，为数不多的商业虽有短暂复苏，终因生产萎缩，通货膨胀，又逐渐衰落。

1953年开始，对私营商业实行利用、限制、改造政策。1956年，完成对私营商业的社会主义改造，商业贸易纳入计划经济的轨道。1957年，全县社会商品零售额2972.50万元。1958—1976年，商品流通领域受“左”的错误危害，政策上多管少放，物质匮乏，凭证限量供应商品和计划派购商品品种不断扩大。其间，国营、供销合作商业占主导地位。至1978年改革开放前夕，全县社会商品零售总额为12849万元。中共十一届三中全会后，县委、县政府在发展国有和集体商业的同时，鼓励和支持个体私营商业发展，逐步形成多种经济成分、多种流通渠道、多种经营方式的开放型商品流通格局。1993年起，为适应社会主义市场经济体制，国有商业推行国有民营、组建股份合作制企业等经营体制，激发企业的活力。与此同时，个体私营商业快速崛起。2000年始，在流通领域全面推行企业产权制度改革，实现资产重组。随着股份制商业和个体私营商业的快速增长，国营商业和集体商业逐渐萎缩，不再在商品流通领域中担任主要角色。2005年，全区社会消费品零售总额664403万元。其中，国有企业社会消费品零售额69438万元，占全区社会消费品零售总额的10.45%；集体企业49826万元，占7.50%；私营企业71416万元，占10.75%；个体工商户373028万元，占56.14%；联营企业2396万元，占0.36%；股份制企业17600万元，占2.65%；中国港澳台投资企业222万元，占0.03%；其他经济80477万元，占12.11%。2007年，全区社会消费品零售额910195万元。分主管部门统计（统计口径有变化），商务局105816万元，粮食局21688万元，供销合作社89520万元，烟草局82000万元，工商局436980万元，其他单位174191万元。

在外向型经济工作中，江宁区充分发挥区位特点和开发园区大企业、高新企业多的优势，全方位地开展对外经济贸易。据不完全统计，1986—2007年，全区批准外商和中国港澳台商投资企业2339家，批准合同外资和中国港澳台资金额798571.97万美元，实际利用外资和中国港澳台资435127.07万元，外商和中国港澳台商投资企业出口创汇871603.80万美元，投资国家和地区48个。至2007年年底，江宁区商贸管理机构主要有：区商务局、区粮食局、区供销合作总社、区烟草专卖局（营销部）、区对外贸易经济合作局。

第一章　经济类型

民国22—23年（1933—1934）间，江宁县31个集镇有商业1234家，均为私人或合伙经营。新中国成立后，国有和集体商业逐渐占据主导地位。至1970年，县内已无个体私营商业。1977年起，又出现国营为主、集体为辅、个体少量的商业格局。1978年后，个体、集体商业发展较快。1992年后，商业经济体制改革步伐加快，供销社、粮食、物资等部门相继组建江宁县供销社（集团）总公司、江宁县粮油总公司和江宁县物资（集团）总公司，开始由行政管理机构向经济实体转变。为适应社会主义市场经济体制发展需要，1994年开始，推行国有民营、组建股份合作制企业，激发企业的经营活力。2000年后，在流通领域全面推行企业产权制度改革，实现资产重组，搞活商贸流通。至2007年年底，江宁区商贸经济类型有：国有企业、集体企业、个体私营企业、联营企业、股份制企业、港澳台投资企业等。随着民营经济等多种所有制迅速发展，国营商业、集体商业逐渐萎缩，不再在商品流通领域担任主要角色。

第一节　国有商业

民国38年（1949）6月，苏南建中贸易公司镇江分公司在湖熟镇设立办事处。此后，调整扩建为粮食、百货、土产、专卖等几个专业的公司，并在县内主要市镇（集镇）设立分支机构。1949年，成立江宁县粮食局。1950年起，江宁县国营商业机构陆续建立。1953年4月18日，专卖公司改为中国专卖事业公司江宁批发部，并在江宁、陶吴、禄口、汤山下设4个批发组。1955年11月，县商业科所属国营企业有：中国百货公司江苏省江宁县公司、中国专卖事业江苏省江宁县公司。1956年5月，商业科改名为商业局，商业局对上述国营企业负责行政领导，其业务仍属上级公司主管。1959年9月，成立东山百货商店。1961年9—12月，在汤山镇、湖熟镇、青龙山煤矿、铜井铜矿、湖山煤矿、官塘煤矿、云台山硫铁矿设立7家国营商店。1962年，成立百货、食品2家公司，担负全县日用工业品的供应和副食品的购销工作。同年8月，成立江宁县物资局。1963年12月，将原委托供销社代购的猪、禽、蛋等副食品业务改成由国营商业经营。中国食品公司江苏省江宁县公司下设9家食品购销站，站下设16个食品购销组。1964年1月，成立南京市糖烟酒糕点公司江宁县批发部。1966年，江宁县商业局所属企业有：食品公司、农业生产资料公司、综合公司、农副产品采购供应站和县食品厂；基层单位有：东山商店、湖熟商店、汤山商店和16家基层供销社、9家食品购销站。同年，县物资局撤销，所属企业划入县商业局管理。1970年，县粮食

图19-1-1　20世纪70年代江宁县百货、纺织品、五交化公司

局撤销，所属企业并入县商业局。县商业局所属企业和基层单位有3家公司、2家商办厂、2家商店、26家供销社、26家粮管所。1973年2月，县粮食局成立，商业局将原粮食业务划出。同年4月，物资流通业务从商业局划出，恢复物资局建制。1975年，成立百货、五金交电化工、土产杂品、食品、医药5家公司。1977年12月至1978年7月，商业局相继成立蔬菜果品、饮食服务、糖烟酒糕点、对外贸易4家公司。1978年，县商业局与县供销社又一次分开。商业局所属公司有：百货、五金交电化工、糖烟酒糕点、食品、医药、饮食服务6家公司，食品公司在全县设立26家食品站。1984年11月，烟草批发业务从县商业局划出，成立江苏省江宁县烟草专卖局、江苏省烟草公司经理部。1985年，先后成立新兴商场、县纺织品公司、蔬菜公司，并将东山百货商店更名为江宁县第一百货商店，至1985年12月底，江宁县国有商业管理机构有县商业局、县粮食局、县物资局、县烟草专卖局（江宁经理部），有商业企业229家，全民所有制职工2675人。

图 19-1-2　1985 年江宁县第一百货商店

图 19-1-3　1989 年江宁商场

1986—1990年，国营商业在东山、汤山、湖熟、秣陵等地兴建一批商业服务网点。新建永兴副食品商场、方兴副食品商场、江宁商场、新宁春酒家等，新增营业面积18135平方米；物资系统突破地域和行业界限，积极加强横向联合；粮食系统兴办粮油工业。1992年，江宁县国有商业企业有359家，全民所有制职工3900人。1992年后，商业局先后成立江宁县化工染料公司、江宁县商业物资公司、江宁商业大厦、江宁国贸大厦等；物资局成立江宁县物资（集团）总公司，粮食局成立江宁县粮油总公司。1994年，开始国有企业改革，推行全员劳动合同制。2000年后，在国有商业企业全面推行企业产权制度改革。2002年1月，区商业局与区物资局撤销，组建区商业贸易局。原物资系统18家国有企业和32家国有参股、股份制合作企业全部完成民营化改造。2003年，粮食局所属6家国有粮油工业企业改制为新型民营企业。2005年，全区国有商业分为商务、粮食、烟草3个系统。社会消费品零售额69438万元，占全区社会消费品零售总额10.45%。限额批发企业2家，限额零售企业4家，星级住宿企业2家。限额以上餐饮业1家。2007年，限额以上批发、零售、餐饮业以及星级以上住宿业社会消费品零售总额（包括国有控股企业）168687.90万元，占区社会消费品零售总额的18.53%。

图 19-1-4　1989 年江宁商业大厦

图 19-1-5　20 世纪 90 年代国贸大厦

第二节　集体商业

集体商业，是私营商业小商贩经过社会主义改造，逐步过渡和发展形成的一种商业组织形式，包括合作商店、合作小组和经销代销店等商业门市部。1958 年 4 月，县商业局和县供销社合署办公后，农村实行“人民公社化”，在追求“一大二公”的思想影响下，将部分集体商业转为全民性质，并从合作商店、合作小组和分散经营的商贩中，抽出部分人员下伸到没有商业网点的农村。1959 年 8 月和 1961 年下半年，针对商业网点少、服务质量下降等问题，先后两次将合并到国营商业中的部分合作商店、合作小组人员划分出去，恢复原集体所有制性质的合作商店和合作小组。

1964 年 3 月，县商业局、供销社联合发出通知，对市场领导管理作出分工，规定县城和国营商业批发机构地区（东山、湖熟、汤山镇）的公私合营企业、合作企业归商业局领导，其他地区公私合营和合作企业归供销社领导。1966 年年初，县商业局和供销社又合署办公，规定在集体商业（合作商店、小组）内执行“基本工资加奖励”的新工资制度，并将集体商业原代销商品全改为自营，允许集体商业经营的品种不限制其营业额。5 月份开始对合作商店发给通用购货证，凭证可在全省范围内的国营、供销社商业选购三类工业品，到指定地区选购一、二类工业品。同时对集体商业的招工、奖励等问题做出规定。“文化大革命”中，由于“左”的干扰，集体商业受到限制，经营网点少，群众购买不方便。“文化大革命”结束后，按照“加强领导，统筹安排，大力扶助，积极发展”的方针，国营商业从货源上放手供应，在贷款、税收等方面给予照顾，使集体商业得到了恢复和发展。1978 年，县商业局、供销社再次分开，东山、湖熟、汤山镇的县商业局系统所属的集体商业仍由所在地方国营商业机构领导，将 47 家商业网点、292 名从业人员划分为 24 家核算单位。县医药公司所属小丹阳、横溪 2 家集体医药商店也由商业系统管理，其他乡集体商业归供销社管辖。1982 年，供销社管理的各乡集体商业，先后成立集体商业总店，并加强内部管理。1984 年上半年，县商业局筹建集体商业自管机构，实行自有资金、自负盈亏、自主经营、自我管理。东山、汤山、湖熟镇集体商业于同年 7 月 1 日分别成立商业综合公司，直接归县商业局领导，公司共有商业网点 48 家，分为 42 家核算单位，有职工 300 名。1985 年，集体商业营业额 444 万元，同年年底，县供销社所属集体商业核算单位 595 家。其中，有 27 家基层供销社、26 家集体商业总店、5 家专业公司、驻宁经理部和东侨饭店等，全系统职工 4639 人。1991 年，商业系统所属集体商业核算单位 39 家，职工 234 人，营业额 1343.91 万元；供销合作联社下属 23 家基层供销社、8 家专业公司、供销商厦、东侨饭店、汽修厂等经营机构，全系统职工 3114 人。1995 年后，在企业改制中，集体企业越来越少。2000 年，商业系统所属集体商业核算单位只有 3 家，职工 124 人。供销社管理的集体商业总店部分进行合并和托管，并且全部划入江宁区金鹏商业公司，实行公司化管理。供销合作社系统通过用工制度改革，职工逐年减少，2000 年，有职工 2139 人。2007 年，商务系统所属集体商业核算单位只有湖熟综合商店和汤山综合商店 2 家，有职工 27 人。供销合作联社有 7 家中心基层供销社（23 家分社），7 家投资公司（中心）。商品销售总额 89520 万元。在职职工 884 人，离休干部 2 人，退休职工 1523 人。

第三节　私营（个体）商业

【私营商业】

新中国成立初期，全县32个集镇的私营商业规模小，“连家铺”“夫妻店”和摊贩占多数，批零兼营的仅有数家。私商经营项目主要有粮食、棉布、百货、杂货、医药、饮食服务等，以前3项经营的规模较大。1950年，全县商业凋敝不堪，私商关门歇业者甚多，仅少数集镇有工商联合会组织，私商处于无人管理状态。不法私商大户乘机囤积居奇，操控市场。为整顿市场，县政府于1950年开始对私营商业进行整顿和管理。自当年5月成立工商科后，即组织工商联调查私营工商业状况，登记和发放营业证。1951年年初，共发证2605户，有投机行为的则缓发或不发，并取缔一批没有营业条件的牙行、商号，还在私商中进行政策教育，使市场混乱状况开始改变。同时对关乎国计民生和市场急需的行业，则扶持鼓励其发展。至1952年年底，全县私营工商业有2870户，比1950年增加250户，营业额有较大增长。1956年，对资本主义工商业进行改造，经批准公私合营业主要企业有棉布、国药（中药）、较大的杂百货商店和浴室等，对小杂百货店、夫妻店、小商贩等一般采用合作商店和合作小组形式。1956年1月，对实行公私合营和组织合作商店、小组的私营工商业者进行清产核资，作价入股。实行公私合营的入股资金，国家按赎买政策，发给定息；组织合作商店的入股资金，则按股金分红（后称为股息）。据县私改办公室1956年上半年统计，全县对154户属于资本主义企业性质的商店实行了公私合营，组成19家公私合营商店；有562户夫妻店和小商贩实行代销和过渡到供销社，有1011户夫妻店和小商贩实行合作化，组成合作商店和合作小组，有333户小商贩实行经销。自1956年8月开始，结合调整商业网点对分散经营的小商贩进行改造。全县分散经营的流动商贩（包括集镇）共有1183户，除小部分已加入合作商店外，其余的则分别不同对象采取不同措施。对分散经营的476名小商贩按自愿结合的原则，帮助建立351个分散经营、自负盈亏、统一管理的合作小组；对集镇多余的265名小商贩，则下迁到商业网点少的农村；对维持经销、代销的小商贩，取消原规定6%～15%的分类固定手续费率，按批零差价计算手续费，以增加其收入。对没有国营批发机构的镇，以供销社中心店为主与税务机关、银行组成批发领导小组，对私商进行统一管理。同年9月起，进一步放宽对小商贩进货地点上的限制，并给555户商贩发放全省通用购货证，为152户商贩发放临时购货证。同时还对关闭多时的自由市场予以开放。1956—1978年，全县没有私营商业企业。

20世纪80年代后，个体私营商业重新出现。1995年，全县私营企业217户，从业人员4961人，注册资金8346万元。2000年，私营商业企业增至359户，从业人员4811人。江宁县撤县设区后，加快私营经济发展步伐，大力改善投资环境，细化各项扶持优惠政策，构筑私营经济发展平台。2004年，全区私营商业企业增至1915户，从业人员15262人，资金总额240152万元。2007年，全区有私营商业企业2891户，从业人员23887人，资金数额495575万元。其中，批发和零售业2085户，从业人员15983人，资金数额274221万元；住宿和餐饮业97户，从业人员1231人，资金数额12150万元；租赁和商务服务业415户，从业人员3062人，资金数额161174万元；广告业75户，从业人员615人，资金数额3303万元；居民服务和其他服务203户，从业人员2698人，资金数额42001万元；娱乐业16家，从业人员298人，资金数额2726万元。

【个体商业】

私营商业经过1956年社会主义改造后，尚有229户从事个体经营，多数为鱼、菜等零星摊贩，从业人员242人。1958年人民公社化后，个体商业在“过渡”“割尾巴”中基本被取消，商业网点锐减，民间传统工艺品和地方风味小吃濒于绝迹，代而兴起的黑市交易更为严重。1960年，全县开始恢复集市贸易，无证商贩公开交易。1961年，对无证商贩进行调查登记；1963年，清理出无证商业户991户，给符合经营条件的382户登记发证。1966年“文化大革命”开始后，个体商业被当做资本主义尾巴受到批判、打击，所存者寥寥无几。

1978年，特别是1983年后，商品流通领域实行多种经济成分、多种经营方式、多种流通渠道并存的方针，为个体商业创造了生存与发展的前提条件。至1985年年底，全县共有商业网点4880个，比1980年增加2140个。其中个体商业网点增加1104个，占增加网点总数的25%；个体商业网点小、面广、分散，无论集镇还是农村，无论车站、码头还是大街小巷，他们商品花色多、规格全，小修小补立等快取能满足顾客的要求，从而缓解了“吃饭难”“做衣服难”“修鞋难”等问题。1990年，全县有商业个体户4763户、饮食业1389户、服务业461户、修理业991户，从业人员15916人。资金总额由1500万元增至2175.20万元。商品销售额由占县社会商品零售额的6.70%增至18%。江宁县撤县设区后，加快个体经济发展步伐。2004年，全区个体商业户有13130户，从业人员21766人，资金总额25629万元。2007年，全区个体商业户有20201户，从业人员37192人，资金总额155465万元。其中，批发和零售业14255户，从业人员22887人，资金数额86815万元；住宿和餐饮业2173户，从业人员6016人，资金数额26270万元；租赁和商务服务173户，从业人员379人，资金数额2402万元；广告业7户，从业人员19人，资金数额108万元；居民服务和其他服务业3449户，从业人员7514人，资金数额38154万元；娱乐业144户，从业人员377人，资金数额1716万元。

1949—1993年江宁县社会消费品零售总额情况表

表19-1-1　　　　单位：万元

年　份	社会消费品零售总额	国有企业	集体企业	个体私营企业	其他经济
1949	1052.80	—	—	964.00	88.80
1950	1530.30	86.20	12.30	1304.50	127.30
1951	1861.50	97.50	126.90	1493.90	143.20
1952	2155.30	170.60	373.90	1463.80	147.00
1953	2490.90	452.40	660.20	1233.60	144.70
1954	2563.10	701.10	1163.60	542.70	155.70
1955	2612.80	841.80	1203.10	437.30	130.60
1956	2936.60	869.60	1697.50	256.30	113.20
1957	2972.50	1085.40	1501.00	270.50	115.60
1958	3464.60	1143.00	2089.60	113.10	118.90
1959	4092.80	3725.10	292.20	11.80	63.70
1960	4455.40	4145.40	150.00	10.00	150.00
1961	4294.90	3290.60	712.20	11.00	281.10
1962	3973.10	1153.00	2642.60	22.40	155.10
1963	3424.30	765.50	2534.50	38.80	85.50
1964	3742.80	995.90	2619.70	39.20	88.00

续表

<table>
<tr><th>年 份</th><th>社会消费品零售总额</th><th colspan="2">国有企业</th><th colspan="2">集体企业</th><th colspan="2">个体私营企业</th><th>其他经济</th></tr>
<tr><td>1965</td><td>4482.10</td><td colspan="2">3380.40</td><td colspan="2">1051.90</td><td colspan="2">49.80</td><td>—</td></tr>
<tr><td>1966</td><td>5026.20</td><td colspan="2">3908.60</td><td colspan="2">1076.10</td><td colspan="2">41.50</td><td>—</td></tr>
<tr><td>1967</td><td>5034.40</td><td colspan="2">3941.60</td><td colspan="2">1061.30</td><td colspan="2">31.50</td><td>—</td></tr>
<tr><td>1968</td><td>4714.40</td><td colspan="2">3650.70</td><td colspan="2">1042.90</td><td colspan="2">20.80</td><td>—</td></tr>
<tr><td>1969</td><td>4922.60</td><td colspan="2">3916.50</td><td colspan="2">986.10</td><td colspan="2">20.00</td><td>—</td></tr>
<tr><td>1970</td><td>5450.20</td><td colspan="2">4460.50</td><td colspan="2">989.70</td><td colspan="2">—</td><td>—</td></tr>
<tr><td>1971</td><td>6707.30</td><td colspan="2">5749.90</td><td colspan="2">957.40</td><td colspan="2">—</td><td>—</td></tr>
<tr><td>1972</td><td>7804.60</td><td colspan="2">6683.60</td><td colspan="2">1121.00</td><td colspan="2">—</td><td>—</td></tr>
<tr><td>1973</td><td>8324.70</td><td colspan="2">7115.90</td><td colspan="2">1208.80</td><td colspan="2">—</td><td>—</td></tr>
<tr><td>1974</td><td>8396.00</td><td colspan="2">7629.60</td><td colspan="2">766.40</td><td colspan="2">—</td><td>—</td></tr>
<tr><td>1975</td><td>9767.00</td><td colspan="2">8853.80</td><td colspan="2">900.20</td><td colspan="2">13.00</td><td>—</td></tr>
<tr><td>1976</td><td>10667.20</td><td colspan="2">9566.40</td><td colspan="2">1100.80</td><td colspan="2">—</td><td>—</td></tr>
<tr><td>1977</td><td>11076.00</td><td colspan="2">4107.00</td><td colspan="2">6969.00</td><td colspan="2">—</td><td>—</td></tr>
<tr><td>1978</td><td>12849.00</td><td colspan="2">4847.00</td><td colspan="2">7496.00</td><td colspan="2">22.00</td><td>484.00</td></tr>
<tr><td>1979</td><td>14983.00</td><td colspan="2">5249.00</td><td colspan="2">8732.00</td><td colspan="2">5.00</td><td>997.00</td></tr>
<tr><td>1980</td><td>17956.00</td><td colspan="2">6280.00</td><td colspan="2">11252.00</td><td colspan="2">17.00</td><td>407.00</td></tr>
<tr><td>1981</td><td>17822.00</td><td colspan="2">5874.00</td><td colspan="2">11438.00</td><td colspan="2">26.00</td><td>—</td></tr>
<tr><td>1982</td><td>20257.00</td><td colspan="2">6261.00</td><td colspan="2">13439.00</td><td colspan="2">57.00</td><td>500.00</td></tr>
<tr><td>1983</td><td>23173.00</td><td colspan="2">6363.00</td><td colspan="2">15542.00</td><td colspan="2">668.00</td><td>600.00</td></tr>
<tr><td>1984</td><td>27387.00</td><td colspan="2">6796.00</td><td colspan="2">17464.00</td><td colspan="2">1835.00</td><td>1292.00</td></tr>
<tr><td>1985</td><td>33418.00</td><td colspan="2">8943.00</td><td colspan="2">17823.00</td><td colspan="2">4356.00</td><td>2296.00</td></tr>
<tr><td>1986</td><td>40850.00</td><td colspan="2">9399.00</td><td colspan="2">20877.00</td><td colspan="2">4958.00</td><td>5616.00</td></tr>
<tr><td>1987</td><td>46144.00</td><td colspan="2">9779.00</td><td colspan="2">24028.00</td><td colspan="2">5938.00</td><td>6399.00</td></tr>
<tr><td>1988</td><td>56113.00</td><td colspan="2">12531.00</td><td colspan="2">29784.00</td><td colspan="2">7213.00</td><td>6585.00</td></tr>
<tr><td>1989</td><td>58701.00</td><td colspan="2">13323.00</td><td colspan="2">28232.00</td><td colspan="2">8651.00</td><td>8495.00</td></tr>
<tr><td>1990</td><td>59398.00</td><td colspan="2">13316.00</td><td colspan="2">26692.00</td><td colspan="2">10062.00</td><td>9328.00</td></tr>
<tr><td>1991</td><td>65126.00</td><td colspan="2">18010.00</td><td colspan="2">29756.00</td><td colspan="2">9429.00</td><td>7931.00</td></tr>
<tr><td rowspan="2">1992</td><td rowspan="2">77728.00</td><td>商业局</td><td>物资局</td><td>粮食局</td><td>供销社</td><td>烟草局</td><td>工商局</td><td>其他单位</td></tr>
<tr><td>10624</td><td>391</td><td>4910</td><td>21168</td><td>10010</td><td>15134</td><td>15491</td></tr>
<tr><td>1993</td><td>95011.00</td><td>15764</td><td>739</td><td>7138</td><td>24411</td><td>12020</td><td>14985</td><td>19954</td></tr>
</table>

说明：1992 年、1993 年统计口径不同，分主管部门统计社会商品零售额

1994—2007 年江宁区社会消费品零售总额情况表

表 19-1-2　　　　单位：万元

年份	社会消费品零售总额	国有企业	集体企业	私营企业	个体工商户	联营企业	股份制企业	中国港澳台地区投资企业	其他经济
1994	119733	32584	41209	19514		268	—	—	26158
1995	149641	39858	47977	21615		314	—	—	39877
1996	182853	55659	47751	27697		—	—	—	51746
1997	177014	51112	54965	19611		—	—	—	51326
1998	150100	45893	58290	8933	12861	655	—	303	23165
1999	165126	49123	59041	11547	12919	616	—	5179	26701
2000	177710	44399	61641	20178	17653	2703	—	2414	28722
2001	198405	43758	61994	25767	19256	355	17793	420	29062
2002	224057	50150	72801	39867	25861	409	4864	795	29310
2003	266014	75864	67746	50831	54394	1872	14552	691	64
2004	571965	66994	42060	61115	311112	2064	15447	178	72995
2005	664403	69438	49826	71416	373028	2396	17600	222	80477
2006	771107	商务局	粮食局	供销社	烟草局	工商局	其他单位	—	—
		88841	18686	76848	70100	487683	28949	—	—
2007	910195	105816	21688	89520	82000	436980	174191	—	—

说明：2006 年、2007 年统计口径不同，分主管部门统计社会商品零售额

第二章　批发零售商业

新中国成立后，江宁县国营商业部门贯彻“发展经济，保障供给”的财政经济工作总方针，加强工业品采购和生产资料、生活资料供应工作，商品购销经历计划经济时期计划调拨、凭票凭证、计划供应；计划经济为主、市场调节为辅时期专卖专营、配套供应、搭配销售；市场经济时期交叉经营、批零兼营、有奖销售，展示国营商业商品购销由卖方市场逐步转为买方市场的发展历程。1956 年，在私营工商业进行社会主义改造后，全县市场国有商业企业商品批发零售额的比重发生根本变化。1952 年，国有商业批发零售额 170.60 万元，占全社会商品零售总额的 7.90%；1957 年，国有商业企业批发零售额 929.60 万元，占全社会商品零售总额 31.30%，比 1952 年提高 23.40%。1965 年，国有商业企业批发零售额 3380.40 万元，占全社会商品零售总额的 75.40%。1976 年，国有商业企业批发零售额 9566.40 万元，占全社会商品零售总额的 89.70%。

中共十一届三中全会后，全县人民物质文化生活水平提高，社会购买力增强。1985 年，全县商业批发零售额 23181 万元；1995 年，全县商业批发零售额 83374 万元；2001 年，全区商业批发零售额 124929 万元；2007 年，全区商业批发零售额为 785015 万元，其中批发业销售额 58721 万元，零售业销售额 726294 万元。

第一节　商品批发与零售

【批发商品购销】

1950 年起，县国营批发商业单位开始经营百货、文化、纺织、针织、烟酒、糖茶等类商品，销售对象主要是供销合作社商业、私营商业。给基层供销合作社的商品一般实行价格优待 2% ~ 6%，使供销合作社的价格低于私商的零售价格，以限制私商投机。1952 年，县内国营商业在经营范围、批零差价、批发起点方面进行了调整，先后调整 500 多种商品，既让私商增加营业额，也使国营商业扩大批发业务，市场公私经营比重起了变化。这一年，国营商业批发额占到 43.72%，部分商品得到合理的调剂，保障了城乡市场的供给。1956 年，国营商业担负了百货、文化、针织、医药、五金、化工、烟酒、糖茶等大部分工业品的批发业务。同时对设在湖熟、禄口、陶吴、汤山、江宁等集镇的分支机构扩大批发业务，方便零售单位进货。是年，国营百货、专卖 2 家公司批发销售额 496.90 万元，是新中国成立后 7 年中销售额最多的一年。

1958 年，商业实行国营、供销社合并。1959 年，商业系统开展了“大购大销”，商品销售额急剧上升，但正常业务活动被打乱。物资储备失去平衡，多数物资在“大跃进”中大量消耗并无补充。加之连续三年的自然灾害，20 世纪 50 年代末 60 年代初的商品锐减，市场供应紧张，大部分商品实行按计划分配供应。此后，通过贯彻“调整、巩固、充实、提高”方针，1963 年起，全县市场开始好转，国营商业得到恢复发展，商品数量增加，花色品种增多。计划分配的商品逐步减少。1964 年，将设在南京中华门外西街的批发机构移交南京市商业部门管理。1970 年开始，根据市场需要，商品购销逐步恢复批发机构，经营全县工业品批发业务。1976 年，县批发部门帮助零售单位扩大五交化商品经营，至年底，全县有21家供销社和商店的五交化专柜扩大为五交化门市部，经营品种一般有五六百种，比原来增加4倍多，最多的达千种以上。此后，全县各供销社和商店都建立了五交化专业门市部。

1978年，县商业部门开始注重扩大市场流通、搞活城乡市场。1979年，各批发公司派人员去上海、天津、安徽、江西等省（市）和省内苏州、无锡等地组织计划外白酒、卷烟、腈纶衫裤等商品，总值490多万元。为了疏通商品流通渠道，县商业局与县供销合作社联合举办了针织、百货、五交化、医药、糖烟酒等展销会14次，商品成交额达460万元。是年，批发销售额5335万元，比1978年增长48.70%。1980年，为适应商业多渠道经营的需要，各批发公司改变经营作风，方便零售单位进货；对经营的商品实行拆零供应，并帮助配好花色，便于零售单位选购适销商品；同时组织业务员、开票员深入基层商店联系业务。商业部门批发销售额达6420万元，比1979年增长20.34%。1981年，根据“城乡都需要的工业品优先供应农村”的原则，支持基层供销社和商店经营工业品，扩大农村商品的供应，紧俏商品优先供应农村。全年共供应农村零售单位自行车、缝纫机、手表、毛线、水瓶胆等商品，占全县批发销售量的75%以上。1983年，为支持农村发展商品经济，商业部门认真做好柴油、汽油、润滑油等农用物资的供应工作，组织送油下乡。全年送往基层单位的“三油”达1.20万多吨，占全县“三油”供应总数的82%。1984年，实行开放式流通体制后，集体和个体商业大批涌现。为提高竞争能力，搞活城乡市场，商业部门在商品流通方面进行调整和改革。在商品采购上，拓宽进货渠道。全年各批发公司派人到全国20多个省、市，共组织电视机400多台、电风扇4600多台、自行车690辆以及收录机、洗衣机、缝纫机、服装、毛线、水瓶胆等，总值达2566万元，是江宁历史上组织货源较多的一年。1985年，为适应开放搞活的新形势，县商业批发部门进一步发展横向经济联合，先后与350多家外地工商企业建立业务关系，外采金额达3000多万元，与县内48家工厂建立产销业务，帮助推销地方产品511万元。由于经营灵活，业务持续上升，全年批发销售额达7227万元，比1979年增长35.50%。

1987年后，国营商业按照“包死基数、确保上交、超收多留、歉收自补”的原则，对百货公司、纺织品公司、五交化公司等17家全民企业实行“两包一挂”的经营承包责任制。1988—1989年，经济出现由“过热”到“疲软”的急剧变化，导致物价上涨。尤其是1988年3月、5月和8月，市场连续出现3次较大规模的商品抢购风，涉及的商品包括彩色电视机、电冰箱、火柴、肥皂、洗衣粉、食糖等，造成社会总需求大于总供给。国营商业批发部门想方设法增加日用工业品的购进。是年，共举办供货会40余次，商品成交额1641万元。1990年9月，由市、县商业局主办，市、县12家批发企业联合举办秋季商品供货会，成交额达850万元，供货会上还邀请供销合作社参加，实现国营商业与供销社商业的紧密配合。1991年，批发企业实现销售总额12100万元。1991年后，转变经营策略，立足江宁县，向外县和大城市延伸，突破区域界限；立足本行业，向生产资料延伸，突破行业界限；立足对口批发公司，向工厂、产地集团性企业延伸，拓宽进货渠道，举办多种形式的供货会、恳谈会、联谊会，扩大市场辐射面。1995年，批发企业实现销售总额21338万元，比1991年增长76.35%。

在社会主义市场经济逐步完善的情况下，商贸流通长期存在“短缺经济”特征已发生明显变化，越来越多的商品走向买方市场。非公有制经济，特别是私营个体、中外合资企业参与市场竞争，国有流通企业商品销售在社会商品销售总额中比重下降。1996年，批发企业实现销售总额27654万元，为历史最好水平，之后逐年下滑。2000年，批发企业实现销售总额10438万元，仅为1996年的37.74%。

2000年后，为适应市场变化，激活经营机制，减轻企业包袱，区委、区政府统一部署，在流通领域进行企业产权制度改革。国有企业9家主要批发企业进行资产重组。2000年9月5日，县五金交电化工公司、县百货总公司、县纺织品总公司、县糖烟酒总公司与江宁国贸大厦合并，为法人企业，并保留4家总公司的名称和营业执照。至2007年，江宁区商务系统国有商业批发企业有：南京江宁国贸大厦、江宁区蔬果副食品总公司、南京市江宁区医药总公司和江宁区商业物资公司。

【零售商品购销】

新中国成立初，全县无国营零售商业，商品零售由批发部门兼营。1952年后，百货批发部门在陶吴、秣陵、湖熟、江宁、汤山设立5家分支营业机构，既搞批发又兼营零售。1953年，商品零售额54.50万元，1957年增至67.10万元，增长23.10%

1958年后，为完成销售高指标的任务，全县开展大购大销活动，零售部门对某些商品对农村实行赊销，据1960年6月底统计，全县共赊销商品99万元，占全部银行贷款总额的15.70%，致使国家投放商业部门的资金不能正常使用，影响到商品的流转。20世纪50年代末60年代初，市场供应紧缺，全县商业部门扩大凭票证供应范围。1962年达到高峰，凭票证供应的商品有100多种，占消费品零售总额的60%左右。票证分为专用票、购买证（本）、购货券3种。这一供应办法确保了18类商品价格的稳定，安定了人民生活。1963年后，由于生产发展，市场好转，凭证凭票（券）供应的商品逐步减少，大部分商品敞开供应。1966年5月“文化大革命”开始后，一些传统的服务项目被视为“封资修”，商店内外停售并禁止宣传有“四旧”图案的商品（如六神丸、双钱牌太平靴、美丽牌香烟等）。服务态度好被视为会出修正主义，以致服务工作走向简单化，售货人员与顾客吵嘴、闹纠纷现象时有发生。1981年，随着市场开放，进货渠道扩大，商业部门派人去上海、南京、镇江、常州、无锡等地组织紧缺商品，共采购计划外商品221万元，占全年进货额的32%，比1980年增长16.80%。1985年，为进一步搞活城乡市场，扩大服务项目，提高社会效益和经济效益，县商业局在东山镇相继开设了新兴商场、复兴百货商店、康兴咖啡馆、申兴服装和日用杂品商店，并整修装潢了10多家门市部，同时还在淳化、禄口、铜井等食品站开展经营工业品零售业务。是年，全县共有商业网点170家（包括集体所有制网点），比1979年增加3%，全年零售额1527万元，比1978年增长79%，比1975年增长128%。

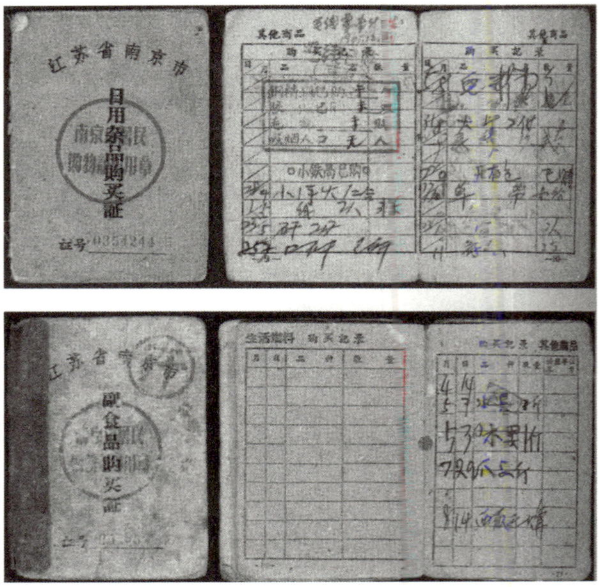

图19-2-6　1961年为购买生活必需品发放的日用杂品和副食品购买证

1986—1990年，国营商业在东山、汤山、湖熟、秣陵等地兴建了一批商业服务网点，新增商业营业面积18135平方米。为丰富城乡市场，各零售企业从扩大销售入手，努力增加花色品种，利用展销会等各种手段吸引广大消费者。1989年，江宁县第一百货商店、南京江宁商业大厦、江宁商场等6家零售企业共举办各类展销40多次，销售商品100万元。1990年，共举办展销61次，增加销售额110万元。是年，全系统零售企业实现商品零售额4324万元，比1985年增加2797万元，增长183.20%，平均每年增长36.64%。

1991—1995年，新建营业面积20725平方米。1991年，零售企业举办各类展销会、有奖销售41次，销售商品450万元。1992年9月，新星南北货商场开业，营业面积1176.40平方米，是全县唯一经营南北货商品的专业商场。零售企业调整经营结构，改善购物环境，扩大了商品的销售额。1995年，全系统零售企业实现商品零售额23756万元，比1991年增加15727万元，增长195.88%。1996—2000年，全系统继续加大力度，投入资金3088.06万元，新建营业用房14947平方米，江宁商场城墟路、江宁商业大厦大市口营业楼，秣陵、汤山、横溪医药商店相继建成开业。其间，各企业转变经营思路，向农村延伸，开店设点，为民服务；向城市延伸，抢占市口，扩大份额；向产地延伸，联购分销，扬长避短，挖掘潜力，壮大企业经营规模。1996年，全系统商品零售企业实现零售额31321万元，为历史最好水平。1998年后，国有商业经济发展面临严峻挑战，全系统经济发展总量呈明显回落态势。2000年，全系统商品零售企业零售额为24785万元，为1996年的79.13%。

2000年后，在流通企业进行企业产权制度改革中，多数零售企业转为职工承包或对外租赁经营。坚持盘活、盘整、盘优存量资产的既定思路，推行资产对外整体租营。2005年，商务系统实现社会消费品零售总额74893万元；2007年，实现105816万元。

第二节　商品供应政策

【计划供应】

汽油、柴油、煤油 1957年6月，全县实行汽油凭证定量供应的办法。同年7月，实行煤油“按户依人供应”办法，凭购油证限量记录供应。1962年10月，煤油放开供应。1975年第四季度起，实行柴油、汽油、润滑油计划供应。

棉布、絮棉、民用线 1954年10月起，执行计划供应政策。实行棉布计划供应有3种，即按人定量，称“民用布”；对工业生产用布、劳动保护用布、公共及其他用布，称“三项用布”；对定量外的个人消费补助，称“临时调剂用布”。1960年8月，棉毛衫裤、卫生衫裤、线衣、床单、线毯、毛巾被、绒毯、浴巾、睡衣、电光线围巾等10个品种，收取布票。1961年11月21日起，絮棉凭布票供应。每斤絮棉或被棉，收布票10尺，旧棉不收布票。1971—1983年，城乡居民棉布、民用线、絮棉定量供应。1982—1983年，逐步敞开供应。

图19-2-7　1978年，群众凭票在江宁县第一百货商店买布

【控制供应】

控制供应，是对一些既不能敞开保证供应，又不能任其脱销或涨价的比较重要的消费品，

采取临时性供应措施，实行票、证（本）、券控制供应。1959 年前，除统销的商品外，没有凭票、证、券控制供应的商品。1960 年 4 月，实行猪肉按月定量供应。1960 年 8 月，毛巾、袜子、汗衫背心、民用线、棉毯、弹力衫、棉毛汗衫、棉毛背心等 8 个品种的棉布制品，实行凭证供应和凭证记录限量供应办法。同年 11 月，钢精锅、胶鞋、肥皂、棉花、卷烟、酒、单棉鞋等 7 个品种，实行凭证记录供应；毛线凭票供应；绸被面、香皂实行凭证记录不限量供应；食糖、奶糕凭医院证明或婴儿出生证供应。1961 年 7 月，改进布鞋供应办法，由凭证记录供应改为凭票供应。1962 年 3 月，为保证县内市场正常供应，避免商品外流，牙膏、茶叶、皮裤带、瓷汤匙、钟、香脂、雪花膏、樟脑丸、电灯泡、5 灯以上电子管收音机、草席、砂锅等，实行凭购买证记录限量供应。同年 4 月，改进肥皂供应办法，由凭证记录定量供应，改为凭票供应。同年 5 月，实行同农民换购农副产品，凭购货券供应工业品的办法。对市场供应较紧张的 47 种商品，实行凭购货券供应。凭甲种购货券供应 17 种商品，凭乙种购货券供应 30 种商品。用甲种券可以买乙种券的商品，用乙种券不能买甲种券的商品。同年 7 月，调整供应品种范围和收券标准，换购的 47 种商品减少到 38 种，其中 13 种商品降低收券标准。同时，改进卷烟供应办法，由原凭证记录或分单位供应，改为凭票供应。1963 年 3 月，试行发放城镇购货券。凡城镇非农业人口，不论有无收入，均发给基本购货券；凡有工资收入者，按工资收入多少发给工资照顾券，全年定量，一次发给，分前后两期使用。凭券可以在规定的呢绒、丝绸、毛线、毛毯、胶鞋、面盆、皮鞋、牙膏、肥皂等 21 个品种范围内任意选购。试行购货券后，县商业局制发的“居民物资购买证”“集体户口个人购买证”，以及发放的布票、肥皂票、烟票、糖票、奶糕票等，继续使用。随着市场好转，同年 7 月起，大部分商品敞开供应。原凭物资购买证供应的搪瓷面盆、钢精锅、钢精水壶、棉毯、铁壳水瓶、口杯等工业品，不分对象，敞开供应。由于市场全面好转，1964 年 3 月，停止使用城镇购货券，原凭券供应的商品基本上敞开销售。

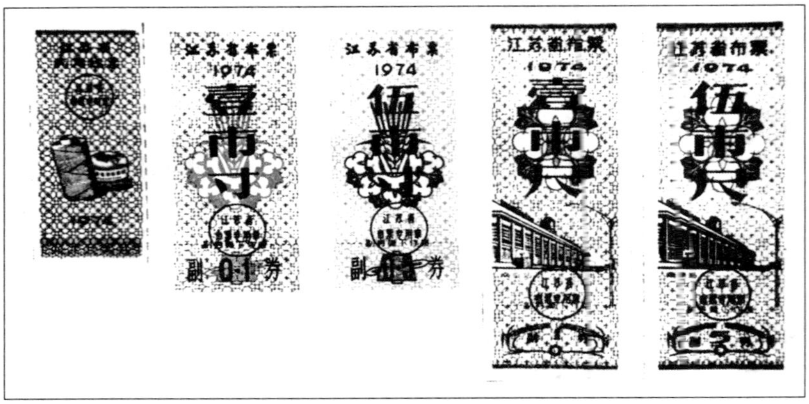

图 19-2-8　1974 年各种布票和民用线票

1967 年后，商品供应逐步紧张，火柴、民用线、口碱、猪肉等，实行凭证凭票供应。1979 年起，控制供应的商品品种范围逐步缩小。至 1985 年，除个别生产不足的商品，如名牌自行车、缝纫机、彩色电视机以及卷烟、曲酒等 10 余种商品控制供应外，其余商品全部敞开供应。

【特需供应】

特需供应是在商品供应不足的情况下，对特殊行业、特殊工种以及一些特殊性的服务对象，进行必要的照顾性供应。1960 年 4 月，实行猪肉凭证供应时，对高温、高空、井下、水底作业人员和产妇、病员等，以一般略高于市场供应的水平适当照顾。同年 6 月，实行凭侨汇收入增加物资供应的办法，侨汇折成人民币，按金额多少，供应粮食、棉布、食糖、猪肉等侨汇物资。侨眷、归侨凭证（票）到指定地点购买。在商品供应紧张的情况下，8 月，对较困难条件下劳动的部分人员，给予粮食和副食品供应上的特殊照顾。对于经常直接参加高温、井下、水下作业的工人，长期接触有害身体健康物质的工人、技术人员，以及产妇、病员、休养人员等，也给予特殊照顾。1962年2月，供应产妇、婴儿食糖，由凭证记录供应改为凭票供应，每张婴儿糖票供应食糖0.10公斤，每张产妇糖票供应食糖1公斤。同年3月，规定奶糕供应标准，规定浮肿、血吸虫病等病人食糖供应标准，以满足治病需要。同年5月，增加侨眷、归侨物资供应标准，每笔侨汇（外汇）折合人民币满100元的，供应粮食6公斤、棉布10尺、食油1公斤、高级糕点5公斤、猪肉1公斤。1973年4月，对上山下乡知识青年物资供应作出专项安排，每个知识青年组供应澡盆、水缸、小方桌、锅盖各1只，凭公社介绍信，到县农副产品公司购买。1978年，恢复侨汇供应，供应商品包括：名牌自行车、缝纫机、电视机、毛毯以及优质名酒、高级卷烟等。

【彩电专营】

计划经济时期，彩色电视机是重要的高档耐用消费品，经营渠道狭窄，供求矛盾突出。为维护国家和消费者利益，1989年，市计划委员会与市工商行政管理局、税务局、物价局等部门，按照统一管理、统一销售、合理布局、方便购买的原则，在5个县（江宁、江浦、六合、溧水、高淳）部分企业设立彩色电视机零售专营点。3月9日，批准江宁县第一百货商店为第一批彩色电视机零售专营点。同年4月4日，批准江宁商场为第二批彩电零售专营点。县第一百货商店对彩电专营后的市场作出准确的预测和分析，认为彩电市场有一定的容量，由于受价格因素影响会抑制销售，销售热度不会过长。他们利用专营后的销售高峰，有多少卖多少，毫不惜售，3月19日一天卖熊猫牌彩色电视机200台（包括预收款），实现销售31.80万元。当年，两店共销售彩电660台，比上年增长460%。1989年6月21日起，汤山、湖熟、秣陵3个国营商店相继设立彩电零售专营点。1991年起，彩色电视机进货渠道逐步放开，货源日趋充裕，专营功能逐步减弱，彩电销售转为买方市场。1989—1993年，江宁县商业系统彩色电视机销售量为14356台，其中批发8477台，零售5879台。

第三章　农副产品购销

江宁县国营商业部门贯彻“发展经济，保障供给”的财经工作总方针和“城乡都需要的副食品优先供应城市”的原则，加强由商业局系统主营的猪、牛、羊、禽、蛋等农副产品收购、调拨、销售工作，为繁荣市场、丰富人民群众生活做出了应有的贡献。

从1953年起，县国营商业部门担负全县生猪、家禽、鲜蛋、商品蔬菜等农副产品购销业务。1951—2007年，共收购生猪329.89万头；1953—2007年，共收购鸡、鸭、鹅571.83万只；1953—1999年，共收购鲜蛋1627.06万公斤；1955—1983年，共收购菜牛15996头，菜羊41616头。

1979年起，国营商业部门重点负担县城所在地（东山镇）的蔬菜生产和供应工作。1979—1985年，供应蔬菜1225.95万公斤。蔬菜副食品市场价格陆续放开后，东山镇相继兴办农贸市场。1991年，上级取消经营蔬菜财政补贴，县蔬菜副食品公司竞争乏力，1992年年底停止蔬菜供应。1976—2007年，县商业部门还收购中药材211.10万公斤。

第一节 畜禽蛋购销

【生猪】

收购 新中国成立初期，全县养猪业处于自然发展状态。购销生猪主要通过私营鲜肉商自由收购、屠宰、销售。1953年起，国营商业委托供销合作社代购。1954年6月，县人民政府下发《江宁县毛猪市场管理意见》，规定“私营鲜肉商收购毛猪、出售脱白猪肉，一律遵照当地供销合作社牌价，不得抬高或压低价格”。1957年10月，江宁县人民委员会公布的《江宁县市场管理办法实施细则》规定，生猪（包括白肉）、菜牛属国家统一收购物资，一律由国家指定的国营商业和供销社统一收购统一分配，农业社和农民生产的这类物资出售时，只准卖给国家指定的国营商业或供销社以及上述单位委托代购的小商贩，不准卖给其他任何单位和个人。1958年农村人民公社化后，实行统一收购生猪，县内收购网点由22家增至25家，全年收购生猪37412头，比1957年增长6.80%。此后，由于“左”的干扰和自然灾害，粮食减产，生猪生产受到影响，收购量连续三年下降。1961年，贯彻党中央关于“调整、巩固、充实、提高”方针，在促进农副业生产发展的同时，实行生猪派购政策。农户饲养生猪派购1头，自留1头，购留各半，给予饲料、布票、工业品奖售。1962年4月，县人民委员会印发《关于1962年度主要农副产品派购、换购办法的通知》，根据省、市人民委员会关于1962年度收购农副产品的各项政策、规定，集体单位和社员个人饲养的肉猪，都要派购，母猪、种猪不派购。集体饲养的肉猪，派购70%。实行生猪按比例派购、换购办法后，生猪收购量逐年回升。全县1965年收购生猪8.04万头，比1958年增长115%。1966年5月“文化大革命”开始后，生猪生产受到影响，收购量连续几年下降。1975年，虽然通过恢复生猪派购政策而使收购量有所上升（年收购生猪6.57万头），仍低于1965年收购水平。1976年后，随着各项政策贯彻落实，生猪生产迅速发展，上市量增多，农村继续实行生猪派购政策。1976—1985年的10年中，全县共收购生猪85.46万头，比前10年收购56.22万头增长52%。1985年3月21日，江苏省人民政府印发《关于调整生猪购销政策和价格的通知》，从4月1日起先放开生猪收购价格，待适当时机再放开猪肉销售价格。原规定的奖售饲料粮即予以取消。至此，逐年下达派购生猪任务成为历史。1987年8月末，从全县251个基点户调查情况看，生猪圈存量19.08万头，比1986年同期下降23.20%。其中50公斤以上肉猪圈存9.50万头，比1986年同期下降24.50%。这一阶段，生猪收购偏紧，集市价格偏高。同年9月16日，县人民政府批转县商业局、工商行政管理局、财政局、税务局、林副业局、物价委员会《关于加强生猪收购和市场供应工作的报告》，立即对各种类型生猪经营单位进行一次普查。凡经营生猪的单位和个体户，一律经县工商行政管理机关核准，发放营业执照，持照经营，无照经营者一律取缔；认真审核集体、个体经营活猪和猪肉的营业执照发放工作，从严掌握。全县有“小刀手”600

图19-3-9 20世纪80年代建成的元润食品有限公司生猪屠宰厂

余人，对有证“小刀手”，进行一次清理；所有工矿企业、部队、机关、学校等集体伙食单位积极创造条件饲养生猪，逐步做到自养自食；下达指令性定购任务，加强生猪收购工作。各乡（镇）将任务逐级分解落实，采取经济手段鼓励农户交售生猪，确保定购任务完成。1987年，全县收购生猪2.75万头。1988—1998年，全县共收购生猪40.11万头。1999年后，收购生猪显著上升，2004年，收购生猪15.07万头，是新中国成立后江宁县国营商业部门收购量最高年份。2007年，区商务系统生猪收购12.32万头，较好地满足了城乡人民食肉需求。

上调 国营商业部门贯彻“城乡都需要的副食品优先供应城市”的原则，组织工业品下乡的同时，积极组织农副产品进城，以支援城市建设和城市居民副食品供应。1956—1985年，全县共上调生猪65.82万头，占收购总数37.70%，平均每年上调2.19万头。为保障城市居民猪肉供应，县计划经济委员会、县商业局下达1986年猪、禽、蛋合同定购和调市任务。要求各乡镇人民政府要像抓粮油合同定购一样，加强组织领导，指定专人负责，把合同定购任务分配到村，分解到组，落实到户，确保完成调市任务。1986年，生猪合同定购任务6.80万头，调市生猪1.49万头。1987—1993年，共调市生猪8.53万头。1993年后，经营生猪逐步向生产规模化、屠宰机械化、交易市场化方向发展，生猪调市任务取消。

销售 新中国成立后至1953年，个体经营猪肉，自由买卖。1957年10月，《江宁县市场管理办法实施细则》规定，凡农业社和农民、农场饲养的肥猪，必须卖给当地供销社，如遇节日需要自宰分食者，应经乡人民委员会批准。1954—1965年，由国营商业、供销社商业经营猪肉，实行掌握供应与敞开供应相结合，以敞开供应为主。1965年，全县销售猪肉156.38万公斤，按县内人口计算，年人均消费猪肉2.93公斤。1966—1975年，实行敞开供应与掌握供应相结合，以掌握供应为主。1975年，销售猪肉188.78万公斤，年人均消费猪肉2.75公斤。1976年后，生猪上市量增多，猪肉逐步敞开供应，曾出现过生猪购大于销的矛盾。为维护生产者利益，国营商业部门坚持不停收不限收，采取多种措施扩大猪肉销售。1983年，通过扩大销售网点组织送肉下乡等办法，销售猪肉570万公斤，年人均消费猪肉7.75公斤。根据省商业厅、物价局、工商行政管理局《关于生猪收购和猪肉供应问题的紧急通知》，县商业局结合全县具体情况，经县人民政府同意，1984年11月23日，印发《关于加强生猪派购和猪肉凭票定量供应的通知》，从12月1日起，城镇居民每人每月供应平价猪肉1.50公斤（退休职工可按居民标准供应）、专业菜农每人每月1公斤，元旦、春节各增加0.50公斤、1.50公斤，定量以外的猪肉价格放开，按保本微利的原则，议购议销。为确保凭票猪肉兑现和完成市、县下达的上调任务，价外补贴收购的生猪，除按计划留足地销外，原则上全部调县。猪肉凭票供应后，平价肉制品折收肉票，香肠每公斤收肉票0.75公斤，猪副产品价格放开。

1985年7月，副食品销售价格放开，销售猪肉实行指导性价格。1976—1985年的10年中，全县共销售猪肉3282.77万公斤，比前10年销售量增长68.60%。

【鸡鸭鹅】

收购 新中国成立初期，购销家禽市场自由买卖。1956年起，国营商业部门逐步开展家禽收购工作。1961年4月，全县实行家禽派购，凡生产队、大队集体饲养的鸡、鸭、鹅派购70%，社员个人饲养的鸡、鸭、鹅以总数计算，3只～5只的派购1只，6只以上派购2只。1962年5月，县人民委员会印发《关于1962年主要农副产品派购、换购办法的通知》补充规定，集体或社员个人饲养的家禽（鸡、鸭、鹅），按实际饲养量计算派购任务。凡集体饲养的，一律派购1/2；社员饲养的，养1只～2只的不派购，养3只～5只的派购1只，6只以上派购2只，

10只以上的逢5派购1只。收购家禽实行奖售，按收购金额计算，每元奖给布票5市寸、甲种购货券3张、乙种购货券1张，凭票券购买规定范围内的工业品。1963年4月，家禽退出派购，采取城乡直接挂钩的办法，订立合同，议价收购，直接运送。1959—1965年的7年中，共收购家禽125.05万只，平均每年收购17.86万只。“文化大革命”中，农民正当的家庭副业被当做“资本主义”批判，农民饲养家禽数量下降，国营商业部门收购量随之减少。1966—1975年的10年中，共收购家禽111.16万只，平均每年收购11.12万只。中共十一届三中全会后，江宁县农民饲养家禽尤其个体养禽业发展，收购量增多。1982年农村实行家庭联产承包责任制，仍层层落实家禽派购任务，与粮、棉、油、猪、蛋一起签订合同。是年，收购家禽47万只，为江宁县历史上国营商业部门收购家禽数量最多的一年。1976—1985年的10年中，全县共收购家禽263.85万只，平均每年收购26.39万只，比前10年收购平均数增长1.37倍。1985年7月，副食品价格放开，收购家禽退出派购。收购、销售家禽，实行指导性价格，以调剂市场余缺，平抑市场物价。1986—2007年，区商务系统共收购鸡、鸭、鹅52.32万只。

上调　1961—1985年25年中，全县共上调家禽296.28万只，占收购总数65.70%，平均每年上调11.85万只。1982年，上调家禽40.14万只，是江宁县历史上上调家禽数量最多的一年。1984年，上调家禽10.26万只，比1965年增长1.20倍。副食品购销价格放开后，为保证城市供应，1986年5月16日，县计划经济委员会、县商业局将调市家禽20万只任务，作为指令性目标管理任务下达县食品公司及所属各食品站。当年，实际调市家禽43.72万只，超额完成任务。1998年后，上级取消家禽上调任务。

销售　完成上调任务后的家禽，基本上实行敞开供应。县国营商业部门1959—1985年共销售家禽237.35万只，平均每年销售8.79万只。其中1978年销售26.77万只。1986年后，为保障县内节日市场供应，县食品公司组织一定数量的家禽投放市场，以平抑市场物价。平时，家禽销售基本上由各乡镇农贸市场组织供应，即方便群众购买，又搞活了市场。

【鲜蛋】

收购　1959年，实行按比例收购鲜蛋的政策，根据上级下达的收购计划，按每只鸡落实鲜蛋交售任务，将总的收购计划分配到各个基层收购单位。在这一过程中，出现了交售鲜蛋任务不从实际出发以及逐户登门强行收购等现象，群众有意见。1961年4月，改变鲜蛋派购方式，先由大队调查摸底，按各户实际饲养母禽数量确定交售任务。不论集体、社员个人饲养的家禽，每只母鸡全年派购鸡蛋12个，每只母鸭全年派购鸭蛋8个。1962年4月，调整为按当年产蛋母禽计算，集体饲养的每只派购鸡、鸭蛋2公斤，社员个人饲养的每只派购鸡、鸭蛋1公斤。同时，实行工业品奖售。每出售鲜蛋（不分鸡蛋、鸭蛋，不分集体或个人）0.50公斤，奖售食糖0.25公斤，或者香烟2包（20支装）或布票6市寸。全年收购鲜蛋29.75万公斤，比1961年增长1.31倍。1963年，鲜蛋收购由派购改为换购。换购鲜蛋，每公斤奖售食糖250克。当年，全县收购鲜蛋42.12万公斤，比1962年增长41.60%。1974年1月，试行鲜蛋计划收购，国营、集体单位养禽的蛋品，除留一部分扩大再生产外，其余全部售给国家；社员饲养家禽，每年每户平均交售鲜蛋（包括鸡、鸭、鹅蛋）7.50公斤。每交售0.50公斤鲜蛋售给食糖2两（发给糖票，凭票供应），这一年收购鲜蛋46.97万公斤。1975年，采取“任务到队，协商到户，分期交售”办法，恢复鲜蛋派购政策。1976年，收购鲜蛋61.37万公斤。中共十一届三中全会后，鲜蛋收购量持续上升，全县1979年，收购鲜蛋93.52万公斤，比1978年增长18.20%。1982年，农村实行家庭联产承包责任制中，层层落实派购任务。粮多禽多产蛋多。全年收购鲜蛋93.92万公斤，是江宁县历史上国营商业部门收购鲜蛋数量较多的一年。江宁县因经营鲜蛋业绩突出，分别获得商业部、江苏省商业厅表彰。1985 年 7 月，副食品价格放开，收购鲜蛋退出派购。1986 年，县人民政府制定的经济和社会事业发展十项奋斗目标，要求各乡镇人民政府要像抓粮油合同订购一样加强鲜蛋收购工作组织领导，采取切实有效措施，确保收购任务完成。这年，全县收购鲜蛋 19.50 万公斤。20 世纪 90 年代，鉴于销区城市放开鲜蛋收购价格、减少财政补贴和调拨计划、取消补贴等实际情况，县食品公司转变经营观念，改变经营方式，1993 年后，收购鲜蛋逐年减少。1999 年后，鲜蛋交易完全市场化。1987—1999 年，全县共收购鲜蛋 47.75 万公斤。

上调 1957—1984 年的 28 年中，全县共上调鲜蛋 934.32 万公斤，占收购总量 61.44%，平均每年上调 33.37 万公斤。1984 年，上调 40.95 万公斤，比 1978 年增长 20.50%，比 1957 年增长 4 倍多。1985 年，副食品价格放开后，鲜蛋调市仍作为市人民政府下达各郊县一项指令性的目标管理任务。1986 年 5 月 16 日，县计划经济委员会、县商业局下达 1986 年猪、禽、蛋合同订购和调市任务的通知，这年，县食品公司调市鲜蛋 16.98 万公斤。

销售 完成上调任务后的鲜蛋，基本上敞开销售。1959—1985 年，共销售鲜蛋 470.88 万公斤，平均每年销售 17.44 万公斤。其中 1984 年销售 31.64 万公斤，比 1959 年增长 32.30 倍。1998 年后，鲜蛋多渠道经营。

1951—2007 年江宁区副食品收购情况表

表 19-3-3

年　份	生猪（头）	鸡、鸭、鹅（万只）	鲜蛋（公斤）	菜牛（头）	菜羊（只）
1951	4	—	—	—	—
1952	1591	—	—	—	—
1953	10967	2.13	5500	—	—
1954	48751	3.97	125050	—	—
1955	40368	1.80	129750	331	65
1956	33118	4.00	332050	212	200
1957	35057	6.00	177800	650	3000
1958	37412	1.55	195150	715	3650
1959	23432	34.53	17350	1617	1414
1960	14269	14.14	137650	2132	787
1961	7563	14.65	128750	705	458
1962	16337	26.77	297450	257	1398
1963	23793	6.34	421200	424	3937
1964	57751	10.86	396300	484	2812
1965	80418	17.76	974250	434	3214
1966	65679	21.28	530150	355	3489
1967	54243	6.82	694350	235	1203
1968	44398	13.52	513050	292	2243

续表 1

年 份	生猪（头）	鸡、鸭、鹅（万只）	鲜蛋（公斤）	菜牛（头）	菜羊（只）
1969	41365	7.85	654150	645	3002
1970	43710	7.42	533900	589	2592
1971	46735	5.39	605350	462	2076
1972	68216	6.50	541850	707	1967
1973	68236	9.72	426400	717	684
1974	63920	13.41	469700	522	237
1975	65689	19.25	456250	795	499
1976	76749	23.27	613650	656	216
1977	53000	27.63	615100	367	25
1978	76000	31.90	791000	504	105
1979	104000	26.10	935200	673	989
1980	116300	17.60	637650	242	627
1981	83100	22.78	643700	72	575
1982	106034	47.07	939150	59	123
1983	101107	39.12	858800	143	29
1984	89307	19.34	700200	—	—
1985	49034	9.04	99950	—	—
1986	53667	1.57	195000	—	—
1987	27505	1.62	29997	—	—
1988	33546	1.79	27669	—	—
1989	26493	1.62	34414	—	—
1990	41576	1.79	19597	—	—
1991	30375	2.95	66574	—	—
1992	14751	3.63	107800	—	—
1993	16421	3.27	52968	—	—
1994	37894	3.65	19784	—	—
1995	41192	2.89	42868	—	—
1996	52040	3.16	31494	—	—
1997	52098	3.79	22363	—	—
1998	54716	3.89	15096	—	—
1999	80922	2.27	7170	—	—
2000	80267	2.97	—	—	—
2001	114137	1.88	—	—	—

续表 2

年 份	生猪（头）	鸡、鸭、鹅（万只）	鲜蛋（公斤）	菜牛（头）	菜羊（只）
2002	70758	1.05	—	—	—
2003	73534	1.70	—	—	—
2004	150760	1.54	—	—	—
2005	142326	1.78	—	—	—
2006	133130	1.93	—	—	—
2007	123118	1.58	—	—	—
合 计	3298879	571.83	16270594	15996	41616

第二节 蔬菜购销

新中国成立初期，全县无蔬菜收购机构，农民种植蔬菜自产自销。1954 年起，由供销合作社组织农民种植蔬菜。此后，各公社所在地的集镇相继成立土产服务组，从事蔬菜购销工作，基本上保障城镇蔬菜供应。1961 年 4 月，实行主要农副产品（包括商品蔬菜）合同派购。凡划定的商品蔬菜地生产的蔬菜，全部由商业部门按合同收购，在集镇市场销售。同年 5 月，全县实行出售商品蔬菜奖售粮食的办法。1965 年 6 月，对县内 13 个蔬菜专业队菜农 815 人实行“基本口粮加奖励”办法，调动菜农种植蔬菜积极性。“文化大革命”期间，本着就地生产、就地供应原则，由国营商业部门落实蔬菜生产计划，按计划生产的蔬菜由基层经营单位包购包销。

1979 年起，国营商业部门重点担负县城所在地（东山镇）的蔬菜生产和供应工作，本着“大管小活”“均衡上市”原则和南京市提出的“服务城市，富裕农村”的要求，县蔬菜公司先后在东山镇章村大队上章一队、陶吴乡上穆行政村等地建立蔬菜基地。1982 年，县人民政府下达东山镇东山大队、小里大队、章村大队上章一队商品蔬菜种植面积，共 49.87 公顷。3 月，县蔬菜公司分别与种植商品蔬菜的生产队签订以定面积、定品种、定产值、定规格质量、定均衡上市、定价格、定奖罚为内容的蔬菜产销合同，保持蔬菜均衡上市。1979—1982 年，供应蔬菜 900.95 万公斤其中上市 603.78 万公斤，占 67%。国营商业部门为搞好市场调节，平抑菜价，积极组织货源。1983 年至 1985 年，3 年内采购商品蔬菜 325.50 万公斤。随着县城经济发展，一些菜地被征用，蔬菜种植面积逐年减少，1983 年种植面积为 50.87 公顷，1984 年为 43.07 公

图 19-3-10 20 世纪 80 年代江宁县蔬菜公司永兴蔬菜副食品商场

顷，1985年减至30公顷左右。县城人口却逐年增加，1983年城镇人口14876人，1984年为16263人，1985年9月底增至19491人。加上流动人口增多，市场蔬菜供需矛盾更为突出。为适应县城经济建设发展需要，保证市场蔬菜的正常供应，1985年10月，县商业局提出扩大蔬菜种植面积，建立生产基地，恢复蔬菜公司的意见。恢复后的县蔬菜公司，负责蔬菜产销衔接、茬口安排、技术辅导、种子供应工作。发挥专业公司市场调节职能，加强所属的方兴、永兴蔬菜副食品商场管理，端正经营方向。1986年，商业系统供应蔬菜229.40万公斤。县蔬菜公司做好当地蔬菜收购供应工作的同时，根据市场需求，从外地调运蔬菜供应市场。1987年，销售蔬菜251.76万公斤。1988年12月，从高淳县组织冬贮大白菜25万公斤，凭票供应东山地区居民（每人5公斤，每公斤0.04元），解决居民冬季吃菜难问题。是年，供应蔬菜318.86万公斤。1989年，供应蔬菜289.13万公斤。1990年，供应蔬菜339.15公斤。

1991年6月下旬，江宁县遭遇特大洪涝灾害，在42天的洪涝灾害期间（1991年7月1日至8月11日），县蔬菜副食品公司根据县防汛指挥部指令，在保障城区居民蔬菜供应的同时，从安徽省繁昌县、山西省太原市和南京市的中华门菜站、九龙菜站、水西门菜站、白云亭农贸市场调运蔬菜19个品种，共31.72万公斤，向重灾区的湖熟、龙都、周岗、土桥4个乡镇分别供应蔬菜3664公斤、15306.50公斤、4639公斤、6746.50公斤。至年底，商业系统供应蔬菜159.11万公斤。蔬菜副食品市场价格陆续放开后，东山镇相继兴办第一、第二农贸市场及金发、文靖路、商城、金宝城东、天印山农贸市场。上级取消经营蔬菜财政补贴，县蔬菜副食品总公司竞争乏力，1992年年底停止蔬菜供应。

第三节　中药材收购

【资源】

江宁县多丘陵山地，中药材资源丰富。明代，江宁地产中药材“骨牌草”曾列为皇宫贡品。郑和下西洋时带有“江宁夏枯草”，很受东南亚一些国家的欢迎。当地人买下夏枯草，10枚一扎，绕以金线，装之绒盒，作为馈赠上品。历史上，湖熟镇曾是个中药材集散地。1984年下半年，县商业局、卫生局、林副业局、农业区划办公室、医药公司等组成领导小组，由老药工、老药农、中药技术人员组成普查队，历时2年多，对境内中药材资源进行普查。普查人员上山下圩309人次，到21个乡镇（占全县乡镇总数的77.80%），普查大小山头67座（占全县丘陵山区的90%），行程1450多千米，查到植、动、矿物药材879种。其中植物药材824种，动物药材41种，矿物药材11种，其他药材3种。据普查估测，境内野生中药材蕴藏量达560.89万公斤。其中5万公斤以上的有夏枯草、明党参、桔梗、芦根、虎杖等；2.50万公斤以上的有百部、蒲公英、荔枝草、车前草、暮头回、老鹳草、地榆、益母草等；0.50万公斤以上的有紫丹参、南沙参、何首乌、寻骨风、半枝莲等；0.25万公斤以上的有元胡、槐米、白蔹、连钱草、松花粉等。枸杞、茯苓、重楼、苏贝母等，属稀有品种。绞股蓝、唐松草、白花石蒜、丝穗金粟兰等，具有较高的科研和药用价值，更为珍贵。全县中药材产源大体分为三类。家种中药材，有板蓝根、金银花、山茱萸、白术、穿心莲等；家种、野生兼有的中药材，有桔梗、百合、紫丹参、元胡、太子参等；野生中药材，有夏枯草、草蒲黄、益母草、车前草、虎杖、明党参等。江宁县产的大宗中药材，有夏枯草、豨莶草、益母草、马鞭草、威灵仙、紫丹参、松花粉、半枝莲、茵陈、明党参、太子参、桔梗、苍术、百部、射干、何首乌等。

【收购】

20世纪50年代，南京市药材公司委托江宁县40家供销合作社代收购中药材。市药材公司下达年度中药材收购计划，并派专人进行业务技术辅导。基层供销合作社代收购中药材，多为自然生长的野生动植物类药材，共100多个品种。此后，人工种植中药材逐步发展。1956年12月，县商业局发出通知，控制收购红花、玉竹、太子参、半夏、明党参、瓜蒌（仁、皮）、何首乌、枳壳（实）、僵蚕等9种药材，以保护中药材资源。1961年2月，收购市场紧缺的明党参、红花、半夏、玉竹等实行派购，收购红花、桔梗、苍术等26种药材给予粮食奖售，这年收购中药材17.91万公斤。1962年，收购紫丹参、百部、何首乌等102种药材，实行工业品奖售，年收购中药材20万公斤。1957—1962年，全县收购中药材98.82万公斤。1976年后，在抓好野生中药材采集收购工作的同时，进一步鼓励农户种植中药材。1978年，全县人工栽培中药材仅有几个品种，年收购量170公斤。1985年，扩大到13个品种，共37.27公顷，年收购量7240公斤。上级先后5次下达文件，对中药材收购人员实行卫生补贴和奖励。1987年，组建县中药材收购站，委托33个供销社收购地产中药材。县医药公司收购的中药材，按南京市药材公司计划调出，县内销售占总量的5%～10%。1976年，调出35.21万公斤，为最高年份；1985年4.10万公斤，为最低年份。1976—1985年的10年中，全县共收购中药材158.35万公斤，收购金额157万余元。除县内自用外，上调药材145.90万公斤。1986—2007年，共收购中药材52.75万公斤，其中野生中药材50.15万公斤。

图19-3-11 20世纪80年代江宁医药总公司

1985—2007年江宁医药总公司中药材收购销售调进情况表

表19-3-4

年　份	收购量（公斤）	销售量（公斤）	调进额（万元）	销售额（万元）
1985	24150	20050	4.55	5.78
1986	41000	36300	62.20	78.20
1987	44750	27700	74.50	97.80
1988	74750	27950	104.40	127.20
1989	17300	29900	61.80	100.00
1990	42850	20050	89.80	126.50
1991	23050	18950	104.00	117.10
1992	60850	18550	127.50	159.60

续表

年　份	收购量（公斤）	销售量（公斤）	调进额（万元）	销售额（万元）
1993	20250	21500	128.90	161.60
1994	25450	44000	95.30	167.60
1995	13550	28150	322.90	421.00
1996	13950	24600	347.80	482.00
1997	16600	31300	450.70	576.90
1998	24450	30250	471.50	659.40
1999	16500	36750	505.60	600.50
2000	19900	35750	445.50	598.00
2001	18900	13600	626.00	685.10
2002	8250	16150	389.70	445.40
2003	5500	5000	391.50	435.80
2004	5250	5050	328.40	285.30
2005	5150	4800	385.40	344.30
2006	5100	4500	280.90	238.20
2007	—	—	145.30	181.80

第四章　物资流通

1961年3月，成立江宁县物资经理部，负责县物资供销工作，属县计划委员会领导。1962年8月，成立江宁县物资局，是县人民政府物资行政管理机构。1966年，县物资局撤销。1973年4月，恢复物资局建制，设立江宁县革命委员会物资局，与县综合公司实行政企合一。1980年4月，政企分离，县物资局单立。2001年4月，县物资局更名为江宁区物资局。2002年1月，区物资局撤销，与同时撤销的区商业局组建商业贸易局。

江宁县物资系统经营的钢材、木材、水泥（通常称基本建设“三大材”）和煤炭、石油、机电设备、民用爆破材料、金属回收材料，是地方各部门、各企事业单位和城乡的广大群众生产上、生活上所需要的物质资料。物资部门发扬千山万水、千言万语、千方百计、千辛万苦的“四千精神”，组织计划物资和计划外物资，保障全县工农业生产所需物资、城乡基本建设物资供应。1962—2000年，全县销售钢材244214.80吨、木材160635.30立方米、煤炭1991328.70吨。

第一节 木材钢材煤炭购销

【计划内木材钢材煤炭】

购进 江宁县物资部门供应的木材、钢材、煤炭，主要是从外地逐级批转购进。1962 年，由镇江专区分配调拨。1971 年划入南京市后，由南京市下达年度物资计划。物资计划分为“省份计划”和“市补计划”2 种，以“省份计划”为主。20 世纪 80 年代后，上级主管部门分配的计划物资逐步减少，外地协作物资增多。

1970 年 12 月，江宁县钢铁厂建成投产，开始生产生铁。1973 年起，县计委每年从县钢铁厂拨出一部分生铁计划，由县综合公司发往上海钢铁厂加工钢材，生铁加工成钢材的计划由县计经委分配，综合公司负责经营。1980 年后，南京市分配给江宁县钢材逐年增加，每年近 1000 吨，全县钢材供应紧张状况逐年缓解。

图 19-4-12 2001 年江宁区燃料总公司岔路煤库

木材材种有杉木、杂木、云杉、东北松、花旗松、柳桉等 10 多个品种，分别从江西、福建、吉林、黑龙江等地采购，有的从国外进口。计划木材购进，除按正常的供应渠道分配外，每年用一定数量的计划外优质木材，充实到计划内中，按计划内木材价格售出，以确保供应的重点。计划内木材运输，有水陆两条线，即通过铁路运到中华门集合村存放点，另一条线是将木材编筏从秦淮河运进河定桥仓库。两条运输线路以水运为多。

煤炭品种有烟煤、白煤、焦炭等，主要从山西、安徽等省采购。江宁县煤炭购进业务发展较快。1963 年，煤炭购进额 40.08 万元，1985 年为 611.71 万元，比 1963 年增长 14.26 倍。计划煤炭运输也是两条线，一条从采购处通过水路船运至南京下关码头，由公路货运岔路口煤库，另一条从采购处通过铁路运至南京光华门煤库发货点。两条线路，以铁路运输为主。

分配和供应 计划内木材、钢材、煤炭分配，由县计划委员会掌握，每年根据经济发展情况，综合平衡后发文至各主管单位。用户凭计划调拨单到物资局或有关专业公司办理提货手续。

计划内木材供应，分为农业用材、生产维修用材、市场用材和基本建设用材。县物资局本着“从生产出发，为生产服务，保障生产和促进生产”的原则，优先安排农用物资，及时供应春耕生产、农机具维修用木材，专材专用，不误农时。防汛抗旱和救灾木材供应有专项计划，材种多为杉木、杂木等优质木材。农村困难户购买农房维修木材，由县木材建材公司农村服务队调查核实后，报县物资公司批准并分配计划。1962 年，供应木材 3900 立方米，其中分配给手工业部门修造农具用木材 2534 立方米，占全年计划供应量的 65%。至 20 世纪 70 年代末，木材供应一直比较紧张。80 年代后，木材供需矛盾日渐缓和。1980—1982 年，供应农民盖房木材 3296 立方米。1983 年起，计划内木材专项供应，计划外木材基本敞开供应。1983 年 6—7 月，全县连降大雨，供应防汛木材 399 立方米。1984 年，县木材公司在庙会和集市贸易市场上，销售松木成材 85 立方米、花旗松成材 1610 立方米，销售额 67.80 万元。1985 年，全县有 31 个持证经销木材的个体户，打破物资企业独家经营的局面。县木材公司加强销售服务，扩大经营范围，全年销售计划内木材 11262 立方米。

计划内钢材分配。县计委和物资局每年还安排一批临时增拨计划，用于农机生产、中小农具维修、农房构件、砖瓦水泥生产、沙石陶土开采和地方小矿山生产等。1962 年，供应钢材 371 吨，其中分配给手工业部门修造农具用钢材 236 吨，占全年计划供应量的 64%。20 世纪 80 年代后，钢材计划内数量逐年减少，计划外钢材比重逐年增大。基本上按需供应或敞开供应。1985 年，供应计划内钢材 4033 吨，计划外钢材基本敞开供应。

江宁县煤炭供应，本着“先生活，后生产”原则，分类供应。即城镇居民生活、集体炊事、饮食行业用煤，医疗卫生、工农业生产、外贸加工用煤等。在计划煤炭货源不足的情况下，高价协作购进议价煤，冲抵计划煤供应。县钢铁厂和化肥厂等用煤大户，采取厂方直接从南京提货的办法，纳入县煤炭销售计划。

1979 年起，实行燃料凭证供应。1981 年，全年共发证 293 户，占计划发证数的 100%。对少数用煤无计划定额、浪费严重、管理不善的单位，限供、扣供、直至停供。1985 年，供应计划内煤炭（含焦炭）8.04 万吨。1985 年后，煤炭基本敞开供应。

【计划外木材钢材煤炭】

购进 国家下达的计划指标，经县计经委统一分配平衡，由县煤炭石油公司经营。在计划货源不足的情况下，公司组织计划外协作，以弥补缺口。本着“以销进货，适销对路，合理库存，销后兑现”原则，购进计划外物资。计划外物资进货主要渠道，向省、市有关专业公司求援，与友邻单位进行物资串换，从外省、市协作购进。

1962 年起，物资企业着手抓计划外木材、钢材、煤炭购进，当年协作购进计划外木材 462 立方米、杂树 6000 公斤，煤炭 3000 吨。1963 年，全县工农业生产用的木材、钢材、煤炭需求量比较大。物资部门从外省、市和镇江专区有关公司调剂一部分木材、钢材、煤炭；综合公司从福建、安徽等省组织计划外木材 1048 立方米、煤炭 3000 吨。1979 年，在多种经济成分、多种流通渠道、多种经营方式和减少流通环节“三多一少”的新形势下，进货渠道宽了，全年购进计划外木材 1314 立方米、煤炭 8.96 万吨、钢材 1553 吨。1980 年，通过协作、串换、调剂等方式，购进钢材 4512 吨、木材 1157 立方米、煤炭 3106 吨。1982 年后，继续与外省、市有关单位建立新的协作关系，协作购进的木材、钢材、煤炭数量逐年增加，占购进总量的 2/3。燃料公司先后与山西、陕西、河南、湖北、安徽、云南、贵州、河北等省的有关单位签订煤炭合同 7.10 万吨，当年调进煤炭 2.05 万吨。金属材料公司从外地采购计划外钢材，用自行车、焦炭等物资串换钢材、木材（进口花旗松、福建材、江西材等）、煤炭（山西省和安徽宣城、江苏徐州等地）。县生产资料服务公司利用宁、镇、扬经济区协作关系，向工矿企业直接采购物资，从“一市五县”（南京市，江宁、六合、江浦、高淳、溧水县）间调剂串换物资，抓短线产品。1984 年，购进有色金属 178.30 吨、黑色金属 721.40 吨、水泥 7200 吨、白水泥 100 吨。1985 年，供应县重点建设工程和乡镇工业钢材 1114 吨。1988 年 4 月 18 日，县燃料公司与南京市燃料公司本着互惠互利的原则达成联营协议：市燃料公司直供江宁县青龙山水泥厂等 21 家单位煤炭 14 万吨，改由县燃料公司按市公司计划外牌价（市调水泥按原平价）开票供应。全县煤炭供应覆盖面，由 30% 增至 67%，当年煤炭销售额增加 1000 多万元。

分配和供应 1962 年，计划外木材、钢材、煤炭物资分配，由县计委统一安排，按层层分配的办法分配至单位、用户。供应抗击旱灾、水灾的计划外物资，由物资部门组织人力到外地组织货源，二级有关部门采取临时性的物资增拨。1964 年，全县连续遭受涝、旱自然灾害，县物资部门及时调拨救灾木材 135 立方米。是年，还组织供应计划外钢材 281 吨、木材 1575 立方米。1979 年，县物资部门供应社队工业钢材 1207 吨、木材 250 立方米。1981 年起，市场逐步开放，产销直接见面。供应计划外木材 7501 立方米、钢材 5227 吨、煤炭（含焦炭）18.14 万吨。1982 年起，计划外物资经营，出现市场竞争的局面，购进协作木材除了县物资局外，还有社队工业局、手工业经理部和各乡镇社队工业办公室等单位。1984 年 1 月，县计委规定物资系统协作购进的煤炭，10% 由物资局安排，主要解决生活、建材生产等特殊困难单位；90% 由县计委平衡分配。计划外协进的钢材、废钢铁、木材，50% 由县计委安排生产维修、基本建设用材；50% 由物资局安排零星生产维修、小型基本建设。1985 年起，县计委对各专业公司购进的计划外木材、煤炭、钢材等物资，不再统一安排。全年销售计划外钢材 6065 吨、木材 12058 立方米、煤炭（含焦炭）7.87 万吨。1986 年起，县物资部门采取“攀高亲、交大户”的办法，突破地域和行业界限，加强横向联合，深购远销，外购外销，先后与吉林长春、湖北武汉、天津等汽车制造厂，建立良好的协作关系，形成了一批较稳定的货源基地。是年，组织销售计划外木材 15597 立方米，煤炭 7.26 万吨。1988 年，就港、就站、就库、就厂直供煤炭 7.50 万吨、木材 4500 立方米。1989 年，新开辟山东、河南、陕西、江西、浙江等外地销售基地，外销煤炭 8 万多吨。

图19-4-13 20世纪80年代江宁县木材建材公司河定桥木材排筏

第二节 建材机电化轻产品购销

【计划内建材机电化轻产品】

购进 建筑材料、机电化轻产品购进，实行系统内计划调拨。1962—1978 年，属于计划调拨的品种，有玻璃、沥青、油毛毡、电动机、裸铝线、电力变压器；各种规格的电缆、漆包线、三角带、平胶带、输送带；各种规格的轮胎、硫酸、硝酸、纯酸、固碱、液碱、硫酸铵等 40 多个品种。1971 年前，从镇江专区各有关专业公司购进；1971 年后，从南京市建材公司、机电公司、化轻公司购进。江宁县上坊水泥厂、青龙山水泥厂相继建成投产后，县物资部门就厂设库，就库发货。此后，社办水泥厂相继建成投产，生产 325 标号的水泥，县物资部门在上峰、铜山、江宁、长山水泥厂加工订货，木材建材公司将煤炭计划分配给各生产厂，厂方根据分配的煤炭计划按 1 ： 4 的比例提供水泥计划。425 标号以上的水泥，从南京市建材公司购进。

分配和供应　建筑材料、机电、化轻物资分配供应，分为按计划和临时性增拨计划供应。本着优先供应农村的原则，按比例分配的计划内建筑材料、机电、化轻物资，80%分给农村。

1962年，全县建筑材料中的沥青、水泥、油毛毡、水泥电杆、水泥桁条等物资，由县计委统一分配。县物资部门组织供应高压线9.40吨、变压器14台、7股以上的皮线746米、电动机45台、水泵37台、水管236米、水泥446吨，保证全县新建18座电灌站工程按时上马。当年5月底，全部安装完工，排灌农田面积达3.07万公顷，对夏季灌水抢栽和秋季排涝发挥了作用。

1962年前，江宁县地方建材中的砖瓦主要由生建砖瓦厂供应。1963年，生建砖瓦厂划归南京市管辖，砖瓦改由南京市供应。汤山轮窑厂建成投产后，县综合公司每年向该厂提供煤炭，厂方生产的砖瓦由综合公司经销，由于综合公司未能及时按月提供燃料，砖瓦生产不太正常。1964—1965年，南京市安排江宁县的砖瓦计划减少，全县砖瓦供应紧张。群众修房造屋砖瓦要求量增大，社队企业兴办的窑厂应运而生。1973年，县计委成立三类物资管理站，加强砖瓦、石灰等地方建材物资管理，择优部分生产厂纳入市、县计划，重点基建工程实行计划供应。1982年后，国家对基建投资实行控制，江宁县砖瓦、石灰生产厂多产量大，供需渐趋缓和，砖瓦、石灰产品由生产单位自产自销。

机电化轻物资分配，通过编造报表申请计划，编报计划的品种有运输带、硫酸、纯碱、硝酸铵、有机玻璃等40余种。1977—1978年，机电化轻物资供应比较紧张，对用户实行凭卡供应，三角带、轮胎、漆包线等，以旧换新。1979年后，改为召开订货会的方式分配机电化轻物资。根据用户预订计划制表汇总，报县计委批准，按分配数量供应。1980年，铝制品机电物资（铝皮线、裸铝线）实行计划供应。1981年起，大部分机电化轻物资敞开供应。抗旱排涝期间，电动机、裸铝线、水泵、变压器等，由县防汛抗旱指挥部统一安排。

图19-4-14　20世纪80年代江宁县金属材料公司露天仓库

因基本建设规模压缩，1982年水泥供应有所缓和。县内单位需要购买水泥，持证明基本上满足供应。1985年上半年，因上坊水泥厂、青龙山水泥厂设备检修和县一批重点工程项目上马，水泥供应趋于紧张，除保证农业生产、水利和重点工程外，压缩供应。其余建筑材料敞开供应。

【计划外建材机电化轻物资】

购进　1962—1976年，计划外建筑材料和机电、化轻物资购进，以系统内调拨为主。1979年后，计划外建筑材料购进，主要从南京市建材公司进货或与有关生产厂建立进销关系。地方建材（石灰、砖瓦），由县木材建材公司开提货单，用户直接到厂方提货。机电化轻物资购进方式，与建材相同。民用爆破用的雷管、炸药，由机电化轻公司统一进销，设专库保管，就库发货。1981年后，市场开放，物资流通比较活跃，县内乡办企业逐渐增多，为物资部门购进计划外建材、机电化轻物资提供了货源。这年，共购进水泥70568吨、电杆2011根、玻璃10768箱、沥青145.80吨、涵管20000节、硫酸6.40吨、轮胎430套。之后逐年增多。1982年7月，地方建材组划归县农工商联合体领导，县木材建材公司不再经营地方建材业务。1984年，陶吴雷管场检修，全县雷管供应脱销，经南京市有关部门批准，县机电化轻公司从外地购进少量雷管，弥补缺口。

1988年8月16日起，华东电网许多电厂缺煤停机，发电量锐减。省、市人民政府制定了“以煤定电，以电定产，先交煤后用电”的原则，要求各地统配电按40%交煤，加工电按100%交煤。江宁县成立协作购进煤炭工作组，明确任务，制订方案，有关部门和单位及时开展协煤换电工作。至1988年年底，县协作委、物资局共向电厂提供煤1.82万吨（吨煤平均价格188.88元），换电3068万度。煤换电每度电价比市综合电价低0.05元，共节约电费181.77万元，为全县工农业产值突破20亿元做出了贡献。1989年，物资系统协作购进用于发电的煤炭6万吨。县物资局将协煤换电任务分解给所属11家企业，促使企业群策群力，多渠道组织煤炭货源。协作购进煤炭，除用于换电外，一律县内销售，不得外销。

分配和供应　1962年，计划外机电化轻物资分配，由县计委统一安排，按层层分配的办法分配至单位、用户。供应旱灾、水灾的计划外物资，由物资部门组织人力到外地组织货源，上级有关部门采取临时性的物资增拨。1964年，全县连续遭受涝、旱自然灾害，县物资部门及时调拨救灾柴油254吨、柴油机52台、电动机61台、水泵85台、裸铝线11吨。1985年起，县计委对各专业公司购进的计划外水泥、沥青、玻璃等物资，不再统一安排，物资部门计划外物资分配供应灵活性更大。全年销售计划外水泥9.37万吨。1988年，就港、就站、就库、就厂直供水泥4.90万吨。1989年，物资销售不畅，库存积压严重。各企业在保障全县物资市场供应前提下，巩固老基地，新开辟山东、河南、陕西、江西、浙江等外地销售基地，外销化工材料1500吨，缓解了库存压力。

“七五”期间，县物资部门对全县重点工程项目实行“四定”（定期限，定品种、规格、数量，定价格，定供需双方的义务和责任）“四包”（包时间、包数量、包质量、包运输），配套供应。分别与汤山蛋鸡场、方山金陵保温瓶厂、南京爱德印刷厂和汤山古泉胶丸厂签订物资供应承包合同。供应水泥347吨、玻璃1162平方米、油毛毡610卷、250千瓦和90千瓦发电机组各1套、空压机2台、卧式锅炉1台。1986年，组织计划外柴油621.50吨、汽油841吨。1987年，为县部分厂家推销金属材料1914吨、水泥9.50万吨、电机103台、电线9.30万米、裸铝线6045公斤、乙炔发生器49台、电石169吨、炸药436吨、化工材料109吨。

1962—2000年部分年份江宁县物资系统主要物资销售情况表

表 19-4-5

年份	钢材（吨）	原木（立方米）	锯材（立方米）	煤炭（吨）	水泥（吨）	生铁（吨）	铝（吨）	铝材（吨）	铜（吨）	铜材（吨）	纯碱（吨）	烧碱（吨）	硫酸（吨）	电动机（台）	变压器（台）	轴承（套）	汽车（辆）	报废车（辆）	废钢（吨）
1962	371.00	3900.00	—	1300.00	930.00	—	—	—	—	—	—	—	—	98	15	—	—	—	—
1963	247.90	4287.30	—	16069.00	909.60	212.60	—	—	—	—	50.10	—	—	—	—	—	—	—	—
1973	890.00	1928.00	47	32925.70	902.50	1650.80	1.40	1.30	8.80	2.90	20.10	—	0.10	—	—	—	—	—	—
1978	4962.80	3219.00	—	51079.00	40348.00	3653.50	25.80	2.00	29.90	2.50	36.60	34.70	132.80	1729	101	117800	—	—	—
1979	3398.10	7397.00	—	93030.00	45500.00	3953.00	55.40	5.10	23.30	1.50	47.40	4.60	121.90	1450	51	154775	—	—	—
1980	5253.00	5634.00	216	117307.00	44742.00	3848.00	38.00	2.60	44.10	1.30	34.10	13.60	115.20	1513	41	153632	—	—	—
1981	5227.00	6570.00	25	168138.00	70635.00	6359.00	33.70	1.90	16.20	0.80	50.90	23.40	144.90	871	35	134154	—	—	—
1982	7396.00	6105.00	3988	84200.00	94667.00	3336.00	65.20	5.00	20.40	1.20	64.50	74.30	265.40	1415	35	174128	—	—	—
1983	8435.00	7904.00	6082	210610.00	74896.00	3889.00	93.00	5.00	134.00	33.00	129.50	200.00	258.50	2085	25	98521	—	—	—
1984	5618.00	10048.00	5525	105342.00	109259.00	4136.00	9.00	1.00	98.00	3.00	272.00	338.00	510.00	766	—	120119	—	—	—
1985	7857.00	12608.00	1942	95246.00	95679.00	5098.00	38.00	—	109.00	1.00	315.30	192.70	242.00	916	—	84494	—	—	—
1986	10817.00		14352	114611.00	84962.00	10550.00		592				127		—	—	—	66	—	—
1987	32869.00		19942	140000.00	99800.00	17115.00		1031				468		—	—	—	382	—	—
1988	40000.00		25250	210000.00	50580.00	25403.00		1618				5400		—	—	—	561	—	—
1989	33010.00		20327	141000.00	16524.00	13255.00		1136				6564		—	—	—	381	—	—
1990	35800.00	木	9275	167000.00	22000.00	5392.00	铜	1183			化	7679		—	—	—	376	—	—
1996	10606.00	材	846	75865.00	—	—	铝	—			工	5860		—	—	—	81	40	4500
1997	8503.00		449	60447.00		—		—				6000		—	—	—	288	72	6400
1998	7817.00		319	37634.00	—	—		—				7044		—	—	—	294	100	9000
1999	7857.00		125	37725.00	—	—		—				7561		—	—	—	300	120	9000
2000	7280.00		150	31800.00	—	—		—				8200		—	—	—	350	130	9000

2007年江宁区商务系统企业基本情况表

表 19-4-6

企业名称	年销售额（万元）	实现利润（万元）	固定资产（万元）		职工人数（人）		退离休人员（人）
			原　值	净　值	在　册	在　岗	
区百货总公司	—	—	539.21	539.21			
区纺织品公司	—	—	573.40	554.17			
区五交化总公司	—	—	806.36	791.78	141	9	70
区糖烟酒总公司	—	—	122.37	122.37			
江宁国贸大厦	—	—	40.66	25.28			
区食品总公司	3158.32	1.60	1517.50	1316.80	206	206	194
区医药总公司	3240.39	1.71	1481.05	1119.53	164	159	87
蔬菜副食品总公司	—	—	40.03	36.00	26	7	53
区第一百货商店	—	—	803.29	694.36			
江宁商业大厦	—	9.00	5469.00	4684.00	272	16	148
区饮食服务公司	—	—	761.47	573.04			
区商业物资公司	727.00	0.12	300.45	285.94	24	24	—
江宁商场	70.83	-223.25	1808.92	1546.98	185	10	80
湖熟商店	249.20	-26.47	888.80	799.10	45	13	43
汤山商店	3097.00	6.42	1148.00	821.00	93	93	55
秣陵商店	—	-2.80	252.90	243.30	7	3	10
南京食品二厂	—	0.08	679.50	528.81	48	8	42
宁宝糖果冷食厂	—	—	631.07	548.45	43	5	32
民爆化工有限公司	5340.89	140.02	226.05	122.41	23	23	6
金属回收有限公司	65.30	3.20	28.40	16.20	17	17	9
新世界广场有限公司	—	—	—	—	17	4	—
宁兴物贸中心	—	-5.00	—	—	12	3	6
湖熟商业综合公司	—	—	—	—	1	1	41
汤山综合商店	50.00	-0.04	10.00	1.00	23	12	56

第五章 粮油商业

江宁县是南京地区的重要产粮区，历史上曾源源不断地供应城区人民的粮食，县境主要集镇都有几爿粮行。民国22年（1933）统计，全县31个集镇有米行116家、面店23家。抗日战争胜利后，粮行米店有所增加。民国35年9月，江宁县政府办理粮商登记，全县有粮行221家。有“小南京”之称的湖熟粮行达83家，每天吞吐稻米在1万公斤左右。民国37年，由于通货膨胀，粮价一日数涨，市场粮食奇缺。

新中国成立初，粮食自由买卖，市场为粮商、粮贩把持。民国38年（1949）6月和1950年4月，建中贸易公司和中粮公司江宁办事处，先后用公布粮价投放大米的办法，平抑粮价，保证供应，稳定人心。1953年11月，全县实行粮食统购统销，对城镇居民和缺粮农户计划供应粮食。1955年，对农村粮油实行定产、定购、定销。1971年起，江宁县每年向国家提供1.50亿公斤左右的商品粮。1979年，粮食市场放开，议价粮油购销活跃。这对平抑市场粮价，调剂余缺，稳定市场起到重要作用。1981年起，江宁县每年向国家提供250万公斤左右的商品油。1985年4月，中央决定改粮食收购为合同定购，定购以外粮食可以自由上市。1993年，放开粮油购销和价格，取消粮油凭票供应。1996年起，逐步调减粮食定购任务，同时按保护价敞开收购农民余粮。

2001年，实行粮油购销市场化，取消粮油定购任务，放开粮油购销价格，实行随行就市；放开粮食购销市场，实行经营主体多元化。2001—2007年，江宁区粮食系统在江宁和外地收购的粮食总量达13.80亿公斤，油菜籽6842.70万公斤；销售粮食10亿公斤以上，油菜籽4600万公斤。随着改革开放的不断深入，特别是撤县设区后，城市化进程加快，粮油种植面积逐年减少，商品粮也随之减少，江宁由粮食主产区逐步向粮食主销区转变。为确保粮食安全，建立了区级储备粮制度和粮食安全三级预警机制，保证江宁城乡市场在粮食放开的新形势下，粮源充足，市场稳定。

第一节 粮油收购

新中国成立初，市场粮食自由经营，全县有粮行米店128家，国营粮食部门坚持“稳定市场、稳定物价”的方针，大力筹集粮源，加强市场管理。1950年2月，正值春节时期，国营粮食公司收购籼稻、中熟米共1254万公斤。3月，由收购转入大量抛售，对保证市场粮食供应、平抑物价起到积极作用。是年，又从镇江调入籼稻79.30万公斤，面粉1160袋，使中熟米每石从19.50元跌至16.95元，面粉每袋从8.50元跌到6元。1951年，新粮上市，国营粮食部门收购稻谷1435.50万公斤、小麦687万公斤，并及时抛售。市场价格在国家牌价指导下保持稳定。1952年，全县尚有粮行米店35家，资本额折合15.02万公斤米，营业额折合84.44万公斤米。国营中粮公司基本占领了粮食阵地。1953年11月，全县开始实行粮食统购统销制度。

【公粮征收】

民国38年（1949）4月，江宁县人民政府粮食局为支援人民解放战争的最后胜利，确保党政机关和过往部队的粮食供给，在全县范围内广泛开展借粮、献粮运动。全县农村共筹借大米165万公斤，稻草332万公斤；工商界和集镇居民捐献支前大米1万公斤、稻草2万公斤。是年7月，全县开始第一次夏粮预征，贯彻“合理负担、军民兼顾”的政策，实征小麦629.72万公斤，占全年应征数的20.30%。全年公粮应征3095.05万公斤，社会减免619.01万公斤（按20%减免），实征2476.04万公斤。1950年10月，执行新的农业税法。广大农民积极拥护，踊跃交纳爱国公粮。是年，全县实征公粮3997万公斤。1952年，调整税率，全县实征公粮3602.80万公斤。

【粮食统购】

1953年冬，开始实行粮食统购政策。至1954年2月底，全县统购余粮8711.05万公斤，占计划收购8753.50万公斤的99.52%。1954年，全县统购粮食7424万公斤，除保障供应全县工人、缺粮农民、商人、机关干部和部队的口粮外，还调出2300多万公斤原粮支援城市工业建设。

1955年，全县以户为单位实行定产、定购、定销的“三定”政策。定产，是按正常年景评定单位面积产量，掌握不超过实际产量的原则，三年不变，作为定销的基础；定购，在定产的基础上，国家向余粮户实行统购，把每户应卖给国家的粮食数量定下来，也是三年不变；定销，是对农村各类缺粮户实行定销，其数量一年评定1次。至是年11月底，全县国营农场、农业生产合作社、个体农户等，共定产24275万公斤，口粮12622.97万公斤，种子1268.30万公斤，饲料421.35万公斤，农村留粮14312.62万公斤；余粮户108125户，占农户的83.54%，共计余粮6416.20万公斤，定购5491.89万公斤，占余粮的85.59%；缺粮户18417户，占农户的14.23%，定销739万公斤；自足户2890户，占农户2.23%。“三定”政策的执行，对稳定粮食局势，发展生产，起到决定性作用。

图19-5-15　20世纪80年代丹阳镇粮管所收购秋粮

1956年，农业合作化后，农村经济基础发生根本变化，“三定”到户改为归社计算。全县余粮社267个，缺粮社10个。单干农民3286户，其中余粮户415户，缺粮户2870户，自给户1户。全县归社计算定产21397万公斤，公粮4152万公斤，定购4198万公斤，缺粮户定销275万公斤。是年，征购粮食6888.50万公斤。

1958年的“人民公社化”和“大跃进”，追求粮食产量高指标。全县实行“粮食由社管，吃饭由社包”，在农村普遍推行公共食堂，吃饭不要钱。加之大办钢铁，农村人口大量流入城镇吃商品粮的人口大增，因而出现高征购、高返销的不正常现象。在三年困难时期，全县粮食产量逐年下降，农村粮食返销增多。1961年，全县返销粮700多万公斤，造成国家粮食减少。农村每人平均年口粮降至166公斤，为新中国成立后的最低水平。

1966年，全县开始对生产队实行征购任务，一定三年不变的政策。全县定产23050万公斤（比1955年“三定”减少1225万公斤），定购9085万公斤，定销9.76万公斤，农村留粮13975万公斤，口粮每人留240公斤～250公斤，种子、饲料、生猪类售粮共留1842万公斤。粮食征购“一定三年”连续实行6年后，1971年8月，把定产调整为3亿公斤，比1966年“三定”指标增长30.15%；定购调整为1亿公斤，比1966年“三定”指标增长10.07%；征购基数由3年延长至5年。

1979年12月，国家纠正粮食计划收购统购过死、粮价偏低、购量偏多、影响农民积极性的倾向。江宁县根据国家规定调整粮食购销政策，将粮食征购基数由1978年的9587.40万公斤调为8587.40万公斤，调减1000万公斤。同时将粮食收购价格提高20%，超购加价幅度由原来30%提高为50%。1982年1月，实行粮食征购、销售、调拨包干一定三年的管理办法。以生产队为核算单位，以1977—1979年3年的实产为依据，参照3年的购销实绩，把包购指标下达到公社。全县落实粮食包购1.55亿公斤，粮食包销2.53万公斤。

【粮食合同定购】

1985年1月，粮食统购改为合同定购，这是粮食工作的一项突破性改革。县对小麦、稻谷实行指导性的合同定购，其他小品种退出统购，自由上市。如市场粮价低于原统购价，国家仍按原统购价敞开收购，以保障农民利益。是年，全县26个乡与农民签订粮食合同定购17633.50万公斤，实际入库14086万公斤，占合同数80%。1986—2000年，粮食定购任务进行多次调整。1986年为1.33亿公斤，1989年调为1.21亿公斤，1993年调为1.05亿公斤，2000年调为1亿公斤。由于定购任务受自然灾害、土地变化、人口增长等诸多因素制约，县政府采取任务包干、灾年减购，完成任务奖励、保护价收购、户卖户结（不打白条、不代扣农业税以外的其他款项）等措施，保证每一年定购任务完成。1986—2000年，粮食合同定购计划共17.24亿公斤，实际收购入库16.51亿公斤，完成计划96%，未完成部分多为征用土地核减和因灾减产减购等。

【市场化粮食收购】

2000年，部分粮食品种退出保护价收购。2001年后，实行粮食购销市场化，全区除国有粮食购销企业外，还有454家粮食经营户参与粮油经营，市场竞争较为激烈。2000年撤县设区后，江宁城市化进程加快，开发力度加大，粮田面积逐年减少，城镇人口逐年增多，生产的粮食已不能满足市场和粮食储备的需求，江宁区由粮食主产区逐步向粮食主销区转变。区粮食局调整思路，采取灵活经营策略，着力发挥主渠道作用，大力拓展市场，做大做活粮油购销。2001年开始，区粮食收购企业改变收购方式，由坐库等客改进村入户上门收购。每年组织300多个收购小组，实行“四带”（带磅秤、带装具、带车辆、带粮款），深入村头、田头和农户家中设立收购点。2005—2007年，实行订单收购。2005年，订单收购3000万公斤，2006年4400万公斤。2007年，在种粮面积减少的情况下，与农户签订3300万公斤收购合同。在订单中甲方（收购方）承诺：按市场价优先收购订单数量；在市场价低于国家规定的保护价时，甲方按保护价敞开收购乙方粮食，做到不拒收、不限收，按国家收购标准依质论价；及时支付售粮款，不打白条，不代扣任何款项。

江宁区每年的收购入库粮食必须保持在1亿公斤以上，才能满足市场供应和储备需要。区内粮食收购量难以完成，必须把收购市场转向外地主产粮区。区粮食局把苏北地区、东北三省确定为区外采购粮食主要基地，其中东北为重点外购区。区粮食局与辽宁省的铁岭市粮食局、吉林省的白城市粮食局、黑龙江省的北大荒米业公司等单位建立稳固的粮食外购业务关系。2004年，区粮食局还与吉林省白城市粮食局签订建立友好合作关系协议书。2005年，与苏北的淮阴区、金湖县、东海县签订产销协议书。

2001—2007年，江宁区共收购入库粮食14.72亿公斤。其中2001年6100万公斤；2002年1.45亿公斤；2003年1.84亿公斤；2004年2.14亿公斤；2005年2.51亿公斤；2006年2.44亿公斤；2007年3.73亿公斤。

【油料收购】

全县食用油料生产以油菜籽为主。新中国成立前，油脂购销由城乡私营油坊经营。新中国成立初，全县油料主要委托供销合作社代购代销，但市场上也有少数私营油商从事经营活动。1955年1月开始，实行油料统购统销，保证民食和军需供应。

1956年，农村油料统购，实行“多产多购多留，少产少购少留”的政策，油菜籽按产量留下种子后，国家全部统购；秋收油料按比例，重点产区购75%，一般产区购50%。农民每出售油菜籽5公斤，或花生仁、芝麻5公斤，发给优待油票0.25公斤。是年，全县共统购油料264.50万公斤，其中油菜籽234.10万公斤，棉子6.25万公斤。发出优待油票7.50万公斤。

1958年“大跃进”，农村重粮轻油，忽视油料作物生产，油料统购任务没有完成，城乡人民吃油发生困难。1961年起，对种植油料的生产队实行“多产多吃，少产少吃”“先留后购，只购不销”的政策。完成生产任务的，余多少吃多少；完不成任务的，每亩留种0.50公斤外，全部统购，不留食用油。

1966年，油菜籽征购实行一定三年不变的政策，全县定购油菜籽75万公斤、花生果5.75万公斤、芝麻12.50万公斤。1971年，油料收购改为一定五年不变，全县油菜籽定产427.25万公斤，定购127.50万公斤。由于重粮轻油思想干扰，油料产量长期徘徊不前，油料统购任务每年完成不到50%。1977年，全县只统购油料43.50万公斤。

1978年，恢复收购油料实行奖励政策，是年，全县收购油料205.50万公斤。1979年后，油料提高统购价25%，超购油料加价70%。1982年，全县共统购油料810.50万公斤，是1978年的3.94倍。随着油料生产的发展，原来的定购基数已不宜作为超购加价的依据。从1983年夏季开始，全县油料超购实行按比例加价的办法，即按交售数量“四六”开，40%按统购价，60%按超购价，这一政策深得农民拥护。

1986—1987年，市政府下达江宁县油菜籽收购每年1000万公斤任务，1986年只完成624.50万公斤。1987年完成824万公斤。1988—1990年，市政府实行油料定购一定三年办法，年油料定购任务750万公斤，三年包干统算，完不成任务则采取补交平议差价款方式以完成任务。1988年、1989年，均通过补差价方式完成包干任务，1990年，百分之百完成收购任务。1991—1992年，根据省粮食局通知，油菜籽收购实行平议一价，定购任务百分之百完成。1993年，取消定购实行指导性计划，价格放开。1994—2000年，县油菜籽收购指导性计划每年调整为780万公斤。2001年后，取消指导性计划，实行市场化收购。2001—2007年，市场化收购油菜籽6842.70万公斤。

1953—1985年江宁县粮油收购情况表

表19-5-7　　　　单位：万公斤

年份	粮食				油脂		
	合计	征购	超购	合同定购	折油合计	收购	年末库存
1953	9976.00	9976.00	—	—	38.30	114.30	—
1954	6539.50	6539.50	—	—	106.85	314.30	—
1955	9109.50	9109.50	—	—	75.00	191.20	—
1956	9153.50	9153.50	—	—	90.20	264.50	—
1957	9319.50	9319.50	—	—	69.30	203.75	22.65
1958	9101.50	9101.50	—	—	78.05	233.25	11.15
1959	9888.50	9888.50	—	—	25.95	82.15	14.30
1960	7181.00	7181.00	—	—	56.65	166.90	7.55
1961	7401.50	7401.50	—	—	28.05	83.60	10.80
1962	5769.50	5769.50	—	—	17.60	51.35	14.35
1963	9654.50	8075.00	1579.50	—	20.05	55.05	30.05
1964	10715.50	8111.50	2604.00	—	51.00	85.00	45.50
1965	11556.00	9055.00	2501.00	—	45.50	91.00	31.50
1966	11402.00	8521.50	2880.50	—	32.60	102.10	29.00
1967	11125.50	8662.50	2463.00	—	24.25	79.55	27.00
1968	12000.00	8887.00	3113.00	—	26.05	89.00	37.50
1969	12185.50	8464.50	3721.00	—	31.30	111.70	35.00
1970	11005.00	8645.50	2359.50	—	24.65	84.05	44.00
1971	15747.00	10201.00	5546.00	—	36.50	127.50	53.50
1972	14776.00	10195.00	4581.00	—	41.50	139.50	47.50
1973	15717.50	10155.00	5562.50	—	40.00	140.50	43.50
1974	16365.50	10043.00	6322.50	—	28.50	109.50	39.00
1975	15063.50	9900.00	5163.50	—	35.00	123.50	27.50
1976	18332.00	9886.00	8446.00	—	24.00	91.00	7.50
1977	16587.00	9622.50	6964.50	—	11.00	58.50	50.50
1978	16799.50	9569.50	7230.00	—	63.00	205.50	91.00
1979	17818.00	9543.00	8275.00	—	97.90	356.00	76.50
1980	13079.00	9502.50	3576.50	—	31.50	130.00	215.00
1981	13275.50	7571.50	5704.00	—	278.00	841.50	388.00
1982	14598.50	8520.00	6078.50	—	241.00	810.50	233.00
1983	19489.50	8457.00	11032.50	—	249.50	849.50	191.50
1984	29449.00	8475.00	20974.00	—	257.00	839.50	309.50
1985	14086.00	—	—	14086	335.40	1024.50	309.40

1986—2007 年江宁区粮食产购留情况表

表 19-5-8

年份	收购（万公斤）						农村留粮						
	收购计划	入库					合计（万公斤）	口粮			种子（万公斤）	饲料（万公斤）	其他（万公斤）
		合计	合同定购	市场化收购	议购	保护价		人口（万人）	水平（公斤）	粮数（万公斤）			
1986	13300	19418.10	12733.80	—	6684.30	—	36049.90	69.98	393	27520.00	2040.00	5611.70	878.20
1987	13100	15554.10	11913.00	—	3641.10	—	32947.20	65.65	371	24386.60	2420.00	4100.00	2040.60
1988	12935	16002.90	11485.50	—	4517.40	—	33504.40	66.04	355	23450.00	2400.00	5652.70	2001.70
1989	12090	17297.30	12090.00	—	5207.30	—	31241.50	66.30	411	27241.50	1250.00	2750.00	—
1990	12090	22741.60	12192.50	—	10549.10	—	25753.30	65.38	320	20950.40	1889.00	2595.90	318.00
1991	12190	16391.60	10040.00	—	6351.60	—	26505.30	66.38	331	21944.60	1968.20	3944.40	648.10
1992	12190	16276.20	12190.00	—	4086.20	—	34016.80	66.82	423	28317.50	1437.00	3348.80	913.50
1993	10500	16583.00	10500.00	—	6083.00	—	32270.90	66.50	395	26261.40	1865.20	4144.30	—
1994	10200	17555.70	10200.00	—	7355.70	—	28922.70	68.20	308	21003.60	1824.70	3295.60	2798.80
1995	13818	17851.20	10136.40	—	7714.80	—	29326.70	64.67	285	18448.30	2224.00	6365.40	2289.00
1996	10018	22534.50	11539.30	10995.20	—	—	32321.10	62.28	372	23184.10	1987.00	4543.20	2606.80
1997	10018	20154.40	10018.00	10136.40	—	—	31689.20	61.90	366	22658.60	1839.00	3669.70	3521.90
1998	10018	14825.40	8721.90	3710.70	—	2392.80	35577.40	61.20	398	24332.30	1800.00	7173.10	2272.00
1999	10018	12569.30	6900.00	1552.00	—	4117.30	34581.70	59.62	363	21627.00	1976.00	5528.40	5450.30
2000	10018	21472.50	4440.10	13341.20	—	3691.20	31937.10	59.52	405	24078.80	1250.00	3000.00	3608.30
2001	—	6112.70	—	6112.70	—	—	30376.90	56.85	376	21396.70	1600.00	2957.60	4422.60
2002	—	14536.40	—	14536.40	—	—	23783.60	55.51	333	18497.60	450.00	3852.50	983.50
2003	—	18370.60	—	18370.60	—	—	15116.70	43.00	224	12420.00	300.00	1710.30	686.40
2004	—	21111.20	—	21111.20	—	—	14302.50	36.16	287	12330.50	302.30	1669.70	—
2005	—	25087.80	—	25087.80	—	—	11749.10	36.16	290	10518.20	240.00	481.10	509.80
2006	—	24433.90	—	24433.90	—	—	4892.30	13.14	270	3560.40	280.00	453.00	598.90
2007	—	37265.90	—	28278.50	—	8987.40	3857.10	13.14	191	2510.20	312.00	1034.90	—

1986—2007 年江宁区油料产、购、留情况表

表 19-5-9 单位：万公斤

年 份	油菜籽产量	收购入库				农村留种
		合 计	合同定购	议 购	市场化收购	
1986	2338.80	624.50	624.50	—	—	1714.30
1987	2147.30	824.10	824.10	—	—	1323.20
1988	1545.20	87.60	87.60	—	—	1457.60
1989	1909.90	624.40	336.70	287.70	—	1285.50
1990	2187.80	1494.90	1265.10	229.80	—	692.90
1991	2563.80	1218.60	886.70	331.90	—	1345.20
1992	2632.30	1394.60	850.70	543.90	—	1237.70
1993	2654.00	806.00	—	806.00	—	1848.00
1994	2439.70	1146.90	738.80	408.10	—	1292.80
1995	3083.00	1127.00	—	1127.00	—	1956.00
1996	3267.20	1132.70	780.00	352.70	—	2134.50
1997	3416.60	962.90	—	962.90	—	2453.70
1998	1774.50	214.50	—	214.50	—	1560.00
1999	4571.70	1172.20	968.20	204.00	—	3399.50
2000	5701.90	1871.70	570.00	1301.70	—	3390.20
2001	5886.40	771.70	—	—	771.70	5114.70
2002	5346.90	655.60	—	—	655.60	4691.30
2003	4596.00	1676.30	—	—	1676.30	2919.70
2004	4823.20	599.10	—	—	599.10	4224.10
2005	5081.10	1542.80	—	—	1542.80	3538.30
2006	4084.00	961.90	—	—	691.90	3122.10
2007	2359.50	905.30	—	—	905.30	1454.20

第二节 粮油销售

新中国成立后，市场粮食自由经营，全县有粮行米店 128 家，由于外地粮贩纷纷到县收购粮食，造成全县粮食市场一再波动。粮食部门加强市场管理。1952 年，抛售中熟米、糙米 170 万公斤，面粉 442 袋，对平衡粮食供求起了积极作用。1951 年，新粮上市，县粮食部门又抛售大米 364 万公斤，小麦 8 万公斤，面粉 6277 袋，杂粮 37 万公斤。国营粮食部门基本控制了粮食市场。1953 年 11 月，全县开始实行粮食统购统销制度。

【农村粮食统销】

1954 年 1 月，全县开始对农村缺粮农民实行计划供应粮食。各乡成立供应委员会，全县设 35 个供应点，共销售大米 1061.85 万公斤，面粉 67.90 万公斤。1955 年，实行“三定”到户后，全县缺粮户 18417 户，缺粮人口 76741 人，占农业总人口的 14.90%，共缺粮 739 万公斤。1956 年，全县农村共销售粮食 2639.50 万公斤。1957 年夏，农村出现“闹缺粮”，全县 273 个农业社，闹缺粮的 188 个，闹缺粮农民 34972 户。为此，全县除开展节约用粮教育外，对从事粮食黑市交易的首要分子进行打击，对缺粮户进行安排，共销售粮食 94 万公斤，稳定了粮食局势。

1959 年，由于“浮夸风”，农村缺粮更加严重，共统销粮食 2475.50 万公斤。口粮实行低标准、瓜菜代。1960 年，农民吃粮人均每天不足 0.50 公斤。全县先后 8 次从国库拨出 1494 万公斤粮食供应农村。1962 年后，粮食形势逐年好转，国家对农村统销粮食逐年减少。1965 年开始，对缺粮队实行一定三年不变的办法。全县定销核定 7.89 万公斤，8 个缺粮队增产抵消 2.30 万公斤，实销 6.60 万公斤。1972 年后，增加菜农 6412 人，定销供应 165.80 万公斤。1985 年 7 月，将菜农定销改按比例供应粮食。

1986 年后，农村定销对象主要是国营农林场圃和部分社办企业职工以及渔民、蔬菜队等核定的定销人员。1989 年年底，定销供应人口 1.76 万人。其中，菜农人口 1 万人，农林场圃社办企业等定销人口 7000 人，渔民 600 人。至 1993 年，定销供应人口为 2.52 万人。其中，菜农 1.10 万人，农林场圃社办企业定销人口 1.35 万人，渔民 700 人，月人均水平 15 公斤。1993 年后，取消定销供应，定销用粮对象到市场自行采购。

【城镇粮食定量供应】

1955 年 11 月，县对 25 个集镇实行粮食定量供应，共 5136 户、22727 人，供应成品粮 28.40 万公斤，平均每人 12.50 公斤。此后，居民按人分等定量，发证到户，凭证供应；机关、团体、学校、厂矿按搭伙人数，发给集体粮食供应证。

1958 年下半年，全县工业发展较快，工厂、矿山增加 10 处，集镇人口由 7 月 41276 人增至 70958 人，供应量由每月 84 万公斤增至 171 万公斤。另外动员 10 万名青壮年大炼钢铁，补助粮 1 个月 35 万公斤，是年，集镇统销 1531.50 万公斤。

1964 年 10 月，县政府调整集镇居民供应标准。采取“抓两头，把三关”供应制度。抓“两头”即严密手续，按月检查计划；按季进行人粮普查核定，杜绝不合理供应。把“三关”即入口关，不符合政策规定不供应；补助粮关，取消不合理补助；供应标准关，执行按人分等定量，做什么工种吃什么粮。1965 年，供应成品粮 969.50 万公斤。1975 年，供应 1260 万公斤。1983 年 7 月，对全县工种定量标准进行普查，将“文化大革命”时期乱变工种、寅吃卯粮、同工种不同供应标准的状况进行调查核定，使全县工种定量做到人粮对头、工种标准统一。1985 年，供应成品粮 1269 万公斤。

图 19-5-16　1961 年南京流通面额最小的粮票

1986—1992 年，随着人口逐年增长和粮食需求量的增加，粮食供应量增长较快。1986 年，平价销售 1688.30 万公斤；1992 年平价销售 1133.20 万公斤，议价销售 1597.50 万公斤。1993 年 4 月 1 日，按照省、市粮食局通知，江宁县取消城市人口定量供应，停止使用粮票。

【行业用粮供应】

1955 年 11 月起，全县行业用粮由用粮单位按市场需要编造计划，报送粮食局审核供应。1956 年，供应行业用量 216 万公斤。20 世纪 70 年代初，全县行业用粮户 713 户，从业人员 2100 人，主要用粮为工业（金箔、纺织、制鞋、制革等工厂）、食品业（熟食、糕点、粮食制成品等）、副食业（按城镇定量人口实行发豆制品票供应）、酿造业（制酱、酱油等生活必需品）等。1978 年，供应行业用粮 1.15 万公斤。1979 年后，对熟食业增加议价粮食供应，以活跃市场，方便群众。1985 年，供应行业用粮 158 万公斤。

1986 年后，工业用粮退出统销价供应，改为议价供应。1988 年 8 月，南京市物价局、粮食局、第二商业局联合通知，行业用粮油改为议价供应，饮食业糕点销售不再收粮票。1989 年，食品业供应平价粮食 66.80 万公斤，议价粮 263.70 万公斤；酿造业供应平价粮食 289.90 万公斤，议价粮 12 万公斤。1992 年，食品业供应平价粮 26.60 万公斤，供应议价粮 246.20 万公斤；酿造业供应议价粮 96.90 万公斤。1993 年后，粮油价格放开，行业用量不再由粮食部门按计划供应，由用粮企业在市场自行采购。

【市场化粮食销售】

粮食购销市场化后，江宁区内粮食经营户数百家。区粮食系统的粮食销售主要是立足内销，扩大外销。外地市场销售约占销售总量的 60% ~ 70%，当地市场销售约占 30% ~ 40%。粮食企业千山万水寻商机，北方购粮南方销，外地购粮当地销，把握市场主动权，获得较好经济效益。2001 年，销售粮食 6353.30 万公斤。2002 年，销售粮食 1.58 亿公斤，其中外购外销 9400 万公斤。2003 年，销售粮食 1.62 亿公斤，其中在东北地区边采购边销售 6000 万公斤。2004 年，销售粮食 2.02 亿公斤，其中外销 1.39 亿公斤。2005 年，销售粮食 2.56 亿公斤，其中外销粮食 2.48 亿公斤。2006 年，销售粮食 2.67 亿公斤，其中外销粮食 1.50 亿公斤。2007 年，销售粮食 3.20 亿公斤，其中外销粮食 2 亿公斤。全系统实现利润：2001 年 515 万元，2002 年 1122 万元，2003 年 940 万元，2004 年 1200 万元，2005 年 2000 万元，2006 年 2000 万元。2007 年 2080 万元，创粮食系统历史最好水平。

【食油销售】

1954 年，食油实行计划供应后，城镇居民按定量标准供应，此外，还有工商行业用油、保健用油、临时补助用油等。

1956 年 3 月前，城镇居民、农民每人每月凭证供应 4 两（16 两制，下同），至 1959 年年底，机关干部每人每月供应 8 两。4 月起，农民增至 5 两，县城所在地的工矿企业、学校每人每月 7 两，2000 人以上集镇非农业人口每人每月 6 两，一般集镇居民 5 两。是年全县食用油销售 134.40 万公斤。1960 年，油菜籽减产，国家统购任务未完成，农村只购不销，城镇居民食油供应每人每月调减为 100 克。1965 年 8 月，随着油脂生产的好转，城镇定量人口、农村定销供应、菜农、渔民、国营农林场（圃）职工等的食油供应，每人每月增加到 300 克。1977 年 9 月，由于油脂紧张，对定量定销人口食油计划实行减半供应。是年，食用油销售 25.95 万公斤。1978 年后，油料生产好转，食油不再减半供应。1981 年起，每人每月供应 250 克。此标准一直执行到 1992 年。1992 年，平价食油销售量为 178 万公斤。1993 年后，食用油销售市场化，不再供应平价食油。

1953—1985 年江宁县粮食销售情况表

表 19-5-10　　　　单位：万公斤

年份	全年销售总计	城镇粮食供应										农村统销						
		合计	定量	行业				工业企业	事业单位	饲料	其他	合计	统销	民工补助	生猪奖售	施肥料种子	借销	其他
				小计	食品	副食	酿造											
1953	3971.50	942.00	756.50	180.50	167.00	13.50	—	—	—	5.00	—	3029.50	3029.50	—	—	—	—	—
1954	4125.50	957.50	645.00	156.50	108.50	48.00	—	—	155.00	1.00	—	3168.00	3168.00	—	—	—	—	—
1955	1619.00	1097.50	552.50	139.00	115.50	23.50	—	—	402.00	4.00	—	521.50	485.00	4.50	—	32.00	—	—
1956	1973.00	1355.00	686.00	216.00	178.00	35.50	2.50	—	370.00	83.00	—	618.00	605.00	7.50	—	5.50	—	—
1957	2102.00	1605.00	890.00	195.00	135.50	52.00	7.50	—	375.50	144.50	—	497.00	470.50	24.50	—	2.00	—	—
1958	3071.00	2670.50	1933.00	302.00	199.00	73.50	29.50	—	304.50	131.00	—	400.50	347.50	40.50	—	12.50	—	—
1959	4397.00	2122.00	1579.00	88.50	13.50	44.00	31.00	—	340.50	114.00	—	2275.00	1546.50	71.00	—	657.50	—	—
1960	2276.50	2083.50	1674.50	69.00	—	44.50	24.50	—	290.00	50.00	—	193.00	170.00	14.00	—	9.00	—	—
1961	2204.00	1614.50	1326.00	44.00	—	21.00	23.00	—	238.00	6.50	—	589.50	555.50	8.50	—	25.75	—	—
1962	1593.00	1244.00	939.50	75.50	12.00	24.00	39.50	—	213.50	15.50	—	349.00	309.00	32.50	—	7.50	—	—
1963	1493.00	1257.50	878.00	89.50	—	—	—	—	270.00	20.00	—	235.50	187.50	48.00	—	—	—	—
1964	1563.00	1062.50	799.00	50.00	—	—	—	19.00	194.50	—	—	500.50	314.00	30.50	151.50	—	—	4.50
1965	1623.00	1204.00	969.50	112.50	—	—	—	—	118.50	—	3.50	419.00	243.00	35.00	133.00	—	—	8.00
1966	1301.50	1115.00	890.50	92.00	—	—	—	0.50	114.00	—	18.00	186.50	163.50	19.50	—	—	—	3.50
1967	1297.50	1122.50	886.50	86.00	—	—	—	0.50	115.50	—	34.00	175.00	155.50	19.50	—	—	—	—
1968	1476.00	1196.00	964.50	75.50	—	—	—	0.50	134.00	—	21.50	280.00	195.50	77.00	—	—	—	7.50
1969	1640.00	1251.50	998.50	96.00	—	—	—	0.50	150.00	—	6.50	388.50	259.00	104.50	11.00	—	—	14.00

续表

年份	全年销售总计	城镇粮食供应										农村统销						
		合计	定量	行业				工业企业	事业单位	饲料	其他	合计	统销	民工补助	生猪奖售	施肥料种子	借销	其他
				小计	食品	副食	酿造											
1970	1620.50	1188.50	887.00	133.00	—	—	—	—	164.00	—	4.50	432.00	201.00	166.50	64.50	—	—	—
1971	1499.50	1146.50	949.00	74.50	1.50	2.50	70.50	0.50	104.50	15.00	3.00	353.00	90.50	130.50	106.50	2.00	22.50	1.00
1972	1657.00	1240.00	1012.00	86.00	9.00	2.50	74.50	0.50	128.50	9.50	3.50	417.00	202.00	46.50	108.50	6.50	52.00	1.50
1973	1738.50	1312.50	1073.50	89.00	12.50	10.00	66.50	1.00	113.50	32.50	3.00	426.00	171.00	140.00	90.00	3.50	20.00	1.50
1974	1883.00	1317.50	1097.50	110.00	12.00	22.50	75.50	1.00	83.00	22.50	3.50	565.50	183.50	201.00	169.00	7.50	3.00	1.50
1975	2239.00	1482.50	1260.00	107.50	6.00	18.50	83.00	1.00	84.50	25.50	4.00	756.50	220.50	275.50	187.50	27.50	44.00	1.50
1976	1888.00	1314.50	1061.50	116.00	6.00	11.50	98.50	1.00	110.50	17.00	8.50	573.50	241.50	218.00	146.00	11.00	-43.50	0.50
1977	2187.50	1496.00	1135.50	112.50	13.00	3.00	96.50	1.00	137.00	107.00	3.00	691.50	301.50	226.50	153.00	9.00	—	1.50
1978	2157.00	1462.00	1014.00	115.00	6.50	11.00	97.50	1.00	157.50	164.50	10.00	695.00	351.50	131.00	197.00	14.50	—	1.00
1979	2324.00	1664.00	1305.50	95.00	6.00	6.00	84.00	1.50	149.00	112.00	—	660.00	276.00	106.00	267.50	10.50	—	—
1980	2557.00	1632.00	1313.00	116.50	6.00	2.50	108.00	1.50	122.00	77.50	—	925.00	295.00	187.00	378.50	39.00	—	25.50
1981	2596.50	1665.00	1356.00	92.00	6.00	2.00	84.00	2.00	124.50	80.50	—	931.50	290.00	177.50	352.50	40.50	39.00	32.00
1982	2814.00	1508.50	1251.50	132.50	19.00	7.50	106.00	1.00	122.00	—	1.50	1305.50	490.00	25.50	518.00	95.50	—	176.50
1983	2115.50	1197.50	976.00	108.50	17.50	12.50	78.50	2.00	108.00	—	1.00	918.00	484.50	24.00	201.50	111.50	41.50	55.00
1984	2220.00	1339.00	1115.50	116.00	24.00	14.00	78.00	0.50	122.50	—	2.50	861.00	540.00	11.00	49.50	258.00	—	2.50
1985	2547.50	1633.50	1269.00	158.00	53.00	17.00	88.00	—	163.00	39.50	1.50	914.00	478.00	25.00	2.00	409.00	—	—

说明：粮食销售统计年度为当年7月至次年6月。如1953年销售数字为1953年7月至1954年6月合计数。依此类推

1986—2000年江宁县城镇粮油销售情况表

表 19-5-11

年份	粮食（万公斤）								油脂（万公斤）					附：定量人口（人）
	平价销售			议价销售			其他	比例价	平价销售				议价销售	
	合计	非农业	农业	合计	非农业	农业			合计	非农业	农业	比例价		
1986	1842.60	1688.30	154.30	1762.60	—	—	—	883.80	59.40	58.60	0.80	3.30	38.10	51952
1987	1861.80	1635.30	226.50	2195.40	—	—	—	1130.00	65.30	64.40	0.90	29.10	67.10	52935
1988	2232.90	2100.60	132.30	1803.80	—	—	—	499.40	57.30	56.50	0.80	16.70	151.20	63020
1989	2031.70	1952.90	78.80	1756.10	787.10	115.20	852.80	598.30	56.30	49.20	0.60	6.50	48.90	68860
1990	2093.20	2004.00	89.20	1690.70	467.30	373.20	850.20	1063.90	82.00	64.30	0.60	17.10	96.90	70806
1991	2664.60	2571.70	92.90	1214.80	383.80	831.00	—	1637.00	51.40	45.90	0.70	4.80	108.80	72067
1992	4637.80	1133.20	3504.60	2669.80	1597.50	1072.30	—	—	178.00	165.10	12.90	—	125.50	73321
1993	—	—	—	6146.90	4543.10	1603.80	—	—	—	—	—	—	246.10	79390
1994	—	—	—	5292.20	4191.60	1100.60	—	—	—	—	—	—	134.60	83503
1995	1495.40	1322.70	172.70	1774.40	1237.40	537.00	—	—	—	—	—	—	87.70	91626
1996	1113.30	1048.90	64.40	1241.00	863.70	377.30	—	—	—	—	—	—	67.40	101869
1997	1345.50	1305.50	40.00	362.80	259.40	103.40	—	—	—	—	—	—	54.20	105223
1998	457.00	451.40	5.60	713.40	626.70	86.70	—	—	—	—	—	—	54.30	112581
1999	313.90	—	—	649.60	—	—	—	—	—	—	—	—	34.70	126873
2000	342.60	—	—	661.30	—	—	—	—	—	—	—	—	68.50	153909

说明：1. 平价销售：1989—1992年为平价销售，1993—1994年平议合一，1995年为定购销售，1996—1998年为政策性销售，1999—2000年购销企业纯销售

2. 议价销售：1989—1996年为议价粮食销售，1997—1998年为市场粮食纯销售，1999—2000年为附营企业粮食纯销售

2001—2007年江宁区市场化原粮销售情况表

表19-5-12　　　　单位：万公斤

品　种	2001年	2002年	2003年	2004年	2005年	2006年	2007年
合　计	6353.30	15927.00	16184.10	20183.20	25571.70	26764.40	31846.80
小　麦	562.10	6830.20	4408.80	2093.70	8156.20	3105.50	9096.00
粳　稻	5726.00	9033.40	11775.30	18089.50	13344.90	10314.80	13114.70
玉　米	65.20	63.40	—	—	4064.00	13344.10	9636.10
其　他	—	—	—	—	6.60	—	—

第三节　粮油议购议销

江宁的粮油议购议销工作始于20世纪60年代初期。1986年前，议购议销是粮食企业贯彻“计划经济为主，市场调节为辅”方针的一项重要工作，也是搞活粮食经营和流通的重要渠道，对平抑市场粮价，调剂余缺，稳定市场起到积极作用。特别是农村实行家庭联产承包责任制后，粮食产量有较大提高，农民完成国家定购任务后，多余的粮食须由国家和市场调节，因此通过议购的形式收购农民余粮成为国有粮食企业重要任务。至1985年，各乡镇粮管所相继成立粮油交易所和贸易货栈27家，积极开展议购议销业务。

1986年后，国家实行定购议购“双轨制”的运行机制，全县粮食企业议购议销工作得到进一步拓展，议购议销数量增长较快，效益有较大提高。1988年，议购粮食7200万公斤，比1986年增加近一倍。1993年粮油价格放开以及1997年实行保护价平议同价后，收购农民余粮仍是国有粮食企业的重要职责，1997年，收购议价粮8000万公斤。2001年，国家取消定购，全区粮食市场全面放开，定购议购并轨，实行市场化运作。

【议购议销经营】

全县粮油议购议销工作始于20世纪60年代初期。先后在湖熟、丹阳、汤山、陶吴等18个集镇设立粮油交易所，开展议购议销经营。1963年，上市量77.75万公斤，其中成交21.35万公斤，占上市量27.50%，国家议价收购56.40万公斤，占上市量72.50%。为支持灾区，替泗洪、睢宁2县代购鲜山芋46.80万公斤，山芋干2.40万公斤。1964年，议购议销工作有了发展，政策允许完成征购任务的生产队和社员上市出售多余的粮油，允许缺粮缺油的农民和城镇居民上市购买自食的粮油。议购形式是通过粮油交易所收购或直接向完成国家征购任务的余粮队挂钩议购。从1964年夏季至1995年12月，全县直接议购生产队余粮883.50万公斤，市场议购粮食399.35万公斤，合计议购1282.85万公斤，比1963年增加23倍；油脂议购37.35万公斤。市场议销粮食66.45万公斤，议销油脂1250公斤。

“文化大革命”期间，议价经营遭到限制，粮油市场处于停顿状态。

1979年后，农村粮食逐年增多，国家放开计划外粮食购销，允许农民在完成征购任务后多余粮油上市成交。全县开放了粮油集市贸易，开展粮油议购议销。1979年6月至1981年6月，2年共议购粮食3785.50万公斤，议销粮食627.50万公斤，油脂12万公斤。这对于增加国家粮源，平衡国家粮食收支，补充国家粮油库存，都起到重要作用。为加强议价经营，县粮食局成立粮油议购议销公司、粮油贸易公司。

从1984年起，粮食企业通过改革初步改变过去统得过死，包得过多，流通渠道单一，经营不活，应变能力不强的局面。1985年，商业平价利润实现253万元，超出市下达指标14%。议价经营开展内购外销、外购内销和运用邻近南京交通便利条件，购进紧缺品种，满足市场需要，推销多余品种，依托产粮优势，面向全国，先后与全国20多个省、市，234个县洽谈业务。1985年，全县共外销粮食2870万公斤，比1984年增加1114万公斤。从外省调进玉米、豆饼、葵花子、大豆等小杂粮409.50万公斤，比1984年增加332.50万公斤；议价粮食3767.50万公斤，比1984年增加3480万公斤；经营总量11830.50万公斤；获得利润197万元，超历史最高水平。

1993年，为进一步搞活粮食大流通，全系统坚持规模经营与分散经营相结合的原则，以粮油总公司为龙头，各粮管所为经营主体，不断开拓新的经营基地，先后在甘肃省兰州市、青海省西宁市、福建省厦门市、云南省昆明市、广东省广州市和廉江市，以及北京、上海等地设立办事处、经营部共120多家，把粮食议购议销做大做活。1989—1998年，县粮食局议购粮食达7亿公斤，县内议销22872万公斤，外地议销47128万公斤。2001年，国家取消定购，江宁区粮食市场全面放开，定购议购并轨，实行市场化运作。

【粮油集市贸易】

新中国成立初期，全县大小集镇自由经营。从1950年国营粮食机构进入市场挂牌收购粮食起，由工商业、粮食、合作社、银行、交通运输等部门组织管理小组，对粮食市场进行管理。当时，由于有私营粮行粮店，粮食集市贸易既要保护正当合法的公私经营，规定私营厂商收购与销售价格必须服从国家牌价，不得抬价或压价；又要取缔扰乱市场的投机粮商活动，打击兴风作浪、囤积居奇、哄抬粮价的不法粮商粮贩，以稳定粮油价格，安定人民生活。

1953年，国家实行粮食统购统销后，全县禁止私商经营粮油。1954年，为辅助国家实行粮油收购计划和计划供应的需要，县内建立粮食市场24家。规定凡生产者和消费者均可自由入场成交，进行粮食有无调剂和品种交换，其作用是调剂供求，稳定人心，打击黑市投机，减少国家粮食供应。当年帮助农民成交粮食2.35万公斤，鲜山芋11.05万公斤；减少国家统销2.50万公斤，调剂种子粮1.40万公斤，为缺种农民解决266.67公顷种子。1956年，全县粮食交易市场增至34处，扩大了业务范围，成交粮食216.50万公斤，比1954年增长14倍多。其中玉米73.50万公斤，鲜山芋44万公斤，大豆25万公斤，大米21.50万公斤，饲料31万公斤。这时，各地商贩利用国家开放自由市场的机会，搞黑市活动，非法贩运和采购计划收购物资，影响国家统购任务的完成。1957年8月后，严格管理自由市场，凡属国家规定计划收购的粮食、油料，全部由国家统购，一律不准上市，关闭了粮食市场。1959—1961年三年困难时期，由于粮食产销不平衡，国家粮食十分紧张，出现粮油黑市交易，大米每公斤高达6元。1963年，恢复粮食贸易，按照“管而不死”“活而不乱”的原则，在管好市场、保护正当交易的同时，打击投机倒把活动，采取经常管理与突击管理相结合，重点打击与全面教育相结合的方法。这期间共破获粮油投机倒把案件5932起，涉及粮食112.93万公斤，油脂2011公斤。

1964年8月，允许夏季粮油进入市场贸易；秋季粮油（包括陈稻、陈米、油料、油脂、生熟花生）一律禁止进入集市贸易。征购期间，农民出卖少量多余口粮，凭生产队证明，由国家议购，但不准进入集市贸易；出境携带粮食不得超过7.50公斤，花生仁不超过1.50公斤，食油不超过1公斤，超过数量，农民必须持公社证明，集镇居民须持当地粮站证明。同时规定“四不准”：不准国营农牧场生产的粮食油料进入市场出售；不准酒坊、油坊、糖坊、豆腐坊采购市场粮油和出售制成品，不准国家机关、团体、部队、学校和工矿企事业等集体单位在市场采购粮油；不准饮食、糕点等行业在场外或直接向生产队采购粮油。粮油价格实行统一管理。

1966年“文化大革命”开始，在极左思潮的影响下，把集市贸易当做资本主义尾巴进行批判，全县先后关闭了粮油交易所，中止粮油正常交易。中共十一届三中全会后，普遍开放粮油集市贸易。1984年，投资60万元，新建5层粮贸中心大楼1幢。至1985年年底，湖熟、丹阳、江宁等乡（镇）粮管所相继成立粮油交易所和贸易货栈27家。组织成交议购粮食4005万公斤，议销1323万公斤，分别比1967年增长7.84倍、14倍；议购油料109万公斤，议销53.50万公斤，分别比1967年增长99倍、100倍。

1985年，县粮食局成立粮食贸易公司，专门从事粮油议购议销业务。1992年，成立粮油总公司，拓展市场粮油购销工作。至1995年，在南京及县内经营网点已发展到100多家。同时面向外地建立基地，两头在外，大进大出搞活粮食大流通，走出一条适应开放型大市场的粮油大循环的经营新路子。1998年，成立粮食批发市场，2000年，批发市场交易额达2097万元。

第四节　粮油储运

【粮库建设】

至2007年，江宁区粮食系统有库、站点59个，总仓容量2.85亿公斤。

基层储量库点　历代都很重视建仓储粮，以纳粮积谷，防备荒歉。新中国成立后，县人民政府粮食局接受旧县“田粮处”仓库存粮点共13处，仓容约100多万公斤。

1950年秋，公粮入库，旧政权遗留下的仓库不够用，利用祠堂庙宇和借用公房民屋储粮。当时有简易仓容136.50万公斤，祠庙仓房仓容2976万公斤，租借仓房仓容696万公斤，借用货场容量363万公斤，合计仓容4171.50万公斤。

1951—1953年，县在江宁镇、河定桥新建半永久性简易仓库，仓容量1114万公斤。1955年和1957年，在湖熟、汤山、秣陵等地建造了一批苏式仓，共4幢60间，仓容量1500万公斤。这期间，全县仓库已发展到183处，仓容量5584万公斤，但仓容仍不足。1957年秋粮入库，各地临时借用仓房15处，仓容量148万公斤。汤山所学习扬州摺席露天囤存粮法，首先在麒麟粮站试点，打了3个露天囤，装粮15.50万公斤，这是全县第一次出现露天装粮法。1963年后，粮食逐年增多，征购量大幅度增加，入库存量随之增多，仓容不足矛盾较为突出。1964年，全县露天存粮2368万公斤，露天囤达150个。1969—1971年，为贯彻“备战、备荒、为人民”与缓和粮食不足的矛盾，全县学习外地经验，普遍推广建设“一把泥、一把草”的土圆仓存粮，但三年之后泥土剥落，草烂顶漏，逐步倒塌，到1980年，土圆仓均已报废，共损失18万元。

中共十一届三中全会后，农村推行联产承包责任制，粮食连年丰收，征超购入库量猛增，县又新建2502.50万公斤仓容的储量库点，其中1984年投资62.60万元，在湖熟长岭、耀华，陶吴上穆，方山杨村，上峰阜东等6处，新建容量550万公斤的仓库。至1985年年底，全县共有576个仓廒，仓容量17214.50万公斤，比1950年增加仓容14102万公斤，增长5.50倍。在粮仓建设的同时，粮仓的附属设施也相应增多。至1985年，全县共建水泥晒场132825平方米；在26家单位安装苏式库斯巴斯烘干机2台、土制滚筒烘干机3台、硫化槽烘干机22台。此外，还建有2.50万公斤～10万公斤的油罐29个，容量为106万公斤。

1986—2007年，粮食局还在谷里粮管所、荆刘粮站、麒麟粮管所、上峰粮管所、东山城镇粮管所、禄口粮管所、丹阳粮管所新建7处存粮库点，仓容量1182万公斤。还有6家粮管所在库内、站内翻建、新建29个仓廒，仓容1292.50万公斤。

1990年，江宁县植物油厂建储油罐8座，储油量450万公斤。2006年，改制后的弘益油脂公司新建油罐储油量400万公斤。

粮食储备库 为适应国家粮食储备制度的建立和储备粮储存的需要，江宁县从1991年开始建设储备粮库，作为各级粮食储备的储存点。

江宁国家储备库。1991年8月，在江宁镇建设江宁国家储备粮库。建筑面积8845平方米，总仓容2500万公斤，为代储省级储备粮的专用库，于1993年建成储粮。1997年5月，省粮食局通知变更江宁国家储备粮库隶属关系，由江宁县粮食局管理划归省粮食局管理，库名更名为江苏省粮食局江宁直属库。

图19-5-17 1993年国家粮食陶吴储备库

江宁区粮油总公司直属库。1998年9月，建成江宁县良茂物资公司粮食储备库，共4幢、建筑面积9800平方米，仓容3000万公斤。1998年9月，县粮食局撤销良茂物资公司，改为粮油贸易公司，粮食储备库归粮油贸易公司管理。2005年5月，粮贸公司粮食储备库改为江宁区粮油总公司直属库。

中储粮南京直属库。2001年，经国家计委批准，在陶吴镇新杭村新建中储粮南京直属库。建库占地13.42公顷，新建铁路专用线0.86千米，建成后仓容1亿公斤。建设初期由区粮食局承办，是年年底，移交中国储备粮总公司江苏分公司管理。

将军山粮食储备库。2005年12月，在江宁经济技术开发区吉印大道北侧建设江宁区将军山粮食储备库，粮库占地面积2.69公顷，建筑面积21547平方米，总仓容6000万公斤。2007年6月全部建成投入运营。仓库实行电子信息化管理，粮情检测系统、环流熏蒸系统、粮食质量品质检化验设备和粮食进出输送装卸机械设备等配备齐全，是一座粮食储存管理现代化的新型粮库，是江宁区各级地方储备粮的重点存储库。

【仓储管理】

储粮护粮 从新中国成立初至50年代中期，全县仓房除自建少量简易仓外，多是改修祠堂庙宇和借用民房。由于仓房条件简陋，一般采取散装或包围散装，利用自然通风促进粮堆内外的气温交换，达到降温散湿，防止存粮发热霉变。1951年，全县各地建立军民联合保护粮仓组织。中粮公司各存粮点和县直属粮库均配有武警执勤。1954年，全县遭受暴雨山洪的袭击，秦淮河水位超过历史最高水位0.33米。全县共有48处存粮670.50万公斤受山洪威胁。为抢救国家财产，全县动员军民2755人参加筑圩防水、疏通排水，转移、抢运仓库粮食，使受洪水威胁的存粮免遭损失。

科学保粮 新中国成立后，全县仓房简陋，主要采用常规保粮法，即勤于检查（查粮温，查存粮变化，查虫害、霉变、鼠雀危害），适当通风，以物理机械为主大搞清扫消毒（用化学药剂熏蒸、日光曝晒、风筛水烫、冷冻等）。1955年后，贯彻“防重于治”的保粮方针。冬春大力通风，常翻粮面；夏季以密封为主，适当通风散热。对虫粮，第一季冷冻过筛，第二季药剂熏蒸，第三季晒筛结合，高温杀虫，化学药剂治虫。

1966年12月，县粮食局规定敌敌畏、可湿性林丹、马拉硫磷、磷化铝、六六六（包括烟熏剂）等杀虫药剂不得直接接触粮仓。禁止用可湿性六六六和林丹粉稀释拌粮，只能用0.50%的林丹粉剂拌粮。全面用磷化锌、磷化铝化学药剂熏蒸杀虫。1970—1974年，推广南瓜丝习性诱杀防治。1976年，部分粮管所开始用塑料薄膜覆盖密封，低氧保管。1980年后，科学保粮逐步展开。1983年3月，全县有22个廒间的710万公斤的仓容采用了一面封保粮法，24家单位、141个廒间的5148.50万公斤粮食全部使用了防虫磷，科学保粮达5858.50万公斤，既保证了存粮安全，减轻了职工劳动强度，还节约保管费用，提高经济效益。1985年，县成立攻关小组，一面封配套U型管槽125个仓廒，容量4184万公斤。电阻测温开始配套成龙，“三低”保温（即低温、低氧、低药）普遍推广，防虫磷和磷化铝低药熏蒸全面推广，科学保粮存粮达13335.50万公斤，占总仓容70%。

1986年后，还采用机械通风储粮法。实行机械通风效果好的仓廒粮温可控制在15摄氏度左右，用低温抑制粮食害虫和微生物的生命活动，使粮食新陈代谢降低，延缓粮食陈化。1996—2000年，全县共配置风机34台，机械通风保粮达2.90亿公斤，存气箱通风3.55亿公斤。对密封粮堆推行低药量熏蒸储粮法。每立方米粮食一般用磷化铝粉剂0.50克～1克进行熏蒸杀虫。1996—2000年，低药量熏蒸农粮4.50亿公斤。同时用防虫磷防护1123个仓廒，存粮达5亿公斤。

创建“四无”粮仓和“一符四无”粮仓活动 1955年5月，开展“四无”（无虫、无霉、无鼠雀、无事故）粮仓活动。1956年3月，县成立“四无”粮仓运动办公室，各区先后成立“四无”粮仓检查小组，开展劳动竞赛，推动“四无”粮仓运动。10月组织验收，全县有41处的527个廒间，仓容2390.50万公斤，被鉴定为“四无”粮仓，占全县总仓容44.80%。至1958年，经上级鉴定，全县符合高级“四无”粮仓的75座，仓容4004.50万公斤，占总仓容的63%；符合初级“四无”粮仓的23座，仓容452.50万公斤，占总仓容的7.10%。2项合计98座，仓容4457万公斤，占70.10%。出现高级“四无”所6家（铜井、龙潭、上坊、龙都、谷里、江宁），高级“四无”加工厂4家（麒麟、禄口、湖熟、江宁一厂）。1959年3月，在高级“四无”粮仓的基础上，开展了“八无二化”（无虫、无霉、无雀鼠、无事故、无变色、无异味、无病疫、无酸败和仓库机械化、防治技术普及化）粮仓运动，所与所、站与站、人与人开展劳动竞赛。江宁所职工大搞技术革新，创造自动升运机、半自动化风筛、联合车、脚踏清仓联合车等工具。1966年“文化大革命”开始，在极左路线影响下，“四无”粮仓的制度被破坏，全县出现了“三高粮”（高水分、高温、高虫粮）3915.50万公斤，其中危险粮602.50万公斤。广大职工为保护国家粮食不受损失，惜粮如金，爱粮如命，亲自动手，艰苦奋斗，提出了“宁流千滴汗，不坏一粒粮”的口号，采取挖沟开塘，翻动粮面、降低粮堆、改变堆形以散发粮温，过风过筛，日光曝晒，以及除杂降温等措施，使“三高粮”转危为安。但出现了多起霉粮事故。1976年后，“四无”粮仓制度得到恢复，1977年，经省、市普查验收，全县26家所、库，实现“四无”单位的有20家，占77%。

1981年后，“四无”工作进入新时期，4年内共完成沥青地坪39543平方米，粉刷沥青墙3.84万平方米，粉刷屋面8707.50万公斤的仓容，剔刮嵌缝2273.50万公斤仓容，经省、市鉴定，全县连续5年被评为“四无”粮仓县，又连续4年荣获储运工作流动红旗。1984年，对“四无”验收工作进行改革，将粮仓检查制改为“四无”粮仓免鉴制，凡5年连续实现“四无”粮仓、企业整顿合格、各项仓储费用指标先进的单位均可打报告申请免鉴，免鉴单位经县（市）局不定期抽查验收3次以上，并通过考核评分合格，年终由县（市）粮食局发给“四无”免鉴证书，同时对实现免鉴单位按理论仓容和平均库存量进行奖励。1988—1995年，全县先后有江宁、铜山、丹阳、铜井、麒麟、湖熟6家粮管所被评为省级“四无免鉴”单位。上峰、土桥、龙都、上坊、陆郎、谷里、陶吴、周岗、殷巷、东善10家粮管所被评为市级“四无免鉴”单位。方山、淳化、横溪、禄口、秣陵5家粮管所评为县级“四无免鉴”单位。1996年，县粮食局在全系统深入开展以安全、科学、文明为中心的“一符（账实相符）四无”粮仓建设活动。是年，开展粮食安全大普查4次，出晒处理高水分粮775万公斤，熏蒸处理虫粮1.72亿公斤，机械通风处理高温粮175万公斤。1999年、2001年、2003年，全系统共熏蒸虫粮2.22亿公斤，防虫磷防护保粮8400万公斤，出晒高水分粮3500万公斤，一面封保粮1500万公斤，机械通风保粮2.22亿公斤，低温保粮850万公斤。2007年，机械通风6700万公斤，配置地上笼3300万公斤，存气箱5200万公斤。处理虫粮1.53亿公斤，出晒高水分粮8900万公斤。

1996—2003年，区粮食局先后有5年被江苏省粮食局评为省级“一符四无”先进单位。2002年，陶吴、周岗粮管所被南京市粮食局评为市级“一符四无”先进单位。

【粮油调运】

漕运，始于秦汉，盛行于隋唐。江南漕粮原先民运于淮安（常盈仓）、徐州（广运仓）、临清（广积仓）、德州（德州仓）四仓，由军船接运入京（北京）、通（通州）二仓，名为支运。明永乐末年，变为“兑运”“长运”。清顺治九年，改官收官兑。上元、江宁两县，每年有上万石漕粮由内河经长江运集于瓜州、淮安入大运河北上。漕运粮食，耗资费时，且不安全。清道光后，运河淤塞，改用海运，河运停止。民国初期废除漕粮制，改征折包，漕运始废。

民国30年（1941）之前，江宁县田赋统征货币。民国35年，又开始征实，赋粮拨付调中央和省级配额军公粮，运输以征雇骡马车船为主，集中各收纳仓库，旋于12月份交拨十八分监部军米，并设有临时驻南京办事处，负责办理运输。县级所拨赋谷358749石，公粮11098石，除奉令配售23000石随军粮运交外，余皆就仓保管。

新中国成立初，为保证军需民食，以支前为中心进行粮食调拨，主要靠铁路、公路、水路运输。当时铁路有宁沪、宁芜；公路有宁湖（南京至湖熟）、宁芜（南京至芜湖）、宁丹（南京至小丹阳）、宁建（南京至禄口）、宁杭（南京至杭州）等；水路有秦淮河贯穿县境直通长江，以船舶运粮。1951—1952年，全县共调出小麦844万公斤，稻谷5024.50万公斤，面粉1.80万袋。1953年，粮食实行统购统销后，粮食局专设储运股、驻宁调运站（南京中华门内）等机构，按上级下达的调拨计划，负责县内和省内、省外的粮油调运。江宁县粮油主要流向南京、镇江、无锡等地。1957年，为加强计划管理，合理安排调拨，全县开展了粮食合理运输工作。首先制订粮油运输流向，根据产销平衡，采取一步入厂，就站接收，就社直运等措施。当年就车站接收640万公斤，一步入厂125万公斤。1958年，“大跃进”，土桥、湖熟等地建立了运输合作社。1963年，调运工作开展“五保”（保品种数量、运输时间、合理运输、质量安全、运费不突破指标）运输，合理摆布库存，避免二次集运，打破行政区域，实行跨界交粮，减少中转环节。至1979年，粮油调运工作坚持“统一征购、统一销售、统一调拨、统一库存”的管理制度，全年调拨粮油总量20885万公斤，其中调出粮油13450.50万公斤，调入粮油279万公斤。县内调拨粮油4600万公斤，所内短拨2555.50万公斤，保证了各方面用粮的需要。开展直线调拨，减少粮食流转环节，边收边调粮食2380万公斤，结合征购、销售一步到点122.50万公斤，一步入厂1446.50万公斤，就厂提货2421万公斤，跨界交粮890.50万公斤，节约费用94708元。

1986—1990年，粮油调拨着重抓粮源布局，实施优化粮食运输，全县平价粮油调运总量达119880万公斤。其中，省间、省内、市内调入14670万公斤；省间、省内、市内调出52110万公斤；县内调拨5.31亿公斤。议价调运总量44080万公斤。粮油调拨，坚持统一计划，统一管理，流向合理，一步到位，保质保量完成调运计划。1991—1995年，累计调运平价粮油2.94亿公斤，其中调出省内 1.74 亿公斤。1996—2000 年，粮食系统共调出粮食 2.80 亿公斤，满足城乡市场用粮需要。

2001 年，实行粮食购销市场化后，粮油调拨制度作相应调整，除库存的定购粮和各级储备粮仍按指令计划调拨外，其余粮食的销售调拨计划，由区粮食局、粮食集团公司和所属企业安排；各自企业自营粮、兑换粮的调运计划由企业自行安排。粮食运输任务除部分企业有自备车辆外，大多由社会车辆承担。2003 年 3 月，粮食局决定将 14 家购销企业库存的 900 万公斤粳稻限期集中到陶吴、周岗 2 家代储点，转为国家储备粮。各购销企业精心组织调运和接收，至 4 月 30 日，全面完成集体转储任务。2006 年 11 月，中储粮江苏分公司下达托市小麦调运计划。江宁区粮食管理部门接到任务后，层层发动，明确分工，并抽调机关干部到各调运现场协作工作，仅用 1 个月时间将 1584 万公斤托市小麦运至北京密云 701 库和浙江金华库，完成江宁粮食调运史上第一次大批量跨省调运。2007 年，区粮食集团公司成立南京天业物流公司，承担粮食系统的部分粮食运输业务。

第五节　粮食安全保障

1986 年起，江宁县建立并完善中央和地方各级粮食储备体系，并根据中央关于建立中长期粮食供求总量平衡机制和市场监测预警机制的要求，制订全区粮食应急保供预案，为保障全区粮食安全做好基础性工作。

【储备粮体系】

从 1990 年国家实行专项储备粮制度开始，至 2003 年江宁区级储备粮制度的建立，江宁区内中央、省、市、区四级粮食储备体系逐步形成。

中央储备粮　1990 年 9 月，国务院决定对农民完成合同定购后多余的粮食按保护价收购，作为国家专项储备粮，粮权归中央，国家给予收储企业结算价和统购价的差价贴息和储存费用补贴。1991 年，江宁县代国家储存专储粮 ** 万公斤。1992 年，国务院决定把国家粮食储备和商业型粮食经营分开，成立中央储备粮总公司和分公司，建立储备粮垂直管理体系。县粮食局取得部分中央储备粮代储业务，分别储存在有关粮管所。2002 年 5 月，按照中央储备粮集中保管的规定，区粮食局成立粮油总公司直属库，统一管理全区中央储备粮代储业务，承储规模 ** 万公斤。至 2007 年年底，储存中央储备粮 ** 万公斤。

省级储备粮　中央建立储备粮制度后，省政府也相应建立省级储备制度。由省政府委托省粮食局下达代储计划，粮权属省政府，由省储备粮管理办公室统一管理并下拨补贴。至 2007 年年底，江宁区存储省级储备粮 ** 万公斤。

市级储备粮　1993 年 4 月，南京市建立市级储备粮制度。至 2002 年，市级粮食储备规模达 ** 万公斤。按照“政策性储备，市场化运作，现代化管理”的储备原则，市级储备粮事权在市政府，市政府委托区、县代储代管，由市粮食局进行监管。市财政给储备粮定额补贴，每年每公斤补贴 0.16 元。市储备粮的轮换由各承储库点自主定价，自行操作，自负盈亏，轮换期限不得超过 4 个月。2002 年，江宁区市级储备规模 ** 万公斤，2004 年增至 ** 万公斤。至 2007 年年底，区各企业代储市储粮 ** 万公斤。

区级储备粮　2003 年，区政府建立区级粮食储备制度，规模为 ** 万公斤。2004 年，增至 ** 万公斤，2005 年，增至 ** 万公斤，2007 年，为 ** 万公斤。由区粮食局各承储单位代储代管，粮权归区政府，区财政参照市级储备粮补贴标准给予费用补贴。

【储备粮管理】

中央和地方各级储备粮承储单位必须获得各级承储资格认定。不具备条件的单位和仓库不得存储各级储备粮。区粮油总公司直属库和将军山粮食储备库已取得中央储备及省级储备承储资格。禄口、湖熟、龙都、江宁、陆郎、铜山、铜井、谷里、汤山、上峰10个粮管所为市级储备粮承储企业，并与市粮食局签订储备粮委托代储合同。承储企业严格执行《国家粮油仓储管理办法》《粮油储藏技术规定》等管理规章，按照“一符、三专、四落实”（“一符”即账实相符，“三专”为专仓储存、专人保管、专账记载，“四落实”是数量、质量、品种、地点落实）要求进行储备粮管理。在2005—2007年的市储粮管理工作考核中，湖熟、龙都等10家存储库分别被评为南京市市级储备粮管理工作先进单位。

动用中央储备粮，由国家发改委、国家粮食局、财政部提出动用方案，报国务院批准下达动用命令，由中储粮总公司具体组织实施。动用各级储备粮，经粮权所属政府批准后，由各级政府的粮食主管部门组织实施。非经批准，任何其他部门和企业无权动用储备粮。

储备粮实行定期轮换制度。中央储备粮实行均衡轮换，每年轮换的数量一般为中央储备粮储存总量的20%～30%。省级储备粮轮换年限按照2004年省政府办公厅文件规定为：粳稻1.50年、杂交稻2年、小麦3年。市级储备粮原则上每年轮换1次，以区、县为单位，常年一般月份实物库存量不得低于储备规模的50%，7—10月份不得低于30%。储备粮轮换销售实行报告审批备案制度。

【粮食应急保供】

2003年下半年，由于粮食库存减少，市场需求增加，出现全国性粮价攀升上涨态势。区粮食局在分析全区粮食产购销现状的基础上，11月初，向区政府提出全区粮食保供的具体方案，经区政府批准后公布实施，并相应建立江宁区粮食市场供应预警预报和粮油应急保供定点加工等制度。至此，江宁区粮食应急保供体系正式建立。是年，争取部分市级储备粮，指定江宁、禄口等5家粮食加工厂为应急保供加工点，下达加工指令，共加工粮食200多万公斤，由区粮食局调运至各销售网点，敞开供应市民，较短时间稳定了粮价，恢复了粮食市场正常供应。

2004年2月，制订了全区粮食应急保供预案。预案确定了三级预警等级。

三级预警。启动“密切关注”预案。当粮价在1周内明显上涨，可能诱发抢购粮食现象，或全区各类粮食储备库存低于3个月（1500万公斤）口粮供应量时发布。各涉粮部门密切关注和分析粮食市场供需动态，区粮食局做好动用市、区级储备粮和开设销售站点等准备工作。

二级预警。启动“增量保供”预警。当已出现抢购粮食现象并有蔓延趋势，或全区各类粮食储备实物库存降至2个月口粮（1000万公斤）供应量时发布。区粮食局按照10万公斤～15万公斤日投放量和区政府规定的购销价格，快速组织市、区级储备粮调拨加工，通过各销售网点敞开供应市民，各有关部门积极做好协调配合和市场督查工作。

一级预警。启动“紧急保供”预警。当全区已发生较大范围抢购现象，或全区各类粮食储备实物库存仅能满足1个半月（750万公斤）口粮供应量时发布。区粮食局全面动用市、区级储备粮，确保每天投放市场大米10万公斤～15万公斤，敞开供应，在不得已情况下凭居民户口簿，限量、记录供应，并控制粮食外流。同时组织外采粮源保证区内供应。

2005年，市粮食局确认江宁区的金陵优质米公司、江宁米厂、弘益油脂公司3家企业为南京市粮油应急保供定点加工厂。

第六章 供销合作商业

民国 17 年（1928），江宁县曾提倡兴办合作事业。民国 22 年，全县 9 个区成立 133 家合作社，社员 4730 人，股金 3.22 万元，营业额 13.10 万元。合作社分信用社、信用生产社、养鱼社、养蚕社、垦植社、消费社、灌溉社、林业社、养猪社、储藏社等。其中信用社 92 家，占合作社总数的 69.20%。全县还先后成立 76 家“耕牛会”，有会员 1340 人，借款 3.33 万元。农民参加后可享受耕牛抵押贷款。至民国 35 年 12 月止，经登记的合作社，镇设的有东山、陶吴、元山、江宁、板桥 5 家；乡设的有和平、风雅 2 家；另有横溪合作农场等专营合作社 5 家。保一级合作社 36 家，共计 48 家。民国 36 年，全县各种合作社发展到 157 家。除县联社后，有乡镇合作社 18 家，专营合作社 39 家，保合作社 99 家。

新中国成立后，江宁供销合作事业经历了一个曲折发展、反复调整的前进过程，供销社的隶属关系和所有制性质经过多次变化。1982 年，实行体制改革，供销社恢复了组织上的群众性、管理上的民主性、经营上的灵活性。1985 年年底，县供销合作联社下属 27 家基层供销社、26 家集体商业总店、5 家专业公司、站和厂各 1 家、驻宁经营部和南京东侨饭店等经营机构。全系统职工 4639 人，社会消费品零售总额 10933 万元。

20 世纪 90 年代起，全系统加快体制改革步伐，不断提高适应市场经济能力，在实践中形成供销社改革的“江宁经验”，成为省委、省政府体制改革的试点单位之一，为全省供销系统体制改革起到示范作用。2003 年后，区供销合作总社全面加强系统建设，不断提高为农服务水平，在社会主义新农村建设中做出积极贡献。2007 年，区供销系统有 7 家中心社、7 家投资公司（中心），各类营业网点近千家，社会消费品零售额 89520 万元。

2005—2007 年，连续被省供销社授予江苏省十强县（区）社称号；2007 年，还被中华全国供销总社评为全国供销系统先进集体。

第一节 农业生产资料购销

江宁供销合作社把做好农业生产资料供应工作，当成供销合作社整个供应工作的重点。1950 年，生产资料销售总额 1.40 万元，占全部经营总额的 11%；1951 年增至 16.45 万元，占 22.80%；1952 年为 73.31 万元，占 27.90%。农业生产资料供应范围和品种不断变化和发展。1950—1951 年，只是供应种子、饼肥和少量的小农具及桐油。1952—1954 年，先后增加了化学肥料（时叫“肥田粉”）、化学农药、农药械、杂肥和毛竹。1955—1956 年，品种和数量增加较快：新式农具有双铧犁 1620 部、打稻机 305 台、农药械 1603 架；肥料有化肥 107 万公斤、饼肥 290.50 万公斤、粪肥 1325 万公斤，还有化学农药 25.84 万公斤。同时，县内部分地区耕牛缺乏，帮助在县内调剂 6658 头，到外地购进 997 头（含幼牛 711 头）。在 1956 年的防汛排涝、抗台风斗争中，据不完全统计，供销社派出 65 名干部职工到外地采购调运防汛、排涝器材等物资。主要有毛竹 11 万根，蒲包、草包近 7 万只，柴油 8.77 万公斤。是年，完成农业生产资料零售额 278.90 万元。1965 年，完成农业生产资料零售额 278.90 万元。1965 年，完成农业生产资料零售额808.80万元。主要品种有饼肥1998吨、氮肥12183吨、磷肥611吨，化学农药1097.40吨，中小农具76.91万件，喷雾、喷粉器568架，桐油123吨，毛竹13.91万根，毛篙5.09万根。

中共十一届三中全会后，在深化体制改革过程中，不断健全和完善为农服务体系。虽然供销社面临农资源缺口大、资金偏紧、政策性亏损多等难题，但为了农业生产稳定发展，狠抓农资货源的组织、调运和供应。做到季节未到，物资备好，及时调运，保证供应。1989—1990年，全系统每年供应化肥（折标准肥）102333.20吨、化学农药1840.60吨、农用塑料薄膜326.20吨，"三油"10007.20吨，中、小农具34.82万件，基本上满足农业生产的需要。1990年，农业生产资料零售额6402万元。

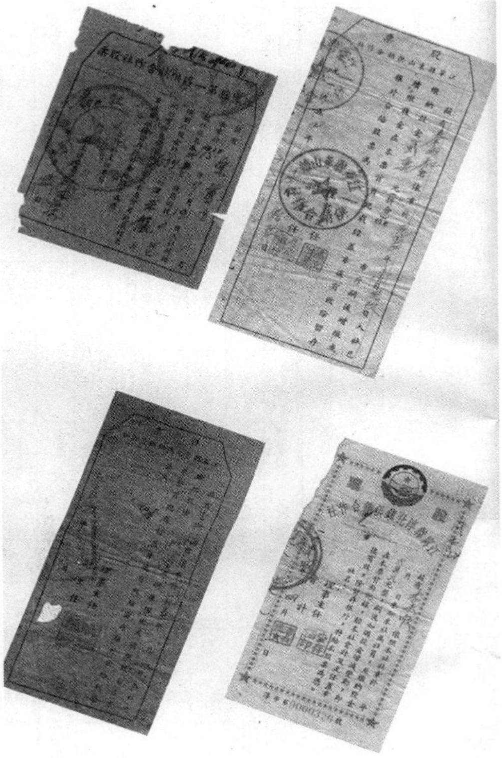

图19-6-18 20世纪50年代江宁县供销合作社入股股票

1991年后，农资市场已基本放开，因国内生产能力跟不上，大化肥供应计划减少，加之粮油价格上调，农民对农业投入增加，给农业生产资料供应增加较大压力。县总社坚持农资专营，对基层社实行"三统一"（统一计划、统一进货、统一价格），县总社和基层社在上海、四川、浙江等地组织货源，保证全县农业生产的需要。1992—1994年，坚持淡储旺供的原则，每年供应化肥在11万吨以上，各种农药1300吨以上，各种中、小农具28万件以上。每年拿出流动资金30%储存化肥、农药及防灾物资。1995年，农业生产资料销售额9941万元。

1996—2000年，在千方百计组织农资货源时，对县棉花堤复合肥厂和横云复合肥厂加大投资和技改力度，提高生产能力和产品质量，并根据全县农业产业结构调整的需要，开发出茶叶专用肥、西瓜专用肥、棉花专用肥、旱育秧专用肥等一系列产品，广泛进村设立供应站和送肥上门，充分满足全县农业生产对农资的需求。至2000年年末，全系统农资供应网点240个，5年中全系统共组织化学肥料38.17万吨、化学农药3343吨、农膜645吨、农药械3.12万架、柴油1.61万吨、桐油248吨。其中自产复混肥5.20万吨。2000年，农业生产资料销售额6152万元。

江宁县撤县设区后，农业产业结构不断调整，为适应新形势的需要，2002年，区供销总社与江苏省农资公司合作，在秣陵镇开办"苏农超市"，为农民群众提供更加方便、快捷的服务。2004年，总社农资公司投入100多万元，对复合肥厂的服务进行更新改造，生产高质量复合肥1.20万吨，供应区内、外市场。同年，从山东、河南等地调运化肥2万多吨。2004年，供应化肥5.59万吨、化学农药480吨、农膜226吨。全系统农业生产资料销售额9062万元。2006年，江宁区被商业部确定为"万村千乡"市场工程试点县，区总社泽田公司会同"苏农连锁"公司绘制了区"万村千乡"市场工程建设网络分布图，建成农家店37家，农资配送中心1家，全面完成"万村千乡"工程任务。2007年，区总社以所属农资公司为责任单位，联合苏农龙头企业，建设区域农资配送中心，并结合"万村千乡"工程，在全区改造180多个农资销售点，对全区农业生产资料供应实行连锁配送，同时延伸服务范围，预约配送和产前、产中、产后用肥服务。是年，化肥供应5.85万吨、化学农药525吨、农膜344吨，全系统农业生产资料销售额11101万元。

1950—1990 年部分年份江宁县供销合作联社农业生产资料主要品种销售情况表（一）

表 19-6-13

年份	农业生产资料零售总额（万元）	饼肥（吨）	化学肥料（吨） 其中 氮肥	尿素	碳酸氢铵	磷肥	钾肥	其他肥料	中小农具（万件）	农用饲料薄膜（吨）	三油（吨） 汽油	柴油	润滑油	喷雾、喷粉器（架）	桐油（吨）	毛竹（万根）	毛篙（万根）
1950	—	839	—	—	—	—	—	—	—	—	—	—	—	—	—	—	—
1951	21.70	1185	80.00	—	—	—	—	—	—	—	—	—	—	—	5.00	—	—
1952	91.00	5924	300.00	—	—	—	—	8.00	—	—	—	—	—	—	12.00	—	—
1953	85.00	1985	78.00	—	—	—	—	4.60	6.09	—	—	—	—	—	61.00	—	—
1954	136.50	1213	1321.00	—	—	—	—	339.00	5.49	—	—	—	—	—	50.00	15714 担	—
1955	191.00	1765	866.00	—	—	—	—	—	40.31	—	—	—	—	—	54.00	10807 担	—
1956	278.90	1309	819.00	—	—	16.00	—	7312.00	589300 元	—	—	—	—	1743	71.00	20387 担	—
1957	135.70	794	862.00	—	—	96.00	—	8085.00	203100 元	—	—	—	—	34	68.00	9.10	—
1962	555.80	—	7361.00	—	3230.00	14.00	0.05	—	83.05	—	—	737	—	124	20.00	11.90	2.59
1963	486.80	659	5758.00	—	1972.00	31.00	—	—	64.91	—	—	471	44	512	71.00	12.53	5.33
1964	653.20	1414	9500.00	0.10	3116.00	148.00	—	—	69.03	—	50	663	77	212	69.00	8.87	5.12
1965	808.80	1998	12183.00		3078.00	611.00	—	7107.00	76.91	—	—	—	—	568	123.00	13.91	5.09
1978	2825.00	176	59906.00	2529.00	53545.00	6778.00	193.00	269.00	87.00	198.00	39	15431	562	5750	50.00	4.76	1.36
1979	3255.00	342	73912.00	3394.00	63970.00	10708.00	53.00	116.00	80.20	192.00	50	12807	618	7910	32.00	2.92	1.29
1980	3742.00	318	96442.00	2251.00	87597.00	16263.00	156.00	62.00	66.90	218.00	76	11838	572	6428	49.00	3.19	0.77
1981	3524.00	718	84599.00	5202.00	74320.00	14293.00	34.00	294.00	62.50	249.00	73	10134	634	6466	32.00	3.22	1.54
1982	3759.00	954	90550.00	4419.00	79984.00	23038.00	152.00	693.00	81.60	196.00	102	8958	608	10306	34.00	6.34	24.07
1983	3981.00	982	100280.00	4784.00	86457.00	23106.00	539.00	423.00	86.60	196.00	150	9251	582	20168	41.00	7.24	7.84
1984	4276.00	612	92024.00	10004.00	72207.00	17172.00	607.00	1630.00	54.10	195.00	171	8129	682	15121	43.00	4.79	7.42
1985	4119.00	337	88230.00	8576.00	74113.00	12286.00	741.00	1995.00	44.70	154.00	—	9730		11780	40.00	5.34	1.20
1986	4452.00	464	108112.00	9765.00	93428.00	11901.00	582.00	3197.00	48.90	241.00	—	9650	—	9221	53.00	5.71	0.62
1987	4430.00	401	87948.00	11377.00	74816.00	6674.00	1023.00	10910.00	36.20	238.50	—	10001	—	6937	43.00	4.28	0.27
1988	5631.00	—	95024.80	15396.50	78932.70	6031.80	715.50	4891.00	33.00	272.60	—	11474	—	6773	77.00	2.86	0.03
1989	6291.00	—	91183.40	16069.20	73941.60	7833.80	1127.90	9246.00	30.70	189.40	—	9652	—	10270	68.00	2.71	0.24
1990	6402.00	—	87534.00	18569.20	65111.10	10457.60	1215.90	13511.50	28.20	153.70	—	7533	—	10238	69.10	2.67	0.95

1950—1990年部分年份江宁县供销合作联社农业生产资料主要品种销售情况表（二）

表19-6-14

年份	化学农药（吨）													
	666有机磷混合物	6%以上、以下成药	25%以上以下滴滴涕成药	5%以上敌百虫	2.5%敌百虫粉	敌敌畏	40%乐果及乐果粉	1605、1059乳剂	硫酸铜	稻瘟净	除草剂	苏化203	多菌灵	杀虫脒
1950	—	—	—	—	—	—	—	—	—	—	—	—	—	—
1951	—	—	—	—	—	—	—	—	—	—	—	—	—	—
1952	—	—	—	—	—	—	—	—	—	—	—	—	—	—
1953	—	—	—	—	—	—	—	—	—	—	—	—	—	—
1954	—	21	—	—	—	—	—	—	—	—	—	—	—	—
1955	—	79	—	—	—	—	—	—	—	—	—	—	—	—
1956	—	188	—	—	—	—	—	—	—	—	—	—	—	—
1957	2	81	5.00	—	—	—	—	—	—	—	—	—	—	—
1962	—	600	4.70	—	—	—	—	—	0.10	—	—	—	—	—
1963	—	443	7.00	—	—	—	—	—	0.60	—	—	—	—	—
1964	—	599	8.00	—	—	—	1.00	—	0.50	—	—	—	—	—
1965	—	1087	8.00	—	—	—	2.00	—	0.40	—	—	—	—	—
1978	1904		75.00	44.00	460	44.00	68.00	29.00	2.00	8.00	5.00	9	18.00	79.00
1979	1747	229	111.00	77.00	208	59.00	79.00	44.00	5.00	5.00	152.00	71	46.00	123.00
1980	2062	181	70.00	24.00	107	119.00	77.00	74.00	5.00	5.00	244.00	62	33.00	78.00
1981	2662	—	87.00	22.00	158	84.00	71.00	99.00	3.00	3.00	182.00	50	44.00	67.00
1982	2283	—	78.00	18.00	137	145.00	61.00	55.00	4.00	7.00	211.00	33	41.00	59.00
1983	1849	—	53.00	28.00	81	139.00	59.00	64.00	2.00	10.00	273.00	15	51.00	54.00
1984	1122	—	33.00	106.00	—	115.00	48.00	49.00	2.00	14.00	414.00	8	57.00	71.00
1985	—	—	—	25.00	—	127.00	32.00	25.00	4.00	20.00	489.00	—	39.00	37.00
1986	—	—	—	22.00	—	131.00	39.00	14.00	2.00	13.00	421.00	—	34.00	42.00
1987	—	—	—	23.00	—	137.00	21.00	4.00	2.00	8.00	473.00	—	24.00	23.00
1988	—	—	—	8.50	—	156.40	20.00	2.80	2.90	6.20	335.40	—	44.00	55.50
1989	—	—	—	11.70	—	123.70	180.90	0.20	1.70	7.10	460.80	—	18.90	50.00
1990	—	—	—	11.90	—	83.20	27.40	—	1.50	—	418.00	—	29.20	12.10

1991—2007 年江宁区供销合作总社农业生产资料主要品种销售情况表

表 19-6-15

年　份	农业生产资料（万元）	化学肥料（吨）					化学农药（吨）				农膜（吨）	喷雾器（架）	柴油（吨）	桐油（吨）	毛竹（万根）
		尿　素	碳　铵	复合肥	磷　肥	钾　肥	杀虫剂	杀菌剂	除草剂	其　他					
1991	6629	18295	65843	14879	8699	1965	800	58	417	43	285.9	10004	—	58.10	3.48
1992	6987	15788	66135	14382	9691	1971	382	36	298	35	367.2	9385	—	74.90	4.22
1993	7296	31519	40430	16479	6793	2113	551	109	326	25	182	7700	—	170.00	2.23
1994	64824	40810	8900	6659	8900	6659	909	264	406	8	597	15800	5071	172.00	1.15
1995	9941	70330	42456	344781	4921	4348	1039	195	255	—	486	13200	2581	202.00	0.82
1996	10113	45655	52105	22012	5262	22428	1086	339	230	6	533	10800	2327	290.00	0.31
1997	9321	37871	53325	25583	4716	27173	1063	308	153	6	486	7400	2938	95.00	0.29
1998	8232	32959	61108	26174	3157	15136	885	296	224	2	381	6300	4595	46.00	0.16
1999	8516	26918	35266	27741	1627	7566	920	309	156	—	272	5400	3351	41.00	0.27
2000	6152	18509	28071	15419	478	2353	786	321	151	—	198	—	2007	—	1.39
2001	5593	15940	27383	13309	301	1376	506	119	127	—	195	—	—	—	120（吨）
2002	7358	22268	32961	23491	257	791	254	73	106	—	249	—	—	—	—
2003	8209	20783	29651	20703	306	3900	369	65	144	4	338	—	—	—	—
2004	9062	21869	23922	24690	245	3357	266	50	124	40	226	—	—	—	—
2005	9609	16078	21078	26092	10	2521	456	58	115	—	277	—	—	—	—
2006	10107	18002	15215	24202	20	620	335	54	155	—	257	—	—	—	—
2007	11101	18380	14183	25493	70	330	299	56	171	—	341		—	—	

第二节　生活资料购销

【生活资料商品购进】

20 世纪 50 年代初，经营的布匹、火柴、肥皂等由县总社统一组织调拨供应。绝大部分工业品由基层社向县社提出计划，总社向县烟酒专卖、百货、粮食公司进货，或组织人员外采货源。群众生活必需的食盐，各基层社直接到南京市盐业公司进货，县总社按进货金额提取一定比例的手续费。食糖公司对基层社优惠 3%，县总社提取 1%；煤油、国家规定对社员优惠 9%，县总社提取 3.80%。基层社、公司购进的桐油，算县总社自营，零售价较高，甚至高出公司牌价 1.50%。

60—70 年代初，进货渠道逐渐扩大，大体按机构层次进货：县公司向市公司（或专区）进货，基层社向县公司进货，购销站、双代店及合作商品向基层社进货，农村下伸点、个体商贩向合作商店进货。1973 年后，基层社直接向市公司进货。还规定：凡紧俏和计划分配的大商品，按城乡比例实行计划分配，非计划分配的小商品可自由进货。

1978 年后，县公司、基层社、购销站、集体商业总店进货不受地区、单位限制，可自行联系，自由选择。1985 年，县供销社系统和 10 家基层社及公司与外地 16 家单位建立业务联系，进货总额 4958 万元，占商品销售总额的 31.80%。为促进乡镇工业的发展，振兴江宁经济，在购进商品或原辅材料时，优先购进全县乡镇工业品和原辅材料，拓宽进货渠道。1987 年后，通过横向联系，商路更加宽广。各基层社由过去从县公司进货扩大到南京、镇江、苏州、无锡、常州、上海等大、中城市的二级公司进货，增加了品种的挑选性，扩大了地区差价。1987 年，横向联系单位已发展到 3000 余家，外采购进商品 9190 万元。购进名牌自行车 6984 辆、电冰箱 79 台、彩色电视机 427 台、名酒 6096 箱等。1988—1990 年，不断巩固老关系，稳妥发展新关系。1989 年，有业务联系单位 2859 家，全年购进和调入商品 18268.40 万元，经营品种增至 8920 种。1990 年，经营品种达 12515 种。

1991 年后，生活资料商品进货渠道和商品价格完全放开，市场竞争激烈。县供销系统积极调整经营结构，生活资料商品经营不断向专业化和特色化发展。在商品采购中，为减少商品流通环节，压缩成本开支，各基层供销社走出家门，到苏州、无锡、常州和浙江义乌等地，采购适销对路、价廉物美的商品，并从这些地方的知名小商品市场批发集散地购进小商品，激活农村市场。2001 年后，采取集中采购、连锁经营、统一配送的方式，形成连锁配送的经营网络。2002 年，经区公安局批准，区供销总社取得烟花爆竹经营资格后，实行连锁配送经营。货源由总社烟花爆竹经营专业公司到省内、外统一采购供货到基层社，再由基层社配送至辖区内经营网点，销售收入逐年增加。至 2007 年，全系统以岗山超市、区供销商厦有限公司、百信药房等经营企业为龙头，实行生活资料商品统一采购、连锁经营。

【生活资料商品销售】

供销社建立初，因资金、房屋、人员等条件限制，供应品种比较简单，开始称“五洋”杂货，所谓“五洋”是指新中国成立前的香烟、火柴、煤油、食糖、肥皂均为国外产品，故每一商品名称前冠“洋”字，为洋烟、洋火、洋油、洋糖、洋肥皂。后改称“5 类 18 种”。同时还供应大米、食油等。1957 年后，供销社经营业务有自营、代营。代营业务主要有火柴、食盐、煤油等。火柴与上海大中华火柴厂订立合同，代销钓鱼牌火柴 300 件、上海牌火柴 700

件；食盐与中国盐业公司南京分公司订立合同，在基层社设5个代销点，代销食盐7.50万公斤；煤油与南京市合作总社订合同，在基层设10个代销点，代销煤油4000公升。1952年夏收时，群众迫切需要大米，供销社与中粮公司联系，代销大米32.38万公斤；秋收时，群众需要棉布，又到无锡采购1000匹花色布，进行供应。是年，生活资料零售总额426.20万元。1956年，增加皮箱、皮鞋、毛线等高档商品，有的社还经营留声机、儿童玩具、图书等。1958—1961年，供销社生活资料商品经营发展较快，零售总额达5977万元。1962年12月，商业局与供销社分家并划分经营范围，凡是设有国营商店的地区，基层供销社可经营铁锅、炊事用具、木器家具等日用杂品批发与零售，棉、麻、烟、茶经济作物的收购与供应；未设国营商店的地区，基层供销社还可负担农村的工业品、副食品及对商贩的批发。1965年，生活资料商品零售总额1184.70万元。

1978年7月，商业局、供销社再次分家，对经营品种和供应范围再作划分。1982年后，随着农村经济体制改革的逐步发展和完善。供销社的生活资料经营打破了种种界限，跨出行业，跨出地区，搞活经济。在经营品种上，做到人无我有，人少我多，人劣我优，人优我新。1985年，经营品种为5500多种。商品零售总额为6819万元，是1978年零售总额的1.68倍。1987年年底至1988年上半年，市场抢购风一度出现，为稳定市场，安定人心，供销社基本保证群众生活必需的1000多种商品不脱销。组织计划外食盐供应市场，狠刹抢购风；拿出配供食糖100吨，供应国庆、中秋两大节日需要。并组织一些紧俏商品丰富市场，尽量满足群众生活高标准的需要。1990年，全系统销售各种卷烟13227大箱、白酒3166吨、自行车6617辆、手表6843块、缝纫机2509架、洗衣机2999台、收录机1995台、电视机4823台、各类服装45.39万件、毛线65.60吨。生活资料零售总额8806万元。

1991年后，县供销系统为了巩固农村市场主渠道地位，开展以卖带修、以卖带租、拆零供应、送货上门、预约销售、售后退换等经营方式和便民措施，赢得市场份额。帮助乡镇企业推销产品，在全国和省级商品交流会时，推销江宁地产产品380多种。是年，全系统为乡镇企业推销产品总额3952万元。1993年，县总社将5家公司升格为总公司，分设37家二级公司，扩大经营规模，增加销售品种，提高农村市场占有率。1995年，社会消费品零售总额16472万元。1996—2000年，对全县23家基层供销社及部分直属企业的生活资料柜组实行抽底承包为主要形式的改革，增强经营者的积极性和市场竞争意识，企业参与市场竞争意识不断增强。5年共销售食糖1211吨、卷烟3734箱、酒3886吨、各种布料17.93万米、针织内衣裤10372件、毛线36.12万公斤、缝纫机2972架、手表52900块、自行车41137辆、黑白电视机4061台、彩色电视机13132台、电风扇58560台、洗衣机13554台、电冰箱10416台。2000年，社会消费品零售额32039万元。

图19-6-19　2002年江宁区开办农资商品连锁超市

2001年后，区供销总社发展销售网络。2001年，区供销商厦有限责任公司、江宁集体商业总店先后把苏果超市、好旺家、联华等中小超市，引进到东山地区、梅山地区、汤山等基层供销社。2002年，岗山超市竹山分店开业，土桥、江宁、横溪等8个基层供销社引进苏果、春城等超市8家；区供销总社与南京百信药房合作，创办南京百信药房连锁店14家；创办烟花爆竹专营批销经营体系，全区建成890个零售网点。2002年，社会消费品零售额40012万元。2005年，区供销系统全面实现“12345”工程。“1”是在东山城区建设和完善十大经营网点；“2”是在全区范围内建成200家药品、烟花爆竹、烟酒、农业生产资料等项目连锁店；“3”是在全区农村小城镇建成30家超市，扩大供销社在农村市场的销售份额；“4”是在全区城乡建成40家村级综合服务社和社区店，完善村和社区服务体系；“5”是依托龙头企业，开展5项（生活用品、农业生产资料、烟花爆竹、药品、农副产品）采购及配送连锁业务。2007年，社会消费品零售额89520万元。

第三节 农副土特产品与废品收购

【农副土特产品收购】

新中国成立初期，为减除私商对农民的中间剥削，供销社承办粮食、油料收购业务，并收购少量棉花、蚕茧、畜产品等土特产品。1955年下半年，粮食、油料由县粮食局收购。1956年年初，棉花、蚕茧、畜产品由农副产品采购局收购，供销社只有部分收购业务。1957年，采购局并入县供销社；1958年，县供销社并入商业局，原商业局下设的食品站并入各基层供销社，负责收购上缴副食品。三年困难时期，以收购猪、禽、蛋副食品为主，为执行“少留多购”的政策，有些地方曾出现过到社员的鸡窝里捉鸡的现象，一度影响了干群关系；后又实行“少购多留”，对猪、禽、蛋可收而少收或不收，影响城市供应。

1961年，贯彻农副产品收购的物质奖励政策，全县建立32个奖售专柜，调动农民发展副食品生产的积极性，使当年生猪圈存量，由3月底的3.38万头，发展到11月的5.19万头，增长53.67%。1962年，农村形势开始好转，供销社仍把副食品收购放在重要位置，并确定收购指标：全县生猪1.20万头，家禽15万只，蛋品12万公斤，水产30万公斤，菜羊1000只，菜牛500头，菜兔1万只；棉花15万公斤，烟叶6.50万公斤，蚕茧7万公斤，麻2.50万公斤；还规定了编织品、编织原料、畜产品及中药材的收购数量，收购办法有派购、订购、换购、议购多种。

1962年，供销社对棉花、烟叶、蚕茧等主要农副产品的收购，采取与生产队签订收购合同，或定期派员上门收购的办法，对一般农副土特产品，则采取出样标价、挂牌收购。属国家征购的棉、烟，只奖化肥，不返还棉饼；对社员自留地上种的棉花、烟叶，国家不统购。个人交售的棉、麻、烟的奖售标准，按奖售生产队的标准执行，但化肥不给个人，按斤粮斤肥奖励粮食或折成同等价值的其他物资。

1965年，供销社由收购农副产品为主转为以发展多种经营为主。如薄荷油收购1965年为990公斤，1966年为1580公斤，留兰香油收购1964年只有65公斤，1965年为810公斤，1966年增至2340公斤。“文化大革命”期间受错误路线的干扰，农副业生产不稳定，农副产品收购处于徘徊状态。

1970年，副业生产得到恢复和发展，收购业务随着扩大。1979年之后，农副产品收购量日益增长。如薄荷油的收购量，1974—1979年依次为4580公斤、11950公斤、1.65万公斤、

17580公斤、44250公斤、7.52万公斤；蓖麻子的收购量，1977—1980年依次为5.12万公斤、6.65万公斤、11.70万公斤、12.73万公斤。其他棉花、红麻、杞柳条等短线副业产品的收购量，也在逐年增多。

1980年后，由于国际市场的影响，对薄荷油、留兰香油及部分中药材等实行了限收和停收，副业生产逐渐以食用蘑菇为主要项目。1982年，贯彻“服务城市，富裕农村”的方针，全县组织150多人为副业生产做好产前、产中、产后的服务工作。收购的主要品种有：皮棉63.63万公斤，比1981年同期增加13万公斤；西瓜639.50万公斤，占全南京市西瓜交售总量的50%；鲜菇25.59万公斤，茉莉花9039公斤，蜂蜜26.50万公斤，红麻14.85万公斤，蚕茧49.95万公斤，支持轻纺工业生产和出口外贸及满足城市人民生活的需要，同时增加农民的经济收入（仅西瓜一项，农民即增收99万元）。还帮助社队推销山芋粉丝25万公斤、蚕豆粉3.55万公斤及大批草蒲制品等。

从1983年下半年起实行农副产品交售经营利润分红办法，凡是向供销社交售蘑菇、西瓜等28种农副产品的，每户累计金额超过20元以上，按比例可享受利润分红，以此密切农商关系。当年有10181户享受利润分红，分得红利2.27万元。1984年，全县农副产品收购金额1458万元，1985年1483万元，营防、长江、横溪3个基层社出现收购超过百万元。

1987年起，商品市场呈现疲软，供销系统多层次、多渠道、多形式的收购农副土特产品，满足群众需要。是年，经营的品种达48个，购销的主要产品和数量：青大蒜11.92万公斤、蔬果9100公斤，鲜蘑菇1200公斤，稻麦草313.40万公斤，草绳20.45万公斤、草包89.85万只、苎麻276担、茶叶2162公斤、茶籽3万公斤、柳制品6.71件，代宰生猪320头，调剂耕牛216头。1989年，组织购进出口产品10个品种：蜂蜜33.94万公斤、菜籽饼220.40万公斤、花生101万公斤、山芋干52.30万公斤、薄荷油5100公斤。还有留兰香油、甜叶菊、皮张、中药材等，金额达518万元。1990年，收购农副土特产品金额为1071万元。

1991年，全系统购进农副产品1241万元。其中，粮、油91万元，棉花38万元，土产类330万元，蚕茧及蚕丝类119万元，茶叶5万元，麻类19万元，中药材15万元，肉禽蛋31万元，畜产品417万元，品种达20余种。县供销社系统在收购农副产品的同时，既支持全县农民发展农副业生产，又做好帮扶济困工作。为全县24个乡镇18024户农民发展种植、养殖、加工等项目24个（品种），有19家基层供销社在“自愿、平等、互利”的基础上，与当地农户551户组建32家专业合作社和协会，促进农副业生产，扩大供销社农副产品收购业务。1999年，全系统购进农副产品1231万元。

2001年后，区供销系统努力帮助农民解决农产品销售难的问题。2002年，在上峰、铜井、铜山、横溪等镇组织收购棉花、蚕茧、药材、油菜籽、小杂粮等50多万公斤，收购金额1000多万元。2003年，全系统收购棉花100万公斤、粮食40万公斤、油菜籽10万公斤、蚕茧7万公斤、蔬菜150万公斤，完成农产品收购额1361万元。2005年，由于受强台风影响，全区秋蚕和棉花减产30%。为维护农民利益，供销社及时与有关生产企业联系，用略高于周边市场价收购棉农的棉花。横溪供销社垫资30多万元，收购秋蚕1万多公斤。淳化、土桥、上峰等供销社和区土产公司筹资500多万元，扩建棉花轧压厂，增加棉花收购量。2007年，供销社超市与数十家农副产品生产基地建立长期合作关系，促进江宁区农副产品购销。是年，完成农产品收购额4486万元。

1950—1990 年部分年份江宁县供销合作联社主要农副土特产品收购情况表（一）

表 19-6-16

年　份	收购总金额（万元）	棉花（万公斤）	麻类（万公斤）			茶叶（万公斤）	茉莉花（万公斤）	西瓜（万公斤）	金针菜（万公斤）	薄荷油（万公斤）	留兰香油（万公斤）	蓖麻子（万公斤）	杞柳（万公斤）
			黄红麻	春大麻	苎　麻								
1950	1.60	—	—	—	—	—	—	—	—	—	—	—	—
1951	165.70	10.51	—	—	—	—	—	—	—	—	—	—	—
1952	522.80	26.28	—	—	—	—	—	—	—	—	—	—	—
1953	1052.50	13.79	—	—	—	—	—	—	—	—	—	—	—
1954	1057.80	0.30	—	—	—	—	—	—	—	—	—	—	—
1955	364.00	16.30	8.84	2.58	0.22	2.41	—	—	—	—	—	—	—
1956	246.00	2.49	0.15	—	0.06	2.10	—	—	—	—	—	—	—
1957	306.30	15.86	0.61	0.34	0.19	0.51	—	—	—	—	—	—	—
1962	573.20	1.92	0.60	0.07	0.08	0.34	—	—	—	—	—	—	—
1963	525.60	4.12	0.28	—	0.24	0.09	—	—	—	—	—	—	—
1964	276.20	3.58	0.56	0.10	0.08	0.26	—	—	—	—	—	—	—
1965	322.60	20.67	3.25	0.40	0.09	0.18	—	—	—	—	0.01	7.35	—
1978	792.00	37.66	25.64	0.02	0.69	0.35	0.32	—	0.46	4.41	0.03	6.65	—
1979	1081.00	104.62	25.45	—	1.56	0.34	0.28	19.85	0.34	7.49	0.44	11.74	19.97
1980	1060.00	89.03	10.59	—	1.48	0.52	0.29	25.50	0.27	2.97	2.75	12.91	42.42
1981	1028.00	88.41	14.36	—	1.57	0.85	0.17	115.00	0.27	0.88	1.76	9.50	15.95
1982	1119.00	104.94	16.18	—	3.17	0.93	0.91	639.50	0.24	0.53	0.17	4.36	13.17
1983	1311.00	133.22	8.93	—	2.13	2.06	1.51	430.00	0.17	0.26	0.02	1.47	13.73
1984	1458.00	159.19	6.87	—	0.60	2.65	1.18	520.00	—	0.36	0.06	0.69	3.29
1985	1483.00	77.21	25.19	—	4.23	3.18	1.09	810.00	—	2.18	0.29	0.49	—

续表

年份	收购总金额（万元）	棉花（万公斤）	麻类（万公斤）			茶叶（万公斤）	茉莉花（万公斤）	西瓜（万公斤）	金针菜（万公斤）	薄荷油（万公斤）	留兰香油（万公斤）	蓖麻子（万公斤）	杞柳（万公斤）
			黄红麻	春大麻	苎麻								
1986	2782.00	83.34	10.94	—	33.30	3.21	—	667.50	—	0.95	0.73	0.28	—
1987	1514.00	3.75	0.33	—	6.95	3.65	—	—	—	0.67	0.05	0.06	0.25
1988	1383.00	6.27	0.01	—	0.02	1.82	—	—	4.00	0.03	—	0.01	—
1989	1205.00	1.62	1.34	—	5.16	1.26	—	—	2.00	0.50	0.01	0.01	—
1990	1071.00	4.20	2.18	—	0.08	0.47	—	—	—	0.15	—	—	—

1950—1990年部分年份江宁县供销合作联社主要农副土特产品收购情况表（二）

表 19-6-17

年份	蚕茧（万公斤）	蜂蜜（万公斤）	草绳（万公斤）	草包（万只）	蒲包（百只）	草席（百条）	苇席（百条）	稻草（万公斤）	麦秸草（万公斤）	中药材（万元）	野生植物油料（万公斤）	野生淀粉原料（万公斤）	野生化工纤维原料（万公斤）
1950	—	—	—	—	—	—	—	—	—	—	—	—	—
1951	0.94	—	—	—	—	—	—	—	—	—	—	—	—
1952	0.87	—	—	—	—	—	—	—	—	—	—	—	—
1953	1.11	—	—	—	2583.00	—	—	—	—	—	—	—	—
1954	1.96	—	—	—	3968.00	—	—	—	—	—	—	—	—
1955	1.84	—	—	—	4822.00	—	—	—	—	5.00	—	—	—
1956	2.94	—	—	—	3603.00	—	—	—	—	7.00		—	—
1957	4.18	—	—	—	3072.00	10.00	110.00	—	—	7.30	—	—	—
1962	5.31	—	—	72.00	5042.00	—	32.00	269.57	—	—	0.01	—	0.34
1963	4.53	—	—	—	3354.00	—	128.00	505.07	—	21.40	0.02	1.90	0.05

续表

年 份	蚕茧（万公斤）	蜂蜜（万公斤）	草绳（万公斤）	草包（万只）	蒲包（百只）	草席（百条）	苇席（百条）	稻草（万公斤）	麦秸草（万公斤）	中药材（万元）	野生植物油料（万公斤）	野生淀粉原料（万公斤）	野生化工纤维原料（万公斤）
1964	4.01	—	—	374.00	3962.00	—	225.00	610.57	—	—	—	—	—
1965	8.10	—	—	390.00	7382.00	—	16.00	606.53	—	18.10	—	—	—
1978	33.55	22.53	—	7015.00	14483.00	—	11.00	843.52	338.26	—	4.26	11.47	3.23
1979	38.85	16.49	142.20	10681.00	14431.00	—	59.00	377.87	41.12	—	5.91	9.87	5.16
1980	51.59	14.68	81.97	6619.00	15878.00	—	3.00	347.66	182.68	11.00	10.72	5.48	3.56
1981	52.17	18.05	91.14	5243.00	9908.00	8.00	180.00	145.46	250.33	14.00	18.45	2.28	2.55
1982	51.92	23.27	116.33	3109.00	13954.00	144.00	144.00	266.26	122.25	15.00	10.74	0.52	1.00
1983	37.73	6.57	96.34	8227.00	14844.00	566.00	295.00	237.27	164.16	15.00	9.63	0.33	0.54
1984	29.19	18.07	64.12	2897.00	18525.00	190.00	276.00	478.83	280.06	13.00	0.99	0.09	0.41
1985	21.84	23.22	52.98	3980.00	12534.00	220.00	1150.00	209.82	455.46	11.00	0.16	—	0.02
1986	12.01	23.41	59.80	4360.00	12233.00	286.00	—	116.02	520.80	—	0.14	—	0.09
1987	6.08	25.23	37.27	5863.00	—	269.00	1597.00	55.41	199.11	13.00	0.04	—	—
1988	4.89	16.13	22.89	6748.00	—	180.00	2328.00	76.45	121.64	37.00	0.28	—	—
1989	3.36	36.38	—	9008.00	—	101.00	1555.00	—	—	6.00	0.02	—	—
1990	4.25	37.38	—	509.00	—	160.00	971.00	—	—	23.00	—	—	—

1991—2001 年江宁区供销总社主要农副产品收购情况表

表 19-6-18

年份	收购金额（万元）	黄红麻（百公斤）	苎麻（百公斤）	茶叶（百公斤）	蚕茧（百公斤）	蜂蜜（百公斤）	草包（百条）	苇席（百条）	中药材（万元）	粮食（万公斤）	食用植物油（万公斤）	鲜蛋（百公斤）	棉花（万公斤）	苹果（百公斤）	柑橘（百公斤）
1991	1241	—	234	60	—	4275	1670	719	15	60.00	9.20	101	57.40	65	13
1992	1674	3	20	40	2086	3179	1257	556	71	42.60	7.10	155	28.60	34	20
1993	1618	3	108	44	2261	3446	573	—	—	87.20	17.70	175	30.00	59	18
1994	1463	—	300	18	1497	992	534	—	—	29.20	4.50	8	16.60	83	29
1995	2202	—	1	15	2511	3310	979	—	—	29.20	17.20	4	53.00	11	1
1996	2958	—	—	—	560	2900	807	—	3	13.50	0.80	—	14.86	30	20
1997	1872	—	—	—	460	2380	785	—	12	2.60	0.90	—	15.37	—	—
1998	2162	—	—	—	550	560	1056	—	14	1.60	0.50	250	96.60	20	—
1999	1231	—	—	—	850	1460	803	—	5	2.60	0.10	790	49.90	40	20
2000	817	—	—	—	450	3150	—	—	19	72（万元）	—	—	93.80	60	30
2001	788	—	—	—	640	2340	—	—	27	319（万元）	—	—	34.30	180	80

2002—2007 年江宁区供销合作总社系统主要农副产品收购情况表

表 19-6-19　　单位：万元

年 份	收购金额（万元）	棉麻类（吨）	茶叶类（百公斤）	粮食油料类（吨）	肉食禽蛋类（百公斤）	干鲜果品类（百公斤）	干鲜菜类（百公斤）	中药材类（万元）
2002	1132	766	12	48	—	—	6	5
2003	1361	634	8	59	89	29	67	6
2004	1945	259	15	91	238	90	370	—
2005	2342	474	43	95	451	215	347	—
2006	3444	1661	24	434	305	251	251	—
2007	4486	2063	22	499	396	243	238	—

【废旧物资收购】

1953 年前后，供销社只是收购些杂铜、杂锡、羽毛等。1955 年，各基层供销社设采购站专门收购废品，主要有废钢铁、废杂铜、废铅、废锡、废橡胶、废棉和杂骨。1956 年，增收废铝、废纸和破布、破鞋头等。是年，回收金额 21 万元。1957 年，增收废麻和麻制品。1966 年，增收废塑料。1978 年，回收金额 149 万元。1981 年，增收废玻璃，春节、国庆等重大节日前夕，还结合大搞清洁卫生，开展突击回收废品活动，当年共回收废钢铁 4960 吨，废旧物资 3236 吨。县土产公司废中找宝，变废为宝，提高利用价值，在当年废铁中选出不锈钢 256 公斤，在废金属中选出银子 500 克、废锡 300 公斤、杂铅加工成软铝 1500 公斤，在碎玻璃中选出整瓶 7 万只，共增加收入 8000 多元。1965—1984 年的 20 年中，共回收废旧物资 101541 吨，总值达 2022 万元。至 1985 年，收购废旧物资品种达 13 种，回收金额 315 万元。

1985 年后，废旧物资回收工作因多头收购，销路不畅，资金紧缺，价格波动，费用增加，工作难度相应增大。废旧物资回收工作在经营方式上不断改进，通过对废旧物资收购点的恢复与新建，全县回收点由 27 个增至 48 个。实行“三下”“三带”收购。“三下”，即下厂矿、下村庄（含学校）、下街道（含机关、驻军）；“三带”，即带车、带秤、带款。1986—1990 年，平均每年废旧物资回收 22846.58 吨，回收总值达 2681.90 万元。1990 年，全县开展“三下”活动 1033 次，参与“三下”活动的干部职工 2543 人次。是年，回收物资金额 1074 万元，是 1985 年的 3.41 倍。

20 世纪 90 年代后，出现个体私营废旧物资回收站。针对市场激烈竞争的新情况，区供销社加强废旧物资回收工作管理。供销系统原有 23 家废旧物资回收站，均由基层社负责管理。1998 年，县政府组建江宁县废金属管理工作领导小组后，根据领导小组的要求，23 家回收站全部交由再生资源总公司负责扎口管理。再生资源总公司分别与各站签订依法收购、守法经营责任书，并收取一定的风险抵押金，明确对违法违规行为的奖惩办法，进一步强化对各站的管理和约

图 19-6-20　20 世纪 90 年代江宁县再生资源总公司（原废旧物资回收公司）所属开源商厦

束。5年中，全县供销系统废旧物资回收站向上海、张家港、江阴等地的大型钢铁企业交售废钢6.10万吨，废有色金属530吨。此外，还收购废纸6300吨。2001—2007年，供销社再生资源废旧物资回收主要是废钢铁，每年平均4000吨左右，年销售额6000万元。

【野生植物收购】

1958年开始，为国家建设提供野生原料，供销社每年秋末冬初季节，都要部署开展一次“三野”或“四野”“小秋收”运动。“三野”即野生纤维原料（棉秆皮、荆条等）、野生淀粉原料（橡子仁、葛藤根、楝树果、金刚头、玉米衣等，可以代粮浆纱、酿酒）、野生油料（乌桕籽、油茶籽、茶籽等，可以榨油）；“四野”，即“三野”加上野生化工原料（苍耳籽、花香果等，可以制烤胶）。这些野生原料大都生长在山上、地下、树上、水中，弃之为废，收之为宝。供销社通过调查、试点，当参谋，帮助社队，发动群众，采取山上采、地下挖、村上摘、水中捞等办法，把可以采集到的有用的野生植物全部及时采集起来，卖给供销社，支援国家建设。初期收购成绩较好，1959年收购的野生油料、野生烤胶及纤维原料、野生淀粉原料分别达到1.04万公斤、30.97万公斤、5.03万公斤。“文化大革命”期间无收购。1976年后，虽有恢复，但分类收购量增减不一。1979年，收购比较平稳，有野生淀粉原料9.87万公斤，野生纤维原料5.16万公斤，野生油料5.91万公斤。1980—1983年，除野生油料收购量有较大增加外（1981年最高达18.45万公斤），其余均在逐年减少。1984—1986年，继续在减少，野生油料和野生化工原料分别只收购1400公斤和900公斤。1987—1989年，只有野生油料一项，分别为400公斤、2800公斤和200公斤。1990年后，因收购品种和数量逐渐减少，无法统计。

第七章　烟草专卖

明末清初，江宁地区就有加工制作的烟叶上市，供烟民卷吸。清末，上市烟丝，分旱烟、黄烟（水烟）两种，供使用水烟袋者吸用。民国初期，外国的卷烟进入江宁地区市场。同时民间出现自产自销的卷烟作坊。20世纪30年代后，国内卷烟生产日趋兴盛，国内卷烟充塞市场。货源出自上海，其次为青岛、天津、汉口等地。经营品种有“美丽”“大前门”“飞马”等。外烟有“红锡包”“白锡包”“大英”“哈德门”等。

新中国成立后，市场仍有水、旱烟丝销售。1950年，江宁县成立专卖公司，设在湖熟镇，专营烟酒批发业务。1953年，成立中国专卖事业江苏省江宁批发部。1955年9月，批发部改名为中国专卖事业公司江苏省江宁县支公司，此后又经多次变动，1957年，划归县供销社领导。1964年1月，成立南京市糖烟酒糕点公司江宁批发部，同年9月，批发部撤销，业务并入南京市糖烟酒糕点公司建康路批发部。1978年，成立江宁县糖烟酒糕点公司。

1981年，国务院决定烟草实行专营和集中统一管理。1983年，国务院颁布《中华人民共和国烟草专卖条例》。1984年，江宁县人民政府批准成立江宁县烟草专卖局、江宁县烟草公司江宁经理部，两块牌子，一套班子，人员从江宁县糖烟酒糕点公司划出22人。至此，江宁县有了烟草专卖专营机构。几经变化，2005年12月，南京市烟草专卖局取消区、县级烟草公司法人资格，并将江宁县烟草专卖局、江宁县烟草公司江宁经理部更名为南京市江宁区烟草专卖局、江苏省烟草公司南京市公司江宁区营销部。2007 年，全年销售卷烟 45012 箱，销售总额 8.20 亿元。有从业人员 165 人。

第一节 卷烟购销

【市场与品牌】

1984 年 11 月，江宁县烟草专卖局（经理部）成立，成立之初，没有自己的销售网络，是利用供销社力量建立卷烟委托代批点，将卷烟批发给卷烟零售户。卷烟的货源，主要是销售南京卷烟厂生产的卷烟（简称地产烟）。实行指令性计划，由省烟草公司年初下达指标，年终考核，基本没有效益。由于卷烟供应品种单一，供求矛盾大。消费者喜欢又有效益的“一云二贵”（云南和贵州烟），因计划供应，根本满足不了消费者需求，只能批条供应。为了完成指令性计划，对部分滞销的品种作降价销售。尽管如此，地产烟库存量仍然不断加大，不得不租借县糖酒糕点公司糖库和县棉麻公司岗山仓库共 1100 平方米储存卷烟。1985 年，销售卷烟 21242 箱，销售金额 2137.90 万元。

图 19-7-21 江宁区烟草专卖局办公楼（2003 年摄）

1986—1990 年，实行机关包片抓销售，将全县 23 个转批点分为五大块，定片、定人指导销售。为了弥补卷烟市场品种单一地产烟（省内南京、徐州、淮阴 3 家烟厂产品）的状况，领导带队去云南、贵州和上海等地开辟新的进货渠道，组织畅销品种，带动了地产烟销售。1989 年，采取上门开票，宣传销售地产烟，并根据各个区段消费者的消费习惯，调剂品种扩大销售。利用县供销社与外地烟厂关系组织货源，配带地产烟销售。1990 年，为了完成地产烟指令性销售指标，削减省外烟购调计划合同 8 份，卷烟 2623 箱。对有助于地产烟销售的云南、贵州、河南等地畅销牌号卷烟，先后调入 2830 箱。是年，销售卷烟 29748 箱，销售额 6678.50 万元。

1991 年，面对南京烟厂产品滞销，濒临停产时，采取大调大销，用云南有效益的烟带动地产烟销售。1992 年，处理库存问题烟 1969.60 箱（降价销售），造成经营性亏损。但随着云贵有效益烟的大量调入，不仅完成当年地产烟销售指标 9600 箱，而且实现利润 96 万元。1993 年起，实施总经销秦淮牌和“两包烟”（地产烟和省外有效益的烟）战略，在云南设立办事处，主攻云南烟，兼顾贵州有效益的烟。经过努力，进入云南卷烟交易市场，有了云南烟计划，又与贵阳烟厂有了合同，畅销卷烟源源不断进入江宁，江宁市场供应有了改观，缓解了供求关系，带动地产烟销售，销售额和利润较大幅度上升。1994 年 1 月，被市烟草专卖局评为 1993 年扭亏增盈成绩显著单位。1994—2004 年，在卷烟购销中，主攻秦淮烟销售，创地方名牌，向秦淮烟要效益。

1997—2004 年，秦淮烟年销售量占全区卷烟销售量的 85% 以上，2003 年，秦淮烟销售量占全区卷烟销售量的 92.11%。2005 年，区烟草专卖局（公司）经营 10 多年的秦淮卷烟品牌被取消，公司积极转换工作，寻找适销对路的品牌烟投放市场，对全国烟草行业生产、销售的卷烟进行品牌整合，不断向名优品牌、大品牌集中。全年销售各种卷烟 38827 箱，销售总额 5.02 亿元，实现利税 1.14 亿元，其中利润 1.01 亿元。是年，区烟草专卖局（公司）被区政府评为十佳财税贡献单位。2006—2007 年，区烟草专卖按照“控制市场、服务客户、培育品牌、带好队伍”的总体要求，关注低档卷烟的消费需求，重视行业优势大品牌的培育，经济效益持续、稳定增长。2006 年，销售各种卷烟 40378 箱，销售总额 7.01 亿元。

2007 年，按照省、市烟草专卖局（公司）总体部署，密切联系实际，抓规范经营、提高市场控制水平和服务营销水平，为客户服务，对卷烟市场信息与客户共享，共同培育品牌。在投放市场供应的 66 个卷烟牌号中，省内 26 个、省外 36 个、国外 4 个，卷烟市场供应的货源比较充裕。全年销售各种卷烟 450112 箱，比 2006 年增长 11%；销售总额 8.20 亿元。其中，省内烟销售 26782 箱，比 2006 年增长 0.58%，占总量 59.50%；省外烟销售 18230 箱，比 2006 年增长 32.56%，占总量 4.05%。

【秦淮牌卷烟总经销】

1993 年起，江宁县烟草专卖局（公司）实行秦淮牌卷烟总经销，与南京卷烟厂共同创立地方名牌，丰富卷烟市场，满足消费需求，增创企业效益。同年 4 月，先选择城区东山进行试销，选择讲诚信,有经营能力的大户作为销售代理,以大户带小户。在试点销售的基础上,在全县铺开,按城区做法布点，形成户户出样销售，店店都能买到秦淮烟。1994 年，确定把秦淮牌卷烟销售作为首要任务，抽调业务骨干担任销售经理，实行县内、县外分片包干，任务落实到人。此外，还在南通、盐城、扬州、淮阴、南京市辖区县（江浦、六合、高淳、溧水及南京市内）和省外的安徽、四川设 7 个片区，30 个直供点，拓展秦淮牌卷烟销售市场。1994 年，销售秦淮牌卷烟 3760 箱，占公司全年总销售量的 45.06%。

1995—2000 年，江宁县烟草专卖局（公司）抽调两支队伍，一支驻厂参与技改，一支走向市场开展社会调查，开辟销售市场。经过厂方科技人员的努力，攻破吸味、质量不稳定及包装品味不高等难题，从而保证了产品质量的稳定。为了迅速打开销售市场，增强竞争能力，县烟草专卖局提出“创名牌，向秦淮烟要效益”的口号。全局（公司）干部和职工在“创”字上下功夫，立足江宁市场，积极开创县外、省外市场。在宣传促销中，1995 年，先后召开乡镇长、大型企事业单位主要负责人和驻军部队后勤部门领导会议，宣传销售地产秦淮烟。在夫子庙举行秦淮烟促销宣传活动，现场品尝秦淮烟，散发宣传画。县锡剧团到销售区宣传演出，灌制录音磁带 3000 盒，分发到零售点播放，制作灯箱 2000 个，在《江宁日报》上开设宣传专栏报导秦淮烟，让社会了解秦淮烟，扩大知名度。县委、县政府指定秦淮烟为招待贵宾用烟，并且将各镇（乡）单位招待用烟指定为秦淮烟列入年度考核。随着秦淮牌卷烟质量的稳定，宣传促销力度加大，秦淮烟有了固定的消费群。紧接着便是扩大县外、省外市场。全局上下不畏艰难，克服外地地方保护主义的困难，抢市场，争销售。秦淮牌卷烟在黑龙江、吉林、河北、北京、上海、广东、安徽、浙江等地销势看好。尤其是毗邻的安徽、浙江地区，在经营过程中的批发价格曾一度出现高于江宁县内的零售价格情况，但仍供不应求。省内除徐州、淮阴两地外，其他县市都有秦淮烟市场。在坚持质量、求生存、求发展的思路指导下，使秦淮烟质量得到有效保证。1999 年，秦淮牌卷烟被国家烟草专卖局评为卷烟名优等品。秦淮牌烟的销售分量也随之大幅上升。1996—2000 年，秦淮牌卷烟销售 173048 箱，5 年中，秦淮烟销售量以年均 30% 的幅度增长。2000 年，销售量 55487 箱，占当年全部卷烟销售量的 87.44%，列全省烟草九大骨干牌号之首。

2001—2004 年，公司不断培育秦淮烟的市场忠诚度、美誉度。在秦淮烟销售上，自加压力，提升标杆，调高秦淮烟结构，使秦淮烟销售保持 20% 的发展速度。2002 年，秦淮烟销售 78324 箱，品牌销售量列全省第四，秦淮烟也成了南京烟厂继“南京”品牌之后又一块“香饽饽”。2003 年，实现销售量 89828 箱，占全年卷烟销售量的 92.11%。2004 年，销售量为 85134 箱。

2005 年，根据国家烟草专卖局部署，对全国烟草行业所生产、销售的卷烟进行品牌整合，不断向名优品牌、大品牌集中，区烟草专卖局（公司）经营 10 多年的秦淮卷烟品牌被取消。

【网络建设】

1984 年，江宁县烟草专卖局（经理部）成立之初，无销售网络，是凭借县供销社力量建立卷烟委托代批点，将卷烟批发给 1679 户卷烟零售户。1986 年，在全县 23 个乡镇设立委托转批点，仍以县供销社为基础，覆盖全县。1991 年 1 月，成立县烟草专卖局丹阳镇管理所（批发部），属县烟草专卖局派出机构。至 4 月，全县 23 个乡镇均成立乡镇烟草专卖管理所（批发部）。

1996 年 12 月，县烟草专卖局（公司）于县供销合作总社组建卷烟分销中心，取得显著成绩。1999 年年初，根据省、市烟草专卖局（公司）的要求，江宁县烟草专卖局（公司）与县供销社协商，从 1999 年 3 月 20 日起，将原先的联建网络全部改为自建网络。是年 3 月，投入 300 多万元，自建和租用 7 家中心批发部，购置 7 辆稽查车辆。改变过去的联购分销，以大户带小户的销售方式；4 月，投资 50 多万元租用送烟车辆 23 台；10 月，投资 20 多万元购置电脑 23 台，实现自建网络、统一标志、统一运输、统一开票、统一着装。1999 年起，实行户籍化管理，将 23 个管理所合并为 7 个中心管理所。成立稽查中队，专职定岗，按户籍化管理要求划分包干；管理所（中队）实行军事化管理，做到规范操作，文明执法。不仅在行业系统内产生积极影响，在社会上也树立了良好形象。2000 年 10 月 27 日，国家烟草专卖局局长倪益瑾视察江宁县烟草专卖局（公司）网络建设工作，对全县烟草专卖“纵向到底，横向到边”的管理网络，给予高度评价。

2001—2002 年，区烟草专卖局（公司）根据省、市（公司）要求，积极推行以“全面访销、全面配送、访送分离、专销结合”为特征的网络建设新模式。投资 100 多万元，购置汽车 22 辆，摩托车 22 辆，POS 机 25 台，招聘网络人员 74 名。2002 年年底，实现全区大配送，彻底改变过去访销员骑自行车访销，送货员蹬三轮车送货，依赖于“人海战术”的劳动密集型运作模式。用现代物流技术为全区近 5000 户零售用户提供了快捷、高效的配送服务。2003 年，根据全省网络建设学上海的总体要求，推行以“电话订货、网上配货、电子结算、现代物流、零售连锁”为主要手段的现代新型网络模式，加快实现传统商业向现代物流的转变。全区 3700 多个零售户全面实行电话订货，66% 零售户实行在

图 19-7-22 卷烟配送服务车队（2004 年摄）

线扣款，日均销量由82箱增至92箱。一个适应市场、服务优良、运行规范、反应灵敏、统一高效的卷烟销售网络体系已形成。2004年，加快信息化建设，完善和细化网络互联互通，结束网络无法传输信息的历史。是年，全区卷烟零售户4000余户，电话订货率100%，电子结算率76%。2005年，全区卷烟零售户4430户，电话订货率100%，电子结算率77%。辖区内入网、落地、落户销售率100%。

2007年，区烟草专卖局（营销部）全面推进卷烟销售网络建设，提高服务水平。将7个烟草专卖管理所调整为湖熟、禄口、城区3个烟草专卖管理所。通过专家授课、组织参观、业务技能竞赛和户外拓展训练等活动，增强服务意识，提高服务水平。围绕农村市场，在货源投放、服务环节上做到与城市零售户统一，供应货源适度倾斜，农村客户服务面100%，订货与拜访每周1次。开展对农村弱势客户帮扶和对农村复建小区卷烟经营活动的指导。是年，85%的客户卷烟销售量上升，营利水平提高；客户满意度上升，全年零售户投诉为零。

1985—2007年江宁区卷烟销售情况表

表19-7-20

年 份	销售量（箱）		销售金额（万元）	利税（万元）	
	总 数	其中秦淮烟		总 数	其中利润
1985	21242	—	2137.90	—	38.10
1986	25500	18294	2820.00	—	55.00
1987	26618	—	3130.00	—	47.98
1988	25593	—	3704.00	—	81.00
1989	30180	11530	5986.00	—	121.90
1990	29748	13013	6678.50	—	106.60
1991	28600	12132	6377.00	129.35	102.45
1992	26284	9600	—	—	96.00
1993	26750	12584	12020.00	144.00	102.00
1994	8345	3760	9102.30	227.60	123.70
1995	16817	7082	9884.00	384.00	304.00
1996	23605	15803	13712.00	1900.00	1578.00
1997	35320	31351	20780.00	1852.00	1367.00
1998	33533	30386	20977.00	1853.00	—
1999	47114	40021	31791.00	2683.00	2065.00
2000	63453	55487	4600.00	5026.00	3511.00
2001	75000	65000	59000.00	6073.00	4595.00
2002	85671	78324	58300.00	8601.00	6214.00
2003	97527	89828	66816.00	10957.00	7762.00
2004	98782	85134	75251.00	10308.00	10284.00
2005	38827	—	50200.00	11313.00	10101.00

续表

年　份	销售量（箱）		销售金额（万元）	利税（万元）	
	总　数	其中秦淮烟		总　数	其中利润
2006	40378	—	70100.00	—	—
2007	45012	—	82000.00	—	—
合　计	949899	494195	615366.70	61450.95	48655.73

说明：2005 年取消区、县级公司法人后，核算单位为南京市烟草公司

第二节　专卖管理

【审核发证与规范经营】

1984 年，对全县卷烟零售户进行审核登记，按照方便消费进行设点布局，对有经营能力、有经营场所、有资金、讲诚信的零售户，发给烟草专卖零售许可证。是年，第一次发烟草专卖许可证 1679 份。之后逐年增加，1996 年，发展到 3856 户。2002 年，对客户资源进行整合，优化卷烟零售户分布，是年全区卷烟零售户由 2002 年年底 6100 余户减至 4100 户（实际经营为 3726 户）。2004 年，是烟草专卖许可证换证年，在换证过程中，坚持公平、公正、公开的原则，在合理布局的同时，适当照顾困难群体，是年，换发新版烟草专卖许可证 4000 余份。2007 年，全区有卷烟零售户 4883 户。

区烟草专卖局有关部门与卷烟零售户签订诚信协议，明确双方责任和义务，按照实际销量确定供货等级，避免造成零售户库存加大，积压资金和降价销售。

取得烟草专卖零售许可证的零售户，必须在当地的烟草专卖批发企业进货，并接受烟草专卖许可证机关的监督管理。零售户亮证经营、明码标价、接受社会监督。

2000 年 9 月起，实行户籍化管理，将 23 个乡镇划为 7 个片建立烟草专卖管理所。2007 年，烟草专卖管理所重新调整，保留湖熟、禄口、城区 3 个烟草专卖管理所。区烟草专卖局对专卖管理人员实行定区域包干，与卷烟零售户保持密切联系，收集管区内卷烟销售信息，宣传烟草专卖法规，指导零售户守法经营，及时上报零售户增减情况，对零售户进行分类管理与服务。

【执法检查】

区烟草专卖局积极履行依法专卖职能，严厉打击“假、私、非、超”违法经营行为，有效地维护国家和消费者利益。1986—1990 年，对卷烟市场实行不间断巡查或重点抽查，建立长效管理机制，重点打击假冒违法活动。“七五”期间，查出违法违规零售户 259 户，没收香烟 15 箱，罚没金额 8.13 万元。有 60 户因违法违规经营被取消经营资格。1991—1995 年，查处各种违章、违法案件 1100 余起，各类罚没款 180 万元。1995 年，在苏州和安徽芜湖地区，查获假冒秦淮烟窝点 4 个，制售假冒秦淮烟的 4 人移交当地公安机关处理。

1996—2000 年，在市场检查中，对横溪、陶吴、上坊个别卷烟经营户以暴力抗拒执法检查的，及时移交公安机关，依法处理。始终坚持以法治烟，依法整顿卷烟市场秩序。5 年中，共

查处假冒伪劣卷烟16.52万条，其中走私烟1810条，罚没款金额229.60万元。1996年、1997年，连续2年被南京市“打假”办公室评为“打假”工作先进集体。1999年，被南京市烟草专卖局评为“打假”工作先进集体。

2001—2002年，深入开展“卷烟打假年”和“四无达标”（无走私烟、无假烟、无非法渠道烟、无无证经营户）活动，采取明察、暗访、片查、互查、联合查等方法，不断强化全区专卖市场的管理力度，有效规范全区卷烟市场秩序。出动检查人员1.60万人次、查处各类违法案件1800多起，查扣各类卷烟3万多条，罚没款33万多元。全局在严格执法的同时，更注重文明执法、规范执法。通过培训、考核等有效途径，实施“户籍化”管理，提高管理队伍素质和文明执法水平。2003年，在市场整治和卷烟打假中，改行业打假为政府行为，与公安、工商等执法部门协调，建立卷烟打假联合行动机制，邀请新闻单位跟踪采访，对卷烟市场违法行为进行曝光，维护卷烟市场秩序。全年查处各类违法违章案件414起（其中立案处理14起），查扣违法违规卷烟8500余条，没收假烟、走私烟3400余条，捣毁售假藏假窝点10个。2004年，设立区烟草专卖局（公司）专卖稽查大队，并加入公安“110”联动体系，坚持走联合打假之路。全年共出动专卖稽查人员11603人次，出动车辆2834台次，查处违法违章案件256起（其中立案处理21起）。端掉售假窝点9个，吊销许可证；取消经营资格4户，移交工商部门处理12起无证经营户；下发整改通知书100余份；查扣违法违规卷烟10515.40条，没收假烟、走私烟计3000余条，标值30余万元；罚没款16.50万元。2005年9月，区烟草专卖局组织开展名为“秋风行动”的执法检查，共出动检查人员2659人次，车辆766台次，查处违规经营74户，总案值10.10万元。其中查处假烟41起，案值43696元；查获各类违规卷烟1754.30条（其中假冒卷烟746.60条），罚没款15253.40元。全年共出动稽查人员13749人次，出动车辆3680台次，查处违法违规案件361起，其中立案处理21起；查获售假藏假窝点9个，取缔无证经营4户；查扣违法违规卷烟13013条，没收假烟、走私烟5380条，罚没款21.30万元。

图19-7-23　2004年，江宁区烟草专卖局联合工商、公安等部门对卷烟市场进行执法检查

2006年，出动执法检查人员15066人次，检查车辆3537台次，检查卷烟经营户30372户次。查处各类违法、违规卷烟8523.30条，没收假烟、走私烟8522.90条，罚没款14.70万元。全年依法判刑2人，行政拘留1人，刑事拘留3人；处理无证经营户31户，取缔无证户8户，劝退51户，捣毁名烟回收点6个。2007年，出动专卖稽查人员7581人次，出动车辆1605台次，查处违法违规案件186起，查扣违法违规卷烟26641.40条，总案值550余万元，罚没卷烟22095.60条，罚没款64.47万元。查处假烟标值50万元以上案件3起，端掉藏烟窝点6个；查处无证户43起，取缔外籍户16户；刑事拘留13人，批捕16人，判刑5人，网上追逃2人，破获网络案件1起。连破大案要案，区烟草专卖局受到省烟草专卖局3次通令嘉奖。

1984—2007年江宁区烟草专卖局执法检查情况表

表 19-7-21

年份	卷烟零售户（户）	违法违规户（户）	其中				
			没收假烟（箱）	罚没金额（万元）	端掉制假、售假、藏假窝点（个）	因违法违规取消经营资格（户）	移交公安机关刑事处罚（人）
1984	1679	—	—	—	—	—	—
1985	2570	—	—	—	—	—	—
1986	2693	16	6.40	0.20	—	—	—
1987	3200	50	0.29	0.30	—	50	—
1988	—	5	1.45	0.18	—	5	—
1989	—	109	6.40	2.25	—	—	—
1990	—	79	—	5.18	—	—	—
1991	—	68	3.24	14.10	—	—	—
1992	3544	117	7.80	4.52	—	—	—
1993	4022	77	4.63	13.49	—	—	—
1994	3390	12	12.00	37.00	—	—	—
1995	—	96	20.60	82.40	—	—	4
1996	3856	308	212.40	70.00	—	—	—
1997	—	265	234.80	52.00	—	—	—
1998	4130	206	30.00	49.80	—	—	—
1999	—	127	61.60	33.80	—	—	1
2000	—	361	60.00	25.00	—	—	2
2001	—	1200	15.60	15.00	—	—	4
2002	3726	662	13.60	20.18	—	—	4
2003	4100	414	13.60	12.80	10	—	—
2004	—	256	12.00	16.50	9	4	—
2005	4133	361	21.60	21.30	5	15	—
2006	4382	260	34.20	14.70	24	19	5
2007	4883	180	88.30	48.80	6	—	21
合计	50308	5229	860.51	539.48	54	93	41

第八章 对外经济贸易

民国时期，江宁县产品出口贸易以蚕丝为主。据民国 23 年（1934）《江宁县政概况》记载：民国 18 年之前，全县每年生产生丝 3000 万两左右，主要由南京外贸部门收购直接外销，少数加工宁缎、云锦，国内销售。

新中国成立初，全县外贸出口业务属中国土产公司江宁县支公司管理，随后土产公司并入县供销社。1956 年，划给县农产品采购局领导，1957 年，又并入供销社。供销社并入商业局时期，外贸出口业务由商业局领导。1977 年，县农副产品公司成立外贸组。1978 年 7 月，成立对外贸易公司，由南京市对外经济贸易委员会直接领导。1985 年，县外贸公司出口创汇 508 万美元。

1979 年，国家颁布《中华人民共和国中外合资法》，江宁利用外资工作开始起步。1986 年 6 月，江宁县对外经济贸易委员会成立，统一管理辖区内对外经济贸易工作。1987 年 2 月，江宁县成立第一家外商投资企业：南京奋发金属软管有限公司。1993 年，时花电器集团公司成为获江宁县第一家自营出口权企业，至此，全县对外贸易经营主体实现多元化。与此同时，利用外资工作走上快车道。1995 年年底，已有 24 个国家和地区的外商到江宁投资，共兴办“三资”（合资、合作经营、外商独资）企业 468 家。2001 年 4 月，县对外贸易委员会更名为江宁区对外贸易经济合作局。2005 年 4 月与区商贸局合并，组建区商务局。同年 10 月 7 日，外经外贸职能从商务局划出，恢复成立区对外贸易经济合作局。2002 年，新批三资企业 156 家，全区实际利用外资 40010 万美元；对外贸易出口创汇 16923 万美元；对外新签合同额 306.50 万美元，外派劳务 130 多人。

1986—2007 年，批准外商和中国港澳台商投资企业数 2339 家，全区批准合同外资和中国港澳台资金额 79.86 亿美元。实际使用外资和中国港澳台资 43.51 亿美元。1978—2007 年（不含 1986—1988），全区出口创汇 27.24 亿美元。其中，三资企业出口创汇 22.40 亿美元，占 82.23%；自营出口创汇 4.84 亿美元，占 17.77%。1993—2007 年，对外签订合同额 6.88 亿美元，承包工程与劳务合作营业额 5.83 亿美元，外派劳务 9076 人。

第一节 对外贸易

【出口创汇】

新中国成立后，江宁县外贸出口业务，主要是组织粮油、食品、纺织品、丝绸、服装、土产品、工艺品、矿产品、中药材、羽毛、皮货等 10 类 72 项产品外销。1985 年前，外贸出口经营形式有两种，直接按出口外贸的有粮油食品、丝织品、丝绸、服装、工艺品、土产品；转成加工成品及出口贸易的有畜产品，如羽毛送南京市羽绒厂加工成羽绒衫、羽绒被出口，皮张送市、县裘皮加工厂加工成衣片、皮褥等出口。外贸出口有严格的检验环节，第一步是县外贸公司在收购时按规格质量标准检验；第二步是县外贸公司在产品上调前将样品送调入单位检验，如菜籽饼送省商品检验局检验，厂丝送无锡检验，皮毛送省或上海有关公司检验。全县外贸产品除一部分内销外，大部分销往日本、新加坡、马来西亚、新西兰、印度、科威特、美国、巴西、西德、加拿大、伊拉克等国家。县外贸公司从1978—1984年，每年创外汇近400万美元，1985年达508万美元。

1986—1990年，县出口贸易额随着经济发展和改革开放不断深入，呈持续增长势头，年均递增29.50%，高于全县经济增速。5年中，县外资出口收购值26158万元。乡镇工业企业成为出口创汇的生力军。1990年，全县乡镇共完成外资出口收购值5132.50万元，占全县总数的64.80%。

1991—1995年，全县外贸出口增长较快，平均年递增79.60%。1995年，外贸出口交货值15.71亿元，比"七五"期末增长12.34倍。县外贸公司在积极组织全县产品出口的同时，不断加大外采力度，大力组织外地产品出口。1991—1995年，外采出口产品分别为6722万元、12236万元、25300万元、62801万元、88523万元。

1996—2000年，全县对外贸易根据自身特点，营造合理的经营结构，以逐步适应国际市场需要。1996年，出口创汇首次超过1亿美元，达12468万美元。1997—2000年，对外贸易年增长速度10.50%。1996—2000年期间，出口创汇72487万美元（指三资企业和自营企业直接出口，下同），比1991—1995年的13439万美元增长439.38%。

2001—2002年，全区出口创汇33007万美元，年均增长11.50%，对外贸易工作一度受美国"9·11"事件影响，制约了出口企业扩大出口。但全区积极开展全方位、多元化国际贸易，努力扩大出口，取得稳步发展成绩。2003—2005年，区出口创汇企业根据国际市场需求变化，调整营销策略和出口产品结构，巩固老市场、开拓新市场，提高出口产品的科技含量和附加值，扩大出口创汇规模。培育新的经济增长点，逐步形成三资企业、民营企业齐头并进发展态势。2003年，全年出口创汇4.05亿美元。2005年，出口创汇19.34亿美元，比2003年增长377.53%。

2006—2007年，全区面对国家宏观调控、出口退税和加工贸易政策调整，坚持科技兴贸和出口品牌战略，推动加工贸易转型升级，走自主设计、自主品牌发展之路，向产业链高端发展，提升外贸竞争力。2006年，全年出口创汇29.58亿美元，比2005年增长52.95%；2007年，出口创汇27.24亿美元，完成年度计划104.80%。

【经营结构调整】

中共十一届三中全会后，尤其是江宁县实行对外开放后，全县的出口商品改变以往单一的农副产品为主，逐步转向以工业品为龙头的新格局，出口商品结构得到初步调整。1978年，出口产品仅有土、畜产品两大类、23个品种。1989年，全县出口产品已发展到服装、轻工等14个大类、91个品种。几经努力，江宁县已有自己拳头产品投放市场，电风扇、工艺鞋、工艺手套、服装、水杨酸钠、链条、中药材等出口商品，远销日本、美国等30多个国家和地区。1990年，在出口工业品中机电产品和工业制成品比重占74%。

1990—1995年，全县外贸产品结构进一步优化，机电产品、高技术含量以及换汇成本低的产品所占比重进一步增大。工业制成品比重由"七五"期末的74%增至1995年的97.60%，农产品、半制成品及资源性产品所占比重仅2.40%。至1995年年底，外贸交货值1000万元以上的骨干产品达30个，其中，服装、电风扇的交货值超过11亿元。这些产品在国外市场上有稳定的客户，并享有较高的质量声誉。

1996—2000年，县对外贸易工作在国际市场疲软、竞争激烈等情况下，重点做好"三调整"工作。调整出口市场结构：除继续保持与中国港澳及东南亚地区的周边贸易外，还积极开拓欧美和非洲市场。在对外出口贸易总量逐年增长的基础上，东南亚国家和中国港澳台地区的出口由占总量的 80% 降至 50%，欧美地区国家的出口由总量的 14% 增至 42%，其他国家的为出口总量的 8%。扩大在欧美地区国家市场占有率，提高江宁在国际市场上的知名度。继续调整出口商品结构：除巩固和扩大鞋、帽、工艺品等传统商品的出口，集中力量开发一批效益好、有发展前途的新产品外，还重点突出电子、服装等高附加值商品出口，其出口比重逐步增加，成为主要出口创汇产品，年交货值都超 1 亿元。工业制成品所占比重达 98%；农产品、半成品及资源矿产品所占比重仅 2%。调整培育自己的拳头产品：全县形成了化工、五金、服装、机电、电子等创汇多、牌子响、前途大、效益高的产品，占全县出口总额的 80% 以上。

2001—2005 年，主攻主要市场，开辟新兴市场。日本、美国以及中国港台地区是全区出口的主要市场，其出口额占总量的 50% 以上，继续加大与这些国家和地区的合作。同时，发展与德国、法国、英国、波兰等欧洲国家的贸易，开拓巴基斯坦、印度、摩洛哥、墨西哥等亚非拉国家新兴市场。促进机电产品出口，2001—2003 年，出口的表面声波滤波器，电子、机床数控等机电产品以 15% 的速度增长，出口额占全区总量的 40%。增强传统品牌带动，发挥外贸出口主渠道作用。传统的纺织服装、鞋类、塑料、工艺玩具等产品出口占全区的 1/3，通过这些产品的技术改造，培育了一批叫得响的品牌，带动相关企业的快速发展。2004 年，农副产品交货值 8332.81 万美元，比 2003 年增长 32.30%。

2006 年，国际多元化市场初步建立。全年出口到欧美国家的产品 13.40 亿美元，占 45.30%；出口到亚洲国家和地区的产品 10.50 亿美元，占 35.60%；出口到非洲、拉丁美洲等新兴市场产品 3 亿美元，占 10%。2007 年，不断优化出口产品结构，全区一般贸易出口占出口总量近 40%，比 2006 年增加 5%；加工贸易出口占总量的 60%，呈下降趋势。

【出口创汇企业】

1984 年，江宁县超百万元出口外贸企业只有县缫丝厂 1 家，当年完成出口收购值 297.50 万元，占全县出口收购值总数的 29.80%。1990 年，产品出口外贸企业超百万元的有县丝织厂、东方工艺品公司、南京服装十一厂、县电扇厂、县缫丝厂、南京西服厂、江宁有机化工厂、周岗手套厂、县第二服装厂、上坊服装厂、谷里容器附件厂、南京第三毛巾厂、上峰水泥厂、江宁县运动器具厂、南京集装带厂、大里金属元件厂、高桥织带厂 17 家企业。这些企业累计出口外贸收购值 5929.80 万元，占全县总数的 74.80%。“三资”企业自营出口得到起步。1989 年，全县“三资”企业首次自营出口 11.10 万美元，创汇 11 万美元。1990 年，全县“三资”企业自营出口 75.70 万美元，创汇 70 万美元。是年，全县出口外贸企业已增至 52 家，是 1984 年的 2.40 倍。

图 19-8-24　20 世纪 80 年代江宁县缫丝厂缫丝车间

图 19-8-25　20 世纪 80 年代长江电风扇厂厂区一角

1991年后，每年都产生一批新的外贸生产企业。至1995年年底，全县共有外贸交货企业112家，比1990年增加60家。县内有东山镇、汤山镇、江宁镇3个镇的外贸交货值超过1亿元。企业在从事外贸生产供货过程中，生产规模得到扩大，实力不断增强。为适应形势发展，开始申办自营进出口权。"八五"期间，先后有江苏时花电器（集团）公司、南京利民机械厂、江宁县毛皮工艺厂和县外贸公司获外贸部批准，取得自营进出口权，并开始出口创汇。1993—1995年，江苏时花电器集团自营出口创汇629万美元，南京利民机械厂自营出口创汇74.10万美元。江宁县皮毛工艺厂自营出口创汇20万美元，县对外经济贸易公司自营出口创汇494.60万美元。

1996—2000年，充分发挥骨干企业在对外贸易中的龙头作用。全县共有200多家外贸交货企业，其中，交货1000万元以上的骨干企业有40余家。1996—1999年（1999年后不统计交货值），全县骨干企业的交货值占全县交货总值的1/3。1996年，金箔集团、正方集团继时花集团、利民集团、周岗皮毛、县外贸公司后获得自营出口权。1996—2000年，6家自营企业出口创汇10827万元。其中，县外贸公司保持每年出口创汇超1000万美元，多次被市政府表彰为开放型经济优胜单位。同时，突出三资企业在对外贸易中的主导作用，三资企业出口创汇以年增长24.76%的幅度发展，2000年，出口创汇额占全县出口创汇总量的86.50%。华鼎电子、泰电电子、杰曼、丽宁毛线、泰创、乐超、莱华、传力电子近100家企业出口创汇均超100万美元；旺旺集团、金佰利、金城铃木、普莱克斯、三隆包装、大志水泥、小原机电、丽宁毛绒、澳新毛纺等50多家企业纳税均超100万元。

图 19-8-26　2003年7月，统宝光电（南京）有限公司举行新厂房启用典礼

2001—2005年，三资企业成为区出口创汇的主力军。2003年，三资企业出口创汇3.70亿美元，占全区出口创汇总额的91.50%。2005年，全区出口创汇企业有500多家，其中三资企业出口创汇超过500万美元的40家。是年，出口创汇超千万美元的20家，其中华宝通讯（南京）有限公司出口创汇71714.99万美元，统宝光电（南京）有限公司出口创汇43559.86万美元。三资企业出口创汇15.90亿美元，占全区出口创汇总量的82%。

图 19-8-27　华宝通讯（南京）有限公司（2005年摄）

2006年，三资企业出口创汇26.50亿美元，占全区出口创汇总额的88.30%。2007年，三资企业出口创汇22.40亿美元，占全区出口创汇总额82.23%，出口创汇千万美元以上的企业有34家。高新技术和机电产品出口持续增长，以华宝通讯、统宝光电为代表的机械电器类产品以及西门子数控为代表的机械类产品出口占全区出口总量的80%，共出口创汇23.50亿美元。

【出口扶持】

各级政府鼓励扩大出口商品生产，制订一系列优惠政策措施。1986 年，市政府为扶持生产出口商品的小企业技术改造和建设农副产品出口生产基地，从外贸基金中拨出专款，设立无息贷款和贷款贴息项目。1986 年，拨给湖熟板鸭厂无息贷款 5 万元；给县桑蚕基地拨给贷款贴息 1 万元。1987 年，市外贸部门以借支方式放贷，不计利息，扶持县食用菌生产。1993 年，外贸部在全国开展创名牌出口商品活动。江苏时花电器集团有限公司和南京锗厂有限公司获得该政策扶持。

2004 年，强化对出口创汇企业的扶持和服务。区外贸局与出口创汇超过 100 万美元的企业建立联系制度，依法解决出口创汇企业在生产经营中的各类矛盾和实际问题。同时，利用国家有关政策的杠杆作用，调动企业出口创汇积极性。全年共为万水建材、新华光电等 15 家企业办理国家鼓励项目认证书；为华鼎电子、金海铜箔等 9 家企业办理海关进口设备免税手续，计免关税及增值税 550 万美元；为 50 家企业申报国际市场开拓资金 210 万美元，为 150 家企业办理政府财政贴息 200 万元，为南京微明电子有限公司等企业申报国家机电产品研发资金。周到的服务和优惠政策，促进全区出口创汇比 2003 年增长 159.40%。

图 19-8-28 江宁区外向型经济工作调研会（2004 年摄）

2005 年，为中小企业申报国际市场开拓资金，批准 17 家，批准资金 55.18 万元，其中，享受南京市扶持出口资金 2 家，批准资金 2.77 万元；省级扶持外贸发展资金 4 家，批准资金 7.41 万元；机电研发 1 家，为南京新捷中旭微电子有限公司，批准资金 30 万元。2006 年，申报国际市场开拓资金 21 家，申请资金 71.25 万美元。

2007 年，为 3 家企业申报国家出口信用保险扶持发展资金，获市外贸出口信用保险扶持资金 15.50 万元。

1988—1997 年江宁县出口商品交货值情况表

表 19-8-22

年 份	全县外贸交货值（万元）	县属工业（个）	乡镇工业（个）	县外贸公司（个）	县开发区（个）	其他（个）	供货企业数（个）
1988	5479	—	—	4841	—	—	—
1989	6922	—	—	6463	—	—	—
1990	11774	4377	7197	8156	240	—	—
1991	14961	5400	9315	—	—	246	45
1992	23963	8238	15447	—	—	278	48
1993	51612	19443	32118	—	—	51	82
1994	87354	32237	55117	—	—	—	83

续表

年 份	全县外贸交货值（万元）	县属工业（个）	乡镇工业（个）	县外贸公司（个）	县开发区（个）	其他（个）	供货企业数（个）
1995	157144	96523	60621	—	—	—	112
1996	301000	27000	128000	87400	35000	23600	120
1997	370238	26248	173166	114400	56424	—	130

说明：1998 年后，不再统计出口商品交货值

1978—2007 年江宁区出口创汇情况表

表 19-8-23　　单位：万美元

年 份	合 计	“三资”企业		自营企业	
		创汇额	占全区（%）	创汇额	占全区（%）
1978—1984	2800	—	—	—	—
1985	508	—	—	—	—
1989	—	11	—	—	—
1990	—	76	—	—	—
1991	—	66	—	—	—
1992	751	751	100.00	—	—
1993	2612	2608	99.85	4	0.15
1994	3798	3678	96.84	120	3.16
1995	6203	5119	82.53	1084	17.47
1996	12468	10247	82.19	2221	17.81
1997	15520	13249	85.37	2271	14.63
1998	18395	15832	86.07	2563	13.93
1999	12100	10218	84.45	1882	15.55
2000	14004	12114	86.50	1890	13.50
2001	16084	12132	75.43	3952	24.57
2002	16923	15078	89.10	1845	10.90
2003	41016	37000	90.21	4016	9.79
2004	86000	75000	87.21	11000	12.79
2005	193400	159000	82.21	34400	17.79
2006	295800	265000	89.59	30800	10.41
2007	272400	224000	82.23	48400	17.77

说明：1986—1988 年，资料缺失

2007年江宁区出口创汇千万美元以上企业情况表

表 19-8-24　　　　　　　　　　　　　　　　　　　　　　单位：万美元

企业名称	出口额	企业名称	出口额
华宝通讯（南京）有限公司	96455.55	南京辉恒纺织服装有限公司	1498.22
统宝光电（南京）有限公司	44711.15	南京和想电子通讯有限公司	1486.19
伟创力（南京）科技有限公司	9614.99	南京斯卡兰德经贸实业有限公司	1468.07
中电电气（南京）光伏有限公司	8862.22	美亚建筑用品（南京）有限公司	1401.61
溢泰（南京）环保科技有限公司	6128.53	南京寒锐钴业有限公司	1272.84
英华达（南京）科技有限公司	5721.01	南京华鼎电子有限公司	1265.44
南京德朔实业有限公司	3706.18	南京爱德印刷有限公司	1209.20
西门子数控（南京）有限公司	3681.29	南京赛瑞进出口有限公司	1168.53
代傲电子控制2561（南京）有限公司	3364.53	南京市江宁区顺达实业公司	1155.73
南京海欣丽宁服饰有限公司	2622.77	南京艾格化学有限公司	1142.62
中卫实业（南京）有限公司	2568.75	南京帝斯曼东方化工有限公司	1140.84
美优电子（南京）有限公司	2561.68	南京美迪进出口有限公司	1128.41
南京杰曼绑扎件制造有限公司	2165.72	南京科思化学有限公司	1097.69
南京熊猫信息产业有限公司	2135.79	南京台康科技有限公司	1092.13
立维腾电子（南京）有限公司	1874.02	南京赛肯特进出口有限公司	1066.92
泰艺电子（南京）有限公司	1706.22	南京建纺实业有限公司	1025.26
南京三友电子材料有限公司	1559.18	南京中圣高科技产业有限公司	1001.88

第二节　外商和中国港澳台商投资

【招商引资】

1988年3月，国务院批准南京市区和所辖的江宁县为沿海经济开发区后，市政府作出关于吸引海外投资的若干政策规定，对在南京市兴办“三资”企业，投资总额在3000万美元以下的，由市政府直接审批。此后，市对各区、县和产业主管部门下放500万美元的外资项目审批权限。为进一步促进外向型经济发展，江宁县于1986年6月成立对外经济贸易委员会，以管理全县对外经济贸易。同时，县委、县政府制订吸收外资的有关优惠政策和奖励办法，随后各级党委政府制订相应措施，为发展外向型经济营造开放开发的良好氛围。1998年后，全县不断调整招商引资策略，加大外向型经济开放力度。1998—2000年，实际到位外资和中国港澳台资54044万美元，其中2000年实际到位外资和中国港澳台资20818万美元，年均增幅41.87%。其间，利用区位优势加大招商引资力度，推动全县开放型经济的发展。3年，共新批项目354个，到县内投资的国家和地区达34个。分别比1996年前5年增加157个和6个。在招商引资中，既抓扩大引进项目总量，又抓外资和中国港澳台资规模性投入，积极合理地利用外资和中国港澳台资，突出中国香港、台湾地区，重点放在欧美国家。从中国港台和欧美引进项目508个，占引进项目总数的79.94%。其中，中国香港和台湾地区引进的项目372个，欧洲国家49个、美国87个，比前5年分别增长22.77%、25.64%、67.30%。着力大项目引进，3年引进500万美元~1000万美元的大项目90个，其中1000万美元以上的项目52个。这些项目中，属于世界前500强的企业有15家，主要兴办了西门子数控、金城铃木、百事可乐、金佰利个人卫生用品、南亚自动车、普天王芝、东陶、爱立信等企业。调整投资产业和投资形式，使之趋向合理。在招商引资中充分利用全区工业基础雄厚的特点，吸引外商向能源、机械、建材、电子、通信、制衣、生化制药、玩具工艺品等行业投资。其间，全县共兴办第二产业项目521个，占外商投资产业项目总数的81.41%，同时注重对养殖业、房地产、仓储、信息咨询、休闲娱乐等第一、第三产业项目的引进，共批投资项目119个，占外商和中国港澳台资投资产业项目总数的18.59%。全县第一、第三产业比重比过去提高10%，占外商和中国港澳台商投资产业的1/5，至此，全县外资和中国港澳台资项目第一、第二、第三产结构比较合理。在投资形式中，注重引导外商和中国港澳台商兴办独资项目。其间，全县有独资项目286个、合资项目307个、合作项目47个，分别占外商和中国港澳台商投资总项目数的44.69%、47.69%、7.34%。其中，独资项目比1996年前上升20%，合资项目下降20%。积极主动地组织和参加每年一度的金秋经贸洽谈会，动员全方位力量，献计谋策，早搭班子、早下任务、早定措施，广邀客商。全县引进项目、引进外资和中国港澳台资，连续12年位列全市第一。尤其是2000年的金秋经贸洽谈会，由省、市第一次联办，组织400多名外商和中国港澳台商参加县投资环境说明会，是历届到会最多的一次，另外还组织150名外商和中国港澳台商参加经洽会活动，洽谈签订70个项目，合同利用外资和中国港澳台资23452万美元，分别占当年总数的70%、78.20%。其间，在经洽会上共新批项目468个，占新批项目总数的73.13%；合同利用外资和中国港澳台资80277万美元，占合同利用外资和中国港澳台资总额的71.43%。

加快乡镇开放型经济的发展。1998—2000年，乡镇新批三资企业334家，占全县新批三资企业总数的52.19%；实际到位外资30368万美元，占全县实际到位外资总额的45.46%。年度实际到位外资超千万美元的有江宁、麒麟、湖熟、东善桥、禄口5个乡镇。开放型经济在乡镇所占比重逐渐加大，有的已达乡镇经济总量的一半，是财政和税收的主要来源之一。乡镇在发展开放性经济过程中，走适合自己的路。如湖熟镇千方百计做大做强“金城摩托城”；江宁镇实施“外向带动，内外并举，以内引外，以外引外”战略，兴办25家企业，以带动全镇工业经济整体发展；禄口镇“举空港旗，打空港牌”走开放之路，发挥区位优势，先后吸引中国香港、台湾地区和日本、新加坡、澳大利亚等国家投资，成为外商投资热点；东善桥的南京白鹭湖综合农业园利用台商以外引外；汤山镇大力发展电子和旅游业，快速发展的乡镇开放型经济在全县起到举足轻重作用，创造出辉煌的成绩。

县经济开发区发挥龙头作用，有力推动全县开放型经济发展。县经济技术开发区从1996—2000年实现从投入期步入产出期的战略转变，发展势头强劲。共新批223个项目，合同利用外资和中国港澳台资46631万美元，实际利用外资和中国港澳台资35254万美元，分别占全县总量的34.84%、41.49%、46.61%。其间，重点抓投入、抓产出、抓规模、抓质量，对全县开放型经济上水平、上规模产生积极影响和作用。2000年，实现技工贸总收入151.22亿元，平均增速66.94%，财政收入3.17亿元；科技创业中心成为南京地区科技创新的亮点，已有43家企业进中心研发孵化，东南大学软件园、南瑞继保电器等著名大学、科研所相继进区创业，西门子、爱立信等著名跨国公司的研发中心纷纷迁入区内，实现科技开发本土化。

2001—2003年，贯彻区委、区政府“请进来、走出去”的方针，调整招商策略。“请进来”，全区精心编制280个对外招商项目，广泛邀请客商，实施网上招商、以商招商、委托外商和外籍华人境外招商的方式和聘请区内外知名外商、市侨联主席等20名招商顾问，拓宽引资渠道，在更高层次上构筑对外招商引资平台。3年中，共接待外商和中国港澳台商投资考察团近60批，邀请海外客商、驻华领事、商务代表等近2000人到江宁考察，洽谈有关合作项目。“走出去”，3年中，全区先后赴美国、德国、加拿大、韩国、日本及中国台湾、香港、上海、东莞、深圳、珠海、厦门等境内外招商100余次，意向投资额达15亿美元。优化投资环境，提高服务质量。区委、区政府出台了《关于进一步改善内外商投资软环境的决定》《关于江宁开发区实行一站式服务的实施办法》和《关于进一步加快开发区发展的决定》等，使全区软环境建设更加规范化、程序化。涉外经济职能和服务部门提高服务水准，帮助企业解决实际困难，促进企业发展。先后为蓝帜工具、华鼎电子、腾亚五金等20多家企业办理国家鼓励类项目确认书；帮助西尾农园、金华陶瓷等30多家企业办理汽车进口证、进口设备减免等手续；为企业办理减免关税和增值税4000多万美元；协助200多家和创汇外资办理海关IC卡；给金亚、中上等企业申请解决600吨特种钢材计划；为30多家企业办理开拓国际市场扶持资金申报工作，申报金额近100万元。主攻大项目，发挥拉动作用。3年中，共引进500万美元以上大项目131个，其中1000万美元以上项目99个，99个大项目的合同外资和中国港澳台资额占全区总数的70%以上。其中，属于世界前500强企业投资的有5家，主要兴办了统宝光电、伟创力科技、南京德朔、菲尼克斯、普莱克斯、格满林等企业。同时，注重引导向高科技产业投资，投资项目达30%以上，菲尼克斯电气、南亚南瑞、新天林、通用磨坊、摩托罗拉软件中心、普天王芝、东大科技园等研发中心纷纷落户。

2004—2005年，实行招商引资目标责任制，主攻重点，引进以世界500强为目标大企业和科技含量高的大项目。2004年，新批千万美元以上的企业76家，合同外资和中国港澳台资10.10亿美元，占全区合同外资和中国港澳台资总额的74.80%。拓宽渠道创新方法，开展以商招商、委托招商、网上招商、专场招商等招商引资工作，并在韩国设立专业招商机构，实行“全天候”招商引资。至2005年年末，江宁区累计批准外商和中国港澳台商投资项目2041个，其中投产开业882个。区有关部门为企业提供跟踪服务。2005年，帮助20多家企业办理国家鼓励项目确认证书和海关进口设备免税手续，共免缴设备关税及增值税600万元；为40多家中小型企业进行国际市场开拓资金申报和拨付工作，共申报开拓资金300万美元；帮助南京薇萌电子有限公司等企业通过省、市对其研发项目的验收。同时，区外贸局与海关、商检、工商等部门协调配合，妥善处理企业生产经营中的困难和矛盾，全年协调解决4家企业投诉，维护企业权益。

2006年，全区组织开展大规模招商活动10余次，邀请接洽客商约2300人，发放各种招商宣传资料8000份，洽谈签约项目150多个，项目总投资250亿元。其中，在南京金秋经贸洽谈会期间，核准利用外资和中国港澳台资117个，投资总额13.40亿美元，协议外资和中国港澳台资7.30亿美元，经市政府确认项目94个，投资总额11.07亿美元，协议外资和中国港澳台资5.81亿美元，分别占全市确认项目总量的42.70%、41.20%和47.10%。2007年，坚持“龙头牵引、产业外链、配套跨进”战略，加快引进核心技术、优势品牌以及关联度高、辐射力大、带动项目强，推动产业链不断发展和补充。是年，全区电子信息、汽车及零部件、装备及设备等先进制造业利用外资高位增长，成为主导产业。新批先进制造业项目74个，注册合同外资和中国港澳台资

6.77 亿美元，分别占全区引进外资和中国港澳台资总量的 57.40%、58.90%。以塔工、东阳、霍尼维尔为代表的汽车，以一品光电、荣电通讯为代表的 IT，以高精传动、搏峰、艾默生为代表的机械设备，以中电电气、赛林、晶威为代表的新能源等项目的签约落户，与开发园区原有五大主导产业企业共同形成先进制造业产业集群，为优化产业结构和可持续发展奠定基础。

【利用外资和中国港澳台资】

1979 年，国家颁布《中华人民共和国中外合资经营企业法》后，江宁利用外资和中国港澳台资工作开始起步，补偿贸易、接受外国政府和国际金融组织贷款以及国际租赁业务相继开展。1986—1990 年，江宁县共兴办中外合资、合作企业 8 家，总投资 506.64 万美元，协议利用外资和中国港澳台资 122.97 万美元。其中，1987 年 2 月，江宁县成立第一家香港投资企业：南京奋发金属软管有限公司。由江宁县东善工业公司和香港奋发公司共同投资，注册资本 41.40 万美元，双方各投资 50%，主要产品为金属软管。

1991—1995 年，江宁县利用外资中国港澳台资各项指标都以较高的年递增率增长。至 1995 年年底，已有 24 个国家和地区的外商到江宁县投资。共兴办三资企业 468 家（不含因区划调整划出的 5 家）。其中，中国台湾和香港客商投资的有 305 家。在 468 家三资企业中，合资企业 332 家，合作经营企业 29 家，外商和中国港澳台商独资企业 107 家；第一产业 7 家，第二产业 423 家，第三产业 38 家；规模最大的企业总投资为 2988 万美元，外方投资 1449 万美元。1995 年，全县三资企业纳税 2797 万元，占全县当年国税收入的 16.50%。有 6 家企业纳税超过百万元，南京旺旺食品有限公司纳税最多，为 1038.70 万元。三资企业产值为 29.11 亿元，销售额为 25.81 亿元，分别占当年全县工业产值、产品销售额的 20.20% 和 21.50%。

1996—2000 年，全县新批三资企业 640 家；合同利用外资和中国港澳台资 112389 万美元，比 1990—1995 年增长 74.37%；实际利用外资和中国港澳台资 75632 万美元，比 1990—1995 年增长 450.84%；投产开业三资企业 340 家，占三资企业总数的 57.43%。外商和中国港澳台商投资企业销售收入 2383390 万元；纳税 54717 万元，利用外资和中国港澳台资的成绩在全省县（市）的位次由 1996 年的第 11 位升至 2000 年的第 6 位。1997 年，全县实际利用外资和中国港澳台资首次突破 1 亿美元。2000 年，全县实际到位外资和中国港澳台资突破 2 亿美元，达 20818 万美元。资金到位呈现出大项目支柱作用明显、平均投资规模增大的特点。项目投资总额为 34713 万美元，平均规模为 300.90 万美元，分别比 1999 年增长 18.10%、36.30%；1000 万美元以上项目 8 个，比 1999 年增长 60%。增资扩股项目增多，旺旺、菲尼克斯、华鼎、中卫、大东树脂等 15 个项目进行增资，净增合同资金 3236.58 万美元，比 1999 年增长 289%，增资部分当年到位资金 2850 万美元，占增资部分的 88.10%。加快重点项目建设，投产开业的企业多。其中有投资 1000 万美元的舜达针织、1200 万美元的菲尼克斯、2580 万美元的金亚特、2950 万美元的百事可乐、2980 万美元的金佰利相继开工建设和投产开业。高新技术项目增多，第一、三产业项目增额大。新批涉及计算机软件、生化制药、通讯电子设备等技术含量高的 18 个，比 1999 年增长 28.60%。以养殖、种植、花卉苗木、低产田改造为主的第一产业项目 11 个，合同外资和中国港澳台资 2606 万美元，增长 193.50%；以房地产、旅游为主的第三产业项目 9 个，合同外资和中国港澳台资 3236 万美元，比 1999 年增长 73.30%。

2001—2002 年，全区合同利用外资和中国港澳台资 86990 万美元，实际利用资金 65051 万美元，新批三资企业 289 家，投产开业三资企业 113 家；外商和中国港澳台商投资企业销售总额 1872626 万元，纳税 90052 万元。2002 年，全区实际利用外资和中国港澳台资突破 4 亿美元，

2 年实现翻番。最大的特点是开发园区及重点镇的“龙头”作用进一步增大。全年合同外资和中国港澳台资超过千万美元的有 11 个镇，江宁经济技术开发区、江宁科学园、禄口镇、秣陵镇均取得比 2001 年翻番的成绩，4 家单位的合同外资和中国港澳台资为 39626 万美元，占全区总额的 81.80%。2003—2005 年，新批三资企业 625 家，合同利用资金 391207 万美元，实际利用资金 177312 万美元，全区累计批准外资和中国港澳台资项目 2005 家，其中投产开业 735 家。2005 年，新批项目推进速度快，全年新批的 175 个项目，当年领取营业执照 78 个，项目注册率 44.60%；开发园区集聚力强，全年开发园区新批项目 128 个，协议资金 10.96 亿美元，到账资金 4.30 亿美元，分别占全区总量的 73.10%、73.90% 和 78%；高新技术项目、汽车配套项目增多，全年共批准高新技术项目 90 个，协议资金 8.45 亿元，分别占总量的 51.40% 和 57.10%；围绕福特汽车兴办汽车配套项目 28 个，协议资金 2.10 亿美元，分别占总量的 16% 和 14.20%。

2006 年，新批外商和中国港澳台商投资企业 180 家，注册合同资金 9.29 亿美元，实际利用资金 4.35 亿美元，这 3 项指标分别占全市总量的 29.80%、30.10% 和 25.60%，位居全市前列。外商和中国港澳台商独资项目增多。全年新批独资项目 122 个，注册合同资金 7.52 亿元，分别占全区总额的 67.80% 和 80.90%。2007 年，全区新批外商和中国港澳台商投资企业 129 家，注册合同资金 11.49 亿美元，比 2006 年增长 19.80%；实际利用资金 5.98 亿美元，比 2006 年增长 28.10%。大项目支持作用明显。利用国际资本转移等时机，突出高科技和规模效益大的项目，全区新批千万美元以上项目 50 个，占总数 38%，注册合同资金 5.88 亿美元，占总量的 51.20%。高新技术项目异军突起，全年新批 IT、生物、医药、电子、汽车、新型建材等高新技术项目 73 个，注册合同资金 6.77 亿美元，分别占全区总量的 57.40%、58.90%。开发园区贡献度放大，江宁经济技术开发区、江宁科学园、江宁滨江开发区全年共新批项目 93 个，注册合同外资和中国港澳台资 9.91 亿美元，实际使用资金 5.22 亿美元，分别占全区总量的 72.10%、86.30% 和 87.40%。

1987—1997 年江宁县外资和中国港澳台资企业分国别（地区）情况表

表 19-8-25

国别（地区）	项目数（个）	投资总额（万美元）	注册资本（万美元）	国别（地区）	项目数（个）	投资总额（万美元）	注册资本（万美元）
中国香港	286	70627	44977	南 非	3	1450	840
中国台湾	188	19697	14434	比利时	3	192	133
美 国	85	22411	13293	马来西亚	2	95	77
日 本	38	7464	5475	阿联酋	2	20	20
韩 国	25	6664	5147	西班牙	2	185	185
澳大利亚	22	2842	2434	巴拿马	2	962	644
新加坡	19	4868	2842	尼泊尔	1	15	12
英 国	16	18203	10519	俄罗斯	1	108	76
德 国	12	3466	2695	苏 丹	1	120	88
意大利	9	1700	1416	喀麦隆	1	30	25

续表

国别（地区）	项目数（个）	投资总额（万美元）	注册资本（万美元）	国别（地区）	项目数（个）	投资总额（万美元）	注册资本（万美元）
中国澳门	8	831	663	波兰	1	15	12
法国	8	2001	1196	保加利亚	1	48	40
加拿大	6	2023	1372	荷兰	1	65	45
匈牙利	5	672	529	丹麦	1	150	105
菲律宾	4	3265	1413	希腊	1	10	7
泰国	4	880	623	玻利维亚	1	100	70
英属维尔京群岛	8	1221	788	马绍尔群岛	1	170	120
印尼	3	380	300	合计（35）	771	172950	112615

1996—2003 年江宁区分国别（地区）批准外商和中国港澳台商投资企业情况表

表 19-8-26

国别（地区）	投资总额（万美元）	合同资金（万美元）	项目数(个)	其中（个）		
				第一产业	第二产业	第三产业
文莱	1250	500.00	1	0	1	0
中国香港	165616	99486.59	331	24	243	64
中国台湾	64253	51240.36	282	21	239	22
中国澳门	7690	2977.00	8	0	6	2
美国	71345	41902.13	164	8	139	17
日本	18171	11710.00	72	6	60	6
韩国	6945	4292.00	31	0	30	1
澳大利亚	12266	8171.80	32	2	26	4
新加坡	26945	15812.80	31	4	19	8
英国	5637	3152.00	13	0	9	4
德国	8806	5644.10	15	0	15	0
意大利	1934	996.00	9	0	9	0
法国	1125	385.00	4	0	4	0
英属维尔京群岛	66339	36175.10	60	5	38	17
加拿大	8502	4864.63	29	4	22	3
匈牙利	202	108.00	2	0	2	0

续表 1

国别（地区）	投资总额（万美元）	合同资金（万美元）	项目数(个)	其中（个）		
				第一产业	第二产业	第三产业
菲律宾	3010	1059.00	2	0	1	1
泰　国	3800	2010.00	7	0	4	3
印度尼西亚	270	191.00	2	0	2	0
比利时	72	24.00	2	0	2	0
南　非	1070	337.00	3	0	2	1
马来西亚	2050	1164.00	11	1	10	0
西班牙	585	505.00	3	0	3	0
巴拿马	178	158.00	2	0	2	0
尼泊尔	15	9.00	1	0	1	0
荷　兰	65	46.00	1	0	1	0
丹　麦	650	480.00	2	0	2	0
希　腊	50	37.00	2	0	2	0
马绍尔群岛	1659	928.00	2	0	2	0
巴基斯坦	40	10.00	1	0	1	0
孟加拉国	65	15.00	1	0	1	0
毛里求斯	1421	1415.00	1	0	1	0
肯尼亚	298	238.00	1	0	0	1
伯利兹	170	150.00	1	1	0	0
柬埔寨	220	210.00	1	0	1	0
黎巴嫩	280	200.00	1	0	1	0
阿联酋	422	75.00	1	0	1	0
奥地利	400	269.00	1	0	1	0
俄罗斯	6	6.00	1	0	1	0
巴　西	40	40.00	2	0	2	0
巴哈马	226	168.42	2	0	2	0
开曼群岛	13000	6450.00	1	0	1	0
百慕大	850	535.50	3	0	3	0
新西兰	70	20.00	1	0	1	0

续表 2

国别（地区）	投资总额（万美元）	合同资金（万美元）	项目数（个）	其中（个）		
				第一产业	第二产业	第三产业
萨摩亚	1750	960.00	1	0	0	1
葡萄牙	100	50.00	1	0	1	0
津巴布韦	2500	1000.00	1	0	1	0
贝　宁	110	40.80	1	0	1	0
合计（48）	502468	306218.23	1147	76	916	155

2004—2007 年江宁区分国别（地区）批准外商和中国港澳台商投资企业情况表

表 19-8-27

国别（地区）	项目数（个）	合同资金（万美元）	实际到位资金（万美元）
文　莱	5	924.50	872.20
中国香港	249	199702.18	54927.54
印度尼西亚	1	4886.00	46.00
日　本	41	27009.10	12622.27
中国澳门	3	2973.10	526.14
马来西亚	1	777.10	343.57
新加坡	14	4414.85	5574.85
韩　国	36	11370.93	2555.13
中国台湾	73	39297.14	10708.36
毛里求斯	9	5585.30	2969.00
英　国	15	7255.84	5219.88
德意志联邦共和国	11	5260.69	3002.92
法　国	6	3994.47	1085.43
意大利	5	2714.78	1086.39
荷　兰	1	1599.40	10.00
西班牙	1	50.06	35.76
奥地利	1	374.90	21.00
瑞　典	1	427.00	232.00
瑞　士	3	437.80	288.19
捷克共和国	2	216.43	61.00

续表

国别（地区）	项目数（个）	合同资金（万美元）	实际到位资金（万美元）
巴哈马	1	-95.79	56.42
伯利兹	0	-244.50	100.00
开曼群岛	10	17115.00	12850.00
巴拿马	1	259.44	86.00
英属维尔京群岛	52	44449.47	35405.49
加拿大	21	6569.87	2285.19
美　国	81	50292.40	15006.23
百慕大	2	58.00	385.39
澳大利亚	20	10712.25	1580.69
萨摩亚	21	18159.06	3930.19
马绍尔群岛共和国	1	3103.00	510.00
比利时	1	150.53	22.57
卢森堡	1	499.50	190.00
多米尼加共和国	0	—	82.44
拉美洲其他	1	5.00	5.00
新西兰	1	70.00	114.00
越　南	2	225.00	50.00
巴巴多斯	1	8658.00	734.00
投资性公司投资	13	13174.92	4314.20
合计（40）	708	492432.72	179895.44

1986—2007年江宁区外资和中国港澳台资执行情况表

表 19-8-28

年 份	批准外商和中国港澳台商投资企业数（个）	投资总额（万美元）	批准合同资金金额（万美元）	实际利用资金金额（万美元）	投资企业实际出口创汇（万美元）	投资企业投产开业家数(家)	投资企业销售收入(万元)	投资企业税收（万元）
1986—1990	8	506.64	122.97	—	—	—	—	—
1991	12	647.10	—	55.60	95.56	1	—	—
1992	103	19587.00	—	1693.52	778.52	24	—	—

续表

年份	批准外商和中国港澳台商投资企业数（个）	投资总额（万美元）	批准合同资金金额（万美元）	实际利用资金金额（万美元）	投资企业实际出口创汇（万美元）	投资企业投产开业家数(家)	投资企业销售收入(万元)	投资企业税收（万元）
1993	133	16876.00	—	2714.88	2608.10	70	—	—
1994	91	12031.00	—	4068.00	3678.19	65	—	—
1995	129	40505.00	—	5247.07	5119.43	87	—	—
1996	141	24379.00	15455.00	8890.00	10247.00	86	312000	5100
1997	145	41400.00	22368.00	12698.00	13249.00	68	367158	6220
1998	129	55958.00	23898.00	15183.00	15832.00	65	449556	11967
1999	121	26493.00	20166.00	18043.00	10218.00	66	570760	14011
2000	104	34713.00	30502.00	20818.00	11248.00	55	683916	17419
2001	133	—	35536.00	25041.00	12132.00	56	860468	42870
2002	156	—	51454.00	40010.00	15078.00	57	1012158	47182
2003	220	—	108007.00	60212.00	37000.00	59	1492815	62613
2004	230	—	135083.00	62018.00	86320.00	59	2915962	97953
2005	175	—	148200.00	55100.00	159000.00	54	2009106	61421
2006	180	—	92880.00	43535.00	265000.00	61	2780902	174645
2007	129	—	114900.00	59800.00	224000.00	59	3004478	235069（利税）
合计	2339	273095.74	798571.97	435127.07	871603.80	992	16459279	776470

第三节　对外经济技术合作

新中国成立后，江宁县的外经工作从20世纪60年代起到1978年改革开放前，主要以承担国家下达的对外经济援助为主。1979年后，特别是1990年南京市实行计划单列后，江宁县利用改革开放的政策充分发挥其劳动力资源优势，积极开拓国际市场，外经工作的形式和内容逐步拓宽，同国外的经济技术合作有了长足发展。至2007年年底，全区累计签订对外承包劳务合同总额6.88亿美元，先后向10个国家和地区派出各类工程及劳务人员9076人次。

【承包工程与劳务合作】

江宁县的对外承包工程与劳务合作业务，起步于20世纪80年代，主要是劳务输出。据市外经局统计，1987—1988年，江宁、高淳、溧水、六合4个县共有790人赴科威特进行市政工程和房屋建设。营业额合计 426.60 万美元。90 年代，在对外政策的指引下获得迅速发展。县外经委与市住宅建设总公司、海外建筑工程总公司、省境外就业服务中心、省对外交流公司、省建筑工程公司等 10 家单位建立信息联络，使之成为省对外交流公司授权招收外派劳务单位；并在土桥、秣陵、周岗、湖熟等乡镇建立 200 多人的人才库。1993—1995 年，外派劳务每年期末在外人数分别为 4 人、48 人、64 人；承包工程与劳务合作营业额每年分别为 0.48 万美元、32.41 万美元、222.40 万美元；对外新签合同额每年为 3.84 万美元、103 万美元、202.30 万美元；先后有 5 个乡镇和部门分别在泰国、俄罗斯、白俄罗斯、菲律宾、美国兴办 5 家企业和机构。3 年中，外派劳务、承包工程与劳务合作营业额和对外新签合同额等指标，年年超额完成市、县下达的任务。1996—2000 年，全县新签合同额 1173.70 万美元；承包工程与劳务合作营业额 1448.90 万美元，比前 5 年增长 467.75%。外派劳务 506 人，平均年增长 64.75%。2000 年年末，在外人数 162 人，外派劳务涉及科威特、日本、韩国、新加坡、澳大利亚、越南、莫桑比克、德国、法国、美国等国家。

2001—2002 年，全区对外经济技术合作工作有了发展，对外新签合同额为 577.40 万美元，其中 2002 年为 306.50 万美元；承包工程与劳务合作营业额分别为 280 万美元和 314 万美元；当年外派劳务 2001 年首次超过 100 人，2 年共外派 238 人，外派劳务涉及日本、韩国、新加坡、澳大利亚、科威特、美国、意大利、约旦、莫桑比克等国家。以劳务输出为重点，强化外派劳务人员培训。加强技术特长人员资料建立和培训，以提高输出人员的整体素质，2 年共培训建筑、针织缝纫工 400 多人，通过考核输出 238 人。广泛联系，拓宽合作渠道。继续保持与市住宅建设总公司、海外建筑工程总公司、省对外交流公司等 10 家单位的联系，还相继与张家港、镇江、连云港、南通等有关公司建立信息联络，广开信息渠道，为扩大对外经济合作创造条件。支持企业“走出去”，开拓国际市场。针对江宁建筑业有悠久的历史和专业技术队伍的优势，协助企业申报对外经济技术合作经营权，为南京第七建筑安装工程有限公司申请对外经济合作经营权，获经贸部批准，为江宁人走向国际建筑市场迈开了第一步。

2003 年，全区对外经济技术合作，以劳务输出为重点，取得快速递增佳绩。对外新签合同额为 526.70 万美元，实现承包工程与劳务合作营业额 510 万美元；当年外派劳务 213 人，累计在外人数 386 人，分别比 2002 年增长 71.80%、61.10%、61.40%、47.90%。外派劳务涉及柬埔寨、日本、韩国、新加坡、澳大利亚、科威特、美国、意大利、约旦、莫桑比克等国家。2004 年，外经工作力度加大，稳步增长。全年新签对外承包工程与劳务合作合同额 600.48 万美元，同比增长 11.30%，完成市计划的 100.80%；完成对外承包工程与劳务合作营业额 590 万美元，比 2003 年增长 15.70%，完成市计划的 118%；当年新派劳务 158 人，期末在外人数 410 人。

2005 年，全区对外经济技术合作工作呈平稳健康发展。全年新签对外承包工程与劳务合作营业额 690 万美元，同比增长 15.10%；完成对外承包工程与劳务合作营业额 681 万美元，同比增长 12.70%；当年实现新派劳务 220 人，同比增长 6.30%。工作中以劳务输出为重点，当年完成的承包工程与劳务合作营业额 681 万美元都是劳务输出实现的，外派劳务涉及日本、韩国、新加坡、美国、科威特等国家。同时，积极鼓励有实力的内资企业“走出去”开拓国际市场，协助中材国际工程股份有限公司申报在越南设立办事处，让更多的江宁企业走出国门，到国外去淘金。2006 年，全区对外经济技术合作工作飞跃发展。全年新签对外承包工程和劳务合作合同额 28300 万美元，是 2005 年实绩的 41 倍；完成对外承包工程与劳务合作营业额 21800 万美元，是 2005 年实绩的 32 倍；当年新派劳务 240 人，同比增长 10%。另外，中材国际工程有限公司大力发展海外业务，2006 年，分别在也门、沙特、俄罗斯承包水泥工程项目。

2007 年全区对外经济合作继续健康发展，全年输出劳务 3510 人，完成市计划的 100%。新签合同额完成 36650 万美元，比 2006 年同期增长 30%，完成市计划的 100%。完成营业额 32450 万美元，比 2006 年同期增长 49%，完成市计划的 100%。

【对外投资】

江宁经济技术开发区联合国内知名、实力雄厚的企业率先跨出国门，登陆非洲，首次与尼日利亚合作开发莱基自由贸易区，推动中非经济深层次合作、实现双方互利共赢。2006 年 5 月 11 日，莱基自贸区在尼日利亚正式动工，是中尼两国合作开发的第一个自贸区。自贸区的产业导向是：利用当地丰富的资源、广阔的市场和自贸区的优惠政策，从中国和世界其他国家引进成熟的制造工业及其他工业，将莱基自贸区发展成为非洲地区最现代化的集制造、生产、销售、进出口贸易、旅游休闲为一体的新的经济平台。莱基自由贸易区位于尼日利亚拉各斯东南约 60 千米的莱基半岛地区，由南京江宁经济技术开发区、南京北亚投资集团、中国铁道建筑总公司、中国土木工程集团公司 4 家中国单位与尼日利亚拉各斯州政府和尼日利亚莱基全球投资公司共同投资、开发、经营和管理。2007 年 3 月 27 日，省委书记李源潮率领江苏省经济友好代表团一行赴尼日利亚拉各斯州访问，其间视察由江宁经济技术开发区投资创办的莱基自贸区。至 2007 年 12 月底，自贸区工程建设、招商引资等各项工作加紧推进：一期 10 平方千米计划 3 年内完成基础设施建设，前期主要以道路、电厂、水厂、天然气管道、港口等基础设施建设为主，滚动开发；10 多家企业慕名参与洽谈投资；融资和人员派遣招聘等工作有序进行。

2006 年，全区有 4 家企业在境外投资兴办 6 家企业。其中，中电电气（南京）光伏有限公司投资 1.27 亿元，分别在美国、荷兰、日本设立中电电气（美国）光伏有限公司、中电欧洲有限公司和中电电气（日本）股份有限公司。南京寒锐钴业有限公司投资 300 万元，在刚果成立刚果盛宝矿业公司。南京大陆产业投资集团投资 80 万美元，在美国建立大陆国际公司。

2007 年，对外投资进一步增长，全区全年共新批 6 家境外企业，分别在美国、越南、澳大利亚、南非等国家。其中南京汉德森股份有限公司在美国投资 50 万美元设立南京汉德森股份（美国）有限公司；南京寒锐钴业有限公司投资 300 万美元在越南设立南京寒锐钴业（越南）有限公司，在南非投资 150 万美元设立南非盛宝矿业有限公司。在民主刚果加丹加省里卡西市投资兴建年产 1500 吨金属量的碳酸铝厂，历经两年多时间的建设，于 2007 年 2 月 8 日正式建成投产运行，2 月下旬第一批产品已发送回国。该企业还将在刚果建一条年产 1.20 万吨的硫酸生产线。同时，企业本着取之刚果、回报与服务刚果的原则，组建了总统家族基金会，每年从利润中拿出一定的比例，对刚果的学校、医院、农业等实施力所能及的援助。英华达（南京）科技有限公司与英华通（南京）科技有限公司投资 85 万美元在印度设立英华达（印度）科技有限公司；南京金阳光乳品有限公司投资 500 万美元在澳大利亚设立阳光乳业（澳大利亚）有限责任公司；南京大陆产业投资集团有限公司以现汇 150 万美元增资其在美国设立的大陆国际公司。全年区企业对外投资总额为 1235 万美元。

【对外经济技术合作管理】

南京江宁国际经济技术合作服务中心　随着对外经济技术合作工作在全县开放型经济中的份额逐步提高，为不失时机树立外经工作新形象，使外经工作上规模出效益，2000 年 4 月，成立南京江宁国际经济技术合作服务中心。负责全县对外派遣各类工程、生产及服务行业劳务人员、在海外举办各类非贸易性企业、三类商品的进出口，经营承包工程、劳务合作。中心成立后，当年全县外派劳务 90 名。

江苏省对外交流公司江宁县土桥外派劳务培训基地　1999 年 8 月，土桥镇政府在省对外交流公司和外经委的支持下，成立江苏省对外交流公司江宁县土桥外派劳务培训基地。基地成立后，投入 10 万元，进行基地建设，聘请专业教师进行业务指导，制订培训计划，有 70 多名建筑工人接受培训，其中 17 人在 2000 年外派到新加坡进行建筑劳务。

湖熟缝纫工出国人员培训基地　为提高外派劳务人员素质，提升外派人员技能，提高录用率，根据江宁缝纫工多的实际，2001 年 4 月，区外经局与湖熟镇羽绒厂合作，建立缝纫工出国人员培训基地。基地建立后，共投入 7 万元，添置设备，邀请专业教师进行业务辅导，培训五期 300 人，其中 120 人经考试合格后录用派到境外工作。

南京七建获对外经济技术合作经营权　为适应改革开放和“走出去”发展战略需要，开拓国际市场，2002 年 5 月，南京市第七建筑安装工程有限公司申报对外承包工程经营权，同年 7 月 12 日，获对外贸易经济合作部的批准，成为全区第一个获取承包境外房屋建筑工程和境内国际招标工程的单位。

1993—2007 年江宁区对外经济技术合作情况表

表 19-8-29

年　份	对外新签合同额（万美元）	承包合同与劳务合作营业额（万美元）	外派劳务（期末在外人数）
1993	3.84	0.48	4
1994	103.00	32.41	48
1995	202.30	222.40	64
1996	250.80	352.70	80
1997	343.50	374.00	77
1998	312.30	381.20	76
1999	102.50	134.00	111
2000	165.40	207.00	162
2001	270.90	280.00	201
2002	306.50	314.00	268
2003	526.68	505.64	213
2004	600.48	593.82	158
2005	682.00	681.00	152
2006	28300.00	21800.00	3952
2007	36650.00	32450.00	3510
合　计	68820.20	58328.65	9076

第二十编

商贸市场

江宁地区商贸市场发展历史源远流长。为方便商业贸易，古代在城内、城外设市。江宁地域城内设市文字记载较早的是古市，《宫苑记》载，古市为吴大帝立。另有9处设市：大市在建初寺前，其寺亦名大市寺，南朝宋武帝永初二年（421）立北市，在大夏门外归善寺前，宋又立南市，在三桥篱门外斗场村，亦名东市；还有小市、牛马市、谷市、蚬市、纱市等。“皆边淮列肆，裨贩焉”。市上商贾众多，货物堆山，各市皆有特色，货不雷同。宋志载，江宁地域城外乡间设市26个，另有淳化、金陵（陶吴）、秣陵、土桥、江宁5个市镇合一。

民国23年（1934），江宁县治由南京迁至东山镇。据《江宁县政概况》记载，民国23—24年，全县31个集镇共有商业1234家。其中，杂货店最多，有264家，另有米店116家，百货店71家，药店67家，豆腐店113家。至新中国成立前，江宁县有大小集镇46个，为方圆几公里乃至几十公里范围农副产品集散地，所谓“日中太市”的农村集镇几经兴衰。其中，较大的有湖熟、汤山、陶吴、江宁、禄口、土桥、秣陵等。

新中国成立后，江宁县传统的集市贸易市场几起几落。1966—1977年，全县集贸市场关闭，沿街的浮担游贩几近消亡，出现新中国成立后少有的萧条冷清现象。

中共十一届三中全会后，国家放宽对农村自留地、家庭副业和集贸市场的限制，长途贩运开禁。江宁县集贸市场开始兴旺活跃，各乡镇有组织地形成露天交易市场。20世纪80年代初期，开始兴建室内顶棚集贸市场，至1985年，全县集贸市场总面积38149平方米，室内顶棚面积10649平方米，迈出市场建设的第一步。1990年，全县有市场60个，市场顶棚面积3.86万平方米，集贸市场交易额22240万元。至1995年，全县有各类市场58个，市场总面积156240平方米。其中，顶棚面积113591平方米、室内面积39861平方米。20世纪90年代中期，在中共十五大精神指导下，县委、县政府加大推进市场建设力度，提出以建设较大的批发市场为重点，多形式、多层次、多渠道发展各类市场，逐步形成灵活、高效、规范的市场体系，加速培养、扶持文明规范、有特色的区域重点大市场。2000年，全县有各类市场49个。其中，消费品市场46个，生产资料市场3个，市场总面积215135平方米，全年集贸市场成交额14.50亿元。

2001年后，江宁区坚持以商业街区建设为重点，着力营造大市场发展新格局，推进市场化战略，增强区域市场辐射力和竞争力；培育建设以骨干市场为核心的市场群体，形成和发挥区域市场的整体优势。至2007年，全区拥有规模市场17个。其中，投入运营的有金宝市场、中国女人街、同曦鸣城、中驰汽车园等规模市场9个；在建的有国际小商品城、中南汽车港、环亚国际建材城、南京农副产品物流中心、金太阳国际家具城、欧尚商贸中心等规模市场8个。2007年年底，全区有零售商业面积400万平方米，各类商业企业和经营户3.50万户，从业人员7.50万人，完成社会消费品零售总额91.02亿元。

江宁区规模市场建设，为商贸物流业的发展增添新的活力。2007年，全区规模物流企业68家，其中建成47家，项目平均投资达1.85亿元。现代物流业步入发展快车道。

第一章 集市贸易市场

江宁区的传统市场有集市贸易和物资交流会两种形式。

集市是指以街路为聚集场所的露天市场，后又逐步发展为集镇。大部分集镇每日有市，多为凌晨，供需两旺。卖者皆在路边、桥脚、店门口、屋檐下席地设摊，或沿街叫卖，市散摊收。江宁集市历史悠久，远在宋代，江宁地域乡间设市的有26处，还有市镇合一的淳化镇、金陵镇（今横溪街道陶吴社区）、秣陵镇、土桥镇和江宁镇。这些古代城乡物资交流、贸易的主要场所，几经兴衰，至新中国成立前，江宁县的集市贸易处于萧条状态。

新中国成立后，江宁县的集市贸易市场时开时关，几起几落。中共十一届三中全会后，全县集市贸易逐渐放开，放宽对农村自留地、家庭副业和集市贸易的限制，江宁县集市贸易市场兴旺活跃，各乡镇有组织地形成露天交易市场。至1982年，全县集市贸易市场发展到44个，一个多层次、开放型的农村集市贸易市场体系初步形成。1985年后，江宁县集市贸易市场开始兴建顶棚集贸市场，城乡农贸集市由单一型向综合型和专业市场方向发展。

物资交流会以庙会为契机，进行农副产品、小农具和生活日用品交易。新中国成立后，庙会的烧香祭神封建迷信活动被取缔，县人民政府改传统庙会为物资交流会。至2007年，全区各街道共有物资交流会38个，年市场交易额近1亿元。

第一节 集 市

民国初年，江宁县各区市镇集市贸易比较繁荣。但由于各区市镇街道狭窄，且摆在市镇上的摊贩污秽地面，对交通及卫生妨害甚大。民国20年（1931），江宁县奉行江苏省政府颁布的《各县商办菜市场暂行规则》，整理各区市镇之集市，将摊贩迁移集中到一处，以整市容，以利交通。至民国23年，整顿多有成效。与此同时，江宁自治实验县政府修建一批公共市场，特别是修建菜市场。在江宁镇修建2个菜市场，一处在南街，另一处在北街。每处修建菜市房20间，每间长24丈，宽3丈，于是年7月营业；8月底，第六区湖熟镇公所和警察局筹办的菜市也建筑完工，位于湖熟商会左、右、后三面空地，9月1日，菜市登记营业。此外，第十区上新河河北街木厘局也设立公共菜市场，并规定上午5时至下午6时为交易时间，必须使用新度量衡器。第八区警察局在陶吴镇指定菜场地点，并由菜商集资设立菜市凉棚。淳化、殷巷、板桥等地也筹设了类似的菜市场。民国26年，日本侵略军占领江宁，江宁沦陷，县内各区市镇集市遭到严重破坏。抗日战争胜利后，集市贸易有所复苏。

1949—1953年，传统的集市贸易为调剂农村商业流通，方便群众生活，发挥了积极作用。1954年，实施粮食统购统销政策，不允许自由买卖，全县建立国家粮食市场23个，由供销社代购粮食供应市场。其他农副产品大部分按国营、合作商业规定的牌价经销，限制商贩活动，造成农村市场萧条。中国共产党第八次代表大会后，1956年10月起，江宁县放开自由市场，市场日趋活跃，菜类不紧张，价钱较便宜。1958年年初，再次禁止集市贸易，加之三年困难时期，市场上副食品供应紧张，黑市套购严重，价格昂贵，国家收购不到农副产品。据1960年年初统计，鱼每公斤4元、虾每公斤3元、青菜每公斤0.40元、萝卜每公斤0.80元，比1956年分别上涨8.30倍、5.30倍、10倍和26.70倍。

1960年11月，中共中央发出《关于农村人民公社当前政策问题的指示信》后，江宁县开始恢复和开放农村集市贸易。上市品种由三四十个增至一二百个，家禽、蛋品、鱼虾、仔猪、苗兔、菜种以及簸箕、菜篮、渔网、箩筐等生活资料供给充足，大量上市。至1961年12月，全县34个集镇上市品种达356个，每天赶早市的人达1万多人。是年1—11月，集市贸易成交额650万元，相当于当年全县社会商品零售额的20%，且价格普遍回落。1962年，集市贸易进一步活跃。平均每天上市蔬菜5万公斤，鱼虾2500公斤，鸡蛋1500公斤，家禽、兔、羊、柴草、小手工业品等均有较多数量上市。蔬菜、水产、家禽、蛋品等价格比1961年下降95%左右，如青菜每公斤由0.60元～0.80元降为0.14元～0.30元，鲫鱼每公斤由5元～6元降为1.60元～3.60元，有的品种已接近或低于国家牌价。全年集市贸易额达390万元。

1965年起，集市贸易又一次受到限制，特别是“文化大革命”时期，一度把自留地和家庭副业等都当成资本主义尾巴割掉，使农副产品货源日趋枯竭，出现新中国成立后从未有过的萧条、冷清景象。

1978年，集市贸易逐渐恢复，对社员群众在完成国家征购和派购任务后，有多余的粮油等农产品，允许在集市上出售，进行余缺调剂。1979年，农村市场出现从未有过的繁荣兴旺景象。集市贸易成交额由1978年的881万元增至1390万元。1980年，各类农副产品大量上市，多种绝迹的土特产品也重新上市。农村的糟坊、油坊、豆腐坊可以自购原料加工出售成品，长期禁卖的豆制品开始涌入市场。1982年，全县集市贸易市场发展到44个，一个多层次、开放性的农村集市贸易体系初步形成。从1983年开始，江宁县对凡国家允许上市的产品一律开放，并积极支持长途贩运活动，引进县内短缺的商品。是年，全县集市贸易开始兴建顶棚农贸市场。至1984年，全县顶棚农贸市场面积6949平方米。1985年，顶棚农贸市场发展到10649平方米，露天市场27500平方米。全县集市贸易市场增至54个，成交额7713万元。主要商品交易量：耕牛3287头，水产394万公斤，家禽246.50万公斤，鲜蛋210.50万公斤，猪肉358.50万公斤，蔬菜3018万公斤，粮食234万公斤，食用油3500公斤。

至1985年，经过30多年的曲折发展，江宁县的集市贸易市场由“露水市”到半日市、全日市；由单一型向综合型和专业市场方向发展。

第二节　物资交流会（庙会）

物资交流会来源于古庙会，在寺庙附近聚会，进行祭神、娱乐、购物活动，是中华文化传统的节日习俗，是民间广为流传的一种民俗活动。新中国成立后，人们习惯上仍称之为庙会，通称物资交流会。每逢会期，除县工商部门组织大量商品展销外，各地客商也云集交流会设点搭棚，进行交易活动。

【庙会】

江宁地域的庙会源自民众长期在农耕渔牧生活中自发形成的最具地方特色的社会交往活动，含有历史、宗教、民俗、艺术、商贸等诸多文化内容，集中呈现当时、当地的社会形态、民间生活、民间信仰、民间手工业和商业发展等状况。

民国前，江宁县境内的庙会惯称“香火会”。各区乡镇根据当地各种庙宇，如土地庙、龙王庙、娘娘庙、东岳庙、关帝庙、方旗庙、五神庙、胡阳庙等，约定日期举行庙会。庙会活动一般包括3方面内容。带有迷信色彩的祭神拜仙，或唱戏祈神，或抬神像巡街，或作各种形式的法事，远近“善男信女”争来烧香礼拜，求神降福延寿，“香火会”之名便由此而来；进行娱乐活动，耍杂技、玩“洋片”、说唱曲艺等江湖艺人设立场地，招来听（观）众，有的还搭台唱戏，少则3天，多则5天，十分热闹；进行买、卖活动，庙会上人员集中，商人、小贩们利用这个机会，纷纷前来做买卖，使得庙会祭神、娱乐和商品交换自然地结合起来，各地庙会会期不尽相同，多数在上半年举行，庙会上交易的商品，以简单的生活用品和小件农具为主，其次是耕牛和毛驴。

图 20-1-1　20 世纪 80 年代江宁县民间庙会

民国时期，由于江宁各地庙会，“往往以酬神赛会，吸烟聚赌，不但旷废农时，虚耗金钱，且亦影响地方治安”，以往屡禁不止。江宁自治实验县政府决心通过政府力量改造庙会，破除恶习。一方面使农民有正当娱乐，另一方面使农民在庙会上有交换农具、观摩农产品的机会，但酬神赛会、吸烟聚赌则严加取缔。集会时，必须举办农具展览会、耕牛比赛会或种子陈列会；上演戏剧不得妨碍治安，而且剧本须送请所在地党部、警察局、乡镇公所及中心小学会同审查，经许可后才能开演；各乡镇公所要在会前联合当地党部、教育机关组织宣传队，分赴集会的乡镇，宣传迷信、烟赌的危害；旧时庙会会首在会前还要到所在地警察局具结担保，不会有酬神赛会、吸烟聚赌等事件的发生，各地乡镇长也有取缔陋习之责。自颁布取缔庙会暂行办法后，各乡镇大多能够遵行，而农具展览、耕牛比赛等让农民获益不浅，省政府特通令各县参照江宁经验，推广施行。

【物资交流会】

新中国成立后，庙会名称改为物资交流集会，集会地点改在集镇街道上。政府利用物资交流集会这一场所，尽可能提供比平时丰富得多的生产、生活物品满足市场。民间贸易活动此时极为活跃，乡民自产自制的家庭副业产品、手工制品在集会上销售。同时，政府宣传时事政策，提倡正当的文娱活动，诸如放电影、剧团演戏、耍杂技、玩马戏等，内容丰富多彩，形式多种多样。在时间上，各地根据实际情况，尽量错开进行，做到一年四季都有，一般以春夏之交为主，每次一般为1天，少数为2天至3天。

1951年，县工商科利用湖熟镇农历四月八日庙会组织全县第一次城乡物资交流大会。交流会分为骡马驴牛、瓷器、农具、木器、漆器、百货、五洋、铁器、竹器、山货、杂耍、蔬菜、旧货、铜锡、渔网等16个部分。参加交流会客商1325户，成交额30750元。1952年，湖熟、秣陵、江宁、陶吴4个集镇先后举办物资交流会。1953年，全县庙会改为城乡物资交流会，当年举办物资交流会48次，成交额60万元。1960年，举办交流会34次，成交额22万元。此后，物资交流会的形式有所发展，不仅集镇办、大队办，有些地方还利用晚间休息时间举办夜市交流会，全县有 30% 社员参加各种交流会。

1977 年 4 月 20 日，江宁县发出通告，取缔全县 21 个乡镇的 39 个庙会，对农村商品流通造成一定影响。1979 年 3 月，江宁县各乡镇恢复物资交流会。1980 年上半年，组织物资交流会 34 次，成交额 290 多万元；1981 年 43 次，成交额 345.10 万元；1982 年 48 次，有 200 万人次参加交流会，成交额 2000 万元。1983—1990 年，全县共组织物资交流会 367 次，成交额 33244 万元。1990—1995 年，平均每年组织 40 多次物资交流会，1995 年成交额 3200 万元。

1995—2000 年，平均每年举办 47 次物资交流会。2000 年，全县举办 47 次物资交流会，参加人数近 100 万人次，上市商品 800 余种，登记摊位 8400 多个，成交额 7000 余万元。

2000 年 12 月，江宁县撤县设区，物资交流会组织次数有所减少，秣陵、东善桥、岔路口、殷巷、方山等地交流会取消。2002 年，全区举办 45 个物资交流会，参加人数 90 万人次，上市商品近千种，登记摊位 8700 多个，成交额 6500 万元。2007 年，全区共举办物资交流会 38 个，成交额近 1 亿元。

1956 年江宁县物资交流会（庙会）时间地点情况表

表 20-1-1

由各乡镇组织的庙会

地　点	农　历	公　历	地　点	农　历	公　历
殷　巷	三月十五日	4 月 17 日	元　山	三月三日	4 月 5 日
	七月二十九日、七月三十日	8 月 27 日、8 月 28 日	铜　山	二月十九日（河定乡）	3 月 23 日
桥　头	三月二十七日、三月二十八日	4 月 29 日、4 月 30 日	索　墅	三月十五日	4 月 17 日
东　山	三月十七日	4 月 19 日		三月二十八日	4 月 30 日
江　宁	七月三十日（已不开）	8 月 28 日	土　桥	三月十六日	4 月 18 日
板　桥	七月三十日（已不开）	8 月 28 日	龙　都	三月二十二日	4 月 24 日
谷　里	三月五日（风雅乡）	4 月 7 日	沧波门	四月六日	5 月 8 日
	三月六日（风雅乡）	4 月 8 日	上　坊	三月十九日	4 月 21 日
横　溪	六月十三日	7 月 12 日	淳　化	四月九日	5 月 11 日
丹　阳	五月十三日	6 月 13 日	高　桥	三月二十八日	4 月 30 日
	六月二十四日	7 月 23 日	陆　郎	二月八日	3 月 12 日
	七月二十二日	8 月 20 日	铜　井	三月十五日、三月十六日	4 月 17 日、4 月 18 日

由各区组织、县帮助的庙会

地　点	农　历	公　历	地　点	农　历	公　历
陶　吴	三月十日	4 月 12 日	东　流	三月三日	4 月 5 日
秣　陵	四月二日	5 月 4 日	汤　山	三月二十五日	4 月 27 日
禄　口	三月一日	4 月 3 日	湖　熟	四月八日	5 月 10 日

说明：1952 年下半年起，陶吴、湖熟等地举办的庙会，实际上已改为“城乡物资交流会”，但多数群众仍习惯称庙会

2007 年江宁区各集镇物资交流会时间地点情况表

表 20-1-2

地 点	日 期		星 期	地 点	日 期		星 期
	农 历	公 历			农 历	公 历	
江 宁	二月二日	3 月 20 日	二	淳化解溪	三月十九日	5 月 5 日	六
陆 郎	二月八日	3 月 26 日	一	上 峰	三月十九日	5 月 5 日	六
铜 山	二月十九日	4 月 6 日	五	汤山坟头	三月十九日	5 月 5 日	六
陆郎庙庄	二月二十五日	4 月 12 日	四	龙 都	三月二十二日	5 月 8 日	二
周岗高阳桥	二月二十八日	4 月 15 日	日	汤 山	三月二十五日	5 月 11 日	五
禄 口	三月一日	4 月 17 日	二	周 岗	三月二十六日	5 月 12 日	六
江 宁	三月三日	4 月 19 日	四	上坊高桥门	三月二十八日	5 月 14 日	一
东善元山	三月三日	4 月 19 日	四	铜 井	四月一日	5 月 17 日	四
麒麟东流	三月三日	4 月 19 日	四	上峰高庄	四月三日	5 月 19 日	六
禄口甘村甸	三月六日	4 月 22 日	日	汤山神家庄	四月六日	5 月 22 日	二
谷 里	三月六日	4 月 22 日	日	湖 熟	四月八日	5 月 24 日	四
陶 吴	三月十日	4 月 26 日	四	淳 化	四月九日	5 月 25 日	五
淳化七里岗	三月十二日	4 月 28 日	六	丹 阳	五月十三日	6 月 27 日	三
麒 麟	三月十四日	4 月 30 日	一	横 溪	六月十三日	7 月 26 日	四
淳化索墅	三月十五日	5 月 1 日	二	丹 阳	六月二十四日	8 月 6 日	一
铜 井	三月十五日	5 月 1 日	二		七月二十二日	9 月 3 日	一
土 桥	三月十六日	5 月 2 日	三		九月二十三日	11 月 2 日	五
横 溪	三月十七日	5 月 3 日	四	淳 化	十月九日	11 月 18 日	日
铜 山	三月十九日	5 月 5 日	六	禄 口	十一月一日	12 月 10 日	一
上 坊	三月十九日	5 月 5 日	六	龙 都	十一月八日	12 月 17 日	一

第二章 农贸市场

江宁县农贸市场兴起之初，农村家庭饲养禽、畜以及种植的蔬菜、豆制品等，以肩挑手提方法，到街头巷尾进行交易。随着农贸市场的发展，全县各乡镇有组织地形成马路市场、街边市场等。这种画地为牢临时设置的市场，虽有助于当时的农副产品贸易，但也存在着许多实际问题和矛盾，如市场没有设施和固定场所，不能适应开放的农贸市场需要；临时街边马路市场，直接影响小城镇建设和交通运输、市容市貌；集市贸易除农副产品外，工业产品有上升趋势，沿街设摊，难于管理。据此，县政府要求各乡镇和有关部门规划好、建设好农贸市场，以适应日益增长的集市贸易需要。

1983 年，兴建东山镇第一农贸市场，迈出江宁县农贸市场建设的第一步。20 多年来，江宁区的农贸市场从路边市场、露天市场、小型市场，逐步发展成为顶棚式、半封闭、全封闭式的综合型农贸市场。1985年，全县23个乡镇基本没有顶棚式农贸市场，年成交额80万元。2007年，全区共有顶棚式（室内）农贸市场35个，年成交额21亿元。1985—2007年，全区农贸市场获得市以上文明农贸市场称号40个次。其中，1996年，汤山农贸市场被评为1995—1996年省文明农贸市场；1998年，麒麟农副产品批发市场被评为1997—1998年省文明集贸市场。

第一节　市场建设

1983年，国务院下发《城乡集市贸易管理条例》，进一步放宽农民从事集市贸易的限制，尤其是支持多年来被认为是转手贩卖投机倒把的长途贩运活动，倡导从外地引进短缺商品、拾遗补缺，活跃市场，促进全县农贸市场兴旺发达。是年，兴建顶棚式东山第一农贸市场，建筑面积1822平方米，投资11.45万元，江宁县迈出建设农贸市场的第一步。1984年，龙都、秣陵、铜井、麒麟4个乡和青龙山林场，建成5个顶棚式农贸市场，市场总面积5426平方米，顶棚面积1056平方米，建设资金10.17万元。1985年，相继建成殷巷、陶吴、上峰、周岗、方山、江宁、湖熟、汤山农贸市场及东山第二农贸市场，是年年底，全县顶棚农贸市场面积10649平方米，露天市场面积27500平方米。1986年，东山镇在东新北路建成半封闭的第二农贸市场，原第二农贸市场搬迁于此，搬迁后既疏通了道路，减少事故隐患，又改善了卫生环境，从而减少污染。1987—1989年，全县除扩建东山第一农贸市场外，相继建成横溪、铜山、丹阳、淳化、东善桥等农贸市场，面积达13946平方米，建设资金108.78万元。至1990年，江宁县建成顶棚式农贸市场35个。

图20-2-2　20世纪80年代末江宁县第一农贸市场

1991年，县委、县政府结合建设标准小城镇，加快农贸市场建设步伐，1991—1992年，新建东山第二农贸市场和青龙山水泥厂、云台山硫铁矿、土桥、铜井、谷里、其林农贸市场，顶棚室内面积5640平方米。与此同时，还扩建、维修9个市场。至1992年，全县除上峰、陆郎正在筹建外，其余集镇都有顶棚农贸市场。1993年，新建龙都、上峰等5个市场，占地面积6300平方米，室内顶棚面积5700平方米，建设资金198万元。1994—1995年，多家兴办市场劲头猛增，出现了政府、企业、社会组织多家兴办市场的局面。市场建设档次有了提高，选用优质材料，建设室内全封闭市场，场内台、案、笼、池等设施更加适用、科学和美观。1994—1995年，相继建成南京江宁蔬菜副食品市场和江宁经济技术开发区新区农贸市场、上坊农贸市场。

图20-2-3　2007年湖熟农贸市场

1996—1997 年，全县新建淳化、陶吴、禄口、秣陵等农贸市场，扩大市场规模，更新市场设施，还新建麒麟农副产品批发市场、江宁县农副产品交易中心、江宁粮食批发市场。至 2000 年，全县顶棚式农贸市场 40 个，市场成交额 14.50 亿元。

2002 年，全区农贸市场全部是水泥地面和顶棚市场，场内柜台整齐排放，货物以类划分，彻底改变过去以马路、露天市场为主的散漫经营状况，当年成交额 16.50 亿元。至 2003 年，全区共有农贸市场 41 个。2006 年，国家级“菜篮子”工程——南京农副产品物流配送中心落户江宁。该项目位于东山街道上坊高桥门地区，目标建成南京最大、华东一流、全国有影响的农副产品物流配送中心，惠及 800 万南京市民，总投资 50 亿元。至 2007 年，江宁区有农贸市场 35 个，摊位近万个，市场年成交额 21 亿元；年成交量：肉、禽、蛋 7500 万公斤，蔬菜 9500 万公斤，水产 3000 万公斤，粮食 900 万公斤。

第二节　农贸市场选介

【东山第一农贸市场】

市场隶属东山街道，始建于 1983 年，为江宁县首家大棚式农贸市场，2002 年 10 月，由土山路（大市口）迁至北沿路 217 号，占地面积 0.67 公顷，营业面积 5537 平方米，有柜台及门面房 300 个，从业人员 350 人，年人流量 20 万人次。

图 20-2-4　1994 年东山第一农贸市场

市场为两层框架结构，市场中央天井处设置双向自动扶梯和宽 2.20 米四跑楼梯、货运电梯。场内商品采用分区经营，摊位生熟食品分开，活禽经营区和其他农副产品交易区分开。配备屠杀加工间、检测室、复秤室、垃圾处理间等。市场电子信息屏监控设施为消费者提供各种商品信息。市场准入、标准化管理、诚信建设三大体系基本健全。2007 年，市场有管理人员 22 人，营业额逾 1 亿元。

1989 年，东山农贸市场被评为省文明集贸市场；1992 年，被评为 1991—1992 年全国文明集贸市场。

【东山第二农贸市场】

市场隶属东山街道，位于东山芙阁路 288 号，1994 年 7 月建成营业。市场占地面积 4000 平方米，顶棚建筑面积 2300 平方米，室外停车场 1700 平方米，固定资产 130 万元，总摊位 230 个，其中肉类 46 个、水产 10 个，门面房 21 间，其余为蔬菜摊位和干杂百货，从业人员 200 人，市场管理人员 10 人。

图 20-2-5　2002 年东山第二农贸市场

1995—2000年，年平均营业额1500万元；2001年，营业额为2500万元；2004年，营业额为4000万元；2007年，营业额为6000万元。2000年，获南京市先进农贸市场称号。

【岔路农贸市场】

市场隶属东山街道，位于岔路口学院路58号。岔路口农贸市场始建于1991年3月，位于鞭鞍河南侧，大棚式结构；1997年搬迁至岔路乡大会堂旁，砖房与钢筋结构大棚，2004年12月搬迁至现址。占地面积0.68公顷，建筑面积6350.52平方米，营业面积2930平方米，设计摊位274个，总投资1100万元。

市场主要服务岔路、邵圣2个社区和武夷、经纬、天地新城、碧水湾等4个住宅区居民，服务人口4万人。市场主要经营蔬菜、水产品、干杂调味品、畜禽肉食、粮油、水果、冷冻食品等数千种南北货物。2007年，年人流量20万人次，年交易量912.50万公斤，交易额9000万元，利税600万元；从业人员200人，管理人员21人。

1997—2007年，市场先后获得市文明市场、消费者放心购物市场、国家级绿色市场等称号。

【供销农贸市场】

市场位于竹山路303号，隶属江宁区供销合作总社，2002年1月28日开业。营业面积3400平方米，经营户176户，管理人员24人。经营品种有农副产品、小百货等，日人流量1000人次。

2002年，营业额为6000万元，税收70万元；2005年，营业额为8500万元，税收75万元；2007年，营业额为9500万元，税收80万元。2002年，被评为市2001—2001年文明市场；2004年，被评为省2003—2004年文明市场、市十佳集贸市场；2006年，被评为市2005年绿色市场；2007年被评为市计量诚信集贸市场。

【金发农贸市场】

市场位于江宁区上元大街长塘巷10号,隶属江苏省金东城集团(原江宁县建筑公司预制构建厂)。1999年1月28日建成营业，营业面积5500平方米，有163个摊位，从业人员170人。经营品种有农副产品、针纺织品、日用百货等。日人流量500人次，日交易额7500元。市场有管理人员10人。

2003年，市场被评为南京市集贸市场计量先进单位。

【金宝城东农贸市场】

市场位于江宁上元中学北部，隶属金箔集团金宝市场有限公司管理。2005年11月建成营业。经营面积3000平方米，设摊位300个。经营品种有蔬菜、水果、干货、冷冻制品、肉禽、蛋、水产等。从业人员200人，有管理人员10人，日人流量900人次，年销售额8000万元。

【上坊农贸市场】

市场位于江宁区上坊镇（今属东山街道）陈陵路。占地面积4000平方米，由上坊镇（今属东山街道）土地投资、私人建设、私营管理，建筑面积3200平方米，营业面积2600平方米，2003年5月12日开业，有摊位50个，经营品种有178种，从业人员100余人，管理人员5人，年营业额6000万元。

【秣陵农贸市场】

市场位于秣陵街道办事处北，正方东路南，隶属秣陵街道管理。1982年，秣陵乡针对集镇无农副产品交易市场，以街为集影响市容、妨碍交通的情况，在秣龙路南侧，建成全封闭式秣陵关菜场，占地1200平方米，设摊位169个。1997年，镇政府在金龙路北，投资70万元，建成新的秣陵农贸市场，占地面积6000平方米，建筑面积2100平方米，摊位190多个，年成交额2800万元。原秣陵关菜场改为小百货专业市场。2002年，在正方东路南重建秣陵集贸市场，投资140万元，占地面积7500平方米，建成3780平方米钢架顶棚封闭式农贸市场。2003年4月20日开业，有固定摊位138个，临时摊位210个，年成交额3500万元，有管理人员5人。

【天印山农副产品批发市场】

市场位于天印大道1288号，北临104国道，西通宁溧公路。由南京金箔集团投资6000万元，2006年一期工程建成营业。市场占地面积4.32万平方米，建筑面积31242.82平方米，是华东地区大型菜篮子工程、南京地区大型农副产品批发市场，辐射半径约200千米。市场内设蔬菜交易区，经营面积3万平方米，摊位120个，大棚钢架式结构，全方位24小时摄像监控；有家禽、冷冻食品、水果、干货调味品、粮油食品、水产交易区和净菜加工仓储配送区，计有摊位179个。同时配有四大中心，信息中心利用互联网采集处理和发布农副产品信息，通过电子显示屏及时报道农副产品供求信息和价格信息；检测中心为农副产品卫生、防疫、工商等自检监督机构，按国家有关政策和主管部门有关要求，严格进行残留农药及其有害物质检测，及时公布检验结果，严把食品入口关；价格中心每天将商品交易价格变化情况向新闻媒体和社会公布；配送中心为经营者提供仓储加工包装及车辆运输等服务。五大服务系统，即冷藏、加工系统，餐饮、商住服务系统，停车及装卸服务系统等。该批发市场共有管理人员62人，年收管理费600万元，年成交额约20亿元，上缴税收75万元。

图20-2-6　2006年8月16日，南京市副市长陈维建（右二）一行10余人视察金宝天印山农副产品大市场

2007年江宁区农贸市场情况表

表20-2-3

序号	市场名称	地址	主办单位	建成时间	营业面积（平方米）	从业人员（人）	管理人员（人）	场内经营（户）	市场建筑类型
1	东山第一农贸市场	东山北沿路217号	东山街道	2002年10月	5537	166	15	132	室内
2	东山第二农贸市场	东山芙阁路288号	东山街道	1994年7月	2300	236	11	180	顶棚
3	岔路农贸市场	岔路口学院路58号	东山街道	2004年12月	2930	200	21	178	室内
4	供销农贸市场	竹山路303号	江宁区供销社	2002年1月	3400	279	24	200	室内
5	金宝城东农贸市场	上元中学北	南京金箔集团金宝市场有限公司	2005年11月	3000	262	13	200	顶棚
6	东新南路农贸市场服务中心	东山东新南路28号	南京四合经贸有限责任公司	2004年11月	1200	87	8	85	室内
7	上坊农贸市场	东山街道上坊陈陵路	个人投资	2003年5月	2600	110	5	50	顶棚
8	金发农贸市场	东山长塘巷	金东成集团	1999年1月	5500	175	10	163	室内
9	方山农贸市场	秣陵方山集镇印湖路89号	秣陵街道	1998年1月	2500	85	5	79	顶棚
10	殷巷农贸市场	秣陵殷巷集镇中心街	秣陵街道	1998年7月	2100	130	19	120	室内
11	秣陵农贸市场	正方东路南	秣陵街道	2003年4月	3780	150	5	138	室内
12	同曦胜太农贸市场	江宁开发区胜太东路8号	南京同曦物业管理有限公司	2003年5月	2600	100	6	98	室内
13	太平农贸市场服务中心	江宁开发区通淮街	秣陵街道	2003年7月	3900	260	16	140	室内
14	金王府商贸中心	江宁开发区双龙大道1161号	南京金箔集团金宝市场有限公司	2006年9月	3710	123	8	62	室内
15	天印山农副产品批发市场	科学园天印大道1288号	南京金箔集团金宝市场有限公司	2006年9月	26200	500	51	476	顶棚
16	潭桥农贸市场	科学园潭桥商业街	江宁科学园	2007年6月	1100	68	7	61	顶棚

续表

序　号	市场名称	地　址	主办单位	建成时间	营业面积（平方米）	从业人员（人）	管理人员（人）	场内经营（户）	市场建筑类型
17	湖东农贸市场	科学园天景山小区	江宁科学园	2007 年 7 月	1800	168	6	150	顶　棚
18	上峰农贸市场	汤山上峰集镇	汤山街道	2001 年 11 月	3000	67	5	125	室　内
19	汤山农贸市场	汤山街道环镇东路 167 号	汤山街道	2002 年 11 月	5000	342	19	300	室　内
20	麒麟农贸市场	麒麟集镇	麒麟街道	2000 年 9 月	3500	210	23	200	室　内
21	淳化农贸市场	淳化集镇府前路	淳化街道	1994 年 3 月	5000	130	6	120	室　内
22	土桥综合市场	淳化土桥集镇鑫源路	淳化街道	2001 年 1 月	5000	127	3	100	室　内
23	禄口农贸市场	禄口集镇茅亭路	禄口街道	2000 年 3 月	2600	262	9	250	顶　棚
24	铜山农贸市场	禄口铜山集镇铜岭路	禄口街道	2007 年 8 月	1800	159	5	130	顶　棚
25	铜井农贸市场服务中心	铜井集镇	江宁街道	2003 年 12 月	1200	100	2	90	顶　棚
26	江宁农贸市场	江宁集镇	江宁街道	2005 年 6 月	3000	250	4	200	顶　棚
27	陆郎农贸市场	江宁陆郎集镇	江宁街道	2005 年 6 月	1500	75	2	59	顶　棚
28	谷里农贸市场	谷里集镇	谷里街道	2002 年 9 月	2660	260	7	250	顶　棚
29	东善桥农贸市场	东善桥集镇	谷里街道	2007 年 5 月	2000	80	8	66	顶　棚
30	湖熟综合市场	湖熟集镇	湖熟街道	2000 年 3 月	1100	160	4	150	顶　棚
31	周岗农贸市场	湖熟周岗集镇	湖熟街道	1994 年 4 月	1350	250	3	200	顶　棚
32	龙都农贸市场	龙都集镇东阳路	湖熟街道	2001 年 3 月	1200	150	4	100	顶　棚
33	丹阳农贸市场	丹阳集镇宁阳街东	横溪街道	1989 年 10 月	900	90	2	85	顶　棚
34	陶吴农贸市场	陶吴集镇宁丹路东	横溪街道	1996 年 5 月	4000	200	3	180	顶　棚
35	横溪农贸市场	横溪街道集镇	横溪街道	1997 年 6 月	3200	110	2	100	顶　棚

第三章 商场超市 专业市场

江宁区的各类专业市场是从集贸市场、商业网点向专业化方向逐步发展起来的。20 世纪 90 年代初期，江宁县逐步形成以金宝市场为龙头的几大专业市场，有小商品城、装饰城、批发市场、木材市场、灯具市场、家具沙发市场、汽车（二手车）交易市场等。经过 10 年的发展，至 2007 年，江宁区各类专业市场主要有金宝市场、江宁装饰城、金长城装饰城、黄金海岸商贸城、中驰汽车园、景山汽车园等。与此同时，江宁区通过招商引资，苏宁、国美、永乐、五星四大电器和苏果、联华、时代超市、托乐嘉商业中心等一批大型商场和卖场建成开业。

这些新建、重建、扩建的各类专业市场，由过去单一、专业商品不全的市场变成品种全延伸、产品齐全的综合性专业市场；由过去付款交货等客上门僵硬的交易形式变成吃、穿、用、住、行全方位服务的市场；由过去棚户、前店后场的市场变成上规模、上档次的室内现代化大市场；由过去单体、分散的门面市场变成商品繁多、交易灵活的集群式市场。与此同时，原有的简陋、品种单一的小型市场逐渐分流或消失。

第一节 市场建设

20 世纪 80 年代初期，江宁县在建设农副产品市场的同时，还加快建设小商品市场。1986 年，建成东山文苑小商品市场。1987 年，还建成占地面积 9014 平方米的禄口镇招商市场，投资 41.20 万元，是江宁县当时规模最大、投资最多的市场。同时还建成丹阳小商品市场。1988 年 2 月 7 日，省内较大的县级国营商场——江宁商场建成开业，商场造价 300 万元，总面积 5897.63 平方米，设有针纺织品、家用电器、文化用品、妇女儿童用品等 28 个专业柜组，经营品种约 1.50 万个。1989 年，建成汤山、龙都、禄口、横溪等小商品市场。

20 世纪 90 年代，江宁县各类市场建设迅速发展。出现政府、企业、社会组织共同兴办市场的局面；市场结构有很大变化，从初建市场结构单一、专业化市场不多到开始建设生产资料、生产要素、工业消费品等专业市场。1994 年 8 月 28 日，建成占地面积 4 万多平方米、营业面积 2.80 万平方米、十大系列 8000 多品种的大型室内金箔集团金宝小商品市场，总投资 2000 多万元，成为南京市五郊县最大的专业市场。是年，还移址建成江宁木材市场。1995 年 11 月，建成面积 9474.60 平方米的江宁商业大厦和江宁废旧金属交易市场。是年，由商城总公司投资 800 万元、铺位为铝合金、标准商铺的江宁灯具市场开业，至 2000 年，灯具市场营业面积 1.30 万平方米，形成以灯具市场为主导，家庭装潢材料、副食品批发、农副产品批发为辅、小商品、饮食、娱乐配套的大型综合性批发市场。

1997 年 12 月 20 日，由县百货、纺织品、五交化、糖烟酒总公司联合投资建设的江宁国贸大厦开业，总投资 1700 万元。6 层楼建筑面积 17088.60 平方米。是年，还建成宁阳小商品市场、江宁粮食批发市场、江宁金碧装饰城、南京速顺达摩托市场、南京绿野招商市场 5 个专业市场。至 2000 年，全县有各类市场 49 个，其中，消费品市场 46 个，生产资料市场 3 个；市场总面积 24.51 万平方米。2003 年，江宁区有各类市场 51 个，年成交额 18.10 亿元。其中，农副产品 41 个；

工业品市场4个，主要经营服装、棉纺织品、布匹、塑料制品、手工艺品、小百货、副食品等，占地面积8.50万平方米，拥有摊位3000多个，年成交额1.50亿元；生产资料市场1个，主要经营废旧金属、木材、建筑材料等，占地面积8000平方米，拥有摊位1000多个，年成交额6000万元；装饰市场4个，市场面积3万多平方米，年成交额2亿元；灯具市场1个，营业面积1.30万平方米，年销售额500万元。

2003—2005年，江宁装饰城、新麒麟装饰城、中驰汽车园、南京义乌小商品城等相继开业营运；苏宁、国美、永乐、五星四大电器和苏果、联华、时代超市、托乐嘉商业中心等国内外专业大卖场落户江宁。

至2007年，全区拥有规模市场17个。其中，投入营运的有金宝市场、黄金海岸广场、同曦鸣城、华意时代广场、中驰汽车园、南京义乌小商品城、金王府装饰广场、新麒麟装饰城等规模市场9个；正在建设中的有6万平方米的中南汽车港大市场，20万平方米环亚国际建材城，26万平方米南京国际小商品城，8万平方米同曦国际广场，8.36万平方米铜锣湾商贸广场，28万平方米凤凰港商贸城，4.20万平方米欧尚超市江宁店等规模市场8个；金宝市场、苏宁、五星、永乐、国美等电器卖场及苏果、联华超市等连锁经营业态品牌企业，不断改造装饰店面，扩大经营规模。全年完成社会消费品零售总额91.02亿元。

第二节　商场超市选介

【百货卖场】

江宁区第一百货商店　前身为1959年9月成立的江宁县东山镇国营商店。经营小百货、棉布、针织品、文化用品、化妆品、糖烟酒、副食品等。1963年1月，划入县百货公司，并改名为江宁县百货公司东山店。1985年3月20日，更名为国营江宁县第一百货商店。经营日用百货、服装鞋帽、针纺织品、工艺品、文化体育用品、劳动防护用品、五金交电、化工材料、摩托车、糖烟酒等。兼营服装裁剪拷边、家用电器修理。有职工96人，年销售额423万元。1999—2002年，在区政府实施东山老城改造期间，拆除区第一百货商店及所属营业部，共10375.20平方米。

南京江宁商业大厦　位于江宁区上元大街459号。大厦工程于1993年3月1日破土动工，一期工程建至3层，共9474.60平方米，由县商业局投资建设。1995年11月建成并开业。经营日用百货、文化用品、五金交电、化工、建材、自行车、摩托车、装潢材料、黄金珠宝、服装鞋帽、针纺织品、糖烟酒等，设58个专柜。有职工289人，年销售额1.12亿元。2001年8月27日，江宁商业大厦与上海世纪联华商业有限公司签订整体租赁协议，租期15年（2000年9月20日至2016年9月19日）。江宁商业大厦停止营业，职工带薪离岗休息。2007年年底，江宁商业大厦在册职工272人，其中，在岗16人，退休148人。2007年12月23日，江宁商业大厦、上海世纪联华有限公司、南京华意房地产有限公司合作开发商业大厦加层项目，共加4层～14层，建筑面积21053平方米。

江宁区江宁商场　前身为江宁县新兴商场，1985年1月22日成立，位于江宁区上元大街707号。新兴商场设9个柜台，有职工53人，年销售额223万元。1987年10月24日，更名为江宁县江宁商场，2001年2月，更名为江宁区江宁商场。1988年2月，新落成的江宁商场正式营业。几经变化，1995年，商场设服装、针织、鞋帽、百货、文化、副食、家电、五金、建材9个商品部63个柜台，年销售额10640万元，是南京市五县第一家亿元商场，列南京市首届零售贸易企业综合效益第10名。2003年10月31日，商场停业，职工带薪离岗休息。2005年7月1日，南京上元机电公司赁用商场营业楼西侧1层～3层3800平方米，租期15年，年平均租金150万元。2007年年末，商场在册职工185人，其中，在岗10人，退休80人。

江宁县新世界广场 1995年8月，江宁县物资局突破传统的物资流通经营范围，在东山镇新建综合性商业大楼。1996年4月，成立江宁县新世界广场有限公司，地址在上元大街559号，有职工240人。经营百货、针纺织品、文体用品、五金交电、化工材料（化学危险品除外）、糖烟酒、副食品、鞋帽、日用杂品、儿童用品、金属材料、建筑装潢材料、机电设备等。与南京中央商场联营，以“中央商场江宁购物中心”促销宣传，当年销售额1025.50万元。新世界广场于1998年1月停业，出租经营场地。2007年年底，有职工17人，其中在岗4人。

图20-3-7 1996年江宁县新世界广场

南京江宁国贸大厦 位于江宁区上元大街300号。由江宁县原五交化公司、糖烟酒公司、百货公司、纺织品公司共同投资1184.54万元建设。大厦工程于1995年9月8日动工，1997年11月18日建成开业，建筑面积16809平方米。主要经营县五交化公司、百货公司、纺织品公司、糖烟酒公司的批发、零售商品。1999年12月24日，成立江宁国贸大厦管理委员会。2000年9月5日，县五交化、百货、纺织品、糖烟酒总公司与江宁国贸大厦合并，为法人企业，保留4家总公司的名称与营业执照。2002年2月8日，江宁国贸大厦与江苏时代超市有限公司签订租赁协议，租期为15年。2007年年末，江宁国贸大厦在册职工141人，在岗管理人员9人，退休70人。是年，大厦为五星电器上元大街江宁二店。

华意时代广场 位于江宁区上元大街485号，由南京华意房地产开发有限公司开发建设。楼盘共有8栋高层商住两用楼，1层～3层由商铺连成一体，商铺总面积2.90万平方米。购物广场于2007年8月18日开业，内有商铺280多间（均已售给小业主），从业人员500余人。经营范围包括美食、化妆品、鞋帽、服装、箱包、珠宝、饰品、婚纱摄影、床上用品和美容美发等。

上元商场 前身为江宁县东山城镇供销社，1981年7月成立。1992年6月更名为上元商场，位于上元大街488号，营业面积2600平方米，主要经营男女服装、鞋帽、儿童用品等，从业人员200多人。

图20-3-8 华意时代广场（2007年摄）

飞飞商场 位于江宁区上元大街489号，原为江宁县第十一服装厂门市部，1985年12月成立，商场经营面积2500平方米。一楼专营男女服装、针织品、装饰品；二楼专卖童装、鞋帽、床上用品；三楼为仓库。商场为个人承包，从业人员130人。

【超市】

1998年8月，江宁县供销合作总社的岗山超市建成开业；1999年4月10日，苏果超市汤山店营业；2005年5月31日，上海华联江宁东山店开业。此后，苏果、上海世纪联华、香港时代购物广场、北京联华等超市纷纷落户江宁东山。至2007年，江宁区内各大超市的连锁店、社区店、加盟店300多家。营业面积1000平方米以上32家。其中1万平方米～3万平方米2家，4000平方米～9999平方米4家，1000平方米～2000平方米26家。

岗山超市 隶属江宁区供销合作总社土产棉麻有限责任公司。总部位于岗山路1号，2000年开始创办，2007年有4家直营连锁店，营业面积8000平方米，从业人员300多人。2002年1月，建成竹山路连锁店；2004年6月，建成天印路成山连锁店，营业面积1400平方米；2007年，建成潭桥商业街连锁店。此外，还有50多个加盟店。超市经营品种主要有粮食制品、生鲜卤菜、面食加工、糖烟酒饮料、营养滋补品、调味品、洗涤化妆品、家用电器、日用杂品、烟花爆竹。1999年，岗山超市营业额为3000万元，2001年营业额为7000万元，2003年营业额（含3个连锁店）为1.10亿元，2005年营业额为1.50亿元，2007年营业额为1.80亿元。2007年，岗山超市被江苏省工商局评为诚信单位。

世纪联华超市江宁店 南京市江宁区世纪联华商业有限公司。是全国500强企业、上海百联集团旗下连锁大卖场超市之一，位于江宁区市中心上元大街459号，原为江宁区商业大厦。于2002年5月18日起开业，占地面积3500平方米，营业面积8200平方米（1楼～3楼），从业人员200人。经营范围包括百货、五金、汽配、交家电、通信器材、电脑器材及相关产品、针棉织品、服装、装潢材料、建筑材料、铁木家具；图书、报刊、杂志、音像制品、碘盐、卷烟零售（凭许可证经营）；定型包装食品、蔬菜水果、肉禽水产、卤菜销售；中餐、糕点、盘菜、豆制品、房屋场地盘租赁及相关服务，经营品种达3万多种。世纪联华是会员制超市，并免费提供购物班车，2007年，销售额达1亿元。公司成立至2007年，获得多项殊荣。主要有2003年度南京市场诚信服务满意单位，2006年度南京市百城万店无假货示范店，2006年度南京市文明单位，2006年度南京市诚信单位。2007年，还被南京市消费者协会授予消费维权银奖。

南京世纪联华商业有限公司江宁店二店。位于江宁区岔路口金盛路175号。由南京盈嘉恒升实业有限公司投资建设，江宁二店租用1楼～3楼。2007年12月开业，为南京市第22家大卖场。超市占地面积3600平方米，建筑面积10830平方米，营业面积4700平方米，从业人员143人。1楼～2楼经营商品，3楼为办公区和仓库区。经营范围与品种同世纪联华江宁店。

时代超级购物中心 位于上元大街456号，隶属香港肇丰集团。超市租用江宁国贸大厦商业楼。2002年11月30日开业，营业面积1.60万平方米。超市开通免费班车直通乡镇及江宁经济技术开发区，方便顾客购物。超市集食品、百货、生鲜、家电、服饰为一体，有2万多个品种。其中，生鲜大类是一大特色，不仅保证肉类、鱼类新鲜度，还有许多自制食品。超市是会员制购物中心，为消费者提供各种优惠信息和最便宜商品。因区商业布局需要，2005年12月撤店，2006年改为五星电器江宁店。

苏果超市江宁店 江苏苏果超市东山店。位于江宁上元大街242号，租用区供销大厦商业楼，2000年12月营业，面积3600平方米，从业人员90人。主要经营日用杂品、生鲜食品、蔬菜水果、肉类、水产，各种熟食制品、家电、服装、玩具、文化用品等，经营品种1万余种。苏果超市是会员制购物超市，免费提供班车服务，2006年，销售额7000万元。因区商业布局需要，于2007年撤店。

苏果文靖路平价店。位于江宁区文靖路299号，由中外合资华润苏果超市有限公司投资，于2004年1月开业。平价店建筑面积6700平方米，营业面积4200平方米，从业人员178人。经营方式批零兼营。2007 年，销售额 5000 万元。

苏果超市莱茵达路社区店。位于江宁区莱茵达路 139 号，超市用房由南京如月房产公司投资建设，华润苏果有限公司租用两层楼。2006 年 1 月开业，超市建筑面积 3400 平方米，营业面积 2850 平方米，从业人员 130 人。2006 年，销售额为 2800 万元，2007 年销售额为 3778 万元。

苏果超市鑫泰社区店。位于江宁区双龙大道 1777 号，由江苏鑫泰置业有限公司投资建设，华润苏果超市有限公司租用 2 层楼，2006 年 8 月 31 日开业。营业面积 9000 平方米，从业人员 200 人。经营方式批零兼营。2007 年，销售额 8000 万元。

华润苏果托乐嘉购物广场。位于江宁区将军大道 9 号，由南京新城置业发展有限公司开发建设，苏果超市有限公司租用 1 楼 ~ 3 楼。2007 年 2 月 14 日开业。广场占地面积 1.80 万平方米，建筑面积 2.40 万平方米，营业面积 1.80 万平方米，投资额 1500 万元，从业人员 480 人，是江宁区最大的苏果超市。广场以丰富的商品、宽敞舒适的购物环境、特有休闲娱乐功能区为鲜明特色，近 2 万平方米的经营空间，能满足消费者（特别是附近大学生）“一站式”的购物需求与日常活动。购物广场是一家集批发、配送、物流、加工、零售于一体的连销企业。2007 年 2—12 月，销售额为 1 亿元。

华润苏果黄金海岸店。位于江宁区金箔路 99 号，由南京明月建设集团公司开发建设，苏果超市有限公司购买黄金海岸广场两层楼，2007 年 4 月 1 日开业。超市营业面积 1.60 万平方米，从业人员 1500 人，超市经营范围为日用百货、针纺织品、文体用品、副食品、粮油、食品饮料、家电、生鲜、鞋帽服饰、床上用品、图书音像、烟酒糖菜、通讯数码等，经营品种 3 万多种。2007 年 4—12 月，销售额为 1.50 亿元。

北京华联超市江宁店　位于江宁区金箔路 468 号。超市用房由南京富腾房地产开发公司投资建设，租用营业面积 14266.53 平方米，2007 年 12 月 16 日开业，注册资金 3000 万元，从业人员 520 人。超市经营范围包括食品饮料、服装鞋帽、护理用品、珠宝首饰、通讯数码、家用电器、办公文教、居家日用、母婴用品、体育用品等，品种达 2 万多种。鱼类、肉类、蔬菜等每天由自产地直达到店，保证其真正新鲜美味。在商品价格方面，从休闲食品、粮食、调味品、烟酒、饮料到日用洗护用品，有专业的采购人员和每日及时的价格调查，让消费者买到最便宜的商品。

第三节　专业市场选介

【电器专卖店】

自 2004 年苏宁电器首先在江宁开办家电连锁专卖店后，2005 年，上海永乐、北京国美又抢滩江宁。6 月 4 日，上海永乐租营新世界广场 8000 平方米的南京第一家分店开业，开业前两天销售额 2500 万元；12 月 10 日，北京国美电器江宁一店（租赁江宁商场）开业。2006—2007 年，五星电器江宁一店、二店相继开业。2007 年年末，江宁东山地区共有电器连锁店、专卖店 5 家。

苏宁电器江宁连锁店　位于江宁区金箔路 468 号，中国女人街内，由南京富腾房地产开发公司投资建设，专卖店租用场地面积 5000 平方米（1 楼 ~ 3 楼），2004 年 5 月 29 日开业。经营品种有空调、冰箱、洗衣机、彩电、音像、通讯、小家电、电脑、手机、数码、OA 办公、厨卫等综合品类，从业人员 200 人。2007 年，销售额 1.30 亿元。

国美电器江宁店　国美电器江宁一店。位于江宁区上元大街 707 号，国美电器有限公司租用原江宁商场 1 楼 ~ 3 楼（南京上元机电公司租用江宁商场 10 年，机电公司又转租给国美电器）。2005

年12月10日开业，营业面积2100平方米，从业人员41人。经营品种有空调、冰箱、洗衣机、彩电、音像、电脑等。2005年，销售额900万元；2006年，销售额5000万元；2007年，销售额为2400万元。

国美电器江宁二店。位于江宁区上元大街559号，为原区物资局新世界广场（后并到区商贸局），国美电器有限公司租用1楼～2楼。2007年2月开业，占地面积2000平方米，建筑面积4000平方米，营业面积3600平方米，从业人员98人。经营品种与国美电器江宁一店相同。2007年7—12月，销售额为4000万元。

五星电器江宁店 五星电器上元大街江宁一店。位于江宁区上元大街456号。卖场大楼原为江宁腾江大厦（已出售给私人），卖场租用大楼1层～3层，于2006年7月开业。营业面积4000平方米，注册资金2000万元，从业人员219人。店内一楼为通讯天地，销售数十种品牌中外名优手机，承接手机充值、配件销售；电脑广场和数码小家电。二楼为冰洗世界、厨卫专厅。三楼为彩电总汇，集国产、合资进口彩电为一体，专卖各类影碟机、家庭影院等。2006年7—12月，销售额为5000万元，2007年销售额为1亿元。2006—2007年，被南京市消费者协会评为消费者放心企业。

五星电器上元大街江宁二店。位于江宁区上元大街300号。卖场租用江宁区商业局国贸大厦1层～2层（香港肇丰集团江宁时代超市有限公司租用国贸大厦15年，时代超市又转租给五星电器公司）。于2007年12月22日开业，营业面积5200平方米，从业人员200人。该店处于江宁第二商业圈，毗邻华润苏果超市，交通便利。江宁二店与江宁一店资源互助，经营空调、彩电、音像、冰箱、洗衣机、手机、数码、厨卫、小家电等全套家用电器，拥有江宁最大的移动营业厅、手机专厅和数码体验厅。

【汽车专卖店】

江苏中驰二手车市场 位于江宁区宏运大道1468号，地处江宁区岔路口地区，紧邻南京绕城高速、机场高速、宁杭高速公路，按照品牌化、专业化、规模化、功能化投资建设，实行一站式办公、一条龙服务。注册资金500万元，由南京中驰汽车发展有限公司经营。市场占地面积5.33公顷，运营的二手车核心区经营面积4万平方米，2004年10月开业。市场设有“八区一场”，即二手车展位、洽谈区、交易区、检测区、拍卖区、办公区、商务区、一站式服务区，覆盖多种汽车经营服务类型。中驰二手车市场是南京市车管所驻点市场，提供新车上牌、旧车交易、机动车安全检测、驾驶业务、保险代理等多项便民服务。是集品牌专营、整车交易、二手车交易、配件销售、维修检测、装潢美容和配套服务商业街于一体的汽车交易市场。2004年，新车销售量500辆，二手车交易量2000台次；2005年，新车销售量800辆，二手车交易量3000台次；2006年，新车交易量900辆，二手车交易量4000台次。2007年，新车销售量1000辆，二手车交易量4500台次，交易金额逾3亿元。江苏中驰二手车市场有限公司是南京市旧机动车交易协会副会长单位，江苏省汽车流通行业重点扶持单位。

南京景山汽车销售有限公司 位于江宁区天元中路111号，为江宁建设集团的子公司，2003年11月开业。注册资本1000万元，占地面积1公顷。拥有建筑面积4312平方米，其中，2400平方米为主厂房，1381平方米为销售展厅及办公楼，531平方米为辅助厂房，公司另有斯太尔专业维修车间800平方米，配件库400平方米，商品专用停车场3000平方米。2003—2007年，销售各种型号重型汽车6500多辆，年汽车销售产值超过1亿元。公司拥有汽车销售及维修管理人员15名，有技师、总检员、价格结算员和中、高级维修人员40余名。2004年，公司获中国重型汽车全国十佳维修站、南京市维修行业协会A类诚信单位等称号。

南京致远汽车销售服务有限公司 位于江宁区天元中路111号，为江宁集团南京致远交通工程公司投资建设，注册资金1000万元，2004年9月30日开业。公司占地面积6000平方米，建筑面积7000平方米，营业面积3900平方米。是上海大众授权的南京地区4S特许销售商，也是江宁地区唯一一家上海大众4S店。集汽车销售、维修、零配件供应、信息反馈为一体的上海大众标准展厅及服务中心。销售产品有桑塔纳系列、POLO系列、朗逸系列、途安系列、帕萨特系列和途观系列。2006—2007年，新车销售量1535辆，二手车交易25台次，汽车美容10万元。2004—2007年，积极配合江宁地区出租车工作，交付高质量出租车400余辆。公司连续2年获上海大众四星级经销商荣誉称号。

南京景山福联汽车贸易有限公司 位于江宁区天元中路123号，由台湾福联集团与江宁建设集团并配合长安福特马自达南京二厂正式投产而创建的福特4S店。公司占地面积1.34公顷，建筑面积7300平方米（2层楼），营业面积7000平方米，注册资金1000万元。2007年3月开业，主要提供长安福特各款新车销售、专业保养维修、正厂配件供应等各项服务。2007年3—12月，新车销售量873辆，销售额9815万元。

【家居建材店】

江宁装饰城 位于江宁区双龙大道447号，由南京速顺达集团有限公司投资建设，在原江宁轮胎厂基础上改建，投资额930万元。2001年建设，2002年4月20日建成开业。装饰城建筑面积8000平方米（3层楼），营业面积7800平方米。经营户100户，从业人员320人。经营范围有装饰材料、家具办公用品等3000多个品种。2007年销售额达6000多万元。

金长城装饰广场 位于江宁区双龙大道1198号，由南京长城机电集团公司投资建设。2002年6月27日建成开业。广场占地面积1万平方米，建筑面积1.47万平方米，经营面积1.13万平方米。设置门店24个，摊位135个。场内经营户147户，其中，门店经营户21户，摊位经营户126户。从业人员300人，市场工作人员20人。2002—2007年，装饰广场坚持“诚信为宗旨，质量为保证”，取得良好的经济效益与社会效益，获得多项荣誉称号。2006年，被南京消费者协会评为2005—2006年诚信服务单位；2007年，被南京市人民政府评为重合同守信用企业，被江苏省消费者协会评为诚信单位。

金碧装饰城 位于江宁区金箔路602号，用房由东山街道东山社区于2001年投资建设，后由南京佳事工艺品有限公司投资8000万元改建成装饰城。2004年3月建成开业。装饰城建筑面积1.80万平方米，营业面积1.50万平方米，摊位100个，场内经营户80户，从业人员200人。工作管理人员8人。经营范围包括木业、瓷砖、水暖、电器、灯具等装饰材料。经营方式为批零兼营。2004年，交易额6000万元；2005年，交易额8000万元；2006年，交易额突破1亿元。2007年，交易额1.20亿元。

金王府装饰广场 地处河定桥，北靠上元大街，西邻双龙大道，东接秦淮水岸，南连胜太路。由南京金箔集团投资建设，南京金箔集团金宝市场有限公司运作经营，于2006年9月30日开业，总建筑面积40万平方米。河定桥金王府装饰广场主要由四大板块组成：主体为大型装饰材料市场，内有木业厅、洁具厅、油漆厅、陶瓷厅、地板厅、移门橱柜厅、灯饰世界、窗帘世界等装饰材料区域。另配套有“吃喝玩乐、休闲购物”为主题的欧式商业步行街，以及河定桥金王府旧货市场、河定桥农贸市场等。还有近1万平方米，集车站、大型商业活动、大型文娱活动为一体的多功能广场，时为江宁规模最大、配套最全，设施最完善，交通最便利的大型装饰材料市场。河定桥金王府装饰广场以标准化管理模式精心打造“五心级”专业市场，让消费者买得放心，用得舒心，质量称心，服务贴心，全家欢心，全体经营户坚持“诚信为宗旨、质量为保证”的服务理念。

新麒麟装饰城 位于江宁区麒麟镇（今属汤山街道）悦民路，由南京新麒麟装饰城有限公司投资建设，2005年4月26日建成开业。装饰城占地面积1.10万平方米，建筑面积1万平方米，经营面积7500平方米，有经营户250户，其中，门店经营户200户，摊位经营户50户，从业人员400人，有市场工作人员5人，经营方式为各种装饰材料批零兼营。

第四章　商业街区

2001年，江宁区东山第一条商业街——东山步行街建成并运营。步行街前身为东山“二马路”，是一条狭窄的旧商铺路。改造后，集休闲娱乐、饮食、购物等功能于一体，同时被命名为南京市“旅游观光购物街”。

随着城市化进程加快，结合旧城改造，江宁区加快商业街区建设。在建设中重视商业街区特色定位品牌建设，最大限度增强商业竞争力，提升城市商业品位，并处理好商业街区建设与交通的关系。至2007年，江宁区先后建成10条商业街区：金宝市场、东山步行街、竹山路电子文化一条街、胜太路商业一条街、中国女人街、同曦鸣城、南京义乌小商品城、温州商业街、黄金海岸广场和潭桥商业街。2007年3月，江宁经济技术开发区投资8000万元，对胜太路进行改造出新。6千米长干道双层沥青铺设，总面积6万平方米人行彩色地砖铺设，4.70万平方米沿街立面墙体美化改造，路面宽敞畅通，街貌焕然一新，店面店铺崭新靓丽，墙壁地面整齐划一，夜晚奇灯异彩，呈现现代化商业街的繁华热闹。

第一节　商业街

【东山步行街】

步行街前身为“二马路”，是东山镇一条狭窄的旧商铺路，其周边多为棚户门面，街道脏、乱、差。为改变这一地段的落后面貌，江宁城建开发总公司受区委、区政府委托，于1999年11月起采用业主开发方式与上海同济大学合作，对“二马路”中段实施改造，共投资1.20亿元，于2001年10月18日正式开街。

改造后的东山步行街全长460米，街道面积7200平方米，幅宽15米，总建筑面积为55590平方米。西至竹山北路，东至新医路，南至大街东路，北至玉堂巷，同时路面增宽并铺设大理石、花砖，增设声光喷泉、广场雕塑等。步行街的整体布局呈北斗星座状，融合古典与现代建筑造型，新颖别致，风格独特。沿街建筑以欧式风格为主，绿化以沿街摆放盆栽植物为主，亮化由地灯、轮廓灯、泛光灯等组合而成，全街呈现出高贵典雅的气象。步行街的配套设施，中心设计喷泉、广场、报亭、汇卡亭等，为市民提供一个优雅、清洁、美好的生活环境。

至2007年，步行街共有142家商户，是一条集综合商业、饮食、娱乐、文化、休闲五大商业功能为一体的高档商住、文化休闲街。经营项目有餐饮、百货、品牌服装、美容美发、婚纱摄影等，其中，安踏、卡帕、乔丹、别克、美特斯邦威等知名品牌专卖店尤为突出，满足不同层次消费者的需要，丰富市民的生活内容。

为加强管理，提升档次，充分发挥东山步行街旅游观光的辐射带动作用，经区政府常务会议研究决定成立东山步行街管理委员会，全面负责东山步行街的综合协调管理工作，并由江宁区政府副区长担任东山步行街管理委员会主任，同时由区政府办、区建设局、区财政局、区工商局、区国税局等单位主要负责人组成管委会领导班子。下设东山步行街管理委员会办公室。2007 年 1 月 1 日起，东山步行街市容管理权交由市容局管理，权属关系不变。步行街经营秩序的管理工作，以及街面物业管理、道路清扫保洁，沿街门面房、基础设施修缮和其他硬件新建等仍由东山步行街管理委员会办公室负责。东山步行街先后被南京市政府命名为市容景观路，十佳门前三包管理单位。同时被南京市旅游局命名为旅游、观光、购物街，并先后接待全国各地党政代表团 50 余次。2001 年 11 月，全国人大常委会副委员长彭珮云，省委副书记、市委书记李源潮等领导曾到此视察指导。

图 20-4-9 东山步行街（2007 年摄）

【胜太路商业街】

1992 年以前，胜太路商业街是一条无名乡村小路，是经人们长时间走出来的机耕路，宽度只能并排走两辆拖拉机。路两头分别是胜利村和太平村 2 个村庄，两村人口共 5400 人。1992 年，江宁县准备打造县级开发区，胜利村和太平村在整个开发区范围之内，两村之间的路被命名为胜太路。胜太路被修建为柏油路，路幅拓宽到 10 多米，长度延伸到 4.20 千米，路边一处小山丘经人工平整后在上面建了一座小变电站。两个村庄一个变为太平花苑，一个变为胜利小区，逐渐城市化，胜太路逐渐由乡村道路蜕变为城市交通要道。

1995 年，胜太路边上第一个吸引城里人购买的楼盘——湖滨公寓陆续交付使用。随后，欧陆经典、湖滨世纪花园、仲景公寓、同曦鸣城等 10 家楼盘陆续开盘，入住人数不断增加。胜太路两边的商铺也开始陆续开张，主要是小饭馆、干洗店、修车行、小吃摊、理发馆等。1999 年，“海世界”大型餐饮店在胜太路开业。接着，第一家银行——农村合作信用社入驻胜太路，公交车增多，一些饭店开始陆续提档升级。2002 年，经省委、省政府批准，江宁经济技术开发区被赋予国家级开发区经济审批权限。江宁开发区的全面提速，带动了胜太路提档升级的发展速度。开发区决定全面打造胜太路，终结其自由发展的模式，“胜太路商业街”成为一个全新的名词。2003 年，开发区专门成立了胜太路城市综合管理委员会，并出台关于胜太路发展的规划与规范管理文件。管委会开始引导胜太路两边的业态，限制和梳理有噪音、污染、容易造成交通拥堵或破坏市政设施的商家，打气、补胎、物流运输、汽车美容等商家逐渐淡出，金融保险、大型餐饮、大型超市等业态陆续进驻。逐渐形成了胜太路以餐饮、金融、科技创业为主要特色的发展氛围。

2006 年，胜太路商业街加入全国商业网点联合会步行商业街工作委员会，成为会员单位。2007 年 3 月，江宁开发区管理委员会投入 8000 万元对整个胜太路进行彻底改造。“胜太路商业街”五个汉字做成拱形的灯桥横跨在胜太路上。商业街占地面积 8.40 万平方米，建筑面积 58.80 万平方米，营业面积 25.20 万平方米，全长 4.20 千米，宽 28 米。共有商铺 300 多家。主要有银行 21 家，饭店 100 多家，超市，影楼，发型屋，服装店等 180 多家。2007 年营业额 40.50 亿元，税收 2.75 亿元。金融街、科技街、美食街特色鲜明，被媒体誉为“江苏省开发区商业第一街”。夜晚的胜太路更为靓丽，两端 20 根幻彩灯柱和各种五彩灯饰成串成片、光鲜闪亮，衬托得整条街道分外繁华。琳琅满目的橱窗、繁华的商铺、川流不息的车辆和休闲的人群，成为开发区新城的缩影。2007 年，胜太路商业街被评为江苏省市容管理示范路、江苏省城市管理省级示范道路。

图 20-4-10 胜太路商业街亮化景观（2007 年摄）

【竹山路电子文化一条街】

竹山路作为江宁科学园与老城区联系的重要通道，是东山城区的主要枢纽。2000 年，由南京江山房产开发有限公司投资建设。2001 年 4 月，投资 4.60 亿元对全长 2000 米的竹山路科技电子文化街进行改造。由上海同济大学规划，改造包括道路扩建、环境美化和街景亮化等主要工程。改造后的道路宽幅 33 米，占地面积 16 万平方米，建筑面积 46 万平方米。街景亮化设计 40 盏爆竹灯，5 道灯光隧道和高 28 米的高炮霓虹灯。夜幕降临时，整条街面流光溢彩、璀璨夺目。环境美化以绿化为主，独具特色的水园、竹园和清新雅致的绿化街心广场构造出立体绿化体系，辅以音乐喷泉和小型雕塑群提升了街道的文化品位。

2002 年 12 月 10 日，竹山路科技电子文化街隆重开市，吸引众多商家投资兴业。中国移动通信、海尔集团率先入驻，方正电脑、汉森电脑、大通软件等一大批 IT 知名企业纷纷到此投资兴业，已有 145 家商户入驻。主要经营具有较高科技含量的电脑、电子产品。2007 年年底，竹山路科技电子文化街共有商铺 350 余家，营业面积 40 万平方米。

图 20-4-11 竹山路电子文化一条街（2002 年摄）

【中国女人街】

女人街是一条以女性为主要服务对象的多元化主题概念街。位于江宁区金箔路 138 号，由南京富腾房地产开发有限公司开发建设，总投资 2.80 亿元，始建于 2002 年 11 月，2004 年 1 月建成并投入使用。全街长 800 米，宽 78 米，占地 4 公顷，是国内同类商业规模最大的“街”形单体建筑。街道门面房 1 层 ~ 4 层，预留二次分层基础，达到亮化、净化、美化的标准。中国女人街分为 A、B、C、D、E、F 六大功能区。A 区为多功能商城，主力店有苏宁电器、肯德基、华仔女人街品牌店，主力商家有家具城、派乐迪 KTV、V8 迪吧、蓝湾咖啡等；B 区为儿童大世界、女性生活馆；C区为大型主力商城，主力商家一、二楼北京华联超市，三、四楼为国际影城，主力商家有德克士餐厅、迪信通、飞翔网吧等；D区为运动休闲馆、高档餐饮馆；E区为美容健身馆，主力商家有亚韩医学美容医院、肯定宾馆、美尚达溜冰场、大众舞厅等200多个国内外知名品牌商家；F区为展示56个民族文化特色的产品街。外设多层立体停车场。女人街建设以提高女人素质为目标，建成南京市服务配套齐全、文化特色明显、形象标准一流的步行街。南京中女街商贸管理有限公司是富腾企业集团旗下一家集商业地产运营管理、物业管理、商贸经营于一体的集团性全资公司，主力运营管理中国女人街，从业人员150余人，其中，高级管理人员和工程技术人员30多人。

【温州商业街】

商业街地处东新南路，由江苏瓯江投资发展有限公司投资建设。公司于2001年4月成立，注册资本2500万元，三级房地产开发资质，主营房地产、资本投资等。下属房地产开发公司、物业管理公司、商贸中心、瓯江购物中心等分公司。温州商业街全长980米，街宽31米，占地面积11万平方米，建筑面积24万平方米，总投资4亿多元。分为A、B、C、D、E、F、G、H、J、K、L11大功能区，其中A、B、D、E为大型超市、百货、餐饮、家电商场，C、K为高尚住宅区，F为高级商务大楼，同时配有大型停车场，是一条集购物、娱乐、餐饮、休闲、文化、生活于一体的大型综合性商业街区。

图20-4-12　21世纪初建成的温州商业街

【潭桥商业街】

商业街被列入园区及街道三产发展总体规划，邀请国内知名设计院高标准设计。由江宁科学园、秣陵街道共同投入8600万元用于三通一平建设，做到统一门面，统一标准。全街长800米，商业用房3.70万平方米。商业街为商贸、餐饮、文化娱乐、电子商务等三产提供服务，至2007年，有97户经营户入驻经营，其中，下岗失业、失地农民在此创业经营的有25户，占总户数的25.77%。累计吸引广大业主投入1260万元，商业街商业用房使用率达98%。当年共吸纳452人就业，其中，下岗失业18人，失地农民55人，农村劳动力29人，外来务工42人。

第二节　商业区

【金宝市场】

市场位于江宁区金箔路197号。由南京金箔集团投资兴建，于1993年8月24日动工，1994年8月28日建成开业。经营面积19615.90平方米，总投资4000多万元，以批发零售为主，主要面向东山及周边乡镇中、低收入居民，经营床上用品、办公用品、五金电器、家具、服装百货、鞋帽、装饰材料、建筑材料、农副产品等，经营品种近1万种，入驻摊位2500余个，年营业额3.20亿元，日人流量1万余人。内置18个区，一区主营百货，二区主营鞋帽箱包，三至五区主营服装，六区主营床上用品，七区主营羽绒服，八区主营精品鞋，九至十一区主营五金电器日用品，十二区为室内农贸市场。

金宝市场经过10多年发展，至2007年，成为东山镇乃至南京地区最热闹、最繁华的综合性大市场，形成强大的人流、物流、信息流。来往的中北、新城巴士，晚间的大排档，卡拉OK已成为东山地区的一道靓丽风景线。让广大市民感受到“不到金宝，江宁白跑”“金宝真热闹，好似南京夫子庙”的商业氛围。金宝市场连续多年被省、市授予文明市场称号。

【同曦鸣城】

商场地处胜太东路南侧，西临双龙大道，占地1.33公顷。其中，步行街长800米，沿街有115个店铺，2003年7月开业，主要面向工薪阶层消费，内设服饰店、美容美发中心、茶吧、书吧、副食品、健身休闲中心等，集餐饮、娱乐、购物、运动于一体。

假日百货是同曦鸣城新区的一个商城，是同曦鸣城主力核心店，由同曦集团投资兴建。于2004年5月1日开业。商场总建筑面积2.70万平方米，总营业面积2.50万平方米，包括地下一层在内的六层都为流行百货，主营流行服装、精品彩妆、珠宝鞋包、通讯器材、钟表眼镜、童装童玩、文具图书与办公用品等，商场配备大型停车场、自动柜员机、快餐店、美容院，时为江宁第一家以流行时尚为定位，集购物、休闲、娱乐于一体的大型时尚购物中心。辐射周围80多个社区，基本消费人口约80万人。假日百货引进群众认同度高、口碑好的品牌产品为主打商品，常常人流如潮，顾客盈门。营业数年，经过不断调整，业绩稳步上升，2007年销售额达1.80亿元。假日百货是江宁地区百货类唯一获百城万店无假货称号的商业店铺。

图20-4-13　江宁同曦假日百货（2006年摄）

【南京义乌小商品城】

小商品城位于天元东路388号，毗邻江宁大学城。由南京浙商投资有限公司投资建设，投资额10亿元。占地面积14公顷，建筑面积30万平方米，营业面积20万平方米，2006年5月27日开始营业。有商铺2500间，主要经营皮革、箱包、饰品、化妆品、百货、印刷、文体、数码、美食、美容美发、服饰鞋帽、五金机电、装饰建材、

图20-4-14　南京义乌小商品城（2007年摄）

床上用品、灯具、副食品，另有电玩等娱乐休闲项目。2006年营业额6000万元，2007年营业额9800万元。

南京义乌小商品城全面引入义乌模式，与义乌市场十一大行业协会签约，浪莎、梦娜等百余知名品牌进驻；中国文体用品协会与义乌文化用品协会签约进场，占据2万平方米的铺位经营，是江苏最大的文体用品市场。商业管理由南京浙商投资有限公司与浙江义乌商管公司共同组建南京义乌小商品有限公司，进行全方位、立体化管理。采用科学的市场管理办法，引入银行、电信、货运、餐饮、仓储、广告、写字楼、住宿等商业服务机构。在200千米的经济圈内，南京义乌小商品城是区域内档次最高、规模最大的专业批发市场。2007年，被省精神文明建设指导委员办公室、省工商行政管理局评为2006—2007年诚信市场。

【黄金海岸广场】

广场位于江宁金箔路，与上元大街交汇处。该地原为江宁灯具市场，2005年11月，由南京明月建设集团投资4亿元重新建设，重建后，占地面积5公顷，建筑面积7.66万平方米。广场由商业、酒店式公寓、住宅三种物业形态组成，其中，商业部分约5.38万平方米，层高4米～5.40米，2007年5月开始营业，住宅6000平方米，层高2.90米～4米，酒店式公寓约2万平方米，有地下车位600多个，管理人员50人。

黄金海岸广场第一街区主要有华润苏果超市，营业面积约2.53万平方米；动起来健身广场，营业面积约4500平方米；真豪玩电子娱乐城，营业面积约2000平方米；银谷花园宾馆，营业面积约1700平方米；还有小型零散餐饮美食等约900平方米。第二街区主要有农业银行营业部，营业面积约900平方米；中信建投证券公司江宁营业部，营业面积为1500平方米；另外还有商业街区，主要经营百货、服装、副食品等，营业面积约1.13万平方米。

第五章　商贸物流

商贸物流是在传统物资流通领域中的储运业务基础上，不断扩展各种延伸服务而发展起来的。其实质是以最合理的布局，全方位的服务，最方便快捷的办法，最低的成本实现物资流动全过程；主要目的是为满足产品生产者和消费者需要而进行的从起点到终点之间的原材料供应，以及产品流通过程中包装、运输、储存、分拨、配送、相关信息传递等实施和控制管理的效率最大化。江宁区区位、交通与产业优势明显，随着经济快速发展，商贸物流规模和特点日渐凸显。从市场建设看，2007年年末，江宁区规模市场项目达17个，其中，投入营运的10个，在建的7个。这些市场建成后，江宁区单个2万平方米以上的规模市场总经营面积达250万平方米。其中，5万平方米～10万平方米的规模市场10个，10万平方米～20万平方米的规模市场3个，20万平方米以上的规模市场4个。规模市场的建设为江宁区商贸物流业增添新的活力。

2007年，江宁区有规模物流企业68家，其中建成47家。以在手项目为支撑，江宁区将构建四大物流集聚区：空港物流集聚区、开发园区产业配套物流集聚区、农副产品物流集聚区和滨江航运物流集聚区。

第一节　商贸物流的发展

1990年，江宁县货物装卸量为1209万吨，货物以砂石料、粮食、化肥、水泥、钢铁为主。货物的流动范围大多数在江宁县或附近地区，在业态上属于供货类别。即由生产企业自建物流设施，自购物流设备，自营物流业务。如县钢铁厂、化肥厂、水泥厂、粮食局等，都有自己的库房、车队，自货自运。

江宁的现代物流业始于1992年，江宁经济技术开发区建立后，物流企业纷纷入驻，特别是跨国物流企业进驻越来越多，向着标准化、集成化、网络化方向发展。1997年，建成并投入营运的禄口机场物流中心成为南京及周边地区进出口物流的主角。至2007年，江宁区建成并投入营运的物流企业有47家。47家物流企业由三部分构成：一是国内外知名物流企业，如中国邮政航空物流集散中心、普洛斯物流、长安民生汽车物流、日捆物流等，主要为区域性或国际区域提供物流配送服务的大型企业。二是由传统传输、储运及批发贸易企业转变形成的物流企业，主要利用航空、铁路、公路、水路等运输体系和现有配货运输枢纽及场站、仓储设备，如南京禄口空港国际货运有限公司、南京空港海关保税物流中心（B）、车腾物流、一汽佳马物流、南京长安民生住久物流、九州通医药物流、永辉大件滨江港口物流等，是新建或依托原有物流业务基础和在客户设施经营网络等方面的优势，通过不断拓展和延伸物流服务逐步成为现代物流企业。三是民营企业和专业运输企业，数量较多，但规模不大，如南港物流、小河物流、今维宁物流、南京佰隆华禹物流有限公司等，这些企业主要利用商品集散地和生产资料市场、消费品市场、简易仓储与冷藏恒温设施，依靠灵活的竞争策略与第三方物流企业进行合作，围绕货运代理、商业配送、多式联运、社会化储运服务，在市场竞争中平稳发展。

图20-5-15　2006年9月16日，落户空港工业园项目普洛斯开工奠基

至2007年年末，江宁规模物流企业（项目）68家，其中，建成营运47家，项目平均投资规模1.85亿元，从业人员5000人，形成多种所有制、多种服务模式、多层次的现代物流企业群。企业门类比较齐全，有以总投资5000万美元的宝供物流等代表的综合型物流企业群；以总投资6000万美元的一汽马自达物流中心等代表的专业型物流企业群；以一期投资8000万美元的美国普洛斯公司等为代表的物流地产型企业群；以一期投资1亿元的香港环亚集团为代表的商贸物流型企业群，产业布局日趋合理。以在手项目为支撑初步构建了四大物流集聚区。以南京空港国际物流中心、南京空港海关保税物流中心（B）型、中邮航速递物流集散中心、南港物流等项目为龙头的空港物流集聚区；以长安民生汽车物流、九州通医药物流、海尔仓储物流等项目为代表的开发园产业配套物流集聚区；以南京农副产品物流配送中心项目为骨干的农副产品物流集聚区；以滨江港口物流、永辉大件滨江港口物流等建设项目为牵引的滨江航运物流集聚区。四大物流集聚区成为江宁区现代物流快速发展的优势平台。

第二节 企业（项目）选介

【中国邮政航空速递物流集散中心】

中心是中国邮政集团公司（原国家邮政局）的重点项目，也是南京市长江国际航运物流中心的重点项目，位于江宁区禄口街道。2006 年 5 月，国家邮政部门与南京市政府在宁签署了该项目的合作协议。根据协议，中国邮政将在南京建设一个亚洲第一、全球第三的航空速递物流集聚中心，形成航空枢纽、分拣中心和国际、国内快件物流邮件集散“三位一体”。该项目位于南京禄口国际机场第一跑道与规划中的第二跑道之间，占地 80 公顷。一期分拣中心为 16.30 万平方米，二期运行保障及航空集装箱交换中心为 1.74 万平方米。项目总投资为 13.86 亿元，其中，一期分拣中心 11.75 亿元，二期运行保障及航空集装箱交换中心 2.11 亿元。项目建设年限为 2006 年 12 月至 2010 年 12 月。

2006 年 12 月 28 日正式开工，中国邮政集团公司副总经理张亚非、南京市副市长陈刚为工程揭牌。由禄口街道承担的 6.50 千米项目施工便道和因项目建设的 4 千米徒墙河改道工程，于 2007 年 6 月竣工。

2007 年 7 月 19 日，在禄口机场正式开航。早晨 7 时起，3 架机身标有“中国邮政航空”的飞机，装载着速递邮件，在禄口机场依次起飞，分赴不同的目的地，实现邮政飞机在禄口机场集散。当日，中国邮政改原在上海虹桥机场运行的 8 架“全夜航”飞机连同中国邮政快件交换中心，全部转场至南京禄口机场。2007 年，中国邮政航空公司有飞机 12 架，可以直接通达北京、上海、广州和日本大阪、韩国首尔等 15 个国内外城市。同时结合社会航空运输能力及邮政网络优势，覆盖全国 30 个省、自治区和直辖市，在 200 多个重点城市之间实现速递邮件“次日递”和“次晨达”，且在不增加 1 分钱邮资的前提下，邮政特快专递服务快件送达时间比原来提前 4 小时。是年，货邮量 18 万吨。

【南京小河物流仓储有限公司】

公司是南京市政府重点扶持项目（“十五”规划重点项目之一），是中国大陆地区最先将自动化仓储技术应用于第三方物流的企业之一，是小河物流公司的华东物流中心，注册资本 2000 万元。公司位于江宁区东山街道上坊万安西路 57 号，北依 104 国道，东临宁杭高速公路，占地面积 5000 平方米。

一期工程仓储库房建筑面积 9216 平方米，高 22 米，采用美国巴特勒钢结构库房。地面采用金刚砂耐磨地坪。上下货采用 1.20 米 ×1.10 米托盘。库房内设 7860 个自动化主体货位、2624 个普通货架库位以及 4800 平方米平库区。自动化主体仓库区配有 5 台高速堆垛机以及链条输送机、辊子输送机、升降台、条码阅读器、自动检测装置等设备通过现场总线方式连接的自动化控制系统实现货物的出入库及快速拣选功能。普通货架区和平库区通过三向电瓶叉车、普通电瓶叉车提取货物，通过无线射频终端与计算机进行数据交换。

公司装有日本报知红外对射烟感报警系统、喷淋系统和控制系统组成的消防保障系统。拥有自营车队和加盟车队组成的强大运输能力，主要经营南京至上海、浙江、广东、华北、东北地区以及江苏省内的汽车运输业务和南京市内的配送业务。

小河物流管理系统由南京小河物流仓储有限公司和南京业天软件有限公司联合开发。能够适应客户的多样性和管理的复杂性；适应多仓库多地点的集中式和分布式管理；适应自动化仓库、普通货架式仓库、平库的管理模式；适应货物基本属性的复杂性和不确定性；适应第三方物流计费的复杂性；充分考虑了自动化仓库货物分配原则以及操作效率处理上的复杂性；符合条码管理、批次管理、有效期管理、序列号管理的要求。

2007年，中心每月进出货量100吨左右，货物以电子类、机械零件类、日用品类为主，中心配有6辆货车，职工30人左右。

【今维宁物流园】

物流园坐落于江宁区岔路口龙西路，南依江宁经济技术开发区，北靠南京火车站。由南京今维宁投资发展有限公司投资建设。

园区规划投资近5亿元，占地20公顷，定位为华东地区最大的数字智能化多功能物流园。园区主功能为电子、家电类高科技产品的仓储物流服务。附属综合功能包括全球数据交换中心、高科技物流会展中心、超五星级酒店、高档商务楼宇及部分住宅项目。一期项目于2006年10月投入营运。

物流园拥有数字智能化仓库10余万平方米，配合以信息服务，提供24小时全球定位的数据交换。园区内建成海尔集团南京H米S项目，是海尔集团在国内唯一授权的集商流、物流和售后服务一体化的操作平台，是海尔在全国布点的三大区域性综合服务中心之一。承担了海尔在华东地区市场营销、仓储物流、商务信息和售后服务的功能，年中转商品货值达30亿元。园区还引进世界500强之一的“五星·百思买集团”，为其提供5万平方米的仓储物流服务，年中转商品货值40亿元。

2007年，园区有员工200多名，其中，本科学历以上占80%。拥有高级专业技术职称人员20多名，硕士、博士10余名。

【空港物流保税中心】

中心紧邻南京禄口国际机场。由国家级高新技术产业开发区（南京江宁经济技术开发区）与华东主要货运机场、禄口国际机场共同投资开发。项目于2003年11月开工建设，规划面积1平方千米，其中，海关监管区域约0.60平方千米，发展预留用地0.40平方千米。监管区内建设公用、自用型标准仓库30万平方米；区外预留部分用地，用于物流企业、货运代理公司、采购中心等建设商务配套设施。一期封关运作面积0.66平方千米，建设海关、商检及行政办公楼6000平方米，仓储用房2万平方米。项目将建成具备海关、商检等口岸功能的封闭围网区域，具有“境内关外”的政策优势。按照“一线开放、二线严管”的原则，提高通关速度，降低通关成本。具有保税仓储、国际物流配送、简单加工和增值服务、进出口贸易和转口贸易、口岸功能和出口退税、物流信息处理等九大功能。保税物流中心一期因具有特殊的海关、税收、外汇管理政策和完善的基础设施条件，成为现代国际物流企业理想的业务运作平台。

图20-5-16　南京空港保税物流园（2004年摄）

中心享有国家规定的保税物流优惠政策。紧邻南京禄口国际机场，中心与机场业务实现无缝对接和一体化高效运营；南京禄口国际机场国际航线直达北美、欧洲、东南亚、日韩及港澳等国家和地区，业务与国际市场紧密衔接；与机场高速公路、宁杭高速公路和即将建设京沪高速铁路南京南站相连，地面交通方便快捷，可实现多种运输多式联运；对接国家级开发区——南京江宁经济技术开发区，依托南京区域内落户的56家世界500强企业，保税物流资源潜在市场将不断扩大；共享南京禄口国际机场物流信息平台资源，可实现保税物流、航空货物进出港、通关“一站式”服务等营运优势。

中心服务对象为加工贸易、深加工结转需要出口退税的企业；为跨国制造企业承担供应商管理库存的经营企业；从事国际分批、国际采购、国际配送的物流企业；保税存放进口航空器材的企业；承接国际著名品牌产品、国内寄售维修零部件保税存储的企业；需要国际中转功能的跨国物流企业，国际贸易经营企业。

【中南汽车港】

汽车港位于江宁区禄口空港工业园内，距南京市区22千米。汽车港由南京中关村置业有限公司在江宁区空港工业园投资建设，规划用地58.73公顷，总建筑面积65万平方米。项目开发分三期进行，一期项目占地20.80公顷，为国际汽配基地。二期、三期规划有旧机动车交易基地，国际展馆、汽车品牌推广基地及汽车旅游文化基地。2007年8月，建成独立产权商铺1290套，品牌商务楼78套，配有综合管理大楼、餐饮楼、商务酒店等。

2007年9月，中南汽车港投入试运营。中国汽车工业进出口总公司进驻汽车港，整租面积近4万平方米。建成后运营的中南汽车港，将成为华东地区最大、最完善的汽车售后服务平台，其中，立体服务范围包括汽车交易、品牌专卖、四位一体专卖店、二手车交易、汽车零配件交易、汽车信息及电子商务、休闲、娱乐、汽车和汽车历史文化展览、国际及全国性汽车交易展览信息文化等。

【南京国际小商品城】

小商品城位于南京江宁秦禄大道（汤铜公路）2号，机场高速禄口出入口旁，始建于2004年9月。该项目是集产业、商贸、信息、物流、展示、研发为一体的超大型综合小商品批发中心。项目内设有商贸园区、仓储包装园区、综合大型超市、外商采购中心和商务中心，银行、邮政、卫生、工商、税务等机构进驻其中，项目商家足不出户便可与全国乃至世界各地的商家进行交易，具有现代化商业网络服务功能。

商品城占地总面积95.20公顷，建筑总面积118万平方米。2006年年底，首期建成占地面积24.20公顷，建筑面积29万平方米。2007年年底，有2072套商铺交付开业。全部工程建成营业后，年成交额在100亿元以上，创利税8亿元，市场管理收入1亿元，将极大地带动禄口第三产业的发展。

【环亚国际建材城】

2006年3月22日，环亚国际建材城开工建设。建材城位于江宁经济技术开发区空港工业园内，由香港环亚集团投资24亿元，有近百万平方米大型建材物流基地，集展示、贸易、仓储、物流、技术信息交流、配套居住为一体，为现代商贸物流产业板块的旗舰型项目。建设周期3年。建成后将带动建材产业集聚，形成规模效应，成为服务江苏、辐射华东、面向全国的大型综合建材专业采购中心。该项目与临近的金盛国际、中南汽车港、宝供物流等项目共同构筑空港工业园的现代商贸物流产业板块。

【南京农副产品物流配送中心】

中心位于江宁区东山街道高桥门，规划占地200公顷，总建筑面积160万平方米。总投资约50亿元，由南京农副产品物流中心有限公司投资建设。这一以江宁区为主体的项目建设，坚持“政府主导，市场唯一”的原则，按照“南京唯一，华东一流，全国有影响，打造中国长三角菜篮子中心”的定位，于2006年8月全面启动前期筹备工作。经过一年多的酝酿和准备，2007年11月，南京农副产品物流中心全面进入实质性建设阶段，启动占地80公顷的一期工程建设，总投资20亿元，主要建设蔬菜、果品、水产品、肉品、副食品、冷冻物流专业市场及农副产品展示交易中心。

按照园区“统一规划、整体布局，统一标准、分区建设，专业经营 、综合服务”的总体建设框架，重点“建设三大平台、打造三个中心、突出四个服务特色”，构建和形成高集聚、强辐射、现代化的农副产品物流体系与多元复合互动的服务平台。市场建设的“三大平台”，包括展示交易平台、冷链物流配载平台、综合商务平台。展示交易平台作为园区的主要基础功能，主要为果品、蔬菜、水产、副食、肉食、禽蛋等大宗农产品提供展示、交易、信息、物流配送“一站式”服务；实现全场统一IC卡电子结算与农产品质量溯源管理；构建常年举办、引领全国的名优农产品展示中心、订货中心、推广中心。冷链物流配套平台作为园区支撑现代化交易的主要功能之一，通过提供2次加工和冷链配载服务，前伸基地、后延终端，实现农产品加工升值和非标准向有标准转化，为超市、菜市场连锁经营等新型商业业态发展提供支撑。综合商务平台作为园区保障与升级功能，按照国家发改委关于特大型综合农贸批发市场两大系统建设标准，投资5000万元同步建设信息发布和农产品检验检测等，为入驻企业和经营商户提供优质快捷的配套商务和生活服务。园区建设跨区域的农副产品物流集散中心，建设连接政府与企业、生产与流通的农副产品信息发布中心，建设影响全国的农副产品价格中心。在市场运营中，突出公正诚信、安全绿色、有序和谐、管理规范的特色。

一期工程预计于2009年建成并投入营运。

【南京长安民生住久物流有限公司】

2006年11月1日，重庆长安民生物流有限公司、日本住友商事株式会社、北京长久物流有限公司三方代表分别在合同上签字，成立南京长安民生住久物流有限公司，共同建设长安福特汽车物流基地，成为南京长安福特马自达汽车公司和长安福特马自达发动机公司唯一指定的第三方物流服务供应商。同日，物流公司办公楼落成启用。

重庆长安物流公司是国家重点物流合资企业，位居国内专业汽车物流企业前三强。日本住友商事株式会社是全球知名企业，位居全球500强企业前300强。北京长久物流公司是从事商品车物流综合服务的大型物流集团，是马自达6在中国唯一商品车物流承运商、国家“AAAAA级物流企业”。由于这3家强势物流企业合资新建的长安福特南京物流基地项目，总投资2.10亿元，注册资本1亿元，占地5.60万平方米，主要从事汽车仓储、配送、包装、分装、运输、物流策划、物流信息等服务。

2007 年江宁区物流十大项目建设情况表

表 20-5-4

项目名称	项目投资业主	项目建设位置	项目建设内容	项目建设年限	总投资（万元）	2006 年年末完成投资（万元）	2007 年投资（万元）	2007 年进度
农副产品物流配送中心	南京农副产品物流配送中心有限公司	东山街道高桥门	建设场地平整基础设施和物流仓储设施建设	2007 年 1 月至 2009 年 12 月	500000	—	200000	开发建设一期主体和配套工程
中国邮政航空速递物流集散中心	国家邮政局	禄口街道	南京中邮航空速递物流集散中心	2006 年 12 月至 2010 年 12 月	138600	—	18000	速递物流基础设施建设
工业及物流仓储设施的开发经营管理	南京市江宁区普洛斯置业有限公司	空港工业园	工业及物流仓储设施的开发经营管理	2007 年 1 月至 2007 年 12 月	10000	5000	5000	完成主体和配套工程
宝供综合物流基地	南京宝供江宁仓储服务有限公司	空港工业园	建设物流仓储设施	2007 年 2 月至 2008 年 12 月	10000	—	5000	完成主体和配套工程
南京空港保税物流中心（B 型）	南京空港禄口物流有限公司	空港工业园	完成三通一平；卡口、海关、国检大楼主体封顶，开建 3 万平方米仓库	2005 年 11 月至 2007 年 12 月	60000	15000	25000	建成部分库房
九州通医药物流	南京九州通物流技术开发公司	江宁经济技术开发区	3 万平方米物流厂房建设，设备到位	2006 年 1 月至 2007 年 12 月	15000	7500	7500	完成主体工程和配套工程，设备到位
滨江港口物流项目	永辉滨江建设（南京）有限公司、南京大件建设工程有限公司	江宁滨江经济开发区	滨江港口 4 个码头建设物流项目	2006 年 4 月至 2008 年 12 月	28300	4000	18000	开发建设码头以及仓储配套设施
长安福特汽车物流基地	南京长安民生住久物流有限公司	江宁经济技术开发区	从事汽车仓储、配送、包装、分装、运输、物流策划、物流信息服务	2006 年 10 月至 2009 年 12 月	10000	1000	6000	建设仓储物流设施
万通物流仓储中心	南京万通物流有限公司	空港工业园新城路	仓储设施及办公楼	2006 年 5 月至 2009 年 12 月	24100	2000	6000	完成一期主体和配套工程
佳马储运物流	江苏佳马储运有限公司	空港工业园	建设从事一汽马自达部件物流仓储设施	2006 年 6 月至 2007 年 12 月	10000	4000	6000	完成主体和配套工程
合 计		—	—	—	806000	38500	296500	—

第二十一编

服务业　旅游业

传统的服务业主要是饭店、旅馆、浴室、理发、照相、洗染、茶水、修配等行业。江宁区传统服务业历史悠久，清末民初的老行当木匠、箍桶、铁匠、弹棉花、织补、补锅、修刀磨剪、修钢笔等至今还在街头巷尾时现时隐。随着社会的发展，人民生活水平的提高，特别是1978年改革开放后，餐饮服务业适应时代潮流，行业服务范围、门类等不断扩展、延伸和细化。租赁、法律服务、广告业、职业中介、居民服务业、娱乐业等新兴行业填补区内空白；餐饮、住宿由低档向高档发展，一批硬件设施好、技术强、管理水平高的大型酒店、宾馆、音乐茶座、咖啡馆等相继开张；照相业由原先的黑白照渐成“怀旧”，转向彩扩和婚纱摄影、艺术摄影、儿童摄影等；理发业增设磨面、修眉、离子烫等美容美发项目；沐浴业开设桑拿、冲浪浴、按摩等一条龙服务；修配业不再局限在修钥匙、钟表、自行车，触角伸向电脑及各类家电、五金修理和汽车、摩托车修理等。

2007 年，江宁区第三产业增加值 108.10 亿元，占全区地区生产总值（市考核评价口径，下同）的 31.84%。其中，住宿和餐饮业、租赁和商务服务业、居民服务业等增加值 24.26 亿元，占第三产业增加值的 22.65%。服务业已成为扩大就业的主要渠道之一，全区从事批发零售、住宿餐饮、租赁和商务服务、居民服务业等个体私营企业 24278 家，从业人员 64660 人，为解决就业、保障民生民本、促进经济发展和社会稳定起到了重要作用。

江宁区拥有丰富的旅游资源，有牛首山、方山、汤山之群山，有深水长江和秦淮河，有深埋千尺的汤山温泉。更有厚重的历史文化资源：南朝石刻、定林寺塔、宏觉寺遗址、南唐二陵、岳飞抗金故垒、郑和墓、阳山碑材、杨柳村古民居群、蒋介石温泉别墅等。20 世纪 90 年代起，通过强化规划引导，推进项目建设，加大促销等措施，使江宁区旅游业走上发展的“快车道”。2007 年，全区拥有国家级旅游景区（点）和工农业旅游示范点 19 处，旅游农业景区（点）60 处。全年接待国内外游客 125.40 万人次，实现旅游收入 5.20 亿元。

第一章　餐饮和住宿业

新中国成立后，特别是中共十一届三中全会后，江宁区餐饮和住宿业有了长足的发展。区内涌现出一批硬件设施好、技术强、管理水平高的大型酒店、宾馆，各种中小型餐饮住宿门店及风味特色小吃已经普遍。不同水平、不同档次的餐饮和住宿业已基本形成全方位市场竞争的格局。根据调查，江宁区餐饮和住宿业主要集中在胜太路、胜太东路和金箔路、上元大街、竹山路、东山步行街一带。经营面积主要以 300 平方米 ~ 800 平方米中小型店为主，1200 平方米以上大型餐饮住宿店比较少。餐饮业消费人群以江宁区消费者为主，南京城内消费者占 15% ~ 20%；消费原因，朋友聚会占 46%，节日庆贺和特价促销分别占 19% 和 15%；消费者最看重食品味道、食品价格和服务质量，分别占 25%、24% 和 22%；受消费者欢迎的中餐和西餐，各占 38% 和 37%。

至 2007 年，江宁区餐饮业和住宿业零售总额为 123338 万元，占全区社会消费品零售总额的 13.55%，其中餐饮业 115594 万元，占全区社会消费品零售总额的 12.70%；住宿业 7744 万元，占 0.85%。

第一节　餐饮业

【正餐服务】

江宁区饮食业历史悠久，清宣统二年（1910）的南洋劝业会上，江宁县名产“湖熟板鸭”在参展产品中脱颖而出，获得金奖。从此，“湖熟板鸭”更加声名远播，成为南京土特产的经典品种。湖熟镇上的板鸭店则以马氏最著名，清末之后相继开办过马宏兴鸭铺、万源楼鸭店等。此外，江宁县的陆郎茶干也是久负盛名。民国 37 年（1948）统计，江宁县 31 个集镇有饭店及烧饼油条店 100 余家。在这些饮食店中 80% 以上为夫妻老小连家店。县城东山镇有 8 家饭店及烧饼油条店。其中，新宁楼酒楼业主为张其新，雇工 4 人；荣华楼酒楼业主为孙义德；孙老九饭店业主为孙老九。

新中国成立后，私营饮食业网点发展迅速。1949 年，全县有私人经营的饭店、小吃店等 431 家，从业人员 520 人，年销售额 40.20 万元。1956 年，完成对私营商业社会主义改造后，私营餐饮业走向联营合作道路。是年，全县共有合作饭店（小组）175 家，从业人员 502 人；私人饭店、小吃店 88 家，从业人员 91 人。年营业额 72.50 万元。1959 年 9 月，饮食业实行折收粮票供应，消除早点争购排队现象，全县饮食业均由国营商业、供销社商业统一经营。共有酒楼、饭店及小吃店 62 家，从业人员 540 人，年营业额 145.90 万元。1964 年 7 月 3 日，县商业局下发《关于加强饮食服务业领导管理的通知》，同年 9 月 5 日，成立江宁县饮食服务商店，设在东山镇国营庆乐园菜馆内，负责东山、湖熟、汤山 3 个镇国营、公私合营、合作企业饮食服务管理工作。1965 年，全县饮食业有酒楼、饭店及小吃店 97 家，从业人员 571 人，年营业额 184.70 万元。“文化大革命”期间，服务质量下降，饮食网点撤并。1976 年，全县饮食业有酒楼、饭店及小吃店 68 家，从业人员 641 人，年营业额 242 万元。1977 年，县商业局成立江宁县饮食服务公司，成立新宁春、车站饭店 2 家饭店。

中共十一届三中全会后，饮食业进入一个新的发展时期，折收粮票制度逐步取消。1985 年，全县饮食业经营单位共 1043 家，从业人员 2266 人。其中，全民所有制饮食业 9 家，从业人员 65 人；集体所有制饮食业 92 家，从业人员 598 人；个体有证饮食业 942 家，从业人员 1503 人。全年营业额 847 万元。其中，全民所有制饮食业 58 万元，集体所有制饮食业 434 万元，个体有证饮食业 355 万元。东山镇主要饭店有：东山饭店、车站饭店、满庭芳饭店、秦淮饮食店、中华楼菜馆、四季春饭店。个体私营办的小吃部、咖啡馆、面点部、冷饮甜食店等分布在大街小巷、车站、商铺等各个角落。此外，供销社还在南京中华门豆腐巷兴办南京东桥饭店。粮食局下属企业兴办阳光大酒楼、康蓬饭庄等 14 家饭店、酒楼。1988 年起，县委、县政府贯彻落实党中央、国务院关于严禁党政机关和党政干部经商办企业的决定，县党政机关创办的餐饮业全部转为个体户和私营企业经营。

20 世纪 90 年代后，随着经济体制改革的深入，国营、集体从事餐饮服务的企业逐渐萎缩，网点减少，人员分流，有的企业转为个人承包，有的企业售给个人经营。2000 年年底，国有商业系统饮食业只有 2 家，从业人员 15 人，营业额仅 387 万元，与 1997 年相比下降 137%。供销系统饮食业由于规模小、设施不完善，除位于南京中华门内的东桥饭店继续经营外，绝大多数餐厅、小吃店关门歇业或转业经营。个体私营饮食业如雨后春笋般快速发展。是年，全县有饮食服务个体户 1328 家，实现营业收入 7542.80 万元。其中有 3 家私营企业大户：南京海世界美食桑拿娱乐中心，2000 年营业额 1103 万元；江宁县小厨娘百姓人家饭店，年营业额 150 万元；新东新美食城，年营业额 400 万元。

2001—2007 年，江宁区的餐饮企业向更高层次发展，餐饮企业投资建设规模不断扩大，在竞争中做大做强。2001 年开业的金元宝大酒店，四星级标准，从业人员 210 人，餐位 400 个；新东新美食城为国际旅游定点饭店，从业人员 400 人，餐位 2000 个。2003—2007 年开业的小厨娘分店、玉兰阁饭店、小秦淮食府、东山渔港、君悦大酒店、玉东阁大酒店、南京吉华花园酒店、金钟山大酒店、大富豪酒店、粤鸿和酒楼、烟波渔港等，这些各具特色的饭店、酒楼，把江宁区特别是东山新市区的餐饮业推到更高层次，增强了企业的知名度。其中地方名菜东山老鹅、骨头汤已成为特色菜肴，闻名四方。2007 年，全区餐饮业限额以上企业（单位）（年营业额 200 万元以上）29 家，营业额 19862 万元，从业人员 2940 人；限额以下企业（单位）105 家，从业人员 1541 人；个体工商户 1809 家，从业人员 4618 人。限额以下企业（单位）和个体工商户年营业额 95732 万元。

【快餐服务】

20 世纪 80 年代开始，快餐服务已基本放开，由过去的国营、集体经营为主转为个体私营。主营项目为各类面点、快餐简餐配送、铁板饭、盖浇饭、豆浆、烧烤和鸭血粉丝汤等。2002 年，洋快餐进入江宁区，当年开业的有位于土山路 2 号的南京肯德基有限公司江宁东山餐厅、位于土山路 5 号的南京麦当劳餐饮食品有限公司江宁大市口餐厅。2004 年，区商业系统启动“放心早餐工程”，组建南京早安餐饮有限公司，在东山街道布点早餐网点 36 家。实行集中制作、统一配送、分散设点运作模式。2005 年，放心早餐在东山街道布点 49 个，日销售额在 1 万元以上。同年，有 20 余家快餐店开业，规模较大的有位于江宁东山工业集中区的南京千万家餐饮有限公司，有员工 100 余人，服务项目有食堂承包、食堂策划、食材配送、快餐配送等；另一家为位于江宁科学园莱茵小镇的南京顺益达餐饮服务有限公司，有员工 50 余人，建筑面积 1000 余平方米，并通过 ISO 9001:2000 质量管理体系认证。2006 年，位于翠文路 14 号的铜山狗肉馆获江苏电视台《社会纵横》美食佳肴上榜品牌。至 2007 年，江宁区快餐服务企业、摊点共 245 家，不仅有快餐店、熟食店、熏烤店、小吃部、大排档等中式快餐，也有肯德基、麦当劳等洋快餐。同时，有许多茶楼、酒楼、洗浴等休闲娱乐场所也经营快餐服务。是年，江宁区限额以上快餐服务企业主营业务收入 508.30 万元，从业人员 104 人。

第二节 住宿业

民国时期，县内旅馆较少，各集镇均为小客栈，价格便宜，有的客栈楼下开饭店，楼上住客人，吃住一条龙。新中国成立前夕，东山镇、汤山镇、湖熟镇、秣陵镇有客栈十余家。1952 年，全县共有私营旅馆 15 家，从业人员 20 人。1956 年，旅馆实行公私合营或合作经营，旅馆均由县商业部门统一管理。1967 年 4 月，在东山镇新建国营旅社，随着设备条件的改善，服务质量也有所提高。旅馆为旅客提供报纸、象棋、扑克牌等文化用品，代办长途电话，还提供雨具、针线包等服务。1975 年，全县有旅馆 26 家，从业人员 69 人，年营业额 18.20 万元。1976 年，旅馆减至 14 家，从业人员 56 人，年营业额 12 万元。1977 年 12 月，县饮食服务公司成立，下设人民旅社，有床位 170 张，职工 10 人。1979 年 10 月，土山路服务大楼建成后，开设大楼旅社，有床位 123 张，职工 10 人。

改革开放后，打破旅馆业独家经营的局面，国营、集体、个体一齐办旅馆。1987 年，全县住宿业有 57 家，从业人员 128 人。住宿业的许多传统服务项目逐步恢复，服务种类日趋齐全，并实行规范化服务。90 年代后，县政府招待所提档升级，对外开放并改为江宁宾馆，发展成为集住宿、餐饮、娱乐、休闲于一体的星级宾馆。金旺宾馆、南元宾馆、东山宾馆、百家湖山庄、南京翠屏山宾馆、天地宫温泉宾馆、龙园宾馆等服务设施豪华、功能齐全、管理严格的宾馆相继在县内开业。1996 年 11 月 18 日，位于东山镇金箔路 151 号县粮食局办的金旺宾馆开业，建筑面积 8000 平方米，按国家三星级标准设计，拥有 60 间标准客房和豪华套间，设有商务中心、桑拿浴、室内恒温游泳池和美容美发等设施。1997 年，被南京市人民政府批准为涉外宾馆。

2001 年后，水秀苑大酒店、湖滨金陵饭店、空港宾馆、金元宝大酒店、南京颐尚温泉度假酒店、爱涛天成大酒店等纷纷落户江宁。湖滨金陵饭店设有日式标准间、标准间、豪华湖景房、豪华套间、商务套间、总统套房六大种类客房；南京国海大酒店娱乐设施齐全，配有健身房、自动棋牌室、网球场、斯诺克室、乒乓球室等健身娱乐项目以及一流的 KTV 歌舞厅，设有大型停车场和美容美发场所。2007 年，全区住宿业共 260 家，从业人员 1976 人，营业额 13583.60 万元。其中，星级以上住宿企业 10 家，从业人员 1254 人，星级以下企业 51 家，从业人员 250 人；个体工商户 199 家，从业人员 472 人。

第三节 名店 名街

至2007年年底，江宁区共有餐饮企业（工商户）1943家。其中，限额以上企业29家，限额以下企业105家，个体工商户1809家；有住宿业企业（工商户）260家。其中，星级以上住宿企业10家，星级以下企业51家，个体工商户199家。本节选介南京小厨娘餐饮有限公司等12家餐饮企业和胜太路美食一条街，选介江宁宾馆等10家住宿企业。

【餐饮业名店名街选介】

南京楼外楼美食中心 1988年成立，位于东山竹山路8号，营业面积1700平方米，设450个餐位。特色菜肴有：绿叶万水蹄、淮鱼煮干丝、鮰鱼狮子头、红咖喱牛筋腩。楼外楼大肉包、鸭血粉丝也是人人皆知。1996年，获南京个体餐饮“十佳经营户”称号。2007年，被评为南京特色餐饮名店。

南京小厨娘餐饮有限公司 1997年成立，至2007年年底，已发展为8家连锁店、1家电气石养生馆和4家接待中心。小厨娘餐饮公司分店有：以家常菜为主题的百家宴店，以川菜为主题的川菜馆，以淮扬菜、杭帮菜为主题的宴宾楼，以农家菜、山珍、客房和度假休闲为主题的青龙山庄，以粤菜为主题的精菜馆，以海参为主题的海参馆，以川、粤菜结合为主题的川粤汇店，以江鲜、山珍、野味为主题的空港宴宾楼，以精品粤菜和江鲜为主题的溧水世纪汇高档会所等酒店。小厨娘最具特色的菜肴是：青龙山庄的农家菜、川菜馆的川菜、精菜馆的粤菜和海参系列菜肴。小厨娘是江宁区地产名牌，是南京市的知名企业。曾获得中国餐饮名店、全国餐饮业万里行定点考察单位、江苏省优秀餐饮企业等称号。

南京新东新餐饮有限公司 2001年成立，位于东山上元大街220号。是江苏省旅游局指定的江宁区第一家国际旅游定点饭店。先后在镇江、扬州、泰州、淮安、连云港、宿迁、苏州以及广东佛山、安徽当涂、湖北武汉、山东济宁开设17家加盟店，营业总面积4.20万平方米。“新东新”被评为南京市著名商标，至2007年年底，已发展为8家连锁店、1个养殖中心、1个配送中心。位于上元大街300号的新东新品之源店，优雅宽松的环境和贴心周到的服务更贴近人们的物质生活追求。店内享有“中国名菜”称号的“新东新红烧老鹅”和“新东新骨头汤”是消费者的首选佳肴。坐落在苏源大道5号的新东新老鹅馆是集餐饮、商务、会议、婚宴于一体的大型综合酒店。主要特色菜肴有：选自新东新龙潭养殖基地的野生黑土猪烹制的农家红烧肉。位于金箔路298号的新东新美食城，是最贴近普通市民的首选饭店，便宜的价格、实惠的菜量，还有正宗的湖北菜肴，深受食客们的喜爱。

图21-1-1 新东新大酒店老鹅馆（2005年摄）

2002年，公司分别获江苏省金牌创新菜和最佳创意奖称号；2003年，被选为市级“户户讲普通话、店店无假货”示范点；2004年，获全国绿色餐饮企业称号；2006年，获省级消费者信得过AAA级品牌企业称号；同年，“红烧老鹅”被评为市级“金牌菜”和“最美味菜肴”。

粤鸿和酒楼 2001年，南京千江餐饮实业有限公司在江宁经济技术开发区胜太西路19号创办粤鸿和酒楼。营业面积1400平方米，包间32个。经过7年的发展，至2007年年底，酒楼下辖粤鸿和天元府、粤鸿和湘聚楼、南京1912店、南京湖南路苏宁店等5家酒楼。粤鸿和酒楼厨师大多出自南粤大地，具有丰富的粤菜实践工作经验。酒楼的极品鲍鱼、金牌乳鸽、干捞粉丝煲、酱椒蒸鱼头、豉油皇咸肉等，已成为远近闻名的招牌菜，其特点是选材考究、工序繁杂、色香味美。

南京俏婆娘土菜馆 2001年9月成立，位于东山文靖路141号，营业面积1500平方米，有豪华包间13个，客房14间，是集餐饮、住宿、娱乐于一体的综合性酒店。2007年3月，在陆郎集镇创办第二家俏婆娘土菜馆。俏婆娘土菜馆以地道的土菜为原料，如陆郎的茶干、铜井的野芦蒿、朱门的土鸡、娘娘山的野猪、野兔、农村野黄鳝、野生小杂鱼等。清蒸野生鳝鱼、红烧野生小杂鱼、红烧土鸡是江宁区的名菜和特色菜。

南京金元宝商务管理有限公司 2001年10月18日成立，公司下设金元宝大酒店、金元宝众彩商务酒店、瑶池山庄、藏龙山庄、随便点快餐厅。营业面积44099平方米，从业人员512人，总餐位数1770个，总客房数332间，平均入住率80%。其中，金元宝大酒店是按四星级标准独资兴建的涉外高档酒店，坐落于东山金箔路58号。酒店装饰金碧辉煌、配套设施齐全，集餐饮、住宿、会议、娱乐于一体。金元宝食府设有20余个装饰典雅、风格独特的宴会包间、西餐厅及能同时容纳500人就餐的宴会大厅。酒店菜肴集湘、粤、淮扬、杭帮菜之大成。

东山渔港大酒店 2004年1月9日成立，位于东山北沿路200号，营业面积8000平方米，有400个就餐席位，客房总数95间。一楼、二楼大厅可同时接待大型宴会；三楼、四楼豪华包间、贵宾厅共有40多个。酒店采用中央空调、电梯直达，星级化的设施供顾客高档享受。东山渔港是江宁区餐饮业海鲜品种最多、最全的酒店。主要以东海海鲜、千岛湖水产品为特点，精品粤菜、江鲜、海鲜、燕鲍翅、杭帮菜为主打。特色菜肴有：千岛湖鱼头、软兜长鱼、红烧大鲍翅、黑椒牛仔骨、深海大黄鱼等。

盛庄渔蒙家 原名盛庄大酒店，2004年成立，位于江宁经济技术开发区庄排路1号，营业面积2000多平方米，大厅可同时容纳500人用餐，豪华包间20间，门口有60多个停车位。盛庄渔蒙家主要以神汤大锅、盱眙龙虾为主要特色。大锅结合蒙藏中医的理论，运用秘传配方，精心制作。出自内蒙古大草原的羊脊骨和羔羊肉尤其受欢迎。盱眙龙虾，全部出自江苏洪泽湖无污染龙虾，有盱眙十三香、椒盐、酱骨、盐水、油焖等多种口味。盛庄渔蒙家为盛庄餐饮公司总部，在苏、皖地区有分部。

海王星大酒店 2004年成立，位于东山上元大街297号，是南京海王星餐饮管理公司的下属分店，营业面积1500平方米，包间19个。海王星特色招牌菜是海王星龙虾，龙虾全部出自洞庭湖和鄱阳湖，无污染，肉嫩、黄多。海王星根据季节变化推出“四季菜肴”。如春季推出清炒野芦蒿、螺蛳肉、野春笋、香椿头、地皮菜等20多种野菜和农家菜；夏季推出“降温菜肴”，如冰镇山药等；秋季推出以菊为主的滋补菜肴，如白灼菊叶等；隆冬季节便推出多种煲类。

大富豪酒店江宁分店 2004年11月28日开业，位于百家湖畔湖滨路18号。营业面积2200平方米，800个餐位。设有欧式长廊、豪华包间、宴会大厅等。博采粤菜、海派菜、川菜、农家菜之经典。名菜有：清酒法国鹅肝、姆妈三宝、大烧百叶豆腐、红烧大黄鱼等。酒店燕鲍翅粤菜均是广东名厨选用上等原料制作。开业至2007年，做到零投诉，是江宁区餐饮行业名店之一。

春盛食府江宁开发区分店 2005年开业，是南京春盛餐饮管理公司下属6个分店之一，位于佛城东路66号水韵别墅雨滴苑内。该店采用纯徽派设计装潢，内饰透着浓浓的书卷气。秉承打造生态、健康春盛的经营理念，主要产品有长江鱼、千岛湖有机鱼、土菜、徽菜、有机蔬菜等。总公司在长江有100多条渔船、1个长江鱼专料基地和300平方千米暂养水域，在安徽马鞍山市拥有一个占地66.67公顷的农业生态园即安徽省休闲渔业示范基地，确保各连锁店生态原材料的供应。该店曾获中国江鲜美食节金牌“江鲜宴”称号，招牌菜“炭火老鸭”为江宁特色菜。

小秦淮食府 2006年开业，位于江宁区商城招商街88号，是一个地地道道的土菜馆。营业面积1500平方米，包间18个，能容纳300人就餐。已发展2家分店，即陶吴甘泉湖休闲度假山庄和南京香和翠岭酒店。小秦淮土菜有：溧水家乡鸡、高淳臭豆腐、贵阳酸汤鱼、河南棍山药、一绝红烧肉、陶吴野生小鲫鱼、土桥农家馍等。每周推出6道～8道，在“土”字上做文章，做出特色、做出品牌。

胜太路美食一条街 在东起江宁经济技术开发区胜泰桥、西至将军山将军大道东，在长约4.20千米的胜太路两侧，集聚着江宁区餐饮店上百家，是南京市及其周边地区闻名的美食街。京、浙、粤、扬、鱼、湘、徽、川八大佳肴馆比肩而立。2005年，胜太路通过市级餐饮业污染控制示范街验收。2006年，年营业收入超200万元以上的餐馆有20余家。有粤鸿和酒楼、湖滨金陵饭店、大富豪酒店、小厨娘精菜馆、烟波渔港、海世界美食、粤鸿和湘聚楼、水秀苑大酒店、水晶宫美食中心、南京世纪缘大酒店江宁店、盛庄渔蒙家、文苑大酒店、新东新鹅馆等。2007年，全年营业收入超1亿元。

【住宿业名店选介】

江宁宾馆 1994年，江宁宾馆对外营业，前身为1977年建成的县政府招待所。位于东山戴家塘44号，建筑面积1万多平方米，经营面积6000平方米，从业人员58人。宾馆有各类豪华套间、单人间、标准间140间（套），平均入住率60%，各类型会议室7个和可容纳300余人的多功能厅1个，并提供多媒体音响、网络等现代化配套服务设施。宾馆餐饮部设有不同风格的餐饮包间和宴会厅，能容纳350人同时就餐，主理杭帮菜、粤菜、潮州菜、川菜、徽菜、本帮菜等各系菜肴。宾馆设有商务中心、购物中心、娱乐城、美容美发中心、桑拿中心、棋牌室、健身房、歌舞厅等服务设施。

金旺宾馆 1996年11月18日开业。由县粮食局投资兴建，按国家三星级宾馆标准设计，建筑面积8000平方米。宾馆位于东山金箔路171号，有各类客房95间、170张床位，内设中西餐厅、豪华宴会厅等200个餐位，有多功能厅、大小会议室、小商场、游泳池、网球场、歌舞厅、美容美发、浴室桑拿等。是一家集旅游、商务、会议、休闲度假为一体的三星级酒店。

南京东山宾馆 1997年开业，位于东山竹山路159号。宾馆建筑面积1.50万平方米，经营面积8500平方米。拥有各类豪华套间、标准间、单人间140间，客房配有免费宽带上网等设施。有各类会议室和可容纳350人的多功能厅，提供多媒体、网络、音响等会议配套设施。拥有不同风格餐饮包间和宴会厅，能容纳350人同时就餐，主理淮扬菜、湘菜、杭帮菜、粤菜、川菜等。并设有商务中心、购物中心、茶座、歌舞厅等。是一家集商务、会议和休闲于一体的三星级旅游涉外饭店。

南京翠屏山宾馆 1998年12月4日开业，位于江宁经济技术开发区天元西路168号，宾馆周边有金水湾、天生桥、牛首山、将军山等旅游胜地。营业面积17544平方米，从业人员190人。

拥有各种客房126间，平均入住率73.24%；大小会议室8个，豪华多功能厅1个，设有中西餐厅，可同时接待700人就餐。宾馆娱乐设施齐全，有网球场、模拟高尔夫、保龄球、乒乓球、舞厅、KTV、健身房、斯诺克、棋牌、壁球等，并设有购物和美容美发场所。2000年，被评为省城镇妇女“巾帼建功”活动先进集体。2004年，被团省委授予省级机关青年文明号。2006年，省红十字会颁发“人道、博爱、奉献”奖牌。

南京空港宾馆 1999年1月1日开业，位于南京禄口国际机场候机厅南侧，是一座涉外宾馆。拥有各类客房107间（套），豪华宴会包间11个和同时能容纳200人就餐的大餐厅1个。菜肴以淮扬菜、川菜为主。还有桑拿、歌舞、KTV包厢、自动棋牌等多种娱乐项目；咖啡厅、会议室、精品商场、外币兑换、洗衣等提供24小时服务；为客人办理登机牌及使用贵宾通道（VIP）服务。

南京湖滨金陵饭店 2001年1月22日，南京湖滨金陵饭店有限公司成立。饭店位于江宁经济技术开发区佳湖东路8号，凭依三面环湖的自然水景，成为一家与自然环境完美结合的高档商务型五星级酒店。饭店占地面积11.70万平方米，建筑面积2.20万平方米，营业面积3.53万平方米，从业人员372人。拥有豪华套间、标准间包括总统套房的各类客房138间，平均入住率78.29%。并设有中西餐厅、宴会包间、各类会议厅及一流的娱乐、健身设施。总餐位数888个。提供淮扬菜等各类菜系及地方特色的田园美食。是一家集商务、会议和休闲度假为一体的高档旅游饭店。

南京水秀苑大酒店 2002年5月28日开业，位于风景宜人的百家湖畔佳湖西路11号。是一家集旅游、商务、会议、休闲、度假为一体的四星级花园酒店。酒店营业面积1.50万平方米，从业人员323人。拥有各类标准、豪华客房115间（套），内设中央空调、卫星闭路电视、音响系统、国内外电话直拨及上网服务等功能，平均入住率86.25%。有大小会议室7个，大型多功能厅2个，可同时容纳300余人，并配备先进的视听及专业会议设备。酒店设有中西餐厅、豪华包间等1000余餐位，提供淮扬菜及粤菜、川菜。同时设有商务中心、精品商场、美容美发、健身、桑拿、按摩、卡拉OK舞厅、KTV包间、棋牌室、乒乓球室、垂钓等休闲娱乐设施。

图21-1-2 水秀苑大酒店（2005年摄）

南京颐尚温泉度假酒店 2005年10月1日开业，位于汤山街道温泉路8号，是集会议、住宿、美食娱乐、温泉洗浴、绿色农庄为一体的温泉度假型五星级酒店。酒店占地面积13.14公顷，建筑面积1.60万平方米，总投资2.50亿元，员工400余人。拥有客房98间，餐位500多个，大小会议室5个，最大可容纳200人。酒店最大特色为露天温泉区，由12个区48个温泉池以及15间汤屋组成，包括假山主景区、汤屋区、花之恋区、土耳其浴区、巴厘岛风情浴区、芬兰浴区、养生汤区、罗马大理石浴区，还有瀑布池，可供1500人同时享受泡汤之乐。开业至2007年年底，平均每年接待顾客25万人次。

南京国海大酒店 2006年5月28日开业，位于江宁经济技术开发区将军大道186号，是禄口机场高速至市中心必经之地。营业面积4500平方米，从业人员50人。国海大酒店作为南京海关科技培训基地，拥有各类客房 89 间，平均入住率 70%，有大小会议室 10 个，可容纳 250 人的豪华多功能厅 1 个，宴会厅、零点厅和各式包厢可同时容纳 400 人就餐。娱乐设施齐全，有网球场、健身房、自动棋牌室、斯诺克室、乒乓球室以及一流的 KTV 歌舞厅，还有美容美发和大型停车场。

南京吉华大酒店 2007 年 7 月开业，位于东山街道岔路口宏运大道 1890 号，营业面积 1.20 万平方米，从业人员 100 人。酒店拥有豪华套间、标准间 235 间，客房设施齐全，平均入住率 80%。有多媒体大型会议室，可承接上百人大型会议。餐厅分为宴会大厅及 30 个包间，可容纳 1000 人同时就餐，以粤菜、淮扬菜、本帮菜为主要特色。酒店还有购物中心、KTV 包厢、桑拿健康中心、美容美发、乒乓球室、棋牌室等休闲娱乐设施。

第四节 名点 名菜

【传统名点】

湖熟板鸭 湖熟板鸭是江宁地区久负盛名的特产，湖熟鸭的祖先是生活在苏北一些湖泊里的野鸭，由于天然放养的缘故，湖熟板鸭一向以肉质细嫩、味道鲜美而著称。湖熟板鸭已有 300 多年的历史，清朝时作为贡品进献皇宫，称为“贡鸭”；官吏之间以板鸭为礼物互相馈赠，名曰“官礼板鸭”。据清〔乾隆〕《江宁新志》记载：“购觅取肥鸭者，用微暖老汁浸润之，火炙，色极嫩，秋冬尤佳，俗称板鸭。其汁数十年者，且有子孙收藏，以为恒业。……江宁特产也。”宣统二年（1910），在南京举办的南洋劝业会上，湖熟（南京）板鸭获一等奖和金质奖章。新中国成立后，几经发展，湖熟板鸭畅销内地 21 个省市及中国香港、澳门地区，并出口到日本、美国、韩国、德国等国家。先后获“七五”全国星火计划博览会成果金奖、全国食品行业名牌优秀产品等多项殊荣。2007 年，板鸭系列产品销售额 3 亿元。

图 21-1-3 南京湖熟板鸭系列产品

土桥贴炉面筋 土桥贴炉面筋是江宁县土桥吴家祖传秘方制成，有百年历史。民国时期，土桥镇有三四家生产贴炉面筋的作坊，制作出的面筋含油量极低，香味、咬劲十足。因人工脚踏，劳动强度大，产量不高。面筋食用或红烧，或小炒，或做汤，或内塞肉馅清炒均可。夏天切丝与黄瓜凉拌，浇上麻油，更觉清凉可口，别有风味。面筋耐贮藏，将其用小竹签穿起来，一根穿十多个，挂在阴凉通风处，2 年 ~ 3 年内仍保留其原有风味。随食随取，十分方便。土桥贴炉面筋闻名遐迩，1982 年 10 月 28 日，《南京日报》报道《土桥贴炉面筋》后，湖南某一商业部门曾高薪聘请吴华嵩前去传经，因年迈未能成行。1985 年，作为地方名特产被送北京参加展览。制作土桥贴炉面筋的师傅吴华嵩人已作古，虽传徒弟，但因制作工艺复杂，本小利微，1989 年年底停产。

小丹阳羊肉火锅及火锅羊肉面　江宁县丹阳境内多丘陵，牧草繁茂，盛产山羊，冬至一过，羊肉入馔，街头便会飘着阵阵羊肉香味。发展至民国后期，丹阳镇上有羊肉馆十几家。以陈、熊、马3家较为有名。火锅羊肉面，相传有百年历史。羊肉火锅的原料是带皮的羊肉、鱼圆、水发海参、熟鸡脯肉。羊肉火锅的炉子是土炉子，炭选用泾县上等木炭，不冒烟。羊肉火锅内红黄绿白黑，应有皆有：红是虾球，黄是鸡蛋，绿是菠菜，白是鱼圆，黑是海参、木耳，是冬季食疗的滋味佳品。火锅羊肉面制作要经过5道工序后，把面条置入木炭炉上，边煮边吃。丹阳火锅羊肉面已发展到省内外，省城南京、安徽合肥等地均有小丹阳火锅专营店。

江宁陆郎茶干　陆郎茶干是南京地区著名土特产，其历史可上溯到宋建隆元年（960）（《景定建康志》记载）。由于选用优质大豆为原料，添加甘草、桂皮、八角、冰糖、丁香等20多种佐料，加之独特的手工工艺，使陆郎茶干具有色美、味鲜、细嚼无渣等特点。2007年，江宁街道陆郎集镇茶干作坊共11家。正宗老字号的陆郎茶干仍属韩氏家族占上风，供不应求。据统计，陆郎茶干年市场销售额300多万元。遗憾的是，陆郎茶干尚无注册品牌。

禄口玉带糕　相传乾隆帝下江南，路经江宁、溧水一带时，在无想寺歇息，寺内和尚奉上的白云片糕，乾隆品尝后称赞道“此糕玉白味美哉”。皇上离寺时，和尚又送上白云片糕。乾隆欣然收下，装布袋并系腰间，曰“此糕乃朕之玉带也”。从此，玉带糕亦称“御带糕”，广为流传，成为江宁地区的名特产品。禄口玉带糕，选用优质糯米，淘洗、磨粉、炒粉、摊晾、定时储存，做糕时掺入多种辅料，精制加工。色白玉，味秀甜，香不冲鼻，甜而不腻，别具一格。特别是逢年过节，玉带糕更是馈赠亲友的好礼品。港澳同胞及海外侨胞也常托人捎带此糕，以慰思乡之情。

“东山牌”芝麻桂花烘糕　该产品为江宁名特产品之一，以上元米、绵白糖、去皮芝麻为主要原料，经过多道工序精制而成。以其辅助原料不同，分为桂花烘糕、芝麻烘糕、花生烘糕；以其外观，又分为芝麻夹心糕、桂花夹心糕等。其特点是吃口香酥，甜度适中，口味纯正。1976年，李先念夫人林佳楣视察江宁县幼儿教育工作时，品尝桂花芝麻烘糕后，颇加称赞，并购买带回北京。“东山牌”芝麻桂花烘糕远销吉林、辽宁、湖南、湖北、山东、河南、江西、安徽等地。获1988年首届中国食品博览会名特优新产品铜奖。

【名菜】

改革开放后，至2007年，江宁区餐饮业有了长足发展，在激烈的市场竞争中，涌现出一批著名菜肴，深受广大消费者喜爱。有影响的有“盐水乳鸽”等十大名菜、“稻香扎肉”等十大农家菜（土菜）和“鸡汁鱼圆”等十大地方特色菜。其中，2006年5月30日，江宁地方名菜“东山老鹅”被《中国名菜大典·江苏卷》收录。

十大名菜　盐水乳鸽（南京小厨娘餐饮有限公司），红烧大桂鱼（南京市江宁区万欣楼大酒店），一绝红烧肉（南京市江宁区小秦淮食府），清酒法国鹅肝（南京秦淮区大富豪酒店有限公司江宁分店），港式浓汤翅（南京金色世纪缘大酒店），巴西烤小牛肉（南京大福门管理有限公司），黄焖鱼头（南京吉华花园酒店），新东新老鹅（南京新东新餐饮有限公司），金箔盐水鸭（南京金元宝大酒店），浓汤有机鱼头（南京华意投资发展有限公司东山渔港大酒店）。

十大农家菜　稻香扎肉（南京毛虎休闲农庄），姆妈三宝（南京秦淮区大富豪酒店有限公司江宁分店），渔家四小碗（南京新天地大酒店），公鸡农家馍（南京市江宁区小秦淮食府），农家红烧肉（南京新东新餐饮有限公司），菌汤蒸鸡蛋（南京小厨娘餐饮有限公司），红烧小杂鱼（南京俏婆娘土菜馆），农家烧麻鸭（南京华意投资发展有限公司东山渔港大酒店），瑶池酱焖豆腐（南京盛庄餐饮有限公司），炭火老鸭（南京春盛食府）。

十大地方特色菜 鸡汁鱼圆（南京亚明饭店），厨娘醉鲥鱼（南京小厨娘餐饮有限公司），谷里鱼圆（江宁区谷里街道办食堂），东善桥扣肉（江宁区谷里街道东善桥服务中心食堂），湖熟全鸭席（南京秦湖大酒店），狗肉席（南京方山狗肉馆），秋菊伊人（南京盛庄餐饮有限公司），大烧百叶豆腐（南京秦淮区大富豪酒店有限公司江宁分店），福门糯米圆（南京大福门酒店管理有限公司），香河豆腐（南京香河翠岭酒店）。

第二章 居民服务业

居民服务业是一个传统行业，在江宁区第三产业中，虽占比重不大，却与人们日常生活密切相关，是体现人们生活便利程度、生活质量高低的重要方面。按照国民经济行业分类标准，结合江宁区具体情况，居民服务业主要包括：家政服务、洗染服务、理发及美容保健服务、洗浴服务、婚姻服务、殡葬服务、摄影扩印服务、修理和维护服务等。

据统计，2007 年，江宁区居民服务业法人单位 102 家；居民服务业个体户 1779 家，从业人员 6627 人。在居民服务业中，修理与维护服务、理发及美容保健服务和洗浴服务单位（个体户）数量排在前三位，分别有 700 家、415 家、209 家。随着居民家用电器的普及，特别是 20 世纪 90 年代后，江宁县居民私家车拥有量的快速增长，相应配套的修理和维护服务企业在县内随之不断发展；同时，随着人们生活水平的提高，理发、洗浴服务已不是传统观念中的理发店、洗澡堂，而是更多具备商务、美容、保健功能和为个人形象设计提供特殊服务的专业机构。因此，单位（个体户）向这些行业集中，不仅是企业自身的需要，更是适应江宁人社会需求的结果。

此外，家政服务等纷纷进入江宁人家庭，随着人们观念的转变，以及社会分工的更加细化，越来越多的家庭愿意花钱买时间、花钱买清闲享受。家政服务成为解决城镇就业、下岗职工再就业的重要渠道。2007 年，仅江宁区道成家政服务中心就为农村 1300 多个剩余劳动力及下岗职工安排就业岗位。

第一节 理发及美容保健服务

民国时期，乡村理发业无固定门面，以流动剃头担居多，理发匠走街串巷，上门营业，或理发，或掏耳，或刮胡须，或按摩推拿。较大的集镇有理发店。据统计，新中国成立前夕，县内集镇有理发店（户）百余家，其中东山镇 5 家，汤山镇 8 家，湖熟镇 7 家，秣陵镇 6 家。1955 年，有理发店（户）115 家，从业人员 189 人。1956 年社会主义改造中，多数个体理发店组成理发社（组），个体理发店较少。全县共组成理发社（组）68 个，从业人员 107 人。1959 年 12 月，规定男子理发县城每位 0.20 元，其他集镇 0.18 元。1977 年 12 月，成立江宁县饮食服务公司，下设新兴、新光、友谊理发店。1979年10月，土山路服务大楼建成后，开设风华理发店。“文化大革命”期间，把男女烫发、吹风、擦油当做“资产阶级生活方式”批判，给男顾客一律剪短发，女顾客剪直发，工艺简单，操作简便。理发业受到冲击，网点减少。20世纪80年代前，农民一般不到理发店理发，由乡村剃头匠上门服务，年初时达成口头协议，15天～20天剃头一次，年底付费（一般为每人2元左右），当时把这种形式称作“包头”。

20世纪80年代后，理发业原有服务项目逐步恢复，并增设男子烫发和女子化学冷烫等项目，理发员可根据顾客要求做出各种发型。有的理发店开设发型橱窗，推出波雅式、波状式、迎宾式、雨花式、轻萍式、理惠式等29种（女子14种，男子15种）新发型。新增女子美容化妆、做假发等项目，东山镇有小人人美发店、芙蓉美发店、新潮美发店、梅龙理发店等。1990年，全县有理发美容店381家，从业人员614人。90年代后，顾客对理发提出更高要求，行业竞争日趋激烈。理发除在发型上积极创新外，在染发上也增设新项目，突破原先只能白发染黑的局限，使头发可以染成黄、红等颜色，理发用品、各种化妆品也逐步提高档次，有发胶、摩丝及各种洗发、护发香波等。国营、集体理发店因体制不活、负担沉重等因素，纷纷退出市场，而个体、私营理发店遍布全县大街小巷。2000年后，大型理发店在江宁区各地开设连锁店。东山新市区有：巨涛美发、恒友美发、华仔美发、三千丝发型、永琪美容美发以及梦巴黎美发、阿三美发形象设计中心、时代大学生形象馆、正大发型设计中心等。

20世纪90年代初，美容保健服务业在江宁县兴起，时为美发美容合二为一。位于翠文路16号的梅美专业美发店有两层小楼，一楼美发，二楼美容。还有东山步行街的名悦创美等。做面部按摩、做面膜等美容护理成为时尚女性个人靓丽指数的最优选择，美容店还提供修眉、美甲等服务。2001年后，越来越多的女士融入美容美体行列，方法有药物减肥、抽脂减肥、运动减肥等，瘦身纤体店也应运而生。东山地区有：南京超妍美容美发中心（江宁店）、诗美诗格香氛美容美体（翠屏国际店）分店、克丽缇娜（江宁店）分店、天行健健身美容休闲中心、南京朝晖美容江宁（胜太路）分店、同仁养身馆、凯丽减肥中心等20余家。

2004年，江宁区有理发及美容保健服务企业和个体户共398家，从业人员753人，资金总额505万元。其中，私营企业5家，从业人员37人，资金总额76万元；个体户393家，从业人员716人，资金总额429万元。2007年，江宁区有理发及美容保健服务企业和个体户共415家，从业人员912人，资金总额2020万元。其中，私营企业3家，从业人员56人，资金总额128万元；个体户412家，从业人员856人，资金总额1892万元。

第二节　洗浴服务

【沐浴】

明清时期，汤山地区有民众浴室，供大众免费洗澡。男浴室为3间平房，水池长5米，宽约3.50米，水深约1米（2级台阶），沿墙放大长凳4条；女浴室也大体相当，这是汤山地区的老汤池。民国时期，县内大小集镇皆有浴室经营，多为私人开办。其澡资由业主根据成本自行定价，该行业受季节所限，一年只经营半年。

20世纪50年代初，湖熟镇一沈姓人家到东山镇开办洗澡堂。1956年公私合营，名为东山浴室。60年代后，全县实行统一价，乡镇浴室一等厅0.11元，二等厅0.09元，三等厅0.07元；县城浴室，男子雅座 0.30 元，男子甲座 0.21 元，乙座 0.18 元，普通 0.15 元。女子盆浴 0.34 元，淋浴 0.22 元，下池 0.18 元；修脚 0.24 元。“文化大革命”期间，把周到服务说成是修正主义，因而浴室除保留修脚外，其他项目一律取消，并取消等级，执行一个收费标准。

1979 年 10 月，东山浴室从大街西路迁至土山路新落成的饮食服务大楼。1986 年，全县有浴室 25 家，从业人员 128 人。洗浴服务逐渐恢复修脚、擦背、捶腿、按摩和推拿等项目。1989 年，东山浴室有高档盆浴座位 40 个，盆池 11 个。为解决群众洗澡难的问题，1990 年 4 月、1993 年 3 月，县饮食服务公司先后投资 11.50 万元、35 万元对东山浴室进行改建、扩建，扩大 525 平方米、新增 144 个座位，有职工 45 人。1993 年，浴室收费价格为套间 12 元，男子盆浴 5 元 ~ 7 元，小池 3.80 元，大众厅 1.80 元；女子盆浴 2.60 元，淋浴 1.80 元。1994 年后，全县浴室价格放开，实行分等计价，明码标价。同年，江宁宾馆对外营业，原县委招待所澡堂也对外开放；南京水利会务服务有限公司养身池洗浴中心开业。1995 年后，浴室行业随着消费需求的变化，服务范围和项目不断扩大和细化，浴室除洗澡外，还增加冲浪浴、桑拿浴、针刺浴等。1998 年 10 月，位于双龙大道 1136 号的水晶宫温泉中心建成开业，营业面积 7000 平方米，从业人员 120 人，温泉中心提供洗浴、桑拿、按摩、修脚、刮痧等一条龙服务，还提供自助餐以吸引顾客。2000 年后，金浪屿洗浴中心、碧波源桑拿洗浴中心、香水湾洗浴桑拿会所、日月潭洗浴中心、百家湖温泉大浴场等 20 余家沐浴企业相继营业。2004 年，江宁区浴室企业和个体户有 117 家，从业人员 523 人，资金总额 1813 万元。其中，私营企业 16 家，从业人员 168 家，资金总额 868 万元；个体户 101 家，从业人员 355 人，资金总额 945 万元。

2007 年，江宁区浴室企业和个体户有 159 家，从业人员 865 人。其中，私营企业 14 家，从业人员 255 人，资金总额 991 万元；个体户 145 家，从业人员 610 人，资金总额 2188 万元。

【足浴】

20 世纪 80 年代中期起，县内各大浴室开始从传统的修趾甲、胼胝、鸡眼、嵌甲等服务扩展到对各种脚病的治疗。同时，开展扦脚、捏脚、刮脚、浴脚等服务。90 年代中期，沐浴业中的修脚业务逐步演变成现代足疗保健，出现专业足浴商号。据统计，2007 年，东山新市区有：水沐足韵竹山路店、新亭路店和位于双龙大道 1680 号的百家湖 1912 店，位于胜太西路 28 号的千子莲足道，胜太西路 59-22 号的健足堂足浴，位于双龙大道 1279 号的康乐保健足浴中心，位于天印大道 1121 号的香浴脚足浴中心等足浴店 50 余家，从业人员 200 多人。

第三节 修理与维护服务

【汽车摩托车维护与保养】

20 世纪 80 年代前，江宁县只有几家大企业有汽车、机动车自用自修机构。1983 年，江宁县汽车修配厂成立，有职工 230 多人，从事大客车、大货车、吉普车和小轿车修理。同年，中央 1 号文件和江苏省 95 号文规定，放宽政策，搞活运输市场，允许个人购买机动车船从事营运。当年江宁县有 6 户农民购买汽车，各乡镇、大队、厂矿企事业单位也大办交通运输。由于人民生活水平提高，摩托车数量亦快速增长。汽车、摩托车的增加必然要有一定数量的修理厂与之相适应。1984 年，位于岔路口的中外摩托车修理部开业。1985 年 5 月，供销社办的秦淮汽车修理厂开业。但在1988年之前，交通部门还没有对汽车、摩托车修理实行行业管理，企业和个体户只要办理工商和税务登记即可开业。全县汽车修理企业普遍存在设备简陋、素质低下、经营不规范等问题。1988年3月起，对全县汽车修理行业进行整顿。县成立汽车维修行业管理所，管理所对各企业的厂房场地、设备、资金、人员、技术等情况进行评定等级，并发给相应的许可证。1990年，全县共有汽车修理专业户185家。其中，一类9家，二类32家，三类9家，四类135家。另有摩托车修理户80家。

1992年后，运输市场发生很大变化。车辆专业化程度越来越高，大型自卸车、集装箱车、散装水泥车、商品混凝土运输车、厢式货车等越来越多；厢式货车代替了过去的统装大厢车。与此同时，小轿车快速进入百姓家庭。车辆拥有量和车辆品种、型号的增加，这就要求修理业必须有相应的修理设备和技术力量。在激烈的市场竞争中，大部分修理企业整体素质得到提高，但也有一些修理厂被淘汰。1997年，市维修行业管理处按新标准对江宁县修理企业进行等级评定。全县一类修理企业只有1家，二类25家，三类243家，取消四类。2000年，有一类2家，二类29家，三类189家。2001—2007年，一类、二类企业逐年增加，三类企业逐年减少。至2007年年底，江宁区汽车修理企业共196家。其中一类11家，二类58家，三类127家。此外，全区还有摩托车（含电瓶车）维修个体户200余家。

【汽车维修一类企业选介】

南京景山汽车销售有限公司　公司前身系南京江宁县级机关轿车维修中心，1997年6月正式营业。1999年，更名为江宁轿车维修中心，以维修机关公务车为主。2002年4月，增资重新注册成立南京景山汽车销售有限公司，从事汽车销售与维修。2007年，有重汽维修车间1200平方米、配件库800平方米；轿车维修车间1200平方米、配件库800平方米；检测线占地1万平方米；有中、高级维修人员40余名。至2006年，公司连续6年为江宁区公务用车定点维修单位，并被评为中国重汽全国十佳维修站。

南京朗驰丰田汽车销售服务有限公司　2001年3月，朗驰丰田汽车销售服务公司成立，位于江宁区宏运大道1468号中驰汽车园内。2002年，通过ISO 9001质量管理体系认证。2006年12月，被一汽丰田汽车销售有限公司批准为一汽丰田4S认定店。2007年，维修车辆7000辆次，维修产值750万元。同年，被市汽车维修行业协会授予2005—2006年度诚信维修企业称号。

江苏文华汽车贸易发展有限公司　公司成立于2001年4月17日，位于江宁区双龙大道918号，是江苏省内唯一由日本日产汽车公司授权的四位一体代理商。拥有日产汽车专用展厅1500平方米，与展厅相连的维修车间上下两层约6000平方米，停车场3500平方米。2003年12月，被认定为郑州日产汽车有限公司一级代理商，7月，被认定为东风日产汽车一级代理商。2007年，公司业务范围涉及日产进口汽车、郑州日产商用车和配件、东风日产乘用车和配件、日产系列车型的维修业务和法国雷诺汽车维修业务等。

南京仁正汽车维修公司　2001年6月，仁正汽车维修公司成立，位于江宁经济技术开发区中新路48号。主要从事汽车美容装潢、汽车大修、总成修理、汽车维修、专项修理和汽车用品销售。2005年，公司根据市场调研分析，扩大规模，租用新厂房，申请汽车维修许可证。同年8月，公司维修厂成立，位于双龙大道1519号，占地面积5000平方米，是从事进口及国内中高档汽车维修、保养、配件销售、美容装潢、保险代理等综合性汽车服务企业，24小时全方位提供服务。

南京致远汽车销售服务有限公司　公司位于江宁经济技术开发区天元路111号，是江宁地区唯一的上海大众4S店。主要从事汽车销售、汽车售后服务、汽车维修、配件销售及汽车代理服务等业务。公司有行业维修技术等级证书的技工20人。2007年，维修车辆8000多辆次，并取得ISO 9001质量管理体系认证。

南京业恒汽车服务有限公司　公司前身为20世纪50年代成立的江苏省金陵运输总公司修理厂。2004年，改制成立有限公司，由南京市汉中路迁至江宁区双龙大道627号。公司有修理车间1900平方米，门市配件销售80平方米，仓库680平方米，有员工48人。公司与多家汽车制造厂签订售后服务协议，从事汽车大、中、小修理和事故车及汽车代办年检等一条龙服务。2007年，维修产值350万元。

南京东南汽车销售有限公司　2004年，南京东南汽车4S旗舰店成立，位于江宁区岔路口宏运大道1468号中驰汽车园内。是一家具有销售、维修、零件供应、信息反馈功能的东南汽车服务企业。为33家东南特准维修站提供正厂零配件，并对其进行联网统一管理。2004—2007年，平均每年实现配件销售500万元，维修收入100万元。

南京通久汽车维修公司　公司位于江宁区双龙大道169号，厂区占地面积2000余平方米，是三菱猎豹、三菱帕杰罗、长城汽车、长丰扬子的特约维修点。2006年，长城汽车授予该公司为华东地区唯一的三星级服务站，并被江苏省交通厅授予市场诚信A级单位。公司拥有世界先进水平的汽车综合故障诊断分析仪、自动波检测与ABS防抱死检测仪、电喷清洗仪和轮胎动平衡仪等设备以及进口的烤漆房设备。各类中、小高级技术人员占总人数的48%，所有从业人员均有专业上岗资格证。

东宁汽车销售服务有限公司　公司隶属南京朗驰集团，位于江宁区岔路口宏运大道1468号中驰汽车园内。2007年2月，朗驰东宁公司投资1500万元，建立南京东风雪铁龙4S店。营业总面积8000多平方米，维修区5000平方米。是年，公司有员工60余人，拥有东风雪铁龙公司认定的高级技术专家3名，高级鉴定员2名，旧机动车评估师及高级销售顾问十几名。公司主要从事汽车展示、销售、维修和纯正配件销售。

南京奇祥汽车销售服务有限公司　2007年8月7日公司成立，位于江宁区宏运大道1468号，租赁南京朗驰集团有限公司中驰园店场地经营，公司员工47人。8月17日，安徽奇瑞汽车销售有限公司授权该公司为南京地区经营A5、A1、东方之子CROSS和QQ6四个车型一级销售服务商，从事奇瑞汽车的展示、销售、维修和纯正配件销售。

1992—2007年江宁区汽车维修企业分类情况表

表21-2-1　　　　单位：家

年份	一类	二类	三类	年份	一类	二类	三类
1992	—	14	326	2000	2	29	189
1993	—	17	318	2001	4	31	173
1994	—	19	396	2002	4	35	161
1995	—	24	285	2003	6	38	156
1996	—	25	267	2004	7	42	138
1997	1	25	243	2005	9	50	135
1998	1	27	221	2006	10	54	131
1999	1	28	197	2007	11	58	127

【家电办公设备及其他日用品维修】

新中国成立前，境内生活日用品的维修，多为摆摊、挑担流动服务。业务为补锅补碗、箍桶修盆、修刀磨剪、修鞋修伞、修配钥匙、修理家具等。新中国成立初期，群众生活水平较低，社会崇尚俭朴，生活日用品修旧需求量大，维修业有较大发展。1952 年，县内维修业有 319 家。

1956 年，成立集体所有制的合作社，对维修业实行有组织、有计划管理，合理调整布局。将 4 人以上有营业执照、有门面的店，组建成集体所有制合作商店；将 3 人以上有摊贩证的、有简易披房的摊点以及挑担户，按行业、地点组成合作小组。是年，全县维修业有网点 451 家，从业人员 609 人。至 20 世纪 70 年代，逐步发展成以修理为主，并兼营配件和来料加工。主要项目有：修鞋修包，修皮带、腰带，修自行车，修平板车，修手推翻斗车，修勾秤、盘秤，火补，修钟表眼镜；来料加工金属货架、五金配件、白铁器具、竹木家具等 50 余种。

1978 年后，私营个体户加入维修业，维修网点日渐增多。1985 年，全县有日用品修理网点 786 家，从业人员 987 人。90 年代后，由于人民生活水平迅速提高，各种新型生活用品进入居民家庭，许多传统的维修项目逐渐淡出，或由个体业者走街串巷去经营。根据人民生活需求，行业界限被打破，行业之间相互渗透，商业系统内的维修业由修配一般生活用品逐步转向以修配新出现的生活用品和高档耐用消费品为主。1992 年，全县维修业有 920 家，从业人员 1104 人。

1995 年后，电脑、家电和新的办公设备开始进入家庭和机关企事业单位，电脑、家电和办公设备维修业应运而生。2001 年，仅竹山路电子一条街就有 20 余家电脑、家电和办公设备维修店。从业人员大都经过技工学校家电专业培训后持证上岗。在激烈的市场竞争中，家电和办公设备维修业优胜劣汰，至 2007 年，江宁区有家电和办公设备维修店 150 余家，比较大的维修店有南京小川科技有限公司、南京赛全电脑超市、凡凡电脑耗材销售中心、南京佳涛科技服务中心、南京土木打印机维修中心、江宁区宝林制冷家电维修中心、超群家电维修、正成家电维修等。此外，还有其他日用品维修店 500 余家。

第四节　家政服务　洗染服务

【家政服务】

20 世纪 80 年代中期，县内家政服务主要是一些劳务中介机构兼营，没有专门的家政机构经营。当时的服务范围仅有做饭、打扫卫生、带孩子和照顾老人等项目，从业人员大多是没有经过培训的农民工。进入 90 年代末，家政服务进入居民家庭。1999 年 1 月，位于东山镇商城招商街 17 号的利家家政成立，这是江宁县第一家专业家政、保洁服务企业。此后，江宁服务导报家政服务中心、江宁来香家政服务中心、江宁新友家政公司、江宁为民家政信息中心、江宁区道成家政服务中心、江宁华宇家政公司、顺意家政公司、江宁区景山家政服务公司等落户江宁东山新市区（含江宁经济技术开发区）。县劳动部门加强职业培训和指导，从业人员逐年增多，经营范围为帮助搬家、家庭护理、推荐保姆、介绍钟点工、清洁服务等。2000 年后，家政服务项目延伸到母婴护理、育儿嫂子、专业催乳师；疏通管道、地漏、化粪池等；维修家用电器；开锁；通院绿化、内外粉墙；家教等。服务对象由居民增加到企事业单位。2005 年，东山街道有家政服务经营户 13 家，从业人员 300 多人。2007 年，全区有家政服务经营户 62 家，从业人员 2100 余人。经工商部门登记的有 30 家。其中，利家家政成立至 2007 年，坚持“客户至上，诚信为本，服务周到，利家幸福”的服务理念，2001年，被市工商局授予“十佳经纪人企业”称号，2003年，被市工商局授予“诚信经纪人”称号。公司有员工200余人，管理人员8人，各种清洁机器8台、清洁工具50多件。位于天印大道1218号时代雅居13-207室的江宁区道成家政服务中心，是江苏省家庭服务业协会会员单位、南京家政网黄金会员，经工商局、税务局登记注册，具有独立法人资格，至2007年，为农村1300多剩余劳动力及下岗职工安排就业。

【洗染服务】

洗染业为江宁县传统手工业，民间生产设备非常简陋，全靠手工操作。洗染工具更为简单，一只缸、一块搓板、一块案板和几把刷子（毛刷、竹刷、棕刷），用河水漂染。民国时期，洗染设备有所改善，江宁地区农户多自染土布，染坊无几。新中国成立前夕，东山、江宁、湖熟、汤山等镇有洗染店5家，大多为夫妻店，主要服务于机户、丝行、线店、网巾、冠带诸业。1956年，经过社会主义改造，江宁县有合作洗染店2家，主要从事水洗、印染、熨烫、织补业务。1959年12月，全县统一洗染业收费标准。洗染店洗呢上装每件1.50元、洗裤子每条0.70元，染衣裤每件0.45元。1977年12月，东山饮食服务公司成立，开设东山洗染店，经营衣裳、布料洗染、印字、制作锦旗等。20世纪90年代后，随着人民生活水平的提高，居民衣着讲究整洁挺括，洗染业有了较快发展，个体私营干洗店遍及东山新市区大街小巷，各集镇皆有水洗、干洗店铺。东山新市区洗染服务业主要有：康洁洗衣大街西路店、胜太路店、竹山路店，CAS干洗大市口店，特丽干洗店，威特斯洗衣江宁店，清新百合连锁洗衣店，布兰奇洗衣连锁，美国GEP干洗招商街分店，珍洗坊江宁洗染店等。洗染机械化程度逐步提高，增添全自动水洗机、全自动干洗机、电动脱水机、蒸汽熨烫机、全自动烘干机等设备，基本实现机械化。并增设服装祛斑、皮革上光、毛皮复硝业务。绿色健康洗衣和专业化洗衣成为区内洗染业的主流，用四氯乙烯干洗剂及开启式干洗机的洗衣店开始升级改造，逐步采用石油（碳氢）溶剂洗涤、二氧化碳干洗等环保安全的全封闭式洗涤方式。2007年，江宁区从事洗染服务的有100余家，从业人员400余人。

第五节 摄影服务 婚丧服务

【摄影扩印服务】

新中国成立前，东山、湖熟等大集镇设有照相馆，均为私人经营。1952年，江宁县有照相馆12家，从业人员26人。1956年社会主义改造中，全县成立公私合营和合作小组照相馆9家，从业人员17人。照相馆的相机由三脚架固定，手工冲洗黑白照。收费纳入商业部门统一管理，收费标准：普通照每张一级0.31元，二级0.25元。1964年，县商业饮食服务商店成立，下设东风照相馆。照相馆有摄影座机、放大机、快镜及闪光灯摄影器材，开设登记照、学生照、双人照、结婚照等。并接受加印、放大、着色等业务。同年3月，照相价格调整，1寸4张为0.41元，2寸4张为0.69元，4寸2张为2.03元，8寸2张为7.70元。此价格沿用至1978年。

1985年，全县有照相馆21家，从业人员21人。照相业务仍以黑白摄影为主，使用胶卷相机拍摄家庭、单位以及证件和资料相片。此后，增添彩色相机，开展洗印、扩印等业务。1990年，全县有照相馆49家，从业人员92人。20世纪90年代后，境内摄影业有了长足发展，普遍向婚纱摄影、儿童摄影、艺术摄影发展。1994年，地处繁华地段上元大街的军艺巴黎婚纱店开业，经营面积4000平方米，是一家金牌五星级摄影连锁企业，以全实景拍摄为主的专业婚纱影楼。1995年，位于东山步行街533号的江宁漂亮新娘婚纱摄影精品馆开业，拥有1800平方米立体多层豪华摄影基地及漂亮新娘尊荣馆。漂亮新娘摄影精品馆是南京市婚庆礼仪行业协会理事单位。此外，金色童年儿童摄影城、听妈妈话专业儿童摄影、龙摄影等相继开业。每家均有1名～3名有摄影执业资质证书的技师。摄影设备从普通相机发展到数码单反相机以及先进的摄像机。拍摄的人物和景物从静态发展到动态。服务内容从普通黑白照片到封塑的彩色照片和全程摄像。特别是婚纱照的档次越来越高，他们有各式各样的婚纱礼服，引用意大利马可、俄罗斯伊凡库丝、法国凯瑟琳等国际顶级名牌婚纱礼服。还有专车到各外景基地拍摄，每套摄影数千元甚至上万元。2007年，江宁区有蒙太奇婚纱摄影、星星数码摄像店、童话摄影、喜客银门数码彩扩照相制作中心等80余家，从业人员300余人。其中，东山上元大街就有大小摄影扩印店20余家。

此外，20世纪80年代中期，县内文印业兴起。有小型文印社15家，从业人员40人，均为铅字打印，客户多为单位，业务量不大。1996年，县内共有文印社59家，从业人员150人。文印社大都添置电脑、复印机、半自动油印机等文印设备，主要经营打字、复印、名片制作、各种人像证卡制作、电脑刻字、牌匾制作、烫金字等业务。2007年，全区有文印经营户175家，从业人员450人。

【婚礼服务】

20世纪90年代前，境内没有专门的婚庆礼仪服务企业。新娘妆饰以自行化妆为主，婚车较少，主婚车一般只有1辆小轿车，再请上1辆中巴或大巴即可，对婚车的装饰相对简单。结婚仪式由双方亲友协商操办，婚礼的内容仍是传统的迎亲、喝喜酒和闹洞房等。90年代中期，开始出现专业的婚庆公司，婚庆公司实行一条龙服务，主要有新娘化妆、婚车装饰与租借、酒宴、主持等全套仪式。项目有灯光音响、礼仪小姐、场地布置、充气彩虹门、彩色气球制品、歌舞表演、乐队演奏、摄影摄像、VCD和DVD光碟制作等服务，一场婚庆礼仪费用数千元至1万元不等。请专业公司主持婚庆，逐渐成为江宁青年人结婚一大时尚。2007年，江宁区婚庆公司有至爱一生婚庆礼仪服务中心、金海岸婚庆、爱相随婚庆、起点婚庆策划等50余家，从业人员300余人。

【殡葬服务】

江宁区的殡葬服务除有1个殡仪馆、54个公墓（经营性公墓2个，公益性公墓52个）外，20世纪80年代初，开始出现集体、私人经营的殡葬服务公司。1982年，东善桥殡葬服务处成立，此后在各乡镇均有1家～2家殡葬服务公司。服务项目有：净身穿衣、丧事策划，根据家属要求以及逝者生前身份设计不同的灵堂，写挽联，办火化手续，布置追悼会礼厅，直至墓地下葬结束。还代办遗像放大、协助家属选择墓地、冰棺、孝布、孝幛、灵车、乐队、花篮和还礼物品（寿碗、毛巾、香皂、红绳、礼品袋）等。2007年，江宁区有南京市江宁区殡仪馆配套服务中心（上坊集镇）、风水宝地殡葬服务公司（东善桥集镇）、金牛殡葬服务部（江宁集镇）、南京五家殡葬服务公司（铜井集镇）等20家。

第三章 商务服务 休闲服务

商务服务业是现代服务业的一个新兴产业。包括广告业、职业中介服务、财税中介服务、房地产中介服务、法律服务和保安服务等。江宁区的商务服务业从20世纪80年代起步，经过十几年的发展，商务服务体系基本形成，商务服务业正逐步发展成为江宁区现代服务业的重要行业。2007年，全区广告业、中介业、法律服务和保安服务单位（个体户）共324家，从业人员3154人。其中，广告业82家，从业人员634人；职业中介服务71家，从业人员400余人；财税中介服务6家，从业人员50人；房地产中介服务151家，从业人员500人；法律服务13家，从业人员70人；保安服务1家，从业人员1500余人。

随着人民生活水平的提高，休闲时间的增多，江宁休闲娱乐业得到迅速发展，特别是歌厅、舞厅、网吧、游戏室等休闲娱乐活动出现在人们的日常生活中，消费水平的提高，使娱乐业成为江宁发展较快的产业之一。2007年，江宁区有音乐茶社、咖啡馆、酒吧100余家，网吧185家，电子游戏室26家，卡拉OK、KTV、歌舞厅27家。

第一节 广告业

20世纪80年代初，县内广告业逐步兴起。1980年2月1日起，江宁县广播站以启事的形式承办广告业务。1984年5月，江宁县广播站正式开办广告业务，其宗旨是满足人民群众生产、生活需要，及时传递信息，搞活经济。进入90年代，随着经济发展和企业广告意识的增强，境内广告业迅速发展。1991年4月24日，江宁县广告公司成立，企业性质为集体所有制，主要从事灯箱、霓虹灯、印刷品、民墙广告、装潢设计、摄影、摄像等服务。1994年10月，《中华人民共和国广告法》颁布实施，促进江宁县广告业的发展。2000年，全县有广告经营单位28家。与此同时，县工商局加强广告业的监督管理，反对不正当竞争，净化市场环境。严把广告经营资格初审关，实行广告“登记证”制度，是年，发放广告“登记证”128个。突出重点，狠抓药品、保健品、医疗、房地产等广告的检查，专项检查20余次，查扣非法制品广告8万余份。2001—2003年，新发展广告经营单位42家。2004年，全区有广告经营单位（个体户）52家，从业人员362人，资金总额2529万元。2007年，全区有广告经营单位（个体户）82家，从业人员634人，资金总额3411万元。其中，企业75家，从业人员615人，资金总额3303万元；个体经营户7家，从业人员19人，资金总额108万元。其中，南京国泰广告有限公司（1994年6月成立）、南京天云广告有限公司（2002年成立）、南京回首广告印务有限公司（2003年11月成立）、南京奋飞广告策划有限公司（2004年8月成立）、南京市江宁区超人广告图文制作中心（2004年成立）、南京坤颍广告有限公司（2005年12月成立）、南京飞龙广告图文策划有限公司（2006年成立）、南京玖玖和广告装饰亮化工程有限公司（2007年4月成立）等各具特色。经营项目，设计+印刷：形象宣传彩页设计印刷、企业宣传画册、会员卡、个人名片等设计印刷；活动+组织：公关活动、综合性促销活动、展台展厅发布会筹备搭建、舞台表演活动组织搭建等；形象装饰+宣传用品：灯箱片、KT板、PVC板、户外车贴、广告框、遮阳伞等；亮化＋广告：户外大型广告牌发布代理、路边灯箱广告发布、居民小区广告代理发布、楼盘整体亮化等。

第二节　中介服务

【职业中介服务】

1987年，江宁县建立劳务市场，1993年11月，经县编制委员会（宁编字〔1993〕38号文件）批复，成立江宁县职业介绍所，原县劳务市场撤销。与此同时，境内陆续成立职业中介服务机构。除了介绍家政钟点工、保姆和企事业单位短工外，还向县外实行劳务输出。2004年，江宁区职业中介服务机构有南京君洋德职业介绍所、南京广源人力资源有限公司、南京恒邦派业劳务有限公司等31家。至此，江宁区形成以区人力资源市场为中心、各镇（街道）、园区劳动保障所（职业介绍所）为主体、民办职业介绍所为补充、统一开放的劳动市场新格局。区劳动和社会保障部门会同公安、人事、工商部门在全区范围内开展打击非法中介、净化劳动力市场的专项执法检查。2005年，共检查职业中介机构40家，其中27家超范围经营、一证多点经营的职业中介机构被责令停业整顿，查扣、暂扣6家中介机构的营业物品。1家信息中心私刻江宁开发区职业介绍所公章对外行骗，被移交司法部门处理，追究法律责任；1家咨询信息公司服务中心在报纸上刊登虚假信息广告骗取他人钱财，被予以查封。2007年，全区有职业中介机构71家。其中，既在工商部门登记又在区劳保部门登记的职业中介机构有南京中欣人力资源有限公司、南京锦尚劳务咨询服务有限公司等23家，从业人员400余人。

2007年江宁区职业介绍机构情况表

表21-3-2

序号	单位名称	地址
1	南京市江宁区职业介绍所	东山街道土山路17号
2	江宁区总工会介绍所	东山街道东新南路供电苑
3	江宁区残联职业介绍所	东山街道金箔路288号
4	南京中欣人力资源有限公司	东山街道土山路17号
5	南京鹏达劳务咨询服务有限公司	江宁经济技术开发区胜太路36-2号
6	南京功成人力资源有限公司	江宁经济技术开发区殷巷振兴路108号
7	南京信和人力资源服务有限公司	东山街道金箔路582号
8	南京仁和人力资源有限公司	东山街道竹山路18号
9	南京百业信息咨询中心	东山街道翠文路5号
10	南京兢伟人力资源有限公司	东山街道上元大街708号广都苑1幢502室
11	南京广源人力资源有限公司	江宁经济技术开发区庄排路1号
12	南京恒邦派业劳务有限公司	江宁经济技术开发区双龙大道2299号
13	南京佳顺人力资源有限公司	江宁经济技术开发区胜利新村42号
14	南京市江宁区滨海职介所	江宁街道铜井福兴路33号
15	南京兴保人力资源有限公司	汤山街道汤泉路102号
16	江宁区丹桂劳务输出有限公司	湖熟街道丹桂村
17	南京盛昌劳务服务有限公司	江宁科学园天印大道880号

续表

序 号	单位名称	地 址
18	南京兰翎人力资源有限公司	东山街道金箔路 468 号
19	南京多能德人力资源有限公司	东山步行街 52 号
20	南京市长川人力资源中心	东山街道竹山路 360–1 号
21	南京锦尚劳务咨询服务有限公司	江宁科学园莱茵达路 139 号
22	南京超有劳务咨询服务有限公司	横溪街道丹阳集镇
23	南京自立劳务服务有限公司	东山街道上元大街 89 号

【财税中介服务】

1988 年，经南京市财政局批复：成立南京市会计师事务所江宁分所，性质为事业单位，业务上接受市会计师事务所指导，行政上隶属县财政局，开展为企业评估验收服务。1996 年 8 月，升格为省属独立法人企业，与南京市会计师事务所脱钩。1999 年 12 月，与县财政局脱钩，改制为南京永宁会计师事务所有限公司，注册地点为江宁区双龙大道 1239 号，注册资金 30 万元，公司具有江苏省财政厅确认的审计资格。经营范围：审查企事业单位会计报表，出具审计报告；验证企业资本，出具验资报告；办理企业合并、分立、清算事宜中的审计业务，出具相关报告；房产、机器设备、无形资产评估，出具审核报告；所得税汇算清缴弥补亏损等出具审核报告。至 2007 年，区内还先后成立位于黄金海岸广场的南京明裕财务咨询服务公司（1988 年成立）、位于胜太路 108 号的南京东兴会计师事务所有限公司（2000 年 2 月成立）、位于秦淮路 2 号的南京国裕税务师事务有限公司（2000 年 4 月成立）、位于胜太路 8 号的南京立诚联合会计师事务所（2000 年成立）和位于上元大街 251 号的南京永顺会计事务代理公司（2005 年成立）。

【房地产中介服务】

新中国成立前，房产允许自由买卖，民间房地产买卖和租赁处于一种互通有无的自然状态，一般在私下进行或由“牙商”（牙商或称牙人、牙侩、房牙子）说合交易。新中国成立后，民间房地产买卖依旧，所有房产均受法律保护，交易由政府监督，价格由双方议定。税务部门办理私房买卖契税贴花业务。私人出租房屋，一般按民间传统租赁方式进行，政府不加干预。1965 年，城镇出租房纳入社会主义改造后，新建房屋较少。“文化大革命”期间，私房交易、租赁基本中断。

1984 年，县房管部门恢复私房交易和签证工作。随着住房制度的改革，城镇个人住房拥有率迅速提升，为房地产中介服务发展创造机遇，存量房交易量迅速增长，1998 年 8 月，江宁县成立房地产交易中心，随后，房地产中介机构纷纷落户江宁。1999 年，南京燎源房地产经纪有限公司成立，该公司是江宁县第一家正式注册的房屋经纪公司。2002 年，全区注册房地产中介公司 40 家，2006 年发展到 70 家。2007 年，全区注册房地产中介公司 151 家，其中 79 家经纪机构进入存量房网上交易系统。在激烈的房地产市场竞争中，江宁区出现了二手房中介一条街。在东山街道的新亭路上，400 米范围内聚集 23 家门店。这些门店既有满堂红、我爱我家、中广置业、壹加贰联合不动产等知名大中介公司，也有新亭房产、和合房产等江宁当地的小中介公司。新亭路之所以成为江宁区房地产中介公司最大集中区域，是因这条路沿路有外港新村、广兴花园、市政天元城等楼盘，附近还有如月康城、书香名门、日光佳园、靖雅居、明月新寓、莱茵东郡等已交付楼盘，二手房源比较充足，市场大。至 2007 年 12 月，江宁区存量挂牌房源量为 55736 套，占全市挂牌总量的 14% 左右，成交量与鼓楼区持平，排在南京各区、县前两名。

2007年江宁区存量房网上交易系统经纪机构情况表

表21-3-3

序号	机构名称	序号	机构名称
1	南京福联房地产经纪有限公司	41	南京百乐居房产经纪有限公司
2	南京真鼎房地产信息中心	42	南京春晖房产连锁有限公司金箔路店
3	南京湖滨房产服务中心	43	南京景恒房地产经纪有限公司
4	南京我爱我家房屋租赁置换有限公司	44	南京荣威房产信息服务中心
5	江苏中广置业有限公司江宁分公司	45	南京有巢氏房地产经纪公司
6	江苏逸仙房产第十分公司	46	南京福巢房地产经纪服务中心
7	南京满堂红置业有限公司江宁分公司	47	南京市江宁区金顺房产信息咨询中心
8	壹加贰联合不动产有限公司新亭路分公司	48	南京市江宁区有朋房产咨询中心
9	南京市江宁区爱之家房地产服务中心	49	南京市西沙群岛服务中心
10	南京众迅房地产信息咨询服务中心	50	南京市江宁区称心美意房产服务中心
11	中原地产招商街分公司	51	南京市江宁区锦悦房产信息咨询中心
12	中原地产岔路口分公司	52	南京金美家业房地产经纪服务中心
13	南京德众房地产经纪有限公司第三分公司	53	南京景天房产经纪服务中心
14	南京永帆置业投资顾问有限公司	54	南京城开千居房产经营有限公司金盛路店
15	南京市江宁区依诺房地产经纪服务中心	55	南京富恒置业咨询中心
16	南京嘉瑞房产经纪有限公司	56	南京市嘉晋房产信息有限公司
17	南京爱国房地产信息服务中心	57	南京念家房地产置业咨询服务中心
18	南京融丰投资顾问有限公司江宁分公司	58	南京豪盛房地产经纪有限公司
19	南京市江宁区声喜祥房产信息服务中心	59	南京基石置业咨询有限公司
20	南京陶博置业服务中心	60	南京居安房产信息咨询服务中心
21	南京市江宁区大宫房产中介服务中心	61	江宁区景城投资顾问咨询中心
22	南京奥博房地产经纪有限公司	62	南京市江宁区金鹏信息咨询服务中心
23	南京市江宁区群信信息咨询服务中心	63	江宁区金都房产信息咨询中心
24	南京市江宁区佳宇房产信息咨询服务中心	64	南京乐雅房地产投资顾问有限公司
25	南京市江宁区泉城房产代理咨询中心	65	南京市江宁区固德房产信息服务中心
26	南京顶立代理有限公司	66	南京三人行房地产咨询服务中心
27	江宁区万康房产信息咨询中心	67	南京鑫鸿园房产经纪有限公司
28	南京市江宁区阅都房产信息服务中心	68	江宁区天轩红信息咨询中心
29	江宁区德禾置业信息咨询中心	69	顺驰不动产网络有限公司第五分店
30	南京帝丰房地产销售有限公司江宁一分公司	70	南京东鸿房产经纪有限公司第七分公司
31	南京帝丰房地产销售有限公司江宁三分公司	71	南京东旺房产经纪中心
32	江宁区恒远房产中介服务中心	72	南京帝天房产经纪中心
33	南京和合房地产经纪有限公司	73	南京耀强房产经纪有限公司
34	南京春晖房产连锁有限公司	74	南京腾曦房产经纪有限公司
35	南京坤臣投资顾问有限公司江宁分公司	75	南京楚郡房产代理有限公司
36	南京德鸿房产经纪有限公司金盛路分公司	76	南京房嫂房地产信息有限公司
37	南京浩坤房产置业顾问中心	77	南京敏鑫房产信息咨询中心
38	南京大舍房地产投资顾问有限公司新亭路分店	78	南京捷利信息咨询服务中心
39	南京诚居房地产投资顾问有限公司江宁分公司	79	南京利众房屋销售有限公司第九十五分公司
40	南京嘉宁置业咨询中心		

第三节 法律服务 保安服务

【法律服务】

1985年9月至12月底，江宁县先后成立上坊、江宁、铜井、土桥、淳化、营防乡镇法律服务所6家，每所配备法律事务员2人～3人。1990年发展到20家，从业人员70人。2001年，南京市对全市基层法律服务所进行改制，2002年，江宁区完成基层14家法律服务所脱钩改制工作，成为“自愿组合、自我管理、共同出资、共担风险”的合伙制社会中介机构。法律服务所主要从事法律顾问、经济民事代理、代写法律文书、提供法律咨询等法律服务工作，并参与所在街道大调解工作，在维护社会稳定、促进地方经济发展等方面发挥积极作用。2007年，江宁区有基层法律服务所10家：东山法律服务所、周岗法律服务所、秣陵法律服务所、麒麟法律服务所、上峰法律服务所、汤山法律服务所、秦淮法律服务所、江宁法律服务所、禄口法律服务所、南京新纪元法律服务所，从业人员37人。基层法律服务所从业人员素质参差不齐：年龄结构，35岁以下占从业人员总数15%，35岁～45岁占68%，46岁以上占17%；知识结构，法律大、中专毕业生占总数12%，高中或其他大、中专毕业生通过函授或自学法律大专从事基层法律服务的占88%。这在一定程度上影响区法律服务队伍的发展。是年，全区基层法律服务所共担任街道、企事业单位、社区居（村）民委员会等法律顾问140余家，代理经济、民事诉讼1000余件，法律援助39件，解答各类法律咨询2780人次，调解各类纠纷500余件，参与司法行政和街道中心工作65件，挽回经济损失4500余万元，业务收费近110万元。

2000年前，江宁县司法局下辖南京上元律师事务所和南京同安宁律师事务所。2001年，实施2家律师事务所改制，成为合伙制社会法律服务机构。2006年6月，成立南京苏南律师事务所。至2007年年底，江宁区有3家律师事务所，从业人员33人（详见本志第三十编第五章《司法行政》）。

【保安服务】

南京市江宁区保安服务公司，位于江宁区天元东路公安局院内，隶属于南京市公安局江宁分局。1992年，经江苏省公安厅批准并登记注册成立，是专门向社会提供有偿安全防范服务、具有独立法人资格的特殊性全民所有制企业。公司成立后，始终坚持“诚信为本、服务至上、打造品牌、多元发展”经营理念。特别是2000年后，公司以超前的创新意识把握市场机遇，牢固树立以人为本的管理思想，走出一条以人防、技防、犬防、物防为主，驾培中心、印章公司、士克公司、停车管理办公室多元经营为突破口的发展路子。2005年，公司率先在南京市保安系统通过ISO 9001:2000质量管理体系认证，获南京市公安局优秀保安服务公司称号；2006年，获国家工商行政管理总局商标局商标注册申请受理通知书，成为极具竞争力和影响力的新型保安公司。公司培养出一批懂业务、会管理的人才和一支“团结进取、开拓创新、爱岗敬业、勤劳奉献”的专业保安队伍。建立起以人为本管理体系、培训教育体系、安全防范体系、督察反馈体系、客户合作体系、内部控制体系相结合的颇具特色的管理网络，成为确保客户安全、提供优质服务的根本保证。2007年，公司有服务网点180多家，遍布全区各个角落，共有在各条战线、各个岗位上从事安全防范工作的保安人员1500余人。

第四节　休闲娱乐业

【茶馆　咖啡馆　酒吧】

清末和民国时期，境内较大集镇都有茶馆，是当地居民、乡村农民休闲（喝茶休息、听说书）及商业应酬交易、主雇确立劳资关系的场所。新中国成立后，境内集镇仍有茶馆。据统计，1952年，全县共有茶馆204家，从业人员279人。1956年社会主义改造中，成立茶馆（水）合作小组96个，从业人员105人。此后，茶馆生意日渐萧条，纷纷停业。20世纪60—70年代，向集镇居民供开水的茶水炉（老虎灶）设桌数张，兼供客人喝茶。1977年成立的江宁县饮食服务公司，在东山镇设立茶水炉（老虎灶），是集镇居民、机关学校、企事业单位人员饮用开水的供应点。80年代后，自来水逐渐普及，加之居民多使用液化气、煤气，茶水炉（老虎灶）基本绝迹。

1985年，县商业局在东山镇开设康兴咖啡馆，这是江宁县第一家咖啡馆。1990年，县内有音乐茶座2家。此后，茶馆、咖啡馆、酒吧在江宁县逐步发展，成为人们娱乐休闲、洽谈商务的场所。新开的茶社、咖啡馆注重厅堂的布置，给顾客营造一个舒适、优雅的环境。为满足不同消费者的需求，又在供应品种上增加具有保健功能的茶饮、果汁、纯净水、饮食以及鸭肫、煎蛋等各种小吃，兼备棋、牌、图书杂志等。2000年后，怡然港湾、东山七品楼茶社、南京退思茶社有限公司、江宁区弈茗楼茶艺棋牌休闲中心、清月茶楼、名典咖啡语茶、上岛咖啡（江宁连锁店）、南京鼎茗咖啡厅、南京江宁区2046酒吧中心、V8热舞会所等茶馆、咖啡馆、酒吧相继建成开业。新开的咖啡馆环境更为优雅，学习西方人聚会方式，更为白领人士所青睐。酒吧有三类，第一类是慢摇酒吧，基本上是从前迪斯科舞厅转变而来，有专业调酒师现场调酒，酒水品种丰富；第二种是演艺酒吧，多为唱歌、舞蹈的小剧院模式；第三种清酒吧，一般规模不大，投资在10万元以下，面积100平方米左右。

2007年，江宁区有茶馆、咖啡馆、酒吧100余家，从业人员超过200人。

【歌舞厅　网吧　电子游戏室】

20世纪60—70年代，职工在单位和县文化宫、工人文化宫处跳舞健身，作为一般的文体活动。80年代开始，县内各大集镇出现为数不多的经营性小舞厅，门票每位0.50元。此后，江宁地区出现"桌球热"。桌球遍布城乡街头巷尾，挤占道路，影响市容及居民休息。经过整治，90%以上桌球进入室内营业。90年代后，新型的电子游戏机投入市场，有赛车、摩托车、摩托艇、激光枪、拳击等机种。与此同时，歌舞厅、卡拉OK厅、保龄球等项目也随之兴起。1990年，县内有桌球经营户130家（151台）、电子游戏室21户（26台）、舞厅2家、卡拉OK厅1家。1995年年底，全县共有营业性歌舞厅31家、卡拉OK厅11家、电子游戏室29家（156台）、桌球经营户73家（120台）。在县城东山，主要舞厅有大众舞厅、东方娱乐厅、发动机厂舞厅、利民机械厂舞厅、老年大学舞厅等。设施比较简陋，门票零售每场1元，月票25元。设施好的经营性舞厅有金旺宾馆、江宁宾馆、南元宾馆等舞厅；卡拉OK厅有富华、喜来登、围城、优力锋等，按包厢大小、时间长短收费。

1998年，江宁县电信局开设网吧，至2001年，江宁区第一批依法成立的网吧有39家。2002年11月15日，国务院颁布《互联网上网服务营业场所管理条例》，区成立网吧专项治理领导小组，加强网吧的管理和整治力度，禁止未成年人进入网吧消费。

2007 年，全区有网吧 185 家，电子游戏室 26 家，歌舞厅 27 家。其中，南京嘉丽华夜总会，成立于 1997 年，是集酒吧、KTV、自助式卡拉 OK 演唱为一体的综合性娱乐场所，拥有大小包间 48 个，经营面积 2600 平方米；南京富华娱乐有限公司，成立于 1999 年，有胜太路和金箔路 2 个门店，拥有大、中、小及豪华 KTV 包房 100 多个；南京真豪玩娱乐中心，营业总面积 6000 平方米，拥有 1200 平方米的网游中心，800 平方米的电玩中心，700 平方米的斯诺克台球馆，800 平方米的乒乓球馆和 1500 平方米的软体儿童游乐场。

【健身会所】

20 世纪 80 年代前，全县健身场所都是室外露天体育运动场，有县总工会建的溜冰场、篮球场等，以县体育场最大，市民们锻炼的项目集中在传统的田径和球类项目上。90 年代后，在工商部门登记的健身会所有新世纪广场保龄球健身馆等 6 家，从业人员 50 人，提供室内乒乓球、健美操、武术等单项服务。县城上档次的宾馆、饭店也设有健身房。2000 年后，市民健身意识明显增强，商家开始引进活力伸展操、街舞、球操、踏板、有氧拉丁、钢管舞、形体芭蕾、跆拳道、散打等服务项目。2007 年，江宁区有苏源颐和美地健身中心、南京韵动汇健身中心、耐力国际健身中心（江宁店）、南京天吾健身有限公司、南京龙友跆拳道馆、南京益家健身有限公司、南京威远武道馆、南京美尚溜冰场等 20 家。拥有会员 500 余人。其设施功能和服务档次明显提高，拥有大型器械大厅、多功能体操房、专业速骑室等专项运动区，以及沐浴室、休闲吧、运动商品区等配套服务设施。

第四章　旅游业

江宁区位处有着“六朝古都”之称的南京市南翼，从孙吴建都起，就一直是古代金陵的附郭县。历史悠久，山水如画，钟灵毓秀，给江宁大地留下众多的风景名胜和文物古迹，旅游资源丰富，资源类型很多。清代“金陵四十八景”中的“东山秋月”“牛首烟岚”“祖堂振锡”“献花清兴”“天印樵歌”“祈泽池深”“台想昭明”“虎洞明曦”八景，区境内尚存踪迹。区境东边有著名的汤山温泉、美丽的溶洞、天下第一的阳山碑材、环境清幽的安基湖。南边有牛首山、祖堂山、南唐二陵、郑和墓。西边沿大江一线山清水秀，三峰引列形如笔架，积石嶙峋，形势奇险。还有龙都杨柳村古建筑群，湖熟镇的古清真寺以及三四千年的“湖熟文化”台形遗址多处。江宁区既以文物古迹扬名，亦因风景名胜著称。

江宁区旅游业起步较晚，1996 年 12 月，成立江宁县旅游局。1999 年，县旅游事业发展委员会成立。江宁县将旅游业作为国民经济发展的重点产业之一，编制《江宁县旅游发展总体规划》及各景区景点详细规划，加大招商引资和开发建设步伐，促进旅游事业快速健康发展。

2007 年，全区拥有国家级旅游景区（点）和工农业旅游示范点 19 处，旅游农业景区（点）60 处。全年接待国内外游客 125.40 万人次，实现旅游收入 5.20 亿元。是年，明文化村（阳山碑材）风景区、南京市蔬菜（花卉）科学研究所科技园、千盛农庄、南京海尔曼斯集团获 2006 年度发展南京旅游业突出贡献奖。

第一节　旅游资源

江宁区名胜古迹甚多，旅游资源丰富。全区有历史文化遗产 140 余处，有各级各类文物保护单位 72 处，有非物质文化遗产 43 项，其中国家级 1 项，省级 2 项，市级 9 项。

20 世纪 90 年代中期开始，旅游业列入全县国民经济发展的计划目标，旅游资源列入开发计划，开发建设的有阳山碑材、汤山温泉、汤山溶洞等景点组成的汤山文化旅游风景区和宏觉寺塔、南唐二陵、岳飞抗金故垒、摩崖石刻、郑和墓等景点组成的牛首山风景区，以及银杏湖景区和南山湖景区、方山景区等。至 2007 年，全区拥有国家级景区 12 家，其中，AAAA 级 1 家，AAA 级 4 家，AA 级 7 家；有全国工农业旅游示范点 7 家。

【汤山文化旅游风景区】

汤山文化旅游风景区位于江宁区汤山街道，是南京东郊风景区的重要组成部分，景区内旅游资源丰富，山峦叠翠，碑洞奇伟，温泉喷涌，湖水荡漾，自然风光与名胜古迹相映成趣。全国四大疗养温泉之一的汤山温泉闻名遐迩；蒋氏温泉别墅引人注目；阳山碑材堪称世界之最；南京猿人头骨被尊为“中华国宝”；安基湖被誉为“小九寨沟”；宝华山隆昌寺为佛教圣地之一，律宗第一名山。碑、洞、泉、湖、寺五位一体，构成汤山风景区独特景观。

图 21-4-4　汤山街道办事处主任张玉力（前排左）接受中国矿业联合会颁发的“全国温泉利用示范区”铜牌（2007 年摄）

阳山碑材　又称孝陵碑材，位于汤山街道古泉坟头村阳山，利用整个山体开凿而成。开凿时间为明永乐三年（1405）（详见本志第三十六编第一章第三节《石刻墓碑》）。

汤山温泉　温泉是大气降水沿着岩石的裂隙渗入地下深处，经过地温加热，在水头压力作用下，又沿断裂处流出地面的热泉。按地质科学者推测，大约在 1 亿多年前的晚侏罗纪末期，汤山温泉就已经形成。南京大学教授夏树芳在《金陵风貌》一书中指出：“汤山温泉的水温为 50 摄氏度 ~ 60 摄氏度，估计其来源深度约 2 千米。”汤山温泉中含有硫、钾、钙、铝、镁等 30 余种化学物质，不但可用于沐浴，而且对关节风湿症、类风湿关节炎、肌风湿、皮肤病等数十种疾病都有一定疗效，还能用于保苗、育萍、催种、养殖和地震预测等工作。卫生部前副部长傅连暲在所著的《养身之道》中将汤山与北京小汤山温泉、辽宁汤岗子温泉、广东从化温泉一起，并列称为“全国闻名的四大温泉”。

蒋氏温泉别墅　蒋介石温泉别墅坐落在汤山街道汤水河畔温泉路 3 号，始建于民国 9 年（1920），原名“张公馆”，为国民党元老张静江所建。后张静江在蒋、宋结婚时以其“汤山别墅作贺礼奉送蒋氏夫妇”（详见本志第三十六编第一章第五节《古建筑群　名人故居》）。

汤山溶洞　有地质博物馆之称的汤山，岩溶地貌发育颇佳，朱砂洞、老虎洞、龙耳洞、美人洞等小溶洞遍布各山。20 世纪 80—90 年代，相继发现雷公洞、葫芦洞等大溶洞，给汤山增添了多姿多彩的洞天世界。这些溶洞由含有二氧化碳和有机酸等地下水长期在石灰岩山体裂隙中不断流动、溶解、扩大而成。其中，朱砂洞位于汤山主峰团子尖山腰，因产朱砂而得名。洞内约五六十平方米，冬暖夏凉，有小断层、一线天等景观。雷公洞是1984年5月采石工人在汤山集镇西约1千米处的雷公山麓发现。据专家考证，此洞属埋藏岩溶洞，发育在距今约4.40亿年—5亿年前形成的奥陶系下统的地层中，距今有300万年的发育史。全洞面积约1500平方米，洞内深邃曲折、陡峭奇险、怪石嵯峨、石幔丛生，具有原始山体裂隙风貌。雷公洞入口在上，出口在下，高低落差50米，越往下走温度越低，游人入洞有历春、秋、冬三季之感。葫芦洞是汤山地区最大的溶洞，1990年3月，采石工人在雷公洞东南面约150米处的山崖上发现。洞体全长约64米，平均宽度约25米，洞内面积（包括小溶洞）约2000平方米。因其前后两大洞相连，状似葫芦而得名。葫芦洞与附近的雷公洞的洞体形状、景观形态截然不同。其豁然开朗，高大宽广，普遍高度达10米，最高处约25米。洞壁呈乳白、朱红、米黄、绛紫者色，如同五彩斑斓的彩绘。游人借助洞内灯光，可见千姿百态的石钟乳、石幔、石笋、石柱、石锥、石鞭、石花等，其中后厅的朱砂色石幔为国内溶洞所罕见。

【牛首山风景区】

牛首山风景区由牛首山和祖堂山组成。牛首山海拔242.90米，面积约5平方千米。因双峰峙立，宛如一对牛角，故名牛首山，又因东晋丞相王导指牛首山为建康都城宝阳门的双阙，故名天阙山。祖堂山为牛首山的支脉，与牛首山相接，主峰为芙蓉峰，海拔255.90米，面积约3.60平方千米。祖堂山本名幽栖山，因南朝刘宋时山南建有幽栖寺而得名。唐朝初年，法融（一称融、懒融）禅师卓锡于此，开禅宗旁支牛头禅，幽栖山遂为牛头宗祖堂，后世改称祖堂山。牛首山风景区树木林立，郁郁葱葱，风光秀丽，空气洁净，民间故有“春牛首，秋栖霞”之美誉。置身牛首山，可享受返璞归真的天然乐趣。风景区内有幽栖寺、宏觉寺塔、岳飞抗金故垒、郑和墓、摩崖石刻、南唐二陵等景点。

幽栖寺 刘宋大明三年（459）建寺。幽栖寺背依天阙山，面对云台山，苍松修竹，气势宏伟。法融禅师在此修行，创牛头宗，自此一直成为僧侣聚集、香火兴盛的佛门圣地（详见本志第四十四编第一章第一节《佛教》）。

宏觉寺塔 位于牛首山东峰南麓，因其始建于唐代，又称“唐塔”。明正统年间重修，现存塔身即为明代遗物，是南京地区现存最古老的一座楼阁式宝塔（详见本志第三十六编第一章第四节《寺庙 古塔》）。

岳飞抗金故垒 位于南京南郊牛首山及韩府山脊处，故垒起自铁心桥东500米处秦淮河边的韩府山，至牛首山主峰，断续残存4200余米，蜿蜒起伏，高低错落（详见本志第三十六编第一章第六节《抗金故垒 台坊 宗祠》）。

郑和墓 明宣德八年（1433）四月初，中国伟大的航海家郑和卒于印度古里，永乐皇帝赐葬其衣冠于牛首山南麓。原墓经数百年风雨早已损毁，1981年，考古工作者实地调查后，确认郑和墓在今谷里街道周村境内。1984年，省、市政府拨款修复郑和墓（详见本志第三十六编第一章第二节《皇帝陵与名人墓》）。

摩崖石刻 位于牛首山东峰宏觉寺塔下，兜率岩前。摩崖石刻呈“几”字形，包括佛像和题刻（详见本志第三十六编第一章第三节《石刻 墓碑》）。

南唐二陵 即南唐烈主李昪与皇后宋氏合葬的钦陵和中主李璟与皇后钟氏合葬的顺陵，这两座江南最大的地下宫殿，位于祖堂山南麓，1950—1951年，经过发掘和考证，确认为南唐二陵（详见本志第三十六编第一章第二节《皇帝陵与名人墓》）。

【银杏湖景区】

地处谷里街道银杏湖畔，由中国台湾中鑫国际有限公司、伯利兹国际有限公司、萨摩亚稳能有限公司共同出资建设，一期投资3000万美元。项目控制开发面积660公顷，由投资方成立的独资企业南京银杏湖体育有限公司及南京银杏湖农业观光休闲有限公司共同经营。于2000年5月启动建设，主要利用其丰富的山水资源，从事农业观光、休闲、旅游，名贵树木、花卉、草皮的种植、培育、观赏，提供球类运动场所及体育健身、住宿、餐饮等服务。形成以银杏湖为中心，千亩碧波、千亩生态茶园、千亩茶花园、千亩樱花梅花园、万株名贵乔木、千年银杏、千年金桂、千亩草坪以及千亩球类健身场所融为一体，令人流连忘返的度假休闲与旅游胜地。银杏湖景区是国家AAA级景点，银杏湖高尔夫球场是全国“十佳球场”之一。

图 21-4-5 银杏湖景区（2004年摄）

【南山湖景区】

位于江宁街道。南山湖水面不规则，从南看到北，似近在咫尺，从此岸到彼岸却路途漫漫。因地壳运动，南山湖被分割为前、后两湖。前湖已开发建设成为度假村，农家餐饮、休闲娱乐等配套设施完备；后湖则保持原始状态，游人可沿盘山林间小道徜徉到南山湖尽头——“浴龙”茶园。南山湖景区控制规划面积12平方千米，已开发6平方千米，区内绿化覆盖率85%，水域面积66.67公顷，十余座山峦连绵起伏，林木种类多且遮天蔽日，村落、田野和风格迥异的别墅群融入其中。南山湖景区是国家AAA级景区。

【方山景区】

位于江宁科学园内，紧靠江宁大学城和高新企业区。方山是一座曾在史前爆发过的死火山，秦淮河环抱方山穿境而过。其火山口是南京及周边地区诸多火山锥中保存最为完善的。正是由于山顶中心的火山口向内凹陷，从远处看，山顶平齐，形似方印，故古时又称“天印山”。方山草木茂盛，环境优美，清“金陵四十八景”中的“天印樵歌”就是对方山的赞誉。按照规划，方山景区分为2个片区、3个环带、12个功能区，除国家地质公园外，还将兴建旅游生态区。江宁区规划恢复定林寺、东霞寺、郊坛、洞玄观、方山大庙等20余处人文古迹，同时建设秦淮河湿地生态园、森林雕塑艺术园、花卉博览园等38个景区。

【“金陵四十八景”之“江宁八景”（古今对照）】

明代，选景之风渐起，“金陵八景”“十景”之说相继出现。乾隆皇帝南巡江宁，历游名胜后，金陵景物逐渐固定为四十八景。清光绪年间所印的长干里客（徐虎）绘本有江宁八景，分别为：东山秋月、牛首烟岚、祖堂振锡、献花清兴、天印樵歌、祈泽池深、台想昭明、虎洞明曦。历经百年沧桑，这八景有的因遭兵燹已不复存在，如“台想昭明”的昭明太子读书台；有些遗迹尚存，仍依稀可寻；而多数景观则不仅旧景仍在，且经过历年修葺，又增添不少景点，已成为南京地区的旅游胜地。

东山秋月 从《东山秋月》图看，当时的东山绿树四合，楼台掩映，曲径盘纡，直通幽处。山巅一带红墙内，更是杰阁高矗，回廊曲折，景色分外优美。这处胜景虽饱经沧桑、屡遭破坏，但经近一二十年的修葺和复建，仍然不失为一处风光如画的游览佳地。现为东山公园，入园拾级登山，东麓有“谢公祠”，东南有“布塞亭”，南山腰有“龙亭”“寒乐轩”“芳楼”“思源亭”等仿古建筑。还有“芙蓉池”“映翠池”“聚卉园”等错落上下，掩映于扶疏的花木之中。登上山巅纵目四览，东山镇烟树人家尽收眼底。到此探幽，看银辉泻地，听松涛盈耳，便领略到“东山秋月”特有的意境，使人顿发思古之幽情。

图 21-4-6 东山秋月

在府治东南三十里（原东山镇西北），一名土山。晋谢安筑之，拟以会稽之东山，尝与仲子围棋于此，又尝挟妓游山，流连终日。试一登揽，远山叠翠，古木含烟，亦郊坰之胜概也。

牛首烟岚 牛首山其峰峦之秀，风光之美，自古即著称于世，登临其间，但见翠峰挺秀，岩壁峭立，藤木杂柔，洞窟参差，其自然景观为周围诸山所不及。尤其是每年春天，牛首山于山光峦影之中，处处桃李吐华，山花似锦，趁以流泉淙淙，鸟语关关，更构成一幅幅绝妙的阳春烟景图，故有“牛首烟岚”之誉，是一处绝佳的旅游胜地。

图 21-4-7 牛首烟岚

牛首山久负盛名，除大自然给了它奇伟峥嵘的形貌外，更有其历史文化及佛教等多种因素。佛书上的“江表牛头”“江左牛头”即指此处。梁代徐度在牛首山西峰首建仙窟寺，即之后的宏觉寺，历代都为丛林胜地。该寺有砖塔一座，系梁武帝随仙窟寺初建，后唐代宗李豫扩建佛殿，又于大历九年（774）重建七级八面砖塔，明代复建，塔至今犹存，可供游人观赏。

在府城南二十里（今谷里街道牛首山）。山有二峰，东西相对，王导名之曰天阙。连接祖堂、献花岩诸山，惟含灵阁独踞奇胜。

祖堂振锡 祖堂山原名幽栖山，因南朝刘宋大明三年（459）建幽栖寺于山南而得名。唐代禅师法融在此修行，创立“牛头宗”，香火鼎盛，此地成为佛教圣地，法融为牛头宗第一祖师，山遂更名为祖堂山，因有“祖堂振锡”之誉。幽栖寺历经兴毁，新中国成立后，人民政府将残破建筑予以整修，供南京市精神病收容二所使用，原属市级文物保护单位，现由南京市文物管理委员会与佛教协会在幽栖寺原址重建宏觉寺。

祖堂山峰峦状如芙蓉，顶峰名“芙蓉峰”。原寺外的拱北峰、天盘岭、西峰岭、献花岩、伏虎洞、神蛇洞、象鼻洞、和息泉、净香泉、太白泉、长庚池、飞来石、拜经台等名胜和寺内的祖师洞、虎跑泉、月牙池、银锭桥、水井等胜迹，全都有迹可寻。如今山上松柏苍翠，绿竹挺拔，紫藤蔓坡，山泉潺潺；寺内古木甚多，有不少二三百年树龄的银杏树，更是高大苍翠，枝叶繁茂，环境甚为清静幽雅，为今日的“祖堂振锡”更添美韵。

图 21-4-8 祖堂振锡

寺在牛首山之西。懒融禅师修道之处。唐贞观中传四祖法建寺，故山与寺皆名祖堂。曲径通幽，禅房寂静，过于牛首之弘觉。

献花清兴 祖堂山山北有岩石窟，奇丽中空，深约十步，俨若堂宇。相传唐高僧法融禅师在此讲演《法华经》时，素雪满阶，竟有百鸟衔花翔集之异，遂有“献花清兴”之誉，名山岩为“献花岩”。明成化年间建有花岩寺，后毁。

图 21-4-9 献花清兴

献花岩雄伟险峻，环境清幽，为祖堂山的最佳处，引无数游客留下诗篇，仅明代陈沂在《献花岩志》里就辑录诗人游献花岩的诗 80 多篇，如王守仁的《游献花岩》，形象地刻画了献花岩的雄伟险峻、春光绮丽；汤显祖的《登献花岩芙蓉阁》写出了芙蓉峰的突兀云表；还有不少诗人都赋诗吟出献花岩的胜迹和壮丽景色。如今，献花岩的雄伟气势和奇丽景色依然如故，是难得的旅游胜地。

在牛首山南。懒融禅师卓锡此岩，雪中开奇花二枝，且有百鸟献花之异，故以名岩。岩外建留云阁、芙蓉亭。游山至此，可以息虑洗心，而回首林峦殿塔，又如一幅画图也。

图 21-4-10 天印樵歌

天印樵歌 方山因形如方印而名“天印山”。明代许谷的《登方山绝顶》诗，描写了方山鲜明壮美的景物。山麓原有观，传为葛洪炼丹飞升处，旁有八卦泉、洗药池、炼丹井、象皮鼓、昭明读书台等古迹，但均已不存。如今山北麓南宋孝宗乾道九年（1173）所建上定林寺（已毁）的附属建筑物“上定林寺塔”依然耸立云天，为省级文物保护单位。

在城南四十里（今方山），高一百十六丈，周二十七里。四函方如城，故俗名方山。秦始皇凿金陵，此山是其断者。上有石龙池，下有葛仙翁井，杂树不生，亦一奇境也。

祈泽池深 相传曾有法师结茅于祈泽山麓传教，有龙女前来听讲，法师问龙女“可开一泉乎？”既而神泉涌于讲座下。南朝刘宋景平元年（423）建祈泽寺于山麓，为祈祷雨泽之所。萧梁置龙堂方池，梵以石级，泉自龙口出，故有“祈泽池深”之誉。宋王安石有《饭祈泽寺》诗，细致地描写了祈泽寺周围初春优美的自然风光；明陈沂有《祈泽山》诗，描写了祈泽山的壮丽景色；清曹寅亦有诗描写了祈泽寺的佳泉、古木等清幽景物。

图 21-4-11 祈泽池深

祈泽寺历经兴毁，民国 35 年（1946），将祈泽寺部分房屋改建为地方粮库之用，而神泉则至今仍为附近村庄水利之用。

在府治东南三十五里（今东山街道上坊社区），山高五十丈，周四十里。宋时法师结庵于此，讲《法华经》。龙女听讲，法师曰：“可开一泉乎？”后数日，清泉涌于庵南。后人以祈祷多应焉。

图 21-4-12 台想昭明

台想昭明 此景点为南朝萧梁昭明太子在湖熟镇台形土丘“梁台”的读书处。梁台曾有法清寺，东侧有水塘，名“小太湖”，因广植莲藕，又名“植莲湖”，相传湖中常映出双月，蔚为奇观。萧梁昭明太子曾游玩于此，并在法清寺楼上读书。后人为纪念好学的太子，在庙旁建“昭明太子读书楼”，遂为“台想昭明”之景。但可惜庙宇楼阁悉被侵华日军所拆毁，古迹湮没，今仅剩土台。

在湖墅（熟）镇（今湖熟街道），梁太子读书处。中建高台，突兀云表，庭宇闲敞，树木萧森，而鸟语花香，风声月色，登斯台者，有令人徘徊而不能去。

图 21-4-13 虎洞明曦

虎洞明曦 此景位于江宁淳化新林村田野老虎洞。该洞不甚宽奥，而群山环立，竹树繁茂，云光吞吐，风景秀丽。相传这里素为风调雨顺、五谷丰登之地，有一年竟久旱不雨，水涸田裂。一天，从石洞中跑出一只色彩斑斓的老虎，到山下用爪刨土，很快就出现一眼清泉，泉水晶莹澄澈，汩汩地不断涌流，灌溉了农田，复苏了庄稼。人们认为是神虎相救，便将洞命名为“老虎洞”，称泉为“宫氏泉”。洞中有千姿百态的钟乳石，明代黄姬水有“笋玉标为柱，芙蓉削作城”的诗句咏之。后历经沧桑变迁，景渐不着。附近曾有一庵，香火颇盛，竹树掩映，土地平旷，游人多于此休憩，庵后毁。

如今虽庵毁、泉早已荒废，但那老虎洞顶的“佛”字尚存，字高约3米，笔力遒劲，雄伟壮观，仍不失为一景；“佛”字下有一条只可容一人行的小通道，谓之“一线天”，堪称一险。每当春晓夏晨之际，登上山顶林谷峰峦之间，云雾缭绕，朝霞云蒸，气象万千，仍不失“明曦”的壮丽。

在府治东南四十里，出高桥门外田野（今淳化街道新庄村境）。洞不甚宽奥，而群山环立，云光吞吐。近洞有宫氏泉，相传汉时已著。洞外一庵，竹树掩映，土地平旷，游人至是憩焉。

第二节　旅游农业

进入21世纪后，江宁区把发展旅游农业作为农业结构调整的战略举措，制订发展规划，出台政策措施，组建工作班子，在不影响农村自然生态再生产的前提下，充分挖掘境内旅游资源，实现农业和旅游两种效益的叠加，开辟农业和农村经济新的发展空间及农民增收新渠道。至2007年，全区已建成旅游农业景区景点60处，其中由国家旅游局认定的6个，省、市主管部门认定的10个。形成以景区景点为基点，以交通网络为依托，以景观体系、接待体系和管理体系为组合的新兴旅游农业产业。是年，共接待游客114万人次，实现旅游农业收入4.02亿元，转移农村剩余劳动力3300人。旅游农业的开发和良性发展，为社会主义新农村建设和全面达小康增添活力。

【农业旅游资源】

江宁区山水资源比较丰富，种类齐全，涵盖农、林、牧、副、渔等产业，许多地方拥有山、水、林、果等自然要素，人文景观共生组合良好，拥有汤山、牛首山、方山、横山、南山以及农业高科技示范园区、种植养殖基地等。秦淮河贯穿而过，白鹭湖、南山湖、甘泉湖、银杏湖等开发已粗具规模，并具备一定的接待条件。全区农业旅游资源大致可分为9种类型。

种植业旅游资源　丹阳玫瑰园、中药材种植园等。

林业旅游资源　东善桥林场、汤山林场、牛首山省级森林公园、横溪台子石林场、石塘竹海旅游区、蟠龙湖旅游度假区、甘泉湖旅游度假区、南山湖旅游度假区、青龙山人居森林公园、汤山洋兰花卉生产基地等。

畜牧业旅游资源　南京山田牛奶文化园、卫岗奶牛养殖基地。

渔业旅游资源　淳化梅龙湖、江宁南山湖、湖熟杨柳湖、横溪蟠龙湖、陶吴甘泉湖、汤山安基湖、东善桥白鹭湖、湖熟奇水园青虾养殖基地、周岗五城圩、香巴拉垂钓休闲中心、南京六顺生态农艺园、禄口千色鱼养殖基地、方山赤鳞鱼养殖有限公司、麒麟名人岛、汤山东方星垂钓中心等。

农副产品旅游资源 土桥珍珠米、湖熟奇水牌青虾、方山千亩紫雾茶园、湖熟板鸭、汤山板鸡、陆郎茶干、东山老鹅、丹阳中药材等。

农业科技示范园 禄口淡水渔业科技示范园、南京铜山果树科技示范园、横溪市蔬菜科技示范园、东山市畜禽良种科技示范园、新济洲野生湿地示范园。

旅游农业专业村 横溪甘村、许呈村、西阳村，淳化青龙村，汤山锁石村、孟墓村，禄口彭福村，江宁南山湖村，秣陵周里村等。

农村民俗文化资源 湖熟杨柳村及传统农耕文化、丹阳老街。

乡村度假疗养型资源 汤山温泉度假区、甘泉湖旅游度假区、白鹭湖旅游度假区、再山湖旅游度假区等。

【旅游农业景区景点】

牛首山省级森林公园 位于江宁区境内，东依江宁经济技术开发区，南靠秣陵街道，西与谷里街道接壤，北邻南京市雨花台区铁心桥，距南京中华门10千米。由牛首山（南坡），祖堂山，东、西天幕岭，隐龙山等诸多大小山丘组成。山上原有六朝古刹，至今仍留存着唐代宏觉寺遗址、宏觉寺塔、东峰舍身崖和明代摩崖石刻，附近尚有著名的古墓葬郑和墓、南唐二陵。牛首山山峰奇特，东西两峰相对，又名“双阙山”。牛首山是一座历史文化及佛教名山，是“牛头宗”的发祥地，明清时期，佛教更是盛况空前，庙宇沿山而筑，梵音缭绕，钟磬之声相间，烟雨楼台，犹如仙境，当时“牛首烟岚”为“金陵四十八景”之一。阳春三月，满目苍翠，桃李芬芳，茶、兰、梅、杜鹃等闻名遐迩，牛首山的春光可与栖霞山的秋色齐名，素有“春牛首、秋栖霞”之谓。1995年，牛首山被列为江苏省森林公园。2001年，成立管委会，并挂牌运营。其后，完善道路、通讯等基础设施，新建服务房、停车场等。新造景光林30公顷，主要树种有冬青、竹、女贞、白果、化香、黄檀、山槐等，人工造林主要有马尾松、国外松、杉木、檫木、毛竹、紫薇、木槿等杂阔林，主要灌木有乌饭树、六月雪、胡子椒、茶条、馒头果、芫花、山胡椒、盐肤木、雀梅、继木等，逐步形成竹海、松涛、春花、秋叶等森林景观。同时，还开发了李瑞清墓、国际马术俱乐部等新景点。

青龙山人居森林公园 青龙山人居森林公园是南京市首批人居森林试点工程之一，由南京青龙山生态园林发展有限公司投资建设，租用市农垦集团所属青龙山林场南片丘陵荒坡地333.33公顷，流转湖熟、淳化、方山等地土地266.67公顷。自2001年11月实施，累计投资8亿元，经过植树造林、水系管理、拆迁安置等，基本完成项目前期工程。3年造林533.33公顷，植树100多万株，有丹桂、香樟等100多个品种，其中名贵大树2万多株，铺种地被和藻木30多万平方米，造林投资近3亿元。一期拆迁职工住宅和废弃厂房60公顷，复建安置房6万多平方米，安置居民840户，投资1.15亿元。按自然水系将原有的鱼塘修挖连成片，建成面积60公顷、库容350万立方米的水库，并修建4千米长的河流与外秦淮河相连，改造建设10千米道路，新建7千米的方山至青龙山的生态廊道，共投资1.22亿元。

图 21-4-14 山田牛奶文化园（2007年摄）

山田牛奶文化园 位于淳化

街道境内，面积20公顷，集观光、餐饮、娱乐、休闲于一体，为全国首家以宣传牛奶文化为主题的公园。2002年，由南京山田企业开发建设，按草原风光设计布局，园内设施以大、小蒙古包为主，分别设置展示包、宣传讲解包、观摩包和休闲包，拥有300个标准餐位、4间标准客房，并设有骑马、射箭、烧烤、品菜、挤奶、制陶、歌舞表演等项目和蒙餐、农家土菜等特色餐饮。2003年，省、市、区联合在此举办南京山田国际牛奶文化节，当年接待游客6.10万人次，实现旅游收入204.70万元。2007年，接待游客5万多人次，实现旅游收入80多万元。为国家AA级景区。

甘泉湖旅游度假区 位于横溪街道境内，紧临南京禄口国际机场，距陶吴集镇3千米。景区占地面积1200公顷，三面环山，山峦叠翠，云台山、大南山、歪头山、大架山环抱，最高峰335米。甘泉湖占地面积45.53公顷，含母子湖，湖湖相连。万亩竹林即在该园西北部，古代人工石林、甘凤池故居、上国安寺、古战场等人文景观均在景区内，是一家以森林资源为依托，以农业旅游为特色，集观光、度假、休闲于一体的综合性旅游景区。2003年10月1日，对外试营业。已建成的项目有：民俗文化村，占地26.67公顷，聚集20个民族建筑风情的村落，村内有少数民族歌舞表演等；赛马场，占地5公顷，长1888米；斗牛场，占地4公顷；狩猎场，占地20公顷；游乐场，投资400万元从德国引进长700米、落差近百米、最高时速60米／秒滑道，投资120万元从美国引进高40米火箭人、100多米长滑翔机，以及水上游艇和水上自行车等20多个游乐项目。还配套建设水上餐厅、垂钓中心、植物园、生态农业区、缆车、会议中心、宾馆客房等设施。2005年10月，被国家旅游局批准为国家AAA级景区。

图21-4-15 南京甘泉湖生态旅游度假区（2002年摄）

汤山锁石生态旅游村 位于南京东郊汤山街道阳山脚下，因与阳山碑材的渊源而得名。锁石村总面积453.33公顷，其中耕地面积86.67公顷，居民435户、1458人。2005年，启动生态旅游示范村建设。2006年，投入670万元，兴建大门楼、支篱园停车场、大水车、清泉亭、清风亭、水车广场、垂钓区、交易中心、农家乐等景点和设施。同年11月28日开园，开园后每天接待游客50人～100人。借鉴外地农家乐做法，选定10户农户进行农家乐连锁试点示范，分别取名“阳山福居”“中正之家”“安基舍”“东篱菊花”等，打造乡村土菜。农业示范园内建有长廊、戏台、水车、雕塑牌坊、清心亭和爱莲池，并刻有爱莲说碑文，长400米，与莲花池相映。2007年，接待游客6万多人次，实现旅游收入150万元。是年，被评为全国旅游农业示范点和国家AA级景区。

图21-4-16 锁石生态旅游村开园仪式（2006年摄）

禄口现代淡水渔业科技园 位于禄口街道，占地面积100公顷，由江苏省淡水渔业所、南京市农林局、江宁区人民政府和禄口街道共同投资建设，是融科技、实验、示范、产品加工、休闲观光于一体的高科技水产示范区。该园分为生物工程示范区、新品驯化养殖示范区、池塘生态养殖示范区、高效设施渔业示范区、水产品加工与综合利用示范区、休闲渔业区。现代化温室1000平方米，主要从事锦鲤、淡水白鲳、河豚等特种水产养殖，青虾、中华绒螯蟹已获部级无公害产品认证。建成1000平方米综合楼，设有餐厅和标准间，垂钓区域拥有水上长廊、垂钓亭台等设施。

青山山庄　位于淳化街道青山社区，紧邻104国道，经营面积14.53公顷，始建于2004年。青山山庄规划起点高，文化气息浓，旅游要素设施完善，建有休闲垂钓、歌舞桑拿、餐饮标房等设施，另有动物园区、盆景观赏区、农事休闲区等功能区域。

毛虎山庄　位于淳化街道田园社区，紧靠104国道，经营面积14.47公顷，绿化覆盖率50%以上。毛虎山庄建有毛虎土菜馆、梅花鹿观光园、休闲垂钓区、茶园菜园体验区等功能区域，并配套开发淳茗绿茶、鹿血酒、草鸡蛋等品牌农产品。2006年，被评为南京市“十大生态农庄”。

银莱山庄　位于淳化街道土桥，与句容接壤，东临秦淮河，南靠赤山，北依104国道，环境优雅，区位独特。由东南大学规划设计，是融休闲垂钓、餐饮大棚、桑拿健身、度假木屋、农事体验为一体的综合农业休闲旅游点。还与茅山合作成为句容茅山旅游休息区，设立农产品专柜，展销五城青虾、土桥大米、城雾绿茶等品牌农产品。

鑫农庄　位于禄口国际机场南区金铜路1088号，兴建于2004年。2006年5月1日，正式对外开放。同年，被确定为南京市农家乐专业户。鑫农庄有果园5.33公顷，苗木花卉6.67公顷，果木花卉品种近200个，生态渔业面积40公顷。以灵秀的水乡风貌、独特的人文风景、质朴的民俗风情，形成集旅游度假、休闲娱乐、生态农业、野外运动、会务中心、生态渔业为一体的综合性旅游度假区。

黄桥滩渔家乐　位于禄口街道，占地面积53.33公顷，40公顷养殖水面为省级无公害养殖基地，有河豚、斑点叉尾鮰等特色观赏鱼。2004年，所产青虾、中华绒螯蟹及罗非鱼被确定为部级无公害产品。已建成水质优良的“十里长河”休闲观赏带，配套有综合接待楼、特色餐饮、休闲垂钓等设施，成为集餐饮、观光、科普为一体的综合休闲地。2007年，被评定为国家AA级景点和全国农业旅游示范点。

图21-4-17　黄桥滩度假中心（2007年）

金晶葡萄园　位于横溪街道，西邻宁丹路，占地53.33公顷。2000年3月启动建设，已建成葡萄园、蔬菜区、食用菌区、家禽区、健身区、农具展示区、科技示范区、垂钓区及科技培训中心。拥有葡萄20公顷，果园6.67公顷，食用菌基地3.33公顷，蔬菜钢架大棚10公顷，被列入省级无公害农副产品生产基地，并先后被确定为市科教示范基地、区科普示范基地和青少年教育基地。

雁南飞农业园　坐落于江宁街道陆郎社区，占地20公顷，其中水面6公顷。参照江南园林风格设计，有亭台楼阁、小桥流水，湖面垂柳依依，湖中小岛由长廊相连，充满江南水乡的灵气和活力。园内设有茶吧、垂钓、餐饮等项目，是游人休闲观光的好去处。

名人岛度假村 位于风景秀丽的紫金山东麓，中山门外麒麟集镇沧波门，距中山门8千米，交通便利。占地6.67公顷，山清水秀，鸟语花香，景色宜人，有绿色天然“氧吧”之称。名人岛度假村建有水上欧式豪华别墅7幢，云南竹楼10栋，设有各类餐厅、豪华包间18个，餐位280个，草原风情的大小KTV蒙古包11个，各类会议室5个，拥有桑拿中心、垂钓中心、跑马场等休闲娱乐设施，是集餐饮、娱乐、桑拿、垂钓、会议接待于一体的综合性休闲场所。

南京蔬菜科技园 位于横溪街道，占地面积68公顷。始建于1997年9月，1999年，被省农林厅确认为首批省级农业科技示范园。2002年，入选全国农业科普示范基地，2005年，被确定为全国农业旅游示范点，2006年，被评定为国家AA级景区。园区累计投入2800万元，建成900平方米综合楼和5000平方米生产、生活用房，26.67公顷标准化蔬菜良种繁育基地、5600平方米连栋温室、2.20万平方米钢架大棚、330平方米植物组织培养室；引进1万平方米、3000平方米荷兰现代化自控温室各1幢；开辟节水滴灌示范区、蔬菜花卉新品种示范园和2个竹类园等。成为国内外名特优蔬菜、花卉新品种引种试种中心，江苏地区园艺种子苗产业经营示范中心，现代园艺技术、新设施、新成果应用展示中心和集科技、教育、休闲观光为一体的都市农业示范中心。

奇水园 位于湖熟街道周岗东南，依托区域内良好的生态条件及特色无公害水产养殖基地，开发成为集乡村田园水上观光、娱乐、美食、休闲度假和水产养殖于一体的生态型特色水乡田园休闲旅游区。已建成青虾标准化养殖示范区333.33公顷、青虾高产养殖示范区133.33公顷、优质青虾繁育基地53.33公顷。

南京六顺农艺园 位于江宁街道陆郎社区，环境优美，柳树成荫。始建于1998年，拥有水面6.67公顷，全部仿古城墙围砌而成，形状自然大方，加之境内无工业污染，基本保持较原始的生态环境。该园以养殖起步，经过立体种养，综合开发，成为涵盖特种养殖与名优农产品种植加工、餐饮、旅游、度假、休闲等的大型生态农业园。2007年，被评定为国家AA级景区。

千盛农庄 位于南京南郊绿色走廊牛首山景区，与宏觉寺、南唐二陵及将军山风景区毗邻。农庄占地160公顷，园区内有绵延起伏的丘陵山冈，相互交织的小溪、河塘、田园，景色宜人，其中32公顷大月湖碧波荡漾，13.33公顷果园、苗圃郁郁葱葱，是集观光旅游、休闲度假、农事体验、科普培训、健身娱乐为一体的大型都市综合农业旅游园区。2006年，被确定为全国农业旅游示范点和国家AA级景区，2007年，升格为AAA级景区。农庄已建设施及游乐项目有亲子乐园、仔仔迷宫、家家小菜园、职能温室科普走廊、垂钓天地、果园采摘、湿地作物展示、拓展训练营等，农庄旅游产品主要以绿色无公害蔬菜、瓜果、水产、蛋禽等为主。

松云山庄 紧临汤山街道，占地10公顷，建有休闲娱乐、垂钓餐饮、休闲客房等设施，有小车位100个、垂钓位300个、餐位200个、休闲床位40个，配有会议室、乒乓球室、台球室、棋牌室等。松云山庄集山水之灵秀，配以完善的设备和温馨体贴的服务，游客可以在此涤尽人间风尘，消除心灵烦恼，犹如身在世外桃源。

图21-4-18 上庄园（2006年/魏传俊摄）

上庄园 位于横溪、谷里街道交汇的龙山山脉之中，占地33.33公顷，始建于 2001 年。主要特色项目有垂钓、越野、摩托艇、彩弹射击、餐饮、住宿等。

南中堰农业生态园 位于汤山街道古泉村，始建于 2006 年 8 月，项目主体建筑依山而上，为徽派仿古明清风格，风景秀丽，环境静雅。中心内有观光区域 1.33 公顷，养殖水面 4 公顷，垂钓水面 1.33 公顷，集餐饮、会务、垂钓、观光于一体。

石塘竹海 深藏于横溪街道美丽的夜合山坳脚下的万亩竹海之中，生物品种多样，有植物 300 余种、鸟兽鱼虫 1000 多种，构成以茶山、竹海、松涛为主体的自然生态风光，被誉为南京最美丽的山村。在高起点规划和大投入建设的基础上，石塘竹海旅游村已颇具特色，游客可到此赏如画美景，呼清新空气，品农家菜肴，享农家乐趣。

第三节 旅游规划

20 世纪 90 年代，江宁县将旅游业确定为重点发展的产业之一。1997 年，编制《江宁县旅游发展总体规划》及各景区景点详细规划，提出“把江宁县建设成为南京都市旅游圈内著名的城郊旅游区”目标。充分利用和整合区域内风景名胜及人文景观资源，加快旅游资源的开发建设，突出地方特色，丰富文化内涵。东部以点带面，以温泉为依托，启动建设国际温泉城，打造国际知名、亚洲一流的温泉休闲旅游度假区；西部串点成线，以牛首山为龙头，依托生态旅游线路，打造南京都市圈休闲旅游第一目的地。

【旅游发展总体规划】

1997 年 4 月，江宁县邀请南京大学、东南大学、南京师范大学的知名专家、学者，普查旅游资源，现场勘察调研，历时 3 年，经过多次讨论修改，编制出《江宁县旅游发展总体规划》（简称规划）及各旅游景区详细规划。规划于 2000 年经南京市规划指导委员会讨论通过并付诸实施。

规划包括“十五”计划及 2015 年远景目标。其间 15 年旅游业发展的总体指导思想是：以中共十五届四中全会精神为指导，以培育旅游业成为全县经济发展的优势产业为核心，开发出一批高起点、高标准、高层次、高效益的旅游产品。立足南京，面向全国，积极开拓国内外客源市场，着力强化景点开发与配套设施建设，将江宁建设成为自然风光与人文景观交相辉映、现代与传统相融合，旅游环境优美舒适，设施配套齐全，海内外游客向往的全国著名旅游大县。总体目标是：先用 3 年时间打基础，加强重点景点和旅游服务设施建设，做好宣传促销工作，到 2003 年，全县旅游接待人数达到 90 万人次，其中海外游客 5000 人次；再用 7 年左右时间，完善和规范各旅游区的景点建设、配套设施和科学管理，使各旅游区相互协调并具有持续发展的动力，使旅游业成为全县经济发展的支柱产业，并在国内甚至国际市场上享有较高知名度，游客基数增大，经济效益显著。到 2015 年，旅游业总收入达到 10 亿元，年旅游接待人数 250 万人次，其中海外游客 6 万人次。

规划明确“十五”期间江宁县旅游业的发展思路、发展目标和景区景点建设规划。发展思路是：以资源为依托，以市场为导向，以规划为龙头，以基础设施建设为重点，以景点包装为手段，实施政府主导、适度超前、社会齐上和集约经营的大旅游经济发展战略。以县城东山为中心，重点开发汤山、牛首山两大风景区，以汤山为东线，牛首山、祖堂山为西线，秦淮河为中线，围绕观光、度假、文化、商务四大主题，开发温泉、宗教文化、古迹文化、自然生态、科学考察五大特色项目，逐步形成与全县国民经济和社会发展相适应的旅游经济运行机制，在规模和效益上推动旅游经济全面增长。发展目标是：到2005年，全县旅游业总收入1.50亿元，年均增长20%；实现利润2000万元；年接待游客120万人次，其中海外游客1万人次。景区景点规划建设的主要内容是：新建东（山）方（山）景区。东方景区包括东山山丘、县城东山镇、东山镇边的秦淮河滩地、秦淮河段、东山至方山的廊道景观路、方山镇和方山山体。拟建的东方景区性质和特色为古皇家文化、历史文化和民俗文化。近期（2000—2005年）完善基础设施建设，加强资源和生态环境保护，依托历史背景和自然条件增加一些旅游项目，力争在2005年前设立旅游管理机构并对外开放，成为市级风景区；远期（2005年后）建立完整的生态系统和完善的现代化旅游服务体系，建成在国内小有声誉的风景名胜地。扩建汤山景区。包括以阳山碑材为核心的孔山景区，面积为7.20平方千米；以汤山猿人洞为核心的汤山景区，面积为7.20平方千米；以温泉浴室为核心的温泉城，面积为2平方千米。拟利用岩层、化石、褶曲、断裂等地学知识宝库和古人生存斗争、生存环境乃至人类起源等难解之谜等资源，建设科学探索型风景名胜区。近期（2000—2005年）围线汤山温泉，完善相关的基础设施，串联四周的旅游资源形成旅游线路，并丰富各景点的旅游内容，力争在2005年前游客量突破50万人次，达到省级风景区水平；远期（2005年后）建立现代化的旅游服务体系，挖掘旅游资源潜力，推陈出新，新建旅游项目，建成国家级科学探索型风景名胜区，并在世界上小有声誉。补充祖堂—牛首山景区。首先选择好中心区的开发主题，对已有的小区旅游开发规划做一些分析和补充，总体构想为古府厂店坐落在青山绿化的花园和游乐场之中，使中心区具有聚拢游客观光和购物等功能。近期（2000—2005年）继续完善基础设施建设，加强资源和生态环境保护，依托历史背景和自然条件新增一些旅游景点，力争在2005年前年游客量突破50万人次，达到省级风景区水平；远期（2005年后）建立完善现代化旅游服务体系，在旅游项目上推陈出新，建成国家级生态旅游和历史文化风景名胜区。新建横山生态农业观光游览区。包括横溪乡南部和铜井镇中南部，北以横溪—铜山—彭福公路为界，南至江宁县地界线，与安徽省当涂县和南京市溧水县接壤。由于该区域生态环境保持较好，农业现代化程度较高，开发主题为生态农业观光。

【南京方山特色意图区规划设计】

2007年年底，由东南大学和广州旅游发展研究中心共同做出的《南京方山特色意图区规划设计》概念性规划方案通过正式评审。

范围与定位 方山风景旅游度假区以方山本体为主要区域，主要包括方山地质公园，同时在方前大道南侧预留规划的山水明珠园涵盖其中。方山地质公园占地635.70公顷，北至江宁大学城规划边界，西至竹山南路，南至方前大道，东以环山景观路道路中线为界。方山风景区开发定位以休闲度假、宗教及健康、养生为主体的绿色城市公园及休闲度假区，南京和江宁市民的郊野公园。景区设置5个出入口，已建成北部主入口，为景区正大门，设计66米宽迎宾景观大道。设计的另外4个入口，东北主入口衔接江宁大学城，南部主入口与未来的秦淮河湿地游相衔接，东南次入口和西南次入口分别为周边居民登山、拓展健身等服务而设。

规划布局 方山地质公园范围内的景区布局有6个片区，分别为地质景观区、定林寺景区、洞玄观景区、文化艺术区、山地运动区和山顶观光区。

地质景观区。位于方山山顶，环山公路以上的地段，面积 65.66 万平方米。利用地段特有的火山地貌开展观光及地质教育、科考。景区有 7 个景点，包括地质科普中心、石龙池奇石园、科考栈道、火山口、祖龙顶观景台和南入口区。

定林寺景区。位于方山山体北部，以定林寺为中心，面积 108.29 公顷。景区建设包括北入口景区、祭天台遗址、八卦泉景区、定林寺、方山天印宫宾馆、蒋介石自选墓地、蒋介石抗日地下遗址和马皇后敬香亭等景点，开发建设成集商业、休闲、旅游、精英文化于一体的旅游度假胜地。其中，北入口景区、祭天台遗址、八卦泉景区、定林寺为重点建设的一级景区。

洞玄观景区。位于方山南麓，面积 114.66 公顷。景区包括洞玄观、方山大庄、东霞寺遗址及袁枚、孙权、孙策等历史名人活动遗迹，另有大片茶园和方山茶场。重点修复建设洞玄观及道教文化研修中心，设置茶叶研究、茶艺展示、茶文化体验以及茶园休闲活动等设施。洞玄观、道教文化研修中心、紫雾茶园度假村和方山大鼓广场为重点建设的一级景区。

文化艺术区。位于方山东山麓，面积 111.59 万平方米。景区通过整理已有山水结构，引溪水适当挖湖堆山，建设东入口广场、露天剧场、停车场、公园管理区等。利用山坡、林下、平台、水边营造各种文化活动空间，开发成青年艺术园。

山地运动区。位于方山西南山麓，面积 176.72 公顷。景区开发建成集文化、娱乐、体育为一体的山地运动区。建设项目主要包括入口广场、停车场、山地自行车道、露营地、野战基地、滑草场和游乐园等。

山顶观光区。位于西山顶，面积 51.14 万平方米。该区结合方山山顶特有的台地地貌，建设游人游览的观光环境。山顶观光通道由南向北贯穿全区，沿途设置休闲平台、亭子。建设项目主要包括天印宫儒教文化园、紫雾茶馆、李秀成纪念广场、岳王台等。

为确保实现规划提出的各项计划目标，将江宁县建设成为南京都市旅游圈内著名的城郊旅游区，规划提出必须采取的主要措施：分步建设，突出重点，有计划、有步骤地实现旅游规划的目标；转变观念，充分认识旅游业在第三产业中的地位和作用，树立超前发展意识；加强旅游业管理，健全相关法规；开拓融资渠道，确保旅游开发建设所需资金的到位；树立整体形象，利用多种促销手段，建立完整的促销体系；加强环境保护，整治污染，促进旅游业可持续发展；加强旅游业人才培养。

第四节 旅游开发建设

20 世纪 90 年代起，旅游业成为江宁县重点发展产业之一，旅游景区景点及服务设施建设开始进入新阶段。1996 年 1 月 5 日，中共江宁县委第九届四次全体会议通过《关于制定江宁县国民经济和社会发展“九五”计划和 2010 年远景目标的建议》，确定旅游业为发展重点，明确提出“以旅游业为突破口，大力发展旅游拳头项目，充分发挥旅游业在对外开放中的先导作用和对其他产业的牵动作用，挖掘全县独特的、丰富多彩的人文景观资源，重点开发建设汤山、牛首山、百家湖等旅游风景区”。

为有效开发利用江宁境内丰富的旅游资源，做好做足旅游业发展的大文章，1997 年，抽调县文化、教育、城建、环保等部门有关人员，深入全县各地，采取上下联动、走访与勘察相结合的方法，全面普查全县文物旅游资源，为科学合理开发旅游资源奠定基础。经普查确认，全县有国家级文物保护单位8处、省级3处、市级22处、县级34处，包括古战场遗址、宗教文化、古石刻、古墓葬等。自然资源以山水为主，极具开发价值，山有汤山、方山、牛首山、祖堂山等；水有汤山温泉、秦淮河、长江、驻驾山水库、白鹭湖、南山湖等。经过有效整合和挖潜，筛选出一批基础条件优、市场前景好、可操作性强的项目先招商引资和开发建设。通过政策推动、规划引导，吸纳社会资本投入旅游开发建设，实现由政府单一投入向投资主体多元化转变，形成政府引导、社会参与的旅游开发建设新机制、新格局。先后引进国旅联合股份有限公司、杭州宋城集团、南京雅高风光旅游公司等企业到江宁县开发建设汤山、牛首山等旅游景点，完善江宁观光一日游线路。至2002年，杭州宋城集团投资的牛首山风景区项目已注册，首期5000万元资金到位，进入规划编制阶段；国旅联合股份有限公司投资的汤山风景区完成投资3000万元，包装打造阳山碑材和汤山溶洞景区。其中，阳山碑材景区整合打造为“南京明文化村”，分碑材场景的明文化村、阳山怪石林和碑材文物区三部分。此外，甘泉湖景区投入9000万元，建成国内一流的跑马场、网球场、滑草场等旅游设施；南山湖景区建成马场、垂钓中心和一批度假别墅，初步具备旅游接待能力；白鹭湖景区投资3000万元完成一期开发；银杏湖度假区投资6000多万元进行旅游基础设施建设。

2003年2月22日，汤山明文化村隆重开园，并成为一年一度的南京国际梅花节的分会场。该景点以明文化村为特色，集文化、休闲、主题娱乐及生活服务功能于一体，熔历史探索、民族风情于一炉，成为该景区的主打产品。是年，启动汤山温泉度假村建设，项目位于汤山寺庄，由国旅联合股份有限公司投资建设。同年3月18日，定林寺塔修缮工作正式开始，工程采用人工挖孔加固，在离塔外壁3米处四周打16根桩，直径均为2米，并嵌入岩石，把塔下的土体部分固定住，然后纠偏。即压力注浆，适当掏土，在动态控制中以极缓慢的速度，部分纠偏2度～3度，使塔的斜度回到5度左右。整个工程耗资近100万元，历时近一年。同年9月29日，甘泉湖旅游度假村试营业，国庆节黄金周期间，接待游客2.10万人次，实现旅游收入8.90万元。

图21-4-19　汤山明文化村（2007年摄）

2004年9月11日，方山定林寺大雄宝殿主体工程竣工。10月，大雄宝殿工程全面竣工。大雄宝殿高16.70米，建筑面积720平方米，总投资730万元。是年，加速推进汤山温泉度假区一期、二期工程建设，开工建设“水乐园”和可容纳500人规模的会馆，建筑总面积1.60万平方米，总投资2亿元。2005年4月，汤山温泉度假村试营业，占地13.10公顷，建筑总面积1.60万平方米，是长江三角洲规模最大的AAA级标准温泉基地。度假村由露天温泉区和休闲酒店组成，露天温泉区提供特色和功能各异的50个温泉池及30个特色汤屋；休闲酒店拥有客房82间，约500个餐位，大小会议室6个。至年底，共接待游客10万多人次。

2006年，建立旅游招商项目库，有14个旅游项目入库。参加市旅游局组织的境外招商活动，与汤山等旅游发展重点街镇赴四川、浙江等地考察农业旅游景点开发建设情况。组织丹阳玫瑰园、周岗奇水园两个项目参加全市文化产业项目招商活动。

2007年，南京市委、市政府作出“建设汤山国际温泉城，加速东部崛起”的重大战略决策，市、区政府分别成立新城建设领导小组和新城建设指挥部，并组建南京汤山建设投资发展有限公司，全面启动汤山国际温泉城建设。新城总体发展战略是：以科学发展观为战略统筹，生态文明为理念指导，遵循城市生长的发展路径，构建“以温泉为核心品牌，聚集人流、商流、信息流，以旅游休闲、温泉度假为主，会议会展、文化教育、艺术、绘画、创意研发、住宅商贸多元发展，生态优先，集中集约，规模发展，功能明确”的生态生长的国际新城。新城规划建设面积51.60平方千米，北至沪宁高速公路，西至汤泉北路，东至汤山西路，南至宁杭公路。其中，启动区面积7.18平方千米。是年年底，规划编制、拆迁安置、基础设施建设、融资、招商等工作全面展开并取得进展。

第五节　旅游服务

【旅游设施】

1996—2000年，全县旅游设施、景点基础条件有了较大改观，5年中，共投入5000多万元进行风景区道路建设和环境建设。建设道路3条，全长48千米；铺设草坪2万平方米，绿化面积10万平方米，栽种花木20万株。至2000年年底，江宁区有江宁宾馆、金旺宾馆、东山宾馆、东新大酒店、百家湖山庄、百家湖度假村、天地宫温泉宾馆等宾馆、饭店7家，从业人员570人，客房床位566个，餐位3220个；有江宁旅行社、东山旅游公司、南京空港旅行社、青旅江南营业部等5家旅行社，从业人员31人，注册资金225万元。2000年12月，华佳旅游车队投入运营，从业人员40人，注册资金100万元。

2002年，全区旅游接待水平有新的提高，有国际旅游定点饭店2家，星级宾馆饭店10家，从业人员约1800人，共有床位1401张，能同时接待近万人就餐。

2003年，建成东山旅游观光购物街和金箔产品、周岗红木展示馆。投资2亿元进行旅游基础设施建设，共建景区道路3条、35千米，铺设草坪1万平方米，绿化面积10万平方米，栽种花木40余万株。

2007年，推进方山风景区建设，投资600万元，加快景区基础设施建设，建成南天门景区游客服务区、生态停车场、800米景观道长寿路、十八盘顶观景台等工程。投入350万元，增加景区绿色覆盖，栽植特色杨梅3万株，红枫2600株，完成环山路景观绿化2000米。至是年年底，全区有星级宾馆及旅游定点饭店13家，旅行社及营业部20家，旅游车队1家，旅游观光购物街1条（东山步行街），旅游纪念品展示馆3家（江宁金箔、海尔曼斯织品、周岗红木）。区内南京上元旅游有限公司、南京缘旅旅游服务有限责任公司、南京静怡旅行社有限责任公司、南京空港旅行社、南京江宁旅行社有限责任公司经市旅游局核查认定，达到旅行社AA级标准，入围总数占全市郊区县旅行社入围总数一半。

2007年江宁区星级宾馆及旅游定点饭店情况表

表21-4-4

名称	星级	地址
湖滨金陵饭店	五星级	江宁经济技术开发区佳湖东路8号
水秀苑	四星级	江宁经济技术开发区佳湖西路11号
江宁宾馆	三星级	东山街道戴家塘22号
金旺宾馆	三星级	东山街道金箔路171号
东山宾馆	三星级	东山街道竹山路159号
国海大酒店	三星级	江宁经济技术开发区将军大道186号
翠屏山宾馆	三星级	江宁经济技术开发区天元西路168号
吉华花园酒店	三星级	东山街道宏运大道1890号
空港宾馆	—	禄口国际机场候车厅南侧
金元宝大酒店	—	江宁区东山街道金箔路58号
颐尚温泉酒店	—	汤山街道温泉路8号
东新大酒店	—	东山街道东新南路28号
新东新美食城	—	东山街道金箔路298号

2007年江宁区旅行社及营业部情况表

表21-4-5

旅行社名称	设立年份	营业地址
南京江宁旅行社有限责任公司	1997	东山街道新宁路78号
南京空港旅行社	2000	东山街道金箔路88号
南京青年国际旅行社江南营业部	2000	东山街道竹山路6-113号
江苏招商国际旅游公司汤山营业部	2001	汤山街道温泉东路100号
南京缘旅旅游服务有限责任公司	2001	江宁经济技术开发区胜太路6号
南京上元旅游有限公司	2002	东山街道苗圃路1号
南京静怡旅行社有限责任公司	2003	东山街道文靖路157号
南京市开心旅行社有限公司	2003	江宁区湖滨公寓Y-1-203号
大华江宁营业部	2003	东山街道竹山路107号
江苏招商国际旅游公司江宁营业部	2003	东山街道竹山路43号
南京馨悦旅行社有限公司江宁分部	2004	东山街道文靖西路108号
康辉江宁营业部	2005	东山街道上元二街81号
南京海峡旅行社有限公司江宁营业部	2006	江宁区江宁宾馆南大门
南京千秋旅行社有限公司	2006	东山街道竹山路94-1号
江苏省中旅旅行社有限公司江宁营业部	2007	东山街道小里村73号
南京尚品商务旅行社有限公司	2007	东山街道竹山路244号
南京环球旅行社	2007	东山街道竹山南路3-104A
南京苏式旅行社	2007	东山街道金盛路175号
南京国旅联合旅业管理有限公司	2007	汤山街道温泉路8号
南京凤凰源期旅游有限公司江宁营业部	2007	东山街道竹山路88-4号305

【旅游促销】

1996—2000年，县旅游部门把宣传促销工作作为旅游工作的重要内容，广渠道、多形式、全方位地开展旅游宣传促销活动。充分利用报纸、广播电视、杂志等宣传工具，先后在国家、省、市、县级新闻媒体上发表宣传稿件500多篇，提升江宁县旅游品牌形象。"春牛首""夏南山""冬温泉"等若干旅游主题已被众多市民熟知和青睐；积极组织，精心准备，踊跃参加各类旅游交易会、招商会、投资环境说明会，发放宣传材料5万份。1998年，首次组团赴港参加香港国际旅游交易会，开阔视野，了解国际旅游业发展趋势和前景。同年4月，邀请中央电视台到江宁县拍摄旅游专题片。并通过举办"9·27"世界旅游日广场宣传活动，印制《江宁旅游》宣传册等形式，宣传江宁县丰富的旅游资源和项目开发情况。是年，全县接待游客26.20万人次，旅游收入1421.70万元。2000年，全县接待游客40万人次，旅游收入9000万元。

2001年5月26—31日，举办首届横溪西瓜节。此后，还陆续举办"春牛首旅游文化节"，承办第一届和第二届"江宁旅游美食节"、第三届雨花石艺术节"江宁日"、台资旅游度假项目展示招商会等活动，有效展示江宁区地方风俗和文化特色，提升江宁区旅游的知名度。2002年，中国国内旅游交易会首次在宁举办，江宁区订购5个展位，组织汤山、南山湖、方山、甘泉湖等风景区和新东新美食城参展，散发江宁旅游宣传画册8000多份。江宁旅游展台以新颖的设计、独特的风格获得优秀展台奖。同年3月，向全市推出"万人看江宁"大型旅游活动，旨在让更多人了解江宁，关注江宁。还配套举办"让山沟里的孩子走出来""苏友俱乐部车迷联谊"等专项活动，3个月共接待参观者1.66万人次。是年，全区接待游客136万人次，旅游收入9000万元。2003年，通过编印《江宁旅游局报》《江宁旅游指南》，在江宁电视台开辟《江宁旅游瞭望》专栏，宣传旅游信息，介绍旅游项目，展示旅游产品，推介旅游资源开发等。是年，全区接待游客160万人次，旅游收入9980万元。

2004年9月，开通江宁旅游网站（网址：www.jnyo.com），利用互联网宣传推介江宁区旅游资源，主要栏目有江宁区区位图、旅游概况、历史名人与江宁、旅游线路、旅游交通、旅游接待、江宁特产、旅游招商库、江宁旅游在线、旅游政策法规等。是年，汤山明文化村景区"五一"黄金周推出的"你走高速我买单"活动，7天营业收入62万元；国庆期间开展的"汤山三景"特惠之旅接待游客1.50万人；重阳节举办的"老人游阳山"活动，3天有逾万名老年人参加。甘泉湖景区国庆节承办的"中国十大名花小姐"总决赛，当天游客超过3000人。5月，第三届"横溪西瓜节"上推出的以"瓜乡风情一日游"为特色的生态旅游专线，品西甜瓜、尝农家菜、游石塘竹海等项目，7天接待游客达7000人。是年，全区接待游客39.50万人次，旅游收入2.21亿元。2005年，江宁区在南京夫子庙广场举办"世外桃源新江宁"为主题的旅游景点专题推介宣传活动，省、市旅游部门和区政府领导到场助阵，展出宣传板32块，明文化村、甘泉湖等景区景点组织现场演出宣传。同年6月，区旅游部门组织旅游重点街镇、景区领导，赴东北三省进行旅游促销活动，并参加在长春举办的中国北方旅游交易会。交易会上散发宣传册2000余份，并与相关旅游单位进行合作洽谈，共享旅游资源。是年，全区接待游客45.70万人次，旅游收入2.50亿元。

2006年5月1日，启动"江宁乡村游"，千盛农庄开园。9月20日，在汤山颐尚温泉酒店召开"华东百强旅行社走进江宁——温泉·休闲之旅推介会"，颐尚温泉酒店、明文化村景区、金箔集团、千盛农庄、银杏湖景区、南山湖景区等首次组成江宁休闲旅游联盟，并与长三角旅游联合体等单位签订合作协议，推出相关旅游线路。10月1日，与时尚旅行社合作，以定点班次运营形式，开通南京安德门地铁站至横溪市蔬菜科技园旅游专线。是年，明文化村景区“五福闹阳山”、颐尚温泉“国庆七天乐暨车生活全体验”被列入省黄金周旅游节庆活动，千盛农庄、南山湖景区、市蔬菜科技园被列入省国庆旅游推荐景区，还有16个项目被列入“畅游南京”经典旅游线路。是年，全区接待游客100万人次，旅游收入3.92亿元。

2007年年初，第12届南京国际梅花节暨长三角旅游交易会期间，江宁区承办南京高尔夫·温泉之旅旅游推介会、汤山明文化村境外旅行商闹元宵活动以及和平与修学——南京观光产品中日旅行商交流会3项活动，重点宣传汤山温泉、银杏湖高尔夫球场等主打产品。5月，开辟以“魅力乡村、活力城市、和谐南京”为主题的“中国和谐城乡游——南京魅力乡村游”和“谷里乡村一日游”专线。10月，启动“南山湖休闲度假村”“新江宁发现之旅”。是年，全区接待游客125.40万人次，旅游收入5.20亿元，旅游业成为江宁区重点产业之一。

【旅游纪念品　土特产】

金箔工艺品　江宁区金箔的历史可追溯到1700多年前，为中华传统生产工艺，“金箔锻制技艺”是国家级非物质文化遗产。1克黄金锤打出的金箔可覆盖0.47平方米的面积。主要用于建筑、服饰、工艺品、佛像装饰贴金以及名贵中成药的配方。美国费城华人牌楼、北京天安门、北京人民大会堂、中央电视台、西藏布达拉宫等建筑装饰的金箔均为江宁区生产。金箔工艺品主要有：佛像、生肖、花鸟、龙凤呈祥、金像卡、金箔画、纯佛像、纯金佛像卡、纯金名片等，具有浓郁的文化底蕴和丰富神蕴，是馈赠亲友、典藏纪念的佳品。

周岗红木　选用正宗进口缅甸花梨木，采用中国传统大漆生产工艺，设计精良，做工考究。各类中、高档红木家具和各种工艺品均由手工工艺雕琢成人物、花鸟、山水园林等图案，栩栩如生，千姿百态。“周岗红木雕刻”为南京市非物质文化遗产。

湖熟板鸭　已有300多年历史，湖熟板鸭坚持传统的“炒盐腌、清卤复、晾的干、煮的足”的制作工艺，成品皮白、肉红、肉嫩，食之油而不腻，香酥可口，回味返甜（详见本编第一章第四节《名点　名菜》）。

湖熟盐水鸭　是南京著名特产，深受国内外广大消费者喜爱，迄今已有400多年历史，清光绪年间的《金陵物产风土志》中就有关于盐水鸭的记载。湖熟盐水鸭以选料精细、工艺严格而成为精品，2000年，获“绿色食品”标志。“湖熟盐水鸭、湖熟板鸭制作技艺”为江苏省非物质文化遗产。

雨花茶　其外形如松针，条索圆紧挺直，白毫隐露，色泽润绿；茶汤清澈明亮，滋味鲜爽甘醇，香气高雅持久，叶底嫩绿匀亮，富含氨基酸等多种有益人体健康的营养物质。早期研制的淳化梅龙雨花茶通过省级鉴定，获地方名牌产品称号，之后研制的手工制作的雨花茶获得农业部优质农产品奖，在南京市评比中获金奖。“雨花茶制作技艺”为江苏省非物质文化遗产。

陆郎茶干　是南京地区著名的土特产品，具有色美、味鲜、细嚼无渣等特点（详见本编第一章第四节《名点　名菜》）。

第六节 旅游管理

【旅游行业管理】

1996年起，围绕江宁县旅游行业特点和行业管理的中心任务，努力拓展旅游行业管理职能，推动旅游经济健康发展。全县加大对旅游经营者的监管力度，对未经许可在辖区内经营或以交流咨询等名义变相经营旅游业务的，坚决予以取缔。全面推行游客人身保险，实行重大安全事故汇报制度，通过每月一次安全检查，有效杜绝旅游行业的安全隐患。加强对旅游服务质量的监管，维护消费者权益，旅行社与游客签订合同，必须使用规范合同文本，并为游客办理旅游意外保险。星级涉外饭店必须为游客提供相应档次的服务。健全旅游行业统计网络，旅游企业定人定岗，统一日报、月报、季报、年报口径，定期上报，形成制度化。同时做好节假日信息发布，真实反映旅游业发展态势。

2003年，在全区旅游行业开展以“无经营违规、无责任事故、无服务质量投诉”为内容的“三无”达标活动，向市民公布区旅游局监督电话，接受游客投诉。各旅行社及景区景点严格管理、文明服务、规范操作、守法经营，全年没有发生游客投诉事件。对全区具有合法经营资格的旅行社进行审核登记，并在《南京日报·江宁版》设专栏公示，规范净化旅游市场，保障旅行社的合法权益。

2004年，在全区旅游企业开展“围绕一个主题，开展十项创建，实现五大效果”活动（一个主题，即树文明服务新风，评文明服务标兵，建文明服务窗口，创文明服务企业；十项活动，即确立企业精神，制订文明服务公约，完善文明服务设施，开展争先创优活动，落实文明服务奖惩制度，健全文明服务质量监督机制，预防公共安全责任事故，建设绿色企业，建立旅行社年度登记公示制度，培植企业文化；五大效果，即强化创建意识，优化服务设施，提高服务水准，美化服务环境，规范旅游市场），不断提高企业的文明程度。并在汤山明文化村景区设立消费者质量监督维权岗，进一步拓展行风监督范围，促进全区旅游业健康有序发展。活动中，根据旅游行业的性质和工作特点，在反复征求意见的基础上，提出“依法经营、诚实守信，优质服务、公平竞争，热情礼貌、准确高效，言谈文明、用语规范，仪表端正，举止大方，环境整洁、舒适高雅，设备齐全、使用方便，公共安全、全力确保”64字文明服务公约，并由行业各企业负责人签字缔结。2006年，按照“一把手负责制、单位负责制、属地化管理”的原则，推行以景区所在地镇（街道）政府（办事处）为旅游经济发展的工作主体，以当地旅游企业为载体，旅游主管部门实施职能服务所构成的全区旅游工作网络。区政府首次与各镇（街道）、园区签订年度旅游经济目标管理责任状，进一步明确工作责任、考核办法和奖惩措施。

2007年，全区旅游行业管理以加强安全工作监管和旅游局机关科室作风建设为重点，形成监管与自律相结合的工作机制。完善旅游企业安全工作网络，与企业负责人签订安全工作责任状，建立安全工作台账，制订突发事件处置预案，并分别于春节和“五一”长假前对旅游企业安全工作落实情况进行检查，排查安全隐患和薄弱环节，制订落实整改措施，全区旅游企业未发生安全事故，春节和“五一”黄金周期间旅游企业实现“零投诉”。

【旅游从业人员管理】

1996年开始，县旅游部门加强旅游从业人员业务技能的培训，对各景区景点、旅行社、涉外星级旅游宾馆进行摸底，了解从业人员的服务水平。根据全县旅游行业从业人员的具体情况，至2000年，先后与江宁广播电视大学、湖熟职业中学等学校联合开办3期导游培训班，共培训人员147人，合格率92%。参加英语培训的各星级涉外宾馆人员172人，合格率87%。市旅游局规定英语培训三年时间必须达标，而江宁只用了一年时间。2005年4月，区旅游部门与区文明办结合文明城区创建工作，根据旅游行业性质与特点，在全行业组织开展评比“十佳导游（服务）员”活动，经评比，杨青玉、朱婷、吴秋燕、王胜娟、胡芝茹、黄顺菲、张学军、季梅、李连深、陈敏10人被评为十佳导游（服务）员。4月17日，江宁电视台举行颁奖仪式和访谈，并作实况转播。2007年3月，区旅游局联合区安监局、消防大队对区内星级宾馆、旅游定点饭店、等级景区（点）安全负责人进行专场培训。全区21家旅游企业分管安全生产工作的负责人参加培训。此外，结合“百姓看江宁”系列活动，先后两次组织培训导游员，提高礼仪、讲解等方面素质。

至2007年年底，全区有具有法人资格的旅行社20家，旅游车队1家，从业人员120人；星级宾馆8家，旅游定点饭店5家，从业人员1300多人；可供游人自行游览的景区（点）20处，从业人员1000多人。

【创建国家等级旅游景区（点）】

2005年7月，为推动旅游业发展，提升旅游景区档次和服务管理水平，江宁区成立申报国家等级景区工作领导小组，全国工业、农业旅游示范点创建工作领导小组。区旅游部门对具备条件的景区（点），协助做好创建工作。同年10月，淳化牛奶文化园成功申报为国家AA级景区；甘泉湖、南山湖、银杏湖成功申报为国家AAA级景区；陶吴龙山上庄园景区和淳化牛奶文化园景区，被南京市旅游景区（景点）等级评定委员会评定为国家AA级旅游景区（点）；金箔工业旅游示范点和横溪—陶吴农业旅游示范点通过国家旅游局验收，分别成为全市首批全国工业旅游示范点和全国农业旅游示范点。2006年，对照国家相关标准，对具备条件的区内景区（点）组织申报国家等级景区、全国工农业旅游示范点，区旅游部门协助做好软件、硬件材料的准备工作。10月，横溪镇市蔬菜花卉科技园创建成国家AA级景区。12月，汤山明文化村（阳山碑材）景区创建成国家AAAA级景区；千盛农庄、海尔曼斯通过国家旅游局验收，分别成为全国农业旅游示范点和全国工业旅游示范点。

至2007年，全区拥有陶吴上庄园、淳化牛奶文化园、市蔬菜科技园、千盛农庄4家AA级景区，银杏湖、南山湖2家AAA级景区，南京明文化村1家AAAA级景区，拥有国家级景区数占全市总数的26.90%，在全市各区县中名列第一；全区拥有金箔和海尔曼斯工业旅游、横溪和千盛农庄农业旅游4家全国工农业旅游示范点，占全市工农业旅游示范点总数的一半。

2007年江宁区国家旅游景区（点）及工农业旅游示范点情况表

表21-4-6

类　别	景点景区名称	等　级	地　址	命名时间
等级景区	银杏湖景区	AAA	谷里街道	2005年10月
	南山湖景区	AAA	江宁街道	2005年10月
	甘泉湖景区	AAA	横溪街道	2005年10月
	上庄园	AA	横溪街道	2005年10月

续表

类 别	景点景区名称	等 级	地 址	命名时间
等级景区	山田牛奶文化园	AA	淳化街道	2005 年 10 月
	市蔬菜科技园	AA	横溪街道	2006 年 10 月
	明文化村（阳山碑材）景区	AAAA	汤山街道	2006 年 12 月
	锁石生态旅游村	AA	汤山街道	2007 年 9 月
	六顺农艺园	AA	江宁街道	2007 年 9 月
	黄桥滩渔家乐	AA	禄口街道	2007 年 9 月
	金波渔港	AA	秣陵街道	2007 年 9 月
	千盛农庄	AAA	谷里街道	2007 年 11 月
工农业旅游示范点	金箔工业园	工 业	东山街道	2005 年 10 月
	市蔬菜科技园	农 业	横溪街道	2005 年 10 月
	海尔曼斯	工 业	江宁经济技术开发区	2006 年 12 月
	千盛农庄	农 业	谷里街道	2006 年 12 月
	锁石生态旅游村	农 业	汤山街道	2007 年 12 月
	黄桥滩渔家乐	农 业	禄口街道	2007 年 12 月
	金波渔港	农 业	秣陵街道	2007 年 12 月

第二十二编

金融　保险

第一章　货　币

第二章　民国时期金融机构

第三章　新中国成立后金融机构

第四章　银行业务

第五章　保险　证券

第六章　金融体制改革　金融监管

江宁地区货币流通与信用活动历史久远。早在周代，随着农业、手工业的发展与商品交换，江宁就有青铜铸钱“帛布”流通。20世纪80年代，在江宁东山、湖熟、淳化、横溪、陶吴、小丹阳等地时有战国时期楚国“爰金”发现。秦始皇统一中国后，统一币制，其圆形方孔币型沿用2000多年。民国初期，江宁县内设私营钱庄和典当8家。民国17年（1928），江宁开始兴办信用、保险等合作社。民国22年，上海商业储蓄银行南京分行在湖熟创办农业抵押贷款所。抗日战争胜利后，多家银行在江宁设立分支机构。民国后期，百业萧条，通货膨胀，金融业处于半瘫痪状态，直至新中国成立前夕，完全崩溃。

新中国成立后，中国人民银行即在江宁设立县级机构。1955年农业合作化高潮中，实现乡乡有农村信用合作社，形成较完整的农村金融组织体系。国有银行和农村信用社，在支持经济恢复发展、保障社会稳定中发挥了积极作用。“大跃进”和“文化大革命”时期，经济发展缓慢，银行管理受到严重干扰，政企不分，职能萎缩，金融对经济的干预与调节作用丧失。至1978年，江宁县金融机构仅有人民银行和信用社。各项存款余额6020万元，各项贷款余额6085万元。

1979年后，国家开始实施金融体制改革，江宁县逐步扩大和健全金融体系，建立中央银行职能体制，工商银行、农业银行、中国银行、建设银行4家国有专业银行恢复和建立支行；恢复保险机构；改革外汇管理办法；建立新的信贷资金管理体制，改变资金供给制。江宁县经济在改革中发展，金融业务亦在改革中恢复性增长。1989年，各项存款余额46590万元，是1978年的7.74倍；各项贷款余额61997.60万元，是1978年的10.19倍。

20世纪90年代，国家进一步推行金融体制改革，制定和颁布多部金融法规。江宁金融业随之步入现代金融业阶段，金融组织机构趋于完善。至2007年，除4家国有及国有控股商业银行外，11家全国性股份制商业银行先后在江宁区设立分支机构；单设政策性银行；具有50多年历史的农村合作金融不断发展壮大，网点36家，遍及全区各个街道和市镇；邮政储蓄1家，网点27个；14家保险公司、1家证券公司入驻江宁。形成了中央银行为领导，国有及国有控股银行为主体，政策性与商业性金融机构相分离，多种金融机构并存、有序竞争的金融新格局，从业人员2500余人。各金融单位不断更新经营理念和服务手段，注重国计民生项目资金投入，开发适应客户需求的金融新产品，发展中间业务。与此同时，电子化设施普及金融服务领域，银行存贷款等业务迅猛增长，金融业成为区域经济、社会事业发展的重要杠杆。是年年末，全区各项存款余额363.14亿元，各项贷款余额266.28亿元。

第一章 货 币

据出土文物考证，江宁地区在春秋战国时就有金币郢爰流通。秦始皇统一中国后，通行全国统一的“半两”钱和黄金，所铸的圆形方孔铜钱，每钱重12铢，奠定了中国历代外圆内方的钱币形制。汉代至隋代通行“五铢”钱和黄金。从唐高祖行“通宝”起，铜钱就作为通行宝货普及民间。宋代始行纸币。元代推行钞法。明代以钞为主，以钱为辅。清代以钱为主，银钱并用。

鸦片战争后，银元、铜元逐渐兴起，江宁地区通用清泽龙、银两和外国银元以及作为辅币使用的银角、铜元。民国24年（1935），国民政府改革币值，发行法币，币制逐渐统一。侵华日军占领南京后，货币流通混乱。市面上法币和旧银、铜币与日伪当局强制推行的伪币华兴券、中储券同时流通。抗日战争胜利后，国民政府仍用法币，并在法币膨胀中以关金券代替大额法币，又在法币面临崩溃时改发金圆券。金圆券贬值更甚，出现民国以来最严重的通货膨胀，给经济生活造成巨大损害。

新中国成立后，人民币成为统一、独立、稳定的货币。1950年起，即制止持久的通货膨胀。1955年3月，发行新的人民币。此后，在计划经济体制下，坚持经济发行、计划发行和集中统一发行三原则，使人民币的流通与经济发展相适应，币值保持相对稳定。中共十一届三中全会后，人民币在发展商品经济中的地位空前高涨，对促进国民经济持续、稳定、协调发展作用日益明显。江宁区的货币投放、回笼大幅度上升。2000年，银行现金收入982333万元；现金支出1139534万元；净投放157201万元。

第一节 金属币

【郢爰】

战国时期，黄金逐渐被用作保藏手段和支付手段。由于黄金货币具有价值大、体积小、质量高、不易磨损、难于腐蚀等优点，就成为货币流通领域内的珍品。楚国所铸的金币呈扁平小方块状，上有钤印，通称爰金。1953—1983年，江苏地区出土“郢爰”共42次。其中，在江宁县淳化、横溪、东山、湖熟、陶吴、小丹阳等地出土5次。出土的“郢爰”均是战国时期楚国的货币，距今2200年至2000年。

【铜铁钱】

秦半两钱 秦王政二十四年（前223），秦灭楚，统一六国。秦始皇颁行货币改革令，将铸币权集中，发行秦半两钱，钱文半两，重12铢，圆形方孔，全国流通。

汉五铢钱 汉元狩五年（前118），以旧钱皆轻重失当，改行五铢钱，后称汉五铢，流通畅盛，货币经济有长足发展。制行至隋末共737年，直至宋代，尚有五铢钱流通。

隋开皇五铢 隋文帝杨坚统一南北朝后，整顿货币积弊。开皇十年（590），在六合县铸开皇五铢，规定钱千枚重4斤2两，币值稳定。

唐开元通宝 唐武德四年（621）铸发开元通宝钱。钱币不以重量名，改以“宝”称，并冠于年号。

开元通宝大小轻重适当，民间乐用，以后各朝代均参照此制式。同时，即以钱两开始，成为中国衡法改进为十进位的关键。五代十国期间，王国纷争，战乱迭起，各地的币值经常变动，很不稳定，但开元通宝钱仍是各地较为珍视的通货。扬州铸造的、背面刻有“昌”字的开元通宝钱和润州（江宁县域属润州）铸造的、背面刻有“润”字的开元通宝钱，仍是江苏地区的主要通货。

两宋年号钱 北宋太平兴国年间（976—984）铸太平通宝，是为赵宋第一种年号钱。以后每代皇帝几乎都要发行年号钱。宋钱与唐钱重量相同，但含铜量低，大小、种类等次较多。

元至大通宝 元至大二年（1309），发行至大通宝小平钱和大元通宝 2 种铜钱。元至正十年（1350），发行至正通宝铜钱，恢复钱钞并行。

明洪武通宝 明洪武元年（1368），朱元璋发明洪武通宝，称制钱。分小平、折二、折三、折五、当十等 5 种，当十背文为一两，余递降至一钱，规定成色为纯铜。明朝推行纸币制度，对铜币的铸造使用时禁时放。孝宗弘治十六年（1503），宝钞渐次不用，恢复制钱发行，南京铸发数较北京加倍。崇祯十七年（1644），南明福王朱由崧在南京即位，次年发行弘光通宝小平钱和折二钱，是明代在南京（江宁）发行的最后一种钱。

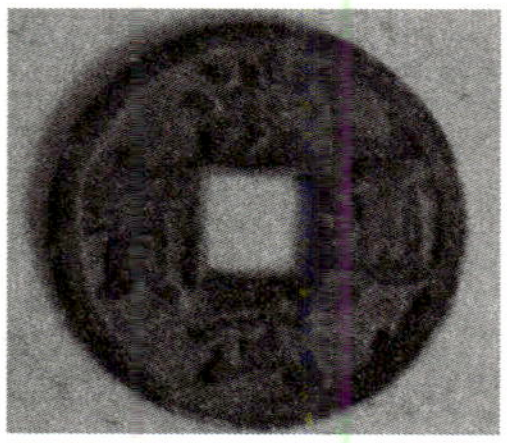

图 22-1-1 明洪武通宝

清代制钱 俗称“小铜钱”。清在鸦片战争前承袭明制钱制度，钱银并用，以银为主。顺治五年（1648），设江南江宁府局，铸顺治通宝制钱。顺治钱法规定，成色为七成红铜，三成白铅，1000 文为 1 串，每文重 1 钱。同时又规定 5 种钱的式样，其 3 式直书“一厘”的钱，1 文值银 1 厘，即权银钱。5 种钱式之币，顺治后在更改年号所铸的年号钱，以及从康熙到宣统的 10 种通宝钱都在江宁地区广泛通用。辛亥革命后，县内流通民国通宝和晚清咸丰、同治、光绪、宣统年号的制钱。面值一文较多，也有“当十”“当百”的。不久为铜元所代替。江宁区博物馆藏有清“咸丰重宝”龙纹币。

图 22-1-2 清“咸丰重宝”龙纹币

【银两】

银两，是称重货币之一，六朝时建康就通行银锭，衡制斤两并行。元代之后称元宝，每锭重五十两。明代，今三山街（属上江两县）一带店铺林立，商业繁盛，银两流通频繁。明代中后期，银锭有了规定的成色、重量和单位，银两制度正式确立。清朝银钱并行，重银轻钱。银两制度得到大发展。晚清到民国初年，江宁通用的有元宝、银锭、锞子、碎银 4 种。江宁区博物馆藏有清时的库银元宝。辛亥革命后，虽已经定银元为本位币，仍有少量银两同时流通。政府财政收支和通商贸易，都以银两为计价核算之标准。民国 22 年（1933），国民政府宣布废两改元，银两制开始被银元代替。

【银元】

光绪元宝 俗称“龙洋”，于光绪十六年（1890）广东大量开铸，名光绪元宝，正面铸盘龙纹，重量为库平七钱二分。光绪二十三年，江南造币厂开铸光绪元宝，南京（江宁）始有自铸银元流通。

民国银元 民国元年（1912），南京造币厂发行开国纪念 1 元银币。次年 2 月，部令铸造袁世凯像纪念币，数量较少。民国 3 年 2 月，发行袁世凯像银元，俗称“袁大头”，是为国币。国民政府定都南京后，令宁、杭两厂铸发孙中山开国纪念币。民国 22 年，实施废两改元。银元在通行 130 余年之后，始正式成为统一的法定本位币。时隔二年，实施法币制度，银本币制度宣告结束。

县为先后流通的银元有：光绪元宝，江南龙洋，大清银币，俗称“新龙洋”，袁世凯头像的银币，俗称“袁大头”，孙中山开国纪念币，俗称“孙头”。外国银元主要有墨西哥“鹰洋”、西班牙“本洋”和英在印度铸造的“站人洋”。银铸辅币，又称“银角子”或“小洋”。民国25年（1936），发行镍币，代替银铸辅币。

【铜元】

清代铜元 俗称铜板、铜角子。圆形无中孔的铜币，有光绪元宝和大清铜币两大类。面额为1文、2文、5文、10文和20文5种。光绪二十七年（1901），江南造币厂铸发当十铜元。光绪定制，每当十铜元100枚，合库平银7钱2分，即抵银元1枚。铜元初出时，以其大小一致，制作精细，式样新颖，使用方便，又值制钱缺少，极受商民欢迎，甚至每1银元只换当十铜元84枚～88枚，比名价高出一成多。铜元铸利丰厚，各地扩厂增铸，至宣统二年（1910），铜元兑银元跌至130 ∶ 1。

民国铜元 民国元年（1912）3月，南京造币厂发行中华民国纪念当十铜元。民国初期，市场流通的铜元面值有1文、2文、5文、10文、20文、50文、100文和200文8种。其版面大多是“光绪元宝”和“大清铜币”以及“中华民国开国纪念币”。民国7年年底，南京铜元市价为134.30枚∶1银元。民国11年，铜元下跌为每银元兑换300枚以上。民国25年，流通的有铜质1分、半分辅币，不久改用铝制辅币，面值有1分、5分。至废两改元时，铜元市值降到330枚∶1银元。以后，铜元为镍币所代替，逐步退出流通。

图22-1-3 民国9年（1920年）1元硬币（正反面）

图22-1-4 民国纪念币1元（正反面）

图22-1-5 民国31年（1942）半圆（正反面）

第二节 纸 币

江宁地区历史上市面流通的纸币自南宋会子、元代交钞、大明通行宝钞、大清宝钞至民国的金圆券，多为各期金属币外的辅助币。

【法币】

民国24年（1935）11月，国民政府颁布《施行法币布告》，取消银本位条例，规定自11月4日起，以中央银行、中国银行、交通银行3家银行（后增加中国农民银行）所发钞票为法币，一切公私收付概用法币，禁用银元，白银收归国有。其他银行发行的纸币暂准流通，不得增发，限期以中央银行钞票兑回。法币面额以1元、5元、10元3种为主，20元、25元较少，100元发出更少。民国

图22-1-6 民国1元（1912）纸币

25 年 1 月，国民政府公布辅币条例，定镍币 1 角、2 角、5 角 3 种，铜币 1 分、5 分 2 种，均以辅助，按十进位计算。至此，各种银元仅见于民间收藏和黑市贸易。币制改革后，出现汇价稳定，物价普遍平稳回升，工农业生产均获进展，通货紧缩情况得以缓和。民国 35 年 7 月，全面内战开始。庞大的军费开支，几乎耗尽国民政府所有的外汇和黄金储备，于是又滥发法币。至民国 37 年 8 月 19 日发行金圆券时，法币完全崩溃。

图 22-1-7 民国 36 年（1947）五千元纸币（2 张）

【伪币华兴券 中储券】

民国 27 年（1938）5 月，伪维新政府和侵华日军合办华兴商业银行，发行华兴券。民国 30 年 1 月，伪中央储备银行发行中储券，与法币等值流通。江宁县域亦流通伪币华兴券和中储券。因币誉低劣，民间一度继续流通国民政府的法币和铜钞。少数行商则擅自发行票据和流通券，在一定工商贸易领域中流通。城乡民间贸易往往以谷物计价进行。

【关金券】

全称“海关金单位兑换券”。抗日战争胜利后，国民政府法币恢复流通。民国 36 年（1947），增加流通关金券（原为海关征税用的金本位兑换券，关金券 1 元折合法币 20 元）。民国 37 年 8 月，金圆券发行后，关金券和法币一同废止。

图 22-1-8 民国 36 年（1947）一万元纸币（2 张）

【金圆券】

民国 37 年（1948）8 月 19 日，国民政府颁布《财政经济紧急处分令》，规定自当日起，以金圆券为本位币，限期收兑法币、东北流通券以及收兑民间所有黄金、白银、银元、外币。主币面额有 1 元、2 元、5 元、10 元、50 元和 100 元 6 种；铜镍纸辅币有 1 角、2 角、5 角和 1 分和 5 分 5 种。金圆券收兑法币比率为 1 元：300 万元，黄金 1 市两兑金圆券 200 元，白银 1 市两兑 3 元，银币每 1 枚（元）兑 2 元，美钞 1 元兑 4 元。江宁县因廓邻南京，城乡金融往来与南京关系密切。金圆券于民国 37 年 9 月流入县城，随即动摇城乡市场，物价波动，民怨沸腾。金圆券的发行流通，不仅未能挽救法币贬值危机，反比法币更快的速度膨胀，导致经济全面崩溃。

第三节 人民币

【发行】

抗日战争期间，华中银行、江南银行在江苏及江南革命根据地，曾发行“华中币”“江南币”（亦称“抗币”）。这两种抗币都曾在江宁县革命活动地区流通。华中币在江宁流通面额有 5 角、1 元、2 元、5 元、10 元、20 元、100 元、200 元、500 元、1000 元、2000 元和 5000 元 12 种票面。此外，江南银行江宁办事处，为便于流通，兑换“抗币”，在湖熟地区发行2角、5角面额的辅币。江宁县域的横山抗日民主政府，发行了5角等面额的“横山县政府临时辅币券”。民国34年(1945)，新四军北撤，在县域流通的绝大部分“抗币”由革命根据地政府以粮、物作了收兑。

民国37年(1948)12月1日，中国人民银行总行成立，发行中国人民银行货币。民国38年4月，江宁县人民银行设置货币发行基金支库，投放国家统一发行的人民币。面额有1元、5元、10元、20元、50元、100元和200元7种。并按规定比值收兑各种抗币、金、银、银元以及金圆券，同时禁止金、银、银元、金圆券流通。此时，流通中的人民币除初发行的7种外，1949年，增发人民币500元和1000元券。1950年，发行5000元和10000元券。1953年年末，又发行5万元，共12种票面，100元以上有7种。

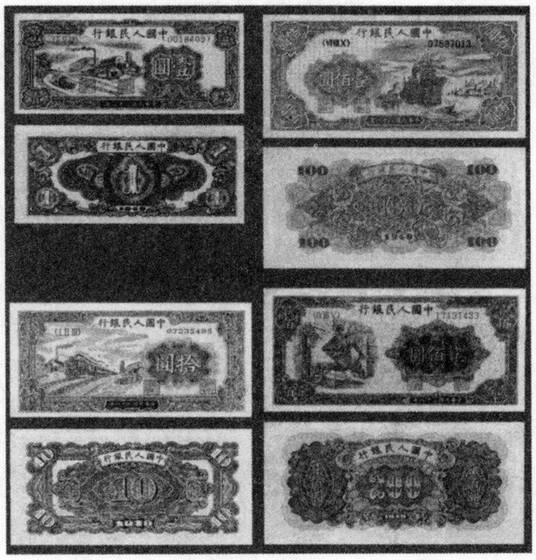

图 22-1-9　民国 38 年（1949），南京流通的第一套人民币

第二套人民币发行。第一套人民币种类繁多，面值较大，流通中以万为单位，不利于商品流通和经济发展。1955年2月21日，国务院颁布《关于发行新的人民币和收回现行人民币的命令》。新币面额，主币为1元、2元、3元、5元和10元5种；辅币为1分、2分、5分、1角、2角和5角6种。新旧币的折合比率为新币1元兑旧币1万元。江宁在全县设38个收兑点，收兑旧版人民币，发行新版人民币。是年3月1日至6月底，全县累计收兑旧币1405815.52万元，顺利完成旧币收兑撤销工作。1957年11月19日，国务院颁发《关于发行金属分币的命令》，决定从当年12月1日起，发行1分、2分和5分3种硬分币，材质为铝镁合金，与同额纸分币等值混合流通。由此，人民币进入纸币、硬币混合流通时期。

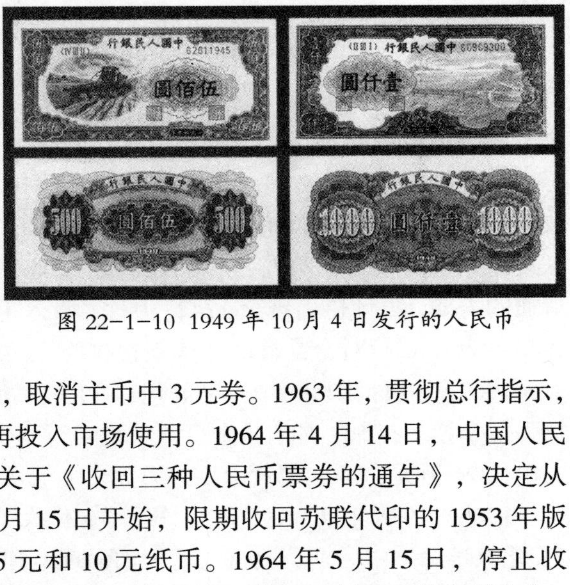

图 22-1-10　1949 年 10 月 4 日发行的人民币

第三套人民币发行。1962年4月17日，中国人民银行发布《关于发行棕色伍元券和枣红色壹角券的通告》。枣红色壹角券于4月20日发行，标志着第三套人民币开始发行。面额有1角、2角、5角、1元、2元、5元和10元7种，取消主币中3元券。1963年，贯彻总行指示，3元面额的纸币通过业务回笼方式进行收兑，不再投入市场使用。1964年4月14日，中国人民银行发布关于《收回三种人民币票券的通告》，决定从1964年4月15日开始，限期收回苏联代印的1953年版的3元、5元和10元纸币。1964年5月15日，停止收兑和流通使用。1966年1月，增发国版10元面额纸币。1980年4月15日，发行1角、2角、5角和1元4种金属人民币，1角、2角、5角的材质为铜锌合金，1元币为铜镍合金。第三套人民币和第二套人民币在市场上混合流通。第三套人民币于2000年7月1日停止流通。

图 22-1-11　1986 年 1 元硬币（正反面）

第四套人民币发行。为适应社会主义市场经济发展，方便商品流通和交易核算，1987年4

月25日，国务院发布《关于发行新版人民币的命令》。新版人民币面额主币有1元、2元、5元、10元、50元和100元6种；辅币有1角、2角、5角3种。原有1分、2分和3分3种纸、硬辅币继续流通。新版人民币发行后，与第三套人民币混合流通。第四套人民币采取“一次公布，分次发行”的办法发行。自当年4月27日起，陆续发行50元、5角面额的人民币。1992年6月8日起，发行1元、5角和1角3种金属人民币。这3种金属币材质分别为钢芯镀镍、黄铜合金、铝合金。成为1992年后流通中的主要硬币品种。第四套人民币从1987年4月27日开始发行，至1997年4月1日止，共发行9种面额，14种票券。其中1角券1种，2角券1种，5角券1种，1元券3种（1980、1990、1996），2元券2种（1980、1990），5元券1种，10元券1种，50元券2种（1980、1990），100元券2种（1980、1990）。

第五套人民币发行。1999年10月1日起，中国人民银行陆续发行第五套人民币（1999年版）。第五套人民币共有6种面额：1元、5元、10元、20元、50元和100元。第五套人民币根据市场流通中低面额主币实际大量承担找零角色的状况，增加20元面额，取消2元面额，使面额结构更加合理。第五套人民币采取“一次公布，分次发行”的方式。1999年10月1日，首先发行100元纸币；2000年10月16日，发行20元纸币、1元和1角硬币；2001年9月1日，发行50元、10元纸币；2002年11月18日，发行5元纸币、5角硬币；2004年7月30日，发行1元纸币。经国务院批准，中国人民银行于2005年8月31日发行第五套人民币2005年版100元、50元、20元、10元、5元纸币和不锈钢材质（由铝合金改成）1角硬币。

纪念币。中国纪念币是为纪念具有重要意义的对象而发行的法定货币。1984年9月28日，中国人民银行发布《关于发行建国三十五周年纪念币的通知》，决定于10月1日发行一套3枚的金属纪念币。纪念币由此发端。至2007年12月31日，共发行普通纪念币71套83枚。

【投放与回笼】

新中国成立初期，银行同财政、商业等经济部门一起，认真贯彻国家统一财政工作政策，努力实现把财政收支、现金收支集中由国家统一分配。1950年4月，县人民银行执行中央人民政府政务院《关于实行国家机关现金管理的决定》，一切收付必须由银行办理。县银行根据国家规定，进行收付结算监督，加强现金管理，调节货币流通。1950—1957年，县银行根据货币流通的需要，累计付出现金17427万元，收入16864万元。其中1950年及1957年投放回笼持平。1958年起，银行对全县社队集体粮食收购，实行非现金转账结算。

1962年，贯彻中共中央、国务院《关于切实加强银行工作的集中统一，严格货币发行的规定》，加强现金投放控制，对全县企事业单位实行工资基金等消费资金管理。全县现金收入3554万元，支出3326万元，净回笼货币228万元。

1966—1976年期间，金融工作受“文化大革命”影响，现金管理松懈，现金支付大幅度递增。“文化大革命”中后期，银行致力于加强现金和财务辅导管理，开展财务、信贷、库存现金检查，情况有所变化。10年间，累计付出现金59856万元，收入现金55391万元，轧差净放货币4465万元。

中共十一届三中全会后，人民币流动范围不断扩大，银行对现金管理随之改革，适当放宽结算限额，增加现金支付，以适应新的经济发展需要。1984年和1985年，出现消费资金增长过猛，货币投放增长较多的趋势。县银行根据国务院和总行指示，贯彻“紧缩银根，稳定货币”的方针，加强资金、信贷、现金管理。1985年，现金支出50922万元，收入42380万元，轧差净投放 8542 万元。现金付出比 1984 年增加 1072 万元，收入比 1984 年增加 8218 万元。由于城乡经济与南京等重要城市关系甚密，企事业单位和人民群众赴外地购买生产、生活资料居多，所以货币流向外地较多。

1986 年，现金收入 53271 万元，现金支出 63468 万元，净投放 10197 万元。1989 年 4 月 1 日，根据中国人民银行《关于改革银行结算的决定》，实行新的银行结算方式，加强现金管理，调节流通，保持货币稳定，促进经济发展。1990 年，现金收入 93253.30 万元，现金支出 106162.50 万元，净投放 12910.20 万元。净投放比 1986 年增长 26.61%。

1991—1995 年，全县银行的货币现金投放各年度均大于回笼，其中年度回笼率最低的是 1992 年 79.30%，最高的是 1995 年 83.76%。1991 年，现金收入 106053.70 万元，现金支出 132596.60 万元，净投放 26542.90 万元；1995 年，现金收入 492185 万元，现金支出 587646 万元，净投放 95461 万元。1995 年净投放比 1991 年增长 259.65%。

1996 年 3 月起，针对市场需求不旺，消费水平持续下滑的状况，为刺激消费，扩大内需，推动国民经济健康发展，人民银行总行连续 7 次降低存贷款利率。同时 3 次提高离退休人员、政府机关和企事业员工工资，加大固定资产的投资。1998 年后，江宁县现金投放和回笼大幅增长。是年，现金收入 831854 万元，比 1997 年增长 70.19%；现金支出 968010 万元，比 1997 年增长 56.90%；净投放 136156 万元，比 1997 年增长 62.33%。2000 年，现金收入 982333 万元，比 1998 年增长 18.09%，现金支出 1139534 万元，比 1998 年增长 17.72%；净投放 157201 万元，比 1998 年增长 15.46%。

1950—2000 年江宁县银行现金收支投放回笼情况表

表 22-1-1　　　　单位：万元

年 份	现金收入		现金支出		投放回笼		回笼率（%）
	金 额	比上年增长（±%）	金 额	比上年增长（±%）	金 额	比上年增长（±%）	
1950	275	—	275	—	0	—	100.00
1951	762	177.09	759	176.00	-3	—	100.40
1952	1709	124.28	1714	125.82	5	-266.67	99.71
1953	2207	29.14	2405	40.32	198	3860.00	91.77
1954	2460	11.46	2663	10.73	203	2.53	92.38
1955	3251	32.15	3324	24.82	73	-64.04	97.80
1956	3162	-2.74	3249	-2.26	87	19.18	97.32
1957	3038	-3.92	3038	-6.49	0	-100.00	100.00
1958	3661	20.51	3929	29.33	268	—	93.18
1959	4655	27.15	5007	27.44	352	31.34	92.97
1960	4347	-6.62	4803	-4.07	456	29.55	90.51
1961	4200	-3.38	4291	-10.66	91	-80.04	97.88
1962	3554	-15.38	3326	-22.49	-288	-416.48	106.86
1963	2872	-19.19	2929	-11.94	57	-119.79	98.05
1964	3016	5.01	3440	17.45	424	643.86	87.67
1965	3244	7.56	3769	9.56	525	23.82	86.07

续表

年 份	现金收入		现金支出		投放回笼		回笼率（%）
	金 额	比上年增长（±%）	金 额	比上年增长（±%）	金 额	比上年增长（±%）	
1966	3308	1.97	3775	0.16	467	–11.05	87.63
1967	3741	13.09	3926	4.00	185	–60.39	95.29
1968	3692	–1.31	4544	15.74	852	360.54	81.25
1969	4044	9.53	4188	–7.83	144	–83.10	95.56
1970	4121	1.90	4188	0.00	67	–53.47	93.40
1971	4404	6.87	4598	9.79	194	189.55	95.78
1972	5611	27.41	5875	27.77	264	36.08	95.51
1973	5739	2.28	6299	7.22	560	112.12	91.11
1974	6278	9.39	6582	4.49	304	–45.71	95.38
1975	6975	11.10	7767	18.00	792	160.53	89.80
1976	7478	7.21	8114	4.47	636	–19.70	92.16
1977	8604	15.06	9264	14.17	660	3.77	92.88
1978	9384	9.07	10702	15.52	1318	99.70	87.68
1979	11885	26.65	14135	32.08	2250	70.71	84.08
1980	14785	24.40	16030	13.41	1245	–44.67	92.23
1981	15969	8.01	16486	2.84	517	–58.47	96.86
1982	21245	33.04	23265	41.12	2020	290.72	91.32
1983	29774	40.15	33922	45.81	4148	105.35	87.77
1984	34162	14.74	40220	18.57	6058	46.05	84.94
1985	42380	24.06	50922	26.61	8542	41.00	83.23
1986	53271	25.70	63468	24.64	10197	19.37	83.93
1987	67040	25.85	74985	18.15	7945	–22.09	89.40
1988	81048	20.89	97111	29.51	16063	102.18	83.46
1989	86272	6.45	100057	3.03	13784	–14.19	86.22
1990	93253	8.09	106163	6.10	12909	–6.35	87.84
1991	106054	13.73	132597	24.90	26543	105.61	79.98
1992	157174	48.20	198197	49.47	41023	54.55	79.30
1993	266868	69.79	328456	65.72	61588	50.13	81.25
1994	381156	42.83	461447	40.49	80291	30.37	82.60
1995	492185	29.13	587646	27.35	95461	18.89	83.76
1996	498255	1.23	616966	4.99	118711	24.36	80.76
1997	488781	–1.90	572656	–7.18	83875	–29.35	85.35
1998	831854	70.19	968010	69.04	136156	62.33	85.93
1999	935027	12.40	1085366	12.12	150339	10.42	86.15
2000	982333	5.06	1139534	4.99	157201	4.56	86.20

说明：2001 年起不再统计

第二章　民国时期金融机构

民国时期，江宁县治设于南京时，金融业务活动与南京的公、私金融机构直接来往。县内设有私营钱庄和典当 8 家，其中上河镇钱庄 1 家，铜井镇典当 3 家，江宁镇典当 2 家，湖熟及淳化镇典当各 1 家。国民政府定都南京后，市、县分开，民国 17 年（1928）起，县合作事业指导委员会会同县农会、县商会出面支持，在中央农业推广委员会和中国农民银行派员的帮助下，兴办信用、保险等合作社。在江宁、湖熟、龙都、解溪等乡开办信贷业务和耕牛、运输等保险业务。至民国 23 年，全县有民间信用合作社 93 个，保险业若干个（具体数字不详）。

民国 22 年（1933），上海商业储蓄银行南京分行在江宁县湖熟镇创办农民抵押贷款所。抗日战争胜利后，中国农民银行、江苏省农民银行先后在湖熟设立分理处、办事处。民国 36 年 4 月，江宁县银行开业。同年，中央合作金库在江宁县东山设立江宁县分理处。民国 38 年（1949）4 月江宁解放前夕，上述银行相继撤离。至此，民国时期的江宁金融机构全部崩溃瓦解。

第一节　湖熟农民抵押贷款所与农产抵押仓库

【湖熟农民抵押贷款所】

民国 20 年（1931），江宁全县曾遭特大水灾，城乡经济久久未得复原。江宁自治实验县设立后，农村经济衰落，农民生活困苦，甚至在农忙时节连最基本的农业生产资料也添购不足。县政府为了复苏经济，开始谋设金融机构，藉以流通农村金融，弥补农民临时资金的不足，遂于民国 22 年，与上海商业储蓄银行南京分行洽商，在第六区湖熟镇设立农民抵押贷款所，这是江宁县内建立较早的金融机构。订约 10 年，由该行出资 20 万元（法币），开办费 2800 余元由县政府拨付。贷款所设会计、出纳、储押和仓库 4 个股。人员由该行配备，向县政府备案。县政府每月补贴经费 400 元（第二年改成每月补贴 200 元）。于同年 7 月 1 日开业。

江宁县政府和上海商业储蓄银行南京分行所定合同规定为 10 年，10 年之后交给县组织健全的合作社联合会接办。贷款所的业务包括：办理衣物、金银、铜锡器皿、耕牛、农产品抵押放款业务。待各项业务成熟时，再办理储蓄汇兑业务。该所借银行资本月息为 9 厘，放款月息为 1 分 4 厘，次年调整放款月息为 1 分 6 厘。抵押贷款的押品由该所单方面估价，抵押期以 6 个月为限，过期就是死当。承贷期亦以 6 个月为限，放款金额以抵押品估价总额的十分之六为准。

民国 22 年（1933）7 月开业时，恰逢农耕繁忙季节，农民急需资金，农民争先恐后办理业务。据贷款所民国 22 年 7 月至 23 年 7 月统计，累计发放贷款 72446.97 元。其中，金银抵押放贷占 32.27%，耕牛抵押放贷占 2.84%，农产品储押放贷占 5.17%，各类合作社承贷占 3.14%。由于该所系旧式典当性的抵押贷款所，又因初创不久，受资本与服务范围所限，故其抵押放款受益者仅为少数中等以上农户，而一般农户因缺乏抵押承贷物品，加之贷款所设置又偏于一隅，故受益者极不普遍。民国 33 年后，江宁县政府将贷款所迁往土山（东山），期望放贷范围能惠及全县。抗日战争爆发后，随着上海、南京的沦陷，江宁贷款所也撤离江宁，直到抗日战争胜利后也未恢复。

农民抵押贷款所虽有种种不足，但与之前国内的类似机构相比，营业已经独立，内部组织与业务也不尽相同，因此，该所的开办在中国尚属创举。

【农产抵押仓库】

民国22年（1933）秋收后，县政府决定设立农产抵押仓库。各区奉令勘定交通便利、地点适中、警卫周密之处，选择合用的公共建筑物作为库址，共上报50多处。县政府在未曾设有仓库的二、六、九、十等区，选择湖熟、龙都、杜桂、江宁镇、板桥、铜井、陆郎桥、牧龙镇、谷里村、河口、安德门、上林乡等12处，支费2000余元，修理并改建仓库，于同年10月初先后开始营业。县政府特设管理委员会，管理、经营全县抵押仓库（湖熟、龙都、杜桂3处由湖熟农民抵押贷款所管理）。仓库仅收押籼稻、黄豆和元麦，以市价七成为标准，籼稻每担1.60元～1.80元、黄豆每担3元、元麦每担2元，利息1分4厘。至11月底，各库共放款10.40万元。民国23年10月1日，县政府成立粮食管理处，负责仓库的行政事宜。是年7月至民国24年6月，仓库贷款总额达34.76万元，对农村金融周转起到一定的作用。

第二节 农民银行 中央金库派驻机构

【农民银行派驻机构】

中国农民银行湖熟分理处 抗日战争胜利后，民国35年（1946）9月1日，中国农民银行率先在湖熟镇姚东里成立中国农民银行湖熟分理处。资本6000万元，李秉枢任主任，办理存放汇兑和复办农产品储押放款业务，致力于恢复农村经济。民国37年冬，因时局变化，停业撤离。

江苏省农民银行湖熟办事处 民国35年（1946）10月1日，江苏省农民银行在湖熟镇水北西河边设立江苏省农民银行湖熟办事处。资本6000万元，皮仲仪任主任。办理存放汇兑业务和复办农产品储押放款业务。民国37年冬，因时局变化，停业撤离。

农民银行业务 据《江宁县政概况》等资料记载：民国23年（1934），中国农民银行曾在江宁县周家圩及铜井等地，先后放贷无息青苗贷款4800元。同年秋，江苏省农民银行南京分行在四区各乡发放抗旱保苗贷款35000余元，贷期4个月，月息1分。《江宁县政概况》等资料又载：农民银行设置分支机构后，曾一度复办农产品储押放款业务，扶持一、四、五等区成立民间简易农产品储押仓库200余所。发放贷款3亿余元（法币）。据民国35年中国农民银行湖熟分理处统计，其累计发放各种贷款10亿余元（法币），共贷给111个合作社和团体单位。

【中央合作金库派驻机构】

中央合作金库江宁县分理处 民国37年（1948）3月1日，中央合作金库在江宁县东山镇西路桥5号（今文苑巷南段东侧）购置民房，设立中央合作金库江宁县分理处。皮仲仪与王樵先后任主任，资本5000万元，办理各种合作社和农产品储押仓库等存放汇兑业务。

中央合作金库板桥工作站 民国37年（1948）5月1日，在江宁县板桥正华新村（现划入南京市雨花台区）设立中央合作金库板桥工作站。刘春光、葛鸿琛先后任专员兼总干事。同年冬，因时局变化，中央合作金库江宁县分理处、板桥工作站停业撤离。

第三节　江宁县银行

抗日战争胜利后，江宁县经济满目疮痍，百废待兴，江宁县府欲创设县银行。鉴于县库支绌，筹措困难，遂于民国 35 年（1946）秋，拟定 1 万股份，筹集股金 5000 万元。其中县府出资公股 30%；工商界认购出资 70%。择定东山镇县商会地址（今二马路印刷厂地段），创建县银行，于同年 12 月 12 日开张试业。次年 4 月 28 日，凭中财部颁发营业执照，公告正式对外营业。民国 35 年 12 月 16 日，并在南京中华路租用鑫泰商行 463 号地址，设置江宁县银行南京办事处。县银行由黄相忱任董事长，冯顺伯任经理，林仲宜、熊仰苏等任商股董事，章鎔白任公股董事，张品元、杨竞成等任监察。

据第一次常务股东会议记载：县银行创业 1 年（1946—1947），定期存款业务最高金额达 28000 万元（法币），最低存款余额为 4000 万元，日平均存款金额 5000 万元。放款业务，办理透支与贴现 2 种。乡村客户侧重于透支，城区客户侧重于贴现。最高放款金额达 7 亿元，最低放款金额 3 亿元。乡间贷款额占总额的 3/5。县银行举办了小本农贷放款，采取轮流放款办法，按先后次序有东山、桥头、上坊、淳化、高桥、解溪、殷巷、牧龙、铜井、元山、秣陵，禄口、湖熟等 14 个乡镇。民国 36 年（1947）8 月起，县银行接收江苏省农民银行湖熟办事处办理江宁县公库业务，至同年年底，公库存款余额为 57236 万余元。银行全行员工 22 人。经营 1 年决算，总支出为 21515 万元，月平均支出 3586 万元。总利润 25075 万元，公积金按 20% 提留。公股按 8 厘计息，商股按 1 分计息，股东红利总额为 7110 万元。为扩大银行资本，红利连同股息一并作为股东资本增资入账。当时，该银行贴现定由省农民银行和南京庚源钱庄等 7 家行庄临时挪用，以资周转，日息 3‰～5‰，资金周转尚欠灵活。同时，县银行也未能在农户、商户中进一步扩股增本和获得国家银行更多的放款资金。城区吸收游资的存款工作比较薄弱，未能参加同业行会和参与银行票据交换，其经济与社会效益均受局限。银行存、放款及其利润数额虽然不小，但是当时币值低，实际增长幅度与效益尚不十分显著。

民国 37 年（1948），县银行南京办事处因事先未取得驻宁合法手续，被首都警察厅奉命查封歇业，并罚款 500 万元。民国 38 年，新中国成立前夕，县银行将资金、生财抽逃一空，遂告解体。

第三章　新中国成立后金融机构

民国 38 年（1949）4 月 24 日江宁解放后，当月，江宁县人民政府筹设中国人民银行江宁县办事处。1950 年，中国人民银行江宁支行成立。至 1977 年，逐步建立以人民银行为主的单一银行体系。1978 年中共十一届三中全会后，江宁县金融业坚决贯彻执行党的改革开放政策，深化金融体制改革，强化金融服务。先后设立中国农业银行江宁县支行、中国工商银行江宁县支行、中国建设银行江宁县支行、中国银行江宁县支行、交通银行江宁县支行、中国农业发展银行江宁县支行、中信实业银行开发区办事处和江宁县农村信用联社，并开办邮政储蓄业务。至 2000 年，改变了几十年计划管理一贯制的状况。根据党中央的经济、金融工作的方针、政策，为适应社会主义市场经济的发展，切实转变人民银行的职能，稳步推进专业银行商业化进程。

至2007年年末，江宁区内有银行、信用合作、邮政储蓄金融机构18家。其中国有及国有控股银行4家，国家政策性银行1家，股份制商业银行11家，农村信用合作联社1家，邮政储蓄1家。设立营业网点111个，有员工1088人。

第一节 行使央行职能银行 政策性银行

【中国人民银行江宁县支行】

民国38年（1949）4月下旬，中国人民银行江宁办事处在东山镇设立。主任：汪华。6月，县人行办事处撤销，成立江宁县金库。9月，金库撤销，复设县人行办事处，仍代理金库业务。1950年4月，县人行办事处升格为中国人民银行江宁县支行。全县10个区设湖熟、禄口、板桥、陶吴、淳化、铜井、棉花堤、龙潭、东山9个营业所和汤山分理处。1955年12月，县人行首次分设为人民银行、农业银行二行。1956年5月15日，县人行复办农村金融业务，县农行撤销。1962年上半年，县人行设支行营业部，直接对客户办理存放汇兑结算业务。1964年2月7日，县人行再次分设人民银行、农业银行二行。农村金融业务由农行和基层营业所办理，城镇金融业务由人行和基层分理处办理。1965年12月1日，县人行再次复办农村金融业务，县农行又撤销。至1966年7月，全县设有湖熟、汤山、江宁、秣陵、淳化、土桥、营防、谷里、陶吴、横溪、铜山、铜井和禄口13个基层银行（处）所。1968年2月20日，县人民银行实行军事管制。同年3月19日，成立江宁县人民银行革命领导小组。1971年9月，江宁县革命委员会生产指挥组设立财经小组，将财政、税务、银行合为一体，在县人民银行办公，并组成革命领导小组。

图 22-3-12 20世纪80年代中国人民银行江宁县支行办公楼

1973年6月，财政、税务与银行分开，中国人民银行江宁县支行体制恢复。1980年1月1日，县人民银行第三次分设为人民银行、农业银行二行。全县26个驻乡镇的基层银行营业所、信用合作社均划归县农业银行管理；人民银行保留东山和驻空军气象学院2个基层储蓄所。1985年1月1日，成立中国工商银行江宁县支行，与县人民银行一套班子，两套账，挂两块行牌。对外业务由县工商银行办理。1986年11月1日，根据两总行联合通知精神，县人民银行与县工商银行分署，县人民银行专门行使中央银行的职能。1994年，根据人民银行分支职能规定，人民银行分支机构不再管理再贷款，按时上划再贷款10640万元。1997年，完成政策性专项贷款的划转工作，共划转专项贷款本金2608万元，应收未收利息4万元。至此，县人民银行完成职能转换工作，全面加强金融调控、监管，把人民银行逐步办成真正的人民银行，促进金融业稳健发展。

2000年12月，江宁县撤县设区，根据有关规定，江宁县人民银行撤销，全区金融业由中国人民银行南京分行监管。

【中国农业发展银行南京市江宁区支行】

按照中央关于农村金融体制改革的统一部署，1996年，中国农业银行江宁县支行与江宁县农村信用社脱钩的同时，分离出部分人员和资产，组成中国农业发展银行南京市江宁县支行。是年9月26日，支行挂牌成立，为国家政策性银行，实行独立核算、自主经营和企业化管理。行政机构设立于县农业银行干校，营业网点设立于府前路。2007年，支行位于东山金箔路589号，内设机构为两室两部，即行长室、办公室，计划信贷部、会计出纳部，从业人员19人。

图 22-3-13 中国农业银行南京市江宁支行办公楼（2005年摄）

图 22-3-14 中国农业银行南京市江宁支行金钥匙消费信贷超市（2003年摄）

根据《中国农业发展银行章程》规定，支行不对个人开办储蓄业务，对贷款业务进行资格审查，属于农发行政策范围的企业才具备开户的资格。其贷款利率执行国家基准利率，不上浮。具体业务包括：粮棉油保护价收购资金贷款，主要用于具备粮棉油收购资质、能够自负盈亏从事保护价购销经营业务的企业，提供收购资金供应与管理服务；国家储备贷款，主要用于具有国家储备资质，符合国家规定的粮食、油料、猪肉、烟草等农副产品并且持有有效国家储备计划的企业，提供储备所需的资金；省、市、县三级地方粮食储备贷款，主要用于具有地方粮食储备资质，持有有效地方储备计划，以保障地方粮食安全和供应为目的粮食储备所需要的资金支持；产业化龙头企业贷款，主要用于具有市级以上产业化龙头企业证书，具有AAA级以上信用资质的企业，在生产、经营、基地建设等环节所需要的短期信贷资金服务；中长期基础设施建设贷款，主要用于与三农建设密切相关的市级政府重点的“米袋子”“菜篮子”项目所需的基础性设施建设所需的信贷资金。此外，还开展结算业务、国际结算和中间业务等。

1996年，支行各项贷款余额46150万元。1997年，各项贷款余额60502万元，比1996年增加14352万元，增长31.10%。2004年，各项贷款余额突破4亿元，实现利润300万元，人均创利14.70万元。至2007年12月，支行各项贷款余额89803万元。其中，粮食收购、调销贷款12868万元，地方粮食储备款2650万元，粮食仓储设施贷款2000万元，粮食政策性挂账贷款19835万元，农业产业化龙头企业短期贷款17450万元，农业产业化龙头企业中长期贷款3.50亿元。实现利润2405万元，比2006年增加1373万元，增长133%；人均创利124万元，比2006年增加70万元，增长30%。

中国农业发展银行南京市江宁区支行自1996年成立至2007年，取得多项荣誉。其中，2000—2004年，被江苏省农业发展银行评为一级行；2004年，被评为江苏省农业发展银行系统先进集体；2005—2007年，被江苏省农业发展银行评为标兵行。

第二节 国有及国有控股银行

【中国农业银行南京江宁支行】

1955年12月，县人民银行第一次分设人民银行和农业银行，成立中国农业银行江宁县支行，主管农村金融业务。1956年5月15日，县农业银行并入县人民银行，所属基层机构随之由县人民银行主管。1964年2月7日，中国农业银行江宁县支行第二次从县人民银行分出，再次主管农村基层金融机构。1965年12月1日，县农行建制又撤销，其所属基层机构又一次属县人民银行主管。

1980年1月1日，中国农业银行江宁县支行第三次由县人民银行分出。设行长室和秘书、人事、保卫、会计出纳、计划、社队信贷、企业信贷、农村财务辅导、储蓄9个股及1个支行营业部。主管全县26个乡镇基层银行营业所、信用社（分设、站），全行员工80人。支行位于东山上元大街东路3号。1996年，根据国务院关于农村金融体制改革的决定，县信用联社与县农业银行脱离行政隶属关系，行、社分设。同年，中国农业发展银行江宁县支行在江宁县农业银行人力、物力、财力的支持下，正式组建并挂牌营业。至此，中国农业银行已列入中国工商银行、中国银行、中国建设银行四大国有商业银行行列，与政策性农业发展银行和合作性农村信用联社构建成农村金融体系新格局。2007年，支行内设机构为行长室、办公室、人事科、个人业务科、电子银行和信用卡部、计划财务科、信贷管理科、公司业务科、金融超市、国际业务部，有员工70人。下设：江宁支行营业部、江宁经济技术开发区支行营业部、竹山路支行、汤山支行、双龙路支行、商城分理处、百家湖分理处、科学园分理处、上元路分理处、上坊分理处、卡子门分理处、麒麟分理处、秣陵分理处、淳化分理处、滨江分理处、江宁分理处、梅宁分理处、禄口办事处、湖熟储蓄所共19个网点。另有竹山路自助网点，在商场、超市、车站等共设自助机具28台。全行员工共242人。

1986年，支行各项存款余额23097万元，各项贷款余额30564万元。2000年，各项存款余额147263万元，是1986年的6.38倍；各项贷款余额105102万元，是1986年的3.44倍。2007年，支行各项存款余额52亿元，是2000年的3.53倍；各项贷款余额31亿元，是2000年的2.95倍；实现利润1.10亿元。核销呆账贷款1044万元，全行不良贷款余额比年初下降1192万元，不良贷款占比比年初下降0.52%，实现不良贷款余额和占比双下降。

支行成立至2007年，获得多项荣誉称号。其中，1996年，被中国农业银行总行授予存款先进单位称号；2003年，获省分行营业部人均创利上台阶奖。

【中国建设银行股份有限公司南京江宁支行】

1976年，成立中国人民建设银行江宁县办事处，为县二级机构，行政上隶属江宁县财政局，业务上由中国人民建设银行南京分行领导，在县财政局内办公。1980年7月28日，成立中国人民建设银行江宁县支行，升格为局级单位，与县财政局分署办公。全行工作人员10人。江宁支行行使按照国家计划管理基本建设、地质勘探的支出预算，办理基本建设、技术改造的拨款、贷款和结算，管理建筑安装企业的财务，并对这些单位施行财政和信贷监督的基本职能。

20世纪90年代，江宁支行加快由国有专业银行向国有商业银行的转变。存款、信贷、结算等业务全面发展，不断调整内设机构和外设营业网点，在汤山、湖熟、其林、秣陵等地设立分理处、储蓄所，支行营业室等网点相继设立自助服务区。2003 年 5 月，在禄口国际机场航站楼设立支行第一家离行式自助服务区，以满足客户的金融服务需求。2004 年 9 月 21 日，中国建设银行股份有限公司成立，次年 10 月 27 日，中国建设银行股票在香港挂牌上市，是国内第一家海外成功上市的国有商业银行。江宁支行抓住企业整体改制的机遇，努力构造资本充足、内挖潜力、运营安全、服务效益良好、不良贷款率低、符合现代商业银行要求的经营体制。2007 年，支行下设 7 个网点：江宁支行营业室、江宁经济技术开发区支行、禄口支行、汤山分理处、科学园分理处、巾帼分理处、竹山路分理处；另有 4 个离行式自助服务区。支行有员工 143 人，位于东山上元大街 578 号。

图 22-3-15　中国建设银行南京市江宁支行营业大厅（2000 年摄）

1986 年，支行各项存款余额 1788 万元，各项贷款余额 363.70 万元。2000 年，各项存款余额 108870 万元，是 1986 年的 60.89 倍；各项贷款余额 25116 万元，是 1986 年的 69.06 倍。2007 年，各项存款余额 381318 万元，是 2000 年的 3.50 倍；各项贷款余额 281409 万元，是 2000 年的 11.20 倍。是年，新增住房公积金开户单位 110 家，发放公积金贷款 8300 万元，公积金贷款余额 2.11 亿元；年末商业性个人住房贷款余额 55820 万元。

2002 年，支行获江苏省分行营业部先进集体称号。

【中国工商银行股份有限公司南京江宁支行】

江宁支行位于东山上元大街 458 号。前身为中国工商银行江宁县支行。1985 年 1 月 1 日，中国人民银行江宁县支行体制保留，分设人行、工商行 2 行，隶属中国工商银行南京市分行领导，与中国人民银行江宁县支行合署办公。内设行长室、秘书股、人保股、计划信贷股、储蓄股、会计出纳股（兼营业部）“1 室 5 股”及支行营业部、东山储蓄所、第一储蓄所。人员由原人行人员组成，员工 69 人。业务经营范围为：承办县属企事业单位和机关、团体的存款、贷款、汇兑业务，并代理县人行货币发行金库等业务。

图 22-3-16　中国工商银行南京市江宁支行办公楼（2003 年摄）

1986 年 8 月，根据中国人民银行批复，中国工商银行江宁县支行与中国人民银行江宁县支行分署。工商银行江宁县支行内设机构为行长室、秘书股、人事保卫股、储蓄股、会计出纳股、计划信贷股，全行员工 77 人。至 2000 年，支行内设机构为“四科一室”，即人事教育科、计划信贷科、会计出纳科、零售业务科和办公室；下辖 4 个分理处和 2 个储蓄所，即岗山分理处、天井分理处、河定桥分理处、江宁经济技术开发区支行，东山储蓄所和上元储蓄所。

2000 年 12 月，江宁县撤县设区，2001 年 5 月，更名为中国工商银行南京市江宁支行。

2002年年末，支行7个营业网点全部升格为分理处，初步构建适合工商银行经营需要的组织机构。2006年4月，中国工商银行股份制改造后，经中国人民银行批复，中国工商银行南京市江宁支行更名为中国工商银行股份有限公司南京江宁支行。是年7月，经省分行营业部批准，江宁支行职级提升为正处级。2007年，支行内设机构为：行长室、办公室、公司一部、公司二部、个金部、财务会计部、风险管理部，有员工50人。下辖支行营业部，江宁经济技术开发区、胜太路、宏运大道、岗山、竹山路、上元、天井、禄口国际机场8个支行和九龙湖分理处。另有2个离行式自助服务区。共有员工146人。

1985年，支行各项存款余额3767万元，各项贷款余额8349万元，利润158万元。2000年，支行各项存款余额84851万元，是1985年的22.52倍；各项贷款余额138071万元，是1985年的16.54倍；外币存款420万美元。2007年，支行各项存款余额414759万元，是2000年的4.89倍；各项贷款余额511334万元，是2000年的3.70倍；实现利润2.39亿元，是2000年的183.85倍；外币存款3097万美元，是2000年的7.37倍。

自1985年支行成立至2007年，支行取得多项荣誉。1991年，被评为工商总行先进行处；1992年，被评为全国金融先进单位。1996—2000年，东山储蓄所连续5年被评为省、市金融系统“双十佳”储蓄所。1998年，东山储蓄所被共青团江苏省委和中国工商银行江苏分行授予“青年文明号”称号。2003年，支行在省工商银行县（市）支行综合考核中获第三名，提前进入省工商银行系统第一方阵。2004—2007年，支行在省工商银行营业部支行绩效考核中名列第一，考评等级为A+级。2006年，支行获省工商银行2005—2006年度文明单位、先进单位称号。2007年，支行获省分行十佳城区支行考核第七名，首次进入中国工商银行城区支行综合考评40强，名列第32位。

【中国银行股份有限公司南京江宁支行】

1988年7月15日，经中国人民银行江苏省分行和中国银行南京分行（中国银行江苏省分行的前身）批准成立中国银行江宁支行。位于东山镇土山路17号。业务范围为办理外币和人民币存贷款、结算、外币兑换、外币买卖和侨汇等业务。从业人员9人。其中行长1人，秘书1人，营业部负责人1人，储蓄接柜1人，对公接柜1人，复核1人，联行1人，出纳1人，交换兼保卫1人。

图22-3-17 中国银行南京市江宁经济开发区支行办公楼（2000年摄）

2000年，支行发展到下设网点7个，有员工80人。2004年，中国银行稳步推进股份制改革工作，同年8月26日，中国银行股份有限公司成立。随后，江宁支行改名为中国银行股份有限公司南京江宁支行。2007年，支行内设行长室、个人贷款中心、营销中心（公司）、综合管理部，有员工25人。支行位于江宁区金箔路698号。下设1个支行营业部，江宁经济技术开发区、江宁科学园、翠文路、大市口、金盛路、禄口国际机场6个经营性支行，另有7个离行式自助服务区，在重要地段及高校、园区设置8台柜员机，改善区内居民用卡环境。有员工148人。

中行江宁支行各项业务快速发展。1988年，各项存款余额200万元，各项贷款余额650万元，实现利润 32 万元。2000 年，各项存款余额 51018 万元，各项贷款余额 45670 万元，实现利润 712 万元。2007 年，各项存款余额 367326 万元，是 1988 年的 1836.63 倍；各项贷款余额 178797 万元，是 1988 年的 267.65 倍；实现利润 8565 万元，是 1988 年的 267.65 倍，绩效在南京地区支行排名第一。是年，国际结算量 20.44 亿美元，实现中间业务收入 1881 万元。

第三节　股份制商业银行

【交通银行股份有限公司南京江宁支行】

交通银行始建于光绪三十四年（1908）。新中国成立后，交通银行业务一度中断。1986 年 7 月 24 日，经国务院批准重新组建交通银行。1988 年 4 月，交通银行在江宁县设交通银行江宁服务组，这是交通银行重新组建后，在全国范围内设立的第一个县级业务机构。同年 4 月 30 日，江宁县储蓄所在东山镇大街西路 2 号开业。从事对公存、贷款业务和私人储蓄等业务，有 9 名员工。1989 年 1 月，江宁服务组升格为江宁办事处。下设 4 个科室：办公室、计划信贷科、会计出纳科、储蓄科。

图 22-3-18　交通银行南京分行江宁支行大楼（2003 年摄）

20 世纪 90 年代后，先后更名为交通银行江宁支行、交通银行南京分行江宁支行、交通银行南京分行江宁（中心）支行、交通银行股份有限公司南京江宁支行。2007 年，支行内设机构为行长室、办公室、公司业务部、零售信贷部，在区内设有支行营业部、东山支行、上元支行、竹山路支行 4 家营业网点和 5 家离行式自助服务区，另有柜员机 16 台。有员工 70 人。支行位于江宁区双龙大道 1202 号。

1988 年，支行各项存款余额 2430.64 万元，各项贷款余额 2261.10 万元。2000 年，各项存款余额 8.47 亿元，是 1988 年的 34.85 倍；各项贷款余额 11.30 亿元，是 1988 年的 49.98 倍；实现利润 1104 万元。2007 年，各项存款余额 31.41 亿元，是 2000 年的 3.71 倍；各项贷款余额 24.10 亿元，是 2000 年的 2.13 倍；实现利润 1.06 亿元，是 2000 年的 9.60 倍；国际结算 4 亿美元。

支行自成立至 2007 年，取得多项荣誉称号。其中，2000 年，江宁经济技术开发区分理处被南京分行评为先进集体。2001 年，江宁支行被南京分行评为先进集体；东山支行和城东支行被评为交通银行总行三星级储蓄所。2001—2002 年，城东支行连续 2 年被南京分行评为先进集体。2002 年，江宁支行获南京分行"四比一促进"优质服务竞赛第一名。2003 年，江宁支行营业部被南京分行评为先进集体。

【中信银行股份有限公司南京江宁支行】

1987 年，中信实业银行成立。2005 年 8 月，更名为中信银行。2006 年，成立中信银行股份有限公司，2007 年 4 月 27 日，在上海交易所和香港联合交易所同步上市。1997 年 8 月，中信实业银行南京分行江宁经济技术开发区办事处成立，位于商城城中路281号，设公司部和会计部，有员工10人。2002年，更名为中信实业银行南京分行江宁支行，有员工12人。2005年，更名为中信银行南京分行江宁支行，有员工18人。2007年，中信银行股份有限公司南京江宁支行内设机构为公司银行部、零售服务部、会计部、综合部，无其他分支机构，有员工25人。支行位于东山上元大街280号。

支行推出仓单质押、工商银业务、出口保险业务、福费廷、票据贴现（转贴现）、投资理财等对公业务；推出个人住房按揭贷款、个人汽车消费贷款、个人房产抵押贷款、代售银行支票、国际汇票、外卡收单、信用卡赴美签证代收费与代传递、个人外汇买卖、银证通、代卖保险等个人业务。

1997年，各项存款余额1546万元，各项贷款余额620万元。2002年，各项存款余额34867万元，是1997年的22.55倍；各项贷款余额20126万元，是1997年的32.46倍；实现中间业务收入407万元。2007年，各项存款余额210581万元，是2002年6.04倍；各项贷款余额205149万元，是2002年10.19倍；中间业务收入2583万元，是2002年6.35倍。

【中国光大银行股份有限公司南京江宁支行】

1992年8月，中国光大银行成立。1997年1月，完成股份制改造，成为国内第一家国有控股并有国际金融组织参股的全国性股份制商业银行。

2001年7月28日，中国光大银行南京江宁支行成立，位于江宁区胜太路55号，有员工13人。2003年6月，在江宁区竹山路155号，设立首个自助服务区。2007年，支行内设行长室、办公室、公司客户经理部、私人客户经理部、营业部，有员工19人，平均年龄32岁，全部具有大专以上学历。另有自助网点1个。光大银行江宁支行围绕总行“精品银行、诚信伙伴”企业愿景和“诚信为本、创新为先、团结合作、卓越执行、和谐发展”目标，大力发展对公业务、中间业务和对私业务，努力拓展市场，取得良好经营业绩。2007年，各项存款余额113656万元，是2001年12767万元的8.90倍；各项贷款余额75797万元，是2001年5512万元的13.75倍；中间业务收入172万元；实现利润4050万元。

图22-3-19　光大银行南京江宁支行营业部（2006年摄）

【华夏银行股份有限公司南京分行江宁支行】

1992年10月，华夏银行在北京成立。2003年9月，公开发行股票并上市交易，成为全国第5家上市银行。1995年6月，华夏银行南京分行成立，是华夏银行设立的第一家外埠银行。2002年的6月，经华夏银行总行、江苏省人民银行批准，华夏银行南京分行江宁支行成立，是南京分行开设的第13家同城支行。支行位于江宁区胜太东路8号。内设机构有办公室、信贷营销科、营业室3个科室，从业人员16人。2007年，支行内设机构有行长室、办公室、公司客户部、个人客户部、营业室等，有员工21人。

支行业务范围：吸收公众存款；发放短期、中期、长期贷款；办理国内外结算；办理票据承兑与贴现；代理发行金融债券；代理发行、代理兑付政府债券；从事同行拆借；代理买卖外汇；

从事银行卡业务；提供信用服务及担保；代理收付款项及代理保险业务；提供保管箱等服务。

2002 年 7—12 月，各项存款余额 21854 万元，各项贷款余额 15731 万元，实现利润 11 万元。2003 年，各项存款余额 41621 万元，各项贷款余额 43227 万元，实现利润 622 万元，人均创利 32.73 万元。2006 年，实现利润 2948 万元，利息回收率保持 100%，无不良资产。2007 年，各项存款余额 13 亿元，是 2003 年的 3.12 倍；各项贷款余额 9 亿元，是 2003 年的 2.08 倍；实现利润 6879 万元，是 2003 年的 11.06 倍。

2006 年，支行在华夏银行南京分行综合经营考核中各项指标名列前茅，被评为先进集体；2007 年，被华夏银行南京分行评为“三十佳”支行网点。

图 22-3-20　华夏银行南京分行江宁支行办公楼（2006 年摄）

【招商银行股份有限公司南京江宁支行】

1987 年 4 月 8 日，招商银行成立，是中国第一家完全由企业法人持股的股份制商业银行，总行设在深圳。2003 年 1 月 26 日，招商银行股份有限公司南京江宁支行成立并挂牌营业，位于江宁区胜太路 18 号。内设行长室、营业部、业务部，有员工 9 人。2007 年 9 月，招商银行股份有限公司南京江宁科学园支行成立，位于天元东路 58 号，有员工 18 人。至是年 12 月底，江宁支行内设机构为行长室、公司部、零售部、营业部，有员工 29 人。2 个支行共有员工 47 人。

支行充分发挥全行统一的电子化平台优势，率先开发出一系列高科技含量的金融产品与金融服务，打造一卡通、一网通、金葵花理财、点金理财、国际标准双币信用卡、财富账户等知名金融品牌。2003 年，各项存款余额 20272 万元，其中人民币存款 19936 万元，外币存款 41 万美元；累计发放贷款 4386 万元；信用卡发放 420 张。2007 年，2 个支行各项存款余额 13.45 亿元，是 2003 年的 6.63 倍；各项贷款余额 118860 万元，是 2003 年的 27.10 倍。

【广东发展银行股份有限公司南京江宁支行】

1988 年 9 月，经国务院和中国人民银行批准，广东发展银行成立。2003 年 8 月，广东发展银行南京江宁支行成立并挂牌营业，支行位于江宁经济技术开发区中新路 1 号，有员工 12 人。2007 年，各项存款余额超过 6 亿元，各项贷款余额超过 4 亿元。

【南京银行股份有限公司江宁支行】

1996 年 2 月 8 日，南京市商业银行成立，是一家由国有股份、中资法人股份、外资股份及众多个人股份共同组成的股份制商业银行。2003 年 12 月，南京市商业银行江宁支行成立，位于江宁区胜太路 97 号，有员工 10 人。2007 年，更名为南京银行股份有限公司江宁支行，内设行长室、信贷部、营业部，有员工 12 人。公司仍位于胜太路 97 号。

支行个人金融服务，立足“市民银行”定位，提高城市金融生活品质。打造“零亏损”“金梅花”理财。开发“信易贷”“房易贷”“购易贷”和“诚易贷”等消费信贷产品以及经营性个人贷款产品“商易贷”。2007 年，各项存款余额 2.20 亿元，各项贷款余额 3000 万元。

【上海浦东发展银行股份有限公司南京江宁支行】

1993 年 1 月 9 日，上海浦东发展银行成立，是股份制商业银行，是全国第一家上市银行。1995 年 6 月 22 日，上海浦东发展银行南京分行成立。2004 年 4 月 18 日，上海浦东发展银行股份有限公司南京江宁支行成立，支行位于江宁区上元大街 502 号，员工 20 人。2007 年，支行内设机构为行长室、办公室、会计部、公司业务科、个人业务科，有员工 29 人。

支行秉承“笃守诚信、创造卓越”的经营理念，在做大做强传统业务的基础上，以多元化的服务满足顾客个性要求。在对公业务方面，短期融资券业务、国际结算业务、财务顾问业务、托管业务、年金业务等在浦发系统和江宁地区同业中均位居前列；在个人业务方面，推出信托理财产品以及个人直客式贷款、个人经营性贷款、轻松理财金银卡等一系列新产品，成功建设江苏省内首个自助银亭。2004 年，支行各项存款余额 37092 万元，各项贷款余额 19325 万元。2005 年，各项存款余额 80453 万元，各项贷款余额 67954 万元。2006 年，各项存款余额 118342 万元，各项贷款余额 78823 万元。2007 年，各项存款余额 157346 万元，是 2005 年的 1.96 倍；各项贷款余额 122222 万元，是 2005 年的 1.80 倍。

【兴业银行股份有限公司南京江宁支行】

1988 年 8 月，兴业银行成立，总行在福建省福州市。2005 年 3 月 18 日，兴业银行南京江宁支行成立，支行位于江宁区双龙大道 1200 号，支行内设行长室、公司业务部、零售业务部和会计结算部，有员工 10 余人。2007 年，有员工 20 人，另有离行式自助服务区 4 个。

按照市场和成本效益的原则，支行在业务发展中围绕做优资产，做实负债，做好核心客户的工作重心，不断优化客户结构，优化业务产品种类，使支行保持健康、向上的运营状态。在业务快速发展的同时，尤其注重风险管理、内控管理、财务管理和安全管理。2007 年，支行各项存款余额 15 亿元，各项贷款余额 12 亿元。

【中国民生银行股份有限公司南京分行江宁支行】

1996 年 1 月 12 日，中国民生银行在北京成立，是中国首家主要由非公有制企业入股的全国性股份制商业银行。2000 年 3 月 20 日，中国民生银行南京分行成立。2005 年 12 月 5 日，中国民生银行南京分行江宁支行成立，支行位于胜太路 36 号。支行成立后，在总行、分行专业化改革的科学指引下，以专业赢得客户信赖，为客户持续创造价值，在满足客户需求的过程中实现与客户的互利互惠。2007 年，支行内设行长室、办公室、公司部、运营部，有员工 21 人。

2007 年年末，支行各项存款余额 7.10 亿元，各项贷款余额 4.50 亿元。在江宁地区累计信贷投放 6 亿元，为江宁经济技术开发总公司、江宁科学园、江宁自来水总公司、江宁煤气集团有限公司等多家当地社会民生的知名企业提供良好的金融服务，为支持江宁区经济发展、全面建设小康社会做出积极贡献。

【深圳发展银行股份有限公司南京江宁支行】

1987 年 12 月 22 日，深圳发展银行成立，是中国历史上第一家向社会公开发行股票的商业银行。2000 年 11 月 29 日，深圳发展银行南京分行成立。2007 年 4 月，深圳发展银行南京江宁支行成立，位于江宁区将军大道 55 号，设有行长室、运营部、个贷部、公司部，有员工 17 人。支行在个人金融服务上，推出聚财宝、聚汇宝、聚金宝等个人理财系列产品，住房按揭贷款、个人住房抵押贷款等新业务品种。在银行卡方面，发展借记卡、信用卡、国际卡，发展银证通、金卫士、苏果卡、香港旅游卡、按揭信用卡、聚财卡等新产品。2007 年，各项存款余额 5.30 亿元，各项贷款余额 3.20 亿元。

第四节　合作金融　邮政储蓄

【南京市江宁区农村信用合作联社】

信用合作社，是农村集体所有制金融组织。民国时期，江宁县推广合作事业由县合作事业指导委员会与有关部门指导。1934 年，在全县农村组建 93 个信用合作社。各社仅数户民众参加，业务上仅限于入社成员之间资金互助互济，其作用极为有限。抗日战争期间，相继解体。

1952 年，试办陶西乡南山坎自然村信用互助组。1953 年，组建新中国成立后江宁县第一个信用合作社——秦淮乡信用合作社，同年年底，全县陆续组建信用合作社 13 个，入社农户 845 户，股金 1.40 万元。1954 年，全县 138 个乡，相继组建信用合作社 133 个和 1 个信用部。入社农户 84725 户，股金 11.80 万元。

图 22-3-21　江宁区信用联社营业办公大楼（2000 年摄）

1958 年，实行“政社合一”。信用社体制改革，撤社建部，按人民公社及大队改设信用部及信用分部 257 个，人事权、财权下放公社、大队主管。至 1961 年，入社农户 114107 户，入社股金 29.10 万元。1963 年，贯彻中国人民银行总行《信用合作社修订章程》，信用社复归县人民银行主管。撤部建社，按人民公社所在地的镇组建信用合作社 25 个。1969 年起，信用社与驻乡人民银行营业所合署营业，维持独立经营核算集体所有制的体制。

1980 年起，信用社划属县农业银行主管。1984 年 6 月，国务院下发《批转中国农业银行关于改革信用合作社管理体制的报告的通知》，成立江宁县信用合作社联社，由农业银行继续管理。1985 年，恢复各自经营。是年，全县共设信用合作社 27 个、信用分社 23 个、信用服务站 5 个及储蓄所 4 个。入社农户 15.46 万户，入社股金 46.95 万元。信用社职工 328 人，自有资金 422 万元，营业和职工住房 20887 平方米，价值 329.60 万元。1990 年，全县有信用社 24 个、信用分社 20 个、信用站 4 个，职工 448 人，其中具有高中以上文化程度的 283 人，有专业技术职称的 214 人，自有资金 2060 万元，自有房屋 43832 平方米。1993 年 6 月 28 日，成立江宁县农村信用合作社。1996 年 10 月，江宁县农村信用社与县农业银行脱离行政隶属关系。2000 年，全县共有 26 个农村信用社、1 个营业部、20 个信用分社，网点遍布各镇，拥有员工 536 人，其中具有经济师、会计师专业技术职称的 20 人，有初级专业技术职称的 300 人。大、中专毕业生 224 人，占员工总数 41.79%。

2007 年，江宁区农村信用合作联社内设机构为办公室、综合业务部、会计信息部、稽查监保部、风险控制部、企业文化办公室，有员工 48 人。位于江宁经济技术开发区胜太东路 9 号。

下设营业网点 36 家。其中，联社营业部 1 家、信用社 26 家、信用分社 9 家，员工共计 459 人。股东 1410 户，资产总额 575902 万元。各项存款余额 542726 万元，各项贷款余额 279897 万元，所有者权益 15188 万元。投放 POS 机 7 台，发放圆鼎卡 5 万张，实现各项收入 2.65 亿元。

信用社自成立至 2007 年，获多项荣誉称号。其中，2002 年，区联社被江苏省信用联社授予先进集体称号。2006 年，获中国人民银行南京分行营业部金融统计三等奖。2007 年，获省联社市场占有率专业考核优胜单位。

1954—2007 年江宁区农村信用合作联社存贷款余额情况表

表 22-3-2　　单位：万元

年　份	存款余额	贷（放）款余额	年　份	存款余额	贷（放）款余额
1954	20.30	18.80	1981	4559	921
1955	66.90	15.80	1982	信用社与银行联营	
1956	79.60	80.20	1983	5952	1373
1957	148.40	38.90	1984	7812	5731
1958	138.60	100.20	1985	8187	7203
1959	122.80	62.90	1986	11444	8950
1960	188.00	78.00	1987	11157	10027
1961	138.50	69.10	1988	12432	10931
1962	183.30	68.20	1989	13221	11893
1963	326.40	43.90	1990	16837	14287
1964	737.20	39.10	1991	20146	17242
1965	643.59	90.30	1992	21866	18016
1966	687.45	113.16	1993	31051	24015
1967	1005.30	105.09	1994	42942	35445
1968	1013.53	76.69	1995	59339	43361
1969	1225.21	83.75	1996	69346	47027
1970	1005.40	92.80	1997	82557	55554
1971	1870.01	72.07	1998	117790	78848
1972	1690.33	75.25	1999	127821	86666
1973	1569.08	54.32	2000	153000	96000
1974	625.53	139.99	2001	174200	107700
1975	1243.96	106.75	2002	212600	129300
1976	2127.94	82.75	2003	283900	168600
1977	2221.00	97.00	2004	315900	202200
1978	2590.00	150.00	2005	374300	200400
1979	3834.00	122.00	2006	430738	209812
1980	3665.00	293.00	2007	542726	279897

【邮政储蓄】

民国38年（1949）5月，东山、湖熟两邮局相继开办邮政职工保险邮储业务，1953年9月停办。300余元（折合新人民币）退还职工。

1986年10月14日，江宁县邮电局东山支局开办邮储业务。之后，县内邮电支局陆续开办邮储业务。邮储执行国家规定的利率，办理定期、活期和定活两便储蓄。同时，举办具有邮电特色的储种。至1995年，全县邮政储蓄服务点有26个。有储户2.48万户，储蓄余额7031.70万元，邮储市场占有率为3.94%。为适应广大储户需要，邮政企业不断推出新的服务平台和邮储新品种，除常规储蓄外，还举办预约转账、绿卡（邮政储蓄卡）业务、外币储蓄、手机充值缴费、POS商户收单、电话转账（家家易）、代理保险、代理基金、存单小额质押贷款等业务。

2004年，邮储余额突破10亿元，邮储业务收入实现2441.71万元，占邮政业务总收入的61.09%。2007年，全区有邮政储蓄网点26个，从业人员97人。邮政储蓄余额19.62亿元，实现邮政储蓄收入3356.24万元，邮储收入占全区邮政业务收入的50.66%（详见本志第十二编第一章第五节《邮政储蓄》）。

第四章　银行业务

新中国成立后，人民银行成为信贷中心。银行加强结算服务和监督管理，县财政、机关、团体、企事业单位的各项存款额逐年上升。1950年，存款余额18万元。1951年，存款余额45万元，其中单位存款35万元，城乡储蓄10万元；贷款以商业贷款为主，贷款余额10万元，其中商业贷款为6万元。自1953年起，国家开始实行计划经济，银行根据各个时期的国民经济计划和江宁县社会主义经济建设实施目标，积极吸收各项存款，融通资金，运用信贷、利率杠杆，致力于支持城乡经济发展。“文化大革命”期间，银行信贷受到干扰。1978年，各项存款余额6020万元，各项贷款余额为6085万元。

1978年后，金融系统依据国家货币信贷政策，加强信贷管理，调整信贷投向，拓展信贷领域，增加信贷种类，创新服务手段和研发新的金融产品。2000年，各项存款余额为631655万元，是1978年的104.93倍；各项贷款余额584387万元，是1978年的96.04倍。

2000年12月江宁县撤县设区，江宁经济建设和社会进步加快，各银行千方百计筹集融通资金，发挥融资主渠道作用，对江宁经济发展和改革提供强有力的金融支持。全区信贷激增，2007年，各项存款余额363.14亿元，是2000年的5.81倍；各项贷款余额266.28亿元，是2000年的4.56倍。

此外，外汇业务和中间业务有长足发展。2006年，工商银行江宁支行、建设银行江宁支行、交通银行江宁支行、农业银行江宁支行外币存款余额累计7777万美元，国际结算量14.73亿元；中间业务收入9213万元。

第一节 存款与储蓄

【单位存款】

民国36年（1947），据江宁县银行第一次常务股东会议记载，全行客户存款最高余额2.80亿元（法币），最低余额4000万元，日平均余额5000万元。由于货币大幅度贬值，存款总额实际不大。

民国38年（1949）6月，华东军事管制委员会颁发《金融管理暂行办法》；新中国成立后，1950年4月，政务院颁发《关于实行国家机关现金管理的决定》。这两个文件规定了银行负责办理国民经济各部门的经济往来监督收付。县银行遵循国家财政金融法规，对财政、机关、部队、学校、企事业各单位经济往来，均实施由银行监督收付，单位库存现金额度由银行核定，业务现金收入必须解存银行，不得擅自坐支。

国民经济恢复时期，1950年年末，单位存款余额17万元，1952年年末，存款余额71万元，比1950年增长3.18倍。“一五”计划期间，1953年年末，单位存款余额139万元，1957年306万元，比1952年增长3.31倍。

1958—1965年，前期受“大跃进”和国家三年困难时期影响，存款有所下降。农村单位存款，1957年年末存款余额129万元，1958年减至95万元。财政性存款，1958年年末446万元，1962年年末减至179万元。经贯彻国民经济“调整、巩固、充实、提高”方针后，存款迅速回升。1965年年末，全县单位各项存款总余额1276万元，比1957年年末增长3.17倍。1966—1976年“文化大革命”期间，初期增长幅度明显缓慢，后期因农业复种指数提高，工商企事业发展，贸易扩大，存款余额有所上升。1966年年末，单位存款余额1192万元，1976年年末，增至4272万元。

中共十一届三中全会后，实行改革开放，城乡经济体制改革，产业结构发生很大变化，国民经济发展迅速，银行结算服务随之加强，单位存款大幅度递增。1977年年末，全县单位存款余额4393万元，1985年年末7425万元，比1977年年末增长69.02%。1986年，各金融机构认真贯彻以资金为中心、以存定贷的指导思想，推行激励机制，发动员工在争存揽存工作中找差距、挖潜力，并推出定期存款等单位存款储种，使全县单位存款快速攀升。是年年末，全县各银行、信用社单位存款余额20002万元，比1985年年末增长169.39%。1990年年末，存款余额27206.20万元，比1986年年末增长36.10%。1994年后，随着各支行向商业性银行转轨，各支行本着“抢市场、占份额”的理念，加强内部整体建设，调整网点布局，积极改善服务环境，不断提高服务质量，单位存款呈稳步增长的态势。1995年年末，全县单位存款余额90527万元，比1991年年末增长162.82%。

1996年后，随着金融体制改革的深化，金融市场竞争日益激烈，各支行把增加存款作为提高效益、增强自身实力的基础工作抓手，积极参与存款市场竞争，用“存款即效益”的观念统一全行员工思想。中国工商银行江宁支行在存款工作上，把目标紧紧盯在优质客户上，将重点放在江宁经济技术开发区内，与开发区总公司项目部建立良好的互动关系，仅开发区支行一家的对公存款从1996年年末的700万元增至2000年年末的1亿元。同时，强化存款工作的考核力度，将存款指标层层分解到部门，实行二线与一线存款考核挂钩，调动全行员工增存揽储的积极性。在稳定原有行政、教育、通讯、供电等系统大户的基础上，积极寻求新的存款增长点。1996—2000年，工商银行江宁支行存款年均增长20%，增加绝对额2.10亿元。中国农业银行江宁县支行积极开拓新业务，为自来水、煤气、邮电、交通、保险、税务等部门办理代理收费业务，以吸收更多资金，农行各机构储蓄存款实现通存通兑，加快资金周转，方便客户，促进各项存款快速增长。2000年年末，单位存款余额53775万元，比1995年年末增加38433万元，增长2.51倍。中国建设银行江宁支行根据市场状况合理调整网点布局，开展吸存劳动竞赛，抓好代发工资这一存款源头，通过努力，实现各项存款快速增长，2000年年末，单位存款35315万元，较1995年年末11893万元增加23422万元，增长196.94%。

1996年年末，全县金融机构单位存款余额124377万元，2000年年末，存款余额245446万元，比1996年年末增长97.34%。

2001—2005年，全区单位存款稳步增长。2005年年末，全区单位存款突破100亿元，达到125.90亿元，比2001年年末增长265.88%。2006年年末，单位存款153亿元，比2005年年末增长21.53%；2007年年末，单位存款219.72亿元，比2006年年末增长43.61%。

【储蓄】

新中国成立初期，县银行在支持生产、振兴经济方针的指导下，开拓人民储蓄事业。为保护储户存款不受当时物价波动的影响，银行开办各种保本保值性的“折实储蓄”，并实行较高的优惠利率。随着物价日趋稳定，自1952年起，折实储蓄过渡为货币储蓄。1950年年末，全县人民储蓄余额仅为1万元，至1952年年末已达29万元，增长28倍。

第一个五年计划期间，银行继续举办各种定期和活期储蓄，1953年，增办“优待售粮储蓄”和各种定额、定期有奖储蓄，储蓄利率略有调低，但存款不断递增。1957年年末，储蓄存款余额212万元（包括信用合作社吸储71万元），比1952年年末增长631.03%。其中，城镇储蓄141万元，人均60元；农村储蓄71万元，人均1.57元。

“大跃进”和国民经济调整时期，1958年12月起，停办各种有奖储蓄，较大幅度调低各种定期储蓄利率，紧缩半年以下存期档次。嗣后，一度增办“江苏省地方工业建设储蓄”储种。三年困难时期，城乡储蓄额一度下降，1963年，实行国民经济调整方针，工农业生产恢复发展，储蓄额回升。1965年年末，全县城乡储蓄存款余额406万元，比1957年年末增长91.51%。其中，城镇储蓄191万元，人均54元；农村储蓄215万元，人均4.36元。

1966—1976年期间，定期储蓄利率曾稍有调低，但储蓄种类、存期档次和利率，保持较长时间相对稳定。“文化大革命”中，一度冻结所谓“十种人”（地主、富农、资本家、反革命、坏分子、右派分子、叛徒、特务、反动学术权威、走资本主义道路当权派）的存款，侵犯了公民储蓄权利，储蓄额增长缓慢。1972年11月，贯彻总行颁发的新储蓄章程，纠正了偏差，储蓄额有所回升。1976年年末，城乡储蓄余额552万元。其中，城镇储蓄265万元，农村储蓄287万元。

中共十一届三中全会后，城乡经济发展迅速，人民生活水平显著提高，储源日益充足。为集聚建设资金，总行连续5次较大幅度调高储蓄利率，增设一年以上存期档次，恢复停办已久的几种有奖储蓄。如“零存整取有奖集体户储蓄”“定期定额有奖储蓄”“有奖有息储蓄”等。同时，银行增设服务网点，提高服务质量。1985年年末，全县城乡储蓄余额达8486万元，比1977年年末增长10.44倍。其中，城镇储蓄1246万元，人均243元；农村储蓄7222万元，人均105.12元。

1986—1990年，县银行在储蓄方面开办了定活两便、保值储蓄、实物奖储、贴花储蓄等新储种，其间，4次调整各项存款利率，储蓄存款迅速增长。1990年年末，全县城乡储蓄余额

35051.30 万元，比 1985 年增长 3.13 倍。城乡居民人均储蓄额相应地由 108 元增至 469 元。储蓄存款已成为县建设资金来源的重要组成部分。1991—1995 年，5 次调整各项储蓄利率，城乡储蓄由 1990 年年末的 35051.30 万元，增至 1995 年年末的 170352 万元，增长 3.86 倍。城乡居民人均储蓄额相应由 469 元增至 2302.10 元，增加 3.91 倍。城乡储蓄存款“八五”期末已占各项存款的 65.10%。

1996—2000 年，全县 7 家银行和 1 家信用联社都把组织存款放在各项工作的首位，确立“存款立行”的业务指导思想，促使各项存款在“九五”期间大幅度增长。全县金融机构增存增储的主要措施是广泛开展宣传活动，通过广播、电视、报纸等新闻媒体向社会公众宣传储蓄的方针原则、利率、储种，以增强群众的储蓄意识，选择储蓄作为投资方式。同时，大力改善服务态度，优化美化服务环境，推出新储种，实行通存通兑、柜员制、代发工资、代收学杂费、代收水电费等服务项目，方便客户存取，增加吸储面和揽存揽储的深度广度，并增加储蓄存款业务的科技含量，实现储蓄手段现代化。2000 年年末，全县储蓄存款余额 386209 万元，占各项存款余额的 61.14%，比 1995 年年末增长 126.71%。

2001—2005 年，随着居民生活水平的不断提高，居民储蓄随之稳定增长，2005 年年末，城乡居民储蓄余额突破 100 亿元，达 106.85 亿元，比 2001 年年末增长 138.61%。2006 年年末，城乡居民储蓄余额 126.17 亿元，比 2005 年年末增长 18.08%；2007 年，城乡居民储蓄余额 143.42 亿元，比 2006 年年末增长 13.67%。

1950—2000 年江宁县金融机构各项存款余额情况表

表 22-4-3　　单位：万元

年 份	单位存款					城乡储蓄	年末存款余额	储蓄占总存款（%）
	企事业存款	财政性存款	农村存款	其他存款	小 计			
1950	3	14	—	—	17	1	18	5.56
1951	14	21	—	—	35	10	45	22.22
1952	37	33	—	1	71	29	100	29.00
1953	50	42	13	34	139	24	163	14.72
1954	32	51	17	64	164	73	237	30.80
1955	30	40	67	14	151	162	313	51.76
1956	57	61	61	74	253	171	424	40.33
1957	39	85	129	53	306	212	518	40.93
1958	121	446	95	52	714	257	971	26.47
1959	148	451	321	50	970	260	1230	21.14
1960	123	383	318	105	929	401	1330	30.15
1961	125	293	306	71	795	357	1152	30.99
1962	257	179	244	26	706	158	864	18.29
1963	125	202	403	23	753	218	971	22.45
1964	100	238	874	39	1251	332	1583	20.97
1965	117	231	865	63	1276	406	1682	24.14
1966	123	193	812	64	1192	306	1498	20.43

续表

年份	单位存款					城乡储蓄	年末存款余额	储蓄占总存款（%）
	企事业存款	财政性存款	农村存款	其他存款	小计			
1967	172	207	1100	67	1546	246	1792	13.73
1968	206	316	1221	90	1833	404	2237	18.06
1969	191	225	1409	100	1925	311	2236	13.91
1970	320	315	1228	99	1962	241	2203	10.94
1971	371	468	2166	153	3158	284	3442	8.25
1972	369	429	2099	110	3007	342	3349	10.21
1973	425	332	2013	140	2910	417	3327	12.53
1974	437	469	941	110	1957	372	2329	15.97
1975	514	516	1740	137	2907	432	3339	12.94
1976	742	615	2852	63	4272	552	4824	11.44
1977	627	812	2720	234	4393	740	5133	14.42
1978	590	1192	2877	293	4952	1068	6020	17.74
1979	868	1147	4183	427	6625	1877	8502	22.08
1980	643	793	4051	465	5952	1894	7846	24.14
1981	1054	1670	6960	735	10419	2851	13270	21.48
1982	2667	1700	1943	151	6461	3398	9859	34.47
1983	2869	1799	1360	536	6564	4261	10825	39.36
1984	2587	1401	2498	2049	8535	5831	14366	40.59
1985	3365	1379	187	2494	7425	8468	15893	53.28
1986	4435	803	3656	6262	15156	12323	27497	44.82
1987	5794	441	3147	6810	16192	17381	33573	51.77
1988	5986	987	8694	9313	24980	19833	44813	44.26
1989	7402	1229	7046	5123	20799	25791	46590	55.36
1990	10671	736	8990	6809	27206	35051	62258	56.30
1991	14577	1293	10955	7618	34443	45216	79659	56.76
1992	25345	642	10437	7774	44198	57895	102093	56.71
1993	28037	434	13032	9320	50823	83452	134275	62.15
1994	54621	3019	13985	8246	79871	121073	200944	60.25
1995	78466	3069	1115	7877	90527	170352	260879	65.30
1996	113946	2446	687	7298	124377	222980	347357	64.19
1997	147687	13	397	6200	154297	265377	419674	63.23
1998	169007	1	547	7081	176636	311620	488256	63.82
1999	182518	1889	791	8717	193915	356708	550623	64.78
2000	233242	2566	823	8815	245446	386209	631655	61.14

2001—2007 年江宁区金融机构存款余额情况表

表 22-4-4 单位：亿元

年 份	存款余额	其 中			
		单位存款	占存款余额比重（%）	城乡储蓄	占存款余额比重（%）
2001	79.19	34.41	43.45	44.78	56.55
2002	107.64	52.13	48.43	55.51	51.57
2003	152.13	82.09	53.96	70.04	46.04
2004	173.10	88.20	50.95	84.90	49.05
2005	232.75	125.90	54.09	106.85	45.91
2006	279.17	153.00	54.81	126.17	45.19
2007	363.14	219.72	60.51	143.42	39.49

第二节 信 贷

【贷款余额】

新中国成立初，国民经济恢复时期，全县工商信贷主要支持国营商业和供销社经济发展，对有利于国民生计的私营工商业，发放短期小本贷款。因县遭受水灾，农业贷款（社员个人贷款）主要以实物为主，辅以现金，帮助农民生产救灾，扶持农业生产发展。1950—1952 年，贷款累计余额 42 万元，其中工商贷款 18 万元，农业贷款 19 万元，其他贷款 5 万元。

1953—1957 年“一五”计划期间，县工商贷款重点支持国营经济，大力扶持合营和合作经济，紧缩对私贷款，从而促进对私营工商业的社会主义改造，保证国营经济的领导地位。1957 年年末，工商贷款余额 241 万元，比 1952 年年末增长 19.08 倍，其中对国营商业和供销社放款 211.50 万元，对地方工业和手工业放款近 30 万元。农业社会主义改造时期，为促进农业合作化运动的发展，银行增办“贫农合作基金”贷款项目，帮助贫农解决交纳农业合作社股金的困难。扶持 22986 户贫农参加农业社，占总农户 21.70%。1956 年，全县成立高级社 273 个，入社农户占总农户的 99.20%。从此，农贷对象以个体农户为主过渡到以农业集体为主。农贷形式从 1952 年起由实物过渡为货币贷款。1953—1957 年，全县银行贷款余额累计 2256 万元，其中，工业贷款 55 万元，商业贷款 1862 万元，农业集体贷款 174 万元，社员个人贷款 73 万元，贫农合作基金贷款 92 万元，其他贷款 5 万元。

1958—1959 年，全县大办地方工业，扩大商业贸易，金融工作推行全额信贷，贷款松弛，贷款额大幅度增加。1959 年，工商贷款发放 1795 万元，是 1957 年的 7.44 倍。农业信贷提出为大办农业、大搞农田基本建设和土化肥、土农药服务，增加生产设备贷款。1959 年夏收夏种季节，遭受百日无雨大旱；1960—1961 年秋，全县 40% 的农田连遭大旱和虫灾，重灾面积达 1.33 万公顷。县银行多方筹措资金，调整贷款投向，发放生产费用贷款 313.61 万元，生产设备贷款 7.91 万元，群众生活贷款 41.74 万元，有效地支持农业社队提高抗灾能力和保障农民生产生活。1958—1962 年，全县银行贷款余额 7848 万元。其中，工业贷款 1471 万元，商业贷款 5294 万元，农业集体贷款 792 万元，社员个人贷款 78 万元，贫农合作基金贷款 116 万元，其他贷款 97 万元。

1963—1965年，县银行根据有关文件精神，加强信贷监督管理，控制不合理的放款。其间，城乡部分工业撤并转产，工商信贷紧缩，着重支持效益较好的企业。根据总行下达的“当年平衡，略有回笼”的指标，县农行在农贷方面，掌握积极支持又适当控制的原则，对生产费用与生产设备贷款二者兼顾，合理发放，保证生产发放的需要。三年国民经济调整期间，全县累计贷款余额5644万元。其中，工业贷款32万元，商业贷款4987万元，农业集体贷款426万元，社员个人贷款24万元，贫农合作基金贷款18万元，其他贷款157万元。

“文化大革命”初期，工商企业经常停工停业“闹革命”，银行信贷原则和制度被诬为资产阶级的“管、卡、压”，职能作用严重削弱，以致企业承贷余额上升，信贷资金周转慢、效益差。“文化大革命”中后期，努力加强信贷资金管理，实行常收常放，收回再用，提高资金利用率，支持工商经济发展。这一时期，社队工业得到新的发展。因此，银行除支持原有工商企业扩大生产贸易外，同时，积极支持城乡工业，以发挥“以工养工”“以工养农”的作用。农业贷款方面，加强农贷资金管理，提高资金周转利用率。农贷投向，除支持抗击水灾、病虫灾害外，还积极支持耕作制度变革，扩大复种指数，推广良种，提高机电耕作、排灌、脱粒能力。1966—1975年，全县累计贷款余额40490万元。其中，工业贷款1662万元，商业贷款36276万元，农业集体贷款1574万元，社员个人贷款48万元，其他贷款930万元。

1976—1985年，通过“拨乱反正”，建立正常金融工作秩序，信贷实行“统一计划，分级管理，存贷挂钩，差额控制”的管理制度，并加强贷前调查，贷时审查，贷后检查，促进企业提高资金的利用效益。其间，工商经济发展迅速，信贷资金需求日益增长。1978年，根据中央“社队企业要有一个大发展”的精神，银行、信用社把扶持社队企业作为乡村经济发展的重要金融任务。1985年，县农行扶植乡镇企业1255个，占全县乡镇企业的73%。农业贷款对象随着城乡经济体制变革，由5000多个农业社队集体改为17万农户。在贷款的用途、期限、额度以及结算诸方面，均有所改变和放宽。同时，农贷结构也作出相应调整，由过去偏重支持粮食生产，改为支持农、林、牧、渔多种经营全面发展，并由过去偏重支持生产主要环节，改为对生产、流通、消费全过程的支持，扭转重农轻副、重粮轻钱的倾向。贯彻农贷为改革、开放服务，银行增办开发性农贷项目，支持农户开拓致富，鼓励农民利用荒山、荒水、荒滩发展种植、养殖业，扩大商品生产。1976—1980年，全县贷款余额30395万元。其中，工业贷款2947万元，商业贷款25227万元，农业集体贷款873万元，社队企业贷款108万元，社员个人贷款7万元，其他贷款1233万元。1981—1985年，全县贷款余额67649万元，是“五五”期间的2.23倍。其中，工业贷款10386万元，商业贷款46608万元，农业集体贷款892万元，社队企业贷款6980万元，社员个人贷款319万元，其他贷款2464万元。

1986—1990年，银行的信贷资金分配体制发生根本性变化，改变过去的财政供给为银行贷款，银行成为筹集和分配建设资金的主渠道。银行的贷款领域不断扩大，从主要对国营企业扩大到对乡镇企业和个体工商户的多种经济形式的发放。由于银行的贷款领域拓宽，在经济建设中起到重要作用。各项贷款余额从1986年年末的4.09亿元增至1990年年末的7.21亿元，增长76.28%。这些贷款的投放支持了企业的生产，有力促进县经济的持续稳定增长。

1991—1995年，金融体制改革不断深入，金融业发生巨大变化，银行信贷资金实力不断壮大，逐步实行资产负债比例管理，信贷结构不断优化，强化资源的优化配置，各项贷款余额稳定增长。1991年年末，全县金融机构各项贷款余额88826.90万元。其中，工业贷款19925.10万元，商业贷款22445万元，农业贷款8108万元，建筑业贷款510.10万元，乡镇企业贷款30512万元，固定资产贷款4912.90万元，其他贷款2413.80万元。1995年年末，各项贷款余额243490

万元，比1991年年末增长174.12%。其中，工业贷款54502万元，商业贷款57602万元，农业贷款24119万元，建筑业贷款1551万元，乡镇企业贷款61285万元，三资企业贷款6945万元，其他贷款18467万元。此外，1995年，固定资产贷款19019万元，其中技术改造贷款12719万元，基本建设贷款370万元，地方经济开发贷款733万元，其他中长期贷款5197万元。

1996—2000年，全县金融机构着力支持地方经济发展，努力克服资金缺、规模紧的困难，在调整信贷结构、优化信贷投向上下功夫，确保全县重点经济建设的资金需要。加大对农业的投入，确保农副产品收购资金的供应。1997年，发放粮棉油收购贷款、农业综合开发、扶贫贷款以及专项贷款余额共6.05亿元。2000年，粮油收购贷款余额3.50亿元。农村信用社加大对“三农”（农业、农村、农民）支持力度，同年，发放农户小额贷款8000多万元，比1999年增加3000万元，扶持农户发展养殖业、种植业和个体运输，为农民勤劳致富奔小康作贡献。根据国家产业政策和信贷政策引导实行信贷投向向县重点企业、三资企业和高新技术企业倾斜的方针，金融机构对高新技术企业的授信规模不断扩大。2000年，全县银行对三资企业的贷款增量占全部增量贷款的50%。其中，农业银行一次授信就达3亿元。是年年末，全县金融机构各项贷款余额584387万元，比1996年年末增长91.45%。其中，工业贷款57230万元，商业贷款85525万元，农业贷款38378万元，建筑业贷款7073万元，乡镇企业贷款72099万元，三资企业贷款108326万元，固定资产贷款76135万元。

2005年年末，区金融机构各项贷款余额149.05亿元，比2001年年末增长162.41%。2006年年末，金融机构各项贷款余额201.80亿元，比2005年年末增长35.39%。2007年年末，各项贷款余额266.28亿元，比2006年年末增长31.95%。

【信贷管理】

从20世纪80年代开始，金融单位贯彻“择优扶持，区别对待”的信贷原则，随着金融体制改革的不断深入，江宁地区金融单位（农业发展银行江宁县支行除外）逐步过渡为商业银行，故经济效益成为信贷投向的主要依据，面向农村的各项贷款或要求担保，或要求质押，以防信贷风险。

1986—1992年，银行信贷资产实行“统一计划，分级管理，差额控制，实贷实存，存差上缴”的办法。1989年8月，《中国人民建设银行基本建设贷款办法》规定：基建贷款必须在国家基本建设投资计划和信贷计划内安排，实行“先评估、后贷款、择优发放”的原则。1990年，经济出现过热现象，固定资产投资规模过大，中国人民银行发出全面清理贷款通知。压缩逾期，开始使用“一逾两呆”（逾期、呆滞、呆账）风险分类法。同年，改革信贷资金管理体制，实行限额下资产负债比例管理和风险管理，严格控制信贷规模，优化贷款结构，提高投资效益。

1996年，推行以存贷比控制信贷规模办法，实行等级授权制度。1997年，中国人民银行制订《贷款风险分类指导原则》之后，金融单位在信贷决策中均按“正常、关注、次级、可疑、损失”这5类，实行分类掌握。坚持在贷款前对客户进行资信评估，贷款过程中实行审贷分离，到期及时催结，最大限度地减少不良贷款占用率。随着国家经济体制改革的不断深入，国有企业兼并破产企业和职工再就业问题对银行金融资产造成较大冲击，各银行在加强不良贷款清收的基础上，加强对呆账贷款核销和处置。1998年，取消信贷规模，国有商业银行全面实行资产负债比例管理和风险管理。是年，根据中国人民银行《关于开展清理信贷资产，改进贷款分类工作的通知》精神，县内各银行积极清理信贷资产，并按照省分行要求，开展对呆账贷款进行剥离上报工作。

2001—2007年，逐步加大信贷风险管理体系建设，各银行相继建立风险内部评级体系，开发风险评级预警系统，启动内部评级程序。依据中国建设银行《授信额度管理办法（试行）》及《集团客户额度授信操作规程（试行）》，开展额度授信业务。完善信贷审批制度，引入先进管理理念，对有效防范信贷风险和培育优良客户起到科学决策作用。

【银行信贷资金管理选介】

中国工商银行江宁支行 1995年后，担保抵押贷款率100%。至2000年年末，共清收不良贷款15户，收回贷款1774万元，转化不良贷款1亿元。2001—2002年，消化历史财务包袱1.30亿元。2003年，核销不良贷款和不良资产本息4亿元，全年压缩不良贷款1217万元。2004年，现金清收不良贷款92万元，处置抵押物资户资产19.70万元。2007年，五级分类后三类不良贷款率仅0.15%。

中国建设银行江宁支行 1996—1998年，核销呆账贷款本金3393万元、利息1700万元。1999—2000年，剥离不良贷款本金8205.70万元、利息527.40万元。2004年，现金回收不良贷款1885万元，完成可疑贷款剥离本金3235万元。2005年，回收不良贷款2176万元，利息实收率99.19%。

中国农业银行江宁支行 至2000年年末，清收不良贷款5000万元，清收应收未收利息1500万元。2003年，累计清收、盘活、保全不良贷款分别为2145万元、1522万元和3696万元。是年年末，五级分类不良贷款较年初下降3650万元，下降17%。2004年，清盘不良资金4703万元；全行五级分类不良贷款余额5.15亿元，比年初下降3499万元，不良贷款比例25.35%；不良贷款客户比年初减少83户；以资抵债资产累计变现2556万元，完成年计划426%。2007年，累计清收不良贷款2062万元，核销呆账贷款1044万元，全行不良贷款余额比年初下降1192万元，不良贷款率比年初下降0.52%。

1950—1985年江宁县金融机构各项贷款余额情况表

表22-4-5　　单位：万元

年 份	工业贷款	商业贷款	农业集体贷款	社员个人贷款	其他贷款	合 计
1950	—	—	—	1	—	1
1951	—	6	—	4	—	10
1952	—	12	—	14	5	31
1953	—	120	—	14	—	134
1954	1	154	50	—	—	205
1955	3	828	10	18	7	866
1956	21	549	77	22	45	714
1957	30	211	37	19	40	337
1958	127	676	79	17	32	931
1959	514	1281	109	16	—	1920
1960	582	1112	246	16	65	2021
1961	176	1072	186	15	65	1514
1962	72	1153	172	14	51	1462
1963	14	1077	122	10	61	1284
1964	9	1606	100	9	61	1785
1965	9	2304	204	5	53	2575
1966	15	2689	160	7	63	2934

续表

年 份	工业贷款	商业贷款	农业集体贷款	社员个人贷款	其他贷款	合 计
1967	19	2614	192	6	70	2901
1968	71	3339	158	6	61	3535
1969	97	3341	222	6	94	3760
1970	111	3622	197	6	94	4030
1971	204	4664	139	5	90	5102
1972	212	4330	121	4	85	4752
1973	224	4357	118	3	61	4763
1974	305	3035	137	3	214	3694
1975	404	4285	130	2	98	4919
1976	461	5420	126	2	148	6157
1977	529	4677	128	2	191	5527
1978	585	5004	255	2	239	6085
1979	673	7192	146	1	248	8260
1980	699	2934	218	—	515	4366
1981	916	6306	—	78	652	7952
1982	1321	6722	276	66	1838	10223
1983	1393	9440	210	130	2335	13508
1984	2594	12922	147	45	1420	17128
1985	4162	11218	259	—	3198	18838

1986—2000 年江宁县金融机构各项贷款余额情况表

表 22-4-6　　　　单位：万元

年 份	工业贷款	商业贷款	农业贷款	建筑业贷款	乡镇企业贷款	三资企业贷款	固定资产贷款	其他贷款	合 计
1986	5928	10889	16530	65	—	—	3111	4355	40878
1987	8359	12341	2301	146	17207	—	5837	5980	52171
1988	10436	13814	2667	164	19461	—	7463	7205	61210
1989	12105	13991	5814	292	20710	—	7297	1788	61997
1990	15088	16640	6273	390	25683	—	5953	2059	72086
1991	19925	22445	8108	510	30512	—	4913	2414	88827
1992	26322	30382	7945	711	34829	—	6874	5902	112965
1993	35165	38326	9826	952	44330	—	6822	7974	143395
1994	42013	43987	18889	1273	49135	5849	12543	10845	184534
1995	54502	57602	24119	1551	61285	6945	19019	18467	243490
1996	59008	72805	31763	4520	73502	9954	36229	17457	305238
1997	63055	90128	30155	6364	91057	6629	54081	63178	404647
1998	63113	72407	42489	7073	91999	16664	78047	74648	446440
1999	64766	89815	44262	6202	87808	67145	69420	72896	502314
2000	57230	85525	38378	7073	72099	108326	76135	139621	584387

2001—2007年江宁区金融机构贷款余额情况表

表22-4-7　　　　　　　　　　　　　　　　　　　　　　　　　　　　　　　　单位：亿元

年　份	贷款余额	比上年增长（±%）	年　份	贷款余额	比上年增长（±%）
2001	56.80	-2.80	2005	149.05	15.19
2002	75.37	32.69	2006	201.80	35.39
2003	107.26	42.31	2007	266.28	31.95
2004	129.40	20.64	—	—	—

第三节　外　汇

【外汇业务】

1938年7月，中国银行江宁支行成立，境内外汇存、贷、汇业务全面展开。1994年4月1日，对江宁县外商投资企业实行新的外汇管理、新的外汇账户和新的结、售汇管理体制，有力促进了江宁县外商企业投资的进展和银行外汇业发展。全辖区外汇各项存款从1990年年末的204万美元，增至1995年年末的2208.20万美元，增长9.82倍。全辖区出口收汇核销从1991年的8户42笔74万美元，增至1995年年末的58户1110笔2995.80万美元，分别增长6.25倍、25.43倍和39.48倍。1997年，有中国银行江宁支行、中国工商银行江宁支行、中国农业银行江宁支行、中国建设银行江宁支行开办外汇业务。是年，全县外币存款余额1215万美元，外币贷款余额1059万美元，外汇调剂累计达4000多万美元。全县外商投资企业开户从1980年年初1家发展到1997年年末的273家，出口核销到账金额1997年年末7741万美元，出口创汇企业110家。2000年，全县4家银行外币各项存款余额5913.60万美元，中国银行江宁支行、中国农业银行江宁支行外币贷款余额计855万美元。

根据《江宁年鉴》提供的资料（下同），2002年年末，中国银行江宁支行、中国工商银行江宁支行、中国建设银行江宁支行、中国农业银行江宁支行、交通银行江宁支行5家银行外币存款余额6526万美元；中国工商银行江宁支行、中国农业银行江宁支行合计贷款余额2430万美元；中国工商银行江宁支行、交通银行江宁支行、中国农业银行江宁支行合计国际结算量2.96亿美元。2004年年末，中国银行江宁支行、中国工商银行江宁支行、中国建设银行江宁支行、交通银行江宁支行外币存款余额7072万美元。2005年年末，上述5家银行国际结算量10.09亿美元。

2006年年末，中国工商银行江宁支行、中国建设银行江宁支行、中国农业银行江宁支行、交通银行江宁支行外币存款余额计7777万美元；国际结算量14.73亿美元。2007年年末，中国工商银行江宁支行、中国建设银行江宁支行外币存款余额5991万美元；中国工商银行江宁支行贷款余额3097万美元；中国工商银行江宁支行、交通银行江宁支行国际结算量10.03亿美元。

【银行外汇业务选介】

至2007年，江宁区境内经营外汇业务的银行有16家。特选介中国银行江宁支行等5家银行经营外汇业务情况。

中国银行江宁支行 1988年7月，中行江宁支行开始在境内办理外汇存、贷、汇业务。1990年年末，外币存款余额16.50万美元。1997年5月，开通外汇收付清算系统，实现境内外资金收付安全、准确、快捷。至2000年年末，支行为客户办理国外汇款1400万美元。同年4月，支行成功转贷了意大利政府贷款700万美元，用于江宁“民心工程”自来水建设项目，同时发放人民币配套资金贷款4000万元。是年，外币各项存款余额1103万美元，贷款余额100万美元。2003年，支行加大投入，配备MOVER汇款系统，自办国际结算业务，实行对国外直接汇款，将对国际汇款时间缩短为24小时。2004年，外币存款余额2054万美元。2005年，支行国际结算累计金额15亿美元。

中国工商银行江宁支行 20世纪90年代初，县工商银行开始办理外汇存款、外汇贷款、外汇汇款、外币兑换等业务。1991年，外币存款余额2.47万美元。1992—1995年，累计外币存款余额104.50万美元。1996—2000年，外币存款余额1890万美元。其中，外币储蓄389万美元，单位存款1501万美元。2001—2002年，锁定一批外汇资源丰富的优质客户作为营销重点，通过产品组合，提供优质服务，全行国际业务得到长足发展。2002年年末，各项外币存款余额798万美元，外币贷款余额2000万美元。在国际结算业务上，把收益高、示范性强的国际业务办成支行的品牌特色业务，国际结算业务大幅提高，国际结算业务量首次超过1亿美元大关，在省分行营业部各家支行中排名第一。2003年，根据江宁招商引资的强势和大型跨国外资、合资企业资源集中的特点，以国际业务为突破口，实行区域内外资、合资企业本外币一体化营销，通过办理外汇贷款、设立开办远期结售汇、开办买卖即期外汇、提供外汇结算优惠报价等多方位的金融服务，全年国际收付结算量达20971万美元，比2002年增加10135万美元，增长93.53%。其中结售汇突破1亿美元，两项指标均列营业部各支行第一。2004年，外币存款余额1570万美元；国际业务结算量3.75亿美元，较2003年增加1.65亿美元，增长78.57%。2005年，外币存款余额1450万美元，国际业务结算量3.65亿美元。

2006年，外币存款余额1992万美元，国际业务结算量5.48亿美元；外币贷款余额2010万美元。2007年，外币存款余额1920万美元，国际业务结算量6.03亿美元；外币贷款余额3097万美元。

中国建设银行江宁支行 1993年9月17日，国家外汇管理局南京分局颁发“中华人民共和国外汇业务许可证”于中国建设银行江宁县支行，准允办理外汇存款、外汇贷款、外汇汇款、外币兑换等业务。是年11月底，支行开办国际业务，外币存款余额5300美元，港币7000元。1996年7月，成立支行国际业务部，与江宁经济技术开发区办事处合署办公。1993—1999年，支行外币存款余额计247.73万美元。2000年，企业外币存款“零”突破，达2971万美元，年末总存款余额3037万美元。2001年12月4日，中国人民银行南京分行613号《关于中国建设银行南京市江宁支行等3家支行增办外汇业务的批复》文件，同意中国建设银行江宁支行增办国际结算和结汇、售汇2项业务。是年，完成国际结算量158笔。年末外币存款余额2403万美元。2002—2004年，外币存款余额计10167万美元。2005年，外币存款余额3843万美元，完成国际业务结算量8610万美元。2006年，外币存款余额3911万美元。2007年，外币存款余额4071万美元，其中个人储蓄305.79万美元。

交通银行江宁支行 该银行自20世纪90年代开办外汇业务至2000年年末，实现国际结算1.24亿美元，比1995年年末增加1.22亿美元，增长61倍。2001—2002年，推出出口保理、福费廷等“出口结算融资通”和外汇期权、外汇结构性存款、掉期、外汇债券买卖、远期结售汇等“外汇代客理财通”两大产品组合，满足各类客户不同需求，凸显交通银行国际业务品牌。2002年，支行获南京市外汇局批准可办理外商投资项目下资本金直接结汇业务，简化企业办理资本金结汇审批程序。是年年末，支行外币存款余额600多万美元。2001年和2002年，分别办理国际结算8258万美元和4083万美元。2004年年末，外币存款余额340万美元。2005年年末，外币存款余额587万美元，国际结算1.55亿美元。全年新开立外汇账户20多个，新客户结算量1000万美元以上。2006年，外币存款余额820万美元，比2005年年末增加233万美元，增长39.69%。国际结算2.82亿美元。2007年，支行国际结算4亿多美元。

中国农业银行江宁支行 1993年10月，农行江宁支行成立国际业务部，吸收外币存款，发放外币贷款。1995—2000年，县农行国际金融业务不断发展，有1家国际业务结算中心，6家外币储蓄点，主要业务经营项目：外币汇款，个人外币储蓄存款，外汇贷款，开办跟单信用证业务、交单托收业务、汇款业务等国际结算，办理各项非贸易国际结算，外币兑换等。2000年年末，外币存款余额605万美元，比1995年增长47.20%；外币贷款余额310万美元，比1995年年末增加241万美元，增长46.89%；国际结算量2844万美元。2002年，全行外币存款余额1542万美元，比2000年年末增加937万美元，增长154.88%；外币贷款余额430万美元，比2000年年末增加120万美元，增长38.71%；实现国际结算量7449万美元，比2000年年末增加4605万美元，增长161.92%。2003年，新开外汇账户25户，国际业务结算量首次突破1亿美元，达1.57亿美元，比2002年增加8251万美元，增加110.77%。2005年，累计结售汇4612万美元，结算量3.03亿美元。2006年，各项外币存款余额1054万美元；实现国际结算量5.39亿美元。

第四节 中间业务

中间业务是指金融机构不构成资产、负债的业务。中间业务收入是指金融机构办理各项中间业务过程中所取得的非利息收入。1991年前，银行中间业务主要是结算。20世纪90年代后，代理业务增加，各金融机构重视中间业务的发展。2001年，中央银行出台《商业银行中间业务暂行办法》，中间业务被纳入规范化发展轨道。2007年，银行中间业务发展到结算、代理、担保、融资、投资咨询、银行卡等六大类上百个品种。是年，中国工商银行江宁支行、中国银行江宁支行、中国建设银行江宁支行、交通银行江宁支行实现中间业务收入9213万元，最高为中国工商银行江宁支行，收入金额4649万元。

【结算】

1978年前，结算按收款人、付款人是否在同一城镇或地区的银行开户，分为同城结算和异地结算。1980年，增加异地委托收款结算方式。1988年12月，中国人民银行颁布《银行结算办法》，简化结算种类，扩大使用票据。1989年4月，实行结算制度改革，废除托收承付、国内信用证、付款委托书、托收无承付、保本支票、省内限额等6种结算方式，以“三票一卡”（本票、支票、汇票、银行卡）为中心，保留银行汇票、商业汇票、银行本票、支票、汇兑、委托收款6种结算方式。1995年5月，《中华人民共和国票据法》颁布，规范了票据结算业务。20世纪90年代中后期，现代电子信息技术广泛应用，提高了结算效率。1997年12月，执行中央银行新的《支付结算办法》，同时废止 1988 年 12 月颁发的《银行结算办法》。各商业银行开发“一卡通”“速汇通”“全国通”等综合业务处理系统。进入 21 世纪，四大国有银行全部建立“客户服务中心”，并向全社会公布银行电话号码及网上银行联系方式，使客户结算通过电子银行汇划。至 2007 年年末，区内各银行系统的主要结算方式有现金支票、转账支票、商业支票、银行汇票、委托收款、汇兑、信用证、旅行支票及小额支付系统和大额支付系统等。

【代理】

1950 年 1 月 5 日，县人民银行代理发行人民胜利折实公债 57673.82 元。20 世纪 50 年代初，境内银行代理业务范围限于在银行开户的国家机关和企事业单位代扣代缴税款、水费、电费、电话费、邮资费、房租费等业务。1954—1958 年，代理发行国家经济建设公债计人民币 118171 元。1981—1985 年，代理发行 5 期国库券 6903125 万元。90 年代开始，银行办理个人代理业务，除原有的水电费、电话费、邮资费、房租费代收业务外，新开办的有：代发工资、代发基金、代理保险、代收移动联通公司话费、代收有线电视费、代收学杂费、代收网络费、代收公路规费、代扣住房公积金按揭贷款、代理国债、代理开放式基金和各种罚没款等。银行按代理收付金额或业务笔数计收手续费，不涉及收付双方之间的经济纠纷。各银行为争取存款，提高工资留存率，代发工资一般免收代理手续费。

【银证银保合作】

进入 21 世纪，交通银行和工商银行率先开办银证转账业务。股民在银行开立个人结算账户，签订委托证券转账协议后，即可在银行储蓄柜台、电话银行、联网证券营业柜台和证券的自助终端，办理银行卡资金账户与证券保证金账户之间的资金对转。随后银行开办“银证通”，即客户利用银行卡账户直接作为证券交易保证金账户，通过电话银行系统直接进行证券委托买卖，实现证券交易卡和银行卡“二卡合一”。商业银行普遍接受保险公司委托，以兼业代理人身份代理保险业务。银行手续费收入分为代售手续费和代售奖励基金，由保险公司根据不同险种和代理数额确定。其中，2001 年，中国农业银行江宁支行加入银保、银证的业务合作，先后为中国人寿、平安人寿、泰康人寿等保险公司代理开办“福寿两全”“千里马”“世纪之星”等储蓄型保险分红新险种。方便股民投资，还开办银证通业务，受到股民好评。2002 年，代理保费 1000 多笔，金额近 800 万元；代理销售宝盈、大成、长盛等 3 家开放式基金，取得银保、银证代理业务新发展。

【银行卡】

20 世纪 90 年代后，具有消费信用、转账结算、存取现金、汇兑、代收付多功能的支付工具——银行卡陆续发行。主要有：中国工商银行的牡丹卡，中国农业银行的金穗卡，中国银行的长城电子借记卡、长城国际卡、中银贷记卡，交通银行的太平洋卡，中国建设银行的龙卡，华夏银行的公交卡（华夏万通卡）、区农村信用合作联社的圆鼎卡等数十种。持卡人通过各银

图 22-4-22　不同用途的各种磁卡

行自助柜员机(ATM)取现、查询、转账等。凭销售终端(POS机)用于购物、用餐等消费支付。2002年，工、农、中、建四大国有商业银行牵头，其他金融机构参与共同开通的"中国银联"，打破以往跨地、跨行业消费取现及转账等瓶颈制约，实现信息、机具和客户共享及银行卡的跨行通用。至2007年，据不完全统计，信用卡各行总量突破80万张。其中，2006年，中国农业银行江宁支行发行的金穗卡达169709张，银行卡存款余额41120万元，银行卡累计消费额24465万元。

【银行中间业务选介】

中国工商银行江宁支行 20世纪90年代后期始，工商行江宁支行中间业务有较大的发展。2000年11月，在开发区支行建立客户服务理财中心，为客户办理理财咨询、委托服务、个人资信服务、多元化个人投资服务、电话银行、手机银行和自助银行等业务。2001—2002年，在代理结算业务上，充分利用结算网络优势，积极代理江宁区农村信用合作社的现金调拨和代签汇票业务，2年共代理现金调拨20.20亿元，代签汇票14142笔，金额14.30亿元。同时，发挥科技优势，推广和开办个人和企业网上银行账户，新增注册用户127户。全行开办代理证券、基金、保险业务，2002年年末，共代理证券、基金开户68户，代理销售保险2523万元。根据爱立信公司业务需求，支行开办无追索权的保理业务，并获得工商银行总行5亿元的授信额度。2003年，支行中间业务收入265万元。2004—2005年，中间业务收入计1912万元。2006年，中间业务收入2293万元，比2005年增长87.64%。2007年，支行按照中间业务不低于40%发展速度的要求，按下达部门和网点承领指标任务，实行季度考核排名。中间业务结构得到有效调整。其中，财务顾问、国际业务、票据贴现、基金、代理保险等业务收入增长较快，票据贴现9.69亿元，比2006年增长近1倍，全年中间业务收入4649万元，比2006年增长102.75%。中间业务收入居全区各支行之首。

中国建设银行江宁支行 该银行早期承担管理基本建设支出预算、结算，1979年开始，审核工程预、决算。20世纪90年代，代理销售国库券、企业债券。根据2001年6月21日中国人民银行发布《商业银行中间业务暂行规定》："不构成表内资产、表内负债，形成银行非利息收入的业务"，上述业务纳入中间业务范畴。1993年3月，江宁县计经委批准建行江宁支行成立工程造价事务所，同时准允有资质、有条件的其他类似机构涉足工程造价事务，由此结束建行江宁支行独家工程预、决算的历史。支行凭借在基本建设领域长期从事工程造价预、决算的优势，在工程造价市场化运作的形势下，是年，审核工程预、决算889笔，送审预、决算金额12919.63万元，审定预、决算金额11943.83万元，占全县审核工程预、决算市场30%，2004年占20%。据1995年到2001年统计，支行7年内审核工程预、决算4221笔，送审金额1.45亿元。

有关资料显示，1994年起，支行中间业务品种逐渐丰富，是年，销售国库券450万元，销售企业债券2400万元，办理信用卡个人卡150张、公司卡9张，特约商户3家。次年，在拓宽代发工资渠道之余，又增办代收水费业务。2000年，发行储蓄卡24280张，速汇通卡97张。2001—2002年，中间业务收入计175.23万元。2003年，代理发行各种分红保险649.97万元，新发贷记卡418张，中间业务收入159.51万元。2004年，中间业务增加了网上银行、电子银行产品的营销，完成个人银行签约1117户。网银交易量2000多万元；企业网银开户20户，网上交易6亿元。是年年末，中间业务收入285万元。2005—2006年，中间业务收入计1094万元。2007年，销售基金1.50亿元。是年末，中间业务收入1683万元，比2006年增长142.16%。其中，公司类收入1190万元，个金类收入493万元。

交通银行江宁支行 1996年开始，交行江宁支行代收电话费，并逐步发展该项业务，至2000年年末，共代收电话费2.70万余户。此外，代发工资65个单位、12945户，代收养老金900户。同时，还推出代收水费、寻呼费、保险费、银证转账、外汇买卖、电话银行、抵押贷款等业务。2001—2002年，支行逐步推出以太平洋卡为载体的个人理财系列产品——“三宝”（圆梦宝、外汇宝、理财宝）、“十通”（一卡通、全国通、跨行通、缴费通、银证通、银保通、基金通、消费通、校园通、购电通）。至2002年年末，交行江宁支行已发行太平洋卡7.50万张，比2000年增加4.90万张，卡内存款余额由2000年年末的2347万元增至1.10亿元。全面代理东山地区5万户城镇居民电话费的代收业务。2001年9月，又代理发行中国第一只开放式基金——华安创新，还与新华人寿保险公司、太平洋人寿保险公司、中国人寿保险公司合作，推出银行代售保险业务。2004年，支行发行校园卡、公务员代发工资卡、婚庆卡、准贷记卡1.45万张，卡额新增3200万元，较好完成基金、国债、银行代理保险、得利宝发行与销售任务。将全区28个教育单位和区管中、小学教职员工的工资纳入区财政统发范围，新增代发工资3000人，月发工资400万元，还将7个镇中学教师的工资委托其代发，从而保证统发工资的完整性和良好运行。2005年，代售基金2000多万元，代理销售保险1400多万元，中间业务收入321.20万元。2006年，中间业务收入534万元，比2005年增长66.25%。2007年，中间业务收入突破1000万元。

中国银行江宁支行 1995—2000年，中行江宁支行以长城借记卡为载体，争取代收、代理、代付、代售等业务，增加储蓄存款和收入。2001—2002年，开办了“银券通”代发工资、代收学费、代收煤气费等业务。特别是为高校代收学费，2年内直接增加存款8000多万元。2006年，经营投资基金和保险代销金分别增加2132万元和613万元，比2005年增加140.80%和78.50%，发放借记卡5.10万张。2007年，实现中间业务收入1881万元，比2006年增长37.91%。

中国农业银行江宁支行 该银行适应社会经济生活的变化，向多业经营和混业经营发展，花大力气发展中间业务。如信用卡业务、代理业务、贴现业务等。农行信用卡业务初创于20世纪90年代。1995年，成立金穗卡二级发卡中心。进入21世纪，业务品种和服务功能更趋完善和现代化。2000年，江宁支行最初推行的金穗借记卡出现快速发展势头，全年全行新增金穗借记卡发行5416张，存款余额达1219万元。同时，发展金穗卡特约商号5家，信用卡消费162万元。2001年，江宁支行发卡量46309张，存款余额3322万元，平均每张卡存款717元，平均每张卡存款额比2000年增加366元。2002年，江宁支行发卡量继续大幅攀升，全年累计发卡量61022张，存款余额6858万元，平均每张卡存款1124元，分别比2001年增加14713张、3536万元、407元。2006年，江宁支行银行卡发卡量169709张，存款余额41120万元，银行卡累计消费额24465万元。

1993年10月，南京市农行国际业务部江宁办事处正式开业。14年中，江宁支行国际业务逐年发展，到2006年，全行国际结算量达53900万美元。特别是加强与开发园区、工商局、招商局等部门的沟通与联系，开辟外汇客户来源、增开外汇账户、代客外汇买卖、办理西联汇款、结清汇，形成全行办外汇的经营理念。江宁支行与保险行业联手开办代理保险业务，开始以代理寿险为主，2005年，增加代理财险业务，当年代理财险7.26万元，虽然款额较小，但实现了零的突破；全年累计代理寿险4687万元，同比增加353万元，为历年代理寿险最高额。此外，江宁支行还开办代理销售基金业务。

第五章 保险 证券

根据《江宁县政概况》载：民国 17 年（1928），县城兴办生产、消费、运销、信用等合作社之际，湖熟、解溪、索墅、龙都等地，始有少数民众组建民间合作社若干个，办理耕牛会、农产品储押仓库、运销合作等组织的保险业务。抗日战争爆发后，受时局影响，保险业务停止。

1951 年 9 月，设立中国人民保险公司江宁县特约代办处，这是新中国成立后江宁保险事业之始。20 世纪 50 年代，国民经济处于恢复时期，工农业生产和群众生活水平较低，保险业务只开办城镇企业财产火险和农村耕牛保险等险种。1953 年 12 月，县保险特约代办处奉令撤销，移交给中国人民保险公司镇江分公司。1959 年，全县停办一切保险业务。

中共十一届三中全会后，国家恢复保险事业。1980 年 12 月，成立中国人民保险公司江宁县支公司，复办保险业务。随着城乡经济体制改革，产业结构变化，经济社会事业蓬勃发展，人民生活水平不断提高，人民保险事业出现良好的发展趋势，保险险种不断增加，服务领域日益扩大，业务开展遍及全县各个乡镇。1980—1985 年，县保险公司开办财产保险与人身保险两大类 20 多个险种，累计保险费收入 239.14 万元，受理赔案金额 102.90 万元，赔付率 43.03%。保险事业发展居南京市属五县之首。1984 年、1985 年，连续两年被省、市保险公司评为先进单位。

90 年代后，江宁人民保险事业发展较快。保险已从最初普及向深度发展，引进开发新品种，满足城乡人民的投保需求。1997 年 6 月，中国平安保险股份有限公司南京分公司江宁支公司开业，打破了江宁保险市场独家经营的局面。随后，中国太平洋保险江宁支公司、天安保险股份有限公司江宁支公司、大众保险股份有限公司江宁支公司、中华联合财产保险股份有限公司江宁支公司等 10 家保险支公司先后入驻江宁。至 2007 年，江宁区保险机构有 14 家，并在 9 个街道 20 多个集镇有分支机构，从业人员 1500 余人。开办人身（寿）险和财产险两大类 200 多个品种。

2001 年，中国人保财保、中国人寿、平安财报等保险公司实现商业性保险费收入 7746 万元，比 2000 年增长 50.20%；保险赔款支出 1133 万元，比 2000 年下降 1.20%。2007 年，中国人保财保、太平洋财保实现商业性保险费 1.36 亿元，承担责任近 1019 亿元；中国人寿实现保费收入 2.71 亿元，分别被省分公司、市分公司评为先进单位。

第一节 保险机构

【中国人民保险公司江宁区支公司】

1951 年 9 月，设立中国人民保险公司江宁县特约代办处，业务由江宁县人民银行设立的保险股代理。1953 年，停办农村保险业务，县保险代办处撤销，移交中国人民保险公司镇江分公司。1959 年，全县停办一切保险业务。

1980 年 12 月，成立中国人民保险公司江宁县支公司，复办保险业务。公司位于东山镇城中工商银行二楼。1985 年 12 月，升格为县局级核算单位，设经理室和人秘、财会、业务股 3 股。1986—1995 年，服务领域不断扩大，代理网点遍布全县各乡镇，满足广大城乡群众的投保需求。

随着改革开放的不断深入，保险市场的逐步放开，根据国务院及中国人民银行体制改革的要求，依据《中华人民共和国保险法》的规定，从1996年3月22日开始，实行产寿险分业经营，即在原有的中国人民保险公司江宁县支公司的基础上，按财产保险和人寿保险分设成中保财产保险有限公司江宁县支公司和中保人寿保险有限公司江宁县支公司。中保财产保险有限公司江宁县支公司全面继承原中国人民保险公司江宁县支公司经营的除人寿保险业务以外的一切业务。随后，中保财产保险有限公司江宁县支公司更名为中国人民保险公司江宁县支公司，经营体制不变。公司开办有企业财产保险、机动车保险、货物运输保险、家庭财产保险、建筑安装工程保险、信用保险和责任保险等几十种保险。2000年年底，公司有正式员工17人，其中总经理室成员3人，内设机构有综合部、业务部、防灾理赔部和业务代理部，并在全县基层有关单位设有保险服务代理机构。2002年，公司位于江宁区东山大街东路45号。

2001—2002年，实现保费收入3565万元；接受保险报案5312起，受理赔案4186起；赔付保险额2070万元，上缴税金246万元。2002年，保险费收入1912万元，比2001年增加259万元，增长15.67%；人均保费106万元；接受报案2981件，受理保险赔案2352件，赔付保险额1153万元，比2001年增加236万元，综合赔付率60.30%，比2001年增长4.83%。

2003年，中国人民保险公司进行股份制改造，将原人保公司分设为中国人民财产保险股份有限公司、中国人保资产管理有限公司、中国人保控股公司。同年7月19日，中国人民保险公司江宁区支公司更名为中国人民财产保险股份有限公司南京市江宁支公司。

【中国人民财产保险股份有限公司南京市江宁支公司】

2003年7月19日，中国人民保险江宁区支公司更名为中国人民财产保险股份有限公司南京市江宁支公司。内设机构：综合部、业务部、营销部，正式员工18人。2007年，内设机构为经理室，综合部，业务一部、二部、三部，车险一部、二部，有员工40人。并在全区基层有关单位设有保险服务代理机构，从业人员60人。公司位于江宁区上元大街517号。

公司开办了企业财产保险、机动车车辆保险、货物运输保险、家庭财产保险、建筑安装工程保险、信用保险、责任保险和意外伤害保险等几十个险种。

2003年,实现保费收入2481万元;支付各种赔款1676万元,综合赔付率67.60%;上缴各种税金135万元。2004年,实现保费收入6100万元,受理各类赔案5300多件。2005年,实现保费收入6000万元;支付各种赔款2264万元,综合赔付率33.70%;上缴地方税收327万元;实现利润593万元。是年,人保公司江宁支公司被江苏省公司评为先进支公司。2006年,全年完成保费收入6062万元;支付各种保险赔偿款3492多万元;上缴地方税收330多万元;实现利润551万元。

2007年，在连续几年保费规模高速增长的基础上，实现保费收入10392万元，承担责任近1000亿元，赔付支出3782万元。连续3年业务增速40%以上。是年，公司汪伟获感动江苏2007年人保财险年度人物荣誉，蔡琳先后荣获全国人保系统优秀共青团员和中国保监会优秀共青团员称号。

【中国人寿保险股份有限公司南京市江宁支公司】

公司原是中国人民保险公司江宁县支公司的机构，1996年3月，实行产、寿险分业经营。公司位于东山镇大街东路41号，有员工10人。1994年，中保人寿保险公司江宁县支公司更名为中国人寿保险公司江宁县支公司。同年9月，公司迁入金箔路355号新建的人寿保险综合办公楼。2001年7月18日，更名为中国人寿保险公司南京市江宁支公司，机构由原科级单位升格为处级单位。2007年，公司内设机构为：经理室、综合部、团体保险部、个人保险部、代理业务部、客户服务部、教育培训部，有员工40人。并在9个街道设立17个网点，从业人员900人。公司经营以人的生命或身体为标的的人寿保险、养老保险、健康保险、个人养老金保险、子女婚嫁金保险、团体人身保险、团体人身平安保险、学生平安保险、独生子女平安保险等几十个险种。

1996—2000年，累计人身保险业务保费收入10516万元，累计发生赔付案件17871件，赔付、赔给金额3430万元，共为全县83万人次承担风险责任100多亿元。

2001—2002年，完成保费收入17345万元；接赔案件3000余件，赔付、赔给金额700.90万元。2003年7月，公司通过ISO 90001质量体系认证，步入制度化、规范化、现代化的管理轨道。全年完成保费收入2.30亿元，居全省第9名，实现连续3年翻番的目标。2004年，完成保费收入2.94亿元。2005年，完成保费收入2.75亿元，保费总量连续保持11%的内部市场份额。2006—2007年，完成保费收入5.54亿元。

图22-5-23　中国人寿保险公司南京市江宁支公司新办公楼（2000年摄）

公司成立至2007年，取得各种荣誉30余项。其中，2002年、2003年，分别被省分公司营业管理部评为2001年度业绩突出特别贡献单位、2002年度优秀营销单位。2002—2004年，连续3年被省分公司评为双文明建设先进单位。2006年、2007年，均被市分公司评为先进单位。2007年，被省分公司评为先进单位和2006年度绩优网点。

【中国太平洋保险公司江宁支公司】

1998年12月22日，中国太平洋保险公司江宁支公司成立。2000年9月，按照《中华人民共和国保险法》的有关规定，中国太平洋保险公司实施产、寿险分业经营的机构体制改革。随后，中国太平洋保险公司江宁支公司相应地成立中国太平洋财产保险股份有限公司江宁支公司和中国太平洋人寿保险股份有限公司江宁支公司（合署办公）。至2000年年底，公司有员工26人，营销员100人，内设机构有经理室、业务部、综合部、理赔部，拥有固定资产500余万元。公司位于金箔路308号。

公司大力开拓业务，先后承保江宁县供电局、江宁县邮政局、江宁县石油公司、江宁经济技术开发区内的南京大和聚酯容器有限公司、南京三隆包装有限公司等，并与多家金融机构签订保险代理业务，极大拓展了保险市场，呈现出产、寿险并驾齐驱、同时发展的好势头。至2000年年底，公司开发和推出贴近社会、贴近生活的财产新险种200多个，累计为全县各类财产承担经济风险责任14亿元，实现保费收入715万元，实际赔付250万元；寿险经营主要有团体保险和个人保险类100多个险种，累计保险费收入2000余万元，承担保险责任50亿元，全县有5万余人参加太平洋保险的各类人身保险，累计赔付250万元。

2000年，支公司被省分公司评为先进集体。同年，被江宁县委、县政府评为先进集体。

【中国太平洋财产保险股份有限公司南京市江宁支公司】

2001年1月起，中国太平洋财产保险股份有限公司南京市江宁支公司开始分业经营。公司内设经理室、理赔部、财务室等，从业人员20人。同年9月，经省监保会批准，开办高淳营业服务部。同年12月22日，公司迁到江宁经济技术开发区中新路48号。2002年年底，撤销1家经营不善、效益差的保险代理处。2007年，公司内设机构为综合部、业务部、理赔部、营销部，从业人员30人。公司位于江宁经济技术开发区胜太西路28号。

2001—2002年，公司承保的保险金额计38亿元，保费收入1800万元。其中，2002年，保费收入1000万元，公司加强对未决赔案的管理工作，结案率90%。2003—2004年，承保的财产保险责任13.30亿元，完成保费收入2200万元，受理赔案4615起，其中车险3800起，结案率93%，共计赔付金额1440万元。2005—2006年，承保财产保险责任计22.20亿元，完成保费收入2200万元，受理赔案2878起，其中车险2200起，结案率95%，共赔付金额1550万元。

2007年，全年承保财产保险责任19亿元，完成保费收入2600万元；受理赔案3689起，其中车险3000起，结案率95%，赔付金额1800万元。

公司自成立至2007年，获得多项荣誉称号。其中，2003年，公司被市分公司评为先进集体。2005—2006年，连续2年获全国实施卓越绩效模式先进企业称号。

【中国太平洋人寿保险股份有限公司南京市江宁支公司】

2001年1月，中国太平洋人寿保险股份有限公司南京市江宁支公司开始分业经营。有员工10余人，公司位于金箔路308号。

至2002年年末，公司累计承保区教育、建工等机关企事业单位团体意外险、医疗保险等金额1.50亿元，全区有近20万人成为太平洋人寿保险的客户，实现保费收入由2000年的30万元增至2002年的5000余万元。有30多人的主管队伍，设立团体、个人、中介三支专业化营销队伍，业务员发展到300人。并在12个镇设立保险营销服务部。累计赔付各类人身险、意外险、健康险近1000万元。2001—2002年，连续两年被市分公司评为先进集体。

图22-5-24 中国太平洋财产保险股份有限公司南京市江宁支公司办公大楼（2000年摄）

2004年，公司实现保险费收入1.50亿元，占江宁区人寿保险市场份额的40%。是年末，有近30万人成为公司的客户，公司承担各类人身（寿）险保险金额3亿元以上。全年累计赔付各类人身（寿）险金额600万元，办理养老金给付3000万元。

2007年，公司内设机构为个险部、团险部、银行保险部、续期部等，有工作人员20人，另有业务员40人。公司位于江宁区上元大街529号。

【中国平安财产保险股份有限公司江苏分公司江宁支公司】

1988年，中国平安保险（集团）股份有限公司在深圳蛇口成立，是中国第一家以保险为核心的，融证券、信托、银行、资产管理、企业年金等多元金融业务为一体的综合金融服务集团。

1997年6月，中国平安保险股份有限公司南京分公司江宁办事处挂牌营业，至2000年年底，有员工21人，市场营销人员189人，经理室成员3人。内设机构有城区营业部、农村业务部、财务部、办公室，并在全县基层有关单位设保险代理机构。拥有固定资产85万元。开办的财产保险有企业财产保险、机动车险、货物运输保险、家庭财产保险、建筑安装工程保险、信用保险和责任保险等56个险种。承担财产风险总额20多亿元，累计赔付2100多万元。寿险为客户提供包括健康、医疗、养老及人身意外等在内的险种37个，保费收入由1997年的700万元增至2000年的1800万元。为全县25万人承担风险38亿元，累计赔付3500万元。

2001年，更名为中国平安财产保险股份有限公司南京分公司江宁支公司。2001—2002年，支公司承保财产保险责任达4.15亿元，累计承保责任24.15亿元；完成保费收入2010万元，处理赔案2600件，赔付额1300万元。2002年，支公司荣获中国平安财产保险股份有限公司南京分公司先进单位称号。

图 22-5-25　中国平安财产保险股份有限公司江苏分公司江宁支公司门景（2003年摄）

2003年，共承保10亿元风险责任，保费收入797万元，处理各类理赔案2000件，支付赔款868万元。2004年，支公司积极应对车险条款费率改革，调整车险费率，开展车险业务检查，分类指导，提高车险经营水平。大力拓展非车险业务，发展家财险、企财险、货运险等效益性险种，实现发展与控制并举。全年承保风险责任10亿元，保费收入900万元，比2003年增加103万元，增长12.92%。车险赔付率下降，由年初的115%降至年末的80%。

2007年，中国平安财产保险股份有限公司江苏分公司江宁支公司位于江宁区双龙大道1239号。公司内设经理室、理赔室、出单中心，从业人员17人。是年，各类财产保险费收入5360万元。

【中国平安人寿保险股份有限公司江苏分公司江宁支公司】

公司原是中国平安保险股份有限公司南京分公司江宁办事处机构。2001年，更名为中国平安人寿保险有限公司南京市分公司江宁支公司。公司位于东山镇大街东路64号。

2007年，公司名为中国平安人寿保险股份有限公司江苏分公司江宁支公司。公司位于江宁区上元大街518号绿野大厦二楼。内设机构为个险部、综合开发部等，有工作人员30人。另有业务员200人。

【天安保险股份有限公司江苏分公司江宁支公司】

图 22-5-26　天安保险股份有限公司江苏分公司江宁支公司门景（2003年摄）

公司是国内第一家由企业出资的股份制财产保险公司，1994年10月成立，总部设在上海浦东大道2000号，公司注册资本5.02亿元。

2000年6月28日，天安保险股份有限公司江宁支公司成立，是天安保险股份有限公司在长江三角洲地区设立的第一家区级支公司。公司位于江宁经济技术开发区胜太路88-6号。有员工20人，其中具有大专以上学历的占75%，平均年龄26.60岁，是一支年轻化、知识化、专业化的队伍。支公司主要经营财产保险、责任保险、信用保险、再保险、法定保险和资金运用保险等险种业务。

支公司始终坚持“客户至上、服务社会、信誉为本、追求卓越”的宗旨，凭借 ISO 9002 国际质量体系认证的科学管理手段和良好信誉，赢得客户的信赖。

2007 年，公司位于金箔路黄金海岸银谷大厦 8-808 室。内设机构为经理室、业管部、财务部、理赔部等，从业人员 20 人。是年，各项保险费收入 800 万元，理赔 320 万元。

【泰康人寿保险江苏分公司江宁营销服务部】

2002 年 9 月 16 日，泰康人寿江苏分公司江宁营销服务部成立，公司位于东山大街东路。2007 年，公司位于江宁区上元大街 395 号恒通大厦 902 室，从业人员 30 人。是年，实现各项保险费收入 103.20 万元，个人小额理赔 1.32 万元。

【新华人寿保险股份有限公司江苏分公司江宁支公司】

2002 年，新华人寿保险股份有限公司南京分公司江宁营销服务部成立，公司位于金箔路，有工作人员 10 人。2007 年，新华人寿保险股份有限公司江苏分公司江宁支公司位于江宁商城国贸大厦 1 楼～2 楼。公司内设经理室、客服中心、业务部、营销部、银行保险中心、续期部等，从业人员 13 人，另有业务员 50 人。

【中华联合财产保险股份有限公司南京市江宁支公司】

2002 年 9 月 20 日，经国务院批准，新疆兵团保险公司更名为中华联合财产保险股份有限公司，总部设在乌鲁木齐。

图 22-5-27　中华联合财产保险股份有限公司南京市江宁支公司职场大厅（2007 年摄）

2003 年 3 月，中华联合财产保险股份有限公司南京市江宁支公司成立。公司位于江宁经济技术开发区胜太西路 59-11 号，内设机构为经理室、行政财务部、业务管理部、出单中心等，有工作人员 26 人。在汤山、上峰、湖熟设有保险服务代理机构，市场营销员 120 余名。公司主要开展各种企业财产保险、机动车辆保险、货物运输保险、责任保险、信用保险、农业保险、医疗保险、各种短期人身保险等保险业务。2007 年，实现保险费收入 3567 万元。公司实行全天 24 小时报案咨询服务。

【太平人寿保险有限公司江苏分公司】

2003 年，太平人寿保险有限公司江苏分公司入驻江宁，成立之初，只有工作人员 2 人。2007 年，公司位于江宁经济技术开发区胜太路 88-18 号，内设运行、保费、组训等部门，从业人员 50 人。

【阳光保险集团阳光财产保险有限公司江宁支公司】

2006 年，阳光保险集团阳光财产保险有限公司江苏分公司南京市江宁营销服务部成立。公司位于江宁区天印大道，内设经理部、理赔部、财务部、综合办公室，有工作人员 15 人。

2007 年，公司位于江宁经济技术开发区胜太西路 19-9 号，有工作人员 20 人。是年，实现保险费收入 800 万元，理赔 300 万元。

【都邦财产保险股份有限公司江苏分公司江宁营销服务部】

2006年，都邦财产保险股份有限公司江苏分公司江宁营销服务部成立。公司位于江宁区双龙大道838号南方花园B组1-106室。公司内设机构为经理室、业务部、理赔部、财务部。2007年，从业人员20人。

【中国大地财产保险股份有限公司江苏分公司江宁支公司】

2006年10月30日，中国大地财产保险股份有限公司江苏分公司江宁支公司成立。公司位于江宁区东新北路134号，设经理室、业务部、出单中心等。2007年，从业人员20人。

第二节 承 保

【财产险承保】

1951年9月，县人民保险公司开办城镇企业财产火险和农村耕牛保险等险种。以耕牛保险为主，投保面较广，也是农村的主要保险业务。首先在三区陶吴乡试办，嗣后推广全县。据1952年9月统计，全县共承保耕牛33041头，保费收入5.91万元。此险种于1953年停办，其他险种也相继停办。

20世纪80年代起，国民经济迅速发展，人民生活水平提高，人民保险事业恢复。1980年，县人民保险公司复办企业财产保险，其保险责任范围，50年代有供水、地震、地陷、爆炸、崖崩、火灾等，80年代增加雪灾、暴风雨、龙卷风、冰雹等十几项。1980—1985年，全县有579个企业投保，保险费累计收入达126.90万元。此外，还开办机动车辆（拖拉机、汽车）保险、船舶保险、货物运输保险、家庭财产保险、养殖业保险等多种保险业务。机动车辆险分为车身损失险和第三者责任险2种。车身保险负责赔偿碰撞、倾覆、失火、爆炸、雷击、暴风、供水、失踪、桥梁裂塌车险等21项致使车身损失。第三者责任保险负责赔偿车辆行驶过程中发生碰撞行人及造成他人财产所受的损失。1981—1985年，全县共承保机动车辆2479台（次），保险费收入总额67.40万元。1985年，全县投保家庭财产性的农户达53688户，保险费收入10.10万元。

1986—1990年，保险财产服务由城镇发展到农村，由企业财产发展到农户家财，由房内财产保险发展到种、养两业保险。县保险公司先后开办企业财产险、家庭财产险、汽车险、船舶险、拖拉机险、货物运输险、自行车保险、商品销售质量保险、第三者责任险、机器设备损坏保险、耕牛保险、生猪保险、养鸡保险、养牛保险等20种财产保险。“七五”期间，全县财产保险金额354272.30万元，财产保险费收入1272.80万元。其中，企业财产险承保户数3031户，承保金额259959.80万元，保险费484.20万元；家庭财产险承保户数256278户，承保金额50178.90万元，保险费66.70万元；汽车保险户数9022户，保险金额33167.10万元，保险费587.90万元；拖拉机保险2739户，保险金额118.80万元，保险费27.40万元，其他财产保险费收入106.60万元。

1991—1995年，县保险公司开办的财产保险达30余种，引进开发新险种有：手扶拖拉机第三者责任险、轮胎玻璃爆裂破碎险、防盗门质量保险、车上责任险等。“八五”期间，全县财产保险金额745658万元，财产保险费收入4972.70万元。其中，企业财产险承保户数2818户，保险金额564262.60万元，保费收入1366.70万元；家庭财产险承保户数100676户，保险金额

61578.20 万元，保险费 125.80 万元；运输工具及责任险承保户数 19614 户，保险金额 110491.50 万元，保险费 3243.10 万元；农业险 20299.07 公顷，保险金额 2734.90 万元，保险费 95.80 万元，其他财产保险费收入 141.30 万元。

1997 年 6 月，中国平安保险股份有限公司南京分公司江宁办事处挂牌营业。平安江宁办事处开办的财产保险有 56 个险种。1996—1997 年，全县财产保险金额 384542.40 万元，保费收入 3368.20 万元。其中，企业财产保险承保 689 户，保险金额 274065 万元，保费收入 584 万元；家庭财产保险承保 9944 户，保险金额 7720 万元，保费收入 12 万元；运输及运输工具承保金额 39363 万元，保费收入 1316 万元；机动车辆承保 10216 辆，承保金额 40944 万元，保费收入 1402 万元，其他财产保险费收入 54.20 万元。1998 年 12 月 22 日，中国太平洋保险公司江宁支公司成立。该公司开发和推出贴近社会、贴近生活的财产保险险种 100 多种。1998—2001 年，全区财产保险金额 1081514 万元，保费收入 9903 万元。

2001 年后，由于江宁县撤县设区，江宁区金融保险业由中国人民银行南京市分行监管。江宁区统计局不再统计保险业情况，全区年国民经济和社会发展统计公报中也没有保险业经营情况。根据《江宁年鉴》和区地方志编纂委员会办公室进行保险业调查的资料：2002—2007 年，中国人民财产保险股份有限公司南京市江宁支公司和中国太平洋财产保险股份有限公司南京市江宁支公司开办的财产保险品种 100 余种，承保责任金额 1054.50 亿元，保费收入 46707 万元。其中，人保财险江宁支公司承保金额近 1000 亿元，保费收入 28907 万元；太平洋财保江宁支公司承保金额 54.50 亿元，保费收入 1.78 亿元。

【人身（寿）险承保】

1984—1985 年，县人民保险公司相继开办养老金及医疗保险、团体人身险、学生团体人身平安保险和驾驶人员意外伤害险。养老金及医疗险于 1984 年 10 月开办，投保对象为集体所有制单位职工和全民所有制单位的合同工以及个体户。1984—1985 年，全县投保此项险种的单位 138 个，计 3230 人，保费收入 6.45 万元。团体人身险于 1985 年开办，承保对象为机关、团体、企事业单位年满 16 周岁 ~ 60 周岁，身体健康，能正常工作的在职人员。是年，投保者有 271 人，保险费收入 6624 元。学生团体人身平安保险于 1985 年 11 月开办，在东山镇实验小学试办，投保学生 1031 人，保费收入 1031 元。此险种深受学生家长和社会的欢迎。驾驶员人身意外伤害险于 1985 年开办，投保对象是领有驾驶执照的机动车辆驾驶员，保险期 1 年。是年，有投保者 144 人，有效地解决驾驶员及其家属的后顾之忧。

1986—1990 年，全县参加各类人身保险 28 万余人次。其中，为乡（镇）企业干部职工办理养老保险 11496 人，为 341 对独生子女父母办理养老金保险，在其林乡开办义务兵养老金保险，为 289 户子女办理子女教育婚嫁金保险；还为 27 万余人办理学生平安、孤寡老人福寿安康、团体及人身意外伤害保险。人身（寿）保险险种有 15 种之多。人身（寿）保险投保金额 117275.30 万元，保险费收入 530.50 万元。主要险种保险收入分别为：养老金保险费收入 390 万元，团体人身险 65.30 万元，学生人身险 29 万元，驾驶员人身险 21 万元，团体人寿险 9 万元，子女教育婚嫁险 6 万元，人身意外伤害险 1 万元，其他人身（寿）保险费收入 9.20 万元。

1991—1995 年，共有 62.53 万人次参加各类人身（寿）保险，承保金额 236672.50 万元，保险费收入 2725.60 万元。主要险种保险情况为：养老金保险参保 27617 人次，保险费收入 938.40 万元；团体人身险 257890 人次，承保金额 83960.50 万元，保险费收入 156.50 万元；短期人身险 233301 人次，承保金额 94403.50 万元，保险费收入 192.80 万元；储金性人身险 229 人次，保险费收入 58.60 万元；子女教育婚嫁险 1267 人次，承保金额 244.20 万元，保险费收入 42.60 万元；涉外业务 101 人次，承保金额 19378.40 万元，保险费收入 88.70 万元，其他人身（寿）保险费收入 1248 万元。

1997 年，中国平安保险股份有限公司南京分公司江宁办事处的寿险为客户提供包括健康、医疗、养老及人身意外等在内的险种 37 种，为全县 25 万人承担责任风险 10 多亿元。1996—1997 年，全县参加各类人身（寿）险计 348842 人次，保险金额 535845 万元，保险费收入 1935 万元。其中，长期人身险 3735 人次，保险费收入 1164 万元；短期人身险 343875 人次，保险金额 535221 万元，保险费收入 711 万元；储金性人身险 1232 人次，保险金额 624 万元，保险费收入 60 万元。1998 年，中国太平洋保险公司江宁支公司寿险经营的险种主要有团体保险和个人保险类 100 多个险种。1998—2001 年，全区参加各类人身保险计 1430211 人次，承保金额 1916649 万元，保险费收入 20633 万元。

2002—2006 年，中国人寿保险股份有限公司南京市江宁支公司各类人身（寿）保险费收入 11.32 亿元；2007 年，完成各类人身（寿）保险费收入 2.71 亿元。其中寿险新单保费 1.22 亿元，风险型保费 1.62 亿元，个险新单保费 3271 万元，团险新单保费 1316 万元，中介代理新单保费 7632 万元，短期保费 1362 万元。

第三节 理 赔

【财产险理赔】

1980—1985 年，全县投保企业财产险的企业有 578 个，保险费累计收入 126.90 万元，受理赔案 274 起，赔付保险金 42.70 万元，赔付率 34.25%。对投保受灾企业减轻灾害事故损失，迅速恢复生产，起到保障作用。1983 年 7 月，长江特大洪水，花园乡圩堤决口，江宁县锦线金箔厂被淹，县保险公司赔付保险金 16.40 万元，支持金箔厂迁至东山镇重建投产。1984 年 9 月，县春山石灰石厂遭暴雨袭击，山崖崩塌，4 米厚的泥石压没矿区通道和设备，县保险公司赔付保险金 7.60 万元，支持该厂较快地修复输电线路、炼灰车间、发货通道和重建配电房，短时间内恢复正常生产。1981—1985 年，受理机动车险赔案 802 起，赔付保险金 40.40 万元，赔付率 59.90%。其中，1985 年，汤山镇工业公司汽车途中失火，赔付 1.50 万元；同年 6 月，营防乡运输站“营运 3 号”木质机船，在镇江六圩行驶时，碰撞损坏船体，保险公司赔付保险金 4500 元；12 月，龙都乡建筑公司货运汽车，不慎轧死人，赔付第三者责任保险金 3333.40 元，较好地处理了善后工作。“六五”期间，全县承保耕牛 33041 头，保费收入 5.91 万元，死亡耕牛 313 头，赔付保险金 1.07 万元，赔付率 18.18%。1984 年前，家庭财产险投保面与量均不大，通过县、乡两级政府广泛宣传，1985 年 11—12 月，全县投保农户达 53688 户。同年 12 月，秣陵镇双基大路街有一农户家不慎失火，还殃及邻居 2 户。县保险公司及时赔付保险金重建家园，保障 3 户农户正常生活、生产。

1986—1990 年，县保险公司共受理财产险各类赔（给）付案件 8983 件，结案 8456 件，赔付款为 810.30 万元，赔付率 63.66%。主要财保险种赔偿情况：货物运输险赔案 795 件，赔付金额 168.60 万元，赔付率 34.82%；家庭财产险赔案 3348 件，赔付金额 41.30 万元，赔付率

61.92%；汽车险赔案 3470 件，赔付金额 483.90 万元，赔付率 82.30%；拖拉机险赔案 188 件，赔付金额 21.40 万元，赔付率 78.10%；养殖险赔付金额 35.30 万元，赔付率 128.36%；其他财产险赔付金额 59.80 万元。

1991—1995 年，理赔工作坚持“主动、迅速、准确、合理”的原则，共受理财险各类赔付案件 8887 件，赔付金额 3848.80 万元，赔付率 77.40%。主要险种赔付情况：企业财产险赔付金额 1386.60 万元，赔付率 101.46%；家庭财产险赔付金额 119.50 万元，赔付率 94.99%；汽车险赔付金额 2111 万元，赔付率 65.09%；三麦险赔付金额 155.80 万元，赔付率 162.69%；其他财产险赔付金额 75.90 万元。此外，1991 年，江宁县遭受百年未遇的洪涝灾害，县保险公司支付赔款 300 万元，为保障企业正常生产，安定人民生活，支持地方经济发展做出贡献。

1996—1997 年，保险公司财险各类险种赔付金额 1676.70 万元，赔付率 49.78%。主要险种赔付情况为：企事业财产险赔付金额 301 万元，赔付率 51.54%；运输工具及责任险赔付金额 642 万元，赔付率 48.78%；机动车辆保险赔付金额 702 万元，赔付率 50%；其他财产险赔付金额 31.70 万元。1998—2001 年，中国人民财产保险股份有限公司南京市江宁支公司财险各类险种赔付金额 3538.70 万元，赔付率 58.07%。主要险种赔付情况：企事业单位财产险赔付金额 283.30 万元，赔付率 39.96%；机动车辆保险赔付金额 3220 万元，赔付率 62.38%；家庭财产保险赔付金额 8.40 万元，赔付率 38.18%；其他财产险赔付金额 27 万元。

根据《江宁年鉴》和区地方志编纂委员会办公室对保险业调查资料，2002—2006 年，中国人民财产保险股份有限公司南京市江宁支公司和中国太平洋财产保险股份有限公司南京市江宁支公司财险各类险种赔付金额 14655 万元。2007 年，中国太平洋财产保险股份有限公司南京市江宁支公司受理赔案 3689 起，其中车险 3000 余起，结案率 95%，赔付金额 1800 万元。

【人身（寿）险理赔】

1984—1985 年，全县参加养老金及医疗险单位 138 个，计 3230 人，保险费收入 6.45 万元。支付医药费 1.10 万元。1985 年 10 月，开办团体人身险，保险费收入 6624 元。同年 11 月 27 日，铜井乡采石场青工上班途中遇车祸身亡，保险公司赔付 3000 元，帮助企业处理善后工作。

1986—1990 年，县保险公司共受理人（寿）险各类赔（给）付案件 4000 件，结案 3939 件，赔付金额 51 万元，赔付率仅 9.61%。主要险种赔付情况为：团体人身险赔案 197 起，赔付金额 27 万元，赔付率 41.34%；学生人身险赔案 803 起，赔付金额 20 万元，赔付率 68.96%。养老金险保险费收入 390 万元，支付养老金 1 万元，其他人身（寿）险赔付金额 3 万元。1988 年，秣陵砂石厂职工奚毓云首次从县保险公司领取月养老金，人身保险解除职工后顾之忧。

1991—1995 年，人身（寿）险赔（给）付案 3864 件，赔付金额 391.20 万元，赔付率 14.35%。主要险种赔付情况：团体人身险赔付 62.10 万元，赔付率 39.68%；短期人身险赔付 110.80 万元，赔付率 57.67%；储金性人身险赔付 17 万元，赔付率 29.01%；涉外业务赔付 66.50 万元，赔付率 74.97%；养老金险保险费收入 938.40 万元，支付养老金 115.70 万元；其他人身（寿）险赔付金额 19.10 万元。“八五”期间，县保险公司与公安、交通部门一道对安全行车的驾驶员进行一年一度评比奖励活动，并专门成立防灾理赔部门会同安委会、工会、劳动局对重点单位进行安全检查，还多次主办“保险杯”安全竞赛。

1996—1997 年，各保险公司人身（寿）险赔付金额 406 万元，赔付率 20.98%。其中，长期人身险赔付 138 万元，赔付率 11.86%；短期人身险赔付 259 万元，赔付率 36.43%；储金性人身险赔付 9 万元，赔付率 15%。1998—2001 年，中国人寿保险股份有限公司南京市江宁支公司人身（寿）险赔付金额 873.70 万元，赔付率 6.41%。其中，意外短期险赔付 264.30 万元，赔付率 43.15%；健康险类赔付 592.20 万元，赔付率 60.92%；寿险类赔付 15.50 万元，赔付率 0.24%。养老金险保险费收入 5468.50 万元，支付养老金 1.70 万元。1999—2002 年，中国太平洋人寿保险股份有限公司南京市江宁支公司累计赔付各类人身险、意外险、健康险 1250 万元。

根据《江宁年鉴》和区地方志编纂委员会办公室对保险业调查资料，2002 年，中国人寿保险股份有限公司南京市江宁支公司人身（寿）险各种险种接赔案 6000 多件，赔付金额 487 万元。2003 年，中国太平洋人寿保险股份有限公司南京市江宁支公司赔付各类人身意外险、健康险近 600 万元，办理养老金给付 3000 万元。2007 年，中国人寿保险股份有限公司南京市江宁支公司办理各类赔案 7400 多件，累计赔款、给付金额 900 万元。

1986—2001 年江宁区保险业务情况表

表 22-5-8　　　　单位：万元

年　份	财　险			人身（寿）险		
	保险金额	保险费	赔付金额	保险金额	保险费	赔付金额
1986	52638	158	82	5532	58	2
1987	76078	183	146	7531	117	8
1988	75137	264	147	79265	101	10
1989	65915	283	218	12981	134	12
1990	84504	385	217	11966	111	18
1991	107298	477	635	20280	172	12
1992	115836	765	686	44407	805	42
1993	158736	1045	784	58204	1067	133
1994	179603	1246	771	40669	345	84
1995	184185	1440	973	53735	475	54
1996	198211	1611	890	202355	701	115
1997	186331	1757	787	333490	1234	291
1998	168578	1376	759	621592	2527	274
1999	111723	1506	902	441464	2673	198
2000	92420	1560	961	221253	2738	186
2001	108793	1651	917	252340	5695	216

说明：1. 1998—2000 年数据仅为中国财产保险江宁支公司和中国人寿保险公司江宁支公司；2001 年，还包括平安保险公司江宁支公司

2. 2002 年后，保险业务属南京市有关部门分管，江宁区不再统计保险业情况

第四节　证　券

1996年2月，华夏证券公司落户江宁，成立华夏证券公司江宁营业部，营业部位于东山上元大街769号。1997年，完成沪深股票交易量92850万元。1998年，交易量10亿元，比1997年增长7.70%。1999年，交易量94850万元。2000年，交易量22.68亿元，是1999年的2.39倍。

2005年，中信建投证券有限公司接管华夏证券公司，更名为中信建投证券有限公司江宁证券服务部，地址在上元大街。营业部主要从事证券代理买卖、代理证券的分红派息和还本付息、证券代保管、代理登记开户等。设有散户大厅、中户厅、大户室及贵宾室。建立沪、深交易所双向卫星通讯系统、证券实时交易系统，开通远程委托、自助委托、电话委托、网上委托通道。根据中国人民银行要求，2005年11月，撤销资金柜台，投资者取款实现工商银行、建设银行、交通银行等联网转账。2007年，有工作人员15人。

第六章　金融体制改革　金融监管

中共十一届三中全会后，江宁县金融业坚持改革开放不动摇，不断改革计划经济条件下的单一金融体系。历经20多年，至2000年，已基本形成中央银行调控和监督，国有及国有控股银行为主体，政策性金融与商业性金融相分工，多种金融机构合作、功能互补的金融体系新格局，有力促进了全县经济发展。

1978年前，江宁县金融机构由中国人民银行独家经营，只有85名职工。1978年后，深化金融体制改革，强化金融服务，金融业发展取得显著成效。先后成立中国农业银行江宁县支行、中国工商银行江宁县支行、中国建设银行江宁县支行、中国银行江宁县支行、交通银行江宁县支行、中国农业发展银行江宁县支行、中信实业银行江宁县开发区办事处、江宁县农村信用联社、江宁县东山城市信用社、中国人民财产保险公司江宁支公司、中国人寿保险公司江宁支公司、中国平安保险公司江宁支公司、中国太平洋保险公司江宁支公司、天安保险公司江宁支公司和华夏证券公司江宁营业部等十几家金融机构。2000年年末，全县金融系统从业人员1200余人。在业务经营上，注重经济与社会效益并重，经过“发展—整顿—再发展”的过程，改变几十年计划管理一贯制的状况。根据金融工作的方针、政策，切实转变人民银行职能，加强金融监管，稳步推进专业银行商业化进程，进一步完善和发展金融多种信用形式和信用工具，不断提高业务管理水平和服务质量。

至2000年年底，全县各项存款余额631655万元，其中城乡居民储蓄存款余额386209万元，占存款储蓄总额的61.14%；各项贷款余额584387万元。

第一节 金融体制改革

【完善金融体系】

改革开放前，原有“统存统贷”和“存贷挂钩、差额控制”全部信用集中在国家银行的单一模式的金融体制越来越不适应生产社会化、商品化和市场化的需要，根据国家、省、市关于改革的要求，江宁县进行了全面的金融体制改革。1980 年，中国人民银行江宁支行第三次分设为中国人民银行江宁县支行、中国农业银行江宁县支行，同年，成立中国人民建设银行江宁县支行、中国人民保险公司江宁县支公司。1984 年，成立县信用合作社联社。1985 年，中国人民银行江宁县支行分设出中国工商银行江宁县支行。

县人民银行分设出县工商银行后，原县人民银行承担的工商信贷和储蓄业务等划归县工商银行办理，县人民银行逐步成为一个以贯彻国家货币政策，执行一方金融宏观调控的管理机关。分设后的县人民银行，一方面执行着银行的银行职能领导、管理、协调、监督、稽核专业银行和其他金融机构的业务工作；另一方面执行着发行的银行职能、经理国库、掌管县内货币发行与调拨业务；同时，还在制订地方金融发展规划，充当政府参谋等方面发挥着重要作用。

考虑到各专业银行的业务分工限制和资金头寸暂时性困难等因素。1988 年 4 月，成立交通银行江宁办事处，这是江宁县首家以综合性业务为主的商业银行。随着外向型经济的发展，为方便外向型企业的外汇结算和买卖业务，适时解决其生产过程中资金需要，1988 年 7 月，成立中国银行江宁支行，专门服务于县内外向型经济。随后，农行开发区支行、农村信用社开发区联社及东山城市信用社等金融机构相继成立，随着这批金融机构的建立和加盟，至 2000 年，全县初步形成以县人民银行为领导，县工商银行、县农业银行、县中国银行、县建设银行四大专业银行为主体，县交通银行、农村信用社等并存的金融机构共同发展的格局。各专业银行、信用社按照各自职能和经营范围，严格执行存款准备金制度，开展存、贷业务，支持国有企业改革，扶持乡镇企业发展，支持农业产业结构调整，发展农村商品经济。

【成立政策性银行】

成立中国农业发展银行江宁县支行，这是江宁县完善金融组织体系，把人民银行办成真正的中央银行，把国家专业银行办成真正的商业银行，实现政策性金融与商业性金融分离的重要步骤。1994 年 7 月前，江宁县没有专门政策性银行。全县国家政策性信贷业务主要由县人民银行和县农业银行、县中国银行等国家专业银行承担。这些国家专业银行既办理商业性信贷，又办理大量的按国家政策给予优惠的信贷业务，结果是一身两职，职能不清，业务界限不清，风险责任不明，使国家专业银行难以实现自主经营、自负盈亏、资金自求平稳、自担风险及自我发展，难以办成真正的商业银行。农业发展银行主要承担国家粮油储备、农副产品合同收购、农业开发等方面的政策性贷款，代理财政支农资金的拨付及监督使用，不经营商业性信贷业务，不以营利为目标，实行保本经营，不与商业银行进行业务竞争。但讲求资金平衡，讲求贷款有借有还，讲求贷款质量，减少风险。

1994 年 7 月 1 日，中国农业发展银行在全县正式开办业务，由县农业银行代理。1996 年 7 月 26 日，中国农业发展银行江宁县支行正式挂牌成立，集中统一管理全县全部政策性贷款。1994 年 6 月末，江宁县向农业发展银行划转粮油贷款 23274 万元，相应企业 39 户，存款 450 万元。

1997 年，县农业发展银行接收县人民银行专项贷款 2608 万元。2000 年年末，县农业发展银行各项贷款余额 34254 万元。

【转换人民银行职能】

1986 年，县人民银行与县工商银行分设，人民银行不再具体负责一般的存、贷款业务和结算业务，专门行使中央银行的职能。至 1992 年年底，县人民银行距离真正的中央银行还有一定差距，主要是：县人民银行还没有真正担负起对辖区内金融业实施有效监管职能，县人民银行还办理一些政策性业务。至 1993 年年末，专项贷款余额 2556 万元，在宏观调控方面，还缺乏有效的间接调控手段。

1993 年，国务院下发《关于金融体制改革的决定》，根据人民银行分支行职能规定，人民银行分支行不再管理再贷款。1994 年，按照人总行上划人行再贷款的通知要求，县人民银行及时核查再贷款数额，按时上划再贷款 10640 万元。1995 年，开始着手政策性再贷款的划转工作。1997 年，完成全部划转工作，划转专项贷款 2608 万元，应收未收利息 4 万元。

1994—1998 年，国家对中央银行体系、金融宏观调控体系、金融组织体系、金融市场体系以及外汇管理体系进行全面改革。特别是 1995 年《中华人民共和国人民银行法》《中华人民共和国商业银行法》发布实施后，县人民银行进一步强化中央银行的职能，即负责金融监督管理、调查统计分析、经理国库、现金调拨、外汇管理和联行结算。

【改革外汇管理体制】

改革开放后，全县外向型经济在对外开放的政策指引下快速发展，到 1988 年，出口创汇企业进一步增多。为保证全县外汇管理工作的进行，1989 年 2 月，成立国家外汇管理局江宁支局，具体从事县内机关、团体、企事业单位、其他经济组织及居民个人的外汇收支管理，调剂企业间的外汇余缺，办理创汇企业的外汇留成和核销，同时对县内各金融机构的国际业务进行监督和管理。

根据中共十四届三中全会《关于建立社会主义市场经济体制的决定》精神，国务院发出加快外汇管理体制改革的通知，中国人民银行公布《关于进一步改革外汇管理体制的公告》，主要内容是：从 1994 年 1 月 1 日起，实现汇率并轨，实行以市场供求为基础、单一的、有管理的浮动汇率制；实行银行结、售汇制，取消外汇留成和上缴；取消外汇收支的指令性计划，国家主要运用经济、法律手段实现对外汇国际收支的宏观调控；停止发行外汇券，已发行流通的外汇券，可继续使用，逐步兑回；建立银行间的外汇交易市场，改进汇率形成机制。

根据国务院通知精神和人民银行公告及有关文件，全县做好外商投资企业银行结售汇点工作，做好外商投资企业外汇账户的申报、区分和限额核定工作。全县共核准开立外汇账户 175 个，其中资本金账户 72 个，外汇结算账户 103 个。加强出口核销工作，对交单核销不及时的企业进行重点检查，同时积极向国家外汇管理局南京分局推荐核销工作好的企业，给予表彰，全县核销率每年均在 93% 以上。

2002 年，监管方式由直接监管转向间接监管，监管重点从企业向银行过渡。

【发展非银行金融机构】

实行农村信用社与农业银行的脱钩，深化农村金融体制改革。根据国务院农村金融体制改革方案，在上级行的统一部署下，1995 年 3 月，江宁县信用合作联社与县农业银行在淳化镇进行信用社与农行办事处分门办公试点。至年末，全县22家信用社与农行办事处实施分门办公。是年12月，县联社正式从县农行一个职能科室编制中剥离单设，独立行使对全县所辖信用社的管理服务职能。1996年9月，县农村信用社与农业银行正式脱钩，分门营业。县人民银行通过农村信用合作联社直接对农村信用社实行领导和监管。全县共认定并划转信用社在农业银行转存款1.57亿元，其中准备金存款9161万元。是年10月，江宁县农村信用社与县农行脱离行政隶属关系。

发展和完善保险机构，建立规范有序的保险市场。实行中保财险和中保寿险的分设，实现保险业务分业经营。1996年，中国人民保险公司江宁县支公司正式分设为中保（集团）财险公司江宁县支公司和中保（集团）寿险公司江宁县支公司2家公司，进行了业务划分。同时，理顺保险代理机构、民政办救灾合作保险、劳动部门办待业保险等关系，有效地实现分业经营目标。1997年9月，成立中国平安保险公司江宁办事处。1998年12月22日，中国太平洋保险公司江宁支公司成立。2000年6月，天安保险公司江宁支公司入驻江宁。形成了保险市场新格局，打破由中保一统江宁保险市场的格局，为县保险公司注入新的活力，促进了保险市场公平、有序竞争的形成和发展。

成立证券公司，适度发展证券业。随着改革开放的不断深入和江宁县经济的长足发展，社会金融投资意识不断增强。根据形势的发展，经过缜密的可行性研究和严格的报批，1996年12月，华夏证券公司落户江宁，正式成立华夏证券公司江宁营业部。2000年，完成沪深股票交易量22.68亿元，为筹集国家建设资金，促进江宁县经济和金融的发展发挥积极作用。

至2000年12月底，江宁县内有保险公司7家、证券公司1家。

第二节 金融监管

县人民银行专门行使中央银行职能后，认真执行中央的货币政策，坚决贯彻金融宏观调控措施，加强金融监管，防范金融风险，大力支持江宁地方经济发展。

1986年，加强现金管理、利率管理、结算管理、信贷管理，维护了金融稳定。1988—1993年期间，组织开展信贷现金大检查和金融秩序整顿活动。根据工作重点，开展稽核工作，制止违规经营。1994年，查处违纪案件8起，查出违规金额9768.63万元。其中，责成限期纠正4969.90万元，追缴财政性存款529.80万元，罚息2.30万元，罚款11.90万元。1995年，制定出台《江宁县结算质量考核办法》。

1996年，两次清理纠正商业银行违规经营，审定各类违规贷款共3.90亿元。清理账户1519户，确定基本账户609户。落实外汇管理体制改革，加强外汇账户管理，根据《结汇、信汇及付汇款管理规定》，认真审核区分外资企业外汇账户，确定其外汇资金性质。是年，共核准开立外汇账户175个，其中资本金账户103个。1997年，查出各类违纪金额2675万元，向被查单位提出整改意见和建议23条，罚款22万元，追缴财政性存款1035万元，存款准备金49万元，责令整改金额1581万元。并对辖区内9个支行（联社）的会计基本制度、结算纪律执行、已清理账户等使用情况再次进行检查。对少数行（社）违章、违规、违纪现象，及时责令限期整改和给予必要的处罚。

从严监管金融机构，认真开展金融机构年检，强化金融机构市场准入，退出审批监管。本着“统一规划、合理布局、方便客户、讲究效益”及“分业经营、分业管理”的原则审慎批设金融机构，严把机构“出入关”和“调整关”。1996—1997年，县人行审批新增机构及营业网点20个，变更12个，撤销营业网点22个。1997年，协助县建行将建行禄口国际机场支行降格为分理处。1998年，对105家银行机构（含邮储机构）和55个农村信用社、信用分社开展年检工作，及时为农行淳化办事处等10家金融机构办理迁址、更名、初审上报手续；为太平洋保险公司江宁支公司办理筹建和设立申报工作；为地处偏僻、业务量偏低的7家银行机构网点办理撤销手续；为22家更换主要负责人的金融机构换发新的金融许可证。

在全县组织实施“贷款证”的发放和检查管理工作。1998年，县人民银行完成县农业发展银行4914万元专项贷款、农业开发贷款及17266万元粮食附营企业占用贷款划转到县农业银行的工作。积极配合做好农村信用社一级核算的试点工作，实现联社一级核算、统一管理。多方协调，慎重处理，全面完成对农村合作基金会的整顿工作。全县5家乡镇有农村合作基金会，共吸收社员股金3775万元，放款余额4487万元，占全市合作基金总量一半以上。由于其中3个乡镇经济十分困难，股金兑付难度大，为维护社会稳定，防范挤兑风险，县人行组织骨干力量深入农户，逐步签订有关协议，组织资金收购股金434万元，有效地缓解基金会兑付资金的压力。2000年9月末，全县5家农村合作基金会全部关闭，整顿工作顺利完成。

防范和化解金融风险，创建江宁金融安全区。1999年年初，县人民银行建立江宁县金融债权管理行业联席会议制度，对全县拖欠银行、信用社贷款利息50万元以上的企业列出名单，在系统内部进行通报，切实履行金融监管职能。2000年10月，召开创建江宁金融安全区成员单位负责人会议，启动创建江宁金融安全区工作，确定2000年以化解高风险信用社和3家国有商业银行甩掉亏损帽子为目标。是年，集中1个多月时间对7家商业银行、1家政策性银行、1家信用联社进行真实检查，共检查贷款9235笔，计51亿元，基本摸清各行社信贷资产质量和盈亏等真实情况，并实事求是地制订监管计划，落实各项措施，有效地防范和化解金融风险。

2000年，东山城市信用社法人资格被取消，转为农村信用社，纳入江宁信用联社统一管理。

第二十三编

财政 税务

江宁赋役税收，唐代之前资料短缺，宋至清各代皆有志书记载。明隆庆三年（1569），海瑞改革税制，实行“一条鞭法”，赋役合一，计亩征银。清雍正六年（1728），实行“摊丁入亩，地丁合一”制度，称“地丁银粮”。民国时期，田赋科则与赋额沿袭清制。民国元年（1912），改两为元，漕米以元代纳。赋税除田赋外，还有契税、牙税、屠宰税、营业税等，同时还征名目繁多的苛捐杂税，以维持地方军、政、警的需要。

新中国成立后，县委、县政府正确贯彻“发展经济，保障供给”“取之于民，用之于民”的总方针，按照中共中央有关“原封不动，照旧征收，逐步改进”的批示精神，对旧工商税制进行甄别。一方面废除苛捐杂税，减轻人民负担；一方面沿用旧制，合理征收货物税、工商税、营业税、农业税等，并实行高度集中“统收统支”的财政管理体制，以解决政府经费、生产发展、社会救济等方面的急需。随着地方工业和集镇商贸企业的发展，赋税来源逐年增加。县财政收入由“一五”时期年均736.49万元，增至“六五”时期年均4206.68万元，增加4.71倍；财政支出由“一五”时期年均255.34万元，增至“六五”时期年均1940万元，增加6.60倍。1986年后，江宁县执行“全额包干，比例分成，增收多分”的财政管理体制，贯彻“先予后取”方针，全县经济稳步发展，财政收入以每年10.50%的速度平稳增长。至1993年，全县财政收入由1986年的6155万元增至16460万元，增加1.67倍。

1994年，国家进行财政体制改革，江宁县实行分税制财政管理体制。通过改革，培植税源，广开财源，逐步建立起“以税养财，以财促税”的良性循环机制，县财政收入步入快速增长期。至2000年，全县财政总收入由1994年的2.30亿元增至8.18亿元，增加2.56倍，年均递增26.40%。财政对国家上交逐年增加。1986—2000年的15年，共上交国家财政收入84176万元，是1949—1978年前30年全额财政收入总和29769.84万元的2.83倍。

2000年12月，区财政收入逐年大幅增长，至2007年，全区全口径财政收入由2001年的14.88亿元增至111.14亿元，增加6.47倍，年均递增39.80%。按征收部门统计，国税部门收入33.51亿元，占财政全口径总收入的30.15%；地税部门收入35.82亿元，占32.23%；财政部门收入41.81亿元，占37.62%。按分税口径统计，上划中央30.91亿元，占财政全口径总收入27.81%；地方一般预算收入45.08亿元，占40.56%；基金收入35.15亿元，占31.63%。

地方预算收入规模的增长，使江宁财政公共支出能力不断加强，1986—2007年的22年间，江宁财政在保证工资发放和各项物价补贴，保障政法部门经费、加强政权建设的前提下，筹措大量资金，投入农业（包括水利）和完善区内基础设施建设累计达57.18亿元，占同期地方财政预算内总支出173.22亿元的33.01%。

第一章 财政机构与体制

民国时期，江宁县政府和抗日民主政府为加强财政管理，均先后成立财政局、财政科或财经科等机构，以掌管政府财政预算编制、执行、决算编造以及其他财务行政工作。

新中国成立初，江宁县先后成立财政科、财政局。但在一个较长的时间里与税务局时分时合，直至1983年10月财税分开，分别成立财政局、税务局至今。在内设机构上，亦根据江宁县经济发展和社会各项事业需要，不断撤销、合并或增设科（股）室。在基层财政所的设置上，随着行政区划的调整，其个数也随之变动。至2007年，区财政局内设科室由1985年的5个增至16个，基层财政所由1985年的27个减至9个。

在财政管理体制上，根据中央不同时期的方针政策和政治经济形势要求，县财政管理体制有多次的变革。新中国成立初期，县实行高度集中"统收统支"的财政管理体制，至1984年，基本上长期实行"收入上交，支出下拨"的财政管理体制。1986—1993年，实行"收支挂钩，全额分成，比例包干"和"固定基数，收入递增包干"的财政管理体制。1994年后，实行"分税制"的财政管理体制。财政管理体制的每次改革都给地方财政发展注入新的活力，县级财政收支规模迅速增长。至2007年，江宁区地方一般预算收入规模达45.10亿元，地方一般预算支出规模达42亿元，分别是改革开放前1949—1978年30年总和2.98亿元和1.55亿元的15.13倍和27.10倍。

第一节 财政机构

【民国县政府财政机构】

民国17年（1928），江宁县政府设立财政局。民国18年2月改称财务局，是年10月1日复称财政局。民国22年，江宁自治实验县成立，县政府设财政科，掌管县政府的预算编制、执行、决算的编造，及其他财务行政工作。民国35年，改组公有款产清理委员会为财政整理委员会。民国36年10月，结束财政整理委员会，复建公有款产管理委员会。民国37年，田粮科升格为田赋粮食管理处，处长由县长黄相忱兼任。

【县抗日民主政府财政机构】

民国27年（1938）5月，江宁县抗日民主政府设立财政局。民国30年，设财政科，后改为财经科。民国33年，成立横山县抗日民主政府，设财经科。

【区（县）财政局】

新中国成立后，县人民政府接管原县政府财政科，建立财务科。1950年，改财务科为财政科。1951年，将粮食局粮政股划出，建立农税科，专管农业税征收工作。1952年6月，财政科与农税科合并，改名财粮科，同时代办保险业务，镇江地区保险公司派员驻科办公。1955年，江宁县公债推销委员会成立，设办公室于财粮科。1957年8月，财粮科与民国38年（1949）6

月成立的税务局合并为财政局。并代办建设银行业务，镇江地区建行派员驻局办公。1958 年 10 月人民公社化后，原由农工部管理的会计辅导员划归财政局，承担人民公社财务管理与夏秋两季分配工作。1962 年 8 月，财政、税务分为财政局、税务局，人民公社财务划归农业局，会计辅导员事业编制亦划出。

1966 年 2 月，税务局撤销并入财政局。1968 年，财政局成立革命领导小组。1970 年，将人民银行县支行与财政局合并成立江宁县革命委员会财政局。1973 年，人民银行县支行与财政局分设，仍称江宁县革命委员会财政局。1976 年，代理建设银行业务。1980 年，建行办事处从财政局划出，成立中国人民建设银行江宁县支行。1981 年 4 月，房地产管理所从财政局划归基建局。1983 年 10 月，财政局、税务局再次分设。1986 年，财政局内设机构为 6 股 1 室，全部职工 30 人。1989 年，县政府成立县农业发展基金管理办公室，挂靠在财政局与农财股合署办公。

1992 年，增设国有资产管理办公室，与国有资产管理股合署，对外挂牌“江宁县国有资产管理办公室”。1997 年 4 月，成立国有资产管理局（二级局），为县政府直属单位，归口县财政局管理。1998 年，财政局内设 8 个科室，1 个开发区财政分局，2 个直属事业单位（会计师事务所、培训中心），辖 1 个副局级单位（国有资产管理局）。

2000 年 12 月，县财政局更名为南京市江宁区财政局。2002 年，内设办公室、预算科、国库科、综合科、经济建设科、企业科、行政政法科、科教文科、社会保障科、农业科、农业税征收管理科、统计评价科、会计科、财政监督科 14 个职能科室，行政编制 41 名，行政附属编制 3 名。下设契税所、政府采购中心、会计集中核算中心、预算外资金结算中心、江宁区财会教育中心 5 家事业单位，事业编制 51 名。

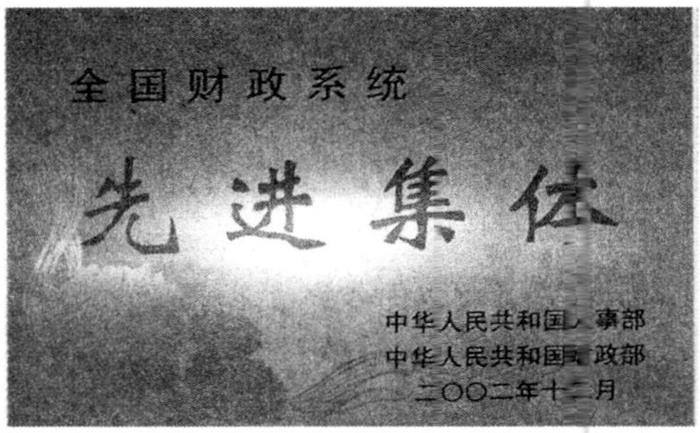

图 23–1–1　2002 年 12 月，江宁县财政局被评为全国财政系统先进集体

2003 年 8 月，增设江宁区财政局滨江开发区分局。2005 年 6 月，增设基础管理科、产权管理科。至 2007 年，机构没有变化。

【区国有资产监督管理办公室】

1997 年 4 月，成立县国有资产管理局，归口县财政局管理。2002 年 6 月，撤销区国有资产管理局，其职能并入区财政局，在企业科挂牌区国有资产管理办公室。2005 年，成立区国有资产监督管理办公室，属区政府直属机构。核定设立产权管理科、基础管理科两个职能科室，与区财政局合署办公，负责全区国有资产及城镇集体经济组织公有资产的监督管理。

【基层财政所】

1949 年，全县 10 个区政府，每区配会计 1 人，负责区、乡干部的供给、津贴发放和费用报销。每区配财粮助理和干事各 1 人，负责组织农业税征收、结算等工作。46 个乡镇（后划分为 114 个小乡镇），配有半脱产的财粮兼文书 1 人，负责农业税等工作。1957 年，按区设税务所。1958 年人民公社成立，设财务科。1970 年，人民银行县支行并入财政局，各公社设有人民银行营业所、信用社、税务所。1973 年，人民银行县支行划出。

1985 年，乡（镇）政府设财政所。并按 3 万人口以下乡镇配备 4 人，3 万人口以上乡镇配备 5 人的核定，全县 27 个乡镇，共配备财政干部 119 人。1987 年行政区划调整，长江、营防、花园 3 个乡划归栖霞区，乡（镇）财政所减为 24 个。1992 年，因岔路乡并入东山镇，乡（镇）财政所减为 23 个。2000 年 3 月，进行乡镇区划调整，将龙都与湖熟，铜山与禄口，陆郎与江宁，方山、殷巷与东山合并，乡（镇）财政所减为 18 个。

2006 年 3 月，江宁区划进行重大调整后，财政所减为 9 个，即东山街道、淳化街道、汤山街道、禄口街道、秣陵街道、谷里街道、江宁街道 7 个街道财政所，湖熟镇和横溪镇 2 个镇财政所。2007 年 12 月，湖熟镇和横溪镇也设立为街道。至是年年底，江宁区共有街道财政所 9 个。

第二节　财政体制

【民国时期县财政体制】

民国 22 年（1933），江宁自治实验县的财政收入分类项目有：田赋、契税、营业税、行政收入、财产收入、补助收入、杂项收入 7 项；支出项目有：行政费、民政费、公安费、建设费、教育费、土地费、财务费、党务费 8 项。民国 23 年，支出项目增加省教育专款及后备金 2 项。民国 34 年 9 月，抗日战争胜利后，省核定江宁县地方预算收入项目，经常门有税课收入（屠宰税、营业牌照税、使用牌照税、筵席文娱税、房捐 5 项自治税）、工程收益费收入、惩罚及赔偿收入、规费收入、财产及权利孳息收入、补助及协助收入；临时门有赊欠收入。支出项目有：行政支出、教育文化支出、经济建设支出、卫生支出、社会及救济支出、保安支出、财务支出、补助及协助支出、其他支出、预备金。是年，江宁县政府具报收支清册，并未按省核项目执行。民国 35 年 7 月，财政收支系统改制，契税、营业税划归地方。当年江宁县增加收入项目有：契税收入、营业税收入、分配县市国税及县代征田赋三成收入、公有营业盈余收入、捐献及赠与收入、赊借收入、应付保管款、以前年度代征田赋三成、省府拨借款、应付代收款、暂收款。支出项目增加的有：经常门增加治疗支出、保育支出、公务退休及抚恤支出。临时门增加营业基金支出、暂付款、暂垫款（调整待遇）。民国 36 年后，国民政府军费开支剧增，财政赤字不断扩大，国家财政崩溃。由于纸币的大量发行，导致物价猛涨。江宁县预算一再追加。7 月，将公教团警生活补助费基本数 24 万元加成 1300 倍发放。民国 37 年，江宁县参议会在审议县经费概算时写道："因物价高涨，无法统计，仅以最低估计列总支出为 112376 万元。年终其财政预算已成一纸空文。"

民国 26 年（1937）6 月至 37 年 12 月的 11 年间，国民政府的纸币发行量增加 1400 多倍，物价上涨 8500 多倍。财政痼疾，已病入膏肓。民国 27 年 5 月，新四军挺进县西南地区，设税务局，建立战时税制，根据不同的物资商品设计不同税率。于民国 30 年 8 月和民国 32 年秋，由江宁县抗日民主政府财经科和横山县抗日民主政府财经科，开征以田粮为主的各项税收。计征田 1666.67 公顷，每亩每年一律以 5 公斤稻谷折米计征，全县 40 个乡（镇），共交纳公粮（米）100 多万公斤。

【新中国成立后区（县）财政体制】

高度集中　统收统支　1949—1951 年，国家实行高度集中，统收统支的财政管理体制。江宁县的税收、公粮、公草收入全部上缴，支出由苏南行政公署财政处下拨，按月造经费支出报表送苏南行政公署财政处核销。1952 年，始建县一级财政，编造年度预决算。决算分省款和地方款两大部分。省款支出分为四大类：社会文教费类、政党团体补助费类、行政管理费类、其他费类。地方款支出项目有：行政管理费支出、教育事业支出、市政建设支出、农业水利支出、训练支出、电讯交通支出、其他支出、预备费等。地方收入来源有：农业税附加收入、工商税附加收入、规费收入、公产收入、其他收入；另外，罚没收入、处理敌逆产收入、杂项收入、小公家务缴回收入、“三反”（反贪污、反浪费、反官僚主义）退赔收入等，系由财政部门经收直接解省。1953 年，实行中央、省、县三级财政，县建立总预算。按体制规定：工商各税及农业税等项大宗收入全部上缴中央；印花税、利息所得税、契税、屠宰税、牲畜交易税、车船使用牌照税、地方国营企业收入及其他收入，全部作县级财政收入，当年结余归地方，县级预算收入不敷预算支出部分，由省补助。

划税分成 固定比例 支出包干 1954 年，重新划分中央与地方的收支范围。地方收入划分为 3 类：地方固定收入，固定比例分成收入，调剂收入。江宁县固定收入税种有：印花税、屠宰税、利息所得税、牲畜交易税、车船使用牌照税、文化娱乐税、契税、企业收入和其他收入。固定比例分成收入县得 30%。县一级有比较稳定的收入。1955 年，将农业税、公债收入划为县固定比例分成收入：农业税分成 30%，公债分成为 40%。1957 年，县得分成比例有所调整。印花税、屠宰税、利息所得税、车船使用牌照税、牲畜交易税、文化娱乐税、地方工业收入、公私合营收入及其他收入等全部归县；所得税、营业税、商品流通税、货物税等 10% 归县；农业税、公债县得 40%。

固定分成 调剂分成 以收定支 1958 年，江宁县执行“以收定支”的体制。即按照核定的全年度收支预算，以固定收入和比例分成收入抵充支出后，不足之数从调剂收入中留一定比例分成解决。

总额分成 比例包干 一年一定 1959 年，核定江宁县正常支出占收入的比例为 13%，超收部分按同一比例分配。省、地追加支出指标，作为往来结算，不再调整分成比例。1960 年，江宁县总额分成比例调整为 14%。1961 年，总额分成比例调整为 35%，超收部分比例为 20%。1962 年，预算收入分固定收入和调剂分成收入。调剂分成正常比例为 34%，调剂收入的超收部分分成为 10%。1963 年，调剂分成比例为 38%。1966—1970 年，分成比例调整为 40%，超收部分比例为 10%。

统收统支 超收分成 支出下拨 结余留用 1971—1972 年，改县预算收支由省、地核定，实行收入全额上交，超收给予 40% 分成；支出下拨，结余留用，超支不补的财政体制。1973 年，实行按预算收入给固定留成 2%。江宁县当年固定留成 26.21 万元，从超收 55.67 万元中分得 11.14 万元，合计为 37.35 万元。1975—1977 年，分别为 17.14 万元、96.40 万元和 123.31 万元。1977 年当年收入基数，改计划数为上年收入实绩数。当年县增收 332.47 万元，分成 83.12 万元。1978 年，又改为分成收入，纳入总额分成。1979 年，进一步扩大企业财权，将原限于“五小”工业企业利润留成改为县办工业企业利润 40% 留成。当年上缴利润 171.20 万元，县得 69.30 万元。1980 年，中央财政有困难，将留成与分成比例打七折。固定留成比例由 2% 改为 1.40%；增收分成比例由 25% 改为 17.50%。1981 年，恢复原留成分成比例。同时，为鼓励超收，对超过核定预算的收入给予 30% 的分成。是年，县得固定留成 38.60 万元，增收分成 1.20 万元，超收分成 101.40 万元，合计 141.20 万元。

收支挂钩 全额分成 比例包干 五年不变 1982 年，实行收支挂钩，全额分成，比例包干，权、责、利相结合的财政体制。江宁县收入基数是以 1981 年实绩 3279 万元，减去照顾数 79 万元，收入基数为 3200 万元；支出是以 1981 年支出 1139 万元扣专项拨款 280 万元，加新增支出因素，以 1024 万元为基数，确定分成比例为 32%。1983 年，因增加支出基数和电力产品税部分上划调整收入基数，分成比例为 33.94%。1985 年，县财政留成比例有过两次调整。第一次支出基数调整为 1446 万元，收入基数调整为 3997 万元，分成比例为 36.18%；第二次支出基数调整为 1555 万元，收入基数调整为 4123 万元，分成比例为 37.72%。

1986—1987 年，继续执行“收支挂钩，全额分成”的财政体制。1986 年，个别收入项目留成比例有所调整，城市维护建设税、排污费专项收入全部留地方。集体企业奖金税，其中乡镇企业 100% 留用，其余 70% 留用。农业税“倒三七”差价款 25% 留地方，屠宰税按上年入库数的 50% 返还乡财政。其他收入中的罚没收入按 30% 列市补助，办案经费不再退库。房地产税、车船使用税从 10 月 1 日起征收，全部留地方。在支出口径上，原作退库的粮食差价、煤炭补贴、棉絮补贴、蔬菜补贴改列预算内支出；肉食品补贴居民户口每人每月 2 元，工商企业职工、有收入的事业单位职工每人每月 1 元（单位另补 1 元），作预算内支出。

1987 年，花园、营防、长江 3 个乡划给南京市栖霞区，财政体制按 1986 年决算数作相应调整，县乡分成比例不变。当年新开征的农林特产税、恢复征收的自行车使用税 100% 留县。屠宰税、契税以上年决算入库数为基数，当年增加的收入全部留给县。国营企业和事业单位奖金税，城镇集体企业奖金税以 1986 年决算数的 70% 为基数，当年起超过基数的收入全部留给县。个体工商户的产品税、增值税、营业税和所得税以 1986 年决算数的 80% 为基数，当年实征数的 80% 超过基数 12% 的部分全部留县。对县财政收入增长部分实行分档计算分成。当年，县财政参与分成收入 6225 万元，剔除 3 个乡 1—5 月份收入 68 万元，按分成体制计算，37.72% 部分分得 2348.20 万元，超 7.01% 部分分成 12.10 万元，超 10.01% ~ 13% 部分分得 25.30 万元，合计 2385.60 万元（含划给栖霞区 35 万元）。

固定基数　收入递增包干　1988 年，县财政体制实行“固定基数，收入递增包干，一定三年不变”的办法。县以上年决算参与分成的收入为基数，每年递增 5%。在递增率以内的收入按原比例留成，超过递增率的收入全部留县；收入达不到递增率，影响上解部分，由县用自有财力补足。经市核定，县财政 1987 年收入 6784.20 万元，减城建税、排污费、自行车牌照税、耕地占用税、集体企业奖金税，划出 3 个乡 1—5 月份收入后，收入包干基数为 6553 万元。将原作上解的中央借款 197.40 万元、统计业务费 2.20 万元、农业税加价款、粮油企业下放等项相加计 287 万元，与原作专项的工资改革补助、专项经费、上划企业补助、农业税加价 25% 补助等项相加计 129.98 万元相抵，每年专项上解 157.02 万元。

1991—1993 年，继续执行“递增包干”财政体制。期间，1991 年发生特大洪涝灾害，减收增支数额较大，县财政及时进行预算调整，省市给予补助，实现大灾之年仍然保持财政收支平衡。

分税制　1994 年 1 月 1 日起，实行分税制财政管理体制。根据事权与财权相结合的原则，按税种划分中央与地方的收入，将维护国家权益，实施宏观调控所必需的税种划为中央税，将同经济发展直接相关的主要税种划为中央与地方共享税，将适合地方征管的税种划为地方税，并充实地方税税种，增加地方税收入。按新体制划归江宁县的收入项目为：地方固定收入，包括营业税（不含铁道部、各银行总行、保险总公司集中缴纳的营业税）、地方企业所得税（不含地方银行、外资银行及非银行金融企业所得税）、地方企业上缴利润、个人所得税、城镇土地使用税、固定资产投资方向调节税、城市维护建设税（不含铁道部、各银行总行、保险公司集中缴纳的部分）、房产税、车船使用税、印花税、屠宰税、农牧税、耕地占用税、契税、遗产和赠予税、土地增值税、国有土地有偿使用收入等。中央与地方共享收入，包括增值税、资源税、证券交易税。增值税中央分享 75%，地方分享 25%；资源税按不同资源品种划分，海洋石油资源税作为中央收入，其他资源税作为地方收入；证券交易税，中央与地方“八二”分享。

1993年，江宁县上划中央和省收入9425万元，其中工业环节消费税5万元，增值税6611万元，商业批发、零售环节营业税1901万元，工商统一税698万元，临时经营转增值税122万元，茶叶产品税转增值税7万元，地方金融企业（信用社）所得税18万元，保险营业税63万元；中央下划地方收入586万元（电力产品税310万元，营业税提高到2%中央部分276万元）；省统筹新增长农业税10%部分55万元；省集中城镇土地税12万元。据此计算出江宁县税收返还基数为8772万元。1994年，税收返还额即以8772万元为基数×“两税”增长率×0.25。

增值税地方留成25%部分，比基数新增加的部分县财政分得12.50%。

外贸出口退税地方负担数，根据外贸出口退税地方负担20%的规定，江宁县以1993年实际负担外贸出口退税202万元为核定数，1994年起每年定额上解。

1995年，江宁县的东山镇红花村，江宁镇永安、孙家、邵庄、新建、三山5个村和谷里乡的梅村及梅山冶金公司用地范围，划归雨花台区管辖，对江宁县1995年税收返还基数作相应调整，并由市财政每年定额补助县财政220万元。同年，取消集贸税收分成和粮食亏损补贴退库办法，将已退库的粮食亏损补贴还原为预算收入。新税制的实施，使江宁县步入快速稳定发展的轨道。至2000年，江宁县地方财政收入规模达到68917万元，是改革开放前1949—1978年30年总和的2.31倍。

2000年12月江宁县撤县设区后，按照省调整对市、县分税制财政管理体制的政策，取消原省集中增值税12.50%、税收返还5%、印花税25%、城镇土地使用税60%、土地增值税60%和专项收入（排污费、水资源费）执行原上缴部分，以2000年上交额4283万元为基数，定额上交。2000年，江宁区地方财政收入基数在剔除行政性收费、企业所得税退税、国有企业计划亏损补贴、耕地占用税、农业税、农业特产税和屠宰税收入后确定为45393万元。2001年起，地方财政收入和税收返还比基数增长部分，省集中20%。江宁区2000年返还基数为12268万元，返还比仍为1∶0.30。以后年度税收返还数等于上年度税收返还数×（1＋两税比上年增长率×税收返还系数0.30）。建立转移支付制度和转移支付补助正常增长机制。建立地方财政收入上台阶奖励制度，区地方财政收入每增加4000万元，省奖励20万元。是年，农村税费改革，核定江宁区农村税费改革转移支付补助421万元。地方质量技术监督机构上划，核定江宁区上划经费为82万元。2002年，实行所得税收入分享改革。所得税中央与地方五五分成，核定江宁区所得税返还基数12769万元，地方财政收入基数39055万元，所得税基数返还增量上交省20%为1265万元。2003年，所得税中央与地方六四分成，核定江宁区所得税返还基数16415万元，地方财政收入基数39055万元，所得税基数返还增量上交省20%为1517万元。2004年，出口退税负担机制改革。核定江宁区出口退税中央负担基数15298万元，返还基数为3825万元。是年，教育费附加征收办法调整，取消征收农村教育费附加，扩大教育费附加征收范围，以2004年教育费附加收入比2002年增加部分调整地方财政收入基数。出口退税负担机制改革和教育费附加征收办法改革后，江宁区省集中口径地方财政收入基数调整为37134万元。

2005年，调整出口退税负担办法。核定的出口退税基数不变，超基数部分中央负担92.50%、省负担1.50%、区负担6%。出口退税由中央统一退库，取消省对区出口退税基数返还，区负担部分年终专项上解省。江宁区省集中口径地方财政收入基数调整为40959万元。是年，省财政结算增设超收贡献奖。对区省集中口径地方一般预算收入超全省市、县平均增幅上缴省20%部分，由省给予30%奖励。2006年，征地管理费通过财政年终结算方式进行返还。是年，国有农场税费改革，核定江宁区国有农场税费改革转移支付资金16万元。2007年，财政体制暂未变化。

【街道（乡镇）财政体制】

两放三统一包 1958年下半年人民公社化后，实行“两放（下放人员、下放资产），三统一（统一政策、统一计划、统一流动资金管理），一包（包财政任务）”的办法后，对公社的财政收支，采取分项计算，分别上交，支出划定项目，包干结余留用的办法。当年，县颁布筹建乡（公社）财政试行办法，开始建立乡一级财政。首先以东山镇（公社）为试点。未及全面推行，即奉令停止。

收入上缴 支出下拨 超收分成 减收减支 1985年，全县27个乡（镇）人民政府设财政所。按照“定收定支，收支挂钩，收入上缴，支出下拨，超收分成，减收减支，结余留用，一年一定”的财政体制，改变拨款渠道，加强对国拨资金的管理。全年下达乡财政管理、监督使用的国拨资金计1187万元，占全县预算支出的45.70%。同时加强乡有资金的管理，全年由乡财政直接筹集的乡有资金达498万元（平均每乡近21万元）。安排使用的支出480万元，其中用于农副工生产的占29.40%，用于文教卫生的占13.60%，用于公共事业的占19.40%。

1986年，在继续执行“收入上缴，超收分成，减收减支，支出下拨，结余留用，超支不补”的体制时，具体计算方法有所变化，工商税收仍以税务局下达的任务数为准，不分国营、集体税收，简化计算分成的程序。农业税“倒三七”加价乡分成12.50%；其他收入完成上年实绩乡分成20%，超收分成30%；屠宰税、牲畜交易税按净入库数乡分成50%；产品税、增值税、营业税按税务部门下达任务数，超收乡分成20%，减收扣减支出5%。人员经费实行包干，公费医疗按享受人数每人60元包干到乡，结余留用，超支乡负担20%。当年县核定乡财政收入任务4950.20万元，实际完成5033.60万元，占全县财政收入6155.10万元的81.78%。有14个乡镇得超收分成款48.74万元。减收的有13个乡镇，减收金额163.60万元，按规定乡镇财政负担8.18万元。

1987年，在分成体制上进行适当调整。新开征的自行车牌照税乡分成30%；农林特产税乡分成60%；屠宰税超上年的部分全部留给乡。同时在丹阳镇进行财政体制改革试点，实行“以1986年实际税收额为基数，经费支出包干，分税种分成，超收多分，减收赔偿，一定两年不变”的体制，当年丹阳镇得超收分成1.29万元。后又作进一步完善，实行“确定收支基数，递增上缴，歉收自补，超收全留，正常经费包干使用，一定三年不变”的体制。在各项税收分成比例上作适当调整。工商税以年初税务部门下达的任务数为基数，乡镇超收分成10%，减收赔5%；屠宰税除按净入库数乡镇分成50%外，同时以1986年净入库数为基数，超基数部分再分50%；牲畜交易税由按净入库数乡镇分成50%改为30%；其他收入除按净入库数乡镇分成20%外，对超过上年决算部分再分成10%；新开征的车船使用税和农村供电附加按净入库数乡镇分成30%；农林特产税县、乡两级四六分成。同时将公费医疗由每人每年60元，调整为每人每年84元，由乡财政包干，结余留用，超支由乡财政自己解决。

1989—1995年，乡镇财政体制继续执行原体制不变。1990年，只将东山镇的税收基数作部分调整。1991年，全县只有6个乡镇超收，1个乡镇平收，17个乡镇减收，年初预算安排乡镇分成75万元，实际结算分成40万元。1994年5月，国务院提高小麦、稻谷、玉米合同定购价格，相应提高农业税计税价格，县决定新增农业税部分，扣除省统筹10%和征收业务费外，给予乡分成40%。1995年，对乡镇单项税种分成的比例作适当调整。工商税和集体企业所得税分成以1994年决算数为依据扣除增值税、城市维护建设税、资源税后，按统一增长15%作为考核基数。1995年，增长部分乡镇分成40%；资源税乡镇分成20%；耕地占用税乡镇分成50%；契税乡镇分成60%。当年全县23个乡镇工商税和其他各单项税种分成净得186.10万元。

分税制 1996年，实行分税制财政体制。全面推进以分税种划定乡镇财政收入，按事权确定乡镇财政支出。划分收支范围、核定收支基数、收入支出挂钩、一定三年不变。按税种划分中央收入、省级收入、县级收入、县与乡（镇）共享收入和乡（镇）固定收入。按照事权与财权相结合的原则。以1994年度乡镇财政实际收入数，剔除区划调整变动因素，按照县与乡镇收入划分规定核定乡镇级财政收入数额，加1995年年初县人代会确定的地方财政收入预算增长率15%计算，作为乡镇财政收入包干基数。以划归乡镇财政管理的支出项目及1995年度县下达乡镇财政正常经费支出指标，剔除县管学校经费后，作为乡镇财政支出包干基数。实行收入支出挂钩。收大于支的乡镇，实行定额上解；支大于收的乡镇，实行定额补助（3年后取消）。同时，实行收入递增包干（含中央财政收入和地方财政收入），乡镇人均财力（乡镇级财政收入：财政供养人口）按3%～5%增长率计算所属年度各乡镇财政收入递增包干考核基数，超过递增包干考核基数的部分，按照分税制规定乡自留，低于递增包干基数的差额，影响县以上财政财力的部分由乡镇用自有资金自补。是年，县财政拿出400万元追加至各乡镇。1996年年底，全县23个乡镇共完成财政收入13755万元，完成考核基数的115.80%。其中，中央财政收入6351万元，县乡共享收入4230万元，乡镇固定收入3174万元。乡镇级预算收入共实现5489万元，占乡镇财政收入总额的40%，比县核定的收入增收770万元，增长16.30%。实现财政支出9592万元，其中，当年财政支出8250万元，上解上级支出1342万元，当年乡镇预算收支结余224万元。1999年，对原体制作部分调整，扩大部分税种乡镇分成比例，取消乡镇财政收入递增包干上解增长率，对各乡镇引进县外企业的税收按乡镇企业税收的分成比例全部留给乡镇。经测算，调整后增加乡镇级财力约1800万元。

2001年，进一步完善分税制财政管理体制。扩大部分税收镇分成比例，取消原省集中增值税12.50%的税收，原上交部分以2000年为基数，实行定额上交；将农村税费改革新增的农业税和农业特产税以及附加全部作为镇级财政固定收入，原上交部分以2000年新增农业税上交以及附加收入为基数，实行定额上交。调整增加镇财政支出补助，增加镇多种经营服务站人员定额补助，每人每年3000元。以2000年为基期年，核定各镇地方财政收入基数，从2001年起，超过基数部分，省统一集中20%。建立镇教师工资保障机制，调整镇财政资金留解比例，确保农村小学教师工资按时足额发放。2001年，还对区经济技术开发区实行“划分收支范围，核定上缴基数，逐年递增，一定5年不变”的分税制财政体制。以2000年开发区收支为基数，核定开发区财政2001年上缴区财政收入为6123万元，从2002年起每年递增10%。开发区地方财政收入基数为17424万元，2001年起增长部分上缴省财政20%。在开发区生产经营的企业税收入市库的部分，按区实际分成或赔付部分，区与开发区五五分成或赔付。2001年起，划归开发区财政管理的支出和体制执行期内发生的各项新增支出因素，均由开发区自行负担。2002年，实行所得税收入分享改革。原在镇级征收的所得税和中央下划在镇属范围内的企业缴纳的企业所得税，作为中央与镇分享收入，按规定分享比例缴入中央金库和镇级金库。2002年，中央分享50%，地方分享50%；2003—2006年，中央分享60%，地方分享40%。核定所得税收入基数、所得税收入返还基数，调整区对镇的地方财政收入基数。2002年，按照江宁经济技术开发区的方法，又对科学园实行分税制财政管理体制。以2001年科学园收支为基数，核定科学园财政2001年上缴区财政收入基数为2282万元，从2002年起每年递增10%。科学园地方财政收入基数为1614万元，2002年起增长部分上缴省财政20%。

2005年，调整出口退税负担办法。核定的出口退税基数不变，超基数部分中央负担92.50%、省负担1.50%、镇负担6%。出口退税由中央统一退库，取消省对地方出口退税基数返还，镇负担部分年终专项上解。调整镇地方财政收入基数。是年，又对镇分税制财政管理体制进行调整，实行税收属地征管，取消营业税区级分成，合理确定财政收支基数，分类制订体制办法，执行期限5年不变。具体做法是：除区属重点税源户外，已有区属企业按属地原则将工商税收下放到所在镇，此后新办生产型企业以生产地为纳税地，新办流通型企业以注册地为纳税地；区与镇营业税收入四六分成，改为镇全额留成；确定财政收支基数，核定人均财力与支出基数；分类制订实施办法，东山镇实行“核定收入基数、收入定额上解，超收区街分成”，其他镇实行“核定收支基数，收入与支出挂钩，支大于收给予补助，收大于支定额上解，房地产税收专项分成”。同时，调整开发园区分税制财政管理体制，实行“核定收入基数、收入定额上解、超收比例分成”。核定收入基数，超基数比例分成。以2005年为基期年，核定园区地方财政收入基数，此后收入超基数增长部分，区与园区五五分成。开发园区范围内缴纳的契税、耕地占用税属区级收入，园区不参与分成。取消固定基数递增上解，原上缴数实行定额上解。从2006年起，原固定基数上解和集中预备费不再递增，原上缴区部分，以2005年为基数，实行定额上解。区政府确定的开发区、科学园体制之外每年定额上缴土地出让金净收益1.50亿元由区园按季上缴区财政。开发园区上划学校经费和园区规划费实行定额上解。省财政确定的上解事项，按省有关规定执行，由开发园区上解区财政后统一上缴省财政。在开发园区生产经营的企业税收入市库的部分，按区实际分成或赔付部分，区与开发园区五五分成或赔付。对市确定的搬迁企业税收分成，按市有关文件规定执行，应上解市财政税收分成数，由开发园区上解区财政后，统一上缴市财政。开发园区兑现扶持企业发展优惠政策支出在园区留成财力中统筹安排。从2006年1月1日起，执行新一轮的开发园区分税制财政管理体制。

第二章　财政收支与平衡

民国时期，江宁县政府财政收入主要来源于国税及其附加收入，其次税课及其他杂捐。财政支出主要用于行政、保安等方面的需要。

新中国成立后，随着国民经济的不断发展，县财政收支的规模逐年扩大。采取预算内、预算外两条渠道管理。在“发展经济，保障供给”的前提下，江宁县的财政工作努力实现预算收支的平衡，并略有节余。但由于各个时期统计口径不一致，因此，在计算或对比上只能分段进行。

中共十一届三中全会后，江宁县财政收入逐年增加。至1985年，财政全额收入为5380.10万元，比1949年的401.03万元增加12.42倍，年均递增7.60%。1986年后，预算内财政收入增长速度加快。至2000年，财政总收入从1986年的6155.10万元增至8.18亿元，增加12.29倍，年均递增20%。2000年12月江宁县撤县设区后，区财政全口径总收入大幅度上升，至2007年，财政总收入达1111419万元，比2001年14.88亿元增加6.47倍，年均递增39.80%。预算外财政收入同样有较大增长。1986年后，按收入口径的不同，江宁县将各项附加收入、自筹收入、上级补助收入等纳入财政预算管理的预算外资金收入；将行政事业单位及有关企业的预算外资金收入全部纳入财政扎口管理。

在预算内财政支出上，在保证工资发放，机关正常运转，社会稳定和重点项目需要的同时，优化支出结构，提高资金使用效益。在坚持“一要吃饭，二要建设”的原则基础上，区预算外资金支出主要专项用于基本建设支出、城市维护支出和发展社会公共事业。由于收入打足，支出从紧，量入而出，量力而行，资金安排合理，1986—2007年的22年，江宁区连续实现财政收支平衡，累计滚存净结余468万元。

第一节 财政收入

【民国时期县财政收入】

民国22年（1933），江宁自治实验县财政总收入96.32万元。民国34年，总收入628.10万元。民国38年（1949年9月30日止），总收入111774.10万元（法币，下同），其中，税课收入20000万元，占17.89%；分配县国税及带征公粮收入15717.45万元，占14.06%；国税附加收入30000万元，占26.84%；工程收益费收入300万元，占0.27%；惩罚及赔偿收入100万元，占0.09%；规费收入2840万元，占2.54%；财产及权利之孳息收入19700万元，占17.62%；公有营业之盈余收入100万元，占0.09%；公有事业收入5000万元，占4.47%；补助及协助收入341.20万元，占0.31%；地方性之捐献及赠与收入15015.45万元，占13.44%；赊借收入2600万元，占2.38%。

【新中国成立后区（县）财政收入】

预算内财政收入 1949—1985年，县财政预算内总收入56277.99万元，其中，企业收入3916.36万元，占6.96%；工商各税收入36912.70万元，占65.59%；农业税收入14706.57万元，占26.13%；其他收入742.36万元，占1.32%。企业收入1985年比1953年增加52.90倍，工商各税收入1985年比1950年增加83.50倍，而同期的农业税由于稳定负担，上交任务只增长36.55%。

1986—2000年是江宁县财政收入增长较快的时期，15年内，县财政预算内总收入379998.20万元，其中工商税收334328.50万元，占总收入88%；农业税收29981万元，占8%；国营企业所得税、调节税、上缴利润（扣除国营企业计划亏损补贴）、其他收入以及各类基金等计15688.70万元，占4%。工商各税收入2000年比1986年增加12.80倍，农业税收2000年比1986年增加7.50倍。县财政对国家收入的上解也逐年增加，15年内共上解国家财政收入84176万元，是改革开放前全额财政收入的2.83倍。

图23-2-2 1992年，江宁县召开县财政收入突破1亿元座谈会

2001—2007年，区财政收入规模和质量大幅提升，总收入3381355万元，其中上解中央收入包括增值税、消费税、企业所得税、个人所得税计119059.40万元，占总收入的35.21%；地方一般预算收入1453906万元，占43%；基金收入包括工业交通、文教、社会保险、农业、其他等部门基金收入以及土地有偿使用、地方财政税费附加等收入计736855万元，占21.79%。在发展上，2001—2002年，区财政局按照“一保吃饭、二保建设、三留后劲、收支平衡、略有结余”的原则，确立“巩固基础、抓大放小、多元化发展”财源建设战略，狠抓效益型财源建设。2年中，全区财政收入分别超过10亿元和20亿元，全区财政收入规模和整体实力跃上新台阶。

2003—2007年，区财政收入进一步提高，5年间全区财政收入总量平均每年增加19亿元，财政收入总量分别突破30亿元、40亿元、50亿元、65亿元、100亿元。5年累计实现财政收入301.25亿元，累计实现地方财政总收入229亿元，年均递增33.50%，累计实现地方一般预算收入126亿元，占财政总收入41.80%，年均递增34.50%。税收收入完成221.86亿元，占财政总收入 73.60%；非税收入完成 79.39 亿元，占财政收入 26.40%。财政收入连续 6 年列全省第七位，财政事业得到又好又快发展。2007 年，全区全口径财政收入突破百亿元大关，为 111.14 亿元，其中地方一般预算收入 45.08 亿元，在全省区、县中排名第六位。

1949—1985 年江宁县预算内财政收入情况表

表 23-2-1　　　　单位：万元

年　份	合　计	企业收入	工商各税收入	农业税收入	其他收入
1949	401.03	—	3.47	397.56	—
1950	466.08	—	55.90	375.83	34.45
1951	711.18	—	224.99	446.31	39.88
1952	779.23	—	300.52	494.23	4.48
1953	824.37	2.16	335.49	462.64	24.08
1954	756.52	2.54	207.07	521.87	25.04
1955	571.94	15.49	171.60	347.78	37.07
1956	746.35	39.71	193.33	487.88	25.43
1957	783.29	139.99	195.78	414.53	32.99
1958	1354.00	521.06	198.59	561.29	73.06
1959	1536.11	710.78	252.64	479.07	93.62
1960	1763.85	1001.16	298.72	454.97	9.00
1961	647.53	152.11	262.42	225.62	7.38
1962	580.86	6.87	298.31	269.15	6.53
1963	646.15	13.44	301.00	322.01	9.70
1964	680.82	11.36	335.49	327.21	6.76
1965	713.02	25.19	350.54	326.33	10.96
1966	684.62	3.68	318.15	342.62	20.17
1967	674.68	−28.81	300.40	365.87	10.22
1968	648.70	−19.40	297.70	366.10	4.30
1969	777.01	−23.23	410.99	378.19	11.06
1970	948.75	69.23	486.90	383.00	9.62
1971	808.62	−206.63	615.32	389.00	10.93
1972	482.91	−648.87	735.16	386.00	10.62
1973	1310.38	53.81	861.09	383.40	12.08
1974	1432.89	93.50	947.66	378.91	12.82
1975	1633.02	89.52	1155.89	375.61	12.00
1976	1791.15	−15.18	1412.81	373.40	20.12
1977	2123.62	41.75	1694.45	364.17	23.25
1978	2498.21	161.83	1962.22	357.12	17.04
1979	2590.50	193.10	1966.50	411.80	19.10
1980	2884.20	308.00	2162.20	402.80	11.20
1981	3280.60	357.60	2505.10	404.40	13.50
1982	3708.20	373.90	2909.40	407.70	17.20
1983	4005.50	199.00	3368.00	409.90	28.60
1984	4659.00	155.30	4091.70	399.10	12.90
1985	5380.10	116.40	4725.20	513.20	25.30
总　计	56277.99	3916.36	36912.70	14706.57	742.36

1986—2000年江宁县预算内财政收入情况表

表 23-2-2　　　　单位：万元

年份	工商税收	农业税收	国营企业所得税	国营企业调节税	国营企业上缴利润	国营企业计划亏损补贴	专项收入	其他收入	国家预算调节基金	基金收入	全年收入合计
1986	5296.50	541.50	359.80	35.00	-13.00	-116.90	34.20	18.00	—	—	6155.10
1987	5832.60	550.80	418.50	19.60	17.10	-122.20	40.20	27.60	—	—	6784.20
1988	6444.00	597.20	442.40	20.20	22.10	-85.20	48.90	32.50	—	—	7522.10
1989	7200.40	804.50	452.30	15.20	296.00	-928.00	60.00	76.10	84.30	—	8060.80
1990	7965.00	807.00	470.00	10.70	290.10	-939.00	75.00	95.50	104.90	—	8879.20
1991	8220.00	864.00	312.50	6.60	0.20	-645.00	139.80	50.00	52.70	—	9000.80
1992	9535.00	1024.00	469.00	4.00	33.00	-650.00	183.00	190.00	70.00	—	10858.00
1993	15046.00	993.00	474.00	—	29.00	-581.00	241.00	192.00	66.00	—	16460.00
1994	20273.00	2442.00	—	—	16.00	-581.00	370.00	451.00	17.00	—	22988.00
1995	23312.00	2454.00	—	—	—	—	528.00	597.00	9.00	—	26900.00
1996	29181.00	3381.00	—	—	—	—	591.00	902.00	3.00	—	34058.00
1997	35262.00	3416.00	—	—	—	—	660.00	942.00	—	—	40280.00
1998	40220.00	3398.00	—	—	—	—	730.00	1112.00	—	586	46046.00
1999	47459.00	4123.00	—	—	—	—	760.00	1108.00	—	756	54206.00
2000	73082.00	4585.00	—	—	—	—	914.00	2557.00	—	662	81800.00
总计	334328.50	29981.00	3398.50	111.30	690.50	-4648.30	5375.10	8350.70	406.90	2004	379998.20

2001—2007年江宁区预算内财政全口径收入情况表

表 23-2-3　　　　单位：万元

年份	中央收入					地方一般预算收入	基金收入								合计
	小计	增值税	消费税	企业所得税	个人所得税		小计	工业交通部门基金收入	文教部门基金收入	社会保险基金收入	农业部门基金收入	土地有偿使用收入	其他部门基金收入	地方财政税费附加收入	
2001	64845	63123	1722	—	—	83420	535	—	3	—	22	—	—	510	148800
2002	90014	62388	6678	15332	5616	100077	29975	39	1081	7854	2	20441	48	510	220066
2003	128153	86583	10964	22194	8412	134866	87131	177	1703	6300	6	78383	52	510	350150
2004	125673	67023	11852	34947	11851	174718	99729	2171	2587	8700	4	85672	85	510	400120
2005	203324	124824	10835	49926	17739	219907	76969	630	2178	10500	1	62976	174	510	500200
2006	269484	162930	7346	74560	24648	290099	91017	300	3437	11000	1406	73907	426	541	650600
2007	309101	174405	3699	96842	34155	450819	351499	1388	3609	24000	762	320445	1095	200	1111419
总计	1190594	741276	53096	293801	102421	1453906	736855	4705	14598	68354	2203	641824	1880	3291	3381355

预算外财政收入 1951—1985年，县财政预算外总收入4856.13万元，其中，农业税附加1550.28万元，占31.92%；工商税附加327.29万元，占6.74%；城市公用事业附加814.21万元，占16.77%；县集中的企业折旧基金459.03万元，占9.45%；县办工业利润留成1453.46万元，占29.93%；上级补助51.26万元，占1.06%；其他收入200.60万元，占4.13%。1985年，县集中的折旧基金全部留给企业，县办工业利润留成纳入预算内支出。

1986—2000年，县财政预算外资金收入，按收入口径的不同分为两段：1986—1996年为财政预算管理的预算外资金收入包括附加及自筹收入、上级补助收入两部分，共7221万元，其中附加及自筹收入7171万元，上级补助收入50万元。在附加及自筹收入中，农业税附加1205.20万元，城市公用事业附加1803万元，其他附加收入54.10万元，集中事业收入701万元，其他收入3407.70万元。1997—2000年为财政扎口管理的预算外资金收入，根据“所有权归国家，调控权归政府，管理权归财政”的精神，将行政事业单位及有关企业的预算外资金收入纳入县、乡两级财政扎口管理。县级共收行政事业单位预算外资金64776万元。其中，行政事业性收费43265万元，基金和附加收入17309万元，主管部门集中收入1809万元，其他收入2393万元。乡镇自筹、统筹资金收入35537万元。其中，乡镇自筹资金34593万元，乡镇统筹资金944万元。县财政对乡镇自筹、统筹资金只进行管理，资金不纳入县级财政专户。

2001—2007年，全区预算外资金分别纳入同级财政专户实行收支两条线管理，全面推行综合部门预算，统筹预算内外资金，提高财政资金使用效益。区级预算外资金收入335005万元。其中，行政事业性收费收入218514万元，主要有农林水、广电、文教卫生、民政、公检法司、交通、国土、建设、房管、市容、建工及其他部门代征的收费项目538个；政府性基金（资金、附加）收入56894万元，主要有地税、供电、工商、林业、发展改革、交通、残联及其他部门代征的基金项目16个；主管部门集中收入5531万元，主要是主管部门向下属单位集中的管理费收入；国有资源（资产）有偿使用收入1066万元；其他收入53000万元，主要是银行存款利息收入、有价证券利息收入、各种捐赠收入等。镇（街）预算外资金共收入238531万元。其中，自筹收入127005万元，包括乡镇企业上缴收入20849万元，乡镇集体股份分红收入452万元，资产租赁费收入10018万元，乡镇事业单位上缴收入2493万元，土地收入78556万元，其他收入14637万元；行政事业性收费收入2286万元；代征收入分成、返还及业务费收入2338万元；接受捐赠收入615万元；其他收入73621万元；上级补助收入32666万元。

1951—1985年江宁县预算外财政收入情况表

表23-2-4 单位：万元

年份	合计	农业税附加	工商税附加	城市公用事业附加	企业折旧基金	县办工业利润留成	上级补助收入	其他收入
1951	45.20	40.33	4.45	—	—	—	—	0.42
1952	100.60	79.79	8.72	—	—	—	0.19	11.90
1955	7.61	—	7.61	—	—	—	—	—
1956	7.85	7.85	—	—	—	—	—	—
1957	14.11	14.11	—	—	—	—	—	—
1960	110.91	48.39	2.90	13.37	11.86	26.38	—	8.01
1961	58.79	2.35	2.56	14.69	0.95	3.18	—	35.06
1962	82.65	29.31	2.80	16.40	—	—	10.57	23.57
1963	76.68	59.91	2.55	9.95	—	—	—	4.27
1964	81.13	49.14	2.81	14.43	—	—	—	14.75

续表

年 份	合 计	农业税附加	工商税附加	城市公用事业附加	企业折旧基金	县办工业利润留成	上级补助收入	其他收入
1965	69.41	49.77	2.92	15.51	—	—	—	1.21
1966	70.67	51.38	2.75	14.43	—	—	—	2.11
1967	60.34	46.33	2.96	9.95	—	—	—	1.10
1968	90.16	63.36	2.74	21.06	—	—	—	3.00
1969	103.46	56.73	3.90	15.93	23.21	—	—	3.69
1970	115.37	57.45	4.65	24.22	19.19	—	—	9.86
1971	114.44	58.35	5.90	32.92	11.99	—	—	5.28
1972	115.30	57.90	6.88	28.96	10.51	10.00	—	1.05
1973	139.66	57.51	8.51	29.56	14.71	25.81	—	3.56
1974	119.80	56.84	9.65	30.42	12.81	9.20	—	0.88
1975	176.04	56.34	11.64	32.34	16.08	59.64	—	—
1976	280.17	56.01	14.01	39.62	27.15	143.38	—	—
1977	298.33	54.63	17.06	42.39	30.94	153.31	—	—
1978	299.15	53.50	19.72	40.46	33.83	142.36	—	9.28
1979	291.50	61.80	19.60	44.10	42.50	113.40	—	10.10
1980	391.30	60.30	21.60	50.50	48.00	198.40	—	12.50
1981	314.40	40.00	25.20	48.90	33.20	166.10	—	1.00
1982	361.20	82.40	28.70	51.80	27.80	154.70	—	15.80
1983	320.50	61.50	33.50	53.70	41.80	128.60	—	1.40
1984	345.20	60.00	40.90	55.50	47.50	119.00	18.50	3.80
1985	194.20	77.00	10.10	63.10	5.00	—	22.00	17.00
总 计	4856.13	1550.28	327.29	814.21	459.03	1453.46	51.26	200.60

说明：1953 年、1954 年、1958 年、1959 年的预算外收入按当时规定纳入预算内收入

1986—1996 年江宁县预算外资金收入情况表

表 23-2-5　　单位：万元

年 份	合 计	附加及自筹收入						上级补助收入	上年结余
		小 计	农业税附加	城市公用事业附加	其他附加收入	集中事业收入	其他收入		
1986	187.20	167.20	81.20	62.60	0.10	—	23.30	20	227.00
1987	336.50	316.50	82.00	47.70	18.00	—	168.80	20	183.10
1988	203.40	203.40	78.60	89.80	—	—	35.00	—	326.50
1989	269.50	269.50	107.00	138.90	18.00	—	5.60	—	333.20
1990	311.30	301.30	101.40	140.00	—	—	59.90	10	164.70
1991	516.10	516.10	77.00	146.00	—	—	293.10	—	190.90
1992	665.00	665.00	124.00	160.00	18.00	—	363.00	—	245.00
1993	865.00	865.00	124.00	330.00	—	—	411.00	—	274.00
1994	1317.00	1317.00	194.00	200.00	—	—	923.00	—	267.00
1995	1126.00	1126.00	187.00	238.00	—	701	—	—	653.00
1996	1424.00	1424.00	49.00	250.00	—	—	1125.00	—	1065.00
总 计	7221.00	7171.00	1205.20	1803.00	54.10	701	3407.70	50	—

1997—2000年江宁县预算外资金收入情况表

表 23-2-6　　单位：万元

年　份	扎口管理的行政事业单位预算外资金					上年结余	合　计	乡镇自筹资金					乡镇统筹资金	上年结余
	合　计	行政事业性收费	基金和附加收入	主管部门集中收入	其他收入			小　计	乡镇办企业收入	乡镇办事业收入	土地征收费收入	其他收入		
1997	16848	11529	4733	435	151	6528	6131	6033	5253	780	—	—	98	295
1998	15960	11183	3506	456	815	5516	4297	4095	3634	461	—	—	202	11
1999	15535	8931	5443	466	695	4091	11222	10882	3854	772	470	5786	340	18
2000	16433	11622	3627	452	732	3539	13887	13583	5333	827	500	6923	304	21
总　计	64776	43265	17309	1809	2393	—	35537	34593	18074	2840	970	12709	944	—

2001—2007年江宁区预算外资金收入情况表

表 23-2-7　　单位：万元

年份	区级预算外资金						上年结余	镇（街道）级预算外资金													
	合计	行政事业性收费收入	政府性基金（资金、附加）收入	主管部门集中收入	国有资源（资产）有偿收入	其他收入		合计	自筹收入							行政事业性收费收入	代征收入分成、返还及业务费收入	接受捐赠收入	其他收入	上级补助收入	上年结余
									小计	乡镇企业上交收入	乡镇集体股份分红收入	资产租赁费收入	乡镇事业单位上交收入	土地收入	其他						
2001	29378	13616	4402	148	—	11212	3728	18901	6810	3630	30	559	378	1714	499	—	—	8	11081	1002	53
2002	34082	23871	5525	112	—	4574	1495	24247	12372	3475	—	922	242	4987	2746	—	—	—	10911	964	—
2003	34856	17085	8565	356	—	8850	7485	30851	14179	2740	100	1571	232	5924	3612	—	—	18	14814	1840	—
2004	40967	25337	8737	3873	—	3020	11413	35483	19156	2882	178	1683	520	12514	1739	—	391	58	11558	4320	—
2005	36516	26431	8912	70	—	1103	15583	36377	23687	3110	—	2502	425	15363	2287	—	531	331	5753	6075	3067
2006	48473	37550	9358	622	—	943	12775	40312	24876	3266	114	1375	621	16852	2618	—	735	127	10919	3655	1505
2007	110733	74624	11395	350	1066	23298	4468	52360	25925	1746	—	1406	75	21202	1496	2286	681	73	8585	14810	
总计	335005	218514	56894	5531	1066	53000	—	238531	127005	20849	452	10018	2493	78556	14637	2286	2338	615	73621	32666	—

第二节 财政支出

【民国时期县财政支出】

民国22年（1933），县财政总支出50.52万元（法币，下同）。民国34年，总支出73.20万元，超过总收入75.10万元。民国35年，总支出111774.10万元。其中，行政支出9169.46万元，占8.20%；教育文化支出3514.55万元，占3.15%；经济建设支出1539.96万元，占1.38%；卫生支出219.56万元，占0.20%；社会及救济支出1217.62万元，占1.09%；保安支出15741.71万元，占14.08%；财务支出804.36万元，占0.72%；债务支出5500万元，占4.92%；公务员退休及抚恤支出200万元，占0.18%；补助协助支出550.40万元，占0.49%；其他支出49641.81万元，占44.41%；预备金21374.58万元，占19.12%；建设基金支出500万元，占0.45%；营业基金支出1800万元，占1.61%。

【新中国成立后区（县）财政支出】

区（县）预算内财政支出 1949—1985年，县财政预算内总支出27946.19万元。其中，基本建设投资2679.82万元，占9.59%；支援农业支出5294.56万元，占18.95%；文教科学卫生支出10757.38万元，占38.49%；社会救济抚恤支出1721.22万元，占6.16%；行政管理费支出3747.05万元，占13.41%；城市维护费193.67万元，占0.69%；城市人口下乡经费1277.83万元，占4.57%；企业挖潜改造资金1355.38万元，占4.85%；其他支出919.28万元，占3.29%。

1986年后，县级财政在保证工资发放和各项物价补贴支出，保障政法部门经费，加强政权建设的前提下，积极筹措资金，支持经济和社会各项事业快速发展，支持城市重点项目的资金需要，至2000年的15年，财政预算内总支出277001.90万元。其中，基本建设支出6814.60万元，占总支出2.46%；企业挖潜改造支出24361.50万元，占8.79%；支援农业生产支出26267.20万元，占9.48%；农林、水利部门的事业费12636.30万元，占4.56%；城市维护费16151.50万元，占5.83%；文化、科学、卫生事业费105263.60万元，占38%；其他部门事业费7237.20万元，占2.62%；抚恤和社会福利救济费10177.10万元，占3.68%；行政管理费41924.30万元，占15.14%；专项支出6273.60万元，占2.26%；其他支出包括简易建筑费、科技三项费用、工业交通部门事业费、商业部门事业费、价格补贴、支援不发达地区等19895万元，占7.18%。

2000年12月江宁县撤县设区后，全区经济建设发展加快，特别是2003—2007年，调整优化支出结构，保证重点项目支出需要，落实向“三农”倾斜政策，促进城乡协调发展，一般预算内支出由2003年的14.29亿元增至2007年的41.97亿元，年均递增30%，财政支出主要用于保证机关、公检法司正常运转，支持全区农业、教育、文化、卫生、社会保障、城市维护和基本建设等投入。2001—2007年的7年，总投入145.52亿元。其中，农业支出12.48亿元，占总投入资金的8.58%；企业支出11.72亿元，占8.05%；文体科技等支出5.31亿元，占3.65%；教育支出20.04亿元，占13.77%；社会保障福利支出8.85亿元，占6.08%；医疗卫生支出7.82亿元，占5.38%；城乡基本建设与维护支出39.21亿元，占26.94%；行政管理事业费17.64亿元，占12.12%；公检法司支出8.49亿元，占5.83%；其他支出13.96亿元，占9.60%。

1949—1985年江宁县预算内财政支出情况表

表23-2-8　　　　单位：万元

年份	合计	基本建设投资	支援农业支出	文教科学卫生支出	社会救济抚恤支出	行政管理费支出	城市维护费	城市人口下乡经费	企业挖潜改造资金	其他支出
1949	0.90	—	—	—	—	0.90	—	—	—	—
1950	20.56	—	0.77	14.44	—	5.31	—	—	—	0.04
1951	48.74	—	4.33	29.11	—	10.73	—	—	—	4.57
1952	40.82	—	—	—	—	40.82	—	—	—	—
1953	179.50	6.08	3.75	115.47	3.80	49.51	0.89	—	—	—
1954	191.90	14.33	7.48	107.80	6.00	54.59	0.64	—	1.00	0.06
1955	212.64	7.45	14.42	116.43	11.61	62.47	0.25	—	—	0.01
1956	303.19	37.84	40.67	123.13	16.79	83.48	0.24	—	—	1.04
1957	389.45	80.27	44.31	134.92	20.16	88.34	0.25	—	19.45	1.75
1958	567.67	208.90	136.65	112.99	4.74	69.11	0.19	—	18.71	16.38
1959	633.30	240.08	85.48	150.32	13.74	81.91	0.61	—	34.15	27.01
1960	593.15	131.89	154.90	178.69	33.10	86.63	—	—	0.61	7.33
1961	418.58	38.74	83.89	155.63	44.07	84.94	—	—	—	11.31
1962	309.30	—	33.90	144.69	49.91	70.54	—	—	—	10.35
1963	287.26	—	22.93	143.34	20.99	73.70	—	—	1.66	24.64
1964	325.32	13.00	36.74	162.52	18.09	73.80	—	—	0.43	20.74
1965	348.39	11.74	50.08	165.92	28.44	73.46	—	2.71	3.05	12.99
1966	361.14	—	40.12	190.10	29.28	77.18	—	6.25	3.28	14.93
1967	411.65	—	37.24	206.64	54.51	68.88	—	3.60	14.94	25.84
1968	398.20	—	27.80	165.90	35.90	74.50	—	65.10	12.00	17.00
1969	451.90	25.87	14.90	179.35	50.96	61.07	—	74.55	—	45.20
1970	852.10	343.66	68.01	211.77	28.93	64.34	—	67.63	7.83	59.83
1971	982.32	436.26	44.51	249.86	32.93	73.07	—	9.86	67.20	68.63
1972	677.94	194.84	33.51	245.03	37.59	91.56	—	6.87	23.80	44.74
1973	900.98	89.53	152.74	261.49	43.60	93.60	—	187.51	44.08	28.43
1974	845.93	7.50	18.22	299.85	73.76	108.79	—	159.20	80.00	8.61
1975	965.87	8.00	249.89	306.00	62.91	112.10	—	91.19	130.52	5.26
1976	105.79	72.36	263.50	328.73	112.64	112.31	—	91.11	70.40	4.74
1977	1061.65	15.00	246.02	353.32	73.52	129.90	—	151.37	90.00	2.52
1978	1629.65	17.73	591.00	389.93	94.15	161.01	10.00	269.48	78.27	18.08
1979	1374.40	15.80	488.50	456.30	98.00	162.40	30.00	17.00	91.70	14.70
1980	1405.70	53.20	398.00	579.30	83.10	165.00	30.00	4.20	70.70	22.20
1981	1303.10	61.60	265.00	631.70	91.10	173.20	10.00	40.00	5.10	25.40
1982	1541.00	55.80	324.90	733.70	107.80	217.40	12.00	—	38.60	50.80
1983	1927.80	87.30	420.00	899.70	125.60	224.00	10.00	30.20	78.10	52.90
1984	2329.00	159.20	412.60	1006.40	100.10	265.40	11.00	—	249.80	124.50
1985	2599.40	245.80	387.80	1207.00	113.40	301.10	77.60	—	120.00	146.70
总计	27946.12	2679.82	5294.56	10757.38	1721.22	3747.05	193.67	1277.83	1355.38	919.28

1986—2000 年江宁县财政预算内支出情况表

表 23-2-9　　　　单位：万元

年份	基本建设	企业挖潜改造	简易建筑费	科技三项费用	支援农村生产支出	农林水利气象部门事业费	工业交通部门事业费	商业部门事业费	城市维护费	文化科学卫生事业费	其他部门事业费	抚恤和社会福利救济费	行政管理费	价格补贴支出	支援不发达地区	其他支出	专项支出	合计
1986	157.50	106.30	—	3.50	220.10	177.20	11.00	—	110.00	1273.30	100.90	133.60	381.60	284.90	—	60.40	30.40	3050.70
1987	124.10	81.40	—	4.30	317.70	316.00	7.50	—	116.10	1402.00	134.70	190.40	401.70	277.30	—	148.20	43.40	3564.80
1988	153.50	78.10	—	8.60	309.90	243.20	7.70	—	217.70	1630.70	112.20	275.50	543.60	328.00	—	45.30	46.90	4000.90
1989	129.80	89.40	6	21.80	537.90	194.90	10.80	—	248.20	1886.20	150.50	201.80	611.90	537.20	—	197.50	64.50	4888.40
1990	226.60	87.30	10	37.00	649.30	237.30	10.70	—	270.00	2302.90	155.60	236.50	755.90	565.50	—	96.40	69.50	5710.50
1991	118.10	90.00	20	40.20	972.30	551.70	9.30	—	313.50	2645.50	176.30	332.30	880.60	519.30	—	272.60	338.90	7280.60
1992	175.00	85.00	23	47.00	945.00	330.00	6.00	—	423.00	3204.00	204.00	253.00	1063.00	245.00	—	383.00	301.00	7687.00
1993	538.00	415.00	15	355.00	1030.00	635.00	6.00	—	596.00	4100.00	265.00	383.00	1412.00	228.00	—	1277.00	403.00	11658.00
1994	258.00	111.00	—	63.00	1836.00	776.00	25.00	15	690.00	6786.00	443.00	499.00	2674.00	118.00	—	222.00	550.00	16066.00
1995	458.00	400.00	15	165.00	1681.00	914.00	26.00	16	842.00	7243.00	748.00	579.00	3340.00	108.00	—	872.00	721.00	18128.00
1996	388.00	2047.00	—	219.00	2194.00	1367.00	26.00	25	894.00	9681.00	910.00	465.00	4547.00	118.00	—	624.00	767.00	24272.00
1997	497.00	2573.00	—	235.00	2873.00	1361.00	15.00	24	2162.00	12193.00	787.00	541.00	5059.00	123.00	—	1067.00	—	29510.00
1998	653.00	2191.00	—	225.00	3764.00	1459.00	22.00	5	1988.00	14895.00	974.00	1122.00	5275.00	140.00	15	1006.00	942.00	34676.00
1999	1090.00	4162.00	—	341.00	4105.00	1475.00	27.00	—	2030.00	16844.00	867.00	1806.00	6686.00	108.00	—	3374.00	959.00	43883.00
2000	1848.00	10845.00	3	702.00	4832.00	2599.00	21.00	—	5251.00	19177.00	1200.00	3159.00	8293.00	118.00	5	3536.00	1037.00	62626.00
总计	6814.60	24361.50	92	2467.40	26267.20	12636.30	231.00	85	16151.50	105263.60	7237.20	10177.10	41924.30	3818.20	20	13181.40	6273.60	277001.90

2001—2007年江宁区财政一般预算内支出情况表

表23-2-10　　　　单位：万元

年份	基本建设支出	企业支出	科技三项费用支出	农业支出	文体广播事业支出	教育支出	科学支出	医疗支出	财税审工交流通等部门事业费	抚恤和社会福利救济	行政事业单位离退休支出	社会保障补助支出	行政管理费支出	公检法司支出	城维费支出	政策性补贴支出	专项支出	其他支出	合计
2001	3278	15648	953	8894	1709	15139	895	5279	691	1782	2690	2055	6066	3193	10736	—	1860	4940	85808
2002	5182	17113	1082	10822	2396	19071	202	6286	794	2047	691	3495	7724	5862	17303	145	3037	6418	109670
2003	12524	13167	1562	14422	2794	22548	209	9755	1466	2359	1100	4517	11931	8161	19425	149	4221	12594	142904
2004	16618	21388	4605	18895	3371	25399	328	8432	3390	3617	1912	6815	14626	13420	29362	175	5707	13463	191523
2005	19509	16003	5137	19903	4096	30706	466	11554	5206	5598	1888	4434	17576	13727	45287	7	8512	12105	221714
2006	19669	17230	5999	25874	4555	33854	496	14933	12295	7110	2098	5714	22945	17037	65562	110	16091	12276	283848
2007	39596	16700	7944	26038	3664	53704	600	21944	20953	9500	3200	15862	50721	23545	88000	—	19700	18017	419688
总计	116376	117249	27282	124848	22585	200421	3196	78183	44795	32013	13579	42892	131589	84945	275675	586	59128	79813	1455155

区（县）预算外财政支出 1951—1985 年，县财政预算外总支出 4241.80 万元。其中，工业支出 1949.23 万元，占 45.96%；农业、林业、水利支出 477.72 万元，占 11.26%；农村道路桥梁支出 398.43 万元，占 9.39%；支援人民公社支出 168.43 万元，占 3.97%；社会文教卫生支出 220.88 万元，占 5.21%；行政管理费支出 192.60 万元，占 4.54%；城市公用费支出 539.20 万元，占 12.71%；补助广播站支出 121.32 万元，占 2.86%；其他支出 173.93 万元，占 4.10%。

1986—2000 年，县财政预算外总支出分成两段：1986—1996 年为财政预算管理的预算外资金支出，财政预算外资金，主要用于地方各项事业的发展。按照资金来源渠道不同，农业税附加主要用于农业建设、支援农业事业发展。城市公用事业附加，其他附加主要用于城市维护建设。坚持专款专用原则。共支出 5855 万元。其中，各项支出 5635.60 万元，占总支出 96.30%；上交能源交通重点资金支出 137.80 万元，占总支出 2.30%；上交国家预算调节基金 81.60 万元，占总支出 1.40%。1997—2000 年为财政扎口管理的预算外资金支出，其资金主要是行政事业部门征收的各项规费及基金和附加收入，在支出安排上，首先保证行政事业部门经费支出。4 年共支出 67576 万元。其中，行政事业费支出 33017 万元，占总支出 48.90%；基本建设支出 18239 万元，占 27%；城市维护支出 7054 万元，占 10.40%；其他支出 6146 万元，占 9.10%；政府调剂资金 3120 万元，占 4.60%。1997—2000 年，各乡镇自筹、统筹资金支出 35779 万元。

2001—2007 年，区级与镇（街道）级财政预算外资金支出，按支出口径的不同分两部分统计，2001—2006 年为前一部分，区级财政预算外资金共支出 225422 万元。其中，行政事业费支出 148831 万元，占总支出 66.02%。主要用于人员支出、公用经费、对个人和家庭补助支出、专项支出是行政事业单位正常运转的保证。基本建设支出 11756 万元，占总支出 5.22%。主要用于房屋建筑物购建、办公和专用设备购置、交通工具购置，是改善办公条件提升工作效率和科学化管理的需要。城市维护支出 23168 万元，占总支出 10.28%。主要用于公用事业、园林绿化设施、公共设施维护，是提升社会效率的需要。其他支出 38121 万元，占总支出 16.91%。政府调剂资金 3546 万元，占总支出 1.57%。镇（街道）共支出 184101 万元。2007 年为后一部分，区级财政预算外资金共支出 107179 万元。其中，一般公共服务 10884 万元，占总支出 10.16%；公共安全 2511 万元，占 2.34%；教育 20050 万元，占 18.71%；文体科技与传媒 477 万元，占 0.45%；社会保障和就业 2879 万元，占 2.68%；医疗卫生 3567 万元，占 3.33%；城乡社区事务 58441 万元，占 54.53%；农林水事务 5006 万元，占 4.67%；交通运输 1826 万元，占 1.70%；工商金融等事务 926 万元，占 0.86%；其他支出 612 万元，占 0.57%。街道级共支出 49405 万元。

1951—1985 年江宁县预算外财政支出情况表

表 23-2-11　　单位：万元

年份	合计	工业支出	农林水支出	农村道路桥梁支出	支援人民公社支出	社会文教卫生支出	行政管理费支出	城市公用费支出	补贴广播站支出	其他支出
1951	44.74	—	—	0.30	0.78	28.94	12.53	1.56	—	0.63
1952	93.20	—	4.51	0.32	8.13	48.86	13.75	3.45	3.16	11.02
1955	1.60	—	1.03	0.38	—	—	0.19	—	—	—
1956	8.95	—	5.04	2.84	—	—	0.09	—	0.98	—
1957	11.06	—	5.87	2.74	—	0.06	1.89	0.02	0.48	—

续表

年 份	合 计	工业支出	农林水支出	农村道路桥梁支出	支援人民公社支出	社会文教卫生支出	行政管理费支出	城市公用费支出	补贴广播站支出	其他支出
1960	124.13	40.54	47.18	11.69	14.32	2.70	—	0.23	—	7.47
1961	57.48	2.66	24.00	0.95	—	20.97	—	7.75	1.15	—
1962	54.80	—	6.51	7.35	—	3.74	16.20	19.24	0.99	0.77
1963	29.19	—	8.00	5.73	—	2.00	9.32	4.14	—	—
1964	28.71	—	7.34	7.80	—	—	1.85	8.56	—	3.16
1965	87.11	47.57	26.75	5.98	—	3.01	1.29	1.47	1.04	—
1966	40.14	—	25.31	4.50	—	2.62	4.22	1.99	1.50	—
1967	30.76	—	14.23	5.74	—	4.00	2.85	1.44	2.50	—
1968	53.45	11.53	22.40	6.43	2.00	4.00	2.58	2.00	2.51	—
1969	103.54	50.88	33.36	12.10	—	—	3.99	1.71	1.50	—
1970	105.25	40.88	40.65	15.38	—	—	4.97	2.35	1.02	—
1971	73.53	27.42	15.77	20.00	—	1.87	4.48	—	3.99	—
1972	157.35	89.92	28.54	20.00	—	3.30	4.65	5.33	4.91	0.70
1973	114.89	81.49	—	20.00	—	—	4.75	3.93	4.72	—
1974	123.71	88.55	1.54	12.00	—	—	8.98	4.56	5.60	2.48
1975	154.87	111.38	4.09	15.00	—	—	10.95	6.15	7.30	—
1976	112.73	46.60	14.23	15.00	—	—	10.50	16.58	4.82	5.00
1977	275.70	180.47	14.01	42.00	—	0.41	7.36	20.26	5.25	6.00
1978	298.35	211.34	14.46	30.20	1.00	10.00	5.77	15.08	6.50	4.00
1979	339.00	216.50	10.30	27.00	6.00	29.50	4.50	22.70	6.50	16.00
1980	228.90	101.30	27.50	32.10	3.00	8.50	8.70	38.90	5.90	3.00
1981	248.60	90.00	18.80	28.00	33.00	3.00	16.70	52.60	5.50	—
1982	364.80	206.00	12.50	28.60	34.00	1.20	0.30	72.80	3.50	0.90
1983	332.10	107.80	28.00	12.00	51.20	30.30	2.90	63.90	7.00	29.00
1984	251.60	128.90	15.00	—	—	6.50	—	82.10	7.00	12.10
1985	291.50	67.50	0.80	6.30	15.00	5.40	26.40	78.40	20.00	71.60
总 计	4241.80	1949.23	477.72	398.43	168.43	220.88	192.66	539.20	121.32	178.93

说明：1953年、1954年、1958年、1959年的预算外支出按当时规定纳入预算内支出

1986—1996 年江宁县财政预算管理中预算外资金支出情况表

表 23-2-12　　单位：万元

年份	合计	各项支出									上交能源交通重点建设资金	上交国家预算调节基金	年终滚存结余
		小计	工业支出	农林水支出	农村道路桥梁支出	社会文教卫生支出	行政管理费支出	城市公用费支出	补助广播站支出	其他支出			
1986	231.10	224.70	—	30.00	15	0.30	26.90	105.50	6.80	40.20	6.40	—	183.10
1987	193.10	185.90	—	30.00	10	0.60	12.00	68.00	8.90	56.40	7.20	—	326.50
1988	196.70	183.30	—	—	12	1.00	10.00	57.20	—	103.10	13.40	—	333.20
1989	438.00	408.60	30	14.10	—	0.60	36.00	84.60	—	243.30	20.80	8.60	164.70
1990	285.10	250.10	—	81.00	—	—	40.70	112.90	—	15.50	21.00	14.00	190.90
1991	462.00	421.00	—	27.00	—	—	37.00	121.00	—	236.00	16.00	25.00	245.00
1992	636.00	632.00	—	—	—	30.00	140.00	127.00	—	355.00	3.00	1.00	274.00
1993	872.00	789.00	—	—	—	—	251.00	28.00	—	510.00	50.00	33.00	267.00
1994	931.00	931.00	—	—	—	—	671.00	133.00	—	127.00	—	—	653.00
1995	714.00	714.00	—	—	—	—	143.00	173.00	—	398.00	—	—	1065.00
1996	896.00	896.00	—	—	—	—	100.00	200.00	—	596.00	—	—	1593.00
总计	5855.00	5635.60	30	182.10	37	32.50	1467.60	1210.20	15.70	2660.50	137.80	81.60	—

1997—2000年江宁县财政扎口预算外资金支出情况表

表 23-2-13

单位：万元

年份	合计	行政事业费支出							基本建设支出			城市维护支出	其他支出	政府调剂资金		年终滚存结余
		小计	人员经费	社会保障支出	公务业务费	设备购置费	修缮费	其他费用	小计	生产性支出	非生产性支出			小计	其中：调入预算内资金	
1997	17860	8195	1272	401	2784	1296	1517	925	4636	4357	279	2795	1574	660	640	5516
1998	17385	9890	1923	457	3279	1072	2097	1062	3713	3486	227	1950	912	920	850	4091
1999	16087	7880	1923	502	2723	854	1291	587	4901	4607	294	1305	1224	777	772	3539
2000	16244	7052	2221	389	1817	1056	881	688	4989	4916	73	1004	2436	763	763	3728
总计	67576	33017	7339	1749	10603	4278	5786	3262	18239	17366	873	7054	6146	3120	3025	—

2001—2006年江宁区预算外资金支出统计表

表 23-2-14

单位：万元

年份	合计	行政事业费支出		基本建设支出	城市维护支出	其他支出	政府调剂资金		年终滚存结余
		小计	其中：项目支出				小计	其中：调入预算内资金	
2001	31611	14799	—	1756	3249	11807	—	—	1495
2002	28092	12953	—	—	7837	7302	—	—	7485
2003	30928	18229	2904	250	8576	3873	—	—	11413
2004	36797	17375	1691	9421	3506	5086	1409	1409	15583
2005	39324	34587	14208	74	—	2995	1668	1668	12775
2006	58670	50888	30097	255	—	7058	469	469	2578
总计	225422	148831	48900	11756	23168	38121	3546	3546	—

2007 年江宁区预算外资金支出情况表

表 23-2-15　　　　单位：万元

年份	合计	一般公共服务	公共安全	教育	科学技术	文化体育与传媒	社会保障和就业	医疗卫生	城乡社区事务	农林水事务	交通运输	工业商业金融等事务	其他支出	年终结余
2007	107179	10884	2511	20050	6	471	2879	3567	58441	5006	1826	926	612	7696

第三节　地方预算规模与平衡

【地方预算规模】

江宁县每年实现的财政收入，按照国家财政体制规定，一部分作为地方预算收入，一部分上解中央和省市。县级地方预算收入组成主要有体制分成，收入超收分成、增收分成及超包分成、固定留用、省市补助收入、省市追加支出指标、税收返还、地方附加收入等。其规模不断扩大。

从 1986 年开始，执行全额包干，比例分成，增收多分的财政体制。当年县全额财政收入 6155.10 万元，县地方预算收入为 3192.50 万元，占全额财政收入 51.86%。1987 年，继续执行原财政体制，但改变分成结算方法，将全额分成分为 3 档计算。是年，花园、长江、营防 3 个乡划归栖霞区，全年财政收入中剔除 3 个乡 1—5 月份收入 68 万元分成，由于增收分成比例提高，虽因同比收入基数减少，分成收入仍有所增加。同时，因省市追加支出指标及县固定留用部分增加，当年地方预算收入为 3553.80 万元，占全额预算财政收入 6784.20 万元的 52.38%。1988—1990 年 3 年间，省、市对县财政体制实行“收入递增包干”的办法。这一财政体制比原“全额包干，比例分成，增收多分”的体制进了一步，使江宁地方预算收入上一个台阶，3 年共得超包分成收入 2125.30 万元，平均每年得超包分成收入 708.43 万元，这 3 年县级地方预算收入为 1988 年 4035 万元，1989 年 4956.90 万元，1990 年 5875 万元，分别占全额财政收入 7522.10 万元的 53.64%、8060.80 万元的 61.44%、8979.20 万元的 65.15%。1991—1993 年，继续执行递增包干体制。1991 年，因发生特大洪涝灾害，省、市在正常补助外，给予县财政减收补助 680 万元。同时，县政府及时调整财政收入预算，调减工商税、农业税、企业收入、预算调节基金、农业特产税等收入 704 万元，因此，当年虽遭受特大洪涝灾害，财政收入比 1990 年仍略有增长，地方预算收入且有较大幅度的增长，达 7347.70 万元，比 1990 年增加 1472.70 万元，增长 25%，占当年财政全额收入 9000.80 万元的 81.63%，是递增包干年份中地方预算收入占财政全额收入比例最高的一年。1992 年、1993 年贯彻落实中共十四大精神，深化改革，发展经济，国民经济持续快速发展。1992 年，财政全额收入首次突破亿元，达 10858 万元，地方预算收入也得到大幅度增长，1993 年是执行递增包干体制最后一年，地方预算收入达 1.32 亿元，占当年财政全额收入 16460 万元的 80.19%，比实行递增包干体制前的 1987 年增长 271.40%。1994—2000 年，实行分税制财政管理体制，将中央和省 1993 年从江宁净上划收入数作为 1994 年税收返还基数，并每年与地方上划增长率挂钩，同时，将原递增包干体制应上解数作为固定上解。这 7 年共得税收返还 72680 万元，平均每年 10382 万元，原体制分成 170258 万元，平均每年 24322.50 万元，加省、市补助收入 7423 万元，省、市追加支出指标 30018 万元。这 7 年间，江宁县地方预算收入由于体制的变革得到快速平稳增长，地方预算收入总计 280379 万元，平均每年 40054 万元，年平均递增 28.32%。2000 年，地方预算收入达 68917 万元，占全额财政收入 8.18 亿元的 84.25%。

1986—2000 年，15 年地方预算收入共计 295822.20 万元，每年平均 19721.47 万元，占全额财政收入 379998.20 万元的 77.85%。上解国家收入 84176 万元，每年平均上解 5611.75 万元，占全额财政收入的 22.15%。

2001—2007 年，实现财政总收入 3381355 万元，每年平均 483050.71 万元。实现地方预算财力 2190761 万元，每年平均 312965.86 万元，占财政总收入 64.79%，其中地方一般预算收入 1453906 万元，每年平均 312966 万元，基金预算收入 736855 万元，每年平均 105265 万元；上划中央收入 1190594 万元，每年平均 170084.86 万元，占财政总收入 35.21%。

【地方预算平衡】

实现预算收支平衡，略有节余，是地方财政预算一贯坚持的方针。区财政坚持在为国家多做贡献的前提下，收入打足，支出从紧，量入为出，量力而行。在解决需要与可能的矛盾时，首先保证正常经费和人员工资，并尽一切可能解决地方经济建设、各项事业发展和逐步提高人民物质生活水平的需要。发展经济、保障供给，围绕财政平衡目标，加强财政收入征管，净化财政支出范围，不断提高预算约束力，使财政“收、支、管”步入良性运行轨道。财政收入稳步增长，财政支出保障有效。1986—2000 年，县财政地方预算年年平衡，并略有节余，至 2000 年，累计滚存净结余 359 万元。同时，加强行政事业性收费收入，基金附加收入，各项社会基金收入等预算外资金管理，形成“政府管权、部门管事、财政管钱”的运行机制，充分发挥预算外资金综合调控经济发展，参与财政平衡的作用。1986—2000 年为增加各项事业发展的需要，每年调用预算外资金弥补预算安排，15 年共调用预算外资金 15574.80 万元。预算外资金按规定用于地方城市建设和发展各项事业，每年量入为出，收支平衡，年终也均有结余。

2001—2007 年，区财政围绕富民强区和率先实现全面小康的全区经济社会发展目标，发挥财政职能，坚持服务发展，增加收入，调优支出，深化财政改革、强化财政监督、规范财政秩序，实现全区财政经济的良性循环。7 年中，区财政地方预算年年平衡，并略有节余，累计滚存净结余 468 万元。从 1986 年至 2007 年，江宁区连续 22 年实现财政收支平衡。

1986—2000年江宁县地方财力收支平衡情况表

表 23-2-16

单位：万元

年份	收入							支出									结余				
	合计	地方预算收入	能交基金分成	社保收入	其他收入	上年结余	调入资金	合计	本年支出	中央借款	省集中耕地税	社保支出	社保支出结余	专款上解	增设预算周转金	调出资金	年终滚存结余	其中			
																		排污费	能交基金	转下年支出	净结余
1986	3464.30	3192.50	13.80	—	—	221.50	36.50	3078.20	3050.70	197.40	1.50	—	—	—	27.50	—	386.10	10.60	13.80	310.00	51.70
1987	4039.00	3553.80	24.30	—	—	386.10	74.80	3805.20	3564.80	—	—	—	—	—	41.50	—	233.80	7.40	24.30	171.10	31.00
1988	4501.30	4035.00	32.60	—	—	233.80	199.90	4102.20	4000.90	—	—	—	—	18.70	82.60	—	399.10	9.40	32.60	300.20	56.90
1989	5620.30	4956.90	27.80	—	—	399.10	236.50	5044.90	4888.40	—	—	—	—	89.50	67.00	—	575.40	4.90	27.80	466.50	76.20
1990	6720.90	5875.00	22.80	—	—	620.40	202.70	6025.00	5710.50	—	—	—	—	288.90	25.60	—	695.90	7.90	22.80	594.80	70.40
1991	8227.30	7347.70	18.90	—	6.40	695.90	158.40	7635.20	7280.60	—	—	—	—	353.30	1.30	—	592.10	7.90	18.90	350.50	214.80
1992	8513.00	7746.00	23.00	—	—	592.00	152.00	7993.00	7687.00	—	—	—	—	306.00	—	—	520.00	—	23.00	421.00	76.00
1993	14976.00	13200.00	15.00	1150	2.00	520.00	89.00	13783.00	11658.00	—	—	1150	—	799.00	176.00	—	1193.00	—	15.00	1025.00	153.00
1994	26311.00	23529.00	4.00	1190	5.00	1193.00	390.00	24254.00	16066.00	—	—	1190	—	6998.00	—	—	2057.00	—	4.00	1700.00	353.00
1995	30881.00	25891.00	-48.00	2507	—	2057.00	474.00	28701.00	18128.00	—	—	1802	705	7934.00	132.00	—	2180.00	—	—	1835.00	345.00
1996	39339.00	33173.00	—	3333	—	2180.00	653.00	36430.00	24272.00	—	—	2582	751	8679.00	146.00	—	2909.00	—	—	2667.00	242.00
1997	44647.00	36996.00	—	3471	—	2897.00	1283.00	42224.00	29510.00	—	—	2568	903	9143.00	100.00	—	2423.00	—	—	2243.00	180.00
1998	47698.00	41168.00	—	—	—	2436.00	4094.00	44155.00	34676.00	—	—	—	—	9354.00	—	125	3543.00	—	—	3341.00	202.00
1999	58755.00	50705.00	—	—	—	3543.00	4507.00	54426.00	43883.00	—	—	—	—	10423.00	—	120	4329.00	—	—	4074.00	255.00
2000	76270.00	68917.00	—	—	—	4149.00	3204.00	75252.00	62626.00	—	—	—	—	12506.00	—	120	1018.00	—	—	659.00	359.00
总计	379963.10	330285.90	134.20	11651	13.40	22123.80	15754.80	356908.70	277001.90	197.40	1.50	9292	2359	66892.40	799.50	365	23054.40	48.10	182.20	20158.10	2666.00

2001—2007年江宁区地方财力收支平衡情况表

表23-2-17　　　　单位：万元

年份	收入					支出				结余	
	合计	本年一般预算收入	上级补助收入	上年结余收入	调入资金	合计	本年一般预算支出	上解上级支出	调出资金	年终结余	其中：净结余
2001	111831	83420	24565	1018	2828	106669	85808	20733	128	5162	1100
2002	146839	100077	38873	5162	2727	138642	109670	28972	—	8197	1140
2003	191246	134866	45300	8197	2883	180617	142904	37713	—	10629	1496
2004	239819	174718	52553	10629	1919	237691	191523	46168	—	2128	673
2005	284609	219907	60396	2128	2178	279523	221714	57809	—	5086	115
2006	364482	290099	68828	5086	469	358713	283848	74865	—	5769	317
2007	529588	450819	72674	5769	326	522696	419688	103008	—	6892	468
总计	1868414	1453906	363189	37989	13330	1824551	1455155	369268	128	43863	5309

第四节 公（国）债 国库券

1950—1990年，国家先后统一发行公债、国库券和特种国债，由城乡单位与群众认购，县财政局主管，县人民银行代理发行。其中，1989年开始，国库券发行对象改为全部由城乡群众认购，县工商银行和县农业银行代理发行。

【人民胜利折实公债】

新中国成立后，为安定民生，恢复发展生产，发行人民胜利折实公债。公债的募集和还本付息，均以实物为折算标准。公债单位定名为“分”。由中国人民银行每旬公布一次。年息5厘。从1951年开始至1955年止，分5年偿还。1950年后，由于国家财政状况好转，停止发行。1956年全部还本付息。江宁县于1950年1月5日起由县人民银行代理发行。

【国家经济建设公债】

国家发行经济建设公债，目的在于加速国家经济建设，总额6亿元，年息4厘，每年付息一次，本金从发行次年起分8年还清。江宁县从1954年至1958年发行5期，计1144576元。

【国库券】

1981年起，发行中华人民共和国国库券，至1985年先后发行5期，由县农业银行、工商银行代理发行，共发行690.30万元。

图23-2-3　1990年国库券

1986—1988 年，共发行国库券 775.84 万元，其中 1986 年发行 235.69 万元、1987 年发行 235.15 万元、1988 年发行 305 万元。兑付到期国库券 260 万元。从 1989 年开始，国库券发行方式改为全部由城乡群众认购，两年共发行国库券 607.13 万元。

【特种国债】

1989 年 6 月 1 日起，国家发行特种国债，由经济条件较好的全民所有制企业、集体所有制企业、私营企业、金融机构、企业主管部门、事业单位和社会团体，全民所有制企业职工，退休养老基金管理机构、待业保险管理机构认购，由县财政局组织认购。1989 年、1990 年，两年共完成特种国债认购任务 225.50 万元。

此外，1958 年 7 月，江苏省发行地方建设公债，后考虑到在农村推销面广量大，改为江苏省地方工业储蓄券，在职工中动员以储蓄的习惯认购，只推销一年即停止。江宁县任务数 15 万元，完成数 19 万元。

1950—1985 年部分年份江宁县购买公债及国库券情况表

表 23-2-18

项目及年份		地方财政（万元）	单位（万元）	职工（万元）	农民（万元）	工商界（万元）	其他（万元）	累计认购数（万元）	分配任务数（万元）	完成比例（%）
人民胜利折实公债	1950	—	—	—	—	—	—	22102（分）	27000（分）	81.86
国家经济建设公债	1954	—	—	6.65	5.79	6.07	3.90	22.41	24.00	93.38
	1955	—	—	5.08	10.07	3.53	0.07	18.75	17.50	107.14
	1956	—	—	6.54	5.67	3.02	0.07	15.30	20.11	76.08
	1957	—	—	9.83	15.39	2.29	0.23	27.74	25.20	110.08
	1958	—	—	10.28	18.32	1.74	3.66	34.00	27.00	125.93
省地方工业建设储蓄	1959	—	—	19.00		—	—	19.00	15.00	126.67
国库券	1981	10.00	68.90	—	—	—	—	78.90	72.00	109.58
	1982	—	35.80	33.50	48.70	—	—	118.00	100.00	118.00
	1983	—	29.90	31.00	66.90	—	—	127.80	126.00	101.43
	1984	—	32.00	31.60	66.00	—	—	129.60	125.00	103.68
	1985	—	30.00	66.00	140.00	—	—	236.00	233.00	101.29

说明：1950 年胜利折实公债单位为“分”，每分按当月公布的实物折价以 22102 分换算为新人民币单价

1989—2005 年江宁区国债认购及兑付情况表

表 23-2-19　　　　单位：元

债券名称	发行年份	认购金额	兑付年份	兑付金额
财政部特种国债	1989（五年期）	1216650	1994	2129137.50
	1990（五年期）	1102000	1995	1928500.00
	1991（五年期）	131500	1996	190675.00
财政部定向债券	1994（五年期）	1790000	1999	3209470.00
	1995（五年期）	4200000	2000	7530600.00
	1996（五年期）	500000	2001	720000.00
	1997（五年期）	2100000	2002	3024000.00
	1998（五年期）	5500000	2003	7108750.00
	1999（五年期）	14600000	2004	17155000.00
	2000（五年期）	11000000	2005	12925000.00
江苏省财政系统凭证式国债	1997（二年期）	312350	1999	362912.36
	1997（三年期）	1956450	2000	2473000.23
	1997（五年期）	200000	2002	301700.00
	1998（三年期）	3024000	2001	3663941.70
	1998（五年期）	2016000	2003	2807701.49
合　计	—	49648950	—	65530388.28

第三章　财政监督管理

新中国成立后，江宁县的财政监督管理主要是对国家财政方针、政策的贯彻和财务规章制度执行等方面的监督与管理，内容包括预算资金、财政信用资金、行政事业单位财务、农业财务、企业财务、国有资产、会计核算等的管理。随着财政管理体制的不断改革，管理内涵逐步细化。特别是 1986 年后，除每年开展财务、税收、物价大检查外，1987 年，将财政事业单位预算外资金纳入预算管理。1988—1990 年，实行国有企业达标升级，规范企业成本核算。1991 年，施行支农资金支出管理，跟踪监督，同时实行支农工程招标制。1993 年，为支持重点项目，实行财政信用资金集中管理。1994—1996 年，加强国有资产管理，进行清产核资、产权登记、企业改制。1998 年，将乡镇预算外资金纳入预算管理，同时在行政事业单位试行部门预算，统一预算内外支出标准，1999 年，实行零基预算。2000 年，实行政府采购。

2000年12月江宁县撤县设区后，进一步加大财政监管力度，至2007年，区财政围绕区政府社会经济发展目标，把握工作重点，推进财政体制改革，继续实行部门预算、零基预算、综合预算编制方法，优化财政支出结构，加强监控，推行财政统发工资、政府采购、国库集中收付制度改革，建立公共财政框架体系，促进江宁和谐社会、小康社会发展。

第一节　预算内资金及预算外资金管理

【预算内资金管理】

江宁县财政预算内资金管理，根据国家财政体制改革，经济建设，各项财政收入、支出的增减变化等因素，在每年的预算编制中都做出相应调整和安排，经县人民代表大会通过后执行。

1986年，国家进行财政体制改革，各项政策性补贴由退库改列预算内支出，将城市维护建设税作为地方收入列收列支，南京市增加江宁县国家收入任务8.78%，编制财政预算收入时，考虑完成国家收入任务及县财政地方预算支出必要的增长，确定全年预算收入为6211万元，后因调减老粮差退库65万元，调整后预算收入为6146万元。1987年后，中央向地方借款，集中财力加强重点建设，江宁县每年向中央缴集中资金197.40万元。财政一方面压缩支出，另一方面积极支持企业发展生产，贯彻“先予后取”的方针。南京市核定江宁县财政收入任务6885.61万元，因行政区划调整（长江、营防、花园划归栖霞区）、政策调整等因素，减为6768万元，除农业、抚恤和社会救济支出略有增长，文卫事业费支出与1986年持平外，其余各项事业费支出均比1986年有所下降。1988—1989年，贯彻中共十三大精神，稳定经济，压缩非生产性支出，控制消费基金增长，集中资金支持企业生产和社会事业的发展。财政预算收入分别按7.74%和7.35%增长比例安排。1990年，为保证完成国家集中资金任务及工资普调顺利出台，增加对农业、科技、教育的投入，根据南京市下达江宁县财政收入指标9498.70万元，扣除粮食亏损退库625万元后，确定县财政预算收入为8873.70万元，因灾调减农业税收入67万元，调增其他收入50万元，调整后的财政预算收入为8856.70万元。

1991年，安排财政预算收入任务为9435万元，比1990年度增长6.50%，是相邻年度财政收入增长比例最低的一年。1992年是江宁经济超常发展的一年。根据当年国民经济发展计划要求，保持财政收入适度增长，安排财政预算收入必成指标10191万元，比1991年增长8%。当年因工龄工资、节支奖、粮油补贴翘尾巴等政策性增支因素，调增收入521万元，调整后财政预算收入为10712万元，突破1亿元。

1993年和1994年，分别安排财政预算收入12147万元、19000万元。1995年，根据县委经济工作总体要求，财政收入增长应与经济增长相适应，确定财政预算收入25200万元。财政支出实行总额控制，在保证正常开支的同时，继续增加对农业、基础设施、科教投入，为确保财政收支平衡，增加预算外收入500万元，在1994年基础上压缩支出700万元，执行过程中，因区划调整、取消集贸税收分成等因素，调整预算收入为26530万元。1996年，根据江宁县国民经济和社会事业发展计划要求，确定财政预算收入必成指标3亿元，争取指标3.10亿元，同时安排预算外收入700万元，压缩支出300万元。当年因政策性增支因素多，年初安排新增财力少，部分增支未纳入预算，又因实施乡镇分税制财政管理体制，出台行政事业单位人员工资及养老保险制度改革，粮食征购价格提高调增农业税等收支变动因素，调增财政预算收入 3680 万元。1997 年，财政预算收入按照低于国内生产总值增长幅度安排，留有一定的增收潜力，财政支出本着“控制总量、优化结构、重点倾斜”的精神，保证人员工资及正常经费支出，继续增加对农业、教育、科技和精神文明建设方面的投入，确定财政预算收入占国内生产总值 5%，总额为 3.80 亿元，期成指示按占国内生产总值 5.28% 安排，总额为 4 亿元。1998 年，实行零基预算编制方法，考虑到经济增长的艰巨性和社会稳定及发展需要，财政预算收入按低于国内生产总值计划增长 1.20 个百分点安排，必成指标为 4.60 亿元，占国内生产总值的 5.11%，大力控制一般性支出，优化支出结构，规范财政供给范围，统一预算内支出标准，预算内外资金统筹使用。1999 年，提高财政收入占国内生产总值比重，外商投资企业税收总量增加，呈现较快增长势头，成为财政收入的重要增长点。财政支出在保证正常经费支出的同时，增加以水利建设为重点的农业基础设施投入，增加安排下岗职工基本生活费和再就业及调资支出。确定财政预算收入必成指标 52480 万元，期成指标 5.40 亿元。2000 年，财政预算收入按高于国内生产总值增幅 1 个百分点安排，必成指标为 6.05 亿元，期成指标为 6.20 亿元，财政支出按“保吃饭、保稳定、保重点产业发展和重点项目”的顺序，区分轻重缓急，确保重点。对预算管理单位的经常性经费实行“区别对待，分类管理，核定基数，经费包干”，并全面实行预算制度，加强预算监督。

2001 年，保持财政收入稳定增长，继续提高财政收入占国内生产总值的比重，安排财政预算收入指标 10 亿元，比 2000 年增长 22.20%，占国内生产总值的比重达 8.85%，比 2000 年提高 0.78%。硬化财政收入目标考核管理，强化重点税源监控，细化部门预算编制，建立规范的政府采购机制，实际完成收入 14.88 亿元。2002 年，继续贯彻积极的财政政策，坚持依法治税，加强征管，确保财政收入稳定增长，加快建立公共财政框架，调整和优化财政支出结构。安排财政预算收入指标 18 亿元，比 2001 年增长 21%。执行过程中，部分行政性收费、政府性基金纳入预算管理，实际完成收入 220066 万元。2003 年，继续保持财政收入的稳定增长，财政收入的增幅高于国内生产总值的增幅，提高财政收入占国内生产总值的比重。安排财政预算收入指标 27 亿元，比 2002 年增长 25.60%，占国内生产总值的比重由 2002 年的 16% 提高到 16.90%。实际完成 350150 万元。2004 年，围绕富民强区总体目标，发展经济、培植财源，安排财政预算收入指标 45 亿元，比 2003 年增长 28.50%。在执行过程中出口退税负担机制调整，农业税税率总体下降 1 个百分点，增值税由生产型改为消费型，统一内外资企业税收制度等政策的实施，减少地方财政收入，增加地方财政负担，实际完成预算收入 400120 万元。2005 年，考虑到实行免征农业税、出口退税实退期加长，政府性基金和行政性收费受政策影响将会进一步取消项目或降低标准等因素，财政预算收入指标为 48 亿元，比 2004 年增长 20%。执行过程中，出口退税政策调整，实际完成预算收入 50.02 亿元。

2006 年，进一步做大财政“蛋糕”，调整和优化财政支出结构，保障重点支出需要，集中财力支持城乡统筹发展，按照全区国民经济和社会发展“十一五”规划和奋斗目标，财政收入预算指标为 61 亿元，比 2005 年增长 22%。实际完成预算收入 65.06 亿元。2007 年，区财政工作贯彻落实科学发展观，实行科学理财、为民理财、依法理财，支持全区经济和各项社会事业发展，加快全面达小康进程，促进和谐江宁建设，全年实现全口径财政收入 1111419 万元，比 2006 年增长 70.80%。

【预算外资金管理】

1986年前，预算外资金分散在各主管部门及有关企业。1987年4月，县财政局制发《关于对行政事业单位部分预算外资金实行财政专户储存有关问题的通知》，对行政事业单位一部分预算外资金实行专户储存管理，根据应纳入专户储存的资金性质，在专业银行分别开设预算外资金计息账户和不计息账户。

1993年，江宁县成立预算外资金管理领导小组，强化对预算外资金管理，将预算外资金进行分级分类纳入财政管理，建章立制，建立预算外资金预决算制度。1994年，财政专户存储规模由1992年的290万元增至6500万元。

1997年3月，贯彻国务院《关于加强预算外资金管理的决定》，县政府制订《江宁县预算外资金管理实施办法》，进一步明确“预算外资金是国家财政性资金，不是部门或单位自有资金，必须纳入财政管理”，资金的所有权归国家，调控权归政府，管理权归财政。此后，全县所有行政事业单位及有关企业预算外资金均实施“收支两条线”管理。2000年，江宁县成立基金（资金、附加）管理工作小组及办公室，加强对全县各类基金的管理，保证基金的安全和保值增值。同年9月，全县预算外资金收支实行微机网络化管理，预算外资金单位实行专户联网，收款、解款、银行收款及对账等事项都实施网上操作。

2001年3月，区预算外资金管理办公室制发《关于将幼儿园收费纳入财政专户实行收支两条线管理的通知》，对城区范围内机关、厂办幼儿园预算外资金实行收支两条线管理。同年4月，区财政局制发《关于实施预算外资金经常性经费序时拨付的通知》，对行政事业单位预算外资金经常性经费（人员经费、公用经费），实施序时拨付制度，对专项及往来款实施定期拨付制度。2002年，区政府颁发《关于印发〈江宁区预算外资金统筹办法〉的通知》，按区本级单位行政事业性收费、政府性基金（资金、附加）收入的一定比例统筹预算外资金，当年统筹资金1503万元。2003年10月，根据区政府颁发《关于印发江宁区行政事业性收费实行票款分离管理意见的通知》精神，对区本级行政事业性收费实行“票款分离”管理模式，实行项目库管理和网络化管理，执收单位收费时，采取“部门通知、银行开票、财政统管”办法，实现资金及时缴户、财政实时监控的目标，有效防止资金流失，遏制乱收费、坐收坐支、挪用资金等违纪行为的发生，提高工作效率，提升管理水平。同年12月，实行收费减免缓“一支笔”审批制度，明确政策性减免由收费单位负责审查批准；非政策性减免或缓交的，一律由收费单位初审、送分管区长提出处理建议后，报区长批准。2004—2005年，区财政局制发《关于实行预算外资金收支分离管理的意见》，按照部门预算编制要求编制单位年度支出预算，单位的实际支出与其当年预算外资金收入实行彻底脱钩。选择区公安局、林副业局、市容局、区法院、检察院5个单位进行试点，成效显著。这5个单位收入实绩5077万元，超收315万元。2006年，5个单位收入实绩8228万元，超收3164万元。

2006年，成立江宁区政府非税收入管理制度领导小组，加强对政府非税收入的管理，规范非税收入收缴管理制度，确保非税收入应收尽收。区政府印发《江宁区政府非税收入管理办法》，明确非税收入的范围、收缴管理、支出管理、票据管理的监督检查等。在政府非税收入收缴管理改革实施过程中，区财政局召开专题会议，开展业务培训，对收费项目、财政票据、银行账户进行清理，实行项目库管理，以票据管理为龙头，构建财政内部和财政部门与职能部门、征收部门、代理银行外部两大网络管理系统，实现从票据开具到资金收付、查询、记账、监管全过程的自动化管理。2007年，江宁区正式实施政府非税收入收缴管理，实现“单位电脑开票、银行代收代缴、数据实时传输、财政网上监控”目标。并完善区级非税收入管理，提高系统运行质量和效率。当年，除医疗单位外，区本级130多个单位全面实施非税收入收缴管理改革，全面提高政府非税收入管理水平。

1998—2007年，区政府对各镇街加强预算外资金管理。1998年，根据国务院《关于加强预算外资金管理的决定》，批转县财政局《关于乡镇预算外资金管理指导意见的通知》，各乡镇成立预算外资金管理小组，划定乡镇预算外资金管理范围，明确乡镇财政所是预算外资金管理的职能部门，负责乡镇预算外资金收支管理。并在银行开设财政专户，健全财政专户管理制度，实行收支两条线管理。2004年，江宁开发园区也运用起预算外资金网络管理系统，对园区行政事业性收费实行“票款分离”管理。

2007年，各街道、开发园区实施政府非税收入收缴管理制度改革，通过“单位开票、银行代收、财政统管”的征管方式，统一运用“江宁区政府非税收入管理系统”，启用“江苏省政府非税收入一般缴款书”，实行电子开票，实现票据发放、开具、缴验以及查询、监管的全过程的自动化和网络化管理。

第二节 财政信用资金管理

【财政信用资金管理机构】

1993年，经县委批准，县财政局成立财政信用资金管理股，将原由各业务股管理的工交商贸周转金、小型技术贷款资金、预算周转金、文教行政事业周转金、支农周转金归口，统称为财政信用资金，由财政信用资金管理股统一管理，并负责放贷回收。1996年，县财政局出台《关于进一步完善财政信用资金管理的意见》，明确规定借款范围、审批权限、借款操作程序等，对财政信用资金回收率实行百分考核。1997年，将财政信用资金账务清理上机，全面实行电算化管理和操作。1998年，县政府成立清理整顿财政周转金领导小组，对所有放款逐笔发送对账单和债权保全确认书。8月1日后，财政信用资金除农发周转金外，一律只收不放，到期放款应收尽收，防止国有资产流失，避免造成债权“悬空”。

1999—2000年，继续对财政信用资金进行清理整顿并要求全县各部门对有偿使用资金清理自查，定期上报自查情况。对拖欠借款的单位，部分采取实物抵债、资产转换的方式收回资金，确属呆账的，按江苏省财政厅《关于转发财政部财政周转金呆账处理规定的通知》进行核销。

【财政信用资金放贷】

1993年，财政信用资金总量已达10522万元（包括向上级财政部门融资5610万元）。1994年，全县企业资金供求矛盾突出，县财政局按照县政府要求，对第三钢铁厂、民营科技园等一批县属企业和重点项目及规模较大的乡镇、村，骨干企业进行支持，当年累计发放财政信用资金贷款7848万元。1995年，主要投向全民企业、经营性事业单位、乡镇财政所。当年发放财政信用资金9715万元，其中收回1994年度放款4034万元。

1996年，重点支持高科技农业园蔬菜生产加工、农业综合开发等一批农业产业化项目，以及民政、教育企业，发放贷款8984万元，在收回1995年放款3121万元的同时，又向上级融资7126万元。1997年，着力改变财政信用资金低效运行状况，集中资金支持经济发展，全年共收回逾期财政信用资金5666万元，融进资金7678万元，当年放贷达1.10亿元。1998年，按照财政部“统一部署，分级整顿”的要求，8月1日后财政信用资金除农发周转金外，一律只收不放，对到期放款要求应收尽收，当年放贷规模由1997年的1.10亿元压缩到7352万元。1999—2000年，根据财政部清理整顿财政信用资金要求，继续对财政信用资金进行清理，只收不放，针对财政信用资金积欠多、回收难的状况，采取多种措施，清理回收逾期放款1481万元，占用费502万元，收回委托银行放款322万元，归还上级借入资金1413万元，用基金核销破产企业借款90万元。

1993—2000年，江宁县财政信用资金通过预算逐年安排，共计积累财政信用资金4843万元，向上级财政融资及利用财政间隙资金累计34802万元，累计放贷36809万元。2001年后，区财政局不再进行财政信用资金的放贷业务。

第三节 行政事业单位财务管理

【管理范围】

江宁县行政事业财务管理范围，从新中国成立初期起，一直依据各个时期的经济发展和工作需要不断变化和扩大。至2007年，管理范围包括区、街道级机关及其下属各部门的行政和事业编制，政法系统各单位以及文化、教育、卫生、公费医疗、体育、民政抚恤、社会救济、广播电视、科委、区委党校、档案等系统的事业经费。

【管理办法】

定额预算包干 1950年，江宁县对公杂、临时书报、自行车修理、灯火等项经费实行包干使用。如规定行程在15千米以内不得乘车、吃饭用通用券等。1957—1958年，制订行政、事业单位经费开支标准，实行包干管理。如人员经费按级列报，福利费按工资总额3%计算，由人事部门掌握使用。1980年，对县级机关经费包干，将原定年初核定预算指标，年终结余收回的办法，改为“总额包干，结余留用”。包干结余可提取60%为发展事业基金，40%为福利、奖励金。1989—1990年，积极贯彻新会计制度，进一步加大定额预算包干办法执行力度。

1995年，强化财政监督和管理，实行县级机关公费住宅电话经费包干使用，控制公费住宅电话增长。1999年，出台《江宁县行政事业单位经常性经费包干办法暂行规定》，对公用经费和小汽车经费的使用管理进行具体规定，纳入2000年预算编制中实施。2000年，新《中华人民共和国会计法》正式实施，组织全县270名行政事业单位财务人员进行学习，进一步提高财务管理水平，并对经常性经费包干办法在执行过程中存在的问题进一步完善。

2001—2007年，江宁区在继续实行行政事业经费定额预算包干办法的同时，另增拨2050.20万元经费，建设区政府“开放的江宁”网站、区委党务网站、区政府和行政服务中心权力阳光工程、区公安局4级电视电话会议系统等。

规范财政供给范围 1994年，国家实行财税体制改革，江宁县进一步对具有自给能力的律师事务所实行经费自给。对江宁报社实行定额补助管理，对科技三项经费实行部分有偿使用。

第四节 农业财务管理

1953年前，支援农业采取救济与恢复生产相结合的方式。1953—1957年，重点扶持整治农田水利和农作物改革。5年中，财政预算内支农110.63万元，占经济建设类总投资80%左右，同时建立农业技术推广站、林业技术推广站等科技单位17个。1958—1965年，除正常农、林、水事业费外，增设支援人民公社款。1958—1961年，共投资460.92万元，其中支援人民公社款160.63万元，进行农具改革，增加农业机械设备。1958—1962年，公社财务划归财政管理，建立以会计辅导员为主体的辅导网，加强社队财会队伍的建设，培训社队会计3469人。1974年，为社办企业举办会计学习班，参加人员计177人次。1977年，举办会计骨干训练班，共培训760人次。之后，县财政机动财力用于支援农业、水利事业的比重增至70%以上。中共十一届三中全会后，按照“决不放松粮食生产，积极发展多种经营”的方针，扶持农业发展。1982年，支援穷队款，地方财政支农130万元，比1981年增长11.70%。支农资金的使用始终坚持“集中使用，保证重点，量入为出，量力而行”的原则，农田水利建设和防汛抗旱始终作为农业资金支出的重点。

1990年，实行农水、农机项目资金分级配比，当年农水、农机和植保机械等项目，县、乡、村三级配比150万元，配比资金集中由财政管理，资金到位，统一拨款。

1997年，推行财政支农资金专户核拨管理办法，对秣陵等8个乡镇农业专项建设项目的进度质量、资金配比以及专户核拨情况进行检查，凡改变资金用途的一律纠正，确保项目质量进度。1998年，对粮专资金实施县财政报账制，各乡镇的配比资金及自筹资金统一汇到县财政专户，设专人专账管理。1999—2000年，进一步明确财政报账制使用范围，责任部门，资金配比及资金拨付程序，资金拨付实行联审制，由财政与主管部门联合审核项目资料、支出凭证、工程形象进度。规定资料不全不拨款，项目不符不拨款，进度不到位不拨款，严格资金管理，坚持服务与监督相统一。

2001年，完善支农资金使用规范，明确支农项目申报—批复—使用—验收—拨付等流程，先后出台《关于进一步加强水利工程项目资金管理暂行办法》《关于全区堤防达标工程资金管理办法》《江宁区支农专项资金管理办法》《江宁区财政支农项目库管理办法》《农业综合开发专项资金管理详细规范》《农业产业化项目财政扶持资金管理办法》《江宁区财政支农资金整合试点实施细则》《南京市江宁区财政农业专项资金报账制实施细则》，规范资金使用流程，强化资金管理。2002年，在加强水利建设资金使用管理，确保水利建设资金专款专用的前提下，设立区财政水利专户，专门核算水利资金，包括上级补助、配套资金的收付结算。对区水利局或镇水利站为水利工程项目法人的，实行区财政报账制。同时，联合区委农工部，对2001年农业现代化项目建设及资金的使用情况进行专项检查，丹阳镇玫瑰示范基地、麒麟镇设施农业节水灌溉、周岗稻田养殖、东善桥万亩苗木示范及汤山奶牛公寓等项目如期完成建设任务。财政补助资金115万元全部拨付到位，充分发挥资金的使用效益。开展对农村税费改革财政转移支付、农业税附加及镇级补助等“三项资金”全面检查，全区共落实到村“三项资金”1700万元，村均达6.50万元。其中转移支付资金777万元，农业税附加476万元，镇级财力补助447万元。全区共落实到户减免资金517.50万元。2003年，将“贯标”引入农业财务管理，提升管理水平，对全区15个镇、单位1000公顷“绿色江宁”工程进行实地勘测、验收，对已拨付的1501万元专项资金使用情况进行检查。完成《江宁区镇级农技推广服务体系建设的现状和对策》调研报告1篇。同时，配合审计部门对江宁区15个国家级农业综合开发项目进行审计。

2005年，以“绿色江宁”工程资金为突破口，加大支农资金监督力度。会同区林副业局对2004年度“绿色江宁”工程专项资金开展重点检查。2007年，开展“财政支农资金管理年”活动，保证支农资金使用管理的规范、安全、有效。活动对重点农业专项资金使用情况进行专项检查，对已有管理制度中相互抵触、彼此交叉和不符合现行法律法规、公共财政制度要求的内容进行适当调整。对没有建立管理制度和办法的资金，落实管理制度。将农口部门支农资金管理中的好做法、好经验进行总结归纳，及时转化为支农资金管理的政策措施。

第五节　企业财务管理

【国有企业财务管理】

国有企业财务管理在各个不同时期，江宁县都作适应性变化和调整。20世纪50年代仅限于利润监交，投资拨款。60年代，着力整顿财务基础，建立健全各项规章制度。70年代，开始加强经济核算、成本管理、扭亏增盈等，实行民主理财。80年代后至2007年，主要是促进企业挖潜改造，扩大企业自主权，加强承包责任制，实行利润留成及利改税等工作。

利润监交　1957年，实行利润监交的国营企业共7家，当年上缴利润及基本折旧基金139.99万元，占县预算收入38.50%。除众望砖瓦厂外，其余均能按计划如期解库。

班组核算　定额管理　江宁县自20世纪50年代末在工业企业推行班组核算，定额管理；商业企业推行九定到柜、清资挖潜、促进经营计划和利润指标的实现，结合“两参一改”（干部参加劳动、工人参加管理，改革不合理规章制度），开展群众性的班组核算，培养工人核算员500名。1976年，江宁县化肥厂推行班组核算，收效显著。扭转自1958年建厂后连年亏损局面，当年利润6万元。是年，县地方国营工业产值在连续3年增长20%的基础上，又比1977年增长39.70%，利润增长71.80%。

扭亏增盈　1977年，成立增产节约、扭亏增盈领导小组。43家国营企业中由11家亏损减为8家，13家工业企业每百元产值占用定额流动资金22.67元，比1976年的27.17元下降4.50元。5家农牧企业年收入114万元，比1976年增长30.80%，经营性亏损24.50万元，比1976年的45.10万元下降45.67%。1978年，对农牧企业实行亏损包干，当年亏损为18.80万元。1981年，实行财务包干：对赢利企业实行“利润包干，一定三年，结余留用，短收不补”。亏损企业实行“按1980年亏损数打七折，以后每年递减30%，由亏转盈不上交”，从而调动企业的积极性，扭转1965年后的亏损局面。1985年，县属企业71家全年盈亏相抵，实现利润1364.30万元，比1972年利润86.23万元增长14.82倍。1987年，贯彻全国财政工作会议精神，在全民企业中开展增产节约、增收节支、扭亏为盈工作，当年增收节支目标是确保降低消耗2%，节减企业车间经费和企业管理费10%，压缩亏损30%，加速资金周转10天，提高销售利润率1.50%。因此，在全县全民企业中强化完善内部经营责任制，加强内部核算，推行目标利润管理；降低物耗及单位产品工资含量；压缩非生产性开支，降低产品成本；强化销售，加强资金周转；推行技术改造，提高固定资产使用效益；当年企业实现利润2188万元，比1986年增长22.50%，上缴利税455.40万元，比1986年增长9.65%。1988年，继续开展增产节约、增收节支，向国营工交企业下达实现利税、销售利税率、资金利税率、百元产值“两费”含量、定额活动资金周转天数等 6 项考核目标。当年，全民企业实现利税 4089 万元，比 1987 年增加 1104 万元，增长 37%。税前还贷 737 万元，企业留利 842 万元。

实行企业基金利润留成　盈亏包干　1978 年起，在国营企业中试行企业基金制度。凡全面完成国家下达的三项主要经济指标，可按全年工资总额提取 5% 的企业基金。政策性亏损企业比照赢利企业提取，计划亏损企业完成主要经济指标可按 3% 提取，少完成一项经济指标，少提取一定的比例。1980 年起，国营企业实行全行业的利润留成办法。出现“四多”，即国家多收（上缴利润由 25.60 万元增至 40.20 万元，增长 57%），地方多分（县级分成 103.70 万元，比 1979 年增加 1.50 倍），企业多留（由 41.70 万元增至 110 万元，增加 1.63 倍），职工多得（职工全年奖金等于增加 1 个月标准工资）。1982 年，对年利润在 20 万元以下的 8 家小企业实行微利包干，包干指标 52.30 万元，实现利润 73.60 万元。

承包经营责任制　1991—1992 年，全民企业开展承包经营责任制，实行“两保一挂”，即保上缴利税（所得税、调节税、上缴利润），保企业技术进步，工资总额与上缴利税挂钩。全县国有企业分为 3 种包干形式：上缴利润递增包干；上缴利润基数包干，超收分成；行业投入产业包干。1992 年，县属国有企业实现利税 7304 万元，固定资产达 22259 万元，分别比“工效挂钩”前的 1986 年增长 118.30% 和 150%。

建立激励和担保机制　2004 年，江宁区加大对民营企业的政策支持，在市场准入、税收优惠、资金扶持、融资服务等方面，使民营企业享受同国有企业、外资企业同等待遇。对获得省、市名牌产品称号企业、著名商标企业、高新技术企业、成长型企业给予奖励。区财政安排专项资金，对全区规模建筑企业（决算收入 5000 万元以上）按实际缴纳营业税额的 15% 给予奖励。2005 年，成立江宁区创业担保有限公司，注册资本 1000 万元，其中区财政出资 850 万元，南京长山化工厂出资 50 万元、南京三龙水泥有限公司出资 100 万元。当年为 19 家中小企业提供 1460 万元贷款的担保业务，2006 年，全年共为 26 家企业提供担保业务 45 笔，担保累计总额 4970 万元。2007 年，区财政增资 500 万元，用于充实该公司的注册资本。

科技型专项资金管理　2006 年，《江宁区加快软件产业发展若干政策》出台，加大对软件产业招商引资力度，促进江宁区软件产业快速发展，已有吉山软件园等一批国家级重点软件产业园落户。制订《科技型中小型企业技术创新专项资金管理暂行办法》，主要用于资助以自主知识产权产品研发、生产、销售和服务为主的科技型中小企业，奖励企业自主创新和优秀科技人才，为成长型科技中小企业提供流动资金贷款担保。根据企业的不同特点和项目所处的不同阶段，创新基金分别以无偿资助、奖励、贷款担保等不同资助方式支持科技型中小企业的技术创新活动。2007 年，支付全区企业发展资金 1.64 亿元，用于企业技术改造和创新，推进电力设备、汽车、光伏、通信等高新技术产业和重点项目建设；安排资金 919 万元，奖励中电光伏、建筑行业等企业新增税利及上缴税利大户，支持主体税源企业快速发展；利用财政贴息等方式，支持吉山软件基地为龙头的软件研发产业、农副产品物流中心等现代物流发展。安排资金 2255 万元，支持科技型中小企业发展，培育成长型创新型企业，加强自主知识产权保护、专利二次开发及其产业化；发挥财政资金导向作用，引导高新技术企业加大自身研发费用投入，培育和认定企业研发中心 10 个，至是年年底，全区高新技术企业达 194 家。

【外商投资企业财务管理】

1993 年 8 月，江宁县人民政府转发县财政局《关于加强外商投资财务管理的实施意见》，规定全县外商投资企业财务工作由县财政局统一管理，依法对所属外商投资企业财务工作进行服务、指导、帮助、监督；建立外商投资企业财务登记制度。同年12月，财政部颁发《外商投资企业执行新企业财务制度的补充规定》，对外商投资企业贯彻执行《企业财务通则》及分行业财务制度作出29个方面的规定，江宁县迅速召开外商投资企业财务主管及有关人员会议，进行贯彻、说明。1994—1995年，贯彻落实财政部颁发《外商投资企业分行业会计报表及其编报说明》《外商投资企业编制会计报表的补充规定》。

1996年起，县财政局根据南京市统一要求，将外商投资企业的筹建期、清算期的财务会计工作纳入财政管理，并按季向市汇报。1997年，贯彻财政部、外经贸部等七部委《关于对外商投资企业实行联合年检的通知》精神，江宁县由财政局、外经委等部门，对外商投资企业的出资，财务和生产经营等情况进行联合年检。1998年，按照《外商投资企业必须委托注册会计师验资查账的通知》规定，县财政局每年4月组织对全县外商投资企业上一年度会计决算和查账进行审核。

1999—2007年，区财政局贯彻南京市财政局《外商投资企业办理财政登记及年检的通知》精神，对到江宁立业的外商投资企业进行企业名称、地址、投资总额、注册资本、投资方式等情况进行登记备案，核发"外商投资企业财政登记证"（正、副本）。至2007年年底，共有1032家外商投资企业登记备案。其中，中外合资企业372家，中外合作企业31家，外商独资企业629家。其中注册资本达500万美元的外商投资企业238家。

第六节　国有资产管理

江宁区十分重视国有资产管理，通过清产核资、产权登记、企业改制等办法，摸清国有资产家底，盘活固定基金，建章立制，强化管理，防止国有资产流失，维护国有资产安全。

【清产核资】

20世纪50年代，江宁县就着手抓国有资产管理，首先抓清产核资，多次在工商企业中进行。1958年，兴起大办工业高潮，至1960年，江宁县国营工矿企业已发展到21家。1959年，陆续关、停、并、转8家。1962年，进行清产核资，4家下马单位损失58.65万元，2家在产单位损失18.12万元。1970—1979年，共清理积压物资价值113.50万元。

1980年，处理"文化大革命"期间财物管理混乱所造成的损失，全县17家全民工交企业，固定资产盘亏、报废74.30万元，净核销33.86万元。流动资产盘亏10.90万元，报废71.70万元。市同意核销报废冲减国家基金62万元，列营业外支出7.60万元。是年，核定流动资金为57万元。1984年，对县农机厂进行清产核资，共核销净值40.70万元。1985年，对钢铁厂、丝厂、燃料公司3家企业的固定资产进行清理，共盘亏报废原值73.40万元，已提45.28万元，净核销28.12万元。

1993年，对全县行政事业单位进行财产清查登记，组织140名财会人员深入基层分类指导，逐户核实，185家行政事业单位清理出账外资产0.90亿元，共登记各类资产4.30亿元，较清理前的3.40亿元增长26.50%。1994年，国有企业股份制改造加快，按照"产权清晰、权责明确"的要求，全县所有国有企业进行清产核资。并根据国家有关国有企业清产核资政策要求，结合江宁县实际情况，制订江宁县国有企业清产核资"实施细则"，县政府和各清产核资单位都建立领导机构和工作班子，要求“全面清理、不留死角”“边清边改、调账建制”，组织近千名清产核资工作人员对国有企业的土地、房屋、机器设备、存货、债权债务等进行清查核对。全县131家国有企业共清理出各类资产总额16.20亿元，负债总额12.30亿元，国有资产净存量3.90亿元，其中，重估增值固定资产1.30亿元，盘盈各类资产410万元，盘亏和资产损失558万元，经清产核资领导机构批准，核销62家企业国有资产2833万元，申报核销银行资金79万元，申报银行挂账停息830万元，要求企业自我消化损失1847万元。1995年，按照国家要求，由财政部门牵头，对具有土地使用权属证明的国有企业进行土地估价，使土地管理由实物型向实物型与价值型管理转变。对全县62家企业进行所属土地估价，共估价增值3.10亿元土地使用权价值。此项工作被评为全国先进单位，受到财政部表彰。

1996—2007年，开展全区行政事业单位国有资产的清查工作，其中规模最大的是2006年9—11月的清查工作，参加的有48个主管部门，清查142家资产占有单位。经清查，全区区属行政事业单位国有资产总额161034.20万元，按资产占有单位计算，平均每家单位资产占有量1134万元。与2005年行政事业单位决算国有资产总额108081.30万元相比，盘盈资产52952.90万元。其中，房屋建筑面积80.90万平方米，账面原值101842.10万元，占总资产的63.20%；土地资产面积94.70万平方米，账面原值8065.10万元，占总资产的5%；专用及一般设备共计18.10万件，账面原值26846.70万元，占总资产的16.70%；机动车辆共计1220辆，账面原值16937.30万元，占总资产的10.50%；电子办公用品共计13万件，账面原值6709.70万元，占总资产的4.20%；其他资产（主要为图书及实验标本）共计36.30万件，账面原值633.30万元，占总资产的0.40%。

【产权登记】

1996年，江宁县依据1993年行政事业单位清产核资登记数，核发140家行政事业单位产权登记证书，国有资产总额7.06亿元。依据国有企业清产核资数，核发117家国有企业及实行企业化管理的事业单位产权登记证书，国有资产总额为7.10亿元。之后，每年均对国有资产产权登记进行年检，对国有资产存量进行核实，对企业改制过程中产权变动情况跟踪监督，及时进行国有资产产权开办、注销、变动登记，促进全县国有资产合理流动，维护国有权益不受损失。同时，建立保值增值责任制，加强资产评估机构执业监督，规范资产评估。1999年，全县80家国有企业年初核定国有权益10.07亿元，年末考核10.15亿元，国有权益增值0.08亿元。

2005—2007年，江宁区继续进行产权登记，纳入登记的国有企业共65家，其中，原有企业换发变更产权登记证的62家，新办产权登记证的新创企业3家。共有资本158614万元，其中，国有法人资本40028万元。

【企业改制】

1995年，江宁县贯彻中共十四届三中全会精神，对国有资产存量进行适当的结构调整和资源配置，以产权改革促进企业经营机制转换。对县第三钢铁厂等企业进行股份制改组，经过清产核资、资产评估、产权界定和国家股设置，第三钢铁厂改制为股份有限公司；青龙山水泥厂改制为国有独资公司，货运二车队改制为股份合作制公司。1996年4月，针对县电机厂连续亏损的状况，经专项审计，核定国有资产存量，确定国有资产保值增值目标，实施金箔集团委托经营。1997—1999年，先后对电扇厂、第二化工厂、县煤气公司、化工总厂，建材总公司等企业以及江宁经济技术开发区、民营科技园、外贸系统下属企业进行改制。2000年，全面进行企业产权制度改革，有56家企业要求改制评估立项，至年底经批准改制48家。同时，对部分经营不善，产品滞销，连年亏损，造成资不抵债的企业，经县人民法院裁决，先后对县缫丝总厂、县第三化工厂、物资局8家下属企业、南京新蕾集团公司、南京三钢集团公司、南京双宁实业集团公司实施破产清算。县城建系统的市政工程公司、恒邮电缆公司、蓝天实业公司等企业实行零资产出售；粮食系统的面粉厂、饲料公司等以资产重组，带资分流的方式组建新的股份合作制企业；物资系统所属企业以量化股和奖励股等形式进行二次改制，共转移国有资产232.80万元，分流人员113人，企业实行自主经营。

2000年12月江宁县撤县设区后，加大企业改制力度，采取国有资产完全退出的改制方式，至2007年，主要有破产、撤销、无偿转让、协议转让、零资产出让、重新组建等形式。

企业破产。2002—2005年，对严重资不抵债、无法经营的南京天宝集团、南京市江宁区烟花厂、远大交通集团工程公司、南京市江宁区植物油厂组织破产清算，其结果经区政府批准后，进入司法程序，由区法院审理宣告破产。

企业撤销。2005年，经政府批准，撤销长期处于亏损状态的南京市江宁区旅游开发公司和南京市江宁区农业高新技术开发公司，注销江宁县投资公司。2006年，撤销江宁区东山影剧院。

企业重新组建。2003年，经区政府批准，以南京市江宁区交通发展公司为基础，整合国有资源，组建南京市江宁区交通发展集团有限公司，搭建全区交通事业的投融资平台。2004年，南京市江宁区经济技术开发总公司与南京新城资产管理有限公司共同出资组建南京新城投资发展公司，2006年，通过整合资源，经区政府批准，由江宁广播电视台以经营的区广电台及基层服务中心全部资产6600万元出资，与南京市广电网络公司共同组建南京江宁广电网络有限责任公司，投资双方各占50%股权。同年，经区政府批准，将区城道路、广场、设施建设项目的投入及江宁煤气集团公司全部资产和政府注入资本，共计10.40亿元以政府出资形式授权经营，成功组建南京江宁建设发展有限公司。同年10月，经区政府批准，融入资金2500万元，出资组建南京农副产品物流配送中心。2007年8月，区政府与汤山街道合作，共同出资2.10亿元组建国有控股的南京汤山建设投资发展有限公司，推动汤山新城的建设。

图23-3-4　南京新苏热电国有股权转让签字仪式（2003年摄）

第七节　会计管理

【会计制度】

新中国成立后，江宁县机关行政、事业单位、各类企业都建立相应的会计制度并逐步走上规范化。20世纪80年代后，注重会计基础管理。1988年1月，以基础管理为中心，制发《江宁县国营企业财务会计达标准上等级试行办法》，在全县国营企业推广运用。1993年，贯彻财政部《企业财务通则》《企业会计准则》（以下简称“两则”），对会计制度作出根本性改革。是年7月1日后，企业按新财务制度规定的成本开支范围和标准，统一执行制造成本法。固定资产实行分类折旧，提取折旧不再交“两金”（能交基金、预算调整基金），取消修理基金提存办法，企业发生的修理费用直接计入成本。同时，各企业一律按照“两则”要求制订新的财务管理办法报财政局备案。1997年，财政部颁发《会计基础工作规范意见》，江宁县在粮食、商业、供销、卫生、民政等系统进行试点，重点规范核算规则、记账规则和内部控制三项制度，并制订办法进行验收，然后逐步在全县推广，1998年年底，推广范围扩大到乡镇企业。2005年，开展《中华人民共和国会计法》颁布实施20周年纪念和有奖征文活动。推荐11篇，获得市级奖励。同时还在区文化艺术中心举行演讲比赛。

【会计培训】

业务培训 在经济建设和发展的各个时期，区财政系统都进行各种类型的业务培训。1986—1987年，县财政系统60%会计人员参加各类自学和函授大学学习，提高业务知识。县财政局举办各类学习班12期培训基层干部，其中举办基层会计学习班7期，乡镇企业厂长、经理学习班4期，国营企业新制度讲习班1期。1988年，举办乡镇企业财会人员学习班44期，培训财会人员2025人次。同时，结合会计技术职称评定，举办2期会计业务知识培训，共培训612人次。当年全县有390人获得会计技术职称。其中，财政系统获会计技术职称的83人中，会计师7人，助理会计师52人，会计员24人。1993年，在贯彻财政部“两则”中，成立江宁县新会计制度培训工作领导小组，并制订新旧制度衔接实施办法。举办新会计制度培训班36期，培训4000人次。1994年，执行分税制财政管理体制，举办新税制会计处理培训班，培训会计180人次。1995年，除继续进行会计人员岗前培训1200人外，对县属企业财务负责人、主办会计举办新财税体制及新利润分配理论学习班，改进会计分工，推行会计代理制度，是年，参加学习的有820人次。1996年，江宁县会计培训中心被南京市财政局正式批准为电算化证书培训单位，当年开办电算化初级培训班6期，培训700人次，及格率达88%，会计后续教育培训600人次，合格率72%。同时，举办会计上岗证及职称考前辅导短期培训班，参加学习的有1400人次。1997年，贯彻财政部制定的《企业具体会计准则》，建立现代企业制度核算框架，对在职财会人员进行后续教育，全县4000名财会人员参加培训。同时，还举办在职干部新业务知识培训班，参加学习420人。1999—2000年，进行第二次会计后续教育，学习新会计法，共培训全县会计人员累计9000人次。

2001—2007年，依托财政培训中心这一培训基地，结合会计人员知识更新的实际，依据大中型企业、行政事业单位、小企业、民间非营利经济组织、村集体经济组织等的不同教育对象确定不同的教育内容，配备教学水平较高的授课教师担任培训工作。在教学中，着重从基本的会计理论、会计基础工作入手，采取形象直观的实例教学方式，并实行学员学习、考试成绩登记制度，注重提高会计人员的实际操作能力。积极创新继续教育的方式方法，在江宁经济技术开发区开展高层会计管理人员与一般会计人员课程设置区别对待的工作试点。在培训过程中，通过发放满意度调查表的形式，广泛开展评教评学，及时总结教学经验，不断改进授课方法，有力确保培训质量。

从业资格培训 1991年7月，根据南京市颁发《会计证管理暂行办法》要求，江宁县是年年底完成第一批会计证、临时证及代理证的核发工作，确保会计人员持证上岗。1994年，进一步落实会计人员持证上岗制度。1997年8月，在东山镇、方山乡、东善乡、江宁镇进行乡镇会计委派制工作试点，至1999年年底，全县23个乡镇全部推行会计委派制。委派的重点是行政事业单位和骨干企业（含改制企业）的财务负责人或主办会计，对被委派人员实行社会公开招聘、择优录取，岗位实行聘任制，聘期3年，至2000年年底，全县乡镇均完成会计委派制工作，共有284家企业、382家行政事业单位的财务负责人通过考试和考评，取得聘用委派证书。是年，持证上岗的会计有6000人，持证上岗率90%。

2004年，积极探索会计从业人员信息计算机网络化管理模式。专程赴苏州调研，学习先进地区财政部门的管理经验，并结合江宁区实际，拟订以建立会计从业人员信息库和使用IC卡方式进行管理为主要内容的会计人员信息管理系统推行方案，将会计从业人员基本情况，执业情况，继续教育情况，奖惩及个人信息变更情况等内容全部纳入计算机网络管理。2005年年初，顺应行政审批制度改革，江宁区学习贯彻财政部修订出台会计从业资格、代理记账、注册会计师管理等一系列规章。新的《会计从业资格管理办法》进一步规范进入会计职业从事会计工作的资格准入制度，实行严格的“凡进必考”，重新规范会计从业资格申领等各项行政审批的程序、期限等，同时增加后续监督等内容。草拟印发《关于执行新的〈会计从业资格管理办法〉的通知》，结合新政策的变化，提出江宁区的贯彻意见。面向各镇（街道）财政所所长、开发园区财政分局局长、全区各单位财务科负责人和有关企业财务主管，召开全区财会工作会议，重点对照旧政策，讲解新的《会计从业资格管理办法》的重大变化。2006年，通过文件、网络通告等方式，大力宣传新的《会计从业资格管理办法》。同时，为方便全区会计人员全面了解会计服务事务，还印制《会计服务指南》，发给广大会计人员，加大宣传力度。采取有效措施，进一步明确会计从业资格管理。会计从业资格的报名、考试，以及持证人员的继续教育、日常监督检查工作规范化，停止会计电算化日常考试工作（会计电算化考试并入会计从业资格考试）。2007年，全面推行会计人员信息IC卡管理，实现会计从业资格证书与市财政局联网，严格会计准入制度，运用计算机信息技术，建立持证人员从业档案和单位会计诚信档案，登录持证人员相关基础信办结告知制度和“一站式”服务，做到政策透明、办事公开、手续简化，实现服务方式“零距离”、服务质量“零缺陷”和服务效能“零投诉”的预期目标。

信息电算法培训　1993年，江宁县改进会计核算手段，积极推行会计电算化，先后举办财政所预算会计、财务辅导员、财粮专管员及“三资”企业会计培训班，开展会计电算化和珠算定级培训，对1055名会计进行职称考前辅导，发给207人会计技术职称证书。1996年，在县财政会计干部培训中心设立培训基地，开展会计电算化初级培训，同时在粮食局、天宝集团和江宁经济技术开发区进行会计电算化应用试点。至2000年，全县有5000名财会人员取得会计电算化初级证书。

2004年7月，财政局在全区开展为期1个月的2003年度企业会计信息质量抽查工作，加强会计诚信教育，促进会计信用体系建设，对各行业部门推荐的12家企业的会计法律法规执行情况、内部会计控制状况，会计信息质量进行现场评估，按照A、B、C三级标准确定8家单位为财务信用等级A级单位。同年，组队参加南京市第一届“用友杯”会计电算化比赛。是年，搭建全区企业财务会计信息收集和分析网络平台。根据全区经济发展的需要，设立非国有重点企业、工业经济新增长企业、外资企业会计信息收集系统。建立月（季）快报和汇总制度，初步建立涵盖全区各行各业、多种所有制性质的企业会计信息收集网络。2005年，重新修订和完善《企业财务信息质量考核办法》，明确财务信息具体报送要求、程序、报送时间、奖惩措施。针对外资企业分布较散、联络不畅的情况，开通网上直报系统，使其逐步建成共网传输、异地查阅的开放型管理信息系统。至2007年7月，全区有200家企业实行会计核算电算化，30家通过市级验收。

第八节 财政督查

【财务检查】

1952年起，江宁县就组织财务检查，开展财政监督工作。1955年，组织9次检查，受查单位12家，查出贪污挪用案7起，款956.40元。1957年，检查6次，受查单位9家，查出贪污挪用4起，款733元。1961年，组织全县公社财务大检查，检查18个公社219个大队。1962年，查出公社财务违纪5起，查出1个部门虚报支出2.60万元、预付款18.85万元；用专款1250.84元购补品补药馈送干部，擅自转项列支1.66万元；越权批准项目4.50万元。通过检查，挽回损失十余万元。20世纪60年代末期，财政监督工作一度松弛。

1978—1979年，财经大检查发现的问题：有擅自搞基建，用公款请客送礼，乱挤成本，乱发奖金及扩大开支范围，擅自购置专项控制商品总额应交未交款等达134.71万元。对64家企业应交款进行复查时，发现违纪挤占收入27.19万元。1980年至1981年9月，对全县38家全民企业进行检查，查出挤占、截留国家财政收入72.08万元；违纪开支0.78万元以及非法设立小金库和私分推销费等。1982—1983年，进行两次大检查。对全县7个系统、51家企业进行检查，共查出违纪金额40.80万元。其中，截留、挪用应交利润23万元，占违纪金额56.37%。能增加税利的36万元，可直接增加财政收入的32万元，均作出处理。

1986年，重点检查违反国家税法规定偷税、漏税、抗税；违反国家财务会计制度规定，侵占、截留该上交的利润和其他收入以及虚报亏损骗取国家财政补贴；违反国家物价政策，随意涨价、乱收费、牟取非法收入；滥发奖金、补贴和实物；用公款请客送礼，游山玩水，挥霍浪费；共查出违纪金额118.60万元，在年终决算中转账入库。1988年，县大检查办公室从工商、税务、财政和物价部门抽调干部203人，组成63个检查组。按照重点检查面不低于33%的要求，对全县3186家企事业单位进行重点检查。通过自查和重点检查，共查出违纪金额667.50万元。1989年，全面落实“治理经济环境，整顿经济秩序”，全县成立大检查领导小组48个，领导小组成员277人。全县有4520家单位参加自查，自查率100%，重点抽查1395家，重点抽查率31%，共查出违纪金额690.94万元，其中偷漏税收和能交基金276.43万元，财务违纪404.95万元，物价违纪9.56万元。查出私设小金库12家单位，小金库金额28.10万元，在检查的违纪金额中，应补交入库295万元，当年入库283万元，入库率96%。1990年，财、税、物价三家进行分工，县税务部门负责对乡镇以下经济组织纳税检查，物价部门负责物价专项检查，财政负责全民企业、行政事业单位的财务检查。抽调35名业务骨干，分成7个组对全县45家全民企业、行政事业单位进行重点检查，共查出各类违纪金额130.80万元，入库5.10万元，其余作调账处理。

1991年，全县自查单位2903家，按照自查12.20%的比例，确定390家重点检查单位，共查出违纪金额555万元，入库117.50万元。1992年，重点抽查2132家单位，占自查总数的34.70%。通过自查和重点检查，全县共查出违纪金额313.37万元。应补交入库数168.11万元，当年入库率100%。1993年，全县自查单位9695家，自查率达100%，自查违纪金额220万元，重点检查4040家单位，重点抽查率41.67%，共查出各类违纪金额239万元，应补交入库198万元，应调账金额261万元。1994年，全县有10986家企业上报自查表，其中内资企业4246家、行政事业单位93家、三资企业100家、个体工商户及私营企业6547家，自查率100%，重点抽查2254家，其中乡镇以下单位2157家，县以上单位97家，重点抽查面20.52%。查出违纪金额670.50万元。对于查出的问题采取宽严适度、实事求是的原则，当年确定补交入库500万元。

1995 年，抽调 295 名财税人员，组织 145 个检查小组，在自查的基础上确定 1264 家重点检查单位。共查出各种违纪金额 722 万元，查补入库收入 58 万元。

1996 年，实施“依法行政，依法监督”，取消自查，直接进行重点检查。全县共确定 3560 家重点检查户，检查面 42%，共查出违纪金额 640 万元。其中，偷漏增值税 210 万元，偷漏地方税收 281 万元，逃缴地方政府基金 105 万元，违反价格管理规定收入 40 万元。当年确定补缴入库 607 万元，退还消费者 33 万元。1997 年，大检查办公室抽调 225 名财会人员，组成 79 个检查组，按照重点检查面 43% 的比例，全县确定 3790 家重点检查单位。共查出违纪金额 759 万元。查补入库 715 万元，占 94.20%。1998 年后，停止税收财务物价三大检查。

【财政监督】

1986—1988 年，县财政局财政监督工作未单独设立股室，只配备 1 名副股级财政监督员，负责企事业单位，财税方针、政策、制度、法令的贯彻，并对财政工作人员遵纪情况进行监察。

1989 年，财政监督工作坚持内外监督相结合，以内部监督为主，开展各项监督业务。1990 年，成立财务监督科，配备 1 名专职财务监督员。制订《加强财务管理几项具体规定》，对业务招待费、事业单位收入使用及管理、奖金补贴发放、借用公款等 8 个方面作出规定；并开展罚没收入专项检查，共收缴应缴未缴罚没收入 41 万元，清理收回财政周转金 62.20 万元，占用费 13.30 万元。

1991 年，在全县企业、事业单位和机关财务会计人员中聘请 24 名兼职财政监察员、28 名财政监察通讯员。开展治理“三乱”，即清理乱收费、乱罚款、乱集资；开展全县宕欠公款清理回收，共清理拖欠公款 463.60 万元。1992 年，对 7 个乡镇 1991 年农水经费使用情况进行重点抽查。共抽查项目 26 个，农水经费 116 万元，占当年农水经费总支出的 51.50%。1994 年 3 月中旬至 9 月上旬，对全县乡镇财政所财务进行检查。查出的主要问题是现金管理制度不严格，多数乡镇存在白条抵库现象，最多金额达 74098 元。1995 年，制订《江宁县财政系统内部审计制度》，7 月、8 月对财政局有关股室和两家财政直属事业单位财务管理，周转金发放、业务经费收支，税收减免等进行监督审计。同时，制订《财政队伍廉政自律十个不准》和《财政机关工作人员日常工作交往中收受礼品礼券、礼金登记制度》。

1996 年，贯彻财政部《关于财政周转金清理整顿工作若干问题的通知》精神，对周转金发放，实行定期审计，并对各类财政有偿资金进行全面清理。控制规模，限定投向，健全制度，加强监督。1997 年，建立财政工作监督网络，对外设立行风廉政建设举报箱和举报电话，聘请机关部门和社会有关人士 29 人为财政行风监督员。同时在元旦、春节两大节日，制订节日期间廉洁自律“十不准”。1998 年，全面清理财政局科室银行账户，将财政内部 13 个部门原开设的 70 个账户清理撤并为 23 个。并制订《科级干部廉政检察制度》《科级干部申报个人重大事项的规定》，召开财政行风监督员座谈会，广泛征求行风监督意见。2000 年，按照《江宁县财政系统内部审计暂行规定》，对 18 个镇财务和局机关科室财务进行内部审计，查出各种违纪金额 200 余万元，将所查情况在系统内作书面通报。并对法院、市容委、计生指导站等单位进行预算外资金专项检查，查出违纪金额 15.53 万元，收缴 12.90 万元。

2003 年，加强支农资金、堤防达标工程和农业综合开发项目资金管理，顺利通过 2002 年国家级农业开发项目省级验收；开展对“绿色江宁”工程、市级重点农水工程、农业综合开发项目、薄弱村帮扶项目资金检查监督，发挥财政资金使用效益。2004—2006 年，先后开展对农村低保、新型合作医疗、农村办八件实事、科技专项经费、小城镇建设资金、园区土地出让金、镇财政财务检查、行政事业单位会计报表等 27 项监督检查。同时，组织 5 个小组对 40 家单位票据管理实施重点检查，开展用公款为个人购买商业保险、党政机关人员拖欠公款的登记清理。完善执法公示、过错追究等制度，积极清理有效法律、法规、规范性文件以及行政许可事项，发布有效文件436个，废止文件16个、取消行政许可事项2项，接受区人大常委会的法律监督和审计部门的审计监督。2007年，扩大会计集中核算范围，将药监局和残联纳入会计集中核算管理。开展财政预算资金绩效评价，对农村新型合作医疗、群众体育专项支出、农业重点专项资金、采矿权价款使用情况、土地出让金使用情况、财政投入担保公司资本6个重点项目开展绩效评价。其中，土地出让金使用情况项目绩效评价为良，其他5个项目评价为优。

【控制社会集团购买力】

1962年，开始压缩社会集团购买力，实行计划审批。1977年，实行指标控制，凭证购买28种专控商品。1979年起，专控商品审批权，实行省、市、县三级管理，小汽车等6种商品归省批；自行车、电风扇等市批；家具等21种商品由县审批。1983年，专控商品增至32种。1984年，减至14种。并下放部分商品的审批权。1987年，专控商品增至19种，1988年增至29种，1989年达32种，对购买属专控商品实行"申请单位带账报批，审批单位见账审批"制度，并征收控制附加费。1993年，对小汽车、大轿车、摩托车、录像设备、空气调节器、各种音响设备、照相机和放大机、无线寻呼机和无线移动电话8种商品控制，进行审批。1998年，县级停止征收专控商品（汽车除外）消费附加费，1999年11月起，停止征收小汽车消费附加费。1989—1999年，全县共征收专控商品附加费1900多万元，其中县分成970万元，主要用于改善县、乡镇教育办学条件。

2000年，县财政局、县纪律检查委员会、县计划经济委员会、县人事局联合下发《关于行政事业单位新增（更新）车辆实行会审制度的通知》，重点加强小汽车控购，遏制行政事业单位小汽车购买过猛的势头。从是年起，至2007年，实行政府采购制度，专控商品采购一律经政府采购中心审核办理。

【政府采购】

2000年年初，由县委办公室、政府办公室、财政局、审计局、计经委、监察局等部门组成的县政府采购管理领导小组，办公室设在财政局，具体负责采购工作。制订《江宁县采购管理暂行办法（试行）》《江宁县政府采购实施细则》《江宁县政府采购预算管理办法》，县级机关各部委办局及县政法、监察和县属各行政事业单位，凡购置各类汽车、定点维修、购置电脑、打印机、传真机、移动电话等均按上述规定纳入政府采购范围，均按"单位申报，政府批准，招标竞价，集中采购"的程序和办法进行采购。当年，进行县级行政事业单位公务用车定点保险的竞争性招标，确定定点保险机构，节约资金约100万元，资金节约率13.60%。2001—2002年，扩大政府采购实施范围和规模，提高财政资金的使用效益。先后完成区级行政事业单位公务用车定点加油、定点保险、定点维修、办公用纸及大型设备的招标采购。2001年，共完成集中采购项目资金1256万元，实际支付资金1104万元，比一般市场价节约152万元，综合节约率12.10%。2002年，完成集中采购预算资金1777.60万元，实际支付采购项目资金1552.20万元，比一般市场价节约225.40万元，综合节约率12.70%。

2007年，区财政部门进一步推进政府采购"阳光工程"，完善采购信息功能，建立规范的信息公布制度、网上招投标制度。全年实施集中采购220次，完成集中采购集中预算采购资金11361.10万元，实际采购金额9778.70万元，节约资金1582.40万元，综合节约率13.90%。

第四章 税务机构与税制

民国时期，江宁的税捐机构名称多变。抗日战争胜利后，税捐机构分设为3套，即自治税机构、货物税机构和直接税机构。全县税收除了征收田赋外，还征收繁多的苛捐杂税。

民国38年（1949）4月，江宁县解放后，建立江句税务局。同年6月，成立江宁县税务局。此后，几经变化，与县财政局分分合合。1983年10月，财税分开，单独成立江宁县税务局。1994年9月，按照党中央、国务院关于组建两个税务机构的精神，原江宁县税务局分别组建成江宁县国家税务局和江宁县地方税务局，实行垂直领导的管理体制。

新中国成立后，江宁县进行多次税制改革。初期，县政府执行政务院命令，暂时沿用旧税法，废除部分不合理税种，简化税制、降低税率。1950年1月，政务院颁布《全国税政实施要则》，对工商税进行一次调整，开始建立新税制。江宁县开征的有货物税、工商业税、存款利息税、印花税、屠宰税、房产税、特种消费行为税、使用牌照税8种。此后，历经1958年税制改革，1973年简并税制，1983年、1984年两步利改税等改革。1994年，实行分税制管理体制，合理划分中央与地方的税收，理顺中央与地方、国家与企业、国家与个人的分配关系，全面改革税制，重点对流转税和所得税实行改革。实行以比较规范的增值税为主体，消费税、营业税并行，内外统一的流转税制度；改革企业所得税和个人所得税制度，实现内资企业所得税制度的统一和个人所得税的统一；对资源税和某些特别目的税、财产税、行为税作出大幅度的调整。同时采取一系列清理税收减免、严格税收征管、堵塞税收流失的措施。区国税、地税系统积极采取措施，强化各税管理，保证税制改革和各项税收政策落实到位，对促进江宁区经济社会发展和社会主义市场经济体制的不断完善，平衡江宁区财政收支起到不可替代的作用。

第一节 税务机构

【民国时期县税务机构】

历史上江宁县和南京同城而治。至民国17年（1928），江宁与南京分开，成立财政局，设经征课，下设钱粮柜。民国21年1月，成立营业税征收局。民国22年，江宁县改为自治实验县，废财政局设财政科，经征省、县各税捐。民国23年，县治移至东山镇，印花税改托邮局代售。成立县契税推收所，由乡镇公所代售契纸。民国27年5月，新四军先遣支队抵达江宁。民国30年8月，江宁县抗日民主政府设税务局；民国32年7月，横山县抗日民主政府设税务处。均按区设财经股，主要河道和集镇设税卡。在沦陷区，汪伪县政府设科征收捐税。抗日战争胜利后，全县除田赋由财政部门征收外，税捐机构分设3套。

自治税机构。民国34年（1945）9月，建立县税捐稽征处，设总务、征收、会计3个股。按区建立7个分征处（次年1月撤销）。民国37年4月，县税捐稽征处改设第一课、第二课、会计室。次年3月，恢复按区设立7个分征处。

货物税机构。民国34年（1945）12月，成立江苏省江南货物税局。次年1月，改为江苏区货物税局，下设江宁等7个分局。江宁分局管辖南京市和江宁、句容、溧水、高淳、江浦、六合县。5 月，江宁分局改为南京分局。下设江宁县货物税办公处。至民国 37 年 9 月，南京分局又改为江宁国税稽征处。10 月，成立江宁国税办公处，直至解放。

直接税机构。民国 34—36 年（1945—1947）春，因全县工商业萧条，税源甚少，先后分属江苏区直税局、南京直税分局督征，营业税由县税捐稽征处代征。至民国 36 年 4 月，成立上江直税查征所，主管上新河、中华门外和江宁县直接税。次年 10 月，移交给国税局。

【新中国成立后区（县）税务机构】

县税务局 民国 38 年（1949）4 月 24 日，江宁县解放后，接收旧政权同时建立江句税务局。同年 6 月，与句容分开，成立江宁县税务局，下设国税、地税、会计 3 个课和 1 个督导室。1950 年 5 月 12 日，改名江宁县人民政府税务局。

图 23-4-5 20 世纪 80 年代江宁县税务局办公楼

1953 年 4 月，县税务局改设秘书、税政、计划（1956 年并入会计股）、监察、会计 5 个股。1957 年 8 月，税务局与财粮科合并为财政局，内设税政股。1962 年 8 月，恢复江宁县税务局，下设人秘、税政、会计 3 个股。1966 年 2 月，江宁县税务局撤销，并入县财政局。

1983 年 10 月，财政、税务分设机构，单独成立江宁县税务局，下设人秘、税政一、税政二、稽管、计会 5 个股。1986 年 3 月，县税务局人秘股分为秘书股和人教股。1987 年 5 月，成立江宁县税务局稽查队。县检察院派 2 名干部在税务局内设立监察室，同稽查队联合办公。1988 年 10 月，秘书股改为县税务局办公室。1989 年 11 月 8 日，成立江宁县税务局监察股。1990 年 5 月 21 日，成立江宁县税务局发票管理所。1993 年 5 月 8 日，县税务局决定成立江宁县税务事务所，为股级全民事业单位。至 1994 年 9 月，江苏省江宁县税务局内设机构为：办公室、人教股、监察股、税征一股、税征二股、计会股和稽查队。1 家事业单位：县税务事务所。下设涉外、东山第一、东山第二、岔路、江宁、谷里、陶吴、丹阳、禄口、秣陵、龙都、湖熟、淳化、汤山、麒麟 15 个基层税务所。县税务局包括基层所在内共有工作人员 261 人。

区（县）国税局 1994 年 9 月 28 日，成立江苏省江宁县国家税务局，是主管江宁县国家税收工作的行政机构，实行由市国税局垂直领导的管理体制。内设科室 6 个：办公室、人事教育科、监察室（与人事教育科合署办公）、税政科、征收管理科、计划财务科。

2001 年 3 月 19 日，江苏省江宁县国家税务局更名为南京市江宁区国家税务局，为正处级建制，是主管江宁区国家税收工作的行政机构，实行垂直领导的管理体制。内设的行政科室、直属机构和事业单位均为正科级建制。

2005 年 12 月 22 日，区国税局对内设机构进行重大调整。下设 6 个行政科室：办公室、人事教育科、监察室、政策法规科、征收管理

图 23-4-6 江宁区国税局办公大楼（2004 年摄）

科、计划统计科（办税服务厅与之合署办公）；1个直属机构：稽查局；1家事业单位：信息中心。至2007年年底，区国税局内设行政科室、直属机构和事业单位没有变化。下设7个税务分局：第一税务分局（原东山第一分局）、第二税务分局（原东山第二分局）、第三税务分局（原涉外税收管理分局）、第四税务分局（原江宁分局）、第五税务分局（原禄口分局）、第六税务分局（原湖熟分局）、第七税务分局（原汤山分局）。领导职数：区局局长1名，副局长3名、纪检组长1名。区局机关科室领导职数12名，其中科长（主任）5名，副科长（副主任）7名；直属机构稽查局领导2名，其中局长1名，副局长1名；派驻机构领导职数14名，其中局长7名，副局长7名；事业单位信息中心领导职数1名（副主任）。有干部职工170人，其中，公务员161人，事业编制7人，工人2人。

区（县）地税局 1994年9月28日，组建南京市江宁县地方税务局，一级局建制。内设机构7个：办公室、人事监察股、计划财务股、征收管理股、税政一股、税政二股、集体财务管理股。但对外挂牌为"科"。1997年3月5日，撤销征收管理科、税政一科、税政二科，增设综合管理科（挂计算机中心牌）、检查管理科，计划会计科更名为计划财务科，集体财务管理科更名为城镇集体企业财务资产管理科。1998年，撤销综合管理科，将其职能划分给增设的征收管理科、政策法规科。

图23-4-7 江宁区地方税务局办公楼前后对比（2003年11月19日启用新楼）

1999年9月，确定江宁县地方税务局由南京市地方税务局垂直管理。

2000年12月，江宁县撤县设区后，南京市江宁县地方税务局更名为南京市江宁地方税务局。撤销征收管理科、城镇集体资产财务管理科、政策法规科、计算机中心，增设综合业务科。2003年，撤销检查管理科，恢复政策法规科。至2007年年底，内设机构有5个：办公室、人事监察科、计划财务科、综合业务科、政策法规科。下设7个税务分局：第一税务分局（东山街道）、第二税务分局（江宁经济技术开发区、谷里街道）、第三税务分局（江宁科学园、秣陵街道）、第四税务分局（禄口、横溪街道）、第五税务分局（汤山街道）、第六税务分局（江宁街道、滨江经济技术开发区）、第七税务分局（湖熟、淳化街道）。有工作人员128人。

第二节 税制改革

【民国时期税制】

民国初期，县经征田赋、契税、牙税、当税、屠宰税、内地渔业税、船捐、房捐等。田赋大致有三，即地丁（丁已并入地）、糟粮（供西北之食）、租课（又分芦课、屯租、屯米）。民国18年（1929），改为地价税，分省正税、省专税、县附税。县有水利、普教等9种附税。民国21年，改办营业税。全县税收有田赋、契税、牙税、屠宰税、营业税，以及柴捐、鸭行捐、鸭铺捐等各项杂税。民国27年，新四军挺进江宁后，建立战时税制，征收货物过境税、营业税、屠宰税等。在沦陷区，汪伪县政府征收亩捐和商业税。

抗日战争胜利后，全县统一征收屠宰税、营业牌照税、使用牌照税、房税、筵席及娱乐税5种地方自治税，另有契税、自卫特税、积谷金、监证费等，收入归地方政府。后陆续开征货物税、国产烟酒类税、矿产类税，收入归国家。印花税、营业税、遗产税、所得税，统称直接税，收入由省、县共享，其中印花税县分三成，营业税“五五”共享，遗产税、所得税县未开征。

【新中国成立后税制改革】

税制建立 新中国成立初期，全县沿用旧税制，征收货物税、工商业税（包括营业税、摊贩营业牌照税、临时商业税和所得税）、房产税、屠宰税、使用牌照税、印花税6种。1950年，实行多税种、多次征的税收制度。县开征货物税、工商业税、存款利息所得税（1950年12月改为利息所得税）、印花税、屠宰税、房产税、特种消费行为税（筵席、娱乐、冷食、旅馆）、使用牌照税（1951年9月改为车船使用牌照税）8种。

1953年，修正工商税制，试行商品流通税，对酒、水泥等主要产品，从产到销应纳的货物税、工商营业税、印花税等，合并一次征收商品流通税。简化货物税，凡交纳货物税的工厂，应纳营业税及其附加和印花税，并入货物税征收。修订工商营业税，将企业原纳的营业税及其附加和印花税，并入营业税内征收。取消特种消费行为税，将电影、戏剧及娱乐部分税目，并入文化娱乐税（1966年停征），其余税目并入营业税。交易税中的土布、粮食改征货物税，停征药材交易税，保留牲畜交易税。1954年，停征房产税，次年开征牲畜交易税。至1958年，江宁县开征的税种主要有：工商所得税、工商统一税、屠宰税、牲畜交易税、印花税、车船使用牌照税、文化娱乐税、利息所得税和农业税等。

简并税制 1958年9月，实行简并税制，改复税制为单一税制，将原有的商品流通税、货物税、印花税，以及工商业税中的营业税，合并为工商统一税。工商业税中的所得税改为一个独立税种，称为工商所得税。1958年11月，停征利息所得税。1963年4月至1965年8月，开征集市交易税。经过简化，至1972年，全县仅有工商统一税、工商所得税、牲畜交易税、屠宰税、车船使用牌照税5种。1973年1月，全县对国营企业只征工商税，对集体企业只征工商税和工商所得税。

两步利改税 中共十一届三中全会后，对税收采取一系列调整和改革措施。又从单一税制发展为多税种、多层次的税收制度。1983年起，县试行增值税，对国营企业实行第一步利改税，还征集国家能源交通重点建设基金。同年3月，恢复牲畜交易税，10月开征建筑税。1984年，开征国营企业奖金税。同年10月1日起，实行第二步利改税。至1985年年底，全县实际征收的有产品税、增值税、营业税、工商所得税、国营企业所得税、调节税、城市维护建设税、屠宰税、牲畜交易税、奖金税、建筑税11种。

分税制 1994年，江宁县按照国家“统一税法、公平税负、简化税制、合理分权，理顺分配关系，保障财政收入，建立符合社会主义市场经济要求的分税制的税制体系”的指导思想，对工商税制进行全面性、结构性改革。重点改革流转税和所得税。实行以比较规范的增值税为主体，消费税、营业税并行的新流转税制。在工业生产领域和批发零售商业普遍征收增值税，对特定消费品征收消费税，对不实行增值税的劳务和销售不动产征收营业税；所得税改革，是取消按企业所有制形式设置所得税的做法，将国营企业所得税、集体企业所得税、私营企业所得税统一合并为企业所得税，实行统一的内资企业所得税制。采用33%的比例税率，规范企业所得税前列支项目和标准，取消“国营企业调节税”和向国营企业征收国家能源交通重点建设基金和国家预算调节基金；把原个人所得税、个人收入调节税、城乡个体工商业户所得税统一为个人所得税，分不同所得项目分别采用超额累进税率和比例税率，规定不同的扣除标准；扩大资源税征收范围，将盐税并入资源税，实行分产品从量定额计算征税的办法；开征土地增值税，用于调节房地产交易中的过高利润，采用四档超率累进税率；拟开征证券交易税、遗产和赠与税；调整城市维护建设税、土地使用税，取消集市交易税、牲畜交易税、燃油特别税、奖金税和工资调节税，下放屠宰税、筵席税给地方。同年，根据《国务院关于实行分税制财政管理体制的决定》，理顺中央与地方分配关系，同时，按照《国务院办公厅转发国家税务总局关于组建在各地的直属税务机构和地方税务局实施意见的通知》规定，江宁县组建国家税务局和地方税务局两套税务机构，江宁县国税局主要负责对全县增值税、消费税、中央企业所得税、外商投资企业和外国企业所得税、金融保险营业税调增部分、利息个人所得税的征收管理。江宁县地税局负责对全县地方税的征管，即营业税、个人所得税、企业所得税、资源税、固定资产投资方向调节税、城市维护建设税、房产税、印花税、城镇土地使用税、土地增值税、屠宰税、车船使用税、教育费附加的征收管理（原县国税局已征管的除外）。县财政部门负责农业类税征收。

第五章　税种及征收

民国时期，江宁县税务局征收的税种除田赋外，国税主要有厘金、货物税、当税、牙税、营业税、印花税、矿产税、资源税、所得税、利得税和遗产税等；地方税收主要有屠宰税、营业牌照税、使用牌照税、筵席娱乐税、房捐、自卫特捐和积谷金等。

新中国成立后，江宁县税务局主要征收工商各税包括工商税、所得税、地方税和其他各税等税种。1949—1994 年，江宁县工商各税税收达 125137.58 万元，年均 2780.84 万元。

区国税局主要负责征收中央税和中央地方共享税，包括增值税、消费税、金融保险营业税、企业所得税、外商投资企业和外国企业所得税等税种。1995—2007 年，国税收入达 1601432.38 万元，年均 123187.11 万元。

区地税局主要负责征收地方税，包括营业税、个人所得税、企业所得税、土地增值税、城市维护建设税、车船使用税、房产税、城镇土地使用税、资源税、固定资产投资方向调节税、印花税、屠宰税、筵席税（未开征）13 个税种。同时，受地方政府委托负责教育费附加、地方教育附加费、社会保险费、离休干部医疗统筹、工会经费、文化事业建设费、人防费、绿化费与义务植树统筹费、残疾人保障基金、综合发展基金等基金费的征收。1995—2007 年，共征收各类地方税 122.57 亿元，年均 9.43 亿元；各类基金费 39.93 亿元，年均 3.07 亿元。

区财政局主要征收田赋、农业税、契税、农业特产税、耕地占用税等税种。2005 年，全省免征农业税，这一长达 2600 多年的税种从此取消。1949—2004 年，共征收农业税 44259.54 万元，年均 804.70 万元。1993—2007 年，共征收契税 107562 万元，年均 7170.80 万元。农业特产税 1989 年开征，2003 年停征。1989—2000 年，共征收农业特产税 2073.40 万元，年均 172.28 万元。耕地占用税 1987 年 4 月开征，至 2000 年，共征收 5329.20 万元，年均 380.66 万元。

第一节 县税务局税种及征收

【民国时期税种及征收】

民国时期，江宁县税捐有国税、地方税两大类。国税主要有厘金、货物税、牙税、营业税和印花税等。民国31年（1942），地方税统一为屠宰税、营业牌照税、使用牌照税、房捐、筵席及娱乐税5种。民国22年，省定江宁牙税比额5644元，屠宰税比额8728元。同年，全县田赋实征省、县正税20.78万元，省、县附税87.51万元。附税超过正税3倍之多。民国36年，全县除国税外，征收省税（包括营业税附加）22351.88万元、县税（包括屠宰税、营业牌照税、使用牌照税、房捐、筵席及娱乐税、营业税、契税）105003.96万元和其他杂捐（包括营业税附征积谷金、房捐附征积谷金）27741.10万元，总计155096.92万元。另筹集自卫特捐稻谷5万石。

【新中国成立后税种及征收（至1994年）】

新中国成立后，江宁县工商各税主要征收工商税、所得税和地方税。工商税，征收范围广，历经多次较大改革。1953年年底，简化税种，将货物税、商品流通税和工商业税（除所得税外），合并成工商统一税。工商统一税分为108个税目，有40个不同的税率。1973年起，进一步简化税种，将企业交纳的工商统一税和地方各税合并定名为工商税。工商税分为44个税目，有17个不同税率。1984年10月，第二步利改税，将原来的工商税，按征税对象分解为产品税、营业税、增值税和盐税。1994年，国家实行税制重大改革，从产品税和增值税中分离出消费税，成为一个独立的税种。所得税类包括企业所得税、外商投资和外国企业所得税、个人所得税。1994年改革税制，将国营企业所得税、集体企业所得税和私营企业所得税合并为企业所得税；同时，将城乡个体工商户所得税和个人调节税、个人所得税3个税种合并，统一为个人所得税。地方税，新中国成立后，江宁县先后开征屠宰税、牲畜交易税、车船使用税、房产税、印花税、文化娱乐税、利息所得税、集市交易税和城市维护建设税9个税种。1949—1994年，江宁县工商税收合计125130.58万元。

工商业税 工商业税是全国统一建立新税制时的一个税种，包括营业税、摊贩营业牌照税、临时商业税和所得税4个税目。至1958年工商税改革时取消。除所得税外，全县共征工商业税522.15万元。新中国成立初，征收对象主要是私营工商业户，其营业额占全县各种经济性质总营业额的90.27%。1956年对私改造后，其营业额和纳税比重均降至7%以下。这时国营和合作经济居主导地位，成为纳税的主要对象。

货物税 新中国成立初期，应税货物分17类、70目。后全国统一为8类、83目，不同税率15个，最高税率120%（甲级纸烟），最低税率3%（麦粉）。全县税源以水泥为主，税款占同期货物总额的80.50%。其次为土烧酒，再次为植物油、土烟丝、砖瓦、饴糖、神香、水产品和煤等。民国38年（1949）6月至1958年9月，全县共征收货物税693.12万元。

商品流通税 应交纳商品流通税的商品有22项、58个品目。最高税率66%（甲级卷烟），最低税率5%（生铁）。全县税源主要是水泥，税率20%。1953年至1958年9月，共征收商品流通税161.73万元。

工商统一税 凡在县境内从事工业生产、农产品采购、外贸进口、商业零售、交通运输和服务性业务的单位和个人，都按规定交纳工商统一税。该税种有108个税目，分为40个不同税率。

其中，工农业产品部分105个税目，最高税率69%（甲级卷烟），最低税率1.50%（棉坯布）；商交服务部分3个税目，商业零售税率3%，交通运输税率2.50%，服务性业务税率3%、5%、7%，临时商业税率3%、10%。1958年10月至1972年，共征收工商统一税3804.60万元。1991—1993年，共征收工商统一税1420万元。

工商税 1973年，进一步简化税种，将企业交纳的工商统一税和地方各税合并为工商税。工商税共有44个税目，分为17个不同税率，其中工业品30个税目，最高税率66%（甲乙级卷烟），最低税率3%（农药、化肥等）；农林牧水产品9个税目，最高税率40%（烟叶、茶叶），最低税率3%（生猪）；交通运输单独1个税目，税率3%和15%；其他4个税目，商业零售税率3%，临时经营税率10%，服务行业税率3%和5%，公用事业税率3%。1973年至1984年9月，全县共征收工商税17581.69万元，占同期工商税总收入25285.17万元的69.53%。其中，农村乡村企业工商税7088.90万元，占同期工商税额的40.32%，成为县工商税的主要税源。

产品税 营业税 增值税 1984年10月，第二步利改税，将原来的工商税，按征税对象性质分解为产品税、营业税、增值税和盐税（江宁县无经常盐税税源）。

产品税。凡从事生产和进口应税产品的单位和个人，都应按规定交纳产品税。产品税分为工业品和农、林、牧、水产品两大部分。工业品部分有24类、260个税目，最高税率60%（甲乙级烟），最低税率3%（棉坯布、火柴等）；农、林、牧、水产品部分有10个税目，最高税率38%（烟叶），最低税率3%（生猪等）。1984年10月至1985年，全县实征产品税2758.51万元。在税制改革中，受增值税不断扩大的影响，产品税呈逐年递减趋势。1986—1993年，江宁县实征产品税8296.67万元。1994年，取消产品税。将原来征收产品税的农、林、水产品改为征收农业特产税和屠宰税。

营业税。凡从事商业零售、商品批发（包括物资供应）交通运输、建筑安装、金融保险、邮政电讯、公用事业、出版业、娱乐业、加工修理和其他各种服务业及临时经营的单位和个人，都应按规定交纳营业税。营业税按不同行业和临时经营设置11个税目。最高税率15%，最低税率3%。经营商品每月销售收入额在300元以下，经营其他业务每月收入在120元以下，免征营业税。从事临时经营，每次（日）工农业收入（或收益）额不满15元免征。1984年10月至1985年，全县实征营业税1358.06万元。1986年，根据江苏省财政厅关于营业税规定，对临时经营者动用机动车和船贩运蔬菜、柴草、植物秧苗、苗禽、鱼苗、鱼花，暂按3%税率征收临时营业税。1994年1月起，营业税纳税人不仅包括国有企业、集体企业、私有企业等内资企业、单位和中国公民，也包括外商投资企业、外国企业。1986—1994年，全县实征营业税23253.58万元，居同期工商税收第二位。

增值税。是以企业生产产品新增加的价值为课税依据的一个新税种。1983—1985年，实征312.64万元。1987年，根据财政部《关于完善增值税征税办法的若干规定》和《扩大增值税试行范围的通知》规定，对征收范围和税率进行调整。应税产品不再划分甲乙类，征收范围扩大到纺织行业和轻工业产品（征收产品税的轻工业除外），共设24税目、11档税率（8% ~ 45%），以14%为基本税率。统一按“扣税法”计征，扣除项目统一为6项，即外购的原材料、低值易耗品、燃料、动力、包装物、支付的委托加工费。1988年，又将增值税范围扩大到建材、有色金属等产品，并增设6个税目，增加一个税率档次。1989年，按国家税务总局的通知，再增设“工业性作业”税目。增值税税目扩大到31个，税率共有12档。1994年改革税制，取消过去按产品分设税目差别率的传统做法，实行在生产和流通环节普遍征收增值税的制度。1986—1994年，江宁县实收增值税41788.54万元，居同期工商税收首位。

集体企业所得税 1950年1月，全县集体企业所得税执行14级全额累进税率，最低税率全年所得额未满300元的为5%，最高税率全年所得额在1万元以上的为30%，并征收15%的地方附加。同年12月，执行21级全额累进税率，适当缩小级距，减轻中小型户的负担。1953年起，把原来征收的所得税地方附加并入正税征收。合并后的税率，最低5.75%，最高34.50%。1956年后，全县对供销社、手工业社、运输合作社、合作工厂、合作商店和乡村（社队）企业的所得税税率陆续作出调整。1984年起，全县所有集体企业统一执行8级超额累进税率。1985年4月，执行新8级超额累进税率。同年10月起，不再征收所得税地方附加。1950—1985年，全县共征收集体企业工商所得税9381.17万元，占同期工商各税总收入的25.06%。1986—1993年，又征收集体企业所得税4807.15万元，占同期工商各税总收入的5.48%。

国营企业所得税 1983—1985年，全县共征收国营企业所得税1248.80万元。期间经历两步改革。1983年1月1日起，县对50家国营企业实行第一步利改税。其中19家大中型企业，根据实现的利润，按55%的比例税率征收所得税；21家小型企业和4家县供销社企业，则按原8级超额累进税率计征所得税；对影剧公司、新华书店、自来水厂和3家饮食服务企业，分别按50%、35%、27.50%和15%的比例交纳所得税。1984年10月1日起，县对71家国营企业实行第二步利改税。其中16家大中型企业，按55%的比例税率征收所得税；51家小型企业，按新8级超额累进税率计征所得税，最低税率全年所得额在1000元以下为10%，最高税率全年所得额在20万元以上为55%；对新华书店和3家饮食服务企业，分别按35%和15%的比例交纳所得税。同时，对国营大中型企业交纳所得税后超过留利水平的部分，征收调节税。1986—1988年，全县征收国营企业所得税1232.37万元。

私营企业所得税 1988年，从事工业、建筑业、交通运输业、商业、饮食业以及其他行业的城乡私营企业，都是课征私营企业所得税的对象。1994年1月，改为企业所得税。1988—1993年，江宁县实征私营企业所得税21万元。

企业所得税 1994年改革税制，统一内资企业所得税，将国营企业所得税、集体企业所得税和私营企业所得税合并为企业所得税。当年全县实征企业所得税1016万元。

外国投资和外国企业所得税 1994年，根据国家税制改革规定，将原来中外合资经营企业所得税和外国企业所得税并为外商投资和外国企业所得税。当年全县实征外商投资和外国企业所得税51万元。

城市个体工商户所得税 1986年，对从事工业、商业、服务业、建筑安装业、交通运输业以及其他行业的城乡个体工商户，按10级超额累进税率征收城乡个体工商户所得税，最低7%，最高60%，纳税人全年所得超过5万元的，其超过部分，按加成计征，最低66%，最高84%。1986—1993年，全县实征个体工商户所得税146万元。

个人收入调节税 1987年，对在县境内有住所并取得个人收入的中国公民征收个人调节税。主要对承包转包、劳务报酬、技术转让、股息、红利收入等按规定征收个人调节税。1988年，对私营企业投资者将私营企业税后利润用于个人消费的部分，按40%的比例税率征收个人收入调节税。1987—1993年，全县实征个人调节税145万元。

个体经济所得税 1951年，全县共有个体手工业者和小商小贩1382个，1956年对私改造后，仅保留270个。原按21级全额累进税率征收所得税，并加成征收。1963年4月起，个体经济所得税实行14级全额累进税率征收所得税。加成规定为全年所得额在1800元以上，不满5000元的加一至三成，5000元以上的加四成。比原税负平均提高近1倍。至年底，个体户由于受限制，税负加重，下降到95家。此后逐年减少。1981年4月1日起，改按个体经济所得税8级超额累进税率征收所得税。最低一级，全年所得额在120元以下的，税率为5%；最高一级，全年所得额超过5000元的部分，税率为50%，并取消加成规定。税负比14级全额累进税率平均降低70%。由于多方扶持，减轻税负，个体户得到发展，年末达114家。次年发展到770家。至1985年年底，全县猛增到2759家，遍及全县集镇和农村。是年，全县共征收所得税95.72万元，占当年工商各税的1.76%。1994年1月，税制改革，将城乡个体工商所得税和个人收入调节税、个体经济所得税3个税种合并，统一为个人所得税。1991—1994年，全县实征个人所得税413万元。

屠宰税 屠宰税主要是对宰杀猪、牛、羊课税，是按牲畜宰杀后的实际重量，从价计征，税率为10%，1957年1月改为8%，1973年改为4%。全县对城乡居民宰杀牲畜，1949年规定猪每头2元、牛7元、羊0.30元。1950年2月，调整为猪3元、牛14元。以后又做过多次调整。1950年12月至1959年9月，规定自养自食部分免征。嗣后减免税规定又几经变动。1966年年底停征。1978年起复征，统一规定为猪每头3元。1981年起，因猪肉短期降价，生猪屠宰税时征时停。1983年12月起，又恢复征收。对国营合作企业经营的屠宰业务，1956年9月起，由加工环节改为销售环节纳税，税率5%。1959年9月，又改为收购环节，按收购价10%征收。1973年起并入工商税。全县屠宰税主要出自农村。民国38年（1949）5月开征，至1985年，全县共征收屠宰税565.56万元，占地方税款总额的76.52%。1994年，税制改革，国务院又将屠宰税开征权下放给地方。1994—1996年，江宁县实征屠宰税47万元。

牲畜交易税 全县牲畜交易税的课税对象主要是牛，向买方征收5%。1955年1月起开征。1962年1月规定，生产队凭证明购买牲畜免税。从此仅对食品公司（站）、供销社购买菜牛征收。1978年起停征。1983年3月恢复征收，同年9月规定，食品公司（站）、饭菜馆和个体屠商收购菜牛不征收牲畜交易税。次年8月又规定，农民凭乡政府证明购买农业生产用的大牲畜，减征40%。县丘陵山区盛产牛犊，税源仅次于屠宰税。1955—1985年，全县共征收牲畜交易税39.44万元，占地方税总额的5.34%。

车船使用牌照税 全县车船使用牌照税的课税对象主要有自行车、人力车、兽力车、载货汽车和木船等。税目分机动和非机动车船四大类、20目。按车船各类定额征收，半年1次。1950年，定额为自行车2元、人力车2元、兽力车4元、载货汽车30元、木船6元。之后又经多次调整。1956年起，全县机动车和自行车均已开征，湖熟、江宁、东山3镇不分车船各类，全部开征。1960年起，全县对机动和非机动车船一律开征。1967年起，自行车牌照税停止征收。1973年，企业的车船使用牌照税并入工商税，仅对个人征收。1975年，全县停征。

1950—1974年，全县共征收车船使用牌照税33.42万元，占地方税收总额的4.52%。1986年，车船使用牌照税改名为车船使用税。10月，开征车船使用税。江宁县先对载货汽车、乘人汽车征收。1987年，对自行车恢复征收车船使用税。1987—1994年，全县实征车船使用税649万元。

房产税 新中国成立初，全县仅湖熟镇开征房产税。纳税户286户，计税方法是以评议房价按年计征。税率为商业用房2%，工业用房1.50%，住房1%。1951年，核定湖熟、秣陵、土桥、禄口、江宁、板桥、陶吴、丹阳8个集镇开征。纳税户1206户。评定租价，以租金按年计征。

税率15%。1954年停征。1949—1953年，全县实征房产税4.07万元。1986年10月，江宁县对东山、湖熟、汤山3个镇恢复征收房产税。1988年，丹阳镇等相继开征房产税。1987—1994年，全县实征房产税954万元。

印花税 1949年10月，江宁县开征印花税。凡因商事、产权、人事、许可等行为所书立之凭证，均须贴花。税目33项，1959年停征。1949—1958年，全县实征印花税30.54万元。1988年10月，恢复停征30年的印花税。其征收范围包括具有合同性质的凭证、产权转移书据、营业账簿、权利许可证，以及经财政部确定征收的其他凭证等5类。1988—1994年，全县实征印花税238万元。

城市维护建设税 这是第二步利改税时新增的一个税种。凡交纳产品税、增值税、营业税的单位和个人均为城市维护建设税的纳税义务人，以纳税人实际交纳的“三税”（1994年改为增值税、消费税、营业税）为计税依据，纳税人在交纳“三税”的同时交纳城市维护建设税。税率分别为7%、5%、1%。1985年开征。当年全县实征56.57万元。1986—1994年，实征城市维护建设税2048万元。

城镇土地使用税 1989年，对拥有土地使用权的单位和个人征收城镇土地使用税。税率采取分级定额，江宁县分两级，按年交纳。1989—1994年，实征城镇土地使用税305万元。

1949—1985年江宁县税务局工商各税收入情况表

表23-5-20 单位：万元

年份	合计	工商税	所得税	地方税	其他各税
1949	3.47	2.51	—	0.96	—
1950	39.88	28.32	1.42	10.14	—
1951	226.27	205.06	7.51	13.70	—
1952	300.52	248.35	34.37	17.80	—
1953	335.52	280.71	26.33	28.48	—
1954	207.06	139.51	37.51	30.04	—
1955	171.61	119.72	30.27	21.62	—
1956	193.33	126.14	42.47	24.72	—
1957	195.78	123.57	43.51	28.70	—
1958	198.59	144.85	24.47	29.27	—
1959	245.01	218.67	12.21	14.13	—
1960	298.50	264.25	17.60	16.65	—
1961	255.82	218.89	20.84	16.09	—
1962	298.30	203.24	62.77	32.29	—

续表

年　份	合　计	工商税	所得税	地方税	其他各税
1963	300.03	206.93	53.63	39.47	—
1964	335.43	228.96	47.19	58.68	0.60
1965	350.54	234.94	59.74	55.86	—
1966	319.93	222.59	67.87	29.47	—
1967	300.51	217.41	62.43	20.67	—
1968	297.69	207.51	73.65	16.53	—
1969	414.99	278.13	121.13	15.73	—
1970	486.91	330.23	139.55	17.13	—
1971	615.31	430.85	164.30	19.96	0.20
1972	735.15	500.26	209.40	25.29	0.20
1973	864.29	602.76	256.15	5.38	—
1974	954.54	669.57	284.54	0.43	—
1975	1164.28	846.17	317.81	0.30	—
1976	1423.02	1020.96	401.80	0.26	—
1977	1726.45	1228.39	497.83	0.23	—
1978	1976.23	1370.15	602.59	3.49	—
1979	1980.75	1424.25	540.59	15.41	0.50
1980	2180.06	1579.87	583.98	15.81	0.40
1981	2524.84	1848.61	674.22	0.56	1.45
1982	2916.85	2141.78	772.17	0.04	2.86
1983	3439.33	2512.79	897.67	3.15	25.72
1984	4189.82	2961.30	1170.10	25.07	33.35
1985	4973.16	3804.31	1021.55	85.62	61.68
总　计	37439.77	27192.51	9381.17	739.13	126.96

1986—1994年江宁县税务局工商各税收入情况表

表 23-5-21　　　　单位：万元

类	目	1986年	1987年	1988年	1989年	1990年	1991年	1992年	1993年	1994年	合　计
流转税类	增值税	420.68	1084.49	303.37	2923	3533	3602	4357	7864	14973	41788.54
	产品税	2371.90	2151.44	322.33	658	650	866	738	739	—	8496.67
	消费税	—	—	—	—	—	—	—	—	47	47.00
	营业税	1531.53	1766.97	2272.08	2567	2482	2544	3186	4365	2539	23253.58
	工商统一税	—	—	—	—	—	76	332	1012	—	1420.00
	盐　税	—	—	—	3	—	—	—	—	—	3.00
	小　计	4324.11	5002.9	5625.78	6151	6665	7088	8613	13980	17559	75008.79
所得税类	国营企业所得税	363.86	423.07	445.44	—	—	—	—	—	—	1232.37
	集体企业所得税	1008.08	788.43	863.64	500	662	547	250	188	—	4807.15
	城乡个体户所得税	—	2.00	2.00	73	56	8	5	—	—	146.00
	个人所得税	—	—	—	—	—	2	4	5	402	423.00
	私营企业所得税	—	—	1.00	—	—	16	1	3	—	21.00
	外商投资所得税	—	—	—	—	—	—	—	—	51	51.00
	企业所得税	—	—	—	—	—	—	—	—	1016	1016.00
	小　计	1371.94	1213.5	1312.08	573	718	573	260	196	1469	7686.52

续表

类 目		1986 年	1987 年	1988 年	1989 年	1990 年	1991 年	1992 年	1993 年	1994 年	合 计
资源财产税	资源税	—	—	—	—	—	—	3	2	4	9.00
	城乡土地使用税	—	—	—	8	68	45	26	40	118	305.00
	房产税	—	28.00	42.00	57	102	140	140	168	277	954.00
	小 计	—	28.00	42.00	65	170	185	169	210	399	1268.00
目的行为税类	建筑税	52.00	109.00	42.00	85	72	13	8	—	—	381.00
	固定资产投资方向调节税	—	—	—	—	—	32	53	46	76	207.00
	城市维护建设税	83.00	100.00	114.00	150	170	173	257	410	591	2048.00
	国营企业奖金税	3.00	—	—	—	—	4	7	—	—	14.00
	事业单位奖金税	0.20	0.30	—	—	—	—	—	—	—	0.50
	小 计	138.20	209.30	156.00	235	242	222	325	456	667	2650.50
工商税类	车船使用税	—	45.00	44.00	88	74	69	97	107	115	639.00
	印花税	—	—	—	49	46	26	31	42	44	238.00
	屠宰税	12.00	7.00	4.00	3	2	2	1	—	16	47.00
	工商税款滞纳金	16.00	10.00	15.00	37	18	17	21	15	4	153.00
	小 计	28.00	62.00	63.00	177	140	114	150	164	179	1077.00
总 计		5862.25	6515.70	7198.86	7201	7935	8182	9517	15006	20273	87690.81

第二节 国税局税种及征收

1994年9月，国税、地税机构分设。县国税局主要负责中央和中央地方共享税的征收管理。包括增值税、消费税、金融保险营业税中央收入部分、中央企业及2002年后新办企业所得税、外商投资企业和外国企业所得税、储蓄存款利息个人所得税、车辆购置税，同时负责出口货物退（免）税管理。

江宁区国税收入逐年递增，1995年，国税收入17999.73万元；2001年105580.40万元，2005年222505.54万元，2007年335146.83万元。1994—2007年，税收收入总计1601432.38万元。

国税收入按照国家预算收入级次分级入库。主要税种是在地方与中央之间按比例进行分配的。江宁国税局征收收入的款项形成地方可用财力主要有：国内增值税收入地方直接享有的部分，即增值税收入的25%；内、外资企业所得税和居民储蓄存款个人所得税收入地方直接享有的部分，即三项所得税收入的40%；国内“两税”（增值税和消费税）上划中央超过1993年基数按1 ∶ 0.30计算的增量返还部分；国税部分代征的地税收入。

【增值税】

增值税是以商品销售额和应税劳务销售额为计税依据，运用税款抵扣原则征收的一种流转税。常用的统计指标“两税”就是指增值税和消费税。1994年1月1日起实施的增值税新条例，规定增值税应税范围为在江宁县境内销售的货物和提供加工、修理修配劳务以及进口的货物。新增值税的纳税人，是在江宁县境内销售货物或提供加工、修理修配劳务以及进口货物入境的单位和个人。增值税率有3档，即基本税率17%、低税率13%（列入低税率的产品主要是农业生产资料以及关系到人民生活的必需品）、零税率（只限于出口货物）。另外，对小规模纳税人设立简易征收办法：征收率6%。从1999年7月起，小规模商业企业纳税人的征收率4%。增值税一般纳税人计算应纳税额的方法为：本期应纳税额 = 本期销项税额 – 本期进项税额（销售额 × 税率 – 本期进项税额）。

江宁区增值税征收额逐年递增。1994—2007年，共征收增值税额1221987.64万元。

【消费税】

1994年1月1日起，江宁县开征消费税。消费税对货物征收增值税后，再根据特定的财政或调节目的选择部分产品（主要是一些消费品）征收的。2006年4月1日起，消费税税目由原11个调整为14个，即烟、酒及酒精、化妆品、贵重首饰及珠宝玉石、鞭炮烟火、汽车轮胎、摩托车、小汽车、木制一次性筷子、实木地板、游艇、高尔夫球及球具、高档手表、成品油等。1994—2007年，共征收62615.81万元。

【金融保险业营业税】

营业税是对提供应税劳务、转让无形资产或者销售不动产的单位和个人所取得的营业额征收的一种税。共有9个税目，具体包括交通运输业、建筑业、邮电通信业、文化体育业、金融保险业、服务业、娱乐业、转让无形资产和销售不动产。其中金融保险营业税，从1997年1月1日起，由国税机关和地税机关共同征收，国税机关征收3%，地税机关征收5%。

1994—2003 年，共征收 7232.46 万元。2004 年起，区国税局不再负责金融保险业营业税的征收工作。

【企业所得税】

企业所得税是指国家对境内企业的生产经营所得和其他所得依法征收的一种税，税率 25%。非居民企业在中国境内未设立机构、场所的，或者虽设立机构、场所但取得的所得与其机构、场所没有实际联系的，应当就其来源于中国境内的所得缴纳企业所得税，符合条件的小型微利企业适用税率为 20%。国家需要重点扶持的高新技术企业，按 15% 的税率征收所得税。企业的应纳税所得额乘以适用税率，减除依照该法关于税收优惠的规定减免和抵免的税额后的余额，为应纳税额。

企业所得税分内资企业所得税与外商投资企业和外国企业所得税的征收。1994 年，县国税局征收内资企业所得税 1026.60 万元，之后逐年增加。尤其是 2006 年和 2007 年增长幅度较大。2006 年，内资企业所得税纳税户 1644 户，入库税款 30864.09 万元，增加纳税户 416 户，增加税款 5174.40 万元。2007 年，内资企业所得税额 46901.89 万元，比 2006 年增加税款 16037.80 万元，增长 51.96%。征收外商投资企业和外国企业所得税也逐年增加，尤其是 2005—2007 年增长幅度较大。2005 年，外资企业所得税纳税户 147 户，入库税款 14872.90 万元。2006 年，纳税户 150 户，入库税款 28322.50 万元，增加税款 13449.60 万元。2007 年，入库税款 46670.49 万元，比 2006 年增加税款 18348.03 万元，增长 64.78%。

1994—2007 年，全县共征收内资企业所得税 151410.40 万元，外商投资企业和外国企业所得税 139511 万元。企业所得税合计征收 290921.40 万元。

1994—2007年江宁区国税局税费收入情况表

表 23-5-22　　　　单位：万元

年份	合　计	增值税	消费税	营业税	内资企业所得税	外商投资企业和外国企业所得税	个人所得税	工商税收款滞纳金罚款收入	资源税	固定资产投资方向调节税	城市维护建设税	印花税	车船使用税	屠宰税	城镇土地税	房产税	车辆购置税
1994	21056.09	14963.40	47.60	3310.80	1026.60	51.40	401.60	13.30	4.00	76.20	591.10	44.00	115.30	16.10	117.69	277.00	—
1995	17999.73	16850.50	49.80	606	86.80	76.70	229.10	13.80	0.20	—	40.90	1.20	5.80	13.30	—	25.63	—
1996	20625.70	19268.50	182.40	150.80	510.40	309.20	172.70	15.20	—	—	5.80	—	2.40	8.30	—	—	—
1997	28553.50	23644.80	2657.80	517.90	722.50	885.50	—	125.00	—	—	—	—	—	—	—	—	—
1998	34264.90	17439.20	4684.60	598.00	712.10	867.00	—	—	—	—	—	—	—	—	—	—	—
1999	34969.00	31007.00	1270.00	625.00	777.00	1286.00	4.00	—	—	—	—	—	—	—	—	—	—
2000	57922.40	46626.30	662.80	618.70	5331.90	3851.60	831.10	—	—	—	—	—	—	—	—	—	—
2001	105580.40	87044.80	1721.70	484.90	6630.60	8037.80	1660.50	—	—	—	—	—	—	—	—	—	—
2002	113491.40	87023.10	6677.60	263.00	8004.20	9790.20	1733.30	—	—	—	—	—	—	—	—	—	—
2003	150314.08	116805.70	10964.23	57.36	10722.24	10071.74	1692.81	—	—	—	—	—	—	—	—	—	—
2004	171196.07	129604.84	11852.17	—	13427.41	14408.98	1902.67	—	—	—	—	—	—	—	—	—	—
2005	222505.54	168607.24	168627.00	—	25692.67	14872.93	2143.11	—	—	—	—	—	—	—	—	—	334.69
2006	287817.64	218543.66	7346.78	—	30864.09	28322.46	2524.28	—	—	—	—	—	—	—	—	—	216.37
2007	335146.83	234558.60	3699.23	—	46901.89	46670.49	3155.18	—	—	—	—	—	—	—	—	—	161.44
总计	1601432.38	1221987.64	62615.81	7232.46	151410.40	139511.00	16450.35	167.30	4.20	76.20	637.80	45.20	123.50	37.70	117.69	302.63	712.50

第三节　地税局税种及征收

1994 年 9 月，江宁县地税局成立之初负责征收的税费主要是地方税和基金费两部分。地方税包括营业税、城市维护建设税、企业所得税、个人所得税、房产税、城镇土地使用税、印花税、车船使用税、屠宰税、土地增值税、资源税和固定资产投资方向调节税。当年征收的地方税收入总额 5972.70 万元。至 2007 年，征收的各类税收总额达 48.09 亿元，是成立之初的 80.52 倍，其中原口径地方税收 35.82 亿元。1995—2007 年，征收地方税累计 122.66 亿元。基金费包括教育附加、地方教育附加费、综合发展基金、残疾人保障基金、社会保险费、离休干部医疗统筹、工会经费、文化事业建设费、人民防空建设费、绿化费与义务植树统筹费等。1995—2007 年，征收基金费累计 36.20 亿元。

【地方税】

营业税　对区内提供应税劳务、转让无形资产或销售不动产的单位和个人，应征营业税。营业税包含交通运输业、建筑业、金融保险业、邮电通讯业、文化体育业、娱乐业、服务业、转让无形资产、销售不动产 9 个税目，税率一般 3% ~ 5%，其中娱乐业 20%（台球和保龄球 5%）。1995—2007 年，全区征收各类营业税 53.37 亿元（其中区级营业税 49.56 亿元），占地方税收总额的 43.54%。

城市维护建设税　对区内缴纳增值税、营业税、消费税的单位，除外商投资企业和外国企业外，应征收城市维护建设税。2000 年年底前，江宁县的东山镇、汤山镇和湖熟镇的税率为 5%，其他乡镇为 1%；2001 年 1 月 1 日起，所有乡镇（街道和园区）统一为 5% 的税率。1995—2007 年，全区共征收各类城市维护建设税 63649 万元（其中区级城市维护建设税 63011.22 万元），占地方收入总额的 5.19%。

企业所得税　对区内的内资企业生产、经营所得和其他所得征收企业所得税。企业所得税的纳税人包括国有企业、集体企业、私营企业、联营企业、股份制企业、有生产经营所得和其他所得的其他组织。企业所得税的应税收入包括：生产经营收入、财产转让收入、利息收入、租赁收入、特许权使用费收入、股息收入、其他收入。企业所得税税率 33%。其中，年应纳税所得额 3 万元以下的，企业所得税税率 18%；3 万元以上至 10 万元的，企业所得税税率 27%。企业所得税实行按年计算，分月或分季预缴。1995—2007 年，全区征收各类地方企业所得税 28.72 亿元（其中区级地方企业所得税 24.71 亿元），占地方税收总额的 23.43%

个人所得税　按项目征收，税率分别为：工资、薪金所得，适用超额累进税率为 5% ~ 45%；个体工商户的生产、经营所得和企事业单位的承包经营、承租经营所得，适用 5% ~ 35% 的超额累进税率；稿酬所得，适用比例税率为 20%，并按应纳税额减征 30%；劳务报酬所得，适用比例税率为 20%（对劳务报酬所得一次收入畸高的，可以实行加成征收）；特许权使用费所得，利息、股息、红利所得，财产租赁所得，财产转让所得，偶然所得和其他所得，适用比例税率为 20%。个人所得税以所得人为纳税

图 23-5-8　江宁区地税工作人员辅导外籍人员正确计算个人所得税（2007 年摄）

义务人，以支付所得的单位或者个人为扣缴义务人。年所得 12 万元以上的纳税人，在境内两处以上取得工资、薪金所得，境外取得所得的及没有扣缴义务人的，纳税义务人应当自行申报。1995—2007 年，全区征收各类个人所得税 19.56 亿元（其中区级个人所得税 16.79 亿元），占地方税收总额的 15.96%。

房产税 对纳税人在区内拥有房产的，应征收房产税，其中外资企业缴纳城市房地产税。房产税规定由产权所有人缴纳，产权属于全民所有的，由经营管理的单位缴纳，产权出典时房产税由承典人缴纳，产权所有人或承典人不在当地或产权没有确定或租典纠纷没有解决的，由房产的代管人或使用人代为缴纳。实行从价和从租两种计算方法，即从价的应纳房产税 = 房产原值 ×（1–30%）× 1.20%，从租的应纳房产税 = 租金收入 × 12%。2003 年 1 月 1 日起，江宁区外资企业城市房地产税适用的政策规定均比照内资房产税的规定执行，即 2003 年后，外资企业从租计征的城市房地产税按租金收入税率从 18% 降为 12%。2007 年，根据江苏省人民政府规定，个人出租房屋按综合税率 5% 计征。1995—2007 年，全区征收房产税（含城市房地产税）36837.18 万元。

城镇土地使用税 对江宁区城市、县城、建制镇范围内使用土地的单位和个人应按土地等级交纳城镇土地使用税。纳税人不在纳税土地所在地的，由代管人或实际使用人缴纳，土地使用权未确定或所属纠纷未解决的，由实际使用人缴纳；土地使用权共有的，由共有各方按其实际使用的土地面积占总面积的比例，分别计缴。土地使用税以土地管理部门核发的土地使用权证书确定的实际占用土地面积为计税依据，尚未取得土地使用权证书的，由纳税人据实申报。2000 年年底前，江宁县的土地等级划分为县一级和县二级，单位税额分别为 0.40 元 / 平方米和 0.20 元 / 平方米，按土地等级县一级交纳的只涉及坐落在东山镇、汤山镇和湖熟镇的企业，其他地区的企业按县二级交纳；2001—2005 年，江宁区土地等级的税额标准发生变化，即县一级按 0.80 元 / 平方米，县二级按 0.50 元 / 平方米征收。2006 年，江宁区行政区划调整，按县一级标准征收的范围由原先的东山街道，扩大到秣陵街道（含江宁经济技术开发区、江宁科学园）、汤山街道、淳化街道、禄口街道、江宁街道（含滨江经济技术开发区）、谷里街道；湖熟镇、横溪镇行政区划范围内的土地按县二级地级标准征收。2007 年起，以上行政区划范围内的企业土地等级调整为市区六级和县一级两个标准，即市区六级 5 元 / 平方米，县一级 3 元 / 平方米征收。此外，根据 2006 年 10 月国务院修改的《城镇土地使用税暂行条例》，2007 年 1 月 1 日起，将外商投资企业和外国企业纳入征收范围。1995—2007 年，全区共征收各类城镇土地使用税 23226 万元（其中区级城镇土地使用税 23093.60 万元），占地方税收总额的 1.89%。

印花税 对在区内书立、领受《中华人民共和国印花税暂行条例》所列举凭证的单位和个人应征收印花税。购销合同、技术合同和建筑安装工程承包合同税率为万分之三；承揽合同、建设工程勘察设计合同、货物运输合同和产权转移书据税率为万分之五；财产租赁合同、仓储保管合同和财产保险合同税率为千分之一；借款合同税率为万分之零点五；记载资金的账簿，按实收资本和资本公积的税率为万分之五征收，其他账簿按本贴花 5 元；权利、许可证照按件贴花 5 元。1995—2007 年，全区征收印花税 18262.21 万元。

车船使用税 对区内拥有并使用车船的单位和个人应征车船使用税，其中外商投资企业、外国企业应征收车船使用牌照税。对乘人汽车、摩托车、非机动车按辆征收，机动船、载货汽车按吨位征收，非机动船按载重吨位征收。自行车税由公安派出所统一代征。1995—2007 年，全区征收车船使用税（含车船使用牌照税）2284.65 万元。

屠宰税 屠宰税以应税牲畜的头数为计税依据，按头定额征收。税额分别为生猪每头 10 元，牛、马、驴、骡每头 18 元，羊每头 2 元。其中，自养、自食的（除农民个人自养、自宰、自食的羊外）税额分别为生猪每头 5 元，牛、马、驴、骡每头 9 元，羊每头 1 元。统一委托各食品管理公司代收代缴，2003 年停征。1995—2002 年，全区征收屠宰税 363.16 万元。

土地增值税 对在区内转让国有土地使用权、地上建筑物及其附着物并取得收入的单位和个人应征土地增值税。土地增值税实行 4 级超额累进税率。即增值额未超过扣除项目金额 50% 的部分，税率 30%；超过 50% 未超过 100% 的部分，税率 40%；超过 100% 未超过 200% 部分，税率 50%；超过 200% 部分，税率 60%。按南京市要求，对土地增值税实行预征，高级公寓、度假村、花园别墅，预征率 3%；写字楼、营业用房，预征率 2%；普通住宅，预征率 1%（2004 年前预征率 0.05%）；既开发建造普通住宅又开发建造其他类型的商品房的分别核算。不分别核算或不能准确核算的，根据项目类型分别适用预征率 2% 或 3%；其他类（指除以上列举外的项目，如转让国有土地使用权等），预征率 1%；普通标准住宅不实行预征的办法。2005 年起，对单位转让旧房及建筑物的统一由区房产局代收代缴，确定实行核定征收的按收入的 6% 征收。2007 年 7 月 26 日起，对单位转让旧房及建筑物和个人转让非住宅的核定征收率为收入的 3%，个人转让非普通住宅居住在 3 年以下的核定征收 1%，3 年 ~ 5 年的减半征收，5 年以上的免征，个人转让普通住宅的免征。1995—2007 年，全区累计征收各类土地增值税 5.31 亿元（其中区级土地增值税 5.24 亿元），占地方税收总额的 4.33%。

资源税 对在区内开采应税矿产品的单位和个人，因其资源条件差异所形成的级差收入应征收资源税。资源税的征税范围只包括矿产品资源和盐资源，其他自然资源均未列入征税范围。资源税采取按资源的具体品种设置 7 个税目，每个税目下又设若干子目。资源税应纳税额 = 课税数量 × 适用单位税额。具体标准为 3000 元 / 吨。1995—2007 年，全区征收资源税 9075.49 万元。

固定资产投资方向调节税 税目、税率依照 1991 年 4 月 16 日国务院发布《中华人民共和国固定资产投资方向调节税暂行条例》所附的《固定资产投资方向调节税税目税率表》执行。税率为 15%，其他投资项目适用税率 10%。自 2000 年 1 月 1 日起，新发生的投资额，暂停征收固定资产投资方向调节税。1995—1999 年，全县共征收固定资产投资方向调节税 799.95 万元。

【基金费】

教育费附加 教育费附加的缴纳人分为城市企业和农村企业。1994 年起，对城市企业由地税部门按缴纳增值税、营业税、消费税（以下简称“三税”）的单位和个人的 3% 征收；对农村企业，根据《江苏省农村学校教育事业费附加暂行办法》由财政部门负责征收。2003 年 7 月 1 日起，贯彻省政府关于调整教育费附加等政府性基金征收办法的通知精神，取消对农村镇、村办企业和私营企业等按销售收入的 4% 征收教育费附加的计征办法，对缴纳“三税”的单位和个人，按其实际缴纳“三税”税额的 3% 全部改由地税部门征收教育费附加。1995—2007 年，全区征收教育费附加 32480.03 万元。

地方教育附加费 根据江苏省财政厅、国税局、地税局、省教委联合下发的《关于城市企业按“三税”的 1% 开征教育地方附加费的暂行规定》，1995 年起，江宁县对“三资”企业和城市企业按“三税”的 1% 开征地方教育附加费。2003 年，将教育地方附加费更名为地方教育费附加，取消对企业按销售收入或营业收入总额的 1% 缴纳地方教育附加费，改为按其实际缴纳的增值税、营业税、消费税税额的1%征收。1995—2007年，全区征收地方教育附加费4827.38万元。

社会保险费　社会保险费包括基本养老保险费、基本医疗保险费、失业保险费、工伤保险费、生育保险费。2000年7月1日起，社会保险费改由地方税务部门征收，江宁地税局随之全面接管。自接收社会保险费征缴后至2007年年底，累计征收各类社会保险费33.96亿元，其中区级社会保险费33.21亿元。

离休干部医疗统筹　根据《南京市江宁区离休干部医疗统筹实施意见》的通知精神，2002年7月1日起，江宁区范围内的离休干部医疗统筹改由地方税务部门征收，规定凡在江宁区范围内应缴纳离休干部医疗统筹的单位，经区老干部局按单位离休干部数逐户核定后，由缴费单位在缴费年度内到地税部门一次性缴纳。2007年之前，每人每年1.80万元；2007年起，每人每年2.60万元。2002年下半年至2007年，征收各类离休干部医疗统筹732.70万元。其中，完成区离休干部统筹征收任务727.59万元。

工会经费　根据《江宁区企事业单位应缴工会经费由江宁地方税务局代征实施办法的通知》精神，2005年1月1日起，江宁地税局受区总工会委托负责代征全区范围内的工会经费（工会筹备金）。已建立工会组织的单位缴纳工会经费，未建立工会组织的单位缴纳工会筹备金。工会经费和工会筹备金按照当年年度单位工资总额的2%中的40%每年一次向地税部门申报缴纳，60%向上一级工会缴存。地税部门对工会经费征缴期为每年5月。2005—2007年，累计征收各类工会经费2436.37万元。其中，完成区工会经费征收任务2395.75万元。

文化事业建设费　1997年1月1日起，开征文化事业建设费，由地税部门负责征收。征收范围为娱乐业、广告业。征收标准：按营业收入的3%征收文化事业建设费。征缴方式：缴费单位每月自行向地税部门申报缴纳，征缴期同地方税征缴期。1997—2007年，共征收各类文化事业建设费371.90万元。其中，完成区文化事业建设费征收任务251.35万元。

人民防空建设费　2003年4月1日起，江宁地税局受区人防部门委托代征人民防空建设经费。凡在江宁地税局办理税务登记的各类企业及事业单位、个体户应缴纳人民防空建设经费。征缴标准为缴费单位按上年末在册人数，每人每年缴纳15元；个体户每户每年缴纳60元。缴费单位每年一次向地税部门申报缴纳，征缴期为每年5月。2003—2007年，征收各类人民防空建设经费851.29万元。其中，完成区人防费征收任务551.29万元。

绿化费、义务植树统筹费　2003年1月1日起，江宁地税局受区绿化委委托负责代征江宁区范围内的绿化费、义务植树统筹费。凡在江宁地税局办理税务登记的各类企业及事业单位、机关、社团、个体户均按规定缴纳。征缴标准为缴费单位按上年末在册人数，每人每年缴纳5元；凡未完成规定植树劳动量的缴费单位，按上年末在册人数，每人每年缴纳8元；个体户每户按1人征收绿化费5元、义务植树统筹费8元。缴纳单位每年一次向地税部门申报缴纳，征缴期为每年5月、6月。2003—2007年，征收各类绿化费、义务植树统筹费756.74万元。其中，完成区绿化费、义务植树统筹费征收任务756.48万元。

残疾人保障基金　2005年1月1日起，江宁地税局受区残联委托负责代征全区范围内的残疾人就业保障基金。凡在江宁地税局办理税务登记的各类企事业单位应缴残疾人就业保障基金。残疾人就业保险基金征缴标准是企业安排残疾人就业未达到上年度在册职工人数1.50%比例的，应当按照年度差额人数和区统计部门公布的上年度本地区职工年平均工资的100%缴纳。按比例计算不足1人的部分，按照实际比例差额数缴纳。残疾人保障基金由缴费单位每年一次向地税部门申报，征缴期为每年6月。2005—2007年，征收各类残疾人就业保障基金1771.85万元。其中，完成区残疾人保障基金征收任务1763.85万元。

综合发展基金 1997年1月1日起，县地税局对原征收的物价调节基金、防洪保安资金、粮食风险基金和地方教育附加费实行统一按销售收入（或经营收入）合并一票征收，简称为“综合发展基金”。凡在江宁县境内，除个体工商户外的一切有销售收入或营业收入的自收自支事业单位、国有企业、集体企业（含乡、镇、村）、私营企业、股份制企业、联营企业、金融保险企业、非银行金融企业、其他企业（含中央、省、市、外地驻县企事业单位）以及上述各类企业转制为中外合资、中外合作的企业均应缴纳综合发展基金。但外商独资、中外合资、中外合作企业按外方投资比重计算并确定销售收入。此外，食品公司所属肉、禽、蛋经营企业，蔬菜公司系统及蔬菜经营企业，经营平价粮油、饲料的国营企业，政策性亏损企业及特困企业免征综合发展基金。1997—2007年，征收各类综合发展基金23023万元。其中，完成区综合发展基金征收任务15061万元。

1995—2007年江宁区地税局主要税种收入情况表

表23-5-23

年份	营业税（万元）	企业所得税（万元）	个人所得税（万元）	城市维护建设税（万元）	城镇土地使用税（万元）	土地增值税（万元）	合计（万元）	税收总量（万元）	占税收总量的比重（%）
1995	3751	801	424	744	142	—	5862	7257	80.78
1996	4998	2023	1058	914	96	—	9089	10476	86.76
1997	5510	2075	2234	1098	102	3	11022	12531	87.96
1998	5473	1938	3429	1047	82	4	11973	13741	87.13
1999	5846	3508	3846	1263	85	6	14554	16335	89.10
2000	7330	9356	5325	2026	111	15	24163	26046	92.77
2001	14530	17615	6682	2657	224	108	41816	44644	93.67
2002	31128	15234	11232	4442	301	430	62767	66486	94.41
2003	49422	18581	14020	6740	376	1295	90434	95920	94.28
2004	66233	33735	19751	7645	519	6869	134752	142054	94.86
2005	78342	47231	29565	9496	869	9520	175023	185177	94.52
2006	100902	66266	41080	11004	1866	13702	234820	247680	94.81
2007	160216	68829	56926	14573	18453	21188	340185	358231	94.96
总计	533681	287192	195572	63649	23226	53140	1156460	1226578	94.34

1995—2007 年江宁区地税局基金费收入情况表

表 23-5-24　　单位：万元

年 份	社会保险费	离休干部医疗统筹	工会经费	文化事业建设费	人民防空建设经费	绿化费、义务植树统筹费	残疾人就业保障基金	综合发展基金	合 计
1995	—	—	—	—	—	—	—	400	400.00
1996	—	—	—	—	—	—	—	1197	1197.00
1997	—	—	—	—	—	—	—	1650	1650.00
1998	—	—	—	7.93	—	—	—	1500	1507.93
1999	—	—	—	5.50	—	—	—	1600	1605.50
2000	4541.55	—	—	2.21	—	—	—	1700	6243.76
2001	13008.02	—	—	3.17	—	—	—	1800	14811.19
2002	17352.43	91.75	—	6.68	—	—	—	2300	19750.86
2003	25009.51	101.66	—	5.26	148.95	125.25	—	2300	27690.63
2004	36920.92	140.04	—	15.15	150.99	132.49	—	1680	39039.59
2005	54341.00	130.50	515.00	61.00	171.00	150.00	395.00	1906	57669.50
2006	74778.00	119.34	911.37	117.00	188.35	171.00	576.85	2230	79091.91
2007	106115.91	144.30	1010.00	148.00	192.00	178.00	800.00	2750	111348.21
总 计	332067.34	727.59	2436.37	371.90	851.29	756.74	1771.85	23023	362006.08

第四节　财政局税种及征收

除国税、地税部门外，财政部门也有税收项目，主要是农业税和契税两类，其他还有农业特产税、耕地占用税等。

【田赋】

赋税是国家向一切从事农业生产并由此获得农业收入的单位和个人征收的一种农业税收。江宁县在新中国成立前称田赋，在新中国成立后（包括抗日民主政府时期）称农业税（习惯称公粮）。

田赋是历代统治者财政收入的主要来源，秦国建立后，税收酷厉，三分取二。汉高祖得天下，轻田租，十五分取一。汉文帝十二年（前 168），改三十而税一。三国时东吴建都建业，实行田赋户调并征制。晋代、刘宋时，实行限田制，采取田赋、丁赋并征办法。武德七年（624），唐高祖颁布“均田制”，实行租庸调法。成年男子每年交纳粟米 2 石或稻 3 石，谓之租；交纳绢 2 尺，绵 3 两或布 2 丈 5 尺，麻 3 斤，谓之调；每年服役 20 天，闰月加 2 天，不去服役者，一天折绢 3 尺代纳，谓之庸。南唐李昪初承吴制，按亩收钱。

宋代沿用唐两税法。夏税主要交纳折帛钱、绢、紬、丝、绵、麦、麻等；秋税主要交纳苗米、正草、布、正废、豆、钱等。据宋《景定建康志》载，景定二年（1261），上元、江宁两县共有田地82816公顷（其中山田45202公顷，圩田26087公顷，沙田10422公顷，营田1101公顷，尾数均未计），共纳税额，夏税中折帛钱117442贯684文，绢29289疋2丈1尺5寸，紬814疋4丈6尺2寸，丝2786两3钱，绵91384两，小麦2000石，麻皮2500斤；秋税中苗米52245石6斗9升，正草77000束，布924疋，正废45039领，折豆钱20713贯916文。

元代田赋承袭宋制，有夏税、秋粮、租课、土贡等。据元〔至正〕《金陵新志》载，泰定元年（1324），上江两县共有土地19.95万公顷。田赋征收分系官税粮和财赋税粮两部分。系官税粮部分两县合计丝16599斤14两6钱，绵6448斤22两17钱，布581疋1丈6尺，钞204锭39两12钱，黄豆477石8斗8升，小麦493石15斗8升，粳米52898石18斗9升；财赋税粮两县合计大麦410石3斗6升，小麦1058石7斗7升，粳米14588石9斗8升，粳稻653石8斗5升，豆2680石8斗3升，红花2296斤18两10钱，绵26斤6两9钱。岁贡貉皮两县共1526.50张。

明代太祖登基初年（1368），定天下田赋为二，一是官田，二是民田。官田亩税5升3合，民田减2升。明宣宗年代，民产开始征劝米、马草。据明〔正德〕《江宁县志》载，江宁县官田地夏税小麦2674石9斗6升，丝绵203斤2两8钱，农桑丝19斤14两3钱，秋粮米50174石8斗5升；民田地夏税小麦8635石7斗，丝绵330斤9两2钱，秋粮米20646石零3升，马草41011包7斤。后来赋役名目日益繁杂，明隆庆三年（1569），海瑞任应天巡抚时，改革赋役制，推行“一条鞭法”，将银差、力差、派办、京库、岁需、存留以及土贡等科目并为一条，纳入田赋征收，按户派役改为按丁粮派役，赋役合一，计亩征银。清代上江两县田赋制度又有新的变化。雍正六年（1728），实行“摊丁入亩，地丁合一”的制度，将丁银并入田亩，以田亩为纳税对象，称“地丁银粮”。雍正十三年，改为“忙银”“漕米”。嘉庆十五年（1810），重订赋役全书，据清〔同治〕《上江两县志》载，当时两县田赋分民田、卫田、官租、学田等类别制订不同科则进行征收。两县科税田地共有138102.22公顷（其中民田108225.53公顷、卫田14140.54公顷、学田99公顷、芦洲田地14369.67公顷、草场田1267.48公顷），其中民田上元县12则，江宁县10则；卫田上元县32则，江宁县27则；官租款上元县62款，江宁县35款。共征米58315石7斗4升，豆1131石6斗5升，银88426两2钱2分。遇闰加征米53石5斗7升，银3303两3钱3分。

民国时期，田赋科则与赋额沿袭清制。民国元年（1912），改两为元，漕米以元代纳，均按市价折收。民国2年，江宁县实征地丁30534.46两（银），糟粮13837.87石（米），芦课6329.49两（银），屯折（租）214.35两（银），屯米97.69石。民国22年，江宁建自治实验县后，进行地税改革，以土地陈报为依据，统一税则和带征标准，一律以亩计算，彻底废除银米旧制。将原有40余种民、卫、塘、沟、屯、滩、芦洲田地等则地目，折并为三等九则，计有土地8.67万公顷，赋额104.40万元。按则定率，一律折元计算，统一了税目。原来的各种带征，并入正赋，一并征收。民国35年，全县田赋应征92771.46石，实征46752.82石；征借应征30923.82石，实征1558.45石；公粮应征27831.44石，实征1402.55石。民国34年9月，抗日战争胜利后，当年田赋豁免。民国35年启征，以4折征实，每赋元征稻谷1.96市斗，另带征县级公粮3成，县自治事业费和积谷，全县实征额约8成。民国36年，以5成征实，每赋元征实1.20市斗及县级公粮和其他带征，全县实征额6.30成。民国37年，新增每赋元征借9市升，公粮4.80市升，积谷1.20市升，随赋捐献9市升，全县实征额5.60成。

江宁田赋，由财政设元、宁二柜征收，每柜分内柜管账，外柜管征。有财务警30余人，催征吏百余人，尚有依附粮柜为生的不下3000余人，该项人员概无薪水，自谋收入，促使相互舞弊。

江宁建自治实验县后，曾对田赋的流弊进行整顿，对粮柜进行改组，将二柜并为地税总征收处。以后地税总征处改为地征科。民国34年（1945）12月，将地征科裁撤，设田粮科。民国35年，田粮科又改为田赋粮食管理处。

救国公粮是抗日民主政府主要的财政收入来源。民国30年（1941）8月和民国32年秋，江宁县、横山县抗日民主政府，贯彻制订征收公粮政策，江宁县每亩征米4升，征草5公斤。在方山、桥头、上坊、汤山、赤山及三岔以东地区和横山县西山等40多个乡镇开征，每年征收米100多万公斤。

【农业税】

新中国成立后，江宁县在征收农业税过程中积极做好各项工作，整籍造串、核实计税土地及产量，适时调整税率和征收价格，切实搞好优待与社会减免，使农民负担合理，兼顾国家、集体和个人利益。1949—2004年，全区共征收农业税44259.54万元。其中，1949—1985年，征收农业税（包括附加）实入库83622.96万公斤，折合金额16455.14万元；1986—2000年，征收19234.40万元；2001—2004年，征收8570万元。

整籍造串 1956年，全县集中助征员552人，用40天时间整籍造串。是年，全县纳税户96974户。1952年增至122558户。1956年农业合作化，以社为纳税单位，全县有274个高级社，3个初级社，1175户个体户，4个国营农场。乡财粮负责征收管理，均做到年税年清。1958年人民公社化后，以生产队为纳税单位，全县纳税户为256户。1961年，改按生产队为基本核算单位，全县纳税户为5485户。1983年，农业实行联产承包责任制，农业税改按承包户征收，全县纳税户为167383户。

计税土地 1949年，江宁县人民政府接管纳税册籍土地面积为7.18万公顷，赋元773764.40元。秋季进行重新登记，土地面积6.82万公顷，赋元758950元，相比分别减少0.36万公顷，14814.40元。1950年，进行归户并册，开展查黑田运动，发动自报，逐户、逐块登记，落实。计税面积为7.25万公顷，赋元788570元。1952年，土改后颁发土地证，计税面积为7.77万公顷，比1950年增加0.52万公顷。

1953—1956年，江宁县行政区划与南京市及溧水县、句容县个别地区进行数次调整。1958年后，扣除基本建设用地、水利挖压土地和自留地（自留地中有5%免征农业税），至1985年，全县计税面积还有6.57万公顷。“七五”期间，国家征用土地、兴修水利等又占用耕地，至1990年，实有计税面积6.03万公顷。1995年，划给南京市7个村后，计税面积又减为5.04万公顷。至2000年年底，全县纳税土地5.60万公顷。

计税产量（简称常产） 1950年按赋元换算，每赋元代表产量225公斤。1951年查田定产，江宁县常产为19150.53万公斤，每亩平均164.30公斤。1961年，调减农业税负担，江宁县常产由19609.50万公斤降为16428.50万公斤。至2000年，降为14881.50万公斤。

税率 民国38年（1949）7月，江宁县公粮分夏秋两季征收，沿用民国37年册载的田亩等则，以赋元为计征依据，分基本公粮和累进公粮两部分。基本公粮每赋元全年征粮40公斤，草20公斤；累进公粮以户为单位，根据自耕，佃入与出租3种田地赋额多寡，各分4级计征。基本公粮为土地税、累进公粮为农业收益税。1950年9月，实行全额累进税制，税率定为40级，以户为单位，按农业人口每人平均农业收入，累进计征。农业收入以赋元为依据评定代表产量，并开征地方附加，附加率为正税的13%。1951年，继续执行累进税制，税率为23级，实行查田定产，按常年产量计征。1952年10月，施行差额较小的全额累进税制，税率为24级。

1956年，江宁县农户由互助组走向初级农业合作社，土地折股分红，农业税按土地、劳力分担；高级农业生产合作社土地不分红，农业税由社负担。改累进税制为比例税制。江宁县平均税率 19.01%。1961 年，连续 3 年经济困难，国家调减农业税，江宁县平均税率由 18.54% 降为 11.46%；总负担下降 48.80%。1962 年，对受灾地区农业税负担进行调节，按省规定全面调增 5.50%，直至 1985 年，部分规定虽略有修改和补充，基本政策和制度未变。

农业税附加 1950 年开征附加，按率计征正税附征 13%，1951 年附征 20%。1952 年停征附加。1954 年恢复征收，按正税县附征 3%，乡自筹 7%，合计为 10%。1956 年附加率增至 14%。1957 年降至 10%。1958 年征收省附加 5%，县附加 10%，合计为 15%。1961 年附加率为 10%。1964 年后改为 15%。国营农场、部队及全民单位，不征附加。

征收价格 农业税以稻谷为主粮，棉、豆地区以棉、豆交纳，大豆以 1 ∶ 1.25，皮棉以 1 ∶ 12 公斤折公粮；其他经济作物按稻谷价折征代金。粮食由粮食部门代征，棉花由供销社征购；代金由银行代收。1959 年，因粳、籼稻价差较大，给征收实物造成矛盾。改为“折征货币，实物代纳”的办法，价格按当年全县粳、籼稻实种面积，确定比例，加权平均计算出每公斤稻谷的征收单价。农业税征收代金价格，按夏麦、秋稻中等粮食价格征收，1949 年，由于市场价格不稳，价格 5 天一定。1950—1965 年，粮食价格稳定；1950—1952 年，代金征收价格年每百公斤 12.48 元；1954 年为 14 元。

1958 年，试行“实物征收，货币结算”。每百公斤征收价格为 15.60 元。1964 年，由于粳稻面积扩大，每百公斤征收价格为 17 元。至 1979 年，每百公斤征收价格调为 23.40 元。

1985 年，粮食收购价调整，按三成原统购价、七成原超购价计算。农业税以征粮为主改为折代金为主，农业税由实物税改为货币税。农业税征收价格按比例调增 35%，每百公斤为 31.60 元。之后又经多次调整，至 1996 年，粮食征收价格比例增至 42.17%，每百公斤为 118 元。

优待与减免 农业税的优待和减免，按其性质分为三类，即灾情减免，社会减免，政策性的优待与照顾减免。1983 年，推行专业承包的农业生产责任制，生产队的农业税任务分解到承包户，农业税减免以纳税单位评定落实到承包户。1949—1985 年，累计减免农业税 11120.49 万公斤，其中社会减免 4708.67 万公斤。1986—2000 年，减免 2543.60 万元，其中社会减免 1468.20 万元。2004 年，减免 220 万元。

图 23-5-9　江宁区试行农业税有奖征收，农民踊跃纳税（2002 年摄）

税额 2000 年 12 月江宁县撤县设区后，农业税仍以货币计算，2001 年征收 2386 万元，2002 年征收 2383 万元，2003 年征收 2455 万元。2004 年，全面推行农业税征收办法改革，实行“农民依法纳税，政府全额补贴”办法，对承包农业税计税土地从事种植业、养殖业的农民（包括实行反租倒包经营大户、外来农户）应缴纳的农业税，由政府实行全额补贴。集体纳税单位应缴纳的农业税仍由集体单位依法缴纳。是年，全区计征农业税税额 1835 万元，扣除“两减”220 万元，集体负担 269 万元后，实征农民 1346 万元。其中，区财政转移支付补助 744 万元，镇、开发园区负担农民补贴资金 602 万元。

2005 年，江宁区根据中央 1 号文件精神和省委、省政府决定，在全区全面免征农业税。2001—2004 年，共征收农业税 8570 万元（1949—2000 年农业税征收情况详见表 23-5-25、表 23-5-26）。

1949—1985 年江宁县农业税征收情况表

表 23-5-25

年 份	计税面积（公顷）	计税产量（万公斤）	平均税率（%）	计征任务（万公斤）		减税数（万公斤）		实入库数（万公斤）	
				合 计	其中：正税	合 计	其中：社减	合 计	其中：正税
1949	71760.90	—	—	3786.40	3786.40	384.58	130.48	3401.82	3401.82
1950	72512.10	17780.53	19.19	3855.37	3412.09	530.75	76.27	3324.62	2942.15
1951	75535.60	19150.53	19.76	4648.45	3873.24	576.78	319.03	4071.67	3994.37
1952	77688.40	19474.97	19.16	3734.81	3734.81	153.01	150.33	3581.80	3581.80
1953	77838.50	19435.85	18.90	3673.50	3673.50	320.88	157.88	3352.62	3352.62
1954	77919.80	19423.41	18.91	3781.06	3672.53	1478.24	188.51	2302.82	2215.40
1955	79283.50	19412.70	19.03	3841.50	3694.00	351.10	201.88	3490.40	3376.59
1956	78995.50	19140.34	19.01	4148.78	3936.30	745.01	229.78	3403.77	3059.00
1957	78395.70	19010.50	19.06	3988.00	3623.50	186.50	177.00	3801.50	3437.00
1958	78346.70	21519.50	18.55	4377.00	3806.00	241.50	138.50	4135.50	3596.00
1959	74504.80	19900.00	18.46	4224.50	3673.50	551.00	274.00	3673.50	3169.00
1960	73852.20	19748.00	18.54	4221.00	3662.00	766.00	202.00	3455.00	3157.50
1961	69671.10	16428.50	11.46	2072.00	1883.50	522.00	131.50	1550.00	1347.50
1962	68493.30	16443.50	12.09	2187.50	1988.50	404.00	147.00	1783.50	1617.50
1963	68797.30	19493.00	12.09	2193.00	1994.00	116.00	98.00	2077.00	1888.00
1964	68669.70	16543.00	12.05	2292.00	1993.50	104.00	83.50	2188.00	1902.00
1965	68485.80	16477.05	12.06	2290.50	1992.33	169.23	123.51	2121.27	1845.17
1966	68383.10	16465.80	12.08	2287.43	1989.07	324.81	192.33	1962.62	1696.36
1967	68665.10	16484.74	12.09	2291.96	1993.00	169.40	88.86	2122.56	1823.01
1968	68647.70	16395.62	12.09	2283.29	1986.63	106.86	73.50	2176.43	1879.76
1969	68121.10	16336.48	12.10	2271.87	1972.72	111.14	93.62	2160.73	1565.57
1970	68990.60	16557.25	12.09	2302.83	2003.62	130.45	74.23	2172.48	1889.15
1971	68824.30	16601.00	11.87	2266.08	1970.50	51.76	29.23	2214.32	1925.50
1972	68341.80	16479.00	12.09	2290.22	1991.50	93.14	68.66	2197.08	1910.50
1973	68072.70	16959.42	12.08	2286.50	1988.80	93.15	64.79	2193.35	1901.05
1974	68064.50	16413.50	12.08	2281.43	1893.85	124.78	72.42	2156.65	1375.79
1975	68299.90	16309.82	12.10	2265.68	1970.16	127.33	72.60	2138.35	1359.44
1976	67647.20	16304.00	12.10	2239.50	1962.25	159.56	80.60	2079.94	1348.50
1977	67049.70	16154.50	12.10	2243.81	1951.15	192.91	80.55	2050.90	1762.50

续表

年　份	计税面积（公顷）	计税产量（万公斤）	平均税率（%）	计征任务（万公斤）		减税数（万公斤）		实入库数（万公斤）	
				合　计	其中：正税	合　计	其中：社减	合　计	其中：正税
1978	66910.10	16117.75	12.09	2237.70	1945.81	205.01	86.50	2032.69	1767.55
1979	66416.30	15973.15	12.10	2196.23	1933.21	197.87	91.05	1998.36	1760.15
1980	66212.70	15958.99	12.08	2216.58	1927.77	236.88	114.79	1979.70	1721.79
1981	66039.70	15917.61	12.08	2210.78	1922.73	224.95	115.76	1985.83	1728.34
1982	65981.90	15879.30	12.10	2207.49	1920.85	205.28	116.96	2002.21	1742.35
1983	65922.90	15888.88	12.08	2206.64	1919.13	192.52	116.98	2014.12	1752.73
1984	65720.10	15842.69	12.08	2200.01	1913.43	239.94	114.10	1960.07	1705.31
1985	65693.50	15846.14	12.07	2199.26	1914.04	332.17	131.97	1867.09	1624.19
总　计	—	—	—	104300.66	93468.92	11120.49	4708.67	93180.17	83622.96

1986—2000 年江宁县农业税（包括附加）负担情况表

表 23-5-26

年　份	面积（公顷）	农业人口（人）	征收农业税（万元）	两项减免（万元）			实际征收数（万元）	人均负担（元）	亩均负担（元）
				小　计	社　减	灾　减			
1986	65633.50	685911	694.50	71.50	41.60	29.90	623.00	9.10	6.30
1987	60568.10	640234	684.90	57.00	41.00	16.00	627.90	9.80	6.90
1988	60402.70	648888	683.20	62.00	42.00	20.00	621.20	9.60	6.90
1989	60393.10	660144	878.80	72.70	52.00	20.70	806.10	12.20	8.90
1990	60331.00	661725	877.80	98.00	52.00	46.00	779.80	11.80	8.60
1991	60321.50	668416	877.50	282.00	52.00	230.00	595.50	8.90	6.60
1992	60219.40	661253	1053.80	115.80	52.00	63.80	938.00	14.20	10.40
1993	60140.40	663572	1052.60	97.20	62.70	34.50	955.40	14.40	10.60
1994	59994.30	660940	1716.80	183.30	102.80	80.50	1533.50	23.10	16.90
1995	58436.60	655723	1670.00	175.70	119.60	56.10	1494.30	22.80	17.00
1996	58163.70	633800	2360.20	233.40	170.10	63.30	2126.80	33.60	24.40
1997	57672.40	626417	2335.90	233.40	170.10	63.30	2102.50	33.60	24.30
1998	57458.90	614861	2326.80	296.60	170.10	126.50	2030.20	33.00	23.60
1999	57068.60	611126	2307.20	254.60	170.10	84.50	2052.60	33.60	24.00
2000	56139.10	605719	2258.00	310.40	170.10	140.30	1947.60	32.00	23.00
合　计	—	—	21778.00	2543.60	1468.20	1075.40	19234.40	29.70	14.40

1949—1985年江宁县农业税征收决算情况表

表 23-5-27

年　份	正税（万元）	附　加		合计（万元）	年　份	正税（万元）	附　加		合计（万元）
		附加率（%）	金额（万元）				附加率（%）	金额（万元）	
1949	397.56	—	—	397.56	1968	366.10	15	63.36	429.46
1950	375.83	13	40.33	416.16	1969	378.19	15	56.73	434.92
1951	446.31	20	73.19	519.50	1970	383.00	15	57.45	440.45
1952	494.23	—	—	494.23	1971	389.00	15	58.35	447.35
1953	462.64	—	—	462.64	1972	386.00	15	57.90	443.90
1954	521.87	3	14.10	535.97	1973	383.40	15	57.51	440.91
1955	347.78	4	15.70	363.48	1974	378.91	15	56.84	435.75
1956	487.88	14	14.11	501.99	1975	375.61	15	56.34	431.95
1957	414.53	10	29.31	443.84	1976	373.40	15	56.01	429.41
1958	561.29	15	32.94	594.23	1977	364.17	15	54.60	418.77
1959	479.07	15	56.50	535.57	1978	357.12	15	53.50	410.62
1960	454.97	15	48.39	503.36	1979	411.80	15	61.80	473.60
1961	225.62	10	21.90	247.52	1980	402.80	15	60.30	463.10
1962	269.15	10	29.31	298.46	1981	404.40	15	61.30	465.70
1963	322.01	10	59.90	381.91	1982	407.70	15	61.10	468.80
1964	372.21	15	49.10	421.31	1983	409.90	15	61.50	471.40
1965	326.33	15	49.77	376.10	1984	389.10	15	60.00	459.10
1966	342.62	15	51.38	394.00	1985	513.20	15	76.72	589.92
1967	365.87	15	46.33	412.20	总　计	14751.57	—	1703.57	16455.14

说明：1. 此表数据是历年的预算内外数字，是按决算年度计算的。当年尾欠数字不在内，清上年尾欠在内，所以与农业税征收情况表不符

2.1956—1963 年附加数有尾欠和清交尾欠数交叉不清，所以正税乘附加率不等于附加数

3.1954 年的正税数是预算数，因当年严重水灾，减免数列省、市补助，以平决算

【契税】

契税起源于东晋的估税，主要课于大额交易，立有文据，方行课税。后为历代尚袭，演变为典，买田地房宅时赴官验印必缴的捐税。清代契税“初征买契，不征活契”（即典契），买契按九分（9%）征收，或于正税外另征杂税。之后征及活契，又增用契尾，按契价输银三分（3%），后有准契税加征一分（1%），共加征四分，为科场经费。清宣统三年（1911），买定契九分（9%），典契为 6 分（6%）。

民国元年（1912），江宁县契税沿用清定，由政府设处办理，税率按契价买 9 典 6。随后各项附加竟增至买契征 14%，典契征 10%。因税率苛重，投税户少，未税白契充斥民间。当年征收契税 2774.50 元。民国 2 年，征收契税 4846.32 元。民国 3 年，征收契税 11317 元。民国 22 年，江宁自治实验县成立后，制订契税章则，经县政委员会通过，税率仍按契价买 9 典 6 征，特定减税期，期内投税照买 6 典 3 征，免征附加。民国 35 年 7 月，江宁县税捐征收处内增设契税股，当年 8—12 月共征契税款 10981.70 元。民国 36 年，组织成立县不动产评价委员会，对田地房屋进行评价，评定出计税标准价格，并规定按正税征附加 25%，监证费按契价征 1%。

新中国成立后，江宁县根据政务院公布《契税暂行条例》，于1951年7月，在湖熟镇首次开征，有150户投税征收300元。1952年2月，全县开征，征收额2406.80元。1956年后，全县农村实行农业合作化，农村土地归集体所有，不准买卖，房屋买卖也极少，因而停办契税，直至1992年才恢复征收。买契按买价征收6%；典契按典契价3%征收；赠与税按现值价格6%征收，交换税，双方价值相等者免交，价不等者，按超过部分价值6%征收。当年征收1万元。以后税率又有变化。

1997年，江宁县执行江苏省统一税率按4%征收。1999年，根据《江苏省财政厅、江苏省地方税务局转发财政部、国家税务总局关于调整房地产市场若干税收政策的通知》精神，对1999年8月1日之后个人购买和交换自用普通住宅，暂减半征收契税，即暂按2%的税率征收。2002年，江宁区根据南京市印发的《关于进一步搞活房地产市场若干意见中有关契税政策的实施细则》，规定自2002年5月1日起，对个人购买普通住房按2%税率征收契税，个人实际负担0.75%，其余由地方财政补贴。

2004年4月1日起，江宁区对商住楼、车库、独立和双拼别墅统一按4%税率征收。2005年6月1日起至2007年年底，对凡同时满足“住宅小区容积率在1.0以上（含1.0）；单套建筑面积在144平方米以下（含144平方米）；实际成交价格在同区域住房平均交易价格1.44倍以下（含1.44倍）”3个条件的普通住房方可享受契税优惠政策，即仍按2%的税率征收。

图 23-5-10　2004年6月，江宁区财政局被评为江苏省2002—2003年度文明契税所

契税征收税额，2000年12月后，随着江宁县撤县设区的利好，江宁板块房地产开发不断趋热，契税收入总量也逐年大幅增长。2001年，契税收入4056万元（入库数，下同）；2002年6070万元；2003年首次突破1亿元，达10054万元；2004年15226万元；2005年14686万元；2006年1.62亿元，2007年3.50亿元。1993—2007年，全区共征收契税107562万元，年均7170.80万元。

【农业特产税】

1989年，江宁县全面开征农业特产税。收税税目主要为淡水养殖一般产品、果田瓜（西瓜）、原木、原竹、苗木、花卉、茶叶等。税率各类产品不等，最低的如桑、茶、苗木等5%，最高的如珍珠、海参、鲍鱼等水珍品15%。1989—2000年，全县共征收农业特产税2073.40万元。

2003年，江宁区出台《南京市江宁区农业特产税改征农业税实施方案》，对区境内从事农业特产品生产，取得农业特产收入的纳税单位，不再征收农业特产税，统一改征农业税。对区境内农民自行种植、养殖从事农业特产品生产，取得农业特产收入的，不再征收农业特产税，也不征收农业税。

【耕地占用税】

1987年4月起，江宁县开征耕地占用税，按照江苏省采用固定地区差别定额税率的规定，江宁县固定定额税率核定为每平方米6元。由于各个乡镇地区差异的不同，税率有所差别。如东山、汤山等每平方米6.50元，陶吴、横溪等每平方米5元。1987—2000年，全县共征收耕地占用税5329.20万元。

第六章 税收管理与稽查监督

新中国成立后，江宁县税务机关不断健全和完善征管制度，改革征管方法，加强税收计划、会计、统计工作。1984 年，《个体工商户税收征管暂行办法》出台后，对个体工商业户税务登记、纳税鉴定、纳税申报、辅导与检查、账证与发票管理、征收方法、减免税、资料积累、专管员责任制等 10 个方面强化管理。1994 年，征管制度改革，取消专管员制度，将企业纳税由税务专管员包办改由纳税人主动申报、社会中介机构代理办税、税务机关运用电脑征收的“三位一体”的税收征管模式。1999 年起，税收会计、统计由县国、地税局分别集中核算后，按国家统一的经济类型分类产生系列报表，使税收统计口径和国家工商管理的工商登记口径相一致。2001 年后，区税务机关对税源的日常调查和专项调查加大力度，加强对重点税源大户的管理，制订落实重点税源户联系人制度。至 2007 年，区国税局 87 家重点税源户企业共入库各项税收 16 亿元，占该局全年各项税收总量 33.51 亿元的 47.75%；区地税局 129 家重点税源户入库税款 25.60 亿元，占该局地方税收收入 35.82 亿元的 71.46%。

随着征管制度改革、机构改革的实施，在税收稽查上，江宁税务机关先后实行内分式稽查、外分式稽查和一级稽查三种模式。同时与区人民检察院联合成立检察室，与江宁公安分局联合成立公安办公室，进一步加大稽查力度。1995—2007 年，区国税局、地税局共检查企业 26246 家次，查补税款 37728.40 万元，加收罚款和滞纳金 3011.94 万元，移交司法机关案件 84 件。在税收监督上，开展内部监督，注重稽查队伍建设，加强纪检监察，建立监督制约机制，实行税收执法责任制、推行重大案件、重大执法事项集体审议制度；开展外部监督，加强行风评议工作，坚持举报接待日制度，实行纳税人民主评议办法。通过稽查和监督，为江宁区经济发展营造良好的税收环境。

第一节 税收管理

【征管制度】

税务登记 税务登记是税务机关对纳税人开业、歇业、停业、变更及生产经营等活动情况进行登记管理的一项法定制度。税务登记主要包括开业登记、变更登记、停业、复业登记、外来登记报验。民国 38 年(1949)6 月,江宁县开始税务登记,至是年年底,已登记纳税户 2125 户,其中私营商业 1957 户。在私营商业中以杂货、布业、粮行三大业为主。1950 年 1 月规定,工商企业于开业、转业、歇业 20 日前,向工商税务机关申报登记。之后历次税制改革中均对税务登记作出具体规定。

中共十一届三中全会后,社队企业蓬勃兴起,1979 年年底,全县纳税户增至 1755 家。1982 年,全面办理工商企业税务登记发证工作。至 1985 年年底，全县共有纳税户 5898 家。其中，国营企业 241 家，集体企业 2875 家（包括乡镇企业 1886 家），全民与集体合营企业 4 家，个体工商业 2759 家，其他 19 家。1989 年，对全县 4774 家企业（含私营企业）的税务登记逐个进行审核检证，注销关、停、并、撤的“空挂户”1131 家，应办未办变更登记的 308 家，对暴露出的问题进行处理。1994 年 9 月国税、地税机构分设后，税务登记按属地原则来划分登记管辖范围，增值税户由国税局受理，纯营业税户由地税局受理。至2007年，国、地税部门共登记纳税户23517家，其中内资企业9703家，外资企业977家，个体企业12837家。1996年7—10月，税务机构分设后首次进行换证工作。按照“统一代码，分别登记，分别管理”原则，统一纳税人识别号，对已办理税务登记的纳税人，实行税务登记证件国税、地税分别换证，国税局共完成3225家企业和3515家个体工商户的纳税人换证。同时，清理各类空挂户、停业户2800家。地税局共对4267户纳税人换证。1999年7—9月，县地税局对辖区内税户开展第二次税务登记换证工作，共对5217户纳税人进行换证。2005年起，实现国、地税联办税务登记，由国、地税局按月定期交换税务登记信息，2005—2007年，共联办税务登记6907户。2006年9—10月，采用国、地税联合换证方式，开展第三次税务登记换证工作，此次换证取消之前的注册税务证、外资企业登记证、个体登记证。新税务登记证件分为税务登记证（正、副本）和临时税务登记证（正、副本）。对负有扣缴个人所得税义务的，扣缴义务人办理扣缴税款登记证。此次共对16029户纳税人进行换证，换证率97.80%。

1995—2007年江宁区国（地）税纳税户情况表

表23-6-28　　单位：家

年 份	合 计	内 资	外 资	个 体	年 份	合 计	内 资	外 资	个 体
1995	3583	2142	116	1325	2002	15982	4781	412	10789
1996	4267	2605	159	1503	2003	17482	5799	509	11174
1997	8838	3838	297	4703	2004	14585	3717	586	10282
1998	9789	3809	652	5328	2005	15527	5445	652	9430
1999	25491	10898	414	14179	2006	17686	6099	754	10833
2000	22768	13405	720	8643	2007	23517	9703	977	12837
2001	15589	5506	484	9599					

申报征收　纳税申报是指纳税人、扣缴义务人在发生纳税（扣缴）义务后按规定内容和期限向主管税务机关提交的书面报告，是依法履行纳税（扣缴）义务的法定手续和制度。纳税申报内容：全区纳税人、扣缴义务人在规定的申报期限内，不论有无应税收入或者代扣代缴税款，都须向主管国地税机关进行纳税申报，报送纳税申报表及其他纳税资料，或者报送代扣代缴、代收代缴报告表。对货、商两税根据不同征收方法，分别采取按次、按日、按期申报。按次申报是于商品出厂或起运时纳库；按日申报于次日纳库；按期申报于次月1日纳库。1995年起，县国税局的申报表种类有增值税一般纳税人纳税申报表、增值税小规模纳税人纳税申报表；消费税纳税人申报表；金融保险营业税申报表；企业所得税纳税申报表；扣缴个人所得税纳税申报表；出口退税申报表；车辆购置纳税申报表等。县地税局对纳税申报表进行归类合并，包含营业税、城市维护建设税、教育费附加、房产税、土地使用税产、印花税、资源税、综合规费、文化事业发展费等税费各类“地方税（费、基金）纳税申报表”。纳税申报包括直接申报、代理申报、邮寄申报、简易申报和电子申报等方式。至2004年，区国税局共有2873个增值税一般纳税人实现网上申报，占增值税一般纳税人总行数的88.02%；共有1446个增值税小规模纳税人进行电子申报，电子申报面超过90%。4个农村分局电子申报面均达95%以上。2005年，

电子申报率达97.15%。2006年，又推出与CTAIS 2.0江苏优化版相配套的电话电报系统。2007年，区国税局共有3300多户纳税人由第一代申报系统顺利过渡到第二代系统。区地税局网上申报户达9947户，网上申报率达91.75%。

发票管理　1952年，江宁县开始对工商企业发货票管理，制订《江宁县工商业统一发货票试行办法》，规定发货票分复写式、定额式两种。套印圆形"江宁县人民政府税务局统一凭证查验章"。至1962年6月，由县税务局、商业局、手工业管理局、县供销合作社联合通知，下达《江宁县统一发货票管理办法》，规定发货票分自定型、工商和临时商业统一发货票三类。统一发货票不得伪造、私印、买卖、转让、代开、隐匿、非法销毁等。严禁使用非正式凭证和废旧发票。至1976年，改套"江苏省商事凭证监制章——江宁县财政局"。1983年，又改套"江苏省江宁县税务局商事凭证监制章"。至1984年10月，贯彻《江苏省江宁县发票暂行管理办法》，县税务局规定发票分自印、购领两大类，改套方形"江苏省江宁县税务局统一发票监制章"，并对以往废旧发票进行清理交销。如有纳税单位或个人违反征管制度，不按期向税务机关办理税务登记或变更登记，不按期申报或逾期入库，申报不实或偷漏税款，违反发票管理规定等，税务机关可视情节轻重按税法规定给予处罚，触犯刑律的，移送司法机关。

1994年9月，国、地税机构分设时，按照流转税归属划分，明确国、地税发票管理范围。江宁县国税局主要负责增值税专用发票和普遍发票的管理，地税局主要负责营业税行业所需发票的管理（统称营业税发票）。

【征管改革】

1994年，县国税、地税成立初期，沿用原税务局专管员一人下户各税和征、管、查统管的征管模式。1995年，启动首轮征管改革，打破原有征管模式和分工格局，建立以经济区域为中心的征、管、查三线内分体系，取消专管员管户制，组建税务代理机构，实现由管户向管事转变，形成"纳税申报、税务代理、税务检查"三位一体征管模式。1998年，对税收征管模式进行科学调整，在县城成立征收管理分局，以乡镇经济区域设8个检查分局，形成稽查的外分式的集中征收、重点稽查征管模式。2000年起，进一步深化征管改革，摸索并完善一套与农村税收征管相匹配的"以自行申报纳税和优化服务为基础，以现代信息技术和网络技术为依托，以贴近式管理为基点，集中征收，重点稽查"的三分式征管模式，强化农村税收征管工作，加快"城乡一体化"和"征管工作现代化"的进程；2002年起，综合启动服务型税务建设，以"信息化加专业化"为目标，进一步完善征管模式。至2007年，区国税、地税局建立了"多元申报、集中征收、分类管理、一级稽查"的税收征管模式。

【税源调查】

日常调查　新中国成立初期，江宁县税务部门就开始对货物税、营业税、屠宰税3种主要税源进行调查。1959—1961年三年困难时期，对市场经济的发展与税源结构的变化作出分析，工商业总销售额，国营、合作社平均递增180.59%，私营平均递增136%，缴纳营业税的比重，国营、合作社由1950年的8.59%增至1952年的34.15%，私营由1950年的91.41%减至1952年的65.85%。1981年，对全县2076家企业的税源作出普查，其中纳税1876家，免税192家，未纳税8家；全年纳税税款10万元以上的企业有42家，其中20万元～50万元的10家，50万元～100万元的4家，100万元以上的1家。

1999年9月，国、地税局成立后，继续坚持税源的日常调查，结合全县经济发展状况，并对增值税一般纳税人和小规模纳税人，按季对县内税源实施摸底调查，掌握税源变化情况，合理布置和落实税收收入计划。1996—1997年，县国税局积极做好重点税源的培植和跟踪调查工作，按月统计分析，及时掌握企业税源的发展动态，尤其是抓“三资”企业的税源管理，确保1997年征收外税近1亿元，占全年税收收入的30%以上。并将按月统计的38家重点税源户主要经济指标和纳税状况，组织开展税收分析。将入库两税（增值税和消费税）达百万元以上企业全部列入县国税局重点税源户进行管理。加强对重点税源大户管理，基层税务所按月对税款入库前20名企业入库情况分析上报县地税局，并结合纳税申报、日常征管、税务稽查等，开展税源日常调查和税源普查，摸清税源。1998—2004年，区国税局制订、落实重点税源联系人制度，全区确定372家重点税源企业，实行两级监控。其中纳税在300万元以上市级重点企业55家，纳税在1000万元以上有23家。

2005—2007年，对片管员的分管税户实施按月上报税源变化情况，并作分级、分户式收入预测和分析，分产业、分行业、分经济类型等开展调查分析。至2007年年底，区国税局组织开展2个月的税收调查，共调查企业341家，其中内资企业209家，外资企业132家。确立重点税源户87家上报国家税务总局。重点税源企业包括汽车、食品、非金属矿、通用电气设备等行业及房地产和商贸企业。87家重点税源户企业共入库各项税收16亿元，占该局全年各项税收总量33.09亿元的48.35%。区地税局重点税源户达689家。其中，30万元～100万元359家，100万元～500万元201家，500万元以上129家，重点税源户入库税款25.60亿元，占该局地方税收收入的76.88%。

专项调查　区地税局先后开展营业税、房产税、城镇土地使用税、企业所得税、房地产模拟评税和土地增值税调查。根据财政部和国家税务总局要求，1994—2007年，采取抽样调查方式连续13年开展全国营业税税源调查工作。2001年4月，在全区开展房产税（城市房地产税）和城镇土地使用税调查，主要调查应纳税额、房屋建筑面积、房产原值、应税面积、占地面积等指标，共发放普查表3251份，普查覆盖及回收率达100%，普查税源4210万元。同年8月，在全区开展车船税使用（牌照）税税源调查，对85家企业企业所得税税源开展抽样调查，掌握企业所得税税制改革对税收收入影响的第一手资料。同年2—5月，在全区开展城镇土地使用税税源和数据维护工作，普查全区税源户分布、税源动态、税源增减等基础税源数据，建立基本税源维护数据库，全区应缴土地使用税872家，全年应纳税额1120万元，较2001年增加117家，增加税源34.75万元。2006—2007年，开展房产税和城镇土地使用税税源普查，通过普查共有113家问题户自查补报税款1573.74万元，房产税（城市房地产税）登记7642家、税源6556.83万元，城镇土地使用税登记2251家、税源17075.52万元。

【税收计划】

早在1951年，全县即建立税收计划制度，实行局、所两级管理。1953年，县税务局增设计划股，具体管理税收计划的调查、编报、下达、考核具体事宜。1962年，基层税务所、组恢复后，改为局、所、组分级管理。“文化大革命”期间，计划管理工作受到干扰，1978年后得到加强。县规定税收计划的编报程序是：年度税收计划“两上两下”，首先由局、所、组逐级由下而上提出建议数，然后由上而下分配指标，再按分配指标自下而上编制年度计划，最后下达执行；季度分月计划“一上一下”，由组、所逐级上报建议数，县局核准下达执行。1985—1994年，税务税收计划改为由县编制，直接下达，并采取“一月二报”制度，即所、组每月8日前上报当月税收计划数，22日上报当月预计完成数。

1994年9月，国、地税局成立之初，计划财务科主要根据区域税源状况将县政府下达税收任务分解到各税务所。1996 年，制订税收收入计划管理办法，对税收计划编制做出具体规定，做到旬报告、月通报、季分析，并以完成收入计划指标情况对各基层税务所工作成果进行考核。1999 年，制订税收收入计划管理制度，通过税种、税源、政策变化及征管措施对税收收入的影响进行预测、分析。2000 年起，每年 1 月初，在各基层分局税源调查的基础上，结合区域经济发展趋势、税收政策变化情况，对当年税源增减变化情况进行预测，编制当年年度收入计划，并报市国、地税局。2001 年，强化对收入预测准确性和分析质量考核，税收计划由“任务分解型”向“收入预测型”转变。2003 年，首次在税收计划工作中建立收入预警机制。2004 年，从提高组织收入水平和效率入手，税收预测准确率考核指标由 10% 以内的误差缩小到最大误差率为 2%。2006—2007 年，建立以收入预测准确性和分析针对性为核心的税收计划管理体系，构建收入预警模型，科学把握税收发展变化趋势，将税收计划工作重心由事后跟踪分析逐步调整为事前对税收趋势的把握、判断和预测。并建立起国家税务总局，省国税、地税局，市国税、地税局，区国税、地税局，国税、地税分局重点税源分级管理体制，把全区国税、地税年纳税 30 万元以上企业纳入区级重点税源户管理，按月分户进行收入预测。

第二节 稽查监督

【税务稽查机构】

公安(检察)室 1987年，江宁县税务局设立检察室，强化征管手段。1994年9月，江宁县国税、地税机关分设后，分别成立检察室，由县检察院派员进驻，协助查处大案、要案。1997 年 8 月，因检察院与公安局职能调整，改由公安局派员进驻，并成立国、地税公安办公室，双方各派 1 名干部组成。主要职责为依法办理属地管辖的偷税、抗税案件，举报案件的查处和移送、协助税务机关开展护税协税工作等。

稽查局（队） 1987 年 10 月，江宁县税务局成立税务稽查队。1994 年 9 月，国税、地税机关分设后，也分别成立稽查队、稽查分局，1996 年 10 月和 2000 年 4 月，国税、地税分别将稽查队、稽查分局改为稽查局。主要负责组织和实施对全县纳税人的专案检查、大要案和人民来信来访案件的检查和案件执行等。自 1987 年 10 月至 1999 年年底，县税务局稽查大队共查处偷税案件 251 起，补税款和罚款 176.40 万元，其中立案查处 17 起，补税款和罚款 107.70 万元；立案查处抗税案件 5 起，补税款和罚款 15.95 万元，追究刑事责任 1 起，免于起诉 4 起。此后，县税务稽查队又与检察室和基层检查小组，在 1991—1994 年的 4 年中查处违法案件 166 起，查补税款 4863 万元。其中万元以上大案 83 起。特别是 1993 年和 1994 年，分别查处全县加油站偷抗税和周某利用增值税专用发票骗税达 4000 万元的特大案件，受到公安部等国家部门的联合表彰。1994 年，县税务局稽查大队被市税务局评为稽查工作先进单位。

1994 年 10 月至 2000 年 10 月，县国、地税局实行二级稽查内分模式，重大案件由稽查队、稽查分局负责稽查。2000 年 11 月至 2007 年年底，实行一级稽查外分模式，设局长、副局长、稽查主办、稽查协办、执行、综合等岗位，负责对全区纳税人实施稽查。自 1995 年至 2007 年，通过对案件的实施、审查、执行三个环节，紧密与检察室、公安办公室的配合，区国税局共检查企业 23857 家次，查补税款 24295 万元，加收罚款和滞纳金 3011.94 万元，移交司法机关案件 59 件。区地税局累计检查税户 2389 家次，查补税款 13433.40 万元，移交司法机关案件 35 件。

【税收检查】

1952年，江宁县成立"自查、互查、补报推进委员会"，开展以反偷漏税为重点的税收检查，共查税款30359元。在三年经济恢复时期和"一五"计划期间，曾较大规模地开展经常性的税务大检查。1967年后，全民、集体所有制经济在整个国民经济中占主导地位，税务检查的内容、方法和要求，也随之改变为征前辅导为主，辅之必要的检查监督。1972年起，由县税务局抽调税务干部在纳税单位开展一年一度的全县税收大检查。1981年，贯彻财政部、税务总局"五五"通告，在全县范围内开展以清查偷、漏、欠税为重点的税收大检查，共检查工商企业1243家，检查面达66.10%，其中有偷、漏税的1115家，共查补税款95.84万元。1982年，县税务局又制订报前辅导、报后按季轮查制度。据不完全统计，1952—1985年，共查补税款954.94万元，占查补年度实征税款的3.05%。

1987年，共进行3次专项检查，共查补税款130多万元。1988年，把税收检查纳入经常化的轨道。全县共组织154人，组成50个检查小组。重点检查3171家纳税户，企业1402家，个体户1769户，检查面为32.99%。共补税款148.25万元。1989年，在专项检查中，共检查2765家纳税户，检查面31%，查出万元以上大案21起，其中10万元以上有2起。此次检查共查补税款265.97万元，重点检查面31%。1990年，强化纳税检查，共检查1587家企业，查补税款75.40万元。1986—1990年，共查补税款（包括各项基金）1173.50万元。

1991年，以抓好税收检查为重点，积极查偷、堵漏、清欠，做到应收尽收。全年各类检查共查补税款437万元。1993年，依法查处偷税、漏税行为。在税务换证和税收大检查中查出漏税户401家，"黑户"18家。结合行业特点，开展有针对性的突击检查，加油站和建筑市场查处有问题户83家，涉及税款412万元。1994年，遵循严格执法、依法治税的精神，及时查处各类偷、骗税违法案件37起，补罚税款350多万元，涉及人犯12人。1995年，积极收集外部信息，整理有价值线索进行重点排查。

1996年，全面运行税务稽查管理信息系统，县国、地税局成立行政复议领导小组，将稽查扎口由综合业务科转向稽查分局，使稽查工作进一步规范。1999年，改革选案办法，基层税务所选案比例达75%。各分局通过对纳税异常户、涉及政策较复杂的企业及相关报表进行分析，提高选案针对性和准确率。2001—2002年，在稽查格局上实现二级稽查向一级稽查的过渡，在稽查效果上实现由查补"入库型"向"重点打击型"转变。加大对稽查各个环节的控制。突出选案工作，定期召开案源分析会，严格遵循大要案审理制度和重大税务案件审理制度，提高案件审理质量，建立和完善稽查复议制度，达到以查促管的效果。利用《中华人民共和国税收征管法（新征管法）》赋予的税收保全和强制执行的方式，加大查补税款力度，确保税款及时入库。2004年，加强部门间协作，定期召开国税、地税工作协调会议，对商贸企业骗购虚开增值税专用发票的检查及时进行沟通。还对涉税案件的检查取证展开研讨。2005—2007年，加强案源信息采集，建立完善案源库。在3年查处43件大案、要案中，有38件是自选案件，其他案件的准确率有明显提高。集中精力抓大案、要案，凸现稽查工作的重中之重。3年共完成10万元以上案件26件，50万元～100万元案件5件，100万元以上案件12件。

【专项和大要案检查】

从1998年开始，县国税局开展专项检查，先后组织对"两办"企业、加油站、废旧物资、运费、超税负和出口货物清算等多项检查，为国家挽回290万元税收损失。1999—2000年，组织对烟草、供电、信用社、粮食、自来水、外商投资企业以及重点税源户的专项检查，查补的金额占两年查补税款总额的70%。2002年，确立以外商房地产企业所得税为重点对象的专项检查，经过为期3个月的查处，共定案7起，查补税款817.60万元。2003年，认真开展对手工版专业发票的专项检查，共检查增值税一般纳税人2358个，检查开具的销项发票73628份，涉及金额139153万元，税额23656万元；检查进项抵扣发票134317份，涉及金额287436万元，税额48864万元。是年8月，区国税局成立“820”专案组，在江宁警方配合下查处2起涉票违法案件。2006—2007年，集中优势力量抓大案、要案的检查。对大案、要案实行领导个案负责制，采取周五工作汇报制度，实行跟踪管理。2006年，完成10万元以上案件15起，50万元～100万元案件3起，100万元以上案件7起，大案、要案查补税款2165.70万元。2007年，查处10万元以上案件15起，50万元以上案件2起，100万元以上案件5起。查补税款1742万元，加收罚款及滞纳金188万元，移送司法机关案件3起，查补入库100%。

【典型案例】

周某虚开代开增值税专用发票案件 案犯周某，原系广东省潮阳市人。1992年9月至1993年3月，在江宁县岔路口开办南京创发工艺电器公司（任总经理）及岔路工贸服装厂（任厂长）。江宁县税务局稽查队接到省税务稽查队转达一份增值税专用发票复印件，销货金额457.23万元，税额66.43万元。立即进行实地调查，并与检察机关联系立案侦缉。经查，周犯自1994年5—7月间，与广东、湖南、湖北、江西、四川、辽宁、江苏7个省份的不法分子相互勾结，共虚开增值税专用发票116份，虚开发票含金额2.04亿元，个人非法获利近18万元。由于周犯以营利为目的，虚开增值税专用发票数额特别巨大，情节严重、危害极大，构成投机倒把罪，被南京市中级人民法院一审判处死刑，并于1996年10月15日经最高人民法院核准执行枪决。

南京天惠房地产开发公司少缴税款案 2006年6月至8月13日，区国税局对南京天惠房地产开发有限公司少缴税款案进行查处，确认该公司少缴税款24.98万元，处以24.98万元0.50倍罚款12.49万元。该案列为南京市国家税务局2006年十大优秀税收检查案例。

南京云台钢铁厂偷税案 2002年，根据协查线索，江宁区国税局对南京云台钢铁厂接受销货单位所在地与运输发票的货物所在地不符的运费发票，及不符合代购条件的增值税发票抵扣税款的违法事实进行查处，共计应补增值税24.50万元，罚款24.50万元，加收滞纳金7350.76元。该案被评为2002年市国税系统十大优秀检查案例。

夏某偷税案 1998年8月，江宁县地税局与公安部门联手，检查从事渣铁经营的夏某的纳税情况，经查，此人在1996年3月至1998年8月期间，利用外地发票隐瞒销售额3190万元，累计偷逃国家税收31.90万元，对夏某进行了查处。

黄某贩卖假发票案 2003年10月，江宁地税局公安办公室根据举报，联合铜山公安派出所，在铜山农贸市场门口一饭店内将一名正在出售发票男子黄某抓获，并在其身上搜查出100元面额的江苏省南京市服务通用定额发票974份，50元面额的江苏省南京市服务通用定额发票94份，以及江苏省南京市旅馆业专用发票50份，经鉴定所有发票均为假发票。后经审判，江宁区人民法院对其作出判处有期徒刑6个月、缓刑1年执行、罚金2万元的判决。

第二十四编

经济监督管理

经济管理随商品经济产生而出现，随商品经济的发展而逐步完善。民国元年（1912），江宁县政府设置第三科，专司全县工商业管理。民国2年，县政府内设专职统计员，后设立统计室，负责全县统计工作。民国22年，设建设科，管理全县农、工、商、运输等行业。物价由商人根据商情自行制定，未设专门物价管理机构。民国35年，县商会成立后，管理市场度量衡工作，并协助政府进行工商业登记发照工作。

新中国成立后，为恢复和发展经济，国家重视对社会经济的管理，一些经济管理部门先后设立。1949年，县政府设工商局，内设工业课、商业课，分别专司全县工业和商业管理。1950年，撤销工商局改设工商科，负责管理县内工商事务。1951年，设县计量所。1953年，县设统计科，不久改称县计划统计科、计划委员会。经过土地改革和农业合作化，江宁县社会经济发展逐步纳入计划管理轨道，实行带有约束力和强制性的指令性计划。1957年，成立县物价委员会。1958年受“左”的思想影响，经济工作正常秩序被打乱。1961年，执行“调整、巩固、充实、提高”方针后，继续按计划经济模式进行管理。“文化大革命”期间，全县经济管理基本处于无序状态，经济管理机构多变，反复折腾。1976年4月，县工商行政管理局成立，兼管江宁县计量管理所。1980年，成立县统计局。1984年后，国家实行“计划经济为主，市场调节为辅”的计划管理体制，江宁县改革流通过死的价格体制，扩大市场调节范围，逐步形成国家定价、国家指导价、市场调节价并存的格局。是年，县审计局、计划经济委员会（由县计划委员会与县工业交通办公室合并）相继成立。1987年，县标准计量局成立。

1992年，中共十四大确定建立社会主义市场经济体制的目标，此后，个体私营经济发展加快，市场调节因素增多，计划经济成分减少，经济管理职能随之发生变化。工商、质监、审计的行政管理监督职能日趋扩大。计划管理工作实现由指令性计划为主向以指导性计划为主的转变，计划调控由注重微观管理转向加强宏观调控。统计部门职能由主要提供统计信息，发展到具有统计信息、咨询和监督等多种职能。2001年后，先后设置南京市药品监督管理局江宁分局、区安全生产监督管理局等机构，经济管理更趋于规范化、科学化。2006年，南京海关驻江宁办事处开关，开始开展江宁地区的海关监管工作。至2007年，江宁区基本形成适应社会主义市场经济体制运行的宏观调控体系。

第一章 计 划

新中国成立前，江宁县的社会经济主要以个体私营为主，按价值规律、供求关系调节经济运行。新中国成立后，经过土地改革和农业合作化，社会经济发展逐步纳入计划管理轨道，县先后设立计划统计科和计划委员会。至1978年，仍在计划经济体制下，执行上级下达的指令性计划。1984年后，国家实行“计划经济为主，市场调节为辅”的计划管理体制。是年，江宁县计划经济委员会成立。全县开始缩减指令性计划，指导性计划和市场调节范围逐步扩大。1992年后，随着社会主义市场经济体制的建立，江宁县计划管理手段开始从主要依靠行政手段转向主要依靠经济和法律手段，综合运用财政、税收、价格等经济杠杆调控经济运行。2001年12月，县计经委更名为区发展计划与经济局。2005年，又改名为区发展和改革局。至2007年，计划管理已转向宏观调控，除关系国计民生及必须由国家控制的领域及行业外，其余全部由市场调节。工作重点是坚持体制创新，营造良好投资环境；推进重点项目综合管理，规划重大项目布局；实施规划编制，谋划长远发展。

第一节 管理体制

【管理机构】

1949年12月12日，成立中共江宁县委财政经济工作委员会，担负加强对财政经济、社会事业的谋划布局、统筹平衡和计划安排等任务。1953年，县政府下设统计科，在人口、田亩、工农业生产、社会事业方面发挥调查统计和计划等方面的作用。1954年10月22日，县政府成立江宁县计划委员会，统计科更名为计划统计科，与县计委合署办公。县计委的主要职能任务是：审查县各级经济、文教部门所编制的年度、季度计划草案，检查上级计划的下达和执行情况，提出完成计划的措施意见；及时向上级计划部门提供有关计划的各项统计数据和资料以及县经济财政运行的分析报告；编制和掌握主要物资平衡和分配计划；指导其他有关部门经济和社会的计划工作。1957年，设立江宁县经济工作委员会，1958年6月撤销。1964年年初，设置江宁县财贸办公室。1966年年初，设置江宁县工交办公室。1966年“文化大革命”开始后，以上机构均撤销，县计委机关陷入半瘫痪状态。1968年，江宁县革委会成立，下设生产指挥组，计划管理工作纳入其中。1973年1月，县生产指挥组撤销，恢复成立县计划委员会。1977年年初，成立县工交财贸办公室，实际上起着经济委员会（即县经委）的职能作用。1981年年底至1984年3月，工交与财贸分开设置，为县工交办、县财贸办。

1984年3月，县计委与县工交办合并，成立江宁县计划经济委员会。同时撤销财贸办公室，其计划与经济职能划入县计经委；县农林水办公室改设为中共江宁县委农工部，其计划与经济职能也同时划入县计经委。县计划经济委员会是县政府综合管理全县国民经济、社会发展和协调全县经济运行的职能部门。对农业、工业、商业贸易、城镇建设、交通运输、对外经贸、建筑劳务、第三产业等经济建设的各个行业，以及科技、教育、文化、卫生、体育、计划生育、广播电视、劳动保险、民政优抚等各项社会事业，研究制订总体中长期规划、年度计划，组织实施并研究实现计划目标的基本政策和主要措施，检查督促年度计划、规划的执行情况并适时总结经验教训，从而确保全县经济和社会发展取得预期成效。

江宁县撤县设区后，县计经委更名为江宁区计划经济委员会。2001年12月30日，更名为区发展计划与经济局，不再保留工业等专业经济管理部门，其承担的行政管理职能划归综合经济部门。撤销区工业局、区乡镇企业管理局，其承担的行政管理职能划入相关部门。2002年，经区政府批准，不再保留区经济协作办公室，其行政职能并入区发展计划与经济局。并增加原劳动局承担的安全生产综合管理、职业安全检查监察、矿山安全监察的职能；还将全区矿产资源的行政管理职能划给国土资源局。

2005年2月18日，中共江宁区委以江宁委发〔2005〕9号文，将区发展计划与经济局改组为区发展和改革局，为区政府工作部门。将区经济体制改革职能并入区发改局，不再保留区经济体制改革办公室牌子。其所承担的全区安全生产综合管理、职业安全检查监察、矿山和化工安全监察的职能划入区安全生产监督管理局。是年10月7日，区发改局取消外资企业管理科，增挂南京市江宁区对外贸易经济合作局牌子，将区发改局承担的外经、外贸职能划转至区对外贸易经济合作局，相对独立运行。

【计划体制改革】

缩减指令性计划 1984年10月，中共十二届三中全会通过《中共中央关于经济体制改革的决定》。按照省、市计划部门的布置，江宁县除对关系国计民生的重要产品外，其他重要产品和一般经济活动实行指导性计划；对部分农副产品、日用小商品和服务修理行业的劳务活动，完全由市场调节。1987年起，江宁县指令性计划比重逐步缩小。农业生产计划全部实行指导性计划管理；工业生产计划，除钢铁、化肥、水泥外全部实行指导性计划；商业外贸方面，基本上实行指导性计划和市场调剂，只有粮、棉、油涉及国计民生的实行指令性计划收购；物资方面，农用物资“三大材”（钢材、木材、水泥）除国家统配和地方统配外，其余全部实行指导性计划管理和市场调节；固定资产除预算内投资和全民企业自筹投资实行指令性计划管理外，其余实行指导性计划管理；社会事业的发展主要实行指导性计划管理。1992年，中共十四大提出建立社会主义市场经济体制的改革目标。1993—1997年，随着经济体制改革的深入，江宁县市场经济体制初步确立，计划管理体制发生重大变化，除主要农副产品采用合同定购外，其他指令性计划全部取消，经济活动完全通过市场调节。至2007年，区一级指令性计划全部取消，经济活动完全通过市场进行调节，公布的计划均为指导性计划。

计划管理职能转变 1984年后，县计划管理部门工作逐步由管理微观经济活动转为调控宏观经济活动；由直接管理转为间接管理；由部门管理转为行业管理；由指令性计划向指导性计划过渡。1996—2000年，县计划管理部门的主要职能是研究制订全县国民经济和社会事业发展战略及产业政策，实施对经济的宏观指导、综合管理和全面协调，促进经济结构优化和产业升级，实现经济与社会稳定、健康、协调发展。2001年后，江宁区人民政府撤销区工业局、区乡镇企业管理局，统一由江宁区发展和改革局转换职能，强化对全区宏观调控的总体指导和综合协调，切实减少微观管理事务、行政审批和对经济活动的直接参与。对竞争性领域的行业管理转变为宏观指导，促进行业自律。积极推进全区投融资体制改革，逐步建立投资主体自主决策、融资方式多样、中介服务规范的新型投融资体制。取消汽车计划管理职能。除特殊行业外，不再审批新办企业，包括内资房地产开发企业，转为按工商行政管理有关法规自行申请登记。

第二节 计划编制

【计划体系】

长期计划 长期计划为年限在10年或10年以上的长远计划。主要有：1963年编制的《江宁县发展农业生产和农业技术改革的规划纲要》，计划期限是1963—1972年，是一个农业专项长期计划；“八五”期间制订《江宁县国民经济和社会发展十年规划和“八五”计划纲要》，这是江宁县第一个正规的长期与中期相结合的计划，计划期为1991—2000年，该计划确定了江宁县到2000年的奋斗目标。1996年1月，制订《江宁县国民经济和社会发展“九五”计划和2010年远景目标纲要》，是一个长期与中期相结合的计划，计划期限为1996—2010年，共15年，描绘江宁县跨世纪的宏伟蓝图。

中期计划 中期计划主要指具有发展指标、发展任务和政策措施的五年计划。1953—2005年，江宁区按照国家确定的计划期限编制中期计划，还包含若干个相应的专项实施计划。

此外，在一定的历史时期，为着重发展国民经济和社会事业的某些方面，还编制一些5年及5年以下1年以上的专项中期计划，主要有：1960年编制的《江宁县农田水利建设三年近期规划》《江宁县1960—1962年工业生产规划》；1975年编制的《江宁县三年基本实现农业机械化的意见》；1982年编制的《江宁县“六五”期间社会事业发展计划》；1998年编制的《江宁县农村初步现代化实施意见》，计划期为1997—2002年；1999年编制的《加快江宁县小城镇建设的若干意见》等。

年度计划 年度计划是具有指标任务、政策措施并且直接下达实施的、期限为1年的计划。年度计划一直是计划的主要形式和工作重点，直观体现经济和社会的发展意图、发展要求。从1953年至2007年，除1967年、1968年外，江宁区逐年编制下达年度综合计划，并通过年度计划对全区国民经济和社会事业进行管理。

【计划种类】

1952年，正式编制下达执行的是工业生产计划。

1953年，开始综合编制年度计划。

“一五”计划时期，年度计划种类有4种。即工业生产总产值计划、工业主要产品产量计划、农村生产计划（后改称农业生产计划）、商业计划。

“二五”计划和经济调整及“三五”计划时期，年度计划种类有10种。即农业生产计划、工业生产计划、工业主要产品产量计划、商业计划、基本建设计划、劳动工资计划、物资供应计划、综合财政计划、交通运输计划、文教卫生计划。

“四五”计划和“五五”计划时期，年度计划种类变化较大。年度计划种类一般在10种～12种。工业、交通类计划合并，社会事业管理计划被取消。增加物资类管理计划，有原材料预拨分配计划、废钢铁废有色金属回收上交及调拨计划、农产品收购计划、外贸商品收购计划。

“六五”计划及“七五”计划时期，年度计划种类基本有15种。但“七五”计划时期开始综合编制国民经济和社会事业发展主要指标，冠于年度计划之首。主要是：国民经济和社会发展计划主要指标、农业生产计划、工业总产值计划、工业主要产品产量计划、节约能源计划、交通运输计划、社会事业计划、基本建设计划、商业计划、出口商品供货值计划、主要物资预拨分配计划、用汇控制指标计划、废钢铁回收上交调拨计划、技术开发计划、质量工作计划。

“八五”计划时期，计划体制进行改革，计划管理着重在宏观管理，年度计划缩减至 12 种。主要有：国民经济和社会发展综合经济指标、国内生产总值计划、工农业总产值计划、农业生产计划、工业生产及主要产品产量计划、交通运输计划、社会消费品零售总额计划、全社会固定资产投资计划、建筑业发展计划、外向型经济发展计划、社会事业发展计划、资源节约和综合利用计划。

“九五”计划至“十五”计划时期，基本实现由指令性计划为主向以指导性计划为主的转变。主要有：综合经济十项指标、地区生产总值计划、财政收入计划、固定资产投资计划、开放型经济计划、社会消费品零售总额计划、农村劳动力转移计划。各项计划内，分别有必成指标、考核指标、奋斗指标。同时，根据各时期经济与社会发展状况，制订奋斗目标。如 2005 年的奋斗目标有：工业发展十大目标、服务业发展十大目标、农业发展十项目标、交通建设十项目标、城镇建设十项工程、社会事业十项工程、新农村建设十项举措、为民工程十项工作、开展创建十项活动等。各责任单位对所承担的目标任务及时分解，细化进度，完善考核，强化监督。同时取消工业生产总产值计划、工业主要产品产量计划、农业生产计划、商业计划、交通运输计划、外贸商品收购计划、社会事业计划等。

“十一五”规划时期，有工业发展十大项目、服务业发展十大项目、农业发展十大项目、道路交通十项工程、城镇建设十项工程、社会事业十项工程等计划。

【综合平衡】

新中国成立后，围绕全县国民经济和社会事业发展的需要，进行一系列综合平衡工作，推进国民经济和社会事业有序发展。1978 年前，全国实行高度集中的计划经济体制。综合平衡的主要任务是保持国民经济有计划按比例发展，改善和提高人民的生活水平。在高度集中的计划经济体制下，综合计划的编制主要是具体贯彻执行和保证上级下达的计划任务完成。江宁县的综合平衡工作围绕县委、县政府各个时期的中心任务，进行综合计划的组织、实施、指导和管理，实现县委、县政府在各个时期的发展目标。

1949—1952 年，主要恢复和发展地方经济和文教事业，争取地方财政经济状况的好转。实行组织生产自救等措施，战胜灾荒，做好生产救灾的物资及资金筹措和分配工作。指导群众大搞副业生产、增加播种面积、开展互助合作运动，组织爱国增产竞赛活动。1952 年，全县粮、棉、油总产量均增产 25% 以上。同时，加强金融和市场管理，稳定物价；兴办国营工业企业，建立和发展国营商业，组织城乡物资交流；制订调整公私关系的措施，扶持私营工商业发展，满足人民生活需求。随着生产的恢复和发展，平衡文教卫生等社会事业的相应发展。

1953—1956 年，全国实行粮食统购统销政策，综合平衡工作制订相应政策和规定，确保市场秩序的正常健康运作。在工商业和手工业社会主义改造中，组织各工商企业提高产品质量、增加品种和产量，推动生产有序发展；在农村推行科学种田，在企业加强管理，开展增产节约运动。同时，努力发展文教事业，在稳定发展公办中、小学的同时，大力发展民办小学，使学校布局较为合理。

1957—1966 年，贯彻中共八大会议精神，在经济建设中，重点实现农业增产增收，将兴修水利、发展种植业、植树造林作为产业发展的重点，增加国有农场、拖拉机站、电力灌溉站的发展规模以及农田水利灌溉面积。在“大跃进”时期工农业并举发展的方针下，工业经济建设围绕“农业办工业”，解决农业发展基本建设中所需的钢材、水泥、砖瓦等基建材料的地方自给自配的问题，加强综合平衡中对“五小工业”（小化肥、小钢铁、小水泥、小矿山、小农机）的建设发展速度，先后新建和组建江宁化肥厂、江宁炼铁厂、江宁煤矿开采指挥部，以及 19 个水泥厂和一批砖瓦、采石等农村社队集体工业。在农村文化教育中，兴办农业中学，发展有线广播，全县各生产大队和许多生产队都有广播站和扩音喇叭。1960 年下半年起，贯彻“调整、巩固、充实、提高”的八字方针，计划管理工作逐步进入正常化轨道，综合平衡工作也进一步加强，使当时国民经济的产值构成稳定在农副工的次序上。保证农副业重点，协调理顺各种经济关系。从物质、技术、财政、组织领导等方面积极支援农业，对农业的投资、税收、粮食统购统销等，都进行政策倾斜。在确保农业重点情况下，调整工业布局，对新建的县属企业按照“关停并转”的原则进行调整整顿。同时，调整商业、手工业规模和管理体制，按照“集中领导、分级管理”的原则，改善企业经营管理。并试行两种劳动用工制度，即固定工和亦工亦农工。

1967—1976 年“文化大革命”时期，经济发展比例严重失调，农业单一发展，粮食生产和多种经营比例不当，林牧副渔在农业中比重仅为 15% 左右，副食品自给率低。工业计划生产产品出现滞销积压，轻工业产品供不应求，轻工业投资比重过低，加工业生产受到燃料、动力、原材料供应矛盾的制约。劳动力过剩，就业困难。国民经济的生产处于无序状态。在农民群众自发组织下，利用城市工业生产的停顿，江宁县积极发展社队加工业，改善农村经济结构。

中共十一届三中全会后至 1990 年，着力改变国民经济比例失调状况，按照有计划按比例发展的要求，增强综合平衡。农业方面，在保证农作物产量稳定和增长的同时，调整农村经济政策和农业内部结构，在家庭联产承包责任制的政策调动下，农民积极发展林牧副渔、蔬菜、小杂粮等多种经营，提高其在农业产值中比重。工业方面，一方面压缩质量差、消耗大、滞销积压的长线产品，另一方面扩大农村社队工业发展的路子，努力促进县、乡、村企业与大城市工业的联合联营，大力发展轻纺、电器、机械、电子等工业配套产品的生产。成立全县重点工业项目工程指挥部，与大城市知名企业、名牌产品企业结成经济联合体，形成具有市场适销对路产品的规模骨干企业。同时加强对社队工业发展的组织和指导，扩大建材资源工业、轻化工业生产规模，适应城市工业对原材料的需求。组织外贸出口特色产品的集约经营，调整产品结构。商业贸易方面，增加物资外采和协作，缩小原材料和燃料供需差距，组织好生产要素的协调调配工作。由于对发展生产力缺少强有力的调控手段，经济结构状况并未从根本上得到优化。

1991—2000 年计划体制改革时期，充分运用计划管理权限的扩大，调整经济结构。副业上，实施“菜篮子”工程，建设副食品生产基地，多种经营全面发展，建设城郊型农业经济。工业上，着力发展优势拳头产品，成立项目办公室，加强与部、省属企业的协作配套和横向联合，实施“电汽化特”（电子、汽车、化工、特色）战略。在发展规模经济上，实施“5610”工程，即用 5 年时间，抓好重点工业企业、产品、项目、工业区、行政村和“三资”企业六大类，每大类确立十大工程，作为全县发展工业规模经济的重中之重，争取在短时间内培育一批销售收入超 10 亿元的企业“巨人”和拳头产品，建成一批销售收入超 20 亿元的乡镇和超 5 亿元的村。增强利用外资发展经济的力度，建设开发园区，提升产业化水平，赋予开发园区应有的管理权限，确立积极可靠的发展速度，增强综合经济实力。大力发展民营经济和深化企业产权制度改革工作，形成多种所有制的经济发展格局。加速第三产业发展，实现产业结构由“二一三”型，向“二三一”型的历史性转变。平衡的重点是加强固定资产投资方向的调控和产业发展的导向。

2001—2007 年城市型经济发展时期，综合平衡工作主要是探索城市型经济发展的规律性。在宏观计划中突出指标体系的量化要求，通过调整产业结构、产业组织形式和产业技术发展，整合资源要素，使资源在产业、行业、企业之间合理流动和配置。江宁县撤县设区后，着力形成科学合理的新城区规划体系，提升城市功能，加快城市化进程，提高城市化率，2007 年，江宁区城市化率达到65%；结合中心集镇建设，全面建设“绿色江宁”，森林覆盖率达21.06%，城镇绿化覆盖率达41.60%。筹划构建好交通公路发展规划，拉开功能区的建设框架。加强全区综合改革，为多种所有制经济创新发展环境。大力发展现代服务业，完善商业中心区建设，使一批现代物流业投入运营，使连锁经营成为商业主要业态，显示城市经济的特点。制订各项政策，完善社会保障制度，促进农村劳动力向城镇企业转移，推进社会协调发展。

第三节 计划管理

【农业计划管理】

新中国成立后，江宁县农业计划管理有专门机构具体操作。1949—1957年，先后由县政府下设的建设科、农林科、农业科、农业局进行。经过农业社会主义改造后，农业生产资料从分散的小农经济私有制到集体生产的社会主义公有制是实行农业计划管理的基础。在此基础上，江宁县农业计划管理形式有长期计划、中期计划、年度计划、季度计划，还有为保证国家计划完成的各项小段计划、专项计划等。

1958年兴起的“大跃进”和人民公社化运动，打乱了农业计划管理的正常秩序。1962年后，经过恢复与调整，至1965年，全县农业生产得到恢复和发展。“文化大革命”时期，农业计划管理又一次被打乱。1980年后，江宁县逐步推进家庭联产承包责任制，农业计划管理除粮食、棉花、油料等主要农产品继续实行指令性计划外，对其他农副产品生产实行指导性计划，全县农村种植业、养殖业、加工业和个体商业等逐步兴旺。1982年后，农业计划管理由县计经委的综合科、农商科专管。1986年，国家取消农产品统购派购制度，实行合同订购和市场收购，不再向农民下达指令性生产计划。农业计划主要根据总量平衡需要和市场状况进行安排；管理主要依靠经济手段及通过制订有关扶持政策保证实施。20世纪90年代后，按照发展市场经济的要求，农业计划管理主要引导农民面向市场，不断调整农村产业结构和农业生产结构；同时大力发展农业龙头企业和外向型农业，促进农村经济持续发展。

2002年机构改革后，区发改局成立农业经济科，专门从事农业计划管理。农业计划管理开始调整发展都市农业，在保证粮食生产安全基础上，发展特色经济，不断提高经济作物和优质、无公害农产品生产，满足城市居民消费需求，同时加快特色产业带和万亩基地建设，促进规模化、集约化、无害化生产。进一步加大开放型农业和农业龙头企业的发展步伐，促进农业龙头企业带动农民增收致富。

【工业计划管理】

新中国成立初期，江宁县的工业、手工业已迭遭摧残。工业经济管理主要是帮助恢复正常生产，开展生产自救；实施政策扶持，减轻工商税、组织收购订货和提供信贷资金等。县政府工商科围绕稳定工业生产，大力贷款放款，扩大加工订货和收购；积极组织开展城乡物资交流，搞活城乡市场；逐步强化工业生产指令性计划管理，使工业生产稳定发展。1955年，江宁县下达工业经济指标计划时提出“统筹、全面安排”方针，对全民、集体、个体、私营等各种类型企业，在原料供应、生产任务分配及产品收购等方面，实行有计划地全面管理，保障重点企业，促进有序发展。

1958年“大跃进”开始后，江宁县兴起“大办钢铁”“大办化工”的高潮，工业计划一改再改，工业指标一加再加，扰乱正常的工业生产秩序和经营管理秩序，计划管理难以进行。1961—1965年，积极贯彻“调整、巩固、充实、提高”方针，工业生产逐步恢复，计划管理重新走上轨道。“文化大革命”时期，工业计划管理又被打乱，工业生产受到干扰和影响。

中共十一届三中全会后，在建立社会主义市场经济过程中，计划管理逐步由指令性计划为主转向指导性计划为主，工业企业纷纷走向市场。20世纪80年代至2007年，江宁区对中长期区域工业的发展战略倾注较多精力，提出许多具有地域特色的发展规划或基本思路。同时，认真研究国家宏观政策的调整及对区工业经济的影响，对全区工业经济产业和空间布局现状进行分析，提出保持工业经济持续、快速发展的基本思路。并通过各项专项调研，找出江宁区工业经济中的制约环节和难点，有针对性地采取措施，找出各类支撑要素，培育工业经济新的增长点。围绕工业经济又好又快发展，加强工业经济运行监督和动态分析。

【固定资产投资计划管理】

民国时期，江宁县政府下设建设科，对全县基本建设项目进行管理。新中国成立后，1949—1954年，县政府办事机构少而精，全县基本建设项目由农建科负责。1955年，县计划委员会成立，下设基建科，具体负责全县基本建设投资计划管理事项。“一五”计划时期，基本建设投资计划管理开始提上议事日程，但由于财力微薄，投资规模极小，并且县级无基本建设投资审批权，实行的是专区计委统一计划管理下的国家投资、财政拨款的投资管理体制。此后，县一级逐步享有一定的投资审批权限，基本建设投入规模随之扩大；不久由于投资规模超前于经济发展，在国家计划指导下，县政府采取措施强化基本建设管理，建设规模适度压缩。“三五”“四五”时期，全县经济实力增强，投资管理却因“文化大革命”而有所削弱。1978年开始，县计划委员会负责全县基本建设计划管理工作。

1981年，国家对基本建设实行高度集中的统一管理，将计划审批权限集中在国家和省两级，严格控制投资规模。江宁县调控手段控制在市下达的全社会所有渠道、所有性质的投资计划范围内，超出权限的项目转报市计委审批。20世纪80年代末开始，江宁县基本建设计划管理改为固定资产投资计划管理，主要是基本建设计划、技术改造措施计划。至1990年，固定资产投资计划管理发展成为基本建设、更新改造、联合联营、房地产开发、外商投资等全方位管理。1992年年底市放权后，县计经委享有较大审批权限，加之开发区建设和发展，使全县固定资产投资迅速升温。1993年，江宁县已形成比较完善的固定资产投资计划管理体制，全县对投资项目实施宏观引导，实行投资许可制度，运用固定资产投资方向调节税，调整投资结构，严格控制新开工项目，对全社会投资总量和结构实施调控。1996—2000年，江宁县注重引导投资方向，优化投资结构，制订《江宁县固定资产投资管理办法》《加强重大项目管理意见》。对投资1000万元以上的工业重大项目、投资500万美元以上的外资项目和3000万元以上的内资项目实施分类管理，建立推进责任制。同时，重视对储备项目的管理，从全县选出一批符合产业政策的优势项目，纳入全县项目储备库，实施动态管理，为全县经济发展积蓄潜力和后劲。

进入21世纪后，江宁区固定资产投资计划管理更加规范化，全区投资步入一个新的快速增长期。2000—2002年，全区每年确定一批投资项目，按A、B、C分成三类，实行季度检查、年终通报的管理模式。2003年后，为加大工作力度，提高组织程度，加快“进入苏南第一方阵”步伐，区委、区政府建立“三位一体”工作机制，按照“重激励、硬约束、严考核”的要求，确定一批重点产业项目，纳入专项考核范围，真正做到年初有布置、年中有监督、年终有检查，江宁区重点项目管理办法在全市产生一定影响。

【商业贸易计划管理】

民国时期，县以下没有官方商贸投资企业，国民政府对商业除必要的工商行政管理外，任其自由发展。新中国成立后，江宁县政府投资开办国营商业企业。引导农民自愿入股，组建供销合作社。接着实行对个体工商户的社会主义改造，建立劳动者集体所有的合作商业企业，逐步形成以国营商业和供销合作社商业为主渠道、集中统一管理的商业流通管理体制。在这一体制下，商业贸易计划管理经历长达30多年的主要农副产品统购、定购、派购和以工业品换购等计划收购形式，实行粮、油、布匹、禽、鱼、蛋、肉和主要工业品的计划供应政策。

20世纪80年代初，从农村开始的经济体制改革，使指令性的商业贸易计划有所松动。随着改革的步步深入，商品生产水平日益提高，市场货源充足，主要农副产品收购、人民生活必需品和主要工业品的供应，绝大多数指令性计划的项目渐渐被指导性计划和市场调节代替。80年代末90年代初，在商业贸易计划管理中，对个体、私营商业逐步放开，使之发展迅速。90年代，在建立市场经济体制条件下，商业计划管理发生根本变化。除对部分关系国计民生的主要工业品和农副产品下达指令性收购计划外，其他所有计划项目皆为指导性计划和实行市场调节。90年代后期，商业贸易计划归入第三产业发展计划中。

1995年，江宁县开始明确提出加强第三产业计划管理工作。是年3月，成立江宁县发展第三产业领导小组，下设办公室。具体职能是：负责全县第三产业发展的宏观指导和有关政策法规执行；负责编制第三产业发展中、长期规划、年度计划和奋斗目标并组织实施，进行检查、监督和考评；负责全县第三产业经济运行情况的监测、分析、预测；负责组织全县第三产业重点项目的论证与跟踪检查；负责全县第三产业发展重大问题的协调和服务；负责全县第三产业新办（更名）企业（市场）的审查批报；负责全县第三产业主要行业和各类市场的总体布局，进行经济运行秩序的监督与规范，负责第三产业发展基金的管理使用。

2000年后，江宁区第三产业经济发展中，交通运输、仓储及邮电通信业，批发和零售贸易业，餐饮业，金融、保险业，房地产业，旅游业和社会服务业成为第三产业发展的主导行业。第三产业办公室职能有新的调整。具体职能调整为：研究制订全区第三产业发展、新型服务业中、长期规划和年度计划并组织实施；负责实施全区第三产业年度目标；按照授权和分工，负责全区第三产业目标考核工作以及第三产业项目的考核、协调、服务工作；会同有关部门负责全区市场规划和建设工作，负责全区房地产业、旅游业、商品流通业及新型服务业布局和市场管理、协调服务工作；负责成品油经营市场的管理；负责授权范围内流通领域建设项目的有关工作，参与规范、监督商品流通秩序；承担区发展第三产业领导小组办公室、区商业网点办公室、区成品油市场清理整顿领导小组办公室的日常工作。2000—2007年，江宁区全力引进国内外资本投资现代服务业，着重引进规模大、辐射力强、带动作用明显的大市场、大物流、大旅游项目，加快服务业结构调整。推动企业与国内外大型企业的合资合作，吸引境外资金、技术、人才。推

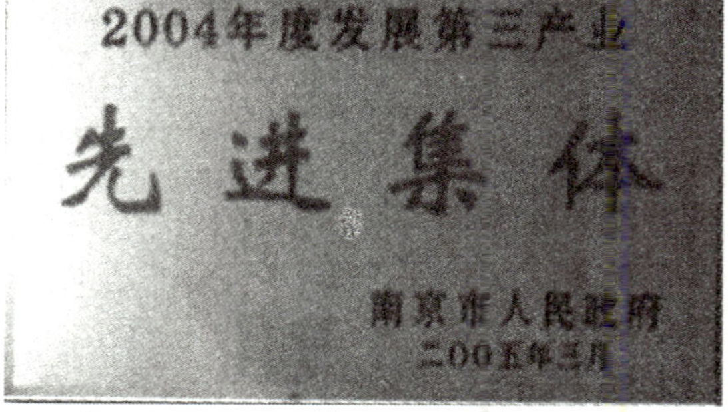

图24-1-1　2005年3月，江宁区发改局被评为南京市2004年度发展第三产业先进集体

进商贸等传统产业向现代服务业转型，促进服务业发展实现质的快速提升，提高服务业整体竞争能力。

【社会事业计划管理】

早在汉代古江宁就有官办教育的文字记载，作为六朝古都，文化教育、医药卫生、城市建设较为发达。宋景定二年（1261），上元县始建县学，景定四年江宁县始建县学。元、明、清时，江宁地区社会事业发展更快。但作为明确的社会事业计划管理，应为清末民初时事。

新中国成立后，江宁县教育、卫生、文化、体育等社会事业得到整顿恢复，并作为政府职能，先后列入议事日程，形成计划管理体系。1950—1952 年，就有增办学校、招生人数、农村冬学、职工业余学校等计划实施，卫生有防疫治病、发展医疗、环境整治等年度安排，文化安排也得到相应重视。经过十多年的努力，全县社会事业初具规模。1966 年开始的“文化大革命”，使教育、文化、卫生以及名胜古迹等深受其害，社会事业计划管理名存实亡。

中共十一届三中全会后，社会事业发展计划管理逐步规范化、科学化。1981 年起，在安排国民经济和社会事业计划的同时，又对年度计划实行十项目标管理，经济和社会发展并重，推动社会事业更快进步。1996—2000 年，实施科技兴县战略，以发展高新技术项目为目标，以科技进步为动力，积极研究、开发和引进一批高新技术项目和产品。文化、卫生、教育、体育事业不断推进，分别制订文化、卫生、体育发展规划。人民生活质量进一步提高，制订与人民物质生活提高相关的措施与制度，加快住房制度改革，加快小城镇建设步伐。

2001—2007 年，社会发展奋斗目标的重点，围绕改善农村生活环境、建设社会主义新农村、推进富民工程建设、提高人民生活水平。社会事业计划管理的模式逐渐转变为年度奋斗目标管理的形式，对当年列入区政府奋斗目标的社会发展工作进行跟踪管理。年度社会发展奋斗目标，是在调查研究广泛征求社会事业各职能部门意见的基础上，由区发改局综合平衡后上报，经审批后实施。

【对外经济贸易计划管理】

1949 年前，江宁县已有出口贸易，出口产品主要是蚕丝。民国 18 年（1929）前，全县年产生丝 300 万两左右，主要通过南京海关外销。1949 年后，全县外贸收购主要通过县供销社土产杂品公司进行。改革开放后，江宁县对外贸易发展加快。1978 年 7 月，县外贸公司成立，其前身是县供销社土产杂品外贸小组，主要任务是为省、市口岸公司组织县可供出口的产品。1949—1987 年，江宁县对外经济贸易尚未纳入计划管理，基本是自发缓慢发展，但 1987 年已出现首家外商投资企业。1988 年起，江宁县开始对开放型经济实行计划管理，当年向县外贸公司下达出口商品收购额计划，对外贸易快速发展。同时，全县在境内外开展多种形式的招商引资活动。1992 年后，江宁县开放型经济开始作为重点经济工作全面纳入计划管理，呈现突飞猛进的发展态势。对外贸易大幅增长，先后有江苏时花集团等 10 家企业获得自营进出口权；利用外资不断攀升，每年都要新批准近百家外商投资企业；外经工作从无到有，逐年稳步发展。

2001 年后，全区外向型计划指标逐步由全面计划指标向下达重点计划指标转变。2004 年，全区只下达 3 项重点指标，即合同外资、实际利用外资和出口创汇。江宁区努力拓宽招商引资渠道和领域，外资企业逐渐增多。开放型经济占全区经济总量的比重日益增加，成为全区国民经济的重要部分，是全区不可或缺的经济增长点，对全区经济结构调整、安排就业、推动全区国民经济向更高层次发展起着不可替代的作用。

第二章 统 计

中国历代王朝为维护其统治，都要掌握基本统计数字，历史上江宁作为十府、州、郡、县建置的职能机构，都办理地赋、丁口、漕粮、杂税等项目的统计。民国2年（1913），县政府内设专职统计员，负责全县统计工作。民国36年，县政府设立统计室，贯彻实施国民政府主计处统计局颁发的《公务统计方案》，进行工业、农业、交通运输、邮电、商业、物价、民政、社会、公用事业、营造、人口、教育、卫生、土地、警卫等方面的调查统计工作，编印统计期刊。

新中国成立后，1953年，江宁县设统计科。1954年，更名为县计划统计科。"文化大革命"初期，统计工作一度中断。1968年后，统计工作先后由县革命委员会生产指挥组、计划委员会负责。1980年，成立江宁县统计局。1997年，全县各乡镇均成立综合统计站。2000年12月，县统计局更名为江宁区统计局。全区共有专、兼职统计人员1000多名。2006—2007年，调整镇街统计机构，充实基层统计力量，共配备统计人员49人，9个街道均设统计办公室，各村（社区）设立统计组。至此，全区形成区、街道、社区（村）三级统计机构网络。

至2007年，经过50多年的发展，江宁统计部门职能已由主要提供统计信息，发展到具有统计信息、咨询和监督等多种职能；统计调查由全面报表逐步转变为全面报表、普查与抽样调查相结合；在健全和完善专业统计的基础上，逐步实施新的国民经济核算体系；统计信息的处理手段日趋现代化。江宁区统计工作整体水平不断提高，对促进地方国民经济发展起着日益重要的作用。

第一节 国民经济统计与社会调查

【国民经济核算】

新中国成立后，江宁县国民经济核算体系主要采用物质产品平衡体系（MPS）。20世纪50—60年代，为了编制商品流转计划、物资供应计划，分析研究全县市场情况，深入基层农业社农户、商业单位，开展经济、商品需要和社会购买力等方面典型调查和全面调查。

1982年起，县统计局试行国民收入统计年报工作。1984年，正式实行《国民收入统计报表制度》，编制"社会总产值和国民收入生产、消费和积累平衡表""社会总产值和国民收入综合表""建筑业总产值、净产值计算表""运输邮电业总产值、净产值计算表""商业总产值、净产值计算表""国民收入消费综合表""农业人口消费计算表""非农业人口消费计算表""国民生产总值表""非物质生产部门纯收入综合表""非物质生产企业收支表""非物质生产单位收支表"12种报表。

1993年，国家统计局根据社会主义市场经济和宏观指标国际对比的需要，决定推行新国民经济核算体系方案，并停止国民收入核算工作。县统计局加强国民经济新核算体系核心指标——国内生产总值的核算工作，开展分乡镇进行国内生产总值核算工作。1994年，国内生产总值年报有"总产出""按当年价格计算的国民生产总值""按可比价格计算的国民生产总值""按支出法计算的国民生产总值”“总投资”“总消费”“居民消费水平”7种。

2002年12月，国家统计局、国家发展计划委员会、国家经济贸易委员会、财政部、中国人民银行、国家外汇管理局、国家税务总局、国家工商管理总局8个部门联合发出《关于实施〈中国国民经济核算体系（2002）〉的通知》。是年，年报主要有“总产出”“按当年价格计算的国内生产总值”“国内生产总值构成项目”“按可比价计算的国内生产总值”“按支出法计算的国内生产总值”“按行业划分的资本形成总额”“最终消费”“居民消费水平”“国内生产总值附表”“分行业增加值率”10种；定期报表只有1种，即“总产出、增加值综合表”，为季报，一直沿用至2007年。2005年下半年起，根据国家统计局有关规定，省、市、区（县）把国内生产总值这一指标改为地区生产总值，其指标计算方法、口径、范围不变。

图24-2-2　江宁区召开统计工作会议（2003年摄）

【农村统计】

农村经济统计　新中国成立前，江宁县农业统计报表内容简单，无专管机构。新中国成立后，江宁县农业统计报表逐步建立。1951年，江宁县根据中央人民政府政务院财政经济委员会统一制发的《1951年农业生产年度总结基本报表》，按照江苏省农林厅的部署安排，根据基层农业部门填报的数字，编制全县年度农业统计报表，主要有“人口和互助组织”“耕地面积增减”“粮食作物生产”“稻谷小麦生产”“特种农作物生产”“棉花生产”“秋播冬耕”“牲畜数量增减”“水产生产”9张报表，其资料来源，有的布置全面统计报表，有的则根据重点调查、典型调查数字推算取得。1952年，建立江宁县农业生产情况和农业生产定期报表制度。1957年，农业社会主义改造完成，农业统计报表指标体系更加完整和统一，基本上以农村人民公社为填报单位。1958年，为适应农业“大跃进”和人民公社化运动形势，农业统计报表转向以农业生产进度为中心。“大跃进”时期，农业统计报表泛滥，影响正常统计报表制度的执行。1960年农业年报有“1960年农村人民公社组织及劳动力统计报告表”“耕地面积统计报告表”“播种面积统计表”“年农作物产量统计报告表”“茶叶、蚕茧产量统计报告表”“林产品产量统计报告表”“果类生产统计报告表”“水产产量统计报告表”等29种。1966—1967年，由于“文化大革命”的影响，综合统计机构撤销，农业统计报表大为减少。

中共十一届三中全会后，随着农村经济体制改革的进行，特别是实行各种形式的生产责任制后，农业生产发生深刻变化，农村统计工作逐步加强，农业统计报表制度日臻完善。1978年，农业年报表基本恢复到1965年的状态，其表种有“公社基本情况一览表”“农村人民公社组织与劳动力使用情况”“耕地面积”“农作物播种面积”“蚕茧、桑叶和水果”“牧业生产情况”“农业总产值”等14种。

1991年，为贯彻落实国家统计局、农业部、林业部、水利部、民政部关于实行农村统计一套表的要求和省政府办公厅文件（苏政办发〔1991〕14号）精神，适应农村经济体制改革和商品经济发展的需要，进一步深化农村统计改革和加强农村基层统计建设，江苏省9个部门制订农村统计一套表制度，从1991年起在全省范围内实施，起用农村一套表形式取代原农村年报制度。县统计局组织实施农业全面年报表，主要内容有“公报指标（农业和农村部分）”“耕地部门”“农村基层组织情况”“农村劳动力资源及实有劳动力构成情况”“农村电气化和农业化学化情况”“农业主要产品生产情况”“现代农村社会总产值”“农村固定资产结构”“农业净产值”“农业总产值和农业商品产值”等；县农工部填报“农业经济收入分配和效益”；县林副业局填报“林业系统全民所有制单位全体职工人数和工资”“职工伤亡事故情况”“林业系统主要专业生产设备”“森林主要灾害情况”“木竹材产量”“蚕茧、茶叶、水果生产产量”。

进入21世纪，区统计局负责填报的农业全面统计年报主要有“公报指标（农业和农村部分）”“农村组织和从业人员情况”“耕地面积情况”“年末土地利用现状分类情况”“农业主要能源和物质消耗”“农业主要产品生产情况（全社会）”“蔬菜及特种作物生产情况”“农林牧渔业总产值”等。2005年，农业全面统计年报中增加“按可比价计算的农村生产总值”及计算表。

农村抽样调查　1955年5—10月，江宁县首次开展农民家计调查（农村住户抽样调查）。调查共分三部分：调查户基本情况；调查户实物与现金收支情况；调查户的产值、收入、消费与积累情况，最终形成农民家计收支调查报告、农民家计收支调查工作总结和农民家计调查资料汇编。

1965年，江宁县根据全国农产量调查总队江苏省分队《1965年秋季调查工作的通知和具体安排意见》的精神，结合实际情况，进行秋季粮食产量抽样调查。

1979年，调查的基本核算经济情况表式为“典型社员户用房情况调查表”“调查户家庭副业生产情况”“调查户家庭收支情况”“调查户主要生活消费品的消费量和耐用物品的拥有量”“调查户现金收支情况”“调查户家庭副业生产情况”“调查户家庭收支情况”“调查户主要生活消费品的消费量和耐用物品的拥有量”。

1984年，将农民家庭收支调查改为农村住户调查，取消调查点所在的农村人民公社、大队、生产队的农经调查表式。1986年，根据国家统计局要求，农村抽样调查内容拓展为三项调查，即农产量抽样调查、农村住户调查和农村经济调查。农村住户调查年报有9种：“农村住户基本情况”“农村住户种植、林业、动物饲养业生产情况”“农村住户出售产品情况”“农村住户粮食收支平衡”“农村住户总收入和纯收入”“农村住户总支出”“农村住户现金收支平衡”“农村住户购买商品情况”“农村住户主要食物消费量和耐用物品拥有量”；农村经济调查年报有7种：“调查乡农村劳动力结构情况”“调查乡生产资金情况”“调查乡农村固定资产拥有情况”“调查乡第三产业发展情况”“调查乡农村劳动力当年转移情况”“调查乡生产资金情况”“调查乡粮食合同订购情况”。

1993年，为适应新国民经济核算体系的需要，并与联合国住户能力调查方案相衔接，国家统计局对农村住户调查方案做出较大调整。新的调查方案年报指标共分七大类：“农村住户基本情况调查表”“农业生产、出售情况调查表”“农村住户收入支出及消费调查表”“农村住户购买商品需求量调查表”“农村住户食品消费和营养调查表”“农村住户价格调查表”“农村住户主要指标预计和公报”。此套调查方案沿用至2007年。

2003年起，在全国范围内，以农产品价格指数缩减法替代农产品不变价法，计算农业发展速度。江宁区统计局按照市统计局统一要求，采取一点多用，在原住户调查点抽中的一百户中进行农业生产者价格和农业中间消耗调查。

【工业统计】

新中国成立后，随着社会主义经济的快速发展，逐步建立起一套比较完整、系统的工业统计报表制度。1956 年，江宁县全部工业统计年报在县各主管部门按条进行布置上报给县计划统计科进行汇总，县计划统计科进行工业统计年报业务指导。汇总的年报有：“1956 年国营、地方国营、合作社营及公私合营工业企业总产值及商品产值”“1956 年国营、地方国营、合作社营及公私合营工业企业主要产品产量”“1956 年国营、地方国营、合作社营及公私合营工业企业职工人数及工资”“1956 年工业企业单位概况一览表”“1956 年国营、地方国营、合作社营及公私合营工业企业几个主要指标”“1956 年私营企业改组改造变工情况”“1956 年地方国营及地方公私合营大型工业企业事故情况”。

“文化大革命”前期，工业统计工作遭到破坏，工业统计报表几乎终止。工业统计综合年报只剩下“全民所有工业总产值”报表。中共十一届三中全会后，工业统计工作得到加强，工业统计范围不断扩大，内容不断充实，逐步形成包括生产、经营、效益等方面完整配套的工业统计报表指标体系。1985 年，按国家统计局规定，工业统计年报与工业快速普查同时进行，其年报表内容变动较大，主要按工业部门分组改为按工业行业分类，并增加许多分类项目。工业行业大类由 15 个大部门增改为 40 个行业大类；中部门由 44 个增改为 212 个行业中类；细部门由 147 个增改为 538 个行业小类。工业总产值分别采用 1980 年不变价和现行价计算。是年，工业统计增加“独立核算工业企业全员劳动生产率”“农村合作经营工业、城乡个体工业主要指标”；1986 年，工业统计年报中增加交通方面的指标统计，如“全社会客货运输（吞吐）量”“非交通系统载货汽车运输情况”。

20 世纪 90 年代，伴随国民经济迅猛发展和经济体制改革的深化，国家统计局要求在继续做好社会总产值、工业总产值和国民收入统计的同时，抓紧建立第三产业产值统计，初步构架与国际接轨的新国民经济核算体系，即 GDP 核算，相应地在工业统计年报中建立工业增加值统计，以替代以国民收入为中心的国民经济核算体系，并增加企业经济效益方面的部分指标和企业资金流量指标。因此，在工业统计方面，增加经济效益，工业生产增加值、净产值等报表指标体系。

2001 年，根据国家统计局《关于在全国范围内实行新的工业发展速度计算方法的通知》精神以及省、市统计局的有关要求，江宁区的新工业发展速度计算方法试行工作全面启动。从 2002 年开始，区统计局完成全区采用价格指数缩减法计算工业发展速度的试算、部署、培训和报表的收集、整理以及检查验收等工作。

2005 年，工业年报增加“法人单位基本情况”“产业活动单位基本情况”“规模以上工业增减变动原因一览表”，取消“500 万元以下非国有工业企业及全部个体经营主要经济指标”。定期报表主要有：“工业产销总值及主要产品产量”“工业企业主要经济指标”“主要工业产品生产销售与库存”“重点工业企业能源购进”“工业企业主要能源消费与库存”“主要工业产品单位产量能耗及综合能耗”“工业产、销、存及订货情况”“投资、开发及劳动情况”“主要工业技术经济指标”“工业生产与经营预计完成情况”。同年，根据南京市统计局《关于认真做好扩大工业联网直报工作的通知》的要求，联网直报扩大到大中型工业企业，其各表种的联网报送时间与现行报表制度规定相一致，涉及江宁区 50 家企业。

【交通邮电统计】

1954 年，交通年报由县交通部门填报，报表同时报送上级主管部门和市统计局。报表有：“内河组织木帆船客货运量”“私营运输业劳动力年末实有数”“私营机动船货运量”。1961 年，省统计局恢复布置运输邮电统计报表。当年布置“机关、企业、厂矿运输工具及运量”和“城市及农村公社交通运输情况”统计。1962 年，对拥有 10 辆以上载货汽车的机关、企业建立年报制度。至此，交通统计由系统内扩展至系统外。1966 年，“文化大革命”开始后，统计部门的报表工作基本中断，业务主管部门仍保持一些基本统计。1975 年，统计部门向有关企事业单位布置“专用铁道线路、机车、货车”年报。

1980 年，恢复非交通系统重点单位自有载货汽车运输量统计，对拥有 10 辆以上载货汽车的单位建立统计制度。增加“国民经济各部门民用机动车和挂车增减情况”年报，取消“企事业单位专用铁道线路、机车、货车”。1985 年，建立非交通系统独立核算运输单位基层统计制度。年报相应增加“全社会客货运输（吞吐）量”和“独立核算运输、邮电单位产值”报表。1999 年，统计部门的年报有：“民用车辆拥有量”“全社会客货运输量”“独立核算交通运输企业财务状况”；核转的年报有：“水上客货运输量”“港口码头泊位数”“港口吞吐量”“铁路运输基本情况”“民用航空运输基本情况”“运输邮电企业财务状况”“运输邮电企业主要能源消费与库存”“运输邮电生产完成情况”。

2001 年后，由于管理体制的变化，邮政电信内容不再统计。交通运输统计内容为公路及内河通行里程、运输工具拥有量、汽车队、客货运量等。2005—2007 年，运输年报有“公路情况”和“客货运输量情况”。

【固定资产投资统计】

1952 年，为反映工矿生产建设的恢复和发展情况，贯彻执行中财委颁发的《1952 年基本建设定期报表制度实施办法》，编制基本建设统计综合年报。1954 年，基本建设年报只有 1 张“1954 年基本建设年度总结报表”。1957 年，基本建设投资年报表共 5 种表。1958 年，大搞进度统计，增加旬报、月报、季报报告制度。1960 年，基本建设统计年报有“施工和投入生产的建设项目个数”“建设项目一览表”“按构成、用途、建设性质分列的投资完成情况”“施工和竣工的房屋建筑面积”“按事业部门分列的投资完成情况”“按管理系统分列的投资完成情况”“新增能力或效益”7 种。

1966—1967 年，废除原有年报制度，以 12 月份定报代替年报。此后，基本建设统计报表一度中断。1973 年，基本建设综合年报为“一九七三年基本建设完成情况年报（一）（二）”并一直保持到 1977 年。

中共十一届三中全会后，为适应国家加强宏观经济管理、合理安排建设规模的需要，国家统计局决定从 1980 年起，将基本建设统计逐步扩大到全社会，改为固定资产投资统计。

20 世纪 90 年代，固定资产投资统计报表制度更加完善，形成一套以投资效果为中心，全面反映投资过程和效果的指标体系，其内容包括固定资产建设项目、固定资产投资价值量、新增生产能力（或效益）、房屋建筑面积、投资效果等各个方面。

从 2002 年 11 月开始，江宁区统计局在全区范围内对 50 万元以上的基本建设、更新改造、房地产及其他投资建设项目，实行开工登记和竣工统计报告制度，在全市区、县中率先建立全区规模以上固定资产投资项目库。2005 年，全社会固定资产投资统计年报表主要有“全部固定资产投资项目主要指标综合表”“全部固定资产投资项目主要指标综合表（工业）”“法人单位基本情况表（房地产开发企业）”“产业活动单位基本情况表（房地产开发企业）”“江宁区 2005 年 12 月房地产开发统计汇总表”“江宁区 2005 年 12 月房地产开发统计汇总表”“2005 年房地产业按登记注册类型分的各项指标汇总表”“财务状况登记注册类型分组”“房地产开发企业房屋销售情况”“建筑企业生产情况汇总表”“建筑企业财务状况表”“建筑业企业产品产量完成情况表”“劳务分包建筑业企业生产经营情况表”等。

【物资与能源统计】

新中国成立初期，物资统计分散在各专业统计中。1952 年，工业、基本建设统计报表制度中含有物资统计报表，工业统计制度中物资统计年报有“主要生产品收拨与结存”“主要原材料及燃料收拨与结存”“最主要原材料燃料及电力消费情况”“电力收支”4 种；基本建设统计制度中有“基建用材料收拨与结存”。1954 年，根据国家统计制度的要求，将分散在工业和基本建设等专业统计报表中的有关物资统计内容从各专业制度中分离出来，建立物资供应统计报表制度，物资统计内容不断充实。当年贯彻执行的物资定期统计报表有“主要产品收拨与结存”“供应计划执行情况”“生产用原材料燃料收拨与结存”3 种；年报表除了上述 3 种还有“主要原材料燃料消耗定额执行情况”“电力消耗定额执行情况”“基本建设用材料收拨与结存”，共 6 种。“文化大革命”开始后，物资报表一度中断，1970 年起，恢复物资统计报表制度。

中共十一届三中全会后，为了适应以经济建设为中心和改革开放的需要，特别是从产品经济过渡到商品经济，从计划经济过渡到社会主义市场经济体制，对物资统计报表制度进行全面改革，更加充实和完善物资统计指标体系。1984—1986 年，物资年报有“产品销售与库存”“主要物资消费与库存（分全民、集体）”“地方申请单位金属材料库存分析表（全民、集体）”“生产用主要物资使用方向”“主要原材料、燃料购进价格统计表”等 14 种。

1995 年，物资统计报表共有 10 种。具体为：“工业企业原材料、能源消费与库存”“主要原材料、能源消费与库存”“工业企业原材料、能源分组消费与库存总值”“工业企业原材料、能源分组消费量”“主要原材料消费与库存”“主要原材料按行业分组消费量”“原材料消费与库存总值”“主要能源消费与库存”“主要能源按行业分组消费量”“能源消费与库存总值”。

2003 年，能源年报主要表式为“工业企业能源购进、消费及库存”“交通运输企业主要能源消费及库存”。定期报表有：“工业企业主要能源消费量与库存量”季报表，填报范围为规模以上全部工业企业，分列 6 种能源消费量。主要指标有年初库存量、购进量、季末累计消费量、季末库存量。补充资料是工业取水量指标，“重点耗能工业企业能源购进、消费及库存”季报表和“主要工业产品单位产量能耗及综合能耗”。2005—2007 年，能源年报填报范围为全部国有及年销售收入在 1000 万元以上的非国有工业企业，取消“交通运输企业主要能源消费及库存”年报，增加“工业企业水消费”，年报和季报表式相一致。

【贸易、对外及港澳台经济统计】

批发零售贸易业统计 第一个五年计划时期，随着商业机构和经营范围的调整，商业统计逐步完善。1953—1954 年，江宁县人民政府统计科和各主管部门开始贯彻执行以国家统计局会同有关部门制发的国营商业、供销合作社、国营粮食机构等部门统计制度。

1966 年“文化大革命”开始后，商业统计综合年报表只保留 1 种，即“社会商品零售额报表”。此后，商业统计报表制度一度中断。1973—1978 年，统计部门商业统计报表逐步恢复。1978 年，县统计局填报商业统计年报综合表有 3 种：“1978 年社会商品零售额年报表”“1978 年社会商品零售量年报”“社会农副产品收购量年报”。

中共十一届三中全会后，出现多种经济成分、多种流通渠道、多种经营方式、多种交易价格的新情况，集市贸易和个体商业迅速发展，工业部门自销业务不断扩大。同时，居民和社会集团购买力增长较快。1979 年，进一步完善机构网点统计，增加“商业企业机构、人员”“商业零售网点、人员”“饮食业、服务业机构、人员”3 张统计年报。1993 年，国家对商业统计指标体系和调查方法实施重大改革，进一步理顺政府统计与部门统计及各专业统计之间的关系，推行一套表制度。商业统计更名为批发零售贸易业统计，首次将对外贸易业、物资供销业纳入贸易统计范围。通过对 1992 年前实行的商业报表的整合，制订以了解批发零售贸易企业生产经营活动为主要目的的报表制度，形成以批发零售贸易业基本情况、商品购销存、企业财务状况、附营企业经营情况为主体的指标体系；年报主要表式有“社会消费品零售总额”“批发、零售贸易业商品购进、销售、库存总额”“大中型批发、零售贸易企业商品销售、库存数量”“批发贸易业机构、网点、人员”“零售贸易业机构、网点、人员”“餐饮业机构、网点、人员”“大中型批发、零售贸易、餐饮企业财务状况”7 种。

2003 年起，全区基本形成一套为市场经济发展服务，以反映内贸、外贸市场变化发展，监测批发零售贸易业基本情况和经营状况为目的的较为完整的贸易统计指标体系。2005—2007 年，贸易业年报主要有：“限额以上批发和零售业企业”“限额以上批发和零售业、住宿和餐饮业基本情况”“星级住宿业和限额以上餐饮业经营情况”“星级住宿业和限额以上餐饮业企业财务综合表”。

对外及港澳台经济统计 1984 年 9 月，外经贸部和国家统计局会同有关部门联合制订《利用外资统计制度》，对制度的主要内容、统计的性质、统计的任务和作用、统计的范围和分类、统计资料的管理和公布、统计的组织工作、主要统计指标解释及表格填制作出详细说明，并规定自 1985 年 1 月起实行。该制度共有 6 章 18 条、8 张报表 1 张卡片，主要反映对外正式签约的情况、对外协议（合同）执行情况、对外负债情况。报表分月报、季报、年报三种，主要指标有：国别、项目、规模、技术、经济效益等。1988 年，江宁县统计局根据市统计局外经统计年报制度要求，建立外经统计年报制度，外经年报有两种：“1988 年全社会出口商品交货统计报表”“1989 年全社会外向型经济主要指标年报”。

1991 年，外经统计年报中“出口商品交货统计报表”改为“南京市对外贸易情况汇总表”，其外向型经济主要指标统计范围也扩大到利用外资、技术引进、对外贸易、对外承包工程和劳务合作、外汇收支、海关、国际旅游、涉外保险等方面内容。1997 年，统计报表综合表为：“外国和港澳台地区在华直接投资情况”“外国和港澳台地区在华直接投资企业主要经济指标”“全社会对外经济主要指标”“借用外国和港澳台地区资金”“重点城市接待旅游者过夜人数”。1998—1999 年，“全社会对外经济主要指标”改为“利用外资主要指标月报”及“新批项目总投资 1000 万美元以上的外商投资企业协议情况”。

2000 后，外经统计年报、定报由区外经局负责填报和上报。

【人口和劳动工资统计】

人口统计 历代王朝为征兵课税都进行户口调查。民国时期，江宁县户口调查统计由首都警察厅办理，民国 17 年（1928），国民政府颁布《户口统计调查规则》，调查 10% 的人口数。新中国成立后，逐步建立和健全户口登记制度和人口统计制度。1950 年，开始实施人口统计年报制度，人口登记报表内容有常住人口、出生、死亡、迁入、迁出等人口变动指标。1951 年，根据公安部公布的《城市户口管理暂行条例》，通过户口管理，在城市建立人口统计报表制度。在农村，通过土地改革和农业合作化，采用多种方法，对人口进行比较准确的调查。在 1953 年第一次全国人口普查的基础上，建立全县正常的人口统计报表制度。

1956 年 1 月，为统一全国城乡户口管理和人口统计工作，国务院决定各级民政部门管理的户口登记和人口统计移交公安部门。人口统计综合年报一年填报两次，一次是半年报，另一次是年报。县计划委员会计划统计科根据县公安局的统计数据填报。主要指标有：上年度户数、人口数（男女数）、增加人口数（出生、迁入分列男女数）、减少数（死亡、迁出分列男女数），本年度户数、人口数（男女数）、农业户数、人口数（男女数）。

1957—1964年，人口统计综合年报达10种，报表有："户口变动统计表"，含上年度户数、人口数（男女数）、增加人口数（出生、迁入分列男女数）、减少数（死亡、迁出分列男女数），本年度户数、人口数（男女数）；"人口死亡原因统计表"，含疾病死亡、年老死亡、婴儿死亡、自杀、被杀、依法处决、事故致死和其他原因不明；"县城镇人口统计表"，含城镇名称、人口数、男女人口数；"死亡人口年龄统计表"，含分年龄人口数和男女数；"民族人口统计表"等。1965年，根据统计工作加强调查研究、精简报表的精神，人口统计综合年报表减少较多，只保留3种年报，即"人口变动情况统计表""镇人口统计表""人口自然变动统计表"。"文化大革命"期间，人口统计报表制度中断。

中共十一届三中全会后，人口统计工作得到发展。1982年开展第三次全国人口普查工作后，人口统计年报、定报由县公安局负责填报和上报。1985年，根据省统计局人口普查领导小组决定，江宁县统计局于6月底开展1‰人口抽样调查。1995年，县统计局按照南京市人民政府要求，于10月开展2%人口抽样调查工作，全县15个乡镇被市抽中为调查乡镇，县统计局根据县政府要求扩大到全县23个乡镇开展此项调查工作，共调查109个调查小区，调查人口17606人。2001年，全区开展1%人口抽样调查、群众安全感调查以及城镇劳动力调查工作。2003年，江苏省统计局决定以省辖市为主体，开展人口与劳动力抽样调查工作，南京市在进行全省人口变动调查、劳动力跟踪调查基础上，扩大样本规模，决定在全市所有区、县开展调查试点，江宁区作为全市样本扩容的重点单位共计被抽取24个调查区开展人口与劳动力抽样调查工作。通过人口抽样调查以推算一个地区的常住人口。

2005年，江宁区按照国家统计局统一部署，开展继2000年第五次全国人口普查之后又一次大规模国情国力的调查——2005年全国1%人口抽样调查工作。2006年，江宁区统计局按照省、市统计局有关要求，开展2006年人口变动情况、劳动力和群众安全感调查，全区7个镇（街道）、27个村（社区）被选中。

劳动工资统计 随着大工业的诞生和经济的发展，开始出现产业工人和各类从业人员，企业为支付工资和成本核算等多方面的需要，开始开展职工与工资统计。民国时期，南京国民政府并没有综合的劳动工资统计。

新中国成立初期，国家没有统一的劳动工资统计报表制度，而是分散在各业务主管部门制订的专业统计报表制度中。1955年，按照国家统计局统一布置，开展全国职工、工资调查，表式有："按部门、行业分的工作人员数及工资""主要工业部门工作人员数及工资""按部门及人员类别分的工作人员数""按部门专业分的工程技术人员数""按部门分的工程技术人员数"等16种。1956年，继续开展职工调查，调查时点分别是3月份和9月份，其表式比1955年有所缩减，只有8种，即"按部门分职工人数及工资总额""职工人数及工资总额组成""按实际应得工资额分组的领取全月工资人员数""按工资标准、工资等级分的生产工人数""按职务工资标准分的生产管理人员数""企业工资附加费及奖励基金的使用情况""按工资标准种类、职务及级别划分人员数""职工福利费收入支出情况"。

1959年，国家统计局将劳动工资统计从各专业中分离出来，建立统一的劳动工资统计报表制度，统一规定统计的范围、分类与计算方法和部门划分标准；充实统计内容，增加职工增减变动情况、工资总额组成、劳保福利费用等多种统计报表，形成较为完整的劳动工资统计指标体系。江宁县计划委员会计划统计科执行的劳动工资综合统计年报有"职工人数与工资综合统计年报""职工人数增减情况综合统计年报""工业企业规模分组及其职工人数的分布情况"等14种。

“文化大革命”开始后，劳动工资统计报表制度一度中断。1970年，只有“全民所有制单位的职工与工资”报表，此后，劳动工资统计逐步恢复。

中共十一届三中全会后，劳动工资统计在各个领域各个层次发生深刻变化，劳动工资统计报表制度更加充实和完善。1982—1985年，劳动工资年报表有：“全民所有制单位使用的全部职工人数与工资总额综合表”“全民所有制工业企业全部职工人数、工资、劳动生产率”“城镇集体所有制单位全部职工人数与工资综合表”“城镇集体所有制人员增减综合表”等11种。从1986年起，劳动工资统计年报增加“离休、退休、退职人数”，全民所有制单位中不再包含中央和省属企事业单位。1993年，劳动工资年报表将全民所有制、城镇集体所有制和其他所有制3套12张表合并为1套3张表。即“全部职工人数和工资”“工业、建筑业企业职工人数和工资”“职工人数变动情况”，另增加“其他从业人员人数和劳动报酬”和“附营活动从业人员及报酬”2张表。

2007年，劳动工资报表增加私营企业（从业人员达到1000人以上）劳动工资调查，全区共有27家。根据省统计局统一部署，增加规模以上工业、资质以上建筑业、限额以上批零住宿餐饮业私营单位劳动工资，作为劳动统计改革的一个组成部分。

【社会专题调查】

职工大病统筹调查　1998年，市体改委、卫生局、劳动局、统计局根据市政府要求，对江宁县218家企业的职工、离退休人员进行大病统筹抽样调查。

居民最低生活保障线调查　1998年，市民政局、总工会、统计局根据市政府要求，对江宁县十区居民最低生活保障线进行抽样调查。按居民生活水平分上、中、下三个档次，对1998年4月人均收入低于调查标准（城区人均140元、150元、160元；郊区人均130元、140元、150元）的家庭成员组成情况、就业状态、收入构成情况及按调查标准所应补差的情况进行调查。在此基础上，测算出全县全年补差所需资金总量，为政府决策提供依据。

医疗改革调查　1999年，市劳动局、总工会、卫生局、医药管理局、物价局、统计局等有关部门根据市政府要求，对江宁县企业、事业行政机关、医疗机构等单位进行抽样调查。全县抽取60%的在职职工、退休人员，对其1997—1998年的医疗费用情况进行调查，为医疗改革提供资料。

第二节　重大区情国力调查

新中国成立至2007年，根据国家统一部署，江宁区先后开展过5次人口普查和1次全国1%人口抽样调查、2次农业普查、3次工业普查、2次科技普查、2次基本单位普查以及经济、第三产业等普查。

【人口普查】

第一次人口普查　1953年第一次全国人口普查是根据中央人民政府政务字1953年4月23日发布的《为准备普选进行全国人口普查登记的指示》精神而进行的，旨在为准备全国人民代表大会及地方人民代表大会选举做好选民登记工作，并为国家经济、文化建设，提供确定的人口数字。江宁县普查工作分为4个阶段，即：准备阶段、登记阶段、复查校正阶段和综合统计阶段。普查时间以1953年7月1日零时作为标准时间。普查项目包括姓名、与户主关系、性别、年龄、籍贯、民族6项。普查结果，全县总户数131123户、总人口534979人。其中，男275707人，女259272人。

第二次人口普查 1964年，第二次人口普查旨在为编制国民经济第三个五年计划和长远规划提供重要人口依据。普查的标准时间为1964年7月1日零时。江宁县普查工作分准备阶段、登记核实阶段、统计汇总阶段和总结验收阶段。在江宁县人口普查领导小组的具体领导下，组织干部、公安干警和有关人员参加普查和统计工作，并成立普查办公室。普查工作从1964年6月开始，到8月底结束。普查登记的内容，比第一次人口普查增加出生年月、文化程度、本人成分、职业4项。同时登记1964年1月1日至6月30日人口出生、死亡、迁入、迁出4项变动情况。但前两次人口普查都是手工汇总，所得数据较少。普查结果，全县总户数126423户、总人口505826人。其中，男260043人，女245783人。

第三次人口普查 1982年第三次人口普查旨在准确查清人口资源情况，为国民经济建设、制订人口政策和规划提供可靠资料。普查的标准时间为1982年7月1日零时。在江宁县普查办公室领导下，乡镇、驻县企事业等单位相应建立人口普查机构。普查登记内容又较第二次人口普查增多，分按户和按人口统计两大类共19项。包括户数、人口数；姓名、性别、年龄、籍贯、文化程度和行业职业构成；人口的地区分布和民族构成；以及家庭、婚姻生育等项目。江宁县从1981年8月着手准备，经过试点、普查登记、质量复查、手工汇总和计算机汇总等程序，于1983年12月底汇编成册，历时1年半。在这次人口普查中还首次采用电子计算机进行数据处理，获得了丰富的资料。普查结果，全县总户数180811户、总人口725688人。其中，男367600人，女358088人。

第四次人口普查 1982—1990年，全国人口数量、地区分布、人口结构等方面变化较大，1990年，国务院决定开展第四次全国人口普查。普查的标准时间为1990年7月1日零时。普查登记内容分按户和按人口统计两大类共21项。1989年8月，县第四次人口普查领导小组及办公室成立。普查登记从1990年7月开始，经过试点、户口整顿、普查登记、质量抽查验收、手工汇总和计算机汇总等阶段，至1991年10月，普查数据汇编成册。普查结果，全县总户数201017户、总人口733757人。其中，男372362人，女361395人。

第五次人口普查 2000年，为科学制订国民经济和社会发展战略与规划，制订人口政策，国务院决定进行第五次全国人口普查。普查登记的标准时间为2000年11月1日零时。此次调查采用长、短表技术，调查项目长表设49项，短表设19项。1999年5月，成立县第五次全国人口普查领导小组。经过普查试点、普查登记和编码、质量验收、数据汇总等阶段，全面完成第五次人口普查工作。普查结果，全县总户口数245086户、总人口781344人。其中，男402569人，女378775人。

全国1%人口抽样调查 2005年，江宁区开展1%人口抽样调查，成立人口抽样调查领导小组及办公室，制订《江宁区2005年人口抽样调查工作方案》。抽样调查时间点为11月1日零时。全区共抽查5165户、15268人。2006年10月，江宁区1%人口抽样调查工作获得全国1%人口抽样调查先进单位称号。

【农业普查】

第一次农业普查 1994年10月29日，国务院发出《关于开展第一次全国农业普查的通知》。1996年3月，江宁县成立农业普查领导小组及办公室。普查标准时点为1996年12月31日，标准时期是1996年1月1日至12月31日。普查对象为除城市（东山镇）外，农村中的各种类型的农业生产经营单位、农村住户、乡镇企业、村和乡镇，共38个调查项目、888个指标。普查内容涉及农业、农村、农民的方方面面。全县先后抽调5000人，历时28个月，至1998年6月全部结束，编辑出版《江苏省江宁县1997年农业普查资料》。普查结果，1996年年底，江宁县从事生产经营活动的农村住户169667户，人口625348人，户均3.69人。其中，农业户124986户，占73.67%；非农业户44681户，占26.33%。农村从业人员421184人。非农村住户类农业生产经营单位663家，其中国有17家、集体391家、个体236家、联营18家、港澳台投资1家；非农乡镇企业2453家，从业人员138106人，其中乡镇办558家、村办1758家、联户办17家、户办120家。全县农民科技人员750人。农民专业人员2392人，其中农机员544人，水管员839人，电管员1009人。1998年11月15日，县农业普查办公室获得全国农业普查先进集体称号。

第二次农业普查　2005年，国务院下发《关于开展第二次全国农业普查的通知》。同年12月，江宁区成立第二次农业普查领导小组及其办公室。普查标准时点为2006年12月31日，标准时期为2006年1月1日至12月31日。全区涉及9个镇街、246个村（居）委会、17多万农户。全区各级普查办共有专业工作人员119人，共选聘普查指导员639人、普查员2266人。2006年7—8月，完成为期28天的普查试点任务。2007年1月1—20日，进行普查入户登记工作，2月8日，顺利通过省农业普查工作质量验收组农业普查登记工作质量的检查验收。6—12月，组成数据处理工作小组，集中进行数据审核、检查、解疑、修改、汇总工作。普查结果，2006年年底，全区有农业生产经营户11.63万户，其中以农业收入为主的占15.48%；共有农业生产经营单位307家；农业从业人员8.71万人，农业技术人员664人。

【工业普查】

工业基本情况普查　1950年3月，中央财政经济委员会发布《关于全国公营、公私合营及工业生产合作社的工矿企业进行统一的全国普查的训令》，布置第一次全国工业基本情况普查。普查时点规定为1949年。普查范围为：凡隶属于中央财经各部、行、署、局的，地方各级政府机关的，与合作社的一切工矿企业。1950年7月，江宁县全面完成普查工作。普查结果，全县临时登记工商企业1663家。

第一次工业普查　1953年，全国进行第一次工业普查，江宁县地处农村只进行工业企业调查。普查结果，全县只有全民所有制企业3家，企业职工207人；私营企业16家，企业职工210人。合计19家企业，从业人员417人。全县工业产值300万元左右。

第二次工业普查　1983年11月，国务院决定在1986年一季度正式进行第二次全国工业普查工作。普查的标准时间为1985年12月31日。1984年，江宁县成立工业普查领导小组和办事机构。主要对1985年街道、乡办以上独立核算工业企业的产、供、销、人、财、物以及后勤设施等情况进行调查。普查结果，1985年年底，全县独立核算的县、乡工业企业数459家，工业总产值43275万元，职工人数64182人。其中，全民所有制工业企业34家，县属集体企业19家、城镇街道集体工业7家、农村乡及乡以上集体工业399家。1987年12月，编印发行《第二次全国工业普查江宁县资料汇编》。

第三次工业普查　1995年4月3日，国务院布置第三次全国工业普查。普查的范围为全部工业企业和附营工业单位。普查的标准时间为1995年12月31日。主要调查企业生产经营和业务活动情况。6 月，成立县工业普查领导小组及办公室，全县共有 3000 多名各部门、基层企业统计人员参加普查工作。普查结果，1995 年年底，全县共有工业企业及生产单位 3223 家，从业人员 16.30 万人，资产合计 31.95 亿元，工业总产值 128.04 亿元，销售收入 118.04 亿元。1996 年 8—12 月，编印发行《江宁县第三次工业普查分析选编》。1996 年 12 月，江宁县工业普查办公室被第三次全国工业普查办公室授予先进集体称号。

【第三产业普查】

1993 年 6 月，国务院决定在全国开展第三产业普查。同年 8 月 23 日，江宁县成立第三产业普查协调小组。普查年度为 1991 年和 1992 年，2 年中的个体经济部分及 1993 年第三产业资料为抽样调查。至 1994 年结束，是年 10 月，印发《江宁县第三产业普查资料汇编》。普查结果，1992 年年底，江宁县共有第三产业单位 12071 家，从业人员 60590 人，固定资产原值 5.66 亿元，增加值 3.87 亿元，劳动者报酬 1.72 亿元，营业盈余 1.19 亿元。1993 年抽样调查推算结果，全县有第三产业单位 14959 家，从业人员 70817 人，固定资产原值 7.96 亿元，增加值 5.28 亿元，劳动者报酬 2.63 亿元，营业盈余 1.27 亿元。

【经济普查】

2003 年 12 月 2 日，国务院发出《关于开展第一次全国经济普查的通知》。普查标准时点为 2004 年 12 月 31 日，标准时期为 2004 年 1 月 1 日至 12 月 31 日。按照省、市要求，区政府成立第一次经济普查领导小组及其办公室。区、镇两级共成立经济普查工作机构 38 个，普查办工作人员 295 人。为了高质量地完成全区单位清查工作，区经济普查领导小组制订《江宁区第一次全国经济普查清查工作实施方案》。普查对象是全区范围内从事第二产业和第三产业活动的全部法人单位、产业活动单位和个体经营户。普查内容包括单位基本属性、就业人员、财务状况、生产经营情况、生产能力、原材料和能源消耗、科技活动情况等。普查工作分阶段进行，时间跨度为 2004—2006 年。2004 年 12 月 31 日前为普查准备阶段；2005 年 1—5 月是普查登记阶段；2005 年 6—10 月为普查数据处理阶段；2005 年 11 月至 2006 年是普查资料公布、普查工作总结表彰和普查资料开发应用阶段。2005 年 7 月，江宁区第一次全国经济普查领导小组办公室被国务院第一次全国经济普查领导小组授予先进集体称号。

普查结果，2004 年年底，全区共有从事第二、三产业的法人单位、产业活动单位和个体经营户 31369 家，从业人员共计 32.90 万人。其中，法人单位 4686 家，法人单位中企业法人 3825 家；产业活动单位 1046 家；个体经营户 25637 家、从业人员 58473 人。全区第二、三产业企业法人单位（不包括银行、保险、证券、邮政、通信企业）的实收资本总额为 141.26 亿元。

【科技普查】

1978 年，江宁县革委会根据国家计委、国家科委、民政部、国家统计局《关于进行全国自然科学技术人员基本情况普查的通知》，在全县范围内开展科技普查工作。普查时点为 1978 年 6 月 30 日。普查范围为全民所有制单位，包括中央部、委属的直属单位、省属单位、城镇集体所有制单位和农村公社一级的科学技术人员。普查内容为：各类科技人员的总数；各类科技人员的职称情况；各类科技人员的年龄、文化程度、政治情况；各类技术人员的学用情况；1977 年之后恢复和新建立的独立自然科学研究机构基本情况。江宁县成立自然科技人员普查领导小组及办公室。普查显示，1978 年 6 月底，全县全民和集体所有制单位实际从事和未从事科技工作的理、工、农、医等方面的自然科学技术人员共有 47993 人，占同期职工总数的 6.50%，若加上国家七机部、解放军所属的 7 个单位的科技人员 1116 人，科技人员总数为 49109 人，占同期职工总数的 6.70%。全民和集体单位从事科技工作的技术人员共 37652 人，占科技人员总数的 78.50%，其中，全民单位 36095 人，占 75.20%；集体单位 1557 人，占 3.20%。全县全民和集体单位未从事科技工作的技术人员共 10341 人，占科技人员总数的 21.50%。

1985 年，国务院发出《国务院科技领导小组关于进行全国科技普查的通知》，要求于 1985 年第四季度至 1986 年第二季度，在全国进行一次科技普查。普查范围为：市以上独立的研究与开发机构，全民所有制大、中型工业企业和市以上科技管理机构。经市政府同意，成立江宁县科技普查办公室。普查工作从 1986 年 1 月正式开展，至 9 月底结束，历时近 9 个月。普查结果，1985 年，全县有各类专业科技人员 2134 人（不包括中、小学教师），其中全民所有制科技人员 1634 人，集体所有制科技人员 402 人，乡村企事业科技人员 98 人。至是年年底，共评定市属科研、工程技术、农业技术人员职称 17165 人，其中高级职称 147 人，中级职称 6442 人，初级职称 10576 人；医疗卫生技术职称 6205 人，其中高级职称 97 人、中级职称 855 人、初级职称 5243 人。

【基本单位普查】

第一次全国基本单位普查　1996 年 1 月，国务院下发《关于开展第一次全国基本单位普查的通知》。普查的标准时间为 1996 年 12 月 31 日。普查对象为所有从事社会经济活动法人单位和产业活动单位。普查内容为单位的经济类型、所属行业、从业人员、企业规模、营业状况等各类单位的基本属性和主要标识。同年 3 月，江宁县成立单位普查和统计登记领导小组及办公室，全县 3000 多名统计人员参与普查工作。经过一年的努力，摸清全县基本统计单位的底数、行业分布状况、经济类型结构、企业生产规模与基本情况，建立江宁县基本统计单位名录库。普查结果，全县共有各类法人单位 2514 家。其中，第三产业法人单位 1012 家，工业企业法人单位 1502 家。工业企业法人单位中，中央企业 1 家、省辖市企业 1 家、县属企业 164 家、乡镇办企业 499 家、村办企业 810 家、其他办企业 27 家。

第二次全国基本单位普查　2001 年 6 月，国家统计局、民政部等联合下发《关于开展第二次全国基本单位普查的通知》。普查的标准时间为 2001 年 12 月 31 日。同年 9 月，江宁区成立第二次基本单位普查领导小组，下设办公室。全区 18 个镇、12 个主要部门（园区）相继成立普查领导小组和工作班子。普查范围和对象为江宁区行政区划内的各类法人单位及其所属的产业活动单位和个体工商户。普查内容包括单位的法定标识、分组类型、登记批准状况、登记注册类型、执行会计制度类别、国有经济控股情况、营业状态、从业人员、企业资产情况、企业主要经济指标等。通过制订普查工作方案、开展普查宣传、进行业务培训等，使全区基本单位普查在规定时间内圆满完成任务。普查结果，2001 年年底，全区共有法人单位 4682 家，从业人员 273524 人；产业活动单位 5687 家，从业人员 274780 人；个体工商户 19114 家，从业人员 36859 人。全区法人单位中，企业法人单位 3696 家，其中，国有、集体企业法人 998 家，私营企业 1664 家，股份制企业 362 家，外商投资企业 133 家，中国港澳台投资企业 192 家。2003 年 1 月，区普查办被评为全国第二次基本单位普查先进集体。

第三节 统计管理

【统计资料汇编】

新中国成立初期，根据历史资料，整理新中国成立前有关工业、农业、运输、商业、文教、卫生等方面的统计资料，以便政府掌握民国时期基本的政治经济文化情况。县计划委员会计划统计科整理汇编《1949—1960年经济资料汇编》，主要由综合类、工业类、交通邮电类、农业类、商业类、财政金融类、文教卫生类、基本建设类8类34种表组成。还编制江宁县历年耕地面积变动情况表（1949—1959年）》、《1949—1966年国民经济统计资料》（上、下册）、《1949—1954年江宁县农林方面历史资料整理综合本》。1952年，编印出刊《1951—1952年江宁县工业、商业基本统计资料》。1955年和1956年，进行历史资料整理，分别出刊《江宁县统计局1949—1954年国民经济历史资料》和《江宁县1952—1955年国民经济历史资料汇编》。

1965年10月，县统计科出版发行《江宁县国民经济统计资料（1949—1964年）》（上、下册）。1977年4月，江宁县革命委员会计划委员会出版发行《江宁县国民经济统计资料（1965—1976年）》（上、下册）。1985年4月，县统计局整理汇编《1984年江宁县社会经济统计资料汇编》，该资料分为综合、农业、工业、交通运输邮电、固定资料投资、商业、财政金融、物资、文教卫生、劳动工资、人民生活共11类。同年8月，整理汇编《1984年江宁县分乡、镇统计资料》，以反映全县农村经济发展情况。1986年5月，整理汇编《江宁县国民经济统计资料（1980—1985年）》。1987年3月，整理汇编《1986年江宁县社会经济简明统计资料》。1988年3月，整理汇编《江宁县国民经济主要统计资料（1977—1986年）》。

1998年8月，县统计局为便于领导和有关部门了解和认识自中共十一届三中全会后的20年间，全县社会、经济发展情况及所取得的巨大成就，选择部分主要统计指标整理汇编《江宁县国民经济简明统计资料（1978—1997年）》。1999年9月，为庆祝新中国成立50周年，展现江宁县50年社会经济发展的历程和显著成就，整理汇编《数字与成就——江宁县社会经济主要统计指标（1949—1998年）》。1953—1999年，江宁县先后编印各类统计资料汇编150余种，均为内部出刊发行。

此外，1953年起，每年编印《国民经济情况汇编》，主要以统计数字、统计表格的形式反映江宁县行政区划、气候、人口、自然资源等自然情况和经济、社会事业、人民生活、物价等发展变化状况。“文化大革命”时期中断。1978年起，每年编印《江宁县国民经济统计资料》。1988年，更名为《江宁县社会经济统计资料》。1992年，更名为《江宁统计年鉴》。至2007年，共编印44个年度的统计资料和统计年鉴。

【统计分析】

1950—1952年，统计调查报告与统计分析合二为一。1953—1957年的统计分析，内容主要是检查经济计划执行情况，结合统计专项调查，编写统计分析报告。其中，1955年7月，全县开展江宁县私营工业重点行业调查，调查工作于当年10月31日完成，形成调查工作文字说明，最终完成《江宁县关于私营工业重点行业调查分析报告》。

“文化大革命”期间，统计分析工作基本停顿。1981年，县统计局撰写统计分析资料3篇，主要以工业和农业生产进度分析为主。1983—1986年，撰写统计分析资料70篇，既有反映全县经济发展规模、速度、水平等情况，也有反映全县的产业结构调整、经济效益和人民生活情况。1987 年，撰写统计分析资料 51 篇，统计信息与动态 6 篇。1988 年，撰写统计分析资料 47 篇。县统计局正式公布《关于 1987 年国民经济和社会发展统计公报》，并一直延续到 2007 年。

1989—1993 年，撰写统计分析资料 241 篇、统计信息与动态 16 篇。1995 年，撰写统计分析报告 45 篇、统计信息与动态 38 篇。1997—1998 年，共撰写统计分析报告 114 篇。2000—2001 年，共完成统计分析报告 80 篇。

2002—2007 年，共完成各类统计分析报告 109 篇，统计快报 155 篇。区统计局多次被评为市统计分析工作先进集体。

【统计报表管理】

1951—1952 年，县政府财委针对当时统计报表多、乱的情况，专门成立统计报表清理委员会，组织开展报表清理工作。1953 年 7 月中旬，市统计局结合反官僚主义运动，对统计报表进行全面清理，共清理出统计报表 322 种，其中废除 146 种。同年 11 月，县政府发布《关于制订及审批统计报表的暂行办法》，除规范制订和审批统计报表具体程序外，首次提出一切未经批准的调查统计表及类似统计报表的文字调查提纲各单位拒绝填报。1954 年 7 月，市统计局下发《关于调查统计报表制订及送审的几项规定》。1956 年，重点结合改进报表管理工作，清理非法统计报表。对 51 个单位清理结果表明：未经审批颁发统计报表的单位有 27 家，非法报表 113 种。1957 年 3—5 月，市统计局布置统计报表清理工作。清理结果：在 128 家单位中，使用统计报表 795 种，其中经过审批的统计报表占 77.70%，未经批准的占 22.30%。对经过审批的报表提出修改意见 166 条，未经审批的报表中废止 71 种。1958 年“大跃进”开始后，滥发统计报表和文字提纲现象又趋严重。市统计局在 1959 年进行过清理，但收效甚微。1962 年 1 月，市统计局发出《制止乱发统计报表的通知》，9 月又发出《关于清理和精简现行统计报表的办法》。同年 9 月，江宁县开展清理和精简现行统计报表的工作，并成立清理小组，共清出统计报表 1052 种，其中市、区级颁布的 466 种，未经批准的有 407 种。在未经批准的 407 种非法报表中，约有 80% 予以废除。是年，市统计局转发《江苏省统计报表暂行管理办法》，重审地方统计报表审批制度，并制订统计报表审批程序与办法。此办法执行至 1966 年。1964 年 3 月，清理各种报表 1174 种，其中，未经审批的 227 种，占 19.34%。“文化大革命”时期，统计报表审批制度名存实亡，统计报表的清理工作完全中断。

1980 年县统计局恢复后，统计报表的清理工作重新开始。同年，结合贯彻《关于统计报表管理实施细则》，开展报表清理工作。1981 年 10 月，县转发国务院批转国家统计局《关于加强统计报表管理的报告》和《关于统计报表管理的暂行规定》的通知，要求全县各单位必须严格贯彻实施国家统计局的暂行规定，未经批准不得擅自制发统计报表。1983 年 12 月，《中华人民共和国统计法》颁布，首次以法律的形式将统计调查项目制订权限予以明确。还对重大灾情、重大的国情国力普查项目拟定和审批作出明确规定。1991 年，市政府颁发《关于切实搞准统计数据、强化经济效益考核的通知》，要求全市各单位要加强领导，深入贯彻统计法，确保统计数据质量。1995 年 4 月，县统计局制发《统计报表管理的若干规定》，对统计报表审核、上报、数字更正、提供和统计报表审批等方面的工作程序和审批权限均作出具体规定。1997 年 10 月，制订《江宁县统计调查项目审批管理规定》。1982—1999 年，市统计局依据有关规定已审批各类统计报表 134 种，共 234 张。2000—2007 年，加强对统计报表的管理，健全统计报表制度，完善报表基层起报制度，实行依法统计，依法管理。

【统计执法】

统计法制建设 新中国成立后至2007年，江宁区统计法制建设有四个重大节点。第一次是1953年1月，贯彻实施国务院颁发的《关于充实统计机构加强统计工作的决定》，保证新中国成立后各种定期统计报表制度和调查任务的顺利进行。第二次是贯彻实施1962年4月中共中央和国务院《关于加强统计工作的决定》及1963年3月国务院颁发的《统计工作试行条例》，纠正"大跃进"时期统计工作被削弱的状况，加强统计工作的集中统一领导，保证统计资料的准确性和及时性。第三次是1983年12月后贯彻实施《中华人民共和国统计法》和《中华人民共和国统计法实施细则》，全面整顿"文化大革命"时期遭到严重破坏的统计工作，保证统计机构和统计人员依法行使统计调查、统计报告、统计监督的职权，使统计工作逐步走向法治轨道。第四次是1990年贯彻《江苏省统计管理条例》。在加强统计法治建设中，县统计局履行宣传、贯彻、检查和监督执行统计法规的职能。

统计监督检查 1955年5月，在江宁汽车修配厂、市土产公司进行统计数字质量检查试点工作。1956年，对全县78家工业企业布置统计数字质量检查工作。1963年7月，布置上半年基本统计数字质量检查，要求基层单位自查与主管部门抽样检查相结合。1964年，全县进行全面性统计数字质量大检查。"文化大革命"时期，统计数字质量检查工作停止。1980年恢复正常。当年8月，市统计局发出《关于开展工业统计数字质量检查的通知》，重点检查1980年上半年的工业总产值，重要产品产量及质量、消耗等主要指标。

1984年《中华人民共和国统计法》颁布后，统计法规检查不再仅限于统计数字质量检查。1984—1993年，共查处统计违法案件17起，其中5起通报批评，少数责任人伴随其他问题受到撤职处分。1989年4—11月、1994年和1997年6—12月，先后在全县开展3次全国统计法执行情况大检查。重点查处虚报、瞒报、篡改、拒报、迟报统计资料以及打击报复统计人员等统计违法行为。据不完全统计，在3次大检查中，自查自纠轻度统计违法行为有800余起。1994—1996年，共查处16起，其中5起给予行政处罚，3起给予罚款，其余均责令限期整改和口头批评。1997—1998年，查处135起，其中立案查处35起，一般行政处理86起。其中，市统计局直接查处16起，均给予行政处罚和经济罚款。1999年，市统计局在统计数字质量检查和统计执法检查的基础上，建立统计数字监控制度，将两种检查有效地结合起来。是年，全县共查处统计违法案件84起，市统计局查处79起。2000年，全县共查处统计违法案件十余起，对5名责任人进行行政处分，对5家企业进行统计行政罚款。2001年6月，区统计执法大检查领导小组成立，对全区5%的工业、商业、建筑业等企业的1999年至2001年6月的统计数据质量进行检查核实。8月，配合省、市统计执法检查组，对江宁经济技术开发总公司所有500万元以上工业企业进行地毯式检查，对问题较为严重的7家企业给予罚款处理，对2名统计人员给予通报批评。2004年，对30家单位的专业统计人员开展统计执法检查，对检查中发现的4家企业予以通报批评。2007年，加强统计监督管理，加大统计执法检查力度，提高全区统计工作法制化、规范化水平。

【统计信息系统建设】

20世纪50—60年代，江宁县整理加工统计资料采用手工汇总方式。70年代，逐步采用台式电子计算器。1984年起，全县统计系统开始使用微型电子计算机。1989年，县统计局只有微机2台，微机利用率低。至1996年，县统计局共有微机7台，基本做到统计数据处理自动化。并先后建立工业普查数据库和基本统计单位名录库。

1996—2000年，县统计局先后投资30多万元，配置和更新计算机、打印机等现代办公设备，并开通统计电子信箱。1997年，市统计局确定以网络建设为首要工程的统计信息现代化建设。是年，江宁县统计局向县政府提交《关于进一步加强农村统计基础工作建设的意见》的报告，提出在加强和改善农村统计队伍和网络建设的同时，为乡镇统计站配备微机，以改变统计手段落后的状况。1998年5月，建立江宁统计网站，面向社会各阶层，提供统计信息咨询服务。至2000年年底，县统计局和各镇统计站基本做到用计算机完成各项统计年报、定报的录入、汇总、传输工作。

2001—2002年，共投入10万元用于添置和更新设备。镇级统计机构网上数据传输功能实现。2005年8月，成立江宁区统计信息化领导小组及办公室，加强对全区统计信息化建设的组织领导。2006年，区统计局办公自动化系统正式启用。在开通统计内部网络的基础上，统计网络延伸至各镇（街道）、园区统计机构，实现全区统计内部网络的国家、省、市、区、镇（街道）五级联网。同时，制订江宁区统计信息化管理制度和统计年报、定报数据电子归档制度，确保统计数据存储的完整、有效与安全。

第三章　工商行政管理

民国时期，江宁县政府直接管理工商业登记调查。新中国成立后，工商行政管理业务由工商科负责。在“左”的政策影响下，对集贸市场的管理，曾走过放开、管死、再放开的曲折路程，特别是“文化大革命”期间，把集贸市场当做资本主义批判，管得很死，市场萧条冷落。1976年4月，江宁县工商行政管理局成立，其职能有5项，即集市贸易管理、工商企业登记管理、经济合同管理、商标注册管理和打击投机倒把。后又增加个体私营经济管理和广告管理，构成传统工商行政管理工作的“六管一打”。1997年后，国家法律法规不断赋予工商行政管理机关新的职能，突出反不正当竞争和消费者权益保护等工作。1998年11月，工商行政管理部门实行垂直管理体制。2000年12月江宁县撤县设区后，县工商局更名为南京市江宁区工商行政管理局。职能从当初负责“六管一打”到履行市场监管和行政执法职能；由管理小商小贩到监管社会主义现代化大市场；从培育管理集贸市场、扶持个体工商业成为必要的有益补充，到推动非公经济发展占据半壁江山；从“赤手空拳”的简单管理，到手段日臻完善的科学监管，不仅职能范围进一步拓宽，而且职能性质发生深刻变化，为规范市场秩序，促进地方经济发展，构建和谐江宁做出贡献。

至2007年年底，全区共有内资企业10389家，注册资本2854105万元，其中私营企业7699家，注册资本1659918万元；有外资企业1150家，注册资本153490.04万美元；实有个体工商户24118户，注册资本205351万元。全区共有注册商标1373件，其中驰（著）名商标53件。全区有441家企业被评为“重合同、守信用”企业。2001—2007年，全区共鉴证各类经济合同6793份，金额69.16亿元。

第一节　企业登记管理

【内资企业登记】

民国时期，江宁县政府直接管理工商业登记调查。民国22年（1933），县政府对工商业进行调查登记，全县共有独资与合伙工商业1083家，职工4404人。民国35年，县政府办理粮商登记，颁发营业执照，共计221家，次年再次登记，减至180家。民国35年4月，成立县商会，组织协助政府进行工商业登记发照工作。

新中国成立后，1950年5月，临时登记工商企业1663家。第一次登记发证于1950年11月至1951年11月进行，全县工商企业登记发证共2618家，并统一规定牙行佣金收取标准最高不得超过5%。第一次换证登记于1955年5月进行。当时成立工商企业换证登记委员会，换证登记分登记申报、民主评议、审定发证三步。换证的工商企业有1690家，从业人员2097人。1955年9月进行私营普查，成立县私营商业及饮食业普查办公室，历时60天。与当年5月企业换证数字相比，私营商业增加606家，从业人员增加668人；饮食业减少34家，从业人员减少81人。1959年，又对工商企业进行登记发证，分两批进行。第一批于1961年11月1—10日，对国营、合作性质的商业、饮食、服务业及个体商贩登记换证，计发出国营商业登记证10张，企业登记证412张，商业登记证146张，摊贩登记证192张；第二批于同年11月18日至12月底，对无证商贩调查登记发证。1963年9月，县工商企业登记办公室成立，分两步登记发证。第一步除龙都、花园、长江外，从22个公社（镇）清理出无证工商企业991家，确定发证的382家；第二步办理有证工商企业换证登记。

“文化大革命”期间，企业登记管理工作停滞。1978年恢复。1979年10月至1980年3月，对全县全民和集体所有制企业进行登记发证，共937家，其中全民所有制535家，集体所有制402家；另有只登记不发证的企业15家。1980年4—7月，对全县工业企业普查登记计1322家，其中全民工业27家，集体工业1295家。1982年上半年，对全县2266家工商企业审查核对，给符合企业登记条件的2260家工商企业换发全国统一的营业执照。农村实行联产承包责任制后，剩余劳动力大量增加，为振兴全县经济，支持商品生产的发展，1983年起，对新办企业在经营范围、开办条件、审批手续方面放宽政策，至1985年年底，全县工商企业达3976家。

1990年年底，全县企业发展到4132家（包括分支机构）。按经济性质分：全民549家，集体3576家，合营7家；按行业分：农业156家，工业2089家，地质勘探3家，建筑业120家，交通运输69家，商业1363家，房地产253家，卫生1家，教育7家，科技4家，金融67家。乡镇企业和商业网点发展迅速，乡镇企业达3799家，占全县企业总数的91.94%；商业网点1525家，比1985年的1203家增长26.77%。在做好企业登记管理的同时，县工商行政管理部门运用工商行政管理的职能，帮助企业调整产品结构，支持企业促产促销。1986—1990年，共为企业办理变更经营范围和经营方式手续3380家次；为企业变更厂名983家次；为企业适当扩大生产经营范围1901家次；帮助企业增设销售窗口272家次。并与全县135家各类企业建立联系点，进行重点帮扶，对全县经济增长起到促进作用。

1991—1995年，随着改革开放深入，内资企业迅速发展，重点对全县粮食行业的经营行为进行规范，全县新增内资企业479家，新增注册资本19.75亿元，共有各类企业8418家，注册资本94.10亿元。但乡镇企业逐渐衰退，部分乡镇企业名存实亡。1994年，全县内资企业总数9234家，是江宁县历史上内资企业最多的年份。

1996—2000年，全县国有企业和集体企业的总数逐年减少，但企业注册资本的总和增加150%。5年间，企业法人新开业1358家，注销2091家，营业单位新开业917家，注销3537家，注册资本达70.46亿元。房地产和装修装饰企业在江宁县崛起，5年内，新开业房地产企业49家，新开业装修装饰企业37家。至2000年年底，全区有房地产企业56家，注册资本5.20亿元，有装修装饰企业52家，注册资本4598万元。

2001年后，随着《中华人民共和国公司法》颁布实施，区工商局不断强化对企业登记注册的规范，进一步明确企业产权，几年中，新登记注册法人企业569家，吊销或注销1595家，新登记营业企业735家，吊销或注销营业企业1938家。2001—2003年，社会服务业发展比较突出，新登记注册法人企业50家，营业企业45家，全区共有社会服务业368家。2004—2006年，房地产业新登记注册法人企业34家，营业企业20家，全区房地产企业迅速增至111家，注册资本8.64亿元。2006年，全区仓储业发展迅速，当年新增登记注册法人企业28家，营业单位2家。

至2007年年底，全区有内资企业2690家，注册资本119.42亿元，其中，农、林、牧、渔业70家；采矿业29家；制造业666家；电力、燃气及水的生产和供应业22家；建筑业267家；交通运输、仓储和邮政业91家；信息传输、计算机服务和软件57家；批发和零售业904家；住宿和餐饮业52家；金融业121家；房地产业105家；租赁和商务服务业83家；科研、技术服务和地质勘查业25家；水利、环境和公共设施管理业17家；居民服务和其他服务业157家；教育2家；卫生、社会保障和社会福利业2家；文化、体育和娱乐业15家；其他行业5家。

【外资和中国港澳台资企业登记】

20世纪90年代初，外资和中国港澳台资企业资本开始进入江宁县市场，并呈现逐年上升趋势，特别在资本进入构成变化上尤为突出。2000年，全县共有外资和中国港澳台资企业561家，注册资本9.02亿美元，全县外资和中国港澳台资企业的发展在全市15个区、县中一直名列前茅。是年，新发展70家"三资"企业，涉及11个国家和地区，其中中国港台地区43家，欧美国家12家，其他国家和地区15家。外资和中国港澳台资投入呈现新特点：独资仍以项目投入为主要形式，新发展的外资和中国港澳台资企业中有38家是独资企业，占2000年发展总数的54%；项目投资规模有大幅提升，100万美元～500万美元以上企业有18家，1000万美元～3000万美元以上企业有3家，3000万美元以上企业有1家；增资扩股项目实现新突破，全县有6家企业进行增资扩股，增资总额3023万美元。

图24-3-3 江宁区工商行政管理局为外资企业颁发营业执照（2006年摄）

随着外资和中国港澳台资企业资本不断进入江宁，构成了江宁区市场主体的多元化结构。至2007年年底，全区登记注册的外资和中国港澳台资企业有1154家，注册资本在100万美元～500万美元（不含500万美元）的有306家，500万美元～1000万美元（不含1000万美元）的有131家，1000万美元～1亿美元（不含1亿美元）的有141家，1亿美元以上的有5家。其中，合资企业518家，合作企业18家，独资企业618家。世界500强企业中有22家落户江宁，涉及8个国家和地区，其中欧美国家20家，其他国家和地区2家；100万美元～500万美元4家，1000万美元～3000万美元12家，3000万美元以上2家。

【个体工商户与私营企业登记】

个体工商户登记 民国时期，摊贩缺乏管理。新中国成立后，县加强对摊贩的登记发证工作。1954年春，登记发证的商业摊贩有1960户，其中固定的896户，流动的1064户，从业人员1974人，资金4.32万元。经营方式为零售，多数经营干杂货、百货、烟茶、面食、蔬菜、点食、旧货等，规模较小，资金较少。1956年对私营工商业进行社会主义改造后，尚有229户从事个体经营，多数为鱼、菜等零星摊贩，从业人员242人。1958年人民公社化后，取消个体工商业的经营，以致市场供应紧张。民间传统工艺品和地方风味小吃几乎绝迹。商业网点锐减，摊担消失，代之而起的黑市交易不断增加，副食品黑市交易更加严重。1960年，全县开放和恢复集市贸易，无证商贩开始公开交易。1963年，清理出无证工商户991户，给其中符合经营条件的382户登记发证。“文化大革命”期间，个体工商业再度受冲击，所存寥寥无几。

中共十一届三中全会后，江宁县先后制订多项鼓励个私经济发展的规定和举措。1979年10月开始，江宁县恢复个体工商业登记。至1981年，全县共登记694户，其中集镇居民369户，农村325户。1985年年底，全县个体工商户共登记6400户，从业人员14489人。1990年年底，全县个体工商户发展到9909户，其中工业1457户、建筑业70户、运输740户、商业4763户、饮食业1389户、服务业461户、修理业991户、其他行业38户，从业人员15916人，资金总额2175.20万元，商品销售额占全区社会商品零售额的18%。

1991—1995年，个体经济发展趋势下降，新注册登记的个体工商户7410户，注销、吊销个体工商户10413户，个体工商户总数比5年前减少3003户，全县实有个体工商户6906户，从业人员5557人；个体工商户创社会总产值1.76亿元，实现销售总额2.19亿元，社会性消费品零售额2.47亿元。1996年，登记注册城镇个体工商户5210户，占总数的70.31%，从业人员13910人，占总从业人员的78.03%。个体工商户仍以第三产业为重点，继续发挥对国民经济拾遗补缺的作用。个体从事第三产业总数为6132户，占个体工商户总数的82.75%。全年注销1296户，其中城镇1000多户，80%是因为城镇规划和拆迁而注销。至2000年，全县有个体工商户10388户，从业人员28012人，注册资本15152万元。

2001年后，个体经济持续发展。2005年，全区实有个体工商户19160户，从业人员36285人，注册资本57039万元。当年新增个体工商户4264户，新增从业人员8874人，新增资本19231万元，注销个体工商户1923户。2007年，全区新增个体工商户4722户，新增从业人员10368人，新增资本92936万元。全区实有个体工商户24118户，从业人员48529人，注册资本205351万元。其中，农、林、牧、渔业418户，采矿业36户，制造业2263户，建筑业312户，交通运输、仓储和邮政业242户，信息传输、计算机服务和软件业70户，批发和零售业14255户，住宿和餐饮业2173户，房地产业52户，租赁和商务服务业173户，居民服务和其他服务业3449户，卫生、社会保障和社会福利业13户，文化、体育和娱乐业150户，其他行业512户。安置下岗失业人员869人。当年注销个体工商户2657户，其中注销城镇个体工商户2289户。

私营企业登记 1988年，县工商局登记注册了第一家私营企业——南京泉山卫生器材厂。至1990年年底，全县有私营企业31家，从业人员851人，注册资本305.70万元，产值601.30万元。由于国有企业改制，许多下岗人员和知识型人才走上自谋职业的道路，私营企业发展迅速。至1995年年底，私营企业发展到226家，从业人员5557人，注册资本3202万元。2000年，全县共有私营企业 1548 家，从业人员 2.47 万人，注册资本 11.02 亿元，其中当年开业 750 家，新增从业人员 8521 人，净增资本 4.79 亿元。2005 年，全区实有私营企业 6109 家，注册资本 105.66 亿元，投资者人数 1.42 万人，雇工人数 8.36 万人。注册资本在 100 万元～500 万元的有 1036 家，500 万元～1000 万元的有 230 家，1000 万元～1 亿元的有 270 家，1 亿元以上的有 3 家。

至 2007 年年底，全区有私营企业 7699 家，注册资本 165.99 亿元，投资者人数 1.68 万人，雇工人数 9.47 万人。注册资本在 100 万元～500 万元的有 1456 家，500 万元～1000 万元的有 384 家，1000 万元～1 亿元的有 381 家，1 亿元以上的有 13 家。私营企业行业分布为：农、林、牧、渔业 176 家，采矿业 42 家，制造业 3054 家，电力、燃气及水的生产和供应业 13 家，建筑业 795 家，交通运输、仓储和邮政业 88 家，信息传输、计算机服务和软件 288 家，批发和零售业 2085 家，住宿和餐饮业 97 家，房地产业 234 家，租赁和商务服务业 415 家，居民服务和其他服务业 203 家，卫生、社会保障和社会福利业 3 家，文化、体育和娱乐业 29 家，其他行业 177 家。

1986—2007 年江宁区个体工商户、私营企业登记情况表

表 24-3-1

年　份	个体工商户				私营企业			
	户数（户）	比上年增长（±%）	注册资本（万元）	从业人员（人）	企业数（家）	比上年增长（%）	注册资本（万元）	从业人员（人）
1986	6120	—	—	—	—	—	—	—
1987	7769	26.94	—	—	—	—	—	—
1988	8515	9.60	—	—	1	—	—	—
1989	8431	-0.99	—	—	23	22.00	—	—
1990	9909	17.53	2175.20	15916	31	34.78	305.70	851
1991	8480	-14.41	—	—	41	32.26	—	—
1992	10002	17.95	—	—	66	60.98	—	—
1993	10422	4.20	—	—	117	77.27	—	—
1994	10015	-3.91	—	—	189	61.54	2162	4551
1995	6906	-31.04	—	5557	226	19.58	3202	5557
1996	7410	7.30	8290	17826	283	25.22	20300	5260
1997	8600	16.06	7794	22250	350	23.67	27470	7050
1998	10703	24.45	11850	27623	546	56.00	48914	11735
1999	10701	0	14903	29092	787	44.14	62352	15149
2000	10388	-3.03	15152	28012	1548	96.70	110223	24736
2001	12502	20.35	21423	54863	2494	61.11	372130	41961
2002	11696	-6.47	22324	59300	3195	28.11	385645	43445
2003	14297	37.31	28867	22463	4202	31.52	601805	55553
2004	16642	39.43	43544	29780	5353	29.77	844919	59333
2005	19160	25.51	57039	36285	6109	18.38	1056560	97795
2006	21920	25.30	141739	41077	7448	24.14	1339037	104603
2007	24118	21.54	205351	48529	7699	19.07	1659918	111494

第二节 市场监督管理

【市场经济秩序监督管理】

20 世纪 50—80 年代，市场监督和管理大体上遵循“活而不乱，管而不死”的原则。对有利于搞活市场，服务于生产和人民生活的经商行为都予以支持，对一些投机倒把活动则予以制止和打击。凡是高价套购和转手倒卖生产资料的、贩卖无价票证及票证供应物资的、掺杂使假及克扣斤两的，都给予罚款或没收处罚。凡工商业非法经营的，没收非法所得，直至吊销营业执照。

1986 年后，县工商局专门设立经济执法办案机构，不断加大对重点市场、重点行业、重点商品的监管力度。1986—1990 年，市场管理工作不断拓展延伸，从狭隘的农贸市场扩大到生产资料和生产要素市场的管理，5 年共查处伪劣农药、化肥 2377.60 万公斤，查处各种投机倒把和违章违法案件 1786 件，其中千元以上案件 89 件，万元以上案件 38 件，罚没金额 100 万元。1991—1995 年，在加强集贸市场日常监督管理的同时，重点拓展和强化对大市场的监督管理，先后查处各类违法行为 2400 余起，其中万元以上案件 14 件，各类罚没金额 20158 万元。

1996 年，根据上级市场“管办脱钩”的文件精神，工商部门将农贸市场管理工作交给各级地方政府管理，工商部门对各类市场主体行为依法进行统一的规范和监管，由传统的对市场具体事务的管理，转变为对市场主体的准入、退出、竞争、交易行为的监管。对农贸市场肉、菜、粮、豆制品开展“四放心”管理工程。对肉类制品实行检疫检验制度，对菜类食品实行农药残留检测制度，对豆制品实行索票索证制度，对粮食制品实行 QS 制度。为加强管理，先后建立消费者提示制度、食品购销挂钩制度、食品进货检查运输制度、商品质量联络员制度、商品专利管理制度、商品购销台账登记制度、不合格商品退市与召回制度、商品质量监测制度、商品质量承诺制度、商品市场主办单位责任制度、商品备案准入制度、商品质量巡查监管制度、食品准入管理流程图制度等。

随着市场经济的快速发展，不法行为随之增多，20 世纪 90 年代后，县工商局先后开展以维护消费者合法权益为目的的节日市场专项检查，以“双打双保”为主题的农资市场专项整治，以“三区”（校园周边地区、窗口地区、居民小区）为重点的取缔无证、无照网吧行动；开展建筑装饰材料市场专项检查、旅游市场打假打非专项检查和校园及周边地区经济秩序集中整治专项行动；开展饮食和食品行业及猪肉市场的专项检查、集贸市场专项整治、成品油市场整顿、查处商标侵权和虚假广告违法行为。1996—2000 年，严厉打击走私、贩私活动，共立案查处案件 34 件，罚没款近 200 万元。1999 年，全年共查处非法收购、加工和运输粮食违法行为 300 多件，其中立案 49 件，没收、暂扣粮食 80 万公斤。2000 年，县内

图 24-3-4　江宁区工商行政管理局执法人员宣誓仪式（2003 年摄）

再次出现非法传销活动，县工商局加大查处力度，立案查处 2 件，涉案金额 400 余万元，遣送传销人员 100 余人次，为受骗群众挽回经济损失 2 万余元。

2001—2002 年，共查办各类案件 1547 件，立案查处 937 件，其中 1 万元以上案件 205 件，5 万元以上案件 46 件。基层工商所办案力度进一步加强，共立案办理案件 634 件，其中 1 万元以上案件 96 件，5 万元以上案件 16 件。2003—2004 年，共立案查处各类违法、违章案件 323 件，案值 2.30 万元，主要案件类型有假冒伪劣商品案件、不正当竞争案件、走私与贩私案件及无照经营案件。2005—2007 年，共立案查处各类违章、违法案件 1024 件，罚没款 2063.32 万元，其中 2005—2006 年案值 4280 万元，主要案件类型有假冒伪劣商品案件、不正当竞争案件、走私与贩私案件、无照经营案件及“二虚一抽”（虚假出资、虚报注册资本、抽逃出资）案件。

【打击制售假冒伪劣商品行为】

20 世纪 80 年代后，县工商局采取市场巡查、畅通投诉举报渠道、专项整治、联合联动等手段，坚决打击制售假冒伪劣商品行为。1986—1990 年，查处假冒伪劣变质食品 6.43 万公斤，假冒或无合格证的家用电器 261 台，假冒伪劣生活用品 7073 件。1991—1995 年，共查处销毁过期变质食品 10 万余瓶（袋），假冒香烟 1500 余条。1996—2000 年，县工商局着重开展“打假保节日、打假保农业、打假保健康、打假保建设、打假保权益”等红盾打假系列执法行动，5 年共查结制售假冒伪劣商品案件 150 件，查获并销毁伪劣商品价值 1500 万元，捣毁制假窝点 45 个，罚没款 210 万元。2002 年，共立案查处假冒伪劣商品案件 21 件，案值 260 万元，销毁假冒伪劣商品价值 160 万元。

2003—2006 年，累计出动执法人员 2040 人次，执法车辆 400 台次，组织查处制售假冒伪劣案件 1349 件，查获、销毁假冒伪劣商品价值 1347 万元，捣毁生产、制售假冒伪劣商品黑窝点 39 个，查处侵犯知识产权的商标、假冒名牌商品、侵犯商业秘密等违法行为 103 件。2006 年，区工商局加大对知识产权的保护工作，严厉打击侵权行为。查处两件侵权案：侵犯国家著名商标“五粮液”的商标专利权案，案值 23 万元，暂扣款 25 万元；侵犯涂料“雅凯”商标标识案，案值 5 万元，暂扣侵权涂料 117 桶。此外，还暂扣假冒“红星”二锅头 1974 瓶，查处黑网吧 12 户，取缔无证游戏室 16 户。

图 24-3-5　江宁区工商行政管理局集中销毁假冒伪劣商品（2006 年摄）

2007 年，全年出动执法人员 520 人次，执法车辆 120 台次，组织查处制售假冒伪劣商品案件 21 件，捣毁生产、制售假冒伪劣商品黑窝点 5 个，查处侵犯知识产权的商标、假冒绿色产品证明、傍名牌等违法案件 12 件。其中，假冒省著名商标“银洁”牌白水泥案 1 件，假冒“五粮液”“五粮春”白酒案 4 件，罚没款 6 万余元。查处生产、销售劣质食品案件 12 件，罚没款 20 余万元。

第三节　经济合同管理

新中国成立初期，江宁县就开始推行经济合同，并实行鉴证管理。但由于管理制度不完备，各系统自行其是，效果不佳。“文化大革命”期间更是无人过问。

中共十一届三中全会后，经济合同制度逐步恢复和发展。1980 年，开始分工管理，县工商行政管理局管理各商业部门之间的，工业、农业部门以及机关、团体、部队、事业单位与商业部门之间的经济合同。县计划经济委员会管理各工业部门之间的，工业与物资、建筑、农业部门之间的，工、农、商、物资、建筑与交通运输部门之间的，以及机关、团体、部队、事业单位与工业、交通运输部门之间的经济合同。各部门内部的经济合同由各业务主管部门自行管理。从 1982 年下半年开始，县工商行政管理局对全县各类经济合同实行统一管理。还帮助全县各工商企业建立经济合同管理机构 368 个，配备专、兼职经济合同管理人员 594 人。至 2007 年，全区共有 441 家企业建立经济合同管理机构，专、兼职经济合同管理人员 1200 余人。

【经济合同鉴证】

新中国成立前，经济合同以契据、合约形式为主，由双方签名盖章，中间者（称中人）签章作证，大多涉及租地、典地、雇工、借贷、买卖等方面。地方政府没有设专门的合同管理机构。新中国成立后，经济合同管理仍不完备，有关事项由主管科、局负责，“以计划衔接合同，以订货单代合同”的现象较多，经济合同管理流于形式。“文化大革命”期间，经济合同被取消。

1978 年，恢复经济合同的管理工作。1980 年 10 月，江宁县开展经济合同鉴证工作，至 1981 年年底，鉴证经济合同 251 份，金额 910 万元。1981—1985 年，鉴证经济合同 5186 份，金额 6689 万元，平均履约率 94.40%。同时，在鉴证中查处违法合同。1983 年 6 月，在鉴证南京董某、庞某等人收取龙都永安综合厂 4150 元手续费，代与旅大市化工厂签订的 25 万条塑料编织袋，计 21.25 万元的经济合同时，发现对方所盖的公章是假的，除协助追索被骗款项外，交由司法部门挖出此诈骗团伙，惩办了 3 名主犯。

1986 年后，为增强企业的经济合同意识，提高企业自我保护能力，县工商行政管理局采取多种形式，大力宣传经济合同法规，使企业经济合同覆盖面由 1985 年的 60% 上升到 1990 年的 80% 以上，其中大、中型企业达 90%。1992—1995 年，鉴证各类经济合同 7317 份。1996—2000 年，鉴证各类经济合同 9452 份。其中，2000 年，鉴证各类经济合同 2470 份，避免企业经济损失 2150 万元。

2001—2007 年，鉴证各类经济合同 6793 份，金额 69.16 亿元。通过经济合同鉴证管理，维护经济秩序，保护企业合法权益。

【经济合同纠纷调解】

1981 年，开始调处比较简单的经济合同纠纷，至 1983 年，共调处 31 件。1984 年 5 月，成立江宁县工商行政管理局经济合同仲裁委员会，坚持先行调解的原则，开始正式受理经济合同纠纷案件，当年受理 13 件，结案 12 件，遗 1 件于次年仲裁结案。

1984 年，土桥劳动服务站职工华某，在与土桥劳动服务站签订承包冰棒销售业务、上交纯利润 3450 元的合同之后，伙同前任站长伪造少交利润 1480.38 元的“合同附言”，并控告该站站长不执行合同，企图以假乱真。县仲裁委员会受理后，经反复调查验证，戳穿了假“附言”，裁决承包人华某必须按合同规定上交利润，保护企业合法权益。

1990 年 9 月，江宁县其林乡某木器厂（承揽方）与南京某大学工厂（定做方）签订小学数学组合箱 300 套加工承揽合同，总价款 5.55 万元，合同工期 2 个月。由于承揽方逾期交货，定做方要求终止合同，经承揽方多次催促，定做方派员进行验货，认定定做物基本符合图纸要求，但定做方只收货 10 套，付款 1800 元，其余 290 套定做物拒收。县仲裁委员会受理后认为：根据事实，合同规定的履行期限与合同附则规定的有效期限相矛盾。因此，合同中关于有效期限的条款为无效条款，其他条款仍然有效，最后促成双方达成调解协议，承揽方支付延期交货部分款的违约金，定做方在裁决书生效后七日内一次性接收尚未完全履行的 290 套定做物，并同时付清尚欠款。

1991 年 12 月，南京某烟滤嘴丝束厂（需方）与扬中县自动化仪表某厂（供方）签订闸阀、截止阀等阀门购销合同，数量 92 只，价款近 4 万元，在交货时需方发现送货数量超出合同数，单价也高于市场价。需方于 1992 年 2 月向县仲裁委提出仲裁，经调查，申诉人申诉理由基本属实，最后进行调解达成一致协议：供方超出合同数量交货部分按退货处理，费用自理，并同意降价 1.68 万元结算。

1990 年至 1995 年 8 月，通过调解，处理经济合同纠纷案件 135 件，金额 255.27 万元，为企业追回被骗、拖欠贷款 136.30 万元。

1995 年 9 月 1 日《中华人民共和国仲裁法》实施后，工商部门不再负责经济合同纠纷的调解和仲裁工作，并撤销江宁县工商行政管理局经济合同仲裁委员会，其职能移交至人民法院。

【“重合同、守信用”活动】

1986 年，县政府成立由政府领导，计经委、工业局、乡镇局、商业局等部门参加的“重合同、守信用”评比领导小组，由县工商局牵头，在全县开展“重合同、守信用”活动。当年全县评出“重合同、守信用”企业 13 家。1987—1991 年，因多种原因造成评比工作一度中断。1992 年，重新开展此项工作。至 2007 年，全区有 441 家企业荣获此誉。其中，连续 3 年以上“重合同、守信用”企业 278 家，5 年以上 62 家，10 年以上 18 家，15 年以上 12 家。441 家“重合同、守信用”企业中，被市政府认定为市级“重合同、守信用”企业 27 家。

1986—2007 年江宁区开展“重合同、守信用”活动情况表

表 24-3-2　　　　单位：家

年份	数量	分类				
		国有	集体	联营	有限公司	其他
1986	13	2	10	1	—	—
1992	34	1	31	2	—	—
1993	39	1	36	2	—	—
1994	42	—	38	4	—	—
1995	47	—	44	3	—	—
1996	52	—	38	3	11	—
1997	58	—	26	2	30	—
1998	60	—	27	2	41	—
1999	67	—	16	2	49	—

续表

年份	数量	分类				
		国有	集体	联营	有限公司	其他
2000	84	—	24	1	59	—
2001	76	—	8	1	67	—
2002	95	—	17	1	77	—
2003	412	—	24	4	198	186
2004	412	—	21	5	220	166
2005	512	—	39	4	350	119
2006	469	—	53	—	359	57
2007	441	—	36	—	346	59

说明：1987—1991 年评比工作中断

【查处违法经济合同】

为维护市场公平竞争秩序，规范企业经营行为，诚信守法，按合同办事，县工商部门充分发挥职能作用，严肃查处违法经济合同。

1981 年 9 月，长江公社某综合厂（供方）与福建省诏安县某公司（需方）签订锡渔网脚购销合同一份，合同金额 82 万元。县工商局派人调查发现，该厂属“四无”企业，即无原料、无资金、无厂房、无设备。并已骗取货款 31 万元，县工商局立即予以冻结，并依法进行处罚，司法机关按诈骗罪对该厂厂长和与此案有关的 9 人进行判处。

2005 年 7 月，区工商局根据群众举报查处辖区第一例利用售楼沙盘模型进行虚假宣传销售商品房的案件。南京某房地产开发有限公司于 2003 年制作了第一期 12 栋商品房沙盘模型，该模型中在第 12 栋楼南标有一网球场，误导部分购房者选购该栋商品房，2004 年，该商品房建成后并未设置网球场，导致部分业主群体投诉。区工商局立即立案查处，责令其公开更正消除影响，并处以 8.40 万元的罚款。

至 2007 年年底，全区立案查处各类违法经济合同案件 76 件，涉案金额 70 万元，为涉案合同人和群众挽回经济损失 43 万元。

1996—2007 年江宁区查处违法经济合同案件情况表

表 24-3-3

年份	查处案件（件）	罚没款（万元）	年份	查处案件（件）	罚没款（万元）
1996	1	0.10	2002	5	0.50
1997	1	0.30	2003	5	0.50
1998	1	0.10	2004	12	8.60
1999	4	1.50	2005	12	11.20
2000	6	1.30	2006	13	25.18
2001	3	0.30	2007	13	30.00

第四节　商标广告监督管理

【商标注册】

新中国成立后，1959年4月，对县内各企业使用的商标实行全面注册制度。但“文化大革命”期间，凡没有政治意义的商标图案，都被视为“四旧”予以批判、焚毁，商标注册和管理工作被迫停止。1977年，恢复商标注册工作，清理出商标14个，其中继续使用的4个，重新设计的9个，停用的1个。1978年又注册商标8个。1982年《中华人民共和国商标法》颁布后，江宁县注册商标发展出现三个变化：由国有企业为主转向乡镇企业为主，商品类别不断增多，系列产品增多。至1985年年底，江宁县经国家商标局核准的商标有86个。

1986—1990年，江宁县注册商标发展较快，注册商标达197个，比1985年增加2倍多，居全市15个区、县之首。注册商标的范围扩大到个体工商户和私营企业，注册商标向着产品系列化发展。

1990年，县工商局开始受理申请驰（著）名商标认定工作。1990—2000年，企业创名牌的意识日渐增强，申请注册商标的企业增多。在县委、县政府领导下，县工商局积极宣传商标法规，每年举办培训班，在全县大力实施名牌战略工程。至2000年年底，全区共有注册商标556件，其中省、市著名商标8件。2001年后，区工商局不断促进全区品牌提档升级，努力推进全区注册商标工作。至2007年年底，全区共有注册商标1373件，其中商品类1149件，服务类224件。全区共有驰（著）名商标53件，其中国家级2件、省级16件、市级35件。

【商标印制监督管理】

商标印制是指商标以一定的工艺表现在商品包装等商品以外的载体上。商标印制必须由工商部门按法律法规规定的条件指定单位实行定点印制。江宁区是包装印制企业相对集中的地区，区工商局坚持依法确认企业商标印制资格，在2001年7月和11月组织的商标印制管理人员证书考试中，有34家企业的94人取得证书。2002年11月，国务院取消“商标印制业务管理人员资格核准”的规定，2003年2月，国务院又取消“印制商标单位审批”的规定。为此，区工商局把商标印制监管的重心由资格初审转向行为监管，经常性开展商标印制企业专项检查。自1985年至2007年年底，经工商部门登记注册商标印制定点企业有70家。查办非法印制商标案件26件，罚款31万多元，维护全区商标印制工作的正常秩序。

【广告管理】

随着社会主义市场经济不断发展，改革开放程度不断提高，广告业迅速发展。1983年，县工商局增加广告监督管理职能，在全县实行广告“登记证”制度。工商部门对申请经营广告业务的单位按照法律法规规定进行资格审查，符合规定标准的发放广告“登记证”。同时，加强广告法律、法规宣传，提高广告人的法律意识；对各种广告发布前的广告内容进行行政审查，未经审查不得发布，规范广告活动和广告内容；强化广告经营活动全过程的监管，特别强化对关系人民生命安全和生活质量的药品、食品、保健品、医疗、房地产等广告的专项整治。至2000年年底，全县有广告经营单位28家，发放广告“登记证”128个。是年，组织专项检查20余次，查扣非法印刷制品广告8万份。至2007年，全区共有广告经营单位（个体户）82家。广告发布形式主要以灯箱、电子显示屏、广告牌、布幅、店堂及媒介广告为主。是年，进行各类专项整治58次，查扣非法印刷制品广告7000余份，查处广告违法案件130件，案值380万元。

第五节　消费者权益保护

1989年5月，江宁县消费者协会成立。当年受理消费者投诉260件，解决投诉245件，为消费者挽回直接经济损失5.30万元。1990—1995年，共受理投诉举报1017件，接待来人来电咨询2132人次，为消费者挽回经济损失237万元。

1996—2000年，县工商局每年围绕“为了农村消费者”“安全健康消费”和“明明白白消费”等主题，大力开展“3·15”国际消费者权益日宣传咨询和送法下乡活动，免费散发各种宣传资料近20万份，提高群众保护自身权益的意识。规范行业行为，出台《江宁县洗染行业服务质量管理规定》，改变全县洗染行业无序状况。并开展“消费者信得过企业”“百城万店无假货”活动。5年中，县消费者协会积极受理消费者投诉，解决消费纠纷，共接待消费者咨询1.20万余人次，受理各类投诉5605件，办结率100%，为消费者挽回经济损失369.38万元。1998年，铜井镇吕某因啤酒瓶自爆致残，县消协接到投诉后，多次到生产企业进行调解，为消费者依法索赔6.90万元，创全省同类案件赔偿额的最高纪录。2000年，全年受理消费者投诉1082件，在解决投诉件总量中，按投诉的性质分：属于商品质量问题923件，占总量85.30%；属于价格问题20件，占总量1.85%；属于假冒商品6件，占总量0.55%；属于计量问题15件，占总量1.39%；其他问题118件，占总量10.91%。为消费者挽回经济损失135.78万元。

2000年8月8日，成立南京市工商局“12315”申诉举报江宁分中心，同时开通“12315”消费申诉（投诉）举报专线，全县11个工商所（分局）设立申诉（投诉）受理站，消费维权工作进入一个新的历史时期。2001年，区消协“啤酒瓶爆炸伤眼球投诉调解获赔偿”案例，被省消协评为2001年度省级十大维权案例之一。2002年，全区共设有乡镇投诉举报站17个，企业监督站10个，社区投诉举报站25个，村级投诉站20个，拉近工商部门与消费者的距离。“12315”投诉举报中心开通网上投诉信箱，拓宽“12315”和消费者的联系渠道。是年，区消协“历经七年买房换房，一朝投诉终获退房”案例，被市消协评为2002年度省级十大维权案例之一。2003年，区消协以“12315”为依托，在全区建立75个“12315”投诉举报站，基本形成“横向到边、纵向到底、覆盖全区”的消费者维权网络。2005年，在全区各镇街、村（社区）及企业共设立85个投诉举报站和企业服务站以及11个消协分会。组织开展“红盾青少年维权”“红盾维权进社区”等活动，接受消费者投诉和咨询。2006年，在全区26个社区和较大的55个村建立消费投诉联络站，123个村建立农村消费教育基地，引导农村消费者科学、合理、健康消费。

图24-3-6　江宁区消费者协会工作人员向群众宣传《中华人民共和国消费者权益保护法》（2002年摄）

2007年7月，区工商局新设立消费者权益保护科。其主要职能是：接受处理消费者投诉、举报、调解权益争议；负责流通领域商品质量和食品安全监督管理，查处违法行为；组织开展放心消费创建活动。至是年年底，全区设消费者申诉举报站72家。共处理消费者申诉622起；调解消费者权益争议615起，挽回经济损失58.80万元，消费者获得加倍赔偿金、精神赔偿金4600元。接受举报228起，罚没款148万元。是年，检测钢材、食品、日用百货类商品共计107批次，其中不合格批次57个，合格50个，立案查处7件，罚没款6.88万元。组织召开全区放心消费创建工作会议2次，发简报3期，推荐41家单位为区放心消费先行试点单位，经考核，有5家单位被评为创建放心消费示范单位，5家单位为创建放心消费先进单位。其中，南京世纪联华商业有限公司被表彰为江苏省放心消费活动先进单位，南京小厨娘快餐有限公司被表彰为南京市放心消费创建示范单位。

2001—2007年，区消协共受理投诉举报4649件，接待来人来电咨询40105人次，为消费者挽回经济损失882.71万元。2001—2006年，连续6年被中国消费者协会评为落实消协法定职能优秀单位。2007年6月，在市消费者协会成立二十周年之际，区消协获得南京市消费维权金奖。

1989—2007年江宁区消费者协会受理消费者投诉情况表

表24-3-4

年 份	数目（件）	接待咨询（人次）	挽回经济损失（万元）	年 份	数目（件）	接待咨询（人次）	挽回经济损失（万元）
1989	56	96	23.00	1999	628	3958	92.80
1990	80	101	30.00	2000	1082	5000	135.78
1991	56	127	19.00	2001	1127	7755	179.01
1992	68	165	23.00	2002	421	3550	127.70
1993	91	161	33.00	2003	462	4379	112.00
1994	65	208	29.00	2004	420	4707	62.30
1995	657	1370	103.00	2005	614	5800	97.30
1996	132	1520	42.00	2006	766	6983	139.40
1997	148	1490	46.00	2007	839	6931	165.00
1998	196	628	52.80	合 计	7908	51129	1512.09

第四章 物价管理

物价紧贴民生，为历朝历代当权者重视。新中国成立前，江宁县没有设过专门的物价管理机构，商品价格随行就市，极不稳定。特别是民国末年，社会动荡，物价飞涨，民不聊生。

新中国成立后，全县贯彻执行“稳定物价”的方针。价格管理经历了从计划经济向社会主义市场经济的转变。1957年，成立县物价委员会，加强物价管理和监督检查工作。1984年，成立县物价检查所。中共十一届三中全会后，全县在发展生产、疏通商品渠道的同时，深化价格改革。1988年，县物价局成立后，全县的物价管理更加正规化。20世纪90年代后，价格改革不断深入，物价管理体制发生深刻变化，由政府定价为主转向企业定价为主，由行政手段直接管理价格为主转向以经济手段、法律手段间接调控价格为主。全区价格管理工作围绕“以调控稳价格、以服务促发展、以监管惠民生”主线，把控制价格总水平过快上涨、维护市场价格秩序稳定作为工作重点，发挥价格杠杆调节作用，维护群众利益。

1949—2007年，江宁区的价格管理主要经历计划经济体制和计划经济体制向社会主义市场经济体制转变两个阶段。1979—2007年，在政府调控下，主要由市场形成价格的机制已建立，已取代高度集中的计划价格管理体制。价格管理手段由单一的行政管理为主转向以经济、法律手段为主，辅之以必要的行政手段。2007年，区物价局荣获全省价格监测工作先进单位、全省价格认证系统先进集体、全省价格举报工作先进集体和全市价格监测工作先进单位、全市价格调控和治乱减负工作先进单位等称号。

第一节　物价及其改革

民国时期，江宁县以自然经济为主，农副产品自由贸易，价格随行就市，时涨时跌。私营商店经营的工业品和生活日用品价格由南京信息传递或商会自行评议。民国16年（1927），国民政府发动内战，加上水、旱、虫灾，社会经济日益衰落，全县市场物价不断上涨。民国24年，国民政府实行法币制，由于滥发纸币，形成通货膨胀。日军侵占江宁县后，由于8年战争灾难和汪伪政权通货膨胀的影响，江宁地区商品价格直线上升，全县物价指数上涨3800余倍。民国35年，国民政府又发动内战，全县市场商品价格急剧上涨，有时竟一日数涨。据民国36年10月5日至37年7月25日的商情记载，县内14种主要生活必需品，仅在10个月内就平均上涨39倍。

民国36年（1947）10月至37年7月江宁县14种主要商品单价情况表

表24-4-5　　　　单位：万元（法币）

商品	民国36年（1947）10月			民国37年（1948）7月		
	5日	15日	25日	5日	15日	25日
中熟米（市斗）	5.00	4.70	4.30	21.50	270.00	320.00
猪肉（市斤）	1.44	1.60	1.88	40.00	40.00	64.00
鸡蛋（个）	0.10	0.15	0.15	3.00	3.00	5.00
菜油（市斤）	1.00	1.20	1.50	48.00	76.00	76.00
食盐（市斤）	0.24	0.30	0.35	8.00	8.00	14.00
豆腐（块）	0.05	0.05	0.50	1.00	2.00	2.00
青菜（市斤）	0.07	0.10	0.10	2.00	4.00	4.00
土布（市尺）	0.70	0.70	0.80	18.00	32.00	44.00
丁布（市尺）	1.00	1.00	1.10	24.00	48.00	60.00
火柴（小盒）	0.05	0.06	0.20	1.00	1.60	2.40
肥皂（块）	0.50	0.55	0.60	1.50	1.80	2.50
香烟（包）	0.35	0.35	0.35	15.00	33.00	55.00
绿茶（市斤）	4.80	4.80	5.12	200.00	224.00	256.00
烧酒（市斤）	0.80	0.85	0.90	32.00	32.00	32.00

国民政府为挽救经济危机，于民国37年(1948)8月改革币制，发行金圆券，并颁布财政经济紧急处分令，对市场物价进行管制限价。可是到年底，湖熟镇粮市上中熟米每市斗狂涨到金圆券100多万元，折合原法币3亿元，5个月就上涨90多倍，米珠薪桂，民不聊生。为了制止物价暴涨，国民政府又实行限价政策，江宁县政府对米、谷、布、柴、肉等生活必需品实行最高限价。可是不仅没有控制物价上涨，反而引起抢购风潮，市场混乱，商品奇缺，货币更加贬值，至民国38年4月，百姓在民国25年买一石米的价钱，这时连一粒米也买不到了。国民政府的经济已彻底崩溃。

新中国成立初期，国民经济处于恢复时期，江宁县市场物价波动不稳，1949—1952年，先后发生过4次较大的波动。其中粮价波动甚为突出，1950年春节前，中熟米每担从14.50万元涨至21万元，糙米每担从12万元涨到22.50万元，籼稻每担从6.72万元涨到12.60万元。贯彻中央“稳定市场，稳定物价”方针，国营公司以高价大量收购市场粮食，再以低于市场价格大量抛售，并把一部分公粮拨作贸易粮，给投机粮商有力的打击，粮价趋于稳步下跌，中熟米每担从19.50万元降至16.95万元，面粉每袋从8.50万元降至6万元，粮食价格下跌带动棉布、百货、医药等各种价格降价。市场物价逐步稳定。

1953年起，进入社会主义改造和经济建设时期，物价工作贯彻执行“基本不动，个别调整”“巩固物价稳定”的方针政策。1953年12月，全县对粮、油实行统购统销政策。次年对棉花实行统购，棉布实行统销。1955年起，又对生猪等一批农副产品实行派购。1956年1月，提高油脂销售价格，并开放自由市场。除粮、油、棉外，鼓励农村土特产品自产自销，部分农副产品的价格随行就市，结果水产、家禽、蔬菜等价格均有所下降。至是年年底，鸡价每公斤由1955年的0.96元降为0.88元，鸡蛋价每个由1955年的0.08元降为0.06元。1957年，猪肉的市场零售价基本保持在每公斤1.22元，物价基本稳定。

“大跃进”时期，全县国民经济比例失调，商品供需失衡，对粮、油、布、猪肉等商品采取按计划凭证、凭票限量供应。三年困难时期，工农业生产遭到严重破坏。蔬菜、家禽等供求矛盾加剧，黑市套购现象严重，市场价格远高于统一牌价。1960年，县恢复农村集贸市场，开放自由市场，物价逐渐下降。1961年上半年，每公斤青菜由0.40元降为0.08元～0.14元，鲫鱼由4元降为1.60元～2.16元。从此，对18类生活必需品按规定价格供应；对少数计划外供应的商品，如糖果、烟酒、糕点、手表、自行车等，实行高于平价3倍以上价格供应。至1965年年底，物价明显下降。每公斤鱼由4元降为0.80元，萝卜由0.80元降为0.12元。市场物价基本稳定。

“文化大革命”时期，江宁县根据中央“稳定市场、稳定物价”的方针，规定国家统购的粮、油、棉一律禁止上市买卖，限制和取缔集市贸易，商品按计划凭证供应。物价虽较稳定，但商品单调，供应紧张，而且黑市高价倒卖产品、工业产品及无价证券等现象有增无减，在一定程度上影响人民生活水平的提高。

中共十一届三中全会后，实行计划调节与市场调节相结合的国民经济管理体制。江宁县商品流通渠道增多，多种经济成分并存，开始以“调放结合，以调为主”的原则改革不合理的价格体系。1979年，全县将18种农副产品价格平均提高24.80%，同时提高8种副食品及相关制品的价格。1980年，对干果类、鲜瓜果类、土产类、调味品类等68种农副产品和工业中的小商品分期分批开展议购议销。1981年11月，根据国务院规定，全县提高烟酒价格，降低涤棉布等价格。1984年，根据规定，分期分批放开小商品、小医药商品和修旧服务价格，由企业自行定价。

1951—1985 年部分年份江宁县主要商品零售单价变化情况表

表 24-4-6　　　　单位：元

商品	1951 年	1952 年	1957 年	1962 年	1965 年	1970 年	1978 年	1980 年	1984 年	1985 年
猪肉（公斤）	1.00	1.10	1.38	1.70	1.66	1.60	1.60	2.04	2.12 ~ 2.70	2.28
鲢鱼（公斤）	0.38	0.34	0.58	1.22	0.76	0.78	0.78	1.12	1.54 ~ 2.20	2.26
鸡蛋（公斤）	0.74	0.76	1.16	2.00	1.56	1.64	1.68	2.12	2.24 ~ 2.58	—
青菜（公斤）	0.03	0.04	0.05	0.05	0.05	—	0.06	0.06	0.07	—
大白菜（公斤）	0.10	0.13	0.11	0.10	0.10	—	0.09	0.09	0.09	—
黄豆芽（公斤）	0.05	0.26	0.17	0.18	0.18	0.18	0.40	0.56	0.44	—
食盐（公斤）	0.34	0.30	0.27	0.29	0.29	0.29	0.29	0.29	0.29	—
白糖（公斤）	2.11	1.44	1.44	1.44	1.70	1.56	1.56	1.56	1.56	—
火柴（盒）	0.02	0.02	0.02	0.02	0.02	0.02	0.02	0.02	0.02	0.03
肥皂（条）	0.33	0.36	0.33	0.42	0.48	0.46	0.46	0.46	0.46	0.46
乙级纸烟（包）	—	—	0.27	0.27	0.33	0.33	0.33	0.33	0.44	—

1984 年，根据“简政放权”“放宽政策”，改革统得过死的价格管理体制。商业、供销系统改革服务行业价格，对县内旅馆、照相行业价格实行最高限价，允许企业自行向下浮动。改革物价管理实施办法，对指令性计划、关系国际民生的 12 种商品执行国家定价；对同一市场、品种、产地、规格质量的商品执行同一价格；对花色品种多，生产条件差异大，技术水平高低悬殊，市场供求变化快的商品实行浮动价格；对列入工商企业协商定价的中小农具和木制家具等小商品价格彻底放开搞活，品种扩大到 1362 种。改革日用工业品批发作价规定，在国家规定批发牌价的基础上，实行批量作价、协商作价等多种作价办法，实行合理的质量、花色、季节、地区等差价。改革生产资料价格管理办法，按企业性质和企业规模分层次定价。

1985—1989 年，全面推进“调放结合，以放为主”的价格改革。改革粮食、生猪购销体制。1985 年 4 月起，农村粮油取消统购，改为合同定约，实行按比例价收购，定购以外的粮油价格放开，可以自由购销、多渠道经营。同年 7 月 1 日，放开生猪销售价格，取消猪肉凭票定量供应。对以猪肉为原料的饮食行业 56 个品种价格作出适当调整。放开企业超产、自销产品的出产价格，由企业自行定价或供需双方协商定价，双轨制价格形成。调整不合理的地产价格，先后为 25 家企业调整 92 个产品的出产价；对非物资系统推行“平扯差价”管理办法，协进大批紧缺物资；放宽小商品综合差率，零售企业可以不受专业批发公司制定的零售价格限制，允许同一市场有不同价格；放开食品、针织品、百货等 64 种小商品价格，由工商企业协商定价，同时开展统一三色标签，实行明码标价。调整理发、浴室、旅馆等服务行业收费标准，浴室、理发收费标准分别提高 20% 和 30%。

1990—1992 年，为控制 1987 年后物价上涨的势头，采取调价申报制度和“权收一级”办法，严格控制主、副食品及其相关商品的价格。适当调整价格结构，先后调整 93 种商品价格和 48 种非商品收费，疏导矛盾突出的 27 种商品价格，取消原规定的 18 种商品调价申报，整顿餐饮收费、电价、个体工商企业价格、药品价格和医疗教育收费。全面修订价格管理目录，将县管品种由 42 种减至 7 种，基本形成以企业定价为主体的价格分级管理体系。放开服装零售价格，调整粮、油销售价格和浴室、旅馆等收费标准，提高乡镇卫生院部分病房等级标准。放宽部分耐用消费品及一般工业品价格管理限制的 38 个品种，不受规定差率限制，由企业依据价值规律和市场供求合理定价。1992 年 5 月，县政府印发《关于进一步深化价格改革的意见》，重点放开日用工业品价格，取消差率控制，实行市场调节。

1993—1995年，价格改革进入攻坚阶段。粮油购销体制、农资和石油流通体制实行重大改革，全面放开粮油价格，调整电力、食盐、电讯、自来水、民用燃料、教育、医疗等价格和收费，全部放开餐饮毛利率、客房租金、理发、浴室、照相、家电维修等10项经营性收费。

1996—2000年，全面实施物价调控目标责任制。按照统一部署，改革粮食、棉花、化肥流通体制。继续扩大企业定价权，解除1993年通货膨胀时期部分价格行政干预措施，先后将酱油、洗衣粉、彩电等16项种品和粮食及复制品、食用油、猪肉等主、副食品价格全部退出监审范围，取消提价申报和提价备案制度，由企业自主定价。实施综合电价、自来水、液化石油气、房租客运、学杂费、医疗收费等价格调整方案，调价金额达450万元。对全县具有资质实施开发的24家房地产开发企业全部实行审定价管理。

2001—2007年，积极贯彻宏观调控的价格政策，运用价格杠杆，进一步深化改革。改革房地产价格管理，对名优楼盘实行优质优价，提升房地产价格管理层次，并实施商品房价格“一价清”制度、封园审价制度、明码标价制度；改革城乡自来水价格管理，实行以全区集镇自来水平均成本定价，建立集镇水厂成本约束机制；开展管道天然气入户价格调研，调整管道煤气服务项目收费标准，规范该领域的收费秩序；为推进药品价格改革，对药品价格，除公布列入《国家基本医疗保险目录》的西药、中成药最高零售价格外，公布377个品种、602种规格的南京市招标药品的最高零售价格，平均降价幅度在20%以上；推进电价体制改革，落实全省统一销售电价，实行峰谷分时电价，贯彻执行城乡用电同网同价的政策。

第二节 价格管理

【主要农副产品价格】

粮棉油 新中国成立前，江宁县粮棉油价格随行就市。新中国成立后，1953年11月，江宁县开始实行粮食、油料统购统销制度，执行省、市统一规定的购销价格。1954年，国家对棉花实行计划收购。1955年3月起，全县各种粮棉油购销价格一律改以新币计算挂牌。同年9月，县对絮棉零售价格实行并级分档定价。1957年，油菜籽收购价格上调41.04%。1961年，全县17个粮食品种收购价格上调24.60%，销价未动，形成购销价格倒挂；花生仁、油菜籽、芝麻3个主要油料品种收购价格平均上调11.97%。1965年4月起，调整粮食统销价格，与统购价持平，江宁县定量供应的粮食平均统销价上调8.01%。1966年新棉上市起，调整白籽棉统购价，3级36长度皮棉统购价每市担115.60元。同年9月，全县提高粮食统购价格，17个品种的综合购价上调15.50%。而城乡粮食销价不变，购销价格再次形成倒挂。1971年，花生仁、油菜籽、芝麻、棉子4个主要油料品种收购价格平均上调27.75%。“文化大革命”期间，粮棉油购销价格基本冻结。

1979年，江宁县粮食统购价格平均上调20%；花生仁、油菜籽、芝麻、棉子4种食用油料收购价格平均上调21.84%；棉花收购价格上调10%，超购加价30%。从1983年新菜籽上市起，改进计价办法，实行比例价收购，计划以内的，按照“倒四六”比例价计算，即40%统购价，60%超购价，每50公斤价格为46.80元。同年12月，絮棉实行免票敞开供应，同时调整絮棉零售价格，絮棉价格自1957年未调过，棉花价格先后调高5次。同时调整棉胎销价。1984年新棉上市起，棉花实行由基数法改为比例法加价收购，按“正四六”计价，即40%收购牌价，60%超购价。1985年4月起，取消粮食、棉花统购，实行合同定购。大麦和小杂粮退出定购，自由上市交易。同时调整絮棉、棉胎的批发、零售价格。1986年起，油菜籽收购“比例价”改为合同定购价。同年12月10日起，对议价粮食销售实行指导价和最高限价，对小麦、杂粮实行浮动价。1987年，适当上调粮食、棉花、油料的“比例价”。

1991年4月，调整粮食统销价格，实行全省一价。1992年4月，提高10个粮食品种的定购价格，同时调整成品粮统销价格。1993年4月，全县取消粮食、油料定购任务，收购价格放开，粮票、油票停止使用（军用粮、油票除外）。粮食收购执行指导价后，建立粮食收购保护价制度和粮食储备制度。1995年，油菜籽收购实行指导价，不分计划内外，实行一价收购，一价到底。由于油脂价格放开，市场供应稳定，1999年7月起，食油价格退出监管范围。1996年，粮食定购价格实行中央指导下的省政府定价。1998年6月，实行粮食价格市场形成机制，执行顺价销售。2000年6月，粮食流通体制改革进一步深化，粮食收购实行定购价格与保护价格同价。红小麦、早籼稻、玉米等退出保护价收购。2005年7月，对重点粮食品种实行最低保护价政策。1998年9月，国家决定棉花收购价格由政府定价改为政府指导价。由于棉花供大于求，销售价格下跌，棉花价格实行市场调节，价格由市场形成，至2007年未变。

肉禽蛋 新中国成立前，猪牛羊购销主要通过私营肉铺和个体屠户自由收购、宰杀、销售，价格随行就市。内战时期，肉禽蛋类价格均由伪政府物价评议会评定。民国36年（1947）6月，肉禽蛋价格暴涨。民国37年9月，币制改革，金圆券代替法币，县物价评议会对肉禽蛋实行限价。

新中国成立后，1953年开始，国营商业部门开始担负生猪、家禽、鲜蛋购销业务。肉价纳入国家计划价格管理。1954年4月，供销部门对生猪收购规定以斤重定价。由于私商经营牟利，价格混乱。1955年3月，以新币计价，县政府为平衡各地价格，按照黄牛、水牛的等级规格和出肉率规定收购价。1956年，先后调整生猪、菜牛、山绵羊等收购价格。生猪实行三等九级计价；山绵羊按等级毛重和宰杀率计价。是年9—10月，蛋品收购价调了3次，零售价在收购价的基础上上调10%～14%差率。1958年后，由于“左”的干扰和三年困难时期，猪禽蛋市场供应紧张，城镇居民实行凭证限量供应，对凭证供应的副食品实行计划价格。1961年，贯彻中央“调整、巩固、充实、提高”八字方针后，全县对生猪、禽、蛋实行派购政策和奖售措施，收购量逐年回升。1963年4月，对生猪收购价实行“以出肉率定等，肥膘加价，毛斤计价”新的计价办法，恢复城乡差价。7月，菜羊和家禽收购价格回落，菜羊收购价每担比原价平均降低38.60%，家禽收购价每担平均降低22%。1964年，鲜猪肉、羊肉及羊肉副产品敞开销售。是年年底，调整菜牛购销价格，全县一价。议价收购销售一律停止。“文化大革命”期间，肉类价格冻结。

1978年6月，全县统一调整家禽收购价格，在现行购价的基础上，平均上调22%。1979年4月，大幅度提高猪牛肉羊收购价格。1981年8月，对家禽收购实行浮动价。1983年12月，江宁县统货猪肉零售价提高，并实行猪肉分部位供应，取消特级猪收购价格。1984年5月，肉禽蛋销售价格实行平议结合，定量以外的肉禽蛋价格，实行议购议销。1985年4月，取消生猪派购，实行合同定购。10月，生猪收购实行指导价。12月9日，对农贸猪肉实施限价管理。1986年3月16日，鲜蛋实行指导性价格。1987年8月，对猪肉零售价实行最高限价。9月底，全县生猪收购价涨幅比1986年同期上升36.80%，超过规定指导价29.30%。国营食品公司组织货源，不惜高进高出，按指导价销售，平抑肉价。

1992年，放开猪肉价格，由企业自主定价。1994年5月，为抑制通货膨胀，把猪肉、鸡蛋、盐水鸭等副食品列入监审范围，实施价格行业管理和差率控制。1996年3月，对生猪价格实行监控，并建立生猪价格监测点，猪肉价格指数涨幅控制在 15% 以内。1999 年 7 月，猪肉、鸡蛋价格退出监审，由县物价局定期公布市场实际批发成交指导价和监测零售价，引导市场肉禽蛋价格形成和运行。2004—2007 年，江宁区肉禽蛋市场一直处于高价位运行状态。

【主要工业品价格】

煤铁油 新中国成立前，煤炭多为自由经营，按质论价，价格随市场供求变化自定。新中国成立后，1954 年，因煤源偏紧，对私商购煤采取凭证限额购买，对工商企业实行定额销售，机关、部队、团体用煤按计划定量供应，以控制煤炭销量。1963 年 4 月，对农业排灌用油一律实行优惠价。1965 年 4 月，调整灯用煤油市场销售价格。1966 年 6 月，对居民生活用煤统一零售价格；8 月，调整石油价格，并实行城乡差价。1974 年 4 月，调整柴油调拨作价办法，将原基层供销和农机两个部门调进的柴油优惠折扣率改按批发牌价调拨。

1978 年后，国家对生铁、钢材生产采取一系列重大改革措施，价格管理允许地方制定临时价格。1980 年 1 月，南京第三钢铁厂（前身江宁钢铁厂）执行省定临时出厂价。1984 年，贯彻国务院决定，调高柴油市场销售价格；统配煤矿超产自销的煤炭由企业自主定价，形成统配煤炭执行政府定价，计划外煤炭由企业定价的双轨制价格；对生产企业完成国家计划后超产、自销的工业生产资料实行浮动价格，浮动幅度为 20%，企业议价购进原燃料生产的非计划调拨的钢材，由企业自行定价，报物价部门备案。1985 年 2 月，钢铁企业在自销和完成国家计划后的超产部分出厂价格，取消原定不高于国家定价 20% 的规定，参与当地市场调节，形成双轨制价格。1987 年 9 月，市场汽油价格暴涨，经营计划外成品油试行代供价。同年，南京市对钢材市场实行统一领导，统一价格，统一管理。在购得进、销得出和适当控制的原则下，制定最高限价，在限价范围内，实行自主定价，挂牌销售。

1991 年 2 月，根据有关规定，江宁县对计划外钢铁产品的最高出厂限价，实行计划内外价格并轨，企业生产均执行国家规定并轨价格。同年 5—7 月，江宁县调整计划内焦炭调拨和工业用煤供应价格。1992 年 7 月，国家规定取消钢材全国统一出厂一类价格，统配钢材全部转为 11 类价格。放开优质碳结构、碳素工具钢、合金工具钢三类品种的型、板、管、丝、带钢材价格，由企业根据市场供求情况自行定价，对合金结构钢、轴承钢、不锈钢等五类品种钢材，实行计划内外价格并轨并以并轨价格为国家指导价。9 月，县贯彻国家物价局通知，对执行国家定价和指导价的钢铁产品放开，由生产企业根据产品成本、税金和市场供求情况，自行定价。同年，县燃料公司调整生活用的原料煤价格。1992 年 4 月后，南京地区计划外油品市场货源紧缺，供不应求，价格不断上涨，从 4 月 6 日至 12 月 11 日 7 次调价。1993 年 3—5 月，县石油公司对计划外成品油作出 4 次调价。由于石油市场竞争日趋激烈，县决定将计划外油品“市场综合平均价”改为“市场调节价”，定价权下放企业。同年 6 月，江宁县调高民用煤基零售价格。1994 年 7 月，贯彻国家计委、国家经贸委规定，对成品油的出厂价格和销售价格实行计划内外并轨，一律实行国家定价。1995 年 4 月，民用煤基由原政府定价改为企业定价，列入监审范围，实行提价备案制度。

1996 年 3 月，对成品油批发价格实行最低控制价管理。1998 年 6 月，对原油、成品油价格实施改革，实现国内原油和成品油价格与国际市场接轨，整顿原油、成品油流通秩序，改革原油、成品油价格形成机制。江宁县境内加油站一律执行省定统一的零售价。是年 11 月，国家计委规定，南京市汽油、柴油零售中准价由国家计委核定，零售企业经营的成品油由中国石化和中国石油天然气统一组织配送，实行全市城乡一价。2001 年 10 月，国家进一步深化石油价格体制改革，完善石油价格接轨办法，南京市汽油、柴油零售中准价分别为90号无铅汽油（标准品）2.42元/升，0号柴油（标准品）2.50元/升。汽油、柴油零售中准价调整后，具体零售价格由石油、石化两个集团公司在上下浮动8%的幅度内制定。

针纺织品　新中国成立前，江宁县市场上的纺织品均为私营织造，除自用外，拿到集市买卖。民国时期，市场上本色土布每尺2000元、2600元、3200元（法币，下同），土格布每尺1800元、3000元。民国37年（1948），白土布每尺由18万元涨至44万元，丁布由4万元涨至60万元。

新中国成立后，1954年开始，对纺织品实行统购统销，价格纳入计划管理。1956年，江宁县实行棉布及制品凭票定量供应，零售价格一律按南京纺织品公司牌价通知执行。三年困难时期，棉布和针织品被列入稳定物价的18类商品范围，不得提价。1965年5月，全国统一提高低档棉布价格，降低高档棉布价格，统一纺织品作价办法，合理调整地区差价，对各种棉布实行不同的批零差率，其中白布10%，色布13%，花布、色织布15%。一直沿用至1983年。1965年11月，调整六大类针棉织品和省管的"四巾"（枕巾、汗巾、浴巾、毛巾被）销售价格，这是自1953年之后首次调价。1979年3月，两种规格的维棉纺布实行降价销售，英制规格降价22个品种，公制规格降价39个品种。

1980年5月，调整劳动呢、富春纺等38个品种149笔零售价格，平均提价6.30%，下调涤棉纯维纶帆布2个品种8笔零售价格，平均下降14.30%。9月，调整地产涤棉布价格59个品种1001笔零售价格。国产与进口原料生产的产品，价格实行同品种、同规格、同价格。1981年11月18日，贯彻执行国务院决定和省政府通知，降低涤棉布和中长纤维织物销售价格。接着，服装、枕套、帐沿、台布等制成品价格亦于11月26日相应降价。1983年1月20日，根据中央、国务院规定，江宁县大幅度提高棉纺织品价格，共220个品种，纯棉布平均价提高30%。同时降低化纤混纺布价格，按零售价下调27%。1984年，对棉布、化纤布、呢绒等纺织品价格试行按质论价，逐步扩大实行浮动价的品种范围和浮动幅度，实行名牌差价、花色差价、季节差价和优质加价。1986年，全县放开80支以上纯棉纱及其织物制品、中长纤维布等零售价格。1988年1月，放开毛巾、枕巾出厂价格，流通环节价格实行有指导地放开。9月，放开成品服装的出厂价格，生产企业根据市场供求自主定价，批发价在出厂价格基础上顺加进销差率8%，零售价顺加15%批零差率。此间，市物价部门对江宁县部分乡镇企业生产的棉纺织品实行最高限价。

糖烟酒　新中国成立初期，卷烟批发业务由私人经营，价格波动较为频繁。1953年，江宁县卷烟、酒类实行专卖制度，由专卖事业公司批发经营。卷烟分为甲、乙、丙、丁、戊五个等级，价格逐步纳入国家统一定价。是年，开始对食糖实施管理。1954年，专卖公司调整11个品种的卷烟零售价格。1955年1月，提高食糖价格。三年困难时期，江宁县对酒类及定量以外的白砂糖、古巴砂糖实行高价政策，定量供应的食糖列入18类基本生活必需品，实行凭票平价供应；平价卷烟凭票购买，部分卷烟实行高价。1962年8月，对高价酒的21个品种、53种规格降价销售，零售价格平均降低26%。又调整省优质洋河、双沟大曲等7个品种、21种规格的高价酒价格，平均降幅16%。1963年后，随着市场供应好转，降低进口卷烟销售价格，批发价由原先按零售价倒扣6%改为倒扣8%；提高平价食糖价格，降低高价砂糖价格。1964年9月，调低平价红砂糖批零价格；酒类全部退出高价，恢复平价供应，同时适当调高价格，批零差率规定白酒15%、名酒12%、黄酒17%、葡萄酒16%、香雪酒14%。1965年，平价红糖、一级黄砂糖先后实行敞开供应，并退出凭证定量供应商品范围，取消议价。7月，对国产白糖、进口古巴糖退出高价范围，取消凭证定量及高价形成，全部按照现行平价敞开销售，此后食糖价格长期稳定。1966年2月，高价供应的红金、飞马等卷烟全部退出高价范围，实行平价敞开供应。同时调整卷烟品质差价，价格有升有降。“文化大革命”时期，糖、烟、酒价格均冻结。

1980年9月，提高洋河、双沟大曲酒的市场零售价格，汤沟、高沟、八滩3个酒厂生产的优质、普通大曲酒，与洋河、双沟同质同价。同时降低乙种白酒（瓜干白酒）出厂销售价格。大曲酒、乙种白酒调整后，全县执行一价。1981年11月18日，贯彻国务院通知，全县大幅提高烟酒价格，酒类提高296个品种的零售价格；卷烟调整1351种牌号价格。其中，甲级烟价格平均上调55.46%，乙级烟上调31.85%，丙级烟上调12.69%，丁、戊级烟价格未动。批零差率：甲、乙级烟10%，丙级烟12%，丙级加滤嘴烟10%，丁、戊级烟15%。1985年7月，调整地区糖果差价。同年年底，国务院发布《烟草专卖条例》，县规定经营卷烟的零售单位和个人，必须持有工商营业执照和烟草专卖许可证，凭证进货，价格由中国烟草总公司统一制定。1992年，根据国家规定，全面放开烟酒价格，实行市场调节，由生产、经销企业自主定价。1994年，为加强价格调控管理，县物价部门对地产啤酒列入监审管理，实行差率控制和提价备案制度，批零差率15%。同年6月，绵白糖、白砂糖等食糖列入监审管理，实行提价备案制度，各经营企业不得突破规定差率制定糖价。

五金电器　20世纪50年代至60年代初，江宁县市场上经营的五金品种上千，价格形式按规定的牌价倒扣作价，折扣率2.50%。1963年11月，江宁县市场上开始出现半导体经销产品。60年代，半导体收音机由商业部门统一收购和销售，价格属中央和省统一管理。1972年，国家规定对半导体收音机实施降价销售。江宁县对10个品种、26种型号的半导体收音机平均降价24.40%，收扩大多用机降价17%。

进入80年代后，家用电器价格发生较大变化。1984年10月10日起，对18寸以上的黑白电视机、录像机等9类电子产品实行浮动价。1986年5月26日，根据省规定，除熊猫、孔雀、红梅、三元牌号黑白电视机外，其他牌号价格下浮，并执行比质比价、按质论价的政策。9月，国务院决定放开黑白电视机、电冰箱、洗衣机等7种工业消费品价格，进口的家用电器同时放开。对放开的商品，统一调整价格，然后放权到企业，由企业定价管理。江宁县和南京720厂联营生产的蝙蝠台扇、落地扇、排风扇等名牌产品畅销国内外，曾荣获国际金质奖。此时，自行车价格亦放开，批零差率产销地均为14%，价格调整后，放权到企业，由企业自主定价。五金交电有226个品种价格放开，由工商企业协商定价。1987年，市场物价总水平上升，家用电器销售紧张，江宁县对彩电、电冰箱、洗衣机实行中准价和最高限价。1989年2月，贯彻国务院决定，彩电执行国家统一定价。

90年代，家用电器价格改革进一步深化。1992年，放开彩电等家用电器价格，实行市场调节。1994年11月，将彩电、电冰箱价格列入监审管理，规定经营差率和代表品价格水平。1999年3月，由于产品供过于求，彩电价格大幅下降，国家决定将彩电显像管和彩色电视机作为当年制止低价倾销、依法规范市场秩序的重点产品。

【农业生产资料价格】

化肥农药　新中国成立前，农民种田主要靠自然肥料。20世纪50年代初期，供销农资部门试售销硫酸铵，每吨售价400多元。价格高，销量很少。1952—1954年，农村开始推广试用化学农药。不久化肥、农药价格由国家和省统一管理，并实行“低价薄利”政策。50年代末，江宁县对农药实行降价销售。60年代，先后14次调整化肥、农药销售价格，执行全省一价。1961年4月，全县开展农资价格整顿，审查4885个品种的农资价格，调低28个品种、68种规格价格，对38个不符合规定牌价的价格进行调整，当年降低农业成本1.29万元。1972—1973年，从外省调进5种农药新品种，全省统一价格。随后又对9种农药新定零售价。

1983年，化肥供需紧张，市场价格较混乱。3月起，对计划外进口化肥实行高进高出价。11月，国家对复合肥、钾肥、高浓度磷肥等代表品实行统一价格。1984年，农药新品种不断上市，价格大幅度调整。1986年3月，化肥市场供不应求。是年，化肥多头经营，价格既高又乱，县物委制定化肥代理价、化肥代理供应价、代理零售价以规范化肥价格。同时，调整11种农药价格。

1991年，江宁县提高计划外尿素综合零售价，提高16.58%；地产碳酸氢铵复合肥和磷肥价格基本稳定。农药价格除粉锈宁提价，乐果、井冈霉素价格持平外，其他农药价格均有不同程度的下降。1992年4月，国家调整磷肥销售价格。县适当调整地产复合肥价格，全县一价。县外销售复合肥出厂价实行工商协商定价。7月起，江宁县放开地产磷肥、复合肥出厂价格，由企业根据生产成本和市场供求自行定价。1994年，化肥产销继续实行计划安排和市场调节相结合。同年10月，改革化肥农业生产资料流通体制，在实行化肥专营的同时，对化肥出厂价实行分级管理。1995年5月，整顿农药价格。1996年9月，市印发《南京市化肥价格管理试行办法》，明确化肥价格管理实行政府定价、分级管理的原则，对挂钩肥以外的化肥实行综合作价。市对县调拨的进口和国产尿素，实行分品种综合调拨价格和综合零售价格管理。当年粮棉挂钩化肥实行全省统一零售价格。1997年10月，根据规定，对农药实行统一领导、分级管理和直接管理与间接管理相结合的原则，甲胺磷等4个品种执行省规定价格；杀虫双等6个品种由市物价局管理，双灵等3个品种由县管理。农药市场价格实行一级批发，一级零售，一县一价。是年年底，县提出改革和完善农资流通体制。1999年5月，进一步深化化肥流通体制改革，稳定化肥价格。化肥出厂价格实行政府指导价，分级管理，化肥零售价格放开，实行市场调节。2004年7月，江宁区化肥价格总体水平上涨幅度较大，尿素、碳铵、地产复合肥、南京产复合肥分别比2003年同期上涨18.10%、31.30%、9.90%、10.30%。

农机具　20世纪60年代初，为支援农业技术改造，江宁县商业部门对供应的农机商品实行优待价格，12种大型农业机械出厂价加3%运杂费为供应价，市对县调拨倒扣2.50%，县对基层供销社倒扣2%。1963年起，对一类、二类、三类农机产品执行全国统一销售费率，分别为3%、4%和13%。1980年，调整7种型号的磨粉机、碾米机、破垡盖籽机等农机价格。1984年5月，贯彻《农机商品销售价格暂行管理办法》，取消全国统一销售价格，实行浮动价和地区差价。1991年3月，市、县农机公司对基层网点的农机商品调拨加费率作适当调整，并规定都执行农机公司统一的销售价格，自采的农机商品不得自行定价。1992年12月，修改农机商品销售价格管理办法。出厂价格未达到上限的可继续浮动，对放开的通用产品，销售价格由企业自主定价；出厂价格在30元的农机小商品，放开其销售价格，由企业定价。

【建筑材料价格】

建筑材料主要有水泥及其制品、砖瓦、石灰、石料、黄沙等。据《江宁县政概况》记载，明清时期，青龙山的龙耳石灰闻名南京地区。民国32年（1943），全县有个体砖瓦窑9处，产品地产地销，价格由砖瓦窑自定。20世纪50年代，县境内石灰窑仅有2户个体经营，生产量很小，价格由业主自定。1959年6月，对砖瓦、石灰价格实行统一管理。是年，县建筑公司对基建材料实行统一价格，石料根据不同质量和使用价值决定其价格；黄沙根据毛沙洗水不同、含土量多少制定相应价格。

1960年，江宁县商业部门对水泥供应实行优惠价格。1965年7月，对砖瓦价格进行调整。全县一价，价格长期未动。70年代后，江宁县水泥工业有了较大发展。1978年后，城乡建设发展，砖瓦供不应求，政府在资金上予以扶持。1979 年 4 月，调整黄沙价格，实行分类定价。

1980 年 3 月，水泥价格有所上升。1984 年 4 月，对建筑红砖价格实行补贴，全县一价。1985 年 5 月，改革地方水泥销售价格，实行上下浮动价，并规定最高限价，具体价格由企业自行定价。1986 年 8 月，提高地产小水泥出厂价格，取消原浮动价格，计划外水泥价格由生产企业依据生产成本和市场供求自行定价。石灰价格放开，由企业自行定价。1993 年，调整红砂销售价格。

【商品房价格】

20 世纪 80 年代，商品房住宅价格基本上由开发企业测定报批。1985 年年底，对县城建综合开发公司建设的芙阁新村住宅小区一期住宅商品房核定价格，每平方米售价 255 元 ~ 265 元。1987 年 7 月，县物价局、县城乡建设环境保护局审议县城建开发总公司建设的商品住宅楼，审定 1987 年平均销售价格为 287 元 / 平方米。

1991 年 11 月，核定县城建综合开发公司开发建设的东山镇外港新村一期商品房销售价格为 550 元 / 平方米。同时，核定批准芙阁新村 34 号楼商品房销售价格为 415 元 / 平方米。1992 年 11 月，核定外港新村二期商品房销售价格为 740 元 / 平方米，按照楼层浮动。1993 年 4 月，江宁县《商品房价格管理办法》出台，明确商品房价格由成本、税金、利润、地段差价、层次朝向差价、质量差价、代收费用 7 项构成，实行优质优价。价格实行统一领导，分级管理。自此，江宁县商品房价格纳入价格管理轨道。是年，与南京房地产开发公司江宁支公司联合开发的外港路商业网点群四幢综合楼竣工交售，县物价局审定销售价格为 900 元 / 平方米。还核定商城新开发的一期、二期工程，外港新村 8 幢和芙阁新村 2 幢商品住宅楼，每平方米售价分别为 902 元、1318 元、840 元和 1143 元。1995 年 8 月，贯彻省物价局《城市房产交易价格管理暂行办法》，江宁县普通商品房住宅价格实行政府定价管理，高标准商品房住宅和非住宅价格实行市场调节价。对政府提供优惠政策建设的解困房、微利房和经济适用房的价格，按规定的价格构成，由县物价局审定批售。1996 年 7 月，核定江宁缫丝总厂新建职工经济适用房销售价为 605 元 / 平方米；核定安居工程房基准销售价格为 920 元 / 平方米，浮动幅度 3%。1999 年 8 月，进一步规范商品房价格。对经济适用住房（含安居工程）实行政府定价，普通住宅商品房实行政府指导价，高档住宅商品房和非住宅商品房实行市场调节价。商品房价格由成本、利润、税金、住宅差价 4 项因素构成。1996—2000 年，江宁县建成一大批住宅小区，为 26 家房地产开发企业审批商品房 48.89 万平方米，（预）销售价格平均每平方米 1240 元。

2001—2002 年，江宁区房地产业发展迅速，先后为 60 多家房地产开发企业审批（预）销售价格，平均售价 1970 元 / 平方米。2003 年 10 月，江宁区开展整顿规范住房销售价格行为活动。在全区范围内全面实施住宅商品房销售“一价清”制度、封园审价制度、明码标价制度和收费公示制度。全年为 53 家企业审批商品房 5577 套，均价 2500 元 / 平方米；经济适用住房均价 1258 元 / 平方米。2004—2005 年，对经济适用住房实行依法管理。江宁区最小型经济适用住房标准建筑面积为 55 平方米，指导价格标准为建筑面积 5 级每平方米 1800 元 ~ 2100 元，6 级 1500 元 ~ 1800 元。中、低价住宅商品房实行政府指导价管理，高档商品住宅楼价格全部放开，实行市场调节。销售价格只审批核定“基准销售价”，取消审批“基准预售价”。两年共审批 76 家次，均价 3417 元 / 平方米，核减商品房虚高成本 18.03 亿元，每平方米减 418 元，有效遏制房价过快上涨。

2007 年上半年，江宁区商品房价格同比上涨 15.86%。4 月，制订《江宁区房地产交易秩序价格专项整治方案》，成立专项整治工作领导小组，重点查处房地产企业擅自定价、提价、有意哄抬房价、偷税漏税、违规销售、虚假广告、炒卖房号、捂盘惜售、囤积房源等违法行为。通过整治，建立长效机制和房地产市场价格监测预警系统，进行动态监测。全年共审批商品房面积280.90万平方米，其中住宅商品房面积231.90万平方米，均价4462元/平方米。成本认证商品房面积293.20平方米，认证金额106.60亿元，核减虚高成本19.95亿元，平均每平方米核减686元。

第三节　价格监督检查

【价格检查】

企业审价自查　在计划经济管理时期，国营商业是县内市场的主体，商品价格的执行由主管部门监督检查，基本做到“有价必审，有错必纠”。1964年5月，商业系统开展内部审价，以企业自审为主，先后内审了五金、化工、交电、百货、副食品等22882种商品的价格，错价1315种，差错率5.75%。在错价中错进349种，错出293种，漏调占44.90%，错调占9.70%，计算差错占24.60%。审价后得到纠正。1965年，县物价委员会先后3次部署审价工作，通过对258家单位的审价，商业、供销、物资、农机4个系统错价总额达4394.10元，其中错进2880.46元，错出1513.64元。东山手工业部门审查21个品种、1305件产品价格。其中，废品有231件，占17.70%；次品有761件，占58.31%；基本好的仅有313件，占23.98%。医疗单位和药房在审价中，存在一药两价、贱药贵卖、以次充好等问题，通过审价后得到纠正。“文化大革命”期间，审价工作中断。1981年后，每逢节日调价前后，县各主管部门在企业内部进行审价自查，做到自审、自查、自纠。

1997年11月，按照市物价局布置，对县内各房地产开发经营单位1996年至1997年上半年销售的普通商品住宅（预）售价进行审价。1999年4月，对全县各乡镇自来水价格实行审价，企业先行自审，县物价部门再逐个抽审。审价后，围绕“裁员、减耗、降损”降低成本，扭亏为盈，加强水价管理。2000年11月，对商品房、经济适用住房开展审价，采取企业自查和重点抽查相结合，共审查131.92万平方米商品房，审价率95%以上。2004年7月，对麒麟、陶吴等6个镇级卫生院（含1个中心卫生院）的药品分别抽出70个~80个品种价格执行情况进行审价，纠正少数招标药品未按招标价格执行，审价的卫生院药品加价率平均为78.50%，责令将价格改正。2005年4月，又对全区各集镇卫生院开展药品审价，通过审价纠正错价，加强药品价格管理。

日常检查　20世纪80年代初，市场物价曾两度出现涨价风，县物价部门在全县范围内对各行业经营生产的商（产）品、加工制品价格及各种非商品性收费进行全面检查整顿。先后检查60多家单位和部门的55229个商品价格，其中错价524种，商品六标不全的1543种。查后进行整顿，纠正物价和收费上的混乱现象，保持市场价格稳定。1985年，按省、市统一部署，前后进行5次物价大检查。全年共检查商品11296件，查处违纪案件26起，其中大案2起，违纪金额7.28万元，罚没款4.54万元，退还消费者2.74万元。1986年，围绕“稳价”，主要对副食品、紧俏日用工业品、农业生产资料和重要工业生产资料进行检查，并集中力量检查议价粮油、饲料、化肥、柴油、钢材等品种的价格。全年查处各种违纪案件122起，违纪金额3.37万元，其中退还消费者7780元，收缴财政2.59万元。1987年，为纠正乱涨价歪风，开展大检查，其中持续1个多月的检查达6次，查处各类物价违纪案件194起，违纪金额31万元，其中退还消费者23万元，收缴财政 7.51 万元，有效地制止涨价势头。1989 年，全年共查处价格违法行为和案件 344 起，违纪金额达 30 万元，退还消费者 1.69 万元。

1990 年，在市场疲软、工商企业不景气的情况下，重点开展农资、电力、教育、卫生、汽修 5 个行业的检查，共检查国有企业、集体企业和个体工商户 377 家，查出各类违法行为 224 件，违价金额 720.04 万元。实施经济制裁 11 万元，收缴入库 6 万元，有效地制止乱收费、乱涨价行为。1993 年，对事关消费者切身利益的价格与收费开展物价大检查，在各单位自查的基础上，重点抽查 60 家单位，有价格违法的 11 家，其中 1 万元以上 8 家，违法金额 90.98 万元，退还消费者 32.52 万元，收缴入库 8.16 万元。1996 年，加大检查力度，在坚持每月一次市场大检查的同时，集中力量开展农资、房地产、邮电、药品、教育、电力等专项检查，全年共检查 117 家单位，查处违法行为 23 起，违法金额 138 万元，收缴入库 27.30 万元，退还消费者 19 万元。1998 年，不间断地开展市场检查和餐饮、娱乐业等反价格欺诈、反暴利工作，全年共查处价格违法行为 9 起，违法金额 260.78 万元，没收非法所得 41 万元，罚款 5000 元，退还消费者 2.87 万元。2001 年，开展涉农收费、电力、电信、商品房、教育、粮食收购、农网改造等检查，查处各类价格违法案件 9 起，实施经济制裁 72 万元，退还消费者 56 万元。2007 年，全年立案 85 件，实施经济制裁 7.70 万元，没收违法所得 10 万元，维护广大群众的合法消费权益。

图 24-4-7　江宁县物价局开展物价检查（2000 年摄）

年度检查　1985 年起，县物价部门开展财务、税收、物价“三大”检查。是年，全县自查单位 68 家，自查率 100%，共查出违纪案件 9 起，违纪金额 6.14 万元。1986 年，一年一度的全国性物价大检查中，主要抓钢材、柴油、化肥、运价的检查。共查处 14 起物价违纪案件，违纪金额 2.05 万元，其中退还消费者 4007 元，收缴财政 1.65 万元。1989 年“三大”检查中，全县自查企业 55 家，占应查企业 65 家的 84.62%，自报有违法价格行为的 10 家，违法金额 5.10 万元；共查处违法金额 5.74 万元，收缴入库 4.97 万元，入库率 86.59%。

1991—1993 年，物价大检查重点放在对交通、民政、教育、城管、交警、医疗等 39 个部门的行政、事业性收费及邮电、物资、货运、电力、农资、房地产、自来水等价格上，共查出违法金额 167.14 万元。1994 年，按照国务院统一布置，开展两次物价大检查，共检查单位 253 家，查出价格违法金额 285 万元，退还消费者 30.30 万元，收缴入库 23 万元。1995 年年度大检查，在企业自查的基础上，重点抽查 50 家单位，查处各类价格违法案件 23 起，占被查数量的 46%，查出价格违法总金额 366 万元，收缴入库 19.40 万元，退还消费者 8.60 万元。1997 年，物价大检查围绕清费治乱减负目标，对中介机构、教育、卫生系统、供电系统、房地产企业等有收费项目的行政事业性单位 46 家进行检查，检查面 40%，查出价格违法金额 35 万元，收缴入库 10.20 万元，退还消费者 9000 元。1998 年后，未再组织年度三大检查。

专项检查　1981 年 4 月，县物价委员会会同县卫生局、县医药公司专项检查药品价格和医疗收费，检查中，对擅自提高收费标准、增加药品外收费、药品价格无人管理、售价混乱、处方差错等问题进行查处，并在全县开展药品价格医疗收费的清理整顿。当年 10 月，对县物资局和供销系统16家单位的协作物资代理价进行专项检查，通过检查，严肃处理对协作木材自行定价、高价出售、提级提价、多得利润的单位，将其非法所得5643元全部上交县财政。1983年7月，县物价委员会组织专项清查生产和销售钢材、生铁、水泥、煤炭等生产资料价格，经检查，获涨价款18.26万元，按规定进行处理。1986年，先后对粮油、副食品、餐饮、饲料、农资等组织6次专项检查，共检查262家单位和个体户，查出违纪金额1.11万元，收缴入库8326元。

1991—1995年，加强对行政事业性收费和围绕稳定农资价格、减轻农民负担、制止“三乱”（乱收费、乱罚款和乱摊派）为重点的专项检查，先后检查化肥、农药、农膜、柴油、农机监理、农机作业、机电排灌、水利工程供水以及石油、供电、教育、邮电、药品等收费情况，检查234家单位，查出违纪金额270多万元，退还消费者70.30万元，没收违法收入4.10万元。1996—2000年，开展以巩固“治乱减负”成果的行政事业性收费、中介服务收费，社会反映较大的自来水、电力、燃气、邮电、药品、农资、粮食收购以及促进新经济增长的房地产、物业管理收费等为重点的专项检查，5年共查处各类价格违法案件64起，违法金额1113.35万元，实施经济制裁245.57万元，收缴入库129.70万元。

2000年10月，在清理整顿涉农收费中，对全县22所中、小学收费情况及农电二期农网改造收费情况开展专项检查，纠正违价行为，制订《江宁县农业电费收交管理暂行办法》。2001年11月，开展土地和住房建设收费专项检查，共查18个乡镇土地和住房建设收费，纠正违价问题。2002—2004年，重点开展商品房、教育、医疗收费专项检查。检查房地产开发企业31家，纠正普遍存在的价费分离、不明码标价，先销售后报价等违法乱纪行为，并对7家实施处罚；教育、医疗专项检查67家，立案55起，实施经济制裁109万元，并对涉及17家医疗单位存在的超标准的16项收费、超范围的8项收费、自立项目的10项收费按有关规定进行处理。2005—2007年，继续开展对医疗、教育、房地产、涉农收费等专项检查。3年中，专项检查各类违法案件35起，实施经济制裁80万元，其中退还消费者50万元，没收非法所得20万元。

【价格监督】

1987年，贯彻市政府《关于进一步加强市场管理的通知》，县物价委员会除配合其他部门对主要副食品和紧俏日用工业品检查外，整顿县城市场，派出7人连续1个月每天在市场监督物价，以避免市场物价的暴涨。全年查处各种物价违纪行为112起，收缴违纪金额1741元。

1994年12月，省颁布《江苏省价格管理监督条例》，江宁县在贯彻实施条例中，把市场物价调控措施落到实处；加强农资价格管理，对化肥、农药、农膜、农机等实行限价；推行综合电价管理，改指令性、指导性电量双轨多价供应为一价供应；加强县城农贸市场价格管理，管好“菜篮子”价格。1995年，围绕抑制通货膨胀，开展反价格欺诈、反暴利活动；严格行政事业性收费管理，对明令取消的各项乱收费项目跟踪检查落实，加强社会监督。1998年3月，贯彻《中华人民共和国价格法》，维护市场价格秩序，规范价格行为。对不正当的降价行为，消费者组织、职工价格监督组织及消费者有权对价格行为进行社会监督。先后开展对粮食收购价格、中小学收费、农村电价、农机作业收费等监督。

图24-4-8　2006年12月，江宁区物价局被评为全国价格监督检查先进集体

2001—2003年，建立价格监督检查公示制度。2004年3月，贯彻《江苏省物价局价格监督检查政务公开制度》，将价格监督检查活动公开化，接受社会各界监督。2005年，在各镇、街道成立价格管理监督站，负责管理当地物价工作。2007年，聘用250多名村级价格监督员，开展农村价格监督，使农村物价保持稳定。

第五章 质量技术监督

战国时期，江宁地域开始使用“权衡器”，类似现在的天平。民国时期，江宁县推行新制度量衡，市场度量衡工作由县商会管理。新中国成立后，由县工商局（科）管理。1951年，成立江宁县计量所，主要负责市场度量衡器具的管理工作。1959年6月，国务院颁布《关于统一我国计量制度的命令》，确定公制（米制）为国家基本计量制度，限制英制，废除杂制。1984年，县计量所更名为江宁县标准计量管理所，隶属县计划经济委员会，其职能由单一的度量衡管理转为统一管理全县标准、计量工作。是年，江宁县开始使用法定计量单位，与国际取得一致。1987年，成立江宁县标准计量局，直属县政府，与县标准计量所合署办公。从此，江宁县有了专门的标准计量行政管理机构。1997年7月，县标准计量局改建为江宁县技术监督局，为县政府工作机构。同年12月，江宁县通过消灭无标生产县国家级验收，获江苏省消灭无标生产县称号。2000年3月，县技术监督局更名为南京市江宁质量技术监督局，并实行市以下垂直管理。2001年7月，更名为南京市质量技术监督局江宁分局。2005年，江宁区被授予江苏省质量兴市活动先进区称号。

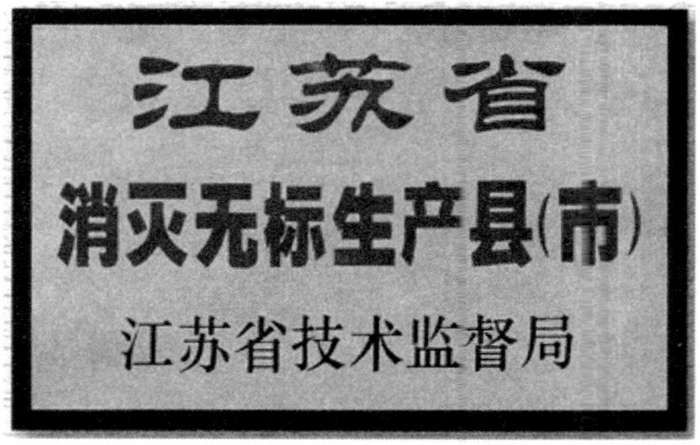

图24-5-9 1997年12月，江宁县获江苏省消灭无标生产县称号

第一节 计量管理

【计量单位制演变】

清代以前度量衡 古人以眼、手判断长短、大小、轻重，如“布手知尺”“手捧为升”“迈步为亩”，此乃度量衡之嚆矢。新石器时代有“豆”。夏代有“度、量、衡、步亩”等。商代度制已有尺、寸、分，均十进制。周代，六尺为步，百步为亩。战国时期，江宁地区开始使用“权衡器”，由“衡杆”与“环权”组成，类似现今的天平，“环权”相当于砝码。1970年，江宁县板桥工地出土楚国的“环权”，这组“环权”共6枚，最小的1枚约6铢（今重3.80克），最大的1斤（今重223.30克）。

秦始皇二十六年（前221），统一全国度量衡制度，度量衡标准器由朝廷统一制发。秦代把度制（长度单位）分为“引、丈、尺、寸、分”五度，均十进制；量制（容量单位）分为“斛、斗、升、合、龠”五量，前四量是十进制，一龠为半合；衡制（重量单位）分为“石、钧、斤、两、铢”五衡，一石为4钧，一钧为30斤，一斤为16两，一两为24铢。尔后，度制又以鲁班尺6尺为一弓步，240弓步为一亩，180丈为一里。元朝，南京地区的量器单位量值比宋朝增加43%，宋朝1石是元朝的7斗，权器每斤为637.50克。明朝，度量衡单位量值基本不变，但杆秤、砝码称量量值增大。明万历年间造的戥秤有20两和60两2种；砝码有10两、25两2种。正统年间，白银已成为全国通用货币，于是银秤（小型戥秤）在南京地区普及。此时的衡器量值经考证，1斤合现今的596.82克。清康熙四十三年（1704）始，执行以百颗黍子纵向排列的长度为“一营造尺，方升三十一寸六百分”和“赤金每立方寸重十六两八钱”的度量衡标准制（简称营造尺库平制）。光绪三十四年（1908），改行以“国际权度局米原器的32厘米为一营造尺”“一立方寸纯水在4摄氏度时的比重为一库平两”的新的营造尺库平制，定“尺、升、两”为主单位，以营造尺1800尺一里，6000平方尺为一亩。

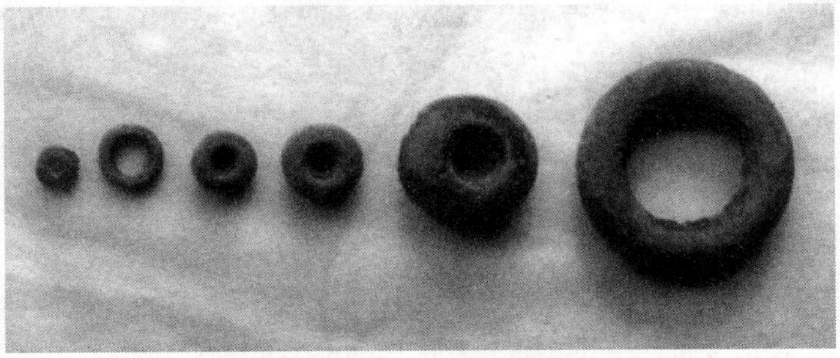

图24-5-10　1970年江宁县出土的楚国铜环权

图24-5-11　元代铜权

图24-5-12　清代仓场木斛

民国时期度量衡　民国16年（1927），国民政府成立度量衡标准委员会，从事统一度量衡工作，决定废除营造尺库平制，改用米制为标准制。民国17年7月18日，国民政府公布《中华民国权度标准方案》，度量衡采用标准制和市用制。民国20年下半年，江宁县推行新制度量衡，但推广工作进展不大。至民国21年年底，只有第五区认真履行，其余各区相对滞后。江宁县政府派专员分赴各区，会同各区乡镇长查填新制数目，一边催查，一边制造，至民国22年2月，第一区的迈皋桥、燕子矶、笆斗山，第二区的麒麟门、孝陵卫、定林乡，第三区南阳乡，第四区南陵乡、北陵乡，第五区全区，第八区横溪桥，第十区上新河、江东门、三汊河等处已办理完成。江宁自治实验县成立后，接办度量衡事务。至民国32年年底，江宁县新度量衡推广工作大体结束。

新中国计量制度　1950年3月和4月，苏南行政公署分别发布《苏南区度量衡营业管理暂行办法》和《苏南区度量衡管理暂行办法》，规定以“万国公制”为标准制，以市用制为辅助制。江宁县积极推行市制，废除旧杂制。1959年6月25日，国务院颁布《关于统一我国计量制度的命令》，确定公制（米制）为国家基本计量制度，限制英制的使用范围，废除旧杂制。同时还规定1市斤为16两的市制改为1市斤为10两。1984年2月17日，国务院颁布《关于在我国统一实行法定计量单位的命令》。江宁区现行计量单位制度，是贯彻该命令中所规定的《中华人民共和国法定计量单位》，包括国际单位制的基本单位7个，国际单位制的辅助单位2个，国际单位制中具有专门名称的导出单位19个，国家选定的非国际单位制单位，由以上单位构成的组合形式的单位，由词头和以上单位所构成的十进倍数或分数单位。

【计量标准管理】

1986年，在县标准计量管理所建立社会公用标准器12个，担负江宁县内量值传递工作。是年8月，对全县各企、事业单位计量标准进行规范性整顿。12月，市标准计量局对江宁县等5县标准计量管理所申报的计量标准进行考核。共考核36项，合格16项，暂不合格的均在短期内整改后考核合格。1988年，全县有15家企业建立计量标准器49个，经市、县计量部门考核合格发证。先后对11家建立标准器的企业进行监督检查，对6家企业经2次考核不合格的停止量传。1989年，对5家建标单位法定技术机构进行整顿，并经市标准计量局验收合格。1990年，为3家企业4种标准器考核发证。1992—1996年，为17家企业48种标准器考核发证。1997年，计量标准工作不断发展，当年建立社会公用标准11项，企业内部计量标准41项。1998—2001年，对全区18家企业32项标准情况进行复查考核，对一些改制企业存在的隐患进行整改。2004年，新增28家企业建立计量测试和计量管理体系，建立工业企业计量标准13项，全区近300家工业企业实现计量保障。是年，按《计量标准考核规范》的要求，全区有12家企业31项计量标准经南京市质量技术监督局复查考核合格，取得计量标准考核证书，有效期至2007年。

【民生计量管理】

强制检定　20世纪80年代，县计量管理所开始对计量器具进行周期检定和强制检定。1985年，共检定使用中的计量器具3631台，比1984年增长48.50%。其中，检定台、案地秤2451台，比1984年增长47.50%。1986—1990年，对全县企事业单位使用的强制检定计量器具和4家企业生产的计量产品，累计检定187587台次。1988—1990年，对全县508家企、事业单位25项39种强制检定计量器具17989台（件）进行登记造册、建档，并纳入法制管理的轨道。1991年，全年登记造册企业总数529家，强检计量器具定点定周期率达90%，受检率达100%。1991—1997年，对全县企事业单位流通中使用的各类器具进行强制检定，共强检72516台（件）。1998—2000年，对全县各农贸市场执行一年两次周期的检定规定，全县粮食系统各部门，液化气储罐站，东山、汤山两镇所在地商贸系统实行一年两次周期检定。对其他企事业单位、商贸系统、私营企业及个体工商户实行一年一次周期检定。3年共强制检定各类计量器具31500台（件）。2003—2005年，共强制检定各类计量器具27730台（件）。2006—2007年，对全区38家医疗卫生机构1127件医疗计量器具进行强制检定，检定合格率99%；对全区26家眼镜店检验设备进行强制性周期检定；建立53家加油站250台加油机、26家眼镜店71件计量器具台账，受检率98%；完成10家农贸市场计量器具免费检定。两年中，共强制检定各类计量器具23710台（件）。

市场计量监督管理　20世纪50年代，计量管理工作主要是参加市场管理。1985年，物价改革前后，县计量管理所配合工商、物价等部门进行市场、物价、计量大检查，共参加14次、50人次。查处计量违章案件86起，其中没收销毁杆秤78起，罚款6起，通报2起。1988—1990年，共进行市场计量监督检查57次，查处违反计量法行为34起，没收销毁不合格计量器具522台（件），罚没款5680元。1991年，结合乡镇物资交流会，对市场进行重点检查，没收违法计量器具87台（件），罚没款3000余元。1993—1994年，在对市场商品计量检查中，处理违法案件11起，没收非法计量器具33件；对经销计量器具的9个商场（店）、20种商品进行检查，合格率90%。1995年，对东山、湖熟、淳化、汤山等集镇商业、供销、粮油网点的计量器具使用状况进行专项检查。共查计量器具340件，合格305件，合格率89.71%，没收计量器具35台（件）。1996年，重点检查定量包装商品计量情况，组织110余人次、进行25次检查，共检查360余家集体、个体商店的商品1250批次，总价值72万元。合格1202批次，合格率96.16%，比1995年提高9%。对农用物资分装农药进行抽查，共查10个销售门市部37批次分装农药，合格34批次，合格率91.89%。1997年，对18个乡镇的农贸市场、478户固定业主使用的木杆秤进行淘汰，更换国家推广使用的度盘秤和电子计价秤。1998—1999年，加强商品房销售面积的计量监督工作。对24家开发商的商品房进行全面监督检查，发现2家公司销售面积与实际面积不符。2000—2001年，加强对市场销售计量器具备案工作，两年抽查20批次，全部合格。2002年，全年共检查集贸市场11家，在用计量器具245台（件）。2003—2006年，重点开展集贸市场计量专项整治工作，有计划开展对集贸市场的日常监督检查。区内农贸市场固定摊位电子秤配备率90%以上。2007年，完成5家农贸市场计量器具免费检定。1家农贸市场被评为省级计量诚信农贸市场，1家农贸市场被评为市级计量诚信农贸市场。

“两油一气”计量监督管理　1993年起，重点对“两油一气”（汽油、柴油、液化气）实施计量监管。1994年，3次组织人员对38家加油站进行突击检查，加油机合格率仅60%；对县境内11家充灌站进行计量监督检查，仅5家液化气充灌量符合国家标准，合格率45.45%。1995—1996年，共检查16家次液化气充灌站，合格率46.50%；充灌量合格5家，合格率31.25%；对25家液化气销售单位进行检查，检查计量器40台（件），合格15台（件），合格率37.50%。对15家违法销售点进行查处，没收钢瓶300只。1997年，对液化气瓶装充灌量进行4次突击检查。60余家液化气站中，对严重违反计量法行为的20家进行处罚。是年年底，液化气瓶装充灌量合格率由年初的62.50%增至77.50%。1998年，县标准计量局对各加油站的加油机计量显示采取监控措施。是年8月，对东山镇5家充灌站、13家换气站（点）进行突击检查。对严重违反计量法行为的5家企业和违反质量法的9家气质不合格企业进行处罚。2002年，共检查加油站61家，加油机260台。2004年，对全区加油站开展计量专项监督检查，重点检查加油机的铅封和强制性周期检定情况。共检查加油站60家，加油机280台，其中在用加油机244台。2006—2007年，完成53家加油站的245台加油机计量器具强制性检定台账，并依法进行强制周期检定，保护消费者利益。

医疗卫生计量监督管理　2000年，组织开展医疗卫生机构计量确认工作。4月，在完成试点工作的基础上，与县卫生局联合发出《关于对县医疗卫生机构计量确认考核的通知》。全年共完成7家医疗机构的计量确认工作。2001年，对剩余19家乡镇级卫生院与区卫生局联合组织《南京市医疗卫生机构计量确认考核规范》的贯标活动，并纳入区卫生局考核目标。是年年底，全部达到计量确认标准，领取证书。2004年，对全区38家医疗卫生机构开展计量监督检查，建立440台医用计量器具动态管理台账。2007年，建立全区34家医疗机构680件医疗计量器具动态管理台账，并依法进行强制性周期检定，纳入法制化、规范化的计量管理轨道。

“三信三优”活动　1985年，江宁县开展计量信得过活动。同年11月初，全县评选出市商贸计量先进单位2家、信得过单位柜组19个、先进个人1名。1987年开始，计量信得过活动被“物价、计量信得过”（简称“双信”）活动代替。1987—1992年，“双信”活动评比中，全县被评为市级“双信”单位的28家次，县级58家次。同年11月24日，经市政府批准，“双信”活动改为“三信三优”（物价、计量、质量信得过及优良服务、优质管理、优美环境）活动。是年，评出县级“三信三优”单位10家。1996—2000年，全县被评为市级“三信三优”单位27家，县级59家。2005年，以争创“三信三优”单位为契机，积极开展“明码标价行为规范月”活动，表彰2004年度市、区级“三信三优”先进单位22家。2006—2007年，全区评出市级“三信三优”单位30家。

【工业计量管理】

计量器具制造与修理　20世纪80年代初，江宁县计量器具产品主要有水表、砝码、交流电流表、交流电度表等。县计量管理所按照国家检定规程，经过检验合格后方可出厂，以保持产品质量和信誉。1983年，水表年产量达4万只，为防止不合格产品出厂，实行驻厂检定的方法；砝码实行送检和下厂检定相结合的办法，随到随检。是年，共检定计量器具产品5万余件，占全年检定总数80%以上。1985年12月，根据国家有关规定，市标准计量局决定在1986年7月1日《中华人民共和国计量法》正式施行前，对已开业生产、修理计量器具的企事业单位补发许可证。1986年，全县有制造、修理计量器具企业15家，个体秤工24户。15家企业均通过国家考核验收，发放制造、修理计量器具许可证。1986—1990年，工业企业实行生产许可制度，开展产品创优，质量、能源管理先进评比，对工业计量管理提出更高要求。1989年，对10家计量产品制造企业和24家制造、修理计量器具的个体工商户进行“两证”换发。1992—1995年，县标准计量局根据国家《计量法实施细则》和《制造、修理计量器具许可证管理办法》的规定，对全县被列入生产计量器具的5家企业68种规格型号的产品，进行考核验收，并发放“制造计量器具许可证”。1994年上半年，抽查8家企业，生产销售四大类89件计量器具产（商）品，合格76件，合格率85.39%。1998年后，定期为计量器制造企业核发生产许可证，并做好制造、修理计量器具企业的年度监督检查。1999年2月14日，国家质监局发布《制造、修理计量器具许可证监督管理办法》。2004—2007年，区内有14家制造、修理计量器具企业换发许可证。至2007年，全区共有13家企业领取“制造计量器具许可证”；1家企业领取“修理计量器具许可证”。

企业计量定级、升级　计量“五查”。1982年年初，江宁县转发市经委、科委和市计量局关于“五查”整顿验收的通知。计量工作整顿性“五查”内容为：查计量标准器具是否符合技术要求，精度是否准确可靠，配套仪器设备是否符合要求，技术档案是否齐全；查量值传递是否按周期进行，是否认真执行检定规程；查检定人员的技术水平是否符合要求；查实验室的各项制度执行情况和清洁卫生情况；查完成检定、修理任务的情况。同年，确定县农机厂、县缝纫机厂作为重点整顿和检查验收企业。年终验收符合整顿要求并发给合格证书。1983—1984年，对17家企业进行“五查”整顿工作，取得明显成效。1985年，县计量所会同主管局对15家企业进行计量检查整顿验收，并颁发合格证书。1987—1989年，通过计量“五查”整顿，全县33家企业领取生产许可证，52家企业创省、市优质名牌，25家企业整顿升级。至1990年，全县70%的企业完成以“五查”为内容的计量整顿，使计量管理开始走上正轨。

计量工作定级、升级。根据市标准计量局要求，在工业企业计量工作整顿性“五查”的基础上，1986年起，对全县工业企业实施计量定级、升级。1986—1990年，有108家县、乡镇、村级企业计量定级；4家企业升为国家二级计量合格企业。据计量定级、升级的112家企业统计，“七五”期间共降耗增益344万元。1991年，有27家企业计量定级、升级。其中，南京泵厂升为二级计量单位，成为全县乡镇企业之首。计量升级促进企业节能降耗，27家企业当年增加效益16.60万元。1993年，检查1990—1992年计量定级、验收合格的45家企业，达到或基本达到计量法律、法规要求的35家，占检查总数的77.78%。对检查不合格的10家企业，限期整改，不按期完成整改任务的，取消“计量合格企业”资格，吊销其证书。1992—1995年，县标准计量局按照省乡镇局、计量局《关于进一步加强乡镇企业计量工作的意见》，帮助尚未达到计量合格水平的105家乡镇企业，其中72家企业评审合格。同时，先后帮助27家企业，构建适应生产需要的计量检测设备和企业需求的大型设备电子汽车衡。另外，对企业已安装使用的电子汽车衡进行考察，授权建立新蕾、良茂、陶建3个公正计量站，为社会开展大宗物料交易实施计量公正。1996年，全省企业计量定级、升级考核工作一律停止，改为开展“计量合格确认”工作。

定量包装企业计量管理。1998年，根据市政府规定，加强对包装企业工业产品的基础管理工作。全县有15家县、乡企业通过定量包装计量技术条件市级考核。1999年，帮助10家定量包装企业进行规范管理，并通过南京市考核验收。2000年，对县内没有经过考核的10家定量包装企业的计量保证能力进行考核验收，经市质量技术监督局检查考核合格，领取市“定量包装商品的生产企业考核合格证书”。2001—2002年，对工业生产定量包装企业开展计量监督管理，对22家定量包装企业的计量包装能力进行考核，经考核合格领取合格证书。2003年，对全区定量包装企业建立80余份档案，新增4家企业通过包装能力考核。2004年，引导10家企业开展定量包装“C”标志创建工作，确保诚信计量。2005—2007年，有30家企业获得定量包装合格证书，有8家企业通过保证能力考核。

计量合格确认　1996年，根据市经委、市技术监督局对过去定级、升级已到期企业进行复查的要求，重点对47家县属、乡镇属骨干企业进行帮、促、管，规范并强化基础管理水平。有44家企业达到国家规定的计量标准要求。同时，对基础较为薄弱的29家乡镇企业开展帮扶服务，进厂78人次，至年底，有16家通过市计量合格确认验收。1996—2000年，为全县208家企业进行计量确认或计量确认到期复查工作。1997年，县环保局、卫生防疫站、技术监督化肥站通过国家计量合格确认验收。1998年，围绕企业优化、组合、兼并工作，推进企业计量确认。有19家县、乡（镇）、村骨干企业的计量管理工作，通过市以上专家组的评审。1999年，县技术监督局深入14家企业开展帮促工作，全部通过市技术监督局计量确认评审。2000年，按照《江苏省企业计量合格确认规范》要求，对22家企业进行考核，经市质量技术监督局审查批准，领取计量合格确认合格证书。2001年，帮助30家民营、私营企业整理台账，建立管理制度，完善量传体系，编制计量手册，有18家企业通过市计量合格确认评审，获得证书。2001—2002年，共有87家企业获得计量确认合格证书。2003—2007年，对名牌企业、重点企业、高科技企业和生产许可证、安全认证、食品安全准入的企业开展计量合格确认工作，全区新增83家计量合格确认企业。至2007年年底，全区共有计量合格确认企业166家。是年，南京造币厂通过国家计量检测体系确认，4家通过计量保证能力考核，1家新办农贸市场计量器具完成产权转移。

企业计量器具检定及维修　1962年，县计量所以修理磅秤为主，自检自修。1980年，在省、市标准计量局的支持下，组织市12家工厂的量具检修技术员对县农机厂、缝纫机厂量具进行检查检修工作，共检定量具660余件，对不合格的215件进行修理。全年共检水表5300只，检修计量器具9094台（件），收入1.59万元。1981—1984年，共检定计量器具14.47万台（件）。1985年，共检定使用中的计量器具3631台（件）。1989—1990年，共检定修理企业计量器具47637台（件）。1991年，放权于企业，授权开展企业内压力表、衡器检定项目的强制检定，全年企业检定18091台（件）。是年8—12月，为土桥、湖熟、周岗、龙都4个乡镇61家企业检定计量器具1103台（件）。1992—1993年，定期对企业计量进行检定，将计量检定工作纳入规范化、法制化的管理轨道。企业计量器具合格率保持在80%以上。1994年，对865家乡镇企业12785台（件）计量器具进行检定。1995年，共检查8家企业生产销售的4大类89台

（件）计量器具产（商）品，合格的 76 台（件），合格率 85.39%。1996—2000 年，为县、乡（镇）企业检定各类计量器具 6.98 万台（件），强检覆盖率 95% 以上，周检合格率 85% 以上。2001—2007 年，共检定各类计量器具 83018 台（件）。

第二节 标准化管理

【工业标准化】

企业标准化工作普查和整顿 市标准化工作普查试点及标准化工作整顿。1984 年 8 月 10 日，市标准计量局对区、县标准化工作普查在江宁县进行试点。普查对象为 70 家县属企业及主要乡镇企业，其中县属企业 47 家，乡镇属企业 23 家。涉及钢铁、化工、轻工、纺织、机械、建材、粮食和商业等行业和部门，企业产品 152 个。至 8 月 26 日调查结束。普查表明，县内少数企业执行标准情况较好，但多数企业的领导对标准化工作不够重视，标准化工作无人抓，产品无标准。在普查的 152 个产品中，按标准生产的仅 68 个，占 44.74%；无标准生产的 84 个，占 55.26%。在江宁县进行试点后，普查工作在全市全面开展。1985 年 3 月，市标准计量局召开大会，要求各区、县企业在 1985 年 7 月 1 日前消灭无标准生产（以下简称“无标”）现象。经过努力，1985 年 6 月，南京市对江宁县部分县属企业和主要乡镇企业检查中，县属企业产品标准覆盖率达 96.15%，比 1984 年普查时提高 51.36%；主要乡镇企业产品标准覆盖率达 100%，比 1984 年普查时提高 55.34%。全县基本达到消灭无标准产品的目标。

县乡镇企业标准化工作普查及标准化整顿。1988 年 5 月上旬至 7 月上旬，县标准计量局对全县 24 个乡镇办和村办工业企业产品标准化和质量进行普查。共查 1403 家企业（其中乡镇办企业 407 家，村办企业 996 家），企业产品 1722 个（其中乡镇办企业产品 620 个，村办企业产品 1102 个）。检查的 1722 个产品中，加工产品 657 个；应持标准生产的产品 1065 个，已有产品标准 1031 个，无标产品 34 个，标准覆盖率 96.80%（其中乡镇办企业 95.60%，村办企业 97.70%）。出厂产品经全项检验的 68 个，占 6.38%；缺项检验产品 658 个，占 61.78%；未检验产品 339 个，占 31.83%。江宁县标准化工作自 1985 年下半年起，经过 5 年的反复普查整顿，已基本消灭无标生产，标准覆盖率达 97%。至 1988 年 7 月，全县乡镇（村）工业企业实有产品标准 1031 个，其中国家标准 296 个，占 28.71%；行业（专业）标准 537 个，占 52.09%；地方标准 198 个，占 19.20%。至 1990 年年底，共查找上级标准 713 项，制订企业标准 73 项。

企业标准的制订和标准监督 企业标准制订与备案。依据《中华人民共和国标准化法》规定，1989 年 3 月 31 日前发布的省、市地方标准已不具备法律地位。是年 5 月起，县标准计量局开始清理省、市地方标准。经过半年的调查、核实，全县共清理 176 家企业产品执行的是原省、市地方企业标准。其中，县属工业产品 28 个，乡镇工业产品 148 个。按照国家规定的标准复审程序，将原省、市地方企业标准转换为企业标准。1989—1990 年，帮助企业制订企业标准 41 项，并依法向市标准计量局备案，基本做到新产品开发、研制、投产和标准制订同步进行。1991—1995 年，县标准计量局为企业新产品开发制订标准 140 项，修订产品标准 144 项。还为企业查到国家标准 210 项。1992—1995 年，为 680 家企业办理发放 955 个产品标准证书。1996—2000 年，全县共制（修）订企业产品标准 476 项，全部按法定程序备案。1997 年 12 月，江宁县获江苏省消灭无标生产县称号。2000 年，复审企业产品标准 80 项。其中，废止标准 15 项，修订标准47项，替用国家标准的18项。2001—2002年，共制订标准260项，确认产品标准3166项，换发证书1046本，保证标准覆盖率在95%以上。2003年，新办企业产品标准100项，复审产品标准108项，年度确认产品标准逾2000项。全区工业企业标准覆盖率达100%。2004年，共制（修）订关系人身安全、环保、节能方面的企业产品标准150多项。2005年，全区新办企业产品标准118项，完成年度标准确认1415项。全区工业企业产品标准覆盖率保持在95%以上，新增工业企业标准覆盖率100%。2006年，江宁区率先在全市制订《江宁区标准化战略实施意见》，积极引导企业采用国际标准和行业标准组织生产。全年完成1300多家企业1600项标准年审。至2007年，全区有50家企业参与152项国家标准、行业标准和地方标准的起草工作；南京市质量技术监督局江宁分局库内企业标准共有2278项；有3717家企业执行的4000项标准在江宁分局备案。

标准实施监督。在县标准计量局成立前，对企业执行标准情况，一般是通过对新产品鉴定时对贯彻有关标准进行检查。1983—1985年，每年的全省质量统检中，江宁县均对不合格产品进行督促达标。1988年，县标准计量局对全县乡镇企业进行调查，48家县属企业106个产品能按标准执行出厂检验的67个，占63.21%；1403家乡镇、村企业的1065个产品能按标准执行出厂检验的60个，占5.63%。结合县实际情况，分期分批对一些骨干企业提出健全出厂检验手段的要求。1989年起，对终端产品出厂检验实施监督。1989—1990年，检查58家县属企业，有50家健全出厂检验手段，占86.21%；检查267家乡镇企业，有199家健全出厂检验手段，占74.53%。对没有健全出厂检验手段的企业要求限期整改。1991—1992年，重点对《食品标签通用标准》GB 7718-1987的贯彻实施监督。1993年，重点对31家企业70个产品进行检查，产品标准覆盖面100%，产品出厂检验受检率68%。1994—1996年，在农资市场上重点跟踪监督国内复混肥标准，发现仅有部分产品不符合国家标准。2000年3月起，在全县范围内开展对企业执行标准的监督检查，对117家企业的247个产品标准进行执法大检查。其中无标生产企业2家，分别给予处罚。同年10月19日至11月15日，对全县18个镇、10个工业主管部门开展大规模的“企业产品执行标准证书”年度审验工作，共审验企业789家，确认产品标准1354项。至2000年年底，全县共有企业1624家，产品2425个。其中，执行国家标准1615项，行业标准612项，地方标准7项，企业标准191项，标准覆盖率100%。2003年，检查工业企业近750家，对存在问题的企业下发检查通知单26份，核发102家新增企业产品执行标准证书。全区工业企业产品标准覆盖率达95%以上，新增工业企业标准覆盖率100%。2004—2005年，对127家生产企业进行执行标准情况监督检查。120家企业执行的标准合法有效，5家企业执行的标准无效，2家企业无标生产。2006年，对全区1006家企业标准执行情况进行监督检查。执行国家标准1132项，行业标准469项，企业标准352项，地方标准4项，无无标生产。2007年，对区内重点行业和重点企业标准执行情况进行专项检查。区内有生产继电保护设备企业33家，其中执行国家标准47项，行业标准23项，企业标准56项，执行的标准合法有效。

采用国际标准和国外先进标准工作　江宁县采用国际标准和国外先进标准工作（以下简称“采标”工作）起步于1987年，当年只有1家企业1种产品采用国际标准。1987—1993年，全县有7家企业的39项产品，分别通过省、市标准化部门“采标”验收，并取得采用国际标准证书。1994年，江宁县标准计量局被授予江苏省采用国际标准和国外先进标准先进集体称号。1996年，有4家企业的32项产品采用国际标准和国外先进标准。1997年，全县采用国际标准的11家企业39项产品通过省级验收。1998年，有5家企业的8项产品通过省级“采标”工作验收。1996—2000年，全县共有40家企业的49项产品采用国际标准。5年中，“采标”工作连年被市评为先进。2001—2003 年，有 17 家企业的 31 项产品采用国际标准并领取“采标”证书。2004—2005 年，江宁区把“采标”工作列为标准化工作的重点，也是“质量兴区”工作的一项重要内容。至 2005 年，全区有 81 家企业的 193 项产品采用国际标准，按国际标准组织生产。2006—2007 年，新增 46 家企业 80 项产品采用国际标准，组织 4 家企业参与国际标准和行业标准的制订，有 2 项标准获首届中国标准创新贡献奖。至 2007 年，江宁区有 160 家工业企业的 314 个产品采用国际标准，按国际标准组织生产。

【农业标准化】

农业标准化的实施　江宁县的农业标准化工作起步于 2000 年。是年，土桥镇无公害绿色大米 A 级珍珠米制订珍珠米标准，开创江宁县农业标准化的先河。2001—2002 年，着力开展农业标准化工作，调整农业产业结构，提高农产品质量，增加农民收入。根据区农业的特点，紧贴全区主导产业、特色产业，制订 30 多项满足当地农产品生产、加工、供销所需要的企业标准。至 2003 年，全区累计有农产品质量企业标准 27 项，生产种植规程企业标准 11 项，各农产品基地、标准化示范园的标准覆盖率 90% 以上。2004 年，通过市级无公害青虾的标准化生产示范，协同农林部门共同推进区农业标准化工作，全区主导农产品标准覆盖率达 90% 以上。至 2007 年，江宁区创建国家级农业标准化示范区 2 个，省级标准化农业示范区 3 个，市级农业示范区 2 个，市级农业标准化示范推广基地 1 个，“公司 + 农户 + 基地 + 标准”的示范区模式在全区推广。产品基本覆盖区内特色农产品，覆盖面积 1.34 万公顷，3000 多家种植、养殖户接受标准化生产技术系统规程的教育与培训。全区形成以农业产品质量安全标准为重点，以优质农产品为龙头，与国家标准、行业标准、地方标准、企业标准相配套的农业标准化体系。

农业标准化成果　农民增收。农业标准化建设促进农业增收、农民增收，保证农产品的质量安全。以南京金陵优质米公司为龙头的加工企业，联结区域内种植大户 3500 户，通过标准化生产，使水稻亩产量由 450 公斤增至 550 公斤，增长 22.22%，品质由原普通大米升级为“绿色食品”。2005—2007 年，种植户人均年增收 500 元以上，增长 48%。无公害西甜瓜标准化示范区，种植面积 2000 公顷，2006—2007 年，横溪瓜农每年增收 1 亿多元。2004—2007 年，通过标准化养殖，提高产品质量，增加转化增值能力，土桥虾农每年人均增收 400 多元。

促进产业延伸。南京山田企业以创建农业标准化示范区为动力，在江宁区梅龙湖畔创建“山田牛奶文化草原风情园”，占地 80 公顷。有奶牛 1800 多头，日产鲜奶 3 万公斤，规模不大，但已标准化管理，并把文化与经济紧密结合，形成南京市的一个农业观光旅游点。种植业是横溪街道的传统产业，南京绿桥农副业产品有限公司通过“公司 + 标准 + 农户”的生产方式，组织动员广大农户按企业标准种植，由公司统一收购，实现无公害蔬菜产前、产中和产后的全过程标准化管理和监控。横溪街道还创办起西瓜节，2007 年，农业观光旅游人数 5000 多人次，年产值 8000 多万元，利税 450 万元。横溪农户每亩创造价值 2 万元，是传统种植方式的 5 倍多。江宁区内原先只有饲料生产企业 1 家、肥料生产企业 3 家，由于农业标准工作的推进，促进种植、养殖业发展，至 2007 年，有饲料厂 7 家、肥料生产厂 6 家，水产养殖水体保护产品企业 6 家。

名牌农产品形成品牌群。2002 年，江宁区按照《南京市名牌农产品认定和管理办法》的要求，结合农产品特点，积极实施农产品名牌战略，加快农产品产地认定，争创省、市名牌。2003 年，全区逐渐形成以大自然牌西瓜、土桥牌大米为代表的农产品品牌群。2005—2007 年，全区共培育省、市名牌农产品共 16 个。其中，省级名牌农产品 3 个，市级名牌农产品 13 个。

农业标准化监管　2002 年，南京市江宁质量技术监督局进一步加强对农业标准化工作的组织实施和各种认定认证产品的监督管理。督促龙头企业严格执行国家强制性标准，不符合强制性标准的产品，禁止生产、销售和进口。加强对取得无公害、绿色有机（生态）名牌产品的预包装农副产品标识、标注检查。同时，加大农贸市场的清理整顿力度，开展以肥料、农药、饲料及饲料添加剂为专题的农业投入品的质量监督和综合治理，有效地遏制假冒伪劣和禁用品使用，确保农产品安全。2004—2007年，在农业标准化工作过程中，将标准的推广与实施作为重点，不断加大对示范区建设的管理力度，从技术和管理两个层面提高农业产业的素质和水平。为优化改良水稻品种，建设南京农业大学土桥水稻分子育种基地6.67公顷，与省农科院合作建立优质粳稻新品种繁育基地33.34公顷；推广优质高产、抗病水稻品种，增加产量，提高品质。开发水产新型保鲜运输技术，增加产品的存活时间，保证产品的口味。同时，对示范区技术方面实行动态管理，建立质量安全检测制度，坚持定期进行产地环境、农业投入品、农产品质量的监测；对产地的水质、大气、饲料、农药的残留等进行检测，并及时通报信息。健全示范区生产档案，完善产品质量追溯管理、跟踪管理；加强对农户技术人员的管理，督促、指导农户严格按标准生产。

第三节　质量监督管理

【质量监督】

产（商）品质量监督检查　县标准计量局成立后，开始开展产（商）品质量监督工作。1986—1990年，对化肥、饲料、红砖等十几种产（商）品进行监督检查，共出监督检验报告1000余份。1991—1995年，在全县开展对混合肥、楼板、饮料、皮鞋、汽油等产（商）品质量定期监督检验和管理工作。5年中，抽查混合肥431批次，合格率67.05%；抽查楼板487批次，合格率70.64%；抽查饲料193批次，合格率66.84%；抽查酱油146批次，合格率23.97%。并对经市以上连续两年监督抽查产品合格的37家企业办理产品质量免检证书。1997年，依托省、市技术机构对61类产（商）品进行检验，涉及474家企业，抽查产品587批次。其中抽查复合肥生产企业32批次，合格率65.60%，比1996年提高47.40%；市场抽查复合肥40批次，合格率82.50%，比1996年提高77.10%；抽查空心楼板109批次，合格率67.90%；抽查酱油26批次，合格率30.80%，比1996年提高13.70%。1999年，加强对乡镇企业产品质量定期抽查，共抽查样品373个，合格236个，合格率63.27%。2000年，采取定期质量监督和委托检验方式对生产企业进行抽样检验，全年共抽查样本362个，其中209个合格，合格率57.73%。2001年，共抽查产品245批次，其中190批次合格，合格率77.55%。同年，对电子电器类企业开展产品质量出厂检验情况执法检查。检查的41家企业中33家出厂检验手段健全，占80.49%；8家出厂检验手段不健全。41家企业中有28家制度齐全，占68.29%；13家基本齐全，占31.71%。38家检验记录基本齐全，占92.68%。2003—2007年，共抽检各类产品特别涉及人体健康安全的各类产品1100批次，产品质量委托检验300批次，定量包装抽验1400批次，产品合格率均达90%以上。

市场商品质量监督检查　县标准计量局成立后，开始开展市场商品质量监督检查工作。1988年10月，对县市场销售的羽绒制品、皮鞋、眼镜等5个品种、13个规格、29件商品执行抽样检查；12月，对县市场销售的白酒、葡萄酒、米、食油、电热毯等商品执行抽样检查。查出一批伪劣商品、霉变过期食品、无厂无址名商品等，均作出处理。1990年，加强对农贸商品检查，重点检查农药、农用薄膜、化肥、水泥等物资，共21个品种；对25家商店的化妆品、食品、饮料、皮鞋等商品质量进行检查。对查出不合格商品发出23份质量通知书。1991—1992年，对九大集镇经销涉及人身安全的商品进行经常性、突击性检查。共查商品200批次，查出过期食品50个，占25%；标签不符合标准25个，占12.50%；“三无”（无生产日期、无质量合格证、无生产厂家）商品7个，占3.50%；明显变质商品4个，占2%。

1994—1996年，完成市标准计量局布置的市场商品监督检查102批次。1997年，市场抽查饲料26批次，合格率87.70%；红砖86批次，合格率84.90%；皮鞋71批次，合格率80.30%；电线30批次，合格率76.70%。1997年，组织两次复合肥专项检查，抽查40个样品，经化验合格率达82.50%，比1996年同期提高77.10%。1998年，开展白酒市场专项检查。共查出假冒高档名酒500瓶，劣质散装白酒100公斤。同年，还对燃气器具市场，农机、汽配市场，房地产市场等进行专项监督检查。1999年3月，对电线（缆）市场进行专项监督检查。共查18家企业，对其经销的20批次不同型号规格的电线长度进行公开检测，合格的3批次，长度合格率15%。检查的18家企业只有7家企业经营的电线（缆）产品进行安全认证，占38.89%。产品标识都不符合标准，标识合格率为零。2000年，加强对烟花爆竹、玩具、农资市场、汽摩配件、农机配件、节日市场的监督检查，共查企业或商店396家，检查产品1899批次，合格1851批次，检查产品货值4509.10万元。2001年，共出动1727人次、对3600家企业进行检查，检查商品货值7.50亿元，其中查获违法企业103家，查获假冒伪劣产商品货值1100多万元。2002年，开展“汽配与通信产品专业市场整顿与清柜台”活动。共组织81家企业参加，检查商品431个品种、货值3.10万元。1999—2001年，共抽检市场商品481批次，其中227批次合格，合格率47.19%。2002—2007年，市场商品抽检560批次，合格率90.20%。

【质量管理】

工业产品生产许可证 20世纪90年代后，江宁县加强工业产品生产许可证的管理工作。2000年，对取得工业产品生产许可证的企业进行摸底调查。全县有32家企业88个产品有生产许可证。2001年，完成区内15家企业17类产品生产许可证调查工作。2002年，完成全区十几家企业的30多种强制性认证产品调查摸底工作，至年底，全区有工业产品生产许可证的企业59家。2003年，为16家不同类型产品企业开展生产许可证年审工作，年审率100%。2004年5月，根据市质量技术监督局统一部署，对危险化学品生产许可证生产企业进行检查。检查结果3家合格，8家基本合格。对存在的问题督促限期整改。2005年，对生产纳入《生产许可证目录》范围内产品的企业督促其领证。全年有23家企业领取生产许可证；对16家农药、化肥领证企业，11家水泥生产企业进行年审，确保在市质量技术监督局抽查中合格率100%。对113家工业产品许可证企业实行数据集中管理。2006—2007年，对全区167家纳入工业产品生产许可证管理的企业进行年审，年审率100%。

食品质量安全市场准入制度 2002年，江宁区组织实施食品质量安全市场准入制度。是年，对小麦粉、大米、食用植物油、酱油、食醋5类食品生产能力和出厂检验能力进行调查。2002—2003年，有47家食品生产企业通过考核验收，并有37家获质量安全许可证。同时，强化对有食品许可证企业的监督管理，年审率100%。2004年，启动肉制品、乳制品、饮料、调味品、方便面、饼干、罐头、冷冻饮品、速冻米面食品、膨化食品10类食品市场准入。全区有50多家企业通过审查取得食品生产许可证，这50多家企业生产的食品占全区市场供应量的80%。

2005 年，对已取得食品生产许可证的 63 家企业开展年审；推进辖区内生产肉制品等 10 类食品生产企业申领食品生产许可证；在全市率先启动糖果制品、茶叶、葡萄酒及果酒（原酒、加工灌装）、啤酒、黄酒、酱腌菜、蜜饯、炒货食品、蛋制品、可可制品、焙炒咖啡、水产加工品、淀粉及淀粉制品新 13 类食品质量安全市场准入。2006—2007 年，新增 30 家食品企业通过“QS”（食品生产许可）认证。至 2007 年，28 个大类食品全部实行市场准入制度管理。

贯标与质量认证　1999 年，江宁县邀请省、市认证专家帮助县 6 家企业开展 ISO 9000 质量体系认证工作。经过 1 年的努力，有 5 家企业通过质量体系认证。2000 年，又有 14 家企业通过质量体系认证。至是年年底，全区共有 68 家企业获得质量体系认证证书。2001—2002 年，完成 ISO 9000 质量体系认证企业的调查与汇总工作。两年共有 85 家企业取得证书。至 2002 年年底，全区累计有 150 多家企业获得质量体系认证证书，占全市企业总数的 23%。2003—2004 年，全区有 50 家企业通过 ISO 9000 质量体系认证，通过质量体系认证的企业达 200 家，在全市 13 个区、县中领先。2005—2007 年，全区有 210 多家企事业单位通过 ISO 9001 质量体系认证和 ISO 14001 环境管理体系认证。

【食品质量安全监督管理】

2004 年 9 月，国务院下发《关于进一步加强食品安全工作的决定》，将原由卫生部门承担的食品生产加工环节的卫生监管职能划归质监部门。2004 年下半年，对辖区有证食品生产加工企业进行调查，并建立 200 家“食品质量安全档案”。实行食品安全监管协管员制度，建立区、镇（街道）、村三级监管协防网络，努力消除监管死角和盲点。坚持“现场审查、监督抽查、日常监管和年度审查”四结合的方式，对获证企业强化事后监管，实现长效动态管理。同时，探索建立实施食品安全预警机制。2005 年，在辖区内建立食品安全监管长效机制，区政府与各镇、街道和开发园区签订食品安全监管工作责任状；在 23 个镇、街道和园区聘用 23 名食品安全监督员，建立监管网络；开展食品企业普查，将 323 家企业录入电脑，实现电子化管理。

2006 年，以节日食品安全为目标，加强对食品源头检查，坚决打击违反食品质量安全的违法行为。共出动执法人员 50 多人次，对 28 家生产加工企业现场检查。同年 8—9 月，对食品添加剂的台账及备案情况进行执法检查，对全区消费量较大的香烟、月饼、饮料等进行专项大检查。2007 年，对全区 204 个村（社区）进行全面清查，共登记食品生产加工企业 123 家、小作坊 31 家、工商营业执照和卫生许可证不全的食品加工点 261 家，注销食品生产加工企业 12 家，彻底查清食品监管底数。全年共对食品生产加工企业巡查 420 次，并将重点企业、重点产品、重点情况的巡查记录存档并录入数据库。同时，组织“五一”、国庆、元旦、春节等食品安全、食品专项整治等检查。全年与稽查大队配合，共出动执法人员 290 人次，查处食品违法案件 12 起，质量违法案件 9 起。至 2007 年年底，全区应取证 28 类食品生产企业 123 家实现 100% 获得食品生产许可证，并 100% 加贴“QS”标志；12 家食品相关产品生产加工企业全部取证；50 家食品添加剂使用企业 100% 申报备案；31 家食品小作坊签订食品安全承诺书。

【质量兴区】

2002 年 10 月 10 日，江宁区“质量兴区”活动启动。至 2005 年，全区拥有中国名牌产品 1 个、国家免检产品 2 个、省名牌产品 15 个、市名牌产品 30 个；380 家企业通过 ISO 9001 质量管理体系认证和 ISO 14001 环境管理体系认证；193 家企业按照国家标准组织生产；122 家企业通过计量确认。全区有 6 个产品获国家重点新产品认定，33 个产品获省级高新技术产品认定，

93 个产品获市级高新技术产品认定；通过创建国家级生态示范区验收，百家湖街道太平社区成为南京市第一个国家级绿色社区；全区验收建设工程项目 2660 项，工程竣工一次性验收合格率 100%，获省优质工程（“扬子杯”）23 项，获市优质工程（“金陵杯”）90 项，获市优良工程 536 项。农业标准化水平逐步提高，“绿色江宁”工程初见成效，先后建成国家和省有关部门认定的无公害农产品基地 49 个、无公害农产品 85 个、绿色产品基地 13 个、有机农产品基地 1 个，市级无公害青虾标准化生产示范区 1 个。是年 10 月 26 日，江宁区通过省级验收，迈入全省“质量兴区”先进行列。2006 年 3 月 18 日，区政府下发《江宁区推进品牌强区、创全国质量兴区先进单位实施意见》，提出用 2 年 ~ 3 年时间争创国家“质量兴区”先进区目标。2007 年，江宁区深入实施名牌、标准化战略，服务经济能力明显提升。新增中国名牌 4 个、国家免检产品 4 个。中国名牌、国家免检的增量和总量均居全市第一；帮助 20 多家企业参与 50 项国家、行业标准的制订，2 个全国标准化专业技术委员会落户江宁。实现 3 年争创全国“质量兴区”先进区的开门红。

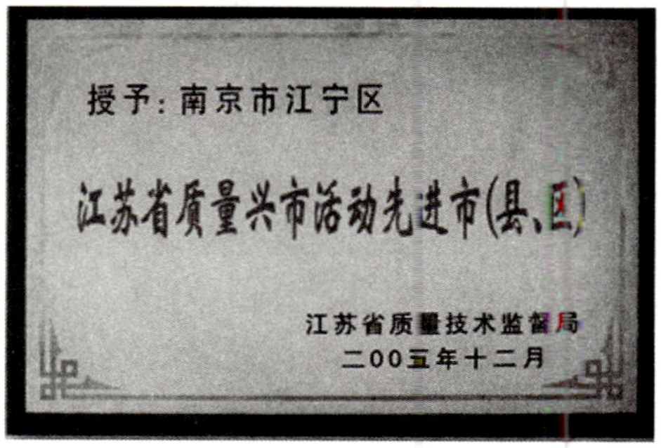

图 24–5–13　2005 年 12 月，江宁区获江苏省质量兴市活动先进市（县、区）称号

【名牌战略】

2000 年后，江宁区大力推进培育名牌产品。根据市质量技术监督局要求，组织 8 家企业 9 个产品申报南京市重点保护产品，有 4 家企业 5 个产品经市质量技术监督局核准为市重点保护产品。同时，推荐 10 家企业 11 个产品参加省名牌产品的评选，调动企业抓好质量工作积极性。2002 年，有 2 家企业 2 个产品被认定为省名牌产品；8 家企业 8 个产品被认定为市名牌产品；3 家企业 3 个农副产品被认定为市农副产品名牌。至此，全区有市名牌产品 14 个、省名牌产品 2 个。2003—2004 年，江宁区创名牌有新的突破，获中国名牌产品 2 个、省名牌产品 4 个、市名牌产品 18 个、市农副产品名牌 3 个。进一步提高了产品的知名度和市场占有率。2005 年，坚持把高新技术产业、传统产业、特色农产品，作为品牌培育重点。组织 2 家企业申报国家名牌，13 家企业申报省名牌，37 家企业申报市名牌。2006—2007 年，按照《江宁区名牌战略实施纲要（2006—2010 年）》，推进“名牌战略”。2006 年，13 家企业产品获省名牌，31 家企业产品获市名牌。2007 年，全区新增名牌产品 4 个、省名牌产品 11 个、市名牌产品 15 个，4 家企业产品获国家免检，实现历史性突破，名牌、国家免检产品树立和增量均居全市区、县之首。至年底，江宁区共有省级以上名牌产品 37 个。其中，中国名牌产品 7 个，省名牌产品 30 个；国家免检产品 12 个。

第四节　特种设备安全监管

特种设备是指涉及生命安全、危险性较大的锅炉、压力容器（含气瓶）、压力管道、电梯、起重机械、客运索道、大型游乐设施和场（厂）内专用机动车辆。江宁特种设备安全监察工作，1983 年 9 月前由南京市劳动局负责；1983 年 9 月起，由江宁县劳动局承担；2000 年后，由县劳动局划归江宁县质量技术监督局管理。

【锅炉压力容器监管和检测】

锅炉安全管理 1983年年底统计，全县包括茶水炉在内的锅炉数量约100台。1984年11月，成立江宁县锅炉安装队，同时开展业务工作。1985年，据县级10个部门统计，全县有在用锅炉150台，其中蒸汽炉120台、E形炉30台。1987年，县劳动局对全县在用锅炉建立使用档案制度，当年共建立档案175台，并对其中75台进行年检。1989年起，根据市劳动局锅炉房综合管理工作要求，用3年时间完成江宁县锅炉整治工作。是年，在全县47家单位的49个锅炉房进行试点，经检查验收，33家单位的35个锅炉房达到合格标准。1990年，全县锅炉房全面展开综合治理，向县属工业、乡镇工业等七大系统和24个乡镇下达100个锅炉房进行治理的目标，要求县属企业全部、乡镇企业大部要达到锅炉房合格标准的考核。至年底，通过检查，评出合格锅炉房35家，同时年检在用锅炉94台。1991年，全县在用锅炉房增至222家，有锅炉234台。是年，评出合格锅炉房61家，3年计有131家。全县锅炉房合格面由1989年的18%增至59%；市级先进锅炉房由1989年的3个增至18个，治理成绩显著。1993年，全县专用锅炉房发展到325家，有锅炉341台（含E形锅炉56台，热水锅炉1台，蒸汽锅炉284台）。其中，当年完成新装锅炉47台，发证47台；对146台进行年检；对130台锅炉进行水质检测化验480台次。县劳动局每年对在用到期未年检的锅炉均按计划实施年检，至1999年，年检率100%。同时，开展合格锅炉房和先进锅炉房的检查验收考评工作，监督指导锅炉安装队的安装修理，做好安装单位许可证领证的审查工作。

1983—1999年江宁县锅炉拥有量与年检情况表

表24-5-7　　　　单位：台

年份	合计	年检数	合格锅炉房数	获市级锅炉房数	年份	合计	年检数	合格锅炉房数	获市级锅炉房数
1983	100	—	—	—	1992	287	146	—	—
1984	120	—	—	—	1993	341	146	20	—
1985	150	—	—	—	1994	361	151	—	—
1986	171	—	—	—	1995	372	372	—	—
1987	175	75	—	—	1996	390	190	—	—
1988	184	77	—	—	1997	405	123	—	—
1989	201	79	49	3	1998	421	135	—	—
1990	223	94	21	9	1999	428	180	—	—
1991	234	120	61	6					

压力容器及其他特种设备检测 1986年，江宁县首次对全县在用压力容器包括气瓶在内进行普查登记。普查县属7个系统135家单位，有在用各种压力容器282台，各种气瓶1564只。1987年，制订《加强全县在用氧气瓶安全管理办法》，使全县化工行业的安全生产管理步入地方统一规范的管理轨道。1989年，压力容器普查登记达706台，比1986年普查数增加1.50倍，当年审查发证126台。1990年，对1989年的普查登记数全部注册，并检验658台，检验率93.20%。其中，合格达到安全等级1级～3级发证的有530台，达到安全等级4级和5级限期使用的分别为106台和22台。发证数占检验台数的80.55%。同时，对其他特种设备进行检测，对液化气站（库）和厂内机动车辆进行普查登记。上门服务检测103家单位，340辆汽车（其中报废12辆）发放牌照328块。1993年，全县在用压力容器达813台。其中1级～3级安全合

格等级发证 676 台，4 级发证 137 台。按考核目标，全年已检测 279 台，检验率 93%。发放压力容器使用证 90 台，发放压力容器注册挂统一铭牌 110 个。同时加强对压力容器制造厂的制造环节驻厂监督检查，全年对生产各种规格的小型储气罐、分汽缸共 17923 台进行监督检查，其中拍片返修 15 台，使产品质量得到保证。对其他特种设备继续进行检测。两次会同公安部门，组织对 12 个液化气充装站、50 个换气站进行检查，同时对 24 家进行复审验收鉴证，其中新发证 5 家。对起重机械设备检测 7 家企业共 15 台设备，合格率 100%。会同气象部门，对 46 家单位 247 支避雷针装置进行检测，合格 209 支，合格率 84.62%。1999 年，县劳动局对 25 家单位 129 台压力容器及其他特种设备进行现场安全监察。同时，结合检测校验安全阀 622 只，监督检查驻县压力容器厂生产的各类小型空气压缩机、储气罐共 8523 台，对其中不合格的 681 台要求维修；对 5 家单位 133 台起重设备注册检验；对 21 家企业 200 支避雷针进行定期年检，经检测合格 183 支，合格率 91.50%。

【特种设备安全管理】

特种设备普查注册登记　2000 年，县质量技术监督局开展对“土锅炉”的调查摸底工作。全县各类“土锅炉”达 247 台，数量多且部分存在安全隐患。2001 年 6 月起，对全区“锅、容、管、特”（锅炉、压力容器、压力管道、特种设备）开展普查登记工作，涉及全区 18 个乡镇和 2 个园区，历时 6 个月完成。全区锅炉总数 535 台，其中当年新增 94 台；压力容器总数 640 台，当年新增 71 台；起重机械总数 136 台；当年新增 16 台；厂内机动车车辆总数 385 台，当年新增 230 台。2002 年 4 月起，对区内“锅、容、管、特”设备开展全面普查登记。共对 1054 家企业和单位 557 台锅炉、635 台压力容器、668 台特种设备、21.60 万只气瓶进行普查登记，基本掌握全区范围内“锅、容、管、特”设备的数量和质量情况。2004 年，做好气瓶普查整治工作，督促气瓶充装单位对气瓶实行产权转移和注册登记，并建成江宁区气瓶管理系统。同时对 5 家违规充装单位进行查处。全年投入普查经费 10 万元，出动 120 人次，共普查工业管道 126 千米，涉及单位 351 家，微机录入率 100%。全区严格执行特种设备注册登记制度，至 2007 年，全区有锅炉 690 台，压力容器 441 台，压力管道 30 千米。

2000—2007 年江宁区特种设备情况表

表 24-5-8

年　份	锅炉（台）	压力容器（台）	压力管道（千米）	气瓶（万只）	超重机械（台）	厂内车辆（辆）
2000	453	120	—	11.00	390	480
2001	506	101	—	11.20	470	550
2002	548	102	—	12.00	550	650
2003	629	264	—	13.40	680	720
2004	715	123	148	14.60	720	980
2005	765	173	15	15.00	950	1300
2006	721	207	20	15.20	1000	1500
2007	690	441	30	15.00	2200	1980

特种设备监督管理　2000 年 6 月起，在全县范围内重点开展对“土锅炉”普查和专项整治工作。2002 年，加大宣传南京市质量技术监督局江宁分局安全监察职能、安全管理和特种设备

安全使用常识。将锅容管特安全监督管理纳入乡镇和企业安全达标考核范围，考核内容包括注册登记、周期鉴定和人员持证上岗等。2003年，调整充实安全生产工作领导小组，在全区各镇及相关部门明确安全生产联络员，完善全区特种设备安全生产工作监控网络，并制订完善安全生产工作应急救援方案。2006年，把强化食品、特种设备两大安全一线监管作为严防死守的“生命线”。在监管模式上大胆创新、积极实践，投入30多万元在全市率先设立三个基层质监工作站，推行区域监管模式，走出一条“重打基础、重抓源头、重在长效”的两大安全监管新路子。2007年，把强化特种设备安全监管工作作为重点，加强专项检查和跟踪督查，确保重点监控特种设备安全运行。参加全国特种设备安全监察绩效评价试点工作，并代表南京市顺利通过国家质监总局验收。

【特种设备检验和监督检查】

特种设备检验 2000—2002年，南京市质量技术监督局江宁分局检验锅炉981台，压力容器432台，起重设备714台，厂内机动车辆955台，定检率均为100%。2000年，与市锅炉所合作，对江宁压力容器厂6532台各种大小储气罐、分汽缸进行监督检验。2003年，新增锅炉135台，压力容器264台，厂内机动车328台，设备定检率100%。2004年，完成在线管道检验1千米，安装检验管道3千米，全面检验管道1.54千米。严格执行特种设备定期检验制度，禁止运行和使用未经检验、超期未检验的设备。2004—2007年，共查处超期未检验特种设备94台，逐一责令改正。

特种设备监督检查和专项整治 1999年2—6月，检查22家单位52台锅炉、6家单位75台压力容器，均有使用证，其中1家单位1名操作人员无上岗操作证。全年共立案查处特种设备及压力容器案件10起，下发责令限期整改通知书13份。2000年6月起，在全县重点开展对“土锅炉”专项治理工作。在整治中，报废“土锅炉”16台，改为常压锅炉160台，责令停止使用91台。2001年，开展以打击无证劣质特种设备为主要内容的打假保安全活动。共检查特种设备使用单位92家，下发责令限期整改通知书187份；全年出动执法人员560人次，检查“锅、容、管、特”使用单位306家，下发安全监察意见书78件，处罚23家；会同公安、工商、劳动等部门行动，取缔70多台“土锅炉”；加大整治区液化石油气钢瓶检测工作，使超期钢瓶送检率达70%以上。2002年，共检查800多家“锅、容、管、特”使用单位1000多台设备，消除事故隐患7处，下发安全监察意见书40份，处罚12家。2002—2003年，开展“土锅炉”、气瓶、电梯等9个专项治理活动，共组织专项检查304次，出动7561人次，下发安全监察意见书70份，消除事故隐患122处。2004年，开展特种安全检查150批次，出动执法人员300多人次，检查150多家单位，发现违法、违纪行为和事故隐患50余起，立案查处6起。全区共普查工业管道126千米，出动人数120人，查出管道隐患10处，下发安全监察意见书8份。2005年，全年走访企业200家，现场检查特种设备500台次。先后出动执法人员300人次，监察检查公共场所和特种设备使用单位150多家，下发责令限期整改通知书55份，消除安全隐患60余起。2006年，先后组织特种设备安全专项整治8次，出动执法人员150多人次，查处违法使用特种设备案件12起。2007年，共开展市质量技术监督局和区安全生产委员会布置的整治工作13项；检查特种设备使用单位、安装单位、气瓶充装检验单位214家次，发现安全隐患100起，逐一责令整改；开展化工企业专项检查，共检查化工企业107家；全年开展日常检查168次，东山、湖熟、江宁3个工作站一线巡查180余次；接受群众举报6起，立案查处案件10起。全年未发生特种设备重特大责任事故。

第五节　行政执法

民国时期，江宁县执法检查工作仅限于对市场度量衡的检查，由县建设科内设的度量衡检定员承担。新中国成立后，由县计量所承担。1984 年县标准计量管理所成立后，开展辖区内的标准计量执法检查工作。1989 年起，贯彻国务院规定，江宁县开展严厉打击伪劣、假冒、掺假商品活动。1998 年，县成立技术监督稽查所，依法对辖区内生产和流通中的产（商）品的标准化、质量、计量等进行监督检查，打击假冒伪劣，查处有关违法行为。2001 年 7 月，更名为南京市江宁质量技术监督稽查大队。

【执法检查】

1988—1990 年，县标准计量局在开展严厉打击伪劣、假冒、掺假商品活动中，共立案 8 件，罚没款 17960 元；现场处罚 32 件，罚没款 13562 元。1991—1992 年，共立案 18 件，结案 16 件，罚没款 19050 元。1993 年，对市标准计量局移送的 14 件案件进行调查、核实、处理；共检查 10 类商品 73918 件，商品总价值 43.16 万元。1994—1995 年，立案 78 件，结案 71 件，罚款 86094 元。1996 年 8—10 月，组织对复混肥、国家名酒、饮料、食品、农机、汽车配件、化妆品、燃油、液化气等专项检查。共出动 153 人次、37 车次，现场检查商品总标值 6100 万元，现场检查商店 501 家，集贸市场 7 个，生产企业 19 家，检查商品 30900 批次，计量器具 156 台，定量包装商品 400 批，查获假冒伪劣商品标值 120 万元。全年立案查处 21 件，罚没款 15.60 万元。1997—1998 年，查办案件 198 件，其中立案查处 109 件。1999 年，稽查所共进行专项检查 11 次，与各职能部门联合检查 5 次，立案 33 件，结案 26 件，受理各类消费者投诉 8 件，为消费者挽回经济损失 50 余万元。

2000—2001 年，出动执法人员 1800 人次，检查生产、销售企业 1850 多家，查办各类违法案件 275 件，其中立案 146 件，查办伪劣物品标值 493.76 万元。2002—2003 年，查办各类案件 243 件。2004 年，全年出动执法人员 1960 余人次，立案 145 件，结案 122 件，罚没款 101 万元。受理群众举报案件 50 余件，受理率 100%。2005—2006 年，查办各类案件 268 件。2007 年，共出动执法人员 1850 人次，检查生产、销售企业 270 家，立案 108 件，罚没款 460 余万元，没有发生一起行政听证、诉讼、复议案件。

【专项整治】

农资专项整治　1999 年 3—4 月，在全县范围内开展农资专项整治，出动执法人员 90 人次、车辆 12 次，检查农资经销店 35 家，涉及产品 12 个。经检验均为合格产品。2000 年，立案查处 1 家企业，封存 10 吨化肥。2001 年，出动执法检查人员 22 人次，检查农资经销单位 17 家，抽检农药、化肥 10 批次。查办违法案件 6 件，查获不合格农药 2 批次、40 箱，不合格化肥 47.20 吨。2003 年，查处不合格磷肥和塑料薄膜 25.14 吨，不合格潜水电泵 292 台，冒用名牌复合肥 51 吨。2004 年，对区内 38 家肥料生产企业，组织 3 次专项检查及日常突击抽查。对 1 家造假严重的化肥企业建议吊销生产许可证和营业执照。抽检复合肥 70 批次、农药 10 批次、农机具 5 批次，涉案货值 40 余万元。对查出的不合格产品进行严肃处理。2006—2007 年，制订农资整治工作方案，共出动执法人员 90 人次、车辆 10 台次，散发各种宣传材料 1000 余份，检查农资生产企业 12 家，抽查农资产品 51 批次，立案查处各类侵害农民消费者合法权益案件 6 件。

建筑材料专项整治　1999年，查出一农场伪造产品产地，依法查处478张成品细木工板。2001年，对混凝土模板用胶合板产品和细木工板进行质量监督抽查。共查生产、经销企业17家，出动执法检查人员18人次。抽检细木工板13批次，合格3批次，合格率23.08%；抽检混凝土模版用胶合板4批次，合格率为零。2002年，对4家涂料生产企业的产品进行安全性检测，查处伪劣建材品案8件，其中1万元以上大案6件。2003年，对30余个建筑工程用的电线电缆、电器开关、墙面地砖进行检查。2004年，依法对烧结普通砖水泥、地板砖、铁丝等建筑材料的生产企业进行监督抽检，共抽检40批次。2005—2006年，共查处生产、销售铝合金门窗案件12件，货值近100万元；查处防水卷材案件6个，涉案1163卷；查处钢材案件3件，涉案122吨；防火门案件2件，涉案360樘；用于经营性出租脚手架扣件、直缝电焊钢管案件14件，涉案货值近1000万元；打掉"地条钢"生产窝点3个。2007年，规范整顿建筑市场，制订建材市场整治工作方案。全年共办理5万元以上案件30件，10万元以上案件12件。

其他专项整治　1999—2000年，分别对县加油站、润滑油等进行专项监督检查，并对部分涉嫌质量问题的成品油进行监督抽样检查，查处不合格90号汽油14.60吨，货值5.27万元；不合格0号柴油58.82吨，货值19.58万元。2001年，组织对全区包装物印刷企业开展专项整治。共检查30家，其中立案检查16家。是年，还对油品、油漆、灯泡、丝绸、排水管等产品生产企业进行专项检查活动。2003年8月1日后，针对"3C"认证的正式实施，加强对6类重点产品的"3C"执法检查。2005年，对计量器具生产销售中的违法行为进行专项整治，先后查处大案3件。

【打假治劣】

1989年11月至1990年1月，在全县开展严厉打击伪劣、假冒、掺假商品活动，共查公司、商业企业46家，19类、466个品种，总价值161.10万元。其中，封存商品价值37.20万元，罚没款8400余元。1991—1995年，县标准计量局严厉打击生产和经销假冒伪劣商品违法行为。共查食品、家用电器、日用化工产品、农用生产物资等十大类商品总价值8848.20万元，罚款11.70万元，没收销毁假冒伪劣产（商）品总价值22.30万元。同时，加强市场计量监督、打击"短秤少量"违法行为，没收农贸市场个体摊位使用的不合格计量器具275台（件）。1995年，对全县液化气供应站进行监督检查，先后查处15家违法销售点，没收306个钢瓶。1996—2000年，共组织检查200余次，参加检查7500人次，受检查单位1094家，共查产（商）品1000万元，立案520件，端掉制假、售假窝点27个。

2001—2002年，区质量技术监督局做到"四打四保"：即查农资，打假保种植；查建材，打假保安全；查食品，打假保健康；查举报，打假保名牌。开展"专业市场整顿和清柜台"活动，共组织81家企业参加，查商品431个品种，货值3.20亿元；开展监督检查工作，两年共出动人员2604人次，对3900多家企业进行检查，查处各类案件305件，其中现场案件35件，查获假冒伪劣产品货值1500多万元；先后对十几家名优企业的产品实施重点保护。2003年，共组织8个专项打假活动，出动行政执法人员1700人次，立案查处各类案件117件，受理群众举报55件，捣毁制假窝点12个。2004年，开展以食品、"地条钢"、小化肥、农资、建筑材料等为重点的专项整治行动，先后出动执法人员1580人次，立案查处各种案件70余件，受理群众举报50余件。同时，全面落实辖区打假工作责任制，建立完善《打假突发事件预案》和打假快速反应机制。2005—2007年，查处各类案件376件，其中5万元以上大案80件，涉案物品价值11580万元。

第六章　审计监督

民国时期，江宁县未设专门的国家审计机关，政府审计归属监察系统。新中国成立后至1983年，江宁县未设立独立的审计机构。1984年1月，江宁县审计局成立，自此，在境内开展国家审计、社会审计、内部审计等监督工作。1988年、1994年，分别成立江宁县审计事务所、江宁县投资审计事务所，隶属于县审计局，对外承办社会审计业务。2000年12月江宁县撤县设区后，全区审计工作围绕区委、区政府工作中心和群众关心的热点问题，贯彻“依法审计，服务大局，围绕中心，突出重点，求真务实”的工作方针，改进审计手段，提高领导审计、依法审计、创新审计和管理审计的能力，加大对重大违法、违纪问题和经济案件的查处力度，审计执法取得新成效。2000年，县审计局被市审计局、人事局共同表彰为南京市审计系统1997—2000年度先进集体。2004年，江宁区被市委、市政府授予党政领导干部经济责任审计先进区称号。2007年，在全市新农村“八件实事”专项资金审计与调整工作评比中，江宁区获先进区（县）称号。

第一节　国家审计

【财政金融审计】

同级财政审计　1995年起，根据《中华人民共和国审计法》有关规定，开始对县级财政预算执行情况进行审计。是年10月，县审计局对县级财政1—9月预算执行情况进行预审，并对县计经委、城建、工商、公安等10个参与预算执行部门进行延伸审计，审计预算内外资金总额达6亿元。审计后针对预算执行、预算外资金和财政管理中存在的有关问题提出针对性整改建议。1996年2月，对组织财政收支的财政局、地税局，对执行预算的计经委、城建局等13家单位的1995年度预算执行和其他财政收支情况进行审计。对财政局审计结果为：预算收入任务超额完成，较1994年增幅较大。1995年，实现预算收入2.69亿元，占年度预算收入的101.40%，比1994年增收3912万元，增长17%；妥善调度资金，全年预算支出正常。全年支出预算总额20846万元，实际完成预算支出18468万元，比1994年增长13.30%；挖掘财源增收节支，积极平衡财政收支。1995年，县级预算内财力20440万元，财政支出18128万元，增设县乡财政预算周转金132万元，年末滚存结余2180万元，其中结转下年1835万元，乡财政分成341.20万元，县财政净结余3.80万元。对地税局审计结果为：江宁县地方税务局在较短的时间内组建和完善内部机构，加大税收征管力度，1995年，实现地方工商税收6400.81万元，完成县下达6400万元的税收年度计划，完成市地税局下达年度计划的115.66%，比1994年同期增长30.76%。但税种之间不平衡，所组之间完成计划不平衡。同级财政审计实施结束后，提交《关于江宁县本级1995年度财政执行情况和其他财政收支的审计工作报告》。1999年，县审计局在总结前三年“同级审”的基础上，明确提出必须加强财政审计力度，拓宽外延，丰富内涵的审计思路，在1998年度财政预算执行情况的审计中，重点是预算的编制和批复、分解落实和预算调整，以及预算资金是否按预算级次拨付，查出财政总预算存在直接拨款给非预算单位的问题。

2000年，分别对教育资金、科技资金、水利资金等五大专题资金进行审计。审计查出的主要问题有违规减免、缓征预算收入、少征预算收入、隐瞒转移预算收入、应缴未缴预算收入、虚列支出等。提出预算指标要落实具体单位和项目，加强财税部门内部管理的建议。2002 年，强化对财政预算执行重点单位的审计，如文教卫生、科技城建、水利等部门，保证审计资金达 50%，涉及单位面达 20% 以上。在做好基本审计的前提下，突出开展社会保障资金和罚没资金收、支、管等专项审计。2007 年，对区级财政 2006 年预算执行情况的审计，揭示预算管理中非税收入入库不及时、国有企业改制和资产转让收支管理不规范和国库集中支付制度执行不严格等问题。针对发现的问题，审计提出强化国库集中支付措施力度等预算管理建议。还完成对 2006 年度地税系统税收计划执行情况的审计。按照监督法规定，2007 年度同级财政审计报告首次列作区人大常委会会议审议议程，接受区人大常委会代表的审议。

图 24-6-14 江宁区召开审计工作会议（2004 年摄）

乡镇（街道）财政审计 1987 年起，开始对乡镇财政决算进行审计。是年 4 月，县审计局在财税部门的配合下，开展对江宁县东善乡 1986 年度财政决算的审计。对乡工业公司和部分专项资金进行延伸审计，选择 3 家在该乡纳税的不同类型的企业进行抽样调查。东善乡 1986 年完成工农业总产值 3471 万元，比 1985 年增长 28.37%。完成预算内收入 159 万元，其中工商税收 129 万元，农业税 23 万元，国库券 7 万元；乡有资金收入 33.03 万元，其中乡办企业上缴利润 32 万元，其他收入 1.03 万元。1986 年，乡财政支出 36.30 万元，乡有资金支出 33.82 万元，以上支出均能按预算安排的项目，做到专款专用。审计发现的主要问题：乡工业公司库存现金余额较大，12 月底账面余额 32398.71 元；1985 年前社会减免结余 4161 元未及时下达；库存物资科目账面数 15324.62 元，没有实物；部分往来账款长期不清，造成呆账。乡有资金和预算外其他暂付款共计 58281.68 元，都是 1985 年前的账单，一直未清理，其中部分成为呆账；乡镇企业 1986 年结算报表资料反映，1986 年年底乡镇企业应收款余额 617.50 万元，应付款年末余额 422.40 万元，往来款余额较大。审计局针对问题提出改进建议。同时，开展对东山镇税务所、汤山镇税务所 1986 年税收征管及政策执行情况的审计。发现少数单位存在少报、漏交税款的现象。县审计局督促税务所将少报、漏交税款尽快补征入库。1988 年，加大对财税部门的审计力度，先后对 3 个镇财政所和 3 个镇税务所进行审计。

1992 年 3 月，对淳化镇 1991 年度财政收支及税收征管工作进行审计。审计表明：各项经济指标的完成比 1990 年有较大增长。1991 年，淳化镇实现社会总产值 20553 万元，比 1990 年增长 21.60%；乡镇企业完成销售收入 10223 万元，比 1990 年增长 23.20%；乡镇企业实现利润总额 557 万元，比 1990 年增长 25.20%。预算内收入指标已完成。同年，淳化镇税务所完成各项税收 1058.50 万元，超计划税收 0.50 万元，其中完成工商税收 724.90 万元，超计划税收 14.90 万元；完成农业税 41.10 万元，完成年度计划 100%。在审计中发现该镇在财政收支及税收征管方面存在问题，提出审计建议。同年 4 月，对上坊乡 1991 年度财务收支和税收征管工作进行审计。针对该乡存在的农业税减免数大于应缴数，财政支农周转金逾期数较大，救灾款结余未及时安排等问题，审计提出改进建议。1994 年，进一步加大乡镇财税审计项目比重，提高审计覆盖面，审计项目由往年1个～2个乡镇，增至4个乡镇。

2000年，对5个撤并乡镇进行审计。审计重点是对乡镇财政决算的真实性、合规性、合法性，以及资产、负债的真实性、合规性、合法性进行全面审计，为全县的区划调整工作提供依据。2001—2004年，共对10个乡镇人民政府开展财政决算审计。2006年，对19个撤并乡镇进行审计。基本摸清各镇街财政收支规模和资产、负债情况，共清理出账外资产1.80亿元，账外债务1.47亿元，账外债权5.75亿元。2007年，开展对淳化、谷里和秣陵3个街道2006年财政执行情况的审计，重点审查街道财政预算编制、执行情况，拨付、使用上级补助资金情况以及遵守财经法纪等，揭示街道财政存在的专项预算指标拨款不及时、违规使用财政财务票据等问题，并提出整改意见。

金融保险审计 根据国家审计署《关于印发1986年地（县）信托审计方案的通知》，1986年5月，县审计局首次开展对中国农业银行江宁县支行信托部1985年财务收支情况的审计。该信托部1985年累计发放各种贷款1831.19万元，收回各种贷款1581.62万元，为促进企业的生产发展做出贡献。但在业务核算基础工作上存在不足，审计提出整改建议。1987年9月，对中国人民建设银行江宁县支行1986年贷款投向进行审计。重点审查固定资产贷款的资金来源、资金投向，并对县新蕾化工厂等3家贷款企业进行延伸审计。1988年7月，对中国工商银行江宁县支行1987年度财务收支进行审计，审计重点是各项收入是否真实、合法、有无隐瞒截留，各项支出是否合理，有无扩大开支范围、提高开支标准、乱挤乱摊成本、虚列支出的情况。同年6月，对江宁县保险公司1987年财务收支进行审计。审计认为，该公司各项收入真实，未发现隐瞒截留、转移收入的情况；支出方面，各项应提费用均按规定的标准和基数提取，财务基础工作较为规范。但存在业务费扩大开支范围和漏交建筑税等问题。针对上述问题，县审计局依法做出审计处理。

1990年7月，对中国农业银行江宁县支行1989年财务收支情况及1990年上半年信贷计划执行情况进行审计，抽查岔路、淳化营业所，并对淳化粮管所粮油收购资金的使用管理情况进行专项调查。1992年7月，对县保险公司1991年度财务收支情况进行审计。审计认为：1991年，县保险公司主要经济指标完成较好，全年实现保费收入633.90万元，比1990年增长26.40%，综合费用率7.04%，比1990年下降1.66%，赔付率126.90%，比1990年上升67%。审计中发现该公司存在保费收入中返还"汽车第三者责任险"安全奖和家庭财产保险储金利息收入漏缴营业税及附加等问题。同年9月，对中国工商银行江宁县支行1991年财务收支情况进行审计。该行1991年年底发放工商贷款达18508万元，比1990年增加1119万元，实现利润804.71万元。审计中发现该行存在使用非商事凭证入账，擅自购买专控商品，以及手续费收入未按规定并入营业收入核算等问题，审计依法予以处理。1994年，开展对东山城市信用社1993年度财务收支的审计。1995年，开展对县信用联社1994年财务收支的审计。

1996年，加大对金融、保险资金的审计力度，先后开展对中国银行江宁支行、中国农业银行江宁支行、东山城市信用社、县保险公司，以及县农村信用合作联社下属5个基层社等8家单位的资产、负债和损益审计。共查出违纪金额389万元，收缴入库44万元。同年4月，对中国农业银行江宁支行1994—1995年度粮棉大县贷款计划执行以及资金投放、管理、使用效益情况进行审计，并对贷款使用单位进行重点抽查。审计结果表明，1994—1995年，全县建设项目共7个，实际总投资3278万元，支行实际贷款1725万元，资金到位率100%。1998年，先后对中保财产保险有限公司江宁县支公司、中保人寿保险有限公司江宁县支公司1997年度资产、负债和损益情况进行审计。1999年，对中国工商银行江宁支行1998年资产、负债、损益情况以及信贷资金进行审计，共查出违纪金额1565万元。并延伸审计26家企业1.10亿元贷款的质量，进一步帮助银行分析贷款风险。审计中首次运用计算机进行辅助审计，查出"小金库"、账外资产，有效地防止金融机构计算机违纪行为。2001年4月，对中国人民保险公司江宁区支公司2000年度资产、负债、损益情况进行审计。重点对保费收入、赔款支出、各项准备金提取冲回，以及账面应收、预付保费进行审计。

【经济责任审计】

1987年，为配合厂长（经理）负责制和租赁承包经营责任制的实施，先后对县特种光源厂、东善桥林场、县化工厂、县物资局所属4家公司等14家企业开展公证审计。针对企业存在的问题，审计提出改进建议。1988年9月，对21家全民企业进行承包经营前审计和承包终结审计。审计结果，当年1—8月，县商业系统完成利润182万元，比1987年同期增长54%，县物资系统完成利润260万元，比1987年同期增长40%；1—9月，全县全民企业上缴各项税收1586.50万元，比1987年同期增长13%；县工业企业实现利润比1987年同期有较大幅度增长。对企业承包经营后存在的问题，县审计局提出相应的改进建议。1989年，对全县36家承包企业分层次实施审计。1990—1991年，围绕国有企业承包经营责任制的实施和完善，重点对26家进行承包经营责任审计。通过审计，对厂长（经理）的经营业绩给予客观公正的评价，纠正一些企业盈亏不实、短期行为等问题，并对企业内部管理方面存在的薄弱环节，提出合理化建议155条。1992—1993年，共开展承包经营责任审计28项。1994年4月，对县协作委下属5家企业和县物资局下属3家企业1993年度承包经营成果及年终奖金考核兑现情况进行审计。

1998年，按照南京市人民政府颁布的《关于厂长（经理）离任审计暂行条例》规定，县审计局开展对县属重点企业厂长、经理离任经济责任的试审工作。1999年，对县计生委等15家单位领导干部任期经济责任进行审计。2000—2001年，积极探索经济责任审计路子，共开展领导干部经济责任审计62项，为区委、区政府在干部任用上提供可靠依据。2002年，对8个乡镇、8家行政单位主要领导干部进行经济责任审计。2003年，全年共开展经济责任审计18项，涉及领导干部18人，查处违纪违规金额3043万元。在审计内容上，将财政收入、经济目标完成、专项资金、内控制度、重大决策、社会事业投入、园区开发、廉洁自律等十大项作为必审内容。2005年，全年共完成领导干部经济责任审计15项，其中任期审计11项。是年，全区全面开展对镇以下领导干部经济责任审计工作，坚持审计要向村官延伸，指导组织内审机构开展工作。2006年，在行政区划调整中，完成对19个镇（街道）主要领导的经济责任审计。通过审计，基本摸清镇街党政主要领导任职期间主要工作业绩和存在的不足，以及19个镇街的资产、负债情况，清理出账外资产1.80亿元，账外债务1.47亿元，账外债权5.75亿元。

【固定资产投资审计】

1989年起，江宁县开始固定资产投资审计。是年4月，开展对江宁县工业供销公司新建营业办公楼基本建设项目的审计。经审计，该项目建筑面积2139平方米，原计划批准投资60万元，账目基建已支出78万元，预计总投资达97万元。项目已竣工使用，尚未缴纳建筑税62648元。县审计局向县政府提交审计报告，并按有关规定对县工业供销公司作出处理。同年，对全县12个停缓建项目进行跟踪审计。审计总金额991万元，建筑总面积8361平方米。1990年，对县燃料公司职工住宅楼等34个基建项目实施开工前审计。审计计划投资额1100万元，计划建筑面积1.31万平方米。审计内容主要是资金是否落实、来源是否正当、建筑税是否缴纳和各项基建开支是否合法等。

1991年6月，对江宁县文化馆住宅楼基建项目进行审计。经审计发现的主要问题是建设项目超计划规模。该项目批准计划投资25万元，建筑面积905平方米，实际投资41.23万元，建筑面积1066.52平方米，资金来源未落实。截至1990年年底，建设银行江宁县支行账面收方金额 21.66 万元，工程资金尚缺口 19.57 万元；基建支出挤占文化专项经费 2.60 万元；核减工程总投资额 1.55 万元；欠交固定资产投资方向调节税 2.09 万元。审计要求县文化馆补办超计划投资的批准手续，归还被挤占的专项经费，补交欠交的税费。1991—1992 年，共对 65 个基建项目实施开工前审计。其中，1992 年有 38 个项目，共落实基建面积 59786 平方米、投资资金 2812 万元、资金来源 2620 万元。1994—1996 年，共对 139 个基建项目实施开工前审计，共落实基建面积 21.79 万平方米、投资资金 8122 万元、资金来源 6220 万元。1994 年 6 月，对县土地管理局土地管理干部学校基建项目竣工决算情况进行审计。该项目施工单位决算送审数 3693.15 万元，审计核减 829.03 万元；项目三大材账面支出数 327.99 万元，审计核减 147.62 万元；核减基建项目费用 67.44 万元。1995 年，先后对丹阳汽车板簧厂 492 万元工程项目和物资大厦 942.40 万元工程项目实施审计。审计核减额分别达 240 万元和 196.60 万元，核减比率为 48% 和 21.10%。1996 年，在对江宁县建设工程进行专项治理过程中，查出未办理开工前审计的新开工项目 70 个，重新进行补办；对未进行决算审计的工程项目进行决算审计，到年底完成 40 个项目，占任务的 33.60%，送审金额 7113 万元，核减额 1111 万元，核减率 15.70%。

1996—1997 年，县审计局组织对县专项治理办公室下达的 203 个工程项目开展审计，审计投资总额达 4.17 亿元，核减额 3747 万元，核减率 8.99%，减少财政拨款 469 万元，查出偷、漏税费 56 万元，挤占工程成本 71 万元，对高估冒算的严重违纪问题做出审计处理 151 万元，罚款 1.60 万元。1997—2000 年，县审计局共对 406 个基建项目实施开工前审计。1998 年，全年共完成基建审计项目 287 个（其中专项治理 28 个），审计投资额 6.07 亿元，审计核减额 4545.95 万元，查补偷、漏税 18 万元，纠正违纪金额 1133 万元。同年，根据县政府要求，对几年中所建公路，总投资额 1.61 亿元的 63 个单项建设工程进行审计，审计核减额 1156.90 万元，核减率 9%。

2000—2001 年，共完成工程建设投资审计总额 6.09 亿元，审计核减决算支出 4538 万元。2001 年，根据省、市统一安排，重点实施全区农村电网改造工程项目审计，涉及全区 18 个乡镇、200 多个村，审计投资总额 1.23 亿元，审计核减额 1130 万元。2002—2003 年，共审计投资总额 4.05 亿元，核减额 3284.30 万元，为财政挽回损失 1088.91 万元。同时，将审计监督“关口”前移，提前介入重点项目，实施全过程跟踪。2003—2006 年，完成开工前审计项目 36 项，审计项目投资总额 2.02 亿元，建筑面积 28.60 万平方米。对开工前审计项目从立项、规划、土地手续、资金到位等方面严格把关，使全区开工前审计工作日趋规范化。2004—2005 年，共审计建设工程项目 205 项，审计决算投资 19.22 万元，核减决算投资 10571.90 万元。2006—2007 年，对区法院审判庭综合楼、江宁医院开发区分院、区档案局大楼、宁丹路南延工程、三大园区基础设施建设、高新技术创业服务中心大楼等项目进行审计。审计投资总额 69.66 亿元，核减工程决算 1.85 亿元。

【工商企业审计】

工交企业审计　1986 年起，开始开展工交企业财务收支审计。是年，对江宁县化工厂、南京锗厂等 14 家单位进行财务收支审计，查出违纪金额 315 万元。1987 年 7 月，对江宁县金箔总厂 1986 年 1 月至 1987 年 6 月的财务收支情况进行审计。该厂 1987 年上半年实现产值 504.80 万元，销售收入 440.50 万元，利润 27.10 万元，分别比 1986 年同期增长 94.25%、103.54% 和 66.95%。在审计中发现在财务和经营管理方面存在问题：漏交建设税 6047 元；多转销售成本 11699 元；扩大成本开支范围，将应由福利基金开支的费用 3380 元计入生产成本；基建、大修费用 1.71 万元挤占生产成本；金箔分厂黄金提价增值额 4.10 万元一直挂在原材料账上，未转为企业流动资金；专用基金挤占流动资金 26 万元。审计提出相应整改建议。1988 年，对县电风扇厂等4家县属工业企业实施财务收支审计。

1990—1991年，在全县工交企业中选择部分利税大户进行财务收支审计，着重查处损失浪费和损害国家利益等违规违纪行为，两年共审计18家，查处各类违纪金额315万元。1995年，加大对重点企业资产、负债、损益审计力度，共对9家县属国有、集体企业进行审计，查出违纪金额520万元，在企业体制改革和建立现代企业制度方面提出建议。1997年，对县属13家重点和骨干企业进行审计，着重围绕资产、负债、损益三个方面，针对其真实性、合法性、合理性展开审计。1999年，共对15家企业开展资产、负债、损益审计，查出违纪违规金额1385万元。审计重点揭露一些企业弄虚作假，资产、负债、损益不真实和国有资产流失的问题。

2000年，参与区政府组织的南京金箔（集团）公司、江苏时花（集团）公司等单位的改制和双宁（集团）公司、南京新蕾化工总公司等单位的破产清算工作。实施对区自来水厂、煤气公司和邮电通讯发展公司等几家特殊企业的重点行业审计。2002年，对南京苏源江宁电力实业总公司、区民爆化工有限公司、煤气公司2000—2001年度资产、负债、损益情况进行审计。2004年，对区工业资产经营（控股）有限公司、开发区总公司2003年度资产、负债、损益情况进行审计。2007年，对国有企业的审计由资产、负债、损益审计向效益审计拓展，由全面开花向重点行业倾斜。首次完成对江宁经济技术开发总公司、滨江投资公司成立后的运营情况和资产、负债、损益情况进行全面的审计调查，摸清开发园区运营的真实情况。

商贸粮食企业审计　1986年起，开始对商业、粮食、物资等各行业财务收支情况进行审计监督。是年2—4月，首次对县粮食局下属的江宁县饲料公司和县商业局下属的江宁县糖烟酒公司1985年度财务收支情况进行审计。1987年3月，对江宁县百货公司1986年财务收支进行审计。审计认为该公司1986年各项经济指标基本完成，全年实现销售收入1061.27万元，占计划的99.18%，完成利润指标15.70万元，费用率3.95%，比1985年同期下降0.15%。但公司违反财经法规，将应在1986年列支的贷款利息，未在当年费用中列支，导致1986年虚增利润2.95万元。审计提出开展“保本核算”的建议，得到县商业局和该公司的认同。

1989—1992年，对县金属材料公司、县五交化公司、县粮油贸易公司等单位实施财务收支审计。1994年，对县商业局下属的江宁商场、物资局下属的机电设备公司和粮食局下属的植物油厂1993年度财务收支情况进行审计。1995年9—10月，对县物资局及其所属18家单位进行审计。通过审计，弄清物资系统自1990年后，长期存在经营管理混乱、费用开支庞大、投资决策失误所导致企业资不抵债的状况。并针对问题，提出整改建议。1996—1997年，对县粮食、商业、供销系统的14家企业进行审计。1998年，按照省审计厅统一部署，县审计局参加全省跨区域的粮食专项审计，组织近20人的审计组，对涟水县粮食局进行审计。1999—2000年，加强对企业资产负债的损益真实性审计，两年共对15家重点商业、粮食、供销企业进行审计，查出违纪违规金额701万元。

2001—2003年，对区烟草公司、医药公司、农资公司等有关国计民生的企业单位进行审计。2004—2006年，重点对区民爆化工有限公司、区金属回收有限公司等多家企业的资产、负债、损益审计，开展对区商贸系统2005年度经营状况及经济效益情况的审计调查。共查出违规金额464万元，管理不规范资金538万元，虚增负债167万元。针对有关企业往来清理结转不及时、会计报表编制不规范和负债反映不实等问题，审计提出针对性整改建议。

中外合资企业审计　1990年，开始开展涉外企业审计。是年，对中外合资经营企业南京江南制鞋有限公司1989年度财务收支和经济效益进行审计。该厂1989年4月建成投产，4—12月实现产值113.10万元，销售收入106.10万元，直接创汇11万美元。审计认为，该厂在经营决策管理、质量管理、物资流转管理、财务管理等方面都较规范，但存在低值易耗品未及时摊入成本、开办费用尚未摊入管理费等问题。1991 年 3 月，对中外合资企业南京奋发金属软管有限公司 1986—1990 年度的财务收支和经济效益等方面进行审计。截至 1991 年年底，该厂销售成本达 75.47 万元，累计亏损 49.05 万元。审计提出整改建议。1994 年 5 月，对县境内 1992 年年底前批准成立的、注册资金在 500 万元以上的 16 家中外合资企业的资金到位、投产开工、资金利税和出口创汇“四率”状况进行审计。审计表明，16 家企业 1993 年年底实际到位的注册资金 7381.13 万元，资金到位率 45.20%。开工企业仅 3 家，投产开工率 18.80%，资金利税率仅 13.65%，出口创汇企业仅 1 家。审计分析原因并提出建议。

1996 年 7 月，对中外合资企业南京宁洛服装有限公司 1995 年度资产、负债、损益情况进行审计。审计结果表明：1995 年度企业经济效益较差，主要经济指标大部分较 1994 年有所下降，亏损额进一步增大。主要原因：外方抽走部分资本金，发生汇率损失 7.50 万元；费用增幅较大，销售费用比 1994 年增长 69.78%，管理费用比 1994 年增长 117.11%，而同期产品销售收入反而下降 3.34%。审计建议进一步压缩各项费用开支，追回外方抽走的资本金，造成的汇率损失应由外方承担。1997 年，对 3 家中外合资企业资产、负债和损益情况进行审计。此外，1999 年 4 月，对江宁县外商投资企业软环境现状进行审计。审计结果表明：截至 1998 年年底，全县注册的外商投资企业 656 家，开工投产 369 家，合同利用外资 11.73 亿美元，实际利用外资 5.08 亿美元，实现出口创汇 0.80 亿美元。

【行政事业审计】

财政财务收支审计 1984 年 6 月，县审计局进行首例财务收支审计，对 1983 年度县卫生事业费开支情况进行试审，审计就卫生事业费的支出和管理中存在的问题提出处理意见和改进建议，并向县委、县政府提交审计报告。1986 年 3 月，南京市审计局提出对行政事业单位实行定期审计制度以逐步代替一年一度的财务大检查。县审计局确定对县教育局、县水利农机局、县工商行政管理局、县城建环保局、县乡镇工业局 5 家单位进行定期审计。共查出违纪金额 7200 元。1987 年，根据国家审计署《关于对行政事业单位推行定期审计制度的通知》，县审计局制订《江宁县行政事业单位定期审计试行办法》，将行政事业单位定期审计对象扩大到 18 家，并按季对其财务收支情况进行审计。审计共查出违纪金额 2.60 万元。1988 年，对 5 家行政事业单位进行定期审计，审计总金额 2907.86 万元。

1991 年，对 8 家行政事业单位进行定期审计。7—8 月，分别对县司法局系统、县物价行业和标准计量行业 1990 年度和 1991 年上半年财务收支进行审计。1992 年 4 月，对县工商行政管理局 1991 年度财务收支情况进行审计。审计发现，截至 1991 年年底，该局各项收支历年累计倒挂 125 万元，审计建议进一步加强资金使用的计划管理。1995 年，开展对县土地管理局、计经委、教育局、水利局、城建局等单位 1995 年 1—9 月财务收支情况的审计。1996 年，为配合同级财政审计，对参与预算执行部门的县计经委等 14 家单位 1995 年财务收支情况进行审计。审计预算内外资金总额 3.10 亿元。1999 年，强化对行政执法单位的审计监督力度，开展对县法院、检察院、民政局等单位的财务收支审计。同年 11 月，接受省审计厅的委托，对南京工业学校 1998 年度财务收支及资产、负债等情况进行审计。审计结果表明：该校各项收入基本合规，1998 年，各项收入总额 1132.37 万元，其中财政拨款 469.30 万元，支出 959.04 万元；支出、货币资金、应收及暂付款等资产真实；事业基金、专用基金等净资产真实；内控制度健全，账账、账表相符。审计发现应收款 3 年以上的金额较大且难以收回；固定资产记账不及时、账实不符；学校招待所收支未并入大账；用自制单据收取实习材料费和报名费等问题。审计结果如实上报省审计厅。

2002 年，将教育、医疗单位列为审计的重点对象，全年共对 4 所学校和 3 家卫生院进行审计。

2003—2004 年，围绕乱摊派、乱罚款、乱收费行为以及政府采购、土地批租、“收支两条线”管理、行政事业单位设立账外账、“小金库”8 个方面，对全区 15 家行政事业单位预算外资金进行审计，对一些有罚没收缴的单位进行跟踪审计。2007 年，开展对区教育、卫生系统的财政财务收支审计。在审计内容上，重点突出对教育、医疗收费情况的审计。审计就完善教育系统国有资产管理和强化对下属单位的财务监管提出意见和建议。

社会保障基金审计 1992 年 5 月，对江宁县社会劳动保险所 1990—1991 年度养老保险基金收支管理情况进行审计。审计表明：该所基金实行专账核算、专户存储、专款专用，基金收缴数额逐年增加，基金的结存数由 1987 年的 163.20 万元，增至 1991 年的 1470 万元。审计发现该所存在违规提取事业发展基金和奖励基金等问题，审计责令其限期改正。同年 6 月，对江宁县职工待业保险所 1990—1991 年度职工待业保险基金收支管理情况进行审计。县职工待业保险所两年共收取待业保险金 80.36 万元，利息收入转基金 7.34 万元，至 1991 年年底，基金结存 145.12 万元。1996 年 3 月，对江宁县社会保险所 1995 年度企业职工养老保险基金和失业保险基金收支情况进行审计。1995 年，养老保险基金实际收缴 2228 万元，欠缴 605 万元，欠缴率 21.35%，基金支出 1417 万元。失业保险基金实际收缴 163 万元，基金支出 51 万元。养老基金利息收入 364 万元，失业基金利息收入 34 万元全部转入基金结余。针对县社会劳动保险所挪用基金 142.50 万元搞基本建设、购置电脑，以及多提管理费的问题，审计责令其限期归还。

2000 年 8 月，对江宁县 1999 年度企业基本养老保险基金和失业保险基金收支管理情况进行审计。对审计中发现的违规购买地方债券，部分基金存入非国有商业银行，部分基金未及时转入财政专户，在经费中超标准、超范围发放奖金补贴等问题，审计予以及时纠正。2003—2007 年，连续 5 年对社保资金进行跟踪审计。对基本养老保险基金管理情况进行审计；对失业保险基金及有关单位失业保险缴费情况进行审计，摸清全区失业保险基金的总体规模，全面反映失业保险基金的收支结构和结存情况，审计揭示的基金收支和专户管理中存在的不规范问题，得到财税和劳动部门重视，部分得到及时纠正；对农村最低生活保障专项资金开展审计，审计报告揭示农村低保工作水平低、保障能力弱的现状，提出进一步提高农村低保保障能力，规范社会福利工作建议。

专项资金审计 1985 年，对江宁县上坊水泥厂的“小水泥改造一期工程”的专项资金进行审计。审计认为，该项工程资金使用基本正确，专款专用，实际支出比计划支出节约 2.85 万元，但在管理上存在一些问题，审计提出 5 条建议。1987 年 6 月，对江宁县 1986 年发展粮食生产专项资金进行审计。重点抽查 6 家单位的 8 个项目，审计金额 61.30 万元，占全县发展粮食生产专项资金总额 45%。审计认为：各项目资金能及时下拨，配套资金基本落实到位，专款专用。但存在部分项目工程进度慢，部分乡镇的专项资金没有单独建账等问题。

1990 年 6 月，对江宁县 1989 年度及 1990 年上半年城市教育费附加收支管理情况，以及全县 1988 年和 1989 年度水费收支管理情况进行审计。1991 年 10 月，对江宁县民政主管部门直接接收救灾款物的收、拨、管理和使用情况进行审计，至 9 月末，县民政局收到各方面捐款 311.35 万元。其中，安排教育局用于灾区校舍维修 11.99 万元，用于灾区防病治病 13.17 万元，用于灾区防汛救灾物资 60 万元，用于灾区生产和生活救济 210 万元。账面结余 16.19 万元待分配。县救灾办公室收到各方面捐赠物折合人民币 53.36 万元，粮票 28.39 万公斤，全部及时分发灾区各单位。审计认为捐赠款物基本做到专款专用、专物专用。1992 年 3 月，对江宁县商品粮基地建设办公室 1991 年度商品粮基地建设资金进行专项审计。1991 年，国家下达给江宁县商品粮基地建设资金总投资 260 万元，至年底，账面实际支出 254.63 万元，账面结余 16 万元。审计认为：在资金的管理上有专账核算、专户存储、专人审批，资金专款专用。针对有的计划安排与粮食专项资金重复，少数工程进度缓慢，部分乡镇资金核算账户不统一等问题，审计提出相关建议和改进措施。1994—1995 年，进一步强化对全县教育专项经费的审计。实施对 1994 年度县教育局普教经费的审计和 1992—1994 年度教育局基础设施费专项经费领、拨、用情况的审计。1995 年 4 月，对江宁县住房资金的筹集、使用和管理情况进行专项审计。1996 年 8 月，对县财政局 1995 年度预算外资金的收支及管理情况进行审计。存在的问题是借出周转金逾期和沉淀较多，占借出周转金总额的 58.70%，其中三年以上逾期贷款占 36.30%，回收难度大。审计建议加强对逾期贷款的清理催收工作，确保资金的安全性。1999 年，开展对江宁县 1998 年水利资金的审计。审计认为：1998 年，全县共筹集各项水利资金达 4028 万元，强化对水利资金的管理，基本坚持专款专用。

图 24–6–15　江宁区审计局依法开展各类审计（2004 年摄）

2000 年 4 月，对县环保局 1998—1999 年度环保资金的征收、使用和管理情况进行审计。针对该局存在的污染源治理补助资金拨付进度慢，下属单位坐收坐支排污收费和预算外资金等问题，予以严肃处理。2002 年 4 月，对区国土资源局 1990—2000 年按照县级审批权限审批的各项国土资金的征收、缴拨、分配、使用和管理情况进行审计清理。同时抽查陶吴、秣陵两家土地管理所，并延伸审计区国土资源局下属的土地复垦开发公司、地产开发公司。2006 年，围绕“三农”“民生”和土地、城市建设问题开展专项审计。突出抓住农村“五件实事”等热点，组织开展对农村改水专项资金，农村道路“水泥化”专项资金和合作医疗专项资金使用情况的审计。审计共查出管理不规范资金 40 万元，揭示“五件实事”实施和资金运作中存在的预算指标下达具体项目和金额不明确，下拨、接收单位不统一，一些项目审批标准不清晰等问题。2007 年，开展对农村“八件实事”专项资金审计。完成对全区农村道路通达工程专项资金、农村教育培训工程专项资金等审计，揭示部分涉农专项资金在运作过程中存在的预算指标下达具体项目和金额不明确、项目资金被挤占挪用以及个别政策措施滞后等问题，审计提出改进建议。

审计调查　1985 年，对全县全民单位“发放钱物，请客送礼”的情况进行审计调查，共查出乱发钱物金额 324.50 万元，请客送礼金额 14.86 万元。1986 年 8 月，开展对岔路乡乡办工业横向经济联合情况的审计调查。审计表明：至 1986 年 6 月底，岔路乡有 9 家经济联合体，企业联合后比联合前在技术、管理水平和产品质量方面均有一定的提高。其中 6 家联合体 1986 年上半年比 1985 年同期工业产值增长 39.26%；产品销售税金增长 42.47%；职工平均工资增长 7.66%。同时发现协议条款不完善、经济效益下滑、联合体内部有较大的不平衡等问题，审计提出改进建议。1987 年 7 月，对全县 45 家企业的基本建设和技术改造项目进行审计调查，发现部分企业不经批准，乱拉资金搞计划外基本建设，漏交建筑税的现象较为严重。县审计局依法进行严肃处理，查补税款 67 万元。

1990 年，根据江宁县清理整顿办公室的要求，对全县 45 家需要保留的公司进行审计调查。

共查出违纪金额105万元，上缴财政25万元。1992年5月，对全县1990—1991年度的各项支农资金、支农物资和农业专项贷款进行审计调查，并对1991年度的商品粮建设资金、发展粮食生产专项资金、农业发展资金及较大的项目资金和用款单位进行重点审计。1993年4月，对江宁县秣陵、江宁2个镇4个村的农民经济负担情况进行审计调查。审计表明：1992年，全县合同内农民负担金额占1991年人均收入的4.97%，控制在规定限额5%范围内，审计未发现有向农民乱收费、乱集资、乱摊派的情况。1994—1995年，共完成“市场物价调节基金征收管理”“股份合作制企业组建和经营情况”“沪宁高速公路江宁段工程财务收支情况的审计调查”等16项审计调查项目。1996年2月，对县城建局等24家行政事业单位的预算外资金收支管理情况进行审计调查。

2000年10月，对县交通局及所属企业事业单位截至2000年9月30日资产和负债情况、道路建设和交通大楼等工程资金缺口情况进行审计调查。2001年，对南京民营科技园发展有限公司、江宁区农业高新技术开发区2000年资产、负债、损益情况进行审计调查。2002年，根据省、市统一部署，开展对江宁区政府外债的调查审计，并对项目单位贷款使用情况、项目进度及进口设备安装调试情况进行调查延伸。2005年，开展对“绿色江宁”专项资金的使用和“三奖一补”政策执行情况的审计调查。

第二节 社会审计

1988年1月和1994年3月，先后成立江宁县审计事务所和江宁县投资审计事务所，从事验资、企业年报审计、财务收支审计、经济鉴证、基建和技术改造项目审计、资产评估、债权债务清理和咨询服务等业务。

【江宁县审计师事务所审计】

1988年1月，江宁县审计事务所成立，在县审计局管理指导下开展审计查证、咨询服务工作。同年，根据《中华人民共和国企业法人登记管理条例》，开始接受企事业单位和个人委托，承办注册资金的验证，全年受托对1600多家企业注册资金进行验证。同年5月，开展对江宁港务管理处等19家县属国有、集体企业承包公证审计。1990—1991年，对1160多家企业注册资金进行验证，并对江宁县第一车队、江宁县金属材料公司等26家单位进行第一轮经营承包终了审计。

1992年8月，江宁县审计事务所更名为江宁县审计师事务所。是年，受托完成财务收支审计4项，承包离任审计3项，经济案件鉴定1项，验资年检500项，资产评估19项，咨询服务建账建制2项，担任常年顾问4家，工效挂钩审计153项。1993年，受托完成财务收支审计7项，注册资金验证年检606项，建账建制2项，资产评估6项，清理债权、债务21项，担任常年顾问27家，基建工程预、决算验证4项。1994—1995年，受托完成财务收支审计16项，承包离任审计4项，经济效益审计3项，经济案件鉴定3项，注册资金验证年检856项，资产评估12项，资质等级验证54家，担任常年顾问56家，基建工程预、决算验证5项。1995年，全年对67家有限责任公司注册资金进行验证；对21家行政事业单位所办企业税收财务物价情况进行检查，收缴各项税费基金1.73万元。1996—1997年，受托完成资产、负债、损益审计16项，注册资金验证年检848项，资质等级验证4家，资产评估17项，资产公正审计2项，抵押评估35项，担任常年顾问28家。1997年6月，受江宁县汤山林场委托，对该场下属的南京中亚通讯器材厂厂长离任审计，审计期间为1996年5月至1997年5月10日。审计表明：至1997年5月10日，该厂资产为325.39万元，负债为394.77万元，净资产负69.38万元，其中亏损80.81万元（前任亏损7.42万元，继任亏损73.39万元），并对亏损原因进行分析，提出审计建议。1998年，受托完成资产、负债、损益等审计项目10项，破产企业审计8项，注册资金验证、报表年检589项，资质等级验证19家，资产评估108项。同年，对江宁县铜山尚洪复合肥厂等165家原集体企业，改组为股份合作制企业的出资情况进行验证。

1999年，受托完成资产、负债、损益和财务收支等审计项目10项，注册资金验证、报表年检834项，资质等级验证3家，资产评估43项。同年4月，受江宁县人民检察院委托，对江宁县农村社会保险所所长、副所长1997年1月至1999年3月任职期间财务收支、财经纪律执行情况进行审计。审计发现：管理费超支119.70万元，挤占养老保险基金；违规动用专项基金27.17万元，购置桑塔纳轿车；养老金放贷操作不规范，资金沉淀时间过长，存在一定风险；外埠存款450万元，存在安全问题；私设“小金库”3个，总金额16.07万元；养老基金400万元存入六合城市信用社，违规获取高额利息16万元。是年，江宁县审计师事务所与县审计局脱钩。

【江宁区上元工程审价事务所审计】

1994年3月，江宁县投资审计事务所成立，在县审计局管理指导下开展有关基本建设项目、技术改造项目等审计查证、咨询服务业务。至是年11月，完成投资审计项目4项，审计投资总额2500万元，核减工程决算600多万元。针对基本建设审计中发现的问题，向县政府提交专题报告。1995年，全年完成审计项目16项，其中计划项目2项，政府交办项目2项，委托审计12项，基本建设投资审计总额8398万元，核减造价650万元。

1996年，县投资审计事务所完成政府交办重点工程决算审计6项，审计投资1.14亿元，核减决算2476万元，平均核减率21.70%，其中南元宾馆工程，核减额800余万元。同年，完成胜太桥、县体育馆、江宁经济技术开发区等6项重点工程审计工作，审计投资总额2100万元，核减投资273万元，平均核减率13%，其中核减最高的县城建局机关住宅楼工程，核减率20%。

1997年，全年接受委托工程决算审计43项，累计审计投资总额1.64亿元，核减决算投资1373.70万元，平均核减率8.38%，审计业务到账收入79.60万元，审计投资额和业务收入分别比1996年增长110.20%和85.60%。同时，参与工程建设专项治理审计工作，完成专项治理审计项目203项，其中竣工决算审计项目89项，审计投资总额4.17亿元，核减决算支出3747万元，平均核减率8.99%，通过审计直接减少财政拨款497万元，并顺利通过省专项治理检查小组的验收。

1998年，江宁县投资审计事务所接受委托承办工程造价、咨询、查证事项200项，其中工程预、决算审核176项，审核预、决算总额2.81亿元，审核调减净额1950万元，平均核减率7%；标底编制审核14项，编审总额5031万元。同年，对1996—1997年度全县道路建设竣工项目工程决算情况进行审计，送审工程决算总额1.71亿元，核减工程造价1223.60万元，平均核减率7.20%。

1999年，接受委托承办工程造价、咨询、查证事项221项，其中工程预、决算审核180项，审核预、决算总额1.89亿元，审核调减净额1058万元，平均核减率5.60%；标底编制审核18项，编审总额4576万元。同年4月，对1997年和1998年度竣工的50万元以上工程项目和建筑装潢项目进行竣工决算审计，共完成工程项目203项，审计投资总额4.17亿元，核减工程造价3747万元，平均核减率8.99%。通过审计直接减少财政拨款469万元，查出偷税、漏税56万元，挤占工程成本71万元，对高估冒算等严重问题做出审计处罚151万元，罚款1.60万元。同年，对102项建设项目进行开工前审计。通过审计发现：无土地征用手续的项目15个，占总数的26%；无规划手续的项目 14 个，占总数的 24%；有 25 个项目有超计划、超规模现象，占总数的 43%，其中超计划的 12 项、超规模的 4 项、超计划同时超规模的 9 项；42 个项目资金有缺口，缺口最多的达 70%，有 8 个项目建设资金基本未落实，且不具备开工条件。通过审计，各建设单位积极予以整改。是年 11 月，江宁县投资审计事务所更名为江宁县上元工程审价事务所。

2000 年，江宁县上元工程审价事务所对 1999 年度已竣工未办理决算审计的项目进行清理排队，确定县交通大厦、大市口广场、县计生委大楼装潢工程等一批重点项目列入审计对象。全年共完成工程建设投资审计总额 2.63 亿元，核减决算支出 1992 万元。2001 年 3 月，江宁区上元工程审价事务所与区审计局脱钩。

第三节　内部审计

【乡镇（街道）内部审计】

1986 年，随着乡镇企业的发展，乡镇内部审计开始起步。是年 6 月，江宁县陆郎乡首次对所属乡办企业年终分配情况进行审计，其他乡镇相继开展审计工作。1989 年，江宁、汤山、陆郎、东善 4 个乡镇先后设立内部审计机构。

至 1990 年年底，江宁县乡镇已成立内审机构 13 家，专职审计人员 15 人，兼职审计人员 32 人。是年，全县乡镇审计机构共审计 130 个项目，查出各类违纪金额 148.50 万元，为各部门、单位增收节支 57.60 万元；查出损失浪费金额 58.50 万元，提出合理化建议 200 多条，其中被采纳的有 150 条，还帮助 300 多家企业清理往来账，收回资金 1300 万元。其中，汤山镇审计所在对镇采石厂、炼灰厂审计中，发现两厂存在的问题：白条抵库金额较大，采石厂白条抵库达 2.46 万元，占应有金额的 89.50%，炼灰厂为 1.78 万元，占 97.79%；产成品空库大，采石厂石料空库 329.26 吨，折合产值 27.36 万元，炼灰厂石灰空库 2352.75 吨，折合产值 21.17 万元；非正常性开支大，采石厂达 13.77 万元，炼灰厂达 8.09 万元；固定资产、库存物资管理混乱。采石厂仅库存物资就盘盈品种 131 个，计 12.34 万元，盘亏 86 种，计 3700 元。1989 年 1—8 月，采石厂石料单位成本 9.70 元 / 吨，比 1988 年同期增加 3.23 元，增长 55.31%，造成亏损 4.12 万元。经过审计和采取相应措施，镇采石厂出现转机，1990 年，共完成产值 111.40 万元，由亏损变成赢利 5.50 万元。1992 年 8 月，上坊乡审计所对乡办企业长山水泥厂、预制厂、汽车配件厂 1992 年上半年库存产成品、应收销货款进行专项清理审计调查。审计表明，3 家企业库存产品积压情况严重，与 1991 年同期相比净增 71.77 万元；应收销货款回笼慢，与 1991 年同期相比净增 65.74 万元。通过分析，对 3 家企业分别提出审计意见。

1995 年，全县 23 个乡镇均成立乡镇审计机构，配备审计人员 94 人，其中专职 8 人、兼职 86 人。全年共完成审计项目 454 项，其中财务收支审计 160 项，经济效益审计 171 项，承包经济责任审计 88 个，基建审计 15 个，其他审计 20 个。审计总金额 16 亿元，查出损失浪费 1954.50 万元，促进增收节支 912 万元，纠正违规违纪金额 3596.70 万元，增加上缴 1282.70 万元，追回各种款项和增加留利 2314 万元，移送经济案件 4 件，受到行政处分 21 人，受到司法机关处理 7 人。1998—1999 年，全县乡镇审计所（办）累计完成审计项目 1385 项。其中，企业审计 642 项，行政事业单位 571 项，其他审计及审计调查 172 项；查出损失浪费 3140.64 万元，促进增收节支 1701.21 万元，增加上缴 146 万元，增加留利 265 万元，纠正违纪金额 384.70 万元；移送经济案件6件，建议行政处分的19人，受到司法机关处理4人。

2000年区划调整，江宁县原有23个乡镇合并为18个，各乡镇均成立内审机构，配备内审人员59人，其中专职审计人员21人，兼职审计人员38人。是年9月，各乡镇审计所首次开展对乡镇民政办公室财务收支同步审计。共查出违纪金额46.50万元，给予党内严重处分并调离民政岗位1人，提出合理化建议34条。2000—2001年，全区审计所（办）累计完成审计项目1417项，查出损失浪费1634.83万元，促进增收节支927.39万元，纠正违纪金额421.10万元，提出合理化建议632条，向司法机关移送案件1件，移送司法处理5人，建议行政处分32人。2002年4月，南京市江宁区内部审计协会成立，吸纳单位会员61家，为内部审计机构和内部审计人员开展培训和业务指导。

2003—2007年，全区内部审计机构累计完成各类审计项目3774项。其中，财务收支审计2128项，经济效益审计261项，经济责任审计370项，基本建设投资审计669项，专项资金及专项审计调查242项，内控评审53项，其他审计68项；查出损失浪费金额4915万元，纠正违规金额1391.88万元，促进增收节支7041万元；通过审计提出整改意见和建议1104条，建议行政处分25人次。至2007年年底，江宁区内审协会有会员单位58家。2001—2007年，区审计局多次被评为南京市内部审计指导与管理先进单位。

【部门单位内部审计】

1984年起，江宁县已有部门、单位配备内部专职审计人员，是年，发展审计通讯员164名。1985年11月，县政府明确规定县各有关部门、实体公司和中型企业、事业单位，均应建立审计股，配备专职审计人员，实行内部审计监督。至1990年年底，县教育局、供销合作总社、粮食局、工业局、南京第三钢铁厂和六一三厂等先后成立内部审计机构。

1991年3月，县供销合作总社审计监察科对上峰供销社进行审计调查。审计调查发现该社存在柜台实物负责人擅自提价；违反库存盘点规定，隐瞒升溢，将多出的钱款私自处理等问题。根据审计调查情况，作出严肃处理。1992年，南京金箔集团建立一套内部审计制度，审计内容为分厂负责人的经济责任审计、日常财务收支审计、财经纪律审计、不定期的专项审计。1994年，全县部门、单位共成立内审机构10个，其中独立设置4个，合署办公6个，配备内审人员26人，其中专职审计人员8人，兼职审计人员14人。1997年，县供销合作总社审计科对下属某公司实施经济效益审计，确认该公司亏损422万元，负债达787万元，已严重支不抵债。据此展开专项调查，收回各种外欠款35.72万元，对7名责任人进行行政处分，有1人判处有期徒刑。1997—1998年，县供销社通过审计，提交审计报告40篇，促效增收和避免损失近千万元，提出合理化建议138条，被领导采纳110条。

2000年，根据南京市审计局要求，县审计局对全县内审工作现状进行调查，全县25个部委办局、12家国有企业，共成立内审机构14个，其中独立设置5个，合署办公9个，配备内审人员33人，其中专职审计人员10人，兼职审计人员23人。同年，县建设局对下属事业单位行政事业经费收支、预算外资金管理、收费票据管理等进行审计；对下属企业资产负债、经营成果、债权债务情况等进行审计。通过审计发现，1999年以前存在盲目对外投资、资金占用过大、盈亏不实、账实不符等问题，先后写出20份审计报告，提出审计建议和处理意见。2002年9月，区卫生局积极推行医疗单位药品、卫生材料的比价审计。自2000年6月后，通过审计节约采购成本1100万元，促进医疗单位主动降低部分药品价格，让利于民近200万元。2003年，区教育局加大审计监督力度，在对区特殊学校等5所学校2002—2003年财务收支审计中，审计金额

6018.70 万元，调整账务处理不当金额 892.60 万元，促进学校增收节支 2.40 万元，撰写审计报告 5 份，下达审计意见书 5 份，提出审计建议 24 条，全部被审计单位采纳，并得以整改。2004 年，区公安局审计科率先在全区开展经济合同事项审计，全年审计经济合同 8 份，审计合同金额 530 万元，修改合同有关工程项目、质量标准、安全责任、付款进度、质量保证和尾款清算等条款 31 条，为单位避免损失预计 20 万元。

2007 年，区财政局加大财政专项资金的检查力度，开展农村新型合作医疗资金使用情况、污染防治资金使用情况、河塘清淤专项资金使用情况等 13 项检查，保证中央惠民政策真正落到实处。区公安局全年完成科级领导经济责任审计 4 个，纠正违规资金 19.39 万元，被免职 1 人，提出审计建议和意见 9 条。在建设项目审计过程中，以造价控制为核心，全年完成 24 个审计项目，测量 80 多个疑点子目，93 个高套定额，其中核减单笔材料差价 14.20 万元，占该报价的 12.50%。

第七章　安全生产监管与劳动保护

1973 年 11 月，成立江宁县安全生产委员会。1978 年，县属各厂矿（公司）相继成立相应机构，形成县、厂（矿）、车间、班组的四级安全生产组织机构。1993 年，全县成立安全生产委员会或安全生产领导小组 1409 个，组成人员 5475 人；全县有 477 家企业设立安全科，组成人员达 1458 人，全县安全技术队伍有专职人员 914 人，兼职人员 4121 人。1995 年年底，全县成立各级“安委会”领导小组 2002 个，成员 7531 人，有 1095 家企业设立安全科，成员 2954 人，有安全队伍专职技术人员 4683 人，兼职人员 4469 人。

2002 年 1 月，生产安全监督管理工作由区劳动和社会保障局移交给新成立的江宁区安全生产监督管理局，区安监局为区发展计划与经济局的直属行政机构。主要职能负责全区安全生产综合监督管理工作，同时承担区政府安全生产委员会办公室的日常工作。2005 年 8 月，区政府下发 57 号文件，决定将区安监局调整为区政府工作部门，综合监管全区安全生产工作。区政府根据全区行业（企业）现状，将应纳入安全生产前置条件管理的行业分为非煤矿山、危险化学品、建筑施工、交通运输和人员密集场所。针对以上行业（企业）特点和易发安全隐患等情况，坚持“安全第一，预防为主”方针，不断抓教育规范，严格进行监督检查，减少一般事故，杜绝重特大事故，认真治理安全隐患，降低伤亡指标，实现江宁区经济和社会事业建设的安全、规范、有序。2004—2007 年，江宁区连续 4 年被南京市人民政府授予安全生产先进单位称号。

第一节　安全生产监督

【安全生产责任制】

20 世纪 60 年代，江宁县各厂矿普遍建立和修订安全生产的各项制度，加强责任制。1987 年起，江宁县全面实行安全生产目标管理，把安全生产目标作为一项指标落实到经济责任中进行考核奖惩。对各个企业下达年万人重伤率（3.50以下）的控制指标。当年，由于各企业的努力，职工死亡人数比1986下降18%。县商业、城环、供销、供电、文教、物资等系统的大部分企业职工年万人重伤率控制数为零。1991年，全县有生产企业2567家，职工总人数202462人，其中县属以上企业职工人数42915人，县属以下企业职工159547人。当年县属以上企业发生工伤事故7起，伤亡7人，其中死亡事故1起，死亡1人，死亡率为0.02‰，重伤事故6起，重伤6人，重伤率0.14‰，远低于市下达指标。县属以下企业因工死亡事故16起，死亡16人，略高于市下达指标，县属以上企业安全生产责任制成效十分明显。1999年，县安全生产委员会对106家单位安全生产工作进行认真检查和严格考核。安全生产目标管理取得前所未有好成绩。全县有企业2228家，职工总人数248663人，其中县属以上企业职工57968人，县属以下企业职工190695人。县属以上企业千人死亡率控制为零，千人重伤率仅为0.05，县属以下企业千人死亡率0.06。至2000年，江宁县政府连续12年被南京市政府评为安全生产先进单位、安全生产目标管理达标先进单位。

2002年1月23日，区委、区政府召开全区安全生产工作会议，与18个镇、20个部门（园区）、20家企业签订2002年安全生产责任状。各镇、部门（园区）与所属村（社区）、企业也相继签订年度安全生产目标管理责任状，形成全区三级安全生产目标管理体系和全员、全过程、全方位的“三全”安全生产监督管理。2004年，区政府不断创新和完善安全生产责任制，明确责任目标考核，对责任单位行政一把手实行安全生产述职制度。同时，在全区范围内实行隐患责任追究制度。各责任单位对安全隐患常查常抓，自查自纠，重大隐患及时上报，限期整改。区安监部门进行不定期检查，对隐患未报未改的，追究领导责任，防止和杜绝重特大事故的发生。是年5月，江宁区率先在全省组建安监执法大队，各镇（街道）成立安全生产监督管理站（所），初步构建“三级网络、四级监管”的监管体系，有监管人员156人。

2005—2007年，区政府每年与各家安全生产责任部门和单位分别签订安全生产责任状，把全区安全生产控制指标逐一细化，分解落实到各镇街和主管部门，纳入对各级领导干部政绩考核体系和各级政府经济社会发展总体规划。各镇街、园区及区属部门也对控制指标分解细化，层层签订责任状，落实安全生产责任主体，明确规定单位年度评优实行安全生产“一票否决制”。至年末，各责任单位行政一把手继续向区政府进行安全生产工作述职。2006—2007年，区政府与全区20家专项治理牵头单位签订专项治理责任书，与94家责任部门和单位签订安全生产责任状，把“死亡事故零指标”控制落实到各部门和单位。两年签订安全生产责任状2万余份，实现横向到边、纵向到底的责任细化，做到职责明细、奖罚分明。

图24-7-16 江宁区召开安全生产工作会议（2005年摄）

图24-7-17 江宁区副区长陈宏祥代表区政府与相关职能单位责任人签订安全生产责任状（2005年摄）

1991—2000年江宁县安全生产目标管理完成情况表

表 24-7-9

年份	市政府下达控制考核指标数			企业数（家）	全县生产企业数、职工总人数（人）			县人民政府安全生产目标管理完成情况								
	国有、城镇集体企业		乡（镇）、村街道企业		职工总人数	其中		县属以上职工人数						县属以下职工人数		
								因工死亡			因工重伤			因工死亡		
	死亡率（‰）	重伤率（‰）	死亡率（‰）			县属以上企业	县属以下企业	起数（起）	人数（人）	死亡率（‰）	起数（起）	人数（人）	重伤率（‰）	起数（起）	人数（人）	死亡率（‰）
1991	0.05	0.20	0.07	2567	202462	42915	159547	1	1	0.02	6	6	0.14	16	16	0.10
1992	0.05	0.20	0.07	2567	210015	44955	165060	1	1	0.02	2	2	0.04	16	16	0.10
1993	0.06	0.25	0.08	2592	261012	50406	210606	3	3	0.06	8	8	0.16	16	17	0.08
1994	0.06	0.25	0.08	2838	261185	50031	211154	0	0	0.00	12	12	0.24	5	5	0.02
1995	0.06	0.25	0.10	2688	268274	55319	212955	2	2	0.04	8	8	0.14	12	13	0.06
1996	0.06	0.25	0.10	2925	256741	50310	206431	0	0	0.00	3	3	0.06	10	10	0.05
1997	0.06	0.25	0.10	2771	234246	48754	185492	1	1	0.02	4	4	0.08	7	7	0.04
1998	0.06	0.25	0.10	2437	246568	53543	193025	0	0	0.00	3	3	0.06	12	15	0.08
1999	0.06	0.25	0.10	2228	248663	57968	190695	0	0	0.00	3	3	0.05	7	7	0.04
2000	0.07	0.25	0.10	2278	242957	56609	186348	0	0	0.00	3	3	0.05	10	11	0.06
合计	—	—	—	—	—	—	—	8	8	—	52	52	—	111	117	—

【安全生产检查与专项治理】

安全生产检查，包括查思想、查制度、查管理、查隐患、查事故处理5个方面。新中国成立后，安全生产检查基本做到每年夏、冬两季各进行一次。由县政府组织县公安局、劳动局、工业局、交通局、供电局、县总工会联合进行。1973年，县安全生产委员会成立后，由其负责组织。1985年，组织抽查50家企业和20家乡镇工业公司，共查出事故隐患62项，其中重大事故10项。及时落实整改措施55项，整改率88.71%，责令停产整顿4处。1988年，全年分别组织4次安全生产检查，被检查单位56家。各乡镇组织检查166次，其中夜间检查22次。1990年，全县安全大检查采取边查、边改、边验收办法。全县性安全检查4次，被检查单位86家。其中对采石、化工、易燃易爆、建筑、砖瓦、交通（渡口）等20个行业进行重点检查。对问题比较严重的单位发出事故隐患整改通知书7份，责令停产整顿的6家，限期对其整改。各乡镇组织检查301次，其中夜间检查87次。1993年，全县先后4次精心组织开展以反“三违”（违章指挥、违章操作、违反劳动纪律）为主题的安全生产大检查。据统计，全县各主管部门、各乡镇共成立检查小组769个，成员4251人，检查企业1358家，查出事故隐患5652条，整改5347条，整改率94.60%。开展夜间安全检查和抽查244次，检查企业1345家。其中，县政府组织全县安全大检查9次，被查单位288家，查出事故隐患1294条，整改率97%。1996年，全县开展9次大规模安全生产检查，查出事故隐患12286条，整改12105条，整改率98.53%。1997—2001年，继续积极部署全区安全生产工作，加强经常性安全生产检查，特别是在元旦、春节期间，加大检查力度，对一些重点场所、重点单位进行重点跟踪检查，对查出的事故隐患，坚决给予整改，整改率保持98%以上。

2002年，共组织综合性大检查13次，专项整治检查260次，其中夜间检查27次，共查出各种隐患9000多处，其中列为区级重大隐患的5处，隐患整改率达97%以上。通过检查整改消除事故隐患，取缔116个非法经营液化气黑站（点），查处非法使用液化气6起，15家化工企业、26家矿山开采企业停产整顿，23家企业提交书面检查，对不符合安全生产条件的8家化工企业责令关闭。是年，全区重点开展“6个集中整治，4个巩固提高”活动，即对化工、矿山、交通运输、建筑、公众聚集场所、农机6个方面集中力量，重点整治。按照国家规定和行业标准，加强监督和监察，从严治理，限期达标，凡布局不合理，破坏资源，影响环境，不符合安全条件的坚决关停。同时，对燃气、锅炉压力容器、民用爆炸物品和烟花爆竹、化学危险品储运4个方面进行整治，巩固提高。通过整治，涉及化学危险品的84家化工企业按要求领取省安监局颁发的“安全生产许可证”，222家露天采矿企业有196家通过专项整治验收，还有26家没有完全符合要求，继续整改。2003年，对150家化工企业和202家矿山采石企业安全生产许可证进行年审，并通过专项治理达标验收。全区的渡口实施整改，全部实现安全达标，验收合格。是年，开展燃气安全专项治理工作，加大执法力度，坚持打黑堵源，对全区12家燃气供应单位、184个供应站（点）、200多千米煤气管线、69座煤气调压

图24-7-18　江宁区安监执法人员在建筑工地进行安全检查（2003年摄）

房进行安全管理，保证16万液化石油气用户、3万多煤气管道用户的安全用气。全年共取缔“黑站点”48家，查扣钢瓶296只，拆除煤气管网上违章建筑5处、面积86平方米，责成1家液化气站进行整改。2004年，组织人员对全区矿山、危险化学品生产经营企业进行多次拉网式安全检查，发现隐患1230个，下发整改通知书428份，整改隐患392处，实行停产整顿133家，关停52家。

2005—2006年，在坚持日常巡查与监管的同时，全区确定30个重大危险源和118个重点控制部位，分解到专项治理责任部门实施严密监管，安监部门实行定期或不定期抽查，消除安全隐患。交通业通过开展“百日专项整治”、“文明交通行动计划”、治理“摩的”非法客运和校车专项整治等一系列整治行动，全区交通事故保持稳中有降，死亡人数控制在市政府下达的控制指标以内。建筑业针对全区重点工程多、工地分布广、时间紧、要求高的特点，强化施工现场、机械设备使用与安装、脚手架及模板支撑和高处作业管理等重点环节专项治理，制订规范性文件，加强对建筑市场各方主体安全生产行为监管，遏制因赶工期造成建筑工地事故高发的势头。矿山整治以提升机械化作业程度为突破口，在所有矿山企业中全面推行中深空爆破和分层开采，淘汰落后的采石工艺，对不符合安全生产条件的企业实行关闭或整合，首次实现全年开采行业无死亡事故。化工业从建章立制、严格准入、示范化推广入手，在危险化学品生产、储存、运输、经营及废弃品处理等环节，整治排除一批事故隐患。特种设备整治以落实监管制度为重点，加大巡查力度，全年共查处违法安装特种设备23起，查封3家企业，立案22起。农机专项治理以“平安农机”创建活动为载体，加大“田检路查”力度，查处拖拉机非法载人、“黑机非驾”、未办年检等农机违法行为，形成抓源头治理、重过程控制的一整套专项治理工作体系。公共聚集场所消防安全治理，通过开展“生命畅通工程”，查处公共场所习惯性违章行为。全年检查单位750家，发现火灾隐患320处，下发当场改正通知书79份，限期改正通知书240份，重大火灾隐患整改通知书1份，复查意见书235份。

2007年，区安监部门根据国家安监总局部署，以危险化学品、建筑施工和人员密集场所为重点，采取自查自纠、督查整改、挂牌督办等手段，组织开展安全生产隐患排查治理专项行动。是年，全区工矿商贸企业自查隐患近1200处，投入资金3430多万元，隐患均整改到位。区级各职能部门强化监管，对企业逐一开展隐患排查，查出隐患1485项，全部整改。其中重大隐患28项，由区安委会挂牌督办整改，至年底全部整改到位。同时，对重点行业、重点部位、重点企业进行隐患排查治理。全面推进矿山开采先进爆破及开采技术和规模化作业，严厉打击非法用工，加强职工劳动保护。认真检查危险化学品各项安全生产制度落实情况，以安全生产管理A类企业为重点，加强督查和监控。联合开展建筑工地检查，加大隐患整改和处罚力度。强化旅游景点各项安全管理制度的落实，针对商场、宾馆饭店、网吧、歌舞厅等人员密集场所的安全责任是否落实到位、消防设施是否健全、消防通道是否通畅等内容，不间断进行明察暗访，发现隐患，及时整改。

第二节　安全生产管理

【安全教育与培训】

20世纪50年代起，江宁县贯彻劳动部《关于进一步加强安全技术教育的决定》精神，对新职工或调换工种职工进行厂级、车间、岗位三级安全教育，经考试合格后上岗操作。

20世纪80年代后，重点对电工作业、爆破作业、司炉工、压力容器操作、电焊工、瓦斯检测、机动车辆驾驶、机动船舶驾驶、建筑登高作业等特种作业人员进行安全教育，实行持证方可上岗。1984—1985年，共办特种作业人员培训班11期，培训412人，其中经考试合格领取上岗操作证的有356人，合格率达86.41%，未合格的参加下期培训。1984年起，县劳动局对县属及乡镇企业领导干部进行安全生产的培训教育。是年5月，在汤山镇举办县属企业厂（矿）长、经理安全生产基本知识学习班。有74名厂长、经理、工会主席及主管局干部，系统学习党和国家的安全生产、劳动保护方针政策和法规，以及工业卫生、事故报告规程、锅炉压力容器等安全知识。学习班结束时，进行统一考试，参加考试的61人，平均分数为85.60分。1986—1990年，举办厂（矿）长、经理、中层干部和专职安全技术干部培训班22期。参加学习的3390人，经考试领取合格证的3365人，占99.30%。1991—1995年，共办特种作用人员培训班156期，培训10038人，其中9980人考试合格取得上岗操作证，占99.42%。1991—2001年，举办企业领导和管理干部安全教育培训班97期，参加学习的4756人，经考试百分之百取得合格证书。1996—2001年，全区举办特种作业人员培训班128期，培训7304人，经考试合格全部取得上岗操作证。

2002年6月，在全区开展以"安全责任重于泰山"为主题的安全生产月活动，对营造"关爱生命、关注安全"的社会氛围，提高全民安全意识，发挥重要作用。委托有关中介机构举办特种作业人员培训班52期，2913人考试合格并领取上岗操作证。全区举办厂长（经理）、安全员的安全生产知识培训班24期，1979人经考试合格，领取资格证书。2003年，全年举办安全生产知识培训班6期，有630人经过考试合格；举办厂长（经理）、安全技术干部培训班15期，1867人通过考试并取得资格证书，持证上岗；举办全区安全生产监督员培训班1期，80人通过考试取得监察员资格证书；举办特种作业人员培训班52期，2987人通过考核合格并领取上岗操作证。2004年，全年举办培训班27期，培训人员1937人，生产经营单位厂长（经理）、安全技术干部和特种作业人员持证率达100%。

图24-7-19　1996年6月，江宁县开展安全生产宣传日活动

2005—2006年，每年"安全生产月"活动期间，举办大型市民广场安全生产咨询活动，为市民答疑解惑；开展安全生产知识竞赛，全区14万人次参加答题。2005年，组织宣讲小组，宣讲《江苏省安全生产条例》24场次，全区所有企业厂长（经理）和安全技术干部受到系统培训。全年举办安全生产知识培训班93期，参加培训5943人次，其中生产经营主要

负责人及安全管理人员培训 19 期，参加培训 2262 人次；特种作业人员培训 74 期，参加培训 3681 人次。2006 年，全年培训普通类生产经营单位主要负责人 2220 人，厂长（经理）654 人，安全管理人员 980 人，危险化学品、矿山生产经营单位负责人 547 人，特种作业人员 4294 人。

2007 年，在开展“安全生产月”活动期间，全区悬挂安全生产宣传横幅 210 条，张贴各类安全挂图 500 多套，组织“十项专项治理”牵头单位在大市口举行大型咨询活动，举办安全生产知识竞赛，全区 6 万多名干部职工参加。在《生产安全事故报告和调查处理条例》6 月 1 日正式实施前，邀请专家进行宣讲，并组织 2 个宣讲小组，共宣讲 21 场，4000 多名企业单位干部及安全技术人员接受系统教育培训。各镇街、园区和单位利用安全知识讲座、宣传橱窗、安全知识竞赛、应急演练等形式，开展宣传教育活动。全年举办各类安全生产培训班 22 期，培训人员 3200 多人，三级教育培训率 96% 以上；举办各类特种作业人员培训班 46 期，培训人员 5300 多人，特种作业人员培训率 100%。

【伤亡事故处理】

1975 年，江宁县认真贯彻全国安全生产对伤亡事故处理提出“三不放过”（事故查不清不放过，责任人得不到惩罚不放过，广大职工得不到教育不放过）的原则，结合开展安全生产大检查，查事故隐患，查责任落实，抓防范措施。1984 年，江宁县贯彻市政府《南京市职工因工伤亡事故处理管理办法》的精神，对发生因工死亡或一次因工重伤 3 人以上的责任事故，对该企业实行一次性罚款，罚款金额为 1000 元至 1 万元；企业负责人除给予行政处分外，并实行一次性罚款，罚款金额根据情节轻重，责任大小，一般为 10 元～50 元。对发生事故隐瞒不报、弄虚作假、破坏事故现场的，加重罚款。1988 年，全县发生职工重大伤亡事故 29 起，其中死亡 24 人，重伤 5 人，按照“三不放过”的原则进行处理，并做好结案工作。县劳动局审核发放“职工重伤证”，并报给市劳动局备案，享受因工受伤的一切待遇。1991 年，全县企业职工因工发生伤亡事故 23 起，伤亡 23 人，其中县属企业发生重大事故 7 起，死亡 1 人，重伤 6 人；乡镇企业发生重大事故 16 起，死亡 16 人。另有其他重伤事故 5 起，重伤 5 人。县安全生产委员会认真贯彻国务院《企业职工伤亡事故报告和处理规定》，严肃查处每一起伤亡事故，并向全县进行通报，引起各企业的警觉。同时，及时召开事故现场分析会，认真吸取教训。2001 年，全区发生伤亡事故 14 起，其中死亡 11 人，重伤 3 人。

据资料统计，江宁区 1979—2001 年的 23 年间，共发生职工因工死亡事故 250 起，死亡 258 人；职工因工重伤事故 107 起，重伤 108 人。1986—2000 年的 15 年间，全县共发生其他工伤死亡事故 140 起，伤亡 157 人，其中死亡 140；其他重伤事故 118 起，重伤 124 人。1979 年、1982 年、1986 年和 1988—2000 年的 16 年间，全县共发生历史遗留补报的重伤事故 359 起，重伤 363 人。

2002 年，全区发生企业职工伤亡事故和交通事故 421 起，其中发生企业职工伤亡事故 14 起，死亡 14 人。2003—2004 年，全区发生安全生产死亡事故 25 起，死亡 28 人。2005—2006 年，全区发生各类安全事故 210 起，死亡 224 人；交通事故死亡 206 人，各类死亡人数均控制在市政府考核指标内。2007 年，全年发生安全生产死亡事故 8 起，死亡 8 人，死亡指标控制在市政府考核指标内。

第三节　劳动保护

【职业危害防治】

江宁区劳动主管部门，在职业危害防治工作中主要抓两个重点：防尘防毒与建设工程项目的“三同时”（生产性基本建设项目中的安全设施必须符合国家规定的标准，必须与主体工程同时设计、同时施工、同时投入生产和使用）。防尘防毒。新中国成立后至1966年“文化大革命”前，江宁县防尘防毒工业卫生由县卫生局派员兼职管理。由于管理人力不足，检测设备较少，因而防止职业病效果不甚显著，防尘防毒工业卫生事故常有发生。“文化大革命”中，生产秩序紊乱，防尘防毒工业卫生的规章制度难以执行，劳动安全卫生工作陷于停顿状态。“文化大革命”结束后，劳动保护工作开始恢复。1989年5—9月，按省、市统一部署并结合江宁县实际，对县内572家企业开展尘肺流行病学调查和95个点的测尘工作。通过调查和测尘，全县接触粉尘职工为29863人，其中发现Ⅰ期～Ⅲ期矽肺病患者28例（其中3例已病故），0期～Ⅰ期疑似病例169例（其中女职工有8名），采取措施进行防治和治疗。20世纪90年代后至2007年，江宁区继续执行国家尘肺防治条例，加强企业尘毒的治理和硅肺病检查治疗工作。

“三同时”劳动保护监察。1988年，江宁县劳动局先后同县计经委、总工会、公安局和环保等部门，分别对县乙炔气厂二期工程、县煤气工程、铜山农药厂等单位的新建、扩建和改建项目进行“三同时”的审查和验收工作。1989年，又按照“三同时”要求，审查验收县钢铁厂35吨发电锅炉、县化工厂新二号炭石铵梯油炸药技术改造等4家单位的新建、扩建项目，较好地控制了职业危害。1990—1993年，对岔路及江宁经济技术开发区液化气站、南京第三钢铁厂自备热电站等10项新建及扩建项目的“三同时”进行监督、审查、把关和竣工验收工作。1994—2001年，外商投资项目增多，中方对外商投资新建的项目“三同时”审查验收率达90%以上。

【劳动用品及保健食品】

劳保用品的发放　新中国成立初期尽管受经济条件的限制，但厂矿根据生产的实际需要，发给工人必需的劳保用品。室内作业的锻、铸、焊、钳等操作工，都配有风帽、围腰、护袖、口罩、墨镜、护脚布。室外作业的采矿、搬运工都一律配有柳条安全帽、帆布安全带。1957年，高空作业和机械操作工种开始发放布质较好的背带工作服，同时改布鞋为“解放鞋”和翻毛皮鞋。1980年后，劳保用品的发放，无论在质量上、数量上都得到提高。经济效益好的企业大多发给职工以的确良、三合一、涤纶、中长等质料的工作服，冬季保暖服装有发羽绒衫的。

保健食品的供给　江宁县从1962年起，根据各种不同的工种供给保健食品。对从事高空、高温、井下作业和有尘毒气体污染等工种的工人，供给保健营养食品（食油、白糖、白酒）或发给营养餐券等。以后按照规定标准，一律发给保健食品津贴。1985年，据县属工业企业统计，常年性和季节性享受保健食品津贴的职工有6893人，占县属工业企业13612名职工总数50.90%。职工保健食品津贴费，按不同工种划分，为每人每月6元、9元、12元和8元、10元、12元、15元，均凭考勤纪录发给。20世纪90年代末起，至2007年用人单位尤其是外向型经济单位普遍实行工作餐制。对员工每干一个工作日发放一顿工作餐，标准3元～6元不等。

【工时与休假】

新中国成立前，江宁县虽然厂矿企业较少，按照国民政府的《工厂法》的规定“工作时间不超过八小时”，但实际没有执行。工矿企业工人工作时间一般都在12小时左右，有的长达16小时。新中国成立后，党和政府十分关心员工的工作时间，而且不断进行改革。1952年，在工时改革试点的基础上，一般较大的国营厂矿企业实行8小时工作制。小厂矿实行9小时～10小时工作制。至1957年，所有企业都实行8小时工作制。但对于纺织、水泥、钢铁、矿山等连续性生产的行业，实行二班制或三班制。每月工作时间（除去星期日、节假日）25.50天。1995年，由于国家实行双休日，并增加节假日，每月工作时间先后调整为23.50天、21.50天，2000年调为20.92天，至2007年调为20.83天。

江宁区切实贯彻国家、省、市有关文件精神，加强女工和未成年工特殊保护工作。对女工在劳动过程中经期、孕期、产期、哺乳期“四期”采取相应特殊保护措施。同时，明令禁止各企、事业单位招用不满16周岁的未成年人。

第八章　食品药品监管　海关监管

新中国成立后，江宁县药品监管和食品卫生工作由卫生部门负责。2001年10月18日，南京市药品监督管理局江宁分局正式成立，开始全面履行药品的技术监督和行政监督职能。2003年，区药监局聘请58名药学等专业技术人员为农村基层药品监管信息员，由此，江宁区构筑了区、镇、村三级药品医疗器械监督管理网络。2006年1月6日，区药监局更名为南京市江宁食品药品监督管理局，增加食品安全的综合监督、组织协调和依法组织开展对重大食品安全事故查处的职能。2月，成立江宁区食品安全委员会及办公室。办公室主要职责是综合监督、组织协调食品安全工作。至2007年，食品安全具体监管工作分工为：农林部门负责农产品生产环节的监管；质监部门负责食品生产加工环节的监管；工商部门负责食品流通环节的监管；卫生部门负责餐饮业、食堂等消费环节的监管。初步形成横向到边、纵向到底的区、镇街、村（社区）三级食品安全监管网络。

2006年，南京海关驻江宁办事处开关，负责江宁地区的海关监管工作。2006—2007年，南京海关驻江宁办事处实际监管货物1.66万吨，进出口总值36.90亿美元；审结进出口报关单7.69万份；审批减免税货值4.89亿美元，免税总额9.24亿元。至2007年年底，江宁地区在办事处注册企业1011家，其中世界500强企业36家，注册企业总数占南京地区海关注册企业数19%。

第一节　药品监督管理

【药品质量管理】

2001年12月，修订后的《中华人民共和国药品管理法》正式施行。2002年起，区药监局对辖区内药品生产、经营、使用单位进行药品质量抽样检查。2003年2月，国家药监局颁布《药品质量监督抽验管理规定》。2002—2007年，针对性抽验药品共2135件，送达报告书1997件，不合格数270件，平均不合格率13.52%。区药监局在工作中接触或发现某种药品的内外包装、图案、有效期、说明书等有可疑，且检验有困难时，就将该药品的实物、批件等邮寄给药品生产厂家或当地药监部门进行质量检验。2003—2007年，寄送药厂及当地药监部门290件，核查出假冒产品35件，占寄出样品总数的12.07%。

2005年，区药监局在全市率先开展药品不良反应监测工作，建立药品不良反应监测网络，至2007年，全区注册网上药品不良反应监测系统的医疗机构、药品经营企业、药品生产企业共39家，上报药品不良反应123例，其中严重的不良反应8例，网上注册面100%，成功报告面100%，确保广大群众用药安全有效。2006年，启动药品经营市场信用体系建设工作，对全区药品零售企业实行药品安全信用等级管理制度。

【药品监督检查】

2001年11月，市药监局组织在全市开展“正本清源保健康”专项行动。江宁区在此次专项行动中共查处违法行为18起，没收不合格药品280种次，价值6.79万元。自此，每年结合辖区药械市场实际情况，集中人力有针对性地开展专项行动，严厉打击制售假劣药械的违法行为。同年12月，新的《中华人民共和国药品管理法》颁布，江宁区药品零售市场开放，药品生产、经营、使用单位逐渐增多，为使广大群众用药安全得到保障，区药监局对全区涉药单位进行监管。

2003年，江宁区坚决打击制售假冒伪劣药品违法行为，全年共办理违法案件155件，结案139件，进行行政处罚听证案件1件，申请法院强制执法案件2件。是年，开展“正源行动在农村”“计生药品和用具专项整治”等10个专项行动，整顿医药市场秩序，共出动执法人员4253人次，检查单位768家次，查处假冒伪劣药品和医疗器械889种次，价值756万元。2004年，全年共查处违法案件78起，结案72起，结案率92.30%，没收假劣药品价值17万元。2005年，共开展医药市场专项整治16次，出动执法人员870余人次，检查单位315家次，立案查处违法案件102件。据统计，2002—2007年，全区共出动稽查执法人员22222人次，检查单位9672家次，查办案件711件，结案率95%，没收不合格药品器械833种次，价值180.80万元，罚没款954万元。

图24-8-20　江宁区药监局领导深入农村卫生室指导药品统一代购工作（2005年摄）

第二节　食品安全综合监管

【食品安全网络建设】

江宁区的食品安全监管网络，从2006年开始建立，一步步向基层延伸，至2007年年底，已初步建立区、镇（街道）、村（社区）三级食品安全监督网、社会责任网和现代流通网。

食品安全监督网全面覆盖。2006年2月，区食品安全委员会及办公室成立，办公室设在区食品药品监管局。全区9个镇（街道）、3个开发园区同时成立二级食品安全委员会及办公室，建立工作职责、制度和台账，配备食品安全专职人员24人；204个村（社区）全部建立食品药品安全工作站，建立起相应的制度和台账，配备村级食品安全监督员和信息员503人。

食品安全责任网基本形成。区政府与各镇（街道、开发园区）以及区食品安全委员会成员部门签订食品安全责任书12份；镇（街道）与村（社区）签订食品安全责任书204份；并和辖区内食品安全重点单位签订食品安全责任书1096份。三者的签订率均达100%，从机制上保证食品安全工作的开展。

食品安全现代流通网稳步推进。全区各镇（街道、开发园区）建立食品连锁超市108家，村级食品安全放心工程便利店204家，提前完成省领导提出的“2008年乡镇连锁超市和行政村放心店覆盖率达到100%”的目标。

【食品安全制度建设】

2006—2007年，江宁区建立起全区统一领导、地方政府负责、部门指导协调和各方联动的安全工作机制；制订《食品安全委员会成员职责》《关于切实加强食品安全工作的实施意见》《食品安全工作综合评价暂行办法》《食品安全事故应急预案》《重大食品安全事故行政责任追究暂行办法》，与镇（街道）、开发园区和食品安全委员会成员部门签订食品安全工作责任书，完善食品安全工作考核体系、社会监督等各项制度，明确工作职责；设立横向到边、纵向到底的三级食品安全监管网络；建立领导管理层和执行层两个层面的联席会议制度，将59名联席会议人员落实到位。促进全区食品安全综合监督工作的规范化、制度化、科学化。

【食品安全专项整治】

2006年，区食品安全委员会开展农村集贸市场、流动摊贩、餐饮、食品生产加工企业和2600家建筑工地食堂、95所学校食堂以及肉制品、乳制品、豆制品等生产经营企业的专项检查和整治。共取缔食品生产、经营及餐饮店476家，没收假冒伪劣食品、农药残留超标蔬菜等9500多公斤，查处违法行为20起，涉及总货值384.20万元，全区没有发生食品安全事故。

2007年，针对东山竹新路上大量无证经营流动摊点、小餐饮店、小食品店存在严重食品安全隐患，区食品安全委员会会同区卫生、工商、市容、公安、教育等部门，组成100多人的执法队伍，实行联合整治，拆除违建，疏通道路，整顿和规范道路两旁餐饮单位，依法查处无证照经营单位113家，补办证照65家，取缔48家，该地段脏、乱、差现象得到改观。以竹新路整治为样板，组织开展全区学校学生饮食安全专项整治，共出动执法人员430人次，车辆120台次，检查全区122所学校周边地区所有小食品店、流动摊点、小餐饮店，没收假冒伪劣产品、“三无”产品和过期变质食品15公斤，罚款3万余元，有效保障广大师生饮食安全。还先后组织开展节日市场、建筑工地食堂、夏季食品安全、学校周边食品以及肉制品、乳制品、豆制品等一系列专项整治活动，共出动执法人员9221人次，出动执法车辆1759台次，检查食品生产经营和餐饮企业6453家，查处违法行为153起，总货值21.04万元，罚款8.48万元；取缔无营业执照、无卫生许可证食品经营企业及流动摊点370家。

第三节　海关监督管理

【机构设置】

2006年4月28日，南京海关驻江宁办事处开关，在编人员43人，业务管辖范围为南京市江宁区（禄口国际机场除外）海关业务。办事处内设办公室、综合业务科、加工贸易监管科、稽查科、服务中心及出口加工区（南区）备案科和监控科7个科室，赋有监管、征税、统计和查缉走私等职能，办理江宁地区企业注册备案、变更、延期、年审和注销、加工贸易手册登记备案与核销、报关员管理、特定减免税业务以及进出境货物、运输工具、保税仓库（工厂）的监管和南京出口加工区（南区）海关监管工作，使江宁企业不出区就可以办理进出口业务，方便外贸企业，进一步激活江宁区外向型经济。

图 24-8-21　南京海关驻江宁办事处服务大厅（2006年摄）

在加强海关监管的同时，南京海关驻江宁办事处积极采取有效措施，支持区域外贸经济可持续发展。加快通关速度，降低企业成本；推广“属地报关，口岸验收”模式，方便企业货物进出；加强后续管理，规范企业经营行为；参与地方政府招商引资，为地方经济发展服务；发挥海关统计功能，为地方领导决策提供参谋服务；加强文明窗口建设，提供高效文明服务；开拓保税物流功能，延伸产业链条；注重咨询服务，为地方政府和企业提供政策保障；保持反走私高压态势，建立公平竞争的环境；支持出口加工区（南区）发展，为地方外向型经济增添特色。

【海关监管】

2006年4—12月，南京海关驻江宁办事处共受理进出口报关单2.79万份，进出口总值19.50亿美元；货运量8002吨；征收税款1063万元；审批减免税货值2.50亿美元，免税总额4.85亿元，出具减免税证明807份；核发加工贸易手册977本，备案金额2.80亿美元；审批深加工结转金额累计2.70亿美元；新注册企业91家，注册资本2.10亿美元。完成常规稽查1次、专项稽查2次，查获企业涉嫌擅自外发加工1起，向南京海关缉私局移交案件2起。

2007年，南京海关驻江宁办事处实际监管货物8638吨，进出口总值17.40亿美元；审结进出口报关单4.90万份；征收税款（关税、增值税）6185万元，审批减免税货值2.39亿美元，免税总额4.39亿元，出具减免税证明991份；核发加工贸易手册1604本，备案金额6.60亿美元，加工贸易联网监管覆盖率70%；审批深加工结转7383份，金额累计10.85亿美元；保税仓库出入库审批货物5994吨，货值2612万美元。树立“大稽查”理念，充分发挥稽查工作在后续管理中的重要作用，全年稽查十几家企业，有效规范辖区企业进出口行为。新增注册企业127家，注册资本4.73亿美元。至年底，江宁地区在办事处注册企业1011家，其中世界500强企业36家，注册企业总数占南京地区海关注册企业数19%。

江宁区志

第三册

南京市江宁区地方志编纂委员会　编

方志出版社

2000 年 12 月 21 日，国务院批准撤销江宁县，设立南京市江宁区。图为江宁撤县设区大会现场

江宁区政府办公大楼

2004年12月1日，中共南京市江宁区第十一届委员会第一次全体会议召开，图为新当选的区委常委和区委委员合影

2004年12月1日，中共南京市江宁区纪律检查委员会第一次全体会议召开，图为参会人员合影

2006年1月，政协南京市江宁区第九届委员会第五次全体会议召开

2007年1月10日至12日，南京市江宁区第十四届人大第五次会议召开

2009年4月17日，中共江宁区委召开深入学习实践科学发展观活动动员大会，全区分两批开展学习实践科学发展观活动。主席台左起依次为：俞玉和、陈升、毛卫华、柏鹏、李琦、陈开源、吕界超、刘玲、孙桂明、高德臣

周谦代表中共南京市江宁区第十一届委员会向大会作《率先实现基本现代化，奋力再创科学发展新辉煌》的报告

2011年7月21—23日，中国共产党南京市江宁区第十二次代表大会召开

中共南京市江宁区第十二届委员会第一次全体会议选举产生新一届区委常委会成员。左起依次为：刘维新、李滨、高德臣、俞玉和、陈升、刘玲、周谦、陈发喜、戴华杰、王磊、蒋戈木、严应骏

2012 年 12 月 6 日，中共江苏省委宣讲团成员、省委研究室副主任刘福林（主席台左）为江宁区区级机关党员干部做宣讲报告

江宁区检察院荣获 2004 年度全国先进检察院称号，区检察院检察长汤在勉（左二）在表彰大会上

2006 年，江宁区连续第三年被江苏省委、省政府表彰为社会治安安全区，获全省首批法治江苏合格县（市、区）创建工作先进单位称号

2007 年 1 月，省委书记李源潮接见江苏省第三届“十佳法官”（左一为省“十佳法官”江宁区人民法院淳化法庭庭长吕润进）

2007 年 2 月 8 日，江宁区召开政法工作会议

2004—2005 年度江宁区精神文明创建工作总结表彰大会

2004 年 5 月 4 日，40 对新人在百家湖白龙广场参加“江宁区首届绿茵集体婚礼”

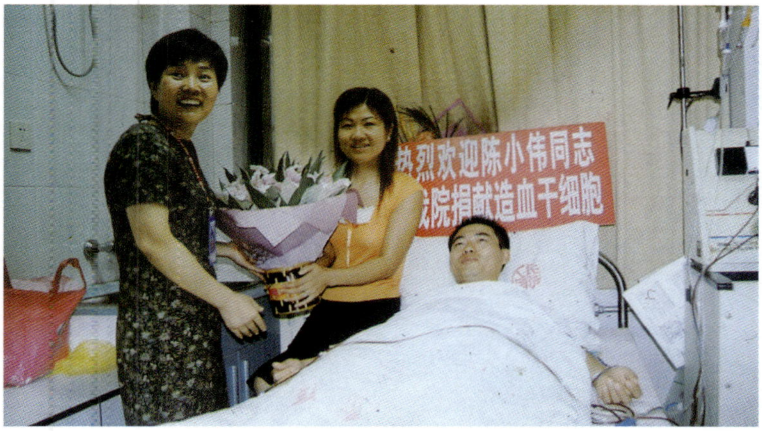

2005 年 8 月，麒麟卫生院放射科医生陈小伟成为全区首位造血干细胞捐献者

2006 年 1 月 10 日，江宁区“送科技、送文化、送卫生、送法律”到社区活动拉开帷幕

2007 年 4 月 5 日，第三届“江宁好市民”颁奖仪式暨“诚信道德在江宁”大家谈活动在区广播电视台举行

精神文明

2007年4月27日，区长柏鹏在百家湖白龙广场宣布“新江宁人看江宁，普通百姓看江宁”活动正式启动

2007年7月17日，全国“美德在农家”活动推进会在江宁区召开，全国妇联党组书记黄晴宜，省、市、区领导王国生、罗志军、刘捍东、王奇、毛卫华等参加现场会，并观看社区“亲情五线谱”主题展示活动

2003 年 10 月 10 日至 14 日，全国民办教育发展论坛在江宁区举办

2007 年 10 月 19 日，江宁区召开驻区高校与政府、企业共同发展联席会议第一次会议，构建“政、产、学、研、金”密切合作的创新机制

2007 年 11 月 25 日，江苏省教育厅“县（市、区）教育现代化建设水平评估专家组”对江宁区创建教育现代化先进区工作进行考察评估，市、区领导刘捍东、许仲梓、柏鹏、王加沄、刘玲、蒋崇茂、高吉祥陪同考察评估

江宁实验小学

东山外国语学校

江宁高级中学

天印高级中学

江宁文化艺术中心

2005年4月21日，江宁区第五届“江宁之春”文化节“契税杯”民间文艺演出现场

马铺锣鼓女子表演队在“和谐江宁大舞台——腾飞的禄口”专场文艺晚会上表演

方山大鼓

龙都娃娃鼓舞表演

上坊龙灯舞表演

科技、文化、卫生“三下乡”活动现场

小品《钟点房》获江苏省第四届小戏小品大赛一等奖

锡剧《赖九指与秦寡妇》获南京市汇演一等奖、江苏省汇演二等奖

锡剧《老屋》获江苏省第七届戏剧优秀表演剧目二等奖和八个单项奖

《取水》获五星工程奖金奖并入选群星奖

锡剧《夜明珠》获江苏省第五届锡剧节二等奖

锡剧《八品县令》获江苏省第六届锡剧节优秀剧目和八个单项奖

锡剧《抢财神》获南京市汇演一等奖、市“五个一”工程奖

巨然的《秋山问道图》。绢本，墨笔，纵165.20厘米，横77.20厘米。台北故宫博物院藏

巨然的《山居图》。绢本，墨笔，纵67.50厘米，横40.50厘米。日本阪斋藤氏董藏。宋代仿品，真迹尚存，但藏家秘之不出

髡残的《层岩叠壑图》。轴，纸本，浅绛，纵169厘米，横41.50厘米。台北故宫博物院藏

髡残的《苍翠凌天图》。立轴，纸本，设色，纵85厘米，横40.50厘米。南京博物馆藏

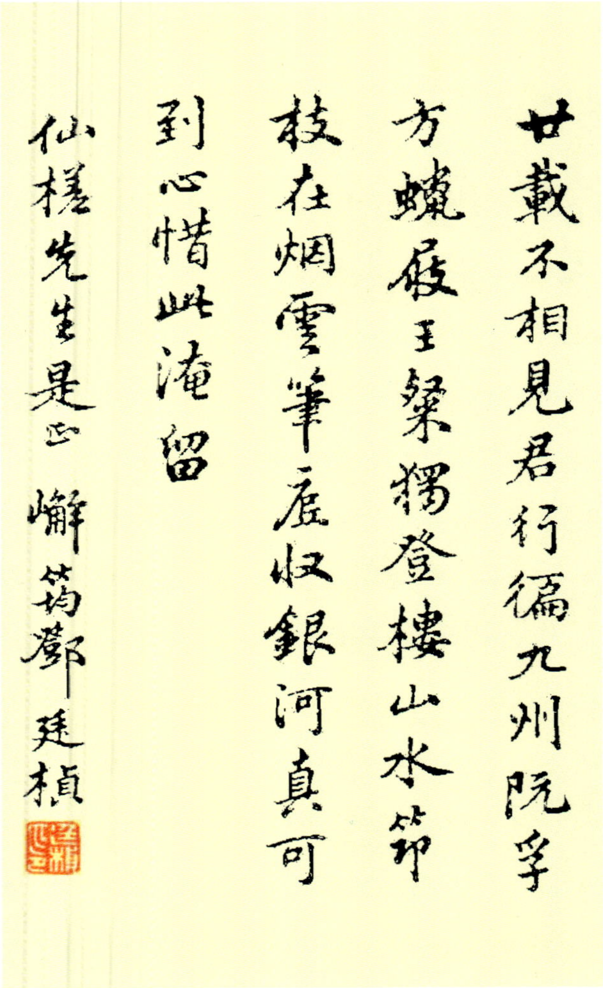

邓廷桢手迹

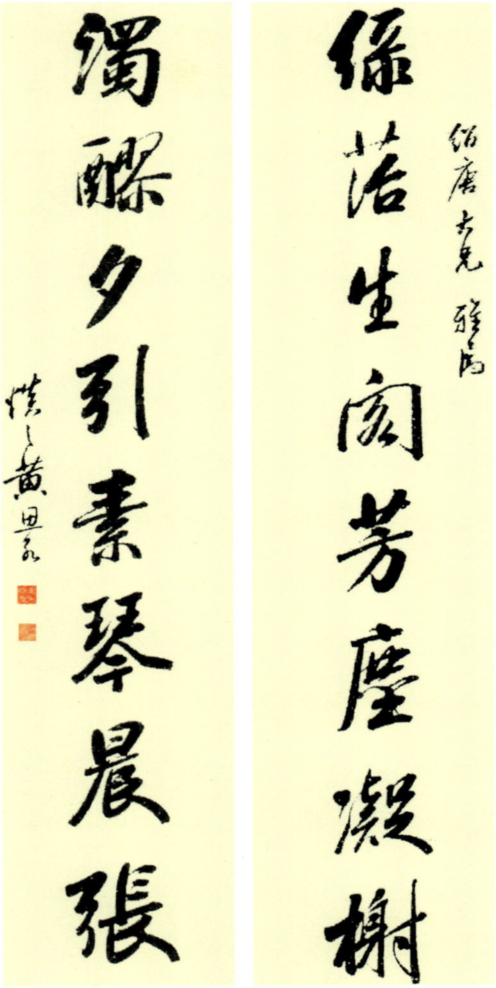

黄思永书法

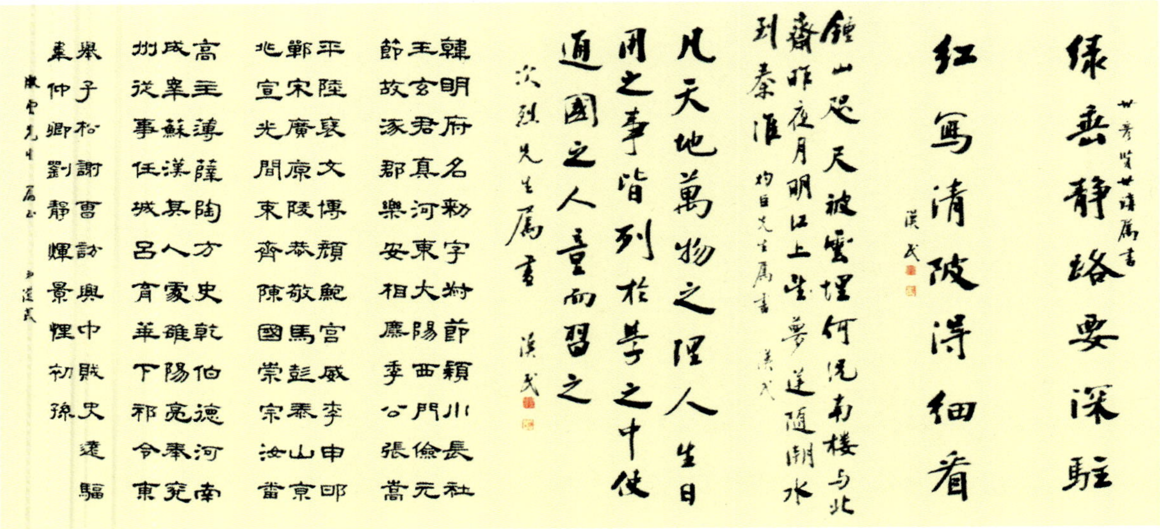

胡汉民书法

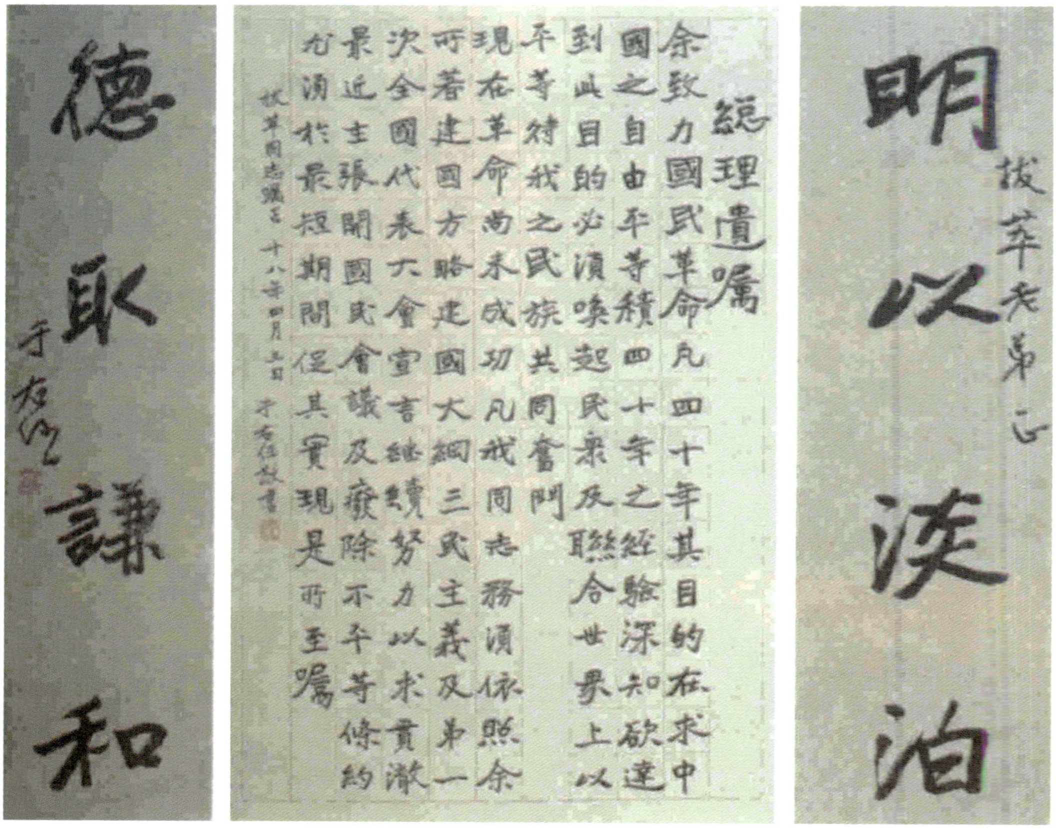
德取謙和
總理遺囑
余致力國民革命凡四十年其目的在求中國之自由平等積四十年之經驗深知欲達到此目的必須喚起民眾及聯合世界上以平等待我之民族共同奮鬥現在革命尚未成功凡我同志務須依照余所著建國方略建國大綱三民主義及第一次全國代表大會宣言繼續努力以求貫徹最近主張開國民會議及廢除不平等條約尤須於最短期間促其實現是所至囑
明以淡泊

于右任书法

南唐二陵——顺陵、钦陵

陈武帝陈霸先万安陵石刻

陈武帝陈霸先万安陵石刻

梁建安敏侯萧正立墓石刻

青花人物梅瓶（1959 年将军山南麓的沐氏家族墓地沐英墓出土）

“岁寒三友”釉里红梅瓶（1957 年 3 月，江宁县东善桥响龙山出土）

鎏金铜佛塔（宏觉寺塔地宫内出土）

南朝青瓷莲花尊（1972 年麒麟镇灵山出土）

渔翁嬉荷琥珀杯（沐叡墓出土）	北宋绿釉镂空瓷枕
西汉铜钫（1986年丹阳镇窑厂出土）	西汉牛钮铜鼎（1986年丹阳镇窑厂出土）
西汉玉璧（1986年丹阳镇出土）	西汉漆木碗（1986年丹阳镇窑厂出土）

目　录

第二十五编　中国共产党地方组织

第二十六编　代议机构　地方人代会

第二十七编　地方政府

第二十八编　政协地方组织

第二十九编　其他党派　社会团体

第三十编　法　治

第三十一编 军 事

第三十二编　精神文明建设

第三十三编　教　育

第三十四编　科学技术

第三十五编　文　化

第三十六编　历史文化遗产

第三十七编　艺　文

第三十八编　古代诗文选

CONTENTS

Part 25 Local Organizations of the Communist Party of China

Part 26 Representative Institution and Local National People's Congress

Part 27 Local Government

Part 28 Local People's Political Consultative Conference Organization

Part 29 Other Parties and Social Organizations

Part 30 Politics and Laws

Part 31 Military Affairs

Part 32 Spiritual Civilization

Part 33 Education

Part 34 Science and Technology

Part 35 Culture

Part 36 Historic and Cultural Heritages

Part 37 Art and Literature

Part 38 Selected Ancient Poems and Essays

第二十五编

中国共产党地方组织

民国17年（1928），江宁县境始有中共地下党组织。在抗日战争和解放战争中，境内先后建立中共横山（江当溧）县委、江宁（江句）县委和上元县委等。

民国38年（1949）4月江宁县解放后，于5月成立中共江宁县委。全县人民在县委的领导下，彻底完成民主革命遗留任务，迅速恢复国民经济并开展有计划的经济建设，基本完成生产资料私有制的社会主义改造，顺利地实现了由新民主主义到社会主义的转变。1956年后，开始对社会主义建设进行艰辛曲折的探索。“文化大革命”期间，全县社会主义事业遭到新中国成立后最严重的挫折和损失。其间，具有光荣传统的江宁党组织和人民群众采取各种形式，同“左”的错误和林彪、江青反革命集团进行艰难曲折的斗争。经过广大干部群众的努力，江宁的农田水利建设仍得到加强，工业生产取得发展，粮食生产保持比较稳定的增产。新中国成立后的29年历史，既有取得成就的经验，也有沉痛失误的教训。

中共十一届三中全会后，中共江宁县委在中共中央和省委、市委的正确领导下，拨乱反正，实现工作重点转移，恢复和推进经济和社会事业发展。县委坚持以改革开放为主线，以经济建设为中心，正确处理改革、发展、稳定的关系。根据不同阶段的发展任务，适时作出重大决策，推进思想解放，完善发展战略。全面加强党的思想建设、组织建设、作风建设、干部队伍建设和反腐倡廉建设，在政治、经济、文化、社会等各个领域，充分发挥党组织的战斗堡垒作用和领导核心作用，调动各方面的积极性，加快全县经济和社会事业发展。

进入21世纪后，区委贯彻中共十六大、十七大精神，以富民强区全面建设小康社会为目标，以科学发展观统揽全局，围绕“两个率先”目标和“又好又快”发展主题，大力实施“产业化、城市化、数字化、生态化”发展战略，促进全区经济社会持续、稳定、协调发展。同时，针对新形势下党的建设面临的新情况、新问题，积极探索党的建设的新途径、新方法。改善党的领导，加强党的执政能力建设和先进性教育，努力提高各级党组织和共产党员的凝聚力、创造力、战斗力，为全面完成全区经济和社会发展各项目标任务提供保证。

第一章　中共横山江宁上元县委及地下组织

早在第一次国内革命战争时期，中国共产党就在江宁县境传播马克思列宁主义，进行反帝反封建的革命斗争。民国17年（1928），江宁县第一区的晓庄建立了中共南京晓庄师范支部。民国24年夏，中共党员魏今非在江宁县成立中共地下党支部。

抗日战争时期，江宁县是新四军创建的茅山抗日根据地重要组成部分。随着新四军东进，游击区的开辟，在部队的帮助下，江宁县境内建立了中国共产党的各级组织和党领导下的抗日政权、地方武装、统一战线、群众团体组织系统。当时，由于处在战争环境，敌强我弱，日伪军占领城镇交通要道，新四军占领广大农村边区，江宁县被分割成两大块，即南京至郎溪的京建公路以西，以横山为中心的江宁、当涂、溧水三县交界的“江当溧”地区（今江宁区西半部、马鞍山市全部和当涂、溧水县部分地区），建立了中共江当溧县委，后改称中共横山县委；京建公路以东，以郭庄庙、龙都为中心的江宁、溧水、句容三县交界的“江溧句”地区（今江宁区东半部和溧水、句容部分地区），建立中共江溧句县委，后改称中共江句县委、江宁县委。另外，江宁县麒麟至汤山、作厂的京杭国道（今宁杭公路）以外的一小部分地区，属中共句北县委管辖。

民国34年（1945）5月，建立中共上元县委，同年10月初，新四军主力部队奉命北撤，横山、江宁、上元等县委撤销，随新四军北撤。新四军北撤后，分别建立了江宁、横山留守处和武工队，坚持斗争。横山地区留守处和武工队一直坚持到中国人民解放军渡江，横山地区解放。

第一节　组织机构

【晓庄党团支部和中共江宁地下支部】

民国17年（1928），中共南京市委在江宁县第一区辖境内的晓庄师范，以外地在宁学生党员为基础，建立党团支部，第一任支部书记刘焕章。秘密发展党、团员，至民国18年，已发展中共党员十余人，社会主义青年团员十余人。民国19年6月，中共南京市委建立农委，组织驻龙潭的国民党宪兵连中中共地下党员发动兵暴。民国20年11月，在南京市委之外另建特委，领导江宁等5个县区党的活动。

民国24年（1935）夏，中共党员魏今非在江宁县成立地下党支部。魏今非，句容郭庄高阳桥（今江宁区湖熟街道周岗集镇）人，民国16年4月加入中国共产党。国共合作破坏后，他组织湖北蕲春农村暴动失败，与组织失去联系。民国20年冬，他回到家乡江宁，住在淳化镇上庄的岳父家中。民国22年，在江宁佘建乡（今属东山街道）下村中心小学教书，后成为该校校长，进行共产主义启蒙教育。民国24年夏，魏今非发展雷文（堂弟，本名魏润生）、戴顺容（即戴容重）、俞民瑜等人入党，并自行组织了地下党支部，后因未能与上级组织取得联系，支部停止活动。但党员仍以个人的公开身份分散于县农会、妇女会、读书会、报社等，联系倪则耕等进步人士。民国25年春，魏今非与倪则耕、朱丹立等组成江宁县救亡协会。次年夏，魏今非与南京秘密学联取得联系，派党员雷文、俞民瑜参与学联在栖霞山的抗日宣传。魏今非还通过救国会，亲自向中共中央驻南京代表叶剑英请示组织抗日游击武装计划。据其妻妹回忆，南京沦陷前，魏今非将妻儿送回高阳桥的堂弟魏润生家，自己与党员黎明等转移汉口。江宁境内的党组织活动因此暂停。

【中共横山（江当溧）县委】

领导机构　民国28年（1939）7月，中共江当溧工委成立，书记陈辛，有委员2人；8月，改建为中共江当溧县委，下设组织部、宣传部、军事部、青年部和妇女部。中共江当溧县（工）委先后属新四军二支队政治部、中共苏皖特委、中共江当溧句中心县委领导。中共江当溧县委机关驻地不固定，主要在横山北侧江宁县谢村（今禄口街道铜山）一带。县委活动范围主要在江宁县的谢村、横溪、丹阳，当涂县的新市、博望，溧水县的明觉寺、桑园铺等地。

民国29年（1940）8月，发生“横山事变”，江当溧县委撤离，地方党组织遭受严重破坏。同年10月，汪大铭、费明龙进入横山恢复党组织未成，汪大铭脱险回中心县委，费明龙被捕牺牲。11月，纪涛、吉惠兰再次进入横山恢复党组织（吉惠兰1个月后回中心县委）。民国30年1月，成立江溧县工委，同年年底，改称江当溧工委。中共江溧（江当溧）工委先后属江当溧句中心县委、中共路北（路西北）特委、中共苏皖区委领导。民国31年6月，新四军主力部队进入横山地区，8月，苏皖区党委决定恢复江当溧县委。民国32年春，江当溧县委改称中共横山县委，下设组织部和宣传部。民国32年9月（一说民国32年冬），横山县委撤销，横山工作由中共京芜中心县委领导。民国33年2月，中共京芜中心县委撤销，同时恢复中共横山县委。横山县委先后属中共苏南三地委（溧高地委）、中共苏南一地委领导。横山县委机关驻地不固定，主要在横山北侧江宁县呈村一带。民国32年夏秋后，随着苏南抗日根据地的发展，横山县委活动范围开拓到江宁县京建公路以西，北起石头城，南依石臼湖，西临扬子江的广大地区。民国34年10月，横山县委随同新四军北撤。

基层组织　民国31年（1942）夏，新四军回师横山，随着军事斗争的胜利，根据地的逐步巩固，中共江当溧（横山）县委，从民国31年开始，陆续建立山西、山北、山南3个工委和8个区级机构。江宁县境建立山西、山北工委和云台、谷里、丹阳、铜山、亭山（曹村）5个区委。民国32年下半年，日伪在苏南地区的“清乡”被彻底粉碎，江当溧地区形势进一步好转，横山地区党的各级组织不断发展壮大。至民国33年12月，中共横山县委下设66个党支部，有党员341人。

【中共江宁（江句）县委】

领导机构　民国28年（1939）7月，中共江溧句工作委员会成立；9月，改建为江溧句县委。中共江溧句县（工）委先后属中共苏皖特委、中共江当溧句中心县委领导。县委驻地没有固定的地点，主要在句容县郭庄、三岔，江宁县土桥一带。县委的活动范围，开始在江宁、溧水、句容三地毗邻地区，后逐步开拓到江宁县京建公路以东，北起南京麒麟门，沿京杭国道（今宁杭公路）至句容县天王寺一线以西；溧（水）武（进）公路以北；北临南京中华门之间的广大地区。

民国29年（1940）8月，根据中共苏皖区委决定，中共江溧句县委分为赤南、赤北工委。同年12月，改为赤南、赤北县委。中共赤北、赤南县（工）委先后属中共江当溧句中心县委、中共路北（路西北）特委领导。赤北县委的活动范围：赤山以北江宁县的湖熟、渡桂，句容县的三岔，直至江宁县麒麟门到汤山间的京杭国道，与句北县相壤。赤南县的活动范围：赤山以南原江溧句县委部分活动地区。

民国30年（1941）3月初，中共苏皖区委决定赤北、赤南、句北三县委合并成立中共江句县委。6月，中共江句县委正式成立，陆纲（姚常新）任书记。为了便于恢复句北老区工作，江句县委内另设句北工委。民国31年8月，重新成立中共镇句县委时，句北工委并入镇句县委，胡惠民调任镇句县委书记。江句县委改称江宁县委。中共江句、江宁县委先后属中共路北（后改称路西北）特委、中共路西北特委（通称中共苏皖特委）、茅山地委、中共苏皖区委、苏南茅山地委、苏南一地委领导。江句、江宁县委驻地不固定，主要在江宁县龙都圩、周岗圩和青龙山一带。活动范围：江句县委包括原赤南、赤北、句北三县委活动的地区；江宁县委活动范围恢复到原江溧句县委的活动地区。

民国34年（1945）10月，抗日战争胜利后，江宁县委随同新四军北撤。

基层组织 民国31年（1942）1月，中共江句（江宁）县委正式建立县委领导下的区级党、政机构，设区委、区公所、办事处和建立抗日地方武装大队。首先成立龙都区委，同年7月改组划分为秦淮、方山2个区委。民国33年春统计，秦淮区共有党员80多人，索墅区和土（桥）东北三乡联合办事处合并成立索北区，民国31年8月改为青龙区，设区委。民国32年2月，郭庄庙地区与索南办事处合并成立赤山区，设区委，辖4个党支部，20多名党员。虬山区委于民国32年2月成立。同年7月，设江句中心区委，先辖青龙、赤山、虬山3个区委，后辖青龙、赤山2个区委。民国33年5月中心区委撤销后，青龙、赤山2个区委由江宁县委直接领导。句北工委于民国29年3月成立南片、中片2个分区委和西南、西北2个区委。至民国33年12月，江宁县委下辖区委7个，党支部76个，有党员467人。

【中共上元县委】

领导机构 民国34年（1945）5月，抗日战争进入最后胜利阶段，为沟通长江南北交通，构成四面包围反攻南京城的战略部署，经中共淮南区委批准，在南京东郊至镇江一线的长江南岸，含当时县属尧化门、栖霞（摄山）、龙潭等地带，建立上元县委，受中共淮南路东地委领导。9月，国民党空降部队接管南京，淮南区党委决定，上元县的部队及全县工作人员全部撤回江北。

基层组织 上元县委下辖尧化门、栖霞、龙潭、下蜀、南圩（长江北岸）5个区委。

另外，民国29年（1940）3月成立的中共句北县委，其西南区范围包括江宁县境的作厂、汤山一线以东地区，区委书记王明云；西北区的范围包括江宁县麒麟乡一部分地区，区委书记范坚。民国30年6月，句北县委并入江句县委，次年8月，又划出并入镇句县委。

【中共南京市地下特别支部（工委）】

抗日战争时期，以江句地区为依托的还有江南区（后称苏皖区）党委直接领导的中共南京市地下特别支部（后扩大为工委）。民国30年（1941）7月，由江句县委书记陆纲单线联系，设联络站于淳化、土桥之间。民国33年7月间，由于长江工委负责人被捕，区党委通知南京市地下工委负责人舒诚（原苏南特委妇女部部长）等作保护性撤退。民国34年，改派方休接替舒诚工作，工委机关设在江宁县境一座庵堂内，领导南京城内的中央大学附属中学党支部等组织。同年8月，新四军作解放南京城市的部署时，南京市地下工委机关进驻方山，与江宁县委配合组织解放南京的准备工作。中央军委命令停止进攻南京城后，南京市地下工委进城并入南京市委。

【中共横溧（高）工委与横山（领导）小组】

抗日战争胜利后，横山、江宁县委北撤，仅设留守机关维护重庆谈判、《双十协定》约定的民主权益。

横山、溧高两县留守特派人员，于民国34年（1945）10月成立横溧（高）工委。先后受茅山工委、苏浙皖（江南）特委领导，在两县留守处和武工队中各建一党支部。横溧（高）工委成立2个月，即遭国民党军围捕、破坏而停止活动。横山留守处与茅山工委、江南特委失去联系。民国35年5月，改建为横山（领导）小组，在不断遭受追捕、破坏的环境中，艰苦顽强地坚持斗争，直至江宁县解放。

民国 17 年（1928）至 38 年 4 月江宁地区中共县级组织负责人情况表

表 25-1-1

组织名称	职　务	姓　名	任　期
晓庄党团支部	书　记	刘焕章（刘季平）	民国 17 年（1928）至 19 年
		石　俊	—
江当溧工（县）委（民国 29 年 11 月至 31 年 7 月称江溧工委）	书　记	陈　辛	民国 28 年（1939）5 月至 29 年 3 月
		夏定才	民国 29 年（1940）3 月至 8 月
		纪　涛	民国 29 年（1940）11 月至 32 年春
	副书记	高颂章	民国 28 年（1939）8 月至 10 月
		林日旺	民国 28 年（1939）10 月至 29 年 3 月
		费明龙	民国 28 年（1939）10 月至 29 年 3 月
		童　超	民国 31 年（1942）8 月至 32 年春
横山县委	书　记	周志坚（周嘉林）	民国 32 年（1943）春至 9 月
		李　钊	民国 33 年（1944）2 月至 34 年 6 月
		吕振球（吕亮屏）	民国 34 年（1945）6 月至 10 月
	副书记（分管统战）	纪　涛	民国 32 年（1943）春至 34 年 10 月
		李　钊	民国 32 年（1943）7 月至 9 月
江溧句工（县）委	书　记	姜　杰	民国 28 年（1939）7 月至 29 年 8 月
赤北工（县）委	书　记	李义之	民国 29 年（1940）8 月至 12 月
		汪大铭（兼）	民国 29 年（1940）12 月至 30 年 1 月
	副书记	孔　朗	民国 29 年（1940）12 月至 30 年 4 月
赤南工（县）委	书　记	胡惠民	民国 29 年（1940）8 月至 12 月
		陆　纲	民国 29 年（1940）12 月至 30 年 6 月
江句县委（后称江宁县委）	书　记	陆　纲	民国 30 年（1941）6 月至 33 年 2 月
		王健婴	民国 33 年（1944）2 月至 6 月
		陆　纲	民国 33 年（1944）6 月至 34 年 10 月
	副书记	王健婴	民国 31 年（1942）6 月至 33 年 2 月
		吴承（李隽）	民国 34 年（1945）6 月至 10 月
句北工（县）委	书　记	汪大铭	民国 29 年（1940）1 月至 5 月
		陈　辛	民国 29 年（1940）6 月至 11 月
		余晋功	民国 29 年（1940）11 月至 30 年 3 月
		李义之	民国 30 年（1941）3 月至 6 月
上元县委	书　记	程震文	民国 34 年（1945）5 月至 9 月
	副书记	郑时若	民国 34 年（1945）7 月至 9 月
横溧（高）工委	书　记	纪　涛（横山特派员）	民国 34 年（1945）10 月至 12 月
	横山留守处主任、武工队长	刘杰枝	民国 34 年（1945）10 月至 12 月
横山（领导）小组	负责人	刘杰枝	民国 35 年（1946）至 38 年
江宁留守处	特派员	林德润	民国 34 年（1945）10 月至 35 年 1 月
	政治负责人	赵金城	民国 34 年（1945）10 月至 35 年 7 月

抗日战争时期部分年份江宁地区中共基层组织、党员情况表

表 25-1-2

时　间	县委名称	区委数（个）	党支部数（个）	党员数（人）
民国 29 年（1940）5 月	江溧句、江当溧县委	—	139	975
民国 30 年（1941）5 月	江溧县工委	2	14	61
民国 30 年（1941）6 月	江句县委	6	74	337
民国 30 年（1941）9 月	江句县委	8	76	421
	江溧县工委	—	23	107
民国 31 年（1942）12 月	江宁县委	5	50	213
	江当溧县委	—	28	152
民国 32 年（1943）12 月	江宁县委	5	48	286
	横山县委	3	43	247
民国 33 年（1944）12 月	江宁县委	7	76	467
	横山县委	3	66	341
民国 34 年（1945）10 月新四军北撤前	今江宁区范围内	—	—	458（随新四军北撤 312 人，留下 146 人）

第二节　主要活动

【土地革命战争时期】

民国 24 年（1935）12 月，中共江宁地下支部组织发动江宁县农会、妇女会及各小学校，联合发表宣言或通电，要求国民政府做出行动，救国锄奸，力保国家领土完整，反对华北自治。民国 25 年，共产党员魏今非与倪则耕、朱丹立等人组织江宁县抗日救国会，利用《宁报》宣传抗日，并计划组织地方抗日武装。

民国 26 年（1937），直接领导江宁地方革命斗争的中共南京市委、南京特委屡遭破坏，一部分幸免于难的中共党员和救国会、左联、秘密学联的进步组织，从南京城区或外地转移到江宁县境，开始隐蔽活动。此后，魏今非主动停止了自发建立的党支部活动，除了建立县救亡协会外，又派雷文、俞民瑜参加由南京学联组织的栖霞山抗日宣传组织活动。通过沈钧儒关系，魏今非面见了当时中共中央驻南京代表叶剑英，请求其领导筹建江宁县境的游击武装。南京沦陷前不久，魏今非等撤离江宁，转入安徽、湖北一带。留守的地方爱国人士自发组成抗日团体。如周干圩抗日联会、横溪青年抗日服务团等。

【抗日战争时期】

民国 26 年（1937）12 月，日本侵略军占领南京，江宁沦陷。民国 27 年六七月间，新四军第一、二支队遵照中共中央“敌后进行游击战争”“在广德、苏州、镇江、南京、芜湖五区间广大地区创造根据地”“大大的去发动和组织群众，建立地方党组织与团结无数的游击队在自己的周围”“在大江以南，创立一些模范的游击根据地”等指示，由皖南开赴苏南敌后，进行抗日游击战争。新四军一支队一团和二支队三、四团先后到江宁县境，在江宁县西南部以横山

为中心的江宁、当涂、溧水三县交界地区和江宁东南部以郭庄庙为中心的江宁、溧水、句容三县交界地区，开辟抗日游击根据地。在开展军事斗争打击敌人的同时，部队派出民运工作队和随军服务团人员到地方，宣传发动群众，组织群众进行抗日斗争；发展党员，建立中共基层组织。在此基础上，民国28年六七月间，新四军二支队政治部委派从景德镇撤出的原中共浮梁中心县委秘书陈辛到江当溧地区，会同原由二支队三团派在做民运工作的随军服务团人员高颂章等人，建立中共江当溧工委，8月改为江当溧县委。同年春，二支队四团民运股长姜杰到郭庄庙周围，协助地方建立党的组织，7月建立中共江溧句工委，9月改为江溧句县委。

在苏南抗日游击根据地的创建和发展过程中，中共江当溧和江溧句县委所领导的党组织逐步发展壮大，并建立代行政权职能的江当溧三县抗敌自卫委员会、江溧句三县抗敌自卫委员会和县委领导下的抗日地方武装。据民国29年（1940）5月统计，两县委共领导党支部139个，党员975人。抗日群众运动生机勃勃。

民国27年（1938）10月，与江宁县接壤的句容县北部山区建立中共句北特区委，民国29年1月，改建为句北工委，3月改为句北县委。

随着苏南抗日斗争形势的跌宕起伏，江宁县党组织的发展走过艰难曲折的历程。民国29年（1940）六七月间，陈毅、粟裕率领的苏南新四军主力部队渡江北上，江宁地区只留下少量主力和地方武装。8月初，国民党顽固派勾结日伪策动横山地区反动刀会1万余人，向中共江当溧县委机关和地方武装围攻，制造了“横山事件”。县委被迫撤至江溧句地区后解散，县新二连、新三连受到重大损失后，也撤出横山地区，地方党组织遭到严重破坏，不少党员和积极分子遭到捕杀。10月，中共江当溧句中心县委派组织部长汪大铭和原江当溧县委副书记费明龙进入横山地区恢复党组织未成，汪大铭脱险回中心县委，费明龙被捕牺牲。11月，中心县委又派中共党员纪涛以特派员身份秘密到横山地区进行恢复党组织工作。纪涛化装成小贩、郎中，在江宁、溧水境内秘密联系失散的党员，于民国30年年初成立中共江溧县工委。工委对横山事变后留守的党员进行审查，恢复了18名党员的党组织关系，并进一步发展吸收新党员。至民国30年5月，江溧县工委仅有党支部14个，党员61人。党的活动转入地下，斗争形势危急艰难。同年年底，党的活动恢复到当涂境内，江溧县工委改称江当溧县工委。

“横山事件”后，江溧句地区形势日趋紧张。民国29年（1940）8月，中共苏皖区委根据新四军主力北上和“横山事件”后形势发生的变化，决定以赤山为界，将江溧句县委分为赤南、赤北两个工委，12月改为赤南、赤北县委。民国30年1月“皖南事变”后，在日伪顽的疯狂夹击下，斗争环境进一步恶化。侵华日军在江溧句地区进行驻扎式“扫荡”，增筑了土桥、索墅、三岔、郭庄庙、龙都、渡桂等多处据点，搜捕地方干部、党员和积极分子，党组织被破坏，活动停顿。新四军留下坚持斗争的短枪队和干部不到20人，一日数警，天天转移。民国30年6月，苏皖区党委决定赤南、赤北和句北三县委合并成立江句县委，同时建立县警卫连。此时，整个赤南、赤北和句北3个地区共有党支部74个，党员337人。同年8月，成立江宁县抗日民主政府，第一任县长夏定才到任1个月，即不幸被捕牺牲。

由于新四军坚持苏南斗争的主力部队和党的各级组织，正确执行党的统一战线政策和抗日游击战的战略战术，不断挫败“敌伪顽”的夹击，加之日军在太平洋战场失利，兵力不足，在苏南采取守势，因此，从民国31年（1942）开始，苏南抗日斗争形势逐步好转。是年6月，新四军第六师第十六旅旅长钟国楚率主力部队进入横山，拔除了博望、桑园铺、小丹阳等敌伪据点，取得了谢村、横溪战斗的胜利。8月，复建江当溧县委，同时成立江当溧三县行政委员会。民国32年春，江当溧县委经过充实调整改称中共横山县委。同年冬，江当溧三县行政委员会改为横山县抗日民主政府。是年下半年，日伪在苏南地区的“清乡”被彻底粉碎，江当溧地区的形势进一步好转，横山县党、政、军、统（战）、群系统各级组织建立健全并不断发展壮大。据民国33年12月统计，横山县委下辖3个区（工）委，66个党支部，共有党员341人。县委活动范围也扩大到京建公路以西，北起石头城，南依石臼湖，西临扬子江的广大地区，包括江宁县京建公路以西的全部地区和南京南郊、当涂、溧水县的部分地区及今马鞍山市。

民国30年（1941）年底，新四军主力与江宁县警卫连相配合，连续消灭驻江宁龙都镇伪军两个连，彻底摧毁龙都据点后，江溧句地区的形势发生变化。中共江句县委着手建立区级党政机构和区大队地方武装。民国31年8月，苏皖区党委决定复建镇句县委。句北地区划出并入镇句，江句县委改称江宁县委。此后，随着苏南敌后抗日斗争形势的好转，江宁县党、政、军各级组织得以不断巩固和发展，各项工作蓬勃开展，取得显著成绩。据民国33年12月统计，县委下辖区委7个，党支部76个，共有党员467人。县委活动范围发展到京建公路以东，南京至汤山、句容天王寺的京杭国道以西，溧武路（溧水至武进公路）以北广大地区，包括江宁县东半部和句容、溧水的部分地区。

民国34年（1945）5月，抗战进入最后胜利阶段。为解放南京作准备，经中共淮南区委批准，在南京东郊至镇江间的长江沿岸地区，建立中共上元县委，其辖区包括当时的栖霞、龙潭一带地方。9月，国民党军队接管南京，淮南区党委决定上元县的部队及全县工作人员全部撤回江北。

【全国解放战争时期】

民国34年（1945）10月，横山、江宁两县党政军等机构同时撤销，党政干部和地方武装，除留下少量人员坚持斗争外，其余随同新四军北撤。留守苏浙皖边区坚决斗争的部分武装和地方党政负责干部，组成中共苏浙边区特委，下辖茅山等4个工委。横山、江宁地区各设一特派员，成立留守处，建立一支武工队，属茅山工委领导。民国35年1月，中共华东分局为加强对江南留守工作的领导，建立中共江南工委和江南办事处。

处于国民党首都南京南大门的江宁地区，在新四军北撤后，地主恶霸卷土重来，反共势力嚣张。国民党撕毁和平协议，对武工队活动地区进行疯狂的“清剿”，利用当地土顽和封建刀会，大肆破坏中共地下组织，搜捕、迫害新四军留守人员和抗战人员家属。

在与上级领导失去联系的情况下，横山留守处和武工队依靠群众，坚持斗争。他们与当地党员取得联系，并先后发展十几名新党员。在恶劣的环境下，武工队有7名队员动摇离队，6人精简复员，2人被捕。刘杰枝、周斌（翟存根）、李汉通等留守人员和他们发展的一批党员，一直坚持到中国人民解放军渡江，横山地区解放。

林德润领导的江宁留守处及武工队员集中在茅山工委，两次派人回江宁侦察，均有去无回，武工队几次进江宁都被打了出去，又不断遭到国民党军队的包围袭击，人员损失很大，难以进入县境。茅山工委决定江宁、句容两武工队合并为江句武工队，林德润为特派员，朱年坤为队长，宋亚欣为指导员，在句容县境活动。民国35年（1946）1月，林德润在战斗中被捕，6月牺牲。

民国35年（1946）6月，江宁留守处赵金城去苏北高邮“江南办事处”汇报工作，办事处改派李孝廉回江宁县坚持地方斗争。同年7月，李孝廉在江溧边境被捕，江宁留守处停止活动。

第二章　中共南京市江宁区委

民国38年（1949）4月24日江宁县解放后，中共江宁县委正式成立，县所辖7个区和1个直属镇的基层党组织也相继建立。从此，江宁县的党组织由解放前秘密的、分散的、没有固定辖区的状态，转变为公开的、有完整系统的、有固定辖区的各级领导机构。中共江宁县委成立后，组织领导全县人民进行了一系列政治运动和社会改革，胜利完成了国民经济恢复时期的历史任务。同时，重视党的基层组织建设，吸收了一批经过考验的积极分子入党。

1966年5月，开始了“文化大革命”，江宁县的党政机构陷于瘫痪，领导干部被迫停止工作，党员被迫停止组织生活。1968年3月，县革命委员会成立，取代了县委、县人委职权。1969年2月，中共江宁县革命委员会核心领导小组建立，全县开始整顿恢复基层党组织。粉碎林彪、江青反革命集团后，特别是中共十一届三中全会后，江宁进入了社会主义现代化建设新时期。全县各级党组织经过拨乱反正，落实党的各项政策，及时清理和解决“文化大革命”中遗留问题，纯洁了组织，实现了安定团结的政治局面，使党的工作重点转移到社会主义现代化建设上来。1982年后，进行体制改革，开展整党工作，调整各级领导班子，各级组织更具活力，党组织的战斗力得到增强。

此后，县委始终围绕经济建设这一中心，针对改革开放新形势下的党建工作特点，不断加强党的思想建设、组织建设、作风建设和反腐倡廉建设，全县各级党组织的凝聚力、战斗力明显增强。在中国特色社会主义建设中，江宁的党组织和党员队伍不断发展壮大。至2007年年底，区委有工作机构6个，部门管理机构3个，直属事业单位3个。有党组10个，党工委13个，党委23个，党总支部133个，党支部1492个，共有43770名党员。

第一节　领导机构

【中共江宁县委员会】

民国38年（1949）5月2日，经中共华中工委批准，建立中共江宁县委员会，由胡宏任书记。县委隶属中共镇江地委领导。

1953年8月，中共江苏省委确定江宁县为农村工作试点县，并批准县委设立常委会。从县委成立至1956年4月，县委领导成员先后由中共华中工委、苏南区党委、江苏省委和镇江地委任命。1956年4月，中共江宁县第一次代表大会召开，此后，中共江宁县委员会组成人员均由党的代表大会选举产生。1958年7月，因行政区划调整，江宁划归南京市管辖，江宁县委隶属中共南京市委领导。

1959年3月，经中共南京市委批准，中共江宁县委设立书记处，由李崇任书记处第一书记。

1962年5月，根据省委关于“市属县归还原建制”的通知精神，江宁县重新划归镇江行署管辖，县委又归镇江地委领导。同年8月，经镇江地委研究，省委批准，撤销县委书记处，书记处第一书记改称书记，书记处书记改称副书记。

“文化大革命”初期，中共江宁县第三届委员会仍在行使职权。1967年1月，县委受“造反派”冲击，被迫停止工作。同年4月，江苏省军事管制委员会作出对江宁县实行军事管制的决定。1968年3月，江宁县革命委员会成立，实行党政“一元化”领导。

1969年2月，建立中共江宁县革命委员会核心领导小组。

1970年8月，召开中共江宁县第四次代表大会，选举产生了中共江宁县第四届委员会。自此，中共江宁县革委会核心领导小组消失，中共江宁县委恢复。1971年3月，江宁县由镇江地区划归南京市管辖，此后中共江宁县委一直由中共南京市委领导。

至2000年12月，中共江宁县委名称没有变化。

图25-2-1　20世纪80年代中共江宁县委机关办公楼

【中共南京市江宁区委员会】

2000年12月21日，国务院国函〔2000〕131号文批复，同意撤销江宁县，设立南京市江宁区。中共江宁县委亦改为中共南京市江宁区委。至2007年12月底，没有变化。

1949—2007年中共江宁区委书记、副书记、常委更迭情况表

表25-2-3

组织名称	职务	姓名	任期
中共江宁县委员会（1949年5月至1953年8月）	书记	胡宏	民国38年（1949）5月至1950年6月
		苏进程	1950年6月至1952年5月
		宫志毅	1952年5月至1953年8月
	副书记	张丹卿	民国38年（1949）5月至是年秋
中共江宁县委员会（1953年8月至1956年4月）	书记	王一香（第一书记）	1953年8月至1955年6月
		宫志毅（第二书记）	1953年8月至1955年6月
		宫志毅	1955年6月至1956年4月
	副书记	丁铁（第一副书记）	1953年8月至1954年上半年
		詹鲁（女，第二副书记）	1953年8月至1954年上半年
		颜景詹（第三副书记）	1953年4月至1956年4月
	常委	史成仁	1953年8月至1955年12月
		李锦荷	1955年12月至1956年4月
中共江宁县第一届委员会（1956年4月至1958年12月）	书记	宫志毅	1956年4月至1958年3月
		李崇	1958年3月至12月
		颜景詹（第二书记）	1956年4月至1957年6月
	副书记	李锦荷	1956年4月至1958年3月
		郭振峰	1956年4月至1958年12月
		薛斌	1956年4月至1958年12月
		张立业	1957年6月至1958年4月
		华子泉	1958年5月至12月
	常委	王敏生	1956年4月至1957年7月
		宋儒林	1956年4月至1957年7月
		周亚文	1956年4月至1958年12月
		万风友	1956年4月至1958年12月
		朱世华	1956年4月至1958年12月

续表 1

组织名称	职　务	姓　名	任　期
中共江宁县第二届委员会（1958 年 12 月至 1963 年 1 月）	书　记	李　崇	1958 年 12 月至 1959 年 3 月
			1962 年 8 月至 1963 年 1 月
	书记处第一书记	李　崇	1959 年 3 月至 1962 年 8 月
	副书记	郭振峰	1958 年 12 月至 1959 年 3 月
			1962 年 8 月至 1963 年 1 月
		华子泉	1958 年 12 月至 1959 年 3 月
			1962 年 8 月至 1963 年 1 月
		薛　斌	1958 年 12 月至 1959 年 3 月
		张立业	1962 年 8 月至 1963 年 1 月
		邹劭卿	1962 年 8 月至 1963 年 1 月
	书记处书　记	薛　斌	1959 年 3 月至 1960 年 3 月
		郭振峰	1959 年 3 月至 1962 年 8 月
		华子泉	1959 年 3 月至 1962 年 8 月
		朱世华	1959 年 7 月至 1962 年 8 月
		陈　喆	1960 年 2 月至 1962 年 8 月
		邹劭卿	1960 年 6 月至 1962 年 8 月
		王希宝	1960 年 6 月至 1962 年 8 月
		张立业	1962 年 5 月至 8 月
	常　委	万风友	1958 年 12 月至 1960 年 2 月
		王希宝	1958 年 12 月至 1963 年 1 月
		邹劭卿	1958 年 12 月至 1963 年 1 月
		朱世华	1958 年 12 月至 1963 年 1 月
		周亚文	1958 年 12 月至 1963 年 1 月
		何静平	1960 年 1 月至 1961 年 5 月
		史中哲	1960 年 1 月至 1963 年 1 月
中共江宁县第三届委员会（1963 年 1 月至 1967 年 4 月）	书　记	李　崇	1963 年 1 月至 1964 年 9 月
		华子泉	1964 年 9 月至 1967 年 4 月
	副书记	华子泉	1963 年 1 月至 1964 年 9 月
		张立业	1963 年 1 月至 1966 年 5 月
		邹劭卿	1963 年 1 月至 1967 年 4 月
		谢培信	1964 年 9 月至 1965 年 9 月
		闵长山	1965 年 4 月至 1967 年 4 月
		樊发源	1965 年 11 月至 1966 年
		陈　平	1966 年 3 月至 1967 年 4 月
	常　委	朱世华	1963 年 1 月至 1965 年 3 月
		周亚文	1963 年 1 月至 1965 年 3 月
		石学如	1963 年 1 月至 1967 年 4 月
		史中哲	1963 年 1 月至 1967 年 4 月
		范振英	1963 年 1 月至 1967 年 4 月
		巢凤翥	1963 年 11 月至 1965 年 2 月
		陈国梁	1966 年 8 月至 1967 年 4 月

续表 2

<table>
<tr><th>组织名称</th><th>职　务</th><th>姓　名</th><th>任　期</th></tr>
<tr><td rowspan="2">中共江宁县革命委员会核心领导小组（1969 年 2 月至 1970 年 8 月）</td><td rowspan="2">组　长</td><td>张立生</td><td>1969 年 2 月至 8 月</td></tr>
<tr><td>张克文</td><td>1969 年 11 月至 1970 年 8 月</td></tr>
<tr><td rowspan="25">中共江宁县第四届委员会（1970 年 8 月至 1978 年 12 月）</td><td rowspan="5">书　记</td><td>华子泉</td><td>1970 年 8 月至 1974 年 2 月（1973 年 2 月病休）</td></tr>
<tr><td>王勉（代理书记）</td><td>1973 年 2 月至 1974 年 2 月</td></tr>
<tr><td>王　勉</td><td>1974 年 2 月至 1975 年 4 月</td></tr>
<tr><td>李英俊</td><td>1975 年 4 月至 1978 年 3 月</td></tr>
<tr><td>孙济民</td><td>1978 年 3 月至 12 月</td></tr>
<tr><td rowspan="6">副书记</td><td>张克文</td><td>1970 年 8 月至 1973 年 1 月</td></tr>
<tr><td>史中哲</td><td>1970 年 8 月至 1978 年 11 月（实际离职 1978 年 8 月）</td></tr>
<tr><td>李英俊</td><td>1974 年 8 月至 1975 年 4 月</td></tr>
<tr><td>江锡太</td><td>1976 年 2 月至 1978 年 12 月</td></tr>
<tr><td>毛承凤</td><td>1976 年 2 月至 1978 年 12 月</td></tr>
<tr><td>闵长山</td><td>1978 年 11 月至 12 月</td></tr>
<tr><td rowspan="14">常　委</td><td>孙炳中</td><td>1970 年 8 月至 1971 年 3 月</td></tr>
<tr><td>邵玉生（女）</td><td>1970 年 8 月至 1978 年 12 月</td></tr>
<tr><td>余惠兰（女）</td><td>1970 年 8 月至 1978 年 12 月</td></tr>
<tr><td>季　华</td><td>1970 年 8 月至 1978 年 12 月</td></tr>
<tr><td>徐凤琴</td><td>1970 年 8 月至 1978 年 12 月</td></tr>
<tr><td>盛义福</td><td>1970 年 8 月至 1978 年 12 月</td></tr>
<tr><td>江锡太</td><td>1973 年 1 月至 1976 年 10 月</td></tr>
<tr><td>闵长山</td><td>1973 年 1 月至 1978 年 12 月</td></tr>
<tr><td>万槐衡</td><td>1973 年 1 月至 1978 年 12 月</td></tr>
<tr><td>唐忠寿</td><td>1975 年 4 月至 1978 年 12 月</td></tr>
<tr><td>朱宝瑜</td><td>1976 年 2 月至 1978 年 12 月</td></tr>
<tr><td>路　平</td><td>1978 年 9 月至 12 月</td></tr>
<tr><td>陈　平</td><td>1978 年 9 月至 12 月</td></tr>
<tr><td rowspan="14">中共江宁县第五届委员会（1978 年 12 月至 1984 年 8 月）</td><td rowspan="3">书　记</td><td>孙济民</td><td>1978 年 12 月至 1981 年 12 月</td></tr>
<tr><td>孟金元</td><td>1981 年 12 月至 1984 年 2 月</td></tr>
<tr><td>诸吉炤</td><td>1984 年 2 月至 8 月</td></tr>
<tr><td rowspan="7">副书记</td><td>闵长山</td><td>1978 年 12 月至 1984 年 2 月</td></tr>
<tr><td>毛承凤</td><td>1978 年 12 月至 1984 年 2 月</td></tr>
<tr><td>朱宝瑜</td><td>1978 年 12 月至 1984 年 8 月</td></tr>
<tr><td>黄翠玉（女）</td><td>1981 年 12 月至 1984 年 2 月</td></tr>
<tr><td>陈庆绵</td><td>1982 年 1 月至 1984 年 2 月</td></tr>
<tr><td>陈宗林</td><td>1984 年 2 月至 8 月</td></tr>
<tr><td>汪正生</td><td>1984 年 2 月至 8 月</td></tr>
<tr><td rowspan="4">常　委</td><td>邵玉生（女）</td><td>1978 年 12 月至 1980 年 3 月</td></tr>
<tr><td>徐凤琴</td><td>1978 年 12 月至 1982 年 12 月</td></tr>
<tr><td>张占起</td><td>1978 年 12 月至 1983 年 8 月</td></tr>
<tr><td>杜守臣</td><td>1978 年 12 月至 1984 年 2 月</td></tr>
</table>

续表 3

组织名称	职 务	姓 名	任 期
中共江宁县第五届委员会（1978 年 12 月至 1984 年 8 月）	常 委	陈 平	1978 年 12 月至 1984 年 2 月
		陈庆绵	1978 年 12 月至 1984 年 2 月
		路 平	1978 年 12 月至 1984 年 2 月
		唐忠寿	1978 年 12 月至 1984 年 2 月（实际离职 1983 年 9 月）
		万槐衡	1978 年 12 月至 1984 年 8 月
		张良礼	1982 年 3 月至 1984 年 4 月
		孙群山	1984 年 2 月至 8 月
		周德明	1984 年 3 月至 8 月
中共江宁县第六届委员会（1984 年 8 月至 1987 年 9 月）	书 记	诸吉炤	1984 年 8 月至 1985 年 2 月
		陈宗林	1985 年 2 月至 1987 年 9 月
	副书记	陈宗林	1984 年 8 月至 1985 年 2 月
		汪正生	1984 年 8 月至 1985 年 11 月
		朱宝瑜	1984 年 8 月至 1987 年 5 月
		陈大法	1985 年 2 月至 1987 年 9 月
		吴迪祺	1985 年 11 月至 1987 年 9 月
		王孝明	1986 年 4 月至 1987 年 9 月
	常 委	周德明	1984 年 8 月至 1986 年 4 月
		万槐衡	1984 年 8 月至 1987 年 9 月
		蔡遗春	1984 年 8 月至 1987 年 9 月
		孙群山	1984 年 8 月至 1987 年 9 月
		沈朝勋	1986 年 9 月至 1987 年 9 月
中共江宁县第七届委员会（1987 年 9 月至 1990 年 9 月）	书 记	陈宗林	1987 年 9 月至 1989 年 9 月
		陈大法	1989 年 9 月至 1990 年 9 月
	副书记	陈大法	1987 年 9 月至 1989 年 9 月
		吴迪祺	1987 年 9 月至 1990 年 9 月
		王孝明	1987 年 9 月至 1990 年 9 月
		庞顺根	1989 年 9 月至 1990 年 9 月
	常 委	庞顺根	1987 年 12 月至 1989 年 9 月
		万槐衡	1987 年 12 月至 1990 年 5 月
		孙群山	1987 年 12 月至 1990 年 7 月
		王孝明	1987 年 12 月至 1990 年 9 月
		陈大法	1987 年 12 月至 1990 年 9 月
		陈宗林	1987 年 12 月至 1989 年 9 月
		吴迪祺	1987 年 12 月至 1990 年 9 月
		沈朝勋	1987 年 12 月至 1990 年 9 月
		蔡遗春	1987 年 12 月至 1990 年 9 月
		黄敬益	1990 年 2 月至 9 月
中共江宁县第八届委员会（1990 年 9 月至 1994 年 8 月）	书 记	陈大法	1990 年 9 月至 1994 年 7 月
		韩庆华	1994 年 7 月至 8 月

续表 4

组织名称	职　务	姓　名	任　期
中共江宁县第八届委员会（1990年9月至1994年8月）	副书记	吴迪祺	1990年9月至1991年7月
		王孝明	1990年9月至1993年2月
		庞顺根	1990年9月至1994年8月
		丁炳坤	1992年3月至1994年8月
		蔡遗春	1992年11月至1994年8月
		郑钢淼	1993年4月至1994年3月（挂职）
	常　委	吴迪祺	1990年9月至1991年7月
		王孝明	1990年9月至1993年2月
		陈大法	1990年9月至1994年7月
		丁炳坤	1990年9月至1994年8月
		庞顺根	1990年9月至1994年8月
		黄敬益	1990年9月至1994年8月
		笪善才	1990年9月至1994年8月
		蔡遗春	1990年9月至1994年8月
		丁锡山	1992年3月至1994年8月
		蔡敬东	1992年11月至1994年8月
		吕界超	1992年11月至1994年8月
		徐和宁	1993年2月至1994年4月
		郑钢淼	1993年4月至1994年3月（挂职）
中共江宁县第九届委员会（1994年8月至1999年8月）	书　记	韩庆华	1994年8月至1998年12月
		王建华	1998年12月至1999年8月
	副书记	庞顺根	1994年8月至1996年12月
		丁炳坤	1994年8月至1997年5月
		蔡遗春	1994年8月至1997年11月
		于　彤	1995年3月至1996年（挂职）
		樊海宏	1995年6月至1997年3月（挂职）
		王建华	1996年12月至1998年2月
		陈　明	1996年12月至1998年2月（挂职）
		吕界超	1996年12月至1999年8月
		詹双定	1997年11月至1999年8月
		黄建中	1998年4月至1999年4月（挂职）
		杨海宁	1998年12月至1999年8月
		吕连生	1999年6月至8月
	常　委	庞顺根	1994年8月至1996年12月
		蔡敬东	1994年8月至1996年12月
		丁炳坤	1994年8月至1997年5月
		蔡遗春	1994年8月至1997年11月
		丁锡山	1994年8月至1998年1月
		笪善才	1994年8月至1998年1月
		韩庆华	1994年8月至1998年12月
		吕界超	1994年8月至1999年8月
		于　彤	1995年3月至1996年（挂职）
		樊海宏	1995年6月至1997年3月（挂职）

续表 5

组织名称	职 务	姓 名	任 期
中共江宁县第九届委员会（1994 年 8 月至 1999 年 8 月）	常 委	周大勇	1996 年 1 月至 1999 年 8 月
		詹双定	1996 年 1 月至 1999 年 8 月
		陈 明	1996 年 12 月至 1998 年 2 月（挂职）
		王建华	1996 年 12 月至 1999 年 8 月
		徐和宁	1996 年 12 月至 1999 年 8 月
		孙桂明	1997 年 12 月至 1999 年 6 月
		韦昌明	1997 年 12 月至 1999 年 8 月
		黄建中	1998 年 4 月至 1999 年 4 月（挂职）
		高争祥	1998 年 7 月至 1999 年 8 月
		成玉祥	1998 年 7 月至 1999 年 8 月
		杨海宁	1998 年 12 月至 1999 年 8 月
中共南京市江宁区（县）第十届委员会（1999 年 8 月至 2004 年 12 月）	书 记	王建华	1999 年 8 月至 2004 年 12 月
	副书记	杨海宁	1999 年 8 月至 2001 年 12 月
		吕界超	1999 年 8 月至 2002 年 12 月
		詹双定	1999 年 8 月至 2002 年 12 月
		吕连生	1999 年 8 月至 2003 年 4 月
		王经富	2002 年 3 月至 6 月（挂职）
		周大勇	2002 年 6 月至 12 月
		单景南	2002 年 11 月至 2004 年 12 月
		郗同福	2002 年 12 月至 2004 年 3 月
		王加法	2002 年 12 月至 2004 年 12 月
		赵友春	2002 年 12 月至 2004 年 12 月
		何晓平	2003 年 8 月至 12 月（挂职）
		高晓蓉（女）	2004 年 4 月至 11 月（挂职）
		成玉祥	2004 年 4 月至 12 月
	常 委	吕连生	1999 年 6 月至 2003 年 4 月
		郗同福	1999 年 6 月至 2004 年 3 月
		赵友春	1999 年 6 月至 2004 年 12 月
		王加法	1999 年 7 月至 2004 年 12 月
		高争祥	1999 年 8 月至 2000 年 7 月
		杨海宁	1999 年 8 月至 2001 年 12 月
		韦昌明	1999 年 8 月至 2002 年 11 月
		吕界超	1999 年 8 月至 2002 年 12 月
		周大勇	1999 年 8 月至 2002 年 12 月
		詹双定	1999 年 8 月至 2002 年 12 月
		王建华	1999 年 8 月至 2004 年 12 月
		成玉祥	1999 年 8 月至 2004 年 12 月
		鲁跃东	2000 年 7 月至 2003 年 4 月
		王经富	2002 年 3 月至 6 月（挂职）
		单景南	2002 年 11 月至 2004 年 12 月
		龙枚（女）	2002 年 11 月至 2004 年 12 月
		谢跃进	2002 年 12 月至 2004 年 12 月
		王占杯	2003 年 4 月至 2004 年 5 月

续表 6

组织名称	职务	姓名	任期
中共南京市江宁区（县）第十届委员会（1999 年 8 月至 2004 年 12 月）	常委	毛卫华	2003 年 12 月至 2004 年 12 月
		韩涛	2004 年 6 月至 12 月
中共南京市江宁区第十一届委员会（2004 年 12 月至 2007 年 12 月）	书记	王建华	2004 年 12 月至 2005 年 6 月
		刘捍东	2005 年 7 月至 2007 年 12 月
	副书记	单景南	2004 年 12 月至 2006 年 4 月
		成玉祥	2004 年 12 月至 2006 年 9 月
		赵友春	2004 年 12 月至 2006 年 10 月
		王加法	2004 年 12 月至 2007 年 1 月
		龚建忠	2005 年 7 月至 12 月（挂职）
		柏鹏	2006 年 9 月至 2007 年 12 月
		毛卫华	2007 年 4 月至 12 月
	常委	王建华	2004 年 12 月至 2005 年 6 月
		韩涛	2004 年 12 月至 2005 年 8 月
		单景南	2004 年 12 月至 2006 年 4 月
		成玉祥	2004 年 12 月至 2006 年 9 月
		谢跃进	2004 年 12 月至 2006 年 9 月
		赵友春	2004 年 12 月至 2006 年 10 月
		王加法	2004 年 12 月至 2007 年 1 月
		毛卫华	2004 年 12 月至 2007 年 12 月
		刘玲（女）	2004 年 12 月至 2007 年 12 月
		戴华杰	2004 年 12 月至 2007 年 12 月
		杨章贺	2004 年 12 月至 2007 年 12 月
		刘捍东	2005 年 7 月至 2007 年 12 月
		袁海涛	2005 年 8 月至 2007 年 7 月
		陈升	2006 年 5 月至 2007 年 12 月
		柏鹏	2006 年 9 月至 2007 年 12 月
		曹永林	2007 年 1 月至 12 月
		孙桂明	2007 年 1 月至 12 月
		俞玉和	2007 年 7 月至 12 月
		王磊	2007 年 7 月至 12 月

第二节 工作机构及直属单位

【县委工作机构及直属单位】

民国 38 年（1949）5 月县委建立时，工作机构只有秘书处、组织部、宣传部和民运部；10 月，增设青年工作委员会。至 1966 年的 17 年间，中共江宁县委工作机构多次变化。1957 年增至 14 个；同年 7 月，实行精编简政，通过撤、并、合署办公等形式，工作机构减为 7 个。

1962年，工作机构又增至12个；是年6月，贯彻中央“八字”方针，再次精简至8个。1966年2月，结合“四清”运动后期整改和组织建设，工作机构只保留6个：办公室、组织部、宣传部、监察委员会、农村政治部和城镇政治部；直属单位2个：机关党委和党校。这期间，还根据工作需要，相继设立过保密委员会、市镇工作委员会、县委肃反工作五人小组办公室、审干办公室、整风办公室、“三反”办公室、生产办公室和长江、东山、湖熟区工委等临时性或虚设的机构。

“文化大革命”开始后，县委工作部门相继瘫痪。1968年3月，江宁县革命委员会成立后，原县委工作部门的职能由县革委会办事组、政治组（后改为政治工作组）代行。1970年，为加强县级机关党的工作，中共江宁县直属机关委员会恢复。为加强党的领导，做好党的工作，1973年1月，县革委会政治工作组撤销，恢复中共江宁县委组织部、宣传部；同年4月，经中共南京市委批准，县委对工作部门作调整，撤销革委会办事组，恢复中共江宁县委办公室和党校。至1976年10月，中共江宁县委工作机构和直属部门有：办公室、组织部、宣传部、机关党委和党校。

“文化大革命”结束后，县委工作机构及直属单位得到健全和发展。1978年4月，设立县委工业交通委员会和县委财政贸易委员会。同年12月，恢复设立中共江宁县委纪律检查委员会。1980年3月，重新设立县委统战部。同年10月，撤销县革委会办公室，县委和县政府分设办公室，县委办公室恢复。1981年11月，原县政法领导小组改称县委政法委员会，同年12月，经中共南京市委批准，作为县委工作部门。1983年2月，设立致富报社，1984年1月，经省、市委宣传部批准，改称江宁报社。

1984年3月，通过县级机关机构改革，撤销工交党委和财贸党委，恢复设立农村工作部，增设党史工作办公室，老干部局由政府工作部门改为县委直属单位。同年6月，成立中共江宁县纪律检查委员会，撤销县委纪律检查委员会，10月，设立信访办公室。至1987年12月底，江宁县委工作机构和直属单位，有13个：办公室、组织部、宣传部、统战部、农村工作部、中共江宁县纪律检查委员会、政法委员会；党校、机关党委、党史工作办公室、老干部局、信访办公室、江宁报社。

1987—1996年，县委工作部门及直属机构除个别调整外，相对稳定和健全。1989年3月，根据市委办、市府办〔1989〕4号文件精神，将县委信访办公室更改为信访局，隶属县政府直属部门。

1997年7月，江宁县进行党政机构改革。县委机构改革以加强和改善党的领导，巩固党的执政地位为出发点，重点是理顺关系，改善干部结构，适当精简人员，提高工作效率。具体调整为：县级机关党委改由县委组织部管理；县委老干部局归口县委组织部；县委组织员办公室放在县委组织部；县委台湾工作办公室与县委统战部合署；组建县委机要局，县保密局与其合署，一个机构两块牌子，由县委办公室管理。经过改革调整，县委机关共设6个工作机构：县委办公室、县委组织部、县委宣传部（县精神文明建设委员会设在县委宣传部）、县委统一战线工作部（县委台湾工作办公室与其合署，同时挂县政府民族宗教事务办公室牌子）、县委农村工作部（同时挂县政府农村集体资产管理办公室牌子）、县委政法委员会（同时挂县社会治安综合治理委员会办公室牌子）。设部门管理机构3个：县级机关党委、县委老干部局、县委机要局（县保密局与其合署）。此外，县纪律检查委员会机关、县监察局合署，一个机构两块牌子；县机构编制委员会办公室，列党委序列，为县机构编制委员会的常设办事机构，与县人事局合署。机构改革后，县委直属事业单位有：县委党校（同时挂县农校和县行政学校牌子）、县委党史工作办公室（县志办与其合署）、江宁报社。至2000年12月底，县委工作机构及直属单位没有变化。

【区委工作机构及直属单位】

2001年1月起，原县委工作部门和直属单位改为区委工作部门和直属单位。同年12月，市委、市政府批准《江宁区党政机构改革方案》（宁委〔2001〕233号）。此次改革的主要原则是加强和改善党的领导，理顺党政部门之间的工作关系。区委机关的调整和设置为：区委农村工作部更名为区委农村工作办公室；区信访局由政府序列调整到区委序列，作为区委部门管理机构，由区委办公室和区政府办公室管理；区委台湾工作办公室（挂“区政府台湾事务办公室”牌子）改为部门管理机构，由区委统一战线工作部管理；区委机要局（区保密局）改为区委保密委员会办公室（区国家保密工作局、区委机要局），在区委办公室挂牌；区级机关党委更名为区级机关工作委员会，由部门管理机构改为与区委组织部合署办公；区机构编制委员会办公室列区委工作机构序列，挂“区事业单位登记管理局”牌子，与区人事局合署办公。

经过调整改革，区委机构设置为：区纪律检查委员会机关（区监察局与其合署办公）。工作机构6个：区委办公室〔挂“区委保密委员会办公室（区国家保密工作局、区委机要局）”牌子〕；区委组织部（区级机关工作委员会与其合署办公）；区委宣传部（挂“区精神文明建设指导委员会办公室”牌子）；区委统一战线工作部（区民族宗教事务局列政府序列，与区委统战部实行两块牌子，一套班子，挂“区政府侨务办公室”牌子）；区委政法委员会（区社会治安综合治理委员会办公室与其合署办公）；区委农村工作办公室（挂“区政府农村集体资产管理办公室”牌子）；区机构编制委员会办公室（为区机构编制委员会的常设办事机构，列区委工作机构序列，挂“区事业单位登记管理局”牌子，与人事局合署，不计机构个数）。部门管理机构3个：区委老干部局；区信访局；区委台湾工作办公室（挂“区政府台湾事务办公室”牌子）。区委直属事业单位3个：区委党校（江宁区行政学校，不再挂“区农校”牌子）；江宁日报社；区委党史工作办公室（区志办与其合署）。上述单位机构级别均为正处级。此次改革后至2007年12月底，没有变化。

第三节　基层组织

【机关党组】

民国38年（1949）4月，县人民政府成立后，即建立中共县政府党组。1953年，设立县妇女党组；1954年上半年，党组书记调走后再没有任命党组书记，党组机构自然消失。1956年5月，县委决定将党政工作部按系统设立党组，成立党群、生产合作、财经、政法、文教、工业六个系统（口）党组（撤销时间不详）。1957年2月，成立县兵役局党组；1959年兵役局撤销，兵役局党组随之撤销。1964年，设立县人民委员会党组。1964年9月至“文化大革命”开始期间，由于县人民委员会主要负责人调动频繁，县人民委员会党组活动基本停止。

1966—1979年，江宁县无党组机构。

1980年12月，恢复设立县人民政府党组。1982年5月，设立县人大常委会党组、县人民法院党组、县人民检察院党组。1984 年 8 月，设立县政协党组、县计划经济委员会党组（1986 年 12 月，撤销党组设立党委）。1995 年 3 月，设立国税局党组。1999 年 9 月，设立地税局党组。1998 年，设立工商局党组。2000 年 7 月，设立质监局党组。至 2001 年，江宁区共有党组 9 个：区人大常委会、区政府、区政协、区法院、区检察院、国税分局、地税分局、工商局、质监局。2005 年 3 月，设国土资源局党组。至 2007 年 12 月底，全区共有党组 10 个。

【部、局、开发区党（工）委】

党委 1956 年 5 月，县机关党总支改为县机关党委。1961 年 6 月，成立中共江宁县人民武装委员会党委。

1984 年 7 月，设立工业局党委、交通局党委、卫生局党委、粮食局党委；8 月，设立文教局党委；11 月，设立物资局党委；12 月，设立商业局党委、城乡建设环境保护局党委。

1985 年，设立公安局党委；7 月，设立供销合作总社党委。

1986 年 12 月，县计划经济委员会党组改称党委。至 1987 年，县委部、委、局共设立 13 个党委。

1989 年，城乡建设环境保护局党委分为城乡建设局党委和环保局党支部。1993 年 9 月，设立供电局党委。1999 年 12 月，设立建工局党委。2000 年 8 月，设立林牧渔业局党委。至 2000 年 12 月底，县委部、委、局共设立 16 个党委：机关党委、人武部、工业局、交通局、卫生局、粮食局、教育局、物资局、商业局、建设局、公安局、供销合作总社、计划经济委员会、供电局、建工局和林牧渔业局。

2002 年，区商业局、物资局党委撤销，成立商业贸易局党委；同年 5 月，区工业局党委撤销，区计划经济委员会党委改称区发展计划与经济局党委；11 月，设立区政府办公室党委；12 月，成立区民政局党委。

2005 年，商业贸易局党委改称商务局党委。

2007 年 10 月，成立区市容局党委；11 月，成立区房产局党委；同年，区供电公司党委撤销。

至 2007 年 12 月底，区委部、局党委共有 16 个：人武部、公安局、政府办公室、发展和改革局、教育局、民政局、市容局、建设局、交通局、房产管理局、林牧渔业局、粮食局、卫生局、商务局、建工局和供销合作总社。

党工委 1995 年 5 月，成立中共江宁经济技术开发区工作委员会，为县委派出机构。2001 年 1 月，县级机关党委改称区级机关工委。同年 7 月，建立中共南京民营科技园工作委员会；2002 年 4 月 9 日，改为江宁科学园委员会党工委。2003 年 9 月 4 日，建立中共南京滨江经济技术开发区工作委员会。至 2007 年 12 月，区委机关和开发区共有 4 个党工委：区级机关、江宁经济技术开发区、江宁科学园、滨江经济技术开发区。

【乡镇（街道）党（工）委】

民国 38 年（1949）5 月，县委建立时，下辖 7 个区委和湖熟镇委。1953 年 7 月，调整行政区划，县委下辖 11 个区委和湖熟镇委。1955 年，县委下辖 10 个区委依次名为：东山、板桥、陶吴、禄口、湖熟、汤山、龙潭、沙洲、淳化、铜井区委。1956 年，调整为东山、陶吴、禄口、湖熟、汤山、龙潭、江宁 7 个区委。1957 年 7 月，完成撤区并乡后，撤销 7 个区委，建立殷巷、上坊、江宁、铜井、谷里、陆郎、陶吴、东善、横溪、丹阳、禄口、和平、铜山、龙都、土桥、淳化、麒麟、上峰、龙潭、营防 20 个乡党委和东山、湖熟、秣陵、汤山 4 个镇党委。

1958 年 9 月，随着人民公社的成立，撤销 24 个乡镇党委，建立东山、江宁、铜井、陆郎、谷里、陶吴、东善、横溪、丹阳、禄口、铜山、秣陵、龙都、土桥、淳化、湖熟、汤山、麒麟、长江19个公社党委。至1965年，全县辖25个公社党委、3个镇党委。

1968年3月后，各公社、镇成立革命委员会，替代公社、镇党委领导。1969年2月后，全县25个公社和东山镇革委会党的核心领导小组成立。12月，建立周岗公社革委会党的核心领导小组。1970年1月，开始撤销革委会党的核心领导小组，建立公社党委。至1971年12月，全县25个公社和3个镇全部建立党委。

1982年，全县实行政社分设，撤销公社党委，改设乡党委。至1987年12月，全县设立23个乡党委（花园乡、营防乡、长江乡划归栖霞区）和3个镇党委。1987年后，丹阳等乡撤乡建镇。至1994年12月，全县共有8个乡党委：上坊、殷巷、方山、谷里、东善、横溪、铜山、上峰；15个镇党委：东山、湖熟、汤山、丹阳、江宁、秣陵、陶吴、淳化、禄口、铜井、陆郎、土桥、龙都、麒麟、周岗。1995年后，经过区划调整和撤乡建镇，至2000年年底，县委共设18个镇党委：东山、上坊、秣陵、禄口、江宁、谷里、铜井、东善桥、陶吴、横溪、丹阳、湖熟、淳化、土桥、周岗、汤山、麒麟、上峰。

2002年3月，撤销东山镇，设立东山、百家湖2个街道办事处；10月，设立方山街道办事处。同年3—10月，设立东山、百家湖、方山3个街道党工委。至2002年12月底，区委共设3个街道党工委、17个镇党委。

2004年8月，淳化、东善桥、秣陵、上坊4个镇撤镇设立街道办事处，同时成立4个街道党工委。至是年12月底，区委共设7个街道党工委，13个镇党委。

至2005年12月底，江宁镇、汤山镇撤镇设立街道办事处，同时成立江宁、汤山2个街道党工委。同年年底，区委共设9个街道党工委，11个镇党委。

2006年3月，区委、区政府对全区镇街进行行政区划调整。由9个街道办事处、11个镇调整合并为2个镇、7个街道办事处。至是年11月底，全区共设2个镇党委：湖熟、横溪；7个街道党工委：东山、秣陵、汤山、淳化、禄口、江宁、谷里。

2007年12月，湖熟、横溪2个镇撤镇设立街道办事处，同时成立2个街道党工委。至此，区委共设9个街道党工委。

【企事业党委】

1978年后，通过改革开放，内引外联、技术改造和设备更新，全县企业逐渐上规模。与此同时，党的组织建设得到相应发展和加强。至1994年12月底，全县隶属江宁县委的企业有8个党委：南京第三钢铁厂党委、南京新蕾化工公司党委、南京东山汽车发动机厂党委、江苏时花电器集团公司党委、江宁县丝绸总公司党委、南京双宁实业（集团）公司党委、南京青龙山水泥厂党委和江宁县东善桥林场党委。

2000年后，在经济体制改革中，非公有制经济组织大量涌现。区委加强和改进对新经济组织中党建工作的领导。至2007年12月底，隶属江宁区委的企业、事业党委有7个：江宁高级中学党委、区信用联社党委、东善桥林场党委、汤山林场党委、金箔集团党委、三龙公司党委和江苏时花电器集团公司党委。

【党总支　党支部】

1949年，全县只有10个党支部。

1956年，全县有党总支部55个，其中，基本建设有54个总支部，县委机关有1个总支部；

有支部347个，其中，工业14个，交通运输邮电1个，农林水利气象269个，财贸18个，文教卫生体育8个，机关34个，其他3个。

1965年，有工业党总支部1个；党支部551个，其中，工业32个，交通运输邮电6个，农林水利气象377个，财贸43个，文教卫生体育36个，机关45个，其他12个。

1966—1970年，因“文化大革命”影响，中断统计。

1978年，全县有党总支27个，其中工业3个，交通运输邮电1个，农林水利气象5个，财贸1个，文教卫生体育1个，机关1个，其他15个。有支部932个，其中，工业211个，交通运输邮电19个，基本建设5个，农林水利气象474个，财贸87个，文教卫生体育64个，机关67个，其他5个。

2001年，全区有党总支部42个，其中，农林牧渔业6个，采掘业1个，制造业7个，建筑业1个，交通运输2个，邮电通信业1个，批发和零售贸易、餐饮业2个，房地产业1个，教育、文化艺术和广播电影电视业1个，国家机关、政党机关和人民团体20个；有党支部1346个，其中，农林牧渔业345个，采掘业19个，制造业311个，电力、煤气及水的生产和供应业44个，建筑业35个，地质勘查业3个，水利管理业10个，交通运输业26个，仓储业4个，邮电通信业14个，批发和零售贸易、餐饮业90个，金融、保险业19个，房地产业12个，社会服务业42个，卫生、体育和社会福利40个，教育、文化艺术和广播电影电视业86个，国家机关、政党机关和人民团体207个，其他39个。

2003—2007年，基层党组织统计口径发生变化，不再分行业统计，只分企、事业，机关和其他。2007年，全区有党总支部133个，其中，企业总支部25个，事业单位总支部5个，机关总支部28个，其他总支部75个；有党支部1492个，其中，企业党支部729个，事业单位党支部207个，机关党支部271个，其他党支部285个。

第三章　党员代表会议和代表大会

民国38年（1949）5月，中共江宁县委员会成立后，县委领导成员先后由中共华中工委、苏南区党委、江苏省委和镇江地委任命。1953年8月，中共江宁县委设立常务委员会。1955年，县委主持召开了2次党员代表会议。

1956年4月，召开中共江宁县第一次代表大会。至2007年12月底，江宁区共召开过11次党员代表大会。每次党员代表大会召开前，按照中共南京市委（镇江地委）每次区（县）党员代表大会代表产生的通知精神，根据当时党员总数，确定应选代表数，充分发扬民主，广泛征求党内外意见，反复酝酿各阶级的代表候选人，最后通过选区党员大会无记名投票，按时保质保量地产生正式代表名额，为每次区（县）党员代表大会的顺利召开创造条件。在每次区（县）党员代表大会召开期间，代表们听取和审议每届区（县）委工作报告和区（县）纪委工作报告；总结前一届区（县）委工作，明确下一届区（县）委的工作任务和奋斗目标；讨论通过有关决议；选举产生每届区（县）委委员、候补委员，区（县）纪律检查（监察）委员会委员。每届全委会一次会议，选举产生区（县）委书记、副书记和常委。

第一节　党员代表会议

【第一次党员代表会议】

1955年4月6—11日，中共江宁县第一次党员代表会议在东山镇举行。出席会议代表396人，列席代表47人。会议以贯彻党在过渡时期的总路线为主导，讨论通过《关于加强农业互助合作的决议》，研究执行粮食定产、定购、定销政策。

【第二次党员代表会议】

1955年10月3—8日，中共江宁县第二次党员代表会议在东山镇举行。出席会议代表390人，列席代表22人。会议讨论通过《为完成和超额完成国家第一个五年计划给江宁县的任务而奋斗》的报告和号召全体党员努力增产节约的决议。

县党员代表会议后，全县掀起农业合作化运动的高潮。从县委成立到中共江宁县第一次代表大会召开之前，县委领导成员均由省、地委直接任命，先后更替了四任县委书记。

此外，1960年1月18日，举行党代表会议，提出全党、全民“大战1960年，实现亩产千斤县”脱离实际的口号。

第二节　党员代表大会

【第一次代表大会】

1956年4月6—11日，中共江宁县第一次代表大会在东山镇召开。出席会议代表379人（含列席代表36人），代表全县5192名党员。县委书记宫志毅作《关于两年来工作总结》的报告。报告指出，自学习贯彻党在过渡时期的总路线后，全县基本完成对农业、手工业和资本主义工商业的社会主义改造，发展工业生产，支持国家社会主义建设。同时，检查在执行党的方针政策上存在的“右倾”保守思想。县委副书记颜景詹作《关于今后两年任务和当前工作意见的报告》。大会通过《中国共产党江宁县第一次代表大会决议》和《关于贯彻执行“中共中央和国务院关于勤俭办社的联合指示”的决议》。大会选举产生中共江宁县第一届委员会委员31名，候补委员8名。选出出席中共江苏省第一次代表大会代表7人。在一届一次全体委员会议上，选出县委常委11名；县委书记1名，第二书记1名，副书记3名。

1956年4月至1958年12月，由上级任命县委书记1名（书记调离），县委副书记2名；调离县委常委1名。

【第二次代表大会】

1958年12月29—31日，中共江宁县第二次代表大会在东山镇召开。会议正式代表401人，到会代表328人，代表全县6825名党员。县委书记李崇代表县委作《关于1958年工作总结和1959年工作任务》的报告。报告提出，必须通过整顿巩固人民公社，抓紧进行整党建党工作。1959年上半年，各大队要建立党总支，各个连队建立党支部，各个食堂、托儿所等集体福利单位都要有党员。大会讨论通过《中国共产党江宁县第二次代表大会决议》。大会选举产生中共江宁县第二届委员会委员31名，候补委员10名。同时选出出席中共南京市第二次代表大会代表33名。在二届一次全体委员会议上，选出县委常委9名；书记1名，副书记3名。

1959年3月，经中共江苏省委批准，中共江宁县委设立书记处，第一书记1名，书记处书记3名。

1958年12月至1962年5月，由上级任命县委书记处书记5名，县委常委2名。

1962年8月，经江苏省委批准，撤销县委书记处。第一书记改任县委书记，书记处书记改任县委副书记。同时免去书记处书记2名。

【第三次代表大会】

1963年1月17—18日，中共江宁县第三次代表大会在东山镇召开。会议正式代表413人，代表全县8114名党员。这次大会分两段进行，1月4—16日，召开预备会议；17—18日，举行正式会议。这次会议的主要内容是传达学习中共八届十中全会和省委第四次代表大会精神。县委书记李崇在会上作报告。报告指出，中共江宁县第二次代表大会召开后，江宁县在政治上、经济上、思想上等各方面的面貌发生巨大变化，取得巨大成就。存在的缺点和错误主要表现在：生产上瞎指挥，粮食上高指标、高估产、高征购；刮起了一平二调的"共产风"；工交、文教发展过快，削弱了农业力量。在报告中，李崇提出今后的中心任务是争取在三年内达到或超过历史上最好年景的农业生产水平。大会选举产生中共江宁县第三届委员会委员27名，候补委员8名。在三届一次全体委员会议上，选出县委常委9名；书记1名，副书记3名。同时选出县监察委员会委员15名。

1963年11月至1966年8月，由上级任命县委书记1名（县委书记调离1名），县委副书记4名；任命县委常委2名。

【第四次代表大会】

"文化大革命"初期，中共江宁县委仍在行使职权。1967年1月，县委受到冲击，停止工作。同年3月，实行军管。1968年3月，江宁县革命委员会成立，替代中共江宁县委。1969年2月，建立中共江宁县革命委员会核心领导小组。

1970年8月14—20日，中共江宁县第四次代表大会在岔路口南京步校礼堂召开。大会正式代表877人，到会代表866人，代表全县16507名党员。华子泉在会上作《高举"九大"团结胜利的旗帜，沿着毛主席的革命路线奋勇前进》的工作报告。通过《给伟大领袖毛主席的致敬信》。大会选举产生中共江宁县第四届委员会委员43名，候补委员8名。在四届一次全体委员会议上，选出县委常委9名；书记1名，副书记2名。自此，中共江宁县委恢复，中共江宁县革委会核心领导小组消失。县委恢复后，虽然全县党建工作的混乱现象开始得到纠正，但是党的工作仍然没有摆脱以阶级斗争为纲的极左路线的影响，仍然把抓阶级斗争作为中心工作。

1973年1月至1976年10月，经上级任命县委代理书记1名、县委书记3名（1人因病休息，2人调离），县委副书记4名；调离县委副书记1名；任命县委常委7名。

【第五次代表大会】

1978年12月22—25日，中共江宁县第五次代表大会在东山镇召开。会议正式代表879人，到会代表850人，代表全县22713名党员。县委书记孙济民代表县委作工作报告。大会讨论通过《中国共产党江宁县第五次代表大会关于工作报告的决议》。决议要求全县各级党组织和广大共产党员、共青团员、工人、农民、知识分子、干部以实际行动响应中共十一届三中全会的号召，在党中央和省、市委的领导下，把工作重点和注意力转移到社会主义现代化建设上来，努力完成中共十一届三中全会提出的各项任务。大会选举产生中共江宁县第五届委员会委员47名，候补委员8名。在五届一次全体委员会议上，选出县委常委13名；书记1名，副书记3名。同时，会议还选举产生中共江宁县委纪律检查委员会。

1981—1984年，经上级任命县委书记2名（书记调离2名），县委副书记5名；任命县委常委4名。

【第六次代表大会】

1984年8月25—29日，中共江宁县第六次代表大会在东山镇召开。大会正式代表451人，到会代表436人，代表全县27103名党员。县委书记诸吉炤在题为《切实加强党的建设，尽快实现经济翻番，为实现我县社会主义现代化新农村而努力奋斗》的报告中指出：中共江宁县第五次代表大会召开后的六年，是拨乱反正的六年；是思想不断解放、改革不断深入、党的建设不断加强的六年；是江宁县经济建设和各项事业取得重大成就的六年。报告提出今后三年的工作目标是：继续加强党的建设，全面完成整党任务，实现党风根本好转；坚持抓好社会主义精神文明，实现社会风气根本好转；以经济建设为中心，大力发展商品经济，在提高经济效益的前提下，加速经济翻番速度，提前完成“六五”计划，争取在1980年基础上实现六年翻一番。县纪委副书记刘洪泉在会上作《中国共产党江宁县纪律检查委员会工作报告》。会议通过《中国共产党江宁县第六次代表大会关于县委工作报告的决议》和《中国共产党江宁县第六次代表大会关于中共江宁县纪律检查委员会工作报告的决议》。

会议按照干部“革命化、年轻化、知识化、专业化”要求，选举产生中共江宁县第六届委员会委员34名，候补委员6名。大会选举产生中共江宁县纪律检查委员会（至此，县委纪律检查委员会改为县纪律检查委员会）。选出中共南京市第八次代表大会代表22人。在六届一次全体委员会议上，选出县委常委8名；县委书记1名，副书记3名。

1985年2月至1987年5月，经上级任命县委书记1名（原书记调离），县委副书记3名，调离县委副书记1名；任命县委常委1名。县委副书记朱宝瑜调任县人大常委会主任，免去县委副书记职务。

【第七次代表大会】

1987年9月17—21日，中共江宁县第七次代表大会在东山镇召开。会议代表445人，代表全县28217名党员。县委书记陈宗林代表县委作《围绕经济建设中心，坚持两个基本点，努力把江宁县“两个文明”建设提高到一个新的水平》的工作报告。报告认为，县第六次党代会召开后的三年，江宁县在深化经济体制改革，理顺经济关系，调整经济结构方面进行了大胆探索；对改革、开放中加强党的建设积累了经验；广大干部群众在实践中得到锻炼，全县“两个文明”建设有新发展。报告提出今后县委工作任务：要以中共十三大精神为指针，紧紧围绕经济建设中心，坚持四项基本原则，坚持改革、开放、搞活的方针，继续深化各项改革，努力把江宁县“两个文明”建设提高到一个新水平。县纪委书记蔡遗春向大会作县纪律检查委员会工作报告。大会讨论并通过上述两个报告的决议。

大会选举产生中共江宁县第七届委员会委员33名，候补委员6名。选举产生中共江宁县纪律检查委员会。在七届一次全体委员会议上，选出县委常委9名；书记1名，副书记3名。

1989年9月至1990年7月，经上级任命县委书记1名（书记调离），县委副书记1名；任命县委常委1名。县委常委调县人大工作1名，同时免去县委常委职务；调出县委常委1名。

【第八次代表大会】

1990年9月17—20日，中共江宁县第八次代表大会在东山镇召开。会议代表354人，代表全县29095名党员。县委书记陈大法代表县委作《加强党的建设，发挥政治优势，把我县社会主义现代化建设事业推向前进》的工作报告。报告认为，县第七次党代会召开后的三年，是坚持党的基本路线，全面实行改革开放的三年；是集中精力发展经济、农副工生产逐步走上正常轨道的三年；是在政治上经受严峻考验，在大风大浪中始终保持坚定政治方向的三年。基本上完成上届会议提出的任务。报告对今后县委的奋斗目标提出了基本思路，即：全面贯彻党的基本路线，继续坚持以经济建设为中心，聚精会神抓好党的建设，深入抓治理整顿和深化改革，积极有效扩大对外开放，不断强化社会主义精神文明建设，把江宁县建设成为政局安定团结，经济协调发展，社会文明昌盛的社会主义新农村。县纪委书记黄敬益向大会作县纪律检查委员会工作报告。大会讨论通过了关于上述两个报告的决议。

大会选举产生中共江宁县第八届委员会委员26名，候补委员4名。大会选举产生中共江宁县纪律检查委员会。在第八届县委第一次全体委员会议上，选出县委常委8名；县委书记1名，副书记3名。

1991年7月至1994年4月，经上级任命县委书记1名（书记调出）；调王孝明到县政协工作（当选为主席），免去副书记职务；县委副书记调出1名，同时免去县委副书记职务；任命副书记3名，其中1名为中纪委挂职干部，1994年3月离任；任命县委常委4名，免去县委常委1名。

【第九次代表大会】

1994年8月21—24日，中共江宁县第九次代表大会在东山镇召开。会议代表352人，代表全县30963名党员。县委书记韩庆华作《围绕中心两手硬，改革开放奔小康，总量突破四百亿，跨入全国四十强》的工作报告。报告认为，县委第八届会议后的四年，经历了百年未遇的特大洪涝灾害和历史罕见的高温干旱，创造了抗灾奇迹；经受了宏观形势变化的考验，综合经济实力极大增强，加快改革开放步伐，取得开放开发的重大进展；加强党的建设，发挥政治优势和核心领导作用；坚持“两手抓”的方针，推动社会主义精神文明建设和社会事业的全面进步。报告提出今后五年的奋斗目标和基本思路：以建设有中国特色的社会主义

图25-3-2 1994年8月21—24日，中共江宁县第九次代表大会在县人民大会堂召开

理论和党的基本路线为指针，按照建立社会主义市场经济体制的总体部署，深化改革开放开发，加快经济发展速度，提高经济效益。加强和改善党的领导，推进社会主义精神文明建设和社会主义事业全面进步，提高全县现代化、城市化、外向型水平，把全县“两个文明”建设推向一个新阶段。五年经济发展奋斗目标概括为：“一、二、三”，即围绕全县人民生活提前达小康这一主题；以 1994 年预期目标为基数，大部分主要经济指标实现“五年翻两番”；综合实力或经济总量横向比较，力争实现“苏中争第一、全省赶十强、跨入全国四十强”。县纪委书记吕界超向大会作中共江宁县纪律检查委员会和监察工作报告。大会讨论通过关于上述两个报告的决议。

大会选举产生了中共江宁县第九届委员会委员 25 名，候补委员 5 名。大会选举产生中共江宁县纪律检查委员会。选举出席南京市委第十次代表大会代表。在第九届县委第一次全体委员会议上，选出县委常委 8 名；县委书记 1 名，副书记 3 名。

1995 年 3 月至 1999 年 6 月，经上级任命县委书记 1 名（县委书记调走），挂职县委副书记 2 名（1995 年 12 月离任），副书记 7 名；任命县委常委 8 名。

【第十次代表大会】

1999 年 7 月 27—30 日，中共江宁县第十次代表大会在东山镇召开。出席会议正式代表 354 人，列席会议代表 73 人，代表全县 3.60 万多名党员。县委书记王建华作《抢抓跨世纪发展机遇，推进现代化建设进程，为建设繁荣富裕文明开放的新江宁而努力奋斗》的工作报告。会议在回顾总结过去五年取得成绩的同时，指出存在的问题和不足。报告提出，今后工作的指导思想和主要目标任务是：到 2010 年，基本形成经济强县的经济规模和综合实力；基本实现农业现代化；基本形成南京附城、现代中等城市规模和城市构架；基本形成与国内外经济联系广泛的开放格局；基本形成依靠科技推动经济发展的增长方式；基本形成比较完善的市场经济运行机制；基本形成可持续发展的社会体系和生态环境。今后五年要紧紧围绕经济强县、南京附城这个总目标，狠抓农民增收和县乡财力增加这两头，主攻农业初步实现现代化、开放型经济和城市化三个突破口，实施结构调整、开放开发、科教兴县、城镇建设、可持续发展五大战略，在经济和社会发展综合水平方面登上新台阶，全面进入省、市先进行列。会议强调，今后五年切实抓好 9 个方面的工作：强化农业基础地位，加快实现农业基本现代化步伐；全面推进各项改革，加快建立形成社会主义市场经济体制和运行机制；加大外向开拓力度，在更高层次上实现对外开放新突破；实施战略性优化调整，增创工业经济新优势；加速发展第三产业，进一步提高国民经济整体水平；全面推进以县城为重点的城镇体系建设，加快全县城市化进程；继续实施“科教兴县”战略，努力提高经济和社会发展水平；切实加强精神文明建设，促进各项社会事业全面进步；加强社会主义民主法制建设，保障改革开放和社会主义现代化建设顺利进行。县纪委书记周大勇代表县纪委作工作报告。大会讨论通过了关于上述两个报告的决议。

大会选举产生中共江宁县第十届委员会委员 25 名，候补委员 5 名。选举产生新一届中共江宁县纪律检查委员会委员 15 名。在第十届县委第一次全体委员会议上，选出县委常委 11 名；县委书记 1 名，副书记 4 名。经新一届县纪委第一次全体会议选举，并交县委第十届一次全会讨论通过，产生县纪委书记 1 名，纪委副书记 2 名。

1999 年 8 月至 2004 年 10 月，经上级任命区（县）委副书记 9 名，免去区（县）委副书记 3 名；任命区（县）委常委 2 名，免去区（县）委常委 2 名。

【第十一次代表大会】

2004年11月28日至12月1日，中共南京市江宁区第十一次代表大会在东山召开。出席会议代表350人，代表全区39734名党员。区委书记王建华作了题为《举科学发展大旗，创争先率先伟业，为全面建设小康社会、基本实现现代化而奋斗》的工作报告。报告认为，区（县）委第十次代表大会后的五年，取得了六大成就：经济总量快速扩张，运行绩效持续攀升，综合实力实现历史性超越；各项改革纵深推进，区域创新活力倍增，发展环境呈现根本性变化；开放开发高歌猛进，园区凸显全新格局，经济国际化取得突破性进展；基础设施强力推进，现代城市展现魅力，城乡一体化发生格局性嬗变；坚持全面协调发展，努力构建和谐社会，“三个文明”建设整体性推进；全面加强党的建设，落实“从严治党”方针，各级党组织发挥关键性作用。在总结成绩的同时，也指出存在的矛盾和问题。报告提出今后五年的奋斗目标与指导原则：高举邓小平理论和“三个代表”重要思想伟大旗帜，认真贯彻中共十六大和十六届三中、四中全会精神，围绕全面落实科学发展观、切实加强党的执政能力建设，继续以“建设高科技花园城市、打造江苏知识创新基地”为总定位，以率先全面建成小康社会、率先基本实现现代化为总目标，坚持经济多元化、城市现代化、社会和谐化为发展主线，坚持增强经济核心竞争力、体制创新竞争力、科技创新竞争力、区域协调竞争力、生态环境竞争力为发展取向，坚持工业化、城市化、信息化互动并进为发展重点，坚持富民、惠民、安民为发展目的，整体建设“三个文明”协调发展特色区域，力争早日跻身苏南“第一方阵”，全面建设“以人为本，全面、协调、可持续发展”的新江宁。今后五年的主要目标是：建设综合实力领先、经济结构优化、增长质量较高的经济强区；建设科技产业主导、创新能力较强、人居环境优良的现代城市；建设民主法制健全、社会文明进步、人民生活富裕的特色区域。区纪委书记赵友春作区纪委工作报告。大会讨论并通过了关于上述两个报告的决议。

图25-3-3　2004年11月28日至12月1日，中共南京市江宁区第十一次代表大会召开

大会选举产生中共南京市江宁区第十一届委员会委员25名，候补委员5名。大会选举产生了中共南京市江宁区纪律检查委员会。在第十一届区委第一次全体委员会议上，选出区委常委11名；区委书记1名，副书记4名。

2005年至2007年12月底，经上级任命区委书记1名（原区委书记调走）；任命区委副书记3名，免去区委副书记职务5名；任命区委常委6名，免去区委常委职务3名。

第四章　重要活动和重大决策

民国 38 年（1949）4 月江宁县解放后，中共江宁县委按照中央和上级党委统一部署，进行整顿社会秩序，开展抗美援朝、土地改革、镇压反革命和“三反”（反贪污、反浪费、反官僚主义）、“五反”（反对行贿、反对偷税漏税、反对盗骗国家财产、反对偷工减料和反对盗窃经济情报）等运动，安定人民生活，巩固新生的人民政权，促进经济的恢复和发展。接着，在全县实施对农业、手工业和资本主义工商业的社会主义改造。1957 年，开展整风运动和反右派斗争。1958 年，开展“大跃进”和人民公社化运动。1961 年，贯彻中央关于调整国民经济的“调整、巩固、充实、提高”八字方针，全县经济和各项事业得到稳定发展。1963 年，在全县农村进行社会主义教育运动。

“文化大革命”期间，各项工作处于不同程度的混乱之中，政治运动一个接一个，全县各条战线遭到严重的挫折和损失。

1976 年 10 月，党中央粉碎江青反革命集团，结束了“文化大革命”。此后，区（县）委认真贯彻中共十一届三中全会确定的路线、方针、政策，拨乱反正。坚持解放思想、实事求是的思想路线，坚持以经济建设为中心，立足地情适时地提出发展战略和重大决策。至 2007 年，先后确立开放开发发展战略、经济结构调整发展战略、科教兴区（县）发展战略、城市化发展战略和生态环境发展战略；加强“三农”工作、加强精神文明建设等重要决策，为江宁区经济社会可持续发展明确了前进方向。

第一节　基本完成社会主义改造阶段

新中国成立初期，面对复杂的形势和种种困难，中共江宁县委根据党的各项方针政策，发动和依靠人民群众，建立和巩固人民民主政权，恢复和发展工农业生产，进行各种社会主义改造，把一个贫穷落后的旧江宁改造建设成为一个初步繁荣的社会主义新江宁。

民国 38 年（1949）4 月至 1952 年年底，着重进行新民主政权建设，安定社会秩序，恢复工农业生产；先后组织开展抗美援朝、土地改革、镇压反革命及“三反”“五反”等运动，并取得积极的成果。

1953—1956 年，全县在完成新民主主义革命遗留任务和恢复国民经济的基础上，大张旗鼓地宣传贯彻党在过渡时期的总路线、总任务，全面积极稳妥地对农业、手工业和资本主义工商业进行社会主义改造，实现从新民主主义到社会主义的转变。

【巩固人民政权】

民国 38 年（1949）4 月 24 日江宁县解放，从 4 月 29 日开始，中共南下工作团接替江宁工作队，抽调县区干部率领武装人员，在江宁部分地下工作人员和主力部队的配合下，接管旧区、乡镇党政机构，建立新的人民政权。至 5 月底，县、区、乡党政机构，318 所公立、私立学校，4 家企事业单位被顺利接管，全县所辖的 7 个区、47 个乡镇全部建立人民政权。至 1950 年春，全县农村设立的旧保甲组织被全部废除，并建立 882 个村民自治组织。

刚解放的江宁，由于敌人骚扰和破坏，人民惶恐不安，社会秩序混乱。对此，县委、县政府把肃匪安民作为当务之急，采取一系列措施进行卓有成效的斗争。广泛进行形势教育和约法八章的宣传，并进行追谣和辟谣工作。通过宣传教育，群众及地方士绅开始对共产党和人民政府有了新的认识，民心逐渐趋于稳定，谣言为事实所粉碎。集中力量剿匪肃特。民国 38 年（1949）5 月 4 日，县人民政府发布布告，限令国民党溃军及散兵游勇投诚，反动政府乡以上人员自首登记。8 月中旬，县政府又张贴布告，宣布解散和停止敌特组织和反动党团组织及其活动，并采取必要的军事打击等措施。至年底，先后清剿股匪 19 股 237 人，收容散兵游勇 500 余人，改编与解散自卫队 100 人。建立和加强地方武装力量，维护社会治安。有步骤地开展收缴枪支弹药工作。是年 5—12 月，全县（不含主力部队）共收缴各式长、短枪 1113 支，其中重机枪 3 挺、轻机枪 11 挺，还有大批子弹、炮弹和手榴弹。此后，全县社会秩序趋于稳定，新生的人民政权得到巩固。

【开展“三大运动”】

抗美援朝　1950 年 6 月 25 日，美帝国主义悍然侵略中国邻邦朝鲜民主主义人民共和国，严重威胁中国安全。同年 10 月上旬，党中央作出“抗美援朝，保家卫国”的战略部署，并于 19 日派出中国人民志愿军协同朝鲜人民军抗击美国侵略者。11 月中旬，中共江宁县委决定成立中国人民保卫世界和平反对美国侵略委员会江宁分会，全县 10 个区及湖熟镇也相应成立抗美援朝支会和宣传教育委员会，同时各乡建立宣传网。随后，县、区、乡分别召开干部大会、各界人民代表大会和群众大会，对全县人民进行抗美援朝、保家卫国及揭发美帝国主义侵华罪行的政治教育。全县在县、区、乡设立 55 个传授站、65 名报告员、3036 名宣传员，深入群众中宣传党的决策，举办时政讲座。还利用元旦、春节、国庆节等节日，组织游行示威活动，有 26.90 万人签名或投票反对美帝重新武装日本拥护世界和平理事会的宣言，有 20 万人订立爱国公约。

抗美援朝期间，全县先后两次动员适龄青年报名参军，26674 名青年报名应征，共向部队输送新兵 2556 人。这批应征入伍的战士，有许多在朝鲜战场上立下战功或光荣牺牲。

1951 年 7 月 13 日，为响应全国抗美援朝总会号召，县抗美援朝代表会议作出在全县开展增产节约，捐献两架战斗机的决定。经过广泛发动，各阶层人民纷纷修订以增产捐献计划为中心内容的爱国公约，组织开展爱国增产竞赛运动和捐献活动。至 1952 年 11 月 10 日，全县干部群众捐献鞋子、毛巾等慰问品 8259 件，捐款 39.68 万元，超额完成捐献两架战斗机计划（按 15 万元折购 1 架飞机），为夺取抗美援朝斗争的胜利做出贡献。

土地改革　江宁县的土地改革自 1950 年 8 月开始，到 1951 年 9 月底结束，历时 14 个月。土地改革经历了 4 个阶段：1950 年 7 月至 8 月中旬为准备阶段，分别进行《中华人民共和国土地改革法》宣传，成立县土地改革委员会及各区、乡土地改革领导机构，培训土改工作干部和结合区划调整对区、乡、村三级基层组织普遍整顿与充实等工作；1950 年 8—11 月为典型试验阶段，县委根据“谨慎小心，稳步前进”的方针，确定以东山镇为点，并附带周围 7 个乡为附点，进行典型试验。后试点工作扩大到一区 7 个乡，二区、三区各 3 个乡，其他区分别自行组织 1 个乡的试点，至 11 月底，全县有 25 个乡顺利完成试验任务；1950 年 12 月中旬至 1951 年 3 月为全面推开阶段，县委决定将县土改工作队 115 人和苏南区党委下派的苏南农工团 2 个队 200 人分派进驻尚未土改的 90 个乡镇进行全面土改。此阶段经历开展宣传教育、整顿基层组织，划分阶级成分，没收、征收土地和财产，分配胜利果实等步骤；1951 年 4—9 月为检查总结、发证阶段，进行土地改革全面检查总结和发放土地使用证。

通过土地改革，全县农村各阶层人均拥有土地量发生巨大变化，地主由土改前的人均 1.14 公顷（1 公顷 =15 亩，下同）减至 0.11 公顷，贫、雇农由人均 0.05 公顷、0.02 公顷增至 0.13 公顷。从此，封建的土地所有制被彻底废除，农民数千年“耕者有其田”的梦想实现。

镇压反革命 中共江宁县委根据中共中央、政务院、最高人民法院指示，从 1950 年 11 月开始，在全县范围内开展镇压反革命运动，至 1953 年 6 月基本结束。县委将镇压反革命运动列为全县的首要任务，成立以县委书记为主任，公安局及各有关部门负责人参加的治安保卫委员会，各区、乡按照县委统一部署和要求相继建立治安保卫组织。县委及时作出关于镇压反革命运动的具体工作计划和步骤，采取公安机关与群众相结合的方针，实行镇压与宽大相结合的政策，广泛发动群众，层层深挖和揭露反革命分子的破坏罪行，狠狠打击暗藏和公开的各类反革命分子，彻底肃清反革命残余势力，进一步稳定社会秩序，巩固人民政权。

从 1951 年 3 月下旬至 5 月中旬，全县以乡为单位宣传动员、召开斗争大会 112 次，有 4.70 万名群众参加；以区为单位或几个乡联合召开斗争大会 73 次，有 40 余万名群众参加。在全面发动的基础上，对反革命骨干分子进行调查摸底，获得重要线索 2561 条。4 月 26 日，县公安局发出通告，责令并限期一切反动党团组织人员和军警、宪兵、特务向政府自新登记，接受审查，并在湖熟镇进行登记试点工作，然后在全县推开。仅半个月时间，全县有 1949 名相关人员向政府自新登记。根据长期调查了解的结果，按照《中华人民共和国惩治反革命条例》，10 月 22 日晚，全县进行了一次统一行动，集中逮捕一批罪大恶极又拒不坦白自首登记的反革命分子，经人民法庭公开审判，依法进行惩处。

图 25-4-4 1950 年江宁县人民法庭召开公审大会

据统计，镇压反革命前，全县有反革命分子 2582 人，已捕 1721 人，其中判处死刑 519 人，捕杀数占 86.75%。至 1952 年 10 月，全县经过在 9 个区 44 个乡进行镇压反革命补课，先后逮捕、惩处反革命分子 143 人。至 1953 年 6 月 13 日，全县共逮捕反革命分子 1832 人，其中判处死刑 526 人，管制 399 人，对五类反革命骨干分子打击程度达 96.60%。至此，全县经过近 3 年的镇压反革命斗争，基本肃清反革命分子，稳定了社会治安，巩固和加强了新生的人民政权，为恢复国民经济提供了必要条件。

【“三反”“五反”】

1951 年 12 月，县委根据中共中央《关于实行精兵简政、增产节约，反对贪污、反对浪费、反对官僚主义的决定》，在全县党政机关工作人员中开展“三反”运动。运动中，县委、县政府领导干部以身作则，带头进行自我检查对照，向群众表明诚意，自觉接受群众监督批评。县委通过算大账，算细账，查生活作风，查贪污历史的办法，开展大胆怀疑，反对“右倾”的“打虎”战役（即检查揭发大贪污分子）。1952 年 5 月 15 日，县“三反”指挥部成立，并组成 89 人的“三反”运动检查队，开展定案追赃工作。县级机关参加“三反”运动的党员干部 544 人，查出有贪污行为的 248 人，其中贪污千元以上的有 4 人，百元以上的有 34 人。按照肃清与宽大、教育与惩治相结合的方针，审慎处理了情节严重的贪污分子。还针对“三反”运动中暴露出的问题，通过研究制订规章制度，加强对机关工作人员的管理与监督，堵塞漏洞。

1952 年 2 月，根据中共中央《关于城市中限期展开大规模的坚决彻底的“五反”斗争的指示》，县委决定在全县私营工商业者中开展反对行贿、反对偷税漏税、反对盗骗国家财产、反对偷工减料和反对盗窃经济情报的“五反”运动。运动首先在湖熟、禄口两镇进行，然后在全县各集镇推开，到 3 月中旬基本结束。这次运动依靠广大工人职工，揭露和打击少数不法工商户，使广大工商业者普遍受到一次遵纪守法、合法经营的教育，推动了私营企业的民主改革工作，逐步建立了正常的生产经营秩序。

【社会主义改造】

对农业的社会主义改造 1950 年春，江宁县就建有社会主义萌芽的互助组。1951 年，根据中央和华东局召开的互助合作会议精神，县委在全县贯彻自愿互利原则，采取劳力、畜力等互助方式，大力推进互助合作运动的发展，逐步引导农民走集体化道路。至 1952 年年底，全县互助组发展到 8675 个，参加互助组的农户占总农户的 50%。

随着生产的发展，农业互助合作中出现统一管理与分散经营及“人互地不互”的矛盾。对此，县委在常年互助组的基础上，试办全县第一个土地入股、统一经营的半社会主义性质的初级社——东山镇黄泥塘初级社。1954 年 1 月，县委在总结办社经验的基础上，决定在全县 43 个乡再扩大试办 57 个初级社。至 1955 年 1 月，全县农业合作社达 525 个。同年 10 月，县委在全县贯彻毛泽东《关于农业合作化问题》报告精神，初级社发展速度加快。到 11 月中旬，全县初级社发展到 2814 个，入社农户占总农户的 75%。

1956 年 1 月，在初级社刚刚建立尚未站稳脚跟的情况下，全县农业合作社逐步进入一个新阶段，即由办初级社为主转为办社会主义性质的高级社为主。县委在试办 14 个高级社后，至 2 月底，通过合并、升级，仅 1 个月时间，全县共建立高级社 274 个，入社农户 111869 户，占总农户的 99.57%。至此，全县提前实现农业合作化，农村生产资料私有制的社会主义改造基本完成。

对手工业的社会主义改造 县委贯彻中央“积极领导、稳步前进”的改造方针，采取由手工业生产合作小组、手工业供销生产合作社到手工业生产合作社的组织形式，逐步对其实行社会主义改造。至 1955 年年底，全县已发展生产小组 24 个，供销生产合作社 2 个，手工业生产合作社 14 个，有 68% 以上的手工业者参加互助合作组织。

在农业合作化快速发展的推动下，手工业互助合作运动迅速掀起高潮。全县各集镇手工业者纷纷申请建组、建社，至 1956 年 2 月，42 个行业的 2020 人，经批准组织起来的有 1855 人，占 91.83%，取得对手工业改造的决定性胜利。

对资本主义工商业的社会主义改造 从 1954 年开始，县委根据总路线的精神，对私营工商业进行有计划、有步骤的社会主义改造。1953 年年底，在粮棉统购统销工作中，逐步取消粮食自由市场，经过整顿改造，全县 128 户私营粮商全部转业或停产；82 户私营棉布店有 36 户维持经营，其余 46 户转业。

随后，全县资本主义工商业逐渐扩展为公私合营，向国家资本主义形式发展。1956 年 1 月 18 日，东山镇 57 户私营工商业集体申请公私合营获得批准，敲锣打鼓欢庆走上社会主义道路；陶吴、营防等集镇私营工商户一边连夜聚会申请公私合营，一边装修门面迎接改造。1955 年年底，建宁印刷厂率先转为地方国营。1956 年上半年，有 13 家厂（坊）分别转为地方国营或公私合营，1 家转为合作经营。不久，全县 20 家私营企业，除 1 家煤矿和 1 家砖瓦厂关闭外，都转为地方国营或公私合营。全县私营商业、饮食业、服务业等 23 个行业中，有 154 户私营商业转为公私合营，组成 19 个公私合营商店；有 562 户夫妻店和商贩转为代销和过渡到供销社，有 1011 户夫妻店和小商贩转为合作社，组成合作商店和小组；有 333 户小商贩转为经销。至 1956 年年底，全县有 2609 户私营商业实行各种形式的社会主义改造，占总数的 85.05%。此外，私营运输业中除 43 户兽力车、板车业转入农业社外，其余全部批准为公私合营。

第二节　全面建设社会主义阶段

在社会主义改造基本完成到“文化大革命”爆发前的 10 年中，中共江宁地方党组织和全党一样，对如何建设社会主义进行了艰难的探索。在探索过程中，既取得了重大成就，也出现过严重失误，走过弯路。由于对社会主义建设缺乏经验和对经济规律认识不足，再加上受“左”的思想的影响，这一时期主要发生急于求成的“大跃进”、人民公社化运动以及反右派斗争的扩大化等“左”的错误，使社会主义建设遭受严重挫折。但江宁各级党组织及时总结经验教训，认真贯彻执行中共中央“调整、巩固、充实、提高”的方针，努力进行纠“左”，调整农村及各方面政策，取得显著成绩。其间，按照党中央决定，在全县进行一次普遍的社会主义教育运动，开展以阶级斗争为主要内容的过火的、错误的批判和斗争，在一定程度上分散了党的注意力。但全县人民在县委的领导下，仍把工作重点放在进一步恢复调整国民经济方面，使调整任务顺利完成，工农业生产进入新的发展时期。

【整风运动和反右派斗争】

1957 年 4 月，中共中央发出《关于整风运动的指示》。6 月，县委成立整风领导小组，开展以正确处理人民内部矛盾为主题，以反对官僚主义、宗派主义和主观主义为内容的整风运动。全县的机关、企事业单位以及文教卫生和工商界等单位分 4 批开展整风运动。1957 年 5 月至 1958 年 8 月，全县共有 99 家单位的 1.50 万余人参加运动，其中党员 5600 余人。

1957 年 12 月上旬，县委根据省委部署，贯彻中共中央《关于组织力量反击右派分子进攻的指示》，有步骤地把整风转入反右派斗争，全县整风运动也由处理人民内部矛盾转为对敌斗争。同年 12 月 13 日，县级机关、工商界和文化卫生系统的反右派斗争相继开始并逐步进入高潮。12 月 16 日，县级机关 800 余人声讨“右派分子”言论，通过集中分口（以各系统为单位）、“全面开花”、回头重斗三个回合，使运动逐渐升级扩大。结果把许多正常的、善意的批评和建议，当做向社会主义进攻，过分夸大敌情，严重混淆了两类不同性质的矛盾。同时，又错误地肯定所谓“大鸣、大放、大字报、大辩论”的形式，使反右派斗争严重扩大化。全县有 638 人被进行错误的批判和斗争，其中被错划为“右派分子”84 人，因涉“右”受到各种处分 247 人。1958 年 1 月下旬，县级机关、文教卫生、工商界转入整改阶段，县委要求广大党员干部针对存在的问题，认真听取群众意见，彻底检查，及时整改。在整改阶段，县委还公布了关于改进领导作风、改进工作的八项措施。同时在全县分批分期开展“双反”（反浪费、反保守）和“反五气”（反官气、暮气、阔气、骄气、娇气）运动，以推动整改工作向纵深发展。同年 2 月中旬后，农村基层单位整风运动采取整风整社方式逐步推开。县委要求领导干部到农村或基层单位参加劳动，种试验田，切实改进领导作风与工作方式，从而初步掀起了反保守、反浪费，比先进、比多快好省的竞赛热潮。

【“大跃进”和人民公社化】

“大跃进”运动 江宁县的“大跃进”首先从农业开始。1957年10月下旬，县委召开三级干部大会，传达学习中共八届三中全会精神，提出5年内全县赶上和超过富裕中农的生产水平，必须在“农业上来一个大跃进”。1958年2月，在召开的县第一届二次党代会上，县委根据省党代会精神，作出《关于全党动员起来，为提前5年完成农业发展纲要的任务而奋斗的决议》。会后，各单位纷纷重新制订“跃进”计划，使各项生产指标再次加码，粮食亩产由800斤跃到双千斤。同年5月中旬后，县委在全县开展声势浩大的“鼓足干劲，力争上游，多快好省地建设社会主义”的总路线教育活动。此后，“大跃进”运动在全县迅速展开，以高指标、瞎指挥、浮夸风和共产风为标志的“左”的错误逐渐泛滥。7月上旬，县委召开历史上首次“万人大会”，提出苦战3年，实现“七化”（即农业机械化、农村电气化、肥料化学化、水利自动化、田间管理规格化、居民城市化、人人有文化）等盲目奋斗口号。同时，会上还组织“比武”“打擂台”“放卫星”竞赛。由此，高指标、浮夸风愈刮愈烈，各地增产指标翻番再翻番。高指标造成高估产，各地都虚报产量，竞放高产“卫星”。10月后，相继出现小麦亩产量1250公斤、水稻亩产量8000公斤、玉米亩产量6000公斤、山芋亩产量5万公斤等高产卫星。实际上，“大跃进”的1958年，全县粮食产量只比1957年增长1.25%，而棉花及林牧副渔业产量却明显下降。

在工业“跃进”方面，1958年3月中旬，县委召开全县地方工业、手工业、财经干部大会，贯彻省委地方工业会议精神，会上提出一些不切实际的计划指标，确定1958年必办厂矿1000家，拟办327家；工业产值要比1957年增加2.40倍等。至6月底，全县已盲目新建厂矿1322家，可工业总产值仅比1957年同期增长22.90%。在此期间，还根据上级指示，开展“全民动员、大炼钢铁”运动。是年七八月间，在农业生产十分紧张的情况下，县委组织万人开采、冶炼大军，采取“土洋结合、以土为主”的办法，先后兴建259座小土高炉，盲目地大炼钢铁。并于9月中旬，在凤凰山脚下成立秣陵关钢铁基地，同时组成钢铁大军总指挥部，以保证“钢铁元帅”迅速上马。接着，抽调700余名干部，动员组织10万余民工，采取大兵团作战方法，兴建500座土高炉的钢铁基地。随后，全县各地纷纷开展钢铁生产“放卫星”活动，从而形成全民大炼钢铁高潮。由于盲目上马，原材料不足，又动员全县人拆毁铁门铁窗，砍树砸锅，拆墙扒砖，支援炼铁。时隔不久，各炼铁炉群被迫先后下马。至11月底，全县共炼铁968吨、炼钢190吨，质量大多不合格，几乎废铁一堆。

图25-4-5 1958年10月，江苏省国画院集体创作的国画，题款为“吃饭不要钱，老少齐开颜，劳动更积极，幸福万万年”

同时，根据“以钢为纲，全面跃进”的方针，全县兴起农具改革、工业技术革新，以及文教卫生、水利建设等各行各业的“全民大办”，乃至科学研究、诗歌民谣创作等，都要“大跃进”“放卫星”。这种完全违背客观经济规律的大规模群众性的盲目蛮干，不但造成人力、财力的巨大浪费，而且使国民经济比例严重失调，市场供应紧张，全县生产和人民生活发生困难。

人民公社化运动 1958年，县委根据中共中央《关于在农村建立人民公社问题的决议》，先在长江、东山试点成立2个人民公社。接着，取消乡、镇建制，将全县284个高级社合并升级为20个人民公社。参加人民公社农户122162户，占总农户的99.90%。从8月下旬到9月下旬，仅1个月的时间，全县实现了人民公社化。

人民公社初期实行公社一级所有制，否认差别，实行人为的穷富拉平，对生产队和社员财富无代价地上调，致使“一平二调”的“共产风”急剧发展。社员的自留地、山林果园、部分未入社的大型农具和运输、加工工具全部归公社所有，社员多余的房屋由公社统一调用，社员的家庭副业及个体商贩和自由市场也被取消。公社内盲目实行供给制，大办公共食堂，“吃饭不要钱”。至11月，全县共办3466个食堂，有99.90%的农户参加。但1个月后，有的地方出现无粮可吃现象，7个月后公共食堂垮了70%，造成极大的损失和浪费。

这阶段人民公社的主要特点是一大二公，政社合一，工农商学兵五位一体，党、政、经各种权力集中在公社，基层单位没有自主权。这种集中过多、统得过死的体制，严重挫伤了社员的积极性，破坏了农业生产力的发展。1958年冬，县委贯彻执行党中央指示，采取一系列措施，纠正已经觉察到的“大跃进”和人民公社化运动的错误。但这次纠“左”很不彻底，不久就从纠“左”变为反“右”，开展反“右倾”运动，并重新掀起“大跃进”高潮。

【调整国民经济】

1961年1月至1965年，县委贯彻执行中共中央“调整、巩固、充实、提高”八字方针，认真总结经验教训，调整农村及各方面政策，取得显著成绩。1961年1月和4月，县委贯彻中共中央《关于农村人民公社当前政策的指示信》（简称“十二条”）和《农村人民公社工作条例（草案）》（简称“农业六十条”），部署开展全面整风整社运动，继续纠正“五风”（一平二调共产风、浮夸风、瞎指挥风、命令风、特殊化风）错误。1961年1月至5月下旬，采取边清算、边核实、边退赔的方法，全县共结算“平调”退赔或补偿损失款511.19万元。把人民公社的基本核算单位下放到相当于初级社的生产小队，明确土地、劳力、耕牛、农具“四固定”在生产队，进一步完善生产队的包工、包本、包产，超产奖励、减产赔偿的生产责任制和评工记分方法。停办公共食堂，解决伙食供给制的遗留问题。安排调整社员家庭副业和自留地。开放集市贸易，活跃城乡市场。

在深入贯彻“农业六十条”，积极调整农业生产关系的基础上，县委采取措施，进一步从人力、物力、财力等方面加强和支援农业战线，恢复和发展农业生产。先后出台提高生猪、蛋类、家禽购销价格，提高粮食统购统销价格和油脂、油料统购价格，调整农业税负担等政策，切实减轻农民负担，发展农副业生产。同时，贯彻中共中央“林业十八条”“商业四十条”“手工业三十五条”等工作条例，对全县林副业、商业、手工业等行业进行一次合理调整和全面整顿，使各项工作重新步入正常轨道。

根据中央和省、市委部署，从1961年3月起，县委在县内全面部署压缩基本建设战线，整顿企业、精简职工，下放劳动力工作。至1963年4月，全县共精简职工、减少城镇人口2.40万人。其中，1961年3月下放到农村的干部、职工、教师及超龄学生共11249人；1962年3月，精简下放机关干部366人；1962年4—7月，精简原国家定销和社办自筹粮人口10353人。

经过贯彻调整方针，全县经济形势开始好转。为争取国民经济的根本好转，1963年起，根据党中央再用3年时间，进一步贯彻“八字方针”的要求，县委决定在前两年调整的基础上，着重进行巩固、充实和提高工作。主要包括巩固生产建设取得的成果，充实、增加品种，提高产品质量，进行技术革新，以及改善经营管理，提高经济效益等。经过努力，1963年，全县粮食产量达26439.02万公斤，比1961年增长88.13%；国内生产总值7632万元，比1961年增长56.97%。至1965年，全县调整经济任务完成。1963—1965年，全县粮食产量以年均7.06%的速度递增；1965年，国内生产总值8112万元，比1962年增长37.91%。

【社会主义教育运动】

1963年，县委根据中央和省、地委统一部署，决定在全县农村进行社会主义教育（“四清”）运动，大致分两个阶段进行。第一阶段先在全县7个公社进行，其中方山公社为试点单位；第一批为汤山、麒麟公社；第二批为土桥、淳化、上坊、上峰公社。同年5月下旬开始，县委从县级机关抽调115名干部组成农村社教工作队，在方山公社的横岭、共和等4个大队进行“四清”试点工作。在试点中，确定先通过夏季分配，全面清理1963年后的账目、仓库、财务、工分“四不清”问题；揭露尚未改造好的地、富、反、坏分子的阴谋活动。多数干部经过3次群众性的清查和自我革命，放下“包袱”；集镇社教工作小组帮助城镇企业干部“洗手洗澡”，发动群众全面进行清仓库、清物资、清票证、清账目工作。试点工作至是年9月18日结束。试点的4个大队，共揭发清理出贪污金额5950元，粮食1950公斤，涉及19人，占大队干部总数的76%。同年11月，确定在汤山、麒麟2个公社开展第一批社教运动，主要通过检查阶级立场和阶级路线、多吃多占、铺张浪费、“四不清”、参加集体生产劳动等方面问题，发动群众帮助干部“洗手洗澡”。1964年3月中旬，县委组成427人的社教工作队，进驻第二批的土桥、淳化、上坊、上峰4个公社的921个生产队，开展社会主义教育运动。至8月底基本结束。

第二阶段是开展面上的社教运动，1965年年初，县委组织174人的工作队，各公社组织了168人的工作队，包括省、地委调派的社教工作队员共8000余人。县委、各公社党委在抓好工作队员培训工作的基础上，先后开展试点工作。除东山公社、东山镇和县直机关是省委进行试点，先行一步外，其余24个公社、2个直属镇和1家林场同步展开。同时，省、地委社教工作团进驻各公社、各单位进行全面“四清”运动。至1966年4月底结束。全县2.70万名干部中，有经济“四不清”的2.15万人，共清理出挪用、多吃、多占、贪污盗窃、投机倒把总额330余万元，粮食219.50万余公斤。最后审核定案金额229万元，粮食139.50万余公斤，已退赔金额125.37万元，粮食107.02万公斤。

运动中，除对政治上反动、有严重破坏行为的384名“四类分子”开展重点斗争外，全县还挖出长期隐蔽的“三外一内”的阶级敌人（即外来户中、当地外逃的、在外作恶新中国成立后回归的以及混入干部队伍内部的“四类分子”）494名，清理出漏划地主、富农238名，查清漏管地富反坏分子663名（1978年年底，中共中央作出关于地主、富农分子摘帽和地、富子女成分问题的决议）。

在社会主义教育运动的建设阶段，主要进行以整党建党为中心的组织建设。通过整党建党，全县新接纳党员7546人，党员占总人口的比例由1.56%增至2.90%。准予登记的党员7090人，占总数的85.90%，暂不登记的536人，占6.50%，清除出党的占7.49%。

历时3年多的社会主义教育运动，取得了一定成绩，但是这次运动是在“以阶级斗争为纲”的方针指导下进行的，犯了“左”的错误，混淆了敌我矛盾和人民内部矛盾，扩大了打击面。由于对运动中出现的偏差和问题进行部分纠正，因而“左”的错误没有发展成为全面性的错误。

第三节 “文化大革命”阶段

1966年5月，正当全国顺利完成5年调整任务，国民经济出现重要转机的时候，一场由领导人错误发动，被林彪、江青反革命集团利用，给党、国家和各族人民造成严重灾难的“文化大革命”开始了。中共江宁县委一方面按照上级部署，动员和号召群众投身“文化大革命”，起来“造反”，批判“修正主义分子”和“走资本主义道路当权派”；另一方面，又尽一切可能控制局势，维持工农业生产和正常社会秩序，抵制“左”的错误和林彪、江青反革命集团的罪恶行径。但由于受大气候影响，“文化大革命”时期，江宁正常的社会和经济秩序受到严重干扰，全县的政治、经济、文化遭到严重破坏。

【“文化大革命”的发动】

1966年5月中旬，中共中央“五一六通知”下达到江宁县。7月中旬，县委成立“文化大革命”办公室，决定分期分批进行“文化大革命”。秋收前先从县级文化、教育单位和18所中学开始，同时在东山公社和东山镇进行“文化大革命”试点工作。8月中旬，抽调原“社教”留守人员205人，组成工作队（联络员）进驻东山公社、东山镇和中小学进行试点。全县各中小学、各基层单位纷纷建立“文化大革命”领导小组或委员会，发动群众揭批资产阶级反动路线。随后，由于受北京及邻近市郊地区的影响，全县各学校相继成立红卫兵组织，并以所谓“革命”“造反”的名义，大破“四旧”（即所谓“旧思想、旧文化、旧风俗、旧习惯”），使许多文物字画、古籍家谱等被毁，并掀起抄家风和揪斗风。同年10月10日，根据中共中央、国务院《关于组织外地师生来京参观“文化大革命”的通知》，全县组织867名中学生代表、86名教职工代表，赴京参观“文化大革命”，接受毛泽东检阅。此后，大串联活动风起云涌，以致“串联”到全国各地及江宁县各机关、企业甚至农村，鼓动“造反”。11—12月，中共中央《关于农村无产阶级“文化大革命”的指示》传达至江宁后，全县各地各单位普遍建立起形形色色的红卫兵和“造反派”组织，用“大鸣、大放、大字报、大辩论”形式，向“旧县委推行的资产阶级反动路线和党内一小撮走资本主义道路的当权派”发起攻击。县委、县人委机关遭受冲击，负责人先后被挂牌游斗，各级领导班子大多瘫痪，学校停课，水利冬修工程停工，社会安定遭到破坏。

1967年2月13日，在上海“一月风暴”夺权之风的影响下，全县59个“造反派”组织联合召开批斗县委书记华子泉大会，还强令数十名县级机关中层干部上台接受陪斗。同年2月19日，东山地区“造反派”头头会商，成立江宁县革命造反派联合总部（简称“革联”），并发表宣言，号召所谓革命群众组织联合起来夺权。随后，江宁地区各级党政组织被“造反派”非法夺权，相继陷入瘫痪；各机关团体、学校、企事业单位纷纷被“造反派”把持。不久，各“造反派”组织之间，夺权者与群众之间的矛盾，形成观点不同的两个或两个以上的派别。这些派别长期严重对立纷争导致武斗不断发生，造成县城地区人心惶恐，部分工厂、企事业单位无法正常生产和工作。

【成立军管会和革委会】

根据中共中央、国务院、中央军委、中央文革小组1967年1月23日发布的《关于中国人民解放军坚决支持左派群众的决定》，同年3月上旬，驻江宁部队开始介入江宁的“文化大革命”，先后向25个公社、3个直属镇、2家工厂、1个林场、1个水利工地派出近2000人的军队工作组，执行“三支两军”（即支左、支工、支农，军管、军训）任务，并陆续建立以人民武装干部、军代表为主，吸收地方干部、群众组织代表参加的各级生产领导小组。4月1日，江苏省军事管制委员会决定，对江宁县实行军事管制，以县人武部为主会同驻军接管县委、县人委、公安局、邮电局、广播站及其他要害部门。县军管会成立后，相继组织与推动广大群众学习毛泽东著作，进行“斗、批、改”，举办学习班，促进“大联合”“三结合”，要求学校停止串联、复课闹革命，要求工矿企业、农村生产队坚持业余闹革命，抓革命促生产。这对稳定当时的混乱局面起到一定作用，但没有改变“文化大革命”的错误方向，在“左”的方针影响下，产生一些消极后果。

1968年1月15日，龙都公社革命委员会成立，这是全县第一个以“三结合”(即所谓军宣队、“造反派”、革命干部相结合)形式掌管公社“党政财文”一切权力的最高临时权力机构。至4月5日，全县25个公社、3个县属镇均相继成立革命委员会，县属工厂、学校、企业、县级机关也相继成立革委会或革命领导小组。同年3月7日，江宁县革命委员会成立。至此，全县经过1年多社会大动乱的几次反复，先后成立“三结合”的各级革命委员会，宣告全县“文化大革命”的夺权任务基本完成。革命委员会实行党政合一、政企合一的一元化领导体制，在“左倾”错误的道路上，实现了更高程度的集权。

【“斗、批、改”运动】

1969年4月下旬，县革委会举行第六次全体会议，部署开展“斗、批、改”运动。

“清理阶级队伍”　县革委会成立后，立即在全县“清理阶级队伍”，清理所谓“叛徒、特务、死不改悔的走资派，没有改造好的地、富、反、坏、右分子和现行反革命分子”9种对象，发动群众掀起大揭发、大批判、大斗争的高潮，致使一大批干部群众被错误批斗，甚至遭到严重的人身摧残。1970年2月，根据中央文件和上级指示精神，全县开展“一打三反”(即打击反革命破坏活动，反对贪污盗窃、反对投机倒把、反对铺张浪费)运动，直到1972年5月基本结束。这次运动中，全县共揭发清理出贪污盗窃和投机倒把所得现金196万余元、粮食57万余公斤，打击了经济领域的犯罪活动，抑制了铺张浪费、贪污盗窃之风蔓延。但混淆了敌我界限，扩大了打击面，甚至把群众许多正当的个体经营活动，当做资本主义倾向加以打击和取缔，严重挫伤了人民群众的生产积极性。1971年年初，根据中央通知精神，还在全县开展所谓“深挖‘五一六’反革命阴谋集团”的斗争，一批干部群众受到迫害。县级机关重点审查的20人中，结果没有一个是“五一六”分子。

整党建党　1969年1月，县委部署整党建党工作，强调把“对于阶级敌人进行战斗”作为这次建党的唯一宗旨。全县各级党组织普遍举办学习班，在深入批判所谓反革命修正主义路线，肃清“流毒”的基础上，从思想上、组织上进行整顿和吸收新党员(当时称为“吐故纳新”)。其结果使一些符合条件的党员不能恢复组织生活或被错误地开除党籍，而一些不符合党员条件的被“纳新”入党。但通过整党建党，全县各基层党委和党支部于1970年7月已相继恢复建立，对抵制极左错误，稳定局势，推动工农业生产起到了一定作用。

“活学活用”运动　江宁县和全国各地一样，从实行军管到县革委会成立，都把学习毛泽东著作放在高于一切、大于一切、先于一切、重于一切的位置。当时，毛泽东的一个简短批示公布，都被当做最新指示连夜进行传达贯彻。下田带“语录”，走路背“语录”，开会唱“语录”；人人都得跳“忠字舞”、唱“忠字歌”，“早请示、午对照、晚汇报”等一些崇拜活动已成为一种制度。这种热衷于大搞个人崇拜的结果，导致了党的民主集中制和集体领导原则被破坏，使各级党的组织无法抵制“左倾”错误的发展。

【“批林批孔”运动】

1974年1月，中共中央转发由江青主持选编的《林彪与孔孟之道（材料之一）》等，文件传达到江宁后，县委于1月30日召开相关会议，部署开展“批林批孔”运动。2月1日，向全县党员干部传达文件，2月6日即传达到群众。2月7日，县委派出42名机关干部分别到横岭、禄口大队和江宁县中学进行试点。各公社和县属厂矿也先后派出600多名干部到基层，以点带面，组织群众写大字报，开批判会，口诛笔伐，批判他们自己也弄不清楚的“孔孟之道”。这次运动是江青反革命集团以批判孔子的“克己复礼”为名，实际上把批判的矛头指向周恩来。在江青反革命集团的煽动下，江宁也出现“反回潮”的大字报，把批林整风中落实的党的农村经济政策说成是“右倾回潮”，把落实各尽所能、按劳取酬的社会主义分配原则说成是“物质刺激、工分挂帅”，把坚持“以粮为纲，全面发展”的方针说成是发展资本主义，把党的政策允许的社员自留地和家庭副业说成是小生产和私有制的残余进行批判，致使一些基层干部和群众受到株连和批判。

【全面整顿】

1975年，周恩来病重，邓小平复出主持党中央和国务院日常工作，针对“文化大革命”后的深重积弊，提出对工业、农业、交通、科技、教育等各条战线进行全面整顿。按照中共南京市委的统一部署，1975年3月17日起，县委先后举办领导骨干学习班、召开领导干部会议，开始在全县解决领导班子中存在的软、懒、散等问题，狠抓党的各项政策的落实，研究制订出切实转变领导作风的措施。同年4月下旬，结合学习毛泽东关于安定团结，学理论，把国民经济搞上去的“三项指示”，县委发动广大干部群众，开展“一学、三批、五大讲”（即学理论，批判修正主义、批判资本主义倾向、批判资产阶级法权思想，讲路线、讲大局、讲团结、讲党性、讲纪律）活动，进一步促进安定团结，认真落实党的政策，切实加强企业管理，建立健全规章制度，严格执行岗位责任制和组织纪律、劳动纪律，努力把工农业生产搞上去。

在农村，主要纠正被“文化大革命”破坏的各项政策，坚持“三级所有，队为基础”所有制形式，坚持按劳分配和等价交换的原则，大部分公社、大队恢复了生产队评工记分制度，允许和鼓励社员经营少量自留地、自留山和正当的家庭副业，提高广大农民生产增收积极性。这段时间是江宁县农作物良种推广速度最快、更新换代最频繁的时期，全县推广的早稻品种有39个，后季稻品种32个，形成水稻品种组合配套。此外，全县群众性科学实验不断发展，农民技术队伍迅速壮大，县、社、大队、生产队四级农科试验网相继建立，部分公社农科站和大队还建立小农场，作为良种繁育基地。

在工交财贸战线，着重解决发展方向不明、政策不清、无章可循、管理混乱、劳动纪律松弛等问题，切实加强领导，搞好思想整顿，严格生产管理，深入开展“工业学大庆”运动。县内大部分企业经过一段时间的整顿后，初步建立健全包括生产计划、财务、劳动工资、设备、技术、物资、产品检验、安全生产等各项管理制度，企业生产经营逐步恢复正常。全县工业、交通运输、商贸流通企业生产经营出现新的转机，1975年，全县工业总产值7394.23万元，比1974年增长23.88%；全社会客运量38万人次、货运量34万吨，分别比1974年增长40%左右；社会消费品零售总额9767万元，比1974年增长16.33%。

【反对江青反革命集团的斗争】

1976年1月8日，周恩来逝世，全国人民陷于无限悲痛之中，以各种方式寄托自己的哀思。但江青反革命集团发出种种禁令，压制和阻挠人民群众对周恩来的悼念活动，不准戴黑纱、白花，不准送花圈，不准开追悼会等，激起了全国人民的强烈不满和无比愤怒。同年1月15日，全县停止一切娱乐活动，下半旗致哀。广大党员干部和人民群众冲破江青反革命集团的禁令，自发臂缠黑纱、胸佩白花，设置灵堂，在周恩来遗像前敬献花圈。人们怀着十分崇敬和悲痛的心情，通过广播电视，收听收看北京追悼大会的实况转播，沉痛悼念周恩来，并对追查群众悼念周恩来的所谓“政治事件”进行抵制。自3月下旬到清明节前后，南京曾掀起过一场影响深远、意义重大的悼念周恩来，反对江青反革命集团的群众运动。针对江青反革命集团利用报刊恶毒攻击周恩来，不准人民悼念周恩来的种种行径，殷巷公社、江宁丝绸厂、县化肥厂、县级机关等单位组织干部群众，前往南京雨花台烈士陵园、梅园新村纪念馆，参加由南京大学、江苏新医学院等高校组织的悼念周恩来、声讨江青反革命集团活动。人民群众和学校师生正义的行动很快影响到工厂、机关、大中学校，包括江宁县在内的学校师生和人民群众纷纷走上街头，游行演讲。

图 25-4-6 江宁县干部群众悼念周恩来（1976年摄）

第四节 建设中国特色社会主义新阶段

中共十一届三中全会后，中共江宁县委提出调整农业结构、发展城郊型经济的发展战略。1993年，首次进入全国农村综合实力百强县。

1997年7月，中共江宁县第十次代表大会召开，会议确立“结构调整、开放开发、科教兴县、城镇建设、可持续发展”五大发展战略。经过5年的实施，区域综合实力实现历史性超越，跻身全省先进行列。2003年，全区地区生产总值列全省第九位，财政收入列全省第六位，实际利用外资列全省第三位，全社会固定资产投入列全省第七位。

2005年12月，区委提出全面实施“产业化、城市化、数字化、生态化”四大战略。紧扣“两个率先”发展目标，贯穿“富民、强民、和谐”的发展主线，突出调整经济结构、转变增长方式、强化自主创新的发展重点，努力建设综合实力领先、人民生活富裕、生态环境优美、经济社会共同进步、“三个文明”协调推进的现代化新江宁。2007年，省定四大类18项25条小康指标全部实现，为全面开启基本实现现代化新征程奠定了基础、提供了经验。

【解放思想实事求是】

中共十一届三中全会冲破“两个凡是”的思想禁锢，重新确立解放思想、实事求是的思想路线，把全党工作重心从“以阶段斗争为纲”转到“以经济建设为中心”上来，实现了第一次思想大解放。1978年开展的真理标准问题讨论，极大地解放了人们的思想，为贯彻落实党的路线、方针、政策，实事求是地制订符合本地实际的政策措施奠定了思想基础，促进了江宁经济社会发展，迎来了改革开放、全面建设社会主义现代化的新时期。1937年9月召开的中共江宁县第七次代表大会明确提出县委工作的指导思想，强调以经济建设为中心，坚持改革开放搞活的方针，扎实推进“两个文明”建设。同时，结合学习中共十三大精神，开展社会主义初级阶段理论研讨活动，使全县各级干部加深对社会主义初级阶段理论的理解，克服小生产者的狭隘眼界和保守习气，树立商品经济的新观念，抓住改革开放的有利时机，加快发展，使江宁经济迈上新的台阶。

1992 年 2 月，邓小平南方谈话发表后，县委连续召开常委扩大会议、全县党员干部大会和经济工作会议，专题学习讨论邓小平南方谈话精神，对文件中的 12 个观点进行提纲挈领、联系实际的剖析。并分析面临的形势任务，明确新的工作要求，研究确定加快全县改革开放和经济建设近期必须办成的 10 件大事。接着，县委在全县开展思想大解放大讨论活动，围绕“江宁能不能加快发展，怎样加快发展”这一主题，广泛深入地展开讨论。经过集中反复地学习邓小平南方谈话精神，全县广大党员干部弄清了什么是中国特色社会主义，怎样发展社会主义，较好地解决了长期困扰和束缚人们思想的许多重大认识问题，实现了第二次思想大解放。

1997 年下半年，县委结合学习贯彻中共十五大精神，在全县掀起第三次思想解放的热潮，抓住第三次发展机遇，紧扣经济结构调整，掀起第二次开放高潮，启动建设初步现代化，用新一轮思想大解放推动经济新一轮大发展。通过冲破姓“社”姓“资”的思想束缚，大胆探索公有制的实现形式，放手发展个体私营经济；通过克服“等靠要”“小而全”的计划经济观念，积极培育发展区域特色经济；通过破除因循守旧、求稳怕乱的观念，进一步加大改革开放的力度。

2003 年年初，区委针对江宁与江阴等苏南地区相比，经济基础不强、工业化水平不高、对外开放程度不够等问题，提出“以江阴为标杆，奋战五年，进入苏南第一方阵”新坐标，努力激发全区上下的思想活力、争先意识和开放思维。此后，区委、区政府主要领导带队，组织学习考察团，先后赴江阴、昆山、常熟、张家港等地学习考察，以现实差距对比引发领导干部的思考，激发跨越发展、争创一流的奋斗精神。同时召开讨论会、研讨会，使各级干部在解放思想中开阔视野，全区上下形成争先率先氛围，推动区域发展水平的快速提升。

【开放开发发展战略】

20 世纪 80 年代中后期和 90 年代初，县委围绕发展生产力这一根本要务，努力抢抓新的发展机遇，坚持开放、开发、搞活的方针，加快对外开放步伐。1986—1990 年，全县吸收外资兴办中外合资、合作企业 8 家，总投资 506.64 万美元，协议利用外资 122.97 万美元。

1992 年 2 月，邓小平南方谈话发表后，县委把发展外向型经济摆上重要位置，通过大力改善投资环境，加快工业开发园区建设，扩大开发领域，推动对外大开放、快开放，带动全县经济的加速发展。同年 6 月，县委决定在县城东山镇附近，河定桥以南自费设立南京江宁经济技术开发区，初期规划面积 15.80 平方千米。开发区建设的总体目标确定为：建设一个以工业为主体，科工贸相结合，设施配套，功能齐全的新城区，主要引进高科技、高附加值、高创汇、高效益、无污染的支柱性企业。1995 年，第二次规划扩展到 25 平方千米，同年末，完成 10 平方千米内“六通一平”（“六通”指通路、上水、下水、电、讯、暖，“一平”指土地平整）基础设施建设，累计投入 5.07 亿元；有 21 个国家和地区的 137 个项目进区落户，投资总额 5.50 亿美元，投资千万美元以上项目 16 个。1994 年 6 月，县委决定建立南京民营科技园，规划面积 12.60 平方千米。1995 年 3 月，被国家科委批准为重点联系园区，为全国第二家、江苏第一家国家级民营科技园。1995 年，南京禄口国际机场开工建设，为江宁提供了难得的发展机遇，县委决定成立禄口机场经济圈发展委员会，同时由开发区组建新城投资发展有限公司，负责禄口地区空港工业园开发建设。县委明确提出未来 15 年实施“空港经济”的战略目标，以空港产业为龙头，将全县的 20 多个乡镇、四大经济园区构筑成一个有机的经济开发整体，在新的起点上加快发展步伐。1996 年起，明确江宁开发区为副县级建制，实行党工委、管委会和开发总公司“三位一体”的管理体制。

1997 年，围绕提出的“经济强县、南京附城、省市窗口、空港中等城市”的战略目标，不断调整招商引资策略，扩张规模，优化结构，提升功能，完善设施，推进开发园区建设和开放型经济发展。2002 年，江宁开发区拉开新一轮 45 平方千米开发框架，实现 70 平方千米范围内的“十通一平”，区域面积达 317 平方千米，居全省各开发区之首。同年 3 月，区委、区政府决定新组建江宁科学园，区域包括民营科技园、江宁大学城和方山旅游度假区，开发总面积 186 平方千米。2004 年，区委、区政府主动适应国家宏观调控，高效整合资源，合理调整园区布局，撤销华商科技园和 9 个镇工业园，启动建设江宁滨江经济技术开发区，基本形成以江宁经济技术开发区、江宁科学园、滨江经济技术开发区为主体，街道、镇工业集中区相配套的园区经济格局。江宁经济技术开发区围绕江苏软件园、南京 IT 产业园、汽车基地、出口加工区、空港工业园五大平台建设，主攻发展产业集群，建设高科技产业汇聚和人居环境优良的新城区；江宁科学园围绕高教产业区（江宁大学城）、高新技术产业区、方山风景（旅游度假）区“一园三区”的发展战略，推动功能开发和项目引进；滨江经济技术开发区按照建设生态环保型滨江工业新城和高新技术产业、现代制造业基地的发展定位，逐步拉开开发建设框架。此后，各开发园区按照区委确定的建设自主创新型、功能完善型、绿色生态型、和谐发展型战略目标，努力破解发展难题，加快开发建设步伐，园区经济呈现又好又快发展态势。2007 年，开发园区实现地区生产总值、财政收入、全社会固定资产投资分别占全区总量的 63%、75.90% 和 84.70%。

【经济结构调整发展战略】

1980 年，江宁县第一、第二、第三产业的比重为 44.96 ： 40.93 ： 14.11。随着家庭联产承包责任制的推行，解放了的大批劳动力，转入乡镇工业生产和从事第三产业。1985 年，全县有 10 万多人从事乡镇工业生产，3.80 万人参加林牧渔业生产，乡、行政村、自然村、社员个体和联户共办各种企业达 2195 家。县属工业通过多种途径，增加轻工、纺织、化工等工业门类在整个县属工业中的比重，工业总产值有较大幅度的增长。是年，江宁县第一、第二、第三产业比重为 41.72 ： 42.50 ： 15.78。

1986 年 8 月 28—31 日，县委、县政府召开三级干部大会，提出江宁县城郊型经济建设目标：建设五大商品基地，即商品粮油、畜禽、水产、蔬菜瓜果、蚕桑茶叶基地；优化八大工业体系，即优化建材、机电机械、家用电器、冶金铸造、轻纺服装、工艺美术、制革裘皮、塑料化工；发展四大服务业，即建筑业、运输业、商业服务业、旅游业。经过 3 年 ~ 5 年的努力，把江宁县建设成为一个商品经济发达，农工商协调发展，具有南京卫星城镇特色的文明富裕的城乡一体化新型经济区。1990 年，江宁县的第一、第二、第三产业比重为 35.52 ： 48.82 ： 15.66。工业经济占主体地位，农业经济退居次席。工业经济素质有所提高。名、特、优、新产品的生产能力逐步增强。1986—1990 年，共获国家金质奖产品 1 个，部（省）优产品 20 个，市优产品 88 个。

1991—1995 年，全县积极贯彻实施“科教兴农”战略方针，按照“两高一优”（高产、高效、优质）推进农业现代化进程。5 年间，农业生产虽遭受特大的洪涝灾害和干旱，但仍取得良好收成。林、牧、渔业生产有较大增长。非农经济得到迅速发展。1995 年，农村工业、建筑业、运输业、批发零售贸易业等非农的总产值达 133.30 亿元，比 1990 年增加 6.75 倍。全县第二产业特别是工业生产呈现出持续高速发展的趋势，有力带动全县经济快速增长。大力发展工业规模经济，5 年中，先后组建 8 家集团型企业。“八五”期间，县属工业累计投入 8 亿元，为发展规模经济和企业的技术改造提供可靠保证。加快外向型经济发展步伐，至 1995 年，县属工业已建成合资企业 33 家，工业产值 3.88 亿元。是年，全区第一、第二、第三产业比重调整为 21.63 ：60.52 ：17.85。工业经济占全县经济比重大幅度上升，进一步确立工业经济在全县经济中的主体地位。

但是，工业经济存在着布局分散、规模偏小、结构雷同、效益不高等问题。1997 年 7 月 25 日，县委、县政府出台《关于江宁县工业结构调整意见》。提出实施“641545”工业结构调整目标计划。即到 2000 年，全县工业销售收入总量达 600 亿元，壮大汽车及配件、电子及配件、日用轻工、新型建材四大支柱产业，建成 100 家亿元以上企业，创 50 个国家、省、市名牌产品，县开发园区、乡镇工业小区产出达到 400 亿元，外资企业产出占全县工业经济总量 50% 以上。是年 10 月，县委、县政府相继出台《江宁县第三产业发展意见》和《关于进一步加快第三产业发展的若干政策》。1998 年，县委、县政府下发《关于进一步优化和调整经济结构的意见》（江宁委发〔1998〕22 号），提出经济结构调整的总体目标：到 20 世纪末，全县三个产业比例为 10.10 ：67 ：22.90。1999 年 6 月 21 日，县政府下发《关于加快农业结构调整推进产业化经营的若干政策》。是年 7 月 27 日，在中共江宁县第十次代表大会上，县委书记王建华在报告中提出：增强结构调整新优势，到 2004 年，第一、第二、第三产业的比重基本达到 10.20 ：59.80 ：30；科技进步在经济增长中的份额农业达 58%，工业达 60% 以上。全县上下贯彻落实县委、县政府关于经济结构调整一系列决策措施，经济综合实力进一步增强。2000 年，全县国内生产总值突破百亿元大关，达到 101.34 亿元；人均国内生产总值从 1995 年 892 美元增至 1648 美元；财政收入突破 8 亿元。江宁县已经完成从农业县向工业县转变，呈现出第三产业、外向型经济快速发展的新趋势。围绕农民增收，不断加大农业投入，推进农业结构调整，粮食与经济作物比例为 49.40 ：50.60，农业保障条件极大提高。第三产业比重逐年提升，实现“二一三”向“二三一”的重要转变。三次产业比重由“九五”初的 19.56 ：61.58 ：18.86 调整到期末的 12.58 ：60.67 ：26.75。

2001—2002 年，随着全区国民经济快速健康发展，全区三次产业结构发生变化。第一、第二产业占全区经济比重有所下降，第三产业比重加快上升。2002 年，三次产业比重调整为 10.40 ：58.17 ：31.43。2004 年，大力实施“工业第一方略”，逐步形成电子信息产业集群和汽车产业基地；高新技术产业增加值占工业增加值比重达 37.50%。是年，三次产业结构调整为 8.27 ：60.38 ：30.35。

2005—2007 年，注重提升发展质量、发展效益，转变经济增长方式，推动产业提档升级，优化经济结构。夯实农业基础地位。2007 年，建成国家级标准化示范区 2 个，省级标准化示范区 2 个，市级标准化示范区 3 个。无公害农产品基地 74 个，面积 2.53 万公顷，国家级无公害产品 64 个；绿色食品面积 2000 公顷，绿色食品 75 个，有机食品 12 个；注册农产品商标 68 个，市级以上名牌农产品 16 个。建成农业部生态家园富民行动示范村 1 个，市农业生态村 5 个，市生态特色村 1 个，市生态农庄 4 个。第一产业国内生产总值为 189535 万元。突出工业主导地位。全区高新技术产业继续保持又好又快发展，电子信息、交通运输设备制造、电力自动化、新材料、新能源等高新技术产业对全区工业经济的贡献份额进一步增加。2007年，高新技术产业实现销售收入421.70亿元，利税49.40亿元，分别占全区工业经济总量的59%和66%。全区累计拥有有效期内中国名牌产品5个，省名牌产品23个，市名牌产品55个，全区名牌产品实现增加值46亿元，占全区工业总量25%。优先发展现代服务业。2007年，全区旅游接待人数125万多人次，极大丰富了第三产业发展内涵，在全社会固定资产投资中，第三产业投资额达137亿元，比2006年增长36.90%，社会消费品零售总额91亿元。是年末，三次产业结构调整为5.58 ∶ 62.58 ∶ 31.84。

【“科教兴区”发展战略】

1978年后，江宁县委贯彻落实邓小平“科学技术是第一生产力”的战略思想。“七五”期间，全县获各级科技进步奖的项目有31项。其中获省奖1项、市奖23项、县奖7项。科技成果达国际水平的3项，国内先进水平的25项。累计新增产值2.36亿元，新增利税1.09亿元，创汇590万美元。

1989年3月7—8日，县委、县政府召开全县科技工作大会。县委书记陈大法代表县委提出“科技兴县”战略思想。要求彻底转变发展的指导思想，将经济建设、社会事业的发展转移到依靠科技进步和提高劳动者素质的轨道上来，即科技兴县的战略思想；并指出，科技兴县不是近期的权宜之计，而是一个长期的战略思想。同年4月，县委、县政府出台《关于“科技兴县”若干政策措施》，这是科技兴县战略思想的具体化。1992年9月，又出台《江宁县关于引进和奖励科技人员的试行意见》。1993年7月，县委、县政府出台《关于依靠科技进步推动经济发展的奖励办法》和江宁县“八五”期间“科技兴县”的战略实施方案。“八五”期间，江宁县逐渐完善科技机构建设。1994年12月，成立县科技工作领导小组，并成立县专家咨询委员会。1995年，成立县技术交易中心、县继续教育中心和县新产品开发中心。县主要经济部门农业局、工业局等10个部门都设有科技管理机构，并有1名部门负责人分管科技工作。23个乡镇均成立由副乡镇长或党委副书记任主任的乡镇科委；350个村民委员会配备科技副主任。农业技术服务体系已形成了以县农技中心为枢纽，乡镇农技站为骨干、村农技服务队为桥梁，各专业户为基础的农技服务网络。1995年年底，全县科技人才由1990年12037人增至23275人。“八五”期间，共制订科技发展计划368项，经上级科技部门批准实施有70项。其中，列入国家级计划26项，省级计划1项，市级计划43项。科技三项经费收入392万元，争取各级金融部门科技贷款7561万元。项目完成创产值50.50亿元，创利税11.90亿元。其中，列入国家星火、火炬等计划的29个项目创产值15.40亿元，创利税4.10亿元。科技成果67项。这些成果达到国际水平7项，达国内先进水平26项，达省内先进水平33项；共创产值7.27亿元，创利税1.84亿元。并获各级科技进步奖48项，其中获省级奖5项，市级奖29项。获奖成果新增产值4.19亿元，创利税1.08亿元。全县131家企业的137项科技新产品在全国性各类新技术、新产品展销会、博览会上获奖。全县专利申请量77件，授权量44件。

1995年，县委、县政府制订《江宁县“九五”科技计划及2010年远景目标》。1996年6月，江宁县被批准建立国家级江宁星火技术密集区。1997年5月18日，县委、县政府召开全县科技大会，出台《关于实施科教兴县战略，加速科技进步的若干政策措施》。全县科技事业开始驶入快速发展的轨道。各乡镇重新修订了乡镇科技发展规划，至1998年，23个乡镇均跨入省科技工作先进乡镇行列。2000 年，是江宁县技术创新年，6 月 15 日，全县技术创新大会召开。制定下发《中共江宁县委、县政府贯彻中共中央、国务院 < 关于加强技术创新，发展高科技，实现产业化的决定 > 的意见》，并下发《江宁县技术创新工作目标考核意见》。全县技术创新的环境得到进一步优化。1996—2000 年，共实施科技发展计划项目 313 项。其中，国家级星火计划 28 项、火炬计划 4 项，省级科技发展计划 11 项、市级 86 项。科技项目落实科技贷款 1.60 亿元，争取上级科技经费 1280 万元。获市科技进步奖 21 项。经省、市科委认定的高新技术企业 31 家，高新技术产品增至 50 多项。2000 年，高新技术产业产值达 111.50 亿元，利润 7.60 亿元，税收 6.50 亿元。江宁县加快农业科技成果的转化。大力实施农业品种、技术、知识三更新工程，充分发挥科技对农业的先导作用。在全县建设农业科技示范基地 8 个。各示范基地引进新品种 300 多个，推广新技术 50 多项，培训 3000 多人。还评出科技示范村 11 个、科技示范户 100 户。

2001 年 4 月 25 日，全区信息化工作会议召开，出台《南京江宁区“十五”信息化建设规划（讨论稿）》；是年 9 月，区委、区政府制订《关于加快全区信息化建设的意见》。2001—2004 年，全区共组织实施国家、省、市级科技计划项目 207 项。其中，被列入国家星火、火炬计划 56 项，省科技计划项目 19 项，市科技计划项目 132 项。争取省、市主管部门科研经费 2112 万元。至 2004 年年底，全区高新技术企业累计 135 家。其中，国家重点高新技术企业 7 家，省高新技术企业 34 家。高新技术实现产值 170 多亿元，利税 21 多亿元。建成各级农业科技示范园 30 个，规划建设面积 5330 多公顷。实施科技成果转化项目 50 多个；引进、推广新品种 20 多个，面积 2 万多公顷；推广新技术 50 多项，新项目经济效益 2.24 亿元，利税 6500 万元。2002—2004 年，全区专利申请量 725 件。

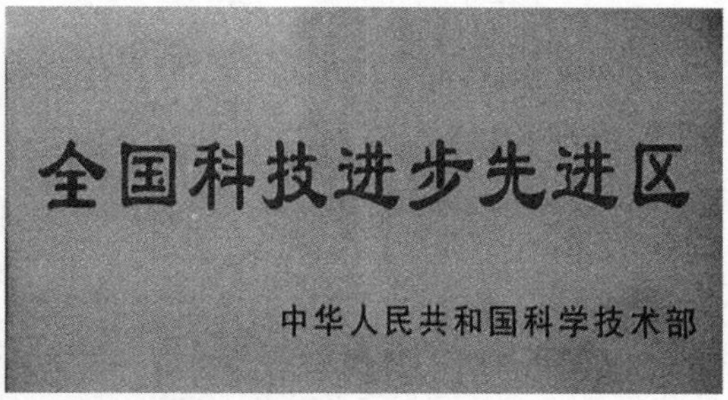

图 25-4-7　2003 年，江宁区被评为全国科技进步先进区

2005 年，制订全区“十一五”科技发展规划，规划提出“十一五”期间全区科技工作五大重点领域、十大科技发展目标以及对策与措施。2005—2007 年，实施国家级各类技术科技项目 63 项，省、市各类科技项目 120 项，争取上级科技经费补助 19366 万元，获国家级科技进步奖 1 项、省级 7 项、市级 18 项。专利申请量 2334 件。

2007 年，156 家科技型企业与 48 所高校和科研机构建立产学研合作关系。成立由 30 位高级专家组成的江宁区科技咨询委员会，建立由 200 多名专家组成的专家库，为全区经济社会事业发展提供决策咨询。全区高新技术企业累计 194 家，其中国家级 12 家、省级 94 家、市级 88 家。高新技术企业实现销售收入 410 亿元，占全区工业经济总量的 52.80%。建成各类农业科技园区 15 家。其中，省级“十五”重点园区 1 家，“南京现代农业科技园”配套园 6 家，区级基地 8 家。园区总面积 2306 公顷，设施栽培 867 公顷，辐射带动面积 2.20 万公顷，引进示范新品种 46 项，新技术 15 项，实施产学研合作项目 8 项。

【城市化发展战略】

新中国成立后，江宁县城乡建设虽有所发展，但因基础差、起步晚、历史欠账多，直至 20 世纪 80 年代初，县城东山规模仍然很小，主要道路仅有 4 条，而且短而窄。为切实改变落后面貌，在加快经济发展的同时，全县紧紧围绕城市服务功能，改善投资环境，以道路建设为突破口，基础设施为重点，集中力量加快城市化步伐。1992 年，县委、县政府确定了“八五”期间“上下结合，多方投资，先易后难，逐步实施”的道路建设方针，以促进全县道路建设。同时，重新调整修订县城总体规划，城区建设面积扩展到 12 平方千米，城区道路初步形成外成环、内成网的格局。

1999 年 6 月 21 日，县委、县政府出台《关于加快江宁县小城镇建设的若干意见》。意见提出，坚持“镇当城建”的指导方针，以规划为先导，以创建新型示范小城镇为龙头，以行政推动为主要手段，突出重点，强化措施，整体推进，逐步形成以县城为龙头，汤山等 5 个中心镇为支柱，以一般建制镇为主体，乡集镇为基础的布局合理、结构清晰、整体协调发展的现代城镇体系。到 20 世纪末，全县建制镇中市以上新型示范小城镇达 50% 以上，全县城镇化水平达 50%。同年 7 月，中共江宁县第十次代表大会召开，县委把“城镇建设”作为江宁县五大发展战略之一。并明确县城建设要以东山城市总体规划为指导，在加快老城改造的同时，按照 60 平方千米的总体规划面积，重点实施“西进北扩”战略，加速城市框架的构筑和外延的拓展，形成“一城三片、三区联动”的格局。“一城三片”为功能互补、相互依托的老城区、开发区和岔路片；“三区联动”为开发区、民营科技园、牛首山风景区形成互为呼应的有机开发整体。5 个重点中心城镇汤山、麒麟、湖熟、江宁、禄口，围绕“镇当城建”的要求，进一步科学规划，提升档次，注重特色，在全县形成一批工业主导型、交通枢纽型、文化旅游型、商业贸易型等各具特色的区域发展中心城镇。其他乡镇集镇结合自身实际，加快建设步伐，强化吸纳辐射功能。中心村的建设按照“村当镇建”的要求，与合并零乱分散的自然村相结合，既改善农民居住条件，又有利于节约土地、农田改造。继续加快推进以道路建设为重点的基础设施建设，到 2004 年，要全面实现村级道路黑色化，构筑“四横四纵四联”快速大交通网络，形成外成环、内成网、节点通畅的城市道路网络。集中力量建成 30 万吨长江引水工程，全面提高供水能力和质量。继续实施电网改造，提高供输变电能力。加快电话村、镇发展，建立与中等城市规模相适应的电信事业。加快邮政通信建设，实施“便民用邮”工程。加快住宅建设，科学规划，合理布局商业、文化教育、卫生体育设施。至 2004 年，上述目标任务全面完成。长江引水二期工程按计划推进；铺设煤气管网 87 千米，发展煤气新用户 9600 户；加大电网建设力度，投入总计 1.30 亿元；实施东山镇 5 条城市道路改扩建工程。稳步推进小城镇建设，完成镇、村水泥化道路 309 千米，在全市实现村村通水泥路目标。禄口、秣陵、麒麟、陶吴等 13 个镇跨入省、市示范小城镇行列。是年，江宁区被命名为江苏省卫生城，被建设部授予全国城市环境整治优秀城市称号。

2004 年 11 月，在中共江宁区第十一次代表大会上，提出强化城市功能，优化环境质量，全面提升城市现代化水平的总目标。强调坚持规划龙头地位，大力提高城市发展水平；加强功能性开发建设，增强城市发展承载能力；着力提高建设品位档次，塑造新市区崭新形象；加强生态环境建设，强化城市管理力度。

全区按照这一定位和要求，坚持规划先行、基础设施先行、环境建设先行，高标准建设、高效能管理，全面提升城市化和城市现代化水平，使城市面貌焕然一新。至 2005 年年底，全区 18 个镇全部完成新一轮总体规划编制工作。2007 年年底，高标准编制出东山新市区总体规划、控制性详规、专项规划等较为完整的规划体系；区域总体规划、新市区控制性详规、园区控制性详规实现全覆盖。东山新市区由改革开放前的 9.90 平方千米，扩大到 107 平方千米，建成区 54 平方千米。城市道路已形成“环网相连、节点畅通、结构合理、高效便捷”的城市道路网架；

实现全区各街道全部通二级公路，全区等级公路密度居全国之首，达到157千米/百平方千米。道路亮化520千米。长江引水二期工程基本完成，已惠及9个街道中7个街道，受益人口38万人。煤气管网467千米，燃气用户9.50万户。生态环境进一步优化，建成江宁经济技术开发区、江宁科学园污水处理厂，启动建设滨江、城北污水处理厂。和谐江宁尽染绿，东山新市区绿化面积2246公顷。镇村建设水平明显提高，建成省级新型示范镇6个，建成各级示范村44个，建成农民集中居住点40个，建筑面积累计达400万平方米。全区9个街道全部实现小康，全区城市化率达65%。

图25-4-8　2006年10月28日，首届中国特色镇发展论坛暨中国镇长论坛在江宁区举办

【生态环境发展战略】

在1983年中共中央和国务院确定“环境保护是我国一项基本国策”的方针指导下，县委、县政府进一步强化环境监督管理，推进环境综合整治。至1995年年底，江宁县共出台《关于加强县城环境管理规定》等6部环境保护地方性规章和重大决定。

1996年3月28日，中共江宁县委以江宁委发〔1996〕6号文件作出《关于加强环境保护工作的决定》，提出面对严峻的环境保护形势，必须走经济、社会、环境相互协调的可持续发展路子，实现未来15年建成经济强县、南京附城、省市窗口、空港中等城市目标。决定主要内容包括：加强对环境保护工作的领导，建立领导负责制；提高环境质量，实现环境保护目标；必须坚持经济建设与环境保护同步发展战略；强化环境监督管理，建立环境保护约束机制；严格把好项目审批关，控制新污染源产生；强化环境保护宣传教育，提高全社会的环保意识；加强环境保护队伍建设，完善执法监督管理体系7个方面。同时，召开环境保护工作会议，层层贯彻落实，要求做到环保宣传认识、环保教育责任、环保法规措施、环保检查执法“四到位”。全县按照县委要求，加强以“绿色江宁”为重点的生态建设，严格环境治理，强化环境保护，促进了环境效益、经济效益和社会效益的协调统一。1999年11月和2002年，秣陵镇和禄口镇分别被省环境保护委员会命名为江苏省环境与经济协调发展示范镇，江宁县成为南京市第一个拥有省示范镇的区县。

1999年7月，中共江宁县第十次代表大会召开，县委根据形势发展需要，将“可持续发展”列为县五大发展战略之一。2000年，国务院颁布《全国生态环境保护纲要》，推进全国范围内生态示范区建设。2001年，江宁区被国家环保总局正式列为全国第六批国家级生态示范区建设试点单位。是年，委托省环境保护研究院制订完成《江宁区国家级生态示范区建设总体规划》。2002年9月，提请区十三届人大常委会第三十六次会议审议通过并批准实施。在创建过程中，全区围绕环境标志产品开发、生态产业基础建设、生态文化建设、环境建设与综合治理、农村面源污染控制五大体系，实施18项工程，数十个生态型建设项目。2004年12月，江宁区通过国家环保总局的考核验收，获得“全国生态示范区”的命名。

命名之后，区委提出创建全国生态区的目标任务。2004年，委托江苏省环境科学研究院高起点编制了《南京市江宁区生态区建设规划》。依据江宁区的建设基础条件、建设条件、城区特色、发展机遇和所处的发展阶段，确定生态区建设的战略定位为南京市最具经济活力的生态产业集聚区，自然与人文生态和谐发展先导区，城市生态建设快速递增区。计划通过15年左右时间的努力，基本建成较完善的生态经济、生态环境、生态社会三大体系，以循环、高效为特征的生态经济体系，以人与自然和谐为基础的生态安全体系，以古今文化与生态文明交融及社会主义新农村建设为标志的生态文化体系，以山、水、城、林交相辉映的景观生态体系，并建立以机制、体制创新为载体的生态建设保障体系，把江宁建设成为长江三角洲上一个经济高度繁荣、社会文明进步、生态良性循环、人与自然和谐的花园式生态新城区。2005年12月16日召开的区委第十一届四次全体（扩大）会议，将“生态化”作为今后全区四大发展战略之一。2005—2007年，先后投入近百亿元，完成近百项重点生态工程和生态示范项目，全区基本达到全国生态区建设的5项基本条件和22项指标要求，初步形成比较完善的生态经济、生态农业、生态环境、生态人居、生态文化体系。生态区创建带动经济又好又快发展，2004—2007年，江宁区经济一直保持20%左右较快增长幅度，而且增长幅度波动较小，经济协调性明显增强，三次产业结构进一步优化。财税收入有新突破，2007年，全区实现财政收入111.10亿元，其中地方财政收入80.20亿元。农民人均纯收入8140元，城市居民人均可支配收入19580元。带动社会效益显著。至2007年，江宁区以前所未有的气魄与力度，相继建设5座区级污水处理厂、14座街道污水处理厂（场）、15个村级污水处理设施。人民生活品质进一步改善。投资20多亿元实施区域集中供水工程，日供水能力提高到45万吨，长江供水主管网实现全覆盖；全区新增公路“水泥化”486千米，园区及主要干道实现亮化；全区管道气、燃气、液化气使用总户数达25.50万户，占全区总数的92%。带动环境效益日趋显现。2004—2007年，江宁区先后投入数十亿元，实施城镇污水处理、水源地保护、污染源治理、农村面源污染控制、环境综合治理、园林绿化、城镇垃圾集中处理、区域集中供水等一系列关系环境、关系民生的生态工程。环境保护投资占国内生产总值的比例由2003年的1.50%增至2007年的3.70%以上，以政府投入为主导的环境保护投入机制基本形成。环境质量逐步改善。饮用水水质优良，水环境达功能区标准。大气环境保持良好水平，空气质量优等的天数多年保持在90%以上，2007年达到315天。城市区域环境噪声值和交通干线噪声平均值符合国家规定标准并逐年改善。2005—2007年，江宁区城市环境综合整治定量得分位居全市乃至全省前列。

【加强“三农”工作】

1980—1983年，江宁县农村全面落实家庭联产承包责任制。1983年1月3日，县委发出《关于搞活农村经济工作的八条意见》。意见提出推行农商联营，促进发展商品专业化、社会化；解决农民买难卖难问题；支持农民搞运输，加快商品流通等。1983年后，加强农村服务体系建设，建立健全农村经济合作组织。至1990年，县、乡共建职能服务部门270个，拥有服务人员1795人。全县除汤山镇古泉和东山镇章村这2个村成立农、工、商联合公司外，其余村均建立村级经济合作社。是年，全县经济合作社总收入达15.74亿元，集体积累2.05亿元，人均分配874.43元，分别是1985年的2.20倍、1.49倍和1.61倍。

1991—1995年，继续稳定和完善家庭承包责任制，逐步规范农副业承包合同。1995年，全县共签订农业承包合同18.90万份，签字率、签证率和兑现率分别达100%、98%、98%。积极推进农业适度规模经营。1995年，全县共有村办农场17个，种田大户216户，站办农场16个，共承包经营土地面积563.47公顷。严格减轻农民负担。1991—1995年，全县农民负担占上年农民纯收入的比例始终控制在1%左右，远低于国务院规定5%的标准；劳动用工未超过25个标准工作日的规定。加大工作力度，努力推动村级经济快速平衡发展，开展重点帮扶工作。1991年5月，县委、县政府组织20个有一定经济实力的部门与分布在11个乡镇内的20个经济发展薄弱村挂钩，按照“一年打基础，二年有起色，三年大发展”的目标要求，开展三年重点帮扶工作。1994年6月，又选择15个经济薄弱村，加之首批未脱贫5个村共20个村作为第二轮帮扶对象，继续开展为期三年的第二轮帮扶工程。1995年5月，县委、县政府重点实施“百人百村”工程。从全县343个村选出100个村作为建设对象，其中有小康示范村8个、“二高一优”（高产、高效、优质）农业实验村8个、农业结构调整特色村20个和经济发展滞后村64个（内含20个帮扶村）；从76家县直机关、企业单位抽100名年轻干部下派到100个村担任实职，帮助开展工作。至1995年年底，取得先进村迈大步、特色村更显著、滞后村赶上来、帮扶村变面貌的显著成效。

1996—1997年，以加快奔小康，建设现代化总揽农村工作。1997年年底实现小康县。2000年，全县粮食与经济作物比例调整为49.40 ：50.60，形成一批农产品示范基地，建成40个33.33公顷以上经济作物示范基地，其中66.67公顷以上20个。建成农业龙头企业20家，承包3.33公顷以上种田大户71户，1.33公顷以上养殖大户2091户。2002年，按照《江宁区农业现代化规划（2000—2010年）》的要求，建成666.67公顷生产基地10个，初步形成全区农业现代化基本框架。

2003年3月14日，区委、区政府召开全区农村工作会议，确立做好“三农”工作新坐标，以农民增收为中心，以结构调整为主线，以体制创新为动力，实现富民强区。是年，区委、区政府出台《关于做好“三农”重点工程的实施意见》和《关于进一步加强“三农”工作的决定》。明确十佳致富能手、十佳农民经纪人、十佳双带标兵、十佳支农单位、十佳帮扶部门、十佳农业结构调整村、十佳农业结构调整大户的评比条件和奖励标准，以及帮扶项目资金、中介组织和农民经纪人队伍培育的补助政策。年底，区农工办、宣传部、财政局、林副业局等部门联合对农业结构调整重点工程、“三农”十大典型进行考核评比，树立一批典型，促进“三农”工作的开展。开始全面实施农村八件实事工程。包括发放最低生活保障、特困户危房改造、完善农村公共卫生网络建设、巩固扩大农村合作医疗保险、加大农村改水改厕力度、村镇道路水泥化、危桥改造和实行农村税费改革八个方面。2003年年底，全区有17个村跻身南京市“百强村”。2004年，新增转移劳动力1.70万人，累计转移劳动力24.10万人，占农村劳动力总数的74.84%。帮扶薄弱村工作取得显著效果。60个经济薄弱村通过帮扶，全年实现可支配收入1510万元，村均25万元。其中20个村可支配收入在30万元以上，达到区委确定的村级脱贫标准。是年，全区农民人均纯收入5620元，比2003年增加619元，增长12.38%。

按照江宁政发〔2003〕252号《关于为农村、农民办八件实事实施意见》文件精神，2005年，全区农村八件实事各项工作均提前达到标准或超额完成三年目标任务。是年，全区全面取消农业税，实现“村村受益、户户减负”目标。

2006年4月8日，区委、区政府下发《关于积极推进城乡统筹发展、加快建设社会主义新农村的实施意见》，提出社会主义新农村建设的总体要求，社会主义新农村建设的重点内容和建设社会主义新农村的保障措施。全区围绕“为南京树立典型、在江苏有位次”的工作定位，坚持“多予、少取、放活”，突出“镇强、村壮、民富”，不断完善以工促农、以城带乡的长效机制，实施八项工程，兴办新八件实事，促进农村发展、增加农民收入，改变农村面貌。新农村建设取得新成果。全区镇街实现财政收入 18.76 亿元，村（社区）可支配收入超 100 万元的达 142 个。农业产业结构优化，初步形成“同一品种规模化、优质产品区域化”的集聚效应。建成优质稻米基地 5666.67 公顷，特色蔬菜基地 2666.67 公顷，食用菌栽培面积 50 万平方米，西甜瓜种植面积超过 666 公顷。农业产业化水平提高，培育龙头企业 25 家，实现销售收入 40 亿元。新注册农产品商标 21 个，创市级以上名牌农产品 9 个。土地规模经营水平提高，全区 1.33 公顷以上土地经营大户 1273 户，流转土地 1333.33 公顷，占全区计税面积 24%。新增设施农业面积 666.67 公顷。工业经济主体作用增强，全区镇街实现工业增加值 51.42 亿元。农业旅游业发展加快，建成 21 个旅游观光点。2006 年，全区农民人均纯收入 7160 元，比 2005 年增长 13%。

图 25-4-9　2006 年 4 月 10 日，江宁区委、区政府召开建设社会主义新农村现场会

2007 年，在加快推进新农村建设，促进全区农村经济和社会和谐发展等方面取得新突破。镇街综合实力明显增强，地区生产总值、财政收入比 2006 年增长 20.80%、39.10%。镇街经济总量占全区经济总量比重达 51.80%，财政收入 26 亿元，实现两年翻番的目标。87% 的村（社区）可支配收入超 100 万元，17% 的村（社区）可支配收入超 500 万元，农民人均纯收入 8140 元。全区 22% 的村（社区）达到新农村建设示范标准。城乡发展在建设规划、劳动就业、社会保障、产业布局、基础设施、社会事业方面基本实现全面对接。全区人口城市化率从 2005 年的 58.20% 增至 2007 年的 65%。

2007 年，经省全面小康认定调查组检查，省定四大类 18 项 25 条指标全部达标。民意调查，群众对小康认可度达 75%，江宁区达到省定小康标准。

【加强精神文明建设】

1981 年，县委、县政府发出在全县开展精神文明活动的倡议。1982 年，成立县精神文明建设领导小组，1984 年，改为县“五讲四美三热爱”活动委员会。1986 年 11 月 28—30 日，江宁县委召开工作会议，传达贯彻《中共中央关于社会主义精神文明建设指导方针的决议》，讨论修改实施意见，部署精神文明建设工作。随后，将县“五讲四美三热爱”活动委员会更名为“江宁县社会主义精神文明建设委员会”，下设办公室，挂靠县委宣传部。全县各级党组织围绕经济建设中心，把精神文明建设列入重要议程，坚持“两个文明”一起抓。1987 年，县委认真贯彻执行党中央的指示和省、市委的部署，将坚持四项基本原则、反对资产阶级自由化作为政治思想领域中一件大事的抓手，要求各级党组织将此作为精神文明建设的中心任务，研究制订出关于坚持四项基本原则，加强精神文明建设的八项任务。同年，在全县组织开展职业理想、职业道德、职业纪律、职业技能的“四职”教育活动，重点在农村开展以消除赌博、封建迷信为主要内容的“讲文明、治愚昧、树新风”活动，并制订实施各行业的职业道德规范和文明服务公约。1990 年 3 月，县委印发《江宁县 1990 年社会主义精神文明建设 50 项工作》，将全县加强社会主义精神文明建设的要求具体量化为工作目标，分解落实到各有关部门和单位组织实施。同年，县委根据中央和省、市委关于在农村开展社会主义思想教育的指示精神，成立农村社教领导小组，先后抽调县、乡机关干部 2000 多人，组成 200 多个工作队，分 5 批在全县各村和部分乡镇企业开展集中性的农村社会主义思想教育，主要包括形势教育、思想教育、政策教育、农业基础地位教育和法制教育。整个教育工作大体分准备、全面开展、总结巩固三个阶段，历时两个月左右。

1997 年，县委建立县精神文明建设指导委员会，并设立精神文明办公室，还相继成立县双拥共建领导小组、县关心下一代协会（县关心下一代工作委员会）、县文化市场管理领导小组、县创建卫生城领导小组、县依法治县领导小组、县思想政治工作研究会等。各基层单位也相应建立了精神文明建设组织机构，加强党对精神文明建设工作的领导，做到精神文明建设有专人负责，协调动作。同年，县委落实精神文明重在建设的方针，把为群众办实事作为精神文明建设的着眼点，努力探索精神文明建设的新路子，提出“六爱”（爱党、爱国、爱江宁、爱厂、爱岗、爱家庭）教育、文明城镇建设、精神文明进村入户、科教兴县、窗口示范、繁荣文化、社会稳定和人才建设八大工程。同时，加强《市民守则》《村规民约》学习培训，在县城开展万人文明常识考试，在农村引导农民自觉遵守文明户“十要十不要”标准。

2001 年 3 月 5 日，区委制订《江宁区党的建设和社会主义精神文明建设“十五”计划纲要》，要求全区坚持以理论教育为先导，以“三大创建”（文明城市、文明村镇、文明行业）为载体，营造积极、健康、向上的社会环境。做到每年有计划、有组织、有步骤地开展“三德”（职业道德、社会公德、家庭美德）教育和创“三学”（学习型岗位、学习型家庭、学习型女干部）活动，在青少年中开展革命传统和思想教育，在窗口行业开展“为人民服务、树行业新风”评比活动，在全社会大力倡导和推行科学文明积极健康的生活方式。2003 年，江宁区建立区级文明村创建激励机制，当年兑现奖励金 40 万元，奖励 59 个文明村，还组织开展首届“江宁好市民”评选活动，有 20 人成为首届“江宁好市民”。2005 年，区委、区政府出台《江宁区关于创建文明城区专项考核实施办法》，分别与各街道（镇）、园区、责任单位主要领导签订目标责任状，建立创建工作责任网络体系，把创建文明城区工作任务分解落实到各单位，并加强监督检查，实行年度专项考核，兑现专项考核奖金。2007 年 1 月 18 日，区委下发《江宁区 2007 年社会主义精神文明建设奋斗目标》，强调以社会主义核心价值体系为根本，大力推进和谐文化建设，深化文明城区创建，努力提高人民群众文明素质和城乡文明程度，为建成全面小康社会、建设文明和谐江宁提供强大的精神支撑，营造良好的社会环境。全区围绕奋斗目标，不断丰富创建内容，创新载体形式，扎实开展以文明城区创建为龙头的群众性精神文明创建活动，突出以人为本、城乡联动、全区共建，提升了城乡文明程度。至 2007 年年底，全区共评出省、市级文明单位 269 家次，省、市级文明村镇（社区）64 个次。

第五章　纪检监察

1950年，中共江宁县委员会纪律检查委员会成立。其后机构几经变更调整。“文化大革命”期间机构撤销，1978年重新设立。1984年起，县委纪律检查委员会改称县纪律检查委员会。

区（县）纪律检查委员会针对各个历史时期党内生活存在的问题，确定工作重点，履行纪律检查职能。1950—1955年，对党员在社会民主改革、增产节约、粮食统购统销等工作中执行政策、纪律等情况进行监督，并查处违法乱纪行为。1956—1966年，主要查处党员在经济建设，特别是1963—1965年三年经济调整时期以及社会主义教育等过程中出现的铺张浪费、严重官僚主义、严重特殊化、腐化堕落、贪污盗窃等各类违纪违法案件。1978—2007年，贯彻预防为主、教育为主方针，围绕党的中心工作，进行党性党风、党纪政纪、反腐倡廉等教育，加强党风廉政建设，开展反腐败斗争，贯彻执行领导干部廉洁自律的各项规定，落实党风廉政责任制，从严查处贪污、受贿等违法犯罪行为。着重纠正机关和行业存在的不正之风，针对损害群众利益的突出问题开展专项治理，为经济社会发展提供政治和纪律保证。

第一节　组织机构

1950年9月，中共苏南区江宁县委员会纪律检查委员会成立。1954年，县纪委与县人委监察委员会合署办公。1958年8月，改称中共江宁县监察委员会。1959年1月，县监委改称县委监委。“文化大革命”期间，县委监委被取消。1973年，县委组织部设立监察组。1978年12月，中共江宁县第五次代表大会重新选举产生县委纪律检查委员会。1984年6月，县委纪委改称县纪委。1993年3月起，县纪委与县监察局合署办公。江宁县撤县设区后，县纪委改称区纪委。

1982年后，县委根据中心工作任务需要，为加强专项工作的领导，先后设立县委经济案件领导小组、县惩治腐败廉政建设领导小组、区防腐保廉体系建设领导小组等，并由纪委代管。

至2007年年底，区纪委内设机构9个，编制46名。

【区纪（监）委】

1950年9月7日，中共镇江地委批准成立中共苏南区江宁县委员会纪律检查委员会（简称县纪委），由10名委员组成，设书记、副书记各1名。1952年，县设专职检查员，10个区由区委书记或副书记兼任区纪律检查员。1954年，县纪委与县人委监察委员会合署办公。1958年8月，改称中共江宁县监察委员会（简称县监委）。同年12月，经中共江宁县第二次代表大会选举产生中共江宁县监察委员会，由11名委员组成，设书记、副书记各1名。是年，各乡成立党的监察委员会，全县党的监察机构有27个，监察干部149人。1959年1月，县监委改称县委监委。

“文化大革命”开始后，1966年8月起，县委监委基本停止办公，1968年被取消，全体干部下放干校劳动。1973年，县委组织部设监察组。1978年12月，中共江宁县第五次代表大会重新选举产生中共江宁县委纪律检查委员会。1983年12月，县委纪委增设常务委员会。1984年6月18日，县委纪委正式改称中共江宁县纪律检查委员会，同年8月，经中共江宁县第六次代表大会改选，设书记1名，副书记2名，常委7名。1989年，县委决定县纪委设副局级检查员，经县委批准确定5名副局级检查员。1993年3月起，县纪委与县监察局合署办公，实行一套工作机构，两个机关名称。2001年1月，因江宁县撤县设区，改称中共南京市江宁区纪律检查委员会。

1950—2007年江宁区纪（监）委领导人更迭情况表

表25-5-4

机构名称	职务	姓名	任期
县委纪律检查委员会（1950年7月至1955年10月）	书记	姚翔（女，兼）	1950年7月至1951年7月
		刘振国（兼）	1951年7月至1952年12月
		赵鹤先	1952年12月至1953年9月
		丁铁（兼）	1953年8月至1954年10月
		刘钧（兼）	1954年10月至1955年10月
	副书记	宋儒林	1952年年初至4月
		王书文	1952年7月至12月
		刘钧（兼）	1954年4月至10月
县委监察委员会（1955年10月至1966年）	书记	颜景詹（兼）	1955年10月至1956年6月
		刘　钧	1956年6月至10月
		王希宝	1957年8月至1960年2月
		范振英	1960年2月至1965年2月
		缪　钧	1965年2月至1967年4月
	副书记	张元坤	1955年10月至1960年12月
		范振英	1958年12月至1960年2月（实际任职1958年8月）
		邵玉生（女）	1960年2月至1961年2月
		高中岳	1962年9月至1966年8月
县委纪律检查委员会（1978年12月至1984年5月） 区（县）纪律检查委员会（1984年6月至2007年12月）	书记	闵长山（兼）	1978年12月至1984年8月
		蔡遗春	1984年8月至1989年12月
		黄敬益	1989年12月至1992年11月
		吕界超	1992年11月至1998年11月
		周大勇	1998年11月至2003年1月
		赵友春	2003年1月至2006年5月
		陈　升	2006年5月至2007年12月
	副书记	邵玉生（女，兼）	1978年12月至1980年3月
		汪茂福	1978年12月至1982年12月
		刘洪泉	1978年12月至1987年9月
		张赛范（女）	1980年3月至1984年3月（实际离职1983年12月）
		樊金山	1983年10月至1984年3月
		杜仁保	1984年3月至1993年3月
		李高平	1990年7月至2002年1月
		沈正浩	1993年3月至1996年11月
		张明保	1996年11月至2004年12月
		周广进	2000年3月至2007年12月
		余　清（女）	2004年12月至2007年11月

【内设机构】

1950年9月，中共苏南区江宁县委员会纪律检查委员会成立时，没有内设机构。1951年，县纪委机关配备2名专职工作人员。1953年上半年，设立办公室。1955年，县纪委机关工作人员增至5人。1967年，县监委编制人员增至11人。1978年，县纪委内设秘书、检查、审理3个小组。1984年，增设教育监督组。1985年4月，根据省、市纪委要求和县编委规定，县纪委内设“四科一室”，即办公室、审理科、检查科、信访科、教育监督科（1987年3月增设）。1989年2月，根据中纪委和中央组织部、省纪委和省委组织部、市纪委和市委组织部有关文件规定，县纪委内部机构设室，由原“四科一室”均改为室，即办公室、案件检查室、案件审理室、信访室、教育监督室5个室。

1993年5月5日，县纪委与县监察局合署办公后，内设办公室、信访室、案件审查室、执法监督室、纪检监察室、党风廉政建设室、宣教调研室7个室。2001年1月，因江宁县撤县设区，纪委、监察局下设的室均升格为副处级单位。2007年3月30日，区纪委成立行政效能投诉中心。是年末，区纪委内设机构为办公室、信访室（举报中心）、纪检监察室、案件审理室、执法监察室（行政效能投诉中心）、党风廉政建设室（廉政办、纠风办）、宣教调研室、党风廉政督导中心等。

【代管机构】

为加强对打击经济领域严重犯罪活动的领导，1982年5月4日，县委决定成立县委经济案件领导小组。1984年，根据省委办公厅传真电报（传发045号）“县以上各级党委都要设置经济案件办公室，并作为常设机构，专列编制，放在纪委办公，由纪委代管”的精神，于同年3月正式设立中共江宁县委经济案件办公室。依据中共中央办公厅、省委办公厅文件和市委常委会议纪要精神，1987年3月24日起，县委经济案件办公室工作分别移交县检察院和有关部门，在编人员也由组织、人事部门重新安排，县委经济案件办公室撤销。

1991年5月，为加强对全县廉政建设工作和纠正行业不正之风工作的统一领导，便于统筹安排，协调配合，提高工作效率，县委决定成立县惩治腐败廉政建设领导小组，下设惩治腐败廉政建设办公室和纠正行业不正之风办公室，分别设在县纪委、县监察局内。

2004年6月30日，区委、区政府决定成立江宁区防腐保廉建设领导小组，下设办公室，办公地点设在区纪委，负责组织协调和督促检查工作。

第二节　领导干部廉洁自律

严肃党风党纪，促进领导干部廉洁自律，营造良好的反腐倡廉环境，是纪检监察机关的重要职能和主要工作。区纪委紧紧围绕党的中心任务和党员干部的思想实际，以党章、准则和党规党纪以及党的优良传统和作风教育为重点，多形式、经常性开展宣传教育活动，不断提高党员干部廉洁自律的自觉性。同时，创新领导干部廉洁自律工作方法，建立健全以党风廉政建设责任制为主体的各项制度，责任明确，措施得力，效果明显。加强党风廉政建设责任制检查和党风廉政督导工作，自觉接受群众监督和民主评议，强化责任考核，严格责任追究，进一步规范干部从政行为，从源头上预防和解决腐败问题。

【党风党纪教育】

1950年，运用典型事例教育党员干部遵守土地改革八项纪律。围绕镇压反革命运动，通过召开不同类型会议在全县党员干部中进行纪律教育。“三反”运动中，进行政策界限和纪律教育，提高党员干部投入“三反”运动的积极性。1952年，结合整党，组织党员学习党章。1953年，加强统购统销中纪律检查工作，印发必须遵守的几项规定和各级党组织执行政策情况的通报，及时了解党员思想状况和存在问题，教育党员干部执行党的政策，遵守党的纪律，还利用典型违纪案例增强教育效果。1956年，组织学习中共七届四中全会决议和“八大”文件，通过举办党员轮训班、上党课和各类典型案件查处的警示教育活动，以实例对党员进行党性、党风、党纪教育。

1957年，县监委响应党中央“帮助党整风”的号召，在学习《关于正确处理人民内部矛盾的问题》的基础上，分别召开有党外人士参加的座谈会，广泛征求意见。配合整风、反右派和社会主义教育运动，开展纪律教育和纪律大检查。1960年，围绕“三反”运动，对党员进行工作作风教育和廉洁奉公、全心全意为人民服务的纪律教育，要求党员树立党的政策观念和社会主义法纪观念。1964年开始的社会主义教育运动，要求党员干部查清“四不清”问题，提高遵守党纪国法的自觉性。

1979年开始，县纪委会同组织、宣传部门，以党章修改草案为主要内容，对全县26394名党员进行轮训。同时组织全县党员联系思想和工作作风实际，认真学习中共十一届三中全会精神和《关于党内政治生活的若干准则》，围绕在政治上同党中央保持一致，坚持民主集中制原则和集体领导等重大问题，进行检查对照。清除“左”的思想影响，促进党内政治生活的正常化。1982—1984年，以中共十二大通过的新党章等重要文献和中共中央《关于打击经济犯罪活动的决定》为主要内容，以冬训形式，在全体党员中进行党性、党风、党纪教育。县纪委组织全县党员干部参观打击经济领域犯罪活动展览，组织讨论、座谈，从中吸取教训。1986年9月，在县直机关进行纪律整顿工作。同年12月，县委召开端正党风经验交流会。1988年，在全县范围内开展以反腐蚀为中心的基本路线教育、反腐蚀教育、纪律教育、发扬民主和加强监督教育、艰苦创业和勤俭建国教育。同时，与县委党校联合举办为期一周的纪检干部培训班。1991年，根据上级纪委部署，在全县党员中开展普及党的纪律基础知识活动，有2.78万名党员参加学习，2.41万名党员参加考核，分别占党员总数的93.50%和81.20%。县确定淳化镇等4个试点单位，乡镇确定78个试点单位，共组织40个工作队开展普纪教育活动。1993年，在党员干部中开展“三个一”教育活动，即收看一次《蜕变警示录》录像，组织一次专题讨论，写一篇观后感。此后，还分别组织557名县管副职以上党员干部和3272名科股级以上党员干部进行党纪政纪条规测试，参测率98.10%，优秀率92%。1997—1999年，组织以“讲学习、讲政治、讲正气”和学理论、学党章、学廉政准则、学党的纪律处分条例等为主要内容的党性、党风、党纪教育活动，发放《党纪政纪条规手册》1.56万册。

图25-5-10　2007年2月27日，江宁区领导和部门、镇（街道）及有关单位负责人集中收看反腐倡廉警示专题教育片

2000年，组织开展“党风廉政教育宣传月”活动，进行党的宗旨和党纪条

规教育，以胡长清、成克杰等重大典型案件为反面教材，开展集中警示教育活动。2003年，开展“每月一新”党风廉政宣传教育活动，每月都以新的有针对性的形式开展活动，提高宣传教育效果。同年11月，区纪委主要领导首次给即将赴任的16名部门领导助理和24名镇长助理上党风廉政教育课，并形成制度。2006年，在全区开展“十讲党风廉政课”活动，通过集中授课、中心组学习、走进演播室等形式，对党员干部尤其是领导干部作党风廉政专题辅导讲座，每月一讲，共10讲。2007年元旦、春节前夕，区纪委设计制作800张廉政贺卡寄给党员干部，还编辑廉政短信，发送给区管以上干部，在送上节日祝福的同时，对党员干部进行理想信念、党纪国法、廉洁从政等教育。

【党风廉政建设责任制】

1984年，县委下发《关于端正党风的若干规定》后，县纪委研究制订了党风责任制，明确规定纪委、纪委领导、纪委党支部及领导的责任。同年，县委经济案件领导小组办公室制订了干部责任制和考核办法。1985年，县委以1号文件作出《关于在全县党员领导干部中建立党风责任制的决定》，要求各级党委领导分工包干，责任具体明确，奖惩措施得力。此后，各乡镇、机关、企事业单位结合自身实际，相继建立党风责任制，县、乡、村三级党风责任制基本形成。1986年，县委又以1号文件出台《关于切实端正县乡党政机关作风的规定》，各部门、乡镇、县属企事业单位先后制订加强党风、保持廉洁的措施和规定，县纪委建立了干部岗位责任制。1988年10月，县委、县政府制订《关于党政机关保持廉洁的规定》。1989年，县纪委制订《关于严禁在元旦、春节期间滥发钱物、赠送礼品等不正之风的规定》和《中共江宁县纪委各室职责》。此后，县纪委不断推进以加强党风监督和保持廉洁为主要内容的各项制度建设，推广龙都乡党委等单位聘请党风监督员的做法，使党风廉政建设落到实处。

2001年开始，区委、区政府每年与各镇、机关部门、区属企事业单位党委签订党风廉政建设责任书，党委与支部、支部与党员也层层签订党风廉政建设责任状，一级抓一级，逐级抓落实。并成立区落实党风廉政建设责任制领导小组，把全区党风廉政建设和反腐败工作具体任务细化为五大项30小项，分解到各职能部门，强化目标管理。在落实责任制过程中，区纪委加强监督检查，坚持每季度召开一次责任部门汇报会，协调解决存在的问题，并加大责任追究力度，至2002年年底的两年中，先后对11名区管干部实行责任追究。2003年后，区委、区政府将反腐倡廉工作纳入全区“三个文明”建设的总体目标，建立区委、区政府牵头负责的工作责任制，主要领导以身作则，带头执行领导干部廉洁自律各项规定，自觉接受监督，领导责任得到有效落实。2005年，区纪委出台《党风廉政建设责任制专项考核实施意见》，对区级领导和基层党政一把手实行廉政专项考核。每年都组织专项检查，并通过领导互查、现场打分、民主评廉、群众监督等办法，组织党员群众对落实廉政责任制情况进行评议。

【党风廉政督导】

2004年3月，区党风廉政督导中心成立，主要任务是开展党风廉政督导，在广泛调研的基础上，着眼于党风廉政建设的前沿动态，就探索如何以改革的办法、发展的思路解决诱发腐败的深层次问题进行理论研究，推动纪检监察工作创新。同年，在全区实行“一岗双责”的目标管理，形成一把手负总责、分管领导各负其责，一级抓一级、层层抓落实的格局。加强监督检查，由区纪委牵头，邀请部分人大代表、政协委员、党风联络员、特邀监督员组成检查组，对党风廉政责任制落实情况进行检查，发现问题，及时予以纠正。强化责任考核，在细化、量化责任目标的基础上，推行党风廉政建设责任落实情况百分考核制，每年年底由区纪委组织考核小组，对各单位进行考核。严格责任追究，对违反规定的领导干部坚决追究责任，不护短、不手软。同时，不断完善对领导班子和领导干部的监督机制，在对干部进行考察过程中，注意听取各方面意见，客观公正地评价干部。干部考察结束后，考察组对班子及其成员评定等次，并及时反馈结果。对基本称职的进行口头或书面诫勉，对存在明显不足的进行重点提醒，或微错打招呼制度。全面实行领导干部考察和任前公示制度，扩大群众监督面。对拟提拔和平调区管干部在所在单位和江宁党建网站公示，公示时间 1 周，并专门设立举报电话、举报信箱及电子信箱。

每年春节、中秋、国庆等重大节日期间，区纪委都组织党风联络员、特邀监督员和各级纪检监察机关，组成专项督查组，进行明察暗访，检查党员干部有无高标准消费、相互吃请及商场使用代币券等情况。每年还组织对药品招投标工作进行一次督查。2007 年，全区进行药品招投标 20 次，集中采购药品、医疗设备、医用耗材 1.40 亿元，直接让利患者达 10%。

第三节 案件查处

江宁纪检部门在新中国成立初期和社会主义建设时期，结合历次政治运动，严肃查处贪污、腐化及官僚主义、弄虚作假等案件，保证了党的路线、方针、政策和国家法律法规的贯彻执行。针对“三反”“四清”和“文化大革命”运动中出现的问题，本着实事求是、有错必纠的原则，分别进行甄别复议，复查平反冤假错案。中共十一届三中全会后，围绕党的中心任务，开展打击经济领域犯罪活动，查处各类经济犯罪案件。1993 年，县纪委与县监察局合署后，按照中纪委、监察部提出的反腐败工作要求，协调执法执纪部门，建立健全查案制度，严格办案纪律，查处一批有影响的大案要案。

【违纪违法案件查处】

1950 年，整风运动中，对各区乡进行 8 次检查，及时查处包庇地主、贪污浪费等违纪案件 22 起。同年 12 月，县直机关和湖熟镇开展“三反”运动，根据群众检举揭发，经过三查对案，处理违反政策、丧失立场、贪污腐化等违纪案件 48 件，有 4 名党员受党纪处分。1953 年上半年，开展反对官僚主义、反对命令主义、反对违法乱纪的“新三反”运动，组织检查小组，共处理 7 件典型案件，有 7 名党员受党纪处分。同年年底，实行粮食、油料、棉花统购统销政策，查处抢购、套购粮食和工作上强迫命令、违反政策法令、渎职等违纪案件 23 件，给予党纪处分 23 人。1954 年，在全县遭受特大洪水灾害时，7 次检查党员干部对防汛排涝的领导责任。第四区区长因官僚主义严重失职，造成高桥圩圩堤倒塌，被撤销区长职务，通报全县。洪水退后，再次检查各级党组织贯彻生产救灾、节约渡灾方针的情况，处理严重官僚主义、漠视农民疾苦、徇私舞弊、假公济私、贪污挪用救济钱粮等违法违纪案件。在开展农业生产互助合作社过程中，检查农村各级党组织贯彻执行“积极领导，稳步前进”方针的情况和有无党员出租土地、雇工、放高利贷等剥削行为。1955 年，根据农业合作化运动出现的新形势、新问题，对犯有强迫命令、打击报复、策动群众退组退社、包庇地富反坏分子入组入社、挥霍浪费公共财产的党员干部进行查处，有40名党员受党纪处分。县监委紧紧围绕党的中心工作开展纪律检查工作，得到中共中央监察委员会的肯定。是年11月，中央监委将江宁县监委工作经验材料批转全国各级监委，并列为是年12月召开的全国第一次监察工作会议经验介绍文件之一。1956年，开展审干肃反工作，对运动中审查出的混入党内的反革命分子、阶级异己分子、蜕化变质分子，办理开除党籍手续。对隐瞒历史上重大政治问题和一般政治问题的党员，分别开除党籍或给予党纪处分15人。

1957年11月上旬，开展整风运动。不久，转为反右派斗争，一批党员干部被错定为“右派分子”或犯有“严重右倾的错误”，分别受到各种党纪处分。接着“大跃进”、整风反“右倾”及反贪污盗窃、反铺张浪费、反官僚主义的整风运动等接踵而至，在“左”的错误思想指导下，批判面和处理面过大。1958—1961年间，共查处党员955人，其中被开除党籍329人，误伤了一些党员干部。1963年上半年，在县级机关和县属企事业单位开展增产节约和“新五反”（反对贪污盗窃、反对投机倒把、反对铺张浪费、反对分散主义、反对官僚主义）运动，对揭发出的违法乱纪案件进行处理。1963年7月至1965年，全县开展社会主义教育运动，此运动在解决基层干部作风和经济管理上起了一定作用，后在所谓整“党内走资本主义道路当权派”的口号下，组织处理扩大了打击面，挫伤了一批党员干部的积极性。

1966年“文化大革命”开始后，党的纪律检查工作陷入无人过问状态。县革命委员会成立政工组后，所处理的党员违纪案件，深受膨胀起来的极左思想干扰支配，以扩大化、绝对化的阶级斗争观点错定了一大批所谓“现行反革命分子”“阶级异己分子”“自首叛变分子”“丧失阶级立场和革命意志衰退分子”以及“走资本主义道路‘三反’分子”。据1966—1976年统计，这一期间，共查处党员1553人，其中开除党籍344人，劝退173人，撤销党内外职务118人，取消预备党员资格295人。

1978年12月，县纪委恢复工作。1980年，根据《关于党内政治生活若干准则》精神，查处346件违纪案件。1981年起，对农村基层党员干部以权谋私、贪污挪用国家或集体财物以及侵占良田盖私房问题，进行严肃查处，处理党员36人。1983年，县纪委把协助县委搞好整党作为一项重要任务，除派出人员参加整党工作外，对整党中揭发出的问题，按照审理范围和要求，对违纪党员进行核实处理。1984年后，随着经济体制改革逐步开展，县纪委把积极支持、保护改革作为纪检工作的重要任务，对阻碍和破坏改革，乘机以权谋私、中饱私囊和严重官僚主义问题进行严肃处理，为改革扫除障碍。同年8月，认真清理党员、干部、职工长期借用拖欠公款的问题，5个月内收回欠款315万元，占欠款总额的72%。同年年底，对党政机关和党员干部经商、办企业的行为，进行清理纠正。1985年，贯彻中纪委《令必行，禁必止》7号文件精神，对文件中指出的不正之风进行对照检查，清理纠正，查处违纪案件80件。

1986—1990年，县纪委按照案件检查和审理条例，排除各种干扰和阻力，5年间共查处违纪案件432件，380名党员受处分。

1991—1995年，按照县委和上级纪委的部署，围绕经济建设这一中心，全面履行职能，加强党风廉政建设，开展反腐败斗争，促进全县改革开放不断深化和经济快速发展。5年间共查处各类违纪案件399件，处理违纪党员260人。

1996—2000年，县纪检监察机关立案查处各类违纪案件430件，结案率100%，其中经济案件252件，通过办案为国家和集体挽回直接经济损失520.50万元。1996年和2000年，县纪委被市纪委评为案件检查工作先进单位。

2001—2002 年，在办案过程中，实行目标责任制、检查指导制、请示汇报制、定期会议制、考核评比制和奖惩制 6 项制度，落实提级审理制度，保证每件案件事实清楚、证据确凿、定性准确、处理恰当，经得起历史检验。2 年间，全区立案查处各类违法违纪案件 179 件，结案率 100%，涉及区管干部 14 人。2002 年，获全市案件查办一等奖。2004 年，在全市率先出台并实施《江宁区纪检监察机关案件查处程序和方法的规定》及调查模拟文书，作为指导全区办案工作的规范性文件。2005 年，创新办案机制，实施联审制，将基层纪委按片划分为 6 个审理小组，由区纪委案件审理室牵头，集中进行审理，提出定性量纪意见，然后再将案件提交案发镇街纪委组织处理。2006 年，出台《江宁区案件审理助辩制度实施意见》，推行案件审理助辩制度，市纪委在江宁区召开现场会，推广这一经验做法。2007 年，对案件工作实行专项考核，完善纪委书记办案第一责任人制度和案件工作“一票否决”等激励机制，促进案件工作规范化、制度化建设。是年，全区立案 84 件，结案率 100%。

1950—2007 年江宁区党员违纪案件查处情况表

表 25-5-5

年份	案件立案检查（件）	处分违纪党员干部（人）									
		开除党籍	留党察看	撤销党内职务	党内严重警告	党内警告	开除公职	撤销行政职务	行政记大过	行政记过	行政警告
1950—1965	—	489	419	90	245	279	—	—	—	—	—
1966—1976	—	344	417	118	369	305	—	—	—	—	—
1977—1985	—	104	191	32	140	168	—	—	—	—	—
1986—1990	481	43	89	18	103	127	—	—	—	—	—
1991—1995	399	63	58	7	54	61	2	4	3	6	3
1996—2000	430	—	48	9	76	73	—	—	—	—	—
2001—2002	179	34	16	1	42	—	37	12	—	—	—
2003	99	6	3	2	13	46	12	2	1	2	4
2004	79	4	—	1	10	34	—	—	4	9	—
2005	90	4	1	—	11	14	—	—	—	—	2
2006	22	13	—	—	15	20	—	1	2	2	4
2007	84	12	—	—	11	23	—	1	1	—	1

【案件复查】

1961 年 11 月开始，对 1958 年后处理的案件进行甄别，历时 1 年。根据“全错的全纠，部分错的部分纠，不错的不纠”的原则，对受批判和处分的 2201 名党员干部审慎甄别，甄别纠错达 64.20%，其中有些人适当安排了职务。

1978 年 12 月，“文化大革命”中被撤销的县纪委恢复工作后，对“文化大革命”期间和 1957 年后历次政治运动中处理的案件进行全面复查，平反冤假错案，落实干部政策。复查了包括农村基层干部在内的党员、干部受处分案件 4657 件，平反纠错占 29%，296 人恢复党籍，108 人撤销或减轻处分，259 人适当安排工作，对一部分人补发工资或发放生活困难补助费。同年，还对错定为右派分子的党员全面进行甄别平反。此外，县纪委先后发函 91 件，为受株连的家属、子女和亲友消除影响，恢复政治名誉。对扩散的有关材料，由有关单位协助清理，予以销毁。

第四节 纠风和专项治理

1985年，县纪委根据上级统一部署，重点解决机关作风中存在的不正之风。1988年，实行政务公开试点。1990年，开始对群众反映强烈的行业不正之风进行整治，坚持“纠建并举”，加强作风建设，纠风工作进入标本兼治新阶段。同时，按照上级要求，结合江宁实际，针对损害群众利益的新情况、新问题，集中力量，组织开展清理党政机关干部建私房、宕欠款、经商办企业、户口“农转非”、公费出国出境、违反规定乘车、商业贿赂等专项治理工作，取得阶段性成果，得到广大群众普遍认可。

【纠正不正之风】

1985年11月，县纪委根据中办、国办《关于解决当前机关作风中几个严重问题的通知》，提出坚决刹住争相购买和更换进口小汽车、巧立名目出国观光、挥霍公款旅游、党政机关领导干部及其子女配偶违反规定经商办企业等6股不正之风。翌年，县纪委从实际出发，重点开展9个方面的纠正新的不正之风工作。清理超标准发放奖金、补贴、实物14.43万元，补交奖金税7.10万元；清理发放的服装4612套，个人补交金额7.76万元；查处8家单位经商办企业，其中停办5家、脱钩1家、转办1家，免职1人，14名党政干部全部退出，被动用公款28.30万元全部收回；清查85个品种过期霉变药品，价值2.49万元，全部销毁；检查出质次奶粉400公斤，全部降价处理；清理各类“中心”“公司”115家，其中变换名称25家，收回执照24家。1988年，先后分两期在县工商、税务、劳动、供电、物价、司法、供销社等政府部门和单位进行政务公开试点工作。1991年，对县交通、邮电、供电等27个公用事业部门和经济管理部门开展纠正行业不正之风工作，会同审计、财政等部门查出11家单位828人未经批准自行着装，全部摘除着装标志，并由个人补交款3.80万元。

1993年，先后开展治理中小学乱收费、减轻农民负担专项治理活动，对全县47个收费部门的498家收费单位共454项收费项目和1123项收费标准进行自查和检查，查出自主收费项目和收费标准12项，责令停止执行和取消6项，恢复执行原标准2项。1994年，重点纠正党政机关和党员干部无偿占用企业钱物的不正之风，共查出1992年7月后无偿占用小轿车、空调、办公用品等折价2.30万多元，用于建宿舍楼和改善办公条件的资金18.65万元，个人占用企业资金1.51万元，按照规定全部予以退还。1996—2000年，主要对群众反映强烈的突出问题，开展专项清理。5年中，通过建立规范化有形建筑市场，招投标项目431个，公开招标351个，工程造价平均下降5.20%；取消或降低涉及企业不合理行政事业性收费项目30多个，对7家重点企业实行挂牌保护；清理出公款住宅电话502部、手持机448部、寻呼机302部，收回折价款93.34万元；停建办公楼24栋，压缩取消会议89个、检查评比和庆典活动100个，取消国内参观及出国境84人次；实行招待费审批、核算、财务单列制度，招待费支出连续5年下降10%以上。

2003年，实行药品集中招标采购，逐步规范医药购销经营行为，全年集中招标采购药品及医用材料总金额2603万元，节约208.24万元。实行教育收费公示制，并组织开展专项监督检查，有效遏制乱收费现象。2005年，对全区48家区级机关、直属事业单位以财政拨款的二级核算单位的奖金、补贴发放情况进行专项检查，要求按照“发一缴一”的原则以同等金额缴入区财政专户，坚决杜绝违反财经纪律、私设“小金库”、账外账发放奖金补贴、利用往来款项或转移资金在下属单位发放的违规行为。2006 年，强化区国税、教育、质检、交通、规划、国土、建设、房产 8 个部门和行业行风为重点的机关作风建设，促进行业服务效率和水平进一步提高。是年，区规划局、国土分局、自来水总公司 3 家单位被市行风建设办公室命名为“南京市首批行风建设示范窗口”。2007 年，建立区行政效能投诉中心，公开投诉热线，及时在网上公布投诉处理结果。聘请 30 名区人大代表、政协委员、企业家代表担任机关效能建设特约监督员，全方位加强对机关部门行政效能监督，转变机关作风，提高服务效率。构建区、街道和村（社区）三级便民服务网络，进一步规范服务内容、运行程序、工作纪律，制订内部制度，建立健全管理、监督、评价和责任追究体系，确保中心运转有序、管理规范。至年末，全区建成镇街便民服务中心 13 个、村（社区）便民服务室 162 个。

【专项整治】

1983 年，按照中纪委统一部署，对各乡镇、县属企事业单位党委（支部）委员以上干部的住房情况进行登记核实，查处违纪案件 11 件，清退住房 486.20 平方米。1989 年 8 月，县委成立清理党政干部建私房领导小组，组织 24 个乡镇、13 家企事业单位进行清理。1986—1989 年间，全县有 1618 名党政干部建造私房，占地总面积 26.56 万平方米，其中违法占地 16 户，面积 2730.50 平方米；副乡级以上干部 6 户，面积 325.50 平方米；批少用多 15 户，面积 2640.50 平方米；未经批准 1 户，面积 90 平方米。建私房过程中经济上有问题的 540 户，侵占集体利益 7.29 万元，少付款 32.81 万元，转手倒卖建材所得 4260 元，贪污 8440 元，挪用公款 4.30 万元。对违纪行为分别作出处理，共经济退赔 45.67 万元，违法占地罚款 2700 元，补交土地补偿费 780 元，有 2 人受到党纪处分。1995 年 3 月，分别对县级机关、乡镇和县属企业干部住房情况进行普查，有 267 名县级机关干部、36 名乡镇干部、73 名县属企业干部超住房标准。对此，按照县委制订的“20 条规定”进行处理，对超标准面积先按现房租的 3 倍交费，房改时按新规定执行。

1984 年 8 月至 1985 年 1 月和 1991 年 7 月至 1992 年 3 月，两次清理党员、干部及职工宕欠公款。第一次清理对象主要是各乡镇和县属企事业单位，有 18920 人拖欠公款，总额 435.80 万元，其中欠款 1000 元以上的有 603 人，最多的 6400 元，拖欠时间最长的是 1958 年所欠。至 1985 年 1 月，共归还公款 315 万元，占 72%，尚未归还的，都制订还款计划。第二次清理对象主要是干部职工以及村主要干部，有 6380 人拖欠公款，总额 463.60 万元。至 1992 年 3 月，已归还公款 399.20 万元，占 86.10%。

1991 年 7 月至 1992 年 12 月，在全县开展清理违反政策规定办理户口“农转非”工作，严肃查处弄虚作假、徇私舞弊等问题。此项专项治理中，共注销不符合政策规定的“农转非”户口 20 户 97 人。1992 年 7 月起，按照省、市委要求，对公款持旅游护照出国出境情况进行专项检查，至 1993 年 7 月，县组团持旅游护照公费出国的共 2 批 48 人，开支经费 95.48 万元；有关单位组团持旅游护照公费出国的共 23 家单位 54 人。经过治理，有 3 名县属企业负责人退办了旅游护照，此后没有出现持旅游护照出国出境问题。

1995 年，按照中纪委和省委关于清理纠正党政机关及领导干部违反规定购买和换乘豪华小汽车的文件精神，在对各党政机关和县属企事业单位进行调查摸底的基础上，分别对 11 家党政机关单位购买、借用的 12 辆进口豪华小汽车进行纠正处理，并重申党政机关和领导干部一律不准乘坐封存待售的豪华小汽车，一律不准购买和换乘豪华小汽车。2005 年 8 月，确定区建设局、人事局、区委农工办、团区委 4 家单位进行区级机关公务用车制度改革试点，4 家单位共有公车 28 辆，年费用总额 263.46 万元，车改后，年发放补贴 91.38 万元，节约费用 65.30%。接着，对镇街公车实行改革，全区 20 个镇街有公车 193 辆，年费用总额 1849.77 万元，车改后年发放交通补贴 1194.90 万元，节约费用 35.40%；镇街 147 辆公车全部成功拍卖，总成交价 1252 万元。2007 年 3 月，区级机关和开发园区公务用车制度改革全面推开，涉改单位 62 家、车辆 395 辆，年费用总额 4323.87 万元，车改后年发放交通补贴 1967 万元，节约费用 54.50%。

图 25-5-11　江宁区产业重点项目督查组督查重点产业项目（2004 年摄）

2007 年，为进一步规范市场经济秩序，维护公平竞争，促进经济协调发展，制定下发《关于加强防治商业贿赂制度的工作意见》《关于继续推进治理商业贿赂专项工作意见》等文件，重点开展五个领域的治理。工程建筑领域以建设项目为切入点，围绕规划审批、房屋拆迁、工程招投标、项目发包分包、材料设备采购项目预算、项目验收以及追加投资等环节进行专项治理；土地出让领域对土地和采矿权出让、评估、土地整理项目和地质灾害治理工程项目发包情况进行梳理，重点查纠违反规定操作、权钱交易、监管不力等行为；产权交易领域围绕产权转让管理制度、产权交易进场、交易机构规范操作、企业转让国有产权程序、转让信息披露规范和相关中介机构的独立公正等问题进行专项治理；医药购销领域着重解决收受回扣、“红包”、开单提成、乱收费等损害群众利益的突出问题，进一步规范和完善药品监管系统评审、认证、检测、稽查、处罚等关键环节中的问题，严肃查处医药购销领域的不正之风和腐败行为；政府采购领域针对项目委托、招标谈判文件的制订等商业贿赂易发多发环节，纠正有意逃避集中采购的行为，重点治理采购机构和人员、评审专家和监管部门存在的问题。是年，全区治理商业贿赂工作通过市级检查验收。

第六章　组织工作

民国 38 年（1949）5 月，中共江宁县委员会成立，辖党支部 11 个。根据全国第一次组织工作会议精神，按照严格谨慎的方针，吸收一批经过考验的积极分子入党，至 1952 年年底，全县有党支部 101 个，党员 996 人。通过整党建党，全县党的组织进一步发展壮大。县委和各级党组织按照积极、慎重的发展方针，做好党员发展工作，并大胆大量提拔干部。仅 1954 年和 1955 年，全县发展新党员 4977 人，共提拔县区干部 228 人。至 1965 年，全县有 28 个党委，1 个党总支部，551 个党支部，有党员 8262 人。

“文化大革命”开始后，党的建设受到很大影响。1969 年，实行“开门整党”，开始恢复党的基层组织，对党员队伍进行“吐故纳新”，全面恢复 594 个党支部。至 1975 年年底，县委辖基层党委 35 个，党总支部 22 个，党支部 779 个，党员 19585 人。

中共十一届三中全会后，各级党组织着重在知识分子和 30 岁以下的优秀青年中发展党员。20 世纪 80 年代，围绕改革开放和经济社会发展需要，不断调整党在基层组织中的机构设置，按照“革命化、年轻化、知识化和专业化”要求配备干部，进行干部人事制度改革。依据“坚持标准，保证质量，改善结构，慎重发展”的方针做好党员发展工作。80年代后，制订并完善干部教育、培养、选拔、管理和监督制度，注重在生产第一线和知识分子、妇女中发展党员，加强思想教育和作风建设。在抓好机关党建的同时，重视抓好农村（社区）党建和企业基层党建，充分发挥党的基层组织在江宁经济社会发展中的政治核心和战斗堡垒作用，充分发挥共产党员的先锋模范作用，提高党的执政能力。

2007年，区委辖党组10个，党委23个，党工委13个，党总支部133个，党支部1492个，党员43770人。

第一节 党的组织建设

全区各级基层党组织不断探索自身建设的新路子，根据党在不同时期的具体任务，开展卓有成效的工作。特别是中共十一届三中全会后，通过整党建党，恢复健全党的组织生活，建立和健全党风廉政建设的各项规章制度，实施党建工作目标管理，开展“创先争优”活动和民主评议党员工作，使各级党组织的政治核心、领导核心、战斗堡垒作用和党员的先锋模范作用得到较好的发挥，为江宁区“三个文明”建设提供坚强的组织保证。

【农村基层组织建设】

民国38年（1949）4月江宁县解放后，县委按照抗日战争前行政区划设7个区委，1个县属镇（湖熟）镇委，有党支部10个，党员212人。1950年3月，全县重划为10个区，相应设立10个区委。县、区委加强农村基层党组织建设，注重吸收农民中优秀分子入党。至1956年年底，全县所有区、乡、镇、高级农业社都建立党支部。是年，因区划调整，全县改设区委7个、镇委2个，党总支部54个、党支部269个，党员4597人。1957年撤区并乡，全县设立20个乡、4个县属镇，均相应成立了乡、镇党委。1958年，实行人民公社化，开始成立19个人民公社党委。至1965年年底，增为20个公社党委、3个县属镇党委，有党支部377个，党员6408人。

“文化大革命”开始后，各公社党委工作瘫痪，全县农村基层党组织基本停止活动，绝大多数党员被迫中断组织生活。1969年中共九大后，实行“开门整党”，开始恢复党的基层组织，对党员进行“吐故纳新”。1970年1月，按照中共九大通过的新党章重新建立县第一个党的基层委员会——中共铜山公社委员会。随后，各公社、镇党委、基层党支部陆续恢复建立。1976年年底，全县有公社党委26个，镇党委3个，党支部432个，有党员14963人。

中共十一届三中全会后，各公社、镇党委分别召开党员代表大会，改选党委会。按照党的实事求是的思想路线，通过平反冤假错案，妥善处理历史遗留问题，落实党的各项政策，党的组织建设逐步正常化。1982—1983年，适应农业生产责任制后新形势的需要，全县各公社、镇完成体制改革，实行政社分设，全县调整建立24个乡党委，东山、湖熟、汤山3个县属党委。1985年4月，全县分期分批开展农村基层整党工作。整党工作历经3年，经过学习文件、对照检查、集中整改、党员登记和组织处理5个阶段的教育，基本完成了统一思想、整顿作风、加强纪律、纯洁组织的四项整党任务。农村整党工作于1987年2月底结束。1987年12月底，全县有乡党委23个、镇党委3个，党总支部6个、党支部437个，党员16316人。

1988年，县委提出以农村党支部工作上水平上规范为重点，切实加强基层组织建设的要求。在抓好党支部建设上，着重于行政村党支部班子建设，配好行政村支部书记，健全支委会，通过几年的调整充实，村党支部班子的整体功能和支部书记的个体素质有所提高。1990年统计，全县350个村党支部书记中，年龄在45岁以下有269人，和1985年相比，下降9.20%；初中以上文化程度有282人，和1985年相比，提高6.30%；小学以下文化程度有69人，和1985年相比，下降6.90%。完善配套村党支部各项党建工作制度。全县350个村普遍建立和完善民主评议党员、党日活动、“三会一课”、党员联系群众、外出党员管理、“创先争优”等制度，并建立有关台账、簿、表、册。1991年后，抓后进村和集体经济薄弱村党支部的转化工作。至1994年，有45个后进村党支部改变面貌。1995年重新确定的14个后进村党支部，经过帮扶、整顿、转化，也有明显进步。是年，全县有镇党委15个、乡党委8个，党总支部9个，党支部427个，有党员16368人。

1996—2000年，县委牢固树立“经济强县必须是党建强县”的思想，开展“创建党建先进县”工作。制定下发《江宁县1998—2000年农村基层组织建设工作规划》，按照镇党委“六个好”（好班子、好队伍、好制度、好作风、好体制、好局面）和村支部“五个好”（好班子、好队伍、好路子、好体制、好制度）的目标要求，以解决“有人管事、有钱办事、有章理事”问题为重点，加强乡镇党委和村党支部建设。充实一大批懂经济、懂党务、会做农村工作的人才进入乡村领导班子，精简一大批村干部，村级集体经济实力不断发展壮大，1997年年底，全县乡镇、村全面达小康。普遍推行乡镇政务公开和村务公开，在公开内容、形式、时间、程序、制度等方面做到“五个规范”。乡镇党委和村党支部建设全面加强。2000年年底，全县共有18个镇党委、306个村党支部（总支）分别达到“六个好”和“五个好”标准，占全县镇党委和村党支部总数的100%和89%。

2001年，江宁区进行村级区划调整，制定下发《关于在村级区划调整中进一步加强党组织建设的意见》，对调整后的村级党组织班子配备和产生方式提出硬性要求：村党支部（总支）班子成员中，35岁以下的不低于30%，高中（中专）以上文化程度不低于80%，年龄在50岁以上或小学文化程度的，原则上不再进党支部（总支）班子。凡是涉及区划调整的村，新组建的村党支部（总支）班子的产生都经过“两推一选”。区划调整后，全区共有254个村，精简村干部1474人，基本上形成一支40岁左右、高中以上文化、熟悉经济和党务工作为主体的村党支部书记队伍。2003—2004年，结合学习李元龙先进事迹，在全区村干部中树立一批全心全意为群众谋利益、无私奉献、艰苦创业的村党支部书记先进典型。在村干部中开展以“带头创业致富、带领群众致富”为内容的“双带”工程。全区有43%的村“两委”干部、63%的村“两委”主要负责人创办企业或经济实体。2005年，召开全区村干部“双带”工程领导小组成员会议和全区村干部“双带”工程推进会，表彰6家“双带”工作先进单位和130名先进个人。是年，出台《关于在村级党组织换届选举中实行“两推一选”的实施办法》。全区149个村采取“两推一选”方式进行村级党组织换届，选举产生544名村党组织委员。村级党组织班子成员的年龄、文化、性别等结构得到进一步优化，村干部“双带”能力和村级党组织的战斗力得到增强。

2007年，研究制订《关于加强全区农村党建工作意见》，推行“双学”（农村基层党组织学习华西村，农村基层干部学习吴仁宝）承诺，宣传“双带”典型。组织全区214名村（社区）党组织书记进行建设社会主义新农村专题培训，选送9名村（社区）党员干部赴韩国培训，进一步提升农村基层干部建设新农村的能力素质。全面推进街道和村（社区）党员服务中心（站）

建设，不断增强基层党组织服务功能。围绕全面达小康，向 204 个村（社区）选派全面达小康指导员，共走访入户 83469 家，收集群众建议 679 条，为群众解决各类问题 627 个。2007 年年底，全区有街道党工委 9 个，建制村有党组织 77 个，其中，党总支部 24 个，党支部 53 个；农村专业合作组织建立党支部 7 个。农村党员 11207 人。

【企（事）业基层组织建设】

1952 年，江宁县众望砖瓦厂成立党支部，这在江宁县县属企业单位中是第一个。在国民经济第一个五年计划期间，随着国有经济的建立和对私营工业、手工业的改造，长江马拉农具站（江苏时花电器集团公司前身）、江宁县东善桥林场、江宁县秦淮中学（江宁县中学）、江宁县汤山林场和江宁县公塘头茶场（江宁县茶叶试验场）相继成立党支部。“大跃进”时期，江宁县的钢铁、化肥、水泥、农机等工业迅速上马，各企业先后建立党支部。虽然这些企业大都在贯彻中央关于国民经济“调整、巩固、充实、提高”方针的过程中关、停、并、转，但这些企业的党组织带领广大职工团结奋战，克服三年困难时期和盲目冒进造成的困难，使全县的经济开始好转。1965 年，全县企事业单位有党委 1 个，党总支 1 个，党支部 117 个，党员 950 人。

“文化大革命”初期，企事业单位的党组织一度瘫痪。1970 年后，各级党组织加强对全县经济工作的领导。工业结构开始由“五小工业”向冶金、建材、机械、化工、纺织为主体过渡，形成一批江宁县骨干企业。1978 年后，通过改革开放、内引外联、技术改造和设备更新，企业逐渐上规模，事业逐步有所发展。与此同时，党的组织和队伍建设得到相应的发展与加强。1987 年，全县企事业单位有党委 5 个，党总支 11 个，党支部 607 个，党员 9898 人。1994 年，全县企事业单位共有 8 个党委，26 个党总支，1424 个党支部，28964 名党员。

1995—2000 年，突出抓好企业领导班子建设，使县属企业领导班子中懂经济会管理的达 82% 以上，大专及以上学历的达 79.50%。制订《企业党建工作考核细则和评分办法》，规范企业党建工作内容和要求，企业党组织政治核心作用得到充分发挥。加强对各类新型经济组织党建工作的领导，不断扩大党的工作覆盖领域。2000 年 6 月，制订《关于加强和改进新经济组织党的建设工作的意见（试行）》，明确工作要求，积极探索符合新经济组织特点的党的组织形式和活动方式，采取独立、挂靠、联合等多种形式，使符合条件的新经济组织都建立起党的组织。

2001 年 3 月，区委组织部出台《关于向非公有制组织中选派党建工作指导员的实施意见（试行）》和《关于建立非公有制经济组织党建工作联席会议制度的意见（试行）》。坚持每季度召开一次非公经济组织党建工作联席会，总结交流经验。至 2002 年年底，全区共有非公企业 1493 家。其中，私营企业 803 家，“三资”企业 237 家，其他企业 453 家。非公企业员工总数 103131 人，共有党员 5116 人。无党员企业 551 家，有党员企业 952 家。共派出党建工作指导员 552 人，成立单独支部的企业 218 家，有 216 家企业成立联合支部 64 个，519 家企业党员挂靠 225 个其他支部。2003 年，在全区非公经济组织中开展以

图 25-6-12　2004 年 10 月 28 日，江宁区党的基层组织建设工作会议召开

提高建党率和扩大覆盖面为主要目标的“基石工程”，使非公经济组织的党建基础得到巩固和加强。至年底，全区1588家非公企业中，有党员企业966家，其中，单独建立党组织的223家，联合建立党组织的有743家，非公企业中党员有了组织归属。实现“两个百分之百”的目标（具备建立党组织条件的非公企业，建党率达100%；暂时不具备条件，但职工人数在25人以上的非公企业，党的工作覆盖面达到100%）。

2005年，下发江宁委发〔2005〕36号文件《中共南京市江宁区委关于进一步加强非公有制企业党建工作的若干意见》。召开全区非公有制党建工作现场会，建立由87名转员（退休）干部组成的非公企业党务工作者人才信息库，聘请40名非公企业党建工作指导员。2006年，按照“扩大覆盖面、提高建党率、增强有效性”要求，组织开展规模以上非公企业党建工作推进月活动。通过推进月活动，非公企业新建党支部95个。至年末，全区581家职工50人以上的非公有制企业有党员的537家，占92.43%；256家职工人数100人以上的企业建立党组织的233家，占91%；规模以上非公企业389家，单独建立党组织的317家，单独组建率81.49%。

2007年，全区370家规模以上非公企业，单独建立党组织367家，党组织单建率达99.19%。加强对各类开发园区党建工作调研，开展以“走访百家企业、约谈百名业主”为主要内容的“双百”访谈和“非公企业党工组织组建提高推进月”活动。落实非公企业党建“登记申请、年检年报制度”，印发《非公企业党建工作手册》6000份，建立“双报”基本数据台账；落实非公企业党建联席会议制度，发挥工商、税务、统战（商会）、群团组织职能作用。推出江宁经济技术开发区长安福特马自达、中圣集团等一批党建工作典型。江宁经济技术开发区非公企业党建工作经验在全省开发园区党工共建推进会上作交流发言。

2007年年底，全区企（事）业单位有党委13个，其中企业党委7个，事业单位党委6个；党总支部30个，其中企业党总支部25个，事业单位党总支部5个；党支部936个，其中企业党支部729个，事业单位党支部207个。共有党员10264人。其中，公有制企业党员1437人，非公企业党员6889人，事业单位党员1938人。

【社区居委会基层组织建设】

2001年，江宁区社区居委会党建工作尚处在探索阶段。随着城市化进程的加快，以街道党工委为核心，社区居委会党组织为基础，社区居委会全体党员为主体的社区居委会党的建设格局初步形成。2002年，全区有街道工委3个，镇党委17个，社区居民委员会支部10个，居民委员会支部11个，党员1104人。

2003年，针对全区社区居委会建设不断加快和流动党员人数增多的实际，加大社区党建工作的力度。区委组织部制定下发《区级机关在职党员参加社区服务工作的意见》，开展以“奉献在社区”为内容的主题活动，并以此为载体推动“惠民工程”的积极开展。至年底，区级机关在职党员和区属单位在职党员到社区报到率达92%。同时，实行社区无职党员设岗定责制度，督促新成立的社区建立社区党组织，充分发挥社区党组织工作中的领导核心作用。全区68个社区居民委员会全部建立了社区党组织。

2005年，全区开展创建社区党建工作示范点活动，并严格按照社区党建工作示范点评选标准进行申报与审批。为加强社区党建工作，改善党对城市工作的领导，完善社区组织体系，增强社区党组织的凝聚力和战斗力，经市委组织部同意，江宁区在东山街道章村社区、中前社区和百家湖街道太平社区开展建立社区党委的试点工作。是年6月18日、19日，东山街道章村社区和中前社区分别召开社区党委成立大会。9月30日，全区首个由全体党员采取公推直选方式产生的百家湖街道太平社区党委正式成立。社区到会的118名党员直接投票选举产生社区党委委员7名，其中书记1名、副书记2名。是年，全区有街道党工委7个，镇党委13个，145个社区居委会建立社区居委会党委3个，社区居委会党总支部24个，社区居委会支部118个。

图25-6-13　2005年，江宁区社区党建工作现场会在东山街道召开

2006年11月，江宁区为贯彻落实省委组织部镇江会议和全市规模以上非公企业党建工作座谈会精神，进一步突出重点，抢抓时间，扎实有效地推进“基石工程”。自11月下旬开始，全面开展非公企业党建工作推进月活动。12月，根据上级文件精神，结合江宁区实际，下发《关于进一步加强和改进社区党员工作的意见》，由此将社区党建工作引向深入，全面构建以服务群众为重点的社区党的建设工作新格局。

2007年，推进社区党组织、社区居委会、物业公司、业主委员会“四位一体”工作模式，全面推进街道和社区委员服务中心（站）建设，不断增强社区党组织的服务功能。是年末，全区有街道党工委9个，127个社区居委会建立党委3个，党总支部34个，党支部90个。街道党员总数24967人，其中社区居委会党员13181人。

【整党建党】

1951年10月至1954年4月，江宁县委开展整党建党工作。1951年10月，县委制订出第一期整党建党计划，全县28个党支部、383名党员普遍进行一次整党教育，同时重点做好110个无党组织乡的党员发展工作。1952年，举办为期1个月的整党建党培训班。参加培训班的区长、村干部、党员和入党对象590人。培训结束后，全县吸收390名新党员。1953年1月16日，县委下发第二批整党建党计划。至是年12月，全县139个乡镇中已有128个乡镇建立党支部，全县拥有党员1050人。1954年，各区委结合增产节约、粮食统购统销等中心工作，普遍开展整党建党，调整充实基层党支部的领导骨干。7月15日，全县整党建党工作基本结束。

1969年1月，县革委会决定在全县基层党组织进行整党建党工作。至1971年11月，全县各级党组织得到恢复和建立。29个公社、镇恢复设立新的党委，594个基层党支部经过整党建党全部恢复建立。由于当时的历史条件和整党指导思想上的错误，使一些符合条件的党员被错误地清除出党或不予恢复组织生活，又将个别不符合党员条件的人员，甚至“打、砸、抢”分子吸收入党。

1983年1月，中共江苏省委确定江宁县为全省机关整党工作试点县。在省、市委工作组的指导下开始进行机关整党，县委、县人大、县政府、县政协党组和56个部委办局共49个支部中的982名党员参加。整党工作分为调查摸底、系统教育、对照检查、集体整改、党员登记五个阶段进行。全县准予登记的党员有976人，不予登记和暂缓登记的各3人，受到党纪处分的16人。1985年4月至1987年2月，县委根据中共中央《关于整党工作的决定》和中央整党工作指导委员会《关于农村整党工作部署的通知》，进行机关整党补课和开展农村基层整党。全县46个基层党委、1264个党支部、2.90万多名党员参加整党。在整党中，按照“统一思想，整顿作风，加强纪律，纯洁组织”的要求，对党员进行党风、党纪、党性教育，严肃处理少数犯有严重错误的党员，全面整顿了党的组织。在历时 4 年的整党工作中，全县准予登记的党员 28039 人，占全县正式党员总数的 99.96%，缓期登记 32 人，不予登记 16 人，受到党纪处分的 136 人。通过整党，全县广大党员普遍受到一次马克思主义的再教育，增强了党组织的战斗力和凝聚力。

【“创先争优”活动】

20 世纪 80 年代后，县委坚持开展多种形式的“创先争优”（创建先进党支部，争做优秀共产党员）活动，激励基层党组织和广大共产党员在各自岗位上建功立业，每年由基层党组织层层推荐，县委在“七一”期间进行表彰。1982 年，县委表彰先进党支部 43 个，优秀共产党员 91 人。1989 年“七一”前夕，县委作出《关于授予东善桥林场铜山分场原党支部书记张根生同志为优秀党支部书记称号和在全县广泛开展学习张根生同志先进事迹的决定》，大力宣传张根生热爱山区扎根林场，勤勤恳恳，任劳任怨，甘做人民公仆的先进事迹。1986—1990 年，县委共表彰先进党支部 267 个，优秀共产党员 338 人，优秀党务工作者 43 人。

1991—1995 年，县委先后提出“奉献在岗位”“我为党旗争光辉”“建功立业、兴我江宁”等争创活动主题，在党建、经济、精神文明一体化目标管理中，考核、评比、兑现，在每年的“七一”纪念日活动表彰一批先进典型。5 年中，县委表彰的先进党支部 340 个，优秀共产党员 435 人，优秀党务工作者 119 人，1993 年还评选出“十佳公仆”。1996—2000 年，开展以“高举旗帜、实践宗旨、做好表率”为主题的创先争优活动，树立一批典型。5 年中，受县以上党组织表彰的基层党组织有 836 个，党员 667 人。在县级以上表彰的各类先进人物中，共产党员占 85% 以上。

此后，这项工作一直得以延续，并随着形势发展而不断赋予新的内容。在农村中开展争创“六个好”乡镇党委和“五个好”村党支部活动，在企业中开展以“四个一”为主要内容的争创“四好”企业党组织活动。并分别制订《江宁区（县）先进基层党组织考核细则》《“六个好”乡镇党委考核细则》《“五个好”村党支部考核细则》，增强了“争创”活动的激励性、导向性和可操作性。2002 年，区委表彰党建工作红旗单位 10 个，“六个好”党委 16 个，“五个好”村党支部 173 个，基层先进党委 5 个，“四个一”企业党委 2 个；先进基层党组织 89 个，优秀共产党员 99 人，优秀党务工作者 47 人。2006—2007 年，组织实施“永葆先进性、建设新农村”主题实践活动，“歌颂党、葆先进、创新业”主题演讲座谈会，“万名党员看江宁”“我向支部进一言、我为发展献一策”等争先创优活动。两年评选表彰先进基层党组织 110 个，优秀共产党员 240 人，优秀党务工作者 80 人。分机关、非公企业、村（社区），评选、命名区级党建工作示范点 30 个。

第二节　党员队伍建设

【党员发展】

1949 年，发展新党员 25 人，恢复原地下工作人员党籍 6 人。1950 年，通过全党整风和土地改革运动，各级党组织吸收一批积极分子入党。1951 年 10 月，根据全国第一次组织工作会议通过的《关于发展新党员的决议》，县委制订第一期整党建党工作计划，开始有计划、有步骤地发展新党员工作。是年，发展新党员 412 人。1953 年年初开始的第二期建党工作中，县委提出重点吸收工农业生产第一线的积极分子入党。1954 年，为适应“一化三改造”工作需要，各级党组织把入党对象放在运动中进行锻炼培养，坚持教育考察。当年发展党员 1868 人。1955—1956 年的合作化高潮中，又在农村发展党员 3048 人。至 1965 年年底，全县共有党员 8262 人。

“文化大革命”初期，各级党组织受到严重冲击，绝大多数党员也被迫停止组织生活。1969 年中共九大后，实行“开门整党”，对党员队伍进行一次“吐故纳新”，吸收了一批新党员。1976 年年底，全县有党员 20969 人。

1978 年后，全县各级党组织认真贯彻新时期发展党员工作的“十六字”方针（坚持标准，保证质量，改善结构，慎重发展），始终坚持把保证质量放在首位，积极、慎重地做好发展党员工作。1981 年，共发展党员 355 人，其中女性 41 人，农林水系统 184 人，文教卫生和各类专业技术干部 64 人。1985 年，为解决优秀知识分子入党难的问题，县委组织部将江宁县中、县实验小学作为发展党员工作联系点，多次到这两所学校召开座谈会，走访群众，广泛听取各方面的意见，研究如何在教师队伍中发展党员。当年年底，两校共发展党员 7 人，超过两校前 15 年发展党员的总和，在全县知识分子中产生较大影响，激发了广大知识分子的政治热情和入党愿望。1986 年，县委组织部转发海门县《重视在青年农民中发展党员》的经验文章，促进了全县各级党组织重视在优秀青年和生产一线中发展党员工作的开展。

1990 年后，县委针对农村党员队伍年老人少、村党支部发展党员工作源头不足、个别村党支部长期不发展党员等问题，采取一系列措施，狠抓发展源头，要求全县各基层支部必须按照发展对象与申请入党积极分子 1 ∶ 3 的比例建立入党积极分子队伍，每个村党支部每年必须发展 1 名新党员。县委组织部根据县委要求，每年年初都制订好发展党员工作计划，明确发展工作中的各项措施，年底对照目标进行考核，确保落到实处。1991—1995 年，共发展党员 3406 人。1995 年，全县共发展新党员 1002 人，其中一线的 730 人，占总数 72.85%；35 岁以下的 609 人，占总数 60.78%；妇女 177 人，占总数 17.66%。

1996—2000 年，全县各级党组织贯彻落实 1997—1999 年《全省党员工作三年规划》，大力加强发展党员工作，在保证发展质量、提高党员素质的前提下，不断改善党员结构。为确保发展党员工作质量，坚持县委、基层党委（工委、直属总支）、基层支部三级预审制，做到“两个不列入计划”“四个不发展”。即组织培养不满一年的入党积极分子不列入计划、未经组织培训的入党积极分子不列入计划；未经政审或政审不合格的不发展，培训不达标的不发展，手续不全的不发展，党内外群众有反映且问题未弄清的不发展。5 年中，共发展新党员 4941 人，党员队伍结构、分布得到改善，素质不断提高。至 2000 年年底，全县共有女党员 4446 人，占党员总数的 12.10%；高中以上文化的 14333 人，占 39.20%，分别比 1996 年增长 2% 和 7%。

2001—2005 年，全区各级党组织以“改善结构、提高素质”为目标，贯彻落实《中国共产党发展党员工作细则》，进一步完善发展党员预审制、公示制、票决制，进一步完善发展党员工作机制。2002 年 5 月，在全市发展党员工作会议上，区委组织部作《健全组织员工作体系，确保“十六字”方针落实》的经验介绍。2003 年，制定下发《关于在全区推行发展党员公示的意见》。2001—2005 年，共发展党员 3536 人。其中，女党员 1028 人，占 29.07%；高中以上文化程度 3051 人，占 86.28%；35 岁及以下 2474 人，占 69.97%；生产一线人员 3228 人，占 91.29%。党员结构更加合理，素质进一步提升。

2006 年，发展党员 669 人。2007 年，发展党员 768 人。其中女党员 255 人，占 33%，超过市指导比例 5%；35 岁及以下 551 人，占 72%，超过市指导比例 4%；高中及以上学历 714 人，占 93%，超过市指导比例 8%；生产一线党员 568 人，占 74%，超过市指导比例 19%。

【党员构成】

1949年，全县有党员280人，其中女党员14人；大学文化1人，高中（中专）文化4人，初中17人，小学244人，文盲14人；从事农林水利工作19人，机关261人。

1965年，全县有党员8262人，其中女党员692人，少数民族17人。年龄结构：25岁以下122人，26岁～35岁7101人，36岁以上1039人；文化程度：大学22人，高中（中专）178人，初中917人，小学4898人，文盲2247人；党员分布情况：工业283人，交通运输74人，农林水利气象6408人，财贸375人，文教卫生体育202人，城市公用事业16人，机关756人，其他148人。

1985年，全县有党员28109人，其中女党员2799人，少数民族47人。年龄结构：25岁以下882人，26岁～35岁6417人，36岁～45岁8656人，46岁～55岁7420人，56岁～60岁2747人，60岁以上1987人；文化程度：大学523人，高中（中专）3667人，初中7450人，小学13031人，文盲3438人；党员分布情况：工业5294人，交通运输523人，基本建设663人，农林水利气象16731人，财贸1376人，文教卫生体育1405人，科研52人，机关1645人，其他396人。

2007年，全区有党员43770人，其中在岗职工18937人；女党员7144人，其中在岗职工3908人；少数民族164人，其中在岗职工115人；台湾省籍2人，在职职工2人。年龄结构：35岁及以下7772人，其中在岗职工5570人；36岁～45岁9651人，其中在岗职工6526人；46岁～54岁7453人，其中在岗职工4413人；55岁～59岁5460人，其中在岗职工2409人；60岁以上13434人，其中在岗职工19人。入党时间：民国26年（1937）7月7日至民国34年9月2日入党的32人；民国34年9月3日至民国38年9月入党的98人；1949年10月至1966年4月入党的7685人，其中在岗职工10人；1966年5月至1976年10月入党的6988人，其中在岗职工1668人；1976年11月至2002年10月入党的23208人，其中在岗职工13003人；2002年11月及之后入党的5759人，其中在岗职工4256人。文化程度：研究生357人，其中在岗职工357人；大学本科3918人，其中在岗职工3549人；大学专科6006人，其中在岗职工4949人；中专3316人，其中在岗职工1991人；高中、中技9694人，其中在岗职工4962人；初中及以下20479人，其中在岗职工3129人。

【民主评议党员】

中共十三大提出“从严治党”的方针，根据省、市委的部署，县委认真贯彻中央《关于建立民主评议党员制度的意见》精神。1989年1月，县委批转组织部《关于开展评议党员活动，妥善处理不合格党员工作的意见》，在基层党组织开展民主评议党员试点的基础上，全面开展民主评议党员活动。至当年6月，全县有41个党委、29个党总支部、1219个党支部、2.60万名党员参加评议活动。4181名党员被评为优秀党员，占参评党员的16.08%；204名党员被评为不合格党员，占参评党员的0.78%。同时，对不合格党员分别作出限期改正、劝退、除名和党纪处分的处理，纯洁了党员队伍，增强了党的自身建设。至1990年，在全县29475名党员中，有27933名党员参加了评议，参评率95%，评出合格和基本合格党员26949人，不合格党员41人（其中除名11人，劝退10人，限期改正20人）。

1991—1995年，县级机关党组织每两年评议一次，乡镇和企事业单位党组织每年评议一次。1996—2000年，坚持每年一度的民主评议党员制度，100%的基层党支部和95%左右的党员参加评议。为纯洁党员队伍，2000年9月，组织部下发《关于严肃处置不合格党员工作的实施意见》，加大处置不合格党员的工作力度。2001年，全区有1346个支部、36859名党员参加评议，支部参评率 100%，党员参评率 97.80%。共评出优秀党员 3325 人，其中授予优秀党员称号 2310 人；被评议为不合格党员 9 人，其中限期改正 1 人，开除党籍 2 人，受其他组织处分 6 人。

2003 年，全区有 1309 个支部、38489 名党员参加评议，支部参评率 99.85%，党员参评率 99.65%。共评出优秀党员 1280 人，其中授予优秀党员称号 1169 人；被评为不合格党员 26 人。其中，限期改正 1 人，开除党籍 5 人，受其他组织处分 20 人。2006 年，全区有 460 个支部、21409 名党员参加评议，支部参评率 34.67%，党员参评率 50.71%。共评出优秀党员 857 人，授予优秀党员称号 200 人；被评为不合格党员 12 人（均开除党籍）。2007 年，全区有 702 个支部、18985 名党员参加评议，支部参评率 47.05%，党员参评率 43.37%。共评出优秀党员 1288 人，没有评出不合格党员。

【“万名干部、党员联系万户”活动】

为加快全县全面达小康，启动基本现代化步伐，1997 年 7 月，县委提出在全县开展“万名干部、党员联系万户”活动，实行一对一结对帮扶，时间一定 5 年。并成立由县委组织部、县纪委、县委宣传部、县委办、县委农工部、县级机关党委等部门负责人组成的“万名干部、党员联系万户”办公室，具体负责对这项活动的组织和领导，办公室设在县委组织部。此项活动共确定困难户 9750 户，其中乡镇 9192 户，县属及系统企业 558 户；参加帮扶的党员干部共普及到 23 个乡镇和 72 个部门、单位，其中乡镇 7364 人，机关及县属企事业单位 2386 人。在帮扶工作中，各帮扶单位的干部和党员坚持做到救济扶贫与开发扶贫、扶贫与治愚、联户与带村、扶贫与加强思想政治建设四个结合。县委组织部还将此项工作列入每年度的党建工作目标，进行检查、督促、考核，取得明显成效。据统计，仅县级机关党委 3500 多名党员就向帮扶贫困户捐款 350 多万元、衣被 1.50 万多件（套），帮助翻建房屋 100 多间，引导 40 名贫困户子女外出务工，使 353 户贫困户基本脱贫。这项活动成为激发党员干部发挥先锋模范作用的一种好形式，活动中涌现出一大批先进典型，在社会上引起强烈反响，受到广泛好评。部分基层党组织还在此基础上作出进一步探索和实践，形成一些好的经验和做法。淳化镇党委在制订党员联系户的内容上，做到“六个到户”，即党的方针政策宣传到户、粮油征购任务落实到户、计划生育包干到户、民事调解承包到户、农业技术服务到户、有困难的帮助到户，使“万名干部、党员联系万户”活动的内容进一步丰富。

2003 年，组织开展新一轮“万名党员带万户”活动，至 2005 年的 3 年中，区级机关帮扶 2056 户，个人捐款 4077 人次、164.61 万元，捐赠衣被 5532 件；集体捐款 463.60 万元，帮助解决帮扶对象就业 710 人，修建房屋 219 间，创办村级企业 40 家，年增产值 7162.50 万元。2006—2007 年，区级机关 72 个部门 3600 多名党员与 2361 户困难户结对帮扶。个人捐款 4801 人次、190.21 万元，捐赠衣物 7400 多件；集体捐款 560.60 万元，提供帮扶资金 290 多万元。

【“三讲”教育】

2000 年 3 月，根据中央和省、市委的统一部署，全县县级四套班子和组、纪、宣、公、检、法 6 个部门班子开展以“讲学习、讲政治、讲正气”为主要内容的党性党风教育。整个教育分思想发动、学习提高，反馈意见、自我剖析，交流思想、开展批评，认真整改、巩固成果四个阶段，前后历时两个多月。在“三讲”教育活动中，县委和各领导班子思想上高度重视，既按照省、市“三讲”教育领导小组办公室和省、市巡视组的部署，集中时间、集中精力，高标准、严要求地做好每个阶段的工作，又结合江宁实际，不照搬照套，把“三讲”与“双思”（致富思源，富而思进）活动紧密结合，创造性地开展“三讲”教育。先后下发211份征求意见表，召开了20个座谈会，共收集意见130条，各领导班子成员自己动手撰写心得体会和读书笔记366篇73万余字，各班子主要负责人与班子成员、班子成员与成员之间开展广泛的谈心与交心活动计400余次。县四套班子和6个部门班子总结分析材料的满意率和基本满意率平均为93.30%、99.60%，个人剖析材料的满意率和基本满意率平均为93.90%、96.60%，共提出整改措施150条。为巩固和发展“三讲”教育成果，县委于2000年11月下旬至12月上旬对“三讲”教育进行“回头看”，巩固和扩大“三讲”教育的成果，推动整改措施的落实和完善，有效解决查摆出的问题，研究制订推动“三讲”教育经常化、制度化的措施。

【开展“三个代表”重要思想学习教育活动】

2000年12月28日，县委出台《关于在全县开展“三个代表”重要思想学习教育活动的实施意见》。2001年1—5月，分两批开展镇、机关部门和村、站所“三个代表”重要思想学习教育活动。整个活动历时5个月，分学习培训、对照检查、整改提高三个阶段进行。江宁区是省委书记和南京市委书记的联系点。村、站所的学教活动为全省试点单位。全区的学教活动得到中央和省、市领导的关注。2001年年初，中共中央政治局候补委员、书记处书记、中央组织部部长、全国农村“三个代表”重要思想学教活动联系会议组长曾庆红等领导到江宁区指导学教活动的开展；江苏省委书记回良玉、南京市委书记王武龙也多次到联系点指导学教活动。是年5月6日，在北京召开的全国农村“三个代表”重要思想学习教育活动村级试点工作座谈会上，江宁区提出的“干部受教育，群众得实惠”叫响全国，成为全国“三个代表”重要思想学习教育活动的目标和口号。

在镇、部门开展的学习教育活动中，共举办进村宣讲活动448次，参加活动108340人；结对帮扶73789人，帮扶解困4734户；送科技进村到户493次，举办科技培训153次，送科技资料32522本；送医送药1022次，受益群众13573人。开展各类文体活动5279场，参与群众78.60万人次。共征求5.50万多条群众意见。对涉及面较广的重点问题，区委、区政府制定下发《关于在全区长期开展区管干部“走村进户”活动实施的意见》等6个文件，从制度上加以规范，实行长效管理，从而保证积极稳妥地整改。全区召开大型就业招聘会，安排1200名下岗和失业人员就业。举办民心工程推进会，12个镇与14个部门签订27个民心工程意向书，启动80多个民心工程。需要投入资金为群众办实事的整改项目有2290项，完成2100项，投入资金达2亿元。全区累计新建成和维修村道路500千米，机耕路200多千米；新增有线电视入户4500户，新增电话入户2.40万户，全面完成农村电网改造扫尾工程。

在村、站所开展学教活动中，狠抓“整改意见反馈制、整改措施责任制、整改过程协作制、整改情况公示制”的落实，做到整改意见条条有交代、件件有落实。同时，立足长远制订为群众办实事的三年实施计划、强村富民的五年发展规划。组织实施“千家万户送宣讲材料，千家万户送文艺演出，千家万户送科技知识，千家万户送结对帮扶，千家万户送医送药”的“五千五万”活动。组织实施“四送”活动：送文化，强素质，全区共建文化中心户400余户；送科技，促调整，送科技入户49500户，科技帮扶结对1000多户；送信息，共送信息到户64574户；送政策，共送政策到户107548户。建立致富档案128540户，根据不同情况，制订切实可行的帮扶措施，让群众得到实惠。

【党员先进性教育】

2005年1月21日，区委下发《关于开展以实践“三个代表”重要思想为主要内容的保持共产党员先进性教育活动的实施意见》。全区分三批进行，每批半年左右时间，分三个阶段：学习动员阶段、分析评议阶段和整改提高阶段。

第一批：区级党政机关和部分企事业单位。有81家单位、219个基层党组织（5个党工委、25个党总支部、189个党支部）的3740名党员。从2005年1月开始到6月基本结束。在教育活动中，建立区级党员领导联系点69个，区级机关部门联系点71个。发放《致全区共产党员一封信》4万份，《致全区流动党员一封信》700份和《致全区人民一封信》3000份。成立共产党员先进事迹报告团，组织巡回宣讲30多场，听取宣讲3200人次。全区党员领导干部上党课118场次。征求意见5019条，其中涉及领导班子的意见1194条、党员领导干部的意见1016条。各级党组织为基层、为群众办实事1297件，投入达2.94亿元；计划继续为基层、为群众办实事1289件，预计投入1.49亿元。

图25-6-14　2005年，江宁区召开第一批先进性教育活动整改提高阶段工作会议

第二批：城市基层和镇机关。有593家单位、627个党组织的13963名党员。从2005年7月开始到12月基本结束。在教育活动中，区级领导干部建立联系点21个，同时建立区管领导干部联系点375个。据统计，全区各级领导干部深入联系点1030次，给基层上党课938次，作形势报告214场次，树立先进基层党组织典型80个、优秀党员典型315人。共征求意见8000余条，其中涉及领导班子的意见6200余条、党员领导干部的意见1800余条。为确保整改提高取得实实在在的成效，实行“7＋6”整改法，即七个步骤分别是打牢思想基础、制订整改方案（措施）、实行全面公示、抓好整改落实、加强协作联办、反馈整改结果、跟踪督查考核；六项制度分别是分解交办制、分级责任制、公示备案制、协作联办制、反馈评议制、办结销号制。在第二批先进性教育活动中，全区各基层单位对查摆出的3689个问题进行集中整改。组织开展以“送温暖、送岗位、送服务、送医疗、送法律、送文化、送科技”为内容的“七送”活动。全区落实帮扶资金1000万元，为群众办实事好事1729件，结成帮扶对子3129对，走访慰问困难群众6494人，发放慰问困难群众钱物价值210.65万元。

中共江宁区委充分利用第一批、第二批保持共产党员先进性教育活动的成果和经验，围绕“建设社会主义新农村”主题，结合第三批开展保持共产党员先进性教育活动实际，做到宣传发动、思想认识、领导力量、具体环节、工作抓手、工作机制“六个”到位。全区参加第三批先进性教育活动的党员21409人，其中区纪委、组织部、宣传部、机关工委4部门137人，村（社区）18326人。从2006年1月开始到6月基本结束。在教育活动中，组织开展集中学习培训活动5100场次，撰写读书笔记和心得体会11.82万篇，进行先进性具体要求大讨论978次，累计征求意见58692条。其中党组织18046条，党员个人40646条。据统计，全区各基层党组织共制订整改措施5081条，完成整改4494条，投入整改资金4031.60万元。全区各部门、各单位共走访慰问困难群众9898户，捐钱捐物373万元，结对帮扶5531户。接受科技培训和咨询6.30

万人次。切实解决群众反映强烈的突出问题。是年，专门安排资金 5 亿元反哺“三农”，农村医保由每人 53 元增至 110 元，低保标准由每人 150 元增至 180 元。上峰镇每年补贴 200 万元，率先实行免收全镇中、小学学杂费，成为江苏省实行免费义务教育“第一镇”。

【党员培训和电化教育】

1951 年 12 月 2—30 日，江宁县委举办首批党员培训班，有 289 名党团员、基层干部参加。这次党训班通过开展共产主义理想及党员标准八项条件教育，为江宁县全面开展整顿党的基层组织，提高党员素质，加快发展农村党的基层组织培养了骨干。1952 年 8 月 9 日，县委举办为期 1 个月的整党建党培训班，参加培训的党员干部、党员和入党对象 590 人。培训内容是进行共产主义教育和怎样做一个共产党员的教育，以及“三反”运动的政策教育。

1961 年 4 月 20 日，江宁县直机关成立业余党校，从是日起，开始分期分批组织机关全体党员，系统地学习党的基本知识和党的方针政策。

1980 年 7 月，全县各级党组织分批轮训党员干部，用中共十一届三中全会、四中全会和五中全会精神，统一全县党员干部的思想和行为。据统计，县委党校及相关部门先后举办各种类型的训练班 12 期，各公社、镇及厂矿企业也分别举办 3 期～5 期，全县共轮训党员干部 2.38 万人。1981 年，全县各级党组织开展以学习贯彻中共中央〔1981〕第 1、2 号文件为主要内容的党员、干部冬训工作。全县 29 个社镇和 2 个县属林场，共举办冬训班 55 期，参加人数达 22953 人，为加快推行联产承包责任制打下思想基础。1986—1990 年，县委重视对党员干部的培训工作，选送 22 人到省、市、县委党校（或其他高等院校）参加脱产 3 个月以上的培训学习。除此之外，县委组织部会同县委党校等有关单位举办多期党员、干部短期培训班。

1988 年，县委组织部将电化教育手段运用于党员教育，充分发挥其“形象直观、真实可靠、喜闻乐见”的优势。先后购置 200 多盘电教片提供给各基层党组织播放，内容包括党的知识、市场经济知识、农业科技知识等。同时与县电视台合作，先后创作 5 部电教片，及时反映和宣传不同时期基层党组织和党员中的先进典型。其中，《为有源头活水来》《心系句容河》在市委组织部组织的电教片观摩活动中分别获得优秀奖和三等奖。1995—2000 年，出台《江宁县 1998—2000 年党员电化教育工作规划》《江宁县先进电教点条件》《江宁县优秀党员电化教育工作者的条件》等文件。在投入上，采取乡镇财政挤一点、村里出一点、党费拨一点、帮扶单位支持一点的办法多方筹集资金。在功能发挥上，加强电教片发放的计划性和针对性，不拘一格，讲求实效，通过定期、定点、集中、分散等形式进行播放。在教育面上，与县电视台合作，开办了“党旗下的报告”专栏节目，每月播出两期，总时间不少于 10 分钟。1996—2000 年，共投入资金 50 万元用于党员电化教育，全县共播出电教节目 192 期，拍摄电教片 28 部。农村党员全年收看电教片平均 12 部以上。1999 年，全县村级“两机一室”（计算机、电视机、党员活动室）电教点建点率 100%，县级机关部门、企事业单位电教站建站率 100%。麒麟镇荣获全省党员电化教育先进乡镇称号。与此同时，全县举办农村党员实用技术培训班 500 多期，培训党员 4 万多人，发放资料、书籍 20 余种、4 万多份，发展培训教育基地 19 个，各类技术协会 60 个，发展科技示范户 2000 余户。1999 年，江宁县农村党员实用技术培训工作被省委组织部、省科协评为优秀组织奖。

2001—2002 年，先后投资 50 多万元为党员电化教育添置电教设备。使党员电教中心具备了较完整的摄、录、编、制功能；为全区所有镇、街道和大部分区级机关部门党委（工委）配备专用计算机，90% 的党支部达到“三机一室”（计算机、电视机、播放机，党员活动室）的标准。东山街道、麒麟镇获南京市党员电教先进站称号。上坊镇永安村党支部等10个电教点获南京市党员先进电教点称号。下发党员电教片1000盘（部），播放电教片3500多场次，有近5万人的党员群众收看。扎实推进党员电教科技富民工程，开展农业实用科技培训电教月活动，为全区17个镇247个村配备党员实用技术电教片1000盘。为配合公务员知识更新培训，下发世界贸易组织系列知识专题片300多盘。2001年6月，开通“江宁党建”网站，引导基层党组织利用党建网络开展党员教育活动。陶吴镇党委投资5万多元，开通全市第一家镇级党建网站，即陶吴党建。2年中，与区电视台合作，在《党旗下的报告》专栏共播出电教节目80多期，报道先进集体32个，优秀共产党员30人，拍摄党员电教专题片6部。其中，《活着，奉献着》在江苏省党员电教片观摩评比中获优秀奖，在南京市评比中获二等奖。2002年11月，开展“千名村官”培训工程，共有14115名村官和农村普通党员参加培训。此次培训首次运用电化教育手段，制作下发电教片2000多套，下发各类科技读本4000余册，为基层组织村干部和普通党员培训提供教材。2003年，筹集100多万元，购置江宁网站服务器系统，完成江宁党建网站改版工作，指导全区28家基层党（工）委、总支建设开放党建网络，村（社区）电教点“三机一室”率达100%，配备联网计算机68%。深入开展党员电教科技富民活动，共组织下发农业科技电教片17部1080盘。2004年，全区49家基层党（工）委全部建成党建网站，所有村（社区）党组织都配备计算机，党建网站阵地建设实现历史性突破。建立基层网站信息员队伍。开辟“党在我心中”网上知识竞赛，开辟争创文明城区专栏，与团区委联合举办“江宁十佳青年”评选活动，扩大网站影响力。2005年，党建网站浏览量达4万多人次，制作下发有关理论学习、科技知识的电教片1.30万余部（盘）。

2006年，全新设计与改版的江宁党建网站，网站浏览量迅速提高。至年末，点击浏览累计20万人次，制作下发1.60万多盘党员电教片。开展“学习新党章、永葆先进性”党员电教月活动，播出《党旗下的报告》电视专栏26期。2007年，江宁党建网站点击率上升到30万人次，开播《党建视窗》电视专栏32期，发放各类电教片1.44万张。是年，实施党员干部现代化远程教育。根据省委实行的“一点落地、全省覆盖、两网并行、村村通达”的远程教育技术路径，江宁通过连接市级教育服务平台，借助有线电视网和互联网进行教学资源和教学信息的传输，为终端接收站点的党员干部提供远程教育服务。9月，在全区建立科学管理、运行规范、使用良好的党员干部现代远程教育的工作机制和责任明确、制度健全、运行有序的教学体系，确保广大党员干部真学真用。

【外出流动党员管理】

随着改革开放和社会事业的不断发展，劳动力在产业间的转移和地区间的流动日趋广泛，外出务工经商的党员日趋增多。县委从1984年开始加强对这部分党员的教育管理。同年9月，县委组织部印发省委组织部《关于加强对农村外出党员管理的几点意见》，各基层党委根据文件精神，研究制订具体实施办法，建立外出党员管理名册，保证外出党员受到正常教育。1986年，县委组织部下发《关于加强全县党组织和党员管理的意见》，其中对外出（或出国）党员党籍的管理作出明确规定。1994年，县委组织部转发中组部《关于加强党员流动中组织关系管理的暂行规定》。1995年，根据中央和省委文件精神，在全县各级党组织中普遍实行“流动党员活动证”。1998年，针对企业下岗职工中党员教育管理中存在的问题，县委组织部提出《关于加强对企业下岗职工中的党员教育管理的实施意见（试行）》，对下岗职工党员教育管理工作予以规范。

2004 年，对 477 名流出党员补发党员活动证，规范流动党员的管理工作。2007 年，区委组织部采取三项举措加强全区流动党员的教育管理。制度建设规范化，出台《关于加强和改进流动党员管理工作的意见》，健全流动党员登记制度、行前教育制度、定期联系和走访制度、返乡培训制度，将全区近 400 名流动党员情况分别录入区、镇街、村（社区）动态信息库，每季度更新一次；咨询服务常态化，区、镇街、村（社区）三级党组织共设立流动党员服务热线电话 80 部，区流动党员咨询服务热线每天 8 时至 22 时有专人值守，累计解答流动党员咨询服务 300 多人次；日常管理系统化，设立 85 个党员服务站点，强化教育管理，通过规范流动党员组织关系管理和“流动党员活动证”的发放，做好日常的联系管理工作。在开发区建立江宁投资开发有限公司流动党支部，集中管理 13 名流动党员。

第三节　干部队伍建设

【干部人事制度改革】

新中国成立后至中共十一届三中全会前，江宁县和全国一样，在干部选拔任用方法上，一直实行选举制和委任制；在干部管理权限上，实行的是下管两级的干部管理体制。1949 年，江宁县党政机关配备干部 367 人。1954 年，县委按照“德才兼备”标准和“大胆大量提拔使用干部”的原则，选拔一批干部充实到各级党政组织。1954—1955 年，共提拔任用县、区干部 228 人。20 世纪 60 年代初，按照毛泽东提出的“造就千百万社会主义事业的可靠接班人”的要求，为经济建设领域培养和输送一批年轻干部，各级党政组织领导班子成员结构初步实现老、中、青三结合。1962 年 3—6 月，贯彻中央关于“实行精兵简政、厉行增产节约”的指示精神，在县级机关进行精简缩编工作，县、社两级行政人员编制由 909 人减为 645 人，精简下放机关干部 366 人。“文化大革命”期间，大批党的干部受到诬陷与迫害。粉碎江青反革命集团后，县委进行平反冤假错案工作。

20 世纪 80 年代后，在干部选拔任用继续实行选举制和委任制的同时，开始对干部选拔任用方法进行改革。1983 年，县委根据省、市有关文件精神，在干部管理和任用制度上作了一些探索性改革。把农村基层党支部书记的任免权下放给各乡镇党委；在部分乡镇实行干部聘请制，打破干部职务“终身制”。1984 年，县委组织部提出《干部人事工作改革意见》，对干部管理和任用制度进行一些改革：进一步调整、下放干部管理范围和权限；扩大企业任免干部的自主权；乡镇经委会的干部普遍实行聘请制；县乡（镇）机关普遍实行岗位责任制，实行“考德、考能、考勤、考绩、一评比”的“四考一评”制度。1987 年，县委继续坚持干部能上能下的新机制，畅通干部进出渠道。县委组织部、人事局共同制订《关于认真执行干部离、退休制度的意见》，对到年龄的 215 名离、退休干部全部办理离、退休手续。同时，按照中组部《关于调整不胜任现职领导干部职务几个问题的通知》办事，对 21 名不胜任现职的领导干部进行调整。此后，县委在干部管理制度改革上采取一系列新举措：实行干部回避交流制度、民主考评干部制度、领导干部个人重大问题报告制度、干部诫勉制度等，在干部管理制度改革上取得新进展。

1995—2000 年，全县按照“扩大民主、完善考核、推进交流、加强监督”的总体要求，着力解决干部能上能下的问题，努力扩大干部工作中的民主和群众参与度。根据中央组织部《党政领导干部考核的暂行规定》精神，县委坚持每年对县管领导干部进行一次年度考核。1998 年，对23个乡镇和79个机关部门、事业单位的领导干部472人进行年终考核。2000年，对县纪委等6个部门领导班子和30名班子成员进行届中考察。为充分利用考核成果，解决工作不胜任干部“下”的问题，制订《江宁县调整不胜任现职领导干部暂行办法》，对在民主测评中有30%以上的不胜任票或60%以下的胜任票并经组织考察有问题的干部，坚决从领导岗位上调整下来。在认真总结干部考察经验的基础上，出台《江宁县干部考察工作责任制》，有效地避免因考察失真失实而造成用人决策上的失误。公开选拔领导干部和实行党政机关内部中层领导职位竞争上岗。县委组织部出台《江宁县党政机关内部中层领导职务竞争上岗暂行办法》。在财政局组织召开中层干部竞争上岗现场会。江宁经济技术开发区、检察院、旅游局等十多个党政机关相继开展中层领导干部竞争上岗，共有171人参加竞争上岗，实际录取岗位数120个。2000年11月，县委首次推出17个副局级领导职位，面向全市进行公开选拔，618名干部自愿报名，599名符合条件的干部参加笔试，57名参加面试，最后有28名干部通过体检，进入组织考察范围。干部交流工作逐步规范，范围逐步扩大。1996—2000年，全县先后交流县管领导干部255人次。2000年，全县18个镇的党政一把手中至少有1名实现易地交流。14个镇的党委一把手实现易地交流，交流面78%。企事业人事制度改革迈出较大步伐。对企业干部实行分类分层管理，企业用人自主权扩大，企业干部与行政级别逐步脱钩，干部与工人的身份界限被打破，企业管理人员和专业技术人员的聘用制普遍推广。企业领导人员的选拔任用，在坚持德才兼备的原则下，逐步引入市场原则和竞争机制。

2001—2002年，先后制订6项干部人事制度改革意见和办法，即《江宁区民主推荐领导干部工作制度》《江宁区区管领导干部任前公示制度》《江宁区调整不胜任现职领导干部暂行办法》《江宁区干部考察工作责任制》《江宁区区管领导干部谈话诫勉制度》《江宁区党政机关内部中层领导职位竞争上岗暂行办法》。同时，制订干部考察预告制、干部任免票决制、干部推荐署名制、干部考察差额制四项制度。2002年，对70多名干部进行考察预告，对40多名领导干部进行区委常委票决制，对首次公开选拔录用的13名干部进行试用期一年的考察，正式任命为处级领导。2003年，对11个职位的领导进行定向民主推荐，干部考察、民主推荐97人，向区纪委、检察院、计生局征求意见104人，常委会票决95人，任前公示99人。2004年，对59名干部进行考察预告，对156名拟提拔的人选进行常委会票决，对117名干部进行任前公示。加快民主推荐和公推公选的改革步伐。对市管后备干部、区委“两委”委员候选人和区计经局局长、汤山镇与麒麟镇党委书记等重要岗位人选的民主推荐，首次在全区范围内以公推公选方式选拔出区委、镇委领导班子；对汤山镇、麒麟镇镇长人选在全镇范围内进行公推。2005年，对99名干部进行任前公示。采取公推竞岗方式公开选拔区委办公室主任，区法院副院长和统计局副局长职位参与市区联动公选，拓宽选人用人视野。

2006年，贯彻执行《中华人民共和国公务员法》《党政领导干部选拔任用条例》和法律法规，推进干部人事制度改革。对区划调整中的29名党政正职人选实行全委会票决，对水利局局长等6个区管正职岗位人选进行差额表决。对江宁经济技术开发区、江宁科学园、滨江经济技术开发区的66名在职区管干部进行第三轮考核，组织3家单位192人参加民主测评，193人参加个别谈话，采取量化测评读卡分析办法，对干部进行定性与定量分析，提高考核的效率和准确性。2007年，完成区人大、区政府、区政协换届选举和区总工会、团区委换届相关人事安排工作、开发区干部调配工作。对17名干部实行轮岗交流。在教育、科技、司法等部门领导班子中配备女干部和党外干部。实施团区委领导班子成员公开选拔，切实提高公选工作参与面、反响度和影响力。

【后备干部队伍建设】

20世纪80年代后，县委注重后备干部建设，坚持以后备干部队伍结构的优化带动整个干部队伍结构的优化，不断调整、充实和壮大后备干部队伍，加强后备干部的实践锻炼，及时为各级组织输送人才。1989年，县委批转组织部《关于选派部分中青年干部到乡镇挂职、帮助工作的意见》，并从县机关和县属企事业选派23名中青年干部到乡镇担任乡镇长助理，进行实践锻炼，从而在后备干部建设上迈出新的一步。到1994年，全县已形成一支800多人的后备干部队伍。经过1995年的考核、调整充实，重新确认489名干部为县管后备干部。其中，妇女后备干部68人，基本达到县委关于建立一支500人左右的县管后备干部的要求。1990—1995年，先后提拔使用的后备干部115人。其中，妇女干部9人，占提拔总数的8%。

1996—2000年，加强对后备干部的选拔、培养与管理，不断对后备干部队伍进行调整和充实。至2000年年底，全县共有后备干部525人。其中，女后备干部103人，占总数的19.62%；35岁以下的358人，占68.19%；大专以上文化程度382人，占72.76%。重视党外后备干部的建设，组织部和统战部共同出台《关于抓好党外后备干部建设的意见》，党外县管干部达43人。2001—2002年，制定下发《后备干部管理工作意见》，加大对后备干部的考核和年度测评力度，建立后备干部信息库。全区407名区管后备干部全部为大专以上学历。2003年，全区440名后备干部大学学历为100%。其中，大学本科学历占35%；平均年龄33.60岁，30岁以下占24%。2004年，结合区管领导班子和干部考核工作，民主推荐247名素质好、能力强、有发展潜力的优秀中青年干部作为近期培养区管后备干部人选。是年，全区共有区管后备干部459人。其中，女干部122人，占26.58%；非党员干部60人。

2005年，首次在全区范围内开展区管党政正职后备干部和女干部、党外干部推荐工作。区四套班子领导、区委委员、候补委员，区级机关各部门、各街道以及开发园区、区各直属事业单位的主要负责人共132人参加推荐。对推荐出的优秀人才，建立专门档案，实行动态管理。至2007年，江宁区已建立一支结构合理、数量充足、素质优良、群众公认的后备干部队伍。

【选拔优秀年轻干部】

1983年年底，县委在县级机关机构改革后，按照干部“革命化、年轻化、知识化、专业化”的标准，充实调整领导班子。县级机关平均年龄由原先的54岁降至47.50岁，大专文化程度由原先的7%增至16%，高中（中专）文化程度由原先的40%增至80%。

1984—1994年，为适应形势发展的需要，县委坚持干部“四化”方针和“德才兼备”的原则，在积极推荐和重点培养后备干部的同时，利用人才市场等多渠道招聘和引进人才。1994年，引进大专院校毕业生和专业技术干部等各类人才504人，相继配备县、乡镇科技领导干部31人。

1995—2000年，加大对年轻干部的培养力度。制订《江宁县1998—2000年选拔和培养年轻干部工作规划》，增强选拔和培养年轻干部的针对性和计划性。坚持在实践中锻炼培养年轻干部。先后任命乡镇长助理149人，机关部门和企事业单位领导助理76人。其中有153名助理得到提拔使用。举办学历在大专以上、年龄在30岁以下，脱产一年的两期青年干部培训班，共有100名青年干部接受培训。其中，19人得到提拔使用，有13人担任乡镇长助理。2000年，县管领导干部40岁以下占33.70%，大专以上学历占81.20%；乡镇、机关、企事业单位党政领导班子平均年龄分别为42.20岁、45.80岁和43.80岁，比1996年分别下降2.80岁、1.60岁和1.20岁。

2001年，制订《江宁区2001—2005年培养选拔优秀年轻干部工作规划》。2003年，优化领导班子结构，全年共调配干部219人次。通过调配，全区在职区管领导干部730人（其中女干部

78 人），平均年龄 43.54 岁，比 2002 年下降 1.36 岁；大专以上学历干部比例达 91.90%，比 2002 年提高 4.90%。2003 年，制定并下发《关于在全区继续推行"助理制"工作的意见》，全年在全区选配 24 名镇长（街道主任）助理和 16 名部门领导助理。2005 年，举办第三期青年干部培训班，46 名学员参加脱产 3 个月、挂职锻炼 3 个月的培训。2006 年，全区由 20 个街镇调整为 7 个街道、2 个镇，涉及 302 名干部调配。召开全区负责干部大会，由 152 名区管正职以上干部对人选进行民主推荐，多次听取区四套班子领导和市、区有关部门意见，对 29 名党政正职人选实行全委会票决。区划调整后，街镇区管现职领导干部精简 51 人，党政正职干部平均年龄下降 2.50 岁。是年，区委组织部获市"组织工作创新创优奖"。2007 年，全区调配区管领导干部 175 人次，区管领导干部年龄和专业知识结构得到进一步优化，女干部和党外干部比例有所提升，素质和活力得到增强。

【干部教育培训】

1951 年 12 月和 1952 年 8 月，县委分别举办两期党训班，培训区、乡、村干部和入党对象 879 人，主要学习《怎样做一个共产党员》课本。1961 年 5 月，县委决定在全县大力开展培养教育党员干部工作，进一步提高党员干部的政治思想和经济理论水平。全县各级党组织举办党员干部培训班，组织学习"农业六十条"、党的基本知识和毛泽东关于中国社会主义建设的理论和实践问题的指示。7 月，为加快对党员干部政治理论培训的步伐，县委决定将原县委党训班改建为党校。

1970 年 5 月，全县各级党组织普遍开展"活学活用新党章"活动，共举办新党章学习班 1500 期，有 4.50 万人次参加学习。

1981 年 8 月，中共十一届六中全会《关于建国以来党的若干历史问题的决议》发表后，县委在常委、副县长以上党员干部分别参加省、市举办的学习班基础上，在县委党校分批集中大队党支部书记以上党员干部进行专题学习。至 11 月下旬，共举办四期，参加人员有 1100 多人。1983 年 8 月，县委举办乡镇长培训班，组织乡镇长学习中共十二大文件、《邓小平文选》和新宪法。1988 年，县委先后在县委党校举办五期县管干部学习中共十三大文件培训班，对全县所有的乡镇、县属厂（场）和县直机关部委办局副职以上的领导干部进行系统的学习培训。1986—1990 年，全县有 223 人被送到省、市、县委党校及其他高等院校参加脱产 3 个月以上的培训。

1991—1995 年，重点开展以邓小平建设有中国特色社会主义理论的学习教育，进一步增强党员干部贯彻党的基本路线的自觉性和坚定性。5 年共举办县管干部学习班 22 期，参加轮训的干部 1678 人次。1996—2000 年，先后制定下发《江宁县 1996—2000 年干部培训工作规划》《关于坚持和完善领导干部政治理论学习制度的意见》，以及每年的干部培训教育计划或要点等一系列文件。共举办县管干部、新上岗干部、乡镇长和部门领导助理、企业厂长（经理）、中青年干部、后备干部、村党支部书记等各类主体培训班 34 期，有 2800 人接受培训。先后选择了 115 名干部参加中央和省、市组织的各类培训。各乡镇、机关部门、县属企事业单位充分利用党校培训主阵地，共培训基层干部近 10 万余人次。举办四期十五大专题培训班，有 250 人参加培训。并组织十五大宣讲团，深入农村、企业宣讲十五大精神。

2001—2002 年，围绕江宁未来五年城市发展的三大定位、四大战略，区委组织部始终把抓好后备干部、党外干部、女干部、共青团干部、企业干部、村党支部书记的培训作为工作重点。先后制定下发《江宁区 2001—2005 年干部培训规划》《2002—2003 年江宁区农村党员和基层干部科技素质培训工作意见》。组织各类人员培训 4 万余人次。其中主体班次培训 24 期，有 1200 名干部参加培训；选送 55 名干部参加上级组织培训。突出抓干部更新知识培训，有 1400 名干部参加计算机培训，1110 名参加实用英语培训。启动以"带头致富、带领致富"为目标的全区村官“双带”培训工程，制定下发《关于在全区开展“千名村官”培训工作的实施意见》。至2002年年底，共有14115名村官和农村普通党员参加培训。其中村党支部书记、村委会主任496人，村两委委员1419人，农村普通党员1.22万人。2003年，全年共举办各类培训班32期，参加培训人数5000余人次，并选送20名干部参加省、市组织的培训。在干部培训中，突出抓好区管干部、中青年干部、后备干部、党委干部、女干部、团干部和村支部书记的培训。有2000名干部参加“四五”普法教育，637名干部通过实用英语测试，112名干部参加计算机培训，270多名村（社区）党组织书记参加集中培训。2004年，全年共培训各级各类干部6891人次。举办区管副职干部、女干部、转员干部、非公企业党务干部等15个有影响、有特色的主体培训班次，培训干部750余人次。组织全区2500多名机关干部参加14期《中华人民共和国行政许可法》专题培训和3场专题讲座，1800多名干部参加普通话培训、513名干部参加英语培训、222名干部参加计算机培训、22名干部参加市委党校培训、2名干部参加境外培训。拓宽干部培训形式，加大高层讲座力度。专门邀请中央党校教授卢先福和原经济日报社总编艾丰举办高层讲座，切实提高领导干部思维层次和理论素养。2005年1—6月，举办为期6个月的第三期青年干部培训班。46名学员全部具有大专以上文化，平均年龄30.40岁。10月中旬，选派4名区管干部到浙江省萧山区进行为期3个月的挂职锻炼，引导干部“学萧山之长，创江宁之新”。11月，举办规划建设管理境外培训班，选送11名区管干部赴德国法兰克福、斯图加特等9个城市接受为期28天的学习培训。

2006年，围绕建设“眼界宽、思路宽、胸襟宽”干部队伍，学习贯彻《干部教育培训工作条例》，提升干部教育培训水平。组织1400人参与的问卷调查，对干部教育的培训内容、形式、组织管理、考核与运用等方面的需求情况进行调查摸底。全年举办主体培训班15期，培训各级各类干部1100多人，并选派17人参加省、市调训。至年末，全区近90%的区管干部参加新一轮大规模培训，平均每年参加人数占区管干部总数28%。做好第三批园区挂职干部和第二批到浙江萧山挂职干部的选派与锻炼工作。举办社区管理、劳动与社会保障两个境外培训班，共组织25名干部参加境外培训，拓宽视野，增长才干。2007年，研究制订《江宁区干部教育培训“十一五”规划》《2007年干部教育培训工作要点和培训工作计划》。先后举办区管干部轮训班、新农村建设培训班、政法干部培训班、选调生培训班、党外干部培训班等16期，培训各级各类干部1400多人。选派10名领导干部参加省、市委党校调训，3人参加境外培训。举办12期公务员“5+X”培训，3520人参训。与驻区东南大学、南京航空航天大学、河海大学、江苏经贸学院4所高校签订代培地方领导干部合作协议，延伸培训社会化触角。

【干部监督】

1955年5月，县委成立审查干部委员会及办公室，分级分批对县级党政机关干部、县属企事业单位干部以及区级以上干部进行政治历史问题的审查工作。审查工作至1958年上半年结束，共查清5498人的政治历史问题，使他们放下沉重包袱。在1960年的“三反”整风运动中，全县有135名党员干部受到党纪处分，清理出党员干部中的地富反坏分子和蜕化变质分子51人。

粉碎江青反革命集团后，县委进行平反冤假错案工作。到1984年8月，全县对在反右派斗争中被错划为“右派分子”受到批判及各种处分的370人，全部进行复查、改正，纠正冤假错案3611件，无辜受害233名基层干部彻底平反，一批党员干部重新走上工作岗位。1986年，县委作出《关于切实端正县乡党政机关作风的规定》，提出严禁铺张浪费、请客送礼，严禁利用公款游山玩水，严禁在工资和福利以外获取不正当收入，严禁违反规定经商牟利，严禁赌博，严禁拖欠挪用公款6项规定。

1991—1995年，着力对选拔任用干部的监督检查和对领导干部的监督工作；审理县管干部和部分老同志的党籍、党龄、参加革命工作时间以及其他有关历史遗留问题；协同县纪委和监察部门抓好领导干部的廉洁自律工作；对于原已确定的“三种人”等各类定性处理人员，每年进行一两次调查摸底和疏导教育，并按时向市委组织部报告情况（由一年两次改为一次）。5年中，共落实历史遗留问题的干部14人；更改确定新中国成立前干部参加革命工作时间65人；审查核实原任大队党支部书记、大队长、大队主办会计三种职务计算工龄的80多人。

1996—2000年，干部监督制度逐步健全。出台并坚持领导干部个人重大事项报告制度、联席通报制度、任期经济责任（离任）审计制度等12项相关制度。特别在“三讲”教育期间，干部监督力度进一步加大，推出《江宁县民主推荐领导干部工作制度》《江宁县县管领导干部任前公示制度》《江宁县县管领导干部谈话诫勉制度》等一系列制度，进而把干部的监督贯穿于干部培养、推荐、选拔、使用、管理的全过程，从根本上改变过去对干部重任用、轻管理、疏监督的状况，逐步走出一条依靠制度管理监督干部的路子。

2001—2002年，结合“三个代表”重要思想学习教育活动和学习《中共中央组织部关于加强组织部门干部监督工作若干意见（试行）》，出台干部选拔任用工作检查制度，聘请15名干部监督信息员，就新形势下如何加强干部监督工作，特别是如何强化对“一把手”的监督开展调研。两年中，在各单位自查的基础上，对全区所有的镇（街道）党委（工委）和14个区级机关部门党委（总支、支部）贯彻执行《党政领导干部选拔任用工作暂行条例》情况进行监督检查，使全区干部选拔任用工作更加科学、更加规范。会同审计局对全区主要领导普遍实行任期经济审计。在坚持领导干部个人重大事项报告制度、联席通报会议制度、任期经济责任（离任）审计制度基础上，2001年，建立暂行条例执行情况的监督检查制度和干部监督信息员制度，拓宽了干部监督的渠道和信息。两年中，还对104批、287人次出国（境）人员认真做好政审工作。2003年，组织部和人事局对3个街道和部分区级机关部门、直属事业单位贯彻《党政领导干部选拔任用工作暂行条例》，重点对中层干部竞争上岗情况进行检查。2004年，创新干部监督内容、方法和手段。制定下发《关于进一步深化谈心谈话工作的意见》，加强与干部的沟通交流、考核反馈、提醒帮助、批评诫勉、职务变动5种谈话。对全区纪律处分执行情况和20个镇（街道）贯彻落实《党政领导干部选拔任用工作暂行条例》情况进行检查。2005年，对80名受党纪政纪处分的党员、干部纪律执行情况进行全面检查，防止和杜绝执行制度不到位、不规范等问题。全年召开四次干部监督工作联席会和干部监督信息员会，严格落实党政领导干部重大事项报告制度，对12名区管党政正职领导干部进行任期经济责任审计和5名党政正职领导干部离任审计。对56批121名因公出国（境）人员和22批37名因私出国（境）人员进行政审和教育。

2006—2007年，开展《党政领导干部选拔任用工作暂行条例》自查和检查，全面检查64名受党纪政纪处分党员、干部纪律处分执行情况。对49名区管党政正职领导进行任期经济审计和离任审计。坚持每季度召开干部监督联席通报会议和干部监督信息员会议。对全区因公出国（境）119批、201人，因私出国（境）79批、100人进行政审和教育。完成2006年度全区党政干部（人才）统计上报和区管干部及参照管理机关干部年度考核工作，做好干部职级确定、公务员登记、党群口8个职位公务员及9名大学生村官招考等工作。

【人才工作】

新中国成立后，江宁县工农业生产的发展和社会的进步，都与科学技术进步和广大科技人才的辛勤劳动联系在一起。但在“文化大革命”期间，江青反革命集团残酷地迫害科技人才，严重地破坏了科技事业的发展。

中共十一届三中全会后，中共江宁县委、县政府重视科学技术，尊重科技人才，充分调动全县各行各业数以千计科技人才的积极性。至 1985 年，全县有各类专业技术人员 213[illegible] 人（不包括中、小学教师）。其中，被授予国家技术职称的 887 人，未评定职称的 1247 人。他们分布在全县党政机关和企事业 17 个系统、数百个单位部门中，学科专业 150 个以上。大学本科、大专生、中专生的比例分别为 1 ： 1.60 ： 6.10。是年，县委下发《关于进一步落实知识分子政策的有关规定》，努力营造尊重知识、尊重人才的社会氛围。1988 年，为鼓励各类人才到基层一线，制订《关于鼓励各类专业人才到基层企业、事业单位工作的若干意见》，明文规定提高农业科技人员的待遇，对乡镇农业科技人员浮动一级工资。“七五”期间，进一步加强科技队伍建设，至 1990 年年底，全县获得各类技术职称的科技人才达 12037 人。

1992 年，专业技术干部家属农转非工作重新开始启动，全县共为 579 名专业技术干部的 953 名家属办理“农转非”手续。1996 年，编制《江宁县“九五”人才规划》。建起经营管理人才库和专业技术人才库。1997 年后，相继出台《关于引进和奖励科技人员的试行意见》《关于选拔和管理中青年拔尖人才的意见》《江宁县乡村优秀科技人才选拔管理暂行办法》等。设立 100 万元的科技发展风险基金和 200 万元的科技发展基金，并建立科技人才奖励基金。选拔孙舜宝等 30 人为江宁县首批中青年拔尖人才，选拔薛兴九等 18 人为江宁县首批镇村科技人才。积极配合市委组织部做好市中青年拔尖人才、市优秀女性人才和省“333”工程人员（到 2000 年，全省重点培养 30 名能进入世界科技前沿，并在国际上具有较高知名度的杰出专家；300 名在国内学术、技术界具有重大影响的高级专家；3000 名省内各学科、行业成就突出，具有一定声望的学术、技术带头人）的选拔管理工作。全县先后有 6 人被确定为市中青年拔尖人才；市优秀女性人才 66 人，省“333”工程人员培养对象 4 人。2000 年，江宁县人才资源总量达 25[illegible]44 人。

2003 年，开展人才工作调研，发放 300 多份人才工作情况调查问卷，初步掌握全区人才队伍基本情况和人才工作中的好做法、好经验及存在的不足。对区内 3 名省“333”、二期工程第三批培养对象进行届期考核。申请并下发中青年拔尖人才和镇村优秀科技人才资料费 1.8[illegible] 万元。全年共引进各类人才 1854 人。2005 年，进一步落实“党管人才”要求，制订全区人才“一一五”规划及 2010 年江宁人才资源开发规划，明确人才工作的指导思想、基本思路以及政策目标与改革措施。组织开展江宁区第二批中青年拔尖人才和乡村优秀科技人才的推荐选拔工作，推荐 12 名乡村科技人员和 59 名中青年拔尖人才，充实人才信息库。至 2005 年年底，全区拥有各类人才 6.80 万人，占全区总人口的 9%。是年，江宁区被授予全省人才工作先进区称号。

2006 年 12 月 28 日，为巩固“人才工作先进区”创建成果，推进“产业化、城市化、数字化、生态化”建设，召开全区人才工作会议。调研全区农村人才工作，掌握 6200 多名农村实用人才基本情况。推荐 13 名中青年人才参加省“333”高层次人才培养工程和市第五批中青年拔尖人才的选拔。开展全区中青年拔尖人才和农村科技人才推荐选拔工作，选育 62 名中青年拔尖人才和 55 名乡村优秀人才。做好优秀女性人才的推荐与建库工作，建立一支 171 人组成的优秀女性人才队伍。是年末，全区人才总量 7.35 万人。其中党政人才 2350 人，专业技术人才 4.25 万人，企业经营管理人才 6550 人，高技能人才 5100 人，农村乡土人才 1.70 万人。2007 年，开展第四批省“333”工程培养对象选拔推荐工作，选送 13 名业务水平高、创新能力强的中青年拔尖人才，3 人被列为省“333”工程第三层次培养对象。是年，江宁区“十一五”期间人才规划被评为南京市“十一五”期间人才优秀子规划一等奖，位列第一。

第四节　区级机关党建工作

1950年8月，江宁县委增设县直机关总支委员会。1956年7月，经省委批准，撤销县直机关总支委员会，成立中共江宁县县直机关委员会。县直机关党委在“文化大革命”开始后被迫停止活动，1970年7月恢复设立。2000年12月江宁县撤县设区，县直机关党委更名为区级机关党委，2001年改称区级机关工委，由部门管理机构改为与区委组织部合署办公。

区级机关工委围绕区委中心工作，以《中国共产党和国家机关基层组织工作条例》为规范，实践围绕经济抓党建、立足服务树形象的党建工作思路，加强机关党的思想、组织、作风建设，发挥党组织的战斗堡垒作用和党员的先锋模范作用，为促进全区经济社会发展做出积极贡献。

【思想建设】

1970年县直机关党委恢复设立后，根据党的思想建设的要求，协同有关部门加强机关党员、干部的政治理论学习。至1992年，县直机关党委组织较大规模的学习活动15次，先后邀请上级党校教授及领导等作辅导报告20多场次。1994年开始，结合“双学”（学理论、学党章）、“三讲”（讲学习、讲政治、讲正气）、“双思”（富而思源、富而思进）活动，先后牵头组织报告会、专题讲座20多场，参加人员达万人次。同时，开展“三个一”培训班，即每年举办一次入党积极分子培训班、一次新党员培训班、一次党务工作者培训班。2001年，联系改革发展稳定的工作实际和机关党员队伍建设状况，把深入学习中共十六大精神、邓小平理论和“三个代表”重要思想作为首要政治任务，并与学习社会主义市场经济理论、现代科学文化知识、业务知识结合起来。至2002年的2年中，共组织政治理论学习和业务培训112次，培训7000多人次。2004年，举办4期培训班，组织学习《中国共产党党内监督条例（试行）》《中国共产党纪律处分条例》，采取动员会、座谈会、学习报告会等形式，宣传两个条例的主要内容和重要性，机关76个党组织组织党员干部深入学习条例，开展党史教育、警示教育等活动。2005年，开展保持共产党员先进性教育活动，按照提高党员素质、加强基层组织、服务人民群众、促进各项工作的目标要求，增强机关党员队伍和党组织的创造力、凝聚力和战斗力。并通过“周五学习日”“党员夜校”等方式，不断提高党员干部素质。2007年，结合学习宣传贯彻中共十七大精神，围绕“实现全面小康、构建和谐江宁”主题，抽调区级机关党员干部组成新农村小康建设指导员进驻社区，走进农户，进行中共十七大精神和小康知识宣传，并组织机关党员干部2000多人参观江宁改革开放、经济社会发展成果展览。

【组织建设】

1986年起，按照中组部提出的“坚持标准，保证质量，改善结构、慎重发展”的方针，县直机关党委积极做好发展党员工作，使党员队伍得到壮大。根据党要管党的原则，实行机关部门“一把手”一岗双责，分层建立机关党的工作责任制。同时结合党政机构改革和干部人事变动情况及到期党支部改选，及时对领导班子和组织设置进行调整。至1995年年底，县直机关所属有党组5个、党委26个、党总支部15个、党支部158个，党员3515人。1996年，在督促机关党组织坚持“三会一课”制度的基础上，为使党支部工作进一步制度化、规范化，机关党委制订和完善党支部工作的10项制度，即机关党建工作第一责任人制度，领导干部双重民主生活会制度，民主评议党员制度，党建工作检查制度，创先争优制度，党员大会制度，向上级党组织报告工作制度，党员电化教育制度，党费收缴制度，发展党员公示制度。1998年，中共中央颁发《中国共产党和国家机关基层组织工作条例》。县级机关党委围绕条例的贯彻落实，制订关于在县级机关开展创建“六个好”（好班子、好队伍、好制度、好作风、好体制、好局面）党支部活动的意见，明确提出创建工作的指导思想、目标要求和工作措施，并制订考核细则。2004年，区级机关工委评比表彰先进党组织70个，“党员示范岗”41个，优秀共产党员169人，优秀党务工作者10人。2007年，机关工委以“先锋工程”为载体，全面增强机关党组织的整体功能，对任期届满的24个所属党组织进行改选，新当选的党组织班子成员平均年龄下降4岁。坚持高标准、严要求，确保新发展党员质量，全年新发展党员97人。是年末，区级机关工委有党总支部28个、党支部171个，直属党支部48个；党员3742人，其中在职党员2997人。

1996—2007年区级机关工委组织情况表

表25-6-6

年　份	党员总数（人）	其中（人）		基层组织（个）		发展数（人）	新发展党员情况（人）			
		男	女	总支部	支部		男	女	35岁以下	中专以上
1996	2424	2084	340	17	60	91	60	31	55	79
1997	2646	2258	388	21	57	109	80	29	86	88
1998	2589	2215	374	24	59	104	78	26	79	93
1999	2764	2353	411	23	51	116	81	35	79	92
2000	2928	2470	458	24	50	85	58	27	61	62
2001	2811	—	—	22	151	92	64	28	63	80
2002	2918	—	—	22	154	82	67	15	61	68
2003	3018	—	—	24	161	67	49	18	45	60
2004	3153	—	—	27	170	92	51	41	50	71
2005	3291	—	—	27	172	88	50	38	66	75
2006	3522	—	—	27	172	98	56	42	79	81
2007	2997	—	—	28	171	97	—	—	—	—

【作风建设】

区级机关工委对作风建设一直比较重视。1988年，根据县委组织部《关于开展评议党员活动，妥善处置不合格党员工作意见》，全面开展党员评议工作，个别不合格党员受到处理。此后每年1次，形成制度化。1994年起，机关党组织将党政领导干部廉洁自律的要求细化分解，落实责任，抓好党风廉政各项制度和廉洁自律各项规定的落实。组织机关党员学习《中国共产党纪律处分条例》《中国共产党领导干部廉洁从政若干准则（试行）》《中国共产党党内监督条例（试行）》《中华人民共和国行政许可法》，强化党员干部的廉政意识和纪律观念。1997年，县委部署开展“万名党员干部联万户”活动，机关党委组织3500多名党员干部联系了全县18个乡镇的1500多户贫困户，全年向帮扶对象捐款263.50万元。2002年10月，在区级机关进行群众评议作风建设试点工作中，对76个机关部门进行评议，共发放1000份评议表，收回999份，满意和比较满意率100%。2003年，机关工委与75个机关所属党组织签订党风党纪廉政责任状，75个单位党组织分别与在职党员签订作风建设责任书，组织机关党员干部赴金陵、溧阳监狱进行警示教育，并组织机关56个部门的261名处级党员干部、452名科级党员干部、858名一般党员干部参加党纪政纪条规考试，参测率98.50%，优秀率95%。2004年11月，机关工委与东山街道党工委联合开展机关在职党员进社区工作，进一步整合资源，把优质服务向社区延伸。是年末，区级机关有1300多名在职党员到东山街道各社区党组织报到，并参与社区建设与管理。2005年，区级机关工委制订机关作风建设实施意见和千人评议机关实施方案，各单位将作风建设作为部门工作考核内容，逐级分解落实。各部门由主要领导带队，深入企业、基层及农户，上门征求意见，为民办好事、做实事、解难事。在12月的千人评议机关作风建设活动中，区级机关作风满意和比较满意率达96.95%，比2004年提高4.28%。2006年，区级机关工委启动“科室作风建设年”活动，25个重点科室作为试点，立足实际，健全制度，规范程序，深入基层和群众，开展调查研究和服务工作，促进了机关科室作风整体转变。2007年，区级机关工委以建设群众满意机关为主线，继续推进科室作风建设，开展“行政效能提升年”活动，各部门结合单位实际，制订作风建设计划，分步组织实施，并进行专项检查和明察暗访，对发现的问题及时进行反馈，督促整改，使全区机关作风进一步好转。

图25-6-15 2004年2月4日，江宁区委、区政府召开全区机关作风建设大会

第五节　老干部工作

1980年11月，江宁县老干部局成立，为县政府职能机构。1984年，改为县委老干部局，为县委直属职能机构。1997年，列为县委组织部管理的部门。1985年年底，全县已办理离休手续的干部286人，其中享受司局级政治、生活待遇的14人（含易地安置2人），享受县处级政治、生活待遇的95人，一般离休干部177人。至2007年年底，全区尚有离休干部284人（含代管垂直单位和外省市易地安置20人），其中地市级10人，享受地市级医疗、乘车待遇的12人，县处级109人，一般离休干部153人；市管退休干部26人。

区委老干部局以加强老干部思想政治建设和党支部建设为重点，不断健全服务管理机制，全面落实离退休干部政治、生活待遇，组织开展丰富多彩的文体活动，充分发挥离退休干部作用；坚持以“让党放心，让老干部满意”为标准，以实现老干部“老有所养、老有所医、老有所教、老有所学、老有所乐、老有所为”为目标，悉心为老干部办实事、解难事、做好事，让老干部享受幸福、安宁、保持尊严的晚年生活。

【落实老干部待遇】

1981年起，逐步建立老干部阅文制度和向老干部通报情况及组织政治学习制度。老干部局结合各种活动，向老干部传达中央和省、市的重要文件，组织理论学习，促使老干部与时俱进、思想常新。各单位每年为老干部订阅《银潮》杂志及报纸。县委、县政府和各单位每年向老干部通报工作情况2次以上，并向老干部征求意见和建议；重大政治活动、听重要报告邀请老干部参加。全县建立老干部党支部21个、党小组16个，坚持老干部党员定期过组织生活制度。每年举办1期～2期老干部党支部书记（党小组长）培训班、老干部学习班，邀请专家教授开办时事政治、健康知识等讲座，组织老干部就近参观工农业生产和城市建设。坚持走访慰问活动。每逢重大节日、老干部生病住院和家中遇有重大事件时，各级、各部门领导上门走访慰问；每年春节前夕，对因病住院、重病在家休养老干部和特困老干部以及老干部遗属逐个进行走访慰问。1987年后，还每年为70周岁和80周岁的老干部祝寿，为入党50周年和60周年的老干部过政治生日。

1986年，按照有关政策规定，全面落实老干部的生活待遇。1989年和1994年的工资改革中，调整并提高离休金标准。1992年和1995年，分别调整并提高企业和自收自支事业单位离休金标准。1996年，大幅提高机关事业单位离休金标准。1997年，为260名企事业单位离休干部增发生活补贴；同年7月，为151名企业离休干部增发综合补贴。1999年，为126名企业离休干部增发生活补贴。后多次增发离休干部全年生活补贴和一次性补贴。2005—2007年，兑付离休干部住房补贴。坚持按标准发放交通、护理、特需、健康休养等专项经费，办理优待证、乘车证，发放离休干部遗属困难补助，为已故离休干部无工作配偶办理城镇职工基本医疗保险等。

1981年起，建立离休干部就诊优先，为离休干部送医送药上门，在县人民医院设立老干部门诊室和老干部病房（床），组织老干部体检等制度。此后，先后在县人民医院设立老干部保健门诊，在老干部活动中心设立老干部医务室、开设心血管病专家门诊，在老干部局设立老干部诊所，方便老干部就医。2000年9月，江宁县出台《全县离休干部医疗统筹实施意见（试行）》，翌年1月起，离休干部医药费实行统筹，统筹标准一年一核定，并核发“离休干部专用病历”，设立个人模拟账户，彻底解决老干部医药费报销难问题。2004年5月，区政府下发修订后的《江宁区离休干部医疗统筹实施意见》及实施细则，并对统筹人员使用“IC”卡和转诊、外地就医医疗费用报销办法等作出规定。2007年，离休干部医疗费统筹标准调整为每人每年2.60万元，破产企业的5名离休干部免缴。

【发挥老干部作用】

1984年9月，江宁县关心下一代协会（简称关协）成立，1985年，全县相继建立27个关协分会、125个关协小组，发展会员1600余人。1992年6月，成立江宁县关心下一代工作委员会（简称关工委），与县关协实行两块牌子、一套班子。至2000年年底，全县成立关工委37个、关工分会5个、关工小组411个，各关工委配备专、兼职工作人员。至2007年年底，全区9个街道、204个村（社区）及开发园区、机关部门、中小学建立关工委（关协）组织378个，有会员4798人，其中大多数是离退休老干部。各级关工委（关协）组织通过组建讲师团、报告团，联合相关部门创办家长学校、农村政治科技学校，建立儿童教育基金、学生奖励基金和中小学生科技基金，设立法制副校长等形式，对青少年进行爱国主义、社会主义、集体主义、革命传统和民主法制教育，开展道德实践、科技小发明竞赛及各类夏令营活动，关心下一代健康成长。全区由关工委组织牵头，建立帮教小组271个，有2185名离退休老干部参与青少年刑满释放解教人员帮教和社区矫正工作。积极开展助学活动，累计资助贫困学生 6600 人，资助金额 175.18 万元；发动社会各界资助贫困学生 4478 人，资助金额 112.86 万元。

【开展老干部活动】

1985 年 7 月，设立江宁县老干部活动室。1988 年 5 月，新建老干部活动中心楼开放，建筑面积 730 平方米。1999 年，投资 100 万元对活动中心进行维修改造，增加健身房、乒乓球室、阅览室和多功能厅等活动场所。2001 年，新建一幢两层楼，老干部活动室面积达 1200 平方米。2007 年年底，全区有由各街道、单位独立建立的老干部活动中心（室）共 30 个，总面积 2379 平方米。活动中心制订和完善规章制度，确保各项活动有章可循、规范运行。坚持每天对老干部开放，节假日不休息。每年会同有关部门举办麻将、扑克牌、象棋等比赛。1998 年开始，会同体育局等部门，每两年举办一届老干部运动会，已举办 5 届，参赛老干部 1000 人次。并先后成立东山诗社、老年体育协会、老干部钓鱼协会、老年书画联谊会、老年教育协会、新四军研究会等，实行规范化管理，定期组织开展活动，丰富老干部的业余生活。

1992 年 3 月，金陵老年大学江宁县分校成立，1999 年，更名为县老年大学。老年大学遵循“增长知识，丰富生活，陶冶情操，促进健康，服务社会”的办学宗旨，坚持以教学为中心，一切从实际出发，实行宽松有序的管理，教育形式灵活多样，教学内容丰富多彩，教学质量稳步提高。至 2007 年，先后开设书法、国画、文体、诗词、英语、烹饪、电脑等 22 个专业、52 个班级，在校学员 600 多人。老年大学相继成立艺术团、体育部、摄影爱好者协会和书画研究院等社团，组建自行车队、乒乓球队、门球队、象棋队和抖嗡队等，经常参加区内重要节庆活动和送文化下乡活动，还组团参加全国及省、市比赛和展演，并多次获奖。

第七章　宣传工作

民国 38 年（1949）5 月，建立江宁县委宣传部。围绕党和国家在各个时期的中心工作和重大任务，开展党的路线、方针、政策宣传教育。1956 年，全县有宣传小组 621 个，宣传员 3916 人，报告员 117 人。20 世纪 60 年代，主要开展学习雷锋和深入学习毛泽东著作运动。“文化大革命”中，思想道德建设受到严重干扰和冲击。

中共十一届三中全会后的 30 年中，江宁区委加强对党员干部进行马克思列宁主义、毛泽东思想、邓小平理论、“三个代表”重要思想和科学发展观的理论教育，在党员和广大群众中进行党的基本路线教育，进行爱国主义、集体主义、中国特色社会主义和思想道德教育。宣传思想工作着力加强队伍建设、理论阵地建设、社会宣传阵地建设和文化建设，建立健全宣传网络。围绕经济建设中心，服从于区委、区政府工作大局，全面落实四项主要任务（以科学的理论武装人，以正确的舆论引导人，以高尚的精神塑造人，以优秀的作品鼓舞人），积极探索社会主义市场经济形势下开展宣传思想工作规律，为全区改革开放，为“实现全面小康，构建和谐江宁”提供有力保证、舆论支持和精神动力。

第一节　党员干部教育

新中国成立初期，党员干部学习主要结合形势和党的中心工作进行，不断加强自身教育管理。民国38年（1949）5月县委宣传部成立后，使党员干部教育工作步入正轨。同年6—9月，县委举办5期干部训练班，培训干部714人。1950年7月下旬开始，以《中华人民共和国土地改革法》为主要内容，轮训县、区党员干部。1951年12月2—30日，县委举办首批党员培训班，289名党团员、基层干部参加培训。通过开展共产主义理想及党员标准八项条件教育，为全县开展整顿党的基层组织，提高党员质量，加快发展农村党的基层组织培养骨干。随后，组织开展了反对贪污、反对浪费、反对官僚主义运动。1952年8月9日，举办为期近1个月的整党建党培训班，590名区、村干部，党员和入党对象参加培训，主要进行共产主义教育和"怎样做一名共产党员"教育，以及"三反"运动政策教育。1953年3月15日，以集中轮训区、乡干部的形式，开展"新三反"（反对官僚主义、反对命令主义、反对违法乱纪）运动。至是年4月1日，共举办两期区、乡干部整风学习班，699名区、乡干部参加培训。学习班从总结工作提高思想认识入手，开展批评与自我批评。1955年8月，结合开展农业合作化运动，举办有40个农业合作社等119名骨干参加的整社建社培训班。随后，县、区两级分别举办短期培训班，共训练全县1323个社的4760名办社骨干。

1957年5月7—13日，县委召开全县区、乡、社三级干部大会，传达学习毛泽东《关于正确处理人民内部矛盾的问题》，研究讨论如何处理两类不同性质矛盾的问题，要求加强思想政治工作，正确处理农业社中的突出问题。接着在宣传、文教、科技、卫生等系统发动干部群众帮助县委整风，检查工作上的官僚主义、组织上的宗派主义、思想上的主观主义和老爷架子。1958年4月29日，县委召开历时9天的全县三级干部大会，学习贯彻"鼓足干劲、力争上游、多快好省地建设社会主义"总路线，提出以宣传党的总路线为动力，全力以赴搞好夏收夏种，带动其他工作一道跃进。会后，全县普遍开展了声势浩大的建设社会主义总路线的宣传教育运动。1959年4月11日，为贯彻党的"按劳分配、等价交换"原则，先从东山公社开始召开算账大会，分两步清理1958年后贫富拉平分配和无偿调用的人力、土地、物资等经济账目，同时清算各级干部的思想作风"账"，重点帮助县、社领导干部检查思想作风方面的主观主义、命令主义与浮夸风问题。1960年1月，县委要求各级干部学习毛泽东哲学著作和政治经济学，不断提高贯彻执行党的路线、方针、政策的自觉性。至是年5月，共举办3期干部政治理论学习班，培训各级干部337人。县委成立理论工作小组，研究指导全县干部的政治理论学习。1961年4月20日，县直机关成立业余党校，开始分批分期组织机关全体党员，系统学习党的基本知识和党的方针政策。同年7月，县委决定将原县委党训班改建为党校，开展党员干部教育工作，进一步提高党员干部的政治思想和经济理论水平。全县各级党组织普遍建立了干部政治理论学习制度，纷纷举办党员干部培训班，组织党员干部学习"农业六十条"，学习毛泽东关于中国社会主义建设的理论和实践问题的指示，学习党的基本知识，初步掀起了学政治理论的热潮。1962年2月，在全县党员干部中传达学习扩大的中央工作会议（即"七千人大会"）精神，着重开展加强党的民主集中制和发扬党的实事求是、群众路线、艰苦奋斗的优良作风教育，并联系实际，总结经验教训，开展批评与自我批评。同时，根据中央关于轮训干部重新教育党员的决定，对全县党员干部进行轮训，共培训党员5500余人。1964年5月，成立县社会主义教育学习委员会，全县开始以阶级教育为中心进行社会主义教育运动，一方面引导党员、干部和群众增强社会主义、共产主义必胜信念，党风、干部作风、干群关系都有所改进。另一方面却夸大阶级斗争形势，出现阶级斗争绝对化倾向，打击面过宽。接着，在全县工厂、农村、机关、学校宣传毛泽东著作、学雷锋、学人民解放军，共成立学习小组4500个，推动“比、学、赶、帮、超”活动，伴生“队队语录牌，人人红宝书”“活动天天有，学习三六九”，只追求形式的偏向。

“文化大革命”期间，党员干部教育工作偏离正确的轨道，一些党员干部受到打击和迫害。1967年3月，县人武部召集县、社、队干部和“造反派”代表，学习宣传《中共中央给全国农村人民公社贫下中农和各级干部的信》。1968年11月开始，以“清理阶级队伍”为中心任务，在全县掀起斗、批、改运动新高潮。1971年5月，开展“批陈（伯达）整风”运动，要求继续抓紧“一打三反”和所谓深挖“五一六”运动。同年10月，县、社两级抽调500多人组成毛泽东思想宣传队和12个大批判小分队，以“大鸣、大放、大辩论、大字报”方式，批判所谓“唯生产力论”“人性论”“阶级斗争熄灭论”“先验论”等，继而批儒评法，明批林彪，暗指周恩来，批斗干部和群众。

1976年10月，粉碎江青反革命集团后，全县深入开展“三大讲”（大讲江青反革命集团横行时党受其害，国受其害，身受其害的深仇大恨；大讲同江青反革命集团斗争的经历和体会；大讲同江青反革命集团斗争到底的决心）和“一清查”（清查同江青反革命集团阴谋活动有牵连的人和事）活动。1979年2月，县委利用14天时间，集中县、社、队干部1016人，学习贯彻中共十一届三中全会公报、《关于加快农业发展若干问题的决定（草案）》《农村人民公社工作条例（试行草案）》和包括建立生产责任制、发展农业生产力等25项政策措施，并开展真理标准讨论，总结经验教训，统一思想认识，把党的工作着重点转移到社会主义经济建设上来。1981年8月下旬，中共十一届六中全会《关于建国以来党的若干历史问题的决议》发表后，县委在常委、副县长以上党员干部分别参加省、市学习班的基础上，以举办学习班的形式，在县委党校分批集中大队党支部书记以上党员干部进行专题学习，共举办4期学习班，1100多人参加学习。各公社、镇、厂矿也以冬训形式，组织全体党员学习决议。1983年，县委要求党员干部认真学习领会《邓小平文选》，联系思想和工作实际，进一步清除“左”的影响，努力研究新形势下群众思想政治工作面临的新特点和新问题。各乡镇创建党校，作为农村党员干部教育的主要阵地，以党的基本路线、党的基本知识、马克思列宁主义基本理论为主要内容，对农村党员干部进行系统理论教育。1989年和1990年，各乡镇党校平均举办学习班6期，每期5天~7天，有1.70万人次党员干部受训。1989年，方山乡党校被评为全省先进基层党校。

此后，依托基层党校平台，重点加强党员干部党性教育和科学文化知识的学习教育。各基层党校平均每年编写党课教材7期~8期，一年一度的农村党员冬训班参训率保持在95%以上。1992年，邓小平南方谈话发表后，县委组织多层次的学习，并开展“解放思想，加快发展江宁”大讨论。1993年，围绕学习《邓小平文选》第三卷，组织3次学习建设有中国特色社会主义理论经验交流会。1994年，江宁县被评为省“三基本”教育先进县。县委宣传部每年都制订下发党员干部理论学习计划、党员轮训计划和党员干部冬训实施意见，并组织检查督促，确保取得实效。全县45个基层党委（党组）相继建立中心组学习制度，基本做到计划、时间、内容、人员“四落实”。1997年，组织开展学习邓小平理论和中共十五大精神活动，组织宣讲团进行宣讲100多场次，20万人接受教育。2000年3月，根据中央和省、市委统一部署，在县四套班子和组织、纪检、宣传、公安、检察、法院6个部门开展以“讲学习、讲政治、讲正气”为主要内容的党性党风教育，通过思想发动、学习提高，反馈意见、自我剖析，交流思想、开展批评，认真整改、巩固成果四个阶段，取得明显成效。

2001—2002 年，在全区开展“三个代表”重要思想学习教育活动，组织宣讲团，制作光盘和各类宣传资料 6860 盘（份），先后深入镇、村宣讲 448 次，1.08 万人接受教育。还组织编印《“三个代表”重要思想学习教育基层干部简明读本》《“三个代表”学教活动资料汇编》《基层组织党员干部实践“三个代表”纪实》等教材，丰富学教活动的内容和成果。2003 年，按照省、市委关于开展“学习‘三个代表’，力争‘两个率先’”主题教育活动的要求，区成立活动领导小组，制订下发实施意见和活动方案，结合宣传贯彻中共十六大精神，采取集中学习、专题讲座、培训研讨、交流学习体会等形式，增强主题教育活动的针对性。2005 年，围绕保持共产党员先进性教育活动，以各级党（工）委（党组）中心组学习、农村党员干部冬训、基层党校办班、宣讲团到基层宣讲为载体，以形势政策教育、“三创”（创业、创新、创优）新时期江苏精神为主要内容，组织党员干部学习中共十六届四中、五中全会精神，以“三个代表”重要思想和科学发展观统一思想和行动，较好地完成全区开展保持共产党员先进性教育各阶段任务，达到“提高党员素质，加强基层组织，服务人民群众，促进各项工作”的目的。2006 年，组织党员干部学习《江泽民文选》和中共中央总书记胡锦涛一系列重要讲话精神，开展社会主义荣辱观学习教育活动。2007 年，重点围绕中共十七大精神和“实施全面小康，构建和谐江宁”奋斗目标，组织开展形式多样的学习教育活动，引导党员干部以党的最新理论成果武装头脑，推动各级领导干部切实加强执政能力建设，夯实推进“两个率先”，实现全面小康、构建和谐江宁的思想基础。

图 25-7-16　江宁区召开宣传思想工作会议（2007 年摄）

第二节　政治理论学习

民国 10 年（1921）起，活动在境内的早期共产党人和接受先进思想的知识分子，组织马克思学术研究会，学习宣传《共产党宣言》。抗日战争时期，新四军发扬既是战斗队又是宣传队的优良传统，一边艰苦作战，一边宣传共产党的抗日救国纲领。解放战争时期，在反动政治统治和思想压迫下，中共地下党坚持斗争，向民众传播党的民族解放政策和新文化。

1953 年年底，全县干部学习过渡时期的总路线和总任务。1956 年，组织党员干部学习中共八大文件和《人民日报》发表的《关于无产阶级专政的历史经验》《再论无产阶级专政的历史经验》两篇编辑部文章。1957 年，学习毛泽东《关于正确处理人民内部矛盾的问题》，对照检查思想上、工作上存在的问题。1958 年，县和基层单位普遍成立干部理论学习小组，学习宣传“鼓足干劲，力争上游，多快好省地建设社会主义”总路线。1959年3月，在全县范围内传达学习中共中央政治局郑州扩大会议确定的整顿和建设人民公社的方针和任务、关于人民公社管理体制的若干规定，宣传人民公社实行分级管理、队为基础、三级核算、各计盈亏等政策。1961年，以学习中共八届九中全会精神为主，同时学习中共中央《关于农村人民公社当前政策问题的紧急指示信》和“调整、巩固、充实、提高”的方针，以及《农村人民公社工作条例（草案）》等文件。1963—1964年，重点学习《人民日报》及《红旗》杂志编辑部连续发表的9篇评苏共中央公开信的系列文章，在干部中进行反对现代修正主义的教育。同时，组织全县干部学习中共中央《关于目前农村工作中若干问题的决定（草案）》和《关于农村社会主义教育运动中一些具体政策的规定（草案）》等文件。

“文化大革命”期间，主要组织干部学习《毛泽东语录》和《实践论》《矛盾论》《为人民服务》《愚公移山》《纪念白求恩》《反对自由主义》《人的正确思想是从哪里来的？》等毛泽东著作。1974年，在学习《毛泽东著作选读》的同时，组织干部学习《共产党宣言》《哥达纲领批判》《国家与革命》等马克思列宁著作。但在学习中有实用主义和形式主义做法，影响学习效果。

1976年10月，全县开展揭发批判江青反革命集团罪行、清查帮派体系的斗争。1979年，全县干部集中学习中共十一届三中全会公报，学习毛泽东的《实践论》《人的正确思想是从哪里来的？》等文章，组织开展真理标准的讨论；学习邓小平在中央理论工作务虚会上的重要讲话，明确坚持四项基本原则同解放思想、贯彻执行中共十一届三中全会方针的关系，同建设中国特色社会主义现代化的关系。1982年，学习中共十二大文件和中央农村思想政治工作会议精神，努力提高贯彻执行中共十一届三中全会的路线、方针、政策的自觉性。1983年，组织学习《邓小平文选》。1984年，学习中共十二届三中全会《关于经济体制改革的决定》等文件，采取集中培训方式，轮训党员领导干部。

1990年，在全市率先开展农村社会主义思想教育活动，组织近千名县、乡机关干部组成63支工作队赴各村开展教育活动。1991年，围绕中国共产党成立70周年，组织党员干部和群众开展以学习党史，加强党的建设，密切党群关系为主题的教育活动。1992—1993年，全县干部学习邓小平南方谈话和中共十四大文件精神，开展“解放思想，加快发展江宁”大讨论。1996—1997年，以各级党委中心组为重点，基层党校为主阵地，农村党员冬训为主要形式，通过上党课、电化教育等，组织党员干部学习《邓小平建设有中国特色社会主义理论学习纲要》和江泽民“讲学习，讲政治，讲正气”的重要讲话，再次掀起干部学习理论的热潮。1998年，主要学习邓小平理论和中共十五大精神，县委召开全县学习邓小平理论工作会议，总结交流学习邓小平理论的经验。

2001—2002年，县委将深入学习贯彻邓小平理论、“三个代表”重要思想和中共十六大文件精神作为理论学习的重要内容，组织宣讲团进行巡回宣讲，召开座谈会交流学习体会。2003年，制定下发《全区理论教育意见》，对党员干部政治理论学习作出部署。2004年，先后制订《全区党委（党组）中心组理论学习和区管以上领导干部自学理论安排意见》《全区党委（党组）中心组学习中共十六届四中全会精神专题意见》，重点学习贯彻中共十六届四中全会精神和中共中央总书记胡锦涛视察江苏时的重要讲话精神。2005年，结合保持共产党员先进性教育活动，学习中共十六届四中、五中全会文件以及中央一系列宏观调控政策。2006年，组织学习《江泽民文选》。2007年，重点学习中共十七大精神。

第三节　群众思想教育

新中国成立初期，围绕恢复生产和巩固政权进行广泛的宣传教育工作。1950年7月，召开各区、乡、村农民代表会，大张旗鼓地宣传《中华人民共和国土地改革法》，苏南行政公署土改工作队和吴县农村工作团200多人到江宁县，深入各乡进行宣传发动，顺利完成土地改革。同年11月，全县开展抗美援朝宣传，通过举办学习班，召开座谈会，组织示威游行，控诉美帝国主义侵略罪行，并召开赴朝慰问传达报告会，组织开展爱国增产运动，普遍制订爱国公约。同时，宣传贯彻《中华人民共和国婚姻法》，华东区妇联、省政法委贯彻婚姻法工作组到县，用违反《中华人民共和国婚姻法》的实例进行宣传，并普遍订立和平民主、团结和睦家庭公约，妇女的地位和权益得到有效保护。1952年3月，在全县工商界开展“五反”运动，全体工商户普遍受到一次遵纪守法的教育。1954年9月起，在全县组织群众学习《中华人民共和国宪法（草案）》。1955—1956年，开展对农业、手工业和资本主义工商业进行社会主义改造的宣传教育，同时开展粮食统购统销宣传。

1958年，利用报告会、黑板报、广播、读报、文艺演出等形式，开展社会主义建设总路线的宣传教育。1959年，针对经济生活中出现的问题，用回忆对比，摆事实、讲道理的方法进行经济形势教育。同年5月，召开近10万人参加的广播大会，传达毛泽东写给省、地、县、社、队、小队各级干部群众关于农业生产方面的一封信。1961年，宣传“调整、巩固、充实、提高”的方针，动员广大干部群众艰苦奋斗，同心同德，克服困难。1962年9月，中共八届十中全会后，由于“左”的影响，把“阶级和阶级斗争”作为思想教育的主课。“文化大革命”期间，在“左”的错误思想指导下，组织学习宣传所谓“无产阶级专政下继续革命的理论”，宣传“文化大革命”大好形势，造成人们思想的严重混乱。

粉碎江青反革命集团后，全县干部群众揭批江青反革命集团篡党夺权罪行。1979—1980年，集中宣传中共十一届三中全会决议和四中全会、五中全会精神。同时，在全县开展真理标准和四项基本原则的教育活动。1981年8月，组织干部群众学习《关于建国以来党的若干历史问题的决议》，从而加深对中共十一届三中全会后确定的思想、政治和组织路线的认识和理解，自觉在政治上与党中央保持一致。1982年11月，县委召开全县农村思想政治工作会议，传达学习中共十二大精神，并组织报告员，深入农村和群众进行宣讲。从1986年开始，县属企业相继建立和恢复宣传科和组宣科，配备专职人员，健全宣传教育阵地，配合中心工作，开展群众性思想教育工作。1989年5月和1990年7月，先后两次召开全县企业思想政治工作研讨会，总结交流企业思想政治工作经验，探讨加强和改进企业思想政治工作的措施及途径。县外贸皮毛工艺厂常年坚持“自力更生，艰苦奋斗，勤俭办厂”的教育做法，在全国乡镇企业思想政治工作会议上作经验介绍，并被中宣部、农业部授予1989—1990年度思想政治工作优秀企业称号。1991—1995年，各级党组织先后举办“党在我心中”“二五”普法、“固长城、创双拥”等具有知识性、趣味性、教育性的演讲、竞赛活动，开展形式多样的群众思想政治教育。

1996—2000年，在全县开展以“爱党、爱国、爱江宁、爱厂、爱岗、爱家庭”为主题的爱国主义、集体主义和社会主义教育。1996年，配合“江宁人看江宁”活动，举办“江宁在我心中”征文活动，电台、电视台开辟专栏节目。1997年，以迎接和庆祝香港回归为契机，组织百人宣传教育报告团，宣讲993场次，受教育青少年10万人次；举办迎回归爱国主义知识竞赛等各类竞赛活动30余场；

组织百名小学生“绘江宁锦绣，迎香港回归”百米画卷展等各类展览50场次，观众10万人次。1998年，围绕纪念中共十一届三中全会召开20周年，组织“邓小平理论与江宁改革开放实践”优秀调研文章评比活动，评选出优秀调研文章38篇。1999年，通过回顾百年历史，展示50年成就，开展庆祝南京暨江宁解放50周年、新中国建立50周年和澳门回归3个阶段的爱国主义教育。2000年，围绕“致富思源，富而思进”主题，组织“双思”教育宣讲团巡回宣讲12场次，听众4.50万人。

2001年，为纪念建党80周年，在全区群众中开展“三爱”（爱党、爱国、爱社会主义）和“三好”（共产党好、社会主义好、改革开放好）教育。2002年，开展“‘三个代表’重要思想在基层”集中宣传月活动和“伟大的祖国、伟大的党”主题教育活动。2003年，利用“五一”表彰大会、纪念“五四”运动84周年大会、庆祝建党82周年大会、抗击“非典”、李元龙先进事迹报告会等，在干部群众中深入开展“六爱”教育。2004年，组织开展“创业江宁”宣传教育活动，为全民创业鼓劲造势。2006年，在全区范围内开展社会主义荣辱观学习教育活动，教育群众自觉践行社会主义荣辱观。大力宣传“新江宁人”朱柱烈士的英勇事迹，引导群众学习朱柱见义勇为的精神。2007年，市委常委、区委书记刘捍东号召全区人民向全国道德模范提名奖获得者、江宁区诚信为本的榜样戴玉银学习，在全区引起巨大反响。是年3月起，开展全面建设小康社会宣传工作，通过新闻宣传、社会宣传和活动宣传，引导广大群众认知小康、建设小康。

第四节　新闻宣传工作

【区内舆论宣传】

1956年3月1日，《江宁报》创刊；5月，江宁县有线广播站成立（详见本志第三十五编第八章第一节《有线广播站》）。《江宁报》、江宁广播站面向农村、面向农民。基本任务是宣传党的路线、方针、政策；立足江宁，及时报道各条战线新变化、新经验、新人物；加强集体主义、爱国主义和共产主义教育，推动全县物质文明和精神文明建设。据统计，1976—1985年，江宁广播站共收到稿件31711篇（条），采用24314篇（条）；《江宁报》在1983—1985年间，收到通讯员稿件5054篇（条）。1990年7月，《江宁报》进行改版，由周一刊改为周二刊，发行量7000多份。1994年7月改为周三刊，发行量扩大到1.50万份，大力宣传县委、县政府决策和全县“两个文明”建设。1995年，江宁县新闻中心成立后，在原南京电视台12频道和28频道开办《江宁动态》和《江宁经济》两个栏目。

1996—2000年，围绕县委中心工作，造就良好的舆论氛围，大力宣传邓小平理论，积极开展“三讲”“双思”的报道。1998—2000年，先后开设《新年新思路》《瞄准新目标实现开门红》《江宁巨变20年》《我看今日江宁》《贯彻市委常委扩大会精神，奋力推进江宁现代化建设》《加快农业结构调整，实现增效增收目标》等栏目，刊登重点稿件、组织重点报道700多篇（条），刊用专题稿件1000多篇（条）。围绕“县委满意、读者爱看”的办报目标，在贴近群众、贴近生活、贴近实际，以及增强报纸对社会基层、群众生产与生活服务性、适用性和可读性上下功夫。1999—2000年，服务性专版增至22个。其中，《一周农情》为广大农户提供科技、市场、品种等农业生产的服务信息，介绍典型经验，免费刊登全县种植养殖大户和农户购销信息1000多条，帮助“牵线搭桥”60多次，并免费为人才市场、企业刊登用工和个人求职信息。此外，还注重可读性。1999年增加的周末刊8个版面基本上都与读者生活息息相关的信息。如《围城话廊》《秦淮广角》《影视今点》《文娱休闲》等专版、专栏皆融知识性、可读性、娱乐性于一体，深受读者喜爱。其中，推出《名人与江宁》栏目86期。5年中，江宁报社在省、市和全国县市好新闻及副刊评比中获奖作品达118件。“九五”期间，《江宁报》多次改版。1997年9月，由周三刊改为周四刊；1999年1月1日发展为周五刊；2001年1月11日，改《江宁报》为《江宁日报》，改周五刊为周六刊。2000年的发行量由1998年1.10万份增加到近2万份。

1998年7月，县新闻中心与新成立的南京有线电视台达成合作，《江宁纵横》栏目每周播出一次。南京有线电视台和南京电视台合并后，《江宁纵横》栏目在南京电视台新闻综合频道继续播出。

2001—2002年，围绕区委、区政府中心工作，开展各阶段的重点宣传报道。积极做好年初人大、政协“两会”报道，开设《向全区人民汇报》栏目，刊登“两会”报道50多篇；开设《贯彻区委扩大会精神》栏目，在一版发稿近50篇；开展“献爱心、送温暖”宣传，开设《爱心涌暖流》《爱心榜》栏目；及时做好“三下乡”（送文化、科技、卫生下乡）活动、江宁之春群众文化艺术节、横溪西瓜节等各项宣传报道；适时做好防汛抗旱报道；主动、全面做好全国“村长论坛”会议的宣传报道。按照区委“转变作风年”要求，采编刊登系列报道30多期50多篇；大力宣传精神文明创建活动，开设《新江宁人》《美与丑》《道德建设在江宁》等栏目，推出各类先进典型40多人，加以弘扬报道；将“万人看江宁”作为宣传重头戏。围绕迎接十六大，学习贯彻十六大精神，开展有计划、大容量报道，刊登稿件120多篇。突出经济主题宣传，营造发展舆论氛围。开展“解放思想”大讨论；以跨越式发展为主题，加大对外向型经济、工业经济、个私经济、开发区、科学园、乡镇工业小区“三经三园区”的宣传力度；精心策划《撤县设区一周年》、市民心目中《新江宁十大成就评选》专栏、专版，为区委、区政府“万人看江宁”造势添彩；加大农业结构调整宣传力度；配合区建设局、房产局，全力做好房展会的宣传报道工作。并组织大量稿件刊登在《南京日报》《金陵晚报》等诸多媒体，形成宣传声势，促进房地产业健康发展。两年中，在省、市好新闻评比中，《江宁日报》获一等奖、二等奖、三等奖作品共17篇，其中2篇获全国县市报一等奖。此外，2002年1月，根据省报刊专项治理领导小组办公室通知精神，市委宣传部、江宁区委决定，原《江宁日报》由《南京日报》吸纳，改版为《南京日报·江宁版》。

2003年，充分发挥区属新闻媒体作用，进一步营造江宁的发展氛围。完成“两会”报道、海峡两岸CEO金陵论坛、长江三角洲峰会等14项重点报道。共参与组织市、区以上重大活动20余场，发稿900多篇（条）；紧扣“三个文明”建设协调发展，推出《推进两项改革，促进跨越发展》《聚焦万名党员带万户活动》等11个栏目，刊登播出稿件1100多篇（条）；紧扣跨越主题，策划制作《争先率先》《开放的江宁》等20个特刊、专刊。《南京日报·江宁版》着重四大宣传：“奋战五年，进入苏南第一方阵”宣传，2个多月刊登稿件100多篇（条）；“弘扬李元龙精神，争做为民带头人”学习宣传，1个多月发稿50多篇；“新江宁新亮点”宣传，下半年发稿40多篇；全力做好抗击“非典”及“两手抓”宣传报道。仅4月21日至6月末，出版80个抗非专版，刊用稿件1300多篇（条），加印14期报纸43.50万份。全年获省、市好新闻和全国县（市）好新闻一等奖2篇、二等奖8篇、三等奖9篇，为历史最高。2004年1月1日，《南京日报·江宁版》停刊。

2004年，调整充实区新闻中心力量，与《今日商报》合作，成功开辟定期出版的《今日江宁》专版。是年5月10日，第一期《今日商报·今日江宁》专版正式发刊。每周一、周四、周五出版，是年，《今日商报·今日江宁》共出版99期，刊发稿件1400多篇（条）60多万字，照片200幅；《江宁纵横》共采制播出54期、200多条新闻。2005年，大力宣传江宁科学发展、协调发展、统筹发展，努力构建和谐社会的新成就。新闻中心《今日商报·今日江宁》共出版120期，刊发稿件1200多篇（条），80多万字，照片400多幅。《江宁纵横》播出43期，计182条新闻。

2006年3月30日，《今日商报·今日江宁》改版。改版后的《今日商报·今日江宁》着重“三围绕”宣传报道：围绕区委、区政府中心工作，及时报道区委、区政府决策和部署，打造《加快江宁新四化建设、率先实现小康社会》《建设新农村、实现新发展》《树立文明新风、建设和谐社会》等品牌栏目；围绕基层建设，及时报道基层推进改革、扩大开放、加快发展、致富群众的新做法、好经验，打造《连线基层》《创业江宁》《百家企业看台》《我身边的好党员》等品牌栏目；围绕贴近群众、反映民意、关心民生、培育民星、服务百姓开展宣传，报道群众最关心、最直接、最现实的利益问题，实现政府与百姓之间的互动沟通，打造《社会观察》《市民热线》等品牌栏目。是年，《今日商报·今日江宁》共出版146期，刊发稿件2000多篇约120多万字，照片300多幅。《江宁纵横》播出53期，计243条新闻。编发《宣传动态》24期，被省委宣传部、市委、市政府及市委宣传部采用信息300多篇（条）。

2007年，首次开展江宁年度十大新闻评选。《今日商报·今日江宁》出版142期；《江宁纵横》播出51期；年末创刊《江宁新闻》，赠阅量2.05万份；编发《宣传动态》36期，被省、市委宣传部采用社会舆情和宣传信息562篇（条）。10月14日，区委宣传部首次组织区内媒体赴京采访报道江宁区中共十七大代表参会情况，于10月17日完成任务。3天共采制3篇（档）稿件，全部于当天发回图文，及时完整地报道十七大代表、市委常委、区委书记刘捍东在京参会的感想、体会和对江宁今后全面高质量小康社会的构想和新思路。

【对外新闻宣传】

新中国成立初期，中共江宁县委宣传部就配备通讯干部从事新闻报道工作，并成立新华社苏南公社镇江支社江宁记者站。1949—1952年，江宁县通讯干部及其组建的通讯网，为《苏南日报》和《前进报》（镇江）采写许多新闻与通讯。黄泥塘互助组由于记者站的连续报道，一时成为苏南区互助合作的旗帜之一。1952年春，江宁县67个互助组联名在《苏南日报》上发表的农业爱国增产竞赛的挑战书，得到苏南区19个县、548个互助组、1个国营农场和1个农业生产合作社的应战。至6月24日，苏南区共有84万多农户参加农业爱国增产竞赛。江宁县通讯干部还向《苏南日报》《新华日报》及时报道江宁县反霸、生产、参军和互助合作的发展情况。1954年，县委副书记颜景詹被评为《新华日报》优秀工农通讯员。

1955年9月11日，《新华日报》刊登县委和县委生产合作部撰写的3篇文章，全面介绍东山镇中前村农业社的整社经验。12月27日，中共中央办公厅将3篇文章综合改写为《清除坏人，巩固合作社》的标题选入由毛泽东主持编辑的《中国农村的社会主义高潮》一书中。毛泽东并为此文写了按语，指出“这一篇所说的问题有普遍意义，值得大家注意”。1960年，江宁县县长史成仁被聘为《南京日报》社通讯员，并受到《苏南日报》《新华日报》的表扬。

1978 年后，县农村工作委员会报道组写的上峰公社《高庄大队揭“顶”掀“盖”，粮钱分配双突破》的报道，刊登在《新华日报》头版头条，对全省分配工作起到推动作用。1980 年后，通讯组写稿更加活跃。据统计，《新华日报》在 1980—1983 年 4 年间共收到江宁县通讯员稿件 1782 篇（条），采用 236 篇（条）。南京市广播电台在 1982—1985 年 4 年间共收到江宁县通讯员稿件 18512 篇（条），采用 13493 篇（条）。

1988—1990 年，全县对外新闻宣传工作获得稳步发展，历年被市以上新闻单位采用稿件都在 300 篇（条）以上。宣传部采编的《江宁金箔》电视专题片被中央电视台《神州风采》专栏播出。1991—1995 年，每年被市以上新闻单位采用的稿件在 400 篇（条）以上。1991 年，宣传部采写的反映全县抗洪斗争的新闻稿件《抗天歌》获市广播电视好新闻评比一等奖。1994 年制作的反映江宁经济技术开发区建设成就的新闻片在中央电视台新闻联播节目中播出。1995 年，南京电视台共播出江宁电视新闻 150 余篇（条）。

1996—2000 年，江宁县对外新闻宣传工作以正确的舆论引导人，不断加大新闻宣传力度。精心组织一系列典型宣传，在全社会形成昂扬奋发、积极向上的舆论氛围。1997 年，大力宣传彭福村、锁石村“两个文明”建设的先进典型，宣传爱厂如家、职工信任的好厂长张有龙，身残志坚、自强不息的残疾青年张凤蕾的先进事迹，专题报道彭福村党支部书记沈庆喜带领村民致富奔小康的事迹。精心组织新闻宣传战役。围绕南京暨江宁解放 50 周年、“五四”运动 80 周年、国庆 50 周年和澳门回归祖国等重大庆祝活动，组织战役性宣传报道活动，达到凝聚人心、激励斗志的目的。严格按照中宣部和省、市委宣传部的统一部署和报道要求，坚持正确的舆论引导。5 年中，每年组织两次中央、省、市新闻媒体记者集中座谈采访。先后两次在北京举办新闻发布会和开发区发展战略研讨会，扩大江宁县对外知名度。每年在市以上新闻媒体刊登播出新闻稿件 600 篇（条）以上，其中重点稿件 30 篇（条）以上。

2001—2002 年，江宁区对外新闻宣传工作更上一层楼。2002 年，配合江宁经济技术开发区成立 10 周年、江宁科学园成立 8 周年等活动，《新华日报》均在头版头条对活动情况作出报道。江宁县撤县设区期间，省、市十多家新闻媒体进行全面报道。《新华日报》先后以《汤山牵上农民增收“牛鼻子”》《汤山镇：抓住牛鼻子，全盘活起来》为题作报道；汤山养奶牛致富的经验受到中央新闻媒体的重视。参与 2002 年 11 月 22 日召开的第二届全国“村长论坛”的报道，邀请中央、省、市多家新闻媒体的 40 多名记者，发稿数十篇，并向中央级新闻单位提供典型材料 7 份；论坛后期配合中央电视台采访江宁区民间传统文化，在省内及全国产生较大影响。围绕“万人看江宁”活动，开展为期近 3 个月的连续跟踪报道。先后就开幕式及湖滨运动派对、百家湖风筝节、江宁美食节等主要活动集中邀请记者到江宁区采访报道。两年中，全区在各新闻媒体共发稿近 1000 篇（条），其中头条及重点稿件近 100 篇（条）。

2003 年，江宁区对外新闻宣传工作紧扣发展主题，强化舆论宣传，坚持正面引导，树立江宁良好的对外形象。充分依托《人民日报》《新华日报》《南京日报》等中央、省、市级媒体的主导作用，对江宁经济和社会事业发展的重大活动，予以全方位、多角度的报道，如《人民日报》报道的《汽车：三马齐驱　南京汽车直奔千亿》。组织中央电视台等 8 家新闻媒体宣传江宁外向型经济快速发展的经验，录制《让世界了解你——江宁》栏目。全年共在中央、省、市和境外媒体刊登播出 1000 多篇（条）新闻稿件，其中头版头条及重要稿件 50 多篇（条），制作各类专版 40 余个。

2004 年，江宁区对外新闻宣传加强与各级主流媒体的联系与沟通，突出宣传江宁努力实践“三个代表”重要思想，以科学发展观协调全区发展，快速挺进“苏南第一方阵”；突出宣传江宁打造高科技花园新城、江苏知识创新基地；突出宣传江宁加快统筹发展的步伐，加快实现“两个率先”进程的新业绩；突出宣传江宁朝气蓬勃的民营经济和澎湃的创业热潮；突出宣传江宁坚持“三个文明”协调发展，努力创建文明区；突出宣传江宁以人为本，坚持富民优先，科学协调城乡二元结构矛盾，让群众不断得实惠的举措与成效；突出宣传江宁推进民主法制建设，打造“平安江宁”，落实依法行政，强化综合治理的各项措施；突出宣传打造“绿色江宁”，重视生态建设，追求人与自然和谐，加大实施可持续发展战略的力度。全年组织各级媒体围绕八个“突出”报道《福特选择了江宁》《江宁七成行政村通公交班车》《江宁建造星极“打工楼”》《三万失地农民入住小区》《南郊牛首祖堂将打造市级风景区》《新济洲成为江中绿岛鸟类乐园》《江宁在白马公园举办特色农产品展销会》等江宁新闻560余篇（条），其中重点报道、专题报道60余篇（条）。

2005年，江宁区对外新闻宣传不断掀起高潮，亮点凸显。全年在《人民日报》《经济日报》和中央电视台及在宁各级媒体报道江宁新闻550篇（条），头版头条新闻较往年明显增多。《南京日报》头版刊发江宁新闻30余篇（条），其中头版头条新闻10篇（条），如《江宁，高平台上寻求发展新空间》《江宁：争做城乡统筹发展的排头兵》《看长安福特的“磁铁效应”》《“巨龙”竞舞闹江宁》《江宁开发区：和谐发展的先导区》《江宁高新产业拉动南京经济快跑》。围绕江宁“融入主城，无缝对接”和“城市化、产业化、数字化、生态化”的新战略，《新华日报》推出专版《开放发展的江宁，文明和谐的江宁》，《南京日报》推出专版《江宁：加快城市建设步伐，快速融入南京主城》《江宁：在发展的赛场上力争一流》。此外，《人民日报》9月28日刊登区长单景南的调研文章《实现跨越的六大因素——南京江宁区的发展体会》，《人民日报》11月1日刊发反映江宁房地产兴旺、经济腾飞的新闻《江宁楼市稳健发展》。配合江宁撤县设区5周年，12月26日《新华日报》头版头条推出《江宁：对接南京主城“急行军”》报道；《南京日报》推出报道《江宁跨越正当时》和《和谐在富裕中植根》等，记录江宁区经济社会持续、快速、稳定发展历程。

2006年，各级媒体报道江宁新闻600多篇（条）。其中，中央电视台采访报道7次，《新华日报》发稿40篇（条），其中专版报道3次，一版4篇。《南京日报》发稿230篇（条），一版80篇（条），其中头版头条新闻15篇（条）。新农村宣传出“精彩戏”。禄口镇彭福村党支部书记沈庆喜被市委宣传部定为南京社会主义新农村“十佳”典型人物后，江宁区先后组织十多家媒体跟踪采访报道，《南京日报》发表多篇报道，《新华日报》《经济日报》也对沈庆喜作相关专题报道。同年5月，人民网、新华网、央视网等30多家网络媒体组织“富民优先江苏行”新闻采访活动，集中到江宁区采访，央视一套《东方时空》播出《笑在彭福村》。麒麟锁石村、上坊机场村、禄口彭福村3家农村文明致富的新闻在《南京日报》一版作报道。汤山古泉村开展的新农村文化活动被中央电视台《新闻联播》、省电视台、南京电视台分别作了报道。自主创新宣传出“重头戏”。为弘扬区自主创新精神，推出全市自主创新先进典型——南京南瑞继保电气有限公司董事长兼总经理、中国工程院院士沈国荣的先进事迹，《人民日报》《新华日报》《南京日报》等报纸连续刊发有关报道。和谐社会宣传出“压轴戏”。区委宣传部按照市委常委、区委书记刘捍东的要求，把朱柱先进事迹由惯常的见义勇为提升到“新江宁人”热爱江宁、建设江宁的高度，先后有《新华日报》、中央电视台、《南京日报》和江苏电视台、南京电视台等20多家国家、省、市媒体参与报道，最终使朱柱成为2006年度的“中国骄傲”人物。同年3月24日，为配合区在广东省汕头市举办投资环境说明会暨招商项目推介活动，在《汕头特区晚报》介绍江宁区位优势、经济发展和投资空间等招商信息。5月底，“重洽会”前后，组织《新华日报》《南京日报》《扬子晚报》和江苏电视台、南京电视台等多家媒体对江宁区的参会活动进行大量报道。为迎接5月28日第二届潮商大会（江宁）经贸合作推介会的召开，在《南京日报》连续推出宣传报道。8月10日，江宁区在厦门举办投资环境说明暨招商项目推进洽谈会，当天，在《厦门日报》刊发宣传江宁专版。9月“金洽会”“名城会”期间，以《新华日报》《南京日报》为平台，在“金洽会”“名城会”召开的当天各推出一个专版。《南京日报》在9月12日、20日、21日分别推出《前8月江宁引进外资大幅增长》《江宁投资说明会令客商耳目一新》《第28家世界500强企业落户江宁》等重点报道。在全区开展保持共产党员先进性教育活动中，在省、市党报发表新闻达20篇以上，其中，在《南京日报》要闻版《先进性教育》专栏发表十多篇。是年上半年，结合重大活动进一步完善新闻发布工作。4月28日，区委宣传部在金陵饭店隆重举行“同一首歌走进江宁”新闻发布会。为成功举办西瓜节，策划并运作江宁第五届西瓜节的宣传方案，同时召开新闻发布会。6月1—2日，江宁区在新体育中心体育馆承办了一次高水平的四国篮球争霸赛，区委宣传部与体育局于5月12日联合召开一次赛事新闻发布会。

2007年上半年，推出有影响力、有冲击力的宣传报道300余篇（条），其中重要稿件80余篇（条），《人民日报》报道2次，中央电视台报道6次。围绕全区“五个中心”建设大力开展宣传。连续在《南京日报》头版推出两篇重点报道《江宁：勇挑重担　抢先一筹》《江宁围绕“绿色中心”加快生态建设》，并配发评论《盯牢“五个中心”　又好又快发展》。对于全区重点工作，宣传部在《南京日报》头版头条发表《江宁在全市率先实现医保全覆盖》《十万农民变身新市民》等多篇报道。把握时代脉搏，着力挖掘宣传先进典型。3月，体彩销售员戴玉银“诚信为本”的先进事迹被中央电视台《新闻联播》《新闻社区》《新闻30分》《朝闻天下》等栏目连续播出。江苏电视台、南京电视台等省内外各大媒体纷纷进行深度报道，共刊登播出稿件30余篇（条）。热心帮助服刑人员家庭的上坊派出所所长吴克有的先进事迹经区委宣传部与公安机关推介，《人民日报》《人民公安报》《新华日报》《南京日报》《扬子晚报》《金陵晚报》《现代快报》等媒体均分别作出报道。淳化法庭庭长吕润进被评为江苏省“十佳法官”后，区委宣传部联合法院迅速行动，《南京日报》在头版作出报道《为民解恩怨　审案“零差错”》，南京电视台“时政要闻”也进行重点报道。当好“配角”，在经济发展中显身手，充分反映开发园区建设与发展及各镇、街道发展经济、造富百姓的举措和成果。区委宣传部主动配合经济工作，在主流媒体刊发《江宁项目开工率已达全年一半以上》《江宁高新技术产业今年将实现销售400亿元》等重点报道。《新华日报》以《江宁投资开发尼日利亚自由贸易区》为题报道江宁突破地域发展的“瓶颈”，大力实施“走出去”战略。《江宁20亿再造一个“上海新天地”》《首个飞机发动机项目落户江宁开发区》《统宝光电在宁开建二期工厂》等报道反映江宁区多个重点产业齐头并进的发展势头。在2007年南京“重洽会”期间，《南京日报》在重要版面以《江宁签下100亿元项目》为题，报道江宁区在此次“重洽会”中招商引资的重要成果。《金陵晚报》、江苏电视台、南京电视台新闻综合频道、十八频道等媒体也在重要版面、时段进行报道。为配合全区新农村建设，积极邀请省、市媒体，采访报道东山街道、汤山街道等新农村建设的典型。《新华日报》《南京日报》先后整版或头版发表《走进6万农民的新家——江宁2006年年底建成全市规模最大的农民复建房小区》《真情，向田园播洒——2006年南京市江宁区开展新农村建设侧记》《让失地农民得实惠——滨江开发区建设和谐园区一瞥》等重点报道。

第八章　统一战线工作

抗日战争时期，江宁地区党、政、军等团结和争取全县各抗日阶级和阶层以及一切可以团结的力量，结成最广泛的抗日统一战线，粉碎日、伪、顽一次次疯狂“扫荡”和阴谋活动，建立和巩固了抗日民主政权。

1951年，中共江宁县委设立统战部。1957年撤销。1961年，重新设立县委统战部。“文化大革命”期间，县委统战部停止工作。1980年3月，恢复设立统战部。民族宗教事务局、侨务办公室、工商联与统战部合署办公。江宁的统战工作全面贯彻落实党的基本路线和各项方针政策，坚持和完善中共领导的多党合作和政治协商制度，热情地为统战对象服务。为经济社会全面发展，为实现祖国的统一大业，把各方面的力量团结在党和政府周围。

进入21世纪后，江宁区的统一战线工作有新的作为。紧扣“经济统战”，发挥联系广泛优势，服务招商引资；主动服务基层，构筑桥梁纽带，促进经济平稳健康发展。拓展“人文统战”，发挥凝心聚力优势，拓展侨务工作视野，做好大侨务；瞄准海外侨务资源，构筑“大网络”；积极为侨民服务，为全区发展打造良好的国内外环境。打造“和谐统战”，发挥人才荟萃优势，支持民主党派加强组织建设，开展政治协商和建言献策工作，加快党外代表人士的培养使用步伐，营造大团结大联合氛围。

江宁区统战工作先后获得全国统战工作实践工作创新成果奖（全国唯一一家区县级统战部）、全国侨务工作先进集体、中国统一战线宣传先进单位、江苏省统战系统先进集体等称号。

第一节　抗日民族统一战线

党的统一战线，抗日战争前在江宁已具雏形。民国24年（1935）12月，中共地下组织发动县内农会、妇女会和各小学校联合发表宣言或通电，要求力保领土完整，反对华北自治，要求国民政府作出行动，锄奸救国。民国25年8月，中共中央发表《致国民党书》，申明建立抗日民族统一战线和重新建立国共合作政策。活动在江宁县的中共党员魏今非团结党外人士倪则耕（后入党）、朱丹立等人组织江宁县抗日救亡协会，利用国民党办的《宁报》宣传抗日，并计划组建地方抗日武装。民国26年11月，侵华日军向南京进犯，国民党军政机关仓促撤离，以致计划未能实现。地方爱国人士分散自发组成的抗日团体，有周干圩（今湖熟街道周岗社区）抗日联会、横溪的青年抗日服务队等，都团结南京及外地逃难下乡青年学生和地方部分群众，后均加入到抗日民族统一战线。

民国27年（1938）5月，新四军东进敌后抗日，直抵南京城下。先遣支队、第一和第二支队首长及党组织负责人以江宁县为基地，在江（宁）当（涂）句（容）溧（水）地区，领导开创抗日民族统一战线工作，调解国民党政府第三十二集团军委派的“抗日游击司令”同溧水县县长兼游击司令互争地盘的内讧，劝说一些原国民党的干部和地方士绅参加国共合作团结抗日的行列，接受原当涂县马鞍山邮局局长刘一鸿等自发武装改编为新四军。之后，江渭清、钟国楚受中共苏皖特委、苏南特委和司令员陈毅委托，协助地方组建江当溧（后称横山县）、江溧句（后称江宁县）两个三县抗敌自卫委员会，都是带有半政权性质的统一战线组织，其下在重点区建立分会（江当溧地区称“动员委员会”），都有地方爱国人士、国民党赞成抗日人士、工商界人士、中小学教师、退役军官参加，有的人还担任主任委员、副主任委员或其他职务。一些帮会中的人士、宗教界人士也同抗日军队、政府并肩作战，全县的抗日民族统一战线随之发展壮大。“皖南事变”后，在此基础上分别建立两县的抗日民主政府和参政会。参政会成为统一战线的办事机构，在宣传抗日民主政府政策法令、争取顽伪分子、分化瓦解敌伪分子，利用多种社会关系，掩护敌占城镇的地下斗争，营救被捕人员，反对国民党顽固势力制造摩擦、挑衅和阴谋投降等斗争中，做了大量工作，为团结抗日英勇捐躯的不乏其人。

第二节　落实统战政策

【团结教育】

新中国成立初期，县委针对各个时期的国内外形势和党的中心工作，团结各人民团体、各界人士，组织学习，进行自我教育，让他们及时了解党和国家的有关方针政策，主动参加抗美援朝、镇压反革命、土地改革、“三反”和“五反”、社会主义改造运动和社会主义建设事业。1956年，贯彻执行中央提出的“长期共存，互相监督”的方针，组织党外知识分子参政议政。1957年，在少数民族中开展民族政策和国家经济生活方面的宣传教育。1958—1959年，在工商界开展学习教育和自我改造运动。1964年，开展社会主义教育运动，批判资本主义表现及其资产阶级世界观。

中共十一届三中全会后，进行统战工作的拨乱反正，落实党的统战政策。1982年起，广泛开展新时期统一战线方针、政策教育，贯彻中共中央提出的“长期共存，互相监督，肝胆相照，荣辱与共”方针和关于知识分子工作的政策。1989年后，着重开展“和平统一、一国两制”方针、政策的宣传，台湾局势及两岸关系的涉台宣传教育，海外统战政策宣传以及迎香港回归系列教育。

1996—2000年，每年组织统战对象（民族宗教界代表人士、归侨侨眷代表人士、非公有制经济代表人士和党外知识分子代表人士）理论学习两次，认真学习党的民族宗教政策、侨务政策及相关理论知识，受教育人数达200人左右。1999—2000年，共编印《江宁统战》8期，加强统战工作宣传力度。县统战部门加强与18个镇基层商会的联系，坚持“团结、教育、引导、服务”的八字方针，并在政治上为他们提供参政议政的位置，使县人大代表和政协委员中非公有制经济代表人士比例都有增加。2004年4月8日，区委统战部邀请区内民主党派成员、党外人士50多人召开座谈会，隆重纪念《中共中央关于坚持和完善中国共产党领导的多党合作和政治协商制度的意见》发表15周年。民革、民盟、民建、民进、农工党、九三学社成员代表、党外后备干部代表、党外知识分子代表作交流发言。

2005年4月7日，结合开展保持共产党员先进性教育活动，区委统战部邀请党外代表人士40多人进行座谈，向党外人士代表征求意见和建议。6月29日，成立港澳台侨胞服务中心。通过开展海外统战工作，联系港澳台同胞和海外侨胞，为区内港澳台同胞和海外侨胞、归侨、侨眷提供服务。是年10月17—19日，江宁区举办党外干部培训班，全区46名党外干部接受培训。省委统战部副部长李熙诚、市委统战部副部长李克勤为学员作专题辅导报告。

2006年，为贯彻落实中共中央、中共江苏省委和中共南京市委关于进一步加强中国共产党领导的多党合作和政治协商制度建设的意见精神，切实加强和完善全区爱国统一战线和多党合作事业的领导。6月27日，中共江宁区委制定下发《关于进一步加强中国共产党领导的多党合作和政治协商制度建设的实施意见》。

2007年2月8日，江宁区召开党外人士情况通报会。民主党派江宁支部负责人、部分民主党派人员、党外干部代表、非公经济代表人士、民族宗教界代表人士、港澳台侨界代表人士、区有关部门负责人100多人参加会议。会议围绕民主党派自身建设、党外干部培训、经济体制改革、教育医疗卫生、交通设施等方面提出意见和建议。2006—2007年，江宁区举办两期党外干部培训班，全区党外干部、民主党派成员共98人参加培训。重点学习贯彻中共十七大精神及全国和省、市统战工作会议精神，提高全区党外干部的思想政治水平和政策水平。

图25-8-17　江宁区召开统战工作总结表彰会（2007年摄）

【落实政策】

改革开放初期，江宁县的统一战线工作以拨乱反正、落实政策为主要内容。县委成立了落实政策领导小组，由统战部负责牵头办理对错划"右派分子"平反和统战对象政策的落实工作。经各部门的配合和努力，落实政策工作取得成绩。全县被错划为"右派分子"123人和因涉"右"受到各种处分的247人全部纠正，解决了36户、89名受株连的家属子女的城镇居民户口，并为他们安排适当的工作；对45名原国民党起义、投诚人员认定其身份，肯定其历史功绩，并按政策规定颁发起义投诚人员证书，对其中受到各种错误处理的4人予以平反，并为其办理离退休手续和妥善安置其子女的工作，对下放农村的3人恢复了工作；将全县168户原工商业者中的"三小"（小商、小贩、小手工业者）59户从原资产阶级工商业者中区分开，明确其原劳动者身份，并补发"文化大革命"中被扣减的工资6776元，对2名属干部身份的原工商业者恢复干部身份。为全县非中共党员的政协委员、台胞台属、归侨侨眷（包括港澳同胞及其眷属）、少数民族及宗教界人士落实有关政策，平反纠正冤、假、错案38件；为在"文化大革命"中被查抄财物的35户发还原物22件，折价退款3504元，归还被抄款8874元，并对88人适当补偿17544元；同时发还原主在"文化大革命"中被挤占、没收的房产10户，计517平方米。由于落实政策到位，各界人士心情舒畅，工作热情高涨。台、侨属同海外亲人的联络增多。

第三节　党外人士工作

民国33年（1944），中共横山县委成立参政会。新中国成立初期，江宁县委邀请各界代表，参加政治协商，参与各项社会工作。"文化大革命"结束后，党外人士参政议政工作逐步形成制度化、经常化。多渠道、广领域培养使用党外干部，为全区经济社会发展贡献聪明才智。2007年年底，全区有57名党外人士当选区人大代表，129名党外人士担任区政协委员。区管以上党外人士领导干部15人，其中，区人大常委会副主任、区政府副区长各1人，区政协副主席3人。

【参政议政】

民国33年（1944）春，中共横山县委根据《苏南行政区各级参政会组织条例》，成立横山县参政会。张干农担任议长，业文明、胡养吾担任副议长。与此同时，横山县分山西、山北、山南3个片，分别成立参政分会。参政会作为统一战线的办事机构，为抗日民主政权发展进步势力，争取中间势力，孤立顽固势力发挥重要作用。1951年，江宁县委设立统战部后，参政议政和政治协商事业不断发展。县委、县政府通过县各界人民代表会议协商委员会，就全县的中心工作和各项政治运动及市、县人民代表候选人联合提名，县政府人事安排，农业及私营工商业社会主义改造等重大事项，与民主党派、人民团体进行协商，广泛听取其意见和建议。1956年后，由县委或委托县委统战部适时召开各民主党派、各人民团体负责人座谈会，对全县社会主义革命和社会主义建设的重大问题进行协商，团结各界人士，合作共事。“文化大革命”期间，统一战线遭到严重破坏，参政议政工作基本停止。

1979年起，在筹备历次县人大、县政协换届和届中人事增补中，根据县委的统一安排，多渠道在党外知名人士中物色、考察、推荐政治素质高、从政能力强、有广泛群众基础的代表人物为区人大代表和区政协委员。1981年8月，召开民主党派、归侨、侨眷、台属等各界人士会议，传达中共十一届六中全会精神，学习中共中央《关于建国以来党的若干历史问题的决议》，统一思想，增进共识。1982年后，县委每年年底就全县经济工作、社会建设、党风党纪等重大问题，召开民主党派、人民团体负责人座谈会，通报情况，听取意见和建议。1980年9月至1997年，县人大、政协五次换届，计有665人次党外人士当选为县人大代表，567人次党外人士担任县政协委员。非党人士2人先后被选为县人大常委会副主任，7人相继担任县政协副主席。1993年2月，换届后的县十二届人大31名常委中，党外人士7人；七届政协203名委员中，党外人士187人，占92%。2007年年底，有57名党外人士当选区人大代表，有129名党外人士担任区政协委员。其中，区人大常委会副主任1人，区政协副主席3人。20多年中，担任人大代表、政协委员的党外人士，积极参政议政，开展调查研究，提交提案近万件，内容涉及政治、经济、科技、水利、交通、教育、卫生、环保、法制等各个方面，为党和政府对各项工作的决策提供许多有价值、具有可操作性的意见和建议。区人大、政协不断拓宽党外人士参政议政渠道，提高合作共事成效。

【培养选拔党外领导干部】

“文化大革命”前，全县担任副科级以上领导职务的非党人士有4人，其中副县长1人，副局长3人。

1982—1997年，全县先后有8位党外人士担任政府部门领导职务，县委、县政府支持他们放手大胆工作。党外领导干部珍惜党和人民赋予的权力，主动争取党的领导支持，严格要求自己，清廉从政，为民办事。1997年，县委在全县50个部门中物色推荐46名非党青年知识分子列为后备干部的培养对象。2000年，县委组织部、统战部联合制定下发《关于党外领导干部培养使用的意见》。是年，党外县管后备干部达43人。2005年，党外区管后备干部60人。

2007年，结合江宁区实际，充分调研，区委统战部出台《江宁区培养选拔党外干部2006—2010年工作规划》。规划要求：到“十一五”末，全区镇街行政领导班子中要配备一定数量的党外干部；区政府工作部门中要尽可能地配备党外干部。其中，教育、审计、司法等部门必须至少配备1名党外干部；区人大、区政协办公室和专门委员会要分别配有1名～2名党外专职领导干部。2007年年底，全区区管以上党外领导干部15人。其中，区人大常委会副主任1人，区政府副区长1人，区政协副主席3人，区政府部门领导干部10人。

第四节 服务经济建设

县委统战部充分发挥涉外多、联络广、信息灵的特点和优势，积极主动地为江宁经济建设服务。1984年和1988年，两次参与深圳召开的对外贸易洽谈会。1990年，有台资合作企业1家，投资90万元。接受海外侨胞赠款人民币13.15万元、港币2.02万元，汽车4辆等。

1991—1995年，多方位地开展海外联谊工作，热心为投资落户的外商服务。1992年，落户在江宁经济技术开发区的台湾旺旺食品有限公司，1995年纳税1036万元，为全县第一纳税大户。统战部始终与之保持密切联系，帮助协调关系，解决具体问题，从而得到信赖，促使企业增强继续投资兴业的信心。又于1995年在开发区投资2220万美元兴建大旺食品、来旺包装、增旺塑料3家有限公司。全县接受捐赠300多万元及汽车、衣服、药品、电器等实物。1995年，全县有“三资”企业388家，投资总额60590万美元，合同利用外资34355万美元。

1996—2000年，县委统战部每年都参加南京金秋经贸洽谈会，主动参与县政府主办的江宁之春对外经济技术合作暨“经洽会”、江宁县—美国南加州经贸洽谈会、江宁县投资环境说明会等招商活动。其间，县委统战部多次组团出国招商，带领乡镇企业领导到外地参观考察，广泛联络客商。为宣传江宁发出招商宣传资料3000份。同时，做好“三资”企业跟踪服务工作，深入“三资”企业调查了解生产经营情况，为重点联系单位解决资金周转、征用土地、设施建设、民事纠纷等问题。2000年，县侨办、台办出台《江宁县人民政府侨务办公室为港澳投资企业服务承诺》和《江宁县人民政府台湾事务办公室为台湾同胞投资企业服务承诺》意见。切实开展为“三资”企业服务活动，维护“三资”企业正当合法权益，推动江宁地区投资环境持续改善。

2001—2002年，统战系统采取“请进来”和“走出去”方式广联客商。两年中，共邀请和接待海外客商2300多人次到江宁区考察，寻求投资意向。同时，区工商联加强与兄弟地区商会联系和沟通，多次组团赴福建、浙江、广州、海南等地参观考察，联系招商事宜。在与内外客商接触过程中，共发出宣传资料2000份，促成意向性项目65个。积极参与区政府的各项招商活动。协助区政府做好江苏禄口华商科技园的筹建工作，参与该园的规划论证和建园申报，争取国务院侨办主任郭东坡为华商科技园题词。为华科园引进内、外资项目35个，入园外资企业32家，总投资6235万美元。全力筹办“2002年全国知名企业南京（江宁）经贸洽谈会”，共洽谈项目200多个，形成意向性项目26个，投资总额4.20亿元。引导非公经济人士投身光彩事业。两年中，走访40多家私营和民营企业，组织商会会员向区红十字会“备灾救助、扶危济困”捐款25万元，为地方修桥铺路等捐款50万元，为敬老院、学校捐款10万元，为“9·14”汤山中毒事件捐款12.50万元，并安置下岗职工再就业60多人次。2003年，区委统战部牵头组织“南京·江宁东莞经贸合作洽谈会”。邀请香港、澳门、台湾、广东、深圳以及东莞等地区200多名客商和90多名招商人员进行洽谈，签约12个项目，总投资20.90亿元。项目投资规模大、涉及领域广、科技含量高，包括基础设施、环境保护、电子仪表、农业综合开发等。2004年10月，协助区政府在深圳举办“南京·江宁深圳经贸合作洽谈会”，吸引100多名客商参加，

7 个投资项目签约，引进内资 6.50 亿元，外资约 1 亿美元。会前，区委统战部两次派员赴广东拜访当地统战部门，争取其支持与合作。

2005 年，配合区政府举办 2005 年江宁区（香港）经贸合作洽谈会及温州、台州、青山等大型招商活动。先后邀请美国、德国、中国香港等国家和地区客商、内地知名企业参加南京重大项目洽谈会江宁专场活动，出席 2005 年江宁区投资环境说明会；邀请 12 批客商考察江宁经济技术开发区、滨江经济技术开发区；举办“2005 · 全国友好商会南京江宁联谊会”。加强商会合作，服务港澳台企业。成立摄影商会、服装业商会和区工商联法律咨询服务公司；指导基层商会做好换届工作；组织台胞学习《中华人民共和国反分裂国家法》，协调处理好台胞台属投诉；确定 10 家港澳台资企业为重点服务企业，并上门挂牌；举办“送岗位、送温暖”大型招聘活动，为企业发展、群众就业做好服务。2006 年，围绕“三月招商月”活动，配合区政府赴汕头举办江宁（汕头）投资说明暨投资项目洽谈会。组织部分街镇赴汕头回访企业。邀请客商参加南京“重洽会”“金洽会”、江宁区投资环境说明会、第二届“潮商”大会和厦门投资环境说明会，做好项目推介工作。积极开展基层星级商会创建活动，成立区轻纺业商会，与海口市工商联缔结为友好商会。会同区劳动和社会保障局、妇联、东山街道举办“富民送岗位”大型招聘会。

第五节　侨务工作

1949—1954 年，从海外回到江宁定居的同胞有 22 人。1957 年，县委统战部与宣传部合并，侨务工作随之并入。20 世纪 60 年代初，由于夸大阶级斗争形势，海外联系受到控制，侨务工作受到影响。“文化大革命”期间，侨务工作机构撤销，活动停止。

中共十一届三中全会后，各级侨务工作机构相继恢复建立。江宁县在县委办公室内设侨务统战组，配备侨务干部 1 人。1980 年 5 月，县委统战部恢复设立，侨务工作归于统战部。同年 10 月 22 日，成立江宁县人民政府侨务办公室，归县委统战部领导。根据侨情普查，1982 年，全县有华侨、华人 159 户、346 人，港澳同胞 373 户、764 人，华侨华人、港澳同胞在大陆的亲属 865 户、2126 人。2007 年年底，全区有归侨 5 人，侨眷 3500 多人，海外华侨华人 500 多人，分布在 27 个国家和地区。有侨资企业 263 家。

【联络交流】

1984 年 8 月，江宁县第一次归侨侨眷代表大会召开，县归侨侨眷联合会成立。接着，各乡镇相继建立侨联分会。伴随着改革开放，回乡观光、探亲的侨胞日益增多。1977—1985 年，县、乡、村三级负责人接待回乡探亲、旅游的“三胞”（侨胞、台胞、港澳同胞）648 人次。1986—1990 年，全县接待侨胞 963 人。1996 年 7 月，江宁海外交流协会成立。聘请张兴富等 17 位居住在东南亚、西欧、北美等地事业有成的企业家、专业人士、社团领袖和知名人士为名誉理事。海协成立，为沟通华人、华侨以及他们与居住地各阶层人士的联系，促进民间经贸合作、科技文化交流建立起新的桥梁。1996—2000 年，县侨办接待参观考察的海外华侨、华人 700 多人，重点社团 10 多个。其中包括美国南加州中华科工学会会长张靖生，美国成功集团董事长李玲玉、总裁刘宁，南非粤港澳总商会会长，南非华人报社社长王建旭，菲律宾纵横杂志社社长黄栋星等。

2001—2002 年，先后接待国务院、省、市侨办和广州、杭州、上海等地侨办参观考察共 21 批、220 人次，区侨办走访广东深圳、广西北海、浙江湖州等外地侨办 7 家。受邀参加 2001 年国务院国庆招待会、江苏省“今世缘杯”迎接第六届华商大会知识竞赛活动。通过对外联谊交往，开阔视野，交流工作，宣传江宁，扩大影响。2003 年 7 月和 10 月，分别接待广东省侨办主任考察团一行 40 人和山东省济宁市侨办主任考察团一行 5 人。区侨办先后走访广州、上海、东莞等 5 家侨办。

2005 年 12 月 20—30 日，区侨办负责人应澳大利亚华商会邀请，随同省政府侨务访问团一行赴澳大利亚、新西兰访问。其间，发放宣传江宁资料 50 份，并拜访西澳大利亚州政府、悉尼市江苏促进会、墨尔本市市长苏震西。2006 年 6 月 6 日，接待澳大利亚中国统一促进会会长李涛一行 9 人到江宁区参观考察。是年，还接待新加坡华侨陶欣伯、融侨集团董事局主席林文镜等一批著名侨领和知名人士。与香港中华总商会秘书长李嘉燕、香港华丰国贸有限公司总经理陈强、香港侨友社会长王钦贤、深圳市侨商国际联合会秘书长黄茂增、澳大利亚西澳中华商会会长陈登明、澳大利亚江苏同乡会会长洪淳、荷兰中国商会会长胡志光等侨领建立友好关系。2007 年，区侨商会与广东国际侨商会、深圳市侨商国际联合会、海南省华商联谊会缔结为友好侨商会，加强区域间交流合作，为侨商投资兴业、侨资企业加快发展提供商机。接待深圳市侨商国际联合会、泰国潮州会馆暨各县同乡会和日本千棵樱花树执行委员会使节团考察。

【涉侨经济】

早在民国 9 年（1920），江宁县就有华侨、华人投资兴办的农场。新时期改革开放、搞活经济的政策，更激励起他们投资兴业的热情。1987 年 2 月，全县第一家合资企业建成投产，项目总投资 41.40 万美元，注册资本 41.40 万美元。至 1994 年，全县有侨资企业 232 家，总投资额 3.75 亿美元，注册资本 2.72 亿美元。1979 年 8 月至 1994 年年底，全县接受华侨华人和侨资企业捐赠款物 79 批次，折合人民币 300 多万元。其中，捐款人民币 145 万元，港币 36 万元，日元 3 万元；汽车 25 辆，机械设备 83 台套，服装及毛毯 1280 件。捐资兴办学校 2 所，医院 1 所，敬老院 1 所和图书馆 1 个，建设自来水处理站 2 个及部分道路。

1996—2000 年，积极拓宽海外统战工作领域，突破地域界限，坚持“以侨引侨、以侨引台、以侨引外”，利用侨民眷属的优势，牵线搭桥，引进海外资金、技术。至 2000 年年底，全县兴办的 1100 多家“三资”企业中，由海外华侨华人引入的项目占 48% 以上。同时，华侨华人积极为社会公益事业捐款、捐物。仅新加坡籍华人陶欣伯为横溪镇学校、幼儿园、敬老院捐款就达 160 万元。

2001—2002 年，邀请和接待 30 批来自美国、日本、新加坡、泰国等 57 个国家和地区 1074 名客商到江宁区参观考察。2001 年 9 月 19 日，区政府主办“海外华商看江宁”活动，140 名华商参观江宁经济技术开发区和南京金箔集团。2002 年，经区侨办牵头引入江宁经济技术开发区、江宁科学园、华科园及有关镇的投资项目 48 类 238 个。2003 年，全年共邀请 38 批来自 31 个国家和地区的 908 名客商到江宁区参观考察、参与各类招商活动。9 月 18—19 日，参加“海外江苏之友”活动的 400

图 25-8-18　2005 年，江宁区举办港、澳、台侨胞中秋联谊会，中共南京市江宁区委副书记王加法到会致词

名外商应邀参加江宁专场活动，达成10个项目投资意向。2004年，邀请26个国家和地区118名客商到江宁区参观考察。6月，邀请8个国家和地区22名海外客商参加江宁区投资环境说明暨重大项目投资洽谈会。由全国侨联委员、加拿大留学归国人员李华山投资创办的南京齐诺药业有限公司，在江宁科学园举行开工奠基仪式。企业总投资1000万美元，注册资本600万美元。

2005年6月，邀请西班牙华侨华人联合会主席徐松华一行8人考察东山街道章村社区，与海之美服装有限责任公司达成儿童服装出口欧洲意向。7月和8月，分别接待美国温州同乡会投资考察团和美籍华侨吴钢对江宁科学园考察，达成200万美元电子产品项目协议。2006年12月17日，江苏侨商产业园项目在江宁滨江经济技术开发区开工建设。产业园依托省侨联、省侨商会等招商，以装备制造业为主，短期目标引进100家中小型企业、20家归国留学生创业企业入园，最终建成集创业、产业、科研、文化、生活、社会活动为一体的综合性产业社区，形成创新型、知识型的“华侨城”。至2007年年底，全区有侨资企业263家。

【服务侨胞】

县侨办成立后，认真宣传落实党的侨务政策，排除因“海外关系”受歧视的影响，使关心侨胞、重视侨务工作的传统得到恢复发扬。基本解决归侨、侨眷中52人的有关问题。其中，有5人在“文化大革命”中因“海外关系”受到错误处理的得到平反，4户被抄家的物资予以退还，2户被挤占的侨房给予清退处理，协调解决6户侨属的工作调动。

20世纪90年代末，县侨办广泛宣传贯彻《中华人民共和国归侨侨眷权益保护法》及实施办法，大力开展依法护侨工作。每年中秋、元旦、春节等节日，都要带上慰问品走访慰问贫困归侨。2000年，按照侨务政策规定，协助市侨办为全县8名归侨发放“归侨证”，并按照“根据特点适当照顾”原则给予关照。县侨办还在提高退休工资待遇、子女上学、解决农转非、迁坟等实际问题上为侨眷提供帮助。

2001—2002年，热情接待来人来访26人次，答复群众来信5件。召开归侨侨眷座谈会5次，走访慰问困难眷属10多户。确定新东新美食城为全市“华侨特约服务单位”，凡南京市持“侨眷证”者均可在该美食城对外服务价格的基础上享受10%的优惠。按照《江宁区人民政府侨务办公室为侨港澳企业服务承诺》的要求，认真履行侨办职责，两年间共发出节日慰问信40封，走访重点侨资企业12家，为侨资企业解决问题4件。2003—2004年，发放归侨困难补助经费2万元。受理归侨侨眷来访5人次，来信7封，做到件件有落实，事事有回音。确定南京爱仕达金属制品有限公司等10家侨资企业为重点联系单位，坚持每月走访1次，为企业提供购房、办证等帮助。

2006—2007年，区侨务部门树立“侨胞利益无小事”意识，在加快引进侨资的同时，主动为区内华商做好服务。先后走访爱立信、中电光伏、摩托罗拉、西门子、菲尼克斯、武夷房产、三泰电力、大树集团、南京三埃、科远自动化等一批侨港资企业；为南京齐诺药业、南京爱仕达金属制品有限公司、南京新兴炉业有限公司协调解决土地、生产、经营、销售等方面问题。与区公安局协作，妥善处理美籍华人谢正刚

图25-8-19 2006年12月27日，代区长柏鹏在江宁区第一次归侨侨眷代表大会上致词

经营的南京爱德华饮品科技有限公司的相关事宜。2006 年 12 月 27 日，江宁区召开第一次归侨侨眷代表大会，成立区第一届归侨侨眷联合会（侨商会）。2007 年 9 月 21 日晚，由区委统战部、区侨办举办的“月是故乡明——江宁侨商中秋联谊会”在湖滨金陵饭店举行。全区侨商和海外知名华乔华人 100 多人欢聚一堂，喜迎中秋话团圆。是年，区侨联与南京航空航天大学签订长期合作协议，共建就业基地，为推动大学生到侨商会员企业实习和就业，加快人才培养提供服务。

第九章　其他党务工作

其他党务工作包括农村工作、信访工作、党校教育、党史编研、对台工作和保密工作。

1952 年 9 月，县委设立农村工作委员会；1954 年 6 月，改称农村生产互助合作部；1958 年 10 月，改称农村工作部；1966 年，更名为农村政治工作部；1984 年 3 月，恢复设立农村工作部；2000 年 12 月，更名为区委农村工作办公室。1953 年 9 月，设立县级机关信访办公室；1976 年，设立信访科；1984 年 10 月，设立县信访工作领导小组办公室；1989 年 3 月，成立县信访局；2000 年 12 月，信访局明确为区委管理的正处级工作机构。1961 年，成立县委党校；“文化大革命”期间停办；1973 年，恢复县委党校；2000 年 12 月更名为区委党校，直至 2007 年年底没有变化。1980 年，建立对台工作领导小组，并设立办公室；1984 年 9 月，设立县委对台工作办公室；1993 年 3 月，改为县委台湾工作办公室；2001 年，改称区委台湾工作办公室。1966 年前，曾设立县保密委员会；1984 年，设立县保密委员会办公室；1989 年 4 月，成立江宁县国家保密局，既是县委常设办事机构，也是县政府主管国家秘密的职能部门，归县委办公室管理；2000 年 12 月，更名为区国家保密局。1984 年 3 月，成立中共江宁县委党史工作办公室。2000 年 12 月，更名为江宁区委党史工作办公室。

上述部门紧紧围绕区（县）委各个时期的中心工作，充分发挥各自职能，开展各项工作，为江宁区“两个文明”建设做出积极贡献。2006 年，江宁区被市委、市政府评为 2003—2005 年信访工作先进单位；2007 年，被评为中共十七大期间全省信访稳定工作先进集体。2005 年，区委党校被省、市授予文明单位称号。1993—2007 年期间，区委党史办连续 7 年被评为江苏省党史工作先进集体。2001—2002 年，台办连续两年被评为市对台工作先进集体；2004 年，被评为省、市对台工作先进集体；2007 年，被评为市对台工作先进集体。2000 年，江宁县被市保密委评为 1998—2000 年市保密工作先进集体；2006 年，江宁区被评为 2001—2005 年省保密工作先进集体。

第一节　农村工作

新中国成立之初，党的农村工作主要围绕土地改革、农业社会主义改造等中心工作进行。“文化大革命”期间，农村工作一度受影响。中共十一届三中全会后，农村工作进入新的历史发展时期，重点围绕实行和完善家庭承包责任制、落实党的各项农村政策、建立健全农村经济合作组织、促进农村全面均衡发展等方面开展工作，并取得成效。由于20世纪80年代中期以前的农村工作，在本志第十三编第一章第一节《农村生产关系变革》和第二章《农村经济体制改革》已作详载，故本节主要记述加强农村集体资产管理、实施经济薄弱村帮扶、推进社会主义新农村建设等工作。

【农村集体资产管理】

村级集体资产是广大农民长期辛勤劳动积累的成果，是发展农村经济、实现农民共同富裕的物质基础。特别是改革开放后，全县农村集体资产已形成相当的规模。但由于管理体制不顺，管理工作滞后，一些社队（企业）出现集体资产被贪污、挪用、拖欠、损坏、挥霍浪费，被随意改变权属或无偿占用，被低价承包、变卖、折股等现象，造成集体资产的流失。为理顺农村集体资产管理体制，加强资产管理，确保集体资产保值增值，在稳定农村基本政策和基本经营制度的基础上，加快农村集体资产管理体制改革，逐步实施社区集体经济组织股份合作制改革，把集体资产量化到人，实行持股分红，从根本上维护农民利益。

1987年12月至1988年4月，在全县开展建立健全村级合作经济组织工作。全县除汤山古泉和东山镇章村这两个行政村成立农、工、商联合公司外，其余行政村都建立了村经济合作社。各经济合作社都建立组织章程。1990年，全县村经济总收入（含队、户）157374万元，集体积累20519万元。1991年后，加强集体财产和财务的管理，健全集体积累制度，并开展集体组织内部的资金融通，加强集体资产的管理。1996年，全县23个乡镇都成立农村合作基金会，融资量达5012万元，有力地支持村级经济的发展。

1996年，开展农村集体资产清产核资和债务化解。是年5月，选择上峰、东善、谷里3个乡镇进行集体资产清查登记，研究制订管好用活集体资产管理办法的试点。1997年4月，召开各乡镇经管站主任会议，要求各乡镇开展农村集体资产核资试点。同年7月，召开全县清产核资动员大会，全面部署农村集体资产清查工作。县政府下发《关于加强农村集体资产管理，搞好清产核资工作的意见》，明确规定集体资产清理的方法、步骤、目标和要求。至10月底，全县23个乡镇7000多家单位资产核实工作结束。全县农村共有集体资产59.48亿元，负债39.87亿元。其中，经营性资产49.53亿元，负债35.56亿元；非经营性资产9.95亿元，负债4.31亿元；资产负债率分别为73%和67%。在基本摸清农村集体资产家底的基础上，进行产权界定和登记，并核发产权证书。1998年年初，对全县农村集体资源性资产进行全面清查、登记，并依法予以产权界定。全县乡镇级土地面积3727.47公顷，村级26619.13公顷，村组级81287.80公顷，其中三级水面分别为745.60公顷、2784.33公顷和7167.80公顷。通过清查发现，全县有3626.27公顷未开发利用土地资源，其中村级1978.27公顷，占54.22%。2001年，全区村级债务账面余额3.96亿元，村均143.70万元。2002年，开展村级债务化解工作，至年底，通过多种渠道化解村级债务1.62亿元，下降41%，其中涉农债务减少2288万元，下降38.70%。

建立农村集体资产管理组织。1997年4月，江宁县成立农村集体资产管理办公室（与县委农村工作部合署），负责全县农村集体资产管理工作。1998年6月，县委转发县委农工部制订的《关于加强农村集体资产管理组织建设，成立乡镇集体资产经营有限公司的意见》，以指导各乡镇组建集体资产有限公司。至10月底，全县23个乡镇全部依托企管站、农经站，按照相关程序，组建农村集体资产经营公司。公司内设股东会、董事会、监事会等管理监管机构，实行财政资金与集体资金、所有权与经营权、管理职能与运作职能分离，确保集体资产保值增值。为加强乡镇企业改制回收资金的管理，2000年5月，县政府下发《关于集体企业改制中有关集体资产处理问题的通知》，规定乡镇企业改制回收资金全部由乡镇农村集体资产管理办公室管理，开设专户，建立台账，实行乡镇长一支笔审批，集体资产管理办公室统一扎口管理。

农村集体资产股份制改革。2004年，区委在百家湖街道太平社区进行农村集体资产股份合作制改革试点工作。作为全市第一家农村集体资产股份制改革试点单位，太平社区通过清产核资，确认经营性资产2413.50万元，其中社区2088.57万元，原19个生产队321.91万元，按1000元一股折算，共折股24135股。股权设置3种股，即个人享受分红股，由股民持有，年终按股利分红到户，共9402股，占总股份的39%；集体公益福利股，由集体持有，参加分红所得款项用于支付社区内"五保"户生活费、特困与低保户补助、合作医保费、老年人生活补助及小区内物管费补助等，共8000股，占33.10%；集体经济发展股，由集体持有，参加分红所得款项列为社会经济发展专项基金，用于社区集体扩大再生产，共6733股，占27.90%。全社区核准股民3077人，发放股权证书1260本。6月1日，召开太平社区股份经济合作社成立大会和第一次股东代表大会，通过《太平社区股份合作社章程》，选举产生董事会和监事会。在太平社区成功试点的基础上，2005年4月，区委、区政府下发《南京市江宁区关于开展村（社区）集体经济股份合作社试点工作的指导意见》，明确规定农村集体资产股份合作制改革的条件、方法和步骤。至2006年，全区有11个村（社区）成立农村集体资产股份合作社，共量化集体经营性资产3.02亿元，折算30.18万股，获股权人数30850人。2006年，分红1150万元，股民人均增加现金收入372元。2007年，按照"依法、自愿、有偿"的原则，建立土地流转最低指导价和收益递增机制，并完成横溪镇西岗社区土地股份合作制改革试点，探索土地股份合作经验，规范农村收益分配，提高农民收入。

【经济薄弱村帮扶】

1991年5月，县委、县政府组织20个有一定经济实力的部门，与分布在11个乡镇的20个经济发展薄弱村结对挂钩，开展为期3年的重点帮扶工作。经过帮扶，村领导班子的号召力、凝聚力增强，兴办了一批工副业项目，社会公益事业得到发展，20个村的农副工总产值、经济效益连续3年翻番。1994年6月，在第一批帮扶工作结束后，又选择15个经济薄弱村，加上首批未脱贫的5个村作为第二批帮扶对象，由经济效益较好的县属大中型企业结对帮扶，继续开展为期3年的第二批帮扶工作。1997年，县委、县政府决定对全县24个未达小康村进行帮扶攻坚，由30个机关部门与24个村结对挂钩，和乡镇一道制订和实施帮扶攻坚方案，安排帮扶资金，落实帮扶政策。通过半年多的帮扶攻坚，使24个村全部达到小康标准，并顺利通过市小康考核验收。1998年4月，经过对全县342个村小康水平进行分析排队后，又选择21个小康考核得分不高、村级可支配收入6万元以下的村，组织42个部门进行结对帮扶，帮助这些村提高小康水平。2002年4月，开展新一轮经济发展薄弱村帮扶工作，帮扶的对象主要是村级年可支配收入20万元以下的村。全区共安排50个村，其中区重点帮扶30个村，各镇帮扶20个村。各帮扶部门摸情况、理思路、定措施、促发展，取得明显效果。至年末，区重点帮扶的30个村兴建基础设施项目23个，发展经济项目36个，直接扶持资金100.70万元。2003年，制订《关于加快薄弱村发展的意见》，并设立区级帮扶发展专项基金。继续对村级可支配收入20万元以下的村进行帮扶，计划用3年时间彻底改变薄弱村面貌。全区确定帮扶对象70个村，其中17个村由江宁经济技术开发区、江宁科学园帮扶，53个村由76个区级机关部门及直属事业单位与之对口帮扶。3年中，帮扶部门与结对村确定经济发展项目420个、社会事业项目179个，投入帮扶资金2799万元。至2005年年底，实施帮扶的村村均可支配收入达到 28.25 万元，农民人均纯收入 6005 元，增幅均高于全区平均水平。2006 年，把村可支配收入不足 30 万元的 52 个经济薄弱村作为重点帮扶村，实施新一轮为期 3 年的帮扶转化工作。2007 年，全区分镇街召开区级机关部门与挂钩薄弱村帮扶工作推进会，要求各帮扶部门进一步丰富帮扶形式和内容，帮助薄弱村立足自身资源条件，发展产业项目，增加稳定收入。52 个薄弱村全年发展产业项目 167 个，投入资金 1700 万元；实现经营性收入 1444 万元，村均 27.80 万元，村级可支配收入 2444 万元，比 2006 年增长 37.80%；农民人均纯收入 8075 万元，增长 17.80%。两年内有 40 个村达到脱贫标准。

【农村八件实事】

根据江宁委发〔2003〕55 号《关于进一步加强“三农”工作的决定》和江宁政发〔2003〕252 号《关于为农村、农民办八件实事实施意见》的精神，江宁区从 2003 年开始，每年为农村办八件实事。至 2005 年，全区农村“八件实事”各项工作均提前达到标准或超额完成 3 年目标任务。自 2006 年开始，又实施农村“新八件实事”工程。

2003 年“八件实事” 一是发放最低生活保障金。出台《江宁区城乡居（村）民最低生活保障工作实施细则》，规定农村低保标准从 7 月 1 日起，由每月每人 100 元增至 120 元。全区进入农村低保的有 2817 户、5927 人，占全区农业人口的 1.30%，全年发放生活保障金 387 万元。二是进行农村特困户危房改造。全区农村有特困户 662 户，根据危房改造三年任务一年完成的目标要求，多方筹集资金确保目标任务完成，区镇村三级共筹集资金 615.60 万元。年末，全区危房改造任务全面完成。三是完善农村公共卫生网络建设。全区 219 个村，合作医疗村覆盖率达 100%。有 52 个村卫生室、34 个社区卫生服务站（中心）按照要求进行新建或改建。通过考核验收，全区有 56 个村卫生室和 42 个社区卫生服务站达到区规定标准。四是巩固扩大农村合作医疗保险。年末，全区参加合作医疗保险人数已达 49.40 万人，参保率 85.90%。实际筹集资金 1417 万元，资金到位率 100%。五是加大农村改水、改厕力度。全年完成 10 个水厂的改造任务，投入资金 400 万元，受益人口 5000 人。全区完成改厕 1.10 万户，改厕普及率由 31.70% 增至 36.10%。创建了 3 个改厕普及村、15 个改厕市级示范村。六是村镇道路水泥化。是年，新铺设水泥路面 372 千米，总投入 9098.70 万元，其中市、区两级交通部门补助资金 560 万元。七是进行危桥改造。全年完成危桥改造 31 座，投入资金 6600 万元。八是实行农村税费改革。农业特产税改征农业税，共为全区农民减轻负担近 300 万元；落实农业税先减后征，将 223.80 万元的社会减免于秋季征税前全部落实到户，然后再征缴农业税，并对政策性增负农户继续给予社会减免；实行村级的村组干部补贴与“五保”户供养经费、村级办公费及村报刊订阅费三项资金由区财政专户管理拨款。

2004 年“八件实事” 一是实行农村最低生活保障。全区进入低保的农户 5005 户、10113 人，累计发放保障金 726 万元，其中当年发放保障金 339 万元。二是特困户危房改造。全区危房改造三年任务于 2003 年完成，2004 年区政府新确定 60 户为常规改造户，年底全部完成。三是农村道路水泥化建设。全年建设任务 130 千米，实际完成 309 千米。四是危桥改造。全年完成 36 座危桥改造工程。五是扩大农村合作医保。全面完成医保筹资任务，村覆盖率 100%。参保人数 47.17 万人，参保率 93.70%，筹集资金 2038 万元，其中个人缴纳 1142 万元，市补助 189 万元，区补助 283 万元，镇（街道）村补助 297 万元。报销兑现 1717.90 万元，29.89 万人次。六是农村卫生网络建设。村达标卫生室 78 个，社区达标卫生服务站 34 个。七是农村改水改厕。全年完成简易水厂改造 17 个，填补 3 个村改水空白，新增受益人口 2.04 万人。农村改厕 1.70 万户。

八是农村税费改革。实行“群众依法纳税，政府全额补助”政策，减轻农民负担2300万元，人均减负53.50元；实行粮食生产财政直补，直补资金805万元；继续实行村级三项资金由区财政专户管理政策，集中管理，直接支付到村，切实保障农村“五保”户供养和村级组织正常运转。

2005年“八件实事” 2005年，全区农村八件实事各项工作均提前达到标准或超额完成3年目标任务。一是农村低保保障面、保障标准逐年提高，低保标准由2003年月人均100元逐年增至月人均150元。至12月底，全区农村低保对象6259户1.32余万人，占全区农业人口的3.10%，月人均补差62.16元，比2003年2540户5310人，保障户数与人数分别增长146%和149%，人均补差提高24.81%，基本实现应保尽保。二是3年累计投入资金570万元，改造危房1159户，消除农村特困户危房，改善特困户的居住环境和生活条件。三是基本建立“福利风险型”与大病救助相结合的新型农村合作医疗制度。全区新型农村合作医疗村覆盖率100%，群众参保率由2003年的82.70%增至94.30%，资金标准由2003年的33元～100元增至53元～120元。全区累计筹集资金6384万元，为参保农民报销兑现6189万元，区政府投入915万元用于参保群众的大额医疗救助，累计投入资金451.50万元用于公共卫生、医疗救治网络建设。四是基本建立农村公共卫生疫情监测网络、突发事件应急控制和医疗救治应急体系，建立“120”急救中心并与市“120”并网，全区镇街社区卫生服务中心成立防疫保健所。全区73个社区卫生服务站和130个村卫生室均达到标准化。五是农村水泥化道路实现村村通。累计投入资金1.60亿元，修建村级道路795千米，占目标任务的159%。六是农村危桥改造基本完成。累计投入资金1.44亿元，完成99座危桥改造，撤渡建桥6座，在全市率先实现“无渡区”目标。七是农村改水改厕累计完成投入2455万元，完成村级水厂改建44个，新增受益人口1.50万人，6.10万人的饮用水质量得到明显改善。农村改厕4.42万户，改厕普及率由2002年的33.17%增至49.20%；建成改厕示范村50个、市级改厕普及村15个。八是农村税费改革取得实效。全区2003年实行农业特产税改征农业税，为农民减轻负担近300万元。2004年，在全市率先实行“群众依法纳税、政府全额补贴”的农业税收政策，直接减轻农民负担2300万元，农民人均减负53.50元。2005年，全区全面取消农业税，实现“村村受益、户户减负”目标。

图25-9-20 2005年，江宁区推进“农村八件实事”现场会在土桥镇召开

2006年“新八件实事” 2006年，全区以实施农村“新八件”实事工程为抓手，营造重农支农氛围，落实农民增收措施，推动农村经济和社会事业发展。一是农村道路通达工程，全年投资5400万元，完成农村道路建设260千米，改造农村道路危桥10座。二是农村教育培训工程，全年进行农民实用技术培训20354人，创业和致富技能培训768人；转移农村劳动力1.81万人次，其中通过岗前培训的1.23万人次。三是农民健康工程，建成社区卫生服务中心站16个、服务站150个，初步形成“小病在社区、大病进医院、康复回社区”的就医格局；全区新型农村合作医疗村覆盖率100%，群众参保率96.20%。四是农村环境整治工程，全年投入1573万元，建成农村垃圾中转站11座、垃圾房3108个；按总人口0.20%的比例配备村（社区）保洁员1380人；

实施农村改厕21085个。五是农村文化建设工程，全年送科普读物到农村6300册、送电影2681场、送戏94场；新开通有线电视自然村72个，新增用户1.65万户，农村有线电视入户率72%。六是农田设施提升工程，投入155万元，改造农村泵站5座；投入370万元，完成小型农桥改造37座。七是区域供水和农村改水工程，投入448万元，完成9个撤并的村级水厂管网连接工作，新增受益人口2.10万人；完成禄口、湖熟、淳化、谷里4个街道长江供水工程。八是农民最低生活保障工程，至年末，全区农村低保户7355户15323人，全年累计发放保障金1311.70万元。

2007年“新八件实事” 2007年，全区投入农村新八件实事工程资金6.30亿元，完成农村道路建设478千米，公路桥梁改造20座；免收农村义务教育阶段学生学杂费1755万元，农民实用技术培训6.40万人次，转移农村劳力2万人；农村合作医疗参保52.94万人，参保率98.10%；建成农民集中居住区30万平方米；完成河塘清淤整治676万立方米，建设户用沼气池650座、小型沼气工程5座，建成秸秆气化站2座，改厕3.12万户，实施31个村庄环境整治，新建垃圾中转站6座、垃圾房1585座，配备垃圾运输车9辆；创建30个达标村（社区）文化活动室，新通有线电视自然村70个，新增有线电视用户1.80万户；改造5座泵站、40座小型农桥，提前完成农村二次改水任务；累计为全区8355户、17105人发放农民低保金1773万元，实现应保尽保、分类施保。

第二节 信访工作

新中国成立后，江宁区一直重视人民来信来访的处理，全区信访工作努力畅通渠道，为党和政府了解民意，密切联系群众，加强社会主义民主政治建设，化解人民内部矛盾，维护社会稳定，促进改革和发展发挥了不可替代的作用。从江宁县解放至2007年年底，信访部门共收到并处理人民来信62088件，接待人民群众来访55250人次，处理化解集体上访（5人以上）1333批、33104人次，处理上级交办信访件1069件，区（县）领导批阅信访件7332件，自办会办信访件3345件。

【机构与网络】

新中国成立后，县委、县政府一直重视人民来信来访的处理，县委由1名常委负责信访工作。1953年9月，设立县级机关信访办公室，隶属于县委秘书处。1955年，办公室撤销，信访工作仍由县委办公室处理。1957年5月，全国第一次信访工作会议后，江宁县加强这方面的工作，1962年，决定增设1名担任县委常委的副县长分管信访工作。“文化大革命”期间，信访工作虽然受到冲击，但未中断。1973年10月，县委办公室设信访组，1976年，改为信访科。1984年10月，县成立信访工作领导小组，下设办公室，承担县委、县人大、县政府的信访工作。是年，全县27个乡镇、44个县属部门、381个行政村均相应地建立信访工作领导小组。

1989年3月，信访办公室改称信访局，属县委、县政府双重领导，县委分管副书记、县政府常务副县长具体抓信访工作。2000年12月，区信访局明确为区委管理的正处级工作机构。全县健全基层信访组织网络，各镇和县属单位成立信访工作领导小组，配齐专兼职信访干部，各村（社区）、厂等基层党支部落实信访人员。

2001年后，认真贯彻落实中央关于信访工作“只能加强，不能削弱”的指示精神，加强区、镇（街道）、村（社区）三级信访网络建设，贯彻落实信访工作“分级负责，归口管理”原则，全区统一明确各村（社区）、企事业单位党支部书记为第一责任人，在村（社区）和企事业单位设立信访信息员。至2002年年底，全区17个镇、3个街道、2个园区都配备由纪委书记或副书记兼职的信访干部，成立信访工作领导小组。为保证正常工作的开展，各镇、街道、园区设立专门的信访接待室，配备必要的办公设备和接待人员。2003年后，信访接待室达到“七有”要求：有接待室牌子、有接待场所、有接待人员、有信访接待电话、有台账、有一套完整的工作制度、有领导接待日。全区形成“纵向到底，横向到边”的信访工作网络系统。2004年，全区成立矛盾纠纷调处服务中心，建立信访“大调解”机制，各镇（街道）相应设立矛盾纠纷调处中心，做到组织体系完整、职责任务明确、工作机制完善。各镇（街道）充分发挥政法机关作用，推行“三会一制”（信访联席会、会办协调会、信访听证会、信访代理制），基本形成“横向到边、纵向到底、依托基层、多方参与”的信访大调解格局。同时推进信访工作进村、进社区，在村（社区）设立信访接待窗口，处理群众来信来访，充分发挥基层在信访工作中了解掌握信息、及时化解矛盾、为民排忧解难的“三个功能”，把大量的矛盾和问题坚持有效化解在源头。

2005—2007年，总结推广基层信访接待与大调解“两个中心、两块牌子、一套班子、一个窗口”的经验，结合人民调解、司法调解、行政调解，实现资源共享，提高信访调解效率。

2007年，区信访局内设综合科、接待科和查办科，定编7人。

【制度建设】

新中国成立初，信访工作有领导不定期接待群众来信来访制度、重要信件领导批阅和疑难信件领导牵头会办制度等。此后，相继建立来信来访登记、转办、交办、报结制度；催办、查办、复议制度；接待要求及群众须知；信访工作人员岗位责任制，信访目标管理制等。1977年，县委、县人大、县政府领导分别建立接待日制度，会同有关部门办理来信来访。1985年，县委、县政府主要领导接待会办44次，调查处理久拖不决的“老大难”问题94件。

1996年，全县建立“一把手”总负责，分管领导具体抓，一级对一级负责的信访工作领导责任制，并把信访工作列入党建和精神文明建设的千分考核，强化考核奖罚。同时，建立全县统一的党政领导接待日制度，规定每周三上午各级领导接待来访群众。制订《江宁县人民建议征集工作暂行办法》，开展人民建议征集工作，以及制订分级归口处理信访问题的意见和关于处理群体上访工作预案等。至2000年年底的5年中，县委、县政府共批阅来信1240件，占总量的57.76%；接待群众来访2520人次。1996—2000年，编写和完善《来访须知》《信访人员接待纪律》《文明接待制度》《办信工作制度》《信访工作部门工作职责》等，做到制度健全，职责明确，促进信访工作规范化、制度化。

2001年开始，将每月18日确定为律师接待日，为上访群众提供法律咨询。制订《分级、归口处理信访问题的意见》，在《江宁日报》上常年公布人民意见征集电话。2003年，完善并落实区四套班子领导和镇街党政领导包案制度，定人员、定任务、定时效，包调查、包处理、包做思想疏导工作、包息诉停访。2005年开始，对重点初信初访，尤其是群体性上访和联名信，实行首问负责制，明确责任，加强协调，妥善处理，信访部门跟踪、督促指导责任单位。

2006年，进一步完善信访工作责任制，坚持“一把手负责”“一岗双责”责任制及区、镇街、村（社区）三级信访工作领导责任体系和责任追究制；建立和加强区级机关职能部门处理信访矛盾的责任机制；加强对到京上访、到省市集访、到区重复上访的考核，将其列入镇街“三个文明”考核和机关作风建设考核内容。2007年，江宁区制定下发《关于进一步完善党政领导信访接待日制度的通知》和《区级机关部门信访工作暂行办法》，规范受理、复查、复核等程序，明确责任，落实重大问题处理责任。对 50 人以上联名信以及扬言自杀、杀人、爆炸、滋事、进京集体访等情况，责任单位领导亲自阅处、牵头会办、协调解决。

【信访处理】

从新中国成立开始，县委就重视人民来信来访的处理。至 2007 年年底，共收到并处理人民来信 62088 件，接待人民群众来访 55250 人次。

1952 年前，人民群众还不太了解通过信访反映呼声的做法，只接待处理来信来访 119 件，凡揭发检举恶霸、反革命分子以及申诉成分错划的，都结合土地改革、镇压反革命运动予以处理。农业互助合作运动开始后，贯彻全国第一次信访工作会议精神，提高信访工作的认识，重视信访处理的质量，解决人民群众生产生活上的实际问题，同时宣传党的方针政策。因此，人民群众乐意通过信访渠道反映各类问题。1953—1965 年，共处理人民来信来访 26954 件。采取分级负责，归口管理的办法，基本上做到件件有着落。“文化大革命”期间，信访工作虽受冲击，但没有中断。

中共十一届三中全会后，信访工作进入新阶段。1977—1983 年，共收到来信 18143 件，接待来访 5619 人次。改变层层批转交办的处理程序，建立县、乡、村三级信访工作网络。县领导建立接待日制度，会同有关部门接待处理来信来访。信访办公室走出去、请进来，较好地处理了一批“老大难”问题，从而使大量申诉、控告的来信来访逐渐减少，有关“两个文明”建设、维护安定团结、促进四化建设方面的建议、意见和批评日益增多，信访工作成为党和政府直接倾听群众意见的窗口，密切联系群众的纽带。1985 年，县信访办公室受理来信来访 4270 件，结案 3871 件，结案率 90.66%。中央、省、市交办的 467 件，结案 441 件，结案率 94.43%。其中，县委、县政府主要领导接待会办 44 次，亲自调查处理久拖不决的“老大难”问题 94 件。

此后，随着改革开放的不断深入，各类社会矛盾明显增多，上访量逐年上升，联名信、集体上访、到省和市甚至进京上访时有发生，信访工作的重点是了解民情、维护公正、化解矛盾、维护稳定、救济弱势群体和打击腐败。1986—1995 年，共受理来信 7056 件，接待来访 6536 人次。1996—2000 年的 5 年间，受理来信 2147 件，接待来访 10009 人次，完成省、市交办 81 件，办理县领导阅批交办 800 件，处理集体上访 268 批，会办疑难信访 501 件，转办并督办违法违纪案件 255 件。2001 年，区信访局被省信访局评为信访办案工作先进单位。2003 年 9 月，开展群众重复上访问题专项治理工作，通过认真排查、落实责任、集中会办，妥善解决了 12 件重复上访案件。2004 年，采取领导包案，责任人、各部门齐抓共管、联合会办的形式，解决一批信访积案，集体上访、越级上访、进京上访得到妥善处理和有效控制。2007 年，开展“矛盾纠纷排查化解年暨春风化雨工程”和“三无区县、四无镇街”创建活动，进一步完善工作机制，创新工作方法，强化工作责任，发挥好信访工作在构建社会主义和谐社会中的基础性作用。全年受理群众信访 4224 件，接待集体上访 117 批、2628 人次，信访量比 2006 年下降 41.73%，集体上访批次下降 32.37%、人数下降 52.10%。是年，区委、区政府被评为中共十七大期间全省信访稳定工作先进集体，区信访局被评为市矛盾纠纷化解工作先进集体。

【群众集体上访化解工作】

20 世纪 80 年代前，群众集体上访较少，由于工作做到位，均得到及时解决。1991—1995 年，全县群众集体上访 76 批、2351 人次。1996—2000 年，全县共受理群众集体上访 268 批（其中最多一批达 300 人）、8610 人次。批数和人次分别比前 5 年上升 253%、266%。2001—2002 年，2 年共受理群众集体上访 171 批（其中最多一批达 350 人）、3631 人次。群众集体上访增多的主要原因：企业经营和改制中引发的矛盾和问题，尤其是反映拖欠职工工资、退休金、医疗费、生活补贴及下岗人员再就业难的问题最为突出；有的村财务仍未公开，少数基层干部法制意识淡薄，挥霍集体钱财，加重农民负担，以权谋私，违法乱纪，党群干群关系比较紧张，群众怨气大；征地拆迁中历史遗留问题和劳力安置，土地、山林、水面承包，经济合同及各类民事纠纷；拖欠集资、承包工程款等经济问题日趋突出；反映医疗、住房制度改革、群众生活、子女上学、福利待遇等问题；反映环境、噪音污染和安全问题的信访呈增多趋势。针对新情况、新问题，各级各部门依据国务院《信访条例》和有关信访规定，认真抓好化解矛盾工作。抓苗头，及时排查梳理不稳定因素和集体上访的动向，提前介入，把不稳定因素消除在萌芽状态；抓源头，信访局深入基层，到产生信访问题的源头去做工作，把问题解决在基层；抓联名信的结案率，尽量消除可能产生集体上访的因素。对已发生的集体上访，不推诿、不敷衍，主动牵头，通力协作，及时化解矛盾。由于各级各部门领导高度重视，齐抓共管，措施得当，上述集体上访矛盾基本都在区内得到有效化解。

2003年1月，制订《关于处理群体性上访的预案》，力争把群体上访事件化解在基层，消除在萌芽状态之中。要求做到快速反应、认真接待和处置果断。2004年开始，在处理群体上访事件中，采取领导包案，责任人、各部门齐抓共管、联合会办的形式。2004—2006年，全区538批、13480人次的集体上访得到妥善处理。2007年，集体上访117批、2628人次，比2006年分别下降32%和52%。

【信访老户和疑难信访问题的处理】

1984—1985年，县委、县政府主要负责人亲自调查处理久拖不决的“老大难”问题94件。一件拖了28年的私房产权问题，在查找大量资料，弄清来龙去脉，取得确证后，终于彻底解决。20世纪90年代后，对信访老户采取积极有效措施，落实“三定四包”责任制：定任务、定领导、定人员；包调查、包处理、包做思想工作、包息诉停访。1996—2000年，共查处信访老户问题53个，结案率91%。2001—2002年，共处理信访老户问题30个，结案率98%。有效遏制缠访、闹访等不良风气的滋长蔓延。

2003年，江宁区开展群众重复上访问题专项治理，其具体做法：认真排查，将2001年后12个重复上访问题制表成册。落实责任，逐个确定包案领导，实行领导“三包”，即包案、包人、包稳定，并按照依法处置、柔情疏导、有情操作、不留后患的治理原则和“四个一批”（对有政策依据的，要从快解决一批；对没有政策依据但反映问题合情合理的，要变通解决一批；对既不符合政策也不符合情理的，要通过做细致的思想工作稳定一批；对确系无理取闹严重影响社会秩序的，要依法处理一批）的处置办法及“五个一”（一个群众重复上访问题、一个领导负责、一个工作班子处置、一个明确的工作方案、一份结案处置报告）的工作方法，结案率达100%。集中会办，由区委办、政府办、信访办牵头集中会办解决，妥善解决12个重复上访案件。

2005—2006年，进一步完善联席会、调解会、听证会以及邀请律师参与来访接待等行之有效的工作机制，对无理缠访的老户上访问题，按照《信访条例》予以终结处理。坚持周三领导统一接待群众来访制度，2006年，全年区领导36人次参与接待群众126批、1101人次，妥善化解信访疑难问题42件。2007年，通过分析梳理，分别选择37件重点疑难信访问题现场接待处置，一次性解决率90%以上。先后组织2次区领导包案和4次镇街、园区和部门领导包案。全年通过包案处理信访突出问题35件，解决31件，结案率90%。其中，市交办9件，由区领导包案处理7件，结案率78%，列全市前列。坚持信访部门牵头联合接待，解决疑难信访问题，全年牵头会办突出信访62次。

1950—2007 年江宁区来信来访情况表

表 25-9-7

年　份	来信来访合计（人次）	来信（封）	来访（人次）	群体访（批/人次）	上级交办（件）	领导批阅（件）	自办会办（件）	复信（封）
1950—1952	119	98	21	—	—	—	—	—
1953—1965	26954	26790	164	—	27	—	—	—
1977—1983	23762	18143	5619	8/45	132	2530	—	—
1984	2545	2005	540	7/31	31	677	43	355
1985	4270	3118	1152	4/61	467	668	94	479
1986	2465	1623	842	3/16	37	432	769	468
1987	1652	1061	591	2/10	19	122	121	440
1988	1156	752	404	5/25	25	290	191	335
1989	1255	740	515	8/43	13	237	172	371
1990	1119	603	516	3/17	16	161	58	231
1991	904	530	374	5/62	17	198	371	115
1992	878	375	503	6/153	14	134	205	105
1993	1623	355	1268	25/1024	8	66	95	98
1994	1157	438	719	19/507	12	163	146	84
1995	1383	579	804	21/605	15	324	167	251
1996	2104	515	1589	46/1293	18	263	132	146
1997	1630	506	1124	34/793	15	142	152	135
1998	1710	425	1285	28/1023	13	148	60	45
1999	4114	351	3763	88/3763	14	135	83	85
2000	2598	350	2248	72/1738	21	112	74	76
2001	3615	496	3119	81/2493	25	98	63	68
2002	3285	423	2862	90/1138	23	103	42	74
2003	3546	321	3225	123/2156	27	89	51	62
2004	5740	396	5344	189/4004	33	77	55	31
2005	6281	512	5769	176/3990	25	92	66	45
2006	7249	392	6857	173/5486	22	71	73	55
2007	4224	191	4033	117/2628	—	—	62	—
合　计	117338	62088	55250	1333/33104	1069	7332	3345	4254

说明：“文化大革命”期间资料缺失

第三节　党校教育

新中国成立后，1950—1955 年，党员干部的教育培训工作未设专门机构，由县委组织部、宣传部共同负责。1956 年，成立县委党训班，配备专职教学人员，1957 年，并入县委干部学校。1959 年 9 月，复设党训班。1961 年 7 月，正式建立党校。“文化大革命”期间被迫停办，1973 年恢复。1985 年 3 月，设立函授工作站。1997 年 3 月，县农业学校并入党校。同年 12 月，成立县行政学校，一个机构，两块牌子。2000 年 12 月撤县设区，更名为区委党校、区行政学校。2002 年机构改革，内设机构有办公室、教育科（函授站）、科研科、总务科。2007 年 9 月，校址迁至湖山路新校区。

区委党校围绕各时期党的中心工作和任务，组织开展党员干部教育培训、学历教育和教育科研工作，不断改进教学方法、提高管理水平、增强培训效果、推进教科研工作，取得了成效。

【干部培训】

1950—1956 年，共举办党训班 9 期，有区、乡、村干部、党员、团员和非党积极分子 2514 人参加学习。主要教育内容是时事、共产主义理想、共产党员标准等。通过培训，提高觉悟，发展壮大党的队伍，为建立健全乡、村党支部，巩固基层新政权，推动农村互助合作奠定基础。在 1952 年 8 月举办的第一期建党工作训练班中，吸收具备党员条件的学员 390 人入党。其中，结业后有 8 人担任县级机关部门负责人，50 人担任区、乡党政负责人，190 人担任党（团）支部书记、农会主任、妇女主任、治安主任、民兵连长等，他们在农村互助合作运动和社会主义经济建设中发挥了领导骨干作用。1960—1963 年，贯彻中共中央《关于轮训干部的决定》，共举办党员干部训练班 13 期，其中党校建立后举办 8 期，参加学员 2399 人。重点帮助党员干部进一步认识和掌握社会主义建设的客观规律，继承党的优良传统，认识和克服实际工作中的片面性，纠正“左”或“右”的错误，从而提高思想政治水平，增强党性锻炼。“文化大革命”开始后，县委党校停办，党校人员全部到位于东善桥公社三合大队的县“五七”干校。此后的 10 年间，党校排除干扰，坚持办学，共培训轮训党员干部 6000 人次。由于受当时政治运动影响，总体理论导向和许多理论观点是错误的，但利用这一时期，比较系统地学习一些马克思列宁著作、毛泽东著作和中央有关文件，对全县党员干部提高思想政治觉悟和理论政策水平、端正学风、改进作风、促进工作起到一定作用。

1977 年 10 月，中共中央下发《关于办好各级党校的决定》，党校各项工作逐步恢复。至 1982 年年底，共举办学习班、培训班 40 期，培训党员干部 8007 人次。重点组织学习马克思主义哲学、政治经济学、科学社会主义，学习中共十一届三中、四中、五中全会及十二大文献，学习邓小平的《目前形势与任务》《党内政治生活准则十二条》《关于建国以来党的若干历史问题的决议》，帮助学员加深对中共十一届三中全会后的路线、方针、政策的理解，提高贯彻执行全党工作着重点转移的自觉性。1983 年 2 月，中共中央召开第二次全国党校工作会议；5 月，下发《中共中央关于实现教育正规化的决定》，县委党校开始实施教育正规化。1984 年 9 月，党校迁回县城东山镇，并新增一批教学设备。1986 年起，县委党校遵循“长短结合，以短为主”的办学原则，把搞好短期的干部培训轮训作为学校的工作重点，每年以县委的干部培训计划为目标，认真拟定教学计划，精心组织教学实施，保证培训计划的完成。同时，承办或协助相关部委办局办好计划外的业务培训。至 1991 年，举办各级各类培训班 42 期，培训 2996 人次。1994 年，县委党校提出“一个主体、四轮同转”（“一个主体”即党政领导干部培训轮训，“四轮同转”即干部学历培训、技能培训、职业教育和联合办学），使办学规模不断扩大。1996—2000 年的 5 年间，先后举办新上岗领导干部、县管干部、中青年干部、村支部书记等培训班 90 期，培训 10202 人次，培训人数、覆盖范围均列全市之首。2000 年 6 月，中共中央下发《关于面向 21 世纪加强党校工作的决定》，县委党校按照“理论武装、世界眼光、战略思维、党性修养”的要求，不断拓展办学新途径，创新教学新形式，探索管理新方法，进一步推进党校教学与管理工作的制度化、规范化建设。2001—2007 年，共举办各级各类培训班 123 期，培训 14804 人次。

根据市委组织部、市人事局的要求，县委党校（行政学校）从 1997 年下半年起，开展公务员培训工作，联合县委组织部、人事局举办国家公务员必备知识“过渡”培训，共举办 13 期，每期 10 天，2300 人参加培训，经考核合格者，颁发统一培训证书，作为向国家公务员过渡的依据。2000 年 9 月 11 日至 10 月 29 日，与县人事局共同组织 12 期在职国家公务员（含依照管理机关工作人员）进行更新知识培训，以科技、经济和世界贸易组织基本知识为主要内容，有 2202 人参加培训。2001 年 12 月中国加入世贸组织后，为适应知识更新的需要，选派教师赴中央及省、市委党校参加有关世贸组织知识培训，组织教师集体备课，储备了 6 个世贸组织知识专题。翌年 9 月，组织全区 2367 名公务员及参照管理工作人员进行世界贸易组织知识培训，经考试全部合格。2003 年 9 月 8 日至 10 月 22 日，举办 11 期公务员学法培训，以省司法厅、人事厅主编的《“四五”普法干部读本》为主要内容，辅之以《中华人民共和国村民委员会组织法》等内容，结合江宁实际进行培训。2004 年 4 月 12 日至 5 月 18 日，联合区政府法制办、区人事局举办《中华人民共和国行政许可法》培训班 12 期，2200 人参加培训。从 2002 年开始，每年举办 1 期科级干部培训班，每期培训 50 人，已举办 6 期，将新竞争上岗、轮岗的科级干部轮训了一遍。2007 年 9 月，启动全区“5+X”公务员能力培训工作，全年共举办 12 期，每期 2 天，采取集中培训、分散自学和网络培训形式进行。按照全市统一安排，集中培训开设公共政策、公共服务两门必修课，同时将政治鉴别能力、学习能力作为选修内容自学。培训实行学分制，公务员修完规定的必修课和选修课的学分，即视为完成培训任务，全区有 3580 人按规定修完 2007 年度学分。

图 25-9-21 江宁区委党校组织教师和参加培训的公务员收看中共十七大开幕式（2007 年摄）

【学历教育】

函授教育 1985 年 3 月，中央党校函授学院江宁县管理站成立，首期党员干部函授大专班报名 128 人，经考试录取政治、经济管理两个专业的学员 110 人，分 3 个班级，学制三年。1989 年，中函院南京分院首次招收本科生，江宁函授站招生 15 人。至 2007 年，先后开设政治、经济管理、法律、党政等专业，招收学员 4679 人，已毕业 2798 人，其中本科 1260 人，专科 1538 人。

继续教育 1985 年秋季，县委党校首次开办两年制党政干部中专班，通过全国统一考试，招收学员 57 人。1986—1988 年，共招收两年制党政和经济管理专业中专班学员 108 人。1988—1989 年，开办干部中专专修班，开设经济管理和行政管理专业，学制两年。1990 年，开办业余中专专修班，开设经济管理和行政管理专业，学制两年。1991—1992 年，开办中专业余全科班，开设经济管理和行政管理专业，学制三年。1993—1996 年，开办成人中专班，开设经济管理专业，学制三年。至 1996 年年底，共招收学员 2004 人，毕业 1727 人。

中等职业教育 1993 年，县委党校试办职业中专班，当年招收应届初中毕业生 104 人，开设外经外贸专业三年制中专班 2 个。至 2002 年，先后开设外经外贸、文秘、保安专业中专班、高职班 11 个，招生 510 人，毕业 373 人。2003 年，区委党校设立职教部，增设电子技术应用、机电一体化等专业，当年招收应届初中毕业生 220 人。至 2007 年，共毕业 661 人，学生就业率 100%。

【教学科研】

1992年，县委党校成立理论室，并创办《江宁党校》季刊，2005年更名为《江宁党校论坛》，年发行量1600多册。

1995—2000年，党校制订科研工作计划和科研成果奖励办法，积极开展各项科研活动。先后有数篇文章在各类刊物上发表。其中，《着眼于跨世纪发展，培养复合型人才》录入河海大学出版社出版的《当代中国改革与发展的理论思考》一书。有4篇文章在有关征文活动中获奖。2000年起，党校开始汇编《江宁党校教师论文调研报告集》，每年一册。

2001—2002年，有数十篇文章在《南京社会科学》《金陵瞭望》等刊物上发表。2002年，成立科研科，逐步完善各项教学科研管理制度及激励考核机制。2003年，有30篇文章分别在《学习与实践》《晋阳学刊》《金陵瞭望》《现代金融》《人事管理》《江苏党校报》《徐州师范大学学报》上发表。完成区委"关于构建国有资产新的管理体制"的调研课题；撰写6篇文章参加"三个代表"重要思想理论与实践学术研究会，其中《研究共产党执政规律必须把握三个关系》在《南京社会科学》上发表；撰写5篇文章参加省委宣传部主办的学术交流会，其中《探索区（县）党校教学新布局》《凝心聚力谋发展，党建经建求双赢》2篇文章获三等奖；组织有关学科教师参加省委党校学术交流，其中《农民增收需要政府全方位服务》获优秀论文奖。2004年，正式出版28万字的教师论文集《耕耘之路》，汇编20万字的《教师论文调研报告集》。

2005年，在省级以上刊物发表文章15篇，在市委党校组织的2002—2004年论文评审中，有2篇获二等奖，2篇获三等奖，列全市区（县）党校之首。2006年，撰写教学科研文章30篇，调研报告16篇，其中在市级以上报刊发表10篇。2007年，完成科研文章39篇，在省级以上刊物发表论文11篇。完成调研报告16篇。

1995—2006年，全校主编参编著作、教材、丛书、通俗读物等28部，均在省级出版社出版，有16人次担任主编或副主编。2000—2006年，获市级以上科研成果奖80项，其中省级62项，市级18项。2004—2006年，在各类刊物上发表论文350篇，其中国家级刊物32篇，省级刊物110篇。

【队伍建设】

1984年前，党校专职教师只有2人～3人。1986年，面向县国有企业，经全省统一成人高考和组织推荐，选拔3名年轻人到苏州、南通、徐州党校进行为期两年的脱产大专班学习，毕业后回党校任教。1997年，县农业学校并入党校，教师队伍得到壮大。2000年，全校有专、兼职教师25人，具有本科学历15人，大专学历10人；具有高级职称3人，中级职称15人。选派优秀教师赴乡镇挂职锻炼，其中有2人走上领导岗位。

2001年年底，撤销江宁区农业学校，区委党校和区行政学院为一个机构，两块牌子。学校有教职工67人，其中在职40人，退休（退养）27人；具有高级职称2人，中级职称21人，初级职称6人。通过公开招考、择优引进，改善教师队伍结构，充实理论教员的力量。是年年底，面向全区公开招考2名理论教员。2002年，又从南京大学引进1名研究生毕业的理论教员。是年，实行中层干部竞争上岗，通过全校动员、个人报名、竞岗演讲、群众民主测评、组织考察、公示等程序产生6名科室负责人。同年下半年，实行行政后勤、教学辅助人员全员竞争上岗。共有17人通过公开报名、竞岗演讲、群众测评、科室研究、组织决定等程序竞争15个岗位，1人转岗，1人试岗。同时，为加强对教师的管理，制订《教学人员岗位职责》《教师基本工作量规定》《校长、中层干部工作量规定》。

2003年，党校开始实施"骨干教师工程"。经过个人申报、学校考核、民主测评、党总支部确定等程序，胡敬桂等5人成为首批骨干教师。通过颁发荣誉证书、发放津贴等举措，引导和鼓励广大教师争当骨干教师。学校对骨干教师在业务上提出高要求：每年有2篇以上理论文章在市级以上刊物发表；每年储备2个以上专题，并确定精品课的努力方向；和一位青年教师结成帮带对子，帮助青年教师提高业务水平；每学期至少开设一次公开课或示范课，并在教学活动中充分发挥示范作用。学校对骨干教师实行动态管理，每年考核一次，每两年评选一次。2004年，骨干教师俞有利在市委党校组织的课堂教学交流活动中获一等奖。

2007年，党校共有教职员工37人。其中专职教师21人。专职教师中具有研究生学历4人、本科学历16人；具有高级职称4人。

第四节 党史编研

1984年3月，成立中共江宁县委党史工作办公室。1993年2月，县委、县政府决定党史办公室与县志办公室合署办公（一套班子、两块牌子）。至2007年，区委党史办公室与区志办公室仍合署办公。1984—2007年，全区共出版（包括内部出版）党史资料书22本。

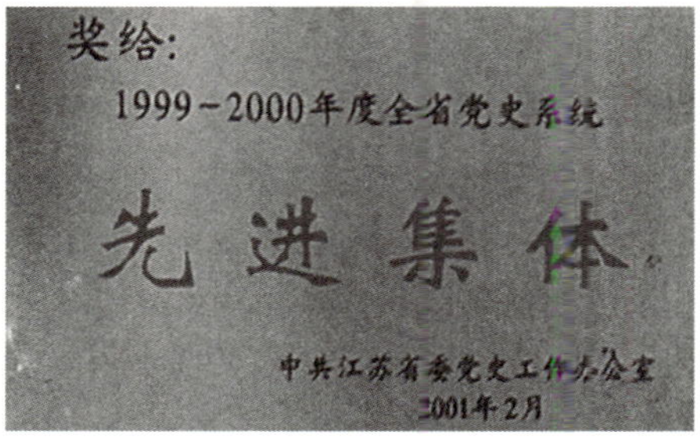

图25-9-22 2001年2月，江宁区委党史办被江苏省委党史办评为1999—2000年度全省党史系统先进集体

【党史资料编纂】

《江宁人民革命斗争史》 中共江宁县委党史工作办公室编。1995年4月，由江宁县委党史工作办公室内部印刷出版，全书分为7章24节和附录，共计27.50万字，印数2000册。全书客观具体地反映了江宁县人民在中国共产党的领导下对革命事业所发挥的战斗力和创造力，全面翔实地汇集共产党员、革命干部和工农商学兵各界人士在新民主主义革命时期，尤其是在抗日战争与解放战争时期，前仆后继，英勇奋斗，争取民族独立和解放的斗争史，生动展示了中国新民主主义革命全局中的一个局部地区的历史画面。

《江宁风范》 1998年8月，由中共江宁县委党史办、组织部合编并出版的内部资料。主编李厚友、彭年德等人。全书13.50万字，印数2000册。该书将江宁县在改革开放时期（1977—1996年）受到省级以上表彰的41位共产党员先进事迹材料选编成册，集中展示当代江宁县3.40万余名共产党员的精神风貌，激励广大党员干部再创更大辉煌。该书获中共南京市委党史办"1996—2000年南京市党史工作规划"优秀成果三等奖。

《中共江宁县历史大事记（1949—1995年）》 1998年12月，由中共江宁县委党史工作办公室与江宁县档案局联合编印并出版。主编李厚友，全书37万字，编印1000册。该书采取编年体与纪事本末体相结合的记事方式，客观系统地记述江宁人民在党的领导下进行社会主义革命与建设曲折前进的历史进程。该书获中共南京市委党史办"1996—2000年南京市党史工作规划"优秀成果二等奖。

《春风绿江宁——改革开放二十年纪实》 1999年9月，由中共江宁县委党史工作办公室与江宁县地方志编纂委员会办公室共同编印的内部资料。全书约52.20万字，收编64篇专题文章，编印 1000 册，主编李厚友。该书翔实记录江宁县经济和社会事业发展的历史轨迹，客观全面地反映全县各条战线改革开放、开拓进取的历程，展现社会主义现代化建设新时期，全县广大干部、群众自强不息，奉献江宁的精神风貌。该书先后获江苏省委党史办优秀成果二等奖、“1996—2000 年南京市党史工作规划”优秀成果一等奖、“1997—2000 年优秀党史成果奖”。

《历史的探索（1949—1978）》 2000 年 9 月，由中共江宁县委党史工作办公室编印并印刷出版，主编李厚友。全书 29.20 万字，印数 1000 册。全书共选编 40 篇专题文章，侧重记述 1949—1978 年 30 年间，江宁人民在党的领导下，进行社会主义革命与建设曲折前进的历史进程。

《江苏人民革命斗争群英谱·江宁分卷》 由江苏人民革命斗争群英谱江宁分卷编辑委员会编纂的资料性丛书，主编任彦申。2001 年 5 月，由江苏人民出版社出版发行。全书 15 万余字，共印 3000 册。该书辑录江宁境内 23 个乡镇的普通老百姓在革命战争年代的英雄事迹。丛书是一部对人们特别是对青少年及子孙后代进行革命传统教育的生动读本，是一部具体形象的乡土教材。

《群星耀江宁》 2002 年 7 月，由中共南京市江宁区委党史工作办公室与南京市江宁区地方志办公室共同编印的内部资料。全书约 43 万字，共编印 2000 册，主编李厚友。全书分为 3 篇：公仆篇，记载党政主要领导干部简历和名录；楷模篇，记载劳动模范、先进工作者事迹和名录；英烈篇，记载烈士小传与名录。共收录 1448 人的履历或先进事迹材料。其中江宁解放后的党政领导干部 91 人，省级以上先进工作者 490 人，市级以上劳动模范 274 人，革命烈士 583 人。收录照片 90 幅，烈士传略 38 篇，模范先进人物事迹材料 47 篇。

《中国共产党南京市江宁区历次代表大会文献汇编（1949—1999）》 2004 年，由中共南京市江宁区委党史工作办公室编印的内部资料，主编王瑞林。全书收录中共南京市江宁区第一次至第十次代表大会的工作报告和决议等重要文献。

《抗日烽火燃江宁》 2005 年，中共南京市江宁区委党史工作办公室、区新四军研究会与区革命老区贫困地区经济开发促进会共同编印的内部资料。全书 20 余万字，编印 1000 册。该书由“野火烧不尽”“抗日真英雄”“抗日群英谱”“抗日战士话抗日”“抗日烈士永垂不朽”等篇目组成。

《中共南京市江宁地方史（1949—1978）》 中共南京市江宁区委党史工作办公室编著，2007 年 4 月，由中共党史出版社出版发行。主编王瑞林，执行主编李厚友、刘广亮。全书分 5 编、20 章，共计 30 万字，印数 4000 册。该书具有史料翔实、立论准确、重点突出、文字简练、文风朴实等特征，系统地记述在中国共产党的领导下，江宁各级党组织带领江宁人民进行社会主义革命和建设的曲折历程，具有较高的资政价值，是南京首发、全省前列的党史“二卷本”范本。中央党史研究室副主任张启华对该书给予高度评价，并亲自为该书作序。

图 25-9-23　2007 年 6 月 26 日，《中共南京市江宁地方史（1949-1978）》首发式在江宁宾馆举行

《中共南京市江宁区委执政实录（2007）》 2007 年 12 月，中共南京市江宁区委党史工作办公室编印的内部刊物，主编王瑞林。全书设置 8 个栏目，4 万余字、照片近 400 幅，

编印 3000 本。全书以图片为主要表现形式，以区委 2007 年执政实践为主题，以区委的重大决策、重点工作和重要活动为主线，多元素、多视角、多形式地反映区委执政思路、执政风格、执政经验、执政成就等执政能力建设的整体风貌，体现时代特征、年度特色和江宁特点。

此外，江宁境内还出版发行《邓仲铭烈士纪念集》《中国共产党江苏省江宁县组织史资料（1927 年 8 月至 1987 年 12 月）》《中国共产党江苏省江宁县组织史资料（1987 年 12 月至 1994 年 12 月）》与《新四军在江宁——纪念抗日战争胜利 60 周年》等党史资料。

【南京大屠杀史料编纂】

史料征编　2006 年 2 月 8 日，根据中共江苏省委党史工作办公室《关于抗战损失调研工作有关材料的通知》精神，中共江宁区委党史工作办公室向区委作开展抗战调研的专题汇报，并于 3 月 28 日成立由江宁区委副书记王加法担任组长、江宁县原县长闵长山和区委党史办主任王瑞林任副组长的调研工作领导班子及组成人员，正式启动调研工作。区委党史办按照省委党史工办文件精神和要求，开展资料收集和整理工作。先后前往中国第二历史档案馆、江苏省档案馆、南京市档案馆、江宁区档案馆、南京图书馆及南京大屠杀纪念馆等单位，查阅相关档案和收集相关资料，重点查阅民国 20—34 年（1931—1945）间国民政府和汪伪政府留存的档案卷宗，调阅民国时期的社会部、建设厅、民政厅档案卷宗 2300 多卷，摘抄、复印相关资料 1100 多张。购买《南京大屠杀史料集》全套 28 册和《澄清历史——南京大屠杀研究与思索》《侵华日军大屠杀幸存者证言》《金陵血证》《血雨腥风——侵华日军江苏暴行录》等相关资料书籍。查阅、梳理全区在修志、编史工作中关于抗日战争时期的资料部分。抢救性挖掘口述资料。自 7 月 1 日开始，江宁区委党史办与南京师范大学联合，由党史办抽调 2 人和南师大 12 名历史系研究生组成调研组，对全区各街（镇）的社区（村）、敬老院进行驻镇拉网式调查。各社区（村）每天派 2 名村干部带领调研人员寻访“三亲”（亲身经历、亲眼所见、亲耳所闻）人员。从 7 月 1 日至 8 月 20 日历时 50 天，经区委党史办与南师大、各街（镇）等相关单位 650 多人协同配合，对全区 20 个街道（镇）、284 个村（社区）、20 个敬老院的“三亲”人员进行采访、录像、录音，调研组总共走访 1038 位老人，形成口述文稿 512547 字，拍摄照片 1200 余幅，录像（音）50 余小时，完成《抗战期间江宁区人员伤亡和财产损失调研报告》。为此，区政府拨出专项经费 13 万元，街（镇）和社区（村）投入 20 万元经费用于调研工作。

《南京大屠杀史料集·幸存者调查口述续编》　中共南京市委党史工作办公室、中共江宁区委党史工作办公室、南京大学、南京师范大学共同编纂。2007 年，由江苏人民出版社、凤凰出版社传媒集团联合出版发行。主编蒋晓星、王瑞林、刘广亮等。全书分上、中、下三册，共计 160.20 万字，编印 3000 册。全书分别记录了南京大屠杀中的幸存者关于过去历史的记忆，所有材料均为第一手原始材料，保持了史料的原貌。

《城东生死劫》　费仲兴编著，2007 年 12 月由中国工人出版社出版发行。全书分 5 章，26 万余字。该书根据历史档案、参战者回忆及当地老人的大量口述，经过仔细的归纳整理，用通俗的形式反映汤山地区在抗战时期的本来面目。抗日战争前汤山军民的生活情景、沦陷初期中国军队进行气壮山河的保卫战和突围战、广大农民背井离乡四处避难的凄惨经历和侵华日军杀戮村民的血腥场面，书中都有较为细致的记述。

第五节　对台工作

1982年普查表明，江宁县去台湾人员854人，已通信联系221人；其在江宁的亲属有665户、3143人；在江宁的台湾省籍同胞4户、18人。1986—1990年，通过调查，全县去台人员有1500多人，台属3800多人。江宁区对台工作，在邓小平“和平统一、一国两制”总方针指导下，高举爱国主义旗帜，大力推进对台经济、文化交流与合作，加强人员往来，在促进和平统一，推动全区“三个文明”建设中发挥重要作用。进入21世纪，全区对台工作针对岛内局势及两岸关系出现新变化，着眼于祖国统一大业，着力于地方经济发展谋篇布局，务实创新，取得新成绩。

【对台宣传】

1981年后，全县对台工作围绕“和平统一、一国两制”的基本方针，结合各个时期对台工作的新形势、新特点，以多种形式开展对台宣传教育。1981年9月，组织台胞、台属学习全国人大常委会委员长叶剑英关于台湾回归祖国，实现和平统一的九条方针。1982年5月，组织全县的台胞、台属分批座谈学习廖承志致蒋经国的信，以解除台属的思想疑虑和消除“左”的倾向对去台人员亲属的影响。1986年，贯彻中共中央关于坚持“两个寄希望”和“更寄希望于台湾人民”的对台工作精神，广泛开展对台宣传教育。

1996—2000年，为学习贯彻落实中共中央总书记江泽民1995年1月30日发表的《关于促进祖国统一大业的完成而继续奋斗》的重要讲话和1998年中央对台工作会议精神，县台办每年都要举办对台干部培训班，并先后举办过3次形势报告会，2次邀请南京大学台湾研究所教授崔之清作台情报告。其间，县台办抓住机遇积极唱响“回归”与“统一”的主旋律，通过举办“香港基本法知识竞赛”“时花杯台湾知识竞赛”等活动，将爱国主义教育与做好对台宣传工作结合起来。并多次召开台胞、台属座谈会，揭露批判李登辉及其“两国论”，开展反“台独”、反分裂斗争。

2001—2002年，区台办与区广播电台合作，共同联办《台海之声》系列栏目，宣传党的对台方针政策和全区对台工作情况。两年中，共在各级各类报刊上发表信息和稿件78篇（条）。先后接待台湾东森电视台、台湾TYBS电视台和真相TNN财经台等岛内媒体的采访。2002年11月，区台办接待中央电视台4套国际频道《两岸万事通》栏目组的采访报道，入台宣传途径不断拓宽，宣传成效更加明显。2003年，在省《海峡广角》杂志、市台办《对台工作》、市台协《南京台协》等各级刊物和新闻媒体上发表信息30条。2月，接待台湾三立电视台到江宁区参观访问、实地拍摄，扩大江宁区在台知名度。10月，区台办被省台办评为全省涉台宣传教育先进集体。

2005年，组织全区对台干部观看两岸形势报告会录像，学习《中华人民共和国反分裂国家法》。召开台胞、台属座谈会，进行台海局势教育。做好信息上报和新闻宣传工作，在各级新闻媒体上发表稿件20余篇（条）。2006年，江宁区策划拍摄第一部以台商为主的宣传片——《江宁台商巡礼》。回顾总结改革开放20多年，台商在江宁区的发展历程。该片共分8集，以与台商对话的形式，畅谈创业中的艰辛与历程，展示台资企业形象，提高江宁区对外知名度。

【对台交流】

1986—1990年，全县共接待台湾同胞658人次。随着海峡两岸往来交流日益增多，1996年，县台办共接待台胞555人次，之后每年台胞接待人次增长10%以上。县台办先后接待过工业学会、青年联合会、新闻采访团、职业教育、中小企业联合会、旅台同乡会等台湾参访团队。1996—

2000 年，全县先后有 14 人赴台进行经济、文化交流。其中有时花集团、金箔集团组团赴台经贸考察；县文化馆美术创作员徐志敏应邀随市书画院赴台举办画展。为了加强往来，交流感情，增进共识，县台办每年春节前都要向台胞寄发 150 份左右的贺年卡，并召开座谈会、茶话会，开展走访慰问活动。

2001—2002 年，共接待台胞考察团 31 批、898 人次。在接待的台胞考察团中，台湾高等院校到访增多，如台湾铭传大学、醒吾技术学院、台湾高雄师范大学等；投资意向比较浓，如 2001 年接待的台湾宁苏沪商务考察团成员简河水，通过考察投资 35 万美元在上峰镇兴办国乔粘剂有限公司，2002 年接待的台湾《工商时报》江苏考察团、台湾华景度假村等台商合作意向也十分浓厚。其间，全区赴台经贸考察团共 7 批、66 人次。2003 年，全区赴台经贸考察和员工培训、工作交流团组共 8 批、56 人次。区长单景南、副区长成玉祥分别率轻工协会和省国际商会赴台访问。赴台进行员工培训和工作交流团组有金箔集团、汤山华鼎电子公司、江宁经济技术开发区泰电电子公司、江宁经济技术开发区管委会、区水利局 5 批。2004 年，接待到区考察的台胞 5 批、330 人次，其中有前台北市市长、中华台北奥委会主席黄大洲一行。

2007 年，台湾地方乡里长参访团应邀到江宁区参观访问滨江经济技术开发区。南京金秋经贸洽谈会期间，区台办组织台湾地区知名团体工商界人士到江宁区考察，集中推介开发区产业特色和优势。是年 9 月，区委常委、宣传部部长刘玲受台湾海峡两岸文化交流协会邀请，赴台湾地区交流访问。访问期间，参访团一行拜访曾到江宁新闻采访的台湾媒体，着力推介江宁历史文化，并就推进江宁、台湾两地文化交流合作与台湾业界人士进行深入探讨。

【对台经济】

至 1990 年，在江宁县的台资企业只有 1 家，投资额折合人民币 90 万元。1992 年落户在江宁县的南京旺旺食品有限公司，1995 年纳税 1036 万元，成为江宁县纳税第一大户。是年，又投资 2220 万元，建立大旺食品、来旺包装、增旺塑料 3 家公司。

1996—2000 年，以对台招商引资为切入点，以服务台企、为台企排忧解难为突破口，全力做好对台经济工作。其间，全县共批准台资企业 190 家，总投资 34758 万美元，注册资本 21367 万美元。在每年举办的金秋恳谈会上，都邀请近百位台商到江宁县考察投资环境、洽谈项目。1999 年起，又单独组织两届“江宁—台湾金秋经贸洽谈会”。突出“以台引台、以台引外”滚动招商，一批台资企业如旺旺、世锋、中卫、爱仕达、华鼎等不断增资扩股，发展壮大。在强化服务、优化环境工作中，通过召开讲座会、咨询和上门服务等，认真宣传贯彻《中华人民共和国台湾同胞投资保护法》及其实施细则，依法保护台商合法利益。2000 年，出台台办政务公开程序，明确为台商服务的程序、期限及服务内容等。

2001 年，抓住“第六届世界华商大会”在宁召开契机，加大对台招商力度，邀请 40 多位台商参加区政府举办的江宁区投资环境说明会；举办“江宁——台商科技经贸洽谈会暨东善桥台资科技工业园开园典礼”活动，组织台商 120 多人参加大会。2002 年，区台办与区旅游局等单位组织江宁区台资旅游度假项目展示暨招商会活动，邀请 300 位台商参加大会。2001—2002 年，全区新批台资企业 75 家，总投资 18822 万美元，注册资本 11897.80 万美元。台方认缴（新口径合同台资）11279.62 万美元；另有 18 家台资企业增资扩股，总投资达 7013.72 万美元。全区台资利用呈现四大特点：新批台资企业增幅较大，年增速度 20% 以上；增资扩股企业增多，增资部分占全区利用台资总量近 36%；台资利用规模大，200 万美元以上新批项目 31 家，其中 500 万美元以上的大项目 11 家；台资向开发园区集聚效应明显，江宁经济技术开发区、江宁科学园和华科园新批台资企业35家。2003年，新批17家台资企业，总投资6661万美元，注册资本3266万美元，合同利用台资2929万美元。另有13家公司增资，总投资3677万美元，注册资本2722万美元，合同台资2666.60万美元。2004年，新批台资企业30家，总投资13976万美元，注册资本9412万美元。2005年，新批9家台资企业，总投资7031万美元，注册资本4303.99万美元，合同台资4233.99万美元。8家公司增资，总投资875万美元，注册资本668.10万美元，合同台资618.54万美元。

2006年7月，区台资企业获华夏银行授信贷款。华夏银行南京分行决定专项授信10亿元支持江宁区台资企业发展。是年，全区新批台资项目13家，投资总额1.60亿美元，注册资本7800万美元，合同台资5300万美元；11家台资企业增资8800万美元，新增注册资本4300万美元，合同台资4100万美元。

2007年9月，台湾地区电机电子工业同业公会公布2007年度《大陆地区投资环境与风险调查》成果，江宁区成为台商极力推荐城市。根据调查结果，江宁与苏州工业园、昆山、萧山、江阴、天津滨海新区、宁波北仑、苏州新区、上海闵行、成都等同列城市综合实力前十优；与桂林、无锡占据综合实力排名上升最快的城市前三强。在投资风险最小的城市评比中，江宁继昆山、廊坊、苏州工业园后列第四。全年新批台资项目11家，投资总额7000万美元，注册资本5500万美元，合同台资3800万美元；7家企业增资扩股，投资总额2500万美元，注册资本1800万美元，合同台资1800万美元。先后协调处理40起劳资纠纷。

至2007年，全区累计批准成立台资企业550家，统宣、溢泰、旺旺、开阳、华宝等一批投资1000万美元以上大项目投产营运。台商在区内投资总额达12.80亿美元，注册资本10.10亿美元。合同台资9.20亿美元，占全市近1/3。

【台商服务】

20世纪90年代后，台商在江宁的投资项目日趋增多，江宁县做好台商服务工作。1997年，选择有代表性的企业进行重点跟踪服务，以点带面，扎扎实实地做好对台经济工作。先后确定宁泰、华鼎、宏运、中卫、旺旺、新荣昌等28家重点台资企业，作为重点服务对象，帮助企业解决生产和发展过程中遇到的困难与矛盾，有力地促进台资企业健康发展。旺旺公司1992年建厂时总投资为1116万美元，至2000年，已发展成为拥有7家旺旺公司的集团公司，总投资达8000多万美元，利税由原300万元增至3000多万元。2000年4月，成立南京市台资企业协会江宁联络委员会。联络委员会的成立，架起沟通政府与企业间联系的新桥梁，进一步维护台资企业的合法权益。联络会成立后，先后在旺旺公司举办《台湾同胞投资保护法实施细则》讲座，在爱仕达公司召开座谈会，就有关劳务问题进行协商对话，受到台商欢迎。

2001—2002年，解决台商在生产、生活中遇到的问题近20起。2003年，先后调处台资企业南京高尔夫房地产公司与新苏热电公司蒸汽问题和美加美企业有关房产、土地租赁纠纷，台商吴世忠、张贞三有关房产、土地事宜。台商对问题的处理比较满意。是年年底，成立江宁区对台工作领导小组，在对台工作领导小组框架下，建立区台商合法权益保障联席会议制度。2004—2005年，每年组织台商体检和开办消防知识、税收经营管理知识讲座等系列活动。2006年，协调处理南京凯宝化工有限公司工程款纠纷、南京大东树脂有限公司违反《易制毒品管理条例》采购化学品和买卖化工原料、东善桥部分台资企业与员工的劳资纠纷、南京士兴钢构有限公司安全整改、南京克里斯汀食品公司办理特种行业印刷许可手续等事项，拍摄《江宁台商巡礼》专题片，回顾台商在江宁的发展历程。2007年，先后协调处理40余起劳资纠纷。

【台胞台属工作】

1982年普查，在江宁的台湾籍同胞4户、18人。涉及台胞、台属44户的错案和房产、查抄物资、工作安排问题的44件案件及时复查改正，落实政策。其中有2人当选为人大代表，8人成为县政协委员。1985年年底前，台眷去香港与在台人员会亲的8人，回县探亲的受到热情接待，往返自由，并提供方便。去香港会亲的得到帮助，顺利往返。

1995—2000年，有9位台胞经上级统战部门批准回归江宁定居，即陆郎镇的李贵清，淳化镇的李跃卿，秣陵镇的芮子愚，铜井镇的蒋子斌和许国成，东山镇的王文斌、张德福、邓志远，上坊镇的王蕴卿。并都得到妥善安置。1996年，组织部分台胞、台属参观茅山陈毅纪念馆；1997年，参观南京电视塔转宫；1998年，两次组织台属参加“台胞台属看南京”活动，拓宽其眼界，增强其和平统一祖国的信心。同时，组织台胞、台属学习中共十五大精神、中共中央总书记江泽民对台工作八项主张等，开展批判李登辉的“两国论”及反“台独”、反分裂的活动。

2001年，及时、妥善处理涉台突发事件6起，即横溪镇台商周剑山和淳化镇探亲台胞许正义突发脑出血死亡事件，武夷花园常住台胞常中恺交通死亡事件，台商林明德交通事故，铜井镇探亲台胞陈宗如心脏病突发死亡事件以及江宁镇台胞时德生死亡事件。全过程地跟踪做好台胞遗体火化、骨灰出境、协调处理等各项工作，台胞家属对此十分满意，万分感谢。常中恺交通死亡事件妥善处理，台胞家属专门给区委书记王建华和区台办、区交警大队写了感谢信。2001—2002年，组织“台胞台属看江宁”“台胞台属看发展”等活动。2003—2005年，加大协调处理对涉及台商、台属的投诉和来信来访力度，妥善处理方山、淳化等地台属拆迁和迁坟等问题。2004年，受理投诉12起；2005年，受理投诉20余起，全部得到妥善解决。

第六节　保密工作

江宁区的保密工作紧扣改革开放和服务经济建设的主题，积极贯彻中央和省市有关保密工作的部署意见。区委加大对保密工作的组织领导和协调力度，认真行使保密工作的管理、防范、检查、监督的职能，确保各项任务的落实。20世纪90年代后，进一步建立健全保密网络。2000年，县保密局有专职干部2人，各镇、机关各部门及企事业单位建立保密领导小组119个，配备专、兼职保密人员238人。

2004年，及时调整区保密委员会领导班子，在全区各单位、各部门建立保密领导小组，确定各单位主要负责人为保密工作第一责任人。各镇、街道按地区分片，区级机关部门按系统分组，建立11个保密工作领导小组。至2007年，全区已形成纵横有序的保密组织网络，为保密干部学习业务知识，开展交流，不断增强保密工作活力提供平台。

【制度建设】

20世纪90年代后，江宁县在全市率先制订《江宁县党政领导保密工作责任制》《党政机关保密工作暂行规定》《党政机关保守国家秘密的若干规定》等，进一步规范党政机关要害部门（部位）的保密管理程序。根据定密工作标准和程序，调整确定全县国家秘密事项278项。

这些密项被全市大多数区、县用作确定密级工作的参考依据。同时，认真贯彻“预防为主，积极防范”的方针。1997年上半年，对全县200多家印刷、复印行业进行登记、注册工作，并签订《保密责任书》。

2001年，为适应社会主义市场经济体制和加入世贸组织对保密工作新要求的需要，制订《江宁区保密法规制度建设五年规划》。2003年，接受区人大内务司法委员会、区政府法制办、区监察局等部门的检查，推进行政执法责任制的落实，提升依法行政水平。保密局对行政审批工作进一步梳理，对保留审批项目，制订监督措施，规范审批程序，并将审批的内容、依据、条件、程序、时限、方式实行公开。是年，完成全区现有国家秘密的密级管理工作清理，依据现行的有关保密范围重新组织开展定密工作。对原定的国家秘密事项和密级进行审查、登记，并重新确定密级和保密期限或解密工作。

2006年，完成《江宁区国家保密工作局行政执法责任制汇编》的编纂工作。制订《投诉举报处理规定》和《行政执法过错责任追究办法》等制度。至2007年，全面推行行政执法责任制，做到执法职权法定化、执法行为规范化、执法程序公开化、执法监督制度化。

【宣传教育】

1989年5月1日，公布并施行《中华人民共和国保守国家秘密法》，江宁县在各级党政机关进行宣传教育。1997年7月，组织县处级以上领导干部进行保密知识考试。1999年，配合保密法颁布十周年纪念活动，组织机关干部300人参加“奥仕达杯”保密知识竞赛；通过采取通报重大失、泄密案例等形式，对广大党员干部进行保密宣传教育，提高其保密责任意识和防范意识。

2001年6月，区委副书记、区保密委员会主任詹双定带领区四套班子有关领导、机关20多家重点部门100多名党员干部，参观中保委办公室在南京市举办的“警钟长鸣——窃密泄密案例”全国巡回展出活动，使大家进一步认识到保密工作的重要意义，起到极好的警示作用。2004年7月，召开由区保密委员会成员，各单位、各部门分管保密工作的领导和办公室主任参加的全区保密工作会议，加强对保密工作的领导和宣传教育。区保密局编纂印制《新时期保密工作读本》，下发到全区区管以上领导干部及重点岗位涉密人员手中。在区财政系统举办科级以上人员保密宣传培训活动，请市保密局领导作专场报告。

2005年，以“四五”保密普法总结验收为契机，大力开展保密法制宣传教育活动。充分发挥区委党校和保密工作联系组作用，强化对各级领导干部和涉密人员的保密教育，通过播放保密录像和讲座形式，举办保密“应知、应会”培训，增强保密意识。2006—2007年，先后5次在区管干部、中青年干部及妇女干部培训班开设保密业务讲座和播放录像教育片。召开保密专题会，以典型的泄密事件教育干部，提高保密知识技能，筑牢保密思想防线。

【保密督查】

20世纪80年代后，坚持重大节日、重大活动突击查，专项业务反复查，着重对保密组织建设、制度建设、保密措施以及文档管理、保密纸监督销毁等方面进行检查。

1998年8月，开展对全县18家重点单位295台计算机信息系统的涉密情况逐一进行调查登记，并对计算机网络安全和防范措施进行督查指导。是年，还协助市保密局、市公安局对全县6家国家秘密载体印刷复制单位进行保密检查，以及对全县接入国际互联网的计算机系统含有“BO”黑客程序进行突击检查，落实保密工作的基本任务，推进新形势下的保密工作。

2001—2002 年，对全区领导干部贯彻落实《党政领导干部保密工作责任制》情况进行抽查，并开展保密工作目标完成情况的检查督促。以涉密文电为重点，对要害部门的保密工作进行抽查，对内部保密管理制度落实情况进行经常性检查。在 2002 年的机构改革中，与区档案部门联合工作，确保机构撤并单位文件档案万无一失。是年 8 月，转发中共中央保密委员会《关于手机使用管理的通知》。对全区 210 多家印刷、复印非保密定点复制单位，重新进行注册登记，并签订《保密责任书》。对全区通信、办公自动化和计算机信息系统进行调查登记，并报市保密局备案。协助市保密局对全区 6 家印刷行业国家秘密载体定点复制单位的重新审批和精简工作。2003 年，对全区废品收购站（点）开展保密清查，列出 8 家重点检查单位，查找问题，清除隐患。按照“全面、准确、慎重”的原则，对《江宁年鉴》进行专项保密检查。对区内 4 家保密定点复制单位的保密业务、保密教育、保密管理情况进行全面检查和统计，净化保密工作的外部环境。

2005 年，认真贯彻落实中共中央办公厅《关于保密要害部门、部位保密管理的规定》，在依法定密和确定保密要害部门、部位基础上，加大保密管理力度，推动全区保密要害部门、部位管理工作的规范化、制度化。区级机关各部门、各直属单位结合单位实际，制订相应防范措施，加大人力、物力、财力投入，形成人防、物防、技防相结合的防范体系，确保各项保密管理措施的落实。同年下半年，利用网络安全检查工具，对区内重点部门的网络信息及网络漏洞进行检查，不断提高发现网络泄密的能力，对检查暴露出的保密安全隐患，提出和落实整改措施，及时堵塞漏洞。2006 年，转发市保密局《关于加强涉密存储介质管理的通知》和《关于推荐使用计算机涉密办公用品的通知》等文件，为机关各部门对存储国家秘密信息的载体实行统一管理。加强对机关保密纸销毁工作的管理，2006—2007 年，集中回收销毁保密纸近 8 万公斤。

【服务经济社会工作】

改革开放后，县保密局积极参与全县涉及国家秘密重大活动的保密指导；参与对外经济技术交流合作提供资料的保密审查。对每年一度的“南京金秋经贸洽谈会”“亘洽会”以及重大外事接待活动的保密工作，做到事前有布置、事中有检查、事后有落实。针对全县保密组织建设和国有、集体企业的改制，开展专题调研，对部分企业商业秘密保护工作作重点指导。至 2000 年，由于各项措施及时落实到位，全县保密工作取得较好成绩，得到国家、省保密局的肯定。

2001 年后，切实做好“世界华商会”“招商月”等活动的保密工作。区保密局两次推荐区内规模以上企业的有关人员参加由省、市保密局举办的商业保密培训班，增强企业法律保护意识。2005—2007 年，在全区对外经济活动中，抓住主要环节，进一步完善落实保密管理和防范措施，做到万无一失。积极参与区招生办公室全国高考卷存放场所的保密检查，确保高考试卷的安全。

第二十六编

代议机构　地方人代会

新中国成立前，江宁县已出现代议机构。清光绪三十三年（1907），江宁县设立议事会，设议长1人，副议长1人，议员基数20人，任期3年，任满改选。同时，设文牍、庶务等员。民国时期，国民政府提出“实行宪政还政于民，完成地方自治”的口号，令各省、县市筹备成立临时参议会。江宁县政府奉命于民国35年（1946）3月15日成立临时参议会，设参议员20人，修补参议员5人。

新中国成立初期，在不具备以普选的方式产生地方各级人大代表的情况下，以江宁县各界人民代表会议作为人民参政行使权力的过渡组织形式。1954年3月，召开江宁县第一届人民代表大会第一次会议。1966年“文化大革命”开始，第六届人民代表大会未能召开。1967年后，县人民委员会先后为县军事管制委员会（简称军管会）和革命委员会所取代，实行党政军“一元化领导”，中心工作是开展“文化大革命”运动，民主法制遭到严重破坏。中共十一届三中全会后，县人民代表大会恢复。1978年12月，县第七届人民代表大会召开。1980年9月，在召开的县第八届人民代表大会第一次会议上，选举产生县人民代表大会的常设机构——人民代表大会常务委员会（以下简称人大常委会）。至2007年12月，江宁区（县）人民代表大会共召开15届43次会议，连同其前身的江宁县各界人民代表会议，共召开52次全体会议；区（县）人大常委会共召开214次全体会议。

1954—2002年，江宁区（县）各乡镇共召开16届人民代表大会，从2002年开始，区人大常委会在街道设立街道工作委员会，作为区人大常委会派出在街道的工作机构。

江宁区人民代表大会作为地方国家权力机关，经历了半个多世纪艰难曲折的探索和实践，贯彻执行宪法和法律，坚持和完善人民代表大会制度，依法履行人民代表大会及其常委会的职权，充分发挥人大代表的作用，不断规范对“一府两院”的法律监督和工作监督，不断加强区域社会主义民主法制建设，不断增强人大代表的整体素质，从而保证国家法律、法规和中共中央路线、方针、政策在江宁区的贯彻实施，为推进社会主义政治文明、物质文明、精神文明和生态文明建设做出应有贡献。

第一章　代议机构

清末，革命军兴起，清廷被迫宣称实行君主立宪制，推行地方自治，江宁县成立议事会，是清末“筹备立宪”（又称“预备立宪”）的组织成分。抗日战争胜利后，国民政府提出所谓“实行宪政　还政于民，完成地方自治”的口号，令各省市筹备成立临时参议会。民国 35 年（1946）3 月 15 日，江宁县临时参议会成立。

抗日战争时期，民国 29 年（1940）8 月，江渭清、钟国楚受中共苏皖特委、苏南特委和司令员陈毅的委托，协助地方组成江（宁）当（涂）溧（水）（后称横山县）、江溧句（容）（后称江宁县）两个三县抗敌自卫委员会，都是由各界人士参加的、带有半政权性质的统一战线组织。民国 32 年后，江宁地区以两个“三县行政委员会”为基础，按照“三三制”（即共产党，进步分子和开明地主、士绅各占 1/3）原则，先后成立江宁、横山两个县的抗日民主政权参议会和区乡参政分会，团结吸收更多的抗日爱国人士，壮大了抗日民族统一战线，为粉碎敌人一次次疯狂“扫荡”和阴谋活动，打击日、伪顽固势力，夺取抗日战争全面胜利发挥了作用。

第一节　议事会　参议会

【议事会】

清光绪三十四年（1908），按清廷“省设咨议局，府、州、县设议事会”的规定，成立江宁府自治局议事会。江宁自治局由江宁府知府许星壁任局长，上元县知县田宝荣、江宁县知县龙曜枢和候补知县罗良鑑等人为参事。议事会为自治局次第组织。设议长 1 人，副议长 1 人，议员基数 20 人，任期 3 年，任满改选。议事会的职权是议决自治经费岁出入预，决算事件；议决自治经费筹集及处理方法；城乡议事会议决而不能议决之事件，其余依法令属于议事会权限之内的事件。议事会设文牍、庶务等员，由议长或副议长遴员派充。

议事会每年举行 1 次会议，会期 1 个月，限满议未竣者，可展会 10 日以内。如有临时应议事件，则召开临时会议。议事会的召集及开会，展会事宜均由知府直接掌握；会议非有议员半数以上到不得决议。会议时，知府或所派委员及参事会参事员均得到会陈述意见，但不列入决议之数；会议事件有关议长、副议长、议员本人或其父母兄弟妻子者，该员不得与议。每次会议完毕后，应由议长、副议长将该次议事录会同议员 2 人以上署名，报知府衙门。

【参议会】

抗日战争胜利后，江宁县政府奉江苏省政府民国 34 年（1945）12 月发出的训令，于编组保甲的同时，着手组织县临时“民意机构”，并按省里规定临时参议会的名额报送内定参议员名单。民国 35 年 3 月 6 日，经省批准临时参议员 20 人，修补参议员 5 人，以葛修镕为议长，王璐为副议长，张光垣为秘书。3 月 15 日，县临时参议会举行成立大会。在其后的 6 个半月内，又举行过 2 次大会和 1 次临时大会。成立临时参议会的同时，江宁县政府设立 1 个选举事务所，负责办理参议员选举事务。民国 35 年 10 月 10 日，各乡镇和职业团体召开选举大会进行选举，共选出参议员 65 人（其中区域参议员 46 人，职业团体参议员 19 人）。12 月 2 日，县参议会正式成立。大会推选葛修镕为议长，蒋瑜为副议长，并指定张慧文为秘书。县参议会从民国 36 年 2 月第一次大会开始，到民国 38 年 3 月，两年零一个月的时间，共举行 8 次大会。其间，在第三次大会上，成立 3 个审委会：第一审查委员会审查民政、军事、社会等事项；第二审查委员会审查田粮、财政等事项；第三审查委员会审查教育、文化、建设等事项。在第六次大会上，产生由 9 名参议员组成的县参议会会务处理委员会，负责闭会期间的会务工作。

图 26-1-1　民国 35 年（1946）江宁县参议会参议员名录

根据民国 30 年（1941）8 月 9 日，国民党公布的《县参议会组织暂行条例》规定，县参议会应履行的职权为：议决完成地方自治各事项，议决县预算审查和决算事项，议决县自定实行规章事项，议决县税、县公债及其他增加县库负担事项，议决县有财产之经营及处分事项，议决县长交议事项，建议县政兴革事项，听取县政府施政报告及向政府提出询问事项，接受人民请愿事项和其他法律赋予之职权。县参议会每次开会时，除听取县政府施政报告及其所属各科室工作报告外，主要就是讨论县长交议事项和参议员提出的议案。县参议会每次开会总要提出数十件，最多达 130 余件议案。在参议会几次大会通过的议案中，也有一些是反映民意和民间疾苦的。如教育方面，有“普遍设立保（乡镇下设保）国民学校”“提高小学教师待遇”“恢复省立江宁中学”“筹建县立师范”等；建设方面有“从速完成东丹路全段，以利县境交通”“修建宁句公路，以维交通”“推行沿江筑堤”“疏通秦淮河令桥、乌刹桥淤泥河道，以利上游两岸农田水利”等；整饬社会风气方面有“严责地方警政机关禁绝烟赌”“严禁公务员撤帖拉网，借故敛财，以重节约，而维秩序”“规定办法奖励人民检举贪污不肖官吏，以解决人民痛苦”等；减轻人民负担方面有“迅速推行‘二五’减租运动，以救济佃农”“办理农贷，普度春荒”等；其他方面有“乡镇代表会应按规定期间开会，以利自治之进行”“本县在逃而被通缉之汉奸应即没收财产以便举办公益事业”等。以上议案通过后，都由参议会交由县政府实施。然而县政府只在口头“尊重民意”，实际上则决而不行，敷衍了事。参议会第六次大会宣言中曾有这样一段话：“本会成立两载，大会召开六次，我县政治实施已有如何进步？民生痛苦已能解除若干？此实不容不切实检讨者也。”又说：“总计以往历次大会之决议案，送由政府执行者不下百数十件，但政府未能尽付实施，固属无可讳言。”参议会会务处理委员会在《历次大会决议案执行情况检讨报告书》中也说：“各地烟赌并未禁绝，且有变本加厉之势，各警政机关似有包庇之嫌；各阶层不肖贪污分子虽经检举并未法办；妨害自由之案件层出不穷；禁止撤帖拉网借故敛财案因县政府执行不力，此风乃未销戢；

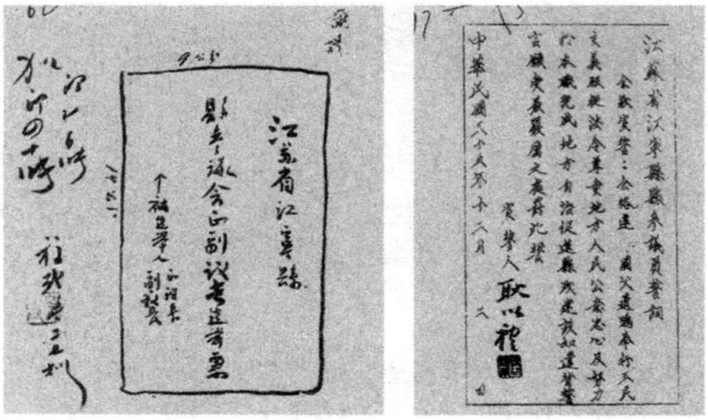

图 26-1-2　民国 35 年（1946）江宁县参议会正副议长选举票（左）、当选县参议员誓词（右）

乡镇代表会迄未按期召开，地方民意机构形同虚设。”这些话如实反映了当时的实际情况。民国 37 年后，国民党政府加紧推行其反共政策。这种情况也反映到县参议会上。如在第六次大会上，就曾有参议员在议案中提出“紧缩保安队编制，将节余薪饷定作各乡镇保校增级之需，以期普及教育”。但大会否决了这一议案，并作出如下决议：“值此动员戡乱时期，保安队未曾缩减。至于各乡镇保校增级经费，函请县政府统筹办理。”又如第七次大会事先就已定好加强地方自卫武力作为会议中心议题，议长葛修镕在开幕词中说：“时局严重至此，加强自卫武力已为本会当前刻不容缓之要务。”结果，大会通过《建议中央迅即实行战时体制，俾利戡乱工作》的议案。大会还通过县长交议的《充实地方行政机构，整建武力，加强自卫，以适应战时体制》的议案，决议：“于江宁镇设置西区区署，辖原第二区乡镇；于横溪镇设置南区区署，辖原第三区各乡镇及原第四区之铜山、秦曹、禄口、和平等 11 个乡镇；于索墅镇设置东区区署，辖原第五区各乡镇及淳化、阜东、青林、上峰、鹤龄等 11 个乡镇；于栖霞镇设置北区区署，辖原第七区各乡镇及孟北等 8 个乡镇，并再编组一个直属自卫中队，以充实地方基础武力。”大会以后县政府立即实施。这与其他反映民意的提案迟迟不予解决，形成鲜明对比。民国 38 年 3 月，江宁县解放前夕，县参议会解体。

第二节　抗日民主政权参政会

民国 32 年（1943），横山、江宁两县县、区抗日民主政府，根据民国 32 年 4 月 10 日公布的《苏南行政区各级参政组织条例》和《苏南行政区各级参政员选聘条例》的规定，进行筹建参政会工作。同年秋，江宁县抗日民主政权基础较好的秦淮区，在平陵乡召开参政会成立大会，到会 100 多人。中共江宁县委书记陆纲作政治报告，刚上任的秦淮区区长周迈讲话。会上，宣布王久明为副议长，王浩为秘书，宣布选聘的参政员名单。民国 33 年四五月间，横山县山西参政会成立，大会推举胡养吾担任议长，郭峻才、程怀寿任副议长。不久，该县山北参政会宣告成立。议长为业文明，副议长陶荫森、孙大延。民国 34 年 4 月，横山县成立县参政会，由张干农任议长，业文明任副议长。

县、区参政会根据“三三制”的原则，共产党员，进步分子和开明地主、士绅各占 1/3。江宁县秦淮区地主、士绅中选聘的参政员有平陵乡的张荣国、焦于道；高阳乡的李荣卿；长干乡（原属溧水县）的章日铣、谢翰香、李雨霖、徐华鹏；龙都镇的许卓然、徐岐山等。在教师、自由职业者中有京陵乡的宗茀康等。横山县山西参政会中的士绅有章臣延、杨守禄、何金荣等。横山参政员大部分是在江当溧三县行政委员会任过职的中上层人士。横山县政府还给参政员发了聘书。其中有一张聘书为民国 34 年（1945）3 月 28 日，由县长李钊签署的聘请甘筱卿为横山县参政会参政员。甘筱卿是地方开明士绅，因为他做过有利于抗战的工作，所以聘请他担任县参政会议员。

县、区参政会是代表抗日人民的民意机关，为团结各阶层人民抗日，实行民主政治发挥了职权作用。例如江宁县秦淮区抗日民主政府在开征爱国公粮、减税减息、优待烈军属等工作中，参政员都协助政府开展宣传，在群众中做了不少动员工作。区参政会副议长王久明，曾出席民国 33 年（1944）冬的苏南各界参政人士代表会议，民国 34 年 3 月，又出席江宁县各乡人民代表会议，同与会代表共同提出并通过大会关于《迅速改组国民政府及统帅部》的议案。横山县山西参政会议长胡养吾，在借粮运动中带头借出粮食，推动了这项工作的开展。侵华日军在濮塘安下据点后，他虽被威胁搬进据点，但一直未给敌人干过事，还经常向伪乡保长进行民族气节教育，进行抗争、爱国宣传。还有一些志士仁人，如费明龙、刘鹤亭等为抗日捐献家产，舍弃富裕安适的生活，在深山老林中忍饥挨饿，直至英勇为国捐躯。抗日为民的区长陶家齐在被日军逮捕后，英勇不屈，壮烈牺牲。

抗日战争胜利后，根据国共重庆谈判要求，新四军北撤后，抗日民主政府政权参政会停止活动。

第二章　代　表

江宁区（县）人民代表大会代表的选举工作，从1954年至2007年，区（县）一级选举工作进行14届，乡（镇）进行16届。

1949年10月至1954年3月，江宁县各界人民代表会议代表的产生，主要从各级机关和人民群众团体中推选，也有部分代表从政府基层工作相联系的群体中聘请产生。江宁县第一至第三届人民代表大会代表的产生，是在协商基础上等额推荐提名，以乡镇人大代表鼓掌通过的方式选举产生。江宁县第一至第六届人大代表的选举均为等额选举，采用间接选举方式；第四至第七届人民代表大会代表，以乡镇级代表举手表决方式进行选举。

自1980年江宁县第八届人民代表大会起，人大代表的选举由原先的等额选举改为差额选举，由举手表决改为无记名投票，由间接选举（即乡镇级代表选县代表）改为直接选举（即由选举委员会分配代表名额，选区直接选出代表），并按照候选人多于应选人数的1/3至1倍的比例，差额选举产生人大代表。

江宁区（县）历届人民代表大会换届选举工作，严格遵照选举法规定，设立江宁区（县）选举委员会。经反复酝酿、讨论、协商后，按多数选民的意见确定正式代表候选人。代表候选人经选举委员会审查确定后张榜公布，在选举日内组织选民投票，以实际得票数确定是否当选。

代表选举程序、方法的日趋完善规范，进一步体现了民主性和代表性，越来越多的选民能够按照自己的意志投票，选出自己满意的代表。

第一节　组织领导

1949年10月至1954年3月，江宁县各界人民代表会议的5年间，第一、第二、第三届县代表的产生，主要从区、乡各级政府机关和群众团体中推选，其次，是以政府结合基层单位提名后，按一定比例聘请社会各界民主人士，故未成立专门选举工作领导班子。

江宁区（县）历届人大代表选举工作中，区（县）、乡（镇）均成立选举委员会。选举委员会的组成人员均由区（县）人大常委会任命。区（县）选举委员会下设办公室，负责日常选举事务。镇（街道）、开发园区设立选举工作领导小组，负责区（县）人大代表的选举工作，领导小组成员由区（县）选举委员会批准。江宁区（县）选举委员会一般由中共江宁区（县）委、区（县）人大常委会主要负责人担任正、副主任。由区（县）委办、人大办、政府办、政协办、组织部、宣传部、统战部、人武部、总工会、共青团、妇联、民政局、法院、公安局、财政局等单位负责人组成。各乡镇（街道）选举委员会一般由 7 人 ~ 13 人组成，人员组成报区（县）人大常委会批准后公布。

选举委员会制订工作计划，科学划分选区，分配代表名额，建立选举工作网络，组织开展选举工作业务培训。各选区成立相应的选举工作小组，具体负责组织所辖区域的代表选举工作，一般在选举日起的 5 日内选出代表。如遇特殊情况需要延期，须报区（县）选举委员会批准。

第二节　区（县）、乡镇代表选举

【县各界人民代表】

民国 38 年（1949）7—9 月，中共江宁县委、县人民政府采用团体推荐、民主协商办法，同时邀请与政府工作相关的基层人士，确定江宁县第一届各界人民代表会议的代表候选人，经各区、乡镇代表会议鼓掌通过，作为县各界人民代表会议正式代表，共计 215 人。

1951 年，第二届各界人民代表会议代表的产生，同样采用团体推荐、民主协商的办法产生候选人，以区或乡镇代表会议鼓掌通过的方式产生各界人民代表，共计 337 人。

1953 年，第三届各界人民代表会议代表的产生方法同第二届，共产生各界人民代表 401 人。

【区（县）、乡镇人大代表】

县乡第一届人大代表　1953 年 5 月，成立以中共江宁县委第二书记宫志毅为主席的选举委员会，开始第一次普选。首先在河北、共和两乡和东山、湖熟两镇进行试点。7 月 4 日，中共江宁县委抽调县、区、乡三级干部 304 人，进行专业培训后，分两批在全县 1237 个选区全面开展普选工作。第一批 57 个乡镇，其余 78 个乡镇为第二批。经过广泛宣传教育、人口调查、选民资格审查登记及召开选举大会等步骤，至 1954 年 3 月，普选工作结束。全县 139 个乡镇的 291828 名选民中，有 243534 人参加选举，参选率 83.45%，共选出乡镇人民代表大会代表 5121 人。各乡镇分别召开第一次人民代表大会，选举产生乡镇长、副乡镇长、乡镇委员，并选出出席县第一届人民代表大会代表 346 人。

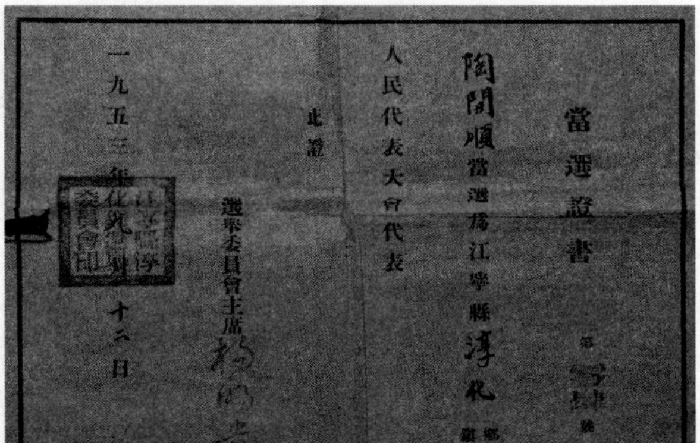

图 26-2-3　1953 年 9 月江宁县乡镇第一届人大代表当选证书

县乡第二届人大代表　1956 年 8 月，进行第二届县、乡镇人民代表大会代表普选，先在东山镇试点，然后再分两批交叉进行。第一批为江宁、陶吴、汤山、龙都 4 个区，第二批为东山、湖熟、禄口 3 个区。各基层单位共选出乡镇人大代表 3391 人，选出县人大代表 353 人。

县第三届人大代表 第三届人大代表的选举工作，自 1957 年年底开始筹备组织。经名额分配、选区划分、组织选举等阶段，于 1958 年 4 月结束。共选举产生县人大代表 351 人。

县第四届人大代表 第四届县人大代表选举工作于 1961 年年初进行，共选举产生县人大代表 351 人。

县第五届人大代表 1963 年年底，进行第五届人大换届选举的准备工作，按照选举计划，经名额分配、选区划分、组织选举等工作，选举产生县人大代表 394 人。

县第六届人大代表 根据档案资料，江宁县第六届人大代表选举产生 394 人。因“文化大革命”开始，未能召开一次会议，未经代表大会预备会议的代表资格审查程序。作为一段历史史实，代表数字录以备考。

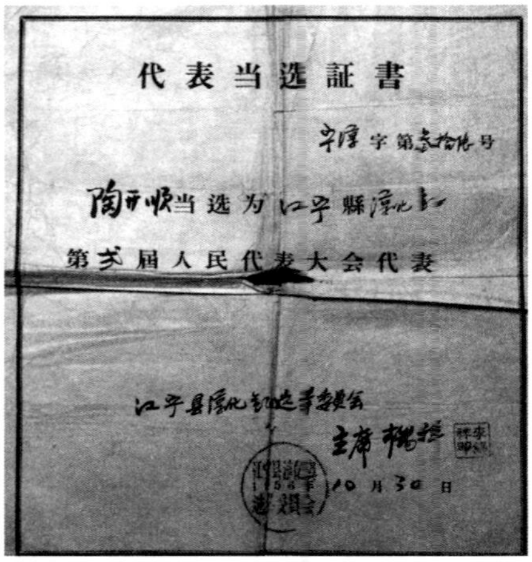

图 26-2-4 1956 年 10 月江宁县乡镇第二届人大代表当选证书

县第七届人大代表 县第七届人大代表选举工作从 1978 年 9 月开始，历经 3 个月时间完成。选举产生县人大代表 949 人，为历届代表人数最多的一次。

县第八届和乡镇第九届人大代表 1980 年 6—9 月，根据修订的选举法，首次进行江宁县第八届和乡（镇）第九届人大代表的直接选举。县革命委员会成立选举委员会，并在上坊公社进行试点。区域内共划分 364 个选区，经过民主推荐、协商，确定正式代表候选人 514 人，其中妇女 123 人，占 23.93%；非党 219 人，占 42.61%；工人、农民、知识分子、解放军等均占一定比例，体现代表的广泛性。全县 27 个公社、3 个直属镇共 72.10 万人，登记选民 423315 人，占总人口的 58.71%；有 415220 名选民参加投票，占选民的 98.09%；共选出县级人大代表 514 人、乡（镇）人大代表 2001 人。

县第九届和乡镇第十届人大代表 1983 年 12 月至 1984 年 4 月，开始进行县第九届和乡（镇）第十届两级人大代表同步换届选举。县换届选举由县人大常委会直接领导，并抽调人员组成办事机构。区域内共划分县人民代表大会代表选区 249 个，乡（镇）人民代表大会代表选区 1151 个。各乡（镇）、各选区在选举工作的各个阶段严格依法办事，使代表名额分配、选民登记、选区划分、候选人确定、投票选举代表，以及对代表资格的确认等工作符合法律规定。实际选出县人大代表 368 人，乡（镇）人大代表 2081 人。

县第十届至第十二届和乡镇第十一届至第十三届人大代表 1986—1992 年，分别进行 3 届县、乡人大换届选举工作。其中 1986 年 12 月至 1987 年 9 月，在县第十届、乡（镇）第十一届人大换届选举中，实际选出县人大代表 305 人和乡（镇）人大代表 1539 人。1989 年 12 月至 1990 年 3 月，在县第十一届、乡（镇）第十二届人大换届选举中，分别选出县十一届人大代表 323 人和乡（镇）人大代表 1576 人。选举后，经县十届人大常委会代表资格审查委员会审查，发现其中 1 名因有严重经济问题，不宜担任县人大代表，而被依法罢免。1992 年 9—12 月，在县第十二届、乡（镇）第十三届人大换届选举中，经民主协商，确定县人大代表正式候选人 550 人、乡（镇）人大代表正式候选人 2437 人，分别实际选出 340 人和 1591 人。

乡镇第十四届人大代表 1995 年 10 月至 1996 年 1 月，乡（镇）人民代表大会第十四届换届选举第一次单独进行，并且列为南京市乡（镇）人大换届选举的试点。县以殷巷乡作为试点，组织专门力量指导帮助工作，总结经验再向各乡（镇）推广。经过动员准备、选民登记核对、提名协商确定代表候选人、投票选举、召开新一届一次人民代表大会5个阶段，至1996年1月12日全部结束。县内共划分选区787个，依法确定乡（镇）人大代表候选人1428人，实际选出1416人。

县第十三届人大代表 1997年9月8日至11月29日，县第十三届人民代表大会换届选举，因法定任期的改变而不与乡镇换届同步进行。全县划分为135个选区，560259名选民投票选举县代表，参选率98.70%人，选出代表271人。

乡镇第十五届人大代表 1998年9月29日，县人大常委会作出《关于乡镇人民代表大会换届选举工作的决定》。各乡（镇）在十五届换届选举工作中坚持党的领导，充分发扬民主，严格依法办事，切实尊重和保障选民的民主权利。至12月7日，98.20%以上选民参加投票，共选出乡（镇）人大代表1426人，投票选举成功率100%。至1999年1月中旬，各乡（镇）都顺利召开新一届人民代表大会第一次会议，选举产生新一届乡（镇）人大主席团、人民政府组成人员。2000年年初，区域内由原23个乡镇合并为18个镇，下半年，东山、湖熟、江宁、禄口4个新建镇依法进行选举。共选出新一届镇人民代表大会代表377人，有97.70%的选民参加投票选举。至2001年1月上旬，4个新建镇先后召开新一届人民代表大会第一次会议，选举产生新一届人大主席团、人民政府组成人员。

乡镇第十六届人大代表 2001年9月起，各镇在第十六届人大换届选举中，充分发扬民主，严格依法办事，至是年12月10日，全区有选举任务的14个镇（不含2000年换届选举的4个镇）共选出镇人大代表851人，投票选举成功率100%，选民参选率97.30%。至2002年中旬，各镇都顺利召开新一届人民代表大会第一次会议，选举产生新一届人大主席团、人民政府组成人员。

在镇第十六届人大换届选举中，首次尝试的正式代表候选人与选民见面、设立选民登记站的做法，成为人民代表大会换届选举中的新亮点，进一步激发选民的参选热情。省人大常委会组织全省13个市的人大常委会领导到江宁区观摩学习。

区第十四届人大代表 2002年9月30日，江宁区十三届人大常委会第三十六次会议作出《关于南京市江宁区人民代表大会换届选举问题的决定》，成立江宁区选举委员会，划分137个选区，全面开展江宁区第十四届人大换届选举工作。第一轮提名推荐候选人2697人，是应选代表的9.95倍。408名正式代表候选人分别与选民见面，592518名选民参加投票，参选率98.60%。至11月30日，区十四届人民代表大会271名代表全部选举产生。

区第十五届人大代表 2007年7月30日，江宁区十四届人大常委会第三十四次会议讨论通过《关于区、镇人民代表大会换届选举问题的决定》，并成立区选举委员会。全区划分区人大代表选区144个（含5个解放军选区）、镇人大代表选区76个。全区有选民801739人参加投票选举，占选民总数的97.40%。11月22日，选举产生新一届区人大代表290人和新一届镇人大代表184人。江宁经济技术开发区首次单独设立选举工作机构，依法选举产生区人大代表12人。2007年12月25—28日，召开区十五届人民代表大会第一次会议，选举产生新一届人大主席团、人民政府组成人员和出席南京市人民代表大会代表。

江宁区各界人民代表会议和人民代表大会代表情况表

表 26-2-1 单位：人

	代表类别	各界一	各界二	各界三	一届	二届	三届	四届	五届	六届	七届	八届	九届	十届	十一届	十二届	十三届	十四届	十五届
	代表总数	215	337	401	346	353	351	351	394	394	949	514	368	305	323	340	271	271	290
性别	男	196	296	387	284	287	275	270	—	294	761	391	275	249	267	273	214	206	219
	女	19	41	14	62	66	76	81	—	100	188	123	93	56	56	67	57	65	71
代表构成	直属机关	33	33	27	48	100	—	74	—	党员231	—	—	—	—	—	—	—	98	—
	国家干部	—	—	—	—	—	72	—	95		192	84	68	74	74	83	97	—	62
	工业	16	33	40	22	9	5	5	4		135	51	41	25	31	54	33	26	18
	农林牧渔	66	134	200	237	162	182	183	189	非党群众112	476	318	166	150	166	157	100	103	123
	商业	28	44	36	18	24	—	36	45		—	—	—	—	—	—	—	4	—
	社会服务	—	—	—	—	—	—	—	—		—	—	—	—	—	—	—	9	—
	文化教育	19	12	22	10	37	—	31	—		—	—	—	—	—	—	—	21	—
	医疗卫生	—	4	8	2	—	—	—	—		—	—	—	—	—	—	—	4	—
	部队	5	4	2	5	8	6	8	6	各阶层民主人士51	3	1	2	5	5	5	4	5	5
	特邀	—	32	35	—	—	—	—	—		—	—	—	—	—	—	—	—	—
	开明绅士	13	—	—	—	—	—	—	—		—	—	—	—	—	—	—	—	—
	青年学生	2	—	14	—	—	—	—	—		—	—	—	—	—	—	—	—	—
	知识分子	2	—	—	—	—	30	—	44		123	48	70	45	47	41	37	—	39
	科学技术	—	—	—	—	—	—	7	—		—	—	—	—	—	—	—	1	—
	农民工	—	—	—	—	—	—	—	—		—	—	—	—	—	—	—	—	1
	国企负责人	—	—	—	—	—	—	—	—		—	—	—	—	—	—	—	—	1
	非国企负责人	—	—	—	—	—	—	—	—		—	—	—	—	—	—	—	—	26
	其他	31	41	17	4	13	56	7	11		20	12	21	6	—	—	—	—	15

江宁区乡（镇）第一届至第十五届人大代表普选情况表

表 26-2-2

级别	届别	时间	区（县）总人数	登记选民总数	参选情况：参选选民总数	参选情况：参选率（%）	当选人民代表数
乡（镇）	第一届	1953 年 5 月至 1954 年 3 月	535717	291828	243534	83.45	5121
县							346
乡（镇）	第二届	1956 年 8 月至 12 月	480559	251671	216378	85.98	3391
县							353
乡（镇）	第三届	1957 年 12 月至 1958 年 4 月	496373	258499	234883	90.86	2151
县							351
乡（镇）	第四届	1961 年 1 月至 5 月	470494	244326	211706	86.65	4267
县							351
乡（镇）	第五届	1963 年 3 月至 4 月	486541	255714	232961	91.10	5933
县							394
乡（镇）	第六届	1966 年 2 月 7 日	537483	279670	239581	85.67	5930
县							394
乡（镇）	第七届	“文化大革命”期间未能进行选举。乡（镇）召开过 1 届人民代表大会					
乡（镇）	第八届	1978 年 9 月至 12 月	715457	418329	317051	75.79	8033
县	第七届						949
乡（镇）	第九届	1980 年 6 月至 9 月	721000	423315	415220	98.09	2001
县	第八届						514
乡（镇）	第十届	1983 年 12 月至 1984 年 4 月	754212	482315	474044	98.29	2081
县	第九届						368
乡（镇）	第十一届	1986 年 12 月至 1987 年 9 月	793221	493844	471839	95.54	1539
县	第十届			528510	503051	95.18	305
乡（镇）	第十二届	1989 年 12 月至 1990 年 3 月	748993	488563	483044	98.87	1576
县	第十一届			533043	509256	95.54	323
乡（镇）	第十三届	1992 年 9 月至 12 月	765887	506716	495048	97.70	1591
县	第十二届			549777	532896	96.93	340
乡（镇）	第十四届	1995 年 10 月至 1996 年 1 月	—	—	—	—	1416
县	第十三届	1997 年 9 月至 11 月	760957	567657	560259	98.70	271
乡（镇）	第十五届	1998 年 9 月至 12 月	—	—	—	98.20	1426
乡（镇）	第十六届	2001 年 9 月至 12 月	415054	326797	317940	97.29	851
区	第十四届	2002 年 9 月至 11 月	796171	600954	592518	98.60	271
区	第十五届	2007 年 7 月至 11 月	879391	823141	801739	97.40	290

说明：第十六届乡（镇）有选举任务的 14 个镇（不含 2000 年换届选举的 4 个新镇）

第三节　省市人大代表选举

根据江苏省、南京市人民代表大会常务委员会作出的安排，江宁区（县）人大相应届次会议分别选举产生出席南京市、江苏省人民代表大会的代表。市以上人大代表由相应的人大常委会机关下达名额，决定代表界别、性别等，在江宁区（县）人民代表大会会议期间选举产生。

【江苏省人大代表】

1954 年 7 月 12—14 日，江宁县第一届人民代表大会第二次会议选举产生出席江苏省第一届人民代表大会的代表 4 人：宫志毅、刘天有、曾昭燏（女）、范绪綦。

1958 年 5 月 13—15 日，江宁县第三届人民代表大会第一次会议选举产生出席江苏省第二届人民代表大会代表 4 人：华子泉、彭立福、曾昭燏（女）、范绪綦。

1964 年 4 月 26—30 日，江宁县第五届人民代表大会第一次会议选举产生出席江苏省第三届人民代表大会代表 5 人：郑衍杲、华子泉、彭立福、曾昭燏（女）、顾知微。

1987 年 4 月 23—29 日，江宁县第十届人民代表大会第一次会议选举产生出席江苏省第七届人民代表大会代表 5 人：朱宝瑜、王加法、李和选、杨建祥、李爱华（女）。

【南京市人大代表】

1978 年 12 月 27—30 日，江宁县第七届人民代表大会第一次会议选举产生出席南京市第七届人大代表 93 人（以姓氏笔画为序）：

丁绿香（女）	万凤友	马文林	王玉文	王兴富
王志黄	王秀英（女）	王启林	王素琴（女）	王群英（女）
毛宝珠（女）	石学如	石祥华	朱友发	朱臣荣
朱春苑	任培源	刘玉兰（女）	刘巧生	刘兰堂
刘益堂	汤学纬	安绍萱	孙才英（女）	孙心才
孙济民	孙　斌	孙道生	孙德芳（女）	贡吉庆
严世容	李成发	李成霖	李仲培（女）	李明发
李家义	杨树志	杨德英（女）	肖泽亚	吴建红（女）
吴桂英（女）	闵长山	汪国英（女）	宋化廷	迟树湘
张大金	张正全	张永香（女）	张成秀（女）	张传义
张庆和	张明德	张学波	张俭厚	张鹤贤
陆玉兰（女）	陈民强	陈复兴	陈家善	陈祥义
周伯藩	周学友	周桂兰（女）	庞顺根	郑维友
孟秀芬（女）	赵元华	赵厚常	赵碧珍（女）	赵镜如
秦大根	袁秀珍（女）	袁家勤	夏长生	钱国班

徐存来	徐传玉	徐　彬	高继田	诸鸿章
陶凤英（女）	黄昌和	梅学家	曹筱龙	盛义福
盛绪敏	章长海	彭立福	蒋景楼	程远年
谢海燕	裴引达	潘有耀		

1980年9月21—25日，江宁县第八届人民代表大会第一次会议选举产生出席南京市第八届人民代表大会代表65人（以姓氏笔画为序）：

万凤友	万道升	马文林	马作平	王玉文
王吉长	王志黄	王素琴（女）	方连生	石学如
刘益堂	刘家宝	汤学纬	许仁同	许永芬（女）
孙才英（女）	孙道生	孙德芳（女）	贡吉庆	李成发
李光霞（女）	李德坤（女）	杨以春	杨德英（女）	何瑞明
闵长山	宋化廷	迟树湘	张大金	张名振
张庆和	张泉华	陆玉兰（女）	陈正茂	陈正荣
陈庆年（女）	陈益隆	陈家善	陈祥义	周文祥
周伯藩	周桂兰（女）	庞顺根	孟秀芬（女）	赵碧珍（女）
胥爱珠（女）	秦大根	袁秀珍（女）	夏长生	钱国珊
徐凤琴	徐传玉	徐　彬	徐富荣	郭光毅
唐振华	陶传林	曹小红（女）	彭立福	彭昌兰（女）
程远年	路　平	潘有跃	薛殿华	魏文远

徐　智（县八届人大常委会第十一次会议补选）

1983年3月7—9日，江宁县第八届人民代表大会第三次会议选举产生出席南京市第九届人民代表大会代表42人（以姓氏笔画为序）：

王传栋	王克钧	王启贵	任爱华（女）	刘昌龙
刘益堂	刘德善	李兰英（女）	李圣荣	李章瑞
杨德英（女）	束孝荣	余思银	闵长山	汪其仙（女）
沈竟成	宋化廷	张玉英（女）	陈礼高	陈秀英（女）
陈宏祥	周桂兰（女）	周锦华（女）	庞顺根	郑光凤
孟秀芬（女）	胡善瑾（女）	柏允兰（女）	宦月娥（女）	夏长生
徐和宁	徐　智	徐慕春	郭玉英（女）	唐振华
陶传林	陶昌保	章子为（女）	屠吉才	路　平
薛殿华	魏文远	陈宗林		

诸吉炤（县九届人大常委会第八次会议补选）

1987年11月3—4日，江宁县第十届人民代表大会第二次会议选举产生出席南京市第十届人民代表大会代表40人（以姓氏笔画为序）：

马典禹	王克钧	王启贵	王梅珍（女）	朱宝瑜
刘道清	李云娣（女）	吴长根	吴 珏（女）	宋化廷
宋德美（女）	迟树湘	张少林	张 玉	陈大法
陈务起（女）	陈苏放	陈宗林	林世强	林君健（女）
周景华（女）	庞炳乾	赵子平	赵秀琴（女）	柏允兰（女）
秦大根	贾德富	徐和宁	徐 智	诸吉炤
陶永芳（女）	陶 寅（女）	曹惠炎	崔云霞（女）	笪善才
葛裕利	蒋之伦	韩正礼	詹双定	魏文远

1993年2月14—18日，江宁县第十二届人民代表大会第一次会议选举出席南京市第十一届人民代表大会代表39人（以姓氏笔画为序）：

丁炳坤	马典禹	王世琦	王宝国	王荣根
王品范	王梅珍（女）	王筱琴（女）	朱庆忠	孙从根
苏明兰（女）	杜玲玲（女）	汪正生	汪忠美（女）	沈庆喜
宋化廷	陈大法	林君健（女）	易益斌	金琳琳（女）
庞树耕	庞顺根	庞炳乾	郑凤翔	赵林明
赵遐林	洪月江	贾安鑫	贾德富	殷丽玲（女）
奚永明	唐云生	陶 寅（女）	曹惠炎	蒋之伦
蒋本庆	裴立琴（女）	戴大庆（女）	戴贤标	

1998年1月4—7日，江宁县第十三届人民代表大会第一次会议选举产生出席南京市第十二届人民代表大会代表37人（以姓氏笔画为序）：

王筱琴（女）	王燕文（女）	孔令才	叶元璋	叶剑波
吕界超	刘民生	孙晓云	苏明兰（女）	杜玲玲（女）
李怀民（女）	李翠萍（女）	杨庆凤（女）	汪正生	汪忠美（女）
宋化廷	张文平	陈为金	易江贵	金琳琳（女）
赵遐林	郝桢富	贾安鑫	顾志华	高德宝
黄顺生	曹友琴（女）	董世昌	蒋本庆	韩庆华
蔡正英（女）	蔡春子	戴大庆（女）	（档案中缺少4名）	

2003 年 1 月 6—10 日，江宁区第十四届人民代表大会第一次会议选举产生出席南京市第十三届人民代表大会代表 37 人（以姓氏笔画为序）：

王　平	王建华	王家银	左翠玉（女）	吉忠坤
吕连生	吕界超	朱从军	朱善芳（女）	刘维新
牟小玉	李怀民（女）	李洪林	杨友林	余方忠
宋化廷	张秀华（女）	陈四明	陈建春	周　旭
单景南	胡元花（女）	胡建平	姜书琴（女）	袁爱华（女）
贾兆生	夏青松	顾志华	徐克勤	陶家香（女）
曹友琴（女）	梁六生	董红霞（女）	蔡正英（女）	潘　俊
戴大庆（女）	戴宗宝			

2007 年 12 月 25—28 日，江宁区第十五届人民代表大会第一次会议选举产生出席南京市第十四届人民代表大会代表 37 人（以姓氏笔画为序）：

马在发	王忆琳（女）	王　平	王春阳	左翠玉（女）
叶永胜	吕连生	吕界超	朱从军	朱善璐
李　琦	吴长华	余方忠	张庆宝	陆重琳（女）
陆景文	陈存友	易笃芳（女）	周晖国	周　谦
胡建平	柏　鹏	柳　莉（女）	袁延强	贾兆生
倪忠生	徐　静（女）	郭宇飞	陶家香（女）	黄　敏
梁六生	董红霞（女）	韩继昌	谢从军	潘本成
霍慧萍（女）	鞠俊美（女）			

第三章　人民代表大会

江宁地区权力机关经历了从各界人民代表会议到人民代表大会的过程。新中国成立初期，人民代表大会制度尚未建立，先以县各界人民代表会议作为人民参政行使权力的过渡组织形式。从 1949 年 10 月的第一届一次会议到 1954 年 3 月，历经 3 届 9 次会议。江宁县各界人民代表会议依照《江宁县各界人民代表会议组织通则》的规定开展工作，成为中共江宁县委、县政府宣传贯彻党的方针政策的重要渠道和动员与团结社会各界人士的重要纽带。

1954 年，实行人民代表大会制度，在完成普选的基础上，县第一届人民代表大会第一次会议召开。从 1954 年至 2007 年，全区（县）共召开过 14 届 42 次人民代表大会；其后于 2007 年年底换届为十五届，连同十五届一次会议共召开43次会议。区（县）人民代表大会作为地方国家权力机关，按照宪法和法律赋予的职权，审查和批准区域内国民经济和社会发展计划、财政预算及其执行情况的报告；选举产生新一届区（县）人大常委会组成人员、区（县）政府正副区（县）长、区（县）人民法院院长、区（县）人民检察院检察长；选举出席省市人民代表大会代表；听取和审议人民代表大会常务委员会、人民政府、人民法院、人民检察院工作报告；讨论决定行政区域内政治、经济、教育、科技、文化、卫生、民政等重大工作事项。

第一节 县各界人民代表会议

【第一届各界人民代表会议】

江宁县第一届各界人民代表会议自1949年10月起至1951年11月届满，跨越2年多时间，先后召开5次会议。

第一次会议 1949年10月9—12日举行，应到代表215人，出席代表及特邀代表205人。会议听取和审议中共江宁县委书记胡宏所作政治报告，报告指出当前的中心工作主要是发动群众、组织群众进行反特肃匪，民主反霸，减租减息，实行合理负担，支援全国解放战争。县长宋波作江宁县解放5个月以来的施政报告。经过大会审议表决，一致同意上述报告，并对各项工作分别作出相应决议。大会选举产生由21人组成的江宁县第一届各界人民代表会议协商委员会，主任委员胡宏，副主任委员庞家义；决定成立江宁县各界人民代表会议文教委员会、生产建设委员会、救济委员会和调解委员会。

第二次会议 1950年1月25—27日举行，到会代表267人（含特邀代表）。会议听取和审议中共江宁县委书记胡宏关于工作方针与任务的报告和县长宋波作的施政工作报告，通过江宁县提案审查委员会的提案审查意见；对有关土改工作、公债推销、生产自救、肃清残匪等工作作出决议；选举产生江宁县各界人民代表会议常务委员会组成人员17人，主席胡宏（兼），副主席刘振国、庞家义。会议收到代表提案92件。

第三次会议 1950年4月6—8日举行，出席代表243人（含特邀代表）。会议听取和审议中共江宁县委书记胡宏关于《全力开展春耕运动，坚决战胜灾荒》的报告和县长宋波所作《三个月来的施政工作报告》，讨论通过坚决保证剩余的10558份公债认购任务，纠正在农民中的不合理摊派现象等工作决议。

第四次会议 1950年10月22—24日举行，到会代表257人（含特邀代表）。会议听取和审议县长6个月以来的工作报告；对《六个月来的政府工作报告》、秋季购征与土地改革等工作作出决议。

第五次会议 1951年3月19—22日举行，到会代表277人。会议听取和审议中共江宁县委书记苏进程作的《关于今后工作方针的报告》和县长宋波作的《关于四个月来的施政工作报告》；并对有关农业税征收、镇压反革命、抗美援朝、土地改革等工作作出决议。

【第二届各界人民代表会议】

江宁县第二届各界人民代表会议自1951年11月起至1953年2月底届满，先后召开2次全体会议。

第一次会议　1951年11月10—13日举行，应到代表337人，实到代表309人，特邀代表6人。各乡、区干部列席会议。会议听取和审议《常委会政治工作报告》《政府施政工作报告》《关于审查代表资格的报告》《关于提案审查的报告》；并对有关抗美援朝、增产节约、民主建议、群众冬学运动、执行婚姻法等工作作出决议；选举产生由39人组成的江宁县第二届各界人民代表会议常务委员会，主席苏进程（兼），副主席刘振国、姚光华、庞家义、史成仁。会议共收到提案225件，其中有的一张提案纸上写了多个提案，经整理后确认为351件。

第二次会议　1952年7月26—28日举行，应到代表337人，实到代表281人。会议听取和审议江宁县各界人民代表会议常务委员会主席宫志毅作的《关于目前形势及今后任务的报告》和县长李亦新作的《关于政府工作及今后意见的报告》；对开展爱国增产竞赛运动、开展城乡物资交流和开展爱国卫生运动等工作作出决议。

【第三届各界人民代表会议】

江宁县第三届各界人民代表会议自1953年3月起至1954年3月届满，先后召开2次全体会议。

第一次会议　1953年3月7—9日举行，应到代表399人，实到代表384人。会议听取和审议江宁县各界人民代表会议常务委员会主席宫志毅作的《关于目前形势及今后任务的报告》、副主席姚光华作的《关于常务委员会会务工作报告》和代理县长史成仁作的《政府工作报告》；对继续加强抗美援朝工作、继续开展农业爱国增产竞赛运动、加强市镇生产工作领导和加强人民民主建政等工作作出决议。会议选举产生江宁县第三届各界人民代表会议常务委员会组成人员39人，主席宫志毅，副主席李锦荷、于文、高环、姚光华。

第二次会议　1953年12月5—6日举行，实到代表270人。会议听取和审议中共江宁县委第二书记宫志毅所作的关于国家在过渡时期总路线、总任务的报告，县长史成仁作的大会总结报告；讨论通过关于深入广泛宣传贯彻总路线、总任务，加强市场管理，积极开展粮食统购统销和互助合作运动的决议。

第二节　区（县）人民代表大会

1954年3月，江宁县第一届人民代表大会第一次会议召开，标志着人民代表大会制度在江宁县正式实施。从此次会议开始，江宁县各界人民代表会议不再代行江宁县人民代表大会的职权，由它产生的江宁县各界人民代表会议协商委员会仍作为全县的统一战线机构，继续履行政治协商、民主监督、参政议政的职能作用。在此基础上，于1961年5月筹备成立中国人民政治协商委员会江宁县委员会。

【第一届人民代表大会】

江宁县第一届人民代表大会先后召开6次会议。

第一次会议　1954年3月25—29日举行，应到代表346人，实到代表335人。会议听取和审议县长史成仁作的《四年来的施政工作报告》；对提案审查委员会关于提案办理的意见提出改进意见；对开展增产节约与互助合作等工作作出决议。选举产生县人民政府委员会组成人员21人，选举史成仁为县长，王希宝为第一副县长、刘益生为第二副县长。

第二次会议 1954年7月12—14日举行，实到代表212人。会议学习讨论《中华人民共和国宪法（草案）》，研究当前防汛抗灾工作，讨论通过关于拥护《中华人民共和国宪法（草案）》的决议，同时对其提出修改意见。

第三次会议 1954年11月24—25日举行，实到代表182人。会议听取和审议县长史成仁作的《关于一年来统购统销工作总结及今年征、购、销工作方针、政策、办法的报告》；讨论通过关于以粮食征、购、销工作为中心，结合完成秋耕秋种与贯彻生产救灾工作的决议。研究部署1954年工作任务。

第四次会议 1955年8月3—4日举行，实到代表218人。会议听取和审议县长史成仁作的《关于江宁县人民政府半年来的工作和当前工作任务的报告》和有关当前农业生产、政法、“三定到户”和文教卫生工作4个发言；讨论通过当前各项工作任务的决议。

第五次会议 1955年12月25—26日举行，实到代表221人。会议听取中共江宁县委副书记颜景詹作的《关于国内外形势与当前工作任务的报告》，决定将江宁县人民政府委员会改为江宁县人民委员会；讨论通过争取明年夏熟丰收，完成和超额完成1956年农业生产计划，以及加强与巩固国防力量等工作的决议。大会选举江宁县人民委员会组成人员19人，选举李锦荷为县长，王希宝为副县长，选举陈亮为县人民法院院长。

第六次会议 1956年9月22—25日举行，实到代表207人，列席代表119人。会上，中共江宁县委书记宫志毅传达江苏省第一届人民代表大会第四次会议精神后，县长李锦荷作《关于政权建设工作的检查与当前工作的报告》，检查江宁县近3年人民代表大会发挥的作用，研究和布置当前工作。会议增选沈锦霖、刘景先、潘少全、李意刚（女）为江宁县人民委员会副县长。会议期间，共收到代表提案171件，经整理合并为88件。

【第二届人民代表大会】

江宁县第二届人民代表大会先后召开2次会议。

第一次会议 1957年1月17—22日举行，应到代表353人，实到代表297人。会议听取中共江宁县委书记宫志毅作的《目前形势与任务的报告》，听取和审议县长李锦荷作的《政府工作报告》和江宁县计划委员会副主任刘景先作的《江宁县1956年财政预决算及1957年财政预算的报告》；通过关于坚决完成和超额完成第一个五年计划、进一步巩固农业生产合作社、在全县范围内开展增产节约运动三项决议。大会选举县人民委员会组成人员21人，选举李锦荷为县长，沈锦霖、刘景先、潘少全、李意刚（女）、高环为副县长，路维成为县人民法院院长。

第二次会议 1957年8月30日至9月1日举行，应到代表353人，实到代表279人。会议听取和审议《政府工作报告》《县法院工作报告》《秋收秋种与农业社秋季收益分配工作的发言》；对深入开展增产节约活动、贯彻执行粮食统购统销政策、切实做好农业社秋季分配等工作作出决议。会议批准李锦荷辞去江宁县人民委员会县长职务的请求，补选华子泉为江宁县人民委员会县长。

【第三届人民代表大会】

江宁县第三届人民代表大会历时3年，先后召开2次会议。

第一次会议 1958年5月13—15日举行，应到代表351人，实到代表283人。会议听取和审议县长华子泉作的《前届政府工作和今后工作任务的报告》《江宁县人民法院工作报告》；选举产生江宁县人民委员会组成人员21人，选举华子泉为县长，沈锦霖、刘彬、潘少全、高环为副县长，路维成为县人民法院院长。

第二次会议 1960年1月6—9日举行，出席代表351人。会议听取和审议《政府工作报告》《江宁县1958年财政决算和1959年财政预算及其执行情况的报告》《江宁县人民法院工作报告》，并对上述报告作出相应决议。会议补选王希宝、何静平为县人民委员会副县长，姚光华、蒋衡、康建民、王光成、丁贵志为江宁县人民委员会委员，批准潘少全、沈锦霖辞去江宁县人民委员会副县长职务的请求。

【第四届人民代表大会】

江宁县第四届人民代表大会历时近3年，先后召开2次会议。

第一次会议 1961年5月5—7日举行，应到代表351人，实到代表301人。会议听取和审议县长华子泉作的《政府工作报告》；中共江宁县委第一书记李崇作的《关于目前形势的报告》；江宁县人民法院院长路维成作的《江宁县法院工作报告》；江宁县财政局副局长胡子平作的《江宁县1960年财政决算和1961年财政预算安排意见的报告》。选举产生江宁县人民委员会组成人员23人，选举华子泉为县长，刘彬、高环、石学如为副县长，路维成为县人民法院院长。

第二次会议 1962年8月21—25日举行，应到代表346人，实到代表270人。会议传达江苏省第二届人民代表大会第三次会议精神；听取和审议《政府工作报告》《江宁县人民法院工作报告》《关于江宁县1961年财政决算和1962年财政预算（草案）的报告》，并对上述报告作出相应决议。增选朱世华、王希宝为江宁县人民委员会副县长，补选郭忠坚为江宁县人民法院院长。

【第五届人民代表大会】

江宁县第五届人民代表大会历时两年，召开1次会议。于1964年4月26—30日举行，应到代表394人，实到代表306人。会议听取和审议县人民委员会工作报告、《江宁县1963年财政决算和1964年财政预算的报告》和《江宁县人民法院工作报告》，并分别对以上报告作出相应决议；选举产生江宁县人民委员会组成人员25人，选举华子泉为县长，朱世华、巢凤翥、高环、石学如为副县长，郭忠坚为县人民法院院长。

【第六届人民代表大会】

经五届人大常委会决定并报中共江宁县委同意，新一届人大代表选举工作于1965年年底部署展开。经名额分配、选区划分，在乡镇人代会上选举产生县人大代表394人。拟于1966年5月召开江宁县第六届人民代表大会。后因“文化大革命”开始，这届人民代表大会未能召开。自此，县人民代表大会制度中断12年。1968年3月，成立江宁县革命委员会。根据1977年10月中共中央召开的各省、自治区、直辖市组织部部长和统战部部长会议确定的原则，1968年成立的县革命委员会应为一届人民代表大会，并按时计算为第六届县人民代表大会。江宁县革命委员会是“无产阶级文化大革命”这一特殊历史条件下的地方最高权力机构，集党、政、财、文权力于一身，融中共江宁县委、人大、政府、政协于一体，权力高度集中，承担着非常时期的非常职责。江宁县革命委员会履职期间，先后召开过10次全会，现见诸档案卷宗的仅有9次，其主要内容均对江宁地区稳定局势、发展生产、推动工作产生积极意义。

【第七届人民代表大会】

江宁县第七届人民代表大会是从革命委员会过渡到人民代表大会的一次十分重要的会议。中共十一届三中全会后，终止由“三代会”“三结合”形式选举产生革命委员会的方式，改由选民选举人大代表，由人大代表选举产生革命委员会，由委员会选举产生常委、副主任、主任。第七届县人民代表大会，历经近两年时间，仅召开1次会议。于1978年12月27—30日举行，应到代表949人，实到代表909人。会议期间，中共江宁县委书记孙济民代表革命委员会向大会作工作报告，总结县革命委员会成立10年的工作，提出今后的工作任务，强调要把工作着重点转移到社会主义建设上，调动一切有利因素，为完成党在新时期的总任务而奋斗。南京市革委会副主任徐彬到会并讲话。会议审议通过《关于工作报告的决议》。选举产生江宁县革命委员会组成人员63人，选举孙济民为主任，闵长山、毛承凤、朱宝瑜、徐凤琴、万槐衡、路平、唐忠寿、杜守臣、陈平、陈庆绵为副主任，郦建海为县人民法院院长，陈宝禄为县人民检察院检察长。

【第八届人民代表大会】

江宁县第八届人民代表大会是“文化大革命”真正意义上的结束，是终止革命委员会制度，恢复完善人民代表大会制度的起点。大会根据全国第五届人民代表大会第二次会议通过的《中华人民共和国地方各级人民代表大会和地方各级人民政府组织法》的规定，决定建立县人民代表大会常务委员会，作为地方国家权力机关的常设机构；取消江宁县革命委员会名称，改称江宁县人民政府。第八届人民代表大会历时近4年，先后召开3次会议。

第一次会议　1980年9月21—25日举行，应到代表514人，实到代表509人。正在召开的江宁县第三届政协委员会第一次会议的全体委员，以及县委、县革委会有关部门的负责人列席会议。会议听取和审议《江宁县革命委员会工作报告》《关于1979年财政决算和1980年财政预算及1981年财政概算的报告》和县人民法院、县人民检察院工作报告；并对上述报告通过相应决议。会议同时决定，常委会下设办公室作为办事机构。首次通过差额选举方式，选举产生县第八届人大常委会组成人员23人，选举孙济民为主任，路平、陈平、石学如、陈亮、沈竟成为副主任；选举闵长山为县长，万槐衡、朱宝瑜、陈庆绵、唐忠寿、诸吉炤为副县长，郦建海为县人民法院院长，陈宝禄为县人民检察院检察长。

图26-3-5　1980年9月21—25日，江宁县第八届人民代表大会第一次会议召开

第二次会议　1982年2月28日至3月3日举行。会议听取和审议《政府工作报告》《关于1981年财政决算和1982年财政预算的报告》《江宁县人大常委会工作报告》《江宁县人民法

院工作报告》《江宁县人民检察院工作报告》，并通过相应的决议和通过关于江宁县开展义务植树运动的决议。会议补选路平为县第八届人大常委会主任，增选严正龙为副主任，补选张福广为县第八届人大常委会委员；同时决定调整后的江宁县人大常委会组成人员中，专职委员5人，另18人为兼职。会议共收到代表提案447件，其中会议期间作出答复的160件。

第三次会议 1983年3月7—9日举行，应到代表514人，实到代表506人。会议听取和审议《政府工作报告》《江宁县财政预决算报告》《江宁县人大常委会工作报告》《江宁县人民法院工作报告》《江宁县人民检察院工作报告》，并对上述报告分别作出相应的决议。会议讨论通过关于动员全县人民学习、宣传、遵守和维护《中华人民共和国宪法》的决议。会议收到代表提案319件，其中会议期间作出答复的有126件。

【第九届人民代表大会】

江宁县第九届人民代表大会历时近3年，先后召开3次会议。

第一次会议 1984年5月5—10日举行，应到代表368人，实到代表351人，政协江宁县第四届一次会议全体委员、县直属机关各部门负责人列席会议。会议听取和审议《政府工作报告》《江宁县人大常委会工作报告》《关于1983年财政决算和1984年财政预算（草案）的报告》《江宁县人民法院工作报告》《江宁县人民检察院工作报告》，并对上述各项报告作出相应决议；审议通过关于议案的暂行办法（这届起人大代表提案改为议案）。选举产生县第九届人大常委会组成人员19人，选举闵长山为主任，陈平、严正龙、沈竟成为副主任；选举陈宗林为县长，万槐衡、李万才、葛汝伟、朱善琳（女）、陈康昕为副县长，张星源为县人民法院院长，陈修华为县人民检察院检察长。会议期间代表提出议案50件，建议、批评和意见282件。

第二次会议 1985年3月27—31日举行。会议听取和审议《政府工作报告》《江宁县人大常委会工作报告》《财政预决算报告》《江宁县人民法院工作报告》《江宁县人民检察院工作报告》，并作出相应决议。会议补选陈大法为江宁县县长，增选黄敬益为副县长，补选蒋本秀为江宁县第九届人大常委会委员。会议收到代表提出的议案55件，建议、批评和意见164件。

第三次会议 1986年3月22—27日举行，应到代表363人，实到代表285人。会议听取和审议《江宁县人民政府工作报告》《江宁县人大常委会工作报告》《关于1986年国民经济和社会发展计划（草案）的报告》《江宁县1985年财政决算和1986年财政预算（草案）的报告》《江宁县人民法院工作报告》《江宁县人民检察院工作报告》，审查和批准江宁县副县长万槐衡《关于江宁县国民经济和社会发展第七个五年计划纲要（草案）编制的说明》，并对上述各项报告作出相应决议。会议增选陈庆绵为江宁县第九届人大常委会副主任。

【第十届人民代表大会】

江宁县第十届人民代表大会历时3年，先后召开4次会议。

第一次会议 1987年4月23—29日举行，出席会议代表305人，特邀代表3人，列席代表46人。会议听取和审议《江宁县人民政府工作报告》《1986年国民经济和社会发展计划执行情况及1987年计划的报告》《关于1986年预算执行情况和1987年财政预算（草案）的报告》《江宁县人大常委会工作报告》《江宁县人民法院工作报告》《江宁县人民检察院工作报告》，并对上述各项报告作出相应决议。会议期间，中共江宁县委书记陈宗林到会，就人大在国家政治生活中的地位、作用，党委与人大、人大与政府的关系，以及全县当年的工作任务等问题发表讲话。会议选举产生县第十届人大常委会组成人员 19 人，选举朱宝瑜为主任，陈庆绵、陈平、严正龙、力光华为副主任；选举陈大法为县长，万槐衡、朱善琳（女）、唐忠寿、黄敬奎、葛汝伟为副县长，张星源为县人民法院院长，陈修华为县人民检察院检察长；选举产生出席江苏省第七届人民代表大会代表 5 人。会议收到 10 名以上代表提出的议案 61 件，还收到代表提出的建议、批评和意见 158 件。

第二次会议　1987 年 11 月 3—4 日举行，出席代表 287 人。自十届人大一次会议后，由于行政区划变更，原属江宁县的花园、营防、长江 3 个乡划归南京市栖霞区管辖，3 个乡 18 名县人大代表的代表资格随之转移。

第三次会议　1988 年 4 月 6—9 日举行，应到代表 287 人，实到代表 285 人，特邀代表 3 人，列席代表 53 人。会议听取和审议《江宁县人民政府工作报告》《1987 年国民经济和社会发展计划执行情况及 1988 年计划（草案）的报告》《关于 1987 年财政预算执行情况和 1988 年财政预算（草案）的报告》《江宁县人大常委会工作报告》《江宁县人民法院工作报告》《江宁县人民检察院工作报告》，并分别作出相应决议。会议共收到 10 名以上代表联名提出的议案 23 件，还收到代表提出的建议、批评和意见 63 件。

第四次会议　1989 年 3 月 17—21 日举行，应到代表 287 人，实到代表 283 人。会议听取和审议《政府工作报告》《人大常委会工作报告》《江宁县人民法院工作报告》《江宁县人民检察院工作报告》《1988 年国民经济和社会发展计划执行情况及 1989 年计划（草案）的报告》《江宁县 1988 年财政预算执行情况和 1989 年财政预算（草案）的报告》，并分别作出相应决议。会议收到代表议案 16 件，建议、批评和意见 66 件。

【第十一届人民代表大会】

江宁县第十一届人民代表大会历时近 3 年，先后召开 3 次会议。

第一次会议　1990 年 4 月 24—28 日举行，应到代表 323 人，实到代表 322 人，特邀代表 11 人，列席代表 46 人。会议听取和审议《江宁县人民政府工作报告》《关于 1989 年国民经济和社会发展计划执行情况及 1990 年国民经济和社会发展计划（草案）的报告》《关于 1989 年财政预算执行情况和 1990 年财政预算（草案）的报告》《江宁县人大常委会工作报告》《江宁县人民法院工作报告》《江宁县人民检察院工作报告》，并分别作出相应决议。会议收到 10 名以上代表联名提出的议案 60 件，还收到代表提出的建议、批评和意见 142 件。梅良宝等 13 名代表提出的要求县政府支持和发展农村广播事业的议案经大会审议通过。会议选举产生县十一届人大常委会组成人员 19 人，选举万槐衡为主任，陈平、孙长继、王义贵、力光华为副主任；选举庞顺根为县长，蔡遗春、葛汝伟、朱善琳（女）、唐忠寿、蔡敬东为副县长，张星源为县人民法院院长，陈修华为县人民检察院检察长。

第二次会议　1991 年 3 月 25—30 日举行，应到代表 323 人，实到代表 323 人，特邀代表 14 人，列席代表 53 人。会议听取和审议《江宁县人民政府工作报告》《国民经济和社会发展“八五”计划纲要的说明》《1990 年国民经济和社会发展计划执行情况与 1991 年国民经济和社会发展计划（草案）的报告》《关于 1990 年财政预算执行情况和 1991 年财政预算（草案）的报告》《江宁县人大常委会工作报告》《江宁县人民法院工作报告》《江宁县人民检察院工作报告》，并分别作出相应决议。会议收到 10 名以上代表联名提出的议案 34 件，建议、批评和意见 1[illegible]0 件。会议补选丁炳坤为江宁县十一届人大常委会委员。

第三次会议 1992年3月10—14日举行，应到代表323人，实到代表320人，特邀代表15人，列席代表59人。会议听取和审议《江宁县政府工作报告》《关于县1991年国民经济和社会发展计划执行情况与1992年国民经济和社会发展计划（草案）的报告》《关于县1991年财政预算执行情况和1992年财政预算（草案）的报告》《江宁县人大常委会工作报告》《江宁县人民法院工作报告》《江宁县人民检察院工作报告》，并分别作出相应决议。会议共收到10名以上代表联名提出的议案34件，建议、批评和意见95件。

【第十二届人民代表大会】

江宁县第十二届人民代表大会历时近5年，先后召开5次会议。根据修改后的《中华人民共和国地方各级人民代表大会和地方各级人民政府组织法》，地方人民代表大会的任期由3年改为5年。

第一次会议 1993年2月14—18日举行，出席代表340人，特邀代表15人，列席代表65人。会议听取和审议《江宁县政府工作报告》《关于1992年国民经济和社会发展计划执行情况与1993年国民经济和社会发展计划（草案）的报告》《关于县1992年财政预算执行情况和1993年财政预算（草案）的报告》《江宁县人大常委会工作报告》《江宁县人民法院工作报告》《江宁县人民检察院工作报告》，并对上述报告分别作出相应决议。会议收到10名以上代表联名提出的议案65件，建议、批评和意见148件。会议选举县十二届人大常委会组成人员21人，选举陈大法为主任，唐忠寿、力光华、王义贵、葛裕利、杜仁保为副主任；选举庞顺根为县长，蔡敬东、黄敬益、严大祥、韩迺义、蒋崇茂、王加法、王宜耀为副县长，虞国富为县人民法院院长，邵长生为县人民检察院检察长。

第二次会议 1994年2月25—28日举行，应到代表340人，实到代表338人。会议听取和审议《江宁县人民政府工作报告》《江宁县1993年国民经济和社会发展计划执行情况与1994年国民经济和社会发展计划（草案）的报告》《江宁县1993年财政预算执行情况和1994年财政预算（草案）的报告》《江宁县人大常委会工作报告》《江宁县人民法院工作报告》《江宁县人民检察院工作报告》，并分别作出相应决议。会议收到议案44件，建议、批评和意见77件。

第三次会议 1995年2月15—19日举行，应到代表340人，实到代表340人。会议听取和审议《江宁县人民政府工作报告》《江宁县1994年国民经济和社会发展计划执行情况与1995年国民经济和社会发展计划（草案）的报告》《江宁县1994年财政预算执行情况和1995年财政预算（草案）的报告》《江宁县人大常委会工作报告》《江宁县人民法院工作报告》《江宁县人民检察院工作报告》，并对上述报告作出相应决议。会议补选韩庆华为县十二届人大常委会主任。会议收到议案60件，建议、批评和意见99件。

第四次会议 1996年1月17—20日举行，应到代表340人，实到代表329人。会议听取和审议《江宁县人民政府工作报告》《关于制定国民经济和社会发展"九五"计划及2010年远景目标纲要（草案）的说明》《关于1995年国民经济和社会发展计划执行情况与1996年国民经济和社会发展计划（草案）的报告》《关于1995年财政预算执行情况和1996年财政预算（草案）的报告》《江宁县人大常委会工作报告》《江宁县人民法院工作报告》《江宁县人民检察院工作报告》，并分别作出相应决议。会议收到议案59件，建议、批评和意见54件。

第五次会议 1997年1月26—29日举行，应到代表340人，实到代表301人，特邀代表6人，列席代表103人。会议听取和审议《江宁县人民政府工作报告》《关于1996年国民经济和社会发展计划执行情况与1997年国民经济和社会发展计划（草案）的报告》《关于1996年财政预算执行情况和1997年财政预算（草案）的报告》《江宁县人大常委会工作报告》《江宁县人民法院工作报告》《江宁县人民检察院工作报告》，并对上述报告分别作出相应决议。选举王建华为县长，徐昭学为县十二届人大常委会委员。会议收到10名以上代表联名提出的议案66件，建议、批评和意见72件。

【第十三届人民代表大会】

江宁区（县）第十三届人民代表大会历时5年，先后召开5次会议。

第一次会议　1998年1月4—7日举行，应到代表271人，实到代表271人，特邀代表8人，列席代表101人。会议听取和审议《江宁县人民政府工作报告》《关于1997年国民经济和社会发展计划执行情况与1998年国民经济和社会发展计划（草案）的报告》《关于1997年财政预算执行情况和1998年财政预算（草案）的报告》《江宁县人大常委会工作报告》《江宁县人民法院工作报告》《江宁县人民检察院工作报告》，并对上述报告分别作出相应决议。会议选举县十三届人大常委会组成人员23人，选举韩庆华为主任，丁锡山、杜仁保、严大祥、王宜耀、陈央保为副主任；选举王建华为县长，徐和宁、王加法、韩迺义、蒋崇茂、计家荣、刘玲（女）为副县长，虞国富为县人民法院院长，邵长生为县人民检察院检察长。王红兰等16人为县人民法院人民陪审员。会议收到10名以上代表联名提出的议案74件，建议、批评和意见75件。

第二次会议　1999年1月17—20日举行，应到代表271人，实到代表270人，特邀代表11人，列席代表106人。会议听取和审议《江宁县人民政府工作报告》《关于1998年国民经济和社会发展计划执行情况与1999年国民经济和社会发展计划（草案）的报告》《关于1998年财政预算执行情况和1999年财政预算（草案）的报告》《江宁县人大常委会工作报告》《江宁县人民法院工作报告》《江宁县人民检察院工作报告》，并对上述报告分别作出相应决议。会议选举王建华为县十三届人大常委会主任，杨海宁为县人民政府县长。会议收到10名以上代表联名提出的议案70件，建议、批评和意见142件。

第三次会议　2000年1月14—17日举行，应到代表271人，实到代表271人，特邀代表12人，列席代表108人。会议听取和审议《江宁县人民政府工作报告》《关于1999年国民经济和社会发展计划执行情况与2000年国民经济和社会发展计划（草案）的报告》《关于1999年财政预算执行情况和2000年财政预算（草案）的报告》《江宁县人大常委会工作报告》《江宁县人民法院工作报告》《江宁县人民检察院工作报告》，并对上述报告分别作出相应决议。会议补选朱伯华为县人民法院院长。会议收到代表议案、建议、批评和意见141件。

第四次会议　2001年1月18—21日举行，应到代表271人，实到代表270人，特邀代表12人，列席代表111人。会议听取和审议《江宁区人民政府工作报告》《关于2000年国民经济和社会发展计划执行情况与2001年国民经济和社会发展计划（草案）的报告》《关于2000年财政预算执行情况和2001年财政预算（草案）的报告》《区政府关于国民经济和社会发展第十个五年计划纲要（草案）的说明》《江宁区人大常委会工作报告》《江宁区人民法院工作报告》《江宁区人民检察院工作报告》，并对上述报告分别作出相应决议。会议选举蒋崇茂为区人大常委会副主任，汤在勉为区人民检察院检察长。会议收到代表议案、建议、批评和意见112件。

第五次会议 2002年1月16—18日举行，应到代表271人，实到代表265人，特邀代表12人，列席代表131人。会议听取和审议《江宁区人民政府工作报告》《关于2001年国民经济和社会发展计划执行情况与2002年国民经济和社会发展计划（草案）的报告》《关于2001年财政预算执行情况和2002年财政预算（草案）的报告》《江宁区人大常委会工作报告》《江宁区人民法院工作报告》《江宁区人民检察院工作报告》，并对上述报告分别作出相应决议。会议收到代表议案、建议、批评和意见121件。

【第十四届人民代表大会】

江宁区第十四届人民代表大会自2003年1月6日至2007年12月，先后召开5次会议。

第一次会议 2003年1月6—10日举行，应到代表271人，实到代表271人，特邀代表11人，列席代表121人。会议听取和审议《江宁区人民政府工作报告》《江宁区国民经济和社会发展计划报告》《江宁区2002年财政预算执行和2003年财政预算（草案）的报告》《江宁区人大常委会工作报告》《江宁区人民法院工作报告》《江宁区人民检察院工作报告》，并对上述报告分别作出相应决议。会议选举江宁区第十四届人大常委会组成人员23人，选举吕界超为主任，周大勇、蒋崇茂、王梅珍（女）、陈央保为副主任；选举单景南为区长，谢跃进、成玉祥、计家荣、刘玲（女）、陈宏祥、曹永林、高吉祥为副区长，朱伯华为区人民法院院长，汤在勉为区人民检察院检察长，王珏等40人为区人民法院人民陪审员。会议收到代表议案70件，建议、批评和意见142件。

第二次会议 2004年1月6—8日举行，应到代表270人，实到代表270人，特邀代表11人，列席代表147人。会议听取和审议《江宁区人民政府工作报告》《江宁区关于2003年国民经济和社会发展执行情况与2004年国民经济和社会发展计划（草案）的报告》《江宁区关于2003年预算执行情况和2004年财政预算（草案）的报告》《江宁区人大常委会工作报告》《江宁区人民法院工作报告》《江宁区人民检察院工作报告》，并对上述报告分别作出相应决议。会议收到代表议案51件，建议、批评和意见90件。

第三次会议 2005年1月5—7日举行，应到代表270人，实到代表270人，特邀代表11人，列席代表145人。会议听取和审议《江宁区人民政府工作报告》《江宁区关于2004年国民经济和社会发展执行情况与2005年国民经济和社会发展计划（草案）的报告》《江宁区关于2004年预算执行情况和2005年财政预算（草案）的报告》《江宁区人大常委会工作报告》《江宁区人民法院工作报告》《江宁区人民检察院工作报告》，并对上述报告分别作出相应决议。会议收到代表议案59件，建议、批评和意见85件。

第四次会议 2006年1月5—7日举行，应到代表271人，实到代表268人，特邀代表12人，列席代表142人。会议听取和审议《江宁区人民政府工作报告》，审查和批准《江宁区2005年国民经济和社会发展执行情况与2006年计划（草案）的报告》《江宁区2005年财政预算执行情况和2006年财政预算（草案）的报告》《关于制定江宁区国民经济和社会发展第十一个五年计划纲要》，听取和审议《江宁区人大常委会工作报告》《江宁区人民法院工作报告》《江宁区人民检察院工作报告》，并对上述报告分别作出相应决议。选举朱绚凌（女）为区人民法院院长。会议收到代表议案51件，建议、批评和意见93件。

第五次会议 2007年1月10—12日举行，应到代表270人，实到代表267人，特邀代表11人，列席代表136人。会议听取和审议《江宁区人民政府工作报告》《江宁区2006年国民经济和社会发展执行情况与2007年计划（草案）的报告（书面）》《江宁区2006年预算执行情况和

2007 年财政预算（草案）的报告（书面）》《江宁区人大常委会工作报告》《江宁区人民法院工作报告》《江宁区人民检察院工作报告》，并对上述报告分别作出相应决议。选举柏鹏为区长，言明林为副区长。会议收到代表议案 39 件，建议、批评和意见 80 件。

【第十五届人民代表大会第一次会议】

江宁区第十五届人民代表大会第一次会议于 2007 年 12 月 25—28 日举行，出席代表 290 人。会议听取和审议区人大常委会工作报告、区人民政府工作报告、区人民法院工作报告、区人民检察院工作报告，审查和批准国民经济和社会发展计划报告、财政预算报告，并分别作出相应的决议。选举产生区第十五届人大常委会组成人员 35 人，选举吕界超为主任，周大勇、陈宏祥、汤在勉（女）、王仕国为副主任；选举柏鹏为区长，曹永林、戴华杰、高吉祥、陆蓉（女）、言明林、谢元为副区长，朱绚凌（女）为区人民法院院长，王俊为区人民检察院检察长。会议期间，代表提交议案 68 件，建议、批评和意见 106 件。

图 26-3-6　2007 年 12 月 25—28 日，南京市江宁区第十五届人民代表大会第一次会议召开

第四章　常务委员会机构与会议

新中国成立初期的江宁县第一届各界人民代表会议期间，先是设立江宁县人民代表会议协商委员会，并于次年的一届二次会议上选举产生常务委员会。江宁县人民代表大会第一届至第七届不设常务委员会。自 1980 年 9 月召开的第八届人民代表大会起，县人大常委会成为常设机构，在县人民代表大会闭会期间按法律规定开展各项工作。江宁区（县）人大常委会由每届人民代表大会第一次会议选举产生，由主任、副主任、委员组成。

江宁区（县）人大常委会在中共江宁区（县）委领导下，坚持不断完善人民代表大会制度，积极探索人大工作实践，依法履行宪法和法律赋予的各项职能，确保党和国家的路线、方针、政策全面贯彻执行。人大常委会依法履行职责的主要形式之一是召开人大常委会会议。每届人大常委会会议少则 10 多次，多达 40 余次，一般每 2 个月召开 1 次；还不定期召开人大常委会主任会议。

江宁县人大常委会七届以前(含各界人民代表会议)，未见明确的内部机构设置；第八届开始，先后设置办公室、法制（内务司法）工作委员会、财政经济工作委员会、科教文卫（社会事业）工作委员会、农村工作委员会、人事代表工作委员会、研究室等工作机构。2002 年开始，设立人大常委会街道工作委员会，作为人大常委会派出在街道工作的机构。

第一节　组成人员与工作机构

【县各界人民代表会议常委会】

1949 年 10 月 9—12 日，县第一届各界人民代表会议第一次会议选出协商委员 21 人，主任委员 1 人，副主任委员 1 人。1950 年 1 月 25—27 日，县第一届各界人民代表会议第二次会议选出常务委员 17 人，主席 1 人，副主席 2 人。1951 年 11 月 10—13 日，县第二届各界人民代表会议第一次会议选出常务委员 39 人，主席 1 人，副主席 4 人。1953 年 3 月 7 日，县第三届各界人民代表会议第一次会议选出常务委员 39 人，主席 1 人，副主席 4 人。

江宁县第一届至第三届各界人民代表会议常委会组成人员情况表

表 26-4-3

<table>
<tr><th>届　次</th><th>职　务</th><th>姓　名</th><th>任职时间</th><th>委员（人）</th></tr>
<tr><td rowspan="2">一届
一次</td><td>主任委员</td><td>胡　宏</td><td>1949 年 10 月至 1950 年 1 月</td><td rowspan="2">19</td></tr>
<tr><td>副主任委员</td><td>庞家义</td><td>1949 年 10 月至 1950 年 1 月</td></tr>
<tr><td rowspan="4">一届
二次</td><td rowspan="2">主　席</td><td>胡宏（兼）</td><td>1950 年 1 月至 6 月</td><td rowspan="4">14</td></tr>
<tr><td>苏进程</td><td>1950 年 6 月至 1951 年 11 月</td></tr>
<tr><td rowspan="2">副主席</td><td>刘振国</td><td>1950 年 1 月至 1951 年 11 月</td></tr>
<tr><td>庞家义</td><td>1950 年 1 月至 1951 年 11 月</td></tr>
<tr><td rowspan="6">二届</td><td rowspan="2">主　席</td><td>苏进程（兼）</td><td>1951 年 11 月至 1952 年 5 月</td><td rowspan="6">34</td></tr>
<tr><td>宫志毅</td><td>1952 年 5 月至 1953 年 3 月</td></tr>
<tr><td rowspan="4">副主席</td><td>刘振国</td><td>1951 年 11 月至 1953 年 3 月</td></tr>
<tr><td>姚光华</td><td>1951 年 11 月至 1953 年 3 月</td></tr>
<tr><td>庞家义</td><td>1951 年 11 月至 1953 年 3 月</td></tr>
<tr><td>史成仁</td><td>1951 年 11 月至 1953 年 3 月</td></tr>
<tr><td rowspan="5">三届</td><td>主　席</td><td>宫志毅</td><td>1953 年 3 月至 1954 年 3 月</td><td rowspan="5">34</td></tr>
<tr><td rowspan="4">副主席</td><td>李锦荷</td><td>1953 年 3 月至 1954 年 3 月</td></tr>
<tr><td>于　文</td><td>1953 年 3 月至 1954 年 3 月</td></tr>
<tr><td>高　环</td><td>1953 年 3 月至 1954 年 3 月</td></tr>
<tr><td>姚光华</td><td>1953 年 3 月至 1954 年 3 月</td></tr>
</table>

【一至六届人民委员会】

江宁县一至六届人民代表大会闭会期间，人民委员会作为人大常委会常设机构，集监督与被监督于一身，代行人民代表大会各项职权，成为江宁县人民代表大会的执行机关，同时也行使着人民代表大会常务机关的职权。

第一届人民委员会　1954 年 3 月 25—29 日，县第一届人民代表大会第一次会议选举产生县长 1 人，副县长 2 人，委员 18 人。1955 年 12 月 25—26 日，县第一届人民代表大会第五次会议选举产生县长 1 人，副县长 1 人，委员 17 人。1956 年 9 月 22—25 日，县第一届人民代表大会第六次会议增选副县长 4 人。

第二届人民委员会　1957年1月17—22日，县第二届人民代表大会第一次会议选举产生县长1人，副县长5人，委员15人。同年8月30日至9月1日，县第二届人民代表大会第二次会议批准辞去县长职务1人，选举县长1人。

第三届人民委员会　1958年5月13—15日，县第三届人民代表大会第一次会议选举产生县长1人，副县长4人，委员16人。1960年1月6—9日，县第三届人民代表大会第二次会议补选副县长2人，补选委员5人。批准辞去副县长职务2人。

第四届人民委员会　1961年5月5—7日，县第四届人民代表大会第一次会议选举产生县长1人，副县长3人，委员19人。1962年8月21—25日，县第四届人民代表大会第二次会议补选副县长2人。

第五届人民委员会　1964年4月26—30日，县第五届人民代表大会第一次会议选举产生县长1人，副县长4人，委员20人。

第六届人民委员会　因“文化大革命”未能召开第六届人民代表大会。

【革命委员会常委会】

1967年4月1日，经江苏省军事管制委员会决定，对江宁县实行军事管制。4月10日，经镇江专区军事管制委员会批准，成立江宁县军事管制委员会，由11人组成。下设革命委员会，主任委员1人，副主任委员3人。由上级军管会直接任命产生。

革委会常委会　1968年3月7日，经中共陆军第二十七军委员会批准，江宁县革命委员会成立，由47人组成。主任委员1人，副主任委员4人，常委10人，委员32人。1968年7月20日至1978年9月23日，革委会主任、副主任、常委多次变化。

七届革委会常委会　1978年12月27—30日，县第七届人民代表大会第一次会议选举产生63人组成的江宁县革命委员会。主任1人，副主任10人，委员52人。

【区（县）人大常委会】

区（县）人大常委会由主任、副主任、委员组成。

八届人大常委会　1980年9月21—25日召开的第八届人民代表大会第一次会议，选举产生的人大常委会由23人组成。主任1人，副主任5人，委员17人。

九届人大常委会　1984年5月5—10日召开的第九届人民代表大会第一次会议，选举产生的人大常委会由19人组成。主任1人，副主任3人，委员15人。

十届人大常委会　1987年4月23—28日召开的第十届人民代表大会第一次会议，选举产生的人大常委会由19人组成。主任1人，副主任4人，委员14人。

十一届人大常委会　1990年4月24—28日召开的第十一届人民代表大会第一次会议，选举产生的人大常委会由19人组成。主任1人，副主任4人，委员14人。

十二届人大常委会　1993年2月14—18日召开的第十二届人民代表大会第一次会议，选举产生的人大常委会由21人组成。主任1人，副主任5人，委员15人。

十三届人大常委会　1998年1月4—7日召开的第十三届人民代表大会第一次会议，选举产生的人大常委会由23人组成。主任1人，副主任5人，委员17人。

十四届人大常委会　2003年1月6—10日召开的第十四届人民代表大会第一次会议，选举产生的人大常委会由23人组成。主任1人，副主任4人，委员18人。

十五届人大常委会　2007年12月25—28日召开的第十五届人民代表大会第一次会议，选举产生的人大常委会由35人组成。主任1人，副主任4人，委员30人。

江宁区第八届至第十五届人大常委会主任、副主任和委员情况表

表 26-4-4

届别	职务	姓名	任职时间	委员（人）
八届	主任	孙济民	1980 年 9 月至 1981 年 12 月	17
		路平	1982 年 2 月至 1984 年 5 月（二次会议补选）	
	副主任	路平	1980 年 9 月至 1982 年 2 月	
		陈平	1980 年 9 月至 1984 年 5 月	
		石学如	1980 年 9 月至 1984 年 5 月	
		陈亮	1980 年 9 月至 1984 年 5 月	
		沈竟成	1980 年 9 月至 1984 年 5 月	
		严正龙	1982 年 2 月至 1984 年 5 月（二次会议增选）	
九届	主任	闵长山	1984 年 5 月至 1987 年 4 月	15
	副主任	陈平	1984 年 5 月至 1987 年 4 月	
		严正龙	1984 年 5 月至 1987 年 4 月	
		沈竟成	1984 年 5 月至 1987 年 4 月	
		陈庆绵	1986 年 5 月至 1987 年 4 月（三次会议增选）	
十届	主任	朱宝瑜	1987 年 4 月至 1990 年 4 月	14
	副主任	陈庆绵	1987 年 4 月至 1990 年 4 月	
		陈平	1987 年 4 月至 1990 年 4 月	
		严正龙	1987 年 4 月至 1990 年 4 月	
		力光华	1987 年 4 月至 1990 年 4 月	
十一届	主任	万槐衡	1990 年 4 月至 1993 年 2 月	14
	副主任	陈平	1990 年 4 月至 1993 年 2 月	
		孙长继	1990 年 4 月至 1993 年 2 月	
		王义贵	1990 年 4 月至 1993 年 2 月	
		力光华	1990 年 4 月至 1993 年 2 月	
十二届	主任	陈大法	1993 年 2 月至 1994 年 8 月	15
		韩庆华（兼）	1995 年 2 月至 1998 年 1 月（三次会议补选）	
	副主任	唐忠寿	1993 年 2 月至 1998 年 1 月	
		力光华	1993 年 2 月至 1998 年 1 月	
		王义贵	1993 年 2 月至 1998 年 1 月	
		葛裕利	1993 年 2 月至 1998 年 1 月	
		杜仁保	1993 年 2 月至 1998 年 1 月	
十三届	主任	韩庆华（兼）	1998 年 1 月至 1999 年 1 月	17
		王建华（兼）	1999 年 1 月至 2003 年 1 月（二次会议选举）	
	副主任	杜仁保	1998 年 1 月至 2001 年 1 月	
		丁锡山	1998 年 1 月至 2003 年 1 月	
		严大祥	1998 年 1 月至 2003 年 1 月	

续表

届　别	职　务	姓　名	任职时间	委员（人）
十三届	副主任	王宜耀	1998 年 1 月至 2003 年 1 月	27
		陈央保	1998 年 1 月至 2003 年 1 月	
		蒋崇茂	2001 年 1 月至 2003 年 1 月（四次会议选举）	
十四届	主　任	吕界超	2003 年 1 月至 2007 年 12 月	28
	副主任	周大勇	2003 年 1 月至 2007 年 12 月	
		蒋崇茂	2003 年 1 月至 2007 年 12 月	28
		王梅珍（女）	2003 年 1 月至 2005 年 12 月	
		陈央保	2003 年 1 月至 2007 年 12 月	
十五届	主　任	吕界超	2007 年 12 月	30
	副主任	周大勇	2007 年 12 月	
		陈宏祥	2007 年 12 月	
		汤在勉（女）	2007 年 12 月	
		王仕国	2007 年 12 月	

说明：人大常委会委员数均以每届一次会议选举结果为准

【工作机构】

江宁区（县）人大常委会各工作机构是继人大常委会成为常设机构之后，经江宁县编制委员会批准设立的人大机关内设工作部门。江宁区（县）人大常委会成为常设机构之前，其内部虽有“组”或“委员会”称呼，但时断时续，属临时性职能划分。

内设工作机构　常委会内设机构，主要指在编的工作机构或临时性工作机构。在编机构指最初的“三组一室”及其演变增设的“一办几委”。临时机构主要指“特定问题调查委员会”，该委员会根据需要因事而设，专项事务办完即宣告结束，有需要时再另行设立。

1949 年 10 月，江宁县各界人民代表会议协商委员会，内设机构有生产建设、文化教育、救济和调解 4 个工作委员会，但这 4 个工作委员会的任职人员、工作内容与成果难寻档案史料记载。

1954 年，人民委员会宣布设立江宁县宪法草案委员会，后因《中华人民共和国宪法》已经在全国人大审议通过，该委员会自然消失。

1980 年 9 月，在召开的江宁县第八届人民代表大会第一次会议上选举产生县人民代表大会的常设机构——人大常委会。常委会正式设立办公室。1983 年，人大常委会办公室内设三组：法制调研、议案信访、代表联络 3 个组。1984 年 9 月，撤销“三个组”，改为“三个科”，即人秘科、行政科、代表联络科。1985 年 3 月，人大常委会办公室下设“四科一组”，即人秘科、行政科、法制科、代表联络科、议案信访组。同年 5 月，下设“六个科”，即人秘科、财经科、法制科、信访科、代表联络科、科教文卫科。

1986 年，县九届人大常委会第十三次会议决定，人大常委会设立一办（办公室）三委（法制委员会、财政经济委员会、科教文卫委员会）。1990 年 4 月 24 日，人大常委会增设农业工作委员会，形成“一办四委”，即办公室、法制工委、科教文卫工委、农业工委、财经工委。

1993年2月14日，县十二届人大常委会一次会议后，人大常委会内设机构增设人事代表工作委员会，将农业工作委员会更名为农业经济工作委员会，形成“一办五委”，即办公室、农业经济工委、财经工委、教科文卫工委、法制工委、人事代表工委。1998年1月4日，县十三届人大常委会一次会议后，人大常委会内设机构名称改为办公室和内务司法、财政经济、社会事业、人事代表工作委员会。2002年12月，重新设立农村工作委员会。2003年1月6日，区第十四届人大常委会一次会议后，人大常委会内设机构及名称同前。

2005年1月26日，经南京市江宁区机构编制委员会研究决定，设立区人大常委会研究室，与区人大常委会办公室合署。

2007年，人大常委会内设机构有办公室（研究室）、内务司法工作委员会、财政经济工作委员会、社会事业工作委员会、农村工作委员会、人事代表工作委员会。

派出工作机构 为适应东山镇撤镇设街道后工作需要，根据《中华人民共和国地方各级人民代表大会和地方各级人民政府组织法》第五十三条“常务委员会根据工作需要，设立办事机构和其他工作机构”的规定，2002年6月2日，区十三届人大常委会第三十四次会议决定在东山和百家湖两个街道设立人大常委会街道工作委员会（简称区人大街道工委），作为区人大常委会的派出工作机构，并接受中共街道工作委员会的领导。2003年3月，方山街道设立人大工作委员会并挂牌。2004年经过区划调整后，设立2个镇、7个街道，分别对增设的淳化、上坊、东善桥、秣陵4个街道设立区人大街道工委。至2007年，全区派出机构共有9个人大街道工作委员会。区人大街道工委的设立，有利于加强基层政权建设，为反映民情民意、活跃人民代表大会闭会期间的代表工作提供重要渠道。

第二节 常务委员会会议

【县各界人民代表会议常委会会议】

据史料记载，第一届各界人民代表会议苏南区江宁县常务委员会第十次会议于1951年3月10日召开，主要内容是筹备召开第一届第五次各界人民代表会议。3月18日，召开第十一次会议。3月22日，召开第十二次会议，商讨如何传达第五次各界人民代表会议的精神和决议。5月22—23日，召开第十三次会议，主要讨论研究当时生产、镇压反革命、抗美援朝等工作。8月18—24日、10月16—17日、11月9日，分别召开第十四次、十五次、十六次会议。这3次会议主要讨论召开第二届第一次各界人民代表会议的各项准备工作。

1951年11月14日，召开第二届各界人民代表会议苏南区江宁县常务委员会第一次会议。主要商讨有关各界人民代表会议决议传达与贯彻问题。1952年7月15日，召开第三次会议。7月25日，召开第四次会议，主要议题有关二届二次代表会议问题。7月29日，召开第五次会议。8月27日，召开第六次会议。参加人员除常委外，各区区长10人、各界代表29人列席，会议议题为贯彻“四秋”工作。10月8日，召开第七次会议。11月23日，召开第八次会议，主要明确冬季中心任务，即巩固、提高和开展互助合作运动，大力兴修水利，开展群众性积肥运动。12月28日，召开第九次会议，为常委会和县第三届各界人民代表会议筹备联席会议，进一步明确面临的形势和为召开第三届各界人民代表会议做好各项准备工作。

据当时中共江宁县委书记宫志毅在总结报告中提到，江宁县第三届各界人民代表会议期间，各界人民代表常务委员会先后召开6次会议，其中有2次为扩大会议。每次中心内容，都是根据当时工作，针对群众思想情况有重点地解决问题。1954年2月14日召开的常委会议，主要议题是部署江宁县第一届人大的筹备工作。

【县人民委员会（革委会）常委会会议】

江宁县第一至第六届人大闭会期间，人民委员会作为人大常委会常设机构，集监督与被监督于一身，代行人民代表大会的各项职权，按照当时“议行合一”的人大建设指导思想，由县人委自行贯彻决定人代会相关事项，因人大经常性工作少，政府工作繁忙，未顾及召开专门的人大工作会议，也未见专项历史资料档案。

江宁县革命委员会期间，设县革命委员会委员、常委、副主任、主任，似同此后的人大常委会组成人员；又于革委会内部设置党的核心领导小组，强化党的领导。形成领导核心、权力机关和行政机关一体的格局。革委会期间，先后召开过若干次革委会常委会议（含扩大会议），但多以党的核心领导小组的名义召开，又因资料缺失，故未收录。

【区（县）人大常委会会议】

江宁区（县）人大常委会定期、适时召开会议，就“一府两院”的主要工作听取汇报，就重要工作内容进行审议、评议、批准或通过有关工作事项的决议、决定，组织调研视察和评议述职活动。

县第八届人大常委会会议　1980年9月至1984年4月，县第八届人大常委会任期内共举行29次会议。时值中共十一届三中全会之后不久，全县处于拨乱反正、正本清源的转变过程。这一期间的人大常委会会议主要是学习中共中央《关于建国以来党的若干历史问题的决议》，统一思想；讨论全县农村推行多种形式生产责任制问题；讨论打击刑事犯罪，加强全县社会治安工作；学习讨论《中华人民共和国宪法》（修改）草案；接受闵长山辞去县长职务的请求，任命陈宗林为代理县长，任命李万才、葛汝伟、朱善琳为副县长，免去朱宝瑜、陈庆绵、唐忠寿、诸吉炤、朱友发、刘志太副县长职务；人事任免15人次。

县第九届人大常委会会议　1984年5月至1987年4月，县第九届人大常委会任期内共举行24次会议。主要是学习《中华人民共和国宪法》《中华人民共和国地方各级人民代表大会和地方各级人民政府组织法》，中共中央〔1984〕8号、9号文件和中共中央关于社会主义精神文明建设指导方针的决议；听取和审议“一府两院”及政府部门关于国民经济及社会发展计划、财政预决算执行、教育体制改革、商品流通、物价管理、环境保护、土地管理、农业服务工作等情况汇报20项；听取和审议《中华人民共和国经济合同法》《中华人民共和国食品卫生法》《中华人民共和国统计法》等法律、法规的贯彻实施情况汇报8项；接受陈宗林辞去县长职务的请求，任命陈大法为代理县长；接受李万才辞去副县长职务的请求，任命易益斌、唐忠寿为副县长；人事任免17人次。

县第十届人大常委会会议　1987年5月至1990年4月，县第十届人大常委会任期内共举行24次会议。主要是学习全国人大常委会委员长彭真的有关讲话、中共中央〔1988〕1号文件、中共十三届五中全会文件和有关法律、法规；听取和审议“一府两院”及政府部门关于经济及社会发展计划和财政预决算执行、人大代表建议办理、农业建设、山水资源开发、防汛抗旱情况、九年制义务教育规划情况、交通工作、财税物价大检查、经济横向联合等情况汇报30项；听取和审议《中华人民共和国经济合同法》《中华人民共和国继承法》《中华人民共和国食品卫生法》《中华人民共和国治安管理处罚条例》《中华人民共和国文物保护法》《中华人民共和国计量法》《中华人民共和国民事诉讼法》《中华人民共和国土地管理法》等法律、法规的贯彻实施情况10项；任命俞新为副县长，后被免去；接受陈大法辞去县长职务的请求，任命庞顺根为副县长、代理县长；任命程顺华为副县长，免去龚永洲的副县长职务；任命蔡遗春为副县长，免去黄敬益副县长职务；人事任免15人次。

县第十一届人大常委会会议 1990年5月至1993年2月，县第十一届人大常委会任期内共举行21次会议。主要是听取和审议"一府两院"及政府部门关于国民经济及社会发展计划、财政预决算执行、防汛抗旱、粮食工作、科技兴农、社会治安、扫除"六害"工作、农村文化工作、工业生产、恢复发展合作医疗保健、抗洪救灾、外向型经济、商品粮基地建设、司法行政等情况汇报35项；听取和审议《中华人民共和国传染病防治法》《中华人民共和国乡村集体所有制企业条例》《江苏省计划生育条例》《中华人民共和国标准化法》《中华人民共和国水法》《中华人民共和国全民所有制工业企业法》《中华人民共和国矿产资源法》《中华人民共和国环境保护法》等法律、法规贯彻实施情况汇报10项；听取和评议任命干部的述职报告23人次；人事任免12人次。

县第十二届人大常委会会议 1993年3月至1997年12月，县第十二届人大常委会任期内共举行40次会议。主要是学习《人民日报》社论《为实现跨世纪的宏伟纲领而奋斗》和全国人大常委会委员长乔石、全国政协主席李瑞环的有关讲话；听取和审议"一府两院"及政府部门关于国民经济及社会发展计划、财政预决算执行、农业产业结构调整、围绕经济建设提供人才服务、职业技术教育、乡镇企业推行股份合作制、外向联动战略、发展民营经济、句容河整治（二期）工程、"5610"工程、农村改水、农田水利、信访工作等情况汇报45项；听取和审议《中华人民共和国商标法》《中华人民共和国科技进步法》《江苏省科技进步条例》《中华人民共和国农业法》《中华人民共和国农业技术推广法》《中华人民共和国教师法》《全民所有制工业企业转换经营机制条例》《中华人民共和国矿山安全法》《中华人民共和国教育法》等法律、法规的贯彻实施情况汇报10项；接受庞顺根辞去县长职务的请求，免去蔡敬东副县长职务，任命王建华为副县长、代理县长；任命孙恩余、陈胜利为副县长，陈胜利不久后被免；任命徐和宁为副县长；免去黄敬益、徐雪琴副县长职务；听取和评议任命干部的述职报告23人次；人事任免24人次。

区（县）第十三届人大常委会会议 1998年2月至2002年12月，区（县）第十三届人大常委会任期内共举行39次会议。这届常委会议正值世纪更替，2000年12月江宁县撤县设区，成为南京市主城区之一。常委会主要内容有：听取和审议"一府两院"及政府部门关于国民经济及社会发展计划、财政预决算执行、1998年防汛抗旱、县城改造情况、维护农民利益、依法治县、企业改制、全区村级区划调整、来信来访、人大代表建议办理情况、执法责任制、改革和完善行政审批制度等工作汇报40项；听取和审议《中华人民共和国种子管理条例》《江苏省村镇规划建设管理条例》《中华人民共和国建筑法》《中华人民共和国村民委员会组织法》《江苏省计划生育条例》《江苏省公路条例》《中华人民共和国森林法》《中华人民共和国消防法》等法律、法规的贯彻实施情况汇报11项；审查批准《江宁区农业现代化建设总体规划（2001—2010年）》和关于江宁区国家生态示范区建设总体规划的决议；补选李源潮为南京市第十三届人民代表大会代表；接受王建华辞去县长职务和韩庆华辞去县十三届人大常委会主任职务的请求，任命杨海宁为副县长、代理县长；任命邵强、陈宏祥、谢跃进为副县长，免去徐和宁副县长职务；接受虞国富辞去县人民法院院长职务的请求，任命朱伯华为县人民法院副院长、代理院长；接受邵长生辞去县人民检察院检察长职务的请求，任命汤在勉为县人民检察院代理检察长；听取和评议任命干部述职报告26人次；人事任免26人次。

区第十四届人大常委会会议　2003年2月至2007年12月，区第十四届人大常委会任期内共举行37次会议。常委会主要内容有：听取和审议"一府两院"及政府部门关于国民经济及社会发展计划、财政预决算执行、新时期加强公安干警队伍建设、就业和再就业、安全生产情况、"绿色江宁"工程建设、城乡居民最低生活保障、城镇建设、农村"八件实事"、商贸流通、文化工作、征地拆迁和补偿安置、人大代表建议办理情况、人口和计划生育、发展先进制造业等工作汇报45项；听取和审议《中华人民共和国农业技术推广法》《中华人民共和国食品卫生法》《江苏省农村初级卫生保健条例》《中华人民共和国道路交通安全法》《南京市预防职务犯罪条例》《中华人民共和国行政许可法》《南京市森林消防条例》《中华人民共和国残疾人保障法》等法律、法规的贯彻实施情况汇报10项；接受单景南辞去区长职务的请求，任命柏鹏为副区长、代理区长；免去成玉祥、刘玲、谢跃进副区长职务，任命杨学鹏、陆蓉、言明林为副区长；听取和评议部分任命干部述职报告；人事任免15人次。

第三节　主任会议

江宁区(县)人大常委会主任会议由人大常委会主任、副主任组成，过半数人员出席方能举行。召开主任会议时，可视会议需要通知常委会办事机构负责人、"一府两院"负责人列席会议，由专人负责会议记录并整理成文、交办和落实。主任会议的主要任务是负责处理常委会日常工作，包括决定会议召开的时间、议程和日程草案的拟定，以提请常委会会议讨论通过；听取"一府两院"及有关部门的专题汇报；草拟提请区人民代表大会会议审议通过会议文件；草拟年度工作要点、工作计划，组织视察、调研活动和研究人大常委会自身建设；讨论确定提请常委会会议审议的人事任免和提名名单及议案和质询案；处理常委会授权的事项和其他工作。江宁区(县)人大常委会主任会议伴随着江宁县人民代表大会的诞生而产生，经历了一个不断完善、不断规范的发展过程。新中国成立初期的江宁县各界人民代表会议期间，江宁县第一至第七届人大期间，人大常委会主任会议常常不拘形式，往往没有记录，形成"碰头会议"状态，但主任会议这一领导方式一直存在。《江宁县人民代表大会常务委员会主任会议议事规则》于1992年6月8日经十一届人大常委会主任会议通过，1998年5月29日，经十三届人大常委会第四次会议修正，从此走上制度化、法制化轨道。

【县第八届人大常委会主任会议】

县第八届人大常委会主任会议先后召开48次会议，第一次会议于1980年11月10日召开，最后一次会议于1984年2月20日召开。主要研究人大常委会成立后，如何开展工作，履行宪法和法律赋予的权利。

【县第九届人大常委会主任会议】

县第九届人大常委会主任会议先后召开42次会议，第一次会议于1984年5月14日召开，最后一次会议于 1987 年 4 月 1 日召开。主要研究人大常委会相关工作，完善人大常委会机构设置，增配工作人员；讨论研究“一府两院”负责人提出的人事任免名单；听取政府及有关部门工作汇报。

【县第十届人大常委会主任会议】

县第十届人大常委会主任会议先后召开 44 次会议，第一次会议于 1987 年 5 月 3 日召开，最后一次会议于 1990 年 2 月 9 日召开。主要研究县人大常委会年度工作要点；研究关于各乡、镇设立人大常务主席事宜，并报给县委；听取政府及有关部门工作汇报；研究开展视察、调查、审议和执法检查工作。

【县第十一届人大常委会主任会议】

县第十一届人大常委会主任会议先后召开过若干次会议，其中有记载的为 29 次会议。第一次会议于 1990 年 5 月 3 日召开，最后一次会议于 1992 年 7 月 27 日召开。主要研究江宁县人大常委会《关于加强与县人大代表联系的办法》（讨论稿）；听取政府及有关部门工作汇报；讨论研究人事任免以及其他事项。

【县第十二届人大常委会主任会议】

县第十二届人大常委会主任会议先后召开过若干次会议，其中有记载的为 17 次会议。第一次会议于 1993 年 4 月 24 日召开，最后一次会议于 1997 年 8 月 22 日召开。主要听取县政府有关计划生育、句容河整治工程、乡镇工业区开发建设、《中华人民共和国文物保护法》实施情况、县城东山供水情况、农村改水、《中华人民共和国矿产资源法》实施情况、建筑业、档案工作、县城环境综合整治等工作情况汇报；讨论研究人大常委会年度工作要点；开展视察、调查执法检查工作。

【区（县）第十三届人大常委会主任会议】

区（县）第十三届人大常委会主任会议先后召开过若干次会议，其中有记载的为 23 次。第一次会议于 1998 年 3 月 20 日召开，最后一次会议于 2002 年 10 月 11 日召开。主要听取区政府关于《中华人民共和国反不正当竞争法》《中华人民共和国消费者权益保护法》《中华人民共和国药品管理法》《中华人民共和国电力法》《江苏省文化娱乐市场管理条例》《中华人民共和国行政复议法》《中华人民共和国义务教育法》《江苏省发展中医条例》《中华人民共和国行政监督法》等法律、法规贯彻情况汇报；讨论研究人大常委会年度工作要点、人事任免以及其他事项。

【区第十四届人大常委会主任会议】

区第十四届人大常委会主任会议先后召开过若干次会议，其中有记载的为 25 次会议。第一次会议于 2003 年 3 月 31 日召开，最后一次会议于 2007 年 10 月上旬召开。主要听取区政府关于东山新市区规划情况、市容管理工作、引进外资工作、国有资产经营管理、《江苏省人大常委会关于限制开山采石的决定》、民族宗教、农业综合开发、国民经济与社会发展计划重点项目、水资源建设、政府采购等工作情况汇报；开展视察、调查和执法检查工作。讨论研究人大常委会年度工作要点、人事任免以及其他事项。

第五章 常务委员会主要工作

江宁区（县）人大常委会在中共江宁区（县）委领导下，依照《中华人民共和国宪法》和《中华人民共和国地方各级人民代表大会和地方各级人民政府组织法》赋予的职权，依法行使各项职能。江宁区（县）人大常委会的主要工作，包括选举人大代表、召开人民代表大会；征集人大代表议案、建议、批评、意见并督促有关单位认真办理；听取和审议区（县）人民政府、区（县）人民法院、区（县）人民检察院（简称“一府两院”）的专题报告，并对其实行法律监督和工作监督；依法任免国家机关工作人员，并定期对其述职评议；对辖区内各项国家法律、法规的贯彻实施开展执法监督；组织人大代表开展各项活动；围绕法律法规的执行、全区工作中心和社会热点问题进行调查研究；开展人大工作的理论探讨。

江宁区（县）历届人大常委会认真履行职能，积极开展工作，较好地完成历届人民代表大会确定的目标任务。

第一节 实施法律监督与工作监督

在人民代表大会闭会期间，区（县）人大常委会通过常委会议和主任会议，听取和审议区（县）“一府两院”工作汇报及法律、法规实施情况汇报，并不定期组织区（县）人民代表开展专题调研、视察，对其进行全程跟踪监督。

【执法检查监督】

1980年后，县人大常委会加强法制建设，检查法律实施情况，纠正和处理违法事件，贯彻依法治县方针。县十届人大常委会先后听取和视察与人民群众密切相关的《中华人民共和国义务教育法》《中华人民共和国食品卫生法》《中华人民共和国药品管理法》《中华人民共和国经济合同法》《中华人民共和国防治污染法》《中华人民共和国治安管理处罚条例》等11部法律、法规的执行情况。以食品卫生为例，常委会多次听取汇报并到乡镇检查食品卫生部门、销售单位，尤其是个体商贩执行食品卫生法规的情况，指出问题，督促改进。县十一届人大常委会先后组织视察《中华人民共和国行政诉讼法》《中华人民共和国义务教育法》《中华人民共和国商标法》《中华人民共和国科技进步法》《中华人民共和国教师法》《中华人民共和国反不正当竞争法》《中华人民共和国统计法》《中华人民共和国森林法》《中华人民共和国预算法》《江苏省科技进步条例》等30部法律、法规实施情况，分别进行执法检查，审议监督。1994年，县十二届人大常委会对《中华人民共和国农业法》《中华人民共和国农业技术推广法》贯彻执行情况进行执法检查活动。常委会在会前组织农业经济工作委员会和财政经济工作委员会，会同有关部门组成两个调查组，用10天时间分赴14个乡镇，对农业资金投入、农业服务体系、农业结构调整3个方面进行审议监督，有力促进农业“两法”的贯彻实施。1998年，在对《中华人民共和国消费者权益保护法》的执法检查中，县人大常委会督促有关部门严格执法，有效地打击各类假冒侵权行为。1999—2004 年的 5 年间，县人大常委会通过听取汇报、专题审议和执法检查等形式，对《中华人民共和国环境保护法》《中华人民共和国劳动法》《中华人民共和国义务教育法》《中华人民共和国种子管理条例》《生活饮用水卫生监督管理办法》《江苏省发展中医条例》《中华人民共和国土地管理法》《中华人民共和国村委会组织法》《江苏省发展个体私营经济条例》《江苏省发展民营科技企业条例》等 20 多部法律、法规的贯彻实施情况，进行重点检查监督，把具体执法过程作为重点，强化对执法行为的监督。2005 年，区人大常委会组织检查全区第四个五年普法实施情况，提前介入第五个五年普法规划的编制，提出意见和建议。根据代表和群众普遍关注的未成年人犯罪问题，及时开展《中华人民共和国预防未成年人犯罪法》的执法检查。听取和审议关于《南京市预防职务犯罪条例》贯彻实施的情况汇报，推进预防工作的规范化和社会化，提高全区预防工作的整体水平。2006 年，对《中华人民共和国残疾人保障法》开展专题执法检查，推动社会各界重视残疾人工作，维护残疾人的合法权益，关注残疾人生活，关爱残疾人事业。

【工作监督】

1980 年后，江宁县人大常委会围绕中共江宁县委的工作思路，依法加强对“一府两院”及其部门的工作监督。八届人大常委会听取“一府两院”工作汇报后，建议加强农业基础，完善农业生产责任制，加强信息服务和农业科技队伍的建设；在工业方面，搞好体制改革，提高经济效益，克服追求高指标、搞浮夸等不正之风；在社会治安方面，提出一手抓打击、一手抓综合治理，严厉打击严重刑事犯罪活动等，收到较好的监督效果。还先后作出加强社会治安工作，进一步办好中、小学教育和加强环境保护 3 个决议。

九届人大常委会围绕经济体制改革和四个现代化建设中心任务，组织人大代表、委员审议重大工作事项，针对存在问题，提出建议和意见。如继续完善农业服务体系，解决农民种地难问题；认真查清非农业用地，加强土地管理，坚决刹住乱占滥用耕地现象；加强对经济活动中的宏观控制，提高社会经济效益；进一步落实知识分子政策等。1986 年 9 月 25 日，县九届人大常委会十八次会议分别听取和审议县人民检察院关于打击经济犯罪工作的情况汇报和县公安局关于社会治安的情况汇报，要求司法部门同心协力、相互配合，坚持依法办事，抓紧查处大案、要案，搞好社会治安综合治理。

十一届人大常委会把支持和促进农业作为工作重点，每年安排这方面的议题，以加强监督。1990 年，先后听取关于防汛抗旱、粮食工作、科技兴农、林桑生产及农业专项资金筹集和使用等情况汇报。审议中，委员们就稳定农业政策，加强农业科技工作、增加农业投入、完善农业服务体系、农林牧副渔协调发展等方面，提出 20 多条建议，得到县人民政府及有关部门的采纳并付诸实施。1992 年后，随着江宁县经济的快速发展，十二届人大常委会经过深入调查分析，考虑到国家财税政策的变动和政策性增支因素，以及必须追加安排支出的情况，在全县经济增长水平和税源可能的条件下，对每年财政部门提出的财政预算调整报告，审议后都作出同意调整的决定。2001 年是农村税费改革第一年，这项工作事关全区 59 万农民的切身利益，十三届人大常委会主任会议专题听取区政府关于农村税费改革工作情况的汇报，对农民减负、村级组织正常运转等问题予以高度关注，提出积极建议和意见。十四届人大常委会深入调研全区建筑业发展情况，听取区政府专题汇报，视察建筑多元化发展项目，提出针对性建议和意见。

【热点难点问题的监督】

区（县）人大常委会加强对人民群众普遍关心的热点、难点问题的监督。1995 年，对《江苏省价格管理条例》的执法检查中，江宁县人大常委会会同政府有关部门，围绕群众反映强烈的“米袋子”“菜篮子”等热点问题，以基本生活必需品、基本服务收费、基本农业生产资料价格为重点，组织开展有较大声势和力度的市场物价大检查，查出较大违法行为多件；对涉及全县 60 多个部门、200 多个收费单位，逐个审核账目，取消乱收费和对农民不合理收费项目共 1000 多项。2003 年，随着企业改制的深入和大面积的征地拆迁，解决下岗职工与失地农民再就业问题显得非常突出。在深入调研和听取工作汇报的基础上，常委会要求多渠道拓宽门路，创造更多的就业机会；规范劳动力市场和用工行为，维护劳动者的合法权益。同时，提出要立足长远，统筹考虑失地农民的社会保障问题。把安全生产作为监督重点，从年初开始，常委会就对矿山、化工、建筑、交通、商贸等行业的安全生产工作进行专题调查，听取和审议区政府的工作汇报。要求全区广泛开展安全生产宣传教育和技能培训，增强学习贯彻安全生产法的自觉性，强化安全生产监督管理，完善监管三级网络体系，开展高危行业的安全生产专项整治，加强安全生产的组织领导，全面落实责任制。2004 年，常委会把全区城镇居民最低生活保障工作作为全年审议的第一个议题。审议前，不仅仔细了解全区低保工作有关情况，还深入到低保户家中倾听群众意见。经过审议，就促进相关工作部门之间的协调配合以及完善工作实施细则等方面提出要求。常委会通过视察，对配套工程和完善措施滞后、“重建轻养”、建设主体职责不到位等突出问题提出建议。常委会高度关注与群众生活密切相关的经济适用房、复建安置房和长江引水二期工程等重点项目的建设进程。审议中提出明确小城镇建设执法主体，提高小城镇管理水平；完善城市基础设施建设，推进老城区改造进程等意见。2005 年，区人大常委会会议、主任会议分别听取区政府相关部门对《中华人民共和国食品卫生法》和《南京市蔬菜使用农药管理规定》贯彻执行情况的汇报，促进政府加强市场巡查，有效保证广大群众的饮食安全。2006 年，针对全区征地拆迁和补偿安置工作实际，区人大常委会组织开展专题调研和审议，提出要把维护群众利益放在首要位置，进一步规范拆迁安置工作，落实弱势群体各项优惠政策。

第二节 审议决定重大事项

区（县）人大常委会选择经济社会发展和人民群众关注的重大问题，适时把中共江宁区（县）委的意图经过法定程序转为地方国家意志。据不完全统计，区（县）人大紧紧抓住区域内事关经济和社会发展、民主法制建设的一系列重大问题，认真审议、讨论，依法作出决定决议 200 多个。

【批准五年计划和中长期发展规划】

新中国成立初期，1953 年起，实施国民经济第一个五年计划，开始有计划的经济建设。县政府根据人民代表大会审议通过的相关议案，成立计划委员会，开始对江宁县经济和社会发展的计划管理工作。此后，分别参与、审议第二个五年计划至第五个五年计划的编制与实施。“文化大革命”结束后，全县进入社会主义现代化建设新时期，1980 年 9 月 23 日，江宁人大八届一次会议召开至2007年，江宁区（县）人大分别审议“六五”“七五”直至“十一五”时期国民经济和社会发展五年规划及中长期规划。在制订“七五”“八五”至“十一五”时期和2010年远景目标规划中，江宁区（县）人大围绕区域各个阶段国民经济和社会发展战略要求，组织视察调研、座谈讨论、审议修正，提出议案。使人民代表大会批准的五年计划和规划更臻完善、更贴近江宁区实际。

【批准开发园区和城市建设规划】

江宁县人大对江宁经济技术开发区的立项决策、选址定位、规划蓝图、发展战略等诸多方面认真进行审议，并组织委员或代表进行视察、调研，作出决定。1992年后，每年都组织常委会组成人员到开发区视察，提出建议和意见。

2004年7月23日，江宁区第十四届人大常委会第十一次会议作出同意东山新市区总体规划（2003—2010年）的决定；同年11月10日，第十三次人大常委会会议作出江宁区近期建设规划（2004—2007年）的决定。在决定过程中，常委会坚持依法行使职权、科学决策，多次进行前期调研论证，请专家讲解，广泛征求意见。在作出决定的同时，对规划的主要框架及执行提出意见和建议。

2006年12月29日，区十四届人大常委会第三十次会议作出关于批准《南京市江宁区近期建设规划（2006—2010年）》的决定。

【加强社会治安和依法治县决议】

1981年9月26日，县第八届人大常委会第八次会议听取和审议县政府关于打击犯罪整顿治安的情况汇报和县人民法院、人民检察院的工作汇报，通过《关于进一步加强社会治安工作的决议》。

积极贯彻依法治国战略，推进全县民主法制建设，常委会专门组织力量就依法治县工作进行广泛深入的调查研究。1998年7月28日，县十三届人大常委会第五次会议作出《关于推进依法治县工作的决议》。

1999年5月27日，县十三届人大常委会第十次会议作出《关于在全县行政机关、司法机关推行执法责任制的决议》。

2001年7月12—13日，区十三届人大常委会第二十七次会议作出《关于进一步开展法制宣传教育的决议》，决定从2001—2005年在全区公民中实施法制宣传教育的第四个五年规划。

【办好农村中小学教育和普及义务教育决议】

1982年10月7—8日，县八届人大常委会第十六次会议听取和审议县政府关于全县中小学教育工作的情况汇报，作出《关于进一步办好农村中小学教育的决议》。

1986年12月2—4日，县九届人大常委会第二十次会议，听取和审议县政府关于普及九年制义务教育规划情况，作出《关于普及九年制义务教育规划的决议》。

【加强环境保护决议】

1982年12月18—19日，县八届人大常委会第十八次会议，听取和审议县政府关于全县环境保护工作情况的汇报，作出《关于加强环境保护工作的决议》。

为有效开发、利用汤山温泉资源，保护生态平衡，1984 年 7 月 25—27 日，县九届人大常委会第二次会议作出《关于保护汤山温泉资源的决议》。

2006 年 11 月 30 日，区十四届人大常委会第二十九次会议作出关于批准《南京市江宁生态区建设规划》的决议。

第三节 任免地方国家机关工作人员

依法对江宁行政区域内国家机关组成人员行使选举、任命、罢免、免职等权力，是中华人民共和国宪法和法律赋予地方人民代表大会及其常务委员会的一项重要职权，是体现人民当家做主、管理国家事务的重要内容。区（县）人大常委会依照《中华人民共和国地方各级人民代表大会和地方各级人民政府组织法》《中华人民共和国人民法院组织法》《中华人民共和国人民检察院组织法》的规定，任免地方国家机关工作人员。在区（县）人民代表大会闭会期间，根据区（县）长提名，决定副区（县）长的个别任免；在区（县）长、人民法院院长和人民检察院检察长因故不能担任职务时，从区（县）人民政府、人民法院、人民检察院副职领导人员中决定 1 名代理人选；决定区（县）人民政府各职能部门正职领导人员的任免，如各局局长，各委员会、办公室主任；根据区（县）人民法院院长提名，任免副院长、审判委员会委员、庭长、副庭长、审判员；根据区（县）人民检察院检察长提名，任免副检察长、检察委员会委员、检察员；根据人大常委会主任会议提名，任免人大常委会办公室主任、副主任，各工作委员会主任、副主任，决定各工作委员会组成人员；决定是否接受人大常委会组成人员，区长、副区长，法院院长、检察院检察长提出的辞职。区（县）人大常委会任命和决定任命的人员，由区（县）人大常委会主任签署颁发任命书。1983 年 1 月 21 日，县人大常委会首次召开颁发任命书大会。从八届人大常委会到十四届人大常委会共决定人事任免 1287 人次。

江宁区第八届至十四届人大常委会人事任免情况表

表 26-5-5

届　别	任免政府机关工作人员（人次）	任免人大常委会工作机构干部（人次）	任免人民法院、人民检察院干部（人次）
八　届	42	—	75
九　届	25	2	69
十　届	32	15	27
十一届	16	—	50
十二届	81	18	103
十三届	108	69	178
十四届	85	154	138

1985年11月30日，县九届人大常委会第十二次会议通过《关于健全干部任命制度的决议》，将任命干部的举手表决改为无记名投票决定方式，使出席会议的全体常委会组成人员充分行使职权。从1988年开始，常委会对"一府二院"提请任命的有关人员进行任前考察，全面了解他们的德、能、勤、绩等方面情况，克服过去"要通过，情况不清楚，要否定，理由尚不充分"的现象。1990年，县十一届人大常委会第二次会议讨论通过《关于县人民政府、人民法院、人民检察院干部述职实施办法》，开展对常委会所任命的干部述职评议工作。根据《江苏省各级人民代表大会常委会人事任免工作条例》和《江苏省法制宣传教育条例》的有关规定，江宁区人大常委会于2004年2月27日对提请江宁区人大常委会任命的人员实行任前法律知识考试。

图26-5-7　1985年1月19日，中共江宁县委书记陈宗林（左一）、人大常委会主任闵长山（左二）出席"一府二院"任命书颁发仪式

第四节　评议工作

【干部述职评议】

根据1990年7月31日，江宁县十一届人大常委会第二次会议，讨论通过县人大常委会《关于县人民政府、人民法院、人民检察院干部述职实施办法》后，县人大常委会加强对人大常委会任命的干部履行职责情况的监督检查。1991年，县十一届人大常委会分别对县计经委、农业局、物资局、教育局、卫生局、商业局、物价局、粮食局、工业局、交通局10名任命干部进行述职评议。述职前，常委会组织主任、委员采用座谈、走访等形式，到述职干部所在系统、单位听取干部、职工和县人大代表对述职人员的意见和反映，从而对述职干部有了较为全面、客观的了解。评议坚持客观公正的原则，在肯定成绩的同时，实事求是指出不足及今后努力方向，并印发正式评议意见，要求述职干部在规定时间内拿出整改措施反馈常委会。述职评议促进干部队伍勤政廉政建设，有力推进政府部门工作。

1996—2000年5年中，县人大常委会先后对县人民法院、人民检察院、审计局、统计局、环保局、林副业局、卫生局、国土局、文化局等部门27位主要负责人进行述职评议。操作程序和方法不断改进和完善，既肯定成绩，又实事求是地提出工作中的不足，增强干部的法制意识和公仆意识，有效促进干部队伍勤政廉政建设。2001年，组织8名由人大常委会任命的干部向常委会述职；2003年，有2名副区长向人大常委会述职，并分别对他们任职后履职情况进行评议。

2004年后，区人大常委会为增强干部评议效果，实行"双述双评"的评议方法，即述职干部先在所属部门进行述职，并邀请组织、纪检部门参与，接受所属系统干部职工和与所属单位工作联系较多的单位领导的评议，同时征求其上级主管部门的意见。在此基础上再向常委会述职，使常委会全方位、多角度了解述职干部的履职情况，形成较为客观公正的评议意见。2004—

2006年，区人大常委会共对3名副区长、9名政府部门主要负责人、2名人民法院副院长、1名人民检察院副检察长进行述职评议，并分别作出评议意见。2006年，首次对区人民法院、人民检察院各1名中层干部开展述职评议。

【专项工作评议】

1994年，县十二届人大常委会根据中共江苏省委、南京市委和市人大常委会的通知精神，通过借鉴外地经验，结合江宁县实际，开展县人民代表大会评议"两院一局"（县人民法院、县人民检察院、县公安局）机关工作活动。这项活动从1994年3月开始，经过准备、调查、评议、整改4个阶段，至8月下旬结束。成立以中共江宁县委副书记为组长的9人评议工作领导小组。县人大常委会精心制订评议方案，并分阶段组织骨干培训，坚持把学习和运用法律法规、端正思想、提高认识贯穿整个评议工作始终。评议过程中，人大代表参政议政的积极性得到充分发挥，代表们以"两院一局"下发的案件目录为主线索，广泛走访选民，倾听群众意见，以形成具有普遍性、合法性、代表性的评议意见。据统计，全县338名代表有193名直接参加走访调查，共走访选民4700多人次，参加座谈的有2000余人，提出建议、批评和意见，经归纳整理，共84条。县十二届人大常委会第十次会议听取和审议被评单位整改方案的汇报，并对如何落实整改措施提出严格要求。"两院一局"对代表意见和建议进行认真办理和答复，使评议工作收到一定效果。在评议工作总结表彰大会上，县人大常委会对"两院一局"21个先进集体和42名先进个人进行表彰。同时，督促被评单位严肃处理一些违法乱纪的人和事。12月中旬，县十二届人大常委会第十三次会议分别听取和审议"两院一局"关于整改方案落实情况的汇报，并给予充分评价。通过这次评议活动，拓宽人大常委会的监督渠道，推动全县民主法制建设和"两院一局"各项工作，强化"两院一局"为经济建设服务的意识，密切司法机关与人民群众的联系，为此后评议政府及其各部门工作积累了丰富经验。

随着评议工作的实践探索，评议工作由执法部门的评议发展到评议政府各有关部门某项工作专题性评议。

评议"乡镇站所"。1993年，县人大常委会对全县11个乡镇的乡级站所的工作全面开展评议。当年6月，县人大常委会、县政府联合召开凡在乡镇有派出机构的14个政府部门以及法院负责人参加的评议工作协调会。县公安、司法、税务、粮食、土地、农、林、水、卫生、供电、邮政等部门以及县人民法院、农业银行、供销总社的负责人，分别向各自的基层站所提出认真接受评议、搞好评议、改进工作和服务的要求。全年有18个乡镇开展这项活动。通过评议，政府部门及"乡镇站所"为经济服务、为基层服务、为群众服务的自觉性和积极性都有明显提高。

评议工商行政管理部门。1996年，县十二届人大常委会组织县人大代表组成23个评议小组，检查、评议县工商行政管理部门执行"五法两条例一决定"的情况。评议中，代表们对工商行政管理部门在建立社会主义市场经济体制新形势下积极发挥职能、依法行政给予较好评价。同时实事求是地分析存在问题，共提出批评意见89条。工商行政管理部门在逐条研究代表意见后，组织专门力量制订整改措施，对代表评议意见做到件件有着落，事事有回音。

评议教育卫生部门。1997年4月25日，县人大常委会在殷巷召开乡镇人大代表评议中小学工作现场会。人大常委会副主任唐忠寿、力光华、王义贵、葛裕利、杜仁保出席会议。2006年上半年，根据南京市人大常委会工作统一安排，对市卫生局工作进行工作评议，以促进卫生行政部门转变作风、改进工作、服务基层，提升医疗卫生整体水平。4—6月，对寺证视察代表建议办理情况进行评议，组织代表评议江宁区卫生局工作。

评议县农业局工作。1999 年 5 月 27 日，县十三届人大常委会第十一次会议作出《关于组织县人大代表开展评议县农业局工作的决定》。6—9 月，常委会组织代表通过广泛调查走访，组织实地视察，集中讨论评议，对县人民政府及农业主管部门依法治农，推动农业结构调整，加快种子基地建设，健全农业服务体系，加强农业技术队伍建设，强化农业社会化服务等方面，提出许多针对性意见和建议，引起县人民政府及农业部门的高度重视，对农业工作起到积极的促进作用。

评议区劳动局工作。2001 年 3 月 16 日，区十三届人大常委会第二十五次会议作出《关于组织区人大代表评议区劳动局工作的决定》。在常委会组织下，代表们以《中华人民共和国劳动法》等法律、法规为依据，围绕劳动执法、鉴证劳动合同、处理劳动争议、安全生产和劳动保护管理、监督检查社会保险费征缴、推行执法责任制、公务员队伍和领导班子建设等方面对区劳动局工作开展认真的评议，提出许多有针对性的意见和建议，引起区政府和劳动部门的高度重视，对劳动工作起到积极的促进作用。

评议区人民政府经济服务部门。2002 年 8 月中旬至 9 月中旬，区人大常委会组织全区 24 位人大代表对区政府 18 个经济服务部门工作开展调查评议。代表组围绕调查评议的 4 个重点，通过视察、走访、座谈、问卷等多种形式开展深入调查活动，广泛听取各方面意见，实事求是，客观公正，既肯定被评部门在转变作风、服务经济、服务基层等方面取得的成绩，也指出部门在法律、法规和相关政策的宣传、严格执法、服务质量等方面存在的问题和不足，并有针对性地提出整改建议。

评议“四局”工作。2005 年，区人大常委会组织人大代表对区规划局、教育局、水利局、安全生产监督局的工作开展评议。评议主要围绕依法行政、履行职责、服务基层、为民办事和勤政廉政 5 个方面内容，重点是依法行政。被评部门认真开展自查自纠，对照意见和建议逐一检查落实，加强整改，有力促进机关部门思想作风建设和各项工作开展，增强部门依法行政的自觉性。

图26-5-8 2005年，江宁区人大代表对部门工作进行评议

第五节 视察调研

江宁区（县）人大常委会围绕全区（县）国民经济、社会发展和改革开放以及人民群众普遍关心的热点问题，每年选定议题，组织委员和人大代表进行视察和调查研究。列为专题调查的项目，调查组均写出调查报告，为中共江宁区（县）委、区（县）人大常委会和区（县）人民政府提供决策依据。这些调查和视察，对于贯彻国家法律和地方法规，推动各项工作的开展，促进全区社会主义物质文明和精神文明建设以及民主法制建设，解决人民群众的切身利益问题，都起到积极作用。

【代表视察】

组织代表视察，深入了解区域内各方面工作情况，从而更好地参与决策、加强监督，是人大常委会行使职权、发挥代表作用的重要形式。1981 年，县人大常委会组织人大代表视察时，对东山镇路面坑坑洼洼，雨天道路泥泞；有些地段缺水缺灯；商业网点数量少，且分布不合理；蔬菜产供销脱节，经营体制存在不少问题等，明确提出批评，要求政府尽快解决，并提出具体意见。东山镇人民政府和县有关部门认真研究落实代表的意见，除蔬菜生产仍需努力改进外，全镇增设 13 个商业物资门市部和售货亭；东山大马路全部修复，路面拓宽后东山大街长达 1000 米；缺灯的主要路段通电照明；自来水主管道增铺 6200 米，群众对此比较满意。1982 年，江宁县人大常委会组织两个代表小组分别视察陶吴、铜山、湖熟、土桥等乡镇的 13 所中小学，围绕改善办学条件作比较深入的调查，向县人民政府及其有关部门提出动员各方面力量集资维修险房的建议。1984 年 12 月 27 日，江宁县人大常委会组织江苏省、南京市、江宁县三级人大代表共 30 人，分成两个小组，分别由江宁县人大常委会正、副主任带队，用两天时间，对 3 个县属厂（县化肥厂、县钢铁厂、上坊水泥厂）和秣陵乡、湖熟镇、东山手工业社、龙都乡南窑、上坊乡泥塘、方山乡高山 6 个电镀厂的水污染状况、治理措施和贯彻执行《中华人民共和国水污染防治法》情况进行视察，提出意见和建议。1985 年，禄口、淳化、花园、其林等乡代表小组，就全县工农业生产、经济体制改革、社会治安、市场管理、文教卫生和干部作风等方面，提出 50 多条意见。同年 5 月 13—14 日，县人大常委会组织部分委员和代表，邀请县政协、县政府及农业局、林副业局、乡镇工业局负责人共 28 人，分成两个组，分别视察上坊、龙都 2 个乡以及潘村、大里、泥塘、双龙和新农村委会的农业产业结构调整，并提出一些高质量的建议，为政府制订农村产业结构调整方案提供依据。2000 年 4 月 20 日，县十三届人大常委会主任会议视察成山工业园撇洪沟、秦淮河玉带圩标准堤、小龙湾段护堤、牛首山河标准堤、将军路撇洪沟、曹村排涝站、外港河杨家圩南护堤和新河排涝站后，分别听取县政府关于县城防汛工作情况和 2000 年水利建设及全境防汛防旱准备工作的情况汇报。2003 年，针对社区建设日益受到社会各界关注的特点，常委会在组织视察时了解到存在领导重视程度不够、居民参与愿望不强、资金投入不足等问题，向区人民政府及有关部门提出具体建议，加大推进社区功能建设力度。2004 年，镇村道路灰色化和危桥改造是区政府为民办“八件实事”中的两项民心工程。为把好事做好，常委会视察部分镇村水泥路建设和危桥改造现场，听取有关全区的情况汇报，指出配套工程和完善措施滞后、“重建轻养”问题突出、建设主体职责不到位等问题，有针对性地提出建议，很快在区政府的工作中得到落实。2006 年，在国家宏观调控的形势下，针对全区工业发展中出现的新情况，常委会组成人员多次到三大开发园区和镇、街道工业集中区，开展重点调研和专题视察，为园区创新、创优发展提建议、谋计策。

图 26-5-9 1990 年 5 月 26 日，江宁县人大常委会组织委员代表视察土桥、湖熟、龙都、陆郎 4 个乡镇圩堤管理情况

【调查研究】

调查研究是江宁区（县）人大常委会依法行使职权的重要基础性工作。组织常委会委员和人大代表选准专题研讨内容，深入群众之中，广泛听取各方面意见，并写出一些有质量、有见解的调研报告。八届人大常委会起，积极开展各委组专项调研活动，调查研究的主要内容有宣传贯彻新宪法、农业生产责任制、联产到户大包干、农副工收入、植树造林、加速林业生产、推行蚕桑责任制、发展专业户万元户、励精图治搞四化、“五讲四美三热爱”等。九届至十一届人大常委会期间，调研课题主要是对全县的重点建设工程、文教卫生、工农业生产等方面，围绕建设社会主义现代化和人民群众生活中的热点问题进行调查研究，先后组织代表、委员对发展乡镇工业、外向型经济、改革改制、加强农业服务、教育工作、家庭教育、科教兴县、卫生保健、文化艺术等问题进行专项调查研究。十二届人大常委会期间，调研课题主要围绕调整和优化农业结构，稳定粮食生产，减轻农民负担；发挥区域资源优势，利用南京市市场空间发展农副产品、工业品、地方特色产品和专业市场，大力发展第三产业；调整工业结构，优化资源配置，改善管理水平，提高经济效益；大力推进城乡经济联合；加强职业教育，开发各类人才；转变政府职能，继续简政放权；多渠道、多形式、多办法融通和筹集生产资金，切实解决经济发展的瓶颈；严厉打击经济领域的诈骗犯罪活动，为经济发展创造良好的社会环境等方面。

十三届、十四届人大常委会期间，先后就江宁开发园区建设、国有资产管理和运作、个私经济发展、小城镇建设、工业企业改制、开发旅游景点等重点议题，以及文明新风进村入户、农业产业化管理、社会治安综合治理、下岗职工再就业等问题，开展调查研究。十四届人大常委会进一步开阔工作思路，拓展履职空间，更深入地突出主题调研。2005 年，常委会机关各办事机构成立“构建和谐社会与创业精神”“丰富城市规划内涵”等 6 个课题调研组，抓住发展中的热点问题开展调研。2006 年，紧密结合《中华人民共和国监督法》的贯彻实施和新农村建设，分别建立两个课题调研组。是年，江宁区人大常委会组织的重点调研课题主要是：监督工作的机遇与挑战；充分发挥人大职能，加快推进新农村建设。2007 年，根据全区行政区划重大调整的实际，调研课题是关于区、镇人大换届选举工作和关于全国生态区创建工作。同年 6—7 月，江宁区人大常委会组织相关工作机构成立课题调研组，分别撰写完成调查报告，中共江宁区委领导对工作报告充分肯定，并作批示。同年 7 月，南京市人大代表江宁代表团就城乡统筹发展情况进行专题调研，撰写完成“城乡统筹发展，促进社会和谐”的调研报告。

图 26-5-10 2006 年，江宁区举办人大代表建议、政协委员提案办理工作总结表彰暨交办大会

第六节 议案建议办理 来信来访受理

【议案与建议办理】

江宁县各界人民代表会议和一至六届人民代表大会期间，提案的交办督办没有常设机构和固定程序。“文化大革命”期间，人民代表大会制度中断，提案工作不复存在。从县第八届人民代表大会开始，代表提案工作由县人民代表大会提案审查委员会负责交办；人民代表大会闭会期间，则由江宁县人大常委会提案工作委员会（后改称人事代表工作委员会）负责交办和督办工作。第九届人民代表大会开始，提案改称议案。十一届人大后，代表议案及建议、批评、意见，统称为建议。

处理人民代表大会议案的基本程序是：在每次会议收到议案后，由议案审查委员会审查立案，并向大会作议案审查情况报告。在办理过程中，为使议案处理及时，由区（县）人大常委会办公室负责向区（县）人民政府等有关单位督办、催办。区（县）人大常委会还适时听取区（县）人民政府领导关于议案处理情况的报告。各承办单位将议案处理意见和结果，向各议案代表作书面答复，同时报告区（县）人大常委会。每次会议议案大多在3个月内办结。在召开人民代表大会时，由区（县）人大常委会向会议报告上一次会议议案处理情况。江宁区（县）第八届至第十四届人大常委会共收到区（县）人大代表议案2270件、建议2547件，这些议案、建议均由有关单位办结。

1990年11月，在县十一届人大常委会第四次会议上，县长作关于十一届人大一次会议议案和代表建议办理情况的汇报，除1件正在办理过程中外，其余203件建议已全部按期办理结束。在办理中，除坚持原有程序外，还增加反馈环节，印发《江宁县人大代表建议、批评和意见办理情况评议表》，征求代表对办理情况的评议意见。县十二届人民代表大会第二次会议期间，人大常委会组织有关工作委员会，分两个小组分别对县水利农机局、交通局等8个政府职能部门进行走访调查，与政府办公室联合抽查6件重点建议办理情况。县城的“三场”建设、计划生育收费、住宅小区教育设施配套、汤水河污染、翻建陶吴翻水站等问题都得到较好解决。2000年，县人大常委会重点加强代表参与面办和评议反馈工作，共邀请近50位代表参加78件建议面办座谈，对重点件和代表反馈不满意件加大督办力度。2005年，区人大常委会组织代表参加重点建议推进会，开展建议办理评议和“回头看”检查，督促承办单位对基本满意件再次办理，确保面办率、反馈率和满意率“三个100%”。当年7月，常委会专题听取和审议区政府关于建议办理情况的汇报；8月，主任会议听取审议意见落实情况汇报，对重点建议件进行现场视察。关于引长江水改善群众饮水、征地拆迁农民的社会保障、教师住房公积金等一些办理难度非常大的建议得到较好解决。

2006年，区十四届人大常委会第二十七次会议对政府办理建议工作提出具体要求，没有面办的必须再进行面办，确保面办率达100%；对基本满意的建议进行“回头看”，对不满意的建议进行再办理，确保满意和基本满意率达100%。区政府对群众关心、社会关注、与群众切身利益密切相关的问题进行重点督办，进一步规范现场办理、面商办理、联合办理等行之有效的办法，使办理质量进一步提升。各承办单位以高度负责的精神，积极主动、认真细致地开展工作，全部完成办理任务，答复满意率和基本满意率100%。建议办成率连续4年超过80%，江苏省、南京市人大均给予较高的评价。

1949—2007 年江宁区人大代表议案与建议分类情况表

表 26-5-6

时间	会议届次	代表议案	代表建议	合计	类别					
					农林水利	财政经济	工交邮电	教科文卫	城建环保	其他方面
1949 年 10 月至 1954 年 3 月	各界会议期间	2002		2002	—	—	—	—	—	—
1954 年 3 月至 1980 年 9 月	一至七届期间	1678		1678	—	—	—	—	—	—
1980 年 9 月 21—25 日	八届一次	代表提案		271	71	19	68	52	17	44
1982 年 2 月 28 日至 3 月 3 日	八届二次			447	88	56	93	91	71	48
1983 年 3 月 7—9 日	八届三次			319	66	40	76	68	50	19
1984 年 5 月 5—10 日	九届一次	50	282	332	39	17	88	26	33	129
1985 年 3 月 27—31 日	九届二次	55	164	219	17	7	32	68	17	78
1986 年 3 月 22—27 日	九届三次	24	182	206	26	36	51	30	22	41
1987 年 4 月 23—29 日	十届一次	61	158	219	33	18	60	46	15	47
1988 年 4 月 6—9 日	十届三次	23	63	86	20	12	20	12	10	12
1989 年 3 月 17—21 日	十届四次	16	66	82	27	2	29	11	1	12
1990 年 4 月 24—28 日	十一届一次	60	142	202	25	39	53	40	15	30
1991 年 3 月 25—30 日	十一届二次	34	110	144	20	11	59	28	9	17
1992 年 3 月 10—14 日	十一届三次	34	95	129	18	25	43	29	6	8
1993 年 2 月 14—18 日	十二届一次	65	148	213	47	38	63	43	17	5
1994 年 2 月 25—28 日	十二届二次	44	77	121	22	15	26	33	15	10
1995 年 2 月 15—19 日	十二届三次	60	99	159	32	11	45	33	20	18
1996 年 1 月 17—20 日	十二届四次	59	54	113	17	9	48	20	10	9
1997 年 1 月 26—29 日	十二届五次	66	72	138	16	32	33	31	10	16
1998 年 1 月 4—7 日	十三届一次	74	75	149	17	28	57	20	11	16
1999 年 1 月 17—20 日	十三届二次	58	76	134	26	13	43	20	8	24
2000 年 1 月 14—17 日	十三届三次	63	78	141	28	23	40	18	16	16
2001 年 1 月 18—21 日	十三届四次	56	56	112	15	24	26	11	11	25
2002 年 1 月 16—18 日	十三届五次	61	60	121	22	13	41	15	11	19
2003 年 1 月 6—10 日	十四届一次	70	142	212	28	39	71	29	22	23
2004 年 1 月 6—8 日	十四届二次	51	90	141	13	19	35	15	23	36
2005 年 1 月 5—7 日	十四届三次	59	85	144	15	18	31	23	34	23
2006 年 1 月 5—7 日	十四届四次	51	93	144	12	15	32	29	36	20
2007 年 1 月 10—12 日	十四届五次	39	80	119	8	19	29	16	25	22

【来信来访受理】

1953 年 2 月，根据中共江苏省委《关于进一步加强处理人民来信和接见人民来访工作的指示》精神，中共江宁县委、县各界人民代表会议常务委员会、县人民政府决定组成检查团，由副县长赵松负责，对人民来信较多的县机关有关部门和单位进行重点检查。发现许多未予办理的群众来信，当即选择 3 个典型部门进行认真处理，其中撤职处分局级干部 1 人。至是年年底，县直机关共处理 1952 年后人民来信积案 300 余件；当年共收到群众信件 411 件，大多反映各界人士生产生活方面的意见，这些信访件当年都得到处理与答复。

1954 年，江宁县第一届人民代表大会第一次会议召开后，收到人民来信 21 件。其中检举干部贪污、强迫命令、违反政策的 1 件，不服精简下放的 1 件，有关政治学习的 3 件，反映统购统销中问题的 5 件，农业生产的 8 件，其他 3 件，均分别及时给予答复或转有关部门处理，没有积压拖拉现象。

八届至十四届区（县）人大常委会收到群众来信 1350 余件次，接待群众来访 894 人次。人大常委会重视信访制度建设，规范信访接待工作，按程序不断加大信访件办理力度，做到件件有着落，事事有回音。常委会领导及时批转有关信访件，各办事机构会同有关单位调查处理，或转交有关部门并督促其办理，群众反映的问题均得到妥善解决。对处理难度较大的问题，常委会领导亲自过问、亲自督办。如在八届人大常委会任期中，县人大常委会收到人民来信 238 件，接待来访 100 件 160 人次，办结来信来访 338 件。其中，提出申诉和要求落实政策的 81 件，控告违法乱纪的 18 件，要求解决工作、生活待遇的 97 件，提出批评建议的 65 件，其他方面问题的 77 件。对一些涉及执行政策和群众呼声较大的问题，或者处理中有较大难度的信访，常委会领导亲自过问或直接处理达 85 件，解决一些来信来访者长期没有解决的合理要求和实际问题。2001 年，常委会收到代表和群众来信 127 件，接待来访 59 批次。对一些代表、群众反映强烈的信访件，如群众反映的村委会换届选举中的一些问题，汤山镇原春山第二化工厂铬渣污染问题，常委会领导亲自过问，有关办事机构多次深入现场，跟踪检查，督促有关部门限时办理，促进问题的解决。

第七节 代表活动

人大代表小组是代表活动的主体。区（县）人大常委会按乡镇、系统普遍建立代表小组，以便组织代表活动，履行监督职能。同时，推举或指定 1 名代表为小组联络员（也称信息员），作为人大常委会与代表沟通联系的桥梁。区（县）人大常委会按期组织代表小组活动，交流工作情况，开展小型调查和视察，评议人大常委会和“一府两院”的工作，反映人民群众的意见和呼声。

【联系代表制度】

1984 年，县八届人大常委会第一次会议通过《关于加强与县人民代表联系的暂行办法》，随后又发出《关于开展人民代表小组活动的通知》，对联系代表方式、组织形式等作出明确规定。为拓宽代表参政议政的渠道，经县十届人大常委会主任会议研究决定，于 1988 年建立“代表一封信”制度，每个代表可使用“人民代表专用信封”和专用信纸，向县人大常委会反映各方面情况。至 3 月底，共收到代表来信 5 封，立即转给县人民政府有关单位办理。这一制度建立后，常委会每年收到代表来信二三十件，有批评、有建议，促进了各方面工作。1990 年，常委会组成人员坚持每季度走访3名～5名代表，主任、副主任和驻会常委每人固定联系3名代表。在10名常委会领导固定联系的30名代表中，工人、农民代表就有20人。除固定联系的代表外，十四届人大常委会任期中，人大常委会主任、副主任、常委每人联系5名代表。每年还走访代表100多人。通过走访、联系代表，能经常听到代表和群众的心里话，接受代表和群众的监督，对改进人大常委会和政府工作起到推动作用，代表中一些好的建议和要求，能及时转达给政府和有关部门。

【代表持证视察制度】

2002年3月12日，江宁区第十三届人大常委会第三十二次会议通过《江宁区人民代表大会常务委员关于区人大代表持证视察的暂行规定》。江宁区人大常委会及有关工作委员会按照规定要求，联系安排代表持代表证就地进行视察活动。人大代表在持证视察中发现问题，直接向有关单位和部门提出建议、批评和意见，或填写"江宁区人大代表建议、批评和意见表"，交常委会工作机构转有关机关、组织，在规定期限内研究办理。上坊镇的区、镇两级代表持证视察长沟水污染现场后，向区环保局负责人提出约见要求。在约见会上，代表们依法将视察中所了解的问题作出反映并提出解决办法。最后，经区政府和环保部门的协调，对产生污染源企业进行搬迁或投入治污设备，解决4个村7000余人的饮水和农田灌溉问题。

【邀请代表参加重要活动】

在召开常委会会议时可邀请人大代表参加，审议不同议题可请不同人大代表列席；在组织常委会组成人员及主任、常委分组进行的调研、视察活动中请部分代表一道进行；常委会会议、主任会议决定某件事项之前广泛听取代表意见，讨论决定过程中也请代表列席会议；经常召开部分代表座谈会议，听取代表对人大常委会工作的意见和建议；在征求对某项法律、法规或条例政策的修改意见时，多直接听取人大代表意见。特别是在审议"一府两院"重要报告、情况汇报、重大决策时，更是认真听取人大代表的意见。2004年，江宁区人大常委会组织部分代表参加区政府举办的重点建议办理推进会，代表活动中组织对建议办理进行"回头看"，督促有关承办部门对不满意件和基本满意件再次进行办理。10多年中，江宁区人大常委会定期向代表通报人大常委会、"一府两院"阶段工作情况，邀请人民代表列席有关会议，让代表及时了解社会影响大、群众反映强烈的重大事项。

【人大代表之家】

2006年3月全区镇街行政区划重大调整之后，江宁区人大常委会即在全区7个街道、2个镇建立"人大代表之家"。"人大代表之家"建成后，普遍建立人大代表学习制度、代表活动制度、代表联系选民制度、代表视察制度、代表接待选民制度等。人民群众有事要说、有意见要提，到代表之家十分方便，代表之家热情接待每一位来访者。东山街道人大工委每月安排4天用于接待代表和选民，1日、15日为街道人大工委组成人员接待代表日，10日、20日为人大代表接待选民日。代表之家建成后，10个月内接待代表50多人次，代表接待选民100人次，收集建议100多条，

图26-5-11　江宁区"人大代表之家"建设成为代表工作的新载体、新平台（2006年摄）

其中已解决或正在落实的达 80 多条。横溪镇人大把市、区、镇三级代表混合编组，分批在代表之家开展活动，努力使活动持之以恒，卓有成效。汤山街道“人大代表之家”创办后，成为“代表学习之家、议政之家、服务选民之家、知情学习之家”。至 2007 年 5 月底，全区省、市、区、镇（街道）四级人大代表进“家”活动 500 多人次。

第八节　指导乡镇人大工作

【指导换届选举】

区（县）人大常委会为做好换届选举工作，每届专门召开乡镇人民代表大会换届选举工作会议，对换届选举工作进行全面动员、部署。在换届选举的各个阶段，江宁区（县）人大常委会领导分期听取选举办公室人员的专题汇报，掌握情况，对一些重要问题认真研究，果断决策。在投票选举阶段，常委会为保证集中精力，组织好投票选举工作，专门发文提出要求。各乡镇中共委员会也高度重视换届选举，重大问题及时研究部署，充分发挥领导核心作用。党委分管领导自始至终亲自上阵，在选举的关键阶段，各乡镇党委书记切实担负责任，亲自挂帅，加大领导力度，保证换届选举的圆满成功。1989 年县人民代表大会结束后，人大常委会党组根据中共江宁县委的要求和统一部署，及时在全县乡镇长和党委书记会议上，对各乡镇如何开好人代会提出指导性意见。2 月 27 日又召开乡镇长会议，研究部署各乡镇如何开好人代会。3 月底至 4 月初，各乡镇召开人代会期间，人大常委会党组派出驻会主任和委员到各乡镇，就会议准备、议程、日程安排、法律程序等事项，进行具体到位的检查指导。特别是针对土桥、丹阳、汤山 3 个乡镇领导人事变动情况，人大党组会同有关部门派出专人到现场指导帮助。4 月下旬，结合中共江宁县委召开的党委书记会议，对乡镇人大主席团如何开展工作提出意见和要求。

1995 年，在县人大常委会精心指导和帮助下，各乡镇相继选举产生人大主席、副主席，逐步配备相关工作人员，专职化程度逐渐提高。2001 年下半年，全区 14 个镇人大换届选举。针对这次选举面临的新形势，常委会加强工作指导，及时协调处理选举工作中出现的问题。区选举办主任、副主任分片负责，指导各镇把握阶段工作重点，稳步推进各项工作。这次选举工作中的一些做法，如推广选民登记站、代表候选人向选民代表发表演讲并回答提问、普遍设立投票站等工作，得到省、市人大常委会领导的高度评价。14 个镇在党委的领导和区选举办的精心指导下，充分发扬民主，严格依法办事，顺利地完成选举任务。据统计，有 97.30% 的选民参加投票选举，选举成功率 100%，其中一次成功率达 98.40%。至 2002 年 1 月 14 日，14 个镇都分别顺利召开新一届人民代表大会第一次会议。

【指导行使监督职权】

县人大常委会除积极帮助县内各乡镇依照法律程序、法律规定开好人民代表大会外，还认真指导各乡镇人大开展工作监督和法律监督。1987 年，汤山镇第十一届人民代表大会副镇长在选举中违法，江宁县人大常委会认真听取县人大法制工作委员会关于汤山镇人代会选举中有关问题的调查报告，县第十届人大常委会作出《关于纠正汤山镇副镇长选举中没有依法将 10 名以上代表联合提名的李发新列入候选人问题的决定》，汤山镇人大召开十一届一次会议续会，依法重新选举副镇长。1996 年，县十二届人大常委会组织全县人大代表分 23 个评议小组，采取县、乡联动，评议县工商行政管理局及23个乡镇工商行政管理所，先后召开座谈会100多场，共提出批评意见89条。1998年，江宁县周岗镇第八届三次人代会后，该镇部分人民代表反映补选该镇副镇长中的有关问题，江宁县人大常委会根据《中华人民共和国地方各级人民代表大会和地方各级人民政府组织法》有关规定，对周岗镇八届三次人代会出现贿选问题依法进行查处。对于这一问题，主任会议先行决定成立特定问题调查组进行专题调查，然后由常委会会议确认，后常委会又举行会议，听取调查报告作出处理决定。

【组织学习和交流活动】

为指导乡镇人大工作顺利开展，县十一届、十二届人大常委会在其任期内，多次召开乡镇人大主席团常务主席座谈会，组织他们学习人大工作业务，交流乡镇人大工作的经验，不断探索开展乡镇人大工作的新路子。1996年1月乡镇人大换届选举后，在中共江宁县委的重视下，全县23个乡镇全部配备专职的人大主席或副主席。县十二届人大常委会按照“新主席工作上轨道，老主席工作有提高，整体工作上水平”的思路，组织乡镇人大主席、副主席参加市人大举办的培训班，学习代表法和《江苏省乡镇人大工作暂行条例》。常委会不仅定期分片召开乡镇人大主席、副主席工作座谈会，交流工作经验，取长补短，还运用《人大工作情况》及时总结推广乡镇人大工作经验，并向全县转发丹阳镇人大主席团制订的乡镇人大制度，这对规范乡镇人大工作起到示范作用。1997年年底，各乡镇人大均完成乡镇人民代表大会的挂牌工作。此外，县人大常委会还采取邀请乡镇人大专职主席列席县人大常委会会议、组织外出学习考察、寄送学习材料等方式，帮助乡镇人大主席熟悉工作业务，提高业务能力。在县十二届人大常委会和乡镇人大共同努力下，乡镇人大工作在规范化、制度化方面取得新进展，乡镇人大整体工作水平上了一个台阶。针对1999年年初乡镇人大换届后部分乡镇人大领导和工作人员调整的情况，常委会及其办事机构有计划地举办乡镇人大专职主席、副主席、秘书培训班，学习有关法律、法规和人大业务知识，安排乡镇人大主席联系会、座谈会，以达到取长补短、相互促进的目的。邀请乡镇人大专职主席、副主席列席县人大常委会会议和参加有关视察、执法检查等活动，使他们了解县人大常委会的工作情况，熟悉依法履行人大职权的程序要求。

第六章 乡镇人大 街道人大工委

1953年，全县各乡镇在普选人大代表基础上，召开第一届人民代表大会。人民群众通过人民代表大会形式，充分行使民主政治权利。1966年“文化大革命”开始，各乡镇人民代表大会制度遭到破坏。中共十一届三中全会后，各乡镇恢复人民代表大会制度。1989年4月，在召开的全县各乡镇人民代表大会上选举产生人大主席团和常务主席。各乡镇人大主席团是各乡镇人民代表大会闭会期间的常设办事机构。至2002年，各乡镇召开过16届人民代表大会，审议各乡镇人民政府工作报告，选举乡长和副乡长、镇长和副镇长等。

为适应撤镇设街道的需要，从2002年开始，区人大常委会在东山和百家湖两个街道设立区人大常委会街道工作委员会（以下简称街道人大工委），作为区人大常委会的派出工作机构，并接受区人大常委会和街道党工委的领导。2006 年 3 月，经过区划调整，将区内原有 20 个乡镇调整合并为 7 个街道、2 个镇。7 个街道分别设立人大工作委员会，2 个镇则仍为人民代表大会建制。2007 年区划调整后，全区设 9 个街道，均设立人大工作委员会。街道人大工委围绕街道工作中心，组织人大代表通过视察、调查等方法，对辖区内政府及部门开展督查、评议等活动。

第一节 乡镇人大

【乡镇人民代表大会】

江宁区乡镇人大已有 50 多年的历史，其中经历数次变化。1950 年，中央人民政府政务院颁布《乡（行政村）民代表会议组织通则》，规定乡镇人民代表会议的地位和职权，当时的乡镇人民代表会议只是一个传达政策、联系群众的协商性机构，代行政府权力机关的部分职权。1954 年，国家第一部宪法规定，乡镇人民代表大会是乡镇一级的国家权力机关。

1958 年，农村普遍开展人民公社化运动，江宁县乡镇人民代表大会演变成人民公社社员代表大会，实行政社合一，公社管委会代替乡镇人大的地位，日常工作中政权机关与经济组织职能合一。“文化大革命”期间，各级人大机关无名无实，人民代表大会制度中断。人大工作一切活动停止，公社、镇一级权力机关，连同县一级人大（人委）一道，被革命委员会取代。革委会即为“文化大革命”时期的乡镇权力机关。1982 年，第五届全国人大第五次会议通过新宪法，废除人民公社政社合一制度，重新设立乡镇人大和乡镇政府，具体规定乡镇人大的职权。全县各乡镇相继召开人民代表大会，人民代表大会制度在乡镇一级得以恢复发展。

1954—2002 年，各乡镇人大先后历经 16 届。乡镇人大每次换届选举，其每届选举委员会主席（主任）由县选举委员会批准，人大代表的产生均为等额选举，分别在不同时期选举产生正副乡镇长或正副社长、革委会正副主任、管委会正副主任。

【乡镇人大主席团】

1988 年 8 月、11 月、12 月期间，中共江宁县人大常委会党组连续 3 次向中共江宁县委提出《关于设立乡镇人大主席团常务主席的报告》。中共江宁县委经研究同意，于 1988 年年底批转各乡镇党委执行。在 1989 年春召开的全县各乡镇人民代表大会上选举产生人大主席团和常务主席。各乡镇人大主席团是乡镇人民代表大会闭会期间的常设机构。同年 8 月 21 日，江苏省第七届人大常委会作出《关于乡镇人民代表大会主席团在闭会期间设立常务主席的决定》，这使乡镇人大主席团及其常务主席的工作规范化、制度化、法律化，乡镇人大主席团常务主席逐步由兼职向专职过渡。乡镇人大各项工作得以正常开展。至 1993 年换届时，全县 23 个乡镇已有 12 个乡镇配备专职常务主席。这 12 位常务主席，1 位是原党委书记，3 位是原乡镇长，6 位是原党委副书记，2 位是原副乡镇长。1996 年 1 月乡镇人大换届后，全县 23 个乡镇全部配备专职常务主席或副主席。与此同时，23 个乡镇陆续配备人大专职或兼职秘书，负责乡镇人大主席团的具体事务。

根据江苏省人大常委会颁布《乡镇人大主席团工作暂行条例》规定，各乡镇人大主席团必须经过全体代表在每次人民代表大会预备会议上选举产生，组成人员一般由乡镇党委领导干部，群众团体负责人，村、乡镇企事业单位负责人和工人、农民、知识分子等7名～11名代表组成，最多不超过13人。

各乡镇人大主席团在乡镇人民代表大会召开期间，负责筹备、召集和主持乡镇人民代表大会会议。在闭会期间，履行法律赋予的职权，监督乡镇人民代表大会通过的奋斗目标、财政预算和有关决议的贯彻执行；督办代表建议；对乡镇政府实施法律监督和工作监督，听取乡镇政府组成人员述职；负责组织代表活动，安排代表学习，发挥代表作用，保证宪法和法律、法规在该行政区域内的贯彻实施。

第二节 街道人大工委

2002年6月24日，区十三届人大常委会第三十四次会议决定在东山和百家湖两个街道设立区人大常委会街道工作委员会，作为区人大常委会的派出工作机构。几经区划调整，至2007年12月底，江宁区设东山、秣陵、汤山、淳化、禄口、江宁、谷里、湖熟、横溪9个街道人大工作委员会。

【东山街道人大工作委员会】

2006年3月，东山街道和上坊街道合并，成立新的东山街道，6月24日，设立东山街道人大工作委员会。

1953年至2002年1月，东山镇共召开16届人民代表大会。2002年3月29日，东山镇撤镇设立街道，同时成立东山街道人大工作委员会。

1953年7月至2002年1月，上坊镇（乡）共召开16届人民代表大会，2004年8月25日，上坊镇撤镇设立街道，同时成立上坊街道人大工作委员会。

2006—2007年，区十四届人民代表大会第四次、五次会议期间，东山街道共提出各类议案、建议61件，涉及卫生局、房产局、建设局等承办单位19家。

2007年9月，全区人大换届选举工作全面展开，东山街道人大工委会先后召开动员会、培训会10多次，培训1000多人次。街道近12万选民登记，25个选区总参选率达93%。民主选举产生区第十五届人大代表49人。

【秣陵街道人大工作委员会】

2006年3月，方山街道、百家湖街道与秣陵街道合并，成立新的秣陵街道，同时设立秣陵街道人大工作委员会。

1954年至2002年1月，秣陵镇（乡）共召开16届人民代表大会。2004年10月，撤镇设立秣陵街道，同时成立秣陵街道人大工作委员会。

1953年至1999年1月，方山乡共召开15届人民代表大会。2000年2月，方山乡撤乡设镇，同年3月，方山镇并入东山镇。2002年10月，成立方山街道，同时设立方山街道人大工作委员会。

2002年3月29日，成立百家湖街道，6月24日，设立百家湖街道人大工作委员会。

2006 年 6 月，秣陵街道人大工委按照“六有”标准，创办“人大代表之家”。6 月 17 日，组织代表视察街道科技产业园和二期工业园。同年 11 月 11 日，组织代表听取街道 2006 年经济工作情况的汇报。2007 年 8 月，组织代表听取街道 2007 年上半年街情通报及财政运行情况的汇报。2006—2007 年，区十四届人民代表大会第五次会议期间，秣陵街道共提出各类议案、建议 36 件，涉及承办单位 15 家。

2007 年 11 月 22 日，秣陵街道选举产生区第十五届人大代表 43 人。全街道分 18 个选区共有 106840 名选民参加选举，参选率 99.68%。

【汤山街道人大工作委员会】

2006 年 3 月，汤山镇、上峰镇、麒麟镇合并，成立汤山街道，同时设立汤山街道人大工作委员会。

1953 年 7 月至 2002 年 1 月，汤山镇共召开 16 届人民代表大会。

1953 年 7 月至 2002 年 2 月，上峰镇（乡）共召开 16 届人民代表大会。

1953 年 7 月至 2002 年 1 月，麒麟镇（其林乡）共召开 16 届人民代表大会。

2006—2007 年，汤山街道人大工委围绕党工委和街道的中心工作，认真履行职责，积极推进依法治街进程。2006 年 5 月，创办“人大代表之家”，实行“三定”（定时、定点、定内容），组织代表开展各项活动，为人大代表搭建参与政治、联系选民、展示代表形象的平台。2007 年上半年，组织代表对工业集中区、城建办公室和土地管理所等职能部门工作进行评议。并对 24 个村（社区）的社会主义新农村建设工作进行监督评议。

2007 年 9—12 月，街道人大工委按照区统一部署，认真组织区第十五届人民代表大会代表的选举工作。全街道 12 个选区共有 79120 名选民参加选举，参选率 94.50%，11 月 23 日，选举产生区第十五届人大代表 32 人。

【淳化街道人大工作委员会】

2006 年 3 月，淳化街道与土桥镇合并，成立新的淳化街道，同时设立淳化街道人大工作委员会。

1953 年秋至 2002 年 1 月，淳化镇（乡）共召开 16 届人民代表大会。2005 年 3 月，淳化镇撤镇设立街道，成立淳化街道人大工作委员会。

1951 年 9 月至 2002 年 1 月，土桥镇（乡）共召开 16 届人民代表大会。

2006 年 3 月至 2007 年 12 月，淳化街道人大工委围绕街道党工委和街道中心工作开展活动。参加市、区两级人大代表视察活动 8 次，调研活动 8 次，组织走访选民 750 多人次，收集代表意见和建议 100 多条，提交区政府有关部门和街道办理。

2007 年 12 月，举行新一届区人大代表换届选举工作，全街道有选民 48603 人，选举区第十五届人大代表 21 人。

【禄口街道人大工作委员会】

2000 年 3 月 3 日，铜山镇、禄口镇合并成立新的禄口镇。

2006 年 3 月，撤销禄口镇，成立禄口街道，同时设立禄口街道人大工作委员会。

1954 年 3 月至 1999 年 1 月，铜山镇（乡）共召开 15 届人民代表大会。

1953 年至 2001 年 1 月，禄口镇（乡）共召开 16 届人民代表大会。至 2006 年 1 月 3 日，共召开第十六届人民代表大会 7 次会议。

2006 年，街道人大工委组织代表视察新农村建设和社会事业工程；评议区卫生局、区劳动和社会保障局工作和铜山、禄口社区服务中心以及街道劳动和社会保障所工作，在区十四届人代会第四次会议上，提出议案 7 件；建立“人大代表之家”。

2007 年，在区十四届人大第五次会议上，代表提出议案 9 件。是年 10—11 月，开展区第十五届人大代表选举工作。共登记选民 79549 人，实际参选 78607 人，选民参选率 98.82%。选举产生区第十五届人民代表大会代表 28 人。

【江宁街道人大工作委员会】

2006 年 3 月，江宁街道与铜井镇合并，成立新的江宁街道，同时设立江宁街道人大工作委员会。

1954 年至 2001 年 1 月，江宁镇（乡）共召开 16 届人民代表大会。2005 年 12 月 28 日，撤镇设立江宁街道，同时设立江宁街道人大工作委员会。

1953 年至 2002 年 1 月，铜井镇（乡）共召开 16 届人民代表大会。至 2006 年 1 月，共召开第十六届人民代表大会 5 次会议。

2006—2007 年，街道人大工委每年组织人大代表对街道新农村建设、社会事业建设等工作进行视察和评议。2006 年 1 月 3 日，江宁镇第十六届人民代表大会召开第七次会议，听取人大工作报告、政府工作报告和镇财政预、决算报告。

2007 年 10—12 月，街道人大工委按照区统一部署，认真组织区第十五届人民代表大会代表的选举工作。11 月，选举产生区第十五届人大代表 30 人。

【谷里街道人大工作委员会】

2006 年 3 月，东善桥街道与谷里镇合并，成立谷里街道，设立谷里街道人大工作委员会。

1953 年 10 月至 2002 年 1 月，东善桥镇（东善乡）共召开 16 届人民代表大会。2004 年 8 月，东善桥镇撤镇设立街道，同时成立东善桥街道人大工作委员会。

1953 年 7 月至 2002 年 1 月，谷里镇（乡）共召开 16 届人民代表大会。

2006—2007 年，谷里街道人大工作委员会围绕街道中心工作，积极开展各项工作。联系走访群众 600 余人次，帮助解决街道热点难点问题 26 件。组织视察谷里、祖堂两个新农村建设示范点；组织 30 多名选民代表与部分市、区人大代表座谈，征询全面建设小康意见。2007 年 6 月，组织“选民代表看谷里，群策群力奔小康”活动，组织近 1000 名选民看家乡变化。同年 11 月，举行新一届区人大代表换届选举工作。全街道有选民 47037 人，参加选举 44834 人，参选率 95.30%，选举产生区第十五届人大代表 20 人。

【湖熟街道人大工作委员会】

2006 年 3 月，湖熟镇、周岗镇合并，重组新的湖熟镇。2007 年 12 月，撤镇设立湖熟街道，同时设立湖熟街道人大工作委员会。

1953 年至 2001 年 1 月，湖熟镇共召开 16 届人民代表大会。

1953 年至 1999 年 1 月，龙都镇（乡）共召开 15 届人民代表大会（2000 年并入湖熟镇）。

1970 年至 2001 年 1 月，周岗镇（乡）共召开 10 届人民代表大会。

2006 年 3 月，湖熟镇召开第十六届人民代表大会第六次会议。2007 年 2 月，召开第十六届人民代表大会第七次会议。同年 11 月 22 日，湖熟镇召开第十七届人民代表大会第一次会议。由于撤镇设立街道，会议听取政府工作报告，听取十六届人大主席团工作汇报及镇财政预、决算汇报。会议其他各项议程和选举工作取消。会议结束，镇人大代表资格自行终止。

2006 年 3 月至 2007 年 12 月，湖熟镇人大参加市、区组织的人大代表视察活动 3 次 调研活动 4 次；组织走访选民 6005 人次，收集代表意见和建议 30 余条。

2007 年 12 月，湖熟街道选举产生区第十五届人大代表 26 人。全街道有选民 696▪5 人，69570 人参加选举，参选率 99.85%。

【横溪街道人大工作委员会】

2006 年 3 月，横溪镇、陶吴镇、丹阳镇合并成立新的横溪镇。2007 年 12 月，撤镇成立横溪街道，同时设立横溪街道人大工作委员会。

1958 年秋至 2002 年 1 月，横溪镇（乡）共召开 16 届人民代表大会。

1953 年 7 月至 2002 年 1 月，丹阳镇（乡）共召开 16 届人民代表大会。

1953 年 7 月至 2002 年 1 月，陶吴镇（乡）共召开 16 届人民代表大会。

2006 年 3 月 28 日，横溪镇召开第十六届人民代表大会第六次会议。2007 年 2 月 9 日，召开第十六届人民代表大会第七次会议。同年 12 月 14 日，横溪镇召开第十七届人民代表大会第一次会议。由于撤镇设立街道，会议听取政府工作报告，听取十六届人大主席团工作汇报及镇财政预、决算汇报。会议其他各项议程和选举工作取消。会议结束，镇人大代表资格自行终止。

2007 年 12 月，横溪街道选举产生区第十五届人大代表 24 人。

第二十七编

地方政府

第一章　县　衙

第二章　民国县政府　抗日民主县级政权

第三章　人民政府

第四章　党政机关机构和事业单位改革

第五章　政事纪略

第六章　行政事务管理

周显王三十六年（前 333），楚威王熊商在石头山置金陵邑。秦始皇三十七年（前 210），改金陵邑为秣陵县，移治于秣陵镇。西晋太康元年（280），析秣陵县置临江县，太康二年，临江县更名为江宁县，“江宁”之名自此始。

从孙吴建都起，江宁一直在古代金陵城内附郭而治。六朝时期的秣陵、建康两县寄治于京师建康城内，自南唐已降直至明清时期的江宁、上元两县也先后设治于南唐都城、宋建康府城、元集庆路城、明应天府城和清江宁府城，辖域范围也一直涵括城内外，衙署变迁多次，地方主官多为名宦宿儒，其中不乏勤政于民之能吏，历代志书均有所载。

中华民国之始，上元、江宁两县合并为南京府，民国 2 年（1913），废南京府，复设江宁县，地方官称县知事。民国 16 年，江宁县辖域范围首次退出城区，但县治仍在南京城区。民国 24 年，江宁自治实验县政府迁往东山，标志着江宁从辖域范围到治所与南京的真正剥离。抗日战争时期，国民政府江宁县政府、共产党领导的抗日民主政权、汪伪江宁县政府 3 种不同性质的政权并存。抗日战争胜利后，国民政府江宁县政府复员至东山镇。民国 38 年 4 月 24 日，国民政府江宁县政府土崩瓦解。

民国 38 年（1949）4 月，在中国共产党领导下，建立江宁县人民政权，团结和依靠广大人民群众，恢复和发展生产，开展一系列的社会改革、改造工作，稳定社会秩序。按照中央和省统一部署，开展土地改革、抗美援朝、镇压反革命、“三反”和“五反”运动。1956 年，完成对农业、手工业和资本主义工商业的社会主义改造。1958 年，贯彻社会主义建设总路线，片面追求高指标、高速度，使国民经济遭受严重挫折。1961 年，按照“调整、巩固、充实、提高”的方针，对全县经济进行整顿，促进经济和各项社会事业健康有序发展。十年“文化大革命”期间，在“左”的思想指导下，各项工作处于不同程度的混乱之中，社会经济、生活秩序均遭破坏，但由于广大干部群众进行必要的斗争和抵制，使“文化大革命”的破坏受到一定的遏制，全县经济和社会事业仍有不同程度的发展。

中共十一届三中全会后，区（县）人民政府坚持以经济建设为中心，坚持实事求是思想路线，突出发展这一要务，逐步转变职能，妥善处理改革、发展与稳定的关系，加强政府机关自身建设，全面组织实施农业发展战略、工业强区战略、商贸富区战略、开放拉动战略、科技兴区战略，促进经济持续、健康发展，社会全面进步。2007 年，完成地区生产总值 339.53 亿元，人均突破 5000 美元；财政收入 111.14 亿元，其中地方一般预算收入 45.08 亿元；区各项主要指标全面进入全省十强，小康指标全面实现。

第一章　县　衙

西晋太康二年（281）二月，临江县更名为江宁县，江宁县治所在今江宁区江宁街道。主管政事的主官为县令。永宁二年（302），江宁县县令为周氏，宜兴人。此后，在江宁地域曾先后出现过秣陵、丹阳、江乘、湖熟、临江、江宁、同夏、建业、建邺、建康、归化、安业、金陵、白下、上元15个县。杨吴天祐十四年（917），分上元县西南19个乡及当涂县北2个乡复置江宁县，并与上元县在金陵府城同城而治，这种状况历经南唐、两宋、元、明、清各代，一直至清末，长达千年之久。

上元县和江宁县的县衙署均先后迁治7次。唐始改上元县时，县署于永寿宫东（《肇城志》），后治于石头城，位于清凉山北（即在明城定淮门与清江门之间）。几经迁治，明清时迁治于大司令府，在〔至正〕《金陵新志·元集庆路城图》上有所标注，具体位置在明城通济门内，中正街东头，今属南京市秦淮区。汉代所设的秣陵县，县治在秣陵（今江宁区秣陵街道）；江宁县治所在今江宁街道。几经迁治，明清时迁治于银作坊，即在今南京中华路以西，长乐路西段偏南，今中山南路以东这一区域。县署立于此历时520多年。

县行政长官，汉代至南唐为县令；宋代为知县；元代为达鲁花赤、县尹等；明代设知县；清官吏、机构设置基本沿袭明制。按照《清史稿·职官志》，上元县、江宁县均设知县、县丞、典史、教谕、训导、巡检、阴阳学训术、僧会司与道会司、驿丞等官职。

第一节　历代县衙

【县衙主要官员】

自西汉至清末，江宁县县级政府机构称衙署，行政长官称谓每朝各不相同。

汉代，江宁区域设有秣陵侯国、秣陵县、丹阳侯国、胡孰侯国等。侯国设侯，县设县令。西汉初年，实行郡县制和分封制。县有大小两种，万户以上设县令，不足万户设县长。江宁地域县均设县令，佐官有县丞，掌治安有县尉，属官有斗食佐官等。王莽建新朝初，县令改称县宰。东汉，仍设县令一名，佐官有县丞一名、县尉两名。

西晋至唐朝，江宁区域更易不定的县名有：江宁县、秣陵县、丹阳县、建邺县、湖熟县、江乘县、建康县、临沂县、上元县等，上述县均设县令。东晋初，以建康为京县，同西晋以洛阳为京县一样，置六部都尉、狱丞1人，左部尉1人，中郎将4人，方略史4人，乡各啬夫（啬夫为秦汉开始设的乡官，掌管诉讼和赋税）1人，治书史1人，佐各2人，正1人，校官掾（掾，古代属官的统称）1人，文学掾2人，主簿录事史1人。南梁还给建康县增加平正监二员，但那时秣陵、江宁二县不是京县，就不设平正监。

按唐制，大唐县有赤、畿、望、紧、上、中、下七等。望县为除京畿、京郊之外县中等级最高的县。开元四年（716），升江宁县为望县。上元二年（761），改江宁县为上元县。据《元和郡县图志》记载，元和年间，上元县为“紧县”，设县令、县丞、主簿各一人，还设县录事、司户、司法、仓督、典狱、市会等职。

宋代，江宁地域设上元县和江宁县，均为次赤县，县官称知事（宋代普通县称县令，大县、重要县称知县）。次赤县又曰剧县，设令一员，正七品；丞一员，正九品；主簿一员，正九品；尉一员，正九品。

元至元十二年（1275），上元、江宁二县依城归附元朝后，二县均为中县，仍由建康路管辖。两县均为附郭七品，各设达鲁花赤一员，兼提控捕盗，县尹一员，兼劝农事；主簿一员，县尉一员，印典史一员；儒学设教谕，阴阳、医学各设管勾、教谕。其中，江宁县辖江宁、秣陵两镇巡检司，有印，各设巡检；设金陵、秣陵两税务，有印，各设都监、同监；置江宁马站、大城港水站，有印，各设提领；南门外破街口还设江宁养济新院。上元县辖竹筱、龙都两巡检司，有印，各设巡检；设龙湾、湖熟两税务，有印，各设提领大使、副使；置龙湾水站，有印，设提领。此外，至元十九年，还在上元县花林市（在今栖霞区甘家巷一带）设淘金总管府，管提领所八处。至元二十三年，改为淘金提举司，为五品衙门，辖淘金户 7365 户、金场 70 余所。至元二十九年，因江南金课扰民，淘金提举司被罢撤。

明、清两代，上元、江宁两县县域及市镇、乡里、驿铺设置大体承袭宋、元之旧。〔乾隆〕《江宁新志》卷三·秩官表载：明代以江宁为京县，有知县 1 人、县丞 1 人、主簿 1 人、典史 1 人、儒学教谕 1 人、训导 2 人。县属官还有大胜驿、江宁马驿驿丞各 1 人，医学训科 1 人，阴阳学训术 1 人，僧会司僧会 1 人，道会司道会 1 人。清代，仍有知县 1 人，秣陵镇巡检司 1 人，江宁驿驿丞 1 人，阴阳学训术、医学训科各 1 人，僧会司、道会司各 1 人。

图 27-1-1　清上元县衙旧址

【县官品级与职责】

据〔同治〕《上江两县志》载：上元县、江宁县知县都是正七品（明清规定又分正从二级，一般正为上阶，从为下阶），养廉 1800 两（白银）。上元县丞和江宁粮捕水利县丞都是正八品，养廉 60 两（白银）；两县各设教谕一员正八品，上元复设训导一员从九品，江宁复设训导一员从八品，养廉皆 40 两（白银）；上元淳化镇巡检和江宁司（在江宁镇）巡检都是从九品，两县还各设典史一员。

按照《清史稿·职官志》，知县的职权是掌一县治理，决讼断辟，劝农赈贫，讨猾除奸，兴养立教。《后汉书·百官志》注曰：令长（即后来的知县）掌治民、显善、劝义、禁奸、罚恶、理讼、平贼、恤血。

县丞：为县令的辅佐之官。上江两县都有专门的县丞署。清初，江宁县与上元县设同样的主簿和清军城捕二丞。康熙五年（1666），清军奉命裁，后主簿亦被裁，故从乾隆朝开始，江宁县改设粮捕水利县丞。

典史：为知县下掌管缉捕、监狱的属官，品级不高，但很重要。如县丞、主簿空缺，常由典史兼领其职。

教谕：主掌文庙祭祀、教育和管束所属生员，为学官的主要负责人。

训导：地位略次于教谕，协助同级学官管理教育所属生员。

巡检：巡检司多设于距域较远的关隘要地。巡检常以武臣充任，负责巡查、检束一方。

阴阳学训术：为地方设立的天文占卜学校，教学内容为天文和术数。术指方术，数被理解为气数。教育人们以种种方术观察自然界可注意的现象，并以之推测人和某地区的气数和命运，包含有相当多的封建迷信内容。

僧会司与道会司：分别执掌佛教徒事务与道教徒事务。明朝开始设置，清代沿袭。主掌佛教徒事务的官署省设僧纲司，州设僧正司，县设僧会司；主掌道教徒事务的省设道纪司，州设道正司，县设道会司。

驿丞：也是官名。明清时在省和个别州县设置，掌管驿站。清代的邮政制度，各省内地所设的叫驿，专为军报而设的叫站。明清江宁县都在江宁镇等处设驿站，专供传递公文的人或来往官员途中换马、歇宿，直至清末举办邮局后废除。

第二节　知县（县令）名录

历代知县（县令）资料残缺，现根据《元和郡县图志》（唐·李吉甫，中华书局，1983 年）、《景定建康志》（宋·周应和，清嘉庆六年刻本）、〔正德〕《江宁县志》（明·王诰、刘雨，书目文献出版社，2000 年）、〔万历〕《上元县志》（明·程三醒，上海书店，1991 年）、〔康熙〕《江宁县志》（清·佟世燕，中国书店，1992 年）、〔道光〕《上元县志》（清·武念祖，江苏古籍出版社，1991 年）、〔同治〕《上江两县志》（清·莫祥芝、甘绍盘，成文出版社有限公司，1970 年）、《上元江宁乡土合志》（清·陈作霖，江楚编译局，清宣统二年刊本）等史料记载，将江宁区域历代知县（侯、县令、达鲁花赤、县尹）等列表于后。

江宁县历代行政长官情况表

表 27-1-1

时　代	政区名称 / 长官名称	任职情况
汉　代	秣陵侯国 / 侯 秣陵县 / 县令	刘缠，元朔元年（前 128）至元鼎四年（前 113）封 郅沇，汉时任
	丹阳侯国 / 侯	刘敢，元朔元年（前 128）至元狩元年（前 122）封
	胡孰侯国 / 侯	刘胥行，元朔元年（前 128）至元鼎五年（前 112）封 刘圣，元鼎五年袭爵为胡孰侯，旋免爵
西　晋	江宁县 / 县令	周氏，宜兴人，永宁二年（302）任 诸葛恢，字道明，琅琊阳都人，永嘉元年（307）任
	秣陵县 / 县令	顾众，吴国吴人，约晋惠帝末年任
	丹阳县 / 县令	袁瓌，字山甫，陈郡阳夏人，约西晋建兴年间任
	建邺县 / 县令	鲁胜，字叔时，代郡人，元康初年任
东　晋	湖熟县 / 县令	戴耆之，隆安二年（398）任
	秣陵县 / 县令	曲安远，咸安年间任
	江乘县 / 县令	田熙之，太元十八年（393）任 郑袭，东晋时期任

续表 1

时　代	政区名称 / 长官名称	任职情况
东　晋	临沂县 / 县令	诸葛恢，字道明，琅琊阳都人，约东晋初年任 臧焘，字德仁，东莞莒人，约东晋末年任 莱靓，东晋时期任
	建康县 / 县令	管旆，咸和三年（328）任 顾昌，约东晋中期任
刘　宋	建康县 / 县令	江秉之，字玄叔，济阳考城人，景平年间任 刘秀之，字道宝，东莞莒人，元嘉十六年（439）及元嘉二十四年，两任 张永，字景云，吴郡吴人，元嘉二十二年九月任 丘珍孙，吴兴人，元嘉二十五年八月任 陆徽，字休猷，吴郡吴人，元嘉年间任 王兴之，孝建元年（454）三月任 萧道成，字绍伯，南兰陵郡兰陵人，孝建初年至大明年间，两任 顾宪之，字士思，吴郡吴人，元徽元年（473）任 刘遐，昇明元年（477）任 沈文秀，字仲远，吴兴武康人，约刘宋中期任 贺道力（一说道方），刘宋时期任 丘灵鞠，吴兴乌程人，约刘宋后期任 劳彦远，刘宋末年任
	江宁县 / 县令	沈道源，孝建元年（454）三月前任 苏宝，名宝生，孝建初年至大明二年（458）任 伏曼容，字公仪，平昌安丘人，泰始年间任
	秣陵县 / 县令	沈亮，字道明，吴兴武康人，元嘉十七年（440）任 沈璞，字道真，吴兴武康人，约元嘉二十二年至二十六年任 庾淑之，约元嘉末年任 陶继之，元嘉末年任 鲍照，字明远，东海人，孝建三年（456）任 刘系宗，丹阳人，元徽初年任 刘实，昇明元年（477）任 吕文显，临海人，昇明初年任
	丹阳县 / 县令	萧赤斧，南兰陵郡兰陵人，约大明年间出补
	江乘县 / 县令	赵宣之，约刘宋早期任 毛元娇，刘宋时期任
	湖熟县 / 县令	袁慆，约宋明帝时期任
萧　齐	建康县 / 县令	刘系宗，丹阳人，建元年间任 吕文显，临海人，永明五年（487）任 萧诞，字彦伟，南兰陵郡兰陵人，永明年间任 纪僧真，丹阳建康人，永明年间任 沈徽孚，约永明年间任 何远，字义方，东海郯人，中兴二年（502）任 孙廉，约齐末梁初任 刘玄明，临淮人，约齐末梁初任

续表2

时代	政区名称 / 长官名称	任职情况
萧齐	建康县 / 县令	徐泓，齐代任 萧怀，齐代任
	秣陵县 / 县令	司马迪，永明年间任 王沈，字彦流，东海人，永明年间任 宗夬，字明扬，南阳涅阳人，隆昌元年（494）任 王擒，齐代任 徐泓，齐代任
	临沂县 / 县令	李玉之，齐代任
萧梁	秣陵县 / 县令	刘沼，字明信，中山魏昌人，天监初年任 刘显，字嗣芳，沛国相人，天监初年任 周舍，字昇逸，汝南安成人，天监年间任 江革，字休映，济阳考城人，约天监年间任 徐擒，字士秀，东海郯人，普通初年任 何思澄，字元静，东海郯人，约普通、大通年间任 贺革，字文明，会稽山阴人，约大通、中大通年间任
	临沂县 / 县令	傅彝，梁代任 明仲璋，平原郡鬲人，梁代任 孟智，梁代任
	建康县 / 县令	羊瞻解，天监元年（502）二月任 乐法才，字元备，南阳淯阳人，约天监十三年任 褚球，字仲宝，河南阳翟人，天监初年任 傅翙，灵州人，天监年间任 刘霁，字士烜，平原人，约天监年间任 庾持，字允德（一作元德），颍川鄢陵人，天监年间任 江革，字休映，济阳考城人，约天监年间任 萧子显，字景阳，南兰陵郡兰陵人，约普通、大通年间任 刘潜，字孝仪，彭城人，约中大通、大同年间任 谢挺，太清二年（548）六月任 庾信，字子山，南阳新野人，太清三年任 孔奂，字休文，会稽山阴人，太平二年（557）任 傅岐，字景平，灵州人，约梁武帝后期任 沈浚，字叔源，吴兴武康人，约梁武帝后期任 沈孝轨，约梁代末年任 钟岏，字长丘，颍川长社人，约梁代任
	江宁县 / 县令	陶道宗，大同二年（536）任
陈代	江宁县 / 县令	陈嗣，绍泰元年（555）十二月任 荀法尚，约天嘉末年任
	秣陵县 / 县令	司马申，字季和，河内温人，太建九年（577）任
	丹阳县 / 县令	张崖，晋陵人，元嘉元年（560）任
	江乘县 / 县令	司马申，字季和，河内温人，天嘉五年（564）任
	建康县 / 县令	萧引，字叔休，南兰陵郡兰陵人，至德二年（584）任 张稚才，陈代任

续表 3

时　代	政区名称 / 长官名称	任职情况
唐　代	江宁县 / 县令	萧元善，永徽三年（652）任 康英，会稽人，约唐初任 柳尚素，河东人，约唐初任 于敬之，河南人，约唐初任 陆彦恭，景云年间任 王昌龄，字少伯，京兆人，开元二十八年（740）任江宁县丞（一说江宁令）
		杨利物（杨子云），天宝十三年（754）任 韦谅，京兆人，乾元年间任
	上元县 / 县令	陆条，苏州吴县人，约唐代中期任 卜吉，光启年间任 王仲康，唐代任
南　唐	江宁县 / 县令	舒元，颍州沈丘人，南唐中主李璟时期任
	上元县 / 县令	何寰，南唐时期任
宋　代	江宁县 / 知县	苏颂，字子容，泉州南安人，庆历三年（1043）到任 乐□，绍兴元年（1131）到任 朱举直，绍兴三年到任 盛璿，绍兴六年到任 张昌，绍兴九年到任 臧梓，绍兴十一年到任 苟绅，绍兴十二年到任 叶义问，字审言，严州寿昌人，绍兴年间到任 曾譓，绍兴年间到任 姚劭，绍兴年间到任 窦安国，绍兴二十年九月到任 曾浩，绍兴二十三年九月到任
		洪馆，绍兴二十六年十月到任 陈希平，绍兴二十九年十月到任 喻仲远，绍兴三十二年四月到任 张椿，绍兴三十二年九月到任 赵彦恂，隆兴二年（1164）三月到任 陈岊，乾道二年（1166）十二月到任 何作善，乾道四年十月到任 葛郛，乾道八年四月到任 赵伯涣，淳熙元年（1174）七月到任 章騆，淳熙三年七月到任 赵善兴，淳熙五年十月到任 张孝伯，字伯之，和州乌江人，淳熙九年正月到任 曾炎，淳熙十二年二月到任 虞汝翼，淳熙十五年二月到任 求扬祖，淳熙十六年四月到任 陆峻，绍熙三年（1192）五月到任

续表 4

时　代	政区名称 / 长官名称	任职情况
宋　代	江宁县 / 知县	刘履忠，庆元元年（1195）十月到任 于倬，庆元四年十月到任 杨九鼎，嘉泰元年（1201）十一月到任 何中实，嘉泰四年十一月到任 潘槱，嘉定元年（1208）九月到任 徐龟年，嘉定三年正月到任 胡林卿，嘉定六年二月到任 莫光朝，嘉定九年四月到任 王大临，嘉定十一年四月到任 季端宜，嘉定十四年四月到任 潘子高，嘉定十七年五月到任 王象之，字仪父，婺州金华人，约宁宗时期任 刘垕，宝庆三年（1227）五月到任 陆衎，绍定三年（1230）六月到任 周大昌，绍定六年六月到任 惠孔时，端平三年（1236）十月到任 王圭，嘉熙二年（1238）八月到任 赵与桸，淳祐元年（1241）九月到任 钱谦孙，淳祐四年十一月到任 钱崇镣，淳祐七年十二月到任 孙梓，淳祐八年八月到任 曹庭褒，淳祐十年八月到任 赵崇峃，宝祐元年（1253）八月到任 叶信厚，宝祐三年十二月到任 赵希瓏，宝祐五年正月到任 林晖，开庆元年（1259）四月到任 王镗，景定元年（1260）二月到任
	上元县 / 知县	吴嗣复，字昌卿，濮阳人，仁宗时期任（一说明道元年任主簿） 梅挚，天圣年间任 元绛，字厚之，钱塘人，明道元年（1032）四月到任 方楷，字希则，景祐初年任 程颢，字伯淳，洛阳人，嘉祐七年（1062）兼摄上元县事 王子韶，熙宁三年（1070）到任 沈该，字守约（一作元约），吴兴人，政和年间任 徐端辅，绍兴二年（1132）七月到任 蒋闶祖，绍兴四年四月到任 赵不化，绍兴五年三月到任 曾恢，绍兴六年五月到任 吴枢，绍兴十年二月到任 吴芑，绍兴十三年三月到任 许颂，绍兴十三年十一月到任

续表 5

时　代	政区名称 / 长官名称	任职情况
宋　代	上元县 / 知县	胡廷直，绍兴十六年十二月到任 冯和叔，绍兴二十年二月到任 黄霖，绍兴二十三年五月到任 许宦，绍兴二十六年五月到任 滕瑾，绍兴二十七年十月到任 李辟之，绍兴三十一年三月到任 李允升，字子猷，武进人，隆兴二年（1164）四月到任 魏楫，乾道二年（1166）九月到任 方廷瑞，乾道五年十月到任 苏囿，乾道九年四月到任 赵公崇，淳熙二年（1175）三月到任 薛裴，淳熙四年四月到任 赵伯晟，字明仲，淳熙六年五月到任 冷世修，淳熙九年六月到任 郑若容，淳熙十二年七月到任 王允蹈，淳熙十五年八月到任 姜楷，绍熙二年（1191）八月到任 程阜，绍熙五年八月到任 方叔恭，庆元二年（1196）三月到任
		莫柯，庆元五年四月到任 郑缉，嘉泰二年（1202）五月到任 扈卞，开禧元年（1205）五月到任 赵希苍，开禧元年闰八月到任 史复祖，开禧三年三月到任 戴概，嘉定二年（1209）五月到任 柳说，嘉定四年二月到任 洪圭，嘉定七年六月到任 司马述，嘉定十年八月到任 叶宰，嘉定十二年十月到任 赵时侨，嘉定十五年十一月到任 赵崇健，宝庆元年（1225）十一月到任 奚枧，宝庆三年十一月到任 钱逢，绍定三年（1230）十二月到任 楼淮，端平元年（1234）二月到任 丰云昭，嘉熙元年（1237）四月到任 戴宗昭，嘉熙二年十二月到任 蒋孝参，嘉熙四年二月到任 谭谷，嘉熙四年六月到任 陈梦高，淳祐二年（1242）四月到任 赵若琉，淳祐五年七月到任 王旦，淳祐七年十月到任

续表 6

时 代	政区名称 / 长官名称		任职情况
宋 代	上元县 / 知县		陶梦桂，淳祐十年十月到任 曹之格，淳祐十二年十月到任 陈寅，宝祐三年（1255）十一月到任 许钥，宝祐六年十二月到任 钟蜚英，景定元年（1260）八月到任 杨应善，景定三年到任
元 代	江宁县	达鲁花赤	14 人：吴德（至元年间任）、阿鲁不思、亦不剌金、纽怜、忙古歹、伯颜、忽都鲁不花、秃鲁迷失海牙、别撒剌儿、那怀、金刚奴、丑脸、小云赤、火失不花
元 代	江宁县	县 尹	21 人：李□、曹珪、傅雯、王□、王仁、宋杞、王蒙（大德年间任）、冯□、王挺、张守忠、陈思问、孙忠、卢从道、张恪、钱遵、卢世欢、丘世良、南英、王谦、张逊、章秉仁
元 代	上元县	达鲁花赤	5 人：阿都剌、也先不花、马合马沙、丑驴、那怀
元 代	上元县	县 尹	16 人：谢祐、刘祯、刘德茂、习瑞、邓澍、欧阳完、泽都、张昴、贡京、朱良弼、曲克明、黄伯颜、王礼、田贤（至元年间任）、王枢 孔文昇，字退之，谱名思退，号山竹，溧阳人，泰定三年（1326）任
明 代	江宁县 / 知县		张安仁，字仁夫，九江府人，洪武元年（1368）到任 张允昭，洪武十三年到任 张士彬，淮安山阳县人，洪武年间任 周瓛，泰州人，洪武四年到任 钱晁，嵊县人，洪武九年到任 黄翰，福建惠安人，洪武年间任 纪肃，字宗鲁，山西人，洪武年间任 钱大用，字克升，陕西西安人，洪武年间任 高炳，洪武年间任 张得中，字大本，浙江鄞县人，永乐初年任 王恺，字时举，蒲圻人，永乐八年（1410）到任 徐渊，泰州人，永乐十年到任 胡暹，当涂人，永乐十八年到任 栢福，字天祐，太平县人，洪熙元年（1425）到任 陈孜，字复礼，元城县人，宣德初年任 陈成仁，宣德年间任 蓝清，高安人，宣德年间任 杜春，浙江金华人，正统初年任 周原庆，字永新，青田人，正统十四年（1449）到任 李褒，景泰初年任 熊肃，陕西宁州人，景泰年间任 胡谧，字廷慎，绍兴会稽人，天顺五年（1461）到任 程纪，字公理，四川塾江人，成化元年（1465）到任 周博，字守约，道州人，成化七年到任 胡鄘，字子原，睢宁人，成化十年到任 刘傅，字师正，嘉定人，成化十三年到任

续表 7

时 代	政区名称 / 长官名称	任职情况
明 代	江宁县 / 知县	武敬，滑县人，成化二十二年到任
		朱宗，字子因，睢州人，弘治元年 (1488) 到任
		袁阳，字健夫，直隶满城人，弘治十一年到任
		易宠，字天锡，江西安仁人，弘治十七年到任
		段经，湖广江夏人，正德初年任
		王文麟，字廷瑞，秦州人，正德八年 (1513) 到任
		吴时俊，字世英，南海人，正德十年到任
		王诰，字承恩，霸州保定人，正德十四年到任
		张恕，洛阳人，嘉靖元年 (1522) 到任
		洪显，汤溪人，嘉靖二年到任
		汤时来，字应之，靖州人，嘉靖六年到任
		杨梅，陕州人，嘉靖九年到任
		崔尚义，直隶长垣县人，嘉靖十二年到任
		杨京，字汝大，建安人，嘉靖十五年到任
		蓝因，字徵甫，即墨人，嘉靖十八年到任
		甘应祯，字贞夫，真定藁城人，嘉靖二十年到任
		祝朝用，字尚宾，四川义卫司人，嘉靖二十五年到任
		何价，字维藩，湖广衡州人，嘉靖三十三年到任
		毛国贤，字正献，鄞县人，嘉靖三十五年到任
		金杰，浙江兰溪人，嘉靖三十七年到任
		吴福基，字绍德，云南右卫籍，休宁人，嘉靖四十一年到任
		李一鹗，字时荐，山西应州人，隆庆元年（1567）到任
		李爵，字子修，长阳人，隆庆四年到任
		武镅，宇克纯，山西陵川县人，万历二年（1574）到任
		陈谦，钱塘人，万历五年到任
		贾廷聘，字希尹，潼川州人，万历六年到任
		雷学尹，字尚志，原籍云南临安卫，后入籍湖广随州，万历十一年到任
		龙起春，黎平籍，绥宁人，万历十八年到任
		周诗，字与言，南直隶昆山县人，万历十八年到任
		杨应丙，肤施人，万历二十二年到任
		石允珍，陕西冯翊人，万历二十四年到任
		戴大槐，福建莆田人，万历后期任
		刘仪凤，陕西盩厔人，万历后期任
		李充大，顺天玉田县人，万历后期任
		陈格言，南直隶吴江县人，万历后期任
		艾友芝，贵州都匀府人，万历后期任
		解允淑，陕西韩城县人，万历后期任
		刘必达，号柱石，陕西咸宁县（一称三原）人，万历后期任
		毛可教，湖广麻城县人，万历后期任
		田有年，号心海，陕西扶县人，天启年间任
		王同鼎，湖广黄冈县人，天启年间任

续表 8

时　代	政区名称 / 长官名称	任职情况
明　代	江宁县 / 知县	杨俊卿，浙江乌程县人，崇祯年间任
		夏之鼎，南直隶昆山县人，崇祯年间任
		郑九炯，浙江人，崇祯年间任
		郭维蕃，江西人，崇祯年间任
		刘汝忠，广东人，崇祯年间任
		杨文骢，贵州人，崇祯十六年（1643）到任
		王同轨，字行父，湖北黄冈人，万历以后任
		王成华，具体时代不明
	上元县 / 知县	尹昌期，凤阳人，洪武元年（1368）到任
		伍宏（洪），字伯宏，吉安（一说安福）人，洪武六年到任
		孙克义，洪武八年到任
		杨宗诚，福州宁德人，洪武十三年到任
		赵旻，山西蒲州人，洪武二十三年到任
		司马东，陕西西安人，洪武二十八年到任
		吕贞，洪武年间任
		李褒，江西庐陵人，永乐元年（1403）到任
		魏鉴，永乐初年任
		陈奂，字聚奎，浙江慈溪人，永乐年间任
		何均平，陕西西安人，永乐八年到任
		黄思敬，浙江归安人，永乐年间任
		高廉，永乐年间任
		李彬，直隶晋州人，宣德元年（1426）任
		叶俊，正统元年（1436）前任
		姜德政，浙江江山人，景泰年间任
		张灵，景泰年间任
		符台，河南人，天顺四年（1460）到任
		王宪，字大章，直隶晋州人，天顺八年到任
		边宁，山东历城人，成化六年（1470）到任
		王定安，顺天大兴人，成化年间任
		马良，陕西米脂人，成化年间任
		萧谦，陕西长安县人，成化年间任
		赵坤，慈溪人，成化二十三年到任
		周密，字邦慎，南直隶宝应人，弘治二年（1489）到任
		杜焞，慈溪人，弘治年间任
		袁阳，字健甫，北直隶满城人，弘治年间任
		袁显，字诚夫，湖广麻城（或称耒阳）人，正德二年（1507）到任
		余韶，字凤仪，江西南昌人，正德八年到任
		李壕，山西潞州人，正德九年到任
		白思齐，字希之，山西平定人，正德十三年到任
		周秀，字公全，山东历城人，嘉靖元年（1522）到任
		魏弘仁，字体元，陕西泾阳人，嘉靖四年到任

续表 9

时　代	政区名称 / 长官名称	任职情况
明　代	上元县 / 知县	陈瓒，字宗器，浙江天台人，嘉靖七年到任 石渊之，浙江黄岩人，嘉靖十三年到任 程熺，字文纯，江西南城人，嘉靖十六年到任 刘敬宗，浙江仁和人，嘉靖二十二年到任 张宿，浙江余姚人，嘉靖二十三年到任 景銮，字一和，陕西岐山人，嘉靖二十五年到任 袁监，字广昭，广东揭阳人，嘉靖二十八年到任 刘以贞，江西安福人，嘉靖三十三年到任 房锟玉，字以辉，山西灵石人，嘉靖三十八年到任 段有成，字可达，云南昆明人，嘉靖四十二年任 袁伯雄（一说伯雅），江西丰城人，隆庆元年（1567）到任 王诰，江西清江人，隆庆三年到任 林大黼，字朝介，福建莆田人，万历元年（1573）到任 陈文，字载道，江西靖安人，万历五年到任 余相，浙江会稽人，万历八年到任 唐栋，湖广江陵人，万历十一年到任 沈榜，湖广临湘（或称江西临江）人，万历十五年到任 程三省，字师曾，四川富顺（或称浙江富阳）人，万历十六年到任 孙梦熊，字兆甫，广西藤县人，万历二十一年到任 叶士敦，字子厚，山西闻喜人，万历二十四年到任 刘一全，陕西盩厔人，万历后期任 白鲲，江西南和人，万历后期任 刘伯绶，山东历城人，万历后期任 贾应龙，号蛰庵，河南安阳（一说祥符）人，万历后期任 周三锡，直隶浚县人，万历后期任 吴望岱，陕西会宁人，万历后期任 陈宇，浙江上虞人，万历后期任 李凤翔，直隶保定人，万历后期任 缪伯升，浙江人，天启年间任 许学宗，福建人，天启年间任 范廷弼，山东滋阳人，天启年间任 何其英，顺天大兴人，崇祯年间任 官成，山东平度人，崇祯年间任 王梦台，广西全州人，崇祯年间任 彭弼薇，江西安福人，崇祯年间任 陈之绅，浙江海宁人，崇祯年间任 沙蕴金，直隶威海人，崇祯年间任 薛大丰，福建仙游人，崇祯年间任 江文纯，南直隶武进人，崇祯年间任
	江宁县 / 知县	袁懋龄，字大年，江西丰城人，顺治二年（1645）到任 李呈芬，湖广江夏人，顺治三年到任

续表 10

时 代	政区名称 / 长官名称	任职情况
清 代	江宁县 / 知县	邵擢，字者超，山东武城人，顺治四年到任 吕朝辅，汉军正黄旗人，顺治六年到任 杜来凤，山西武县人，顺治七年到任 崔诏之，山东平度人，顺治十年到任 葛攀桂，陕西武功人，顺治十一年到任 冯绂来，字子量，浙江新城人，顺治十三年到任 陈永吉，辽东辽阳人，顺治十五年到任 周永清，辽东抚顺（一作奉天镶白旗）人，康熙四年（1665）到任 俞滋惠，广东新会人，康熙七年到任 吴汝亮，字仲闇，山东滨州（一作山东沾化）人，康熙九年到任 吕梦琦，广东南海人，康熙十一年到任 崔登华，直隶永平人，康熙十二年到任 方殿元，字蒙章，号九谷，广东番禺人，康熙十三年到任 王朝鬲，奉天人，康熙十五年到任 孙起纶，山东安邱人，康熙十六年到任 陈殿邦，福建长乐人，康熙十七年到任 胥锡祚，山东潍县人，康熙十八年到任 崔岳宗，镶黄旗人，康熙十九年到任 佟世燕，正蓝旗人，康熙二十一年到任 蒋毓祥，广西全州人，康熙二十五年到任 叶永清，福建平和人，康熙二十七年到任 徐关宝，镶白旗人，康熙二十八年到任 陈九睦，镶黄旗人，康熙三十六年到任 谭有年，浙江秀水人，康熙四十五年到任 苏壎，福建南安人，康熙四十九到任 臧长源，浙江长兴人，康熙五十四年到任 黄光夏，江西德化人，雍正元年（1723）到任 孔毓珠，山东曲阜人，雍正五年到任 王锡，浙江海盐人，雍正六年到任 吴湘皋，以字行，改字芷汀，江西会昌人，雍正八年到任 王仁锡，浙江海宁（一作山阴）人，雍正九年到任 唐如柏，浙江桐乡人，雍正十年到任 郎大成，顺天昌平人，雍正十二年署任 张嘉论，浙江海宁人，雍正十三年署任 钦琏，字宝先，浙江乌程人，乾隆五年（1740）六月调任 薛清来，河南孟县人，乾隆年间任 冯绍立，四川宜宾人，乾隆年间任 袁枚，字子才，浙江钱塘人，乾隆十年二月调任 袁增，顺天大兴人，乾隆十五年十月调任 杨文光，山东历城人，乾隆年间任 杨魁，汉军正黄旗人，乾隆二十二年十一月调任 钱金殿，浙江嘉善人，乾隆二十五年六月升任

续表 11

时 代	政区名称 / 长官名称	任职情况
清 代	江宁县 / 知县	刘伯壎，直隶任邱人，乾隆二十七年十一月调任 陆沈镇，甘肃灵州人，乾隆三十二年十二月调任 陈世增，奉天正白旗人，乾隆三十五年十二月题任 顾信，顺天宛平人，乾隆三十六年十二月调任 梁岩，奉天正红旗人，乾隆三十八年六月调任 李士珠，山东历城人，乾隆年间任 王承敬，浙江慈溪人，乾隆四十一年七月升任 吴瑍，浙江钱塘人，乾隆五十一年九月调任 魏右曾，江西广昌人，乾隆年间任 吴元潜，安徽休宁人，乾隆末年任 张永浙，安徽祁门人，乾隆六十年四月调任 孟甲年，山东东平人，嘉庆五年（1800）十月调任 钱有序，浙江嘉善（一作嘉兴）人，嘉庆八年十一月调任 赵庭椿，浙江山阴人，嘉庆二十年十一月调任 罗鸿翔，道光年间任 郑其忠，贵州石阡人，道光元年（1821）二月调任，一作道光五年任 姚樑，顺天大兴人，道光七年五月补任 刘大烈，安徽巢县人，道光初年任 傅璋，字峨山，湖北天门人，道光八年四月调任 伍家榕，广西全州人，道光年间任 王垛，陕西三原人，道光十年四月调任 赵本扬，原名本敬，字植夫（直夫），一字靖庵，贵州瓮安人，道光十三年二月调任 徐麟趾，河南人，道光年间任 朱清耀，道光年间任 李金芝，直隶清苑人，道光十五年九月调任 杨迺实，山东人，道光年间任 王绍复，山东蓬莱人，道光十六年十二月调任 陈介眉，山东人，道光年间任 秋家丞，浙江山阴人，道光年间任 张之浚，山东黄县人，道光年间任 李彭龄，汉军旗人，道光二十三年正月调任 杨维藩，字晓岚，福建人，道光年间任 王採，道光年间任 范仕义，字廉泉，云南保山人，道光二十四年四月调任 周璞，字蕴山，山东人，道光末年任 方传书，安徽桐城人，道光二十八年五月调任 刘同缨，道光末年任 王庆瑞，顺天人，道光二十九年年任 张行澍，字瀚云，河南祥符人，咸丰三年（1853）到任 王省山，字仲巡，山西沁县人，咸丰三年秋到任

续表 12

时　代	政区名称 / 长官名称	任职情况
清　代	上元县 / 知县	姚瑜，咸丰年间任 王恩培，四川酉阳人，咸丰年间任 范穰，咸丰年间任 刘钊，咸丰年间任 胡克文，咸丰年间任 禹志涟，湖南湘乡人，同治元年（1862）署任 王鸿训，字子蕃，四川井研人，同治四年署任 康挹玉，直隶满城人，同治四年代理 张肆孟，字集甫，四川巴县人，同治四年任 莫祥芝，字善徵，贵州独山人，同治六年任 陆长龄，浙江钱塘人，同治八年署任 莫样芝，同治八年回任 蒋志拔，字萃峰，江西铅山人，同治十年署任 甘绍盘，字愚亭，安徽桐城人，同治十二年署任 萧焕唐，字廉泉，江西庐陵人，光绪元年（1875）到任 许诵宣，字仲甫，浙江海盐人，光绪元年署任 陆嗣龄，字子年，四川雅安人，光绪二年署任 吴元汉，字乐园，安徽凤阳人，光绪三年署任 顾景濂，字绍锡，顺天大兴人，光绪五年署任 陆元鼎，字春江，浙江仁和人，光绪六年六月补任 贾致慎，山东黄县人，光绪九年三月调任 赵受璋，直隶祁县人，光绪十六年二月调署 蓝采锦，光绪十八年四月署任 赵受璋，光绪十九年七月调署 翁延年，字笠渔，湖南湘潭人，光绪二十一年五月署任 卢维雍，湖北汉川人，光绪二十六年正月调任 朱枚，光绪三十年后署任 龙璋，字研仙，湖南攸县人，光绪三十二年署任 叶保庆，四川华阳人，光绪三十三年二月调任 邝兆雷，广东新宁人，宣统元年（1909）四月请补 黄应谌，字敬一，顺天大兴人，顺治二年（1645）到任 王自成，浙江乌程人，顺治二年署任，三年实授 张育葵，河南陕州人，顺治四年到任 郭士贤，奉天人，顺治六年到任 姜延槐（一作姜廷槐），浙江会稽人，顺治十年到任 张鸿基，直隶永平人，顺治十三年到任 王敦善（一作王登善），山东黄县人，顺治十五年到任 张希声，直隶沙河人，顺治十七年到任 白崇周，奉天辽阳人，康熙元年（1662）到任 李如鼎，江西安福人，康熙三年到任 李乾生，四川阆中人，康熙七年到任

续表 13

时 代	政区名称 / 长官名称	任职情况
清 代	上元县 / 知县	唐嗣昌，号继先，广西全州人，康熙十年到任 徐培基，康熙十年到任 于述统，字克高，奉天人，康熙十八年到任 金以谋，字孝芑，浙江义乌人，康熙二十七年到任 戴铭，康熙二十七年到任 李元森，广西人，康熙三十三年到任 蒋玥，河南人，康熙三十四年到任 徐克昌，云南人，康熙三十九年到任 刘德至，河南人，康熙四十年到任 赵联捷，字隽公，陕西咸宁人，康熙四十六年到任 王遐祚，浙江会稽（一作山阴）人，康熙五十一年到任 曹鋐，广西全州人，康熙五十三年到任 唐开陶，字晋公，四川遂宁人，康熙五十五年到任 项淮正，浙江嘉兴人，雍正年间任 刁承祖，字步武，山西祁州人，雍正三年（1725）到任 万世良，湖北汉阳人，雍正年间任 孔毓珠，山东曲阜人，雍正年间任 唐际运，山东沈邱人，雍正五年到任 福长年，旗人，雍正年间任 袁淑鹤，山东曹县人，雍正七年到任 穆健行，四川合江人，雍正八年到任 陈齐东（一作陈济东），广西临桂人，雍正九年到任 姚日昇，杭州仁和人，雍正十一年到任 金秉祚，湖北当阳人，乾隆年间任 卞兆清，镶红旗人，乾隆四年（1739）八月题任 台敏，满洲旗人，乾隆年间任 汪志备，浙江仁和人，乾隆年间任 刘焕，陕西咸宁人，乾隆年间任 许逢元，山东人，乾隆年间任 许惟枚，浙江海宁人，乾隆十年十月题任 孙耀德，直隶怀来人，乾隆年间任 蓝应袭，广东大埔人，乾隆年间任 萨载，满洲人，乾隆年间任 姚立德，浙江仁和人，乾隆年间任 徐名标，安徽青阳人，乾隆年间任 温葆初，顺天大兴人，乾隆十九年四月调任 李棠，直隶河间人，乾隆二十二年十一月调任 屠士相，浙江会稽人，乾隆二十九年四月升任 蔡薰，四川安岳人，乾隆年间任 杨灿，福建邵武人，乾隆年间任 张倬，山东济阳人，乾隆三十四年七月调任

续表 14

时　代	政区名称 / 长官名称	任职情况
清　代	上元县 / 知县	曾曰琇，江西南昌人，乾隆三十六年三月题任
		叶端，浙江钱塘人，乾隆年间任
		方辅悟，安徽桐城人，乾隆年间任
		王承敬，浙江慈溪人，乾隆年间任
		常养蒙，甘肃灵州人，乾隆年间任
		陈沣，浙江山阴人，乾隆四十年十月调任
		沈之浦，浙江乌程人，乾隆年间任
		何廷凤，广东连平人，乾隆年间任
		武先振，山西太谷（一作广东大谷）人，乾隆年间任
		费志学，湖南巴陵人，乾隆年间任
		汪苍霖，乾隆年间任
		巴哈布，满洲人，乾隆年间任
		吕燕昭，河南新安人，乾隆年间任
		韩燕，山西汾阳人，乾隆年间任
		张五典，一名华，字莲塘（一字濂堂、叙百），陕西泾阳人，乾隆五十一年十一月到任
		金城，满洲人，乾隆五十三年五月代理
		张五典，乾隆五十三年九月回任
		福庆，满洲人，乾隆五十四年四月署任
		潘本智，浙江仁和人，乾隆五十五年五月署任
		胡志熊，湖北孝感人，乾隆五十五年八月署任
		张五典，乾隆五十五年十二月回任
		魏之琳，湖北江夏人，乾隆五十六年九月到任
		唐作梅，浙江秀水人，乾隆五十八年正月署任
		魏之琳，乾隆五十九年二月回任
		吴元潜，安徽休宁人，乾隆五十九年十月调任，一作乾隆六十年正月调任
		周垣，山东金乡人，嘉庆八年（1803）七月署任
		王之导，湖北孝感人，嘉庆九年七月调任，一作三月调任
		潘镕，浙江安吉人，嘉庆十一年四月署任
		王之导，嘉庆十一年十月回任
		朱景昌，汉军镶白旗人，嘉庆十三年九月调任，一作十一月调任
		克什布（即喀什佈），旗人，嘉庆十六年七月署任
		丁堂，安徽怀宁人，嘉庆十六年十一月调署。
		沈邦基，嘉庆十八年七月调任
		武念祖，字润堂，顺天大兴（一作陕西岐山）人，嘉庆二十年七月到任
		姚楘，顺天大兴人，嘉庆二十二年七月署任
		叶申霭，字次幔，福建侯官（一作闽县）人，嘉庆二十二年十二月署任
		武念祖，嘉庆二十四年三月回任
		吴润泉（即吴元潜），安徽休宁人，道光初年再任
		丁堂，安徽怀宁人，道光初年再任
		陈道恒，陕西南郑人，道光二年（1822）四月调任，一作五月调任

续表 15

时　代	政区名称 / 长官名称	任职情况
清　代	上元县 / 知县	王文炳，陕西郃阳人，道光七年三月调任 温纶谌（一作温纶湛），字露皋，贵州桐梓人，道光八年调任 黄冕，湖南长沙人，道光十年四月调任 张连茹，山东人，道光年间任 保先烈，云南昆明（一作永昌）人，道光十一年九月调任 龚善思，字意舲，安徽合肥人，道光十六年七月调任 毓彬，旗人，道光年间任 吴延献，山东人，道光二十二年任 冯思澄，道光年间任 张宽培，顺天宛平人，道光二十三年七月调任 张铭晓，山东滨州人，道光年间任 李映棻，字香雪，四川泸州人，道光二十六年二月调任 屠元瑞，顺天宛平人，道光二十九年上任 刘同缨，字冕垂，江西石城人，咸丰元年（1851）三月补任 岳恕，咸丰年间任 姚文，字邗生，浙江人，咸丰年间任 徐畅达（一作徐上达），字筱泉，四川人，咸丰六年到任 虞运文，安徽合肥人，咸丰八年到任 玉亮，咸丰年间任 唐瀹，浙江兰溪人，咸丰十年正月补任，一作咸丰九年到任 李师濂，字蓉江，河南林县人，同治四年（1865）到任 张开祁，字绍京，安徽桐城人，同治六年十一月补任 胡裕燕，字式嘉，浙江建德人，同治九年代理 张开祁，同治九年回任 胡裕燕，同治十年到任 莫祥芝，字善徵，贵州独山人，同治十二年到任 沈国翰，安徽泗州人，同治十三年四月补任 陆嗣龄，四川雅安人，光绪三年（1887）七月署任 程遵道，字悦甫，安徽绩溪人，光绪四年正月署任 郝炳纶，字少山，顺天三河人，光绪六年署任 杨凤朝，云南安宁人，光绪七年三月调任 赵从佐，江西南丰人，光绪十二年九月调任 陈谟，福建侯官人，光绪十二年十二月调任 陶在铭，字仲彝，浙江会稽人，光绪十八年四月调署 袁国钧，字楠生，湖南湘潭人，光绪二十二年署任 戴光，字子和，四川合州人，光绪二十五年二月补任 张壮彩，山东峄县人，光绪三十年八月补任 袁国钧，光绪三十四年三月补任 陈兆槐，湖南新化人，宣统三年（1911）正月请补

第二章　民国县政府　抗日民主县级政权

民国开基，江宁成为京畿地区。自南唐之后一直存在的上元、江宁两县再次合并，先为南京府，后为江宁县。民国16年（1927），南京再次成为民国首都，步入江宁发展史上极为重要的时期。首先是城乡分界，在城为南京市，中央直辖；在乡为江宁县，江苏省辖。其次，由于密迩首都，事系观瞻，完全是乡村地域的江宁县如何发展引起了广泛关注。民国22年2月10日，南京政府将江宁辟为自治实验县。江宁的实验以政府自上而下的强力推动为特色，政府以免解省税等方式给予大量的资金支持，实际操作者则以中央政治学校为主的高校精英人才，在一定程度上有力推进江宁的近代化进程。特别是公路、水利、教育、农业等方面的基础建设，乃至现代观念的普及，在之后数十年间仍可见其成绩。原定四年的实验期甫一结束，江宁便遭遇日军侵华的巨大灾难，好不容易取得的一些实验成果大多付之东流。

八年抗日战争，日、伪、国、共四方势力在江宁展开激烈的角逐，反抗侵略，争取胜利是这一艰苦卓绝时期的主旋律。中国军队在江宁淳化、汤山、牛首山等地顽强阻击日本侵略军，在江宁历史上留下了甚为悲壮的一页。新四军和中共地方组织进入南京周边开展抗日斗争，在日伪统治中心开辟游击区，建立根据地，江宁县域成立了三个县级抗日政权，历尽艰辛曲折，付出重大牺牲，为抗战胜利作出了不可磨灭的贡献。日伪政权自始至终未能在江宁建立牢固的统治，其县政权经常被迫躲在城内办公，沦陷区的许多基层伪政权也暗中为抗日政权办事，成为所谓“两面派”，这正是江宁人民英勇不屈、坚持抗日的结果。

抗日战争胜利后，国民党政权很快全面复员。复员后的国民党县政府在江宁着手实施抗战时期形成的新县制，其主要内容有成立民意机关、增强县政府职能，裁撤区署、建立乡镇公所、调整保甲、整理警卫、普及教育等。在基础公共设施方面，也开展了许多恢复和重建工作。但是随着内战的全面爆发和经济的迅速崩溃，这些巩固其统治的种种措施不能挽救国民党失败的命运。民国38年（1949）4月24日，随着江宁县的解放，国民党江宁县政府土崩瓦解。

第一节　民国县政府机构

【南京府公署】

民国元年（1912）1月3日，临时政府合并上元、江宁两县，结束延续千年的两县同城的历史，并以两县县域设置南京府，定为国都。南京府直隶内务部，设府知事治理地方行政，同盟会会员方潜为首任知事。府公署设置极简，据3月10日公布的《南京府官制》规定，府公署仅设一厅四科，即秘书厅、民治科、劝业科、主计科、庶务科，从知事到科员编制共18名。

【江宁县公署】

民国2年（1913）12月16日，撤销南京府，复设包括江宁、上元两县县域的江宁县。上元县名称除抗战末期被中共抗日政权短期沿用外，退出了历史舞台。江宁县定为江苏省省会。江宁县长官称县知事，以原南京府知事辛汉的秘书陆维理（字莲孙）擢任。县公署仍驻城内三坊巷。按照民国 3 年 5 月颁行的《县官制》规定：江宁县属于一等县，县知事下设 4 名职官，分掌民政、财政、司法、教育等事务，并设戒烟所、警务所、警务长、管狱员，职员设置较为完备。张勋攻陷南京后，江宁县知事一度复称知县。据民国 13 年《中国年鉴》记载，知县权限包括：执行县内行政事务；为执行法律、教令、省道章程之委任，发布县单行章程；县内之警察监狱及辅佐各员之处分，认为违反法令，妨害公益，或侵越权限时，得停止或撤销之；遇特别重要事件，于呈报尹道外，得经呈省长；调用县内驻屯之警备队；于非常事变之际需用兵力，或为防卫起见需用兵时，得呈由省长或道尹，请驻屯附近之陆军或军监长官，派兵处理。

【江宁县政府】

民国 16 年（1927）4 月，江宁县改辖城外乡郊，辖区为原南京明代外郭以外地域，列为一等县。县政府仍设在城内三坊巷（今长乐路西端），直隶于江苏省政府。这是江宁县建县之后县域范围首次退出城区，而且此格局一直延续至 2000 年 12 月撤县设区为止。江宁县退至城外后，改县公署为县政府，设县长。县长职权比县知事减少，县政府在省政府指挥监督下，处理全县行政，监督地方自治事务，并在中央及省的法令范围之内发布或制订县单行法规。县长经省政府议决任用，配有秘书 1 人。由于经济等原因，江宁县初期未设局。后设财政、建设、教育三局，又增设警察局、土地局等。各局职权：警察局，掌户籍、警卫、消防、防疫、卫生、救灾及保护森林渔猎等事项；财政局，掌征税、募债，管理公产及其他地方财政等事项；建设局，掌土地、农矿、森林、水利、道路、桥梁、工程、劳工、公营业等事项及其他公共事业；教育局，掌学校、图书馆、博物馆、公共体育场、公园等事项及其他文化社会事业；土地局，掌全县土地的测量调查以及其他地政事项。

【江宁自治实验县政府】

民国 22 年（1933）2 月 10 日，以江宁县“地近首都，中外观瞻所系，各种制度方法，易得各方之协助与指导”，定江宁县为自治实验县，以为“改革下层政治”的试点。实验县直隶江苏省政府。省政府聘任 9 人～13 人组成县政委员会，代表省政府负责全权指挥监督县政之推行。县长由县政委员会在委员中推定 1 人兼任，报省政府任命。县长秉承省政府之命令及县政委员会指导，处理全县政务。

江宁自治实验县县长，自民国 22 年（1933）2 月成立起，至民国 26 年 12 月日军侵占南京前，均由梅思平担任。实验县认为要推行自治，必须“养教兼施”，建立一个“廉洁与强有力的政府”。故裁并县政府所辖各局改设为科，以求指挥灵稳，行政效能增加。县政府分秘书室和民政、财政、公安、建设、教育、土地 6 科，合计 114 人。具体职位和人员分布：

秘书室 13 人：秘书 2 人、科员 6 人、办事员 2 人、书记 3 人；

民政科 23 人：科长 1 人、科员 4 人、办事员 3 人、书记 1 人、统计员 3 人、自治指导员 8 人及卫生顾问、卫生专员、医官各 1 人；

财政科 12 人：科长 1 人、科员 6 人、办事员 3 人、书记 2 人；

公安科 13 人：科长 1 人、科员 4 人、督察 3 人、办事员 2 人、书记 3 人；

建设科 33 人：科长 1 人、科员 2 人、技术主任 1 人、技士 1 人、农业技士 2 人、技佐 4 人、技术员 1 人、蚕桑技术员 1 人、农业技术员 2 人、合作指导员 2 人、办事员 1 人、度量衡检定员 1 人、工务员 9 人、书记 5 人；

教育科13人：科长1人、科员4人、社会教育总指导员1人、教育视导员2人、办事员2人、书记3人；

土地科6人：科长1人（兼秘书）、科员3人、办事员2人。

县长梅思平作为知名政治学学者，大量延聘高学历人才。据民国23年（1934）10月统计，改制后县政府人员共110人，其中大学毕业48人（留学者3人），大学肄业5人，专科学校毕业13人，中等学校毕业38人，其他6人。科长6人及各科骨干均为国民党中央政治学校毕业生。实验县政府知识层次之高，堪称精英政府。

民国24年（1935）5月13日，江宁县政府从南京城内迁到土山，并在新建的县政府礼堂举行县署迁治仪式。土山以别名改称东山镇。"东山"从此作为正式的区划名称沿用至今。

实验县成立至抗日战争前的4年，开展户籍整理、税制改革、警政整顿、治安管理、农村救济、农技推广、教育普及、卫生倡导、风俗改良等诸多乡村治理工作。尽管对于其实际效果，时人也有不同看法，但作为国民党的乡村改良更多地体现为以行政改良为特色的农村综合治理，大量先进的政治、经济、社会等方面的理念与手段被集中推行，对江宁的现代化治理具有开创之功，对江宁人民具有开展现代化启蒙的积极意义。

图 27-2-2 江宁县民国政府办公楼旧址

民国26年（1937）12月10日，侵华日军占领江宁并对南京城发起全面进攻。12月，县长林杞逃往当涂，县政府流亡外县，在边境时现时隐。日军占据的铁路、主要公路线上的大集镇，附逆汉奸组织维持会。

【复员江宁县政府】

民国34年（1945）10月，国民党江宁县政府由溧阳复员至江宁东山。12月，复员的县长蔡为端因贪污被免，黄相忱任江宁县县长。复员后的江宁县政府设秘书、民政、财政、教育、建设、社会、保安、地政、田粮、会计、军法、合作指导8科4室。据卢前于民国37年10月撰写的《东山备乘》记载，当时县政府除设主任秘书外，另分5科，有人员66人。县级机构则有田赋粮食管理处、民众自卫总队、警察局、县党部、保安大队、税捐处、卫生院、县专用电信所、农业推广所、县地籍整理处、文献委员会、公有款产管理委员会、积谷保管委员会、县银行、县立中学、民众教育馆、新生活运动促进委员会、童子军理事会江宁分会。

民国38年（1949）4月24日，江宁县解放。国民党江宁县政府瓦解，上、中层官员及其地方武装、警察部队大部南逃。

民国时期江宁县知事、县长情况表

表 27-2-2

政区名称	长官名称	任职情况
南京府	知　事	方潜，江苏江宁人，民国元年（1912）任 辛汉，字卓之（一作濯之），江苏江宁人，民国元年任
江宁县	知　事	陆维理，字莲孙，江苏江宁人，民国 2 年（1913）任 左秋周，安徽人，民国 4 年任 樊溥霖，民国 4 年任 吴其昌，字秀之，江西人，民国 5 年任 孙锡麟，江苏人，民国 7 年任 高桂馨，吉林人，民国 10 年任 吴耀春，字养田，湖北人，民国 13 年任 曹运鹏，湖北人，民国 15 年任
	县　长	萧养晦，湖南人，民国 16 年（1927）任 周浩，字少衡，贵州人，民国 16 年任 王垚，浙江钱塘人，民国 18 年任 冷隽，安徽人，民国 19 年任 赵中，江苏镇江人，民国 21 年任
江宁自治实验县	县　长	梅思平，浙江永嘉人，民国 22 年任 彭百川，江西人，民国 26 年任 林杞，字梓章，江苏江宁人，民国 26 年 11 月任 张雍冲，江苏句容人，民国 28 年 5 月任 杨鼎侯，江苏高淳人，民国 29 年 8 月任 颜德贵，民国 33 年任
江宁县	县　长	蔡为端，江苏溧水人，民国 34 年任 黄相忱，江苏睢宁人，民国 34 年年底任 王果夫，湖北大名人，民国 37 年年初任 卢碧湖，民国 38 年 1 月任 张子铭，民国 38 年 3 月代理

【日（汪）伪江宁县政务机构】

日伪江宁县公署　民国 27 年（1938）5 月，伪江苏省政府成立，于江宁县组织县公署。

是年 3 月 28 日，由日本当局扶持的伪维新政府在南京粉墨登场。5 月，北洋政府遗老陈则民在苏州组建伪江苏省政府，随即在日本占领区组建各县县公署。县公署成员基本都是原各县维持会，下设科、室，维持会长改称县知事。

民国 28 年（1939），伪维新政府委任江宁人庞振乾为江宁县知事，常住南京城中。县知事下设秘书和警务局、财务科、教育科、建设科。后又增设征收处和保卫团。

汪伪江宁县政府　民国 29 年（1940）3 月，伪维新政府被汪伪国民政府取代。汪伪系国民党成员代替原北洋政客为主的各类汉奸成为伪政权的主干。8 月，汪伪政府将江苏各县公署仍改为县政府，县知事改称县长。县政府下设第一、二、三科和秘书处，县直属机构还有警察局、教育局、财政局等。伪江宁县政府重设于东山镇，受日本顾问控制。主要交通线的集镇设立区、乡、镇公所，区、乡、镇长多由伪自卫团长或原维持会会长出任，听命于驻地日伪军。伪县政府在基层推行保甲制。十户为一甲，设甲长；百户为一保，设保长；三保为一联保，设联保主任。伪县长初为福建人洪客尘，民国30—33年为江宁人陈鋆，民国34年为山东人刘植。日本投降后，伪县政府解散。

第二节　抗日民主县级政权机构

抗日战争时期，江宁县所属地区同毗邻的句容、溧水，安徽省当涂县一部分地区以及今马鞍山市区，曾先后建立横山、江宁、上元3个县民主政权。县级政权机构从半政权性质逐步过渡到全方位抗日民主政权。

【横山县抗日民主政权】

四抗总会（民国27年8月至29年12月） 民国27年（1938）8月，横溪地区率先成立半政权性质的抗日民众动员委员会，因主要位于原江宁县三区，故又名三区动员委员会。其范围包括三区的陶吴、横溪和二区的江宁镇、板桥等地。地方士绅端木礼鸿任主任。动员会下设组织、军事、宣传等股。次年秋，因时局变化，动员会消亡。民国29年春，中共组织的江当溧党政军民抗敌委员会在江宁谢村成立。江宁士绅业文明任主任。6月（一说7月5日），委员会改名为江当溧三县抗敌自卫委员会（简称三县联抗会）。下设四部二处：动员武装部、经济财政部、文化教育部、招抚部，秘书处、军法处。是年12月14日，三县抗敌自卫委员会与江（宁）溧（水）句（容）三县联合抗敌会合并为江当句溧四县国民抗敌总会（简称四抗总会）。夏定才任主任。四抗总会下设民运科、军事科、文教科。

江当溧三县行政委员会（民国31年8月至32年冬） 民国31年（1942）8月1日，江渭清主持成立江当溧三县行政委员会，代行政权职能。委员会由9人组成，主任为地方士绅、原国民党博望区区长张干农。内设机构：民政科、财经科、文教科、军事科。其下又先后成立3个办事处：大官圩办事处、山北办事处、山西办事处。

横山县抗日民主政府（民国32年冬至34年10月） 民国32年（1943）冬，江当溧三县行政委员会改组为横山县抗日民主政府。李钊任县长，下设一局三科：公安局、财经科、文教科、军事科。抗日民主政权实行“三三制”，共产党员、非党左派进步分子和中间分子各占1/3。县先后建立8个区级政权：溧水、当涂境内的山南片有明觉寺区（又名古龙区）、博望区（又名湖滨区），江宁境内的山北片早已设立的亭山区（曹村）、铜山区（谢村），江宁、当涂境内的山西片的云台区、小丹阳区、谷里区、霍里区（属当涂）。各区政府对原有乡保政权大多维持利用，将其改造为既应付日伪，又为抗日政权服务的两面政权。民国34年10月，停止活动。

图 27-2-3　横溪呈村横山县抗日民主政府旧址

【江宁县抗日民主政权】

民国29年（1940）8月，在江宁县东半部建立江（宁）溧（水）句（容）三县联合抗敌委员会，半政权性质，主任姜杰。12月，与江当溧三县抗敌自卫委员会合并为江当句溧四县国民抗敌总会。民国30年8月1日，在敌人严酷镇压下的名存实亡的江当溧句四县国民抗敌总会正式取消，改为成立江宁县抗日民主政府。由原抗敌总会主任夏定才任县长。9月15日，夏定才牺牲，县警卫连长张波继任县长，设军事科、财经科、民政科、敌工站、公安局、文教科等。县政府隶属苏南第五行政区督察专员公署，辖境为南京至郎溪的京建公路以东，以郭庄庙、龙都为中心的江宁、溧水、句容3县以交界之地，至民国35年1月，停止活动。

江宁、横山两县管辖和活动区域，东至赤山，西至马鞍山，南至石臼湖，北至长江，含江宁县全境和句容、溧水各3个区，当涂县2个区以及今马鞍山市大部，面积约1800平方千米，人口超百万。

【上元县抗日民主政府】

民国34年（1945）5月，为配合新四军收复南京战略部署而建立。位于南京城东郊，包括江宁县东部沿江地区直到镇江沿江一带。上元县抗日民主政府属淮南行政公署路东地区领导，辖江宁县属尧化门、龙潭、栖霞等地区及沿江至下蜀一线。县长程震文。同年9月，新四军遵中共中央电示，随部队及全县工作人员全部撤回江北而撤销。

抗日民主政权，主要是发动群众组织民兵和地方抗日武装部队，协同主力部队作战。同时，执行党的统战政策，团结进步力量，争取中间力量，孤立和打击顽固势力，实行减租减息和增加工资，改善群众生活，推行抗日的民族文化教育事业。民国32年（1943）起，江宁、横山两县民主政权还先后建立县区参议会，在动员民众抗日、减租减息、恢复发展生产、参军优属等方面积极地做了大量工作。

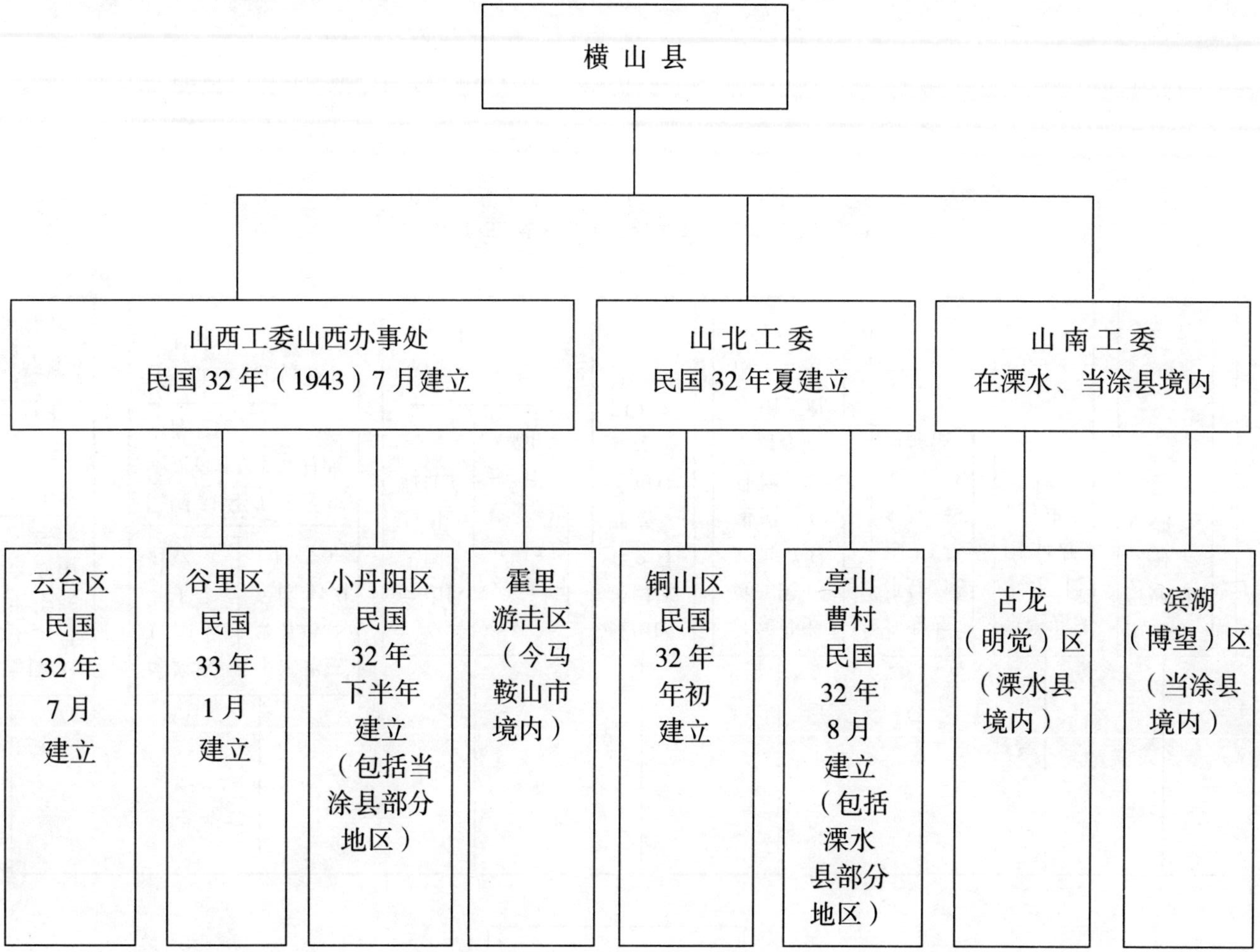

图 27-2-4　抗日战争时期横山县区级机构设置图

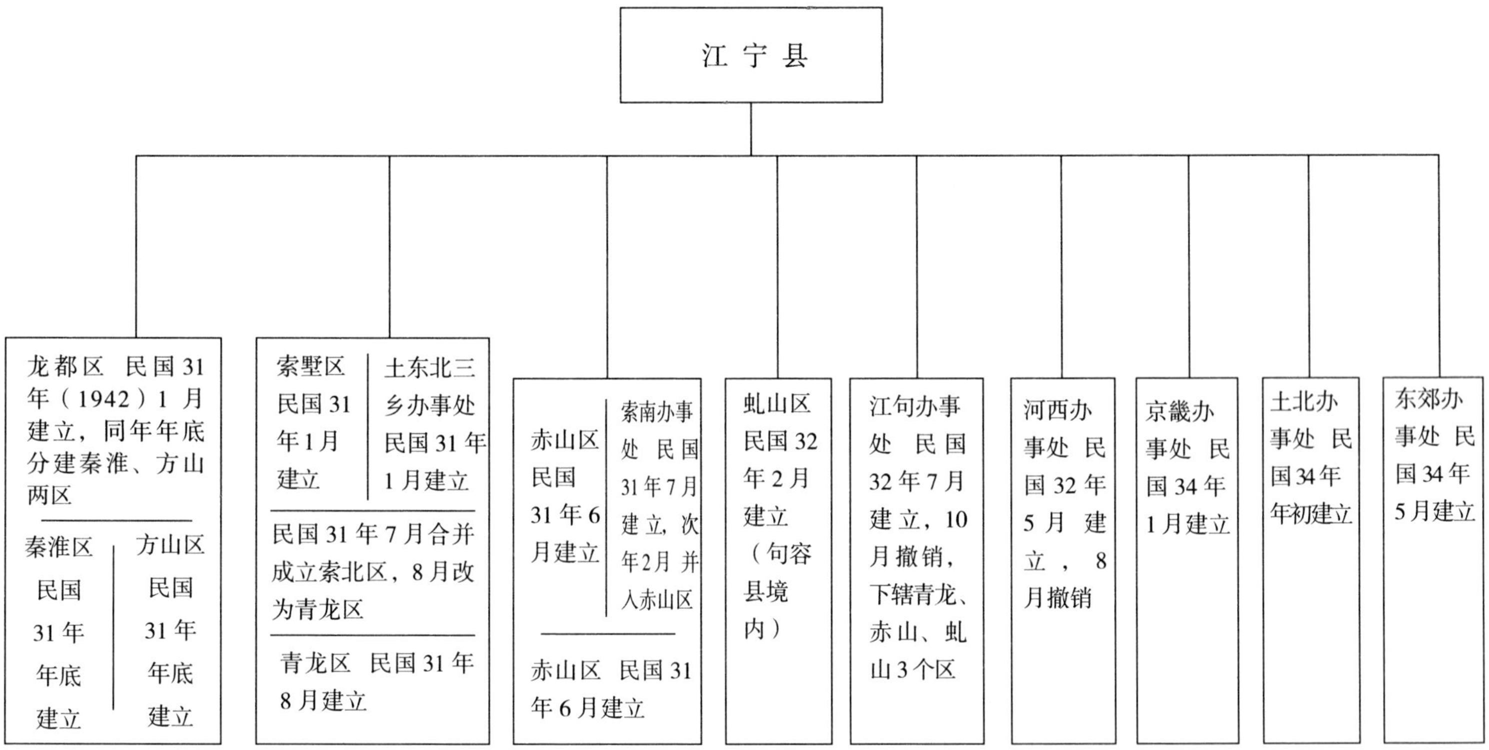

图 27-2-5 抗日战争时期江宁县区级机构设置图

江宁地区抗日民主政权机构负责人情况表

表 27-2-3

政区名称	长官名称	任职情况
江当溧三县抗敌委员会	主　任	业文明，江苏江宁人，民国 29 年（1940）春至 8 月任
江当溧句四县国民抗敌总会	主　任	姜杰，民国 29 年（1940）12 月兼任 夏定才，民国 29 年年底至 30 年 8 月任
江当溧三县行政委员会	主　任	张干农，安徽当涂人，民国 31 年（1942）8 月任
横山县抗日民主政府	县　长	李钊，民国 32 年（1943）冬至 34 年 10 月任
江溧句三县抗敌委员会	主　任	姜杰，民国 29 年（1940）8 月至 12 月任
江宁县抗日民主政府	县　长	夏定才，民国 30 年（1941）8 月至 9 月任 张波，民国 30 年 10 月至 11 月任 强博，江苏金坛人，民国 31 年 1 月至 3 月任 钟国楚，江西兴国人，民国 31 年 4 月至 32 年 4 月兼任 王一凡，原名侯聘，又名侯朝聘、侯以时，四川自贡人，民国 32 年 5 月至 33 年 6 月任 陆纲，民国 33 年 6 月至 34 年 6 月任 樊绪经，江苏句容人，民国 34 年 6 月至 10 月任
上元县抗日民主政府	县　长	程震文，民国 34 年（1945）5 月至 9 月兼任

第三章　人民政府

民国 38 年（1949）4 月 28 日，江宁县人民政府宣告成立，7 个区人民政府也相继成立。从此，江宁县结束了国民党的统治，开始进入新的历史时期。1954 年 3 月，江宁县第一届人民代表大会第一次会议召开，会议采取无记名投票方式，选出正、副县长和政府委员，第一次建立了民主选举的县政府领导机构。1955 年 12 月，江宁县人民政府委员会改为江宁县人民委员会，并产生江宁县人民委员会领导机构。1957 年 1 月、1958 年 5 月、1961 年 5 月和 1964 年 4 月，分别召开江宁县第二、三、四、五届人民代表大会，选举产生人民委员会领导机构。

1968 年 3 月，江宁县革命委员会成立。1980 年 9 月，在江宁县第八届人民代表大会上，撤销县革命委员会，恢复建立县人民政府。全县各公社、镇革委会也随之撤销，建立公社管理委员会和镇人民政府。

2000 年 12 月，江宁县撤县设区。2001 年 1 月，成立南京市江宁区人民政府。2007 年，江宁区政府工作部门为 26 个，议事协调机构的常设办事机构 1 个，派出机构 4 个，政府事业局 5 个；辖街道办事处 9 个。

县政府隶属关系几经变化。1958 年 7 月前，隶属镇江专员公署领导；1958 年 7 月至 1962 年 5 月，划归南京市人民委员会领导；1962 年 5 月后，重新归属原镇江专员公署领导。1971 年 3 月，再次由镇江专区划归南京市管辖，江宁县革命委员会由镇江地区革命委员会领导改为南京市革命委员会领导。

县（区）政府机关驻地一直在东山镇。

第一节　领导机构

【江宁县人民政府委员会】

民国 38 年（1949）4 月 28 日，胡宏率南下接管工作队进驻东山镇，接管国民政府江宁县政府，宣布江宁县人民政府成立，由宋波任县长，王凤先任副县长。1951 年 11 月，宋波调离，苏南人民行政公署任命李亦新为县长。1952 年 8 月，苏南人民行政公署批准赵松任副县长。1953 年 4 月，李亦新调离，江苏省人民政府任命史成仁为县长。同年 8 月，江苏省委批准颜景詹兼任副县长。在 1954 年 3 月江宁县第一届人民代表大会第一次会议召开以前，县人民政府领导人均由上级任命。

1954 年 3 月 25—29 日，召开江宁县第一届人民代表大会第一次会议，这次会议选举了江宁县县长、副县长和县人民政府委员。史成仁任县长，王希宝、刘益生任副县长；于文等 18 人任委员。江宁县人民政府改称为江宁县人民政府委员会。

【江宁县人民委员会】

根据《中华人民共和国地方各级人民代表大会和地方各级人民委员会组织法》规定，1955 年 12 月，召开江宁县第一届人民代表大会第五次会议，决定江宁县人民政府委员会改称江宁县人民委员会，并选举江宁县人民委员会组成人员。李锦荷任县长，王希宝任副县长。刘天友等 17 人任委员。1956 年 5 月，经中共镇江地委批准，县人民委员会决定，沈锦霖等 4 人为代理副县长，并于同年 9 月，在江宁县第一届人民代表大会第六次会议上，被选为副县长。

1957 年 1 月 17—22 日，召开江宁县第二届人民代表大会第一次会议。选举产生县长 1 名，副县长 5 名，委员 15 名。届内县长辞职，补选县长 1 名。

1958 年 5 月 13—15 日，召开江宁县第三届人民代表大会第一次会议。选举产生县长 1 名，副县长 4 名，委员 16 名。届内有 2 名副县长辞职，补选副县长 2 名，补选县人民委员会委员 5 名。

1961 年 5 月 5—7 日，召开江宁县第四届人民代表大会第一次会议。选举产生县长 1 名，副县长 3 名，委员 19 名。届内补选副县长 2 名，中共镇江地委批准新任副县长 1 名。

1964 年 4 月 26—30 日，召开江宁县第五届人民代表大会第一次会议。选举产生县长 1 名，副县长 4 名，委员 20 名。届内有 2 名县长被免职，经中共江苏省委和镇江地委批准，继任县长 2 名；1966 年 5 月，县长张立业调离（此后县长空缺）。届内中共镇江地委批准新任副县长 5 名。

因“文化大革命”，未能如期召开第六届人民代表大会。

【江宁县军事管制委员会】

1967 年 4 月 1 日，江苏省军事管制委员会决定，对江宁县实行军事管制。10 日，经镇江专区军事管制委员会批准，江宁县军事管制委员会成立。军管会由 11 人组成。军管会主任委员陈国梁，副主任委员：曹振球、陈世祥、寇耀明。下设革命委员会、生产委员会和办公室。

【江宁县革命委员会】

1968年3月7日，经中共陆军第二十七军委员会批准，江宁县革命委员会成立，并于当日召开成立大会。南京军区政委杜平到会讲话。会议通过《给毛主席的致敬信》和《告全县人民书》。江宁县革命委员会由47人组成，常委15人。主任委员张立生，副主任委员：曹振球、史中哲、徐凤琴、张秀华。至1978年11月，江宁县革命委员会先后任命革委会主任5名，革委会副主任17名。

图27-3-6　1968年3月7日，江宁县革命委员会成立大会召开

1978年12月27—30日，召开江宁县第七届人民代表大会第一次会议。根据1975年和1978年颁布的《中华人民共和国宪法》有关地方各级革命委员会是地方各级人民代表大会的常设机关或执行机关，同时又是地方各级人民政府的规定，大会仍选举产生江宁县革命委员会，会议选出县革委会委员63名，主任1名，副主任10名。

【江宁县人民政府】

1980年9月21—25日，召开江宁县第八届人民代表大会第一次会议。这次大会根据全国第五届人民代表大会第二次会议通过的《中华人民共和国地方各级人民代表大会和地方各级人民政府组织法》的规定，决定建立县人民代表大会常务委员会，作为地方国家权力机关的常设机构；取消江宁县革命委员会名称，改称江宁县人民政府，作为县级人民政权的执行机关。选举产生江宁县第八届人民政府县长1名，副县长5名。届内，1名县长被免职，任命代理县长1名，免去副县长职务6名，任命副县长6名。

图27-3-7　20世纪80年代江宁县委、县人大、县政府、县政协机关门景

1984年5月5—10日，召开江宁县第九届人民代表大会第一次会议。选举产生江宁县第九届人民政府县长1名，副县长5名。届内，1名县长职务被免，任命代理县长、增选县长1名；免去副县长职务1名，任命副县长4名。

1987年4月23—29日，召开江宁县第十届人民代表大会第一次会议。选举产生江宁县第十届人民政府县长1名，副县长5名。届内，1名县长职务被免，任命副县长、代理县长1名；免去副县长职务3名，任命副县长4名。

1990年4月24—28日，召开江宁县第十一届人民代表大会第一次会议。选举产生江宁县第十一届人民政府县长1名，副县长5名。届内，免去副县长职务3名，任命副县长6名。

1993年2月14—18日，召开江宁县第十二届人民代表大会第一次会议，选举产生江宁县第十二届人民政府县长1名，副县长7名。届内，1名县长职务被免，选举县长1名；免去副县长职务4名，任命副县长7名。

【江宁县（区）人民政府】

2000 年 12 月江宁县撤县设区，故第十三届人民政府（1998 年 1 月至 2003 年 1 月）2000 年 12 月前为县人民政府，2001 年后为区人民政府。

1998 年 1 月 4—7 日，召开江宁县第十三届人民代表大会第一次会议，选举产生江宁县第十三届人民政府县长 1 名，副县长 6 名。届内，1 名县长职务被免，选举县长 1 名；1 名区长职务被免，任命代区长 1 名；免去副县（区）长职务 4 名，任命副县（区）长 7 名。

【江宁区人民政府】

2003 年 1 月 6—10 日，召开江宁区第十四届人民代表大会第一次会议。选举产生江宁区第十四届人民政府区长 1 名，副区长 7 名。届内，1 名区长职务被免，任命副区长、代区长、区长 1 名；免去副区长职务 5 名，任命副区长 5 名，助理巡视员 1 名。

2007 年 12 月 25—28 日，召开江宁区第十五届人民代表大会第一次会议，选举产生江宁区第十五届人民政府区长 1 名，副区长 6 名。

1949—2007 年江宁区人民政府领导人更迭情况表

表 27-3-4

机构名称	职　务	姓　名	籍　贯	任职时间	备　注
县人民政府	县　长	宋　波	山东省掖县	民国 38 年（1949）4 月至 1951 年 11 月	各界人民代表会议期间（民国 38 年 4 月至 1954 年 3 月）任命的县政府领导人
		李亦新	山东省掖县	1951 年 11 月至 1953 年 4 月	
		史成仁	山东省福山县	1953 年 4 月至 1954 年 3 月	
	副县长	王凤先	山东省掖县	民国 38 年（1949）4 月至是年秋	
		赵　松	山东省掖县	1952 年 8 月至 1954 年 3 月	
		颜景詹（兼）	江苏省淮安县	1953 年 8 月至 1954 年 3 月	
江宁县人民政府委员会	县　长	史成仁	山东省福山县	1954 年 3 月至 1955 年 12 月	第一届人民代表大会期间（1954 年 3 月至 1957 年 1 月）选举的县政府（人民委员会）领导人
	副县长	王希宝	山东省掖县	1954 年 3 月至 1955 年 12 月	
		刘益生	山东省蓬莱县	1954 年 3 月至 1955 年 12 月	
第一届江宁县人民委员会	县　长	李锦荷	山东省掖县	1955 年 12 月至 1957 年 1 月	
	副县长	王希宝	山东省掖县	1955 年 12 月至 1956 年 5 月	
		沈锦霖	江苏省阜宁县	1956 年 5 月至 1957 年 1 月	
		刘景先	山东省掖县	1956 年 5 月至 1957 年 1 月	
		潘少全	江苏省江宁县	1956 年 5 月至 1957 年 1 月	
		李意刚（女）	山东省掖县	1956 年 5 月至 1957 年 1 月	
第二届江宁县人民委员会	县　长	李锦荷	山东省掖县	1957 年 1 月至 9 月	第二届人民代表大会期间（1957 年 1 月至 1958 年 5 月）选举的县人民委员会（以下简称县人委）领导人
		华子泉	江苏省海安县	1957 年 9 月至 1958 年 5 月	
	副县长	沈锦霖	江苏省阜宁县	1957 年 1 月至 1958 年 5 月	
		刘景先	山东省掖县	1957 年 1 月至 1958 年 5 月	
		李意刚（女）	山东省掖县	1957 年 1 月至 1958 年 5 月	
		潘少全	江苏省江宁县	1957 年 1 月至 1958 年 5 月	
		高　环	安徽省凤阳县	1957 年 1 月至 1958 年 5 月	

续表 1

机构名称	职　务	姓　名	籍　贯	任职时间	备　注
第三届江宁县人民委员会	县　长	华子泉	江苏省海安县	1958 年 5 月至 1961 年 5 月	第三届人民代表大会期间（1958 年 5 月至 1961 年 5 月）选举的县人委领导人
	副县长	沈锦霖	江苏省阜宁县	1958 年 5 月至 1960 年 1 月	
		潘少全	江苏省江宁县	1958 年 5 月至 1960 年 1 月	
		刘　彬	江苏省大丰县	1958 年 5 月至 1961 年 5 月	
		高　环	安徽省凤阳县	1958 年 5 月至 1961 年 5 月	
		王希宝	山东省掖县	1960 年 1 月至 1961 年 5 月	
		何静平	江苏省如东县	1960 年 1 月至 1961 年 5 月	
第四届江宁县人民委员会	县　长	华子泉	江苏省海安县	1961 年 5 月至 1964 年 4 月	第四届人民代表大会（1961 年 5 月至 1964 年 4 月）选举的县人委领导人
	副县长	刘　彬	江苏省大丰县	1961 年 5 月至 1963 年 3 月	
		高　环	安徽省凤阳县	1961 年 5 月至 1964 年 4 月	
		石学如	江苏省泗洪县	1961 年 5 月至 1964 年 4 月	
		朱世华	江苏省淮安县	1962 年 8 月至 1964 年 4 月	
		王希宝	山东省掖县	1962 年 8 月至 1964 年 4 月	
		巢风翥	江苏省武进县	1963 年 11 月至 1964 年 4 月	
第五届江宁县人民委员会	县　长	华子泉	江苏省海安县	1964 年 4 月至 9 月	第五届人民代表大会（1964 年 4 月至 1966 年 5 月）选举的县人委领导人
		谢培信	山东省黄县	1964 年 9 月至 1965 年 8 月	
		张立业	山东省	1965 年 8 月至 1966 年 5 月	
	副县长	巢风翥	江苏省武进县	1964 年 4 月至 1965 年 2 月	
		朱世华	江苏省淮安县	1964 年 4 月至 1965 年 3 月	
		高　环	安徽省凤阳县	1964 年 4 月至 1966 年 5 月	
		石学如	江苏省泗洪县	1964 年 4 月至 1966 年 5 月	
		王贤元	江苏省滨海县	1964 年 4 月至 1966 年 5 月	
		徐凤琴	江苏省兴化县	1965 年 3 月至 1966 年 5 月	
		王虎山	山东省掖县	1965 年 4 月至 1966 年 5 月	
		路　平	江苏省丹阳县	1965 年 4 月至 1966 年 5 月	
		胡长生	江苏省涟水县	1966 年 5 月	
江宁县军事管制委员会	主任委员	陈国梁	江苏省靖江县	1967 年 4 月至 1968 年 3 月	“文化大革命”中成立的江宁县军事管制委员会领导人（1967 年 4 月至 1968 年 3 月）
	副主任委员	曹振球	江苏省南通县	1967 年 4 月至 1968 年 3 月	
		陈世祥	不详	1967 年 4 月至 1968 年 3 月	
		寇耀明	山东省邹县	1967 年 4 月至 1968 年 3 月	
江宁县革命委员会	主　任	张立生	山东省招远县	1968 年 3 月至 1969 年 8 月	江宁县革命委员会领导人。“文化大革命”中临时权力机构（1968 年 3 月至 1978 年 12 月）
		华子泉	江苏省海安县	1970 年 3 月至 1974 年 2 月	
		王　勉	山东省阳谷县	1974 年 2 月至 1975 年 4 月	
		李英俊	江苏省江宁县	1975 年 4 月至 1978 年 3 月	
		孙济民	江苏省泰兴县	1978 年 3 月至 12 月	
	副主任	曹振球	江苏省南通县	1968 年 3 月至 1969 年 6 月	
		史中哲	山东省益都县	1968 年 3 月至 1978 年 8 月	
		张秀华（女）	江苏省江宁县	1968 年 3 月至 1978 年 12 月	

续表 2

机构名称	职务	姓名	籍贯	任职时间	备注
江宁县革命委员会	副主任	徐凤琴	江苏省兴化县	1968 年 3 月至 1978 年 12 月	江宁县革命委员会领导人。“文化大革命”中临时权力机构（1968 年 3 月至 1978 年 12 月）
		刘德和	山东省福山县	1968 年 7 月至 1969 年 8 月	
		季　华	江苏省靖江县	1970 年 3 月至 1975 年 4 月	
		张克文	山东省微山县	1971 年 2 月至 1973 年 1 月	
		闵长山	江苏省六合县	1973 年 1 月至 1978 年 12 月	
		李英俊	江苏省江宁县	1974 年 8 月至 1975 年 4 月	
		万槐衡	江苏省武进县	1974 年 8 月至 1978 年 12 月	
		唐忠寿	江苏省江宁县	1975 年 4 月至 1978 年 12 月	
		江锡太	江苏省江宁县	1976 年 2 月至 1978 年 12 月	
		毛承凤	江苏省南京市	1976 年 2 月至 1978 年 12 月	
		朱宝瑜	江苏省兴化县	1976 年 2 月至 1978 年 12 月	
		路　平	江苏省丹阳县	1978 年 9 月至 12 月	
		陈　平	江苏省江宁县	1978 年 9 月至 12 月	
		陈庆绵	江苏省泗阳县	1978 年 10 月至 12 月	
江宁县革命委员会（第七届）	主　任	孙济民	江苏省泰兴县	1978 年 12 月至 1980 年 9 月	江宁县第七届人民代表大会（1978 年 12 月至 1980 年 9 月）选举的县革命委员会主任、副主任
	副主任	闵长山	江苏省六合县	1978 年 12 月至 1980 年 9 月	
		毛承凤	江苏省南京市	1978 年 12 月至 1980 年 9 月	
		朱宝瑜	江苏省兴化县	1978 年 12 月至 1980 年 9 月	
		徐凤琴	江苏省兴化县	1978 年 12 月至 1980 年 9 月	
		万槐衡	江苏省武进县	1978 年 12 月至 1980 年 9 月	
		路　平	江苏省丹阳县	1978 年 12 月至 1980 年 9 月	
		唐忠寿	江苏省江宁县	1978 年 12 月至 1980 年 9 月	
		杜守臣	吉林省临江县	1978 年 12 月至 1980 年 9 月	
		陈　平	江苏省江宁县	1978 年 12 月至 1980 年 9 月	
		陈庆绵	江苏省泗阳县	1978 年 12 月至 1980 年 9 月	
江宁县第八届人民政府	县　长	闵长山	江苏省六合县	1980 年 9 月至 1984 年 2 月	江宁县第八届人民代表大会（1980 年 9 月至 1984 年 5 月）选举的县政府领导人
	代理县长	陈宗林	江苏省泰兴县	1984 年 2 月至 5 月	
	副县长	唐忠寿	江苏省江宁县	1980 年 9 月至 1983 年 9 月	
		朱宝瑜	江苏省兴化县	1980 年 9 月至 1984 年 2 月	
		诸吉炤	江苏省南京市	1980 年 9 月至 1984 年 2 月	
		陈庆绵	江苏省泗阳县	1980 年 9 月至 1984 年 2 月	
		万槐衡	江苏省武进县	1980 年 9 月至 1984 年 5 月	
		刘志太	江苏省南京市	1981 年 11 月至 1984 年 2 月	
		朱友发	江苏省江宁县	1981 年 11 月至 1984 年 2 月	
		陈康昕	浙江省苍南县	1982 年 5 月至 1984 年 5 月	
		李万才	江苏省溧水县	1984 年 2 月至 5 月	
		葛汝伟	江苏省江宁县	1984 年 2 月至 5 月	
		朱善琳（女）	江苏省邗江县	1984 年 2 月至 5 月	

续表3

机构名称	职 务	姓 名	籍 贯	任职时间	备 注
江宁县第九届人民政府	县 长	陈宗林	江苏省泰兴县	1984年5月至1985年2月	江宁县第九届人民代表大会期间（1984年5月至1987年4月）选举产生
	代理县长	陈大法	江苏省江宁县	1985年2月至1985年3月	
	县 长	陈大法	江苏省江宁县	1985年3月至1987年4月	
	副县长	李万才	江苏省溧水县	1984年5月至1985年10月	
				1986年10月至1987年3月	
		万槐衡	江苏省武进县	1984年5月至1987年4月	
		葛汝伟	江苏省江宁县	1984年5月至1987年4月	
		朱善琳（女）	江苏省邗江县	1984年5月至1987年4月	
		陈康昕	浙江省苍南县	1984年5月至1987年4月	
		黄敬益	江苏省宜兴县	1985年3月至1987年4月	
		易益斌	江苏省江宁县	1985年5月至1987年4月	
		唐忠寿	江苏省江宁县	1985年10月至1987年4月	
江宁县第十届人民政府	县 长	陈大法	江苏省江宁县	1987年4月至1989年9月	江宁县第十届人民代表大会期间（1987年4月至1990年4月）选举产生
	代理县长	庞顺根	江苏省江宁县	1989年9月至1990年4月	
	副县长	黄敬益	江苏省宜兴县	1987年4月至1990年2月	
		万槐衡	江苏省武进县	1987年4月至1990年4月	
		朱善琳（女）	江苏省邗江县	1987年4月至1990年4月	
		唐忠寿	江苏省江宁县	1987年4月至1990年4月	
		葛汝伟	江苏省江宁县	1987年4月至1990年4月	
		俞 新	江苏省海安县	1987年9月至1988年8月	
		龚永洲	安徽省来安县	1988年6月至1989年10月	
		庞顺根	江苏省江宁县	1989年9月至1990年4月	
		程顺华	江苏省江宁县	1989年10月至1990年4月	
		蔡遗春	江苏省丹阳县	1990年2月至4月	
江宁县第十一届人民政府	县 长	庞顺根	江苏省江宁县	1990年4月至1993年2月	江宁县第十一届人民代表大会期间（1990年4月至1993年2月）选举产生
	副县长	程顺华	江苏省江宁县	1990年4月至1991年9月	
		蔡遗春	江苏省丹阳县	1990年4月至1992年11月	
		朱善琳（女）	江苏省邗江县	1990年4月至1993年2月	
		唐忠寿	江苏省江宁县	1990年4月至1993年2月	
		蔡敬东	江苏省江宁县	1990年4月至1993年2月	
		葛汝伟	江苏省江宁县	1990年4月至1993年11月	
		孙恩余	辽宁省海城县	1991年9月至1993年2月	
		韩迺义	江苏省南京市	1992年1月至1993年2月	
		陈胜利	浙江省上虞县	1992年6月至1993年2月	
		严大祥	江苏省江宁县	1992年11月至1993年2月	
		黄敬益	江苏省宜兴县	1992年11月至1993年2月	

续表 4

机构名称	职务	姓名	籍贯	任职时间	备注
江宁县第十二届人民政府	县长	庞顺根	江苏省江宁县	1993 年 2 月至 1996 年 12 月	江宁县第十二届人民代表大会期间（1993 年 2 月至 1998 年 1 月）选举产生
	代理县长	王建华	山东省莱阳县	1996 年 12 月至 1997 年 1 月	
	县长	王建华	山东省莱阳县	1997 年 1 月至 1998 年 1 月	
	副县长	蔡敬东	江苏省江宁县	1993 年 2 月至 1996 年 12 月	
		黄敬益	江苏省宜兴县	1993 年 2 月至 1996 年 12 月	
		严大祥	江苏省江宁县	1993 年 2 月至 1998 年 1 月	
		王宜耀	江苏省江宁县	1993 年 2 月至 1998 年 1 月	
		韩迺义	江苏省南京市	1993 年 2 月至 1998 年 1 月	
		蒋崇茂	江苏省江宁县	1993 年 2 月至 1998 年 1 月	
		王加法	江苏省江宁县	1993 年 2 月至 1998 年 1 月	
		陈胜利	浙江省上虞县	1993 年 3 月至 7 月	
		孙恩余	辽宁省海城县	1993 年 3 月至 1995 年	
		徐和宁	江苏省江宁县	1994 年 4 月至 1998 年 1 月	
		王文生	江苏省江宁县	1995 年 5 月至 1998 年 1 月	
		徐雪琴（女）	江苏省镇江市	1995 年 9 月至 1997 年 5 月	
		王建华	山东省莱阳县	1996 年 12 月至 1997 年 1 月	
		计家荣	江苏省江宁县	1997 年 1 月至 1998 年 1 月	
江宁区（县）第十三届人民政府	县长	王建华	山东省莱阳县	1998 年 1 月至 12 月	江宁区（县）第十三届人民代表大会期间（1998 年 1 月至 2003 年 1 月）选举产生（2000 年 12 月江宁县撤县设区，这届政府跨越区、县两个时段）
	代理县长	杨海宁	江苏省灌云县	1998 年 12 月至 1999 年 1 月	
	县长	杨海宁	江苏省灌云县	1999 年 1 月至 2001 年 1 月	
	区长	杨海宁	江苏省灌云县	2001 年 1 月至 12 月	
	代理区长	单景南	江苏省南京市	2002 年 11 月至 2003 年 1 月	
	副区（县）长	徐和宁	江苏省江宁县	1998 年 1 月至 1999 年 8 月	
		蒋崇茂	江苏省江宁县	1998 年 1 月至 2001 年 1 月	
		韩迺义	江苏省南京市	1998 年 1 月至 2003 年 1 月	
		王加法	江苏省江宁县	1998 年 1 月至 2003 年 1 月	
		计家荣	江苏省江宁县	1998 年 1 月至 2003 年 1 月	
		刘玲（女）	江苏省江宁县	1998 年 1 月至 2003 年 1 月	
		杨海宁	江苏省灌云县	1998 年 12 月至 1999 年 1 月	
		邵强	江苏省常熟市	1999 年 6 月至 2002 年 11 月	
		陈宏祥	江苏省江宁县	1999 年 6 月至 2003 年 1 月	
		谢跃进	江苏省南京市	1999 年 9 月至 2003 年 1 月	
		曹永林	江苏省兴化县	2000 年 12 月至 2003 年 1 月	
		成玉祥	江苏省南京市	2001 年 11 月至 2003 年 1 月	
		单景南	江苏省南京市	2002 年 11 月至 2003 年 1 月	

续表 5

机构名称	职　务	姓　名	籍　贯	任职时间	备　注
江宁区第十四届人民政府	区　长	单景南	江苏省南京市	2003 年 1 月至 2006 年 6 月	江宁区第十四届人民代表大会期间（2003 年 1 月至 2007 年 12 月）选举产生
	代区长	柏　鹏	安徽省肥西县	2006 年 9 月至 2007 年 1 月	
	区　长	柏　鹏	安徽省肥西县	2007 年 1 月至 12 月	
	副区长	成玉祥	江苏省南京市	2003 年 1 月至 2004 年 5 月	
		刘　玲（女）	江苏省江宁县	2003 年 1 月至 2005 年 1 月	
		谢跃进	江苏省南京市	2003 年 1 月至 2006 年 10 月	
		计家荣	江苏省江宁县	2003 年 1 月至 2007 年 12 月	
		陈宏祥	江苏省南京市	2003 年 1 月至 2007 年 12 月	
		曹永林	江苏省兴化县	2003 年 1 月至 2007 年 12 月	
		高吉祥	江苏省南京市	2003 年 1 月至 2007 年 12 月	
		杨学鹏	江苏省扬中县	2004 年 5 月至 2006 年 3 月	
		陆　蓉（女）	江苏省海门县	2006 年 5 月至 2007 年 12 月	
		柏　鹏	安徽省肥西县	2006 年 9 月至 2007 年 12 月	
		言明林	江苏省江宁县	2007 年 1 月至 12 月	
江宁区第十五届人民政府	区　长	柏　鹏	安徽省肥西县	2007 年 12 月	江宁区第十五届人民代表大会第一次会议（2007 年 12 月 25—28 日）选举产生
	副区长	曹永林	江苏省兴化县	2007 年 12 月	
		戴华杰	江苏省南京市	2007 年 12 月	
		高吉祥	江苏省江宁县	2007 年 12 月	
		陆　蓉（女）	江苏省海门县	2007 年 12 月	
		言明林	江苏省江宁县	2007 年 12 月	
		谢　元	江苏省连云港市	2007 年 12 月	

第二节　工作部门

【县人民政府委员会工作部门和直属单位】

民国 38 年（1949）4 月，江宁县人民政府成立后，工作部门设 9 个科局：秘书室、民政科、粮食局、教育科、税务科、工商科、公安局、财务科、建设科。干部配备：县长级 1 人、科长级 9 人、区长级 14 人、科员级 70 人、办事员 273 人，合计 367 人。另外，还有留用人员 51 人。随着形势发展和工作需要，至 1955 年 12 月，县人民政府工作部门增至 20 个。分别是办公室、民政科、粮食局、教育科、文化科、卫生科、税务局、公安局、财粮科、农业科、林业科、水利科、畜牧科、工业科、商业科、手工业管理科、交通科、计划统计科、计划委员会、人事科。直属单位 3 家，分别是供销合作社、人民银行江宁支行、农业银行江宁支行。

【县人民委员会工作部门和直属单位】

1955 年 12 月，将县人民政府改为江宁县人民委员会。到 1957 年，县人委工作部门增至 33 个。

同年7月，根据精简上层、加强基层的原则，县级机关进行了精简整编，通过采取撤、并、合署办公等措施，县人委工作部门由33个减至22个。设有办公室、民政科、粮食局、文教局、公安局、检察院、财政局、农业局、林业局、水利局、工业局、交通科、商业局、供销合作社、计划统计科、计划委员会、经济工作委员会、人民银行江宁支行、人事科、劳动科、卫生科、监察室。1960年和1962年，县人委工作部门先后作相应调整。1966年2月，在实现机关革命化中，县人委工作部门再次精简压缩，只保留办公室、民政局、公安局、检察院、农业局、多管局、水利机电局、文教卫生局、工业交通局、财政局、粮食局、商业局、计划委员会和人民银行江宁支行14家单位。

这期间，由于工作需要，县人委还先后设立过兵役委员会、编制委员会、扫盲业余教育委员会、物价委员会、市场管理委员会等一些虚设和临时性机构。

【县革委会工作部门和直属单位】

1968年3月，江宁县革命委员会成立后，工作部门设办事组、政治组、生产指挥组和人民专政组，同年12月，人民专政组改称政法组。县革委会“四大组”成立后，均有军代表主持工作，直到1970年2月才正式公布正、副组长。1968年10月，县革委会常委会作出决定，建立江宁县“五七”干校，同时成立江宁县“五七”干校革命委员会。

根据“斗、批、改”任务和战备工作的需要，1970年8月，经县革委会研究决定，工作部门增设人事局、文教局（隶属政治组），工业交通局、农林局、水电局、商业局、卫生局、财政局（隶属生产指挥组）。

1971年11月，根据中共南京市委《关于健全体委机构的通知》，县革委会决定设立江宁县革命委员会体育运动委员会。

1973年年初，根据中共南京市委《关于调整县区体制、办事机构和人员定编的通知》，江宁县革命委员会对工作部门作出调整，撤销县革委会办事组、政工组、生产指挥组和政法组，设立县革委会办公室、计划委员会、工交财贸办公室、农林水利办公室、人民法院、公安局、物资局、粮食局；工业交通局分设为工业局、交通局；农林局分设为农业局、林业局。同时恢复设立中国人民银行江宁县支行。

1976年4月，江宁县革命委员会工商行政管理局设立。同年6月，江宁县革命委员会水电局撤销，设立江宁县革命委员会水利局、农机局。至1980年9月，县革委会工作部门又作了几次调整，先后增设农业机械办公室（1981年改为农机局）、社队企业管理办公室（1978年4月改为社队工业管理局）、视察室、科学技术委员会、科技局（1979年6月撤销）、劳动局、民政局、多种经营管理局。农林水办公室改为农村工作办公室；人事局和县委组织部合署办公；撤销工交财贸办公室，改设工交办公室和财贸办公室。另外，设立农业银行江宁支行、建设银行江宁支行和县供销合作社。

【县人民政府工作部门和直属单位】

1980年9月，县革委会撤销后，县人民政府建立，原作为县革委会工作部门的办公室、视察室、计划委员会、科学技术委员会、体育运动委员会、农村工作办公室、工交办公室、财贸办公室、劳动局、人事局、物资局、交通局、工业局、社队工业管理局、农业局、林业局、多种经营管理局、水利局、农机局、工商行政管理局、财政局、商业局、粮食局、文教局、卫生局、民政局、公安局、知青办、人民银行江宁支行、农业银行江宁支行、建设银行江宁支行、供销合作社均作为县政府工作部门和直属单位。

自1980年10月至1984年3月，县政府撤销了视察室、农村工作办公室、知青办等工作部门，增设司法局、气象局、计划生育办公室、广播事业局、统计局、审计局、税务局、基本建设局、环境保护局、体制改革办公室、农村工作委员会。

1984年3月，在县级机关机构改革中，县政府工作部门通过撤、并、改、合署办公等形式，精简机构，精简后的工作部门有办公室、计划经济委员会、科学技术委员会、体育运动委员会、计划生育委员会、劳动局、人事局、统计局、物资局、交通局、工业局、乡镇工业局、城乡建设环境保护局、农业局、林副业局、水利农机局、审计局、工商行政管理局、财政局、税务局、商业局、粮食局、文教局、卫生局、广播电视局、民政局、司法局、公安局、档案局和人民银行江宁支行、农业银行江宁支行、建设银行江宁支行、供销合作社。

1984年4月至1987年12月，增设经济协作委员会、标准计量局、建筑工程局、体制改革委员会、县志办公室和工商银行江宁支行。

这期间先后还设有物价委员会、工农教育委员会、爱国卫生运动委员会、人民武装委员会、编制委员会等虚设机构。

1988—1994年，经南京市人民政府批准，江宁县人民政府的工作机构及直属单位作相应调整或变更。1988年4月，撤销物价委员会，成立物价局、土地管理局和监察局；1988年6月，设立对外经济贸易委员会；1989年3月，信访办公室（原属江宁县委）改为信访局（隶属县政府）；同年12月，成立环境保护局，城乡建设环境保护局改名为城乡建设局；1990年8月，成立法制局（为县政府办事机构）、文化局，文教局改为教育局；1994年9月，实行分税制财政体制，撤销税务局，分别组建国家税务局和地方税务局。至1994年12月，县政府的工作部门、直属办事机构由1987年12月的35个增至43个。1997年，经过改革调整，县政府机构精简至34个，机关行政编制由901名精简为810名，减少91名，精简10.10%。

［区人民政府工作部门和直属单位］

2000年12月，江宁县撤县设区。2001—2002年，区委、区政府按照转变职能、理顺关系、精简机构、提高效能的原则，积极稳妥地完成江宁区党政机构和镇事业单位机构改革工作。改革调整后，江宁区政府工作部门有25个：政府办公室（经济体制改革办公室、法制办公室、外事办公室、双拥办公室）、发展计划与经济局（乡镇企业管理局、安全生产监督管理局、物价局）、教育局、科学技术局、公安局、民政局（残疾人联合会）、司法局、财政局、人事局（机构编制委员会办公室）、劳动和社会保障局、国土资源局、审计局、统计局、环境保护局、建设局、房产局、交通局、水利局、农业局、林副业局、对外贸易经济合作局、粮食局、文化局、卫生局、计划生育局；常设办事机构1个：人民防空办公室；派出机构3个：江宁经济技术开发区管委会办公室、江宁科学园管委会办公室、江宁农业高新技术综合开发区管委会办公室；区政府事业局6个：商业贸易局、广播电视局、体育局、建筑工程局、市容管理局、旅游局；区直属事业单位5个：档案馆（档案局）、职工培训中心、禄口机场经济圈、农业资源开发局、国有资产经营（控股）有限公司；区级机关行政编制由773名精简为649名，减少124名，精简比例为16%；行政附属编制由90名精简为65名。

有垂直机构11个：区供销合作总社、区国家税务局、区地方税务局、区供电公司、区邮政局、省电信南京分公司江宁区分公司、区工商行政管理局、南京市药品监督管理局江宁分局、南京市质量技术监督局江宁分局、区烟草专卖局、区气象局。此外，有区属企业3家：汤山林场、东善桥林场、茶场。

2005年2月，再次进行职能整合和机构调整。将区发展计划与经济局改组为区发展和改革局，为区政府工作部门。区经济体制改革职能并入发改局，不再保留区经济体制改革办公室牌子。将区安全生产监督管理局调整为区政府工作部门。将区对外贸易经济合作局和区商业贸易局合并组建商务局，为区政府事业局性质的机构。国有资产监督管理职能并入区财政局，在区财政局增挂“区国有资产监督管理办公室”牌子。区计划生育局更名为区人口和计划生育局。将区卫生局承担的保健品审核有关职能划入区食品药品监督管理局。将区市容管理局由事业局调整为区政府工作部门。将区国土资源局改为南京市国土资源局江宁分局。将区公安局更名为南京市公安局江宁分局。职能整合和机构调整后区政府工作部门为20个，派出机构3个，议事协调机构1个，政府事业局5个。

至2007年12月底，江宁区人民政府工作部门为26个：政府办公室（接待与协作办公室、外事办公室、双拥共建办公室、法制办公室、行政服务中心）、发展和改革局（中小企业管理局、物价局、对外贸易合作局）、教育局、科学技术局、监察局、南京市公安局江宁分局、民政局、司法局、财政局（国有资产监督管理办公室）、人事局、劳动和社会保障局、审计局、统计局、环境保护局、安全生产监督管理局、市容管理局（执法局）、建设局、规划局、房产管理局、交通局、水利局、农业局、林副业局、粮食局、文化局、卫生局、人口和计划生育局、民族宗教事务局。常设办事机构1个：人民防空办公室（民防局）。派出机构4个：江宁经济技术开发区管委会办公室、江宁科学园管委会办公室、江宁滨江经济技术开发区管委会办公室、投资发展有限公司。政府事业局5个：商务局、广播电视局、体育局、建筑工程局、旅游局。区直属事业单位6个：地方志办公室（与区委党史办合署办公）、档案局、职工培训中心、农业资源开发局、国有资产经营（控股）有限公司、禄口机场经济圈发展委员会办公室。

区有垂直机构10个：国家税务局、地方税务局、国土资源局江宁分局、邮政局、省电信公司江宁分公司、南京市质量技术监督局江宁分局、工商行政管理局、食品药品监督局、烟草专卖局（烟草公司）、气象局。此外，有区属企业3家：汤山林场、东善桥林场、茶场。

第三节　基层行政机关　政府派出机关

【区人民政府（区公所）、镇人民政府（人民委员会）】

民国38年（1949）4月，江宁县人民政府成立后，下辖7个区人民政府和湖熟镇人民政府。1950年3月，经中共镇江地委和苏南行署批准，江宁县行政区划调整，增设第八、第九、第十3个区人民政府，撤销湖熟镇人民政府。1951年6月，恢复设立湖熟镇人民政府。根据省政府通知，1953年7月，又一次调整行政区划，原县属第八区划归南京市管辖；南京市第九区、第十一区划归江宁县管辖，分别改为江宁县第八、第十一区。1954年3月，经省政府批准，第八区并入第六区，第十一区改为第八区。同年4月，县政府发出通知，规定各区人民政府改为区公所，作为县人民政府派出机关，监督与领导乡人民政府工作。1955年9月，根据国务院“关于市辖区和县辖区公所均应按地名称呼，不按数字排列”的指示，县人民政府决定，原县第一至第十区公所依次改称为东山、板桥、陶吴、禄口、湖熟、汤山、龙潭、沙洲、淳化、铜井区公所。同年12月，湖熟镇人民政府改为湖熟镇人民委员会。1956年2月，行政区划再次调整，沙洲区划归南京市管辖；铜井区和板桥区合并为江宁区；撤销淳化区；增设汤山镇为县属镇（暂由汤山区代管），称为汤山镇人民委员会。

【乡镇人民委员会 人民公社】

1957年7月，通过撤区并乡，全县撤销区公所，改设殷巷、上坊、江宁、铜井、谷里、陆郎、东善、陶吴、横溪、丹阳、禄口、铜山、和平、龙都、土桥、淳化、上峰、麒麟、龙潭、营防20个乡和湖熟、汤山、东山、秣陵4个县属镇。1958年9月，全县实现人民公社化，24个乡镇合并为东山、江宁、铜井、谷里、陆郎、东善、陶吴、横溪、丹阳、禄口、铜山、秣陵、龙都、土桥、淳化、湖熟、麒麟、汤山、长江19个人民公社。1959年2月，增设上坊人民公社。1961年11月，经中共南京市委批准，恢复湖熟、汤山、东山、秣陵4个镇为县属镇，同时增设江宁镇为县属镇。1962年1月，调整公社规模，增设殷巷、横岭（后改称方山）、上峰、花园、营防5个公社。1964年6月，经省人委批准，撤销秣陵、江宁两县属镇建制。

【公社、镇革命委员会】

1968年1月，龙都公社革命委员会在全县率先成立。随后，其他公社、镇也相继成立革命委员会，至4月底，东山、上坊、殷巷、方山、江宁、铜井、陆郎、谷里、陶吴、东善、横溪、丹阳、禄口、铜山、秣陵、土桥、淳化、湖熟、上峰、其林、汤山、花园、营防、长江和东山镇、湖熟镇、汤山镇27个公社、镇革委会均告成立。

1969年11月，省革委会批准，原属江宁、句容、溧水三县管辖的周岗圩，建立周岗公社，归江宁县管辖；同年12月，周岗公社革委会成立。全县公社、镇增至29个。

【人民公社管理委员会 乡、镇人民政府】

1981年年初，全县29个公社、镇革委会撤销。东山、上坊、殷巷、方山、江宁、铜井、陆郎、谷里、陶吴、东善、横溪、丹阳、禄口、秣陵、铜山、龙都、土桥、淳化、湖熟、周岗、上峰、其林、汤山、长江、营防、花园26个公社建立管理委员会；东山镇、湖熟镇、汤山镇建立镇人民政府。

1982年，进行体制改革，全县26个公社实行政社分设，建立乡人民政府（原公社管理委员会不再行使政府职能，后逐步撤销）。

1983年5月，湖熟乡、汤山乡分别并入湖熟镇、汤山镇。

1986年11月，长江、营防、花园3乡划归南京市栖霞区管辖。

至1987年12月，全县有岔路、上坊、殷巷、方山、江宁、铜井、陆郎、谷里、陶吴、东善、横溪、丹阳、禄口、秣陵、铜山、龙都、土桥、淳化、周岗、上峰、其林21个乡政府和东山、湖熟、汤山3个镇政府。

1987年11月，经江苏省政府批准，丹阳乡撤乡建镇。1989年2月，江宁、秣陵、陶吴、淳化、禄口5个乡撤乡建镇；1992年1月，岔路乡撤销并入东山镇；1994年5月，铜井、陆郎、土桥、龙都、周岗、其林6个乡撤乡建镇，一律实行镇管村的体制。至1994年年底，全县原有的21个乡、3个镇政府调整为8个乡、15个镇政府：分别是上坊乡、殷巷乡、方山乡、谷里乡、东善乡、横溪乡、铜山乡、上峰乡、东山镇、湖熟镇、汤山镇、丹阳镇、江宁镇、秣陵镇、陶吴镇、淳化镇、禄口镇、铜井镇、陆郎镇、土桥镇、龙都镇、周岗镇、麒麟镇23个乡镇人民政府。

1996年2月，上峰、铜山2个乡撤乡设镇。1999年，上坊、东善2个乡撤乡设镇。2000年，横溪、谷里、方山3个乡撤乡设镇。当年，殷巷乡和方山镇并入东山镇，铜山镇并入禄口镇，龙都镇并入湖熟镇，陆郎镇并入江宁镇。是年底，全县共设立东山、湖熟、汤山、丹阳、江宁、陶吴、秣陵、禄口、淳化、麒麟、周岗、铜井、土桥、上峰、上坊、东善桥、横溪、谷里18个镇人民政府。

【镇人民政府 街道办事处】

2002年3月，撤销东山镇人民政府，设立东山、百家湖2个街道办事处。是年10月，将东山街道办事处管辖的原方山镇地域划出，设立方山街道办事处。是年年底，全区共设17个镇人民政府，3个街道办事处。2004年，淳化镇、东善桥镇、秣陵镇、上坊镇撤镇设立街道。是年年底，全区共设13个镇人民政府，7个街道办事处。2005年，江宁镇、汤山镇撤镇设立街道。是年年底，全区有11个镇人民政府，9个街道办事处。

2006年，区域内开展大规模区划调整工作，将11个镇人民政府、9个街道办事处调整合并为东山、秣陵、汤山、淳化、禄口、江宁、谷里7个街道办事处和湖熟、横溪2个镇人民政府。2007年12月，湖熟、横溪撤镇设立街道。至是年年底，全区共设9个街道办事处。

第四章 党政机关机构和事业单位改革

1954年5—12月，根据省委关于整顿编制和精简机构的指示，江宁县进行县、区两级机关整编工作。此后，1957年7月和1962年3—6月，曾两次进行全县机关精简整编工作。

改革开放后，江宁区（县）级的机构改革始终与政治体制改革、经济体制改革相适应。机构改革是全方位的，并采取积极、稳妥、渐进式方法展开。机构改革既包括职能调整和机构调整，又包括运行机制和管理方式的创新；既包括政府内部的体制改革，又包括政府与区委、人大、政协、司法、人民团体等方面的配套改革。1984—2007年，江宁区先后进行4次集中改革。

1984—1988年的改革，适应全县中心工作向经济建设转移的需要，裁并党政机构，着力改变机构臃肿、层次繁多、人浮于事等情况，通过县级机关定员定编，核定人员编制663名。

1997年的机构改革，是改革开放后机构改革中规模最大，也是最全面的一次。在转变政府职能上迈出更大步伐，实行政企职能分开；理顺关系，合理划分职能；精兵简政，提高工作效率。通过改革，全面核定全县72个党政工作机构、部门管理机构和23个乡镇的主要职责、内设机构、人员编制和领导职数。

2002年的机构改革的主要原则是：加强和改善党的领导，理顺党政部门之间的工作关系；转变政府职能，完善区镇政府功能；精兵简政，优化结构。通过这次机构改革，区级党政机构精简至34个（含部门管理机构），减少机构14个，精简幅度29%；区级行政机关编制由773名精简为649名，减少124名，精简比例为16%。

2005年的区政府机构改革的主要原则是：坚持上下基本对应，做好与市政府机构改革的衔接；坚持职权一致；坚持依法行政，努力实现政府职能、机构、编制的法定化。通过这次机构改革，区政府工作部门为26个，另设议事协调机构的常设办事机构1个，派出机构3个，事业局性质的机构6个。

第一节 党政机关机构改革

【1984—1988 年县、乡镇机关定编定员】

“文化大革命”后，为了解决县党政机关工作机构臃肿等问题，县委、县政府组织人事部门进行大量的调查研究。在调查研究的基础上，从县实际情况和工作需要出发，1984—1988 年，先后进行机构改革。改革的重点是做好县、乡镇两级党政群机关的定编定员工作。1985 年 4 月，根据南京市人民政府《关于核定全市县级党政机关人员编制总额的通知》精神，结合县具体情况，在广泛征求意见的基础上，印发了《关于核定江宁县县级党政群机关人员编制的通知》，对编制的使用、内设机构、人员经费和富余人员的安排等问题作出规定。1984 年核定后的县级机关编制：县委工作部门 6 个，94 名；县委直属单位 4 个，15 名；纪律检查委员会 1 个，23 名；人大常委会 1 个，17 名；政协 1 个，12 名；人民团体 4 个，28 名；政府工作部门 28 个，473 名；县政府直属单位 1 个，1 名。共 46 个单位，663 名。同时，县编制委员会还先后核定了县委党校、县农校、县职工培训中心、县委党史办、信访办、县委机要室、县志办、江宁报社、公、检、法、司、税务等单位的人员编制。

1988 年 9 月，根据中共南京市委、南京市人民政府《关于核定全市乡镇党政机关人员编制的通知》精神，结合全县各乡镇的实际情况，印发了《关于核定乡镇党政机关人员编制的意见》，核定全县 24 个乡镇党政机关人员的编制总额为 747 名。乡镇机关岗位设置为：党委：正、副书记，秘书，纪检，组织，宣传，人民武装；群团：工会、共青团、妇联；政府：正、副乡（镇）长，民政，文教卫生，生产（工业、农业、副业），计划统计，科技，计划生育，村镇建设（环境保护），土地管理，财经，经营管理，工勤等。

1989 年后，进一步加强对乡镇机关编制的管理，巩固乡镇定编成果。围绕经济建设中心，从有利于促进全县经济发展出发，重点对同经济体制改革关系密切的经济管理部门的职能进行改革。将外经、物价、经济协作等职能从县计经委分离出来，成立县对外经济贸易委员会、县物价局、县经济协作委员会；新建县标准计量局、县环境保护局、县土地管理局。并将县文教局分设为县教育局、县文化局。

【1997 年县、乡镇党政机构改革】

1995 年后，县委、县政府贯彻中共十四大精神，提出围绕建立社会主义市场经济体制，加强经济改革步伐，用三年时间进行行政管理体制和机构改革的任务，从县政治、经济和社会事业发展的实际出发，按照政企职责分开和精简、统一、效能的原则，抓住转变职能关键，理顺关系，精兵简政，提高效率，逐步建立起适应社会主义市场经济体制，有利于经济建设和社会发展，具备县级市特点、功能齐全、结构合理、运转协调、廉洁高效的行政管理体制。这次机构改革的原则：转变政府职能，实行政企职责分开；认真理顺关系，合理划分职权；落实精兵简政，提高工作效率；坚持实事求是，力求因地制宜。

1997 年 5 月，县委、县政府成立由县长任组长的县机构改革领导小组，加强对全县机构改革工作的领导，制订《江宁县党政机构改革方案》。经过改革调整，县物资局、县经济协作办（原为经济协作委）改为县政府直属事业单位，组建县旅游局、县国有资产管理局，并将县标准计量局改建为县技术监督局；同时根据一些部门的职能变化，相应地作了更名。改革后的县级党政机构由 47 个精简至 40 个，县委、县政府机构分别为 6 个和 34 个，共减少 7 个，精简幅度 14.89%；机关行政编制由 901 名精简为 810 名，减少 91 名，精简 10.10%。乡镇机关原则上设立 6 个办公室，即党政办公室、财经办公室、社会事务办公室、乡镇村建设办公室、工业办公室、农业办公室。核定乡镇机关行政编制数 1035 名。县人大、政协、法院、检察院、人民团体机关机构改革按照中央和省、市的要求实施，并与县级党政机关的机构改革同步进行。

为保证县党政机构改革方案的顺利实施，县委、县政府又制订《关于江宁县党政机构改革方案的实施意见》，县编委、县委组织部、县人事局就人员分流问题联合下发《关于党政机构改革中人员分流问题的通知》，县编办印发《关于乡镇党政机构改革的指导意见》。1997 年 5 月 18 日，县委、县政府召开全县党政机构改革动员大会和“三定”工作会议。各乡镇、各部门都成立机构改革领导小组和工作班子，比较平稳顺利地实施了机构改革工作。这次机构改革的中心环节是搞好“三定”工作：定职能，即按照转变职能的要求，重新界定各部门的职能；定内设机构，即在职能分解的基础上设置部门的内设机构；定人员编制和领导职数，即以部门承担的职能为依据，重新核定人员编制和领导职数。全县 23 个乡镇的“三定”方案于 1997 年 8 月底前全部批复下达，全县 72 个部门和单位的“三定”方案批复工作在 1997 年 12 月底全部完成，并通过省、市编制部门的检查验收。

在“三定”工作中，县级机关各部门坚持把转变职能作为改革的重点，按照建立社会主义市场经济体制和政企、政事职责分开的原则，将本部门现有的职能逐条列出，并进行认真梳理、归并、反复论证，从而强化宏观经济管理的职能，加强对全县经济、社会发展中重大问题的综合协调工作，加强了政府培育和发展市场的工作，加强为基层和企业服务的工作；弱化政府微观管理职能，减少具体审批事务，简化审批手续，将属于社会性和事业单位的职能予以下放或转移，将属于企业的经营管理权放给企业。改革后的“三定”方案明确，农村能源工作划归县农业局主管，地名工作划归县民政局负责，燃气工作划归县建设局管理，蚕桑工作划归县林副业局主管并由其负责有关桑茶果的统计工作。通过改革，理顺了各部门之间的关系，解决了部门之间交叉扯皮的问题。

1997 年的机构改革全面核定全县 72 个工作机构、部门管理机构和 23 个乡镇的主要职责、内设机构、人员编制和领导职数，为县乡（镇）党政机关的协调运转、完善行政程序、规范行政行为和科学管理、高效行政奠定了基础。

【2002 年区党政机构改革】

2001—2002 年，区委、区政府按照转变职能、理顺关系、精简机构、提高效能的原则，精心组织，积极稳妥地完成了全区党政机构改革工作。

根据省、市的部署，2001 年 5 月，区委、区政府成立区机构改革领导小组，确定江宁区机构改革的目标。是年 10 月 25 日，正式上报《关于江宁区党政机构改革实施方案的请示》，并获得市委、市政府的批准。为保证机构改革方案的顺利实施，区委、区政府印发《关于江宁区党政机构改革的实施意见》《关于区级党政机关机构改革人员分流的实施办法和关于区级党政机关机构改革人员定编定岗的实施办法》。是年 12 月 31 日，区委、区政府召开全区党政机构改革动员大会，区委书记王建华作动员报告，区委副书记、区机构改革领导小组组长吕界超就全区机构改革工作作部署。区委组织部、区人事局专门举办机构改革工作培训班。各部门根据统一部署，成立机构改革领导小组，比较平稳地实施党政机构改革。

经过改革，撤销区国有资产管理局，其承担的行政职能并入区财政局；撤销区工业局、区乡镇企业管理局，其承担的行政职能划入相关部门，在区发展计划与经济局挂“区乡镇企业管理局”牌子；撤销区商业局，组建区商业贸易局，改为区政府管理的事业局；区物价局由政府工作部门改为与区发展计划与经济局合署办公；区广播电视局由政府工作部门改为区政府管理的事业局；区建筑工程局改为区政府管理的事业局；区体育运动委员会更名为区体育局，由区政府工作部门改为区政府管理的事业局；区政府法制局更名为区政府法制办公室，由部门管理机构改为与区政府办公室合署办公；区经济体制改革委员会更名为区经济体制改革办公室，由部门管理机构改为在区政府办公室挂牌。同时根据一些部门的职能变化，相应地作了更名。

改革调整后，全区区级党政机构由48个精简至34个（含部门管理机构），减少14个，精简幅度为29%。其中区委工作机构6个，部门管理机构3个；区政府工作部门25个。另设议事协调机构1个，派出机构3个，事业局性质的机构6个。区级机关行政编制由773名精简为649名，减少124名，精简比例为16%；行政附属编制由90名精简为65名。镇机关内设机构设立6个综合性办公室，即：党政办公室、财经办公室（挂“财政所”牌子）、社会事务办公室（挂“社会治安综合治理办公室”“计划生育办公室”牌子）、村镇建设办公室、农业办公室、经济发展办公室。镇行政编制由1035名精简为766名，减少269名，精简比例为26%；行政附属编制由104名精简为77名。区人大、政协、法院、检察院和群团机关的机构改革按照中央和省、市有关精神相继进行。

全区62个工作机构的“三定”方案于2002年7月底前完成批复下达，同年8月29日，通过省、市编制部门的检查验收。

【2005年区政府机构改革】

2005年2月开始，区委、区政府按照进一步转变政府职能，优化组织结构，完善运行机制，提高行政效益，逐步形成行为规范、运转协调、公正透明、廉洁高效的行政管理体制的指导思想，精心组织，积极稳妥地完成2005年政府机构改革的实施工作。

此次改革坚持上下基本对应，做好与市政府机构改革的衔接，职能调整和机构设置与市政府有关部门基本对应。同时，积极探索符合江宁特点的改革。坚持职权一致，按照一件事情由一个部门管理为主的原则，合理划分和界定各部门的权利和职责分工。坚持依法行政，努力实现政府职能、机构、编制的法定化。

经过改革，将区发展计划与经济局改组为区发展和改革局，为区政府工作部门；将经济体制改革职能并入区发改局，不再保留区经济体制改革办公室的牌子；原区发展计划与经济局职能、合署机构维持不变。将区安全生产监督管理局调整为区政府工作部门，理顺区安全生产监督管理局与政府其他相关工作部门之间的职能关系，全面构筑安全生产监督体系。将区对外贸易经济合作局和区商业贸易局合并，组建区商务局，为区政府事业局性质的机构，其国有资产监督管理职能并入区财政局。将涉及国有资产监督管理的各方面职能归并到区财政局，在区财政局挂“区政府国有资产监督管理办公室”的牌子。将计划生育局更名为区人口和计划生育局。将区卫生局承担的保健品审核有关职能划入区食品药品监督管理局。将区市容管理局由事业局调整为区政府工作部门。将区国土资源局改为南京市国土资源局江宁分局，编制、人员等体制调整逐步到位。将区公安局更名为南京市公安局江宁分局，编制、人员等管理体制仍维持不变。调整后的区政府工作部门仍为26个：办公室（法制办）、发展和改革局、规划局、教育局、科学技术局、市公安局江宁分局、民政局、司法局、财政局（区政府国有资产监督管理办公室）、人事局、劳动和社会保障局、审计局、统计局、环境保护局、安全生产监督管理局、市容管理局、建设局、房产管理局、交通局、水利局、农业局、林副业局、粮食局、文化局、卫生局、人口和计划生育局。此外，区监察局与区纪委合署列入政府工作部门序列，不计政府机构个数；民族宗教事务局列入政府工作部门序列，与区委统战部实行两块牌子、一套班子，不计政府机构个数。区政府其他原有派出机构、议事协调机构的常设办事机构、事业局性质机构及挂牌、合署机构维持不变。

第二节 事业单位改革

【事业单位人事管理制度改革】

较长时期，事业单位一直沿用行政机关的人事管理模式，这种单一的管理模式制约着事业单位活力和自我发展能力。从1997年起，江宁县加快事业单位人事制度的改革步伐，其重点是按照分类管理的要求，在全县事业单位中推行全员聘用合同制工作。至1998年年底，全县（教育系统除外）共有6867人签订全员聘用合同书，建立起适应市场经济需要，符合各类事业单位特点的人事管理体制和运行机制。通过签订合同，以法律形式明确用人单位和工作人员的责、权、利，确定聘用关系，调动了广大事业单位工作人员的积极性。

1999年起，江宁县部分事业单位新进人员逐步实施公开招聘制度。2003年7月18日，南京市人事局制定下发《关于印发<南京市事业单位改革进人办法>的通知》（宁人字〔2003〕95号）。根据此文件精神，2004年，下发《南京市江宁区事业单位招聘人员暂行意见》。对事业单位新进人员把好进口关，把公开考试招聘作为事业单位进人主渠道，推进事业单位用人制度的公开化、科学化和民主化。是年，按照招考程序，区级和镇、街道共26家事业单位聘用80名工作人员。同时，全区事业单位继续坚持"新人新机制，老人老办法"聘用原则，进一步建立健全岗位管理制度，完善聘用中的岗位设置、岗位竞聘、合同鉴证、工资待遇、解聘辞聘等管理办法。事业单位的人事管理逐步由固定用人向合同用人、由身份管理向岗位管理转变，进一步扩大人事代理实施范围，推行全员代理。专业技术人员聘任工作进一步规范。2004年，对教育系统69家单位进行岗位调整，涉及中学6个学科、小学3个学科。全年共办理镇、街道单位专业技术职务聘任3804人，办理新进人员代理654人，事业单位聘用合同鉴证4693人。

2005年，区级机关10家单位通过公开招考录用68名事业单位工作人员，并办理聘用手续。2007年，完成教育系统各学校中、高级职称和区文化局、卫生局下属事业单位专业技术人员的岗位设置；办理事业单位人事代理2380人，聘干鉴证218人，解除事业单位合同32人。撤销原经营性事业单位种子站，设立区种子管理站，由原来的管理与经营并举模式改为以监督、服务为主模式；妥善解决区城建开发公司23名在职人员和11名退休人员分流安置工作。

【镇事业单位机构改革】

根据省、市的部署，2001年10月25日，区机构改革领导小组正式上报了《江宁区镇事业单位改革及人员分流方案的请示》，并获得市委、市政府批准。为保证镇事业单位机构改革方案的顺利实施，区委办、区政府办印发《关于镇事业单位机构改革及人员分流的实施意见》。2001年12月31日，区委、区政府召开全区党政机构改革动员大会。各镇根据统一部署，成立机构改革领导小组，比较平稳地实施镇事业单位机构改革。

通过改革，镇事业单位由274家精简为162家，减少112家；事业编制原有1339名，按不低于30%精简，区划调整中合并镇按40%精简，精简后全区镇事业编制为833名。共分流镇事业单位人员380名。2002年8月，镇事业单位改革通过省、市编制部门的检查验收。

第五章　政事纪略

民国38年(1949)4月28日，江宁县人民政府成立，在中共镇江地委、镇江专员公署的领导下，积极宣传党的政策，开展肃匪反特斗争，废除保甲制，建立巩固新生政权，组织恢复生产，进行稳定物价和减租等各项工作。在完成土地改革等民主革命任务的基础上，1953年起，组织执行国家第一个五年计划，开展对农业、手工业和资本主义工商业的社会主义改造，恢复和发展全县文教卫生事业。1958年起，开展“大跃进”和人民公社化运动；整顿人民公社，纠正工业冒进，组织生产救灾；全面调整国民经济，着重发展科技、教育、文化、卫生事业，加强劳动、政法、民政、民兵工作，开展城乡社会主义教育运动等。“文化大革命”开始后，各项工作处于瘫痪状态。1968年3月，江宁革命委员会成立后，开始扭转生产下降局面。1975年，落实中央指示，进行全面整顿，恢复发展经济社会各项事业。

中共十一届三中全会后，县政府坚持以经济建设为中心，正确处理改革、发展、稳定的关系，不断解放思想，开拓进取，经济社会实现跨越式发展，县政府从稳固农业基础地位入手，发展高产、高效农业，稳定农业承包关系，调整农业结构，加强农业基础设施建设。20世纪90年代后，县(区)政府全面实施县(区)委在各个时期制订的发展战略和重要决策，加大改革开放的力度，外向型经济迅速发展，经济综合实力明显增强，城镇建设及社会各项事业得到健康发展。2007年，江宁区全面实现小康，人民安居乐业。其间，按照“政企分开、宏观管理、微观放开”的原则，不断转变政府职能，建立以经济手段和法律手段为主的宏观调控体系和适应社会主义市场经济体制需要的管理体制。同时推进民主政治建设和政府管理制度化进程，提高了政府的执政能力。

第一节　县人民委员会(政府)政事纪略

【县人民政府(民国38年4月至1954年3月)】

建立人民民主政权　民国38年(1949)4月28日，胡宏率100余人接管工作队及中国人民解放军第八兵团配属的一个连进驻东山，在人民解放军第三十五军主力配合下，收容国民党县政府残留人员280余人。由中共南下工作团派宋波任县长，王凤先为副县长，接管政权，宣告江宁县人民政府成立。在较短的时间内，顺利完成全部接管任务。随后，开展肃匪反霸，稳定社会秩序。至1949年年底，全县先后清剿股匪19股237人，收容散兵游勇500余人，改编与解散自卫队约100人，收缴长枪948支，短枪161支，轻、重机枪13支，冲锋枪5支，炮弹、手榴弹379箱，子弹10.65万发。进行基层政权的改造和民主建设。至1950年3月，将沿用新中国成立前夕的7个区1个直属镇和46个乡镇、485个保、6376个甲，调整设立为10个区、1

个直属镇、115个乡、882个村级组织。在不到一年的时间里，彻底废除伪保甲制度，顺利地完成区乡政权组织建设。

生产救灾 民国38年（1949）6—7月，江宁县遭受多年未遇的水灾，全县江堤决口20余处，漫决大、小圩堤369条，9800公顷农田颗粒无收，损坏房屋1.19万间，重灾民近3万人。县委、县政府紧急动员广大干部群众抗洪抢险，修复江堤河堤22.20千米。至1950年春，先后拨发救灾款4923元，工赈粮97.40万公斤，救济粮100.79万公斤、麸皮5万公斤、豆饼3375公斤。县政府向南京市粮食局借调无利息大米30万公斤贷发给困难群众。县人民银行贷放稻种36.50万公斤、棉种1.70万公斤、肥料（豆饼）64万公斤、水利粮（大米）12.70万公斤。确保12万灾民度过灾荒。1950年、1951年、1953年夏秋，江宁又连续3年遭受水灾和虫害，县委、县政府均及时有力地领导全县人民抗灾抢险，较快地克服灾荒，使农业生产得到恢复。

恢复和发展工商业 在城镇积极组织工商企业复业，建立发展国营厂矿企业、国营商业和供销合作社，逐步确立国营集体经营企业在市场上的领导地位。整顿改造私营工商业，全面调整公私关系和劳资关系，组织城乡物资交流，活跃城乡经济。至1952年年底，全县有3家国营工厂，有职工207人，年产值29.20万元，分别占全县总数的49.60%和15.20%；国营商业批发占市场份额的43.72%；基层供销社发展到22个，社员总数73845人，占全县人口15.90%。全县各集镇的传统庙会都改成物资交流会。1953年，举办物资交流会48次。

经过3年多的艰苦努力，全县国民经济得到全面恢复和初步发展。1953年，是执行国家第一个五年计划的第一年，开局取得可喜成绩。全县国内生产总值4239万元，比1949年增长40.78%。其中，农业产值3729万元，比1949年增长29.03%；工业产值302万元，比1949年增长177.06%。全县生产粮食1.90亿公斤，比1949年增长48.82%；棉花（皮棉）21.26万公斤，比1949年增长126.65%；油料166.26万公斤。

【第一届县人民政府委员会（1954年3月至1957年1月）】

国民经济稳定增长 1954—1956年，国民经济稳定增长。1956年，实现国内生产总值5110万元，比1954年增长29.40%。其中，第一产业4172万元，比1954年增长24.20%；第二产业594万元，比1954年增长57.56%；第三产业344万元，比1954年增长61.50%。全县粮食总产量19132万公斤，棉花（皮棉）总产量11万公斤，油料总产量296.91万公斤。社会商品零售总额2936.60万元，物价稳定。人民生活改善。1956年，农民纯收入61元，比1949年增长103.33%；年人均口粮260公斤，比"三定"基本口粮增加20公斤。全民所有制职工普遍增加工资。1956年，职工年平均工资457元，比1953年376元增加81元，增长21.54%。

1954年抗洪救灾 1954年5月中旬至9月，江宁县遭受近百年未遇最大洪水灾害。特大暴雨引起秦淮河上游山洪暴发与长江水位顶托，使江宁高水位持续74天之久。造成全县139个乡镇有89个受灾，其中重灾乡29个；受灾群众59735户、244261人，其中重灾户34710户、142570人；破圩182个，浸圩200个，被淹稻田（包括荡田）2.90万公顷，占稻田总面积的43.30%，被淹旱地7200公顷，损失粮食7500万公斤；被淹房屋37403间，其中倒塌16559间，因抢险、水淹、倒房等受伤群众80人，死亡64人；冲倒塘坝1296个，冲毁桥梁14座。县政府领导全县人民进行历时4个多月的抗洪救灾斗争。共投入劳力9.30万人，调集抽水机66台、水车6724部，耗用大木桩21184根，麻包62697只，草包37144只，蒲包92226只，稻草42.50万公斤，铅丝854公斤，门板4033块，完成抢险土方67.68万立方米，石方1.72万立方米。在抢险中牺牲6人，解放军南京步校某班班长、中共党员秦嗣武为救灾光荣献身。是年8月，当洪水回落后，千方百计组织生产自救。补种晚稻537.70公顷，改种杂粮859.70公顷；发放各种贷款14万元。解决受灾群众生活困难，发放救济款13万元，救济寒衣8400件，棉被508床，粮食种子28139.50公斤，修房1505间。通过落实各种救灾措施，全县20多万灾民较快地渡过灾荒，恢复生产，重建家园。1954年，全县粮食产量虽比1953年减产24.80%，但仍上交国家入库粮2450万公斤，超额3%完成任务指标。1955年春，遭受特大洪水后的38个重灾乡和58个轻灾乡，在以互助合作为中心的生产救灾中，重灾乡开荒168.34公顷，收获青菜156万公斤。从事捕鱼、编织、编蒲包、运输、打石子、割山柴、糊纸袋、加工粉丝、打草帘子等副业生产29种，收入33万元。各级供销合作社为灾区推销鲜鱼87万公斤、虾1万公斤，蒲包50万只、草鞋4.60万双、生猪74万公斤等产品，共值77.75万元。组织供应各类种子130万公斤、农具4.50万件、牛草500万公斤、烧草215万公斤。全县受灾的36894户、143384人，基本上安渡灾荒，迅速恢复生产。群众将1954年与民国20年（1931）对比感叹，“以往受灾，家家凄凉；墙倒屋塌，土地抛荒，地主逼租，借债拉账；树叶吃尽，野菜挖光；卖儿卖女，外流逃荒；妻离子散，家破人亡”。如今“生产救灾，完全两样，家人团聚，无人逃荒，粮价平稳，不卖牛羊”。

发展文教卫生事业 至1956年年底，全县小学发展到518所，班级1207个，在校学生48221人，教职员工1382人。全县小学普及率55%。全县普通中学发展到6所（其中完中1所）48个班级，在校学生2710人（其中高中119人），教职员工173人。县内各主要集镇都设有县属普通中学，学校布局较为合理。1956年，参加冬学教育96563人，占农业人口18%；有民校1904所，进入民校学习72299人，群众教师增至3992人。此外，全县职工业余教育、干部业余教育得到较大发展。全县有医务卫生单位44家（其中县属9家），医疗卫生技术人员300人。人口平均死亡率大幅降低，由1949年的20.59‰降至1956年的10.70‰。

【第二届县人民委员会（1957年1月至1958年5月）】

第二届县人民委员会任期只有1年零4个月。1957年，超额完成第一个五年计划，全县国民经济取得新成就。1957年，国内生产总值5499万元，“一五”期间年均增长4.99%。其中，第一产业4475万元，“一五”期间年均增长2.93%；第二产业612万元，年均增长19.90%；第三产业412万元，年均增长16.87%。人均国内生产总值114元，年均增长3.71%。财政收支平衡有余。1957年，财政收入783万元，支出389万元，实现财政收支结余394万元，结余率为101%。农业生产虽然遭受各种自然灾害，但仍发展较快。1957年，粮食总产量19327.57万公斤，棉花（皮棉）总产量15.04万公斤，油料总产量228.21万公斤。工业生产迅速发展。社会商品零售总额2972.50万元，比1952年增长37.92%。全县实现乡乡通电话，建成公路4条22.31千米，建乡村简易土公路524千米。

1957年11月至1958年4月，全县开展大规模兴修农田水利运动。新建水库196座，整修329座，新建塘坝1375座，整修8858座；新开沟渠104条，整修342条；新筑圩堤40千米；新建桥梁29座。累计完成水利工程12667项，完成土方3618万立方米，相当于新中国成立后8年兴修水利的总和。全县增加蓄水灌溉工程1603处，增加蓄水量8178万立方米，扩大与改善灌溉面积2.96万公顷，改善排、灌面积1.18万公顷。

加强乡级政权建设，做好县级机关整编工作。1957年4月，将原有7个区、1个直属镇、54个乡（镇），合并为24个乡（镇），从而减少了领导层次。县机关通过精简机构、压缩编制、下放干部，进一步加强基层政权建设。整编后，县级机关及直属企事业单位由71家减为47家；人员编制由1191名减为757名。其中，行政编制由684名减为424名，企事业编制由507名减为333名，对县、区、乡三级精简出的编余人员全部下放充实到各基层组织。县级机关下放干部156人（含县委委员11人，科局长级26人），到乡工作的145人，到信用社工作1人，回农业社工作10人；原区级干部128人，到乡工作113人，回农业社及其他行业工作15人；乡干部共下放309人，其中回农业社的279人，到其他行业工作30人。

1958年4月开始，各级政府普遍开展声势浩大的建设社会主义总路线宣传教育运动，各行各业召开“鼓干劲、争上游”誓师大会，初步掀起“大跃进”运动的热潮。

【第三届县人民委员会（1958年5月至1961年5月）】

农业生产逐年下滑，“大跃进”后果严重　1960年是三年“大跃进”的最后一年。12月18日，县委召开有5316人参加的县、社、大队、生产队四级干部会议，总结三年的工作。1958—1960年，农、林、牧、副、渔业产值平均逐年递减5.78%，粮食产量平均逐年递减6.58%。比第一个五年计划期末产值下降803.80万元，粮食产量下降3811.95万公斤。“大跃进”的1958年只比1957年增长1.24%（240.08万公斤）就盲目自满，“放开肚皮吃饭”。1959年比1958年粮食总产量减少17.56%。不仅遇到多年罕见大旱，而且“五风”（“共产”风、浮夸风、命令风、瞎指挥风、生活特殊化风）刮起，人为损失也不小。1960年，自然灾害较少，但年年运动频繁，群众疲劳，人的体质下降，生产工具减损较多。3万多劳动力调出搞工业、社队企业、基本建设，留作农业生产的每一劳动力负担耕地0.67公顷以上，粮食产量又比1959年下降9.38%。人民生活遇到困难，1960年，农村人均口粮167.25公斤，比1957年少66.95公斤。全县口粮严重不足，农民普遍以麸皮、豆饼、糠饼充饥，不少地方出现人食榆树叶、葛藤等野生植物情况。1958年、1959年、1960年，农民平均年收入仅85元、61元和71元。因缺口粮和食物，营养不足，全县发生浮肿病人增多，饿死数千人。其间，人口出生率下降，从1957年的37.10‰降至1960年的12.80‰；死亡率增高，从1957年的10.70‰增至1960年的32.80‰；1960年人口自然增长率为-20‰，总人口较1958年减少1.98万人。

农业基础设施建设　1958年11月至1959年5月底，全县共完成土方707万立方米，石方7400立方米，建造水库40座，小型塘坝5200个，涵闸68座，河网化农田3166.67公顷，整修圩堤工程15处，开筑机电灌溉渠道30条，改善农田灌溉面积4933.33公顷，排水面积13000公顷，控制防洪面积3333.33公顷。至1960年，全县20个灌区机房已建好17处，建成渠道147条、长200千米，灌溉面积8533公顷。拥有排灌机械357台、7350千瓦。同时国家投资782万元，架设高压电线37.50千米，兴建龙都的焦公渡、大六渡，秣陵的东旺、西旺，东山的健康、大马墩6处电力排灌站，总装机19台套、1047.40千瓦，改善灌溉面积2927公顷，改善排水面积493公顷。

连续两年抗旱救灾　1958年5月2日至8月12日，江宁县遇到百年未有的大旱灾。从5月2日至8月12日的102天，仅降雨206.9毫米，相当于常年降水的1/5。旱情严重时，全县干涸塘坝26480个、河沟293条，有近1.33万公顷水稻脱水，3.33万公顷受旱，1.13万公顷旱谷出现叶卷枯萎情况，部分地区人畜吃水困难。全县人民鼓足干劲，开展一场规模空前的深入持久地百日抗旱运动。并动员全县各机关、企事业、学校、驻军、市镇居民5万人支援抗旱斗争。全县出动人数最多时高达35万人。铜山、横溪、丹阳、汤山、上峰、麒麟等乡镇翻山越岭开沟架车几十道，从5千米至10千米，甚至30千米以外的长江、秦淮河引水灌溉。一直坚持到8月中旬，终于战胜百年未遇的大旱，使全县4万公顷早中稻仍获得较好收成。

继1958年大旱后，1959年盛夏，江宁发生特大干旱。7—10月，全县5.30万个水塘干涸88%，5.20万公顷水稻有2.14万公顷断绝水源，8666.67公顷稻田一度脱水干裂，9333.33公顷旱谷干得叶卷焦黄。全县干死桑树39公顷，竹子35.10公顷，还有634万尾成鱼因干塘而被捕尽，219万尾鱼苗全部死亡。在丘陵山区人、畜吃水出现困难，旱情严重的陆郎、谷里、东善等8个公社279个生产队、38033人要去1千米～1.50千米以外挑运饮用水。县委、县政府组织动员谷里、陆郎、土桥等地群众，在通往长江的大小河流中拦水筑坝41道，开引水沟510条，架“天桥”19座，从长江、秦淮河引水灌溉。8月上旬，每天投入抗旱的劳力达12万多人，其中动员城镇居民职工2.50万人。经过全县人民艰苦顽强的奋战，终于夺取1.20万公顷早中稻丰收。但由于旱情面广，持续时间长，致使晚秋植物生长受到严重影响，全县共旱死水稻1800公顷，旱谷2667公顷。1959年，全县粮食产量比1958年减少17.56%。

解决人民群众生活困难 1958年，受旱灾影响，粮食减产，全县实有库存粮食1018万公斤，按人均每月供应17公斤原粮计算，只能维持到5月底，少数地方出现断粮。各级政府深入农村领导清仓查库，整顿食堂、落实基本口粮指标，发动群众大搞瓜菜、胡萝卜生产，保证人均瓜菜不少于1分地，全县共种蔬菜、胡萝卜等7333.33公顷。适当压缩市镇人口粮食定量标准，从余粮社协商调借粮食55.90万公斤，解决部分缺粮社口粮。1959年12月开始，县、社机关带头，厂矿、学校积极响应，每人每月节约主粮1公斤，以支援缺粮户渡难关。与此同时，鼓励社员个人发展家禽、家畜及林业生产。各级领导干部深入农业生产第一线与群众同吃、同住、同劳动，同舟共济，共渡难关。

【第四届县人民委员会（1961年5月至1964年4月）】

调整发展工农业生产 1961年，按照中央确定的国民经济“调整、巩固、充实、提高”八字方针，开始纠正“左倾”错误，调整和恢复国民经济，坚持以农业为基础，大力发展粮食和林副业生产，调整政策，减轻农民负担。从1961年起，农业税征收调整为2083万公斤粮食（含地方附加税157万公斤），除去社员减免部分应征1926万公斤，比1960年下降48.30%。计税产量调整为16285万公斤，平均征税率调整为11.62%，比1960年分别降低17%和6.92%。农业税一经调整定案，三年内不得变更。同时，提高生猪、蛋类、家禽购销价格和提高粮食统购价格，以及油脂、油料统购统销价格。同原价格相比，粮油收购价提高18.10%～25.60%，油料销售价提高15.90%；生猪、家禽收购价提高30.60%～36.60%，销售价提高22.60%～36.60%。这对于引导广大农民积极生产粮食、发展牲畜家禽生产起到促进作用。调整工业布局，精简企业职工，至1961年9月，全县27家工矿企业除划归南京市的以外，实行关停、缓建、压缩、转产、下放共12家，职工人数由2487人（不含划归南京市辖的矿区人口）精简至623人，减少1864人。对“大跃进”时期集中过多、合并过大的手工业、交通运输业和合作商业适当分散、划小，分别成立合作工厂、合作社、合作商店和合作小组。通过一系列的调整，国民经济得到恢复和发展。全县粮食产量改变7年连续徘徊于1.50亿公斤台阶的状况，1963年，一跃跨上2.50亿公斤台阶，达到26439万公斤（含社员自留地产量1006万公斤）。全县国内生产总值为7632万元，比1962年增长29.75%。

精简干部职工和减少城市人口 1961年，精简职工1864人。1962年3月，县级机关开展精简整编工作，全县共精简下放机关干部366人，其中回乡当农民112人，下放到林场、学校、企业等基层单位工作240余人。4—7月，全县累计精简原国家定销和社办自筹粮人口10353人，其中全民所有制职工1591人，减少城市人口1165人，下乡当农民5764人。从1961年年初到1963年7月的两年多时间，全县共精简干部职工、减少城镇人口约2.40万人。其中，1961年减少1万人，1962年减少约1.10万人，1963年减少约3000人。从而减轻城市负担，加强农业建设，保证工业调整工作顺利进行。

关心群众生活 1963年3月，针对受1962年水灾影响，部分重灾区农民生活发生困难，全县县、社、队三级先后发放救济粮331.80万公斤，救济款36.37万元，煤4258吨。12月底，全县农村秋季分配如期兑现，社员人均口粮305公斤，比1962年增长29.80%，比新中国成立后最高的1955年增长21.80%。人均纯收入125.60元，其中集体分配88.60元，比1962年增长47.40%。1963年8月，全县对工业、交通、农林、财贸、金融、文卫系统职工和国家机关团体工作人员调整工资。升级、定级和工资过低而调整增资的有4200人，平均月工资水平增长7.40%，调整后人均月工资达44元，使城镇干部职工工资性收入有所增加，生活得到改善。

【第五届县人民委员会（1964年4月至1966年5月）】

农业生产条件得到改善，农业稳步发展。1965年冬春，全县掀起兴修水利高潮，投入劳力最多时达10万人，占总劳力一半，共完成大小水利工程13896项，修建塘坝7700多个，小水库121座，标准堤50多千米，完成土方1130万立方米。农业新技术、优良品种、农业机械逐步推广使用。粮食和副业生产获得丰收。1965年，全县农林牧渔业总产值28688万元，比调整前的1960年增长52.12%；粮食总产量30294.49万公斤，比1960年增长95.25%；棉花（皮棉）总产量13.88万公斤，比1960年增长108.72%；油料总产量259.54万公斤，比1960年增长44.24%。林、牧、副、渔业生产有新提高。耕牛发展到26697头，比1964年增加1928头；生猪圈存量13万头，比1964年增长29%；水产品210万公斤，比1964年增长16.70%。经过调整，工业逐年回升。1964年工业总产值为1193万元，1965年增至1565万元，增长31.18%。

社会事业全面进步。1966年年初，全县有小学765所、1425个班级，在校学生57215人，普及率增至95%（含耕读小学）。有普通中学18所，其中完中4所；班级115个，其中完中12个班级；在校生4848人，其中高中生725人。1966年年初，全县农业中学发展到84所，121个班级，学生3886人；教师164人，另有兼职教师66人。耕读小学兴起。1965年，耕读小学有学生33049人，占全县在校小学生的37.80%，小学学龄儿童入学率增至91.70%；有耕读小学教师2052人（不拿国家工资补贴），比全县小学教职员工还多139人。全县各乡镇均建立文化站，共有农村电影放映队8个，放映点381个。卫生医疗机构布局合理，农村合作医疗得到巩固。至1965年年底，共治疗血吸虫病人234名，预防医治疟疾病人2.50万名，挖土灭螺14万平方米。人民生活得到改善。1965年，农民年人均纯收入98元，职工年平均工资497元，分别比1957年增长48.50%和4.40%。城乡储蓄存款余额达406万元，比1957年增加1.90倍。

1966年5月16日，全国开展“文化大革命”，县人民委员会被机关造反派非法夺权，各项工作陷于停顿状态，经济建设和各项社会事业未能按计划开展。

第二节 县革命委员会政事纪略

【排除干扰全力抗旱】

1966年5月“文化大革命”开始后，县委、县政府采取“两套班子”（运动班子、生产班子）、“四个统一”（统一教育、统一要求、统一部署、统一检查）、“五项落实”（思想落实、领导落实、指标落实、措施落实、行动落实）的方法，保证革命、生产两不误。6月末，全县出现旱情，秦淮河畔181台电动抽水机，有126台因无水源被迫停机，沿江、沿河15个公社有12个公社1.35

万公顷农田无水插秧，1333 公顷无水保苗，占全县水稻种植面积的 28%。7 月上旬，全县仍有 1.57 万公顷水稻受旱，其中严重受旱的 3667 公顷。尽管此时的“文化大革命”正紧锣密鼓地进行，但县委、县政府仍将抗旱作为压倒一切的中心任务。组织在武定门二次翻引江水，全县安装机电灌溉设备总功率 12187.70 千瓦，一般需要 4 道～5 道机提引。抗旱期间，全县平均每天出动劳动力 14 万人，水车 1.20 万部，历时 3 个月。终于战胜干旱，夺取较好收成。1966 年 10 月至 1967 年 2 月，“造反派”非法夺权，领导机构瘫痪。

【“三支两军”】

1967 年 3 月初，根据中共中央、国务院关于当前春耕生产由军队总抓的指示精神，成立江宁县人民武装部生产办公室。3 月 4 日、5 日两天，调集 2000 人组成军队工作组，进驻全县 25 个公社、3 个直属镇、2 个工厂、1 个林场、1 个水利工地，执行“三支两军”（即支左、支工、支农，军管、军训）任务。县人武部生产办公室组织全县人民掀起春耕生产新高潮。至 3 月 22 日，全县 25 个公社、3 个直属镇主要厂矿的生产领导小组均告成立。坚持白天搞生产，晚上闹革命，打击制止农村中“反攻倒算”“经济主义”和赌博三股歪风。这对有效制止混乱趋势，确保正常生产秩序起到积极作用。但对社会动乱的局面仍难以控制。1967 年 4 月，江苏省军事管制委员会决定，对江宁实行军事管制，成立军事管制委员会。军管会在稳定局势的同时，根据省、镇江专区有关指示精神，是年 4 月 18—21 日，先后召开全县工交、财贸工作会议，要求厂矿企业、农村生产队坚守工作岗位，严守财经制度，监督经费开支，掀起生产建设新高潮，千方百计完成和超额完成各项生产任务和利税指标。5 月 8 日，县军管会发出《关于坚决反对反革命经济主义，积极做好经费物资清理和回收处理工作的通知》，要求各公社立即成立工作小组，对“文化大革命”开始后私分储备粮、公共积累、生产资金，以及违反财经制度扩大范围、提高标准、升级提级等滥发、增发、补发和预支、预借的钱、粮、物进行全面彻底的清理回收，对应交或已交又退出的税款和其他各项财政收入，要一律补交追回。7 月 31 日，军管会召开全县财政金融会议，继续肃清经济主义流毒，千方百计完成和超额完成各项利税指标。12 月 18 日，军管会召开全县多种经营系统三级干部会议。会议主要贯彻“以粮为纲，多种经营，全面发展”的方针。但由于江宁地区两派群众组织观点对立，武斗未彻底消除，生产秩序混乱，会议和通知精神难以贯彻，致使全县经济清收工作收效不大，工农业生产无法按计划完成。1967 年，全县国内生产总值 8272 万元，为 1966 年国内生产总值 8416 万元的 98.29%；粮食总产量 29349.83 万公斤，是 1966 年粮食总产量 29693.97 万公斤的 98.84%；油料总产量 262.08 万公斤，是 1966 年油料总产量 295.81 万公斤的 88.60%。

图 27-5-8 驻宁部队参加“三支两军”（1967 年摄）

【知识青年上山下乡与城镇居民下放】

1968年3月7日，江宁县革命委员会成立。按照上级部署，动员广大知识青年、干部职工及城镇居民上山下乡干革命。从1968年7月至1969年2月的一年多时间内，全县有12183名知识青年和城镇居民响应号召，到农村去安家落户。其中，接收安置南京、镇江等城市插队知识青年5258人，城镇居民5725人，回乡青年、居民1200人。

上山下乡知识青年一到生产队，干部、贫下中农就给他们忆村史、家史和两条路线斗争史，在生活上给予力所能及的关心和照顾。陆郎、陶吴、铜井、殷巷、淳化等公社知识青年到达生产队后，吃的第一顿饭是忆苦饭，上的第一堂课是阶级斗争教育课，做的第一件事是在贫下中农带领下，熟悉人头、户头、田头，进行社会调查。1969年6月3日，县革委会发出《关于做好上山下乡工作的几点意见的通知》。据统计，1968—1974年，全县共接收安置各地插队知识青年15762人；1969年冬至1970年春，共接收城镇干部、职工和居民下乡3091户、10697人。

知识青年上山下乡和干部、城镇居民落户农村，当时被宣传为“是反修防修的百年大计，是培养无产阶级革命事业接班人，逐步缩小三大差别的战略措施”。江宁县委、县政府十分重视这项工作，几乎每年都要召开上山下乡知识青年工作会议，表彰先进典型，研究部署下年度的工作。广大知识青年和下放人员在农村艰苦的环境中接受考验，经受锻炼，对培养青年人吃苦耐劳的品质和艰苦创业的精神，改变农村文化素质低的状态，促进城乡交流，帮助农村发展社队企业等方面起到一定的作用。但实际上给国家和生产队加重了负担，也使这部分人员耽误了学习和工作的大好时机，造成国家一代人的知识贫乏和社会人才结构的断层，对国家和社会的长远发展造成许多负面影响。

图27-5-9　东山地区举行知识青年上山下乡欢送大会（1974年摄）

【开展“农业学大寨”运动】

1964年，毛泽东向全国发出“农业学大寨”的号召。江宁县响应党中央和毛泽东的号召，开展“农业学大寨”运动。1968年2月9—18日，县军管会召开农业学大寨政治工作会议，决定“坚决学习大寨，把全县办成红彤彤的毛泽东思想大学校”。1970年11月24—26日，县委召开四届三次全委（扩大）会议，研究制订进一步开展“农业学大寨”运动的措施。表示“一定要高举红旗狠抓纲，学习大寨赶昔阳，苦干一年（粮食亩产量）超千斤，两年建成大寨县”。1975年10月3—6日，召开全县三级干部大会，动员全县干部群众掀起“农业学大寨”运动新高潮；是年10月25日，县委书记李英俊出席全国农业学大寨会议回到江宁后，连夜召开各公社和县直机关负责人会议，提出“一年将江宁建成大寨县”奋斗目标。1976年7

图27-5-10　1975年12月，江宁县举行一年建成大寨县誓师大会

月 14—17 日，县委召开三级干部大会，交流“农业学大寨”运动的经验，为一年建成大寨县而奋斗。

在学大寨运动中，江宁县广大干部群众，依靠双手双肩，挖泥挑土，兴修水利，平田整地，改变面貌。1969 年冬，先后实施云台山河、三干河等河流改道、联圩并圩。1970—1972 年，整治秦淮河干河，疏浚汤水河、先锋河、阳山河等 9 条河，新开挖外港河。1973 年，新开和疏浚河流 3 条。1974 年至 1975 年春，全县会战汤水河入句容河工程，共调集 24 个公社 8 万多劳力，完成土方 400 万立方米。1975 年冬至 1976 年，开挖板桥河、梁台河等 26 条河。在开挖整治河道的同时，全县共建水库 33 座，排灌站 67 座，装机 198 套、9057 千瓦。“文化大革命”期间，江宁县水利设施建设取得明显成绩，从而促进农业发展。在农业学大寨运动的推动下，全县人民大力进行岗田及冲田改造治理，平整土地，进行大规模农田基本建设。至 1976 年，平整土地 3.30 万余公顷，建立高产稳产农田 2.30 万余公顷，占全县耕地面积的 37.60%。

图 27-5-11 1975 年南京市创作的宣传画

由于农业生产条件的改善，三熟制改革以及农业新技术推广，全县农业生产水平不断提高。1976年，全县农林牧渔业总产值44888万元，比1966年增长42.38%，平均年递增2.60%。其中，林、牧、渔业总产值 9831 万元，比 1966 年增长 21.78%。粮食总产量 47115.17 万公斤，比 1975 年增加 9108.32 万公斤，比历史上最高产量的 1974 年增加 5022.77 万公斤。

江宁县“农业学大寨”运动虽受“左”的错误影响，留给人们的思考较多，但全县较大的农田水利建设项目，都是通过“农业学大寨”运动，靠集体的力量完成的。广大干部群众在“农业学大寨”期间表现出的自力更生、艰苦奋斗、苦干实干精神和爱国家、爱集体的风格值得发扬光大。

【开展“工业学大庆”运动】

江宁县和全国一样，在工业企业开展学大庆群众运动。

在进行工业整顿中，县委把学习大庆与学习全县地区、部门、行业、单位的先进经验相结合，大力推广增产节约，改进企业管理，努力发展生产，组织开展“比学赶帮超”活动，围绕产品升级，大搞技术革新，取得成效。

在学大庆运动中，通过筹集资金，改进和更新设备，新建扩建一批“五小工业”（小矿山、小钢铁、小农机、小化肥、小水泥）。1958 年、1962 年，曾两次暂停筹建的江宁化肥厂，在学大庆运动期间建成投产，年生产能力为 2000 吨合成氨；1975 年前后共投入资金 2081 万元，改、扩建项目 34 个，对煤气炉、合成熔、变换器等主要设备进行更新改造，年产合成氨 1.50 万吨。县钢铁厂在学大庆中建成投产，成为全县“五小工业”的代表，在全国及省、市同行中享有盛誉。1975 年 7 月，冶金工业部在该厂召开全国小高炉生产现场会，推广江宁县钢铁厂节焦增铁的先进经验。此外，地方国营鞋帽厂、服装厂、丝绸厂、炼灰厂、五金厂等，相继创建投入生产。其间，全国人大常委会副委员长阿沛·阿旺晋美、乌兰夫，喀麦隆总统马杜·阿希乔夫人，中非共和国总统萨拉赫·阿丁·艾哈迈德·博卡萨和墨西哥总统埃切维里亚等先后参观考察江宁县"五小工业"，并给予高度评价。

在学大庆运动中，全县集体企业也得到发展。县属集体工业企业由1965年的5家增至18家，职工1949人，占县属工矿企业职工总数的35.90%。社队工业在学大庆运动和工业整顿中全面实施工业结构调整，使行业结构发生较大变化。通过调整，机械工业、食品工业、建材工业成为江宁县社队工业的三大支柱产业，分别占总产值的24%、23.80%和22.70%。社队工业发展势头强劲，显现出与全民所有制企业并驾齐驱的态势。1976年，社队工业总产值3689.90万元，比1975年的2656.20万元增长37%，占全县工业总产值的41.20%。

在工业学大庆运动中，江宁县钢铁厂获国家级"大庆式企业"称号；江宁电机修造厂、钢铁厂、化肥厂、化工厂、炼灰厂获省级"大庆式企业"称号；还有40家企业获市级"大庆式企业"称号。

【恢复发展经济和社会事业】

粉碎江青反革命集团后，采取一系列措施，大力发展农业。科学种田，推广杂交稻。1978年，全县杂交水稻面积扩大到2万公顷，为夺取粮食高产创造条件。多种经营，鼓励发展家庭副业，努力改变单一生产粮食的状况，走农副工三业并举综合发展的道路。1978年7月上旬，江宁遭遇历史上少有的大旱，全县水库和塘坝几乎全部干涸。全县每天投入劳力2万人～3万人，最高达5万人抗旱；开挖河道25条，整修渠道125条，完成土石方51万立方米；出动引水机械设备4000台，日夜翻引长江水5000多万立方米，确保2.53万公顷早稻和2万公顷中晚稻的栽插用水。通过恢复和落实一系列政策和措施，全县农业生产实现新的发展。1978年，粮食总产量44562.27万公斤，是历史上粮食生产第二个丰收年。实现油料、生猪、社员分配超历史。其中，油料总产量546.50万公斤，比历史最高1972年增加100万公斤；生猪饲养量45.70万头，比历史最高的1976年增加3.10万头；社员人均分配120元，比历史上最高的1976年增加6元。

深入开展"工业学大庆"运动，积极兴办县、社、队企业，严格企业管理，促进工业经济的恢复和发展。1977年，社办工业企业总数1428家，总产值占全县工业总产值62.63%。1978年，全县工业总产值21539万元，比1977年增加3416万元，增长18.85%。涌现出江宁、淳化、汤山3个产值超千万元的公社和江宁公社清修大队、铜井公社新济大队2个工业产值超百万元的大队。

各项社会事业全面发展。1977年，全县拥有中、小学887所，其中小学539所，中学348所。在校学生155239人，其中小学生104061人，普及率98.10%；中学生51178人，比1976年增加6351人。教职工5149人，比1976年增加20人。同年秋，中学实行"三二"分段五年制，即初中三年、高中两年。从1978年秋季开始，全县中、小学统一执行教育部颁发的《全日制中小学教学计划》（试行草案）。1978年，恢复建立县防疫站、县保健所等医疗卫生机构，全民所有制医院有4家，集体所有制卫生院有2家，共有床位1448张。每个公社有卫生院，大队有卫生室，生产队有卫生员，共有医护工作人员1126人，赤脚医生952人，生产队卫生员2900人。全县371个大队全部实行合作医疗。1978年，全县人口自然增长率9.50‰，比1966年下降21.87%，有8个社镇人口增长率降至8‰以下。全县除铜井公社新济大队外，所有大队都通上了电话。人民生活水平有一定提高。1978年，农民人均纯收入191元，比1977年增加80元，增长72%；职工年平均工资493元，比1977年增加16元，增长3.35%。

第三节　县人民政府（革委会）政事纪略

【选举产生第七届县革命委员会（1978 年 12 月至 1980 年 9 月）】

巩固安定团结政治局面　江宁县在实现工作着重点转移的过程中，坚决纠正过去那种乱批乱斗、搞阶级斗争扩大化的错误做法。按照党的实事求是、有错必纠的方针，认真进行“三案”（冤、假、错）复查纠错、“右派分子”摘帽改正、“四类分子”摘帽和地富子女改变成分等工作；对遭到林彪、江青反革命集团严重破坏的干部政策、知识分子政策、侨务政策和统战政策，逐一进行落实。至 1979 年年底，全县有 2.60 多万人分不同情况落实政策。此外，安排下放人员和上山下乡知识青年就业 3400 余人，占城镇待业人员的 62.90%。采取积极措施，加强治安管理，整顿社会秩序，打击刑事犯罪活动，维护正常的生产秩序、工作秩序和社会秩序。

经济工作　从江宁县实际出发，建立和健全“农、林、牧、副、渔、机（械）、干（部）、物（资）、财（务）、工（种）”10 个方面的多种形式生产责任制，调动广大干部和社员群众的积极性。根据稳产高产要求，以治水改土为中心，防治洪、涝、渍灾害为重点，大搞农田水利基本建设。秦淮新河，全县人民历经 5 年奋战，共做 1853 万多工日，完成石方 252 万多立方米、土方 1146 万多立方米，于 1980 年春建成通水。全县盼望多年的愿望得以实现，排洪量比原来增加 2 倍。机耕面积 70% 左右，全县 375 个大队和 90% 以上生产队通电。1979 年，全县粮食总产量 44246.10 万公斤，油料总产量 729.70 万公斤，棉花（皮棉）总产量 93.60 万公斤。完成造林面积 2113.33 公顷，蚕茧总产量 38.85 万公斤，生猪饲养量 54 万头，家禽饲养量 450 多万只，年产成鱼 200 多万公斤。

坚持以质量为中心，强化工业企业管理，大搞挖潜、革新、改造，努力提高产品质量，工业生产稳定增长。1979 年，工业总产值 19047 万元，比 1978 年增长 10.09%。其中，县属工业产值 7070 万元，比 1978 年增长 6.70%；社队工业产值 11977 万元，比 1978 年增长 11.80%。1979 年，商品零售总额 14983 万元，预算内财政收入 2590.50 万元，超额完成计划 5.70%。

社会事业　落实科技人员政策，先后对 131 名农业科技人员进行技术职称的评定考核工作，18 名农技人员晋升农艺师、工程师和畜牧医师。获南京市科研成果奖 5 项，获市农业新技术推广奖 4 项，省农业技术革新四等奖 1 项。全县小学入学率达 97%，在籍学生巩固率 99%；初中教育基本得到普及。无盲率达 85.80%。全县共办业余中小学、农民技校和职工业余学校 148 所，参加业余学习人数 7000 余人。计划生育节育率 82.40%，领取独生子女证 4102 人。人民生活进一步改善。1979 年，农民人均纯收入 257 元，比 1978 年增长 34.55%。社员每人平均口粮 312 公斤，比 1978 年增加 14 公斤，社员口油平均每人 7.50 公斤油菜籽水平。新建职工宿舍 1.50 多万平方米，比 1978 年增加 5300 多平方米。

江宁县各行各业、各条战线都涌现大批先进集体和先进个人。江宁公社获国务院嘉奖令，县获省人民政府嘉奖令。被省、市农业、工交、财贸、科技、文教、卫生战线评为先进单位 237 个，命名为省、市劳动模范 17 人，全国“三八红旗手”3 人，“新长征突击手”1 人。

【第八届县人民政府（1980 年 9 月至 1984 年 5 月）】

体制改革　1982 年，全县实行家庭联产承包责任制有 5637 个生产队，占生产队总数的 99.13%。1983 年夏种前，全县 5689 个生产队全部实行包产到户责任制，即家庭联产承包责任制。在全面落实包产到户的责任制中，进行农村行政体制改革。1982 年 3 月 20 日，成立县第一个乡党委和乡人民政府，保留人民公社管委会作为乡级集体所有制的纯合作经济组织；大队改建为行政村，设村民委员会；生产队并于自然村，设村民小组。此后，在全县全面推开，至1982年年底，县属26个公社都以社建乡，陆续成立乡人民政府，公社党委改成乡党委。1983年8月底，全县经过撤队建村，373个大队调整为380个行政村，5608个生产队调整为1791个自然村，5448个村民小组。至此，全县各乡村的行政体制改革、农村经济管理体制改革告一段落。县级机关机构改革也基本完成。县级机关职能部门由68个减至47个，各部门领导成员减少21.30%。

经济工作 全县农村经济正在从自给型半自给型向商品化转化，农业生产从传统式经营向现代化经营转化，从单一经营形式向多层次、多种经济形式转化。1983年，农林牧渔业总产值为50195万元，比1980年增长19.32%。农业生产在连遭特大洪涝灾害的情况下，仍然取得大丰收。全县粮食总产量达5.11亿公斤，首次突破5亿公斤大关，比历史最高的1976年增加1024.43万公斤；油料总产量1760.20万公斤，比1980年增长94.42%；棉花总产量131.53万公斤，比1980年增长61.82%。水产总产量337.75万公斤，比1980年增长46.50%；茶叶总产量9.14万公斤，比1980年增长111.30%；蚕茧39.05万公斤；家禽饲养量470万只；绿化造林1952.87公顷，“四旁”植树150万株。全县工业着力对一些质量差、能耗高、亏损大的企业，实行关停并转，并加强企业整顿，挖掘企业潜力，发挥传统工业产品优势，有力促进工业发展，提高经济效益。1983年，全县工业总产值33490万元，比1980年增长41.77%。其中乡村企业总产值24133万元，实现利润4274万元，分别比1980年增长54.80%和21.90%。1981—1983年，全县增设商业网点236家，并涌现2816户工商业个体户，1983年，全县社会商品零售总额23173万元，财政收入4005.50万元，比1980年增长38.88%。

社会事业 科技、文教、卫生等事业有新发展。全县有12个乡、镇与22个大专院校、29家科研单位挂钩，聘请工程师41名，助理工程师11名，老技术工人184名。1981—1983年，先后给918名科技人员（包括卫生系统的医务人员）评定技术职称。全县受省、市政府嘉奖的科技项目42个，并全部推广运用。教育在加强充实小学、初中，适当压缩普通高中的同时，积极发展职业学校，有各类职业学校11所，专业班14个，学生593名。地方财政用于教育经费95万元，共新建中、小学校舍750平方米，维修翻建校舍险房16538平方米。学龄儿童入学率98.98%，基本上普及小学教育，部分地区普及中学教育。有590名职工在电大、职大、函大和业余大学学习。1981—1983年，参加省、市体育比赛，取得团体冠军10次，团体亚军4次，获得个人金牌55枚，银牌48枚，铜牌24枚。全县94.98%育龄妇女落实了节育措施，有15056对夫妇领了独生子女证，人口出生率由1980年的17.43‰降至1983年的11.72‰。其中一胎率69.60%。人民生活逐步改善。1983年，农民人均纯收入402元，安排就业2536人。职工住宅竣工面积2.57多万平方米，比1980年增加1.27万平方米；农村社员盖房34284间。全县存款4363万元，比1980年增长75.20%。全县27个乡镇和85%行政村通客车。

【第九届县人民政府（1984年5月至1987年4月）】

经济体制改革 农村第二轮改革取得新进展，产业结构调整逐步趋向合理，统分结合“双层经营”的合作经济进一步巩固和发展，全县农村生产性固定资产中，集体部分占80%以上。带有合作经济因素的各种新经济联合体发展到3.40多万户。工交企业积极推行厂长（经理）负责制，内部进行二次分配，实行所有权和经营权分离，把生产经营自主权交给企业。商业和供销从管理体制的改革发展到内部经营机制的改革，从落实经济责任制、合同制发展到承包经营、租赁经营，改革的效益日益明显。冲破封闭的管理体制，大力发展横向经济联系，三年中，横向联系从“五联五引”发展到农、副、工、商之间纵横交错多种形式的联合。累计联合联营项目 156 个，竣工投产 124 个，占整个联合联营项目的 79%。1986 年，联合联营实现产值 13119 万元。

经济工作 农业服务体系不断完善，粮食基础地位得到加强。全县 27 个乡镇建立以农经、机电、农科为主的农业综合服务中心，180 多个行政村建立比较完备的农业服务体系。全县共有常年性和季节性的服务队伍 4376 个，各类专业服务人员 8792 人，为农民提供各种服务。三年中，县财政用于农业费用 1227 万元，乡村工业利润返还农业达 2021 万元。为不断增强抗击自然灾害的能力，每年都完成 600 万立方米左右的土石方。1986 年冬，全县组织的秦淮河小龙湾会战，是一次规模较大、难度较大的工程，经过 20 个乡镇、5 万多名民工的艰苦奋战，完成土石方 98 万立方米，使秦淮河上这段“肠梗阻”得到治理。1986 年，全县粮食总产量达 50305.30 万公斤，油料总产量 2338.80 万公斤，皮棉总产量 99.50 万公斤。工业主体不断壮大，农副工三业协调发展。1986 年，全县工农业总产值达 158884 万元，比 1983 年增加 75199 万元，增长 89.86%。工业成为全县经济的重要支柱，1986 年工业产值达 94142 万元，比 1983 年增长 181.11%；实现利润 6997 万元，比 1983 年增长 33.10%。工业结构由重型结构向轻型结构转化，机械、化工、轻纺、电子等门类有了发展。1986 年，全县副业产值 13116 万元，比 1983 年增长 149%。全县建成副业基地和骨干企业 121 家。在农副工三业总产值中，农业产值比重由 1983 年的 32.80% 降至 16.50%；副业产值比重由 1983 年的 9% 增至 9.90%；工业产值比重大幅度上升，由 1983 年的 58.30% 增至 73.60%。1986 年，财政收入 6155 万元，比 1983 年增长 53.60%。商品流通更加活跃，城乡市场繁荣兴旺。1986 年，有各类商业网点 4885 家，比 1983 年增加 2811 家。个体工商户发展到 6120 户。农贸市场由 1983 年的 27 个增至 57 个。社会商品零售总额 40850 万元，比 1983 年增长 76.30%。

城镇建设 城镇建设取得新成就，公益服务水平逐步提高。东山镇的集镇建设不断拓展延伸，一条街的状况发生改变，北连机场、南临竹山、西接河定桥、东至章村的城镇框架已经形成。丹阳、汤山、湖熟等古老集镇按照城镇总体建设的规划要求，逐步得到改造。完成宁溧公路二期工程，解决多年的卡脖子问题。新建公路 30 多条，全县农村公路达 1200 多千米，比 1983 年增长 26.30%，实现乡乡通公路。接通南京自来水，实现东山镇居民多年愿望。全县 27 个集镇和 73 个行政村用上自来水，饮用自来水人数达 160035 人，比 1983 年增长 52.80%。1985 年，东山地区电话并入南京市话网，1986 年又延伸到上坊、方山、岔路、其林、秣陵、殷巷、淳化、江宁、陶吴 9 个乡镇。城镇的繁荣促进了第三产业的发展。1986 年，全县从事第三产业的人数达 5.50 万人，比 1983 年增长 52.80%。

社会事业 三年中，全县共引进各类专业技术人才 111 人，推广和应用各业科研成果 64 个，组成科研生产联合体 53 家，推动了县经济发展。1986 年被省科委评为先进单位。1986 年，全县教育经费达 866.80 万元，比 1983 年增长 43%，用于教育事业的经费占全县财政支出的 28.40%。办学条件改善，小学教育普及，被省评为基础教育先进县。职业高中与普通高中的招生比例为 1 ∶ 1.80，三年共培养各类专业人员 869 人。有 20 个乡镇建立成人教育中心，全县参加各类文化、技术、业务学习的人数达 29190 人。全县初步形成从幼儿、小学、初中、高中、职中到电大的教育体系和职工培训中心为主的成人教育网络。新建县中医院和精神病院，全县共有病床 2694 张，比 1983 年增长 23.10%。1986 年，全县人口自然增长率 8.30‰，成为全省计划生育先进县。“南唐二陵”“郑和墓”等名胜古迹修缮一新，对外开放。《江宁县志》开始编纂。三年中，在全国、省、市各项体育比赛中获团体冠军 11 次，金牌 119 枚，银牌 72 枚，铜牌 83 枚。城乡人民收入增加，物质文化生活继续改善。1986 年，全县职工工资收入 1081 元，比 1983 年增长 60.39%，农民人均纯收入 611 元，比 1983 年增长 51.99%。通过帮助发展生产，使 3668 户农民脱贫。兴办 27 家福利工厂，共有 3011 名残疾人就业。城乡人民的居住水平有新提高。三年中，全县新建居民住宅 104990 平方米，有 2600 多户居民住进新居。全县农村共有 2.52 多万户农民新建了楼房和瓦房，建筑面积 216.60 万平方米。

【第十届县人民政府（1987 年 4 月至 1990 年 4 月）】

经济体制改革　紧紧围绕“振兴江宁，搞活经济”这个主题，积极推进经济体制改革。完善配套农村改革。从完善联产承包责任制入手，着重抓“大稳定，小调整”。1989 年，共调整土地 1666.67 公顷，为稳定农村、稳定粮食生产起到重要作用。建立健全村级合作经济组织，继续实行统分结合的双层经营体制，发展农业服务体系，推行干部包服务、农民包任务的“双向承包”，进一步保护和调动农民种田的积极性。坚持深化企业改革，积极推行和完善承包经营责任制、厂长（经理）负责制和任期目标责任制，建立健全企业内部经营机制。155 家县属企业实行承包经营责任制，乡镇企业普遍实行以个人牵头、集体承包为主要形式的承包经营。集体和独立核算单位实行工资效益挂钩，逐步完善承包企业的风险机制、分配机制、内部管理和审计监督机制。积极推进其他各项改革，金融、流通、科教、文卫、劳动人事等改革的步伐加快，取得新进展，促进了全县经济和各项事业发展。

经济工作　加强农业基础地位建设，粮食生产保持稳定发展。县乡村各级主要领导聚精会神抓农业生产，围绕稳定联产承包责任制、完善粮食定购合同、落实农业生产资料专营、增加对农业的有效投入、加强农田基本建设、保护土地资源、调动农村基层干部积极性等方面，制订一系列的具体政策措施。三年中，县财政用于农业的资金达 1165.50 万元；乡村工业利润返还农业达 2405 万元；县乡分别建立农业发展基金和合作基金，开辟新的农业投资渠道。累计完成土石方 1994.30 万立方米，兴建防洪、抗旱、消险等水利配套设施 164 项，抗御自然灾害的能力不断增强。全县水稻、三麦、油菜基本实现良种化；横式栽培、测土施肥、免少耕、适用农机、综合防治病虫害等措施得到推广和应用。各种专业服务人员达 1 万多人。由于采取一系列加强农业的措施，全县粮油生产保持稳定发展势头。1989 年，粮食总产量 47641.50 万公斤，油料总产量 1909.90 万公斤。工业生产保持适度增长，三年中，共实施技术改造项目 376 个，总投资 14892 万元，1989 年，全县更新新产品产值达 1.17 亿元。积极发展横向联合和外向型经济。全县有 50% 的乡镇企业建立各种形式、不同程度的联合联营关系；外贸企业发展到 46 家，产品 82 种，1989 年实现外贸收购金额 6463 万元。努力提高企业素质，企业升级工作取得进展。全县有省级先进企业 1 家，市级先进企业 4 家，省、市明星企业 20 家。获省级优质产品 4 个，市级优质产品 44 个，优质产品率 15.70%。经过顽强拼搏，奋力爬坡，1989 年，全县完成工业总产值（1980 年不变价）16.04 亿元，比 1988 年增长 8.37%；实现利税 15966 万元。建筑企业三年共完成建筑面积 118.60 万平方米，建筑业实现施工总产值 3.15 亿元，建筑工程优良率 37%。全县山水资源开发 1200 公顷，成片造林 3186.67 公顷，开挖改造鱼池 533.34 公顷，发展经济果林 868.73 公顷。全县有各种副业基地 120 个。三年饲养生猪 174.21 万头，家禽 2953.71 万只，水产品产量 31698 万吨。1989 年，实现社会总产值 30.02 亿元，国内生产总值 11.81 亿元，工农业总产值 19.89 亿元，国民收入 10.32 亿元，分别比 1986 年增长 93.40%、55%、56.80% 和 64.80%。实现财政收入 8061 万元，社会商品零售总额 58701 万元。

城镇建设 完成全县23个乡镇集镇总体规划编制工作，并逐步付诸实施。县城东山镇的配套服务功能进一步增强，先后完成南京自来水工程，日供水量1万吨以上；完成居民生活煤气供应工程，供气户达5000户；完成竹山路、上元路、二街路、公园路等翻建工程，总长3863米；完成第二居民住宅区建设，综合开发商品房3万平方米。县城东山镇初步形成南北贯通、纵横交错、布局合理、粗具规模的新型卫星城镇，成为全县政治、经济、文化中心。三年中，全县23个集镇（不含东山镇）新建翻建集镇道路30条、40千米；埋设下水管道20千米；新建农贸市场8个，面积22665平方米。1989年，秣陵镇获得全国文明集镇称号。交通和邮电事业发展较快。全县共铺设10条柏油路面，近100千米，实现乡乡道路黑色化的目标。全县2506个自然村通公路，通路率达85%以上。完成2000门程控电话安装并网工作，有11个乡镇先后并入市话网。三年投资781万元，先后新建11万伏天井山输变电等6项工程。1989年，全县供电量3.19亿千瓦时，比1986年增长23.07%。

社会事业 确立"科技兴县"战略思想。三年中，组织实施"星火"和科技项目96项，完成国家、省、市科技项目29项。基本完成企事业单位专业技术职务评聘工作，为10266名科技人员评聘专业技术职务，调动广大科技人员的积极性和创造性。1989年，被国家教委列为全国农村综合改革实验县之一，教育事业有较大发展。4周岁~6周岁幼儿入园率82.50%，比1986年增长16.80%。学龄儿童入学率99.82%，初等教育的巩固率、普及率均在99.80%以上，初中入学率93.10%，高中入学率37.30%。三年共向社会输送3405名具有一定专业技能的人才。开展岗位、技术培训12万多人次。共有659名民办教师转为公办教师。共投入教育经费3287.50万元。其中1989年财政教育经费拨款1272.70万元，比1986年增长46.83%；教育费附加征收1847万元；集资办学共筹资931万元。全县修缮学校危房10万平方米，新建校舍5.60万平方米，新建乡镇实验中心23个，被省评为"一无两有"先进县。全县建成县、乡、村三级卫生网络，其中甲级村卫生室285个。新建卫生业务用房19475平方米，购设备150万元。新增饮用自来水人数138069人，累计饮用自来水人数290206人，占总人口的40.80%。新中国成立后第一部《江宁县志》出版发行。三年中参加全国、省、市体育比赛获团体冠军28个，获金牌266枚、银牌209枚、铜牌189枚，被省体委命名为田径先进县。三年全县实际少生人口32566人。新建乡村敬老院20个，扶持贫困户3140户，安置城镇待业青年3600人就业。参加社会统筹保险人数47790人。1989年，职工工资年平均1672元，比1986年增长54.70%。三年农村住房建筑面积238.96万平方米，楼房比例持续上升。农民人均纯收入921元，比1986年增长50.74%。

【第十一届县人民政府（1990年4月至1993年2月）】

深化各项改革 企业改革以完善承包责任制，转换经营机制为重点，县属企业进入二轮承包，改过去由厂长一人承包为领导班子集体承包与全体职工参与"共保"的全员承包，考核指标变过去的单项考核指标为综合指标体系，并在发动机厂、丝织厂开展了"三项制度"综合改革；江宁商场、一百商店实施"四放开"改革；组建南京湖熟板鸭集团和宝宁企业集团，在发展规模上作出有益尝试。农村改革按照"大稳定、小调整"原则，调整面积400公顷，完善山林水面承包责任制7200公顷。社会保障制度改革迈出新步伐，在开展职工退休金社会统筹、合同制工人退休养老保险、退休职工物价补贴、职工待业保险后，又开办企业职工工伤统筹和乡村企业、私营企业职工等农村社会养老保险。教育体制改革不断深化。农村教育改革示范乡扩大到6个乡镇，"五四"学制改革试验班级达31个。全县完中试行高三分流办职业教育选修班，其中江宁中学的分流办学经验被国家教委在全国推广。卫生系统进一步完善县乡分级管理，走出了卫生工作地方化、社会化的新路子。

经济工作 调整农业种植结构，扩大粳稻，压缩常规稻，扩油缩麦，种植业效益明显提高，以市场经济为目标的“一优两高”结构调整稳健推进。1992年，粮食总产量达45713.60万公斤，油料总产量2717.10万公斤，实现农林牧渔业总产值80133万元。多种经营向着专业化、集约化、商品化方向发展。基本形成茶叶、水产、畜禽、丰产林、工业原料等七大区域性林副业商品生产基地。完成多种经营产值27369万元。完成土石方1070万立方米，其中防洪消险土石方512万立方米。实现工业总产值40.29亿元，比1991年增长48.18%；实现利税1.90亿元（不含村企业），销售收入35亿元，分别比1991年增长46%和66.43%。建筑企业积极开拓建筑市场，完成施工产值2.30亿元，竣工面积35万平方米，实现利税1380万元。外向型经济跨越式发展。1992年，外贸供货值3.60亿元，比1991年翻一番，形成一批出口创汇骨干企业和一批颇具规模、特色的出口创汇产品。“三资”企业突破百家，达126家，投资总额20287万美元。在全市外向型经济单项考核中，获“三资”企业数、投资总额、合同外资额、外资实际到位、投产开业数、职工人数、区县出口供货值7项第一。第三产业蓬勃发展。认真贯彻党中央、国务院《关于加快发展第三产业的决定》，制定并出台鼓励政策措施。1992年，新开办第三产业企业2100家，私营个体工商户超万户。各类专业市场建设有了长足发展，相继建成粮食、水产、畜禽、木材、瓜果等专业特色市场。汤山旅游风景区开发成效显现，对外开放阳山碑材、溶洞等景点。社会商品零售总额77728万元。完成1810门程控电话的安装并网工作，有11个乡镇并入市话网，并开通移动电话。电网供电量37884万千瓦时，比1991年增长14.20%。完成客运周转量12264人千米，货运周转量8340万千米。实现财政收入10858万元，比1991年增长20.63%。

1990—1992年，全县经济规模不断扩大，经济实力日益增强，经济水平逐步提高。从经济规模和实力总量看：全县社会总产值由1989年的31.20亿元增至1992年的55亿元，工农业总产值由19.90亿元增至50.10亿元，国民生产总值由11.60亿元增至17.30亿元，国民收入由10.70亿元增至16.10亿元；财政收入由8061万元增至10858万元。从经济水平的均量看：1992年，人均国民生产总值2306元，比1989年增长44.40%，人均国民收入2146元，比1989年增长45.40%，工业劳动生产率3.30万元，比1989年增加1.54倍。

重点工程建设 全县上下根据大开发、大建设、大发展的要求，确定一批高起点、启动性、开放型重点工程，克服资金短缺、拆迁安置等困难，大干快上。1992年，江宁经济技术开发区夜以继日开发建设，完成3.20平方千米启动区的“五通一平”（通路、通电、通水、通邮、通排雨水，场地平整）工程。出让土地150公顷，签订投资项目25家，其中10个项目开工建设，提前一年进入二期工程开发。集娱乐、食宿、商贸于一体的大型商业城，完成首期工程基础设施建设，一期工程中36套商业用房封顶。长达3.60千米104国道县城段（三号路）竣工，架设长达3700米的路灯320盏。历史名镇湖熟筹措千万元资金，完成老集镇的改造工程。禄口等10个乡镇工业小区建设集中投入，成片开发。累计完成首期开发400公顷，其中禄口、秣陵、其林3个乡镇工业开发区被市列为重点开发区。南京民用机场建设服务工作完成二地调查、复建基地确定等前期准备工作。列入省市重点工程的句容河整治工程江宁段拉开战幕，近百台施工机械昼夜奋战，进展顺利。

社会事业 坚持“科技是第一生产力”的方针，实施“科技兴县”战略措施。实施“星火计划”“燎原计划”“丰收计划”等农业科技项目35项，实施工业科技项目43项，开发新产品35项，引进33项新技术。其中有5项获省、市科技进步奖。这些科技成果多数得到推广应用。有5个乡镇成立科委，7个乡镇成立科技办。新批成立民办科技机构13家，为1214名科技工作者评定初、中、高级职称，引进各类科技人才430多名。教育投入增加，办学条件又有新改善。1992年，县以上财政投入教育经费2332万元，比1991年增长19.16%，征收教育附加费960万元，再次被评为全省筹措经费改善办学条件先进县。高考录取率52.04%，职业高中招生1700余人。职工培训中心、电大共培训各类专业技术人才1548人。为提高劳动者素质，职工教育从补习文化为主转向岗位培训为主，农民教育从扫盲为主转向以技术教育为主。卫生设施得到改善，投资509.20万元兴建4个卫生院的门诊楼、病房楼、血防站业务楼等。实行合作医疗制度的村有138个，覆盖率39.40%。全县累计饮用自来水人数达30.07万人，占总人口的40.60%。体育工作成绩突出，被评为全国体育先进县。计划生育率达92.83%。1992年，农民人均纯收入1202元，职工人均工资2789元，分别比1991年增长25.86%和32.49%。新建农民住房44.55万平方米，建成南京郊县一流的胜利农民小区。民政救灾合作保险和农村养老保险工作有显著成绩，被评为全国先进县。

【第十二届县人民政府（1993年2月至1997年12月）】

经济体制改革 深化农村改革。以家庭联产承包责任制为内容的农村统分结合双层经营机制进一步健全，农业服务体系日趋完善。大力扶持种田大户，累计发展种田大户138家、站办农场22个。实施农民负担监督卡，敞开收购保护价粮食，农民利益得到切实保护。工业实施"百人百厂"工程，产权制度改革加快。改制企业达1000家，其中股份制520家，出售拍卖128家，联合兼并、资产划拨、分块搞活352家。累计组建国家级企业集团2家，省级企业集团8家，市级企业集团17家。金箔集团托管县电机厂取得成效，县物资局对部分资不抵债企业实施破产，资产重组优化；供销、商业系统实行经营风险承包，实现减亏增盈。各项配套改革加快推进，完成分税制财政管理体制和税收征管体制改革，实行县乡（镇）财政分成体制。成立县农业发展银行，实行农行与信用社脱钩，保险公司分设财产保险和人寿保险。完成政府机关"三定"工作，公务员制度开始推行。赋予县开发区副县级建制，设立职能分局。

经济工作 1993年后，国民经济实现高位上平衡增长，综合实力明显增强，连续两届进入全国百强县行列。1997年，实现国内生产总值758411万元，人均1.03万元，比1992年增加2.81倍，年均递增30.61%；工农业总产值218亿元，年均递增34.18%；全社会固定资产投资总额25亿元，年均递增28.40%；财政收入4亿元，年均递增29.70%，连续19年实现平衡有余；产业结构得到优化，三次产业比重由1992年的31.24 ∶ 49.34 ∶ 19.42调整为15.46 ∶ 62.85 ∶ 21.69，实现由"二一三"向"二三一"的历史性转变。连续5年夺取农业大丰收。1997年，农林牧渔业总产值10.68亿元，年均递增7.21%；粮食总产量4.98亿公斤。推广应用农业科技项目123项，初步形成5家龙头企业和10个规模基地。成为国家商品粮建设基地县和"两绿"达标县。农业生产条件进一步改善，完成句容河整治一期和二期一段工程、新济洲江堤护坡等省、市重点水利建设工程。累计完成水利土石方4908.80万立方米，建成硬质化沟渠141.76千米。农机总动力41.65万千瓦，农业综合机械化程度达60%，比1992年提高16%。农业投入逐年增加，1997年县乡财政投入4000万元，5年累计投入1.70亿元。通过实施"百人百村"和"百千万"等致富工程，全县总体上达小康。工业稳步、健康发展，1997年工业增加值42.60亿元，总产值204.50亿元，年均分别递增34.58%和38.23%；1997年工业销售产值210亿元，年均递增43.93%，产销率95%，实现利税11.50亿元，年均递增32.46%。1997年，被评为全国乡镇工业先进县。工业投入增加，1997年实施项目416个，完成投资额20.80亿元，千万元以上项目42个，当年完成投资额 12.50 亿元。一批重点骨干企业脱颖而出，金箔、时花、速顺达、银杉、华鼎等 14 家企业利税超千万元。“5610”工程十大企业、十大行政村、十大“三资”企业实现销售收入和利税占全县总量的 29.40% 和 37.40%，40 家亿元企业和行政村实现销售收入占全县总量的 38.20%。出台《工业经济结构调整意见》，加快结构调整步伐，汽车、电子、新型建材、日用轻工四大支柱产业占全县总量的 57%。1997 年，开发新产品 45 个，新产品产值率 16%，8 个产品在全国同行列前 10 名。5 年累计开发新产品 256 个，创省、市名牌 23 个。第三产业加快发展。1997 年，第三产业增加值 16.45 亿元，年均递增 19.68%。社会商品零售总额 21.50 亿元，年均递增 22.50%，销售超亿元 6 家。以商城、金宝为标志的小商品和专业特色市场粗具规模；建成江宁商业大厦、国贸大厦、供销商厦、新世界广场等一批较大规模商业设施。1997 年，全县有个体工商户 8600 户，私营企业由 1992 年的 66 家发展到 350 家。房地产开发公司 30 家，商品房建筑面积 18 万平方米。1997 年，建筑业施工产值 14 亿元，施工、竣工面积分别达 140 万平方米、90 万平方米，比 1992 年分别增长 483%、115% 和 125%。

开放开发 开放型经济蓬勃发展，后来居上，初步构筑起以空港为依托，县开发区为龙头，“一圈两带三园四区”的开放格局，加快由城郊型经济向开放型经济的转变。1997 年，出口创汇 1.55 亿美元，比 1994 年增加 2 倍；自营出口企业由 1993 年的 3 家增至 6 家；出口交货值 25.80 亿元。5 年兴办“三资”企业 641 家，累计利用外资 4.65 亿美元；投资领域由第二产业扩展到第一、第二、第三产业，投资国别和地区达 35 个。金城、南汽、熊猫、爱立信、东陶、西门子、旺旺、摩托罗拉等一批国内大企业和世界跨国公司在境内落户。1997 年，“三资”企业实现产值 55.80 亿元，上缴税收 6200 万元，占全县工商税收的 27.70%。重点园区建设取得瞩目成就。5 年中，全县共兴建 7 家县级重点园区和 12 个乡镇重点工业小区。其中国家级重点园区 3 个，对全县开放开发起到龙头带动作用。江宁经济技术开发区高起点规划、高标准建设、大力度推进，进区项目 287 个，投资总额 12.21 亿美元。1997 年，区境内技工贸总收入 50.50 亿元，利税 4.04 亿元。在全省开发区脱颖而出，独树一帜，成为省、市对外开放后起之秀。累计接待考察团 644 批、1.83 万人次。民营科技园进区项目 91 个，投资总额 2 亿多美元。对外经济交流和合作进一步扩大，累计劳务输出 273 人次，劳务收入 736 万美元，与 12 个市县建立友好合作关系。

城镇建设 5 年累计投入基础设施建设 12 亿多元。其中实施千万元以上重大基础设施工程 9 项，总投资超过 3.70 亿元。新建道路 33 条，累计投入 1.70 亿元。建成 220 千伏输变电站 1 座，110 千伏输变电站 4 座，35 千伏输变电站 4 座，累计总投资 1.66 亿元，建成自发电厂 2 座。邮电程控电话交换机容量 8.80 万门，实现光纤传输数字化，建成开发区邮电大楼和全县移动电话、寻呼系统。全县电话村 11 个。邮电通信累计投入 3 亿元。建成长江引水一期工程和马木桥水厂一期工程。县城东山面貌巨变。制订《东山城市总体规划》和部分地区控制性详规，县城城区面积由 7.10 平方千米拓展到 41.20 平方千米。老城区建成金箔路、天元路、文靖路、天印路等城市骨干道路 6 条、23.90 千米，拓宽改造双龙路、土山路等 14 条道路，初步形成外成环、内成网。建成商城、五小区、北苑新村等居民小区，明月花园被评为全国优秀住宅小区。城市人均公共绿地面积 12.40 平方米，1997 年，东山镇被评为省优秀县城。5 年中，8 个乡撤乡设镇，22 个乡镇集镇总体规划获市批准，完成村镇建设规划和农田保护区划定工作。耕地保护率 98%。

社会事业 5 年累计实施国家“星火”项目 27 个、“火炬”项目 3 个，开发新产品 145 个，科技进步对经济贡献份额由 1992 年的 35% 增至 44%，科技投入 8340.50 万元，被授予全国科技工作先进县称号，跨入全国科技实力百强县行列。教育事业提前一年实现“两基”目标，被评为全国“两基”工作先进县。5 年累计投入 2.20 亿元，新建上元中学、新区小学等 34 所学校，改造扩建江宁县中等71所学校，累计新建校舍18.80万平方米，教职工住房7.60万平方米，被省评为改善教学条件、教工住房建设先进县。创建市重点、模范学校16所。教育改革不断深化，被国家列入教育综合改革试验县。汤山古猿人头盖化石被列入全国十大考古重大发现，建成县博物馆，被评为全国文化工作先进县。建成县电视台，县有线电视台实现与省、市联网，23个乡镇均开通有线电视，安装用户终端3.20万户。农村合作医疗覆盖率100%，通过省初级卫生保健合格县和爱婴县的验收，被世界卫生组织和卫生部批准为结核病防治试点县。农村饮用自来水46.40万人，乡镇卫生院85%以上达一级甲等标准，5年累计投入卫生事业费2092万元。体育水平进一步提高。5年中，参加市级以上各类竞赛获奖牌704枚，其中金牌240枚。建成县体育中心，成功举办第三届全国城运会柔道项目比赛和第三届中国国际风筝节。被评为全国体育工作先进县。跨入省计划生育先进县行列，人口出生率控制在8.30‰以内，计划生育率97%，合格村率80%。复垦开发土地1176.67公顷，其中建成耕地381.33公顷。实行环保责任制，治理改造污染企业30家，关停搬迁污染企业20家，环境质量得到改善。1997年，江宁县总体达小康，实现小康县，实现历史性跨越。城镇职工年人均工资6505元，比1992年增加1.33倍；农民人均纯收入3662元，比1992年增长2.05倍。5年共建居民住宅90万平方米，人均居住面积由1992年的6.90平方米增至13.60平方米，套房率76.70%。农村有30%以上农户翻建住房，人均居住面积30平方米。全县自来水覆盖率62.60%，煤气液化气普及率40%，电话用户4万户。

第四节　区（县）人民政府政事纪略

【第十三届区（县）人民政府（1998年1月至2003年1月）】

各项改革继续深化　完成延长土地承包期30年不变的第二轮承包工作。平稳完成镇村区划调整，共撤并乡镇5个，撤销村88个，撤并率25.70%。农民人均合同内负担减负率16.30%，合同外减负率35.80%。全区累计土地流转面积14466.67公顷。大力推进以产权制度为核心的改革改制，改制企业1386家，企业改制面98.90%；区属企业公有股比例退至22.30%。机构改革有序开展，完成国家公务员制度入轨运行，区党政机构由48个精简至34个，人员精简16%。镇属事业机构精简41%，编制精简38%，人员分流380人。

经济工作　2002年，实现国内生产总值135.65亿元，人均1.80万元，比1997年增长78.86%，年均递增12%；完成财政收入22.01亿元，是1997年的5.50倍，平均递增40.40%；全社会固定资产投资55亿元，是1997年的2.10倍，年均增长16.20%。三次产业结构比由1997年的15.46 ∶ 62.85 ∶ 21.69调整为10.40 ∶ 58.17 ∶ 31.43。

农业稳定发展。粮食与经济作物比由1997年的71.40 ∶ 28.60调整为35 ∶ 65；推广应用新技术150项，引进新品种300个；外向型农业发展迅速，5年实际利用外资2亿美元；5年投入农田水利和基本建设资金2.40亿元，完成水利土石方5000万立方米，完成水库42座、泵站50座、涵洞60座建设维修改造；完成中低产田改造2.47万公顷，农机化综合水平达80.20%；农业综合开发和农业机械化试点通过验收；完成新济洲移民搬迁安置，消除长江第一水患。工业不断壮大。2002年，实现工业总产值347亿元，利税27.10亿元；500万元以上规模企业602家，规模企业总产值占总量的81%；29家企业成立技术开发中心，75家企业通过高新技术企业认定，158家企业通过ISO 9000质量体系认证；创省名牌产品7个、市名牌产品10个。规划建设 11 个镇级重点工业园区，建成面积 1233.33 公顷，引进项目 398 个，成为镇、村工业的主要载体。建筑业施工产值 28.10 亿元，施工面积 310 万平方米，分别是 1997 年的 2.20 倍、2.37 倍，实现利润 2.03 亿元，是 1997 年的 2.30 倍。南京七建获得国家一级资质证书，实现行业重大突破。第三产业贡献份额大幅提升。2002 年三产增加值 42 亿元，是 1997 年的 2.55 倍，年均递增 20.60%，占国内生产总值的比重达 31.10%，比 1997 年增长 9.40%，年均递增 1.88%。社会商品零售总额 22.40 亿元，比 1997 年增长 37.40%。2002 年，房地产增加值 11.10 亿元，是 1997 年的 5.80 倍，商品房开工面积 233 平方米，预销售、销售 217 万平方米，是 1997 年的 10 倍，形成独特的“江宁板块”。

开放开发 2002 年，实际利用外资 4 亿美元，是 1997 年的 3.20 倍，年均递增 26%，5 年累计实际利用外资 13.20 亿美元。合同利用外资 5.10 亿美元，是 1997 年的 2.30 倍，年均递增 20%。5 年累计引进“三资”企业 653 家，其中千万美元以上项目 69 个，“三资”企业纳税额占全区总量的 1/3。2002 年，出口创汇 2.20 亿美元，是 1997 年的 1.70 倍，年均递增 11%。5 年累计出口创汇 9.80 亿美元。年创汇 100 万美元以上企业由 1997 年的 23 家增至 40 家。2002 年，对外承包合同额 313.90 万美元，是 1997 年的 6.42 倍；劳务输出由 1997 年的 77 人增至 132 人。江宁经济技术开发区总体规划面积由 25 平方千米拓展到 317 平方千米，开发区规模、经济总量迅速扩大，服务功能、投资环境日趋完善，成为长江三角洲独具魅力的投资热土，累计引进企业 1200 多家，实际利用外资 10 亿多美元。2002 年，技工贸总收入 303.57 亿元，财政收入 10.80 亿元，主要指标均为 1997 年的 10 倍。江宁科学园总体规划面积由 10 平方千米增至 186 平方千米，形成高新技术产业、大学城、旅游风景区“一园三区、三区联动”的发展格局。南京医科大学等 9 所高校入园建设，成为全市教育产业化的一大亮点。累计引进企业 151 家，2002 年实际利用外资 3360 万美元，引进内资 35 亿元，完成财政收入 1.50 亿元。

城镇建设 1998—2003 年，5 年累计新建二级以上交通道路 4 条，改、扩建道路 897 千米，村级道路灰黑化 658.50 千米；城市道路新改扩建 200.80 千米，城镇道路新改扩建 207 千米，基本形成以骨干道路为主、镇村道路为连接的区域快速交通网络。建成 30 万吨长江引水一期工程，煤气与南京联网，供热一期工程投入运行，建成 8 万吨污水处理一期工程。完成新一轮全区电网发展规划，新建科学园 110 千伏、汤山 110 千伏、殷巷 220 千伏二期等输变电工程，完成农村电网改造。固定电话普及率达每百人 22 部，宽带互联网业务基本覆盖主城区，完成邮政、电信、移动分营工作。按照市政府要求，编修东山新市区总体规划、开发区大秦淮规划和江宁科学园规划。城区建成面积拓展到 60 平方千米，拉开框架 170 平方千米。全面实施东山旧城改造，5 年拆迁总面积达 200 多万平方米。新建城市广场 17 个、公园 6 个。大街东路、江宁大道等实施景观路改造。城市管理水平提升，连续多年获“金陵市容杯”，通过省级卫生城验收，被建设部评为全国城市环境综合整治优秀城市。积极开展创建示范小城镇工作，建成市级示范小城镇 12 个，市级以上示范小城镇占 70.60%。建成秣陵、禄口省级环境与经济协调发展示范镇，建成汤山、上坊、秣陵、禄口市级环境优美小城镇，建成彭福省级百强生态村。

社会事业 5 年实施国家级“星火”项目 26 个，“火炬”项目 10 个，开发新产品 448 个，再次获得全国科技进步先进区称号。再次获得全国“两基”教育先进区称号。有 9 个镇通过省教育现代化镇验收。5 年投入 1.50 亿元，兴建校舍 17.70 万平方米。江宁高级中学被评为国家级示范高中，职教中心成为国家重点职业学校，秦淮中学被确认为省重点中学，12 所初中成为省示范初中，5 所小学成为省实验小学，5 所成人学校成为省级成人学校。计划生育率稳定在 97% 以上，被省政府授予计划生育工作示范区称号。农村人口参加合作医疗保险率达 77%，获全国农村改水先进区称号，建成省中医工作先进区。广电事业快速发展，区至镇光缆覆盖率 100%，全面实现有线电视村村通。全面完成省、市控制重点企业和 551 家工业企业达标排放任务。区档案馆通过省二级馆验收。编纂出版首部综合性《江宁年鉴》。

2002 年，全区城镇在岗职工平均工资 12619 元，比 1997 年增长 93.99%；农民人均纯收入 4649 元，比 1997 年增长 26.95%。城乡居民年末储蓄存款余额 55.51 亿元，是 1997 年的 2.09 倍。全区自来水覆盖率 100%，城区液化气普及率 99%，分别比 1997 年提高 2 个百分点和 3 个百分点。全区城镇职工养老保险覆盖面达 98%，参保人数 59801 人；医疗保险覆盖面 57%，参保人数 46420 人。养老金社会化发放率达 100%。社保基金征缴率保持在 97% 以上。城乡低保工作步入规范化轨道，全区纳入低保线 2767 户、5792 人，年发放低保金 420 万元，做到应保尽保。大力实施再就业工程，城镇登记失业率控制在 4% 以内，确保再就业率高于下岗失业率。

【第十四届区人民政府（2003 年 1 月至 2007 年 12 月）】

全面小康基本建成　2007 年，完成国内生产总值 339.53 亿元，人均突破 5000 美元，分别是 2002 年的 2.70 倍和 2.30 倍，年均递增 21.90% 和 18.10%；财政收入突破百亿元大关，达到 111.14 亿元。其中，地方一般预算收入 45.08 亿元，分别是 2002 年的 5.05 倍和 4.40 倍；镇街财政收入 2 年实现翻番。5 年全社会固定资产投资突破千亿元，达 1146 亿元，年均递增 45.70%。各项主要指标全面进入全省十强。综合实力明显增强，为新一轮发展奠定了雄厚基础。生活水平大幅提高。2007 年，城乡居民人均收入分别达到 19580 元和 8140 元，分别比 2002 年增加 10423 元和 3491 元；居民人均储蓄存款余额 15373 元，比 2002 年增加 7964 元；城乡居民人均住房面积达 33.80 平方米和 41 平方米，比 2002 年增长 21% 和 14%；城镇居民每百户家庭拥有轿车 11 辆；城乡恩格尔系数分别比 2002 年下降 11% 和 13.70%。生活水平不断提升，群众的幸福感和满意度进一步提高。小康指标全面实现。区政府紧扣“不含水分、群众得实惠、老百姓认可”的要求，更加注重协调发展，更加注重富民优先，更加注重改善民生，更加注重生态建设。省定 4 大类 18 项 25 条小康指标全部实现，人民群众对小康的认可度达 75%。

经济工作　产业结构持续优化，三次产业结构由 2002 年的 10.40 ： 58.17 ： 31.43 调整为 5.58 ： 62.58 ： 31.84。2007 年，实现工业销售收入 776 亿元，利税 81 亿元，均为 2002 年的 2.40 倍。完成工业投入 240 亿元，是 2002 年的 9.30 倍。规模以上企业 475 家。电子信息、汽车制造、电子设备、新能源新材料等主导产业基本形成。2007 年，主导产业实现销售收入占全区规模以上工业比重达 70%。建筑业快速发展。2007 年，实现建筑业增加值 45 亿元，入库税收 4.50 亿元，施工面积 820 万平方米，分别是 2002 年的 3.40 倍、4.60 倍和 2.60 倍。5 年中，农业结构优化，花卉苗木、蔬菜瓜果等特色基地不断扩大，发展设施农业 4333 公顷，建成旅游农业项目 50 个。培育壮大 25 家龙头企业，2007 年，实现销售收入 50 亿元。注册农产品商标 72 个，发展农业专业合作组织 116 个、经纪人 1700 多人。生产条件改善，5 年投入农田水利建设资金 7.90 亿元，全面实现堤防标准化，农机化水平达 82%。2007 年，现代服务业增加值占服务业比重达 69%。生产性服务业发展迅速，物流、软件等产业形成规模，全区涉软企业 140 家，实现销售收入 80 亿元。商贸流通更加繁荣，完成社会消费品零售总额 91.02 亿元，是 2002 年的 4.06 倍。房地产业形成品牌效应，5 年累计开发商品房 1225 万平方米。建成国家等级景区、旅游示范点 15 处。

开放开发　开放水平全面提升。5 年新批外资企业 925 家，实际使用外资 21 亿美元，到位内资 607 亿元；新引进世界 500 强企业 24 家，累计达 40 家；出口创汇 88.70 亿美元。建立尼日利亚莱基自由贸易区，首期 10 平方千米启动建设，成为国家级境外经贸合作区；与淮安合作开发的“南北挂钩”项目走在全省前列。园区建设实现跨越。2007 年，开发园区实现使用外资、财政收入、工业投入分别占全区总量的 87.30%、61.70% 和 64.20%。江宁经济技术开发区获中国十大最具有竞争力开发区品牌称号。滨江开发区成功升格为省级开发区。民营企业加速发展。2007 年，私营企业达 7699 家，个体工商户 2.41 万户，注册资本 165.99 亿元，分别是 2002 年的 2.41 倍、2.06 倍和 4.30 倍。民营经济实现增加值占全区总量比重达 49.30%；上缴税收 40 亿元，是 2002 年的 4.40 倍，占全区工商税收总量的 58.80%。中圣科技、中电光伏等企业在海外成功上市。重点改革取得突破。顺利完成行政区划调整和村（社区）合并工作；全面完成农村税费改革，减轻农民负担；基本完成企业产权制度改革；农村集体资产股份合作制改革、经营性事业单位改制转企顺利推进；文化体制改革取得新成效，广播电视资源有效整合，实现公司化运作、产业化发展；建成土地、交通、城建、水务等融资平台，融资渠道进一步拓宽。

城镇建设　高标准编制《东山新市区总体规划》《近期建设规划》等各类规划 168 项，形成总体规划、控制性详规、专项规划和规划设计等较为完整的规划体系。区域总体规划、新市区控制性规划、园区控制性详规实现全覆盖。东山新市区规划面积扩大到 107 平方千米，建成区 54 平方千米，全区城市化率 64%。旧城改造力度加大，累计拆迁面积 69 万平方米。5 年投入 12 亿元，新改、扩建道路 1220 多千米，实现了所有镇街通二级公路。全区燃气管网达 770 千米、燃气用户 9.40 万户。长江引水二期工程基本完成，7 个镇街接通长江水，受益人口 38 万人。建成地下人防工程 27 万平方米。加大公交覆盖面，投入运营公交车 1028 辆，开辟线路 83 条，村（社区）公交通达率 98% 以上。城区亮化率达 98%，路灯亮化 520 多千米。主要道口交通信号和视频监控实现全覆盖，取缔“摩的”“三小车”和电瓶三轮车，交通环境综合整治成效显著。镇、村面貌进一步改观。5 年中，镇街基础设施投入 20 亿元，建成省级新型示范镇 6 个；建设农民集中居住点 40 个，建筑面积 375 万平方米；高标准建设各级示范村 44 个；完成清淤 675 万立方米；“村收集、镇运转、区处理”的垃圾处理体系基本建立；新建农村水泥路 1580 千米，改造危桥 137 座，率先在全市实现道路灰黑化和无渡区。

生态环境改善　注重环保优先，建成国家级生态示范区，生态环境成为江宁科学发展的重要品牌。5 年共投入 50 亿元，先后实施八大类、近百项重点生态工程。建成开发区、科学园污水处理厂，启动建设滨江、城北污水处理厂和汤山、湖熟、横溪等街镇污水处理厂，污水日处理能力达 8 万吨。累计关停、拒批污染企业 133 家，83 家企业通过循环经济试点、清洁生产审核和环境管理认证。2007 年，化学需氧量、二氧化硫排放量分别比 2002 年下降 1375 吨和 957 吨；万元 GDP 综合能耗、万元工业增加值综合能耗分别比 2006 年下降 4% 和 5%。“绿色江宁”快速推进。5 年新增绿化造林面积 1.10 万公顷，宕口复绿 121.90 万平方米。全区森林覆盖率达 21.06%，建成区绿化覆盖率 41.60%。

图 27-5-12　2007 年 8 月 15 日，江宁区召开“全面达小康，建设生态区”推进大会

社会事业　建成国家火炬计划江宁电力自动化产业基地、江宁科创中心和开发区创造中心，江宁软件产业园吉山基地一期建成。全区累计引进高新技术企业 190 家，其中国家级 12 家、省

级65家；引进研发机构32家、企业博士后工作站3家。2007年，高新技术产业实现销售收入410亿元，占全区工业销售收入的52.80%，科技进步贡献率达60%。联创科技、南瑞继保进入全国自主品牌软件产品收入前10名。5年专利申请量达2858件，其中发明专利460件。创中国名牌产品4件、国家免检产品5件、驰名商标1个、著名商标45个。获国家科技进步先进区、国家星火密集区、全国科普示范区和省知识产权示范区称号。5年教育投入28.80亿元，“一镇一校”基本到位。易地新建江宁中学、区职教中心，免除义务教育阶段学生学杂费。建成江宁大学城，新引进高校14所，驻区高校达28所，在校师生20万人。建成江宁医院、中医院大楼，引进同仁医院，所有社区卫生服务中心全部成为惠民医疗机构，在全市率先实施医药集中采购模式，让利于民。计划生育率稳定在98%以上，被评为国家计划生育优质服务区。镇街文化服务中心全面达标，通过全国文化先进区复查。建成江宁体育中心和市民体育公园主体工程，易地新建区博物馆。区图书馆、区档案馆分别创建成国家一级和省特二级，建成省有线电视示范区。第二轮区志编修工作全面展开。荣获省双拥模范区“五连冠”称号。取得抗击“非典”、抵御百年不遇特大暴雨等自然灾害的重大胜利。获市安全生产一等奖“五连冠”称号。

第六章　行政事务管理

区政府行政事务管理主要包括行政监察、政府法制、民族宗教事务、行政审批服务、经济协作和外事往来等管理工作。改革开放后，县政府逐步转变职能，简政放权，不断推进政府行政事务管理的科学化、法制化、现代化进程，建立起精干高效、功能完善、指导统一的政府行政管理体系。

1951年，江宁县人民委员会设置监察局。1955年4月撤销。1988年4月，成立江宁县人民政府监察局，实施行政执法监察、行政效能监察和违反行政纪律案件的查处。1990年8月，成立江宁县人民政府法制局，负责政府规范性文件的审查、备案，以及行政执法监督、行政执法人员培训等。1991年，设立江宁县民族宗教事务办公室。1999年12月，升格为江宁民族宗教事务局。江宁区积极贯彻落实党的民族宗教政策，加强对民族宗教事务的管理，各民族平等、团结、友爱、互助的新型民族关系日益巩固。引导宗教工作和社会主义社会相适应，并在切实保障公民宗教信仰自由的同时，打击利用宗教进行非法活动。2006年、2007年，江宁区民族宗教事务局连续2年被南京市人民政府授予“民族团结进步先进集体”称号。2003年，区政府改部门分散审批为“一站式”集中审批，是年6月，成立江宁区行政服务中心。有行政审批职能的36家单位266项审批事项全部在行政审批服务中心办理。行政审批做到规范、公开、透明、方便和快捷。

随着改革开放的不断深化，江宁区不断发展同国内其他行政区域间的交流、合作和对口支援。在平等自愿、互利互惠的基础上缔结友好区县（市），建立广泛的经济、技术、人才协作关系，以及相互委派干部异地挂职，促进优势互补，共同发展。此外，全区外事接待工作认真贯彻中央外交方针政策，大力发展对外友好关系，切实做好接待工作，促进全区开放型经济的发展。

第一节　行政监察

1951 年 1 月，江宁县人民委员会设立县监察委员会。1954 年，县人民委员会监察委员会与中共江宁县纪律检查委员会合署办公。1955 年 4 月，江宁县人民委员会监察委员会撤销。

1988 年 4 月，根据市政府宁政复〔1988〕14 号文件批复精神，县人民政府成立监察局。1993 年 3 月，县监察局与中共江宁县纪律检查委员会合署办公。区（县）监察局主要职责是：对各级行政机关及其工作人员进行执法监察、廉政监察、效能监督，并动员社会力量，开展社会监督。县监察局与县纪委合署办公后，纪检监察机关致力于法、纪检察与监察，重点查处大案要案，全面履行职能，积极为江宁的改革开放和经济社会事业的健康发展保驾护航。

【执法监察】

1957 年，县监委对县委、县政府的决议、命令、指示、计划、预算等执行情况，进行监察 12 次，涉及 14 家单位。对各区公所耕牛保养、生产自救，县供销社基本建设情况，县文化科的文化事业财务和文化科长擅自用人现象，县水利局水利工程情况，县粮食局粮食普检、河定桥粮食变质和秣陵厂粮食事故等进行监察检查。此外，还对群众闹事、各单位来信来访的处理情况等各检查 1 次。是年春节前大雪期间，抽调各有关单位人员组成执法检查组，在全县进行生产自救、耕牛保养执法监察。保证人、畜安全度过大雪期，避免个别困难户断炊无人过问及耕牛冻死情况的发生。

1988 年，县监察局对全县 6 家重点涉外经济企业进行清查资金，派员参加县组织的清理整顿公司与税收、财务、物价大检查。1989 年，与土地局、统计局、县人民银行等部门联合发出 5 份文件，抽调人员参与县委、县政府组织的财务税收大检查的重点抽查、清理整顿公司检查，统计法的检查，进口设备普查，粮油市场管理检查，矿产资源法检查等 6 项检查活动。是年底，组织力量对县工商局的执法情况进行专项检查。1990 年，围绕区政府的工作中心和群众反映的热点问题，开展重点检查。先后对监察对象建私房、领导干部子女或亲友上学“自费公报”以及有关部门行风不正现象进行检查。是年，还开展对土地局、物价局执法工作的专项检查。对有令不行、有禁不止的行为进行批评教育直至给予严肃处理，使党和政府的方针、政策得以贯彻执行。

1991 年，对全县有自查任务的 22 个村发展资金使用情况开展执法检查。并先后对县财政局、农业综合开发办、农业局及 9 个乡镇进行财务检查，对存在的问题，提出整改措施。1992 年，对执行水法情况，对公安局下属机构、全县农用物资分配、农民负担和劳务管理条例执行情况，对搞好大中型企业政策措施贯彻执行情况，对城乡联营企业和沪宁公路江宁段以及县化工轻工公司购买代币券等情况，进行执法监察。1993 年，重点对农民负担开展执法检查。全县签订合同的“两金一费”（公积金、公益金、管理费）总额为 2587.73 万元，人均负担 9.09 元，占 1992 年人均纯收入的 0.85%，低于国家规定的收费标准。合同内共筹劳动积累工 278.84 万个工日，义务工 213.75 万个工日，“两工”每个劳动力平均为 17 个工日，低于规定的“每个农村劳动力每年承担 20 个 ~ 30 个”的标准。为了把减轻农民负担工作落到实处，县监察局组织人员到县土地局、物价局、法制局等单位协助清理出合同外向农民收费的文件 24 个，清理出全县应取消收费项目 20 项，需降低收费标准的 13 项，并经县政府和县物价局发文分批公布取消收费项目。1994 年，对省交通规费征收情况、个人收入调节税征收情况开展执法监察。查明 1993 年县交通局 15 种交通规费共征收 3329.76 万元，比 1992 年增长 25%，除 339.43 万元由县交通局按规定留用外，其余部分按规定解缴有关部门；查明 1993 年全县申报个人收入调节税的有1200人，申报应缴税款153.40万元，征收款全部入库。此外，继续对农民负担开展执法监察，查明1994年全县农民负担的“两金一费”数额占总收入的0.78%，为全市最低。县政府和县物价局公布第四批取消收费项目23项。1995年，开展四项执法监察工作：重点抽查7个乡1994年抗旱钱物使用情况；与县地税局对1994年个人调节税进行执法检查，共征收缴税款300万元，比1993年增加220万元；对执行土地法情况进行监察，查出1993年和1994年两年违法用地46宗，面积17.85公顷，收回征而未用土地使用权5宗，面积40.66公顷，调整使用土地41.86公顷，落实复耕面积89.53公顷，补办手续45件，计17.19公顷；清理全县“小金库”，经自清自查1447户，查出有违纪行为的32户，违纪金额164.68万余元，重点检查的70家单位中，查出违纪金额84.40万元，经检查应上交违纪金额32万元，按规定如数上缴。

1996—2000年，县纪检监察机关对59个项目开展执法监察检查，收缴违纪金额2947.22万元，处理人员68名，提出建议614条，协助建章立制838项，挽回经济损失693.02万元。在开展执法监察项目上，主要是对药品管理法、税法、土地管理法、水法、食品管理法等法律执行情况进行监督检查。其中，1999年，开展14个项目的执法监察工作。向有关部门提出监察建议125条，被采纳建议123条；协助有关单位建章立制157项；纠正违纪行为7起；发现案件线索21件；查处违纪案件15件，给予党纪政纪处分14人，移送司法机关6人；查出违纪金额4029.47万元，纠正退还违纪金额2046.22万元；帮助企业处理积压物资69.12万元，帮助企业收回外欠款245.46万元。

2001—2002年，组织开展61个项目执法监察。受理来信、来电、来访和投诉77件，发现案件线索25件，立案29件，党纪和政纪处理27人，移送司法机关5人，查出违法、违纪金额1837.97万元，纠正退还违法、违纪金额1822.11万元，避免经济损失133.87万元，提出监察建议298条，被采纳291条，协助建章立制78项，降低工程造价1.74亿元，取得良好的社会效益和经济效益。2003—2004年，开展48项执法监察，发现案件线索15件，立案15件，党纪处分3人，政纪处分9人，查出违规金额172.10万元，纠正、退还违规违纪金额168.15万元，提出建议435条，被采纳建议374条，协助建章立制30项，通过招标节省工程造价6.71亿元，经营性土地使用权招标挂牌出让价高出底价4.96亿元。2005年，区纪委、监察部门产业重点项目督查办公室坚持每月对区政府确定的255个重点产业项目推进情况实行督查，全程监督各部门的服务效率，开展综合监察35项，查处违纪、违规案件6起，为国家挽回经济损失206万元。编发《督查情况》10期，向区政府有关部门提出合理化建议19条。深入开展经营性土地使用权招标、拍卖、挂牌出让情况的执法监察。依法收回2年以上未开工建设的闲置土地使用权24宗，192.50公顷，重新组织办理供地70.30公顷。联合区安监部门对22家单位、59家矿山企业和20家建筑企业开展安全生产大检查，发现安全隐患124处，发出整改通知书27份，责令3家企业停产整顿，对3家开采企业实行行政处罚。

2006年，区纪委、监察部门配合相关部门清理各类行政执法权，保留2848项，进一步规范行政权力行使。共开展9项执法监察。通过执法监察向有关部门提出整改建议72条，被采纳49条，协助有关部门建章立制60项；纠正违纪行为14起，查处违纪案件12件，给予党纪、政纪处分9人，移送司法机关6人；查出违纪金额1633.53万元，纠正退还违纪金额668.54万元，促进上缴税费近200万元，为国家和企业节省投资1111万元。2007年，围绕全面建成小康社会开展执法监察，共开展22项执法监察项目，提出工作建议113条、监察建议8条，节省国家投资619.33万元，促进上缴税费1033.39万元，避免经济损失246.30万元，纠正违纪、违规金额63.64万元，发现案件线索7件，立案调查6件，党纪处分6人，建议免职处理1人。

【效能监察】

1995年，县纪委、监察局对全县32家企业开展效能监察。其中，乡镇、村企业27家，县属企业3家，局属企业2家。通过效能监察，促进8家企业实现扭亏为盈64.68万元，7家企业止亏46.92万元，16家企业减亏359.55万元。审计1家赢利企业，增加利润6万元。清出个人欠款金额116.84余万元，收回个人欠款456.09万元。制止违纪行为29起，查出违纪案件22件，查出违纪金额42.27万元。

1996—2000年，主要对县重点基础设施项目，重点工业企业建设、资金使用、效益进行效能监察。同时，开展专项检查，主要是对中、小学收费、预算外资金管理、违反计划生育罚款的使用和管理，以及对县委、县政府重大决策的执行情况进行专项检查。

2002—2004年，在开展效能监察中，共发现案件线索34条，办理12封人民来信。对全区282个产业重点项目推进情况进行全程跟踪督查。督促各部门制订具体措施，保证产业重点建设项目顺利推进。全区各级纪检监察部门还开展对圩堤达标工程建设跟踪监察，确保工程建设按时保质完成。

2005年，全年开展40项监督检查工作。在效能监察中，发现案件线索6件，立案6件，处理6人，避免经济损失309万元。为企业协调解决优惠政策兑现资金100多万元，促使上缴税费600万元，追缴违规资金275.04万元，提出建议338条，被采纳建议330条。通过招标降低工程造价2亿多元；经营性用地使用权市场出让超出底价1.80亿元。

2006年，坚持每月对区政府确定的392个重点产业投资项目、30个政府投资的交通、城建、社会事业类项目推进情况跟踪督查，编印《督查情况》8期，向区政府提出合理化建议19条。推进行政审批制度改革，对进驻区行政服务中心的29个部门302个审批事项和收费项目办理情况进行专项检查。狠抓机关服务窗口效能建设，认真办理效能投诉案件，按时办结率98%。全年还开展44项效能监察工作，通过效能监察提出129条工作建议，被采纳116条；提出监察建议15条，被采纳16条。发现违规资金580万元，纠正违规资金580万元，促进上缴税费500.30万元。

2007年，区纪委、监察局把效能监察贯穿于江宁全面小康建设进程当中，服从服务经济中心，主动融入发展大局。全力督促小康社会建设。牵头和组织镇街纪（工）委、区级机关有关责任部门成立全区小康工作督查考核小组和小康进家庭督查组。先后12次对全面建成小康社会各项指标完成情况开展跟踪督查，共梳理汇总带有普遍性的难点问题8个，向区委、区政府提出合理化建议9条，确保小康建设序时推进，为区全面小康建设目标的顺利实现作出贡献。跟踪督查重点项目推进，及时形成《督查情况》，向区政府提出合理化建议16条。全区100个重点产业项目开工92个，开工率92%。着力深化工程廉政监察。对区政府确定的区职教中心异地重建、滨江经济开发区道路续建等重点工程项目开展廉政监察，督促施工单位签订廉政合同，促进建设工程规范、有序推进。

【监察局案件查处】

1957年，共查处违法、违纪干部29人。其中，记过10人，撤销职务、降职3人，开除的16人。其错误性质：失职的7人，腐化堕落的3人，贪污盗窃的5人，反革命6人，其他8人。

1988年，接待来信来访26件次，属县监察局查处的有14件次，查结13件次，结案率93%。立案查处案件20人，其中副局级以上干部7人，一般干部11人，集体单位2个，结案19件，受到政纪处分9人（撤职2人，降职2人，记大过处分1人，开除留用察看2人，开除公职1人，警告处分1人），批评教育10人。同时，为国家挽回经济损失10余万元。

1989年，接待来信来访142件次，其中重复信访36件次，转有关单位查处36件，属县监察局查处的有70件次，查结61件，结案率87.14%。

1990年，接待来信来访73件次，其中重复信访10件次。转有关单位12件，非监察范围的16件次，属县监察局查处的35件次，查结31件，结案率88.57%。全年立案查处案件12件，其中受到行政处分8人（开除公职1人，开除留用察看2人，撤职2人，记大过1人，行政警告2人），批评教育4人。同时，为国家挽回经济损失3万余元。

1991年，受理信访51件次，属于监察业务范围的有41件次，办结38件次，办结率92.68%。立案查处违纪案件9件，处分7人，其中开除留用察看2人，撤职1人，记过2人，警告2人。同时，为国家挽回经济损失2.13万元。

1992年，受理信访31件次，属于监察业务范围的有19件次，办结18件次，办结率94.74%。立案查处违纪案件6件，处分4人，其中记大过2人，记过1人，警告1人。

1993年，县监察局与中共江宁县纪律检查委员会合署。此后，案件查处情况详见本志第二十五编第五章第三节《案件查处》。

第二节　民族宗教工作

【民族工作】

江宁区是南京市民族工作重点县（区）之一。

新中国成立前，县内少数民族地位低下，生活贫困。湖熟镇有回民273户，其中贫民户168户，从事小商小贩105户。新中国成立后，县委县政府贯彻落实党的民族政策，采取多种形式积极开展“团结鼓励、凝聚人心、协调关系、化解矛盾、联络友谊、沟通情感”的工作。在政治上，切实保障少数民族平等权利，历届县人民代表大会和县政协会议都有少数民族代表和委员，共同参政议政。

中共十一届三中全会后，各民族平等、团结、友爱、互助的新型民族关系日益巩固。遭受“文化大革命”破坏的少数民族节日制度重新恢复，增加节日食油、面粉供应。在湖熟、东山开办清真饭店，在各乡镇设清真食品网点17家，解决回民土葬所需土地问题，并帮助南京回民殡葬所在湖熟镇马成山建立回民公墓。1981年，市民族宗教事务局无偿拨款1.80万元创建湖熟民族服装厂。1983年，省、市政府批准发放2万元无息贷款，帮助湖熟清真副食品加工厂发展生产，支持湖熟行政村开办清真饭店、卤菜店和个体回民商店。是年，市人民政府复函同意开放江宁县湖熟镇清真寺。1984年，省、市、县共拨专款4万元，帮助整修湖熟镇清真寺。同年5月，选举产生的县人民代表大会第九届常务委员会19名常委中，有回族常委2名；县政协第四届139名委员中，有回族委员2名，壮族、朝鲜族、纳西族委员各1名。湖熟镇回族共产党员马名松还当选为中共南京市第八次代表大会代表。对边疆在江宁县的少数民族人员，妥善安置其工作、生活，尊重其风俗习惯。

1986—1990年，重点帮助部分回民集中居住的地方发展经济，脱贫致富。在市民族宗教局支持下，争取资金37.20万元，其中无息贷款6万元，低息贷款31.20万元。重点支持湖熟清真寺、铜山乡石埝行政村水荆墅回民塑料厂启动经营，发展生产。原濒临倒闭的水荆墅回民塑料厂产值、利税大幅回升，一跃成为乡里的先进企业。1987年11月，南京市计划委员会批复市民族宗教事务局，同意投资10万元，在江宁县岔路乡建设占地1公顷的国营马家山回民公墓，公墓于1989年1月建成使用。1989年起，县卫生学校受托为西藏培养医护专业人才。至1999年，江宁县卫生学校共为西藏培养卫生技术人才241人，全部返回西藏从事医务工作。

1991年，江宁县发生水灾，地处秦淮河沿岸的湖熟回民遭灾较重，市、县民族工作部门多次走访慰问，并提供3万元专款用于帮助回民安排生活，恢复生产。此后，解决贷款30多万元，扶持清真寺办企业和湖熟村发展生产。1991—2000年，各级政府累计追加资金投入300多万元，用于民族村（组）道路建设、用气用电改造和文化教育，并将符合条件的少数民族贫困户纳入社会最低生活保障。1996年4月和2000年11月，县委统战部对全县少数民族进行全面调查摸底，登记造册。在掌握少数民族群众分布、家庭生活及工作等基本情况的基础上，明确湖熟镇湖熟村和禄口镇石埝村水荆墅自然村2个回民村为重点工作目标。

2001—2002年，继续做好少数民族集居地区的帮扶工作。2001年，为禄口石埝村争取资金13万元，用于该村改水工程和奶牛养殖基地建设；为湖熟板鸭厂争取资金，用于厂房改造和设备改善，扩大江宁清真食品在市场上份额。2002年春节期间，筹措2.20万元对30户家庭比较困难的回民户进行慰问、帮扶，并为禄口镇石埝村水荆墅村一回民贫困户争取到1.60万元，帮助其翻建3间平房。同时，坚持从民族团结的大局出发，协调各方面关系，及时稳妥处理湖熟镇回民公墓私埋乱葬、回民青年医患死亡等重大事件，避免矛盾激化。另外，按照中、高考少数民族学生享有的优惠政策，提供细心服务，共出具相关证明113份。江宁卫校最后一批藏族班30余名学生毕业返藏之际，区民族宗教事务局领导陪同省、市有关部门领导，带着慰问品和慰问金，祝贺他们顺利完成学业，鼓励他们回藏后继续努力学习，用所学知识，报效祖国。

2003年后，根据区人大代表提议，经区政府批准，每年用于少数民族扶贫专项资金15万元，列入区财政预算。随着区域经济的不断发展，到江宁区参观访问的少数民族地区党政代表团较多，区委、区政府领导热情接待，相互交流，相互促进，共同发展。宁夏、甘肃、西藏、新疆等少数民族地区在江宁务工经商人员200多人，有清真拉面馆、羊肉串烧烤点40多家。区民族事务管理部门尊重其风俗习惯，妥善解决他们遇到的困难矛盾和问题，为繁荣全区经济，促进民族共同进步、和谐发展作出贡献。

据2006年10月统计，全区有少数民族34个，少数民族人口4940人。其中，蒙古族188人、回族3192人、藏族30人、维吾尔族24人、苗族178人、彝族71人、满族401人、壮族111人、布依族92人、朝鲜族94人、侗族79人、瑶族31人、白族32人、锡伯族8人、哈萨克族5人、毛南族1人、裕固族1人、土家族273人、哈尼族3人、傣族13人、黎族37人、傈僳族2人、畲族18人、高山族7人、水族4人、纳西族4人、土族17人、羌族6人、鄂伦春族2人、仫佬族4人、仡佬族4人、达斡尔族4人、拉祜族3人、乌孜别克族1人。

【宗教工作】

新中国成立前，江宁县有佛教、道教、伊斯兰教、基督教（耶稣教、天主教）几大宗，佛教信徒较多。新中国成立后，根据党的宗教政策，主张宗教信仰自由，允许爱国自治的正常宗教活动，允许改变宗教信仰，帮助佛门子弟、宗教信徒参加社会生产活动。“文化大革命”中宗教活动曾被迫停止。

中共十一届三中全会后，恢复人民政府宗教事务管理机构，正确执行党的宗教信仰自由政策，各种宗教活动逐步正常。传教人员的冤假错案得到复查平反，发还被查抄的经书、字画等，无法追回原物的都予以折价补偿。1982年，中共中央制定《关于我国社会主义时期宗教问题的基本观点和基本政策》。县委、县政府加强全县的宗教管理，以维护社会安定团结。1983年12月，湖熟清真寺重新开放，整修后成立管理委员会，供回民进行宗教活动。原老阿訇被安排为县政协委员，青年阿訇还参加南京市伊斯兰教协会海里凡（阿訇培训班）学习，以便更好地主持传教工作。1985年7月，铜井、长江两乡分设基督教家庭聚会点，专人布道。是年，全县基督教徒有628人，比“文化大革命”前增加5倍。无神论者同宗教信仰者之间的团结关系大为改善。

1986—1990年，全县宗教活动蔓延较快，信教群众达8000多人，主要是基督教和伊斯兰教。1988年5月，县委批转统战部《关于我县基督教情况和工作意见的报告》，在引导、教育信教群众在宪法以及法律和政策规定的范围内进行宗教活动的前提下，加强管理，成立县“三自”（自传、自治、自养）爱国会筹备小组，确定简易活动点，实行“三定”（定人、定点、定片）；制订切实可行的规章制度并组织培训。同时，对少数以宗教活动搞医病赶鬼、骗取钱财等行为，进行批评教育；对个别自由传道人成立的非法组织“灵灵教”活动点，一经发现，坚决予以解体。通过经常的引导治理，全县宗教活动基本正常。

1991—1995年，全县信教徒约有1.20万人，活动点103个。1991年，全县遭到百年不遇的特大洪涝灾害，江宁县宗教界人士捐款捐物金额达6万多元。1992年2月，江宁县基督教第一次代表大会召开，成立江宁县基督教“三自”爱国运动委员会。这是全县基督教徒爱国爱教的宗教组织，是基督教教务活动的管理机构。随后，县政府批准基督教新增12个堂点。1993年，经县人民政府批准，由南京市佛教协会礼聘九华山观音峰宏成法师募化资金在祖堂山古拜经台处复建宏觉寺。1994年，在全县抗旱救灾中，县宗教界人士捐款4万多元。1995年，县、镇两级及社会各界共拨、筹款10余万元将湖熟清真寺修缮一新。伊斯兰的主麻日、开斋节等宗教活动正常有序地进行，全县穆斯林和回民欢欣鼓舞。寺管会除管好寺户外，还创办清真板鸭厂等经济实体，做到以寺养寺，不断发展。

1996年5月，举行宏觉寺佛像开光暨方丈升座典礼，参加典礼的教徒约1万人。至1997年，宏觉寺修缮工作已投入资金900多万元，建成三圣殿、古拜经台、斋堂、观音殿和电房、厨房、水井等。寺内有常住出家人15人，常住护法居士30人，常年紫烟缭绕，香火不断，吸引了大批香客、游人。1997—2000年，县内信教群众发展迅速，在加强宣传教育的同时，依法加强宗教事务管理。1997年3月，根据中央38号文件精神，对全县佛像、庙宇进行专项治理，共拆除佛教（神）像34尊（幅），改造庙宇9处37间，净化了全县宗教环境。至是年底，全县有基督教信徒近8000人，经县批准的基督教活动堂点28处，帮助培训义工300人次，普遍建立堂务管理、财务管理等制度，依法取缔“灵灵教”“呼喊派”“全范围教会”等邪教组织，依法惩办一些披着宗教外衣进行违法活动的骨干分子，坚定不移地贯彻执行“三定”（定活动点、定传教人、定片管理），走“三自”道路。2000年8—9月，对全县基督教活动场所进行全面调查，清理整顿，坚决取缔违法活动场所，严厉打击非法活动，维护全县社会稳定。

2001—2002年，对正式登记的宗教活动场所进行严格的年度检查，保证宗教活动正常有序地开展。协调处理祖堂山宏觉寺工程欠款及工程质量问题，妥善解决湖熟清真寺管委会内部矛盾。做好宗教教职人员的培训工作，参训人员达300多人次。

图27-6-13　江宁区中、小学生开展拒绝邪教活动(2005年摄)

2001年8月，区“三自”爱国会响应区政府号召，从微薄的经费中拿出8000元投入到抗旱救灾活动中，受到社会的广泛赞誉。

2004年2—4月，在全区农村组织开展反邪教警示教育活动，通过举办专题学习班、到宗教场所授课、发放相关资料等方式，宣传党的宗教政策，营造“崇尚科学，关爱家庭，珍惜生命，反对邪教”的社会氛围。2005年，举办全区宗教工作培训班，省宗教局领导应邀作辅导报告，学习《中华人民共和国宗教事务条例》。开展送科技下乡活动，加强宗教场所安全检查，指导督促宗教场所管理，稳妥处理在开发征地拆迁中涉及宗教场所和信教群众的矛盾纠纷，维护宗教与社会的和谐。2006—2007年，对基督教场所进行登记换证，完成区基督教“三自”爱国运动委员会换届。在宗教界开展捐资助学、扶贫济困、树立社会主义荣辱观等活动。注重利用神学院的宗教资源，把神学院办成全市一流的高级宗教场所。2007年，印度尼西亚巴里岛海啸，全区宗教界人士捐款3万多元。

至2007年年底，全区有宗教活动场所47处。其中，佛教4处，基督教41处，天主教1处，伊斯兰教1处。教徒3万余人。

第三节　行政审批服务

根据2001年国务院下发《关于行政审批制度改革实施意见的通知》精神，2003年3月15日，区政府出台《关于组建南京市江宁区行政服务中心的实施意见》。同年6月26日，江宁区行政服务中心成立。政务中心内设“一室两科”，即办公室、业务科、督查科。进驻中心的部门和单位38家，纳入综合窗口11家，设有服务窗口56个，另设律师事务所、银行和商务中心，办理行政许可和非许可证类项目266项（行政许可类94项，非许可类审批172项）。窗口工作人员81人，管理人员9人。政务中心实现网络化、无纸化办公，方便企业和群众办事，在服务大厅放置2台电脑触摸屏，提供查询服务。2004—2007年，共受理各类审批和服务事项75万多项，接受咨询80多万人次，提前和按时办结率100%。

【精简行政审批项目】

按照江苏省、南京市、江宁区人民政府关于行政审批项目清理的有关要求，区行政服务中心与区法制办公室、监察局等有关部门对区级各部门的行政审批项目进行多次清理，明确应进服务中心的项目，精简不合市场经济需要的项目。2001—2002年，区司法局共清理审批项目1548项，其中予以保留的774个，取消的618个，转移的16个，合并的140个。2004年，区行政服务中心严格依据行政许可法，按照“一事一地、充分授权、既受又理”的原则，认真做好全区行政许可事项和收费事项的清理工作。对全区30个部门的389个项目逐个调查梳理，制订项目进中心的实施方案，并召开项目进中心推进会。按照推进会要求，对全区30个部门逐个检查落实。是年，中心将389个行政审批服务项目精简为327项。经过几年的不断清理，至2007年，从区行政服务中心成立之初389个行政审批项目精简到266项，共精简123项。

【办件制度与告知承诺制】

中心按照行政许可法的规定，结合中心实际，出台相应的行政审批办件制度。扎口收费制，进入中心的各类审批事项收费实行一个窗口统一收费；限时办结制，对所有审批事项实行限时办结，窗口部门必须在承诺时限内办结。一次告知制，对服务对象做到问题回答一口清，所需材料一表制。首办负责制，凡来人或来电至窗口办理、咨询本窗口范围业务的，由第一位接待来人或来电的工作人员负责办理。项目办件分类制，项目办理按照四项规定，即增加即办件、压缩承诺件、加快上报件、重推联办件。ABC 分类办理制，A 类项目表示在中心窗口受理、审核、办结的项目；B 类表示在中心窗口受理，由科室协办，中心窗口反馈的项目；C 类项目表示项目审批权限在省市或现场办理，或在所属街道办理，在中心只是咨询、引导服务。效能过错追究制，对窗口人员违反审批制度改革有关规定或不执行便民措施，以及服务态度、服务质量有意见的，中心按有关规定对有关人员严肃查处。

图 27-6-14　江宁区行政服务中心服务窗口（2006 年摄）

实施告知承诺制。即对服务对象办理项目所需达到的条件、标准和要求及应当承担的法律责任，以书面形式告知服务对象。以工商注册登记为例，过去企业登记注册前，其生产经营活动要达到一定条件、要求才能获得注册开业的行政许可，在被许可的前提下再由工商行政管理机关受理注册；现在由相关行政许可机关书面告知设立企业或变更经营范围应具备的条件、标准和要求。申请人承诺达到法律、法规的规定，被行政许可机关许可，就能办理工商注册登记。

【项目审批提速工程】

区行政服务中心将全区各部门行政审批项目由过去分散受理变为集中管理、监督，特别是通过提速工程、项目代办、流程再造，不仅方便了企业和群众，而且极大提高了行政审批效率。2004 年，区行政服务中心按照“合理、高效、方便”的原则，通过简化手续、优化程序、加快流转等手段，实现进驻中心的行政许可和服务事项的审批时间全面提速，办事流程缩短，效率极大提高。提速后审批时限平均压缩 35% 以上，低于《中华人民共和国行政许可法》规定时间。2006 年，区行政服务中心对即办件、承诺件、上报件、联办件项目办理作出规定，加快项目审批，全面畅通“绿色通道”，打造“效率中心”。增加即办件，进一步减少审批环节，整合行政资源，增加即办件比例，提高即办率，全年办结即办件 15866 件，比上 2005 年增加 6286 件，其中 4 个项目由承诺改为即办；压缩承诺时限，中心各窗口根据项目实际运行的规律，结合实际情况，缩短承诺件的办结时限。全年有 15 个项目缩短时限，最短的 2 天，最长的 30 天；加快上报件速度，要求做到上报件项目在行政服务中心、区级部门停留时间最短，项目上报渠道最畅通，项目办理程度向业主反馈最快；重推联审联办件，中心涉及联审联办的 19 家窗口，全力配合、主动参与、敢于创新，并加强与后方科室的沟通协调，确保中心受理的 128 件联办件项目全部按承诺期限办结。至 2007 年的 4 年中，全区共有 21 个部门的 92 项行政审批和服务事项进行了提速，总计压缩承诺时限 947 天，服务中心已有的 303 项进驻项目的总承诺时间由原 2636 个工作日减至 1689 个工作日，压缩比例为 36%。与此同时，针对审批流程繁杂，审批周期长的情况，服务中心通过减少审批环节，整合行政资源，不断增加即办件，提高即办率，共有 67 个项目由承诺改即办。4 年中，服务中心办理各类行政审批和服务事项 75 万件，提前和按时办结率保持 100%。

【联审联办与项目代办】

2004 年，区行政服务中心改进办事程序，组织实施项目联审联办工作。即对项目采取扎口报件、中心受理、部门联办审批办法，减少业主多头跑部门、重复送材料之苦，压缩审批时限，提高审批效率。对涉及两个或两个以上部门的项目实行牵头部门联办制；协调规划、建设、市容等窗口，对与市政道路挖掘、路灯迁移等关联度较大的事项实行并联审批；制订房地产开发、固定资产投资、企业技术改造、企业注册、外商投资 5 个“一条龙”联合审批方案。并在各有关镇（街道）实行项目审批代理员制，把服务窗口前移。2007 年，区行政服务中心通过开展联审联办、项目审批代办，不断创新审批方式，提高行政效率。生产性项目、外商投资项目、房地产开发项目审批时限比法定串联审批时限平均压缩 10 天 ~ 30 天。扩大联审联办覆盖面，区行政服务中心在各镇街聘请 9 名项目审批代办员，以镇街扎口，集中报送中心业务科，由中心会同相关窗口实施。出台旅馆类、餐饮类项目联办方案，组织工商、环保、卫生、消防、治安等部门，召开联办协调会，确定联办优先的原则，压缩审批时限，提升行政效能。至 2007 年年底，4 年中，中心共开展联办项目 276 件，其中区级重点项目 47 件，提高审批效率 80% 以上。深化审批代办，构筑服务网络。中心在 9 个街道全面开展项目审批代办，出台《江宁区镇街项目审批代办工作考核办法》，促进项目代办由粗放管理向制度化、程序化、高效化转变，实现项目审批代办服务工作科学高效运作。同年 4 月 27 日，区政府在汤山街道召开现场会，推广汤山街道做法，并为 9 个街道审批代办点授牌。

图 27-6-15　江宁区行政服务中心召开联审联办协调会（2005 年摄）

【扎口收费制】

行政服务中心按照《中华人民共和国行政许可法》规定，结合江宁区实际，出台相应的行政审批制度。其中的扎口收费制，即进入中心的各类审批事项收费实行一个窗口统一收缴，开展一站式服务。2004 年，中心为提高“一站式”办成率，方便申请人，将银行引进中心，实行统一扎口收费和票据管理。区财政局、气象局、人防办、市容局等部门按照要求，在中心银行交费，实现真正意义上的“一站式”服务。2005 年，为提高“一站式”办成率，方便申请人，加大统一收费力度，由进驻中心银行统一扎口收费，严格实行票款分离，进一步规范收费行为。2005 年共收费 24760 万元，2006 年共收费 4923 万元，全部纳入专户管理。

【规范、公开审批】

2004 年起，区行政服务中心严格按照《中华人民共和国行政许可法》，对审批项目的法律依据、收费标准、审批时间逐一检查。同时抓好审批的格式文本、程序的规范建设，对服务对象的申请不论受理与否，都出具书面通知书，保证服务对象的权益；按照公开、公正、公平、透明的原则，对进入中心的所有审批和服务事项都实行“一站三声六制九公开”办理制（一站式服务；来有迎声、问有答声、走有送声；办事直接办理、一般事项承诺办理、联办事项联合办理、上报事项负责办理、补充事项补充办理、退回事项答复办理；办理机关公开、具体内容公开、审批依据公开、审批材料公开、办事程序公开、承诺时间公开、收费标准公开、审批责任人公开、监督投诉电话公开）。并通过中心网站、触摸屏、服务指南、办事须知等向社会公开审批条件、服务范围。

第四节　经济协作与友好区县

【经济协作】

1981年起，江宁县充分利用大城市、大工业、名优产品的辐射优势，大力组织经济协作，扩大经营规模，建立起跨地区、跨行业的横向经济协作。协作有两种模式，与城市的大厂联营，实现这种模式的有东山发动机厂等5家企业；同时，通过零部件加工等方式，带动县内23家工厂扭亏为盈。建立产销互惠协作。1984年，县属工业企业与130家大中型企业建立产销互惠协作。乡镇企业先后和7个部（省）属、市属企业实行联营；与安徽、山东、福建、广西、甘肃等10多个省、市、县建立协作关系。是年5月24日，在汤山镇举行江宁县经济振兴讨论会。其中，南京大学、南京农学院、南京化工学院等14所大专院校和省农科院、南京土壤研究所、南京水产研究所等13个科研部门的专家、教授出席会议。经过磋商，31个省、市大专院校和40个科研部门同江宁县有关单位建立起协作关系，并签订互惠互利的各项协议和意向书27份。1985年，县乡镇企业新建联合体33家，引进联合项目49个，引进资金4452万元，引进各类人才600多人。

1986年，县委、县政府提出“七五”期间经济协作的目标任务，并制订关于贯彻国务院《进一步推动横向经济联合若干问题的规定》的实施办法，作为扶持和推动全县经济联合发展的政策措施。是年9月，县委、县政府先后组织由县、乡镇、县直机关有关部门负责人组成的6个经济考察团，分赴天津、陕西、新疆、四川、福建、云南、贵州等省、市有关地区参观学习，洽谈经济协作。至1990年，江宁县乡镇企业同外省、市有关地区经济联合体达200多家，联合联营企业创造的产值和利润占县乡镇企业总产值、总利润的40%。在经济协作中，从区域经济的实际出发，依托南京又不限于南京，立足南京又走出南京，坚持全方位联合。把目光投向全国各地，先后与上海、北京、广州、郑州、沈阳等几十个大中城市、上千家单位建立经济协作关系。

1991年起，先后与四川省綦江县、陕西省洛南县、广东省南海市结为友好县市，本着平等互利、互相支持、长期合作、共同发展的原则，建立广泛的经济技术协作关系，发展横向经济联合。1993年5月，江宁县面向南京市举办联合联营招商会。全县16个部门、乡镇和企业的负责人与市有关单位签订联合联营协议。总投资1.30亿元。至1995年，江宁科学园引进内资项目54个。其中，开工建设31家，投资1.68亿元。县乡镇企业先后与南京大学、南京药科大学、南京农业大学、南京理工大学、省农药研究所、省冶金研究所等几十所大学和科研单位结成“亲家”；选择科技含量高、经济效益好的大的项目联营，投资1000万元以上项目有19个，投资300万元以上项目有38个。全县发展城乡联营项目共295个，总投资达113615万元。

1996年后，江宁县提出“把握形势、冷中求热、自创优势、主动出击”的总体要求，落实自我宣传造气氛、专题招商攻项目、放宽政策增活力等措施，收到良好效果。全县开始形成三次产业、内外资项目、园区和乡镇同步推进的格局。2000年，以文化为载体，成功地举办了南京金箔文化节，创新招商形式。江宁经济技术开发区加快引进和培植一批大企业，形成以大企业、大集团为支撑，以中小企业群为补充的工业发展新格局。1996—2000年，共引进内、外资项目622个，投资总额15.47亿美元，其中千万美元以上项目24个。江宁科学园累计引进内资项目105个。其中，中国武夷实业公司投资3亿元兴建武夷绿洲，南京协众汽车空调集团有限公司投资额达1亿多元，南京新兴电子系统有限公司投资额5000万元以上。此外，1996—2002年，到江宁区访问交流共179批次、近2000人次。其中接待了河北省、吉林省、西藏自治区拉萨市、福建省厦门市、山西省太原市等党政代表团。

2003年8月15日，每两年一次的长江三角洲城市经济协调会第四次会议在江宁区召开，“长三角”16个城市的市长和100多名企业家参加会议。会议期间，江宁滨江投资公司2个投资项目签约，投资总额达40.70亿元。是年，江宁区发挥区域经济的综合优势，克服“非典”疫情造成的不利影响，不断加大招商引资力度，大力推进跨地区经济协作。国内招商引资工作取得突破性进展。至年末，全区已领照或开工、投资在100万元以上的内联项目524个，投资总额达126.50亿元。其中，引进市外项目90个，投资总额57.50亿元；城乡资源对接项目434个，投资总额69亿元。全年项目到位资金50.10亿元。是年，到江宁区访问交流61批次、1500人次。其中，接待了广西壮族自治区南宁市，浙江省委、人大，山东省，上海市等党政代表团。

2004年9月，江宁区组织相关部门赴深圳等地，巡回举办“金洽会”主题投资环境说明会，向客商介绍江宁发展情况。还组织相关部门和企业陆续参加西南经济贸易洽谈会、香港招商会、厦门招商会、宁波招商会、北京大连农业博览会、省农博会以及优质农副产品展示推介会等区域经济活动，推进多形式、宽领域、全方位的跨地区经济协作。至年末，全区领照或开工、投资在100万元以上内联项目648个，投资总额121.60亿元。其中，市外项目116个，投资总额44.90亿元；城乡资源对接项目532个，投资总额76.70亿元。全年项目到位资金100亿元。是年，到江宁区访问交流18批次、500人次。其中，接待了陕西省西安市党政代表团、山西省政协代表团、宁夏回族自治区政协代表团和吉林省委代表团等。

2005年5月28—30日，在南京国展中心举办的“2005年中国·南京重大项目投资洽谈会”上，长安福特马自达发动机、美商独资的开关电器厂等18个项目落户江宁区，累计投资58亿元。9月中旬，江宁区在2005年中国南京金秋贸易洽谈会上，引进131个项目（含增资项目），投资总额10.13亿美元，协议外资6.95亿美元。至年末，全区共引进100万元以上内资项目624个，协议引进资金135.40亿元。其中，协议引进市外资金52.90亿元，实际到位资金32亿元；协议引进城乡资源对接资金82.50亿元，实际到位资金49.70亿元。引进5000万元以上项目66个，其中开工项目53个。是年，到江宁区访问交流60批次、2100人次。其中，接待山东省政协代表团、台湾省中国国民党大陆参访团、内蒙古政府代表团、成都市党政代表团等。

2006年3月24日，在广东省汕头市举办的投资促进会上，江宁区九大融资公司与15家银行达成一批贷款、授信、意向协议，23个项目银行融资协议现场签约。项目总投资69.50亿元，银行信贷投放规模22.35亿元。是年5月28日，第二届潮商大会（江宁）经贸合作推介会上签约2个项目，在江宁区分别投资1.50亿元建设潮商工业集中区和投资5000万元建设潮汕经济文化交流中心。2006年中国南京重大项目投资洽谈会上，签约和发照项目22个，投资总额102.40亿元，各占全市总量约30%，比2005年分别增长22.20%和75.90%。其中，外资项目14个，投资总额10.40亿美元，协议外资4.10亿美元；内资项目8个，投资总额19亿元。9月，2006年中国南京金秋贸易洽谈会期间，批准核准利用外资项目115个，投资总额13.40亿美元，协议外资7.30亿美元。至年末，全区引进100万元以上内资项目507个，协议引进资金149.51亿元。其中，协议引进市外资金57.60亿元，实际到位资金74亿元；协议引进城乡资源对接资金91.90亿元，实际到位资金76亿元。引进5000万元以上项目73个，其中开工项目58个。是年，到江宁区访问交流59批次、1500人次。其中，接待了浙江省宁波市党政代表团、山东省政府代表团、山西省党政代表团、湖南省委考察团、重庆市党政代表团、西藏自治区拉萨市党政代表团等。

2007年，组团参加市“重洽会”，共签约和发照项目23个，投资总额106.90亿元，占全市总量30%。其中，外资项目14个，投资总额5.10亿美元，协议外资2.13亿美元；内资项目9个，投资总额67.10亿元。“金洽会”期间，全区办理核准利用外资项目87个，投资总额10.18亿美元，协议外资6.25亿美元。项目数、投资总额、协议外资，分别占全市确认项目总量的32.10%、43.20%和42.70%。至年末，全区引进100万元以上内资项目478个，协议引进资金161亿元，比2005年增长7.70%。其中，协议引进市外资金66.70亿元，实际到位资金51.20亿元；协议引进城乡资源对接资金94.30亿元，实际到位资金67.60亿元；引进市外5000万元以上项目41个。全年到区访问交流38批次、近2000人次。接待了吉林省、浙江省、陕西省等党政负责人到访，与沿江、沿海及东北地区的合作交流开辟“绿色通道”。与吉林省四平市梨树县结为友好县区，加强双方在经济、贸易、旅游等领域的合作与交流。对口支援西藏自治区墨竹工卡县，出资500万元用于该县乡镇标准化建设、教学点改造，实现贫困户结对帮扶以及东山街道、禄口街道和淳化街道对口帮扶。

【缔结友好区（市县）与对口支援县】

1985年11月20日，江宁县政府与新疆维吾尔自治区叶城县政府在江宁正式签订两县结成友好县协议书。

1996年12月，江宁县与延安市缔结友好县市，分别签订《关于建立经济技术协作关系发展横向经济联合的协议》《延安市与江宁县经济协作意向书》等。根据协议，此后延安在石油、煤炭能源方面给江宁县支援；江宁县在人才、技术、管理等方面给延安地方工业和乡镇企业以大力支援。此次陕西省延安学习考察团一行30人，在延安市市长周万龙、副市长刘少峰、张致远带领下到江宁县进行为期7天的参观考察。

1991年4月25日，四川省綦江县一行29人，到江宁县进行学习考察。双方经过协商一致同意，本着平等互利、互相支持、增进友谊、长期合作、共同发展的原则，建立广泛的技术协作关系。发展横向经济联合，在人才、技术、管理以及煤炭、木材等方面互相给予更多的支援和合作，共同为促进和繁荣两地经济作出努力。双方商定由綦江县派出24名干部在江宁县有关部门和12个乡镇担任局长助理和乡镇长助理。5月3日，江宁县与綦江县结为友好县。同年8月1日，以县长叶庆琅为团长的四川省綦江县赈灾慰问团到江宁县。叶庆琅向江宁转交綦江人民的慰问信和15万元捐赠救灾款以及绣着“顶天立地英雄汉，抗洪救灾江宁人”14个大字的锦旗。江宁县县长庞顺根向慰问团介绍了灾情并对綦江人民的鼎力支援表示感谢。8月12日，于1988年与江宁结为友好县的四川省江北县，由县委书记周建中率领一行4人慰问团，向江宁县捐赠抗洪救灾款 15 万元，表达江北人民的心意。县委书记陈大法向慰问团介绍全县抗灾自救的情况，对江北人民的大力支援表示感谢。

1991 年 9 月 8 日，陕西省洛南县一行 29 人，在县长王有德、县委副书记王军亮的率领下到江宁县友好访问，王有德代表该县 43 万人民，向江宁县捐赠 3 万元和 4000 公斤绿豆。县委书记陈大法、县长庞顺根等领导对洛南人民的深情厚谊表示感谢。9 月 12 日，江宁与洛南正式结为友好县。江宁县县长庞顺根与洛南县县长王有德分别代表双方签订《经济技术协作关系发展横向联合的协议》。洛南县将在有关物资材料上给江宁县援助，江宁县在工业技术、管理、项目开发上给洛南县支援，双方将互相提供新产品开发、市场、技术、管理方面的信息。此外，洛南县城关镇与秣陵镇结为友好镇。1999 年 9 月 11 日，陕西省洛南县党政代表团一行，到县考察工作，县委书记王建华等接待。江宁区副区长陈宏祥于 1999—2002 年两次援陕挂职。

1993 年 8 月 5 日，江宁县与广东省南海市结为友好县市，县长庞顺根、南海市市长邓耀华在协议书上签字。经双方商定，将各自的经济协作委员会作为负责协作交流的机构。双方一致认为，此后不仅要加强信息、技术、管理、项目、人才、资源、劳务等方面的经济协作，而且要逐步进行文化、教育等领域的交流，并经常互访，促使协作关系不断深化和发展。

1994 年 11 月 18 日，江宁县向贫困地区陕西省洛南县捐赠的衣服 10 辆军用卡车出发运送。经县政府开会动员，一周内就收到全县 101 家单位捐献出的衣服近 8 万件。

1995 年 10 月 8 日，县对口支援的少数民族地区西藏墨竹工卡县县委书记常海阔、副县长格桑次仁到县考察访问，落实对口支援有关事宜。是年 10 月，县委、县政府确定捐赠 10 万元帮助西藏墨竹工卡县建立一所希望小学。1995 年 5 月至 1998 年 1 月，江宁县副县长到墨竹工卡县挂职。1996 年 10 月 27 日，西藏自治区墨竹工卡县县委书记王文生率党政代表团到江宁县开展合作交流。1998 年 7 月，中共江宁县委常委成玉祥到西藏自治区墨竹工卡县担任县委副书记、常务副县长。

2003 年 4 月 16 日，杭州市委副书记、萧山区委书记王建等率领萧山区党政代表团一行 81 人到区参观考察。双方介绍各自区域经济社会发展基本情况，交流经验，签订《关于加强南京市江宁区和杭州市萧山区友好合作交流协议书》，并结为友好区。

2007 年 8 月 16—20 日，区委副书记、区长柏鹏率领区有关部门和街道主要负责人到西藏自治区墨竹工卡县慰问考察。代表团在墨竹工卡县领导陪同下，先后考察县城居民南京小区、敬老院、职教中心和甲玛旅游景点开发等援藏项目。在 8 月 20 日的座谈会上，墨竹工卡县县委副书记、县长江华通报全县基本情况和第五批援藏项目初步设想。柏鹏代表江宁区政府向墨竹工卡县捐赠 100 万元；出资 500 万元用于该县乡镇标准化建设、教学点改造，实现贫困户结对帮扶。东山、淳化街道负责人分别向工卡镇和日多乡捐赠 10 万元。东山、淳化两街道负责人分别与工卡镇和日多乡负责人签订结对帮扶协议书，缔结长期友好合作关系。协议规定，双方干部将定期、不定期到双方挂职锻炼和交流学习，东山、淳化两街道将每年给予工卡镇和日多乡资金、物资等援助。

2007 年，江宁区与吉林省四平市梨树县结为友好县区，加强双方在经济、贸易、旅游等领域的交流与合作。

第二十八编

政协地方组织

1949年10月，组成江宁县各界人民代表大会协商委员会，作为临时协商机构，代行江宁县人民代表大会职权。1954年3月，江宁县人民代表大会制度建立，县协商委员会完成代行其职权的历史使命，但它仍继续保留代行政协地方委员会的职权。1961年5月，正式组成政协江宁县委员会，县协商委员会自行结束。“文化大革命”期间，县政协机构被迫停止活动。中共十一届三中全会后，县政协恢复工作。2000年12月江宁县撤县设区，2001年1月，政协江宁县委员会更名为政协南京市江宁区委员会。从1949年10月至2007年12月，江宁县协商委员会经历3届，江宁区（县）政协经历10届。在中共江宁区（县）委领导下，坚持“长期共存，互相监督，肝胆相照，荣辱与共”的方针，团结全区各党派团体、各界人士、港澳台同胞和海外侨胞，紧紧围绕党和政府在各个历史时期工作中心、重大决策和目标任务，认真履行“政治协商、民主监督、参政议政”的主要职能。提出许多意见和建议，促进党委和政府决策的科学化和民主化；拓宽民主监督渠道，推进社会主义民主政治建设；发挥政协整体功能和系统优势，发挥委员的主体作用，发挥党派团体在政协中的重要作用，发挥常务委员会的领导作用，发挥专门委员会的基础作用。同时加强政协组织间的纵横联系，加强政协机关自身建设，为全区“三个文明”建设做出贡献。

历届政协委员，由中国共产党、人民团体、非中共和无党派人士、少数民族、各界别代表人士组成。常设机构为政协常务委员会（简称常委会，下同），常委会闭会期间，由主席会议处理日常工作。随着工作的开展，先后建立若干专门委员会（工作组）、地区联络组、办公室等工作机构。

第一章　政协委员会议

自1961年5月至2007年12月，政协江宁区（县）委员会举行第一届至第十届共33次全体委员会议。

政协江宁县第一届委员会的界别设置、参加单位、委员人员，名额分配和具体人选，由区政协筹备委员会协商决定。第二届始由上一届常委会协商决定。县政协第一届委员会任期3年；第二届因“文化大革命”发生，委员会成立2年后，被迫停止一切活动；第三届、第四届、第五届、第六届委员会任期3年，第七届及以后每届任期5年。

江宁区（县）政协全体委员会议（以下简称全会）由常务委员会召集并主持（每届第一次全体会议由预备会议选出的大会主席团主持），一般每年举行一次。每次会议在听取并审议区（县）政协常委会工作和提案工作报告的同时，均列席召开的区（县）人民代表大会，听取和讨论区（县）政府工作报告和其他报告，对全区（县）经济建设和社会事业发展的年度计划、任务和措施，进行讨论，进言献策。全会期间，根据需要，可以进行政协主席、副主席、秘书长和常务委员的选举及进行其他人事任免事项；讨论通过这届委员会有关决议。

第一节　政协委员

委员产生有四个步骤：第一，协商提名推荐。由区政协参加单位的中共党组织根据分配的名额和要求（界别、党派、性别等），分别召开民主党派、群众团体及无党派人士会议进行协商，提出推荐名单。第二，确定建议名单。区政协换届领导小组（第一届为筹备委员会）对各提名单位推荐的名单进行初步审议，综合平衡，确定建议名单，再放到原单位进行协商。其间，中共党员委员的资格条件由区（县）委组织部把关审定。非中共党员委员的资格条件由区（县）委统战部把关审定。第三，常委会通过。将换届领导小组的建议名单提交区政协常委会协商并表决通过（首届政协委员由筹备委员会决定）。第四，张榜公布。委员产生后发给证书，按统一格式张榜向社会公布。

自第四届始，区（县）政协换届工作与区人大代表选举工作同步进行。

政协县第一届委员会由17个界别、81名委员组成。第二届委员会由15个界别、82名委员组成。第三届委员会由13个界别、121名委员组成。第四届委员会由15个界别、131名委员组成。第五届委员会由12个界别、181名委员组成。第六届委员会由12个界别、181名委员组成。第七届委员会由14个界别、203名委员组成。第八届委员会由15个界别、200名委员组成。第九届委员会由15个界别、210名委员组成。第十届委员会由16个界别、216名委员组成。

政协江宁区第一届至第十届委员会委员构成情况表

表 28-1-1

届别		一届	二届	三届	四届	五届	六届	七届	八届	九届	十届
召开年月		1961年5月	1964年3月	1980年9月	1984年5月	1987年4月	1990年4月	1993年2月	1998年1月	2003年1月	2007年12月
委员总数		81	82	121	131	181	181	203	200	210	216
构成	中共	6	12	14	14	20	20	16	16	20	18
	共青团	2	2	2	2	2	3	4	4	5	6
	总工会	1	2	5	5	5	9	6	6	6	7
	妇联	2	2	3	3	3	6	8	8	8	6
	农民	9	7	7	10	9	12	—	—	—	—
	工人	4	3	—	—	—	—	—	—	—	—
	教育	8	12	14	18	21	18	21	18	18	19
	文艺	2	2	5	6	12	10	—	—	—	—
	新闻	1	—	—	—	—	—	—	—	—	—
	医药卫生	7	9	11	15	16	13	13	10	10	11
	工商	14	12	—	—	—	—	—	—	—	—
	宗教	2	2	—	—	—	—	—	—	—	—
	少数民族	4	4	6	—	—	—	—	—	—	—
	社会人士	8	—	—	—	—	—	—	—	—	—
	工程技术	2	6	—	—	—	—	—	—	—	—
	社会科学	3	—	—	—	—	—	—	—	—	14
	起义人士	1	—	—	—	—	—	—	—	—	—
	特邀	5	6	28	17	42	36	26	23	20	13
	侨眷	—	1	—	—	—	—	—	—	—	—
	科技	—	—	15	18	22	26	18	15	15	16
	台胞	—	—	2	2	—	—	—	—	—	—
	港澳台侨眷属	—	—	9	12	22	21	18	15	13	8
	民族宗教	—	—	—	5	7	7	7	7	8	8
	个体劳动者	—	—	—	2	—	—	—	—	—	—
	解放军	—	—	—	2	—	—	—	—	—	—
	农林	—	—	—	—	—	—	16	—	—	—
	经济	—	—	—	—	—	—	15	20	26	28
	文体	—	—	—	—	—	—	10	10	10	11
	工商企业	—	—	—	—	—	—	25	25	—	—
	农业	—	—	—	—	—	—	—	16	16	—
	工商联	—	—	—	—	—	—	—	7	10	8
	企业	—	—	—	—	—	—	—	—	25	26
	农业和农村	—	—	—	—	—	—	—	—	—	17

说明：委员总数均指每届第一次全委会确定的人数

第二节　全体委员会议

【政协县第一届委员会】

政协江宁县第一届委员会任期自1961年5月至1964年4月，共举行两次全体会议。

第一次全体会议　1961年5月4—8日举行，到会委员70人。会议听取和讨论中共江宁县委第一书记李崇关于当前国内外形势报告和政协筹备委员会工作情况报告。列席县一届一次人民代表大会，听取县长华子泉作的政府工作报告及其他有关报告，进行分组讨论和大会发言。会议选举李崇为政协县第一届委员会主席，陈喆、高环、姚光华为副主席，还选举秘书长1名，常务委员14名。会议通过提案委员会提案审查报告和大会决议。会议号召全体委员，认真贯彻执行长期共存、互相监督的方针，密切联系，加强政治协商；开展毛泽东著作学习活动，参加工作实践和社会实践，改造世界观；在不同岗位上，为社会主义革命和社会主义建设，反对帝国主义、保卫世界和平做出贡献。

第二次全体会议　1962年8月21—26日举行。出席会议委员68人，邀请各界人士列席6人。会议听取主席李崇作的开幕词和闭幕式上关于当前形势的报告；听取并审议通过副主席高环作的常务委员会工作报告；列席江宁县第四届人民代表大会第二次会议，听取并讨论县长华子泉传达省长惠浴宇在江苏省第二届人民代表大会第三次会议上所作的政府工作报告和华子泉所作的江宁县政府工作报告。会议选举郭振峰、陈木斋为县政协副主席。通过大会决议。会议认为，在中国共产党和中共中央主席毛泽东领导下，继续高举“三面红旗”，同心同德，发奋图强，克勤克俭，奋勇前进，就一定能够取得社会主义建设的新胜利。

【政协县第二届委员会】

政协江宁县第二届委员会任期自1964年4月至1980年9月。由于“文化大革命”发生，二届委员会成立两年，被迫停止活动，头两年中仅举行1次全体会议，后15年中没有举行会议和开展活动的记载。

1964年4月26—30日举行第一次全体会议，82名委员到会。会议听取中共江宁县委书记、政协主席李崇作的关于阶级斗争形势的报告；听取并审议通过副主席高环代表第一届常务委员会作的工作报告和提案审查委员会的提案审查报告。列席江宁县五届人大一次会议，听取并讨论县委书记李崇所作国内外形势的报告和县长华子泉作的《江宁县人民委员会工作报告》。会议选举李崇为县政协主席，邹邵卿、高环、陈木斋为副主席，还选举秘书长1名，常务委员13名。讨论通过大会决议。会议表示，在县委领导下，学习马克思列宁主义、毛泽东思想的阶级斗争学说，加强自我教育与改造，为实现县政府工作报告中提出的各项任务而奋斗。

【政协县第三届委员会】

政协江宁县第三届委员会任期自1980年9月至1984年5月，共举行5次全体会议。

第一次全体会议　1980年9月19—26日举行，到会委员121人。中共江宁县委书记孙济民到会讲话。会议听取并审议通过副主席杜守臣作的政协第二届委员会工作报告和提案委员会的提案审查报告；列席县八届人大一次会议，听取并讨论县政府工作报告和其他工作报告。会议期间，学习全国五届人大三次会议和全国政协五届三次会议的重要报告和决议。会议选举徐凤琴为政协县第三届委员会主席，杜守臣、高文晋、裴全报、牛霞椴为副主席，还选举秘书长1名，常务委员21名。会议收到会员提案79件。通过大会决议。会议号召，在江宁县委领导下，高举革命的爱国统一战线旗帜，同心同德，群策群力，为把江宁县建成社会主义发达农业和繁荣富庶的农村而努力奋斗。

图28-1-1 1980年9月19—26日，政协江宁县第三届委员会第一次全体会议召开

第二次全体会议 1982年2月27日至3月4日举行。会议听取并审议通过副主席杜守臣所作的三届一次会议以来的常务委员会工作报告和提案委员会的提案审查报告；列席县人大八届二次会议，听取并讨论县政府工作报告及其他报告；通过会议决议。中共江宁县委书记孟金元在会议闭幕时到会作讲话。会议收到委员提案90件，全部立案。会议号召，全体委员要围绕江宁县物质文明和精神文明建设中心，通过各种渠道，积极开展工作，团结一切可以团结的力量，充分调动一切积极因素，为江宁县“四化”建设献计献策。

第三次全体会议 1982年12月14—15日举行，到会委员119人。大会增选范振英为政协三届委员会副主席。

第四次全体会议 1983年3月6—10日举行。会议听取并审议通过副主席杜守臣作的三届二次会议以来的常委会工作报告和苏景钟代表提案审查委员会所作提案报告；列席县人大八届三次会议，听取并讨论政府工作报告及其他报告。会议期间，听取中共江宁县委书记孟金元的讲话，学习《中国人民政治协商会议章程》，通过大会决议。会议收到委员提案62件。到会委员表示，要发挥人民政协的政治协商和民主监督的作用，与全县人民一道在生产建设和各项改革中，在实施新宪法和“五讲四美三热爱”等活动中，各尽所能，奋力前进，为全县开拓各项工作新局面做出贡献。

第五次全体会议 1983年9月27日举行。会议增选袁修钦为副主席。

【政协县第四届委员会】

政协江宁县第四届委员会任期自1984年5月至1987年4月，共举行3次会议。

图28-1-2 1984年5月5—10日，政协江宁县第四届委员会第一次全体会议召开

第一次全体会议 1984年5月5—10日举行，到会委员131人。县委书记诸吉焙在开幕式上讲话；南京市政协副主席周伯藩在闭幕时作关于政协性质、任务和有关落实统战政策问题的讲话；县委统战部副部长潘复银作筹备工作报告。会议听取并通过副主席杜守臣代表三届常委会作的工作报告和苏景钟所作的提案审查报告；列席江宁县第九届人大一次会议，听取和讨论代县长陈宗林的政府工作报告和其他各项报告。会议期间，委员学习《中国人民政治协商会议章程》，明确在新的历史时期中国人民政协的重要任务和光

荣职责，增强做一名政协委员的光荣感和责任感。会议选举毛承凤为政协县第四届委员会主席，杜守臣、刘志太、袁修钦、牛霞嘏、窦天语、翁益章为副主席，还选举秘书长1名，常务委员17名。通过大会决议。会议收到委员提案109件。会议号召全体委员要坚决贯彻中共十二大精神，高举爱国主义旗帜，团结一致，联系群众，积极工作，为开创政协工作新局面，为江宁县“两个文明”建设事业做出新贡献。

第二次全体会议 1985年3月26—30日举行，到会委员139人，还邀请在江宁县的市政协委员和全县27个乡镇负责统战工作的人员列席会议。县委副书记朱宝瑜在开幕会上讲话；会议期间，县委书记陈宗林、副书记汪正生到会讲话；会议听取并审议通过主席毛承凤所作的常委会工作报告和苏景钟所作的提案审查报告；列席县人大九届二次会议，听取并讨论县政府工作报告及其他报告；经四届二次常委会讨论决定，增补甘永发等11人为四届政协委员。会议期间，传达、学习《中共中央关于经济体制改革的决定》和《中共中央国务院关于进一步活跃农村经济的十项政策》；听取副主席窦天语传达江苏省政协表彰先进大会精神；通过大会决议。会议收到委员提案91件。会议认为，县委提出的“提前10年翻两番，今年突破10个亿”的号召，是全县人民共同期望和根本利益所在。政协工作必须围绕这个中心，发挥人民政协本身的职能作用，高举爱国统一战线的旗帜，广泛团结一切可以团结的力量，特别是团结科学技术人员和其他知识分子，团结“三胞”及其眷属，为引进、开放服务，为改革、建设服务，为台湾早日回归祖国、实现祖国统一做出更大的努力。

第三次全体会议 1986年3月21—27日举行，到会委员140人。县委副书记朱宝瑜到会讲话。会议听取并审议通过主席毛承凤代表常委会作的县政协四届二次会议以来的工作报告和副主席刘志太代表提案委员会作的四届二次全会以来关于提案办理情况的报告。列席县人大九届三次会议，听取和讨论县人民政府工作报告及其他有关报告。会议期间，听取学习主席毛承凤、副主席刘志太分别传达贯彻全国政协召开的全国地方政协工作座谈会及省、市政协工作会议精神。大会增补政协常务委员会委员1名。会议收到委员提案92件。会议认为，中国跨入一个新的建设阶段，中共中央总书记胡耀邦提出“团结奋斗，再展宏图”的目标振奋人心，全体委员要在1985年创造的县政协工作新局面的基础上，百尺竿头，更进一步，高举爱国统一战线的旗帜，发挥才智，再展宏图，为全县建设事业创造更大成绩而努力奋斗。

【政协县第五届委员会】

政协江宁县第五届委员会任期自1987年4月至1990年4月，共举行3次会议。

第一次全体会议 1987年4月22—29日举行，到会委员174人，还邀请在江宁县的市政协委员，已经离退休的政协正、副主席以及各乡镇的统战委员和聘请参加政协各工作组的各界人士52人列席会议。县委常委、县人大、县政府领导出席开幕式和闭幕式。南京市政协副主席周伯藩、县委书记陈宗林到会讲话。会议听取并审议通过主席毛承凤代表四届常委会所作的工作报告和提案委员会副主任蔡敬东所作的提案工作报告；列席县十届人大一次会议，听取并讨论政府工作报告和其他有关报告。会议期间，听取县委统战部部长卢春洲传达学习省委统战工作会议和省政协会议精神，以及学习全国政协五届五次会议有关文件。会议选举毛承凤为政协县第五届委员会主席，刘志太、刘诗、翁益章、华宝庆为副主席，还选举秘书长1名，常务委员29名。讨论通过大会决议。会议收到委员提案143件。会议号召全体政协委员必须以高度自觉性坚持四项基本原则，多层次、多渠道的履行政治协商、民主监督的职能和发挥人才聚集、联系面广的优势，积极开展各项活动，以进一步巩固安定团结的政治局面，促进江宁县改革开放和现代化建设事业加快发展。

第二次全体会议 1988 年 4 月 4—9 日举行，到会委员 181 人，还邀请在江宁县的市政协委员和担任过政协领导的离、退休人员，以及各乡镇负责统战工作和参加政协工作组的等各界人士 54 人列席会议。市政协主席方明、县委副书记吴迪祺到会讲话。会议听取和审议通过主席毛承凤代表常委会作的工作报告。列席县人大十届三次会议，听取并讨论县政府工作报告及其他有关报告。会议期间，县政协领导分别召开工作组（委）和各乡镇联络组负责人座谈会，征求对做好是年政协工作的意见。委员们还参加考察爱德印刷厂、江宁商场及化肥厂的煤气设施。会议增选政协五届委员会常务委员 2 名。通过大会政治决议及其他决议。会议收到委员提案 94 件。

第三次全体会议 1989 年 3 月 15—19 日举行，到会委员 171 人，各乡镇宣传、统战委员、市政协在江宁县的委员、离退休往届政协主要领导、聘请参加工作组的各界人士共 48 人列席会议。县委领导陈宗林、陈大法、吴迪祺、王孝明、万槐衡、孙群山、庞顺根和县人大常委会副主任陈庆绵出席会议。市政协副主席麦保曾、县委书记陈宗林到会讲话。会议听取并审议主席毛承凤代表常务委员会所作的工作报告和副主席刘诗所作的提案审查工作报告。列席县人大十届四次会议，听取并讨论县政府工作报告及其他有关报告。会议期间，就人民群众关心的农业、科技、教育、卫生等方面的工作组织大会发言，提出意见和建议；县政府有关领导分别向委员们通报全县农业、能源、财经和教育工作情况；县委书记陈宗林、副书记吴迪祺参加科技、教育、卫生等工作组的讨论，并听取委员意见。大会经过讨论通过政治决议。会议收到委员提案 82 件。

【政协县第六届委员会】

政协江宁县第六届委员会任期自 1990 年 4 月至 1993 年 2 月，共举行 3 次会议。

第一次全体会议 1990 年 4 月 22—27 日举行，全县各条战线的政协委员、驻县的市政协委员及特邀人士 240 多人出席和列席会议。县委、县人大、县纪委的主要领导出席会议。县委书记陈大法到会讲话，南京市政协副主席徐英锐到会祝贺，县委统战部部长卢春洲作六届政协筹备工作报告。会议听取并审议通过主席毛承凤代表五届常委会作的工作报告和副主席翁益章代表提案委员会作的提案审查情况报告。列席县人大十一届一次会议，听取并讨论政府工作报告及其他报告。会议期间，委员们学习《中共中央关于坚持和完善中国共产党领导的多党合作和政治协商制度的意见》及有关文件。会议选举陈大法为政协县第六届委员会主席，刘志太、张茂海、刘诗、翁益章、华宝庆为副主席，还选举秘书长 1 名，常务委员 21 名。讨论通过大会决议。会议收到委员提案 117 件。会议肯定 3 年来江宁县治理整顿、深化改革，在维护安定团结的政治局面，以及“两个文明”建设中所取得的成就。希望全体委员以自己的专长才干和聪明智慧，为各项工作献计献策，和全县人民一道攻克难关，为江宁县“两个文明”建设做出贡献。

第二次全体会议 1991 年 3 月 24—28 日举行。中共江宁县委书记、县政协主席陈大法在开幕式上讲话。会议听取和审议通过副主席刘志太代表常委会所作的工作报告。列席县十一届人大二次会议，听取并讨论县政府工作报告及其他有关报告。会议期间，组织委员大会发言，献计献策，有 13 位委员就农业、工业、外向型经济、科技兴厂、文教卫生及社会治安等方面工作，提出建议。大会通过这次会议的政治决议和提案工作审查报告。会议共收到委员提案 97 件。会议认为，在过去的一年里，县政协积极贯彻党的各项方针政策，紧紧围绕全县中心任务，认真履行政治协商、民主监督的职能，积极参政议政，在加强政治学习，开展委组活动，办理委员提案，做好“三胞”联谊工作，征集出版文史资料和加强自身建设方面，做了许多富有成效的工作，对稳定江宁，促进祖国统一大业，起了积极作用。

第三次全体会议 1992年3月9—13日举行，到会委员172人，在江宁县的市政协委员、各乡镇党委宣传统战委员、聘请的各工作组成员及离退休政协主席共43人列席会议。市政协、县委、县人大、县政府、县纪委的领导到会祝贺，县委书记兼政协主席陈大法在开幕式上讲话。会议听取并审议通过副主席刘志太代表常委会作的工作报告和副主席翁益章作的提案审查报告。列席县人大十一届三次会议，听取并讨论县长庞顺根作的政府工作报告及其他报告。会议期间，有6位委员分别就强化农业服务体系、山水资源开发、市场建设，以及教育、卫生等方面工作进行大会发言。讨论通过大会决议。会议共收到委员提案82件。会议号召全体委员和政协机关在新的一年里，加强学习和自身建设，坚持社会主义信念，提高参政议政水平，为夺取全县经济建设和各项社会事业的新胜利做出更大贡献。

【政协县第七届委员会】

政协江宁县第七届委员会任期自1993年2月至1997年12月，共举行5次会议。

第一次全体会议 1993年2月13—18日举行，到会委员203人。市政协和县委、县人大、县政府等主要领导以及六届政协主席、副主席应邀出席大会。市政协副主席高俊星、县委书记陈大法到会讲话；县委统战部部长卢春洲作筹备工作报告。会议听取并审议通过县政协副主席刘志太代表六届常委会所作的工作报告和副主席翁益章代表提案委员会所作的提案审查报告。列席县人大十二届一次会议，听取并讨论政府工作报告及其他有关报告。会议期间，全体人员认真学习《中国人民政治协商会议章程》。会议选举王孝明为政协县第七届委员会主席，朱善琳、翁益章、华宝庆、赵英东、陈光春为副主席，还选举秘书长1名，常务委员25名。讨论通过大会政治决议。共收到委员提案131件。会议号召全体委员和各界人士，要以中共十四大精神为指针，紧密地团结在中共中央周围，在中共江宁县委领导下，更好地履行人民政协的基本职能，同心同德，和衷共济，振奋精神，扎实工作，为建设繁荣富庶的新江宁、为促进祖国和平统一做出更大的贡献。

第二次全体会议 1994年2月24—27日举行，到会委员204人。连同应邀的历届县政协正、副主席和在江宁县的市政协委员、各乡镇宣传和统战干部以及聘请的政协工作组成员，共309人出席、列席会议。会议听取并审议通过主席王孝明所作的七届常委会工作报告和副主席翁益章代表提案委员会作的提案审查报告。列席县人大十二届二次会议，听取并讨论政府工作报告及其他报告。会议期间有6位委员分别就如何发挥政协人才优势，为发展江宁县经济献策出力等作大会发言。讨论通过大会政治决议。会议收到委员提案99件。

第三次全体会议 1995年2月15—17日举行，到会委员195人，连同应邀的历届县政协正、副主席和在江宁县的市政协委员、各乡镇宣传统战干部及特邀的各界人士共260人参加会议。市政协、县委、县人大、县政府的领导应邀出席会议。市委常委、县委书记韩庆华，市政协副主席于基汾到会讲话。会议听取并通过主席王孝明代表七届常委会所作的工作报告和副主席翁益章所作的提案审查报告。列席县人大十二届三次会议，听取并讨论政府工作报告。会议表彰争先创优“六个一”（即写一封介绍引荐信、参加一次调研、提一条合理化建议、献一条改进工作的良策、引进一个项目、为本地区单位和群众办一件实事）活动中成绩显著的8个先进集体和36名先进个人，颁发奖状和证书；讨论通过大会政治决议；共收到委员提案121件。会议号召，全体政协委员和各界人士，在中共江宁县委的领导下，按照县委提出的“聚精会神抓经济，扎扎实实打基础，开放开发搞突破，各项工作创一流”的要求，团结一心振奋精神，锐意进取，扎实工作，为全面完成是年江宁县的各项任务而努力奋斗。

第四次全体会议 1996年1月16—19日举行，到会委员207人，县长庞顺根，县委副书记丁炳坤、蔡遗春，人大常委会副主任唐忠寿、力光华等参加会议。市政协主席潘寒燊，市委常委、县委书记韩庆华到会祝贺并讲话。会议听取并审议通过主席王孝明代表县政协七届常委会所作的工作报告和副主席翁益章代表提案委员会所作的提案审查报告；列席县人大十二届四次会议，听取并讨论县政府工作报告及其他报告。会议表彰财经、妇幼委员会和龙都、上坊、汤山、江宁、丹阳等联络组为“六个一”活动先进集体；增补七届政协常委1名；讨论通过大会决议。会议收到委员提案78件。会议号召全体政协委员和各界人士，在县委领导下，进一步解放思想，抓住机遇，团结拼搏，扎实工作，向着“九五”计划及2010年远景目标，为实现江宁县第二次创业而奋斗。

第五次全体会议 1997年1月25—28日举行，197名政协委员出席会议。市政协主席潘寒操，市委常委、县委书记韩庆华到会祝贺并讲话。会议听取并审议主席王孝明代表七届政协常委会所作的工作报告和副主席翁益章所作的提案审查报告。列席县十二届人大五次会议，听取并讨论政府工作报告及其他报告。陆郎镇、麒麟镇政协联络组和经济委员会农业组，以及政协常委万石兰等集体代表和个人作结合当地实际开展政协工作和发挥委员作用的大会交流发言；表彰陆郎镇政协联络组和教卫文体委会医卫组等8个“六个一”和“双带”（即要求每个政协委员带头做精神文明户、带领周围群众致富奔小康）活动先进集体。会议增补王梅珍为县政协第七届委员会副主席，还选举秘书长1名。讨论通过大会决议。会议收到委员提案111件。会议号召，全体政协委员在新的一年里，要紧紧围绕县委中心工作，认真履行政治协商、民主监督、参政议政的职能。发挥优势、建言献策，为推动江宁县“两个文明”建设再上新台阶，以优异的成绩迎接香港回归祖国和中共十五大胜利召开。

【政协区（县）第八届委员会】

政协江宁区（县）第八届委员会任期自1998年1月至2003年1月，共举行5次全体会议。

第一次全体会议 1998年1月2—6日举行，到会委员198人。县委、县人大、县政府等领导出席大会开幕式和闭幕式，县政协往届正副主席列席会议。市委常委、县委书记韩庆华和市政协副主席伍开友出席开幕式并讲话。会议听取并审议通过主席王孝明代表县政协七届常委会所作的工作报告和副主席陈光春代表提案委员会所作的提案审查报告。列席县十三届人大一次会议，听取并讨论政府工作报告及其他报告。会议选举唐忠寿为政协县八届委员会主席，笪善才、王梅珍、黄敬益、陈光春、高吉祥、吕瑞峰为副主席，还选举秘书长1名，常务委员23名。讨论并通过大会决议。会议共收到委员提案142件。会议强调，八届政协任期的5年，将是一个承前启后、继往开来跨世纪的重要时期。特别1998年是全面贯彻落实中共十五大精神的一年，也是江宁县初步现代化建设全面启动的一年。要求全县政协委员和社会各界人士，在县委的领导下，同心同德，加快发展，把江宁县“两个文明”建设推向一个新的发展阶段。

第二次全体会议 1999年1月16—19日召开，到会委员206人。市政协、县委、县人大、县政府的有关领导出席会议，市政协副主席张伯兴、县委书记王建华到会讲话。会议听取并审议通过主席唐忠寿代表县政协八届常委会所作的工作报告和副主席陈光春代表提案审查委员会所作提案审查报告；列席县十三届人大第二次会议，听取并讨论政府工作报告及其他有关报告。会上有农业组、医卫组、江宁镇等政协联络组的4位委员作献计献策的交流发言；表彰1998年度委组活动成绩显著的农业组、教育组、东山镇政协联络组等11个先进委组；增补政协县八届常委会委员1名。通过大会决议。会议收到委员提案130件。会议号召全体委员和各界人士高举邓小平理论伟大旗帜，紧密团结在以江泽民为核心的党中央周围，围绕县委、县政府工作中心和县政协1999年工作思路和任务，解放思想，开拓进取，为实现江宁县跨世纪目标而奋斗，以实际行动迎接建党70周年。

第三次全体会议 2000年1月13—16日召开，到会委员210人。市政协、县委、县人大、县政府有关领导出席会议。县委书记王建华出席会议开幕式并讲话，市政协副秘书长汪永茂代表市政协到会致贺词。会议听取并审议通过主席唐忠寿代表县政协常委会所作的工作报告；列席十三届人大三次会议，听取并讨论县长杨海宁所作的政府工作报告及其他报告。会上有政法组组长张明保等4位先进委员代表围绕研究政协如何进一步履行好职能作大会发言。表彰了1999年度先进委组、先进委员、优秀提案，并进行了颁奖；增选政协县八届常委会委员1名；讨论并通过大会决议。会议收到委员提案100件。会议号召在县委、县政府领导下，同心同德，励精图治，为实现江宁县跨世纪发展的宏伟目标而努力奋斗。

第四次全体会议 2001年1月17—20日举行，到会委员211人。市政协、区委、区人大、区政府的有关领导出席会议，市政协副主席张伯兴、区委书记王建华到会讲话。会议听取并审议通过主席唐忠寿代表区政协八届常委会作的工作报告和副主席陈光春作的提案工作情况报告；列席区人大十三届四次会议，听取并讨论区长杨海宁作的政府工作报告及其他报告。会议对提案委员会、江宁镇政协联络组等6个先进委组和刘桂联等10名先进委员及潘勇《关于加快外港河综合治理的建议》等6件优秀提案予以表彰；政法组3个委组代表与委员作大会交流发言；增选王品范为八届政协副主席；讨论并通过大会决议。会议收到委员提案91件。会议指出，2001年是新世纪的开局之年，也是“十五”计划的起步之年，面对江宁县撤县设区纳入南京主城建设发展的大好形势，认真做好是年各项工作，具有重要意义。会议号召全体政协委员和各界人士，在中共江宁区委领导下，统一思想，振奋精神，脚踏实地，锐意进取，为共同谱写江宁新世纪美好篇章而奋斗。

第五次全体会议 2002年1月15—17日举行，出席会议委员209人。市政协、区委、区人大、区政府的有关领导及区政协历届正、副主席参加会议。市委常委、区委书记王建华，市政协副主席诸吉炤到会讲话。会议听取并审议通过主席唐忠寿代表区政协八届常委会所作的工作报告和副主席陈光春所作的提案工作报告；列席区人大十三届五次会议，听取并讨论政府工作报告及其他有关报告；对经济科技委员会农业组、东山镇政协联络组等10个先进委组和马士其等10名先进委员、潘勇《关于加快旅游资源的开发利用的建议》等8件优秀提案给予表彰；江宁镇政协联络组等3个集体代表作大会交流发言；讨论并通过大会决议。会议收到委员提案115件。会议指出2002年是充满机遇和挑战的一年，是这届政协的最后一年，希望全体政协委员和各界人士认真贯彻落实区政协八届五次会议精神，紧紧围绕建设中心，扎实开展各项活动，为富民强区、加快发展多做贡献，以优异成绩向中共十六大献礼。

【政协区第九届委员会】

政协南京市江宁区第九届委员会任期自2003年1月起至2007年12月，共举行5次全体会议。

第一次全体会议 2003年1月5—9日举行，到会委员210人。特邀在江宁区的市政协委员，区政协往届正、副主席以及各镇、街道1名宣传统战干部和有关人员列席会议。市政协、区委、区人大、区政府领导出席会议。市委常委、区委书记王建华，市政协副主席诸吉炤在会上讲话，八届区政协副主席黄敬益作政协九届委员会筹备工作报告。会议听取并审议通过八届区政协主席唐忠寿所作的八届常委会工作报告和副主席陈光春作的八届政协提案工作报告。列席江宁区第十四届人民代表大会第一次会议，听取和讨论代区长单景南作的政府工作报告及其他报告。

会议期间，区政府领导到会听取各讨论组的发言和建议。会议选举詹双定为政协区九届委员会主席，王品范、韩迺义、杨章贺、顾怡（女）为副主席，还选举秘书长1名，常务委员24名。讨论通过提案审查报告和大会决议。会议收到委员提案137件。会议强调，2003年是全面贯彻落实中共十六大精神的开局之年，也是江宁区在全面建设小康社会的基础上，率先基本实现现代化的关键之年。充分发挥政协组织作用，调动一切积极因素，团结一切可以团结的力量，共同致力于全区改革开放和现代化建设，是党对政协工作的要求，也是时代赋予人民政协的使命。会议号召，全体政协委员和各界人士要在中共江宁区委的领导下，同心同德，奋发进取，为实现江宁区经济和各项社会事业大跨越做出新的贡献。

第二次全体会议　2004年1月5—7日召开，200名委员参加会议，市委常委、区委书记王建华参加大会并讲话。会议听取和审议主席詹双定代表区政协九届常委会所作的工作报告；听取副主席王品范所作的提案工作报告；列席江宁区第十四届人民代表大会第二次会议，听取并协商讨论政府工作报告和其他有关报告；审议通过大会决议。会议收到委员提案114件。会议号召，全体政协委员在中共江宁区委的领导下，围绕区委十届十四次全体（扩大）会议提出的各项目标任务，充分发挥政协优势，履行政协职能，为江宁区早日实现“两个率先”和争军苏南“第一方阵”目标做出更大贡献。

第三次全体委员会议　2005年1月5—7日召开，218名政协委员、受邀请的11名非公企业代表，以及有关镇、街道和全区各界人士代表300多人参加会议。市委常委、区委书记王建华参加大会并讲话。会议听取和审议主席詹双定代表区政协九届常委会所作的工作报告；听取副主席王品范所作的提案工作报告；列席江宁区第十四届人民代表大会第三次会议，听取并协商讨论区政府工作报告和其他有关报告；审议通过大会决议。会议收到委员提案128件。会议号召全区政协组织和政协委员全面贯彻中共十六届四中全会精神和区第十一次党代会精神，为建设“以人为本，全面、协调、可持续发展”的新江宁而努力奋斗。

第四次全体委员会议　2006年1月4—6日召开，全区各界别221名政协委员、受邀请的20名高校领导、农调大户等代表以及各镇、街道政协联络员，历届区政协主席、副主席共300余人参加会议。市委常委、区委书记刘捍东参加大会并讲话。会议听取并审议主席詹双定代表区政协九届常委会所作的工作报告；听取副主席顾怡所作的提案工作报告；列席江宁区第十四届人民代表大会第四次会议，听取并协商讨论全区“十一五”规划纲要（草案）、政府工作报告和其他有关报告；增选吴凤平为九届区政协副主席；审议通过大会决议。会议对先进委组、先进委员和先进提案进行表彰。社会法制组等2个委组和仇冬梅等2名委员分别作大会发言。会议收到委员提案117件。会议号召广大政协委员自觉按照科学发展观要求，在中共江宁区委的领导下，为建设综合实力领先、人民生活富裕、生态环境优美、经济社会共同进步、“三个文明”协调推进的新江宁而努力奋斗。

第五次全体委员会议　2007年1月9—11日召开，200余名委员参加会议，市委常委、区委书记刘捍东参加大会并讲话。会议听取和审议主席詹双定代表政协区九届常委会所作的工作报告；听取副主席顾怡所作的提案工作报告；列席江宁区第十四届人民代表大会第五次会议，听取并协商讨论区政府工作报告和其他有关报告；表彰了城建委、东山街道等8个先进组委、胡歙眉等8名先进委员和仇冬梅委员提的《关于早日开通江宁区数字电视的建议》等8件优秀提案；选举王加法为九届区政协主席、孟向前为副主席；审议通过大会决议。会议收到委员提案114件。会议号召政协委员和社会各界人士，团结一致，奋力拼搏，为促进全区经济社会更好更快发展，实现全面小康，构建和谐江宁而努力奋斗。

【政协区第十届第一次委员会】

政协南京市江宁区第十届委员会任期自2007年12月起，举行1次全体会议。

2007年12月24—26日举行，到会委员216人。区委、区人大、区政府领导出席会议。市委常委、区委书记刘捍东在会上讲话，九届区政协副主席孟向前作政协九届委员会筹备工作报告。会议听取并审议通过九届区政协主席王加法所作的九届常委会工作报告和副主席顾怡作的九届政协提案工作报告。列席江宁区第十五届人民代表大会第一次会议，听取和讨论政府工作报告及其他报告。会议选举王加法为政协区十届委员会主席，计家荣、孟向前、顾怡（女）、吴凤平、潘龙泉为副主席，还选举秘书长1名，常务委员25名。讨论通过提案审查报告和大会决议。会议收到委员提案142件。会议号召，全体政协委员和社会各界人士，在中共江宁区委的领导下，坚持服务发展，议政为民，坚持务实创新，发挥优势作用，切实履行政协职能，全面提升参政议政能力，为推进江宁区政协事业新发展，促进全区经济社会更好更快发展而共同努力奋斗。

图28-1-3　2007年12月24—26日，政协南京市江宁区第十届委员会第一次全体会议召开

政协江宁区第一至第十届主席、副主席更迭情况表

表28-1-2

届　次	职　务	姓　名	任职时间	备　注
第一届	主　席	李　崇	1961年5月至1964年3月	—
	副主席	陈　喆	1961年5月至1964年3月	—
		高　环	1961年5月至1964年3月	—
		姚光华	1961年5月至1964年3月	—
		郭振峰	1962年8月至1964年3月	—
		陈木斋	1962年8月至1964年3月	—
第二届	主　席	李　崇	1964年3月至1980年9月	—
	副主席	邹绍卿	1964年3月至1980年9月	—
		高　环	1964年3月至1980年9月	—
		陈木斋	1964年3月至1980年9月	—
第三届	主　席	徐凤琴	1980年9月至1984年5月	—
	副主席	杜守臣	1980年9月至1984年5月	—
		高文晋	1980年9月至1984年5月	—
		裴全报	1980年9月至1984年5月	—
		牛霞椒	1980年9月至1984年5月	—
		范振英	1982年12月至1984年5月	—
		袁修钦	1983年9月至1984年5月	—

续表 1

届　次	职　务	姓　名	任职时间	备　注
第四届	主　席	毛承凤	1984 年 5 月至 1987 年 4 月	党组书记
	副主席	杜守臣	1984 年 5 月至 1987 年 4 月	—
		刘志太	1984 年 5 月至 1987 年 4 月	—
		袁修钦	1984 年 5 月至 1987 年 4 月	—
		牛霞椴	1984 年 5 月至 1987 年 4 月	—
		窦天语	1984 年 5 月至 1987 年 4 月	—
		翁益章	1984 年 5 月至 1987 年 4 月	—
第五届	主　席	毛承凤	1987 年 4 月至 1990 年 4 月	党组书记
	副主席	刘志太	1987 年 4 月至 1990 年 4 月	党组副书记
		刘　诗	1987 年 4 月至 1990 年 4 月	—
		翁益章	1987 年 4 月至 1990 年 4 月	—
		华宝庆	1987 年 4 月至 1990 年 4 月	—
第六届	主　席	陈大法	1990 年 4 月至 1993 年 2 月	党组书记
	副主席	刘志太	1990 年 4 月至 1993 年 2 月	党组副书记
		张茂海	1990 年 4 月至 1993 年 2 月	—
		刘　诗	1990 年 4 月至 1993 年 2 月	—
		翁益章	1990 年 4 月至 1993 年 2 月	—
		华宝庆	1990 年 4 月至 1993 年 2 月	—
第七届	主　席	王孝明	1993 年 2 月至 1998 年 1 月	党组书记
	副主席	朱善琳（女）	1993 年 2 月至 1998 年 1 月	党组副书记
		翁益章	1993 年 2 月至 1998 年 1 月	—
		华宝庆	1993 年 2 月至 1998 年 1 月	—
		赵英东	1993 年 2 月至 1998 年 1 月	—
		陈光春	1993 年 2 月至 1998 年 1 月	—
		王梅珍（女）	1997 年 1 月至 1998 年 1 月	—
第八届	主　席	唐忠寿	1998 年 1 月至 2003 年 1 月	党组书记
	副主席	笪善才	1998 年 1 月至 2003 年 1 月	党组副书记
		陈光春	1998 年 1 月至 2003 年 1 月	—
		高吉祥	1998 年 1 月至 2003 年 1 月	—
		王梅珍（女）	1998 年 1 月至 2003 年 1 月	—
		黄敬益	1998 年 1 月至 2003 年 1 月	—
		吕瑞峰	1998 年 1 月至 2003 年 1 月	—
		王品范	2001 年 1 月至 2003 年 1 月	—
第九届	主　席	詹双定	2003 年 1 月至 2007 年 1 月	党组书记
		王加法	2007 年 1 年至 12 月	党组书记
	副主席	韩迺义	2003 年 1 月至 2006 年 1 月	党组副书记
		王品范	2003 年 1 月至 2007 年 1 月	
		杨章贺	2003 年 1 月至 2007 年 12 月	—
		顾怡（女）	2003 年 1 月至 2007 年 12 月	—
		吴凤平	2006 年 1 月至 2007 年 12 月	—
		孟向前	2007 年 1 年至 12 月	—

续表 2

届　次	职　务	姓　名	任职时间	备　注
第十届	主　席	王加法	2007 年 12 月	党组书记
	副主席	计家荣	2007 年 12 月	党组副书记
		孟向前	2007 年 12 月	—
		顾怡（女）	2007 年 12 月	—
		吴凤平	2007 年 12 月	—
		潘龙泉	2007 年 12 月	—

第二章　常务委员会

江宁区（县）政协设常务委员会主持日常工作。常务委员会组成人员有主席、副主席、秘书长以及常务委员。

常务委员会会议由主席或由主席委托的副主席主持。会议主要讨论决定常务委员会会务中的重大问题；听取区（县）政府及其他有关部门提出的政策说明或工作报告或通报情况，进行协商讨论，提出更改和意见；协商讨论江宁地区的重要事务和人民生产生活中的重大问题，并提出解决问题的意见和建议；审查专门委员会及工作组的工作报告及重大视察报告、专题调查报告和提案；决定该届委员会工作机构设置和变动，并任命其领导成员。常务委员会议一般每季度举行一次（第二届因“文化大革命”没有召开常委会），根据需要，有时也召开扩大会议，邀请有关部门领导和政协各委组负责人或相关委员列席。

江宁区（县）政协主席会议由主席、副主席、秘书长组成。主席会议主要实施对政协重要日常工作的领导，一般每一个月到两个月一次。常委会闭会期间，讨论和处理常务委员会的重要事务工作；协商讨论如何贯彻实施党和国家的大政方针、地方重要决策以及群众生活中普遍关心的重点问题，提出建议和意见；审查以政协委员会名义向中共江宁区（县）委、人大、政府提出的重要建议案；决定常委会议召开的日期、议程，审议提交常委会的文件；审议新增的正、副秘书长和委员名单，审议政协机构设置和各部门负责人名单；讨论决定政协委员视察、参观和调查的重要活动；审议政协专门委员会和政协委员工作小组活动计划及其他有关工作。

第一节　组成人员与工作机构

【组成人员】

区（县）政协常务委员会由主席、副主席、秘书长和常务委员组成，其人选由应届第一次全体会议选举产生。

政协江宁区第一届至第十届常务委员会组成人员情况表

表 28-2-3

届　别	合　计	其　中			
		主　席	副主席	秘书长	常务委员
第一届	19	1	3	1	14
第二届	18	1	3	1	13
第三届	27	1	4	1	21
第四届	25	1	6	1	17
第五届	35	1	4	1	29
第六届	28	1	5	1	21
第七届	39	1	5	1	32
第八届	31	1	6	1	23
第九届	30	1	4	1	24
第十届	32	1	5	1	25

说明：此表为换届时组成人员，不包括届内增减人数

【工作机构】

办公室　1961 年，县政协成立后，机关日常工作由秘书长负责。设立秘书组。1984 年 8 月，成立秘书科、行政科。1997 年 12 月 31 日，设立县政协办公室。办公室下设：秘书科、行政科、老干部科、综合科 4 个职能科室。各科室对各自职能作出明确规定。并根据政协章程第四十八条规定，结合政协《秘书长、副秘书长工作规则》和《江宁县政协机关职位说明书》制订《县政协办公室领导职责》。至 2007 年 12 月底，没有变化。

专门委员会（工作组）　政协专门委员会（工作组）是在常委会和主席会议领导下的专门工作机构。政协县第一届、第二届、第三届常务委员会没有成立专门委员会（工作组）。1984 年 5 月 19 日，第四届常委会决定成立 3 个专门委员会作为常设机构：学习委员会、文史资料征集委员会、提案工作委员会。并设立妇女、科技、文教、医卫、工交财贸、农村、祖国统一、城镇 8 个工作组。

1987 年 4 月 27 日，县政协五届一次常委会决定设立 5 个专门委员会作为常设机构：学习委员会、提案工作委员会、经济技术联络委员会、文史资料委员会、乡镇工作委员会，并设立科技、教育、医卫、妇幼、政法、文化艺术、工商、祖国统一、农林水 9 个工作组。另设立政协乡镇联络组 24 个。

1990 年 4 月 26 日，县政协第六届一次常务委员会决定设立 5 个专门委员会作为常设机构：学习委员会、提案工作委员会、经济技术咨询委员会、文史资料委员会、基层工作委员会。并设立科技、教育、医卫、妇幼、政法、文化艺术、祖国统一、工商、农林水 9 个工作组。另设立政协乡镇联络组 23 个。

1993 年 2 月 27 日，县政协第七届一次常务委员会决定设立 5 个专门委员会作为常设机构：学习委员会、提案工作委员会、经济技术咨询委员会、文史资料委员会、基层工作委员会。并设立科技、教育、医卫、妇幼、政法、文化体育、祖国统一、经济、农林水 9 个工作组。1994 年 4 月 22 日，县政协七届五次常委会决定撤销工作组，合并改建学习文史、提案、财经、工业

科技、农林水、政法、教育、文化体育、医卫、祖国统一、妇幼、基层12个工作委员会。1995年12月26日，县政协七届十三次常委会决定将12个委员会调整为：学习文史、提案、经济、科技、教卫文体、政法妇青、祖国统一7个委员会。另设财经、工业、农业、教育、文体、医卫、政法、妇青8个组。另设立政协乡镇联络组23个。

1998年1月6日，县政协八届一次常委会决定设立提案、经济科技、教卫文体、政法群团、统战5个委员会为常委会常设机构，并设立财经、工业、农业、科技、教育、医卫、文体、政法、群团9个工作组。另设立政协乡镇联络组23个。

2003年1月8日，区政协九届一次常委会决定，设立提案文史、经济科技、教卫文体、城镇建设指导、社会法制和民族宗教5个委员会为常委会常设机构。并设立财经、工商、科技、农业、教育、医卫、文体、社会法制、统战9个工作组。另设政协镇、街道联络组20个。

2007年12月26日，区政协十届一次常委会决定，设立提案文史、经济科技、教卫文体、城镇建设指导、社会法制和民族宗教5个委员会作为常委会常设机构，并设财经、农业、工商、教育、医卫、文体、社会法制和统战9个工作组。另设立政协街道联络组9个。

第二节　常务委员会会议

自1961年5月至2007年12月，江宁区（县）政协常务委员会会议据不完全统计共举行131次，现重点列举26次常委（扩大）会议的召开情况。

【政协县第一届至第三届常委会】

第一届四次、九次常委会。1962年5月14日，召开一届四次常委会。会议传达讨论国务院总理周恩来在全国人大二届三次会议上的政府工作报告；听取副主席高环关于县政协一届三次会议以来的工作报告和传达全省政协工作会议精神；列席江宁县人民委员会会议，听取副县长石学如关于去冬今春的政府工作报告和县人委办公室主任周聚恒关于人民来信来访以及精兵简政等情况报告。县长华子泉、县委统战部副部长康健民出席会议并分别讲话。

1962年11月12—14日，召开一届九次常委会。会议听取县委第一书记、县政协主席李崇关于国内外形势的报告和县长华子泉对农村情况的分析报告；听取副县长朱世华关于市场和物资供应情况及县级科局长的任免工作报告，以及听取县人委办公室主任周聚恒（政协副秘书长）关于四届二次人代会建议案的处理情况和人民来访工作报告。对其均组织座谈讨论，进行协商和研究。

第三届八次、二十一次常委会。1982年3月2日，召开三届八次常委会。会议讨论三届二次全会及大会下一步议程；学习国务院总理赵紫阳关于全民文明礼貌活动的广播电视讲话；传达中共中央主席胡耀邦在全国统战工作会议上的讲话；讨论政协上半年计划要点；决定通过文明礼貌月活动，检查视察一次环境卫生、市场供应、物价和服务态度的改进情况，组织农村委员访问一次农村生产责任制的落实情况等。

1983年12月27—28日，召开三届二十一次常委会。会议听取和讨论三届常委会向四届政协第一次全会的工作报告和县委统战部部长、县政协副主席杜守臣所作的四届政协委员安排的指导思想的通报；听取县政协副主席袁修钦传达江苏省政协召开的文史资料工作会议精神。常委们在讨论中认为，上级政协提倡搞文史资料，江宁也有文史资料可搞，三届政协未能搞起来，建议四届政协把这项工作搞起来；同时建议县委组织部、统战部在安排四届政协委员时，物色一些能搞文史资料的人才，并建议县人民政府在1984年安排一定的经费。根据中共江宁县委的建议，会议增补政协三届委员1名。

【政协县第四届常委会】

四届政协召开9次常委会议。其中，1984年6月23日，召开四届二次常委会。会议认真学习全国政协主席邓颖超在全国政协六届二次会议上的重要讲话。常委们认为，邓颖超提出的政治协商、民主监督、合作共事、广交朋友和自我教育5个方面的讲话精神，发扬了中国政协优良传统和作风，并提出新时期进一步发展政协工作的方向。会议听取并讨论审议县城建局关于东山镇建设的总体规划和近期规划的介绍。常委们建议：既要规划地面建设，也要统一规划管道等地下建设；以竹山为中心建设风景区，要全面考虑，如建立文物博物馆等；对如何解决东山地区自来水及绿化工作等也提出许多建设性意见。

1986年1月18—20日，召开四届九次常委（扩大）会议与县委六届五次全委会议同时召开。听取、审议和通过县政协四届三次全会以来的工作报告，听取县人民政府关于政协委员提案的办理情况报告；传达学习中共中央、国务院《关于一九八六年农村工作的部署》的文件，同县委全体委员一起听取县委书记陈宗林所作的《一九八六年工作要点》的报告。在肯定成绩的同时，委员们提出一些意见和建议供县委领导参考。

【政协县第五届常委会】

五届政协召开11次常委会议。其中，1987年12月3日，召开五届四次常委会。县有关领导及各有关部委办局的负责人列席会议。主要内容：由6名委员和常委先后向县委、县政府献计献策，分别就建立硫酸厂、开发利用矿泉水资源、建设钢铁厂发电机组、县城建设、乡镇企业技术培训及发展职业教育等方面提出意见和建议；听取和审议县政府办公室副主任潘道琪代表县政府向全体常委作五届一次全会委员提案办理情况的报告；县委统战部部长就增补5名政协委员作出说明，会议一致通过。

1988年8月9日，召开五届七次常委（扩大）会。会议听取副县长万槐衡所作的1988年上半年国民经济和社会发展情况的报告和县委副书记吴迪祺所作的全县精神文明建设情况的报告及传达市委《关于加强政治协商和民主监督的意见》的通知。会议还听取主席毛承凤作的江宁县政协1988年上半年工作总结和下半年工作打算的报告。委员们对以上报告进行讨论，提出一些意见和建议。

1989年8月25日，召开五届十一次常委（扩大）会。会议听取县纪律检查委员会关于党风党纪和廉政建设情况通报。主席毛承凤总结上半年工作、部署下半年政协工作。常委们就开好是年的献计献策会进行讨论，初步确定"科技兴农""如何防止工业滑坡""坚持四项基本原则，抓好政治思想工作"等议题。

【政协县第六届常委会】

六届政协共召开15次常委会议。其中，1990年7月10日，召开六届二次常委会。县委副书记吴迪祺、副县长蔡敬东分别通报江宁县贯彻中共中央《关于加强党同人民群众联系的决定》和上半年全县经济工作情况；副主席刘志太总结上半年工作、部署下半年工作任务。会议讨论县委批转的县政协《贯彻政协全国委员会关于政治协商、民主监督的暂行规定的实施办法》。与会常委们对全县农业生产、调整农业结构、加强思想政治工作等提出建议。

1991年1月10—11日，召开六届四次常委会。会议认真学习中共十三届七中全会公报和中共中央总书记江泽民在全国政协新年茶话会上的讲话及元旦社论。听取和讨论常务副县长蔡遗春关于1990年全县国民经济计划执行情况和1991年国民经济计划安排意见，以及县监察局局长沈正浩关于江宁县廉政建设情况的通报。听取和讨论副主席刘志太所作的县政协1990年工作总结和1991年工作要点的报告。常委们对经济工作、社会事业发展和科技工作及廉政建设等，提出许多意见和建议。

1992年10月27—28日，召开六届十四次常委会。会议学习座谈江泽民在中共十四大会议上的报告；听取和讨论常务副县长蔡遗春关于六届二次全委会委员提案办理情况的报告，以及县林副业局、水利农机局负责人关于山水资源和今冬明春水利规划情况的通报。常委们认为，开发利用山水资源要重视投入，摆正位置。尤其是句容河治理面临的劳力组织难、资金缺口大等困难，一定要抓落实。同时建议以后对那些重点、典型的提案最好做一些分析，印发给委员以便借鉴，进一步提高提案质量。副主席刘志太就年内工作作了部署。

【政协县第七届常委会】

七届政协共召开22次常委会议。其中，1995年10月18日，召开七届十二次常委会。会议听取副县长蔡敬东关于县政协七届三次会议委员提案办理情况的通报；讨论通过县政协常委会工作规则等4个文件（草案）。常委们建议政府及各部门、单位应以是年的办理为新起点，增强条例意识，不断提高办案质量，为“两个文明”建设决策的民主化、科学化做出贡献。会议原则通过《中国人民政治协商会议江宁县委员会关于政治协商、民主监督、参政议政的实施办法》《中国人民政治协商会议江宁县委员会常务委员会工作规则》《中国人民政治协商会议江宁县委员会提案工作条例》《中国人民政治协商会议江宁县委员会专门委员会通则》4个文件，并于通过之日起试行。

1996年8月13日，召开七届十六次常委会。会议听取副县长严大祥通报全县上半年国民经济和社会事业发展情况，针对一些突出矛盾和问题提出4条建议：进一步重视扭亏工作；切实管好用好预算外资金；加大多种经营发展力度；组织100名科技人员下厂抓科技管理，发挥科技人员的作用。

1997年10月23日，召开七届二十一次常委会。会议学习座谈中共十五大会议精神；听取副县长徐和宁通报政协提案办理情况；通报八届政协人事安排的初步意见。常委们在讨论中希望进一步做好有关办理中的细节问题，尤其对涉及江宁县发展和民生提案的答复要考虑周到。

【政协区（县）第八届常委会】

八届政协共召开24次常委会议。其中，1999年3月24日，召开八届六次常委会。会议听取县地税局局长洪月江关于全县地方税收工作情况通报；传达全国政协会议精神，学习全国政协主席李瑞环在全国政协九届二次会议闭幕会上的讲话。就江宁县地税工作提出5条建议：加强税法宣传教育力度，强化纳税意识；加快经济结构的调整步伐，积极培养新税源；强化税收监控，加大稽查力度；深化税收征管力度，提高税收规范管理水平；强化队伍建设，提高地税干部整体素质。会议期间，视察江宁、铜井两镇的江堤达标水利建设工程，听取县水利农机局局长谈太年关于去冬今春水利建设情况通报。

2000年12月29日，召开八届十四次常委会。会议听取和讨论副县长韩迺义关于2000年全县国民经济和社会事业发展计划完成情况的通报，就进一步做好明年各项工作提出4点建议：农业结构调整要取得新突破；加快企业科技创新、体制创新，形成新的企业运行机制；加快个私经济发展步伐；下大力气发展第三产业等。会议还就行风建设、社会稳定等方面提出意见和建议。讨论修改县政协八届常委会工作报告；讨论通过关于召开八届四次全会的有关事宜。

2001年4月18日，召开八届十六次常委会。会议听取和讨论副区长陈宏祥关于城建工作情况通报，视察东山镇二街欧式步行街、外港河综合治理工程、民营科技园中心广场等重点城建项目；学习全国政协主席李瑞环在全国政协九届四次会议闭幕会上的讲话。就今后城市建设提出3条意见和建议：进一步加强对城市规划的领导，注重规划的科学性、准确性；加强对城建工作的组织与协调，不断提高城市建设的品牌和档次；加大城管工作力度，不断提升城市管理工作水平等。区人大及城建、公安、交通等部门负责人列席会议。

2002年10月15日，召开八届二十二次常委会。会议听取常务副区长王加法《关于区政协八届五次会议委员提案办理情况的通报》。常委们先后到区科技局、林副业局、上坊镇视察重点提案《加强农业市场信息服务网络建设，为推进农业产业化、农民致富提供保障》的办理现场，就区农业信息化建设中存在的整体推进速度不够快、辐射范围不够广、服务效果不够明显等问题提出建议和意见。副区长计家荣参加视察活动。

【政协区第九届常委会】

九届政协共召开29次常委会议。其中，2003年7月4日，召开九届三次常委会。与会人员先后视察江宁科学园、开发区、华科园及滨江开发区等建设施工现场；听取副区长成玉祥代表区政府所作的关于三大园区、10个重点镇工业园区经济运行情况和滨江开发区筹备工作情况的通报；及如何进一步推进园区建设，提出应妥善处理好4个方面关系的建议：正确处理好招商引资中内资与外资的关系，大项目与小项目的关系，加快园区发展与维护社会稳定的关系，以及各园区在发展、政策等方面不平衡的关系等。会议建议对滨江建设要强化“五种意识”：强化机遇意识，迎难而上，抢占发展先机；强化抢滩意识，主动出击，吸引沿江经济；强化资源意识，发挥优势，实现最大的效益；强化特色意识，立足自我，错位竞争发展；强化全局意识，整合优势，形成整体合力。

2004年12月24日，召开九届政协十二次常委会。讨论九届三次全会各项筹备工作，修改通过常委会工作报告，讨论决定召开九届十三次全会和各项日程、议程安排。增补赵国洪等8名委员，听取常务副区长谢跃进通报2004年政府工作情况，对政府工作提出建议。

2006年3月27日，召开九届十八次常委会议。传达学习《中共中央关于加强人民政协工作的意见》、全国政协十届四次会议以及市政协主席汪正生到江宁视察讲话的主要精神。研究通过区政协委员、常委及镇、街道政协联络组负责人调整意见。视察滨江开发区并听取园区建设情况介绍，对园区发展建言献策。

2007 年 4 月 2 日，九届二十四次常委会议听取区政府关于全区一季度经济发展情况通报，传达学习 2007 年全国“两会”精神，研究并通过《政协南京市江宁区委员会关于加强反映社情民意工作的意见》。12 月 14 日，九届二十九次常委（扩大）会议听取常务副区长曹永林代表区政府所作的关于 2007 年区政协有关工作建议落实情况的通报，研究通过十届区政协委员人选建议名单，讨论通过区政协十届一次会议议程及日程（草案）等有关事项。

【政协区第十届第一次常委会】

2007 年 12 月 26 日，召开十届一次常委会议。根据区委提名，通过政协南京市江宁区第十届委员会办公室及各专门委员会（组）、街道联络组设置和负责人任职名单，听取秘书长吴德厚关于政协南京市江宁区委员会 2008 年工作要点（草案）的说明，讨论并通过区政协 2008 年工作要点。

第三节　主席会议

政协江宁县第一届至第四届主席会议，因资料缺乏，故未载。自政协区（县）第五届至第九届期间，共召开主席会议 124 次，选介其中 22 次会议情况。

【政协县第五届主席会议】

1988 年 4 月 10—11 日，召开五届政协主席会议。讨论各工作组（委）1988 年的活动计划；对委员提交的 97 件提案进行研究、归类，提出交办单位的建议。8 月 15 日，主席会议学习《政协全国委员会常务委员会工作规则》《政协全国委员会秘书长副秘书长工作规则》《政协七届全国委员会专门委员会组织通则》，讨论研究制订《政协江宁县委员会常务委员会工作规则》和《政协江宁县委员会秘书长副秘书长工作规则》等，部署下阶段政协工作。

【政协县第六届主席会议】

1990 年 5 月 5 日，召开第六届一次主席会议。宣布六届政协党组成员名单；研究主席分工和尽快上岗就位，以保证工作的连续性；讨论布置当前主要工作等。1991 年 4 月 12 日召开的六届九次主席会议研究六届二次全会委员提案 97 件，逐一审阅分类，落实交办有关单位、部门，对重提案进行复议，研究通过进一步调查研究向县有关领导提出具体议案。讨论研究 1991 年政协工作要点，安排各工作组（委）全年活动计划。秘书长潘复银通报市政协召开表彰提案主办先进单位大会情况。

1992 年 7 月 7 日，召开的六届十五次主席会议。学习江泽民在中央党校的重要讲话；副主席张茂海传达在镇江市丹徒县召开的第十届“宁镇扬”毗邻县（市）政协联谊会的主要精神；研究六届十三次常委会议主要议程。

【政协县第七届主席会议】

七届政协共召开主席会议45次。其中，1993年4月29日，召开七届三次主席会议。传达省政协主席孙颔在省政协七届一次会议闭幕会上的讲话，副主席朱善琳传达市政协座谈会和南京市十五区（县）政协联谊会有关精神；商定1993年各工作组（委）调研课题，研究当前政协工作安排。

1994年8月5日，召开七届十七次主席会议。传达县第九次党代会精神，学习县委书记韩庆华所作的县委工作报告，认为该报告对前4年工作总结客观、实事求是，今后5年的奋斗目标振奋人心，经过努力是可以实现的。会议充分肯定是年县政协刊出的三期《议政通报》所产生的积极效果。特别是关于东山等地区饮用水水源水质的调查，已得到县委、县政府领导的高度重视并被付诸实施。会议建议要继续抓好重点建议案的落实工作，逐步规范工作程序，不断提高政协在全县政治、经济生活中的地位和影响。

1995年8月23日，召开七届二十七次主席会议。副主席朱善琳通报市政协组织赴东北考察情况；讨论《中国人民政治协商会议江宁县委员会关于政治协商、民主监督、参政议政的实施办法（草案）》《中国人民政治协商会议江宁县委员会常务委员会工作规则（草案）》《政协江宁县委员会专门委员会通则（草案）》3个文件，同意提交下次常委会讨论通过。研究8月底召开工作委员会主任会议的有关事宜。

1996年8月30日，召开七届三十五次主席会议。学习讨论县委书记韩庆华在全县企业改革动员会议上的讲话。对县政协如何参与企业改革统一思想：学习文件，领会精神；深入基层，调查研究；建言献策，知情出力。5月21日召开的七届四十一次主席会议，传达县委常委扩大会议精神，认真学习《中华人民共和国香港特别行政区基本法》，研究县政协近期主要工作。

【政协区（县）第八届主席会议】

八届政协共召开主席会议39次。其中，1998年6月22日，召开八届四次主席会议。研究确定召开八届三次常委会议有关事宜，研究《关于密切联系政协委员的意见》，安排召开乡镇政协联络组分片会议。

1999年1月11日，召开八届九次主席会议。通报八届二次全会筹备工作情况，讨论修改1999年工作要点，确定县政协1998年度先进委组，讨论通过“十佳委员”“优秀提案”评比条件和办法。

2000年11月6日，召开八届二十二次主席会议。学习中共十五届五中全会关于制订“十五”计划建议；传达全省政协工作会议精神；讨论县委关于制订“十五”计划的征求意见稿；研究常委会工作报告提纲。

2001年10月17日，召开八届三十次主席会议。听取副区长谢跃进关于全区私营工业企业发展情况的通报；视察南京杰峰实业有限公司、南京东环印务有限公司及南京海丰木业有限公司，对如何进一步加快全区私营工业经济发展提出意见和建议。主席唐忠寿就如何加快私营工业经济发展发表讲话。

2002年7月30日，召开八届三十七次主席会议。听取区财政局负责人关于上半年全区财政运行情况的汇报，对如何消除园区、各镇财政不平衡性，运用财政杠杆加大对社会事业投入以及对弱势群体的帮扶力度，加强财政与金融、税务、工商等相关部门的协调等提出意见和建议。

【政协区第九届主席会议】

九届政协共召开主席会议29次。其中，2003年4月21日，召开九届三次主席会议。主席詹双定通报当前江宁区“非典”防治工作情况；副主席韩迺义传达4月16日区长单景南关于一季度政府工作情况通报的精神；总结一季度工作，部署安排二季度有关工作。

2004年，共召开6次主席会议。研究部署召开常委会的有关事项；到交通、工商等部门就群众关注、党政关心的问题调研视察；讨论研究调研报告；安排部署政协各项工作。

2005年1月26日，召开九届十五次主席会议。研究九届三次全会提案工作及政协机关保持共产党员先进性教育活动安排。10月7日，召开九届政协十九次主席会议。总结三季度工作，研究部署四季度工作，研究进一步推进“三化”（即政协工作制度化、规范化、程序化建设）工作意见，研究九届十六次常委会工作方案；视察物价工作。

2006年2月24日，召开九届政协二十一次主席会议。学习中央政治局研究加强政协工作会议精神，传达市政协主席汪正生到江宁检查工作要求；讨论区政协2006年工作要点；研究九届十八次常委会议方案、专题调研活动安排、妇女界委员座谈联谊活动方案和视察开发区活动安排。

2007年5月9日，召开九届二十六次主席会议。视察江宁经济技术开发区、空港工业园、科学园部分企业和建设现场，听取园区负责人情况介绍。9月4日，召开二十九次主席会议。讨论研究关于加快横溪、湖熟两镇发展调研工作，部署市委、区委组织部考核工作，研究委员视察、九届二十六次常委会以及《江宁历史文化大观》编辑出版专家座谈会等工作。

第三章 履行职能

江宁区政协按照《中国人民政治协商会议章程》要求，在中共江宁区委的领导下，贯彻中国共产党“长期共存、互相监督、肝胆相照、荣辱与共”的方针，把握人民政协的性质，围绕各个时期党政工作中心、重大决策和目标任务，以及江宁政治、经济、文化和社会生活中的重要问题，履行政治协商、民主监督、参政议政的基本职能。

履行职能具体工作有：协商讨论政府工作报告；参与政治、经济、社会、文化等方面重大举措的协商和决策；发动委员在调查研究的基础上，撰写提案，并推动有关部门认真办理和落实；组织委员学习，加强自身建设，提高委员参政议政水平；组织委员在政治、经济、教育、科技、文化艺术、医药卫生、体育方面开展调查、视察活动，广开言路、集思广益，充分发挥委员的优势和作用；宣传和参与贯彻执行国家关于统一祖国的方针政策，积极开展同台湾同胞、港澳同胞和海外侨胞的联系和团结，鼓励他们为江宁的建设事业和统一祖国大业做贡献；充分发挥区政协人才荟萃的优势，进行江宁历史人文资料的征集、撰写、研究和出版工作。

第一节　政治协商

江宁区（县）政协根据各个不同时期的大政方针以及政治、经济文化和社会生活中的重要问题，提出建议和意见，进行协商议政。1949 年 10 月至 1954 年 3 月，县协商委员会共召开 3 届 9 次全体会议，这些会议对协助政府组织和发动群众剿匪反霸与减租减息、土地改革、“三反”（反贪污、反浪费、反官僚主义）和“五反”（反对行贿、反对偷税漏税、反对盗骗国家财产、反对偷工减料和反对盗窃经济情报）等社会改革运动和发展生产、支持解放战争等方面发挥了重要作用，以及动员人民群众积极抗美援朝，宣传“一化三改造”（逐步实现国家的社会主义工业化，逐步实现国家对农业、对手工业和资本主义工商业的社会主义改造）总路线，贯彻政策法令、民主建设、增产节约等方面做出积极贡献。1961 年 5 月至 1964 年 3 月，政协常委列席县人民委员会有关会议，对贯彻执行中国共产党和国家重要方针策略方面进行充分讨论发言。对贯彻“以农业为基础，以工业为主导”的发展国民经济方针，对深入开展增产节约运动、精简下放、压缩城镇人口等重大问题研究探讨，征求社会各界意见进行协商。1964 年 4 月至 1966 年 5 月，江宁县政协主要是在全体委员会议上讨论国内外形势和全县建设方针，提出动员和团结全县人民完成江宁县农业的“三五”规划。对开展社会主义教育运动，反修防修；开展“三个主义”（爱国主义、国际主义、社会主义）教育，增产节约和“五反”运动等重要问题进行协商，许多意见和建议都为政府所采纳和实施。

1980 年 9 月至 1984 年 5 月，江宁县政协工作进入新的发展时期，政协委员 3 次列席县人民代表大会，参与讨论县人民政府关于“两个文明”建设的各项工作；政协常委 12 次列席县人大常委会议，和县人大常委一起听取和审议政府及有关部门的工作汇报。委员们对全县农业、工业全面推行责任制，对计划生育、环境卫生、教学改革等方面采取多种形式和方法提出意见和建议，都被有关部门采纳实施。

1990 年 5 月至 1993 年 2 月，江宁县政协围绕国家的大政方针，全县“两个文明”建设和群众生活的重要问题开展多种形式的建言立论。邀请县委、县政府及有关部门及时就全县大政方针进行通报，让委员们更好地知情出力。1992 年，六届十二次常委会听取邀请的县乡镇工业局领导通报全县企业联合联营进展情况后，常委各抒己见，提出采取多渠道如拆借、发行债券、带资进厂等方式筹集资金的建议，得到了县委、县政府的高度重视，及时召开各乡镇领导及银行负责人会议，使 91 个联合经营项目资金及早到位，解决资金的短缺问题。

1993 年 2 月至 1998 年 1 月，江宁县政协主要是围绕县委、县政府的中心工作，召开 45 次主席会、22 次常委会、5 次全委会，先后就全县经济和社会事业发展目标执行情况及年度工作安排、财税体制改革、经济结构调整、社会治安综合治理、党风廉政建设、精神文明建设、提案办理情况进行协商，提出建议和意见。如县政协对当前蔬菜短缺价格猛涨，群众意见很大的情况，立即把这一问题列入协商的主要内容。在开展调查视察的基础上，七届八次常委会提出，要把蔬菜生产提高到维护社会稳定的高度来认识；长期规划和近期措施相结合，尤其是安排好冬春两季的市场供应；制订优惠政策，激励产销两头的积极性；加强蔬菜生产的资金和物质投入，促进基地稳定发展；加强市场管理，平抑市场物价等提议，立即得到县政府的重视和采纳。“菜篮子”工程首次被县政府纳入考核，各乡镇的蔬菜生产任务也被严格纳入目标管理的考核之中，并落实到具体生产单位。又如在县政协七届十六次常委会上，常委们对全县经济运行中一些突出矛盾和问题，提出高度重视亏损企业的扭亏工作，切实管好用好预算外资金，加强多种经营开发力度，选派科技人员下厂抓科技管理等建议，得到县委、县政府的大力支持，在组织100名干部派到100家企业抓改革和管理的同时，又选派100名科技人员进厂抓科学管理，充分发挥科技人员的作用。

1988年1月至2003年1月，江宁区（县）政协围绕事关改革和发展的问题，充分发挥政协例会在政治协商中的主渠道作用，坚持全委会议整体协商、常委会议专题协商、主席会议重点协商，使协商内容丰富，格局具有层次性。如在八届委员会就关于全区“十五”计划和2010年远景目标以及“两个文明”建设中的重要问题，区政协每次全会期间都精选几个专题，组织委组和界别委员开展调研，会中以大会发言的形式，进行政治协商。5年中，共组织大会发言20多人次，形成发言材料26份。八届十六次常委会，区政协结合江宁县撤县设区的新形势，对党政关注群众关心的东山城市规划、建设和管理工作进行协商。由于会前准备充分，调研深入，会中对东山城市功能定位、发展方向和布局、社会事业发展和生态环境建设、城市管理、体制改革等重大问题提出意见和建议。八届三十次主席会议开展对加强全区私营工业企业发展讨论协商，提出进一步提高对发展私营工业企业重要性的认识，突出工业经济主体地位；理顺和完善私营工业企业的管理服务体系，加大服务和扶持力度；认真研究和解决当前改制企业存在的突出问题，使改制企业凸现体制和机制的新优势；坚持以人为本，努力造就一支优秀的企业家队伍等建议。这对区（县）委、区（县）政府的决策起到较好作用。

2003年2月至2007年12月，区政协根据区委的工作部署和要求，抓住全区经济改革发展稳定的重要事宜，与政府及有关部门进行协商。5年中，江宁区政协共召开主席会议29次，常委会议29次，全体委员会5次，分别就全区经济社会发展、提案办理、园区开发、农业产业发展、社会建设、法制平安创建以及“十一五”发展规划等议题协商讨论，并提出意见和建议。2003年3月，区政协针对人民群众十分关心的药品价格问题，组织主席会议成员到区药监局，与区药监、物价、工商、卫生等部门进行座谈协商，就如何平抑药价，使老百姓吃上放心药、平安药，提出“统一认识，强化监督；统一行动，强化执法；统一标准，强化机制；统一内容，强化宣传”的建议。

2007年4月2日，区政协九届二十四次常委会议研究通过《政协南京市江宁区委员会关于加强反映社情民意工作的意见》，将社情民意工作纳入委组考核体系，并向全体委员下发通知和社情民意范本，对委员反映社情民意提出具体要求。4月24日，第一期社情民意报送区委、区政府，对加大中小企业上市，农村村级道路养护以及交通主干道信号灯管理等3个方面工作提出意见和建议。全年报送社情民意5期，涉及经济发展、城市建设、交通管理等9个方面，提出21条建议。区政协各委组也结合各自特点，积极与有关部门开展对口协商活动，提出意见和建议。区政协及各委组共组织开展协商活动60次，提出70条建议。区委、区政府和有关部门都较好的采纳这些意见和建议，并都进行研究实施。

第二节 民主监督

【提案工作】

委员提案是人民政协发挥民主监督的重要形式。政协一至三届未设立提案工作常设机构，全会期间设立提案审查委员会，负责提案的征集、审查，提案的交办、催办等后续工作由政协秘书长负责。1985年10月，经四届八次常委会讨论，决定建立“提案工作委员会”，作为县政协的一个常设机构，负责全会期间和闭会期间委员提案征集、研究、交办、催办和答复等事项。并严格遵照江宁县政协1991年制订的《关于办理人大代表建议和政协委员提案暂行办法》，1995年10月28日，县政协第七届委员会第十二次会议通过《中国人民政治协商会议江宁县提案工作条例》《关于政治协商、民主监督、参政议政的实施办法》等文件，使提案工作更加制度化、规范化。自1961年5月起至2007年12月，共收到提案3171件，经审查立案3115件，办复率100%，做到件件有答复。

县政协一届委员会共收到提案62件。主要内容包括：农林业、水利交通、粮食、宣传、教育、卫生、商业、计划、医药卫生、社会福利、民政治安等方面。被承办单位当年办理的有38件，占提案数的61.30%。如关于举办工商界政治学习班的提案8件，由县工商联于1962年4月举办1期有111人参加的长会短训学习班予以落实；余下的24件，会后县政协常委会转县人民委员会办理，并陆续办结答复。

县政协二届委员会共收到提案45件。其中农林水利4件，科教文卫21件，工交、财贸、工商、税收1件，城建环保8件，劳动就业2件，其他6件。全会期间本着边检查、边审查的原则，处理解决14件，占收到提案的31.10%。如建议由县大礼堂至大马路安装路灯一案，与县财政局联系，于1962年5月安装竣工等。还有31件提案，大会后由这届常务委员会研究处理。

县政协三届委员会共收到提案293件。其中，农林水利77件，科教文卫49件，工交、财贸、工商、税收67件，政法党纪2件，城建环保41件，政协统战11件，机构改革、干部作风14件，离退休干部、职工管理16件，落实知识分子政策6件，其他10件。承办单位采纳并付诸实施或列入计划逐步实施的有277件，占提案数的94.50%。如“防止农药中毒事故发生”的提案得到县农业部门高度重视，并于1980年7月发出“加强社、队植保人员劳动防护的通知”，通过各人民公社“三干会”宣传教育之后，各生产队购置防护用品，严格按照安全用药规程进行操作，卫生部门、供销社也积极配合做好工作等。有些提案的具体建议难以办结的有16件，占提案数的5.50%，并对提案者作出明确的答复。

县政协四届委员会共收到提案292件，经审查立案292件。其中，农林水利32件，科教文卫98件，公交、财贸、工商、税收59件，政法1件，城建环保63件，落实知识分子政策20件，其他19件。承办单位采纳并付诸实施的270件，占提案的92.50%。办理较好的委员提案有：李官长提出的乘车难；陈国瑾提出做好报刊发行服务工作的问题；龙步云提出的关于解决“文化大革命”遗留问题——补发中医学徒班学员毕业证书一案；秣陵中学游钧提出为退休教师体检；东山镇郑林阁提出修筑东山镇通往竹山陵园公路等，都被承办单位采纳，并付诸实施。此外，由于财力、物力等条件所限，暂时难以落实的有22件，占提案数的7.50%。

县政协五届委员会共收到提案319件。其中，农林水利23件，科教文卫73件，城建环保42件，工交、财贸、工商、税收106件，其他75件。办复率达100%。委员的提案都得到县政府及有关部门的高度重视，许多部门的负责人亲自阅件，批示催办审核，组织专人办理。如对政协委员韩正礼、盛公然提出的供应菜农平价煤的建议，县政府及时召开常务会议研究。从稳定蔬菜生产，稳定市场供应，提高菜农的生产积极性着眼，在城镇居民生活用煤供应紧缺的情况下，克服困难，于1989年6月起，每月供应菜农平价煤12公斤。对汤焕洪提出的整顿竹山路南端发动机厂地段零售摊点的建议，东山镇城管会即召集市政公司、城管监察队、城建科、东山行政村、骆村行政村等单位联合办公，于1989年4月底以前，将竹山南路汽车发动机厂地段的个体摊点全部拆除，及时制止乱设摊点现象。

县政协六届委员会共收到提案297件。经审查立案296件。其中，农林水利31件，科教文卫63件，工交、财贸、工商、税收84件，城建环境44件，落实知识分子政策10件，其他64件，办复率100%。办理好的提案有：陶绪元关于"重新调整陶吴至禄口循环车次"的提案，方永源关于"解决方山的民办教师用煤"的提案，把张苏苏关于"水利设施严重失修问题亟待解决"的提案列为重点建议案，县政协及时组织农林水工作组成员，会同县水利农机局负责人实地勘察土桥、周岗等乡部分电灌站，并把视察情况以《议政通报》的形式通报县委、县政府及有关部门。县委随即召开常委会，研究制订分3年实施的计划。这一提案的落实，在1991年特大洪灾中发挥了重要作用。

县政协七届委员会共收到提案530件，经审查立案530件。其中，农林水利59件，科教文卫122件，工交、财贸、工商、税收172件，政法党纪9件，城建环保96件，政协统战18件，开放开发10件，劳动人事3件，社会事业4件，个体经济1件，其他36件，办复率达100%。县政协采取分门别类交办提案办法，急需解决的快办，难以解决的合办，缓办的限期落实，不属于江宁县管辖的主动去协调。因此，提案办理效率较高，如1996年陈登祥提出"要求禄口镇个别村拖欠幼儿教师工资及时付清"的提案，教育局分管领导与禄口镇政府商讨，经各方努力，很快付清拖欠4名幼儿教师的工资。李成荣"要求恢复句容河工程所毁公路"的提案，最后由县政府牵头，交通局和水利农机局商讨，各分担3万元，使拖了两年的提案，终于得到落实。夏新华提出"要求解决铜井镇三兴村饮用水污染问题"的提案，由于该村饮用水污染源出自安徽马鞍山市化工区。县环保局接案后会同市环保局分管领导，到马鞍山环保局协调解决跨地区的污染问题。经过各方面配合努力，双方终于达成解决污染的一致意见。

县（区）政协八届委员会共收到提案578件，经提案委员会审查后全部立案，提案内容涉及全县（区）经济建设和社会发展各个方面。其中，农林水利58件，科教卫文88件，交通道路、财税方面199件，政法党纪5件，城市建设方面88件，开放开发5件，劳动人事4件，社会事业70件，个私经济14件，其他47件。经过承办单位努力，办复率达100%。在办理规范上，县委办、人大办、政府办、政协办四办联合下发《江宁县办理建议提案规定》，要求按照规定严格规范办理程序，答复格式等，使办理工作走上制度化、程序化、规范化轨道。"加快技术创新步伐"的提案，区委、区政府高度重视，专门召开全区技术创新工作会议，制订《关于加快全区工业企业创新的意见》。"加快个私经济发展"提案，区委、区政府从战略的高度，出台一系列扶持政策，召开全区发展个私经济工作大会。"加快江宁旅游资源开发利用"提案，区委、区政府明确将旅游作为重要产业优先发展，并邀请南京大学、东南大学、南京师范大学共同制作《江宁区旅游发展总体规划》。所提提案解决和基本解决的270件，占46.70%；正在解决或列入计划准备解决239件，占41.30%，因条件限制暂时不能解决的并向政协委员解释答复的69件，占12%。

区政协九届委员会共收到提案610件，经提案委员会审查后，立案的有567件，提案内容涉及全区经济建设和社会发展各个方面。其中，道路交通141件、城镇建设与管理105件、社会事业87件、农林水利45件、科教卫文86件、经济建设与财税金融67件、其他方面36件。在所有提案中，委组提出的集体提案45件，委员联名提案198件，委员个人提案324件，经过承办单位积极努力，办复率100%。2003年，魏东等委员关于"加快水利工程建设步伐，确保圩区防汛万无一失"的提案，引起区委、区政府的高度重视，区水利局针对提案反映的实际情况和各地水利建设的现状，作出全区水利建设总体规划和堤防达标建设方案。区委两次召开书记办公会，政府常务会专题研究全区堤防达标任务，决定投入资金，用两年时间完成需8～10年才能完成的达标任务。区政协主席会议也把此提案列入重点提案进行督办，并组织常委对落实情况进行现场察看，使此提案得到落实。2004年，石存根等委员关于“加快推进白鹭湖、银杏湖规划的工作”的提案，开发区管委会认为白鹭湖、银杏湖拥有得天独厚的山水资源和宜人的自然景色，充分挖掘白鹭湖、银杏湖地带的旅游资源和利用宜人的景色，是不断提升开发区品位、优化投资环境的有效措施。开发区管委会于是年底对该地区进行规划设计。2005年，委员们提出“加大对边缘薄弱地区扶持力度”“尽快解决镇干部及教师住房公积金的建议”等提案；2006年，“关于早日开通数字电视的建议”等提案；2007年，“关于长江引水工程向边远镇辐射”“关于尽快出台规范被征地农民相关社会保障政策”等提案，区政府有关承办部门都认真地进行办理和落实，取得良好的社会效果。5年中，委员们所提提案得到解决的316件，占55.80%；在解决的或列入计划准备解决的225件，占39.60%；因条件限制暂时不能解决的并向政协委员解释答复的6件，占4.60%。

区政协十届一次全委会议后，共收到委员提案142件，经提案委员会审查并立案133件，其中重点提案10件。至2007年年底，提案办理工作按照规定程序稳步推进。

【民主评议活动】

2002年3—4月，区政协八届委员会组织委员对改革开放之后全区教育工作发展情况、东山城区教育布局调整工作情况、全区教育系统道德建设情况开展专项民主评议活动。区政协常委会制订评议方案，成立领导班子和工作小组，采取问卷调查、实地考察、专题讨论等形式，历经准备、调查、评议总结3个阶段，组织相关活动20多次，收回问卷175份。通过民主评议，委员们针对全区教育工作现状，围绕重点评议议题，提出3个方面40条意见与建议，推动全区教育事业适度优先超前发展。

2005年7—9月，九届政协常委会组织部分政协常委、委员和机关人员，历经准备、实施、总结和反馈4个阶段，重点对建设局2004年之后贯彻执行方针政策、法律法规，完成区委、区政府确定目标任务，主要职能履行，工作人员依法行政，规范执法，为民服务，行风建设以及干部队伍廉洁自律情况进行民主评议。评议期间，召开6个不同类型的座谈会，参加人员65人次，走访6个服务对象（单位）进行专题调研，发放并收回调查问卷124份，收集各类意见建议7个方面40条，基本涵盖区建设局职能履行、城市（镇）建设管理、行风建设等方面。评议对江宁城市建设管理提出5点建议：建立新型有序的城市建设管理体制，全力推进城市化进程；创新理念，提升城市建设管理水平；完善机制，创新经营城市运作方式；突出重点，全面推进城市化战略；组织力量，加快解决有关具体问题。

图28-3-4　政协江宁区第九届常委会召开民主评议区建设局工作动员大会（2005年摄）

2006年4—6月，在区政协常委会的领导下，专门成立由政协主要领导和部分政协常委、委员和机关人员组成的民主评议工作小组，重点对区农业局工作情况进行民主评议。先后召开3个不同类型的座谈会，组织1次农业结构调整特色基地视察，展开6次调研，发放并收回调查问卷61份，提出15条意见、建议，基本涵盖区农业局职能履行、农业管理、农技服务、行风建设等方面工作。

2007年6月6日，区政协召开民主评议法院工作动员会，主席王加法作评议动员讲话，区委常委、政法委书记孙桂明对评议工作提出要求，区法院院长朱绚凌汇报了2006年以来法院工作情况。会后，区政协评议小组召开由法院干警代表、当事人代表、律师代表及有关部门负责人参加的座谈会，走访了解情况，最终形成书面评议报告。6月28日，市委常委、区委书记刘捍东对评议作出批示，充分肯定评议成果。

第三节　参政议政

【献计献策活动】

1984年12月，江宁县政协组织“振兴江宁经济献策会”，为县委、县政府经济决策当“参谋”。参加献策会的各界人士有20人，包括各条战线上的工程师、农艺师、畜牧兽医师、厂长、经理，以及有关局、委、办中知情懂行的负责人。在会上作口头发言或书面发言的共16人。内容涉及经济体制、管理体制和产业结构调整等项目改革；自然资源的合理开发利用，新产品的开发和老企业改造；农村、牧副渔、工商运输、建筑服务；资源的开发、人才的培训、知识分子政策落实等方面。1985年12月，献计献策会就发展经济建设、精神文明建设和解决人民生活中重大问题三个方面提出12项意见和建议，帮助县委、县政府更加准确有效地进行决策。其中，利用废煤气发展东山地区家用煤气建设很快付诸实施并取得显著成效。1988年12月，江宁县政协召开科技人才培养管理协商会议，县科委主任、畜牧兽医师王寿怡作《提高认识开发人才》的专题发言，县计委社会事业科副科长李昌仁和县政协委员、助理工程师黄庆祥，以及县政协常委、工程师唐振华分别作《建议建立人才开发专项资金》《完善、落实政策，扩大开发人才资源》《试谈人才管理》等专题发言。县委书记陈宗林肯定此次献策会是“小规模研究大问题”，并提出六点要求：统一今后发展经济要靠技术进步的认识；进一步强化组织领导；进一步深化改革；进一步修订、制订政策，强化纪律；进一步发挥政协智囊团的作用；对科技人才进行教育，发挥自身作用。

江宁县政协自1984年起每年在县委、县政府制订年度计划前组织一次献计献策活动，主要形式有两种：召开献计献策会，选送专题材料。1986—1989年期间提交《关于提高普通教育水平的几点建议》等献计献策文章19篇。

1990年后，江宁县政协重点围绕党委、政府中心工作和人民群众关心的问题，组织视察考察和调查研究，积极主动向党政领导机关提出建设性意见，为江宁地区改革开放和社会主义现代化建设献计献策。

【视察考察】

1980年8月至1984年5月，组织委员进行各种视察活动8次。将收集的意见和建议向县委、县政府及有关部门作出反映。如发现东山镇几个单位职工住房分配存在问题，委员们就住房分配问题写出调查报告。报告为县政府制订住房分配暂行规定的文件提供依据。

1984年5月至1987年4月，委员们参加视察活动6次。1984年6月，视察汤山、湖熟两镇知识分子的政策落实问题。1985年，视察禄口乡渔业协会。1987年，视察全县重点工程之一的横溪人造革厂，都提出较好的意见和建议。

1987年4月至1990年4月，组织委员进行各种视察活动9次。其中，1989年5—6月间，对东山地区县直机关、企事业单位所办的15所幼儿园（班）进行考察，提出的意见和建议，写成《考察东山地区机关、企事业幼儿园的情况汇报》，县政协办公室以简讯形式印发通报。

1990年4月至1993年2月，组织委员进行各种视察活动13次。其中，1993年汛期之前，县政协主席王孝明，副主席华宝庆、赵英东、陈光春，秘书长潘复银及部分常委，视察周岗乡、土桥乡防汛准备工作，听取周岗乡党委书记郗同福、副乡长王荣生和土桥乡乡长朱礼海、副乡长吕克忠有关防汛组织、消险工程、防汛器材等准备情况汇报，实地视察周岗乡鲤鱼拐、船闸、双市桥，土桥乡的五城圩等消险工程，视察组还专程看望抗洪英雄李昌保。

1993年2月至1997年12月，组织委员进行各种视察活动14次。其中，1997年1月7日，驻会主席、常委到江宁经济技术开发区进行工作视察；1月19日，各位主席和驻会常委到县国税局进行工作视察；2月，主席王孝明、副主席赵英东率经济委员会农业组部分委员，视察句容河水利工程；3月，副主席朱善琳带领医卫工作组，会同城建局、市容委、爱委会调查视察县城创建卫生城的情况；7月30日，各位主席和驻会常委视察全县环保工作，视察外港河污染情况以及乐超、613厂污水处理项目，听取全县环保工作汇报。委员们将视察情况向县委、县政府作了反映，并提出建议。

1998年1月至2003年1月，组织委员视察活动9次。其中，2002年3月20日，主席唐忠寿一行到湖熟镇清真寺管委会进行视察，实地察看清真寺建筑格局和风貌，听取清真寺管委会有关负责人的情况介绍。同年9月初，主席唐忠寿先后到区林副业局、农业局就全区农业信息化建设情况进行调研，分别听取两个单位负责人工作汇报，实地视察部分农业信息化建设现场。12月4日、5日，各位主席、秘书长和部分常委到区计经局、商贸局就全区国民经济和社会事业发展目标执行情况开展视察，分别听取两局分管领导所作的情况通报，就如何加快经济发展、解决全区经济发展不平衡问题、繁荣全区商业等方面的工作，提出意见和建议。

2007年，区政协组织全区226名委员分批开展4次大型视察活动，委员们在观摩现场、听取通报的基础上，提出意见和建议，为促进相关工作进言献策。同年4月27日，组织50余名委员视察江宁区全面小康和社会主义新农村建设情况；6月29日，组织60名委员视察“文化江宁”建设情况；9月12日，组织66名委员视察全区重点产业项目建设情况；10月16日，组织50名委员视察“平安江宁”“法治江宁”建设情况。

【调查研究】

1980年8月至1984年5月，委员的专题调研的主要内容是植树造林、发展蚕桑、加速林业生产、“四旁”绿化、推行蚕桑责任制、发展养鱼、开展“五讲四美三热爱”活动等，先后开展调查研究或专题讨论18次。

1984年5月至1987年4月，专题调研采取看（实地察看）、听（听汇报）、议（讨论研究）的方式对全县的重点工程、文教卫生、农业生产等方面进行调查了解，分析研究，写出调查报告7份，即关于保护名胜、文物的调查，关于发展旅游事业的调查，关于铜山幼儿健康状况的调查，关于农业服务体系的调查，关于蚕桑生产的调查，关于独生子女教育问题的调查等。

1987年4月至1990年4月，专题调研围绕社会主义现代化建设和人民生活的热点问题进行，先后组织委员对教育工作、家庭教育、科学育儿、医药保健、文化艺术、农业双轨制、农村能源问题进行调查了解，分析研究，向县委、县政府及有关部门提出意见和建议。1988年，调查了解禄口乡兴富中学后，提出该校教师整体结构不合理、生源质量低下、教学设备差等问题，形成调查报告给县委、县政府，很快解决该校存在的问题。当时农村缺少烧锅柴，资源紧缺成为制约全县经济发展的突出问题，对此县政协经过调查提出解决办法，政协领导与有关部门负责人1988年两次赴徐州、郑州和有关部门联系，为全县先后购煤2万吨。

图28-3-5　2004年12月3日，江宁区政协主席会议成员调研区国税工作情况

1990年4月至1993年2月，专题调研先后有23名委员就农业、工业外向型经济、科技、卫生、专业市场建设、群众文化等热点问题和县委、县政府要着手解决的难题，作了调查研究，写出调查报告23篇，每篇报告有根据、有分析、有见解，具有可行性和操作性。1991年，县政协组织委员对全县排涝站更新改造问题进行专题调查，写成题为《关于全县排涝设备现状与更新改造的建议》调查报告，得到县委、县政府的重视。县政协组织委员对村卫生室和和合作医疗制度作专题调查，形成《关于村卫生室和合作医疗的调查报告》，对全县合作医疗存在的问题进行分析，提出健全合作医疗制度、整顿卫生室和恢复农村合作医疗的具体建议。县委、县政府根据建议重点抓了恢复发展农村合作医疗和整顿建设村卫生室等工作。经过两年的努力，有138个村重新恢复农村合作医疗，覆盖面99%，给村民治病提供方便。

1993年2月至1997年12月，调查研究做到围绕中心、力求实效，注重民意、办好实事。5年间共提出建议90多条，完成重点调查研究112项。《对全县产业结构调整的意见和建议》《生产关系适应生产力的发展——关于县经济技术开发区几个情况的调查》《关于发展第三产业几个问题的思考》《关于全县蔬菜基地建设的调查报告》等调查研究都产生较好的效果，发挥了积极作用。

1998年1月至2003年1月，先后就小城镇建设、国有资产管理和运作、个体私营经济发展、工业企业改制、旅游、开发等16个重点课题，以及精神文明进村入户、农业产业化管理、下岗职工再就业、社会治安综合治理等开展调查研究，形成调查报告24篇，其中15篇在省、市会刊上发表。1998年，政法组撰写的《抓好财务公开，推动农村基层民主建设》的调查报告，对全县全面推广财务公开、加强农村基层组织建设起到积极作用。该调研报告被县政协的《议政通报》转发，并被《南京政协》会刊录用。

2003年1月至2007年12月，围绕华科园开发、新农村建设、生态区创建、东部旅游开发、和谐社区建设、薄弱镇发展、全面小康建设等课题，深入开展调研，先后有20多篇调研报告报送和发表。2004年，区政协主席詹双定、副主席韩迺义带领调研组，于2月10—25日，赴禄口镇调查华科园开发问题。召开各类座谈会10多次，形成《关于江苏禄口华商科技园开发建设情况的调查报告》。2005年，重点就“扶持薄弱村发展”“加快东部地区旅游经济发展”两个重点课题进行调研。2006年，就全区社会主义新农村建设开展调研，形成《以示范村的高标准推进，引领江宁新农村建设》，围绕全区环境保护和生态建设中的薄弱环节，深入有关部门和建设现场，形成《关于创建国家生态区工作的几点建议》等调研报告。

第四节 团结联谊

江宁区政协的团结联谊工作，主要包括对台宣传、“三胞”（台湾同胞、港澳同胞、海外侨胞）联谊活动与省内外市、县（区）政协的交流以及委员考察取经和友好往来活动。

【对台宣传】

县三届政协从1980年起的3年中，围绕台湾回归祖国，实现祖国统一大业的主题，先后组织政协委员学习和广泛宣传全国人大常委会《告台湾同胞书》、全国人大常委会委员长叶剑英在1981年国庆前夕对新华社记者发表的九条对台政策、邓小平对台政策重要讲话及《廖承志致蒋经国先生信》，同时组织几次座谈会、报告会等。还组织一些稿件，供有关单位对台宣传。其中《东山秋月分外明》一稿，被江苏省人民广播电台宣传组和中国新闻社采用。

1984年，四届政协成立祖国统一工作组，更广泛地团结各界人士和港澳台同胞、海外侨胞及其家属，向他们深入宣传“一国两制”的基本国策。1985年，县政协共为省广播电视台对台广播部、中国新闻社等宣传单位组织稿件5篇。1987年，县政协与县委统战部一道举办较大规模的对台报告会。1993年8月20日，江宁县政协举办台湾形势通报会，为是年金秋恳谈会和发展外向型经济牵线搭桥、献策出力。1997年7月和1999年8月，政协分别开展迎香港和澳门回归报告会、座谈会、图片展等系列活动。2000年2月，在《一个中国的原则和台湾问题》白皮书发表后，县政协及时组织台胞、台属召开座谈会，各界人士代表纷纷发言，坚决拥护中国政府关于一个中国的原则立场，共同推进祖国和平统一进程。这期间还举办海峡两岸形势报告会，多次组织座谈会，学习中共中央总书记江泽民关于和平统一祖国八点主张，揭露批判李登辉及其“两国论”，开展反“台独”、反分裂的斗争。2000年12月江宁县撤县设区后，由于职能调整，至2007年这一工作由区委统战部开展。

【“三胞”联谊工作】

江宁区（县）政协注重与统战对象交朋友，积极与委员中的“三胞”和各界人士及其眷属联系，利用每年中秋、国庆、春节等节庆日召开座谈会、茶话会，开展联谊活动，并通过他们加强与海外人士沟通。1985年国庆节前夕，县政协与县委统战部邀请各界人士50人，举行国庆、中秋茶话会，畅谈形势，展望未来，表达拥护“一国两制”、争取祖国早日统一的愿望。1987年4月至1990年4月的3年中，县政协和乡镇政协联络组共接待回乡探视旅游的“三胞”及外籍华人共590人次。

1990年7月，县政协与县台联、侨联一起商讨邀请参加金秋恳谈会人员名单，向江宁县在台湾、香港、澳门地区及海外的工商界人士和知名人士发出请柬30份，其中有16位港胞组成的“香港皮草业赴宁观光团”应邀参加恳谈会。1991年中秋、国庆两大节日期间，县政协与统战部联合召开部分回乡台胞联谊座谈会，介绍江宁县改革开放10年来经济发展概况，以及投资环境和各项优惠政策。同时配合县政府组织1991年金秋恳谈会和1992年金秋恳谈会，向台湾、港澳地区及海外的工商界知名人士发出请柬80余份；各乡镇政协联络组还配合县委统战部做好回乡探亲、旅游、经商“三胞”的接待服务工作。1990—1992年的3年中，全县共接待侨胞和台湾、澳门同胞1100人次。先后接受“三胞”捐赠小汽车5辆、毛毯1000条和药品3万元，禄口镇旅居加拿大侨胞王小妹向家乡捐赠价值20万元的B超、心电图机等医疗器械。1998年经贸洽谈会期间，县政协参加市政协举办的投资招商说明会，号召有海外关系的政协委员发出信函、请柬90份，邀请在国外的亲友回家乡考察、投资。统战委员会经过多方联络，积极争取，为县经济技术开发区引进台资企业2家，总投资220万美元。2000年，金秋经贸洽谈会期间，统战委员会主动参与协助政府做好会务筹备工作，邀请在国外的亲友回国观光考察、投资兴业，共发出请柬70份。铜井镇政协联络组积极协助政府盘活企业资产，吸引外地资金和人才，该镇新成立的南京铜井申宁化工厂，投入资金700万元，年产值达1800万元，为镇经济发展注入活力。

1998—2000年，县政协统战委员会和各乡镇政协联络组共接待“三胞”300多人次。2001—2007年，此项工作交由统战部开展。

【友好往来】

友好往来工作主要包括轮流举办联谊（研讨）会、接待来访和外出考察取经。

联谊研讨会活动 主要是举办“南京市十五区县政协联谊会”和“宁镇扬毗邻县、市、区政协研讨会”的活动。

南京市十五区县政协联谊会，每年一次，轮流召开。其中，1985年6月27—28日，南京市政协在江宁县召开区、县政协工作经验交流会。南京市所属15个区、县政协主席、秘书长，市政协主要领导和各处室负责人共44人参加。市政协副主席周伯藩主持会议，并作了在新形势下探索开创政协工作新局面的讲话。会上先后有秦淮区政协、六合县政协、建邺区政协、江宁县政协、江浦县政协和鼓楼区政协发言，介绍各自政协在开创政协工作新局面中的具体做法和工作经验。2001年3月16日，南京市十五区县政协文史学习工作座谈会在江宁区召开，市政协副主席张伯兴主持会议。会上，十五区县政协分管文史、学习工作的领导就政协文史和学习工作情况进行座谈和交流。2003年4月17日，南京市政协在江宁区召开南片区县信息员、通讯员座谈会。市政协秘书处、人事处、提案办、经科办、文史和理论研究处的相关人员，以及7个区、县政协“两员”出席会议，进行深入交流讨论。座谈会就进一步做好信息工作、广辟信息来源、拓宽交流渠道提出一些好的意见和建议。11月25日，南京市十三区（县）政协秘书长联席会议在江宁区召开。各区、县政协秘书长（办公室主任），部分区、县原秘书长以及市政协办公厅的部分领导参加会议，交流政协全会工作经验和方法。

宁镇扬毗邻县、市、区政协联谊会（以后改为研讨会）。由六合县、白下区、广陵区、邗江县、京口区、丹徒县、句容县、江都县、扬州郊区、仪征市、江宁县11个成员单位组成。每两年召开一次会议，每次会议上确定下次会议的承办单位。其中，1991年5月20日，江宁县政协副主席张茂海出席在句容县召开的毗邻县、市、区第八次联谊会议，并作《如何做好文史工作》的专题发言。1992年11月17—18日，宁镇扬毗邻县、市、区政协工作第十一次联谊会在江宁县召开。县委常委、常务副县长蔡遗春到会，介绍江宁县国民经济和社会发展情况。1995年4月11日，宁镇扬毗邻县、市、区政协工作第十六次联谊会在仪征市召开。江宁县政协在会上作《参政议政四要素》的发言。1997年5月6日，宁镇扬毗邻县、市、区政协工作第二十次研讨会在扬州郊区召开（此后，改为每年召开一次会议）。江宁县政协副主席朱善琳在会上作题为《强化提案办理措施，加大提案办理力度》的发言。2000年6月7日，宁镇扬毗邻县、市、区政协工作第二十三次研讨会在南京白下区举行。政协副主席王梅珍就如何履行好政协职能作交流发言。2002年5月15日，宁镇扬毗邻县、市、区政协工作第二十三次研讨会在镇江市京口区召开。区政协副主席黄敬益作《把握关键环节，实现三个转变，推动提案工作再创新水平》的发言。

图28-3-6　1996年10月29日，宁镇扬毗邻县、市、区政协工作第十九次研讨会在江宁县召开

2003—2007年，上述“联谊研讨会活动”渐少开展，区政协采取“走出去，请进来”的方法，着重加强区内交流工作。2006年的“走出去”中，通过会议与视察相结合、通报与座谈相结合的方式，到协商单位召开会议、开展活动，扩大交流，增强凝聚力。在“请进来”中，每季度召开一次专题协商座谈会，围绕“巾帼建新功，和谐促发展”、新农村建设、“服务中心、促进和谐”及“应对宏观新形势，保持发展好势头”4个议题，分别邀请女委员、涉农部门负责人和部分村党支部书记及宣传、文化、教育、财经系统负责人进行座谈，加强沟通、增进了解、扩大共识，取得显著效果。

接待外地政协到访工作　江宁区（县）政协从1984年6月起至2007年的12月底，接待全国、市、区（县）政协访问团达298批3831人次，平均每年接待12批160人次。其中，四届委员会期间的3年中，共接待全国各地到访44批693人次。第五届委员会的3年中，县政协共接待20批300人次来自全国各地的政协访问团。第六届委员会的3年中，共接待了山东、安徽、湖南、浙江、四川、陕西、甘肃、福建、广东等地的政协客人31批200人次。第七届委员会的5年中，共接待省内外市、县、区政协29批355人次。第八届委员会的5年中，共接待中央、省、市以及友邻政协到访71批963人次。其中有全国政协秘书长郑万通一行；全国政协常委、中国道教协会会长、中国道教学院院长闵智亭一行的中央级的5批51人次；有江苏省政协副主席胡序建、秘书长卞承祖一行；重庆市政协主席张文琳带领的党政代表团一行等省级的6批78人次。第九届委员会的5年中，共接待上级及兄弟政协到访130批1320人次。到访批数和人次之多为各界政协委员会之最。先后接待中国老年保健协会会长、美国亚洲电视公司董事长王恩良一行；全国政协秘书长郑万通、社法委副主任赵登举一行等全国到访的3批21人次；广西壮族自治区副主席章崇化一行等。

外出考察取经活动 江宁区（县）政协自1984年始每年组织委员外出考察取经。其中，1984年6月，县政协主席毛承凤一行赴广东、福建学习考察。1987年11月，县政协主席毛承凤和县委统战部领导等一行，赴浙江省萧山县、鄞县和上海市宝山县等地学习。1989年，县政协领导率团赴浙江萧山、丽水等县取经。

1994年5月，由县政协主席王孝明带队，政协秘书长和龙都、上峰、秣陵等乡镇政协联络组负责人参加的县政协赴浙江考察学习团，到萧山市、义乌市、奉化市、普陀区、鄞县、绍兴市及无锡县政协学习交流。1995年3月，副主席赵英东率县政协农林水工作委员会赴张家港、上海浦东新区、浙江桐庐县和淳安县，考察学习发展高新农业的做法和经验，并写成考察报告。1996年11月，县政协祖国统一委员会由副主席翁益章带领走访句容市政协。10月，县政协副主席笪善才、王梅珍带领机关部分人员到浙江鄞县、奉化县和余杭市政协，学习考察三市县加强机关建设经验。1999年4月，县政协组织政法组及有关委组的部分委员赴南方考察珠海市香洲区政协、北海市政协和海口市政协，学习借鉴开展政协工作的经验。

2000年3月，副主席笪善才、王梅珍带领考察学习团一行，到连云港市新浦区政协和大丰市政协进行为期4天的考察交流。2001年5月17日，副主席笪善才、王梅珍一行围绕“个私经济发展”与“旅游资源开发”两大课题赴江西婺源、浙江金华等地调研，并向区委、区政府写了专题报告。2002年5月，副主席王梅珍率群团组委员及部分政协常委一行，赴新疆进行考察；8月14日，主席唐忠寿，副主席黄敬益、王品范及秘书长赴昆山市、上海市闵行区学习考察两地的开发型经济、旅游业及村经济发展情况，交流政协工作。2003—2007年，区政协组织委员开展学习考察活动，主要以南京市周边区、县为主。

第五节 其他工作

【文史工作】

征集、编辑、出版文史资料，是政协重要工作内容之一。1980年，政协恢复工作以后，针对江宁县历史悠久、文化底蕴深厚、近现代许多重大历史事件，并且具有革命奋斗经验的老干部比较多等客观实际，发动各界人士，加强调查研究，编写文史资料。1984年5月，成立文史资料委员会。同年10月，编辑出版了《江宁春秋》文史刊物第一辑。从1985年《江宁春秋》第三辑开始，县政协文史委与江宁县地方志编纂委员会办公室合作，共同编辑。至1993年11月，共编辑出版《江宁春秋》12辑685篇，165.30万字。内容包括革命斗争、重大历史事件和重要人物的纪念、人物春秋、江宁经济、江宁教育、村镇古今、故史见闻、江宁胜迹、文化走廊、考证与争鸣、历代诗人咏江宁、江宁《竹枝词》等。1995年9月，编辑出版的《江宁胜迹》文史集共43篇，10.60万字。2005年12月，江宁区政协出版《江宁政协志》42万字。2007年，出版《建言献策探索实践》54万字。

江宁政协自1984年10月编印的《江宁春秋》第一辑问世起，一直将文史资料作为赠送、交流的“内部资料”发行。赠送的对象是：区（县）党政领导成员、政协委员、区（县）直机关各部委办局主要领导及乡镇党政机关；在外地工作的江宁籍知名人士；曾在江宁工作过的老干部、老领导；部分港澳同胞、华侨等。对省内外有关市、区、县110家政协，通过邮寄进行交流，每家5本～10本不等；南京市六城区五县四郊政协文史工作研讨会期间进行交流，每家10本～20本，江宁政协文史资料由文史委员会编印出版发行，每辑2000册，至2003年年底，累计已发行文史资料28000册。

图 28-3-7　江宁县政协文史资料委员会编纂出版的部分文史书刊

【落实政策】

1980年9月后，县政协了解到县政协三届64名非中共党员政协委员中，有需要落实政策的28人，各类问题54件。其中，属于政治方面纠错的19件、归还房屋1件、财物20件、恢复职务和职称的6件、补发被扣减工资的8件。经过县政协与县委统战部的配合和有关部门协商，至1984年5月底，已有27人的政策问题得到落实。

1984年5月20日，县政协发出《关于调查县政协委员落实政策情况的通知》，并随发“江宁县政协委员落实政策情况调查表”，了解到在32名非中共党员新委员中，有4人存在落实政策问题，其中属政治方面的1件，“文化大革命”中被查抄图书、日记、私人信件的2件，房屋被占1件。县政协配合有关部门对以上问题迅速调查落实。县政协还受外地政协组织委托，对上海、云南、淮南市等地政协委员在江宁县有关政策的落实作出回应。

第二十九编

其他党派　社会团体

20世纪初，中国同盟会会员在境内设秘密支部，进行反清革命斗争。民国2年（1913），国民党江宁支部正式成立，开始开展党务活动。江宁县解放前夕，境内国民党组织解体，其领导和操纵的三民主义青年团、工会、农会、商会、教育会等社会团体也随之解体。

民国38年（1949）4月江宁县解放后，妇女联合会、共青团、工会、工商业联合会、科学技术协会、红十字会等相继成立。各团体根据中国共产党在不同时期的中心任务，发动、组织、教育职工和各界人士，投身社会主义革命和建设事业。“文化大革命”开始后，各团体组织瘫痪，停止活动。1973年，县妇女联合会、共青团恢复组织；1978年，恢复县总工会。20世纪80年代，相继恢复和建立县科学技术协会、文学艺术界联合会、红十字会等社会团体。1991年11月，建立县残疾人联合会。1993年4月，恢复建立县工商业联合会。各团体自觉接受中国共产党的领导，以经济建设为中心，结合各自特点，团结群众开展各项工作，为社会主义“三个文明”建设做出贡献。工会组织服从服务于改革、发展、稳定大局，维护职工合法权益，建立帮困保障机制，依法协调劳动关系。共青团组织以塑造“有理想、有道德、有文化、有纪律”的“四有”新人为目标，引导青少年树立正确的人生观和价值观。妇女组织开展“双学双比”（学文化、学技术，比成绩、比贡献）及“巾帼建功”等活动，提高妇女综合素质，努力培养跨世纪女性人才，维护妇女儿童合法权益。

2006年后，境内先后成立民革、民盟、民建、农工党、民进5个民主党派江宁支部。根据中国共产党“长期共存、互相监督、肝胆相照、荣辱与共”的基本方针，江宁区民主党派基层组织和区工商业联合会积极参加政治协商，为江宁区发展献计献策，发挥参政议政和民主监督作用。同时，各基层组织充分发挥智力、人才、技术方面的优势，积极开展办学、捐资助学、医疗咨询、科普讲座和为招商引资牵线搭桥等多项活动，为全区改革、发展、稳定做出贡献。

第一章 中国国民党地方组织

清光绪三十二年（1906），中国国民党前身中国同盟会会员在江宁城内设秘密支部（即江淮分会），进行反清革命斗争。民国2年（1913），同盟会江宁支部改组为国民党江宁支部。民国16年6月，国民党在江宁县成立县特别委员会，其后数度改组。第一次国共合作时期，中国共产党团结国民党左派开展反帝救国、反对军阀统治的群众运动。但国民党反共势力不断进行反共摩擦活动，破坏国共合作。抗日战争时期，国民党江宁县党部组织解散，部分国民党党员公开投敌。抗日战争胜利后，国民党江宁县党部恢复建立，为内战服务。民国34年11月，三民主义青年团江宁县分团成立，民国36年11月6日，国民党江宁县党部与之合并，存在至江宁县解放前夕。

此外，由国民党领导和操纵的三民主义青年团、工会、农会、商会、教育会等社会团体，在民国38年（1949）4月江宁县解放前夕，都自行瓦解。

第一节 组织机构

清光绪三十二年（1906），中国国民党前身中国同盟会会员赵声、柏文蔚、冷遹、林述祖等，在江宁城内设秘密支部（即江淮分会），并在新军第九镇第三十三标本部设俱乐部，积聚反清革命力量，策动第九镇举行秣陵关起义，继而攻克江宁城。民国2年（1913），同盟会江宁支部改组为国民党江宁支部。二次革命失败，在宁国民党骨干大多出走，活动中断。第一次国共合作中，民国13年1月，中共党员侯绍裘、张庆春、戴盆天、刘重民、姜长麟等以个人身份参加国民党，秘密吸收新党员，建立临时支部。民国14年，建立省、市党部，筹建江宁县党部。

民国16年（1927）4月，第一次国共合作破裂，国民党右派清党，改组省、市、县党部。同年6月，成立国民党江宁县特别委员会，外有清党委员4人，下设秘书处、组织部、宣传部、农工部、青年部、妇女部、商民部。全县有区党部4个、区分部16个、独立区分部2个，党员280余人。同年11月，县特别委员会改为县临时执行监察委员会，农工部与商民部合并为农工商运动委员会，青年部与妇女部合并为青年妇女运动委员会。全县有区党部6个、区分部22个、独立区分部2个，党员300余人。民国17年2月、3月间，恢复县特别委员会，农工商、青年妇女运动委员会合并为民众运动委员会。同年6月，恢复不久的县特别委员会改为县党务指导委员会，增设训练部，民众运动委员会改称民众训练委员会。全县有区党部5个、直属区分部1个、区分部15个，党员200余人。民国18年2月，县党务指导委员会复改为县执监委员会，全县有区党部5个、直属区分部4个、区分部16个，党员数降至192人。民国19年3月，县执监委员会又改为县党务整理委员会，全县仍有区党部5个、直属区分部4个、区分部16个。民国20年起，国民党江宁县党部仍不断改组，先后称指导委员会、特别委员会、执监委员会。均隶属于江苏省党部。

江宁县自治实验期间，县党部于民国22年（1933）7月起直属国民党中央党部。民国

26年，抗日战争爆发，国民党江宁县党部人员逃散，组织无形消失。民国28年1月，国民党江苏省党部委派沦陷区各县流亡的县党部书记长。江宁县党部书记长进入抗日根据地内发展党员，组建区分部，再三制造反共摩擦，有的甚至叛国投敌，为抗日军民深恶痛绝，最后销声匿迹。汪伪国民党虽以江宁县党部名义安插一些闲置人员，但都蜷缩南京城内，徒具虚名。

日本侵略者投降不久，国民党江苏省党部重建江宁县党部，民国35年（1946）3月 成立县党务计划委员会。同年12月18日，改组为县执监委员会。年底总清查登记时，全县有党员272人，此后拉夫式地发展新党员。

民国36年（1947）11月6日，国民党、三民主义青年团合并，设江宁县党团统一委员会，存在至江宁县解放前夕。这一时期，全县有区党部6个、直属区分部4个、区分部50个、党小组78个。是年年底，由于“三青团”合并的团员转为党员，全县党员数增至1401人。至民国37年5月，申请登记的只有619人。

依附于国民党的“青年党”虽派人到县活动，但“未成气候”。江宁县解放前夕，民主党派南京国民党革命委员会派负责人杭诚到县活动，未建成组织机构。

第二节 主要活动

清光绪三十二年（1906）至民国元年（1912）间，同盟会江宁支部（江淮分会）与上海中部总部及安徽支部（分会）密切联系，发展会员，壮大新军。主要会员都是新军第九镇的协（相当于旅）、标（相当于团）、营主管，成为秣陵关起义、攻克江宁县的中坚，并分派一部分会员去江西、广东、广西、安徽等省策动领导当地新军起义反清。民国政府建立后，同盟会虽对官场的“大人”“老爷”称呼、男子留辫、妇女缠足等封建风俗习惯，作出一些改革，但对封建制度未能触动。袁世凯篡权复辟，同盟会的主要负责人在江宁县屡次发动组织讨袁的政治和军事攻势，由于内部出现妥协、分化而失败。

民国14—16年（1925—1927），江宁县国民党的党务活动，是以中共党员为主团结国民党左派，根据第一次国共合作协定，秘密组织开展，在县境内屡次兴起反帝救国、反对军阀统治的群众运动。但在国民革命军北伐攻克南京后，竟惨遭国民党反共势力的迫害，合作建立的党部被捣毁，共产党人、工农兵群众被杀害。

民国16年（1927）6月，国民党江宁县特别委员会挂出牌子公开活动，依据国民党中央制订的《清党条例》，通过“清党”和党员登记，整肃国民党内“左派分子”。为强化“党治”，民国22年，以江宁县为全国第一个自治实验县，江宁县党部直属中央党部，派其中央常务委员会委员梅思平任县长，中央政治学校毕业生为县政府各科科长、自治指导员、科员的大部分。抽调家庭富裕壮丁参加保卫团特务训练，推行保甲制。自治实验的第一年，田赋即由47万元增至90万元以上；苛捐杂税70多种，征收额由30万元增至120万元，附税超出正税3倍多。民谣流传“租赋重，捐税重，十只黄狗九只雄，十个差人九个凶，十个农人九个穷，十只箱子九只空”。农村经济日益凋敝。

抗日战争时期，民国28年(1939)1月，国民党江苏省党部委派流亡外地的江宁县党部书记长，利用第二次国共合作时机，进入新四军第一、第二支队收复地区，进行反共摩擦活动，制造“横山事变”。民国32年7月，国民党江宁县党部书记长胡文升潜至铜山，再次煽动大刀会制造暴乱，叫嚣“要向共产党收复失地”，被横山县抗日民主政府公安局逮捕依法处决。同年11月，国民党提出“宁可让于敌军而不让于‘匪’军、变‘匪’区为沦陷区”“曲线救国”等反动口号，指使大批党政军人员投敌。国民党江宁县党部书记长沈天宝和县长颜德贵、保安团团长沈国钧等公开投敌。

抗日战争胜利，国共两党签订的停战协定墨迹未干，国民党就部署发动内战。民国34年（1945）12月6日，国民党江苏省执委会、省政府、“三青团”江苏省团部筹备处联合密电江宁县党部和县政府，命令执行《党政军协助清剿工作原则》和《剿匪期间区县党政人员须知》，国民党党员、公务人员人手一册，对新四军留守人员、抗日民主政府未撤走人员及北撤人员家属残酷镇压；对抗日群众胁迫办理“自首”，敲诈勒索，肆意虐害。

民国35年（1946）6月，国民党发动全面内战，江宁县党部党报《宁声报》复刊，扩大反共反人民的宣传，并通知各所属党部组织，除配合宣传外，还要向军政警特机关提供情报。县党部一方面用集体入党甚至由乡保长代为申报入党的手段，夸大国民党阵容，实际是以金钱、权欲拉拢，为竞选“国大代表”“立法委员”和地方议员拉选票，以所谓“行宪”欺骗人民。民国36年7月，县党部召开各区党部、直属区分部书记联席会议，决议规定各区党部、直属区分部每月至少吸收20名新党员，并把吸收新党员之多少作为党员的考绩内容之一。当时就读江宁简易师范的学生，几乎全部集体参加，大多仅是十五六岁的少年。另一方面，由县临时参议会和社会头面人物组织所谓“人民自由保障委员会”和非常时期的各种社会团体，借以扩大反动势力，监视和迫害进步民主人士，遭到广大群众的反抗。国民党江宁县首脑人物及骨干分子慑于人民民主解放运动和战争的强大攻势，在江宁县解放前夕纷纷逃往外地。

第三节 领管团体

【三民主义青年团】

抗日战争时期，国民党内另立派系的三民主义青年团（以下简称“三青团”）虽曾派人进入县境内活动，但抗日军民对“三青团”的作为甚为反感，终未能建立组织系统。民国34年（1945）8月底，匆促到南京抢夺抗日胜利果实的接收人员，挂出“三青团”南京市支团的牌子，并在南京市内亭后街10号成立江宁县分团筹备处，是年11月正式宣告成立，由国民党江宁县党部书记长和主要骨干分任主任、书记、股长，隶属于江苏省支团。民国35年4月，在江宁县7个行政区成立7个区队、27个乡镇分队，发展团员400多人。区队长大多由区长兼任。同年5月，乡镇分队扩建为区队，除桥头、朱门、丹桂3个乡镇外，江宁县其余43个乡镇和县立师范学校都建有区队，大多由乡镇长、乡民镇民代表主席兼任区队长。其下以保为基础建立400多个分队，保长多半为分队长。南京支团部并在汤山镇、上峰乡、麒麟乡建立第十三分团部，划领县属第六区队，后扩为8个区队，团员200余人。句容县分团在滨江乡（后改为营防乡）成立滨江区队，团员40余人。民国36年年初，江宁县分团部设干事会，以派系实力人物为总干事、干事。至是年11月，全县突击发展团员至2500人，不少团员由乡保长代为集体申报，并非自愿。

“三青团”江宁分团筹备期间，曾建立军事性质的直属突击大队，辖2个中队，由于派系倾轧，后交由江宁县政府改编为保安队。各区队建立的同时，都设战时青年服务队，配有枪支弹药。“三青团”组织的活动，主要是所谓“政令宣传”“抓赌禁烟”，实际是抓壮丁，搜捕新四军留守人员和共产党地下工作人员。其所以突击发展如此众多的团员，是为了扩大在派系斗争中的势力，为籍贯江宁县的国民党江苏省党部委员、“三青团”江苏支团部书记林栋竞选中央立法委员，为“三青团”江宁县分团主任及干事长祝锡庚竞选县议员拉选票。

民国 36 年（1947）11 月，“三青团”江宁县分团并入国民党江宁县党团统一委员会，一部分团员转为国民党党员。原“三青团”总干事仍在秣陵镇成立江宁县青年励志会，在各区、乡、镇筹建分会，联合原“三青团”团员，以维持其派系势力。至江宁县解放前夕，同国民党组织一起瓦解。

【工会】

第一次国共合作时期，江宁县城区工人大多参加中共南京市委领导的工会。民国 16 年（1927），国民党右派认为江宁县“民众运动被中共操纵”，指使警察、流氓打手捣毁工会。民国 22 年，据江宁自治实验县政府统计，江宁县有工业员工 25855 人，商业员工 19875 人，交通运输员工 1412 人。国民党江宁县党部根据中央党部“使共产党在中国不能立足”的部署，继续“清党”，未敢建立工会。

民国 34 年（1945）冬，国民党江宁县党部“复员”，一再督饬成立工会。至民国 35 年 3 月，始有湖熟、龙潭两镇一部分挑挽（搬运）业工人组成工会，禄口镇成立挑挽业及联合职业工会，汤山镇砖瓦、理发业个别匠人申请组织工会。参加这些工会的会员及申请人，或迫于压力，或伺机蝇营，加之国民党日益风雨飘摇，无暇顾及，所建工会渐趋名存实亡。

【其他团体】

农会 民国 20 年（1931），成立江宁县农会，下有 6 个区农会、103 个乡农会，会员 6539 人，民国 26 年瓦解。民国 35 年，国民党江宁县政府“复员”后，指导成立乡农会 75 个，会员 36866 人（缺靖安、朱门 2 个乡），4 月，召开第一届会员代表大会，成立县农会。这些农会，均为地主豪绅把持。

商会 民国 20 年（1931），江宁县有镇商会 6 个，会员 405 人，同业公会 12 个，会员 451 人，均属县商会。民国 26 年瓦解。民国 35 年 4 月，湖熟等 32 个镇重建商会，并举行第一届会员代表大会，成立县商会。

教育会 民国 20 年（1931），成立县教育会，下设 8 个区分会，会员 235 人。民国 26 年瓦解。民国 35 年，东山等 16 个乡镇恢复教育会，6 月，成立县教育会，乡镇教育会并为 7 个区分会。

渔会 民国 35 年（1946）9 月，成立县渔会，会员 129 人。

中医师公会 民国 35 年（1946）9 月成立，会员 67 人。西医师 24 人筹划组建西医师公会。

妇女会 抗日战争爆发前，江宁县进步女教师、女学生大多参加南京市妇女会或秘密学联活动。民国 35 年（1946）5 月，江宁县妇女会成立，仅上层社会妇女 70 人参加。

佛教会 抗日战争爆发前已成立，战后于民国 35 年（1946）7 月恢复。

回教支会 江宁县回教支会于民国 35 年（1946）5 月成立，会员 400 人。

人民自由保障委员会 民国 35 年（1946）3 月成立，由县临时参议会及商会、农会、中医师公会、教育会等团体的筹备人员联合组建。

由国民党领导和操纵的各种社会团体，在民国 38 年（1949）4 月江宁县解放前夕，都自行瓦解。

第二章　民主党派地方组织　工商联

改革开放后，江宁县始有民主党派成员。1980 年，江宁县内有民主党派成员 2 名，其中民革 1 名，民盟 1 名，但没有成立县级民主党派基层组织。江宁县坚持“长期共存、互相监督、肝胆相照、荣辱与共”的方针，多党合作事业稳步推进。2000 年 12 月江宁县撤县设区后，随着江宁大学城的崛起、江宁开发园区高科技企业的聚集，区内民主党派成员迅速增加。2006 年后，区内先后成立 5 个民主党派基层支部，区委颁布《关于进一步加强中国共产党领导的多党合作和政治协商制度建设的实施意见》，江宁区民主党派工作进入新的发展阶段。

1951 年 12 月，江宁县工商联成立。“文化大革命”开始后，停止活动。1993 年 4 月恢复建立，有会员 60 人。至 2007 年，全区有基层商会 9 家、行业商会 8 家、友好商会 37 家，有会员企业 1707 家，其中私营企业 1141 家、股份制企业 179 家、合资企业 75 家、个体工商户 285 家、其他会员 27 家。1997 年，被市工商联评为在“两个文明”建设服务中先进集体；1999 年，被评为全省工商联系统先进集体；2000 年，被市工商联评为光彩事业工作先进单位；2003 年 7 月，被市各民主党派、工商联评为为经济建设服务先进集体。

第一节　民主党派地方组织

【民革江宁区综合支部】

2006 年 3 月 31 日，在南京市金肯学院召开中国国民党革命委员会（简称民革）江宁区综合支部成立大会，江宁区第一个民主党派基层组织诞生。民革江宁区综合支部有成员 8 人，金肯学院董事长、民革成员鲍莉萍当选民革江宁区综合支部主任委员。民革南京市委副主任委员袁策，区委常委、区政协副主席、统战部部长杨章贺，区人大常委会副主任周大勇到会祝贺。

【民盟江宁区总支】

2006 年 6 月 21 日，召开中国民主同盟（简称民盟）江宁区支部成立大会，副区长、区工商联会长高吉祥当选民盟江宁区支部主任委员。南京市委统战部副部长李克勤，民盟南京市委副主任张吉华到会祝贺。民盟市委为了加强江宁区的民盟基层组织建设，进一步整合江宁区盟员的力量，更好地发挥民盟在江宁区的参政议政、社会服务、民主监督作用，决定将属地在江宁区的三个民盟支部：江苏海事职业技术学院支部、南京晓庄学院支部、江宁区综合支部，组建成立民盟江宁区总支。2007 年 4 月 21 日，召开民盟江

图 29-2-1　2006 年 6 月 21 日，中国民盟、民建、农工党江宁区支部成立大会召开

宁区总支成立大会。民盟晓庄学院主任委员龚瑾当选为民盟江宁区总支主任委员。成立大会上，民盟江宁区总支与区教育局签订教育共建协议书，推动民盟成员为江宁区教育事业献计出力。2007年年底，全区民盟成员30多人，主要分布在文化和教育系统。

【民建江宁区支部】

2006年6月21日，召开中国民主建国会（简称民建）江宁区支部成立大会。区财政局副局长汪洁当选民建江宁区支部主任委员。南京市委统战部副部长李克勤，民建南京市委副主任委员林宗诚到会祝贺。

【农工党江宁区支部】

2006年6月21日，召开中国农工民主党（简称农工党）江宁区支部成立大会。区人民医院副院长王仕国当选农工党江宁区支部主任委员。南京市委统战部副部长李克勤，农工党南京市委副主任委员汪椿祜到会祝贺。

同年7月，农工党江宁区支部组织支部成员开展送医送药下乡活动，以实际行动支持江宁区新农村建设。支部成员奔赴滨江开发区农民复建小区和湖熟镇周岗社区，为群众进行免费体检、就诊、生活保健指导。并定期印制健康宣传资料，免费赠送给社区群众。2007年11月24日，农工党江宁区支部和农工党南京市委法律支部成员在东山大市口广场开展法律义务咨询服务活动，现场为群众进行劳务、房产、拆迁等法律事务解疑释惑，宣传法律知识。

【民进江宁区综合支部】

2007年4月16日，中国民主促进会（简称民进）江宁区综合支部成立，区教育局教研室化学教研员龚颖潮当选民进江宁区综合支部主任委员。南京市政协副主席、民进南京市委主任委员朱晓进，南京市委统战部副部长李克勤，江宁区委常委、统战部部长杨章贺到会祝贺并讲话。民进江宁区综合支部成员有5人，主要分布在教育和卫生系统。

第二节　区工商业联合会

【组织机构】

江宁县工商业联合会成立于1951年，当年全县有工商业户2700户，从业人员5500人。经工商界提名推荐人选，先组成县工商联筹备委员会，经过半年多时间的筹备，于当年12月成立县工商联。1966年“文化大革命”开始后，县工商联停止活动，兼职干部进“五七”干校劳动。“文化大革命”结束后，由于工商界情况变化较大，原工商业者尚在职的为数很少，因而县工商联机构没有恢复。1982年，县政协在湖熟镇、陶吴镇建立工商小组，吸收所在地的原工商业者参加学习和有关活动。1984年5月，原私营工商业代表人士划在县政协的财贸工作组中活动。

1993年4月26日，经市、县批准，江宁县工商联恢复建立，有会员单位60家。1997年3月28日，成立江宁县商会，与县工商联合署办公，实行一套班子、两块牌子。1995年12月至1999年9月，全县23个乡镇全部成立工商联乡镇商会，建立由30人组成的非公有制经济人士积极分子骨干队伍，并入册建档。工商联基层组织网络形成。至2000年12月，全区共有会员企业1513家。其中，私营企业526家，个体工商户747家，股份制企业137家，外资企业24家，其他会员79家。

2002年8月，江宁区成立第一家地区商会——南京市江宁区浙江商会，由3000多名浙江籍非公经济人士组成。是年，全区有基层商会20家。至2007年年底，全区有基层商会9家、行业商会8家、友好商会37家，有会员企业1707家，其中私营企业1141家、股份制企业179家、合资企业75家、个体工商户285家、其他会员27家。此外，县工商联还拥有一支非公经济代表人士队伍，常年保持30人左右，实行动态管理。8家行业（地区）商会为：南京浙江商会、塑料业商会、餐饮业商会、女企业家商会、摄影业商会、服装业商会、轻纺业商会、湖熟鸭业商会。

【代表大会】

1951年12月1—3日，在湖熟镇举行江宁县第一次工商业者代表会议，出席会议代表115人，特邀代表1人。选举产生县工商业联合会第一届执行委员会，马乐之为主任委员，宦庆瑶、唐仪检为副主任委员。1955年5月、1957年9月、1960年1月、1962年4月，先后举行4次工商联会员代表大会，选举产生第二届、三届、四届、五届委员会。

1993年4月，恢复成立江宁县工商联。同年4月26—27日，召开第六次会员代表大会。1997年3月27—28日，江宁县工商联第七次会员代表大会在江宁宾馆召开，出席会议代表120人。县委、县人大、县政府、县政协和省、市工商联以及市委统战部的领导到会祝贺。会议听取县委副书记蔡遗春代表中共江宁县委讲话，审议通过县工商联第六届委员会工作报告，选举产生县工商联第七届执行委员会委员29名。在七届一次执委会全体会议上，选举常务委员9名。副县长韩迺义当选为会长。

2001年12月27—28日，江宁区工商联第八次会员代表大会在江宁宾馆召开，出席会议代表和嘉宾200多人。区委、区人大、区政府、区政协和市委统战部、市工商联的领导到会祝贺。区委副书记吕连生代表中共江宁区委讲话。会议审议通过区工商联第七届委员会工作报告，选举产生区工商联第八届执行委员会委员53名。在八届一次执委会全体会议上，选举常务委员21名。区政协副主席高吉祥当选为会长。

图29-2-2　2006年11月29日，江宁区工商联（商会）第九次会员代表大会召开

2006年11月29日，区工商联召开第九次会员代表大会，出席会议代表和嘉宾240多人。区委、区人大、区政府、区政协和市工商联主要领导出席会议。会议听取并审议区工商联第八届执行委员会工作报告，选举产生区工商联新一届领导班子，副区长高吉祥再次当选为区工商联会长。

【主要工作】

参政议政　20世纪50—60年代，县工商业联合会带领全县工商业者遵守宪法及人民政府的政策法令，指导私营工商业者在国家总的经济计划下发展生产，改善经营，接受社会主义改造，代表全县私营工商业者的合法利益，向人民政府或有关机关反映意见，提出建议，并与县工会会同协商解决有关劳资关系问题。

1993年，县工商联恢复建立后，充分发挥会员中的人大代表、政协委员和非公有制经济人士骨干分子的作用，积极参政议政。2000年，会员中有2名人大代表和20名政协委员；2002年，会员中有市人大代表1名，区人大代表18名，区政协委员34名。他们坚持在认真调查研究的基础上，写出调查报告、提案、议案，每年写提案、议案20多份，收到良好效果。对非公有制经济中的热点、重点和难点问题进行调研，每年写出1份～2份调研报告，为县委、县政府决策提供依据。还及时召开有关会议，请区和有关部门领导到会，听取非公经济人士的意见和建议。同时，区工商联和各镇街商会每年都组织所属会员参加各级党委、政府举办的民营企业家座谈会和民营经济恳谈会。

发挥商会作用　区工商联（商会）坚持“走出去”“请进来”，加大对外联络，区内外联谊活动频繁，区域与省际商务信息资源整合和共享能力显著提高。1997—2007年，先后接待海内外工商社团、工商界人士100多批次到江宁区参观考察交流；积极参与全国城区商会、年会活动，参加兄弟商会交友联谊，组织民营企业家赴先进发达地区学习考察交流，开阔视野；通过走访联谊，结识更多的商界朋友，掌握更多有价值的商贸信息，发现更多商机；多次组织会员企业参加各种文化交流活动，发挥区工商联《江宁商会》内部刊物的阵地作用，交流商务信息，宣传先进典型。2005年9月，江宁区举办全国友好商会南京江宁联谊会，共有10个省，1个直辖市，50个市、区县工商联的领导和知名企业家200人参会。至2007年，区工商联与全国各地建立友好商会37家，信息交流商会31家。

区工商联（商会）还联合其他部门开展大型招聘活动，2005—2007年，每年春季举办“送岗位、送温暖”“富民送岗位”等大型招聘活动。累计组织200多家民营企业，提供50个工种、1.30万个岗位，有4万人参加应聘，签约7500余人，为企业选材配人、解决群众就业做出贡献。还组织企业会员参加各类培训，发动会员企业互相担保，加强与金融部门沟通协调。2005年11月，成立区工商联法律咨询服务中心，聘请律师担任18家会员企业常年法律顾问。至2007年，累计免费为会员企业提供法律咨询207人次，代理会员企业法律事务48件，参与会员企业谈判、审查合同以及非诉讼法律事务310件。

招商引资　进入21世纪后，围绕经济中心，区工商联协助区政府和有关部门开好“重大项目洽谈会”“经贸合作洽谈会”和各类重大招商活动。2001—2002年，先后赴福建厦门、浙江温州和台州等地举办大型招商活动3次，签订项目10个，总投资13亿元；协助区政府筹办2002年全国知名私营企业南京（江宁）经贸合作洽谈会，全国9个省11个副省级和地市级的工商联领导以及全国38个市县、200多名企业家到江宁区交流，洽谈项目200余个，其中签字项目12个，总投资4.20亿元。既吸引了南京汉德森电子有限公司等民营企业落户江宁，又加强了江宁区企业家与全国各地私营企业间的联系。同时，动员广大会员和在江宁从事生产经营活动的外地私营企业家，利用朋友多、信息广的优势，宣传江宁、以商引商，还积极组织私营企业家参加各种形式的招商活动，了解信息、寻找商机。

2003年，协助区政府在浙江温州市、温岭市、玉环县、广东东莞市和区内举办5次大型招商活动，签订项目50多个，总投资40多亿元。2004年4月，由区政府主办，区计经局和工商联承办的“江宁·宁波经济技术合作联谊会”，江宁区共推出62个重点项目，总投资93亿元。会上共签约6个项目，投资总额7.90亿元。2005年5月，江宁区在浙江台州市举行江宁投资环境说明暨投资项目洽谈会，200多名浙商参加。共洽谈涉及汽车零部件、餐饮服务等行业的投资意向项目36个，总投资26.88亿元。2006年3月，区工商联举办江宁（汕头）投资环境说明暨投资项目洽谈会，应邀参加客商260人，初步达成合作意向22个，投资总额5.80亿元。8月10日，配合举办江宁（厦门）投资环境说明会，邀请客商300人，初步达成合作意向25个。2007年，加强与上海、浙江、广东、福建等地商会沟通，联系新老客商，配合园区开展招商引资。

光彩事业 县工商联在会员中大力开展“致富思源、富而思进”教育和“三个代表”重要思想教育，动员和鼓励广大会员为社会公益事业、为人民群众、为国家和家乡做些力所能及的好事、善事。1996—2000年，有2家私营企业会员捐资110万元，为地方建造小学2所，全县会员为抗洪救灾捐款100多万元，为镇、村修桥铺路捐款200万元，为县内革命老区捐款20万元，为特困户和特困生捐款30万元。2001—2002年，共组织会员向区红十字会“备灾救助、扶危济困”捐款25万元，为地方修桥铺路等捐款近50万元，为敬老院、学校捐款10万元，为“9·14”汤山中毒事件受害人捐款12.50万元，并安置下岗职工再就业60余人次。

积极开展“一方有难，八方支援”活动。2003年抗击“非典”斗争，2004年阻击“禽流感”活动，全区会员共捐款、捐物350余万元。2003年，为敬老院、特困病人等捐款、捐物100万元。2004年，为社会公益事业共计捐款、捐物536万元。其中，参加“慈善一日捐、济困送温暖”活动，全区商会共捐款、捐物300万元；铜井镇3位会员捐资68万元建造一座新天然桥；东高科技股份有限公司董事长刘同维捐赠价值20多万元的空调解决保安人员防暑问题；汤山商会捐款139万元修桥铺路等。2005年，为土桥敬老院捐款、捐物40万元；协助区红十字会开办“红会超市”，发动会员企业捐款20余万元。

2007年4月6日，召开区光彩事业促进会成立大会，与会人员100多人。大会选举产生区光彩事业促进会首届常务理事会。大会通过江宁区光彩事业促进会章程和基金筹集管理办法，在参加会议的企业家理事中有25名企业家当场捐赠光彩基金100万元。据不完全统计，2003—2007年，共组织会员企业捐款、捐物1200多万元。

第三章 社会团体

抗日战争时期，县内各地农民抗日救国协会纷纷建立。1949年10月，成立县农民协会。1964年5月，改组为县贫下中农协会（简称贫协）。农民团体在抗日救国、抗美援朝、恢复经济、兴修水利等方面发挥重大作用，1981年12月，撤销县贫协机构。

民国38年（1949）4月江宁县解放后，先后建立妇女联合会、共青团、工会、科学技术协会、红十字会等社会团体。“文化大革命”开始后，各人民团体组织瘫痪，停止工作。1973年，妇女联合会、共青团先后恢复。1978年，总工会恢复。区总工会、团区委、区妇联分别作为工人阶级、先进青年、各族妇女的群众组织，积极发挥党委联系群众的桥梁和纽带作用，围绕党的中心工作，积极开展多项活动，团结广大工人、青年、妇女学政治、学文化、学科学、学技术，提高政治素质和业务技能；投身增产节约、改革开放，促进生产和经济发展；开展文化体育活动，活跃文娱生活。根据各自特点开展工作：工会通过职工代表大会，动员职工参加劳动竞赛，参与企业民主管理，履行社会监督；团区委开展学雷锋等先进人物活动，充分发挥青年突击队作用；

区妇联开展巾帼建功活动，运用法律武器，维护妇女、儿童的合法权益。

20世纪80年代，县内相继恢复和建立科学技术协会、文学艺术界联合会、红十字会。1991年，成立县残疾人联合会。他们围绕各个时期中心工作和发展大局，认真宣传贯彻党的基本路线和方针政策，全面履行各自职能，组织科普宣传、扶贫助残、文艺创作等一系列活动，在促进经济发展，推动社会事业进步中发挥重要作用。

第一节 县农抗会 县农协会 县贫协会

【农民抗日救国协会】

土地革命时期，活动在江宁县的早期中共组织曾在县境内发动农民运动，江心洲、晓庄师范附近农村最早建立农民协会，并在第一区和平、万山等乡（后划归南京市郊区）举办中心学校、余儿岗中心茶社等农村宣传文化中心阵地。民国16年（1927），国民党“清党”，还有中共秘密党员在公开的农会中秘密活动。

民国27年（1938）下半年，在新四军开辟的江当溧句抗日游击地区，各地农民抗日救国协会（简称农抗会）相继建立。新四军第一支队政治部主任钟期光、老三团政治处主任钟国楚率民运工作干部，带领战地服务团工作的李坚贞、姜杰、王一凡等，首先在原江宁县第四区、桑园铺、广严寺（今湖熟街道周岗）、绿阳头、庞家桥等地组建第一批区、乡、村农抗会。当时，党组织尚未公开，区委及区委书记即以区农抗会和农抗会主任名义进行工作。民国29年，老四团政治处在青龙山举办江当溧句农抗会干部第一期训练班，江宁、当涂、溧水三县参加学员20余人，王一凡、汪大铭亲自上课，讲授民主革命、团结抗日战略方针和组建农抗会办法。“横山事变”“皖南事变”后形势恶化，农抗会迭遭日、伪、顽破坏，区、乡农抗会一批干部被杀害，遂一度转入地下隐蔽斗争。民国30年，江宁、句容两县坚持斗争的农抗会有54个，会员3040人。同年下半年，形势渐趋好转，虬山区农抗会首先恢复。民国31—32年，长干乡（今湖熟街道周岗）及所属10保（村）农抗会次第恢复或成立，秦淮区于民国33年春也建立区农抗会。横山县亭山、铜山、古龙的区农抗会于民国31年首先恢复，随后建立乡、村农抗会。至民国33年秋，两县境内除敌占区外，中心区的区、乡、村都建立农抗会，游击区也重点建起一部分。县未建农抗会，由县委负责人监管。民国34年10月，身份已经公开的区及一部分乡农抗会干部随军北撤，一部分农抗会干部留守坚持。

农抗会在抗日战争时期是抗日武装的后备军，也是减租减息、大生产运动、巩固民主政权和支援前线的主力军，一直在共产党的领导下和抗日军队并肩作战，血肉相连，为夺取抗日战争胜利建立不可磨灭的功勋。

【农民协会】

江宁县解放后，民国38年（1949）5月，县委民运部即筹建新农民协会，宣布取消国民党统治的旧农抗会。当年6月10日，举行全县第一次农民代表大会，相继成立区、乡农民协会。10月，正式成立县农民协会。至1950年，全县有7个区农民协会，46个乡镇农民协会，会员142363人。县农民协会一直延续至1964年5月终止。

县农民协会刚成立，即筹集大米252万公斤，烧草250万公斤，供应南京和县内驻军继续南征和消灭残匪的需用。新中国成立后，县农民协会在废除保甲制、反霸斗争、建立基层人民政权、征集公粮、恢复经济中，也是党和人民政府依靠的力量。土地改革废除封建土地所有制，农民在政治、经济上翻身做主人，响应党和政府的号召互助合作，组织发展生产。在抗美援朝运动中，捐献“江宁县农民号”战斗机，并普遍制订爱国增产公约，改进耕作制度，以发展生产的实际行动作为各级农民协会对党和国家的第一位贡献。

【贫下中农协会】

人民公社化后，县农民协会于 1964 年 5 月改组成立县贫农、下中农协会，其下按公社、大队分别成立贫协。1966 年 4 月 16—20 日，在岔路口举行第一次贫农、下中农代表大会，选举产生县贫协第一届委员会委员 33 名。全县会员 121171 人，占成年贫下中农会员总数的 73.10%。“文化大革命”前期，各级贫协被“造反派”夺权。县委恢复工作后，1973 年，对各级贫协进行整顿恢复。1974 年 3 月，举行全县第二次贫农、下中农代表大会，选举产生县贫协第二届委员会。至 1978 年，全县公社、大队两级贫协委员会共 399 个，生产队贫协小组 4974 个，全县会员 206968 人。农村推行联产承包责任制后，撤社建乡，贫协完成历史使命，停止活动。

县贫协成立后，在开展“五好社队”“抓革命、促生产”“农业学大寨”等活动中，不少干部和会员团结大多数农民抵制和排除“左”的干扰，引进良种，改进操作，讲究科学种田，兴建大批水利工程，节衣缩食，任劳任怨，把农业生产水平从下降趋势中提高，在停滞状态下推进。在“文化大革命”中强制推行的“贫下中农管理学校、管理商店”等错误活动，在县贫协恢复后也逐步纠正。派进 29 个公社商业网点和 1030 所中、小学“贫宣队”“工作队”，于 1978 年全部撤出，把主要精力放在发展农业生产上。1981 年 12 月，县贫协机构撤销。

第二节 区总工会

【组织机构】

民国 38 年（1949）4 月江宁县解放时，全县有采煤工 771 人，采石炼灰工 752 人，制砖瓦工 808 人，加工厂职工 440 人，搬运工 439 人，手工业工人 1106 人，私营商业店员 4800 人，农林场圃工人 40 人，教职员工 845 人，医务、金融业职工 107 人，共计 10108 人。其中仅局部集镇挑挽（搬运）、砖瓦、理发业职工，分散组织或筹备组织工会，均于新中国成立前解体。

1950 年 6 月，以中共江宁县委书记苏进程为主任成立江宁县总工会筹备委员会，指导基层及各镇先后建立基层工会 39 个、镇工会筹委会 14 个、镇工会联合会 2 个、矿产工会 3 个、教育工会 1 个，共组织职工 5788 人，入会 2899 人。1951 年 8 月，召开首届全县工人代表大会，选举产生江宁县首届执行委员会，正式成立江宁县总工会。1953 年年底，江宁县总工会更名为江宁县工会联合会，1963 年上半年，复名江宁县总工会。“文化大革命”时期，“造反派”的“工代会”非法夺权，各级工会陷于瘫痪状态。1978 年，县总工会恢复，江宁县工会组织的发展与建设进入新时期。1985 年下半年起，开始试点组建乡镇企业工会，当年组建 400 个，发展会员 1 万余人。同时，加强中间层次工会建设，组建乡镇工会 24 个，产业、局系统工会 8 个。

1986 年，县级机关成立工会组织，为工会工作开辟新的领域。至 1998 年年底，全县有基层工会 745 个，其中乡镇工会 23 个、产业工会 9 个、局系统工会 18 个、直属单位工会 19 个，形成县总工会、中间层次（乡镇、产业、系统）、基层三级工会组织网络。2000 年 12 月江宁县撤县设区，县总工会更名为南京市江宁区总工会。至 2007 年年底，区总工会下辖街道工会联合会 9 个、系统工会联合会 26 个、直属工会 49 个，有基层工会组织 3374 个、村（社区）工会 204 个、非公有制经济组织工会 2569 个、外资企业工会 457 个。职工 24.01 万人（女职工 8.20 万人），工会会员 23.80 万人，专职工会干部 1687 人。

图 29-3-3　2000 年 4 月，江宁县被评为江苏省工会工作“十强县”

2000 年 4 月，江宁县被省总工会授予全省工会工作“十强县”称号。2006 年 8 月，江宁区被省总工会授予首批全省工会工作模范区称号。

1951—2007 年部分年份江宁区工会组织情况表

表 29-3-1

年　份	职工总数（人）	基层工会数（个）	会员数（人）	年　份	职工总数（人）	基层工会数（个）	会员数（人）
1951	10000	59	2899	1987	88749	586	64394
1953	—	135	4671	1988	95170	636	68391
1954	5567	87	4295	1989	96112	635	69281
1955	5135	97	3958	1990	103070	645	73489
1962	6589	101	3676	1991	104371	699	74309
1963	5743	85	4203	1992	96081	645	68665
1964	6075	88	4355	1993	98341	737	84360
1974	7447	89	6122	1996	99037	712	89489
1975	8453	92	6024	1997	108500	723	90870
1977	10797	105	6558	1998	110600	745	109500
1978	7652	146	10016	1999	115700	998	110800
1979	20097	159	12164	2000	119000	1924	113000
1980	21991	214	14249	2001	119500	1987	113600
1981	26530	230	18353	2002	119813	2444	116000
1982	26752	235	20359	2003	125634	2200	118000
1983	27853	238	21598	2004	130200	2249	118300
1984	29027	245	24401	2005	150960	2523	120000
1985	32504	259	26999	2006	210800	2805	205000
1986	71921	487	53405	2007	240100	3374	238000

【代表大会】

1951年8月，在湖熟镇召开首届工人代表大会，选举产生江宁县总工会第一届委员会，正式成立江宁县总工会。后于1953年、1956年、1962年、1973年，在东山镇分别召开第二、第三、第四、第五、第六次工会会员代表大会，选举产生第二至第六届委员会。1982年第七次工会会员代表大会后，每5年召开一次会员代表大会。至2007年年底，江宁区总工会共召开12次会员代表大会，选举产生历届委员会。

图29-3-4 2007年11月28—29日，南京市江宁区工会第十二次代表大会召开

江宁区总工会第一次至第十二次会员代表大会情况表

表29-3-2 单位：人

届 次	召开时间	代表人数	选 举		
			委 员	常 委	经费审查委员
第一次	1951年8月2—6日	89	19	—	3
第二次	1953年6月3—7日	80	19	11	—
第三次	1956年3月29—31日	56	17	9	3
第四次	1962年9月25—28日	80	17	7	3
第五次	1973年8月27—29日	267	21	9	—
第六次	1979年5月6—8日	426	25	9	4
第七次	1982年12月23—25日	406	21	8	5
第八次	1987年9月14—15日	307	21	7	5
第九次	1992年12月17—18日	304	23	7	5
第十次	1997年11月28—29日	227	21	7	5
第十一次	2002年10月30—31日	230	21	7	5
第十二次	2007年11月28—29日	220	23	7	5

【主要工作】

劳动竞赛 1952年9月，在全县中粮、百货、合作、银行、专场、税务六大系统开展劳动竞赛，参赛职工501人，提出合理化建议368件，被采纳269件，经过1年，为国家节约4万元。1953年秋，县国营金融贸易和供销合作系统职工开展爱国主义劳动竞赛，为国家增产节约3万元。劳动竞赛内容不断丰富深化，在全面发动提前一年完成国家第一个五年计划的社会主义劳动竞赛中，改进生产技术和经营管理，提高产品质量，提高劳动生产率，地方工业为农业服务成为全体职工的奋斗目标，掀起“比、学、赶、帮、超”热潮。1978年，全县工业、交通、邮电、财贸、农林等系统基层工会配合行政，发动职工投入以优质高产、低消耗、多贡献为中心

内容的社会主义劳动竞赛，在生产、服务方面上升到新水平。“文化大革命”中造成的无政府主义思想泛滥、劳动纪律松弛现象迅速扭转。1979—1985 年，围绕“四个现代化”建设，县各级工会在职工中开展为“四化”立功活动，推动增产节约劳动竞赛深入发展。工业系统开展“小指标百分赛”活动，实行计分计奖，1980 年，全县工业总产值完成计划的 111.70%，比 1979 年增长 24.02%；利润完成年计划的 118.60%，比 1979 年增长 58.30%。1984 年，有 10 名职工被市总工会授予“技术革新能手”称号。1986—1990 年，开展社会主义劳动竞赛和合理化建议活动，每年有 3 万多名职工参加劳动竞赛。5 年中，共提出合理化建议 36825 条，采纳 12720 条，实施 8440 条，创经济效益 3773.55 万元。1988 年，长江电扇厂工会在全厂开展“三小”竞赛活动，取得各项技术成果 390 项，扶持乡镇企业 12 家，共创经济效益 570.03 万元，使工厂年产值突破 1 亿元。

1990 年，江宁县成立劳动竞赛委员会。同年 8 月，组织全县企事业单位的 12 个工种业务技术比赛，参赛人数 1.50 万人，获县技术能手称号 66 人，获市技术等级证书 38 人。1994 年，全县开展以“五杯五手”（质量杯、效益杯、节能杯、奋进杯、新品杯，革新手、质量手、节能手、技术手、服务手）为主要内容的劳动竞赛活动，参加单位 425 家。1995 年，据不完全统计，广大职工通过参加各种劳动竞赛和技术大练兵活动，为企业创造经济价值 1000 余万元。1996—2000 年，全县开展以“二重、六小、三提高”（二重：重点工程、重点项目；六小：小核算、小革新、小改进、小建议、小节约、小经验；三提高：提高企业管理水平、提高职工当家理财本领、提高经济效益）为主要内容的劳动竞赛，参赛职工每年都有 5 万余人。还开展万条合理化建议活动，共征集合理化建议 70315 条，实施 6321 条，创经济效益 1.09 亿元。2001—2005 年，全区各级工会围绕社会经济发展目标，组织职工参加技术革新、岗位练兵、技术比武和合理化建议等活动，开展重点工程和重点项目立功竞赛活动。2006 年，组织 7.80 万职工参加技术革新、技术比武和合理化建议等活动，推广运用新技术 50 项，技术革新 58 项，获市职工成果二等奖 1 项、三等奖 7 项、成果进步奖 17 项。2007 年，组织开展“十万职工大练兵，万名职工大比武”活动和职工高技能人才竞赛活动，47 人获国家级高级技能证书，43 人获中级技能证书。是年，全区各企事业单位群众性技能练兵和竞赛活动面达 95%。

劳动保护　县总工会自成立起，就十分重视安全生产、劳动保护等工作。各级工会加强安全教育和安全检查，对尘毒严重的工种、岗位，严格采取防护措施，尤其是乡镇开采业、建筑业，严禁违章、蛮干，确保职工的安全与健康。1986—1990 年，县总工会配合劳动部门举办劳动保护培训班 184 期，有 5922 人次参加学习。1995 年，成立劳动保护监督检查站。1996 年起，在全县范围内开展安全生产“零”点目标（“零”点目标即“四无”：无因工死亡、无因工重伤、无重大设备事故、无重大火灾事故）竞赛活动和“安康杯”竞赛活动，并在化工、开采企业等重点行业、重点岗位推广“一法三卡”（对重大事故隐患处、危险点跟踪、建档实行监控办法，化学物质信息卡、安全警示卡、安全检查提示卡）。1996—2000 年，全县各级工会参与全县范围内安全大检查 1500 余次，查出安全隐患近 1000 处，责令整改 900 余起，整改率 95% 以上。2003 年，全区各级工会独立或会同有关部门进行安全检查近 200 次，共查出各类事故隐患 1000 余处，监督企业整改率 90% 以上。2005 年，全区“一法三卡”普及率达 50% 以上，有 375 家重点高危企事业单位推行“一法三卡”，覆盖职工 59012 人；建立各类警示卡、提示卡、标牌 1000 多块。同年夏，开展高温慰问、安全检查等专职活动，共查出各类事故隐患 324 处，提出整改意见 317 条；慰问战斗在高温一线的职工，慰问金额 86 万余元。在“安康杯”竞赛活动中，参赛职工 5.80 万人，共举行各种检查活动 350 余次，查出大、小隐患 1580 多处，整改率 95% 以上。

2006 年，开展企业安全生产检查，对 32 家企业提出整改意见 58 条，整改率 95%；组织 17 个单位、4500 名职工参加全国安全生产知识培训，并纳入全区安全生产目标管理体系。区总工会先后两次被省总工会评为江苏省工会劳动保护先进集体。

企业民主管理 1979 年下半年起，区总工会在部分企业建立职工代表大会制度试点。1981 年起，积极推行职工代表大会制度，至 1984 年年底，全县建立职代会制度的单位有 50 家，200 人以上的工业、交通企业建立面达 95%。1990 年，全县建立职代会制度的企事业有 150 家，其中实行二级民主管理的 98 家，实行三级民主管理的 45 家。此后，职代会制度进一步完善，走向制度化、规范化、网络化、程序化，在审议企业重大决策、民主评议干部、维护职工合法权益等方面发挥积极作用。1991—1995 年，全县各级工会举办民主管理培训班 261 期，培训职工代表人数 4800 余人。2004 年年初，区总工会下发《关于在全区非公企业推行职代会制度的指导意见》。至 2007 年年底，全区百人以上规模企业和村（社区）企业职代会制度基本实现全覆盖。

为维护职工民主权利，1988 年，县总工会组织开展以“双支持、双维护、双保证”为内容的“三双”活动，即工会支持厂长依法行使职权，厂长支持工会独立自主工作；工会维护厂长生产经营指挥管理的中心地位，厂长维护职工的合法权益和主人翁地位；双方共同保证承包任务的完成。1989 年，全县签订“双保合同”的企业 103 家，其中县属企业 48 家、乡镇企业 55 家。1990 年，签订“双保合同”企业增至 127 家。1996 年起，“双保合同”与集体合同接轨。当年，全县签订集体合同的企业 302 家。2002 年，全区签订集体合同的企业 1716 家，其中国有企业 126 家、外商企业 160 家、私营企业 931 家、乡镇企业 499 家；签订区域性集体合同 166 份，行业性集体合同 5 份。至 2007 年，全区开展平等协商签订集体合同企业达 2140 家。

1999 年起，开始建立厂务公开制度，下发《关于推行厂务公开加强企业民主管理的实施意见》，至是年年底，全县企业实行厂务公开面达 50%。2007 年，厂务公开面达 95% 以上。

2005 年 7 月，成立江宁区工资协商指导委员会，指导企业开展工资协商工作。2006 年 1 月，区政府下发《关于全面推进江宁区企业工资协商工作的实施意见》。当年 5 月统计，全区共签订工资协商协议企业 673 家，覆盖职工 72867 人。其中 100 人以上企业签订工资协商协议的 193 家，覆盖职工 59410 人，建制率 94.10%；50 人以上企业签订的 119 家，覆盖职工 5232 人；区域性工资协商协议 4 份，覆盖企业 21 家，覆盖职工 2056 人；行业性工资协商协议 4 份，覆盖企业 112 家，覆盖职工 4450 人。至 2007 年年底，签订工资协议企业 1676 家。

维护职工合法权益 新中国成立后，在工会的教育下，广大工人以减低工资、缓取工资等办法，通过劳资协商，以平等两利、民主自愿为原则订立契约，合情合理地解决复工、雇佣、工资等问题；坚决与任意解雇和虐待工人、学徒，侵犯工人民主权益的资本家作斗争。同时，废除搬运行业的封建把头制度，开展“五反”运动，让工人揭发不法资本家的“五毒”。并组织护税小组，查处偷税漏税违章案件 809 件，维护工人阶级当家做主权益。县总工会对职工信访工作十分重视，1986—1990 年，处理职工来信 200 件，接待来访 750 人次。1991—1995 年，县总工会加强法制建设，全县组建工会法律咨询小组 35 个，仅 1993 年，各基层工会法律咨询小组就参与劳动争议仲裁处理 6 起，处理职工来信来访 38 人次。1995 年 12 月，成立职工法律工作委员会，下设办公室。1999 年 4 月，成立江宁区法律援助中心工会分部。各乡镇、开发园区都建立劳动关系三方协调机制和劳动争议调解组织，基层劳动争议调解委员会建制率 90%。2004 年，区总工会成立困难职工援助服务中心。2006 年，开通“12351”维权热线，成立职工法律顾问团，构建职工维权平台。至是年年底，维权热线共接待来信来访 120 人次；职工法律顾问团为职工提供法律援助 27 次；参与劳动仲裁案件审理 15 件，追讨拖欠职工工资 7 万余元；发放《职工权益保障简答手册》5 万份。至 2007 年年底，各街道（园区）建立职工援助服务站，把推荐就业、职工培训、困难求助、信访接待、法律援助、劳资纠纷调处等服务职工工作落实到基层。

帮扶困难职工 新中国成立初期，县总工会组织设立职工互助互济储金组织，据 1956 年年初统计，全县共设立职工互助储金会 63 个，会员 2043 人，拥有基金 7826.27 元。仅 1955 年就借出 9137 人次，累计借出金额 2.91 万元，解决不少职工的实际困难。三年经济困难时期，各级工会对生活困难职工开展定期、不定期补助救济，仅 1962 年上半年，就补助 551 人次，补助金额 8256 元。同年，全县职工互助储金会发展到 82 个，参加职工 3237 人，有储金 20042 元。20 世纪 80 年代，各级工会帮助职工解决衣食住行、生老病死等方面的困难问题。1994 年起，在全县开展“送温暖工程”，进一步扩大职工扶贫解困、互助互济工作。1997 年，全县各级工会开始筹集送温暖基金，全年共筹集资金 26 万元，慰问帮助困难职工 200 余户。1998 年，成立爱心奉献基金会，并确定每年的 3 月 6 日为“爱心奉献基金日”。1999 年，全县共建立送温暖基金组织 76 个，筹集基金 20 余万元。是年，全县共有下岗职工 1244 人，建立困难职工档案 299 份，其中特困职工档案 28 份；共帮助特困职工、双下岗职工、单亲困难职工子女 60 多人免除学杂费；区总工会自筹资金 16 万元，春节慰问困难职工 800 余户。同年，在全县职工中推行以医疗互助为主要内容的互助补充保险。当年有 32 个单位、5223 人参加职工互助补充保险。至 2002 年，全区参保人数达 13865 人，参保金额达 114.90 万元，赔付意外伤害 16 起，赔付金额 1.98 万元。2003—2005 年，全区工会系统累计筹集慰问金 930 万元，慰问困难职工及患病职工近 2 万人次。2002—2007 年，全区各级工会会同有关部门开展“金秋助学”活动，共资助困难职工和单亲女职工子女近 1100 人，资助金额近 50 万元；区总工会累计走访慰问特困职工、困难离退休职工、困难劳模 2800 余人次，慰问金额 100 余万元。

此外，全县各级工会通过发展工会职业介绍机构，为职工再就业提供服务；利用职工学校开展多层次、多形式的职业技能培训和转岗培训，以提高下岗职工再就业技能，帮助下岗职工实现再就业。2003 年年初，区总工会成立推进再就业领导小组，3 月，成立区总工会职业介绍所，免费为全区下岗失业人员服务。是年，求职登记人员 3800 余人次。2003—2005 年，职介所共介绍就业人数 3500 余人；利用职工学校共培训下岗职工 1700 多人。2003—2007 年，各级工会开展“再就业援助行动”，实现职介、培训、安置“一条龙”工作模式，累计帮扶 4985 名下岗失业人员再就业。

图 29-3-5 2003 年 10 月，江宁区总工会被评为江苏省工会促进再就业先进集体

提高职工素质 县各级工会成立后，结合抗美援朝、土地改革、农业合作化、“三反”和“五反”、国家第一个五年计划等运动，对职工进行爱国主义、工农联盟、国家美好前景等教育，提高职工的思想政治觉悟。同时，举办职工业余学校、业余识字班，提高职工的文化水平。1951 年 8 月，全县有职工业余学校 9 所，学员 742 人，占工会会员总数的 25.60%。1961 年，有职工业余学校 20 所，学员 6708 人，其中扫盲班 3574 人，先后扫除文盲 2187 人。在基本扫除职工中的文盲后，各学校按职工文化层次，举办高小班、初中班、高中班，至 1964 年上半年，全县有地区性职工业余学校 3 所，共 15 个班，学员 443 人，其中扫盲组 86 人、高小班 108 人、初中班 197 人、高中班 52 人。

1978年起，鼓励职工为现代化学本领，举办科技讲座和职工夜校。1981年，各级工会组织近7000名职工参加文化补习和初中文化考试，及格率20%。县总工会职工学校常年保持13个高中班，在校学员700多人，1982—1985年，有150多人五科结业取得毕业证书；单科结业900余人。1986年12月，县总工会成立职工技术协会。至1992年，技协共举办各类业务、技术培训班382期，参加培训职工12340人次；开办班（组）长培训班58期，培训班组长2085人。同时，运用培训班、展览会、知识竞赛、节日活动、学雷锋活动、板报橱窗等多种形式，对广大职工进行四项基本原则、形势任务、理想道德、法制纪律等多方面的教育。1993年起，各级工会在职工中开展“创树”（创企业精神，树主人翁形象）主题教育活动。1996年起，在全县职工中广泛开展“三学（学理论，学科学，学技能）、三树（树立正确的世界观、人生观、价值观）、三讲（讲社会公德，讲职业道德，讲家庭美德）、实施三项工程（环境净化工程，质量优化工程，素质强化工程）”活动，并把“创树”活动与职工培训、文化教育相结合，与行业特点相结合，与弘扬劳动模范、先进人物事迹相结合，收到良好效果。1996—2000年，县总工会职工学校共毕业学生2265人，其中大专毕业生56人、中专229人、职高204人、夜高1625人、短期培训151人；共举办各类培训班、学习班320多期，参加培训人数8400余人次，其中工会干部、职工代表培训面90%以上。2001年后，区总工会在总结“创树”活动经验的基础上，更深层次地开展“两争一树”（争创学习型组织，争做知识型职工，树新时期职工形象）活动。至2007年，全区100人以上企事业单位开展“两争一树”及文明职工评选活动面70%以上，全区共有300家“学习型企业示范点”，其中省级2家、市级6家。

劳模管理 劳模工作主要包括组织劳模、培育劳模、宣传劳模、关爱劳模、弘扬劳模精神等。县总工会多次通过新闻媒体广泛宣传劳模事迹，并召开劳模座谈会，认真听取意见和建议。2001年，区劳模管理工作被省总工会授予先进集体称号。2004年4月23日，成立江宁区劳动模范协会。至2007年，区总工会建立各级劳模档案，实行微机化管理；为劳模办理补充养老保险；每年组织离退休老劳模免费进行一次体检；为全区退休劳模和农村60岁以上劳模解决生活困难和大病救助，在劳模中开展“一帮一”结对帮扶活动；通过讲座、研讨会、报告会等形式宣传劳模，组织劳模开展学习培训和交流活动，建设与时俱进的学习型劳模队伍。

图29-3-6　江宁区总工会组织全区劳模外出参观（2003年摄）

女职工工作 县总工会专门设立女工部，负责女职工工作。1989年12月，建立江宁县总工会女职工委员会，与县总工会女工部合署办公。至2007年11月，共选举产生5届女职工委员会。各中间层次总工会和基层工会都成立女职工委员会。

20世纪80年代起，工会根据女工特点，做好女工“四期”（经期、孕期、产期、哺乳期）保护工作，坚决制止随意处罚女工。90年代起，在女职工中开展“精一招，会两招，学三招”活动，全县60%以上女职工在立足岗位的基础上学习掌握一两门新技术。2001年后，开展“巾帼绘十五，创新创业展风采”活动，女职工参与活动面达90%以上。2005年5月起，在全区女职工中开展“双争”（争创五一巾帼标兵岗，争创五一巾帼标兵）活动。2006年，“双争”工作受到全国总工会好评。同时，举办女职工法律知识讲座和女职工法律知识竞赛，提高女职工维权意识；督促企业认真做好女职工“五期”（经期、孕期、产期、哺乳期、更年期）保护和各项社会保险。2005年起，各级工会开展《女职工权益保护专项协议》签订工作。当年全区共签订专项协议335份，占655个女职工委员会数的51.15%。至2007年，全区签订女职工专项协议企业816家，全区90%以上企业的女职工委员会参与企业的劳动争议调解。

图29-3-7　江宁区总工会举办全区工会系统女工干部培训班（2003年摄）

创建“职工之家”　1984年年初，全国总工会下发《关于整顿工会基层组织，开展建设“职工之家”活动的决定》。同年下半年起，县总工会在部分基层工会进行“整顿建家”试点。1985年，开始在全县范围内开展“整顿建家”活动，当年建“职工之家”115个，其中获市总工会首批发证的有11个。至1991年年底，全县699个基层工会建成“职工之家”的占98%，其中，省“模范职工之家”2个、市“先进职工之家”18个、市“模范职工之家”15个、县“先进职工之家”61个。1999年，为进一步推动“整顿建家”工作的开展，制订《合格职工之家十条标准》。至2007年，全区共创“省模范职工之家”6个、“市模范职工之家”40个、区“模范职工之家”139个。通过整顿、建家，加强了工会思想和组织建设，提高了工会干部队伍素质，密切了工会同职工群众的联系，壮大了工会积极分子队伍，增强了工会活力。

第三节　共青团江宁区委员会

【组织机构】

民国10年（1921），江宁县城区即有中国共产党领导的社会主义青年团秘密活动。民国12年，中国社会主义青年团第二次全国代表大会在县内的东南大学举行，中共中央代表邓中夏、少年共产国际代表瞿秋白曾参加这次大会指导工作。民国17年，县第一区晓庄师范学校内建立党团支部，有社会主义青年团员10余人。民国27年，新四军进入江宁，部队党组织派出民运工作人员在县境内组建青年抗敌协会（亦称“青抗团”）。中共江当溧、江溧句县（工）委成立后，都设青年部领导发展青抗会组织。民国29年，属中共江句县委领导的青抗会有11个，会员632人。

民国38年（1949）4月江宁县解放，5月，中共江宁县委即筹备建团。同年9月，成立中国新民主主义青年团苏南区江宁县工作委员会。当年发展新团员429人。至1952年年底，全县基层团组织有区工委10个、镇工委1个、支部174个，团员3123人。全县农村乡镇、县区机关、中等学校和百人以上的公私企业，都建立团的基层组织。1957年7月1日，团县工委改名为中国共产主义青年团江宁县委员会（简称团县委）。“文化大革命”初期，团的各级组织为“红卫兵”取代。1973年1月，恢复团县委，逐步整顿、恢复、建立基层团组织。至2007年年底，全区共青团组织有基层团（工）委46个、团总支20个、团支部1115个，团员3.75万人。

【代表大会】

1952年12月24—27日，新民主主义青年团江宁县第一次代表大会召开，选举产生中国新民主主义青年团江宁县第一届委员会，委员15名。在全体委员会议上，选出常务委员和副书记。1953年增补王敏生为书记。从第一次团员代表大会至2007年，江宁区先后召开过17次团员代表大会。

图29-3-8 2007年11月26—27日，共青团南京市江宁区第十七次代表大会召开

共青团江宁区第一次至第十七次代表大会情况表

表29-3-3　　单位：人

届 次	召开时间	代表人数	委员会人数
新民主主义青年团江宁县第一次代表大会	1952年12月24—27日	306	15
新民主主义青年团江宁县第二次代表大会	1955年2月16—18日	281	18
新民主主义青年团江宁县第三次代表大会	1956年10月	312	25
共产主义青年团江宁县第四次代表大会	1957年12月25—29日	238	25
共产主义青年团江宁县第五次代表大会	1959年10月13—17日	400	26
共产主义青年团江宁县第六次代表大会	1961年10月	354	19
共产主义青年团江宁县第七次代表大会	1962年11月16—18日	354	27
共产主义青年团江宁县第八次代表大会	1966年4月16—20日	532	27
共产主义青年团江宁县第九次代表大会	1973年1月24—27日	826	43
共产主义青年团江宁县第十次代表大会	1979年9月25—27日	782	45
共产主义青年团江宁县第十一次代表大会	1982年12月16—18日	600	45
共产主义青年团江宁县第十二次代表大会	1986年11月11—13日	596	45
共产主义青年团江宁县第十三次代表大会	1991年11月7—9日	296	29
共产主义青年团江宁县第十四次代表大会	1996年10月29—31日	290	37
共产主义青年团江宁县第十五次代表大会	2000年10月24—26日	258	39
共产主义青年团江宁区第十六次代表大会	2004年12月3—5日	260	31
共产主义青年团江宁区第十七次代表大会	2007年11月26—27日	251	31

【主要工作】

政治、文化素质教育 1951年，组织团员青年学习文化知识，开办冬学。1956年，以培训青年为主，建立49所农民业余技术学校，2800人参加；全县有51个乡建立青年扫盲队，有队员1.20万人，占全县扫盲力量的80%；全县青年文盲7万人中，有4万多人参加文化学习，近3000名青年文盲达到扫盲毕业水平。1957年，对团员、青少年进行革命传统教育、共青团教育、劳动教育以及社会主义教育。1959年，会同文教部门举办54所业余高小班，3500

名青年参加“写万字、造万句”活动。1960—1966年，通过学雷锋、学毛泽东著作巩固扫盲成果，提高政治素质。20世纪80年代，在全县青少年中广泛开展“五讲四美三热爱”（讲文明、讲礼貌、讲卫生、讲秩序、讲道德；心灵美、语言美、行为美、环境美；热爱祖国、热爱社会主义、热爱共产党）活动和爱国、爱党、爱家乡的“三爱”教育。90年代，全县各级团组织坚持用邓小平理论教育和武装团员青年，通过板报宣传、举办培训班、开展知识竞赛等途径学习理论知识。开展“纪念建团70周年知识竞赛”“绘江宁锦绣迎香港回归”“纪念周恩来百年诞辰，学习伟人风范，争做四有新人”“纪念‘五四’运动80周年歌咏比赛”等爱国主义教育活动。为培养青少年爱国主义意识和公民的社会责任感，树立正确的理想信念，1995年起，在全县各完中、职校开展18周岁成人仪式教育。当年有3700名学生分别在江宁经济技术开发区和邓仲铭烈士墓前举行宣誓仪式。1998年，南京市人大常委会通过决议，确定每年4月23日为市18周岁成人宣誓日。2001—2007年，全区各级团组织通过知识竞赛、上团课、主题教育活动、社会实践和撰写调研论文等方式，引导团员青年学习“三个代表”重要思想和科学发展观。

青工青农工作 新中国成立后，1951年“五四”青年节，发动青年4.30万人参加抗美援朝游行示威，并踊跃报名参军参干。在土地改革、镇压反革命、“三反”和“五反”、爱国增产、农村互助合作中，团员团结青年冲锋在前。1955年，参加农业互助合作组织的团员有7297人，占全县团员总数的79.60%，其中有1533人担任生产队队长以上职务。1957年，全县大型水利工地上的青年突击队有151个。1966年，5万名青年建立科学种田实验小组3421个，种试验田485.13公顷。1978年后，全县团员青年积极投入现代化建设，开展青年生产队竞赛和“万名能手创（第）一流”“争当商品（生产）小行家”活动，涌现全国级新长征突击手4人；省级新长征突击手41人、突击队1个；市级新长征突击手76人、突击队10个。1983年，举办青年农技班119个，全县团员青年同时参加小发明、小创造、小建议、小改革、小革新和争当优质高产能手、技术操作能手、革新改革能手、节能降耗能手的活动，获272项成果。1986年，举办工种技术培训班134期，受训人数5360人。1990年，在农村青年中广泛开展科技兴农、“四杯一赛一教育”（大禹杯、丰收杯、燎原杯、星火杯，农村青年百业知识竞赛及学雷锋、爱家乡、建家乡教育）活动。是年，举办江宁区第一届“十佳青年”评选活动，1994年举办第二届，此后每两年评选一次。1991—1995年，共建立青年丰产方531个、6667公顷；建立青年星火小组、攻关小组、科技小组1232个；举办各种实用技术培训班759期，2万人次受到培训；广泛开展科技致富等一系列服务活动；成立973支水利突击队，有队员1.80万人，挑土石方60万立方米。1998年，围绕农业产业结构调整，开展“三争三创”（争当推广农业新科技的带头人、争当带领农民闯市场的带头人、争当发展农业产业化经营的带头人；创办项目示范基地、创办营销服务实体、创办加工龙头企业）活动，至2000年，全县共创办项目示范基地23个，培育科技兴农带头人250人，有40名青年被评为省、市科技兴农带头人；共举办实用技术培训班197期，培训农村青年1万人次。2001—2002年，横溪镇石塘共青茶园被评为南京十大农村青年“三争三创”活动科技示范基地，赵跃进被授予全国农村青年创业致富带头人称号，4人被评为省农村青年科教兴农带头人。2003年后，通过开展送技能培训、送科技服务、送岗位信息活动，促进青年创业致富。2007年，全区各级团组织提供各类“三创”帮扶活动20余场，服务青年3000多人。

“青年岗位能手”评比和“青年文明号”创建活动 1992—1995年，全县共组织3次青工技术大赛，2次参加市级大赛，325名青工参加比武，13名青工在市级比赛中获奖，1名青工获团中央表彰。同时，各单位分别开展各种形式的练兵6400次，参加人数3万人次，共有252名岗位能手受到市、县级表彰。1994年，团县委选择工业、乡镇企业、商业、邮电、银行等10家单位开展文明号活动。至1995年，全县涌现出“青年文明号（岗）”980多个，其中市级2个、县级125个，活动人数2.50万人次。1996年后，组织各企业团组织以技术比武、岗位练兵、导师带徒、创新创效为内容，广泛开展争当“青年岗位能手”活动；在窗口行业、企业等深入开展创建“青年文明号”活动。1996—2000年，全县共组织技能练兵200次，参加人数近1万人次，有9人获市“青年岗位能手”称号，有2家单位获市级“青年创新创效活动示范基地”称号；全县参加“青年文明号”创建活动的有1万多人，涌现出“青年文明号”国家级1个，即禄口国税分局，市级6个，县级96个。2005年1月，启动同曦鸣城“‘青年文明号’一条街”创建活动。至2007年，全区有“青年文明号”国家级2个、省级5个、市级28个、区级300多个。

图29-3-9　2006年3月，江宁区财政局获国家级“青年文明号”称号

志愿者行动　20世纪70年代起，在全县青年中开展“学雷锋、树新风”活动。1981年，全县有10万多名青年参加义务劳动。至1984年，城乡团员青年2.80万人组成4700多个学雷锋小组和青年服务队，有113所农村青年民校，形成为烈属户、“五保”户、病残困难户2884户排忧解难的服务网。1990年，学雷锋活动中，近50家团组织600名团员青年参加服务，共为群众修理家电等1420件，义务理发50人，接待群众咨询200多人次，还举行学雷锋演讲报告会。1991—1995年，共有2万名青年组成1200个学雷锋小组和青年服务队长期开展为民服务、助耕包户、爱老敬老、情暖孤童心等多种活动。青年志愿者行动是学雷锋活动的继承和发展。1995年，团县委在东山地区成立700名青年组成的志愿者服务总队，下辖5个专业队、26个基层队，完善了志愿者机制建设。1996年后，每年“3·5”青年志愿者服务日、“助残日”和春节期间，组织团员青年以慰问敬老院、义务清扫街道、结对帮扶、广场咨询、义务维修、义诊、发放心连心服务卡等形式进行志愿服务。1998年，建成500支青年志愿者突击队，1万名青年投入到防汛抗洪战斗，赈灾募捐6万元钱物送至灾区。江宁镇青年抗洪抢险突击队被团中央授予抗洪英雄青年突击队称号，戴华杰被团中央授予青年抗洪英模称号。2003年3月29日，启动“青年文明号便民服务万家行”活动，组织青年志愿者70多人，为群众服务1.50万人次。团员志愿者还加入无偿献血、报名捐献造血干细胞行列。2005年11月，江宁区志愿者协会成立。是年，全区招募注册志愿者22287人，参加各类志愿服务活动1.50万人次。2006年，实行以社区志愿者服务站为基地，以文化活动、便民服务、家庭教育等为内容，以驻区高校大学生为主力的志愿者服务长效机制。2007年，举办“志愿服务促和谐”行动，通过组建50家社区志愿服务站平台，将全区志愿服务引向长期化、制度化、项目化的发展轨道。

绿色环保行动　1956年，在全县绿化运动中，全县37131名青少年植树215万棵，营造青少年林61个，占地477.80公顷，绿化公路8条、28千米，建立青年苗圃。组织1.50万人参加二次绿化方山活动，营造成88万棵树的“共青团员林”。据统计，1956—1985年，全县团员青年在绿化活动中，共植树1120万株，营造青年林3200处。1991—1995年，全县团员青年、少先队员参加造林护绿59.60万人次，植树总量80万株，实施农田林网工程100个、3666.67公顷，营造青年林7个。1996年后，全县各级团组织利用每年植树节，组织团员参与道路建设、城镇建设、初步标准化农田林网工程建设，采取举办绿化环保讲座、开展环保宣传、植绿与护绿等方法，大力开展以绿化与管护并举的青年绿色行动。至2000年，共举办知识讲座120期、宣传活动300人次。全县团员青年参加植绿、护绿30万人次，植树造林面积26.67公顷，植树总量60万株，营造青少年绿化工程31个，营建铜山彭福青年生态绿化基地等4个省级合格青少年“三百”（100个青年绿色经济实体、100个青年生态绿化重点基地、100个青年园林绿化示范工程）工程。2001年后，各级团组织结合3月5日青年志愿者活动日、3月9日保护母亲河活动、3月12日义务植树节等开展种植树苗、捡拾白色垃圾、清理非法小广告等植绿、护绿和环保宣传活动。2001—2005年，全区团员青年参加植绿、护绿17320人次，参加环保教育宣传活动22310人次，植绿面积206.77公顷，植树总量4万株。2007年，江宁区500多名青少年向社会公众发出“保护母亲河、共建绿色和谐家园”环保倡议；举行“节约江宁、节约中国”公益活动，宣传环保知识。

希望工程 1993年，县各级团组织参加团市委组织的“向希望工程献爱心”活动，收到各界捐款5000余元上交团市委用于改善市特殊教育困难状况。1994年11月，开展“手拉手”助学活动，捐款7840元资助30名适龄儿童完成小学阶段学业。至1995年，共资助困难学生1020人次。1996年3月，在援建西藏墨竹工卡县南京希望小学活动中，团县委共募集资金24万元。1998年，建立江宁县希望工程助学基金，开展“变废为宝，捡回一个希望”活动以充实基金，逐年向特困生发放助学金，至2000年，全县共吸引县外助学资金1.20万余元，共有100名学生得到资助，资助金额2.30万元。2001年后，团区委深入开展希望工程助学活动，长期结对资助53名贫困小学生。2003—2005年，拓宽募资渠道，向部分贫困生发放助学款8万余元。2006年，开展爱心圆梦助学行动，全年资助贫困大学新生32名，贫困中、小学生20余名，资助金额17万元。2007年，开展“青春送温情、和谐暖人心”活动，以经济困难学生、农村贫困青年、下岗青年、外来务工青年、农村留守少年儿童等社会弱势群体为主要对象，开展送知识、送技能、送物资等扶贫帮困活动。先后向横溪街道贫困生发放爱心助学金1万元，并举行留守儿童新春爱心座谈会，走访慰问结对帮扶的贫困学生家庭，发放助学金1800元。

青少年维权岗 1998年起，开展创建“优秀青少年维权岗”活动，团县委联合县公、检、法、司等部门以法制宣传、义务咨询、法律援助为主要内容，切实维护青少年合法权益，积极预防青少年犯罪。全县获省级“优秀青少年维权岗”1家、市级3家。2003年，团区委在与公、检、法、司等部门联合开展“优秀青少年维权岗”创建活动基础上，与教育、劳动、新闻等部门联合开展创建活动，进一步拓展创建领域，健全维权机制。全区有全国“优秀青少年维权岗”1家、省级1家、市级4家。

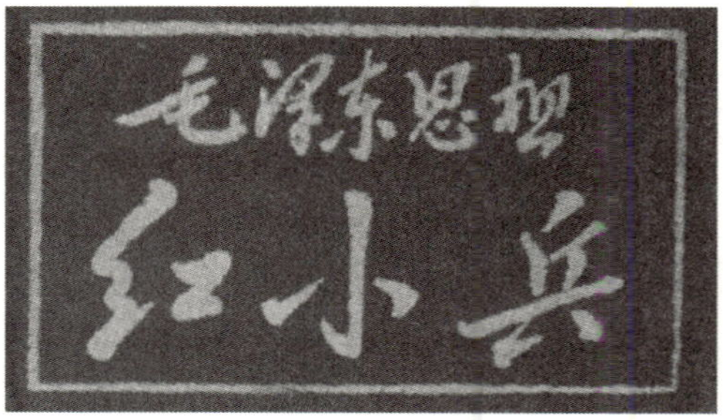

图29-3-10 1972年取代少先队的红小兵胸章

少先队工作 1949年12月，江宁县开始成立少年先锋队（有的称“儿童团”）。至1952年年底，全县先后有370所中、小学建立少年儿童队（团），队员总数12206人。1953年，定名为中国少年先锋队。团县委设少儿部，同时设校内外辅导员。少先队经常开展植树造林、春秋季远足、瞻仰烈士陵园、讲革命故事、传授科学知识等活动。1966年“文化大革命”开始后，为“红小兵”所取代。1978年，复名少年先锋队。至1985年，以学校、生产大队为单位共建少年先锋大队504个，队员99218人，聘请校内外辅导员2147人。20世纪90年代，在全县开展“学赖宁、学十佳，争做党的好孩子”主题教育活动和“五自”（自学、自理、自护、自强、自律）、“雏鹰奖章争章达标”等活动。至2000年，全县共有国家级红旗大队3个、省级8个、市级15个、县级73个，建立4所少年军、警校，3所少年科学院。同年6月30日，少先队江宁县第一次代表大会召开，全县57名成人代表及57名少先队员代表出席会议，选举产生少先队江宁县第一届工作委员会委员30名，第一届红领巾理事会理事27名。2007年，全区有少先队大队部60个。

第四节　区妇女联合会

【组织机构】

民主主义革命时期，江宁县妇女运动屡挫屡起。抗日战争时期，中共横山、江句两县工、县委都设有妇女部，负责宣传发动妇女投身抗日救亡工作。在抗日游击根据地的区、乡普遍组织妇女抗日协会（简称妇抗会），县一级成立妇女抗日联合会。至民国30年（1941），江句县委辖区成立妇抗会21个，入会妇女798人，葛文英（即王一民）、舒诚、周喆等参加了横山、江句两县早期妇女组织领导工作。

民国38年（1949）4月江宁县解放后，5月初，中共江宁县委民运部筹建江宁县民主妇女联合会（简称民主妇联），6月1日正式成立。至1950年年底，有会员27497人，另有妇女52352人参加农民协会。1953年2月，全县11个区、1个直属镇、125个乡镇都建立民主妇联基层组织。1956年，县民主妇联更名为江宁县妇女联合会，277个农业社建立妇女工作委员会。1962年，以生产大队为单位，队队设妇女代表会，每个生产小队设妇女代表1人～2人。“文化大革命”开始后，县妇联组织停止活动。1973年，重新恢复县妇联，整顿恢复各级妇女代表会。中共十一届三中全会后，各级妇联组织更为规范。至1985年，全县有27个乡（镇）妇联、380个行政村妇代会、5643个自然村妇女代表小组，共有会员18万人。其后，全县乡、镇级妇联组织随着区划调整中的乡镇设置变化而有所增减。2000年12月江宁县撤县设区，江宁县妇女联合会更名为江宁区妇女联合会。至2007年年底，全区有妇联组织217个，其中街道妇联组织9个、妇委会4个，村（社区）妇联组织204个。区妇联先后被评为省“三八”红旗集体、市妇女工作先进集体、市文明单位等。

【代表大会】

1951年3月11—13日，江宁县第一次妇女代表大会召开，大会选举产生江宁县民主妇女联合会第一届执行委员会，执行委员23名。在全体执行委员会议上，选出常委9名，周慕岩当选为主任。至2007年，江宁区先后召开15次妇女代表大会，选举产生3届县民主妇联执行委员会和12届区（县）妇联执行委员会。

江宁区妇女第一次至第十五次代表大会情况表

表 29-3-4　　　　单位：人

届　次	时　间	代表人数	选　举	
			执行委员	常　委
第一次	1951 年 3 月 11—13 日	246	23	9
第二次	1953 年 3 月 3—6 日	263	19	7
第三次	1955 年 4 月 6—9 日	228	21	7
第四次	1956 年 12 月 9—13 日	317	31	11
第五次	1958 年 5 月 17—20 日	315	37	9
第六次	1961 年 12 月 13—16 日	339	37	7
第七次	1963 年 4 月 12—16 日	293	31	7
第八次	1966 年 4 月 16—20 日	468	29	9
第九次	1973 年 7 月 2—4 日	559	41	9
第十次	1979 年 11 月 21—23 日	705	45	11
第十一次	1984 年 4 月 26—28 日	600	44	9
第十二次	1988 年 3 月 7—9 日	450	45	9
第十三次	1993 年 12 月 22—24 日	342	36	9
第十四次	1998 年 12 月 9—11 日	296	39	9
第十五次	2003 年 12 月 9—11 日	300	45	13

【主要工作】

参加抗日爱国运动　抗日战争时期，县内妇女积极参加游击小组站岗放哨、递送情报、赶做军衣军鞋、征集军粮军需、护理伤病员、掩护地下工作人员，不少人还拿起刀枪同日伪军作战。新中国成立后，1951 年，妇女有 7 万人次参加反对美国侵略朝鲜、霸占台湾的游行示威 6 次，有 12 万人参加反对美国武装日本的大游行，有 366 位母亲亲自送儿参军。全县妇女捐献 2509 元慰劳志愿军，并献军鞋 1299 双，慰问袋 2542 只。农村妇女还参加代耕组为军属种田。

开展劳动竞赛　土地改革后，全县妇女积极参加爱国增产竞赛活动，有 84170 人参加农业互助组，其中 964 人担任正、副组长。1952 年，县民主妇联提出男女同工同酬的要求，各级党政机关为此制订具体实施条例、办法。当年就有妇女 7830 人防汛上江堤，27930 人修圩堤，1.50 万人学会插秧，学会耕田、耙地、罱泥等农活的也不在少数。1953 年起，多数乡镇恢复以妇女为主力军的养蚕业，达到年产鲜茧超万担的最高纪录。1958 年“三八”妇女节，全县妇女营造“三八”林 140 处，植树 59.50 万株，造林面积 666.67 公顷。1959 年，县妇联在全社会发起争创“巧姑娘”“能大嫂”“勤老太”活动，至 1961 年，全县被评为全国“三八”红旗手 3 人、省级 30 人、市级 95 人。1959—1962 年，先后有 4495 人参加妇女生产突击队。1976 年后，组织妇女开展社会主义劳动竞赛，发挥“半边天”作用。1979 年，在全县 26 个公社开展“金花（油菜）”赛和“银花（棉花）”赛，参加竞赛的妇女 5623 人次。农村实行生产承包责任制后，农村妇女开始从单一的田间生产转向以家庭种植业、养殖业、加工业、服务业为主的多种经营。1985 年，全县 15 万妇女劳动力中，有 5 万人进入乡村企业，近 1 万人从事养殖、种植或开创第三产业，9 万人在加工、家庭副业的商品生产中创新路。同年，举办缝纫、服装设计培训班和种植、养殖、编织学习班 77 期，参加妇女 2217 人。

“一教四普及”活动 1985年，县妇联在广大妇女中开展“一教四普及”（政治思想教育，普及科学文化知识、普及妇女卫生常识、普及科学育儿知识、普及法律知识）活动，树立“四自”（自信、自强、自立、自尊）、“四有”（有理想、有道德、有文化、有纪律）信念。“七五”期间，全县成立25个“一教四普及”领导小组。举办实用技术培训班905期，全县18岁～50岁的农村妇女80%接受培训。县妇联于1989年被评为省“一教四普及”活动先进集体。

“双学双比”活动 1989年起，县妇联开展以“手拉手、奔小康”为主题的“双学双比”竞赛活动，成立356个“双学双比”竞赛领导小组，参赛妇女91787人。至1990年，共表彰403名女能手，其中省级2名、市级12名，各项之最39名。1991—1995年，举办各类科普讲座615场次，科技培训班1206期，有47763人受训；开展科技咨询3719次，接受咨询的妇女25450人次；组织512名妇女参加全国农业函授大学的学习，有122人拿到结业证书。通过学习培训，6.50万名妇女掌握一两门实用技术。5年中，有40人被评为省、市级女能手，420人被评为县级女能手，57人被评为县级标兵或“江宁之最”。1993年，县妇联被评为全国“双学双比”活动先进单位。1996—2000年，在“双学双比”竞赛活动中，开展扶贫帮困、教育培训，抓典型、搞竞赛，建设妇女形象工程。全县共扶贫结对3567户，为贫困妇女融通资金18.10万元，帮助3332户农村妇女脱贫，提高妇女收入；举办各类实用技术培训班1609期，26.50万人次参加培训，并在农村举办妇女文化培训班；开展“四自”“四有”新女性教育，共举办88期培训班，有1万余人参加培训；5年共树立科技示范户893户，培训营销女能手86名，建“三八”丰产方618块，义务植树13.90万棵。此外，在1998年抗雪灾、战洪魔、保家园工作中，县妇联共组织妇女洗补队为抗洪官兵洗衣2000多套、洗被200床、补鞋400双。2001—2006年，在“双学双比”竞赛活动中，区、镇、村三级累计结科技对子1881对次；手拉手扶贫活动共帮扶贫困妇女1545户；举办各类理论及教育培训班201期，受教育妇女2.50万余人次；举办各类实用技术培训班329期，参学妇女2.69万人；举办劳动力转移培训班300期，2.19万余名妇女参加学习，转移农村女劳力3.05万人。2007年，共举办农业实用技术培训班145期，培训妇女11402人次；转移农村富余女劳动力8414人；通过农业科技及市场营销知识的学习，取得农业部颁发的“绿色证书”的农村妇女有1415人；全区成立“妇”字号合作经济组织16个，组织科技对子572对，培育“三八”科技示范基地52个，树立科技致富女能手50多人。

“巾帼建功”活动 1991年，在城镇妇女中开展以“做‘四有’‘四自’女性，为‘八五’计划建功”为内容的“巾帼建功”竞赛活动，先后以县丝厂、幼儿园、上元商场为点，以点带面，通过岗位职能培训、技术比赛、演讲会等形式，促使广大女职工立足本职岗位奉献、成才、建功。1995年，在商业、供销、卫生、金融、邮电等十大窗口行业中开展“优质服务”竞赛活动，评选出10名优质服务先进个人。1996年起，“巾帼建功”活动以创建“巾帼文明标兵岗”为主要内容，由窗口行业发展到各行各业。广大女职工积极参加“巾帼绘九五、巧手争奉献”活动，1042人次参加岗位练兵、技术比武、劳动竞赛，提出合理化建议767条，采纳206条，创经济效益75万元；参加小改革178人，共有成果88件，创经济效益50万元。通过举行个体私营企业支持再就业

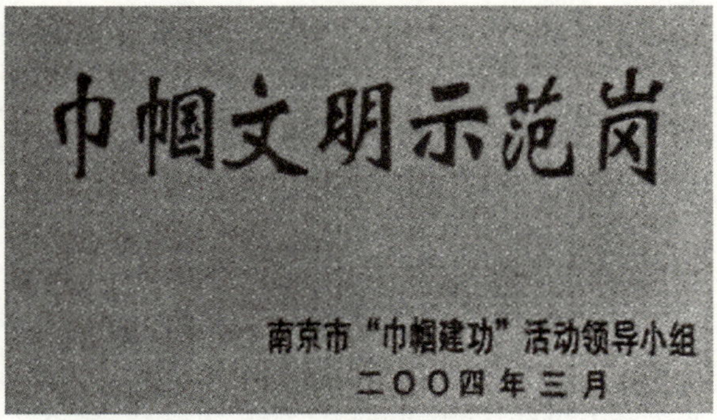

图29-3-11 2004年3月，江宁区广电局获南京市“巾帼文明示范岗”称号

工程动员洽谈会、成立江宁县妇女再就业指导中心等形式对下岗女工进行择业观教育，为其拓展就业渠道。至2000年，全县共创建“巾帼文明标兵岗”100个、巾帼岗位明星30人。同时，在下岗女工中开展学理论、学政策、学法律、学技能的“四学”活动，举办下岗女职工培训班，共解决下岗女工200多人的就业问题。2001—2007年，鼓励全区妇女创造新岗位、新业绩、新生活；巾帼环保志愿者开展环保活动，发放宣传资料上万份；充分发挥“巾帼再就业服务中心”职能，帮助下岗女工再就业；全区各镇278支巾帼助老服务队近2000名妇女为孤寡老人打扫卫生、洗衣洗被、检查身体；实施巾帼文明社区服务工程，鼓励失业下岗妇女开办家政、保健、护幼、助残等社区服务项目。至2007年，共创区级以上“巾帼示范村”17个，其中省级3个、市级3个；“巾帼文明示范岗”219个，“巾帼岗位明星”140人。

维护妇女儿童合法权益 1951年，县民主妇联开始宣传新中国的第一个婚姻法，解除妇女的封建枷锁，用社会主义思想道德对待婚姻、家庭关系，禁止包办、买卖婚姻和早婚、抢婚；禁止欺压寡妇，干涉其再嫁的自由；禁止虐待童养媳，不准再带童养媳等。据1953年年底统计，全县自由结婚的有4243对，因感情不和调解离婚的2727对，不服调解经法院判决离婚的723对。1983年，全国第五次妇女代表大会提出以维护妇女儿童合法权益为重点的妇女工作方针。1984年，县妇联成立法律顾问小组，开展法律咨询、法律援助。1986—1995年，共接待来信来电来访1634件次，结案率95%以上。1993—1998年，县妇联共举办法律培训班160期，有21672人参加培训。1996—2000年，大力宣传婚姻法、妇女权益保障法、未成年人保护法等法律知识，增强广大妇女知法、懂法、守法和依法维权的能力。5年共处理信访320起，结案率100%。推进建立维权“三项制度”，即法律援助制度、妇女权益联席会议制度、妇联干部特邀陪审员制度。仅2000年，全县共查处侮辱妇女及其他流氓犯罪案件62起，破获涉拐案件18起，抓获人贩子16人，解救被拐妇女71人。2001—2002年，全区10名妇联干部陪审员参与审理36起案件，联席处理大要案13起，提交法律援助案件10起。2003年，全面启动以信访工作为主的维权目标管理考核机制。2004年，积极开展“零家庭暴力村（社区）”创建活动，全区共创建“零家庭暴力村（社区）”社区88个。2005年，全区共建立331个反家庭暴力投诉站，20个基层妇女儿童工作组织，21支巾帼法律志愿者队伍。2003—2007年，全区共接待来信来访513件，办结率95%以上；通过法律援助帮助妇女680人次，儿童463人次；“零家庭暴力社区”创建工作覆盖率100%。

少儿工作 为使妇女能安心参加生产劳动，1951年，江宁县试办托儿所75个。1956年，全县建幼儿园86所、托儿所677个。进入现代化建设时期更加重视儿童少年的抚育、培养和教育，至1985年，全县有幼儿园95所，27个乡镇都设中心幼儿园，380个行政村都设幼儿班，3岁～6岁幼儿入园（所）率82%。1981—1985年，各级妇女团体发动全社会为幼儿健康成长办好事、实事1200多件，捐款22万元。1988年，全县幼儿园发展到138所，适龄儿童入园率71.50%。1986年5月，成立县家庭教育领导小组，并向全县转发《关于开展家庭教育的实施意见》，至1990年，全县成立25个家庭教育领导小组。

1994年，县妇联开展“十佳家长”评选活动。在县直机关女干部中开展“扶孤助贫献爱心”活动，1995年，又在全县范围内开展“爱心献春蕾”活动，共筹集资金近4万元，使100余名家境困难的孩子重返校园。此后，“春蕾计划”在全县全面展开。1996—2000年，共资助春蕾儿童365人，款额9.46万元。2002年，区妇联争取各界资助，开始开办“春蕾女童班”，当年开办6个，解决300名贫困女童上小学问题。至2007年，通过市妇联“1+1”爱心寻呼活动，累计为贫困女童筹资191.65万元，开办春蕾班24个，资助困难春蕾女童5000多人次。

文明创建活动 1982年，全国妇联倡导并发起“争创五好家庭”活动，县妇联积极响应号召，开始开展形式多样的文明创建活动。至1984年年底，全县涌现出“五好家庭”9731户。1985—1989年，开展“五好家庭”宣传教育活动，倡导“尊老爱幼、邻里互助、夫妻互敬互爱”等良好风尚，弘扬女性“四自”精神，全县有20%的家庭跨入“五好”行列。1990—1993年，在全县广泛开展评选“好婆婆、好媳妇、好妈妈”“百对好夫妻”“百户美好家庭”活动，使传统的“五好家庭”评选活动不断深入并形成系列。1994—1998年，以“手拉手、树新风”推进“五好文明家庭”创建活动，强化思想教育，突出家庭美德建设，1400户家庭被评为妇女文化中心户，4014户家庭被评为“五好文明家庭”。1999—2003年，全区共创建各级文明户41万户、“五好文明家庭”1131户、“学习型家庭”430户、农村妇女文化中心户1400户、文明楼90栋。2002年，外港社区老年文体队获得全国亿万健身活动巾帼文体队称号。2004—2007年，区妇联积极响应全国妇联提出的“美德在农家”的号召，开展“美德进家庭”“亲情五线谱”活动，先后两次获得市精神文明活动创新提名奖。全区累计创建“五好文明家庭”7万户，湖熟街道骆海林家庭被评为全国“五好文明家庭”。

第五节 区科学技术协会

【组织机构】

区科学技术协会 1956年5月27日，成立江宁县科学技术普及协会。下设农、医、理3个学组，会员272人，科普宣传员11人。1960年3月23日，在科技工作大会上成立江宁县科学技术协会（简称科协），并将这次会议作为县科协第一次代表大会。当时没有成立专门的办事机构。1966年“文化大革命”开始后，县科协被迫停止工作。1980年11月23日，恢复建立江宁县科学技术协会，与江宁县科学技术委员会合署办公。1984年3月29日，县科协配备专职正、副主席各1人，结束县科委、县科协两块牌子一套班子的状况。江宁县撤县设区后，更名为江宁区科学技术协会。

乡镇（街道）科协 1956年5月至1957年9月，县科普协会在东山、汤山、陶吴、禄口、湖熟、江宁6个区建立会员工作委员会，在龙潭、县人民医院、县级机关、秦淮中学、秣陵中学建立5个会员工作组。1958—1981年，乡镇科协组织没有新发展。1982年8月11日，在禄口乡建立江宁县第一个乡科学技术协会（简称乡科协）。1983年，成立18个乡科协。1984年春，又成立9个乡镇科协。同年，禄口、上坊、方山、陆郎等乡有26个行政村和乡办企业建立科普分会，在全县92个自然村中组建科普小组。至1985年年底，全县27个乡镇科协共建立专业学组141个，有会员2335人。140个行政村成立科普分会，陶吴、龙都、谷里3个乡村村建立科普分会。2000年12月江宁县撤县设区后，乡镇科协合并为20个。后经区划调整，至2007年年底，全区设9个街道科协。

区级学会、协会、研究会 1956年5月27日，县科学普及协会成立时，下设农、医、理3个学组，次年组建林业学组，这是江宁县县级学会的最初组织形式。1960年3月23日，县科协第一次代表大会召开，成立农业、农机、林业、畜牧、水利、医学、矿冶、化工、轻工业建筑材料9个学会。“文化大革命”时期，各学会组织解散。1981年，县农业部门成立农学会。1984年，成立县中医学会、科教电影协会。1985年，建立县工业学会、农业机械学会、水利工程学会、西瓜研究会、青少年科技辅导员协会、养蜂协会。1986年，成立县医学会、教育学会、计划生育协会、食用菌协会。1988年，成立县水产协会。1989年，成立县林学会、卫生协会。1992年，成立财会学会、珠算协会。1994年，成立县金融学会。至1995年，县级学会、协会、研究会有18个，会员近1500人。1996年9月，成立县计量测试学会，2004年2月，更名为区质量管理学会。1998年，成立县建筑业协会。2002年6月，成立区锅炉压力容器和特种设备安全协会，2004年4月，更名为区特种设备安全协会。同年12月，成立区青少年科技教育协会。2005年3月，成立区奶业协会。

图 29-3-12　2004年12月，江宁区青少年科技教育协会成立大会召开

上述学会、协会、研究会有的因已完成历史使命而终结活动；有的几度变迁后经过重新组合和整顿得到较大提高和发展；有的经过民政局重新登记后，其宗旨和性质发生变化而不再是区科协的组成单位。至2007年年底，全区有区级学会（协会、研究会）组织18个，基层团体组织1645个，会员97183人。

2007年江宁区区级学会、协会情况表

表 29-3-5

名　称	成立时间	基层组织	
		团体数（个）	会员数（人）
江宁区红十字会	1958年6月	139	9354
江宁区农学会	1981年10月	1	280
江宁区中医药学会	1984年10月	29	314
江宁区农业机械学会	1985年1月	12	665
江宁区水利学会	1985年1月	71	83
江宁区计划生育协会	1986年7月	678	76850
江宁区教育学会	1986年8月	78	1088
江宁区医学会	1986年8月	54	1643
江宁区水产协会	1988年10月	28	95
江宁区林学会	1989年1月	—	77
江宁区卫生协会	1989年12月	28	3671
江宁区财政会计学会	1992年3月	200	2400
江宁区珠算协会	1992年4月	26	240
江宁区质量管理学会	1996年9月	150	200
江宁区建筑业协会	1998年9月	72	—
江宁区特种设备安全协会	2002年6月	51	5
江宁区青少年科技教育协会	2004年12月	23	96
江宁区奶业协会	2005年3月	5	122

企事业科协 1988年7月，江宁县第一家企事业科协诞生，即南京爱德印刷厂科学技术协会。同年9月，南京长江电风扇厂科协正式组建。1990年，南京第三钢铁厂科协诞生。至此，3家企事业科协有会员260人，2000年增至430人。后或因企业改制，或因所在企业解体，3家科协自行撤销。2003年，南京利民机械有限责任公司、南京申瑞电气系统控制有限公司、南京川田乳品有限公司、南京智达分析仪器有限公司相继成立科协。2004年，南京科远控制工程有限公司科协成立。2006年，江宁区汤山林场科协、南京协鑫热电有限公司科协和南京申瑞电力电子有限公司科协先后成立。2007年9月，南京东部精密机械有限公司科协成立。至2007年年底，全区有企事业科协9家。

农村专业技术协会 农村专业技术协会是一种以专业户为基础、以技术为核心、以发展商品经济为目的的新型合作经济组织，具有"民办、民管、民受益"的基本特征。1982年，江宁县第一个农村专业技术协会——禄口水产协会成立。1985年，县内有汤山养鸡协会、湖熟养鸭协会、陶吴瓜菜研究会、龙都蘑菇研究会等26个各具特色的农村专业协会、研究会。1986年，组建江宁乡机械研究会、东善乡爆破研究会、铜山苎麻研究会等41个乡（镇）级专业技术协会、研究会。至1990年年底，全县共有乡（镇）级专业技术协会、研究会72个，会员3197人。随着农村产业结构的调整，至1999年年底，全县农村专业技术协会共有28个，会员1185人。随着江宁经济和社会事业的持续发展及农村种植业、养殖业产品结构的调整，有些专业技术协会、研究会自行消亡，有些巩固和发展，有些则被"公司+农户"形式取代。至2007年年底，全区有农村专业技术协会21个。

2007年江宁区农村专业技术协会情况表

表29-3-6

序　号	协会名称	序　号	协会名称
1	南京市江宁区江宁街道农副产品协会	12	南京市江宁区东善桥獭兔养殖协会
2	南京市江宁区陶吴花卉苗木种植协会	13	南京市江宁区湖熟鸭业协会
3	南京西甜瓜协会	14	南京市江宁区土桥水产协会
4	南京市江宁区横溪瓜菜协会	15	南京市江宁区土桥稻米协会
5	南京市江宁区麒麟农副产品协会	16	江宁区上坊种植业协会
6	南京市江宁区秣陵街道种植业协会	17	江宁区禄口水产协会
7	南京市江宁区汤山街道养鸡协会	18	江宁区禄口蚕桑协会
8	南京市江宁区汤山街道奶业协会	19	江宁区禄口花木协会
9	南京市江宁区花茶协会	20	江宁区秣陵街道水产协会
10	南京市奇水水产协会	21	江宁区土桥珍珠养殖协会
11	南京市江宁区东善桥农业技术协会		

【代表大会】

科普协会代表会议 1956年5月27—28日，江宁县科普协会成立大会在东山镇召开。会议选举23人组成科协委员会，选举产生主席1名、副主席2名。协会拥有会员272人，科普宣传员11人。1957年9月15日，县科普协会在东山镇召开代表会议。协会拥有会员400人，科普宣传员100人。

科协代表大会 1960年3月23日，在科技工作大会上成立江宁县科学技术协会，并将这次会议作为县科协第一次代表大会。至2007年，共召开过6次科协代表大会。

图29-3-13 2002年11月30日，江宁区科协第六次代表大会召开

江宁区科协第一次至第六次代表大会情况表

表29-3-7 单位：人

届次	时间	代表人数	选举	
			委员	常委
第一次	1960年3月23—25日	300	52	19
第二次	1980年11月29—30日	520	45	15
第三次	1985年3月17—19日	151	29	12
第四次	1993年12月21日	170	38	17
第五次	1997年11月28日	130	37	15
第六次	2002年11月30日	140	38	16

【主要工作】

科普宣传 1956年5月县科普协会成立后，科学技术普及工作的主要做法是抓广播、办展览、编印资料，主要内容是农业科学基础知识和农作物的病虫害防治。1984年后，县科协系统面向基层积极开展科普活动。据统计，1984—1985年，全县共放映科技电影和科技录像4586场，进行科技有线广播539次，办科普宣传橱窗、黑板报886期，印发各种科技资料小报12万份，举办各类科技讲座164次，听众达1万人。1985年，县科协创办不定期刊物《科普之声》。同年起，开始利用农村传统庙会、物资交流会开展科普宣传，主要内容有科普图片展览、发放科技资料、组织农技人员进行科技咨询、放映科技录像等，并供应良种、农药和微量元素肥料。此外，通过知识竞赛形式进行科普宣传，相继举办“蚕

图29-3-14 江宁区科协组织送科技下乡活动（2004年摄）

桑生产知识竞赛”、以禄口镇水产协会为基地的“兴禄杯水产知识竞赛”、以方山油菜研究会为基地的“油菜高产生产知识竞赛”、农民学科学知识竞赛等活动。1986—1990年，以科教电影协会为骨干的城乡放映点平均每年放映科教电影1521多场次，受教育群众74万人，每年发放近2万份科技资料，出版科技小报200多期，计6万份。1990年，县科协被评为全国农村科普先进单位。

1989年起，县科协每年举办1次科普宣传周活动。当年举办各种科普报告会27场，科技竞赛7场次，放映科技电影、电视356场次，出宣传栏、墙报46期，组织科技人员下乡、设摊咨询167人次。1991—1995年，科普宣传周活动期间，共放映科普影视3500余场次，出科普黑板报和科普画廊近1万期次，发放各种科普宣传资料14万份。1997年后，科普宣传和送科技下乡活动不断规范化、制度化。1996—2000年，有4000人参加科普宣传周活动，受教育35万人次；送科技下乡35场次。2001—2007年，印发科技书籍画册、科普资料12.34万份（册），展示科普展板680块，接受科普教育和咨询的群众累计70万人次；送科技下乡125场次。至2007年年底，科普宣传周活动共举办19次。

青少年科普活动 1985年，成立县科技辅导员协会。是年7月，举办江宁县历史上第一次优秀学生科技夏令营活动，参加学生31人。通过参观、学习、实习、操作，激发学生科技兴趣。1987年，举办全县中小学生小发明、小创造展览会，有250多件作品参展。1988年冬举办的小制作表演赛和1991年举办的青少年科技小制作比赛，江宁县代表队均参加南京市比赛，并均获团体一等奖。1991—1995年，在全县中、小学范围内开展“小发明、小创造、小制作、小论文”活动，举办科技夏令营，组织中、小学生参加全国及省、市的自然科学方面的有关竞赛。全县有8名教师获得国家级“优秀科技辅导员”称号，百余单位和中、小学生在国家、省、市各类比赛和竞赛中获得团体和个人奖励。铜山乡中心小学学生吴川发明的省力自行车脚踏获得全国发明展览会银奖和光华青少年科技发明奖，并获得国家专利局颁发的专利证书。

1996年后，区科协和相关单位每年在全县中、小学生中举办各种形式的科普活动，一年一度的科技夏令营、爱鸟周、青少年科技创新大赛、“金钥匙”大赛，以及科普宣传周校内外科普系列活动等。1996—2000年，共获省、市、县各奖项1002项，获奖人员800名，获先进集体奖150个。2002年，举办首届江宁区中小学生科技节。2003年起，开始举办全区中、小学生航天航空模型竞赛。2007年7月，投资50万元，由区科协主办的江宁区青少年科学工作室正式开放，面积1000平方米，包括机器人工作室、发明创造工作室、科普工作室、网络培训工作室。其中机器人工作室有机器人组装套件50套，发明创造工作室有鲁班“五合一”机床32套。

科技培训 1984年，县科协先后举办西瓜高产栽培技术培训、乡镇企业厂长经营管理培训、机械设计入门教育、广播电视教育、服装设计培训等培训班10期，结业和参加学习学员1100人次。1986—1990年，县、乡科协有关部门共培训898期次，57548人次受训，培训内容由过去单一的农业培训发展到工业方面的培训。1986—1987年，组织417人次厂长、经理参加函授班学习，有175人合格，机械制图和机械新国标培训班有50多人合格。1991—1995年，共举办各类科技培训班443期，近5.10万人次受训。1993—1995年，对农村党员和农村基层干部进行实用技术培训，共培训党员、干部2.30万人次，考核发证1500人。1996—2000年，每年有1.20万人次的农村党员干部接受各类培训，其中部分受训人员掌握到一两门实用技术。2001年后，农村党员和基层干部实用技术培训工作趋于制度化、规范化。2001—2007年，共举办各类实用技术培训班1600多期，参加培训人员8.43万人次。此外，全区各学会、协会利用不同形式开展技术培训。仅2004年就举办各类培训班55期，5800余人次参加。

科技咨询与服务 1983年，全县第一个农村专业技术协会——禄口水产协会成立后，即向养鱼专业户提供养鱼科技知识咨询服务。1984年年底，县科协成立江宁县科技咨询服务公司，各乡、镇科协先后建立科技咨询服务站、点或公司32个。上坊乡科协组织19名科技人员成立3个科技服务队。1984—1985年，县科技咨询服务公司围绕发展县乡镇工业，与南京市大专院校、科研单位牵线、挂钩、搭桥，提供13个项目的科技咨询，接待来访咨询600人次。全县各级科技咨询服务点共接待来访6万人次，为675个专业户提供上门服务。1985—1990年，县、乡两级科协为县、乡、村三级企业提供技术咨询意见600项次，口头咨询900多人次，牵线搭桥39项，排解难题42项，增加产值2000万元，效益300万元，节省开支和无效投入30万元。1993年，中国科协启动“金桥工程”科技服务实践活动，县科协利用自身优势，大力实施“金桥工程”项目，至1995年，县科协所属团体和会员为50多个乡镇企业进行有效服务，实施金桥项目34项，实现产值4亿元，并创造了良好的社会效益和经济效益。1991—1995年，牵线搭桥、提供咨询涉及项目175项。1996—2000年，县科协系统的“金桥工程”项目着力农业产业结构调整和优化产品结构。县、镇二级科协组织为20个企事业单位牵线搭桥实施“金桥工程”21项，其中“青虾苗繁育及高产养殖”被列入中国科协“金桥工程”项目。县农机学会在加强科技咨询的同时，推广农机新机具、新技术，于2000年实施的“水稻机械化种植”项目，被市农林局、市水利局评为科技一等奖。县农学会开展科技咨询的同时帮助农户科学种田，会员王则禧与农户庞大海科技结对成效特别显著，获得中华科教兴农农户奖。

2001—2007年，科协系统的科技咨询服务趋于正常化、规范化，成为送科技下乡、科普周活动的重要内容。并持续组织实施“金桥工程”“厂会协作”等项目。2002年，陶吴万亩花卉苗木基地被列为中国科协“金桥工程”项目。2004年，申瑞公司科协牵线搭桥的“GER 3000微机励磁调节装置”项目被中国科协立项。2004—2006年“双百工程”实施过程中，结对专家深入田间地头现场指导，技术咨询服务110多次，利用电话、邮件答疑150多次，提供生产、销售信息162条，开办技术讲座、培训班55期次，帮助引进新品种、推广新技术37项，发放农业技术资料6000份（册）。至2007年，全区拥有国家级“金桥工程”3项、省级4项、市级20余项，“厂会协作”项目20项，被市科协立项19项，占全市项目22%。

创建科普文明镇村和全国科普示范区 1989年起，县科协会同有关部门在全县农村中开展“讲精神文明，比科技致富，建科普文明乡（镇）村活动”。各乡（镇）纷纷建立科普学校、科普示范基地、科普画廊等；一些行政村以此项活动为契机，弘扬科学精神，破除陈规陋习，营造农民学科技知识、比科技致富的氛围。至2000年年底，全县有东山镇等14个镇、章村等19个村通过市级验收，被命名为南京市科普文明镇（村）。2001—2002年，上坊、麒麟、横溪、谷里4个镇完成创建市级科普文明镇任务，全区除东善桥镇因区划调整因素外，其他17个镇（街道）均被命名为南京市科普文明镇。2003年后，进一步增加对科普工作人力、物力、财力的投入，健全基层科普组织网络，完善科普画廊、科普活动室、图书室等科普设施，改善农村基层科普工作条件和环境。2005年3月28日，全区开展“学科学技术、做现代农民、建文明家园”科普活动。至2007年，全区创建成省级科普文明街道6个，省级科普文明社区4个，市级科普文明村（社区）67个。

2003年6月，江宁区制定下发《关于开展创建省级科普示范区活动的意见》，建立创建领导小组，加大经费投入，完善科普基础设施。同年11月23日，通过省、市科协检查组的验收，成为江苏省科普示范区。2005年8月，区科协向中国科协申报江宁区于2007年创建全国科普示范区的计划，并获得中国科协批准。2006年，制定下发《关于开展创建全国科普示范区活动的意见》，以创建全国科普示范区为主线，精心打造区科普周和科普日，着力实施“百名专家进百村”工程、“科普教育示范”工程和“金桥工程”，进一步完善科协工作的运行机制和服务体系，全面提升全区科普工作质量和水平。2007年10月19日，通过省科协验收组的验收，11月23日，江宁区被中国科协命名为第三批全国科普示范区。

实施“双百工程” 2004年3月，南京市委组织部、市科协、市农林局、市科技局联合发文，提出3年内在全市100个村实施“百名专家进百村，农民致富迈小康”工程（简称“双百工程”）。当年江宁区列入活动的有4个结对帮扶村、2005年8个、2006年6个，18个市级结对帮扶村（社区）通过自身特色产业合作的方式，分别与专家签订技术帮扶协议书。区科协先后组建6个专家服务团、50多名专家开展科技帮扶活动，初步形成专家带大户、大户带农户的帮扶格局。结对专家帮助制订帮扶村经济发展规划，调整产业结构，提供农业新品种、新技术，使18个村（社区）成为具有鲜明特色的科技示范村（社区）。2006年，区科协被评为南京市2004—2005年度“双百工程”先进集体。2006年和2007年科普周期间，根据汤山街道锁石村的特点，区科协联合市科普创作协会、南京农业大学组建南京农大博士服务团，派出蔬菜、畜牧、食用菌、花卉等方面专家与种植、养殖大户结对帮扶。2007年5月，聘请市农林学会8名专家与社区农、副业大户签订科技结对帮扶协议，市科技与产业发展促进会与青龙社区签订合作协议。这些活动推动全区“双百工程”的深入开展，带动农户科技致富。

图29-3-15 江宁区召开科技专家百村结对座谈会（2004年摄）

学术交流 全县各级学会、协会、研究会组织广泛开展多种形式的学术交流研讨活动。1981年，县农学会成立后，即在会员中征集论文27篇，内容涉及8个专业及农业新技术推广，并将其编辑成集，与兄弟县进行交流，并组织“农业现代化”学术报告会、“立体农业”研讨会和江宁县农业发展战略研讨会等。1986—1990年，全县共举办各种学术报告会20次，学术讲座15次，科学考察7次，学术研讨会31次，计1000多人次参加，交流学术论文120多篇，其中发表40篇。1991—1995年，共举办学术讲座、论文发布会等90场次，交流和发表各类学术论文860余篇，其中在市级以上刊物发表的论文有130篇，40篇论文被评为市级以上优秀论文。县医学会论文《县级医院开展闭式心脏二尖瓣分离术》被医学界权威公认为全国县级医院领先水平；县工学会论文《应重视直流电弧炉》获全国节能优秀论文一等奖。1996—2000年，县医学会、中医学会、卫生协会共开办学术讲座89次，有500余篇论文在市级以上刊物发表，其中7篇获中华医学会优秀论文奖，22篇获省医学会、农村卫生协会优秀论文奖，41篇获市级以上优秀论文奖。财会学会和珠算协会在《中国财经报》《中国经济日报》上设江宁专刊，面向全国举办“江宁杯”新财会制度学习有奖征文活动；组织参加珠算比赛、会计和财政知识大赛活动。珠算协会于1997年被评为全国先进社团。县农学会、农机学会、水利学会开展学术交流、论文发布和评选活动形成制度化，会员撰写论文250篇。

2001年后，各学会、协会的学术交流活动在数量和质量上都有较大提高。2002年，各学会、协会举办的学术活动160多场次，其中研讨会21次，报告会12次，继续教育项目26个，国内交流活动16次，新技术推广10项，创优争先活动6次，各专项知识讲座30余次。区林学会撰写的《江宁区社会林业工程项目调查报告》荣获中国林科院优秀论文二等奖。2003年10月27日，江宁区举办首届学术年会。全区征集论文165篇，评选奖励区级优秀学术论文55篇；编辑论文集1部，共70篇。区首届年会设立4个分会场，提供学术交流论文100余篇，参会人员1000余人次。同时，推荐70篇学术论文参加市评选活动，其中有6篇获市第五届自然科学优秀论文三等奖、19篇获市科协第十届优秀学术论文获。2004年，组织《农业技术革命的挑战》专题报告会，会后，报送11篇论文参加市第五届青年学术年会论文交流活动，其中1篇被国家农产品质量安全建设研讨会收录，另外10篇论文在市级以上刊物发表。举办江宁区教育学术专题研讨会，全年收集论文2290篇；江宁区财会学术交流会，全年收集论文149篇；区水利学会收集论文10余篇，其中有8篇被《江苏水利》学术期刊采用。2005年11月11日，区第二届学术年会召开。全区征集论文287篇，表彰奖励区级优秀论文92篇；编辑论文集1部，共89篇。有25篇论文获得省、市奖励，获江苏省软科学成果奖1篇，市第六届自然科学优秀奖2篇，市科协第十一届优秀学术论文奖22篇。2007年9月20日，区第三届学术年会召开。全区征集论文480篇，表彰奖励区级优秀学术论文120篇；编辑论文集1部，共99篇；申报市级优秀论文103篇。

1986—2007年，科协系统共进行10次面向全区科技工作者的论文征集和评比活动。共征集论文529篇，其中获市自然科学优秀学术论文奖11篇，市科协优秀学术论文奖145篇。

第六节 区文学艺术界联合会

【组织机构与代表大会】

1985年1月29日，江宁县首届文学艺术工作者代表大会召开，出席代表120人，列席代表10人，宣布成立江宁县文学艺术工作者联合会（简称“文联”），制订章程，选举产生首届文联委员会委员26名及所属文学、美术、书法、摄影、戏剧、音舞6个协会组织的理事会，首批会员201人，其中省级会员3人、市级会员19人。1996年8月15日，召开江宁县文学艺术界联合会第二次代表大会，出席代表180人，特邀代表34人。选举产生第二届文联委员会委员29名，下辖的6

图29-3-16　2007年6月29日，江宁区文学艺术界联合会第三次代表大会召开

个协会理事会进行相应改选。文联有会员335人，其中国家级会员3人、省级会员24人、市级会员48人。2000年12月，江宁县撤县设区，江宁县文学艺术界联合会改称江宁区文学艺术界联合会。是年，区文联被江苏省文联评为先进文联。2003年，新设立民间艺术家协会。2007年6月29日，召开江宁区文联第三次代表大会，正式代表150人，特邀代表50人。选举产生新一届文联领导及文联委员会委员32名。下辖协会7个，分别是作家协会、书法家协会、美术家协会、音舞家协会、戏剧家协会、摄影家协会及民间艺术家协会。会员总数680人，其中国家级会员9人、省级会员47人、市级会员104人。

【主要工作】

县文联成立后，积极开展文化艺术活动，组织广大会员开展文学艺术创作，经常举办文学、书画、摄影、戏剧、音乐舞蹈等学术研究、交流活动。1985—1995年，县文联先后邀请聂震宁、陈德溥、孙友田、恽建新等20多位文艺界知名人士到江宁县讲学，近2000人受益；邀访、接访武中奇、陈大羽、赵绪成、庞瑞垠、裴家同等100多位名家到江宁县表演授艺；与驻地部队的满维起、笪各平、刘开祥、李鹏、刘玉宝、李大成、潘成、赵勇等书画、摄影等方面的艺术家进行交流。文学协会举办文学园地《蔷薇小报》，与文化馆合办《江宁文艺》共30多期，举办讲座、笔会20余次，举办征文活动10余次。美术、书法协会联合举办“江宁风光展”“军民鱼水情展”“寒乐轩书画展”以及协会会员作品的多次展出活动等。剧协以“京剧联谊社”为龙头，经常为乡镇、厂矿单位作“庆典、节日”慰问演出。1990年，在东山影剧院举办纪念徽班进京200周年大型活动，观众数千。音舞协会与文化部门联办6次全县性的声乐比赛，以音舞协会骨干组成的“东山艺术团”到农村、厂矿、部队演出10多场。摄影协会组织“牛首山行”“开发区一日”“开发区一周年”“祖国万里行”等创作采风活动，先后举办“江宁首届艺术节”“江宁之春”“开发区一周年”等10多期摄影作品展出活动，并为文化馆宣传橱窗提供照片近1万张。1996—2000年，县文联先后举办4期理论学习班和5次文联委员创作座谈会，提高全县文艺工作者的思想道德素质。先后主办“百年梦圆”诗歌朗诵会、“走进澳门”诗歌朗诵会、“小康乐”书画摄影作品展、董伯国画佳作还乡汇报展、“祖国万岁”歌咏大会等40项文化艺术活动。5年中，县文学协会会员创作各类文学作品4000余件，其中在市级以上报刊发表1200余件，有30册文学专著出版。先后有100余篇文学作品获市级以上征文奖。2000年7月，县文联创办会刊《江花》。

2001—2002年，先后举办“世纪之光·诗书画作品展”“纪念中国共产党80周年诗歌朗诵会”“九寨沟风情摄影展”“江宁区首届农民艺术综合展”“万人看江宁征文、摄影大赛”“三下乡·书法家义务书写春联”等一系列活动。两年共有400篇（件）文学作品在国家级及省、市级报刊发表，并有一批作品在省内外获奖。2003—2004年，共创作各类文学艺术作品3550篇（件），有7件作品获国家级奖项，664件作品在国家、省、市各类报刊发表。2004年10月，区文联协助市文联成功举办第十四届全国历史文化名城文联工作研讨会，全国46个城市的文联负责人、知名作家、刊物编辑100多人汇集江宁。2004年5月至2005年7月，江宁区开展民间文艺普查工作。全区共普查江宁特色文化和民间艺术资源136件，全部进行整理、加工和存档。其中，金箔工艺、石刻工艺、木雕工艺“三大宝”制作成光盘、图片本、文字本各3套。2005年，共举办美术、文艺等培训班4次，86人参加；举办3次大型书法、美术、图片展览活动，共展出作品483幅；共创作各类文学艺术作品2246件，出版书刊8件，有85%的作品发表或表演。2006年，与浦口、高淳联合举办“青年优秀书法作品展”，选送参展作品46件。是年10月，组织开展“100 名文艺工作者下乡为建设江宁新农村和建设和谐江宁服务”大型活动，指导各镇街开展系列文化活动，培训文化站、文化室骨干。活动共投入人员 247 人，排演文艺节目 56 个，举办培训班 8 期、展览 4 次。组织参加第十三届全国推文艺新人大赛，全区有 86 人参加，有 64 人分别获国家、省、市级奖项，其中十佳选手 32 人、十优选手 22 人、优秀选手 9 人。是年，全区有 12 件文艺作品获国家级奖，17 件获省级奖，38 件获市级奖。2007 年，举办“共创共享小康江宁”系列文艺展评活动，征得各类作品 4.15 万件；举办庆祝十七大书画作品联展，参展作品 148 件；8 月，《江宁文艺界》创刊。是年，共创作文艺作品 1100 多件，其中 35 件作品获全国及省、市级奖。

第七节　区残疾人联合会

【组织机构与代表大会】

1991 年 10 月 30 日，江宁县政府发出《关于成立江宁县残疾人联合会的通知》，并成立残联筹备工作领导小组。11 月 6 日，召开残联第一次代表大会，到会代表 137 名，其中残疾人代表 72 名。经大会选举产生江宁县残疾人联合会第一届主席团及执行理事会成员。至此，江宁县残疾人事业进入一个新的发展阶段。县残联是江宁县人民政府批准的事业团体，隶属于江宁县民政局。随着县残联和理事会的建立，至 1993 年，各乡（镇）相继建立残联理事会，由分管民政的副乡（镇）长担任理事长。

根据中残联和市政府文件精神，1994 年 7 月，江宁县政府下发文件，批准成立残疾人工作协调委员会。委员会由县政府、县委宣传部、民政、财政、劳动、教育、卫生、工商、税务等 14 个部门的领导人组成，具体工作由县残联承担。1998 年 5 月 15 日，县残联召开第二次代表大会，选举产生县残联第二届主席团及执行理事会成员。

2000 年，县残联升格为正科级机构，同年 12 月江宁县撤县设区，更名为江宁区残疾人联合会。2001 年，区残联升格为正处级机构。至是年年底，各乡（镇）残联相继调整充实专、兼职工作人员，形成从上到下一专多能、全心全意为残疾人服务的工作者队伍。同时，全区 336 个村建立残疾人领导小组，37 家福利企业建立残疾人协会，形成较为完善的残疾人工作网络。

2003 年 4 月 3 日，区残联召开第二届第三次委员会会议。大会审议同意区残联成立 4 个专门协会，即盲人协会、聋哑协会、肢残协会、智力和精神残疾人亲友会，加强残联的基层组织建设。2004 年 10 月，区残联实行单列，从民政局划出。区残联执行理事会贯彻、执行主席团决议，下设综合科（办公室）、教育就业科、康复宣文科。

图 29-3-17　2007 年 11 月 20 日，江宁区残疾人联合会第三次代表大会召开

实行理事长负责制，主持残联和各专业协会的日常工作，指导各乡（镇）和企事业单位建立相应的基层组织和各类残疾人专门协会，构成纵横交错的网络体系，发挥“代表、服务、管理”残疾人的职能。

2007年11月20日，区残联第三次代表大会召开，选举产生第三届主席团及执行理事会成员。是年，全区有残疾人5.13万人，其中持证残疾人1.50万人。有各级残联组织10个、残疾人协会204个。区残联多次被评为南京市残疾人工作先进单位。2002年，被评为省残疾人扶贫工作先进集体。2006年，被评为全省残疾人社区康复先进区。

【主要工作】

残疾人康复工作 20世纪90年代，江宁县开始开展残疾人各项康复工作。“三康”（主要指小儿麻痹症矫治、白内障复明、聋儿语训）工作是《残疾人事业“八五”计划纲要》规定的首要任务之一，也是残联的工作重点。1991—1995年，全县累计完成小儿麻痹症矫治95人、聋儿语训26人、白内障复明228人、低视力康复4人、弱智儿童训练8人。1996年，江宁县在丹阳镇进行试点，全镇形成1个康复指导中心、13个康复点、24个康复家庭覆盖全镇的康复网络。通过各种形式的康复训练，全镇有3名残疾人完全康复、21名残疾人有不同程度地好转。之后在全县建立残疾康复站点。1999年，按照省、市残疾人三项康复实施方案，江宁县开展“光明工程”活动，当年进行复明手术120例。

2000年年初，江宁县被确定为江苏省残疾人社区康复训练与服务工作重点联系县，同年4月，对全县残疾人普查建档，制订《江宁县社区康复训练与服务工作实施方案》，把残疾人康复工作与社区建设相结合，与社区卫生保健、便民利民服务相结合。2002年，按照省卫生厅、省残联要求，江宁区于5月10日至6月2日，对全区白内障患者进行普查筛选。当年“复明三号”手术车到江宁，为100个白内障患者成功进行复明手术。2005年，江宁区残疾人康复工作以“三助一给”（助行、助听、助视和向贫困精神病人免费给药）为重点，全年组织85名白内障患者进行体检，为9名下肢残疾人免费安装假肢，免费为10名盲人提供按摩培训，300名精神病患者获免费给药等。

图 29-3-18　江宁区残疾人获赠轮椅（2004年摄）

2006年，对全区300名残疾儿童进行普查，对符合条件的79名儿童送至各类机构进行抢救性康复训练，训练效果极佳。组织开展“三助一给”工作，全年完成白内障患者调查筛选143人，发放助行拐杖和盲杖16根、助听器4件、轮椅110辆，为15名残疾人安装假肢，为557名精神病人免费供药。通过逐步完善，全区初步形成以区第二人民医院为龙头、9个镇街卫生服务中心为依托、32个村（社区）康复站为基础的三级残疾人康复服务网络。全区设立康复中心、站、室42个，配备各级康复指导协调员142人。据2006年4月第二次全国残疾人抽样调查显示，江宁区共有残疾人5.13万人，其中视力残疾7600人，占残疾人总数的14.81%；听力残疾1.54万人，占30.06%；言语残疾500人，占0.98%；肢体残疾1.23万人，占23.96%；智力残疾4000人，占7.72%；

精神残疾 4100 人，占 7.97%；多重残疾 7400 人，占 14.50%。全区共有持证残疾人 13181 人。

2007 年，江宁区新建 30 平方米以上的残疾人社区康复站 32 个，全区累计建有各类残疾人康复站点 84 个，全部配备持证康复指导员和协调员。区残联深入社区对 120 名残疾儿童进行调查登记，33 名残疾儿童被列入省、市抢救性康复计划。对全区 268 名白内障疑似患者进行检查，为确诊的 87 名患者实行免费手术治疗。为肢残者捐赠轮椅 100 辆，为 35 名下肢截肢残疾人装配假肢，免费为 8 名听力残疾儿童提供助听器。同年 8 月，江宁区开始开展白内障无障碍区创建活动。是年，江宁区投入 500 余万元，在谷里街道东善桥建立区残疾人综合服务基地，占地面积约 1.40 公顷，实用面积近 3000 平方米。基地内设残疾人康复中心、残疾人教育培训基地及残疾人手工艺品工厂，为全区残疾人提供康复训练、教育培训、安养庇护等服务。

扶贫解困 江宁县除每年“助残日”（1991 年起，每年五月第三个星期日为全国助残日）对残疾人捐助外，1997 年，59 家县直属机关企事业单位与县内 108 户特困户开展结对帮扶活动，资助金额 15.99 万元，其中残疾人特困户 83 户，占 76.85%，平均每户受助近 1000 元，最高一户达 1.70 万元。同年，利用中残联 105 万元的扶贫贷款和政府 50 万元的匹配扶贫资金，分别贷给 3 家福利企业，安置 50 名残疾人就业，帮助 20 名残疾人脱贫。1998 年，通过 105 万元康复扶贫贷款及其配套资金的管理使用，安置 63 名残疾人就业，扶持贫困残疾人 260 户，帮助他们从事种植业、养殖业和个体经营，摆脱贫困。

20 世纪 90 年代起，江宁县通过建立扶贫基地辐射残疾人家庭，帮助他们勤劳致富。全县先后争取扶贫贷款 105 万元，用于扶持丹阳镇秦城化工厂、南京民光高压油管厂和南京江凯机床厂 3 家扶贫实体，企业经济效益逐年增加。至 2002 年，3 家扶贫实体共安置残疾人 75 人，辐射带动 138 户残疾人家庭摆脱贫困。同时采取培育基地的办法，辐射带动残疾人及残疾人家庭致富。

1999 年，根据县民政局 1997 年出台的《江宁县城乡居民最低生活保障线制度暂行办法》，作出“城乡并举、分步实施”的部署，将全县农村 424 户、547 名残疾人列入最低生活保障对象，年保障金 27.50 万元，为贫困残疾人构筑生活保障防线。2003 年，区政府出台的《江宁区城乡居（村）民最低生活保障工作实施细则》规定：与父母共同生活丧失劳动能力、无收入的成年残疾子女，凡家庭月人均收入低于七区城乡居（村）民最低生活保障标准 1.50 倍的，其成年子女单独享受最低生活保障待遇，按江宁区城乡最低生活标准给予全额保障。根据这一条款，8 月，区残联在全区进行调查，共有 1200 人符合此标准。各乡镇民政办将符合条件的残疾人逐步纳入最低生活保障网。1997—2003 年，全区符合条件的残疾人全部进入城乡最低生活保障，累计保障 1378 户、2896 人。至 2006 年年底，全区纳入低保残疾人 3890 人，占低保总数的 23%。

2007 年，全区建成省级残疾人扶贫基地 3 个、市级 3 个，辐射带动残疾人家庭 198 户，使其年人均收入 6500 元以上。区残联组织开展走访慰问残疾人活动，全年上门慰问特困残疾人 500 多人，发放扶残慰问金 40 余万元，为 1686 名残疾人办理残疾人证，为 20 名盲人办理免费乘车（船）证，对“三小车”残疾人车主免费提供雨具 180 件。全年接待处理残疾人来信来访 30 余件，满意率 100%。

安置就业 1980 年后，江宁县主要采取集中就业、分散就业和个体从业等形式，解决残疾人就业问题。1984 年起，江宁县普遍开始创办福利企业（福利企业内容详见本志第四十二编第四章第三节《福利企业》）。

1999年，县政府成立按比例安排残疾人就业工作领导小组，出台《江宁县按比例安排残疾人就业实施办法》。同时，县财政、物价、残联联合制订《江宁县残疾人就业保障金收缴及管理办法》和《江宁县残疾人残疾评定暂行办法》等配套政策。要求县内的机关、团体、企事业单位按不低于所在单位从业人员总数1.50%的比例安排残疾人就业。安置残疾人就业达不到规定比例的单位，每年度必须缴纳残疾人就业保障金，用于残疾人职业培训等工作。同时，相应成立残疾人残疾评定委员会和残疾人就业管理所2个配套机构具体负责此项工作。至2000年年底，全县按比例新增安排33名残疾人就业，收取保障金51万元。为规范化、制度化开展按比例安排残疾人就业工作，2001年起，区残联与各单位建立残疾人按比例就业工作台账，实行按比例安排残疾人就业年审制。当年全区共建残疾人就业年审台账单位315家。

2003年，区残联联合区妇联，对全区有从事个体就业愿望和正在从事个体就业的业主进行调查摸底，收到调查表105份，当年从残疾人就业保障金中拿出10万元，对10名妇女残疾人每人给予1万元的资金扶持。至此，江宁区拉开扶持个体残疾人就业的序幕。2004年，全区安置残疾人就业50人，征缴保障金600万元。通过不断宣传，单位安置残疾人由不理解变成理解，由被动年审变为主动年审。2006年，区残联出台《关于对残疾人自主创业从事个体经营实行补助的办法》，对从事个体经营2年以上的残疾人给予500元~2000元补助。2006—2007年，共发放扶持资金16.20万元。2007年，区残联依法审核225家企事业单位残疾人按比例就业保障金，征收1759家企事业单位保障金800万元。积极开展残疾人求职登记，多方安置残疾人就业，举办两次残疾人专场招聘会。全年安置残疾人就业105人。建立年审台账企业近1000家，按比例安排残疾就业1031人次，征缴保障金增至近1000万元。

至2007年年底，全区共有10044名残疾人就业，其中到福利企业就业2553人，分散就业3070人，个体就业508人，从事生产劳动3913人。

教育培训 20世纪80年代初，江宁县开始启动残疾人教育工作。1984年，铜山乡在全市乡镇中率先创办第一家以小学中心校为基地的聋哑儿童特殊教育班，全乡适龄聋哑儿童入学率、毕业率均100%。1986年，教育部门在东善乡江宁茶场创办聋哑学校。1988年，在实验小学创办弱智儿童班。1991年，县残联成立后，把聋哑学校列入重点扶助对象。1995年，该校由东善乡迁到东山镇。1996年，该校有5个班级、36名学生，教职工19人。1999年4月，该校又迁到上坊镇。2001年，江宁聋哑学校改名为南京市江宁特殊教育学校。学校投资添置较为先进的语言康复设备，办学条件逐步改善，一所现代化特殊教育学校的框架基本形成。

在对残疾人教育中，坚持对残疾人开展自信、自立、自强教育，鼓励支持残疾人正视自己的生理或心理缺陷，克服精神、思想上的障碍，像健全人一样自主，确立坚定战胜困难、投身社会生活的信心。为鼓励残疾学生考取中等以上学校，接受高等教育，2005年开始，对接受考取中等教育的残疾学生给予2000元~6000元不等的助学补助，至2007年，全区共有63名残疾学生接受助学补助，补助金额15.98万元。2005—2007年，区残联充分利用各类学校和社会培训机构为残疾人进行免费培训，共举办80期各类残疾人实用技术和职业技能培训，培训人员达5000人次，为培训合格者颁发从业资格证书。

文体活动 每年“助残日”残疾人的文艺表演，都得到社会好评。区残联经常组织残疾人开展“残疾人看江宁”、残疾人文艺汇演等活动，为残疾人融入社会提供平台。2000年全区文艺汇演中，区特殊教育学校获优秀节目奖。

1999年7月，县残联组织伤残军人和残疾职工9人参加南京市首届残疾人运动会，获得金牌1枚、银牌4枚、铜牌4枚。2003年，选派5名残疾人运动员参加全国第六届残疾人运动会，比赛中获得6金、1银、2铜。其中，超世界纪录2项，破全国纪录1项。2007年，区残疾人运动员在全国第七届残疾人运动会上共获得5个第一，破2项世界纪录，获2个道德风尚奖。组织20名智障残疾人运动员参加市特奥邀请赛，共取得5个项目的第一名、6个项目的第二名和5个项目的第三名。东山街道晓里社区被评为省级残疾人特奥社区。

图 29-3-19　江宁区聋哑学校学生舞蹈表演——庆祝第十六次“全国助残日”（2006年摄）

第八节　区红十字会

【组织机构与代表大会】

1958年6月23日，江宁县红十字会正式成立，下设办公室，与县除害灭菌办公室一套班子。并召开第一次委员会，通过《江宁县红十字会组织章程（草案）》。1959年，先后有15个公社、3个厂矿、3个中学建立红十字会组织，并设立53个红十字卫生站，发展会员1415人。1964年2月，召开第二次会员代表会议，对红十字会组织进行整顿。全县有红十字会基层委员会16个，红十字卫生站11个，会员239人。“文化大革命”期间，县红十字会组织解体，活动停止。

1987年11月5日，县政府下文恢复江宁县红十字会。1988年，县红十字会组织有团体会员29个，基层组织41个，成人会员1697人，学生会员918人。2000年6月27日，江宁县红十字会第三次会员代表大会召开，选举产生第三届理事会、常务理事会，理事60名。2002年，区红十字会办公室正式成立，挂靠区卫生局，负责区红十字会日常事务管理工作。2006年10月23日，江宁区红十字会召开第四次会员代表大会，出席会议正式代表127名。会上表彰31个先进集体、60名先进个人。选举产生红十字会第四届理事会、常务理事会，理事67名。2007年，全区有团体会员30个，基层组织109个，成人会员4472人，学生会员4882人。先后获得全国社区红十字服务示范区、全国无偿献血促进奖等国家级荣誉，获省级表彰4项，市级表彰6项。

图 29-3-20　2005年2月，江宁区获全国社区红十字服务示范区称号

1988—2007 年江宁区红十字会基层组织和会员情况表

表 29-3-8

年份	团体会员单位数（个）	基层组织数（个）	成人会员数（人）	学生会员数（人）	年份	团体会员单位数（个）	基层组织数（个）	成人会员数（人）	学生会员数（人）
1988	29	41	1697	918	1998	29	41	2014	1370
1989	29	41	1775	930	1999	29	41	2113	1387
1990	29	41	1875	954	2000	29	41	2345	1430
1991	29	41	1889	970	2001	30	46	2405	1445
1992	29	41	1897	987	2002	30	58	2421	2182
1993	29	41	1924	1114	2003	30	109	2752	2266
1994	29	41	1940	1125	2004	30	109	3568	2525
1995	29	41	1954	1154	2005	30	109	3870	3067
1996	29	41	1970	1190	2006	30	109	4346	6565
1997	29	41	1987	1290	2007	30	109	4472	4882

【主要工作】

无偿献血　捐赠造血干细胞与遗体活动　2000 年,区红十字会在全区组织开展无偿献血活动。2002 年，开始开展捐献造血干细胞活动。2004 年，向全区市民发出自愿捐献遗体倡议书，开展各种宣传和咨询活动。至 2007 年年底，全区有 40558 人参加无偿献血，全区临床用血连续 7 年 100% 出自无偿献血；有 543 名志愿者主动加入捐献造血干细胞队伍，并有 2 人成功实现造血干细胞捐献；全区自愿报名捐献遗体并领得南京市红十字会颁发的“自愿捐献遗体之友证书”有 205 人，并有 6 人实现捐献遗体意愿。2005 年 11 月，江宁区被省卫生厅、省红十字会、省军区后勤部联合授予 2002—2004 年度无偿献血先进区称号。

图 29-3-21　江宁区红十字会在东山大市口广场开展无偿献血活动（2005 年摄）

帮困救助　1988—2007 年，区红十字会努力做好“依法募捐、帮困救助”工作，共收到募捐备灾救助基金 53 万元；在汤山中毒案、抗击“非典”、印度洋地震灾害等突发事件中，共收到募捐款 152.55 万元。1999—2007 年，共帮扶救助 3119 名困难人群，资助资金 125.94 万元。2000—2007 年，区红十字会共募集博爱助学款 171.14 万元，资助大学生 361 人，中、小学生 932 人。

2002 年 5 月，区政府成立区中小学生“红十字爱心互助金”管理委员会。2002—2007 年，在全区中、小学校中联合开展“红十字爱心互助金”活动，每个学生每学期自愿交纳互助金 5

元实行大病救助，参加人数61.55万人，共收互助金606.15万元；1978名患大病的中、小学生得到救助，共发放救助金720.99万元，其中享受1万元以上的有200余人。

2004年3月，为纪念中国红十字会成立100周年，区红十字会共制作明信片6.90万张，在全区开展纪念中国红十字会成立100周年抽奖式附捐明信片认购活动，募集善款7.12万元。2007年6月18日，区政府成立江宁区红十字博爱应急救助工程领导小组。区红十字会拟订《江宁区“红十字博爱应急救助工程”实施办法》，共募集应急救助资金75.31万元。

社会服务 区红十字会通过组织志愿者开展红十字关爱进社区，联合区教育局组织以弘扬“人道、博爱、奉献”为主题的红十字青少年夏令营，开展多种类型的卫生救护培训，采取各种方式进行社会宣传活动，开展社会服务工作。

1992—2000年，全县共有13556名机动车驾驶员参加卫生救护培训，驾驶员自救、互救水平得到提高。2001—2007年，全区先后有10560名干部、职工、学生及社区居民接受卫生救护培训。2003—2007年，先后组织4次红十字青少年夏令营活动，共有750余名中小学红十字会员参加活动。2004年3月24日，区红十字会、区民政局印发在全区开展《争创省和全国“社区红十字服务示范区”活动》的通知。2005年，江宁区被授予全国社区红十字服务示范区牌匾，成为全国首批22家红十字服务示范区之一。2006年3月15日，区红十字会、区教育局组织在全区学校开展创建江苏省红十字示范学校活动。南京市上元中学、上元小学于2007年3月12日通过考核评审，被省红十字会、省教育厅命名为江苏省红十字示范学校。

社会宣传 2000—2007年，区红十字会利用报纸、广播、电视等媒体宣传，举办大型无偿献血等各种宣传咨询活动40多场次，制作无偿献血和红十字工作专题片2部，国家、省、市、区各种报刊、电视等媒体报道江宁区红十字会工作300多篇（期）。区红十字会自办红十字工作简报31期，自编《红十字工作资料汇编》100余册，自编《前进中的江宁区红十字会》画册800余册，印发各种宣传资料30多万份，制作红十字展板100余块。区红十字会宣传工作曾6次受到国家红十字会总会和省、市红十字会的表彰。

第三十编

法　治

第一章　政法工作　法治政府建设

第二章　公　安

第三章　检　察

第四章　法　院

第五章　司法行政

清代末年，江宁始设警察局、初级审判厅、地方检察厅。民国时期，江宁县设警察局、地方法院、检察处等。民国38年（1949）4月江宁县解放后，建立县公安局。1950年10月，成立县人民法庭；是年12月，成立县人民法院。1954年6月24日，设立县人民检察署；1955年1月，改称县人民检察院。“文化大革命”开始后，县政法机关职能为县公检法军事委员会取代；1968年，成立县革命委员会政法组。1973年1月，复建县公安局、县人民法院。1979年1月，复建县人民检察院。1981年3月，成立县司法局。同年4月，设立县政法领导小组。1984年3月，设立县政法委员会。1990年8月，成立县政府法制局。2000年12月，江宁县撤县设区，上述机构分别改为区公安局、区法院、区检察院、区政法委、区司法局和区政府法制办公室。

新中国成立后，县公安机关开展人口清查和户籍登记，配合人民解放军和区、乡政府开展剿匪反霸斗争，清查反动党、团、特人员，取缔反动道会门组织，搜捕刑事犯罪嫌疑人；检察署开展刑事、经济、法规案件检察；人民法院依法惩治反革命分子、恶霸和贪污分子、破坏统购统销和其他刑事犯罪嫌疑人。政法机关通过专政职能，维护社会秩序，巩固新生政权，保障江宁土地改革、抗美援朝、统购统销、合作化运动的顺利进行。社会主义革命和社会主义建设时期，公安机关与日益突出的刑事犯罪作斗争；检察机关开展侦查监督和审判监督，担任刑事起诉，查处经济犯罪；人民法院担负审理政治案件、刑事案件和经济案件，维护政治和经济秩序。“文化大革命”中，政法机关屡遭冲击，职能削弱。

1978年后，公安机关坚持“严打”方针，始终保持对严重刑事犯罪主动进攻的高压态势，开展综合治理宣传教育和基层创安、群防群治活动，形成上下统一、协调联防的治安防范网络，增强社会治安的控制能力。检察机关认真履行法律赋予的监督、检察权，对严重危害社会秩序的刑事犯罪不失时机的依法批捕和提起公诉，深入开展反贪污贿赂检察，严厉查处经济犯罪和职务犯罪。审判机关依法受理和审判各类公诉、告诉、申诉案件，依法办理刑事、民事、经济、行政、行政申请强制执行案件的审理和立案工作，依法办理发生法律效力的民事、行政案件判决和裁定的执行事项及刑事案件判决和裁定中有关财产部分执行事项。司法行政机关持续开展法制宣传教育并纳入规划，对可能影响社会稳定的热点、难点和容易引发群体事件的问题，分清性质，依法疏导，发挥基层各级民调组织作用，防止矛盾激化。全区各级党组织和各综治成员单位认真落实社会治安综合治理领导责任制，认真落实综治工作多项措施。狠抓法治政府建设，积极推进依法行政，使全区行政执法和执法监督工作走上法制化、规范化轨道。由于政法机关各司其职，协调配合，使江宁区社会秩序基本稳定。为江宁区经济及社会事业跨越发展，为打造平安江宁、构建和谐社会做出贡献。

至2007年，据不完全统计，江宁区政法机关受到上级表彰和嘉奖有500余项（次）。

第一章　政法工作　法治政府建设

区（县）政法委成立后，紧紧围绕全区改革、发展、稳定大局，充分发挥领导、协调、管理、服务等职能，加强政法队伍建设，加强政权建设和隐蔽战线斗争，坚决打击邪教组织，积极化解人民内部矛盾，依法妥善处理大量群体上访事件，没有发生影响全区波及全市的重大政治事件，没有发生对国家建设和全区改革、发展和稳定造成重大影响的事件，没有发生人民内部矛盾转化为对抗性矛盾的事件。

全区各级党组织和各综治成员单位认真落实社会治安综合治理领导责任制，逐步形成“党政负责，综治牵头，公安主力，条块结合，齐抓共管”的良好运行机制，并坚持“打防结合、预防为主”的方针，认真落实综治工作各项措施，确保社会治安持续稳定。进入21世纪后，全区社会治安综合治理工作以“平安江宁”创建为主线，以构建全区治安防控体制为抓手，以实现“社会治安安全区”争先进位为目标，突出重点，破解难点，打造亮点，全区社会治安综合治理和平安创建工作取得成绩。2004—2007年，江宁区连续4年被省委、省政府命名为社会治安安全区；2007年，被省委、省政府命名为建设法治江苏合格区。2005年，被市委、市政府评为平安创建有功区县。2007年，被市委、市政府评为建设平安南京先进区县。人民群众对社会治安满意率达98.50%。

江宁区狠抓法治政府建设。2005年，区法制办被省人事厅、省政府法制办评为2004年度全省政府法制系统先进单位；2006年1月，区法制办被省人事厅、省法制办评为江苏省法制系统先进集体；9月，被国务院法制办确定为市县级规范性文件备案审查工作示范单位。2007年，江宁区被确定为省级依法行政示范点。

第一节　政法机构及队伍建设

【政法机构】

1955年，江宁县设有政法部，并从公、检、法抽调人员组成县政法联合办公室。1968年3月，建立县革命委员会政法组，与军管会合署办公。1981年4月，设立县政法领导小组，1984年3月，正式设立县政法委员会，成为县委主要工作机构和职能部门之一，核定编制6人。1985年后，部队转业干部陆续调入，干部力量不断加强。1986年7月，省委政法委、省编委、省财政厅、省公安厅联合发文明确政法委属“党委部门，政法编制，公安待遇，不着服装”。1990年11月，经县编委批准政法委内设办公室、综合科，为股级机构。1997年9月，根据市委、市政府关于江宁县机构改革方案的批复和县委、县政府关于机构改革方案的意见，县政法委内设办公室、案件督查协调科、社会治安综合治理科3个职能科室。2003年4月，增设政工科，列入办公室管理。政法委与社会治安综合治理委员会一个机构、两块牌子，合署办公。此后，随着职能不断扩大，政法委内设机构先后增设平安法治创建、流动人口管理、反邪教、维护稳定等部门。2005年4月，各街道成立政法委员会和社会治安综合治理办公室。至2007年，政法机构没有变化。

【政法队伍建设】

1984年3月县政法委员会成立后，组织政法系统开展一系列政治学习和教育整顿活动，狠抓队伍建设这一根本，不断提高政法队伍的政治和业务素质，为区域经济建设、平安稳定做出贡献。1985年8—12月，组织公安、检察、法院、司法等部门218名党员干部，参加县直机关整党活动，增强党员干部的历史责任感，自觉坚持党的四项基本原则。1993年，贯彻落实中央政法委关于严肃纪律、严格执法的通知精神，认真执行“十个不准”，提高政法战线从严治警、拒腐防变能力。1997年5—8月，根据组织部门“政法委协管干部”的要求，组织开展全县政法队伍集中教育整顿活动，建立健全队伍管理制度和监督制约机制，推动政法机关思想作风建设和党风廉政建设。1998年4—5月，组织开展“公正执法、文明执法”主题教育活动，通过动员教育、执法检查、落实整改、总结验收等阶段，取得明显效果，人民群众满意率提高。1999年4月，开展“争创人民满意政法单位、争当人民满意政法干警”的“双争”活动，组织“为谁执法、为谁服务”和公正执法等专题讨论，整顿警风警纪，实行警务、检务、审判和司法公开，自觉接受社会各方面的监督，宣传先进典型，查处少数干警违规违纪问题，促进政法队伍思想素质、业务能力、服务水平的整体提高。

2000年，按照中央要求和县委统一部署，先后组织开展“三讲”（讲学习、讲政治、讲正气）“双思”（致富思源、富而思进）教育和“三个代表”重要思想学习教育活动，以整顿作风、改进工作、带好队伍为目标，认真梳理剖析存在的问题，切实进行整改，密切干群关系，提高政法机关的凝聚力、感召力和战斗力。同时，在政法部门开展以全心全意为人民服务的宗旨教育，实事求是的思想路线教育和严格、公正、文明执法的法制教育为主要内容的“三项教育”活动，使全体政法干警牢固树立全心全意为人民服务的观念，增强爱岗敬业的奉献意识，提高执法水平和工作效率。区政法部门还积极推进干部人事制度改革，实行中层干部竞争上岗和一般干警“双向选择”等制度，逐步建立健全了竞争激励机制、队伍管理机制和责任考核机制。2003年，贯彻中央《关于进一步加强政法干部队伍建设的决定》，以公正执法为标准，以基层和“窗口”单位为重点，以提高素质为目标，切实改进政法工作，深入开展“公正执法树形象”主题教育活动和学习张勇、马福银、钱启玉、杜礼根等身边先进典型活动。加强政法干部业务培训，2007年，培训政法综治干部500多人次。

至2007年，区政法综治战线涌现一批先进集体和先进个人。其中，2000年，县检察院被省委、省政府荣记一等功，又被评为全国人民满意的检察院；县法院被评为全省人民满意法院；司法局被省司法厅荣记二等功。2001—2002年，区政法综治系统受国家级表彰的先进集体4个，先进个人2人；省级表彰先进集体17个，先进个人6人；市级表彰先进集体81个，先进个人78人。2004年，区检察院被评为全国先进检察院。

第二节 社会治安综合治理

1985年1月，江宁县成立社会治安综合治理领导小组。1991年8月，更名为社会治安综合治理委员会，并下设办公室，与县政法委合署办公。同年，乡镇一级综治领导机构配备专抓政法综治工作的副乡镇长和综治办副主任。1993年11月，中央综治委、中纪委、中组部、人事部、监察部颁发《关于实行社会治安综合治理领导责任制的若干规定》后，全县综治工作坚持贯彻执行领导责任制、目标管理制和一票否决制，有效推进社会综治各项措施的落实，组织开展综治、平安、法治系列创建活动，采取措施预防和减少青少年违法犯罪。协调社会各方面力量齐抓共管，严厉打击犯罪，实施专项整治，严格执法，为维护社会稳定、促进经济发展做出贡献。

【基层治安稳定工作】

新中国成立初期，江宁县就有治安保卫和乡村民间调解组织。“文化大革命”期间，基层治保调解组织活动一度中断，1976年后得以逐渐恢复和加强。

1985年1月，学习借鉴广东等外地经验，在周岗乡绿杨村成立全县第一个治安承包队。同月，县委召开各乡镇党委书记会议，推广绿杨村治安承包的经验做法，要求各地充分认识社会治安综合治理的重要性，切实加强领导，把各项综治措施落实到基层。至1985年，全县成立治保委员会648个。其中，厂矿企事业单位185个，城镇街道65个，农村398个；有基层调解委员会386个，调解组织2339个，调解委员2394人。1987年7月，全县24个乡镇全部建立治安联防队，152家厂矿建立护厂队，131个行政村实行治安承包责任制。1990年11月，各乡镇、企事业单位相继成立综合治理领导小组及工作机构。1994年，根据上级有关配备副乡级综治办主任的意见，县公安局下派9名干部到乡镇担任综治办主任，明确为副乡级。

此后，全县社会治安综合治理工作贯彻执行领导责任制、目标管理制和一票否决制，有效地推进了社会治安综合治理措施的落实。1996年，县委、县政府根据中央和省、市有关规定，印发《关于社会治安综合治理领导责任制的通知》，明确各级党政组织一把手为社会治安综合治理工作第一责任人，将社会治安综合治理工作纳入“两个文明”建设千分考核。县综治委还以文件形式明确了成员单位的职责任务。县委、县政府坚持每年与各乡镇和综治委成员单位签订社会治安综合治理领导责任状，各乡镇、部门与下属单位签订二级、三级责任书。县综治委每年结合工作实际，下达工作要点，并逐项分解到各责任单位，组织有关部门对综治工作目标责任落实情况进行检查考核，并开展评议活动，公布评议结果。对综治工作抓得不紧、治安状况不好的，坚持行使一票否决权。1996—2000年的5年中，被否决和取消评选资格的有1个镇、3家县属企事业单位、12个村委会。1996年4月起，在全县组织开展创建安全文明活动的“115”工程（即每年创建安全文明企事业单位100家，村委会100个，住宅小区或院落50个），实行动态管理，达标的颁发证书，不达标的取消命名。至2000年年底，全县已创建安全文明企事业单位55家、村委会288个、住宅小区或院落26个。其中获省级命名18个、市级命名24个。1996年4月，县综治委筹建社会治安见义勇为基金会，当年募集资金42万元，至2000年年底，已奖励见义勇为先进个人10人。

2001年，全区组织开展创建社区警务室、治安“六无”（无重大刑事案件、无重大治安案件、无民转刑案件、无居住人口犯罪、无“两劳”释放人员重新犯罪、无涉毒案件）社区和无刑事案件小区等新一轮创安工作。至2002年年底，全区共投入500万元，建成社区警务室51个；创建治安“六无”社区5个、“六无”村

图30-1-1　江宁区召开政法工作会议（2002年摄）

委会 122 个，无刑事案件小区 10 个。2004 年，全面启动科技创安工程建设，对东山地区的 3 个街道和重点镇的居民住宅小区、重点场所及路段安装技防设施，提高治安防范的科技含量。针对东山地区 135 个居民住宅小区进行分类，制订不同的创建标准，重点部位、重要路段的电子监控覆盖面达 100%，40% 的居民住宅小区达到二级创安标准，10% 的居民住宅小区达到一级治安创建标准。至是年年底，东山地区 3 个街道有 51 个小区完成建设任务，共投入经费 2300 多万元。2005 年，科技创安工程建设向镇街、村（社区）延伸，投入 5000 多万元，构筑治安防范体系，基本完成科技创安“100”工程，即 10 个技防镇街、20 个技防村（社区）、30 家技防单位、40 个技防小区。

2007 年，全区 9 个街道全部设立专职政法委书记，街道综治办配备专职干事 37 人。所有村（社区）建立综治办，形成“一委”（政法委）、“四办”（综治办、流管办、依法治理办、信访办）、“两所”（派出所、司法所）、“一庭”（法庭）、“一队”（交警中队）的管理格局。全区建立警务室 225 个，67 所学校均建立校园警务站，配备区、街道两级财政供养专职保安 1380 人，村（社区）全部建立巡防队，设立巡逻签到箱 1000 多个，实现群防群治巡逻日常化。全区 9 个街道及城区 10 个警务责任区、138 个住宅小区建立视频监控平台，布控探头 3800 多个，主城区和街道办事处所在地覆盖率达 100%，实现“技防村居”40%、“技防单位”70% 的创建目标。

【综治、平安、法治创建工作】

为丰富社会治安综合治理内涵，增强人民群众安全意识和法制意识，1996 年 4 月，县综治委提出在全县开展安全文明创建“115”工程。至翌年 5 月，上坊乡、麒麟镇锁石村、东山明月花园小区被省综治委命名为达标单位；上坊、江宁、麒麟、湖熟、上峰等乡镇和时花电器集团被市综治委命名为达标单位；上坊乡、麒麟锁石村、东山章村、铜山彭福村、时花电器集团、金陵鞋业公司、明月花园、湖滨公寓被市综治委命名为安全文明示范单位；有 112 个行政村、102 家企事业单位、24 个小区（院落）被县综治委命名为安全文明合格单位。

2003 年 8 月，根据省委、省政府关于“建设平安江苏，创建最安全地区”的部署，开展为期 3 年的第一轮“平安江宁”创建活动，区委、区政府下发《关于在全区开展“服务两个率先、建设平安江宁，争创治安安全先进区”活动的意见》，并成立专门工作班子进行全方位推进。创建活动中，全区建立健全大调解机制，发挥信息、调解员作用，形成上下互通、整体联动的格局，妥善处理各类社会矛盾。推进平安街镇、平安村（社区）、平安校园、平安工地、平安场所、平安大道（铁路）、平安金融单位、平安机关、平安企业（单位）、平安小区（家园）“十大平安工程”系列创建活动，围绕“平安江宁”创建总体目标，坚持“打防结合、预防为主”，努力提高治安防控层次，加强以社区防范网、治安卡口网、科技防控网、街区巡防网、单位自防网为整体的社会治安防控体系建设，取得明显成效。2004—2007 年，江宁区连续 4 年被省委、省政府授予“社会治安安全区”称号，被市委、市政府命名为“平安南京”建设有功区县。

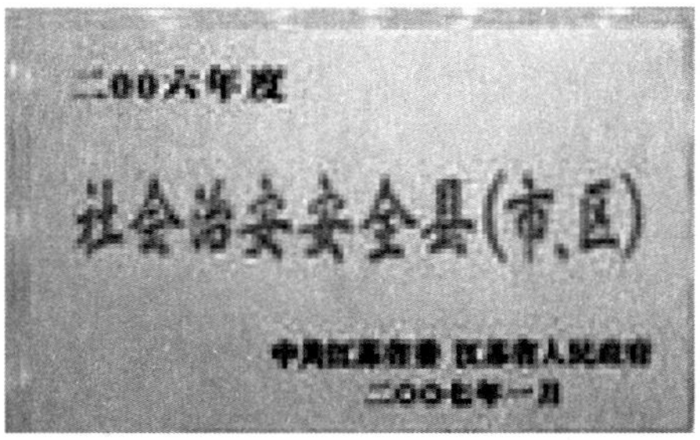

图 30-1-2 2007 年 1 月，江宁区被江苏省委、省政府授予社会治安安全县（市、区）称号

2005 年年底，省委、省政府部署在全省开展建设“法治江苏合格县（市、区）”活动。

2006年年初，区委作出《关于在全区开展创建“法治江苏合格区”活动的决定》，出台《关于在全区开展创建“法治江宁合格街道(单位)”活动的实施意见》，区政法委成立依法行政、依法执政、公正司法、依法管理、依法经营、依法办事6个专业协调指导组和宣传、督查、秘书、活动、调研、考核6个综合工作组，区政府与各镇街、行政执法部门签订法治创建责任书，将法治创建工作列入全区社会主义新农村建设内容。建立健全区政府工作规则，完善政府重大事项决策程序和议事制度，做到执法范围、依据、程序、收费、结果和监督措施“六公开”。深化行政执法责任制，在46个行政执法部门建立和完善行政执法责任体系，推行行政审批互通报备制、串联审批制、联审联办制、一站式办理制和告知承诺制。发挥行政复议的层级监督作用，建立重大行政复议和行政诉讼案件报告制度及重大行政处罚备案制度，加强对重点领域和权力部门的制约与监督。以法治合格镇街创建为载体，推进基层党委、政府的党务政务公开，加大村（居）民自治长效管理和企事业单位民主管理力度，按“条块结合”的原则，对基层公安派出所、司法所、土地管理所、城建所、劳保所、文化站、水利站、交警队等七站八所实行双重管理。启动“五五”普法教育，健全普法组织、运行、保障机制，组建法律讲师团和法制教员、宣传员、志愿者队伍，建立普法教育基地和外来务工人员教育基地。全年举办“148”法律广场咨询、“送法下乡”和“月月法律进社区”等活动20场，组织卫生、环保、城管、文化、教育等8个领域开展法治创建专项整治活动，整治商业贿赂。2006年，江宁区被省委、省政府表彰为创建法治江苏合格县（市、区）先进单位。2007年，被正式命名为法治江苏合格区。

图30-1-3　江宁区召开推进法治江宁建设暨创建“法治江苏合格区”动员大会（2005年摄）

【预防和减少青少年违法犯罪】

在1986年3月召开的全县政法工作会议上，县委领导要求，加强青少年思想教育，预防和减少青少年违法犯罪要从有理想、有道德、有知识、有文化“四有”教育入手，严格控制青少年违法犯罪案件发生，妥善安置帮教刑满释放解教青少年。1989年8月，针对全县青少年违法犯罪情况，县政法委深入各中、小学校开展调研活动，并形成《在校生犯罪不容忽视》等调研报告。1991年，县公安、检察、法院、司法部门联合出台《关于办理青少年刑事案件的实施意见》，切实维护违法犯罪青少年的合法权益。1998年11月，县政法委成立政法系统关心下一代工作委员会，并不断健全组织，完善制度，开展青少年思想政治教育活动，有效预防和减少青少年违法犯罪，促进青少年健康成长和社会大局稳定。

2004年，中共中央、国务院颁发《关于进一步加强和改进未成年人思想道德建设的若干意见》，区委、区政府据此制定下发《关于进一步加强和改进未成年人思想道德建设的实施意见》和《江宁区加强和改进未成年人思想道德建设十件实事》等文件，并召开专题会议进行动员部署。举办法制副校长培训班，制订《关于加强中小学法制副校长工作的意见》，明确法制副校长的地位作用、配置原则、主要职责及教育纲要等。与南京市大连山劳教所共建江宁区青少年警示教育基地，对全区初中以上在校学生进行警示教育，提高青少年思想道德、法制观念和自我保护意识，预防和减少青少年违法犯罪。2005 年 7 月，建立加强未成年人思想道德建设联席会议制度，并做到帮扶组织落实、对象落实、人员落实、制度落实。全区建立帮扶特殊学生群体小组 2835 个，落实帮扶的特殊学生 5067 人。通过每两周与帮扶对象谈 1 次话，每月写 1 份活动开展情况，每季度开 1 次联席会，每半年进行 1 次小结，每学期召开 1 次表彰会，使村（社区）与学校联席会议制度落到实处。该做法被市相关部门在全市推广。2007 年，全区建立关爱工作团 10 个，关爱工作组 208 个，有成员 1556 人。各关爱团和关爱组通过组织法制教育报告团，利用法制夏令营、法制副校长授课、召开座谈会等形式，对青少年进行法制宣传和警示教育，全区青少年违法犯罪现象得到有效遏制。

第三节 社会稳定维护

对危害社会治安、危害人民生命财产的刑事犯罪分子，区政法部门一直依据国家有关法律、法令实行严厉打击。尤其是改革开放后，贯彻全国人大《关于严惩严重危害社会治安的犯罪分子的决定》和《关于迅速审判危害社会治安的犯罪分子程序的决定》，依法“从重从快”，狠狠打击有组织犯罪、严重暴力犯罪和杀人、抢劫、流氓、强奸、恐吓敲诈、重大盗窃等严重犯罪；重点打击带有黑社会性质的犯罪团体、车匪路霸、江盗水霸、地方恶势力犯罪；结合打击盗窃、破坏铁路、交通、电力通信器材的犯罪和伪造、倒卖、盗窃发票，盗窃机动车和工业原材料等犯罪活动，从而为经济建设、社会发展创造良好的治安环境，维护社会稳定。

【开展“严打”斗争】

1983—1986 年“严打”斗争 1983—1986 年，组织开展“3 年为期、3 个战役”的严厉打击严重刑事犯罪活动的斗争。主要“严打”7 种对象：流氓团伙分子；流窜作案分子；杀人犯、放火犯、爆炸犯、投毒犯、强奸犯、抢劫犯和重大盗窃犯；拐卖妇女儿童的人贩子，强迫、引诱、容留妇女卖淫的犯罪嫌疑人和制造、复制、贩卖内容反动淫秽的图书、图片、录音带、录像带的犯罪嫌疑人，卖淫的鸨儿；有现行破坏活动的反动会道门分子；劳改逃跑犯、重新犯罪的劳改释放分子和解除劳教人员以及其他通缉在案的犯罪嫌疑人；书写反革命标语、传单、挂钩信、匿名信的现行反革命分子以及有现行破坏活动的林彪、江青反革命集团残余分子。3 年内，连续组织几次大的战役，对刑事犯罪嫌疑人抓捕一批，重判一批，杀掉一批，坚决实行依法“从重从快、一网打尽”。全县严厉打击刑事犯罪斗争经过 3 个战役、10 次集中打击行动，破获一批重、特大刑事案件，依法惩处一批严重刑事犯罪嫌疑人，教育挽救一批轻微违法人员，沉重打击了刑事犯罪嫌疑人的嚣张气焰。共破获各类刑事案件 1077 起，其中重、特大刑事案件 154 起；摧毁严重危害社会治安的犯罪团伙 134 个，逮捕严重刑事犯罪嫌疑人 1082 人，判处 3 年以上有期徒刑的案犯 889 人，其中判处死刑 18 人。1987 年全县发生的大小刑事案件与“严打”前 3 年相比，年发案率平均下降 32.90%，治安案件下降 42%，重大恶性案件下降 15.30%。

1990 年“严打”斗争 1990 年，县委落实中共南京市委《集中开展严厉打击严重刑事犯罪活动斗争的行动方案》要求，针对区域内社会治安存在的突出问题，从 6 月 4 日起到国庆节前，全县集中力量、集中时间，开展一场严厉打击严重刑事犯罪活动的斗争。这次“严打”斗争经历充分准备、宣传发动、破案追捕 3 个阶段。是年 6—11 月，破获刑事案件 637 起，其中重大案件 79 起；依法逮捕犯罪嫌疑人 188 人，其中省、市政法委规定的 12 种重点打击对象 138 人，抓获“三逃”人员（批捕在逃人员、负案在逃人员、服刑或羁押在逃人员）20 人。此后的 3 次集中搜捕行动中，集中抓捕犯罪嫌疑人 68 人。

1993—2007 年“严打”斗争 1993 年 1 月，全面开展打击犯罪团伙行动，共排出犯罪团伙线索 9 个 35 人，打掉犯罪团伙 6 个 23 人。2—5 月开展的打击犯罪团伙行动期间，排出犯罪团伙线索 38 个，打掉犯罪团伙 29 个，抓获团伙成员 129 人。6 月初，根据市公安局关于营造“严打”夏季攻势的意见，通过采取重点突破、专项治理等一系列措施，共抓获刑事犯罪嫌疑人 341 人，缴获赃款赃物价值 25 万余元。1994 年 3—4 月，组织专门班子进驻东山镇开展集中整治，抓获各类犯罪嫌疑人 127 人。集中整治带动了从 4 月开始的全县“严打”斗争，4 月，共破获刑事案件 119 起，其中大案 18 起；抓获犯罪嫌疑人 127 人；摧毁犯罪团伙 8 个 43 人。1995 年 3—5 月，组织开展春季“严打”攻势。3 月，破获刑事案件 469 起，其中大案 117 起；抓获刑事犯罪嫌疑人 310 人。5 月 21—22 日，根据市公安局统一部署，开展集中搜捕和治安清查行动，搜捕批准劳教的案犯 10 人，抓获违法犯罪嫌疑人 18 人，破获刑事案件 10 起。1996 年 5 月，按照全省统一部署，两次组织开展“严打”斗争清查打击行动和治安清查行动，共设卡检查机动车 6600 多辆，清查治安复杂场所 3400 多处，共破获刑事案件 321 起，抓获刑事犯罪嫌疑人 192 人，抓获在册“三逃”人员 10 人，有 15 名违法犯罪人员投案自首，缴获赃款赃物价值 31 万余元。同年 8 月“严打”中，破获刑事案件 563 起，抓获刑事犯罪嫌疑人 302 人。同年 12 月，开展以“打现行、破大案、挖团伙、追逃犯”为中心的严打整治“冬季行动”，共破获刑事案件 177 起，抓获刑事犯罪嫌疑人 56 人；摧毁犯罪团伙 5 个 19 人；抓获在册“三逃”人员 2 人；缴获赃款赃物价值 18 万余元。1997 年 3—6 月，继续开展“严打”整治行动，破获刑事案件 119 起，抓获刑事犯罪嫌疑人 94 人。1998 年 1 月，开展以“破案、追逃、治乱”为重点的社会治安整治工作，破获刑事案件 205 起，摧毁犯罪团伙 5 个 25 人，抓获犯罪嫌疑人 37 人。1999 年 7 月，开展以追捕重特大杀人、抢劫和盗窃逃犯为重点的“追逃”行动。至 8 月末，共追获在册犯罪嫌疑人 52 人。

2001 年 6 月，继续开展严打整治斗争，1 个月内破获刑事案件 565 起，抓获犯罪嫌疑人 390 人。2002 年 3—5 月，开展为期 3 个月的严打整治“春雷行动”，3 次集中行动中共破获刑事案件 513 起，依法打击处理 83 人。2003 年 1 月，集中打击“两抢”（驾驶摩托车抢夺犯罪、盗抢工业原材料犯罪）等多发性犯罪清查行动，破获刑事案件 4 起，抓获刑事作案成员 3 人。同年 12 月，组织开展以打击街面犯罪为主要内容的“捕狼行动”，共破获刑事案件 26 起、治安案件 55 起，抓获违法犯罪嫌疑人 55 人。2004 年 1 月，两次组织开展打击“两抢”犯罪统一行动，共破获刑事案件 35 起，抓获违法犯罪嫌疑人 81 人。2007 年，按照市公安局统一部署，组织开展 3 次“春雷行动”，共破获案件 110 起，抓获违法犯罪嫌疑人 70 人。同年 12 月，组织开展以打击黑恶势力、“两抢一盗”等犯罪和治安突出问题为重点的“雷霆 1 号”集中统一行动，共破案 22 起，抓获违法犯罪嫌疑人 48 人。

图 30-1-4 江宁区召开政法稳定工作会议（2005 年摄）

【开展专项整治】

在坚持“严打”的同时，针对不同时期、不同方面的突出治安问题，加强专项整治。

反抢劫、反盗窃等专项整治　1982年11月，集中开展打击盗窃自行车犯罪活动行动，通过自行车普查登记和关卡检查，发现可疑车84辆、被盗车7辆，破获盗窃自行车案件2起。1986年8月，在全县开展反盗窃专项斗争，在发动群众的基础上，通过组织强大的政治攻势，敦促274名犯罪嫌疑人投案自首，从中带破各类案件149起，缴获赃款赃物价值11.50万元。1989年11—12月，在全省组织的反盗窃专项斗争中，连续4次集中行动，打掉盗窃团伙11个131人，破获刑事案件177起。同年12月20日，在全市统一时间内，组织反盗窃专项斗争集中搜捕行动，抓获刑事犯罪嫌疑人41人。1991年，针对全县盗窃工业原材料、电力通信设施案件突出的情况，开展打击乡村企业内部盗窃和盗窃变压器专项行动，全年侦破该类案件166起，抓获犯罪嫌疑人96人。同年6—9月，组织开展打击破坏防汛、趁火打劫的违法犯罪活动，侦破刑事案件47起，抓获犯罪嫌疑人179人。1993年2—5月，集中开展打击犯罪团伙工作，排出各类团伙作案线索38条，打掉犯罪团伙29个，破获团伙案件110起，抓获团伙成员129人。1994年，组织开展为期10天的打击盗窃机动车专项斗争，查验无证照车辆732辆，破案57起，其中盗窃机动车案件8起。1995年，两次集中开展反盗车专项行动，共破获盗车案件76起，缴获被盗车辆73辆。1996年，先后开展“打抢劫、反盗窃”、严打整治“冬季行动”和“三禁一打”（禁黄、禁赌、禁毒，打击社会丑恶现象）等专项斗争，全年破获各类刑事案件1507起。1997年，继续开展此项斗争，破获刑事案件126起，抓获刑事作案成员60人。1998年，部署开展打盗反盗专项斗争，全年破获刑事案件667起，抓获犯罪嫌疑人392人。1999年，在近3个月的打盗专项斗争中，累计破获刑事案件331起，摧毁犯罪团伙10个34人，抓获犯罪嫌疑人145人。同年4—7月，集中开展机动车专项整治工作，破获盗窃机动车案件152起，依法打击处理40人。

2001年，集中开展打击盗抢机动车、盗抢自行车和入户盗窃犯罪，打击抢劫、抢夺犯罪及破坏电力、电信、输油设施违法犯罪专项行动，共破获刑事案件1406起，依法打击处理428人。2002年1月，组织开展打击“两抢”专项整治行动，破获此类案件117起，打击处理142人，暂扣可疑车辆1671辆。2003年，相继组织开展打击“两抢”、夏季治安整治、安民行动、冬季攻防等一系列专项斗争，共立案3313起，破获1523起。2004年6月，深入开展“夏季攻势”专项行动，围绕入室盗窃、盗窃机动车等侵财性案件，采取严查、严堵、严控措施，努力遏制街面案件上升势头。并于10月开展以打团伙、打“两抢”、打盗车为重点的“雷霆行动”，11月，开展“百日专项行动”，共破获刑事案件401起，抓获犯罪嫌疑人236人。2005年，组织开展“疾风”行动，主要进行路面盘查和街面巡查，破获刑事案件24起、治安案件11起，抓获违法犯罪嫌疑人63人。2006年，开展以清理整治外来人口、打击“两抢一盗”犯罪为重点的“猎豹行动”和“打盗车”专项行动，共破获刑事案件96起、治安案件103起，抓获违法犯罪嫌疑人355人。

打击拐骗妇女儿童犯罪活动　1993年7月30日，江宁县发生新中国成立后首例婴儿被拐案，经过排查、布控，8月3日将案犯抓获，救回被盗男婴。1999年始，开展“打击人贩子、解救被拐妇女儿童”的专项斗争，采取集中清查、专案侦查、发动群众举报、敦促人贩子自首等措施。2000年，经过4个月的打拐专项行动，破获涉拐案件18起，抓获人贩子16人，解救被拐妇女71人。2000年5—6月，又破获涉拐案件36起，抓获人贩子27人，解救被拐妇女、儿童108人。

打击流窜犯罪 1975年11月9日夜，在开展清查打击流窜犯罪活动统一行动中，东山地区民兵指挥部执勤民兵抓获两名犯罪嫌疑人，交由安徽省马鞍山市公安局处理。1973年4月中下旬，在全县范围内两次开展清查流窜犯统一行动中，对车站、旅社、重点路口、城乡结合部等地进行大清查，查获各类犯罪嫌疑人56人，破获案件74起。1978年5月19—20日，全县进行清查和打击流窜犯统一行动，在重点要道设卡，对重点地区、门户进行巡逻和清查，共抓获流窜犯23人。1982年1月1—8日，开展打击流窜犯罪统一行动中，抓获流窜犯罪嫌疑人13人、其他现行犯罪嫌疑人7人。1985年2月，连续组织两次集中打击流窜犯统一行动，追捕、规劝回流窜犯7人，抓获外地流窜犯8人。1986年2月3—5日的3天集中“打流”行动中，抓获违法犯罪嫌疑人43人。同年8月12日，根据公安部《关于在“严打”第三战役中开展集中打击流窜犯罪活动的通知》要求，继续开展集中打击流窜犯罪活动的斗争。至是年底，共组织4次“打流”统一行动，抓获流窜犯59人。1991年2月，在组织参加全市公开缉拿“三逃”人员行动中，通过设卡堵控和全面清查，破获刑事案件11起，抓获违法犯罪嫌疑人93人。1998年，在加强区域之间紧密联系的基础上，在更大范围内广泛开展打击流窜犯罪行动。1—6月，全县共破获外来人员作案217起，其中重特大案件67起；抓获外来人员案犯110人，打击处理76人。1999年，集中组织开展以追捕重特大杀人、抢劫和盗窃逃犯为重点的追逃统一行动，充分运用“网上作战”、架网布控等侦查手段，成功破获一流窜于苏、浙、皖三省20多个县市，盗窃汽车68辆的特大案件，涉案8名犯罪嫌疑人全部被抓获归案。累计抓获逃犯65人。

2001年3—4月，开展“打黑除恶”流窜犯罪专项斗争，破获刑事案件43起，抓获犯罪嫌疑人37人。翌年，还快速破获流窜于苏、沪10多个县（市、区），撬盗保险柜34起、盗窃作案52起、总案值40多万元的特大犯罪集团，9名犯罪嫌疑人被全部抓获归案。2006年9月19日，通过强化街面巡防，摧毁一特大跨省职业化盗窃团伙。该团伙2004年后流窜江苏、湖北、山西、安徽四省30多个地、市，盗窃作案200多次，涉案价值140多万元。

【排查调处社会矛盾和不稳定因素】

20世纪80年代开始，县委、县政府高度重视矛盾纠纷排查调处工作。出台《江宁县社会不稳定因素和矛盾纠纷排查工作制度》，并在实践中不断完善，形成工作机制。每月县综治办都写出专题月报，为领导决策和督促有关单位稳妥处置矛盾和不稳定因素提供依据。1996—2000年，先后成功处置江宁经济技术开发区、禄口、东山、汤山、麒麟、东善桥水阁垃圾场等地及县丝织厂、印刷厂等单位和环境污染、企业改制等各种社会矛盾200多起，解决一批比较棘手的历史遗留问题。

2001—2002年，共排查调处各类矛盾纠纷引发的群体性问题326起。召开专项排查例会30次，汇编出工作情况报告24期、督查报告4期，发出督查通知书26份，实地督查做好协调工作32家。为进一步化解民间的矛盾纠纷，把矛盾化解在基层，全区建立农户纠纷档案122914户，对各种不稳定因素实施长效动态管理。两年中，人民调解组织共受理民间纠纷7342起，调处率和成功率达100%和96.50%。2003年，在防“非典”期间，区综治办下发《关于正确处置防非期间群体事件的通知》和《关于每日报送治安情况的通知》，要求全区上下全力化解防非中不稳定因素。全年出专题排查月报12期，排查出重点纠纷102起。区综治办坚持督办制度，对排查出的重点矛盾，发督办通知，限期解决。共发出《督办意见书》7份，《整改通知书》18份，均取得实效。及时制订《全区处置群体性突发事件工作预案》，牢牢掌握工作主动权。年内，全区未发生重大刑事案件，进京集体访问事件，因矛盾激化而自杀、自焚事件，未发生冲击党政机关、堵塞交通等严重扰乱社会秩序的群体性事件。2004 年，全区 20 个镇（街道）、182 个村委会、102 个社区都建有矛盾纠纷调处中心和人民调解委员会，成为维护社会稳定的第一道防线。两级调处中心接待群众来访 199 批次，受理矛盾纠纷 266 件，直接调处 114 件，成功调处 105 件，处理群众上访 12 批次、300 余人，防止矛盾激化 21 件。认真开展涉法涉诉上访专项整治工作。省、市交办的 5 个疑难事件、区确定的 12 个重点问题都得到较好解决。

2005 年，开展摸排深挖，及时帮教工作。对全区不放心人员进行重新摸排，做到全面清楚，并建立帮教小组，形成长效帮教机制，为确保区争创“双百”（百分之百转化率、百分之百巩固率）和“三无”（无未转化人员、无反复人员、无邪教类案件）区县奠定基础。发放《致全区广大干部群众一封信》7 万多份，引导广大群众、学生破除迷信、崇尚科学、关爱家庭。2007 年，开展“规范执法行为，促进执法公正”专项整改活动。两次组织对政法部门进行执法检查。贯彻落实《关于认真做好集中处理涉法涉诉上访问题的工作意见》，做好涉法涉诉信访接待，维护广大人民群众合法权益。全年接受人民来信 14 件次，接待群众来访 34 人次，牵头协调处理 12 件。是年 11 月 14 日，全市大调解工作现场会在江宁区召开。江宁区介绍全区大调解工作情况。全区已形成了以党委政府领导、综治牵头协调、司法行政负责管理、职能部门各司其职、全社会共同参与的矛盾纠纷大调解工作格局。建立完善接访受理制度、矛盾纠纷排查制度、社会矛盾纠纷移送和归口管理制度、重大疑难纠纷报告制度、社会矛盾纠纷办结报告制度和责任倒查追究制度等，大调解工作走上制度化、规范化、法制化的轨道。

第四节 法治政府建设

1990 年 8 月，成立江宁县人民政府法制局，为县政府副局级办事机构，2002 年 8 月，更名为区政府法制办公室。负责政府规范性文件的审查、备案，以及行政执法监督管理、行政执法人员培训等。区政府狠抓政府法制建设，积极推进依法行政，使全区行政执法和执法监督工作走上制度化、规范化轨道。

【规范性文件制定与审核】

1992 年，对 1949—1985 年县政府（包括县人委、革命委员会）所发的各类文件进行清理，确保县政府规范性文件不与法律法规相抵触，保持地方特色和可操作性。1996—2000 年，县政府发布的规范性文件共 218 件。1996 年，《中华人民共和国行政处罚法》颁布实施后，按照上级要求，由区政府法制局牵头，组织有关部门对 1986 年后的以县政府名义发布的 800 多件规范性文件进行清理。确定 80 多件规范性文件予以废止，160 多件规范性文件予以修改。

2001—2002 年，制定发布规范性文件 78 件。主要内容有：批准“一园两区”自主规划、自主管理、自主执法的新型管理模式；简化行政审批，设立行政审批服务中心；放宽和拓展招商引资优惠政策；进一步降低市场准入门槛，减免行政规费，提供咨询服务；加大对各类市场检查监管力度，规范生产经营行为；完善医疗、就业、养老等事关群众切身利益的各项政策配套措施。组织对规范性文件进行集中清理。两年中，共清理规范性文件 418 件。其中，继续有效的 208 件，需要修改的72件，废止的138件。同时，对区政府所属部门及各镇人民政府和街道办事处制定发布的规范性文件进行清理。

2003年，制定发布规范性文件52件。主要涉及房屋拆迁、农民征地补偿、农民基本生活费保障、企业不动产改制、政府税费减免等方面。同时，推行行政审批制度改革，转变政府职能。实行一个窗口对外，一站式服务。2004年，对政府规范性文件、行政许可事项、实施行政许可主体、行政许可收费进行梳理。共清理规范性文件460件，废止64件；清理行政许可事项239件，取消59项；清理行政许可实施主体98个，确认主体39个；清理行政许可收费项目78项，取消2项，其他收费项目一律停止执行。根据市清理工作会议要求，江宁区先后出台《行政服务中心审批事项管理暂行办法》《行政服务中心窗口工作人员考核试行办法》等8项行政许可配套制度和相关规定。组织起草南京市江宁区房屋拆迁管理办法、农民基本生活保障办法、农村征地拆迁补偿安置管理办法、农村土地流转若干问题等政策性文件，合法率100%。

2005年，制定下发《南京市江宁区人民政府关于依法行政重点工作任务分工的意见》，明确依法行政的奋斗目标和6个方面24项任务，出台《南京市江宁区依法行政考核试行办法》等依法行政5项配套制度。是年8月1日，区政府出台《南京市江宁区拆迁补偿安置办法》和《南京市江宁区被征地农民基本生活保障试行办法》两项新征地拆迁政策。通过新的补偿标准和“政府理财”方式，切实解决被征地农民基本生活保障、就业、养老等问题，维护群众利益和社会稳定，统筹城乡和谐发展。还组织编写近万字的贯彻实施两个办法宣传提纲。2006年，编印《行政执法责任制全书》。2月，区交通局、民政局作为试点单位汇编出台《行政执法责任制》范本。10月，区第一部《行政执法责任制全书》出版。共8卷47册，800多万字。全书涵盖46个执法部门执法权力。其中，具有行政执法主体资格的部门及机构117个，执行现行有效的法律、法规和规章1486个，具体行政行为2848项。全书对申请、受理、调查、审查、听证、回执等行政执法程序和文书进行规范，并通过部门网站和区政府网站对外公布。

2007年，区政府按照“三清理，两规范”要求，以相关法律为依据，进一步明确行政执法责权。全区有效规范性文件由618部减至186部；行政执法主体由206个减至117个；行政执法事项由2484个减至1178个。其中行政许可事项根据省、市文件规范要求作出调整，由2004年公布的240项减至117项，包括83项行政许可事项和34项许可审批事项，并全部公示。

【行政复议和行政应诉案件】

按照《中华人民共和国行政复议法》和《中华人民共和国行政复议法实施条例》规定，区法制办负责承办区政府的行政复议案件审理。同时，区法制办充分发挥区政府法律参谋助手功能，通常代表区政府参加行政诉讼的应诉工作。1996—2000年，共立案审理行政复议案件25件。复议对象涉及计划生育、公安、城建、土地、教育、卫生、交通、民政等方面。行政诉讼出庭应诉5件。在复议案件审理过程中，确保差错率为零。在行政复议25件案件中，撤销和变更的案件有11件，较好地树立了政府主持公道，依法纠错的形象。

2001—2002年，共立案办理行政复议案件18件，行政应诉案件4件，调处行政纠纷案件78件，组织实施强制执行案件12件，拆除“钉子户”80多个。2001年，获江苏省行政复议先进单位称号。

2003年，立案办理行政复议案件5件，行政应诉案件2件，调处行政纠纷案件20件，30多个“钉子户”问题得到及时妥善处理。2004年，共办理行政复议案件4件，行政应诉案件2件，行政投诉案件8件，信访案件12件，共26件。各类行政案件结案率100%，无一错案。针对禄口国际机场、小城镇户口等历史遗留问题，依法提出解决问题的具体意见，牵头消化和解决拆迁矛盾 100 多起。依法处置部门之间职权调配和争议，做好部门之间职权的划分衔接工作。先后解决国土局与水利局对汤山温泉管理职能划分和管辖权争议；安全生产管理局与公安局对危险化学品安全许可证管理职能划分；商贸局与林副业局生猪屠宰和检疫的职能划分。2005 年，办理行政复议案件 10 件，行政裁决 4 件，信访案件 7 件，介入拆迁征地纠纷调解处理 400 户。2005 年，出台《南京市江宁区重大行政复议和行政诉讼案件报告制度》。

图 30-1-5 江宁区开展行政复议法宣传活动（2004 年摄）

2006 年，制定受理、登记、答辩、回复等一系列行政案件办理程序，完善案件运作流程；制订《南京市江宁区行政机关负责人出庭应诉工作暂行规定》。加大诉前调解力度，同法院和有关行政机关妥善处理拆迁、确权等方面的行政诉讼案件，实现案件办理司法效果与社会效果的“双效合一”。全年受理行政复议案件 10 件，其中工伤认定 8 件，计生费征收 2 件；行政裁决案件 5 件，其中诉前调解 3 件，裁决 1 件，移送 1 件；信访案件 8 件。全区各部门行政执法满意度均为 95% 以上。2007 年，受理行政复议案件 26 件。其中，工伤认定 23 件，规划许可 1 件，建设许可 1 件，农业处罚 1 件。加大行政复议案件调解力度，经调解后当事人自行撤诉 7 件。

【行政执法监督】

20 世纪 90 年代始，县政府依照《江苏省行政执法监督办法》《南京市行政执法和执法监督规定》，加强对县政府所属部门及乡镇政府行政执法工作的监督，建立和完善 4 个行政执法监督制度。规范性文件备案制度。制定发布《江宁县规范性文件备案规定》，确立规范性文件备案制度。凡各乡镇政府和县政府各部门制定的规范性文件，应当在发文之日起 30 日内报县政府法制局备案审查。对审查中发现的问题按照有关程序进行处理。1996—2000 年，全县共有 80 多件规范性文件在县政府法制局备案。重大行政处罚备案制度。1996—2000 年，全县共有 500 多件重大行政处罚交县政府法制局备案。行政执法主体资格认证制度。经认定，1996—2000 年，全县共有 168 个行政机关、法律法规授权组织和委托的执法组织具有实施行政处罚的资格。全县共有 1800 多名行政执法人员领取了执法证件。行政执法证件管理制度。行政执法人员一律按规定持证上岗，亮证执法，凭证行使行政执法权和处罚权。每年进行年检审核，合格者予以注册，不合格者予以注销。

2001—2003 年，区政府注重执法部门的政务公开、执法公示、错案追究和执法考核工作的落实。每年分两次对各执法单位进行检查评比，优良率 100%。全区行政复议和行政诉讼案件败诉率逐年下降。2004 年，区法制办先后会同区人大内务司法工作委员会、司法局、监察局、行政服务中心三次对全区各执法部门行政审批事项和服务性收费进服务中心情况开展效能监察，加强对行政审批权实施过程的监督。针对行政执法责任制、评议考核、错案责任追究、有无复议、行政诉讼涉及有关机关撤销或变更，行政决定与行政处罚收缴分离等方面落实情况进行全面检查，并做出反馈总结，促进依法行政体系建设。

2006 年，区法制办会同区监察、人事部门以开片会的方式两次组织开展行政执法卷宗和行政执法责任制工作检查。完善各行政执法部门的行政内部监督机制，加强对决策权、审批权、处罚权等行政行为的监督，制定行政执法评议考核规定、行政执法投诉管理办法、行政执法过错责任追究办法等行政责任制度。进一步规范执法卷宗时效、程序、责任人的确定、执法证据的提取。落实告知承诺制、首问责任制和限时办结制等，预防行政不作为和行政乱作为，缩短执法周期，提高整体效能。

2007 年，区政府法制办下发《江宁区部门依法行政考核实施细则》，将部门依法行政工作列为政府目标管理和公务员考核的主要内容。开展《中华人民共和国行政许可法》专项调研和行政执法案卷评比检查，监督指导行政执法活动。

【执法队伍建设】

1996—2000 年，在行政执法主体资格认证的基础上，对全县行政执法机关人员进行培训。5 年共举办 20 期培训班，参加培训人员达 2000 多人次。重点学习《中华人民共和国行政诉讼法》《中华人民共和国国家赔偿法》，以及行政复议法、行政处罚法等一系列法律、法规、规章，并进行考试，对考试合格者发给行政执法证。

1999 年，县政府推行行政执法责任制工作。行政执法主要内容：清理和梳理执法依据，建立执法岗位责任制，确立行政执法主体，理顺执法关系，制定各项执法责任制度，规范执法程序和文书档案。1999—2000 年，40 个县政府执法部门和 18 个镇政府都制定出执法责任制规范文本，实行行政执法公示制、考核制和错案追究制。县政府法制局采用执法联席会议、执法抽查和行风监督等形式，加强对行政执法机关的执法监督，收到明显效果。2001—2002 年，新批准成立执法组织 8 个，执法人员上岗培训 1000 人次，举办法制培训班 125 期，培训人员达 4000 人次，发放执法证件 1500 多件，年审证件 2000 多件。2003 年，严格执法人员管理，做到新招人员必须通过培训、考试，领取行政执法上岗证，提高执法人员依法行政的意识和执法水平。全年共举办执法人员培训班 4 期，为行政执法部门讲课 8 次，受培训人员约 700 人次，办理执法证件和年审证件 1500 份。

2004 年，贯彻省行政执法监督规定、行政执法证件管理办法和换证要求，推进执法主体认证工作。对符合条件人员颁发行政执法证件，使行政执法人员持换发的执法新证上岗，亮证执法。除公安、税务、质监、药监外，全区行政执法人员 1500 余人全部领取江苏省行政执法证。区法制办举办换发申领执法证后续培训工作，新上岗执法人员，经考试合格者颁发行政执法证，参培人员 500 余人，合格率 98%。2005 年，从各单位挑选从事法制工作多年、业务能力和责任感强的主任（科）级干部，组成 69 人的法制员队伍。制订《法制员工作职责》，并分别为法制员颁发为期 3 年的聘书，为全区政府法制工作高效、有序开展打下基础。2007 年，实施三年一次的换发江苏省行政执法新证工作，对全区 1878 名执法人员集中培训考核。

图30-1-6　2004年，江宁区举办新领证执法人员培训班

第二章　公　安

清宣统二年（1910），江宁、上元两县始设警察局。

民国38年（1949）4月江宁县解放后，成立江宁县人民政府公安局。开展搜捕残敌盗匪、镇压反革命，取缔反动会道门，查禁烟馆、妓院、赌档，整顿户籍，健全地方保卫组织。20世纪50年代，从镇压反革命运动转向治安管制和法制建设。“文化大革命”期间，县公安局受到严重冲击，工作陷于瘫痪。

80年代初，县公安局职能恢复后，着手平反冤假错案工作，积极开展严打斗争，强化治安管理。90年代，以“发案少，秩序好，社会稳定，群众满意”为目标，积极开展各项公安工作。进入21世纪，江宁公安深入推行“平安江宁”“法治江宁”与“平安畅通区”的创建，服务经济社会发展水平明显提升。同时，户政、监所、出入境、易爆易燃物品、消防、交通、特种行业管理及计算机安全监察工作更加有序。重大节日、重要活动安全保卫工作做到万无一失。

在公安事业长足发展中，区公安系统取得集体荣誉称号200项（次）。其中，1996—2000年5年中，被市委、市政府评为社会治安综合治理先进集体，受到江苏省公安厅嘉奖。1999年8月16日，被市委、市政府授予先进集体称号。2001年、2005年，两次被市委、市政府评为社会治安综合治理先进单位；2006年，被市委、市政府评为2003—2005年度全市平安创建工作先进单位。同时，造就一支素质过硬、作风优良、公正廉洁的队伍，涌现出“全国公安机关爱民模范”“全国公安系统二级英雄模范党员”吴克有，“全国优秀人民警察”夏荣军、吴志刚，热心帮助残疾人的南京最帅交警刘宇等一批先进人物，队伍凝聚力、战斗力显著增强，社会治安控制能力和人民群众满意率不断提高。

第一节　机构队伍

清代，江宁县衙设县丞、巡检，掌理社会治安。清宣统二年（1910），江宁、上元二县始设警察局。

民国2年（1913）5月，成立江宁县警察局。民国22年，建立江宁自治实验县警察局，直隶中央警察厅。下设石埠桥、孝陵卫、汤山镇、秣陵关、淳化镇、湖熟镇、江宁镇、上新河、陶吴镇、谢村镇分局10个、分驻所22个、派出所20个、警察大队2个。抗日战争胜利后，国民政府江宁县政府在东山设立江宁县警察局，有17人。下设警察所4个，分驻所6个。至民国37年5月，县警察局下设江宁、秣陵、湖熟、栖霞4个分局，东山、板桥、陶吴、丹阳、土桥、青林6个分驻所，全县共有警官、警员324名。

民国38年（1949）4月江宁县解放后，江宁县政府设立江宁县公安局，隶属苏南行政公署公安处领导；内设行政、调查、司法股和看守班。是年，首建湖熟公安分局。1951年，县公安局增设劳改股，管辖石山采石场和建国、甘泉、淳化、东山农场5个劳改单位。是年，局内有编制120人。1953年，南京市管辖的汤山派出所划归江宁县领导，江宁县管辖的栖霞派出所划给南京市领导。1957年7月，江宁县公安局进行整编后，设治安、政保、预审和秘书4个股，有湖熟、汤山、东山和秣陵4个派出所，有民警71名。1966年6月“文化大革命”开始后，县公安局受到冲击。1967年3月，公安工作由中国人民解放军江宁县军事管制委员会接管，成立江宁县公检法军事管制委员会。1968年3月，江宁县革命委员会政法组与公检法军管会合署办公。

1973年1月，恢复成立江宁县公安局。至1985年年底，局内设秘书、治安、刑警、政保、内保、技术、预审、消防、看守等11个股所队组；有派出所20个、公安组7个，公安民警186人。1990年，有股（组）、队、所13个，派出所27个。1997年，全县实有警力352人，其中派出所146人，交警88人、机关科室118人，另外工勤人员7人。

2000年，共有民警398人（其中交巡警110人），内设、派出机构43个，其中局机关17个部门计145人。原巡警大队并入交警大队，更名为交巡警大队，设3股1所8个中队。26个派出所（其中含东善桥、汤山林场派出所，县公安局只派1名所长）共有民警143人。2001年4月18日，江宁县公安局更名为南京市江宁区公安局，内设10个职能科室，7个直属机构，现役机构即消防科（消防大队）1个，派出机构有27个，另设纪检监察室1个。2002年年底，江宁区公安局共有民警437人（含交巡警120人），其中局机关20个部门157人，交通巡逻警察大队民警120人，设3股1所10个中队，消防大队为武警部队建制。2005年3月，江宁区公安局改称为南京市公安局江宁分局，有12个内设机构、8个直属机构、28个派出机构。

2007年年末，江宁公安分局共有民警942人，有12个内设机构、8个直属机构、28个派出所及1个保安公司。

图30-2-7 江宁区公安队伍形象展示（2004年摄）

第二节 镇压反革命

江宁县解放初期，残余匪特与反革命分子活动猖獗，扰乱民心；其时，国民党军队溃逃时弃留的一批散兵游勇，与当地土匪及反动会道门组织相互勾连，四处骚扰破坏。此外，还有一些反动会道门与邪教组织，在全县各地分布广泛，危害性极大。为维护社会秩序，保障人民生命安全，县公安局相继开展剿匪肃特、镇压反革命、取缔反动会道门组织与邪教组织等。与此同时，对地主分子、富农分子、反革命分子、坏分子进行监督改造。

【剿匪肃特】

江宁县解放后，根据苏南行政公署军管会肃特剿匪精神，南京市军管会与警备司令部调派一部分主力部队协助江宁肃清匪特，收编国民政府溃兵。民国38年（1949）5月中旬，华东警备第七旅二十一团第三营调驻江宁，全面开展剿匪肃特工作。至1949年年底，全县剿灭敌匪19股137人，收容散兵游勇500余人，改编与解散国民自卫队约100人，同时破获偷窃案14起、敲诈案9起。

1950年，全年破获和瓦解武装匪特8股、逮捕匪特84人，抓获武装土匪6股55人，破获盗卖国家财富案45起、逮捕犯罪嫌疑人1211名，破抢劫案32起、逮捕犯罪嫌疑人205名，缴获短枪9支、长枪1支、子弹2000发。至此，剿匪肃特工作取得初战胜利，基本平息匪患。

1951年年初，全县社会秩序趋于稳定，但仍有残余匪特伺机而动，因而县公安局继续与余匪斗争。是年，侦破土匪3股，抓获匪徒28名；侦破匪特组织6股，捕获大队长（或站长）6名，组长及组长以下48名。

1955—1958年，捕办隐藏在外来人口中的反革命分子263名；全县共有反革命分子656名，其中经审查捕管10名，一般政治历史问题138名，其他117名，待审查的391名。江宁外逃反革命分子382名，追回捕办190名，下落不明者192名。1961年5月24日，县公安局《关于"清特"工作意见的报告》中称：全县共有蒋、日、汪特务组织48个，特务578名。未查明172名，已查明406名。特务分子中，已病死48名，被镇压71名，判刑劳改90名，管制30名，刑满释放36名，开除清理16名，劳动教养3名，监督劳动2名，免予处理12名，未处理32名，逃亡海外10名，尚有42名尚未暴露身份。

1959—1962年，台湾当局叫嚷反攻大陆。先后派出多架次飞机窜入境内散播反共传单，或派遣小股特务进行渗透，企图组织反革命团体。县公安局先后发现多起类似敌特破坏活动，均予严厉打击处理。1959年4月8日和5月4日晚，国民党飞机2次飞入铜山、横溪、丹阳等公社散发反动传单，县公安局收缴反动传单7种、1395张。

【镇反运动】

1950—1958年，江宁境内进行三次镇反运动，逮捕犯罪分子4277名，其中反革命3321名、刑事犯罪分子956名。

1950—1953年，进行第一次镇反运动，主要镇压土匪、恶霸、特务、反动会道门头目和反动党团骨干。1950年1—11月，处决土匪100名、恶霸201名、反动党团骨干分子2名、特务187名、反动会道门头目2名。至1953年6月13日，逮捕反革命分子1832人，其中判处死刑526人，管制399人。对罪大恶极的土匪、特务、恶霸、反动党团骨干分子和反动会道门首要分子等五类反革命骨干分子，打击面达96.60%。

1954—1957年，进行第二次镇反运动，主要是内部肃反运动。1954年年底，捕获各类反革命分子2476人，其中处决517人，关押1450人，交管制103人，教育释放288人，另有未捕管制650人。至1957年，在各次镇反运动中，逃跑的各类反革命分子和刑事犯罪分子227名，除追捕到20名，管制2名，投案4名，在外病死3名，输出94名外，尚有逃外反革命分子104名，需追捕的24名（含特务8名、反动党团骨干6名、土匪2名、伪行政人员5名、恶霸地主3名），其余均不需处理。

1957年夏至1958年，继续开展同反革命分子和刑事犯罪分子的斗争，即第三次镇反运动。1957年，发生各类刑事案件198起，当年侦破186起，依法逮捕各类反革命分子和其他犯罪分子199名。1958年，逮捕各种犯罪分子680名。

【监督改造“四（五）类分子”】

对“四类分子”（地主分子、富农分子、反革命分子和坏分子）的管制改造，始于1952年江宁境内的镇压反革命运动。1954年8月28日，据《关于解决漏划地主、富农的请示报告》载，全县有地主4232户、富农1116户，共计5348户，占“四类分子”总数的4.63%。1955年8月20日，县公安局积极吸收地主、富农、反革命分子入社。累计吸收5242名地主入社；吸收富农入社4291名；吸收反革命分子入社491名。通过评改，批准改变地主成分605名，改变富农成分445名，摘掉反革命分子帽子81名。作为候补社员的7268名，交农业社管制地主799名、富农611名、反革命分子215名。

1960年5月17日，据县公安局《关于对五类分子进行评议审查工作报告》载，全县实有“五类分子”（即地主、富农、反革命、坏分子、右派）7952名（含管制552名），确定评审对象6653名。评审后，评定为社员1832名、候补社员3201名、监督生产者3213名，尚有154名未作分类。“五类分子”中改变成分、搞掉帽子209名，恢复成分重新戴回帽子65名，升级247名，降级478名，斗争328名。1963年2月至1965年9月，全县有1635名“五类分子”被评为正式社员，有3041名评为候补社员，有1728名监督生产。至1965年，境内除去摘掉帽子改变成分的以外，仍有地主分子4023名，富农分子2968名，反革命分子835名，坏分子158名。

1971年，江宁县“五类分子”总数7336名，约占总人口1.20%。其中地主3730名，富农2730名，反革命分子717名，坏分子142名，“右派分子”14名。1972年，全县“五类分子”7038人，其中地主分子3597人、富农分子2241人、反革命分子972人、坏分子201人、“右派分子”27人。当年摘帽165人。1977年，全县建立“四类分子”监督改造小组1006个，参加监改的贫下中农4713人。1979年2月22日，开始“四类分子”摘帽和地富子女新定成分工作，至3月20日，全县共有5318名“四类分子”被批准摘帽，对14726名地富子女重新确定为“人民公社社员”成分。

至1982年年底，全县未摘帽的“五类分子”全部摘帽，至此，县公安局监督改造“四（五）类分子”这项工作自行消失。

【取缔反动会道门】

新中国成立前，县境内反动会道门名目繁多、道众庞杂。江宁解放初期，境内有52种道、会、门帮派名目。这些道、会利用人们封建迷信思想开展各种名目的活动，造谣惑众，寻衅滋事，争夺地盘，谋取暴利，奸污妇女，使地方农业生产、商户经营及社会治安受到严重干扰破坏。1951年3月，江宁县公安局在镇江专署公安处的协助下，首先在龙潭镇进行试点，继而在

一、二、七、八区开展打击道首和取缔道会工作。至1952年年末，全县逮捕反动会道门点传师19名，大坛主2名。1953年7月30日，据《江宁县取缔反动道会门工作总结》载，全县共取缔6个反动会道门组织，取缔分坛、小坛159处。拘捕道首33名，登记办道人员449名，各类道徒具结申明退道的有12906名。在取缔工作中，缴获各类文书文件843件、道产黄金3.01两、银元1838枚及道具1部。基本摧毁反动道会门组织，消除其在群众中的影响。

取缔反动会道门运动一直延续至1958年，当年共没收道产、道具1470件，登记道首、办道人员628名，另有95名道首、骨干因病、临时外出、外流没有登记，申请退道的道徒会众累计20157名，占全县道徒总数的98.50%。

第三节　打击犯罪

江宁公安对危害社会治安、危害人民生命财产的刑事犯罪分子，一直依据国家有关法律、法令实行严厉打击。新中国成立后，江宁公安按照《中华人民共和国刑法》《中华人民共和国刑事诉讼法》及全国人大《关于严惩严重危害社会治安的犯罪分子的决定》和《关于迅速审判危害社会治安的犯罪分子程序的决定》，依法“从重从快”，狠狠打击有组织犯罪、严重暴力犯罪和杀人、抢劫、流氓、强奸、恐吓敲诈、盗窃机动车、重大盗窃等严重犯罪；重点打击带有黑社会性质的犯罪团伙、车匪路霸、江盗水霸、地方恶势力犯罪；结合打击盗窃、破坏铁路、交通、电力通信器材的犯罪和伪造、倒卖、盗窃发票、盗窃机动车和工业原材料等犯罪活动。1949—2007年，共侦破刑事案件33695起。

改革开放后，江宁公安在全区范围内紧紧抓住危害市场经济秩序和人民群众切身利益、社会反映强烈的问题，有的放矢地开展打击经济犯罪斗争。攻克一批经济犯罪大案、要案，抓获一批经济犯罪逃犯，从严惩治一批经济犯罪分子，为国家挽回经济损失，遏制经济犯罪案件高发势头。1998—2007年，共侦查各类经济案件428起。

【打击刑事犯罪】

侦破　民国38年（1949）5月至1965年年底，境内刑事犯罪活动多为土匪、武装匪特、敌伪地下组织、反动会道门及其复辟、四类分子的破坏，以及民间社会上盗窃、抢劫、强奸和奸污妇女、破坏国家集体财产和农作物、纵火、滥杀耕牛等牲畜。这一时期，发生刑事案件1385件，其中破案1267件，抓获犯罪嫌疑人5806人，拘留3856人。

“文化大革命”期间，江宁县公安局被撤销，刑事侦查破案工作先由解放军江宁县军管会后由江宁县革命委员会政法组负责。其间，除打砸抢抄抓未立为刑事案件外，政治性案件急骤上升。1966—1977年，境内政治、刑事案件立案1389起，其中破案1194起，依法处罚1838人。

改革开放后，随着人流、物流、信息流的交汇聚散，境内刑事案件发案率骤增、重特大案件频现、团伙犯罪及流窜作案多发。县公安局面对挑战，采取应对举措，取得显著成效。

2001年后，区公安局以深入开展严打整治斗争为重点，积极探索切合实际工作的运作机制，多管齐下综合施策，努力多破案、快破案、破大案。2001—2002年，立案侦查7030件，破获各类刑事案件4587起，抓获刑事作案成员3061人。2007年，立案侦查的刑事案件数量创历史最高，立案侦查9323起，破案3960起，抓获犯罪嫌疑人3205人，依法打击犯罪分子1787人，追获网上逃犯536人。

民国38年（1949）5月至1965年7月江宁县公安局刑侦破案情况表

表30-2-1

年份	发案（起）	破案（起）	依法处理（人）					法院判决人数（人）
			总数	提请逮捕	刑事拘留	劳动教养	不捕管	
1949	23	23	346	346	—	—	—	—
1950	91	91	603	603	—	—	—	113
1951	—	—	1750	1483	—	267	—	1369
1952	—	—	340	159	—	181	—	557
1953	—	—	57	34	—	23	—	506
1954	—	—	187	135	—	52	—	426
1955	187	158	1013	790	—	223	—	775
1956	70	59	518	463	—	55	—	286
1957	198	186	426	207	196	23	—	260
1958	167	166	1815	542	605	598	70	1242
1959	106	105	711	112	400	171	28	301
1960	43	40	1816	326	1434	44	12	363
1961	167	155	968	210	706	47	5	277
1962	162	133	414	102	267	30	15	162
1963	171	151	307	150	131	26	—	156
1964	—	—	196	108	73	15	—	167
1965	—	—	89	36	44	7	2	55
合计	1385	1267	11556	5806	3856	1762	132	7015

1966—1977年江宁县公安局刑侦破案情况表

表30-2-2

年份	政治、刑事案件（起）				依法处理（人）				犯罪类别（人）		
	立案	破案	其中政治案件		提请逮捕	刑事拘留	劳动教养	管制	现反	历反	刑事犯
			立案	破案							
1966	42	38	12	12	38	55	37	—	1	2	—
1967	39	30	19	19	31	90	31	—	19	—	133
1968	117	111	95	95	85	125	84	—	101	7	176
1969	94	90	52	52	79	39	—	27	78	8	138
1970	222	176	127	121	122	19	122	37	27	—	114
1971	172	136	6	6	51	69	—	—	63	49	177
1972	88	72	18	17	—	—	—	—	—	—	—
1973	76	71	2	2	76	—	—	—	1	1	74
1974	95	84	—	—	84	70	—	—	—	—	—
1975	114	102	—	—	141	115	—	—	—	—	—
1976	168	137	6	5	—	—	—	—	—	—	—
1977	162	147	2	2	85	126	—	—	—	—	—
合计	1389	1194	339	331	792	708	274	64	290	67	812

说明：表格中犯罪类别一栏，“现反”是指现行反革命分子，“历反”是指历史反革命分子

1979—2000 年江宁县公安局刑侦破案情况表

表 30-2-3

年份	立案（起）	破案（起）	其中重特大案		依法处理（人）		
			件数	破案	抓获	逮捕	刑拘、行拘、少年劳动教养、直诉等
1979	203	177	—	—	—	101	刑拘 35 人、行拘 45 人、少年劳动教养 8 人
1980	228	147	—	—	1043	213	刑拘 47 人、行拘 435 人
1981	325	242	—	—	—	315	刑拘 179 人、行拘 367 人
1982	367	303	—	—	—	274	刑拘 226 人、行拘 445 人
1983	615	260	42	39	—	151	刑拘 98 人、行拘 140 人
1985	325	269	43	41	—	193	—
1986	343	254	—	—	—	196	刑拘 117 人、收审 107 人、行拘 284 人
1987	385	267	47	41	—	162	少年劳动教养 4 人
1988	586	337	112	73	451	27	直诉 10 人、少年劳动教养 24 人
1989	754	479	92	63	1442	195	摧毁团伙 50 个、依法打击 202 人
1990	1053	480	106	—	740	327	刑拘 187 人、收审 158 人
1991	—	1016	256	181	746	—	—
1992	1061	740	287	113	813	346	直诉 52 人、少年劳动教养 3 人
1993	765	489	—	—	—	343	直诉 68 人、少年劳动教养 68 人
1994	810	570	199	136	—	—	—
1995	823	650	245	175	—	401	直诉 25 人、少年劳动教养 113 人
1996	919	729	268	186	—	374	直诉 21 人、少年劳动教养 200 人、查获网上逃犯 39 人
1997	770	621	292	210	365	252	直诉 21 人、少年劳动教养 160 人、摧毁团伙 19 个、依法打击 81 人、查获网上逃犯 32 人
1998	—	1064	337	244	—	314	直诉 30 人、少年劳动教养 132 人、摧毁团伙 8 个、依法打击 42 人、查获网上逃犯 62 人
1999	1310	774	577	—	552	328	直诉 32 人、少年劳动教养 65 人、摧毁团伙 20 个、依法打击 93 人、查获网上逃犯 106 人
2000	3097	2670	—	—	1323	—	—
合计	14739	12538	2903	1502	7475	4512	—

说明：1984 年因资料缺失，未有统计

2001—2007 年南京市公安局江宁分局刑侦破案情况表

表 30-2-4

年份	立案（起）	破案（起）	其中八类案		抓获案犯人数（人）	依法打击数（人）				追获网上逃犯（人）
			立案	破案		总数	提请逮捕	直诉	少年劳动教养	
2001	3694	2592	—	—	3061	1088	753	208	127	241
2002	3336	1995								
2003	3313	1523	—	—	1142	534	333	164	37	84
2004	3218	1536	140	124	1423	830	532	262	36	140
2005	8372	3451	283	241	—	1224	789	286	149	292
2006	8620	3639	291	249	—	1617	957	434	226	486
2007	9323	3960	—	—	3205	1787	854	798	135	586
合计	39876	18696	714	614	8831	7080	4218	2152	710	1829

说明：“八类案”是对杀人、纵火、投毒、抢劫、强奸、绑架、爆炸、故意伤害等八种暴力恶性案件的总称

打击 1950年年底，县公安局对一些特务、恶霸和有严重暴力刑事犯罪破坏活动的反革命分子，集中进行3次搜捕行动，逮捕一批反革命分子，处决一批罪大恶极又抗拒交代的反革命分子。至1956年年底，进行2次集中搜捕，打击严重暴力刑事犯罪活动，使发案率比1955年下降15.60%。

根据第九次全国公安会议关于继续深入开展打击刑事犯罪分子斗争指示精神，县公安局从1958年8月起，组织多个侦破战役，打击盗窃、诈骗等扰乱社会治安的刑事犯罪。至1965年年底，破获刑事案件1083起，破案率92%。至1979年年底，抽调公安干警128人次、基层保卫干部2048人次，对发案较多、治安混乱的424个重点单位和地区进行全面整顿。

1980年初至1983年7月，对盗窃、强奸、抢劫等破坏社会治安的刑事犯罪进行打击，侦破大案、要案136起，破案率91.30%。依法逮捕盗窃犯648名、强奸犯169名、杀人犯15名。1983年8月起，江宁公安集中进行8次搜捕行动，依法逮捕1275名严重刑事犯罪嫌疑人，摧毁137个犯罪团伙，社会治安状况明显好转。1989年，全年侦破杀人案件17起，抢劫案件17起，强奸轮奸案件29起。1994年，破获各类刑事案件695起，其中大案、要案187起。

2003—2004年，先后侦破“2·19”盗割通信电缆案、“5·1”强奸抢劫案、开发区砸汽车玻璃盗窃串案、“9·27”抢劫出租车杀人抛尸案、东山“3·26”特大撬盗保险柜案、东山“4·9”杀人案、铜井“4·20”杀人案、殷巷“5·21”杀人案、上坊“7·17”系列拦路强奸案、“5·10”杀人分尸案等一大批重、特大恶性刑事案件。2005年发生的14起命案全部破获，是年，抓获2名外地命案在逃犯，破获外地命案3起。2006年，共立刑事案件8620起，其中“八类”案件291起，破获249起，破案率85.60%。2007年，立刑事案件9323起，破获3960起；抓获刑事犯罪嫌疑人3205人，依法打击处理1787人；追获“网上”逃犯586人。

【严厉打击刑事犯罪（“严打”）】

中共十一届三中全会后，县公安部门严厉打击刑事犯罪活动。1983年9月10日，县公安局作出《关于严厉打击刑事犯罪活动，尽快实现社会治安根本好转的决议》，1983—1986年，先后进行3次“严打”战役、10次集中打击行动，破获各类刑事案件1077起，其中重大、特大刑事案件154起；摧毁严重危害社会治安的犯罪团伙134个，逮捕严重刑事犯罪嫌疑人1082人。因此，广大群众同犯罪分子斗争的积极性提高，犯罪分子的嚣张气焰受到沉重打击。

1990年，中共江宁县委按照中共南京市委《集中开展严厉打击严重刑事犯罪活动斗争的行动方案》要求，针对江宁县社会治安存在的突出问题，从是年6月4日至国庆节前，在全县集中力量、集中时间，进行严厉打击严重刑事犯罪活动的斗争。1990年6—11月，在“严打”斗争中破获刑事案件637起，其中重大案件79起，现行案件145起，积案36起，隐案287起，外地案件169起，缴获赃款、

图30-2-8 江宁县召开严打整治斗争公开处理大会（20世纪90年代摄）

赃物价值 30.20 万元。“严打”行动中还组织 396 人，组织设卡 36 处、134 人，清查 589 个暂住人口住地、私房出租户和公共场所等，从中抓获现行、流窜犯罪嫌疑人 21 人，破案 50 起，抓获犯罪嫌疑人 118 人。

1993—1999 年，以“打现行、破大案、挖团伙、追逃案”为重点，将“严打”体现在各项经常性工作中。其间，全面开展严打斗争清查打击行动和治安清查行动，抓获违法犯罪嫌疑人 2471 人，破获刑事案件 2201 起，追获网上逃犯 48 人。

2001—2007 年，先后开展严打整治“春雷行动”、打击“两抢”犯罪统一行动，其间，共抓获违法犯罪嫌疑人 1462 人，破获刑事案件 1735 起，追获网上逃犯 72 人。

图 30-2-9　2003 年 3 月 17 日，江苏省公安厅厅长裴锡章（前左三）到江宁区检查指导严打整治斗争

【打击经济犯罪】

1993 年前，县公安局在打击现行犯罪的同时，对经济案件的查办工作同步进行。1993 年 4 月，设置经侦机构，专职查处经济犯罪案件。是年年底，受理审查经济案件 19 起，其中构成刑事诈骗予以立案侦查的 16 起，涉案金额 428.26 万元，经立案侦查，终结 8 起，追回损失 175 万元，抓获犯罪嫌疑人 17 人。1995 年，受理和咨询案件 48 件，涉案金额 596.89 余万元，经初步调查取证后，认定诈骗的 8 件，涉案金额 74.17 余万元，当年侦查终结 2 件，涉案金额 40.91 余万元，追回 15.65 余万元。1998 年 3 月，正式组建江宁公安经侦大队，在全县范围内打击经济犯罪活动。1998 年 3 月至 1999 年，受理各类经济案件 136 起，其中立案侦查 98 起，追缴赃款、赃物总价值 472.10 万元，协助税务部门追缴税款 528.10 万元，协助工商、烟草部门查获假冒商品价值 725.50 万元。

2000—2003 年，受理各类经济案件 339 起，其中立案侦查 137 起，经侦查破案 134 起，追缴赃款、赃物 921.60 余万元，协助其他部门追缴款、物 5729.80 余万元，挽回、避免经济损失 4800 余万元。2004—2006 年，受理各类经济案件 280 起，其中立案侦查 133 起，经侦查破案的 126 起，破案率 95%。2007 年，区公安分局受理各类经济案件 84 起，其中立案侦查 69 起，经侦查破案的 70 起，挽回、避免经济损失 697.14 万元（实际损失 700.14 万元）。

第四节　治安管理

江宁公安按照不同历史阶段治安管理要求，以促进社会主义精神文明建设为目的，正确处理促进繁荣与严格管理的关系，不断加大公共娱乐、饮食服务场所和音像市场的整治管理力度，落实派出所对辖区公共场所和特种行业的日常治安管理责任制，加强对重点人口的帮教、管理，采取公秘结合、突击检查等多种手段，查禁取缔黄、娼、赌、毒等社会丑恶现象，净化社会环境。改革开放后，江宁地区城市化进程加快，人口急剧增加，各项文化娱乐、饮食服务等迅猛发展。江宁公安为适应新时期城市建设和经济社会发展的需要，治安管理方面采取“服务在先，管在其中，积极引导，依法管理”的做法。针对社会上不断出现的治安新问题，如利用管制刀具、仿真枪犯罪案件增多；群体性突发事件呈上升势头等，江宁公安除适时修定相应的管理制度外，以建立社区警务室、运用社区矫正等管理新模式，发动群众，共保一方平安。进入21世纪后，江宁公安实行“谁主管，谁负责”的管理原则，依靠各方力量，加强监督和指导，进一步把各项治安管理工作落到实处。

【特种行业管理】

1949年，江宁县人民政府在接管政权、建立人民公安组织的同时，着手把容易被犯罪分子用于藏身和进行非法活动的一些工商业和服务性行业纳入特种行业管理。列入特种行业的主要有四类，娱乐场所，包括电影院、戏院、茶馆、歌舞厅、咖啡馆、俱乐部、书场等；复杂营业，包括旅馆业、刻字印刷业、佣工介绍所、占卜业、旧货业、交通运输公司、摊贩、理发店、澡堂等；有关风化的不正当行业，如妓院、淫书淫画业；有关一般公共安全的行业，如鞭炮店和其他易发生火灾的营业场所。1952年，对全县58家旅馆业、印铸刻字业、维修业、旧货业进行全面调查登记，实行治安行政管理。“文化大革命”时期，全县特种行业治安管理基本处于瘫痪状态。

1970年后，江宁县公检法军管会逐步恢复对特种行业管理。列管范围大致包括旅馆业、刻字业、寄售业、废品收购业，以及自行车、钟表、收音机等修理业和浴池、照相等行业。

1986年，对全县310个收购点逐个进行过堂清理、登记整顿，对收赃、无证收购和不符合条件的收购点坚决取缔，共取缔107家，停业6家，吊销营业执照8家，发现收购赃物的27家，捣毁收销窝点81家。

1990年，对全县94家印刷业、80家旅馆业、94家收购站进行调查，并重新换发营业许可证，对不符合条件的不予发证。1993年，对全县收旧行业集中整顿。抓获盗窃、销赃案犯82人，查、破刑事案件31起，重大案件9起，缴获赃物价值7万余元。与此同时，对全县21家影剧院、63家录像点、32家歌舞厅、132家桌球、52家游戏室经营内容与治安责任人进行摸底登记，以掌握情况。对在公共娱乐场所寻衅滋事的55名违法犯罪人员从严惩处，逮捕劳教10人，治安处罚32人。1997年7月，县公安局会同文化、工商、卫生等部门，出动300多人次，以县城地区公共娱乐服务场为重点，进行集中整治。检查歌舞厅、美容美发屋、录像放映出租点等193家，查获“三陪”女21人、涉嫌卖淫嫖娼人员12人，并对72家无证和证照不全的娱乐服务场所业主和黄娼赌违法人员依法进行治安处罚。

2001年，全年打击、处理涉黄人员37人。同时，为规范娱乐市场，根据上级规定的硬件设施要求，对全区娱乐市场进行逐家检查，发出整改通知书87份，责成停业限期整顿5家，吊销治安合格证3家，取缔无证经营场所5家。2002年，对全区344家印刷企业逐一过堂检查，检查中发现有2家无证经营的印刷企业，当场予以取缔，对一家违规经营的印刷企业当场下发《责令整改通知书》。2005年6月14日，组织开展公共娱乐服务场所专项检查行动，检查各类场所200多家，查处违法违规经营场所9家，查破治安案件8起。

【水上治安管理】

1952年12月至1953年9月，在全县171.50千米的江、河通航线路、289只民船、1550人的水上人口中，开展民船民主改革运动。1953年1月，县公安局调江宁派出所4人，局机关4人，组成工作队，专门办理南京西段江宁、铜井水域民船民主改革工作。1957年，在全县范围内逐步建立健全船舶户口登记管理制度，并给每个船户发放船舶户口簿。

“文化大革命”开始后，原有的公安管理法规遭到破坏，水上治安处于混乱状态。1979年4月，对全县渡口渡船从业人员重新考核，并登记发证；重大节假日期间加强渡船安全检查，力排事故隐患。1982年，会同交通局对全县农用船只进行考核、登记、编号及发证工作，并严格执行行船安全制度，严防全县24个渡口行船事故发生。

1993年9月，在长江江宁—铜井段开展打击“江匪水霸”行动。出动干警13人，联防队员20人。设关卡2个，清查港口、码头6个，停泊点4个，芦滩3个，湖岛1个，沿岸收购点1个，棚户2户，船只217只。查获案犯16人，破案16起，破涉水团伙1个，涉水大案2起，查获“三逃”（批捕在逃人员，负案在逃人员，服刑或羁押在逃人员）人员1人，处理违法犯罪人员16人，缴获赃款、赃物价值2万余元。

江宁公安除进行水上治安整顿外，还将汛期保卫列为一项重要工作。1996年入汛时，抽调180多名干警参与铜井镇新济洲老弱病残2160多人疏散行动。1998年6月，为确保铜井镇新济洲上的老弱病残及儿童1140人疏散行动安全顺利进行，组织100名警力，分8个组开展疏散行动安全保卫工作。

2007年7月7—10日，全区遭遇特大暴雨袭击，给部分区域造成灾害。江宁公安分局出动警力3000余人次，救助受灾群众1346人。因组织工作有力，抗灾措施得当，水灾期间，全地区未发生人员伤亡和疫情、治安事件。

【枪支弹药管理】

新中国成立初期，大量枪支弹药流散社会，公安机关结合剿匪肃特，大力收缴各种枪支弹药。1950年，县公安局通过镇压反革命，缴获短枪9支、长枪1支、子弹2000发。1951年，开始对自卫枪支进行登记审查，核发公安部印制的新持枪证，并组织人员对携枪者进行检查。当时，出于对敌斗争的需要，江宁县民兵系统留着大量的武器弹药，但由于管理不善，经常发生枪支走火丢失、被盗事件。是年1月，缴获驳壳枪8支、子弹120发，步枪32支、子弹600发。1956年，县公安局严格规定自卫枪支配发范围。明确规定，除公安、司法、检察机关外，其余单位原则上不得保留公用枪支，如确因工作需要而保留的，须经同级党委和人民委员会批准。

1963年，县公安局对机要通信部门的枪支进行清理、发证工作，确定机要人员配枪范围：担任县以上文件押运、接送任务的；专门投递军队团以上单位的；县至公社可留少量枪支外，交通人员一律不佩带武器。经过清理，严格机要通信部门枪支管理，坚持出班领取，归班收回集中保管等制度，杜绝丢失、走火、被窃事件的发生。

1980年11月27日，县公安局、人武部向各公社、镇、厂、场武装部，各公社、镇派出所（公安特派员）印发《关于严格清查收缴社会上失控枪支弹药的通知》。1981年，全年收缴各种手枪26支、猎枪24支、子弹784发、土手榴弹12个、三角刮刀等凶器724件、雷管1847只、炸药648公斤。1982年，累计收缴炸药815公斤、雷管8234只、导火索3774米、子弹3050发、手枪1支、手榴弹8枚、各类凶器87件、猎枪19支、钢丝鞭5把与炮弹25发。1987—1993年，对公安保卫系统枪支弹药和社会上的猎枪、气枪、射击运动枪支进行集中检查与清理整顿。实行人、枪、弹、证四对照，进行登记审验，在此基础上建档立卡，实行规范化管理。

2001—2002年，开展各类治爆缉枪行动，共收缴各类枪械191支，各类枪弹806发、底火1767粒、各种炸药407.55公斤、雷管1.20万余发与导火索910米。2004年11月15—17日，组织开展危险物品治安专项整治行动，共收缴子弹319发、雷管2枚、管制刀具97把，依法打击处理3人。2007年5月，开展以“远离管制刀具”“拒绝枪支弹药”为主题的治爆缉枪宣传教育活动，宣传公安机关治爆缉枪专项行动的重要性，收到良好效果。

【危险物品管理及犬类管理】

易燃易爆物品管理 1958年，以钢铁基地和危险物品管理为中心，进行防火大检查。1978年，对全县各公社使用爆炸危险物品的单位进行“摸清底数，分类排队”，了解炸药、雷管储存和管理情况，并对上坊、横溪、其林、汤山等地出现的问题进行检查和处理。1980年，对全县119家开采单位进行检查，发现有的单位没有爆炸物品专用仓库，或有库房不符合国家规定要求，以及物品领取、使用、保管制度不健全，存在转借、转卖爆炸物品和个人开采现象，督促这些单位进行整改。1986年，对厂矿企业进行严格的安全检查，检查重点在采石场和宕口，主要检查爆炸物品贮存的安全状况和防范措施。是年，全县爆炸事故比1985年下降85.70%，火灾起数下降19%。其中轻工系统烟花爆竹行业没有发生一起事故。对全县218家使用爆炸物品的单位举办防火防爆学习班2次，印发5000份消防条例、治安处罚条例，发放“四员”（安全员、爆破员、保管员、押运员）证书1336人，设立337名专职安全员。

1990年，全县对采石场进行检查，对不符合安全规定的单位和看守不严的仓库严加处理。检查后，对违章人员罚款1400多元，拘留处罚4人，发警告通知书4人。1992年3月，与30家生产、使用、储存爆炸物品的单位签订“爆炸物品安全管理责任状”，全县23家乡镇工业公司经理、安全科长和7家县属企业法人代表参加签字仪式。

2001年，全年查禁收缴非法伪劣烟花爆竹400余万响（支、发），依法打击处理6人。2002年，收缴散失社会的炸药403公斤、雷管12876发、导火索910米，并在上峰镇销毁收缴的204万余响（支、发）非法伪劣烟花爆竹。2003年，组织开展治安大检查行动，其中检查使用爆炸物品从事开采的企业221家，烟花爆竹销售点599个，剧毒化学品、民用爆炸物品生产、经营储存使用单位59家，发现隐患13处，发出整改意见书17份，查处违法、违规经营单位7家，收缴非法烟花爆竹9.40万余响（支、发）。2006年，查获并收缴641箱伪劣烟花爆竹。

剧毒化学品管理 1961年4月，全县组织相关企业保管员、采购员、运输员、营业员分期分批学习“六个办法”和化学危险物品知识，对采购员、运输员和保管员进行审核和考试，成绩合格发采购证、押运证、运输证。1983—1987年，对全县接触危险物品的人员，每隔1年～2年进行一次审核换证。2002年，对涉及危险物品单位开展“拉网式”安全检查，责令28家存在事故隐患的单位逐一落实整改措施。同时加大对“毒鼠强”等剧毒化学品销售渠道的查禁力度，共收缴“毒鼠强”等剧毒急性鼠药91.91公斤，其他禁用鼠药101公斤、剧毒化学品7.54公斤，依法打击处理6人。2003年，全年收缴“毒鼠强”等剧毒化学药品4公斤，其他禁用杀鼠剂20余公斤，破获此类案件5起，依法打击处理5人。2004—2007年，发动各方力量，组织开展危险物品“治安防范百日竞赛”活动，群策群防。

犬类管理 1949年，根据苏南行政公署公安局《苏南各城镇公安局犬类管理暂行办法》，规定江宁城镇范围内凡三个月以上的犬类应到当地派出所登记，领取号牌悬挂颈下，否则以野犬论处；对无主野犬，由公安派出所捕捉处理。1979年6月，根据江苏省农业厅、卫生厅、公安厅联合发出《关于迅速扑灭狂犬病的通知》，发动群众开展灭杀病犬工作，加强家犬管理，并禁止在县城养狗。

1984—1998年，进行广泛宣传，并成立联合检查组，定期赴狂犬病疫区检查，督促灭犬工作；加强对县城养犬的审批，处理违章养犬。2001—2007年，采取管、免、灭相结合的综合措施，预防控制狂犬病，维护社会治安，保障人民生命安全。

【公共秩序管理】

禁毒 民国38年（1949）4月前，江宁县一些集镇有20%以上的住户开烟馆，30岁以上的年龄层中有40%的人口吸烟。还有一些青壮年吸食鸦片，许多人吸毒成瘾，不仅身体受到极大损害、劳动能力丧失，还导致很多家庭日渐贫穷甚至陷入家破人亡的境地，进而引发许多社会问题。1950年2月，组织开展禁毒斗争，逮捕20名贩毒分子。1951年3月23日，经苏南人民行政公署批准，江宁县政府颁发禁止种植罂粟（鸦片原料）的布告，这是江宁县自新中国成立后在根治吸毒方面采取的重要措施之一。是年8月，破获贩运、销售、吸食鸦片烟毒案29起，缴获烟具11套（件）和烟土、烟膏、白粉等毒品2公斤多，并对37名案犯，视情节轻重分别予以判处徒刑或教育释放。1952年，成立禁鸦片烟办公室，当年缴获鸦片烟96.65公斤、烟枪83把，破获贩毒案496起。

1953年禁毒运动后至20世纪90年代，境内毒品危害由滥到治，直至相对稳定。其间对偶尔出现的少数私种罂粟行为，及时进行依法严肃查处。1992年4—5月，共铲除非法种植罂粟808株。1999年9月，摧毁一重大吸贩毒犯罪团伙，缴获海洛因22.50克、毒资7000元，抓获余俊等7名涉案成员。

2001年，开展创建“无毒社区”“无毒场所”“不让毒品进我家”等活动，破获非法种植罂粟案件10起，打击处理10人，铲除罂粟1296株。2005年4月，在东山街道大市口广场举办以“远离毒品，珍爱生命”为主题的大型禁毒宣传活动，共接待群众咨询500多人，发放禁毒宣传材料2000多份。2006年，全年破获涉毒刑事案件7起、治安案件80起，打击处理72人，缴获海洛因200余克。是年，东山街道被评为创建无毒社区示范单位。2007年，全年破获涉毒案件26起，依法打击处理28人，缴获毒品700克。

禁娼 新中国成立后，江宁县娼妓活动有所收敛，不少妓女有的从良，也有的转为暗娼。1950年年初，江宁县人民政府宣布关闭妓院，取缔娼妓活动。公安机关及街道干部深入妓院，分头进行教育工作，使妓院老板意识到娼妓活动的危害，主动停业或转业。同时对妓女进行政策和前途教育，使其改恶从良，重新做人。

20世纪80年代，卖淫嫖娼活动一度猖獗，不但败坏社会风气，还诱发犯罪，危害社会治安。1981—1985年，根据公安部《关于坚决制止卖淫嫖娼活动的通知》和公安部批转《关于进一步制止卖淫嫖娼和查禁淫秽书画、淫秽物品意见的报告》精神，做好取缔和打击处理工作。1989年，对路边店发生的敲诈勒索、强奸等案件进行调查，共抓获各类违法犯罪人员64人。1990年，先后收容、教育卖淫嫖娼人员60余人，治愈性病患者10余人。1995年，全年查获卖淫嫖娼人员286人，破获卖淫嫖娼案件532起，逮捕5人，劳教13人，收容教育32人，治安处罚236人，对12家有卖淫嫖娼行为的公共娱乐场所进行处罚。1996—2000年，摧毁流氓恶势力团伙数十个，打击处理犯罪嫌疑人数百人，有力地维护社会治安稳定。

2007年，抓获吸毒、卖淫嫖娼和容留、介绍他人卖淫等违法犯罪人员69人，破获刑事、治安案件34起。

禁赌 1953年冬至1965年5月，先后集中开展3次较大规模的禁赌专项行动，组织查禁人员1429人，编成178个小组，深入陶吴、禄口、上峰、谷里等112个乡、村，发动群众揭毁赌窝148处，查获赌场894起，抓获惯赌、窝赌分子425人，并依法处理赌头、赌棍47人，使赌博之风有所收敛。

20世纪80年代，赌博活动一度回潮，涉及范围广、人数多、输赢大、花样新，一些赌博严重地区村村赌，严重危害社会治安，影响生产和工作。1983—1985年，组织查赌行动13次，共抓赌1551场，抓获参赌人员5048人次，捣毁赌窝304处，没收赌具1325副，收缴赌资23265元，依法逮捕赌头、赌棍141人，行政拘留667人，有4241人主动交代赌博问题，上交赌具1067副。1988年1月后，多次开展禁赌专项治理。1989年12月1日至1990年3月底，全县共抓赌1246场5155人，缴获赌资11.42万余元，行政拘留25人，罚款3.30万元；召开违法人员座谈会311次，有2956人参加，其中有210名赌博等违法人员投案自首。1999年10月，查破赌博案件43起，收缴赌资24.10万元。

2005年1—2月，组织开展集中打击赌博违法犯罪活动专项行动，查破涉赌案件12起，抓获违法犯罪嫌疑人104人，缴获赌资17.30万余元。2006年，查缴赌博机225台，抓获以“推牌九”方式进行赌博的18名赌徒，缴获赌资10万余元。抓获聚众赌博犯罪嫌疑人43人，当场缴获仿“五四”式手枪一支、赌资18万余元。2007年，东山、百家湖与江宁派出所会同刑警大队，先后摧毁以“押宝猜牌”、麻将机、“摇单双”等方式进行聚众赌博的3个窝点，抓获涉赌人员87人，收缴赌资5万余元及一批赌博工具。

第五节　户政管理

户口管理主要包括对居住在城市的城镇常住户口、集体户口、暂住（寄）住户的户口登记、变动登记及户口迁移和调查工作，提供准确的户口统计资料。

【常住人口管理】

城镇人口管理　民国38年（1949）5月起，户籍由县民政科、公安局共同管理。此后不久，户政管理由各派出所设专职户籍内勤或户籍民警，按600户左右设立一个户口段，建立户口责任区。1950年年底，全县共有91958户、408500人。

1950年，开展全国户口大登记运动，江宁各地逐步建立起城镇居民户口管理制度。1953年，在江宁、湖熟、东山、作厂4个镇开展户口调查，建立居民小组。进行全县第一次人口普查，据统计，当年全县共有常住人口131123户、534979人，其中水上人口46户410人。1959—1961年国家三年困难时期，因严重缺粮而导致人口外流、死亡较多，出生人口奇少，加上派出所普遍存在户籍警员少、户口段划分过大，户口管理一度出现混乱。1964年4—8月，进行第二次人口普查工作，全县城乡共有126423户、505826人。是年，处理3133人户口空挂或不落实问题，同时制发农村户口“四项变动”(出生、死亡、迁出、迁入户口变动)申报单、通知单、登记表，使户籍管理工作进一步完善。1982年，进行第三次人口普查，当年江宁城乡共有184467户、732672人，普查后均按户发放户口簿。1985年9月，在调查摸底、登记造册后，对全县7100名城镇暂住人口发放暂住证。是年年底，全县农业人口631713人，城镇人口111453人。

1992年6月开始，江宁县政府为筹集城镇建设资金，发展地方经济，解除一部分进城务工、经商人员的后顾之忧，逐步办理一批地方城镇户口。即每个人口缴纳8000元(后为7000、6600元)，境内农村户口即可办理地方城镇户口，定居于河沿村（即东山街道外港河边，无房无门牌），俗称买（居民）户口。当年分3批约办理8000余人，其资金全部进入地方财政账户。

1996年下半年开始，组织实施农村户口城市化管理工作。至1997年年底，各派出所全部配置计算机，将74万多的常住人口信息全部输入微机，实行人口信息管理办公自动化。1999年，实施小城镇户籍管理制度改革，有条件地办理小城镇常住户口。至2000年年底，全县已办理小城镇户口28995人。2001年，全年受理小城镇户口14838人，批准入户13118人。同时整改纠错，解决未落实常住人口人员办理户口的问题，全年办理常住户口38316户、41372人。2006年4月，完成江宁区常住人口地址信息更新工作，并对涉及户籍管辖分工调整的4个派出所的常住人口数据进行调整维护，做好户籍资料移交工作。

农村人口管理 1949—1956年，全县农村户口登记管理由江宁县民政科负责，县公安局主要起协助配合作用。1956年，县公安局从县民政科接管江宁农村户口管理工作后，全面开展户口整顿工作，建立农村户口管理制度。1957年后，不少乡镇户口管理流于形式，工作无专人负责。1963年，逐步建立公社、生产队两级户口登记簿册。“文化大革命”期间，农村户口管理工作由乡文书或民政助理负责，主要是接收城镇下放居民、插队知青，安置被城市清理遣返的盲流人口，接受社员新生儿户口申报、因婚姻办理户口迁移等。

1982年，在第三次人口普查中，清理农村旧的户口簿册，重新填写、换发新簿册。1982年后，实行农村户口城市化管理，逐步建立“一村一图一册（户口底册）、一户一簿（户口簿）一牌（门牌）”制度，在村一级设立户口室，各聘户口协管员1人。1996年，开展农村户口城市化管理工作，共装订农户门牌151293个。1998年年底，境内各派出所户口管理均达到一村一图、一册、一员、一户籍室，一户一牌、一簿、一人一档的规范标准。

船舶人口管理 船舶户口是指以船舶为家或常年在水上从事运输、捕捞、养殖等作业，以船为单位形成的户口。

1953年4月，江宁县公安局抽调4人，连同派出所4人组成工作队，专门办理南京西段水上船民民主改革工作。据1953年《水上工作情况报告》，江宁县江岸线长79.50千米，通航河道5条共92千米；沿江码头22处、内河码头14处；共有船289只；水上人口1550人。1954年，为摸清水上户口管理人数变化情况和遗留问题，通过核发证簿建立船舶户口管理制度。1984年，建立水上派出所。

1992—1997年，针对水上人员流动量日益加大，许多船只无证、无牌，私招乱雇帮工现象比较普遍，人口底数不清情况不明、管理失控状况，加强水上治安管理，多次组织核查船舶。2001—2007年，核查内河船舶户口簿、船民证、临时船民证和船户牌，借以摸清水上船只和常住、寄住、暂住人口情况，同时掌握一批违法犯罪线索，打击处理一批违法犯罪人员，增强防范和控制水上犯罪的能力。

【流动人口管理】

流动人口是指离开常住户口所在地，城市跨区、农村跨乡镇生产生活或从事其他活动的人员。暂住人口是指流动人口中在暂住地拟住1个月以上且已暂住3日以上人员。

新中国成立初期，人口流动量较小，暂（寄）住人口多为探亲访友人员。1951年开始，为全面掌握城镇人口情况，打击潜伏土匪、特务分子，对暂（寄）住人口进行登记管理。1958年，对城镇暂（寄）住人口全面实施登记管理，公民在常住地范围以外的城市暂住3日以上的，由暂住地户主或者本人在3日内向户口登记机关申报暂（寄）住登记，离开前申报注销；暂（寄）住在旅店的由旅馆设置登记簿随时登记。“文化大革命”期间，暂（寄）住人口登记工作基本停止。

1985年7月起，对留宿在单位内部的暂住人口，督促所在单位人事、保卫部门进行登记管理；对暂住时间超过3个月的16周岁以上人员核发暂住证；对外来开店、办厂、从事建筑安装、联营运输、服务行业的暂住时间较长人员，采取雇用单位和常住户口所在地主管部门管理相结合的办法，由所在地派出所登记为寄住户口，核发寄住证。1988 年 9 月，对暂（寄）住人口进行整顿，强化登记管理工作。当年发暂住人口证 14540 人。

1993 年，摸排境内暂住人口，逐人登记、填表和照相，然后核发放暂住证。当年共摸底暂住人口 13226 人，登记 13166 人，登记率 99.50%，发证 12035 人，发证率 91%。1996 年，登记暂住人口 18116 人，应发证 15531 人，实发证 15340 人，发证率 98.80%，全县 1307 家房屋出租户均已签订治安责任书。1998—2000 年，对东山地区私房出租户和暂住人口加强管理，规定凡户籍不在东山镇而在东山镇从事经商、务工的人员，必须在抵达后的 3 日内，携带身份证及近期免冠 1 寸黑白照片 2 张，到东山镇派出所登记，申领“暂住证”，并缴纳管理费用。凡东山镇出租房屋，必须事先向东山镇派出所申报，经审核后签订《房屋出租户治安责任书》，领取“房屋出租户治安安全许可证”，与承租人签订租赁合同后方可租赁。

2001 年 12 月 1 日至 2002 年 11 月 30 日，实发暂住证 51495 人，登记房屋出租户 1609 户。全区有暂住人口管理办公室 21 个，登记站或管理小组 46 个，有管理人员 484 名。2003 年，登记暂住人口 119811 人，登记率 95%；办理暂住证 96497 人，发证率 95.60%，与房屋出租户的治安责任书签订率 100%。2005 年 12 月 8 日，境内暂住、寄住人口录入警务平台数达 35.30 万人，其中暂住人口 13.30 万人，寄住人口 22 万人。至 2007 年 6 月 30 日，境内暂住人口共 313892 人，实发暂住证 278055 人，发证率 88.58%。

【居民身份证管理】

1985 年 9 月 6 日《中华人民共和国居民身份证条例》公布施行后，1986 年 7 月，江苏省公安厅下发《关于统一居民身份证申领登记手续和〈常住户口登记表〉使用规定的通知》。1987 年 4 月 11 日，江宁县公安局布置全面开展颁发居民身份证工作。其间，组织力量逐户、逐人、逐项、逐条对户口进行核对，共核对 178146 户、519226 人，更正项目 181728 项。当年，全县应发证 51.49 万人，制证 30.50 万余人。1991 年，办理居民身份证、临时身份证 12336 张。2001 年，制发居民身份证 26882 份，临时身份证 2619 份。2003 年，办理居民身份证 62359 张，其中申领居民身份证 19481 张，换领、补居民身份证 42878 张，销毁居民身份证 7995 张，实有持证人数 674894 人。

根据《中华人民共和国居民身份证法》和国务院关于换发第二代居民身份证（以下简称二代证）工作的部署要求，2005 年 9 月 9 日，江宁公安结合实际情况制订《江宁区换发第二代居民身份证的工作方案》。至是年 12 月 31 日，全区已受理二代证 23663 份，制发一代居民身份证 33870 份，临时身份证 4867 份，边境通行证 108 张。2006 年，全年受理二代证 41.60 万份，修改因区划及社区调整引起的证件错误 3 万余条，16 周岁以上换证率 58%，完成全年换证计划。至 2007 年年底，基本完成全区集中换发二代证工作。

第六节　安全保卫

每年的“五一”、“八一”、“十一”、元旦、春节，是全民的盛大节日，为保障节日期间人民生命和财产安全，江宁公安一直是提前制订计划、落实措施、安排警力组织实施节日保卫工作。年年相同的节日，次次类似的会议，饱含公安干警的心血汗水，创造了全区人民安宁和社会稳定的良好生产生活环境。

随着江宁改革开放逐步深入，经济、文化保卫管理范围相对扩大，江宁公安在抓好机构充实调整工作的同时，以维护经济文化系统内部的政治稳定为中心，认真贯彻《江苏省企业事业单位治安保卫工作条例》《江苏省要害保卫工作规定》等相关法规，强化防范设施建设，组织开展经常性的安全检查，落实治安保卫责任制，预防和查处内部盗窃、破坏等刑事治安案件，消除隐患漏洞，保障国家资产和群众生命财产安全。

【重要活动安全保卫】

重要节日安全保卫 1951—1960年，先后做好“五一”劳动节、“八一”建军节、元旦、国庆、中华人民共和国成立十周年等节日期间的安全保卫工作。尤其是1959年，为保卫新中国成立10周年大庆和参观外宾的绝对安全，节日期间县公安局发动1713名骨干积极分子，对有关地区822名地、富、反、坏及其他危险分子实施严密控制；组织2568名民兵日夜巡逻放哨，加强铁路沿线、交通要道、山区、参观区等重点地区、重点方面的保卫工作；组织550余名职工加强对机关、企业、厂矿、学校内部保卫；同时建立20余处劝阻站，动员劝阻3000余名农民回乡，是年国庆期间没有发生任何安全事件。

1986—1989年，除做好重大节日期间的安全保卫工作外，先后做好元宵节“江宁灯火”晚会活动、亚运会活动的安全保卫工作。特别是1989年9月，为保卫国庆安全，开展对治安危险分子的排查教育监控和以防爆炸、防火灾、防事故、防盗窃为重点的安全大检查。公安局领导分5组对全县各乡镇进行安全检查和抽查。同时组织2139人次参加全省打流集中行动，清查597处，抓获盗窃团伙2个19人、流窜犯2人，破案29起，缴获赃款赃物价值2.30万余元。

1990—1999年，围绕亚运会活动、新中国建立50周年庆典活动做好安全保卫活动。尤其是在1992年围绕国庆和中共十四大会议期间，县公安局进行全面排查，共排出治安危险分子45名，逐人落实监控措施。

2000—2007年，南京市公安局江宁分局全面启动“五一”、“八一”、“十一”、元旦、春节安全保卫工作。加大重点地区和部位的整治力度，强化安全监督管理，全局广大民警坚守岗位，恪尽职守，加强值班备勤，严格落实各项安全保卫措施，继续保持对各类刑事犯罪活动的严打高压态势和对社会面的治安防范，切实增强群众安全感。

大型会议及庆典保卫 江宁公安每逢中共历次代表大会、全国人大历次会议及省、市、区同类会议的召开，以及当地政府及境内各党政机关和各企、事业单位主办的庆典活动等，都十分重视，认真部署和做好安全保卫工作，确保万无一失。

1987年中共十三大期间，县公安局于是年9月召开派出所所长、特派员和机关全体干警会议，动员干警全力以赴投入保卫工作；召开各乡镇工业公司安全科长会议，分五片召开派出所所长、特派员会议，安排布置安全保卫工作，并进一步加强值班、检查和信息情报工作，把各项安全保卫措施落到实处。

1995—1997年，先后完成禄口国际机场开工典礼、第三届全国城市运动会（柔道项目比赛在江宁县举行）、县十二届人大五次会议、县政协七届五次会议、南京市“金陵春·小康乐”大型广场文艺演出、第三届中国国际风筝会暨全国风筝邀请赛、迎香港回归燃放焰火、禄口国际机场通航、中共十五大召开、团中央“科技项目现场推荐会”及省委扩大会议全体代表到江宁经济技术开发区参观等大型活动的安全保卫工作。1998年，先后圆满完成县人大十三届一次会议、县政协八届一次会议、乡镇人大代表换届选举、全县首届广场民间文艺大赛、“秦淮杯”第十六届健身长跑运动会、东善桥500千伏变电站竣工庆典、江宁经济技术开发区建区六周年庆典暨百家湖水上艺术表演赛、“建设之声”名角名曲广场文艺演出、消防专勤器材装备展示表演、中央省市领导及国内外嘉宾到禄口国际机场和江宁经济技术开发区视察参观等大型活动的安全保卫工作任务。1999 年，圆满完成县十三届人大二次会议、县政协八届二次会议、市农村工作会议、南京国际梅花节花车巡游东山镇、县“公路杯”第十七届健身长跑运动会、祖堂山宏觉寺念佛堂开光、江宁经济技术开发区建区七周年庆典、县第十次党代会、澳门回归庆典、中央省市领导及有关单位人员到县里视察参观等多项大型活动的安全保卫工作任务。

2000—2007 年，先后完成中共江宁区委、区政府在国旗广场举行撤县设区庆祝活动、第六届世界华商大会、中共十六大、第六届全国残疾人运动会（公路自行车、射箭、马拉松赛等比赛在江宁区举行）、海峡两岸 CEO 金陵论坛、“9·29”世界步行日徒步健身活动、3000 万元福利彩票发行活动、“春绿南航”大型文艺晚会、“江宁之春——中国传媒大学走进江宁”大型文艺晚会、第四届横溪西瓜节开幕式、鲁能杯中国乒乓球俱乐部超级联赛江宁杯男子团体赛、“东都杯”第二十四届健身长跑运动会、第五届横溪西瓜节开幕式、“同一首歌走进江宁”大型演唱会、江宁区第五届“9·29”世界步行日活动暨秣陵街道第一届全民运动会开幕式、江宁区第五届运动会开幕式等活动的安全保卫工作。

图 30-2-10　2005 年 8 月 25 日，江宁区公安民警参加第十届全国运动会安保工作

【经济安全保卫】

企业安全保卫　新中国成立初期，在公营工厂（公司）内设立治安保卫委员会，成员由工厂企业职工组成。1950 年 7 月，会同有关机关在国营、公营的工厂（包括公私合营）、银行、公司、航运、电讯、仓库等部门建立专门的保卫机关或组织。1955—1959 年，在县人民银行支行及供销社人事股各设 1 名专职保卫干事。

“文化大革命”中，企业保卫工作一度处于瘫痪状态，至 20 世纪 70 年代初才开始得到恢复。1980 年 4 月，协助、指导境内的大型重要企事业、科研单位、重要物资仓库等建立护卫队。1987 年，共组织 29 支护厂队，有队员 290 名。乡镇企业共有 360 家 200 人以上单位建立保卫科、组，建立护厂队 79 个。是年，根据江苏省公安厅指示，将“三资”企业安全保卫工作纳入业务指导和管理范围。1988 年 5 月，与 45 家厂矿单位签订二、三级责任书 6453 份。1990 年，与全县内保单位签订一级治安责任书的有 44 家，签订二级治安责任书 494 份。1991—1993 年，《内保条例》延伸至村级企业，至 1993 年年底，签订《治安责任书》的乡村企业 695 家。

2000—2007 年，进一步转变观念，调整布局，将乡镇企业保卫工作作为农村安全保卫工作重点。

金融系统安全防范保卫　1964 年，将驻县银行部门特别是基层机构列为重点保卫对象。1980 年后，要求各银行金库建设必须是钢筋混凝土结构，安装保险门、铁栏杆、报警器；守库值班室要求紧靠库房，坚持双人管库、双人守库制度。管库员必须按规定妥善保管库房，严格执行一系列金库管理制度。

1996 年 9 月中旬，组织力量对全县 11 家金融系统所属 131 个营业网点的安全防范工作进行检查，对存在治安隐患的单位及时提出整改措施，并落实整改责任人，堵塞防范漏洞；并按照金融系统营业场所安全合格标准，逐一考核验收，颁发“金融系统营业场所安全合格证”。1997 年 7 月，联合农行作出《关于江宁农行乡镇网点库款寄存当地派出所工作》的通知，决定将汤山、麒麟等 12 个乡镇网点的营业库款寄存于当地派出所，提高安全防范的保险系数，确保金融资产和员工人身安全。至 2005 年 5 月，全区已有 51 家网点的库存款寄存当地派出所。

2006 年 5 月 16 日，经南京市公安局批准，公安局江宁分局成立南京市金盾押运公司江宁分公司。是年 8 月 29 日，组建江宁区公安分局金盾押运分中心。2007 年，中心有押运车 14 辆，专业押运人员 100 人，承担全区 7 家金融单位 102 个网点的款包押运任务。

重点工程建设安全保卫 1984 年，围绕做好重点工程建设保卫工作，于是年 11 月设立施工现场公安、保卫机构，指导、协调各施工单位开展保卫工作。1988 年 11 月，研究部署电力保卫工作任务，与电力部门密切配合，强化防范，确保发、供电单位的治安安全。

1995 年 2 月，围绕南京禄口国际机场于 28 日举行开工典礼，制订保卫工作方案，成立保卫工作指挥部，实行分工负责制。宁溧公路双龙街至禄口五岔路口由派出所负责，出动警力 44 人，清理各地路障，控制治安危险分子、精神病患者，确保车队安全通过；配备警力 59 人，密切注意机场周边动向；中心会场及其外围，配备警力 81 人，未经许可人员不准进入会场，将观看群众、车辆隔离在警戒线外指定地点；出动交警 30 人，在车队行进路线的 21 个机动车道口实施交通指挥；机动力量为市公安局防暴支队、武警支队、治安大队的 350 名队员，全部在指定地点待命，应付突发情况。

2003 年，江苏省电力公司南京供电公司投资 2 亿元，在上坊建设 220 千伏高桥变电站。建设前期，上坊镇大里村魏村部分村民，以变电站离村太近不安全为由，多次阻止施工。江宁县公安局安排警力到场，会同供电公司工作人员依法妥善处置并控制局势，确保施工现场秩序正常，直至施工全部结束。

第七节 交通管理

江宁地处南京近郊，苏皖两省交界处，与周边溧水、句容、丹徒以及安徽省马鞍山、当涂等市、县相邻，隔长江与江浦（今浦口）和安徽省和县相望，境内外陆路相连，长江、秦淮河贯通其间，水陆交通十分便利。20 世纪 90 年代后，江宁公安以“秩序好、事故少、安全畅通”和创建平安大道为目标，从既管交通安全又管道路治安的实际出发，积极推行交通管理勤务制度改革，科学配置和使用警力，加强路面动态化管理，强化城区“五小”车辆、自行车和行人的交通违章管理力度，适时组织开展夜间和节日期间交通秩序集中整治行动，切实增强交通管理科技含量，坚持道路交通环境综合治理，提高道路通行能力，遏制交通事故多发势头。

【机构队伍】

1950 年，江宁县公安局治安股配备治安民警 1 人，负责交通管理。1954 年，设江宁县交通科。1961 年，在治安股内设交通组，编制 2 人，负责全县范围内交通管理及事故处理。1959 年，各公社陆续建立交通运输管理站，管理当地运输业务等具体工作。至1960年，有19个公社成立交通管理站。1966年3月，江宁县手工业局和县交通科合并为江宁县工业交通局。1979年，成立江宁县交通管理站，负责全县范围内的运输管理、交通安全工作和安全宣传，对违反规则的驾驶员进行批评、教育、罚款等处理，协助监理部门做好手扶拖拉机的年审、年检和交通事故处理等。1980年，改为江宁县交通局。1983年，县交通局首先在汤山设立交管所，至1984年按片成立汤山、东山、秣陵、淳化、陶吴、江宁、花园7个交通管理所。

根据国务院指示，1987年，交通管理由交通局交由县公安局管理。是年11月1日，将原属县交通局的江宁县交通监理所整建制51人划归县公安局，改为江宁县公安局交警队。是年12月1日，成立江宁县公安交通警察队和江宁县公安局车辆管理所。是年年底，县内道路交通管理由江宁县交通局移交县公安局统一负责管理。1988年，江宁县公安局公安交警队有53名工作人员。

1995年6月，南京市五县首支巡警队——江宁巡警队成立，由首批队员10名和10名联防队员组成。其职责负责东山镇及其周边地区治安巡逻，查纠交通违章，维护县城治安秩序。2000年，巡警队并入交警大队，更名为江宁县交巡警大队，设3股1所8个中队，在编干警104人。2005年，交巡警大队有3科1所10个中队，在编民警155人。至2007年年底，交巡警大队有3科1所11个中队，在编民警211人。

【车辆审验管理】

机动车检验 江宁公安从1993年3月起对江宁机动车、农用车和驾驶员进行年检、年审工作。1996年，全年召开各种宣传会议626场，受教育驾驶员61097人次，发放宣传学习材料12种4.57万份，组织车辆单位安全检查26次，对3750辆机动车进行安全检查，发现故障车426辆，对其中364辆责令当场修复，62辆扣证限期修复。

2000年8月1—31日，全县办理摩托车牌证3359辆，查扣无牌证车500余辆。2005年，查处各类交通违法行为17663起，扣留无牌、无证等违法机动车88辆，扣留驾驶证38本，强制报废机动车11辆，治安拘留29人。2007年，江宁交管辖区内有机动车148465辆，驾驶员11.24万名。当年年检市管机动车16288辆，年检三轮汽车、低速货车、摩托车11152辆；核发汽车牌照20911副，三轮汽车、低速货车、摩托车牌照15682副；办理摩托车驾驶证申领手续8293人；报废机动车5998辆；驾驶人交通违法12分以上重新考试的363人；汽车驾驶人科目考试26429人。

非机动车管理 1982年12月21日，县公安局发出《关于自行车收取牌证费问题的通知》，每辆自行车收牌证费0.70元、验车费0.15元，办理过户、迁移手续每辆收费0.20元，从1983年1月1日起执行。1989年，开展自行车换证和代征自行车使用税工作，全年更换自行车证照107375辆，代征税款628924元，入库587173元。2003年8月，在“三小车”整顿治理过程中，统一置换有牌、有证人力三轮车600余辆。2007年3月起，在东山、秣陵街道设立4个电瓶三轮车收购点，开展登记收购工作；其间，加强检查指导东山街道、江宁经济技术开发区、江宁科学园3地电瓶三轮车收购点工作。共查扣电瓶三轮车631辆，配合收购2320辆。

拖拉机、柴油农用三机检验 1993年，对区域内方向盘式拖拉机、手扶拖拉机、柴油农用三机进行年度检验和审验工作。2001年，区内“五小车”（农正三轮机动车、摩托、轻骑、小四轮拖拉机和手扶拖拉机）54790辆、驾驶员45954人。2002年，“五小车”62747辆、驾驶员58844人。2003年8月1日，根据南京市政府整治“三小车”（农正三轮机动车、残疾车、电动三轮车）统一部署和江宁区政府《关于"三小车"整顿治理的通告》，对东山街道、百家湖街道、方山街道（大学城区域）和上坊街道紧靠老城区泥塘部分区域范围内的农正三轮机动车、残疾车等"三小车"进行整治。至是年8月底，收缴"三小车"2877辆，并集中销毁700余辆，注销1208辆"三小车"的牌证档案。9月1日，实现全面取缔东山地区"三小车"的工作目标。自2006年6月后，共办理摩托车上牌18399辆，受理摩托车驾驶证申领手续14065人，年检摩托车18213辆。

驾驶员资质审验 1986年，开办第一期摩托车驾驶员训练班，培训20名三机驾驶员，改变无照乱开车的不良现象。1989年，对全县3471名驾驶员2500辆机动车建立档案，成立73个安全联组，定期学习安全知识，建立卡片记录，作为年检、年审的依据。1996年，年检机动车20185辆，年审驾驶员29071人，举办培训班12期，核发驾驶证6856本。组织车管民警到车辆单位开展安全活动75次，召开驾驶员安全联组长、车管干部会议65次。2004—2007年，多次轮流组织全区出租车驾驶员集中学习《中华人民共和国道路交通安全法》。通过宣传挂图、结合违章讲解法规条款等形式，开展培训教育。

【交通秩序管理】

自20世纪80年代起，针对城市交通占道现象愈发严重，许多道路变成"马路仓库""马路工场""马路商场""马路料场""马路停车场"，出现"走路难，行车难"的现象，与市政设施管理部门组成联合小组，在交警队联合办公，统一指挥制止擅自占用、开挖、堆积路面，并对区间主要干道进行经常性检查，同时转发执行市公安局《关于整顿市区交通秩序的意见》。1989年，在东山镇增设三号公路沿途更新和设置悬吊式反光标准交通安全标志20块；并在全县5条干线上实施上路上线分段管理，宁溧、宁旺、宁丹、宁芜线路各设2名交警上路。在交通事故较多的宁杭线上派8名交警值守。

1991—1996年，以繁华地区、交通要道为重点，开展专项整治工作。1996年，在全县4个灯控路口、9个固定执勤点和8个巡逻段全面推行规范化交通指挥，大队主要领导和队部干警全部按班次到东山镇5个执勤岗点上岗执勤，全体出勤人员一律持证、挂哨上岗。是年，取缔交通违章181256起，罚款1684150元，扣证6958本，吊扣证照1609本，治安拘留7人，扣车2563辆。

2000年，全年登记无牌、无证机动车1307辆，查扣无牌无证和有盗抢嫌疑机动车471辆。组织车管民警深入全县83个驾驶员安全联组和结合驾驶员年审，整治交通违章。2004年，在"三横两纵"5条主要路段（东山城区的上元大街、竹山路、土山路、胜太路、天元路），组织50名交巡警和50名辅警进行拉网整治，对占道停放的机动车驾驶员予以处罚，驾驶员不在现场的予以拍照、张贴违法停车通知书，限期接受处理，有1596名驾驶员受到处罚。

2004年4月12—27日，在东山城区开展为期15天的交通秩序集中整治行动，查纠各类交通违章5840起，扣车299辆，扣证1117本，吊扣驾驶证232本，行政拘留2人，刑事拘留1人。此外，统一规范标志、标线等交通安全设施。开辟支线道路漆划临时停车位，漆划路面停车12处、288个车位。更新、设置标志146处，漆划标线1866.50平方米，安装信号灯8套。

2006年，全年查处各类交通违法行为28.30万起，破获重大交通肇事逃逸案件15起。2007年，查处交通违法行为31.60万起，吊销驾驶证44本，行政拘留6人；完成交通警卫任务679场次；发生道路交通上报事故232起；刑事拘留47人，吊销驾驶证101本；发生重大交通事故肇事逃逸案件20起，侦破15起，侦破率75%。

【创建平安畅通县区】

2005年下半年起，在全区开展创建“平安畅通县区”活动。是年12月，成立江宁创建“平安畅通县区”工作领导小组，并在部分镇（街道）建立交通安全联席会议制度。

2006年，建成江宁、横溪2个省际卡口和淳化、汤山2个市际卡口，配置4套全智能治安查报系统，实行24小时全天候运转。全年利用移动电子警察查处超速违法25312起，利用酒精测试仪查处酒后驾驶违法94起，利用数码照相机查处乱停、乱放9129起，非现场处罚率明显提高，全区6条国、省道重大交通事故起数、死亡数比2005年分别下降30.80%、42.90%，道路交通事故大幅下降。此外，盘查嫌疑车辆7512辆，嫌疑人员7877名，查询比对车辆信息26840次、驾驶证信息16107次、人口信息167321次，查（协）破案件87起，抓获违法犯罪嫌疑人99人，查获、收缴被盗机动车、非法运输卷烟、药品等涉案物品价值150多万元。

2007年，开展“亮尾”行动，出动警力95人次，检查车辆465辆，给过往车辆张贴反光膜98辆，免费发放车尾灯36个。对全区80处乡镇道路和园区道路交通安全隐患进行整改，完成整改39处。至是年年末，共设置交通信号灯路口209个（新增22个），电子警察路口44个88套，交通隔离栏4万米（新增2万米），交通标线760千米（新增40千米），减速震荡线78处，防撞护栏36处。

【交通事故处理】

江宁交巡警队在接到群众直接报警时，按程序规定接警处理：接警登记——接警人员询问报警人姓名、住址或单位，事情发生的时间、地点和基本情况并记录登记。案情判断——接警人员根据案（事）情，迅速对案（事）情的性质作出判断，同时向江宁公安局指挥中心报告。确定处警方案——确定案情性质后，立即根据管理、分工等要求，提出处警方案。迅速出警——根据江宁交巡警队部领导意见或公安局的要求，发出处警指令，迅速进行处置。

1995年后，根据交通事故现场清障工作状况，建立具有专业化水准的清障队伍，清障队伍的人员配备和设备配置分2个层次。一级清障层次标准：工作人员至少15人；配备2台（其中1台为重型）以上清障车，16吨以上吊车1台，货车1辆，随车配备担架、防毒面具、千斤顶、撬棍、钢丝绳、灭火器、反光锥桶、警告标志以及液压剪、大型千斤顶等破拆装备。二级清障层次标准：工作人员至少8人；装备1台以上重型清障车，5吨以上吊车1台，货车1辆，随车配备担架、防毒面具、千斤顶、撬棍、钢丝绳、灭火器、反光锥桶、警告标志等。

江宁交巡警队现场处置交通事故工作基本要求是：快速赶赴事故现场，认真开展事故调查勘查，查清事发起因、程度，妥善处理交通事故，迅速施救受伤人员，给交通肇事者应有的惩罚。1959—2007年，江宁区共处理交通事故10017起，事故中死亡2427人，受伤6176人；1986—2007年，因交通事故造成的经济损失折款3151.08万元。

【重特大交通事故选录】

1961年7月27日上午7时40分，由南京市公交公司三场车队副队长丁某某驾驶车牌号为苏09·10210号自中华门开往湖熟的大客车，行至上坊高庙桥高坡下坡时违章操作，将油门关闭高速滑行，致车翻倒在公路左侧的大干粪坑里。全车载客43人，被摔伤42人（其中重伤16人、轻伤19人、微伤7人）。事故发生后，丁某某被拘押。

1974年4月11日晚，安徽省绩溪县血防站驾驶员傅某某驾驶上海牌汽车由南京返回，途经江宁公社孙家大队合面队上坡拐弯处时，因车速过快，又对道路不熟，汽车从路边电影散场的人群中穿过，撞死2人，撞伤8人。事故发生后，傅某某被县公安局拘留审查。

1981年1月31日，县委党校用面包车送教员和炊事员回家过年，在铜井公社共和大队过铁路道口时，与火车相撞，当场死亡3人，重伤2人。

1991年1月15日晚19时50分，安徽省利辛县个体运输户贾某某（男，37岁）驾驶一辆江淮牌大货车由铜井乡往江宁镇，行至宁芜线1306.40千米处与对方车辆交会时，撞上在公路右侧修摩托车的江宁镇清修村村民王某某及妻、子和王弟，4人均被撞死。

1992年3月16日下午14时40分，县清理整顿三机带客工作组人员驾驶公路稽查车，由禄口镇往秣陵镇方向检查农用三机带客情况，行至宁高线23.95千米处时，与迎面驶来的高淳县第二化工厂苏01·82741牌号的满载东风货车相撞，造成稽查车内的马某某（江宁县公安局交警队民警）、阙某某（县建设局干部）、郗某某（县交通局干部）、夏某某（县交通局干部）4人死亡，李某某（县交通局干部）受伤，交通稽查车严重损毁。

2001年10月10日晚20时许，暂住安徽省马鞍山市江东第二建材厂的四川省威远县人陈某某（男，21岁）驾驶车牌号为皖E·30271号的东风大货车，沿老205国道由南向北行至1313.80千米处超越同向一摩托车时，与迎面驶来的马鞍山市长途运输公司方某某（男，45岁）驾驶的车牌号为皖E·05336号大宇牌大客车相撞，致大客车上6人死亡、7人受伤。

2005年10月12日晚21时许，汤山镇古泉村村民王某某（男，28岁）驾驶桑塔纳轿车沿宁杭公路由东向西行至古泉村处时，与迎面驶来的句容市人韦某某（男，38岁）驾驶的农用运输车相撞，轿车内6人（5名大人、1名儿童）不同程度受伤，经抢救，有5人死亡。

2007年11月5日凌晨3时许，沪宁高速公路下行线汤山入口附近路段发生一起客、货车相撞事故。满载货物的豫S·45317牌号大型货车行至该路段时，追尾撞上沪B·16248牌号卧铺客车，致大客车撞毁高速公路护栏，翻滚坠入路边沟内，大货车侧翻路面。事故造成大货车上2人当场死亡，大客车上4人经抢救无效死亡，数人受伤。

1959—2007年江宁区交通事故情况表

表30-2-5

年　份	交通事故			
	起数（起）	死亡数（人）	受伤数（人）	损失折款（万元）
1959	23	4	14	—
1960	19	16	13	—
1961	19	7	31	—
1962	15	7	10	—
1963	14	4	14	—
1964	29	6	19	—
1965	38	8	25	—
1966	46	7	38	—
1967	52	9	43	—
1968	65	10	51	—
1969	71	12	63	—
1970	87	11	79	—
1971	104	13	90	—

续表

年　份	交通事故			
	起数（起）	死亡数（人）	受伤数（人）	损失折款（万元）
1972	110	9	92	—
1973	130	20	94	—
1974	253	36	254	—
1975	151	32	201	—
1976	171	49	205	—
1977	132	31	107	—
1978	119	47	172	—
1979	127	48	123	—
1980	253	45	145	—
1981	99	37	54	—
1982	221	61	124	—
1983	298	50	144	—
1984	302	64	83	—
1985	412	61	214	—
1986	541	59	331	34.10
1987	569	88	272	40.74
1988	443	68	216	59.07
1989	388	64	211	79.74
1990	224	71	93	64.26
1991	281	71	107	65.80
1992	193	71	140	110.29
1993	162	69	58	90.57
1994	178	71	96	107.28
1995	162	76	54	103.02
1996	158	78	78	121.01
1997	149	79	158	110.80
1998	166	75	109	93.70
1999	222	74	140	159.89
2000	473	79	224	288.78
2001	437	82	175	299.80
2002	407	77	174	279.30
2003	350	76	92	247.03
2004	317	89	172	248.00
2005	332	103	272	180.00
2006	273	103	237	128.60
2007	232	100	265	239.30

第八节　消防管理

新中国成立初期，全县消防设施缺乏、设备器材陈旧，抵御火灾能力差。至1958年，消防工作才有所发展，组建了专职消防队伍。1978年，县公安局成立消防股。1984年2月14日，建立南京市消防支队江宁中队。是年，全县有义务消防队117个，队员1490名。1990年，江宁中队有干部战士27人。1995年3月21日，江苏省公安厅批准组建中国人民武装警察部队江宁县消防大队（正营级），亦称江宁县公安消防大队，担负县内消防安全任务。2000年12月江宁县撤县设区后，改为武警江宁区消防大队，下辖东山和开发区2个消防中队。2003年，组建15个乡、镇消防联防队，配备一批消防器材，提高扑灭初起火灾的能力，并成立乡镇保安联防消防队。2005年，消防大队下属中队2个（现役队和专职队各1个），人员67人。2007年，征选28名消防协管员，购置1辆消防高喷车和2辆A类压缩空气泡沫车，并更新东山和开发区中队的装备器材。

【火灾消防管理】

宣传教育　20世纪50年代，对城乡居民的防火宣传主要依靠群众性的消防组织和各部门、各单位组织开展。1959年，在全县范围内开展3次安全卫生运动，对广大职工进行宣传教育，同时通过全方位找漏洞、查漏洞，发现大量不安全因素，随即采取整改、补漏措施。据统计，修理烟囱、炉灶2136个，增添消防器材1884件。1965年1月，进行以防火为中心的“四防”（预防性措施、限制性措施、消防措施、疏散性措施）安全教育。各社队、各厂矿、学校、企事业单位在各自范围内开展防火宣传和安全检查。“文化大革命”期间，在“事故难免，制度无用”的错误思潮影响下，防火宣传工作受到极大的削弱。

1984年，会同多部门，组成《中华人民共和国消防条例》宣传工作领导小组。将《中华人民共和国消防条例》列入普法教育内容，举办讲座、学习班与黑板报评选，组织宣传员和宣传车到厂矿、乡镇和街道进行宣讲。1991年，组织全县24个乡镇、13个工业系统单位参加的消防知识竞赛，发放1万份智力竞赛题，普及消防知识。1995—2007年，每年的11月9日都举办消防活动日活动，开展宣传教育。2001年，东山消防中队邀请市民参观消防车辆、装备和营房建设，并宣传消防常识、表演消防技能、开展灭火演练和咨询活动，增强市民消防安全意识。2007年，开展消防宣传“六进”（进学校、进机关、进社区、进农村、进企业、进家庭）工作，普及消防安全知识，增强自防、自救能力。全年开展3次大型消防宣传活动，并组织群众到消防站参观学习。

建筑设计防火规范　1956年，在消防安全工作计划中，要求基层建筑设计防火工作，要合乎工业企业及居住区建筑设计防火暂行规范要求。1960年，要求凡新建、改建工程的单位，都要把建筑设计中有关防火设计方案送至消防部门审核。1981年，对要求建造锅炉房、油库的单位进行建筑审核，全年审核批准8个单位，符合要求的发给批复，并提出注意事项。

1993年，全年审核各类项目40余个。2002年，全年受理消防审核、验收与安全检查项目1000余个，建筑审核面积230万平方米，下发《建筑工程防火审核意见书》506份、《建筑工程消防验收意见书》267份、《消防安全检查意见书》170份。2006年，全年受理消防监审项目773个，建筑审核面积379.27万平方米，下发《建筑工程防火审核意见书》773份，组织验收项目423个，下发《建筑工程消防验收意见书》423份，对全区193家单位进行安全检查，下发《消防安全检查意见书》193份。2007年，全年抽检不合格消防产品2批次，分别立案查处。接受送审项目1094个，建筑审核面积803.57万平方米，下发建筑防火审核意见书1094份，组织验收项目631个，下发验收意见书631份。

防火检查整改 1958年，开展“安全立功”活动，动员基层和农村群众以自查为主，制订防火公约。1960年5—6月，在全县范围内开展一次以防火为中心的安全卫生大检查运动。查出各种隐患41285条，整改40200条，增修各种消防器材474件，改制安全灯932个、安全灶124个，并建立安全卫生领导组织306个，2892人。“文化大革命”期间，对工厂企业、物资仓库的防火安全检查曾一度停顿，但在农村基层组织健全、运转正常的地方，及火灾多发季节、重大节日，仍进行防火安全检查。

1980年，联合农业、农机、农电等部门组成检查组，先后组织4次规模较大的安全防火大检查，对全县26个公社的190多家使用爆炸物品的单位、县属的60多家工厂单位进行检查，督促整改。1987年1月，指导各乡镇进行防火安全检查，抽调708人，检查771家单位，发现各类隐患176条，要求及时进行整改。1993年1月中旬，对全县20家一级防火单位、18个雷管炸药库及各乡镇防火单位、影剧院、公共娱乐场所等164家单位进行安全检查，发现隐患380多处，对14处重大隐患发出整改通知书，限期改正。

2000年3月，对全县4家烟花爆竹生产企业、1家批发市场，各宾馆、商场等消防安全重点单位；民用爆炸物品市场管理开展检查。2006—2007年，组织监督检查4226人次，检查单位2358家，发现火灾隐患1379处，下发《责令当场改正通知书》542份，下发《责令限期改正通知书》336份。

重点单位消防 1956年，将厂矿企业、基本建设、重要仓库、财贸等单位列为消防保卫重点单位，同有关部门，组织专门力量，对重点单位的用火设备、生产工艺、电器设备、物资储存及消防设施、防火安全操作规程和制度进行经常性检查，及时发现和消除不安全因素。1982年，列出54家单位为防火重点单位。1984年，对消防重点保卫单位进行“十项标准”检查验收，符合“十项标准”的，以县防火委员会或公安局名义颁发合格证书。1993年，对全县22家关系到国计民生的重点要害部位、单位，定专人进行安全管理，并按标准化要求建立消防安全档案。对全县一级防火单位、雷管和炸药库及各乡镇防火重点单位公共场所等进行安全检查，发现隐患380多处，对重大隐患发出整改通知书，责令限期改正。2004年，组织检查组6个，出动人员48人次，查出各类火灾隐患22处。针对存在问题，及时督促整改。2007年6月，对298家二级消防安全重点单位逐一进行核查，发现火灾隐患102处，下发《责令当场改正通知书》34份、《责令限期改正通知书》45份，立案5起，处罚金额6万元，警告5人。在三级消防安全重点单位火灾隐患排查整治工作中，立案25起，处罚金额8.35万元，责令“三停”（停水、停电、停气）10家，警告3人，督促整改“三合一”（生产、经营、储存、住宿在一起）场所288家。

图30-2-11 2004年11月5日，江宁区数百名公安民警奋力扑救横山大火

【火灾接警扑救工作】

江宁县公安局消防中队自1985年成立并投入执勤至1988年8月，先后出救火场150余次，

扑灭大、小火灾 121 起。1989 年，出救火场 40 次，使 17 起火灾未造成灾害，避免 20 万元的财产损失，事故起数、伤亡人数分别比 1988 年下降 32.70% 和 5.90%。1990 年，全县未发生重大火灾，未因火灾造成人员伤亡，未发生一起爆炸事故。全年出救火场 30 次，避免 27 场火灾可能造成的重大损失，减少经济损失 60 万元。2000 年，接警 107 次，出动 166 车次、警力 957 人次，成功扑救火灾 81 起。2006 年，处置火灾事故和参与抢险救援 453 起，投入车辆 734 台次，人员 3400 人次。

【重大火灾选录】

1960 年 2 月 21 日，土桥公社民主大队任陶村五保户任某某（60 岁）夜起点灯，因行动不便点燃稻草，引起火灾，烧毁瓦房 6 间 2 厢（楼房）及水车等物，任某某、任某某（女，4 岁）2 人被烧死，受害 5 户，造成经济损失 1500 元。

1962 年 10 月 30 日夜，湖熟公社新耀大队后栾墅村残疾老人郑某某（61 岁）夜间起床点灯，灯头烧着挂灯处拖下的稻草，导致火灾。烧毁房屋 28 间、粮食 2255 公斤、山芋 3050 公斤、油料 560 公斤、现金 170 元以及家禽、家具、衣被等物，受害 12 户，造成经济损失 4 万余元。

1974 年 1 月 11 日，铜井公社新济大队粮油加工厂粉碎机排气管喷出的火星引起火灾，烧毁机房 8 间，烧坏电动机、柴油机、粉碎机各 1 台，烧毁棉子 500 多公斤、食油 150 多公斤，造成经济损失近 3 万元。

1974 年 12 月 24 日，江宁县化肥厂基建仓库销售组办公室销售员贡某某和东山公社驻厂搬运工王某某用废汽油引火生炉烤火引起火灾，烧毁仓库 6 间，毁损车床、电机、仪表、轮胎以及电线开关等，造成经济损失 3 万余元。

1980 年 5 月 28 日，丹阳公社二道站失火，烧毁伙房 2 间、铁匠铺 1 间、电器设备仓库 7 间，烧坏各种电器设备 1000 余件，造成直接经济损失 1.48 万元。

1985 年 1 月 1 日，花园乡木船社停在江边的木船因用火不慎引起火灾，烧毁木船、水泥船各 3 条，造成经济损失 2.20 万余元。

1993 年 4 月 11 日晚 21 时 40 分，江宁县供销社工业品公司岔路家电仓库发生火灾，烧毁一批空调、彩电、洗衣机、电扇等家用电器和 5 间库房，直接经济损失 89.50 万余元。经查明，当日上午仓库负责人张某某（32 岁）发货时违章吸烟，将火种带入仓库，致使特大火灾。

2005 年 4 月 5 日下午，与江宁区接壤的安徽省当涂县大池山发生森林大火，因南风劲吹，山火迅速蔓延至江宁区东善桥林场横山分场徒岩山附近。经 6000 多人扑救，至 6 日凌晨 4 时，终将烈火彻底扑灭。此次火灾过火面积约 33.33 公顷，未造成人员伤亡。

2007 年 11 月 6 日晚 11 时许，位于东山街道建南社区的汇丰废弃品处理公司一车间存放的易燃品和废液不明原因起火，火势迅速蔓延整个车间。历经 5 小时的扑救，终将大火扑灭。此次火灾过火面积 400 多平方米，未造成人员伤亡。

1952—2007年江宁区火灾情况表

表 30-2-6

年 份	起数（起）	死亡人数（人）	受伤人数（人）	损失折款（万元）
1952	43	9	2	烧毁房屋203间
1954	58	—	—	0.59
1955	60	—	—	1.16
1956	117	—	—	2.82
1957	79	7	—	7.07
1958	82	7	6	1.99
1959	179	19	4	9.55
1960	154	2	—	9.71
1961	113	16	—	16.13
1962	78	8	4	16.14
1963	108	7	5	9.15
1964	76	2	2	3.64
1965	68	5	4	8.96
1966	32	1	3	1.23
1970	47	—	1	2.30
1971	82	4	2	6.35
1972	57	8	—	7.80
1973	145	8	1	10.40
1974	131	2	6	20.53
1975	86	3	2	7.54
1976	32	8	8	14.50
1977	110	7	3	14.00
1978	136	6	22	1.64
1979	140	4	4	16.40
1980	104	3	1	12.50
1981	87	3	—	9.27
1982	115	4	—	12.95
1983	101	2	—	17.87
1984	58	1	—	10.64
1985	38	3	1	8.46
1986	34	5	7	14.70
1987	26	1	1	10.08
1988	22	—	—	6.61
1989	29	2	2	3.61
1990	24	—	—	15.16
1991	23	1	2	22.51
1992	25	5	1	6.29
1993	12	1	5	107.95
1994	11	—	4	34.73

续表

年 份	起数（起）	死亡人数（人）	受伤人数（人）	损失折款（万元）
1995	23	3	1	46.83
1996	12	2	1	52.85
1997	52	1	—	20.46
1998	59	—	—	30.77
1999	109	1	3	98.00
2000	81	1	1	50.68
2001	71	—	—	67.00
2002	36	1	4	14.90
2003	15	1	1	35.80
2004	210	3	3	31.80
2005	219	—	2	47.80
2006	277	1	1	85.10
2007	441	1	4	143.00

说明：1953 年、1967—1969 年的火灾情况暂没有统计数据

第九节 监所管理

民国 38 年（1949）4 月，江宁人民政权接管旧监所，即设置看守所。江宁看守所依法收押被逮捕、刑事拘留处于侦察、起诉、审判阶段的犯罪嫌疑人，被判处有期徒刑 1 年以下，或余刑在 1 年以下，不便送往劳动改造场所执行的人犯，以及代为监管被收容审查人员和拘役犯。江宁看守所由预审部门统一领导和管理，根据《劳动改造条例》，制订《监房规则》《犯人守则》等规定，推进看守所管理的规范化。中共十一届三中全会拨乱反正后，随着对犯罪嫌疑人实行教育、改造、挽救方针的重新确立，看守工作逐步恢复。进入 21 世纪，江宁看守工作制度不断完善，管教水平不断提高，不仅圆满完成监管任务，保障刑事诉讼工作顺利进行，而且为侦查破案提供大量线索，为社会治安综合治理作出贡献。

【监所设施】

民国 38 年（1949）4 月，江宁县人民政府接管国民党政府遗留下的旧监所，更名为看守所，由县司法科主管。1951 年 4 月，江宁看守所正式由县公安局接管。20 世纪 70 年代末，看守所占地 5000 平方米，有监房 12 间（250 平方米）。看守所常年保持日均关押犯罪嫌疑人 180 名左右，人均占地面积 1.30 平方米。

1993 年，在上坊乡泥塘村建造江宁县看守所，占地面积 1.33 公顷，设有 4 个监区 40 间监室，人均占地面积 1.50 平方米，可关押犯罪嫌疑人 400 人。实际使用监室 30 间。2000 年，对看守所内的 24 个监室及民警办公室进行维修改造，改造面积近 1000 平方米。绿化总面积 600 平方米。监所环境整洁、卫生，监室通风、采光条件良好。2006 年，在淳化街道大连山新建看守所，占地面积 8.67 公顷，建筑面积约 2.50 万平方米，工程总投资约 4000 万元。是年，江宁县看守所

经省公安厅审核，被评定为三级看守所。

2007年，看守所有民警31名，配备车辆4辆（其中囚车2辆）、电话3部，电网、周界控制系统、电教设备、医疗设备、应急照明设备、在押人员报告装置、应急警报装置和计算机网络一应俱全，安装了数字监控系统，实行巡视、监控、管教三岗合一的勤务模式，强化对在押人员的24小时不间断管理。是年，看守所收押服刑犯3063人。

【管理教育】

在押犯罪嫌疑人伙食管理 新中国成立初期，没有统一规定看守所押犯的生活供给标准，一般情况下，押犯的粮、草供给数量与所内工作人员相同，菜金减半。1953年，国家实行粮食统购统销定量供应，看守所在押犯的粮食月定量为11.50公斤。1985年10月、1988年5月、1989年6月，先后3次提高在押犯罪嫌疑人的伙食标准。1992年3月，将在押人员的伙食标准提高到每人每月34元，针对城镇民用燃料、民用电价格的提高，在原标准基础上每人每月各增加3元。2002年，看守所由指导员分管伙食，保证在押人员饮食卫生、吃上热饭热菜、并经常调剂改善伙食。

在押犯罪嫌疑人卫生管理 江宁看守所设立初期没有设立医务室，犯罪嫌疑人生病一般由当地卫生部门派医师到所诊治，药品由其供给。1952—1953年，开展爱国卫生教育和大规模的爱国卫生运动，对监房、厕所及所内环境进行多次清洁卫生大扫除，初步建立洗衣、理发、洗澡、放风以及卫生轮流值勤制度。1979年，配备兼职医生，同时对人犯保外就医指定医院和医生负责医疗防疫。1983—1986年间，结合看守所卫生实际情况，做好在押犯防病防疫工作。1990年2月，对在押犯患性病、疥疮等情况进行调查，并对患者及时治疗。2004年，投入资金106万元，改造监所硬件设施。解决看守所办公室及监室常年漏雨，监室在押人员无法睡觉，监室内、外下水管经常堵塞等问题。购买监室太阳能热水器系统，解决在押人员长期洗不到热水澡的问题。对食堂进行维修改造，改装食堂的卫生环境。2006年，要求在押人员日常生活必须做到内务标准化，达到“一严格、三固定、四清洁、五条线”（严格作息时间；每个在押人员都有固定的睡觉铺位、学习座位、打饭次序；室内外卫生做到：铺板、地面、墙壁、风场清洁；监室内被子叠放、手巾放置及鞋子、牙具、餐具摆放五个“一条线”）的标准。

在押犯罪嫌疑人思想教育 新中国成立初期，看守所关押的大多是匪特分子、反动党团分子、会道门骨干，他们思想反动，不服管教，而看守干部数量偏少，加之当时各地积案多，干部忙于清理，无暇顾及管教工作。针对这些情况，看守部门对在押犯以监房为单位编组，设小组长，由小组长负责对在押犯进行教育。一般每周集中教育2次，教育内容有时事政策、思想认识等。

1953年，根据江苏省公安厅部署，以《政治常识读本》为教材，对在押犯进行常识教育。“文化大革命”期间，实行军事管制，对关押人员进行毛泽东思想教育，组织在押人员学习《毛主席语录》，领会毛泽东思想。中共十一届三中全会后，确立对犯罪嫌疑人实行“教育、挽救、感化、改造”的工作方针。1986年，全年上法制课35场，组织犯罪嫌疑人学习讨论180余次，开展个别谈话教育3600多次。通过一系列的政治攻势，有83名犯罪嫌疑人交代问题线索258条，破获各类案件22起，扩捕7人，缴获赃款、赃物价值10978元。1990年，开展学雷锋活动，在犯罪嫌疑人中开展迎亚运的爱国主义教育，他们纷纷向亚运会捐款。

2000年，对在押人员实现教育制度化，规定对在押人员进行每月2次的集体教育、每月1次的专题教育，并排定重点教育对象。是年，专职管教员每月找在押人员谈话60人次以上，并有记录。2003年，对在押人员集中进行教育37次，个别谈话教育6231人次，开展社会规劝活动2次。全年受教育的在押人员1056余人，教育活动中有225人检举揭发他人违法犯罪线索，有5人坦白犯罪事实，共挖掘线索262条，破获刑事案件38起，治安案件5起，追加处罚人数34人。2006年，利用大课教育、社会规劝等形式，反复宣讲党的政策和有关法律知识，广泛找在押人员谈心。全年获取各类违法犯罪线索534条，破获各类案件234起，抓获违法犯罪人员26人。

在押犯罪嫌疑人劳动教育 新中国成立初期，对已结案的人犯组织生产劳动。生产项目主要为农业生产和简单手工，如种植粮食、蔬菜，编织袜子，搓麻绳等。对未决犯一般不组织生产劳动。1955年5月，根据省公安厅《关于组织看守所生产的通知》，组织在押犯进行劳动改造，生产劳动项目以农业生产为主，也有缝纫、榨油、养猪、养鱼等副业生产。1961年，第十一次全国公安会议作出《关于看守所停止组织在押犯劳动生产的决定》，县看守所严格执行公安部规定，对已决犯一律送劳改单位，不再组织未决犯进行生产劳动。1987年后，组织在押人犯进行劳动，主要从事糊纸盒、拆纱头、拣猪鬃、装自行车等简易手工劳动。1989年后，看守所生产劳动项目发展到装配自行车、玩具、家用电器，生产无线电元器件、手套、鞋类，编织工艺品以及修理汽车、拖拉机，制作服装，承担印刷业务等，劳动收入逐年增长。

第三章 检 察

清宣统二年（1910），江宁地方检察厅成立，设承审员，协助县知事处理民事、刑事案件。新中国成立后，检察机构历经多次变化，至1954年6月24日，建立江宁县人民检察署（后改称江宁县人民检察院）。“文化大革命”期间，检察院不能正常履行检察职能。

1979年1月，重建江宁县人民检察院。人民检察机关恢复后认真履行宪法和法律赋予的职能，与公安、法院等部门积极配合，严厉打击各种刑事犯罪和经济犯罪，工作中坚持依法办案、文明办案。1979—2007年，区检察院受理公安机关提请逮捕犯罪嫌疑人13929人，经审查决定批准逮捕10977人，不批准逮捕2546人。其间，受理信访5339件，接待群众来访1832人次。1980—2007年，立案查处贪污贿赂等犯罪案件669件；挽回经济损失13297.94万元。其间，受理渎职侵权案件457件，立案115件。

1982—2007年，区检察院（含所属科室）先后获集体荣誉称号223项（次），其中国家级20项（次），省级34项（次），市级70项（次），区（县）级99项（次）。其中，1997年，县检察院检察长邵长生被评选为全国十大杰出检察官。1999年，江宁县检察院被评为南京市社会治安综合治理先进集体和维护稳定先进集体，分别被中共南京市委和省检察院授予人民满意的政法单位、人民满意的检察院称号。2001年，江宁区检察院被评为全国人民满意的检察院。2002年，江宁区检察院检察长汤在勉被高检院授予全国模范检察干部称号。2003年，江宁区检察院被授予江苏省先进检察院、业务建设示范院、南京市人民满意的公务员集体和严打整治斗争先进集体等称号。2005年，被评为全国先进检察院。是年，区检察院检察长汤在勉被国务院评为全国先进个人。2006年，相继获得全国模范检察院和省、市先进检察院称号。2007年，被最高人民检察院授予第二届全国先进基层检察院和全国十佳基层检察院称号。

第一节 机构队伍

【清末和民国检察机构】

清宣统二年（1910）11月，成立江宁地方检察厅，管辖江宁县检察工作。民国元年（1912），南京临时政府宣布各项法制暂用清制。民国16年（1927）11月1日，撤江宁地方检察厅，并入江宁地方法院，后不久改称地方法院检察处。民国34年10月，建立江宁县政府司法室。

【人民检察署】

新中国成立初期，江宁县未设检察机构，检察业务由公安机关承担。1954年6月24日，经江苏省人民政府批准同意建立江宁县人民检察署。其业务受省检察署镇江分署管辖。内设秘书、侦查、一般监督和批捕起诉4个组，有10名工作人员。

【人民检察院】

1954年12月，江宁县人民检察署改称江宁县人民检察院，有10名工作人员。1958年9月30日，县检察院与法院、公安局合署办公。1961年6月，根据省检察院"业务环节，仍应由公、检、法3机关各司其事各负其职"要求，县公、检、法三机关分开办公。1962—1965年，有工作人员8名。1966年5月，"文化大革命"开始，检察院被冲砸，不能正常履行检察职能。1967年3月，公、检、法实行军事管制后，检察院被撤销。1975年1月，检察职权由公安机关行使。1979年1月，重新组建江宁县人民检察院，有工作人员39人。至1985年年底，工作人员增至56名。

1995年6月，撤销经济检察科，设立江宁县人民检察院反贪污贿赂局，为二级局机构。2001年4月，江宁县人民检察院更名为南京市江宁区人民检察院。2004年8月23日，经省检察院批复同意，设立江宁经济技术开发区检察室，机构规格为副处级。至2007年年底，南京市江宁区人民检察院共有13个内设机构，在编人员106人，检察辅助人员8人。

【人民检察委员会】

1979年7月1日施行的《中华人民共和国人民检察院组织法》规定："各级人民检察院设立检察委员会。检察委员会实行民主集中制，在检察长的主持下，讨论决定重大案件和其他重大问题。"

1993年6月至2007年，召开检察委员会会议199次，讨论议题571个，其中讨论受理的各种案件319件，讨论、决定贯彻法律、政策方面的重大问题45次，学习上级指示、研究检察工作32次，讨论、通过有关检察工作的规章制度23次，讨论通过向区人大提出的议案和工作报告28次，其他21次。

【检察队伍】

1954年县检察院建院初期，根据中共中央组织部规定的条件和中共江苏省委的指示，从县级机关和基层单位调配检察干部。1956年9月，有17名检察干部。1958年，机构调整，缩减编制，减至4名。1962年，公、检、法三机关分开办公，检察干部数量增至8名。至1979年年底，有39名检察干警。1988—1995年，先后4次公开向社会招录青年干部13人，年龄在30岁以下，其中具有大专文化的12人。至1995年年底，有85名检察干警。

2000 年年底，有 93 名在编干警，具有专科以上文化的 83 名，占总人数的 89%，其中硕士学历 3 人；助理检察员以上业务骨干 62 人。2003 年，全院本科以上学历干警有 61 名，占干警总数的 68%。2002—2006 年，先后引进 19 名外地大学生，并逐步成长为业务骨干，加快队伍年轻化、专业化进程。2006 年年底，有在编检察干警 106 名，其中本科以上学历 73 名，大专学历 26 名。2007 年年底，在编人员仍为 106 名。

1954—2007 年江宁区人民检察院检察长更迭情况表

表 30-3-7

姓　名	任职时间	姓　名	任职时间
王敏生	1954 年 6 月至 1955 年 5 月	陈修华	1984 年 5 月至 1993 年 2 月
谢保生	1956 年 9 月至 1957 年 2 月	邵长生	1993 年 2 月至 2000 年 3 月
姚佩琦	1957 年 2 月至 1959 年 7 月	汤在勉	2001 年 3 月至 2007 年 12 月
孙　斌	1960 年 6 月至 1966 年 6 月	王　俊	2007 年 12 月
陈宝禄	1978 年 12 月至 1984 年 5 月		

说明：1967 年 3 月至 1979 年，检察院被撤销，检察工作暂停

第二节　刑事检察

1954 年 6 月，县检察署开始承担对各种刑事案件的审查批捕任务。1954—1964 年年底，共受理公安机关提请批捕犯罪嫌疑人案件 4851 件，经审查批准逮捕的案件 2668 件，对不批准逮捕的案件，分别建议公安机关和有关部门作出处理。同期，共受理移送审查起诉案件 1531 件，决定起诉 1271 件，不起诉 56 件，退查 67 件。1981 年 1 月起，江宁县检察院按照《中华人民共和国刑法》和《中华人民共和国刑事诉讼法》规定的程序和制度，对公安机关报捕的刑事案件严格审查批捕，并对公安机关的刑事侦查活动实施监督。对公安机关移送起诉、免于起诉的案件严格审查，防错、防漏。通过出庭支持公诉等形式，对人民法院的审判实施监督。1979—2007 年，检察院共受理公安机关提请逮捕犯罪嫌疑人 13929 人，经审查决定批准逮捕 10977 人，不批准逮捕 2546 人。共受理公安机关移送起诉 14352 人，决定起诉 12531 人，免于起诉 541 人，不起诉 487 人。1979—2007 年，在审查批捕、起诉中，依法决定追捕 147 人，追诉 98 人。江宁区检察院自 1979 年重建后，依法对人民法院的刑事审判实施法律监督，1980—2007 年，对法院重罪轻判和轻罪重判的 65 件，及时向上级人民法院提出抗诉，法院改判 13 件。

【审查批捕】

新中国成立初期，江宁地区无检察机构。1951—1953 年，对反革命案犯和各种刑事案犯的批捕起诉，由公安机关负责。1954 年 9 月，《中华人民共和国宪法》《中华人民共和国人民检察院组织法》颁布后，对各种刑事案件的审查批捕、审查起诉和出庭公诉的任务，逐步由检察院担任。是年 11 月，确定审查批捕为各级人民检察院的任务。1954—1964 年，江宁县检察院受理公安机关提请批捕犯罪嫌疑人案件 4851 件，进行批捕的案件 2668 件，不捕的 799 件，退回补查的 1344 件。1956—1965 年，在审查公安机关提请批捕犯罪嫌疑人数中，批准逮捕占

63.40%。在审查起诉的案件中，提起公诉案件的占96.20%，免予起诉的占2.28%，不起诉的占1.52%。检察院出庭支持公诉的案件占提起公诉案件总数的36.41%。1966年5月，"文化大革命"开始，批捕职权不能正常行使。

县人民检察院自1979年重建后，特别是《中华人民共和国刑法》《中华人民共和国刑事诉讼法》实施后，对公安机关提请批准逮捕的刑事案件实行全面检察，并强化侦查监督工作。至1982年年底，受理公安机关提请批准逮捕人数1103人，受理公安机关移送起诉被告人906人，对罪行较轻微、不需要判处刑法的免予起诉132人，出庭支持公诉475次。1983年8月至1985年年底，根据全国人大常委会《关于严惩严重危害社会治安的犯罪分子的决定》，与县公安局、法院密切配合，先后8次集中批捕起诉一批严重危害社会治安的犯罪分子。在审查公安机关提请批捕的犯罪嫌疑人中，批准逮捕的占88.96%。在审查公安机关移交起诉的案件中，提起公诉案件的占88.40%，免予起诉的占8.65%，不起诉的占0.27%，退回补查的占2.68%。

1990—1994年，受理公安机关提请批捕人数2210人，其中批捕1525人，不捕549人，退回补查的130人。1995—2007年，受理公安机关提请批捕案件5129件7483人，其中批准逮捕4190件6078人，不捕1356人。其间，移送机关撤回案件19件24人，检察机关年末积存17件25人。

1954—1964年江宁县人民检察院审查批捕案件情况表

表30-3-8　　　　单位：件

年　份	受　理	批　捕	不　捕	退　查
1954	26	17	6	3
1955	1418	890	225	303
1956	215	64	82	69
1957	189	125	29	35
1958	1358	622	—	696
1959	274	110	151	13
1960	564	421	—	143
1961	409	212	142	55
1962	168	73	75	20
1963	189	108	76	5
1964	41	26	13	2
合　计	4851	2668	799	1344

1979—1994年江宁县人民检察院审查批捕犯罪嫌疑人情况表

表30-3-9　　　　单位：人

年　份	受　理	审结情况				
		批　捕	不　捕	退　查	公安撤回	年末结存
1979	123	97	19	4	1	2
1980	228	185	31	11	1	2
1981	411	325	59	21	2	2
1982	330	263	47	6	1	11
1983	750	614	62	56	6	2
1984	681	614	61	8	—	—
1985	281	195	77	9	—	—

续表

年份	受理	审结情况				
		批捕	不捕	退查	公安撤回	年末结存
1986	289	198	79	6	6	—
1987	208	160	31	13	4	—
1988	412	301	85	26	—	—
1989	523	422	90	11	—	—
1990	429	303	82	42	2	2
1991	396	272	113	11	—	2
1992	436	323	93	20	—	2
1993	501	323	128	49	3	—
1994	448	304	133	8	2	3
合计	6446	4899	1190	301	28	28

1995—2007 年江宁区人民检察院审查批捕情况表

表 30-3-10　　单位：人

年份	受理数		批准逮捕		不捕
	件数	人数	件数	人数	
1995	322	485	258	374	8[illegible]
1996	329	472	267	374	9[illegible]
1997	239	329	191	263	5[illegible]
1998	419	449	251	334	11[illegible]
1999	299	437	239	339	5[illegible]
2000	376	506	290	430	8[illegible]
2001	295	422	263	362	6[illegible]
2002	250	349	212	265	6[illegible]
2003	293	415	256	340	5[illegible]
2004	370	576	341	519	6[illegible]
2005	448	757	443	680	7[illegible]
2006	750	1200	625	1000	19[illegible]
2007	739	1086	554	798	31[illegible]
合计	5129	7483	4190	6078	135[illegible]

说明：1995—2007 年，移送机关撤回案件 19 件 24 人，检察机关年末积存 17 件 25 人

【审查起诉】

1954 年 6 月县人民检察署成立初期，开始履行审查起诉职能。1955 年 10 月 26 日，县检察院逐步担当起审查起诉和出庭支持公诉的任务。1954—1964 年，审查决定提起公诉的案件 1516 件，其中决定起诉的 1271 件，不起诉的 56 件，退回审查的 67 件。1967 年 4 月，检察院接受军事管制，审查起诉工作由军管会负责。1979 年 1 月，县检察院重建立后设置审查起诉组（后改为审查起诉科），全面担负审查起诉工作。是年，受理起诉各类刑事犯罪案件 70 件、[illegible]0 人，办结 63 件、70 人，占受理案件总数的 88%；决定起诉 54 人，占 68%；免予起诉 15 人，占 19%；不起诉 1 人，占 0.13%。1979—2007 年，审查决定提起公诉的案件 9292 件、143[illegible]2 人，

经审查，决定起诉的12545人，免诉541人，不起诉238人，退回审查的991人，法院作出有罪判决12377人，免刑5人。

1954—1964年江宁县人民检察院审查起诉情况表

表30-3-11　　单位：件

年　份	移送起诉	起　诉	不　诉	退　查
1954	—	—	—	—
1955	319	311	8	—
1956	264	228	23	13
1957	165	147	6	12
1958	—	—	—	—
1959	120	—	—	—
1960	122	122	—	—
1961	236	214	2	20
1962	120	105	4	9
1963	109	98	11	—
1964	61	46	2	13
合　计	1516	1271	56	67

1979—2007年江宁区人民检察院审查起诉情况表

表30-3-12　　单位：人

年　份	受理数		审查情况				法院判处	
	件　数	人　数	起　诉	免　诉	不　诉	退　查	有　罪	免　刑
1979	70	80	54	15	1	—	54	—
1980	182	226	166	31	6	2	157	1
1981	246	335	270	55	3	26	235	—
1982	204	274	226	23	2	10	226	—
1983	353	662	641	44	1	4	641	—
1984	352	629	534	76	2	31	531	2
1985	156	193	163	17	2	9	172	—
1986	189	214	184	42	2	15	186	—
1987	145	188	171	11	1	8	164	—
1988	179	288	261	24	2	3	241	—
1989	266	465	374	25	—	2	318	—
1990	273	412	377	54	1	5	418	—
1991	226	316	261	27	1	5	255	1
1992	269	417	393	28	—	11	354	1
1993	281	499	331	30	—	120	294	—
1994	218	315	292	12	—	11	320	—
1995	240	353	328	13	—	12	320	—
1996	299	428	426	14	—	—	411	—
1997	249	350	334	—	6	10	280	—
1998	271	345	312	—	2	20	347	—
1999	265	393	369	—	1	23	369	—
2000	368	498	423	—	3	72	423	—

续表

年 份	受理数		审查情况				法院判处	
	件 数	人 数	起 诉	免 诉	不 诉	退 查	有 罪	免 刑
2001	386	652	539	—	5	80	539	—
2002	327	402	372	—	30	—	372	—
2003	375	516	463	—	25	69	463	—
2004	516	776	615	—	26	66	621	—
2005	600	1101	1081	—	7	173	1081	—
2006	839	1450	1176	—	48	51	1176	—
2007	948	1575	1409	—	62	153	1409	—
合 计	9292	14352	12545	541	238	991	12377	5

说明：1979—2007 年，移送机关撤回 42 人，移送他院 8 人

【审判监督】

1954 年，《中华人民共和国人民检察院组织法》规定，审判监督的内容有 4 个方面：对法庭活动是否合法实行监督；对一审案件尚未生效的判决、裁定、是否合法实行监督；对已经发生法律效力的判决、裁定是否合法实行监督；刑场监督。1956 年上半年，全面开展审判监督活动，主要是通过出庭支持公诉，发现并及时纠正法院审判活动中的违法情况。1958 年，公、检、法 3 家联合办案，审判监督工作流于形式。

1961 年，审判监督工作有所恢复，主要是坚持对县人民法院判决书的副本进行审查。1962 年，审判监督工作主要是通过审查起诉，出庭支持公诉，发现和纠正错误的判决、裁定，按照诉讼程序，保障法律统一正确实施。“文化大革命”期间，审判监督工作中断。

1979 年 1 月 1 日，县检察院重建后重新承担审判监督工作，对判决偏轻、偏重的和一般违反程序不影响判决的，提出口头意见；对判决确有错误的则筛出，依法起诉。是年，向法院起诉的 70 人中，有 68 人判处有期徒刑，2 人免予刑事处分，出庭支持公诉 16 次，发表公诉词 16 篇，有 8000 余人参加旁听。

1981—1982 年，凡是法院公开审理的案件，均派人支持出庭公诉，并发表公诉词；对法院定性不当量刑畸轻、畸重等问题提出抗诉 4 件，改判 2 件。1987—1991 年，通过出庭支持公诉活动，对法院判决确有错误的，抗诉 6 件 6 人，其中改判 3 件 3 人。1996—1997 年，按《中华人民共和国刑事诉讼法》和市检察院要求，进行出庭支持公诉试点工作。1996 年，以新的程序审查起诉 10 件，以新的方式开庭 4 件，建议适用简易程序审理 11 件 12 人。

2000—2007 年，受理各类民事行政申诉案件 247 件，提请或建议抗诉 54 件。2006 年，与法院及监管改造场所共同会签《关于办理涉嫌拒不执行判决、裁定犯罪案件若干问题的意见》《罪犯减刑、假释申报程序的规定》等规范性文件，增强监督合力。2007 年，受理民事申诉案件 36 件，结案 40 件（含上年转结 4 件），建议提请抗诉 1 件，发出再审检察建议 28 件，不立案 8 件，不建议提请抗诉 3 件。

图 30-3-12 公诉现场（2003 年摄）

第三节　贪污贿赂等犯罪侦查

1954 年 10 月，最高人民检察院制定的《中华人民共和国侦查工作试行办法》规定，检察机关的侦查范围主要是破坏国家经济建设和贪污盗窃国家资财的犯罪案件；破坏农业生产建设和贪污盗窃合作社财产的犯罪案件。1959 年 6 月 23 日，批准逮捕贪污嫌疑人 2 人，严重违法乱纪嫌疑人 8 人。1962 年，批准逮捕贪污盗窃、投机等犯罪嫌疑人 24 人。1979 年检察院重建后，设置经济检察科。

1982 年 3 月，贯彻中共中央、国务院《关于打击经济领域中严重犯罪活动的决定》和全国人大常委会《关于严惩严重破坏经济的罪犯的决定》，开展对经济犯罪案件的侦查工作。1982—1992 年，立案查处经济犯罪案件 243 件，挽回经济损失 589.71 万元。1990 年，受理各类经济案件 46 件，立案 24 件 26 人，其中贪污案 14 件，受贿案 3 件。其中万元以上的大案 8 件，为国家和集体挽回经济损失 20.98 万元。1995 年 6 月，撤销经济检察科，成立反贪污贿赂局，主要职能是对经济领域贪污贿赂犯罪的侦察与查处。全年立案 40 件 40 人，其中贪污案 19 件 19 人，受贿案 3 件 3 人，挪用公款案 8 件 8 人。决定逮捕 22 人，提起公诉 25 人，为国家和集体挽回经济损失 1500 万元。

图 30-3-13　2002 年，江宁区人民检察院反贪局干警在研究案情

1996—2000 年，贪污贿赂等职务犯罪案件 176 件，其中贪污 47 件，贿赂 49 件。处理 176 件，其中提起公诉 168 件，免诉 5 件，销案 3 件，为国家和集体挽回经济损失 4455 万元。2001—2007 年，先后成立 4 个专案组，贪污贿赂等职务犯罪案件 100 件，其中贪污 43 件，贿赂 42 件。处理 94 件，其中提起公诉 92 件，免诉 8 件，为国家和集体挽回经济损失 5400 万元。

1980—2007 年江宁区人民检察院贪污贿赂等犯罪案件立案、处理情况表

表 30-3-13

年份	立案（件）							处理（件）				挽回经济损失（万元）
	小计	贪污	贿赂	挪用	偷税抗税	假冒商标	其他	小计	起诉	免诉	销案	
1980	6	3	—	—	—	—	3	3	1	1	1	0.85
1981	13	6	—	—	—	—	7	13	8	4	1	2.38
1982	32	23	1	—	—	—	8	32	21	11	—	11.80
1983	14	9	—	—	—	—	5	14	10	3	1	2.26
1984	15	11	—	—	—	—	4	15	10	5	—	4.89
1985	23	15	—	—	—	—	8	21	17	4	—	142.80
1986	25	17	—	—	—	—	8	25	12	12	1	14.10
1987	11	9	1	—	1	—	—	10	6	4	—	25.00
1988	17	12	—	—	—	—	5	16	10	6	—	47.88

续表

年份	立案（件）							处理（件）				挽回经济损失（万元）
	小计	贪污	贿赂	挪用	偷税抗税	假冒商标	其他	小计	起诉	免诉	销案	
1989	42	33	—	—	—	—	9	42	19	23	—	146.00
1990	24	14	3	4	1	—	2	24	18	6	—	20.98
1991	24	18	2	—	—	—	4	24	16	8	—	54.00
1992	16	14	—	—	—	—	2	16	9	6	1	120.00
1993	45	20	7	9	7	2	—	35	24	16	5	500.00
1994	46	20	1	9	8	3	5	45	24	20	1	850.00
1995	40	19	3	8	7	2	1	40	22	17	1	1500.00
1996	55	5	13	9	7	—	21	55	52	2	1	1200.00
1997	40	12	6	5	4	—	13	40	37	2	1	1500.00
1998	28	7	10	7	—	—	4	28	26	1	1	755.00
1999	17	8	6	3	—	—	—	17	17	—	—	400.00
2000	36	15	14	1	—	—	6	36	36	—	—	600.00
2001	20	10	9	1	—	—	—	20	20	—	—	1200.00
2002	16	11	5	—	—	—	—	16	14	2	—	1000.00
2003	12	5	4	—	—	—	3	12	12	—	—	300.00
2004	17	—	10	4	—	—	3	17	17	—	—	300.00
2005	15	5	6	1	—	—	3	15	15	—	—	600.00
2006	14	6	8	—	—	—	—	14	14	—	—	1700.00
2007	6	6	—	—	—	—	—	—	—	6	—	300.00
总计	669	333	109	61	35	7	124	645	487	159	15	13297.94

第四节 渎职侵权犯罪侦查

1955年后，根据《中华人民共和国人民检察院组织法》的规定，开展一般监督工作。主要从处理人民来信来访入手，查处一些侵权、渎职的案件。是年6月，《江苏省人民检察院第二处工作试行办法（草稿）》规定侦查渎职案的范围：破坏劳动法规和劳动纪律造成重大责任事故的犯罪案件；国家工作人员或依法从事公务的人员利用职务犯罪的案件。是年，县检察院受理一般监督案件87件，自办4件。1957年，一般监督工作停止。1959年6月23日，高检院发出《给各级检察长的内部通信》，指示各级检察机关要开展同严重违法乱纪行为的斗争，不能放弃职守。是年，处理严重违法乱纪8人，虐待和殴打致残罪犯5人。

1961—1964年，处理控告基层干部违法乱纪的人民来信98件。1966年5月，“文化大革命”开始，法纪检察工作中断。1979年1月，设置法纪检察科，受理渎职侵权案件。至1981年年底，直接受理非法拘禁案、搜查案、非法侵入他人住宅案、诬告陷害案、隐匿罪证案、玩忽职守案、重大责任事故案等14件，立案查处3件，起诉2件。1982—1984年，受理各类法纪案件10件，经审查，立案查处8件。1985年，先后2次组织干警对13个乡镇反映的问题进行调查，共受理各类法纪案件16件，审查后立案查处4件，均向人民法院提起公诉。

1986—1990 年，受理渎职侵权案件 137 件，立案 26 件。其中，有重大责任事故案 15 件，玩忽职守案 9 件；有非法拘禁案 2 件。经调查，起诉 7 件，免诉 19 件。1991—2007 年，受理渎职侵权案件 287 件，立案 70 件。其中，有重大责任事故案 18 件，玩忽职守案 24 件，滥用职权案 8 件，非法拘禁案 14 件，非法侵宅案 1 件，徇私舞弊案 1 件，诬告陷害案 2 件，伪证案 2 件，其他 10 件。经调查，起诉 29 件，免诉 34 件。

1980—2007 年江宁区人民检察院渎职侵权案件立案、处理情况表

表 30—3—14　　　　单位：件

年 份	受理数	立案案件	处理情况		年 份	受理数	立案案件	处理情况	
			起 诉	免 诉				起 诉	免 诉
1980	5	5	2	3	1995	35	9	3	5
1981	2	2	1	1	1996	47	11	5	6
1982	3	3	3	—	1997	26	6	2	2
1983	1	1	—	1	1998	10	—	—	—
1984	6	4	4	—	1999	8	1	1	—
1985	16	4	—	—	2000	4	2	1	1
1986	32	5	1	4	2001	6	3	3	—
1987	30	5	2	3	2002	7	2	2	—
1988	36	3	1	2	2003	2	—	—	—
1989	19	7	2	5	2004	2	2	2	—
1990	20	6	1	5	2005	3	3	3	—
1991	27	7	3	3	2006	1	1	1	—
1992	32	5	—	5	2007	6	3	—	—
1993	35	7	1	6	总 计	457	115	46	58
1994	36	8	2	6					

第五节　控告申诉检察

1951—1954 年，人民群众来信来访、控告申诉，由当时附设在县公安局内的检察署接待查处。1956 年，县检察机构开展接待人民来信来访工作。由于“反右”运动的扩大化，申诉案件剧增，全年受理人民群众和国家机关检举和控告违法的材料 115 件。1957—1958 年，受理人民群众来信来访 413 件。

1960—1964 年，受理人民来信来访 429 件。“文化大革命”期间，信访工作中断。1979 年，县检察院重建后，信访件逐年上升，全年受理来信来访 174 件，接待人民来访 37 人次。1979—1986 年，县检察院受理人民来信来访 1479 件，接待 285 人次。1987 年，贯彻最高人民检察院颁布的《人民检察院控告申诉检察工作细则（试行）》，控告申诉案件实行“统一受理，归口办理，分级负责”制度，成立控告申诉检察科。1987—1988 年，受理人民来信来访举报 467 件（次），其中来信 354 件，来访 113 件。1989 年，全年受理群众来信来访举报 463 件，自行查办和直接答复的 287 件；并建立健全接待来信来访、检举控告人员岗位责任制和检察长接待日制度。

1990—1994 年，受理控告申诉来信来访 1103 件。1993 年，在全县 23 个乡镇先后建立 21 个派驻检察室。1993—1994 年，各乡镇检察室共受理各类举报案件线索 680 件，受理经济案件线索 544 件，立案侦查 35 件，为国家和集体挽回经济损失 1428 万元。1999 年，县检察院受理各类举报线索 138 件，转反贪初查案件 50 件。全年妥善消除、化解信访 9 件。控告申诉部门协调处理举报线索 66 件，初查举报线索 14 件，完成检察长接待日接待处理来访 40 件。

2000 年，受理群众来信来访 216 件，对检察机关管辖的 136 件依法及时处理。检察长接待日接待群众 323 人次，批办控告、申诉材料和举报线索 85 件，全部办结。2003 年，发挥控告申诉部门的“全国文明接待示范窗口”作用，实行首办责任制，岗位 AB 制、兼职专家与检察长接待制等改革，开通 24 小时检察服务热线。全年受理来信来访 159 件。2004 年，在江宁经济技术开发区设立派驻检察室，并建立匿名举报、公开答复等接待制度。2004—2006 年，受理群众来信来访 486 件。2006 年，安排 12 个检察长接待点，深入基层巡回接待，检察长全年接待 58 人次。2007 年，控告申诉部门共受理各类线索 107 件。同时，安排检察长巡回接待点 12 个，先后 10 次在江宁街道、横溪街道、区信访局等处接待信访群众。

图 30-3-14　2003 年，江宁区人民检察院检察长汤在勉（右一）接受群众来访

1991 年年底，县检察院被评为机关“三服务”竞赛活动先进集体。1993 年，被省检察院授予文明接待室称号。1995 年 3 月，被市检察院评为文明接待室；1995 年下半年，被评为全国检察系统文明接待室。1996 年，检察院控告申诉举报接待室被授予全国检察机关文明接待室称号，并被评为县首届最佳服务单位。1997 年，被授予全国检察机关文明接待室称号。2005 年，被省高检院授予文明接待示范窗口称号。

第六节　民事行政检察

1954 年 4 月，《中华人民共和国检察院组织法》第四条第五款规定：检察机关“对于有关国家和人民利益的重要民事案件有权提起诉讼和参加诉讼”。县检察院通过行使一般监督，人民来信来访和控告申诉等职能，初步开展参加民事诉讼工作。1957 年，反右派斗争期间，民事检察制度未能执行。1966 年“文化大革命”开始，检察业务中断。

1993 年下半年，在控告申诉科设专人负责民事行政检察工作。1994 年 2 月，成立民事行政检察科。根据高检院《关于执行行政诉讼法第六十四条的暂行规定》《关于民事审判监督程序抗诉工作暂行规定》，开展调查研究，并制订案件受理、立案审查、提请抗诉等工作制度。全年受理各类民事申诉案件 8 件，其中经济纠纷案 5 件，财产继承纠纷、民事赔偿及行政申诉案件各 1 件，立案审查 4 件，为企业挽回损失 200 万元。

1995—1999 年，受理民事行政申诉案件 73 件，立案 35 件，息诉 11 件；提起抗议 4 件，建议抗议 16 件，检察建议 2 件。1999 年，按照《江苏省人民检察院民事行政检察办案细则》、高检院《人民检察院办理民事行政抗诉案件公开审查程序试行规则》，规范民事行政检察工作。县检察院先后在10个较大的乡镇摆摊设点，送法下乡，并在全市率先试行民事行政案件公开审查听证制度。

2000—2007年，受理各类民事行政申诉案件249件，立案57件，息诉65件；提起抗议39件，建议抗议15件，检察建议39件。

第七节 监所检察

1954年12月，《中华人民共和国逮捕拘留条例》颁布后，县检察机关逐步开展对看守所的监督。

1966年“文化大革命”开始，监所检察工作中断。1979年1月，检察院重建后恢复监所检察工作，由刑事检察科兼管。1984年6月，成立监所检察科，依照《中华人民共和国刑事诉讼法》规定全面担负监所检察职责。1984—2007年，江宁区人民检察院进行安全检查335次，给犯罪嫌疑人上大课142次，找犯罪嫌疑人个别谈话5251人次；及时向监所提出纠正各类违法案件116起，提出检察建议319条。对违法减刑、假释、保外就医等情况提出纠正意见62人次，对295名提请减刑、假释、保外就医的“两劳”（劳动改造人员和劳动教养人员的简称）人员提出不予减刑、假释、保外就医的意见被采纳；依法办理服刑人犯、劳教人员又犯罪案件60件、95人，受理办结服刑人犯申诉案件13件、13人；加强对监外执行人犯的检察。对判处免诉、缓刑、假释、管制、保外就医的“五种人”，经过定期谈话，派人回访考察的共1237人次。

【看守所与监狱检察】

1955年，监所检察由批捕起诉组兼管，只做一般性的检察。是年，对县监所关押的139名犯罪嫌疑人做了几次一般检察，发现有看管犯罪嫌疑人不严的情况。1959年9月，对县看守所执行每月一次的检查制度。并对在押犯罪嫌疑人进行思想教育，全年有27名犯罪嫌疑人写出坦白检举材料45份。

1960—1961年，对看守所检查7次。对检查发现的问题，提出整改建议，并限期改正。1962年，对县监所内久押不决及拘留的犯罪嫌疑人进行全面清理，由144名在押人员降至26名。1966年，“文化大革命”开始，看守所检察工作停止。

1979年，监所检察工作由刑事检察部门兼管，并确定专人负责，主要是对监所执行政策，犯罪嫌疑人生活及环境卫生等各方面定期或不定期检查。1982年，确定2名专职人员负责监所检察工作。1984年，全年有95名犯罪嫌疑人坦白交代余罪165条，234名犯罪嫌疑人揭发、检举他人犯罪线索466条。查证属实的69条，破案10起，挖出隐藏较深的漏网犯罪嫌疑人11名。1985—1987年，全年集中给看守所犯罪嫌疑人上法制课44起，个别提讯谈话930人次。1989年，共给犯罪嫌疑人上大课13次，个别谈话教育225人次，参与安全防范检查20次，参加“放风”现场管理210次，提出检察建议28条，对监外执行的“五种人”检察75人次。

1991—1992年，参加安全防范检查31次，提出安全防范建议37条。1996—1998年，清监41次，安全检查79次，提出检察建议84条，清除事故隐患93处（件），找犯罪嫌疑人谈话教育937人次。2000年，对监管改造场所超期羁押等违法情况提出书面纠正意见5次，受理办结服刑人犯申诉案件1件，服刑人犯再犯罪案件2件。2004—2005年，监督提请、呈报减刑、假释、保外就医2047人次，依法提出纠正意见93件，均被采纳。2006年，对监管改造场所存在的不规范行为，发出检察建议书6份，纠正刑期计算错误8件、8人。全年参与狱情、所情分析会56次，单独或联合进行安全检查60次，消除安全隐患51个。2007年，受理在押人员控告、申诉6件、6人，全部予以办理或转办纠正刑期错误件6人，办理服刑人员再犯罪案件12件、32人。

图 30-3-15 2003年，江宁区人民检察院检察官深入监区对重点人员开展教育转化工作

1988年，监所检察科获省检察院授予的先进集体称号。1994年，围绕"压事故、争达标、办好案"的工作目标，全面开展工作，首批通过省、市两级达标验收。1996年年底，在全省检察机关监所工作4年一度的评比中，县检察院检察科被评为先进集体。2002年11月，区检察院派驻2个监狱的检察室被评为江苏省先进检察室。2003年，区检察院驻江宁监狱检察室和驻金陵监狱检察室均被省检察院授予先进检察室称号。2004年，开展以"共建、共管、共保安全"为内容的"三共"活动，被省检察院、省司法厅、省武警总队评为"三共"工作先进集体。

【监外执行检察】

1958年，第四次全国检察工作会议把对社会改造工作的检察正式列为检察机关的一项任务。1959年，县检察院对接受群众监督改造的"五类分子"进行评审工作。全年依法逮捕进行破坏活动的"五类分子"31名，并分别采用管制、劳动教养方式处理了一批。

1960年，与县公安局、法院配合，开展对"五类分子"的评审工作。发现和纠正过去错评对象257人，漏评、漏管665人。通过教育，"五类分子"主动坦白交代材料4343件。同时，在全县建立4650个监督改造小组，共有15596名监督人。1961年，监外执行管制21人。1964年，根据上级指示，停止社改检察工作。

1980年，检察院重建初期，因人员不足未开展对监外执行的判决和监外监督工作检察业务。1982年，根据公安部《关于管制、拘役、缓刑、监外执行、监视居住的具体办法的通知》，对不捕和免予起诉的人员定期回访，进行考察教育。1982—1989年，县检察院对757名不捕、不诉、免予起诉、监外执行人犯和"五种人"进行全面考察，逐个了解思想、工作情况，进一步落实帮教措施。

1990—1995年，对监外执行的743人进行考察，逐人落实帮教措施，协助建立监视管教组织。1992年，在全省监所检察工作评比中，被评为先进集体。1999年10月，对全县217名监外人犯执行改造情况进行全面检查，共找监外人犯谈话帮教123人，见面率56.70%。

2000年，对全县171名监外人犯监管改造的情况进行检查，对其中4人法定文书不全和1人脱管失控情况，提出检察建议。2004—2007年，全区有监外执行人犯1529人，监外执行检察工作重点是纠正监外人犯脱管、应收监而未收监执行的情况。2007年，落实高检院《关于开展核查纠正监外执行罪犯脱管、漏管问题专项检察活动试点工作的通知》，至是年10月18日，实际核查监外执行人犯1223人，经核查，漏管29人。

第八节 犯罪预防

1979—1998年，县检察院建立综合治理联系点62个，配合政府有关部门进行安全生产大检查16次，重点检查60多家企业，向玩忽职守和重大事故发案单位发出书面检察建议书55份，提出检察建议和整改意见335条，查出、消除安全隐患61个。1998年3月，江宁县检察院在全市率先成立职务犯罪预防科，形成刑检、反贪、法纪、控申部门参与的大预防体系。同时成立江宁县预防职务犯罪领导小组，形成检察机关和有关单位参与的社会化预防网络。1998—2007年，组织预防职务犯罪宣讲教育活动32场次，受教育群众达2.15万人次。到有关单位上法制课116场次，接受教育达9800人。组织62家单位到金陵监狱、江宁监狱职务犯罪预防教育基地接受警示教育，受教育4700人。从1993年开始，坚持"教育、感化、挽救"的方针，加强青少年犯罪预防工作。1993—2007年，向13所学校派出法制副校长，构建较完善的预防网络。到学校上法制课153场次，受教育学生10.68万人。组织帮教组织50个，分别对56名失足青少年开展特殊帮教，无一人出现重新犯罪，帮教转化率达100%。

【职务犯罪预防】

1959年6月23日，高检院发出《给各级检察长的内部通信》，指示各级检察机关开展同严重违法乱纪行为作斗争。1962年和1964年，分别依法批捕机关、企业内部人员违法犯罪6人、7人。

1979年，县检察院重建后，结合检察业务，逐步开展职务犯罪的预防工作。1980年，全国刑事检察工作会议，正式把检察建议列为实施法律监督的一种形式。是年，县检察院对14件不够立案标准，属于一般违纪案件，建议原单位对当事人作出不同程度的行政处分。1984—1985年，向发案单位提出书面检查建议22次。1988年，对看守所执行法律政策情况进行检察，提出检察建议28条。1989年，针对发案单位在管理上存在漏洞提出检察建议，深入厂矿上法制课10次，受教育人数400余人。当年全县重大责任事故比1988年下降55%。

图30-3-16 2005年，江宁区人民检察院开展预防职务犯罪宣传教育

1991年，针对采石、建筑业易发生重大伤亡事故的特点，提出检察建议12份，并深入厂矿上法制教育课12次，受教育人数达1500余人。1993年，对玩忽职守、重大责任事故案发单位提出书面检查建议6份。全年向看守所提出检察建议21条，纠正各种违法14起。1995年，重点查处法纪五类案件，全年受理案件35件，立案9件。全年向18家发案单位提出检察建议70余条，大多数被采纳。1996年，全年为40余家企业、3个村委会进行诉前调解，挽回经济损失140余万元，挽救20多名违法人员。1998年3月，在全市率先成立职务犯罪预防科。是年，对天宝集团、陶吴镇的安全生产工作进行检查，查出事故隐患12个，提出整改意见和建议20多份，均被采纳。

2003 年，先后 16 次深入成员单位指导开展创建“无职务犯罪单位”活动；7 次组织区地税局、东山街道等单位的党员干部 500 余人，到金陵监狱职务犯罪预防教育基地接受警示教育；积极牵头组织“预防职务犯罪需要您参与”的万人受教育大型宣传活动，印制、散发宣传资料 1 万余份；到有关单位上预防职务犯罪法制讲座 6 场次，接受教育人数 950 余人次；编写《江宁职务犯罪预防》信息 6 期。2004 年，继续在全区开展“无职务犯罪单位”创建活动，组织 12 家单位近 800 名干部职工进行警示教育，编制、印发《忏悔录》《江宁检察预防》等书刊 2000 余本，在江宁烟草公司、南京造币厂等单位举办预防法制讲座 14 场，参加人员 1000 余人。是年，全区预防职务犯罪网络成员单位增至 101 家，重点行业、热点部门及街道、乡镇参与率达 100%。2005—2006 年，开展预防职务犯罪宣传教育活动 37 次，发放宣传资料 8500 余份，先后组织 36 家单位到监狱接受警示教育，并在重点单位上预防职务犯罪法制课 18 场次。2007 年，立案查处各类职务犯罪案件 12 件、12 人，通过办案为国家挽回直接经济损失 300 余万元。同时组织预防职务犯罪宣讲团到江宁开发区、秣陵街道开展宣讲活动 6 场次，受教育 5000 余人。组织协调区民政局、东方航空公司等 10 家单位到金陵监狱、江宁监狱进行警示教育，并举办预防职务犯罪讲座 18 场次，受教育人数 1500 人次。

【青少年犯罪预防】

1993 年，全县青少年犯罪增多。全年经审查批捕的犯罪嫌疑人中，25 岁以下的 187 人，占批捕总数 58.80%，其中不满 18 岁的 31 人，约占总数的 10%。对 16 名罪行较轻的案犯，免予起诉，给予改过自新的机会。同时组织人员去学校、工厂给青少年上法制课进行教育。1995 年，成立未成年人刑事检察科。先后在秣陵中学、县电大等上了 2 次法制宣传课，每次受教育学生均在千人以上。1997 年，与湖熟职中等 4 所学校开展共建工作。建立“检与学校”“检与学生”“检与家长”的“一信、一卡、一走”制度。“一信”就是写给共建学校同学的一封信，‘一卡’就是校方将需帮教“服务”的学生填好联系卡交给检方联系人，“一走”是常走访学校了解并掌握学生动态。当年发放《树远大理想，做“四有”新人》公开信 1800 多封，深入 6 所学校上法制宣传课 10 场次，受教育人数近万人。1999 年，全年为有关学校、单位上法制课 20 余场，听课人数 1.50 万余人次，组织召开座谈会 5 场，发书面、口头检察建议 20 余份次。12 月，被团省委、省检察院等部门授予优秀青少年维权岗称号。

1997—2000 年，建立未成年人犯罪的系列台账，实行跟踪帮教工作。4 年中，批捕、起诉部门共办理未成年人犯罪 223 件、262 人。除对涉案未成年及其家长开展法制教育宣传外，还建立帮教组织 50 个，分别对 56 名失足青少年开展特殊帮教工作。其中有 10 人赴大学深造，35 人走上工作岗位，并且无一人出现重新犯罪。

2000 年，设立青少年维权岗。全年为在校学生上法制课 44 次，组织旁听不起诉听证会 2 次，组织青少年观摩庭 3 次，教育学生人数 4000 人。是年，未成年人犯罪率由 1997 年的 8.31% 逐步降至 4.67%。2001 年，全年举办法制教育 20 余场，受教育师生达 1.50 万余人次。是年 12 月，被高检院、共青团中央授予优秀青少年维权岗称号。2002 年，向发生在校学生犯罪的有关学校发出检察建议书 4 份，为青少年学生举办现身说法、上法制课 26 场，听课人数达 3 万余人次。2003 年，与正德学院共同组建大学生预防犯罪前沿工作站。制作典型案例展板，先后在 3 所学校巡回宣传，举办法制讲座 14 场，参与学生 3 万余人次。2004 年，先后 10 次组织劳教人员开展现身说法活动，开展大规模法制宣传活动 11 次，到学校上法制课 15 次，全区万余名青少年接受警示教育。2007年，通过举办座谈会、上法制课、成立关爱工作组和未成年人社区矫正工作站等形式，开展青少年犯罪预防工作。先后向有关单位发出检察建议书8份，并在南京航空航天大学江宁校区、南京工程学院、正德学院等院校开展巡回法制讲座。

第四章　法　院

江宁县历史上的审判活动实行审判与行政合一的体制，即地方行政长官兼有司法审判权。至宣统年间，南京最早的独立审判机构——江宁地方审判厅成立。民国16年（1927），江宁县的刑事、民事案件，均由江宁地方法院（驻南京）受理。抗日战争胜利后，江宁县无独立的审判机构，县内刑、民事案件均由江宁地方法院改组的首都地方法院受理。

新中国成立后，江宁县人民政府先后设立民政科和司法科，负责处理一般民事案件。1950年10月，成立江宁县人民法庭。12月，江宁县人民法院成立。“文化大革命”开始后，县法院工作中断。1973年3月，县人民法院恢复，依法履行宪法和法律赋予职责，独立行使审判权。1950—2007年，区法院审结各类刑事案件1.72万余起（其中1966—1973年未作统计）；1986—2007年，执行案件收案35693件，结案33087件，结案率93%；1991—2007年，审结行政案件461起；2002—2007年，受理民商事案件30714件，审结29267件，审结率95.20%。

江宁县人民法院成立至2007年，获得各级各类集体荣誉称号200多项（次）。其中，1991年2月，被市中院评为全市法院系统先进集体。1999年，被市中院评为1998年度全市法院系统先进法院；2000年4月，被省高院评为全省文明法院；2006—2007年，连续两年被省高院评为全省优秀法院。江宁法院先后开展争当“文明法官”“人民满意法官”等活动，“全国人民满意的好法官”李国忠（区人民法院）、“全省人民满意的政法干警”张勇、省“十佳法官”吕润进（区法院淳化法庭）等，已经成为全院干警争相学习的好榜样。

第一节　机构队伍

【清末审判机构】

清末，南京城以内桥为界分置2县，内桥以南为江宁县，以北为上元县。上元县衙负责审理南京城内桥以北地区的一审刑、民事案件，其衙署自明代初期迁至今白下路101号处，衙署大堂建筑至今犹在；江宁县衙负责审理内桥以南地区的一审刑、民事案件，其衙署多次迁徙，自明洪武元年（1368）迁于银作坊（后南京内桥西南长乐路江苏省邮电专科学校处）。

【民国时期审判机构】

江宁地方法院　民国16年（1927）11月1日，江宁地方法院成立，直接受理江宁县的民事、刑事诉讼。院址在南京长乐路。

首都地方法院 民国 24 年（1935）10 月，江宁地方法院改组为首都地方法院，院址未变。直隶司法行政部，管辖南京特别市及江宁县的第一审案件。抗日战争期间，原址毁于战火。抗日战争结束后，首都地方法院恢复办公，院址迁至白下路 133 号（今白下路 101 号南京市公安局第五处处址）。至民国 38 年（1949）4 月终止。

汪伪国民政府首都地方法院 民国 29 年（1940）5 月 1 日，汪伪维新政府设伪首都地方法院，内设民事庭、刑事庭、民事执行处、书记室、登记处、公证处与提存处等，附设检察处，地址在今南京市瞻园路 126 号。汪伪首都地方法院直接受理南京市区第一审案件，并在江宁、江浦、句容、天长、溧水、高淳 6 县设审判分庭，受理第一审案件。上诉审法院是汪伪江苏省高等法院（驻苏州）。民国 34 年 8 月终止。

江宁县国民政府司法室 民国 34 年（1945）10 月，江宁县政府设司法室，审判、检察工作事权分开。司法室主要实施民事、刑事案件的侦查，提起公诉移交江宁地方法院（后改组为首都地方法院）审理。

【区人民法院】

1950 年 1 月，江宁县人民政府设司法科，负责受理民事案件和一般刑事案件。1950 年 10 月 4 日，成立江宁县人民法庭，并在全县 10 个区分别建立分庭。是年 12 月 8 日，正式成立江宁县人民法院。1955 年，内设刑事审判庭、民事审判庭。1966 年“文化大革命”期间，县人民法院停止行使审判权。1967 年春，成立江宁县公检法军事管制委员会（简称军管会），统一行使审判职权。1973 年 3 月，恢复江宁县人民法院，内设刑事审判庭、民事审判庭和秘书室，并先后恢复和建立江宁、陶吴、湖熟、汤山等 7 个人民法庭。1980 年，设立审判委员会。

2001 年 2 月 15 日，经最高人民法院批准，撤销江宁县人民法院，设立南京市江宁区人民法院。至 2007 年年底，区法院共设 14 个职能部门：办公室、政治处、研究室、司法行政科、审判管理办公室、立案庭、刑事审判庭、未成年人案件审判庭、民事审判第一庭、民事审判第二庭、行政审判庭、审判监督庭、执行局、监察室；1 个直属机构：司法警察大队；4 个派出机构：汤山人民法庭、淳化人民法庭、禄口人民法庭和江宁人民法庭。

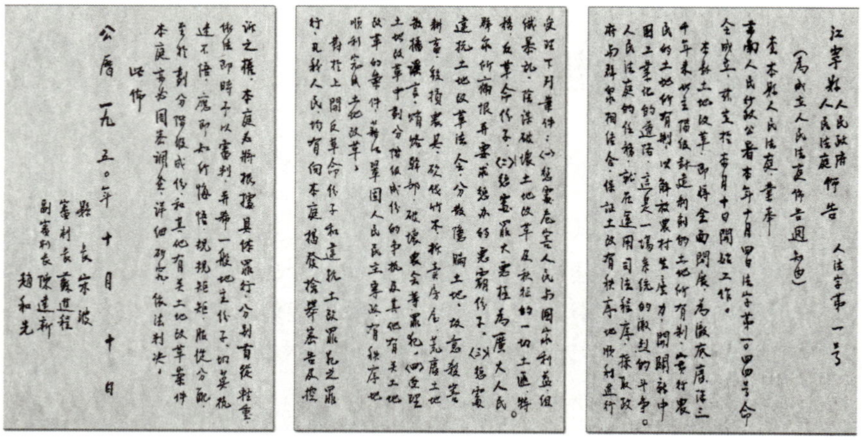

图 30-4-17 1950 年 10 月江宁县人民法庭成立布告

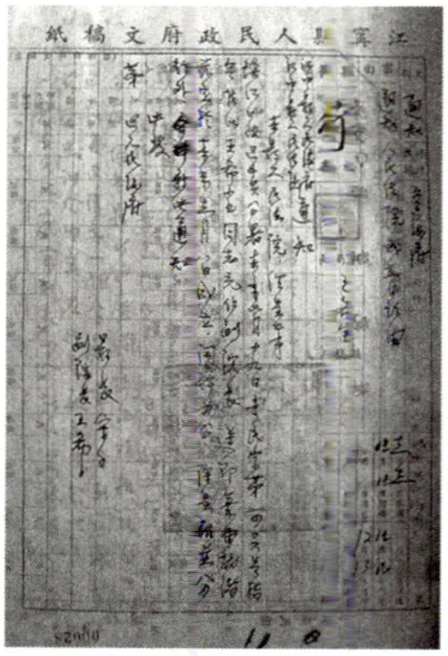

图 30-4-18 1950 年 12 月江宁县人民政府关于成立江宁县人民法院的通知

【审判队伍】

1950年12月，县法院成立时，有工作人员16人，除代理院长由苏南行政公署任命以外，主要由外地调进的司法干部和旧有司法人员人员组成。1952年司法改革，对旧有司法人员进行组织清理，法院人员主要由新调司法干部和原有法院工作人员组成，全院人数一直保持在10人左右。1955年和1956年，法院人员增加较多，分别达到23人和25人。1958年后，一度实行公检法合署办公，法院司法干部削减至15人左右。至“文化大革命”前夕，县法院实有8人。

1973年，县法院恢复建制时，有司法干部13人，人员主要源自县公安局干部、原法院工作人员、“军管会”调入的干部以及抽调进的部分中小学教师。1979—1982年，从外单位调进法院的干部职工和安置的部队转业干部呈上升趋势，其中1979年调入人员11人；1982年，15名部队转业干部走进法院，是历年中最多的一次。

1985年，根据上级指示，县法院首次通过考试形式，面向社会公开招收法院干部（简称招干）。是年，招收青年司法干部12人。此后，法院在1989—1995年，再次通过招干形式，招录青年司法干部21人，在一定程度上改变法院原有人员中年龄偏大、文化程度偏低的现象。

1986年开始，陆续有一些大专院校的政法专业毕业生走进法院。至1999年，此类毕业分配的人员达24人，为法院审判队伍增添了新生力量。其中1988年居多，达5人。

1998年后，大学毕业生走向人才市场，毕业分配的形式不再保留，国家审判机关招录新进人员，必须通过公务员考试，“凡进必考”的方式逐步被人们所接受。2000—2007年，法院采用此种方式招录5名公务员和12名“聘任制书记员”。

2007年，区法院19个部门，在编干警144人（含附属编制8人），其中法官81人，书记员27人，司法警察25人，其他人员11人。本科以上学历111人，占全院在编干警的77.10%。

1950—2007年江宁区人民法院主要负责人更迭情况表

表30-4-15

姓 名	任职时间	备 注
王希宝	1950年1月至1950年10月	县政府司法科科长
苏进程	1950年10月至1950年12月	县人民法庭审判长
王希宝	1950年12月至1952年8月	代理院长
	1952年8月至1954年7月	—
陈 亮	1954年7月至1956年12月	—
路维成	1957年1月至1962年9月	—
郭忠坚	1962年9月至1967年4月	—
郦建海	1973年1月至1984年5月	—
张星原	1984年5月至1993年2月	—
虞国富	1993年2月至2000年1月	—
朱伯华	2000年1月至2005年12月	—
朱绚凌	2006年1月至2007年12月	—

第二节 审判改革

1952 年，县法院开展司法改革运动，加强人民调解委员会建设和实行公审制度。1954 年，开始进行正规司法制度的试点工作，在审理反革命案件中试行新的审判方式。1956 年制定的《改进审判程序的工作计划》和《关于机关工作制度的暂行规定》，都有较大影响。1956 年 3 月，按照集中准备、分批调查、逐案审讯、连续开庭的方法，首次完整制订《关于试行审判程序改进工作方法的计划》。内容包括审判程序和审判方法的各个方面。20 世纪 80 年代，开始实行联责考评计分责任制，严明工作纪律，转变审判作风，调动全院干警积极因素。进入 90 年代，法院的诉讼程序和制度不断建立和完善。2001 年后，区法院在诉讼程序、执行机制、审判组织、人事管理、内外部监督等方面都进行改革，适用简易程序和普通程序简化审的范围进一步扩大，当事人的举证责任得到强化，院、庭长的审判管理职责进一步明确，人民陪审制度的健全和完善、法官职业化建设工作的启动和运作，法院在深化司法改革方面又迈进一步。

【推行新司法制度】

1950 年，在受理“三反”“五反”运动中的刑、民事案件时，实行公开审理，除涉及国家机密和个人生活隐私及其他法律规定的特别情况，一律进行公审。1951 年，审判方式着重于调查研究，除庭讯外，还采用携卷下乡、就地审讯的形式。1952 年上半年，开始进行司法改革。组织上清理旧人员；思想上划清新、旧法律界限，树立为政治服务、依靠群众办案的工作方向；机制上反对旧制度，创造了“就地收案、边收边结”的审判制度，“集体调查研究、集体调解”的新办案方法，“分工或定期调解”的调解工作制度以及“简化文牍手续及写作方式”的新写作制度。是年 9 月底，全部清理积案，在全县 10 个区 125 个乡建立了 52 个调解委员会。这次司法改革以七区龙潭乡、龙梅乡和临江乡为工作重点，创造经验再行推广。并在三乡同时受理刑、民事案件 20 余件（主要是婚姻案件）。

1954 年 9 月，县法院在试办 10 件反革命案件中试行以下几种方式：起诉与预审相结合，预审结束即提起公诉，凡公审案件要求在预审时必须弄清事实，在预审人员查明和认定案情以后；公开审理，一审二陪一书，一般不用公诉人、辩护人出庭，当庭不评议宣判；利用晚上时间小组评议（陪审员参加），再按党内手续呈送批准；根据情况，或个别宣判或公开宣判。1954 年 9 月至 1955 年 7 月，共举行有公诉人或原告、辩护人、陪审员、书记员出庭的“全套”形式公审 86 次，有陪审员或辩护人、书记员出庭的“半套”形式及独任形式公开审理 114 次（其中独任占 1/3），共办结刑事案件 116 件，办结民事案件 48 件。

《中华人民共和国人民法院组织法》颁布后，县法院开始进行正规司法制度的试点工作。在三区陶西乡用典型引路，然后扩大到三、四两个区 31 个乡镇。1956 年 7 月，《江宁县人民法院关于机关工作制度的暂行规定》推出，包括“县法院与人民法庭联系制度”“保密制度”“人民来信制度”等内容。

1957 年后，县法院司法改革工作处于停滞状态。

【人事制度改革】

实行岗位责任制 1984 年，建立“联责考评记分岗位责任制”（简称岗位责任制）。是年 7 月 24 日，正式出台《关于建立联责考评记分岗位责任制的实施方案》。方案规定，全院“实行以岗定人，以人定责，以责定分，以分定奖的百分考评制”联责考评记分的办法，分“考德、考勤”和“考能、考绩”两大类，前者每人记分20分，后者每人记分80分。为加强考核工作，法院建立七人岗位责任制考评小组，实行日考勤月检查。各庭室建立考勤簿、考评登记簿，法院建立考勤考绩公布栏、考能成绩表扬栏，把每个干警的德、才表现和完成任务情况等分别记录在案和公布于众。10月，针对岗位责任制实施过程中存在的问题和出现的情况，法院推出12条《关于岗位责任制实施方案的补充意见》。

1985年1月，县法院按照县级机关党委布置要求，采取个人准备、自报公议、领导审定、张榜公布、奖罚兑现的步骤，进行全面考评。参加此次考评的50名干警，大多数考评得分在110分左右，少数人得分在120分以上，得分最多的140分，最少的94分。1985年后，法院对初次实行岗位责任制的方案逐年加以修改和补充，使之趋向合理和完善，直至20世纪90年代后。

竞争上岗及双向选择 2000年年初，开展审判长（含执行长）、独任审判员（含执行员）选任工作。是年3月，推出《关于推行审判长、独任审判员选任制的实施意见》，并成立选任工作领导小组。选任工作分成立领导小组、制订实施意见、教育动员、自荐推荐、考核和公布5个阶段进行。最后遴选出13名选任审判长（含执行长）、8名资格审判长（含执行长）、36名独任审判员（含独任执行员）和21名审判辅助人员，并确立22个相对固定的合议庭，专门审理普通程序案件。

2000年年底，在全院机关和全市法院系统首次推行中层干部全员竞争上岗新机制。是年12月21日，出台《关于干警竞争上岗工作的实施方案》，方案对全院18个部门30个中层正、副职岗位实行竞争上岗。竞争步骤分自荐推荐、竞岗演讲、评委考评、群众测评和党组审定4种方式，最后按综合评分排序。2001年1月16—17日，经区第十三届人大常委会第二十四次会议通过和法院党组任命，竞争上岗入围的30人分别走上中层领导干部岗位。

2002年8月，根据区委、区政府批准的《关于区级党政机关机构改革人员定编定岗的实施办法》的规定，将全院干警定编、定岗工作付诸实施。通过召开动员大会和干警填写《双向选择申报表》的方式进行。是年9月2日，召开全院干警大会，公布双向选择结果：79名参加双选的干警有78名找到合适岗位，1名落岗的被安排到立案庭试岗。

2005年5月，第二次部分部门正职岗位竞争上岗工作开始。竞争的部门正职岗位有6个，分别是民事审判第一庭庭长、汤山人民法庭庭长、淳化人民法庭庭长、江宁人民法庭庭长、研究室主任、司法行政科科长。竞岗步骤分为报名、资格审查、演讲、民主测评几个阶段，最后由党组根据测评情况确定最终人选并公示。民主测评总分为100分，由3个部分组成，党组成员占40%，全院干警占40%，有关单位及部门领导占20%。是年5月14日，进行竞岗人员演讲。5月20日和7月6日，区十四届人大常委会第18次会议和区委组织部分别做出决定和批复：任命周守忠为民事审判第一庭庭长，徐腊顺为汤山人民法庭庭长，吕润进为淳化人民法庭庭长，任华顺为江宁人民法庭庭长，朱同福为研究室主任，李丽为司法行政科科长。

【审判方式改革】

完善庭审方法 1989年，改进民事审判方式，尝试在该项审判中初步运用改进后的模式：推行当事人举证责任，变法院包揽调查取证为当事人举证与法院调查取证相结合；完善公开审判制度，改“先定后审”为“先审、后调、再判”；改进审判作风，变“坐堂”问案为“就地”审案。

1996 年，根据市法院系统刑事审判方式改革工作会议精神，推进民事、经济审判方式改革。扩大直接开庭的范围，审判重心由庭前、庭后转到庭上。当庭举证、质证、认证，通过庭审，查明事实，分清是非责任。是年，全院民事、经济案件直接开庭率 90% 以上，超过市法院下达指标 25%；赋予合议庭和独任审判员裁判权；组织经济庭和人民法庭“为我所用”庭审观摩活动，审判人员开设 1 个～ 2 个观摩庭，先后 3 次成功参与南京电视台“法庭传真”电视直播开庭；强化监督，在岗位责任制中规定对错案的追究和处罚，同时，成立案件督查组，抽查 1996 年上半年全院审理的 130 件民事和 95 件经济案件。1998 年 6 月，市中院制订《审判方式改革实施纲要》。当年，民事、经济审判的庭审方式以提高当庭结案率、当庭审判率为着力点，规定全院民事、经济案件的当庭结案率不低于 50%，当庭宣判率必须达 20%。并组织评议组，到各审判庭观摩 32 个庭审，当场评议打分。参加此次开庭的审判人员共 32 人，当庭结案 27 件，达 84.40%。

2000 年，撤销告诉申诉庭，成立立案庭和审判监督庭，建立“立案、审判、监督、执行”分立制度。制订《实施排期开庭与审限跟踪暂行办法》，实行诉讼案件庭内排期、审限跟踪制度。出台《案件质量检查办法》，对全院办结的各类案件在归档前均由审判监督庭逐案评查，定期公布评查结果。是年，出台《公民旁听刑事审判规定》，开庭审理的案件当庭举证、质证、辩论，并力求当庭宣判。2001 年，与检察院、司法局共同出台《关于普通刑事案件适用简化审理的规定》，将刑事审判庭适用简易程序审理的刑事案件限期缩短至 10 日，适用普通程序审理案件的平均审限缩短至 30 日。2004 年，推出《案件质量评查办法》，进一步扩大简易程序的适用范围，简化诉讼程序，缩短办案期限，提高审判效率。当年刑事审判案件简易程序适用率 56.30%，民商事案件简易程序适用率 95%。2004—2006 年，刑事审判庭以简易程序审理案件 930 件，以简化方式审理 204 件，当庭宣判 1318 件，当庭宣判率 79.50%。

评选裁判文书　1999 年，最高人民法院下发《法院刑事诉讼文书样式》文件。是年，县法院评选裁判文书工作正式启动。5 月，推出《关于开展优秀裁判文书评比活动的通知》和《江宁县人民法院民事、经济案件裁判文书写作要领》，确定 28 名法官作为裁判文书改革带头人。7 月，组织首次优秀裁判文书评选活动。9 月底，各庭提交裁判文书 32 份，初步筛选出 20 份参评。经优秀裁判文书评委会复评，评出当年度优秀裁判文书 8 份，获鼓励奖的裁判文书 8 份。

自 1999 年后，每年下发评选优秀裁判文书的通知，并对当年度被评为优秀裁判文书的制作者给予表彰和奖励。2000 年、2001 年，分别有 11 份和 10 份裁判文书被评为优秀裁判文书。2002 年、2003 年，各有 5 份裁判文书胜出。2004 年，区法院受理各类案件 7000 余件，连续 6 年居全市区、县法院之首。2005 年，区法院有 10 份裁判文书被评为优秀裁判文书之列。2006 年，有 3 份裁判文书被评为优秀。

第三节　刑事案件审判

1950—1979 年年底，县法院共审理政治类、危害公共安全、侵犯公民人身权利和民主权利、侵犯财产等刑事案件 8667 件，其中判处 5 年以上有期徒刑的占 31.20%，判处 5 年以下有期徒刑、拘役、缓刑、管制等的占 57.80%。1980 年后，县法院只管辖第一审普通刑事案件，即在县境内犯罪的刑事案件，以及江宁县人在外地犯罪由县法院审判更为适宜的刑事案件。

县法院审理刑事案件，注重同各时期的中心工作相配合。新中国成立之初，通过惩处各种刑事犯罪行为，镇压反革命的破坏活动，巩固人民政权，保卫土改运动的顺利开展。当不法分子趁改革、开放之机，采用种种手段侵吞国家、集体财产时，依法从重从快惩处严重经济犯罪分子，保障和促进经济体制改革和经济建设。对于严重危害社会治安的犯罪分子，强化打击力度，遏制严重刑事犯罪。对案犯的判处，坚持执行宽严相济的政策，确保打稳打准。

【政治类案件审判】

县法院建立后，受理的刑事案件范围广，对县内发生的政治类案件和普通刑事案件均予受理。1950年12月25日至1951年上半年，逮捕犯罪嫌疑人1623人。判决的1400人，其中死刑433人，其余均释放交管。1950年至1951年上半年，办理匪特案42件，恶霸案56件，土匪案22件。1952年上半年，受理政治类案件104件。1955年，审结政治类案件304件，其中破坏统购统销案97件、破坏互助合作案69件、其他有关破坏中心运动案24件。罚款、没收及追缴国家人民损失折款人民币5389.60元。1957年，全年共受理政治类案件36件，破坏统购统销案20件，破坏农业合作化案件2件。这三类案件的受理数量较1955年大幅下降。1958年，挖出残余犯罪嫌疑人202人，改造14个三类社，并在这些地区逮捕地、富、反、坏分子48人。

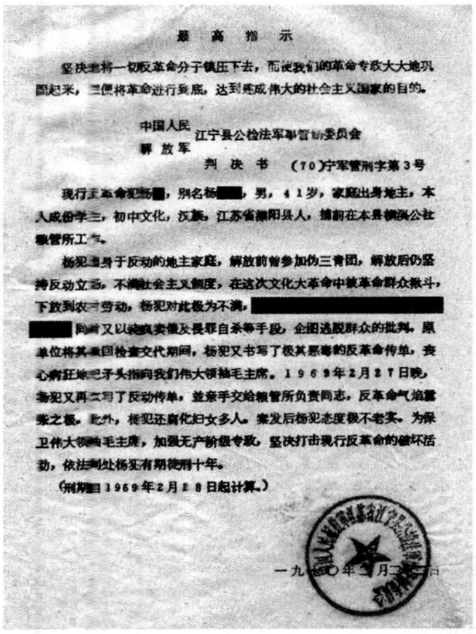
最高指示

坚决地将一切反革命分子镇压下去，而使我们的革命专政大大地巩固起来，以便将革命进行到底，达到建成伟大的社会主义国家的目的。

中国人民解放军江宁县公检法军事管制委员会

判决书　（70）宁军管刑字第3号

现行反革命犯杨[redacted]，别名杨[redacted]，男，41岁，家庭出身地主，本人成份学生，初中文化，汉族，江苏省溧阳县人，捕前在本县横溪公社粮管所工作。

杨犯出身于反动的地主家庭，解放前曾参加伪三青团，解放后仍坚持反动立场，不满社会主义制度，在这次文化大革命中被革命群众揪斗，下放到农村劳动，杨犯对此极为不满，[redacted]同时又以装疯卖傻及畏罪自杀等手段，企图逃脱群众的批判。原单位将其押回检查交代期间，杨犯又书写了极其恶毒的反革命传单，丧心病狂地把矛头指向我们伟大领袖毛主席。1969年2月27日晚，杨犯又再次写了反动传单，并亲手交给粮管所负责同志，反革命气焰嚣张之极。此外，杨犯还腐化妇女多人。案发后杨犯态度极不老实。为保卫伟大领袖毛主席，加强无产阶级专政，坚决打击现行反革命的破坏活动，依法判处杨犯有期徒刑十年。

（刑期自1969年2月28日起计算。）

一九七〇年二月二[illegible]日

图30-4-19　“文化大革命”时期江宁县公检法军管会的刑事（反革命）判决书

1962年，发生政治类案件12起，均为现行破坏，较1961年数量有所上升。“文化大革命”期间，政治类案件由公检法军管会受理。1973年，恢复审判职权后，受理的政治类案件日趋减少，对于前期审理的政治类案件，主要以复查甄别为主。

1980年1月1日《中华人民共和国刑事诉讼法》实施后，县法院不再受理政治类案件。

【普通刑事案件审判】

1950年，受理刑事案件428件，以盗窃案数量最多，占16.10%；其次是贪污案，占8.10%。1954年，审结有关破坏国家经济建设及农村中心工作案142件、政治类案件68件、婚姻刑事案72件、其他刑事案212件。1958年，受理刑事案件1175件，审结1173件，其中有90%在10天内办结。

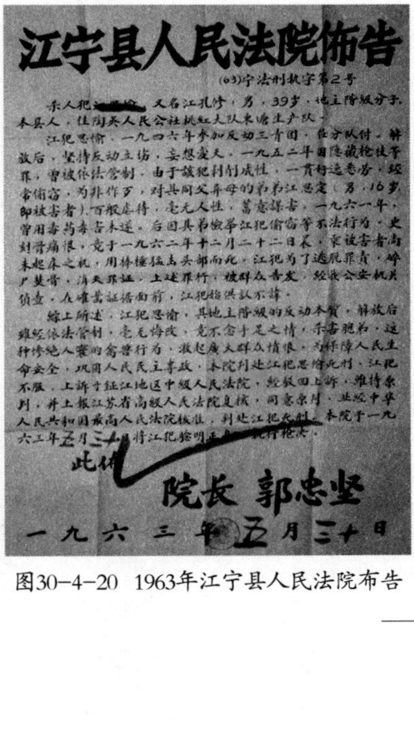
江宁县人民法院佈告

（63）宁法刑执字第2号

杀人犯[redacted]，又名江孔修，男，39岁，地主阶级分子，本县人，住陶吴人民公社桃红大队东塘生产队。

江犯思偷，一九四六年参加反动三青团，任分队付。解放后，坚持反动立场，妄想变天。一九五二年因隐藏枪枝等罪，曾被依法管制。由于该犯剥削成性，一贯好逸恶劳，经常偷窃，为非作歹，对其同父异母的弟弟江忠定（男，16岁，即被害者）百般虐待，毫无人性，蓄意谋害。一九六一年，曾用毒药毒害未遂。后因其弟检举江犯偷窃等不法行为，更刻骨痛恨，竟于一九六二年十二月二十二日晨，乘被害者尚未起床之机，用铁锤猛击头部而死。江犯为了逃脱罪责，碎尸焚骨，消灭罪证。上述罪行，被群众告发，经我公安机关侦查，在确凿证据面前，江犯始供认不讳。

综上所述，江犯思偷，具地主阶级的反动本质，解放后虽经依法管制，毫无悔改，竟不念手足之情，杀害胞弟，这种惨绝人寰的禽兽行为，激起广大群众愤恨。为保障人民生命安全，巩固人民民主专政，本院判处江犯思偷死刑。江犯不服，上诉于镇江地区中级人民法院，经驳回上诉，维持原判，并上报江苏省高级人民法院复核，同意原判，并经中华人民共和国最高人民法院核准，判处江犯死刑。本院于一九六三年五月三十日将江犯验明正身，执行枪决。

此佈

院长　郭忠坚

一九六三年五月三十日

图30-4-20　1963年江宁县人民法院布告

1961—1964年，新收各类刑事案件766件，审结737件，判处被告人784人。1966年“文化大革命”开始，由军管会统一行使审判职权。1973年，恢复审判职权。1976—1979年，受理各类刑事案件344件，审结369件。

1983年8月，中共中央发出《关于严厉打击刑事犯罪活动的决定》（简称“严打”）。根据决定精神，开展“严打”斗争，从是年8月至12月，受理严重危害社会治安的刑事案件162件、355人，审结161件。1984—1985年，受理各类刑事案件554件、240人，审结532件、228人。1986—1988年，审结各类刑事案件617件，判处被告人704人。

1991—1995年，继续开展“严打”斗争，集中打击杀人、抢劫、强奸、流氓、重大盗窃等严重犯罪。5年审结刑事案件1398件，判决人犯1715人。其间，与公安、检察机关配合，先后开展反盗窃、整治农村社会治安、禁毒禁娼等专项斗争，组织大型和专项宣判会50场，公开宣判罪犯223人。1996—2000年，审结刑事案件1687件，判处被告人2116人。对犯罪情节较轻、社会危害不大的，依法判处缓刑或拘役，并协助有关单位做好监管教育工作，5年回访考察366人。

2001年4月，中共中央决定在全国开展“严打”整治斗争。据此，区法院召开全体干警大会，并专门成立“严打”整治斗争领导小组。2001—2003年，受理刑事案件1183件，审结1168件，判处被告人1495人。2004—2006年，区法院受理各类刑事案件1800件，审结1743件，审结率96.83%。

2007年，全年受理刑事案件953件，审结946件，比2006年分别上升30.73%和34.57%，为历年之最，全年共判处被告人1668人。此外，改变公诉机关指控定性案件3件，认为指控的犯罪部分事实不清、证据不足，改变案件事实8件。

1950—1979年部分年份江宁县人民法院刑事案件收、结案情况表

表30-4-16　　单位　件

年　份	收案数	结案数	年　份	收案数	结案数
1950	428	414	1962	183	157
1951	483	441	1963	170	147
1952	507	414	1964	217	176
1953	547	492	1965	153	146
1954	539	503	1966	76	69
1955	889	848	1974	106	82
1956	380	368	1975	119	83
1957	224	210	1976	146	110
1958	1204	1202	1977	152	106
1959	287	270	1978	103	71
1960	371	359	1979	93	82
1961	294	257	合　计	7671	7007

说明：除1950年外，收案数均含上年未结数，结案数则为当年实际结案数。下同

1980—1996 年江宁县人民法院刑事案件审理情况表

表 30-4-17

单位：件

项目		1980 年	1981 年	1982 年	1983 年	1984 年	1985 年	1986 年	1987 年	1988 年	1989 年	1990 年	1991 年	1992 年	1993 年	1994 年	1995 年	1996 年
受理		171	261	242	435	364	190	206	212	228	318	312	246	275	279	293	324	409
审结 总数		153	234	218	426	350	182	193	204	220	306	307	244	271	274	290	319	409
其中 侵犯人身权利、民主权利罪	杀人	1	2	1	7	5	6	8	2	3	6	4	3	3	5	4	3	4
	强奸、奸淫幼女	22	41	36	51	54	37	33	34	23	27	27	39	25	24	20	27	22
	伤害	35	34	22	35	14	15	25	50	40	53	50	45	37	32	39	38	51
	其他	1	4	2	3	2	3	4	5	2	1	—	—	—	—	—	—	2
侵犯财产罪	抢劫	—	2	1	4	2	1	—	—	3	8	5	4	9	15	10	15	24
	盗窃	52	68	81	130	101	56	60	70	85	147	139	80	131	129	146	133	190
	诈骗	8	20	15	12	22	12	10	8	1	14	18	12	8	6	8	5	12
	贪污	1	7	16	23	10	13	25	4	9	4	19	10	6	16	34	20	3
危害公共安全	放火	—	1	—	4	2	1	—	—	2	—	2	—	—	—	—	—	—
	重大责任事故	7	8	2	3	—	1	—	2	—	—	—	—	—	—	—	—	—
	交通肇事	—	—	—	—	—	—	—	—	—	—	—	10	13	9	4	11	19
	其他	1	1	7	12	5	4	1	5	16	16	15	—	—	—	—	—	—
破坏社会主义经济秩序罪	投机倒把	—	—	3	3	—	—	—	—	—	—	1	—	—	—	—	—	1
	偷税、抗税	—	—	—	1	—	—	—	—	—	—	—	2	1	1	—	8	13
	盗伐、滥伐林木	—	—	—	4	—	1	1	—	—	1	—	—	—	—	—	—	3
	流氓	—	—	—	95	107	12	14	5	10	11	6	8	13	11	10	10	20
破坏社会主义经济秩序罪	妨害公务、拒不执行法院判决	—	—	—	3	—	—	—	—	—	—	2	—	—	—	—	—	1
	赌博	—	—	—	—	—	2	4	—	9	2	2	—	—	—	—	—	—
	其他	19	34	26	29	12	1	3	3	—	—	2	—	—	—	—	—	—

续表

项目				1980年	1981年	1982年	1983年	1984年	1985年	1986年	1987年	1988年	1989年	1990年	1991年	1992年	1993年	1994年	1995年	1996年
审结	其中	妨害婚姻、家庭	妨害婚姻、家庭	6	7	5	—	—	—	—	—	—	—	—	—	—	—	—	—	—
			重婚	—	—	—	3	11	11	2	12	14	10	6	6	4	4	1	3	5
			其他	—	—	—	1	1	2	1	2	1	1	1	—	—	—	—	—	—
		其他		—	5	1	3	2	4	2	2	2	5	8	25	21	22	14	46	39

1997—2007年江宁区人民法院刑事案件审理情况表

表30-4-18

项目			1997年	1998年	1999年	2000年	2001年	2002年	2003年	2004年	2005年	2006年	2007年
受理			261	343	317	368	491	352	340	493	578	729	953
审结	总数		260	337	315	366	488	348	332	478	562	703	946
	其中	杀人	3	5	3	4	1	5	16	17	8	14	10
		抢劫	10	15	18	22	21	16	12	19	36	45	55
		强奸、奸幼	16	18	14	16	14	19	12	23	17	23	28
		重婚	1	2	1	—	—	1	1	2	2	—	—
		伤害	61	52	61	61	94	71	77	93	79	69	105
		盗窃	110	136	112	130	150	142	102	173	224	313	404
		诈骗	1	3	3	8	11	5	12	6	21	19	20
		贪污	5	1	7	5	8	1	1	1	—	—	1
		寻衅滋事	—	—	7	15	—	—	—	28	24	23	33
		交通肇事	24	33	25	31	47	43	51	64	66	97	105
		破坏电力设备	—	—	1	—	7	3	2	4	5	1	8
		其他	29	72	63	74	135	42	46	48	80	99	177

【青少年刑事审判及帮教工作】

青少年刑事审判 1985年10月，中共中央发出《关于进一步加强青少年教育，预防青少年违法犯罪的通知》。根据通知精神，县法院于1988年4月成立少年刑事审判合议庭（简称少年庭），将未成年人犯罪案件交由专人审理。当年判处25周岁以下青少年罪犯241人，占判处人犯总数的59%，其中不满18周岁的未成年罪犯31人。

1989—1992年5月，少年庭共审结少年刑事案件48件，向上级法院提出上诉的只有2件。1993年，审理少年犯37人，判处5年以下有期徒刑、缓刑、拘役等轻刑罚的36人，占97.30%。1999年8月至2001年12月，判处少年罪犯108人，判决后无一人上诉，也未发现重新犯罪现象。

2001年，派专人到区政法委组织的法制夏令营、秣陵中学、秦淮中学、金肯学院等单位上法制课5场（次），受教育人数达5000人。2004年，受理被告人为未成年人的刑事案件46件，审结45件。2006年3月8日，出台《未成年人刑事案件审理工作制度》，强化未成年人案件审判功能。制度共8条，从制订目的、审理原则、受案范围、审判方法等方面对未成年人刑事审判加以规范。是年6月，区法院成立青少年法制学校，2006年6月至2007年10月，该校为42名少年犯举办法制讲座，进行感化教育。

2007年7月，成立未成年人案件审判庭，专事未成年人案件审理。是年9月30日，印制5万份维权热线卡片，发给全区中小学生，通过卡片重点介绍10家权益保护单位的电话号码，便于青少年在遇到自身合法权益被侵害时，及时寻求帮助。

青少年帮教工作 1999年4月23日，成立关心下一代工作小组。是年8月16日，挂牌成立青少年维权岗，设置于刑事审判庭内，由专门的合议庭审理未成年人犯罪案件。1999年8月至2001年12月，青少年维权岗两次配合区政法委举办“青少年法制夏令营”“预防未成年犯罪培训班”活动，到学校开办法制课10场，旁听受教育人数近1万人。

2001年，与南京金肯学院共同开展“庭校共建”活动，成立“庭校共建”协作体。10月12日，“庭校共建”协作体正式在金肯学院挂牌。2002年1月，区法院青少年维权岗被评为市级优秀青少年维权岗。是年4月，被省法院、团省委、省社会治安综合治理委员会授予省级优秀青少年维权岗称号。1999—2006年，青少年维权岗共教育、感化、挽救430多名失足青少年。至2006年年底，青少年维权岗的审判人员到辖区开办法制课60余场，旁听受教育人员达5万余人。2007年6月，特邀12名国家二级心理咨询师与法院3名获得心理咨询师资格的法官为未成年缓刑犯进行教育转化心理辅导。

图30-4-21 2006年6月，江宁区成立“青少年法制学校”，对未成年人开展法制教育

第四节 经济案件审判

1950年，受理贪污案件36件。1980年后，随着经济发展和改革开放的深入，不法分子钻政策法令的漏洞，经济犯罪案件逐渐突出，呈上升趋势。1982年3月8日，全国人大常委会《关于严惩严重破坏经济的罪犯的决定》和4月13日中共中央、国务院《关于打击经济领域中严重犯罪的决定》相继颁布后，县法院认真贯彻执行中共中央和省、市委对政法工作的指示，从严从速地惩治严重破坏经济的罪犯，全年受理经济犯罪案件27件，办结20件。1982—1985年，为国家和集体挽回经济损失27.80万元。1986—1989年，县法院共审结经济犯罪案件157件。1985年，全年及时审结经济犯罪案件44件、61人，除2件大案依法移送市法院审理外，共判处经济罪犯51人，为国家、集体挽回经济损失7.80余万元。

1990年，全年受理经济犯罪案件36件、52人，审结35件、51人，并为国家、集体挽回经济损失22.60万元。1993年，全年审结经济犯罪案件24件，判决发生法律效力的人犯13人，为国家、集体挽回经济损失49.30万元。1991—1995年，审结贪污、贿赂、挪用公款案95件，审结偷税、假冒商标、投机倒把、贩运伪造国家货币案19件，判决经济罪犯55人，为国家、集体挽回经济损失211.80万元。1996—2000年，审结贪污、受贿、挪用公款、持有使用假币、偷税骗税、合同诈骗等经济犯罪案件138件。在对经济犯罪和其他侵财型犯罪判处人身刑的同时，依法适用财产刑，单处或并处罚金751人，计510.05万元。

图30-4-22 20世纪90年代初期，江宁县人民法院设立经济纠纷调解中心

2001—2002年，受理经济犯罪案件61件，同时，对以贪利为目的的侵财型犯罪及有关经济犯罪，依法加大财产刑的处罚力度，2年判处单处或并处罚金、没收财产案件490人、370余万元，执结财产刑案件金额124.80万元。2004年，受理受贿、诈骗、虚开增值税发票、职务侵占、挪用资金、非法经营、破坏生产经营、非法持有假币等经济犯罪案件28件，审结26件。2007年，受理贪污、受贿、合同诈骗等经济犯罪案件41件，审结40件。

第五节 民商事案件审判

县法院不受理涉外民事诉讼，只管辖第一审民事案件，即被告户籍在县境内的民事诉讼和被告户籍不在县境内但居所地在县境内的民事诉讼，以及被诉单位在县境内的民事诉讼，同时管辖原告户籍在县境内的非军人对军人提起的诉讼，对正在劳动教养和正在被监禁的人提起的诉讼。通过对民事案件的审理，查明事实，分清是非，正确适用法律，确认民事权利义务关系，制裁民事违法行为，保护国家、集体和个人的合法权益，教育公民自觉遵守法律。

【民事审判】

婚姻家庭纠纷案 1950年，《中华人民共和国婚姻法》颁布实施，广大受迫害的妇女为摆脱封建婚姻制度桎梏造成的痛苦，争取婚姻自由，纷纷向人民法院提起离婚诉讼，法院受理的离婚案件大大增加。县法院通过会议、对案件的处理，对当事人进行教育，并通过在文化馆等处展览图画、照片、判决书等，进行《中华人民共和国婚姻法》宣传。是年，受理婚姻案件213件，其中95%是离婚案。1953年3月下旬至4月底，开展《中华人民共和国婚姻法》的宣传和巡回审判活动，全县50余万名民众中婚龄人口的70%受到教育。1955—1957年，处理婚姻家庭纠纷案786件，均占民事收案总数的78%以上。

1963—1964年，县审结民事案件1064件，其中数量最多的仍是离婚案件。从1976年至1980年第二部《中华人民共和国婚姻法》公布，受理离婚案件的数量一直呈持续上升趋势。1985年4月《中华人民共和国继承法》颁布，组织全院干警学习，并专门组织民事审判干部集中学习，先后到乡镇和企、事业单位宣讲12场。1985—1986年，县法院共受理继承案件29件。

1986—1990年，审结各类民事案件2634件，其中婚姻案件1421件，占54%。1991—1995年，受理民事案件3420件，其中婚姻家庭案件2074件，占61%。1996—2000年，共审结民事纠纷案件7605件，其中婚姻家庭案件2980件，占39.20%。

2000年上半年，婚姻家庭类案件收案数量开始回落，与1999年上半年相比下降了14.64%。2001年6月，与区妇联联合召开妇联干部特邀陪审员座谈会，对全区18个镇的妇联干部进行新《中华人民共和国婚姻法》知识培训。2003—2007年，受理离婚、抚养、赡养、扶养、继承以及家庭财产分割、探视权案件的数量涨势趋缓。

房地产纠纷案 1950年，受理土地房屋纠纷47件，审结45件。随着农业社会主义改造运动的发展，土地、房屋纠纷呈下降趋势，但1957年，受理房屋纠纷案件一度上升。1962—1963年，社会所有制结构较之过去相对稳定，诉讼当事人对这些财产纠纷要求有明确处理，以保证自己的财产所有权。因而，这一时期受理房屋等纠纷再度增多。1964—1966年，受理房屋纠纷84件。1974—1976年，受理房产纠纷70件，审结43件。1981年，房产纠纷上升迅猛，这类案件占民事案件收案数的第二位。

针对房地产纠纷大幅上升的势头，于2000年成立审理房地产案件合议庭，专门审理房地产纠纷案件。2002年，全年审结因房地产开发引发的纠纷案件107件，占房地产总收案的45%，房地产纠纷中出现了环境权、商品房买卖中的虚假广告、相邻采光等新型案件。2006年6月，针对房地产案件审理中出现的司法尺度、标准不统一问题，出台并下发《关于审理房地产案件若干问题的意见》，为审理房地产纠纷案件提供统一司法尺度的参考意见。是年8月1日，省高院2006年第3期《民事审

图30-4-23 2006年，江宁区人大常委会主任吕界超等领导旁听区法院民事案件庭审

判资讯》登载该意见。同时，针对全区十大类100项重点工程的开工，在房地产案件专业化审判组中设立应急审理组，专门审理重点工程案件。2007年，区法院妥善处理一起涉及国家重点工程建设的拆迁纠纷案。

债务纠纷案 1950—1951年，受理债务纠纷54件，审结45件。实现农业合作化后，债务纠纷逐步减少。1955—1957年，受理各类土地、债务纠纷49件。1958年，全民生产“大跃进”后，债务纠纷逐步减少，仅占民事案件收案总数不足1%。此后，债务纠纷占民事案件收案总数的比例极低。自1984年后，债务纠纷案件有所上升，1984—1998年，受理债务纠纷24件。1986—1990年，共审结债务案件342件，占民事案件结案总数的13%。1996—2000年，债务纠纷数量大幅度上升。审结债务案件3163件，占审结民事案件总数的41.60%。债务纠纷数量逐步上升到民事案件总数的第2位。

损害赔偿纠纷案 县法院成立之初，受理的损害赔偿案件较少，1950—1951年，受理此类案件仅3件。此后很长一段时间内，受理的赔偿案件极少，有时甚至连续几年未受理赔偿案件。1975—1976年，仅受理赔偿案件4件。自1980年后，赔偿案件数量上升迅猛，1980—1981年，受理赔偿案件39件。此后，赔偿案件每年均有较大幅度上升，尤以人身损害赔偿纠纷为甚。1986—1990年，县法院贯彻《中华人民共和国民法通则》，开展民事审判工作，5年审结赔偿案件429件，占审结案件总数的16%。1987年1月1日，《中华人民共和国民法通则》正式施行，至1989年12月，受理未成年人人身损害赔偿案件10件。

1990年3月6—8日，市法院民庭和部分区、县法院民事审判干部10人组成的南片复查组，对县法院1989年下半年审结的66起赔偿案件，进行复查。复查结果为，符合和基本符合质量标准的62件，占复查总数的94%，案件质量有问题的4件；复查中未发现错案。1991—1995年，审结赔偿案件614件，占审结案件总数的18%。1996—2000年，审结赔偿案件1099件，占审结案件总数的14.50%。

此后，赔偿纠纷案件数量迅速上升，以交通事故损害赔偿纠纷最为明显。2003年，受理道路、非道路交通事故损害赔偿，医疗事故损害赔偿，雇员受害赔偿及其他特殊侵权赔偿案件403件，审结392件。2004年6月1日，成立交通事故损害赔偿案件庭前调解组。2005年，受理交通事故损害赔偿案件746件，审结659件，比2004年分别上升154.60%和164.60%。2006年，损害赔偿纠纷占权属、侵权纠纷的主体，而道路交通事故损害赔偿案件仍是损害赔偿案件的主要构成点。是年，交通事故损害赔偿案件1125件，较2005年上升50.80%。

劳动争议纠纷案 20世纪50年代初期，由于国家实行对资本主义工商业改造政策，导致劳资纠纷比较突出，但县法院受理的此类案件数极少，甚至连续多年未发生此类案件。80年代后期，开始出现劳动报酬纠纷，1987—1990年，共受理此类案件22件。此后，这类案件的收案数一直较为平稳。

1994年7月5日，中华人民共和国第八届全国人民代表大会常务委员会第八次会议通过《中华人民共和国劳动法》，自1995年1月1日起施行。此后，县法院受理的劳动纠纷案件呈逐年上升趋势，1996—1998年，受理此类案件41件。

2001年，受理劳动争议案件34件，较上年上升12.50%，其中多数为共同诉讼或集团诉讼案件。2002—2003年，受理劳动赔偿、劳动合同、劳动保险、工资待遇等劳动争议案件306件，全部审结。针对劳动争议案件不断增长的态势，区法院对于劳动争议案件，实行专业化审理。2006年，成立专业化合议庭，并按照省高院《关于委托工会组织和特邀调解员调解劳动争议案件的意见》

要求，与区总工会充分协作。2007 年 4 月 1 日，为应对可能出现的劳动争议案件大幅增长的态势，区法院与区劳动和社会保障局仲裁院召开联席会议，双方就如何更好地处理劳动争议案件、化解社会矛盾等问题进行探讨，并达成共识。

1950—1966 年江宁县人民法院民事案件收、结案情况表

表 30-4-19　　单位：件

年　份	收案数	结案数	年　份	收案数	结案数
1950	312	278	1959	145	136
1951	303	208	1960	182	127
1952	1421	1371	1961	406	327
1953	777	722	1962	486	401
1954	453	295	1963	629	466
1955	455	438	1964	598	413
1956	258	241	1965	496	401
1957	296	255	1966	267	174
1958	127	125	合　计	7611	6378

1974—1990 年江宁县人民法院民事案件审理情况表

表 30-4-20　　单位：件

年　份	受　理	审　结					
		总　数	其　中				
			婚姻家庭	房屋、土地纠纷	债　务	赔　偿	其　他
1974	126	55	47	5	—	—	3
1975	158	91	74	14	—	2	1
1976	150	82	58	17	—	2	5
1977	121	70	50	15	—	—	5
1978	125	84	56	19	—	—	9
1979	155	116	73	28	—	—	15
1980	219	166	79	60	2	15	10
1981	270	219	127	64	1	21	6
1982	251	197	131	38	2	20	6
1983	353	303	212	49	1	35	6
1984	369	304	220	26	10	39	9
1985	358	332	251	25	9	31	16
1986	400	373	284	14	9	65	1
1987	478	427	330	9	33	50	5
1988	607	535	371	7	71	82	4
1989	733	674	428	14	103	124	5
1990	693	625	370	5	126	108	16

1991—2001 年江宁区人民法院民事案件审理情况表

表 30-4-21 单位：件

年份	受理	审结					
		总数	其中				
			婚姻家庭	房产	债务	赔偿	其他
1991	752	719	413	6	145	127	19
1992	723	672	420	15	99	116	22
1993	659	638	418	14	71	120	15
1994	662	646	396	10	105	127	8
1995	754	741	439	7	158	124	13
1996	1046	1037	552	12	299	168	6
1997	1321	1296	580	25	452	221	18
1998	1335	1314	592	56	448	203	15
1999	1762	1722	637	56	778	235	16
2000	2269	2233	629	64	1186	272	82
2001	2300	2229	658	80	1021	367	103

【商事审判】

“三农”纠纷案 据《中华人民共和国民事诉讼法》《中华人民共和国经济合同法》和全国第一次经济审判工作会议文件规定，县法院不受理涉外经济纠纷案件，只管辖合同履行地或合同签订在江宁县境内，诉讼标的不满 10 万元，或案情不甚复杂的经济合同纠纷案件、农村承包合同纠纷案件、经济损害赔偿案件、经济行政案件和其他经济纠纷案件。1982 年，县法院成立经济审判庭，开展经济审判活动。2002 年 8 月，经济审判庭撤销，更名为民事审判第二庭，专职审理各类商事纠纷。

2006 年，《中共中央国务院关于推进社会主义新农村建设的若干问题》中，党中央明确提出推进社会主义新农村建设的重大历史任务。对此，区法院下发《关于为社会主义新农村建设提供司法保障的实施意见》，要求对涉及“三农”承包纠纷案件实行集中审理。是年，区法院受理农村土地承包纠纷案件 110 件，较 2005 年上升 250%。采取一系列措施，将合议庭审结的 37 件“三农”案件，经调解、撤诉的 34 件，判决的仅 3 件，调解撤诉率 91.89%。2007 年，审结承包、土地流转等涉农案件 63 件，使农村土地承包、鱼塘承包、山林承包等纠纷得到及时有效处理。

购销、买卖合同纠纷案 从 20 世纪 80 年代开始，法院受理的购销合同案件呈逐年上升趋势。1983—1985 年，受理经济纠纷 232 件，其中购销合同纠纷高达 116 件。随着改革、开放的深入，横向经济交往活动的发展，县法院审理的被告在外地的经济纠纷案件逐年上升。1986—1989 年，审结被告在外地的经济纠纷案件 707 件；4 年间，经济审判干部出差 880 人次，行程 17.60 万千米，为县、乡、村企业追回债款 950 万元。

1991—1995年，受理的经济纠纷案件数量呈现逐年增加、类型复杂、讼争金额多和处理难度大等特点。其间，审结经济纠纷案件2622件，解决争议总金额1.12亿元，其中购销合同纠纷案件1845件，占审结案件总数的70.37%。1997年，《中华人民共和国合同法》正式施行。县法院为贯彻落实《中华人民共和国合同法》，举办《中华人民共和国合同法》、清收到期债权等法律知识培训班，并建立骨干企业挂牌联系点，开展以资抵贷、以资抵债专项审判。2001—2003年，审结各类买卖合同案件2616件。2004—2007年，审结各类买卖合同案件5108件，买卖合同纠纷案件数量一路飙升，逐步占据民商事案件数量的首位。

破产纠纷案 1986年12月2日，第六届全国人民代表大会常务委员会第十八次会议通过《中华人民共和国企业破产法（试行）》，适用于全民所有制企业。1996年9月26日、27日，县法院作出裁定，依法宣告县物资系统8家国有企业（南京中山专用汽车厂、南京江宁物资贸易总公司、江宁县物资供销公司、江宁县物资供应总站、江宁县建材物资配套公司、江宁县物资开发公司、南京江宁县生产资料总公司和南京江宁外资企业物资公司）破产还债。1998年，县法院对破产案件审理力度加大，受理破产案件27件，审结25件，破产债权总额3.25亿元，追加破产企业债权307.50万元。

2000—2001年，审结破产案件20余件，终结破产债务4.76亿元，会同区委区政府及有关职能部门妥善安置失业职工5499人。因成绩显著，区法院连续2年被区委、区政府评为十佳人民满意政法单位，南京市中院授予区法院“双争”活动先进集体等荣誉称号。2002—2004年，受理破产案件19件，审结10件，涉及破产债务金额5.50亿元。2004年，成立破产案件合议庭，审理区植物油厂、秣陵金华陶瓷厂、南京远大交通工程公司、湖熟电镀厂等4家企业破产案件，涉及破产债务总额1.80亿元，审结1件。2006年，受理破产案件4件（含旧存2件），破产债务金额达1.50亿元，审结1件，解决破产债务500万元。处理闲置破产财产170余万元，涉及债权人10人，妥善安置集体企业失业职工80余人。

知识产权纠纷案 2007年10月，经最高法院批复同意，区法院被省高院指定审理部分知识产权民事纠纷案件，自是年11月1日起，负责审理发生在江宁区内除专利、植物新品种、集成电路布图设计、涉外、涉中国港澳台纠纷及涉及驰名商标认定纠纷案件以外的，诉讼标的额为200万元以下的知识产权民事纠纷案件。是年，专门在民二庭挑选年龄轻、学历高、审判经验丰富的法官成立审理知识产权民事纠纷案件合议庭，并出台《关于加强审理知识产权案件的工作意见（试行）》，从基本原则、案件的受理与分配、保全与禁令、审理、执行、宣判延伸与宣传以及培训、学习与调研等七个方面对区法院知识产权案件的立案、审理、执行及相关审判人员的培训作出相应规定。

1983—2001 年江宁区人民法院审理经济案件情况表

表 30-4-22　　单位：件

项 目			1983 年	1984 年	1985 年	1986 年	1987 年	1988 年	1989 年	1990 年	1991 年	1992 年	1993 年	1994 年	1995 年	1996 年	1997 年	1998 年	1999 年	2000 年	2001 年
受 理			29	71	132	254	399	678	777	595	419	384	394	515	728	1019	930	1283	1412	1366	1443
审结	总 数		24	56	110	222	339	538	674	513	386	349	377	495	708	998	913	1260	1391	1338	1411
	其中	购销合同	20	29	67	132	226	351	419	330	255	254	254	350	461	646	592	707	857	734	687
		建设工程承包合同	1	—	7	4	2	8	3	3	1	4	5	7	21	22	6	4	1	—	3
		加工承揽合同	2	—	—	19	42	61	49	44	35	32	51	62	90	108	123	93	155	183	135
		货物运输合同	1	5	16	23	16	61	56	30		5	9	6	18	18	3	11	7	12	9
		借款合同	—	1	—	2	7	5	51	60	36	29	31	38	65	129	101	341	289	316	297
		财产租赁合同	—	1	1	—	—	3	3	3	5	3	2	6	3	10	22	22	28	18	29
		农村承包合同	—	18	12	12	24	17	23	21	17	11	12	14	17	8	3	1	3	5	8
		联营合同	—	—	—	—	—	1	8	2	5	3	5	5	5	8	2	1	3	2	1
		其他合同纠纷	—	2	7	30	22	31	62	20	32	8	8	7	28	49	61	80	48	68	242

2002—2007 年江宁区人民法院审理民商事案件情况表

表 30-4-23　　单位：件

项目			2002 年	2003 年	2004 年	2005 年	2006 年	2007 年
受理			3368	4209	4541	5079	6153	7364
审结	总数		3237	4081	4206	4687	5875	7181
	其中	婚姻家庭	698	764	810	808	762	880
		继承	8	8	3	8	11	17
		财产权属纠纷	24	23	21	10	45	21
		财产损害赔偿	14	14	24	35	30	43
		相邻关系	17	11	14	27	31	46
		人身损害赔偿	300	388	501	917	1402	1457
		买卖合同	947	982	1117	1055	1491	1445
		房地产开发经营合同	57	60	14	146	158	97
		借款合同	385	633	436	353	450	787
		租赁合同	113	113	150	197	247	303
		建设工程合同	78	87	109	171	162	218
		运输合同	37	39	35	34	39	43
		承揽合同	145	167	199	215	175	197
		经营合同	36	35	50	38	46	22
		农村承包合同	—	—	—	21	—	14
		电信合同	43	391	205	21	39	1
		服务合同	29	18	33	28	34	78
		劳动争议	132	79	138	234	318	888
		劳务合同	63	85	70	125	83	130
		其他	111	184	277	244	352	494

说明：自 2002 年起，民商事案件不再按民事一审案件和经济纠纷一审案件填报，改为按婚姻家庭、继承纠纷一审案件、合同纠纷一审案件和权属、侵权纠纷及其他民事一审案件填报，故 2002 年起的民商事案件合并进行统计

第六节 行政案件审判

县法院自1987年起开始受理行政案件，暂由民事审判庭负责试办。1989年3月正式成立行政审判庭后，则由该庭专门负责行政审判工作。1990年5月，开始系统地宣传《中华人民共和国行政诉讼法》，在《江宁报》举办知识讲座5讲，并通过县广播站系统播讲7讲。至1990年年底，县法院尚未受理一件行政案件，但为开展行政审判做了大量的准备工作，力图创造开展行政审判的良好外部环境和社会基础。

【一般行政诉讼案件】

县法院自1987年起开始受理行政案件，由民事审判庭负责试办。1989年3月，正式成立行政审判庭后，由该庭专门负责行政审判工作。1990年5月，开始系统地宣传《中华人民共和国行政诉讼法》，在《江宁报》举办知识讲座5讲，并通过县广播站系统播讲7讲。至1990年年底，尚未受理一件行政案件。

“八五”期间，是《中华人民共和国行政诉讼法》全面实施的5年。5年受理行政案件44件，审结43件。其中维持行政机关决定14件，占32.50%；撤销行政机关决定8件，占18.60%；原告撤诉20件，占46.50%；驳回起诉1件。1993年，县法院行政庭先后5次深入禄口国际机场建设工地，提供法律咨询，化解拆迁矛盾。1994年，针对行政案件收案难的情况，县法院与县电台联合开办“行政诉讼收案范围及起诉须知”系列讲座12讲，在土地、交通、税务、水利、计生等10个行政部门建立联系点13个。是年5月19日，县法院行政审判庭被省高级法院授予先进集体铜匾，成为南京市法院系统唯一获此殊荣的行政审判庭。1995年，受理行政案件21件，审结20件，通过审理，维持行政机关行政行为4件；撤销行政机关错误决定的3件；行政机关改变原先的错误决定，原告撤诉的12件。是年，县法院在县电台举办《中华人民共和国国家赔偿法》知识广播讲座15讲，在《江宁报》开辟行政诉讼咨询台，撰写稿件22篇，到全县法制干部培训班和部分局委举办的执法人员培训班讲课11次，向群众和执法干部宣传行政法规及行政诉讼的有关知识。

图30-4-24 1991年6月，江宁县人民法院在县公路管理站开庭审理全县首例行政诉讼案

“九五”期间，审结行政案件79件，是“八五”期间的1.84倍。2001—2003年，审结各类行政案件103件。2004年，受理行政诉讼案件85件，审结82件，比2003年分别上升60.38%和70.83%，收、结案件数首次位于全市各区、县法院前列；受理涉及环保、工商、计生、劳动等行政部门申请的非诉行政执行案件95件，执行92件。2005年，受理行政案件42件，审结39件。行政庭根据市法院《关于在行政诉讼案件中开展人大代表“旁听百例庭审”活动的实施意见》要求，组织案例，安排人员。至10月底，人大代表共旁听区法院行政庭行

政诉讼案件庭审 6 次。2006 年 4 月，印发《关于加强与行政机关沟通、联系、协调工作的暂行规定》，共 12 条，规定将加强与行政机关的沟通、联系、协调当做常规性工作。与此同时，出台《行政案件审理、执行期限管理规定》，建立案件审理期限催办制度，每月 18 日对尚未审结和执结且已达 2 个月期限的案件，由庭长负责催办，庭长审理和执行的案件由分管院长催办。对超过审理或执行期限的案件，将进行通报并根据区法院出台的《岗位目标考核管理实施办法》有关规定，追究相关人员的责任。是年，受理行政诉讼案件 44 件，审结 42 件，结案率达 95.45%。

2007 年，受理行政诉讼案件 53 件，审结 52 件，收、结案率比 2006 年分别上升 17.78% 和 23.81%。同时加强与行政执法机关的沟通协调，通过沟通协调，被告改变具体行政行为后原告撤诉 20 件。与此同时，推行辖区内行政机关负责人出庭应诉制度，全年行政机关负责人出庭率 54.10%。

1991—2007 年江宁区人民法院审理行政案件情况表

表 30-4-24　　　　单位：件

年份	受理	审结										
		总数	其中									
			公安	土地	工商	税务	交通运输	城建	技术监督	环保	劳动和社会保障	其他
1991	1	1	—	—	—	—	1	—	—	—	—	—
1992	3	3	2	—	—	—	—	1	—	—	—	—
1993	8	8	7	—	—	—	—	—	—	—	—	—
1994	11	11	4	1	—	—	—	—	—	1	—	2
1995	22	22	7	4	1	1	—	—	—	—	—	9
1996	18	18	2	4	—	—	—	1	—	—	—	1
1997	13	12	6	14	—	—	—	2	—	—	—	3
1998	13	13	5	1	—	—	2	—	—	—	—	3
1999	13	13	8	3	—	—	2	—	—	—	—	3
2000	25	23	7	—	—	2	2	5	—	—	—	7
2001	23	22	5	—	—	—	1	9	—	—	—	7
2002	34	33	9	2	1	—	—	4	—	—	10	7
2003	53	48	2	1	4	1	2	8	17	1	4	11
2004	85	82	11	2	1	—	—	58	—	—	2	8
2005	42	39	2	5	—	—	1	12	—	—	9	10
2006	45	42	4	5	3	—	—	8	—	—	18	4
2007	53	52	4	4	1	—	3	13	—	—	26	1

【国家赔偿】

1954 年颁布的《中华人民共和国宪法》确立了国家赔偿原则。1957—1977 年，国家赔偿制度被否定。1982 年颁布新的《中华人民共和国宪法》，重新规定国家赔偿原则。1986 年，《中华人民共和国民法通则》颁布，对国家赔偿作出进一步规定。此后，《中华人民共和国治安管理处罚条例》等法规中，对行政赔偿作出分类。1989 年，《中华人民共和国行政诉讼法》颁布，确立了行政赔偿制度。其间，江宁县尚未受理国家赔偿案件。

第八届全国人大常委会第七次会议通过的《中华人民共和国国家赔偿法》于 1995 年 1 月 1 日起施行，该法的出台标志着国家赔偿制度全面实施。《中华人民共和国国家赔偿法》规定了行政赔偿和刑事赔偿。该法实施后，县法院受理的国家赔偿案件较少，且多以行政赔偿为主，1999 年，受理行政赔偿案件 2 件，2000—2006 年，受理此类案件 39 件。自 2004 年起，刑事赔偿确认案件统一由市中院审判，区法院不再受理刑事赔偿确认案件。

第七节 来信来访与司法鉴定

20 世纪 50 年代，县法院建立之初即设立人民接待室，专司信访接待。1958—1959 年，县法院接受人民来信达 2088 件，接待来访 1797 人（次）。1979 年开始建立正、副院长接待制度。20 世纪 80 年代后，信访接待和审判监督机制不断建立和完善。1983 年建立信访工作制度。1986 年法院增设执行庭和第二刑事审判庭，分别专管执行案件和刑事审判监督案件。1989 年，第二刑事审判庭撤销，法院增设告诉申诉庭，负责立案、来信来访处理以及审判监督案件的审理。2000 年，法院告诉申诉庭撤销，设立立案庭和审判监督庭。2001 年，出台《关于调整立案庭职责范围的通知》，立案信访工作更加有章可循，有据可依。司法鉴定工作也逐步归口到立案庭。

【来信来访与立案】

1953 年 11 月，县法院设立人民接待室，负责接受人民来访和处理人民来信。1954 年上半年，接待室处理人民来信 75 件，接待来访 45 人次，同时接受对法院带有批评性质的意见 24 件。1956 年 7 月，建立简易《人民来信制度》，规定人民来信的性质与范围是检举、控告、申诉和法律询问、催办请求；并建立收文送文、归档制度。1958 年，信访接待 410 人次，内容涉及控告检举、民事纠纷、调动迁移、干部作风、不服申诉等，处理结果是留作参考 30 件，转上级处理 7 件，转基层法庭和当地乡镇处理 128 件，尚存 61 件未结。1959 年 1—11 月，共收到人民来信来访 647 件（人次）。当年处理 610 件（人次），其中自办 469 件，转办 141 件，尚未处理的 37 件。

1961—1964 年，接受人民来信 1830 件，接受来访 1671 人（次）。“文化大革命”时期，信访接待工作告停。1975—1976 年，恢复信访接待工作，其间，收到人民来信 632 件，接待来访 510 人（次）。从 1978 年开始，信访工作进入新的高峰期，当年法院收到人民来信 662 件，接待来访 266 人次。1979 年，全年接待信访群众突破 2000 人（次）。1983 年，接访 946 人次，处理人民来信 1086 件，通过接待来访处理简易纠纷 413 件。1986—1990 年，接待和处理来信来访 13338 件（人）次，审查后立案 6455 件，处理诉讼外简易纠纷 413 件。1989 年 3 月，第二刑事审判庭撤销，法院增设告诉申诉审判庭，负责立案、来信来访的处理以及审判监督案件的审理工作。是年 12 月 14 日，出台《江宁县人民法院告诉申诉审判庭职责暂行规定（试行）》，并于 1990 年 1 月 1 日起施行。该规定分基本原则、职责范围、审查处理告诉、审查处理申诉、处理信访和附则等六章，共 30 条。

1990 年，处理各类信访 2867 件次，其中告诉的占 87.80%，申诉的占 2.40%，非诉的占 9.80%。1991—1995 年，处理来信来访 15020 件（次）。其中，提出告诉的 12955 件（次），提出申诉的 275 件（次），其他非诉讼的 1790 件（次）。1996 年，妥善处理各类信访 5255 件（次）。1998 年，接待群众来访 3044 人次，处理来信 2052 件（次）。

2000 年 6 月，经县机构编制委员会批复，同意法院撤销告诉申诉庭，设立立案庭和审判监督庭，专司审查立案、申诉告诉、司法统计以及信访接待等工作。2001 年 2 月，下发《案件审判流程管理实施办法（试行）》，重新界定立案庭的职权，赋予立案庭立案管理、排期开庭、文书送达、证据调查、财产保全、先予执行等职能。2003 年，接待处理群众来信来访 8662 人（件）次，并出台《申诉信访工作规定》，改每月逢十为每周三院领导接待当事人日，并实行首接负责制，全年接待 48 次，接待当事人 110 人次。是年 8 月 1 日，出台《立案及管辖分工暂行规定》《申诉信访工作规定》《应用案件信息管理与司法统计程序管理规定》。2004 年，接待、处理群众来信来访 8648 人（件）次。

2007 年，实行每周三执行局长参与院领导接访制，并建立特殊敏感时期信访工作机制，在中共十七大召开前后成立重点案件息诉稳控专项工作领导小组，实行中层干部 24 小时值班制。3 月，区法院出台《南京市江宁区人民法院涉诉信访工作规定》，并自是年 4 月 1 日起施行。规定共 19 条，从信访受理到责任考核均提出具体工作要求和操作规范。

1998 年，县法院告诉申诉庭在全市法院"文明窗口单位"评比中名列榜首。2001 年，区法院立案庭当年被评为文明窗口单位。

1975—2007 年江宁区人民法院来信来访情况表

表 30-4-25

年 份	接待来访（人次）	处理来信（件次）	年 份	接待来访（人次）	处理来信（件次）
1975	294	318	1991	1101	1395
1976	216	314	1992	1356	1590
1977	130	198	1993	3975（信访合计数）	
1978	266	662	1994	1219	1295
1979	762	1483	1995	1829	1303
1980	941	1290	1996	5255（信访合计数）	
1981	1178	1157	1997	2718	2828
1982	925	1099	1998	3044	2052
1983	946	1086	1999	2767	3422
1984	1090	1145	2000	7420（信访合计数）	
1985	906	1152	2001	6178（信访合计数）	
1986	1817	1598	2003	8662（信访合计数）	
1987	1152	1649	2004	8648（信访合计数）	
1988	1089	1901	2005	8000（信访合计数）	
1989	831	1682	2006	2012（信访合计数）	
1990	2957（信访合计数）		2007	2211（信访合计数）	

【司法鉴定】

2000年前，对外委托司法鉴定与拍卖由各业务庭局自行负责。2000年6月，立案庭成立，此项工作逐步归口立案庭。2002年12月，出台《对外委托司法鉴定管理办法（试行）》，共21条，自2003年1月起试行。办法对外委托或组织的鉴定包括法医、文检、会计、审计、评估、拍卖、药品、产品质量、计算机技术、声像资料和其他各类诉讼证据的技术鉴定作出规定。2005年，全国人大常委会作出《关于司法鉴定管理工作的决定》。决定规定，自2005年10月1日起，人民法院不再受理各种类型的司法鉴定业务，但司法鉴定案件依旧归法院受理。是年，区法院受理各类鉴定案件267件，结案228件；2006年，受理各类鉴定案件461件，结案440件，其中伤残鉴定350件、评估56件、质量鉴定20件、文检等25件、拍卖8件。2007年，受理各类司法鉴定案件587件，办结558件，其中法医类鉴定428件、综合类鉴定139件、拍卖20件，并全部做到一案一卷装订成册，按照审判卷的要求扫描后归档。

第八节 巡回审判

1952年，县法院通过司法改革，总结过去两年司法工作在土地改革和镇压反革命等各种社会改革运动中所采取的巡回审判工作经验，开始试行建立巡回审判制度。

1953年年初，县法院组织3个巡回审判小组，深入乡村。在40天巡回审判活动中，不仅很快清理积案，而且极大方便当事人，节省务农时间和辗转往返的路费。是年年底，以普选法庭为基础，先后成立4个巡回法庭，每庭4人～5人，庭长1人，审判员、书记员各2人，管辖2个～3个区。1953年年底至1954年年初，巡回审理判决确定案件20件、21人。

1956年，经省司法厅批准，各巡回法庭陆续改建为固定人民法庭，原先的巡回审理工作转由固定人民法庭承担。江宁、陶吴、汤山以及湖熟人民法庭在巡回审理中，围绕辖区内人民群众最关心、最直接、最现实的问题开展审判工作。

“文化大革命”前后的一段时间，固定人民法庭一度撤销，巡回审理工作基本陷于无所作为的状态。直到20世纪70年代末和80年代中期，人民法庭相继恢复建立。

1995年，丹阳镇巡回法庭率先挂牌，该法庭在运作一段时间后因故未能继续，于2004年上半年再度恢复。

2002年，江宁经济技术开发区巡回法庭设立，这是进入新世纪后最早设立的巡回法庭。江宁经济技术开发区巡回法庭受理案件范围

图30-4-25 江宁区的10个巡回审判法庭位置图

包括：婚姻家庭纠纷、追索劳动报酬纠纷、房地产纠纷、一般合同纠纷及在辖区内有重大影响、具有典型宣传教育意义、有利于扩大办案社会效果的纠纷案件以及当事人因健康等原因到庭参加诉讼确有困难而预约巡回审理的案件等。2004—2006 年，审结各类民商事案件 1100 余起，诉讼标的 8000 余万元。

2004 年，陶吴、丹阳、陆郎、铜井、土桥、周岗、麒麟、上峰等巡回法庭相继建立。

2005 年 4 月，《中华人民共和国交通安全法》实施后，大量的交通事故损害赔偿案件涌向法院。区法院首开先河，于是年 7 月成立常驻交警大队的全日制巡回审判的“交通事故巡回法庭”。2005 年 7 月至 2006 年 6 月，全庭共受理交通事故人身和财产损害赔偿案件 747 件，审结 685 件，其中调解撤诉 398 件，调解撤诉率 58.10%，判决 287 件，结案标的额 3400 余万元，案件平均审理天数仅 21 天；接待群众咨询 1100 多人次，采取诉前保全、先予执行和诉讼保全措施 173 件，涉案金额 60 余万元。

2006 年 2 月，区法院发出《关于调整开发区等巡回法庭设置的通知》，决定对原设江宁经济技术开发区巡回法庭等巡回审理机构进行调整或增设。不久，为深入贯彻落实《江苏省高级人民法院关于人民法庭巡回审理工作的指导意见》，法院全面加强和规范巡回审理工作。在汤山人民法庭搬迁至汤山街道上峰集镇新的审判楼办公后，原上峰巡回法庭撤销，改设汤山巡回法庭（后改为巡回审判点），原江宁经济技术开发区、陶吴、丹阳、陆郎、铜井、土桥、周岗等巡回法庭均相应改为巡回审判点。这些巡回审判点隶属民一庭、民二庭和 4 个固定人民法庭，位于不驻庭的园区、街道、镇。其中江宁经济技术开发区审判点主要受理房地产、劳动争议以及各种商事纠纷；麒麟、汤山巡回审判点主要审理房地产、运输合同纠纷；土桥、周岗巡回审判点主要审理相邻、赡养等纠纷；丹阳、陶吴巡回审判点主要审理农副产品销售纠纷、建筑劳务纠纷；铜井、陆郎巡回审判点主要审理土地承包、土地流转案件等。

第九节　执行工作

县法院建院初期，对于一般盗窃、赌博等案件，采取就地宣判就地执行的方法，以扩大法纪宣传，对群众进行教育，加强群众的法制观念；对于不法资本家和没收地主财产的案件，则采取先执行后宣判的方法，有利于查封财产，避免财产转移；对于调解案件和无争执异议的一般民事案件，则采取当庭宣判当庭执行的方法；对于刑事附带民事赔偿医药费及补贴生活费案件，采取定期执行或分期执行的方法，由法庭干部下乡时会同乡村干部执行。

1986 年 3 月，县法院成立执行组，同年 12 月，正式成立执行庭，负责执行当事人申请和县法院各审判庭、人民法庭移送执行的案件、外地法院委托县法院执行的案件以及行政机关申请执行行政裁决的案件，实行“审执分离”。执行庭成立后，执行案件数量增长迅猛，呈逐年上升趋势，执行难问题也日益突出。县法院在执行工作中摸索出一系列切实有效地执行方法。2002 年 8 月 27 日，南京市江宁区委批准执行庭更名为执行局。

【民商事案件的执行】

1986 年 3 月，县法院成立执行组，当年 12 月正式成立执行庭，负责执行当事人申请和县法院各审判庭、人民法庭移送执行的案件、外地法院委托江宁县法院执行的案件以及行政机关申请执行行政裁决的案件。1986—1989 年，受理执行案件 357 件，执结 302 件。对申请执行的案件，首先采取调查研究和说服教育的方法，尽可能争取让当事人自觉履行。对于极少数人经过说服教育无效后，则依法强制执行。对暂时确无偿还能力的，采取由双方协商延期执行或依法裁定中止执行。对于中止执行的，仍然坚持经常了解情况，掌握信息，待机执行。

1990—1991 年，执结受理执行案件 228 件，执行标的 198 万余元。1995 年，受理各类执行案件 621 件，比 1994 年增加 3.70%，执结各类案件 601 件，执行金额 787.30 万元，分别比 1994 年增加 6.20% 和 20.50%，执行率 96.80%，超额完成省法院规定的“执行率确保 85%，力争 90%”的执行指标。1991—1995 年，执行案件 2380 件，执行金额 2827.66 万元。1995—1998 年，受理移送和申请执行案件 4895 件，执结 4472 件，执行总额 20626 万元。

2001 年，受理执行案件 3237 件，比 2000 年增加 6.20%。2002 年 8 月 27 日，江宁区委批准区法院执行庭更名为执行局。2003 年年初，下发《南京市江宁区人民法院执行局内部管理十项制度（试行）》，共 10 项 52 条。制度对来访接待、案件研究、车辆管理、案件分配、执限与交叉等作出明确规定。并于是年 9 月 15 日专门出台《执行公开、司法为民四项规定》，向社会公布，接受社会各界监督。2006 年，为解决“执行难”问题，推出执行工作“四联动”：与公安、金融、土地、房管、电信等部门联动，查找有价值的财产线索，对拒不履行义务的被执行人的活动进行一定程度的限制；与街镇、村委会等基层组织联动，在全区各街镇、村建立协助执行工作网络；与新闻媒体联动，对逃避债务、抗拒执行的当事人及时在新闻媒体上曝光、公示，督促其履行义务；与院内立案、审判以及有执行任务的各部门联动，形成良性互动机制。2007 年，提出 2007 年执行工作“增效节能”七项新措施，包括修改案件分配方式、建立执行局内部当事人信息登记制度、成立速执组、实行定期交叉执行等。2003—2007 年，受理执行案件 15528 件，执结 14326 件，执结率 92.26%。

1995 年，县法院被市法院评为执行工作先进集体，并被省法院评为全省法院执行工作先进集体。1998—2000 年，连续 3 年被省法院评为执行工作先进单位，省法院还专门发文向全省推广江宁县法院执行工作经验。2001 年 1 月，在全市法院执行工作“百日会战”暨全年工作总结表彰大会上，被评为全市法院系统执行工作先进集体。

【刑事案件财产部分的执行】

刑事罚金案件的被执行人多数在监狱服刑，对立情绪严重，履行能力差，执行困难很大。因此，在刑事案件财产部分执行原则、方法上，法院坚持罪责刑相适应的原则，对被告人适用财产刑时，不以罚代刑、不以财产刑代替主刑。在并处财产刑时，对其数额的确定坚持与主刑的轻重相适应，对单处财产刑的被告人，财产刑掌握在法定幅度以内。在确定具体数额时，根据被告人的犯罪情节，综合考虑其缴纳罚金的能力，在犯罪行为对应的法定刑幅度范围内，判处适当的罚金数额。1998 年，县法院立案执行罚金案件 151 件，执结 149 件，执结率 98.68%。1999 年，立案执行罚金案件 185 件，比 1998 年多 34 件，标的额为 45.02 万元，比 1998 年多 20 余万元，结案率 100%。当年受理刑事附带民事案件 19 件，赔偿标的额达 159.27 万元，执行到位 42.90 万元，诉讼保全 73 万元。2006 年，判处适用财产刑案件 411 件，其中处罚金刑案件 410 件，处没收财产案件 1 件，判处财产刑总额 484.13 万元，其中罚金 474.13 万元，没收财产 10 万元。

【非诉行政案件的执行】

1990年，县法院执结行政机关申请执行的案件2件。1991年，执结计划生育处罚案2件、工商仲裁案2件、卫生行政处罚案1件。1994年，受理并执结行政机关申诉的行政决定8件。1996年，受理并执结非诉行政执行案件19件，依法拆除违章建筑480平方米，执行行政罚款10.90万余元。1998年，执结非诉行政案件40件，是1997年的2倍多，金额56.34万元，拆除违章建筑61.60平方米。1999年，执结非诉行政案件240件，是1998年的6倍，其中受理的5个乡镇165件农民承担“村提留、乡统筹”费案件，法院支持乡镇人民政府依法行政，保护农民群众的合法权益，此类案件的执行经验曾在全市作介绍。

2001—2003年，执结非诉行政执行案件1000件。2003年，受理并执结4件由区教育局、区财政局、区建设局、区规划局4家行政机关申请执行的全市首例追缴建房教育地方附加费非诉行政执行案件，并使案件得以妥善处理。2004年，受理非诉行政执行案件95件，执结92件。针对违建案件数量增多的趋势，于是年8月10日成立依法审理强制拆除违法建筑案件工作领导小组。

2006年，“双拆”（拆除危破房屋、拆除违法建筑）工作成为江宁区城市建设重点。法院加大服务“双拆”工作的力度，在旧城改造工程指挥部设立专门的法律服务咨询点，同时向社会公布投诉咨询电话，接受市民的投诉和咨询，做好“双拆”工作的法律政策宣传和解释工作。当年受理人口与计划生育管理局申请执行的征收社会抚养费案件22件，执结金额10余万元。此外，根据省法院《关于非诉行政执行案件听证审查若干问题的规定（试行）》，区法院加强非诉行政案件执行前的听证审查工作。当年经听证审查的50件非诉行政执行案件，40件事实清楚、证据充分，裁定准予执行，另10件中有8件因程序或实体方面存在问题，经释明有关情况后，行政机关撤回申请，另有2件因行政机关作出的行政行为缺乏法律依据，裁定不予执行。全年受理非诉行政执行案件203件，执结202件。全年通过协调方式审结的行政诉讼和非诉行政执行案件137件，占审执结案件总数的58%，且无一案件矛盾激化。

1986—2007年江宁区人民法院执行案件情况表

表30-4-26

年 份	收案（件）	结案（件）	执结率（%）	标的（万元）	年 份	收案（件）	结案（件）	执结率（%）	标的（万元）
1986	43	39	90.70	23	1998	2234	2073	92.79	17804
1987	67	53	79.10	16	1999	2767	2676	96.71	7597
1988	193	166	86.01	57	2000	3048	2943	96.56	7130
1989	247	210	85.02	97	2001	3237	3118	96.32	4227
1990	267	206	77.15	108	2002	3189	2836	88.93	11000
1991	249	167	67.07	183	2003	3209	3088	96.23	11111
1992	633	538	84.99	408	2004	2523	2251	89.22	10008
1993	659	515	78.15	746	2005	2785	2398	86.10	6764
1994	599	566	94.49	610	2006	3491	3196	91.55	15490
1995	621	594	95.65	881	2007	3520	3393	96.39	14597
1996	889	846	95.16	1916	合 计	35693	33087	—	113012
1997	1223	1215	99.34	2239					

第十节 审判监督

1951年7月，第一次镇压反革命运动由高潮转入清案复查工作，党、政、军、群统一领导组成清案委员会。县法院小组在清理18名反革命案件中，其中16名材料确实，并发现新材料案犯1名。1953年8—9月，清理积案和检查错案，共清理各种刑、民事案件148起，从中检查处理错案47件。1954年9月，对是年1—8月捕办的314名嫌犯进行抽查清理，发现错捕4人错押3人，可不捕的5人，量刑偏轻的11人，均分情况进行区别处理。1955年9月至1956年2月，集中力量对"反革命分子"进行两次大搜捕，批捕罪犯嫌疑人645名。1956年4月，根据"有反必肃、有错必纠"的方针，对1955年9月后两次大搜捕中的批捕人员进行甄别定案。1957年年初，开始受理申诉案件，3月底前共收申诉案件70件，作出处理36件。

1962年8月，为落实省九次政法会议精神，县法院与县公安局、县检察院共同出台《关于案件复查工作的意见》，对1958年后逮捕、判处的全部案件（管制、拘留、劳动教养的案件暂不处理）、1958年前逮捕、判刑的案件，进行全面复查。是年，在县委统一领导下，成立由县法院、县公安局、县检察院抽调的9名专职干部组成复查小组。复查小组对1958—1962年上半年受理的213件干部刑事案件进行复查，办结205件（其余8个案件待结）。与此同时，复查小组对同时期审结的92件存在一定问题的刑事案件进行复查，复查后，采取教育释放、提前释放或减刑等方式加以处理。1963年，受理1950—1962年后的刑事复查案件22件。经复查，原判正确的驳回申诉，原判量刑畸重的改判减轻，原判事实不清、定性不当、改变部分事实和性质的酌情处理。1966年"文化大革命"期间，申诉复查工作瘫痪近10年，直至1973年法院恢复审判职能后，才再度开展申诉复查工作。

1978年4月，根据中央和省、市委的部署，与县公安局联合组成八类案件复查组，对"文化大革命"期间判刑和拘留、定性戴帽、定性不戴帽的案件进行复查，至1979年年底复查全部结束。复查结果是，对"文化大革命"期间涉案的政治、刑事案件人员863人，改判无罪的78人，改判减免刑的28人。"文化大革命"前判刑的申诉案件，复查结案193件；"文化大革命"后判刑的申诉案件，复查结案70件，改判减刑的3件，占复查总数的4.30%。

《中华人民共和国刑事诉讼法》的颁布实施，标志着刑事审判监督走上法制化道路。从1980年起，转入复查处理正常的申诉案件。是年，政治类案复查收65件，办结59件；一般刑事案件类复查收案93件，全部办结。涉及为刘少奇鸣不平的案件17件，全部办结。同时，对被平反的"三案"受害人发放补助款2480元。对"文化大革命"中判刑的99件政治案件和724件刑事案件突击复查，对法律文书中存在措词不当或"尚留有尾巴"的，重新作出修改。1981年，办结申诉复查案件132件，经复查，对涉查人员改判减免刑或改判无罪。同时对被平反户发放补助费2810元。1984年，受理刑事申诉案件42件，复查结案36件。1986年年初，成立庭级申诉复查组（后于当年12月改建为第二刑事审判庭），开展复查工作。当年受理刑事申诉复查案件172件，审结114件。至1987年9月底，共受理落实政策案件61件，审结58件，基本完成复查任务。1986—1990年，共审结各类再审案件460件，其中维持原判282件、改判147件、其他处理31件。1989年3月，第二刑事审判庭撤销，法院增设告诉申诉审判庭，负责立案、来信来访的处理、审判监督案件的审理工作。当年县法院出台《告诉申诉庭职责范围暂行规定》，告诉申诉工作由行政职能转变为审判职能。是年，县法院受理刑事申诉案件54件，审结49件。

1991—1995年，按照审判监督程序，审结刑事、民事和经济再审案件108件。2000年6月，经县机构编制委员会批复，同意法院撤销告诉申诉庭，设立立案庭和审判监督庭。审判监督庭专门负责案件质量评查、再审案件的审理及被上级法院改判、发回案件的督查工作。2001 年，受理再审案件 8 件，审结 8 件。2004 年，受理再审案件 12 件，全年再审上诉维持原判率 100%，再审案件无不当维持、不当改判，亦无 1 件被上级法院提起再审并改判的案件。2005—2007 年，受理再审案件 35 件，并全部审结，调解率 46.88%，名列全市基层法院前列。2006 年 7 月，省高院颁布《关于民事行政申请再审案件的实施意见》，区法院认真贯彻落实，并开展申请再审的听证工作。是年，编发《审判监督情况分析》3 期。2007 年 8 月，出台《民事、行政申请再审案件审理规则》，对民事、行政申请再审案件的管辖范围、立案受理条件等均作出细化和规范。

第五章　司法行政

新中国成立初期，实行审判与司法行政合一体制，律师、公证、人民调解等事务均由人民法院承担。1981 年 3 月，江宁县司法局成立，并相继恢复设立律师和公证机构。1985 年后，分别在各乡镇设立法律事务所（后更名为法律服务所），主要职能为法制宣传、人民调解、做公证、找律师等。1985 年后，连续实施“一五”“二五”“三五”“四五”“五五”普法教育规划，全县 95% 以上的公民系统地接受以宪法为重点和刑法、民法等实体法和程序法及各专业法的法律、法规知识教育。进入 20 世纪 90 年代，江宁司法行政工作领域不断拓展，由最初管理人民调解和法制宣传教育，延伸到开展法律服务、法律援助、依法治理和刑释解教人员安置帮教等工作。2000 年，各镇成立司法所。2003 年，启动社区矫正试点工作。

2007 年，全区有公证处 1 家，律师事务所 3 家，基层法律服务所 10 家，基层司法所 20 家；设有区矛盾纠纷调处服务中心和街道、村（社区）及企事业单位、集贸市场三级调解委员会 235 个，拥有调解工作人员 1245 人、纠纷信息员 1029 人、志愿者 1317 人，全年调处矛盾纠纷 5520 件，调处率 100%，成功率 97% 以上；区法律援助中心及各法律援助工作站受理法律援助案件 604 件；全年接收刑释解教安置对象 233 人，安置率 95.60%，帮教率 98.90%，重新犯罪率控制在 1.80% 以内；接受社区矫正对象 1123 人，解除矫正 507 人。

2005 年，区司法局被司法部记集体一等功。2006 年，被市委、市政府评为市平安创建先进单位，市十佳政法单位和“四五”普法工作先进集体。2007 年，被司法部评为 2007 年度全国计财装备先进集体。

第一节　机构队伍

【区司法局】

1981 年 3 月，成立江宁县司法局，配司法工作人员 10 名，特邀律师 4 名。是年年末，东山、汤山、湖熟 3 个直属镇，20 个公社和东善桥、汤山 2 个林场均配备 1 名司法助理员。1985 年年底，全局各股、处、室共有司法干部 31 名。

1997 年，县司法局被确定为县政府的工作机构，内设 5 个职能科室，机关行政编制 25 名（含公证处 7 名）。主要承担法律服务和法制宣传教育以及指导和管理刑释人员安置帮教等司法行政任务。

2007 年年末，江宁区司法局内设办公室、政工科、法制宣传教育科、基层工作科、法律援助管理科、法律服务管理科和社区矫正科 7 个科室，向街道派驻 20 个基层司法所，共有在职人员 98 人（国家公务员 67 人，事业编制 31 人）。指导、管理 1 个公证处、7 个律师事务所和 10 个基层法律顾问所，同时承担刑释解教人员帮教安置、社会矛盾纠纷调解和社区矫正领导小组办公室等工作。

【区公证处】

1956 年 3 月，在县人民法院附设公证室。1957 年，因整风“反右”运动停止工作。直至 1981 年 6 月恢复公证机构，设立江宁县公证处，初期内设工作人员 1 名。1982 年 3 月，设主任、副主任各 1 名，助理公证员 3 名。至 1990 年 12 月，拥有三级公证员 3 名，四级公证员 3 名。公证业务范围由收养、遗嘱、委托等一般民间法律行为公证发展到单位之间的经济合同、承包合同、建筑合同、科技协作合同、财产租赁等经济法律事务的公证。

2007 年年末，设主任、副主任各 1 名，有公证员 5 名。

【街道司法所】

2000 年 10 月 26 日，经县编委批准，县司法局在全县 18 个镇分别成立司法所，共配备在编人员 25 人，主要承担面向基层提供法律保障、法律服务、法制宣传教育任务。2002 年，针对司法所人员不到位、办公经费紧缺、组织机构不明确等问题，在机构改革中，区编委下发文件明确司法所使用司法行政编制，司法所工作人员由区司法局统一管理，办公经费列入区财政预算，行政工作人员工资由区财政统一发放。

2005 年，首先在湖熟、东山、百家湖 3 个司法所开展规范化司法所创建活动，对司法所各项规章制度及时进行修改完善，建立健全岗位责任、学习例会等制度。是年，全省、全市司法所建设现场会先后在江宁区召开，省司法厅总结并要求在全省推广司法所建设的‘江宁经验”。至 2007 年年底，全区 20 个司法所在全市率先实现规范化标准，并全部达到省级规范化标准。东山司法所获全国人民满意司法所称号。

【律师事务所】

1956 年 6 月，建立法律顾问处。1957 年，法律顾问处工作中止，1981 年 6 月恢复重建。至 1985 年，配律师 3 名、法律工作者 3 名、特邀律师 3 名，主要开展刑事辩护和咨询代书业务。

1985 年 9 月至年底，先后在上坊、江宁、铜井、淳化、土桥成立法律事务所（后更名为法律服务所），每所配备 2 名 ~ 3 名工作人员，业务上受县司法局指导。至 1990 年年底，全县乡镇法律服务所发展到 20 家，乡镇法律服务所机构工作人员达到 70 名。1990 年 8 月，县法律顾问处改为江宁县律师事务所，为股级全民事业单位，隶属于县司法局，核定事业编制 16 名。1993 年 6 月，成立江宁县天平事务所，为股级全民事业单位，隶属于县司法局，核定事业编制 8 名（同时核减县律师事务所事业编制 8 名），经费自收自支。1996 年 5 月，江宁县律师事务所和江宁县天平律师事务所分别更名为南京上元律师事务所、南京同安宁律师事务所。

至2000年年末，全县有律师事务所2家，基层法律服务所19家，有法律服务工作者129名，其中执业律师9名。2006年6月，经省司法厅、市司法局批准，江苏苏南律师事务所成立，该所有专职律师5名，实习律师1名，律师助理1名。2007年年末，全区有律师事务所3家，基层法律服务所10家，有法律服务工作者30名，其中执业律师20名。

2007年江宁区法律服务机构情况表

表30-5-27

序号	机构名称	地址
1	江苏苏南律师事务所	东山金箔路619号
2	江苏同安宁律师事务所	东山金箔路641号
3	江苏上元律师事务所	东山金箔路641号
4	江宁公证处	东山上元大街339号
5	东山法律服务所	东山金箔路867号
6	周岗法律服务所	淳化街道淳关路195号
7	秣陵法律服务所	秣陵街道金龙街
8	麒麟法律服务所	汤山街道麒麟西路
9	汤山法律服务所	汤山街道办事处大门对面
10	上峰法律服务所	汤山街道上峰行政服务中心大院
11	秦淮法律服务所	东山金箔路637号
12	江宁法律服务所	江宁街道宁桥北路
13	禄口法律服务所	禄口街道铜山行政服务中心大院
14	南京新纪元法律服务所	江宁区双龙路61号

第二节 法制宣传教育

1985年后，全县连续在公民中开展5个五年普及法律常识和专业法律宣传教育活动，并进行以《中华人民共和国宪法》为核心的数十部法律的专项法制教育，强化公民学法、懂法、依法办事的法制意识，促进社会主义物质文明和精神文明建设的发展。县委、县政府十分重视依法治理工作，1993年开始，相继制订和实施3个五年依法治理工作规划。2004年后，先后组织开展"民主法治示范社区""法治江苏合格区""法治江宁合格镇街（单位）"等系列创建活动，推进依法治区进程与和谐江宁建设。

［普法教育］

"一五"普法 1985年，根据中宣部、司法部《关于向全体公民普及法律常识的五年规划》要求，县委成立普及法律常识领导小组，县委宣传部、县司法局研究出台《向全县人民普及基本法律常识的实施规划》。在岔路乡石马行政村、淳化乡机关和县新蕾公司先行试点的基础上，全县确定44个普法试点单位。是年年底，全县27个乡镇、15家工矿企业建立普及法律常识领导小组，配备领导成员267名，参加普法试点学习的有2.41万人，占试点单位应普法对象的74.60%。其间，县司法局举办培训班13期，编写教材82种1.02万份，培训法制宣传骨干和辅导员1261名。发放农民和职工《法律常识读本》13.80万本，占全县总户数的75%。在此基础上，开始向公民进行为期3年多的“十法一例”（《中华人民共和国宪法》《中华人民共和国刑法》《中华人民共和国经济合同法》《中华人民共和国刑事诉讼法》《中华人民共和国民事诉讼法》《中华人民共和国婚姻法》《中华人民共和国民法通则》《中华人民共和国继承法》《中华人民共和国兵役法》《中华人民共和国未成年人保护法》和《中华人民共和国治安处罚条例》）的法律常识教育。全县成立各级普法领导小组，有领导成员278名，普法办公室成员172名。各基层单位建立3人～5人的普法工作班子，做到层层有人抓。全县订购干部、职工、农民普及法律常识读本17万余册，基本达到干部、职工人手1册，农民每户1册的要求。县、乡镇两级培训普法教员5235名。全县有40.67万人学完“十法一例”，占应普法对象的97.80%。全县举办法律知识竞赛4场，乡镇、厂矿组织法律知识竞赛72场。全县共开展法律咨询活动21场，举办广播讲座102讲，图书巡回宣传35场次。出法制宣传橱窗1768期，黑板报4858期，放映学法录像429场。至1988年年底，用4年时间完成了5年的普法任务。

“二五”普法 1991年年初，县委成立“二五”普法领导小组，并批转县司法局拟定的《在全县公民中开展法制宣传教育的第二个五年规划》。全县23个乡镇、64个部委办局、25家企业单位共征订普法教材2.17万册，基本达到机关干部、行政村干部、企业班组长人手1册，每个自然村3册～5册的要求。是年4月27日，在上坊乡大里行政村召开“二五”普法教育现场会，正式启动面上的普法教育活动。当年全县共印发法制宣传材料近1万份，出法制橱窗88期，黑板报332期，张贴标语2.30万多条，广播宣传162次，播放录像、幻灯52场次，接受法律咨询936件，组织法制宣传车到各乡镇巡回宣传4次，播讲73场次，受教育人数2.50万人。1992年，以全县干部、党团员、青工、学生为重点，以《中华人民共和国宪法》为学习的核心内容，分期、分批举办短期培训班65期，上课270场次，19个乡镇、10个县直机关部门的5万多人接受教育。县四套班子成员参加南京市组织的邓小平《论民主法制建设》和《论民主法制建设讲话》的学习考试，参与率81.50%，均分96分。1993年，举办培训班304期，上法制课1260场次，有44.60万人参加普法学习，占应普法对象的74.80%。组织开展第二届个体劳动者学法竞赛，有5466名个体户参加学法培训班，5068人参加专业考试，并参加全市法律知识竞赛，获组织发动奖和团体第三名。是年9月，县第三钢铁厂、青龙山水泥厂等13家县属企业参加南京市举办的《全民所有制工业企业转换经营机制条例》法律知识竞赛，有32名厂级领导干部参加，92名科室干部和141名职工代表参加闭卷考试，取得均分90.10分的成绩。1994年，开展以各级干部为主要对象的经济法规的学习教育，征订经济法规2500余册，举办培训班214期，参训者1.80万余人。全年进行广播宣传332次，影视宣传116场次，出专栏、板报630期，法律咨询5场次。同时，进行干部群众的补课教育，巩固学习成果，举办补课培训班48期，4000余人参加。1995年，组织1.30万余名乡镇企业职工开展学法知识竞赛，陆郎、上坊、湖熟、上峰、秣陵、殷巷等乡镇分获一、二、三等奖。在南京市组织的决赛中，江宁县获团体一等奖和个人前三名。是年10月，组织2万余名普法对象参加全省“二五”普法知识竞赛，收卷率97.30%，获优秀组织奖。

“三五”普法 1996年，实施第三个五年（1996—2000年）普法教育规划，重点对象是各级领导干部、国家执法人员和广大青少年以及暂住人口，主要学习法制建设理论和《中华人民共和国宪法》及有关经济类法律、法规。全县举办各类学法培训班646期，培训3.80万余人次；组织党政机关、群众团体、企事业单位管理人员、农村基层干部4万余人次参加学法考试；上法制课1147场次，编印宣传材料170多种、21万余份，利用广播宣传2443次，影视宣传270场次，受教育人数达55万人。通过普法教育，各级干部依法决策、依法管理水平提高，人民群众法制观念和法律意识增强，在2000年9月的考核验收中，全县83家重点单位全部达标，其中67家单位达到优良，占直考总数的80.70%。

“四五”普法 2001年，全区实施第四个五年（2001—2005年）普法教育规划，以领导干部、公务员、青少年、农村群众、流动暂住人口、宗教人员为重点对象。至2002年，举办骨干培训班600期，培训6万余人次，上法制课621场次，参加人数26万人次；出专栏板报5924期，编法制宣传材料170种、21万份，悬挂横幅标语5.30万条；利用广播宣传2443次，影视宣传270场；组织开展法律知识竞赛58场，参加人数4.10万人次。2003年，各司法所协调有关部门在各村（社区）设立法制宣传栏，在东山、百家湖街道的15个社区，组织律师和法律工作者定期开展法律咨询活动，解答群众法律咨询500多人次，送发法律书籍1000多册，宣传材料3000多份。并投资4万元为全区51个社区配送各类法律书籍3621套。当年全区有500多名公务员参加南京市国家公务员“四五”普法知识竞赛，由于组织到位、工作出色，江宁区被评为优秀组织奖。2004年，区举办领导干部法制讲座3场，2000多人次参加，对2500名公务员和执法人员进行《中华人民共和国行政许可法》知识培训和考试。成立老年人法制教育讲师团，开展老年人法制教育活动，全年为老年学校上法制课12场次。开展“与法同行，树立文明新风”青少年维权月活动，与监狱、劳教所联合，在各中、小学校开展现身说法12场次，受教育学生1.47万人次。其间，区司法局开展“法律六进”活动130余场次；组织干部、学生进行警示教育12场次；赠送法律知识读本3万余册，圆满完成“四五”普法任务。区依法治区领导小组办公室、区司法局被省委宣传部、省依法治省办公室、省司法厅评为“四五”普法先进单位，区司法局、教育局等6家单位被市委、市政府评为2001—2005年度普法工作先进单位，有3人被评为省“四五”普法先进个人，6人被评为市“四五”普法先进个人。

“五五”普法 2006年8月，启动“五五”（2006—2010年）普法工作，区委、区政府印发《关于在全区公民中开展法制宣传教育的第五个五年规划》，区人大常委会作出《关于进一步加强法制宣传教育的决议》，全区召开“五五”普法工作动员大会，确定“五五”普法的指导思想、工作原则、总体目标、主要任务。成立由律师、高校教授、法学专家及大学生组成的普法讲师团和法制宣传志愿者队伍，制订《火红六月——青少年法制宣传月活动方案》，向全区6万多名中、小学生及家长宣传《中华

图30-5-26 2006年，江宁区司法局举办首场送法下乡活动

人民共和国未成年人保护法》《中华人民共和国预防未成年人犯罪法》，为中、小学生上法制课34次，举办法制知识竞赛等教育活动18次。全年开展送法下乡、法律进社区活动19次，发送法制书籍8万册、宣传材料近20万份、法制宣传扑克1万副，提供法律咨询服务1000多人次。并在全省率先设立外来务工人员法制教育基地，通过赠送法律书籍、开展法律咨询、橱窗宣传等形式，向外来务工人员宣传法律知识。区司法局在华宝通讯公司、江宁监狱、大连山劳教所、天印高级中学等单位先后建立6家区级普法教育基地，同时依托中小学校、街道成人教育中心、企业、部队和老年学校，分别在9个街道建立14家街道法制宣传教育基地。组织律师、公证员、机关及司法所人员和普法讲师团成员在普法教育基地开讲法制课120余场次。

2007年，开展多层次、多形式的法制宣传教育活动，推进"五五"普法工作。开展青少年法制宣传教育，先后在全区组织征文比赛、法制夏令营、义务教育法宣传等活动。还与区内南京晓庄学院、东南大学、南京航空航天大学等高校联合开展送法进校园活动，组织南师大、东南大学法律系学生深入农村开展"法律人在行动"活动，安排南京工程学院20名大学生到各基层司法所参加社会实践，取得学以致用的学法效果。开展流动人口法制宣传教育，组织律师、司法干警参加流动人口服务管理大型广场综合咨询活动，制订并实施《农民工学法活动周方案》，在华宝集团员工宿舍设立法律接待咨询办公室，每周六上午由律师或法律专业人员现场解答法律咨询，接待员工咨询200余人次，代写法律文书100余件，发放法律书籍2000册、法律宣传材料2000余份。开展基层群众法制宣传教育，利用各镇街物资交流会，组织送法下乡活动18场次，发放法制宣传年画、资料、扑克等2.30万余件。

【专项法制教育】

1950年5月30日，《中华人民共和国婚姻法》公布实施，废除包办、强办，男尊女卑的封建婚姻制度，实行婚姻自由，保护妇女儿童合法权益的新婚姻制度。《中华人民共和国婚姻法》颁布后，全县上下广泛开展宣传教育活动，培训骨干，深入乡村，动员群众，打击取缔买卖婚姻、一夫多妻、童养媳、纳妾嫖娼、抢婚逼婚等封建恶习，提倡男女平等、婚姻自由和喜事新办，实行结婚必须办理结婚证，已结婚的补办结婚证。在贯彻《中华人民共和国婚姻法》过程中，县委、县政府专门成立婚姻法宣传贯彻运动委员会，组织各级干部下乡，走村入户调查婚姻状况，然后对照婚姻法进行分析研究，分清是非对错，有针对性地开展宣传教育，并全面实施婚姻登记。至1952年年底，全县有2741对夫妻主动到县政府办理结婚登记手续，领取结婚证。

1981年6月，县司法局设立宣传股后，即把法制宣传教育作为工作重点。当年举办法制讲座1期共8讲，听课人数4560人次。指导169个行政村、21个乡镇企业办起"法制宣传栏"。1982年，宪法修改草案公布后，培训法制报告员942名，利用广播、幻灯片、群众会，讲解宪法基本知识251场次，受教育人数25万余人。1983年，在开展《中华人民共和国刑法》《中华人民共和国刑事诉讼法》《中华人民共和国婚姻法》宣传教育活动中，全县组织1200多名法制报告员，举办法律知识讲座1300多场次，受教育人数62万多人。为配合打击严重刑事犯罪和严重经济犯罪活动，县司法局翻印了中共中央《关于严厉打击刑事犯罪活动的决定》和全国人大常委会《关于严惩严重破坏经济罪犯的决定》1.40万多份，发至各乡镇和企业，组织人员到企业单位讲经济法规课。选择典型案例，绘制成40幅图片，到各乡镇物资交流会巡回展出。至1984年6月，举办严厉打击犯罪活动展览21场次，展出图片121幅、照片251幅、漫画46张、实物50多件，出专栏308期，放映幻灯196场，编印各种宣传材料4万余份，编排演出小节目243场，受教育人数25万余人。

1991—1995年，先后组织《中华人民共和国宪法》《中华人民共和国治安处罚条例》《中华人民共和国未成年人保护法》《中华人民共和国消费者权益保护法》《中华人民共和国劳动法》《中华人民共和国计划生育条例》和《中华人民共和国义务教育法》等专项宣传，开展“宪法宣传周”，社会治安综合管理行动，“计划生育宣传月”与整顿路边店及保护老人、妇女、儿童合法权益和消费者权益专项活动等，通过街头设点宣传、解答群众咨询；联合有关部门进行专业性法规普及宣传；运用典型案件、公判照片宣传等形式，提高依法办事和遵守法律的自觉性。在2004年举办的《中华人民共和国消费者权益保护法》家庭法律知识竞赛中，全县有2.20万人参加竞赛活动，谷里、淳化、汤山、东山、土桥等乡镇的答卷收卷率均在97%以上。

1997年香港回归前，通过悬挂过街横幅、张贴橱窗画片和印发宣传材料等多种方式，广泛宣传有关香港基本法的基本知识。对国家于1998年颁布的《中华人民共和国防空法》、1999年颁布的《中华人民共和国经济合同法》和《中华人民共和国行政复议法》等，进行专项法律知识宣传教育。2003年，江宁出现“非典”疫情后，配合“非典”防治工作，开展《中华人民共和国传染病防治法》《中华人民共和国价格法》与《中华人民共和国治安处罚条例》等相关法律法规的专题宣传教育活动。

2004年，举办领导干部法制讲座3期，有2000多人次参加，全区2500名公务员和执法人员参加《中华人民共和国行政许可法》知识培训和考试。是年11月18日至12月28日，主办“共铸诚信，推进法治”法制宣传月活动，推进全民法制教育。2007年1月21日，区司法局与南京电视台《法制现场》栏目联合在东山文化休闲广场举行2007年首场送法进社区活动，组织律师、公证员现场解答群众法律咨询500多人次，发放法律书籍2000多册、法制宣传资料6000多份、法制宣传年画5000张。12月4日是全国法制宣传日，组织律师、司法工作者和普法志愿者，在东山大市口广场举行法律咨询宣传活动，现场发放法制知识宣传资料、年历、台历、扑克9500多件，解答群众法律咨询100人次。

【依法治区】

1993年，县政府制订依法治理工作的实施意见，并在东山镇翻身行政村开展依法治村试点工作，帮助该村总结经验，完善管理章程，使各项工作纳入法制管理的轨道。各乡镇相应进行依法治村试点工作，工作的开展得较好的有江宁镇司家、上坊乡大里、土桥镇下埠等10多个行政村。1994年3月16日，县委、县政府制订并下发《江宁县1994—1997年依法治县实施规划》。至是年年底，全县有8个乡镇制订依法治理工作措施和实施意见，有71个行政村开始实行依法治理。1995年，全县有21个乡镇制订了依法治理规划，占乡镇总数的91%；有262个行政村实行依法治理，占行政村总数的77.20%。其中有224个行政村制定出依法管理章程或办法，有168个村达到南京市依法治村的治理标准。全县有135家乡镇企业实施了依法治厂（公司），制订管理章程。1996年，全县依法治理全面实施，所有乡镇、行政村、企业、学校全部开展依法治理工作。至1997年，全县23个乡镇全部达标，其中8个达到优良标准；342个行政村有341个达标，其中113个达到优良标准。

1998年，下发《江宁县1998—2002年依法治县规划》，全面推行执法责任制，推进基层依法治理。至2000年，全县39个政府部门、23个乡镇政府、11个授权组织、69个委托组织，都制订并完善了执法责任制文本，落实执法责任制度，全面实行政务公开，促进依法行政工作。全县 343 个行政村全部制订《村民自治章程》，并成立村民议事理财小组，有 320 个村设有固定村务公开栏，306 个村设立“两簿一箱”，90% 以上的村每季度公开一次村务、财务，有 92.40% 的村通过县级验收。大多数企业制订了厂纪、厂规及一整套管理制度，推进民主管理。各学校普遍进行建章立制，推进民主管理、教务公开、收费公开。

2001 年，实施《江宁区 2001—2005 年依法治区工作规划》，进一步规范工作程序，完善考核制度，强化监督机制。2002 年，清理文件 404 件，废止 128 件，保留 229 件，修改 27 件，促进依法行政的程序化、规范化。

2004 年，以创造“文明执法示范岗位”“文明示范窗口”为平台，开展创建“民主法治示范社区”活动。在全区 90 个社区建立定点联系制度，开通法律咨询服务热线，为 105 个特困家庭建立“爱心救助档案”，发放“法律援助爱心救助卡”。创建“平安社区”“无毒社区”，建立健全“大调解”工作网络，规范社区人民调解委员会、调解小组建设，扩大人民调解员、纠纷信息员队伍，及时有效处理和化解各类民事纠纷和群体性纠纷。开展“百名社区主任学法”活动，落实居民的知情权、建议权、评议权，推行民主选举、民主决策、民主管理、民主监督制度，实现自我管理、自我教育与自我服务。是年，上坊街道机场村被司法部、民政部评为全国民主法制示范村，秣陵街道火炬村被省人民政府评为省依法治村先进单位。2005 年，全区有 1 个社区创建成为省级、8 个社区创建成为市级民主法治示范社区。

2006 年，区委作出《关于在全区开展创建“法治江苏合格区”活动的决定》，并出台《关于在全区开展创建“法治江宁合格镇街（单位）”活动的实施意见》。创建工作中，组织卫生、环保、城管、文化、教育等 8 个领域开展法治创建专项整治行动，整治商业贿赂，规范药品采购行为。环保部门开展集中饮水水源地、工业园区、建设项目专项整治行动；城管部门重点对占道经营、运输渣土车辆、“三乱”等进行专项整治；文化部门将查处网吧、游戏室违规接纳未成年人，打击音像盗版等作为整治重点；教育部门集中治理乱收费；公安部门组织开展打击“两抢一盗”“打扒”“猎豹行动”等专项斗争；区法院组织 10 次集中执行突击行动，“法治江苏合格区”创建工作取得阶段性成果。2007 年 8 月 30 日，“法治江苏合格区（县）”建设现场会在江宁区召开，全区创新开展“法治江宁合格镇街（单位）”创建活动，推进“法治江苏合格区（县）”建设的经验得到肯定和推广。

第三节　人民调解

【调解组织】

1981 年，调解工作由县人民法院转为县司法局主管。1982 年年初经过整顿，全县调解组织发展到 495 个，有调解委员 1965 人，人民调解组织进一步健全。1985 年，在县钢铁厂、化肥厂、青龙山水泥厂、电风扇厂 4 家 1000 人以上的工矿企业设立调解委员会，车间设调解小组，班组设调解员的三级调解组织；16 家不足 1000 人的厂设立调解小组，车间设调解员的两级调解组织；161 家 500 人以下，100 人以上的乡镇办厂矿设立调解员。至年底，全县共有调解组织 2339 个，调解委员 2394 人。

1989 年 6 月 17 日，国务院公布《中华人民共和国人民调解委员会组织条例》，把调解组织纳入法制轨道。至 1990 年，全县共有调解委员会 427 个，调解人员 4989 人，形成以行政村、自然村纠纷信息员组织的三级调解网络。1989—1993 年，共举办调解干部培训班 237 次，培训 15639 人；举办《中华人民共和国民法通则》《中华人民共和国土地管理法》《中华人民共和国婚姻法》《中华人民共和国继承法》与《中华人民共和国计划生育条例》等专题培训班 370 次，参训者 23765 人。1993 年年底，全县有 70% 的调解委员会达到标准化要求。1995 年，全县 445 个调解委员会中，达到标准化的 412 个，占总数的 92.60%，其中达到一类标准的 270 个，占总数的 60.70%。有调解委员 1861 人，调解小组 2440 个，义务调解员 5846 人。

1997 年 6 月 20 日，县司法局联合县工商局在汤山镇召开汤山镇集贸市场调解委员会成立现场会，指导全县各镇成立 23 个集贸市场调解委员会。至 2000 年年底，全县共有各类调解委员会 429 个，下设调解小组 1057 个；有委员 1286 人，调解人员 3209 人。1996—2000 年，县、镇两级共培训调解委员会主任 2289 人次，有 276 名调解委员会主任经考核取得上岗证书；举办调解员培训班 118 期，培训 5768 人次。

2003 年年初，成立由区法院、检察院、司法局、公安局、民政局、劳动保障局、信访局等 15 个职能部门为成员的区人民调解工作指导站。2004 年 9 月，成立区矛盾纠纷调解工作指导小组和矛盾调处服务中心。各镇街建立调处服务中心，各行政服务中心设立调处工作站，全区 182 个村委会、103 个社区居委会全部建立人民调解委员会，企业调解委员会由 27 个增至 52 个，调解人员由 128 人增至 219 人，各自然村、居民小组、企业单位普遍建立调解小组。建立区域性、行业性人民调解组织。建立湖熟鸭业协会调解委员会，丹阳镇与安徽省当涂县丹阳镇联合建立“苏皖双丹联合人民调解委员会”，制订工作规则，负责调处矛盾纠纷。2005 年，全区对各镇街和村（社区）调解人员进行调配，共配备调解员 2620 人、义务调解员 1500 多人。

至 2007 年年末，全区 77 个村、127 个社区调解委员会有调解人员 1069 人，纠纷信息员 1029 人，“三老”（老教师、老干部、老党员）志愿者 1317 人；有企事业单位调解委员会 23 个，集贸市场调解委员会 8 个，拥有调解人员 176 人。全区基层调解委员会建设实现调解组织、调解制度、调解工作场所和调解工作台账“四到位”。

【调解工作】

新中国建立初期，人民调解委员会调解内容主要是婚姻、土地、房产、邻里纠纷等。1956 年后，主要是婚姻、家庭、房屋、债务及邻里纠纷等。1978 年调解组织恢复后，全年调解民事纠纷 3951 起，调解成功率 92.10%。1981 年后，民事纠纷主要集中在婚姻、继承、赡养、房屋、宅基地、邻里纠纷等方面。1982 年 3 月，县司法局普遍推行“乡规民约”“村规民约”，实行群防群治，使全县当年的民事纠纷比 1981 年下降 35.60%。1983 年，东善乡创造以记分考核为基本形式的调解工作岗位责任制后，县司法局大力推广，至 1984 年年底，全县 386 个调解委员会都建立了岗位责任制。其中 24 个乡、镇因调解及时，民事纠纷没有产生激化。1984 年民事纠纷比 1983 年下降 43.50%，非正常死亡下降 28%。这一做法，在 1984 年司法部召开的调解工作南京现场会上作了介绍，并受到好评。1982—1985 年的 4 年中，全县共调解各类民事纠纷 22587 起，调解经济纠纷 386 起，调解成功率 95%。其中防止非正常死亡 57 人，避免纠纷激化 349 起。有 112 个治安调解先进集体和 486 名治安调解先进个人受到县人民政府的表彰奖励。

1986—1990 年的 5 年中，全县各级人民调解组织调解纠纷 12829 件，防止非正常死亡 127 人，避免纠纷激化 206 起。同时，开展评选“遵纪守法光荣户”活动，建立联合调解制度和纠纷信息员等制度，全县有 2323 名纠纷信息员常年活跃在调解第一线，及时疏导矛盾，为民排忧解难。

1991—1995 年，全县人民调解工作贯彻“调防结合，以防为主”的方针，突出以防激化为重点的工作方法。5 年中，全县各级人民调解委员会受理各类民事纠纷 17256 起，调解 16609 起，调解率 96.50%；调解成功 15858 起，调成率 95.50%；防止非正常死亡 157 人，避免纠纷激化 147 起。在受理的各类民事纠纷中，涉及婚姻 2537 起，继承 297 起，赡养 1672 起，家庭 1369 起，房宅 2675 起，债务 1194 起，生产 1707 起，邻里 2995 起，赔偿 1680 起，其他 1130 起。

1996—2000 年，全县司法行政机关和各级人民调解组织坚持“调防结合，预防为主，多种手段，协同作战”的工作方针。其间，全县各级调解组织共受理民间纠纷 16120 起，调解 15604 起，调解率和调解成功率分别为 99.60% 和 96.80%。防止民转刑案件 158 起，防止非正常死亡 54 人。

2001 年，全区 12.29 万农户全部建立纠纷档案，对各类不稳定因素实施长效动态管理。至 2002 年年末，全区各级人民调解组织共受理民间纠纷 7342 起，调解率 100%，成功率 96.50%。2002 年 9 月，在由最高人民法院、司法部联合召开的全国人民调解工作会议上，江宁区被表彰为全国司法行政系统人民调解工作先进单位。2003—2006 年，全区调解组织每年都要受理民间纠纷 2000 多起，调解率均达 100%，成功率 96% 以上。区、镇街两级调处中心自 2004 年 9 月成立至 2006 年年末的两年多时间，共接待群众来访 3.50 万人次，受理各类矛盾纠纷 5105 起，直接调处 4900 起，调处成功 4655 起。2006 年 4 月，秣陵街道司法所被省综治办、省高级人民法院、省司法厅评为人民调解先进集体；12 月，区司法局被司法部基层工作司评为人民调解宣传工作先进单位。

2007 年，全区各级调解组织调解矛盾纠纷 3842 起，调处率 100%，调解成功率 97.50%；区、街道两级矛盾纠纷调处中心受理矛盾纠纷 1678 起，调处率 100%，成功率 97%。

1991—2007 年江宁区调解组织受理民事纠纷情况表

表 30-5-28　　单位：件

年份	受理总数	纠纷类型									
		婚姻	继承	赡养	家庭	房宅	债务	生产经营	邻里	赔偿	其他
1991	3569	544	69	400	271	599	192	289	532	424	249
1992	3794	587	101	436	327	625	177	340	572	413	216
1993	2830	358	40	239	246	415	258	250	476	277	271
1994	3313	501	44	240	205	448	336	470	633	286	150
1995	3750	547	43	357	320	588	231	358	782	280	244
1996	3619	513	42	348	316	543	269	273	766	320	229
1997	3562	508	36	354	279	578	293	240	753	332	189
1998	3420	496	39	339	264	564	254	226	748	313	172

续表

年份	受理总数	纠纷类型									
		婚姻	继承	赡养	家庭	房宅	债务	生产经营	邻里	赔偿	其他
1999	2754	408	90	354	—	448	294	260	382	330	188
2000	2765	426	29	363	—	452	268	273	398	366	190
2001	3568	579	82	566	—	477	311	339	503	482	229
2002	3774	799	74	596	—	513	215	341	555	454	227
2003	2798	445	36	360	—	482	284	218	405	396	172
2004	2413	348	24	326	—	445	249	203	388	312	118
2005	2849	412	26	349	—	468	265	225	430	386	288
2006	1885	326	19	202	—	248	169	193	310	342	76
2007	5520	994	119	746	—	752	438	562	851	783	275

第四节 律师 公证

律师是国家的法律工作者，为国家机关、企事业单位、社会团体、人民群众提供法律帮助，以维护国家法律的正确实施，维护国家、集体利益和公民合法权益。公证是社会主义制度下的一项法律制度，是司法行政工作的一部分，公证的任务是根据当事人的申请，依法证明法律行为，有法律意义的文书和事实的真实性、合法性，以保护公共财产，保护公民身份上、财产上的权利和合法权益。江宁律师、公证机构在1981年恢复重建后，充分发挥职能，服务经济建设，服务人民群众。至2007年，全区有1家公证处、3家律师事务所、10家基层法律服务所，全年法律服务机构担任机关、企事业单位及民营企业等常年法律顾问216家，接受刑事委托辩护案132件，代理民事、经济案件1239件，办理公证10622件，接待法律咨询3100余人次，避免和挽回经济损失4850万元。

【律师业务与法律服务】

江宁县法律顾问处自1956年6月成立至1957年年底，共代理刑事案件43件，出庭辩护31次，接待群众来访160人次，代理诉状63件，解答法律咨询160人次。后法律顾问处工作中止，1981年6月恢复重建。至1985年，共解答法律咨询528人次，代书法律文书211件，刑事辩护237件、民事代理20件，诉讼、非诉讼代理96件，接待来访1574人次。受聘担任68家企业的常年法律顾问，经济案件代理60件，标的710万元，追回经济损失213.50万元。是年9月至年底，先后在上坊、江宁、铜井、淳化、土桥成立法律事务所，4个月时间共受理各类经济纠纷31件，总标的42万元，追回货款23万元，并调处民间纠纷24起，协助办理公证20件，审查经济合同12份，代写法律文书7份，解答法律咨询247人次，并举办4期法律骨干培训班，培训法律骨干1560名。

1986年后，全县法制建设不断完善，随着经济发展和法律知识的普及，律师工作有较快发展，律师队伍不断壮大，业务范围不断扩大，办案数量不断增加，办案质量不断提高。至1990年，已发展到全面开展刑事辩护、咨询代理等5项律师业务，为全县34家企业担任法律顾问，每年办理委托代理案件近200件，刑事辩护近100件，接待来访咨询近2000人次，为企业讨回外债数百万元。

1990年8月，县法律顾问处更名为县律师事务所后，律师工作继续坚持以服务经济建设为重点，每年派员去企业讲经济法规课。为使法律直接服务于经济，律师与企事业单位签订常年法律顾问合同，至1995年年底，全县担任法律顾问企业达308家。1990—1995年，全县刑事辩护353件，民事经济代理1339件，追回欠款2597.80万元，避免经济损失4829.30万元，接待来访5666人次，调处经济纠纷1883件，代书法律文书715份，非诉讼代理328件。各乡镇法律服务所热情为群众排忧解难，积极参与企业经济谈判、合同签订、审查把关，帮助企业清理“三角债”等。至1995年年底，全县23家乡镇法律服务所担任企业法律顾问2553家，诉讼代理1477件，非诉讼代理1359件，调处经济纠纷2132件，调处其他纠纷2438件，避免经济损失2430.30万元，挽回经济损失2250.70万元。上坊乡法律服务所于1991年被司法部评为优秀法律服务所；土桥乡法律服务所和陆郎乡法律服务所于1992年被市司法局评为优秀法律服务所；东山镇法律服务所于1992年和1995年两次被省司法厅评为优秀法律司法所。

1996—2000年，为适应市场经济发展，有2家法律服务所全面完成改制工作。其间，全县担任法律顾问的企业有1420家，办理代理和调处各类诉讼、非诉讼案件及经济纠纷7072件，挽回和避免经济损失3.40亿元。

2001年，进行2家律师事务所和14家法律服务所改制工作。至2002年年底，担任企事业单位法律顾问579家，代理各类诉讼、非诉讼案件3256件，挽回和避免经济损失5846万元。2005年，律师参与政府信访46人次，为上访群众提供法律服务156件，其中解答法律咨询144件，息诉3件，代转其他有关部门办理9件。

2006年后，相继成立“江宁区消费者权益律师服务站”和“江宁区工商联法律咨询服务中心”。至2007年年底，法律服务机构担任常年法律顾问394家，接受刑事委托辩护案件258件，代理各类民事、经济案件1483件，代理非诉讼案件277件，接待法律咨询4750人次，避免和挽回经济损失6130万元；组织律师参与政府信访接待90人次，为上访群众提供法律服务226件。

1991—2007年江宁区律师业务情况表

表30-5-29

年份	顾问单位（家）	刑事辩护（件）	民事、经济代理（件）	挽回经济损失（万元）	接待来访（人次）	调处经济纠纷（件）	代书法律文书（份）	非诉讼代理（件）
1991	34	52	124	519	1301	737	255	—
1992	56	65	11	700	300	240	120	—
1993	77	89	261	875	146	381	74	—
1994	77	80	859	1835	1701	324	141	254
1995	74	67	84	900	2218	201	155	74
1996	69	102	240	4666	1332	568	162	138

续表

年 份	顾问单位（家）	刑事辩护（件）	民事、经济代理（件）	挽回经济损失（万元）	接待来访（人次）	调处经济纠纷（件）	代书法律文书（份）	非诉讼代理（件）
1997	72	112	231	6000	1887	695	252	202
1998	81	134	261	8000	2023	754	289	210
1999	729	1513	290	9327	5766	1126	1968	250
2000	469	2547	354	6000	5112	1543	282	210
2001	579	202	312	2766	1543	1413	187	208
2002	579	245	294	3080	1637	1501	191	210
2003	256	152	212	4050	1912	1113	291	291
2004	251	983	203	5040	1352	1402	213	286
2005	274	65	856	8350	7100	2030	254	185
2006	178	126	471	1280	1650	1150	272	145
2007	216	132	1012	4850	3100	1890	120	132

【公证业务】

1956年3月，在县法院设立公证室，于1957年中止工作。1981年6月，恢复公证机构，正式成立江宁县公证处，当年没有开展公证业务。至1985年年底，办理公证1259件。其中，收养子女19件、遗嘱23件、科学技术合同26件，析产23件、委托30件、赠与23件、房屋买卖61件、经济合同919件、其他135件。

1986年后，公证业务范围由收养、遗嘱、委托等一般民间法律行为公证逐步发展到单位之间的经济合同、承包合同、建筑合同、科技协作合同、财产租赁等经济法律事务的公证，每年办理公证数达千件以上。

1991年，全县部分企、事业单位着手签订第二轮经营承包合同，公证处及时上门服务，办理承包合同公证186件；根据乡镇企事业单位洽谈业务的需要，为企业厂长（经理）、供销科长办理职务身份公证538件。1992年，为重点开发地区之一的方山乡成山行政村办结9份土地有偿转让、出租等协议公证。1994年，为禄口国际机场一期工程办理征地拆迁、劳力托带合同等各类公证2700件，为江宁经济技术开发区办理各类公证500余件，为上峰、汤山、谷里等乡镇办理抵押贷款公证177件。1993年、1994年，县公证处连续2年被南京市司法局评为先进集体。

1996年开始，将公证业务向“三资”企业、私营企业、金融企业拓展，介入工程招投标、行政行为、房地产交易、物业管理、政府采购等活动。配合县计生委、乡镇计生办，依法对婚育进行同步管理，全年办理新婚夫妇生育一胎合同和二胎绝育合同3500件。1999年，全年共办理建设工程招投标公证63件，公证率100%，涉及投资总额2.30亿元，通过公开招标，节约投资800多万元。1996—2000年的5年中，共办理各类公证17039件，其中民事类14232件，经济类2596件，涉外（台）211件。

至2002年底，共办理各类公证14526件，其中民事类7391件，经济类6882件，涉及中国台湾、涉外253件。2007年，办理各类公证10622件，其中民事类1588件，经济类8232件，涉及中国台湾、涉外802件。

1991—2007 年江宁区公证业务情况表

表 30-5-30　　单位：件

年份	合计	民事公证	经济合同公证	涉及中国台湾、涉外公证	年份	合计	民事公证	经济合同公证	涉及中国台湾、涉外公证
1991	1310	342	945	23	2000	3894	2703	1123	68
1992	1331	604	715	12	2001	7059	3596	3339	124
1993	2026	1158	840	28	2002	7467	3795	3543	129
1994	3694	2964	390	340	2003	10789	4939	5678	172
1995	3248	2899	338	11	2004	12904	7597	5086	221
1996	4374	4169	150	55	2005	16351	11370	4883	98
1997	2952	2637	283	32	2006	12493	1988	10365	140
1998	1651	1445	184	22	2007	10622	1588	8232	802
1999	4168	3278	856	34					

第五节　法律援助与安置帮教

【法律援助】

1999 年 5 月，成立江宁县法律援助中心，为弱势群体提供法律援助。县法律援助中心分别成立职工权益分部、妇女权益分部，县政府设立法律援助专项基金。为扩大法律援助工作影响，县司法局印发 9000 余份《法律援助知识问答》。是年 5 月 2 日，正式开通首台“148”法律服务专线，组织律师、公证员等法律工作者轮流值班，解答群众的法律咨询，为群众提供法律服务。是年，法律援助中心办理法律援助案件 50 件，减免法律援助收费 8.42 万元；“148”法律服务专线接听咨询电话 47 人次，接待来访 68 人次。

2000 年，全县 23 个乡镇及县总工会、妇联、残联、老龄委、团县委分别成立法律援助工作站，各乡镇全部开通法律服务专线电话，初步建立县、乡镇法律援助工作网路，完善联动机制。是年，县法律援助中心及各工作站承办法律援助案件 53 件，减免法律援助费 12 万余元；“148”法律援助专线解答群众法律咨询 6019 人次，接待来访 3153 人次；上门解决纠纷 558 人次，参与调处重大纠纷 17 件。2000 年 5 月，县法律援助中心被市司法局、团市委授予优秀青少年维权岗称号；12 月，被省司法厅评为全省法律援助工作先进集体。

2001 年，制定并出台《江宁区法律援助实施办法》，建立江宁区“12348”法律援助电脑平台。组织开展法律济贫、法律助残、法律拥军和创建“优秀青少年维权岗”等活动，结合“维护国防利益法律援助百连行”活动，深入驻区部队，发放法律书籍和宣传材料 800 余份。2001—2002 年，共解答法律咨询 4712 人次，接待来访 3180 人次，上门服务 145 人次；承办法律援助案件 210 件，减免法律援助费用 28.50 万元。

2004 年，建立和完善“亲民、近民、便民、利民”的村（社区）法律服务体系，组织司法工作者与全区 102 个村（社区）建立法律服务定点联系制度，86 名司法干警、法律工作者分别与各村（社区）签订法律服务定点联系协议书，担任村（社区）法律顾问，为村（社区）发展提出切实可行的法律意见，为群众提供法律帮助。下半年，在区内开展“民工法律援助百日行”活动，为民工申请法律援助开辟“绿色通道”。联合区劳动保障局、总工会、法院等单位举办民工维权法律讲座和开展法律咨询活动，组织各镇街法律援助工作站对拖欠民工工资矛盾纠纷进行集中排查和专项治理。活动期间，共受理法律援助申请 19 件，帮助 67 名民工清欠拖欠工资 33.50 万元。是年，区司法局分别被市政府、省司法厅评为法律援助工作先进集体。

图 30-5-27　受援人向江宁区法律援助中心赠送锦旗和感谢信（2003 年摄）

“ADR”是非诉讼纠纷解决方式或 ADR 机制的简称，是一项被各国司法界公认的新型纠纷解决机制。2005 年 4 月，区司法部门在全省率先将非诉讼调解结案的方式引入法律援助，建立法律援助 ADR 机制，制定并出台《非诉讼事务法律援助实施意见》，并在麒麟镇法律援助工作站进行试点。工作站与镇法律服务所联合对发生在该镇的 20 起工伤赔偿案件进行立案调处，当事人对通过非诉讼渠道快捷顺利解决纠纷感到满意。

2006 年、2007 年两年共受理农民工维权案件 270 件。开展非诉讼法律援助，两年共受理非诉讼案件 315 件。2006—2007 年，受理法律援助案件 796 件，“12348”专线接待群众法律咨询 2546 人次，基层法律援助工作站接待来电来访及法律咨询 5150 人次。

【安置帮教】

1998 年前，安置帮教工作主要由公安部门会同乡镇地方政府及行政村进行。1998 年 3 月，县司法局设立安置帮教科，负责刑释解教人员的安置帮教工作。全县 23 个乡镇、江宁经济技术开发区、10 家县属企事业单位都成立领导小组和工作机构，共设立帮教工作小组 368 个，帮教小组 672 个，有帮教工作人员 2400 余人，培训 728 人次。通过调查走访，查明全县 1995—1997 年回归刑释解教人员 714 人，落实帮教 651 人，得到安置 574 人，分别占总数的 91.20% 和 80.40%；重新犯罪 83 人，重新犯罪率 4.60%。各乡镇根据实际情况，一般以 2 名 ~ 4 名成员组成一个帮教小组，实行谁帮教谁负责。当年，全县有刑释解教人员 161 名，全部落实帮教，年帮教率 100%。开展大墙内、外联合帮教活动，先后 7 次组织有关单位赴监所开展帮教活动。至 2000 年，全县刑释解教回归人员 540 人，帮教率 97.80%，安置率 89.40%，重新犯罪率降至 2.80%。全县有 4 家单位、6 名个人被市政府评为 1998—2000 年安置帮教工作先进集体和先进个人。

2001 年，在全区 20 个镇街以及 10 家大型企业、6 家 1000 人以上单位成立相应的领导小组和接待站，在各村（居）委会设立 672 个工作小组，有帮教工作人员 2400 余人。2002 年，区安置帮教领导小组办公室被省综治委评为全省安置帮教工作先进集体。

2004年3月，各基层司法所建立安置帮教管理系统，与市司法局联网，实行网络化管理。2005年，全县登记接收刑释解教人员156人，帮教率100%，安置率98%，重新犯罪率控制在3%以内。

2007年6月14日，区司法局与区内某钢模租赁有限公司签订《江宁区刑释解教人员过渡性安置基地协议书》，成立首家刑释解教人员过渡性安置基地。是年，全区接受安置帮教对象233人，帮教率98.90%，安置率95.60%，重新犯罪率1.80%。是年12月，区司法局被省刑释解教人员安置帮教工作领导小组评为全省刑释解教人员安置帮教工作先进集体。

【社区矫正】

社区矫正是与监禁矫正相对应的行刑方式，是指将符合矫正条件的罪犯置于社区内，由专门的国家机关在相关社会团体和民间组织以及社会志愿者的协助下，在判决、裁定或决定确定的期限内，矫正其行为恶习和犯罪心理，并促使其顺利回归社会的非监禁刑罚执行活动。2003年，江宁区作为全市两个试点单位之一，正式启动社区矫正工作。2004年1月，首先在东山街道开展社区矫正试点工作。是年，区、街道全年累计上门走访矫正对象190人次，开展个别谈话教育900多人次，帮困解难3人次。至2005年4月，东山街道累计登记管理矫正对象61人，经过矫正，有21人顺利解矫，无脱管、漏管，无重新犯罪，试点工作成效明显。

图30-5-28 2003年东山街道召开社区矫正工作交流会

2005年5月，全区20个镇街分别成立社区矫正试点工作领导小组及办公室，105个村和134个社区全部成立矫正工作站，并聘请618名社区矫正工作志愿者，全区社区矫正试点工作有序推进并取得效果。是年，全区登记接收社区矫正对象469人，重新犯罪率控制在1%以内，有78人顺利解矫。2006年，全区接受社区矫正对象756人，有238人顺利解矫。是年，江宁区被确定为全省社区矫正试点工作示范区。至2007年年底，全区接受社区矫正对象1123人，解除矫正507人。

第三十一编

军　事

江宁从东西南三面屏卫南京城，地处要冲，江山之险，历来为军事战略要地。自春秋吴楚衡山（今境内横山）之战后，南京地区举凡重要战事，大都发生在江宁境内，如孙策智战秣陵、谢安运筹“淝水之战”、岳飞大战牛首山、朱元璋攻占集庆、太平军攻占南京、天京（今南京）保卫战、九镇起义秣陵关、北伐军攻占南京等著名战役。新民主主义革命时期，革命活动家张闻天等人在江宁宣传马克思主义，传播革命种子。抗日战争时期，江宁是新四军江南抗日根据地之一。江宁历代都有重兵驻守。三国时期东吴在境内建有水师、战船；元代设千户、万户等；清代设镇、协、标、营等军队建制。直到抗日战争时期，江宁为南京地区重要防御阵地。在抗日战争中，国民政府第七十二军八十四师，第七十四军五十一师、五十八师，第六十六军一九五师、一〇六师执行守备。新四军组建的第一团、第二团、第三团、第四团及四十六团等打击侵华日军。新中国成立后，江宁驻军较多，驻区部队、军事院校、军队医院等共 57 个。

1950 年，成立江宁县人民武装部，根据当时国内外形势，组织民兵配合人民解放军和公安部门肃清特务，镇压反革命，维护社会秩序，警卫执勤，组织兵员参加抗美援朝。此后，民兵工作认真贯彻组织、政治、军事“三落实”方针，在抓好民兵组织建设、政治教育和军事训练的同时，组织民兵参加治安保卫、抢险救灾等社会工作，取得显著成绩。征兵是人武部门重要任务。1955 年 7 月，国家颁布《中华人民共和国兵役法》，始行义务兵役制。是年，全县有 95% 以上的适龄青年踊跃报名应征。至 2007 年，江宁区共征新兵 36063 人。

国防动员和人民防空是战备建设的重要组成部分。江宁区在人防工程建设、宣传教育、人防总体规划、通讯指挥等方面取得成果，人防工作跻身全市先进行列。

据不完全统计，江宁区人民武装系统从1970年至2007年38年间，在民兵工作“三落实”、军事训练、征兵工作、国防教育与国防工程维护等方面被总参谋部、南京军区和省政府、省军区及市政府、警备区（南京军分区）表彰为先进单位 228 次。同时，受到南京军区和省、市表彰的先进个人 133 人次，其中受到南京军区表彰的有 7 人次。

第一章 军事机构

秦汉时，江宁设县尉司，县尉司是专管一县军事的机构，县尉是掌管一县军事的长官。宋时，江宁、上元亦设县尉司，但由于此二县为次赤县，因而县尉职权较轻。元至元十二年（1275），上江两县仍设县尉司，隶属县达鲁花赤管辖。其时，江宁县尉先后有马均、刘毅、李天瑞、李孜、王信、董信、时茂、麻黑当沙、陈献德（赏官）、孟顺（收贼黄华赏官）、邹飞（收贼黄华赏官）、何燕只哥歹、丑厮、张铉等人担任。江宁县与上元县的县尉司，分别位于江宁县南门外西街越台南和上元县东门外南路北。明代时，县尉一职被撤销。元至元末年（1294），在龙湾（今下关一带）设教习水军万户府，训练水军，加强江防。元贞元年（1295），江宁境内江宁镇、秣陵镇、竹筱、龙都、下蜀、东阳等皆设巡察司，专以巡防盗贼。民国时期，江宁境内设县总团部、县保安团、县保安大队、县民众自卫总队部等。抗日战争时期，境内有横山地区抗日民众动员委员会、江当溧三县抗敌自卫委员会、江当溧句四县国民抗敌委员会与抗日民主政府军事科（武工队）等组织。

新中国成立后至2007年，江宁区军事组织机构主要有江宁区人民武装部和各基层单位的人民武装部。

第一节 民国时期地方军事机构

【江宁县政府军事机构】

民国初期，江宁县署在南京城内，与首都或省会仍附廓而治，设在南京的军事机构无法与江宁分开。其间，先后设立江苏都督府、江浙联军总司令部、中华民国临时政府陆海军部、参谋部、南京卫戍总督、南京留守府等军事机构。民国22年（1933）2月10日，国民政府江宁自治实验县成立，直隶江苏省政府，江宁县开始单设军事机构。是年2月，江宁县设立保卫委员会；6月撤销，成立总团部；8月，各区设区团部。民国27年8月，国民政府江宁县政府成立常备队，各区、乡分别成立自卫团、自卫分团。民国32年，常备队扩充为保安团。民国34年10月，国民政府江宁县政府成立“保安独立大队”。是年12月，县政府设军事科。民国35年1月，保安独立大队更名为县保安大队，其大队部设在东山镇，大队长马春生。是年，江宁县建立县民众自卫总队部，在各区成立7个中队和14个联防队，乡镇成立分队、巡逻队及盘查哨。民国38年（1949）江宁解放前溃散。

【抗日民主政权军事机构】

民国27年（1938）7月，横溪地区抗日民众动员委员会（简称动委会）成立。主任端木礼鸿（地方士绅），所辖范围为横溪、陶吴、江宁镇、板桥一带。8月，成立小丹阳地区抗日民众动员委员会（简称动委会），主任业宏（士绅）。同时，谢村地区抗日民众动员委员会相继成立。此类机构的主要工作是培养地方工作骨干，动员广大青年参加新四军，组建地方武装，镇压汉奸，壮大抗日队伍。10月后，侵华日军先后占领小丹阳、横溪等重要集镇，国民党顽固派经常制造摩擦，大刀会等势力蠢蠢欲动，新四军一团、三团相继调往皖南整训，横山地区的形势发生险恶变化，动委会随之解散。

民国29年（1940）3月，中共江当溧县委，根据中共苏皖区委和新四军江南指挥部党委确定的“扩大抗日根据地，扩大新四军，建立抗日民主政权的工作任务”精神，筹备建立了江当溧党政军民抗敌委员会。6月，改名为江当溧三县抗敌自卫委员会（简称三县联抗会）。该委员会是为巩固、发展敌后抗日根据地，摧毁敌伪汉奸势力，扩大群众抗日力量而设。8月，“横山事件”（大刀会骨干分子暴乱）发生，江当溧三县抗敌自卫委员会成员大部分分散撤至江溧句地区，人员相对集中。12月14日，在江宁县境的土桥下埠村召开江当溧句四县人民代表大会，成立江当溧句四县国民抗敌委员会（简称四抗总会）。该委员会成立后，积极扩大武装，发动民众与敌伪及其反共投降分子作斗争。

民国30年（1941）8月，在江宁县境秦淮河以东地区成立江宁县抗日民主政府，“四抗总会”自行消失。民国31年8月至民国32年冬，在县境秦淮河以西及当涂、溧水边界地区，建立三县行政委员会，后改建为横山县抗日民主政府。民国33年7月，始设的横山县抗日民主政府军事科至民国34年10月随军北撤。民国34年5—9月，江宁县东部、南京市东郊沿江至镇江一带建立上元县抗日民主政府，下设武工队，经常活动于下蜀、龙潭、栖霞山、尧化门铁路沿线一带开展武装斗争，直至10月北撤。

民国27—34年（1938—1945）抗日民主政权军事组织负责人情况表

表31-1-1

机构名称		职务	姓名	任期	备注
横山地区抗日民众动员委员会	横溪地区动委会	主任	端木礼鸿	民国27年（1938）7月至10月	地方士绅
		副主任	张南基	民国27年（1938）7月至10月	新四军三团民运干部
		指导员	朱英华	民国27年（1938）7月至10月	中共党员
	小丹阳地区动委会	主任	业宏	民国27年（1938）7月至10月	地方士绅
		副主任	高颂章	民国27年（1938）7月至10月	—
		指导员	王绍杰	民国27年（1938）7月至10月	—
	谢村地区动委会	主任	谢文升	民国27年（1938）7月至10月	—
		副主任	龚道新	民国27年（1938）7月至10月	—
		指导员	汪孝泉	民国27年（1938）7月至10月	—
江当溧三县抗敌自卫委员会		主任	业文明	民国29年（1940）春至8月	地方士绅
		副主任	张干农	民国29年（1940）6月至8月	国民党博望区区长
			曹效懋	民国29年（1940）春至6月	地方士绅
			夏定才	民国29年（1940）6月至8月	新四军民运干部，后为中共江当溧县委书记
江当溧句四县国民抗敌委员会		主任	姜杰（兼）	民国29年（1940）12月	中共代表
			夏定才	民国29年（1940）年底至民国30年8月	中共代表
		副主任	刘啸梅	民国29年（1940）12月至民国30年8月	地方士绅
抗日民主政府军事科（武工队）	江宁县军事科	科长	范坚	民国30年（1941）10月至12月	—
		科长	许治	民国31年（1942）1月至3月	—
		科长	朱之生	民国31年（1942）4月至民国33年12月	—
		科长	王干臣	民国34年（1945）1月至10月	—
		副科长	甘世杰	民国32年（1943）7月至12月	—

续表

机构名称		职　务	姓　名	任　期	备　注
抗日民主政府的军事科（武工队）	江当溧三县行政委员会军事科	科　长	赵家淦	民国 31 年（1942）8 月至民国 33 年 7 月	—
	横山县军事科	科　长	李　琪	民国 33 年（1944）7 月至民国 34 年 7 月	—
	上元县武工队	队长兼指导员	陈小如	民国 34 年（1945）5 月至 9 月	—

第二节　新中国成立后地方军事机构

【区人民武装部】

新中国成立后，党和国家根据发展的需要，对人民武装部在建制、编制和隶属关系等方面进行过多次调整。1950—1986 年，江宁县人武部为军队建制，1986—1996 年改归地方建制，1996—2007 年，区人武部收归军队建制。领导关系在 1958 年前隶属镇江军分区；1958—1962 年，分别隶属南京市兵役局、南京市人武部、南京军分区；1962—1971 年，重新隶属镇江军分区；1971—2007 年，分别隶属南京警备区、南京军分区。

1950 年 5 月，江宁县建立中国人民解放军苏南军区江宁县人民武装部，部长李达，编制 9 人。1951 年，全县 10 个区相应建立区人民武装部，共 652 人。每个武装部下辖 2 个中队，1 个是武装中队，着军装，主要任务保卫区政权，组建民兵组织，进行参军扩武工作；1 个是民兵中队，主要任务是配合土地改革，协助武装中队维护地方治安。1952 年 5 月，根据中央军委关于精简整编、压缩兵员、减少军费开支的决定，江宁县原苏南镇江军分区独立第一营、苏南军区江宁县人民武装部合并改称为“中国人民解放军江苏省镇江军分区江宁县人民武装部”，部长纪贤亭。1954 年 10 月，根据中央军委决定，精简机关，奉镇江军分区命令，江宁县人民武装部统一整编，成立江宁县兵役局。县人民武装部与县兵役局并存，实行一套班子两块牌子。各区人民武装部撤销，保留武装助理员 1 名，负责民兵工作。1958 年 4 月，江宁县兵役局缩编为 20 人，周洛任局长。是年 6 月，江宁县兵役局划归南京市兵役局领导。1959 年 10 月，根据中央军委《关于改变组织体制的决议》精神，撤销县兵役局，单称中国人民解放军江苏省江宁县人民武装部，隶属南京市武装部领导。

1960 年 12 月 1 日，南京市武装部撤销，成立南京军分区，江宁县人武部则隶属南京军分区领导。1962 年 5 月 3 日，江宁县重被划归镇江行政专署管辖，江宁县人武部则归属镇江军分区领导，编制 19 人。是年 12 月，江苏省军区命令，江宁县人民武装部由 19 人增编为 23 人。1966 年 7 月 22 日，根据江苏省军区关于原属省军区独立第二师建制的县（市）中队，划归各县（市）人民武装部建制的指示，镇江军分区支队江宁县中队于 7 月 22 日划归江宁县人民武装部建制，隶属县人武部领导，全队共 22 人。1967 年 1 月，受上海“一月风暴”的影响，向党内所谓走资本主义道路当权派造反夺权的浪潮席卷江宁，全县党政组织处于瘫痪状态。

1967年3月4日，县人武部执行中共中央、国务院“各项工作由军队抓总”的指示，同驻县中国人民解放军团以上单位协商决定，抽调各单位领导干部等73人组成县人武部生产办公室，担负起全县各项生产工作。驻军从即日起，抽调指战员2000余人，分别进入25个公社、3个直属镇、2家厂、1个林场、1个水利工地，执行支左、支工、支农和军训、军管的“三支”“两军”任务。是年4月1日，成立江宁县军事管制委员会，由11人组成。与此同时，县人武部生产办公室并入军管会下设的生产委员会办公。1970年3月，按照江苏省军区颁发“县人武部编制表”，江宁县人武部编制由23人缩编为21人。1971年3月11日，经国务院批准，江宁县重新划归南京市管辖。3月22日，江宁县人武部划归南京警备区领导。1975年，根据国务院、中央军委160号文件《关于县、市中队仍交归公安机关建制领导，改为人民武装警察》的指示，江宁县中队从武装部划出，从翌年1月1日起，隶属江宁县公安机关领导。1977年5月，江苏省军区重新颁发“县人武部编制表”，江宁县人武部编制调整为24人。

1982年1月1日，南京警备区改编为南京军分区，江宁县人武部隶属南京军分区领导。1983年4月，江宁县人武部缩编为16人。1986年5月17日，南京军分区政治部对江宁县人武部14名领导和各科室干部进行配备，部长为葛裕利。1986年6月，江宁县人武部由军队建制改归地方建制。是年，县编制委员会发文确定县人武部改归地方建制后为副县级单位，既是县委的军事部门，又是政府的兵役工作机关。机构单设，核定行政编制22名。经费原由国防支出，从1987年1月1日起，改由地方财政支出，列入地方财政经费。1996年3月，江宁县人民武装部收归军队建制，称中国人民解放军江苏省江宁县人民武装部，编制等级为正团级单位，共有编制23人。2000年12月，中国人民解放军江苏省江宁县人民武装部更名为中国人民解放军南京市江宁区人民武装部。至2007年，区人武部现役军官8人，行政在编职工11人。

【基层人民武装部】

基层人民武装部是包括乡、镇、街道、机关、学校、厂矿、企事业等单位、部门建立的人民武装部，是同级党委的军事机关和同级人民政府的兵役机关，属地方建制，隶属县（区）人民武装部和同级党委的双重领导。随着各个时期的区划调整，体制的变化和单位部门的撤并等基层人武部相应进行调整变动。

1950年5月，江宁县人民武装部成立后，1951年全县10个区先后成立区人民武装部。1954年9月，奉镇江军分区命令，撤销区人武部。1957年7月，撤区并乡，区人武部撤销。全县54个乡合并，建立24个乡人民武装部，各设部长或助理员1人。1958年8月成立人民公社后，全县于1959年年初建立20个公社人民武装部。1961年经中共中央批准，国家拨款10万元用于建立健全基层人武部，并配备专职人武部干部。10月20日，县委组织部和县人武部联合发文，为全县20个公社、2个场配备专职人武干部22名。

至1970年年底，江宁县成立人武部31个，其中公社26个，直属镇3个，场（厂）矿企业2个。1972年1月，南京云台山硫铁矿，在民兵划归江宁县人武部管辖后，经上级批准成立人武部，设部长1名，干事2名。1978年8月至1979年1月，江宁县化肥厂、钢铁厂、机械厂经南京警备区批准相继成立人武部。1982年，农村实行体制改革，政社分设，恢复乡镇建制，全县基层人武部有35个，其中乡级26个，直属镇3个，场（厂）矿企业6个。据1988年县人武部改归地方建制后统计，全县基层人武部有28个，其中镇级4个，乡级20个，场（厂）矿企业4个，配有部长、副部长、干事52人。

1994年5月30日，经南京军分区批准，成立江宁县经济技术开发区人民武装部。为副处级行政编制单位，隶属江宁县经济技术开发区管委会和县人武部的双重领导，配第一部长、部长各1人。至1997年，全县有29个人武部，其中乡镇级（含开发区）的24个，场（厂）矿企业5个，共有专职人武干部52人。

2000年，全县共有24个基层人武部，分布在18个镇、4家厂、1个场和1个开发区；有专职人武干部44人。2002年6月21日，经南京军分区批准成立百家湖街道、东山街道、江宁科学园、区金箔集团、区建设局、区交通局、区卫生局、区教育局、区林副业局、区机关工委10个人武部。同时，撤销东山镇、东善桥林场、新蕾公司、第三钢铁厂等4个人武部，其中东善桥林场人武部调至区林副业局、原新蕾公司人武部调至金箔集团。2005年，全区共成立基层人武部21个，其中镇（街道）20个，单位（包括厂）10个。有专职人武干部29人。至2007年，全区有区级机关、街道、江宁经济技术开发区、企业等基层人武部19个，有专职人武干部38人。

第二章　驻军与地方武装

江宁历代驻有重兵，为金陵斗争前哨，凡发生重大战事年代攻防部队尤多。如春秋时期，吴国在境内建有水师、战船，元代设千户、万户等，清代设镇、协、标、营等军队建制。民国时期，在江宁地区有南京临时政府、北洋军阀、国民政府、新四军和侵华日军、伪军等各种军队交替进驻，斗争十分激烈和频繁。抗日战争时期，江宁为南京地区重要防御阵地。在南京保卫战中，国军第七十二军八十四师守备在雨花台及江宁镇一线，第七十四军五十一师、五十八师，第六十六军一九五师、一六〇师守备牛首山、河定桥、淳化镇一线等。民国27年（1938）4月，新四军先遣支队从皖南挺进苏南敌后，进入江宁境内，揭开东进抗日序幕，并先后组建第一团、第二团、第三团、第四团及四十六团等团的建制，有力打击日本侵略军。

新中国成立后，江宁区驻军较多，素有“北昌平、南江宁”之称。主要有驻区部队、武警部队等。据2007年不完全统计就有57家，其中团以上单位22家，官兵和家属多达数万人，营区及属地面积有3400公顷，军事管理区和军事禁区占全南京市的1/4。

历代除正规军之外，还有各类地方武装。如民国时期境内建有保卫团、常备部队、保安大队等。抗日民主政府建有江、当、溧边区抗日自卫大队、县警卫连、警卫团，以及解放战争时期的武工队等。新中国成立之初，建有中国人民解放军镇江军分区江宁县总队和江宁县人民武装部等。

第一节　清以前驻军

战国时代起，江宁境内江宁镇、秣陵关、竹筱、小丹阳、龙都、淳化、汤山、摄山等地，先后设垒，历代均有重兵把守。汉献帝建安十六年（211），孙权从京口徙治秣陵，从马家渡、烈山、三山矶，东向龙潭一线，沿淮（今秦淮河）、沿江垒堤立栅，置烽火台，从南京、江宁一直延伸到当时陆逊设在湖北陆口的指挥部（江宁、铜井、营防等地，至今仍有“烟墩”的村庄），各有驻军把守。

东晋时期，境内东自土山，西至江乘，警卫严密，戍卒7000余人。宋元嘉二十七年（450），北魏声欲渡江，文帝大具水师，拨9路兵马分别镇守横江、白下、裨州、新州、贵洲等地。上接于湖，下至蔡洲，陈船列营，周亘江畔。

宋时，创宁江新军，沿江建屯共有军士6280人。其在建康驻扎的有下蜀、马家步、沙河、韩桥、王沙、新开河、下三山、汪蔡港等8处。有战马1256匹、战船3550艘。

元至大德元年（1297），置都新军万户府移镇建康，正军100余员，均由达鲁花赤万户、副万户及以下千户、百户军官所管，专以把守城池要害之地。在龙湾设有教习水军的万户府，由行枢密院从江北、河南等省拨军2000余名前来屯戍，隶万户府提调，专心教习。

明时，于都城南新江口置水兵8000至1.20万人，造船400余艘，上自九江，下抵苏州等地，悉令巡捕盗贼及贩私盐者，其制明代贯彻始终。根据局势所需，随时建置的还有神机营、振武营、义乌营、中军标营等以操练军马。

清初，驻防建有江宁旗营，以镇抚二国公主其事，后设章京，设总管，后改总管为将军并以副都统佐之。顺治二年（1645），设两江总督，所属有中营、左营、督标营等。在汛地设有防守墩堡，左营在上元设立的有46座，在江宁设立的有24座；右营在上元设立的有27座，在江宁设立的有56座。

清康熙元年（1662），上江两县设防江营汛21处，其中江宁县有12处，上元县有9处，各处均有把总、千总管辖。江宁县烈山、白庙2汛为游兵营右哨把总管辖；仙人矶、河口、犊儿矶、三山、大胜关、双闸、镫璲沟、上河簰湾8汛为奇兵营左哨把总管辖；新江口、草鞋峡2汛为奇兵营左哨千总管辖。上元县七里洲、燕子矶、傅家沟、草塘寺4汛为奇兵营左哨千总管辖；朱家嘴、九分塘2汛为奇兵营右哨把总管辖；北江边、三江口、柏家闸3汛为奇兵营右哨千总管辖。两县城关常备驻守兵力额定4564名（含骑兵1/5），水师1000余名，战驿马8589匹。

清道光二十二年（1842）八月，驻防江宁的满绿营兵丁及所调湖北提督刘允孝部和寿春镇兵近8000名。咸丰二年（1852），清廷为加强防守长江上游太平军的进攻，从江宁调出部分队伍。咸丰三年（1853），江宁有八旗驻防兵3900多人，绿营兵近2000人。

清咸丰三年（1853）十九日，太平军攻占南京后，建立陆营九十五军、水营九军、土营二军、女营四十军。初期守卫天京的太平军有10万人。同治三年（1864）七月，天京失陷前，坚守天京的太平军只剩万余人，能参加作战的官兵只有三四千人。

清军攻陷天京时，曾国荃5万多人，鲍超等部9000多人，韦志俊部2500余人进驻江宁。又有杨岳斌、彭玉麟统辖的水师泊于长江。同治四年（1865），原湘军陆军全部遣散，派淮军驻防（后改称巡防营）。光绪元年（1875），南洋海军巡洋长江舰队代替长江统制水师。光绪二十一年，又编自强军，成立江宁要塞司令部。光绪三十二年，成立江苏清季南洋新军陆军第九镇（师级），镇司令部统领步兵第十七协、马队第九标、炮队第九标、工兵第九营、辎重兵第九营和宪兵司令部，分驻上元、江宁两县（南京）城关内外。宣统三年（1911）八月，江防营调入城内担任城防。九月，陆军第九镇开往秣陵暂住。十月，铁良等奏请招募兵勇共10营，2500人。江防营由18营增至20营，每营250人增至500人。

第二节　民国时期驻军

【南京临时政府与北洋军阀驻军】

清宣统三年（1911）九月十八日，徐绍桢率第九镇于秣陵关驻地誓师起义，两次进攻雨花台受阻，退返秣陵关转往镇江，会同苏、镇、淞（沪）、浙各路起义军组成江浙联军，集结1.40万人，于十月十二日分5路攻驻江宁城。民国元年（1912），一路北进，余部与陆续进驻的桂、粤、湘军一部分合编为第三军。

民国2年（1913）7月，黄兴率第一师、二师、八师等师，任革命军总司令，随后并与何海鸣先后任讨袁军总司令，驻守城关。是年9月，北洋军阀第2军司令冯国璋率江南提督张勋禁卫军、雷振春的第七师、刘询的第五混成旅攻占江宁城。民国13年，直系江宁镇守使齐燮元部第六师、混成旅第三旅、第四旅，皖系苏皖宣抚使卢永祥部第四师、第十师先后进驻江宁城镇。民国14年夏，奉军张作霖部驱逐齐燮元，混战江宁。民国14年10月，军阀孙传芳任闽浙苏赣皖5省联军总司令，联合直系军驱逐奉军，率第三军进驻江宁。民国16年年初，孙传芳投靠奉军。民国16年2月，奉军（安国军）副司令张宗昌及直鲁联军5万人镇防江宁及京沪沿线。其第六军徐源泉部，粤军谢文炳部4个混成旅及白俄兵1个团驻江宁、当涂接壤的一带集镇。

【国民政府驻军】

民国16年（1927）3月17日起，北伐的国民革命军陆续进抵江宁县。这是一支由江左军总指挥程潜、第六军政治部主任林祖涵（中共党员）率领的第六军第十七师、十九师和第二军军长谭延闿、政治部主任李富春（中共党员），第六师党代表萧劲光（中共党员）率领的第二军第四师、六师，第四十军军长贺耀祖率领的独立第一师、二师等部队。19—20日，第六军在陶吴、朱门、濮塘、东善桥、铜井、江宁镇、秣陵关、湖熟、龙都、板桥、牛首山、淳化、殷乡（巷）等镇，击溃直鲁联军前敌总司令褚玉璞的第七军及其指挥的徐源泉、谢文炳部和白俄兵团后进城。尾随入城的是从上海调来的第一路军何应钦部第一师、二师、十四师，竟受北伐军总司令蒋介石密令，以“共产党人滋事，开炮还击下关江面英、美军舰”为由，于4月28日、29日，分别将第六军十九师3个团及十七师包围缴械。随后，第三十七军接防城关至采石一线。第一军第一师、二师、十四师、二十二师及警备师驻守城东至龙潭、下蜀一线。龙潭战役后，以第二十一师驻城，第十九军驻新河镇至江宁镇一线。第四十四军驻江宁镇至慈湖一线。第一师驻雨花台，第二十二师驻龙潭、栖霞、下蜀一线。而后继续北伐，驻军屡有变动。江宁城区划为南京市并定作国民政府首都后，江宁县列入京畿防务部署之内。

民国26年（1937）11月，侵华日军进攻南京，11月24日国民政府成立南京卫戍司令长官部，以县东、南两面为第一道防御阵地。第七十二军八十八师守备雨花台及以南至江宁镇一线。第七十八军三十师守备红山及城北地区。第七十四军五十一师、五十八师，第六十六军一九五师、一六〇师守备牛首山、河定桥、淳化镇一线，并向秣陵关、凤凰山、湖熟镇派出前哨。第八十三军一五四师、一五六师守备青龙山、麒麟门、拜经台至龙潭一线。第二军团四十一师、四十八师守备孟塘至栖霞山、龙王山一线及乌龙山要塞。第七十一军八十七师守备河定桥至孩子里一线。东山镇、南京城相继失守后，守军大部渡江北撤西移。第七十四军一部由谷里村、陆郎桥，第七十一军、七十二军一部由高桥门、淳化镇附近，第六十六军、八十三军一部由麒麟门、土桥东北撤向皖南。第一〇三师、一一二师撤往江北。其后直至侵华日军投降前，国民政府军队未再进入江宁县境。

民国 34 年（1945）8 月 30 日，国军新六军第十四师空运南京后，9 月 5 日派第四十团进占江宁县岔路镇、麒麟门、高桥门等地，并派 1 个营进占横山县的马鞍山。汪伪军被收编为先遣军，分驻南京外围。10 月初，新二十二师派 1 个营进驻湖熟镇。随后江宁、横山两县大小集镇都被国军占驻。

民国 34 年（1945）中旬，新六军调去东北。由整编七十四师（原为七十四军）接防，所部五十一旅一五一团团部驻江宁县岔路镇，向淳化、土桥、汤山、作厂派出 3 个营。另有 3 个营分布在江宁境内的板桥、铜井、江宁镇、秣陵关、陶吴、丹阳、横溪等乡镇。同时进驻江宁各要塞。

民国 36 年（1947）至 38 年年初，首都卫戍司令部陆续调第六兵团第二十八军、四十五军、九十九军，海军第二舰队和东南军政长官部技术总队（实即国防部保密局）防守南京地区。第四十五军 3 个师担任南京西、江宁镇、铜井的防务，第八兵团防守铜井以西；第九十九军 3 个师担任南京东、栖霞、龙潭、句容的防务。除沿江一线外，在县境内，尚驻有陆、海（江防要塞）、空及步、炮、工、装甲等军、兵种正规建制的 1 个师，另 5 个团，8 个营，兵力 2.20 万人以上。

民国 38 年（1949）4 月 23 日，中国人民解放军第三野战军第三十五军攻占南京后，第一〇〇师追击逃敌至湖熟，第一〇三师、一〇五师聚歼溃敌于横岭、汤山、土桥等地，解放江宁县，然后江苏省军区派出守备江宁县部队。

【新四军】

民国 27 年（1938）4 月，新四军刚到皖南屯溪集中不久，即从第一支队、第二支队、第三支队各抽 1 侦察连组成先遣支队，由司令员粟裕率领于 5 月 19 日挺进到县铜山乡业家庄，深入南京城和附近敌占区侦察敌情。先遣支队取得韦岗首战胜利后还归原建制。

民国 27 年（1938）6 月 7 日，陈毅率新四军第一支队老一团、老二团到新桥与先遣支队会师。12 日，一支队副司令员兼一团团长傅秋涛、副团长江渭清率老一团，进入小丹阳为中心的江当溧地区，团部设在小丹阳。在南京城下的麒麟门、西善桥、横溪、陶吴、小丹阳等地频频袭击侵华日军。10 月调回泾县。

民国 27 年（1938）7 月，新四军第二支队在司令员张鼎丞、副司令员粟裕率领下进至苏、皖边境。老三团进入横山地区，战斗半年后调回军部。老四团接替老一团进入江（宁）溧（水）句（容）地区，即江句游击区。不久，团长张道庸（即陶勇）率 2 个营挺进六合、天长，建立苏皖大队。民国 28 年 11 月，建立江南指挥部，统一指挥苏南部队。

民国 29 年（1940）7 月，陈毅、粟裕率部渡江北征前，苏南成立新二支队。茅山、横山地区新四军部队壮大，新发展成立新三团、新四团，独立第一团、第二团。新四团经常在江宁、横山地区战斗，新三团活动于江、句边境。民国 30 年 1 月，新四军江南部队整编为第六师，新二支队编为第十六旅，新四团编为第四十六团，经常活动在江句、横山地区。第四十七、第四十八团经常配合第四十六团作战。

民国 32 年（1943）1 月 13 日，王必成率新四军第一师第二旅驻江宁在佳里山与十六旅会合，二旅合并仍称十六旅。4 月 14 日，第四十六团及旅教导队进入横山敌后，第四十八团随旅部，区党委机关进入江宁敌后。民国 34 年 7 月，新四军第七师 1 个连从皖中南渡，与横山警卫团会合活动，于 10 月一同北撤。

【侵华日军和伪军驻江宁】

民国27—34年（1938—1945）期间，在江宁地区有侵华日军和伪军进驻。

侵华日军。江宁沦陷后，由驻南京的侵华日军第十六师团派出所属部队，分驻宁杭、宁溧、宁芜公路及铁路各主要集镇。民国27年（1938）1月15日，侵华日军第十一师团接替第十六师团防务，由天谷旅团分驻板桥、江宁、铜井、小丹阳、龙潭、麒麟门等主要集镇。是年8月23日，侵华日军第十五师团接驻南京、芜湖、扬州地区。其五十一联队池田部和五十四联队大熊部驻县，增设禄口、土桥、陶吴、横溪、湖熟、秣陵、龙都等据点。民国27年，南甫旅团岗本联队增驻县境。民国32年，侵华日军第六军及所属第四十师团、独立第六十三旅团、第七十九旅团接替第十五师团进驻南京、江宁等地，民国34年9月投降。

伪军。民国27年（1938）年3月，“南京维新政府”组织江浙绥靖军，兵力2万人，分布于江当句溧地区各主要市镇。民国29年3月，改称为苏浙绥靖军。民国30年1月，汪伪独立警备第七旅分驻县主要集镇。民国32年，增派警备第三师驻江宁县。民国34年8月13日，经中共地下党员策反，第三师第八团由江宁渡江起义，投奔新四军。

第三节　新中国成立后驻军

【中国人民解放军驻江宁部队】

73669部队　其前身为民国23年（1934）毛泽东、朱德等老一辈无产阶级革命家亲手缔造的红军第1支工兵连“红1连”。先后参加过鲁南战役、孟良崮战役、淮海战役、渡江战役、抗美援朝、对越自卫反击战等重大战役战斗。担任过建设南京长江大桥、南京火车站、抗灾救灾等重大任务。1993年，军队精简整编调整为今编制，代号73669部队。该部队多次被上级表彰为先进党委、管理教育先进单位。

73680部队　组建于1951年。1975年，部队代号由6431改为83401；2000年，又改为73680。该部队自组建后，多次参加国防线路施工以及中央军委、总参谋部和南京军区组织的重大军事演习和重大活动保障，圆满完成上海亚太经贸合作组织会议、十运会、上海合作组织峰会、上海特奥会等重大活动的通信保障任务。1996—2007年，先后12次被南京军区司令部直属党委评为先进党委，9次被军区评为先进旅团单位，7次荣立集体三等功，连续12年被军区司令部表彰为军事训练一级单位。该部队先后参加1998年抗洪、江宁横山林场灭火等抢险救灾通信保障任务。并参加江宁科学园至禄口国际机场、南京市雨花台区至安徽省马鞍山等重点光缆线路施工。部队先后被民政部、江苏省及南京市表彰为全国拥政爱民先进单位、军民共建先进单位、双拥工作先进集体与南京市创建双拥模范城有功单位。

73017部队　于1960年10月2日组建。其前身以陆军第十二军三十五师步兵第一〇五减编团和南京军区独立防化营、独立喷火营为基础组成。1964年年底，移驻至今江宁区淳化街道。从组团至2007年，先后完成一系列重大任务。1979年、1984年两次赴云南参加对越自卫还击战。1989年，团抽调25人参加北京戒严。1964年、1988年、1996年、2001年4次参加全国、军区军事大比武，均取得全优成绩。该团先后9次出色完成南京市黄胡子山，安徽省蚌埠、六安，江西省上高等侵华日军遗弃化学武器的挖掘任务；9次被南京市评为双拥工作先进单位。

94672 部队 于 1965 年 7 月组建。前身是空军运输航空兵第四独立大队。1975 年，改称南空独立运输大队。1987 年 8 月，将原福建空军、南京空军两个独立运输大队合并，整编为南京空军航运团；1997 年 5 月，南京军区在组建陆军航空兵第五团时，整编为南京空军独立运输大队；2004 年 12 月 28 日，整编为空军航空兵搜救团，代号为 94672 部队。2005—2007 年，该部队多次被南京军区党委表彰为双拥先进单位。

94968 部队 1987 年，部队在原空军工程兵三总队、空军工程兵四团基础上合并组建，隶属于南京军区空军后勤部。主要担负空军东南沿海战备工程建设和战时战场抢修抢建任务。部队从组建至 2007 年，完成近百项战场建设任务，同时积极投身地方建设，其中参与国家重点工程建设 15 项。并先后参加 1998 年抗洪、2007 年抗击冰雪，被中央军委授予抗洪先进单位、抗灾救灾先进集体荣誉称号。其间，部队党委有 10 个年度被军区空军评为先进党委；部队先后被总参谋部、总后勤部、军区空军评为精神文明建设单位、全军战备工程建设先进单位、空军战备工程建设先进单位、全军重点战备工程先进单位等称号。

73602 部队 1996 年组建。初隶属于南京军区司令部，2003 年转隶到 73011 部队。部队至 2007 年组建 12 年中，先后完成江苏启东海难搜救、江宁横山森林灭火、协助江苏省公安厅“反恐演习”、上海亚太经贸合作组织会议安全保卫、上海合作组织峰会安全保卫、抗洪抢险、抗雪救灾等 50 多项重大任务。该部队多次被上级评为先进党委、先进单位、军事训练先进单位、装备保障先进单位，荣立集体一等功一次，三等功二次。

73097 部队 组建于 2001 年 1 月 18 日，属正团级单位。该部队前身是山西新军“青年抗敌决死队”第三纵队。在解放临汾时，率先攻入临汾城，被中央军委、毛泽东命名为“临汾旅”，是全军最大的荣誉单位。“临汾旅”炮兵团隶属于南京军区第十二集团军，主要担负战略预备队和反恐维稳、抢险救灾等非战争行动任务。2004 年、2005 年，参加了南京市江宁区横山林场扑救山火任务。

73033 部队 前身为民国 32 年（1943）9 月 8 日创建的胶东军区直属钢炮排。1953 年 1 月 3 日，正式命名为炮兵第三团，1955 年 10 月归建炮兵第九师，1957 年 3 月进驻今江宁区汤山西营房。自组建后，团先后参加过胶东保卫战、青岛战役等大小战役 20 多次。新中国成立后，部分人员参加了抗美援朝、抗美援越和自卫反击战。20 世纪 90 年代后，先后参加了东南系列演习、国防光缆施工、1998 年抗洪抢险等重大演习和斗争。部队多次荣立集体三等功，被评为全面建设先进团、军事训练一级团和安全管理先进单位。至 2007 年，该部队连续多年被上级评为军事训练一级单位和全面建设先进单位。

73665 部队 组建于 1953 年，师级单位，当时隶属于南京军区炮兵司令部。组建后至 2007 年，先后进行 7 次大的编制调整，今为正团级训练保障单位，隶属于南京军区司令部。2000—2007 年，部队连年被南京军区司令部评为先进党委和管理教育先进单位。

73666 部队 前身为南京军区炮兵教导队，组建于 1971 年 9 月，历经 6 次整编，2004 年 12 月调整为今编制，代号 73666 部队。至 2007 年，部队多次被总部和上级表彰为深化教学训练改革先进单位、先进党委、管理教育先进单位。

此外，江宁区域内还有一些连级驻区部队，如中国人民解放军 94860 部队六十八分队、94860 部队三营六连、94878 部队五十一分队，中国人民解放军理工大学工程兵工程学院训练部坑道维护队，中国人民解放军 73681 部队五一四分队等。

【中国人民武装警察部队驻江宁部队】

武警江宁区中队 1966 年 7 月，根据江苏省军区关于原属省军区独立第二师建制的县（市）

中队，划归各县（市）人民武装部的建制指示，镇江军分区支队江宁县中队于是月22日移交划归江宁县人民武装部。全队22人。1968年11月，根据上级指示精神，县中队进行调防，江宁县中队调往丹徒县，丹阳县中队调入江宁县。1975年，根据国务院中央军委160号文件《关于县市中队仍交公安机关建制领导，改为人民武装警察》的指示，江宁县中队于10月15日完成移交手续，从1976年1月1日起，隶属江宁县公安机关领导。撤县设区后，隶属南京市公安局江宁分局领导。至2007年没有变化。

武警南京市消防支队江宁大队 1986年12月成立，驻江宁县东山镇同夏路38号。2002年12月，搬迁至南京市江宁经济技术开发区通淮街126号。主要担负江宁区火灾扑救、防火监督、抢险救援等工作。是年，被评为江苏省消防部队执勤岗位练兵先进单位，2003年、2005年先后被江苏省消防总队评为消防监督执法先进大队，2006年被南京市江宁区人民政府评为安全生产先进单位。

武警南京市支队三大队七中队 地处南京市江宁区淳化镇境内，常年担负江苏省江宁监狱（原大连山监狱）外围武装看押任务。1981年8月18日，组建为大连山护卫中队。1985年1月，改护卫勤务为看押勤务。1992年8月10日，改称为中国人民武装警察部队江苏省总队南京市支队第三大队第九中队；2005年7月，武警南京市支队编制调整，改称为中国人民武装警察部队江苏省总队南京市支队第三大队第七中队。1999年、2006年被江苏省总队评为基层建设先进中队。2004年，被南京市支队评为正规化执勤一级单位。

第四节 地方武装

【国民政府江宁县政府部队】

民国22年（1933）前，江宁县署长期设在南京城内，与首都或省会、府道同城而治。除正规军分驻城镇之外，地方各区、乡镇皆设雇佣性质的保卫团。民国21年年底，全县57个乡镇共有团士353人，步马枪278支，子弹18568发，短枪及其他枪51支。民国22年后，江宁县政府设有总团部、常备军、保安大队等地方部队。

民国22年（1933）2月，国民政府江宁自治实验县设保卫委员会，开始壮丁调查，从壮丁中抽调保卫团士；2月，举办保卫团训练所；6月，撤销县保卫委员会，全县保卫事务概由县民政科直接办理。县设总团部，共有团士400余名。8月，各区设区团部。民国26年12月，日本侵略军攻陷南京，江宁沦陷后，县团部随之溃散。

民国22年（1933）冬，江宁自治实验县政府将原警察大队改组为保安警察队，官警夫223人。外设特务警察一队、68人。共有长、短枪563支，并配备脚踏车12辆，马20匹。民国26年12月，江宁沦陷时溃散。

民国27年（1938）8月，江宁自治实验县政府成立县常备队，约100余人。各区、乡分别成立自卫团、自卫分团。民国29年5月，常备队在土桥一带进行反共摩擦被新四军新三团解除了武装。是年年底，江宁县政府重建常备队，100余人。并无抗日活动，却与日伪扶植的自卫团勾结，进行反共摩擦。民国32年，扩充为保安团。民国33年11月1日，保安团团长沈国钧随江宁县党部书记沈天宝、县长颜德贵等公开投靠侵华日军。

抗日战争胜利后，江宁县流亡县长蔡为端，随新六军于民国34年（1945）10月复员至东山镇，接收伪县政府，收编伪军成立保安独立大队。民国35年1月，将保安独立大队改为县保安大队（至1949年）。兵力有3个中队，计官兵335人。有步、马枪250支，轻机枪3挺。

民国35年（1946）1月，在恢复保甲制抽壮丁的基础上，建立县民众自卫总队部，由驻军第七十四师一五一团派人督导。首都卫戍司令部拨给枪支弹药，在各区成立7个中队和14个联防队。乡镇成立分队和巡逻队、盘查哨。全县有官113人，兵2968人，长、短枪282支。县保安大队和自卫队都以搜捕新四军留守人员、迫害抗日民主政府军政人员及其家属为专职。新中国成立前夕，上层人物潜逃，大部溃散，一部分等待接管或混入边区商团。

【抗日民主政府地方部队】

新四军进入横山、江宁地区，随即发动组织群众，发展地方抗日武装，并引导帮助在沦陷后自发组织起来、分散活动、没有统一领导的地方群众的自卫武装，进行整顿与改编。北撤后，这个地区仍存有人民地方部队。

民国27年（1938）8月，江、当、溧抗日自卫大队在横溪镇成立，亦称“横溪大队”。业衍节、王茂海、周广忠、杭承银等自卫游击队合并改编为3个中队，隶属江当溧三县抗敌自卫委员会动员武装部。另将秦村、禄口、铜山自卫团共100余人合并，在谢村成立第四中队。费明龙在小丹阳、博望发展了一支游击队。这都是由共产党新四军领导建立人民地方武装的雏形。

民国27年（1938）9月，横山地区地方武装整顿改编为4个大队。刘一鸿率领的苏皖边区自卫大队编为第一大队，在朱门、濮塘一带活动。民国28年4月，上升为新四军老四团一营三连。在采石一带的1支部队编为第二大队。横溪大队改为第三大队，并将朱门、陆郎2支游击队并入第一中队。梁村（今溧水县境）的1支部队编为第四大队。

民国28年（1939）9月，中共江当溧县委设军事部，以十几个地方游击队为基础，组建新一、新二、新三等3个连，共240人。新一连于民国29年3月上升到新四军主力部队。新二、新三这2个连在民国29年8月“横山事变”中遭受损失，撤离横山地区，转随中共江当溧句中心县委活动，后并入新四军新三团。

民国31年（1942）夏，新四军四十六团重返横山打开局面，江当溧三县行政委员会军事科于民国32年1月组建山南、山北大队，100余人。7月以向山铁矿暴动矿工20余人为基础，扩大建立山西游击连，三大片的地方武装均在连续战斗中发展壮大。民国33年9月，以牛首山、龙山铁矿暴动矿工为基础，组建为谷里区大队，不久并入山西游击连。

民国33年（1944）7月26日，横山县抗日民主政府军事科组建县抗日自卫总队，辖山北、山南、山西、铜山、亭山等区大队，并以山北大队骨干为基础，扩充建立县警卫连。民国34年9月20日，在扩军运动中组成横山县警卫团，辖3个营1个团直属队，全团1500人，10月初北撤。

民国28年（1939）9月，与中共江溧句县委成立的同时，成立江溧句边区抗日自卫队，下设郭庄、三岔、土桥、龙都4个分队。每个分队初期约30人。民国29年1月，新四军二支队参谋长罗忠毅到句北，统一领导和加强镇（江）句（容）江（宁）抗日斗争，将句容东北区国民抗敌自卫团改组为镇（江）句（容）江（宁）国民抗敌自卫团，活动范围扩大到江宁县东部地区，不久编入新四军新三团。民国29年5月，江溧句边区自卫大队上升为新四军新四团三营一连。

民国30年（1941）2月至6月，“皖南事变”后，根据中共江当溧句中心县委部署，建立赤南、赤北、句北和句北西北区4个警卫队，分别活动在龙都、周岗、秣陵、土桥、索墅、孟塘、淳化、湖熟、龙潭、东流、麒麟门和句容县的郭庄庙、谢桥、三岔以及句容北部山区一带。

民国30年（1941）6月，中共江句县委成立第1个江宁县警卫连，11月上升主力部队后，保留一支十三四人的短枪队。县委指示地下党员，策动所掌握的伪龙都自卫团反正，与潘竹山的方山特务队，陶家齐的郭庄庙大队合并编为第2个县警卫连。民国31年3月31日，这个警卫连在邹家边突围战斗中损失较重，保存的精干力量充实到县短枪队。4月，新四军四十七团调三营九连指导员朱之生任抗日民主县政府军事科长，重新组建第三个江宁县警卫连。民国33年，县警卫连第一、第二两连分别上升到新四军四十七团和独立一团，留第三连为县警卫连。中共江宁县委向茅山地委扩大会议报称：民国31年、民国32年，仅县警卫连和区大队对敌作战160多次（不含基干民兵和短枪队的小战斗），作战对手有侵华日军250余人，伪军约1000人，伪县府警备队及各镇的15个伪自卫团700人。扩充的3个县警卫连、5个区大队和乡基干民兵的武器绝大部分是对敌作战缴获的。

民国34年（1945）9月，不断发展壮大的地方抗日武装，为参加大反攻，组建成江宁县警卫团，全团1200多人，10月初北撤。

民国34年（1945）10月北撤后，江宁、横山进入国内解放战争时期，两县各设1个留守处和1支武工队。江宁县武工队30人，队长林德润。民国34年10月在茅山集中，从溧水李巷迂回进入江宁时，被国民党军队包围阻击，只有12人突围返回茅山，后与句容武工队合并为江、句武工队。民国35年1月中旬，改称为句容武工队。横山武工队17人，队长刘杰枝。由于白色恐怖严重，又同上级失掉联系，最后在小丹阳、泗陇一带隐蔽斗争，坚持到新中国成立。新中国成立前夕，横山武工队迎接中国人民解放军，收缴一部分国民党区、乡镇自卫队和警察的武器，新中国成立时，分别上交江宁县和当涂县人民政府。

【江宁县人民政府地方部队】

民国37年（1948）2月，随新四军北撤的排长、3等1级残废军人施业隆，回到横山地区，先在公塘组建一个4人游击小组，后发展为100多人的横山人民自卫大队。淮海战役后积极收缴国民党区、乡自卫团武器，揭穿反动派造谣欺骗活动，新中国成立后编入江宁县大队。民国38年3月，原江宁县抗日民主政府东郊办事处副主任庞声虎在窑头、上峰、土桥收缴国民党地方自卫队武器，组织联防队，新中国成立时经过整编，一部分编入县大队。

民国38年（1949）4月27日，人民解放军第八兵团拨1个连随同中共南下工作团于28日进驻东山镇，成立江宁县人民政府，建立县大队。当时各区都有溃兵游勇和由“中统”“军统”潜伏特务分子操纵的股匪15股，他们四处抢劫或盗用解放军名义搞破坏活动。新成立的南京军管会和警备区司令部，调派一部分主力协助肃匪特，收编溃兵。5月中旬，华东警备第七旅二十一团三营调驻江宁，至5月19日，消灭股匪13股，打散2股，收容溃兵1个营，326人，缴获大量武器。7个区都建立起区大队。社会秩序迅速趋于安宁。7月，警备三营奉命改编为中国人民解放军苏南镇江军分区江宁县总队，总队队长徐元。辖3个连，约400人。总队部设在东山镇。

1950年1月，县总队奉命改为中国人民解放军苏南镇江军分区江宁县大队，编制和领导人员不变。同年5月，组成中国人民解放军苏南军区江宁县人民武装部。1951年，全县10个区建立人民武装部（1957年撤区并乡，区人武部撤销，建立乡镇人武部）。1951年1月，奉苏南军区命令，江宁县大队改为中国人民解放军苏南军区镇江军分区独立一营。1952年5月，与苏南军区江宁县人民武装部合并改称为中国人民解放军江苏省镇江军分区江宁县人民武装部。原独立一营建制撤销。

第三章 民 兵

抗日战争初期，民国27年（1938），新四军东进抗日，进抵江宁县境，组织发动建立农会和民兵组织，当时的民兵分基干民兵和普通民兵两种。广大民兵积极参军、参战，除奸杀敌，战备值勤，运用人民战争的战术和灵活多样的斗争方式，配合主力部队和地方武装，在反“扫荡”和反“清乡”斗争中，与日伪军进行英勇顽强的斗争，最终夺取江宁抗日武装斗争的全面胜利。

解放战争时期，境内部分民兵与留守部队一道坚持斗争，一部分随军北上，参加解放战争，直到江宁新生政权建立。

新中国成立后，中共江宁区各级党委、人民政府和人民武装部门在普遍建立民兵制度的基础上，进行民兵预备役合二为一工作。1953年，江宁县成立人民武装委员会，对民兵工作实行齐抓共管。1962年后，全县各公社、大型厂矿亦设立人民武装委员会。

中共十一届三中全会以后，江宁民兵工作进入新的发展时期。民兵组织从以组建步兵分队为主发展到以组建专业技术分队和应急分队为主；军事训练从以射击、投弹、爆破等步兵的战术、技术科目为主发展到以高炮、高机、通信、侦察、工兵、防化、军械修理和训练“三打三防”（打坦克、打飞机、打空降，防细菌、防原子辐射、防化学武器）等专业技术为主，进而发展到与国防密切相关的现代通信、电子、计算机、自动化控制、化工、信息、翻译等行业和部门的高技术为主。政治教育从以民兵的性质、任务和光荣传统、人民战争思想和政治理论基本教育，发展到以青年民兵之家、民兵活动中心、民兵青年业余文化综合学校等阵地，进行学政治、学军事、学文化、学技术，开展精神文明建设，学雷锋、树新风，增强民兵共产主义思想教育为主。

第一节 组织建设

【抗日战争时期民兵组织】

民国26年（1937）12月，侵华日军侵占江宁后，江宁各地纷纷自发组织自卫武装。如陆郎乡商民组织了商民自卫队，小丹阳费明龙等人建立抗日自卫队等，开展抗日斗争活动。之后，新四军将境内的自卫队（团）合并组建地方武装共同抗日。民国27年，中国共产党领导的新四军东进抗日，先遣支队进入江宁境内。新四军老一团、老三团、老四团派出一批党和军队干部，广泛发动群众，组织群众积极组建各类民兵团队和一部分带武器的民兵游击小组（队）。民国32年，县内民兵组织发展到区有大队、乡有中队，各个村建立小分队（小组队）等；分为武装民兵和普通民兵，乡队具有一定的枪支武装能力，逐步形成颇具规模的群众地方武装。抗日战争胜利后，新四军渡江北撤，一部分民兵分散配合留守武工队坚持斗争，一部分民兵随军北上，参加解放战争。

【新中国成立后民兵组织】

民国38年（1949）9月，中国人民政治协商会议通过的《共同纲领》规定：“中华人民共和国实行民兵制度，保卫地方秩序，建立国家动员基础，并准备在适当时机实行义务兵役制。”1951

年5月，中共中央、中央军委发出《关于加强民兵建设的指示》，其中特别指出："过去自愿参加民兵组织的原则，现应适当改变，即逐步地适当地改变为普遍的民兵制度。"根据有关文件精神，江宁于1950年在县党政部门共同配合下，在全县范围内组建了民兵组织，参加者绝大多数是过去受苦最深，觉悟最高，对地主、恶霸分子有深仇大恨的贫雇农积极分子。1951年，全县115个乡镇建立民兵连，自然村有民兵排、班。1952年12月11日，中央军委、政务院联合发布命令，颁布《中华人民共和国民兵组织暂行条例》。1953年，全县从乡到村都普遍建立了民兵组织。1955年11月，根据中国人民解放军总参谋部制发的《关于预备军士和兵的登记、统计暂行办法（草案）》，江宁县以主要精力进行预备役登记统计。1957年11月，根据中央军委《关于改进兵役工作的指示》和江苏省军区制定《关于预备役编入民兵组织的实施计划》，江宁决定将预备役与民兵合二为一，在全县开展合组工作。

1958年9月，根据毛泽东"大办民兵师"号召，中共江宁县委在全县开展"全民皆兵"运动，县建立民兵师，公社、县属镇、厂（场）成立民兵团，大队、生产队分别编基干民兵和普通民兵营、连、排、班等军事名称组织。凡年满16周岁～50周岁的男女社员（除"五类"分子和残废人员外）全部编入民兵组织。是年年底，全县共编有民兵师1个（后又增加一个秣陵钢铁大军民兵师，因炼钢铁任务停止，该师也不复存在）。随后，全县除20个公社建立民兵团外，3个厂矿也建立了民兵团，还建立4个直属营。1960年，江宁县掀起大办民兵师高潮，进一步扩大民兵师范围，按照上级规定，在具有5000人民兵以上的单位均成立民兵师，1000人民兵以上的成立民兵团。据此，经中共江宁县委讨论决定，江宁县20个人民公社的民兵团一律改升民兵师。20世纪60年代后，江宁县狠抓民兵的组织、政治、军事"三落实"，每年都结合中共江宁县委整社工作对民兵进行一次组织整顿。

图31-3-1　1958年江宁县长江公社民兵边训练边劳动

根据国务院、中央军委1969年8月28日《关于县组建武装民兵独立团的命令》，于1970年1月，江宁县组建县地方武装独立团。1975年，以武装民兵为主，对民兵组织进行整顿，改武装民兵独立团为武装基干民兵团。1977年，根据上级指示精神，县人武部制订《1977年至1980年民兵工作三年落实规划》，进行组织整顿。1978年，贯彻中央军委颁发的《民兵组织工作条例》，增强后备力量，全县调整民兵工作，除26个公社、3个县属镇民兵团外，县化肥厂、钢铁厂、农机厂先后成立人民武装部，并建立民兵团。1979年，重点对武装民兵进行整组，整组后，在全县民兵中形成一支强大的武装骨干力量。1980年，突出整顿武装基干民兵组织和调整扩大武装面。

1981年8月15日，中共江宁县委、县人民政府和县人武部党委召开全县民兵工作会议，学习贯彻中共中央《关于调整民兵组织问题的指示》（即中发〔1981〕11号文件）和江苏省38号文件精神。江宁县进行民兵组织调整。1982年1月11日，全县调整民兵组织结束。1983年，为适应全县农村政社分设的体制改革形势，农村民兵组织改按乡、村编建，乡建立基干民兵营，行政村编民兵连，自然村建民兵排，基干民兵排、班，分别隶属行政村和自然村民兵组织。1985年，根据中共中央《关于当前和今后一个时期民兵、预备役工作的意见》（即中发〔1985〕22号文件）精神，贯彻落实“减少数量，提高质量，抓好重点，打好基础”的16字方针，县人武部对全县民兵组织进行一次较大调整，通过调整，比1981年减少21.40%。1996年，全县人武部门民兵组织整顿，经过整组，各种专业技术兵占80%。1998年，江宁县成立江宁县民兵工作调整改革领导小组。2000年，设有基层人武部24个，有专职人民武装干部44人。2003年，全区有基层武装部31个。2004年，对全区5758名基干民兵进行“整组”，着眼结构优化，调整部分专业分队和高炮分队，增加对口专业分队数量。2006年，成立民兵整组工作领导小组，对基层武装部长、副部长、干事及民兵营长进行业务培训。增编森林防火消防分队、化学和燃气抢修分队。2007年，根据应急作战的需要，调整民兵防空队伍规模和布局。

第二节　政治教育

政治教育的重点包括阶级教育；民兵性质、任务和光荣传统教育；国防教育和革命人生观、价值观教育等。中华人民共和国成立初期，结合国内外形势和土地改革运动，开展对民兵的阶级教育，请“三老”（老红军、老党员、老民兵）讲“三史”（民族史、阶级史、革命史），请老革命家控诉国民党反动派的罪行和揭露封建压榨的惨痛历史，围绕“想想过去，比比现在”开展讨论，激发阶级感情；继而开展抗美援朝、保家卫国的爱国主义教育，增强战斗意识和参加民兵组织的光荣感，激发参军热情；在民兵中广泛开展《民兵组织暂行条例》教育，把中国人民解放军总政部颁发的《民兵入队誓词》和《民兵守则》作为民兵政治教育的必修课。1957—1958年，根据中央军委1957年下达《关于改进兵役工作的指示》，决定将民兵与预备役合二为一，全县开展实施预备役登记工作和民兵预备役合组工作的教育。

1959—1961年的民兵教育，一般以南京军区政治部编写的《民兵政治课本》为主，开展关于全民皆兵的政治意义，民兵在革命战争中的地位和作用，解放军的性质与光荣传统，民兵的三大任务、十项守则，以及党的“三面红旗”的基本路线教育，通过教育进一步提高广大民兵政治觉悟和思想水平，增强保卫祖国的斗争意志。1962年，在县人武部党委的安排下，结合社会主义教育，以阶级教育为核心，深入学习毛泽东人民战争思想；以《民兵工作条例》为基本教材，继续宣传民兵的战略地位，进行国内外形势和革命传统（主要是“三八”作风）教育，进一步提高民兵社会主义觉悟，增强国防观念，积极参加社会主义建设。1963年，根据军分区政治部的指示，进行“目前国际国内阶级斗争形势”“革命武装是阶级斗争工具”“向雷锋同志学习”“向广东、浙江、福建沿海学习”等专题政治教育，共播放有关民兵政治教育方面的幻灯片355场次，受教育人数24万余人次。县广播站安排“对民兵广播”节目，向广大民兵宣传雷锋事迹、吴兴春事迹及全县民兵在训练中的好人好事，以及进行解放军光荣传统教育等，全年共播稿件68件，取得显著效果，激发了民兵的光荣感和责任感。

1977年毛泽东“向雷锋同志学习”题词发表14周年，县人武部党委组织全县广大民兵，狠批江青反革命集团破坏“向雷锋同志学习”的罪行，运用标语、编演文艺节目、广播讲座、墙报专栏、报告会等形式，宣传学习雷锋的重要意义，以及雷锋先进思想和模范事迹；县广播站播出《苦难的童年，火红的青春，苦练杀敌本领》等十几则雷锋的故事，从而在广大民兵中掀起“比、学、赶、帮”革命竞赛活动，推动民兵工作开展。1979年，县人武部党委在民兵中开展“学英雄，我和英雄比青春”活动，激发民兵学英雄、见行动，履行民兵义务的积极性。

1982年起，全县各级民兵组织狠抓精神文明建设，用共产主义思想教育民兵，提高其思想道德和科学文化素质，培养新一代有理想、有道德、有文化、守纪律的民兵。开展“五讲、四美、三热爱”（讲文明、讲礼貌、讲秩序、讲卫生、讲道德；心灵美、语言美、行为美、环境美；爱党、爱祖国、爱社会主义）文明礼貌月活动，为民做好事活动。至1984年，全县共建立学雷锋小组1980个。

1987年，在民兵中开展坚持四项基本原则和反对资产阶级自由化教育，采取上辅导课和刊授相结合的方法进行。全县有16个单位利用乡、镇文化中心，请乡镇理论骨干为民兵和民兵营长上辅导课；全县共订阅《中国民兵》165份、《东海民兵》385份，为加强指导，先后编印三辑辅导教材，即《坚持四项基本原则，反对资产阶级自由化》《光荣传统与四个现代化》《依法服兵役是每个适龄青年应尽的义务》共3100份，发到基干民兵班。通过教育，提高民兵的阶级路线觉悟，民兵能够自觉做到“五无”（无违法乱纪、无赌博、无打架斗殴、无超计划生育、无搞封建迷信活动）。随着市场经济体制的确立和完善，针对民兵中出现的利益至上、国防观念和职责义务观念淡化的现象，1989年，中共江宁县委以青年民兵为主体，以学生为起点，在全县部署以国防教育为主要内容的民兵政治教育。

1999—2001年，在民兵中进行“相信科学，破除迷信”的宣传教育。2000年，在民兵中开展“双思”（即致富思源，富而思进）教育；4月，县人武部下发《关于在全县民兵中开展“致富思源，富而思进”教育的通知》，并在禄口彭福村民兵中开展先行教育，全县民兵“思进”在经济主战场，创造出良好的经济效益、社会效益和军事效益（中央人民广播电台对此作了报道）。2003年，重点开展为全面建设小康社会贡献的教育。2007年，进行“四课”（即忠诚于党，热爱人民，报效国家，献身使命，崇尚荣誉）教育，紧密结合实际，坚持不懈地进行理想信念、艰苦奋斗、爱国主义、革命人生观教育，把开展专题教育与“三个代表”重要思想学习结合起来，与正人品、树官德、强党性教育结合起来，确保广大民兵预备役人员政治合格、道德合格。

第三节　军事训练

新中国成立初期，训练的方式，以小型就地分散为主，进行队列、射击、投弹、战术训练、学习军事常识，熟悉武器性能，对步兵进行基础训练，每次10天～15天。1956年后，民兵训练面逐渐扩大，县里在组织预备役士兵训练时，吸收基干民兵参加，每次训练约半个月时间。1958年，开展劳武结合的群众性的练武活动，有称“田头当操场，饭堂当课堂，饭前饭后瞄几枪”。训练内容有步枪兵、冲锋枪兵和轻、重机枪兵等。1959年，各种枪兵的训练以射击为主。

1960年民兵军事训练，分4个阶段进行，第1季度重点在农村，第2季度重点转入厂矿、企业单位，第3季度抓学生夏令营活动，第4季度又转入农村。共有38个单位参加，全县总评成绩为优秀。1962年，县人武部根据镇江军分区的指示，全县武装基干民兵军事训练除学习兵器，正确利用地形、地物外，增加射击（第一练习射击动作和规则）、投弹（手榴弹构造、性能、手榴弹投远练习）等训练项目。

1963年2月4日至3月3日，县人武部党委组织一个工作组到方山横岭大队进行训练的试点工作。随后，集中全县民兵干部进行10天的训练。1964年，县人武部积极响应中央关于学习郭兴福教学法的号召，组织民兵掀起学习郭兴福教学法的群众性练兵运动，主要是学习、推广他的小型、就地、分散的训练方法。至 4 月底，全县训练民兵干部和民兵超额完成全年训练任务的 20.80%。并从民兵检查中考核的 13 名武装基干班看，基本上达到会打枪、会投手榴弹、会利用地形地物、会站岗放哨、会防空的要求。1965—1968 年，全县军政训练时间比，军事为 80%，政治为 20%。1969 年，全县各级民兵组织掀起打坦克训练，先后组织 3 批专职人武干部到驻军坦克团进行实际训练。

1973 年，全县各地根据劳武结合的原则，因地制宜地开展小型、就地、分散的训练活动，共训练民兵 4179 人次。1979 年，按照总参《民兵军事训练纲要》规定的训练内容，全县进行以“三打三防”为主要内容的基础技术训练，共训练武装基干民兵和专业技术分队 18129 人次。

1980 年，根据《民兵军事训练纲要》要求，全县重点训练武装基干民兵。1982 年，实行每两年为一周期的训练制度，根据上级关于农村基干民兵的军事训练任务。1984 年，县人武部对全县 32 个武装单位中的 8 个单位（县钢铁厂、汤山、上峰、营防、横溪、东山、江宁、陆郎）进行第二周期基干民兵军事训练考核验收。内容有射击、投弹、爆破、战术、女民兵战伤救护、高机分队、侦察兵分队等，考核成绩均取得良好。据初步统计，1950—1985 年，县人武部规定全部乡（公社）、村（大队）三级民兵组织，共进行军事训练 39 期（不含单项专业训练），参训民兵共 19.20 万人次，储存了一定的战备兵员。1986 年上半年，按照中共中央〔1985〕22 号文件和南京军分区训练会议精神，县人武部党委结合全县实际情况训练基干民兵，各种训练及格率为 98%。1987 年，江宁县全年训练民兵经考核验收，及格率 99.30%，评出先进单位 15 个，优秀教员和先进个人 142 人。1988 年训练专职人武干部和民兵及格率 99.3%。1989 年，参训人数达标率和合格率均达 100%。

1996—2000 年，按照民兵规范化训练要求，县人武部集中训练基干民兵 2115 名，训练重点为专职人武干部、民兵营长、专业技术分队和民兵应急分队。训练科目有步兵、防化、地炮、工兵、高机通信、侦查、重机等，通过考核，训练合格率达 99%。2004 年 4 月 20 日，组织区民兵高炮连进行为期 1 个月的强化训练；是年 5 月 20 日参加省政府、省军区在射阳组织的战术演练和民兵预备役高炮实弹射击比武竞赛，获命中拖靶优胜单位和野战炊事技能比武第一的好成绩，受到省军区通报表彰。2005 年 5 月，区民兵高炮连参加省政府、省军区组织的战术演练和实弹射击考核，命中拖靶 2 具，取得好成绩。2006 年，组织民兵参加警备区集训等专业分队的训练，取得训练综合成绩全市第一，民兵高射机枪实弹射击比武竞赛全市第一，军事主官考核全省第十，“四会”（会做思想工作、会讲、会教、会做）教练员比武全市第一。

图31-3-2　2004年10月，江宁区民兵进行高炮训练

2007 年，组织民兵参加点验考核。完成民兵应急分队等训练并参加南京警备区建军 80 周年汇报演练。组织民兵骨干参加省军区组织的“四会”教练员比武，获优胜标兵称号。江宁区代表南京市 13 个区、县人武部接受省军区应急作战能力评估，总体成绩优秀。

第四节 主要活动

【参军参战】

江宁、横山地方抗日武装部队的建立和发展，其兵员大多源自民兵，上升一批又发展一批，再上升再发展。7年中，青年民兵先后参军的有3000人。

民国33年（1944），铜山地区民兵小队，先后收掉铜山到横溪、铜山到禄口的电话线14次，扒桥4次，破坏公路6次。民国32年冬，在粉碎敌军5000人（其中侵华日军2000人）向横山地区进行“梳篦式扫荡”的战斗中，横山民兵在县委领导下，全面出动，不停扰袭敌人，同敌人捉迷藏。秦淮区民兵90多人与区大队混合编为5个战斗小组，四处与敌人周旋，把敌军拖得精疲力竭，迫使敌人自认“扫荡”失败，收兵回城。民兵不仅配合主力作战，还主动出击消灭敌人。在抗日战争中，民兵参加大小战斗500多次，配合新四军主力和县直属部队，打击了在江宁地区60%的侵华日军和80%的伪军，缴获大量武器弹药。

【侦查、传递情报、锄奸】

抗日战争时期，以县建情报网为核心，各区、乡镇、村民兵秘密成立联络站、交通站、情报点、地步哨。敌人一有行动，民兵就用各种形式，通过各种渠道侦察敌情，及时传递给自己的部队。民国32年（1943），江宁、横山两县经过民兵的协助，除掉汉奸、敌特首恶分子300多人，把根据地中心周围游击区内的保甲制度基本摧垮，游击区外大部分的保甲长，经过“一二一”的争取过程（即将原为日伪控制的一面派保甲长改变为两面派的保甲长，再进一步争取为抗日的一面派保甲长），为抗日军政机关控制掌握。民国34年夏，横山县党的地下组织截获到日伪顽勾结的一封密信，发现铜山、横山、禄口一带伪装进步与人民为敌的恶霸、汉奸头目和敌特名单，县短枪队和各地小组队民兵在一个晚上联合行动，逮捕、处决100多名，消除隐患。

此外，不论是处于防御阶段还是反攻阶段，民兵都积极参加战勤工作。民国34年（1945）3月，江宁县以民兵为骨干组成支前大队，为天目山反顽战斗运粮送物。反顽战斗缴获400箱炮弹，6月，以江宁民兵为主，经江宁、句北运往苏北。

【配合剿匪、维护社会治安】

新中国成立初期，各乡、村民兵积极参加保卫土改的斗争。全县有8.46万名民兵参加镇压反革命斗争，配合部队围歼15股匪特。1959年3月的一天晚上，淳化乡淳化村民兵营营长陶开顺带领全村40名民兵，到青龙山配合部队搜捕蒋军特务。1976—1985年，民兵配合公安机关打击刑事犯罪活动，参加2500人次，设卡1300人次，抓获犯罪嫌疑人1788人，破获各种案件95起。

【参加国家工程建设】

1969—1975年春，全县民兵先后组织3个民兵师、52个民兵团、436个民兵营，共7.50万余名民兵参加秦淮河河床拓宽、河堤加固、河道裁弯等项工程，完成土石方156万立方米。1975年冬至1979年春，还开挖长3000米的秦淮新河工程。广大民兵在各级人武干部带领下，苦战4年，先后搬掉4个小山头，凿岩层深30米～40米，拿下铁心桥切岭硬骨头工程，完成土石方210万立方米，为两岸8万公顷农田减除水患。在干旱严重的丘陵山区，全县先后组织民兵师、团十几万人参加水库建设。共建中、小型水库 84 座，灌溉农田 1.19 万公顷。

1969—1982 年，全县先后组织 1 个民兵独立团、15 个民兵团、200 个民兵营、368 个民兵连，共 4 万余人，参加“九四二四”（梅山钢铁工程）、凤（凰山）云（台山）铁路建设工程、微波通讯中转站、栖霞化肥厂铺设战备通讯电缆等项国家重点工程建设。完成土石方 3980832 立方米，修筑铁路 65.10 千米，公路 17.40 千米，铺设电缆 134302 米。

【抢险救灾保卫生产】

1954 年特大洪水灾害，全县民兵同群众、驻军一起昼夜奋战在抗洪第一线 4 个月，与洪水内涝展开持续顽强的搏斗，保住 1.73 万公顷受灾农田并取得一定收成，驻军 1 名班长和 6 名民兵在抢险中光荣牺牲。1983 年 7 月 13 日，龙潭圩决口 62 米，威胁沪宁铁路路基路轨的安全。全县紧急动员 3 万余名民兵，火速赶往龙潭圩，会同当地驻军，展开一场堵决抢险大会战。经过 21 个昼夜的苦战，终于堵住决口，排除积水，使农田、交通、社会生活秩序迅速恢复正常。

1991 年在发生特大洪涝灾害中，全县发动 1 万余名民兵参加抢险救灾，保护国家财产少受损失上千万元。湖熟镇人民武装部部长金宝山抗洪抢险中，荣立省军区三等功一次。1996 年 6 月，江宁县铜井新济洲的长江水位达 10.88 米，洪水围困孤岛。共出动民兵 3 千余名，投入抗洪抢险，运土方 4500 立方米，灌草包 1 万多只；组织 30 人的突击队，协助新济洲群众 926 人撤离脱险，救出国家物资 100 余吨。1998 年、1999 年两年的防汛抗洪中，在 8 家县属企业成立 800 人组成的民兵城防抗洪抢险突击队，同时，组织 26 支共 2600 人的民兵抢险突击队，出色完成了新济洲抛石固堤任务。1998 年有 6000 名民兵在抗洪抢险中立功，其事迹被中央级新闻单位宣传报道。江宁镇人武部和新济洲民兵营被省政府评为 1998 年长江抗洪先进单位。

2002 年 2 月 15 日，江宁区横山林场发生新中国成立后最大的山林大火。在 5 小时内 800 名民兵星夜赶到火场，与支援的解放军及武警官兵并肩作战 3 昼夜，完成灭火任务。4 月，在新济洲绿化活动中，组织 600 名民兵与部队一道，3 天时间共植树 18 万棵。2003 年，在防汛抢险中，全区组织 1000 多名民兵防汛抢险分队发挥了重要作用。周岗、湖熟、土桥、秣陵、江宁、东山等镇（街道）的民兵应急队员连续 10 多天奋战在防汛大堤上，保证了大堤安全和人民群众生命财产安全。2004 年，全区组织 2000 多名基干民兵，成立灭火和防汛抢险突击队，做好随时应急准备。是年 11 月 4 日下午，横山林场出现火情后，全区紧急抽调基干民兵 400 余人赶往火场，与驻军部队一起迅疾扑灭大火。是年 12 月 17 日，在铜井矿难事故中，铜井镇人民武装部及时组织民兵应急小分队 30 人，在 4 天时间里不分昼夜地抢救井下工人和协助公安机关维持现场秩序。2006 年，全区出动 9500 人次，参加处置突发事件、维护社会稳定等任务。2007 年，协调出动万余名预备役人员和驻军担负抗灾救灾等急难险重任务。

图 31-3-3　江宁区民兵预备役战士奋力扑灭山林大火（2002 年摄）

第四章 兵 役

古代及近现代，江宁地域兵源征集途出多端，主要施行募兵制、征兵制等。宋时盛行募兵制，江宁、上元等县官府负责对应招者根据其身高、体格及技能等条件确定等级。凡“亢健”者，编入朝廷直接管辖的禁军；“短弱”者，编入隶属地方州府的厢军。民国22年（1933）后，主要实行征兵制。

人民军队在战争年代，以实行志愿兵役为主，通过政治思想工作，动员人民群众子弟自愿参军，或动员不脱产的民兵上升为脱产的地方武装及主力部队。同时，采取改编旧军队与教育争取俘虏插编入伍等办法扩充部队。

新中国成立后，江宁县兵役工作先后实行志愿兵役制、义务兵役制、义务兵和志愿兵相结合的制度及预备役兵役制等。1984年后，因实行兵役制改革，兵役制度步入新阶段。

第一节 兵役制度

【征（募）兵制】

清光绪三十一年（1905）农历六月，两江总督张之洞，于江苏试行征兵，组建新军。逐级设立征兵机构。江宁属于第一镇管区，设江宁府劝办征兵分局，办理江宁地区的征兵事宜。征兵要求：“年龄16周岁～25周岁，身高4尺6寸（1.53米）以上，身份来历清楚”方可应征。新军士兵在常备军中须服现役3年，后转为续备军或后备军。

民国初期，主要实行募兵制，被招募入伍者，由部队按月发给定额粮饷，其办法纯属雇佣性质。民国15年（1927），江宁地区的募兵事宜，统由南京市兵役协会负责。

民国22年（1933）6月，国民政府颁《兵役法》，实行征兵制（抽壮丁），规定：“‘三丁抽一’（兄弟三人应征一人）、‘五丁抽二’（兄弟五人应征二人），凡中华民国男子年满18周岁～45周岁者，均有服兵役的义务。”兵役分常备兵役和国民兵役2种。民国25年，国民政府颁布《征兵令》，规定：“男子满18岁，自翌年1月1日起役，至届满45岁之年12月31日除役。”江宁县于民国26年开始，先由乡、保、甲按户调查，把适龄青年编造成壮丁花名册，并将各人姓名及编号逐个写在竹签上。到征集壮丁时，县成立临时性的征兵机构“江宁县兵役协会”，下设新兵征集所，由县军事科负责办理。“南京团管区司令部”下达定额，各区、乡分别摊派下去，按“三丁抽一”“五丁抽二”比例，毫不考虑适龄青年及其家庭情况，在乡镇公所以保为单位施行间接抽签，即由保长代抽，当场将中签号数登记，不适合当兵的也要强迫征集，没有中签者等到下期征兵时再抽。随着公民年龄的增长，逐年增补适龄壮丁名签。此种办法，谓之“抽壮丁”。

抗日战争胜利后，国民党为发动内战，于民国35年（1946）10月颁发新《兵役法》，强行扩大征兵，仍沿用抽签的办法，民国35年、民国36年，江宁每年都抽丁1000多人，民国37年又抽1465人。当时，新征壮丁仅民国35年11月即潜逃18人，民国36年7月潜逃36人。县、乡政府无法完成任务，便按18周岁～45周岁青壮年的人头强征“壮丁费”以购买壮丁，买不到就到处抓壮丁。

【志愿兵役制】

抗日民主政权时期，江宁实行志愿兵役制，有自动报名参军、地方武装“上升”、收编改编等形式。抗日战争时期，江宁、横山地区兴起过3次较大规模的参军热潮。各阶层人士踊跃报名参军，有些年近花甲的老人，没有步枪高的少年，十五六周岁的小姑娘，以至和尚等，赖在区公所苦苦央求，不让当兵就不走。其间，两县有3500多名青年参军。民国34年（1945），参军更加形成前所未有的高潮，以至两县抗日民主政府不得不贴出布告，宣布停止参军。青年参军的同时，县、区、乡都重视拥军优属工作，成立各级优抗会，普遍组织代耕队，为军属代耕代种，收割庄稼。

新中国成立初期，沿用志愿兵役制。征兵由县委、县政府统一领导，县武装部门具体负责，建立新兵征集办公室。新兵条件为年满18周岁～30周岁，家庭成分（以贫下中农为主），政治上没问题，年轻力壮的男子。每次征集新兵都采取个人自愿报名，征求家属同意，经过体检合格后录取。1950年冬，美帝国主义侵略朝鲜，把战火烧到中国鸭绿江边，全国掀起“抗美援朝、保家卫国”运动，在中共江宁县委、县政府的领导下，全县运用多种形式，进行广泛宣传。在整个抗美援朝中，全县先后有1946人应征入伍。

【义务兵役制】

1954年6月，全国兵役工作会议决定，从当年起在全国试行义务兵役制度。1955年7月31日，第一届全国人民代表大会第三次会议通过颁发《中华人民共和国兵役法(修正草案)》。11月1日，颁发《征集工作实施办法(草案)》，正式实行义务兵役制。规定男女青年凡满18周岁～22周岁，思想品德好，政治历史清楚，身体健康的都可报名应征。全县广大人民群众积极响应党和国家的号召，动员自己的子女或亲属履行公民依法服兵役义务，第一次就有95%以上的适龄青年踊跃报名应征。1955—2005年（其中1960年、1963年、1965年、1969年、1978年的5年每年征集2次），除1967年没有征集新兵外，县内年年都有老兵退役、新兵服役，形成制度。服役年限，1955年为陆军3年、海军4年、空军5年。1965年，改为陆军4年、海军3年、空军4年。1973年，服役年限恢复与1955年相同。

【预备役制】

按照《中华人民共和国兵役法》规定，凡年龄、政治、身体适合服兵役而未服兵役的公民，以及服现役期满退伍后仍符合预备役条件的公民（包括预备役军官和士兵），根据国家需要，应随时准备应征入伍。经确定服预备役的退伍军人，须填写“登记卡片”，并在“退役军人证明书”上加盖“服预备役”专用章；凡确定免服预备役的，加盖免役章。预备役分一类和二类。每年在接收退伍军人时，结合进行预备役登记。1955年11月，江宁县贯彻《中华人民共和国兵役法》，成立兵役委员会登记办公室，由县人武部进行预备役登记统计工作。1956年普遍进行预备役登记，全县预备役应登记人数占应登记总数的98.99%。1957年9月，根据中央军委《关于改进兵役工作的批示》及江苏省兵役局关于民兵和预备役合二为一的指示，江宁开展预备役编入民兵组织的合组工作，并对编为一类预备役人员进行军事训练。1988年3月，中共中央、国务院、中央军委进一步确立新时期全国实行民兵与预备役相结合的制度，从而形成具有中国特色的后备力量建设体系。民兵除应征服现役者，基干民兵为一类预备役，普通民兵为二类预备役。至2007年，江宁区按年进行预备役登记工作。

第二节 征兵工作

【兵役登记】

报名登记 应征公民的登记是兵役机关对符合兵役年龄的公民进行登记注册与管理，并由兵役机关确定公民服兵役能力的一项工作制度。

设置登记站和登记工作，农村以村民委员会（大队）为单位，乡镇（公社）以集镇或区居委会为单位进行设置，机关、团体、企事业单位单独设站并开展登记管理工作。1956年，全县乡、镇、村共设407个兵役登记站，在县兵役委员会登记办公室和分片建立征集站的指导下开展征集工作。当年的兵役登记大致分为4步：第一步，摸底排队培养骨干；第二步，广泛宣传开好动员会议；第三步，登记目测审查评议；第四步，总结登记工作，颁发兵役证。1956年，兵役登记工作从4月25日开始至5月8日全面结束。是年8月1日，对应征公民进行发证。至8月12日，"应征公民登记证"全部发给可服现役的应征公民个人手中。1958年冬季征兵，各公社、大队、厂矿、学校等地设登记站410个。在广泛进行宣传教育的基础上，按照年龄条件和登记范围，进行摸底统计。

1964年冬季征兵，其组织规模、领导力量、群众发动的声势和适龄青年的应征盛况空前。全县29个（25个公社，3个直属镇，1个林场）征集单位设390个登记站，公社、大队培训骨干力量19052人。报名应征登记人数占适龄青年的96.50%。此后，每年9月30日前，年满18周岁的男性公民，按照县的安排到所在的乡镇进行兵役登记。1996年，全县统一发布告，共设420个登记站，登记适龄青年。2000年年底，兵役登记的程序更加规范。应征公民登记采取三结合办法，即上门登记和到站登记相结合、固定登记与流动登记相结合、本人登记和成年家属代登相结合。2003年，江宁区设登记站280个。通过目测初审、病史调查和政治审查，确定预征对象。2005—2007年，主要从登记时间、登记形式与登记对象3个方面对兵役登记工作进行改进。

登记的条件和范围 1956年应征的公民登记对象为1955年7月1日至1956年6月30日期间内年满18周岁的男性公民。对于读高等学校和相当于高等学校的就学学生进行应征公民登记。1958年，根据江苏省兵役局的7月26日通知，为便于推算，以后应征公民年龄不跨年度，以整年计算。征集对象与往年不同，均为基干民兵。

1960年春季，中共江宁县委、县人委根据省委、省人委征兵工作指示和市征兵工作精神，决定从非农业人口年满18周岁至21周岁的男性青年中征兵。按照3月18日县委、县人委指示，春季征兵主要从厂矿、企业、事业单位的非农业人员中进行征集。对高级中学和相当于高级中学的在校学生和工厂中的3级以上技工不征集。独子原则上不征，如本人坚决要求，家庭也同意，可个别接收。1961年夏季征兵扩大了非农业人口的征集数量，根据市委7月15日征兵会议精神，对工厂、矿山、学校征集工作政策界限进一步明确规定，即凡初一、初二适龄学生不征；高三毕业生应考、应征同时进行，但考取大学者，服从升学。此前，江宁县征集工作以农村为主，厂矿、高校为辅，此次对厂矿、学校大量征集属首次。1969年春季征兵，征集年龄为年满18周岁至22周岁的男性青年。征集范围主要在农村，征集对象，在农村主要是家庭劳动力比较充裕，出身贫农、下中农家庭的青年农民；在城镇主要是厂矿、企业的青年职工和高、初中毕业生。是年，完成镇江专区分配给江宁县征集任务。

1978年征兵中，征集范围和对象实行"四个多征"，即城市多征，党政军机关、部队所在地区多征，上山下乡知识青年集中的地区多征，厂矿企事业较多的山区多征。应征对象年龄，男青年，城市只征 17 周岁、18 周岁、19 周岁 3 个年龄；农村只征 18 周岁、19 周岁 2 个年龄。对文化程度，要求优先送初、高中毕业以上文化程度的青年应征入伍。是年，全县不再下达征兵任务命令，只下达送检数，经体检、政审后，各单位向县报送合格的人员名单，由县征集办公室组织定兵。

1985 年冬季征兵，提高征集对象的文化程度，农村的要求初中毕业以上，城镇的要求是 1984 年、1985 年的高中毕业生，厂（场）、企事业单位的要求是具有高中毕业文化程度的青年工人。女性青年要求是 1985 年的应届高中毕业生。征集年龄，男青年为 1985 年年满 18 周岁至 19 周岁的 2 个年龄段。应届高中毕业生年满 17 周岁的本人自愿可以征集。此后至 20 世纪 90 年代，全县征兵的年龄、文化程度、身体条件以及征兵的范围大体相同。

2000 年 12 月至 2005 年，全区更加注重新兵质量的提高。2003 年，区政府、区人武部提出："坚决杜绝政治退兵和身体责任退兵，确保征集新兵中的党、团员达到 55% 以上，高中以上文化程度达到 70% 以上。" 2003 年，全区征集的新兵中党、团员比例占 56%，高中以上文化程度的比例为 71%。没有出现退兵，实现预定目标。此后至 2007 年，征兵的年龄、文化程度、身体条件以及征兵的范围大体相同。

预征对象的确定 1996 年应征对象按照 1995 年实征新兵 1 ∶ 4 的比例确定名额，并发放《预征对象通知书》。2001 年，按照 1 ∶ 4.60 的比例选定预征对象。是年冬季征兵时，江宁区征兵办公室坚持在预征对象中征集新兵的原则，从中征集新兵。2005 年，进一步落实对预征对象的管理。全区按照 2004 年征兵任务 1 ∶ 5 的比例，择优确定预征对象。2007 年，全区新兵征集任务比 2006 年略有增加，并有进藏任务。

【兵员征集】

在 1954 年 12 月下旬至 1955 年 3 月 23 日征集补充兵员中，中共江宁县委大力组织进行宣传发动。先后召开县、区、乡（镇）三级干部会、人民代表会党团员会、妇女会、适龄青年座谈会等。采用回忆对比教育和培养各种类型的积极分子宣传方式。1955 年是正式实行兵役法的第一年。7 月 31 日《中华人民共和国兵役法》颁布后，全县立即开展义务兵役制的宣传活动。这次征召入伍的新兵中有党员、团员总数共占入伍新兵的 46.20%，既完成了数字任务，又保证了新兵质量。

图31-4-4 1969年，江宁县陶吴公社入伍的新兵在东山镇合影

1964 年 11 月 7 日至 12 月底，全县召开公社党委、大队支部会议 427 次、7266 人参加，各级干部、党团员会议 355 次、55559 人参加，基干民兵会议 250 次、140593 人参加，各种人员小型座谈会 604 次、33483 人参加。据统计，全县受到教育的成年人达 293035 人次，教育面达 90% 以上。1969 年冬季，组建、征兵工作从 1968 年 12 月下旬始至 1969 年 3 月 10 日止，据不完全统计，全县各公社、大队召开群众、民兵大会 1400 多次，广播会 650 多次，举办学习班

3200多期，受教育人数达60余万人次。另外，还出黑板报5930多块，张贴大字报和标语8.85万余张。

1980年10月21日至12月6日的冬季征兵，全县召开各种动员会和广播会1035次，大力进行征兵宣传。1987年10月10日至11月底的冬季征兵，采用专题教育和直接对话等方法进行宣传发动。是年，由于宣传教育深透，政策鲜明落实，征兵工作出现“五高”。适龄青年报名率高，全县适龄青年报名率99.90%；体检合格率高，合格率达69.86%；高中文化比例高，入伍新兵中高中文化人数占任务数35.70%；团员比例高，入伍新兵团员人数占任务数的45.70%；专业特长比例高，入伍新兵中文化、体育、照相、电工、钳工、机修及专业户、个体户等人数占任务数的36.40%。

最高指示

没有一个人民的军队，便没有人民的一切。

应征公民入伍通知书

铜山人民公社（镇）：

[illegible]同志：

你以实际行动响应伟大领袖毛主席“提高警惕，保卫祖国”的伟大号召，积极报名应征，担负起保卫伟大领袖毛主席、保卫党中央、保卫伟大的社会主义祖国的神圣职责，这是很光荣的。现经审查，认为你符合服现役的条件。望你接此通知后准备入伍服现役，并于[illegible]月[illegible]日前来[illegible]集中。

江宁县人民武装部

一九[illegible]年[illegible]

图31-4-5 “文化大革命”时期的入伍通知书

1996年，征兵宣传辐射广，声势大。全县利用各种宣传工具进行宣传发动，乡镇主要街道均有过街横幅，村村有宣传标语，共张贴3.58万幅，出墙报、黑板报180多期，县、乡广播、电视播放征兵消息360多次。是年，全县应征报名率达98.80%。

2001年，全区利用电视、广播、报纸、标语、板报、会议等形式进行征兵工作宣传发动，悬挂278条横幅，张贴宣传标语5800余张。此外，区政府为解除义务兵和退伍战士后顾之忧，调动广大适龄青年应征入伍的积极性，将义务兵优抚标准从2100元提高到3100元，退伍战士的安置率达90%以上。通过广泛深入的宣传发动，并采取针对性的措施，全区通过基层目测初检后，确定送区体检站人数合格率75.20%，其中大专以上学历占2.40%，高中、职高、中专、技校生占63.80%，党、团员占72.30%。圆满完成上级赋予的新兵征集任务。2003年，全区利用各种形式大力宣传征兵工作，区政府、各镇、街道领导就征兵工作进行专题电视讲话，《江宁日报》、江宁电视台开设的宣传专栏刊登《致全区应征青年及家长一封信》。在城区投入2万多元，定制30多条横幅，4个宣传拱门和8个带条幅的宣传气球等。2004年，区政府要求各单位将征兵宣传工作作为一项政治任务完成，印发征兵用语30条，各单位就近悬挂2条～3条征兵宣传横幅并落款，保留2个月时间。2005年冬季征兵宣传用语增至39条，各单位于10月10日前在交通要道悬挂8条～12条，同时，积极向新闻媒体和区征兵办公室主办的《征兵工作简报》投稿。

图31-4-6 2006年，中共南京市江宁区委副书记王加法欢送“进藏”新兵

2006—2007年，进行全方位、立体式宣传，营造“一人参军全家光荣；一次参军终身受益”氛围。同时，适当提高农村义务兵优抚金标准（人均约5600元/年），对进西藏地区服役的农村义务兵优抚金按人均收入的130%发放，回乡后与城镇兵同等安排工作。两年均按质保量地完成新兵征集任务。

【招收飞行员】

1958年，根据镇江专署招收飞行员命令，江宁县首次开展挑选飞行员工作。5月初，中共江宁县委、县兵役局召集县直有关部门成立江宁县动员飞行学员办公室，经过动员及摸底排队等工作，完成挑选2人的任务。1960年，江宁县委各部门相应成立飞行学员办公室，各中学相应成立招飞领导小组，开展登记、政治审查、体格初检等工作。而后送市复查，最后选送2人进航校学习。1966年，选调飞行学员工作从4月15日开始至7月底基本结束，共选调秦淮、秣陵、汤山、湖熟、江宁等22所学校37个毕业班的应届毕业生1858人。经摸底排队，排出适龄应届毕业生602人，其中高中生67人。经目测初审，送站体检502人。按照飞行员体格检查标准检查，合格61人，政治审查组在对体检合格的人选中进行政治审查，政审合格的有34人。而后两次送省复查，最后合格2人，送交空军部队，完成专区分配的任务。

1980年3月24日至7月2日开展的招收飞行员工作，从全县学校摸底排队，共有应届高中毕业生4712人，其中男性3129人，适龄男学生2906人，报名应征的2712人。参加体检目测的2522人，合格1037人，合格率41.10%。送市参加体检的375人，体检、政审合格的5人，合格率1.30%，最后定兵3人。1982年2月4日，国防部颁布《中国人民解放军招收飞行学员体格条件》，对飞行学员的身体素质提出更高要求。是年，全县适龄男性高中毕业生参加目测体检的1355人，合格296人，合格率21.80%。送市站体检2批共218人，经检查身体合格7人，合格率3.30%。经政审、文化考核，最后定兵5人。1986年，市政府和军分区分配江宁县招收飞行员任务数为1人，并分配40名预检对象。全县660名适龄学生全部报名，报名率100%。经过目测、初审、体检、政审和送市复查，有3名学生合格。后录取2人，超任务数100%，基本做到上级、县委、学校三满意。从1958年至1986年，江宁县人武部共组织招收飞行员14次，为人民空军输送飞行员32人。此后，招收飞行员工作纳入到普通完全中学的日常工作。每年在校应届高中毕业生，适龄男生的报名率100%，都圆满完成年招飞任务。

第三节　预备役建设

预备役制度是国家储备后备兵员的重要制度。预备役由退出现役和未服现役的人员中符合兵役条件的人员组成。1955年中央人民政府颁布的《中华人民共和国兵役法》，明确规定国家建立预备役制度。中央军委于1957年下达《关于改进兵役工作的指示》，决定将民兵与预备役合二为一，规定服预备役就要参加民兵，民兵就是预备役，民兵工作就是预备役工作。1984年重新修改的《中华人民共和国兵役法》进一步确定新时期国家实行民兵与预备役相结合的制度。

【预备役登记】

根据《中华人民共和国兵役法》第十二条规定，应进行预备役登记。预备役分士兵预备役和军官预备役。士兵预备役分一类预备役（18周岁～28周岁）和二类预备役（29周岁～35周岁）；军士和兵服役期满后转为一类预备役，18周岁～40周岁公民编为二类预备役。1955年11月，江宁县根据镇江地委批转军分区党委《关于预备役军士、兵普遍登记和应征公民兵役登记工作计划》精神，县人武部开展预备役登记统计工作。从4月25日开始至8月8日结束，符合预备役条件的占应登记的98.99%，核实、查对后，召开大会进行发证。1957年，全县从部队复员回地方登记的为第一类预备役。

图31-4-7 1997年7月，江宁县召开预备役部队组建工作会议

根据《中华人民共和国兵役法》规定，预备役军官应包括退出现役转入预备役的军官，确定服军官预备役的退出现役的士兵，确定服军官预备役的高等院校毕业生，确定服军官预备役的专职人民武装干部和民兵干部，确定服军官预备役的非军事部门的干部和专业技术人员等。1956年9月29日至1958年年底，全县开展预备役军官（调出除外）登记工作。

1983年，在对退伍军人预备役登记中，始终把专业技术兵种列为重点，全县对有专业技术的退伍军人进行登记，为未来战争储备一支技术力量。1995年12月至1996年1月上旬，全县第一次开展国防潜力调查工作，较准确地摸清有关情况和数据。1996年，对全县退伍军人进行预备役登记。

1996的，根据中央军委《关于评定授予预备役军官军衔工作的指示》，全县预备役军官被分别授予相应的预备役军衔。1999年，通过调查摸底和预备役登记，查清全县地方与军事专业技术对口预备役人员情况。2000年，全县完成预备役士兵的登记统计工作。2005—2007年，为切实做好应急作战准备，区人武部每年都开展兵员潜力调查工作，组织力量，深入村（社区），摸清辖区内适合编入民兵预备役组织人员的数量、年龄、文化、职业、政治素质以及分布、去向等情况。

【预备役部队】

预备役部队是以现役军人为骨干，预备役军官和士兵为基础，依照现役部队的建制组织起来的，是战时中国人民解放军实施快速动员的一种组织形式。

预备役步兵团 1959年5月，根据中央军委关于“裁减现役数量，提高质量，加强后备力量建设”的方针和南京军区指示，中共南京市委、市兵役局领导要求，“确定驻军一八一师五四三团减编团在江宁县辖区，按步兵团战时编制，增加15% ~ 30%的预编数，编成一个预备役步兵团，利用农闲季节，以已有装备进行训练，以作战时补充和扩建该团，迅速投入战斗，战胜敌人”。

预备役高炮营 1999年7月，根据南京市政府、南京军分区《关于做好预备役部队组建工作的通知》（宁政发〔1999〕98号）精神，中共江宁县委、县人民政府、县人武部，成立江宁县预备役部队，组建以吕界超为组长的领导小组，承担组建预备役高炮营。2000年，江宁县民兵预备役部队被评为军事训练、行政管理先进单位，受到团部的通报表彰。2005年5月，省政府、省军区举行防空分队实弹射击比武竞赛，区人武部组织民兵预备役高炮代表队参赛，获得全省民兵双三十七高炮射击第1名，预备役五十七高炮射击第3名，受到省军区通报表彰。2006—2007年，预备役高炮营除完成军事训练外，积极参加抗灾救灾和双拥共建活动。

第五章 国防动员与人民防空

国防动员和人民防空是战备建设的重要组成部分。江宁人民在中国共产党领导下，素有积极动员的光荣传统。抗日战争期间，动员人民群众参加抗击日本侵略军，保卫祖国神圣领土完整。解放战争期间，动员人民群众参加同国民政府军的战争，踊跃参军参战，积极支前，解放全中国。抗美援朝时期，江宁人民以动员青年参军、"捐飞机、大炮"等形式支援前线。对越自卫反击战中，动员人民群众参军，保卫祖国边疆不受敌人侵犯。社会主义建设时期，特别是在新时期，不断完善动员体制，既进行政治动员、兵员动员和物资动员、交通战备动员，又开展打赢现代高科技条件下局部战争的科技动员和信息动员。1996年9月，建立江宁县国防动员委员会。修订完善《应急动员预案》《防汛预案》《重点目标防护方案》《动员扩编》《物资征用》等战备方案和《民兵战备工作制度》等。注重后备兵员质量建设，加强人防工程建设与管理，做好国防动员潜力调查等，从而为赢得战争胜利提供重要保证。2004年7月，组织江宁区国防动员委员会战时动员指挥演练，此次演练推动全区国防动员工作深入开展，取得良好效果。

在人民防空工作方面，江宁更显突出。江宁地处东南沿海，境内驻军密集，并建有军用机场和国际民用机场，是敌空袭的要害地区。抗日战争和解放战争期间，江宁人民饱受日本侵略军和国民政府军空袭灾难。新中国成立后，江宁十分重视人民防空工作。20世纪60年代初，台湾当局叫嚣反攻大陆，江宁成为敌特空降空投的要害地区。1962年3月，成立江宁县防空指挥部，制定《关于加强人民防空反空降斗争预案》，加强联防工作，并与友邻省、县、公社建立35个联防协作网。20世纪70年代后期起，按照"平战结合"的方针，逐步完善和加强人防工程建设、维护和管理；大力修筑人防地下室、人防战备物资库等。进入21世纪后，修订完善空袭预案和各种保障计划，做好应付突发情况的准备。至2007年，江宁区人民防空工作已在人防工程建设、宣传教育、依法检查、人防总体规划、通讯指挥，"准军事化"建设等方面取得成果，人防工作跻身全市先进行列。

第一节 国防动员

【国防动员工作】

政治动员 抗日战争时期，中国共产党领导的新四军挺进江宁，首先发动宣传工作，揭露日本侵略军的野心和罪行，并号召人民群众投入到抗日救国的行列中。与此同时，江宁境内的县、区、乡都重视拥军优属工作，成立各级优抗会，普遍组织代耕队，为军属代耕代种，收割庄稼，进一步激发好男儿争相报名参军的热情。解放战争中，江宁开展"一切为了战争，一切为了胜利"的政治动员，控诉国民党反动派、地主阶级的罪行，激发阶级感情，形成前所未有的参军热潮。

新中国成立后，江宁县继承和发扬战争年代政治动员的光荣传统，加强战备动员和国防教育工作。1950年冬，美帝国主义侵略朝鲜，把战火烧到中国鸭绿江边。江宁县掀起"抗美援朝、保家卫国”的宣传运动，组织55个宣传站，65名报告员，3056名宣传员，共召开大小控诉会744次，有14万余人参加控诉美帝国主义侵略的罪行；有占总人口61%的城镇和农村24.40万余人参加示威游行，受到教育的人民群众达40多万人。通过时事宣传和召开控诉大会，激发广大群众的爱国热情和斗志，又一次掀起轰轰烈烈的参军热潮。1969年10月，县内举行抗议苏联政府派遣武装部队侵犯中国领土珍宝岛的示威游行，并开展形势战备和国防教育。

1990年起，中共江宁县委把每年的8月定为“国防教育宣传月”，以月促年，常抓不懈。至1993年，全县开展各种形式的国防教育活动300余场次，受教育人数20余万人次。同时，全县6所少年学校、14所县属完中和职中的高一新生，每年集中进行为期1周的军训，以加强国防动员和后备力量建设。1997年，组织2000名学生参观南京国防园和参加南京市开展的《中华人民共和国国防法》知识竞赛，县人武部获组织奖。8月1日，全县组织10万人收看中央电视台转播建军70周年纪念大会实况，进一步增强全县军民的国防观念。2004年，江宁区投入2万元编写国防教育小册子发放到每个学生。2005—2007年，全区通过报告会、讲演会、竞赛等形式，不断扩大国防宣传教育覆盖面。

人民武装动员 战争期间，人民武装动员主要是动员人民群众参军参战；和平建设时期，重点是进行后备力量建设，对预备役实施登记、编组和训练，开展兵员潜力调查。

江宁有着兵员动员的光荣历史。在反帝反封建统治斗争中，清咸丰年间，江宁有大批城乡劳动人民参加太平军。辛亥革命中，江宁一批有反清爱国思想的人，参加起义行动。抗日战争中，江宁、横山地区兴起3次较大规模的参军热潮，共动员约有3500人参军。解放战争中，江宁县动员2000多人参军，转战南北。抗美援朝中，全县共动员12633青年报名参加志愿军，有1946人获准参军，保家卫国。

在社会主义建设时期，江宁人民武装动员工作除每年动员适龄青年报名参军外，从1956年起，进行预备役登记工作。是年，全县预备役应登记公民31109人，报名登记30795人，占总登记数的98.99%。1995年12月至1996年1月，江宁县第一次开展国防动员潜力调查工作，较准确地摸清有关数据，为战时快速动员打下基础。2005年，为做好应急作战准备，根据南京警备区有关通知精神，全区进行民兵组织潜力调查工作，摸清辖区内适合编入民兵预备役人员的数量、年龄、文化、职业、政治素质、军事素质以及分布、去向等情况。

经济动员和交通战备动员 抗日战争时期，江宁县开展经济动员工作，支持革命战争。民国27年（1938），横山地区抗日民众动员委员会成立后，发动群众慰问新四军，捐钱捐物捐枪支、送军鞋等。民国31年夏开始，动员开展征收公粮工作，到民国32年秋，向江宁县抗日民主政府交抗日救国公粮的有40个乡镇，共100多万公斤大米。同时，县抗日民主政府动员开展税收工作。民国38年（1949）8月，全县开展动员为过江南下的中国人民解放军部队运送粮草及征集工作。共动员民船190只，汽车20辆，骡马车60辆装运公粮。同时，筹借粮食278万公斤、柴草250万公斤。1951年，动员各界人民踊跃捐钱捐物，积极报名参军，以实际行动投入抗美援朝运动。至1952年1月，全县共捐献战斗机2架，折计39.07亿元（旧人民币）；完成秋征公粮4076.50万公斤。1988年，江宁县对医疗卫生、军地通用物资常储量、战时可转军用生产的工厂经济情况开展动员潜力调查工作。

1996年，江宁县成立交通战备动员办公室，加强交通战备工作。1999年，县交通局无偿投资20万元，为南京炮兵学院修建1条战备路。2003年，区交通局与驻军部队共同投资1000多万元，修建汤铜公路至武警1支队战备路和方山73680部队连接江宁科学园百米大道的战备通道，并为临汾旅“拥军大道”进行了全面养护和绿化。是年，军地还共同修建一条军区副食品基地（位于上峰镇境内）通往军区地炮靶场的交通战备道路。2005年，江宁区政府筹措资金30万元，帮助南京炮兵学院建设从该院小西门到新宁杭公路之间的战备道路。同时，投资83万元，启动建设南京警备区方山民兵训练中心、建设炮兵训练场和综合楼环形路，改善训练中心的内部道路。至2007年，江宁已形成以南京为大中心，以区域为中心的大辐射、小循环，水陆空立体衔接，干线支线网状相连的四通八达的交通体系，使人流、物流、信息流条条畅通，为江宁的经济建设和交通战备提供极为有利的条件。

科技与信息动员　2000年3—7月，江宁县进行科技动员试点工作，成立县科技动员领导小组，召开多次会议，研究各项科技动员工作。通过调查摸底，完成1000多份统计表格的填写登记，确定全县科技人员882人，科技企业28家。加强对口专业分队建设，在原有对口专业分队的基础上，拓宽组建范围，调整编制数量，新组建90人的陆航勤务专业分队以及开发区电子对抗、电子控制、光缆维护3个专业计90人的高科技对口专业分队。同时，确定为部队服务的科技项目，变民用为军用。完善科技动员信息管理系统，对全县19类科技企业和科技人员进行调查、登记，编组造册，对一些科技企业、科技人员、对口专业分队等数据资料，全部微机录入，形成科技动员信息库。2000年4月，在省军区人民武装干部科技练兵现场观摩会上，江宁县人武部介绍了“着力寻找突破点，积极开展科技练兵”的做法，被省军区表彰为科技练兵先进单位。2005年，按照“战训一致，平战结合”方案，完成科技动员、科技支前等战备数据的采集等工作。

【国防教育工作】

国防形势教育　1951年前后，江宁县结合“抗美援朝，保家卫国”运动，对民兵进行反对美帝国武装日本，保卫胜利果实，通过召开声讨会、控诉会、回忆诉苦，并运用多种宣传手段，揭露帝国主义的侵略本性，激发民兵的爱国热情，全县1946名民兵参加中国人民志愿军，赴朝作战。1958年9月，中共江宁县委、县人武部党委开展“全民皆兵”的教育，通过示威游行、控诉、声讨美帝国主义的侵略罪行，激发广大青壮年的爱国热忱，参加民兵组织。1962年，针对美帝国主义正在积极推行的全球侵略政策，煽动印度反动派对中国进行侵略活动，唆使蒋介石集团对大陆实行军事冒险的国际形势。江宁县的民兵教育按照中共江宁县委批转县委宣传部、人武部《关于进一步加强国防教育和民兵政治教育工作》的精神，着重国际形势教育，揭露美帝国主义玩弄假和平和扩军备战的新阴谋，深入宣传毛泽东关于人民战争思想，控诉美蒋罪行，提高革命警惕性。根据镇江军分区指示，中共江宁县委宣传部、县人武部在全县开展控诉美蒋罪行的思想教育运动，受教育群众约4万人次。1969年10月，县内举办游行示威，抗议苏联政府派遣武装部队侵犯中国领土珍宝岛。

1989年，中共江宁县委以青年民兵为主体，以学生为起点，在全县部署以国防教育为主要内容的民兵政治教育。全县各乡镇共组织50多次多种形式的国防教育活动，5万多人受到不同程度的教育，全县开展军政训练的有14所完中、职高，共1700多名高中新生。是年5月，县人武部抽调7名专职人武干部参加海军指挥学院举办的国防教育理论培训班，县乡两级培训国防教育骨干465人。全县28个基层武装部均完成了对民兵形势教育、爱国主义教育、国防教育和法制教育四课政治教育，有8945名民兵受到教育，受教育率92%。1991年，全县有7个乡镇，聘请驻军政治教员，在中学生中进行国防教育，培养学生少年时立报国志，长大从戎保国的责任感。至 1993 年，全县各级组织国防教育演讲 26 次，听讲 4130 次，举办各类墙报、板报、展览 112 期，举办国防知识竞赛 22 次，观看国防教育题材录像（电影）5.60 万人次。1999 年 5 月，江宁县成立以吕界超为组长的江宁县国防教育领导小组。2003 年 3 月，陈水扁上台后，公然否认“一个中国”原则，顽固推行“公投”，针对台湾紧张局势不断升级，江宁区坚持不懈地加强对民兵预备役人员的战备教育，增强做好东南沿海军事斗争准备的紧迫感和责任感。2006—2007 年，利用集训、集会等形式，充分发挥区内驻军多的优势，组织开展国防知识教育活动，增强全民国防和人防意识。在民兵队伍中牢固树立“两场”（市场和战场）思想、准备打仗思想。

图 31-5-8　江宁区在学生中开展国防教育活动（2003 年摄）

国防教育基地　江宁区横溪镇呈村境内至今留有横山县抗日民主政府旧址。旧址建筑建于民国 2 年（1913），为大地主余少璋住宅，号称“九十九间半”。民国 32 年，呈村旧址内设横山县抗日民主政府指挥机关。当时，这里成为横山地区的政治中心，全县军民在中共横山县委、县政府的领导下，有力地打击了日本侵略者。1982 年，呈村旧址内的横山县抗日民主政府指挥机关被列为南京市文物保护单位，江宁县爱国主义教育基地。1999 年 12 月 28 日，横山县抗日民主政府旧址修复竣工暨青少年爱国教育基地挂牌典礼在横溪镇呈村举行。

1954 年 7 月 1 日，中共江宁县委员会，江宁县人民委员会动工兴建“云台山抗日战役”烈士墓。1979 年 8 月，中共江宁县委重修云台山抗日烈士墓。1982 年，该地被列为南京市文物保护单位，江宁县爱国主义教育基地。1995 年 10 月 18 日，中共江宁县委、县人民政府举行云台山抗日烈士纪念碑修复揭碑仪式。至 2007 年，每年清明节，江宁各级机关干部、人民群众和中、小学生前往凭吊扫墓，缅怀先烈，接待参观、教育达数万人次。

图 31-5-9　云台山新四军抗日烈士墓

1977 年，分别在湖熟镇龙都集镇南面建龙都烈士墓和土桥镇柏墅村建土桥烈士墓，两墓于 1983 年 6 月被列为县级文物保护单位，爱国主义教育基地。

1983 年 3 月，中共江宁县委、县政府为纪念邓仲铭烈士牺牲 40 周年，在东山镇西侧的竹山建仲铭亭。1983 年 6 月，该亭被列为江宁县文物保护单位、爱国主义教育基地。每到清明时节，工人、农民、机关干部和学生等到此凭吊，寄托哀思。至 2007 年，江宁境内被列为江宁区青少年爱国主义教育基地的有 1992 年兴建的江宁经济技术开发区和 1993 年兴建的 1118 平方米的江宁博物馆。

第二节　人民防空

【人防机构】

1950年5月至1962年3月，江宁县人民防空工作，由县人民武装部（兵役局）领导。1962年3月7日，成立县防空指挥部，县长华子泉任指挥，人民防空日常工作由县人武部、公安局负责。各公社在公社党委的统一领导下，成立防空反空降领导小组。1963年6月，江宁县召开联防协作会议，会议针对突出反空降反暴乱问题，提出5条措施，随时应付突然情况的发生；加强组织领导，建立健全各项制度，并对县防空指挥部领导成员作出调整。1969年11月11日，县革委会研究决定，成立江宁县人民防空领导小组，组织领导全县人防工作，并发出《关于加强人民防空工作通知》，要求各地迅速建立相应的人防领导组织，加强形势战备教育。

1998年5月，县人民政府研究决定，对人民防空委员会人员进行调整，组成以县长王建华为主任的11人小组。2002年8月，成立江宁县人民防空动员办公室，为国防动员委员会的常设办事机构，主管人民防空工作。2003年，江宁区人民防空工作全面启动。是年3月，成立江宁区人防工作领导小组，加强人民防空组织指挥系统建设。中共江宁区委、区政府分别召开中共江宁区委常委会、区委书记办公会、区长办公会，研究人防工作，并决定将开发区、科学园人防工作纳入人防办统一管理。4月4日，召开全区人防工作大会，增强全区各部门、各单位对人防工作重要性的充分认识，关心支持人防工作。6月1日和18日，人防办派员分别驻江宁经济技术开发区行政服务中心和江宁区行政服务中心，开设人防行政审批窗口。7月，区政府组织召开由区纪委、规划局、建设局等部门参加的人防工程建设工作协调会，并形成《关于加强人防工程管理的会议纪要》。

针对区人防工作起步较晚、工作机制不够完善的特点，区委、区政府及时组织相关人员到其他市（区）参观考察、调查研究，并多次召开专题会议，制定实施《关于加强全区人民防空工作的决定》、《关于人民防空工程规划建设纳入行政审批的通知》（江宁政发〔2003〕80号）、《关于人民防空建设经费筹集管理的暂行规定》（江宁政发〔2003〕98号）、《关于街道、镇人民武装部履行人民防空工作职能的决定》（江宁委发〔2005〕26号）等一系列政策法规与制度，切实将人防工作纳入行政审批范畴。

【人防设施】

工程建设　1976年，江宁县接管辖区内133个包括屯兵坑道、炮工事、弹药库在内的国防工事。此后，开展多以山道工事为主的人防工程建设，并进行多次大的维护和保养，使其处于良好的战备状态。2003年，区人防办对全区范围内的废弃矿井和天然洞穴及地下工程面积进行普查。2004年11月，区政府邀请省、市人防办和解放军理工大学工程兵工程学院有关专家，编制《东山新市区人防工程规划》，成为全市第一个编制人防工程规划的区县。2005年5月30日，

图31-5-10　2007年，具备平战结合功能的江宁区商城4470平方米人防地下通道工程竣工

江宁开工建设金箔路人防过街通道，这是全区第一个人防自建工程，也是东山新城区第一个人防地下通道，总投资3000多万元，面积4000多平方米，设有5个出口，可同时容纳4000多人通行。该工程的建成可以缓解这一区域内交通拥堵的状况，使行人走地下通道分流，从而保障行人过街安全；与此同时，他又是战时人员疏散隐蔽的场所。工程于2006年建成投入使用。2006年9月，由区人防办在南京农副产品物流配送中心投资兴建2.50万平方米人防战备物资库开工建设。2007年，区人防办先后办理立项批复6.50万平方米。全年在建人防地下室21万多平方米。

警报网建设 1962年，江宁设置防空监视哨所19个。2002年10月，区人防办在区公安局、建设局和电信局大楼安装防空警报器各1台，并于12月13日在东山城区首次鸣放防空警报。2004年，又增加4台，全区共安装电动警报器10台，并于8月30日和12月13日2次鸣放，城区音响覆盖率达90%。2005年，全区已安装防空警报器26台，东山老城区、开发园区和各镇街均安装防空警报器，音响覆盖率达100%。2006年12月，江宁区完成防空警报网建设，在东山老城区、开发区新安装4台大功率警报器。是年12月13日，南京大屠杀纪念日全市试鸣防空警报，江宁鸣响率100%，主城区覆盖面100%。2007年，做好防空警报设施的维护、管理和测试工作，警报设备鸣响率均达100%。

【防空预案】

20世纪60年代初，台湾当局叫嚣反攻大陆，经常派遣敌机入境内袭扰，并空投特务和散发大量传单，对此，江宁县成立战区反空降空投指挥部，同时，县人武部、公安局联合拟制《关于加强人民防空反空降斗争方案》，决定在全县建立3个反空降重点斗争地区：横山边沿结合地区（即丹阳、横溪、铜山公社）；长江边沿地区（即铜井、陆郎公社）；长江和青龙山边沿结合部地区（即长江、汤山公社和青龙山农场）。根据社情和可能出现空降的地域，设置防空监视哨所19个。江宁县与友邻省、县、公社建立35个联防协作网，主要在民兵与民兵之间联防，尔后发展组织军队与民兵之间联防协作区2处，参加联防的民兵1670人。

2002年，江宁区人民武装部编制内容较完整的防空袭战斗行动预案。预案由基本方案、各种保障方案与各种图表3个部分组成。2005年3月，根据市人防办要求，区人防办完成《江宁人民防空袭预案、人员疏散预案》的编制。2006年9月，完成《江宁区人民防空应急行动预案》的编制。同时组建抢修抢险、消防、防化、医疗、运输、治安和通讯7个分队，随时应对防空袭和重点目标防护。

【人防教育】

1962年6月，中共江宁县委宣传部、县人武部制定《关于反空降反空袭的战备教育意见》，在全县开展控诉美蒋罪行的思想教育运动，加强战备工作。1969年11月11日，县革委会发出《关于加强人民防空工作的通知》，并运用多种形式在全县开展形势战备教育和防空教育。2002年，江宁区将人防宣传教育与全民普法教育、全民国防教育、职工教育结合起来，在采取传统宣传教育形式的同时，充分运用广播、电视、报刊、网络等现代媒体进行宣传。开辟专栏、专题、专刊、专页，开展人防知识竞赛、征文等活动，并结合5月19日全民国防教育日，10月29日《中华人民共和国人民防空法》颁布纪念日和12月13日"南京大屠杀"纪念日试鸣警报器等时机，开展专题宣传教育，提高全民的人防意识，增强全民的人防观念。

2004 年，在全区 33 所中学教师中开展人防知识培训，对全区初中二年级学生全面开设人防知识教育课，在高一新生军训中安排人防训练内容；所有区管干部人手一册《人防知识读本》和《人防办事指南政策法规》。2005—2007 年，投入 11 万多元在全区 33 所中学开设人防课程，为全区初二学生免费提供教材；将人防宣传工作向镇街、企业、大中专院校等基层单位延伸，编印发放 2 万多册《人防办事指南》，力求家喻户晓，人人皆知。

第六章 战 事

江宁依山控水，地处东南沿海战略要冲，历代布有重兵驻守，为金陵斗争前哨和兵家必争之地。自春秋吴楚争霸衡山（今横山）第一战之后，历史上南京地区举凡重要战事，大都发生在江宁境内。孙权的大哥孙策进军秣陵，打败秣陵守将笮融、薛礼，并先后攻下湖熟、江乘、秣陵三座县城，草创东吴霸业。东晋太元八年（383），丞相谢安在江宁东山坐镇指挥，一举打败号称百万的秦兵，取得“淝水之战”的胜利，创造了中国古代战争史上以少胜多、以弱胜强的典型战例。宋建炎四年（1130）岳飞率岳家军设伏牛头山（今牛首山），大败金兵，乘胜收复建康（今南京）。元至正年间，朱元璋率红巾军在境内秦淮河、方山等地激战，打败元军，攻占集庆（今南京）。至近、现代，太平军攻占南京、天京保卫战、九镇起义秣陵关、江浙联军光复江宁城、北伐军攻占南京，以及国民政府军把孙传芳打得弃军北逃等战役，都以江宁为基点，对金陵形成包围之势。直到民国时期的抗日战争和解放战争，江宁更成为南京地区攻防的重要战场，在江宁地区发生的重大战役有 30 多次，规模较小的战斗不计其数。仅在抗日战争中，江宁军民对敌作战有 1000 多次。江宁人民在历代改朝换代中和抗击侵略者的战斗中，前仆后继，做出重大牺牲和贡献。

第一节 古代近代战事

【古代战事】

吴、楚衡山之役 周灵王二年（前 570），楚国派公子婴齐（即子重）为统帅，沿长江顺流东下伐吴。婴齐率兵进入吴境，攻克鸠兹（今安徽省芜湖市东南），抵达衡山（今江宁横山）。楚军认为据此可以北取金陵，东取吴郡。因此，公子婴齐命大将邓廖率领甲士三百，徒练三千为先锋，自率主力继进。正当楚军立足未稳之际，吴军利用地利之优势和水战之特长，先发制人。首先将楚军前锋与主力拦腰切断，然后水陆并出，四面夹击，大败楚军，俘虏大将邓廖，逃回的楚兵仅“组甲八十，徒练三百而已”。楚公子婴齐败归。吴国乘胜反击，扩大地盘，声威大振。

平定刘濞叛乱 西汉景帝前元三年（前 154），为巩固中央集权，采纳晁错的削藩政策，削诸侯封地。吴王刘濞封建割据势力遭到刘启（汉景帝）打击，遂约楚、赵等 7 国以“清君侧”

为名，发动武装叛乱，被汉将周亚夫击平。刘濞溃奔江东丹阳县（今江宁区丹阳镇），据守越城；次年徙女南王刘非治吴故地，刘濞后被诱杀于丹徒。

孙策智战秣陵 汉献帝兴平二年（195），孙策在周瑜、程普和黄盖等人的协助下，从历阳渡江而东。他的军队所向披靡，首先击溃刘繇的牛渚营（今安徽省马鞍山市采石矶），接着攻打秣陵县城。秣陵驻守为刘繇部将笮融、薛礼，他们在初战大败后，退回城内闭门不战。此时盘踞曲河（今丹阳市）的刘繇率军偷袭牛渚营，企图切断孙策的退路，于是孙策回兵反击，使其遭到重创。孙策再攻打秣陵时，股部被弓箭射伤。于是乘机诈降，同时在秣陵城内盛传“孙郎被箭已死”的谣言，造成笮融、薛礼的麻痹大意，孙策带伤出战，伏兵四起，大获全胜，先后攻下湖熟、江乘、秣陵3座县城，威名大振。

谢安东山运筹淝水之战 东晋太元八年（383），统一中原的前秦王苻坚率兵号称百万，挥戈南下，企图一举消灭东晋。当苻坚大兵“次于淮肥，京师震恐”时，东晋丞相谢安受命于危难之中，担当起抵抗入侵重任。他在东山（今江宁区东山镇）作出战前决策，派弟谢石、侄谢玄、儿谢琰等将领，率8万北府精兵阻击强敌，并亲自“指授将帅，各当其任”，审时度势，缜密安排。晋军先锋迅速击败秦军前哨5万人，继而两军决战于淝水（今安徽省寿县境内），谢玄等采用谢安的诱敌移动之计，趁强敌布阵之乱，一举击溃苻坚97万大军。当捷报传到建康，谢安正在下棋。客人询问，他不动声色说：“小儿辈遂以破贼！”

刘裕击败桓玄战乱 东晋元兴元年（402），桓玄以反对当时掌握东晋朝政的司马元显为借口，举兵东下，进逼京口（今镇江），威胁建康，封锁长江。司马德宗（安帝）派皇族司马元显与之对抗。桓玄在姑孰（今当涂县城北，即江宁区、马鞍山市交界处的故城）打败司马元显，攻破建康，掌握朝政。次年，桓玄篡晋称帝。东晋元兴三年（404），北府兵将领刘裕起兵声讨，打着复兴晋室的旗号，在北府兵的根据地广陵和京口同时举兵，攻进建康，消灭了篡夺东晋军政大权的桓玄势力。桓玄退回江陵，兵败被杀。元熙二年（420），刘裕建立宋朝（亦称“刘宋”），以建康、秣陵、丹阳、湖熟、江宁等8个县为丹阳郡。

李子通占丹阳 隋恭帝义宁二年（618），吴兴太守沈法兴起兵攻占丹阳等10余郡，自称江南道大总管。农民起义军首领李子通击败隋江都太守陈稷，自立为吴帝，渡江击败沈法兴，占领丹阳等郡。唐武德二年（619），另一支农民起义军杜伏威降唐，进攻丹阳，江淮义军都归附，被封吴王，遣部属舒国公辅公祐攻逼李子通部南走浙江。武德三年，杜伏威部属王雄诞追捕李子通解往长安，李后逃走被杀。

岳飞抗金大战牛首山 南宋建炎三年（1129）十月，金将完颜宗弼（本名兀术），渡江击败南宋守将杜充诸部，攻陷建康（今南京）。杜充部将岳飞自方山退至茅山，后移广德、溧水，阻止金军向临安进攻。1个月后，金兀术部向临安进发途经广德。岳飞发动6次进攻，取得六战六捷的胜利，挫伤金军的锐气。建炎四年（1130），金兵从杭州、宁波等城市北撤，途经镇江，宋名将韩世忠及其夫人梁红玉“擂鼓战金山”，连同金兀术在内的10万大军被堵截于黄天荡

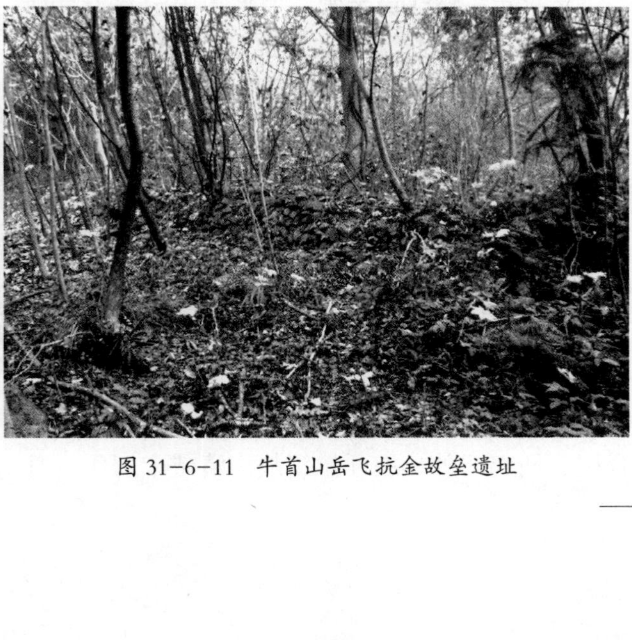

图 31-6-11　牛首山岳飞抗金故垒遗址

（今南京东郊龙潭镇附近）48 天。同年阴历四月，金兵由黄天荡逃到建康时，将建康城洗劫一空，准备渡江北撤而去。岳飞闻讯率兵赶到，在下关靖安镇大败金兵。金兀术不甘失败，从靖安镇一直往南郊扎营，企图在扼建康之咽喉的牛头山（今江宁区牛首山）与宋军决一死战。岳家军早在牛头山设下埋伏。当晚金兵在牛头山下营寨里休息之际，岳飞派出 100 名身穿黑衣的狙击手入金营袭扰，金兵大惊，混乱中自相残杀，争相逃命。岳飞又派骑兵在营寨外，活捉出逃金兵。金兀术不得不往今下关龙湾撤退。岳飞乘胜追击至南门新城，金兵再次大败。金兀术欲从今江宁区江宁镇马家渡渡江逃窜，岳飞再率精兵在清水亭（今江宁区谷巷镇）阻击，大破金兵，收复建康（今南京）。

朱元璋攻克集庆之战 元至正十二年（1352），朱元璋参加郭子兴部红巾军，后自立 1 军，时任左副元帅。元末，朱元璋随红巾军起义。至正十五年六月，都元帅郭子兴长子郭天叙与右副元帅张天祐、左副元帅朱元璋率部领水陆大军乘风渡江，夺占采石，乘胜直取安徽重镇太平。六月底，义军分路进攻集庆。北路由张天祐率领于正面进攻，遇元南台御史大夫福寿顽强抵抗，于七月败回太平。八月，徐达等南路军连克溧水、句容、芜湖，对集庆形成包围态势。九月，郭天叙、张天祐与方山（今江宁区方山）民军首领陈埜先夹攻集庆，陈埜先中途叛变，诱杀了郭、张 2 人。元至正十六年三月一日，已完全取得渡江诸军指挥权的朱元璋 3 攻集庆，破江宁镇。十月，朱元璋军进蒋山（今钟山），大破元兵，架云梯攻入集庆城内，城中 50 余万军民为朱元璋所得。

【近代战事】

太平军攻占南京 清咸丰三年（1853）二月九日，以起义农民为主体的太平军，水陆并进，从武汉顺江东下。百万人马，势如破竹，连战皆捷。三月四日，即攻至芜湖。三月七日，陆路太平军进至江宁镇、板桥、殷乡（巷）、响叶村，绕城西南筑营 24 座。三月九日，太平军前锋攻占聚宝门（今中华门），并在仪凤门（今兴中门）掘地道攻城。三月十二日，太平军水师跟进至新洲、大胜关、草鞋峡，1 万多战船布满江面。三月十九日晨，太平军天官丞相林凤祥率部从缺口突入城内；地官丞相李开芳等部以云梯攻上聚宝门、水西门、汉西门，外城遂破，当夜攻克江宁城。战役中斩杀两江总督江宁将军祥厚、副都统霍隆武、卸任总督陆建瀛、上元知县刘同缨、江宁知县张行澎等大小官吏及满营士卒 4 万人。三月二十九日，天王洪秀全坐轿从水西门入城，改江宁为天京，定为都城，并建天王府于总督府。

太平军一破江南大营 太平天国定都天京后，清咸丰三年（1853）三月三十日，清廷急调钦差大臣广西提督向荣率部 1.70 万人，由湖北九江追太平军至江宁镇，在孝陵卫建立清军江南大营，傍城筑垒 18 处，围攻太平军。同时，清江宁府也移驻今江宁区淳化镇。太平军频频出击，与清军在七桥瓮、上坊桥、钟山、牛首山、雨花台、龙潭、栖霞、下成（蜀）、江宁镇、三山矶和通济门、观音门、仙鹤门外，展开拉锯战。清咸丰四年八月，向荣增设水师船，在三山营重创太平军。

图 31-6-12　清军与太平军激战场面（外人绘）

清咸丰五年四月，又以全部水师斩断太平军天京和浦口间的两道铁链而获胜。清咸丰六年二月，东王、正军师杨秀清从上游调回大军，由燕王秦日纲统帅，会同镇江守将吴如孝部回击江南大营。五月十八日，翼王石达开与秦日纲合力攻打江南大营。向荣急令清总兵张国梁等回军保卫。石达开、秦日纲先派兵四五千人进攻仙鹤门，又添军数千包抄。五月二十日清晨，石达开率兵数十路猛攻马群和钟山脚下清军营垒。杨秀清派兵数千，直攻七桥瓮张国梁营，又从朝阳、洪武2门出兵，攻破江南大营附近20余座营垒。秦日纲分军四五千翻过灵谷寺山，将副都德崇额马队营盘烧毁，接着，以大军围攻孝陵卫，击伤张国梁，击毙陈志明、都司李振甲，摧毁江南大营。张国梁负伤后率残部护向荣由淳化镇退丹阳。向荣败后于八月忧愧自杀。史称太平军“一破江南大营”。

天京保卫战 清同治元年(1862)六月，钦差大臣曾国藩令其弟曾国荃率4万湘军进入江宁镇，攻板桥，连陷秣陵关、大胜关、三汊河，直逼天京城南要塞雨花台扎营。九月，李秀成等率20万大军，自方山，西至板桥，围攻清军46天。因太平军分兵苏浙，加上饥寒交迫，天京解围失败。李秀成退屯秣陵关、陆郎桥一带，分兵至九洑洲北渡开辟漕运，同时东援苏沪，迎战帝国主义支持的洋枪队。不久，洪秀全召集李秀成留守天京，李率军转战江东门、方山、土山、上坊门、高桥门、淳化、解溪、龙都、湖熟、三岔、秣陵关、博望以及近城的中和桥、双桥、七桥瓮、雨花台等地阻击敌人，精锐损失过半。

清同治二年（1863）六月中旬，湘军攻陷雨花台石城及聚宝门外九石垒。与此同时，清军水师也先后攻占头关、江心洲、蒲包洲，停泊于南京护城河口。三十日，湘军数路进攻九洑洲，太平军失守九洑洲。十月以后，上坊桥、江东桥、上坊门、高桥门、双桥门、中和桥营垒也相继失守。十一月二十五日，孝陵卫陷落，天京完全被湘军所包围。清同治三年二月二十八日，城外制高天堡城失陷。

清同治三年（1864）七月三日，太平门外要塞地堡城失陷，清军直逼天京。七月十九日，湘军在太平门东侧挖地道至城墙，用火药轰开城垣20多丈，清军涌入城内，守城太平军拼死抵抗，终未能扭转局势。在守卫天京的11年战斗中，上元、江宁两县有大批百姓踊跃加入战斗行列。

九镇起义秣陵关 清宣统三年（1911）八月十九日，辛亥革命在武昌爆发后，江苏各地都相继攻克。驻守南京城里的两江总督张人骏、江南提督张勋等人，准备顽抗到底。此时，驻在南京的清朝新军第九镇（镇相当于师级）的广大将士顺应大势，举起义旗。张人俊、张勋等人把新军第九镇视为眼中钉，他们收缴和扣发新军的弹药，迫使新军限期撤出南京城暂住秣陵关，还企图置第九镇统制（相当于师长）徐绍桢等人于死地。九月中旬，第九镇的下级军官已命令所属把刺刀、马刀一律开口，准备肉搏杀进南京城。徐绍桢下令把仅有的库存枪弹发给三十四标（团），任命参谋长沈桐午为前敌总指挥，率队进攻南京。九月八日拂晓，炮标第一营营长范兹泽率领先遣骑兵队出发，到花神庙一带，令士兵发射空响弹6发，遭到雨花台方向实弹还击。当晚，沈桐午命令第三十四标进攻雨花台炮台，并分一路绕攻水西门。新军终因弹药缺少而失利，死伤200多人，于次日败退秣陵关，再转移到镇江。

第二节 现代战事

【北伐战争时期战事】

民国16年（1927）春，有共产党人参加的国民革命军北伐部队沿江东下，从安庆和芜湖方向逼近南京，向盘踞在南京的大军阀孙传芳展开猛烈攻势。担任主攻南京的北伐军，由总指挥兼第六军军长程潜及政治部主任林祖涵（共产党员）和第二军军长谭延闿（鲁涤平）及政治部主任李富春（共产党员）担任。3月17日，他们连克高淳、溧水等。19日，徐源泉部约3个混成旅、谢文炳部约1个混成旅、白俄兵约1个团，由陶吴镇、濮塘镇向朱门镇分道反攻。独立第二师第一旅接战5个小时，势甚危急，贺耀祖遂令第二旅至濮塘镇增援，第三旅从谷里镇抄袭其右侧。第六军第十九师五十五团、五十六团，击退东善桥直鲁联军的进攻，第十七师亦于当晚占领铜井镇，后又在第三旅协助下攻占江宁镇。第十九师及左翼第一旅、第二旅占领陶吴镇，右翼支队占领秣陵关。第二军第四师击溃湖熟镇方面的联军，进至龙都镇。22日，第十七师与第三旅合力进攻板桥镇联军，左翼主力在牛首山西部与联军激战，第十九师激战于上石马、观音山一带。随后，第四师进至淳化镇，第十七师进至殷巷镇以后，各部继续向南京推进。23日，北伐军以6万兵力向南京发起总攻。下午，包围直鲁军阀张宗昌、褚玉璞以10万多兵力固守的南京城。程潜下令分兵3路发起攻城：第1路约3万人主攻并夺取雨花台、聚宝门（今中华门）；第2路约2万人猛攻通济门，守敌弃门而逃，内应打开城门迎接北伐军；第3路约1万人攻破洪武门（今光华门）。入夜，北伐军分路入城，守军3万余人被缴械，余部溃散，北伐军占领南京。

图31-6-13 民国时期江浙联军光复南京的官兵

【抗日战争时期战事】

淳化阻击战 民国26年（1937）12月4日，侵华日军第九师团所属500余人，进犯土桥、索墅，遭到方山至淳化的守备部队第五十一师（师长为抗日名将王耀武）的顽强阻击。5日下午，敌在淳化正面增至2000人，配炮10门、飞机数架，向五十一师猛轰，激战终日。至6日下午，左翼汤水镇大部已失，右翼牛首山的第五十八师与敌陷入激战，淳化形势益孤。紧急关头，苏联空军志愿大队英勇参战，空战取得2比1战绩。7日，湖熟之敌500人攻击宋墅、下三墅，并向方山迂回；另一部200余人攻击上庄，威胁淳化侧背；正面则以步兵猛烈攻击，继以大炮、飞机轰炸，战况激烈。激战3日，五十一师伤亡900余人，打退10余次进攻，毙伤敌军五六百人，缴步枪30余支、战旗13面、地图2幅。三〇六团经彻夜激战，将敌人逐出下王墅。8日拂晓，敌由湖熟方向增援2000人、炮10余门，猛攻宋墅、淳化镇。到次日拂晓，三〇一团伤亡600余人，团长张灵甫重伤。第九师团遂直扑通济门、光华门。第五十一师连续硬战，并于12日在秦虹桥重创敌军，后在双闸镇与第五十八师余部成功渡江，全师在战斗中伤亡官兵共计7355人。

汤山阻击战 民国26年（1937）12月7日，侵华日军自句容全面进攻汤山。南京卫戍司令部部署，第六十六军负责守备江宁淳化镇经汤山至伏牛山一带，并派2个团至句容县城及其西北建立前线阵地；第八十三军负责守备伏牛山至龙潭；12月4日，侵华日军便衣出现在句容以东；5日，侵华日军对第六十六军句容前线阵地试探性进攻；当日晚，侵华日军第十六师团约3个联队正式向句容进攻，其中主力4000余人分南北2路向土桥镇、牧马场包抄。进至土桥镇的侵华日军又复转向新塘市迂回，截断句容守军归路。因第八十三军在镇江未能到防，第二军团第四十一师刚至栖霞接防不及，伏牛山以北出现空隙，6日上午，向牧马场前进的侵华日军乘机由九华山北麓渗入江宁孟塘，威胁汤山侧背，扰乱守军部署，第一六〇师先派一个营前往搜索阻击。下午，敌军并不接战，前锋继续沿七乡河谷地西进至高家庄、大胡山（大湖山）。守军担心金汤大道（京汤公路）和第六十六军后方联络线被切断，以第一六〇师一部赶赴大胡山与敌相持。7日，第四十一师、第一六〇师激战一天，侵华日军未被歼灭，由数百人增至数千人。同时，已占据炮兵营房的佐佐木旅团从正面突破汤山阵地，第一五九师退入汤水镇、半边山继续苦战，并炮击设在炮兵学校的师团部。是日午时，唐生智调第三十六师补二团自麒麟门东进支援汤山侧背，至东流镇附近，收复了许巷，但在复兴桥为优势侵华日军所阻。夜12时，唐生智命第四十一师由乌山、狮子山、岘山向南，第一六〇师第九五六团向北展开于棘山、空山（孔山），与第三十六师补二团三面夹击孟塘、大胡山凹地间侵华日军。8日，侵华日军大批后续部队增援，在坦克、飞机、大炮的协助下猛烈反攻，第三十六师在复兴桥马基山先胜后败，屡次陷入包围圈，第四十一师"终日肉搏，旋失旋得"。伤亡严重的第一六〇师、第四十一师先后撤出战场，侵华日军一部尾随北上。是日午后，汤水镇也告失守，第三十六师补二团乘夜撤回南京。次日，日本战车第一大队主力协同第十六师团从汤水镇出发，在坟头附近瓦解乌龟山守军的抵抗，沿京汤公路穿过九乡河，占领了麒麟门。

江宁沦陷 民国26年（1937）11月12日，上海失陷后，侵华日军分3路进攻南京。12月4日，侵华日军华中方面军第九师团、十一师团、十三师团、十六师团循沪宁铁路、公路和长江西犯，扑南京附郭阵地。第三师团、十八师团经广德向芜湖包抄南京。第六师团、一一四师团沿宁溧公路直逼南京。国民政府南京卫戍司令部指挥的第七十一军八十七师，第七十二军八十八师，第七十四军五十一师、五十六师，第七十八军三十六师，第六十六军一九五师、一六〇师，第八十三军一五四师，第二军四十一师、四十八师和第一〇三师、一一二师等部，守备江宁县秣陵、杜桥、杨山、湖熟、土桥、索墅、淳化、牧马场、新塘市、麒麟门、高桥门、孟塘、大湖山、龙潭、汤水、汤山、青龙山、龙王山、禄口、凤凰山、牛首山、板桥镇、江宁镇等地，先后与敌接触，并遭日机轮番轰炸。国民政府并无决心守卫南京，11月20日迁都重庆，将帅早撤。守军大都是从上海一路败退到此集结，兵员损缺严重，指挥系统混乱，往往上下失去联系，互相无从配合，陷于各自为战的困境。湖熟争夺5天，第五十一师五营官兵几乎全部牺牲，8日后，汤山、龙潭阵地亦被突破。

图31-6-14 民国26年（1937）12月17日，日军松井石根等人在侵驻汤水后由中山门举行入城式

方山、东山镇9日被侵华日军占领，乌龙山要塞全体官兵殉难。第八十八师二六二旅、二六四旅在土山（东山镇）至雨花台仓促挖壕，两线顽强抗敌，遭日机数十架、重炮数十门联合轰击，从旅长到士兵大多数在阵地上粉身碎骨。12月12日，侵华日军进逼城垣，守军奉令大部渡江北撤，另一部分南撤皖浙，江宁全境沦陷。

小丹阳、鸡笼山反“扫荡”战斗 民国27年（1938）8月22日，侵华日军调重兵8路围攻小丹阳，妄图一举消灭新四军第二支队。根据确讯，侵华日军第十五旅团2个联队及配属所部，共计步兵400余人、骑兵500余人，重炮10余门、轻炮数十门，水上飞机8架（停自采石江口）、轰炸机20架、装甲汽车数辆，进至当涂与薛镇之间的洞阳镇附近；另一部乘装甲汽船2艘（每艘可载300余人），携炮4门，由花津进至小丹阳以南的什家桥附近。8月22日，敌军分别在秣陵关、溧水、当涂集中兵力，分进合击小丹阳：第1路，由秣陵关经陶吴进攻横溪桥；第2路，由秣陵关经禄口、谢村进攻横溪桥；第3、4路，溧水之敌进占洪兰埠后分兵两路行进，一路经马塘头、田家进攻桑园铺，另一路经何村坊、明觉寺进抵博望；第5、6路，由当涂出发的敌人，分水陆两路进攻，水路以装甲汽船运兵进占护驾墩，陆路经藏汗桥进占薛镇；第7路，由采石出发，经霍里镇、占石马、落星；第8路，由江宁镇出发经陆郎桥进攻朱门。

面对侵华日军8路围攻的严峻形势，新四军二支队首长决定以小部兵力进行阻击，与敌周旋；主力集结在小丹阳西杨家庄隐蔽待机；以一部兵力转移至外线对当涂、陶吴及南京近郊进袭，以打破敌人分进合击的战役计划。据此，支队决定第三团第三营转移到落星以东的杨家庄相机待命；主力第一营、三营当晚调向上泗陇、太平山靠近十八村方向的山地，准备侧击敌人。与此同时，采取“围城打援”的计策，新四军第一支队第一团动员广大民众及地方武装，破坏京沪、京杭、镇句、京建、溧武公路，并派2个营夜袭麒麟门，消灭留驻伪军1个连，迫使围攻小丹阳的敌军急抽700人、坦克20辆回援，使敌人首尾忙于应付。

8月23日，小丹阳战斗开始。当晚，大官圩第三团一部乘敌人占领护驾墩之际，迅速向敌人后方当涂袭击。同时，当敌进至横溪桥时，第三营一部进袭陶吴。24日10时，采石镇江口之敌已到矿山，与第三营在杨家庄的部队对峙1天。是日，因情况变化，第三团团部决定当晚主力转向泗陇、太平山一带侧击敌人。但十八村、矿山之敌已同时向陈塘头并进。18架敌机在上空盘旋，另有2架飞机轰炸小丹阳。在这种情况下，三团主力部队迅速穿插至十八村，并随即占领鸡笼山阵地，与敌对抗。敌以重炮、机枪向三团部队阵地射击。经3小时激战后，待各路之敌逼近小丹阳镇近郊，部队安全撤退。日伪合围扑空，加之后方据点受到威胁，遂于26日各路之敌均次第撤退。

小丹阳战斗持续5天，先后在当涂、陶吴、护驾墩、鸡笼山进行4次激战，共毙伤敌军50多人，缴获一批军用物资，并攻克小丹阳、薛镇、护驾墩、横溪镇、桑园铺、博望等地。新四军无一伤亡，只消耗手榴弹1000余枚。

禄口袭击战 民国27年（1938）10月2日，新四军三团一部决定在秣陵关和禄口间地带袭击侵华日军军车。黎明时分，由南京开来1辆载有20余名敌兵的汽车已进驻禄口沿街的一栋瓦屋内。进袭行动立即开始，当便衣侦察员刚进入禄口镇时就与两名侵华日军相遇，侦察员迅疾拔出手枪，将其中1名侵华日军击毙，另1名仓皇逃窜。部队闻枪声而至，向敌人宿营的瓦屋发起猛烈攻击，敌人闭户死守，以机枪等猛烈的火力进行抵抗。三团战士一边向屋门投掷手榴弹，一边放火烧屋。经过1小时激战，炸毁敌人机枪1挺，毙敌12名，伤敌2名。一连、八连伤亡3名，失踪2名。禄口战斗迫使驻扎在秣陵的侵华日军撤回南京。

横山反“扫荡”战斗 民国27年（1938）12月中旬，侵华日军联队长横山大佐所率步、骑兵2000余人分4路围攻新四军横山根据地。敌军至当涂一路700余人，经薛镇，占小丹阳、王山口，攻横山主峰；秣陵之敌700余人，经陶吴，占横溪桥、韩村，会攻横山；溧水城、柘塘之敌500余人，占铜山、石湫坝，攻351高地，洪兰埠之敌一队占博望，向横山进袭。新四军第二支队三团（即老三团）立即展开反“扫荡”战斗，以1个连协同朱门游击队进入陆郎镇、陶吴镇，打击维持会，破坏秣陵桥；又以1个连协同小丹阳游击队进击小丹阳、霍里、薛镇；团部率2个连与敌周旋于351高地；团政治部率轮训队两个连由参谋长罗忠毅指挥在明觉寺、博望、下圭塘一带展开游击。这次战役，在横山主峰和351高地毙伤日伪军200余人，缴获轻机枪4挺，步枪100多支。罗忠毅一路毙侵华日军小队长以下37人，缴获轻机枪2挺，步枪30多支，军刀1把。

民国28年（1939）1月1日，侵华日军纠集士兵1000余人，分别从横溪、陶吴、丹阳3路进攻横山。新四军三团一部已出击龙潭镇守敌，即以第一营和第三营一部迎战，与敌周旋于各山头，打击敌人7小时。当晚，敌军撤退。7日，侵华日军以步、炮兵400余人，再由秣陵、禄口向横山分进合击。老三团在横山阻击激战8小时，敌军不支，溃退，伤亡50多人。老三团侦悉谢村、横溪尚有日伪军300多人即向横山西乡进扰，遂先占领横山高地，利用山羊祠地带有利地形布下口袋阵。8日，第一连发现有200余敌人由横溪向西王村进攻，立即发起猛烈反击，杀伤20余敌人。随后，敌人从溧水、洪兰埠、谢村调190名增兵，形成3路夹攻之势，集中向山羊祠左侧一带高山冲锋。敌人连续3次冲击，并放烟幕弹作掩护。三团指战员英勇抗击，一面向烟幕处投手榴弹阻击，一面派出部分兵力，在小丹阳和谢村设伏，袭扰敌人退路，四面夹击，予敌以重大杀伤。敌军慌乱不堪，三四百人拥挤一路，抱头逃窜。这次战斗历时5小时，毙伤侵华日军50余人。第三团伤7人，死亡2人，消耗子弹3200发。

云台山突围战 民国28年（1939）2月25日，新四军二支队三团一营（包括营部和2个连）近百名战士，奉命赴江宁镇一带破坏敌人所占的京芜铁路，途中因情况变化折回，驻扎在云台山南麓的曾庄。当时1名尾随一营行踪的敌探扮成“乞丐”蒙混出村后，直奔小丹阳敌伪据点告密。敌人立即出动500余人，分4路向云台山围剿：1路是矿山之敌，70余人，先占领前后石塘、莺子山一带；2路慈湖之敌，100余人，由朱门先占查塘及西南一带山地；3路陶吴之敌百余人，分2路，1路经龙庵桥向后石塘、曾庄方向搜索；1路由云台山脚下，后石塘、曾庄方向合围，并分兵占领云台山最高点云台寺。4路小丹阳之敌百余人，由窑头进逼后石塘、曾庄一带，另以1部占领云台山南部高地。26日拂晓，曾庄东南龙庵桥等地的侵华日军蜂拥而至。首先封锁进出曾庄的道路，集中火力向曾庄猛攻。营长邱立生、营教导员王荣春率领战士向村后云台山主峰冲击。但敌人已占领山顶，半腰里也藏下重兵。待新四军进入火力射程范围后，敌人居高临下用机枪猛射，新四军背腹受敌，伤亡很大。经过4小时激战，战士们硬是冲锋、肉搏，杀开一条血路突击重围，粉碎敌人企图全歼一营的阴谋。突围中，营长邱立生、营教导员王荣春等65名勇士壮烈牺牲，另有24人受伤。云台山战斗毙伤敌人40多人，有力打击了侵华日军嚣张气焰。

赤山伏击战 民国29年（1940）5月13日，新四军第二支队获悉湖熟镇据点的侵华日军南浦旅团冈本联队吉田中队要去三岔成立维持会。副司令员廖海涛率二支队直属队和第四团第三营绕过赤山湖进驻赤山脚下的窦家边设伏。14日上午9时许，侵华日军吉田中队100多人向三岔开进，途中为试探一下有没有新四军，用1门92步兵炮向赤山上的小庙打了2发炮弹进行火力侦察，随后沿秦淮河埂向三岔镇前进。此时，廖海涛立即指挥支队特务连和第三营七连、九连分别选择有利地形进行埋伏，并且以机枪、步枪、掷弹筒和手榴弹构成严密的火网。当侵华日军进入袋形伏击圈时，突然以猛烈火力将猝不及防的侵华日军杀伤过半，迫使侵华日军困守一凹型坟山地，展开激战，从上午10时持续到11时，双方经过冲锋与反冲锋的搏斗，侵华日军再次遭到新四军从侧面的突然进攻，残敌在吉田的指挥下，退守到陈家边村外一座拱桥下顽抗，并不时用步枪和机枪压制包围上去的新四军，妄图死守待援，无意丢弃重型武器轻装突围。

战斗又持续到下午1时，因弹药不足，新四军战士们准备肉搏。此时，担任警戒的三营八连报告，南京增援之敌已到达湖熟，而参战的3个连伤亡七八十人。关键时刻，赤山附近的百姓自发给新四军送茶水、饭菜。廖海涛果断命令各连队将手榴弹全部集中使用，并组织突击队向桥下敌人连续大量投掷手榴弹，顷刻间，残敌在爆炸声中全部被消灭。此战击毙侵华日军中队长以下100多人，生俘2人，缴获机枪2挺、掷弹筒2只、步枪60余支、92步兵炮1门。

四战龙都镇 侵华日军乘"皖南事变"新四军主力北上、东进之机，进占江溧句根据地中心龙都镇，并在镇上驻守伪警察分所，成立自卫团。民国30年（1941）9月20日，新四军十六旅四十七团一部，从南街冲进伪警察分所驻地，缴获伪自卫团全部人枪。10月间，侵华日军联络官指派汪伪独立第七旅第一团第一营常海波部特工队1个连再占龙都镇，进驻王家祠堂，强抓民工修工事，筑碉堡，妄图长期据守。新四军第四十六团参谋长傅狂波率主力1个连，由江宁县警卫连连长王启贤率部配合，直捣王家祠堂伪军连部，除伪连长姚茂海逃跑外，其余全部被俘。11月，常海波又调集其伪军第一营倾巢进犯龙都镇，加固并重筑碉堡。新四军四十六团政委钟国楚指挥第二营举火烧壁垒强攻，经3小时激战，将其碉堡攻破，全歼守敌，缴获轻机枪2挺、步枪70余支。民国31年1月，驻湖熟、秣陵日军再次进犯，并重组"龙都自卫团"，妄图在已毁废墟上再设据点。新四军四十六团二营四连会同地方武装4次攻打龙都镇，生俘伪自卫团长、缴获长短枪110多支，并发动群众数百人，将敌碉堡彻底拆毁扒平。

【解放战争时期战事】

横山地区敌后斗争 民国34年（1945）10月13日，横山县和溧（水）、高（淳）2县成立1个武工队，原横山县委委员、副县长刘枝杰任横山县留守处主任兼武工队队长，有队员17人。刘枝杰率队由溧水县境进入横山地区，当时横山地区处于白色恐怖中。

图31-6-15 民国时期，新四军十六旅战士举行刺杀比赛

刘枝杰刚到横山时，因接不上关系，经费难以维持，派人向茅山工委汇报请示，自己带队伍转移到小丹阳、泗陇，艰难地开展活动。他发动贫雇农开展减租减息斗争和抗丁抗税斗争，取得了胜利。武工队还上山砍柴卖，实行生产自救，以解决活动经费不足的困难。民国36年（1947）12月，他们袭击了敌人的2辆运钞车，缴获国民党法币1200万元，并换成稻子储存备用。民国37年2月，又截获1辆交税款的黄包车，缴获430万元法币。横山县武工队在极端险恶的环

境里，艰苦地坚持斗争，直至中国人民解放军渡江南下，横山全境解放。

江宁地区敌后斗争 民国34年（1945）10月7日，江宁县武工队成立。林德润为党的特派员兼江宁县留守处主任、武工队队长，负责军事指挥；原中共江宁县委委员赵金城负责政治工作。武工队设有短枪、长枪、机枪3个班，共30多人。

在江宁地区，国民党新编第六军1个连盘踞湖熟，军政人员向老百姓肆意敲诈勒索，地主恶霸疯狂反攻倒算。原先公开抗日的共产党员、乡村干部和群众骨干，未及撤走的，不是被捕、被杀，就是被迫隐蔽他乡。武工队先后派出2名队员回江宁地区侦察，均一去无返。民国34年（1945）11月，赵金城了解到湖熟一带的敌情后，绕道南京回茅山，向上级汇报。中共茅山工委决定，江宁县武工队先进入溧水地区，相机进入江宁开展活动。江宁县武工队在溧水李巷1户大宅院宿营时，被溧水县城的国民党军队1个连包围。林德润指挥武工队队员在中门架起机枪向敌人扫射，趁天黑敌人混乱时，全队从边门冲出，再翻墙突围，安全返回茅东，随茅山工委一起行动。

茅山地区当时形势也日益严峻。抗日战争胜利后，原国民党第三战区的部队抢占溧阳、溧水、金坛等地，盘踞句容天王寺的国民党新编第六军1个营，以资本家的“茅麓茶叶公司”为基地，对活动在句容、金坛等地山区的新四军留守人员进行“清剿”。国民党第七十四军接替新六军盘踞京郊及镇江、句容一带后，便派出1个团千余人，在茅山周围搜寻新四军留守人员。中共茅山工委及其直属队和江宁县武工队经常遭到国民党军队的包围或袭击。

为便于对敌斗争，茅山工委决定江宁县武工队与句容县武工队合并组成江句武工队。民国34年（1945）12月底的一天，林德润、宋亚欣率领江句武工队同中共茅山工委武装人员一起，从句容磨盘山的泉水洞出发，包围“茅麓茶叶公司”，搜出六七个国民党新六军伤病员及其反动罪证，当场逮捕“茅麓茶叶公司”经理代理人郑延瑞和孙纪庚。接着，林德润、宋亚欣带领武工队袭击句容2区景家冲，击毙敌特情报站站长景道光及其属下。国民党随即调遣第七十四军盘踞茅山，茅山脚下的南镇街、北镇街和磨盘山、茅麓茶叶公司都成为他们的巢穴，茅山顶上也住了1个连。茅山地区的斗争更为艰难，江句武工队的活动非常困难。民国35年1月9日，武工队夜宿茅山脚下半边山村，第二天清晨突然遭到敌军搜索，武工队猝不及防，分两路冲上茅山。林德润为掩护战友，把敌人引向自己，不幸被捕。

赵金城在茅山脱险后，只身到中共茅山工委汇报情况。民国35年（1946）1月15日，奉命取道南京到达湖熟青溪乡（今新跃村）东山涧村。通过地下党员引荐在基本群众蒋洪福家挖地洞隐蔽，晚间外出活动，联系各乡的地下党员，进行形势与任务教育，坚持斗争。2月中旬，赵金城奉命去苏北高邮找到中共江南工委和江南办事处，此时，江句武工队直接归中共江南工委领导，并派曾任溧水县农会主任的江宁郭庄人李孝廉返回江宁工作。赵金城陪李孝廉回到湖熟、郭庄乡、青龙乡等地，与地下党员接上关系后，赵金城返回苏北中共江南工委工作。7月，李孝廉在江宁、溧水边界活动时被捕。至此，江宁地区留守人员的斗争被迫停止。

原江宁县抗日民主政府民政科科长庞家义，于民国38年（1949）2月19日在庞家桥家中，召集在乡隐蔽的共产党员俞殿钦、王承富、庞家庆等人，准备发动群众抗粮、抗丁，收缴敌人枪支弹药，建立地下武装，迎接解放大军渡江南下。3月2日，庞家义在周岗圩杨板桥村召集未北撤的人员徐益发、王道林等人，共同筹划收缴枪支、武装自己的行动计划。他们先收缴地主的5支枪；4月2日晚，组织20多人袭击国民党乡公所，缴获长枪

4 支、短枪 2 支。6 日，庞家义等人接连缴获周岗等乡公所枪支 30 多支，截获停靠在钱家渡河边两只船所装载的子弹和手榴弹。16 日，庞家义派庞家庆带领武装民兵 10 多人进驻湖熟，3 次击退残敌的袭击。24 日，原青龙区的庞声虎等收缴国民党军遗弃的机枪 2 挺、步枪数十支。

江宁解放之战 解放战争时期，江宁属国民党卫戍首都江防阵地的组成部分，因此除常备地方部队和武装警察外，还在民国 37 年（1948）年底，于铜井镇、江宁镇、方山、桥头镇以及汤山、龙潭镇一带纵深配备有 5 个师的陆军，再加上“国防部”警卫团、直属各兵种支点的部队和守备江宁要塞的海军部队，总共部署在境内的正规军兵力在 3 万人以上。

民国 38 年（1949）4 月 20 日，国民党政府拒绝接受和平协定，中国人民解放军奉命渡江。解放军中路集团军一梯队 4 个军，冒着敌舰和江防炮火的封锁，攻破鲁港至铜陵段的蒋军防线。汤恩伯仓促急调第十九军从龙潭西援，但刚开到宣城，就遇到溃退下来的江防部队，不得不一同后撤。21 日，汤恩伯亲自飞往芜湖布置堵截，已经无济于事。卫戍南京的江防部队纷纷放弃阵地。此时解放军第八兵团于 21 日凌晨对浦口、浦镇发起攻势。守军第二十八军凭着碉堡群，妄图抵挡一阵，但经过解放军逐点、逐线、逐个碉堡的夺破。到 23 日，敌守军全部被肃清，蒋介石苦心经营的千里江防全线崩溃。4 月 22 日，守备在长江南岸铜井镇至板桥地带的国民党第四十五军，守备栖霞山、龙潭地段的第九十九军等部纷纷向沪、杭、皖溃退。江宁县县长张映秋等向苏州逃窜。守备铜井镇、江宁镇、板桥镇一线的第四十五军九十七师早在 3 月 24 日夜间由师长王宴清率领起义，渡江北投解放军。4 月 24 日，中国人民解放军三十五军一〇四师、一〇五师追击溃逃的国民党军进至汤山、湖熟等地。至此，国民党县政府瓦解，江宁全境解放。4 月 28 日，解放军南下接收国民政府江宁县政权，成立江宁县人民政府。

图 31-6-16 民国 34 年（1945），侵华日军在南京受降

第三十二编

精神文明建设

中共十一届三中全会后，在邓小平理论和党的路线、方针、政策指引下，江宁县坚持“一个中心，两个基本点”（以经济建设为中心，坚持四项基本原则，坚持改革开放），大力推进社会主义精神文明建设。1981 年，江宁县委、县政府发出在全县开展精神文明活动的倡议。1982 年，县委成立县精神文明建设领导小组，领导全县组织开展“五讲四美三热爱”（讲文明、讲礼貌、讲卫生、讲秩序、讲道德；心灵美、语言美、行为美、环境美；热爱祖国、热爱社会主义、热爱共产党）活动。1984 年，县精神文明领导小组改为江宁县“五讲四美三热爱”活动委员会。1986 年，中共江宁县委根据《中共中央关于社会主义精神文明建设指导方针的决议》精神，就加强社会主义精神文明建设作出具体部署。同年，将县“五讲四美三热爱”活动委员会改建为江宁县社会主义精神文明建设委员会，并成立办公室。1996 年，制订《江宁县精神文明“九五”规划》，对全县精神文明建设的指导思想、方针原则、总体目标和保障措施，作出具体要求和安排。此后，县委每年提出精神文明建设奋斗目标，并将全县精神文明建设纳入目标管理轨道。1997 年 7 月，江宁县精神文明建设委员会改称江宁县精神文明建设指导委员会。2001—2003 年，精神文明建设围绕“奋战五年，进入苏南第一方阵”的总体目标，突出“两个率先”（率先全面建成小康社会、率先基本实现现代化）主题教育活动。2005—2006 年，以文明城区创建总揽各类群众性精神文明创建活动，加速城乡文明共建步伐。2007 年，围绕实施“产业化、城市化、数字化、生态化”四大战略，以社会主义核心价值体系为根本，大力推进和谐文化建设，为建设全面小康社会，建设文明和谐江宁，提供强大的精神支撑，营造良好的社会环境。

全区先后开展文明单位、文明行业、文明村镇、文明家庭、文明个人创建活动，开展“城乡携手共建文明”、“江宁城市形象”、践行社会主义荣辱观、“三下乡”（送文化、科技、卫生下乡）、“万人看江宁”等主题教育活动，提高群众的思想道德素质，促进社会风气的好转，尊老爱亲、助人为乐、见义勇为、诚实守信等好人好事不断涌现，文明新风尚得以弘扬。至 2007 年，全区共评选出省级、市级文明单位 269 家次，省级、市级文明村镇（社区）64 个次。

第一章　思想道德建设

中共十一届三中全会后，中共江宁县委始终把认真贯彻党中央指示精神和学习、宣传邓小平理论，作为党员教育和广大干部群众思想道德建设的首要任务；把开展爱国主义、集体主义、社会主义教育和“三德”（社会公德、职业道德、家庭美德）建设作为加强社会主义精神文明建设的重要内容。20 世纪 80 年代，在全县广泛开展“五讲四美三热爱”活动。1994 年起，江宁县加大爱国主义教育力度。1995 年，江宁县设立“见义勇为”奖励基金，用于表彰、奖励在维护社会治安、抢险救灾、救死扶伤中，见义勇为、英勇奋战，做出突出贡献的人员。1996—2000 年，在精神文明建设中，爱党、爱国、爱江宁、爱厂（村、校）、爱岗、爱家庭的“六爱”主题教育不断深入。2001 年后，每年开展“三德”教育，将公民道德建设与“三个文明”建设相结合，在青少年中开展革命传统和理想教育，在全社会大力倡导和推行科学文明积极健康的生活方式。江宁区十分重视爱国主义教育和爱国主义教育基地建设，至 2007 年，建成省级爱国主义教育基地 1 家，市级爱国主义教育基地 1 家，区级爱国主义教育基地 7 家。

第一节　思想教育活动

江宁县精神文明建设起步后，开始加强全民思想道德建设，注重开展思想教育活动。1981—1985 年，在全县开展“五讲四美三热爱”和“文明礼貌月”活动。

1984—1987 年，全县主要开展四个方面的教育活动。开展政治思想教育活动，主要有“党员、团员、妇女、民兵四联户”、军民共建、“三提倡、三反对”、青年之家、职工之家、“五好家庭”等活动；开展各种争先创优活动，即劳动竞赛、智力竞赛、体育竞赛和业务技能竞赛；开展道德教育，增强人们的文明道德观念，并广泛开展职业道德和社会公德教育，坚持不懈治理脏、乱、差，美化环境；开展健康向上的文化娱乐活动，丰富人民群众的精神文化生活。1986—1990 年，在全县妇女中开展以“思想政治教育，普及科技知识、法律知识、科学育儿知识和妇女卫生常识”为主要内容的“一教四普及”活动；在职工中开展“职业道德、职业理想、职业纪律、职业技能”为主的“四职”教育活动；在青少年中开展学雷锋活动，以及“党员联系户、团员联系户、民兵联系户、妇女联系户”的“四联系”活动，提高群众的思想道德素质，促进社会风气的进一步好转。1994 年，江宁县加大爱国主义教育力度，下发《〈爱国主义教育实施纲要〉实施意见》。1995 年，全县开展“六爱”教育活动，举办“江宁在我心中”征文活动等。

1996 年后，以教育活动为抓手，提高干部群众的思想道德素质，开展“讲文明、树新风”“遵守十不”“巾帼建功”“青年志愿者”系列十佳评选等活动，数百名干部、职工、青年、种田能手获得十佳称号。在全县范围内组织开展庆祝新中国成立 50 周年、庆祝港澳回归、纪念改革开放 20 周年、纪念“五四”运动 80 周年、“回顾百年沧桑，展望美好未来”等形式多样的主题教育活动，掀起爱国主义教育热潮。1997—1998 年，全县共评出“模范文明户”106 家，“巾帼文明标兵岗”14 个，“扶贫帮困”先进集体（个人）100 个，“行业最佳服务单位”10

家，“文明示范单位”20 家。1999 年，进行三场重大政治斗争（驻前南斯拉夫联盟使馆被炸、反台独和揭批邪教）的专题教育。2000 年，开展“双思”（致富思源、富而思进）教育活动，组织专场文艺演出和“双思”教育宣讲团在全县巡回宣讲，组织“辉煌二十年”成果图片展。其间，加强以“爱祖国、爱人民、爱劳动、爱科学、爱社会主义”为基本要求，以“三德”为重要内容的道德建设。把道德建设同精神文明创建结合，深入开展集体主义、爱国主义、社会主义思想教育，提倡自力更生、艰苦奋斗的创业精神，倡导科学文明健康的生活方式。针对不同对象，开展“六爱”教育，加强《市民守则》《村规民约》的培训学习，在县城开展万人文明常识考试活动，在农村引导农民自觉遵守文明户“十要十不要”标准。着力引导广大群众，尤其是青少年树立正确的理想、信念，促进文明习惯的养成，形成体现时代精神的道德风尚。

2001—2003 年，每年有计划、有组织、有步骤地开展“三德”教育和创“三学”（学习型岗位、学习型家庭、学习型女干部）活动，在窗口行业开展“为人民服务、树行业新风”评比活动。2004—2005 年，开展以“与文明同行”系列活动为载体的主题宣传教育，引导群众文明交通、文明言行、文明生活、文明执法等，提高创建文明城区在群众中的知晓率、参与率和支持率；在全区大型超市、商贸企业、出租车、餐饮业等服务性行业，开展“诚信经营、规范服务”创建活动；组织开展“争做文明南京人，当好‘十运’东道主”“我运动、我快乐”等文体表演进社区活动。2006 年，开展“美德进家庭”“亲情五线谱”等活动，参加市举办的首届“邻居节”和“百万家庭文明上网行”知识大赛，提高人们思想道德水平。2007 年，在东山步行街举办“迎奥运、讲文明、树新风”主题宣传活动，包括现场签名、知识问卷、赠送奥运宣传册、文艺演出、百年奥运回顾及申奥艰难历程 DV 展示等，展现江宁人民期盼奥运、喜迎奥运、参与奥运的热情及良好的文明形象和精神风貌。

图 32-1-1 江宁区在东山大市口举行“告别不文明行为”万人签名仪式暨市容法规咨询活动（2005 年摄）

第二节 道德实践活动

【公民道德建设】

2001 年 9 月，中共中央颁布《公民道德建设实施纲要》（简称纲要）。江宁区贯彻落实纲要，制订《江宁区市民道德教育实施办法》，组织“以崇高的道德塑造美好人生”主题教育活动，以各种形式广泛进行“三德”教育，在全区形成良好的社会风气。2002 年，全区开展纲要集中宣传月活动，把纲要贯穿于开展文明创建及主题教育实践活动中，把公民道德建设与“三个文明”建设结合。2003 年，开展“改陋习、树新风，从我做起”活动，发放倡议书及精美书签 1000 余份，并组织青年志愿者开展卫生清洁活动；开展诚信教育，在私营业主中开展创“文明业主”活动，业主们通过参与活动，按章纳税，并积极捐资、捐物，共捐款140余万元用于公益事业。通过教育和创建活动，引导人们在社会做一名好公民，在单位做一名好主人，在家庭做一名好成员，逐步形成全社会讲诚信的浓厚氛围。

2004年，全区组织开展以建设诚信南京、诚信江宁为主要内容的“共铸诚信”宣传月系列活动，通过广场咨询服务、维护消费者合法权益、“青年健康读者火炬行动月”和“青年文明号”讲诚信宣传等活动，宣传诚信知识，营造诚信经营、规范服务、放心消费的良好氛围。同年5月，组织开展“美德进家庭”系列活动，采取“读书活动进家庭”“道德评议进家庭”“文体活动进家庭”“评选创优进家庭”等宣传教育活动形式，在全区城乡大力倡导“尊老爱幼、男女平等、夫妻和睦、勤俭持家、邻里团结”的家庭美德，此活动获得南京市思想道德建设创新提名奖。同年9月20日，组织开展公民道德宣传日活动，结合未成年人教育，把咨询服务、资料发放、宣读讲解等送到学校、社区。并组织2003年度“三农”（农业、农村、农民）工作“十大典型”评比，评选和表彰100名“十大典型”及一批服务“三农”、带头致富、帮扶群众的先进典型。2005年，以公民基本道德规范为主要内容，集中开展公民道德宣传教育学习，普及公民道德知识，提高全区市民道德建设水平。

图32-1-2　东山街道开展“美德进家庭，文明谱新曲”活动（2004年摄）

2007年，开展“遵守市民守则，当好文明市民”、志愿行动、“文明交通工程”、扶弱助残、“送温暖、献爱心”等形式多样的群众性道德实践活动，把道德原则、道德规范转化为群众生动具体的道德行为。

【未成年人思想道德建设】

20世纪80年代初期，江宁县在青少年中开展“学雷锋树新风、讲文明有礼貌”活动。1984年9月，江宁县关心下一代协会成立。1985年起，贯彻落实《中共中央关于进一步加强青少年教育、预防青少年违法犯罪的通知》，在全县青少年中加强精神文明建设，开展学雷锋、植树造林、科技普及宣传等活动。1987年，土桥乡关协分会试办全县第一所家长学校，至是年年底，全县相继试办家长学校40多所，开始注重未成年人的家庭教育。1992年，《中华人民共和国未成年人保护法》颁布实施。是年6月，江宁县关心下一代工作委员会（简称关工委）成立，按照党的青少年教育工作方针、政策，配合有关部门，关心下一代的健康成长，努力培养“四有”（有理想、有道德、有文化、有纪律）新人。1995—2000年，在青少年中开展“六爱”教育及《中华人民共和国国旗法》宣传教育；开展“香港回归祖国”“争做‘四有’新人”“纪念南京暨江宁解放50周年”“澳门回归祖国”等宣传教育报告会，受教育的青少年达30万人次。并将江宁经济技术开发区、江宁县博物馆、仲铭亭、龙都烈士墓、土桥烈士墓、云台山烈士墓陵园等单位和碑亭命名为江宁县青少年爱国主义教育基地。

20世纪90年代末，县内歌舞厅、网吧、游戏室等不断增加，为防止对青少年产生不良影响，县工商、文化、宣传、公安等部门加强图书、音像市场和歌舞厅、网吧、游戏室等场所的管理，净化未成年人成长环境。2001—2002 年，在广大青少年中大力开展区情区史、革命传统和理想教育，帮助青少年树立正确的世界观、人生观、价值观。2004 年 7 月 15 日，成立江宁区未成年人思想道德建设工作领导小组，下设办公室，办公地点设在区委宣传部。是年，区家长学校总校成立，至 2007 年年底，全区共有家长学校 113 所，参学家长 2.55 万人，参学率 95%，共同努力提高家庭教育意识和水平，营造青少年成人成才的育人环境。

2005 年，在中、小学校落实未成年人思想道德建设十件实事，建立社区、学校关心下一代工作联席会议，建立健全学校、社会、家庭“三位一体”的未成年人思想道德建设教育网络。2005—2006 年，周密部署未成年人暑期活动安排，开展夏令营活动，丰富未成年人暑期校外活动。实施“希望工程”“春蕾计划”，做好弱势群体助学工作。严格清理整治学校及周边地区环境，重点整治各种色情暴力“口袋本”图书、有害卡通画册、游戏软件和违法违规经营的黑网吧，强化常态长效管理机制，进一步优化未成年人健康成长的文化环境。组织以“关注孩子心灵成长”为主题的家教专题报告会、名师排忧专场会，提高家庭教育的质量。开展“安全文明校园”创建活动，推广秣陵街道未成年人思想道德建设例会制。2006 年 9 月，中央、省、市督查组到江宁区督查工作，全区未成年人思想道德建设工作受到各级督查组的充分肯定。

2007 年，江宁区加强未成年人思想道德建设，投资 200 万元建成并启动市首家“青少年科学工作室”；组织开展“七彩夏日——未成年人暑期系列活动”。清水亭小学开展“绿色成长、红色少年”主题活动，成立社区家教辅导站，上元中学制订实施《学生思想品德素质发展标准》等做法，取得明显成效，获得南京市未成年人思想道德建设创新提名奖。通过学习教育、实践体验、锻炼感悟、创新活动等多种形式，培养全区青少年的责任感和实践能力。

第二章 精神文明创建活动

1981 年起，全县开始广泛开展各种形式精神文明创建活动。1982 年起，在全县进行家庭美德教育。1984 年起，在全县开展文明单位和精神文明先进个人创建评比活动。1990—1995 年，群众性精神文明各类活动蓬勃兴起，全县在各行各业开展生产标兵、服务标兵、致富能手、个体经营者、“五好家庭”、青年文明岗等评比活动，并开展“十佳企业”“十佳双文明户”等评比活动。1996—2000 年，全县精神文明群众性创建活动，突出“讲文明、树新风”主题，以文明村镇、文明行业（窗口）、文明家庭、文明单位为主要形式，按照“巩固、提高、延伸、辐射”的思路，各项创建活动整体推进、蓬勃开展。

2001 年后，江宁区加快文明城市创建步伐，以文明城区创建总揽各类群众性精神文明创建活动。开展“城乡携手共建文明”、“江宁城市形象”、践行社会主义荣辱观、“万人看江宁”等主题教育活动，营造积极、健康、向上的社会氛围。至 2007 年，全区共评出省级文明单位 57 家次、文明村镇 18 个次，市级文明单位 212 家次、文明村镇 46 个次。

第一节　精神文明创建评比活动

【文明城区创建】

2004年年初，中央文明委下发通知在全国开展文明城市创建工作。同年4月，根据市文明委《创建文明城区工作意见》精神，江宁区开始投身于南京市创建全国文明城市工作，4月14日，组织召开江宁区创建南京市文明城区动员大会，成立江宁区创建文明城区领导小组。10月9日，区委、区政府下发《江宁区创建文明城区工作专项考核实施办法》。

2004—2005年，区委、区政府高度重视文明城区创建工作，把创建工作纳入城区发展总体规划和党政重要议事日程，按照“以城为主，上下联动，重点突破，整体推进”要求，层层落实责任制，强化监督激励机制，在全区形成齐创共建的工作格局。全区以文明城区创建总揽各类群众性精神文明创建活动。充分利用各种宣传阵地和载体，开展宣传教育活动。发放上百万份宣传材料、书籍和宣传画，积极开展社会宣传，提高广大市民的知晓率和支持率；大力改善城区面貌。两年共投入5亿多元。在拆除4.50万平方米违法、违章搭建的基础上，开展环境卫生整治、城市“三乱”（乱涂写、乱张贴、乱刻画）整治、工地环境整治、主干道和进出城道路环境整治，有效地净化市容环境。吸引社会资金2.70亿元，自筹3500万元，打造南京主城的“生态走廊”，形成“绿色江宁”体系，全面提升城区形象。重点做好各大广场、公园、道路绿地苗木花卉养护，确保城区23万平方米绿地生机盎然，使江宁城区面貌焕然一新。加大对影响城区交通秩序违法行为的查处力度，有针对性地强化对市民安全行车、文明行路、文明乘车和文明停车的教育和引导，努力解决一批影响城区交通秩序的“顽症”。重点加大对“六小”（小餐饮店、小卤菜店、小理发美容店、小旅馆、小公共浴室、小歌舞厅）行业公共场所卫生和食品卫生的整治力度，较好地解决无照经营和无证从业的现象；净化城区环境。坚持“打防结合，预防为主”的方针，深入开展严打整治行动，坚决扫除“黄赌毒”等社会丑恶现象，净化城区空气。努力构建和完善治安防控体系，切实抓好社区防控、社会防控、卡口防控、单位防控和技术防控“五大防控网络”建设。进一步落实“科技创安”工程，推广安装先进实用的技防设施，全面启动社会监控系统建设，完善建成区主干道路面视频监控系统。两年用于科技创安工程经费5300万元，全区重要路段的电子监控覆盖面100%，建成区140多个相对集中的住宅小区普遍建立门卫值班、保安巡逻制度，40多个新型住宅小区建立电子监控等技防设施。强化对网吧、游戏厅、舞厅的管理力度，强化对文化市场的检查，强化对假冒伪劣商品的查处力度，净化市场环境。

图 32-2-3　江宁区召开创建文明城区动员大会（2004年摄）

2006—2007年，在文明城区创建过程中，不断完善创建机制。创建工作机制常态化，出台加强市容市貌、“六小”行业、交通秩序、城乡共建等文明城区创建工作制度化、规范化、常态化的相关意见，并通过现场会、座谈会等形式有序推进文明城区创建工作；创建工作整体化，把文明城区创建与开展保持共产党员先进性教育、社会主义荣辱观学习教育、迎接中共十七大、小康社会、和谐社会建设等主要工作结合，整体联动，相互促进。至2007年年底，文明城区创建工作取得一定成效。

【文明单位（企业）创建】

1984年，南京市提出广泛开展创建文明单位、“五讲四美三热爱”活动。同年，江宁县开始开展精神文明建设文明单位创建活动，每年评选表彰一次。1985年，全县评出首批（1984年度）市级文明单位9家，县级文明单位47家。1986年，铜井乡魏家村获首批江苏省文明单位称号，省级文明单位每两年评选表彰一次。1988年后，市、县级文明单位每两年评选表彰一次。1991—1995年，在全县开展“十佳企业”评比活动。1997年，江宁县委颁布《江宁县文明单位管理办法（试行）》。2004年，参照执行省级文明单位管理办法，总结、吸收各单位的成功经验和新的情况，江宁区颁发《南京市江宁区区级文明单位管理办法（试行）》。据统计，1984—2006年，江宁区先后评出省级文明单位57家次，市级文明单位212家次。1984—2007年，先后评出区（县）级文明单位981家次。

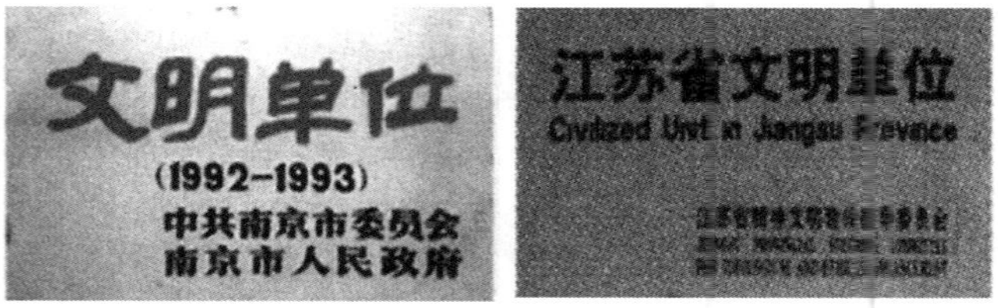

图32-2-4 江宁县供电局被评为1992—1993年度南京市文明单位、1995—1996年度江苏省文明单位

图32-2-5 南京市汤山中学被评为2000—2002年度南京市文明单位、2001—2002年度江苏省文明单位

1984—2006年江宁区获省级文明单位称号情况表

表32-2-1

年　度	数量（家）	单　位
1984—1985	1	铜井乡魏家村
1986—1987	3	铜井乡魏家村、周岗乡、江宁乡
1988—1990	4	周岗乡、江宁镇三山村、县实验小学、岔路乡
1991—1992	4	东山镇、江宁镇三山村、县上元中学、南京青龙山水泥厂
1993—1994	5	东山镇人民政府、南京青龙山水泥厂、江苏时花电器集团公司、江宁县中学、正方集团公司
1995—1996	5	江宁县中学、县供电局、县广播电视局、麒麟镇锁石村、县第一百货商店（江宁商业大厦）
1997—1998	7	县电信局机关、县邮政局机关、江苏时花电器集团公司、南京金箔（集团）公司、南京江宁经济技术开发区市政工程公司、南京利民（集团）有限公司、南京造币厂
1999—2000	6	县人民法院汤山人民法庭、县建设局、南京江宁经济技术开发区管理委员会、南京秣陵铸造总厂、秦淮中学、南京造币厂
2001—2002	9	南京江宁经济技术开发区管理委员会、汤山中学、南京市江宁医院、区殡仪馆、东山镇派出所、南京造币厂、南京市青龙山精神病院、南京市祖堂山精神病院、中国人民解放军73097部队
2003—2004	10	南京造币厂、区交通局、市公安局江宁分局、江宁地方税务局、市药品监督管理局江宁分局、中共南京市江宁区委党校、区供销合作总社、江宁经济技术开发总公司、江宁高级中学、南京金箔集团有限责任公司
2005—2006	3	江宁地方税务局、江宁区经济技术开发区、南京供电公司江宁供电公司

1984—2006 年江宁区获市级文明单位称号情况表

表 32-2-2

年 度	数量（家）	单 位
1984	9	汤山镇古泉村、龙都乡永安村、江宁乡大山村、东山乡石柱村、上坊乡泥塘村、县金箔锦线厂、县客运公司、长江乡中心小学、上峰乡卫生院
1985	13	南京青龙山水泥厂、县司法局机关、县武警中队、横溪乡姜林村、上坊乡泥塘村、江宁乡大山村、铜井乡魏家村、县燃料公司、县妇女联合会机关、岔路乡、方山乡高山村、汤山镇孟塘村、东山镇石柱村
1985	19	岔路乡、周岗乡、县妇女联合会机关、县物资局、岔路乡石柱村、上坊乡泥塘村、江宁乡官山村和大山村、方山乡高山村、横溪乡姜林村、陆郎乡、南京卤灯厂、长江电风扇厂、新蕾化工公司、南京青龙山水泥厂、县实验小学、县机关幼儿园、铜井乡魏家村、县计划生育技术指导站
1987	18	江宁乡、县计划生育指导站、周岗乡、上坊乡泥塘村、岔路乡、铜井乡魏家村、长江电风扇厂、方山乡高山村、新蕾化工公司、横溪乡姜林村、南京青龙山水泥厂、陆郎乡卤灯厂、县物资局、谷里容器厂、县妇女联合会、丹阳镇帆布厂、县机关幼儿园、县实验小学
1988—1989	18	东山镇、周岗乡、铜井乡、长江电风扇厂、县检察院、县广播电视局机关、县实验小学、陆郎卤灯厂、上峰乡上峰村、岔路乡、其林乡、南京第三钢铁厂、南京乙炔气厂、县军民共建办公室、县人民医院、县容器附件厂、上坊乡高桥村、江宁镇三山村
1990—1991	16	长江电风扇厂、南京青龙山水泥厂、县容器附件厂、县检察院、县交通局、县广播电视局、县妇女联合会、县双拥共建办公室、县人民医院、县实验小学、县锡剧团、东山镇人民政府、淳化镇人民政府、江宁镇三山村、方山乡横岭村、上元学校
1992—1993	20	南京正方企业（集团）公司、县容器附件厂、南京卤灯厂、禄口机械厂、南京二泵厂、江苏省铜井金矿、南京江宁机床总厂、铜山乡彭福村、东山镇章村、江宁镇梅府村、方山乡横岭村、南京长江电风扇厂、县丝织厂、县人民检察院、江宁县中学、县供电局、县广播电视局、县人民医院、县第一百货公司、县工商银行
1994—1995	20	江苏时花电器（集团）公司、南京双宁实业（集团）公司、方山乡横岭村、铜山乡彭福村、汤山镇古泉村、麒麟镇锁石村、南京章村集团公司、南京三江建材（集团）公司、江苏省冶金研究所实验工厂、南京保丰农药厂、南京五星消防设备厂、南京速顺达（集团）公司、南京金华陶瓷有限公司、南京宁峰水泥厂、竹山初级中学、县人民医院、县第一百货商店、县检察院、县供电局、县广播电视局
1996—1997	13	江苏时花电器股份公司、县邮电局、东山镇章村、振容集团有限公司、方山乡、江宁经济技术开发区市政工程公司、铜山镇彭福村、南京金箔集团公司、利民集团公司、麒麟镇、江宁镇、南京造币厂、南京青龙山精神病院
1998—1999	13	县财政局、县建设局、县地税局、南京江宁经济技术开发区、南京秣陵铸造总厂、南京周宇机床制造有限公司、秦淮中学、县医药总公司、县人民法院汤山人民法庭、县运输管理所、南京造币厂、南京青龙山精神病院、南京禄口国际机场有限公司
2000—2002	15	区国税局、区地税局、区工商局、市质量技术监督局江宁分局、区环保局、区殡仪馆、南京天宝水泥集团有限责任公司、区烟草专卖局（公司）、汤山中学、区邮政局、区供电公司、南京造币厂、解放军 73097 部队、南京禄口国际机场有限公司、中国东方航空江苏有限公司
2003—2004	15	区交通局、市公安局江宁分局、江宁地方税务局、市质监局江宁分局、市药监局江宁分局、中共江宁区委党校、区供销合作总社、江宁经济技术开发总公司、江宁高级中学、南京金箔集团有限责任公司、东山中心小学、南京江宁科学园发展有限公司、南京江宁滨江投资发展有限公司、江宁区世纪联华商业有限公司、南京三龙水泥有限责任公司

续表

年　度	数量（家）	单　位
2005—2006	23	江宁供电公司、区交通局、区房产局、区中医院、市公安局江宁分局、江宁地方税务局、区工商局、市质量技术监督局江宁分局、江宁食品药品监督管理局、江宁经济技术开发区、东山街道、汤山街道、江宁科学园、江宁滨江开发区、秣陵街道、江宁高级中学、区行政服务中心、东山中心小学、南京南瑞继保电气有限公司、南京青龙山精神病院、南京祖堂山精神病院、南京造币厂、省电信有限公司江宁区分公司

【文明行业（窗口）创建】

1995年，在全县开展窗口行业优质服务竞赛和文明用语活动。1996年，中共中央宣传部、国务院行风办发出“为人民服务，树行业新风”的号召。是年，在全县窗口行业和执法服务单位开展“最佳服务单位”创建活动，评出年度十佳服务单位，公布20家文明示范窗口。创建文明行业积极性空前高涨，县卫生、邮电、供电、税务等十大行业都申报省级文明行业。县国税局、气象局分别获得省国税系统创建工作先进单位和省创建文明行业示范单位。1997年8月，江宁县正式启动文明行业创建活动，每两年评选一次。创建行业（系统）由原先10家发展到21家。1996—2000年，全县有90个窗口（行业）受到省、市、县表彰。

图32-2-6　江宁区邮政局被评为1999—2000年度江苏省文明行业

2001—2002年，全区开展“110”报接警等7个小行业为重点的规范服务活动；开展争创文明“五员”（公务员、服务业、驾驶员、营业员、导游员）活动。区供电、广电、工商、交通、卫生等窗口部门和单位根据各自特点，开展形式多样的创建活动。全区有5个行业获得省文明委的表彰，1个行业获得市文明委表彰。2003年，在全区窗口行业和执法部门开展“争一流、创品牌”为主题的文明行业创建活动；卫生部门开展“双十佳”医护人员竞赛、“白求恩杯”竞赛以及“百日文明优质服务”竞赛活动。涌现出区国税局、工商局、卫生局、区公安局东山派出所等一批市先进行业（单位）。2005年，在区公安、税务、行政服务中心等窗口单位，开展“与文明同行”“共铸诚信”“文明创建我先行”等为主题的文明行业创建和文明窗口单位评比活动，提升机关和行业服务水平。是年9月，江宁区卫生系统被评为2003—2004年度市级文明行业。

图32-2-7　2002年，江宁区人民检察院被评为全国文明接待示范窗口

2006年年初开始，江宁区正式启动文明机关创建活动，制定下发《创建文明机关实施意见》，各机关部门积极响应，参与率100%。2002—2007年，区国税局、地税局、交通局、广播电视局等16家单位被评为江宁区文明行业。江宁区纪委等26家单位被评为2006—2007年度江宁区文明机关。2007年，区卫生局被评为2005—2006年市级创建文明行业工作先进行业。

【文明村镇（街道、社区）创建】

1982年起，全县广大农村在“五讲四美三热爱”活动的推动下，开始出现一些初具雏形的文明村（镇）。根据全国文明村（镇）建设座谈会和省、市委要求，1983年12月23日，江宁县制订《关于开展建设文明村（镇）活动的意见》，规定县、乡两级建立文明村档案，随时登记文明村建设进展情况，每年抓几次，年初部署，年终组织互查，年底总结表彰，以推动建设文明村活动深入发展。1984年起，文明村镇评选与文明单位评选结合进行。1989年12月，秣陵镇被建设部评为全国文明集镇，是南京市唯一获此殊荣的集镇。

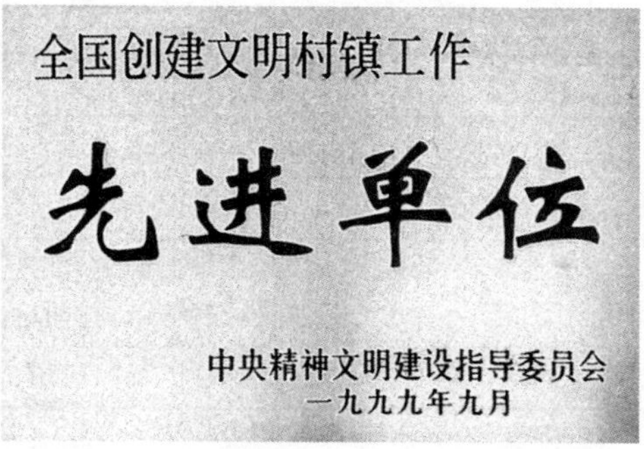

图 32-2-8　1999年9月，麒麟镇锁石村被评为全国创建文明村镇工作先进单位

1997年，省文明委提出开展文明村镇创建评比活动。1998年，南京市、江宁县均把文明村镇评选从文明单位评选中分离，单独开展文明村镇评选活动，每两年评比表彰一次。1998—2000年，江宁县文明村镇创建工作有序推进，禄口等9个镇、锁石等61个村相继建成县级以上文明村镇或先进村镇。1999年9月，麒麟镇锁石村被中央文明委授予全国文明村称号。2000年后，全区以典型引路、典型示范推动全区文明村镇创建工作。2003年，建立区级文明村创建激励机制，全年兑现奖励金40万元，奖励59个文明村。1998—2006年，全区共评出省级文明村镇18个，市级文明村镇46个。2000—2005年，评选出区级文明村39个、文明镇14个、文明社区32个、文明街道8个。

图 32-2-9　上坊镇机场村被评为2001—2002年度江苏省文明村

1998—2006年江宁区获市级文明村（社区）镇（街道）称号情况表

表 32-2-3

年　度	个数（个）	单　位
1998—1999	6	东山镇、汤山镇、陶吴镇、秣陵镇、淳化镇解溪村、江宁镇陈塘村
2000—2002	9	东山街道、江宁镇、上坊镇、淳化镇、上峰镇、麒麟镇泉水村、上峰镇李岗头村、上坊镇机场村、湖熟镇光明村
2003—2004	12	东山街道、百家湖街道、湖熟镇、陶吴镇、禄口镇、汤山镇、铜井镇、麒麟镇锁石村、禄口镇彭福村、上坊街道潘村、土桥镇西埠村、丹阳镇宁光村
2005—2006	19	湖熟镇、汤山街道锁石村、禄口街道彭福村、汤山街道上峰村、东山街道泉水村、淳化街道青龙村、秣陵街道周里村、谷里街道谷里村、秣陵街道太平村、江宁街道清修村、秣陵街道秦淮村、谷里街道祖堂村、湖熟镇和进村、汤山街道孟墓村、汤山街道湖山村、汤山街道古泉村、禄口街道石埝村、汤山街道袁家村、淳化街道西埠村

1999—2006年江宁区获省级文明村（社区）镇称号情况表

表32-2-4

年　度	个数（个）	单　位
1999—2000	4	东山镇、汤山镇、陶吴镇、秣陵镇
2001—2002	6	上坊镇机场村、麒麟镇、上坊镇、淳化镇、江宁镇、上峰镇
2003—2004	7	麒麟镇锁石村、禄口镇彭福村、汤山镇、湖熟镇、陶吴镇、禄口镇、东山街道章村社区
2005—2006	1	禄口街道彭福村

【文明家庭（示范户）创建】

1996年起，江宁县把文明家庭创建活动纳入精神文明建设的总体规划。是年4月，全县开始开展精神文明“进村入户”活动，在麒麟、上峰、方山等7个乡镇开展试点工作，并取得成功。凡达到“十要十不要”标准的家庭均可被评为“文明户”。同年年底，在麒麟镇锁石村召开精神文明“进村入户”现场会，给“文明户”挂牌，同时在全县全面铺开。1997年，全县农村在“进村入户”试点工作基础上开展文明户“复评加星”活动，使精神文明“进村入户”活动内容更加丰富，长效动态管理更加规范。1998年下半年，全县广泛开展“县级文明户”创建活动，形成文明户“三个层次、四种类型”。“三个层次”，即村里评选“文明户”、镇里评出“文明示范户”（镇级文明户）、县文明委评出“模范文明户”（县级文明户）；“四种类型”，即勤劳致富户、守法致富户、科技示范户、文化示范户。同年，授予朱天兰等106户家庭为江宁县“模范文明户”称号。至2000年，全县有15万多户农户挂上“星级文明户”的牌子，参评率95%，入户率90%。评出各类县级文明户400多户。

2001年后，各镇按照“十要十不要”的要求，在文明户“复评加星”基础上评选镇级文明示范户，进而评选区级文明户。2002—2005年，全区评出区级文明示范户183户。2006—2007年，全区在文明家庭创建中，涌现出“五好文明家庭”101户，并评选出10户“五好文明家庭标兵”、十佳好夫妻、十佳好翁婿、十佳好婆媳、十佳好媳妇、十佳好兄弟等，促进家庭和谐。

【文明个人创建】

1984年起，精神文明建设先进个人（文明标兵）创建评比活动与文明单位创建评比同步进行。评比对象是各行各业在精神文明建设中涌现出的先进分子。1984—1987年，全县评出市级精神文明建设文明标兵42人，县级精神文明建设先进个人247人。1988—1995年，全县评出市级精神文明建设先进个人73人，县级精神文明建设先进个人649人。1996—1999年，全县共评出市、县级精神文明建设先进个人249人。2000年后，不再单独进行“精神文明建设先进个人”评比。

1996年6月起，江宁县开始评选“十佳公仆”及“勤政廉政好干部”，每两年评选一次，至2007年，共举办6届，评选出60名江宁区“十佳公仆”和64名“勤政廉政好干部”。

2002年，市文明委举办首届“南京好市民”评选活动，江宁区李良泉等6人获得首届“南京好市民”称号。至2007年，此活动共举办6届，江宁区共有43人被评为“南京好市民”。2003年，江宁区举办首届“江宁好市民”评选活动，陈亚胜等20人被评为2002年度“江宁好市民”。此后每两年评选一次，至2007年，此活动共举办3届，先后有52人被评为“江宁好市民”。

2005年，在全区范围内开展“十佳驾驶员、十佳导游（服务）员、十佳营业员”评选活动，通过评比，同曦假日百货营业员孟燕等 10 人当选为“十佳营业员”；金旺宾馆服务员杨青玉等 10 人当选为“十佳导游（服务）员”；南京新城巴士公司驾驶员夏福杰等 10 人当选为“十佳驾驶员”。

1996—2006 年江宁区获“十佳公仆”和“勤政廉政好干部”称号情况表

表 32-2-5

届次	十佳公仆		勤政廉政好干部	
	姓名	职位	姓名	职位
第一届（1996 年）	邵长生	县人民检察院检察长	萧维伦	江宁县中学校长
	陈世慨	县公安局局长	王红兰	禄口镇敬老院院长
	洪月江	县地方税务局局长	谈太年	县水利农机局局长
	詹明道	县教育局教研室教研员	苏明兰	铜井镇双虎村妇女主任
	侯国平	汤山镇纪委副书记	赵敏	县妇幼保健所所长
	姜丽艳	县统计局局长	赵章寿	秣陵镇家园村党支部书记
	吴志刚	县公安局法医	吴勤松	县民政局殡仪馆馆长
	张玉英	县信访局局长	陈开培	方山乡党校校长
	张双喜	麒麟镇锁石村党支部书记	雷忠海	上峰镇农机站党支部书记
	高德宝	县供电局局长	丁世谦	县供销社副主任
第二届（1998 年）	宋树云	县水利农机局副局长	王荣生	殷巷乡纪委副书记
	潘道琪	县人民政府办公室主任	钱家俊	县地方税务局东山分局局长
	易志平	县建设局副局长兼县市容委副主任	张双喜	麒麟镇人大副主席、锁石村党支部书记
	王忠义	谷里乡党委书记	罗兆云	县邮电局局长
	汤培兰	县计划生育委员会副主任	童秀飞	丹阳镇人民政府副镇长
	甘永胜	秦淮中学校长	孙业华	县商业局副局长兼江宁商厦、县第一百货商店总经理
	张建华	县农村信用合作联社主任	杨友林	江宁经济技术开发区工委副书记、管委会副主任、开发总公司副总经理
	李祖武	县粮食局局长、党委书记	秦翠英	县人民医院妇产科主任
	梁鑫保	秣陵镇党委副书记、南京秣陵铸造总厂厂长	张友根	谷里乡公安派出所所长
	陈相树	方山乡党委书记、乡人大主席	吴有祥	土桥镇党委副书记、镇长
第三届（2000 年）	张进	县公安局副局长	何承洪	江宁经济技术开发区工委副书记、管委会副主任、开发总公司常务副总经理
	陈桂英	汤山镇人民政府副镇长	汤文国	县人民检察院控申检查科科长
	杨友林	县建设局局长	洪武龙	县人民法院副院长
	朱培银	县地方税务局淳化分局局长	耿传明	禄口镇党委副书记
	侯祖江	上坊镇党委书记	贾兆生	县计划经济委员会副主任兼南京天宝水泥集团有限公司党委书记、董事长、总经理

续表 1

届　次	十佳公仆		勤政廉政好干部	
	姓　名	职　位	姓　名	职　位
第三届（2000 年）	刘为成	上峰镇党委书记	陈永兴	丹阳镇党委副书记、纪委书记
	徐　亮	铜井镇人民政府镇长	范德好	麒麟镇人大主席
	明地生	县国家税务局副局长	赵宗牛	周岗镇人民政府司法助理员
	毕书宏	县劳动局局长	张金荣	陶吴镇多种经营服务站站长
	王翠珠	东山镇中心小学校长	管嗣皋	县供销合作总社纪委副书记
第四届（2002 年）	何承洪	江宁经济技术开发区工委副书记、开发总公司常务副总经理	徐六保	区国税局局长
	陆　蓉	上坊镇人民政府镇长	骆图妹	东善桥镇人民政府副镇长
	胡士宁	区公安局政委	刘广海	汤山镇人大主席
	章鸿宾	谷里镇党委书记	黄　斌	区环保局污染控制科科长
	张德华	区工商局局长	华玉林	区水利局副局长
	戴华杰	麒麟镇人民政府镇长	李国忠	区人民法院汤山法庭庭长
	许文林	铜井镇党委副书记	刘旭新	土桥镇人民政府副镇长
	邓树清	禄口镇党委书记	杜均明	江宁科学园工委副书记、管委会副主任
	卞仕云	区卫生局副局长、区人民医院院长	贾德明	江宁镇人民政府副镇长
	朱克成	区教育局局长	张文才	东山镇章村党总支书记
第五届（2004 年）	孔繁斌	东善桥镇党委书记	张小蝶	区信访局局长
	孔令才	区发展计划与经济局局长、党委书记	丁邦清	丹阳镇副镇长
	丁圣荣	区财政局局长	端木和海	湖熟镇镇长
	吕克忠	淳化镇党委书记	孙永林	滨江投资发展有限公司副总经理
	张克勤	区人事局局长	朱雁翔	区公安局经侦大队大队长
	高争祥	区建设局局长	丁伯兰	江宁镇副镇长
	耿传明	土桥镇党委书记	刘维新	麒麟镇镇长
	王道保	鼓励镇党委书记	王家银	禄口镇人大主席
	孟向前	东山街道党工委书记	李月海	汤山镇副镇长
	王　磊	上峰镇党委书记	朱华华	区总工会副主席
			李国忠	区法院纪检组组长
			杨林富	区检察院公诉科科长
			金业友	江宁经济技术开发区党工委办公室主任
			张文才	东山街道章村党总支书记
第六届（2006 年）	李小靖	区委组织员、组织部部长助理、干部科科长	周书全	秣陵街道百家湖行政事物管理服务中心副主任、太平社区党委书记
	张玉力	汤山街道党工委副书记、纪工委书记	金　松	江宁科学园管委会副主任、副总经理

续表 2

届次	十佳公仆		勤政廉政好干部	
	姓名	职位	姓名	职位
第六届（2006年）	王贵文	区委宣传部副部长	穆先友	区军官转业安置工作小组办公室副主任
	王兰英	淳化街道办事处副主任	万振华	区交通局副局长
	张文才	东山街道章村社区党委书记	李志年	区委政法委副书记、江宁公安分局副政委
	赵禄祥	江宁滨江经济开发区管办副主任	周圣祥	区卫生局副局长
	丁禄祥	东善桥林场场长、党委书记，江宁经济技术开发区管办副主任	王景宝	陆郎中学校长
	祁明红	江宁经济技术开发区管委会副主任、管办副主任、副总经理	蒋永宏	区林副业局林业科科长
	马在发	禄口街道党工委副书记	夏德明	横溪镇水利站站长
	侯为东	江宁公安分局刑警大队大队长	陶相富	区人民检察院党组成员、纪检组组长

2002—2007 年江宁区获“南京好市民”称号情况表

表 32-2-6

届次	人数（人）	姓名
第一届（2002 年度）	6	李良泉、孙立兰、戴科蓉、张忠兴、万石兰、顾雄飞
第二届（2003 年度）	7	古俊、戴凤琴、夏荣军、王凤花、王熙明、佘家兴、顾留飞
第三届（2004 年度）	12	张如兴、高东平、赵满贵、孙安祥、尚祚友、黄继芳、于行阳、王小玲、骆海林、易远根、戴迎春、陈世贵
第四届（2005 年度）	4	沈庆喜、吴勤松、胡小五、何承洪
第五届（2006 年度）	7	张双喜、朱柱、陈福云、邓泽高、陈小伟、王红兰、沈国荣
第六届（2007 年度）	7	郭大运、鲍莉萍、王德祥、吴克有、费盛忠、张映怀、葛玲

2002—2007 年江宁区获“江宁好市民”称号情况表

表 32-2-7

届次	人数（人）	姓名
第一届（2002 年度）	20	陈亚胜、吴爱琴、吴志刚、梅发平、林云飞、孙兆根、李桂玲、王片芳、鲍锡功、杨道生、赵春生、李国忠、李广琴、蔡文忠、于行阳、邵金先、陈全龙、常炳良、嵇世杰、吴梅珍
第二届（2003—2004 年度）	20	何运行、尚祚友、戴孝友、王红兰、王金贵、费盛忠、戴迎春、陈远云、刘有富、赵满贵、徐高升、王国荣、孙安祥、张如兴、王晓玲、祁顺英、胡开萍、郝广珍、刘卫军、易远根
第三届（2005—2006 年度）	12	戴玉银、吴克有、郭大运、曹舜英、高尚、张诒好、李小云、杨会霞、易超、张兴凤、陈云梅、张勇

2005 年江宁区获三“十佳”称号人员情况表

表 32-2-8

序　号	十佳营业员		十佳导游（服务）员		十佳驾驶员	
	姓　名	工作单位	姓　名	工作单位	姓　名	工作单位
1	孟　燕	同曦假日百货	杨青玉	金旺宾馆	夏福杰	南京新城巴士公司
2	贾巧云	汤山苏果超市	朱　婷	水秀苑大酒店	史启平	南京新城巴士公司
3	薛　媛	文靖路苏果平价店	吴秋燕	江宁宾馆	陶　健	南京新城巴士公司
4	张莉莉	苏宁电器江宁店	王胜娟	金元宝大酒店	陶　沅	南京新城巴士公司
5	杨玉兰	上元机电有限公司	胡芝茹	东山宾馆	王学林	南京新城巴士公司
6	李修军	世纪联华超市	黄顺菲	南京国旅汤山猿人洞景区	侯维银	南京新城巴士公司
7	张梅玲	时代超级购物中心	张学军	甘泉湖度假村	何其英	南京新城巴士公司
8	孙　燕	时代超级购物中心	季　梅	南唐二陵	金　勇	江宁东方出租公司
9	董　湖	上元商场	李连深	南京开心旅行社	周志军	江宁东方出租公司
10	陈　薇	土产棉麻有限公司	陈　敏	上元旅游公司	方银奎	江宁东方出租公司

第二节　精神文明创建主题活动

【“城乡携手共建文明”活动】

2003 年 3 月，贯彻落实南京市文明委《关于在全市深入开展“城乡携手、共建文明”活动的通知》精神，江宁区在农村启动第一轮“城乡携手、共建文明”活动。以经济建设为中心，以环境建设为基础，以文化建设为内涵，以提高素质为根本，以致富农民为宗旨，让文明之花在城乡灿然绽放，是江宁区“城乡携手、共建文明”活动的思路。城乡共建中选择有经济实力，或经济实力一般但有共建积极性的区级以上文明单位结对共同发展。是年，南京市 7 家文明单位、江宁区 12 家文明单位与区 18 个村（社区）结对，共投入资金 3200 多万元。第一轮城乡共建中，江宁区有 9 家单位因成绩突出，受到市文明委的表彰。

2005 年，开展第二轮“城乡携手、共建文明”活动，江宁区 24 家文明单位、南京市 14 家文明单位与区 38 个村（社区）结对开展，共投入资金 6705 万元。至 2007 年，全区有 20 个共建村被评为区级文明村，12 个共建村被评为市级文明村，5 个共建村分别被评为省级标兵文明村、文明村和先进村，汤山街道锁石村获得第二届“全国文明村”称号。评选出江宁区 2005—2007 年度“城乡携手、共建文明”活动先进集体 26 个和先进个人 10 人。

城乡共建文明活动极大地增强了农村集体经济实力，改善了农民生活环境，提升了居民的文明素质。共建中涌现出很多典型：南京市航道处投入 300 多万元，市药监局、市电信公司分别投入 30 多万元，帮助结对村修路；中国石化集团第二建设公司和区财政局各出资 30 多万元，帮助结对村整治环境和修建道路；长江南京航道局主动与横溪街道许呈村结对，投入近 30 万元，帮助修建文体活动中心、村级道路绿化；区发改局、科技局、卫生局、环保局、市容局、计生局、农业局、检察院、江宁质监分局及长江南京海事局、南京航道工程局等单位纷纷出资为结对村安装路灯、改建卫生室等。2003—2007 年，各共建单位为共建村（社区）修建道路 500 多千米，安装路灯 5000 盏，清理排水沟 15 千米，修建垃圾箱 1980 个，清理粪坑、猪圈、牛棚 300 多个，清理草堆、土堆、砖堆等1500多处，改造户厕2万多座，建公厕30多座，建宣传栏262个，维修完善活动室214间，新购图书近6万册，安装有线电视15285户，建村民广场15个，举办各类咨询140场次，组织文体活动20多场次。共建双方通过集中培训、示范带动等手段，逐步培养村民的市场意识、开放意识、信用意识、法制意识。

【“江宁城市形象”主题教育活动】

2003年8月，贯彻落实市文明委《关于全市开展“塑造南京城市形象”系列宣传活动的通知》精神，在全区开展“建设杯——展示江宁，塑造江宁城市形象”系列宣传活动，采取征文、摄影、论坛等形式，分为“我的江宁情结”“走进江宁建设者”“走进东山商业街”“我与江宁建筑”等10个方面内容。活动共收到征文263篇，摄影图片近500幅。这些作品从不同角度挖掘江宁历史文化底蕴，展示江宁城市建设的成就，抒发江宁人热爱家乡的情感。同时，开展江宁区“塑造江宁城市形象”大讨论活动。2004年1月8号，江宁区评选出“建设杯——展示江宁，塑造江宁城市形象”系列宣传活动优秀组织奖5个，即上坊镇、江宁镇、区教委、团区委、区文联摄影协会；征文、摄影各评出一等奖2名、二等奖3名、三等奖5名，纪念奖共62名。

【社会主义荣辱观主题教育活动】

2006年，市委常委、区委书记刘捍东给区委学习中心组和各镇街、园区主要领导作学习宣传践行社会主义荣辱观主题演讲。区委宣传部、区文明办组织召开全区社会主义荣辱观座谈会，联合10家单位向全区发出1万份学习实践社会主义荣辱观倡议书，举办社会主义荣辱观走进社区、走进乡村电视论坛活动。区属主要媒体开辟专栏、专版，发表系列言论、评论，报道先进典型和宣传实践活动，营造树立社会主义荣辱观氛围。同年4月起，全区广泛开展以“八荣八耻”（以热爱祖国为荣，以危害祖国为耻；以服务人民为荣，以背离人民为耻；以崇尚科学为荣，以愚昧无知为耻；以辛勤劳动为荣，以好逸恶劳为耻；以团结互助为荣，以损人利已为耻；以诚实守信为荣，以见利忘义为耻；以遵纪守法为荣，以违法乱纪为耻；以艰苦奋斗为荣，以骄奢淫逸为耻）为内容的社会主义荣辱观学习教育活动。各单位、行业、部门及农村根据各自情况采取挂横幅、贴标语、橱窗、黑板报、网上宣传、座谈、报告会、演讲等形式开展学习教育活动。区司法局利用电子屏幕、简报、汇编学习资料、巡回展板等形式，结合“五五”普法把“八荣八耻”内容贯穿始终；区供电公司运用局域网、展板、横幅、宣传栏、会议等形式，结合“奉献爱心、营造和谐、确保平安、促进发展”为主题的“爱心活动”，实施“平安工程”，把荣辱观内容宣讲到每个职工；区交通局邀请区委党校老师为全体人员上以“八荣八耻”为内容的专题教育课；高庙收费站开展“弘扬八荣、摒弃八耻，树立社会主义荣辱观”演讲活动等。

图32-2-10　江宁区市容管理局举行学习“八荣八耻”、强化城市管理会议（2005年摄）

2007年，全区组织召开学习社会主义荣辱观座谈会和“树立正确的荣辱观”大家谈进社区活动，向全区发出1万份学习实践社会主义荣辱观倡议书，广泛开展社会宣传和新闻宣传，把全区荣辱观学习实践活动不断推向高潮。淳化街道团工委开展树立社会主义荣辱观“四个一”活动，即“唱一首革命歌曲、读一本励志书籍、帮一位困难学生、做一名优秀学生”；禄口街道团工委通过组织少年儿童学唱《“八荣八耻”拍手歌》、举办“知荣明耻”故事会和征文比赛等形式，提高团员青年践行“八荣八耻”的自觉性；铜井中学团委向全校师生发放以“八荣八耻”为主要内容的社会主义荣辱观学习卡；区建设局团委和江宁电大团委带领团员青年参观雨花台烈士陵园、南京大屠杀纪念馆等革命教育基地，切身感受社会主义荣辱观的重要性和必要性；东山街道从机关干部做起，让“八荣八耻”内容走入各个社区，进入千家万户。

【“三下乡”活动】

江宁区文化、科技、卫生“三下乡”活动始于1994年，起初主要开展送文化下乡。1996年12月，中央宣传部、国家科委、农业部、文化部等十部委联合下发《关于开展文化科技卫生“三下乡”活动的通知》后，江宁县“三下乡”活动正式开展，主要分两个层面，第一个层面为每年的岁末年初，由宣传部牵头，组织各部门开展集中“三下乡”活动；第二个层面为各乡镇利用物资交流会等一切有利时机，全年不定期组织乡镇各部门开展“三下乡”活动。至2000年，全县组织多次送文化、科技、卫生下乡活动，变春节期间“三下乡”为常下乡，

图32-2-11　2007年南京市暨江宁区“三下乡”启动仪式在谷里街道举行

给农民送去图书、医疗器械和药品，开展各类咨询、服务活动，演出数场丰富多彩的文艺节目，每年参加人员数万人。2001年1月，开展首场“三下乡”集中活动，组织23个部门、360多人和22家单位、270多人，开展各类咨询服务活动。活动期间，共发放各种资料近2万份，捐款、捐物近8万元，并送去群众喜闻乐见的文艺节目，参与群众达8000人次。至2002年，由全区各部门、镇（街道）等组织的“三下乡”活动达500多场次，发放各种宣传资料80余万份，动用资金80多万元，受教育群众达80多万人次。2003年后，全区坚持集中活动和“常下乡”活动相结合。2004—2005年，文化下乡送戏260场，送电影5200场，送书下乡3万册，培训农村文化骨干1000多人次；科技下乡送资料50万份，举办科技集市220场；卫生下乡送器械药品22.80万元，培训乡村医生1688人次。2006年1月13日，由区委宣传部牵头，区文化、科技、卫生等24个部门、300多名干部组成“三下乡”慰问团，把近50个项目服务“套餐”送到上峰镇。2007年1月31日，南京市暨江宁区“三下乡”启动仪式在谷里街道举行，市级机关16个部门、180名机关干部，区级机关26个部门、300多名机关干部组成的现场服务队为老百姓提供科技、卫生、法律等服务。

1996—2007年，据不完全统计，全区共组织“送文化下乡”大型文化活动20多场次，演职人员4000多人次；送电影下乡300多场次；组织书法家600多人次，参加活动50余场次，共为农民书写春联5万多副；组织送书下乡720多场次，出动人员4600多人次。开展送科技下乡

160场次，科技人员下乡1880人次，发放科普资料及科普书籍31.85万份（册），咨询服务农民8.60万人次。送卫生下乡主要有送医送药下乡、义诊捐款、百人千元扶贫治癌病、改水改厕、推行合作医疗、扶贫送温暖、义务献血、开展妇幼保健服务等活动，共组织送卫生下乡活动900余场次，出动医护人员近6000人次，服务对象累计近7万人次，共发放各类卫生保健宣传资料21万余份，发放健康教育处方5万余份，向农民群众赠送药品、免费体检以及向基层卫生单位赠送医疗器械价值累计近70万元，并为农民群众捐款27.50万元；组织生育服务下乡100多场次，出动人员累计近3600多人次，发放宣传资料123.30万份。其间，结合“三五”普法和“四五”普法，组织“送法下乡”280多场次，参加活动的司法行政干警、公证员、律师1800人次，共提供法律咨询1700人次，现场接受法律援助案件申请近百件，赠送法律书籍及宣传资料2万余份，编印《农村常用法律法规常识》10万册，保证每2户农民家庭有一本法律书籍。举办普法骨干培训班1400多期，参训人数累计8.24万人次，为群众上法制课2340次，受教育人数累计175万人次。

【“百姓看江宁”系列活动】

2002年3月20日至6月18日，江宁区开展大型观光活动“万人看江宁”，主要包括郊野风光游、生态农业观光游和工业游三个部分。活动期间，开设赴江宁经济技术开发区“南汽”生产基地、百家湖花园、金箔艺术馆、江宁大学城、江宁老城步行街等观光专线，车迷赛车、西瓜节、美食节、自行车健康赛等一批富有地方特色的活动穿插其间。此次活动以精心设计的参观线路为切入点、以江宁蓬勃发展的区域经济为依托，全方位、广视角、深层次地展示江宁新风采，提升江宁对外知名度。同时进一步激发群众热爱江宁、积极投身江宁建设和发展的热情。8月，区委办公室等18家单位被评为“万人看江宁”活动优秀组织单位。

2007年，全区组织开展“新江宁人看江宁”“机关干部看小康”“小康路上看家乡”等“百姓看江宁”系列活动。此次活动分两个阶段，第一阶段为4月27日至5月31日，第二阶段为10月上旬至11月中旬。全区先后分3轮3个层次，组织2.30万名新江宁人、区级机关40余个部门干部和农村干部群众，参观开发园区和彭福、锁石、泉水、周里、章村、上峰等村及各地民生工程建设现场，使其亲身感受江宁区发展变化，激发广大市民和新江宁人共同建设小康、构建和谐江宁的热情。

第三节　军民共建

【军民共建点（对子）】

1983年年初，为贯彻中共十二大精神，全县开展军民共建社会主义精神文明活动。1984—1992年，军地双方共建精神文明对子127个，其中67个共建点于1985年分别被市、县政府评为军民共建社会主义精神文明先进单位。其中汤山镇作厂小学、淳化乡焦村、方山乡高山村等军民共建单位，除分别被评为省、市先进集体外，还获得中共中央书记处、中央军委总参谋部和江苏省军区的表彰。1996—2000年，全县有85%的军民共建点被评为文明单位或先进集体。2002年，全区军民共建点发展到168个，比1995年增长50%以上，分布在各行各业，具有广泛的群众性和社会性。2003—2007年，江宁区军民共建点继续发展和增加。

【军民联合办学】

1983—1985 年，部队在农村举办汽车驾驶、微电脑、外语培训班和科学种日夜校，普及科学文化知识；地方进行“智力拥军”，帮助部队指战员提高文化素质和培育军地两用人才。全县共办成人学校 4 所、文化补习班 12 个、各类专业班 54 个，培训各类人员 4700 多人。3 年中，通过举办普法知识讲座和广播、放映电视录像、经济形势演讲会等形式，进行社会主义思想教育，增强广大群众的社会主义道德观念。先后播放录像 17 场，展出图片 100 余幅，请南京大学教授讲法律课 11 次。20 世纪 80 年代后期起，坚持军民联合办学的原则，至 90 年代后期的 10 年中，驻江宁部队先后为地方培养中央党校大专和本科毕业生 600 多人；驻军院校发挥优势，为地方办各类科技专业班、英语班、成人学校 15 所，培养科技骨干 1020 人。1995—1998 年 3 年中，驻军派出报告员、辅导员 175 人，到驻地和学校进行爱国主义和“四有”教育，受教育者达 12 万人次。同时，为配合部队学习，每年组织县、乡领导和企业家、劳动模范等去驻地部队为战士上课，宣讲农村改革发展的大好形势；江宁经济技术开发区、金箔集团、铜山彭福农业示范区等，每年都接待千名驻军干部参观。

【其他共建活动】

20 世纪 80 年代起，军民共建单位广泛开展“五讲四美三热爱”活动，驻江宁部队积极开展“学雷锋、树新风”活动，帮助乡、村、学校、公共场所搞卫生，参与整治环境、卫生灭病、文体活动等，为共创文明活动做出贡献。特别是在 90 年代后，江宁县为创江苏省卫生城，每年都进行四五次市容、市貌大清理整治活动。东山地区驻军定人员、定地段参与共建活动，为江宁县夺取“金陵市容杯”十连冠和创建省卫生城建立功勋。1996—2000 年，驻江宁部队参加创建卫生城等义务劳动共 7.40 万个工日。

图 32-2-12 汤山镇召开军地共建座谈会（2003 年摄）

1996 年，江宁县在开展精神文明“进村入户”活动中，麒麟镇锁石村与驻地部队携手共建文明村，积极开展支部共建、干部共学、环境共治、新风共树活动，取得显著成效；1999 年，锁石村获全国创建文明村镇工作先进村称号。

2001 年 9 月，为迎接华商会在南京召开，驻东山部队官兵把营区周围环境整治作为一项政治任务完成。气象学院和理工学院官兵对岔路段环境全面清扫。驻文靖路的两个部队对东山文靖路至石羊路路南面卫生进行清扫。其中一个部队通过“破墙透绿”，对营区环境进行综合改造，成为东山地区一道风景线；另一个部队彻底改造家属区、机关食堂周围的环境。

第三章　文明村（社区）选介

20世纪80年代起，全县在广大农村开展“五讲四美三热爱”活动、文明单位创建评比活动，以此促进文明村的建设。通过创建，全区涌现出一批国家、省、市、县级文明村镇，这些村镇在建设过程中，加强基础设施建设，加大硬件设施建设投入，改水改厕、硬质化道路、兴建文化广场、安装健身器材、安装路灯等。为改变“脏、乱、差”的村容村貌，重点整治环境卫生，采取清除卫生死角、建垃圾箱、实行垃圾集中处理等各种措施。同时，以创建文明村、文明社区为契机，开展丰富多彩的精神文明创建评比活动及各类文体活动，如“文明示范户”“十佳好媳妇”“十佳孝星”等评选活动，提高群众文明素质。

1984—1997年，全县被评为省级文明单位的村有3家次，市级文明单位的村有36个次。1998—2006年，全区被评为省级文明村、文明社区的有5个次，市级文明村、文明社区的有29个次。其中，汤山街道锁石村被中央文明委授予全国文明村、全国创建文明村镇工作先进村镇称号。2005—2006年，全区评选出省级创建文明村工作先进村8个。

第一节　文明村

【锁石村】

汤山街道锁石村位于阳山脚下，因与天下第一碑（阳山碑材）的渊源而得名。2007年，辖3个自然村，7个村民小组，面积4.80平方千米，共415户，拥有户籍人口1582人，外来人口1441人。三业总产值3.80亿元，村级可支配收入943万元，村民人均纯收入15803元。锁石村是文明村创建典型，曾先后获省安全文明村、省文明单位、省卫生村、全国文明村、全国美德在农家活动示范点、全国创建文明村镇工作先进村镇、省文明村标兵等称号。

20世纪90年代起，为改变全村“脏、乱、差”现象，锁石村提出创建文明村、建设新家园的工作目标。实施“三改”“二建”“一装”工程。“三改”，即改路、改水、改厕。将全村8.80千米长的主干道由土泥路改建为柏油路，后又改建为水泥路，村里的巷道和农户门前屋后的走道全部铺设成水泥路；全村户户通自来水，告别用井水、河塘水的历史；兴建无害化户厕330个，公共厕所11个，消灭农户露天粪坑。“二建”，在3个村的入道口新建典雅的村门楼；在每个自然村新建2个无害化公厕和12个封闭式垃圾箱，垃圾集中存放，日产日清。“一装”，在村庄和道路安装58盏感应路灯。2000—2005年，先后投入500多万元，建造琐石文化宫、农民浴室、合作医疗站、电子阅览室、图书馆、网球场、篮球场、健身室、老年活动室等，建造硬质化道路18千米、安装高杆路灯70盏、建休闲广场800平方米、有线电视入户率100%，电话入户率90%以上。2006—2007年，实施村级绿化工程。投入80万元配套九乡河绿化带整治工程；投入300多万元，实施2.10千米的沪宁路景观工程；加大村内道路林网化建设，对每条村内干道种植行道树、冬青树、香樟树近2000株；全村当家塘清淤28面，清淤率100%。

锁石村以人为本，大力开展宣传教育活动。利用党员典型带头教育、文明村民授课、设置宣传展板、发放宣传资料等方法，对村民进行爱国主义、集体主义、社会主义教育，强化公民道德教育，开展“讲文明、树新风”活动，引导全村干部群众发扬一心为公、艰苦创业的奉献精神，提高全村群众的思想觉悟和整体素质。广泛开展精神文明创建评比活动。1996年起，村里组织农户开展“五星级文明户”创建活动，至2005年年底，全村五星级文明户384户，占全村总农户的90%。并每年坚持开展文明新风户、文明家庭、五好家庭和十佳好邻里、十佳好媳妇、十佳孝星的评比，参选率98%以上。同时，不断深化精神文明“进村入户”活动，拓展到党员示范户、廉政文化示范户、文化中心户的评比，建立富民档案，规范村级档案。村里睦邻团结、家庭和睦、敬老爱幼的新风尚蔚然成风，赌博、迷信活动基本灭迹。

通过逐年努力和投入，全村实现“三不三有”，即购物看病不出村、信息娱乐不出户、健身休闲不进城；文化学习有阵地、求职就业有门路、生活养老有保障。全村实行“六免六补助”（免费合作医疗、免费理发、免费洗澡、免费乘坐上学交通车、免自来水费、免有线电视费，老年人生活补助、老党员生活补助、贫困生补助、困难家庭补助、困难家庭建房补助、青年入伍补助），切实让村民享受到“道路网络化、村庄亮化、吃水自供化、生活燃气化、环境整洁化、家居舒适化、服务社会化和村风文明化”的小康生活。

图 32-3-13 锁石村文体活动中心（左）、市民广场（中）、文化宫（右）（2006年摄）

【彭福村】

彭福村位于江宁区禄口街道东南端，秦淮河一干河西岸。2007年，辖8个自然村，2个村民小组，总面积2.34平方千米，有居民368户、1313人。三业总产值2.70亿元，村民人均收入1.10万元。曾先后获市文明单位、省百佳生态村、省文明村、省康居示范村、省农村现代化先行示范单位等称号。

在文明村镇创建评比活动中，彭福村致力于改善村容村貌，提高村民生活质量。先后建四层综合办公楼1幢、农民住宅楼75幢、商业门面楼28套间。为方便群众购买物品、办婚庆酒宴，建农家超市、餐厅各1幢。全村共建水泥路15.30千米，主干道架设路灯132盏。利用沼泽地，建蓄水库1座，占地面积11公顷，蓄水量30万立方米，建设自来水净化配套设施，提高村民饮用水质量。开展“双清双美”活动，将旧村改造和新区建设结合，治理脏、乱、差，营造洁、净、美，搬猪圈、迁禽棚、拆茅房、配套砌下水道，建垃圾箱28个，建标准公厕9座，改厕330户，建垃圾处理场1个、污水处

图 32-3-14 彭福村污水处理厂（2007年摄）

理站1座，对生活垃圾、生活污水作无害化处理，村内改厕率、人畜粪便综合利用率100%。建景观大道500米。投入124万元，建成秸秆气化站，让村民用上管道煤气。至2007年，全村自来水、程控电话、有线电视、太阳能、广播入户率分别为100%、95%、98%、85%、100%。

为三富村民的精神文化生活，建1.04万平方米的社区活动中心和老年学校，室内外健身娱乐器材一应俱全；投资320万元，建1200平方米的农民文化体育活动中心，内设图书馆、棋牌室、录像室、健身房。为方便村民保健就医和养老，建造村级医院1个，占地面积5400平方米，建筑面积1600平方米。为方便村民办酒宴，建造660平方米的多功能接待中心。为方便幼儿入园，新建1所200多平方米的幼儿园。全村电脑入户率70%，基本养老保险参保率81%。村合作医疗、社会保障、治安防范、计划生育、幼儿入托、学龄入学率等均为100%。彭福村常年开展“一帮一”脱贫致富活动，开展致富带头人、学科学用科学标兵等各项评比。精神文明创建活动从不间断，特别是“文明户”“文明示范户”“五好家庭”评比活动已进行17年，通过评比，村民明是非、知荣辱，有力促进了文明新风的形成。

【机场村】

原属上坊镇，2005年，机场村改为上坊街道城北社区居委会，2006年7月，与东山街道中前社区居委会合并，组建东山街道新的中前社区居委会。机场村因靠近东山机场得名。2005年，辖5个自然村、3个居民小组，有446户，总人口1426人，耕地面积54公顷。2001年1月，全国农村“三个代表”重要思想学习教育活动期间，中共中央政治局候补委员、书记处书记、中组部部长曾庆红及省、市、区领导到该村视察工作，给予较高评价。2002年，获2001—2002年度江苏省文明村称号；2004年，获全国民主法制示范村称号。

1993年，机场村投资32万元接通自来水，使村民全部用上自来水。2000年，进行电网改造，总容量1200千伏安，满足工农业生产及生活用电的需要。2001年，投资152万元将全村7条村中路全部实行灰色化，并在主要干道安装路灯，总长度6千米。村里设有文化活动室、老年活动中心，有党员活动室3处。建文化中心户3户，配备图书2100册，供村民阅读。还有篮球场和乒乓球室，购置健身器材1套，供村民晨练和开展业余体育活动。

2005年，人均收入9200元，人均居住面积64平方米，户均电视机2台，户均电脑0.24台，户均通信工具2.20部，人均受教育年限9年。

【清修村】

清修村位于江宁街道中心区域，属半山半圩地区。2007年，全村总面积733公顷，辖26个自然村，共905户、3616人。三业总产值2.40亿元，村民人均收入8300元。曾先后获市文明村、省创建文明村工作先进村等称号。

清修村曾是江苏省农村的一个先进典型，在农业学大寨及乡镇工业发展中是全省的一面旗帜。20世纪90年代后，清修村坚持文明创建，以经济建设为中心，以经济做后盾，努力为民办实事。为改变群

图32-3-15 清修村休闲广场（2005年摄）

众行路难，投入资金300万元，修建村级水泥道路16.30千米，26个自然村全部建成水泥路，其中11个自然村实现“户户通”目标。为解决村民饮用水问题，投资90万元，建造1座日产600吨的自来水厂，自来水入户率100%。为提高学校办学质量和改善教学环境，投入14万元，对村小学和幼儿园校舍进行翻建和改造，购置教学用具。为丰富居民精神文化生活，投入200多万元建设村民活动中心，为居民提供休闲娱乐场所。

第二节　文明社区

【章村社区】

章村社区位于东山老城区东北部。2007年，辖11个居民小组，共3811户、11556人，总面积2.80平方千米。社会总产值155063万元，社区集体收入1702万元，人均收入13036元。先后获市文明单位、省文明社区、省级绿色环境社区等称号。

章村社区注重公共事业建设，丰富村民精神文化生活。先后投资5000多万元，建成水泥路面主干道6千米，路两旁树木成荫，路灯配套；1980年，自筹资金改水，使村民饮用上自来水；1995年、1999年，先后新建小学教学楼1300平方米及配套设施；1996年，投入100万元，建成面积3.33公顷的万安陵园，无偿作为村民最后的安息之地；投资97万元，建成600平方米的医疗站；1998—2001年，自筹资金新建8幢6层、3.20万平方米农民公寓240套，以成本价出售给章村缺房困难户居住；1998年起，对世居村民女55周岁、男60周岁发放养老生活补助金。2001年起，社区居委会给予世居户居民重大疾病补助，对上学升学给予补助，并发放小区住房补助、困难补助、水电补助、种田补助等。同年，新建石羊公园，占地2公顷，公园内设有活动室、健身器材，供村民健身、阅览、娱乐、休闲。

图32-3-16　江宁区、东山街道领导为章村石羊公园竣工剪彩（2003年摄）

2005年起，章村将1亿多元的经营性固定资产量化为股份，全体村民成为股东，每年参加分红。章村农民享受“六有八补一股民”的福利，即少有所教、老有所养、娱有所乐、住有新区、病有所医、故有所安；养老补、住房补、教育补、种田补、水电补、医疗补、大病补、安葬补。村集体每年用于村民的福利支出达200多万元。2006年，投资300万元，建设硬质化道路2千米，填污水塘4个，建村内休闲公园3个，建硬质污水排放沟2千米，建花坛40个等。2007年，新建文化服务综合楼2300平方米，内有党员干部学习活动室、居民会议学习活动室、老龄委学习活动室、成人教育学习活动室、图书室等。11个居民小组各有200平方米居民文化活动室，电教收录放像机配套齐全。

【泉水社区】

图 32-3-17　泉水社区文化广场（2006 年摄）

泉水社区位于东山街道东北部，2006 年 3 月，原麒麟镇泉水、定林等 4 个村并入东山街道，7 月，泉水、定林 2 个村合并，成立新的泉水社区。2007 年，辖 17 个居民小组，共 1739 户、5080 人，总面积 11.46 平方千米。社会总产值 34965 万元，社区集体收入 820 万元，人均收入 10680 元。曾先后获得市文明村、市百强村、省创建文明村工作先进村等称号。

泉水社区为加强社区服务，满足居民需求，努力创造村民安居乐业的良好环境，营造社会主义精神文明建设氛围。定林、泉水两村合并前，共建文化中心户 6 个，文化室 6 个，共有藏书 5000 余册；建幼儿园 2 所，中、小学生上学有车免费接送；推行农村合作医疗保险，参保率 100%；先后投入 850 万元，建水泥路 43 千米、沥青路 15 千米；投入 75 万元，安装路灯 180 多盏；实行改水，使村民饮用上自来水；砌垃圾池、屋、筒 115 座，改厕率 85% 以上；有线电视入户率 98%，电话拥有率 188%。2006 年 7 月两村合并后，铺设柏油路 1 千米，使全社区 15 条主次干道全长 18.80 千米全部灰黑硬质化；改厕 570 余座，建垃圾箱 52 个，配保洁员 32 人；建成社区服务中心，设有文化活动中心、老年学校、图书室、书画室、文体活动室、电子阅览室等；兴建休闲广场，配置 24 套健身器材。社区经常组织居民开展乒乓球、象棋、扑克牌等比赛；实行养老补助、老党员生活补助、合作医疗及大病救助制度等，社会福利事业发展较快。通过建设，社区卫生环境得到充分改善，居民生活质量有明显提高。

第四章　道德楷模

新中国成立后，人民群众受到社会主义、共产主义思想的熏陶和现代科学文化知识的教育，新思想、新道德、新风俗、新习惯在全县蔚然成风，新人新事不断涌现。中共十一届三中全会后，全区加强思想道德教育，加强精神文明建设，开展“五讲四美三热爱”活动、文明创建评比活动，提倡“讲文明、树新风”，并调动各种积极因素，使全区精神面貌发生深刻变化，促进了社会文明新风尚的形成。

在社会主义现代化建设中，江宁区涌现出一批廉洁奉公、任劳任怨、无私奉献的好干部、好百姓，如一心为民的村支书沈庆喜、张文才、张映怀，带着村民一同致富的戴科蓉、王宏山，敬业无私的徐静、吴伟红、王红兰，尊老爱亲的谢乃荣、骆海林、章正兰、王十林，见义勇为的朱柱、周来发及勇救落水儿童的张忠兴，与歹徒搏斗的乐斯贵、易志福，热衷公益的鲍莉萍，

“人民好警察”吴克有，舍弃500万元的诚信榜样戴玉银，践行承诺“让纳税人满意”的余风琴，热心助学的台商倪赫，无偿献血、捐献造血干细胞的陶光、陈小伟、朱海峰等，他们是实践社会主义道德的楷模，为全区干部群众树立起学习的榜样。

第一节　尊老爱亲

【谢乃荣】

谢乃荣，1942年生，中共党员。退休前，是江宁区东山街道青龙山林场敬老院院长。他在任的13年中，让敬老院里70多位孤寡老人安度晚年。

谢乃荣的父亲早逝，母亲后改嫁。年幼时，他未能得到母亲和继父的关爱与照顾。当65岁的母亲谢桂仙和74岁的继父金志富到青龙山林场投靠他时，他笑着接纳了两位老人。这样，加上自己的岳父、岳母，谢乃荣夫妇共同照顾4个老人和1个孩子。

由于长年奔波，母亲身体一直不好，1996年因病卧床不起，大小便失禁。谢乃荣夫妇精心照料，使母亲在晚辈们的孝敬中安然离世。次年，83岁的岳母因病去世。母亲和岳母去世后，继父要求回到自己的儿女身边。1999年年底，谢乃荣收到继父的一封信，信中说他回到上海后，离开自己近四十几年的6个亲生儿女不愿意接纳他，只能在外租房居住，他十分想念谢乃荣和在南京生活的日子，希望谢乃荣能把他接回南京。看完信后，谢乃荣夫妻二人连夜直奔上海探望老人。谢乃荣看到继父拿自己的退休金租了一间阴暗潮湿的小屋，生病都是邻居好心把他送到医院，这让他心疼不已，在征得老人亲生子女的同意后，把继父接回自己家中照料。2003年，谢乃荣的岳父因心脏病突然去世，家中只剩下继父一位长辈，谢乃荣一家三口对他更是照顾得无微不至。2005年年底，98岁的老人疝气发作，半个多月里不能下床，衣服、被子上常被大小便搞脏，但谢乃荣一家人从不嫌弃，及时更换清洗，老人身上一直保持清洁干爽。由于他们的精心照顾，老人的病很快康复。2007年4月21日，谢乃荣为老人隆重庆祝百岁寿辰，邀请近百位亲朋好友参加。老人百岁寿诞的当天，《金陵晚报》《南京晨报》《南京零距离》《周涛讲故事》等媒体和栏目先后对谢乃荣善待继父并为他庆祝百岁生日的事情进行报道，在社会上传为佳话。

【骆海林】

骆海林，1950年4月生，中共党员，高中文化，江宁区湖熟街道和进社区居民。他恪守孝道，敬养父母，眷爱兄弟，不但是致富带头人，也是邻里乡亲的贴心人。骆海林在南京市区有两套住房，但为了年迈的母亲和患病的弟弟，2000年，他毅然放弃城市生活，回家担负起赡养母亲、照顾弟弟的重担。骆海林的母亲已年过80岁，生活基本不能自理；40多岁的弟弟从小痴呆，需要照顾。几年中，骆海林端茶送饭，日复一日，毫无怨言。有人不解，问他为何不请保姆照顾他们，骆海林回答，外人哪有自己人贴心。为了让亲人生活得更好，他动足了脑筋：痴呆的弟弟喜欢玩，他买了玩具；母亲出行不便，他买了轮椅；卫生间距离远，他买了便携式马桶。古人云：“久病床前无孝子。”骆海林却是个例外。同时，他致富不忘乡亲，热心公益事业，积极投资兴建村级道路、小学和兴修水利设施。连续两届获得全国“五好文明家庭”称号，并被评为第三届“南京好市民”。

【章正兰】

章正兰，女，1956年生，江宁街道西宁濮家自然村人。她用瘦弱的肩膀和一颗殷殷孝心，让81岁瘫痪婆婆尽享天伦，延续着生命。2005年4月的一天，章正兰年已81岁的婆婆杨正美，突患脑血栓不省人事，章正兰获悉后立刻赶回家，由于当时村里公路不通，她背着婆婆步行2千米到陆郎卫生院急诊。由于婆婆病情严重，她又迅速陪同婆婆到江宁医院治疗。在医院下达病危通知书，被告知没必要再花钱治疗时，章正兰痛心万分，她恳求医生不管花多少钱，只要有一丝希望，就要把婆婆的病治好。她连续两天两夜守在婆婆身边，喂药、喂汤、洗脚等。经过2个多月的治疗，老人的脑血栓病治好了，可左手、左脚和半边身子却瘫痪了。婆婆瘫痪后，每天屙尿屙屎要人端，上床下床要人背，洗衣洗脸梳头要人帮，但她无怨无悔。2006年春节后一天，章正兰背脊骨旧病复发，疼痛难忍，但婆婆因天冷感冒拉肚子，衣裤和床被上都是屎尿，她强撑着给婆婆换洗衣被，自己却累得住进医院。章正兰的孝心感动了婆婆，也感动了邻居。她说，她最大的愿望就是希望通过自己的努力，让婆婆的晚年过得开心快乐，自己也尽到了后辈的责任。

【王十林】

王十林，谷里街道柏树社区大塘角村民。他身材瘦弱，患有小儿麻痹症，先天性肢体矮小，身高不足1.50米，体重不到40公斤。早年丧父，一直与母亲生活在一起。2001年10月的一天，王十林年近七旬的老母亲在田间干农活时突然晕倒，被送往医院确诊为脑梗塞，虽极力抢救，保住了性命，但半身瘫痪，失去生活自理能力。王十林有2个哥哥、3个姐姐，但他独自承担下照顾母亲的重任，他说："哥哥姐姐家都很困难，又要上班，我一个人时间自由，可以把精力完全放在照顾母亲上。"为了这个承诺，他一干就是6年多。老母亲刚瘫痪在床的一段时间，经常出现并发症，有时在深夜，王十林总是第一时间将母亲送到医院。2001年12月，手术后第二个月的一个寒冷夜晚，老母亲突然大声呻吟，呕吐不止，睡在隔壁房间的王十林赶紧开门去找住在不远处的兄嫂，可兄嫂都在上夜班，只有十多岁的侄女在家。他只好和侄女一道将母亲挪到自己的马自达上，瘦弱的王十林磕碰多次才把母亲抬上车送至医院。直到母亲救治过来，他才感到腿上、身上多处疼痛，多处被擦伤、撞破，鲜血直流。老母亲患病初期还能支撑着下床出去晒晒太阳，可是卧床时间长了，老母亲越发虚弱，最后连下床的力气都没有了，王十林只能增加为母亲清洗的次数，每隔两天他就要帮母亲擦洗身体，用酒精消毒。母亲情绪经常不稳定，王十林一有空就陪母亲聊聊天，说说外面的事情。王十林有个雷打不动的"工作"时间表，早晨6点左右起床煮粥，为母亲洗漱喂饭，打扫卫生，8点左右赶到集镇做生意，10点30分准时回家做饭，服侍母亲吃完饭就回到集镇继续做生意，下午6点不到一定要回家。为了照顾母亲，王十林的工作时间表刚好错过了马自达生意最好的时候，村里通了公交车后，生意就更不好做了，有时一天都挣不到十元钱，可他一直坚持着。他说，有了车，要送母亲到医院就方便多了。

王十林至今未婚，其实除了身材矮小外，生活能够自理，还开马自达搞点接送人的生意，找个老婆应该不难，但是，相亲的人一听说他和常年卧病在床的老母亲生活在一起时，纷纷打了退堂鼓。但王十林说："母亲养育了我，我就有责任照顾她一辈子！"

第二节 助人为乐

【关才喜】

关才喜，秣陵街道东旺社区人。关才喜的热心在全村是出了名的，谁家有个急事、难事，他都乐意帮助。邻居李邦银的老母亲因下雨不慎摔倒，当时，老人的儿子、儿媳都在外地上班，关才喜看到后，立即叫上妻子，带上1000元钱，开着自家的拖拉机将老人送到卫生院，并背着老人楼上楼下检查、诊治。老人需要输液，关才喜就叫自己的妻子留下照顾老人。等老人的家人下班赶到医院，老人已经得到了很好的救治。同社区的残疾人奚启伟患上了骨癌，每天要靠吃药控制，这对他本来就不富裕的家庭来说，可谓雪上加霜。关才喜得知情况后，立即到奚家嘘寒问暖，临走时还悄悄留下300元钱。回家后关才喜心里总觉得不踏实，思忖再三，“何不在社区开展一次献爱心活动，让大家都来帮助这个贫困的家庭？”关才喜找到社区干部将自己的想法说了一遍，立即得到了支持。在他的倡议下，驻村街道领导、社区干部、居民纷纷慷慨解囊，捐款达6500多元，为奚家解了燃眉之急。在社区开展的党员结对帮扶活动中，关才喜主动要求帮扶一对孤儿。他为张冉、张龙姐弟办理了农村低保，购买了农村合作医疗保险。平时，他给孩子送米送油，开学前，又送去学费，一次次帮助他们渡过难关，直到张冉走上工作岗位。这些事情在关才喜眼里根本不算什么，他说：“老话说得好，远亲不如近邻，谁能没有个难处？”2006年9月，关才喜获得南京“十佳好邻里”称号。

【吴克有】

吴克有，1965年生，中共党员，大学文化，江宁区上坊派出所所长。小时候家境贫寒，靠左邻右舍接济长大成才，因此，他对社会满怀责任感，对他人心怀感恩之情。身为公安民警，他不但是业务尖兵，刑侦能手，而且有一副侠肝义胆，利用自己省吃俭用积攒的8万余元帮扶8个人，他们中有孤儿、交通事故受害者，最为特殊的是一个服刑人员的孩子。2003年，吴克有在铜井派出所当所长时，一个名叫甘存保的罪犯曾因抢劫重罪被判刑13年，是被吴克有亲手送进监狱的，甘的妻子离家出走，80多岁的母亲度日艰难，14岁的女儿面临辍学。在自己母亲年迈、妻子下岗、女儿上学、家境不富裕的情况下，吴克有省吃俭用拿出5万多元，对罪犯的母亲和年幼的女儿说：“这个家，我来撑。”赡养老人，教育孩子，狱中探望，缴纳学费，修缮房屋等，这一切深深触动了狱中的甘存保，4次减刑出狱。2006年，调任上坊派出所所长的吴克有发现，19岁的孤儿欧振因车祸双腿粉碎性骨折无钱医治，吴克有拿出1万多元帮他进行手术。吴克有作为一名普通人民警察，他做到了“帮扶帮教工作做到哪里，排忧解难就落实到哪里”。他的事迹先后被中央电视台、《人民日报》、新华社、《南京日报》和新华网、新浪网等中央、省、市各级媒体报道，在社会中引起极大反响。他先后10余次获公安系统嘉奖；2007年，被评选为“南京首届十佳慈善之星”、第六届“南京好市民”，并当选为江宁区第十五届人大代表。

第三节　诚实守信

【戴玉银】

戴玉银，女，1968 年 8 月生，江宁区人。2000 年 7 月，在东山镇竹山路 32 号 51190 体彩销售点当销售员，月收入只有几百元。其丈夫下岗 7 年，于 2006 年才找到一份工作，月薪仅 600 多元，两人结婚 14 年仍住在一套自建的简陋住宅内，要赡养公婆，培养正在读初中的儿子，生活压力很大。但是，戴玉银在做彩票销售员的 6 年多中，坚持诚实守信，多次将中奖彩票还给买主，单是 2006—2007 年，把万元以上的中奖彩票还给买主的就有五六次。

2007 年 4 月 9 日，戴玉银受彩民刘某委托，按他事先拟定的号码买了 40 元彩票。次日一早，戴玉银到站点，发现一注 500 万元特等奖竟诞生在自己的站点。她找出前一天几位彩民让她代买没拿走、尚未付钱的彩票一一对照，发现中奖者是刘某。彩票兑奖，只认票不认人。戴玉银只要带着这张彩票和自己的身份证到体彩中心，就可以领走大奖，她长期的经济压力转眼就能缓解。短暂的思想斗争后，戴玉银最终决定将彩票物归原主，打电话通知刘某拿彩票。接到戴玉银的电话通知，当天傍晚，刘某到彩票销售点，领回中奖彩票。他由衷地对戴玉银说："你这人太实在了。"

图 32-4-18　戴玉银（中）自北京载誉归来（2007 年摄）

戴玉银诚实守信的事迹经国内各大媒体尤其是央视新闻联播报道后，社会反响强烈，网民好评如潮，一些网站增开专题讨论，网民们感叹，社会太需要这样诚信的人了。2007 年，戴玉银被表彰为"感动南京"十大人物、"南京好市民"，获得首届全国道德模范提名奖，被评为首届江苏省道德模范，分别受到中共中央总书记胡锦涛和省、市主要领导的亲切接见。

【余风琴】

余风琴，女，1975 年 10 月生，中共党员，江宁地方税务局征收税务分局局长。多年中，她坚持自己的职业操守，工作耐心细致，热情接待每一位纳税人，接受咨询、指引纳税人、协调纠纷等，有条不紊。身为值班长，办公桌紧挨着大厅的自动门，尽管冬冷夏热，她都一直用微笑服务纳税人。值班长的电话是对社会公布的，常常会有各种各样的电话打进，有的是问路的，有的是询问如何办理土地证的，有的是咨询办理工商执照的。每一次接到这样的电话，她都会尽其所能地认真回答。工作多年，无论风雨寒暑、岗位变迁，她总是早到晚走，有人将她的年龄定位在四五十岁，然而，32 岁的余风琴却是从 20 多岁就开始延续着这样的生活轨迹。

余风琴自创了一本"办税服务厅工作统计表"，上面记载着值班长接待的纳税人单位、事项、联系人、电话等，后面的备注栏则"藏着"她的诸多"小秘密"。"√"是代表已经办好的，"☆"

是代表重要的，“△”是代表需要进一步跟进的。无论是否属于她的业务管辖范围，佘风琴总是热情接待每一位纳税人，能当场解决的绝不拖沓；不能当场解决的，她会帮助协调其他部门，并电话反馈给纳税人。这本厚厚的统计表中，已经记载了1万多条纳税人的来电、来人咨询信息，平均计算每天将近30人，她自己回复的纳税人电话超过800个。

“信是由一个‘人’字和一个‘言’字组成的，就是说答应的事情就一定要做到、做好！‘让纳税人满意’是我们南京地税对纳税人做出的庄严承诺，人家信任我，是信任我肩头的税徽，我没有丝毫理由可以愧对承诺！”诚实守信，是佘风琴工作的信念。

第四节 无偿献血

【朱海峰】

朱海峰，江宁区谷里卫生院医生。毕业于武汉交通卫生学校医学影像专业，1998年11月，到谷里卫生院工作。工作中，他总是千方百计为病人解除疾苦，认真履行自己的职责。2003年12月，他加入中华骨髓库志愿者行列，成为造血干细胞志愿捐献者。2005年8月的一天，朱海峰接到卫生院领导通知，自己的造血干细胞与北京的一位患者初配成功。他当即表示：只要最终配对成功，一定捐献造血干细胞。朱海峰是家里的独子，血脂偏高，并有轻度脂肪肝，母亲和妻子十分担忧，可他劝说道：“我的造血干细胞可以挽救另一个人的生命，如果我临阵退缩，这和见死不救有什么区别？”自接到医院通知后，朱海峰就主动戒烟、戒酒，控制饮食，加强锻炼，服用保肝药。2006年2月20日，年仅25岁的朱海峰在江苏省人民医院成功捐献造血干细胞，挽救了一条生命。他获得中华骨髓库颁发的荣誉证书、江苏省红十字会荣誉证书和江苏省红十字会授予的“博爱”奖章。朱海峰成为全国第380位、江苏省第44位、南京市第5位、江宁区第2位造血干细胞捐献者。

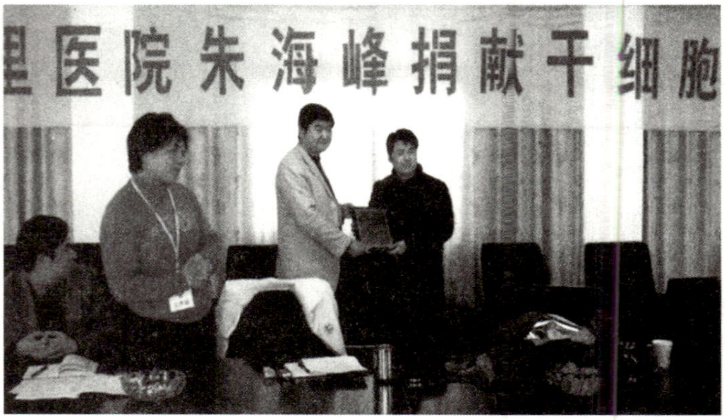

图 32-4-19 谷里医院朱海峰在江苏省人民医院捐献干细胞归来（2006年摄）

【陶 光】

陶光，1963年11月生，中共党员，大学文化，江苏省血液中心稀有血型俱乐部会员。2001年，陶光在江宁区百家湖中学任教师，在学校组织的一次献血活动中意外得知自己的血型为RH阴性O型。当时得知自己的血型特殊，紧急时能挽救别人的生命，他毫不犹豫地加入了献血者俱乐部。此后的几年里，陶光每年都会接到一两次省血液中心的电话，有时是深夜，有时是大雪天，他都会立即赶赴采血点，用自己身体里涌动着的热血去挽救生命。2007年7月15日，宿迁市沃美玲因产后大出血，生命危在旦夕，急需输血，但她的血型为

RH 阴性 O 型，十分稀有，情况十分危急。当时在栖霞区开会的陶光第一个接到省血液中心的电话，放下电话后，他立即赶到最近的采血点，献出 300 毫升鲜血。家住江宁区的陶光已先后紧急“出动”9 次，累计献血 2300 毫升。他说，自从加入献血者俱乐部后，总觉得自己有了份使命感，必须在别人有需要时伸出援手。即使他已辞去教职下海经商，这种信念依然没有改变。

第五节　见义勇为

【杨定保】

杨定保，1951 年生，谷里街道梁塘村人。1987 年 11 月，因国家征收土地被招进南京吉山铁矿新型建筑材料厂当工人。杨定保出身贫苦，自幼失去父亲，从小帮集体放牛，在牛群中长大。由于家境贫寒，杨定保直到 40 岁才结婚，妻子陈顺香是个半聋半哑并患有软骨病的残疾人。

1997 年 3 月 30 日晚 8 时，杨定保在外吃完晚饭后，在和不满 6 岁的女儿回家途中，看到附近村民刘玉明家因厨房液化气阀门泄漏起火。从煤气罐阀口喷出的火焰有 1 米多高，大火已经蹿上厨房房顶，眼看邻近几家房屋即将遭殃。杨定保迅速将女儿安顿在路边，便加入救火行列。当时，风大火急，火已蹿出门外，众村民用水浇、用扫帚扑打，都无济于事。“煤气罐要爆炸！”不知谁喊了一声，顿时救火的村民纷纷撤离现场。在这生死攸关的瞬间，杨定保冲进屋，忍着呛人的浓烟和灼人的气浪，拖着煤气罐向门口走，但快到门口时煤气罐阀门口突然喷出火焰。当时，谁也不知道杨定保留在现场。当火势稍减，乡亲们再次赶去扑救时，在现场意外发现，杨定保和煤气罐倒在门边。他已被大火烧得面目全非，英勇献身。

省、市、县奖励见义勇为基金会（协会）鉴于杨定保为救火献身的英雄行为和其家庭的特殊情况，分别奖励其 1 万元、5000 元、1 万元。1998 年 6 月，省民政厅授予杨定保烈士称号。

【朱　柱】

朱柱，江苏省泗洪县人，到江宁务工者。他在江宁区东山老桥段水域，奋不顾身救助素不相识的落水女青年时不幸牺牲，年仅 26 岁。2006 年 7 月 11 日下午，朱柱向单位请了假，准备到银行汇钱给家人。下午 3 点半，朱柱经过江宁区检察院附近的观光小桥时，听到有人喊“有人跳河了！”朱柱连忙向事发地跑去，并拨打“110”。但他到江宁打工才 3 个月，报警时，很难在电话中将事发的地点准确描述清楚。见落水的人已经没了顶，朱柱急了。他对着手机那头的“110”接线员喊了声：“来

图 32-4-20　2006 年 7 月 13 日，江宁区隆重举行朱柱遗体告别仪式

不及了，我马上去救人了！”就把手机往旁边站着的一名男子手里一塞，只脱下了一只鞋子，就翻过桥栏杆，跳入水中。可惜，因腿部抽筋朱柱被河水吞没。接过朱柱手机的是安徽民工王成山，他与朱柱素不相识。拿过手机，王成山详细向警方报告了事发具体位置。因为自己不会游泳，他只好站在桥上大声呼救。围观群众中一名叫朱为福的民工，毫不犹豫地下水救人，但因体力有限，他险些与轻生女子一起沉入水底，幸得詹华瑞等几位建筑工人用绳索将他们拉上岸。民警随即赶到，了解情况后，迅速跳入湖中搜寻朱柱。当晚9点多，朱柱的遗体被打捞上岸。7月12日，朱柱、王成山、朱为福、詹华瑞被江宁区见义勇为基金会授予见义勇为先进个人称号。朱柱被民政部批准为革命烈士，被评为“感动南京”十大人物。11月9日，在央视经济频道举办的“2006年《中国骄傲》颁奖典礼”上，“新江宁人”朱柱获选“中国骄傲”人物。

【乐斯贵】

乐斯贵，1939年生，家住方山街道健康村，务农。乐斯贵有着略显佝偻的背、布满皱纹的脸和青筋暴凸的手掌，守着自家的两亩三分地，生活朴实而简单。2004年4月20日，一个不速之客闯进他原本平静的生活。这天早上8点，外出办事两天的乐斯贵回到自家平房，掏出钥匙正要开门，却发现房门虚掩着，显然已经被人打开。“老伴不在家，还会有谁在家里？”乐斯贵心头咯噔一跳，“难道是小偷？”推开门，他发现在床柜和墙壁之间的夹缝里，坐着一个污头垢面的中年男人。乐斯贵的第一直觉是报案，他上前抓住这名“不速之客”，打算将其扭送到500米外的村委会。由于两天没进食，这名陌生男人丝毫没有反抗。在沿途经过一段无人的乡间小道，陌生男子猛地挣脱开乐斯贵的双手，乐斯贵紧追不放。两人顿时扭打在一起。搏斗中，对方两只手死命地掐住乐斯贵的脖子，乐斯贵在僵持中乘机攻其要害，终于将其制服。随后，闻讯赶到的乡亲与民警一起将其抓获。第二天，民警到乐斯贵家了解情况，乐斯贵这才知道他亲手抓获的男子叫张乃生，是南京公安网上通缉的一名在逃杀人犯。就在两周前，张乃生在东山街道骆村用菜刀杀害同居女友曹某，后逃逸至乐斯贵家中，一躲就是两天。

尽管之后子女们不准老人再管类似的“闲事”，可乐斯贵说自己绝不后悔，还成了派出所的治安联络员。他说：“亲手抓了个坏人，我也不枉活这辈子，就算把我这条老命搭上也值。”为此，他被市政府授予“见义勇为”称号。

第六节 共同致富

【戴科蓉】

戴科蓉，女，1952年9月生，汤山街道路西村农民。有兄弟姐妹6人，她排行老大，负担较重。她曾放过牛，磨过豆腐；20世纪70年代，曾当过村妇女主任；1982年，在路西村村办企业上班；1997年前后开过两年饭店。1998年，她看准周边单位对新鲜蔬菜的需求，承包路西村林业队2公顷荒坡地，种植大棚蔬菜。第一季蔬菜销售成功后，她决定种植反季节大棚蔬菜。之后，在街道工会、区妇联的牵头下，与区农业局结成科技对子，并签订合同。她刻苦钻研技术，种植发展大棚蔬菜，走规模化经营之路，成功生产出无害化蔬菜，成为闻名周边的种菜能手。2006年，年创毛收入14万元，纯收入5万多元。2007年，她经营的大棚蔬菜面积发展到6.73公顷，蔬菜品种26个。

为帮助乡里乡亲，戴科蓉先后招收村里20多名、50岁以上男女就业。同时，为带动一方农户共同致富，对缺乏生产技术与资金的农户，为他们垫付资金解决生产成本，传授种植技术。种植户产品滞销时，她利用自己建立的销售渠道为他们排忧解难，有16户农户走上发展大棚蔬菜的道路，年纯收入在20万以上。她成为路西村产业结构调整的带头人、示范者。2002年，她被授予全国妇联"双学双比"先进个人、首届"南京好市民"称号；2003年，被授予南京市劳动模范、江宁区优秀科技示范户称号；2004年，被评为江宁区十佳农业结构调整大户；2006年4月，被授予江苏省劳动模范称号。

【王宏山】

王宏山，1963年生，南京市江宁区绿桥瓜果菜专业合作社理事长。先后荣获全国农村科普带头人、省创业致富带头人等称号。2000年6月，原在机关单位工作的王宏山主动申请"下海"，把横溪170个西瓜种植大户组织起来，牵头创办南京绿桥瓜果菜专业合作社。他联络科研单位，引进优良品种，开展技术培训，为广大农户提供产前、产中、产后一条龙服务，有效提升了横溪西瓜品质，打响了横溪西瓜品牌，并每年牵头和协助举办"横溪西瓜节"。2007年，合作社帮助农户销售瓜果菜80万公斤，年销售额1.40亿元，使横溪西瓜种植面积由200公顷发展到2377公顷，农民亩均收入由300元增至1万元，辐射带动了周边地区近10万农户，瓜果菜种植面积达2万公顷。

第七节　敬业奉献

【徐　静】

徐静，女，1979年9月生，中共党员。于1998年10月参加工作，2001年8月，在区建设局从事办公室秘书工作，因工作认真、成绩突出，次年8月被任命为办公室副主任，1年后又升为主任。2007年年底，当选为南京市人大代表。多年中，她一心扑在工作上，放弃休息日，舍小家为大家，展现江宁城建人无私奉献的精神。

徐静上任后，对办公室工作进行一系列改革和完善，由她牵头完善制订的《机关管理制度、部门职能、岗位职责汇编》，人手一册。在建设局建议、提案办理工作中，创新举措，率先将人大代表建议、政协委员提案改为大型面办和"回头看"，并及时汇编成册，取得较好效果。为赢得群众的满意，她率领办公室人员结合青年文明号创建和科室作风建设，完善各项服务机制。全面推行首问负责、一次告知、群众投诉事项三日答复、限时办结等工作制度，公开青年文明号信用公约，优化业务工作流程，大力倡导优质服务、文明服务、诚信服务。对到访群众尤其是拆迁户，坚持"一张笑脸、一杯热茶"，做到以情感人，以理服人，化解矛盾纠纷。2003年，8户拆迁户因不满拆迁补偿，连续1个多月每天到建设局上访，辱骂甚至攻击工作人员。面对情绪激动的拆迁户，徐静坚持以心换心，不厌其烦地做他们的思想工作，消除拆迁户的误解和怨气，最终化解了误会。2007年，由她牵头负责的建设局机关ISO 9001、OHSAS 18001贯标认证工作，顺利通过北京认证方验收，成为国内建设系统中少有的同时两项贯标并取得成功的单位。

徐静积极投身文明城区创建活动和道德建设社会宣传活动，主动与市有关部门密切联系，对检查发现的市政设施问题及时整改；牵头督促、指导全区各街道市政设施创建；积极配合市、区团委开展向江宁城建行业民工兄弟赠送月饼、长途电话卡活动，提高文明城区创建在外来务工人员中的知晓度和满意度。

2003—2007 年，徐静先后获得市、区各种荣誉 16 项，其中，2007 年，被评为南京市城市建设立功竞赛先进个人；获南京市“情满金陵——感动南京城建人”银奖。

【王红兰】

王红兰，女，1953 年 8 月生，禄口街道成功村人。1985 年，服从组织安排，当了禄口敬老院院长，22 年，她将大半生的青春年华全部献给了“夕阳”事业。

她对工作勤勤恳恳、兢兢业业，把每一位老人都当成自己的父母亲。1991 年农历除夕，王红兰彻夜不眠地守护着病危的老人王礼荣，陪他走完人生的最后一程。弥留之际，老人含着泪说：“下辈子，我还住这儿，还要你做我的‘女儿’。”随着敬老院的不断扩容，老人逐渐增多。院里 40% 以上的老人患有残疾，王红兰总是细心地关注着每位老人的身体健康状况，无微不至地照顾着。一天，81 岁的老人臧顺清突然从凳子上滑落在地，王红兰知道这是中风的症状，马上把老人送到禄口医院。医生说，幸亏送得及时，再晚 10 分钟病人就没救了。79 岁的孤寡老人董吉成查出口腔癌，住进鼓楼医院。动手术那天，王红兰冒着大雨从禄口赶到医院送老人进手术室。手术结束后，她除了留人专门陪护外，多次到医院探望。22 年中，王红兰先后“送走”近 100 位老人，又不断迎进新的老人。她终日与老人相伴，了解他们的疾苦，倾听他们的心声，帮助他们解决各种困难；同时，她对院内托养的孤残儿童关爱备至，让他们快乐健康地成长。每逢节日，她都请文艺队到敬老院给老人演出，丰富老人的精神生活。“苦不怕，累不怕，就怕老人倒下”，她的敬业与无私，感动着每一个人，她成了敬老院老人的知心朋友和精神寄托，以致一些老人临终前还念叨着她的名字。

禄口敬老院自 2001 年起连续多年被评为南京市文明敬老院，2007 年被评为江苏省文明敬老院。王红兰被评为市十大孝星、第五届“南京好市民”、全国孝亲敬老之星。

第三十三编

教　育

民国12年（1923），江宁县始设教育局，置局长1人，下设总务、学校教育、社会教育等课（“课”是行政单位）。民国22年2月，县教育局改为教育科，并设立乡镇教育委员会；取消督学改设教育视导员，负责视导全县教育工作。

新中国成立后，县人民政府设文教科，分别负责小学教育和工农教育，中学教育由镇江专署直接领导。1955年2月，县文化与教育分开，分别成立县人民政府（人民委员会）教育科和文化科。1957年年初，县教育科改为教育局。是年7月，教育又与文化、体育工作合并成立江宁县文教局。1966年2月，文教局、卫生局合并建立县文教卫生局。

“文化大革命”开始至1967年，县文教局机关和各中学、小学处于无政府状态。1968年3月后，县教育工作由县革委会政治组分管。1969年4月，成立江宁县革命委员会政治组教育革命指导小组，行使全县教育管理领导职权。

1970年8月，成立县革委会文教局。1980年9月，复名为江宁县文教局。1990年8月，江宁县文化、教育工作分别设局，成立江宁县教育局。1998年3月，撤销县教育局组建江宁县教育委员会，2001年1月，在撤县设区后，更名为江宁区教育委员会。2002年3月，区教育委员会更名为区教育局。2007年，区教育局内设机构为办公室、人事科、计财科、督导室办公室、普教科（托幼办）、职社科、校舍科、法制安全科。直属事业单位有教研室、招生办、教科室、电教中心、教师进修学校、教学服务公司等。

2007—2008年，全区有中学40所，其中公办34所（含高中8所、初中26所）、民办中学6所。在校中学生44618人，其中高中15893人、初中28725人。教职工4372人，其中专任教师3674人。有小学32所，在校生42423人；教职工3105人，其中专任教师2913人；特殊教育学校1所，在校生48人，教职工24人。2007年，全区有各类幼儿园68所，在园幼儿18445人，教职工1743人，其中专任教师1102人。

至2007年，全区所有小学均达到市现代化小学以上标准；所有初中均达到省级示范初中标准；拥有省三星级高中2所、四星级高中2所、四星级职业学校1所；幼儿园有62%以上达省优质幼儿园标准。各类教育总体实力得到历史性提升。进入“十一五”后，江宁区先后获得江苏省首批教育现代化先进区、江苏省幼儿教育先进区、江苏省社区教育实验区、江苏省师资队伍建设先进区、江苏省素质教育先进区和全国阳光体育运动先进区等称号。

第一章 旧式教育

江宁县旧制教育主要是指古代沿袭下来的官学、书院与学塾。

官学始于东汉初期，主要是历代县学和明、清时期官府在乡镇设立的学校，即社学类。江宁县学，既是一级办学机构，又是县儒学教育的衙署，承担组织县内生员参加科举考试，向国子监荐举生员等职责。

书院以私人创办和主持为主，相对独立于官学之外，是带有民间色彩的学术研究机构和教育实施机构，成为中国古代特有的教育组织形式。古代江宁域内的书院主要有明道书院、昭文书院、凤池书院和尊经书院。

学塾包括义塾（义学）、私塾。义塾有官办的，也有官绅用私人名义举办的，都是免费学塾；私塾的学生需缴学费，称“束修”，束修的多少根据塾师的教学水平以及学生的家庭经济状况、年龄大小、学习内容等情况确定。清末民初兴办学堂后，私塾这种旧教育形式与新式学堂并存了半个多世纪，尤其在广大农村，一直延续到20世纪50年代初期（1952年前后）才全部取消。

江宁旧制教育中的官学、书院乃至学塾，培养了许多对社会有用的人才。仅明朝270余年间，全省被录取为状元、榜眼、探花的共53人，其中江宁、上元籍的有7人，占13.20%；江宁、上元两县被录取为进士156人，占应天府总录取人数291人的54%。据旧志记载，清顺治二年（1645）至嘉庆十六年（1811）的166年中，上元、江宁两县进士113人，举人478人，均占江宁府所辖5个县总数的2/3以上。

第一节 官 学

古代江宁、上元两县是江宁府的辖县，府县同治，因而江宁府城内的大部分官学都可视作江宁、上元两县的教育。东晋时期，官学形式主要是太学与国子学并存；南朝时有儒学馆、史学馆、文学馆与玄学馆；南唐时有国子监。

宋、元时期，江宁县境内开始有自己独立的官学。这一时期，地方官学基本分为府学（州学）、县学两级，江宁府学下有江宁县学、上元县学。南宋景定二年（1261），上元知县钟蜚英在县治所西边建立县学。景定四年，江宁知县王镗在县治所北边创建县学，分为四斋。元朝沿袭宋制，置上元、江宁两县学。至元二十三年（1286），朝廷设江南各路儒学提举司，命令县学下再设社学，每社（五十家为一社）设社学一所，“选老成之士教之，或自愿招师，或自从父兄者，听便”。

明代，朝廷将原国子学改为应天府学，迁建新址鸡笼山上，应天府学只收江宁、上元二县子弟，他州、县学生不得入。其时，社学在元代社学基础上又有发展。“洪武中，每坊厢各建一区，以学行耆旧为之师”（《天下郡国利病书》第8册，5页）。至明嘉靖、万历年间，江宁县的社学“至今相袭，其后又废，万历中督抚朱大器移文修复，未几迁去，后无复举行者。今除诸生所居及居民佃者入租于官，其他多为豪猾侵占不能尽考云”（《万历江宁县志》卷之二）。此时江宁县的社学已大不如前。

清顺治二年（1645），江宁、上元两县学在江宁县教谕署处改建。清顺治九年（1652），总督马国柱奏请将明朝的南京国子监（即南雍，北极阁前）改为江宁府学，将应天府学（南京夫子庙）改为上元、江宁两县合学，规模俱从府学。清咸丰年间，江宁、上元县学遭战火损毁。清同治八年（1869），江宁、上元二县县学重修，新建学宫，以秦淮河为泮池，规模较前宏伟。清末，科举停止，县学先后改为江宁公学、幼幼小学、江宁市立第二四十初等小学堂。

第二节 书 院

【明道书院】

古代江宁最早的书院是明道书院。书院名源于宋代理学大师程颢，人称明道先生，曾任上元县主簿。南宋孝宗淳熙三年（1176），理学家建康知府刘珙在府学内奉祀明道先生，朱熹作记。这是古江宁境内建立明道书院的发端。

南宋淳祐九年（1249），明道书院因雷电失火被焚，知府吴渊重修。翌年，书院房舍增至数十间，又添规模，再加上聘名儒为长，招志士共学，使书院声名大振，盛极东南。南宋理宗皇帝赵昀亲赐“明道书院”题匾。

宋时，吴坚、胡崇、朱貔孙、赵汝训、潘骥、周应合、张显、胡立本与翁泳等先后任书院山长。至元时，明道书院倒塌。明嘉靖元年（1522），御史卢焕在南京镇淮桥东北改建明道书院，后书院因年久倾废。清康熙六年（1667），知府陈开虞等修复明道书院，并恢复旧制。至清嘉庆年间，明道书院渐废。

【昭文书院】

昭文书院在今江宁区湖熟街道境内，是为纪念南朝梁代昭明太子萧统而建。历史上梁代昭明太子萧统曾到湖熟宴游，在东湖留有读书台遗址，也称太子台。南宋咸淳年间（1265—1274），方拱辰立“昭文精舍”匾额，建成书院。元代至元年间（1276—1294），立“昭文书院”额。清初，书院只存旧址，没有聚徒讲学。民国26年（1937），侵华日军占领湖熟后，昭文书院旧址遭毁。

【凤池书院】

凤池书院建于清乾隆三十二年（1767），在江宁、上元县学名宦祠（又忠义祠）后，原名文会楼，规模不大。清嘉庆二十五年（1820），江苏巡抚陈桂生为纪念其父陈玉万（字俨庭）曾主凤池讲席，遂在书院内筑承训楼，奉祀其父，并捐千金生息，以助办学。清道光二十一年（1841），书院改建于旧王府五亩田之东，后毁于咸丰年间的兵火。清同治七年（1868），知府涂宗瀛购新廊民房为书院，屡加修葺，得以不废。清末，其址建新廊小学，后又改为长乐路小学。

【尊经书院】

尊经书院在江宁、上元县学后尊经阁的旧址。尊经阁本是明、清两代贮藏经籍及二十一史板之所。清嘉庆十年（1805），尊经阁焚毁，书板尽成灰烬。翌年，布政使康基田捐资重建，设尊经书院。光绪三十一年（1905），改为师范传习所。

【其他书院】

江宁县境内还有一些书院，他们虽属府设，但院址多在旧时江宁县境内。

宋代有南轩书院，是张栻（南宋著名学者，字敬夫，号南轩，与朱熹、吕祖谦并称“东南三贤”）讲习之地，宋时建祠，元大德元年（1297）建书院，在天禧寺方丈后，明时已废。

元代有江东书院，在永安坊盐仓街，元泰定元年（1324）建，明末废。

明代有新泉书院，在长安街，明嘉靖年间礼部侍郎湛若水建，明万历年间废。崇正书院，在清凉山，明嘉靖年间建，清初废。文昌书院，在成贤街国子监文昌阁旧址，明万历四十三年（1615）建，清顺治十七年（1660）重修，清嘉庆时废。

清代有虹桥书院，在卢妃巷，清康熙二十一年（1682）总督于成龙建，清嘉庆时废。钟山书院，在上元县治所北，旧为钱币厂地。清雍正二年（1724），总督查弼纳建。姚鼐曾主讲钟山书院。鸡鸣书院，在府学东斋后，清嘉庆十年（1805）建，清咸丰后废。

第三节 学 塾

【义塾】

清时，江宁存有记载的义塾，都设在南京城内。清康熙四十五年（1706），总督阿山捐俸金400两建义塾，名为小义塾，在城南淮清河丁公祠处。清乾隆元年（1736），小义塾改称大义塾，迁入府学文庙后斋堂内，乾隆六年迁入江宁、上元县学之青云楼，乾隆十一年复迁回府学。此后，上元监生高宫佑出资，请准迁义塾于夫子庙文德桥旁。清同治八年（1869），江宁县莫祥芝捐足钱400千文，在信府河救生总局处设立义塾。清同治十二年，上元县胡裕燕捐钱200千文，翌年，江宁县莫祥芝代筹银300两、钱60千文，在城西设义塾。清末，兴办新学堂后，义塾遂改为蒙学堂。

【私塾】

江宁清代及以前的私塾在史志中没有确切的记载，但据民国时期延续下来的私塾教育，可推见江宁近代私塾教育的大致情况。在城镇的街头巷尾，办学人员选择塾址，挂牌招生，规模不等；在乡村，由氏族或村庄利用祠堂或庙宇，延师授教；有的塾师在自家设塾，招收的学生都是村里或邻村子弟。一些富户人家请塾师到家里为其子女或亲朋子女教读，是为家塾，又称坐馆。私塾学生入学年龄不限，以十二三岁以下的居多。学生入学一般只需征得先生同意，并在孔老夫子的牌位或圣像前恭立，向孔老夫子和先生各磕一个头或作一个揖后，即可取得入学的资格。每塾馆的学生少则几个人，多

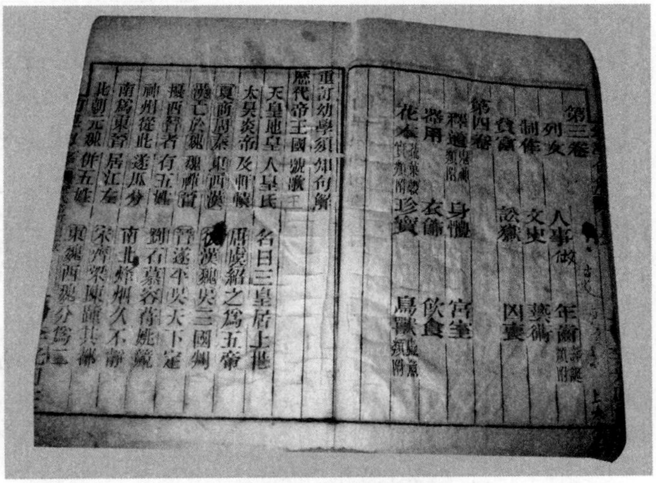

图33-1-1 20世纪40年代江宁县私塾课本《幼学》，木刻本

则可达二三十人。学生入塾后由塾师个别教授，塾师面对几个或几十个年龄不同、程度不等的学生，指定不同的学习内容，因材施教。私塾的教学内容只限于人文知识，基本没有自然科学方面的知识。

随着科举制度的废除，新式学堂逐渐取代私塾的教育功能。因而，在广大农村地区形成私塾教育与新式学校并存的教育形式。民国22年（1933），江宁县内有私塾765所，私塾儿童14260余人，私塾数目是学校数目的8倍，塾师人数是学校教员人数的4倍，私塾受教儿童是学校学生数的3倍。民国34年年底，县政府教育科要求全县私塾在翌年2月进行登记，将确系优良的私塾改为代用保国民学校。据江苏省档案馆所存《江苏省江宁县私塾概况调查表》（全宗号1006，分类号：乙，案卷号1100）显示，至民国37年，江宁县私塾仅存29所，私塾学生681人（男624人，女57人）；私塾教师30人（男28人，女2人）。但根据实地访查，江宁县私塾的实际数量大于这一政府统计数（详见本节表32-1-1）。至20世纪50年代初，境内私塾教育完全被取消。

民国时期江宁县农村私塾教育调查情况表

表33-1-1

原集镇	今属街道	年 份	塾馆地址	塾师姓名	约塾生（人）	备 注
上坊	东山街道	民国3年（1914）	陵里三茅宫	王眉初	10	—
			侯村侯氏宗祠	张先生	6	
		民国20年（1931）	汤村竹殿庵	丁幕白	4	
		民国21年（1932）	中下耿氏宗祠	王昌德	15	
			市井元寿庵	戴顺仁	8	
			机场蒋王庙	刘正环	6	
		民国22年（1933）	佘村三茅宫	魏今非	8	魏今非是中共地下工作者
			建茂王氏宗祠	孙义华	6	—
			耿岗耿氏宗祠	纪祥云	4	
			高庙	陈兴吾	5	
			魏村黄鹿观	徐志英	16	
			大里野石佛庵	张玉安	6	
			村西岗三茅宫	曹士英	8	
			卢家桥竹殿庵	潘锦银	5	
			潘村潘氏宗祠	严先生	14	
			湖西窝山庙	王梦光	7	
			泥塘蒋庙	张厚德	12	
			上坊谢氏宗祠	谢维平	16	
			桃园梅家山	龚先生	6	
殷巷		民国27年（1938）	周村	马一飞	20	塾师后为陶兴绍
		民国28年（1939）	东头村旭日庵内	陈家明	30	—
		民国30年（1941）	夏墟张家祠堂	张礼兴	20	塾师后来行中医
		民国33年（1944）	燕湖村潘氏祠堂	张家进		—
		民国35年（1946）	朱村	潘进清		
		民国37年（1948）	东头村小学校	许明华	30	半私塾半洋学性质

续表 1

<table>
<tr><th>原集镇</th><th>今属街道</th><th>年 份</th><th>塾馆地址</th><th>塾师姓名</th><th>约塾生（人）</th><th>备 注</th></tr>
<tr><td rowspan="3">秣陵</td><td rowspan="10">秣陵街道</td><td>民国 18 年（1929）前</td><td>秣陵镇桥北处</td><td rowspan="3">不详</td><td rowspan="3">不详</td><td rowspan="3">在举办洋学堂前曾设过私塾</td></tr>
<tr><td rowspan="2">民国 22 年（1933）前</td><td>镇北关口北庵</td></tr>
<tr><td>镇梅家祠堂</td></tr>
<tr><td rowspan="7">方山</td><td>民国 30 年（1941）</td><td>双基村</td><td>冯开荣</td><td>15</td><td rowspan="7">—</td></tr>
<tr><td>民国 20 年（1931）</td><td>李家庄财神庙</td><td>姜捷成</td><td>28</td></tr>
<tr><td>民国 23 年（1934）</td><td>张家谭土地庙</td><td>王定银</td><td>26</td></tr>
<tr><td>民国 26 年（1937）</td><td>张家祠堂</td><td>郑福康</td><td>35</td></tr>
<tr><td>民国 27 年（1938）</td><td>王家祠堂</td><td>王跃楠</td><td>27</td></tr>
<tr><td>民国 28 年（1939）</td><td>新河李家庄土地庙</td><td>李先生</td><td>29</td></tr>
<tr><td>民国 30 年（1941）</td><td>方前陶家祠堂</td><td>徐万银</td><td>32</td></tr>
<tr><td rowspan="7">江宁</td><td rowspan="18">江宁街道</td><td>民国初期</td><td>集镇</td><td>蒋树庭
张伯高</td><td rowspan="7">不详</td><td rowspan="2">—</td></tr>
<tr><td rowspan="6">民国中后期</td><td>集镇上</td><td>张仲奇</td></tr>
<tr><td>宅前村</td><td>褚大乾</td><td>褚大乾是清末秀才，曾在方旗庙、林村、仙人矶开馆授课</td></tr>
<tr><td>方旗庙一带</td><td>顾宜和</td><td rowspan="4">—</td></tr>
<tr><td>竺塘</td><td>徐汝兴</td></tr>
<tr><td>王家庄</td><td>刘家金</td></tr>
<tr><td>林村、仙人矶</td><td>褚大乾</td></tr>
<tr><td rowspan="11">铜井</td><td>清代末期</td><td>积善庵</td><td>李诰臣</td><td rowspan="2">30</td><td>1909 年被新式学堂替代</td></tr>
<tr><td>民国 11 年（1922）</td><td>铜井北街</td><td>叶文玖</td><td>延续至 1943 年</td></tr>
<tr><td>民国 16 年（1927）</td><td>梅子村</td><td>严永寿</td><td rowspan="2">20</td><td>延续至 1948 年</td></tr>
<tr><td>民国 27 年（1938）</td><td>铜井西街</td><td>蒋如宁</td><td>延续至 1949 年</td></tr>
<tr><td rowspan="2">民国 29 年（1940）</td><td>谢家桥</td><td>古道福</td><td rowspan="2">10</td><td>延续至 1947 年</td></tr>
<tr><td>李生村</td><td>戴荣楼</td><td rowspan="2">延续至 1949 年</td></tr>
<tr><td>民国 30 年（1941）</td><td>大庙（塘）村</td><td>时凌云</td><td>20</td></tr>
<tr><td>抗日战争前期</td><td>李大村一带</td><td>黄燮盦</td><td rowspan="4">不详</td><td>又名黄诚东，曾在陆郎教塾，有较深厚的古诗文功底</td></tr>
<tr><td rowspan="3">民国末期</td><td>铺头</td><td>李志松</td><td>新中国成立后留任教师</td></tr>
<tr><td>吴家村</td><td>陶 勇</td><td>吴家村 1958 年划属马鞍山市</td></tr>
<tr><td>稽村</td><td>谢祖典</td><td>另有戴佩忠、吴奕秋、朱孔阳、王明瀚几位老私塾先生，在集镇周边处设馆，他们和李诰臣、叶文玖都是清末秀才，教学水平较高</td></tr>
</table>

续表 2

原集镇	今属街道	年 份	塾馆地址	塾师姓名	约塾生（人）	备 注
铜井	江宁街道	民国末期	孙刘村	陶怀清	不详	
			仙人矶	程发春		
			梁塘	贡祖俊		
			孙旺店	王成宜		
			陶村	付元坤		
			共和	王立慕		
			新济广津	张克贤 陶来庵 陈长生		张克贤、陈长生新中国成立后留任教师
			新济大垅	陈之唯		新中国成立后留任教师
			新济上坝	王家沂		—
陆郎		民国 35—36 年（1946—1947）	大庙山南	李先生	15	—
		民国 37 年（1948）前后	朱门张家庄	邱先生	20	
		民国末期	南门村	不详	18	塾师是苏北人
谷里	谷里街道	民国 20—30 年（1931—1941）	集镇上，另还在江宁、铜井设馆授学	许国钧	数十人	塾师为清末秀才
		民国 22—25 年（1933—1936）	徐家槽坊	徐永根	20	—
		民国 23—26 年（1934—1937）	张溪五亩地	韩德发		
		民国 27—29 年（1938—1940）	集镇上	端木成 李福华	30	塾师端木成是清末秀才
		民国 27—30 年（1938—1941）	乔家村、鲍塘村	许树棻	40	塾师曾参加国民政府塾师班考试、培训
		民国 28—31 年（1939—1942）	谷里花岗村	许尤	25	另有陈一奎、李孝勤、陈培仁等塾师；陈一奎是举人
		民国 31—34 年（1942—1945）	谷里尖山脚	乔厚亮	30	
		民国 33—35 年（1944—1946）	谷里砖墙石臼村	陈明业	35	
		民国 34—35 年（1945—1946）	谷里砖墙傅家村	万家兴	35	塾师曾参加国民政府塾师班考试、培训
		民国 34—37 年（1945—1948）	谷里石坝等	陈永道	25	新中国成立后留任教师
		民国 35—37 年（1946—1948）	谷里张溪湖村庙	张正道	40	

续表3

原集镇	今属街道	年份	塾馆地址	塾师姓名	约塾生（人）	备注
东善	谷里街道	民国4年（1915）	元山	李如楷	30	—
		民国15年（1926）前期	东善桥一庙宇	陶渊伯	40	1926年塾师将私塾改为小学
		民国25年（1936）	霞辉庙处一祠堂	俞起才	20	—
		民国33年（1944）	胜家桥一庙宇	朱明才	30	
		民国34年（1945）	小北山村	经大志	20	
		民国35年（1946）	公圹南山村	叶松慧		
		民国36年（1947）	柏家村	陈吉林		
		1950年	田家山	赵远程		
		1950年	前盛村	吴世和		
铜山	禄口街道	民国16—20年（1927—1931）	徒壒村翟家祠堂	周秉炳	30	—
		民国21年（1932）	徒壒村翟家祠堂	袁月波	20	袁先生任塾师一年后，私塾改为国民小学
湖熟	湖熟街道	民国初期	姚东狮子门	端木先生	30	抗日战争胜利后，在渡桂、郭村、赵家边、颜庄、后栾墅等处有私塾近20家
			姚东董氏祠堂	董先生		
			水北	王先生		
			姚西	朱先生		
			水北	陶先生	25	
		民国32年（1943）	长岭茅家祠堂	胡福根	40	
龙都		民国中后期	集镇东	杨成元	不详	据龙都方志资料显示，民国21年时，龙都地区有私塾14所
				吴耀东		
			集镇中	谈文瀚		
				夏老五		
			集镇西	倪林		
				汪意厚		
		抗日战争时期	夏庄李家祠堂	不详		中共地下工作者陆纲创办
周岗		清宣统三年（1911）	广严寺徐家祠堂	樊利功	30	—
		民国9年（1920）		王质夫		
		民国18年（1929）		杨利春		
		民国20年（1931）		章长富		
		民国27年（1938）		王德明		
		民国35年（1946）		王成志		
淳化	淳化街道	民国初期	索墅镇	不详	10~40	塾师冯槐喜是光绪年间举人；此间淳化地区私塾最多时达40多所
			下王墅			

续表 4

原集镇	今属街道	年 份	塾馆地址	塾师姓名	约塾生（人）	备 注
淳化	淳化街道	民国中期	淳化镇	冯槐喜	10~40	
			解溪镇	不详		
土桥		民国初年至民国 25 年（1936）间	东街戎家祠堂	孔宪成	20	—
			中街万家大厅	王贤英		
			南街陈家祠堂	不详	不详	
			北街王家祠堂			
横溪	横溪街道	民国 31 年（1942）	东岗头	高顺其	20	—
		民国 32 年（1943）	老河沿	叶先生	30	
		民国 33 年（1944）	章后街	柏思远		
		民国 34—37 年（1945—1948）	红杨墅	范先生	45	
陶吴		民国 29 年（1940）	杭村杭家祠堂	吴代明	30	—
		民国 32 年（1943）	西阳王家祠堂	萧春章	20	
		民国 33 年（1944）	集镇汪世英家	熊先生		
		民国 34 年（1945）前后	龙山田先锋家	刘学惠	15	
			甘村	汪英华	20	
			后石塘	毛金甫		
			湖头刘家祠堂	魏先生		
			龙山关帝庙	刘东程		
			西章吴村祠堂	刘明旺	25	
			西章余家祠堂	周再福		
			渣塘	吴美中		
			甘西端木祠堂	陈步岳	30	
		民国 35 年（1946）	葛塘寺	卜光庭	40	
丹阳		民国 12—21 年（1923—1932）	西河村严家	杨先生	10	—
		民国 12—24 年（1923—1935）	北关口葛家	徐先生		
		民国 13 年（1924）	孙壒村	李克茂	20	延续 20 多年
		民国 14 年（1925）	东河村	欧阳先生		
		民国 15—27 年（1926—1938）	坡斯桥杨家	刘先生	10	—
		民国 16 年（1927）	西河村王家	尹志春	20	延续近 20 年
		民国 17—23 年（1928—1934）	财神庙	陈先生	30	—
			东河村虞家	吴先生	10	
		民国 18—23 年（1929—1934）	财神庙后	不详		

续表 5

原集镇	今属街道	年 份	塾馆地址	塾师姓名	约塾生（人）	备 注
汤山	汤山街道	民国 9 年（1920）	延祥寺	唐先生	30	—
		民国 17—34 年（1928—1945）	寺庄村侯家祠堂	周宜忠 周家之	28	
		民国 18 年（1929）	作厂大庙	黄德元	25	
		民国 19 年（1930）	桦墅南宫庙	不详	22	
		民国 20 年（1931）	万安村周氏宗祠	唐起翔	20	
		民国 21 年（1932）	安基山村刘世福家敞厅	赵立本	15	
		民国 22 年（1933）	龙泉村隐静寺	不详	20	
		民国 26 年（1937）	西梅西岗头社堂	陈万和	—	
		民国 30 年（1941）	尚庄村欧阳祠堂	不详	15	
		民国 31 年（1942）	仙涧桥桥西祠堂	不详	18	
上峰		民国 26 年（1937）	宁东村水西张家祠堂	朱怀炳	20	—
		民国 29 年（1940）	阜庄村西庄皇甫祠堂	朱世香	30	
		民国 30 年（1941）	阜庄大岗村南祠堂	朱忠山		
		民国 34 年（1945）	阜庄村前新村北皇甫祠堂	皇甫轩 鲍全章	20	
		民国 36 年（1947）	阜庄村庄里新庙	郑荣河	18	

说明：表中资料是根据江宁籍 70 岁以上的退休教师（或乡间了解情况的文化老人）回忆记录，涉及的数据是半个多世纪后人们直接或间接的回忆，遗漏在所难免，且不包括无法提供和没有提供出调查数据的原东山、禄口、麒麟 3 个集镇，还不包括从江宁县划归到栖霞区、雨花台区、建邺区、玄武区及句容等地的原江宁县所辖地的私塾

第二章　学前教育

新中国成立初期，幼稚园改称幼儿园，全县共有 2 所私立幼儿园，分别在陶吴和湖熟，入园幼儿数 131 人。1952 年，根据教育部指示，江宁县的私立幼儿园全部改并为公办幼儿园。至 1956 年，全县幼儿园发展到 41 个班，入园幼儿数 1428 人，幼教人员 81 人。

1965 年，全县有幼儿园（班）9 所，在园幼儿数 777 人（含企业办园），公办幼教人员 15 人。1979 年，全县幼儿班有 276 个，入园幼儿 5966 人，公办或民办教养员、保育员数 304 人。

1980 年，全县一些村办小学开始自愿试办学前班，一般学习一年，招收 5 周岁至 6 周岁幼儿入学。1983 年，江宁县有 14 个乡镇办中心幼儿园，全县共有 35 个幼儿园，430 个班，入园幼儿 10910 人，入园率 33.80%。至 1988 年，全县有幼儿园（班）462 所。1989 年，县教育局在县城中心地带新建示范幼儿园，至 1990 年，全县幼儿教育形成县有示范园，乡镇有

中心园，各村都有幼儿园（班）的格局。1991—1992年，江宁县连续两年被评为江苏省幼儿教育先进县。

2000年，全县有369个办园点，入园幼儿14907人。2005年，全区有省级示范园3所，市级示范园4所，市优质园13所，市标准园18所。2007年，全区幼儿园共68所，595个班级，入园幼儿18445人，入园率95.80%；有幼儿教师1743人。是年，全区创成市级优质园8所，省级优质园18所，全区省级优质园达60%以上。是年，江宁区获得江苏省幼儿教育先进区称号。

第一节 幼儿园设置

新中国成立初期，全县有南京金陵女子文理学院创办的淳化幼儿园和陶吴、湖熟2所私立幼稚园。此外，还有极少数附设在小学的幼稚儿童班。这一时期，园舍设施没有统一规范的要求。

1952年，东山镇小学附设幼儿园（1956年小学迁址，附设园成建制保留，转为县级机关幼儿园），规模较大的集镇完全小学也先后附设了幼儿园（班）。1958年"大跃进"，全县盲目发展幼儿园，大多数社队办的幼儿园设备简陋，教养简单，成为"带孩子班""管水班""农忙班"，幼教人员多为不识字的妇女，缺乏幼教工作能力，素质较差，直至1965年才得到调整。是年，全县有幼儿园9所，在园幼儿数777人，幼教人员15人。"文化大革命"中，全县幼儿教育工作受到冲击，教养保育工作质量严重下降，园舍设施受到损坏。

"文化大革命"结束后，全县幼儿教育得到较快发展，园舍设施状况逐步改观。1983年，全县有14个乡镇办了中心幼儿园，全县共有35个幼儿园，430个班，入园幼儿10910人，入园率33.80%。1984年年底，全县大多数乡镇相继成立中心幼儿园，各村大多有幼儿园或学前班，有499个班，入园幼儿数20760人，入园率47.60%。1985年，全县幼儿园进一步发展。1985—1986年，全县幼儿园从90个发展到141个，入园率由67.70%增至73.80%。

1990年，全县幼儿教育形成县有示范园，乡镇有中心园，各村都有幼儿园（班）的格局，这些幼儿园环境优雅，生活设施齐全。当年全县有幼儿园（班）382个，入园幼儿数36511人，入园率70.25%，幼儿教师1201人。1993年，全县幼儿入园率80.70%，学前一年教育基本普及（入园率99.40%）。1994年，全县幼儿入园率83.30%，按市颁发标准全县幼儿园登记注册率95%，居全市之首。

20世纪末期，农村村级小学渐次撤并，只保留所在地中心点位置的部分村小学，全县在村小附设的幼儿园数量也相应减少，同时，各中心小学附设的中心幼儿园规模相对扩大。2000年，全县13个镇易地新建中心园，5个镇改建、扩建中心园。全县369个办园点，其中厂矿企业办园有10所，机关团体办园有7所，境内部队办园有3所，教育部门办园有2所，乡镇中心园有24所，村办幼儿园（班）有323个。全县入园幼儿14907人，4周岁至6周岁幼儿入园率90.10%，比1995年提高6.50%。是年，全区有省示范性幼儿园1所、市示范性幼儿园1所、市优质幼儿园9所、市标准幼儿园24所。

2007年，全区有各类幼儿园68所（其中教育部门办园的是示范幼儿园、百家湖幼儿园、翠屏山幼儿园3所），班级595个，在园幼儿18445人，教职工1743人（其中专任教师1102人），学历达标率97.30%。

1949—2007年部分年份江宁区幼儿教育情况表

表 33-2-2

年　份	幼儿园/班（所/个）	班级（个）	入园幼儿（人）	入园率（%）	幼儿教师（人）
1949	2	—	131	—	—
1952	6	—	150	—	7
1956	41	45	1428	—	81
1957	7	—	373	—	13
1958	1855	2148	39521	78.00	2191
1965	9	15	777	—	15
1976	—	192	4052	—	214
1982	—	276	5966	32.00	304
1983	35	430	10910	33.80	493
1984	62	499	20760	47.60	661
1985	90	790	25328	67.70	958
1986	141	949	63148	73.80	1152
1987	135	918	56098	77.65	1156
1988	462	866	49671	76.95	1147
1989	367	861	38292	77.30	1195
1990	382	829	36511	70.25	1201
1991	133	831	21926	79.90	1180
1992	133	839	24190	80.10	1251
1993	115	831	25743	80.70	1241
1994	122	873	26524	83.30	1312
1995	122	846	26612	83.60	1289
1996	120	841	23849	86.40	1329
1997	107	823	21490	88.20	1380
1998	103	745	16932	89.00	1244
1999	82	694	15764	89.70	1159
2000	74	630	14907	90.10	1106
2001	73	781	13911	91.60	1053
2002	66	567	13972	92.60	1112
2003	63	555	13762	92.70	1156
2004	50	533	14343	93.90	1199
2005	58	530	14939	94.50	1291
2006	63	565	16724	94.90	1556
2007	68	595	18445	95.80	1743

第二节 学制与保育

【幼儿园学制】

江宁地区的学前教育一直执行国家规定的学制，早期学制在不同时期有不同学制。民国28年（1939）和民国32年，教育部先后公布《幼稚园规程》和《设置办法》，均规定幼稚园招收4周岁至6周岁幼儿，幼稚园人数以120人为限，并规定视地方情形分别为半日制、上下午半日二部制。

新中国成立后，江宁县幼儿教育的学制、招生均按教育部制订的有关规程办理，取消半日制，招收3周岁至6周岁的幼儿。1952年，江宁县幼儿园学制是3年，按年龄划分为小班（4周岁至5周岁）、中班（5周岁至6周岁）和大班（6周岁至7周岁）。以整日制为原则，幼儿每日在园时间为8小时～12小时。

“文化大革命”期间，学制未变。1980年，全县一些农村小学开始自愿试办学前班，一般学习1年，招收5周岁至6周岁幼儿入学。20世纪90年代后，学制统一，县内幼儿园学制均为3年。至2007年，一直沿袭这种学制。

【保育工作】

新中国成立初期，全县幼儿教育主要借鉴苏联经验。1952年，全县幼儿教育一度出现“小学化”的偏向，通过纠正，开始注意运用游戏和日常生活作为教育的手段，重视各类游戏的开展。20世纪60年代，江宁县机关幼儿园提出“保教结合、保中有教、教中有养”的办学方向，至此，全县幼儿园（班）都建立了幼儿每日到园清洁卫生制度，教会幼儿穿衣、系鞋带、叠被子、剪指甲、洗手帕等自我服务技能，并引导幼儿形成良好的个人习惯。

“文化大革命”期间，江宁县各幼儿园保教工作出现严重的成人化、概念化现象，如开展超过幼儿体力的高难度体育活动和运动会，教幼儿跳“白毛女”“红色娘子军”等全场芭蕾舞。

70年代末至80年代，县幼儿园贯彻“保教并重”的原则，在保教工作中面向全体幼儿，进行全面发展教育，全心全意为家长服务。90年代，全县贯彻执行《幼儿园工作规程》，各幼儿园积极创设和提供具有教育化、儿童化、艺术化的优良环境，开展各项教育活动，以利于幼儿动手、动脑，积极思考，善于表达，活跃身心，为德、智、体、美全面发展打好基础。江宁县示范幼儿园建立后，在全县幼教工作中，起到示范带动作用。

至2007年，江宁区在创建优质园和市、省级示范性实验幼儿园的工作中，形成新的办园理念：一切为了孩子，为了一切孩子，为了孩子一切；一切为孩子，为孩子全面和谐发展奠定基础。

第三节 幼儿园选介

【江宁示范幼儿园】

幼儿园位于江宁区东山街道鼓山路99号，占地面积5465平方米，建筑面积4962平方米。1989年，建成3层6个班规模的教学楼，招收小、中班4个班级，入园幼儿100余人，教职工8人，时称“江宁县示范幼儿园”。2001年，更名为南京市江宁示范幼儿园。2003年，幼儿园创建为江苏省示范性实验幼儿园。至 2007 年，幼儿园有大、中、小 12 个班级，入园幼儿 397 人，教职工 56 人，专任教师学历达标率 100%。幼儿园先后获市双拥先进集体、市绿色幼儿园、市卫生保健合格单位、市百所教育现代化试点学校、市科技特色园、市教科研基地、市教科研先进集体等荣誉称号，获区级表彰 40 多次。

【江宁区机关幼儿园】

幼儿园位于东山脚下。1952 年，属东山镇小学（现江宁实验小学前身）附设的幼儿班，入园幼儿 30 多人。1956 年，幼儿班在原址独立成园，更名为“江宁县机关幼儿园”。占地面积 2405 平方米，建筑面积 400 平方米，在园幼儿 110 人左右。2007 年，幼儿园有 13 个班级，入园幼儿 430 人，教职工 53 人，其中专职教师 26 人。

2000 年，幼儿园获区巾帼文明标兵岗表彰。2001 年，创建成南京市示范性实验幼儿园。2002 年，获南京市模范学校称号。2003 年，创建成江苏省示范性实验幼儿园；是年，被评为区教科研先进集体。2004 年，被南京市教科所批准为市教科研基地。2005 年，获省巾帼示范岗称号。2001—2007 年，连续 7 年获区先进学校称号。

【江宁区粮食幼儿园】

幼儿园位于东山街道上元大街 772 号，创办于 1991 年 7 月，占地面积 3391 平方米。2007 年，幼儿园有 8 个班级，入园幼儿 280 人，教职工 31 人，教师专业达标率 100%。是年 8 月，被评为首批江苏省优质幼儿园。幼儿园先后荣获市卫生保健先进单位、区巾帼文明标兵岗、区优秀团支部、区教科研先进单位，并连续 7 年荣获区优秀家长学校、区无烟幼儿园、区三八红旗集体等荣誉称号。

【翠屏山幼儿园】

2001 年，由江宁经济技术开发区投资，合并 4 所村办幼儿园（太平、前进、陈墟、石马），易址新建。幼儿园位于江宁经济技术开发区通淮街 20 号，占地面积 5994 平方米，建筑面积 4471.15 平方米，绿化面积 2016 平方米。2004 年 12 月，创建成南京市示范性实验幼儿园。2006 年 10 月，创建成江苏省示范园。2007 年，幼儿园有 13 个班级，入园幼儿 413 人，教职工 56 人。是年 4 月，幼儿园通过首批江苏省优质幼儿园评估验收。幼儿园先后创建成南京市绿色学校、江苏省二级合格档案室、区安全先进单位、德育科研先进单位。

图 33-2-2　南京市翠屏山幼儿园（2007 年摄）

2003年江宁区幼儿园创建等级园情况表

表33-2-3 单位：所

类 别	总 数	单位名称
省级示范园	2	示范幼儿园、机关幼儿园
市级示范园	2	粮食幼儿园、百家湖幼儿园
市优质园	11	商业幼儿园、金宝宝幼儿园、翠屏山幼儿园、交通幼儿园、麒麟镇中心幼儿园、陶吴镇中心幼儿园、时花幼儿园、横溪镇中心幼儿园、岔路中心幼儿园、禄口镇中心幼儿园、上峰镇中心幼儿园
市标准园	19	供销总社幼儿园、物资幼儿园、清水亭幼儿园、东山镇中心幼儿园、汤山镇中心幼儿园、上坊镇中心幼儿园、淳化镇中心幼儿园、铜井镇中心幼儿园、土桥镇中心幼儿园、谷里镇中心幼儿园、秣陵镇中心幼儿园、湖熟镇中心幼儿园、丹阳镇中心幼儿园、江宁镇中心幼儿园、东山竹山幼儿园、东善桥中心幼儿园、陆郎中心幼儿园、麒麟镇晨光幼儿园、麒麟镇泉水幼儿园

2007—2008学年初江宁区幼儿教育事业情况表

表33-2-4

序号	所在地（厂矿）	幼儿园（个）	班级数（个）	幼儿总数（人）	入园数（人）	入园率（%）	教职工数（人）
1	东 山	1	15	496	496	100.00	52
2	江 宁	4	20	448	432	96.40	44
3	谷 里	1	16	628	596	94.90	41
4	铜 井	1	17	590	547	92.70	33
5	陶 吴	1	8	384	291	75.80	23
6	横 溪	1	11	456	384	84.20	32
7	东 善	1	10	369	336	91.00	31
8	丹 阳	1	9	381	344	90.30	22
9	秣 陵	4	19	729	670	91.90	45
10	禄 口	1	18	937	879	93.80	53
11	湖 熟	1	16	579	527	91.00	29
12	土 桥	1	15	513	495	96.50	33
13	周 岗	1	11	442	402	91.00	21
14	淳 化	1	14	522	481	92.10	28
15	上 坊	5	24	612	597	97.50	51
16	汤 山	3	25	740	714	96.50	46
17	上 峰	5	20	435	420	96.60	34
18	麒 麟	2	18	426	426	100.00	47
19	方 山	1	7	188	182	96.80	14
20	陆 郎	3	15	477	434	91.00	26
21	铜 山	2	18	598	555	92.80	43
22	龙 都	1	14	525	478	91.00	26
23	秣陵清水亭	1	20	664	641	96.50	60
24	岔 路	1	10	241	241	100.00	32
25	东山示范园	1	12	397	397	100.00	56

续表

序号	所在地（厂矿）	幼儿园（个）	班级数（个）	幼儿总数（人）	入园数（人）	入园率（%）	教职工数（人）
26	百家湖	1	12	433	433	100.00	58
27	翠屏山	1	13	413	413	100.00	56
28	科学园	1	10	335	335	100.00	42
29	厂矿园	20	178	5303	5299	99.90	665
合计		68	595	19261	18445	—	1743

第三章　初等教育

江宁县的小学创建于清光绪后期，民国2年（1913），小学改组，有县立高等小学校，女子高等小学校和乙种商业学校各1所。就16个市乡分为8个学区，属于区立的有高等小学校5所，国民学校86所。每年全县教育经费约需6万元。就学儿童约6000人。至民国21年，全县共有小学95所，其中实验小学4所、完全小学14所、初级小学77所，共161个班级，6800余人。

抗日战争时期，很多学校毁于兵燹。新中国成立初期，全县贯彻“走群众路线办好学校”的方针，调整合并、扩建和兴办一部分小学。20世纪50年代末期，小学教育得到发展，教育质量有所提高。至20世纪60年代初期，贯彻“调整、巩固、充实、提高”的八字方针，加上三年困难时期的影响，至1962年，在校小学生减至39524人，普及率降至39.50%。1963年，贯彻执行教育部关于《全日制小学暂行工作条例（草案）40条》，教育事业开始恢复和发展。1965年，全县在校生87364人，普及率由1962年的39.50%增至91.70%（含耕读小学学生）。“文化大革命”期间，小学教育质量严重下降。中共十一届三中全会后，全县小学教育逐步走上正轨，教学秩序日趋正常。

20世纪80年代，县、乡两级政府十分重视普及小学教育工作，增加办学经费，充实小学师资，改善教师待遇和工作条件，取得一定成效。1986年，全县贯彻《中华人民共和国义务教育法》。至1990年，全县有20个乡（镇）按照实施义务教育条件标准验收，实现了小学五年义务教育。

2007—2008年，全区有32所小学，989个班级，在校生42423人，教职工3105人。

第一节　学校设置

清光绪二十四年（1898），清政府通令废科举，兴学堂。学堂数量一度增多。清光绪三十二年，江宁境内先后设立江宁振淑实业女学（马道街小学前身）、上元树声学堂、江宁公学、津逮学堂（曾为江宁县第七小学）、江宁县北区第十二小学、江宁县第十四国民小学（后改为江宁县第八初级小学及崔八巷小学）等近20所小学。其间，农村也开始有“洋学堂”。清光绪二十八年，由孙乐皆在淳化镇下王墅村创办江宁县县立下王墅小学。清宣统元年（1909），宁属师范学堂毕业生汪时雍（字慕尧）在铜井创办私立小学。清宣统三年，汤山开明绅士、曾任南京政法学堂学监的唐庆昇及另一学者唐庆功创办江宁县历史上第一所近代新式小学——汤山高等小学，校址在汤山集镇汤水河畔古圣汤延祥寺内。20世纪20年代，宋美龄向蒋介石提议拨款修建学校，于20世纪末和30年代初，先后修建宫殿式建筑风格的教室“蓝房子”“红房子”及大礼堂等。蒋介石还以奉化母亲墓庐之名，为学校亲题“慈庵课室”之匾。民国26年（1937）12月，汤山小学大礼堂及部分教室被侵华日军焚毁。

图33-3-3　20世纪40年代铜井小学学生考试现场（图中监考教师为蒋长惠）

民国初，学堂改称学校。民国元年至民国9年（1912—1920），江宁县（原行政地域）创办小学近20所，全县就学儿童约6000人，入学率约6%。学校主要有公立禄口镇初级小学、江宁镇小学、公立土桥镇小学和陆郎小学等。民国26年12月，侵华日军侵占南京，全县多数学校毁于兵燹。抗日战争胜利后，沦陷时停办的各乡镇小学校纷纷得以恢复。至民国34年，全县中心小学、完全小学、初级小学及私立小学等各类小学计60多所。民国35年，国民政府江宁县政府推行国民教育，普遍改设和建立乡镇中心国民学校和保国民学校。民国36年7月，江宁县共有中心国民学校49所（其中城厢1所，乡镇48所），共有学生8460人；国民学校258所，共有学生14108人。民国38年（1949）4月江宁县解放后，军事管制委员会开始接管江宁县所有公立小学，教职员全部留用，实行“维持现状，逐步改造”的政策。当时接管公立小学248所，私立小学和私塾全部相继复课，全部入学儿童14942人（另有私塾生9000多人）。

新中国成立初期，全县公办小学345所，小学普及率36.20%。1952年，将大部分民办小学改为公办或并入公办小学，小学教育得到进一步发展。1958年，全县公办、民办小学发展到831所，1670个班级，在校学生76360人。

1964年，江宁县推行两种教育制度，除支持民办小学外（此时的“民办”是公办学校中的民办班），在全县农村试办耕读小学（也称“简易小学”）。全县耕读小学1493所（班或组），耕读小学学生28883人，占全县小学生总数79194人的36.50%；耕读小学教师1628人。1966年“文化大革命”开始后，小学教育遭到严重破坏，多数学校处于“干部管不了，教师无法教，学生学不到”的混乱局面。1976年10月，“文化大革命”结束后，全县小学教育逐步恢复正轨，教学秩序渐趋正常。1977年，全县共有小学539所，学生数9.01万人，入学率98.10%。

图33-3-4　1972年江宁县小学生毕业证书，由贫下中农管理学校委员会颁发

20世纪80年代，全县主抓普及小学教育工作。1984年，全县小学入学率99%，巩固率99.50%，毕业率97%，普及率99%，达到并超

过国家颁布的普及初等教育标准，成为江苏省首批实现普及初等教育县之一。1985 年，全县全日制小学有县实验小学 1 所，乡（镇）中心小学 27 所。乡（镇）完全小学 320 所，初小 151 所。全县共有小学 499 所，2109 个班，学生 67598 人，教职工 3502 人，小学普及率 98.90%。

1990 年，全县有 20 个乡（镇）按照实施义务教育条件标准接受验收，实现小学五年义务教育（小学学制为 5 年）。是年，全县有小学 425 所，在校学生 70610 人，入学率 99.90%。1994 年，全县完成小学“五年学制”向“六年学制”的学制过渡。1995 年，经江苏省政府评估，江宁县达到九年制义务教育标准，人口覆盖率 100%，提前完成国家和省确定的目标。

21 世纪后，江宁区加快村小撤并步伐，落实“一集镇一校”工程。至 2007 年，全区 9 个街道、镇辖区内的 20 所中心小学施教范围内，基本做到一集镇一校，农村中心小学呈规模办学的格局，且办学条件一律执行省标准。全区所有小学“六有”工程（农村小学有食堂、有宿舍、有水冲厕所、有饮用水、有整洁的校园、寄宿生每人有一张床）全面通过验收，学校硬件条件基本实现城乡一体化。2007—2008 年，全区有 32 所小学，989 个班级，在校生 42423 人；教职工 3105 人，其中专任教师 2913 人，学历达标率 99.70%。

民国 25 年（1936）江宁县主要小学情况表

表 33-3-5　　单位：人

序号	校名	校址	学生人数	校长姓名
1	一区中心小学	土山镇	253	孔祥嘉
2	淳化实验小学	淳化镇	382	陆祯祥
3	上坊镇小学	上坊镇	217	徐泰岳
4	解溪镇小学	解溪镇	214	汤鸿勋
5	高桥镇小学	高桥门	356	田家明
6	王墅乡小学	下王墅	230	金奇香
7	忠陵乡小学	麒麟山	150	彭九思
8	二区中心小学	江宁镇	333	查寿洪
9	板桥镇小学	板桥镇	344	詹世骝
10	六郎镇小学	六郎桥	203	陶原白
11	铜井镇小学	铜　井	331	汪时雍
12	风林乡小学	周　村	102	束荣柏
13	颂林乡小学	新庵屯	247	徐汉忠
14	正宁乡小学	高　桥	209	韩广明

续表

序 号	校 名	校 址	学生人数	校长姓名
15	三区中心小学	陶吴镇	257	许启桂
16	横溪镇小学	横溪镇	224	林青青
17	丹阳镇小学	西丹里	240	杭 诚
18	四区中心小学	秣陵关	256	童世芬
19	信陵乡小学	昝 巷	219	孙江源
20	五区中心小学	湖熟镇	407	蔡嘉禾
21	龙都镇小学	龙都镇	290	蒋天任
22	土桥镇小学	土桥镇	241	徐东藩
23	索墅镇小学	索墅镇	354	黄福田
24	桂诚乡小学	杜桂镇	288	陈朗莹
25	六都镇小学	谈 村	212	朱溶生
26	西城乡小学	夏三岔	330	朱 江
27	六区中心小学	汤山镇	387	唐履兼
28	定林镇小学	定林镇	205	顾以燮
29	麒麟镇小学	麒麟门	254	杨叔贤
30	阜东乡小学	桥 东	522	黄德霈
31	上峰乡小学	上峰庵	300	秦恩旭
32	青林乡小学	作 厂	362	唐良棠
33	七区中心小学	石埠桥	105	李承恩
34	天昌乡小学	袁 家	319	蒋绍虞
35	龙潭乡小学	沈家圩	300	刘圣功
36	八区中心小学	铜山镇	230	蔡兆源

说明：此表数据系民国 25 年（1936）情况，出自民国 26 年许晚成编纂、龙文书店发行的《全国大中小学调查录》

1949—1995 年江宁县小学教育事业发展情况表

表 33-3-6

年份	总校数（所）	班级数（个）			学生数（人）			学龄儿童数（人）	毕业生数（人）	教职工数（人）		
		小计	公办	民办	小计	公办	民办			小计	公办	民办
1949	345	399	399	—	19688	19688	—	43044	865	741	741	—
1950	362	669	669	—	22073	22073	—	44307	1002	743	743	—
1951	363	730	730	—	27884	27884	—	46159	1128	748	748	—
1952	469	1019	957	62	37229	36079	1150	48589	1564	1240	1178	62
1953	589	1160	1151	9	41039	40707	332	50567	2488	1331	1322	9
1954	452	1108	1095	13	34715	34547	168	53788	2271	1286	1279	7
1955	577	1168	1119	49	44241	42206	2035	57068	2413	1353	1304	49
1956	518	1207	1132	75	48221	45307	2914	60849	2685	1383	1308	75
1957	554	1115	1027	88	47277	44051	3226	64002	3644	1424	1336	88
1958	831	1670	1038	632	76360	50248	26112	67758	4023	1827	1185	642
1959	671	1832	1083	749	75412	44427	30985	76174	3895	2212	1371	841
1960	676	1975	1184	791	80131	47726	32405	79828	4644	2324	1419	905
1961	597	1494	1207	287	53485	42468	11017	81793	4341	1941	1603	338
1962	573	1354	1144	210	39524	33350	6174	87150	3916	1806	1590	216
1963	595	1293	1076	217	39193	32734	6459	85709	3713	1748	1518	230
1964	743	1481	1264	217	79194	38594	11717	91063	3500	1911	1528	383
1965	765	1431	1076	355	87364	40386	13929	90346	3732	1913	1505	408
1966	765	1425	1070	355	87821	43286	13929	82977	—	1923	1515	408

续表 1

年　份	总校数（所）	班级数（个）			学生数（人）			学龄儿童数（人）	毕业生数（人）	教职工数（人）		
		小　计	公　办	民　办	小　计	公　办	民　办			小　计	公　办	民　办
1967	775	1414	1068	346	78259	38947	16720	86040	—	1995	1494	501
1968	780	1579	1097	482	68297	37323	14990	64311	—	1991	1494	497
1969	1299	2028	2028	—	64629	64629	—	68363	—	1988	1490	498
1970	878	1890	1890	—	66784	66784	—	72173	8628	2681	1645	1036
1971	876	1962	1962	—	79968	79968	—	75174	8333	2859	1591	1268
1972	884	2407	2407	—	93576	93576	—	83793	8149	3317	1618	1699
1973	850	2511	2511	—	98269	98269	—	85836	7208	3520	1637	1883
1974	844	2685	2685	—	111597	111597	—	105907	9722	3611	1626	1985
1975	805	2727	2727	—	112759	112759	—	97165	15109	3793	1651	2142
1976	568	2643	2643	—	108157	108157	—	95155	23539	3907	1698	2209
1977	539	2595	2595	—	104061	104061	—	90100	20609	2813	1030	1783
1978	533	2637	2637	—	102737	102737	—	86240	16122	3045	1096	1949
1979	673	2645	2645	—	98791	98791	—	86423	17730	3342	1228	2114
1980	652	2612	2612	—	97333	97333	—	79772	14811	3334	1282	2052
1981	638	2565	2565	—	90465	90465	—	72472	16346	3940	1441	2499
1982	601	2453	2453	—	81656	81656	—	66433	16467	3991	1445	2546
1983	558	2230	2230	—	75556	75556	—	58162	16409	3335	1459	1876
1984	538	2146	2146	—	70147	70147	—	56554	16645	3209	1368	1841

续表 2

年份	总校数（所）	班级数（个）			学生数（人）			学龄儿童数（人）	毕业生数（人）	教职工数（人）		
		小计	公办	民办	小计	公办	民办			小计	公办	民办
1985	499	2109	2109	—	67598	67598	—	54876	15884	3502	1630	1872
1986	478	2106	2106	—	67456	67456	—	55944	14141	3191	1758	1433
1987	441	1950	1950	—	63764	63764	—	54652	11368	2919	1794	1125
1988	429	1985	1985	—	66807	66807	—	58466	10538	2935	1904	1031
1989	425	2050	2050	—	70202	70202	—	63400	10969	3009	2242	767
1990	425	2052	2052	—	70610	70610	—	64293	11474	3010	2378	632
1991	416	2027	2017	10	65870	65690	180	60568	12292	3071	2527	544
1992	405	1980	1972	8	60198	60054	144	55987	13187	3089	2543	546
1993	397	1957	1954	3	58138	58124	14	48892	11813	3080	2763	317
1994	389	2033	2033	—	63406	63406	—	52282	8849	3163	2852	311
1995	379	2101	2101	—	68980	68980	—	53828	7455	3100	2940	160

说明：1. 1950 年，实际学生数应大于 22073 人（因档案资料统计中缺少第十区数据）。1964—1966 年的学生数小计内含耕读小学的学生数，依次为 28883 人、33049 人、30606 人。教职员工数中，1965—1966 年另有耕读小学教师依次为 2052 人、2092 人。当时小学学生数中有部分超龄学生，故部分年段的在校学生数大于学龄儿童总数

2. 1967 年、1968 年的学生数小计内含耕读小学的学生数 分别为 22592 人、15984 人。此表中的“民办”指非国家财政计划拨款，实际是地方或集体单位出资办学。教职员工数：1967、1968 年另有耕读小学教师依次为 2064 人、1180 人；1971—1975 年另有中小学工农兵兼职教师，依次为 1650 人、1782 人、1557 人、3221 人、2320 人；1970—1976 年均含公办幼儿教师；1975 年另有赤脚教师 593 人

3. 1978 年另有赤脚教师 609 人；另有自用教师：1981 年有 404 人，1982 年有 339 人，1985 年有 325 人；1990 年另有其他部门的教职员工 18 人

1996—1999 年江宁县小学学校情况表

表 33-3-7　　单位：所

学年度	总校数	其中		
		完小	初小	单班
1996—1997	374	238	94	42
1997—1998	367	211	126	26
1998—1999	345	193	137	12

2000—2007 年江宁区小学教育事业情况表

表 33-3-8

学年度	学校数（所）	班级数（个）	毕业数（人）	招生数（人）	入学率（%）	在校学生数（人）	毕业数（人）	教职工（人、%）			
								教职工数	其中：专任教师		
									小计	学历达标数	达标率
2000—2001	310	2028	13632	8060	99.90	72793	13632	3435	3062	2965	96.83
2001—2002	234	1791	14471	7699	99.90	66226	14471	3433	3025	2961	97.88
2002—2003	177	1579	14785	7144	98.70	59226	14785	3357	3025	2978	98.45
2003—2004	99	1359	14085	6403	99.90	51614	14085	3314	2899	2871	99.03
2004—2005	63	1222	12162	6070	99.90	45760	12162	3313	3161	3130	99.02
2005—2006	56	1096	9390	5801	99.90	42568	9390	3243	3066	3036	99.02
2006—2007	33	1035	8654	6616	100.00	44470	8826	3276	3083	3073	99.68

第二节 教学与德育

【教学工作】

学制 江宁区域内的小学一直执行国家规定的学制。民国时期，江宁县的基本学制是六年学制，即“四二”分段学制，分初小四年和高小二年。这种学制一直沿用到新中国成立初期。

1952年，根据教育部规定，全县小学从一年级起实行五年一贯制。但由于单班复式多，教师水平低，新教材内容丰富分量重，所以1953年秋停止推行五年一贯制，恢复“四二”学制。1957年后，全县小学取消四年级初小毕业，实行“六年一贯学制”，此学制一直沿用至1968年。1969年，全县小学又实行五年学制，并改秋季招生为春季招生。至1974年，由春季招生恢复秋季招生。此学制一直至1985年年底未变。

1990年，全县开始逐步恢复小学六年学制，至1995年，全县小学完全过渡为六年学制。2007年，全区九年一贯学制学校有3所，分别是岔路学校、清水亭学校和丹阳学校，九年中的小学阶段仍是6年。

课程与教材 清光绪三十二年（1906），江宁县城区初等小学使用的教科书有商务印书馆出版的《最新初等小学教科书》，文明书局出版的《初等蒙学修身》等。民国初期，全县遵照国民政府教育部改革教育宗旨，废止“读经、尊孔”，每周授课男生30小时，女生30小时~32小时。所用教材废止前清时代的教科书，自行选用教育部审查发行的教材。民国37年（1948），全县遵照教育部对小学课程的修订，算术科一、二年级随机教学，不规定时间；常识科包括社会、自然；高小社会科包括公民、历史、地理，以混合教学为原则。

图33-3-5 陈作霖著的《上元江宁乡土志》曾作学生用的乡土教材，清宣统二年（1910）出版

新中国成立初期，全县小学语文、政治、史地等课程采用老解放区的教材。1951年秋季起，开始增用人民教育出版社新编和修订的小学教科书。1952年，全县规定小学设语文、算术、体育、音乐、美工和自然（高小）、历史（高小）、地理（高小）等8科。各科教学周学时，低、中、高年级分别为24学时、25学时（或26学时）、29学时。每节课为45分钟。初小、高小每周集体活动时间分别为340分钟和450分钟。1957年，全县小学高年级增设农业常识课，周课时增至28课时。各年级年上课周数减为34周。1958年，开始用省编教材。1963年，使用教育部编通用教材。

1966年“文化大革命”开始时，小学高年级学生学习毛泽东著作中的《为人民服务》《纪念白求恩》与《愚公移山》，合称“老三篇”，初小学生学习《毛主席语录》。1967年后，全县小学设政治、语文、算术、革命文艺、军事体育和劳动5门课，搞“开门办学”，请工农兵上讲台，搞斗、批、改，突出阶级斗争教育。其间，全县小学主要使用省编教材，补充县编乡土教材。“文化大革命”结束后，小学教学秩序逐步

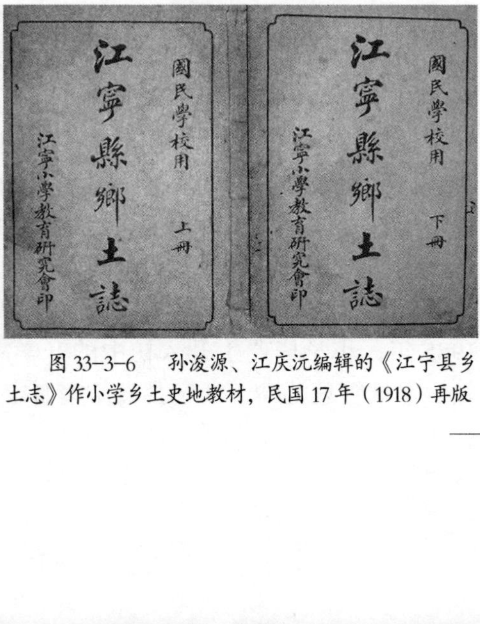

图33-3-6 孙浚源、江庆沅编辑的《江宁县乡土志》作小学乡土史地教材，民国17年（1918）再版

恢复正常。1978 年，开始使用全国通用教材。从 1981 年起，全县小学增设思想品德课，另开设语文、数学、自然、地理、历史、体育、音乐、美术、劳动与课外活动（包括自习、科技文娱活动、体育活动、周会班队活动）等课程。全县小学从 1981 年至 1990 年一直执行这种课程计划。

20 世纪 90 年代中期始，全县部分小学增设英语课，均使用部编教材。1994 年，全县执行调整后的国家课程计划，学科课程包括思想品德、语文、数学、社会、自然、体育、音乐、美术与劳动，学年学科课时 4828 课时。活动类课程包括晨会、班团队活动、科技文体活动等。2002 年，国家推行第八次课程改革，全区小学参加新课程改革实验，执行新的课程计划。小学 1 年级至 2 年级设置品德与生活，3 年级至 6 年级设置品德与社会；3 年级至 6 年级设科学（取消原“自然”“社会”科目）；3 年级始，城乡学校一律开设英语学科教学；将综合实践活动作为必修课程，自小学 3 年级开始设置，每周平均 3 课时。全区小学起始学科使用新教材教学，并逐步过渡为全部使用新教材。2007 年，全区小学课程设置按照南京市规定的课程计划进行教学，学科课程包括品德与生活、品德与社会、科学、语文、数学、外语、体育与健康、音乐、美术、信息技术与综合实践活动。活动类课程包括晨会、班（团）队活动。1 年级 ~ 2 年级，每周 26 课时；3 年级 ~ 6 年级，每周 30 课时。全区小学文化课包括语文、数学、科学三科使用苏教版教材，英语使用译林版教材，思想品德与生活、品德与社会使用苏教中图版教材。

教学方法 民国时期，江宁县的大部分小学教师多以注入式教学方法为主。新中国成立初期，全县多数小学沿用旧的教学方法，教师照书满堂灌，学生死记硬背，缺少必要的应用联系。1952 年，开始学习苏联凯洛夫《教育学》，照搬苏联教学经验。课堂教学贯彻直观性原则，学生自觉性与积极性原则，巩固性原则，系统性原则和量力性原则的“五大教学原则”；贯彻组织教学，检查复习，讲授新课，巩固新课，布置作业“五段教学法”。

1958 年“大跃进”期间，小学也追求高指标，片面追求升学率，以致学生负担过重，整体教学质量不高。至 1963 年，学习《全日制小学暂行工作条例（草案）》，小学教学坚持“三为主”，即教材为主、教师为主、课堂教学为主的原则。1964 年，提倡启发式教学，贯彻少而精和学以致用原则，减轻学生负担，培养生动活泼、主动学习的精神，教学质量有所提高。“文化大革命”期间，批判“三中心”（课本中心、教师中心、课堂中心）和“三脱离”（脱离社会实际、生产实际和学生实际），把研究改进课堂教学方法视为“禁区”，当做修正主义教育路线批判。小学教学质量严重下降。“文化大革命”结束后，小学开始改革课堂教学。1978 年，全县开展“抓好起点班”教学研究活动。组织有教学经验的胡云仙、吴淑英等老师上一年级同教材公开课，交流低年级教学经验，研究改进课堂教学方法。

中共十一届三中全会后，改革课堂教学，提高教学质量成为学校教学研究的中心课题。1979 年，全县开展“上好课”活动，向 45 分钟要质量。要求人人备好课，上好课，听好课，评好课。1980 年，小学教育突出“双基”教学，即加强基础知识和基本技能训练的教学，把培养能力、发展智力作为教学的主要目的。1984—1985 年，全县小学着重在“重视联系，掌握过程，促进发展”这一专题上进行研究和实践，请专家到县里讲学。在教学过程中正确处理教与学、旧知与新知、传授知识与发展智力的关系。1982—1985 年，全县小学五年级毕业与升学考试的语文、数学双科及格率，分别为 23.30%、41.30%、63.60%、79%，小学教学质量逐步提高。1985 年，小学毕业生升入初中的升学率为 76.80%。1986—1990 年，全县小学将教法研究纳入教学常规管理范畴，江宁县教研室制定并实施《江宁县小学教学常规工作管理要求》，分 11 个方面，计 46 条，要求强化“六认真”（认真备课、上课、作业批改、考试、辅导和课外活动），保证“四落实”（落实教研课题、时间、负责人、总结报告），使教法研究趋向规范化、科学化。1995—1997 年，全县小学（含中学）连续 3 年参加与南京市同步开展的“课堂教学年”活动，研究成果显著，受到市教育局的表彰。

2002 年秋季后，全区小学起始年级执行新的课程标准（国家第八次课程改革），倡导“自主、合作、探究”式的学习方式。2007 年，江宁县课堂教学有效性的研究受到特别重视，其研究在理论和实践上不断深入。

【德育工作】

民国时期，江宁县中、小学对学生进行以“忠孝、仁爱、信义、和平”为核心的国民道德教育。这种品德教育内容保留浓厚的传统文化情结，更加注重对学生修身实践的指导。

新中国成立初期，各小学注重学生思想品德教育，着重进行爱祖国、爱人民、爱劳动、爱科学、爱护公共财物的“五爱”教育，此间，还进行劳动教育等活动。1955 年 2 月，教育部首次颁布《小学生守则》，全县各小学依此对学生进行思想品德和常规行为教育。从 1958 年的“大跃进”到国家三年困难时期，品德教育片面强调劳动教育和勤工俭学，宣传“三面红旗万岁”，这种“左”的思想打乱了学校的正常教育秩序。1963 年，全县小学根据《全日制小学暂行工作条例（草案）》和《小学生守则（草案）》，对小学生进行比较全面的品德教育，小学品德教育的内容较前丰富，形式也多样些。全县还广泛深入地开展“向雷锋同志学习”的活动，各小学普遍建立“学雷锋”小组，倡导做好人好事。“文化大革命”时期，小学品德教育主要进行以阶级斗争为纲的路线教育，小学德育工作一度陷于困顿。“文化大革命”结束后，小学品德教育恢复正常。

20 世纪 80 年代后，全县各小学根据教育部正式公布的《小学生守则》，首次在小学开设思想品德课，围绕“三好”（身体好、学习好、工作好）、“五爱”（爱祖国、爱人民、爱劳动、爱科学、爱护公共财物）和“五讲”（讲文明、讲礼貌、讲卫生、讲秩序、讲道德）、“四美”（心灵美、语言美、行为美、环境美）、“三热爱”（热爱祖国、热爱中国共产党、热爱社会主义制度），进行共产主义理想道德教育、文明礼貌教育、法制教育。其间，全县进行“我爱红旗，爱我江宁”系列教育，编写《江宁历史》《江宁地理》《我爱江宁》以及小学历史、地理、思想政治教育辅导材料等书籍，开展“我爱家乡”“家乡巨变”与“学雷锋，学赖宁”等系列教育活动。1991 年后，全县小学开展“国旗下讲话”教育活动，这种教育形式一直延续至 2007 年。1995 年，东山镇中心小学少先大队被团中央评为全国“雏鹰”红旗大队，该校“小南泥湾”活动被团中央评为优秀教育活动。1999 年，县教委编制《学校德育工作手册》《江宁县中小学德育评估标准》，规范学校德育管理行为。

2000 年后，全区各小学开展体验式德育活动，先后开展“爱国主义教育读书活动”“书香学生，书香教师，书香学校，书香家庭，书香社区”与“构建和谐校园”等活动。通过活动，提高学生的思想道德水平。2007 年，区教育局成立德育研究室。全区各小学围绕培养民族精神这个主题，开展香港回归 10 周年、中国人民解放军建军 80 周年等纪念活动。激发学生爱祖国、爱家乡、爱集体、爱他人、爱自己的意识，树立起民族自尊心、自信心和自豪感。

第三节 特殊教育

全区有特殊教育学校 1 所，即江宁区特殊教育学校，该校以小学阶段教育为主。

1985 年前，县内的哑、盲儿童都去南京市盲哑学校就读。1985 年，江宁县开办弱智儿童辅导班。1986 年，江宁县人民政府决定创办独立的聋哑学校，校址设在东善乡三合村（原江宁党校旧址）。县教育局选派 3 名民办教师去南京市聋哑学校学习培训，后担任聋哑学校教师。是年 9 月，学校正式开学上课，当年招收学生 15 人，教职工 3 人，师生全部住校。学制 5 年，与全日制小学一样。1990 年，改为 6 年学制。学校开设课程除音乐、常识外，和普通小学一样，执行全国统一聋校教学计划，使用上海教育出版社出版的聋校全国统编教材。

1995 年 12 月，学校从农村迁入县城，租借竹山小学校舍办学。2000 年，学校搬迁至新址，利用原上坊泥塘小学校舍办学，学校更名为江宁区特殊教育学校。2003 年 9 月后，学校实行 9 年义务教育，招收全区聋哑儿童以及外来务工人员聋哑子女。学校占地面积 1.10 万平方米，建筑面积 876 平方米，有 8 个教学班，在校学生 50 人，教职工 23 人。学校执行全国聋哑学校课程标准，开设语文、数学、政治、常识、律动、体育、美术、理科、语训等课程，使用人民教育出版社出版的全国统编教材。2007 年，学校进行重建，在原址上新建一所集教育、科研、康复、培训为一体，占地 4 万平方米，建筑面积 1.20 万平方米的一流的现代化特殊教育基地。是年，学校共有 8 个班，在校生 48 人，教职工 24 人。

1986—2007 年江宁区特殊教育学校情况表

表 33-3-9

年 份	班级数（个）	学生数（人）			教师数（人）		
		在校生数	招生数	毕业生数	教职工总数	其中专任教师数	学历达标率（%）
1986	—	15	—	—	3	3	100
1987	—	34	—	—	6	6	100
1988	—	32	—	—	5	5	100
1989	—	48	—	—	6	6	100
1990	—	48	—	—	7	7	100
1991	—	48	—	—	10	10	100
1992	—	61	—	13	11	11	100
1993	—	57	—	13	12	12	100
1994	—	57	—	—	14	14	100
1995	—	57	—	15	14	14	100
1996	5	34	7	—	18	15	100
1997	5	33	8	10	19	16	100
1998	4	26	5	6	20	17	100

续表

年 份	班级数（个）	学生数（人）			教师数（人）		
		在校生数	招生数	毕业生数	教职工总数	其中专任教师数	学历达标率（%）
1999	5	30	11	—	20	17	100
2000	6	38	10	—	22	19	100
2001	7	42	5	—	22	19	100
2002	7	45	6	3	22	19	100
2003	8	50	4	5	23	20	100
2004	8	53	3	—	22	19	100
2005	8	48	3	7	22	19	100
2006	8	48	6	7	24	21	100
2007	8	48	—	5	24	21	100

第四节　学校选介

【南京市江宁实验小学】

民国18年（1929）成立，校址在东山二茅宫，为初级小学，当时只有10多名学生。民国26年12月，学校遭侵华日军破坏，被迫停办。抗日战争胜利后，学校更名为江宁县东山镇中心国民小学，有4个班级，学生195人和教师6人。至1956年秋，学校增至14个班级（其中6个低年级是二部制），学生809人，教师22人。

1980年8月，学校被省教育厅确定为全省95所重点实验小学之一。20世纪80年代至90年代，学校校舍面貌发生根本性变化，校园占地面积2万多平方米，建筑总面积8000多平方米，各项设施粗具规模，是江宁县教育现代化“1210工程”之一。2001年，学校更名为南京市江宁实验小学。2004—2005年，学校搬迁至上元大街319号。2007年，学校有71个班级，学生3716人，教职工198人。

学校是联合国儿童基金会、国家教委（教育部）基教司、江苏省教委（教育厅）实验项目学校，国家教委（教育部）重点课题研究单位，先后被南京市政府和江苏省政府表彰为文明单位。至2007年，学校获得省级以上奖600多项，被评为全国优秀家长学校、江苏省教育科学研究基地、江苏省示范家长学校。

【南京市上元小学】

学校始建于1986年，当时小学、初中合办名为江宁县上元学校，位于江宁县上元路。1996年，中、小学分设，小学独立成为江宁县上元小学。2001年春，学校改名为南京市上元小学。2007年，学校有36个班级，学生1640人，教职工99人，其中，市区级学科带头人8人，区级青年教学标兵11人，区级骨干教师30人。学校占地面积2万平方米，建筑面积8447平方米，设有阅览室、实验室、微机室、电子备课室、语音室、生态标本室与校园电视台等各专用教室。学校先后获得省绿色学校，省实施素质教育先进学校，全国青少年思想道德建设先进集体等近百项荣誉称号。

【南京市东山小学】

1981年建校，时称“东山镇第二小学”。有7个班级，学生284人，教师17人。1989年后，学校开展“小南泥湾”活动；1995年，“小南泥湾”活动被评为全国少先队优秀活动。是年，学校扩建第二幢教学楼，新建微机房等专用室。学校规模发展到20个班级，学生1001人，教职工60人，专用教师文化达标率100%。

2005年，学校更名为南京市东山小学。至2007年，学校有26个班级，学生986人，教职工72人。学校先后被评为南京市体育特色学校、南京市德育先进学校、南京市文明单位、南京市教科研基地、南京市优秀家长学校、南京市示范学校、南京市实验小学、江苏省电教示范学校、江苏省实验小学、全国千所现代教育技术实验学校。

【南京市百家湖小学】

1995年8月，正式挂牌建制，校名新区学校，位于江宁经济技术开发区内，占地2.80万平方米，总建筑面积2.20万平方米。2002年，更名为南京市百家湖小学。2007年，学校有31个班级，学生1526人，教职工94人，其中，南京市学科带头人、优秀青年教师7人，区学科带头人、青年教学标兵20人。学校先后被评为江苏省实验小学、江苏省现代教育技术学校、江苏省教育科学研究实验基地、江苏省青少年科技教育特色学校、南京市模范学校、南京市科技教育特色学校、南京市艺术教育普及型特色学校、南京市体育传统项目学校。

2007—2008学年初江宁区小学教育情况表

表33-3-10

序号	校名	班级数（个）	学生数（人）	教职工数（人）
1	江宁小学	24	1145	119
2	谷里小学	31	1563	129
3	铜井小学	31	1181	115
4	陶吴小学	24	1043	67
5	横溪小学	30	1126	106
6	东善小学	20	646	71
7	丹阳小学	21	997	94
8	秣陵小学	38	1568	129
9	禄口小学	46	1944	147
10	湖熟小学	25	1152	88
11	土桥小学	31	1354	96
12	周岗小学	21	804	89
13	淳化小学	30	1160	91

续表

序　号	校　名	班级数（个）	学生数（人）	教职工数（人）
14	上坊小学	43	2033	119
15	汤山小学	50	1789	110
16	上峰小学	27	1117	84
17	麒麟小学	33	1174	69
18	天景山小学	39	1505	100
19	陆郎小学	27	1202	128
20	铜山小学	37	1348	121
21	龙都小学	30	1150	94
22	清水亭小学	26	1227	83
23	岔路小学	24	1151	58
24	江宁实验小学	71	3716	198
25	上元小学	36	1640	99
26	百家湖小学	31	1526	94
27	翠屏山小学	39	2009	94
28	科学园小学	24	1236	68
29	东山小学	26	986	72
30	竹山小学	32	1410	95
31	华夏实验小学	8	389	38
32	21 世纪双语学校	14	132	40
合　计		989	42423	3105

第四章　普通中等教育

民国 23 年（1934），江宁县县立中学成立，这是全县第一所县立中学。此后，境内先后成立南京私立昌明中学、私立三山中学与私立宗仰中学等私立学校。

新中国成立初期，全县仅有 1 所县立初级中学，校址在岔路口，当时有初中 3 个班，学生 83 人，教职员工 15 人。1958 年秋，全县有普通中学 14 所，83 个班级，中学生 4557 人，教职员工 230 人，其中专任教师 148 人。1966 年，全县有全日制中学 18 所（含完中 4 所），共有 115 个班（含高中 12 个班），在校生 4848 人（含高中生 725 人），教职员工 383 人。“文化大革命”期间，各校的教育质量严重下降，但中学学校数量迅速扩张。

1979年后，贯彻“调整、改革、整顿、提高”的方针，对“文化大革命”时期盲目发展的大队初中和小学戴帽子的初中班进行撤并。当年，全县288所小学附设的初中班，有144所小学摘掉帽子，办起联办初中58所。1979—1990年，全县农村中学进行两次大的布局调整。经调整，全县联办初中逐年减少。至2006年秋，全区联办初中全部被撤并。与此同时，江宁县对高中学校布局进行调整。至2004年，江宁县中学、湖熟中学、秦淮中学、秣陵中学、陶吴中学、汤山中学与江宁中学的初中部全部撤销，成为独立高中。2003年开始，江宁区谋划高中学校新的布局调整。2004—2007年，完成两轮“三校联动”工程。2007—2008年，全区有普通中学40所，其中公办中学34所（含初级中学26所，高级中学8所），民办中学6所。

第一节 学校设置

清末，南京城内的多数学校分布在江宁、上元两县辖地。据清宣统元年（1909）学部教育统计，南京城内外江宁、上元两县辖地有中学堂20所，学生1516人，教员180人。

民国2年（1913），中学堂一律改称中学校。民国23年，江宁县立中学创立，这是江宁县仅有的1所县立初级中学。民国34年至民国36年，县内创办多所私立中学，有湖熟昌明中学、私立东山初级中学、私立三山中学等。民国38年（1949）4月，中国人民解放军军事管制委员会接管江宁县立中学（校址在东山镇）。当时学校有初中3个班级，学生83人，教职员工15人。

从1952年开始，县内农村集镇陆续创办中学。1952年12月，江宁县立杨柳初级中学创办，校址在龙都乡杨柳村。1953年，迁至秣陵镇，改名为江宁县立秣陵关初级中学。原由南京市划归江宁县的汤山中学班定名为江宁县立初级中学汤山分部。1956年，江宁县立初级中学晋升为完全中学，改名为江宁县秦淮中学。是年，原县立初级中学汤山分部独立设校，定名为江宁县汤山初级中学。另外创办湖熟、陶吴、江宁镇3所县属初级中学。这一时期，全县东南西北的各个主要集镇都设有县属的普通中学，学校布局较为合理。

图33-4-7 1952年江宁县杨柳初级中学（南京市秣陵中学前身）

图33-4-8 1956年江宁县秣陵关中学校园

1958年“大跃进”期间，全县中学盲目地快速发展。汤山初级中学和秣陵关初级中学都晋升为完全中学，分别易名为江宁县汤山中学、江宁县秣陵关中学。并创办营防、麒麟门、淳化、龙都、土桥、横溪、铜山、陆郎等8所初级中学。

1961年，全县压缩全日制中学教育事业的规模，规定秦淮、汤山、秣陵3所完全中学保持原有规模（12个～16个班级）；湖熟、江宁镇、陶吴、营防4所初级中学保持9个班；横溪、铜山、龙都、淳化、土桥、陆郎、麒麟7所初级中学保持6个班；禄口、铜井、谷里3所初级中学保持3个班。凡16周岁以上的初一学生，17周岁以上的初二学生，18周岁以上的初三学生，全部下放到农业生产第一线参加劳动，全县下放超龄中学生共1605人。

“文化大革命”期间，中学教学质量严重下降，但中学学校数量自1968年始逐年扩大，至1976年，全县中学数量增至322所（含小学戴帽子初中），其中有完全中学32所，初级中学6所，九年一贯制学校6所，七年一贯制学校278所。1979年，全县贯彻“调整、改革、整顿、提高”的方针，对“文化大革命”后盲目发展的大队初中和小学戴帽子的初中班进行布局调整，撤班并校，撤销144所小学戴帽子初中班，毗邻大队联合创办初级中学。

1981年，在县城东山镇创建江宁县秦淮中学。是年，对全县普通中学布局进行调整，将全县29所完全中学按地区分片调整为8所完全中学，即东片的湖熟中学，南片的秣陵中学和陶吴中学，西片的江宁中学，北片的汤山中学和营防中学，中片（县城）的江宁县中和秦淮中学。其他21所完全中学逐步转为初级中学。

1985年，全县共有中学85所，其中完全中学8所，乡级初级中学23所，行政村联办初级中学54所；有高中79个班，学生4658人，初中650个班，学生34906人。1986—1990年，全县撤销了21个布点散、规模小、管理不善的联办初级中学。1990年，全县有初中53所（不含7个完全中学的初中部），其中联办中学30所。至1995年下半年，全县有普通中学42所，其中完全中学或独立高中8所，乡镇初中24所，联办初中减至10所。

21世纪后，全区联办中学仅存5所，即汤山镇的阳山中学、铜井镇的牧龙中学、陆郎镇的朱门中学、谷里镇的大塘中学、周村中学。至2006年秋，最后一所联办中学周村中学并入谷里中学。至此，江宁区内已无联办中学。

2003—2004年，全区进行第一轮“三校联动”工程。其间，将江宁实验小学迁至秦淮中学原校址，秦淮中学迁至江宁高级中学原校址，江宁高级中学迁至新校址。2006—2007年，江宁区启动第二轮“三校联动”工程。工程在江宁职教中心、临江高级中学及天印高级中学等校间进行，还涉及农村的其他几所高中学校。

2005—2007年，全区有33所中学，其中高中7所，初中26所；815个班级，其中高中207个班级，初中608个班级；在校中学生48928人，其中高中15773人，入学率93.70%，初中33155人，入学率100%；教职工3460人，其中专任教师2994人。

2007—2008年，全区有40所普通中学，其中公办34所、民办6所。34所公办中学，有26所初中，554个班级，在校生24636人，教职工2387人；8所高中，223个班级，在校生12026人，教职工1173人。6所民办中学，有199个班级，在校生7956人，教职工812人。

1949—1995年江宁县普通中学教育事业情况表

表33-4-11

年份	学校数（所）		班级数（个）		学生数（人）		毕业生数（人）		招生数（人）		教职员工数（人）	
	合计	其中高中	合计	其中高中	合计	其中高中	合计	其中高中	合计	其中高中	合计	其中专任教师
1949	1	—	3	—	83	—	—	—	—	—	15	12
1950	1	—	5	—	218	—	23	—	158	—	19	15
1951	1	—	6	—	286	—	19	—	185	—	22	18
1952	2	—	13	—	560	—	39	—	315	—	46	26
1953	2	—	25	—	1293	—	82	—	641	—	101	52
1954	2	—	33	—	1668	—	175	—	563	—	136	66
1955	2	—	35	—	1831	—	556	—	756	—	140	67
1956	6	1	48	2	2710	119	352	—	1120	112	173	150
1957	7	1	57	4	3276	228	574	—	1241	109	220	120
1958	14	3	83	10	4557	527	788	—	2373	303	230	148
1959	14	3	99	14	5483	709	1070	108	2204	321	335	188
1960	17	3	104	17	6795	846	946	105	1500	300	449	237
1961	16	3	101	16	5536	820	1628	231	1076	210	474	225
1962	16	3	80	12	4223	654	1417	240	1203	253	398	229
1963	17	3	89	13	3887	544	1026	214	—	—	369	222
1964	18	3	93	13	4088	522	1041	189	1555	180	380	236
1965	18	4	116	12	4732	731	1044	146	1608	469	380	229

续表 1

年份	学校数（所）		班级数（个）		学生数（人）		毕业生数（人）		招生数（人）		教职员工数（人）	
	合计	其中高中	合计	其中高中	合计	其中高中	合计	其中高中	合计	其中高中	合计	其中专任教师
1966	18	4	115	12	4848	725	—	—	—	—	383	190
1967	18	4	114	11	4692	726	—	—	—	—	386	190
1968	18	4	114	11	4596	715	—	—	—	—	387	191
1969	77	24	280	74	10407	3646		—	—	—	597	391
1970	45	24	350	76	13880	2153	5997	749	—	—	627	430
1971	40	30	650	86	17280	4434	5030	526	—	—	785	653
1972	38	29	660	81	21380	6375	6177	1149	—	—	922	729
1973	38	29	682	178	20287	6812	9557	3102	—	—	1093	805
1974	38	29	471	138	21965	7315	9533	2913	—	—	1097	738
1975	39	32	605	138	29957	7675	9305	3395	—	—	1126	759
1976	322	32	900	148	44827	8353	12363	4626	—	—	1222	1097
1977	348	31	1073	155	51178	8973	17405	3658	—	—	2223	1759
1978	67	28	1019	229	46151	12751	22161	4286	19760	4587	2240	1764
1979	54	41	858	159	27466	4552	22054	4967	—	—	2098	1681
1980	72	28	817	74	36888	3655	11391	4257	13702	750	2041	1670
1981	75	26	867	75	34289	4812	11595	—	—	—	2016	1719
1982	74	12	669	70	31900	2997	8780	2620	12539	1532	1993	1636
1983	78	8	656	72	33870	3784	6136	387	11923	1190	2053	1607

续表2

年份	学校数（所）		班级数（个）		学生数（人）		毕业生数（人）		招生数（人）		教职员工数（人）	
	合计	其中高中	合计	其中高中	合计	其中高中	合计	其中高中	合计	其中高中	合计	其中专任教师
1984	83	8	677	74	36855	4091	7495	1048	13250	1372	2102	1619
1985	85	8	729	79	39564	4658	9008	1317	13675	1761	2450	1844
1986	93	9	768	91	41697	5356	9870	1120	13747	1834	2732	1988
1987	79	8	717	95	37688	5458	9758	1349	11978	1802	2302	1890
1988	75	8	696	98	34692	5446	10367	1670	11292	1723	2334	2013
1989	75	8	677	96	33055	6167	9737	1808	11920	1712	2444	1882
1990	60	7	697	95	34089	4866	9351	1711	12493	1673	2471	1836
1991	59	7	745	94	36920	4804	8832	1523	13839	1653	2654	1964
1992	51	7	784	93	40104	4834	9595	1473	14434	1601	2730	2025
1993	47	7	788	93	40694	4705	11173	1581	13377	1567	2789	2082
1994	46	8	742	100	37947	4918	12594	1554	12841	1801	2914	2113
1995	42	8	675	108	33163	5266	13125	1537	9415	1969	3061	2220

说明：1. 1951 年另有私立中学、初中补习班各一，计学生 58 人

2. 1976 年的学校数含全部小学戴帽初中数

3. 1977 年的学校数含小学戴帽初中数。1981 年高中无毕业生。1983 年除县中高三毕业外，其他高二过渡到高三。1978 年招生数不含戴帽初中。1982 年另有赤脚教师 92 人。1985 年教师数含赤脚教师 236 人。1986—1995 年“代课教师”数实为“自用教师”数

表 33-4-12

1996—2007年江宁区中学教育情况表

学年度	类别	学校数（所）	班级数（个）	毕业生数（人）	招生数（人）	入学率（%）	在校生数（人）	教职工（人）			
								合计	其中专任教师		
									小计	学历达标数	达标率（%）
1996—1997	初中	33	564	11822	11354	—	26985	2701	1827	1553	85.00
	高中	8	122	1533	2463	—	6145	415	415	294	70.84
	合计	41	686	13355	13817	—	33130	3116	2242	—	—
1997—1998	初中	33	571	8197	8464	99.20	26823	—	1757	1579	89.87
	高中	8	128	1734	1911	71.90	6271	—	441	313	70.98
	合计	41	699	9931	10375	—	33094	3185	—	—	—
1998—1999	初中	34	570	7203	7734	99.20	26802	—	1726	1579	91.48
	高中	7	130	1915	2035	77.80	6331	—	437	340	77.80
	合计	41	700	9118	9769	—	33133	3169	—	—	—
1999—2000	初中	34	563	10690	9952	99.20	25431	—	1687	1567	92.89
	高中	7	132	1816	2628	78.00	6430	—	478	378	79.08
	合计	41	695	12506	12580	—	31861	3130	—	—	—
2000—2001	初中	34	651	7905	13447	98.60	30739	—	1781	1688	94.78
	高中	9	145	1816	2357	83.50	6938	—	528	444	84.09
	合计	43	796	9721	15804	—	37677	3258	—	—	—
2001—2002	初中	33	743	7196	14220	100.00	37126	—	1738	1584	91.14
	高中	7	146	1941	2296	89.00	7210	—	415	379	91.33
	合计	40	889	9137	16516	—	44336	3213	—	—	—

续表

学年度	类别	学校数（所）	班级数（个）	毕业生数（人）	招生数（人）	入学率（%）	在校生数（人）	教职工（人）			
								合计	其中专任教师		
									小计	学历达标数	达标率（%）
2002—2003	初中	32	817	9431	14516	98.50	41855	—	1944	1870	96.19
	高中	7	152	2590	3427	88.10	8036	—	534	473	88.58
	合计	39	969	12021	17943	—	50215	3304	—	—	—
2003—2004	初中	28	814	13147	13526	98.50	41940	—	2016	1955	96.97
	高中	7	167	2246	3249	88.20	8784	—	613	557	90.86
	合计	35	981	15393	16775	—	50724	3423	—	—	—
2004—2005	初中	27	765	13942	11508	99.90	39348	—	2247	2178	96.93
	高中	7	186	2328	3600	90.90	10045	—	771	705	91.44
	合计	34	951	16270	15108	—	49394	3477	—	—	—
.2005—2006	初中	27	675	14309	8654	99.90	33524	—	2211	2144	96.97
	高中	7	194	3192	3755	92.20	10589	—	812	706	86.95
	合计	34	869	17501	12309	—	44113	3467	—	—	—
2006—2007	初中	26	608	13420	8214	100.00	33155	—	2144	2079	96.97
	高中	7	207	3185	3881	93.70	15773	—	850	784	92.24
	合计	33	815	16605	12095	—	48928	3460	2994	2863	95.62

第二节　教学与德育

【教学工作】

学制　江宁区的所有中学一直执行国家规定的学制。民国时期，国民政府教育部规定基本学制是六年学制，即“三三”分段学制，中学分高、初中两级，各3年。民国23年（1934），江宁县立初级中学成立时，属于“三三”分段中的初级中学。

新中国成立后至1966年前，全县普通中学一直沿用“三三”分段的六年制。唯独秦淮中学（后改为江宁县中学）从1960—1962年，连续3年招收的初中一年级新生实行中学五年一贯制的教改试点工作。此试点于1963年秋停止。1969年，全县中学采取“二二分段学制”，即初中、高中各2年。同时，很多小学“戴帽子”办初中，实行小学、初中七年一贯学制（小学5年，初中2年）。还有的完全中学与小学合并，实行高中、初中、小学九年一贯学制（小学5年，初中2年，高中2年）。是年，开始改为春季招生。至1974年，又恢复秋季招生。1977年秋，根据教材的广度和深度的要求，江宁县中学学制改为“三二”分段五年学制，初中3年，高中2年。其余中学学制开始由“二二”过渡为“三二”。至1978年秋，全县普通中学均实行“三二”分段的五年制。1980年，由于科学技术的迅速发展和教材内容增加，以及对学生培养能力、发展智力的要求，江宁县中学开始恢复“三三”分段六年制的学制。其余中学开始由“三二”分段五年制过渡为“三三”分段六年制。1981年秋，全县完全中学均实行“三三”分段六年制。1986年，新建的竹山学校（后改称为上元学校），实行九年一贯学制，小学5年，初中4年。该校“四年学制”初中试验的招生至1993年结束，后仍恢复初中三年学制。

图33-4-9　1965年江宁县初中学生毕业证书

至2007年，全区有3所学校属小学、初中九年一贯学制学校（小学6年，初中3年），分别是岔路学校、清水亭学校和丹阳学校。独立高中学校或独立初中学校学制分别为3年。

课程与教材　新中国成立初期，江宁县立初级中学取消旧时开设的党义、公民、童子军、军事训练等课程，开设政治、语文、历史、地理、数学、物理、化学等课程，其中政治课讲时事政策，语文和历史课采用老解放区教材，数学、物理、化学选用旧课本。

1950年，江宁县立初级中学开设政治、语文、数学（包括算术、代数、平面几何）、自然（包括植物、动物、达尔文说基础、生理卫生）、物理、化学、历史、地理、外语、体育、音乐、美术12门课程。1956年，语文课分科，设汉语、文学。

图33-4-10　20世纪50年代江宁县高中学生使用的中国历史课本

是年秋，县立初中晋升为完全中学，高中设汉语、文学、社会科学、数学、物理、化学、历史、地理、生物、外语、体育、制图等课程。1958年，全县中学各年级均增设生产劳动课，文学、汉语仍合并为语文课。1963年秋，全县中学实行全日制中、小学十二年制新教学计划。初中开设政治、语文、数学、物理、化学、外语（多数开俄语，少数开英语）、生物、历史、地理、体育、音乐、图画、生产知识、劳动14门课程。高中开设政治、语文、数学、外语、物理、化学、生物、历史、地理、体育、劳动11门课程。

“文化大革命”初期，中学原有课程和教材全部停开。政治和语文合并为政语课或毛泽东思想课，以毛泽东著作为基本教材。1969年后，全县中学大搞“实用主义”，课程设置变动频繁。中学普遍开设毛泽东思想、数学（测量、珠算、簿记）、工业基础知识（三机一泵）、农业基础知识（化肥、土壤、栽培）、革命文艺、军事体育、劳动等课程。1975年，中学开设政治、语文、数学、物理、化学、历史、地理、外语、农业基础知识、体育、劳动等课程。1978年秋，中学取消劳动课，增开生物、生理卫生、音乐、美术课。在进行学制过渡中，中学逐步使用全国统编新教材。从1982年至1985年，初中取消农业基础知识课；高中除取消农业基础知识课外，还取消生理卫生、音乐、美术等课程。全县中学均使用“乙种本”教材。从1989年起，江宁县的中学原则上执行南京市统一的课程计划，初中开设政治、时政、语文、数学、外语、物理、化学、历史、地理、生物、生理卫生、体育、音乐、美术、书法等课程。高中取消生理卫生、音乐、美术、书法课，并增设选修课，其余均与初中课程一致。

图33-4-11 20世纪80年代江宁县初中学生使用的数学课本

1994年，全县执行九年义务教育初中课程计划表，开设思想政治、语文、数学、外语、社会、历史、地理、物理、化学、生物、体育、音乐、美术、劳动技术等课程。高中课程除增加选修课外，设置基本与初中相同。全县中学教材中，参加统一考试的学科，初中由南京市统一选用，高中由省统一选用。

2002年，国家推行第八次课程改革，根据课程改革要求并结合江宁地区实际情况，全区初中政治课改为思想品德课，与新课程方案一致；对新方案中的“历史与社会”“科学”“艺术”课程，区内初、高中实行分科教学；综合实践活动课包括信息技术教育、劳动与技术教育、研究性学习、社区服务与社会实践。是年，教材随课程的改革而变化，全区选用的中学教材与南京市相统一。2007年，全区义务教育阶段执行南京市课程设置方案，高中执行江苏省课程设置方案。区内初、高中课程设置基本一致，均开设思想品德（高中为思想政治）、历史、地理、生物、物理、化学、语文、数学、外语、体育与健康、音乐、美术、信息技术、综合实践活动等课程。中学教材与南京市相统一，即初中语文、化学、思想品德与历史选用人教版部编教材，数学、物理与生物选用苏教版省编教材，英语选用译林版教材，地理选用中国地图出版社的教材；高中语文、数学与生物选用苏教版省编教材，物理、化学、思想品德、历史与地理选用人教版部编教材，英语选用牛津版教材。

教学方法 新中国成立初期，全县中学吸取老解放区的教学经验，改革旧的教学方法。1953年，学习苏联凯洛夫《教育学》，贯彻教学5个环节，即组织教学、复习提问、讲授新课、课堂巩固和布置作业，把钻研教材、加强备课、改进课堂教学作为提高教学质量的中心环节来抓，以“钻研教材”为突破口，以“改进课堂教学”为教改重点，在各中学广泛开展观摩综合课、复习课、练习课3种课堂类型活动。

1958年，全县中学普遍出现劳动过多，放松教学，甚至停课劳动，突击教学等现象，教学质量普遍下降。1963年至1966年5月，全县中学以教学为中心，倡导“启发式”的教学方法，加强基础知识教学和基本技能训练，扎扎实实地改进各科教学，培养学生生动活泼的主动学习精神，教学质量逐年提高。尤其秦淮中学、秣陵中学、汤山中学3所完全中学，在1963—1965年连续3年高考中，成绩显著，学生被高校录取比例较高。“文化大革命”期间，全县中学以“阶级斗争”为主课，以“三大革命”（阶级斗争，生产斗争，科学试验）为课堂，大搞“开门办学”，开展“学工、学农、学军”活动。学校取消考试制度，学生到期升级、毕业，教学质量严重下降。整个10年中，全县没有高中毕业生直接报考大学的，只有推荐上大学的“工农兵学员”。据统计，经推荐上专科的有427人，上中专的有652人，共计1079人。1977年冬，全国恢复和改革高考制度。全县应届高中毕业生录取进高校的只有5人，录取进中专的只有24人。1978年后，全县中学教育进入“调整、改革、整顿、提高”的新时期，学校工作重点转移到教学上，学校领导干部把主要精力放在抓教学、教育工作上，深入教学第一线兼课、听课；教师在掌握《教学大纲》、吃透教材、改进教法、提高课堂教学效果上狠下功夫。1979年，全县各中学确定重点班，实行因材施教，强调面向全体学生，全面提高教学质量。并制订《备好课的要求》《上好课的标准》，开展“上好一堂课”的教学评比活动，抓“好课率”，推广先进教学经验，教学质量明显提高。是年，全县初中、高中升学率跃居南京市、县上游，名列第三。

图 33-4-12 1977 高考恢复，江宁县中报名点

1980年，全县中学贯彻“精讲多练”，注重培养学生分析问题和解决问题的能力，强调以课堂为中心，以教师为主导，以学生为主体，充分调动教与学两个方面的积极性，提高课堂教学效率，减轻学生的学习负担，简化考试，规定只实行期中、期末考试。1984年，县文教局制订《关于教育工作改革的几点意见》，提出努力转变长期形成的那种封闭、陈旧的教育思想，改革传统的、旧的一套教学方法，发扬探索精神，不拘一格培养人才，提高“成才率”。20世纪90年代后，全县中学教学法的研究在素质教育理论的指导下进行，使之更趋理性化，教研活动的形式多样化，研究的层次向深度、广度发展。1994年，县教育局开展中、小学“课堂教学攻坚战”活动，组织观摩、竞赛、评比，从而推动教学方法的改革。1995年起，连续3年与南京市同步开展“课堂教学年”活动，使课堂教学的研究水平有了质的提高，并受到市教育局的集体表彰。

2002年秋季始，全区初中起始年级执行新的课程标准（国家第八次课程改革）。初、高中教师在新课程理论（国家第八次课程改革）指导下，研究、改进“教”与“学”的方法，倡导“自主、合作、探究”式的学习方式。2007年，“有效性教学”研究在理论和实践中得到重视，全区中学教师将追求高效课堂作为教学方法改革的重点。

【德育工作】

民国时期，江宁县内中学德育课程主要以修身、爱国为主要内容。抗日战争胜利后，学校推行精神教化，加强公民训练和公民教学，组织集体训练、思想训练，目的是使学生思想行为不出规，在学校中严格制止不利于国民党统治的书刊流行，禁止学生参加革命活动。沦陷时期，全县学校实行奴化教育宗旨，此间，江宁县中学解散，少数学生逃难到国立四川临时中学学习，有的学生投笔从戎。江宁县籍入南京城内中学就读的学生，深受奴化教育毒害。

新中国成立初期，废除“训育制”和童子军，学校实行教、导合一，设教导处负责学生日常道德行为的教育；撤销公民课，开设政治课，传播马克思列宁主义、毛泽东思想和中国革命常识。1949年年底，在学生中建立新民主主义青年团（1957年改称共产主义青年团）和中国少年儿童队（1953年改称中国少年先锋队），组织学生开展有益身心健康的各项教育活动。在抗美援朝时期，全县中学生召开“控诉美帝在华罪行”大会，树立“仇美、鄙美、蔑美”的思想，掀起爱国主义教育热潮。1953年，思想政治教育以学习党的总路线为中心，认识社会主义改造的重要性和必要性，划清社会主义和资本主义的界限，提高社会主义觉悟。1954年，强调劳动教育，是否热爱劳动是社会主义道德品质的重要标准。学生在毕业前，学校专门开展正确对待“升学与生产”的思想教育。1957年，毛泽东提出：“我们的教育方针应该使受教育者在德育、智育、体育几方面都得到发展，成为有社会主义觉悟有文化的劳动者。”学校以此对学生进行全面的思想政治和道德品质教育。1958年，全县学校贯彻“教育与生产劳动相结合”的方针，加强劳动教育。1959—1961年三年困难时期，中学思想品德教育以抓生活为中心，对学生进行勤俭建国、艰苦奋斗和共产主义道德品质的教育，倡导学生认真读书，努力进步，尊敬师长，团结友爱，遵守纪律，活泼思想，锻炼身体，讲究卫生。1963年，全县中学开展以学习和贯彻《全日制中学暂行工作条例（草案）》（50条）和《中学生守则（草案）》（8条）为主要内容的德育活动，掀起学雷锋的热潮。各中学涌现出一批雷锋式的好学生。“文化大革命”期间，全县中学德育工作走向歧途，阶级斗争盛行，颠倒是非，混淆黑白，造成严重思想混乱。“文化大革命”结束后，全县各中学广泛开展批判江青反革命集团阴谋篡党夺权的滔天罪行，并联系教育战线实际批判所谓“两个估计”（解放后17年“毛主席的无产阶级教育路线基本上没有得到贯彻执行，大多数教师和解放后培养的大批学生的世界观基本上是资产阶级的”）。各中学逐步恢复和形成勤奋学习、积极向上的良好风气。

1978年，全县中学贯彻教育部《全日制中学暂行工作条例（试行草案）》，着重加强对青少年学生革命理想教育、共产主义品德教育和纪律教育等，促进青少年德、智、体全面发展，培养有社会主义觉悟、有文化、身体健康的一代新人。1979年下半年起，全县中学学习并贯彻执行《中学生守则（试行草案）》（十条），联系实际对学生进行思想品德教育，并培养学生热爱祖国、努力学习、遵守纪律、尊敬师长、关心集体、团结同学和助人为乐等思想感情和道德品质。1981年，全县中学广泛开展“五讲四美”（讲文明、讲礼貌、讲卫生、讲秩序、讲道德，心灵美、语言美、行为美、环境美，下同）为内容的文明礼貌活动，对青年学生进行生动的共产主义理想、道德和纪律教育。1983年，“全民礼貌月”活动发展到一个新的阶段，以“五讲四美三热爱”（“五讲四美”见上文，“三热爱”即热爱祖国、热爱社会主义、热爱共产党）为内容开展教育活动。各中学争创“文明学校”“文明班级”“文明宿舍”，以及“学雷锋、树新风、创三好”等，蔚然成风。全县中学涌现出一批热爱集体、勤奋学习、拾金不昧、热心为烈军属或五保户以及伤残者服务等坚持数年的好学生。1984—1985 年，江宁县中学、汤山中学、江宁中学、横溪中学等学校被评为先进学校，秣陵中学、秦淮中学、江宁中学、铜井中学、上坊中学等被评为文明学校。

20 世纪 90 年代，全县各中学普遍成立政教处，专门负责学校德育工作。1991—1995 年，全县各中学普遍开展每周一早晨的“国旗下讲话”活动，进行“两史一情”（近代史、现代史、国情）教育。1997 年，为积极响应和配合全县“讲文明，树新风，创卫生城”活动，江宁县教育局颁发《江宁县中小学生文明行为十条》，以此规范中小学生的日常行为。东山地区的各中学（含小学）先后两次组织万余名学生和教师走上街头，向市民宣传“十不”行为准则，开展“你扔我捡”活动，参加力所能及的劳动，把文明建设的春风带到社会，带到家庭。1997—2000 年，全县中学开展“你扔我捡”“文明小使者”等系列公民道德教育活动。

2001—2006 年，全区中学先后开展“关爱生命、自尊自强”心理健康教育活动，“诚信在我心中，争做合格公民”系列活动。2003 年，各中学以公民道德建设为主题，积极开展“诚信在我心中，争做合格公民”的系列活动，组织学生认真学习落实《公民道德建设实施纲要》的要求。2007 年后，全区各中学开展体验式德育活动，先后开展香港回归 10 周年、中国人民解放军建军 80 周年和侵华日军南京大屠杀历史事件 70 周年纪念活动，激发学生爱祖国、爱家乡、爱集体、爱他人、爱自己的意识，树立起民族自尊心、自信心和自豪感。

1977—1990 年江宁县初中毕业生升学情况表

表 33-4-13　　　　单位：人

年　份	毕业生数	报考生数	录取人数					
			小、中专	普　高	职　高	技　工	合　计	升学率（%）
1977	13747	—	—	—	—	—	—	—
1978	17875	—	—	4587	—	—	4587	25.66
1979	17087	—	89	—	—	—	89	5.21
1980	7134	—	17	750	—	—	767	10.75
1981	5759	4551	134	1520	—	—	1654	28.72
1982	5779	4269	104	1532	54	—	1690	29.24
1983	6888	4272	146	1205	538	—	1889	27.42
1984	6768	5663	167	1487	439	—	2093	30.93
1985	7931	6621	387	1788	681	11	2867	36.15
1986	8750	9437	315	1807	1166	38	3326	38.01
1987	8409	9549	320	1860	886	56	3122	37.13
1988	8697	9303	344	1723	1195	15	3277	37.68
1989	7929	8130	313	1671	912	30	2926	36.90
1990	7640	7677	283	1673	1116	16	3088	40.42

说明：1. 1980 年，因学制过渡，绝大多数初中毕业生（二年制）择优直升初三

2. 1986—1990 年，报考总数含往届毕业生

3. 升学率为录取人数除以毕业生数

1991—2007年江宁区中等学校招生录取情况表

表 33-4-14　　　　单位：人

年份	报名总数	录取总数	其中						升学率（%）
			江宁县中	普高	师范	中专	职高	技校	
1991	7563	3104	323	1330	73	236	1103	39	41.04
1992	8226	3347	324	1277	77	268	1293	108	40.69
1993	9492	4489	377	1190	130	417	2061	314	47.29
1994	10504	5368	419	1375	188	586	2249	551	51.10
1995	11402	6157	396	1565	131	763	2679	623	54.00
1996	11361	6428	407	2059	104	1244	1853	761	56.58
1997	7988	6307	377	1682	138	918	2133	789	78.95
1998	7139	5167	362	1675	128	970	1257	775	72.38
1999	9961	7945	450	2237	79	1472	1984	1723	79.76
2000	7639	6333	536	2079	22	1235	1233	1228	82.90
2001	6528	5810	636	2029	49	902	1162	1032	89.00
2002	9476	8161	630	3022	43	1342	2116	1008	86.12
2003	12674	11183	810	2996	57	1748	3423	2149	88.24
2004	13423	12200	990	3753	23	1458	3262	2714	90.89
2005	13770	12693	1208	3652	22	1563	3605	2643	92.18
2006	13782	12911	1246	4090	19	1528	3771	2257	93.68
2007	12146	11636	1153	4321	25	1076	2615	2446	95.30

说明：升学率为录取总数除以报名总数

1977—1995 年江宁县高考录取情况表

表 33-4-15　　单位：人

年份	应届生总数	报考数		录取数							录取率（%）	其中应届生		
		总数	其中应届生	本科		专科		中专（技工）		合计		录取数	升学率（%）	录取率（%）
				往届	应届	往届	应届	往届	应届					
1977	3658	11638	—	101	5	14	—	190	24	334	2.90	29	0.80	—
1978	4286	10308	1513	123	19	254	22	366	251	1035	10.04	292	6.80	19.30
1979	4967	9521	3016	11	55	7	31	32	387	523	5.49	473	9.50	15.68
1980	4257	4936	3537	21	23	12	37	147	205	445	9.02	265	6.20	7.49
1981	—	1049	—	14	—	62	—	141	—	217	20.69	—	—	—
1982	2620	3024	2563	7	19	12	26	88	107	259	8.56	152	5.80	5.93
1983	387	1090	381	33	26	58	22	222	22	383	35.14	70	18.10	18.37
1984	1048	1416	1048	3	58	6	115	76	206	464	32.77	379	36.20	36.16
1985	1317	1671	1315	14	79	21	228	56	200	598	35.79	507	38.50	38.56
1986	1120	1061	778	2	51	39	193	57	134	476	42.50	378	33.80	48.59
1987	1349	1128	868	20	86	132	318	21	66	643	57.00	470	34.80	54.15
1988	1670	1098	848	6	96	66	196	41	94	499	45.45	386	23.10	45.52
1989	1808	1317	979	9	91	85	117	24	61	387	29.38	269	14.90	27.48
1990	1711	1099	688	33	56	143	116	41	38	427	38.85	210	12.30	30.52
1991	1523	1048	567	34	59	141	76	45	45	400	38.17	180	11.80	31.75
1992	1473	1005	718	28	75	180	171	48	62	564	56.12	308	20.90	42.90
1993	1581	1023	830	9	81	119	305	37	75	626	61.19	461	29.20	55.54
1994	1554	1351	1107	11	101	95	328	29	64	628	46.48	493	31.70	45.53
1995	1537	1427	1132	16	150	144	327	14	34	685	48.00	511	33.10	45.14

说明：应届生录取率指占应届生报考总数的比率。1981 年因学制过渡，无应届毕业生

1996—2007年江宁区高考录取情况表

表33-4-16　　单位：人

年份	报名人数			录取学历层次			录取人数		录取总数	录取率(%)
	应届	往届	合计	本科	专科	中专	应届	往届		
1996	1235	322	1557	352	417	86	649	206	855	54.91
1997	1372	327	1699	394	479	41	731	183	914	53.80
1998	1446	423	1869	450	387	50	667	220	887	47.46
1999	1748	416	2164	671	861	—	1207	325	1532	70.79
2000	1560	254	1814	510	701	—	1006	205	1211	66.76
2001	1773	252	2025	531	912	—	1134	309	1443	71.26
2002	2563	202	2765	992	1336	—	2163	165	2328	84.20
2003	2500	284	2784	957	1441	—	2161	237	2398	86.14
2004	2710	405	3115	1042	1618	—	2279	381	2660	85.39
2005	3616	582	4198	1421	1900	—	2836	485	3321	79.11
2006	4421	459	4880	1723	1877	—	3232	368	3600	73.77
2007	5014	536	5550	2061	2330	—	4239	489	4728	85.19

1977—2007年江宁区高考状元情况表

表33-4-17

年份	姓名	所在学校	科别	总分
1977	殷家驹	汤山中学	—	313
1978	戴　明	龙都中学	理科	439
1979	桑军胜	汤山中学	理科	372
1980	笪　骏	江宁县中学	理科	443
1981	郭传华	江宁县中学	文科	405
	王迎旭	汤山中学	理科	472
1982	史汉生	秣陵中学	理科	514
1983	童天武	长江中学	文科	423
	吕金杨	江宁县中学	理科	610
1984	曹　俊	江宁县中学	文科	574
	程　明	江宁县中学	理科	563
1985	李福荣	江宁县中学	文科	528
	潘劲松	江宁县中学	理科	586
1986	李　强	江宁县中学	文科	544
	王劲松	江宁县中学	理科	588
1987	姚志坚	江宁县中学	文科	529
	陶先平	江宁县中学	理科	596

续表

年份	姓名	所在学校	科别	总分
1988	魏晓昕	江宁县中学	文科	549
	郭武军	江宁县中学	理科	597
1989	韩祥	江宁县中学	文科	533
	胡岚竹	江宁县中学	理科	625
1990	朱安龙	江宁中学	文科	513
	华松	江宁县中学	理科	581
1991	吴延军	江宁县中学	文科	502
	严明	江宁县中学	理科	622
1992	王丽萍	江宁县中学	文科	486
	李志刚	江宁县中学	理科	600
1993	汪海燕	江宁县中学	文科	506
	汪敏涓	江宁县中学	理科	583
1994	许剑	江宁县中学	文科	484
	王鹏	江宁县中学	理科	648
1995	汪建	江宁县中学	文科	581
	黄谆	江宁县中学	理科	669
1996	陈琳	江宁县中学	文科	574
	包庆	江宁县中学	理科	649
1997	时光	江宁县中学	文科	587
	孙明勇	江宁县中学	理科	636
1998	曹芸	江宁县中学	文科	588
	刘强	江宁县中学	理科	661
1999	潘健	江宁县中学	文科	607
	陶梅	江宁县中学	理科	640
2000	孙邦琴	江宁县中学	文科	565
	张慧玲	南京市江宁高级中学	理科	617
2001	穆先义	南京市江宁高级中学	文科	562
	章壮前	南京市江宁高级中学	理科	681
2002	邓晓象	南京市江宁高级中学	不分文理科	663
2003	李进	南京市江宁高级中学	不分文理科	632
2004	高强	南京市江宁高级中学	不分文理科	688
2005	祁进	南京市江宁高级中学	不分文理科	664
2006	朱冰	南京市江宁高级中学	不分文理科	680
2007	张亮	南京市江宁高级中学	不分文理科	688

第三节 学校选介

【南京市竹山中学】

1990 年，竹山中学创建，位于东山镇，占地 8133.33 平方米，建筑面积 1480 平方米。1991 年 9 月，学校招收 4 个教学班，学生 187 人，教职工 16 人。1993 年，学校易地新建竹山中学，至 1994 年 8 月全部竣工使用。占地总面积 41260 平方米，建筑面积 5822 平方米。1999 年 6 月，学校成为首批省示范初中学校。2007 年，学校获区教育局教学质量考核一等奖。是年，学校有 48 个班级，学生 2246 人，教职工 193 人。

图 33-4-13 南京市竹山中学（2007 年摄）

学校先后获得江苏省党建工作先进单位、江苏省青少年法制教育先进学校、南京市文明单位、南京市德育先进学校、南京市科技教育特色学校等荣誉。

【南京市上元中学】

1986 年，学校创建，该校是实行小学、初中合一的“五四”学段的九年制实验学校，初名江宁县竹山学校，位于东山镇上元路 12 号。1996 年，中、小学分设，初中迁址（天印大道）另建，定校名为江宁县上元中学。2001 年，学校更名为南京市上元中学。2007 年，学校有 38 个班级，学生 1673 人，教职工 149 人，其中，市区级学科带头人 13 人，市区级青年教学标兵 16 人，区级骨干教师 23 人。

图 33-4-14 南京市上元中学（2007 年摄）

1989 年，学校被评为市教育质量管理先进学校。1992 年，被评为江苏省文明单位；1993 年，被评为江苏省模范中学。2000 年，被命名为江苏省教育现代化示范初中。2007 年，荣获国家级信息技术教育示范学校称号等。

【南京市江宁高级中学】

民国 23 年（1934），学校成立，时名“县立江宁中学”，校址在南京南门小市口，当年招收初一学生 48 人，并附设 1 个班，招生 44 人。民国 26 年，日军侵华，江宁沦陷，校舍被毁，学校被迫遣散。民国 37 年 7 月，学校在金山庙复校，后迁至原县干部培训所内，易名江宁初级中学。

1959 年，学校办成高中双轨，初中四轨，全校有 18 个班级，学生 1050 人，教职工 80 多人。1970 年，学校迁入原省财校校园，并改校名为江宁县中学。1980 年，江宁县中学被列为江苏省首批办好的重点中学。1993 年 10 月，省教委发文认定江宁县中学为合格的江苏省重点中学。1999 年，学校完成初、高中分离，成为独立高中。

2001 年 3 月，江宁县中学易名为南京市江宁高级中学。2002 年，学校被确定为国家级示范高中。2004 年 7 月，学校整体迁入新校址，位于南京江宁科学园内，占地 18.67 万平方米，建筑面积 10.40 万平方米，投资 2.30 亿元。2002 年后，学校规模逐步扩大，至 2007 年，学校有 60 个班级，学生 3264 人，教职工 308 人。

学校先后被评为省文明单位、省德育先进学校、省教科研先进集体、省党建工作先进集体与省五四红旗团委创建单位等。

【南京市秦淮中学】

1981 年 8 月，学校成立，是一所县属完全中学，校址在东山镇大街西路 88 号。当时共有教室 8 间，招收初、高中新生各 3 个班，学生 344 人，教职工 29 人。1985 年，学校有初、高中 24 个班级，学生 1486 人，教职工 87 人。1997 年，学校成为南京市重点学校。

2000 年 4 月，学校更名为南京市秦淮中学，是年，学校成为省重点高中。2007 年，学校有 50 个班级，学生 2734 人，教职工 225 人。学校占地面积 7.16 万平方米，校园建筑总面积 43752 平方米，校舍建筑面积 34391 平方米。学校建有 400 米塑胶跑道标准田径运动场，室外水泥篮球场 8 片，羽毛球场 15 片，排球场 4 片，体育馆内有标准球场 1 片，活动座位 450 座。

学校先后被评为省文明单位、省德育先进学校、省绿色学校、省园林式单位、南京市十大景观学校等，连续多年获得江宁区先进学校及区办学效益千分考核一等奖等一系列称号。

2007—2008 学年初江宁区中学教育事业情况表

表 33-4-18

序号	校名	班级数（个）			学生数（人）			教职工数（人）
		合计	初中	高中	合计	初中	高中	
1	江宁初中	18	18	—	853	853	—	74
2	谷里中学	24	24	—	1045	1045	—	118
3	铜井中学	20	20	—	982	982	—	84
4	桃红中学	17	17	—	761	761	—	69
5	横溪中学	18	18	—	810	810	—	85
6	东善中学	16	16	—	687	687	—	74
7	丹阳中学	18	18	—	871	871	—	73
8	秣陵初中	24	24	—	1116	1116	—	96
9	禄口中学	24	24	—	1139	1139	—	100
10	湖熟初中	18	18	—	828	828	—	88
11	土桥中学	19	19	—	863	863	—	87
12	周岗中学	16	16	—	636	636	—	60
13	淳化中学	24	24	—	976	976	—	113
14	上坊中学	21	21	—	779	779	—	87

续表

序号	校名	班级数（个）			学生数（人）			教职工数（人）
		合计	初中	高中	合计	初中	高中	
15	作厂中学	24	24	—	1088	1088	—	94
16	上峰中学	17	17	—	844	844	—	64
17	麒麟中学	19	19	—	870	870	—	80
18	天景山中学	23	23	—	1058	1058	—	114
19	陆郎中学	18	18	—	870	870	—	79
20	铜山中学	20	20	—	968	968	—	87
21	龙都中学	16	16	—	707	707	—	77
22	清水亭中学	14	14	—	565	565	—	75
23	岔路中学	12	12	—	395	395	—	55
24	百家湖中学	28	28	—	1006	1006	—	112
25	竹山中学	48	48	—	2246	2246	—	193
26	上元中学	38	38	—	1673	1673	—	149
27	江宁高级中学	60	—	60	3264	—	3264	308
28	秦淮中学	50	—	50	2734	—	2734	225
29	临江高级中学	38	—	38	2055	—	2055	167
30	天印高级中学	18	—	18	959	—	959	82
31	汤山中学	10	—	10	589	—	589	104
32	陶吴中学	12	—	12	649	—	649	83
33	秣陵中学	22	—	22	1059	—	1059	105
34	湖熟高中	13	—	13	717	—	717	99
35	英华学校	15	3	12	528	58	470	31
36	21世纪双语学校	12	6	6	237	137	100	44
37	华夏实验学校	21	7	14	609	169	440	181
38	东山外国语学校	32	22	10	1525	1070	455	52
39	东山实验中学	14	10	4	714	468	246	—
40	南师附中江宁分校	105	52	53	4343	2187	2156	454
合计		976	654	322	44618	28725	15893	4372

说明：2007—2008学年，全区有40所中学，其中有34所为公办普通中学（含26所初中、8所高中），6所为民办中学（分别为英华学校、21世纪双语学校、华夏实验学校、东山外国语学校、东山实验中学、南师附中江宁分校）

第五章　中等职业教育

民国时期，为培养学校教师，县内先后成立栖霞师范学校、县立师范学校。

新中国成立后，农业中学开始在农村兴起。1957年，全县有4所农中，5个班级、学生180人，教职员工16人。1966年，全县农中发展到84所（含农业高中2所），共有121个班（含高中3个班），在校生4054人，教职工162人。1968年后，全县有部分农业中学转为普通中学，其他农中则改为五七中学。至1984年，农业中学基本停办，转为发展多方位的职业技术教育。

20世纪80—90年代，江宁出现举办职业教育热潮，全县先后建立数所职业高中学校，许多初级中学也办起职业高中班。此间，一些行业部门和企业还办起一定数量的职业高中和职业中专学校（班）。1990年，全县独立的职业中学有湖熟职业中学、麒麟职业中学、育林职业学校3所，有走读中专班、职高班和职培班计56个，专业26个，在校学生2383人。毕业生就业率95%左右。1997年后，随着乡镇企业的萎缩、国企改制以及普高热的兴起等原因，中等职业教育的发展受到影响，全县中等职业教育逐渐由热转冷，进入发展困难时期。

21世纪初，全区对职业教育进行布局调整，至2003年，由原近40个办学单位，压缩为13个，其中属于教育局管理的有5所（含成人学校办班），企、事业单位管理的6所，属劳动局管理的技工学校1所，属政府直属的区职工培训中心（电大）1所。2005年后，江宁区职业教育步入规模办学，主要办学单位是江宁职业技术教育中心、江宁技工学校及江宁职工培训中心。

2007—2008年，全区有8所中等职业学校，在校生9433人，毕业生2964人，教职工884人（含校外聘请教师数）。

第一节　农业中学

1957年，全县创建农业中学4所，有5个班级，180名学生，教职工16人。1958年3月，江宁县文教局制订《江宁县关于创办农业中学的初步方案（初稿）》，指派专人在淳化乡试点创办农业中学。其间，受“大跃进”思想影响，全县突击开办85所农业中学，学生达3538人，专职教师94人。是年10月，经调整，全县共保留农业中学47所，在校学生4760人，教职工132人。由于盲目发展和集中，出现平调土地和公房、民房，招收超龄生，分散农村劳动力等现象，导致在校学生劳动过多，教学质量不高。

1959年秋，调整农中布局，合班并校，扩大规模，充实师资，巩固学额，加强领导，使农中稳步发展。是年，全县有农业中学28所，99个班级，学生3511人，教职工163人。根据《江苏省农业中学暂行规定（草案）》要求，江宁县农业中学执行调整后的课程计划，即初一开设政治、语文、算术、农业知识、卫生常识等20课时的课程，初二开设政治、语文、代数、物理、农业知识等23课时的课程，初三开设政治、语文、几何、物理、化学、农业知识等23课时的课程。1960年，江宁县各农业中学实行半耕半读制度，提倡生产自给，生产养校，开展勤工俭学活动。是年，全县农业中学共有田地206.87公顷，种有粮食作物和经济作物，大搞“试验田”；共有小工厂45个，进行编织、纸筋、红土、砂石、砖瓦、缝纫等手工业劳动。据统计，全县27所农业中学当年生产纯收入达59754元，其中全部实现生产自给的12所，占44.44%，基本实现生产自给的6所，占22.22%。

1961年，全县对农中贯彻“调整、巩固、充实、提高”的方针，进行大幅度调整和压缩，下放超龄生，减少班级。是年年底，全县尚存农中20所，有50个班级，学生1330人，教职工106人。学校实行“农忙劳动、农闲学习”的制度，除汤山、淳化2所农中仍为半日制外，其余农中均改为“四八制”或“五七制”（每年集中在校学习四五个月，分散在队劳动七八个月）。1962—1963年，先后停办大部分农中，仅保留汤山、麒麟、东善桥3所农中，有8个班级，学生361人，专职教师19人。

1964年，全县采取小型分散的办学方法，恢复和新办农业中学30所，连原有3所，全县共33所农中，有41个班级，学生1201人，教职工83人。是年，农业中学开设的课程为政治、语文、数学（算术、代数、几何）、物理、化学、农业知识等。至1966年，全县农中发展到84所（含农业高中2所），有121个班级（含农业高中3个班级），学生4054人，教职工162人。当年，农业高中开设的课程有政治、语文、数学（代数、平面几何、立体几何、三角）、物理、化学、作物栽培学、农业机械化电气化等。至此，全县8年中，农中共有毕业生6000余人。

“文化大革命”期间，除部分农业中学改为普通中学或五七中学外，大部分相继停办，校舍、土地被占或被分，财产设备基本流失。

1977年，全县有五七中学16所，试行“教学、生产、科研”三结合的新体制，上坊五七中学种植杂交水稻亩产515公斤，小麦亩产503公斤，并召开现场会推广。1979年，将五七中学改为农业中学或联办中学。1980年，对农业中学进行结构改革，在陆郎农中和淳化农中试办林茶、蚕桑、植保、机电、财会等7个专业班，向多方位的职业教育发展。1983年，全县只剩下2所农业中学，有2个班级，学生90人。1984年，全县农业中学停办。

1957—1968年江宁县农业中学情况表

表33-5-19

年　份	学校数（所）	班级数（个）	学生数（人）	教职员工数（人）	年　份	学校数（所）	班级数（个）	学生数（人）	教职员工数（人）
1957	4	5	180	16	1963	3	8	361	19
1958	47	107	4760	13	1964	33	41	1201	83
1959	28	99	3511	163	1965	84	106	3886	152
1960	27	102	4075	200	1966	84	121	4054	162
1961	20	50	1330	106	1967	84	104	3854	208
1962	2	5	262	11	1968	85	160	3064	206

说明：1958年，全县有农大1所，学生84人，教职工5人。1966年，全县农中有兼职教师65人

第二节　职业学校

【学校设置】

1964年，创办江宁县东山职业中学（“文化大革命”期间被撤销），招收2个班，共有新生109人。1976年11月，创办江宁县人民医院卫生学校（后改为江宁县卫生学校），学校实行“一校三制”，即成人中专、普通中专、职业中专三种办学体制并存。

1981年秋，开始改革中等教育结构，在淳化中学兴办幼师职业班，面向全县招收初中毕业生39人。1983年，进一步改革中等教育结构，除淳化中学幼师职业班外，先后在上坊、其林、湖熟、禄口、东善、横溪、铜山、殷巷、长江、秦淮等11所中学开办附设职业高中班，分别开设财会、动物饲养、烹饪、水产养殖、花卉、林木、机电、建筑、工业管理、美术10个专业；全县共11个专业，13个班，学生555人，教职工30人。至1984年，全县职业高中增至14所，有25个职业班，12个专业，在校学生1023人，专、兼职教师55人。

1985年，淳化中学幼师班、禄口中学水产班、殷巷中学建筑班，以及江宁卫校护士班与医生班4校5个职业班，被南京市教育局批准为走读中专。湖熟中学烹饪职业班单独设校，为江宁县湖熟职业中学，并经江苏省教育厅批准为省第一批要办好的重点职业中学之一。是年，全县职业高中有17所学校、34个班级、19个专业，在校学生1458人，教职工86人。

1990年，全县独立的职业中学有湖熟职业中学、麒麟职业中学、育林职业学校3所，有走读中专班、职高班和职培班计56个，专业26个，在校学生2383人。1992年2月和5月，江宁县职业技术培训中心与南京市技工学校江宁分校（二者均属非教育系统管理）相继成立，并公开向社会招生。是年，全县职业教育的学额巩固率99%，合格率98%，就业率90%。当年江宁县教育局被评为南京市职业技术教育先进集体。1993年，江宁县教育局创办职业技术教育中心学校。至1995年，全县职业高中学校共有37所，101个班级，在校生4449人，教职工305人。20世纪90年代后期，全县各中学举办的职业技术教育班相继退出，少量保存的职业教育班转移到各乡镇成人教育学校。

2002年，全区职业教育在校职业高中班31个，在籍学生仅838人；职业中专学生在校73个班2953人。是年，江宁职教中心挂靠江宁经济技术开发区，并同时挂牌成立江宁经济技术开发区职教中心。江宁职教中心被教育部、劳动及社会保障部、经济贸易部联合表彰为全国职业教育先进单位。

至2007年，全区职业中学有7所，分别为江宁职教中心、钟山外国语中等专业职工学校、江宁区发展职工学校、南京金箔集团金蕾职校、江宁区供销职工学校、湖熟成人学校、方山成人学校，共有在校生6064人，专任教师288人。

【学校选介】

江宁职教中心 学校建于1993年7月。1995年，新校舍建成，地处竹山路旁，校园占地面积71333.30平方米，是年，经县政府批准挂牌为“江宁经济技术开发区职业技术教育中心”。1999年，学校被教育部确定为“全国首批重点中等职业学校”。2004年3月，学校被教育部重新调整认定为首批“国家级重点中等职业学校”。2006年，江宁职教中心、湖熟职中、麒麟职中合并为一校，迁址重建江宁职教中心学校。新江宁职教中心学校位于江宁大学城内，占地面积25.60万平方米，总投资2.80亿元，建筑总面积10.50万平方米（一期工程）。2007年，学校有72个教学班级，在校生3500多人，教职工260余人。

图33-5-15 江宁职教中心（2007年摄）

学校实训基地建设成绩卓著。2004年，学校数控专业实训基地被确定为省级数控实训基地；2006年，被确定为中央数控实训基地。2007年8月，南京市科技局、人事局、教育局联合授予学校计算机应用技术专业实训基地为南京市软件人才培训基地。

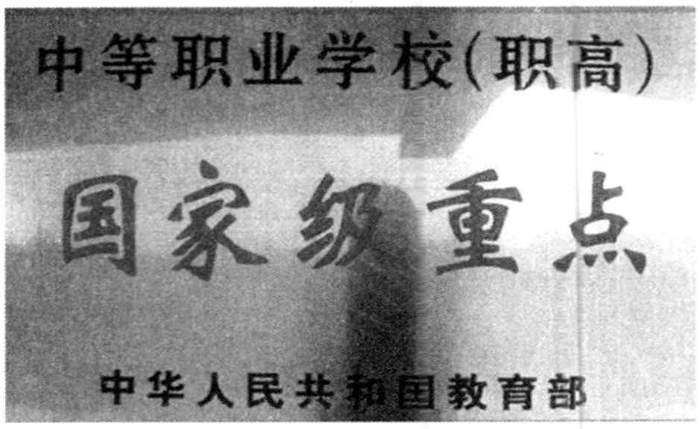

图 33-5-16　国家级重点中等职业学校（职高）——江宁职教中心（2004年摄）

湖熟职业中学　1983年，湖熟中学设立一个烹饪班，1985年8月独立成校，定校名为江宁县湖熟职业中学。1987年8月，学校有6个班级，学生230人，教职工16人，校园面积8000平方米，建筑面积2000平方米。1988年4月，经江苏省教育委员会验收合格，正式批准为省重点职业中学。1990年8月，学校有12个班级，学生425人，教职工41人，校园面积21331.20平方米，建筑面积4700平方米。1991—1995年，校办企业不断发展，创收逐年提高。板鸭加工厂年产值300多万元，学校所属酒店既提供学生实习又对外营业，年上交利润40多万元。至1995年，学校发展到21个班级，学生920人，教职工78人，校园面积33330平方米，建筑面积1.44万平方米。20世纪末期，职业教育开始出现困难，学校规模逐年缩小。2007年，学校撤銷并入江宁职业技术教育中心。

学校自1991—1995年，连续5年被评为江宁县先进学校；1993年，学校被江苏省教育委员会确定为全省十二所职业学校进行社会化、产业化办学试点之一，同年12月被评为南京市模范学校。

1986—1995年江宁县职业教育情况表

表 33-5-20　　单位：人

年 份	班级数（个）	在校生数	毕业生数	招生数	教职工数					
					合 计	其 中				
						公办民办	其他部门办	专任教师	学历达标数	达标率（%）
1986	47	2094	433	1162	119	119	—	96	3	3.13
1987	32	1455	518	593	101	101	—	78	2	2.56
1988	40	1860	890	901	87	83	29	88	4	4.55
1989	46	2022	696	1043	140	136	17	91	13	14.29
1990	56	2383	523	1116	127	123	7	89	12	13.48
1991	49	2212	846	1041	173	100	73	101	17	16.83
1992	62	2690	566	982	327	151	176	152	26	17.10
1993	80	3689	533	1741	373	181	192	179	31	17.32
1994	102	4659	785	1729	344	186	158	178	40	22.47
1995	122	5376	1098	2345	400	258	142	289	72	24.91

说明：1992、1993年招生数统计不含中专和技工学生

1996—2006年江宁区中等职业学校情况表

表33-5-21

年份	班级数（个）	专业点（个）	在校生数（人）	教职工（人）	
				总数	其中专任教师
1996	—	—	5641	360	255
1997	134	41	4503	419	294
1998	130	33	4716	419	299
1999	141	46	3018	289	207
2000	77	32	1815	228	173
2001	69	26	1559	234	155
2002	46	8	2123	242	168
2003	55	6	4783	409	280
2004	115	—	10326	761	476
2005	241	—	11363	769	474
2006	—	—	11439	802	539

说明：1.1999—2002年，学校数不含江宁职教中心；学生数不含职业中专学生

2.2003—2006年，师生数含技校、成人中专校及其他教育机构

2007年江宁区职业中学情况表

表33-5-22　　单位：人

学校名称	在校学生数			教职工数					教师职称情况			
	一	二	三	专任	行政	教辅	工勤	双师	副高	中级	初级	无级
江宁职教中心	1058	1335	1607	228	38	11	22	—	30	92	93	13
钟山外国语中等专业职工学校	159	174	96	9	9	2	2	—	—	—	7	2
江宁区发展职工学校	—	36	48	7	2	—	—	1	—	4	2	1
南京金箔集团金箔职校	118	145	198	12	2	1	2	2	—	3	9	—
江宁区供销职工学校	114	153	181	5	3	4	2	—	—	4	1	—
湖熟成人学校	144	157	203	20	7	—	4	2	2	6	7	6
方山成人学校	21	23	56	7	1	—	2	2		2	1	—
合计	1614	2043	2389	288	62	18	34	7	32	111	120	22

说明：表中不含区技工学校和电大暨区成人中专校学生

第三节 师范学校

【栖霞师范学校】

民国12年（1923），学校始创，初名江苏省栖霞乡村师范学校。民国20年停办。新中国成立初期，重建苏南栖霞师范学校。1952年划归江宁县主管。1953年下半年，栖霞地区划归南京市，该校更名为南京市栖霞初级师范。1956年下半年，学校改为南京市栖霞中学。

1952—1956年江宁县立栖霞师范学校教育情况表

表33-5-23

年 份	班级（个）	在校学生数（人）	毕业生数（人）	招生数（人）	教职员工总数（人）	专任教师数（人）
1952	7	398	110	90	39	27
1953	9	488	150	240	43	29
1954	7	374	114	—	40	—
1955	5	240	134	—	—	—
1956	5	240	240	—	—	—

【县立江宁师范学校】

民国35年（1946）7月，江宁县建县立师范学校（江宁简易师范），校址定于第一区东山镇金山寺。师范学生招收小学毕业生，学制三年，同时招收一年学制学生一个班，称简师班，学习一年毕业。民国36年秋，全校共3个班级，即师一、师二年级及简师各一个班（当时第一届简师班已毕业），学生约150人。民国38年秋，师范学校停办。原在校的一年级学生46人，二年级学生42人，均一道并入苏南栖霞师范学校继续学业。

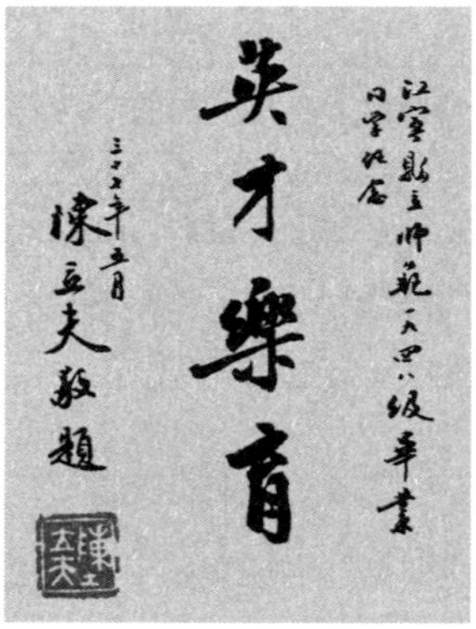

图33-5-17 民国37年（1948），国民政府教育部长陈立夫为江宁县立师范1948届学生毕业纪念题词

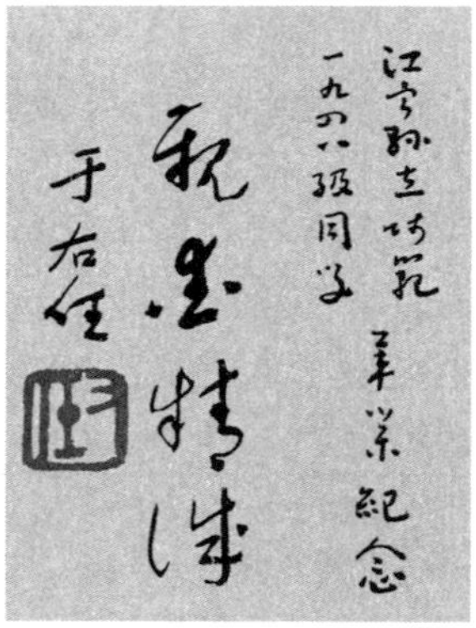

图33-5-18 民国37年（1948），中华民国监察院院长于右任为江宁县立师范1948届学生毕业纪念题词

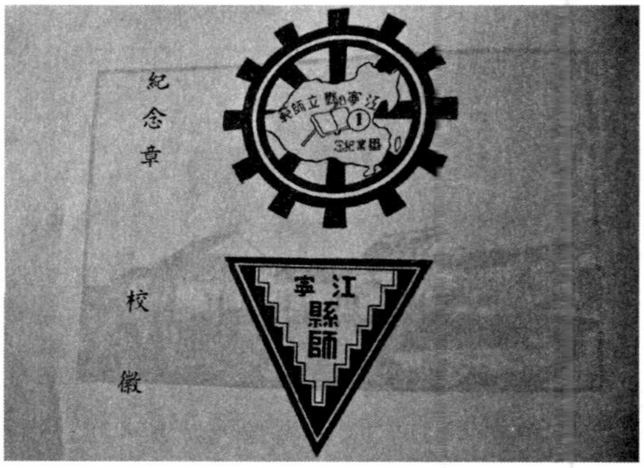

图33-5-19 民国37年（1948），江宁县立师范毕业学生纪念章及校徽

【江宁县师范学校】

江宁县师范学校建于1958年夏，校址在东山镇竹山。学校旨在培养小学教师，学制3年，招收初中毕业生或具有同等学历者，当年招普师2个班级、113人，速师（半年学制）1个班级

43人，有教职工13人。1959年2月，开办专科班，分文科、理科，招收具有中师毕业程度的小学教师60人。因限于办学条件，同年初夏即转入南京师专。是年暑假，学校招收普师3个班级145名新生。

1961年夏，第一届普师毕业生88人，统一分配到全县从事小学教育工作。1962年秋后，学校停办，学完两年未毕业的师范生40余人，大部分回乡充任农村小学民办教师或从事农业生产。

1958—1962年江宁县师范学校教育情况表

表33-5-24

项　目		1958年	1959年	1960年	1961年	1962年
班级（个）	合计	3	5	9	7	5
	一年级	3	3	4	—	—
	二年级	—	2	3	4	3
	三年级	—	—	2	3	2
在校生数（人）	合　计	156	244	422	325	199
	一年级	156	145	195	—	—
	二年级	—	99	136	191	121
	三年级	—	—	91	134	78
招生数（人）		156	145	195	—	—
毕业生数（人）		—	43	—	88	78
教职员工（人）	总　数	13	28	40	38	28
	教　师	7	13	24	21	15

第四节　教师进修学校

江宁县教师进修学校创办于1953年11月，为省试点的县级小学教师业余进修学校，初名为江宁县小学教师业余进修学校。1956年，学校设中师和高师函授站。1958年秋，并入江宁师范学校进修部。1962年秋，江宁县师范学校停办，恢复进修学校。1963年，学校易名为江宁县中师函授辅导站。“文化大革命”期间停办。1977年3月，恢复重建。1983年，学校升为中等师范性质的学校。学校主要承担全县中、小学教师的学历进修、业务辅导任务。

【业余进修】

江宁县教师进修学校创办初期，招收县内未达初师毕业水平的在职小学教师参加业余初师进修，分片设点，巡回教学。1956年起，招收全县中、小学教师参加中师函授和高师函授的系统文化进修。

1978年，中、高师函授由南京师范院校负责颁发教学计划，组织统一考试，审发毕业文凭；县进修学校负责业务领导；各公社负责组织工作等。中师函授开设文章选读、语文基础知识、初等数学、算术理论4门主科。高师函授开设中文、数学、物理、化学4个专业。学制三年至三年半。1979年，南京晓庄师范学校开办江宁中师班。1983年，高师函授增开政治专业和英语专业，学制为三年半。至1985年，全县中、小学教师业余进修获初师毕业的896人，中师毕业的1042人，高师毕业的418人。

1987年，开办中师美术业余进修班，招生对象为在职小学美术教师，学制四年，在籍学员24人；是年中师毕业243人。1978—1999年，20多年间共毕业中师函授学员2782人，至此，江宁县教师进修学校完成了小学教师中师进修的历史使命。

江宁教师进修学校是南京晓庄学院函授站之一。自2000年起，教师进修学校与晓庄学院联合办学，先后举办小学英语（二学历）、计算机教育（二学历）、小学教育、学前教育等7个专科函授班和1个小学英语本科班。至2007年，共有2235人在江宁区教师进修学校的组织辅导下获得专科毕业文凭。

本科教育始于1994年江苏省教委开通的教师自考。教师进修学校在南京教育学院和省教院的支持下，开设中文、数学、外语、教管、历史、物理等专业辅导班，当年招收学员130人，至1999年毕业学员共121人。1995年，与省教院联合举办教管专业本科函授班，至1999年，毕业学员46人。至2007年，共有357人在江宁区教师进修学校的组织辅导下获得本科毕业文凭。

1953—2007年江宁区教师文化业余进修情况表

表33-5-25　　　　单位：人

年份	初师		中师		高师	
	学员数	毕业数	学员数	毕业数	学员数	毕业数
1953	239	—	—	—	—	—
1954	260	—	—	—	—	—
1955	244	—	—	—	6	—
1956	202	150	180	—	20	—
1957	313	86	360	—	30	—
1958	644	286	1120	—	380	—
1959	671	131	1176	56	393	—
1960	691	243	1170	40	467	—
1961	—	—	—	—	—	—
1962	—	—	260	—	—	—
1963	—	—	—	—	—	—
1964	—	—	—	—	—	—
1965	—	—	—	—	—	—
1966—1976	“文化大革命”期间停办					
1977	—	—		—	—	—
1978	—	—	1956	—	320	—
1979	—	—	1617	—	489	—
1980	—	—	1553	—	417	—
1981	—	—	2261	—	488	—
1982	—	—	2261	35	473	323
1983	—	—	1140	523	120	—
1984	—	—	957	388	161	—
1985	—	—	1276	—	226	95
1986	—	—	1276	284	195	—

续表

年份	初师		中师		高师	
	学员数	毕业数	学员数	毕业数	学员数	毕业数
1987	—	—	1133	243	195	64
1988	—	—	939	168	131	61
1989	—	—	813	202	66	66
1990	—	—	611	103	—	—
1991	—	—	168	89	—	—
1992	—	—	113	79	—	—
1993	—	—	34	34	1024（大专）	1993年起为自学考试学员
1994	—	—	590	—	130（本科）	—
1995	—	—	617	65	786（大专） 150（本科）	—
1996	—	—	390	332	—	—
1997	—	—	91	91	—	—
1998	—	—	148	146	—	—
1999	—	—	—	—	—	—
2000	—	—	—	—	863	—
2001	—	—	—	—	139	—
2002	—	—	—	—	148	—
2003	—	—	—	—	183	—
2004	—	—	—	—	69	—
2005	—	—	—	—	149	—
2006	—	—	—	—	206	—
2007	—	—	—	—	404	—

【承办师专和中师班】

江宁县教师进修学校自1978—1983年承办南京师范学院南京市师资专科班（江宁班），简称江宁师专班。学制2年，纳入国家高校招生计划，承担南京市一部分高等师范专科教育任务。1978年暑假，学校数学专科班招收50人，物理专科班招收41人。1980年年底至1983年7月，共有4届大专班学生毕业，毕业学生共计226人。至1983年7月，大专班停办。

1990—1994年，由晓庄师范学校作为主办学校，江宁教师进修学校连续5年承办民办教师脱产进修班，每年招收1个班级，每个班级30人。学员都是江宁、溧水、高淳、江浦、六合五郊县的在职民办教师。学制2年，在校学习1年，回原县实习1年，毕业时转为公办教师。

江宁县教师进修学校从1979—1986年承担南京晓庄师范学校江宁中师（或民师）班招生办学任务。面向江宁、江浦、六合等地招生，对象有民办教师或高中毕业生等，学习2年，其间实习半年或一年。1979年暑假，面向江宁县应届、往届高中毕业生招收中师班新生100人，分2个班级。1980年暑假，面向江宁、江浦两县招收民办教师100人（江宁80人，江浦20人），分2个班级。这两届学生分别于1981年和1982年全部毕业，由晓庄师范学校颁发中师毕业证书。1984年暑假，教师进修学校面向南京市管辖的五县一郊招收小学民办教师2个班级，共83人。1985年暑假前学完全部课程，所有学员于1986年暑假毕业后回原单位任教。

【职业技术教育班】

1987—2002 年，江宁区教师进修学校面向社会开展职业技术教育，以幼儿教育、艺术教育为主要内容，招收应届初中毕业生，先后共开办九届，参加学习人数 649 人。学生毕业后大多从事教育工作。

【教育系统岗位培训】

教师培训 1958 年，为补充小学教师不足，江宁县教师进修学校先后招收初中毕业生 150 人，分三期进行业务培训，每期 3 个月。主要进行小学教育目的、任务培训，培训期满，由县文教局分配到全县各小学担任小学教师。至 1963 年，举办 9 期小学教师轮训班，每期半年或 1 年，共计学员 449 人。学习期满，考试及格，取得结业证书者 426 人，结业率 95%。

1977 年春恢复进修学校后至 1981 年，针对初中教师文化业务水平不高的实际，连续举办各种学科的初中教师培训班。1979—1984 年，举办初中英语教师培训班七期 7 个班级，合计学员 239 人。共结业 227 人，结业率 95%。1986 年，学校举办初中语文、数学、英语教师 3 个培训班，共结业 90 人。1988—1989 年，学校举办初中英语教师培训班，学制一年，1989 年暑假结业 35 人。

从 1990 年开始，学校每年确定 1 个 ~ 2 个公共课专题，围绕专题内容展开培训。1996 年，围绕“课堂教学改革年”举办“优化课堂教学”全员专题培训；1999 年，围绕创新教育、教育现代化举办专题培训。

2001—2006 年，先后举办中、小学班主任培训班、骨干教师培训班、心理健康师培训班、小学英语教师师资培训班。至 2007 年，教师进修学校共有 3000 多名教师接受培训，其中 2000 多名教师参加测试，合格率 61.20%；现代教育技术的培训，与区电教中心一齐抓培训和考核，全区共有 4000 多名教师参加培训和考核，合格率 98%。

教育干部培训 1982 年秋至 1985 年夏，全县举办小学行政干部培训班共五期，每期一班，学制一般半年，共结业 188 人。1990 年，学校举办三期小学校长岗位培训班，共 96 人。每期 3 个月，总计 300 课时。至 2007 年年底，江宁教师进修学校干部培训共办班 36 期，培训干部 2900 余人次。

1958—2007 年江宁区教师、干部岗位培训情况表

表 33-5-26

年份	教师培训班			干部培训班		
	班数（个）	学员数（人）	结业数（人）	班数（个）	学员数（人）	结业数（人）
1958	4	200	198	—	—	—
1959	2	100	97	—	—	—
1960	2	100	98	—	—	—
1961	2	99	95	—	—	—
1962	1	50	47	1	49	49
1963	1	50	41	3	171	171
1964	—	—	—	—	—	—
1965	6	314	314	—	—	—

续表

年份	教师培训班			干部培训班		
	班数（个）	学员数（人）	结业数（人）	班数（个）	学员数（人）	结业数（人）
1966—1976	“文化大革命”期间停办					
1977	4	228	226	—	—	—
1978	1	56	56	—	—	—
1979	6	251	251	—	—	—
1980	1	48	48	—	—	—
1981	1	30	30	—	—	—
1982	2	66	66	1	45	45
1983	5	158	147	2	90	84
1984	1	25	23	1	29	29
1985	3	121	97	1	30	30
1986	3	124	124	—	—	—
1987	1	25	25（毕业）	—	—	—
1988	1	35	35	—	—	—
1989	2	44	44	—	—	—
1990	2	76	76（毕业）	—	—	—
1991	20	1325	198	2	267	267
1992	20	1214	203	3	82	82
1993	20	1584	254	1	30	30
1994	20	1752	1336	4	174	174
1995	20	2002	2002	2	72	72
1996	5	296	296	2	60	—
1997	13	856	560	2	60	60
1998	7	665	665	1	23	—
1999	6	749	749	2	79	23
2000	15	819	819	1	56	56
2001	46	2692	1840	3	116	32
2002	69	5952	5416	4	115	26
2003	80	3950	2613	6	216	44
2004	130	5657	5547	5	172	172
2005	66	2678	2253	3	154	68
2006	56	4325	1780	7	498	62
2007	38	3270	782	7	506	108

第六章　高等教育

江宁区的高等教育包括江宁广播电视大学开设的高等教育和江宁区自学考试委员会管理的高等教育自学考试及成人高等学校考试。

江宁县电大工作始于1979年，由县文教局业余教育股代管，只招收自学视听生。1982年春，成立江宁县电大管理站，有教职工13人。学校面向全县开展成人业余专科段高等学历教育。1985年1月，与县工业交通学校合并，成立江宁县职工培训中心。县电大管理站与县职工培训中心，对外两个机构，内部同一领导班子。1986年3月，江宁电大管理站升格为南京广播电视大学江宁分校。学校自1982年9月开始设学历教育，至2007年年底设成人专科、普通专科、开放教育本科、开放教育专科、远程网络教育本科、远程网络教育专科、注册视听生专科、高等职业教育、中等职业教育等多种类型的学历教育。1992年5月，设立江宁县职工培训中心培训科（1998年4月，更名为江宁广播电视大学教育科）。2007年，该培训中心主要开展非学历继续教育培训，分为干部继续教育培训、专业技术培训、其他继续教育培训。

国家高等教育自学考试管理和国家成人高等学校招生全国统一考试管理由江宁区自学考试办公室负责。20世纪80年代，县高等教育自学考试由县高校招生办公室负责承办；20世纪90年代，成立高等教育自学考试办公室，与招生办实行两块牌子一套班子。全区自学考试自1983年开考后，报考人数从1983年的490人，至2007年上半年已增至5555人。开考专业从最初的5个，增至72个。

第一节　江宁广播电视大学

【学历教育】

自1982年春起，江宁电大成人大专学历教育先后设中文、机械、工管、商管、化工、土建、文秘、档案、财会、财税、外贸英语、应用电子技术、经济信息管理与计算机信息管理等专业，学制2年～3年（全日制学员2年完成、业余班学员3年完成），至2007年，共招收学生2586人。1984年9月，学校开设普通高等教育。首届招收机械、电气2个专业，属普通大学专科学历教育，学制3年。至2007年年底，共招收学员1167人。1985年9月，学校开设中等职业教育，办学形式有电视中专、走读中专、成人中专（全日制）与职业高中。至2007年年底，共招收学生3131人。

1996年9月，学校始设注册视听生教育，是为重点培养面向基层、面向农村、面向边远省区的应用型高等专门人才，实行完全学分制的一种教学形式，经注册的学员课程八年内有效。至1999年，注册视听生教育共招收学生382人。1999年后，注册试听生教育停办。2000年1月，学校开设开放教育，每年2次招生，学员免试入学，学籍八年有效。招生对象为社会人员、军队转业干部、面向农村的“一村一名大学生”计划培养的农村基层工作人员等。开放教育分本科、专科2类。至2007年年底，学校共招收学员6023人（其中本科生1220人、专科生4803人）。2000年9月，学校开设高等职业教育。学生从初中毕业升学考试考生中招收，全日制学习，学制 5 年。2007 年年底，学校招收学生 1264 人。2005 年 9 月，成立南京广播电视大学江宁分校奥鹏远程教育学习中心，利用奥鹏网络平台与相关高校合作，开展远程网络教育。至 2007 年年底，学校共招收学生 91 人。

【继续教育培训】

区广播电视大学非学历继续教育培训主要有继续教育培训、专业技术培训、其他继续教育培训三大类。

1988—2006 年，江宁区职工培训中心干部继续教育培训项目主要有科技档案和图书资料管理培训、劳动经济管理专业证书教学、工业卫生知识电视讲座培训、乡镇企业厂长（经理）班、干部高中班、聘用干部考试辅导班、社会管理专业自学考试辅导班、干部外语培训、公务员英语培训、干部计算机培训、公务员信息技术培训等。其间，共有 5200 名学员参加学习。

1993—2004 年，江宁电视大学举办成人高中班、大专水平班、党政管理、行政管理专升本班。学制从 1 年半至 3 年不等。其间，有 2916 名学员参加培训。

2000—2007 年，江宁区职工培训中心专业技术继续教育项目主要有职称计算机培训、职称公共课培训、电工培训、机械工培训、钳工培训、车磨工培训、会计培训、会计证考前辅导班、县物资局招工岗前培训班、南京五星高能通信产品调试维修培训班、宾馆服务培训班、全国计算机等级考试及培训、全国计算机信息高新技术考试（ATA）培训考试、计算机办公自动化培训、国际商务单证员与跟单员培训、江宁区新型合作医疗报销管理网络系统操作人员培训等。至 2007 年，全区共有 6081 名学员参加培训。

第二节 高等教育自学考试

高等教育自学考试是个人自学、社会助学与国家考试相结合的高等教育考试制度。公民不受性别、年龄、民族、学历限制均可报名应考。

20 世纪 80 年代，县高校招生办公室负责承办江宁县高等教育自学考试；90 年代，省、市成立高等教育自学考试专门机构，江宁县相应成立高等教育自学考试办公室（简称自考办）。自学考试每年开考两次，在全国考试委员会规定的同一时间进行考试。

1987 年 1 月，江宁县人民政府向各乡镇政府、县各直属企事业单位发文，作出对“参加自学考试取得大专毕业文凭的党政机关干部和职工，每人一次性发给奖金 350 元”的决定，鼓励干部、职工自学成才。

江宁区自学考试自 1983 年开考后，报考人数从 1983 年的 490 人，增至 2007 年上半年的 5555 人。开考专业从最初的 5 个，发展到 72 个，涵盖文、理、工、农、医、法、经济、教育、历史、管理等学科门类。1983—2007 年，在江宁区自考办报名注册并参加考试的考生中，有 2073 人取得本、专科毕业证书，部分本科毕业生还被授予学士学位。

从 1999 年开始，江宁县率先在全市开展农村高等教育自学考试试点工作，在 23 个乡镇建立自考服务站，为农村青年参加自学考试提供服务。

进入 21 世纪后，高等教育自学考试开考的专业分为两类，一类是面向社会开考专业，一类是主考学校自办助学专业（俗称“小自考”）。助学专业的报名时间是每年的 7 月至 9 月中旬，

9月底开学。江宁区参加助学专业的考生在主考学校接收系统的助学辅导，大多是全日制教学，考试的通过率一般略高于面向社会开考专业的考生。

1983—2007年江宁区高等教育自学考试情况表

表33-6-27

年份		开考专业（个）	报考人数（人）	课次数（课次）			合格（课次）		毕业人数（人）			
				报考数	实考数	实考率（%）	合格数	合格率（%）	其中 本科	其中 专科	小计	累计
1983		5	490	971	553	56.95	290	52.40	—	—	0	—
1984		5	815	2333	1727	74.02	951	55.10	—	—	0	—
1985		11	1695	5093	3078	60.44	1545	50.20	—	—	0	—
1986		12	2219	5186	3008	58.00	1083	36.20	—	88	88	88
1987		13	2095	4820	2875	59.65	1041	36.20	—	27	27	115
1988		22	1980	4414	2375	53.81	886	37.30	—	49	49	164
1989		21	2323	5171	2245	43.42	861	38.40	—	63	63	227
1990		19	2376	5465	2509	45.91	825	32.90	1	29	30	257
1991		19	3032	6471	2893	44.71	946	32.70	3	22	25	282
1992		20	3041	6583	2665	40.48	989	37.10	2	17	19	301
1993		18	2437	5225	2888	55.27	1297	44.90	3	23	26	327
1994	上	17	1492	3233	1659	51.31	692	41.70	1	18	19	346
	下	18	1687	3625	2129	58.73	842	39.50	1	29	30	376
1995	上	18	1834	3971	2153	54.23	884	41.10	2	43	45	421
	下	19	1845	4089	2233	54.61	868	38.90	1	30	31	452
1996	上	16	2038	4181	2210	52.86	749	33.90	2	19	21	473
	下	14	1877	4017	2208	54.97	861	39.00	4	23	27	500
1997	上	14	1968	3758	2127	56.60	753	35.40	—	19	19	519
	下	14	2088	4014	2266	56.46	785	34.60	1	49	50	569
1998	上	15	2682	5369	2860	53.27	1014	35.50	3	40	43	612
	下	15	3113	6124	2982	48.69	1036	34.70	3	25	28	640
1999	上	16	3147	6191	3380	54.60	1164	34.40	2	32	34	674
	下	21	3095	5683	2597	45.70	1025	34.70	3	23	26	700
2000	上	22	3105	6952	3812	54.83	1321	34.70	1	29	30	730
	下	24	3179	7204	4334	60.16	2003	46.20	2	30	32	762
2001	上	39	3301	7541	4401	58.36	1873	42.60	5	56	61	823
	下	39	3287	7623	4274	56.07	1725	40.40	8	58	56	889
2002	上	42	3092	7058	3747	53.09	1807	48.20	12	86	98	987
	下	42	2619	6192	3433	55.44	2070	60.30	16	97	113	1100
2003	上	48	3249	7370	3399	46.12	2097	61.70	18	103	121	1221
	下	48	2948	6808	3556	52.23	2015	56.70	24	79	103	1324

续表

年份		开考专业（个）	报考人数（人）	课次数（课次）			合格（课次）		毕业人数（人）			
				报考数	实考数	实考率（%）	合格数	合格率（%）	其中		小计	累计
									本科	专科		
2004	上	53	2817	6139	3204	52.19	1753	54.70	11	74	85	1409
	下	53	3086	6767	3643	53.83	1753	48.10	49	72	121	1530
2005	上	58	2949	6558	3453	52.65	1890	54.70	49	77	126	1656
	下	58	3594	8194	4418	53.92	2366	53.60	49	70	119	1775
2006	上	62	4652	10615	5781	54.46	2823	48.80	57	58	115	1890
	下	62	5180	12044	6748	56.03	3089	45.80	72	37	109	1999
2007	上	62	5555	13058	7521	57.60	3654	48.60	35	39	74	2073

说明：1994—2007年后的“上”“下”分别为上半年、下半年自学考试情况

第三节　成人高等学校招生考试

“成人高考”全称为国家成人高等学校招生全国统一考试，是1986年创立的一种成人高等教育国家级招生考试模式，与普通高考一样，需通过国家统一考试取得入学资格。入学考试时间起初为每年5月，后改为每年10月。成人高考入学考试试题比普通高考相对简单，而且入学形式比较多，分全脱产、半脱产、夜大和函授几种，适合社会各界人士参加，毕业后可获得国家承认的专、本科学历，且可以继续考研。

成考的全国统一入学考试，分高中起点读大专（简称高起专）、高中起点读本科（简称高起本）和大专升本科（简称专升本）等学历层次。有高中毕业证书、中专证书和技校证书的报名时没有年龄限制，没有证书的19周岁以下均可参加。成教的办学主体一般是各大学所设的相应的成人教育学院或继续教育学院，毕业证书由所读大学的成人教育学院颁发。成考生的入学考试是全国统一命题，统一考试时间，考生的报名、考试由区自学考试办公室负责组织管理。

1995—2007年江宁区成人高考情况表

表33-6-28　　单位：人

年份	报名人数	录取人数	年份	报名人数	录取人数
1995	550	165	2002	551	414
1996	534	205	2003	647	—
1997	615	145	2004	804	678
1998	644	219	2005	1540	1304
1999	440	202	2006	3392	2936
2000	586	311	2007	2680	1788
2001	403	282			

说明：2001年的情况由于资料缺失暂未统计。由于受“非典”疫情影响，考试后移，2003年录取情况资料缺失

第七章 社会教育

民国18年（1929），县立实验民众教育馆在湖熟镇建立。民国37年，各国民学校附设成立成人补习班、妇女识字班，开展补习教育。

新中国成立后，江宁区社会教育主要有农民教育、职工教育、干部教育、老年教育与社区教育5种类型。1950年，全县农民教育主要是开展冬学运动与农民业余学校教育。“文化大革命”期间，相继停止，转而开展夜校教育与农校教育。1976—1977年，全县农村政治夜校9936所，学员197981人，脱盲54077人。1977年后，农村政治夜校逐渐停办，夜校教育随之停止。1983年后，江宁县各乡镇相继成立成人教育中心学校。乡镇成人教育中心学校主要开展对农民和乡镇企业职工的技术培训。2003—2007年，江宁区各街镇成人教育中心校邀请南京市“讲师团”的专家开展为农民送技术下乡活动，年培训量近1500人次。

全县职工教育始于1951年，江宁县首创湖熟镇职工业余学校。1991—1995年，全县企业职工在职工业余学校参加各类文化教育32426人。1995年后，全县企业职工业余学习转为参加社会办学形式的学习，职工业余学校逐步停办。

江宁县最早的干部教育主要由1951年先后创办的江宁县级机关干部业余文化学校与江宁县工农干部文化补习学校承担。1956年4月，中共江宁县委党训班成立。1993年，江宁县农业学校并入党校。全年共举办各类培训班24期，培训人数3700人次。2007年，江宁区委党校、区行政学校完成18期党员干部教育培训任务，培训人数2000余人。

1992年春，江宁区创办老年大学。1992—2007年，老年大学定期招生，学制根据不同专业学习1年~2年不等。2007年，学校在校学员600多人，开设22个专业，共52个班级，32名教师。

2004—2007年，全区建成以9个街镇社区教育中心为骨干，219个社区（居委会、村）市民学校为基础的社区教育网络体系。

第一节 农民教育

【农民冬学】

1950年冬，全县开展冬学运动，并成立县、区（县下区）、乡三级农民教育委员会。全县10个区、130个乡、928个村共有冬学682所，709个班级，参加学习的主要是乡村及农会的基层干部，其余还有民兵、农会会员、妇会会员、青年积极分子等。冬学分为扫盲班（或识字班）、初小班、高小班，利用晚间分班上课，每次学习1个半小时~2个小时。据《江宁县教育志》载，当年参加冬学的人数达3万多人。

1951年年底，冬学发展到1889所，2053个班，学员97761人，占全县总人口的22.80%。1952年，广泛推行“速成识字法”，至是年年底有1.90万人投入识字运动。1955—1956年，继续开展冬学教育，进行以扫盲为主的识字明理的教育活动。1957年，组织扫盲毕业考试。是年，根据县扫盲办公室公布的数据：全县农业人口文盲20万人，其中青壮年文盲13.60万人，已经脱盲6万人，占全县农业人口文盲总数的30%，占青壮年文盲数的44%。1959年，全县总人口为487203人，

14周岁至50周岁青壮年共有177640人，其中识字脱盲至大学水平的有92804人，青壮年非文盲率为52.20%。

1964年5月至1965年，全县冬学合计4176个班，学员84983人。“文化大革命”开始后，冬学停办，陆续被各个生产队的政治夜校取代。

【业余学校教育】

江宁县农民业余学校简称民校。1951年，苏南人民行政公署在《关于办理农民业余学校的暂行规定》中指出：“农民业余学校是农民群众业余性的常年的、正规学习的场所。”是年，全县有重点地将条件较好的冬学转为常年民校，共有915所民校，1001个班级，学员50299人。

民校学员以乡村干部、共产党员、青年团员、民兵、农民中的积极分子为主，多为青年。办学内容以识字学文化为主。学制课程，初级班三年，高级班二年。学完规定课程经考试及格的即可毕业，并由县人民政府颁发农民业余学校初级班或高级班毕业证书。课程设置，初级班有国语、算术2科；高级班有国语、算术、常识（包括政治、历史、地理、自然）3科。学习时间，每周上课5天，每天上课1小时～2小时。全年学习定为250小时～300小时。冬季农闲（四个月）平均每日2小时，春、夏季农忙（四个月）平均每日1小时。

1953年，全县有民校1111所，1192个班级，学员51452人，专职教师55人。1956年，江宁县民校发展到1904所，进入民校学习的人数达72299人，群众教师增至3992人。1958年，全县各地纷纷建立或将民校转为文化技术学校、干部红专学校、业余农业大学等，全县共有3602个班，参加学习的干部和群众115227人。至1959年，全县有农民文化技术学校2954所，学员86878人；干部红专学校242所，学员9439人；业余农业大学27所，学员1757人。

三年困难时期，民校停办。1964年，全县恢复常年民校485所，657个班（组），在校人数11633人。“文化大革命”开始后，江宁县民校教育停办。

【夜校教育】

1969—1970年，县农村政治夜校兴起。最初，参加政治夜校学习文化的对象主要是青壮年妇女，后发展到青壮年农民，学习时断时续。据统计，1972年上半年，全县参加政治夜校学习的农民4.80万人，入冬增至5.70万人。

1973年年底至1974年，全县农村有文化政治夜校5855所，学员125940人，兼职教师6177人。1976—1977年，全县农村政治夜校9936所，学员197981人，脱盲54077人。1977年后，农村政治夜校逐渐停办。1978年，全县29个公社（镇）基本扫除青少年和基层干部中的文盲，脱盲率达93.10%。全县举办各种类型的农民业余文化技术学校124所和农民业余初中17所，以学习农业科学技术为主。1979年，全县扫除青少年和壮年文盲3.76万人。并举办各地文化政治夜校高小班53个、初中班9个、农技班22个，合计学员5750人。是年，江宁县方山、其林、花园、周岗四个公社被评为南京市扫盲业余教育先进单位。

1983年，全县共有25个乡镇达到国务院规定的非文盲率85%的脱盲标准。1984年11月，经南京市人民政府检查验收，江宁县无文盲率为88.60%，符合国务院规定的脱盲率85%的脱盲标准，居南京市五县第一，江苏省人民政府批准江宁县为脱盲县，并颁发了“基本扫除文盲合格证”。

【农校教育】

1975年10月，江宁县创建五七农业大学（据毛泽东“五七指示”命名）。学校性质属成人教育，培训对象为农、林、牧、副、渔等技术人员。1975年10月至1978年，举办一年学制的农学专业班3期，培训农业技术员196人；举办一年学制的医护专业班2期，培训赤脚医生、护士119人；举办水利、农机、林业、桑蚕、兽医、外语等短期培训班18期，培训1057人。1977年6月，县五七农业大学被评为南京市文教系统先进单位。1979年8月，县五七农业大学改名为“江宁县农业学校”，学校仍属成人业余教育性质。

1990年9月，学校创办农业技术走读中专班（农学专业），学制3年，学习期满成绩合格者，由南京市走读中专校颁发毕业证书。至是年年底，学校共举办大队干部培训班17期，培训1169人；乡村企业干部10期，培训446人；大队农业技术员12期，培训726人次，林副业干部226人；其他各种类型的培训班441期，培训33382人次。

1991—1995年，农业学校面向乡镇副业办领导、行政村干部和特种种植、养殖大户，分期分批轮训，开展农作物种植知识、市场营销技能培训、经济作物特种蔬菜和特种水产培训，培训活动举办8期，培训人数320人。其间，学校采取自办、联办和代办等办学形式，共举办各类培训班273期，参训人数20570人次。1997年3月，江宁县农业学校并入江宁县委党校，仍挂江宁县农业学校牌子。

2003年，江宁区委党校实施职业教育自主办学，成立党校职业教育部，至此，江宁区农业学校不再挂牌。

【乡镇成人教育】

1983年12月，江宁县方山乡根据省教育厅通知精神，创办南京市第一所乡镇成人教育中心学校。随后，全县各乡镇相继成立成人教育中心学校。乡镇成人教育中心学校主要开展对农民和乡镇企业职工的技术培训。

1984—1990年，全县24个乡镇相继建立成人教育中心学校（简称成教中心）。继1984年全县基本扫除青壮年文盲后，根据扫盲工作的高限要求，由乡镇成教中心在农村开展扫除剩余文盲工作。至1990年，先后脱盲16420人，青壮年中非文盲率达95%。1991—1995年，全县共扫除青壮年文盲、半文盲2.30万人。

全县各乡镇成教中心在扩大扫盲教育的同时，着手抓文化技术培训。在岗位技术培训方面，1985—1990年，全县共有115050人参加各类岗位职务和技术培训。其中取得岗位专业合格证书的815人（含职工），农林副各业技术员660人。

1996—2000年，全县农村举办各级文化教育培训班（初等、高中、中专、大专）2675个，学员4163人，举办各类技术（业务培训）培训班4855个，共有358224人参加。举办各类讲座3243期，共有223262人参加。

2003—2007年，江宁区各街镇成教中心邀请南京市“讲师团”的专家开展为农民送技术下乡活动，主讲水稻种植与管理、蔬菜种植与鱼虾病害防治、奶牛饲养与疾病防治等课题，年培训近1500人次。此后，成人教育中心的办学与社区教育相融合。

2001—2006年江宁区农村成人教育情况表

表33-7-29　　单位：人

类别				2001年	2003年	2004年	2005年	2006年	合计
文化教育	合计			2907	1890	1691	2294	2636	11418
	初等教育			1260	503	514	501	480	3258
	高中教育			519	445	239	1133	708	3044
	中等专业教育			233	624	642	267	806	2572
	大专教育			895	318	296	393	642	2544
各类技术培训	合计	人数		120901	131660	105188	109233	117998	584980
		其中	长训	102855	103939	91561	93458	92900	484713
			短训	18046	27721	13627	15775	25098	100267
	工业技术培训			25430	41986	92746	95154	94198	349514
	农副技术培训			95471	89674	12442	14079	23800	235466
各类讲座				—	408	5545	16081	11400	33434

说明：2002年数据空缺

第二节　职工教育

【职工业余教育】

1951年，湖熟镇首创职工业余学校，以文化教育为主，识字教育为重点，分普通班（初小）、中级班（高小）、高级班（初中），有学员171人，教师3人。1952年，全县各区、乡（镇）兴办一批职工业余学校，有学员2103人。至1955年，全县有职工业余学校10所，学员934人。1957年，增至26所，学员2633人。1959—1961年，职工业余教育基本停办。

1963年，全县很多集镇恢复职工业余学校，强调突出政治，活学活用毛泽东著作，进行社会主义教育，开展“政治、文化、技术、业务”四结合教学活动。1981—1985年，县总工会、县供销社等系统先后新建5所职工业余学校，招聘专职教师73人。至1990年，县属厂矿企业已建立职工业余学校8所。1991—1995年，全县企业职工在职工业余学校参加各类文化学习教育的有32426人，其中业余小学的21988人，业余初中的3715人，业余高中的6723人。

1995年后，全县各企业职工业余学习转为参加社会办学形式的学习，职工业余学校逐步停办。

【职工文化与技术补课】

1982年，县工农教育办公室对1968年至1980年年初、高中毕业的青年职工，进行文化补课和技术补课工作，按行业系统建立职工文化补课业余班或脱产班，并招聘专、兼职教师任教。

1984年，全县国有（集体）职工参加初中文化补课7105人，参加技术补课6709人，参加业余高中学员233人，上职工中专、高校200人。至1985年10月，全县国有（集体）企业在编职工总数27715人，其中参加文化补课的青年职工6903人，技术补课的职工6718人。1982—1985年，全县职工初中文化补课考试累计合格人数5591人，合格率81%；累计技术补课合格人数4175人，合格率63.60%。

20世纪90年代，企业改制，原有的以企业为单位集中学习模式的职工文化技术补课不再存在。

【职工进修与培训】

1981年，全县职工进修逐步形成从初等、中等到高等的较为完整的职工教育体系，先后发展广播电视、业余函授、脱产培训与自学考试等多种途径的办学形式。1984年，全县职工参加初、高中文化学习的2352人，其中达初、高中毕业的1330人；参加短期技术（业务）培训的742人，其中结业的550人；参加各类中专函授学习的1420人，其中达中专毕业的391人；参加职工大学脱产学习、函授大学业余进修和各类高校代培学习的253人，其中达大专以上毕业的97人；参加高等教育自学考试的职工、干部和解放军干部战士等1365人；参加中、高等教育广播电视收看自学的有千余人。1985年，建立企业职工业余中专财会班2个，参加学习的有75人，参加高等教育自修大学学习的有1831人。

1992年，完成岗位培训和各类实用技术培训36835人，培训项目涉及涉外经济培训、高级电讯培训和外语培训。1995年，全县成人教育完成岗位培训8600人，农村实用技术培训4.40万人。1991—1995年，全县企业职工参加各种实用技术培训的20多万人；参加岗位培训的3.51万人。

1996—2000年，全县各级工会共举办各类培训班、学习班320多期，参加培训人数达8400余人次。县总工会职工学校先后被认定为江苏省重点职工学校和全国总工会系统重点职工学校。2003年，区总工会成立职业介绍所，全年培训下岗失业人员500余人次。2004年，区内成教中心校开展下岗职工再就业培训，全年举办服饰技术、电子实用操作技能、机械加工工艺、羽毛球制作、物业管理保安等35种培训班，共有1508人参加培训，培训时间2447课时。2005年，江宁职教中心与供电局等部门合作，开设电工、电子、钳工、车工、铣工、焊工、数控、计算机等10个工种，培训下岗再就业人员4800人；接受企、事业单位在岗人员技术培训9560人。2006年，全区26个培训单位，对244979人次进行创业培训。

第三节 干部教育

20世纪50年代，江宁县的干部教育学校主要有江宁县级机关干部业余文化学校和江宁县工农干部文化补习学校。1956—2000年，江宁县干部继续教育工作由江宁县委党校（江宁县行政学校）负责；2001年，江宁县委党校改为江宁区委党校，江宁区委党校与江宁区行政学校共同负责干部继续教育工作。

【县机关干部业余文化教育】

1951年5月，江宁县级机关干部业余文化学校成立，参加学习的县级干部126人。设小学、中学两部。课程设置：小学部设国语、算术、政治常识、史地、自然等学科；中学部设国文、数学、政治常识、中外史地、物理、化学等学科。全年（两学期）上课440小时。1953年，学校有速成识字班40人，初小班8人，高小班32人，专职教师2人。1956年，学校有8个班，学员250人，专、兼职教师19人。是年，全县还有区（属当时县级下的一级行政设置）级机关干部业余文化学校5所，设初小班、高小班、初中班，共有学员527人。1957年年底，县机关干部学校有初小班、高小班、初中班共5个，学员182人。

【县工农干部文化补习】

1951年6月，创办江宁县工农干部文化补习学校，学制定为脱产学习2年。入学条件是参加革命工作3年以上的工农干部，年龄在18周岁以上，具有相当初小三、四年级文化程度，身体健康，自愿学习者，由县、区、乡各级机关单位选调，经考试合格者均可入学。当年招收新学员2个班48人。开设课程有国语、算术、自然、地理、历史、政治、体育、音乐等学科。1955年，学校有学员39人，通过一学期（6个月）学习，语文达高小毕业26人。至1956年，学校有离职学习学员61人，高小班学员33人。

【党校培训教育】

1956年4月，中共江宁县委党训班成立。至1960年，培训班培训党员、干部1500人次，培训对象主要是县级机关、文教卫生系统、财贸系统和厂矿企业的党员干部及人民公社、生产大队的基层党员干部。1961年7月，培训班更名为江宁县委党校。是年，县委党校培训轮训党员、干部2000人次。“文化大革命”开始后，县委党校被迫停办，党校人员全部被下放到县五七干校劳动锻炼。

1973年4月，县委党校恢复，与县五七干校合署办公，两块牌子，一套班子。至1979年，五七干校撤销，县委党校在东善公社三合原址继续办学。其间，党校开办各种学习班、培训班40期，培训、轮训党员干部8007人次。

1981—1982年，党校开办6期《关于建国以来党的若干历史问题的决议》学习班，1233名基层领导及县级机关各部委办局的负责人参加培训。1985年，党校举办一期党政干部培训班，择优录取57名学员，学制2年，进行中专学历教育。是年，选拔145名在职干部参加中央党校附设函授学院的大专学历教育。1987年，举办党政专业中专培训班2个，中央党校函授大专班5个。

1997年3月，江宁县农业学校并入党校。学校规模扩大，当年全县干部培训期数和人数远超往年。全年共举办各类培训班24期，培训人数3700人次。是年12月，成立江宁县行政学校，与中共江宁县委党校实行两块牌子，一套班子，统一管理。2006年，江宁区委党校举办各类培训班15期，累计培训人数1019人。2007年，区委党校迁至秣陵街道湖山路新校区办公。在完成全区12期公务员3520人的“5+X”能力（“5”指公务员必须掌握的5门必修课：公共行政、公共政策、公共经济、依法行政和创新能力；“X”指公务员根据各自情况自我确定的选修课）培训任务的同时，完成18期党员干部教育培训任务，培训人数2000余人。

第四节 社区教育

2001年后，全区各街镇成教中心的工作逐步转向为社区教育服务。2004年9月，江宁区人民政府下发《关于加强农村劳动力转移培训工作的意见》，各街镇成教中心开展农村劳动力转移培训工作，当年培训12246人，获得职业资格证书2226人；转移输出劳动力7089人，其中向国外输出8人。2005年，全区22个成教中心全年参加文化教育的学员2294人，参加技术教育的学员93458人，参加讲座培训的学员16081人。

2006年5月，江宁区委和江宁区人民政府下发《关于加快推进社区建设的意见》。由此，各街镇成人教育中心学校逐步开始了由成人教育向社区教育的转向。是年，各街镇成人教育中心协同各中学对初三和高三的应届毕业生，特别是失地（经济开发征收土地）农民家庭的应届毕业生实施“两后双百”（中考、高考后未升学毕业生培训合格率、适龄人员就业率100%）创业教育，百分之百地培训，达到百分之百地就业，从源头上解决新增劳动力的就业问题。各成人学校还把未升学的初中毕业生动员到成人学校读成人业余高中，学制2年。

方山成人教育中心校采用“多方合作”的培训模式，挂靠省外事办开办出国劳务输出培训班17期，输送500多人到日本工作。湖熟成人教育中心校采用“定点计划”培训模式，2006年培训失地农民105人，剩余劳动力转移培训2148人。江宁成人教育中心校采用“主动出击”培训模式，面向市场，主动出击，自主招生，与街道工业公司、就业指导中心、工厂、村和社区建立广泛的联系，寻找培训项目和有关培训技术的实习基地；还与企业联合办学，实行定单式培训。

2007年，江宁区建成江苏省社区教育实验区，成立江宁区社区教育中心，与江宁职业技术教育中心学校两块牌子一套班子。至此，全区初步形成以江宁区社区教育中心为龙头，9个街道社区教育中心为骨干，219个社区（居委会、村）市民学校为基础的社区教育网络体系。是年，全区9个街道都成立社区教育中心，继续保留成人教育中心学校，两块牌子一套班子。全区原各集镇的成人学校作为所属街道社区教育中心的办学点继续存在。

2007年江宁区社区教育（成人教育）情况表

表33-7-30

社区教育中心	单位	合计（万人次）	各类培训数（万人次）			合计（人）	农村成人学历教育数（人）					下岗职工培训数（人）
			农村新增和剩余劳动力转移培训	农村致富骨干、经纪人培训	其他各类培训		扫盲	成人高中、中专	职业高中、中专	大专以上	自学考试	
东山街道	东山	0.62	0.30	0.01	0.31	308	20	60	—	22	206	207
	上坊	0.42	0.08	0.02	0.32	61	20	—	—	—	41	152
秣陵街道	秣陵	0.71	0.13	0.08	0.50	32	—	28	—	4	—	500
	方山	0.41	0.21	—	0.20	314	—	58	100	156	—	102
江宁街道	江宁	0.47	0.05	0.02	0.40	410	33	26	—	307	44	50
	铜井	0.53	0.06	0.02	0.45	76	39	5	—	25	7	50
	陆郎	0.50	0.06	0.02	0.42	85	37	10	—	32	6	50
谷里街道	谷里	0.52	0.07	0.03	0.42	102	25	26	—	51	—	52
	东善桥	0.37	0.04	0.02	0.31	83	25	47	—	11	—	104
横溪街道	横溪	0.66	0.08	0.06	0.52	593	25	30	—	142	396	65
	陶吴	0.45	0.03	0.02	0.40	76	25	—	—	—	51	55
	丹阳	0.45	0.03	0.02	0.40	76	25	—	—	—	51	60
禄口街道	禄口	0.61	0.15	0.03	0.43	29	25	4	—	—	—	62
	铜山	1.01	0.02	0.08	0.91	106	—	21	60	5	20	25
淳化街道	淳化	0.83	0.08	0.25	0.50	58	25	33	—	—	—	61
	土桥	1.03	0.07	0.26	0.70	25	25	—	—	—	—	—
湖熟街道	湖熟	0.66	0.19	0.03	0.44	874	30	92	557	195	—	75
	龙都	0.56	0.07	0.03	0.46	44	22	10	—	12	—	55
	周岗	0.53	0.06	0.03	0.44	37	25	—	—	12	—	50
汤山街道	汤山	0.60	0.08	0.01	0.51	192	—	—	—	50	142	80
	上峰	0.56	0.02	0.02	0.52	102	—	—	—	20	82	20
	麒麟	0.53	0.05	0.01	0.47	239	—	—	—	79	160	60
区职教中心		0.20	0.20	—	—	630	—	—	—	530	100	50
合计		13.23	2.13	1.07	10.03	4552	426	450	717	1653	1306	1985

第八章 教师 教育研究

民国 16 年（1927），江苏省立第四师范学校设立栖霞乡村师范分校，直接为江宁县农村培养小学教师。民国 22 年，全县有小学教员 334 人，其中师范毕业的 226 人，占 68%。

抗日战争胜利后，政府推行国民教育，江宁县依照《各省市国民教育师资训练办法大纲》规定，国民学校校长等必须先经过区县（或省）地方行政干部训练机关举办的中心国民学校、国民学校校长训练班的培训，方能到任。

新中国成立初期，全县对接管的原公立小学教职人员基本留用（包括代用教师），随后转为正式教员，学历上没有规定明确标准。民国 38 年（1949）5 月，江宁县人民政府接管的学校旧人员，初中教职工 15 人，小学教职工 657 人，合计 672 人。

20 世纪 50—60 年代，全县对小学教师队伍进行整顿，辞退文化业务水平低，不能担任小学低年级课程的教师。70 年代初始，全县民办教师大量增加，最高峰时以全县计，占教师总数的一半以上；而以农村人民公社计，小学民办教师占 2/3 以上。1980 年，全县停止录用民办教师，在以后的十多年间逐年将民办教师转为公办教师。1988 年，全县开始中小学教师职称评聘。1993 年，开始骨干教师评审。2006 年，区教育局增评区德育带头人、区教科研带头人等，教师的社会地位由此上升。

1996 年始，江宁县对教师实行国家统一规定的教师资格证书制度。2005—2007 年，全区中、小学新教师的招聘须参加南京市统一录用考试。

2007 年，全区教职工 9953 人。其中，幼儿园教师 1743 人，学历达标率 97.30%；小学教师 3105 人，学历达标率 99.65%；普通中学教师 4372 人，学历达标率 95.37%；中等职业学校教师 709 人，学历达标率 90%；特殊学校教师 24 人，学历达标率 100%。

江宁区教育教学研究机构主要有教学研究室、教育科学研究室、电化教育中心。

第一节 教师队伍

古代县学教师，或委任学官，或由府、县官兼任，或为退隐名宦、无意仕途的名儒。官学书院主讲人和讲学者由朝廷任命。民间私学性质的蒙学，教师多为秀才或没有考上秀才的童生等清贫文人。清末，兴学堂。小学堂设堂长，多为科举出身，教师亦称教员，由塾师转任。这一时期，县内教员数量暂无统计数据。

民国 16 年（1927），江苏省立第四师范学校设立栖霞乡村师范分校，直接为江宁县农村培养小学教师。民国 22 年，全县有小学教员 334 人，其中师范毕业的 226 人，占 68%。民国 35 年秋，成立县立江宁师范学校；至民国 38 年夏，该校有 42 人毕业。

新中国成立初期，对接管的原公立小学教职人员基本留用（包括代用教师），随后转为正式教员。学历上没有规定明确标准。民国 38 年（1949）5 月，江宁县人民政府接管的学校旧人员，初中教职工 15 人，小学教职工 657 人，共 672 人。

1954 年，规定公立学校教师一律改由主管人民政府教育（科）局任免，对全县小学教师队伍进行第一次整顿，辞退文化业务水平太低不能担任小学低年级课程的教师218人，占全部小学教职工的16.70%。1949—1959年，国家分配到江宁县教育系统工作的高中教师20人，初中教师86人，小学教师450人。此外，通过县级师资培训，“就地取才”，全县补充高中教师14人，初中教师155人，小学教师1377人。1959年，全县各类学校教职员工共2764人，总数是1949年的3.65倍。

1961年，全县各类学校精简下放教职工共804人，多数是公办，少数是民办。1962年，全县教职员工总数为2237人，其中公办1988人、民办249人。至“文化大革命”前夕，全县教职员工总数为2306人，其中小学1923人、中学383人；公办1898人，民办408人。

“文化大革命”期间，师范学校停止招生，全县60%以上的教师被调出支援各公社办高中；初中教师调到高中任教，小学教师调到初中任教。民办教师数量大增加。至1979年，全县中、小学教职工总数5072人，其中民办2637人，占51.99%。由于教师层层提拔，导致各级学校教师的整体水平下降。

1980年，停止录用民办教师，在此后的10多年间逐年将民办教师转为公办教师。1983年5月，对民办教师进行考核整顿，按思想品德鉴定、教学业务考核、文化水平考试三项进行综合评定，分别鉴定为胜任、基本胜任、辞退三类。全县中、小学民办教师2793人，通过考核鉴定，能胜任教学工作者1618人，占57.90%，基本胜任教学工作者897人，占32.10%，辞退民办教师278名，占民办教师总数的10%。1985年，全县教职员工总数为6267人，是1949年的8.28倍。1987年，县文教局按“录取一名师范本科生，发给学校奖金1000元”的标准，对学校进行奖励。此后，通过鼓励报考、委托培养、积极引进等措施，每年都有一批师范毕业生充实中、小学教师队伍。

1991，全县共有公办教师4705人，民办教师2393人，自用教师（含代课）450人。至1995年，全县199名民办教师全部转为公办教师（其中包括少量具有合格学历的“自用教师”），至此，全县教职工有7792人。是年，从外地引进大专以上学历教师108人。同时，通过实施继续教育，组织自学考试，开展岗位练兵等形式，提高教师的学历层次和业务水平。全县中、小学教师学历达标率呈逐年上升趋势。1996年后，全区中、小学自用教师聘用人数逐年递减。

2000年，全县共有教职工8204人。其中，幼儿园教师1106人，学历达标率90.19%；小学教师3435人，学历达标率96.80%；普通中学教师3258人，学历达标率92.75%；中等职业学校教师384人，学历达标率59.55%；特殊学校教师21人，学历达标率100%。2004年，全区共有教职工9659人，其中幼儿园教师1199人，学历达标率93.90%；小学教师3457人，学历达标率99%；普通中学教师4220人，学历达标率94.15%；中等职业学校教师761人，学历达标率83%；特殊学校教师22人，学历达标率100%。2006年，全区公办中、小学全部辞退自用教师，并不再聘用。民办中学、小学、幼儿园教师按国家规定要求自行招聘教师。

至2007年，全区教职工总数共有9953人。其中，幼儿园教师1743人，学历达标率97.30%；小学教师3105人，学历达标率99.65%；普通中学教师4372人，学历达标率95.37%；中等职业学校教师709人，学历达标率90%；特殊学校教师24人，学历达标率100%。

1949—1984年江宁县教师队伍情况表

表 33-8-31

年份	教职工数（人）				教师学历达标率（%）		
	幼儿园	小学	普通中学	中等职业学校	小学	初中	高中
1949	—	741	15	—	—	—	—
1950	—	743	19	—	—	—	—
1951	—	748	22	—	—	—	—
1952	7	1240	46	—	—	—	—
1953	12	1331	101	—	—	—	—
1954	13	1304	136	—	—	—	—
1955	13	1353	140	—	—	—	—
1956	14	1383	173	—	51.70	55.60	62.50
1957	13	1424	220	—	—	—	—
1958	19	1827	230	144	—	—	—
1959	24	2212	335	193	—	—	—
1960	23	2324	449	243	—	—	—
1961	22	1941	474	131	—	—	—
1962	22	1806	398	11	—	—	—
1963	16	1748	369	12	57.70	65.90	65.00
1964	16	3539	380	55	—	—	—
1965	15	1913	380	164	57.80	70.60	66.70
1966	15	1923	383	164	—	—	—
1967	14	1995	386	220	—	—	—
1968	14	1991	387	220	—	—	—
1969	14	1988	387	14	—	—	—
1970	—	2681	413	—	—	—	—
1971	—	2859	523	—	—	—	—
1972	—	3317	591	—	—	—	—
1973	—	3520	678	—	—	—	—
1974	—	3611	696	—	—	—	—
1975	—	3793	718	—	—	—	—
1976	—	3907	794	70	—	—	—
1977	—	3040	1757	—	—	—	—
1978	—	2897	1843	—	21.70	10.00	17.30
1979	—	3228	1844	—	22.20	10.00	21.70
1980	—	2892	1759	—	23.30	16.60	34.20
1981	—	3422	1718	—	22.60	18.50	29.00
1982	—	3468	1636	—	22.80	30.60	40.40
1983	—	2873	1607	—	27.40	36.40	39.30
1984	—	2804	1619	36	30.90	35.50	41.30

说明：中等职业学校教师包括农村职业中学、职业中学、成人中专与其他一些职业学校的教职工人数；1949—1964年，统计数据是各类学校的教职员工数；1980—1984年，统计数据是各类学校的专任教师数

1985—2007 年江宁区教师队伍情况表

表 33-8-32

年份	教职工数（人）										教师学历达标率（%）			
	幼儿园		小学		普通中学		中等职业学校		特殊学校		幼儿园	小学	初中	高中
	总计	专任教师	总计	专任教师	总计	专任教师	总计	专任教师	总计	专任教师				
1985	763	763	3177	3073	2244	1608	83	83	—	—	—	37.50	34.80	41.00
1986	1152	1152	3538	3017	2688	1988	96	96	—	—	—	70.00	36.00	37.30
1987	1156	1156	3316	3008	2446	1890	101	78	—	—	—	68.40	39.80	35.70
1988	1147	949	3463	3065	2657	2013	105	84	—	—	—	70.00	46.30	35.30
1989	1195	1105	3009	2553	2444	1882	162	102	—	—	—	73.00	54.40	43.50
1990	1201	1123	3033	2758	2470	1836	155	107	—	—	—	77.50	61.30	48.50
1991	1180	965	3091	2817	2654	1964	173	101	—	—	—	83.20	66.30	52.50
1992	1251	1157	3106	2844	2731	2025	256	152	16	14	—	83.80	69.90	54.90
1993	1241	1150	3085	2818	2789	2083	273	179	12	12	—	86.00	72.30	57.00
1994	1312	1205	3163	2878	2914	2113	136	98	14	13	—	87.60	75.70	63.30
1995	1289	1066	3116	2830	3061	2220	312	231	14	13	—	89.80	80.50	69.10
1996	1329	1010	3260	2958	3116	2242	414	313	18	16	—	90.70	85.10	70.80
1997	1380	1102	3369	2997	3185	2198	492	352	19	15	—	92.20	89.80	70.90
1998	1244	1140	3049	3048	3169	2163	419	299	20	16	—	93.50	91.50	77.50
1999	1160	1077	3452	3071	3130	2165	289	207	31	26	—	94.90	92.90	79.10
2000	1106	268	3435	3062	3258	2309	384	300	21	18	90.19	96.80	94.80	84.10
2001	1053	833	3780	3163	3841	2651	234	155	23	20	—	97.50	95.20	86.00
2002	1112	252	3357	3025	3304	2478	242	168	23	20	90.50	98.70	96.20	88.60
2003	1156	848	3577	3006	3931	2815	409	280	24	21	—	99.00	97.00	91.30
2004	1199	859	3457	3263	4220	3523	761	476	22	19	93.90	99.00	97.00	91.30
2005	1291	884	3362	3152	4160	3478	769	474	22	19	93.00	99.00	97.00	87.00
2006	1556	1032	3276	3083	4273	3535	802	539	24	20	96.90	99.70	97.00	92.00
2007	1743	1102	3105	2913	4372	3674	709	489	24	21	97.30	99.70	97.18	93.56

第二节 教师地位和待遇

【社会地位】

清末，江宁县在官、私立学校任教的教师，均为有科举功名和一定声望的社会名流，社会地位较高。但农村私塾类的教书先生一般家境贫寒，社会地位不高。

新中国成立初期，江宁县新建立的人民政权及时接管原有学校，对教育采取安定政策并发展教育事业，教师的社会地位相应提高。

20世纪50年代至“文化大革命”结束时的20多年间，由于“左”倾思想的影响，不少教师受到冲击，教师的社会地位相应受到负面影响。1955年，全县中、小学教师1412人中，除家庭出身“阶级成分高”外，个人被认定有“政治历史”问题的有406人，占28.70%。1957—1961年，全县教育系统受批判和处分的教师共453人（不含“中右”分子和“新三反”处理的），占教师总数的26.50%。

“文化大革命”期间，更多的教师遭受迫害。有的遭到酷刑拷打，有的被强迫参加重体力劳动，有的开除公职，有的押送回家，有的逮捕坐牢。据1970年5月统计，全县公办中、小学教师被错误定为地主、富农、反革命、坏分子、“右派分子”、叛徒、特务、走资派、臭知识分子9种人遭批斗的和有严重问题的共403人，占全县公办教师数的19.60%。

“文化大革命”结束后，县委和县人民政府对历次政治运动中所造成的冤、假、错案进行平反，落实党的知识分子政策。1978—1979年，对424名教师进行平反（不含已调出江宁县工作的人员），有的恢复职务，重返教师岗位，有的恢复工资级别，年龄大的改办退休、离休手续。对已死亡的在政治上恢复名誉，补办丧葬抚恤手续，适当照顾其家属子女。是年，全县落实政策的经费达17万多元。

中共十一届三中全会后，教师的社会地位有了更大改善。1982年，县委、县政府制订《进一步做好教师工作的意见》，作出8条规定，政治上信任，工作上依靠，生活上关心教师，在一定程度上保障了教师的社会地位。1985年，国家规定每年9月10日为教师节，全县各级政府召开首届教师节庆祝大会，表彰先进，让社会各界为教师办实事，由此形成一种尊师重教的社会制度。1986年5月，县人民政府向全县执教30年以上的612名教师颁发荣誉证书，并形成惯例。

1958—2007年，全区教师获南京市先进工作者表彰的共674人。1980—2007年，全区教师当选人大代表190人、政协委员159人，这些教师与各界代表共同参政议政。1985—2007年，全区教师获江宁区先进工作者4559人。

【教师待遇】

工资待遇 清末，县域小学教师的工资待遇按学历设薪，同样学历中再根据毕业时成绩优劣和每周任课小时分出等级，如优级师范学堂毕业生月薪30元～60元，每10元一个等级。中学教职人员的工资比小学教员高。

民国初期，全县中学教员的工资待遇曾由月薪制演变为时薪制与日薪制并存。据龚启昌的问卷调查统计，民国23年（1934），江宁县小学教师每月实际薪水平均为26元，合年薪312元，远高于乡村教师收入的全国平均水平。

民国38年（1949）4月间，由于新旧政权交替，江宁县教师有2个月没有领到薪米，被迫离校奔波。江宁县人民政府建立初期，随即从老解放区调大米发给教师，实行“实物工资制”（又称“学米制”）。1950 年，由薪水米改发折实单位，平均每人每月工资约 20 万元（旧币制）。1952 年 1 月，改发工资分，平均每人每月 105 个工资分，折合旧币 25.80 万元。1956 年，实行教师工资改革，改行“货币工资制”。平均工资增长幅度：中学 15.50%，小学 25.30%。中学教师平均工资由 46.61 元增至 53.83 元；小学教师平均工资由 36.67 元增至 45.93 元。

此后，1959 年、1963 年、1970 年、1977 年，都为中小学教师增加工资，逐步改善教师的生活。1979 年，按“劳动态度、工龄长短、学历高低”条件调整工资，全县中、小学教职工 2684 人，有升级因素的 2305 人，实际升级的 1198 人，升级面 51.97%。

1981 年，对教师工资进行普调，升级面为 115%。通过普调，全县教职工平均每人每月增加工资 7.45 元。1985 年，实行理顺工资关系，进行全面的工资套改，套改后的工资组成为基础工资＋职务工资＋工龄津贴＋教龄津贴。小学教师月平均工资由原 61.40 元增至 79.60 元，中学教师月平均工资由原 63.99 元增至 80.03 元。1988 年，全县中、小学实行职称改革，1989 年，兑现教师技术职务工资。

1990 年，全县教职工人均月工资提高到 116.25 元，比 1989 年增加 17.32 元。小学教师人均 118.18 元，中学教师人均 113.57 元。教职工全年人均奖金 240 元。1993 年 10 月，实行工资改革，全县共有 5825 人参加工改，人均月增工资 104 元。1993 年工资改革后，全县教师的工资待遇和福利建立了正常的增长机制，在严格考核的基础上，凡连续两年考核为合格（考核结果分为优秀、合格、不合格三种）以上的人员，一般可晋升一个工资档次，考核不合格的不得升级。1997 年 7 月、1999 年 7 月、2001 年 1 月、2001 年 10 月、2003 年 7 月，5 次调整职务（技术等级）工资标准。1995 年 11 月、1996 年 10 月、1998 年 10 月、2000 年 10 月，4 次调整基础和职务（岗位）津贴标准。

2007 年，进行岗位工资和薪级工资套改，全区中、小学共 7173 人参加改革，人均月增工资 352 元。改革后，教育系统的工作人员经年度考核为合格及以上等级的，每年都能正常晋升一级薪级工资。同时，离退休（职）人员增加离退休（职）费。

此外，对于县内中、小学民办教师和下农村任教的教师工资待遇问题，县内都有明确规定。“文化大革命”前中小学就有少量民办教师，1970 年后大量增加。农村民办教师的收入由生产大队在年底按不低于整劳动力社员平均收入一次性付给，国家每月发给少量的补贴，最初每月 2 元，后涨至 5 元、7 元、9 元、10 元、12 元、15 元等。从 1979 年起，民办教师逐年有“民转公”的计划，至 1994 年，全县共有 2582 名民办教师转为公办教师；1995 年，所剩的 199 名民办教师全部转为公办教师。

为鼓励大专院校毕业生下农村任教，自 1997 年 1 月 1 日起，江宁县执行江苏省人事厅、财政厅、教育委员会联合发出通知：“凡到县城以下（不含县、市政府所在镇街）农村中小学、成人中等学校从事教育教学工作的中专以上（含中专，下同）毕业生，可直接享受定级工资，并上浮一档职务工资。对调离农村教育教学岗位的，其浮动工资不再享受。在农村任教累计 25 年，且离退休前连续在农村任教满 5 年，并在农村学校离退休的教师，其上浮的职务工资，可计入离退休工资基数。连续在乡镇以下（不含乡镇政府所在地）学校任教满 8 年的中专以上毕业生，可再浮一档职务工资；调离该岗位后，此浮动职务工资即行取消。”

福利待遇 新中国成立后，全县中、小学执行国家对教师实行生活包干政策，除基本工资外，在不同时期统发粮价、物价、副食品、伙食、书报、班主任岗位津贴和课时津贴等。

寒、暑假期间，教师的工资补贴照发。教师享有其他劳保福利：生活困难补助、公费医疗、女教师产假、降温费、洗理费、独生子女保健费等。此外，全县各学校组织教师外出观光旅游，适时安排工作多年、贡献突出的骨干教师或老教师去外地疗养，给部分教师报销定期探亲往返车船费等。

1997 年 12 月，县教育局申请批地建教工新村，先后建成 3 期共 498 套住房，以成本价出售给教师，作为个人财产享有。从 1993 年始，县直属学校和城区所在地学校教职工享受国家住房公积金政策，至 2005 年，住房公积金政策覆盖全区所有学校，且 2007 年公积金的基数标准由 8% 提高至 10%。2006 年，按南京市统一标准计算拟发教职工购房补贴。购房补贴的居住面积计算标准按技术职称分为三个等级，分别为 110 平方米、90 平方米、75 平方米。凡没有享受过房改房的教职工按每平方米 400 元计算补贴（加上工龄因素），已享受过房改房的，如居住面积不足标准的计算补差额。全区教职工购房补贴 2007 年算账到个人。

第三节　教师职称评定　骨干教师评选

【教师职称评定】

1988 年 6 月，全县首次进行中、小学教师职称评定工作。经评审，全县中学聘任中学高级教师 51 人，占中学教师的 2.84%。小学教师中聘任中学高级教师 1 人，小学高级教师 501 人，占参评数的 28.40%；聘任小学一级教师 856 人，小学二级教师 420 人，小学三级教师 54 人，分别占参评数的 48.70%、23.80%、3.10%。是年 7 月，评出中学高级讲师 7 人；是年 12 月，补评出中学高级教师 10 人。此后，江宁县中、小学教师职称每年评审一次。1989—1999 年，评出中学高级职称 367 人，其中高级教师 361 人、高级讲师 6 人。2000—2007 年，评出副高级职称的中、小学教师 752 人，其中中学教师 687 人、小学（含幼教）教师 65 人；中级职称的中、小学教师 2859 人，其中中学教师 1467 人、小学教师 1392 人。

2006 年，江苏省首次在全省开展教授级中学高级教师评审，江宁高级中学的葛敏、严晓玲两名教师被评为教授级中学高级教师。

1988—1999 年江宁县中学高级职称评定情况表

表 33-8-33　　单位：人

年　份	高级教师	高级讲师	年　份	高级教师	高级讲师
1988	51	7	1995	39	—
1989	10	—	1996	24	—
1990	10	—	1997	21	—
1992	14	2	1998	34	1
1993	83	2	1999	50	1
1994	76	—			

2000—2007年江宁区中、小学副高级和中级职称评定情况表

表33-8-34　　　　单位：人

年份	副高级		中级		年份	副高级		中级	
	中学	小学（含幼教）	中学	小学（含幼教）		中学	小学（含幼教）	中学	小学（含幼教）
2000	39	—	113	267	2004	95	7	244	146
2001	42	2	168	210	2005	111	12	253	105
2002	59	3	199	275	2006	120	14	161	108
2003	43	2	209	127	2007	178	25	120	154

【骨干教师评选】

1993—2007年，全区中、小学评选出区青年骨干教师1167人，区青年教学标兵423人，区教学带头人511人，区教科研带头人26人，区德育带头人120人，省特级教师4人。1994—2007年，全区中、小学评选出市优秀青年教师121名，市教学带头人50名。

第四节　教育研究

【教学研究】

机构　1955年2月，成立江宁县文教局教学研究室，简称县教研室，是县教育系统的主要教学研究机构，设主任1人，教研员3人。1958年，与教师进修学校合并，附设在江宁师范学校内，并受其统一领导。

1962年夏，恢复教研室，有工作人员7人，至1965年增至10人。“文化大革命”开始后，教研室基本停止教学研究工作。至1968年10月，教研室解散工作人员全部进县五七干校劳动。

1974年，组建和恢复教研室，设主任1人，教研员及其他工作人员7人。1978年，扩编为19人，基本配齐中、小学主要学科的专职教研员，建立县、社、校三级教研网。

1981年，编制缩减为9人。至1984年，进一步充实和加强教研工作，编制增为28人。1984年，教研室被设置为政府有单独编制的县教育行政主管部门的直属事业单位。2007年，区教研室有教职员工24人。

教学研究工作　教研室创建初期，主要对小学教学工作进行研究和指导，同时对小学教师的教学业务进行必要的具体辅导，并定期举办学科教学讲座或教师星期学校，注重提高小学教师的业务水平。1956年后，开始对中学语文、数学教学进行有重点的教学探讨和研究。

1962年夏至“文化大革命”前，教研工作的重点是研究全县中、小学各科基础知识和基本技能的双基教学，倡导课堂教学贯彻“精讲多练”“少而精”“启发式”的教学方法，讲究教学效果，注重教学质量。教研室创办《教学研究通讯》（后改名为《教研简报》，先后发行百余期），编印《小学周会》教材供全县小学统一使用。“文化大革命”开始后，教学研究活动随之停止。

1978—1980年，教研室组织全县中、小学教师学习和研究新大纲、新教材，并编印《各科双基教学的内容和要求》发至各中、小学；修改制订《备好课要求》和《上好课要求》，开展“上好一堂课”的评比活动，抓好课率，向45分钟要质量；深入中、小学调查研究，抓重点学校和典型教师；组织全县中、小学进行必要的会考和统考，并进行质量分析，总结教学经验。此外教研室编发《教研资料》，编写《初中各科复习资料》（全套）和《小学语文·数学复习资料》（一套），供全县中、小学参考使用。

自1984年始，教研室“突出重点，分层指导”地开展教学科学研究，把教研活动分为县、片、乡、校4个层次，充分发挥实验小学和江宁县中示范作用，各完全中学在片上的主导作用，各乡中学和乡镇中心小学的辅导作用，分层指导各级中、小学，进一步推动全县中、小学各科教学改革。广大教师对口参加开课、听课和评课等教学研究活动，把“教师为主导，学生为主体，训练为主线”作为改革课堂教学方法的“三项原则”，提高课堂教学效率。

1990年，教研室被人教社和省教委表彰为新教材试验先进集体。1994年，组织全县中、小学开展“课堂教学攻坚战”活动。1995—1997年，江宁县与南京市同步，开展连续3年的“课堂教学年”活动，围绕优化课堂教学目标、优化课堂教学结构和方法、优化课堂教学质量管理三项内容开展教学研究。1996年，江宁县荣获南京市“课堂教学年”活动一等奖。1998年，江宁县教研室被省教委表彰为教研工作先进集体。

2000—2002年，组织开展新一轮的课堂教学改革年系列研究活动。提出建立以学生为主的课堂教学结构和模式；探求适应以学生为主的课堂教学方法；建立以学生为主的课堂教学评价体系；进行课时调整，提高课堂教学效益的实验。确立面向全体学生的观念；确立促进学生全面发展的观念；确立培养学生创新精神和实践能力的观念；确立发展学生个性的观念。2003年，创办《江宁课改通讯》，每年出版4期，免费发至各校（含村小一级），供广大教师学习、交流、探讨课程改革的经验。该刊物共印发16期，至2007年1月终刊，刊登的教师论文、教学案例有400多篇，其中有60多篇被省、国家级刊物发表。2007年，教研室开展有效、高效课堂的教学研究。

【教育科学研究】

机构 1986年8月，成立江宁县教育学会。1989年11月，成立教科室，并与教育学会实行两块牌子、一套班子合署办公。1996年，教科室从教育局机关分离，被列为教育局直属单位。1998年冬，教科室与教研室合署办公。2000年，教科室被设置为县政府有单独编制的县教育行政主管部门的直属事业单位。2004年，区教育学会有会员1020人，设立24个专业研究会。

1989年、1991年、1993年、2005年，江宁区教育学会被评为省教育学会系统先进单位；1991年，被南京市教育学会评为“先进社团会员”；1994年、2005年，被评为中国教育学会系统先进单位；2001—2006年，连续6年被区民政局、区科技协会评为一等奖社团单位；2002年、2004年，被南京市教育学会评为先进集体。2001年，区教科室获江苏省先进教科室称号。2007年，被确定为南京市区县示范教科室。

教育科学研究工作 区教育学会成立时间早于教科室，成立教科室后，教科室和教育学会的工作合为一体。1986年，县教育学会与县教育局办公室、教研室联合出刊《江宁教育情况》（教科室1989年11月加入）。1999年，教育学会与教科室定期发行《江宁教科研》刊物。

2002年2月，教科室与教育学会将《江宁教育情况》与《江宁教科研》合并，创刊《江宁教育》双月刊，成为当时南京市最早的一家区县级综合性教育刊物。是年4月，区教科室竞标承担南京市教育科研“十五”重点招标课题——《南京市中小学校本课程开发与探索》的研究工作。此课题以南京市江宁高级中学、江宁区东山中心小学、江宁示范幼儿园为实验单位，另有8所中、小学参与研究，出台《江宁区中小学（园）校本课程开发与实施纲要》和《实验学校校本课程开发指南》，结集出版（含内部版）近20册校本课程和活动方案成果。

2002—2005年，区教科室和教育学会共举办17场教育学术报告会，参加人数超过千人次。2002年5月，举办“基础教育课程改革与学校教育科研”研讨会，邀请省、市有关专家作专题报告4场。2003年10月，在上元小学举办江宁区首届学术年会“教育系统学术研讨会”，邀请省教科院、南京师范大学、江苏教育学院、省教研室的专家，围绕“教育创新与课程改革”主题，作学术报告6场。2004年10月，在上元小学举办以“学校发展”为主题的江宁区第二届教育学术研讨会，邀请省教科院、南京师范大学、江苏教育学院、常州市教研室的领导与专家围绕“学校发展、教师发展、学生发展”作专题学术报告4场。2005年10月，在上元小学举办江宁区第三届教育学术研讨会，参加研讨会的中、小学校长或副校长、各校教导主任、教科室主任、骨干教师代表近300人听取围绕“教育服务”主题所作的3场学术报告。

1986—2007年，教科室和教育学会坚持每年出版一集《江宁教育论文选》，共编印19集，论文865篇，计410多万字。2007年5月，区教科室面向全市小学教科研基地和全区各学校，在东山小学组织开展“十五”教科研优秀成果发布会；6月，在竹山中学举办教科研基地学校沙龙研讨活动，围绕“课题研究与教师专业成长”，全区省级、市级教科研基地学校作经验交流，区级教科研基地学校和全区幼儿园科研中心组参加观摩。是年，教科室在全区学校推出建构以“草根”（群众性教科研）工程为塔基，“课题研究学校”“科研基地学校”为塔身，市级“项目研究中心”为塔尖的“金字塔式教科研模型”，分层推进，使全区不同层面的教师和学校都有发展的可能。

【教育信息化建设】

机构 1986年8月，县文教局在教研室设立电化教育组，简称电教组。1990年3月，电化教育组划归县教师进修学校管理。1993年3月，电教组从县教师进修学校分出，单独成立县教育局电化教育中心。2000年1月，电教中心经江宁县编制委员会正式批复为“江宁县电化教育中心”，为县教育局直属全民事业单位，核定编制6人。2001年，更名为江宁区电化教育中心。2007年，区电教中心有编制9人。

1997年，县电教中心被评为省电化教育先进集体。2000年，被省教委批复为江苏省合格电教中心。电教中心曾被评为江苏省现代教育技术工作先进单位、江苏省现代教育技术培训先进单位、南京市现代教育技术工作先进单位、南京市电教教材推广运用先进单位、南京市中小学生电脑制作比赛先进集体。

教育信息化工作 1993年，县电教中心大力推动“三机一幕”（电视机、投影机、录音机、银幕）进课堂，至2000年，全县各学校基本实现室室“三机一幕”。当年，电教中心通过评估，首次确定江宁县中学、江宁中学、实验小学、方山小学、铜山小学、示范幼儿园等21所学校为全县电化教育工作试点学校。对试点学校在机构设置、电教教材配备及电教器材配置上进行投入，通过试点校电教工作的开展，促进全县学校电教工作的开展。1994年，南京市教育综合改革现场会和国家教委体卫工作研讨会拍摄制作《春风化雨润江宁》和《绿茵新歌》2部电视专题片。1997年9月，县电教中心联合县科技协会、江宁县关心下一代协会对报名参加全国第三届青少年信息学（计算机）奥林匹克（NOI）分区联赛的中、小学生进行培训，并举行县选拔赛，选拔68名学生参加省分区联赛。至2001年，区电教中心连续5年，组织全区中、小学生参加此项比赛，其中获市级一等奖1人并入选市集训队，获市二、三等奖40多名。1998年12月，电教中心拍摄的专题片《寻访南京大屠杀幸存者》获江苏教育电视台首届优秀新闻评比一等奖。

2003年2月，区电教中心多媒体环境下演播厅建成，被南京市教育局命名为“南京市中小学课堂教学示范课摄制基地”。摄制基地建立后，拍摄江苏省中、小学新版英语课程牛津英语培训教材10节；拍摄出版《提前接触苏教版》小学语文、数学示范课240节，为区内教师参加各级比赛及各类教学活动拍摄制作课堂实况近50节。2004年12月，电教中心拍摄“江苏百位名人成才之路——林散之”专题片，作为江苏省优秀电教教材在全国出版发行，并被评为省一等奖。

1993—2007年，区电教中心在江宁高级中学、南京工业学校、上元中学、江宁职教中心等地，相继举办江宁区电教教师持证上岗培训班。2001—2004年，全区有5632名教师参加培训考核，参培率约98%，其中5348人通过省级考核，通过率95%。

2007年暑期，全区1632名教师在电教中心和进修学校机房参加初级培训。是年11月，全区参加全国中、小学教师教育技术水平考试人数1470人，合格人数1399人，合格率95.17%。至2007年年底，电教中心连续14年举办江宁区教师自制电教教材评比活动，共收集教师参赛作品2300多件，报送参加省、市级比赛有近300人次获奖。

第九章　教育体制改革

全县的教育体制改革主要围绕三个方面展开：学校布局调整、管理体制改革、办学体制改革。

“文化大革命”期间，不顾县情实际和教育规律、办学效果，盲目发展学校，造成学校设点散、布局乱、规模小、条件差、管理弱、效益低、教育结构单一等诸多弊端。

为更有效地实施义务教育，从1979年开始，县教育局对全县中、小学的布局结构进行多次调整。1985年开始，认真贯彻《中共中央关于教育体制改革的决定》，实行分级办学，分级管理的教育管理体制，逐步建立以“谁办学谁主管”为主要特征的“三级办学、两级管理、两级统筹”的新体制。20世纪90年代中、后期，开展“一镇一校”工程、联办初中调整和高中学校调整。至2007年，全区所有中、小学均达到“江苏省中小学合格学校”建设标准。在省义务教育段学生质量检测排位中，江宁区名列全市前三，初中升学率达95.80%。

江宁区办学体制改革取得一定进展，公办教育一统天下的局面被打破，多元办学局面初步形成。2006—2007年，全区有民办中、小学7所，民办幼儿园6所。

第一节 学校布局调整

【小学布局调整】

江宁县对小学布局第一次大调整，结合 1979 年恢复中心小学时进行的。1986—1990 年，全县小学布局作第二次大调整，先后撤并因布点散、规模小、管理不善的 74 所初级小学，合并一些村完小的高小部。1986 年，兴办竹山学校小学部（后改为上元小学）和第三小学（2004 年并入江宁实验小学），分别位于县城东、西两地，再辅之以外围的原骆村（后改为竹山小学）、章村 2 所村小学，每所学校施教区半径在 1.50 千米左右。调整后，至 1990 年，全县有小学 426 所，其中县实验小学 1 所，“五四学制”（小学 5 年、初中 4 年）学校 1 所，乡、镇中心小学 24 所，村完小 308 所，村初小 92 所。1991—2003 年，继续小步骤地对农村小学布局进行调整。1995 年，在江宁经济技术开发区建立新区小学（2001 年后改为百家湖小学），逐步对江宁经济技术开发区内原村小进行整合。

江宁县撤县设区后，随着城市化进程的加快，东山地区的学校设置有了大幅度的调整。2002 年，在江宁经济技术开发区内新成立翠屏山小学，与百家湖小学共同完成对辖区内村（社区）小学的全部整合。从 2003 年起，全区结合“村小提升工程”对农村小学布局进行第三次大调整。区教育局颁发《关于加快推进全区中小学布局调整的实施意见》，对小学布局调整的原则要求是：城区、开发园区调整后的学校规模不低于 6 轨。交通条件比较好的镇一般不设村级小学（或办学点）。2 万人口以上的镇，中心小学办学规模必须扩大到 4 轨以上。镇区人口居住密度低于每平方千米 453 人，交通条件较差的山区，新设定小学（含办学点）的校均服务人口不得少于 6000 人，办学点不得多于 3 个班级。

2003 年后，境内部分小学加入城区“三校联动”工程。是年，建成科学园学校小学部，并撤并邻近的社区小学。2004 年，江宁实验小学迁入秦淮中学原校址，并合并原第三小学；还将清水亭小学（原殷巷小学，改校名为金马湖小学，2002 年 12 月改为清水亭小学）划为区教育局直属校。2005 年下半年，东山中心小学、岔路学校（小学、初中两部）由东山街道划出，成为区教育局直属校。由于区教师进修学校迁入新址，原校舍整体并入东山小学，被撤销的章村小学同步并入，东山小学施教范围扩大。还在岔路碧水湾处建造岔路学校新校址（仍九年一贯学制），于 2007 年 8 月将原岔路学校搬入新址，9 月正式招生。2006 年，科学园学校小学部单独立校，定校名为江宁科学园小学；撤并原方山中心小学后，新成立天景山小学，完成对周边原村小的整合；竹山小学由原社区小学升格为区教育局直属校。2007 年 9 月，在清水亭小学原址扩建成清水亭学校（九年一贯学制），正式招生。此外，全区还有民办小学，南京 21 世纪双语学校小学部，位于汤山街道上峰社区。南京东方中英文学校于 2007 年 7 月停办。

至 2007 年，全区 9 个街道辖区内的 20 所中心小学施教范围内基本做到“一集镇一校”，农村中心小学呈规模办学的格局，且办学条件一律执行省标准。全区所有小学“六有”工程（农村小学有食堂、有宿舍、有水冲厕所、有饮用水、有整洁的校园、寄宿生每人有一张床）全面通过验收，学校硬件条件基本实现城乡一体化。

【联办初中调整】

1979 年，全县贯彻“调整、改革、整顿、提高”的方针，对“文化大革命”时期盲目发展的大队初中和小学“戴帽子”初中班进行布局调整，创立联办初中。江宁县先在上峰公社进行试点，召开创立联办中学现场会，采取因地制宜、撤班并校的办法，提倡毗邻大队联合办初中学校。此做法经验在《新华日报》《光明日报》刊载，并在全省得到推广。此后，全县各公社开始将生产大队办的初中合并，摘掉一部分小学的“戴帽子”初中。是年，全县288所小学附设的初中班，有144所摘掉“帽子”，办起联办中学58所。

1981年前后，初中处于学制过渡阶段（初中二年学制改为三年学制），全县有少部分“戴帽子”初中或联中的初二毕业生，通过公社初中考试，转入公社初中的初三年级，再读一年毕业，参加升学考试（俗称初三“砍一刀”，这部分学生在升学考试中有一定竞争优势）。

1982年，江宁县再摘掉一批小学“戴帽子”初中，长江、营防、花园、汤山、上峰、其林、丹阳、横溪、铜山、陆郎、谷里、铜井、湖熟、土桥、东山、殷巷16个乡镇，撤销小学附设的初中班，分别建立联办初中。1983年，全县所有乡镇附设在小学的初中班被撤并，并撤并一些设点不合理、办学条件过差的联中，全县联办初中计51所（部分联中教学业务上仍属中心小学管理）。是年，全县有12个乡镇将联办初中划归给所在地的普通中学统一管理，但联办中学集体办学的性质不改变。1984年9月，陶吴镇境内10所“戴帽子”中学合并为桃红中学。1985年，全县有完全中学8所，乡镇初级中学23所，联办初中54所（此时所有联中独立成校，业务上接受乡镇中学指导）。

1986—1990年，江宁县对中学作第二次布局调整。此次调整的主要对象是联办中学，调整原则是统筹规划，宏观控制，周密调查，科学测算，规模适度，发挥效益，适应城市、集镇建设和商品经济发展的需要。据此，全县撤销21个布点散、规模小、管理不善的联办初级中学。1989年，秣陵镇合并境内联办中学成立秣陵镇初级中学；江宁镇将清修、建中两所联中合并建立江宁镇初级中学。1991年，湖熟镇合并四所联中建立湖熟镇初级中学。随后几年，江宁县的联办中学逐年减少。

进入21世纪后，全区联办中学仅存5所，即汤山镇的阳山中学、铜井镇的牧龙中学、陆郎镇的朱门中学、谷里镇的大塘中学、周村中学。至2006年秋，最后一所联办中学周村中学并入谷里中学，至此，存在20多年的联办中学被全部撤并。

【高中学校调整】

“文化大革命”结束后的最初几年，针对“文化大革命”期间高中学校数量过多，办学力量过度分散局面，全县高中学校采取集中调整措施。1978年，江宁县确定江宁县中学、汤山中学、秣陵中学及营防陈店学校为县属重点中学。1980年，教育部发出《关于分期分批办好重点中学的决定》，江宁县中学被江苏省确定为“首先办好的中学”（属省重点中学系列）。

1981年，江宁县秦淮中学建立（学校初名为县“二中”），县属完全中学建制。是年，全县大面积调整普通中学的布局，将全县29所完全中学按地区分片调整，保留8所完全中学，即东片设湖熟中学，南片设秣陵中学、陶吴中学，西片设江宁中学，北片设汤山中学、营防中学，县城有江宁县中学和秦淮中学。其余的各公社中学从当年起，不再招收高中一年级新生，原在校高中生读到毕业为止，两年后学校自然转为初级中学。经过调整，全县降低初中毕业生升学率，把教育工作转移到以教学为中心，努力提高教育质量上来；全县的中学教育与经济基础大体适应，有利于各公社集中力量办好初中，县级集中力量办好高中。此外，全县有17所中学开办职业高中班。1990年，江宁县有完全中学7所。

1995年，江宁县中学压缩初中招生数，保留初中两轨，确定向独立高中过渡的办学方案。1997年9月，江宁县中学停招初中学生。1999年秋季，湖熟中学迁入新校址，成为独立高中，校名为湖熟高级中学。2001 年，秦淮中学撤销初中部，成为一所高级中学。此后，秣陵中学于 2002 年，江宁中学、汤山中学于 2003 年，陶吴中学于 2004 年分别撤销初中部，均成为独立高中。至此，原先的 7 所完全中学全部撤销初中部，成为独立高中。

2003 年，区政府决定将江宁实验小学迁至秦淮中学原校址，秦淮中学迁至江宁高级中学原校址，江宁高级中学选址新建，俗称城区第一轮“三校联动”工程。2004 年，三校完成迁址。2006 年开始，全区启动实施第二轮“三校联动”工程。第二轮“三校联动”工程在江宁职教中心、临江高级中学及天印高级中学等校间进行，还涉及开办在农村的其他几所高中学校。江宁区将 2007 年定为“高中布局调整年”，全面实施高中布局调整，高中办学向城区集中，科学地整合全区高中教育资源。将原设在江宁街道原江宁集镇的江宁中学整体搬迁，学校迁入地处江宁经济技术开发区的原清水亭中学校址内，改校名为“南京市临江高级中学”。2007 年，新组建“南京市天印高级中学”，校址设在江宁职教中心原址内，按省四星级高中标准对原职教中心的校园进行改、扩建，将原设在农村集镇的陶吴中学、湖熟中学、汤山中学进行整合；整合分两步走，新建的天印高级中学 2007 年 9 月招收高一新生，同时陶吴中学、湖熟中学、汤山中学三校停招高一新生。

第二节　管理体制改革

【分级办学　分级管理】

20 世纪 80 年代中期，贯彻《中共中央关于教育体制改革的决定》，对全县教育管理体制进行改革。1985 年，全县一改过去由国家包办教育的体制，开始在县域内实行分级办学、分级管理的教育管理体制，逐步建立以“谁办学谁主管”为主要特征的“三级办学、两级管理、两级统筹”的新体制。主要内容为：学前教育，以社会各界办学为主；中、小学教育以县、乡政府办学为主；职业技术教育和成人教育，在县、乡政府统筹下，以行业、企事业单位办学和各方面联合办学为主。

1986 年，江苏省教育委员会将这一管理体制作为省基础教育管理体制的三种模式之一，录入 1985—1986 年《中国教育年鉴》。至 1988 年，全县初步形成县、乡、村三级教育管理体制的新格局，有效地调动各级办学的积极性。1989 年，江宁县被国家教委确定为全国农村教育综合改革实验县之一，全县教育综合改革实验工作有效开展。教育管理体制上县、乡“两级统筹”能力进一步加强；普教、职教、成教三者形成整体，协调发展；农科教结合促进经济、社会共同进步。

2006 年始，全区教育部门办的幼儿园实行管理体制改革，逐步试行从中心小学附属园转为独立办园，俗称“小幼剥离”。但由于原有体制涉及资金投入、产权划分及人员结构诸方面的问题，至 2007 年年底，全区中心幼儿园虽然经济上独立，但绝大多数中心园行政上仍属中心小学管理。

【校长负责制和校长任期制】

“文化大革命”结束后，全县学校逐步恢复 1966 年前的管理体制。1979 年，全县正式恢复各公社中心小学体制，恢复校长负责制，学校一切重大问题必须经过党支部讨论决定。各公社中心小学设校长 1 人，副校长 1 人，正、副教导主任 2 人～3 人；中心校长负总责，教导主任负责所辖小学的教学业务；副校长主持中心小学内部工作，副教导主任辅之；中心小学正、副校长由县委组织部下文任命，正、副教导主任由县文教局下文任命。

1979 年，全县中学正式恢复校长、教导主任职务，有的学校增设校长办公室，协助校长处理有关行政事务。根据教育部修订后的《全日制中学条例（草案）》规定："全日制中学实行党支部领导下的校长分工负责制"，但县内中学校长大多兼任党支部书记。正、副校长由县委组织部下文任命，正、副教导主任由县文教局下文任命。此时的联办中学校长、主任由县文教局任命。1982 年后，除完全中学外，学校正、副校长由县文教局任命，教导主任、总务主任由校长提名，报上级审批，组成学校领导班子。1984 年，在部分中学试行校长负责制（不再是党支部领导下的校长分工负责制）。20 世纪 80 年代末，全县中、小学全部推行校长负责制，党支部主要起保证和监督作用（校长大多兼任党支部书记）。20 世纪 90 年代末，县教育局只发文任命各中、小学校级干部（直属学校除外）。

20 世纪 90 年代末期，全县开始推进学校领导干部竞争上岗制度，试行校长任期制，每届任期三年，任期届满经组织考核合格后可续任（聘）。从 2003 年始，全区中、小学校级领导干部全部试行聘任制、任期制，每届任期 3 年，校长年度考核中民主测评不称职票超过 1/3 的一般要免去职务，任期届满经教育主管部门组织考核合格后可续任（聘）。2003 年，全区中、小学校级干部由区教育局任命，其余干部一律由学校任命。江宁高级中学、秦淮中学的学校领导任命按行政处级事业单位干部管理规定执行。

2006 年，区教育局试行校长跨校流动任用机制，打破多年只在校内选拔、任用校级干部的局限，扩大人才选用范围。区教育局成立中、小学未来校长发展学校，建立培养校长后备力量机制。是年，在新的学校人事制度改革后，区教育局颁发《关于江宁区教育系统学校中层干部竞争上岗工作的实施意见》（江宁教字〔2006〕28 号），建立学校中层干部竞聘上岗机制。区教育局直属学校的中层干部，由学校提出竞争上岗方案并组织实施后，报区教育局审批，再由学校发文任命。街（镇）中心小学的中层干部，由学校提出竞争上岗方案并组织实施后，报请街（镇）审批，再由学校发文任命。

【实行教师资格证书制度】

根据 1996 年 1 月国家教委下发的《教师资格认定的过渡办法》，江苏省教育厅将江宁县作为实行教师资格制度的试点县之一。是年秋，全县各级各类学校对在 1993 年 12 月 31 日前从事教育教学工作的在职教师进行直接认定，全部颁发教师资格证书。教师资格证书由国家教育委员会统一印制，县教育行政主管部门查核后盖章颁发。

2000 年 9 月 23 日，教育部正式发布《〈教师资格条例〉实施办法》，全面实施教师资格制度工作。是年，全县对 1994 年 1 月 1 日以后进入教师队伍的人员，根据法定教师资格认定程序进行教师资格认定。对在 1996 年教师资格认定中，已取得教师资格的人员免予重新认定。根据教师资格条例，教师资格分为幼儿园教师资格、小学教师资格、初级中学教师资格、高级中学教师资格、中等职业学校教师资格、中等职业学校实习指导教师资格等类。各级教师资格证书的学历条件都有相应的规定。从 2002 年开始，教师资格制度实施工作进入开放式、社会化的教师培养体系，非师范院校毕业生也可通过规定的考试考核取得教师资格。凡具备《中华人民共和国教师法》规定条件的公民，都可以通过法定的教师资格认定程序获得教师资格。教师资格认定每年进行一次。没有取得教师资格的不能从事教师职业。

【考试录用教师制度】

全区通过考试录用教师的制度从2004年秋季开始。进入21世纪后，国家就业制度改革，取消师范毕业生统一分配的政策规定。从2000年起，新招聘教师实行区人事部门人事代理制，本地生源的师范毕业生原则上被录用为中、小学教师。2004年，全区师范毕业生不再实行统一包分配工作的政策，按照“凡进必考、择优录用、优化结构”的原则，由区教育局会同区人事部门对报名应聘的师范毕业生进行笔试、面试和能力测试，从中择优聘用新教师。

从2005年始，全区中、小学新教师的招聘须参加南京市统一的录用考试，江宁区按录用比例划定分数线，再由区教育局组织专家进行教育、教学专业技能测试，择优录用。之后每年招聘一次新教师。

第三节 办学体制改革

【社会办学】

1997年7月，国务院发布《社会力量办学条例》，规定“企业事业组织、社会团体及其他社会组织和公民个人利用非国家财政性教育经费，面向社会举办学校及其他教育机构的活动”，都称之为社会力量办学。在国务院发布《社会力量办学条例》之前，全县的社会力量办教育已经存在。1992年，全县离、退休教师协会举办高考补习班，属社会团体办的民办教育机构。1997年5月，批准建校的南京21世纪双语学校，是全县第一所社会力量创办的中、小学。1997年7月，华夏实验学校批准建校，校址在岔路口。1999年5月，南京东方中英文学校建立（2007年7月停办）。2001年3月，被批准建立的英华学校，属中、外合资办学，区教育局参与股份，地址在将军大道（2005年区教育局从投资办学股份中退出）。

图33-9-20 南京21世纪双语学校（2007年摄）

图33-9-21 南京英华学校（完全中学）校门（2005年摄）

2002年12月，国家正式颁布《中华人民共和国民办教育促进法》，将“国家机构以外的社会组织或者个人，利用非国家财政性教育经费，面向社会举办学校及其他教育机构的活动”，都列入民办教育，民办教育成为正式称谓。2002年，区教育委员会颁发《江宁区民办中小学、幼儿园管理暂行办法（试行）》，对区域内民办学校的办学进行规范管理。2004年，区教育局下发《关于颁发“民办学校办学许可证”有关工作的通知》，对2004年10月1日前经市、区教育行政部门批准的民办普通中小学、幼儿园，经举办人申请，教育部门审核，对符合法律、行政法规规定的学校颁发“民办学校许可证”，对未通过审核的学校，给予限期整改直至注销处理。颁发“民办学校办学许可证”工作于2005年3月完成。此后，区教育局每年对民办学校进行年检。2005年，区教育督导室下发《关于印发〈江宁区民办中小学校综合督导评估方案（试行）〉的通知》，加强对民办学校的教育督导，提高民办学校的办学水平和办学质量。民办教育充实了江宁的教育资源，缓解了优质教育资源不足的矛盾，适应了群众对优质教育的需求，尤其是民办幼儿园的办学规模较大，整体办学水平也较高。

至2007年，全区有民办幼儿园22所，教职工总数1556人，其中有245人是公办教师编制，占15.70%。有民办小学3所，共有班级26个，学生657人。有民办中学（含初中、高中）7所，其中初中有班级112个，学生3873人；高中有班级109个，学生4223人，教职工702人（含初中教职工数）。此外，全区有民办非学历教育培训机构22所。

【公有民办】

2003年，新建东山外国语学校，实行公有民办办学体制；当年招收初一新生，校址设在江宁教师进修学校内；2005年，迁校址至原江宁卫生学校旧址内；学校于2006年9月开办高中，招收高一新生；因校舍不足，2007年9月，该校高中部迁入岔路学校腾出的原址。

2003年，江宁高级中学建成同址的东山实验中学，实行公有民办办学体制，分别招收初一、高一新生；2007年9月，东山实验中学停止招收初一新生，只办高中。

2003年9月，南师附中江宁分校建成开学，学校属公有民办体制。

2007年江宁区民办（含公有民办）学校登记情况表

表33-9-35

名 称	地 址	创办者	办学范围	招生对象
21世纪双语学校	汤山街道上峰社区	南京亚细亚休闲农庄	高中、初中、小学	学前、小学、初中毕业生
英华学校	将军大道22号	北京英华国联科贸、南京英华国联实业有限公司	高中、初中、小学	学前、小学、初中毕业生
南师附中江宁分校	吉印大道1999号	南师大附中、江宁经济技术开发区开发总公司	高中、初中	小学、初中毕业生
东山外国语学校	金箔路523号	江宁区教育局校办企业总公司	高中、初中	小学、初中毕业生
华夏实验学校	双龙街60-1号	—	高中、初中、小学	学前、小学、初中毕业生
东山实验中学	江宁科学园天元东路699号	—	高 中	初中毕业生

2007年江宁区非学历民办学校登记情况表

表 33-9-36

名 称	地 址	创办者	办学范围
江宁区业余少儿艺术学校	上元大街 319 号	区退休教师协会	少儿艺术
金钟音乐培训学校	佛城东路 66 号	景隆物业	音乐、书画、舞蹈艺术培训；艺术形象设计培训
新世界艺术培训中心	21 世纪假日花园 18–2103	张克西	器乐、美术、舞蹈、英语
乐博艺术培训中心	文靖西路 108 号	贾玉琴	器乐、美术、艺术、舞蹈、英语培训
英杰艺术教育培训中心	武夷花园 WQ2–3、4、5 号	管捷、尹黎静	舞蹈、美术、书法、器乐类培训、英语培训
艺博文化艺术培训中心	金盛路 888 号	李明宗、严荣	艺术文化
东辉美术培训中心	东新南路 231 号	牛 强	美术启蒙、入门、基础、成人等各阶段教学，电脑美术设计；英语、汉语、音乐、舞蹈、体育兴趣培训
江宁区供销职工学校	上元大街 299 号	江宁区供销社（集团）总公司	高中文化、文秘、营销、财会、剑桥及新概念英语
南京金箔集团金蕾职工学校	金箔路 18 号	南京金箔（集团）公司	化工、电子、计算机、成人高中
江宁区高中文化补习学校	上元大街 319 号	区退休教师协会	高中文化补习
江宁区南江培训学校	江宁区委党校内	丁秋萍	英语培训、高考辅导
江宁区少儿剑桥英语培训学校	土山路 32 号	谭国豪	英语、美术艺术
南京英华培训中心	将军大道 22 号	蔡义顺	继续教育、高等教育自学考试辅导、计算机、外语
新天地教育培训中心	金箔路 182 号	王春兰	外语、音乐、美术艺术
超博教育培训学校	竹山路 78–4 号	葛太红	英语、计算机、写作、棋类体育、书画艺术培训
能科教育培训中心	明月花园 19 幢	白宜平	自考助学、英语、棋艺
中天嘉诚经贸教育培训中心	江宁大学城江苏经贸职业技术学院内	中天嘉诚会计事务所	企业管理、财务、工程专业考试前培训及业务培训
阳光外语教育培训中心	利源中路 20 号	吕福胜	剑桥少儿英语、剑桥中学英语、新概念英语
华杰文化教育培训中心	金箔路 847 号	梁祥林	外语、艺术、技能及其他文化兴趣培训
和平教育培训中心	湖熟街道桥北大街	王和平	成人和青少年外语、计算机及其他文化兴趣业余培训
天和法学教育培训中心	将军大道 29 号	俞显统	法学教育、司法考试及其他成人文化考试业余辅导
三心语言发展干预训练中心	金盛路 888 号	张小松、陆汝文、陈秀娟	语言发展干预训练

第十章 经费设施与勤工俭学

新中国成立后，江宁县教育经费一直坚持“两条腿走路”的方针，即通过公办民助和民办公助的办法解决教育经费问题，来源渠道有三方面：国家拨款、乡（镇）村和企业集体投资、学校征收的学杂费和勤工俭学收入。1950—1985 年，共投入教育事业费 7772.24 万元、学杂费收入 766.32 万元、勤工俭学收入 322.62 万元。

随着教育事业的不断发展，全县教育经费投入不断增长，1991—1995 年，共投入教育经费约 2 亿元；1996—2000 年，共投入教育经费 8.80 亿元。2001—2007 年，全区累计教育经费支出 39.29 亿元，其中财政预算内教育经费投入 18.87 亿元。

全县在筹措教育经费，改善办学条件方面，1983—1993 年，连续 6 年获南京市一等奖；1989—1993 年，连续 3 年获江苏省二等奖；1991 年，获江苏省一等奖；1992—1993 年，获江苏省综合一等奖，1994 年，被评为江苏省改善办学条件先进县。

至 2000 年，全县各级学校校舍建筑面积 79.49 万平方米。2001—2005 年，全区新增校舍面积 40 万平方米；2006—2007 年，新增 7 万平方米。2004 年，江宁区教育局被评为市校舍修建与管理先进单位。

第一节 教育经费

清代，江宁县教育经费主要来源于学田，以租生息。少量源于学生捐助以及募捐、存典生息等款项。兴办学堂后，除田产收入、存典生息及学生缴纳学费外，官府拨一定数量的公款支持办新学。

民国时期，江宁县私立学校的经费主要依靠私人捐资和征收学杂费。私塾的经费由塾师收取束修维持。公立学校教育经费源自政府财政拨款及地方自筹资金。据《江宁县政概况》记载：民国 21 年（1932）前，全县每年度教育经费预算，皆约 22.90 万余元。至民国 36 年，全县教育总计 5977.53 万元，其中国民教育经费 2274.48 万元，中等教育经费 142.86 万元，社会教育经费 180.67 万元，教育行政经费 219.52 万元，各级学校学生膳款及公款 2700 万元，教育局办公费、临时费 400 万元。

新中国成立后，全县教育经费来源一直坚持贯彻两条腿走路的方针，即通过公办民助和民办公助的办法解决教育经费问题。公办学校特别是农村小学的基本建设，除国家拨经费外，靠乡（镇）村集体投资解决；民办教师的工资靠集体支付，国家只发一定数量的民办教师补助费。在经费使用上贯彻勤俭办学的方针，因陋就简，以“土”代洋，自制代购，尽量少花钱或不花钱。1955 年，全县预算内支出教育经费 12.20 万元。

学校经费的来源主要有三个渠道。国拨经费：包括县给的包干基本经费，主要用于教师工资、公务费、业务费、学校基本建设、教育设备、职工福利和人民助学金等；省、市、县拨给的专项经费，主要用于学校基本建设和购置教学设备。乡（镇）村和企业集体投资：主要用于基本建设和民办教师（含学校自用教师，下同）工资。1985 年开始实行分级办学和征收教育费附加，县收的用于县管学校的基本建设，乡（镇）收的用于乡镇学校基本建设和民办教师工资。学校征收的学杂费和勤工俭学收入：学杂费用于学校办公费、小型维修和设备添置以及发给教师的洗理费、节约奖等；勤工俭学收入，除用于扩大再生产外，主要用于改善办学条件及教师书、报费等。1959 年，全县预算内支出教育经费 123.22 万元，用于教育基础设施建设 17.75 万元，学杂费支出 14.07 万元，勤工俭学支出 2.21 万元。

随着教育事业的不断发展，全县教育经费不断增加。1965 年，全县文教经费支出决算为 161.89 万元；1971 年，全县文教经费决算共 176.09 万元；1985 年，全县教育经费增至 832.80 万元。1987 年，对教育经费进行重大改革，实行乡（镇）级包干使用，调动各层次的办学积极性，提供更多的资金发展教育事业。1988 年，除县财政按规定拨款外，全县通过各种渠道筹措教育经费 700 多万元，改善了办学条件。

1991 年，全县教育经费投入 1137 万元，比 1990 年增长 68.69%。1995 年，全县教育总投入（含人头经费）突破 1 亿元，是“八五”期间投入最多的一年。其中用于改善办学条件的经费达 7000 多万元。全县投入基建经费 6503 万元。1996—2000 年，全县共投入教育经费 8.80 亿元，其中财政预算内投入 4.70 亿元，分别比“八五”期间增长 225%、211.25%。其中基建投入 3.01 亿元。教育技术装备投入 3253 万元，比“八五”期间增长 97.27%。

2001—2005 年，全区积极完善公共财政教育投入的稳定增长机制，实行城市教育费附加全额投入、区街（镇）两级共同投入、信贷投入、引导鼓励企业投入和盘活闲置教育资产投入等多元化机制。2001—2007 年，全区累计教育经费支出 39.29 亿元，其中财政预算内教育经费投入 18.87 亿元。

2007 年，区教育局共安排教育专项资金 1.27 亿元，其中用于街镇中、小学校舍建设 2200 万元；区管学校校舍建设 2050 万元；校舍续建工程 1550 万元；校舍维修改造 890 万元；教学设备款 1200 万元；教职工住房补贴、免收学杂费补助资金、学校创建提档升级奖励资金等合计 4042 万元。

1950—1985 年江宁县教育经费使用情况表

表 33-10-37　　　　单位：万元

年　份	预算内支出		地方附加支出	学杂费		勤工俭学		其中基建
	事业费	基　建		收入	支出	收入	支出	
1950	12.20	—	—	—	—	—	—	—
1951	24.08	—	—	—	—	—	—	—
1952	—	—	41.33	—	—	—	—	—
1953	103.49	2.52	—	0.97	—	—	—	—
1954	95.55	9.88	—	8.71	—	—	—	—
1955	103.43	2.81	1.96	—	—	—	—	—
1956	104.12	9.73	—	12.73	11.73	—	—	—
1957	108.41	8.83	—	—	—	—	—	—
1958	84.58	8.09	—	21.14	—	—	—	—
1959	123.22	17.75	—	16.98	14.07	2.67	2.21	—

续表

年份	预算内支出		地方附加支出	学杂费		勤工俭学		其中基建
	事业费	基建		收入	支出	收入	支出	
1960	139.38	34.97	13.14	12.33	—	3.41	—	—
1961	125.39	—	—	22.64	18.90	4.77	4.18	—
1962	120.61	—	—	22.56	22.56	1.32	1.43	—
1963	115.39	—	2.00	15.88	16.44	2.19	2.31	—
1964	132.11	—	—	22.89	23.42	1.60	1.38	—
1965	136.93	—	3.00	18.86	20.17	18.46	1.65	—
1966	149.61	—	2.50	12.23	22.24	—	—	—
1967	166.74	—	4.00	17.42	17.42	—	—	—
1968	138.70	—	4.00	—	—	—	—	—
1969	152.90	—	—	—	—	—	—	—
1970	148.51	5.40	—	—	—	—	—	—
1971	176.09	—	—	—	—	—	—	—
1972	176.88	4.29	—	18.27	15.22	0.60	0.36	—
1973	184.60	11.00	—	17.97	14.58	0.59	0.23	—
1974	214.65	2.00	—	17.90	12.17	0.60	0.38	—
1975	219.50	17.5	—	24.60	17.37	13.08	10.68	4.84
1976	237.15	1.00	—	21.27	14.50	14.79	12.88	—
1977	256.00	—	—	26.78	18.18	27.76	14.87	9.08
1978	265.92	—	3.50	34.69	29.62	18.50	15.52	13.05
1979	302.10	—	3.50	36.40	37.70	13.10	27.70	14.00
1980	397.10	—	—	28.60	27.50	13.37	10.00	9.60
1981	433.90	—	—	41.70	37.20	11.61	8.60	1.10
1982	510.00	—	0.20	50.50	36.90	18.43	26.53	—
1983	606.20	—	0.30	65.60	60.90	22.97	9.40	6.90
1984	674.00	54.00	—	80.80	61.80	48.33	11.70	1.10
1985	832.80	36.00	112.40	95.90	92.60	84.47	18.81	10.66
合计	7772.24	225.77	191.83	766.32	643.19	322.62	180.32	70.33

1987—1990年江宁县教育经费情况表

表33-10-38　　单位：万元

类别			1987年	1988年	1989年	1990年
预算内经费支出	合计		885	1017.00	1259.80	1487.17
	其中	县财政	760	921.00	1068.80	1270.17
		学杂费	125	96.00	191.00	217.00
勤工俭学			22	27.40	58.00	52.00
各种集资			88	135.00	45.00	113.00
教育费附加	农村		—	618.62	770.00	799.00
	县城		—	29.13	53.00	66.50
教育金			—	30.20	—	—
教职工人均月工资			—	102.32	103.80	113.57

1996—2007年江宁区教育经费投入情况表

表33-10-39　　单位：万元

年份	财政性教育经费					校办企业勤工俭学用于教育	社会捐、集资办学用于教育	学杂费收入用于教育的经费	其他收入用于教育的经费	教育经费总投入
	预算内经费	政府征收用于教育税费			其他经费					
		城市附加	农村附加	地方附加						
1996	6429	457	3041	—	1021	229	833	1252	440	13702
1997	7919	499	3700	—	210	284	1129	1573	217	15531
1998	9563	517	4032	—	440	518	381	2233	782	18466
1999	10951	554	4105	—	1435	213	749	3038	246	21291
2000	12700	332	3525	—	1837	325	451	4574	531	24275
2001	14927	902	—	1110	1093	415	595	4892	1538	25472
2002	18881	1094	—	978	339	223	539	3966	4869	30889
2003	21883	2497	—	—	664	287	1996	4781	4154	36262
2004	25399	—	—	1734	2619	135	2884	6143	5151	44065
2005	30705	7411	—	2242	1360	216	1815	10220	3417	57386
2006	33853	11635	—	3983	1685	621	4172	6596	4519	67064
2007	43072	11232	—	4651	16542	—	329	28956	10692	115474
合计	236282	37130	18403	14698	29245	3466	15873	78224	36556	469877

第二节 教育设施

民国时期，全县农村集镇学校大多利用祠堂、庙宇或借用民房作校舍。教学设备极其简陋，一般学校只有课桌椅、黑板和极少量体育器材、图书等，几十年间的变化不大。民国35年（1946）后，全县普遍建立中心国民学校、国民学校，校舍、教具等设备筹办按最简单的标准置办，主要包括总理像、总裁肖像、国民党党旗、盟邦国旗、旗杆、校牌、校铃或钟、水壶、纸笔、地图、黑板、操场、毛算盘、计数器与时钟或表等。

新中国成立初期，全县学校的校舍和教育设备诸方面的条件虽有改善，但始终处于较差的水平，跟不上教育事业的发展和教学工作的需要。尤其是面广、量大的农村学校，办学条件十分简陋。1952年，全县小学校舍绝大部分破烂不堪，修建费极少。至1963年，加强校舍修缮工作，全县修缮17所中学校舍197间，352所小学校舍1413间，共计3.25万平方米，投资111649元。

“文化大革命”初期，全县学校校舍和教学设备遭到破坏，图片、图书损失严重。20世纪70年代，在群众办学热潮中，全县农村校舍数量有所增加，每个生产大队至少有一所小学。这些校舍建设大多质量粗劣，有的几年后就成了危房，有的只能遮雨不能挡风（窗户上没有玻璃），有的只有空房子没有课桌凳，用砖泥砌桌凳代替。

“文化大革命”结束后，全县各级政府尽管加大了对教育的投资，维修改造学校危房，新添教室，配置课桌凳，但校舍破旧，设施落后的整体状况依然存在。直至1983年，全县农村中、小学校舍和最基本的教学设备仍然很差。

1984年前后，全县按照省、市要求努力实现学校“一无两有”（校校无危房，班班有教室，人人有课桌凳）。经过连续3年的不懈努力，除省、市补助外，县、乡镇、村三级共投资838.10万元，翻建和修建险房5468间，面积157423平方米，添置课桌17691张、课凳25333条，基本消灭了险房校舍，学生都用上木制课桌凳，许多学校修建起围墙。经省、市检查验收，省教育厅和财政厅联合向江宁县颁发基本实现“一无两有”证书。1987年，新建校舍2.10万平方米，基建投资500万元，办学条件大为改观，在基本实现“一无两有”的基础上，有的学校实现了“一无多有”。是年，全县校舍修建获江苏省二等奖、南京市一等奖，获得省、市级奖金10万元。

20世纪90年代后，全县各级学校的设施条件逐年完善。1991年，全县新建校舍2.88万平方米，改造危房1321间。1993年，全县新建校舍3.02万平方米，翻建4776平方米，维修18万平方米，新砌围墙长4375米。全县中学实验室合格率达100%，在南京市五县中第一个实现全部合格的标准。1994年，全县新建校舍2.98万平方米，翻建1.36万平方米，维修17万平方米。1995年，全县新建校舍69.50万平方米，维修校舍17.73万平方米。全县中学的实验室全部达到教育部颁布标准；有19所小学的自然学科实验室达市级合格标准。是年，全县有16所中、小学装备微机室，拥有486微机10台、386微机461台。江宁县中学、秦淮中学、江宁中学、禄口中学、湖熟中学、江宁实验小学、麒麟中心小学7校都装备了语音室，共计392座位。同时，全县新建成9片标准的体育运动场地。

2000年江宁县学校校舍基本情况表

表 33-10-40　　　　　　　　　　　　　　　　　　　　　　　　　　　　单位：平方米

学校类别	占地面积	建筑面积	教学及辅助用房	办公用房	学生宿舍	教工宿舍	新增校舍	教工住宅
中 学	1421180	341039	152208	22703	37823	12079	18644	76909
小 学	1814524	334717	237019	25638	841	8548	2700	30276
幼儿教育	58872	55487	45119	1291	7000	—	1931	2044
职业教育	151990	52448	18510	1800	10490	—	2350	8962
特殊教育	11000	758	192	50	96	48	758	728
其 他	16093	10489	3783	527	681	—	1300	3694
合 计	3473659	794938	456831	52009	56931	20675	27683	122613

说明：1. “教工宿舍”指学校内教学用房临时作教师宿舍的

2. 2000年县属学校教职工居住套房率92.40%，人均居住面积18.51平方米

3. 2000年集镇学校教职工居住套房率91.73%，人均居住面积15.99平方米

1996—2000年，全县新建校舍19万平方米。校舍总面积和生均占有校舍面积与“八五”期末相比分别增长24%、19%。进入21世纪后，全区城乡学校教育设施、设备差距趋于缩小。2001—2005年，全区学校新增校舍面积40万平方米，建成14片塑胶运动场，完成2万平方米的塑钢窗化改造工程。农村中、小学布局调整基本到位，“农村村小提升”工程全面完成。2003年，全区校舍基本建设的总量和投入创历史新高。新建校舍17万平方米，维修校舍89237平方米，拆除改造新增的C级、D级危房6772平方米，修筑围墙4260米。校舍建设工程严格按照建筑管理规范操作，科学园小学等一批工程被评为市级优良工程。百家湖中学、方山中学、上峰小学等7所学校被评为优秀景观学校、绿色学校、花园式学校。2004年，江宁区教育局被评为市校舍修建与管理先进单位。

2005年，全区农村中、小学“六有”工程（农村中小学有整洁的校园、有卫生食堂、有冷热饮用水、有水冲式厕所、有安全宿舍、寄宿生一人有一张床）全面通过验收。是年，全区投资4000万元，完成全区街镇中心小学以上学校信息化建设，实现全区网络教室100%建成，宽带100%接入，信息技术课100%开设，全面完成“校校通”（校校接通宽带线能够上网）工程。

2006—2007年，全区新一轮学校布局调整展开，累计完成建设面积7万平方米。2006年，全面实施小学“一镇一校”（撤销村小并入中心小学）工程。全年撤并村、完小（办学点）30所，全区农村中、小学校舍改、扩建1.40万平方米。2007年，全区学校基本建设开工面积和投入资金再创历史新高。全年基本建设施工项目共27个，施工面积259427平方米，完成校舍维修面积112134平方米，全年建设塑胶跑道15片，各类球场40片，钢窗改造面积20928平方米。建成江宁教育城域网，成为南京市教育城域网唯一的分中心。

第三节 勤工俭学

1955年起，全县中、小学尤其对初中和高中毕业生加强劳动教育，开展勤工俭学活动，主要是农业生产劳动。1960年后，全县中、小学进一步开展勤工俭学活动，包括种植、饲养、采集药材、种树等，收益较为实在。1965年，全县中、小学勤工俭学收入1.85万元，支出1.65万元，结余0.20万元。

“文化大革命”期间，除学校内部开展一些勤工俭学活动外，主要是无报酬的支农活动，收益甚微。1975年前后，全县一些中、小学开始兴办校办工厂。江宁县中的电镀厂，汤山中学的纸质电容、灯头抛光、冲压件厂，湖熟中学的水泥预制品厂，淳化中学的标牌、塑料厂，以及秣陵金村小学的无线电元件厂，都取得一定的经济效益，由此改善了学校办学条件和教工生活福利。

20世纪80年代初，全县勤工俭学发展较快，形式多样，无论从校办工厂数量到产品质量，从总产值到纯利润都有较大发展和提高。为加强对全县勤工俭学领导，1983年5月，成立江宁县校办工业公司。1985年，全县学校有工厂、商店、修理门市部、农场、林场、苗圃、饲养场等140个，是1976年的2.30倍；总产值600多万元，是1976年的15.50倍；纯利润84.47万元，是1976年的5.70倍。全县部分校办企业粗具规模，如秣陵中学化工厂、秣陵小学无线电厂、秣陵小学印刷厂、淳化中学石化厂、花园中学印刷厂、教师进修学校综合厂等，都具备一定的生产设备和能力。秣陵中学化工厂、秣陵小学无线电厂两家被收入1985年县政府编印的全县四十五家优秀骨干企业资料中。至1988年，全县有校办厂164个，学农基地152个，第三产业项目49个。全县学校勤工俭学普及率81.60%。全年总产值3341.19万元，其中工业产值2925.8万元；总利润314.71万元，学生人均收入31元，年利润5万元以上的校办厂13家。秣陵小学无线电厂生产的ML-1型脉冲电子治疗仪畅销全国，改进研制的ML-86型人体信息诊断仪在西安“国家星火计划科技成果展览交易会”上获银奖，年创利润30.20万元。秣陵小学无线电厂受到国家四部委表彰，被评为全国勤工俭学先进单位。

1993年，全县建立勤工俭学劳动基地675个，校办企业发展到316家，其中从事第三产业的38家，当年新办企业就有70家。校办企业全年总产值3.01亿元，完成利润1205万元。江宁中学天宁无线电厂的产品有害气体报警器获“全国星火计划”金奖。是年，县校办工业公司改名为校办企业总公司。1996年，全县有校办工厂327个，工业产值达5.19亿元；第三产业项目18个，产值（含其他）609万元。全县纯收入2242.50万元。校办企业的发展为教育提供了经费来源。是年，全县补助教育的经费达946万元，生均补助经费217元。

1999年，校办企业进入改制阶段。改制后，校办企业的数量逐年减少，至2000年左右，校办企业的改制基本完成。2004年，区校办企业总公司改名为“教学服务公司”。随着校办企业的不断改革，县校办企业总公司积极转变职能，公司职能由经营转向为学校、教学服务。主要服务内容有学生簿本、学生校服、幼儿教材、中小学教学具、学生毕业照等。2007年，区教学服务公司受区教育局的委托，全面负责管理全区中、小学生的社会实践活动。

1976—1982年江宁县中、小学勤工俭学经济情况表

表33-10-41

年份	中（小）学	校办厂			校办农林场				其他收入（万元）	收入总计（万元）
		数量（个）	总产值（万元）	收入（万元）	数量（个）	土地（公顷）	产粮（公斤）	农副业收入（万元）		
1976	中学	52	27.69	7.87	136	190.13	129317	2.89	1.24	12.00
	小学	8	4.23	1.20	282	226.37	62084	1.90	0.69	3.79
	合计	60	31.92	9.07	418	416.50	191401	4.79	1.93	15.79
1977	中学	25	48.85	13.10	124	55.69	130600	4.44	0.81	18.35
	小学	15	11.90	6.78	156	33.87	36750	2.32	0.31	9.41
	合计	40	60.75	19.88	280	89.56	167350	6.76	1.12	27.76
1978	中学	25	56.04	14.91	54	40.32	19768	1.67	0.15	16.73
	小学	4	8.35	0.79	87	12.68	9317	0.80	0.19	1.78
	合计	29	64.39	15.70	141	53.00	29085	2.47	0.34	18.51
1979	中学	19	51.95	9.75	—	15.47	12065	0.43	—	10.18
	小学	3	5.10	2.30	146	9.77	5355	0.59	—	2.89
	合计	22	57.05	12.05	146	25.24	17420	1.02	—	13.07
1980	中学	18	41.64	9.06	—	9.45	8715	0.71	0.03	9.80
	小学	6	4.30	1.98	—	34.25	4515	0.86	0.72	3.56
	合计	24	45.94	11.04	—	43.70	13230	1.57	0.75	13.36
1981	中学	21	41.06	8.82	—	6.40	4735	0.35	0.05	9.22
	小学	13	5.98	1.71	—	6.04	2677	0.36	0.32	2.39
	合计	34	47.04	10.53	—	12.44	7412	0.71	0.37	11.61
1982	中学	33	67.33	13.85	12	—	675	0.35	0.08	14.28
	小学	19	22.88	3.43	10	—	2825	0.61	0.10	4.14
	合计	52	90.21	17.28	22	—	3500	0.96	0.18	18.42

1986—1995年江宁县中、小学勤工俭学情况表

表33-10-42

年份	校办厂（个）	农林牧渔场（个）	商业网点（个）	总产值（万元）	纯收益（万元）
1983	48	17	—	128.00	22.97
1984	56	10	16	280.00	48.33
1985	86	24	30	600.00	84.47

续表

年　份	校办厂（个）	农林牧渔场（个）	商业网点（个）	总产值（万元）	纯收益（万元）
1986	92	129	37	1348.60	170.10
1987	135	186	37	1920.80	244.30
1988	164	161	39	3341.10	314.70
1989	164	89	34	3642.20	330.30
1990	179	355	36	6053.81	366.98
1991	206	466	39	7146.00	426.00
1992	249	515	45	12500.00	484.00
1993	316	321	38	30096.00	1205.00
1994	342	401	59	46615.00	1628.00
1995	313	405	45	49582.00	2079.00

第十一章　驻区高等院校

江宁区内的大学主要有 3 块：江宁大学城、江宁经济技术开发区、各街道境内。

20 世纪 90 年代后期，高校合并升格、扩大规模招生，原设在城市内的高校容量不够，于是在郊区开发新校址，且多校集中一地，形成新的高校群，谓之大学城。大学城建设有利于“扩大高等教育供给，促进经济发展，推进城市化进程，提高办学质量”，走“集约化”发展之路，为国家高等教育发展注入新鲜活力。江宁成为南京新市区后，经济、文化、社会开始了新一轮发展，大学城随之兴起。

2002 年 3 月，江宁科学园内的江宁大学城创建，规划占地面积 30 平方千米，集教育、商贸、房地产、娱乐等于一体。是年 4 月 8 日，江宁区委、区政府专门颁发《江宁大学城优惠政策》文件（江宁委发〔2002〕26 号），以吸引高校进驻江宁大学城，尽快形成规模效应。至 2007 年，有 11 所高校入驻。

20 世纪 90 年代末，江宁经济技术开发区内有河海大学、南京航空航天大学等数所高校在此建设新校区；同时，东山街道、汤山街道、禄口街道、湖熟街道区域共有 10 所高校入驻。

2007 年，全区的驻区高等院校达 23 所。其中，江宁大学城、江宁经济技术开发区高校达 15 所，累计占地面积近 3000 公顷，投资总额 120 多亿元，开设 463 个专业，在校学生 15 万人，其中本科以上学生达 6 万多人。

第一节　本科院校

【东南大学九龙湖校区】

东南大学是教育部直属的全国重点大学，是“985 工程”和“211 工程”重点建设的大学之一。2005 年夏，学校主教学区迁至九龙湖校区，位于江宁经济技术开发区南部，总面积 250.16 公顷。九龙湖校区建成工程 33 项，建筑总面积约 58.90 万平方米，总投资约 13 亿元。2007 年后，学校大部分党政机关、机械、计算机等 10 个院系和 1.50 万名学生相继入驻九龙湖校区。

学校设有建筑学院、机械工程学院、能源与环境学院、信息科学与工程学院、土木工程学院等 40 多个院系，拥有 61 个本科专业，206 个硕士点，93 个二级学科博士点，16 个一级学科博士学位授权点，15 个博士后科研流动站，10 个国家重点学科，3 个国家重点实验室，1 个国家专业实验室，2 个国家工程技术研究中心。

学校有教职工 6000 多人，其中正、副教授 1500 多人，博士生导师 300 多人，两院院士 8 人，国务院学位委员会委员 1 人，国务院学位委员会学科评议组成员 9 人，“长江学者奖励计划”特聘教授、讲座教授 21 人，国家杰出青年科学基金获得者 17 人，国家级有突出贡献的中青年专家 14 人，国家“十五”“863”第二届领域及主题专家组成员 5 人，国家重点基础研究发展规划（973）专家顾问组成员 1 人，国家信息化专家咨询委员会委员 1 人，国家“百千万人才工程”培养对象 7 人，教育部跨世纪优秀人才 13 人，江苏省“333 人才工程”培养对象 71 人。

【河海大学江宁校区】

河海大学是一所以水利为特色，工科为主，理、工、经、管、文、法多学科协调发展的教育部直属全国重点大学，是实施国家“211 工程”重点建设以及设有研究生院的高校之一。2001 年 9 月，启用新建的河海大学江宁校区，位于江宁经济技术开发区中心，占地总面积 153.48 公顷。

学校下设水资源环境学院、水利水电工程学院、土木工程学院、环境科学与工程学院、交通学院、海洋学院等 16 个专业院系。有 3 个国家重点学科，12 个省部级重点学科，9 个国家级以及省部级重点实验室，6 个国家级以及省部级工程研究中心，5 个博士后流动站，38 个博士点，124 个硕士点，18 个工程硕士专业学位领域及工商管理硕士（MBA）专业学位授权点，46 个本科专业。

学校有教职工 3135 人，其中中国工程院院士 1 人，“长江学者奖励计划”学者 2 人；副高以上职称人员 828 人，其中正、副教授 652 人；博士生导师 209 人，其中有 12 名院士受聘担任学校的教授、博士生导师。2006 年 9 月，各类学历教育在校学生 3 万余人，其中研究生 8487 人，本科生 18448 人。

【南京航空航天大学江宁校区】

南京航空航天大学是一所以工为主，理工结合，多学科协调发展，航空、航天和民航特色显著的重点大学。江宁将军路校区于 1998 年开工建设，位于江宁经济技术开发区内，占地面积 126.67 公顷，分东、西两区。

学校设有航空宇航、能源与动力、自动化、信息科学与技术、民航学院和飞行等 12 个学院；无人机研究院、高新技术研究院、直升机研究所等 68 个研究机构；51 个实验室，其中国家级重点实验室 1 个，部级重点实验室和部级开放实验室 9 个。本科专业 41 个、一级学科博士学位授权点 10 个、二级学科博士学位授权点 52 个、硕士学位授权点 127 个、博士后流动站 9 个，涉及8个学科门类和37个一级学科。飞行器设计、机械制造及其自动化、工程力学3个学科为国家级重点学科，流体力学、通信与信息系统、微型飞行器设计与制造等8个学科为国防科学技术工业委员会重点学科，一般力学与力学基础、航空宇航推进理论与工程、电力电子与电力传动、导航制导与控制、计算机应用技术、航空宇航制造工程、先进制造技术（重中之重）等7个学科为江苏省重点学科。

学校有教职工2839人，其中专任教师1398人，博士学位教师占38.80%，博士生导师182人，教授226人，副教授314人。其中，中国科学院院士2人，双聘院士8人，国务院学位委员会学科评议组成员3人，"长江学者奖励计划"特聘教授3人，教育部首届高等学校教学名师奖获得者1人，国家级、省部级有突出贡献中青年专家21人，入选省部级以上各类人才工程近百人，包括入选国家"百千万人才工程"8人、教育部"跨世纪优秀人才计划"3人、教育部"新世纪优秀人才计划"7人、江苏省"333人才工程"33人、"青蓝工程"49人，享受政府特殊津贴专家133人。2007年，江宁将军路校区有1.40万余名本科生、研究生和300余名留学生。

【南京医科大学江宁校区】

南京医科大学是江苏省属重点高校。江宁校区位于江宁大学城东部，占地面积98公顷，2003年9月启用。

学校有13个学院和1个独立学院——康达学院。设有3个博士后流动站，有一级学科博士学位授权点3个（基础医院、临床医学、公共卫生与预防医学），二级学科博士学位授权点35个；一级学科硕士学位授权点7个，二级学科硕士学位授权点55个，学位授权点覆盖医学、理学、工学、管理学、法学、教育学6个学科，有3个国家重点学科培育点和7个省级重点学科。有3个七年制专业（临床医学、儿科医学、口腔医学）和2个六年制双学位专业（医学司法鉴定、卫生法制），11个本科专业。

学校有教授150多人、副教授400多人，在编教职工1500多人，在编教师中有国家"新世纪百千万人才工程"国家级人选1人，国家杰出青年科学基金获得者2人，享受国务院特殊津贴专家15人，获全国五一劳动奖章1人，全国优秀教师3人，全国优秀骨干教师4人，卫生部突出贡献专家1人，省"有突出贡献中青年专家"15人，省"333人才工程"第二层次培养人选9人，省"青蓝工程"优秀学术带头人21人，省"六大人才高峰"7人，获"霍英东教育基金会高等院校青年教师奖"4人。2007年，江宁校区有7000多名学生（含400名留学生）。

【中国药科大学江宁校区】

中国药科大学是教育部直属的国家"211工程"建设高校。2003年7月，设立江宁新校区。新校区占地面积40.67公顷，建筑面积27万平方米。拥有固定资产2.34亿元。

学校设药学院、中药学院、生命科学和技术学院、国际医药商学院、成人教育学院等10个院部系。有23个博士点，其中药物化学、生药学、药剂学3个学科为国家重点学科点，现代中药学与天然药物学学科是江苏省11个重点学科之一；设有药学博士后流动站，14个学科专业可招收博士后研究人员；有26个硕士点；设置15个本科专业以及"国家基础科学研究与教学人才培养基地基础药学专业点"和"国家生命科学与技术人才培养基地"。学校建有联合国人口控制药物质量研究培训中心、科技部新药筛选实验室、科技部药物代谢研究技术平台、国家酶工程技术工业性试验基地、现代中药教育部重点实验室（建设）等9个部、省级重点实验室。

学校有教职工1400余人，专任教师610余人，其中具有高级职称的占40%，具有硕士以上学位的占45%，中国科学院院士和中国工程院院士2人，博士生导师60人，硕士生导师122人，享受国务院特殊津贴51人。2007年，江宁校区在校研究生1380余人（博士生占1/3），全日制本、专科生7500余人，成人教育在籍生1.10万人。

【南京工程学院】

南京工程学院是省属本科院校，位于江宁区方山风景区北麓。占地200公顷，建筑面积70万平方米。

学院有机械工程学院、材料工程学院、自动化学院、计算机工程学院、电力工程学院、能源与动力工程学院等19个教学单位，并设公有民办二级学校康尼学院和高等职业技术学院、继续教育学院。有70多个本科专业（方向）和30个专科专业。机械设计制造及其自动化和热能与动力工程为省重点建设学科，数控实验中心为省重点建设实验室，有省级优秀学科梯队4个。

学院有教师900余人，教授、副教授等高级职称300余人，享受国务院特殊津贴专家14人，省有突出贡献中青年专家2人，省中青年学术带头人16人。2007年，学院在校普通全日制本、专科生2.10万人。

2003—2004年，学院连续2年被评为江苏省普通高校就业工作先进集体，2005年，学院毕业生就业率居全省省属高校第一。先后承担完成国家"七五""八五"和"九五"重点科技攻关项目多项，获国家重大科技攻关成果奖1项，国家级优秀教学成果一等奖1项、二等奖2项，省部级科技进步二、三等奖多项，省部级科研成果奖和优秀教学成果奖一、二等奖多项。

【南京晓庄学院江宁校区】

南京晓庄学院是一所地方性全日制普通高等学校。江宁校区占地86.67公顷，规划建筑面积30多万平方米。

学院设有人文、外国语、经济法政、信息技术等8个二级学院和1个独立学院，有数学、物理、化学、生物、音乐、美术等8个系，29个本科专业。拥有省重点建设学科、省基础课教学实验示范中心各1个，省特色建设专业2个，校级重点建设学科5个，条码与RFID实验室为"全国条码与RFID实验室示范基地"。

学校有在职教职工932人，其中正高级职称33人，副高级职称174人，全日制在校生11445人，各类进修生3000多人。学院先后被评为江苏省文明单位、江苏省文明学校、江苏省高校安全文明校园。

【金陵科技学院江宁校区】

金陵科技学院是2002年6月经教育部和省、市政府批准，由金陵职业大学和南京农业专科学校合并组建的全日制普通本科院校。江宁校区坐落在江宁大学城内，占地80.67公顷，规划建筑面积48万平方米。

学院设立商业、人文、信息技术、机电工程等11个二级学院和基础课教学部，并设有继续教育学院和龙蟠学院（公有民办）。开设会计、服装设计、计算机应用与维护、动画、服装等50多个本（专）科专业。20个一级学科、30多个二级学科，有会计、计算机信息管理、经济信息管理、眼视光技术和艺术设计专业5个省级品牌特色专业，有特色专业建设点1个，国家级精品课程1门、省级精品（优秀）课程9门。

学院教职工近千人，其中专任教师近800人，教授、副教授占35%，"双师型"（既有教师职称，又有专业技术职称）教师占50%，研究生学历的教师占50%，部省级优秀人才占3%。全日制公（民）办在校生近 1.50 万人，成人教育在校生近 4000 人。

“十五”期间，学院自编出版教材 50 余部，承担部（省、市）级科研课题 40 多项，获部省级优秀教学成果奖和科技进步奖 40 多项。

【中国人民解放军南京炮兵学院】

中国人民解放军南京炮兵学院位于江宁汤山作厂 3 号，其前身是抗大四分校发展演变的华东军政大学炮兵大队。1986 年 7 月，被中央军委命名为南京炮兵学院。

学院是唯一承担全军自行火炮指挥和炮兵侦察测地专业教学任务的院校，是炮兵新型弹种使用方面的教学和科研中心。担负着培训炮兵指挥军官的任务，设有榴炮分队指挥、反坦克炮分队指挥、自行火炮分队指挥、炮兵侦察测地分队指挥和英语、计算机等专业的本科及大专教育。同时设有军事装备学、作战指挥学和兵种战术 3 个学科的硕士研究生教育。

【中国人民解放军理工大学气象学院】

中国人民解放军理工大学气象学院前身是中央军委气象局干部训练班，1999 年 5 月 10 日，转隶总参谋部，与通信工程学院、工程兵工程学院和总参第 63 研究所合并，组建成中国人民解放军理工大学气象学院。位于东山街道双龙街。

学院是全军唯一一所培养军事气象、海洋和空间环境保障人才的理工科高等院校，至 2005 年，学院已成为国家和军队气象水文领域人才培养的主要基地和科技创新的重要基地。学院设有博士后科研流动站，拥有一级学科博士学位授权点，有 6 个博士学位授权点、9 个硕士学位授权点和 11 个本科专业。

进入 21 世纪后，学院充分发挥学科专业齐全和人才密集优势，先后组织部分专家、教授参加神舟系列飞船发射、奥运安保、中俄联合反恐军事演习、索马里远洋护航、国庆阅兵等重大气象保障任务。

【南京航空航天大学金城学院】

南京航空航天大学金城学院地处江宁区禄口街道铜山集镇，是南京航空航天大学联合社会力量于 1999 年经原中国航空工业总公司和江苏省教育委员会批准成立的公有民办二级学院。2004 年，改办为独立设置的民办学院。2007 年，学院有各类学生 1650 余人，设有机电工程系、信息工程系、经济管理系、英语系、基础教育部、国际合作教育部 6 个系（部），有机械工程与自动化、车辆工程、信息工程、电气工程与自动化、测控技术与仪表、国际经济与贸易、工业工程、市场营销、会计学、英语（国际贸易）等 10 多个本科专业。

【中国传媒大学南广学院】

中国传媒大学南广学院是中国传媒大学经教育部批准设立的四年制、本科层次独立学院。地处江宁方山风景区，成立于 2004 年 6 月。校园规划建筑面积 33 万平方米，2005 年完成一、二期工程 16.70 万平方米的建设项目，2007 年年底三期工程竣工。

学院依托中国传媒大学的教育资源和师资力量，为全国广播电视等信息传播领域培养应用型高级人才。学院设有语言传播、新闻传播、艺术传播、广播电视、动画、媒介管理、国际传播和信息技术 8 个系，开设 31 个本科专业（含 90 个专业方向），在校生 6000 余人。学院面向全国招生，学生毕业后颁发国家承认的中国传媒大学南广学院毕业证书，经中国传媒大学学位委员会审核，符合学位授予条件者，授予中国传媒大学学士学位证书。

【金陵协和神学院江宁校区】

金陵协和神学院是中国基督教全国性神学院。学院新校区位于江宁大学城校园规划区中心地段，占地13.40公顷，核定建设项目总面积3.10万平方米，在校生500人。2005年12月25日奠基，2007年秋新校区招收第一批新学员。

金陵协和神学院努力培养爱国爱教、致力于“灵、德、智、体、群”全面发展、在灵性修养和神学知识上有较高造诣的善于团结信众的教牧人员和神学教育及研究人才。全国政协副主席、中国基督教“三自”（自治、自养、自传）爱国运动委员会名誉主席、中国基督教协会名誉会长丁光训主教担任院长，中国基督教“三自”爱国运动委员会主席季剑虹任常务副院长。学院有四年制本科、三年制研究科和二年制教牧学研究生班，并从1995年起开始颁授神学学士和神学硕士学位。学院有注册在读生201人，有专职教员28人。

第二节 大专院校 中专学校

【江苏海事职业技术学院江宁校区】

江苏海事职业技术学院是2003年7月经江苏省人民政府批准由南京海运学校和南京航运学校合并组建的一所全日制普通高等院校。江宁校区位于方山脚下，占地93.33公顷，规划建筑面积35万平方米。办学规模1.20万人，有在校生7150人。学院学制以高中后三年制专科和高中后四年制双专科为主，初中后五年制高职为辅；成人高等教育有学历教育和船员培训、职业技能培训等非学历教育。

学院设有航海技术系、轮机工程系、船舶与机电工程系、信息工程系、经济贸易系、外国语言系，体育部、人文社科部和负责成人培训的继续教育学院；开设15个专业21个专业方向；另有航海技术与商贸英语、轮机工程技术与商贸英语、船舶工程技术与计算机应用技术等8个双专科专业。

学院有专任教师344人，其中副高以上职称104人，占专任教师30%以上。“双师型”教师占专业教师70%以上，交通部专业带头人2人，省“青蓝工程”培养对象1人。

学院教科研成绩突出，获省部级科研立项课题8项。学院高等航海职业教育信息资源建设对策研究、对触网学生给予德育关怀与引导等科研项目，由中央教育科学研究所教育信息研究中心立项，被列入教育部“十五”规划子课题。教师在国内、外公开发表论文300多篇，60多篇获奖；出版教材10余部，其中《船舶辅机》被列为省级精品教材重点建设项目，《船机检修技术》被列为国家“十一五”规划教材，《内燃机构造与原理》被评为省级精品教材。

【南京交通职业技术学院江宁校区】

南京交通职业技术学院是经江苏省人民政府批准建立的专科层次普通高等学校，隶属江苏省交通厅。学院坐落在南京高新技术开发区，并在南京江宁大学城建设新校区，占地面积66.67公顷。学院设有公路工程系、建筑工程系、汽车工程系、机电工程系、管理工程系、信息工程系、人文社科系和基础学部7系1部，共33个专业，在校生近7000人。教职工581人，其中专任教师383余人，教授、副教授等高级职称132人。

学院坚持服务行业、面向社会，以就业为导向，培养学生职业能力。汽车运用技术和公路与桥梁施工技术两专业被确定为江苏省高等职业教育示范性专业。2004年，学院被教育部、交通部、劳动和社会保障部等六部委确定为“汽车运用与维修”专业国家技能型紧缺人才培养基地；与日本丰田汽车公司开展T-TEP项目培训合作教育，被认定为丰田T-TEP学校。学院设有成人教育学院，具有独立的专科夜大、函授办学资格；与同济大学、南京工业大学等高校建立长期合作教育关系；在省内、外与40多家企业建立校外教学实习基地，利用国家职业技能鉴定所的品牌，以技能鉴定带动技能培训，扩大技能培训规模，每年培训4000余人次。学院毕业生每年就业率保持在98%以上，是江苏交通系统高技能人才培养的重要基地。

【江苏经贸职业技术学院江宁校区】

江苏经贸职业技术学院江宁校区位于江宁大学城内，于2003年开工建设，规划建筑面积40万平方米，总投资5亿元。新校区拥有公共教学楼、图书馆、现代教育技术中心（综合实训楼）、大学生活动中心（风雨操场）、学生宿舍楼、单身教工公寓和食堂等；建有1000兆宽带高速校园网，2646台计算机和82个多媒体教室；各类实验室、实训室（含中心）89个，图书馆藏书62.20万册。学院有专任教师489人，其中正高职称教师27人。

学院设有工商管理、贸易经济、会计、信息技术、工程技术等8个系和体育部以及继续教育学院和国际合作学院，开设30个专业群，50多个专业方向，其中省级特色专业1个，省级特色专业建设点1个，五年制师范专业1个。

学院建成2个国家级、2个省级和4个企业为主共建的大型实训基地。学院与150多家企业、行业协会及政府部门建立紧密合作关系，构建专项合作型、紧密合作型、校企一体型等校企合作模式。

【江苏农林职业技术学院江宁校区】

2004年，江苏农林职业技术学院与南京青龙山生态园林开发有限公司合作办学，建立江宁校区，位于湖熟街道境内。

学院设有风景园林（林学）、农艺、畜牧兽医、生物工程、信息工程、机电工程、经济贸易、社会科学与艺术8个系和基础部、成教培训中心，有24个专业，41个专业方向。在校生7824人，学院专任教师376人，高级职称占30.60%。

学院建有草业研究中心、彩色苗木研究中心、小梅山猪育种中心、园林规划设计研究中心4个科研机构。校内生产性实训平台有江苏农博园和江苏茶博园。园区核心区166.67公顷，辐射区533.33公顷，形成园林工程、畜牧兽医等五大教学工场和植物工厂化育苗、植物保护等六大实训中心，可提供实训工位数1850个，覆盖所有涉农专业。现有“973”“948”及国家级梅山猪保种场等26个省部级项目落户。

学院持有专利20项，拥有自主知识产权的农作物新品种35个。其中，草坪草和彩叶苗木已成为学院当地的支柱产业。学院在省内、外建立草坪生产示范基地5333.33公顷，累计生产无土草坪4.20亿平方米，净增效益达15亿元，被省政府确立为宁镇丘陵地区优势主导产业。2005年，学院被国务院表彰为全国职业教育先进单位。

【南京工程高等职业学校】

南京工程高等职业学校位于江宁区汤山街道麒麟门社区，始建于1956年。学校占地20公顷，校舍面积7万余平方米，在校生8900人。专任教师333人，其中高级职称86人。学校属专科学历层次，初中毕业生入校读 5 年，毕业发大专文凭。

学校有计算机 1000 余台，现代化多媒体电教室 6 个，可同时容纳 800 名学生；有 4 个语音室，有模拟电子线路、数字电路实验室，以及物理、化学、电气、电子、化工、机械等数十个实验室，实验自开率 100%；有宾馆、钻探、建筑装饰、车工、钳工、木工、电焊工等 10 多个实习室，校内实习自开率 90% 以上。

学校设地质工程系、建筑工程系、电子工程系、信息工程系、商务管理系 5 个系 10 个专业。拥有 1 个国家级建筑行业技能型紧缺人才培养培训基地，3 个省级实训基地，142 个校外专业实训基地。学校先后与南京建工集团、南京玄武饭店、索尼电子（无锡）有限公司、中山陵园管理局导游服务中心等中外知名企、事业单位建立了紧密的校企合作关系。各专业毕业生供不应求，毕业生就业率达 98% 以上。

【南京正德职业技术学院】

正德职业技术学院创建于 1998 年，位于江宁经济技术开发区将军大道 18 号，由南京航空航天大学校友会和南京江宁经济技术开发总公司共同出资创办，是由江苏省人民政府批准建立、教育部备案的全日制民办普通高校。占地 15 公顷。学院有教职工 300 多人，其中专职教师 216 人，教授、副教授占 51.85%。

学院设置通信技术、电子信息工程技术、计算机网络技术、计算机应用技术、软件技术、动漫设计与制作等 24 个专业，其中工科类专业占 50%，信息技术类专业在校生占 40%。其中动漫设计与制作专业被列为省首批 16 家苹果动漫专业课程改革试点之一，电子信息工程技术专业于 2006 年 8 月被列为省高等学校特色专业建设点，是全省民办高职院校中唯一获此殊荣的专业。

学院先后与东华、商友、国际金鹰、天技、湖滨金陵饭店、王家湾物流中心、东兴会计师事务所等 34 家企业签订合作办学协议，建立校外教学实践基地。学院投资 3150 万元建设校内实验实训平台，有电工电子、计算机技术和应用、视频与动画等 10 个实训中心，52 个实验实训室。

学院在推进“双证制”教育中，已取得电子商务、软件技术等数十个证书考试及 ATA 国际 IT 认证中心考点资格，实施计算机、外语、会计、电子商务和数控加工技术等职业技术证书考试制度，Delphi 考证通过率 81%，会计电算化通过率 95%，AutoCAD、施工员证、预算员证、数控加工（中级）资格证等通过率 100%。

学院先后获江苏省文明学校、江苏省高等学校招生工作先进集体、江苏省毕业生就业工作先进集体、全国民办高校就业竞争力 50 强等称号。该院在全国 190 所民办专科院校中排名第 11 位，在全省民办专科院校中排名第一。

【南京金肯职业技术学院】

金肯职业技术学院创建于 2000 年 6 月，地处江宁区禄口街道铜山金铜路 2 号，占地 34 公顷，总投资 4 亿元，是经江苏省人民政府和教育部批准建立的省属全日制民办普通高校。

学院设有建筑与土木工程、计算机与通信工程、机械与汽车工程、经济与管理工程、人文与社会科学五大系 30 个专业。学院实施“双证制”教学，教学课程体系与职业资格证书接轨；着重强化专业技术课程的教学，专业课程设置结合国家考试中心指定的能力考试模式，着力国家认证证书、职业资格证书、国际知名厂商的认证证书等考试。至 2004 年年末，学生取得导游、秘书资格、旅行社经理等 30 余类资格证书。

经省教育厅批准，学院与澳大利亚南昆士兰大学（USQ）、英国苏萨克斯大学合作开办学士学位课程班，与南昆士兰大学采取“3+1”培养模式（三年获得专科文凭，在澳大利亚留学一年，第四年获得USQ经济管理学士学位）；与苏萨克斯大学采取“3+2”培养模式（三年获得专科文凭，在英国留学两年，第五年获得苏萨克斯大学工学学士学位）。2006年，招收电子商务（中澳）、国际经济与贸易（中澳）、会计（中澳）和计算机应用技术（中英）4个专业共80名新生。2005年，学院被中央教育科学院教育质量测评中心授予社会满意高校称号。

【南京机电职业技术学院】

南京机电职业技术学院位于麒麟科技创新园内。占地面积近13.33公顷，建筑总面积近10万平方米，教职工近360人，其中副高级以上职称者60余人，在校生6000余人。学院设有机械工程系、电子工程系、信息工程系、基础教学部、继续教育学院。开设专业23个。

学院是国家职业技能鉴定所、江苏省机电项目高技能人才培训基地、南京市高技能人才培训基地、南京市专业技术人员继续教育基地、江苏省安全生产培训机构等人才培养基地。开设25个工种的职业技能鉴定培训，学生学历证书和职业技能证书获取率达到95%以上。

与学院建立校企合作企业超过60家，并有多家企业在学院设立冠名订单班，2007年后，学院的毕业生供不应求，就业率均在95%以上。

【南京市医药中等专业学校】

学校位于江宁区东山街道泉水社区大泉水208号。占地面积24.33公顷，建筑总面积约5万余平方米，拥有能满足教学需要的药物制剂、药品检验与分析、模拟药房、中药标本等12个校内实验室、1个教学实训基地（校办工厂）和6个校外实习实训基地。

学校设有药学、药剂、药物分析与检验技术、生物制药技术等11个中专专业，学制三年。2005年，被评为江苏省省级重点职业学校。

1999年起，学校先后与金陵科技学院、江苏省电大、徐州医药高等职业学校联合举办大专学历证书班和五年制高职班。2000年，学校增设南京市食品药品监督管理局培训中心、南京市第二十九国家职业鉴定所、人事局继续教育基地，形成多形式、多层次为医药企业服务的人才基地。学生毕业后同时可获得南京市食品药品监督管理局培训中心颁发的就业上岗等级证书。

学校还与中国药科大学等高校联合办学，经录取后在该校继续读大专，毕业后可获得中国药科大学等高校专科毕业证书，毕业后学校负责推荐就业。

【金陵旅馆管理干部学院（南京旅游职业学院）】

金陵旅馆管理干部学院是中国第一所培养旅游管理人才的专业学院。学院在全国旅游业界享有突出的资质优势：专业教师100%出国进修培训，100%是“双师型”教师，100%在旅游企业担任过中、高级管理人员。学校自成立后为全国饭店行业培训中、高级管理人员近5万人，其中岗位职务培训人数历年居全国10大院校（国家旅游局指定的十所有培训资格的院校）之首，被誉为中国酒店业的“黄埔军校”。2001年，金陵旅馆管理干部学院与南京旅游学校合署办学。至2007年，学院共有6个大系1个部，设有酒店管理、旅游管理、导游与旅行社管理、旅游英语、旅游日语、旅游市场营销、旅游景区管理等10余个专业，其中酒店管理专业分别被教育部和江苏省教育厅评为国家和省级示范专业。是年，学院正式转制为南京旅游职业学院，成为全省唯一一所旅游高等职业学院，当年有在校学生3100余人。2007年11月27日，学院位于江宁大学城的新校区正在抓紧建设，并将于2008年投入使用。

第三十四编

科学技术

第一章　机构与队伍

第二章　科技活动

第三章　科技企业

第四章　科技管理

第五章　信息化建设

第六章　气象测报　防震减灾

江宁科学技术活动历史悠久，距今约3700年—3000年的“湖熟文化”时期，今江宁区域就有制陶、制玉、纺织、竹器编制等手工技术。个别遗址中发现的青铜炼渣，证明江宁已步入青铜时代。考古发现表明，汤山伏牛山古采矿场采用的采矿技术是分段法螺旋道开采工艺（又称“之”字形斜坡道），这一采矿技术的运用至少领先西方1000多年。江宁金箔工艺技术的历史，最早可追溯到1700多年前的孙吴时期，至明代，金箔业无论制作工艺或产量都达到一个高峰。清末，上元、江宁两县附郭各乡，为省城提供大量的技术工人和特色手工业产品。秣陵关的机织业、窦村石工，高桥门、上坊镇、定林一带的钟表业名盛金陵。民国时期，江宁县始有专门从事科技的工作人员，并逐步建立以农业为主的科研机构。民国18年（1929），省农民教育馆向汤山农民提供改良麦种。民国22年3月，江宁自治实验县设立农业改良场，负责各项农村事业的技术事务和推广牛、羊、猪、鸡畜禽良种。民国23年秋，江宁县土山镇设立农作改进实验区办事处，推广稻、麦、棉良种。

新中国成立后，县境内各级科技机构相继建立。20世纪50年代起，科技重点为“大办农业、大办粮食”服务，大力推行科学种田、推广良种、改革耕作制度。1978年全国科学大会后，全县科技队伍逐渐发展壮大，科技成果不断涌现。1986—1990年，全县相继建立科研生产联合体12个，各类科研机构7个，技术推广站2个，科技服务中心1个。1989年3月，县委、县政府召开全县科技工作会议，提出“科技兴县”的战略思想和战略重点，尤其是90年代后，“科教兴区（县）”战略形成，江宁县加快农业科技成果转化，大力实施农业品种、技术、知识三更新工程。在全县设立农业科技示范基地8个，引进新品种300多个，推广新技术50多项，培训3000多人，评出科技示范村11个、科技示范户100户。1995年，江宁县被评为全国科技工作先进县；1996年，被评为全国科技实力百强县，同年6月，被批准建立国家级江宁星火技术密集区。至2000年年底，江宁区逐步形成以促进生产力发展为中心、高校院所为技术依托、企业开发中心和农业示范基地为主体、网络中心信息服务为手段的科技服务体系。2001年，江宁区被授予1999—2000年度全国科技进步先进县称号。

2005年，制订全区“十一五”科技发展规划，规划提出“十一五”期间全区科技工作五大重点领域、十大科技发展目标以及对策与措施。

据统计，1960—2007年，全区共组织实施各级各类科技计划项目2053项；1986—2007年，全区共获得国家级科技进步奖1项、省级13项、市级121项、区级197项；2001—2007，全区专利申请量3114件，专利授权量1135件。2007年，全区高新技术企业累计194家，实现销售收入410亿元，占全区工业经济总量的52.80%。是年，江宁区被评为全国科技工作先进区、全国科技进步考核先进区（县）、全国科普示范区。

第一章 机构与队伍

民国时期，江宁县没有县级科技管理机构，只有不完善的专业指导所和农业改良场。民国8年（1919）6月，在殷巷成立江宁县模范农场（外有5个分所），面积866.67公顷，从事稻、麦、棉种植试验、育种和技术推广。民国15年，在东善桥设立农业改良场，专门从事农作物良种的推广。民国23年，在横溪镇开办蚕业办事处，下设13个指导所，指导丘陵山区农民科学养蚕。之后，先后设立农业改良场淳化镇分场、农业改良场牧龙镇分场、农作改良实验区，从事开垦荒地、发展畜牧业和稻、麦良种繁育推广指导工作。民国35年，设立县示范农场、县实验林场、县合作农场，属县建设科管辖。同年5月，在淳化、湖熟、陶吴各设1个农业推广办事处，以东山、淳化2个农场为基地，推广改良农作物的耕作技术及病虫害防治措施。

新中国成立后，江宁县陆续设立科技管理、科技研究和科技服务等机构。1959年12月16日，江宁县科学技术委员会成立。1978年5月，成立江宁县科技局，同年7月，更名为江宁县科学技术委员会。此后，全县科技人员迅速增加，科研组织不断建立。2001年12月，区科学技术委员会更名为江宁区科学技术局。2005年，全区有各类专业技术人员25285人。其中，大学本科学历9058人，研究生及以上学历768人。区科技局多次被省科技主管部门授予先进称号，被市科技主管部门评为先进集体。

第一节 科研机构

【区属研究机构】

1959年6月，江宁县科学研究所成立。1960年3月，改称江宁县农业科学研究所，主管部门为江宁县农业局，配备技术员8人。科研方向主要是推广应用农业科学技术、良种，搞适应性试验。1962年2月撤销。1972年11月恢复，技术人员增至13人，有试验基地4公顷。20世纪70年代后期，逐步成为南京市主要县级农业科研单位。“紫云英花粉植株诱导项目”曾获1978年南京市政府科技成果二等奖，并作为科技资料被英国科技情报部门征集。1986年12月4日，江宁县农业科学研究所改名为江宁县农业技术推广站。2000年12月，更名为江宁区农业技术推广站。2007年，有技术人员10人，本科及以上学历2人，主要从事农业栽培技术推广。

1975年10月，江宁县农业机械研究所建立，配备5人，由江宁县水利农机局主管。主要科研任务是试验推广新式农业机械，培训农机人员。1989年12月，更名为江宁县农业机械技术推广站。2001年12月，更名为江宁区企事业单位农机化技术推广站，隶属于江宁区水利局。

1979年1月，江宁县科技情报站成立，编制5人，为公益型科技事业服务机构。2002年撤销。

【民办科研机构】

20世纪80年代，江宁县开始陆续成立一些民办技术研究所，主要审批部门是县科委和计经委。至1990年，全县有民办科研所4家，即1988年成立的江宁县其林机电技术研究所和江宁县（汤山）三鼎电子技术研究所，1990年成立的南京秣陵智能技术研究所和江宁县金陵物资贮存研究所。

1993年，下发关于成立民办科技机构的相关规定，民办技术研究类机构得到快速发展。1993—1995年，全县累计成立技术研究所14家。其中，1993年，成立南京外联轻工技术研究所、南京江宁运通电子技术研究所、南京正源自动化研究所、南京佳瑞自动化研究所、南京禄森化工技术研究所、江宁县汤山电子研究所6家；1994年，成立南京万能利机械研究中心、南京上元应用技术研究所、南京得力生命科学研究所、南京元新生物化学研究所、江宁县建材工艺设备研究所、南京迪桑自动化技术研究所、南京晨谊电子技术研究所7家；1995年，成立江宁县碧波精细化工研究所1家。

图 34-1-1 民办科研机构——江宁县建筑设计院办公大楼（2000年摄）

【企业科研机构】

1988年，成立南京新蕾化工公司研究所和江宁县橡胶研究所。1998年6月，县政府决定在全县重点企业（集团）建立技术开发中心，规定全县各重点企业（集团）都要依靠企业自身力量或与大专院校或独立科研机构联合建立技术开发中心，从事技术研究和开发。各中心由所属企业领导，接受县科委的业务指导。至2000年年底，全县有22家企业成立技术开发中心，并与40多家高校院所建立长期稳定的合作关系，聘请80多名专家、技术人员作为常年技术顾问，各中心在册技术人员1673人，其中高级职称94人，中级职称145人。是年，各中心研究开发投入达8362万元，开发新品120多项。2003年，全区共有涉及标准气体、节能环保、高效农药和新材料等行业的企业工程技术研究中心24个，其中省级1个、市级2个。全年开发储备新品60多项。至2007年，全区有85家科技型企业具有专门研发中心，其中经认定的工程技术研究中心32个，其中省级4个、市级10个、区级18个。

2007年江宁区省、市级企业科研机构情况表

表34-1-1

序号	工程技术研究中心	依托单位	批准单位
1	水性高分子建筑材料工程技术研究中心	南京道鹭建设材料厂	省科技厅
2	光伏工程技术研究中心	中电电器（南京）光伏有限公司	省科技厅
3	江苏省电力自动化嵌入式软硬件工程技术研究中心	江苏金智科技股份有限公司	省科技厅
4	江苏省高效工业节能装备工程技术研究中心	江苏中圣高科技产业有限公司	省科技厅
5	混凝土外加剂工程技术研究中心	南京道鹭建设材料厂	市科技局
6	半导体照明工程技术研究中心	南京汉德森科技股份有限公司	市科技局
7	制冷技术工程技术研究中心	南京五洲制冷集团有限公司	市科技局
8	南京市高速重载机械传动系统工程技术研究中心	南京高速齿轮制造有限公司	市科技局
9	南京市轨道交通自动售检票系统工程技术研究中心	南京熊猫信息产业有限公司	市科技局
10	南京市热工自动化工程技术研究中心	南京科远自动化集团股份有限公司	市科技局
11	南京市售电侧用电管理工程技术研究中心	江苏光一科技有限责任公司	市科技局
12	南京市脱硫石膏资源化工程技术研究中心	南京一夫建材实业有限公司	市科技局
13	南京市爆炸焊接工程技术研究中心	南京三邦金属复合材料有限公司	市科技局
14	南京市皮带动态称重工程技术研究中心	南京三埃测控有限公司	市科技局

第二节　服务机构

【科技咨询服务机构】

1984 年 12 月，江宁县科委和江宁县科协分别成立江宁县科技服务公司和江宁县科技咨询服务公司 2 个集体性质的机构，为各部门、各单位及专业户、个体户开展科技服务。各有关部门、乡镇科协也相继建立科技咨询服务机构。至 1985 年，全县共有各类科技咨询服务机构 32 个。1986 年，县科技咨询服务公司因故撤销并被合并至县科技服务公司。1989 年 12 月 30 日，江宁县科技服务公司更名为江宁县科技服务中心。1992 年 5 月，经批准成立非营利性质的江宁县经济技术服务部，1997 年停止工作。2007 年 2 月，江宁区科技咨询委员会成立，作为区政府非常设决策咨询机构，开展决策咨询工作。

图 34-1-2　2007 年，江宁区召开科技服务信息发布会

【区生产力促进中心】

1998 年 6 月，县政府批准成立江宁县生产力促进中心，在县科委直属单位江宁县技术交易中心（1995 年成立）基础上组建，办公地点设在县科委，在县科委统一管理下开展工作，工作机构挂靠在县科委高新技术科。县生产力促进中心不以盈利为目的，旨在加强政、产、学、研之间的沟通与合作，促进科技成果向现实生产力转化，在信息、技术、人才等方面为企业提供全方位、综合性的系列服务。2000 年 12 月，更名为江宁区生产力促进中心，下设办公室、财务部、科技咨询成果推广部、企业技术开发中心管理部、科技信息部和自动化技术部。2007 年，在岗职工 15 人，其中大专以上学历 11 人。生产力促进中心的基本功能是组织社会科技力量为中小企业和乡镇企业提供综合服务，致力于信息传递、技术传递、人才传递等全方位、综合性的系列配套服务工作，积极组织社会资源，全面提高企业和社会的生产力。

【农业技术推广机构】

1953年，江宁县成立农业技术指导站，为全省最早建立专业农业技术推广机构的县。1956年，县农业技术指导站撤销，成立 7 个区农业技术推广站，每个站配有 1 名 ~ 2 名国家专职农业技术员。1962 年，设立县农业技术推广中心站。1972 年，全县 26 个公社普遍建立农业科学实验站。经过区划调整，2007 年，全区 9 个街道均成立新的农业技术推广服务中心，数量由区划调整前的 20 个撤并为 9 个。全区农业服务中心核定编制 184 人，实有总人数 243 人，在职人员 129 人。其中，初级技术职称 15 人、助理级 35 人、中级 53 人。

2007年江宁区农业技术推广服务站情况表

表 34-1-2

机构名称	成立时间	人数（人）	本科及以上人数（人）	主要服务内容	年平均服务性收入（万元）
江宁区农业技术推广站	1953年12月	10	2	农业栽培技术推广	2.00
江宁区种子站	1957年12月	15	1	新品种推广	2.00
江宁区畜牧兽医站	1958年3月	22	1	动物防疫、检疫、畜牧兽医技术推广	5.00
东山街道兽医站	1958年	8	—		2.00
秣陵街道兽医站	1958年	10	—		2.00
淳化街道兽医站	1958年	4	—		2.00
汤山街道兽医站	1958年	10	—		2.00
江宁街道兽医站	1958年	9	—		2.00
禄口街道兽医站	1958年	6	—		2.00
谷里街道兽医站	1958年	13	—		2.00
横溪街道兽医站	1958年	8	—		2.00
湖熟街道兽医站	1958年	8	—		2.00
江宁区水产技术指导站	1978年9月	8	1	水产技术指导及生产服务	1.00
江宁区植保站	1982年6月	4	2	植保技术推广	0.50
江宁区土壤肥料站	1982年6月	10	2	土壤肥料技术推广	0.50
江宁区蔬菜技术推广站	1994年12月	7	2	蔬菜栽培技术推广	2.00
江宁区农业能源技术服务站	1998年3月	5	2	农业能源技术服务	0.20
江宁区桑茶果技术指导站	2001年5月	6	1	桑、茶、果等园艺科技推广	0.40
江宁区林业科技推广站	2001年6月	12	2	林业科技推广	0.40
江宁区横溪街道农业服务中心	2006年3月	11	—	农业技术推广与服务	0.20
江宁区汤山街道农业服务中心	2006年3月	18	1		0.20
江宁区淳化街道农业服务中心	2006年3月	15	—		0.20
江宁区禄口街道农业服务中心	2006年3月	13	—		0.20
江宁区江宁街道农业服务中心	2006年3月	19	1		0.80
江宁区谷里街道农业服务中心	2006年3月	10	—		0.20
江宁区秣陵街道农业服务中心	2006年3月	6	2		—
江宁区东山街道农业服务中心	2006年3月	8	—		—
江宁区湖熟街道农业服务中心	2006年3月	11	—		0.20

【高新技术创业服务中心】

2002年8月，江宁区人民政府批准成立南京江宁高新技术创业服务中心（以下简称科创中心），其前身是江宁县科技情报站。2005年12月23日，科创中心综合楼正式挂牌开展工作，编制13人。2006年，与江宁经济技术开发区创业服务中心重组成立新的江宁高新技术创业服务中心，并于同年12月被批准为省级高新技术创业服务中心。2007年，科创中心拥有管理人员23人，具有大专以上学历18人，占78.26%，其中本科14人。是年3月，通过ISO 9001:2000国际质量管理体系认证。

科创中心因工作重心偏重于对创业者及其企业的培育和孵化，因此，又称之为孵化器。经过6年的发展，科创中心形成电力自动化及软件、信息服务业、生物制药、新材料、机电一体化等特色产业集群，并集科技企业孵化、科技成果展示、科技人才培训、技术市场交易、科技项目评估、科技信息咨询等诸功能为一体。至2007年年底，中心累计入驻孵化企业150家，其中在孵企业88家，孵化毕业企业62家；引进中、高级人才近340人，其中博士35人，硕士67人，大学本科213人；为社会提供2600个就业岗位。是年，孵化企业实现销售收入2.10亿元，利税3970万元。孵化企业累计承担并实施市级以上科技项目75项，其中国家计划4项（国家火炬计划2项，创新基金2项）、省级科技计划25项、市级科技计划46项。孵化及毕业企业累计申请专利372件，有16家被认定为国家、省、市高新技术企业。

第三节　科技队伍

民国时期，江宁自治实验县政府成员大多是专家和高学历者，县政府职员共115人，其中留学者3人，中央政治学校毕业26人，中央大学毕业9人，其余大多毕业于其他各类大学或职业学校，没有学历的仅5人。此外，逐步形成农业、医疗卫生等为主的科技队伍。

新中国成立后，科技队伍不断发展壮大。“文化大革命”期间，科技人员遭到残酷迫害。1979年9月，开始开展对国家科技人员的技术职称评定工作。1979年9月至1984年6月，全县共套改、考核、评定、晋升各类国家科技人员技术职称1079人次（不包括供电、邮电部门）。其中，高级工程师2人，工程师37人，农艺师31人，畜牧兽医师4人，主治医师28人，主管药师3人，经济师7人，会计师7人，统计师2人，共计121人次；还有技师4人，助理工程师184人，助理农艺师103人，助理畜牧兽医师12人，医师91人，药师11人，卫生类技师1人，护师12人，助理经济师17人，助理会计师13人，助理统计师6人，计454人次；各类技术员504人。1984年5月至1985年5月，乡镇企业技术人员中共评出助理工程师28人，技术员70人。至1985年，全县有各类专业技术人员2134人（不包括中、小学教师），其中全民所有制科技人员1634人、集体所有制科技人员402人、乡村企事业科技人员98人。全县科技人员被授予国家技术职称的有887人。

1990年，全县获得各级各类技术职称的科技人才12037人。1995年增至23275人，其中高级职称378人、中级职称3172人、初级职称18425人。1998年，江宁县企事业单位（含乡镇、村、三资及私营企业，机关单位不含在内）有各类专业技术人员17488人。其中，专科以上6104人；第一产业838人，第二产业5657人，第三产业10993人；工程技术人员2731人，农业技术人员323人，科学技术人员2人，卫生技术人员1589人，教学人员6749人，经济人员2307人，会计人员2535人，统计人员138人，图书档案文博人员113人，新闻出版人员36人，律师公证人员13人，播音人员8人，工艺美术人员3人，体育人员6人，政工人员411人，其他人员524人。

2000年，全县有各类专业技术人员24265人。据2005年南京市1%人口抽样调查资料，全区有各类专业技术人员25285人。其中，大学本科学历9058人，研究生及以上学历768人。2006—2007年，全区共评定技术职称人员4960人。其中，正高级职称4人，副高级职称354人，中级职称909人，初级职称3693人。

1996—2007年江宁区科技人员获全国、省科技带头人（领军人才）称号情况表

表34-1-3

姓　名	职务（职称）	工作单位	获奖年份	荣誉称号
高东平	经理（经济师）	南京金鹰化纤有限公司	1996	全国青年星火带头人
王照祥	副厂长（工程师）	南京保丰农药厂	1996	全国青年星火带头人
			1999	1999年度省农村青年科教兴农产业带头人
董相超	科　长	县科委	2000	省农村青年科教兴农产业带头人标兵
申　明	董事长（高级工程师）	南京申瑞电力电子有限公司	2007	省科技厅命名为科技带头人
刘加平	总经理（正高）	江苏苏博特新材料股份有限公司	2007	省高层次创新创业人才培育计划领军人才
孙克勤	副总经理	江苏苏源环保工程股份有限公司	2007	省高层次创新创业人才培育计划领军人才
				省政府命名为省中青年首席科学家
郭宏新	董事长（高级工程师）	江苏中圣高科技产业有限公司	2007	省高层次创新创业人才培育计划领军人才
				省科技厅命名为科技带头人
俞文炼	—	南京新兴电子系统有限公司	2007	省高层次创新创业人才培育计划拔尖人才
聂晓霖	总经理（高级工程师）	南京科润工业介质有限公司	2007	
虞育号	—	南京智达电气有限公司	2007	
田　伟	—	南京南自电网控制技术有限责任公司	2007	
宋兆龙	科技总经理	南京大陆中电科技股份有限公司	2007	省政府命名为省中青年科技领军人才
黄江平	—	南京大桥机器有限公司	2007	省科技厅命名为科技带头人
和丁红	—		2007	
田　杰	技术副总经理	南京南瑞继保电气有限公司	2007	
梁秉文	副总经理（高级工程师）	南京汉德森科技股份有限公司	2007	
黄锡伟	—	南京联创科技股份有限公司	2007	
朱志平	副总工程师（高级工程师）	南京五洲制冷集团有限公司	2007	

第二章　科技活动

民国时期，县境内农业机构较多，各种农业新品种、新技术引进与推广活动普遍。新中国成立后，开始开展科普宣传，形式广泛多样。20 世纪 80 年代后期，开始举办科普宣传周活动，开展星火培训、“千村万户”科技培训、“百场万人”科技培训等各类农业技术培训。2000 年后，开始开展“科技活动周”，建立科普文明街道（镇）和科普示范基地，开展信息技术培训、网络技术培训、知识产权培训等科技培训，开始有计划、有组织地开展大规模的科技帮扶行动。至 2007 年年底，全区农业技术推广队伍有 306 人。建成各类农业园区 15 家，其中省级“十五”重点园区 1 家、市级园区 6 家，区级基地 8 家；累计培育农业科技示范村 16 个、科技示范户 300 多户。

2005 年，江宁区科技局被评为第二届全国农业科普先进集体。2007 年 8 月，江宁区通过省科协、中国科协检查验收，成功创建成国家科普示范区。

第一节　科技普及

【科普宣传】

新中国成立后，江宁县就开始进行科普宣传。1956—1957 年，县、乡共放映科技电影、幻灯片 59 场，观众达 49810 人次；科技广播 198 次，听众 28 万人次；举办科技讲座 6432 次，听众 29 万人次；举办科技展览 63 次，观众 4.80 万人次。编印资料 40 种，印发 4.90 万份，办科技橱窗等 27 处，共出 132 期。1960—1985 年，县科委先后编印《科技动态》《江宁科技》《科技情报参考》等 15 种科技资料期刊，发行量 7833 份（册）以上。1971—1985 年，全县共订购科技图书 3300 册，期刊 281 种，科技报及科技信息报 49 种，综合信息资料 8 种。1984—1985 年，共印发各种科技资料小报 12 万份；放映科技电影 4586 场、科技广播 539 次，听众 10 万人次；办科技橱窗等 886 期；办科技讲座 164 次，听众 1 万人次。

1989 年开始，江宁县每年举办一次“科普宣传周”活动。1997 年起，江宁县开始在全县开展送科技下乡活动。2001 年，区科技局与江宁广播电台联合开办每周一栏的“科学与生活”栏目，普及科学常识和农业实用技术知识。同年 3 月，国务院设立“科技活动周”。是年起，江宁区开始合并举行“科技活动周”和“科普宣传周”，时间统一定在每年 5 月的第三周。“科技活动周”期间，科普活动的主要形式有：举办大型综合广场科普宣传咨询活动、举办科普报告会、组织开展送科技下乡活动、组织进行科普一日游、组织科普影视放映、举办科技知识竞赛、组织进行学术交流和开展青少年科技活动等。至 2007 年，共举办 7 届“科技活动周”。累计开展科普宣传活动近 80 场次，发放各类科普书籍和科普资料近 30 万份（册），展出各类展板近 1000 块次，有近 20 万人接受科普教育。

1997—2007 年，科普宣传和送科技下乡活动相结合，累计组织送科技下乡活动 160 场次，科技人员下乡 1880 人次，发放科普资料及科普书籍 31.85 万份（册），咨询服务农民 8.60 万人次。

【科普教育示范基地】

2000年上半年，江宁县委批准建立科普工作联席会议制度，负责统筹协调和组织全县科普工作，并开展认定县科普教育示范基地工作。2007年，全区有科普教育示范基地22家，其中市级5家、区级17家。

2007年江宁区科普教育示范基地情况表

表34-2-4

基地名称	批准单位	批准时间
江宁区科委科技服务中心	南京市科普联席会议办公室	2000年3月
江宁区铜山中心小学	南京市科普联席会议办公室	2003年3月
江宁高级中学	南京市科普联席会议办公室	2005年12月
江宁区秣陵街道	南京市科普联席会议办公室	2007年5月
江宁科学园小学	南京市科普联席会议办公室	2007年5月
江宁区铜山中心小学	江宁区科普联席会议办公室	2001年10月
江宁区博物馆	江宁区科普联席会议办公室	2001年10月
东山街道中前社区科普大学	江宁区科普联席会议办公室	2005年12月
东山街道城北社区	江宁区科普联席会议办公室	2005年12月
谷里街道东虹社区	江宁区科普联席会议办公室	2005年12月
汤山街道锁石社区	江宁区科普联席会议办公室	2005年12月
湖熟街道文化服务中心	江宁区科普联席会议办公室	2005年12月
秣陵街道欣旺花苑社区	江宁区科普联席会议办公室	2005年12月
秣陵街道科苑社区	江宁区科普联席会议办公室	2005年12月
秣陵街道太平社区	江宁区科普联席会议办公室	2005年12月
江宁街道铜井集镇文化服务中心	江宁区科普联席会议办公室	2005年12月
淳化街道青龙社区	江宁区科普联席会议办公室	2005年12月
汤山街道古泉社区	江宁区科普联席会议办公室	2005年12月
东山街道岔路社区	江宁区科普联席会议办公室	2007年12月
秣陵街道秦淮社区	江宁区科普联席会议办公室	2007年12月
江宁街道清修村	江宁区科普联席会议办公室	2007年12月
湖熟街道湖熟社区	江宁区科普联席会议办公室	2007年12月

【科普统计】

2004年，在全区中、小学校开展首次全国科普工作统计。2005年，开展全区科普资源调查统计工作，结果显示，区域内40%的社区（村）建有科普活动中心、科技活动室、图书馆、科普橱窗和1个～2个具有一定规模和示范辐射作用的科普示范基地，年人均科普经费1.50元以上。具体统计结果为：至2006年年底，江宁区拥有科普专职人员265人，兼职人员2465人；科技馆5个，青少年科技馆1个；非场馆类科普基地37个，公共场所科普宣传场地665个，其中城市社区科普专用活动室154个，农村科普活动场地249个，科普宣传专用场地256个，科普画廊256个；市级科普教育示范基地3家，区级科普教育示范基地13家；科普期刊62种，科普音像制品17种，科技类报纸发行量1041份，电视台、电台年播出科普类节目760多小时，科普类网站7个；青少年科技兴趣小组164个，成员4573人。

第二节 科技培训

1980—1983年，全县为科技人员及工人、农民举办继续教育和科技培训班15期，3975人接受农业技术、机械制图、外语等15个学科的继续教育和技术培训。1984—1985年，全县共举办各种科技培训班545期，参加培训人员10万余人次。1986—2006年，全区针对各乡镇农业技术人员、生产大户和普通农户，先后开展星火培训、“千村万户”科技培训、“百场万人”科技培训等各类农业技术培训2400多期，累计培训农民近20万人次。

1995年，县科委和市科技干部进修学院联合举办理科英语培训班，培训学员60人，培训时间8个月。这些学员在参加省职称外语考试中合格率达80%以上。同年，成立江宁县科技继续教育中心，开办全区首家电脑培训班，教授办公自动化课程。当年举办干部微机培训班2期，培训人员150人。同时举办面向社会人员的业余培训班10期，培训人员400人。1995—2006年，全区共培训并结业学员1677人。

江宁区信息中心成立后，面向全区区级机关干部、乡镇干群及信息员广泛开展信息技术培训。2001—2006年，由区信息中心和星火科技公司联合举办各类培训班，共培训区级机关干部482人，培训各乡镇干群及街道干部2250人，培训各乡镇信息员317人。2005—2006年，完成8个街道社区的电脑操作培训1080人次，考试通过率92%，其中网络技术培训530人次。

2002—2007年，江宁区知识产权局共举办知识产权方面知识培训22期，培训全区各级领导和企事业单位知识产权工作者3000人次；针对社会公众开展的公益性宣传活动累计40多次，受众近6万人次，散发宣传资料3万份，普及法规发放《中华人民共和国专利法》和《中华人民共和国专利法实施细则》各1200册。

第三节 科技示范与帮扶

【科技示范】

科技示范基地 1999年起，江宁区启动农业科技示范基地建设工程。至2004年，全区建成省级重点园区1个、市级园区6个、区级基地5个，培育镇级农业科技示范基地18个，基地规划建设面积5300公顷，形成以横溪瓜菜、土桥优质稻米、丹阳中药材、陶吴苗木等为主的特色农业科技示范基地。至2007年年底，全区建成各类农业园区15家，其中省级“十五”重点园区1家、市级园区6家、区级基地8家。园区占地总面积2306公顷，设施栽培867公顷，辐射带动面积2.20万公顷。

省级“十五”重点农业科技示范园——南京现代园艺科技示范园。“九五”期间开始启动建设，位于江宁区横溪镇，由南京蔬菜研究所、横溪镇政府分别承担“南京市蔬菜科技园”“南京横溪现代园艺科技示范园”建设项目。2002年，分别被市科技局认定为首批市级农业科技示范园。同年，两园进行资源、技术一体化优势整合，被省科技厅批准列入省级“十五”重点农业科技示范园。园区总体规划221.33公顷，按“一园四区五产业”的功能定位，实行综合立体配套开发。主要分为高效农业示范区（瓜果产业）、科技中心展示区（蔬菜产业）、生态农业观光区（花卉产业）、农产品加工贸易区（加工产业）、农业观光休闲产业。

市级农业科技示范园区。2002 年，南京市科技局启动市级农业科技示范园区建设，南京横溪现代园艺科技示范园、南京林果良种科技示范园被列为启动建设园区；2003 年，南京市政府批转市科技局《南京现代农业科技园区建设方案》，方案中南京横溪现代园艺科技示范园、陶吴科技园、铜山林果示范园、东南郊奶牛科技园、麒麟锁石千亩设施农业基地、江宁农副产品深加工科技产业园 6 家园区被列为一区多园的专（产）业园。

区级农业科技示范基地。江宁区农业科技示范基地于 1999 年启动建设，实行启动建设与考核认定分开的“竞争淘汰制”，每两年复核认定一次，至 2007 年，共认定四批，累计建成 11 家。2000 年，认定首批区级农业科技示范基地 8 家：南京横溪现代园艺科技示范园、名特优新品种苗木引种繁育基地、畜禽良种繁育基地、绿色食品稻米生产基地、经济林果良种苗木培育基地、中药材示范种植基地、粮食与经济作物种子更新示范及良种繁育基地、上峰镇食草性畜禽示范养殖基地；2003 年，复核认定 5 家，包括土桥优质稻米生产示范基地（原绿色食品稻米生产基地）、上峰食草畜禽示范养殖基地、南京横溪现代园艺科技示范园、丹阳中药材科技示范基地、陶吴珍稀苗木良种示范园（原名特优新品种苗木引种繁育基地）；2004 年，复核认定 5 家，包括南京横溪现代园艺科技示范园、陶吴珍稀苗木良种示范园、土桥优质稻米科技示范基地、上峰食草性畜禽示范养殖基地、上坊食用菌研究生产科技示范基地；2006 年，复核认定 3 家，包括南京横溪现代园艺科技示范园、汤山奶牛高效养殖科技示范基地、奇水科技示范基地。2007 年，认定青龙现代农业科技试验示范基地等 5 个特色农业科技示范基地，至年末，全区有 8 家农业科技示范基地。

科技示范村（示范户） 1999 年，江宁县启动“十村百户”科技示范村、示范户创建工作，每年培育并扶持 10 个科技示范村和 100 户科技示范户，至 2007 年，全区累计培育章村、家园、石坝、锁石、古泉、孟墓、钱家、彭福、高桥、路西、箭塘、埂方、三界、尚桥、青龙、洪幕 16 个农业科技示范村，以及于行阳、戴科容、顾德芳、董前群等 300 多户科技示范户。

【科技帮扶】

1986 年起，县科技部门与民政部门配合改进扶贫工作，提供信息和技术指导。至 1990 年，共扶贫 379 户，有 80% 的人脱贫。其中，由县科技部门直接扶持的困难户人均收入由 170 元增至 450 元。同时，联系扶持靠科技致富的能手 12 户，总结推广其科技致富经验。其中 1 人获省级科技致富能手称号，6 人获市级科技致富能手称号。

1992 年，县科委与横溪乡铁家村结对挂钩，签订帮扶工作责任状，帮扶期 3 年，其间，帮助恢复塑料冲压件厂、新办建筑安装队，发展河蚌育珠、栽桑养蚕和茶叶等集体副业。2002 年起，对横溪镇安民村开始实施科技帮扶工作，投入扶持资金 50 多万元，建成 12 公顷意杨示范基地、13.33 公顷特种水产养殖基地、2 公顷花卉苗木共建基地，建立村级阅览室，赠送科技书籍 300 册，科普照挂图 100 幅，每年开展农业技术培训 2 场。

图 34-2-3　江宁区开展科技知识进社区活动（2007 年摄）

2003 年，江宁区开始重点组织实施科技结对帮带工程。实施院校与镇（街道）、园区、企业科技结对。横溪镇、湖熟镇、汤山镇与江苏省农科院、江苏省林业科学研究所、南京农业大学结成科技对子，共同编制《江宁区西甜瓜产业发展规划》《江宁区湖熟鸭产业发展规划》《南京麒麟都市生态农业科技园建设规划》《南京甘泉湖现代园艺科技园总体规划》，各农业园区、农业企业与江苏省农科院、南京农业大学等在宁院校开展科技合作，年均实施产学研合作项目10项；实施农业专家与农业大户科技结对。组织江宁区各农口部门、在宁农业院校100多位专家与全区农业大户结成科技对子584对；实施农业大户与普通农户科技结对。2005年起，实施“百对千人帮扶”工程，即每年组织农业专家与种养大户结对100对，种养大户再与普通农户结对1000对。2005—2007年，共组织农业专家与种养大户结成帮扶234对，种养大户与农户结成帮扶1221对，通过专家带大户、大户带农户的形式，加速院校与基层、专家与农户之间的科技合作与对接，辐射带动一批农户依靠科技提高收入。

第四节　科技引进与推广

民国时期，江宁县地近首都，中外观瞻所系，各种农业成果推广“占有近水楼台之优势”。曾推广种植“江东门”和“南京赤谷”改良麦种；推广点灯诱蛾法、人工采卵防治三化螟；引进水稻良种农四号、胜利籼，小麦良种中农28、金大2905；推广袋捕、开沟、扑打等法捕杀蝗虫。

新中国成立后，农业技术发展较快。1949—1985年，全县推广水稻良种200个，更新换代4次；推广三麦良种80个，更新换代5次；油菜良种20个；棉花良种8个；山芋良种6个；其他如玉米、黄豆、西瓜等经济作物良种近30个。20世纪50年代，主要推广晚粳二六一、10509、葡萄青、铁梗青等品种。推广全国劳动模范陈永康的水稻高产栽培经验；三麦推广深耕细耙、透耕宽埨；油菜改混种为单种、改散播为点播，并推广育苗移栽；棉花栽培推广间苗、移苗补缺、防病治虫、整枝等一系列技术。60年代，引进南京系统中籼一号、二号、四号、六号，推广农垦44、农垦46等中粳，苏稻一号、二号和公社六号等晚粳良种。水稻主要推广江苏农科院与陈永康共同研究的“看苗诊断”肥水管理措施，推广“落谷稀”播种技术，“三水一绿”养殖和利用、冬保、春繁、越夏等配套技术。70年代，主要推广杂交水稻南优二号，扬麦系统一号、二号、三号，钟山二号、宁油五号和七号、沪油23号等。水稻推广通气秧田、两段育秧、无土育秧、旱地育秧、地窖催芽等育秧技术，三麦推广化肥深施、三沟配套和开暗沟技术。1980—1985年，水稻推广B、G系统良种，杂交水稻推广汕优三号，引进推广香雪糯、血红糯等新品种，麦类油菜主要推广扬麦三号和四号、早熟三号、矮早三号、宁油七号和大黄籽。推广水稻旱播小苗条寄育秧、地膜覆盖保温育秧和生物能育秧三种育秧新技术，三麦推广窄幅挑拨技术，油菜推广微量元素硼肥喷施和底施技术。1986—1990年，全县共开展127项技术攻关和开发，146项适用技术推广应用，取得62项科研成果，其中59项获省、市、县科技进步奖。农业生产，大面积推广杂交稻、扬麦5号和宁油7号，重点推广测土配方施肥、稻麦模式化栽培、病虫草害综合防治及小麦免（少）耕等适用技术。林副业生产，引进推广林、果、畜、禽及水产新品种，重点推广林木速生丰产、农田林网化、桑园优质高产栽培、水产高产养殖等适用技术，开发成功杉木中、小径材营林技术、湖桑全光雾插育苗技术、高级绿茶炒制技术、大面积成鱼高产养殖配套技术等新技术。水利建设和农机技术，重点推广和开发堤坝帷幕灌浆技术、虹吸式泵站节能改造技术、U形薄壳渡槽防渗技术及三麦机开沟、机条播技术等适用技术。

1991—1995 年，全县推广应用新技术、新成果 50 项，取得 35 项农业科技成果。农业生产，大面积推广 70 优 4 号、汕优 63 及盐粳系列等水稻品种，扬麦 158、扬麦 9 号等小麦品种，华油 8 号、杂交油菜、低芥酸油菜等油菜品种，掖单二号、苏玉四号等玉米品种，无子西瓜、抗病苏密等西瓜品种；重点推广优质配方施肥技术、水稻病虫草害综合防治技术与新型育秧技术、水稻高产群体质量调控技术、小麦免（少）耕条播技术、油菜冬促春壮综合高产技术等。林副业生产，引进推广林、果、畜、禽及水产新品种，重点推广特色经济林果速生丰产栽培技术、蚕桑高产高效综合配套技术、特种水产高产养殖技术及新鲜瓜果保鲜技术等。

1996—2000 年，稻、麦、油等大宗农作物良种覆盖率达 100%，每年引进新品种 20 多个，新技术 10 多项。农业生产，共推广新品种 20 多个，水稻品种更新 2 次，粳稻第一次由“95 系列”代替“武育粳 3 号、2 号”，第二次由“97 系列”和“武香粳 9 号”等替换“9516”；籼稻第一次由“特优 559、协优 559 杂交组合”代替“特优 559、协优 559”，示范推广“南京 16”“中香 1 号”等优质常规籼稻；油菜推广秦油 2 号、中油 821、汇油 50、油研 7 号和 8 号、苏油 1 号；蔬菜引进品种有青花菜、宁蔬 60、包菜 H60、姬松茸、彩色辣椒、宝大番茄、樱桃番茄、黑美人甜瓜等 80 多个。农业技术推广实行综合配套，水稻普及应用群体质量栽培技术、旱育稀植技术、水稻直播新技术、直播稻高效轻型栽培技术；小麦栽培推广精量和半精量播种技术、独杆麦栽培技术等；油菜推广“壮苗、秋发、冬促、春稳”技术；蔬菜推广大棚多层覆盖保护栽培技术、无公害蔬菜生产技术、西瓜嫁接技术、大棚滴灌技术、黑膜覆盖技术、二氧化碳施肥技术、套间作栽培技术、病虫害综合防治技术、温光调控技术、无土栽培技术、微肥施用技术等。林副业生产，引进推广黄花梨、异育银鲫、景黄鸡、乌嘴鸭、川太鹅、波尔羊、黑白花奶牛等新品种，重点推广花卉苗木育苗技术、中药材种植技术、茶叶种植技术、特色畜禽养殖技术、牧草种植技术等。

图 34-2-4 科技指导种植的大棚蔬菜（2003 年摄）

2001—2007 年，引进、推广农业新品种 1000 多个、新技术 300 多项。农业生产，引进粮油作物有常农粳 4 号、武运粳 7 号、苏香粳 1 号、华粳 2 号、苏油 1 号、油研 8 号、秦优 7 号等；蔬菜有太空椒、五彩椒、H-60 包菜、江蔬一号番茄、日本长寿菜、泰国耐热大粒香菜和泰国翠绿香菜等；瓜果有京欣一号、京玉二号、小兰、宝冠、黑美人、秀丽、春丽、一品小南瓜等；珍稀食用菌有杏鲍菇、鸡腿菇、猴头菇等；重点推广农作物节水栽培技术、高效安全施肥技术、农作物无公害生产综合配套技术、名特优瓜果棚架设施栽培综合配套技术、秋延后西甜瓜高效生产技术、西甜瓜工厂化育苗技术等。林副业生产，引进花卉有洋兰、比利时杜鹃、百合、郁金香、康乃馨等；引进苗木有山桐子、杂交马褂木、银雀树、金合欢、南林 95 速生杨等；引进经济林果类有美国提子、脱毒草莓、油桃、森田尼无核葡萄、水晶梨、无性茶、银杏枣等；引进特种水产有俄罗斯鲟鱼、南美白对虾、加州鲈鱼、中华绒毛蟹等；引进畜禽有雪山草鸡、獭兔、贵州香鸡、梅花鹿、娟珊奶牛等；

引进牧草有黑麦草、紫花苜蓿、杂交狼尾草等；推广普及苗木无性快速繁育技术、绿色生态茶园优质高效栽培技术、特色水产高产养殖综合配套技术、奶牛良种繁育技术、优质无抗奶生产配套技术、大型养殖场有机废弃物无害化处理与生态综合利用技术、畜禽集约化养殖技术、农产品深加工技术等。

至2007年年底，全区农业技术推广队伍总人数达306人，科技示范户300多户，形成一支专业技术干部和农民技术员相结合的推广队伍。

第三章　科技企业

1992年，南京市科委制定并下发《南京市高新技术企业认定细则（试行）》，开始实施高新技术企业的评审和认定工作。1993年，南京爱立信通信有限公司被南京市科技局认定为江宁县第一家高新技术企业，自此，江宁县高新技术产业开始萌芽。2005年，根据《南京市政府关于进一步加快软件产业发展的意见》，成立江宁区促进软件产业发展领导小组，软件产业开始迅速发展。至2007年，全区累计有高新技术企业194家，其中国家级12家、省级94家、市级88家，全年实现销售收入410亿元。涉软企业累计140家，其中“双软”（认定的软件产品、认定的软件企业）企业52家，超1000万元软件企业22家，1亿元企业5家，全年实现销售收入80亿元。

第一节　高新技术企业

1993年12月，南京爱立信通信有限公司被南京市科技局认定为江宁县第一家高新技术企业，自此，江宁县高新技术产业不断发展。“九五”是江宁县高新技术产业的发展时期，高新技术产业成为全县经济持续增长的首要推动力。至2000年年底，经省、市科技部门认定，全区有高新技术企业31家，高新技术产品增至50多项，高新技术产业产值达111.50亿元，利润7.60亿元，税收6.50亿元。通过这类项目的实施，企业新增产值13.10亿元、利税3.28亿元。

图34-3-5　2004年7月，科技部授予江宁区“国家火炬计划南京市江宁电力自动化产业基地”称号

“十五”期间，高新技术产业成为江宁区重要的经济增长点，2002年，全区拥有经市以上科技部门认定的高新技术企业75家，高新技术产品150多项，实现产值75亿元，利税12.50亿元，高新技术产业增加值占工业增加值的22%。至2005年，全区有高新技术企业148家，5年间增加117家。其中，国家火炬计划重点高新技术企业8家，1亿元以上高新技术企业42家。实现产值190亿元，利税25亿元。经

认定的高新技术产品销售收入占全区工业销售收入的40%。高新技术产业对全区经济增长的贡献份额日趋增大，基本形成电子信息、新材料、生物医药等高新技术产业以及高新技术密集的汽车及汽车零部件产业。

2006年，高新技术的主导地位更加突出，至是年年底，江宁区高新技术企业总数170家，实现销售收入320亿元，其中超1亿元企业47家，超1000万元企业79家。逐步形成以电子信息、光电一体化、电器与设备制造、新材料及环保节能四大产业为核心的高新技术产业发展优势。2007年，全年新增市级以上高新技术企业81家，其中国家级4家、省级49家、市级28家；高新技术企业累计194家，其中国家级12家、省级94家、市级88家，全年实现销售收入410亿元，比2006年增长28.13%，占工业经济总量的52.80%。

高新技术产业的不断发展带动区内一大批新兴产业的发展，其中比较突出的是电子信息、新材料与新能源、生物医药、电力自动化产业等。2007年，江宁区电子信息产业主要有南京爱立信熊猫通信有限公司、统宝光电（南京）有限公司、华宝通讯（南京）有限公司、伟创力（南京）科技有限公司、西铁城电子（南京）有限公司、南京汉德森科技股份有限公司、南京一诠精密电子有限公司等企业；新材料产业集聚江苏苏博特新材料股份有限公司、南京寒锐钴业有限公司、南京宝色钛业有限公司、普莱克斯上海梅山实用气体有限公司、南京新康达磁业有限公司、南京东陶有限公司、南京特种气体厂等一批有一定研发能力的企业，开发出新型功能性高分子材料、纳米材料、汽车用增强阻燃等改性高分子聚合物材料和新型建筑材料产品；新能源产业有中电电气（南京）光伏有限公司、南京宁志太阳能设备有限公司等公司；生物制药产业有南京瑞年双科制药有限公司、南京天邦生物科技有限公司、江苏奥赛康药业有限公司、南京仕必得生物技术有限公司、江苏省农药研究所南京农药厂等企业；电力自动化产业有南京南瑞继保电气有限公司、国电南京自动化股份有限公司、北京四方继保自动化股份有限公司南京分公司、南京世纪东方电子有限责任公司、西门子电力自动化有限公司等企业50家，其中1亿元以上规模企业15家，超1000万元规模企业27家。全年实现销售收入60亿元，占全区高新技术产业销售收入14.63%。

2007年江宁区国家级、省级高新技术企业情况表

表34-3-5

序　号	企业名称	等　级	序　号	企业名称	等　级
1	南京大陆中电科技股份有限公司	国家级	54	南京杰恩特机电有限公司	省级
2	南京汉德森科技股份有限公司	国家级	55	南京国电南自软件工程有限公司	省级
3	南京金陵金箔股份有限公司	国家级	56	南京河海南自科技有限公司	省级
4	南京五洲制冷集团有限公司	国家级	57	南京寒锐钴业有限公司	省级
5	南京南瑞继保电气有限公司	国家级	58	南京斯迈柯特种金属装备有限公司	省级
6	南京中电光伏科技有限公司	国家级	59	南京科瑞达军维科技有限责任公司	省级
7	国电南京自动化股份有限公司	国家级	60	南京航大意航科技股份有限公司	省级
8	南京消防器材股份有限公司	国家级	61	南京三埃测控有限公司	省级
9	江苏金智科技股份有限公司	国家级	62	南京航星信息技术有限公司	省级
10	南京道鹭建设材料厂	国家级	63	南京聚星机械装备有限公司	省级
11	中材国际工程股份有限公司	国家级	64	江苏帕威尔电气有限公司	省级
12	南京科远控制工程有限公司	国家级	65	南京华厦特种气体有限公司	省级
13	江苏奥赛康药业有限公司	省级	66	江苏方天电力技术有限公司	省级
14	南京大全变压器有限公司	省级	67	南京华卓电子实业有限公司	省级

续表

序　号	企业名称	等　级	序　号	企业名称	等　级
15	南京联创网络科技有限公司	省级	68	南京创能电力科技开发有限公司	省级
16	大树智能科技（南京）有限公司	省级	69	南京江宁广电网络有限责任公司	省级
17	江苏东大金智建筑智能化系统工程有限公司	省级	70	南京科远自动化仪表有限公司	省级
18	南京通快激光设备有限公司	省级	71	南京申瑞电气系统控制有限公司	省级
19	江苏东华电子有限公司	省级	72	南京兰埔成新材料有限公司	省级
20	南京中圣园机电设备有限公司	省级	73	南京深科博业电力自动化有限公司	省级
21	江苏光一科技有限责任公司	省级	74	南京奥普织物有限公司	省级
22	南京熊猫仪器仪表有限公司	省级	75	南京力导保护控制系统有限公司	省级
23	江苏省邮电规划设计院有限责任公司	省级	76	蓝帜（南京）工具有限公司	省级
24	南京新联电子仪器有限责任公司	省级	77	南京利民机械有限责任公司	省级
25	江苏苏博特新材料股份有限公司	省级	78	南京明泽科技有限公司	省级
26	南京移腾电力技术有限公司	省级	79	南京天明复合材料有限公司	省级
27	江苏苏源仪器仪表有限公司	省级	80	南京海泰纳米材料有限公司	省级
28	南京德普达电子技术有限公司	省级	81	南京南瑞继保工程技术有限公司	省级
29	江苏卫虹医药电子商务有限公司	省级	82	南京科润精细化工有限公司	省级
30	南京比沃特电子有限公司	省级	83	南京南自电子电路有限责任公司	省级
31	江苏中圣石化工程有限公司	省级	84	南京昆仑化学有限责任公司	省级
32	南京科瑞达电子装备有限责任公司	省级	85	南京普天楼宇智能有限公司	省级
33	南京宝色钛业有限公司	省级	86	南京普朗医用设备有限公司	省级
34	南京普杰通信设备有限公司	省级	87	南京普天通信股份有限公司	省级
35	南京宝泰特种（复合）材料有限公司	省级	88	南京福润德动物药业有限公司	省级
36	南京鹏力科技有限公司	省级	89	南京瑞康资讯有限公司	省级
37	南京博翔电子有限公司	省级	90	南京三邦金属复合材料有限公司	省级
38	南京东电检测装备有限责任公司	省级	91	南京仕必得生物技术有限公司	省级
39	南京东部精密机械有限公司	省级	92	南京斯贝尔复合材料有限责任公司	省级
40	南京智达分析仪器有限公司	省级	93	南京四方亿能电力自动化有限公司	省级
41	南京东大金智电气自动化有限公司	省级	94	南京特种气体厂有限公司	省级
42	南京南自电力仪表有限公司	省级	95	南京彤天科技实业有限责任公司	省级
43	南京德林环保仪器有限公司	省级	96	南京微盟电子有限公司	省级
44	南京东大宽带通信技术有限公司	省级	97	南京五洲制冷集团中天空调有限公司	省级
45	南京东富石油自动化设备有限公司	省级	98	南京新捷中旭微电子有限公司	省级
46	南京顺风气力输送系统有限公司	省级	99	南京新康达磁业有限公司	省级
47	江苏光一环保工程有限公司	省级	100	南京新兴电子系统有限公司	省级
48	南京恩瑞特实业有限公司	省级	101	南京熊猫信息产业有限公司	省级
49	南京菲尼克斯电气有限公司	省级	102	南京一夫建材实业有限公司	省级
50	南京佳力图空调机电有限公司	省级	103	南京因泰莱电器股份有限公司	省级
51	南京高速齿轮制造有限公司	省级	104	南京锗厂有限责任公司	省级
52	苏源集团江苏信息技术有限公司	省级	105	新天林科技实业（南京）有限公司	省级
53	南京国电南自电网稳定控制有限责任公司	省级	106	南京金智远维配用电自动化有限公司	省级

第二节 软件企业

2002年，全区拥有经市以上科技部门认定的软件企业14家，软件产品65项。2005年，江宁区政府根据《南京市政府关于进一步加快软件产业发展的意见》，成立江宁区促进软件产业发展领导小组，下设办公室，办公地点设在江宁区科技局，并建立软件产业领导办公室工作程序和报告制度。领导小组承担日常软件企业、软件产品管理，负责各成员单位及相关各部门的协调、合作与联络，落实各项优惠政策和奖励制度。是年，全区培育经认定的软件企业31家，软件企业产值达20亿元。至2007年，江宁区初步形成以东大金智、南瑞继保、联创科技、国电南自等骨干软件企业为龙头的软件产业群，以电力自动化软件、工业自动化软件、管理型软件、通讯软件及嵌入式软件为代表的软件产业体系逐步形成。

2006年，江宁区通过“双软”（软件企业的认定和软件产品的登记）认证的软件企业累计45家，涉软企业超过100家，经登记认定的软件产品200余项。实现软件业销售收入60亿元，其中超1亿元规模企业7家，超1000万元企业21家。南瑞继保、金智科技进入全国软件百强企业，被列入国家重点规划布局软件企业。以电力自动化软件、工业自动化软件、管理型软件、通讯软件及嵌入式软件为代表的软件体系初步建立。区内软件产业从业人员近1万人，其中直接从事产品研发人员3000余人，硕士以上研发人员近1000人。2007年，全年新增软件企业31家，其中“双软”企业7家；涉软企业累计140家，其中“双软”企业52家，超1000万元软件企业22家，1亿元软件企业5家。软件产业全年实现销售收入80亿元，比2006年增长33.33%。

2007年江宁区“双软”企业情况表

表34-3-6

序号	名称	批准年份	序号	名称	批准年份
1	苏源集团江苏信息技术有限公司	2001	27	江苏东大金智建筑智能化系统工程有限公司	2004
2	南京科远控制工程有限公司	2001	28	南京四方亿能电力自动化有限公司	2004
3	南京南瑞继保电气有限公司	2001	29	南京晶昌科技有限公司	2005
4	南京瑞康资讯有限公司	2001	30	南京南自机电自动化有限公司	2005
5	南京新宁电力技术有限公司	2001	31	南京普朗医用设备有限公司	2005
6	南京航星信息技术有限公司	2001	32	南京新联电子仪器有限责任公司	2005
7	南京多伦科技有限公司	2001	33	联创科技（南京）有限公司	2005
8	江苏光一科技有限责任公司	2001	34	南京因泰莱电器股份有限公司	2005
9	江苏宏图嘉腾软件系统有限公司	2001	35	南京中电联电力工程有限公司	2005
10	江苏金智科技股份有限公司	2001	36	南京谷峰电子科技有限公司	2005
11	南京大陆中电科技股份有限公司	2001	37	南京移腾电力技术有限公司	2006
12	南京国电南自软件工程有限公司	2002	38	南京德林环保仪器有限公司	2006
13	南京北极星软件有限公司	2002	39	江苏蓝博电气有限公司	2006

续表

序号	名称	批准年份	序号	名称	批准年份
14	南京大陆3C技术有限公司	2002	40	南京申瑞电力电子有限公司	2006
15	南京河海电力技术有限公司	2002	41	南京联创网络科技有限公司	2006
16	南京科远自动化仪表有限公司	2002	42	南京联创系统集成有限公司	2006
17	南京力导科技股份有限公司	2002	43	南京因泰莱软件技术有限公司	2006
18	南京南航新兴信息集成有限公司	2002	44	南京汉德森软件系统有限公司	2006
19	新天林科技实业（南京）有限公司	2002	45	南京合荣欣业信息技术有限公司	2006
20	南京东大金智电气自动化有限公司	2003	46	南京上游软件有限公司	2007
21	南京大陆软件技术开发有限责任公司	2003	47	江苏国盾科技实业有限责任公司	2007
22	南京申瑞电气系统控制有限公司	2003	48	江苏科思机电工程有限公司	2007
23	南京易思克网络安全技术有限责任公司	2003	49	南京光一软件科技有限责任公司	2007
24	南京明泽科技有限公司	2003	50	南京科远软件技术有限公司	2007
25	南京国电南思自动化有限公司	2004	51	南京深科博业电力自动化有限公司	2007
26	南京国电南自电网稳定控制有限责任公司	2004	52	南京新亚能源自动化有限公司	2007

第三节　科技企业认定与管理

【高新技术企业认定与管理】

高新技术企业认定　1992年，南京市科技局颁布《南京市高新技术企业认定实施细则（试行）》。1993年12月，南京爱立信通信有限公司被南京市科技局认定为江宁县第一家市级高新技术企业，自此，江宁县的高新技术企业认定工作正式启动。2002年，南京市科技局重新制定颁布《南京市高新技术企业认定条件和实施办法》，更加明确规范高新技术企业的认定和管理。江宁区科技局对高新技术企业没有直接认定权，根据南京市高新技术企业认定条件和实施办法，组织区内企业申报。对申报企业进行前期辅导，对企业报审的材料进行前期审核、把关。高新技术企业的认定包括国家、省、市3个级别，每季季末评审一次，一年共组织4次申报、评审。

高新技术企业管理　资格复审。根据《南京市高新技术企业认定条件和实施办法》要求，凡经各级科技部门认定的高新技术企业每两年都进行一次资格复审，不合格者，取消其高新技术企业资格。

统计制度。江苏省科技厅为加强对全省高新技术产业工作的指导，建立健全高新技术企业统计调查制度，动态掌握全省高新技术企业发展状况，在原有国家级高新园区、高新技术特色产业基地年报基础上，建立省级高新技术园区企业、高新技术特色产业基地企业季度报表以及年度报表报送制度，季度报表每季度末在网上填报，年度报表在网上申报同时报送纸质材料。

【民营科技企业认定与管理】

民营科技企业认定 1994年5月，江宁县创建南京民营科技园，首期开发150公顷园区，当年入园企业53家，成为江宁县民营科技型企业的密集区。至1995年，全县共批复成立民营科技型企业99家，其中进入科技园企业63家。入园企业固定资产投资3.95亿元。是年，该园被国家科委批准为重点联系园区。1999年，江苏省科委牵头成立江苏民营科技企业协会，江苏省人大、省政府完成《江苏省发展民营科技企业条例》的立法，于1999年4月1日正式实施。江苏省科技厅于1999年、2000年分别印发《江苏省民营科技企业认定暂行办法》和《江苏省民营科技企业认定操作规程》，对江苏省民营科技企业的资质认定作出具体规定。2001年10月，为充分体现便民原则，简化办事手续，提高行政效率，江苏省科技厅发文进一步规定江苏省民营科技企业的认定实行属地化管理，将认定权下放到企业所在地的各市、县（市）科技局。此后，南京市科技局发文对南京市民营科技企业的认定工作作出规定。

1998年，按照市科委的要求，全县民营科技企业进行一次清理和重新认定工作，经统计，当年共有民营科技企业（旧标准）109家，从业人员2372人，年产值1.50亿元，利税2500万元。后经市科委重新认定，首期两批民营科技企业共30家。2002年，20家民营科技企业的年报统计显示，当年20家企业的技工贸总收入为4.98亿元。2005年，全区经省、市、区认定的民营科技企业108家，累计总收入20.30亿元，比2004年同期增长46%。至2007年年底，先后进行10多批次的认定，累计有209家企业被认定为江苏省、南京市民营科技企业，在册民营科技企业约150家左右。

民营科技企业管理 根据《江苏省民营科技企业认定暂行办法》规定："民营科技企业必须接受科学技术行政管理部门年度统计和资格复核。"

年度统计。1998年起，江宁县开展对民营科技企业进行年报统计上报工作，统计内容主要是民营科技企业资产总值、当年企业生产总值、当年企业实现利润和企业上缴利税等重要指标。以2006年71家民营科技企业统计数据为例，全区民营科技企业生产总值630189万元，销售收入635872万元，利润94988万元，上缴税金43289万元。

年度复核。《江苏省民营科技企业认定暂行办法》规定："已认定的民营科技企业每两年由原认定的科技行政管理部门进行复核，凡不符合民营科技企业条件的，取消其民营科技企业资格。"江宁区科技局依照规定，每年对已认定并符合时间限制拥有资质的企业进行复核，通过复核取消不符合条件的企业资质。至2007年，先后进行4批次、70家企业的复核工作。

1998—2007年江宁区省、市民营科技企业认定情况表

表34-3-7　　单位：家

年　份	总　数	新增企业数	复核企业数	年　份	总　数	新增企业数	复核企业数
1998	30	30	—	2003	91（省4家）	21	—
1999	38	8	—	2004	123	32	—
2000	49	11	—	2005	155	32	—
2001	62	13	18	2006	180（省17家）	25	24
2002	70	8	27	2007	209（省31家）	29	1

第四章　科技管理

科技管理包括科技项目、科技成果和科技专利管理。20 世纪 50 年代末 60 年代初，江宁县开始对科技成果进行鉴定和推广。1960 年起，县科委开始进行全县年度科技项目的综合管理工作。70 年代末 80 年代初，开始对科技成果进行奖励，并逐步从科研成果奖励转为科技进步奖励。80 年代后期，开始对科技专利加强管理。1996 年后，江宁县开始形成完整的科技项目管理机制。2003 年，江宁区颁发《南京市江宁区科技进步奖奖励办法》，自此，江宁区科技成果管理有了统一的规范。据统计，1960—2007 年，全区共组织实施各级各类科技计划项目 2053 项；1986—2007 年，全区共获得国家科技进步奖 1 项，省级科技进步奖 13 项，市级科技进步奖 121 项，区级科技进步奖 197 项；2001—2007 年，全区专利申请量 3114 件，专利授权量 1135 件。

第一节　项目管理

1960 年起，县科委负责全县年度科技项目的搜集、验证、制定、上报下达、中间检查、总结验收的综合管理工作。1996 年前，江宁县承担实施的科技项目较少，没有形成完整的科技项目管理机制。1996—2007 年，相继出台《江宁县科技三项经费使用管理办法》《江宁区科技三项费用资金管理办法规定》和《江宁区科技三项费用项目管理办法》，江宁区的科技项目组织申报、管理和科技三项经费使用逐步形成较为规范的体系和制度。在项目管理过程中，采用项目管理合同制、项目经费逐级审核制，实现国家、省、市、区四级项目梯次管理；在项目成果鉴定、重大项目评审中建立专家咨询机制，逐步提高科技项目的开发和管理绩效。

1960—1985 年，全县共安排科技项目 387 项，经费 47.12 万元。其中，省下达 1 项、经费 2000 元，市下达 70 项、经费 33.94 万元，县下达 316 项、经费 12.98 万元。据不完全统计，1986—2007 年，全区共组织实施各级各类科技计划项目 1666 项，共争取上级科技经费 22425 万元。其中，国家级科技计划项目 181 项、省级 69 项、市级 380 项、区级 1026 项。

1986—2007 年江宁区列入各级科技发展计划项目情况表

表 34-4-8

年　份	项目数（项）	其　中				争取上级经费（万元）	科技三项经费（万元）
		国　家	省	市	区		
1986	39	—	1	14	24	55	—
1987	27	—	—	—	27	—	—
1988	38	—	—	11	27	—	—
1989	51	1	6	2	42	—	—
1990	80	3	0	3	74	—	—
1991	81	5	0	8	68	—	33
1992	86	3	0	—	83	—	40

续表

年　份	项目数（项）	其　中				争取上级经费（万元）	科技三项经费（万元）
		国　家	省	市	区		
1993	60	5	0	1	54	—	50
1994	47	6	0	9	32	—	119
1995	94	7	1	25	61	—	150
1996	27	6	7	14	—		160
1997	28	6	0	22	—		—
1998	80	5	0	13	62	1280	165
1999	82	6	0	16	60		212
2000	96	9	4	21	62		283
2001	87	14	3	19	51	389	880
2002	103	23	5	20	45	600	1027
2003	113	9	4	54	46	235	1514
2004	108	10	7	39	52	500	1760
2005	103	20	8	21	54	800	4983
2006	124	24	13	35	52	8966	5981
2007	112	19	10	33	50	9600	6419
合　计	1666	181	69	380	1026	22425	23776

第二节　成果管理

【科技成果】

新中国成立初期，江宁县各单位和个人取得的科技成果和成就，多以论著、报刊、讲学的形式发表和传播。1978 年，全国科学大会召开，奖励新中国成立后取得的重大科技成果。江宁县按照国家和省、市科委发布有关科技成果管理办法的文件进行科技成果管理。1978—1985 年，全县获奖科技成果共 192 项，其中工业方面 45 项、农业方面 144 项、医疗卫生方面 3 项；获省以上科技成果奖 8 项、市级 75 项、县级 109 项。

1987 年，江宁县制定下发《江宁县科学技术进步奖励办法》。1988 年 12 月，县政府批转《江宁县科学技术成果管理办法》《江宁县科技进步奖励办法》等 4 个办法。1989 年 1 月，成立江宁县科技进步奖评审委员会，使科技成果管理有了组织上和政策上的保证。1986—1990 年，全县通过鉴定、验收的科技成果有 70 项，其中省级鉴定 16 项、市级鉴定 42 项、县级鉴定 12 项。这些成果达国际水平的 3 项，达国内先进水平的 25 项，达省内先进水平的 17 项。1991—1995 年，全县通过鉴定、验收的科技成果有 67 项，其中省级鉴定 19 项、市级鉴定 46 项、县级鉴定 2 项。这些成果达国际水平的 7 项，达国内先进水平的 26 项，达省内先进水平的 33 项。共创产值 72742.50 万元，利税 18443.30 万元。1995—1997 年，通过省、市级鉴定的科技成果 16 项，其中达国内先进水平的 7 项，达省内领先水平的 3 项，达省内先进水平的 5 项，1 项填补南京地区空白。

2003 年，江宁区政府再次修改制定并颁布《南京市江宁区科学技术进步奖奖励办法》，对区科技进步奖申报的条件、程序、奖项设置、分配等问题作出具体说明和规定。据不完全统计，1986—2007年，江宁区共获得国家科技进步奖1项，省级科技进步奖13项，市级科技进步奖121项，区级科技进步奖197项。

1979—1982年江宁县获省以上科技成果奖项目情况表

表34-4-9

年份	获奖项目	授奖单位	等级	获奖单位
1979	三用警报器	国家	二等	县实验小学
	秧套稻的推广利用	江苏省	二等	县农业局，铜山、陆郎农科站
	轻型结构自动化船闸	江苏省	四等	周岗公社
1980	水利工程统计	省水利厅	—	县水利局
1982	26吋泵站新型设计	省水利厅	—	县水利局
	软土地基建涵	省水利厅	—	县水利局
	普通硅酸铝耐火纤维卷毯及湿法机械化连续生产线	江苏省	三等	南京铜井耐火纤维厂、马鞍山钢铁设计研究院
	国外松育苗成绩显著	省农林厅	—	县林业局

说明："三用警报器"还获全国青少年科技成果二等奖

1986—2007年江宁区获省、市科技进步奖项目情况表

表34-4-10

年份	获奖项目	主要完成单位	等级	
			省级	市级
1986	高级绿茶翠螺	江宁县茶场	—	三等
	木杠平压刨安全降噪技术	江宁县木工机械厂	—	二等
1987	M1-86人体信息诊断仪	南京无线电厂、南京高级陆军学校干休所保健室、江宁县秣陵无线电厂	—	三等
	MJ104-B型台式万能木工园锯机降噪技术	江宁县木工机械厂、中船总公司第九设计研究院	—	三等
	江宁县中药资源普查	江宁县中药资源普查办公室、江宁县医药公司、江宁县东山镇卫生所	—	三等
1988	杉木中小径材营林技术	县林副业局、县科委农业科技科、丹阳泗陇林场	—	二等
	浮雕型PVC壁纸	南京装饰材料厂、南京玻纤院四所	—	二等
	低荡器改造及开发利用	周岗乡农科站	—	三等
	溴甲酚固体试剂	江宁县人民医院	—	三等
	粘虫性信息素在测板上的应用研究	江宁县植保站，禄口、周岗、陆郎、营防乡农科站	—	三等
	多抗中籼稻"金陵57"的选育和应用	南京农科所、南京市种子公司、南京市农业技术推广站，江宁县农业局、技术推广站	—	一等
1989	2.4×40M回转窑窑尾余热利用	南京青龙山水泥厂、国家建筑材料科学研究院等6家单位	—	二等
	双缩脲固体试剂	江宁县人民医院	—	三等
	NQC-1601型微处理机控制锥型转子电动机出厂试验装置	东南大学、南京起重电机厂	—	三等

续表 1

年份	获奖项目	主要完成单位	等级	
			省级	市级
1989	溶解乙炔气	南京乙炔气厂	—	三等
	HC–2 型氧指数测定仪	江宁县分析仪器厂	—	三等
	12026 宁颖绉—真丝和服腰带	江宁县丝织厂	—	三等
	丰收菊酯可湿性粉剂	江苏省农科院植保所、南京保丰农药厂等 8 家单位	—	三等
	村农业综合技术服务的研究	江宁县农业局、上坊科技站、县水利农机局	—	三等
1990	小型高炉用硅质球式热风炉	南京第三钢铁厂、东南大学、太原钢铁公司耐火材料厂	四等	二等
	全高炉低热值煤气发电	南京第三钢铁厂	—	三等
	蒸汽复合 EVA 工艺拖鞋	南京第二帽厂	—	三等
	农业高产高效综合配套技术	县农业技术推广站、县龙都乡农科站、上坊乡农科站	—	三等
1991	江宁县农田害鼠发生规律和防治技术研究	江宁县植保站、市植物检疫站、铜山乡农技站、湖熟镇农技站	—	二等
	ZH– 组合式多用途驱动型耕种农具	江苏工学院、江宁县农机具制造厂	—	二等
	湖桑全光舞插育苗技术	县桑蚕技术指导站、市桑茶果技术指导站、东山苗圃	—	三等
	水捻高姆米真丝双绉	江宁县丝织厂	—	三等
	江宁县金属非金属矿产资源及其开发应用前景调研	县科委	—	二等
1992	HX–FQ–911– Ⅱ型虹吸式低水箱内配件	南京泉山卫生器材厂	四等	三等
	纤维级聚对苯二甲酸丁二醇酯树脂中试	南京江宁化纤材料厂	四等	三等
	白色硅酸盐水泥	南京汤山白水泥厂	—	三等
	JF–3 型氧指数测定仪	江宁县分析仪器厂	—	三等
	机织光边花—金颖绉	江宁县丝织厂	—	二等
1993	土肥测配产供施一条龙技术开发及全程服务体系建设	县科委、县农业局、土肥站、周岗复合肥厂	四等	二等
	一水过硼酸钠	江宁县造漆厂	四等	三等
	JXQ 节能消声运行器	江宁县光电仪器配件厂	—	二等
	L2MO.007 × 260 电力电容器用铝箔	南京江宁铝箔厂	—	三等
	江宁县农业资源开发规划研究	县农业区划办、县科委	—	三等
	KB–901 型可燃气体报警器	南京天宁无线电实验厂	—	三等
1994	磷化剂	南京昆仑磷化剂厂	—	三等
	GPM 数传终端机	南京鸿雁通讯终端设备厂	四等	二等
	白水泥生产油煤混烧技术	江宁县汤山白水泥厂	—	二等
	JH–91 胶体电解质	南京铜井精细化工厂	—	三等
	邻甲联苯胺	南京江宁上峰有机化工厂	—	三等
	电脑提花袜子	南京金鹰化纤有限公司	—	三等
	江宁地区动脉硬化性心血管病情况与病因因素研究	江宁县人民医院、江宁县医学会	—	三等

续表 2

年份	获奖项目	主要完成单位	等级	
			省级	市级
1995	NJD433B 型柴油发动机	南京东山汽车发动机厂	—	二等
	宁峰牌 BS-1 型建筑装饰多用胶	南京上峰科技公司	—	三等
	生物农药螨虫素研制及生产应用	南京保丰农药厂	—	二等
	陶粒混凝土小型空心砌砖	南京新其林超轻型建筑材料总厂	—	三等
	LD-Q160 钢化玻璃绝子（混合基体）铁帽	南京江宁县马铁厂	—	三等
	柔性抗震排水铸铁管	南京铸管二厂	—	三等
1996	NT956 节镍铬含氮奥氏体不锈钢及钢丝	南京三钢（集团）股份有限公司	—	二等
	YC-FG-A 型坐便器低水箱配件	南京泉山实业有限公司	—	三等
	江宁县水资源开发利用现状调查分析报告	江宁县水利农机局	—	三等
	《东山城市总体规划》编制研究	江宁县城建局	—	三等
1997	西瓜嫁接及早熟高产栽培技术研究与推广	江宁县横溪乡农技站、江宁县蔬菜技术推广站、南京市农业局桑茶果指导站	—	三等
	MMF-1 型微机电动机保护和监视装置	江苏龙源电力自动化设备厂	—	三等
	江苏省江宁地震电台新台选建	江宁县地震办公室	—	三等
1998	20% 绿保素混剂乳油	南京保丰农药厂	—	二等
	江宁县林副业产业化发展规划	江宁县林副业局、中科院南京地理与湖泊研究所	—	三等
	铝塑复合屏蔽带	南京沪江复合材料有限公司	—	三等
	江宁县矿产资源和矿业发展计划	江宁县矿产资源管理办公室、江苏省地质矿产技术经济信息所	—	三等
1999	苯噻草胺、苄嘧磺隆混配可湿性粉剂研制	南京保丰农药厂、江苏农科院	—	三等
	杀虫单、吡虫啉混配可湿性粉剂研制	南京保丰农药厂、江苏农科院	—	三等
	大地介质极化率和二次场衰减特性观测与研究	县地震办、市地震办	—	二等
	江苏省县级消除碘缺乏病考评方案现场事实施的研究	县血防站	—	三等
	转移印花织物	南京新荣昌印染有限公司	—	二等
	NS4105QB 型柴油发动机	跃进汽车集团南京东山发动机厂	—	三等
	江宁县电网发展规划（1997—2010 年）	县供电局	—	三等
	无（少）公害优质稻米生产技术开发	县农业局、南京农业大学	—	三等
2000	NAC DS-8 异步传输数据加密器	南京先进电子信息有限公司	—	三等
	DMP300 型微机变电站保护测控装置	南京力导保护控制系统有限公司	—	三等
2001	面向铝型材制造及工程项目管理的现代集成制造系统	南京金鹏铝业有限公司、南京新模式软件集成有限公司、南京理工大学	—	二等
	灭蝇胺原药及 50% 水溶性粉剂	江苏省农药研究所、南京农药厂	—	二等
	DF-4 型无线电检测和干涉比相测向系统	南京新兴电子系统有限公司	—	二等
	DSA 系列保护监控一体化系统	国家电力公司电力自动化研究院南京南瑞集团公司	—	一等

续表 2

年份	获奖项目	主要完成单位	等级	
			省级	市级
2001	金箔生产用新型乌金纸	南京金线金箔总厂	—	二等
	特色鲜食玉米品种引进与开发	南京市农技站、江宁县农技站、六合作栽站、江浦作栽站、南京三友农产品开发有限公司	—	二等
	江宁县山区硼矿石粉灭螺推广应用研究	江宁区血吸虫病防治站	—	三等
	有色金属爆炸焊接复合材料	南京宝色钛业有限公司	—	三等
2002	MJA 型电站入炉煤成分在线检测装置	南京大陆中电科技股份有限公司	—	二等
	针刺治疗 Alzheimer 型老年性痴呆的基础与临床研究	江宁区第二人民医院、南京中医药大学	—	三等
	桥梁用玻璃钢封闭保护壳	南京斯贝尔复合材料有限责任公司	—	三等
	一种墙面砖	南京金陵金箔股份有限公司	—	一等
2003	微创侧脑室穿刺术加腰大池引流术治疗重型脑出血	南京江宁医院	—	三等
	SGF 轻质复合条板	南京一夫建材实业有限公司	—	三等
2004	基于中子活化技术的媒质成分再线检测系统	南京大陆中电科技股份有限公司	—	一等
	DF-5SM 小型移动无线电监测和相关干涉测向系统	南京新兴电子系统有限公司	—	二等
	大棚西瓜栽培技术推广应用	江宁区横溪现代园艺科技示范园	—	三等
	粉刷石膏商品砂浆的研究	江苏一夫新材料科技有限公司	—	三等
	超五类综合布线系统	南京普杰通通信设备有限公司	—	三等
	中药渣综合利用技术与精制有机肥的产业化开发	南京明珠肥料有限责任公司	—	三等
	DSA208 组态型变电站监控装置	国电自动化研究院、南京南瑞集团公司	—	三等
2005	烟气脱硫核心技术 OT-WFGD 及成套装置的开发与应用	江苏苏源环保工程股份有限公司	二等	一等
	土桥珍珠米无公害生产技术体系研究与产业化开发	南京金陵优质米公司、江苏省农业科学院粮食作物研究所	—	三等
	NDT650 牵引变电综合自动化系统	国电南自股份有限公司	三等	二等
	CER3000 微机励磁调节装置	南京申瑞电力电子有限公司	—	二等
	调频体制高空气象探测系统	南京大桥机器厂	—	二等
	农村居民社区服务综合性研究	禄口社区卫生服务中心	—	三等
	新人类三防模压工装板（水泥刨花板）	南京新人类板业有限公司	—	三等

续表 3

年份	获奖项目	主要完成单位	等级	
			省级	市级
2006	大型火电机组烟气脱硝系统关键技术研究成套装置开发及工程应用	江苏苏源环保工程股份有限公司	二等	一等
	SGB750 系列数字式母线保护装置	国电南京自动化股份有限公司	—	二等
	金智企业级应用集成平台系统软件WEAI	江苏金智科技股份有限公司	—	二等
	PR 模块式齿轮减速器	南京高精齿轮集团有限公司、南京高速齿轮制造有限公司	—	二等
	FWK-300 型分布式稳定控制装置	国电自动化研究院、南京南瑞集团公司	—	二等
	户外全天候联合除湿机	南京五洲制冷集团有限公司	—	三等
	QS8005 型流程式尿沉渣分析仪	南京千盛医疗设备制造有限公司	—	三等
	石油化工装置火炬气回收系统	江苏中圣高科技产业有限公司	—	三等
	RDS2600 电力调度数据传输平台	国电自动化研究院、南京南瑞集团公司	—	三等
	玻璃纤维硅橡胶阴燃涂层织物的研究与开发	南京康特复合材料有限责任公司	—	三等
	FIS2000 继电保护及故障信息管理系统	国电自动化研究院、南京南瑞集团公司、河南电力调度通信中心	—	三等
2007	基于标准化平台的电网调度自动化集成系统 OPEN-3000	国电南瑞科技股份有限公司	国家二等奖	
	DCAP-4000 发电厂电气监控管理系统（ECS）	江苏金智科技股份有限公司	二等	—
	超声波电机设计理论与方法及其控制技术的研究	国电南京自动化股份有限公司	二等	—
	PCS-9400 微机励磁系统（NEW）	南京南瑞继保电气有限公司	二等	—
	奥美拉唑钠及静脉滴注用的组合制剂	南京奥赛康医药集团有限公司	二等	—
	资源节约型湿法烟气脱硫技术的开发与应用	江苏苏源环保工程股份有限公司	—	二等
	EBZ-120（110）CJ 悬臂式掘进机	航天晨光股份有限公司	—	二等
	电子级三氯氢硅研制开发	南京锗厂有限责任公司	—	二等
	N-094 型系列数控双端面车磨复合加工机床	南京数控机床有限公司	—	二等
	NSR891、NSR892 数字式变压器保护装置	国电南瑞科技股份有限公司	—	二等
	节能提效型电除尘器电源及控制系统	国电南京自动化股份有限公司	—	二等
	双极化多信道无线电监测和相关干涉仪测向系统	南京新兴电子系统有限公司	—	三等
	厂级实时数据管理信息系统（SIS）	南京科远自动化集团股份有限公司	—	三等
	LED 二维光源	南京汉德森科技股份有限公司	—	三等

【产学研合作】

1988 年前，江宁县产学研主要合作方式是与南京和外地的高校通过合作开发、引进成果、技术攻关、建立教学（科研）机构、生产联合体等。1998 年，江宁县科委组织召开产学研结合座谈会，与在宁 27 所高校院所就共同建立“科技成果转化协作网”和“科技成果供求信息网”，签订长期稳定的合作协议。部分高校院所与江宁县有关企业、乡镇签订一批科技合作项目，开始地方政府与高校院所真正意义上的合作。1999 年，县科委进一步加大产学研合作力度，积极同在宁各大高校院所科技处联系，收集最新科研成果，及时推荐给县内有关企业，同时在全县组织开展技术难题和需求项目调查，建立科技项目需求信息库，向科研院所发布信息，需求合作。当年共组织实施产学研合作项目 22 项。

2000 年 3 月 2 日，县委、县政府召开江宁县高校院所产学研合作大会，县政府与 14 家高校院所签订全面合作协议，出台《关于进一步推进产学研合作的意见》，成立县经济发展顾问协调服务领导小组，办公室设在县科委，聘请 24 位专家担任江宁县首届经济社会发展顾问，聘期 3 年，在全县建立专家顾问与各成员单位的对口联系制度。3 年中，组织实施产学研项目 100 多项，全区 26 家重点企业成立技术研发中心，与 40 多家院校建立长期的稳定合作关系。2001—2002 年，实施产学研合作项目 20 多项。2003 年，江宁区人民政府聘请钱志新等 24 名专家为区第二届经济社会发展顾问，继续发挥专家学者的智慧，推动江宁区的科技进步和经济发展。

2006 年，结合全区实际和科技工作要求，对经济社会发展顾问体系进行调整和完善，聘请 30 位专家成立江宁区专家咨询委员会，同时成立由 164 位专家组成的江宁区专家库，参与项目评审、咨询论证等工作。2007 年，全区 156 家科技企业与 48 所高校和科研机构建立产学研合作关系，成立由 30 位高级专家组成的江宁区科技咨询委员会，建立由 200 名专家组成的专家库，为全区经济社会事业发展提供决策咨询。

第三节　专利管理

1986 起，江宁县加强对专利技术成果的管理。但专利申请属于个人自发行为，企业很少申请专利。据不完全统计，1986—1990 年，全县有 7 项科技成果获得国家专利。1991—1995 年，全县专利申请量 77 件，专利授权量 44 件。

随着江宁县设立经济开发园区、撤县设区和成立科创中心，促进区内专利申请与专利授权数量的增加，专利管理逐步得到加强。2001 年，全区专利申请量 55 件，专利授权量 27 件。2002 年 8 月，区科技局制订《江宁区加强专利管理工作的意见》和《专利申请奖励办法》，进一步明确专利申请工作补助、专利项目支持及专利管理工作者奖励的办法，加大对全区专利产业化和专利资助的扶持力度，建

图 34-4-6　江宁区召开知识产权工作会议（2003 年摄）

立专利申请奖励制度。明确规定，发明专利每项补助1500元；实用新型专利每项补助1000元；外观设计专利每项补助500元。至2006年，累计发放专利申请补助40多万元。同时，将专利工作作为对镇（街道）和企业考核的必考指标，在专利申请量和专利授权量上每年给予计划要求，并在年底综合考核时对做出突出成绩的企业和镇（街道）相关工作者给予表彰奖励。在每年的科技进步奖评审过程中，对参评的拥有自主知识产权的项目予以优先考虑；在每年的科技计划立项和重大科技项目招标时，对拥有自主知识产权的项目予以优先选择；在企业工程中心的认定和推荐高新技术企业过程中，明确提出知识产权指标。同年，区科技局与南京天翼专利代理有限公司签订合作协议，成立江宁区专利代理接待处，积极开展专利检索、申请和咨询工作。

2002—2007年，江宁区各类企业获得市级“专利产业化”项目21个，共获项目资金600多万元。2003年3月28日，江宁区设立知识产权局，为区科技局的二级局，统筹协调区域内外知识产权管理工作。是年，全区专利申请量249件，比2002年增长114.66%；专利授权量117件，比2002年增长91.80%。2007年，全区专利申请量1201件，专利授权量366件，其中发明专利申请105件。

2005年，江宁区被省知识产权局确定为省知识产权示范区。2006—2007年，南京市人民政府通报表彰南京市优秀专利新产品，江宁区共有26家企业的专利新产品受到表彰。

2001—2007年江宁区专利申请和授权情况表

表34-4-11

年　份	专利申请数量（件）	比上年增长（%）	专利授权数量（件）	比上年增长（%）
2001	55	—	27	—
2002	116	110.91	61	125.93
2003	249	114.66	117	91.8
2004	360	44.58	135	15.38
2005	494	37.22	196	45.19
2006	639	29.35	233	18.88
2007	1201	87.95	366	57.08

第五章　信息化建设

20世纪90年代初，江宁县信息化建设开始起步。1998年，成立江宁县信息网络中心，制订《江宁县科技信息网建设实施方案》，信息化建设开始逐步步入正轨。1999年9月，成立江宁县信息化工作领导小组，办公室设在县科委，负责全县信息化建设的规划和管理。至2000年年底，政务网建设取得实质性进展，网络硬件设备、光纤铺设基本到位，18个镇及县城3个中心机房全部联通，各镇及县委、县政府大多数部门已确定内部联通上网方案，明确政务网工作的分管领导和信息员。至2007年，全区建成多个信息网络系统及专业服务网站，政务信息化、基层信息化建设更趋完善。

第一节 政务信息化

【江宁区信息网络中心】

1998 年 12 月，经省科委批复同意，成立江宁县信息网络中心，制订《江宁县科技信息网建设实施方案》，并先后成立江苏省科技信息网络江宁分中心和新华社江苏分社江宁信息传播站，接通国际互联网、新华社电子信息网和省科委科技信息网。县信息网络中心是县科委直属事业单位，是县科技信息网络建设的具体承担单位。是年，完成县信息网络中心的一期建设，配置设备，修建机房，正式联网运行，并开通乡镇信息服务站，发展终端用户 15 家。

1999 年，进一步完善县信息网络中心硬件配置，配置服务器、拨号服务器、路由器、终端服务器，开通数字数据网专线。上通省信息网络中心的线路为数字数据网专线，对下采用电话线和拨号用户相连，初步具备因特网的各项基本功能，完成互联网上的硬件平台建设。同时，建成江宁县科技信息网。江宁县科技信息网作为新华社电子信息网及江苏省科技信息网的一个分节点，与全县各乡镇局域网（终端）相连，构成联通县级机关、乡镇政府、企事业单位及个人用户的覆盖全县范围的县域联网。发展终端用户 30 家。在全县 23 个乡镇中建立 16 个信息服务站，同时，有 8 家重点企业技术开发中心也配备电脑，采用拨号上网的方式接入县科技网。2001 年，构建江宁区“电子政府”，建成区政务数据信息交换平台，所有党政部门联网运行，实现网上文件收发，无纸化办公。至 2002 年年底，除部分部门由于客观因素外，所有的镇和部门均可以通过拨号或宽带上网方式实现联网，大部分单位建成内部局域网。

【信息网络系统】

2001 年，全区建成“区教育信息资源网”系统。全面建成教育信息资源中心和网站；投资达 100 万元的教育信息技术培训中心投入使用；全区所有镇以上学校全部利用光纤接入南京市教育信息网，其中 14 所学校进行网上域名注册，并建立网页对外发布信息，“校校通”工程基本完成；江宁高级中学、东山镇中心小学被批准为全国千所现代教育技术实验学校；全区有 5000 名教师通过现代教育信息技术培训，江宁区成为省教育信息化工作试验区、市教育信息化工作示范区。区劳动局建成“区劳动和社会保障信息系统”。建成由 1 台服务器和 12 台客户机组成的包含养老保险、工伤保险、生育保险的统一征缴、支付以及失业保险社会化发放的社保所计算机信息系统；全区机关、事业单位和城镇职工医疗保险信息系统投入使用，初步在全区实现养老、工伤、生育、失业、医疗保险的网络化管理。

2007 年，全区累计推进 100 家重点企业上网，建立企业主页和电子邮箱，引导企业开展网络营销和应用电子商务。

【专业服务网站】

政府门户网站 1999 年，筹建并完善政府网站。2000 年，由于内容更新及时，栏目新颖丰富，被市政府授予“中国·南京”网站优秀子网站称号。2002 年 5 月，全面改版区政府网站，使得网站内容更加丰富、版面更加新颖、功能更加完善，实现以数据库为核心的动态管理。网站内所有栏目、部门和镇（街道）的子网站均可实现分权管理，建立以区信息中心为核心，各部门各负其责的管理模式。2005 年，对政府网站再次改版。

农业综合服务信息网 2002年年初，根据区委、区政府要求，江宁区农业综合信息网建设被列入2002年全区科技工作重点项目。同年10月，网站正式投入运行。农业综合服务信息网是面向全区广大农户和农业示范基地服务的专业网站，全方位、多层次向全区广大农户发布农业生产、技术、政策、市场等信息。2003—2004年，区科技局投资近20万元，为20个镇（街道）建立基层信息服务站，初步形成上连省市、下连村镇、覆盖全区的农业信息服务网络。2004年5月，“江宁科技网农业生产服务信息系统”开发建设项目通过省科技厅验收。

中国江宁招商网 2003年，启动建设中国江宁招商网，该网共有12个栏目和50多个子栏目，兼有浏览、检索、洽谈、查询、影音、办公等多项功能，是江宁区政府对外招商和宣传江宁投资环境的专业网站，是集投资、外经、外贸信息资源为一体的开放式信息系统，为推动全区的招商引资工作起到积极作用。

江宁电力自动化产业基地网站 2005年年初，江宁区信息网络中心着手江宁电力自动化产业基地网站建设的准备工作。同年6月，完成网站大多数功能的开发任务，可实现信息发布、数据库查询、文件管理、栏目动态管理等诸多功能。随着功能的逐步完善和内容的添加，该网站逐渐成为吸引高校院所及高层次科技人才创新创业、孵化高新技术企业和产品、培育高新技术产业的信息服务平台。

江宁区科技创业服务网 2006年，区科技部门自主开发江宁区科技创业服务网，设置“创业服务”“自主创新”“科技计划”等八大特色栏目及36个子栏目，及时发布最新科技动态，宣传科技政策法规，介绍科技发展规划等，为全区科技型企业和社会提供科技创业方面的服务。

地理信息（GIS）系统 2006年3月，区信息网络中心配合区信息化办公室完成江宁区地理信息（GIS）系统的基础软件选型和硬件的配置方案，以及电子地图功能界面与原型设计、数据调研表、系统主页面等方面的开发工作和服务器配置工作，并于7月投入试运行。

第二节 基层信息化

【网络传输平台】

2001年，江宁区出台《关于加快推进全区信息化建设的意见》后，全面展开基层信息化普及工作。至是年年底，全区镇到村的光纤覆盖率达60%，城区住宅小区光纤覆盖率达90%，建成城区范围内光纤环网。完成区信息网络综合平台建设，建成陶吴、江宁、湖熟、禄口、汤山、开发区6个分中心。2002—2003年，江宁区网络传输平台逐步建成，政务信息网光缆铺设工程全部到位，区级光缆干线铺设5200纤芯公里，完成广电中心机房核心交换设备、6个分中心及所有镇（街道）交换设备安装调试，部、委、办、局均组建局域网，具备了运行电子政务所需的传输平台支持。

【网上政务公开】

2001年，全区各镇政府在江宁政府网站上建立主页，其中麒麟、谷里、东山还申请国际域名，建立自己的网站。2002年，全区各镇初步实现网上政务公开和投资环境宣传，并先后建立镇政府内部局域网。

【综合信息服务中心】

2004 年 7 月，区科技局在湖熟镇召开镇（街道）综合信息服务中心建设现场会，挂牌成立全区首家镇级综合信息服务中心，并确定东山街道、百家湖街道、禄口镇、土桥镇、陶吴镇、铜井镇、麒麟镇、淳化镇、谷里镇等 10 个镇（街道）为首批综合信息服务中心建设试点单位，为各试点单位配备电脑、打印机、扫描仪等软、硬件设备，并组织开展信息技术培训，学习网站机构及后台管理知识。2005 年 8 月，区信息网络中心为汤山镇、秣陵街道、上坊街道配备电脑、扫描仪等办公设备，并为 3 个镇（街道）开发制作综合信息网站。

【科普电子阅览室】

2006 年，区科技部门投资 40 余万元，在淳化青龙、汤山锁石、秣陵秦淮等 5 个村（社区）建设科普电子阅览室并开通社区服务网。同年 7—10 月，区信息网络中心配合淳化、汤山、秣陵 3 个街道科委和青龙、锁石、秦淮社区完成电子阅览室场地建设和设备安装、调试。同时，对 3 个街道社区部分居民开展关于电脑上网知识方面的培训，累计培训 9 期，共 450 人次，考试合格率 94%；关于网络技术应用培训 4 期，共 160 人次，考试合格率 85%。8—11 月，为淳化街道、秣陵街道开发制作办公自动化系统，并为清修村、上峰社区建立科普电子阅览室和社区信息服务网站。社区科普电子阅览室集科普宣传、信息服务、多媒体网络教学、文化娱乐等功能为一体，利用网络视频系统和专家面对面进行远程互动咨询，为社区居民搭建利用现代信息技术学习新知识、掌握新技术、获取新信息的平台，推动信息技术向农村延伸。2007 年，先后投入 100 多万元，建成社区电子阅览室 14 家，开通 3 个社区农村现代化远程教育系统，有效提高信息化工作管理和服务水平。

第六章 气象测报 防震减灾

1958 年 12 月 1 日，江宁县气象站成立，开始气象观测、记录与预报。1990 年 10 月，江宁县气象站更名为江宁县气象局。1991 年，县气象局开始开展防雷检测工作。江宁县撤县设区后，改称江宁区气象局。2006 年，有干部职工 15 人，其中中级技术职称 9 人，初级技术职称 5 人。1978—2007 年，多次被省气象局授予先进集体称号。

1978 年，江宁县地震办公室正式成立，前身为 1976 年成立的江宁县防震抗震领导小组。2007 年，区地震办公室在职职工 6 人，主要负责地震监测预报、抗震设防管理、地震灾害应急防御、灾情速报、地震知识宣传等工作。2001 年，获江苏省防震减灾优秀成果一等奖。2003 年 8 月，被评为全国地震台站工作先进集体。

第一节　气象测报

【地面气象观测】

观测项目　县气象站成立后，观测项目主要有空气温度、湿度、气压、云状云量、天气现象、地面状况、风向风速、地温（0厘米温度、最低温度和5厘米、10厘米、15厘米、20厘米地中温度）。从1959年起，相继增加蒸发、日照和地面最高温度观测项目。1990年1月1日，根据省气象局地面观测业务技术体制改革，江宁县气象局改为辅助观测站，每天3次观测，观测项目为温度、湿度、气压、风、降水、日照，其他项目由县气象局自定。2000年后，开展紫外线、闪电等特种观测。2006年，增加深层地温观测项目，分别为40厘米、80厘米、160厘米、320厘米四个层次地温观测。

观测时次和发报　观测时次。1958年12月至1960年7月，每天以地方平均太阳时（地方时）07时、13时、19时为标准观测时，每天观测3次。1960年8月1日起，每天以"北京时"08时、14时、20时为标准观测时，并取消"地方时"制，每天观测3次。

发报。1959年12月起，07时、13时向省气象台拍发区域报。1960年8月至1962年4月，改为08时、14时发报。1962年7月至1966年3月，于08时、14时向镇江市气象台拍发区域报和不定时重要天气报，并向省气象台、镇江市气象台拍发农业气象旬（月）报。1973年1月起，向省气象台、镇江市气象台拍发重要天气报。1977年6月起，向省气象台拍发农业气象旬（月）报。1986年4月1日，停发农业气象旬（月）报。1991年11月1日08时起，实施国家气象局颁发的新版《重要天气报告电码（GD-11 Ⅱ）》，原电码（GD-11）停止使用。2000年8月28日，重要天气报正式调整上行传输方式为网上传输省气象台，江宁气象站天气预报在06时25分及16时25分之前传输省气象台。

资料处理　地面观测的数据较长时期都是人工观测、编制气象报表和发报，工作量大、效率低，难免出现一些差错。随着计算机的普及和应用，资料处理逐步摆脱人工抄录和处理。1984年起，采用PC-1500袖珍计算机处理资料和发报，1996年6月1日，实行微机采集处理资料编制地面报表，采用"地面气象观测程序（3）（4）"软件处理地面气象观测资料，从而实现地面资料处理、编制报表和发报的程序化和自动化。

【天气预报】

江宁县气象站成立后，天气预报主要依靠收听省气象台天气广播和依据当时站内观测实况，进行抄转。通过有线广播，每天向全县广播3次短期预报。1960—1963年，天气预报工作贯彻全国云南补充预报会议精神，采用"听、看、资、谚、地、商、用、管"八字措施，即收听气象广播；看实况观测；运用历史气象资料；结合农谚和农民的看天经验；熟悉地形、地理特点；与台站内部或老农等相互会商；预报必须密切结合生产服务；加强技术指导与业务管理。这期间采用土法上马，经常访问有看天经验的老农，开老农座谈会，搜集群众看天经验，以群众经验为主要依据，制作点聚图、各种要素曲线图等预报工具。1961年4月，发布1961年汛期（5—9月）的长期预报。同年6月，编印《江宁天气谚语汇录》。1964—1974年，天气预报工作采取"大、中、小"（即省气象台、地区气象台、县气象站）和"图、资、群"（即天气图、气象资料、群众经验）相结合的方法制作天气预报。利用站内资料、曲线图、点聚图，结合使用验证较好的农谚，开始按时制作和发布长、中、短期预报。1970

年12月，重新整理编印《江宁天气谚语》，共184条，其中短期102条，中、长期82条。1979年1月，成立预报组（股），健全各项规章制度，实行预报质量评分。在预报方法上，用指标、模式、相关、韵律和数理统计等方法制作长、中、短期预报工作，使预报依据更加充实。

1980年1月，开始使用气象传真图制作天气预报，县气象站气象信息量增加。短期预报每天3次通过县有线广播向全县发布；逢十发布中期天气预报，并将每季（月）长期天气趋势预报印发给县领导和有关单位参考。1984年起，省气象局调整各县气象站的业务结构，县气象站只转发省、市气象台的长期预报，订正中期预报，集中力量搞好短期预报。

1987年，县气象站配备JBD-1型无线电话，即甚高频气象无线电话，可以进行天气会商，传递雷达回波资料、重要天气报告和灾情。1991年，通过甚高频信道随时接收省、市气象台指导预报和图形、图像产品。1992年，省、市气象台实时预报业务系统建设完成，实现资料收集传输、加工处理、分析预报、产品输出的准自动化，使省、市指导产品能及时传到县气象站。1993年，机械式接收气象传真业务停止，改用微机远程终端调用传真图、卫星云图、省气象台MOS指导预报和分片天气预报。在接收省、市气象台指导预报的基础上，结合江宁气象站资料建立预报工具，对短期降水、风和气温进行补充订正客观预报。

1999年，江宁县安装气象卫星单收站接收系统，即PCVSAT站，可直接从气象卫星上接收各种气象资料信息，实现信息传输现代化。2000—2007年，江宁区气象站以数值预报产品为基础，综合运用各种新方法和新技术，逐步由经验预报向客观预报方向过渡。

【防雷减灾】

1991年，江宁县气象局开始开展防雷检测工作，对用户避雷设施进行年度安全检测。为加强防雷减灾工作的开展和管理，2000年6月26日，正式成立江宁县防雷减灾管理中心，开始进行避雷工程安装及避雷工程的质量监督工作。2006年，完成《江宁区气象局行政执法汇编》的编制工作，使防雷工作走上行政执法的轨道。至是年年底，全区防雷检测用户418户。

【气象服务】

为社会公众服务 县气象站建站初期，通过县有线广播一天3次对外发布短期天气预报。“文化大革命”期间，气象工作者仍坚守岗位，保证江宁县气象资料的完整和观测的连续，并向公众发布天气预报。20世纪70年代中期，短期预报每天3次通过县有线广播向全县发布，逢十发布中期预报，并将季（月）长期天气趋势预报，印发给县领导和有关单位参考。1982年9月，国家气象局指示，中期天气预报停止在广播电台和报纸上发布。同时，不再要求县气象站制作中、长期天气预报。因此，县气象站中、长期预报主要根据省、市气象台制作的预报对外服务。1996年，开通“121”气象咨询电话，这是一种新型的气象信息声讯服务方式，2004年12月，“121”升级为“96121”气象热线电话。1997年，江宁电视台开播江宁电视天气预报节目。2005年，区气象局自行研制开发电视天气预报制作系统。同年，开通手机气象短信服务，使气象信息特别是突发性天气变化能及时通知用户。2006年，在汤山和禄口分别建立街道气象电子显示屏，为公众提供更多获取气象信息的途径。

为农业服务 1960 年起，因生产需要，开始摸索农业气象工作，进行 5 厘米～10 厘米麦田地温和小麦生育期的观测记载。1961—1972 年，除按省气象局规定，编发 1962 年 7 月至 1966 年 3 月“农业气象旬（月）报”外，农业气象工作基本处于断断续续的状态。1973 年起，开始恢复农业气象工作。1974 年，确定专人兼管，先后对春播、夏收夏种、秋收秋种以及稻麦主要生育期的气象条件进行分析，并开展为农服务。1977 年 1 月，编印《江宁县主要农作物生育期、病虫害与气候特点示意图》，发至全县各农业生产大队。整理与杂交稻生长有关的气象资料，为当时农业生产提供气象依据。1978 年起，农业气象工作逐步走向正轨。1979 年 1 月，确定 1 名专职农业气象员，1983 年 8 月增至 2 名。主要开展的工作：按时发布农业气象月报；按照作物生育期进行气候分析；围绕生产环节，开展情报、预报和资料服务。整理建站 20 年与作物生育有关的各项气象资料，1982 年年初，编印《江宁县农业气候资源分析》，1983 年年底，又编印《江宁县农业气候手册》。同年 1 月 11 日起，县气象局被省气象局定为江苏农业气象旬（月）报情报网的发报台站之一，执行农业气象旬（月）报试行新电码（HD-02）表发报。1986 年 4 月，根据省气象局规定，停止农业气象旬（月）报的发报，但继续开展不定期的农业气象情报工作。2004 年，区气象局开通农业气象网站，为粮食生产、推进农业结构调整、发展高效外向型农业提供新服务。

为领导决策服务 县气象站成立后，主动为当地党政领导部门组织防灾减灾、指导生产和开发利用气候资源，提供气象服务，按照江宁经济建设要求，不断提高服务的针对性、适时性、准确性，做好当地政府部门的气象参谋，不断增强干旱、台风、暴雨、冰雹等气象灾害的监测、预警、预报和分析评估能力。1990 年 8 月 31 日至 9 月 2 日，当 15 号强台风从太湖北上穿越江苏时，江宁县受到 15 号强台风的影响，遭遇 8 级～10 级的大风和大暴雨。县气象台及时发布台风警报，县政府采取紧急防台措施，减轻台风所造成的损失。1991 年 6—7 月，江宁县遭受百年不遇的特大洪涝，全县梅雨量 1038.4 毫米，是常年梅雨量的 3.90 倍。在这次特大洪涝中，县气象局及时向县委、县政府领导提供气象信息，并参加江宁县常委防汛紧急会议，通报气象情况。2002 年春节（初一至初五），横山林场突发森林火灾，南京市气象局与江宁区气象局积极配合区政府和有关部门进行森林灭火的现场气象保障工作，且密切注视天气变化和风力风向变化，抓住有利天气条件，在林场附近实施火箭人工增雨，对抑制林区火势的蔓延和复燃起到积极作用。

1960—2006 年江宁区气象局主要技术、装备情况表

表 34-6-12

年份	主要的新技术、新装备	主要作用
1960—1963	“听、看、资、谚、地、商、用、管”八字措施	开展县站补充预报
1964—1974	“图、资、群”和“大、中、小”相结合的预报方法	预报方法
1974	虹吸雨量计	降水自记仪器
1975	EL 电接风向风速计	风自记仪器
1980	123-1 型气象传真机	接收气象传真广播
1982	中期数值预报 B 模式	中国数值预报最早模式
1984	PC-1500 袖珍电子计算机	处理资料
1985	使用新湿度查算表	查湿度

续表

年　份	主要的新技术、新装备	主要作用
1987	JBD-1 型高频气象无线电话	天气会商
	市局气象台发布分县指导预报	指导县站预报
1991	开展避雷针检测	防雷减灾
	T42L9 数值模式	模式更新
1992	AST386 微机和智能调制解调器	无线通信
1995	T63L16 数值模式	模式更新
	南京 5 县（区）气象局与安徽省有关相邻气象台组建汛期联防	高频电话交换雨情
1996	实行微机采集处理资料	编制地面报表
	气象信息分析处理系统（MICAPS 平台）	统一预报信息平台
	“121”气象资讯热线电话	气象声讯服务
1997	T106L19 数值模式	模式更新
	开通江宁电视气象节目	电视天气预报
1999	EN-1 型风向风速仪	增加了数字处理器
	安装了 PCVST 卫星单收站系统	卫星通信
2000	正式成立江宁区防雷减灾管理中心	防雷减灾管理
2002	配置车载火箭人工增雨发射架	人工增雨
	T213L31 中期数值模式	模式更改
	地面遥测站（II）安装	遥测观测
	配置紫外线观测仪	紫外线观测
	自动气象站投入双轨业务运行	自动观测
	南京江宁区气象科技信息中心成立	气象科技服务
2003	地面观测新规范正式投入业务运行	执行新规范
2004	闪电定位仪	观测闪电强度
	开通与省台 2 兆速率数字通信	提高通信速率
	开通农业气象网站	为农服务
	安装横溪、东善桥自动站	自动观测
	安装全省（市、县、区）视频会商系统	全省天气会商
	“121”气象热线升级为“96121”	统一气象电话拨号
2004—2005	进行科学园新观测场对比观测	对比观测
2005	开通手机气象短信息	改善服务手段
	在丹阳乡等地安装 9 个雨量自动站	增加雨量网点
2006	科学园新观测场开始观测	完成迁站，开始观测
	在汤山和禄口建 2 个电子显示屏	公众服务

第二节 防震减灾

【地震监测】

1975年5月，辽宁海域地震后，县委宣传部和县文教局在汤山、秣陵、江宁、陶吴4所中学建立地震测报点，利用土地电、水平摆、地应力、低温等监测手段观测试验，进行群众性的地震监测工作。1976年5—8月，建立谷里、湖熟、殷巷、土桥、营防、县中、气象站和“814”地质队、驻宁空军部队9个地震测报点。1977年5月，建立县地震中心测报站，除管理全县各测报点的工作外，还进行地震观测工作。当年12月5日，确定汤山、湖熟、秣陵、丹阳、谷里5所中学为地震骨干测报点，受当地党委领导，业务上由学校负责。并将江宁、陶吴、县中、县气象站、土桥5个地震测报点作为县业务地震测报科研小组。1978年4月1日至1980年5月22日，县地震办公室进行业务、管理、质量方面的整顿，确定东山奶牛场和养鸡场、百家湖养殖场、龙都杨柳湖养殖场为动物习性宏观观察点。1980—1985年，县地震办公室地震台共记录大、小地震5184例，其中400千米范围内558例，100千米范围内61例，50千米范围内39例。1986—1990年，DD-1地震记录仪共记录地震2638例，其中近震172例、速报地震133例。发生在县内及邻近地区的主要地震12例。至1990年，县地震台除拥有测震仪、地电仪、石英丝水平摆仪3种仪器微观监测震情外，还在全县设立4个动物观察哨，宏观监测地震前后动物的异常现象。1991—1995年，DD-1地震记录仪共记录地震1800例，发生在县内及邻近地区的主要地震14例。

随着科技的进步，江宁区主要采用数字化测震、地电阻率观测、钻孔应变、钻孔测斜以及水位等多种观测手段。2001年后，地震监测和地电观测实行24小时值班制度，密切注视省内外的震情和异常情况，加强监测预报和震情会商。2003—2007年，共速报地震62例，速报速度和精度位居全市模拟台网前列。2004年4月，位于禄口镇石埝村新建的地电台站投入试运行，新台站占地2000平方米，建筑面积450平方米，台站有多极距地电、钻孔应变、钻孔测斜、水温、气玉、雨量等数字观测项目。至2007年，江宁区地震监测手段全部实现数字化改造，地震前兆观测信息与省、市地震局实现实时传输，为省、市地震局及时对江苏省的地震趋势作出判断提供科学依据。

1993—2000年，江宁地电阻率观测资料连续8年获得全省资料质量评比第一名，1994—2000年，连续7年进入全国资料质量评比前三名，两次获得市政府科技进步奖。2001年，区地震办公室的“江宁地电观测成果和地震电性前兆研究及应用”项目获江苏省地震局防震减灾优秀成果一等奖，同时获中国地震局防震减灾优秀成果二等奖。

【抗震设防】

根据《江苏省防震减灾条例》的规定，江宁区一般性建设工程抗震设防标准按照《中国地震动参数区划图》执行，抗震设防烈度为七度；对于重大建设工程和可能发生次生灾害的建设工程进行专门的地震安全性评价，并根据地震安全性评价结果，确定地震抗震设防要求进行抗震设防，对学校和医院全部提高一个等级进行抗震设防。针对农村抗震设防的薄弱环节，加强农村居民防震减灾知识宣传教育和抗震设防技术指导，推广科学合理、经济适用的农村民居设计图集和施工技术，逐步建立农村民居抗震设防管理制度，提高农民的防震抗震意识。逐步建立起防震减灾宣传体系，加强各单位协调配合，通过防震减灾科普基地、知识讲座、知识竞赛、

“科技宣传周”等宣传活动，深入社区、学校、农村广泛开展防震减灾宣传，建立省级防震减灾科普示范学校。推进地震宏观测报网、地震灾情速报网和地震知识宣传网“三网一员”建设，在街道、社区设置防震减灾助理员，形成横向到边、纵向到底的群测群防网络体系，鼓励和扶持各方面力量参与群测群防工作。

根据《江苏省防震减灾规划（2006—2020年）》（苏政办发〔2007〕52号）要求，到“十一五”期末，沿江地区南京等8个城市要全部具备综合抗御6级左右地震的能力；全省基本达到抗御6级地震的监测预报能力指标；城镇新建一般工程全部达到《中国地震动参数区划图》确定的抗震设防要求，新建重大建设工程、生命线工程、重要基础设施和可能发生严重次生灾害建设工程全部按照规定开展地震安全性评价。

【应急救援】

江宁区贯彻《南京江宁区地震应急预案》，做好地震应急准备工作，落实各项地震应急措施，明确应急工作程序、层级管理职责和协调联动机制，做到临震不乱、决策科学、行动迅速、处置有力。建立江宁区地震应急指挥技术系统和地震应急救援通讯系统，招募和培训地震应急救援志愿者，推进城市地震应急避难场所建设，提高防震减灾宣传普及率，引导群众学会开展自救与互救。

第三十五编

文　化

第一章　文化机构
第二章　群众文化
第三章　文学艺术创作
第四章　民间文学艺术
第五章　戏剧　曲艺　电影
第六章　图书　报刊
第七章　文化管理
第八章　广播　电视
第九章　档 案
第十章　志书　年鉴　宗谱

江宁历史悠久，50万年前，金陵始祖——“南京人”已在江宁汤山葫芦洞一带活动。4000年前，先民们生活在秦淮河畔的“台形遗址”，以渔猎为生，创造了著名的“湖熟文化”。

唐代，经济发展造就文化繁荣，江宁以诗文书画著称于世者代有传人，留下众多的传世之作。宋以后，民间舞蹈丰富多彩。明清时期，江宁文学创作、书法、绘画进一步发展。清代金陵四十八景中，有八景在江宁：东山秋月、牛首烟岚、祖堂振锡、献花清兴、天印樵歌、祈泽池深、台想昭明、虎洞明曦。汤山猿人、南唐二陵、阳山碑材等名胜古迹闻名中外。这些都赋予江宁深厚的历史文化底蕴，也给现代江宁增添了浓郁的文化氛围。

新中国成立后的近60年，特别是改革开放后，江宁的文化事业随国民经济的快速发展不断取得新的成绩。1994年，江宁县被命名为江苏省群众文化先进县。1997年，被命名为全国文化先进县。1998—1999年，全县23个乡镇被评为江苏省文化先进乡镇；23个乡镇图书馆被评为市级万册图书馆，在全市15个区、县中率先实现“满堂红”。2003年，被命名为江苏省文化示范区。至2007年，全区公共文化设施面积71903平方米。其中，区文化馆5162平方米，区图书馆2775平方米，9个街道文体服务中心共31538平方米，204个社区、村共32428平方米。群众文化活动丰富多彩，以重大节日、纪念日为重点，开展形式多样的文化艺术活动是江宁的一大特色。文学创作成果迭出，全区有3000多人组成的业余文艺骨干队伍。20世纪80年代至2007年，出版长篇小说、散文集、诗歌集、报告文学集、文艺评论及书、画作品集200多部（册）。其中，根据小说《凯旋在子夜》改编的广播剧荣获全国广播剧大赛“丹桂杯”金奖。

全区新闻事业发展迅速。2007年，江宁调频广播电台推出集新闻、服务、娱乐、休闲于一体的全天10大板块直播节目；江宁电视台有线电视用户达7.10万户。

江宁区档案馆为江苏省特二级（四星级）国家档案馆，分别被江苏省和南京市命名为爱国主义教育基地。

1985年2月，成立江宁县地方志编纂委员会办公室，从此，有了专门的工作机构。至2007年，江宁区方志工作取得显著成绩。

第一章 文化机构

民国17年（1928），江宁县群众文化机构和团体有县立民众教育馆2所（湖熟、汤山），民众教育实验区2处，民众图书馆1所，农民教育馆1所，乡村民众教育实验区1处。抗日战争时期，江宁的文化活动主要为抗日战争服务，如横溪青年抗日服务团、横溪文艺研究社、新声业余京剧社与山南春风读书会及横山警卫团政工队等文化团体，宣传抗日，鼓舞斗志。

民国38年（1949）4月28日，江宁县人民政府成立，设立县文教科，管理全县文化工作。1955年2月，文化与教育分开，分别成立县人民政府教育科和文化科。1957年11月，文化与教育合并设立县文教局。1966年3月4日，文教局与卫生局合并，成立县文教卫生局。1968年，成立江宁县革命委员会文教局，文教工作与卫生工作分开。1990年，文化与教育分开，文教局更名为教育局，成立江宁县文化局，列为县政府直属机构。2001年4月，更名为江宁区文化局，至2007年没有变化。

区文化馆是江宁区重要的群众文化机构，伴随全区社会主义建设和改革开放进程，走过风风雨雨近60年。至2007年，全区已形成区、街道、社区三级文化网络，而区文化馆则是网络中的纽带和支柱，成为江宁群众文化事业发展的中坚力量。

此外，区文化单位有江宁工人文化宫和爱涛艺术中心。

第一节 区文化馆

1950年7月，江宁县人民政府将设立在湖熟镇第五区俱乐部改为江宁县湖熟人民文化馆，馆长陈波。1953年1月，馆址迁至东山镇，改称为江宁县文化馆，馆长余谦。20世纪50年代，馆内工作以文艺演出为主，配合党的中心工作开展文艺演出、时政宣传及美术宣传、书报阅览、师资教育。举办冬学、民校，开展识字、扫盲活动；以业余学校为基地，辅导各乡、村的群众文化活动；配合土地改革、抗美援朝、人民币改革、镇压反革命，宣传党的各项农村政策；利用橱窗、黑板报、画廊等进行宣传、展览；恢复民间自娱性的传统民间文艺活动，上演当时最流行的现代歌剧、话剧如《白毛女》《三世仇》《血泪仇》《刘胡兰》《九件衣》《王秀鸾》等。

1970年，文化馆、图书馆合署办公。1979年，文化馆、图书馆再度分设。1982年，文化馆组织选送的小扬剧《送瓜》获南京市群众文艺汇演一等奖；1984年选送的小扬剧《八大碗戒酒》获省农村小戏竞赛二等奖。是年，开始整理民间文艺，方山大鼓、铜山高台狮子重新走上舞台，并于1995年分别被列入《中国民间舞蹈集成·江苏卷》。1983年，文化馆成立江宁县文化馆美术服务社（1989年更名为江宁县文化艺术中心经营部），经营报刊发行、录像发行与放映、美术装潢与字画装裱、摄影与彩扩、家电维修、茶座、小百货等。1987年4月，经江宁县文教局批准，文化馆建立中国录音录像出版发行总社江苏省江宁县发行站，从事录音录像发行工作。

1993年，县文化馆被文化部评为国家标准文化馆；同年，被省文化厅评为二级文化馆。1995年，文化馆利用歌咏会、金秋恳谈会、“六一”少儿艺术节等机会，广泛开展群众文化活动，全年主办、协办各类演出、展览等35场次，参加人数3万余人，创历史最高纪录。文化馆杜京芳在省京剧演唱大赛中获一等奖并被评为南京市十大京剧名票之一及石城名票称号。

2000年12月江宁县撤县设区，文化馆更名为江宁区文化馆。2002年4月1日，文化馆迁入江宁文化艺术中心办公，馆舍面积5000平方米，分为馆长室、办公室、美工摄影部、文艺辅导部、阵地活动管理部。有多功能小剧场、多媒体教室、培训辅导厅、少儿活动室、老年活动室、报刊阅览室、棋牌室、桌球室、训练、健身厅、舞厅等12个功能厅室。2003年12月，文化馆顺利通过国家一级馆的验收。2007年，文化馆编制24人，其中电影公司改制分流进编4人。是年，文化馆除组织参与第七届“江宁之春”群众文化节外，还积极承办“和谐江宁大舞台”广场文化活动中的文化局、妇联、总工会、政法委、交通局、计生局、药监局、民政局、东山街道、禄口街道、建工局、残联等街道、部门的重要文艺演出活动。在认真落实区委区政府加强农村建设八件实事的工作任务中，全年为9个街道送文化下乡文艺演出20余场；配合区非物质文化遗产保护中心，进行区非物质文化遗产普查以及市、区首批非物质文化遗产保护项目申报工作。

第二节　街道文体服务中心

20世纪50年代后期，全县10个区相继成立农村俱乐部等组织，指导当地文化工作。50年代末至70年代初，全县26个人民公社先后建立文化站。80年代，全县各乡（镇）文化站工作扩大为文化艺术、业余教育、科学普及、群众教育和时政文化等，成为“五位一体”的文化中心站。90年代，曾一度将有线电视纳入管理范围，称为文广中心。后又将广电工作分离，成立文体服务中心。随着江宁区划调整，全区镇街文体服务中心由2004年20个至2007年调整为9个。9个街道的文体服务中心成为所在街道的文化机构，负责管理街道内的文化文物、图书、文化市场等工作。

【东山街道文体服务中心】

1965年，成立上坊公社文化站。1972年，成立东山镇文化站。2006年3月，上坊街道文化站和东山街道文化站合并成立东山街道文化服务中心，地点设在街道办事处内；12月，更名为东山街道文体服务中心。是年，组织东山街道第三届群众文艺汇演，并选拔获奖节目参加第六届“江宁之春”擂台比赛。在“江宁之春”系列比赛中，荣获团体总分第1名，被区政府授予优秀组织奖。全年组织各类文艺演出26场，有创特色团队6个、特色文化家庭4个、特色文化标兵10个、创全区示范文化室2家、文化中心户18户，文化中心被区文化局评为先进单位。2007年，组织东山街道第四届社区文艺汇演，参加“江宁之春”群众文化节等系列比赛活动。全年共组织各类演出30余场、创作各类文艺作品8个、成立各类团体和协会12个、调查搜集整理非物质文化遗产项目4个、创特色文化团队2个。至2007年年底，整治娱乐场所10家，音像制品商店11家，电子游戏机经营场所11家，网吧经营场所38家。中心管理街道内文物保护单位14处，其中，国家级文物保护单位2处、市级文物保护单位5处、区级文物保护单位7处。

【秣陵街道文体服务中心】

1957年，成立秣陵乡文化站。1974年10月，成立方山公社文化站。2002年6月，成立百家湖街道文化中心。2006年3月，秣陵街道文化站、方山街道文化站与百家湖街道文化中心合并成立秣陵街道文化服务中心，站址设在秣陵街道桥北大街中心；11月，更名为秣陵街道文体服务中心。是年4月，参加第六届“江宁之春”群众文化艺术节，获优秀组织奖；6月，成山社区举办“绿色家园”文艺专场演出；7月，家园社区举办“我爱家园”专场文艺演出。2007年4月，组织参加第七届“江宁之春”群众文艺节系列活动，获优秀组织奖。是年，街道进行社区整合，整合后共有30个社区（村），创建区级达标文化室16家。中心管理街道内文物保护单位8处，其中，国家级文物保护单位3处、省级文物保护单位2处、市级文物保护单位1处、区级文物保护单位2处。

【汤山街道文体服务中心】

1974年，成立汤山公社文化站。1978年，成立上峰公社文化站。1979年，成立其林公社文化站。2006年3月10日，汤山、上峰、麒麟3个镇文化站合并成立汤山街道文体服务中心，中心建筑总面积4707平方米。2007年，汤山、宁西、湖山等13个社区（村）达区级文化室标准，其中，锁石、阜东、东流为南京市村级（社区）文化活动室示范点。中心管理街道内文物保护单位9处，其中，国家级文物保护单位2处、省级文物保护单位2处、市级文物保护单位4处、区级文物保护单位1处。

【淳化街道文体服务中心】

1956年春，成立土桥文化站。1957年7月，成立淳化乡文化站。2006年3月，土桥镇文化站和淳化街道文化站合并成立淳化街道文体服务中心，站址在原淳化街道办事处。2007年6月，中心相继举办“农家书屋”现场会和广电部数字影视现场会。文化中心有文艺宣传队、中国象棋队、篮球队、田径队等，并建立文化休闲广场和老年活动中心。中心管理街道内文物保护单位3处，其中，市级文物保护单位1处、区级文物保护单位2处。

【禄口街道文体服务中心】

1950年2月，成立江宁县第四区（禄口区）文化俱乐部（后改为禄口文化站）。1961年，成立铜山公社文化站。2000年3月，禄口与铜山2镇文化站合并成立禄口镇文化服务中心。2006年，更名为禄口街道文体服务中心，站址在原禄口文化中心。是年，承办第六届“江宁之春”闭幕式，获优秀组织奖。2007年，参加第七届“江宁之春”系列活动，荣获总分第一名；10月28日，成立禄口街道文化艺术者联合会，为南京市首家街道文联。中心管理街道内的文物保护单位7处，其中，市级文物保护单位1处、区级文物保护单位2处、正在申报的文物保护单位有4处。

【江宁街道文体服务中心】

1950年2月，分别成立陆郎农村俱乐部（后改称陆郎文化站）、江宁镇农民俱乐部（后改称江宁镇文化站）、江宁县第十区农村俱乐部（后改称铜井文化站）。2000年，陆郎镇文化站与江宁镇文化站合并成立江宁镇文化服务中心。2006年，铜井镇文化站并入江宁街道文体服务中心成立新的江宁街道文体服务中心。2006—2007年，南山湖、渔业、牌坊等7个社区（村）

的文化室达区级文化室标准。2007 年，先后成立民间文学创作队、书法美术队、摄影队与新闻报道队。中心管理街道内文物保护单位 2 处，其中，国家级文物保护单位 1 处、市级文物保护单位 1 处。

【谷里街道文体服务中心】

1958 年，成立谷里公社文化站。是年 3 月，成立东善公社文化站。2006 年，谷里镇文化站与东善桥街道文化站合并，成立谷里街道文体服务中心，地址在谷里街道金牛街。中心办公房为上、下 2 层楼，建筑面积 900 平方米，设会计室、电影办公室、老年活动室、桌球活动室等，藏书 1.10 万余册。是年，谷里社区文化室被评为南京市先进文化活动室。2006—2007 年，童前、双塘、谷里等 5 个社区的文化活动室达区级文化室标准，其中谷里社区被评为南京市村级（社区）文化活动室示范点。2007 年 4 月，参加第七届“江宁之春”群众文化节获优秀组织奖。中心管理街道内文物保护单位 13 处，其中，国家级文物保护单位 1 处、省级文物保护单位 3 处、市级文物保护单位 5 处、区级文物保护单位 4 处。

【湖熟街道文体服务中心】

1950 年，成立湖熟文化馆（后更名为湖熟文化站）。1951 年，成立龙都文化站。1972 年 3 月，成立周岗公社文化站。2006 年 3 月，湖熟、龙都、周岗 3 镇文化站合并成立新的湖熟镇文化服务中心，站址在原湖熟镇文化服务中心。2007 年年底，更名为湖熟街道文体服务中心。2006—2007 年，和进、新跃等 6 个村（社区）的文化室达区级文化室标准。2007 年，参加“江宁之春”群众文化节，赵阳春创作的小品《卖萝卜》获创作二等奖。中心管理街道内的文物保护单位 15 处，其中，省级文物保护单位 1 处、市级文物保护单位 7 处、区级文物保护单位 7 处。

【横溪街道文体服务中心】

1950 年，成立陶吴镇文化站。1958 年，成立丹阳公社文化站。1959 年，成立横溪公社文化站。2006 年 3 月，陶吴、丹阳、横溪 3 镇文化中心合并成立新的横溪镇文体服务中心。2007 年 12 月，更名为横溪街道文体服务中心。2006 年，中心占地面积 1600 平方米，有乒乓球、图书阅览、健身等 10 多个活动室，拥有图书 1.20 万册，固定资产 70 多万元。2006—2007 年，分别在横溪中学、丹阳中学举办第六和第七届“江宁之春”群众文化艺术节，观众 2 万人次以上。其间，有丹阳、甘泉湖、横山等 8 个社区（村）达区级文化室标准。2007 年，中心管理街道内文物保护单位 9 处，其中，市级文物保护单位 5 处、区级文物保护单位 4 处。

第三节　文化单位

【工人文化宫】

文化宫是区总工会下属事业单位，与区总工会机关合署办公。建于 1978 年，于 1979 年 10 月 1 日建成，并对广大职工开放，建筑面积 2400 多平方米。工人文化宫是 1999 年江宁县创建江苏省首批“工会工作十强县”的主要硬件设施和品牌，是总工会的主要资产。2007 年，文化宫有工作人员 14 人，均为事业编制。

文化宫建成后，不断完善设施，增加活动内容，成为综合性职工业余活动阵地。文化宫积极兴办工会文化事业，先后开设图书阅览室、游艺室、棋牌室、桌球室、小剧场、灯光球场、溜冰场等固定活动阵地；举办各种展览和报告会、科技讲座、企业经济管理讲座、金属切削表演和机械制图学习班10多期，还开办有100多人参加的职工业余文化学校；成立有40多人参加的职工业余文艺演出队；组织夏季乘凉晚会4次；举办职工篮球、乒乓球、象棋比赛计7次；创办宣传橱窗11期；举办美术、书法、摄影展4次；开展节假日大型文艺演出、游艺活动4次。

图 35-1-1 1979年10月1日建成的江宁县工人文化宫

1999年，为配合新中国成立50周年和南京、江宁解放50周年大庆，工人文化宫先后主办、承办、协办“远大之星”文艺晚会、江宁县第二届“江宁开发区杯”职工足球赛、江宁县第二届“东佳杯”乒乓球赛，组织参加南京市职工庆祝新中国成立五十周年“第四届石城建设者赞歌文艺调演”，参与江宁县委“中华人民共和国成立50周年”庆祝活动，协办金箔集团庆国庆汇报演出，联合主办江宁县职工庆国庆个人围棋邀请赛等10余场文艺演出活动。

【爱涛艺术中心】

中心位于江宁区天元西路199号，由上市公司江苏省弘业有限公司旗下的江苏爱涛精品有限公司投资兴建。于2002年2月28日破土动工，2006年12月落成，2007年1月正式开放，总建筑面积1.60万平方米。2007年1月，中国民间文艺家协会特别授予江苏省东方工艺美术之都称号，同时挂牌。

2007年2月，中共江苏省委宣传部在爱涛艺术中心正式挂牌成立江苏省工艺美术馆，该馆是江苏“十一五”期间省十大重点文化设施之一。馆内有江苏弘业国际集团和江苏爱涛艺术精品有限公司多年珍藏和精心组织、制定的各类工艺美术精品十六大类共5000余件，有木雕、玉雕、牙雕、石雕、水晶、刺绣、紫砂、泥人、云锦、漆器、红木家具、剪纸、名家字画等。

图 35-1-2 2007年1月，爱涛艺术中心正式开放

一楼大厅的“四大名柱”大型红木雕刻，取4根长度过10米、直径过1米的绝世红木珍材，以中国古典四大名著为蓝本，谐其音取其意，集国内不同流派的最高水平，精工细雕出中国古典4大名著的经典场景。工艺精湛，不仅在雕刻作品的高度、技法和体量上创造多项世界之最，而且表现了中国文化经典的内容，有支撑起中华民族的精神文化天空的深远内涵，配以可遇不可求的天赐良材，堪称当代国宝。

爱涛艺术中心珍藏多年的白玉雕刻“白菜螳螂”，由1整块重达57公斤的上等和田羊脂白玉，经数位工艺大师花费近1年的时间精雕而成。工艺大师因材施艺，巧妙设计2只螳螂栖息于大白菜上的造型，螳螂栩栩如生，菜叶自然翻卷，鲜嫩水灵，动静呼应，极富生命气息。玉美、工精、艺绝，令人叹为观止，属国宝级的珍品。

第二章 群众文化

据《江宁县政概况》载，民国17年（1928），江宁县社会教育机构有县立民众教育馆2所（湖熟镇、汤山镇）。由于各种原因，当时农民没有正当娱乐活动，而且赌博吸毒盛行。民国18年春，江宁县湖熟民众教育馆成立，其间该馆利用各种形式开展活动，甚为活跃，主要有阅览、音乐、戏曲、绘画、体育等活动。民国26年抗日战争爆发，该馆张贴标语，召开集会进行抗日救亡宣传，馆长李筱贤还开讲评话，讲演当时形势及全国奋起抗日的动人事迹，痛斥侵华日军暴行。是年年底，南京沦陷前夕，馆务停顿。其间，江苏民众教育馆施教队、上海左翼剧运演剧队均曾在江宁县活动过。抗日战争时期，江宁县的民众文化团体及活动主要有横溪青年抗日服务团、横溪黎明文艺研究社、新声业余京剧社、山南春风读书会及横山警卫团政工队，这些群众性文化组织在江宁境内开展了多种多样的抗日救国活动。

从1950年起，全县以重大节日、纪念日为重点，开展形式多样的文化艺术活动，尤其是每年的元旦、春节期间举办全县性的元旦、春节庆祝活动，丰富群众业余生活。是年2月，县政府在各区设立俱乐部，开展群众文化工作，举办冬学、民校，开展识字、扫盲活动。“文化大革命”期间，全县群众文化活动处于瘫痪状态。改革开放后，至1985年年底，全县有12个乡镇陆续建立文化中心，群众文化活动日趋轰轰烈烈。

20世纪90年代后，全县文化艺术活动举办越来越多，内容愈加精彩，参与群众更加广泛，如1997年农历正月初二“金陵春·小康乐大型广场文艺演出”、“1999年庆祝江宁解放50周年文艺汇演”、庆祝新中国成立50周年“祖国颂”歌咏大会，这些热情洋溢、欢乐祥和的充满喜庆氛围的节日庆祝活动，丰富了江宁人民精神文化生活，为群众业余生活增添了喜悦。

新世纪后，区内“金箔艺术节”、“江宁之春”群众文化节、“横溪西瓜节’等已成为江宁人民的传统节日。作为组织群众文化活动的区文化馆，于2006年被省委宣传部、省文化厅，评为“双服务”先进集体。

第一节 群众文化活动

【民间队伍展演】

江宁区传统民间文艺活动多种多样，内容丰富多彩，如方山麻雀蹦、铜山狮子舞、马铺锣鼓、丹阳龙灯等，有数十种民间表演活动，新中国成立前就很盛行。新中国成立后进行挖掘整理，展演活动增多。20 世纪 50 年代，麻雀蹦、马铺锣鼓多次参加全县、镇江地区、南京市会（调）演。1983 年农历正月十五，全县 20 多支民间队伍在东山进行声势浩大的巡街活动；1985 年元宵节，在东山戴家塘举办全县灯展，规模宏大。1988 年、1996 年江宁县首届、第二届文化艺术节期间，全县民间队伍进行游街展演。2000 年 2 月 26 日，举办民间广场文艺大赛；2001 年，金箔艺术节邀请安徽凤阳花鼓、栖霞龙灯、六合高跷及江宁部分民间队伍由金箔路经大街西路进行表演。2004 年 4 月 24 日、2005 年 4 月 21 日、2006 年 4 月 24 日“江宁之春”群众文化艺术节期间，全区民间队伍分别在东山文化休闲广场、丹阳中学、桃红中学举行民间广场文艺展演。2007 年元宵节（3 月 4 日），全区 18 支民间队伍在东山步行街举行民间队伍踩街表演。

图 35-2-3　1983 年江宁县民间游街活动

图 35-2-4　2007 年元宵节，东山步行街民间队伍进行踩街表演

【重大节日文化活动】

20 世纪 50 年代，方山大鼓、马铺锣鼓多次参加省、市重大活动，并多次获奖。中共十一届三中全会后，江宁的民间表演队伍各显特色。1984 年起，方山大鼓队、铜山高台狮子队、龙都娃娃鼓队、麒麟舞队、凤舞队等分别参加 1984 年江苏省民间舞蹈调演、新中国成立 35 周年庆祝活动、1990 年第四届金陵百花节“新春百乐园”演出、1993 年春节金陵民间文化庙会演出、南京市“金陵春·小康乐”演出、1996 年南京“中华之声”鼓乐大赛、1999 年“中华龙腾”江苏省广场舞蹈民间鼓乐大赛、2002 年“金陵舞韵”南京市广场民间文化团队汇演、2004 年中国南京世界历史文化名城博览会“狂欢节巡游”、2006 年中国南京世界历史文化名城博览会开幕式及“留住我们的根”民俗表演等重大赛事及活动。2007 年，马铺锣鼓队参加市调演、非物质文化遗产专场演出。通过多年的挖掘、整理、加工与提高，江宁民间文艺表演队伍以其独特的艺术魅力和艺术风格，深受人民群众喜爱，并获得国内、外各界人士的一致好评。

【社区文化活动】

江宁县撤县设区后，城市化建设进程加快，如何开展社区文化活动是个新情况、新课题。2003 年，区文化局组织文化馆长、文化站长等相关人员专访鼓楼、玄武等城区文化局、文化馆，学习借鉴他们开展社区文化活动的成功经验。2004 年，结合江宁区实际，各街道社区设立音乐、舞蹈、健身业余文化活动辅导员，并制订了《社区业余辅导员工作职责》。区文化馆还对社区业余文化活动辅导员在业务上实施培训辅导制度，使社区文化活动得到有序开展。

2005年，在全区总结推广东山街道开展社区文化活动的经验，各街道社区的阵地文化活动、公园广场的健身演出活动、业余团队的评比竞赛活动等文化活动得到全面开展。

【送文化下乡】

1997—2005年，江宁区文化局组织文化馆、锡剧团、影剧公司、图书馆等有关单位积极参与由区委宣传部牵头开展的“三下乡”活动。平均每年送戏下乡60场，放映电影3000场，送书500册。2006年，区文化局组织送书下乡6300册，放映电影2681场，送戏36场。2007年，送书4905册、电影2597场、戏36场。

图35-2-5 1998年，江宁县“送文化下乡”横溪镇演出现场

【培训辅导】

培训辅导是群众文化重要工作之一。20世纪50年代，江宁县文化部门就注意为农村培训文艺骨干，后由农村扩大到全县城镇，培训对象包括农、工、商、学、兵（驻军）各界文艺爱好者，一般由乡镇文化站推荐，文化馆派员或请省、市专家授课。对学员进行培训，为自愿报名（收取少量费用）。文艺培训分表演与创作。表演上，由形体基本功表演发展到声乐、舞蹈、曲艺、戏剧等专项舞台艺术知识和技能表演以及民间文学艺术的表演。创作上，由编写小型多样的演唱文艺节目发展到写诗歌、散文、小说、报告文学等文学作品，还有美术、书法、摄影等多种艺术门类。

中共十一届三中全会后，培训辅导力度加大。在加强对文艺骨干培训辅导的同时，注重对文化馆（站）工作人员、文化站长的培训，由单一业务培训拓展到导演技能、文化管理等内容的培训。20世纪80年代初至90年代末，县文化馆发挥培训辅导主力军作用，1980—1988年，采取“走下去辅导，请上来培训”的方法，举办戏剧、舞蹈、锣鼓、交谊舞、手风琴、少儿书画等专题培训班，另外还会同县文联开展文学、书法、摄影、戏曲座谈会以及专题讲座。1989年6月，在东善桥乡举办南京市区、县小品表演培训班，邀请南京市群众艺术馆老师王露明授课。1990年，在铜井乡举办戏曲培训班。1991年，文化馆举办暑期少儿舞蹈培训班，邀请市群艺馆老师汪以平授课。1992年5月19日至6月8日，南京市文化局、市电影公司、江宁县文化局在江宁县农校联合举办江苏省文化干校招生考试考前培训班，江宁县有5人参加培训班，当年被省文化干校录取3人。1993—2000年，先后举行文化站长座谈会、培训班8次，现场会（以会代训）4次，摄影培训班2次。

2004年8月，先后对东山、百家湖、汤山、淳化等镇街社区文化活动辅导员就围绕如何做好社区业余文化活动辅导员为专题，由区文化局副局长慎志杰、文艺科长俞力新、文化馆馆长张为农和副馆长陈宁分别授课。2006年，在谷里举办新闻报道和文艺创作讲座；2007年，在禄口街道举办作品分析会以及部分业余作者参加的座谈会。

1978—2007 年江宁区参加省、市群众文艺创作汇演、调演获奖情况表

表 35-2-1

汇演名称	年 份	节目形式	内 容	表演奖次	区内作者	表演者
市业余汇演	1978	方言剧	《新春的喜事》	二等奖	张为农	朱顺喜、王梅丽、余润萍
市群众文艺创作汇演	1982	小扬剧	《送 瓜》	创作一等奖	张为农	—
江苏省民间文学研究会	1982	民间传说	《金钥匙》	二等奖	王崇辉	—
市群众文艺创作汇演	1982	表演唱	《送粮路上》	创作一等奖	陆学祥	—
解放军炮兵部队汇演	1983	歌 曲	《战士心中有首歌》	二等奖	张继诚	—
省农村小戏竞赛	1984	小扬剧	《八大碗戒酒》	二等奖	张为农	庄晓东、焦发煌、（陶向禄、翟庭生）1985 年《乐园》发表
南京市业余汇演	1984	歌 舞	《犁田新曲》	一等奖	周正凯、朱庆舜、石建生	禄口文化站
南京市业余汇演	1985	歌 曲	《一束鲜花》	二等奖	笪振祥、吴小川	—
市群众新作征文活动	1989	古装戏	《青云梦》	二等奖	张为农、魏宏涛、周正凯	—
南京市群文汇演	1991	小锡剧	《三妯娌》	一等奖	姜跃忠	何启发、赵燕、曹智、夏梅萍
市血防文艺汇演	1992	小 品	《内科门诊》	二等奖	—	赵燕、陈宁、曹智
市戏剧小品曲艺新作品比赛	1997	小锡剧	《抢财神》	一等奖	—	—
市群文汇演	1999	小 品	《扶 贫》	一等奖	李常耕、曹智	陈建国、朱润华、夏梅萍
省第三届少儿艺术节广场文艺大赛	2001	少儿舞蹈	《苗岭娃》	一等奖	交通局幼儿园	在省群众文艺汇演、市群众文艺汇演中分获二等奖和一等奖。2001 年度群文创作银河奖。
2001 年度群文创作	2002	舞 蹈	《我和星星打电话》	银河奖	—	机关幼儿园
2001 年度群文创作	2002	京 歌	《赋得古原草送别》	银河奖	—	上元小学
省五星工程奖评比	2003	小锡剧	《岁月留痕》	铜奖	张为农	—
市第六届少儿艺术团队大赛	2005	舞 蹈	《小雨点》	表演一等奖、优秀创作奖	李春程、江玲	示范幼儿园吴萍、周奕等
省第四届小戏小品大赛	2007	小 品	《钟点房》	一等奖	夏海滨	杜文广
江苏省群文新作大赛	2007	小 品	《八大碗看戏》	表演银奖、创作铜奖	张为农	唐肴程等

第二节 文化艺术节

【金箔文化艺术节】

2000年9月18—20日，由江宁县人民政府主办，金箔集团、县文化局、旅游局承办首届金箔文化艺术节。9月18日，开幕式上有金箔之光彩车表演队、新蕾职校花船队、金箔艺术团队、安徽凤阳花鼓、高淳大马灯、江浦手狮队等县内、外34支文艺表演团队参加。特邀歌唱家李谷一、杨洪基、刘斌、蒋大为、林萍，书法家陈大羽、赵绪成等同台演出。9月20日，县文化馆、县锡剧团、金太阳艺术团、金太阳杂技团分别在金宝市场广场、大市口广场、东山文化休闲广场举行演出。

图35-2-6 2000年9月，江宁县举行首届“金箔文化艺术节”

2001年10月16—24日，举行第二届金箔文化艺术节。其间，在区体育场举行“金箔之光”大型文艺演出，著名歌唱家李双江、阎维文、殷秀梅，相声表演艺术家刘伟、韩兰成等到场表演。还举办业务推进会、企业经贸洽谈会、“金箔之乡”书画表演、少林武术表演4项活动。此外，还进行江宁一日游、首届江宁旅游美食周新闻发布会暨“东山步行街”开街典礼、江宁美食擂台赛、江宁风光摄影大赛、“千年古韵、世纪新姿”——金秋江宁旅游推广、江宁明清古建筑群风采展示等活动。

2005年4月30日至5月15日，举行第三届金箔文化艺术节。其间，在区人民大会堂举行开幕式暨庆祝活动文艺演出，林依轮、董文华等歌唱家倾情助兴，而后在天印山广场举行盛大焰火晚会。5月1日，举行金箔集团建厂50周年大型杂技、魔术表演会。5月9—15日，由金箔人组成的“金箔之歌”演出队，自编自创了1台节目，分别到集团总部、金元机电公司、金箔公司、金达公司、宝玉公司、金东海食品公司、金蕾公司、金箔房地产公司、金宝市场进行巡回慰问演出，演出取得圆满成功。

【“江宁之春”群众文化节】

2001年4月22日至30日，举办江宁区首届“江宁之春”群众文化节，4月22日在东山文化休闲广场举行开幕式。此届“江宁之春”群众文化节共举办8项大型文化活动，创作各类文艺作品70多件，放映电影100场，举办文艺演出10场，演职人员520人次，参与观众近4万人次。

图35-2-7 2001年，江宁区举行首届“江宁之春”群众文化节

2002年3月上旬至4月下旬，江宁区政府举办第二届“江宁之春”群众文化节。文化节以“创作、电影、书市、声乐、戏曲、美术、书法、摄影、国标舞、交谊舞”为主要活动内容。其间，举办

10多项大型文化活动，创作、展演舞台文艺作品74件，美术、书法、摄影作品217件，放映电影336场，举办文艺演出12场，售书1.02万册，参与单位38家，演职人员880人次，参与观众近11.37万人次。

2003年3月下旬至4月下旬，举办第三届“江宁之春”群众文化节。此届“江宁之春”群众文化节举办7项系列活动，创作文艺节目163个，举办舞台演出12场，演职人员720人，观众达13.50万人次。驻江宁部队文艺创作作品汇演是此届艺术节的一大亮点，因受抗击“非典”工作影响，此届“江宁之春”群众文化节未举行闭幕式。

2004年4月2—28日，举办“江宁房产杯”第四届“江宁之春”群众文化节。此届“江宁之春”群众文化节举办6项系列活动，举办舞台演出25场，参演节目302个，创作文艺节目151个，演职人员2019人次，上映电影340场，观众15.30万人次。各镇、街群众文化擂台赛体现了基层办节、群众参与的地方特色。

2005年4月1—30日，举行第五届“江宁之春”群众文化节系列活动。此届“江宁之春”群众文化节举办8项系列活动，创作舞台文艺节目145个，展演民间文艺队伍21支，上映电影410场，1600名演职人员参加擂台赛、曲艺小品汇演、声乐大赛、民间广场文艺展演、开幕式与闭幕式等，共演出24场，观众16.50万人次。

2006年4月8日至5月10日，江宁区举办第六届“江宁之春”群众文化节，此届“江宁之春”群众文化节举办12项系列活动，创作舞台文艺作品90余件，展演民间文艺队伍11支，上映电影370场，2000名演职人员组织16场文艺演出，观众15.80万人次。

图35-2-8　2007年，第七届“江宁之春”群众文化节开幕式演出

2007年4月15日至5月15日，举办第七届“江宁之春”群众文化节。此届群众文化节创作舞台文艺作品137余件，8200名演职人员组织26场文艺演出，演出节目236个，观众5.10万人次；读书征文99篇，展览照片120幅；上映电影、幻灯片各210场，观众8.40万人次。

【横溪西瓜节】

2001年5月26日，在横溪举行第一届横溪西瓜节，由江宁区人民政府、南京市农村经济工作办公室、南京市农林局、南京市科技局联合主办，江宁区科技局、横溪镇人民政府承办，主要活动有开幕式文艺演出、产品宣传、展销等。

2002年5月18—23日，第二届横溪西瓜节举行。其间，举行开幕式和现场展示会，由50位瓜农对26个品种的西甜瓜进行现场展示；横溪投资说明会暨商贸洽谈会同时进行，中国台湾、香港、澳门及澳大利亚等地的国

图35-2-9　2001年5月，江宁区举行首届横溪西瓜节

内外客商120多人参加商贸洽谈活动；此外，举办首届“大自然”杯西瓜节摄影大赛，省、市70多名摄影专家及摄影爱好者参加比赛，参赛作品近500幅，经省摄影家协会专家评审，有18幅作品获奖。

2004年5月26—28日，第三届横溪西瓜节举行。内容有文艺演出、商贸洽谈会、产品展销、农业科技服务等。

2005年5月26—28日，第四届横溪西瓜节举行。此届西瓜节围绕西瓜搭台，经济、科技、文化、旅游同唱一台戏为主题，安排一系列丰富多彩的活动。西甜瓜协会会员进行西甜瓜展示比赛，最后从40位瓜农中角逐出12项西瓜大奖，8位瓜农被评为科技种植示范大户；省、市15位著名农业科技专家现场为农户进行科技咨询，挂设科技彩图展板100幅，发放科技书籍、资料近5000份；苏、浙、皖、沪等地83家客商到场看样，签订1.50万吨西甜瓜销售合同，合同金额3100万元。

2006年5月26—28日，第五届横溪西瓜节举行。此届西瓜节的活动主要有开幕式文艺专场演出、新品种西甜瓜品质展示比赛、农业科技服务、南京白马广场农产品展示、西甜瓜展示及看样订货、西甜瓜展销、经贸洽谈等。

2007年5月26—28日，第六届横溪西瓜节举行。此届西瓜节的活动有在横溪西瓜交易中心举办江宁区第六届横溪西瓜节开幕式暨文艺演出，在南京白马广场举办江宁区第六届横溪西瓜节经济成果展示、展销、咨询会。

【南京山田国际牛奶文化节】

2003年10月21—26日，由江苏省农林厅、南京市农林局、南京市江宁区人民政府联袂主办的首届“中国·南京山田国际牛奶文化节”在江宁区淳化街道举行。主办方先后举办10场文化节市民广场系列活动，有数万人参与，数百家企业参加、提供信息交流及展示平台、进行乳品及相关创业形象、产品展示。

【“同一首歌”走进江宁】

2006年5月27日，由江宁区政府主办，中共江宁区委宣传部、中国国际电视总公司、江宁区文化局等承办的中央电视台“同一首歌走进江宁”大型歌舞晚会，在江宁体育场举行。演出阵容大腕云集，既有年轻人追捧的郭富城、周迅、阿牛、梁静茹等，也有中年人喜欢的黄王清、孙悦、田震等。区长助理陆蓉和田震共同演绎了《干杯，朋友》，区文化馆陈宜娟、张震和马来西亚歌手梁静茹演唱了《宁夏》，区广电局蔡辉、王凯和庞龙演唱了《两只蝴蝶》。最后，在成方圆《同一首歌》的旋律中结束了此次晚会。

图35-2-10 2006年5月27日，中央电视台“同一首歌”走进江宁区现场

第三节　文化艺术团队

抗日战争时期，活跃在江宁县内具有代表性的文艺团体有横溪青年抗日服务团、横溪黎明文艺研究社、新声业余京剧社、山南春风读书会及横溪警卫团政工队等。抗日战争胜利后，民国36年（1947）10月，成立宁师剧团，是江宁县内唯一一个巡回歌咏戏剧教育团。中共十一届三中全会后，境内涌现多个民间艺术团队与业余艺术团队，如方山大鼓队、铜山狮子队、丹阳龙灯队、金箔艺术团与南京三钢职工文艺宣传队等，具有浓厚的地方特色。进入新世纪，区内还成立一些新的艺术团体，如金肯学院大学生艺术团、南京市江宁实验小学繁星合唱团等等，活动很多。

【横溪、湖熟抗日救亡文艺团体】

横溪青年抗日服务团　民国26年（1937）冬，横溪一带在外读书的学生和南京到横溪避难的爱国师生20余人，发起组织青年抗日服务团，在横溪乡一带活动，他们在街上张贴标语，办墙报，唱歌演戏，宣传抗日救亡。民国27年6月，新四军进驻横溪新四军支队政治部主任钟期光在该组织中发展了3名党员，并成立抗日时期中国共产党江宁县第一个党支部。此后青年抗日服务团的活动扩大到陶吴、铜山、陆郎、丹阳等乡镇。他们先后演出多部抗日救亡的戏剧。

横溪黎明文艺研究社　民国31年（1942）年初，原横溪青年抗日服务团主要骨干奉上级指示，筹划在横溪组织青年开展文艺体育活动，以争取先进青年分子。经过党支部讨论研究后，于是年4月清明前后，在云台山以集中悼念亡友为名，成立黎明文艺研究社。时有社员20余人，租横溪镇街后草房作为社址。征集书籍、报刊、乐器等开办阅览室和文娱室，成立篮球队，还酝酿编辑油印刊物，宣传抗日，亦甚为活跃。

湖熟新声业余京剧社　民国31年（1942），原湖熟镇京剧业余爱好者请南京名票友授艺成立新声业余京剧社。除自娱性活动外，每逢节日、庙会，剧社就会在湖熟镇上义务性演出，活跃当地的文化生活。民国33年10月，新四军江宁县抗日民主政府在杨巷召开万人大会，新声业余京剧社被邀请在会上演出《捉放曹》《空城计》《扫松下书》等传统京剧。

横山山南春风读书会及警卫团政工队　民国32年（1943）夏，山南春风读书会成立，该读书会是中国共产党横山县委领导下的一个外围青年组织，成员近20人。当时，成员们集资购买了一批进步文化书籍，分散保管，定期交流，漫谈、议论抗日战局。是年中秋之夜，他们在石臼湖泛舟共歌。民国34年秋，抗日战争胜利，横山县政府撤销，以山南读书会为骨干的青年和部分师资训练班的青年教师为主，成立横山警卫团政工队。横山县委在江宁县横溪乡呈村召开万人祝捷大会，会前政工队日夜赶排文娱节目，编写了一个小歌剧《过关》，讴歌闯过重重习惯势力的阻挠，踊跃投身部队的先进人物。政工队还在北撤途中，刷写庆祝抗日战争胜利的标语、下连队教歌、演出小节目，对部队起了鼓动作用。

【街道（镇）传统艺术团队】

方山大鼓（麻雀蹦）队　是由江宁方山陶家庄农民自发组成的表演团队，俗称“太平鼓”。1953年，陶家庄大鼓队参加镇江专区民间文艺大赛，获得头等奖。20世纪80年代，省歌舞团、县文化馆把原来的“太平鼓”进行改编，增添12面鼓、12面锣，人员增至30余人。1999年，特邀省、市专家、学者对“麻雀蹦”再次进行改编，改编成“方山鼓舞”。2007年，方山大鼓增至40面鼓、10面锣、10面钗，人员有50人～60人，还有少儿队、军营队等多支表演队伍。

铜山狮子队 禄口街道的铜山高台狮子舞历史悠久。新中国成立后，铜山地区山阳村、彭福村、沈庄等地均有群众自发成立的舞狮队，其中以曹村狮子队最具代表性。20世纪60年代，彭福村艺人沈庆喜、王化银等曹村舞狮艺人摸索出“海底捞月”等一系列高难度动作，形成独具特色的铜山高台狮子舞。表演队伍20人左右（含鼓乐队员）。1993年，获得“南京金陵文化庙会”比赛优秀表演奖并夺得“红花杯”；2002年，获“金陵舞韵”南京市广场民间特色表演团队汇演金奖。

图 35-2-11 20世纪70年代铜山狮子舞

禄口马铺锣鼓队 禄口街道的马铺锣鼓队始创于清光绪年间，由当地农民自发组成，在20世纪20—30年代达到鼎盛时期。马铺锣鼓队除经常到禄口周边秣陵、东善桥等地演出外，还曾到茅山、九华山、云台山等地表演。新中国成立后，曾到镇江、江苏省广播电台、南京延安剧场等地演出。1982年，禄口文化站组织恢复马铺锣鼓队。1984年，获南京市民间文艺挖掘奖。2005年，禄口街道组织韦吉华、朱庆华等人整理出马铺锣鼓部分曲牌。2007年3月，成立一支马铺锣鼓女子队；7月，中央电视台第七套对马铺锣鼓进行专题报道；9月，马铺锣鼓女子队参加禄口街道国庆文艺演出；10月，参加“和谐江宁大舞台”禄口街道专场演出；12月，参加南京市群众文艺调演比赛等。

图 35-2-12 马铺锣鼓表演（1999年摄）

丹阳龙灯队 横溪街道的丹阳龙灯队由龙队、乐队、旗队组成，约170人，其中舞龙60人、云手8人～12人、引程灯珠1人、罗汉8缍10人、镗手8人、冲1人、大鼓1人、大开锣2人、镗锣8人、中虎锣10人。两组乐队，每组有苏锣、板鼓、圆鼓、大钹、小钹、大铛，小铛等各1人，有时加用苏笛1人。灯旗手1人、龙旗手8人、虎旗手2人、蜈蚣旗手6人、彩旗手20多人。该队伍曾参加“金陵春·小康乐”演出、跃进集团50周年庆典活动、南京市农村工作会议开幕式表演。1997年2月，在南京“台城杯”舞龙大赛中获得最佳表演奖。

图 35-2-13 丹阳龙灯

丹阳皮老虎队 民国时期，皮老虎表演有所发展。民国31年（1942）春，丹阳文化绅士康益文、艺人吕贤聪等人对皮老虎表演进行系统编创。新中国成立后，皮老虎队成为民间舞蹈队伍，有 30 人左右，曾参加江苏省民间文艺汇演、镇江地区民间文艺大赛等赛事活动。

图 35-2-14 汤山麒麟舞（2004 年摄）

汤山麒麟舞队 2004 年，文艺工作者根据江宁区麒麟镇独特的历史地理意义，对流传久远的麒麟舞进行认真的挖掘、整理，新创《麒麟呈祥》（后更名为《麒麟献瑞》），并成立一支民间艺术表演队伍——麒麟艺术团。麟麒舞队由 30 人组成，有 6 只大麒麟，每只大麒麟由 2 名年轻力壮的男子配合表演，18 只手麒麟由 18 名少年表演。是年，在区“第三届民间广场文艺大赛”上公开亮相。

此后，麟麒舞队先后参加中国南京世界历史文化名城博览会开幕式、全国十运会吉祥物揭晓仪式暨全民健身运动会开幕式、省“三下乡”活动启动仪式暨第二届农民艺术节闭幕式、省首届农家乐文体展演等各类活动。

图 35-2-15 殷巷石锁表演（2007 年摄）

殷巷石锁队 殷巷人玩石锁有悠久的历史，他们不仅技艺高，而且玩法多。2004 年 3 月，王道泉带领一批石锁爱好者成立殷巷石锁队，队员 50 余人，王道泉任队长。2007 年，成立江宁石锁协会，协会的大部分会员源自殷巷石锁队，有会员 100 余人，以中、老年为主。

【企业、学校业余艺术团队】

江宁县化肥厂文艺宣传队 于 1975 年成立，由刚进厂的插队知青和转业军人为主体组成。由政二科科长江宝全领导，队员有朱德伦、刘学祥、戴启华等。宣传队经常深入农村、厂矿等单位演出，演出节目内容丰富，有独唱、独舞、二重唱、双人舞等。

南京东山汽车发动机厂文艺宣传队 南京东山汽车发动机厂的前身名为江宁县农业机械制造厂，简称农机厂。1976 年 7 月，县农机厂招收 108 名刚从学校毕业的学生，厂工会主席臧茂才从中精心挑选 30 余名文艺爱好者组建农机厂文艺宣传队。宣传队成立后，在不到一个月的时间内，就编排出一台综合节目，有相声、歌舞、表演唱、独幕话剧、集体腰鼓等。在参加市、县的赛事中，有 2 个自编、自演的独幕话剧获奖：呼延群编剧、县文化馆成忠云导演的《燕子飞了》和县文化馆庄晓东编剧并导演的《换亲风波》。1976—1979 年，文艺宣传队一直活跃在江宁文艺大舞台上。

图 35-2-16 东山农机厂艺术团

江苏时花电器股份有限公司艺术团 江苏时花电器股份有限公司前身为长江机械厂。1984 年，成立时花艺术团，艺术团有舞蹈队、乐队，有30多名宣传队员。艺术团成立后，曾多次参加全县性演出活动或主动到部队、工厂、学校进行演出。还创作厂歌《蝙蝠之歌》、舞蹈《洗衣歌》等许多作品，其中舞蹈《江南春》在参加南京市群众文艺汇演中获得二等奖。1991年，公司改制，艺术团随之解散。

图35-2-17 南京三钢职工文艺宣传队

南京三钢职工文艺宣传队 于1986年6月成立。初建时队员18人，后增至23人，队员集中到后勤开发公司，实行半脱产化。文艺队特聘南京艺术学院教授李振东任导演，先后排练歌舞和小剧近20个，演出50多场次。舞蹈《钢花飞舞》节目，先后5次参加市、县和专业文艺调（会）演，曾在南京市工人文化宫作汇报演出。后因企业改制，职工文艺宣传队自行解散。

金箔艺术团 于1999年年底成立，成员40余人。在团长董建祥的带领下，艺术团参加第六届中国文化艺术节、世界华商大会演出和华东六省市春节晚会及江苏省文艺晚会。团队创作的《东山春晓》获得市表演二等奖及创作奖。该团还多次参加艺术节活动，如泰兴“迎春节”开幕式和2001年、2002年及2003年三届“金箔文化艺术节”。在金箔集团成立45周年的文艺演出中，艺术团有着精彩表现。

图35-2-18 金箔艺术团进行文艺表演

金肯学院大学生艺术团 于2004年2月10日成立。由全国“三八”红旗手、金肯职业技术学院董事长、高级经济师鲍莉萍担任名誉团长，由国家一级演员、中国戏剧家协会会员、锡剧名家王小坤担任团长。有团员近100名，均为金肯职业技术学院的在校学生。至2007年，艺术团艺术门类已发展为舞蹈、戏曲、声乐、曲艺、书画、器乐等六大类。

在2004年“江宁之春”群众文化节上，艺术团的越剧《柳毅传书》获特等奖；在2005年“江宁之春”群众文化节上，大型舞蹈《好日子》获二等奖。是年5月，在由省教育厅主办的江苏省首届大学生文化艺术展演活动中，歌舞组合《阳光飞翔》获特等奖，越剧《柳毅传书》获最佳戏曲演唱奖。在2006年4月江宁区首届高校大学生纪念五四运动歌咏大赛中，艺术团的大合唱《人民解放军占领南京》获二等奖。在2007年“江宁之春”群众文化节上，《金肯三句半》获二等奖。

图35-2-19 百家湖少儿京剧团演出剧照（2000年摄）

百家湖小学京剧团 1998年，南京市少儿京剧团江宁分团在百家湖小学成立，学校先后聘请省京剧院知名表演艺术家沈小梅等到学校进行专业辅导。先后推出《人民解放军占领南京》《打虎上山》《穆桂英挂帅》《贵妃醉酒》等10多个优秀剧目。2000年5月底排演的《打虎上山》参加全县“六一”汇演获得第一名，并应邀参加中国第六届艺术节在南京举办的大型演出。

龙都娃娃鼓队 于1996年成立，由40名三、四年级学生组成。龙都娃娃鼓取材于“麻雀蹦”，演员全都是十几岁的儿童。龙都娃娃鼓整个节目分为《丰收锣鼓》《喜庆锣鼓》《娃娃乐》《龙腾虎跃》4种。该团队1996年12月参加南京市中华之声鼓乐大赛，获一等奖；1999年5月，获江苏省群众文化汇演二等奖；1997—2007年，参加省、市级重大联欢、晚会等演出活动和周边城市及单位庆祝、庆典活动10多次。

图 35-2-20 龙都娃娃鼓（1997年摄）

南京市江宁实验小学繁星合唱团 于2007年年初成立，是江宁实验小学小百灵艺术团的一个分团，团员50名，合唱团专门聘请著名音乐教育专家、江苏省教育学院教授韩德森作为艺术指导，成立伊始，团员们便开始正规的艰苦训练，练成《乘着歌声的翅膀》《闲聊波尔卡》《蓝色的地球》《山童》《春雨沙沙》等代表性曲目。

第三章 文学艺术创作

江宁为十朝古都的“京畿”。在这块山川秀丽而富饶的土地上，数不胜数的风景名胜、文物古迹令众多王侯将相、文人墨客流连忘返。他们感叹之余，或泼墨挥毫，或激情咏唱，留下大量的传世佳作，成为江宁文学作品宝库中的重要组成部分。新中国成立后，特别是改革开放后，江宁文学艺术领域迎来了百花盛开、争奇斗艳的春天。

1985年，县文联成立，各协会组织健全，活动正常。文化部门与县文联密切合作，组织全县文艺工作者和业余文艺爱好者，深入生活积极开展各种采风活动。创作队伍实力显现，老作家笔耕不辍，中青年作家激情饱满，文学新秀脱颖而出。至2007年，全区200多人的专业和业余创作队伍一直活跃在江宁舞台上，弘扬主旋律，提倡多样化，积极开展各类文学艺术作品的创作活动。全区文艺创作活动频繁、成果迭出。有的创作音乐、舞蹈、曲艺、小品、美术、书画、摄影以及民间文艺等门类的文艺作品，还有的涉足电视连续剧和广播剧的创作，并创作了有一定影响的作品。据统计，2005—2007年，全区共创作戏曲、音乐、舞蹈、小品等作品200多个，书画、摄影作品750多幅，诗歌、散文等作品380多篇（首），专著论文110多篇。具有强烈的艺术魅力和鲜明时代特征、深受群众喜爱的艺术作品被搬上舞台和公开展览，还有一部分作品分别在省、市获奖。1997年，县锡剧团创作排演的小锡剧《请财神》在省文艺汇演中获得创作、表演一等奖和市银河奖；1998年，荣获市精神文明建设“五个一工程奖”。2002年，创作编排的大型锡剧《八品县令》在省第六届锡剧节上获得优秀剧目奖和11个单项奖，新编锡剧《瓜棚轶事》荣获南京市2002年精神文明建设“五个一工程奖”。

第一节 文学创作

【诗歌】

历代诗、词人吟咏江宁的作品有很多。南朝谢灵运的《邻里相送之方山》、鲍照的《过铜山掘黄精》等；唐朝崔颢的《长干曲》、李白的《东山吟》《登金陵凤凰台》、杜甫的《因许八奉寄江宁旻上人》、白居易的《题谢公东山障子》等；宋朝王安石的《金陵怀古》、苏轼的《东山》、李清照的《临江仙并序》等；元朝马致远的《拨不断·叹世》、张可久的《湘妃怨·次韵金陵怀古》；明朝张羽的《游方山观梅》、汤显祖的《登献花岩芙蓉阁》等；清朝吴伟业的《秣陵口号》、孔尚任的《登牛首山弘觉寺》等。

当代江宁涌现众多的诗词爱好者，他们的作品也不乏佳作。很多作品或编辑成集或印刷出版。窦天语的《敝帚集》《天语诗存》；窦天语、王玉文的《江南竹枝词》；颜景农的《东山吟集（二）》《东山吟集（三）》《江宁颂》；周光田的《征程集》《夕明诗草》；张泰霖的《裁春集》《裁春续集》《世纪之春》；方舟的《东方之珠》；孙拥君的《感谢夜晚》；范汝寅的《云川阁诗存》；俞可森的《自得集》等。

【散文 随笔】

“五四”新文化运动后，县境内出现散文、随笔形式的作品。中共十一届三中全会后，这类作品广泛发展。江宁的许多文学爱好者以中国深刻历史的变革为背景，用散文、随笔形式，记录和反映一个时代的变革和特征，如李伦新的《李伦新随笔散文选》《思辨墨录》，张泰霖的《春洒水暖》，江宝全的《想你的时候》，蔡宁的《蔷薇下的足音》，毛文轩的《流逝的情感》，陈家邦的《箴言集》和胡德兴的《平凡岁月》。

【小说】

明、清时期小说的发展达到巅峰。清代著名小说家吴敬梓移居江宁，著有《儒林外史》《文木山房集》。20世纪80年代后，产生许多江宁草根作者，他们著有许多有特色的作品，如窦天语的《从枷到家》；李伦新的《爱的咏叹》《梳头姨娘传奇》；孙拥君、孙爱民的《我和五朵金花》、张为农的《“钢火”爷》《中秋之夜》等。

【报告文学】

20世纪30年代末，报告文学成为独立的文学体系。20世纪60年代，反映中国农村合作化运动的作品有窦天语的《两条道路哪条好》《从放牛娃到农技师》。80年代，李达才的《回娘家》获江苏省广播电台一等奖，其《在我身边无文盲》获《中国青年报》创造杯奖。90年代后，报告文学发展很快，反映改革与经济发展状况的作品有张明远的《供销社改革的足迹》，任斌武、庞树根的《同一个太阳》，刘道春、颜世贵的《金箔传人》；反映江宁抗洪斗争和抗击“非典”的作品有庞树根的《抗天歌》《非常激战》等。

【音乐】

江宁的音乐创作起步较迟，这方面的人才水平有限。20世纪80年代，有些较好的作品在市业余汇演中获奖，有陆学祥《一条小河穿山乡》《送粮路上》，陈思勋、张继诚的《卖粮小唱》，刘绪德、汪定奎《我的名字叫渡江》等。2000年后，“江宁之春”群众文化节广泛开展，为音乐创作提供良好的契机。江宝全的《金箔之歌——江宝全歌词作品集》，熊初保的《珍惜幸福》，夏才葆、朱应保的《江宁美》，朱应保、张为农的《阳光下的新村》等作品都是市以上的获奖作品。

【舞蹈】

舞蹈创作及表演一直是江宁的弱项，20世纪80年代，江宁开始对此重视，1985年，舞蹈《金花谣》《望星空》获南京市业余汇演二、三等奖；1999年，县商业局幼儿园舞蹈《小马灯》获市少儿团队大赛二等奖。进入21世纪，江宁的舞蹈创作和表演水平有较大进步，少儿舞蹈尤为突出。2001年，在市第四届少儿团队大赛上，机关幼儿园的舞蹈《我和星星打电话》获表演一等奖，交通局幼儿园的舞蹈《苗岭娃》获表演一等奖、优秀创作奖。2003年，在市少儿团队大赛中，舞蹈《大头鞋》获得特别奖。2005年，在市第六届少儿团队大赛中，示范幼儿园的舞蹈《小雨点》获表演一等奖、优秀创作奖，省少儿团队大赛二等奖。2007年，文化馆创作的舞蹈《你我之间》，在市群文赛事创作表演中获得一等奖，实现江宁成人舞蹈有史以来在市里获大奖的零突破。

【戏剧 小品】

江宁的戏剧演出和创作活动在南京市占重要地位，区内专业剧团江宁锡剧团除满足区内的演出外还创作了一些大戏，如《夜明珠》《八品县令》《老屋》等作品在省汇演中获大奖。群众性的戏剧活动更为活跃，20世纪70—80年代，涌现许多优秀作品。姜耀忠、魏宏涛的《三亲家》，刘绪德的《荷花仙子》《女祭》，张为农的《送瓜》《八大碗戒酒》，汤成琪的《桃李争春》，张为农、魏宏涛、周正凯的历史剧《青云梦》，均在省、市获得不同层次的奖项，为江宁赢得荣誉。

1990年后，小品开始兴起。全县多以文化馆为主体，组织发动乡镇街道、村（社区）文艺爱好者，创作许多作品，先后在市、省文艺调演中参赛并获奖，如葛葆山、周正凯的《青葡萄 紫葡萄》，魏宏涛、葛葆山的《夜访》《收下这份厚礼》。从2001年起，历年的“江宁之春”群众文化节，各镇的专场文艺演出也出现不少好的作品，有的在省、市取得好成绩，如李常耕、曹智的《扶贫》，茆和根的《开心婆婆》，杨显龙、张为农的《我被青春撞了一下腰》等。

第二节 艺术创作

【美术】

江宁境内的南朝石刻堪称中国古代雕刻艺术精品，也是世界艺术宝库中的瑰宝。汤山街道境内的刘裕初宁陵石刻（2只麒麟），是现存南朝陵墓神道石刻中年代最早的一对，其形貌虽残，但风韵犹存，气势非凡，弥足珍奇；东山街道境内的陈霸先万安陵石刻一对，均雄性，体形高大、线条简洁、造型朴实奇特；江宁街道境内梁建安敏侯、萧正立墓石刻以及方旗庙等6个失考墓的佚名石刻，均被列为全国重点文物保护单位。新中国成立初期，该村成天权等5名石刻艺人参加了北京人民大会堂的建设。青年石雕艺术家葛志文，1995年开始从事石料的创作设计，多件作品获国家级奖项，其中，《喜梅迎春壶》于2004年获中国工艺美术精品展金奖。

江宁古代有大批美术名人，如五代南唐的王齐翰，其画作以笔法入细者胜，无一点朝市风尘气。五代南唐的赵干，擅长画山水、林木，代表作有《将行初雪图》《无款印》。清代的周鼒工山水，师法李成、董源，多湿润之笔，墨法精微，结构严谨，晕和可观。此外，还有王士慎、龚贤、胡士昆、邓廷桢等都是古代江宁绘画史上的著名画家。

新中国成立后，江宁的美术活动频繁，人才辈出。裴家同，国家一级画师，享受国务院特殊津贴。潜心于恩师傅抱石画艺，山水画为海内外关注。陆宏盛，致力于水彩画和水粉画的创作研究，其作品融中西画理、画法于一体。其中《巴山行》《秦淮人家》《水边秋色》分获省一、二、三届群文节干部美术展铜奖，出版作品有《陆宏盛画集》《石城丹青》（合集）。江宁地方青年刘红沛、陈来如、胡向东，曾成立寒乐轩青年书画社。2002年，江宁兴建大学城，诸多资深画家、教授的融入为江宁美术创作活动注入新的生机。

【书法】

江宁书法名家代代有传人，书法遗迹震古烁今。秦始皇东巡会稽，2次经过江宁，他曾登上江乘县句曲山（当时为江宁属地，后改属句容县）北陲，埋下玉璧一对，上有著名书法大匠李斯写的秦篆文："始皇盛德，平章江山，巡守卷川，勒铭秦璧。"这是史载古代书法家在江宁留下的最早的书法作品。位于江宁朱门镇牛迹山的西汉永光五年的碑刻，是史载南宋地区最古老的书法碑刻，此碑已被毁。三国时孙皓命于岩山（今韩府山）之东刻立的《天发神谶碑》，是中国书法史上极其珍贵的名碑，名震海内外。南朝著名道教思想家、医药家、炼丹家、文学家与书法家陶弘景生于陶家置宅的白杨巷（今东山街道上坊社区境内），是古代文化史上的一代巨匠，诸多方面建树卓著，书法亦为大家。至德年间，建康令萧引书法文采极佳，尤擅隶书，深得宣帝赏识。明代王韦、王逢元父子书法名冠四方，当世人把王韦比作王羲之，把王逢元比作王献之。清康熙年间，江宁人胡任舆状元及第，书法极精，名垂一世。乾隆年间，状元秦大士诗书画三绝誉海四方。此外，江宁境内还发掘出大量如东晋谢琉、谢秋墓志，明阮汝鸣墓志等具有观赏和考古价值的墓志。

现代书法家有已故去的徐振中、宋才葆、周正凯等，为江宁文化发展和书法普及做出积极贡献。老书法家范汝寅、刘绪德，书法理论家刘诗等身体力行、德艺双馨，为传承带新奉献一生。区书法协会会长慎志杰引领的中、青年书法队伍实力雄厚，精英不断出现，慎志杰、陈拥军、丁楠、谭三喜等一批书法名家，屡屡在中国书法家协会承办的比赛中获得佳绩。

【摄影】

江宁区内的群众文化摄影活动，始于20世纪70年代。1970年，县文化馆增设专职摄影师，其主要工作是配合县里中心工作。1985年1月，江宁县摄影协会成立。苏必功的《空中全记》、黄德海的《重建校园》、邵天武的《翻江倒海》等数十幅摄影作品在省、市展出获奖。新世纪后，区摄影家协会会员们每年结合区中心工作或政府部门的重点工作，举办1次～2次反映江宁的专题摄影展，《中国江宁》《绿色江宁》等众多招商引资画册，大都使用了会员的摄影作品。他们中另有诸多作品参加省、市摄影展并获奖，蔡国灿的《燃烧的金陵风》、苏必功的《春满江宁》、黄德海的《大地土风》等会员的6幅摄影作品获"第六届中国艺术节全国纪实摄影大赛"入选奖。

【展览与赛事】

1987年3月，江宁县举办迎新春"江宁风光"书、画、摄影作品展和大赛。范汝寅、满维起、黄德海分获书法、美术、摄影作品一等奖。1988年1月，举办首届艺术节，"硬笔书法展""寒乐轩青年书画展""范汝寅、徐振中书画展""橱窗摄影展"是艺术节系列活动中的重要组成部分。

1999年7月，县教育局与文化局联合主办"小荷才露尖尖角"江宁县首届少儿美术、书法、摄影大赛。大赛面向全县所有中、小学生，涉及面广、参赛作品数量多，为历年之最。

"南京特色文化成果展"在南京各区、县巡展，是南京市第四届文化艺术节的活动内容之一。2004年10月20日，巡展的江宁展出活动在区文化艺术中心1楼展厅举行。展出反映南京市各区、县特色文化成果的展板近60块。这项活动由市文化局主办、区文化馆协办。

2005年12月20日，是江宁区撤县设区5周年纪念日。12月15日，在区文化艺术中心举办以"新市区、新成就、新篇章"为主题，庆祝江宁县撤县设区5周年美术、书法、摄影图片展。该活动由江宁区委宣传部主办，区规划局、文化局、文联协办，美术家协会、书法家协会、老年书画联谊会、新闻中心、文化馆承办。

2006年7月18日，共青团江宁区委、文联、文化馆与南京市青年书协主办的"江宁、高淳、浦口三区县青年书法展"在江宁文化艺术中心开幕。江宁、高淳、浦口三地的青年书协会员踊跃参加，展出各类书法、篆刻作品100余幅。

2007年11月5日，江宁区老年大学书画研究院首届书画作品展在区文化艺术中心举行。参展作品共64件，其中书法作品22件，其余为国画。此次展览代表区老年大学书画方面的最高水准。

第四章　民间文学艺术

江宁人民在劳动生息的土地上，不仅创造了巨大的物质财富，而且创造了瑰丽的民族文化，如民间故事、民间音乐、民间歌谣、民间舞蹈灯舞、民间工艺等。

流传在江宁人民群众中的大量民间故事（传说），他们或以丰富的想象力，激励劳动人民征服自然；或讴歌正直善良，鞭笞丑陋邪恶；或借助鬼怪寄托爱憎，用大量的生活趣事、笑话，表达他们的聪明才智。从古代帝王到仁人志士，从土特产的由来到习俗的产生，一山一水、一草一木，都让人们进一步认识到人民创造历史的轨迹。

1979年，县文化馆对境内流传的民间文学进行初步调查、收集和整理，共收集各类民间故事400余篇，经过筛选先后编印《江宁民间故事》1、2、3集，共66篇。1987—1990年，县文化部门利用3年时间普查搜集民间故事141篇、民歌民谣203首。江宁人民在长期生产、生活实践中创造出丰富多彩的民间音乐、民间歌谣和民间舞蹈，有许多一直流传至今。金箔工艺、红木雕刻、湖熟板鸭、方山裱画等是江宁人民勤劳智慧的结晶。这些民间瑰宝是中华民族灿烂文化宝库中的宝贵财富，有的已被列为区、市、省乃至国家级非物质文化遗产保护项目。

第一节 民间故事

流传在江宁境内的民间故事(传说)按其内容，可分为十类：神话故事、人物传说、地方传说、土特产传说、风俗传说、史事传说、革命斗争传说、生活故事、动植物传说、笑话。他们表现江宁人民对美好生活的向往和对历史人物、事件的爱憎。千百年来，这些在人民群众中广为流传的民间故事，使人们感受到浓郁的乡土气息。

【民间故事(传说)】

神话故事 江宁境内的神话故事大致可分为三类：开辟神话、自然神话和英雄神话，其中以英雄神话所占数量最多。如《百家湖与小白龙》《后羿射金乌》《小秦王鞭山开河》等属于英雄神话，以丰富的想象力，激励劳动人民征服自然。

人物传说 历代在江宁留下足迹的达官贵人、名流士子、文人骚客有很多，他们的到来，为江宁留下诸多广为后人传诵的传说故事。如乾隆皇帝六下江宁，他的足迹遍布江宁东山、方山、淳化、湖熟、秣陵、禄口、铜山等镇街，留下许多值得考证的传说故事，《乾隆皇帝下江南》《乾隆做媒》《乾隆躲雨》《农夫斗乾隆》等故事在江宁广为流传。2007 年，乾隆与江宁的历史故事被区政府列入第一批江宁区非物质文化遗产名录。此外，还有《唐伯虎送画》《朱元璋放牛》等，为民众争相传诵。

地方传说 江宁区内独有的风景名胜与得天独厚的地理环境造就了具有江宁特色的地方传说。如《阳山凿碑》便是因阳山碑材而来，《牛首河的传说》源自牛首山。江宁境内的秦淮河形成了秦淮河历史故事系列，秦淮河历史故事以人为主线，山水结合，天人合一。穿越时空隧道从远古走来，既神奇夸张，又涉及江宁人民的生产、生活、经济、文化等方面，具有鲜明的地域特色，形成《秦始皇赶山塞海》《秦淮河与湖熟板鸭》《葛仙翁秦淮河显灵》《林(灵)顺兴建湖熟桥》等秦淮河系列传说。2007 年 12 月，秦淮河历史故事被列入第一批江宁区非物质文化遗产名录。

土特产传说 江宁人民勤劳善良，他们通过自己的智慧与才干，创造独具特色的金箔锻制、板鸭制作、窦村石刻与方山裱画等至今仍广为流传的技艺，这些精湛的技艺也被后人争相传承，形成土特产传说，如《仙家造金箔》《板鸭出湖熟》等。

风俗传说 流传在江宁区内的风俗习惯较多，有牛首山踏青习俗、湖熟回民生活习俗、传统庙会等，关于这些习俗的由来，有一些风俗故事，如《讨寿碗》《压床的由来》《六月六晒红绿》等。

史事传说 晚清时期，太平天国军队曾驻守江宁，他们在镇守期间的许多事迹，被当地百姓争相传说，有些流传至今，演变成一些史事传说。如太平军忠王李秀成在江宁方山与清兵大战，为救出幼天王，留下《忠王就义》的故事；给忠王扛帅旗的陶正昌大闹三月初十，留下《方山鼓声》的故事；曾驻守秣陵关的太平军为百姓除害，留下《太平军打“虎”》的故事。此外，800 多年前，抗金英雄岳飞曾与金兀术在江宁牛首山激战，留下被后人传诵的《岳飞大战牛首山》。

革命斗争传说 抗日战争时期，陈毅和粟裕的部队曾驻守江宁，其间受到江宁人民的爱戴与拥护，他们在江宁的事迹也成为百姓们争相传诵的故事，如《陈毅买瓜》《三迎粟裕》等传说，表达了当地百姓对他们的歌颂。

生活故事 一方山水养育一方人，长期生活在江宁这片热土上的人民，勤劳善良，爱憎分明，

《勤俭不分家》的故事便寄托了他们崇尚勤俭的美德；他们还借助鬼怪寄托自己的爱憎，如《仙鹿送牡丹》；他们还用大量的生活趣事，表达了他们的聪明才智，如《狗腿子》《茶壶员外》等故事就是这类代表。

【民间故事（传说）选介】

小秦王鞭山开河 据说禹王爷有个叫秦的孙子，继承祖业，成天提根神鞭赶山塞海，拿妖捉怪，治理洪水。一天，小秦王来到湖熟一看，火啦，只见青龙山、方山像两条龙一样，一个自东往南，一个从西到北，咬头衔尾，把湖熟箍成个大铁盆，鸟飞不进，鱼游不出，真是天上一滴雨，地上一碗水，淌走半桶水，流回一水缸。湖熟成了龙王爷的水晶宫。乌龟打滚水起旋，王八沉底冒星星，虾子走路蹦三蹦，螃蟹四处横着行。水族戏耍胡闹，湖面上无风三尺浪。男人力大猴到树上哭爹，女人力小趴在房顶上叫妈，真凄惨。

小秦王看不惯，举起神鞭要抽，小青龙吓得要逃，方山依仗着自己膀大腰粗，爱理不理地说："老子爱在哪里就在哪里，你不是狗咬老鼠多管闲事嘛？"话还未说完，小秦王五脏冒火，七窍生烟，照定方山甩手一鞭打去，只听"轰隆"一声，方山被拦腰打成两截，上半截"哗"的一声跌到赤山湖里，成了现在的赤山；留在原地没头没脑像个蛤蟆的叫方山。沿路还撒了几点土，就是现在的梁台、坡岗头、鞍头山、神墩子。还是小青龙生得乖巧，一看不妙扭头就跑，一头窜进十里长山的山窝里再也不敢出来了。小秦王也不敢追赶，他神鞭一举，从东向西一划，"哗啦"一声，地上便出现一条河，滔滔的洪水便沿着河道向长江流去。

山赶跑了，水流走了，老百姓笑着从山上跑下来，从树上跳下来，从房顶爬下来，大家牵牛耕田，栽桑种地，一片忙碌的景象。小秦王低头一看，怪事，发现秦淮河两岸还站着蹲着一些男男女女隔河相望，对水发愁。他明白了，原来，开了新河，一水隔开亲骨肉。于是，小秦王找来一些树木、石块准备搭座桥。就这时，手下兵丁跑来禀告，说是被禹王爷锁在金山下的那条蛟龙挣断了铁链，溜到江中兴风作浪，一连掀翻十几条大船，淹了镇江，死人无数，请小王爷出马拿妖。小秦王一听，连连大叫："那还了得！"顾不得搭桥，提鞭就走。

小秦王这一走就是几千年，居住在秦淮河两岸的老百姓由南岸到北岸，只凭几条小船摆渡。一直到明朝末年，才造起了一座桥，就是后来的湖熟灵顺石桥。（作者 笪振祥）

朱元璋放牛 朱元璋小时候穷得叮当响，东处替人放牛，西处替人打杂，混个肚子。

有阵子，他在江宁南乡里放牛，天天把牛牵到一处大山上吃草，跟一伙放牛的混得蛮热嘈。那刻儿，小放牛的哪有好汤水吃啊，放呀放呀，嘴馋起来了。朱元璋就把东家的牛杀杀，煨煨，跟一伙小放牛的吃得精光，剩个牛头哩，就架在山东边，尾巴拴在山西边。天晚朱元璋就回去了。东家不见牛来家，就问了："牛呢？""在山上哩！"朱元璋眼都不眨。东家眼珠子一愣："炮子儿（骂人的话），天这么晚还不牵来家？！"朱元璋就说了："牛拱到山肚子里去了，拖不出来，不信你去试试！""灰焦（骂人的话），我要是把牛牵来家，今年的工钱你不要想拿一文！""好吧。"朱元璋领东家奔山上去了。东家一看，果真，山东边露出两只牛角，搿搿，搿不动；山西边露出一条牛尾巴，拽拽，拽不开；再拽，就听见东头"哞——哞——"的叫唤声。老财主一吓，"扑通"跪下地，对着山连瞌头续瞌头，嘴里直叽咕："神牛，神牛，保佑保佑我一家太平啊！"朱元璋站在后头"噗哧"一笑，气得老财主直跺脚："还不死家去，冒犯了神牛不得了！"打那以后，这山越看越象个牛头，人就叫它牛首山了，如今是江宁县有名的风景区。（作者 王崇辉）

六月六晒红绿 "六月六，晒红绿"，开初是讲"六月六晒龙袍"的。为什么要在六月六晒龙袍呢？还是唐朝李世民的事。李世民坐朝以后，附近的大小国家要年年进贡，岁岁来朝。

从正二月里起首，一直到六月六。来的有早，有迟。可再迟也不能超过六月六，到六月六不来的，就要定为反叛之邦了。

到了六月六这一天，皇宫里的东西多得很了，要晒，再加上来朝贡的人，路远迢迢，不是一天就到的，难保路上碰不到下雨，到了长安，也要把东西打开晒晒。每到这时候，李世民就出宫看看晒的东西。各处来的都有各处位子，还有本册子，专门记载收到的贡品，要是查到哪个没有朝贡，他就要坐朝问罪了。

皇帝晒龙袍，这一天不作兴下雨，何因呢？因为皇帝是“真龙”呀，他晒龙袍，龙王就不敢下水喽。如果下水，皇帝就会说：“六月六晒龙袍，下潮我的龙袍，反晒七十二朝。”乖乖，七十二天不下水，不犯天干吗？一犯天干，就要过荒年了，所以，六月六这天不能下水，要是下水就不是好年成。

百姓呢，六月六这天，也赶紧趁天好把家里的红绿衣裳拿出来晒晒，有的人家还晒谱。皇帝晒他的文书诏书，老百姓就晒谱册。传到后来，“六月六，晒红绿”就变成千家万户的风俗习惯了。（作者　杨义宝）

太平军打“虎”　太平天国时期，有一支太平军镇守在秣陵关。一年，清朝的大臣和春带了清兵驻扎在句容、溧水一带，专和太平军作对。清军中有个杀人不眨眼的家伙，叫虎坤之，是和春的副将。这家伙相貌不出众，打仗倒蛮凶，太平军老吃他的亏。

有一次，虎坤之带了几千人来打秣陵关，秣陵关的老百姓心都向着太平军，个个出力，帮太平军守秣陵关。这天早上，清军分几路向秣陵关进攻，从大清早打到天黑，又从天黑打到第二天天亮，一直打到第三天早上，还是攻不下来。虎坤之来气了，直蹦直跳，下命令一定要在第三天攻下秣陵关。虎坤之挑了五百个精兵，亲自带领，从正面硬攻，各路清军配合。太平军见清军来势歹凶，就假装挡不住了，边打边退。虎坤之不晓得是太平军用的计，自以为得劲哩，就甩攻。一攻攻到太平村附近，陡然，杀声震天，早已埋伏在这块的太平军一下头冒出来，从三面包围，把清军一分几下，打得五花零落，死伤大半。虎坤之一看不妙，连忙调头，带着二三十个护身兵，马鞭直刷，向后逃命。还没跑多远哩，“轰！轰轰！”大路两边，又响起太平军的冲子炮，打得虎坤之连人带马血肉横飞。秣陵关周围的清军，不是当了俘虏，就是做了太平军的刀下鬼。秣陵关上，照样飘着太平军的杏黄旗。到今天，秣陵关的老年人还传说这桩事呐。（作者　徐兴钊）

第二节　民间音乐

江宁民歌内容丰富，曲调朴美，节奏鲜明，具有浓厚的生活气息和地方色彩。江宁人民在茶余饭后，乘凉取暖时，老教少习，代代相传。有田歌、灯歌、号子、山歌等。

1960年，在江苏省音乐协会帮助下，县文化馆收集民歌80余首，并编印《江宁民歌采风集》1、2、3集。1962年，南京市音乐协会编印《南京民歌采风集》时，收录江宁县民歌34首。1985年，《全国民歌集成·江苏卷》收入江宁县民歌27首。1990年，《江宁县民间文学集成》收录203首江宁民歌。2007年12月，江宁民歌被列入第一批江宁区非物质文化遗产名录。

【民间音乐体裁】

田歌　是劳动人民在田间劳作或休息时唱的歌。腔调高扬而有力，歌词往往带有幽默和打趣。

演唱时往往1人领唱，众人帮腔。原铜井、谷里、江宁等乡的“春歌”“薅稻歌”“扔草歌”“采桑歌”等曲调都很优美。

灯歌 是逢年过节，玩灯时唱的歌。情趣欢跃、明快，富于变化，有较多衬句帮腔，间有胡琴、笛子和锣鼓伴奏，形成欢快的气氛。江宁区的著名灯歌有江宁街道的“采茶灯”曲调、“荡湖船”调，江宁街道铜井社区的“十二驾云”调、湖熟街道的“划龙船”调等。

图 35-4-21 田歌

号子 是在各种强度较大的集体劳动中喊唱的一种歌腔，旋律简洁，节奏感强，一唱众和，气势隽永。歌词往往带有鼓动性。区内著名的劳动号子有谷里街道的“打硪号子”，江宁街道铜井社区的“车水号子”，江宁、谷里等街道的“打麦号子”“栽秧号子”等，均被收入江苏省民间音乐集成分卷。铜井号子在20世纪50—60年代参加南京市、镇江地区和江苏省汇（调）演，均获奖项。

图 35-4-22 打夯喊号

山歌 是山区劳动人民在山上劳动或休息时唱的歌。曲调悠扬，往往上、下句对唱。如“放牛山歌”“十二月花名”“打谜歌”等。原岔路乡的石马山歌1960年曾参加江苏省民歌调演，并获奖项。

秦淮渔音 又称之为“秦淮余韵”或“采茶灯”。是流传在龙都、湖熟一带的民间艺术，曲调诸多，流传至今的只有十四五首。相传很久以前一位朝官弃官隐居秦淮河畔，常垂钓于河边柳下，灵犀所至，出口吟诗，并朗声咏唱。秦淮渔音音调明快婉转，歌词质朴、敦厚，开朗清新又不乏缠绵悱恻，常上演的由目有：采桑、数灯、数桥、花神、梳妆、大采茶、小采茶、四季歌、卖杂货、四季大麦黄、十二月花神、一条手巾红线挑等曲目。由于“秦淮渔音”的演唱一直沿守“三不唱”规矩，即“天下不太平不唱，年景不好不唱，人不和睦不唱”。所以，尽管曲调诸多，但流传至今的甚少。

图 35-4-23 十般吹

十般吹 民国期间，江宁县谷里、东善、陶吴、陆郎、铜井、江宁等地，各村社大都有农民自己组织的民间乐队，一般由10名乐手组成，分高胡、二胡2把（正反宫）、四胡、笛子、箫、三弦、月琴、唢呐2把（高中音）等，帮称“十般吹”。演奏多为传统曲牌，如“小开门”“柳青娘”“梅花三弄”“傍妆台”“万年欢”等。十般吹的乐手均由当地农民器乐爱好者组成，他们农艺兼顾。应婚丧喜庆之邀上门演奏，逢年过节有时也欢聚合奏，庆贺丰收，玩灯时往往担任伴奏。有的村社“十般吹”班子拼凑不齐，乐手只有 7 人 ~ 8 人或 5 人 ~ 6 人不等，但唢呐、二胡、笛子等主要器乐不可少。新中国成立后，许多村社的“十般吹”都有继承。20 世纪 50 年代后期，由于合作化集体生产，农闲时间过少，大多数班子后继无人，均处于瘫痪状态。1980 年后，有些村社的“十般吹”开始复苏，但水平远不如从前。近年来，“十般吹”技艺发展迅速，有时还加有其他表演项目。

小调 是人们茶余饭后传唱的民间小曲。一般七言四句，有的多段体重复同一曲调，旋律优美易唱，歌词多反映生活习俗、乡土风情；有的具有故事情节，往往从词曲中抒发劳动人民的情感。境内流传较广的有“虞美人”“叹五更”“调情”“麒麟调”“螃蟹歌”“二姑娘卖饺子”“登登调”“勒那奔子调”等。

【民间音乐选介】

薅稻歌 领：小曲 (那个) 好 (哟噢噢) 唱啊，口 (呀么) 口难开 (哟)

合：依呀呀子嗳，嗨！哟嗬嗨！唷好，伊呀呀子，呀子伊呀呀么呀格，哟好嗨！

领：樱桃 (那个) 好 (哟噢噢) 吃啊，树 (呀么) 树难栽 (哟)

合：依呀呀子嗳，嗨！哟嗬嗨！唷好，伊呀呀子，呀子伊呀呀么，哟好嗨！

石硪号子 领：大家拎起来哟，合：哎嗨哟噢。

领：石硪飞得高哟，合：哎嗨哟噢。

领：一齐出把力哟，合：哎嗨哟噢。

领：石硪飞上天哟，合：哎嗨哟噢。

放牛歌 河对过来哟，十八家 (勒的勒)，十八个奶奶 (那个来) 弹棉花 (安安嗞)，弹一点来 (那个来) 塞屁眼来 (安安哟)，弹一个来 (那个来) 擦背心来 (安安哟) 哟！嗬！喂——那边我儿乖。哟！嗬！喂——抬伢妈妈。

花神 领：七月花神赴（吔哎嗨）人（吔哎嗨）间漫游。合：哎依哎，哎呀！

第三节 民间歌谣

江宁人民在长期生活交往和生产劳动中创造出和传诵着许多优秀歌谣。这些歌谣具有生活气息浓厚，爱憎分明，想象丰富，语言朴实生动等特点，是江宁民间文学的另一枝艳丽的奇葩。民间歌谣内容十分丰富，本节选辑生活歌谣、生产歌谣、爱情歌谣和时政歌谣四部分。生活歌谣反映江宁广大农民在旧社会所过的非人生活，揭露地主残酷剥削和贪婪吝啬的本质，如《长工四季苦》。劳动歌谣以与劳动动作相配的强烈声音节奏和直接促进劳动的功用为特征，对劳动者起着鼓舞和调节情绪的作用，如《车水歌》。爱情歌谣有的表达发誓不分离的坚贞爱情，有的抒发离别、想念之情，更有的倾诉互相爱恋之情和表达选择爱人的标准。时政歌谣反映江宁人民向往参加新四军和解放军的心情，以及江宁人民在抗日战争期间机动灵活，开展反“扫荡”斗争的情景。

【生活歌谣】

牛郎苦

小放牛的苦哀哀，半夜三更叫起来。
两声三声没听见，巴掌拳头遍体挨。

一个巴掌五条痕，一拳打下三寸深。
穿起蓑衣破通风，穿起草鞋没有绳。

打开东门雨蒙蒙，打开西门黑洞洞。
牵着大牛下田冲，牛吃饱来郎肚空。

一碗剩粥冷冰冰，两支筷子水淋淋。
一根腌菜三条筋，三粒豆子白水浸。

长工四季苦

春季里来雨绵绵，扛起犁耙去耕田。

从早累到天乌黑呀，苦呀苦，长工生活真可怜。

夏季里来热难当，车水栽秧忙又忙。

浑身晒得黑黝黝呀，苦呀苦，长工不如马牛羊。

秋季里来秋风凉，金黄稻谷挑上场。

东家稻麦堆满仓呀，苦呀苦，长工一家饿肚肠。

冬季里来过年忙，东家杀猪又宰羊。

长工空手回家转呀，苦呀苦，老少冷饭冷灶堂。

小白菜

小白菜，点点黄，三岁两岁没有娘，
跟着老子好好过，就怕老子娶后娘。
娶了后娘三年整，养了弟弟比我强，
弟弟穿新我穿旧，弟弟吃面我喝汤。
端起碗来泪汪汪，抓起筷子想亲娘，
亲娘想我长流水，我想亲娘扁担长。

苦与甜

王郭三村八十家，滚稻草，盖棉花，吃豆渣，菜上来吃菜，瓜上来吃瓜。

如今王郭三村发了财，男女老少笑颜开，年年增产生活好，新式楼房盖起来。

【生产歌谣】

插秧歌

插秧要插扁蒲秧，娶亲要娶胖姑娘。
秧好能夺高产量，爹娘强壮养健郎。

山歌唱过又回环，唱曲凤凰戏牡丹。
牡丹绣在鞋头上，看花容易绣花难。

我领唱来你们伴，菜篮提水爬高山，
鸡蛋撞碎鹅卵石，老鼠啃断铁门杆。

吃过中饭又喝茶，富家丫头学骑马。
不种田地吃白米，不纺棉花穿罗纱。

吃肉穿绸有钱人，糠菜破衣种田人。
世上这般不平事，哪年才能翻个身？

车水歌

吃过早饭往前走，快步来到车步口。
手扶车档脚蹬球，步调一致有节奏。
唱起山歌心里欢，有领有和又回环。
唱得龙车应声转，唱得流水满田灌。

吃过午饭往前行，遇见阿妹喜我心。
两人碰面没讲话，纸糊灯笼肚里明。

灯笼虽有千层眼，脂烛本是灯草芯。
船到江心掌稳舵，哪怕孬天水怪精？

打麦歌

（新中国成立后）

打起麦来就唱歌，口唱歌儿心里乐。
我领唱来大家和，齐声歌唱乐呵呵。

打麦唱歌真快活，今年麦子收的多。
从前亩产百把斤，如今年产一千多。

金黄的麦子挑上场，脱粒机声轰轰响。
黄澄澄的麦子喜人心，颗粒饱满喷喷香。

丰收凯歌冲云天，幸福生活比蜜甜。

连年丰收哪里来？党的恩情记心间。

饮水思源把粮交，三星没落公鸡叫。
车水马龙人如潮，连绵不断十里遥。

人欢马叫歌声高，农民卖粮掀高潮。
建设四化献力量，感谢党的好领导。

【爱情歌谣】

小郎送妹十件礼

小小杨柳发嫩苔，妹妹捎信约郎来。
小郎回妹一句话：“你家大门太难开”。
妹妹笑郎太傻呆：“麦秸撑门何难拆？
只要郎有爱妹意，铁打门栓也能开。
饭不甜来菜不香，妹妹想郎日难挨。”

一阵毒日一阵阴，小郎耕地汗淋淋。
小郎劳累疼妹心，送郎草帽和汗巾：
送郎汗巾揩郎汗，送郎草帽遮郎荫；
揩郎汗来遮郎荫，郎身清爽喜妹心。
郎若有情真爱妹，什么礼物谢妹情？

小郎爱妹一片心，选购礼物上南京：
一买书籍学技术，二买手帕与枕巾，
三买香粉搽白脸，四买彩梳理云鬓，
五买轻便自行车，六买手表亮晶晶，
七买紧身缎夹袄，八买罗裙轻盈盈，
九买绣花鸳鸯枕，十买绸被花似锦。
十件礼物送妹妹，郎问妹妹可称心？
妹心自有一杆秤，财礼怎好抵人品：
妹爱小郎俭又勤，郎爱妹妹感情真；
郎有意来妹有情，情投意合配婚姻。

桑林会

春和日丽暖洋洋，阿妹背篓去采桑。
越一丘来过一川，快步来到桑林冈。
桑树肥壮喜人心，桑叶绿嫩长势旺。
阿妹心急“宝贝”饿，眼明手巧采桑忙。

看桑阿哥开言问：“哪个阿妹采我桑？
人家野桑不卖钱，我靠家桑换米粮。
阿妹为我唱山歌，桑叶尽你篓子装。
你若不把山歌唱，踩你篓子倒你桑。”

“妹请阿哥别见怪，今日采桑会你来。
山歌怎能一人唱？我唱你和理应该。”
一曲许仙白娘子，二曲山伯与英台，
三曲牛郎配织女，唱不尽郎情和女爱。

日落西山天将晚，爹娘倚门盼女归。
阿妹背桑田家转，桑叶青青嫩又肥。
阿哥送妹出桑林，情意绵绵喜心怀。
妹谢哥来哥约妹，明日再来把桑采。

送房喜曲

花烛一点亮堂堂，一对新人今成双。
张灯结彩多热闹，全家老少喜洋洋。
我敬新郎三杯酒，酒逢喜事情意长。
一杯酒来敬天地，二杯酒来敬家堂。
三杯酒来敬新郎。夫妻相亲又相爱，
父母恩情不能忘，饮水思源情更长。
芝麻开花节节高，一代更比一代强。

花烛一点亮堂堂，一对新人今成双。
我送新郎入洞房，新娘房里喜洋洋。
新人新貌新气象，房中摆满好嫁妆。
床边坐的是新娘，新被新褥新衣裳。
颈上挂着金项链，身上飘着桂花香。
男才女貌成婚配，真是一对好鸳鸯。
我送新人七个字，百年好合万年双。

【时政歌谣】

阿哥当上新四军

鞭炮响，锣鼓鸣，欢送阿哥去当兵。
好人要当新四军，好铁才能打好钉。
新四军是子弟兵，保家救国为人民。
阿哥当上新四军，英勇杀敌有名声。

鞭炮响，锣鼓鸣，阿哥尽管放宽心：
你去前方打敌人，家中事情妹照应；
种田织布养亲人，丰衣足食保安宁。
阿哥立功凯旋回，鞭炮锣鼓再欢迎。

反扫荡

反扫荡，反扫荡，拉住鬼子团团转，
东山放一炮,西山放一枪,吓得鬼子蒙了向。
反扫荡，反扫荡，不给鬼子一顿饭，
粮食背了走,牛羊靠上山,门上栓个手榴弹。
鬼子扫荡到张村，我在李村吃早饭，
鬼子扫荡到山顶，我在山下乘风凉，
鬼子放枪又呐喊，我拉西皮唱二黄，
鬼子扫荡吃了亏，拖着尸首向后退，
新四军来个大包围，一袋装下活乌龟，
打头剁腰又斩尾。

减租减息

盘古开天地，农民受人欺，
纺纱又织布，衣服不蔽体，
四季种庄稼，肚子没的吃。
恩人新四军，减租又减息，
一担减二五，一千减三七，
债主急得慌，财主干叹气，
农民心欢喜，两眼笑咪咪。

盼郎投奔解放军

一更更儿里，月亮照村头。
如今年轻人，心里好悲愁。
结婚不到一年整。“国府”就把壮丁抽。

二更更儿里，月亮照街头。
官吏如虎狼，乡丁绑郎走。
爹娘哀求竟遭打，可怜夫妻两分手。

三更更儿里，月亮照窗前。
奴家心肝裂，公婆更可怜。
吃糠咽菜还能忍，亲人被抓苦难言。

四更更儿里，月亮偏了西。
我郎离家后，如今在哪里？
日思夜想盼郎归，两眼望穿无信息。

五更更儿里，月落快天明。
中国共产党，一心为人民。
盼郎投奔解放军，消灭反动派享太平！

领：园中景不（呀），凡，梁祝死恨（吔）终生憾。牛郎合：（哎依哎，哎呀）织女难相（呀）见，牛郎（么）织女难相见（哎嗨，哎呀）天上人间都不全，天上人间都不全。

第四节 民间舞蹈 灯舞

江宁地区民间舞蹈形式多样，内容丰富，流行时间长，影响范围广，地方特色浓，如麻雀蹦、铜山高台狮子舞、花船、麒麟献瑞等至今仍然活跃在舞台上，并分别被列入江苏省非物质文化遗产名录与第一批江宁非物质文化遗产名录。此节重点介绍旱船舞、皮老虎、娃娃鼓舞、脸子会、跌跤跤会、龙灯舞、蚌灯舞与采茶灯舞等。

【旱船舞】

旱船舞也称荡湖船、花船舞，流传于湖熟街道范坝行政村一带，是模仿当地农民采莲时的情景，把水上劳动情景搬到岸上来表演，由此逐渐演变成荡湖船舞。一般在春节期间表演，从正月初一起至正月二十日结束。表演时用的花船长 2 米左右，宽 0.90 米，高 1.50 米。船用竹篾和纸、绸布糊扎，船帮为白色，船的中央扎有 1 个小亭子，用彩色绸布扎成，船边及亭子边上再配以彩饰。演员站在亭内表演，主要动作有“启船”“行船”“荡船”，舞蹈步伐以“跑圆场”“秧歌步”，表演形式为载歌载舞，唱的曲调为“杨柳青”调，唱词以七言为主。1949 年后，在原来清唱的基础上增加了乐队和伴唱队。20 世纪 50—60 年代，常配合“三反”“五反”

等运动进行宣传。2004 年，谷里旱船《幸福万年长》参加江宁区第三届广场文艺汇演，获得优秀表演奖。2007 年 12 月，谷里旱船被列入第一批江宁区非物质文化遗产名录。

【皮老虎】

皮老虎的虎头由皮革在木模型上绷制而成。虎皮用布缝制，虎尾用钢丝扎成，外裹上棉花白布钉在皮后。用黄、黑、白颜料绘成皮形。2 人表演，1 人玩头，1 人弓腰玩身。窜蹦扑跃，翻滚扭摆，生动活泼。横溪街道丹阳社区的皮老虎不仅演技较高，还与民间“跳财神”结合，发展了原有的套式。新中国成立初期，参加江苏省民间文艺汇演，如今的“丹阳皮老虎”除了春节期间演出外，还经常参加街道、区内一些重要的演出活动。1985 年，参加江宁县民间队伍巡街表演。2000 年以后，多次在江宁区民间队伍展演活动中亮相，颇受欢迎。2004 年，该舞蹈收录于《南京民间舞蹈集成》。2007 年 12 月，丹阳皮老虎被列入第一批江宁区非物质文化遗产名录。

【娃娃鼓舞】

娃娃鼓舞是湖熟街道龙都地区特色文艺表演节目，取材于“麻雀蹦”。1984 年建队时，演员均是十几岁儿童，约 45 人左右。节目分为《丰收锣鼓》《喜庆锣鼓》《娃娃乐》与《龙腾虎跃》4 种。表演过程中有“单抄双放”“浪翅”“转鼓”“追逐”“嬉戏”等 13 个步骤。1996 年 12 月，娃娃鼓参加南京市中华之声鼓乐大赛，获一等奖；1999 年 5 月，获江苏省群众文化汇演二等奖。2007 年 12 月，龙都娃娃鼓舞被列入第一批江宁区非物质文化遗产名录。

【脸子会】

原龙都乡、湖熟镇一带农村每逢社日举办“脸子会”。由特制面具、服装道具，民众扮成梁山 108 将和传说故事中及戏剧中人物，在旗、锣、鼓、伞的簇拥下游村转乡，系群众性的自娱活动。面具制作精细，形象生动。有木制、纸模制，原湖熟镇有紫铜皮制作的 1 套面具。面具作立体状，鼻、额突出，2 眼留孔，反面两腮间装 1 横杆，扮演者用口咬住。有的村扮演者还配有高跷，跷高达 1.70 米左右。2007 年 12 月，万安脸子会被列入江宁区第一批非物质文化遗产名录。

【跌跤跤会】

原湖熟镇杜桂村一带，每逢农历三月十二至十八日举行 1 次“跌跤跤会”，由附近各村（社）选派青壮年共 30 人 ~ 50 人，参加者先是尽情饮酒，从小杯到大盏，进而动大碗，酣醉方休。再至杏村寺请神、祭神，扛大旗窜村，参加者打赤膊随令旗追跑，下秦淮河洗澡戏水，然后沿村奔跑，狂不择路，摔跌滚翻，其态不拘。据当地老人说，这是农忙前的一次欢会，以祈求五谷丰登。

【龙灯舞】

滚龙灯 以竹篾扎头、尾并圈盘成龙身，从头到尾披上整幅龙衣（皮），用布蒙贴头尾，以五彩勾画出龙形。一般头、身、尾共 13 节，总长 36 米。颜色有红、青、黄、白、金等。表演者一般玩头，2 人轮换；玩拱（头后第一节）3 人轮换，尾 3 人轮换，中部 10 节均为 2 人轮换，球 2 人轮换。每条龙约需 30 人。文、武场相伴，火冲旗伞衬托。舞龙时，以球引导，龙头由上至右再下到左，又从上至左再下到右，带动全身摇舞滚翻。技巧高超者可表演数十套路。横溪街道孙墙村的滚龙灯是青、白2条，号称“日金龙”。每条龙伴有8朵彩云烘托，8条镗（俗称飞钗）打场，并配有少年儿童的叠罗汉表演。演出队伍100余人。据称孙墙村的“日金龙”有500多年的历史。明、清及民国时期传有“龙谱”“龙田”，村社有“灯会”组织。新中国成立后，县、乡曾拨款恢复发展。国庆10周年时曾应邀参加南京市大游行，当时郊县数十条龙灯各显身手，而孙墙村的“日金龙”则位居群龙之首，名噪一时。

图 35-4-24　2000年，上坊镇青龙舞蹈队在南京市参加申奥表演

财龙灯　是用竹篾扎架，以布蒙皮，从头至尾分节制作，每节内装有铁丝、锡托做成的活动烛架，燃烛其中。除在广场、街道玩耍外，有时可登堂入室，到农家游戏以示吉祥。禄口街道杨树湾社区的财龙灯，据称有200多年的历史。龙灯长12米、24节，龙嘴能张合，戏珠时能在丈外将抛来的球珠噙住，百发百中。并伴有云灯32朵（16人表演）在龙下穿托，甚为壮观。

板龙灯　用木制灯架，头、身、尾各节均用木板连接，左右摆动，弯转灵便，但不能上下起伏，故表演套路比较简单。板龙灯结构牢固，装拆简便，以后每年春节不需再扎架换皮。

【蚌灯舞】

横溪街道一带的蚌灯演技较高。一般3人配合演出，由1个演员扮蚌，1个演员扮撒网者，1个演员扮背鱼篓者。蚌壳用竹篾、铅丝扎架蒙上布衣，画出蚌形，人用红布衬里，由蚌娘子在内操作。传统演出蚌娘男扮女装。撒网和背篓2人均丑扮。二胡、笛子和锣鼓伴奏。

【采茶灯舞】

江宁、谷里街道等地每逢春节，一些村社喜玩“采茶灯”。由民间工匠用竹、布、彩纸扎糊茶山、茶篮、茶车等灯具。表演时围灯打场，民乐及锣鼓伴奏，伴有“采茶调”。玩灯演员约40人～50人，扮成茶贩、娘子、伙计、茶店老板等。有简单的故事情节，全场分《贩茶》《买茶》《看茶》《运茶》与《回家》5折，类似广场歌舞剧。在《看茶》一折中，不仅有采茶姑娘上山采茶的歌舞，还有茶店老板请茶贩子观赏穿插演出一些小型戏曲节目。

第五节　民间工艺

江宁区内流传至今的诸多民间工艺，如金箔锻制工艺、周岗红木雕刻工艺、方山裱画技艺、窦村石刻技艺、雨花茶炒制工艺、殷巷石锁与南京板鸭、盐水鸭制作工艺等，分别被列为国家、省、市与区级非物质文化遗产，这些在第35编历史文化遗产中有专门介绍。此节重点介绍女红、剪纸与纸扎等工艺。

【女红】

女子以手工制作出传统技艺，多指女子的针线活，称为“女红”，是传统民间艺术。大体分纺织、浆染、缝纫、刺绣、编结等。女红技艺从过去到现在都是由母女、婆媳世代传袭而来，因此又可称为“母亲的艺术”。女红用具有剪刀、熨斗、针线盒、顶针等。

东山街道的退休教师王宝珠擅长“女红”。王宝珠的母亲跟随婆婆学习女红，传承婆婆的手艺，学得一手好“女红”，王宝珠自幼受母亲影响，耳濡目染，深得母亲手艺的精髓，并在原来的基础上有所发展。她将家中做衣裳剩下的零头布，拼做成挂件、花、包、鞋帽、玩具等。

【剪纸】

剪纸技艺主要在横溪、秣陵、湖熟、谷里街道东善桥及其周边地区流行。据历史资料记载，这些地区很早就有剪纸行业，有剪窗花、花鸟鱼虫、人物等。新中国成立后，有些老年人继承这一手工技艺，现年轻爱好者极少。

【纸扎】

纸扎（纸马人）盛行于明、清和民国时期，采用芦根或竹棍轧架，各色纸裱糊，用毛笔勾画，造型生动，在江宁区各地都有分布，用于丧事、祭祀等。谷里街道东善桥的端礼和、湖熟街道龙都社区夏道亮等艺人纸扎的房屋、汽车、彩电、冰箱、花鸟走兽等现代祭祀品，形象逼真，人称一绝。

第五章　戏剧　曲艺　电影

流传江宁地区的剧种颇多，如京剧、锡剧、扬剧、歌剧和黄梅戏等，其中京剧和锡剧尤其深受广大群众的喜爱。在不同历史时期，境内还成立一些班社剧团：抗日战争时期有横溪青年抗日服务团、新声业余京剧社等；解放战争时期有宁师剧团；二十世纪五六十年代有湖熟前进业余剧团、谷里京剧业余剧团、长江扬剧团、铜山业余锡剧团与江宁锡剧团。1990 年，成立江宁京剧票友会。此外，明、清时期流传在江宁的曲艺有“南京白局”“廊檐班”“唱麒麟”“说书”“白话”“莲花落”等。

江宁县电影放映活动始于 1952 年，苏南行政公署女子电影放映队 3 人首次到江宁县城镇巡回放映。1954 年，江宁县成立第一电影放映队。1955 年 9 月，成立第二电影放映队。1956 年 8 月，镇江专署电影中队下放 4 个电影放映队，划归县管，成立江宁县电影放映联队。1958 年，湖熟公社自筹资金，成立全县第一个社办电影放映队。1961 年，县人民政府礼堂开办售票放映，定名为东山电影院。1965 年，全县有电影院 1 座，农村放映队 8 个，放映点 381 处。1985 年，全县有各类放映单位 53 个，放映 17708 场（次），观众 1548 万人次，放映收入 69.90 万元。此后，随着群众文化生活越来越丰富，电影放映单位、放映场次、观众人数逐步减少。2006 后，由于改制，区影剧公司、东山影剧院被撤销，但全区 9 个街道的电影放映队仍然活跃在各集镇和社区。

第一节 戏剧团体及演出

【区锡剧团】

锡剧团前身是江宁县艺术学校。1959年3月，创立艺术学校，位于东山镇机关大院内。是年9月，正式挂牌成立江宁县文工团。1960年5月，县文工团将1959年招进的部分学员送到南京戏校培训学习，并排演古装折子戏《拾玉镯》《摘石榴》《庵堂相会》《庵堂认母》等剧目。1960年9月，县文工团宣布解散。1961年1月，县文工团进行整顿，成立江宁县锡剧团。1963年，县锡剧团参加镇江地区专业剧团汇演，创作、演出现代戏《双算命》（原著作者刘荆原、刘克庭）。1964—1965年，到江宁县各公社及外地演出。1968年10月，全体演职人员下放到县五七干校劳动。

图35-5-25 江宁区参加第六届江苏省锡剧艺术节《八品县令》演出剧照（2002年摄）

1970年年初，剧团全体人员从县五七干校回到东山，改锡剧团为京剧团。1970—1973年，相继招收一批文艺骨干，排练《沙家浜》《智取威虎山》《杜鹃山》《红灯记》《龙江颂》等大型现代京剧。1977年，排演现代锡剧《三亲家》，并参加江苏省举办的专业剧团创作汇演，获创作奖、演出奖、演员奖。1978年，县京剧团复改锡剧团。是年5月，文化部调《三亲家》剧组赴北京汇报演出。返宁后，该剧组与江苏省锡剧团合作排演该剧，由南京电影制片厂拍摄成戏剧片在江苏省电视台、广播电台播放。剧本《三亲家》当年在上海《电影与戏剧》第6期丛刊发表，后收入江苏《1949—1979年小戏集》。1978年，恢复古装戏，剧团赶排大型古装戏《十五贯》，在南京演出18场，观众2万人次。

1982年，排演传统锡剧《红罗衫》，参加南京市专业剧团青年演员汇演。1985年6月，《孟姜女》中《过关》1折和《珍珠塔》中《跌雪》《赠塔》2折，参加南京市专业剧团汇演。1985年9月，排演《荷花仙子》。1987年1月，新建南京市新宁歌舞团。1988年10月至1991年，歌舞团到无锡、苏州、镇江、常州、南京等地演出。

1990年，锡剧团被南京市文化局、南京市档案局评为艺术档案工作先进单位。是年，在全省文化艺术档案工作第2次检查评比中，被江苏省文化厅、江苏省档案局评为先进单位。1990—1991年，被南京市人民政府评为南京市文明单位。1994年，排演创作小戏《请财神》，到南京市参加汇演。1996年9月，创作小品《夜访》，参加在上海举办的全国部分城区戏剧、小品邀请赛。1998年，创作小品《扶贫》，参加南京市汇演。1999年3月，创作、排演大型古装锡剧《夜明珠》，参加江苏省第五届锡剧节演出。2000年春节，小品《扶贫》参加南京市“欢笑龙年”小品曲艺电视晚会。2002年11月，改编、排演大型古装锡剧《八品县令》，参加江苏省第六届锡剧节，获多项奖励；2004年，该剧获得南京市人民政府文学奖铜奖。2003年5月，创作剧目小戏《瓜棚轶事》，剧目小品《扶贫》参加江苏省小戏、小品大赛。2006年3月，改编、排演大型近代剧《老屋》，参加江苏省第七届锡剧节。至2007年年底，江宁区锡剧团创作现代戏、古装戏9本，排演及移植现代戏、传统戏111本，创作小品、快板49本，排演及移植小品、相声、快板27本。

1963—2006年江宁区锡剧团创作表演获奖情况表

表35-5-2

剧目名称	作 者	获奖情况
《三算命》	刘荆原、刘克庭	演出奖4名
《三亲家》	姜耀忠、魏宏涛	创作一等奖、演出奖4名
《夜 访》	魏宏涛、葛葆山	演出奖5名
《请财神》	魏宏涛、葛葆山	市“五个一工程奖”一等奖、表演一等奖4名
《夜明珠》	王锡春	创作二等奖、布景奖、作曲奖、道具奖、表演一等奖1名、表演二等奖1名
《赖九子与秦寡妇》	魏宏涛、葛葆山	创作二等奖、演出奖2名
《八品县令》	何承杰（原著）、魏宏涛	优秀编剧奖、导演奖、作曲奖、布景奖、优秀表演奖2名
《瓜棚轶事》	魏宏涛、葛葆山	剧目奖、表演奖3名
《扶贫》	李常耕、陈 宁	入围奖、演出奖3名
《老屋》	王自成（原著）、魏宏涛	编剧奖、布景奖、作曲奖、灯光奖、服装造型奖

【其他班社剧团】

湖熟前进业余剧团 1950年春，由县俱乐部组织湖熟镇干部、教师、职工和其他知识青年成立近百人的湖熟前进业余剧团。当时剧团配合中心工作，排演大型歌剧《白毛女》《三世仇》《刘胡兰》和话剧《思想问题》及小型剧目《废铁炼成钢》《兄妹开荒》等。剧团曾组织义演，并利用义演筹集款为学校购置60套课桌，修造湖熟大桥。

长江扬剧团 于1956年成立，属长江乡乡办业余剧团。建团时，演职员30人。1958年9月，长江、营防、花园3乡并为长江人民公社，剧团以原班底为基础，从营防、花园2乡抽调一批文艺骨干充实剧团。剧团集中到靖安河水利工地，边劳动边排演。后建立起一支以农养艺的业余剧团。排演大型古装戏《秦香莲》《恩仇记》《秦雪梅吊孝》等40余出和现代戏《红色的种子》《三世仇》等10余出。1958年，创作、排演现代戏《青年人的心》，参加南京市业余文艺汇演。1964年春，剧团解散。

谷里业余京剧团 1957年秋，谷里乡文化站组织干部、教师、职工、农民中的京剧爱好者成立谷里乡业余京剧团，演员40余人，排演传统京剧《失空斩》《四郎探母》《玉堂春》《金水桥》等30多出，还排演《儿女亲事》《一锅稀饭》《三世仇》等现代戏和许多配合谷里文化中心站活动的小型节目。1958—1959年，县人民委员会2次抽调该团部分节目，参加县水利慰问团和县抗旱慰问团，赴全县10多个乡（镇）慰问演出。

铜山业余锡剧团 1964年成立，团长王永福。锡剧团主要演出古装戏，同时改编演出如《红灯记》《智取威虎山》《沙家浜》等现代革命京剧。20世纪70年代末，演出活动减少，剧团处于停顿状态。1981年，由铜山文化站牵头，组建铜山文化站锡剧团，经常组织演出。20世纪末，剧团解散。

横溪黄梅剧团 1980年，横溪文化站办起半农半艺的黄梅剧团，演职员20余人。起初是季节性的活动（农忙务农，农闲从艺），1981年，横溪文化中心站办起文艺工厂，转为以工养文，乡办站管，常年开展活动。先后排演中、大型传统戏《打金枝》《包公赔情》《哑女告状》等

10 多个剧目，还排演一些配合乡中心活动的小型节目。

东山艺术团 1987 年 9 月成立，团长孙正迦。有成员 25 人，属民间业余性质。其主要任务是通过文艺演出形式，宣传党的方针政策，丰富全县人民的文化生活。艺术团经费独立核算，自负盈亏。1987 年 12 月 29 日，艺术团成立下属演出队。1988 年 11 月，艺术团进行改组，成员增至 41 人。1989 年，艺术团活动逐渐减少，直至自行解散。

江宁区京剧票友会 于 1990 年 6 月 24 日成立，原名东山京剧联谊社，约有票友 30 余人，县文化局局长刘绪德任会长。2000 年 6 月，更名为江宁县京剧票友会。至 2005 年 6 月，有票友 60 余人。

1991 年，特邀北京京剧院、上海京剧院、江苏京剧院、江苏戏剧学校等戏剧名家蒋慕萍、杨淑蕊、尤继舜在江宁影剧院联袂演出，并组织和支持票友参加南京经济广播电台《梨园内外》节目。1992 年，票友会被南京市文化主管部门评为优秀票房，中央电视台第 7 套及省、市新闻单位对此进行专题采访报道。2005 年 10 月 28 日，京剧票友会在文化馆小剧场举办“江宁区京剧票友会成立 15 周年暨江宁区老年大学开设京剧班 5 周年庆典大会”，票友会与省京剧院合作，在庆典大会上作了汇报演出。至 2007 年，票友会始终坚持每周六为票友活动日制度，聘请有关专业老师为票友授课。

第二节　曲艺曲种

【白局】

白局是南京地区的一种民间说唱艺术，江宁是南京白局发源地之一。明代南京地区丝织业非常繁荣，素有“秣陵之民善织”的称誉，清代进入鼎盛时期。江宁东南部丘陵山区如陶吴、横溪、铜山、丹阳、禄口、谷里、陆郎一带农民很久前就有植桑养蚕的传统，明末清初缫丝、织缎业随之兴旺发展，机工们在机房生产时为消除疲劳，常手不停梭，将民间小曲哼唱。机房成为传唱、交流的活动场所，机工们每逢婚丧喜事，欢聚时也演唱一局助兴。天长日久，不仅培养许多能编会唱的高手，也锻炼了一些技术熟练的伴奏者。他们利用业余时间，应亲朋好友之邀，摆局演唱，逐渐形成固定的程式。由于演唱者不取报酬，往往烟茶自带，一切不扰，有时还凑份薄礼以示帮衬之意，演唱实际是白唱一局，故称“白局”。

白局是南京地区民间方言说唱，以［南京调］为古腔本调，此调又称［数板］或［新闻腔］，其他主要曲调为［满江红］［梳妆台］［哭小郎］［穿心］等。正规演出形式是四仙桌 1 张（人多时并 2 张～ 3 张）、1 块白线毯，上摆花瓶 1 对，插上时令鲜花，上陈铜香炉 1 只，点檀香、沉香，乐器有二胡（正反宫）、琵琶、月琴、小三弦、箫、笛之类。以檀板、皮鼓及筷、碟、酒杯，击节合拍，朴素大方。演唱分文、武口（阔窄口），均为男声，主唱者自击鼓板，乐队从旁伴奏兼帮腔、追白。

白局曲目的内容大都是自编当地的新闻趣事，短小风趣。有许多新闻段较真实地揭露了当时社会的黑暗，讴歌劳动人民顽强斗争的精神，如《抢官米》《倒文德桥》《南门外倒城墙》《打议员》等。

南京地区著名白局艺人史永余（1903—1970），江宁禄口街道山塘社区人。他生前新编《新四军三打横溪桥》《单干好比独木桥》《台湾一定要解放》《说新房》等内容健康、生活气息浓郁的优秀唱段。东山街道中前社区白局传人戴志超、易志平受其艺术感染，不断创作新的白局唱段，如《计划生育是大事》《我们村里的新风尚》，活跃于社区舞台。

【说书】

说书最初是由盲人行乞、谋生的一种手段演变而来。随着社会发展进步，说书逐渐登堂入室，成为人民大众喜爱的一种民间艺术。新中国成立初期，江宁县湖熟、秣陵、陶吴、丹阳、横溪、禄口等地都有说书场所，当地以及外地的说书艺人相继登场，书目有《封神榜》《清山传》《乾隆皇帝下江南》《水浒》《七仙女下凡》等。

说书用的乐器很简单，最初用琵琶，后来逐渐淘汰琵琶改用三弦。说书人的乐器除抱在怀中的三弦外，便是绑在右小腿上的“刷板”了，这是说书人的主要“打击乐器”。有3片～4片，2寸宽，材质为不足尺长的杜梨木，熏干刨光后，上端打上2只小眼儿，用羊皮绳或细麻绳穿缩起来，组合成类似于“快板”的乐器，演唱时将下片牢牢地捆绑在右小腿上，利用脚尖的闪动，带动其煽动发响。此外，说书人在自己的右手虎口上，还要挽一个小“莲花落”，利用弹拨三弦时的颤动而发响。

【廊檐班】

廊檐班又称“六色班”，是流传在江宁农村的京剧坐唱形式的演出团体，由亦农亦艺的半专业艺人组成。活动时一般6人联手，每人演奏1件乐器并担任戏中各类角色，自演唱自伴奏。伴奏乐器按京剧传统配有板鼓、小锣、跷钹、京胡等6件。

廊檐班传至江宁约在清代后期。至新中国成立前，铜山、横溪、禄口、周岗等乡均有流传，每年三朝社火会场必请“廊檐班”艺人表演。此外，大、小宗祠祭典和大户人家的婚丧喜庆均由“门头”（联系人）出面请廊檐班唱戏。

廊檐班表演一般在天井、房檐下及走廊处摆场，故名。演唱时以2张方桌拼成长方形戏案，敬“老郎神”牌位，烧香磕头后始开场。一般一次摆场，唱4“位”、2“找”，酬金约2石米钱。廊檐班传至20世纪50年代，后被各乡业余剧团替代。

【莲花落】

莲花落又称落离莲或摇钱树，江宁称瞎子戏，内容多为劝世文，以扬善惩恶，吉祥纳福为主。用方言说唱，通俗易懂。演唱时大都是2人1伍，一唱一帮，各手执一常青树枝，上缀许多红色纸花，为“莲花”状，枝丫间用线串明钱，用于摇动，“嗦、嗦”作响，助打节拍，故名“莲花落”。

莲花落的说唱词，基本是7言4句为1段，全用方言合辙入韵。表演时，先扣大竹板，间配小竹板，打板三巡后，开始说唱，以唱为主，间以夹白，边唱边说，抑扬顿挫，尾音稍长，颇合当地人的口味。莲花落的曲调比较简单，只有上、下句。常用板眼有“慢三眼”“垛板”“散板”等。腔调有“平调”“悲调”之分，另外有“哭柳”“云里翻”“海底捞月”等特定曲调。通常一段唱腔开始时，必先有一“摔斗”，也叫“喊落”。演出形式有单曲、彩唱2种。单曲只由1人演唱故事，唱词采用叙述体；彩唱是由歌者二三人，分饰为旦、丑2种角色，分包赶角，略如戏曲，重插科打诨，以资笑乐。

【唱麒麟】

唱麒麟是江宁麒麟、陶吴、丹阳等地流行的一种习俗活动。唱麒麟表演由5人～6人同时进行，组织几个人敲锣打鼓，形成一支队伍，走村串户，到各家门口唱麒麟，意思就是把新年的祝福、吉祥送上门。届时，由1表演者举着竹扎、纸糊、彩绘的麒麟灯不停地舞动，其余人敲锣打鼓或挑着收受赠物的箩筐，挨家挨户“送麒麟”。每到1户门前，先是敲打一番，然后由1人领唱，众人附和，敲与唱交替进行，有时还给人家挂红布放鞭炮。唱麒麟的曲调基本一致，每段7字4句，韵脚可灵活转换，内容多为祝福主人的吉利话。

【新曲艺节目】

新中国成立后，江宁的曲艺逐步得到繁荣，相声、快板书、双簧、三句半等新的曲艺形式在全县广泛流行，由此创作出一批有影响的作品。颜景农的评话本《红楼梦·贾宝玉》，张为农的《和气生财》《出份子》，周正凯的《星期天忙坏老太太》，张义平、时其武的《邻里之间》等都是较有影响力的获奖作品。

第三节　电影放映

【放映网点】

东山影剧院及东山街道放映点　1956年，成立江宁县电影放映联队，队址设在原县政府后面“火神庙央”（东山府后村63号机关宿舍区）。1960年，放映联队撤销，组建江宁县电影管理站。“文化大革命”中曾改名为江宁县电影管理站革命领导小组。1980年5月，改名为江宁县影剧管理站。1981年5月，新建东山影剧院，对外营业。1984年7月，成立江宁县影剧公司。1988年，东山影剧院改为事业单位，隶属江宁县文教局。1990年10月，县文教局分为教育局和文化局，东山影剧院隶属县文化局。2006年4月，东山影剧院实行改制，于是年11月28日被撤销。

图35-5-26　1981年5月建成的江宁县东山影剧院

岔路电影队于1976年10月建队。有放映管理人员2人，属大集体性质。上坊乡电影队于1976年建队，有放映人员1人，属大集体性质。东山、岔路于2000年合并，东山、上坊于2006年合并。2007年，东山街道有放映管理人员7人。

汤山街道放映点　汤山镇电影队于1972年建队。有放映管理人员5人，属大集体性质。其林乡电影队于1973年建队，有放映管理人员4人，属大集体性质。上峰乡电影队于1972年建队，1982年上峰电影院建成，放映管理人员3人，属大集体性质。汤山、麒麟、上峰于2006年合并。2007年，有放映管理人员3人。

秣陵街道放映点　秣陵电影队于1974年建队。1979年，秣陵电影院建成，有放映管理人员6人，属大集体性质。殷巷乡电影队于1971年建队。1982年，建成殷巷电影院，有放映管理人员3人，属大集体性质。方山乡电影队于1976年10月建队。1984年4月，洋桥大队建放映队。百家湖（殷巷）、秣陵、方山于2006年合并。秣陵电影院于2006年停映。2007年，秣陵街道有放映管理人员2人。

淳化街道放映点 淳化电影队于1974年6月建队。1979年，建成淳化电影院，有放映管理人员3人，属大集体性质。土桥乡电影院于1978年3月建队。1980年土桥电影院建成，有放映管理人员6人，属大集体性质。土桥、淳化于2006年合并。2007年，淳化街道有放映管理人员2人。

江宁街道放映点 江宁电影队于1976年建队。1982年，建成江宁镇电影院，放映管理人员4人，属大集体性质。铜井电影队于1974年建队。1982年，建成铜井电影院，放映管理人员3人，属大集体性质。陆郎电影队于1975年建队，放映管理人员2人，属大集体性质。江宁、陆郎于2000年合并，江宁、铜井于2006年合并。2007年，江宁街道有放映管理人员3人。

禄口街道放映点 禄口电影队于1976年建队。1980年，建成禄口电影院，有放映管理人员7人，属大集体性质。铜山放映队于1975年4月建队，有放映管理人员4人，属大集体性质。彭福放映队于1982年建队，有放映管理人员1人。禄口、铜山于2000年合并，2007年，禄口街道有放映人员2人。

谷里街道放映点 谷里电影队于1976年建队。1983年，张溪大队办张溪售票点，有放映管理人员2人，属大集体性质。东善桥电影队于1975年建队。1981年，建成东善影剧院，放映管理人员4人，属大集体性质。谷里、东善桥于2006年合并。2007年，谷里街道有放映人员2人。

湖熟街道放映点 湖熟电影队于1978年建队。1980年，建成湖熟镇电影院，放映管理人员7人，属大集体性质。1971年，周岗乡电影队建队。1981年，长干大队售票点建成，有放映管理人员3人，属大集体性质。龙都电影队于1974年建队；1982年，建成龙都电影院。湖熟、龙都于2000年合并，周岗于2006年并入湖熟，是年停止放映。至2007年年底，湖熟街道有放映管理人员7人。

横溪街道放映点 陶吴电影队于1986年建队。同年，建成陶吴电影院，有放映管理人员8人，属大集体性质。横溪乡电影队于1975年建队。1982年，横溪售票点建成，放映管理人员有5人，属大集体性质。丹阳镇电影队于1972年建队。1979年，建成丹阳电影院，放映管理人员有4人，属大集体性质。陶吴、横溪、丹阳于2006年合并。2007年，横溪街道有放映管理人员6人。

【放映活动】

组织活动 1982—1984年，全县放映电影32830场，观众6790万人次，放映收入121.40万元。1987年11月，在全县范围内开展“改革之花”影片放映宣传活动，各放映队全年放映3679场次，县公司组织18部重点影片。1988年，全县有集镇电影院（售票点）20座，19706个坐席。全县改建的集镇电影院（售票点）有16家，新建的4家。1989年4月，在全县举办“纪念江宁解放40周年影片展映月”活动。

图35-5-27 1953—1965年，用独轮车在江宁县农村运输电影机巡回放映

1990年3月，江宁县举办集镇电影院、售票点、会计人员培训学习班。1991年5月29日至6月1日，举办全县集镇影剧院经理学习班。1992年，全年放映电影近7000场次，观众386.40万余人次，放映收入59.20万元。1994—1997年，全年放映电影3.80万场，观众1250.40万人次，放映收入537.81万元。

1998 年，县影剧公司内部改革，推行新的经济承包责任制。1999 年，全县年放映 4505 场，观众 30 万人次，县公司全年收入 120 万元，其中影视收入 60 万元。

2000 年，东山影剧院全年放映电影 2000 场次，观众 18 万人次，放映收入 64.64 万元。2002 年，东山影剧院放映 2880 场次，放映收入 29.60 万余元。2004 年，东山影剧院全年放映学生专场 38 场，观影学生 3.80 万人次。2007 年 4 月 1 日至 5 月中旬，完成第七届“江宁之春”群众文化节期间电影放映任务。是年 6 月 11 日开始，组织开展南京文化惠民工程“欢乐新农村”公益电影放映活动，放映电影 42 场次。

科教放映 1982 年，县影剧公司全年放映科教电影片 462 场，组织科教纪录片拷贝 103 个。1983 年，县公司全年组织科教纪录片 92 个拷贝，放映故事片、长短科教纪录片 607 场。全县为“三户”放映科教电影及短片 4400 余场次。1984 年 7 月，成立县科普电影协会。

1985—1986 年，全年放映科教电影 9591 场，观众 2879.80 万人次。1987 年 2 月 23 日至 3 月 20 日，县影剧公司在全县农村联合举办首届“农村科教电影放映月”活动。1988 年 3 月 2 日至 4 月 20 日，举办全县第二届“农村科教电影放映月”活动，组织科技影片 60 余部，全县放映 604 场。1989 年，县公司在东山影剧院和乡（镇）影剧院开展“科普电影周”活动，组织《淡水养鱼》《家庭葡萄园》《农村科技》等 20 个拷贝节目发行给全县各放映单位放映，放映 150 场左右，观众 13 万人次。

图 35-5-28　1957 年，开始使用国产 54-16 型电影放映机在江宁县农村放映

图 35-5-29　世纪东方 16 毫米流动数字放映机（EHD100 型）

1990 年，在配合“严打”宣传活动中，组织放映《浴血卫士》等影片，放映 76 场，观众 4.70 万人次。1991—1995 年，放映科教影片 8803 场次，观众 695.40 万人次。1996 年，配合县安委会开展“安全生产宣传月”活动，组织《119 和 911》和《祝君平安》等影片在全县 10 多家电影院放映，放映 45 场，观众 5 万多人次。1997 年 5 月，为配合“全国第七次安全生产周”和“江苏省第四次安全生产月”活动，组织《无情的火魔》《怎样使用灭火器》《安全用电与急救》等科教影片在全县放映。

幻灯宣传 1982—1983 年，县电影管理站下发幻灯片 190 套、5050 张，放映 1830 场，观众达 172.30 万人次。各单位自制幻灯片共 377 套、5545 张，放映 3520 场，观众 366.50 万人次，出橱窗、画栏 175 期，红套报、大海报 95 幅。1985 年，配合计划生育，组织 2 部幻灯片《计划生育好榜样》《问声婆婆该不该》在农村放映，片子参加南京市计划生育办公室、市妇联举办的计划生育幻灯宣传汇报放映，分别获得二、三等奖。1987 年，在电影放映日活动中，全县 13 个乡镇电影院、队制作成套的计划生育幻灯片，利用说唱形式在大片放映前进行宣传。

1991 年 8 月，县公司举办全县 20 名美工人员参加的幻灯制作放映培训班。1992 年，县城影剧院和禄口、秣陵、谷里、东善桥等单位在放映大片前分别放映《会生怪胎吗？》《只生一个好》《农村现代家庭十大特征》等影片进行宣传。1997 年，配合全县开展“创建省级卫生城”活动，县公司刻制“全民动手，共同创建省级卫生城”等标语口号幻灯片在县城东山影剧院和县人民大会堂多次放映。

第六章　图书　报刊

民国17年（1928），江宁县境内有民众图书馆1所，民国18年春，江宁县湖熟实验民众教育馆成立，内辟阅览室、活动室等，并正常开展阅览、音乐等活动。民国26年年底，南京沦陷，馆务停顿。1952年夏，建立新华书店江宁支店。1953年5月1日，县图书馆开馆。1985年年底，建成县图书馆大楼。县新华书店在全县发展6个综合性的图书发行门市部，100多个基层发行点，并成立1个批发部。进入新世纪，区图书馆被评为国家一级馆。2007年，区新华书店获得诸多殊荣，获江苏省出版局双优诚信书店称号，南京新闻出版局先进集体；被江苏新华发行集团评为省级先进书店、助学读物发行先进单位、重点文教图书发行先进单位、教辅发行先进单位、教材发行先进单位、营销策划先进单位；被中共南京市委宣传部、市新闻出版局授予南京十佳诚信书店称号。

江宁县创办地方报纸始于民国23年（1934），江宁自治实验县创办《宁报》日刊。民国26年，抗日战争爆发，该报停办。日伪时期，《宁报》之名曾被汪伪僭用，继续在江宁、南京之间出版发行。20世纪30年代末，十六旅与苏皖区党委在江宁刊发《火线报》。民国32年4月，新四军十六旅转移到江宁地区宿营行动，《火线报》随之转移到江宁，在龙都乡的东阳圩一带坚持编辑印行。抗日战争时期，《火线报》坚持编印。民国33年8月，《火线报》改出《苏南报》铅印版，为中共江宁县委机关报。民国34年10月停刊。

新中国成立后，中共江宁县委和县人民政府高度重视报业发展，于1956年创办《江宁报》。此后历经《江宁致富报》《江宁报》《江宁日报》《南京日报·江宁版》等变革，于2003年年底停刊。至2007年，江宁对内、对外宣传的报纸是区政府与南京报业集团《今日商报》合作的《今日商报·今日江宁》专版。江宁的报纸对宣传党的政策、指导工作、反映舆论、丰富群众精神文化生活发挥了积极的作用。此外，区内还出版《江宁文艺》《百家湖》等8种期刊。

第一节　区图书馆

江宁区图书馆于1953年5月1日建馆，馆址在江宁古镇秣陵关，时名江苏省江宁图书馆，有工作人员5人。1957年春，迁至东山镇，寄于县文化馆内，并更名为江宁县图书馆。1970年，文化馆与图书馆合署办公。1979年，文化馆、图书馆分设。1981年，筹建新馆，于1986年年初建成图书馆新楼。至2007年，区图书馆在职工作人员21人，藏书总量近35万册（件），馆藏《王荆文出寺》《四库全书》《永乐大典》等珍贵文献。基层图书馆（室）遍及全区街道文体服务中心、厂矿、部队、学校至每个社区。

【文献资源建设】

区馆藏书与构成　文献建设是图书馆的一项基本工作。1953—1956年年底，图书馆月购书经费450元。至2004年，年购书经费24万元。1953年开馆时，仅有自购图书约4000余册，后南京图书馆捐赠线装书5000余册。“文化大革命”后，江苏省财经学校因合并停办，该校图书馆藏书大部分拨给县图书馆。至 2007 年，全馆藏书约 348667 册（件）。

在这些文献中，有善本书《王荆文公诗》50 卷；有完整的《四库全书》1 套 1500 册；《永乐大典》1000 多卷；地方文献中有《明万历重修江宁县志》及《清同治上江两县志》；1989 年出版的《江宁县志》、各乡镇志、各部门志；还有《南京文献》《金陵梵刹志》等志书；此外，还有新中国成立后保存比较完整的《新华日报》《人民日报》等合订本。

图 35-6-30　江宁区图书馆

分类编目　文献标引工作分别为：普通图书采用分类法标引，线装书按原经史子集丛古籍分类标引。建馆初，图书馆采用的是新中国成立后出版的第一部图书分类法——《东北图书馆图书分类法》。1957 年，县图书馆改用文化部颁发的《中小型图书馆图书分类法》。1979—2007 年，采用《中国图书馆图书分类法》。

同类图书排列：使用《东北图书馆图书分类法》时，书次号用的分类号加著者号。著者号是将著者姓名用四角号码取号。号码相同用区别符号分隔。改用《中小型图书馆图书分类法》后，书次号改用分类号加种次号，对于同一种书的不同版本、不同译者、不同注释者和多卷书的卷册等均加不同区别符号，使同一种书能排列在一起。

目录载体：建馆初，仅制分类目录 1 套，同时供读者及公务使用，后曾采用过明见式目录。以后逐步建有读者用、分类、书名目录各 1 套，公务用分类、书名目录各 1 套。2007 年，成人图书外借处、普通图书阅览室，及少儿外借处均设有机读目录，供读者检索使用。

【文献借阅工作】

建馆前期，图书馆除开展阵地个别外借与阅览外，着重做好图书借书小组与流通站集体外借工作。专门设计制作图书流通夹 40 付，流通箱 25 只，便于展开图书流通工作。1957 年年初，图书馆迁至东山后，读者工作的重点转向阵地，同时，加强对读者读书辅导工作。

图书馆提供参考咨询服务，为重点读者提供送书上门、电话预约、自购专业书刊到馆报销的服务。1985 年，在各乡镇修志工作中，为县志及各乡镇志、各部门志编写工作提供大量珍贵文献资料，如馆藏《清同治上江两县志》《明万历重修江宁县志》《南京文献》《四库全书》等文献。为文物部门编写《江宁文物》一书，提供长期跟踪服务，帮助检索、查阅提供大量的文献资料。

此外，图书馆还提供阵地外借服务与集体外借服务。2004 年至 2006 年 3 月 5 日，开展学雷锋活动，免费办证 200 份。2005 年，为江宁电大贫困学生免费送去 60 份借书证。2006 年，累计发放借书证 0.86 万个，年总流通 14.40 万人次，书刊外借 9.56 万册次，为读者举办各种活动 15 次，1.10 万余人次参加。是年，图书馆把原先建立的 9 个图书流通站点，改为分馆，累计藏书 11 万册，年流通图书 5 万册次。在江宁驻军某部队通讯连建成军民共建图书室 1 个，多年坚持无偿为部队服务，不断送、换新书，订阅报刊 20 多种。

自图书馆新大楼建成后至 2007 年，馆设有成人、少儿 2 个外借处，设报刊、普通图书、少儿 3 个阅览室，还设有参考咨询室、电子阅览室等。

【图书宣传与阅读辅导工作】

区图书馆利用宣传橱窗（16 块），定期进行新书介绍和书、刊通报。介绍最新到馆图书和热门书籍，放大图书内容提要和书号、类别，便于读者借阅，通报每年订阅期刊目录和网络资源信息，便于读者查阅。

图书馆还编制《科技信息文摘》《报刊信息摘编》，栏目有《重要政策法规》《地方信息与科技致富信息》。分别送寄县领导信箱及各乡镇文化站。

2005 年，在保持“共产党员先进性教育活动”中，区图书馆集中有关参考书籍 200 多种计 500 多册，并设立专室陈列、供读者选阅。还编印推荐书目，制作专题展板 18 块。

2003—2007 年，区图书馆积极参与由中宣部、文化扶贫委员会、文化部社会文化图书馆司、新闻出版总署发行司等 9 部门组织开展的“亚农杯”读好书、促和谐全国农民读书征文活动。图书馆通过全区各街（镇）文化中心广泛发动，积极征稿，5 年共征集稿件 500 余篇。2005—2006 年，区图书馆连续 2 届获得“全国农民读书征文”活动组织奖。

【网络建设】

1996 年 12 月，县图书馆投入资金 3.60 万元，购买电脑 5 台，置于图书馆采编室和外借处，外借处的 1 台电脑采用金陵馆制作的一套软件，将其用到外借手续上。2000 年，投入资金 5.27 万元，购买服务器和电脑若干台，通过安装、调试，于 2001 年下半年正式投入到业务管理的使用中。2001 年 6 月，收到市文化局赠送的价值 5.30 万元的 ILAS 开发软件 1 套，之后使用较为完整的是 ILAS 软件系统中的采访管理、编目管理、典藏管理和流通管理，并初步构建馆内局域网。2003—2004 年，投入 14.52 万元，购买电脑 24 台、服务器 1 台、网络还原小精灵 23 台、移动硬盘 1 个。2003 年购买的电脑用于“全国文化信息资源共享工程”网站的建设，一直使用至 2007 年。

【基层辅导与业务培训】

20 世纪 80 年代后，全县东山、秣陵、禄口、湖熟等 23 个乡镇先后建立图书室。改革开放后，县钢铁厂、化肥厂、农机厂等都先后建起工会图书室。江宁卫生学校、县教师进修学校和各中学、小学都设有图书馆（室）。2000 年，全区 9 个街道（镇）文体中心内均有图书馆（室）。

区图书馆在全区开展图书馆(室)业务辅导工作，采用个别巡回辅导与办培训班相结合方法。1998—2000 年，全县 23 家乡镇图书馆（室）均创建成万册图书馆，均创成市十佳图书馆。区图书馆还帮助禄口、麒麟、铜井 3 家分编、加工图书近 4 万册，派出工作人员 300 人次。至 2004 年，此 3 家图书室相继创建成市十佳图书馆。至 2007 年，全区建成文化信息共享工程网点 7 家，分别是区图书馆、区文化馆、禄口街道文体服务中心、江宁街道文体服务中心、原铜井镇文化中心、汤山街道文体服务中心与原麒麟镇文化中心。

第二节 基层图书馆

【街道图书馆】

20 世纪 90 年代后期，全县 20 个乡镇通过努力，相继建成图书馆（室），藏书数量历年增加，为全县广大农村读者读书学习提供便利条件。

1996年，根据市文化局“关于开展争创乡镇街道合格‘万册图书馆’的通知”精神，县文化局针对全县乡镇图书馆（室）状况，全面开展“合格万册图书馆”创建活动。全县20个乡镇文化站于2000年前全部建成合格万册图书馆。

2006年年初，全区20个镇街调整为9个街道。针对这一状况，区图书馆在原有的图书流通点的基础上进行提档升级，建设江宁区图书馆分馆。分别建成：东山街道上坊分馆、秣陵街道百家湖分馆、禄口街道张桥分馆、汤山街道麒麟门分馆等9家区图书馆分馆。并统一制作江宁区图书馆分馆标牌，制订《图书外借规则》《报、刊阅览规则》等管理制度牌，专门印制借书证和记录册，每家分馆各提供300份。选调适合农村特点以及较热门的各类图书9000册，配送给各家分馆用于流通，每半年更新1次。

【学校图书馆】

江宁区实验小学图书馆 学校年年举办“阅读节”活动，大力建设学校图书馆，至2007年，图书馆总面积约580平方米，藏书4.50万册。订阅报纸杂志近百种，工具书近400种。

南京市秦淮中学图书馆 学校于2004年搬迁后，投入近30万元为图书馆添置各种设备、购买新书，建立图书馆计算机管理系统和音像阅览室，使得该校图书馆管理进入网络现代化管理。学校还购买电子图书。图书馆馆舍总面积480平方米，有电子阅览室3个。图书馆的计算机管理系统于2005年11月正式投入运行。至2007年年底，该校图书馆藏书8万余册，工具资料书1912种，学校计划年购书经费5万元。

南京市江宁高级中学图书馆 学校图书馆建于民国23年（1934），藏书约5000余册。1998年，该校建立图书馆计算机管理系统。2004年，学校迁入新校址后，又建立图书馆电子阅览室。2007年，该校图书馆馆舍总面积3000多平方米，图书馆共有藏书9万册，工具资料书1600余种，此外，图书馆订阅报刊共计498种，其中学生阅览室报刊233种，教师阅览室265种。

【厂矿部队图书室】

中共十一届三中全会后，江宁县属钢铁厂、化肥厂、缫丝厂、丝织厂等企业都先后建起工会图书室。每家藏书少则几百册多则数千册不等，有专人管理，面向职工，做好图书开放阅览服务工作。20世纪90年代，由于县属企业改制图书室随之消失。近几年区图书馆与某部队通信连开展军民共建活动，2005年，帮助他们建设图书阅览室，送去1000多册图书，每季度更换1次。2006年，进一步完善某部队通信连江宁区图书馆分馆建设，送去图书1000多册，定期更换，帮助部队订阅全年报刊20多种。2007年，帮助该部队订阅20多种报刊，每季度定期选送新书700多册到部队进行周转。

第三节 图书发行

【江宁新华书店有限责任公司】

书店于1952年7月建店，位于湖熟镇水北大街，时称“新华书店江宁支店”。1958年春，更名为江宁县新华书店，属江宁县领导与核算，业务由江苏省新华书店管理。1960年，更名为江苏省江宁县新华书店。1979—1980年，省店拨款相继建造3层图书发行大楼和2层书库楼，地址在东山大街西路22号。20世纪80年代中期，江宁区新华书店有门市部6处：东山、汤山、作厂、江宁镇、湖熟、龙潭；3个农村流动发行点：陶吴、东山、龙潭；103个基层附设发行点、1个城镇计划发行组和1个批发部。1999年以前，书店实行双轨管理，江宁县文化局为主管部门。1999年4月，江苏新华发行集团成立，江宁县新华书店被划为江苏新华发行集团统一管理，为国有独立法人企业。

2007年11月，江宁区新华书店更名为南京江宁新华书店有限责任公司。至是年年底，江宁区新华书店拥有自营网点6处，分别位于江宁区竹山路、大市口华意泰富广场、同曦鸣城、中国女人街、天印商铺、汤山街道汤泉西路。

书店先后在1979年、1995年、1996年、1997年、2002年、2005年、2006年被省新华书店评为先进集体；2002年、2003年、2006年、2007年被省新华书店评为全省教材发行先进单位；2003—2007年，3次被省新闻出版局评为双优诚信书店。2006年、2007年，连续2年被评为南京市新闻出版局先进集体，并被江苏新华发行集团评为省级先进店。2007年，被江苏新华发行集团评为建设社会主义新农村图书发行先进单位。

【图书销售】

20世纪50年代初至60年代中期，江宁新华书店由最初的小门店逐渐扩展为综合性书店，其间图书品种较少，年图书销售额不足2.30万元。1966—1976年，这一时期的图书发行事业进展缓慢。1976年后，江宁县新华书店的图书发行工作逐步恢复正常运行，书店实施多元化经营，由单一图书销售拓展为以图书销售为主，音像制品、电子产品和文化用品为辅，综合经营图书、期刊、音像、电子出版物等批发零售业务。

20世纪80年代末，发行图书品种2.50万余种，书店年销售额300多万元。1996年、2003年、2005年、2006年，先后购置汤山镇新华书店门市、江宁区天印路大学城门店、中国女人街的门面房、同曦鸣城店与大市口江宁图书大厦网点书店。2007年，江宁区新华书店中心门店江宁书城，划为文学区、社科区、科技区、音像区等销售区域。年图书销售额4200万元，全区年人均图书供应水平达50元以上，书店固定资产1996万元。

【组织活动】

江宁区新华书店做好经营工作的同时，热心参与地方公益活动，改革开放后，书店平均每年组织送书下乡30场以上。书店成立以农村发行员和门市推销组为主体的“送书下乡”流动小分队，常年下乡流动售书。2000年后，平均每年下乡展销图书优惠10多万元。

图35-6-31　20世纪90年代，江宁县新华书店送书下乡

书店坚持开展“书香爱心”工程，每年帮助解决区内10名农村初中特困家庭学生的学杂费共6000余元，并为家庭贫困学生提供学习用品和学习书籍；2005年，书店与驻江宁某部队建立双拥共建单位，2005—2006年，书店向共建部队图书阅览室免费赠送所需的全部座

椅、书架、书柜，援助书籍 1600 余册，价值 2.60 万余元；2005 年上半年，书店向云南贫困山区学校捐赠价值 1.60 万元图书；2006 年，书店开展“爱江宁，爱江宁人”捐资助学活动，为区内家庭贫困学生筹集捐款 3000 余元。

书店长期坚持组织各类文化活动。至 2001 年，书店已举办 5 届江宁书市暨江宁读书节活动。2001 年，举办首届江宁书市，邀请《田教授家的二十个保姆》的作者王晓玉、《芝麻开门》的作者祁智、《作文真说》的作者姚卫伟 3 位作家到江宁签名售书；2002 年，第二届江宁书市，邀请著名影星李琦为《杂碎汤》现场签名售书；2003 年，第三届江宁书市，邀请上海卫视首席主持人叶蓉为《财富人生》大型财经访谈节目精选本进行现场签名售书；2004 年 11 月，邀请影视明星六小龄童为《猴缘》现场签名售书；2006 年 5 月 13 日（第五届江宁书市暨读书节活动期间），邀请央视著名足球解说员黄建翔为《像男人那样去战斗》进行现场签名售书。

第四节 报 纸

【《宁声报》】

《宁声报》系国民党江宁县党部主办，民国 36 年（1947）春创刊。为四开四版周刊，用 6 号铅字印刷，每期约 2 万 ~ 3 万字，每期发行 3000 多份。主要发行对象是江宁、南京的工商业者，县、区、乡机关工作人员和各学校公教人员。《宁声报》于民国 38 年中国人民解放军渡江前夕停刊。

中華民國三十六年九月十八日
寧聲
李宗黃
週刊
第二十八期
本省緊縮縣政府組織案
省府例會即可通過
各縣均限一個月內實行
被裁人員發三月以下遣散費
各縣政府組織調整辦法

图 35-6-32 民国 36 年（1947）9 月 18 日的《宁声报》报影

【《大众周报》】

民国 37 年（1948）5 月，由江宁县民众教育馆创办，至是年年底共出版 22 期。为合乎民众口味，其内容力求简单，文字力求通俗。每逢纪念节日或特别事故就特办专刊、漫画。设壁报架于汽车站，以方便大众阅览。该报于江宁解放前夕停刊。

【《江宁日报》】

1956 年 3 月 1 日，《江宁报》创刊。报纸稿件来源，有从无线电收音机抄收的，有经过改写的新华社通俗电讯，有当地通讯员来稿，还有县委、县政府的指示和该报的社论、读者来信等。创办时为八开两版 5 日刊。1958 年，从八开两版周二刊，改出四开四版周二刊，版面容量增加。“大跃进”时期，《江宁报》最高峰发行量 6608 份。在外地工作、参军的江宁人订报经常在 100 份以上。1956—1960 年，总发行量 623.20 万份。1961 年 4 月，因经费困难及纸张紧张而停刊，共出 609 期，内有增刊 119 期。

1983 年 2 月，县委、县政府为宣传党的富民政策，介绍致富经验，提供各地致富信息，传播各种科技知识，促进落实农业联产承包责任制，振兴农村经济，创办《江宁致富报》旬刊，免费发行 1 万份。该报共办 1 年 8 个月，出版发行 49 期。

1984 年 10 月，《江宁致富报》改刊为《江宁报》，成为四开四版每周二出版的中共江宁县委机关报，张世明任主编，编制 15 人。改版复名的《江宁报》，版面除一版要闻、二版经济与乡镇生活、三版文化与副刊、四版综合消息为主外，设有江宁新貌、乡镇生活、工业战线、法制园地、计划生育和政策问答等栏目。第三版开辟《秦淮副刊》，内容丰富。报纸发行量约 10000 份。

1990 年 7 月，《江宁报》改为周二刊。1993 年 5 月，改为周三刊，成为隔日报。1997 年 10 月，由周三刊改为周四刊，每周一、二、四、六出版。至 1998 年，《江宁报》的发行量为 1.57 万份。1999 年 1 月 1 日，改为周五刊，增添一期周末版，并对原有栏目作较大调整，开设农情、教育、生活三个特刊以及求索、党团生活、读者心声等栏目。2001 年 1 月 11 日，《江宁报》更名为《江宁日报》，由周五刊改为周六刊，并在原有基础上将星期一的四开四版改为四开八版。是年，《江宁报》发行量近 2 万份。

2002 年 1 月 1 日，《江宁日报》停办，原《江宁日报》由《南京日报》吸纳，开设《南京日报·江宁版》。2002 年 3 月 29 日，《南京日报·江宁版》周末版正式改为彩版。2003 年 1 月，《南京日报·江宁版》进行改版，增设《民生民声》《成才特刊》《市民服务》《房产信息》等栏目。2004 年 1 月 1 日，《南京日报·江宁版》停刊。

【《新蕾报》】

《新蕾报》是由江宁县新蕾化工公司编印的企业报，是原县化肥厂的厂报，原名《化肥工人》。1976 年 1 月创办，每月 2 期，八开单面打字油印。每次印 100 份，发行到各车间基层班组。后县化肥厂扩大组成新蕾化工公司，分厂众多，《化肥工人》于 1985 年 6 月改为化工公司企业报，改名《新蕾》。改名后仍为每月 2 期，每期八开单面，印刷发行 150 份，分发各分厂车间班组及县新闻单位和主管部门。《新蕾》系新蕾化工公司办公室主办，每期刊载内容主要反映企业内部生活和经济活动，辟有《企业管理》《经济信息》《小改小革》《合理化建议》与《快讯》等专栏。

【《长江分厂报》】

《长江分厂报》是由国营长江机器制造厂分厂和县长江电风扇厂联合编印的打字油印半月刊，每月出八开单 2 张或 3 张。于 1985 年 1 月创刊，到 1985 年年底，共出 24 期。每期印刷 160 份～180 份，免费发行到厂部各科室、各分厂车间班组，还有东山、湖熟、淳化 3 个电扇零部件加工点，并送长江机器制造厂《长江报》及有关县新闻单位和主管部门。该报先由厂工会主编，后由厂党委宣传科主编。主要栏目为头版本厂要闻，其他栏目分布在 1、2 版，有《蝙蝠快讯》《长江论谈》《工作述评》《经验交流》《班组生活》《党的生活》《法制专栏》与《光荣榜》等。

【《金箔报》】

《金箔报》是南京金箔集团办公室主编，为八开双面，于 1992 年 9 月创刊，至 2007 年共印刷 248 期。报纸主要向各友好企业、南京市、江宁区各部委办局、南京地区大专院校的教授及金箔集团全体员工发放。报纸主要宣传集团发展思路、集团各公司概况和商界信息，还辟有集团文苑，极大丰富了企业文化内涵。

【《园区开发报》】

《园区开发报》创办于 2004 年 4 月，由江宁经济技术开发区管委会和江宁科学园管委会共同主办。每周一出八开双面一张，每期 4 版，向省、市、区、镇（街）及开发园区内企业、高校等免费赠阅。报纸稿件主要由开发区新闻中心负责采写、编辑、排版，至 2007 年，共刊发报纸 150 多期，撰写稿件 1000 多篇、重大稿件 100 多篇，深入宣传报道园区重大活动、重点工作等内容，报纸还专设文艺副刊版面，为园区文艺爱好者提供展示平台，成为江宁文化发展的缩影。

第五节 刊 物

【《江宁春秋》】

《江宁春秋》创刊于 1984 年 10 月，初期由江宁县政协文史资料委员会负责编辑出版工作。1985 年 11 月，由江宁县政协文史资料委员会与江宁县地方志编纂委员会办公室共同负责出版发行工作。创刊初期，栏目主要有《祝贺与期望》《革命斗争》《“三亲”纪实》《英烈谱》《江宁经济》《人物春秋》《江宁胜迹》《村镇今古》《考证与争鸣》《文化走廊》与《历代诗人咏江宁》等。随着时间推移，又增设《江宁教育》《百工点秀》《史海浪花》《回音壁》《民俗篇》《江宁古代书法家》与《江宁古代书画家》等新栏目。至 1993 年 10 月，《江宁春秋》共出版发行 12 辑。

【《江宁文艺》】

《江宁文艺》创刊于 1958 年，至 2007 年已出版 190 期。《江宁文艺》在“文化大革命”期间先后更名为《革命文化》《毛泽东思想宣传队文艺材料》《工农兵文艺》。1979 年，恢复原名。1985 年，江宁县文联成立，当时为文联与文化部门合办刊物，曾改其为《蔷薇》《江花》等。2006 年，恢复后的《江宁文艺》进行全面改版，在美编、版面设计、栏目编辑等方面有较大改动和提高，由单一的文艺宣传材料逐步转变为综合性文艺季刊，每年 4 期，由区政府拨专款扶持。

图 35-6-33 《江宁文艺》

《江宁文艺》自创刊以来，所载文章大部分系全县（区）文艺工作者和文艺爱好者的作品，体裁形式多样，以戏剧、曲艺、表演唱、歌曲、评论、文化简讯、群众演唱文艺材料为主，对诗歌、短篇小说、散文、美术、书法、摄影等作品也择优刊登。改版后的《江宁文艺》又增加《小荷初出》《文化论坛》与《艺术赏析》等栏目。

【《江宁开发园区》】

2006 年 4 月，江宁经济技术开发区管委会和江宁科学园管委会共同创办《江宁开发园区》杂志。该杂志为月刊，每月上旬出版。杂志开设《高层观点》《工作研究》栏目，透析领导关于园区发展的创新理念、创新思维，刊发园区领导、干部对建设发展的专题调研文章；开设《专题报道》《特别报道》与《项目聚焦》等栏目，关注区内重点项目开工、投产和建设动态；《三创之星》栏目刊登园区内自主创新企业的系列报道；《企业文化》反映园区内企业文化建设、文化氛围，体现人文气息；《我的视界》不定期地刊登园区内干部员工自拍的摄影作品。另外，还设《大事记》《友好往来》与《哲思短文》等子栏目。特别是对开发园区内的特殊重大事件，还出专刊进行报道。2006年10月和2007年3月，在市委常委、江宁区委书记刘捍东和省委书记李源潮先后前往尼日利亚莱基自贸区考察，《江宁开发园区》杂志及时编发2期《莱基自贸区特刊》，第一时间发布关于莱基自贸区的最新前线报道。至2007年，该杂志已出版18期。

【《江宁党校论坛》】

《江宁党校论坛》由江宁党校于2005年4月创刊，为季刊，稿件来源于区领导、园区、街道和各个部门以及市、区委党校教师。栏目名称不固定，主要是根据国情、区情、乡情进行编辑，该论坛围绕党建、组织建设、“三农”问题进行探讨。如2007年3月刊的栏目有《和谐江宁》《理论探索》《学员论坛》与《实践思考》等，2007年4月刊的栏目有《推进党的建设》《构建和谐江宁》《坚持科学发展》与《全面建设小康》等。自创刊至2007年年底，共出版11期。

【《江宁检苑》】

《江宁检苑》创刊于2001年，为季刊，1年出版4期。主要栏目有《检察长论坛》《法学探讨》《检察实务》《犯罪预防》《综合园地》《案例评析》《检察要闻》与《法苑链接》等。至2007年，《江宁检苑》共出版27期。

【《江宁审判》】

《江宁审判》创刊于2001年10月，为季刊，大16开版本，封面、封底铜版纸彩印，正文40页～50页，以5号字排版，每期文字7万～9万字。封面、封底采用该院及江宁区代表性建筑、优美风景以及书画作品照片；封二、封三采用该院重大活动照片、法院干警书法、篆刻以及散文、诗歌等。由江宁区人民法院主办，属内部刊物，主要栏目有《专家特稿》《理论研究》《法学探讨》《审判实务》《法律动态》与《艺海拾贝》等，之后根据不同时期工作情况，新增《院长论坛》《案例分析》等栏目。自创刊至2007年年底，《江宁审判》已出版20期，每期刊登各类文章15篇～20篇，共刊登发表文章382篇。

【《规划经纬》】

《规划经纬》创办于2005年，由江宁区规划局、江宁区规划研究会编印，每年不定期编印出版。主要栏目有《资讯搜索》《阳光行政》《规划在线》与《规划实践》。该刊作为江宁区规划局与外界交流的平台，定期集中进行规划业务和规划成果宣传，并及时更新宣传动态，着力提高全民宣传规划意识，提升规划实施质量，发挥与媒体协作的作用。2007年，全年出版9期，发行2700份。

【《百家湖》】

《百家湖》创刊于2001年，是南京利源集团创办的月刊，主要栏目有《百家·视点》《百家·大家》《百家·前沿》《地产主张》《百家湖制造》《跳房时代》《生活在别处》《非主流·大开眼界》《非主流·驿路心情》与《百家快递》。根据不同时期的不同讯息，不定期增加《百家·特稿》《百家·生活》《百家·收藏》《百家·行走》《百家·水韵》《百家·阅读》《百家·杂家》《百家·非主流》与《百家·互动》等栏目。至2007年，《百家湖》共出版84期。

第七章　文化管理

江宁地区的文化市场在新中国成立后相当长的一段时间内，主要是街头小人书摊及民间的流散艺人的表演等，直至20世纪80年代才出现舞厅、桌球、录像带出租、放映等文化娱乐场所，数量较少。90年代中期发展到近300家。20世纪末，增至675家。进入21世纪后，单从数量上看，几乎没有增加，至2007年也只有678家，但从构成上分析增减明显：桌球、台球、保龄球、旱冰场等逐渐淡出市场，而音像制品零售（出租）点、书报刊经营点、印刷企业、网吧等增加速度快，尤其是网吧，2003年只有51家，2005年已达102家，2007年增至194家，且成为社会关注的文化经营场所。江宁区的文物管理工作实行三级管理网络：区有文物事业管理委员会，下设办公室；镇街有文物管理领导小组，文体中心行使辖区的文物管理职能；社区、村设有文保员，具体负责对文保单位的巡视和管理。区文化局设有文物管理科，具体负责全区文物保护单位的日常监督管理工作。

第一节　文化市场管理

【管理机构】

社会文化管理委员会　成立于1995年。江宁区社会文化管理委员会组成人员因工作岗位更变等原因，分别于1998年、2003年、2005年调整3次。

社会文化管理委员会办公室　江宁区文化市场管理工作始于1987年，其职能由县文教局的文化股代为行使。1995年5月17日，成立江宁县社会文化管理委员会办公室，（简称社文办）负责管理全县文化市场。是年12月26日，县机构编制委员会核定江宁县社会文化管理委员会办公室为股级全民事业单位，定编5人。江宁县社会文化管理委员会办公室与江宁县文化局合署办公。2002年年底，社文办共有在编人员5人。至2007年，共有事业编制11人。

1997—2007年，社文办被中共江苏省委宣传部、省文化厅、南京市扫黄打非工作领导小组、南京市文化局、南京市新闻出版（版权）局、中共江宁区委、区政府授予基层文化市场管理先进集体等各种荣誉15个。

【日常管理和专项治理】

日常管理　20世纪90年代，县文化部门每年组织音像放映单位负责人参加市音像放映培训班学习，并举办娱乐场所负责人学习班，讲解国家、省、市的供片制度。1995年开始，社文办坚持对县境内歌舞厅、桌球、电子游戏室、录像放映点等各类文化经营场所进行检查，接到群众举报，及时上门检查处理。2003年，开展创建沪宁沿线音像管理示范区活动。是年6月，江宁区行政服务中心成立，社文办工作人员进驻该服务中心文化窗口，负责咨询受理文化经营项目许可审批材料等。2004—2007年，社文办对区内的文化经营活动的公民、法人或者其他组织进行监督检查，监管辖区内网吧、音像、电子游戏室、书报刊等各类文化经营场所。2007年7月，区税务部门在社文办设立网吧税收代征点。

专项治理 20世纪90年代前期，社文办与公安、工商、广电、市容等部门相互配合，开展专项整治。至1995年，对全县文化市场进行专项整治11次，收缴非法出版物137种，4200余册，收缴非法录像带2900余盒。1998年2月，由社文办牵头，开展"扫黄打非"行动，整治出版物市场，查缴各种非法出版物2445件，查处涉嫌色情放映出租经营活动7起，吊销文化经营许可证和治安证16户。1999年，在全国第3次秋季"扫黄打非"行动中，收缴非法出版物837册，非法录音带3650盒、录像带4039盘，取缔无证经营点11家，限令停业整顿4家，整改5家。2001年年底至2002年3月，区社文办联合区工商、公安、质监等部门对全区印刷厂逐个进行检查和清理，发出整改通知书89份，对207家印刷企业统一换发了由江苏省新闻出版局核发的"印刷经营许可证"。2007年，在开展"扫黄打非"以及文化市场日常检查中，出动执法人员1282人次，检查场所1650家次，查处违规经营网吧148家次，其中违规接纳未成年人60家次；联合公安、工商等部门及时有效地取缔非法演出5起，查缴非法音像制品、色情、淫秽以及政治类等各类非法出版物43482件（盘）；配合工商等部门取缔黑网吧10家、非法经营点44家。

2007年江宁区文化市场情况表

表35-7-3　　　　　　　　　　　　　　　　　　　　　　　　单位：家

街　道	歌舞厅	网　吧	电子游戏室	书　店	音像店	演出场所	营业性演出团体	印刷企业
东山街道	19	77	17	29	87	3	2	67
秣陵街道	3	71	3	11	25	2	—	36
禄口街道	1	22	1	4	11	1	—	8
淳化街道	—	2	1	3	1	1	—	13
江宁街道	—	4	1	—	10	—	—	11
汤山街道	3	12	2	12	11	—	1	23
谷里街道	1	2	1	1	4	—	—	10
湖熟街道	—	3	1	—	4	1	—	14
横溪街道	—	2	—	—	—	1	1	13
合　计	27	195	27	60	153	9	4	195

第二节　文物管理

【管理机构】

江宁区文物管理委员会办公室 1988年前，江宁县的文物工作主要由文教局文物股负责。1988年，成立江宁县文物事业管理委员会（简称文管会），并与区文化局文物科合署办公。文管会及其办公室的成员分别于1988年1月、1996年3月、2003年2月、2006年6月调整4次。

南唐二陵文物保护管理所 南唐二陵位于谷里街道祖堂山南麓。1951—1955年，由南京市文物事业管理委员会交由当地群众夏在培代管。1955—1958 年，交由祖堂山教养院代管。1958—1984 年，交给祖堂山林牧场夏在培保护看管。1984 年 5 月，南唐二陵文物保护管理所（简称文保所）成立，所长刘谨胜。文保所为全民事业单位，隶属县文教局，事业编制 3 名。所辖文物有南唐钦陵、顺陵和位于牛首山南麓的明代郑和墓。1988 年 1 月 13 日，南唐二陵被国务院公布为全国重点文物保护单位。1990 年 8 月，县文教局文教分开，分别成立县教育局和县文化局，文保所隶属县文化局。1997 年 4 月 1 日，南京市文化局决定将牛首山宏觉寺塔下交给县文化局管理。4 月 17 日江宁县文化局指派南唐二陵文保所副所长刘文庆带领 2 名临时人员进驻宏觉寺塔。至此，牛首山宏觉寺塔被列为文保所管理，是年，文保所被南京市文物局授予先进集体称号。2005 年 10 月，郑和墓园文物保护管理所成立，南唐二陵文保所从此只管辖南唐的钦陵和顺陵。南唐二陵文保所自成立后，先后对南唐二陵进行 8 次大规模的修缮。至 2007 年，文保所共接待游客 70 余万人次。

郑和墓园文物保护管理所 1985 年 7 月至 2005 年 10 月，郑和墓属南唐二陵文保所管理。2005 年 10 月 7 日，郑和墓园文物保护管理所成立，刘文庆任所长。郑和墓园管理所辖牛首山宏觉寺塔（均为省级文物保护单位）。郑和墓园文物保护管理所为全民事业单位，隶属区文化局，核定事业编制 3 名。其主要担负着园区建设、游客接待、文物保护及对外宣传工作。2004 年 10 月至 2005 年 7 月，郑和墓园文管所对郑和墓进行全面整修。2007 年，接待游客 2.70 万人次。

【文物普查】

1956 年，由省文物管理委员会组织工作人员进行文物古迹第一次普查工作。普查过程中，发现上坊陈武帝陈霸先万安陵石刻、梁建使敏侯萧正立墓等南朝石刻，阳山碑材、南唐二陵、牛首塔、定林寺塔等，并确定为省级文物保护单位。同时发现诸多古遗址，定名为“湖熟文化”。

1982 年 8 月至 1983 年 1 月，全县开展第二次文物古迹普查，成立文物古迹普查办公室，经过 5 个月的工作，普查办公室共收报文物古迹线索 900 条，通过筛选，确定 44 处为县级文物保护单位。

2007 年 4 月，江宁区开始第三次文物普查，计划至 2011 年年底结束。

【文物保护】

建立文物保护网络 江宁区设文物事业管理委员会，区文化局设文物管理科负责全区文物保护和监督管理；重点文物保护单位设文物保护管理所：南唐二陵文物保护管理所、郑和墓园文物保护管理所。各街道设文物管理领导小组，由各街道文化服务中心负责辖区内的文物保护和监督管理。文物使用单位负责辖区内的文物管理。

设置文物标志碑 为加强文物保护，文物部门对辖区内文物设置标志碑。至 2007 年 9 月，区以上文物保护单位共 72 处（其中国家级 9 处，省级 8 处，市级 32 处，区级 23 处）。

未设标志碑的有 19 处。国家级（4 处）：宋墅失考墓石刻、耿岗失考墓石刻、侯村失考墓石刻、南京人化石地点。市级（15 处）：岳飞抗金故垒、粟裕和钟期光住地旧址、建南和尚桥、蹈跃油坊桥、窦村水系及四方井、桦墅石佛庵石刻、九列墓、佘村明清建筑群、泥塘失考墓石刻、后岗失考墓石刻、吉山失考墓石刻、湖熟清真寺、淳化云居寺、窦村古戏台、神山头古文化遗址。此外，还有 76 处区级文物控制单位和 4 处临时性文物保护单位，均未设置标志碑。

文物维修 南唐二陵维修。1950—1951 年，对南唐二陵进行简单维修，并搭建临时性建筑。1954 年，南京市房地产局承建加固钦陵后室顶部，排除顺陵积水等工程。1956 年，检修二陵木栅栏门，排除陵内积水。1962 年，南京市秦淮区建筑工程公司承包疏通排水系统，翻修墓廊。

1974年，清理陵前积土，拓宽挡土墙。1981—1984年，征用13.05公顷土地建筑围墙、陵门、陈列室等配套设施，加固钦陵后室门，耗资近43万元。1987年6月，南京市第一人民防空工程公司对二陵进行第一次防水改造工程，并采用钢筋混凝土防水层与开挖排水沟相结合的方法。1998年秋，南京中进公司对顺陵进行第二次防水改造工程。2006年8月，国家文物局斥资50万元对钦陵进行第二次防水改造工程。2007年1月5日，通过南京市文物局专家验收。是年7月上旬，百年不遇的暴雨袭击南京，造成顺陵渗水严重，南唐二陵文物保护管理所第一时间向上级汇报，确定维修工程方案，预计2008年开工。

郑和墓维修。1984年，江苏省和南京市人民政府拨款10万元，由江宁县文教局负责，重修郑和墓。1996年，县政府拨款5万元，县文化局筹集1万元，维修墓道、碑亭与陈列室。2004年，区政府斥资约500万元维修、扩建郑和墓园，此项工程于2005年4月结束。

宏觉寺塔维修。1990年10月，江宁县人民政府征地0.75公顷，建宏觉寺塔保护区。1993年，南京市人民政府出资350万元对宏觉寺塔进行维修并派专人看管。2007年，投入5万元对宏觉寺塔文物保护区的围墙重新粉刷做顶；投入1万元在宏觉寺塔内设置消防池栏杆；在塔周围种植林木花卉、在宏觉寺塔前安放配套雕塑、法融塑像、兴建广场等，共投入资金25万元。

阳山碑材维修。2003年2月，江宁区投资50万元由连云港市文管会文物施工队对碑材实施防风化加固工程，于是年8月，通过专家组验收合格。

横山县抗日民主政府旧址维修。1999年，对旧址进行修缮，恢复建筑、围墙、八字门和庭院，并整治周边环境。

杨柳村古建筑群维修。1983年8月，南京市文管会下拨5.60万元维修原杨柳中学古建筑群，更换所有腐烂的木结构、修补内外险墙、油漆木结构部分、拆除部分厅内平顶。1991年10月，市文管会下拨5万元，清理、铺设下水道280米，兴建大门，修建围墙、屋面拾漏等。2007年11月，江宁区人民政府先期投资550万元，开始对其维修（一期工程）。

徐绍桢墓维修。徐氏后人在2004年清明祭扫前对该墓石碑前方祭台、墓包东面的一裂缝，进行简单维修。

宋武帝刘裕初宁陵石刻维修。1956年9月，江苏省及南京市文物部门把天禄从水塘中打捞上来，并对此石刻进行整修。

2007年江宁区市级以上文物保护单位情况表

表35-7-4

序 号	名 称	时 代	级 别	所在地	公布单位	公布时间
1	南唐二陵	南 唐	全 国	谷里街道祖堂山	国务院	1988-1-13
2	宋武帝刘裕初宁陵石刻	南朝（宋）	全 国	汤山街道麒麟铺村	国务院	1988-1-13
3	梁建安敏侯萧正立墓石刻	南朝（梁）	全 国	秣陵街道宋墅社区	国务院	1988-1-13
4	宋墅失考墓石刻	南 朝	全 国	秣陵街道宋墅社区	国务院	1988-1-13
5	陈武帝陈霸先万安陵石刻	南朝（陈）	全 国	东山街道天云社区	国务院	1988-1-13
6	耿岗失考墓石刻	南 朝	全 国	东山街道中下社区	国务院	1988-1-13
7	侯村失考墓石刻	南 朝	全 国	秣陵街道陵里社区	国务院	1988-1-13
8	方旗庙失考墓石刻	南 朝	全 国	江宁街道建中社区	国务院	1988-1-13
9	南京人化石地点	旧石器时代	全 国	汤山街道汤山	国务院	2006-5-25
10	阳山碑材	明	省 级	汤山街道坟头村	江苏省人民政府	1982-7-26

续表

序 号	名 称	时 代	级 别	所在地	公布单位	公布时间
11	定林寺塔	南 宋	省 级	秣陵街道方山	江苏省人民政府	1982-3-25
12	牛首山宏觉寺塔	唐	省 级	谷里街道牛首山	江苏省人民政府	2002-10-22
13	郑和墓	明	省 级	谷里街道周村	江苏省人民政府	2002-10-22
14	汤山温泉别墅	民 国	省 级	汤山街道汤山	江苏省人民政府	2002-10-22
15	杨柳村民居群	清	省 级	湖熟街道杨柳村	江苏省人民政府	2002-10-22
16	牛首山摩崖石刻	明	省 级	谷里街道牛首山	江苏省人民政府	2002-10-22
17	将军山明功臣墓地	明	省 级	秣陵街道牛首社区	江苏省人民政府	2002-10-22
18	横山县抗日民主政府旧址	民 国	市 级	横溪街道呈村	南京市人民政府	1982-8-13
19	新四军第一支队指挥部旧址	民 国	市 级	横溪街道上庄村	南京市人民政府	1982-8-13
20	粟裕、钟期光住地旧址	抗日时期	市 级	横溪街道姜林村	南京市人民政府	1982-8-13
21	王以旂墓	明	市 级	谷里街道王家坟	南京市人民政府	1982-8-13
22	船墩古文化遗址	新石器时代	市 级	湖熟街道赵家边	南京市人民政府	1982-8-13
23	神墩古文化遗址	新石器时代	市 级	湖熟街道新墩村	南京市人民政府	1982-8-13
24	梁台古文化遗址	新石器时代	市 级	湖熟街道湖熟集镇	南京市人民政府	1982-8-13
25	前岗古文化遗址	新石器时代	市 级	湖熟镇耀华村	南京市人民政府	1982-8-13
26	老鼠墩古文化遗址	新石器时代	市 级	湖熟街道曹家边	南京市人民政府	1982-8-13
27	磨盘山古文化遗址	新石器时代	市 级	秣陵街道南捍村	南京市人民政府	1982-8-13
28	神墩古文化遗址	新石器时代	市 级	秣陵街道秣陵中学	南京市人民政府	1982-8-13
29	橙子墩古文化遗址	新石器时代	市 级	东山街道岔路口	南京市人民政府	1982-8-13
30	云台山新四军抗日烈士墓	民 国	市 级	横溪街道云台山	南京市人民政府	1992-3-17
31	幽栖寺	南 朝	市 级	谷里街道祖堂山	南京市人民政府	1992-3-17
32	李瑞清墓	民 国	市 级	谷里街道牛首林场	南京市人民政府	1992-3-17
33	岳飞抗金故垒	南 宋	市 级	谷里街道牛首林场	南京市人民政府	1992-3-17
34	徐绍桢墓	民 国	市 级	汤山街道小白龙山	南京市人民政府	1992-3-17
35	昝缪古文化遗址	新石器时代	市 级	禄口街道陶东社区	南京市人民政府	1992-3-17
36	神山头古文化遗址	新石器时代	市 级	江宁街道陆郎	南京市人民政府	2006-6-10
37	吉山失考墓石刻	明	市 级	谷里街道吉山	南京市人民政府	2006-6-10
38	淳化云居寺	南 朝	市 级	淳化街道青龙山林场	南京市人民政府	2006-6-10
39	建南和尚桥	清	市 级	东山街道建南村	南京市人民政府	2006-6-10
40	踊跃油坊桥	清	市 级	横溪街道踊跃村	南京市人民政府	2006-6-10
41	窦村古戏台	清	市 级	东山街道窦村	南京市人民政府	2006-6-10
42	佘村明清建筑群	清	市 级	东山街道佘村	南京市人民政府	2006-6-10
43	泥塘失考墓石刻	明	市 级	东山街道湖西村	南京市人民政府	2006-6-10
44	后岗失考墓石刻	明	市 级	湖熟街道后山岗村	南京市人民政府	2006-6-10
45	湖熟清真寺	清	市 级	湖熟街道	南京市人民政府	2006-6-10
46	桦墅石佛庵石刻	明	市 级	汤山街道桦墅村	南京市人民政府	2006-6-10
47	尢列墓	民 国	市 级	汤山街道小白龙山	南京市人民政府	2006-6-10
48	邓演达烈士殉难处	近 代	市 级	汤山街道晨光村沙石岗	南京市人民政府	2006-6-10
49	窦村水系及四方井	清	市 级	东山街道窦村	南京市人民政府	2006-6-10

说明：全区各级文物保护单位共72处。其中国家级9处、省级8处、市级32处列上表，区级23处表中未列

【重大考古发掘】

南唐二陵 在谷里街道祖堂山。1950—1951年，南京博物院和南京市文物保管委员会会同江宁县有关单位进行发掘，出土陶俑、陶兽、陶禽以及铜铁、漆、木器和玉哀册等文物640余件。南唐二陵为新中国成立后江南地区最早发掘的帝王陵墓。

湖熟文化遗址 1951年试掘，在湖熟镇发现古遗址10余处，同时试掘前岗、老鼠墩2处。前岗是江苏境内最早发掘的1处新石器时代遗址，出土遗物与北阴阳营下层文化相同；老鼠墩为相当于中原商周时代的青铜文化遗址。此后，这类遗址在宁镇地区陆续发现200多处，因地方特征明显，所以考古界将这种相当于中原商周时代的青铜文化，命名为“湖熟文化”。湖熟文化遗址分布相当广泛，主要在长江下游地区，北达淮河南岸。出土生产工具，以小型长条形石锛和半月形石刀为主，石斧较少；青铜器有小刀、镞、削、鱼钩，兵器有戈、钺等，容器有罍、爵、斝等。陶器以夹砂红陶为主，主要器形有鬲、甗、鼎、盆、罐等。

图 35-7-34 湖熟文化遗址出土的鼎

图 35-7-35 湖熟文化遗址出土的豆

昝缪遗址 在禄口街道陶东社区，遗址面积约9000平方米。1975年和1979年试掘，揭露面积135平方米，可分新石器时代和湖熟文化层。新石器时代遗存属崧泽文化晚期，出土物有陶鼎、豆、壶、罐及石锛、玉璜等。湖熟文化遗物以夹砂红陶为主，泥质灰、黑陶次之，印纹陶数量较少，纹饰有绳纹、梯格纹、方格纹、回纹等。器形有鬲、鼎、罐、盆、豆、钵等，石器主要有斧、锛、凿、刀、镞等。

沐英及其家族墓 1959年5—6月，南京市博物馆发掘沐英次子、定远忠敬王沐晟墓，并对被盗掘过的沐英墓进行清理。1974年，发掘九世孙沐睿墓。1979年，发掘八世孙沐昌祚墓。2004—2006年，南京市博物馆与江宁区博物馆陆续在将军山南麓、沐英墓以西发掘沐英第四世孙沐瓒墓、沐英子沐昂墓、沐英第八世孙沐朝弼墓。

建中宋墓 2004年1月中旬，在江宁区江宁镇建中村发现1座大型砖石结构古墓。是年1—2月，南京市博物馆联合江宁区博物馆，对墓葬进行抢救性发掘，出土文物约800件。

上坊中下孙吴大墓 2005年12月22日，江宁科学园在道路施工中发现江宁上坊中下村孙家坟六朝早期大墓，随后由南京市博物馆考古部与江宁区博物馆联合组成考古队对其进行抢救性考古发掘，出土金、银、铜、铁等不同质地的文物170多件以及600余枚铜钱。

秦桧家族墓 1986年发掘，位于江宁街道铜井牧龙村的一处小山坡上，南为一片开阔地，正对白头山，距中华门约35千米。出土器物有瓷器、水晶杖与玉佩饰、铜币等。

下坊东晋墓 位于东山街道上坊陈村下坊村，1993年发掘。墓葬为凸字形券顶砖墓。墓内出土随葬品有盘品壶、耳杯、唾壶、铁镜等16件。

麻田明墓 位于东山镇街道石马麻田村，1994年发掘。根据出土墓志，墓主为明代长兴侯耿炳文夫人陈氏。该墓早年遭受盗扰，墓内还出土锡制明器、石墓志、金簪等。

西塘东吴墓 1997年发掘，位于原东善桥镇西塘村砖瓦厂（现谷里街道东善桥社区）。出土有陶杵、碓、罐、堆塑罐、瓷洗、碗、铜器等24件文物。

方山上定林寺遗址 2003年9—11月，南京市博物馆、南京市文物研究所和江宁区博物馆联合组队对定林寺遗址进行发掘，发掘面积1000余平方米。发掘出土人面瓦当、兽面瓦当、陶佛像、瓷片等文物13件。

东汉时期墓葬 2007年5—6月，宁杭高速公路二期工程在湖熟下应家村修建公路收费亭时发现2座东汉墓葬。两墓出土13件文物，主要有漆器、铁器、铜器、陶器、印纹硬陶器等。

南宋墓葬 位于江宁街道建中社区宅前自然村。2004年1月，由南京市博物馆、江宁区博物馆联合发掘。墓内出土瓷、银、铜、漆木、玉及玻璃、水晶等不同质地的文物约800多件，主要有玉梳、玛瑙壁、玻璃杯嵌宝石银戒指、牙角质香料盒以及大量人形和各种动物形状的玉佩饰。该墓是迄今为止江苏地区已经发掘的规模最大、结构最为牢固、出土文物最为丰富的宋代墓葬。

竹山元代墓 位于东山街道竹山南麓，1998年发掘，出土文物6件（套）。元代墓葬在南京地区发现较为罕见，在江宁地区发现更属首次。该墓葬的发掘对研究元代时期江宁地区的政治、经济、文化有重要的学术价值。

铜井新民老山岗东吴墓 2005年4月，江宁滨江开发区施工人员在江宁铜井新民老山岗平整场地过程中发现一座六朝墓葬，区博物馆随即对该墓进行抢救性清理发掘，出土器物有铜镜2枚，青瓷钵1件，青瓷盏1件，铁剑1把（残）等。

将军山南朝大墓 位于江宁经济技术开发区将军山东麓山水华门住宅区内，2006年发掘。其砖室全长达10米，与已经发掘的多座梁代宗室王侯墓葬规模相当，属于这一时期的大型墓葬。

江宁滨江开发区5号路南宋墓 2007年发掘，从墓葬形制以及出土器物看，该墓应为南宋晚期墓葬。

滨江开发区纬一路两座六朝家族墓 2007年3月，江宁滨江开发区纬一路在施工过程中发现2座六朝墓葬，随即江宁区博物馆对2座墓葬进行清理，按由东向西排列分别编号为M1、M2。出土器物有青瓷盏4件，盘口壶1件。从出土器物造型风格及墓葬形制上看，2墓应为南朝中晚期的家族墓葬。

铜井牧龙孙元六朝家族墓 2007年8月，江宁滨江开发区施工人员在原铜井牧龙孙元村取土过程中发现墓葬，区博物馆随即派人前往现场，经查看，为3座墓葬，按由南向北分别编号为M1、M2、M3，区博物馆立即对该墓进行清理。此次发掘的3座墓葬呈"一"字形。根据墓葬形制和出土器物以及M3中出土的买地券上纪年为"建衡元年（269）"文字，可以推断其很可能为东吴到东晋同一家族墓地。

第八章 广播 电视

江宁区广播事业发展从收音站开始。1950年5月，建立收音站。1956年3月，在收音站基础上筹建县有线广播站。1965年，开始自架广播专线。1970年，因陋就简用毛竹梢、杂树棍大办广播；1978年，结合整网改造大力推行专杆专线、专杆水泥杆化，二次大发展后，全县广播专线网路总长达4300多千米，小喇叭11.30万余只，普及率70%，至1980年，全县基本实现广播专杆专线化。至1990年年底，农村有线网络基本形成。1993年1月15日，江宁调频广播电台建成开播，江宁广播事业进入有线与无线同步发展的新阶段。至1996年，有线广播杆路逐渐减少，江宁调频广播越来越受广大听众的喜爱，有线广播（小喇叭）日渐萎缩，直至消失。2007年，江宁人民广播电台推出集新闻、服务、娱乐、休闲于一体的全天十大板块直播节目。

江宁电视事业起步于20世纪80年代。1986年之前，县境内云台山硫铁矿等一些大型厂矿、企事业单位为改善电视收看效果，陆续建立电视差转台，是江宁地区最早建立的电视差转台，在服务企业的同时也改善了周边村镇居民的电视收视效果。1986年，江宁电视事业正式起步，汤山、湖熟、陆郎、横溪4座50瓦电视差转台及江宁县电视转播台陆续建成开播。1990年8月开始，全县发展有线电视网络，电视事业进入无线与有线、转播与自办节目同步发展时期。1992年5月，江宁电视台筹建并试办电视节目，1993年5月，正式建成开播。1994年，建成江宁有线电视台。1997年12月，江宁人民广播电台、江宁县电视台、江宁县有线电视台3台合并成立江宁县广播电视台，归县广播电视局管理。至2005年，全区有线电视用户达18.40万户，门楼总入户率96%。是年，全区通过创建有线电视示范区的验收。2006年开始，全区大规模进行电视模拟化向数字化转换工作。至2007年年底，全区完成175个住宅小区7.10万户的有线电视数字化整体转换工作。

1980年12月，成立江宁县广播事业局。1984年4月，更名为县广播电视局。2001年，更名为区广播电视局。2002年7月，区广播电视局由区政府工作部门改为区政府管理的事业性机构，受区政府委托，履行行政管理职能。

第一节　有线广播站

1950年5月，江宁建立收音站，由中共江宁县委宣传部管理。1956年3月，在收音站基础上建立有线广播站；是年6月5日，有线广播站正式开播，站址在县城东山镇二马路（步行街上元商场后门附近）。初建时，播出内容以转播中央人民广播电台、首都报纸摘要和江苏人民广播电台的节目为主，自办节目只有一档《江宁生活》。1981年3月，成立广播事业局，江宁有线广播站改为江宁广播站，广播事业局与广播站一套班子两块牌子，1984年6月，广播事业局更名广播电视局。1992年6月5日起，江宁有线广播站改为江宁人民广播电台。是年10月，开始筹建江宁调频广播电台，于1993年1月15日建成试播，2月6日正式开播。县调频广播电台与县有线广播电台共用江宁人民广播电台呼号，节目同步播出。1996年，被江宁人民广播电台替代，有线广播站自行消失。

【有线广播设施】

20世纪50年代，有线广播站初创时，借用农村电话杆线，同杆同线交替传输信号，随着听众增多，小喇叭发展迅猛，广播与农村电话同杆同线矛盾突出。1965年，开始自架广播专线。是年年底，为节约成本，广播站自办水泥预制厂，由职工和家属工生产水泥杆。

1970年，贯彻中央大办广播精神，发动群众集资投料，因陋就简用杂树棍、毛竹梢大办广播，至1971年年底，全县147056家农户共安装小喇叭122529只，入户率87.50%。1970年的“跃进”发展终究经受不住时间考验，几年后，树棍、毛竹架设的专线经不起风吹雨打，频繁损坏，网路逐渐瘫痪，喇叭普及率以年均3%的速度递减。1978年，中共十一届三中全会后，江宁广电事业迎来发展的春天。是年，开始进行整网改造，推行广播“五有化”（有地线，有避雷装置、有限流电阻，有音箱，有拉线开关），大办专杆专线、专杆水泥杆化。1979 年 1 月，江宁县委主持召开全县广播工作会议，要求条条线路通，队队广播通，户户喇叭响。至是年年底，全县广播专线网路总长达 4300 多千米，喇叭总量 11.37 万只，入户率 69.10%。20 世纪 80 年代，广播事业建设重点围绕管理、更新改道、规格化整网、推进“五有化”，全县 27 个乡镇建广播站，360 个行政村建起广播室，村通播率达 99%。1980 年，全县大规模对县站至公社放大站专线进行增杆、移杆、换杆、换线，至是年年底，全县基本上实现广播专杆专线化、专杆水泥杆化，结束自 1956 年长达 24 年借助农村电话线通广播的历史。

1990—1992 年，广电局认真落实县十一届人民代表大会提出的“三年内全县广播喇叭入户率达 70%”的议案，至 1992 年年底，全县入户小喇叭 11.65 万余只，入户率达 70.18%，圆满完成县人民代表大会提出任务。

【节目设置】

新闻类节目 1956 年 5 月，江宁县有线广播站开播，新闻类节目以转播中央人民广播电台、首都报纸摘要和江苏人民广播电台为主，以自办节目为辅。当时因与《江宁报》社统一领导，合署办公，稿件采用同编共用。广播自办节目为《江宁生活》，是早期的新闻节目，每周 6 档，每档 5 分钟 ~ 10 分钟。1958 年 11 月，有线广播站与《江宁报》社分开，稿件独立采写，独立编播。1961 年 4 月，县有线广播站节目设置有所调整，增加 1 档《听众之友》。1962 年 3 月 12 日，《本县新闻》全新亮相，每周 7 档，每档 10 分钟。1973 年 1 月开始，《本县新闻》改为《抓革命、促生产》节目，每周 6 档，每档 30 分钟。1975 年 5 月 17 日起，《抓革命、促生产》又改成《本县新闻》，一周 6 档，每档 30 分钟。1978 年 11 月，增加一档《一周时事》节目。1980 年，《本县新闻》更名《新闻》。1982 年 2 月 15 日起，《新闻》改为每周 7 档，每档 10 分钟。1987 年 1 月，开设《南京县郊新闻联播》节目，每周 1 档，每档 5 分钟。1987 年 5 月初，加入《上海经济区部分广播台站新闻协作会》，开设《上海经济区新闻联播》节目，每周 1 档，每档 15 分钟。1987 年 9 月 14 日，增加 1 档《午间新闻》，每周 7 档，每档 5 分钟；1989 年 7 月此节目撤销。1990 年 7 月 10 日，《南京县郊新闻联播》与《上海经济区新闻联播》合为一体，改称《外地新闻瞭望》，每周 1 档，每档 15 分钟。

社教类节目 1956 年建站开播始，社教类节目内容包含在自办的综合性节目《江宁生活》中。1961 年 8 月，《听众之友》亮相，每周 2 档，每档 15 分钟。1962 年，开设一档《民兵生活》节目，每周六晚上播出，每档 10 分钟。1976 年，新增《学习理论》《学科学》节目，其中《学科学》节目逐步取代《农业学大寨》节目。1978 年 1 月 16 日，《农业学大寨》被取消，《学科学》为每周六定时节目。1979 年 4 月 16 日，《学科学》改称《科学知识》，每周 3 档，每档 10 分钟，增设 1 档《听众信箱》，不定期播出。1981 年 6 月 25 日起，为迎接“七一”和“国庆”，《江宁生活》不定期播出《江宁县抗日斗争光荣革命史》12 讲。1984 年下半年，自办节目完善栏目化，《江宁生活》设《法制园地》《青年之友》与《新人新事》；《科学知识》设《姐妹谈心》《当前农事》《致富参谋》《卫生与健康》与《生活顾问》等栏目。1985 年 1 月起，《法制园地》为每周五固定栏目。1987 年 5 月，撤销《江宁生活》和《科学知识》节目，改设《致富顾问》《听众知音》《法制与社会》和《姐妹谈心》等专题节目，每档节目均为 10 分钟。1988 年 4 月 17 日，自办节目又在设置上进行改革，把所有专题节目合并为一个综合性专题节目，以《听众知音》作为节目总名称，每周 6 档，每档 15 分钟，每天早、中、晚 3 次播出。《听众知音》从周一至周六依次播出《科技星火》《法在我们身边》《青春时光》《观察与思考》《江宁风貌》《农家生活》等 6 个专题，其中又设 21 个子栏目。

文艺类节目 1956年建站始，每天都有文艺节目播出，分转播和自办2种，内容主要有文艺专题、电影剪辑、电影新歌、文艺知识、戏曲欣赏等。1962年3月，调整节目设置，自办的4档节目合并为2档，即《江宁新闻》《江宁生活》，文艺类节目在《江宁生活》中唱主角，每天125分钟，占全天播音时间（245分钟）的51%，节目内容80%为听众点播。1967年4月至11月，是“文化大革命”军事管制时期，县广播站停办自办节目，全部转播中央人民广播电台的新闻和文艺节目。1980年年初，增设半小时1档《星期天文艺》专题节目。1983年，转播南京人民广播电台《广播书场》节目，每天1档，时间30分钟；自办《文艺节目》，周一至周六每天140分钟，周日190分钟。1984年9月30日，开设1档《秦淮艺苑之花》，时间20分钟。1987年5月，《文艺百花园》《秦淮歌坛》全新亮相。1988年4月，分设《戏曲剧院》《文苑漫步》《音乐欣赏》和《曲艺集锦》等子栏目，每档时间20分钟～30分钟。1988年4月，开设《每周一歌》，时间10分钟。1988年年底，《文艺百花园》与《秦淮歌坛》合并，改名为《秦淮艺苑之花》，为主持人节目，每周1档，每档30分钟。1989年9月，《秦淮艺苑之花》节目易名《秦淮百花园》，内设《秦淮文坛》《江宁揽胜》《田园歌声》《曲艺集锦》《乡间传奇》等子栏目。

服务类节目 1956年建站开播之日起，转播省台《天气预报》，每日3次。1958年12月，县气象站建成，每日3次播出县《天气预报》，省台《天气预报》每天早上播出1次。1980年2月1日，开设《为您服务》节目，每周1档，每档5分钟。后因不能正常出稿，于5月底停办，共播出13档。1984年12月2日开始，开设1档《信息之窗》，主要公布市场信息及东山镇农贸市场主要蔬菜和畜禽价格行情，时间10分钟，星期六播出，始播、重播3次。1987年9月，开设《今晚电视节目预告》节目，先安排在《午间新闻》节目中，后改放在《听众知音》节目结束前播出。

基层站自办节目 1970—1971年，谷里公社、横溪公社、方山公社、殷巷公社等17个公社相继自办《活学活用毛泽东思想》《毛泽东思想万岁》等节目。1980年，上坊放大站在坚持办好当地新闻和科学知识节目的同时，还增加《青年信箱》《有线广播维修常识》等专题节目。1990年年底，全县24个乡镇有18个乡镇开办常年性和季节性自办节目，上坊、陆郎、秣陵、谷里、龙都、湖熟、东善桥、上峰、丹阳、陶吴等10个乡镇开办常年自办节目。1991年，24个乡镇广播站都开办自办节目，其中14个乡镇开办常年性自办节目，9个乡镇开办季节性自办节目。1992年，全县乡镇自办节目评选，东山、上坊、秣陵、东善、江宁、龙都、湖熟、陶吴等8个乡镇广播电视站，获乡镇广播自办节目优秀奖，部分稿件选送南京市参评，其中岔路乡送评稿件获南京市乡镇广播节目（稿件）一等奖，上坊、龙都、其林3个乡选送的节目（稿件）获二等奖。

第二节 广播电台

1992年6月5日，江宁有线广播站改为江宁人民广播电台。1993年年初，江宁调频广播电台建成开播。江宁广播事业进入有线与无线同步发展的新阶段，形成一个以县广播电台为中心，以23个乡镇广播电视站为基础，拥有专杆专线和无线调频同步传输、混合覆盖、连接千家万户的新型广播网。2000年，电台全面改版，实行“大版块，大容量”，全天播音时间增至11小时20分钟，其中自办节目占70%以上。是年，建成南京市区、县第一个广播数字化音频工作站。

2007 年 4 月，广播电台继续创新、创优，广播节目全新改版，推出新闻、服务、娱乐、休闲等十大版块直播节目，全天播出 16 小时 40 分钟，其中自办节目 14 小时 10 分钟；是年 6 月 5 日，广播电台成功将广播节目输入数字电视平台，使数字电视用户在电视上可以同步收听广播节目。

【调频广播设施】

根据县委、县政府建立江宁调频广播电台的决定，1992 年 10 月，经广播电影电视部批准，江宁广播电视局开始筹建调频广播。调频广播发射台台址设在东山镇土山顶部东端，发射塔高度为 36 米，采用双层蝙蝠翼天线，发射机功率 300 瓦，发射频率 94.1 兆赫。

1993 年 1 月 15 日，江宁县调频广播电台建成试播，2 月 6 日正式开播。县调频广播电台与县有线广播电台共用江宁人民广播电台呼号，节目同步播出。江宁调频广播电台覆盖南京市郊区及江宁、溧水、句容等部分地区。1993 年 11 月 6 日，江宁调频广播电台工作频率开始改为 88.5 兆赫。是年年底，县人民广播电台为 22 个乡镇广播电视站配备安装了调频广播专用接收设备。1996 年，为完善调频广播功能，添置 1 台 300 瓦的备份调频广播发射机。1 套 75 千瓦发电机组，并更新全套配电、用电、计量设备，架设通往发射台的双回路输电线路，试制成功广播信号自动控制器。

2000 年 6 月，县广播电台投资 63 万元，建成全市区、县第一个广播数字化音频工作站系统。该系统利用网络数字信息传播技术将直播、录制、管理、总控连为一体，使广播节目的采、编、播、录、控全部由计算机自动控制，极大地提高了工作效率。2001 年，为扩大调频广播有效覆盖面，全区新增调频广播音箱 1380 只。是年 4 月，湖熟镇淮源村为农户安装 500 只调频广播音箱，成为全区首个普及调频广播村。是年 4 月 1 日，完成江宁城区大市口市民广场、国旗广场等地广播联播工程，全天自动转播江宁人民广播电台节目。2006 年 4 月 10 日，投资 70 余万元购置的南京市区、县第一辆调频广播直播车投入使用，作为流动的小型无线广播电台，能及时对江宁各项重大现场活动作现场直播。是年 5 月 26 日，广播车首次对“江宁区第六届横溪西瓜节”实况进行现场节目录播；12 月 5 日，江宁广播电视网站开通同步传输播出江宁人民广播电台节目。

2007 年 6 月 5 日，广播电台成功地将广播节目输入数字电视平台，使数字电视用户在电视上可以同步收听广播节目。

【节目设置】

新闻类节目 1992 年 7 月 1 日起，《江宁新闻》节目由录音播出改为直播。1993 年 1 月 15 日，江宁调频广播电台正式开播，与江宁有线广播电台共用江宁人民广播电台呼号，《江宁新闻》新闻类及其他类节目同步播出。2006 年 6 月 5 日，增开 1 档《885 新闻广场》，每天 1 档，每档 30 分钟。2007 年 4 月 6 日，《江宁新闻》改为《江宁早报》，时间仍为半小时；原《885 新闻广场》分一二两部分上午和下午分别播出，其中上午 1 个半小时，下午为 1 小时；新辟 1 档《读报茶座》，每天半小时直播。

社教类节目 1994 年 3 月，开设《七彩时空》《时政广场》等主持人节目，实行采、编、播、录合一制作报道。1996—2000 年，先后开设《说案谈法》《政法经纬》《法律常识》《法庭内外》《江宁警方》《法制报道》等专题栏目，其中《说案谈法》在南京市第二届广播电视名优节（栏）目评选中，被评为十大优秀节（栏）目。2001—2003 年，先后开设《巾帼风采》《家庭内外》《家教百科》《幼教天地》《空中课堂》等专题栏目。2004 年，开设《青春芳草地》《聆听经典》专题节目。2006—2007 年，电台新推《百姓关注》《百味人生》《成长不烦恼》等专题节目。同时“开门办台”面向高校、军营等联手、联合办节目，与驻宁数家部队合办《军营在线》；与区中医院和区妇幼保健所合办《健康快乐每一天》。

文艺类节目 建台初期，文艺节目仍集中在《秦淮百花园》栏目中，但内容有所增加，每星期定期或不定期播出《文学天地》《乡间传奇》《艺苑万花筒》《荧屏博览》与《送您一首歌》等 15 个子栏目。1996 年，在保留《秦淮百花园》综合文艺节目基础上，于晚间 18 点 40 分和 17 点 40 分分别增加《名曲欣赏》和《广播书场》2 个节目。2006 年 6 月 5 日，广播节目大改版，推出 4 档专题，分别为《城市 RADIO》《梨园时空》《娱乐直通车》《885 音乐时间》。2007 年 4 月 6 日，广播节目再次改版，原先 4 档文艺类节目改为 2 档，分别为：《娱乐新天地》和《音乐时空》，每档都是 2 小时。

服务类节目 1993 年 6 月，推出 1 档《空中服务台》节目，时间 5 分钟 ~ 10 分钟。1994 年 3 月，首次以主持人名字命名的《小芳时间》全新推出，针对听众来信反映的问题，以及社会上的热点、难点答疑解惑，时间 30 分钟。另 1 档《市场快车》在晚间 18 点播出，时间也是 30 分钟。1996 年，服务类节目进行调整，在《市场快车》基础上，推出《伴您同行》主持人服务类节目，内容有《家教百科》《农家之友》《一周农事》与《科技顾问》等 15 个子栏目。2006 年 6 月 5 日，推出《生活咨询》《服务快车 1》《服务快车 2》。2007 年 4 月 6 日，原先服务类节目调整为《健康快乐每一天》《缘分天空》《晓蔓时间》《宇航夜话》，分别为卫生健康和情感问题类服务节目，每档都是 2 小时。

第三节 电视台

【电视差转台】

20 世纪 80 年代初，由于江苏电视台、南京电视台发射功率弱、覆盖半径小，导致距南京市较远地区的电视收视效果差。因此，江宁县境内一些大型厂矿、企业陆续建立电视差转台。

厂矿、企业电视差转台 1982 年 1 月，南京云台山硫铁矿在横溪云台山建成江宁县境内第一座电视差转台，发射功率 10 瓦，用 8 频道差转江苏电视台第一套节目，覆盖半径 2500 米；1983 年 2 月，上海梅山冶金公司在江宁乡新建行政村建成电视差转台 1 座，拥有 50 瓦发射机 2 台，用 7、9 两个频道分别差转江苏电视台第一套节目和南京电视台节目，覆盖半径各为 8000 米。由于江宁乡紧邻安徽，梅山冶金公司电视差转台建成后，靠近安徽边境的乡镇可收看到安徽电视台 8 频道及马鞍山电视台的相关节目。1986 年 10 月 1 日，梅山冶金公司安装了闭路电视系统，电视差转台停播。

汤山电视差转台 1986 年 8 月 31 日建成开播，台址设在汤山镇人民政府所在地东侧高坡，使用 GSZ-50 差转机发射，发射频道为 6 频道，发射功率 50 瓦，采用十字形天线，高度 15 米（海拔高度 120 米），汤山电视差转台主要转播南京电视台节目，覆盖半径 7000 米，主要覆盖汤山、上峰地区。2002 年 6 月，江宁区广播电视局根据全区农村有线电视发展和电视差转台运行的实际情况，关停汤山电视差转台。

湖熟电视差转台 1988 年 1 月 1 日建成开播，台址设在湖熟镇人民政府所在地梁台，使用 GSZ-5 开型电视差转机 1 部，天线分 4 层十字形，高度 27 米（海拔高度 60 米），发射功率 50 瓦，发射频道 6 频道。湖熟电视差转台主要转播南京电视台节目，覆盖半径 8000 米。2002 年 6 月，江宁区广电局根据全区有线电视发展情况，关停了湖熟电视差转台。

陆郎电视差转台 鉴于上海梅山冶金公司电视差转台从1986年10月1日停播，影响江宁、谷里、陆郎3个乡的部分村电视收视效果。因此，1985年10月，经江宁县政府协调，江宁县广播电视局与江宁、谷里、陆郎3个乡达成协议，由3个乡统筹共建陆郎电视差转台。根据协议，南京市广电局无偿调拨机器，县财政一次性补助资金1.50万元，陆郎乡投入3万元，江宁、谷里2个乡分别投入1.50万元；差转台建成后，由3个乡各抽调1名管理人员负责机务管理，人员工资由各乡自行解决，技术管理归口县广电局，人员管理归口陆郎广播站。1990年9月10日，陆郎电视差转台建成开播，台址设在陆郎镇人民政府所在地，使用GSZ-3型差转机，发射频道3频道，发射功率50瓦，天线高度50米，覆盖半径8000米，陆郎电视差转台主要转播南京电视台节目。

横溪电视差转台 1992年12月30日建成开播。台址设在横溪镇人民政府所在地，设置4频道GSZ-3型50瓦发射机，采用蝙蝠翼双层型天线，有效高度50米，横溪电视差转台主要差转南京电视台12频道节目，覆盖半径8000米。1998年，中国联通江苏分公司在横溪建设1座通讯发射塔，经协商后，横溪广播电视站利用该塔设置电视发射天线。2000年8月，横溪电视差转台搬入新大楼，发射天线由原高度45米增至60米，覆盖半径8000米。

【电视转播台】

江宁县电视转播台，1988年9月10日开始建设，1989年2月1日建成开播。台址设在东山镇土山顶端。

建设电视转播台的资金来源采取“社会事业大家办，县里出一点，各家集一点”的原则，在县政府协调下，县财政拨款20万元，近40家机关、厂矿、企事业单位集资近13万元，保证工程顺利完工。

转播台有2部发射机及配套天线、20米发射铁塔1座、转播机房1座及附属设施。第一部发射机发射频道为13频道，设置NSD-U50型发射机1部，功率为50瓦，采用1副2层偶极子板天线，相对高度20.50米，海拔高度78.50米。13频道主要用于转播中央电视台第二套节目，覆盖半径7000米，主要覆盖东山、岔路、殷巷、上坊及其林部分地区，后因南京电视台发射已覆盖江宁地区，经江苏省广播电视厅批准，于1997年10月停播。第二部发射频道为35频道，设置CSD-1-IV/V-1A型发射机1部，功率1000瓦，覆盖半径2万米，采用1副4层偶极子板天线，相对高度18.50米，绝对高度77米。35频道主要转播江苏电视台第2套节目。主要覆盖东山、岔路、殷巷、上坊、东善、其林、淳化、湖熟、龙都、方山、秣陵、禄口地区，后在1993年用于自办节目和转播中央电视台第一套节目。

【江宁电视台】

1992年年底，江宁县广播电视局在原江宁电视转播台的基础上开始筹建江宁电视台，其间利用35频道和13频道试播自办节目。35频道为自办节目频道，13频道转播中央电视台第二套节目。1993年5月14日，经广播电影电视部批准，江宁电视台正式建成，呼号为江宁电视台，台址设在东山镇土山顶端。1997年后，江宁电视台与县广播电台、县有线电视台合并成立江宁县广播电视台后，由县广播电视局统一领导。江宁电视台的节目设置主要有新闻类、社会教育类、文艺类、服务类与公益服务类。

新闻类 1992年，江宁电视台筹建期间，试办新闻类节目，主要以《江宁电视新闻》为主；

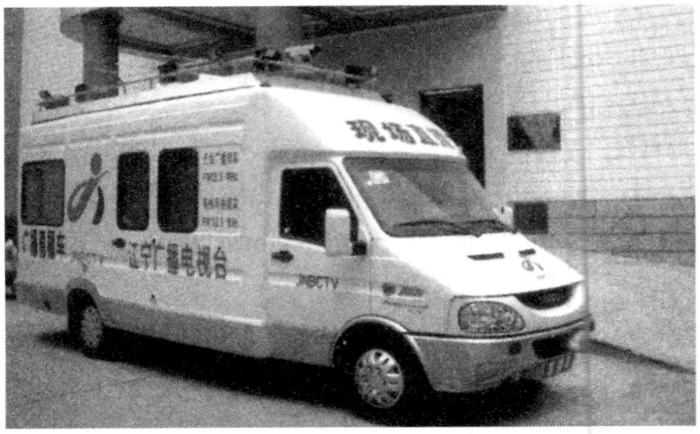

图 35-8-36 2006 年，江宁区首台广播直播车投入运行

1993年5月15日，江宁电视台正式开播，《江宁电视新闻》更名为《江宁新闻》。新闻类节目主要对县内的重大新闻、重大事件及时报道，新闻专题及时宣传报道全县重点工程建设。1996 年 1 月，创办《社会视角》，属新闻评论性栏目，每 10 天 1 档。该栏目多采取现场报道加评述等形式，对群众关心的热点、难点问题进行跟踪报道。1999 年 10 月后，《江宁新闻》由每周 3 档改为每日新闻，周六、周日为一周要闻回顾，《一周新闻回顾》每周 1 档，每档 10 分。2003 年，开办视线栏目，每周五播出，关注社会热点、难点问题。2004 年 4 月，江宁电视台将原来的每天播出时间 6 小时 20 分钟减至 3 小时，每周 5 天新闻改为 6 天新闻。2006 年 1 月、4 月，江宁电视台对节目进行 2 次改版后，推出《企业家聊天》《江宁地产》等一批新栏目。2007 年 3 月，江宁电视台在《江宁新闻》节目中开设《全面小康在江宁》《全面小康创伟业》《小康指标解读》等专栏，重点推出经济建设看小康系列、城市建设看小康系列、农村发展看小康系列、百姓生活看小康系列、改善环境看小康系列、社会保障看小康系列和民心工程看小康系列 7 个系列报道。

社会教育类 建台初期，社教节目主要是《市容曝光台》，每周 2 档，主要针对市容卫生、交通秩序、城建管理等方面出现的问题进行曝光，每档安排播出 3 次。1997 年，社会教育类节目主要有《江宁风貌》《社会视角》《秦淮风景线》等新闻性专题。1998 年 10 月江宁电视台节目改版后，《江宁风貌》《社会视角》节目由不定期改为定期。1999 年，增加《江宁人》《现场传真》《星火科技》《法庭内外》《世界风云》《党旗下的报告》《创卫专题报道》等栏目；2005 年后，江宁电视台实行开门办台，与区法院、公安局和农业局等部门联合开办《江宁警方》《卫生与健康》等各类专题节目 10 多个。

文艺类 1995 年建台初期，开办《荧屏歌台》，每周制作 1 档，主要播放录制的中央电视台一至三套节目播出的大型文艺晚会实况，每档播出 7 天。1996 年 10 月，江宁电视台开始试办文艺节目，1997 年 2 月 1 日起，江宁电视台正式开办影视文艺类节目，节目内容主要播放从省供片站及省广播电视厅购进的影视节目带。是年，县广电部门、江宁电视台从江苏省供片站购进节目带 370 部；1998 年；无线电视台从省广播电视厅供片站购置节目带 44 个品种、318 部。1998 年后，开办《东方星辰》《百花园》2 个综艺节目。1998 年电视节目部成立后，开始制作播放文艺节目。

服务类 江宁电视台常年开设《经济动态》《信息之窗》《购物广场》等，主要为一些厂矿、企业等单位提供服务，每周 1 档，每档安排播出 3 次；《经济信息》每周制作一档，每周播出 6 次。2003—2007 年，服务类节目主要有《购物广场》《经济新闻・经济动态》《市场一览・信息之窗》等。其间，电视节目部与区公安局、区法院、区烟草局等单位联合开办《金叶卫士》《夕阳情》等。还与区政法、计生、财政等部门联合开办《法制前沿》《生活长廊》《财经杂志》等节目。

公益服务类 公益服务类节目主要是《天气预报》及一些公益性广告等。《天气预报》节目每档时间为 3 分钟。一般安排在《江宁新闻》后播出，利用有线 6 频道、13 频道，无线 35 频道播出，每日至少播出 1 次。江宁电视台的公益广告一般不少于广告播出总量的 3%。电视节目部有时将一些诸如“停电”“停水”等公益性告知直接插入节目中播出。2007 年 3 月中旬开始，江宁电视台正式启动全面建设小康社会电视宣传报道工作，以整屏字幕、移动字幕等形式，每日在《江宁新闻》节目后，播出建设小康社会的公益性广告。至2007年12月上旬止，共播发宣传字幕1320余条，每条滚动播出5遍，共计滚动播出6600余遍。

第四节　有线电视

有线电视是指通过光缆和线缆，把电视信号传输分配到千家万户的传输方式，整个传输系统由前端、干线、分配网组成。“七五”期间，江宁县开始发展有线电视事业。1990年5月，江宁县广播电视局等9家单位联合建成共用电视系统，创建江宁县东山镇地区有线电视网——江宁县有线电视总前端的前身。1992年4月，江宁县成立有线电视站。1994年4月，设立江宁县有线电视台（筹）。江宁有线电视台（筹）前端系统设在县城东山镇土山顶端的广播电视播控发射中心内。1996年至2000年8月，全县完成23个镇的有线电视联网工程，实现有线电视传输干线“镇镇通”。2000年2月1日，江宁广播电视台成立有线电视网络中心。2002年年底，完成全区有线电视“村村通”工程。2004年11月，江宁广播电视台与南京广电集团网络公司联合成立南京江宁广电网络有限责任公司。

【有线电视前端（含江宁有线电视台）】

闭路电视系统　“七五”期间，全县建成共用天线系统40余家，连接用户2000户。从1986年起，全县有27家单位建设闭路电视系统，连接用户3800余户。至1990年，经南京市广播电视技术部门检查验收，26家单位领到“有线电视乙级播映证”。

前端系统　1990年5月，江宁县广电局筹建全县第一个行政区域内有线电视系统——东山镇地区有线电视网，即江宁县有线电视的总前端，总前端的发射中心位于东山土山顶端，于是年8月1日正式开通。1994年4月，广播电影电视部批准江宁县正式筹建有线电视台，呼号为江宁有线电视台。至1994年年底，县城有线电视网通过3套卫星地面接收装置和无线接收方式，向用户提供中央电视台、江苏电视台、南京电视台以及安徽、四川、西藏、新疆、山东、浙江、云南、贵州电视台节目和中央教育电视台节目。1995年8月下旬，江宁广播电视台开通与南京有线电视台之间的微波通道，分别接收上海东方电视台、江苏有线电视台和南京有线电视台节目。1996年年末，县广电部门从美国进口了550兆赫邻频有线电视前端系统，于12月初开通。至1997年年末，江宁县有线电视台（筹）采用卫星地面接收、空中直接接收、光缆传送、微波传送等方式及自办节目向用户提供25个频道26套电视节目。1999年9月，县广电部门将东山镇土山顶上的有线电视总前端搬迁至新建的广播电视技术大楼内，更新全套设备，实现电视节目的计算机控制自动播出。2001年8月，江宁广播电视台

图35-8-37　2004年，江宁区政府召开大力推进有线电视“入户通”工程会议

改卫星接收为光缆传输（南京市至江宁区专线），向观众提供 28 个频道、29 套电视节目；2003 年，区广播电视台实施将南京有线电视宽带信号直接传送到部分小区工作，有线电视数字网传输播出 56 套电视节目和若干信息、文艺、影视、游艺类节目；2005 年 4 月 27 日，江宁广播电视台在模拟有线电视网络中增加传送中央电视台少儿频道和教科频道电视节目，全区 80% 的用户可以收看到 30 个频道、31 套电视节目。2006 年 4 月 3 日，江宁区有线电视前端播控与传输系统完成扩容改造，向全区有线电视用户统一传送 38 套电视节目（模拟），并同步传送南京有线数字电视节目信号。2007 年上半年，区广电部门实施有线电视总前端播控监视屏更新改造工程，将原 28 个简易单频道监视器更新为由计算机控制的 5 个液晶分列式监控屏。

乡镇有线电视前端 1992 年开始，全县乡镇有线电视前端逐步建立，1995 年，湖熟、土桥、江宁、丹阳、谷里、上峰、秣陵、禄口、铜井、铜山、麒麟、周岗、淳化 13 个乡、镇建立有线电视前端系统。至 1996 年年底，全县 23 个乡、镇中有 22 个乡、镇建立有线电视前端系统，安装终端用户 2.50 万户，并设置卫星地面接收设施。1999 年 10 月后，全县所有乡、镇均与县有线广播电视总前端实行光缆大联网，各乡、镇广电站一律停用原有的有线电视前端系统。自 2000 年 2 月开始，江宁县广播电视台组建所属城区有线电视网络管理站，在管理有线电视网络的同时代管有线电视分前端。至 2002 年后，全区镇、街道、开发园区共设立 23 个有线电视网络管理站（分前端）。

【有线电视网络】

1990 年 8 月 1 日江宁县城区有线电视网建成开通后，1991 年开始大规模建设有线电视网络，干线由总前端（位于东山土山顶端县广播电视播控发射中心），分东、南、西 3 个方向发展延伸。1992 年 8 月，全县在其林镇进行有线电视网络建设试点工作。1993 年，江宁县广电部门完成试点工作后，首先对县城地区网络进行改造，主干线全部采用进口电缆。至 1995 年年末，已架设主干线 1.40 万多米，支干线 1.60 万多米。1996 年 5 月，全县有线电视光缆联网工程开始启动（“镇镇通”工程），9 月全县正式实施有线电视光缆联网工程，县有线电视中心总前端采用数字式光纤干线（18 杆千米），架设市至县城和县城区域内光缆，开通南京有线电视台至江宁县有线电视台微波通道，与南京有线电视台实现联网。1999 年 10 月起，全县着手实施有线电视“村村通”工程，至 2002 年年底，全区建成有线电视光缆传输线路 1040 缆千米，计 10000 纤芯千米，拥有用户分配电缆网 1100 缆千米，至 2005 年 10 月，全区已构建大容量的光纤宽带广电网络及综合信息网络，共架设光缆 1700 余千米、达 1.40 万纤芯千米；自建主干广电杆线 340 杆千米；建立地下管网 270 沟千米、共 500 多孔千米。城区有线电视光缆线路全部下地并连接所有住宅区，光缆联网率达 100%；农村有线电视光缆干线以架空线为主并连接到所有行政村，光缆通达率达 100%；全区共开通光节点 742 个，平均每个光节点所连接的用户数在 300 户以内。全区网络管理设有 1 个中心站、6 个分中心管理站和 18 个边缘站，并全部通过光缆连接。2006 年，区广电系统继续加快网络基

图 35-8-38　2006 年，江宁区广播、电视节目实现网上直播

础设施建设，并加快网络升级改造，至10月底，实现老网改造2万户，新建地下管网32沟千米，新建、改建架设60杆千米光缆线路。2007年，实现老网改造2万户，新建地下管网60沟千米，改建100杆千米光缆线路。

第五节　有线数字电视

2000年7月，江宁广播电台建成并启用数字化音频工作站系统，广播播出实现从信号源的采集、制作、存储到播出的数字化，播出的信号经过延时和控制处理后送入有线电视系统传入千家万户。2006年9月，江宁区正式实施有线电视数字化工程建设，整个工程建设分5年3个阶段实施：2006年9月至年底为准备与试点阶段；2007—2008年为城镇普及阶段；2009—2010年年底为农村普及阶段；至2010年年末全面完成全区有线模拟电视向数字电视的转换。

【前期改造】

江宁广电于2003年对有线电视前端机房进行设备改造，引入南京有线电视信号（内含数字电视信号），首先在武夷花园等小区进行试传；2004年，继续扩大数字电视信号覆盖面，对总前端机房光纤配线进行扩容，另外对江宁经济技术开发区站设备进行改造，同时完成殷巷站拆迁光缆网的调整和城北站机房的启用及城区各机房监控系统安装任务。至2004年年底，数字电视信号的覆盖面新增18个小区、用户数超过2万户。

2005年4月20日，江宁有线电视前端信号全部采用南京有线数字电视信号源。2006年4月3日后，统一传送江宁区有线电视信号（江宁城区部分小区停传南京有线电视信号），并截取南京有线电视信号中的部分数字电视信号混入江宁区有线电视信号系统进行传送。

至2006年6月1日，全区广电系统完成南京有线电视数字环1550纳米光传输系统安装调试工作，为江宁城区有线电视数字化整体转换工作做准备。是年11月2日，江宁广播电视台将电视信号进行数字化后送入江宁区有线电视系统和南京市有线数字电视系统江宁网络中，全区数字电视用户可以通过机顶盒收看江宁电视台的节目。2007年4月，江宁广播电视台对有线电视前端接收南京有线数字电视信号源的设备进行更新替换（采用银河牌工程级机顶盒）。2007年6月，正式启用大屏幕多画面电视信号监控系统，同时，将江宁人民广播电台的调频广播信号进行数字化，送入江宁区有线电视系统，数字电视用户可以用机顶盒收听江宁广播电台节目。

【升级改造】

前端升级改造　1990年8月，建成800兆隔频有线电视前端。1994年下半年，改造为300兆邻频前端。1999年10月，由300兆邻频端改造为550兆邻频前端。2006年8月，引入南京数字电视信号，信号带宽860兆。

网络升级改造　1994年下半年对原有网络进行升级改造，即改为300兆邻频传输网，涉及用户8000余户，主要是更换放大器和主干电缆，1995年年底完成。1999年10月，对网络改造进行第二次升级，由300兆改为550兆，涉及用户5.60万户，于2001年年底完成。2004年，区广电局制订《江宁区有线电视网络改造计划》，改造1000户，HFC升级改造完成98%。是年，为提高数据网运行质量，将互联网出口由2兆升级到10兆；将中心交换机由3808升级到

6808；增添网络计费系统。2005 年 3 月开始，网络进行第三次升级，由 550 兆改为 750 兆，涉及用户 14.50 万户。2006 年 3 月，又将 750 兆升级改造为 860 兆，升级改造用户约 2.50 万户；4 月，对网络进行第四次改造，由 550 兆和 750 兆改为 860 兆；全年完成老网改造 2 万余户，新建地下管网 3.20 沟千米，新建、改建架设 60 杆千米光缆线路。2007 年，继续实施老网改造工程，全年完成老网改造 2.40 万余户。

【有线电视数字化整体转换】

2003 年开始，区广电部门开展南京数字电视信号在江宁城区住宅小区的传输工作。至 2005 年 12 月，城区数字电视信号覆盖用户 4 万户，并做好数字有线电视机顶盒的放装试点工作。2006 年，江宁广电部门先后完成南京数字电视信号引入江宁有线电视前端工程建设、收费平台建设和呼叫中心建设；对城区有线电视网络进行升级改造，为开展有线电视数字化整体转换做好网络准备和提供数字电视信号。在此基础上，江宁广电又新建秣陵、禄口、湖熟、丹阳、上坊、谷里、麒麟等处的广电网络业务用房。为解决数转用户能通过机顶盒收听、收看到江宁广播电视节目，先后投资近 20 万元，完成江宁电视节目和广播节目送入数字电视频谱的工作。是年 9 月，有线电视数字化整体转换工作正式开始，区广电部门制订计划，向数转小区用户发布通告。江宁广电分别于 9 月 9 日、10 月 24 日、10 月 25 日分 3 批在东山城区 29 个住宅小区进行有线电视数字电视整体转换试点工作，完成 19264 户有线电视数字化转换，其中，现场转换 16990 户，占应转总户数的 88.20%。这 3 次现场数字化整体转换，以南京广电网络公司为主、江宁广电网络公司为辅，分成 15 个受理组和 15 个安装队，3 批共转换数字电视用户 2 万户，试点工作取得圆满成功。2007 年开始，区广电部门先后投资 200 余万元，完成 108 个小区 2 万余户网改工程；在整转模式上，采用以江宁广电网络公司为主，南京广电网络公司为辅，现场受理为主和上门领取为辅的做法，从 1 月 30 日开始，先后分 12 批在东山街道和秣陵街道的 145 个小区开展有线电视数字化整体转换及数字机顶盒（卡）的用户放装工作。新增数字电视整转用户 5.01 万户，至 2007 年年底，全区整转有线数字电视用户 7.10 万户。

图 35-8-39　2006 年，江宁区市民领取数字电视机顶盒

第六节　综合数据信息网

【综合数据信息网交换平台建设】

网络建设　2000 年 10 月起，广电数据综合信息网工程由江宁广播电视台依托江宁广电宽带网实施建设和运营管理。是年 12 月，完成中心交换机房、网管机房和 6 个分中心以及 13 个边缘交换机房建设，并配置 20 多套大容量不间断电源及完善网管系统。自 2007 年 3 月开始，

江宁广电对115家政务网接入单位分3批进行光纤接入和扩容。此外，江宁广电系统还完成江宁广电网络传输机房至江宁区政府政务数据交换机房的240芯光纤网互融互通工程。

网络结构 1998年，全县在汤山、湖熟、禄口、陶吴、江宁、江宁经济技术开发区设立分中心，与县广电中心以1000兆IP连接；其他镇与县广电中心亦以100兆IP连接。江宁广电综合数据信息网为高速宽带IP城域网，采用千兆以太网技术，2007年前，网络结构为星型拓扑结构，网络核心站采用千兆以太网交换机，下设6个分中心（江宁经济技术开发区、汤山、湖熟、禄口、陶吴、江宁）采用千兆速率相连，13个站（其余各镇及科委、机要）配置企业级快速以太网交换机，采用百兆速率相连；以千兆速率和市广电高速宽带城域网相连接。至2007年6月，江宁广电光缆干线已延伸到江宁区7个街道、2个镇的自然村一级。

【网络的运营管理】

网络承载 1999年12月20日，县广电局运用综合数据信息网络将县委、县政府办公楼计算机系统联结上网运行。2000年4月起，江宁县广播电视台在县城地区结合有线电视网络改造试行安装用户可寻址管理系统。2004年4月，区广电部门投入80余万元完成江宁宽带数据综合信息网核心交换设备升级，12月底正式入网试运行。2005年4—5月，完成因特网出口扩容至20兆，增加备份线路，使因特网出口线路实现50毫秒电信级切换；8月，江宁广电网络有限责任公司开发广电网络办公OA系统，主要用于网络办公，于12月正式启用。自此，江宁广电内部建成自己的政务数据网站。2006年3—9月，区广电系统与南京广电网络公司合作开发江宁广电宽带呼叫中心网络平台；与南京邦联有线广播电视信息产业公司合作，将宽带用户扩展到网吧等行业；与江宁电视台合作实现广播节目短信播出。2007年2月，与南京广电网络公司合作，多业务传输平台（MSTP）建设完成。是年3—5月，完成35家党政机关政务宽带接入建设工作。2007年3月起，广电系统对全区政务数据综合信息网络主干光纤线路开始扩容建设，将115家政务网接入单位分三批进行光纤接入和扩容，保证每个单位接入4芯，实行政务网络物理隔离，完成广电网络传输机房至区政府政务数据交换机房的240芯光纤网互通互融工程程序。

政务数据综合信息网 1999年12月20日，江宁县政务数据综合信息网试验工程完成。2000年8月，江宁县政府批准《江宁县政务数据综合信息网实施方案》，由县广播电视局负责规划、建设和运营管理。信息网以县广播电视大楼为核心站，下设江宁经济技术开发区、汤山、湖熟、禄口、陶吴、江宁6个分中心站，其余12个镇和县科委、县机要局、民营科技园为边缘站。网络采取星型结构，县城地区均为地下管线，并规划通过12芯光缆将民营科技园、江宁经济技术开发区、岔路地区与县广播电视技术大楼连成一个近20千米的县城环网，通过12芯光缆将6个分中心站与县广播电视技术大楼联成一个近200千米的大环网。2000年11月28日，政务数据综合信息网传输交换平台设备投入试运行。同时，各镇（分中心站、边缘站）数据信息传输交换平台亦安装调试完毕。至此，全县依托广电宽带网承载的全县政务数据综合信息网建设全面展开。2001年5月9日，土桥镇人民政府在全区农村中率先建成计算机局域网，并接入江宁区政务数据综合信息网。此外，区地税系统、区检察院两个业务专网也连接开通。2004年6月，江宁区广电部门对区政务数据信息网络设备进行扩容升级，将中国联通公司的2兆国际互联网出口，扩容为中国网通公司的10兆国际互联网专用出口。至2004年年底，全区为120家单位沟通了政务数据信息网信息源，并有70多家单位终端入网运行使用。2005年上半年，区广电部门扩充互联网宽带出口、购置宽带防火墙、添置网络计费系统，使全区政务网用户增至122个。

第九章　档　案

江宁，长江下游南岸地区设立县级建制最早的县之一，自有县级建制后，就有了文书档案管理机构。因江宁紧邻历史名城南京，历代兵灾人祸屡受摧残，档案机构及官府文书屡建屡毁、屡毁屡建，如民国26—34年（1937—1945年），江宁县政府流亡于安徽省当涂县、郎溪县一代深山，时称“背包政府”，无法保存大量史籍档案；新四军东进抗日，建立县级民主政府，因环境限制，难以留存完整档案；抗日战争胜利后，江宁县政府接收汪伪时期形成的档案，建立档案机构并对所属各科室档案集中管理，1949年国民党政府溃逃时秘密烧毁许多重要档案。

江宁现代档案事业，伴随着新中国建立而诞生，伴随江宁经济社会发展而蓬勃兴起。从无到有，从小到大，经过几代人的不懈努力，取得了长足发展。

民国38年（1949）4月24日江宁解放，4月28日成立江宁县人民政府，接收残存的旧政权档案和部分历史档案。1952年，中共江宁县委、江宁县人民政府办公室分别增设档案资料管理员，建立管理制度，1955年开始了对历史档案资料的收集整理工作。1959年，江宁县档案资料馆成立。1984年3月，成立江宁县档案局，局、馆合署办公。2001年撤县设区，更名为南京市江宁区档案局（馆）。至2007年年底，江宁区档案局（馆）已晋升江苏省特二级档案馆、省市级爱国主义教育基地，成为全区档案安全保管和开发利用、爱国主义教育的基地和档案信息加二、发布的中心。

第一节　库藏档案

【旧政权档案接收】

民国38年（1949）4月28日，胡宏率工作队员接管江宁，与中国人民解放军第八兵团所属的1个连进驻地处东山镇的国民江宁县政府，宣告江宁县人民政府成立。军队代表宣布接管命令后，即封存全部档案资料。接管后，将旧政权档案集中一室存放，以便于日后清理利用。

1955年，中共江宁县委组织部首次对历史档案进行初步清理，从中抽取共产党人被捕、投敌叛变、自新自首的材料，抽取国民党政府人事材料，将其与档案一部分交给江宁县人民政府秘书处，另一部分交由江宁县公安局保管。1965年3月，再次对全县范围内的历史档案进行收集整理，1个多月中清理出有用资料6125份，分4个全宗整理立卷1354卷，集中交由县公安局保管。

1981年上半年，江宁县档案馆从县公安局接收9000余卷（件）旧政权档案和500多册民国期间的书刊资料，其中有目可查的为1300卷，其余均是捆捆扎扎的乱纸堆。是年6月下旬开始，江宁县档案馆采取“一见底、二分类、三修复、四组卷、五写标题”的方法，逐一仔细清理，将9000余卷（件）旧政权零散档案资料，共立2571个案卷，同时修复整理531本旧书刊资料，排列上架，编目造册。

【到期档案接收】

江宁档案馆建立后，特别是1984年后，江宁县档案局（馆）每年分批、分期接收基层档案室到期档案进馆。这是江宁档案馆馆藏量递增的最主要来源。

1996—2000年，基层档案室向县档案局移交到期文书档案和公证档案、婚姻档案共23350卷（册）；2001—2002年，区直机关7个部门和湖熟、土桥等6个镇移交到期档案4281卷；2003—2004年，接收江宁、周岗、淳化、禄口等5个镇的到期档案；1983—1995年，县直机关20家单位档案室移交到期档案共5710卷，18个乡镇档案室移交1998—2002年婚姻档案770卷；2005—2006年，江宁区人民检察院、区财政局、统计局等14家基层档案室和15个镇街到期档案以及全国第十届城市运动会江宁赛区摔跤有关体育档案共7736卷，向江宁区档案馆作了移交。

2004—2006年，区档案局将区直机关各单位到期文书档案（1995年以前形成的永久和长期文书档案）全部接收进馆。2004年，档案移交单位有：中共江宁区纪委、宣传部、统战部、政法委、审计局、建设局、科协、政协办、环保局、党校、党史办等20个部门。2005年，区档案局对区农工办、检察院、科技局、体育局、教育局、计生局、外经局、劳动局、人事局、统计局等15个部门的档案进行接收，接收3376卷。同时还接收621项工程档案5565盒。全年累计接收进馆档案8941卷（盒）。2006年，档案移交单位有中共江宁区委、区政府、供销社、计经局、民政局、公安局、卫生局、广电局、农业局、商贸局、粮食局、交通局、物价局、国土局等15个部门。2007年，接收基层到期档案1384卷。

【撤并划出单位档案接收】

江宁区县档案局（馆）对因为区县直机关机构改革单位撤并，或行政区划调整合并，或企事业单位改革改制及倒闭消亡而被撤销单位，及时上门指导整理归档，接收较有价值的档案案卷。

1987年，在长江、营防、花园3个乡划给南京市栖霞区决定文件公布前夕，县档案局（馆）分赴3个乡对其档案进行全面鉴定整理，1周内便将3个乡1986年底前的文书和会计档案全部接收完毕，立卷864卷。2000年3月，中共江宁县委、县政府对全县9个乡镇实行区划调整，其中撤销5个乡镇，县档案局及时调整工作方案，利用20天时间整理接收5个撤并乡镇的档案8600余卷。2001年，接收江宁区物资局、工业局、乡镇企业管理局、协作办、体改委和人民银行等6家撤销单位的文书档案2995卷、财会档案484册。2005年，接收被撤销的区外经局、农高区档案室案卷。2006年3月，中共江宁区委、区政府决定撤并11个乡镇，区档案局抽调11人奔赴11个镇街，突击整理、立卷被撤建制街镇的档案资料，将全部2155卷档案接收进馆。

【社会史料征集】

江宁区档案局（馆）自1985年开始即向社会开展档案征集工作，积极开展面向社会各类组织、各阶层人士的档案资料的征集接收工作，这是馆藏档案资料的又一个重要来源。日常征集办法采用写信、电话、上门联系和聘请义务征集员等形式进行。至2007年年底，征集书籍、手稿、照片、家谱和实物等档案资料1598卷（件、本、册、盒、张）。

【馆藏总量】

江宁区档案馆馆藏档案有25类，分为114个全宗，共103331卷（册）、8581件。来源于6个方面：革命历史档案；民国时期旧政权档案；新中国成立后区党、政、群机关档案；原县属区委、区政府（公所）和乡镇（人民公社）、街道党（工）委、政府（办事处）档案；区直属事业、企业单位档案；专业档案。

新中国成立时至1959年建立江宁县档案资料馆之前，档案资料分别保存在中共江宁县委、县人委办公室及县公安局等单位的文书室内，总计数量无法查找。1959年，设立江宁县档案资

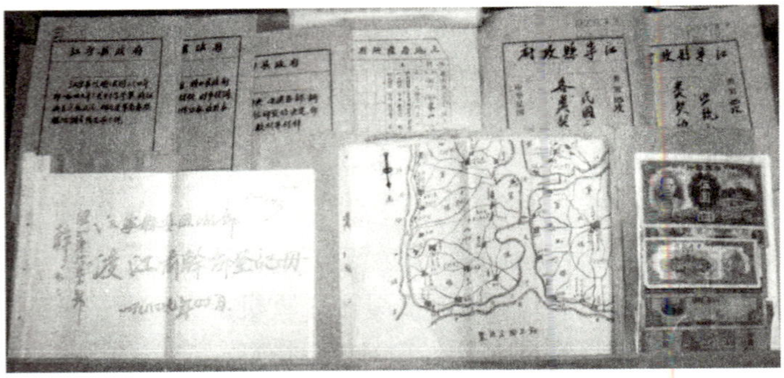

图 35-9-40 江宁区档案馆保存的民国档案

料馆之后，档案资料集中保管，数量统计较为准确。1966—1976年“文化大革命”中，档案工作受到冲击。1983年开始，江宁县档案局（馆）逐年进行档案工作基本情况的年报统计。

1977年，馆藏档案11714卷，1979年后陆续将“文化大革命”期间的档案接收进馆，1981—1982年，分别从江宁县公安局、中共江宁县委组织部移进一批历史档案和干部纪检档案；同时将县直机关各部门、各单位1981年之前的文书档案接收进馆。1984年年底，馆藏量增至27798卷（册），其中档案23755卷，资料4043册。

“七五”期间，江宁县档案馆开始大量接收人民公社时期档案。其间，接收文书档案7570卷，同时接收1966年以前的，已经经过清理鉴定，需要继续保存的会计档案404卷，其中凭证54卷，账簿344卷，报表6本。1987年，主动接收即将划出的长江、营防、花园3个乡的档案，馆藏量增至38974卷。“八五”期间，馆藏档案资料由“七五”期间的13个门类46516卷（册）增至18个门类5万卷（册）。“九五”期间馆藏量不断攀升。2003年6月中旬，接收乡镇档案1520卷，接收区委、区政府办公室档案235卷，接收各镇1998—2002年婚姻档案770卷。

图 35-9-41 2007年，江宁区档案局（馆）征集的部分书籍

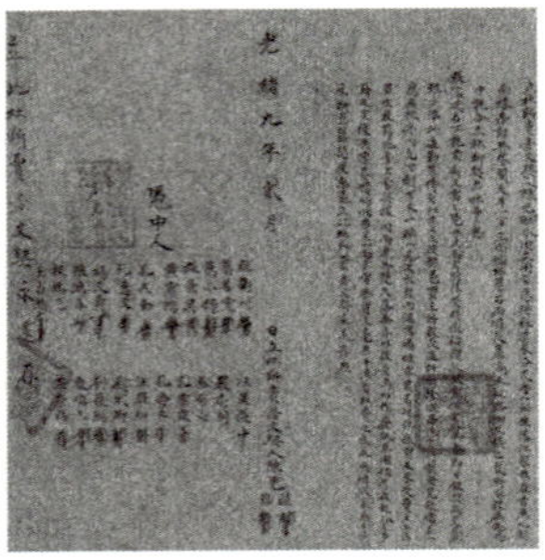

图 35-9-42 江宁区档案馆馆藏光绪九年的卖房文契

2005年年底，区档案馆有馆藏档案资料共66406卷（册）、970件，声像档案38盘，照片档案1902张，电子档案光盘14张、磁盘117张。2007年12月，区档案馆馆藏档案资料共103331卷（册）。

第二节 收集与整理

【全宗设立与调整】

1959年江宁县档案资料馆设立时，有全宗15个、馆藏案卷3825卷。1965年，为84个全宗、7561卷。1980年，为99个全宗、17637卷。1990年，江宁县档案馆对馆藏档案资料重新进行全宗设立。1个立档单位在其工作活动中形成的各种门类、各种载体档案为1个全宗。江宁县级设置的历史和机构沿革的轨迹，档案馆的档案全宗按立档单位性质、社会地位或系统重要程度设立为8大全宗群。

1999年，江宁县档案馆对馆藏档案全宗作全面调整，由原来8个全宗群中的168个全宗，将撤销（临时）机构全宗并入相关全宗，设立全宗汇集，调整为 97 个全宗。至 2007 年年底，随着馆藏档案的增加，增至 114 个全宗。

【档案整理】

调整编目 1980 年，江宁县档案馆对馆藏档案进行一次较大调整。原有 102 个全宗流水号，是按“文化大革命”前后 2 个时期各自从头编号的，这给档案利用带来不便，馆内组织力量对每个全宗进行重新核对、编目、编号、贴标签，同时调整档案存放布局，完成对 12812 卷档案的编号、贴标签工作，重抄 67 本案卷目录，抄写 1.30 万余张卡片及部分代卷卡，改正 10 本专题目录和 1.40 万张文件卡片号码，进馆档案均建立“三卡”，即重要文件卡、人员处分卡、代卷卡。档案标签根据不同保管期限，用不同颜色加以区别。1984—1985 年，江宁县档案馆对馆内不符合规范的监察档案、财会档案、科技档案、信访档案等，又一次调整和编目，检查修复中共江宁县委、县政府 2 个全宗永久档案。1986 年 1—6 月，修复档案 83 卷、文件 270 份，约 74.50 万字；修复档案约 45 万字。1993 年，修复旧政权档案第 5 卷、939 页，约 39 万字；修复历史档案 3 卷、127 页，约 3000 字；修复新中国成立后档案 107 卷、1882 页，约 41 万字。

1990 年 5 月后，江宁县档案局（馆）重新调整库房布局。先后抄写 2586 卷民国时期旧政权档案卷内文件目录及 1400 余张开放档案、诉讼档案文件级卡片，更换馆藏 4052 卷档案“四个号”标签，编制开放档案目录 5 本，开放文件级目录 25 本，编有 1/2 档案全宗全引目录 79 本，重新编制《全宗名册》和《全宗一览表》。是年 5 月下旬开始，档案馆进行 4 个档号的标签更换工作，至 6 月底，已更换标签达 1.50 万卷。1999 年 11 月，晋升江苏省二级馆级别复查认定之后，江宁县档案馆每 2 年对馆藏档案进行一次检查、核对。

清理鉴定 1965 年 10 月中旬至 1966 年 1 月中旬，全县开始第一次档案清理鉴定工作。其间，共清理鉴定新中国成立后 57 个单位 9093 个卷宗，归档 6724 卷，其中永久 790 卷，占 11.75%；长期 1645 卷，占 24.40%；短期 4289 卷，占 63.78%。同时完成 13 个单位 1963—1964 年的案卷调整工作。

1973 年 2 月，江宁县档案馆对新中国成立后的短期档案进行鉴定，这次共清理鉴定 62 个立档单位，短期档案 5666 卷，其中保留 2050 卷，占 36.20%；提出 3554 卷，占 62.70%；短期升为永久或长期档案 62 卷，占 1.10%。1978 年上半年，对“文化大革命”期间各人民公社寄存文件材料进行清理。全县 27 个公社积存文件清理完毕，接收进馆档案 7568 卷、财会档案 416 卷（册）。1981 年，从中共江宁县委组织部、县公安局等部门接收死亡干部档案、监察档案和旧政权档案共 11117 卷（件），清理其中从未经过整理的民国时期档案 9000 多卷（件），立卷 2571 卷、资料 531 卷。

在 1983 年清理鉴定工作中，清出不少过去未立卷的文件资料，立为 185 卷又 555 件，其中永久 101 件，长期 270 件。1985 年，江宁县档案馆对县直机关、乡镇（场）、县属企事业 83 个单位积存财会档案材料分 2 段进行清理。共清理出凭证 70371 册，账簿 9287 册，报表 1355 册，至此，全县全民、集体所有制企事业单位的财会档案清理建档工作基本完成。

1999 年，对馆藏短期档案和剔除档案 10552 卷进行鉴定，鉴定后需留存或重新组卷的为 1036 卷，经县级领导审批应销毁剔除档案 9732 卷。

2001 年，江宁区档案局对东山、汤山等 7 个镇 1982—1995 年的文书档案进行重新鉴定、分类、装订、编目，接收进馆档案 2369 卷。整理接收人行撤销档案 418 卷，公证档案 2962 卷，中共江宁区委办文书档案 144 卷，区政府办文书档案 84 卷，会计档案 1838 卷。是年，对先后进馆的2962卷公证档案、1699卷被撤销乡镇机关文书档案、2379卷婚姻档案进行整理编目、上架。2002年，江宁区档案局对机关机构改革中5个撤并单位的档案，进行收集、鉴定、整理、编目，整理档案3061卷。随即对湖熟、横溪、土桥、丹阳、陶吴、东善桥6个镇到期文书档案进行整理，共接收进馆档案1532卷。是年3月，江宁区档案局（馆）与区财政局等部门，联合成立区财会档案清理鉴定工作小组，对馆藏1985年以前的财会档案2420卷进行清理鉴定。2005年，区档案局完成对原外经局、农高区等撤销单位的档案清理鉴定和归档接收工作。全年累计接收进馆档案达8941卷。2007年，区档案局指导湖熟、汤山、禄口、谷里、秣陵、江宁等7个街道的1996—2005年到期档案的整理。

登记编号 江宁区档案馆对所有新进馆档案全部重新复查并登记造册，编制专题目录、卡片等检索工具，建立健全统计台账、登记簿制度。档案馆还对档案号编制、档号填写、档案存放等作出明确规定。每一本目录上应填写全宗号、目录号；每一本案卷上应填写全宗号、目录号、案卷号、页（件）号；不装订的案卷，卷内每份文件的首页右上方应加盖档号章，填写全宗号、目录号、案卷号、件号。库存编号方面，规定档案与资料分开存放；文书档案按全宗群，以全宗为单位分架存放；不同载体和门类的档案分库或分架分别存放；档案入架存放从左到右，从上到下，按案卷顺序进行。基于档案存放的系列顺序，将若干库房编为一个序列号。

【立卷制度改革】

1990年，在县直机关实行文书档案案卷格式标准化，同时改善案卷的装订分类。1999年，江宁县档案馆改补案卷封面2.30万余卷，补抄卷内文件目录1.80万卷，补编卷内张页号1.50万卷，补贴卷内备考表1.10万卷，补填代卷卡6.50万卷（册）。建立全引目录达100%，计复印装订450册；电脑录入案卷级目录301册，全部换上硬外壳。鉴定短期档案10552卷，鉴定后留存重新组卷1036卷，经县政府领导审批剔除档案9732卷。

2003年5月下旬，江宁区档案局（馆）邀请南京市档案局专家授课，对档案工作人员现场培训，开展立卷改革试点，文书档案立卷由过去以卷为单位，变为归档文件以件为单位，分别进行装订、分类、排列、编号、编目、装盒，完成当年立卷改革任务。

【库房管理】

破损修复 江宁档案馆对馆藏档案案卷进行经常性、定期性检查，1980年后，形成逐库、逐柜、逐卷的检查核实制度。1999年11月，省二级馆复查认定后，每两年对馆藏档案进行一次检查、核对。

1955年年初，中共江宁县委组织部首次对新中国建立前的一批保管不善历史档案进行清理。1965年3月，对全县范围内历史档案进行收集整理，30多天后清出6125份，分4个全宗整理为1354卷，集中在江宁县公安局秘书室保存。1969年，县公安局对这些档案材料进行清理，对其中部分破损和字迹褪变的文书档案、土地档案进行裱糊、抄写和复制。1981年、1985年修复中共江宁县委、县政府（人委、革委会）部分永久档案。1986年1—6月，修复档案83份、文件270份共74余万字，复制档案45万字。1993年，修复江宁县旧政权档案5本、939页，约39万字；修复历史档案3卷、127页，约3000字；修复新中国建立后档案107卷、1882页，80余万字。1999年，江宁县档案馆改补案卷封面2.30万余卷，补抄卷内文件目录1.80万卷，5卷内张页号1.50万卷，补贴卷内备考表1.10万卷，补填代卷卡6500卷（册）。2005年，修复破损档案1570卷。2007年起，对馆藏革命历史档案和民国档案进行数字化加工2417卷、33.55万页，修裱档案5100页。

库内检查 1984 年 5 月 9—15 日，江宁县档案馆对馆藏新中国成立后档案进行全面检查，在核对清点时发现，有 5 个案卷下落不明；案卷由本部门借出时间过长，又没有及时办理续借手续，无法掌握卷宗去向。后经清点检查，寻回案卷。此后，江宁县档案局（馆）于 1984 年起，开始实行库房岗位责任制，经常核对检查案卷。

第三节 管理与利用

【档案资料查阅】

1949—1966 年，查阅档案者多为地方行政单位或团体组织机构，以个人名义查阅档案者极少且没有单位介绍信亦不予接待。1966—1976 年，查档对象极少但仍以地方党政组织为主。1978 年中共十一届三中全会后，形成新中国建立后的第一个档案利用高峰。其间，各单位落实政策小组以及当事人本人纷纷前来查档阅档，调阅历史资料。1988 年后，经鉴定划密，对馆藏满 30 年的档案资料向社会开放，单位和个人均可凭有效证件查阅。2006 年，先后两次对外开放 6759 卷档案，涉及 70 个全宗。是年 6 月，区档案局网站正式开通，为广大群众和社会各界提供更为方便、快捷、高效利用的服务。2007 年始，采用电脑触摸屏形式快捷查阅，档案利用更为方便。

编制检索工具 1980 年，江宁县档案局（馆）对原有档案案卷进行调整编目，以方便查阅。1981 年，对接收的旧政权历史档案和部分资料，连同以前收集进馆的革命历史档案，分别进行整理、修复，编制目录索引。1985 年后，县档案局（馆）编制《干部任免专题卡片》，方便查档单位和个人。2006 年年初，修编《档案馆指南》《档案馆全宗指南》。《档案馆指南》使利用者一目了然地查到所需编目档号。《档案馆全宗指南》概括介绍馆藏档案全宗单位的机构沿革、主要职能、领导人名录、档案概况简介和档案内容与成分等，是馆藏档案检索工具书。各单位机构沿革和历任领导任职情况，是单位和个人查档阅档主要内容之一。

档案划控开放 1988 年始，江宁县档案馆对历史档案和新中国成立后满 30 年的档案进行划密编目，制订《关于江宁县档案馆开放档案的暂行办法》。首批开放档案共 2361 卷，其中新中国成立前革命历史档案和旧政权档案 291 卷，新中国成立后满 30 年的党政文书档案共 2070 卷。1988—1998 年，江宁县档案馆经过 3 次对新中国成立前历史档案和新中国成立后 1959 年前满 30 年的 9877 卷档案进行划密鉴定，对其中可开放的 6912 卷档案编制开放目录，实行对外开放。2006 年，对年满 30 年的档案划密后，先后两次对外开放 6759 卷档案，涉及 70 个全宗，主要是县直机关、公社 1973—1976 年机关文书档案。

【档案史料编研】

编研参考资料 1980 年，江宁县档案馆汇编《机关、乡（镇）机构沿革表》，编排各机关部门和主要乡镇领导任免表及全宗介绍等材料。1983 年，江宁县档案馆收集有关资料，编写《江宁县党政机关组织沿革表》《江宁县历届党代会、人代会资料汇编》，汇编《全县乡（镇）村与原公社、大队及区乡对照表》《政社分设后乡村变化情况汇总表》。为提供人才信息，汇编 1976—1986 年《江宁县录取大中专生花名册及情况一览表》11 本。

1999 年 12 月，编印《江宁县历任县级领导及县管干部》；2001 年 11 月，编印《江宁县历任区、乡镇领导干部名录》；2002 年 12 月，编印《“江宁人民的骄傲”——全区各级劳模和省级医生先进人物录》；2004 年，利用馆藏档案资料与江宁区地方志编纂委员会办公室合作编写《江宁年鉴》，提供资料、参与或合作编写的参考资料有《国（境）外友人和各级领导人来访、视察江宁》《江宁县历年重大自然灾害》《江宁县 1996—2000 年主要文件汇编》等 5 种资料；为《历史的探索》一书编写《江宁县抗美援朝运动》《江宁县群众团体建立情况》2 种资料。2006 年年初，编印《十五纪事》一书，是年，修编《行政执法责任制汇编》。

编写江宁大事记 《江宁大事记》编印发行起步于 1986 年 5 月，是县档案局（馆）最早开展并长期坚持的编研工作之一。在逐月编辑、年末总纂成集的基础上，至 2000 年年底，形成 5 年集结发行。对“九五”计划期间每年大事记进行重新整理编辑，集成《江宁大事记（1996—2000 年）》印发。此外，坚持办好刊物《江宁档案》、收集汇编《档案利用事例》。1984—2007 年，每年编印档案利用事例 30 余例，共有 10 余万字。

图 35-9-43 2007 年，江宁区档案局编纂出版的《江宁史话（十卷本）》荣获江苏省档案资料编研一等奖

发掘文史底蕴 2005 年年底开始，江宁区档案局（馆）编纂完成 10 卷本《江宁史话》系列丛书。该书共 10 卷 208 万字，由江苏人民出版社出版发行。2007 年 12 月上旬，十卷本《江宁史话》获得江苏省第二次优秀档案编研成果一等奖，成为南京市区、县档案系统唯一一个一等奖作品。

【档案史料展览】

1983 年 9 月，江宁县档案馆首次举办“江宁县档案展览”，参观者有干部群众 300 多人。1984 年，江宁县档案局（馆）举办第 2 次“江宁县档案资料陈列展”，从是年 8 月中旬开始到 9 月底结束。1989 年 9 月，江宁县档案局（馆）举办第 3 次“江宁县档案陈列展”。

1991 年 9 月，江宁县档案局（馆）举办“江宁县抗洪救灾图片展”。该展分 5 个部分、21 块版面和 9 个展柜，展出照片 218 张、部分实物及文件资料 40 多种。1992 年 9 月，县档案局（馆）利用馆藏档案资料与照片，会同县法制局，联合举办“江宁县贯彻实施《中华人民共和国档案法》宣传展”。1994 年 9 月，县档案局（馆）在县政府大门对面广场，举办“江宁抗旱夺丰收图片展”，展出 15 块版面、150 多张照片及书信、捐款数据等资料。1995 年 9 月，县档案局（馆）在大街广场举办“江宁县改革开放十五年成果展”。1996 年 9 月，县档案局（馆）举办“江宁县档案效益展”，展出 17 块版面、100 多件展品。1997 年 9 月，县档案局（馆）举办“江宁县《档案法》宣传图片展”，在大市口广场展出。

2006 年 12 月，区档案馆举办“《南京市档案条例》颁布实施 1 周年咨询服务活动图片展”，发放档案法规宣传手册、档案馆简介、查档须知，展出五块展板。2007 年 8 月，举办“走进档案馆，了解档案文化——青少年夏令营活动”；举办“档案走进社区，共建档案文化展”，展出宣传板 6 块，发放《致社区居民信》200 封，发放档案馆简介 150 份、档案手册 200 份、档案利用典型事例 150 份。

【教育基地建设】

2005年3月至2007年年底，该馆先后与江宁高级中学、秦淮中学、上元中学、实验小学及某部队建立共建关系；与南京晓庄学院、交通职业技术学院和中国传媒大学南广学院建立大学生社会实践基地，每年开展多次爱国主义教育和社会实践活动。至2007年年底，区内、外10多家单位先后在江宁区档案局（馆）举行爱国主义教育或社会实践活动的挂牌仪式，或履行登记程序。

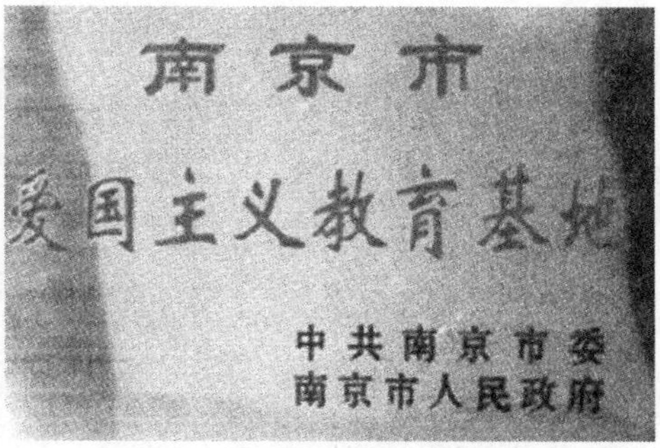

图35-9-44 江宁区档案馆为南京市爱国主义教育基地（2006年摄）

江宁区档案局（馆）积极发挥基地作用，采取多种形式，广泛开展爱国主义教育。既请进来，即把青少年请进档案馆，看档案原件陈列。又“送”教育上门。江宁区档案馆为发挥基地功能，自1999年后，多次把宣传教育展板搬出档案馆，在闹市广场举办江宁抗旱、抗洪、救灾捐款、档案利用成果图文展、巡回展，把爱江宁、爱祖国教育送向社会，送到群众之中。与此同时，组织专题报告会。区档案馆把馆藏中越自卫反击战中的英烈档案提供给宣传部门，组成宣讲团，分别在机关、医院、学校举行英烈事迹报告会。利用电视、广播、报纸宣传，编研各种资料及出版发行大众读物，加强爱国主义教育。

2006年年初，江宁区档案馆被中共江宁区委命名为江宁区爱国主义教育基地；2006年7月，被中共南京市委、南京市人民政府命名为爱国主义教育基地；2007年10月，被中共江苏省委宣传部命名为省级爱国主义教育基地，成为全省区级档案馆中的第一家。

第十章　志书　年鉴　宗谱

江宁的编史修志，历史悠久。南朝宋山谦之纂《丹阳记》（成书年代不详），为江宁地区早期地方志，对研究江宁地区自然历史发展有较大参考作用，对后世方志编修活动也有一定影响。明正德十四年（1519），〔正德〕《江宁县志》成书，这是江宁县、上元县有志书之始。清代，两县更多次纂修志书。至民国37年（1948），江宁县遗存旧志23部。

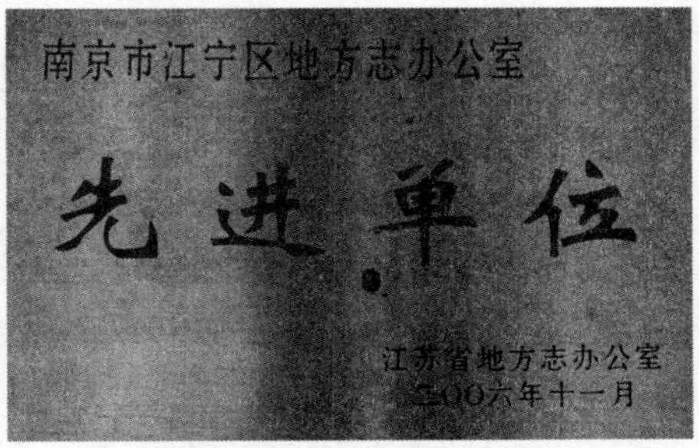

图35-10-45 2006年11月，江宁区地方志办公室被江苏省地方志办公室评为先进单位

新中国成立后，特别是中共十一届三中全会后，江宁县进入盛世修志时期。1981年1月13日，江宁县人民政府成立江宁县志编修委员会，委员会由10人组成，副县长万槐衡任主任。下设编写组，周光田任主编，编写组具体承担《江宁县志》的资料搜集和编纂工作。1984年12月20日，调整江宁县地方志编纂委员会，编纂委员会由64人组成，县委书记陈宗林任主任，县长陈大法等11人任副主任。1985年2月，成立江宁县地方志编纂委员会办公室，从此江宁县的修志工作有专门的管理工

作机构。1989 年 9 月，新中国成立后第一部新编县志——《江宁县志》由档案出版社出版发行。

1993 年 2 月，县委、县政府决定将党史办公室与县志办公室合署办公（一套班子、两块牌子），隶属县委、县政府双重管理。此后，江宁的修志工作成绩斐然。至 2007 年 12 月，全区共出版（包括内部出版）乡镇志、专业志 47 本；江宁统计年鉴 15 本，江宁年鉴 6 本，江宁统计资料 12 本。2006 年，区地方志办公室被评为全省地方志系统先进集体和市地方志工作考评特等奖；2005 年、2007 年，两次获市地方志工作特等奖。

此外，还整理姓氏宗谱 22 个，出版发行《江宁历代地方志提要与评析》。

第一节 地方志编纂

【旧志遗存】

自明代迄于民国，历代江宁、上元二县当政者都十分重视编修地方志，以明清两代尤盛，形式上可分为县志、两县合志，还有专志和山水小志，共计 23 部。

境内最早成书的县志为〔正德〕《江宁县志》，由知县王诰延请生员刘雨博采群书，广延故老，编纂志稿以应。该志采辑《大明一统志》《洪武京城图志》及历代史书图经志谱文集有涉于邑者考入，并增入国志所载流寓、仙释。全志凡十卷。继〔正德〕《江宁县志》后，境内还有〔正德〕《上元县志》、〔万历〕《上元县志》、〔万历〕《重修江宁县志》、〔道光〕《上元县志》与《江宁县政概况》等志。

两县合志主要有〔同治〕《上江两县志》《上元江宁乡土合志》。〔同治〕《上江两县志》由上元知县莫祥芝、江宁知县甘绍盘乃延嘉宾，采山问水，搜集咨访，以续百年之阙佚，合编《上江两县志》，志中有两记、十考、八谱、六录，还载山、水、宫城、两县境等图 14 幅及图说。

此外，还有很多专志和山水小志，如《牛首山志》，该志由上元盛时泰于明嘉靖三十三年（1554）至三十四年纂成。全志自序后分上下卷记述，上卷分类记述牛首山名胜古迹，随附大量名人诗篇；下卷分游览志、丽藻志，前者记叙游览者的活动，后者记叙有关牛首山的记、铭、名人游记、诗篇等。继《牛首山志》后，还有《献花岩志》《赤山湖志》《江宁县乡土志》《南汤山志》《东山琐缀》等志。

明至民国江宁地方志书和地情书编纂情况表

表 35-10-5

志 名	修纂人	纂成时间	备 注
〔正德〕《江宁县志》	王诰、刘雨	明正德十四年（1519）	是明代江宁县珍贵史料，书凡十卷
〔正德〕《上元县志》	白思齐	明正德十六年（1521）	—
《牛首山志》	盛时泰	明嘉靖三十三年至三十四年（1554—1555）	上卷分类记述牛首山名胜古迹，随附大量名人诗篇；下卷分游览志、丽藻志，前者记叙游览者的活动，后者记叙有关牛首山的记、铭、名人游记、诗篇等
《献花岩志》	陈沂	明嘉靖四年（1525）	包括山石、岩洞、水泉、台甃、宫宇、卉木、异畜；随附与献花岩有关的诗词
〔万历〕《上元县志》	程三省	明万历二十一年（1593）	—

续表

志　名	修纂人	纂成时间	备　注
〔万历〕《重修江宁县志》	周诗、冯翊、石允珍	明万历二十三年（1595）	1985 年 11 月南京大学图书馆复制
〔万历〕《江宁县志》	李登、周诗	明万历二十六年（1598）	—
〔康熙〕《江宁县志》	佟世燕	清康熙二十二年（1683）	—
〔康熙〕《上元县志》	唐开陶	清康熙六十年（1721）	—
〔乾隆〕《江宁新志》	袁枚	清乾隆十三年（1748）	—
〔乾隆〕《上元县志》	蓝印桂、王镐	清乾隆十六年（1751）	—
〔乾隆〕《上元县志》	何梦篆、程廷祚	清乾隆十六年（1751）	—
〔乾隆〕《江宁县志》	袁枚	—	—
《上元志》	陈栻	清道光四年（1824）	1983 年成文出版社有限公司印行
〔道光〕《上元县志》	武念祖	清道光四年（1824）	—
〔同治〕《上江两县志》	莫祥芝、甘绍盘	清同治十三年（1874）	光绪二年丙子（1876）季夏重校定本
《赤山湖志》	尚兆山	清光绪八年（1882）	强调浚淮必先浚湖，内容实际包括整个秦淮河流域
《上元江宁乡土志》	陈作霖	清宣统二年（1910）	江苏编译书局印行
《江宁碑专初辑》	卢前	民国时期	—
《江宁县乡土志》	林浚源、江庆沅	民国 5 年（1916）	江宁小学教育研究会印制
《江宁县政概况》	江宁自治实验县县政府	民国 23 年（1934）	大陆印书馆出版
《南汤山志》	严伟	民国 26 年（1937）	—
《东山琐缀》	卢前	民国 37 年（1948）	—

【区（县）志】

《江宁县志》 江宁县地方志编纂委员会编纂，1989 年由档案出版社出版发行。主编李荣潮、陈祖贻。全书 36 编 87 章，150 余万字，印数 7300 册。该志系统记述江宁县自然与社会的历史和现状。该志从江宁县行政区与南京城分合的实际出发，上限一般从清宣统三年（1911）辛亥革命开始记事，部分编章适当上溯，贯通古今，以明历史渊源。下限断至 1985 年。

启动纂修《南京市江宁区志》 全国社会主义时期第二轮修志展开后，2005 年 5 月，江宁区地方志编纂委员会办公室开始准备新修《南京市江宁区志》工作。选送人员参加省地方志办公室在扬州、徐州和省委党校举办的修志培训班以及到上海等地进行学习交流，汲取各地编纂区（县）志的经验和方法，为编修区志做好准备。此外，还聘请国内知名方志专家浙江大学教授仓修良担任顾问。

2006 年，根据国务院颁布的《地方志工作条例》和省、市新一轮修志工作规划部署，江宁区委、区政府决定启动全区新一轮修志工作。是年 11 月，区委办公室转发《关于做好新一轮修志工作的决定》；11 月 23 日，区委、区政府在江宁宾馆召开全区新一轮修志工作动员会，副区长陆蓉与 110 家承编单位领导签订《修志工作责任状》。12 月，

图 35-10-46　江宁区地方志办公室召开区志启动座谈会（2005 年摄）

区地方志办公室组织举办新一轮修志首期业务培训班，各街镇、园区、部门和有关单位 119 人参加培训，并分别与各承编单位的主编（主笔）签订责任状。《南京市江宁区志》主编王瑞林，执行主编杨俭余。全区新一轮修志工作采用“两步成书法”，区地方志办公室先行指导帮助各街镇、园区、部门和有关单位开展志书编纂和长编资料编写工作，在此基础上纂修《南京市江宁区志》。该志记述上限不限，追溯至事情发端，下限止于 2007 年。至 2007 年 12 月底，资料搜集 20% 左右。

【乡镇志】

境内最早的乡镇志是 1987 年 12 月由江宁县湖熟镇地方志编纂领导小组编纂并出版的内部资料——《湖熟镇志》，主编沈铸、李正鹄。全书 24 章、13 万余字。该志上溯西汉，下迄 1987 年，天文地理，历史沿革，民情风俗，都有记载。其中，新中国成立后，“湖熟文化”的发掘和考证等内容，为研究中国长江下游古文化的发展和湖熟的历史提供了珍贵的资料。

1989—1995 年，江宁县相继出版乡镇志 10 部。2001 年，江宁区《丹阳镇志》内部出版，主编朱国泰，全书 35 万字，印数 1000 册。

1989—1995 年江宁县乡镇志出版（印行）情况表

表 35-10-6

书　名	编纂单位	主　编	出版（印行）单位	出版（印行）时间	字数（万字）	印数（册）
《东山镇志》	江宁县东山镇	王　震	内部出版	1989 年 3 月	21.00	1000
《江宁镇志》	江宁县江宁镇	张乃荃	南京出版社	1990 年 10 月	25.70	1200
《上坊乡志》	江宁县上坊乡	王仲模	内部出版	1990 年 12 月	28.00	1000
《谷里乡志》	江宁县谷里乡	赵恒林	内部出版	1992 年 7 月	24.20	1000
《秣陵镇志》	江宁县秣陵镇	陆纯霖	内部出版	1992 年 10 月	25.00	1000
《龙都乡志》	江宁县龙都乡	笪本才	南京出版社	1992 年 11 月	25.00	1000
《禄口镇志》	江宁县禄口镇	陶绪元	内部出版	1992 年 11 月	23.30	1000
《陶吴镇志》	江宁县陶吴镇	陆万福	南京出版社	1992 年 12 月	24.00	1200
《铜井乡志》	江宁县铜井乡	李剑虹	内部出版	1993 年 11 月	20.00	1000
《周岗镇志》	江宁县周岗镇	俞林松	内部出版	1995 年 8 月	34.70	1200

【专业志】

江宁境内最早的专业志是《江苏省江宁县地名录》，为江宁县地名委员会编纂的内部资料。1984 年 3 月，由江苏省测绘局印制，印数 2000 册。主编唐佳宾、陈正富、徐兴钊。《地名录》约 30 万字，共编入县、乡、镇以上行政区划以及其他重要地名（包括名胜古迹）概况 60 篇，县、乡、镇地名图和地名照片 26 幅，录写各类地名 3800 余条，约占全县普查地名总数 90%。所录地名是现行标准名称，均经过普查考证与核对，基本纠正了长期以来在地名方面存在的混乱现象。

图 35-10-47　江宁区出版的部分地情书

至 2007 年，全区先后出版专业志 34 部。

1985—2007年江宁区专业（部门）志出版（印行）情况表

表35-10-7

书　名	编纂单位	主　编	出版（印行）单位	出版（印行）时间	字数（万字）	印数（册）
《江宁地理》	江宁县文教局教研室	—	—	1984年12月	—	—
《江宁县土壤志》	江宁县土壤普查办公室	余荣鹤	内部印刷	1985年9月	10.00	800
《江宁县印刷厂志》	江宁县印刷厂	严陆根	内部印刷	1987年2月	8.00	250
《江宁县商业志》	江宁县商业局	冯继容	内部印刷	1988年5月	15.00	1000
《江宁县物资志》	江宁县物资局	黄金虎	内部印刷	1988年6月	11.00	1500
《南京青龙山水泥厂志》	南京青龙山水泥厂	翟业焕	内部印刷	1988年9月	6.70	1000
《江宁县金融志》	江宁县金融志编纂小组	许治华	内部印刷	1989年6月	7.00	500
《江宁县税务志》	江宁县税务局	庄金兰	内部印刷	1989年8月	7.00	1000
《南京第三钢铁厂志》	南京第三钢铁厂	李兴潮、郝洪瑜	内部印刷	1989年9月	—	—
《江宁县粮食志》	江宁县粮食局	许翔	内部印刷	1989年10月	16.50	1000
《江宁县卫生志》	江宁县卫生局	郁南、朱谦之、何宏志	南京出版社	1989年12月	17.50	1200
《江宁县医药志》	江宁县医药公司	郑兴春	内部印刷	1989年12月	—	500
《江宁县县属工业志》	江宁县工业局	陈国坤	南京出版社	1990年8月	15.00	2000
《江宁县城乡建设志》	江宁县建设局	徐兴钊	南京出版社	1991年3月	23.00	1000
《江宁县自然灾害纪实》	—	梁明耀	内部印刷	1991年9月	—	—
《江宁县抗洪志》	江宁县志办	李荣潮、陈祖贻	南京出版社	1992年11月	14.40	1500
《江宁县交通志》	江宁县交通局	张镛祥	南京出版社	1993年11月	40.50	1000
《江宁县地名手册》	江宁县地名委员会	徐兴钊	内部印刷	1994年6月	19.30	1000

续表

书 名	编纂单位	主 编	出版（印行）单位	出版（印行）时间	字数（万字）	印数（册）
《江宁县上峰水利志》	江宁县上峰水利站	赵恒林	内部印刷	1995 年 8 月	10.00	1000
《江宁县供销合作社志》	江宁县供销合作总社	张秋萍	内部印刷	1998 年 12 月	50.00	1000
《江宁县土地管理志》	江宁县国土局	汤存燮	江苏人民出版社	1999 年 1 月	30.50	1050
《江宁县邮电志》	江宁县邮电局	蔡一莽、韦明政	东南大学出版社	1999 年 12 月	32.00	1200
《江宁县教育志》	江宁县教育局	董德华、彭年德	内部印刷	2000 年 8 月	60.00	1000
《江宁县人大常委会大事记（1980—2000）》	江宁县人大常委会	郝名驰	内部印刷	2000 年 10 月	—	—
《江宁县水利志》	江宁县水利农机局	谈太年、赵恒林	河海大学出版社	2001 年 7 月	29.20	1050
《江宁经济志》	江宁区计划经济委员会	周久耕、庞树根	江苏人民出版社	2001 年 12 月	50.00	1500
《江宁县财政志（上、下）》	江宁区财政局	王石岑、张文友	内部印刷	2002 年 4 月	20.00	—
《江宁文物》	江宁区文化局	钱德年	江苏美术出版社	2004 年 1 月	—	2000
《新江宁教育（2000—2003）》	江宁区教育局	—	内部印刷	2004 年 2 月	—	—
《江宁区农机化志》	江宁区水利局	谈太年、赵恒林	方志出版社	2004 年 4 月	24.30	1000
《江宁民政志》	江宁区民政局	周久耕	江苏人民出版社	2004 年 12 月	47.00	1200
《江宁政协志》	江宁区政协	赵鹤康、吴德厚、庞树耕	江苏人民出版社	2005 年 12 月	42.00	1200
《十五纪事》	江宁区档案局	赵鹤康、庞树根	内部印刷	2006 年 9 月	46.00	1000
《江宁人大志》	江宁区人大	郭宇飞、庞树耕	江苏人民出版社	2007 年 11 月	62.60	1000

【地情书】

江宁境内最早的地情书是1987年8月，由江宁县地方志编纂委员会办公室编纂并印刷的内部资料——《江宁县概况》，主编李荣潮、陈祖贻。全书近16万余字，印数5000本。全书由《概述编》《文物志》《大事记》3部分组成。

此后，至2005年，全区还出版了5部地情书。

1992—2004年江宁区地方志办公室地情书出版情况表

表35-10-8

书名	编纂单位	主编 副主编	出版单位	出版时间	字数（万字）	印数（册）
《江宁县施政概况》	江宁县志办	李荣潮 陈祖贻	南京出版社	1992年1月	14.40	1500
《江宁县施政概况》	江宁县志办	李厚友	内部出版	1997年11月	52.60	1000
《走进新江宁》	江宁区志办	王瑞林	中国档案出版社	2004年1月	27.00	1500
《名人与江宁》	—	赵慕明	人民日报出版社	2005年9月	13.40	3000
《〈规划纲要〉有关名词解释》	江宁区志办	王瑞林	内部出版	2005年	1.00	500

【旧志整理】

2007年，江宁区开始着手旧志整理工作，是年，江宁区地方志编纂委员会办公室编纂印刷的内部刊物——《江宁历代方志提要与评析》出版。主修王瑞林，编纂彭年德。全书既整理有关江宁地域的旧方志，又介绍江宁编纂的新方志；既提录原方志的主要内容，并评析其优点特色以资借鉴。对旧方志中的某些谬误，均加以考证勘正。

江宁历代方志提要与评析情况表

表35-10-9

类型	朝代	志名	点注译者
府志	元	〔至正〕《金陵新志》	索元岱
	清	〔嘉庆〕《江宁府志》	姚鼐
	清	〔光绪〕《续纂江宁府志》	刘一坤、赵佑宸
	民国	《首都志》	柳诒征
县志	明	〔正德〕《江宁县志》	寇天叙
	明	〔正德〕《上元县志》	白思齐
	明	〔万历〕《江宁县志》	徐大任
	明	〔万历〕《上元县志》	焦竑
	清	〔康熙〕《江宁县志》	佟世燕
	清	〔乾隆〕《江宁新志》	蔡长沄
	清	〔乾隆〕《上元县志》	周承勃、苏凌阿、何梦篆
	清	〔道光〕《上元县志》	俞霈元、武念祖、陈道坦
	清	〔同治〕《上江两县志》	李宗羲、蒋启勋

续表

类　型	朝　代	志　名	点注译者
专　志	明	《洪武京城图志》	—
	明	《金陵古今图考》	—
	明	《金陵梵刹志》	—
	明	《金陵玄观志》	—
	清	〔道光〕《金陵待征录》	—
	清	〔光绪〕《金陵通纪》	—
	清	《金陵通传》	—
	清	《上元江宁乡土志》	—
小　志	明	《献花岩志》	—
	明	《牛首山志》	—
	清	《金陵琐志》	—
	民国 23 年（1934）8 月	《江宁县政概况》	—
	民国 35 年（1946）	《江宁县施政概况》	—
	民　国	《南汤山志》	—
	民　国	《秦淮志》	—
	民　国	《江宁县乡土志》	—

【承办全国城市区志 2006 年年会】

2006 年 10 月 23—26 日，由全国城市区志专业委员会主办，江苏省地方志办公室、南京市地方志办公室协办，江宁区人民政府承办的中国地方志协会全国城市区志专业委员会 2006 年年会在江宁宾馆举行。全国 14 个省、市、自治区，85 个城区的近 150 位代表参加会议。中国地方志协会秘书长霍力进、中国地方志指导小组办公室主任助理高延军、江苏省地方志办公室主任方未艾、南京市地方志办公室主任金承平、江宁区代区长柏鹏和副区长陆蓉出席开幕式。此次年会的主题是贯彻中共十六届六中全会精神，探讨城市区志如何在构建社会主义和谐社会中发挥作用，交流城市区志可持续发展的新经验。主要任务是解析《地方志工作条例》，开展城市区志和年鉴编修学术论文交流。

2007 年，江宁区地方志办公室将此次会议的全部成果汇集成册，集成《全国城市区志专业委员会 2006 年年会资料汇编》一书，主编苏子懿。

第二节　年鉴编纂

【《江宁统计年鉴》】

1992 年前，江宁县内仅有统计资料。自 1992 年开始，县内始有《江宁统计年鉴》，由江宁县统计局编纂并内部出版。全书是一部信息密集的资料性年刊。通过大量统计数据和统计图记录和反映江宁县经济和社会事业发展成果，是各级领导、理论研究工作者和投资者的必备工具书，同时也是社会各界认识、了解江宁的重要窗口。全书共分13个部分，主要包括《江宁概况》《综合》《人口与劳力》《农业》《工业》《建筑业》《运输邮电业》《商业外经》《物资供销》《财政金融》《社会事业》《人民生活》与《企业选介》。至2001年，全县共出版18开本的《江宁统计年鉴》9本。2002年后，《江宁统计年鉴》在印制上有所改变，由18开本的小册子变为16开本的大册子，至2007年，全区共出版16开本《江宁统计年鉴》6本。

1978—1992年江宁县统计资料编纂情况表

表35-10-10

书　名	主编单位/主编　副主编	出版时间
《江宁县国民经济统计资料（1965—1976）》	江宁县革命委员会计划委员会	1978年2月
《江苏省江宁县第三次人口普查资料汇编》	江苏省江宁县人口普查办公室	1984年3月
《江宁县国民经济统计资料》	江宁县统计局	1986年5月
《江宁县国民经济统计资料（1986）》	江宁县统计局	1987年6月
《江宁县国民经济简明统计资料（1977—1986）》	江宁县统计局	1988年3月
《江宁县社会经济统计资料（1987）》	江宁县统计局	1988年4月
《江宁县社会经济统计资料（1988）》	江宁县统计局	1989年4月
《江宁县社会经济统计资料（1989）》	江宁县统计局	1990年4月
《江宁县社会经济统计资料（1990）》	江宁县统计局	1991年4月
《江苏省江宁县第四次人口普查和手工汇总资料》	姜丽艳、施振平、孙庆海	1991年4月
《江宁县社会经济统计资料（1991）》	江宁县统计局	1992年3月
《江宁县1990年人口普查资料》	姜丽艳、施振平、孙庆海	1992年7月

说明：此表中列出的江宁县统计资料除《江苏省江宁县第四次人口普查和手工汇总资料》由江苏省人民出版社公开出版外，其他均为内部印刷资料

【《江宁年鉴》】

编纂《江宁年鉴（1996—2000年）》5年合编本　由江宁县人民政府主办，江宁县委党史工作办公室、县地方志编纂委员会办公室负责编纂的第一部《江宁年鉴（1996—2000）》，2001年9月，由方志出版社出版发行。主编刘玲、李厚友。该书是一部综合性地情资料工具书，记载1996—2000年全县政治、经济和社会等各项事业发展的状况、重大事件和最新成就。设置《特载》《江宁概况》《乡镇概况》《中共江宁县委·江宁县纪委》《政权·政协》《群众团体》《政法》《人民武装》《经济综合情况》《农业》《水利·农机》《工业》《建筑业》《交通·邮电·供电》《国内贸易》《旅游》《外向型经济》《开发园区建设》《城乡建设·环境保护》与《财政·税务》等33个类目。计129余万字、130个彩照版面，共印1000册。2002年，该部年鉴荣获2002年南京市年鉴评比一等奖，2003年，荣获第七次南京市哲学社会科学成果优秀奖。

编纂《江宁年鉴（2003）》2年合编本　由中共江宁区委、江宁区人民政府主办，区委党史工作办公室、区地方志办公室负责编纂的《江宁年鉴（2003）》，2003年9月，由方志出版社出版发行，主编王瑞林。该年鉴为江宁地方性综合年鉴的第2部，记述2000—2001年全区各方面的情况，按平列式共设37个类目，类目下按行业或事业设141个分目，配有彩照1034幅，表格156个，补白17篇，124余万字，印数1200册。2004年，该部年鉴在参加第三届全国年

鉴编纂出版质量评比中获中国年鉴提名奖和综合二等奖（条目编写、装帧设计、框架设计）。

编纂江宁年度年鉴 自2004开始，《江宁年鉴》演变为年度年鉴。《江宁年鉴（2004）》为《江宁年鉴》第3部，由中共江宁区委、江宁区人民政府主办，区委党史工作办公室、区地方志编纂委员会办公室负责编纂，2004年8月，内部出版发行。主编王瑞林，执行主编苏子懿。年鉴按平列式共设36个类目，类目下按行业或事业设156个分目，配有彩照950幅，表格95个，补白9篇近70余万字，印数1500册。2004年，该部年鉴获南京地区第三届年鉴评比综合特等奖和中国地方志指导小组办公室、中国地方志协会年鉴评比首届版式、装帧、印刷特等奖。

至2007年，区委党史工作办公室、区地方志编纂委员会办公室先后出版发行《江宁年鉴（2005）》《江宁年鉴（2006）》《江宁年鉴（2007）》。其中，《江宁年鉴（2005）》在内容框架设计上，新增《江宁区2004年十大要闻》《江宁区2004年六件新事》《江宁与‘长三角’县市（区）经济发展比较研究》。类目略有微调。2005年12月，该部年鉴获江苏省地方志系统第4次优秀成果评比年鉴类一等奖。《江宁年鉴（2006）》在内容框架设计上，坚持图文兼备，除《江宁区2005年十大要闻》《江宁区2005年新人新事》图片栏目外，新增专记，对江宁区2005年重大活动和事项进行纪实，并设专文《比较与启迪》。类目保持相对稳定。《江宁年鉴（2007）》内容框架设计上在坚持类目稳定性的基础上，对部分类目作适当调整。调整后的类目设有《特载》《专文》《大事记》《区情概要》《开发园区建设》《外向型经济》《城市建设·环境保护》《工业·建筑业》《农业》《商贸·旅游》《民主党派·人民团体》《政法·军事》《科学技术》《教育》《文化·广播电视》《卫生·体育》《社会生活》《街道·镇》与《人物·荣誉榜》等25个类目。并在《人物》类目中增加《百姓之星》栏目，主要记载普通百姓的事迹，弥补了年鉴《人物》类目内容较为单薄的缺憾。

第三节 宗 谱

宗谱即家谱，又称族谱、家乘、祖谱等，是一种以表谱形式，记载一个以血缘关系为主体的家族世系繁衍和重要人物事迹的特殊图书体裁，是中国封建社会记录宗族传衍脉络、发展状况的一种文化现象。其内容涵盖丰富，涉及家礼、家训、家规，先祖画像，先辈功业，朝廷诰敕、圣谕，名诗古词及纪代派辈用字等。有浓厚的封建时代特征。新中国成立后，封建宗族观念逐渐淡化，各类宗谱随之淡出人们的视线。“文化大革命”运动中，“破四旧、立四新”，多数家谱被毁。现存的一些宗谱，多为其后人几经沧桑侥幸保存下来。作为历史遗存，人们从中惊喜地发现，在“金陵帝王州”这块宝地上，江宁曾经与如此众多的豪门显贵、名人雅士有瓜葛，他们权高望重、声名显赫。其中，王氏家族的王羲之是闻名于世的大书法家，陶氏家族的陶渊明是田园派诗人鼻祖，沈氏家族中在南朝宋、齐、梁三代为相的沈约是格律诗鼻祖，还有李氏家族侍奉唐代四代皇帝的著名白衣宰相李泌。这些遗存下来的宗谱内容丰富，记载详尽，某些方面甚至可补正史的不足，是研究者难得的宝贵资料。

【《高氏家乘》】

据《高氏家乘》记载，其祖籍渤海，传至41世，于明宣德四年（1429）高氏徙居江宁县。

至光绪年间高氏家族已繁衍32支，其中官山支大部分在谷里境内。《高氏家乘》始修于明弘治十年（1497），终修于民国11年（1922）。其间清嘉庆十五年（1810）续修过一次。传至54世时，字辈已完。清光绪十五年（1889）续修时，新立“怀、思、承、继、序、守、正、永、光、昌”10字，现传到“永”字辈。2004年高怀山选修，2006年出重修本。高氏家族繁衍至今，历传62世，有1980年的历史。该谱共分10卷，包括总序、支序、新序、原序、凡例、家规、文传、记赞、村落源流图、老系图、新老系年表、跋等。谱中20条家规中，如剔除正夫纲，分良贱等封建性的条规外，有许多风尚品德的内容，如宣扬务农、务工、勤俭节约、精通技艺、尊老爱幼、贫穷相恤、患难相救，以及戒赌禁嫖、奉公守法等都可供今人借鉴。

【《侯氏家乘》】

侯氏先祖福庆公，明末时因中原动荡，由河南军携眷东下，卜居金陵东郊之郭公园，嗣由郭公园徙居黄栗墅，传至四世廷蕙公，生五子，四子应韬分居寺庄（在今汤山街道内），故黄栗墅侯氏以福庆公为始祖，寺庄以应韬公为第一代，两村侯氏一祖相传，同源异流。此为寺庄《侯氏家乘》。

侯氏宗谱首创于清康熙六十年（1721），重修于清乾隆三十六年（1771），再修于清嘉庆九年（1804），三修于清道光二十二年（1842），四修于清光绪十年（1884），五修于民国32年（1943），1996年第6次续修。字派：福景荣木，廷应一世、必得其名、观光于国、尔祖是承、定邦家有、万显恒昌。已传18世，子孙500余人，连同黄栗墅，子孙近千人。家乘第1卷卷首有“珍藏世宝，木本水源”8个大字，有天开地辟乾坤之图、侯氏族谱序，重修族谱序、丧服总图、家规20则、凡例14、宗说、族说、谱有六不书、侯氏先祖应虎公传、应韬公传、侯公祖茔志、收谱录、重修宗谱氏名录、世系引、世系图、字派、上邑麒麟门外黄栗墅寺庄村重修族谱年表。

【《虞氏宗谱》】

《虞氏宗谱》始修于清顺治年间，最末一次修于民国13年（1924），中间经过多次重修。这部谱牒是居住丹阳一带的虞氏家谱。记载该家族源流、宗派、像赞、祠堂、家规、宗约、家训、著作，以及历次修谱时名人的序言。江宁虞氏相传为永兴虞世南之后，以虞世南为烈祖，宋时由麒麟门迁县属丹阳。现存以字定辈诗曰：“琼尚朝像红，明国以正定；元长新建益，忠致家作声。”至今已传至第56代“益”字辈，其中虞氏居住丹阳镇已有35代。现虞氏遍及丹阳境9个村，其中以虞村、严村、上泗陇、甘茂岗、大陈塔村居住为多。虞氏家规16条：禁不孝父母，禁侮慢尊长，禁恃富厌贫，禁逼节乱伦，禁大伯配弟媳，禁小叔配孀嫂，禁同姓为婚，禁不务正业，禁赌博荡产，禁行凶诳骗及唆人争讼，禁强夺祭田不付租谷，禁霸占绝产不予承继，禁私开坟山不呈粮册，禁窃伐荫树荒废山林，禁欺逼孤寡强占家私，禁倚趁鳏独肆行淫赌。

【《陶氏宗谱》】

已知存有《陶氏宗谱》的陶氏后裔有2处，其一为禄口街道群力社区的原昝巷村；其二为禄口街道尚洪社区的尚陶村，宗谱分别在陶运祖、陶太祥家中。前者保存的是《陶氏家谱》编纂于清光绪二十七年（1901），原本1套4册，当时印制了4套，现仅存1册残本。其余的在“文化大革命”中散佚殆尽。后者保存的《陶氏宗谱》比较完整。系第3次修纂于清光绪三十一年（1905），由五柳堂重刊，1套计有16册。该宗谱写明按辈用字有五言四句，共20个字，即“德性承先绪，才华奕世芳，人文增蔚起，勋业赞贤良”。尚陶村的三修本《陶氏宗谱》卷首载有历代名士著文多篇，内容凸现陶渊明其人其事。现存《陶氏家谱》残本，勾勒了一个外来移民家族在禄口筚路蓝缕，繁衍生息的过程。谱中还明确记录清代陶家人出资捐建江宁河定桥的经过和秉承先祖踏实本分的处事准则。

【《沈氏宗谱》】

《沈氏宗谱》为禄口街道铜山地区彭福村沈庄自然村沈裔族人所存。原有10卷，仅存4卷，系线装古本，世德堂承印。该宗谱除家庭衍传溯源，还载有家训家规、功德记录、及辈分派字等内容。谱载87世。卷1“诰命”8字启首：“奉天诰命泰山恩荣”。篆体，每字1页。以皇帝恩赐的“金书铁券”凸现沈氏宗族第66世明代武将沈清的显赫业绩和受旌表的情况。卷4“溯源图”历述沈氏家族衍传生息详情。据《沈氏宗谱》所载，沈氏家族中有2位在历史上位高权重、门庭显耀的名人，即48世的沈约和66世的沈清。

【《庞氏家乘》】

《庞氏家乘》由第7代祖、元末河南府太守翼虬创修，明代多次续修。清同治十二年（1873），庞惟扬、庞思敬主持续修；清光绪二十八年（1902），主修为庞思佳、庞升远；民国二十五年（1936），主修为庞懋奎、庞必旺、庞必寿。2002年壬午年新修本，由庞树根主修，庞道灿倡修，庞其清、庞顺根、庞道友、庞志元等助修。在江宁区上峰、周岗、湖熟、铜山等地集村居住庞氏，为汉代庞德公26代孙、北宋宰相庞籍（父骏公）的后裔。新修《庞氏家乘》依据旧存老谱内容，除凡例、跋以外，分为10卷。第1卷：源远流长，收录历代续修宗谱的序言、世原纪录、原谱目录等。第2卷：树大根深，收录宗法、家规、宗派、宗祠仪节等。第3卷：显扬祖德，收录原有传、记、赞、行、实等。第4卷：光耀门闾，收录庞氏宦迹、仕宦名目、乡试会试中式名目、国学、校庠名录、学子专家名录等。第5卷：枝繁叶茂，收录1世祖至26世总图，增补21世至29世60多年来的族人入图。第6卷：世系年表（一），收录1至19世年表。第7卷：世系年表（二），收录原谱20世至21世年表。第8卷：世系年表（三），增补22世至25世年表。第9卷：世系年表（四），收录第26世至29世年表。第10卷：附录，收录今人通讯录、此次修谱捐款名册、领谱人名讳及保管宗谱要则等。该谱现藏于江宁区档案馆。

【《孙氏宗谱》】

《孙氏宗谱》是淳化街道王墅行政村下王墅孙氏宗谱老祠的宗谱，分为12卷，有原序、跋、祖训、祠规、凡例、分支分派说、定派命名说、世系说、世系总图、年表说、字派说、字派年表。据《孙氏宗谱》记载，孙氏家族在清康熙以前仅有草谱，其中缺略者甚多，最初修于清乾隆五十三年（1788），于清嘉庆二十五年（1820）续修，最后修于清宣统三年（1911），2006年4月，由孙家鑫再次重修。孙氏老祠《宗谱》以“世继大邦，应念维新，於汝谨斯，克家以谷”的字辈诗排定辈分，现已传至第24世孙，即“家”字辈。

【《皇甫氏宗谱》】

汤山街道皇甫氏有几支，后新村皇甫氏分东皇甫和西皇甫，另有前新村皇甫和西庄皇甫，但始祖皆为宋孝宗时的皇甫坦。据东皇甫宗谱载：皇甫坦11世孙皇甫通经生3子：达一、达二、达三，达三于明成祖永乐二十二年筑室于后新村而居，是为皇甫氏始祖。后达一、达二宗支于明宣宗宣德年间由陕西迁来汤山定居，达一宗支居西庄，达二宗支居前新村。此谱为后新村的西皇甫，共5卷，其中3卷复印，2卷打印。

宗谱首纂于清康熙四十年（1701），清乾隆三十年（1765）重修，清道光十六年（1836）再修，清光绪三十三年（1907）四修，1990年重修。卷1有皇甫氏源流考、修谱序、家乘引、家规、凡例、赞、收谱字号、世系图、公元1990年复印宗谱名氏录，卷2、卷3为上元通济门外神泉乡皇甫氏重修宗谱年表，卷4为1990年重修族谱序、世系图，横排、打字，第3卷附卷，是1990年重修的年表，横排、打字。现已传至第16代。皇甫氏在当地为一大家族，人口众多，虽分3村4支，但同祖异流，源远流长。

【《业氏宗谱》】

禄口街道铜山、横山一带，有一支业姓居民，保存一部比较完整的族谱——《业氏宗谱》。该谱记载着始祖李泌及后代李氏的世系以及世表、宗派、诰敕、遗像、别传、墓志、碑考、祠堂记、祠规、家规、宗约、家训、家范等，还有相关的义田记、义庄记、墓记、墓图、艺文、著作、对联等。其记载从唐代起到国民止，前后1000多年，经历50余世。同时，这个宗谱还有800年的修谱史，最早修于宋淳熙二年（1175），最后一次修于民国37年（1948），内容相当丰富，在许多方面可补正史不足。此外，为这部族谱写序、题字的，有许多是历史上著名的人物，如南宋的陆九渊、周必大，元朝的业福禄，明朝的陶承学、陈王道，清朝的查秉钧，民国的洪兰友、马元放、李宗黄等，清代袁枚还专门为之题过诗。

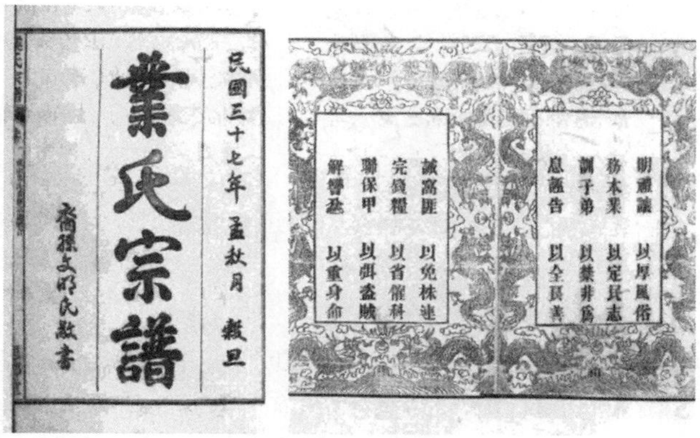

图35-10-48　横山《业氏宗谱》书影（左）、横山业氏家训（右）

【《王氏宗谱》】

《王氏宗谱》修于清光绪十年（1884）由20世孙王彦台主修，民国9年（1920）由王宜旺主修，王亮清、王亮珍副修。据谱所载，对《王氏宗谱》作较大规模修续的共有7次，其中最早一次为明代永乐年间，最近一次为民国9年。宗谱封面能清晰地看到“琅琊郡”（王徽之即琅琊王）3个字。宗谱的每一页，还都印有“三槐堂”。“三槐堂”即三槐王氏，是当今王氏中最大的一支，在《中国家谱综合目录》的王氏家谱目录中，冠以“三槐堂”堂号的家谱目录，占有堂号的王氏家谱总数的40%左右。该谱上有世系表、派世表、分居村落图；有祠图、坟图、田庄图、碑记、墓志铭、先祖像、像赞、家规、家

图35-10-49　曹村社区阴山村《王氏宗谱》书影

礼、家祭、家训；有诰敕、圣谕、诰、县公署布告、名世、嘉言、名诗古词；还有懿行忠孝节义廉贞八类人物传等。谱载，从王羲之为始祖一代，到南宋五四公为23代；从五四公定名山阴村至今，又传15代到“师”字辈。第16代开始，也即从王羲之第39代孙开始，按照“廷元士彦直，亮采惠先扬，化洽风行远，云开泽甫长……”等40字厘定字派辈分。2007年，禄口街道曹村社区阴山村从王羲之45代采字辈至53代远字辈，共9代同祠。

【《马氏宗谱》】

《马氏宗谱》始修于康熙十年（1671），续修于乾隆三十九年（1774），继修于道光二十五年（1845），同治七年（1868）又修。

《马氏宗谱》是湖熟街道马氏回民的家谱。湖熟马氏回民有四宗支，分宝济堂、赐香堂、大则堂和维义堂四个宗祠，均存有宗谱，除所尊祖宗名字不同外，其余内容基本相同。现已传至第十六代“永”字辈。该谱现藏于湖熟马氏家中。

【《曹氏宗谱》】

清光绪三十三年（1907）始修，《曹氏宗谱》是汤山街道曹氏宗族的家谱。该宗谱记载《家规十条》，即孝父母、敬尊长、教子孙、修家乘、建祠宇、守坟墓、慎婚姻、禁赌博、戒争讼、重祭祀等。该谱现藏于汤山街道曹氏家中。

【《金陵陈氏家谱》】

《金陵陈氏家谱》主修陈明显，副主修陈耀权、陈耀宝。该谱于民国33年（1944）续修，2001年11月继修。主要内容有：抄录，民国33年续修《陈氏家谱》第一卷第一页字；继修《陈氏宗谱》序；继修《陈氏宗谱》家族人口、年龄统计表；继修《陈氏宗谱》领谱人名单；继修《陈氏宗谱》编纂人员名单；抄录，民国33年继修《陈氏宗谱》各卷目录；抄录，民国33年继修《陈氏宗谱》世系、班辈用字表；抄录，民国33年继修《陈氏宗谱》家族徙居主要概况；抄录，民国33年继修《陈氏宗谱》领谱字号；继修《陈氏宗谱》自愿捐款功德篇；继修《陈氏宗谱》老本家代表聚会记录；继修《陈氏宗谱》世系表——东头村系、喜神塘系；继修《陈氏宗谱》宗族成员情况表——东头村支派、喜神塘支派。该谱现藏于江宁区档案馆。

【《路氏支谱》】

《路氏支谱》主修路永林，副主修路昌文、路昌清、路太平，该谱于2003年6月续修。续修主要内容：奉天诰命；路青云堂续修谱序；旧谱原叙；颂辞；姓氏起源；路氏探源；谢安民父来函告修谱事宜；续路氏宗谱有感；注释；大系表；皖安庆市龙狮乡长青村路氏家族溯源；路氏桐庐、池安支谱、部分名人记；祖坟山坐落情况简录；缺疑；家谱名册；家族一览。该谱现藏于江宁区档案馆。

此外，江宁区内还有谷里街道邓氏宗族的《邓氏宗谱》，横溪街道夏氏居民的《夏氏宗谱》、宋氏宗族的《宋氏宗谱》，江宁街道谢氏宗族的《谢氏宗谱》，禄口街道穆氏居民的《穆氏宗谱》，湖熟街道刘氏居民的《刘氏宗谱》、张氏宗族的《张氏宗谱》。

第三十六编

历史文化遗产

第一章　物质文化遗产

第二章　非物质文化遗产

1972年，在汤山街道桦墅村发现了距今4100年至3700年之间的点将台遗址。1973年，在陶吴镇昝缪村（今禄口街道陶东社区）又发现了距今4000年、3000年前后的昝缪遗址。

六朝时期，东晋的帝王大族在今江宁东山、方山、赤山、牛首山和祖堂山等名山上下广建离宫别馆、佛教寺庙以及陵墓等。南唐二陵、陈霸先的万安陵、秣陵刘真长旧茔、上定林寺塔、圣汤延祥寺、古刹云居寺与宏觉寺，这些都是六朝历史在江宁留下的宝贵遗产。

隋唐时期，南郊的牛首山、祖堂山地区是唐代兴起的佛教禅宗旁支牛头禅宗发源地，众多高僧大德在此传法宣道，使之一度成为南方佛教中心。位于江宁街道的净相寺、位于谷里街道的宏觉寺塔等都是这一时期的产物。

明代，江宁作为明初京师和此后留都郊畿之地，其境内山冈、丘陵上分布着大量包括勋臣贵族和皇亲国戚在内的名人墓葬。其中，既有七下西洋的中国古代伟大航海家郑和之墓，有为大明王朝镇守南疆近300年的沐英家族将军山墓群，又有饮誉海内的文化名流朱之蕃、顾起元、陈沂、顾璘、王韦等人墓地。除地面遗存的雕刻精美的神道石刻外，便是形制各异的地下墓葬。墓葬建筑本身及出土的金银、玉石、铜铁、陶瓷等类文物，是研究那个时代社会生活史、丧葬制度以及工艺技术的重要物证。特别是沐英墓出土的青花瓷梅瓶“萧何月下追韩信”、驸马都尉宋琥及其子宋铉墓出土的2件釉里红瓷梅瓶“岁寒三友”、穆睿墓出土的“渔翁嬉荷”琥珀杯等，都是国家一级文物，具有很高的历史文化价值。

清代，江宁境内建造众多古桥、古井、台坊与建筑群，主要有汤山街道的藏龙桥、建南和尚桥，横溪街道的横溪桥；汤山街道的窦村四方井；谷里街道祖堂山的古拜经台、东山街道的窦村古戏台、陶吴大王村的圣旨节烈坊；杨柳村古建筑群与佘村明清建筑群等。

抗日战争时期，江宁成为日伪沦陷区，中国军队在江宁淳化、汤山、牛首山等地以血肉之躯顽强阻击占据优势的日本侵略者，在江宁历史上留下了至为悲壮的一页。横山县抗日民主政权旧址、新四军先遣支队指挥部旧址、粟裕和钟期光住地旧址、邓演达烈士殉难处、仲铭亭、云台山烈士墓、龙都烈士墓、土桥烈士墓等一系列革命遗址及纪念性建筑都是这一时期的见证。

民国时期，国民党元老张静江、国民政府高级官员于右任、国民政府考试院院长戴季陶等大批名人在江宁境内建造别墅，他们在汤山街道留下汤山温泉别墅、汤山北麓的于右任别墅、汤山东南麓的望云书屋（又称戴季陶公馆）。

源远流长的历史文化给江宁留下众多的文化遗产。至2007年年底，全区有72处文物保护点，其中国家级9处、省级8处、市级32处、区级23处；有43个非物质文化遗产保护名录，其中国家级1个、省级2个、市级9个。

第一章　物质文化遗产

物质文化遗产又称“有形文化遗产”，即传统意义上的“文化遗产”，根据《保护世界文化和自然遗产公约》，主要包括历史文物、历史建筑与人类文化遗址。

江宁历史悠久，山川秀美，人文荟萃，历史文化积淀深厚。境内众多“湖熟文化”时期古遗址、土墩墓多分布于湖熟街道等地；入汉后，古墓葬多集中埋藏在当时被分封为侯国的湖熟、丹阳、秣陵等地附近。六朝时期，作为京畿之地的江宁，政治、经济、文化较为发达，人口居住密集，故这一时期的古墓葬几乎分布全区各地的丘陵岗地。唐、宋、元年间，随着政治中心的转移和居住人口的迁徙，墓葬数量急骤减少，较有价值的发现有南唐二陵、秦桧家族墓、徐的家族墓等。清代，伴随着城市的繁荣，为满足城市需要，作为附郭的江宁、上元乡村地区也逐渐发展了各种农副经济和手工业，形成诸多特色乡镇，境内台坊、古桥、古井等极具生活气息的遗迹多是这一时期的产物。至明代，江宁更是明初开国功臣墓葬的重要选地，已发现的有与明王朝相始终的沐氏家族墓、有一门三进士的倪氏家族墓等。民国时期，诸多国民党政要官员在此兴建别墅，有于右任别墅、戴季陶公馆等。

新中国成立后，自 1950 年至 2007 年，江苏省、南京市、江宁区文物考古部门在江宁境内共发掘古墓葬、古遗址 1000 余座（处），出土文物上万件。这些重要考古发掘，为研究江宁古代历史、经济、文化、艺术乃至社会习俗、丧葬制度提供了丰富的实物资料，对史乘记载也作了充分的印证和补充。

第一节　古遗址

【点将台遗址】

点将台遗址位于汤山街道桦墅村。属于夏、商周时期的台形遗址，面积约 3000 平方米，高约 4 米。1973 年，进行考古发掘 130 平方米，文化层厚 2.50 米左右。分上、中、下 3 层：下层石制生产工具多经磨光，以锛为主，还有斧、刀、戈、镞等，陶器以夹砂红陶为主，泥质灰陶次之，有少量磨光黑陶，纹饰有篮纹、绳纹、方格纹和弦纹，器形有甗、鼎、豆、罐、杯、瓮、簋、盘、钵、尊，其中三足匜、素面束腰羊乳袋足甗最具特色。经研究其时代约相当于中原地区夏时期，有学者命名其为“点将台文化”。遗址中、上层分别属于湖熟文化早、晚期遗存，早期器物有厚胎陶缸、研磨盆、圆圈纹瓿、梯格纹盆、钵形豆等。晚期主要有陶鬲、甗、罐、豆、簋、瓿等。

【昝缪遗址】

昝缪遗址在禄口街道陶东社区。古有昝文渊（字省雪）与缪盛基（字南沚）居此而得名，面积约 1 万平方米，分为大小 2 个土墩，呈东西不规则长条形。1975 年和 1979 年，南京市文博事业管理委员会和市博物馆曾对遗址进行两次小规模的试掘。该遗址为新石器—铜石并用时期遗址。已发掘面积 135 平方米。文化层堆积厚约 3.50 米，出土的文物主要有玉、石、陶类，如玉璜、玉梳背（一种玉冠形佩饰）、石斧、石锛、石凿、石刀、石镞等；还有陶鬲、陶瓿、陶钵等器物。

陶器有以红色为主的大砂陶和以灰黑色为主的泥质陶2种。文化层分三层，最下层文化为新石器时代晚期；中层为湖熟文化早期，相当于中原商代（公元前16世纪至公元前11世纪）；上层文化属于湖熟文化晚期，相当于中原西周时代（公元前11世纪至公元前770年）。该遗址出土文物显示，该地区曾经属于良渚文化和湖熟文化范围，与浙沪地区远古文化有密切关系。

【古采石场遗址】

古采石场遗址位于汤山街道阳山碑材遗留处。今存古采石场遗迹约43万平方米。古采石场呈东北—西南向，长约600米、宽100米～200米不等。其前半部分低洼如谷地，后半部分随山势抬高而隆起。

【汤山伏牛山铜矿遗址】

汤山伏牛山铜矿遗址在汤山街道东北约3千米处，南京九华山铜矿伏牛山矿区银孔山麓108工作面，距地表40米。1974年，在巷道开掘作业中发现与之相叠合的春秋至隋唐时期的古采矿场。1987年7月底至8月中旬，南京市博物馆等单位对该遗址进行调查。古铜矿遗址位于伏牛山的东北面以及与之相邻的东沟砂子坡中，采矿区大约呈西北—东南走向分布，长度约在200米左右，深度在海拔139米～107米，调查发现的较大采场共有4个，其中面积最大的是第4采场，面积近500平方米。主要矿井、巷道、采场集中在地质勘探线的0线到2线附近。其采矿技术，系采用分段法螺旋道开采工艺。开采层次清楚地显示为上、中、下3层工作面；分为大、中、小3段，大段长50米～60米，中段12米左右，小段约3.50米。采场呈不规则形，长约20米、宽约15米、高10米左右。该古矿使用以采场为主，井、巷为辅的采掘方式，与其他地区的古铜矿不同。在古采场内出土了支护坑木（直径16厘米～18厘米）、竹编箩筐、小木棒、铁钻、陶灯、瓷碗、腰鼓形的铜锤等生产工具和生活用具。据分析考证，伏牛山古铜矿遗址的年代，应属春秋至隋唐时期。

第二节　皇帝陵与名人墓

新中国成立后，江宁区内发掘的皇帝陵仅有2座，即南唐二陵，发掘的侯王大臣墓较多，如南唐范阳王卢文进及其家族墓，宋朝徐的家族墓、将军山下南宋墓，元朝竹山墓，明朝沐英墓及其家属墓、郑和墓等，还有清朝邓廷桢墓，民国时期李瑞清墓、徐绍桢墓、九烈墓等等。此外还发掘了一些失考墓。

【南唐二陵】

南唐二陵位于谷里街道祖堂山南麓的“太子墩”，包括南唐烈祖李昪与皇后宋氏合葬的钦陵和中主李璟与皇后钟氏合葬的顺陵。钦陵偏西9度，顺陵偏东5度，两陵相距50米，均坐北朝南。设计者为南唐大臣江文蔚和韩熙载。1950年5月1日至1951年1月29日，由南京市文保会和江宁县人民政府、南京博物院组成联合调查队，进行考古挖掘，出土文物均运回博物馆整理，墓地交由江宁县人民政府管护。1956年10月18日，南唐二陵被江苏省人民委员会列为省级文物保护单位，1988年1月13日，被国务院列为全国重点文物保护单位。

钦陵　南唐烈祖李昪（其生平事迹详见本志第四十七编第一章第一节《古代人物》）墓葬出土的玉片上有雕刻填金“维保大元年岁次癸卯十月嗣皇帝巨瑶”等字样，明确了这座墓就是南唐开国皇帝先主李昪和皇后宋氏合葬墓。钦陵是个隆起的圆形土墩，周围约170米，高出地面12米，当地人称作“太子墩”。在李昪陵的墓道里，堆砌着8层共30余块青石，大小不均，参差排列，成台阶的形状。在石灰粉饰的梯形八字砖墙的中间，即是墓门。墓门的外面由5层50余块小青石板不成规则地堵着。其下是5层共29条二三吨重的大石条。墓门成圆拱形，门洞厚实，表面涂砂。门上正中有彩绘斗拱，绘着彩色花叶，门两旁有矩形倚柱，枋子和倚柱皆有彩绘的牡丹花纹。墓室为前、中、后3个主室和10个侧室，全长21米、宽10米、高5米多。3个主室都仿照当时地面上木结构房屋的式样，在壁面上砌出柱、梁、斗拱等。

顺陵　是南唐中主李璟（其生平事迹详见本志第四十七编第一章第一节《古代人物》）及其皇后钟氏的合葬墓，顺陵与钦陵相隔50余米，与钦陵形制略同，只是规模较小，地宫长21.90米、宽10.12米。前、中、后3室和8个侧室，计有大小墓室11间，中室稍大长5.30米，顶作穹隆顶。墓室仿木结构，天彩绘和雕刻装饰。墓室全部用砖砌成。随葬品残存石哀册40片（均残）、陶男女俑54件、骨珠、铜帽钉、铁钉和白瓷残片、青瓷残片、陶片等。

【南唐范阳王卢文进及其家族墓】

范阳王卢文进（其生平事迹详见本志第四十七编第一章第一节《古代人物》）墓在江宁区牛首山南的盛家村。2002年夏，在谷里镇周村发现其墓。该墓地原先在“江宁县丹阳乡大亭里”，后主人认为旧葬地“不吉”，于“保大九年（951）岁次辛亥七月”改葬到“开元乡蒲干里”。附葬的有宋国夫人、彭城长县君、陇西县君、彭城县君4位妻室。此外，志文还交代了范氏几个儿子墓葬位置。从墓葬现状看，早年已被盗掘，仅剩数块墓志及志盖，还有一些瓷片和残墓砖。

【宋朝名人墓】

徐的家族墓　在谷里街道原东善桥集镇东冯村西侧的蔡家山南麓。徐的（988—1045），字公准，建州（今福建省）建安人。官至三司度支副使、荆湖南北路安抚使。平诸蛮有功，未及大用而卒。累赠刑部侍郎。1957年5月，南京博物院在配合古凤专线工程中发现徐氏家族墓8座，均有墓志出土。8座墓主人分别为：徐的与其妻吴氏、长子大受、次子大方与其妻方氏、长孙伯达、孙儿伯通、次孙克温之妻王氏。从该家族墓中保存较好的3座墓看，均为竖穴土坑式墓葬。如徐的墓，为一长方形竖穴土坑墓，方向南偏西28度，长3.22米、宽0.88米，距地表5米～6米。墓已残，四壁不存，仅剩下墓底部分。墓棺已朽。墓志铭竖立在墓前40厘米处，石质墓志铭盒为正方形，边长128厘米。志盖四周斜杀，厚11厘米，盖面篆文，已漶漫。志石厚11厘米，志文楷书竖读，共39行，每行45字，全文达1800字左右，文中记载徐的的籍贯、官爵、年龄、卒葬年月，并详细叙述徐的生平事迹和死后“二子护其丧，浮江湖无所归，过金陵乃葬焉”的原委等。该墓随葬品还有陶器、瓷器、铁器、漆砚盒、锡器等20余件。在徐伯通墓中出土一件制作精美的影青瓷洗。

将军山下南宋墓　位于秣陵街道（今河海大学江宁校区校园内），距将军山约500米。该墓于2000年河海大学建校施工建设中发现。墓葬东向对方山，墓平面为长方形，长4.14米，宽3.14米。墓室没有铺设地砖，只是用单砖在生土上砌成六条间隔式槛，其上原应放置棺木，每条槛之间生土沟里有8只铁牛分别置墓墙两侧，对称式排列。棺床后用青砖砌一祭台，上有长条形青石板一块。在祭台东边有一梯形铁板侧立，上已锈蚀无字。在祭台后面是一块高1.90米，宽0.81

米，厚0.11米的椭圆形石碑，碑额上有“宋周国太夫人杨氏圹志”阴刻篆文，下有22行楷书志文，部分文字已漶漫不清。墓室早年被盗扰，仅出土画像砖、铁牛、铜铁等少量遗物，但该墓墓志的出土为研究南宋时期的政治、经济、文化及一些礼仪习俗提供了珍贵的实物资料。

【元代竹山墓葬】

位于东山街道竹山阳坡。该墓坐北朝南，前对圩田和村落。墓为砖室券顶结构，顶距地表约2米，方向南略偏东。墓高1.90米、宽1.60米、长3.40米。石墓门2扇，每扇高1.64米、宽0.64米、厚0.13米。上有门楣，下有门臼，石门至今仍可灵活转动。墓室平面为长方形。用长0.30米、宽0.14米、厚0.05米的青砖错缝砌成。券顶皆用弧形青砖砌成。墓室东西两侧各有一壁龛，呈对称布置，龛宽0.44米、高0.46米、深0.20米。东壁龛内无任何遗存，西壁龛内出土鎏金镶孔雀石玉带。墓室地面用青砖错缝平铺，距墓门1.20米处砌一边长0.40米的正方形砖质祭台。在墓室后侧正中间，用青砖砌成凹形方坑一个，坑内有木炭屑和碎骨一堆，分析为墓主火化后之遗骨。经考古发现，该墓早年被盗。共出土遗物6件（套），铜质鎏金镶孔雀石带饰计15块、瓷器4件。

【明代名人墓】

沐英及其家族墓　位于谷里街道将军山南麓，原东善桥乡印堂村，古称观音山，今为盛唐艺术团所在地。2002年10月，沐英（其生平事迹详见本志第四十七编第一章第一节《古代人物》）及其家族墓被列为江苏省重点文物保护区。

沐英墓　于1959年发掘，为多墓室砖室墓，墓呈南北向。由甬道、前室、中室、3后室组成。甬道长0.96米、宽1.89米、高2米；前室长8.24米、宽3.14米、高3.10米；中室长3.58米、宽11.80米、高3.95米，北壁开3门与三后室相通。以石板为门框、门楣，石门扇高1.56米、宽0.70米、厚0.15米；中后室为沐英墓，长5.50米、宽3.50米、高3.90米；左（东）后室为沐英原配冯氏棺室，右（西）后室为沐英继室耿氏棺室。两墓室均长5.40米、宽3.18米、高3.42米；出土金山（铜）、银山（铁）、铜号、铜喇叭等明器和仪仗，其中最为珍贵的是绘有“萧何月下追韩信”图案的青花梅瓶。

沐晟夫妇墓　距沐英墓东200米。沐晟（1368—1439），字景茂，沐英次子。历官后军左都督，论功封黔国公。佩征南将军印，总兵云南，卒于楚雄之我蒙驿，追封定远王，谥“忠敬”，归葬观音山之原。其墓为多室砖墓，由甬道、前室、中室、双后室组成。形制与沐英墓类似。只是双后室与妻程氏合葬。墓全长10.89米。出土青花梅瓶、金发冠、嵌宝石金簪、金钗、金耳环、金冥钱、锡鼎、盘、盆、盒、烛台、提梁壶、铜火盆、熏炉、灶、玉带、铁甲、剑等80余件及石墓志2盒。

沐昌祚夫妇墓　位于将军山南麓。沐昌祚，生卒年不详，黔宁王沐英八世孙，黔国公沐朝弼子，定远人。初以都督佥事总兵官镇守，隆庆五年（1571）袭黔国公，万历十二年（1584）加封太子太保，卒后归葬祖茔。其墓为多室券顶砖墓，墓向140度。甬道长0.75米、宽1.10米、高1.60米；前室长2.50米、宽4.75米、高3.13米；后壁有双甬道，长0.65米、宽1.10米、高1.60米；后置并列双墓室，均长4.20米、宽2.42米、高2.46米，棺床长2.55米、宽1.45米、高0.36米。葬具已朽，出土金束发冠、白玉腰带、雕双龙金镯、金香囊、碧玉簪、金护心镜、帽花、冥钱、纽扣、银锭、锡烛台、白瓷瓶与水晶饰件等100余件，并出土石墓志2合，记载墓主夫妇生平事迹。

沐睿夫妇墓　位于将军山南麓距沐昌祚墓100米。沐睿（？—1609），沐英九世孙，万历二十三年（1595）袭黔国公，卒于万历三十七年，归葬祖茔。其墓葬形制与沐昌祚墓类同，随葬品十分丰富，有“黔宁王”金牌、金链琥珀挂件、金盒、镯、帽花，透雕琥珀杯、珊瑚簪、荷叶形碧玉碗、白玉腰带、嵌宝石金镶玉腰带等200余件。并出土石墓志2合，记载墓主夫妇生平事迹。

2005年6月至2006年6月，又先后发掘沐昂墓、沐瓒墓与沐朝弼墓。他们分别是沐英第三子、曾孙、第八代孙。

郑和墓 宣德八年（1433）四月初，中国航海家郑和（其生平事迹详见本志第四十七编第一章第一节《古代人物》）卒于南洋古里国，永乐皇帝赐葬其衣冠于牛首山南麓。原墓圹东西宽60米，南北长150米，墓丘高3米。墓前原有牌坊、华表等石刻及享殿、小桥等建筑，惜均损毁。1981年，考古工作者根据历史文献，进行实地调查，发现大量明代砖瓦，走访附近村民，并经郑和后裔的指认，确认郑和墓在此地。1982年8月，郑和墓被列为南京市文物保护单位。1984年，江苏省和南京市人民政府拨款10万元重修郑和墓。新修的郑和墓按照伊斯兰教葬仪习俗、风貌，建成马蹄形墓园，采用扬州宋代穆斯林普哈丁墓形式，仿刻石椁墓盖，上刻瑞云、番草、莲瓣纹和阿拉伯文，后墙上镌刻有“郑和之墓”4个隶书大字。从墓道入口有28级台阶，每7级便有1个平台，共4个平台，象征郑和7次下西洋，出访近40个国家、航海28年的伟大功绩。墓道两旁列植松柏，墓道南侧建有仿明式建筑的陈列室及飞檐挑角的碑亭各一座，亭中立“重修郑和墓碑记”。2002年10月，郑和墓被列为江苏省文物保护单位。2004年7月，江宁区政府斥资对郑和墓园进行全面整修（设计单位为南京工业大学建筑城市规划学院），郑和墓规划面积8公顷，更换原墓道石质材料；新建石质墓道牌坊；牌坊高5.60米，宽3.20米，牌坊上雕有7个圆圈。扩建文物展厅、史料馆、文物展馆与接待室等，并以回廊相连接。新增建筑面积约546平方米，活动广场约875平方米，停车场约900平方米。整修工程于2005年竣工。

图36-1-1 郑和墓园

倪阜墓 位于秣陵街道，原殷巷街道胜利行政村腰儿村倪家山（倪阜生平事迹详见本志第四十七编第一章第一节《古代人物》）。1995年5月，南京市、江宁县文物部门在配合江宁经济技术开发区建设施工中发现该墓。为券顶浇浆墓，长2.25米、宽0.70米、高0.95米，异常坚固，保存完好。墓内未发现任何遗物，仅在墓前约2米处发现一合石质正方形墓志铭，边长62.50厘米、厚4.50厘米。志盖上有“大明故四川等处承宣布政使司右布政使倪公墓”，篆文阴刻。志文为楷书，竖读，共926字。墓志载：倪阜父为南京礼部尚书、赠太子少保谥文僖公，兄为太子少保、吏部尚书赠荣禄大夫少保谥文毅公（《明史》有传）。

王以旂墓 位于江宁区祖堂山南麓，东善桥王家坟村（王以旂生平事迹详见本志第四十七编第一章第一节《古代人物》）。其墓前原有神道碑、石狮、文臣、武将各1对。碑上刻有“总督陕西三边军务太子太保兵部尚书兼都察院右佥都御史王公碑”等字。现仅存文臣1、武将2，武将高2.60米，文臣高2.80米。宽0.90米、厚0.40米。余皆毁于“文化大革命”期间，墓室早年被盗。1982年，王以旂墓被列为南京市文物保护单位。

宋琥及其家族墓 在谷里街道前盛村（俗称“娘娘坟”，宋琥生平事迹详见本志第四十七编第一章第一节《古代人物》）。1957年，南京博物院清理了宋琥、安成公主夫妇合葬墓。1992年年初，南京市博物馆又在该地清理了宋琥长子宋弦、唐氏夫妇合葬墓。两墓均为砖室券顶并室墓葬。

【清朝邓廷桢墓】

邓廷桢（其生平事迹详见本志第四十七编第一章第一节《古代人物》）墓位于汤山街道麒麟门社区北邓家山。其墓西南向，背倚灵山，正对钟山。墓前原有邓廷桢夫妇2块墓碑，一刻“皇清诰封荣禄大夫振威将军显考嶰筠府君之墓”，一刻“皇清诰封一品夫人显妣张夫人之墓”，皆篆体阴刻，下款均刻：“男尔晋咸巽敬立”“道光二十六年”。两碑于1958年修水库时湮没，现墓碑为1962年10月市文物保管委员会重立，碑座高0.95米，碑身高1.34米、宽0.60米、厚0.19米，正面刻：“清两广闽浙陕甘总督邓廷桢之墓”，背面刻“重立记”，叙记邓廷桢的简历和功绩以及原碑被埋在大蒲塘水坝内故立新碑之原委，碑后即墓冢。1981年，重修水泥墓冢，冢呈圆形，直径4米、高2.10米。

图36-1-2 邓廷桢墓

【民国名人墓】

李瑞清墓 位于谷里街道东善桥牛首山林场分场。李瑞清（1867—1920），字仲麒、号梅庵、别号清道人。江西临州人，著名学者、字画鉴赏家、教育家、书法家。清光绪二十年（1894）进士，后任江宁提学使兼两江师范学堂监督。民国9年（1920），在沪去世，后归葬南京牛首山东麓雪梅岭。其墓为块石和混凝土砌筑，周长20米，墓底径2.10米、高1.30米。墓碑上书“李文洁公之墓”，祭祀用的香炉尚存。1992年3月，李瑞清墓被列为市级文物保护单位。2002年，由南京大学百年校庆时出资重新修缮，并围以方形石护栏一圈。

徐绍桢墓 在汤山街道原麒麟集镇北面的小白龙山上（徐绍桢生平事迹详见本志第四十七编第一章第二节《近现代人物》）。其墓坐西朝东，墓道为石砌，墓碑高1米，碑座高0.50米，碑文自左向右为“中华民国三十七年五月 日，故国民政府委员徐固卿先生之墓，孙科敬题。”墓包高1.50米，直径2.50米，呈白色。墓包后面砌有墓墙，墙高2米。徐绍桢墓在抗日战争中被炮火毁，“文化大革命”中墓地被毁。1986年，由全国政协批示，南京市人民政府拨款修复墓园。当时徐绍桢之子徐承熥从广西前往参加动工前的拾骨安放仪式，今墓体保存完好。1992年3月17日，徐绍桢墓被列为南京市文物保护单位。

尢列墓 位于汤山街道小白龙山东麓。尢列（1865—1936），字会季，号少纨，广东顺德人。曾与孙中山在香港创立兴中会总会，参加广州起义、惠州起义。在日本、南洋等地从事革命活动。民国25年（1936）逝世葬于汤山街道小白龙山东麓。其墓在“文化大革命”中被破坏。2006年，尢列后裔重修，今墓丘为砖混结构，底径3.50米，高1.40米，墓前有甬道，台阶4级，白色大理石墓碑高1米、宽0.50米，上书“生于一八六五年二月二十二日，终于一九三六年十一月十二日，广东顺德尢列先生之墓”。2006年，尢列墓被列为南京市文物保护单位。

第三节 石刻 墓碑

南朝历经宋、齐、梁、陈4代，都城建康（今南京市）历时170年。陵墓石刻众多，今已发现的共31处，分布在南京市、丹阳市，仅江宁区境内就有7处，均被国务院列为全国重点文物保护单位。南朝陵墓的石刻讲究等级和对称：帝陵和王公墓的石兽都是1对，但帝陵墓的石兽是1天禄、1麒麟，诸侯王墓前则是2辟邪，等级森严，不能更改。天禄、麒麟和辟邪形态基本相似，形体高大、昂首挺胸、口张露齿、目含凶光、腹部两侧刻有双翼，四足前后交错、利爪毕现、纵步若飞、神态威猛庄严。他们之间的区别在于顶部天禄雕饰两角，而辟邪则无角。帝陵王墓前还有石柱、石碑各1对。这些石刻在雕刻艺术上，上承汉代，下开隋唐，但又不同于汉代石刻的淳朴，显得精美细致，灵动威武，集中体现中国民间石刻艺术家卓越的艺术造诣。另外，其他不同历史时期的石刻造型亦栩栩如生，墓碑图案、文字雕刻精细，均表现了江宁历史上石刻文化艺术的精湛水平。

【宋武帝刘裕初宁陵石刻】

初宁陵石刻在汤山街道麒麟铺社区。今存石麒麟2只，分别坐落在公路两侧。刘裕陵墓坐北朝南偏西，陵前现存石麒麟1对，东西相向，东为双角，西为独角，均为雄性，造型相似，身上细部纹略有不同。两石兽原来相距54.50米，1956年9月，维修时位置有较大的移动。现相距23.40米，但方向未变。双角麒麟目瞪口张，昂首挺胸。腹侧浮雕双翼，翼前部为鱼鳞纹，依稀可辨；后部似五根翎毛，颔下长须垂胸。四足已失，尾巴无存。1956年有关部门整修时，在其四足部各置一方形石墩。修复后的双角麒麟身长2.90米、身高2.90米（连石墩）、体围3.13米。独角麒麟独角已损，额部已残，尾巴也无存。四足、五趾，身长3.18米、高2.78米、体围3.21米，重约12吨。由于饱经风霜，躯体下垂。1956年，维修时腹部垫有2块石墩支撑。这2只麒麟是现存南朝陵墓神道石刻中年代最早的一对，其形貌虽残，但风韵犹存，气势非凡，弥足珍奇。1988年年初，初陵石刻被列为全国重点文物保护单位。

【陈武帝陈霸先万安陵石刻】

万安陵神道石刻在东山街道石马冲。今万安陵尚存神道石刻一对，造型奇特，均为雄性。北兽似天禄，长2.50米、高2.57米，较完整；南兽似麒麟，长2.72米、高2.28米，颈部断裂，胸部碎裂，风化严重。两石兽均无角，头有鬣，双翼，又类辟邪。其颔须拂胸，舌不下垂，体形较大，造型朴实、线条简洁。1964年，整修、提升并加固。1988年，万安陵石刻被列为全国重点文物保护单位。

【梁建安敏侯萧正立墓石刻】

萧正立（其生平事迹详见本志第四十七编第一章第一节《古代人物》）墓石刻位于淳化街道，原淳化镇刘家边，今南京海事职业技术学院内。今存石辟邪2只、石柱1对。其墓东向偏南，已平。墓前2只辟邪，南北相向，相距16米。南辟邪长2.20米、高1.95米，右翼及胸部有裂纹，头后部残。北辟邪长2.15米、高2米，头部剥蚀严重，舌、尾残。两兽腹以下部分原已埋入土中，1964年，整修时清出并升高。1对神道石柱相距17米，风化严重。柱顶盖与小辟邪均已无存。南石柱高3.45米、围1.74米，柱表作23道瓦楞纹；北石柱高3.44米、围1.84米，柱表作

20道瓦楞纹；柱额呈矩形，文字正书4行，已漶漫不清，仅南石柱“建安”2字尚依稀可辨。据〔光绪〕《江宁府志》载：“按石柱凡二，左右文同，顺逆读”，题：“梁故侍中左卫将军建安敏侯之神道”。梁建安敏侯萧正立墓石刻于1988年被列为全国重点文物保护单位。

【牛首山摩崖石刻】

牛首山摩崖石刻位于牛首山东峰舍身崖（又名兜率崖）前，离宏觉寺塔百米处的感应泉旁。石刻分佛像和题刻。佛像分别雕刻在5个佛龛内，各龛内所雕刻数目不等，多则75尊，少则1尊，共计129尊。在“几”字形石壁正中一龛里，雕刻有释迦牟尼像，像高约1.78米，袒右肩，趺坐于莲花座上。在左龛的下部石壁上，另凿1小龛，内凿高约半米的弥勒佛像1尊。题刻多在佛像周围。在释迦牟尼龛房，刻有敕赐宏觉寺四至的全文。中间一段在凿窟时即已毁去，其余文字已模糊不清，仅能看出上款为“永乐元年……”等字样。在弥勒佛龛旁刻有“大明成化元年岁次乙酉五月五日，真定成造弥勒佛一尊永远供奉”的题记，壁上还刻有梵字四处，另有明景泰元年（1450）题《感应泉诗》1首。1992年，牛首山摩崖石刻被列为南京市文物保护单位。2002年，被列为江苏省文物保护单位。

【神台石刻】

神台石刻位于淳化街道双岗村。神台长1.80米、宽0.70米、高0.70米，台面是块整石，台基为块石，青石质。保存尚好，石上有莲花瓣、葵花与狮子绣球等石刻图案。

【佚名石刻】

方旗庙失考墓及石刻　位于江宁街道建中村方旗庙农田。现存石辟邪2只，南北偏西相向。东辟邪躯体后半部已失，残破身长1.50米、高2.28米、体围2.77米。西辟邪表面风化严重，为雌兽，身长2.57米、高2.04米、体围2.58米，昂首张口。有人考证，此石刻可能为齐豫章文献王萧嶷墓神道石刻。也有人考证，该石刻应为梁世祖孝元皇帝萧绎之神道石刻。这些考证是否确切，尚待专家进一步论证。1988年，方旗庙失考墓被列为全国重点文物保护单位。

宋墅失考墓及石刻　位于淳化街道宋墅村的农田中，墓主身份待定。墓前遗物现仅存神道石柱1、柱础1。石柱础原陷土中，1965年整修时提升。西石柱高3.60米、柱围1.58米。柱身扁圆稍方，有隐陷直刳棱纹24道，现柱额上文字已漶漫不清无法辨认，但柱额下的一圈绳纹和一圈交龙浮雕仍清晰可辨。东神道石柱仅存柱座，与西神道石柱间距为23米，东面石柱上圆下方，边长1.08米、高0.50米。从石刻的风格造型看为南朝石刻，现有人考证该石刻是梁新渝侯萧暎神道石刻，但这种说法尚存争议。1988年，宋墅失考墓被列为全国重点文物保护单位。

侯村失考墓及石刻　位于秣陵街道，原上坊侯村农田中。因该地为彭城山，通常称彭城王墓。今存石辟邪2只、石柱1个。石辟邪2只，呈南北相对（偏东南），间距约15米。南辟邪身长1.40米、高1.33米、体围1.28米，前颚残，尾断缺；北辟邪身长1.60米、高1.38米、体围1.32米，基本完好。1963年，文物部门将石刻从泥中掘出抬高，并在辟邪腹下支垫石墩，对断裂处进行修补。在辟邪东北约20米处有一神道石柱，柱座上圆下方，上为覆盆状，下为方形基座，柱高2.73米。1988年，侯村失考墓被列为全国重点文物保护单位。2003年4月，该地被南京（跃进）汽车集团征用为汽车研发基地，南京市博物馆和江宁区博物馆的考古人员对该处失考墓进行考古勘探，并对周边的墓葬进行抢救性发掘处理，并未获得新发现。

耿岗失考墓及石刻　位于东山街道，原上坊镇耿岗村路边，亦称高庙墩，今存神道石柱1个，柱身大半陷入土中，仅露出地面 1 米左右。柱头圆盖及小辟邪已失，柱身作隐陷直刳棱纹。其造型特征与南朝陵墓神道石柱相同。1988 年，耿岗失考墓被列为全国重点文物保护单位。

泥塘失考墓及石刻 在东山街道泥塘行政村湖西村东。现存石人 1 对，石马 1 对。石人居西，石马居东。两石人南北相对，形制相同。南面石人高 1.50 米，头戴官帽，身着官衣，双手合持笏板，作禀事状，其底榫已脱基，基塌人倒；北面石人，下身隐土，头破毁存半，原用水泥修粘后又脱落。两石马保持完整，基石齐全，北马头半昂，身高 0.95 米、身长 1.20 米，南马欲低头吃草状，头身相平，全长 1.65 米，两石马身上有辔有鞍有蹬有缰，头尾各有球饰，顶有鬃毛。据〔嘉庆〕《江宁府志》和〔同治〕《上江两县志》记载证明：明兵部尚书王敞墓葬在土山，其地理位置与史料接近。“王敞，字汉英，锦衣卫籍，生卒年月不详。上元、江宁两县以驻军增额，王敞参加乡试中举。……孝宗时出使朝鲜，不辱使命，历转通政使，升兵部尚书。由于平宁夏有功，加太子太保。……退休后居住应天府城，卒葬土山。”据此初步认定该失考墓是明代兵部尚书王敞之墓。1983 年，该失考墓被列为县级文物保护单位。2006 年，被列为市级文物保护单位。

后岗失考墓及石刻 位于湖熟街道红卫林场果场。现存底座 1 块，方形 90 厘米，中心 1 圆孔，径 35 厘米，石柱 1 根，高 122 厘米、宽 35 厘米，上刻有花卉图案；石羊 2 只，呈东西排列，长 105 厘米、宽 41 厘米、高 72 厘米；石虎 2 只，高 100 厘米、宽 45 厘米；石马 2 只，有 1 残缺，高 100 厘米、长 215 厘米。1983 年，后岗失考墓被列为县级文物保护单位。2006 年，该失考墓被列为市级文物保护单位。

吉山失考墓及石刻 在谷里街道吉山石马村。原墓葬神道上有龟趺、石碑各 1 个，华表 1 对，石羊、石狮、石马、石人各 1 对，立于神道两侧，这些石刻均在 20 世纪 50—60 年代为当地农民修建水库时被毁，现存石人 1 对，石马 1 个，墓碑和墓志铭砌于水库的涵洞口处。石人完好无损，武士高 300 厘米、宽 110 厘米、厚 80 厘米；石马已出现断痕，长 320 厘米、宽 80 厘米、高 225 厘米。据考证，这些石刻为明代石刻中的精美之作。1983 年，吉山失考墓被列为县级文物保护单位。2006 年，被列为市级文物保护单位。

后村失考墓及石刻 位于汤山街道晨光社区后村的农田中（现已被放在稻场一角）。石刻仅剩龟趺座，是当地农民于 1997 年农田改造时发现的。龟趺头部和前足部均残，残长 2.10 米、宽 1.30 米、高 0.80 米。龟趺背中央有一榫口凹槽，存放置石碑之用，榫口长 0.55 米、深 0.22 米。龟趺的风格和造型与南朝时期石刻相似，其质地也是石灰岩，应为同一时代的遗物。

【阳山碑材】

阳山碑材又称孝陵碑材，位于汤山街道西北阳山。碑材位于阳山西南麓半山腰海拔约 140 米处，劈山凿成。阳山碑材的来历、背景与概况，在明清两代官人、学者的遗墨中均有迹可寻，〔万历〕《上元县志》载：“雁门山，在县东六十里……一名阳山，孝陵碑材取之于此。”〔同治〕《上江两县志》载：“明永乐三年，成祖朱棣为其父太祖朱元璋记功而命凿。”清叶奕苞在《金石录》中道：“江宁府麒麟门外，坟头山中有大石，长五丈余，阔半之，土言是孝陵碑材。旁一石如小山，云是碑台。此石侧下可晒麦百担。”碑材分碑座、碑额、碑身 3 个部分，皆未雕凿完工。碑座呈长方体，约长 26 米、宽 16 米、高 12 米，以一般石灰岩比重 2.70 计算，重约 13000 余吨。除北面与山体相连及底部留有几个支撑点外，已基本凿空；碑首，又称碑额，椭圆形，在距碑座 300 余米处的山坡上，约长 20 米、宽 8 米、高 10 米，重约 4000 余吨。碑首上留有拟雕蟠龙的 14 个石牙，除底部留有 3 排支撑的条石外，余皆与山体脱离；碑身在碑额旁约 6 米处，为长方形，横卧地面，酷似一道巨墙屏障，约长 50 米、宽 4.40 米、高 12 米，重约

7000余吨，除东面和底部的2处支撑点尚与山崖相连外，其余均与山体凿离。若将碑座、碑身、碑首一一垒起，通高约72米余，相当于24层楼高，其重量2.40万余吨。

1982年8月13日，阳山碑材被列为江苏省文物保护单位。1983年，在“金陵新姿揽胜评点征联”活动中，阳山碑材以“绝世碑材”的赫赫声名入选“新金陵四十景”之一。楹联云：“石上有痕，已为前朝记功过；碑中无字，留与后人论是非。”2003年，江苏省、南京市政府出资对碑材进行保护性维修。2005年4月，江宁明文化村景区向上海吉尼斯总部申报阳山碑材为世界“最大碑材”。经南京市质量技术监督局重新测量和市公证处公证，确定碑材重量为2.60万吨。竖起时总高度为75米。是月，上海吉尼斯总部对测量结果予以确认，并下发确认通知书。4月29日，阳山碑材正式挂上“吉尼斯纪录”牌匾。

第四节　寺庙　古塔

【佛寺（庵）】

宏觉寺　位于江宁区牛首山上，有两峰对立，因名天阙，始于南朝。南朝刘宋大明年中，设郊坛于天阙。山上有岩穴，世称辟支佛窟。梁天监二年（503），司空徐度建寺，名佛窟寺。唐贞观年间，法融禅师在佛窟寺读经8年，摘抄精要。唐大历九年（774），代宗李豫感梦敕“修双峰顶七级浮屠”。天佑年间重建。先后更名为长乐寺、资善院、福昌院。南唐后主李煜改名弘觉寺。宋太平兴国年间，改为崇教寺。明初，仍改为佛窟寺。正统年间重修，改称弘觉寺。与灵谷寺、天界寺、天禧寺（大报恩寺）、能仁寺、鸡鸣寺、栖霞寺、静海寺一起并称为明代南京八大寺。明代弘觉寺属次大刹，领小刹9座。其规模宏伟宽敞，寺址周围21里30步，有公产莲花等圩田、地、山、塘约44.40公顷，其禅堂又有公产东圩及信众施舍田、地、山、塘约14.20公顷。天启年间，尚有大山门、金刚殿、左右碑亭、天王殿、正佛殿等，僧院54房，食粮牒僧70人，食粮学僧30人。清代，为避乾隆帝讳，弘觉寺改为宏觉寺。咸丰年间毁于战火。同治年间重修。民国初年，改名普觉寺。侵华日军侵占南京时，日本人狂掘牛首山铁矿，普觉寺再遭破坏。抗日战争时期，方丈仁性，常住僧人35人。

图36-1-3　20世纪20年代宏觉寺砖塔

图36-1-4　20世纪90年代末的宏觉寺塔

1950年，方丈震寰，尚存大殿、禅堂和部分僧房，恢复弘觉寺名。1956年7月14日，游人在塔底层发现地宫，经南京博物院发掘，出土鎏金喇嘛塔、佛像、玉瓶等文物。1958年，寺庙合并，震寰等3名僧人并入其他寺庙。“文化大革命”时期，该寺有大殿、禅堂遭毁，仅存唐塔、兜率崖（舍身崖）、佛窟等古迹，佛窟有佛像129尊。1993年5月，经江宁县政府批准，恢复祖堂山宏觉寺，由南京市佛教协会礼聘安徽九华山宏成法师于牛首山南面的祖堂山幽栖寺遗址上重建，寺庙初步规划建大殿57座。同年7月，成立宏觉寺复建委员会，8月5日，举行复建洒净奠基仪式。1996年4月，南京市佛教协会正式认定宏成为宏觉寺住持，5月29日，举行盛大的佛像开光暨方丈升座典礼活动。经过多年的修建，至2007年，宏觉寺已粗具规模，有念佛堂、古拜经台、观音殿、千手观音殿、海岳寺、三圣殿、玉佛殿、卧佛殿等建筑。大雄宝殿也于2007年年底正式完工。

上定林寺 位于秣陵街道方山西北麓。早在南朝刘宋元嘉十六年（439），外国商僧竺法秀（今克什米尔人）在建康钟山始建上定林寺，后寺废。至南宋乾道九年（1173），秦高僧善鉴到方山结庐修道，远近信慕，施者踵至，佛殿、法堂、僧房次第建设。乾道九年，善鉴诣府（指建康府）请移钟山定林寺额于此，标志着在方山重建定林寺塔，得到允许，定名为定林禅寺，在方山者为上定林寺，在钟山者则称下定林寺。上定林寺高僧辈出、佛源广播。全国佛寺轮藏之祖傅大多出于此寺。在佛教界上定林寺与嵩山少林寺齐名，有“南定林北少林”之美誉。后来，上定林寺毁塔存。至2004年，上定林寺修复一期工程建筑面积720平方米的大雄宝殿完工。随着二、三期工程的开展，藏经楼、天王殿、山墙将陆续完工，800多年前的古寺香火将得以延续。

图36-1-5　20世纪90年代末的方山定林寺塔

云居寺 在淳化街道青龙山（今南京华宁阀门有限公司的工厂院内），属区级文物保护单位。据史料记载，云居寺为南朝古刹，原建在钟山明代移旧额于此并重建。现存有大殿、后殿共2进，为明清建筑风格，南面大殿屋脊的两端各有鸱吻1只。大殿内部全是木质梁柱组成，为抬梁式结构。大殿进深16米、宽16米、高13米，计4间，大殿东面另外尚有2层木质小楼。前殿与后殿之间相距16米，由一条4.50米宽的路贯穿其中轴线上，路分别由方砖和青石质条石组成。1958年，云居寺被改为阀门厂的成品库、半成品库，所有佛像均不复存在。新中国成立初，该寺曾用作关押战犯。1983年，被列为县级文物保护单位。

清真寺 位于湖熟街道水北大街4号，是湖熟街道回民信奉伊斯兰教的活动场所。这座寺坐东朝西，面积2000多平方米，共3进，第1进过道；第2进客厅，两旁有厢房，是阿訇办公和备课室；第3进大殿，顶端有“亘古不朽”4个大字。方砖铺地，中央加铺红地毯。正对殿门的墙壁上刻有《古兰经》。正殿前为大天井。天井两旁的厢房还有讲堂和“净身”水房，为回民死后葬前净身洗浴之所。在第2进墙壁上镶嵌着民国时期所立的石碑，内载：“湖熟清真寺，始建于明代，毁于洪、杨兵燹，复建于民国十五年。”“文化大革命”期间，清真寺寺房成了厂房。1984年，县内成立清真寺管理委员会，并拨专款进行维修，使得清真寺基本恢复旧貌。20世纪90年代期间，又进行局部维修。2003年，复建西厢房，共8个房间，约200平方米。

图36-1-6　湖熟清真寺

三山寺　位于江宁街道三山村长江边的三山南麓三山寺，古名三山讲寺，亦名三山护国寺，始建于明洪武十三年（1380），规模宏大，景色清幽。寺中有金刚殿、正佛殿、观音殿、望江楼、纯阳阁、僧院等建筑数十间，占地1公顷。寺院公产有水田、山地共二百十一亩九分一厘。《金陵梵刹志》对三山寺风物之美描述为："……三峰相连，中隐孤寺，钟韵霞际，涛声树杪，有砚头半悬江中，登者爽目。"三山寺于清雍正七年（1730）曾经重修。至新中国成立初，仅存佛殿2座，后亦废去。今则唯余雍正年间重修时的石碑刻1座，碑长1.20米、宽0.75米、厚0.15米，记载当时重修经过和捐助人名单及银两数，字迹多缺损。

祈泽寺　位于东山街道上坊祈泽山。祈泽寺原占地1.40公顷。原有金刚殿、天王殿、正佛殿、大观音殿、钟楼、右地藏殿、龙王殿、僧院，后毁于侵华日军兵燹，今地面建筑荡然无存。祈泽池在祈泽寺的东南处呈长方形，长2.50米、宽1.50米、高1.50米，用青石砌成，"祈泽池深"为金陵四十八景之一。

藏龙寺　原为插花庙，〔道光〕《上元县志》载："插花庙在上元县东。"即今汤山街道孟墓社区插花村。原庙宇占地0.67余公顷，有5进99间半房屋，庙门前有1对1.50米高的石狮，庙内有插花娘娘塑像，大王（刘秀）及四大金刚。相传该庙建于公元27年。1999年修复的藏龙寺占地0.27公顷，已建成观音殿、地藏殿、僧房计约320平方米。天井中置1座三级浮屠（宝塔），两侧建有进香炉。

图36-1-7　藏龙寺

本业寺　在汤山街道晨光社区白家场小村南面的山坡上。据《金陵梵刹志》载，"本业寺在郭城麒麟门外，西去朝阳门二十五里"，"天监九年置"。本业寺规模较大，有"天王殿三楹，正佛殿三楹，法堂殿五楹，僧院二房，基址十亩，田地山塘共四拾六亩四分五厘"。明代文人胡广在《游阳山记》中对本业寺进行详尽的描述。今寺基依稀可辨。

圣汤延祥寺　位于汤山北麓。圣汤延祥寺之名源于旧志记载：南北朝时，南朝的萧梁太后患皮肤病，到汤泉沐浴，不久病愈，皇帝即封汤山温泉为"圣汤"，建寺为"圣汤延祥寺"。寺在汤山北麓，坐南朝北，占地0.67余公顷，建正殿、侧殿、住房、耳房和其他房屋数十间。寺内有花园1处，寺庄村的田地即为寺院所属田产。从南宋到明末，是延祥寺的鼎盛时期，佛事频繁，游人如织。至清乾隆年间，延祥寺逐渐败落。20世纪初，延祥寺原址被改建为汤山高等小学，尚存房屋20余间。被毁坏房屋的墙基、瓦砾依稀可见。新中国成立后，因汤山小学扩建，延祥寺不复存在。今延祥寺原址被改建成"美龄山庄"。

净居寺　位于江宁街道原江宁镇西灵华山上。建于南朝梁武帝天监五年（506），唐代时为天福寺，南唐时为净住院，《宋书》称静居寺，北宋治平年间（1064—1067）改今额。净居寺原来的殿房画栋雕梁，相当雄伟，后经历代劫波，至新中国成立时仅存大佛殿和观音殿。此外，寺中有4棵树冠相齐的古柏，还有大佛殿佛像后形象逼真的"泥幔帐"以及雕工细腻的明柱石础"石麻雀"。现只有原立于寺门外的旗杆石墩和明柱石础尚存。石础侧面八角，圆面鼓形，高0.39米，面直径0.46米，中围1.70米，四周八面雕有喜鹊、梅鹿等鸟兽及花卉纹路。这对石础现存9424厂文化公园内。

净相寺 位于江宁街道河东村山腰。天祐十三年（916）建，南唐给额“后篱寺”，北宋崇宁年间（1640）改名“净相寺”。净相寺寺门向南，分前后2进，共10间，均为木桩瓦房，东西厢房各4间，中央为天井。寺内有大肚弥勒佛、地二藏、观音、四大金刚、十八罗汉等泥塑像。还有大钟1口，高2米。民国27年（1938）冬，净相寺后进被侵华日军烧毁，前进的弥勒佛和大鼓也被烧，民国36年重塑弥勒佛。1950年春，前进3尊大佛被毁，钟和香炉失踪，今遗址尚存。

天宁寺 位于东山街道上坊黄龙山西侧，蛇塘上堰东部山坳，江宁化工厂炸药仓库围墙后。据明《金陵梵刹志》载，古刹天宁寺于宋治平二年（1065）建。明朝重建，复毁。民国29年（1940），慧海（俗名林海山）在上坊创办居士林，带领众徒化缘集资，修建天宁寺佛殿，恢复佛事。“文化大革命”破“四旧”时，殿堂内塑像均被捣毁、损坏。1974年，县汤山林场长山工区将天宁寺全部拆建为林场工房。今存遗址和水井1口，还有清光绪二十四年（1898）三月所立的第49世守性徹公老和尚墓碑1座，碑文字迹清楚。另距墓碑西北约8米处有乌龟驮1石碑座，已毁，今龟尚存（龟身长约2米，宽约1米，龟身雕刻完好）。

多福寺 据《金陵梵刹志》：“多福寺在城东神泉乡东，南去所领法清院十五里，西去朝阳门七十里，唐天宝初玉镜圆师创……有天王殿三楹，佛殿五楹，僧院二房，田地塘产共四拾八亩五分八厘”。即在今汤山街道上峰社区青后村东南。据倪谦《多福寺生兴记》所载，多福寺于元朝末年“罹于兵燹，鞠为荆莽”。明朝洪武初年，有牧童在寺基旁无意挖出一块赵孟頫所书“多福寺”的匾额，当地父老便邀请僧人永定在旧址上重新建造庙宇，并将“旧额”安置于寺院门头上。明永乐年间，僧人惠果多方筹集资金，历时4年修缮了庙宇。1971年前，尚存房屋10余间，1973年拆毁。今尚存银杏树2株，碑石1块。

桦墅石佛庵 在汤山街道桦墅村，亦称“石佛窟”。石佛窟旧时有寺庙5间，石壁高约10米，佛窟有约50余龛，最多1窟中有佛像50余尊。1968年因开煤矿，将石窟全部埋没。2002年年初，当地人将部分石窟清理出来，今所见石窟佛像共有8尊，每窟1尊，以1佛2菩萨为主要造像。主尊袒右胸露1乳，身后雕出举身舟形背光，并有圆形头光，为释迦牟尼佛。2菩萨着双领下垂大衣，胸前挂璎珞饰物和法轮，右面菩萨为大势至，左面菩萨为观世音。佛窟最高处190厘米，窟内均有精美壁画（现部分残留），主佛像高140厘米，而最小佛像高仅80厘米。8个石窟分别凿刻于南面石壁之上，窟门边雕出壶门形状，在主窟东边有文字：“大明永乐元年二月吉旦兴造，开山第一代白云禅师”等20余字。经有关专家鉴定：此处佛像为“千佛组合，中国佛像中有准确纪年，并有原始彩绘留存的、极其少见的石窟艺术，非常珍贵”。

【庙】

东岳庙 在湖熟街道原龙都集镇上。主体正殿，原是宫殿式样三滴水建筑，清代毁于战火，后重建时改为一滴水，飞檐翘角，圆筒盖瓦，面南背北，东西两侧各有厢房相衬。正殿神台上塑坐金身东岳大帝，神台前塑立丈余高的四大金刚。正殿后有一大天井，两边各有3间1排房屋，屋内皆为神台佛像。出正殿左右前边各有一排石栏杆，过栏杆是石砌一片平台，平台前中间是台阶，两旁为方池。再前是广场，场两边各有一排东西向和西东向的13间平瓦房，共有二三十座神像佛台，面朝大院。广场之南即戏台，广场大院可容纳1万多人看戏观灯。戏台南接串厅，串厅前为一长条大天井，左右两壁全是石碑，跨天井面南是过道。走出过道便是龙桥，桥两旁为放生池，下桥即高大牌楼，即大庙大门。牌楼和石栏杆迎街而立，背北面南，左右两边各缩进几米，又各有3间1进共有3进的偏房神殿。整个大庙平面为长方形，周围是房屋，中间是大院，布局严谨整齐、颇有气势。此庙在抗日战争和解放战争时先后拆掉部分建筑，至1949年仅存正殿及两厢房屋。今东岳大庙旧址存有保护完整的石刻栏杆，两尊雕刻精美的石狮子伫立在台阶两侧。大庙剩余部分早在“文化大革命”中被撤除，20世纪70年代，改建为开会用的大礼堂，今做影剧院用。

茅亭庙　位于禄口街道茅亭社区。建于清代康熙六十年（1721）正月，同治九年（1870）冬月重修，民国时期又曾修整。〔嘉庆〕《江宁府志》记载：禄口集镇北原设茅亭铺，因此得名。茅亭庙占地3400平方米，建筑面积约2200平方米，即99间半。庙坐北朝南。庙前7米处置高3米，长5米的照壁墙1座，中央雕琢“二龙抱珠”图案。庙西空旷场地，设戏台1座，台高2米，台面约80平方米。庙门上方刻有镶金楷书“茅亭庙”3个大字。门内建有万年台，是室内戏台，约250平方米。出室便是庭院，院中央置三足鼎炉，两侧排列十殿阎罗。正殿前有9级台阶，中间斜铺着雕有龙的大青石，拾阶而上，是“祠山大帝”正殿，殿高12米，殿内明3暗5间，祠山大帝座像，高约5米。正殿两旁是行宫殿、谢氏殿、三宝殿等。该庙为纯砖木结构建筑，廓檐雕有龙、凰等各式花纹。历经数十年，几经劫难，至新中国成立前夕此庙已不存在。新中国成立后，县政府在该庙旧址上修建禄口粮管所库房。2005年，改作南京光明乳业有限公司仓库。

眼香庙　在谷里街道向阳社区鲍塘的眼香庙山。庙建于明末清初年间，据说有99间半。庙内斋堂、念佛堂、讲经堂、大雄宝殿、观世音大殿等，造型气势不凡、庄严肃穆。此庙于1958年被拆除，今庙址已变为采石场。

张王庙　在禄口街道石埝社区下浣溪村北部，原名红莲寺。始建于唐代，建筑规模宏伟，有房屋99间半，寺内雕梁画栋，寺内有和尚200多人。抗日战争时期拆除。

金山庙　在东山街道骆村与桥头村交界处。号称99间半，香火旺盛，附属镇江金山寺。江宁县第一师范学校开办就设在金山庙，后迁走，金山庙也逐渐萎缩。1965年，金山庙全被拆除。

【古塔】

宏觉寺塔　位于牛首山东峰南麓，是南京地区现存最古老的一座楼阁式宝塔。因塔始建于唐代，又简称“唐塔”。该塔建于唐大历九年（774），系代宗李豫感梦“修峰顶七级浮屠”而建。明正统年间重修，现存塔身即为明代遗物。清代为避乾隆帝弘历名讳，改“弘”为“宏”，因名宏觉寺塔。1956年，曾在塔基的地宫内发现明朝太监施舍的鎏金喇嘛塔、佛像、玉瓶和青花瓷罐等文物。1982年，宏觉寺塔被列为南京市文物保护单位。至20世纪90年代，除塔内木结构被毁和塔上部壁砖部分风化、脱落外，砖石主体结构仍保存较好。1993年，南京市人民政府出资350万元，对宏觉寺塔进行维修并派专人看管。1997年，按原风貌修复，千年古塔得以重现雄姿。塔高约45米，砖木结构，七层八面，每面正中有一壶门、小窗两扇，每层均挑出雕木飞檐，造型典雅古朴，具有鲜明的江南风格。2002年，该塔被列入江苏省文物保护单位。

上定林寺塔　在上定林寺塔内。据碑记载：上定林寺塔在元、明两代均曾大修过，并换了不少建筑构件。清代也曾经维修。20世纪50年代至“文化大革命”前，部分寺庙建筑尚存，今寺毁塔存。塔高约14.50米，为七级八面仿木结构楼阁式砖塔。底层较高，连长1.46米，直径3.45米。底层和2层内部为方形，3层以上则为圆筒形。塔因年久失修，腰檐、塔顶及塔刹已毁（现在所见为 1973 年重修），塔身向北倾斜 7 度 30 分，偏心距 1.67 米。2003 年，江苏省、南京市两级政府出资 100 余万元，委托南京市文物局和江宁区文化局对塔体进行纠偏，今倾斜度为 5 度 30 分。1982 年，该塔被列为江苏省文物保护单位。

辟支佛塔 位于牛首山，五级方形砖塔，有收分，底层南面辟门，其他各层无门窗。门左右各嵌石碑，左为《圣宋江宁府牛首山宗教寺辟支佛塔记》，宋皇祐二年（1050）长干圆照大师普庄撰文。右有 2 碑，一为南宋淳祐四年（1244）碑，一为明嘉靖三十二年（1553）立，均为修缮祠碑。此塔毁于"文化大革命"中。

第五节 古建筑群 名人故居

【古建筑群】

杨柳村古建筑群 在湖熟街道原龙都镇杨柳村。古建筑群坐北朝南，背依马场山，前临杨柳湖。清康熙、乾隆年间建造，共 36 个宅院，1982 年，文物普查时保存比较完整的有 17 个，共 37 进、366 间房屋，占地面积约 11160 平方米。建筑群结构周密严谨，均为多进穿堂式高墙深院，最多的"翼圣堂"为 7 进，10 道门槛，每宅院均有一高大的门楼，四周为砖石雕刻，内容多为人物、花卉、禽兽等图案；门额上镌刻楷书砖雕。每门 4 字，如"旋马遗规""遵循韦训"等。每宅正堂也有名称，如"翼圣堂""四本堂"等。宅院规模格局大体保持传统风格，在中轴线上建门厅、轿厅及住房，左右布置有客厅、书房、次要住房和厨房杂屋等。后部住房大都为 2 层建筑，楼上宛转相通。梁架上多有雕刻，不施彩绘，素雅明净。室内门为格扇、屏门，窗棂造型多样美观。今保存最完整的一组建筑是村西头的礼和堂、思承堂、树德堂，三堂并列，相互穿通，外有高墙围抱。礼和堂与思承堂均为 3 进 44 间房，树德堂在西边，为 4 进 49 间房，占地总面积约 2690 平方米。每堂的高大门楼保存较好。该建筑群于乾隆年间由朱侯昌出资建造，是今南京地区发现的保存较为完整、集中，建筑面积最大的古民居建筑群。该建筑群的留存对研究南京地区民居建筑史具有较高的价值。2002 年，杨柳村古建筑群被列为江苏省文物保护单位。

图 36-1-8 杨柳村古建筑群建筑

佘村明清建筑群 位于东山街道上坊佘村社区。佘村明清建筑群主要由潘氏宗祠和潘氏住宅两部分组成。据《潘氏宗谱》记载，该组建筑是清朝顺治初年始建，后又重新改造。潘氏住宅位于宗祠西侧 10 米处，为潘氏巨商潘恒才建造。该住宅坐北朝南，分 3 个宅院，每宅 3 进，共计 60 余间，占地约 750 平方米，整个建筑结构周密严谨，均为 3 进穿堂式高墙深院，保存较好的为西边一宅。每进各有门楼，门楼上为砖雕石刻，饰以人物、花卉、禽兽等精美图案，门额上镌刻楷书砖雕，如"天锡纯嘏""福禄申之"等。每进 7 间，每间 9 架砖木结构，有大厅、客厅、住房、厨房、杂屋等，格扇屏门、造型美观，室内布局巧妙。后进住房为2层阁楼建筑，并设有木梯扶手，可攀登而上，楼上有复道悬廊，宛转相通，曲折回绕。1983年，佘村明清建筑群被列为县级文物保护单位。2006年10月，被列为市级文物保护单位。

【名人故居】

史量才故居　在湖熟街道龙都杨板桥（史量才生平事迹详见本志第四十七编第一章第二节《近现代人物》）。其故居今存房屋3间，约60平方米，在其故居隔壁的量才小学操场上有史量才亲手种植的一棵黄杨树。2000年3月30日，被列为县级文物保护单位，爱国主义教育基地。是年4月4日，纪念史量才诞辰120周年活动时，江宁县人民政府为史量才塑了铜像，并将东阳小学更名为“量才小学”。

图36-1-9　史量才故居

汤山温泉别墅　位于汤山街道温泉路3号。原为国民党元老张静江的私人别墅，始建于民国9年（1920），后张静江将别墅赠与蒋氏。民国36年修复后，蒋介石、宋美龄常到此沐浴，俗称蒋介石温泉别墅。该别墅占地面积约3208平方米，主楼2层，半地下室式，东南向，建筑面积160.38平方米。山顶覆咖啡色琉璃筒瓦，大理石砌壁。楼上客厅、卧室、卫生间、办公室、餐厅、活动室。从客厅进入下层，依次为总统池、美龄池、卫士池、随员池，设有暗道备用。此外，还有汽车库、伙房、小平房等附属建筑。2002年10月，汤山温泉别墅被列为江苏省文物保护单位。

陈氏庄园　位于东山街道麒麟镇东流村。民国时期，原为中医陈效平所建，今存房屋2进13间，占地面积422.50平方米。面阔16.90米，通进深25米。右侧有硬山顶楼房，左侧改为平顶楼房。1983年6月，庄园被列为江宁县重点文物保护单位。

于右任别墅　又称于右任公馆，位于汤山北麓、宁杭公路边。始建于民国20年（1931）。别墅占地约6666.67平方米，四周以篱笆围护，有房屋10余间，其中主房5间2厢，坐北朝南，青砖小瓦，传统大屋顶式样，三面带有走廊。另有厨房2间和供守护别墅及看山人居住的草房3间。此外，主房两侧有一座六角形的凉亭。亭子上盖有茅草，下部由砖石砌成，可供人坐落，亭柱和主房廊柱皆漆红色。别墅内松竹掩映，花木尤多，有桂花、海棠、紫荆，还有栀子花、绣球花、风景桃等。别墅南侧篱笆墙外，挖有一个防空洞，洞内有台阶21级。此别墅于1953年拆毁。

望云书屋　位于汤山东南麓的汤王庙温泉眼附近（今八三医院水疗室西面的山坡下）。建于民国21年（1932），屋主是时任国民政府考试院院长戴季陶。望云书屋又名倚云书屋，当地老百姓称之为戴季陶公馆。据民国《南汤山志》载：“望云书屋，民国二十一年，吴兴戴传贤置，建筑宏丽，松杉蔽日。”石三友所著《金陵野史》记载：望云书屋“幽雅而富丽，内有佛堂、浴室、会客室等”，戴季陶公馆规模较大，有书屋二三十间，其旁有泉眼（即今八三医院后面的温泉井），公馆直接引温泉入内。此书屋于民国26年毁于侵华日军战火。

第六节　抗金故垒　台坊　宗祠

【岳飞抗金故垒遗迹】

岳飞（其生平事迹详见本志第四十七编第一章第一节《古代人物》）抗金故垒遗迹位于南京南郊的牛首山、韩府山上，距城南约15千米。故垒起自铁心桥东500米处秦淮河边的韩府山，至牛首山主峰，断续残存4200余米。故垒底宽1.50米～3米不等，高约1米，系采用当地赤褐色石块垒筑而成，蜿蜒起伏，高低错落。有的地段人工痕迹明显；有些地段因年代久远，风雨侵袭，已散乱倒塌。1992年，被列为南京市文物保护单位。

【台坊】

古拜经台　位于谷里街道祖堂山，是区级文物保护单位。拜经台建于清代，原拜经台有房屋2间，庭院1座。20世纪90年代末，宏成法师将古拜经台修复，占地约1000平方米，前面有大约120平方米的放生池，池上有渡桥。这座古拜经台至今仍供人们使用。

窦村古戏台　位于东山街道麒麟社区窦村村口，俗称万年台，清代始建。民国36年（1947），窦村人自募捐款将戏台翻修一新。该台原规模较大，分主台和附台（两侧）并有顶（已毁），台长13米，高1.40米，中部主台向前突3.70米，突出部分6米长。戏台均由青石砌成，台基须弥座式遍布雕刻，上层为双线覆莲花纹，下层为双线仰莲花纹，中层有象征吉祥的各种石刻图案，如台沿正中雕有“蟠龙戏珠”，两边为“丹凤朝阳”，另外还有“独占鳌头”“五福图”等图案浮雕。过去，每逢农历十月初三庆丰收，在此唱大戏，酬神娱人。1950年，曾遭严重破坏，仅存石砌台基和石柱、石栏板等构件。1984年11月，古戏台被江宁县政府列为文物保护单位。2006年6月，升格为市级文物保护单位。

圣旨节烈坊　位于陶吴大王村，是区级文物保护单位。该坊建于清代，是2柱冲天式青石牌坊，砌在“王氏宗祠”大门左侧的墙壁上，坊高4米，宽2米，上刻“圣旨”“节烈”“旌表故监生王质夫发妻陈氏之坊”等字。

秣陵古戏台　旧说一出南门（即中华门）有72台半，仅秣陵关一镇就有2座戏台，即桥（司门桥）南、桥北大戏台。桥北戏台位于今秣陵高级中学内，坐北朝南，东部隔杨塘与神墩相邻。此戏台具体建筑年代不详。清咸丰年间，该戏台毁于太平天国战火。清同治八年（1869），在旧址上重修。上分2层为八角楼式，尾脊成二龙戏珠，八角为飞檐翘角，角上悬有风铃，主台向前突出，正中悬翰林陈艾书手书“神人以和”4字金字匾额，两耳台较小，后台宽敞，供化妆、摆放道具、演员休息之用。戏台因临近杨塘且有神墩为回音壁，音响效果极佳。1955年，因兴建秣陵中学，桥北戏台被拆毁。桥南戏台位于桥南大街东面后街，坐东朝西，式样与桥北戏台相仿，但较之矮小。20世纪60年代，南京军区前线话剧团、南京滑稽剧团、南京越剧团等许多剧团曾在台上演出。1968年，该戏台被拆毁。

【宗祠】

潘氏宗祠　在东山街道上坊境内，位于潘氏住宅。建筑呈南向，东西有马头墙，大门两侧各置青石石鼓相对（亦称对户），高约80厘米。内部结构为3房2进式，占地面积约350平方米。第1进大厅横梁上刻有花卉图案，上施红漆；第2进为祭祀大厅，今已改造，不见原貌，横梁上亦雕有花卉图案。据《潘氏宗谱》记载，该建筑是民国10年（1921）由潘氏家族集资大米约400石，银元约1.20万元动工兴建，民国13年竣工。今保存完好。

刘氏宗祠　位于湖熟街道龙都南窑村。该祠始建于清乾隆年间，建筑规模宏伟。清朝后期，因兵乱，战火四起，祠堂破坏严重，特别是大厅几近毁损。民国23年（1934），刘氏氏族集资重新修建，但其规模已不及当年。该宗祠在20世纪80年代初尚在，80年代末已被毁。今已没有任何建筑，只留下大小柱础14个，遗址面积约320平方米。

第七节　古桥　古井

【古桥】

藏龙桥　位于汤山街道上峰插花庙（藏龙寺），始建于清代，为区级文物保护单位。相传西汉末年，刘秀被王莽穷追不舍，得插花庙娘娘庇护，藏刘秀于桥孔里得逃脱，“藏龙桥”之名由此而来。桥呈东西向，跨藏龙河，用青石砌成，有栏，为单孔石拱桥。长12米，宽3.30米，净跨5.50米，矢高3米。

图36-1-10　藏龙桥旧影

疏云桥　位于横溪街道陶吴集镇内。桥长8米，宽4米，单孔。原为石桥，后桥栏改为砖砌，桥面用青石铺成，有独轮车迹。据传，这座桥已有百年以上的历史。

图36-1-11　横溪桥

横溪桥　位于横溪街道，始建于清代，为区级文物保护单位。桥呈东西向，跨横溪，为单孔石拱桥。桥体由青石质材料建成，桥长9米，宽3米，净跨7米，矢高约4米，桥栏高0.80米，桥柱雕石狮。

建南和尚桥　位于汤山街道麒麟建南窑上村，始建于清代，为市级文物保护单位。该桥横跨建南窑上村的运粮河，全长40米、宽4.40米，跨径7.20米，矢高7米，该桥桥体全用青石砌成，桥孔用60厘米×40厘米青石板券砌而成。

踊跃油坊桥　位于横溪街道丹阳踊跃油坊桥村，是市级文物保护单位。该处今存石拱桥一座、雍正八年（1730）刻《古梅庵亭》一方、乾隆二十四年（1759）刻《重建油坊桥碑记》一方、《乾隆甲子所收乐输碑记》一方、中华民国6年（1917）刻《重修油坊桥碑记》。桥整体保存完好，4块碑刻均保存完好，字体楷书明晰可辨，有3块碑刻底部埋入土中，文字不可辨认。据碑刻所载，油坊桥在清代时是南京地区通往安徽宣州、歙县等地的重要交通要道。乾隆七年，洪水将桥冲毁，当地百姓为方便通行，在河上搭建一座简易的桥梁供人行走。乾隆九年夏，丹阳镇上的吴德远、程北瞻、朱治山3人提倡募集银两重新造桥。由于资金缺乏等周折，桥于乾隆二十三年冬由程北瞻的儿子程昭凌等人建好，耗银1000多两。后油坊桥在咸丰末年经过战争后，桥体破损石栏倒塌无存。至光绪年间，当地民众捐资修桥，至民国6年桥才修造完工，历时3年。今桥立为民国时建筑。油坊桥在江宁区发现的所有古桥中有准确纪年、历次捐资修造等详细完整资料，这在江宁乃至南京地区尚属首次发现，故此桥和碑刻有着极其重要的考古和史料价值。

杜桂石拱桥 位于湖熟街道东杜桂村东，始建于明代，是区级文物保护单位。据县志记载，梁武帝时有朝廷大臣杜、桂二卿隐居于此，故称其名杜桂。杜桂桥呈南北向，是单孔石拱桥。桥长17米，宽3.60米，净跨2.67米，矢高1.70米。无栏，桥表面由青石板砌成，上有龙头龙尾。

图 36-1-12 上坊高桥（东观盛世桥）

高桥（东观盛世桥） 高桥横跨东山街道高桥社区与南京市接壤的运粮河上，为单孔石拱桥。明洪武十九年（1386）建，1957年小修。桥身长12米，宽6米。据传该桥是由兴建东关头（通济门）城墙的剩石所建，也有说该桥是由兴建七桥瓮的剩石所建，故高桥又名剩石桥。据元代〔至正〕《金陵新志》载：汉皋伯通居此，有桥名皋桥，后语讹为高桥。

卢家桥 位于东山街道市井卢家桥自然村，横跨中心河上，为单孔石拱桥。桥身长约6米，宽约4米。建造年代失考。根据碑文记载，卢家桥在清道光四年（1824）重修。后因年久失修，河道淤塞，交通受阻。此桥乃南北通衢要道，经报官府拨款，乡民自愿捐资，于民国14年（1925）重新修筑。新中国成立后，兴建水利期间，多次修整。1985年，市井行政村将2块修桥词碑清理后砌于桥西碑亭中。

图 36-1-13 上坊卢家桥

陆郎桥 位于江宁街道陆郎集镇西北500米处（旧称“六塘”）。清道光十五年（1835）拆旧建新，以郁林（今广西桂林）太守陆绩而得名，于是更名为“陆郎桥”。该桥有3孔4墩弧拱券形石拱桥，全桥均为青条石砌成，桥身长21米，宽5.50米，桥面高程12米，3孔净跨16.50米，两边有1米高的石雕栏杆，桥面为青石板铺就，桥中孔南侧有石刻小碑，记载了建桥年月。

龙德桥 位于湖熟街道李壋头村后。据当地民间家谱记载，明末清初，由于交通不便，当时该村李、朱、樊、赵、丰、陈等六氏前辈合议资助，在村后河道上建了一座结构简单的人行木桥，取名为“龙德桥”。后因清末战乱，桥被战火焚毁。民国6年（1917）3月，该村开明绅士李志万（又名李一鹏）筹集资金，动工重建此桥。此桥结构为条石桥墩2座，桥身为三跨钢筋混凝土结构；桥中心主航道跨度6米，另左右两孔跨度4米，桥身总长20米，桥墩高度为4.50米，桥面净宽2米，顶高层为10米，高1米；桥北白米圩堤上有一座凉亭，后被侵华日军烧毁。该桥共耗资1000多块银元，桥小结构牢。此桥铁栏杆部分于1958年“大跃进”大炼钢铁时被砸毁，其余保存完好。

高阳桥 位于湖熟街道。据《句容县志》载，高阳桥建于明朝末期，于清乾隆二十一年（1757）被洪水冲毁，后于民国15年（1926）重建。桥为3孔圆拱形青石古代建筑结构，桥标杆为生铁铸造，杆长1.50米，宝剑式，间隔排列，共42根。桥身长30米，宽6米。该桥是周岗地区北往湖熟、郭庄的主要通道，也是周岗圩与白米圩、任阳圩之间相互交往的枢纽。

【古井】

万历井　位于东山街道上坊中下村，开凿于明代，是区级文物保护单位。井栏是青石质，上刻“万历”二字，呈六角形，已裂成两半。外径0.90米，内径0.40米，高0.55米。井深3.20米。

耿岗井　位于东山街道上坊耿岗村，开凿于明代，是区级文物保护单位。井栏是青石质，呈圆柱形，外径0.90米，内径0.45米，高0.90米。内栏有绳勒痕迹，井栏上刻有“大明”二字。井深3.50米。

佘村井　位于东山街道上坊佘村，开凿于清代，是区级文物保护单位。青石井外呈八角形，内呈六角形，内径0.35米，高0.58米。井栏上有内凹龛状2处，一刻“井泉龙王之位”，一刻“大明年间为一源泉，至大清甲申年改为井”。井水清澈，现仍能供村民饮水用。井深3.40米。

崇祯井　位于东山街道上坊耿岗村，开凿于明代，是区级文物保护单位。井栏为六角形，青石质。内圆形。直径0.42米，高0.64米。井上有盖。井栏上刻“崇祯七年置”5个字。井深3.60米。

窦村四方井　位于汤山街道麒麟窦村，开凿于清代，是市级文物保护单位。整个水系由5口井组成，最小的为1.20米见方、深3米，今井水清澈见底，周围用青石围成。其余为大小不一方井，最大的一口有40平方米，最小的只有17平方米，5口方井中，其中最小的方井位置高出其余4口井约1.10米。这5口井各有其功能，四方井是饮水用的，余下的4口井分别为洗菜、洗衣、洗便桶及污物的。这5口井周围都以青石砌成，虽然井已弃之不用，但井中之水还清澈见底，站在青石板上仍触手可及。

第八节　革命遗址及纪念性建筑

【横山县抗日民主政府旧址】

横山县抗日民主政权旧址在江宁区横溪街道呈村。建于民国7年（1918），为大地主余少璋住宅，号称99间半。当时建筑宏伟，门楼高大，庭院广深，有走马楼一幢。后毁较多，今仅存房屋14间，约250平方米。1982年，该旧址被列为南京市文物保护单位、江宁县爱国主义教育基地。

图36-1-14　横山县抗日民主政府旧址房屋

【新四军先遣支队指挥部旧址】

新四军先遣支队指挥部旧址位于江宁区横溪街道尚庄村。该旧址原为村民住房，其中刘绪根家为2层楼4间、披屋3间，李士茂家为3间1披平房，均为砖木结构，每间面阔4米。该旧址今存房屋7间，1982年，被列为南京市文物保护单位。

【粟裕和钟期光办公旧址】

粟裕和钟期光办公旧址位于横溪街道姜林村，市级文物保护单位，旧址原为姜家祠堂。民国27年（1938），粟裕等人进入横山地区开辟横山抗日根据地，曾在此宿营办公。祠堂前后2进12间。今已拆除。

图36-1-15　粟裕、钟期光住地旧址（从东南向西北）

【邓演达烈士殉难处】

邓演达烈士殉难处位于宁杭公路东侧汤山街道晨光村沙石岗（今南京军区179旅1营3连射击场）。邓演达（1895—1931），字择生，广东惠阳人，中国民主革命家，国民党左派领袖人物，中国农工民主党主要创始人。民国20年（1931）11月29日，邓演达被蒋介石秘密杀害在麒麟门沙子岗，时年36岁。民国20年12月，时任京沪卫戍司令陈铭枢出资在邓演达殉难处附近将其埋葬，并书墓碑："故友邓择生先生之墓。"1957年11月，中央人民政府拨款在紫金山南麓灵谷寺东修建邓演达烈士墓，重新安葬邓演达烈士遗骸。该地占地400平方米，有4个平台22级台阶，碑体呈梯形方柱体，连座高3米，在纪念石碑前方约5米处斜坡面上镶有3只汉白玉雕琢而成的圆形花环。2001年，省政协提案为纪念邓演达烈士逝世70周年，中国农工民主党组织在此举行纪念活动，江苏省人民政府斥资维修整治墓园。

图36-1-16　邓演达烈士殉难处纪念碑（从西向东）

图36-1-17　仲铭亭（从北向南）

【仲铭亭】

仲铭亭在江宁区委所在地南面约200米的竹山上（邓仲铭生平事迹详见本志第四十七编第一章第二节《近现代人物》）。1981年8月，江宁县人民政府在秦淮河上（冯谭庄西南）建了一座"重民桥"，并刻有"邓仲铭同志殉难处"碑文一方。1983年，为纪念邓仲铭烈士牺牲40周年，江宁县人民政府在竹山修建"仲铭亭"。是年6月，仲铭亭被列为江宁县文物保护单位、爱国主义教育基地。

【云台山烈士墓】

云台山烈士墓位于江宁区横溪街道西北的云台山东麓，占地面积约1600平方米。烈士墓内安放着新四军2支队3团1营营长邱立生、政治教导员王永春等65位烈士遗骸。民国28年（1939）2月15日，在云台山地区开展游击活动的新四军3团1营3连共130余人，在曾庄村宿营，因汉奸告密，遭到700多名侵华日军、伪军包围，经过激战，牺牲80余名勇士。战斗结束后，当地群众将烈士的遗体掩埋在云台山脚下。1964年5月，中共江宁县委员会、江宁县人民委员会决定在云台山修建"云台山抗日战役"烈士墓。建有纪念亭、立大理石纪念碑，并把分散埋葬的烈士遗骸移放到为烈士们建造的墓穴内。1979年8月，中共江宁县委、县革委会重修云台山烈士墓，并在高达16米的纪念塔上书“云台山抗日烈士永垂不朽”11个大字，在字的上端镶嵌有红色五角星塔徽。烈士墓有宽敞的平台，平台前有高5米、宽7米的三门牌坊。1992年，云台山烈士墓被列为南京市文物保护单位、爱国主义教育基地。

图36-1-18　云台山新四军抗日烈士陵园大门（从南向北）

【龙都烈士墓】

龙都烈士墓位于湖熟街道原龙都集镇南，1977年建成。为纪念抗日战争时期在龙都一带打游击而牺牲的刘鹤亭等烈士而建。墓前立有纪念碑，高7米，上刻“革命烈士永垂不朽”。墓园占地面积1150平方米，共7墓，3座大墓，4座小墓，阶梯形，砖混结构。大墓底宽2.30米、长2.65米、高0.75米，小墓底宽1.60米、长1.95米、高0.43米。

图36-1-19　龙都烈士纪念碑（从东向西）

【土桥烈士墓】

土桥烈士墓位于淳化街道土桥柏墅村，建于1977年，区级文物保护单位。抗日战争时期，江宁县青龙区区长部贤聚、周建平和新四军龚排长（名不详）、李延林班长、张班长（名不详）、纪跃会等8人在土桥打击侵华日军时英勇牺牲。1977年建烈士墓，1978年建碑，纪念碑高10米，上刻“革命烈士永垂不朽”。墓园占地8950平方米，8座大墓，2座小墓，阶梯形，砖混结构。大墓底宽2.48米、长2.42米、高0.65米。小墓底宽0.85米、长1.20米、高0.23米。

图36-1-20　横山烈士纪念碑

【横山烈士纪念碑】

横山烈士纪念碑位于禄口街道桑园社区章山麓。为纪念抗日战争时期在横山战斗牺牲的烈士而建。纪念碑整体建筑占地面积2230平方米。该碑用红色大理石镶嵌，高11.70米，上面镌刻着由当年新四军领导彭冲同志亲笔题写的“横山烈士纪念碑”7个大字。纪念碑周围设有汉白玉栏杆，长84米，正前方铺设大理石台阶60平方米。

图36-1-21　后阳烈士墓

【后阳烈士墓】

后阳烈士墓位于江宁街道朱门社区后阳自然村。民国33年（1944）8月21日，新四军四十六团二营奉命执行剿灭汉奸夏孝义的任务。战斗结束后，新四军有7位同志牺牲，他们是副排长刘振海（江苏扬中人）、一班长张金涛（江苏常熟人）、战士戴章（江苏常熟人），另4位烈士的姓名已无法查询。后当地村民将烈士们安葬在后阳寺小黄山的向阳坡地上。2005年3月，抗日战争胜利60周年之际，江宁区民政局、江宁街道办事处共同出资10万元，将原土坟中7位烈士的遗骨迁出，与抗日战争时在陆郎土地上牺牲的其他烈士遗骨合葬，建成后阳烈士墓。同时将烈士墓列为爱国主义教育基地。

第九节　馆藏文物

新中国成立后，江宁境内出土了上万件文物，有“南京人颅骨化石”、“萧何月下追韩信”青花梅瓶、“岁寒三友”釉里红梅瓶和“鎏金铜佛塔”等，这些文物均为市博物院、博物馆藏品中的国家级重器。据不完全统计，南京市博物馆内近1/3的文物出土于江宁。1958年，江宁始设博物馆，重建于1992年，馆址位于东山街道的竹山公园之西的外港河畔，是江宁唯一的收藏、保管、研究和展示境内文物的场所。除为市博物院、博物馆提供了多件国家级文物外，该馆内还拥有各类文物4000余件（套）和北宋及明代的墓志10余件，其中有二级文物8件，三级文物127件；另外还有近10年中发掘出土文物上千件，其中不乏精品。

【南京博物院藏等级文物】

“松、竹、梅”岁寒三友釉里红梅瓶　明代早期瓷质品。口径6.40厘米、底径13厘米、通高41.70厘米。带盖，小口，丰肩，瘦胫。白地红花，绘松、竹、梅并夹以芭蕉、山茶，肩部画缠枝菊花。梅瓶颜色鲜艳明快，实为难得，为研究明初瓷器工艺发展提供了重要的实物资料。1957年3月，梅瓶于江宁县东善桥镇响龙山（又名孙家山）娘娘坟宋琥墓出土。为国家一级文物，今藏南京博物院。

鎏金铜塔　明代铜质器物。高35厘米，塔底刻有“金陵牛首山弘觉寺永充供养”和“佛弟子御用监李福善奉施”等字样。塔身有4个壶门，门内有释迦、韦驮像。塔刹上有相轮十三天、宝盖、宝珠等。塔周四角各置有青花瓷罐1只均置于须弥座上。塔座正面刻有2个力士像，右刻双狮戏球，左刻双鹿斗角，后刻云龙纹饰。该铜塔于1956年7月出土于江宁县牛首山宏觉寺塔地宫内。为国家一级文物，今藏南京博物院。

【南京博物馆藏等级文物】

青釉莲花瓷尊　南朝时瓷质品。通高85厘米、口径21厘米、腹径41.20厘米、底径20.80厘米。胎色灰白，釉色青绿，胎釉结合紧密，釉层厚而均匀，全器色调一致。整体分作盖与尊两部分，盖弧形，子口，方钮，钮上划井字纹，以钮为中心做两层高浮雕莲瓣纹锋。尊撇口，长颈，丰肩，深腹，腹呈椭圆形，长胫，高圈足，足略外撇。青釉莲花瓷尊同时出土一对，为国内南北朝时期同类器物中最大、最精美的一对，堪称“青瓷之王”。1972年，该瓷尊出土于麒麟门灵山，为国家一级文物，今藏南京市博物馆。

吉州窑《相思引》词瓷枕　元代瓷质器物。长44厘米，宽12.70厘米。矩形，细腰，呈银锭状，四角削平，中空，其中一头有圆孔。正背两面用褐釉。书写宋词《相思引》与《隔浦莲》。另两面饰折枝花果。字为行书，字迹潦草。其书写方式从左至右排列，与当时书写习惯相悖，在古代极为少见。词外用褐釉勾边，两端饰回纹。另两面图案每面又分作 3 组，从左至右一面为水波纹地开光绘竹，褐地绘莲荷，水波纹地开光绘梅。另一面为水波纹地开光绘核桃，茶花地开光绘荔枝，水波纹地开光绘枇杷。枕两端分别饰梅花和枇杷，均作折技。1974 年，该瓷枕出土于江宁县陆郎公社。为国家一级文物，今藏南京市博物馆。

“萧何月下追韩信”人物故事青花梅瓶　元末明初时期瓷质品，是景德镇窑的产品。高 44.10 厘米、口径 5.50 厘米、底径 13 厘米。胎质洁白致密，青花呈色稳健，浓淡晕染相宜，系用进口苏泥勃青料绘画，白釉纯净，透明度极高。无盖，小口，颈细且短，丰肩，肩以下收敛，胫部瘦长，下部略外撇，底部有修刀，似壁形底。腹部以较大篇幅绘制了“萧何月下追韩信”的历史故事。青花梅瓶于 1959 年出土于东善桥观音山沐英墓。该瓶为国家一级文物，是南京市博物馆镇馆之宝。

圆雕渔翁嬉荷琥珀杯　明代红色琥珀质料的器物。色泽透明，因年久风化，多处出现裂纹。高 4.80 厘米、长 12.50 厘米、宽 8.60 厘米。造型别致，杯身由一片卷起的荷叶构成，荷叶下水草欹侧交错，环绕杯身，形成杯的底托。荷叶边一渔翁跃出水面，袒胸束发，肩挎鱼篓，侧身盘腿，右手拽着飘动的荷叶，左手紧握跳动的鱼形成杯柄。该器物出土于江宁将军山沐睿墓。为国家一级文物，今藏南京市博物馆。

【江宁博物馆藏等级文物】

鸟纹玉璧　西汉时期青玉质品。直径 23 厘米、半径 4.50 厘米、厚 0.50 厘米，青绿色，半透明状。刻画一周斜线纹把玉璧分为内外两区，内区为有规律排列的乳钉纹，外区为四鸟。正面和背面图案相同。1986 年，出土于江宁县丹阳镇窑场。为国家二级文物，今藏江宁区博物馆。

釉陶瓿　西汉时期陶质器物。高 26 厘米、直径 34 厘米、口径 9.50 厘米，敛口，鼓腹，扁平三足，最大径位于肩部。肩四面分别饰有对称堆塑“∽”形钮和云纹装饰，肩腹部饰有 6 道双凹弦纹，其间从上而下饰有 4 道呈侧立“8”字形纹饰和 1 道波浪纹。瓿的上半部施薄釉，胎质优良，叩之有金属声。为国家二级文物，今藏江宁区博物馆。

朱雀云气纹漆木碗　汉代木质器物，口径 21 厘米、底径 9 厘米、厚 0.60 厘米、高 9 厘米。敛口，浅腹，弧壁，圈足底。木胎漆器，上饰有朱雀纹和云气纹，花纹精美，线条流畅，保存较好。1986 年，出土于江宁县丹阳镇窑场。为国家二级文物，今藏江宁区博物馆。

牛纽铜盖鼎　西汉时期铜质器物。通高 12 厘米、直径 13 厘米、盖径 8.20 厘米、口径 11.20 厘米，形体接近球形。盖上饰 3 只卧牛状钮，制作精致，造型生动。有一对绞缠成麻花状附耳，微向外撇。下承三兽蹄足，兽蹄足上段饰兽面，中段细长，下段为蹄形。底部外侧有一行竖排文字，铭文内容为“三斤九两□五”，共 6 字。1986 年，出土于江宁县丹阳镇窑场。为国家二级文物，今藏江宁区博物馆。

铜钫　汉代铜质器物。1 对，形制相同。通高 51 厘米，最大腹径 24.50 厘米，盖边长 14.50 厘米，底边长 17.30 厘米，厚 0.60 厘米。器身分布有众多方形浇铸残迹，是研究古代浇铸技术的宝贵资料。1986 年，于江宁县丹阳镇窑场出土。为国家二级文物，今藏江宁区博物馆。

乘舟垂钓图墓砖　五代十国南唐升元七年（943）时砖质品。砖长 42 厘米、宽 20 厘米、厚 9 厘米，青灰色，为李昪钦陵墓砖。墓砖上共刻画 3 艘小舟，一大两小，小舟上各有一人执竿垂钓，左下小舟钓者已有鱼上钩，大舟上人物衣冠整齐，舟上扬帆，桅杆顶端两侧有云纹。舟尾刻有“千秋”2 字，舟右下方刻有“千秋万岁”4 字，砖右下角有“光仙”2 字，文字均为楷书。该墓砖于 1987 年修南唐二陵地下排水设施时发现。为国家二级文物，今藏江宁区博物馆。

绿釉镂空花卉纹瓷枕 宋代吉州窑产品。瓷枕高12厘米、长35厘米、宽10厘米，表面施绿釉，两侧做镂空菊花，枕身对称镂空缠枝花卉。为国家二级文物，今藏江宁区博物馆。

【江宁博物馆藏墓志】

宋故滁州军事推官高君墓志铭 墓主高奭，字希召，生于北宋庆历二年（1042），卒于“绍圣五年五月乙丑，端寝于六合之官寝”。是年十一月，葬于“江宁府江宁县归善乡刘墓山之原以祔先茔”。墓志记载，墓主奉命到六合查实旧县令遗留的问题，“君摄真六合其覈旧令遗匿”。

先考广威将军捡柳州卫指挥司事府君墓志铭 墓主铨，生于元至元五年（1339），卒于洪武十五年（1382）。墓主卒后次年从广西移柩归葬于应天府江宁县朱门乡西毗村。墓志记载墓主一生的经历，但未提及墓主的姓氏。

明故兴安伯后山徐公暨夫人金氏合葬墓志铭 墓主徐勋，字元功，别号后山，生于明弘治五年（1492）十月二十七日，卒于嘉靖十四年（1535）二十四日未时，享年四十三岁。夫人金氏生于弘治十七年九月十五日子时，卒于嘉靖三十二年闰三月初三日子时，享年四十九岁。

明故荣禄大夫南京后军都督府右都督陈旺墓志铭 墓主陈旺，字德辉，湖广岳州巴陵县人。生于洪武二十九年（1396）三月初九，卒于成化十六年（1480）十一月二十九日，享年八十五岁。墓志记载其显赫的家族事迹。陈旺葬于南京南郊殷巷皋亭湖畔（今秣陵街道），墓志于2002年春出土。

济州卫明威将军孟公墓志铭 墓主孟真，“世居北京永平灤州之宜安”，生于“洪武元年十一月十八日寅时”，卒于“宣德八年十二月二十七日丑时，享耳顺又六之寿（享年六十六岁）”。“葬于应天府江宁县栗山王家之原”。墓志记载其家族事迹及其生平。

明故怀远将军指挥同治袁公墓志铭 墓主袁纪，字彦常，凤阳颍上人，生于洪武二十一年（1388），卒于“正统九年又七月十六日”，“享年五十有六，卒于官”。于“是年十二月十六日葬于应龙山之原”。墓志记载其家族事迹与其生平。该墓志铭出土时间约在1990年前后。

明平江伯陈瑄家族墓及墓志铭 2003年，出土于秣陵街道党家村旁的静龙山，据考证，这里为明代平江泊陈瑄家族墓地。地面现尚存有石刻龟趺2件，体形硕大，已残损。

大明故平江伯陈公墓志铭 墓主“陈佐，字□辅，世居庐之合肥”，生“洪武十九年十二月初六日”，卒于“正统元年八月丁丑”，“十二月庚申日，葬公于应天府大山之原”。墓志记载其生平与其家族的事迹。

故梁室荥阳郡潘氏墓志铭 墓主潘氏，保定侯梁公之弟琦，字惟瑛。卒于“成化改元（1465）正月三日未时”。生于“永乐六年九月十九日子时，历春秋五十有八”“二月十三日葬于江宁县葛仙乡昝巷村之原”。墓志记载其生平与其家族事迹。该墓志铭于2006年出土于横溪街道陶吴社区境内。

明亚中大夫山东都转运盐使司运使郑君墓志铭 郑瓛，字信卿，别号思斋，固始人，生于成化七年（1471）元月四日，卒于嘉靖八年（1529）四月二十三日，享年五十九岁。以是年十一月十日有六日，葬于凤台门外新亭乡磨村之原。墓志记载墓主生平与其家族概况。

明故林孺人庄氏墓志铭 墓主南京刑部郎草林玉辉之妻庄氏，名秀。生于正统六年（1441），卒于正德十年（1515）八月二十七日，享年七十四岁，于第二年“正月八日葬于江宁长泰南乡之原”（长泰南乡即东善桥乡境，今秣陵街道）。墓志载有林玉辉与其妻的生平事迹。墓志由国史官弋阼汪伟撰文，监察御史江都蒋运书丹，兵部武选郎中汶阳路迎篆盖。

明故中奉大夫四川等处承宣布政使司右布政使倪公墓志铭 墓主倪阜，字舜薰，别号东岗，生于景泰三年（1452）六月二十三日，卒于正德三年（1508）正月九日，享年五十七岁。葬“江宁县新亭乡祖茔东小邵村之原”（今秣陵街道）。墓志载录其生平、为官政绩与其家族事迹。江东陈镐撰文，江东胡璟书丹，建业黄谦篆盖。该墓志铭于1995年5月于秣陵街道境内出土。

封安人继妻陈氏墓志铭　墓主陈氏“生于弘治七年六月初七日”“卒于嘉靖元年五月二十九日，年仅二十有九”“以嘉靖二年正月初四日，葬于江宁县新亭乡祖茔新阡之圹”。墓志铭由陈氏丈夫“赐同进士出身中宪大夫，江西南昌府知府郑瓛并书篆”。墓志载录陈氏生平事迹与其家族概况。

第二章　非物质文化遗产

非物质文化遗产是指各种以非物质形态存在的与群众生活密切相关、世代相承的传统文化表现形式，包括口头传说、传统表演艺术、民俗活动和礼仪与节庆、有关自然界和宇宙的民间传统知识和实践、传统手工艺技能等，以及与上述传统文化表现形式相关的文化空间。

江宁境内的非物质文化遗产，十分丰富。从东晋时牛首山踏青习俗，六朝时湖熟板鸭，盛唐时期的金箔锻制工艺与殷巷石锁竞技活动，南宋年间铜山一带的舞狮习俗，到明朝初年的窦村石刻技艺，明宣德八年（1433）丹阳境内流传的七仙女和董永的爱情故事，明末方山陶家庄的麻雀蹦，再到明、清时期江宁方山的裱画技艺，清光绪年间的传统音乐马铺锣鼓，清末湖熟街道周岗的红木雕刻技艺。还有今流传于谷里街道境内的雨花茶炒制技艺。

从2005年开始，江宁区开始启动非物质文化遗产保护工作，并取得一定的成果。是年，传统舞蹈麻雀蹦被列入市试点项目。2006年5月，南京金箔锻制技艺被国务院列入首批国家级名录。

2007年7月18日，成立江宁区非物质文化遗产保护工作领导小组，并成立南京市江宁区非物质文化遗产保护中心办公室，具体组织开展全区非物质文化遗产的普查、保护和申报工作。其间，普查到非物质文化遗产项目240个，搜集到非物质文化遗产线索340条。是年9月初，在普查基础上精选17个项目（含国家级1个，省级2个）申报市级保护项目，在已公布的南京市首批保护名录87个项目中，民间文学类董永传说，传统美术类周岗红木雕刻，传统音乐类马铺锣鼓，传统舞蹈类铜山高台狮子舞、麻雀蹦，传统技艺类窦村石刻技艺、方山裱画技艺、雨花茶炒制工艺、南京金箔锻制技艺、南京板鸭和盐水鸭制作工艺，传统体育类殷巷石锁，民俗类牛首山踏青习俗等12个项目，在南京市首批保护名录榜上有名。

第一节　民间文学与传统美术

【董永传说】

七仙女和董永的爱情故事流传甚广，相传最早源于江宁地区原丹阳镇。

明宣德八年（1433），丹阳境内开始流传七仙女和董永美丽动人的爱情故事。传说中的董永家住董巷村，家境贫寒，自幼丧母，父子相依为命，以种菜为生。董父积劳成疾，不幸病亡，董永无钱葬父，只得卖身到傅员外家为奴3年，贷钱殡葬亡父。人间孝道感动天宫七仙女，遂下凡乔扮民女，在老槐树下，与董永相遇。由老槐树为媒，结为夫妻。七仙女为董永赎身，吃尽千辛万苦。傅员外万般刁难，天宫众仙女帮助，董永才获得自由，从此夫妻二人过着“你浇园来我织布”的幸福生活。

清朝时期，丹阳人在七仙山修了一座七仙庙，正殿中间是七仙女塑像，董永塑像放在北边；离七仙庙不远的大傅村外，建了2座牌坊：“孝子坊”和“贞节坊”。据成运东老人回忆：小时候常听家人谈起董永和七仙女的故事，并亲眼见过老槐树桩，还见过七仙女下凡坐过的石靠椅的脚印。他对现丹阳的“饭山”“七仙山”“大傅村”“团子桥”以及董氏祠堂都能说出完整的来历。

图 36-2-22　董永与七仙女塑像

后人为了缅怀七仙女和董永，便在原丹阳镇中心立一座汉白玉雕塑——七仙女送子给董永像，上题“人间天堂”4个大字，旁边栽一棵老槐树，作为永久性标志。

董永和七仙女的传说广泛流传，经久不衰。该传说表达的爱情观念及传统道德，对研究当地民俗民风具有历史和现实的意义。横溪街道已对董永和七仙女传说原始资料进行搜集整理，建立资料库，对董永家族宗谱予以重点保护，对七仙山及周围的一些公共设施加以冠名，以扩大其社会影响力。

2007年，董永传说被列入首批南京市非物质文化遗产名录。

【周岗红木雕刻】

清末年间，湖熟街道周岗有一个手艺杰出的工匠叫黄传庚，他的木雕技艺在江宁县、溧水县、句容县及皖南地区享有盛誉。1972年，周岗建立工艺厂，由周岗红木家具厂工艺师戴德生、张卫东、沈国辉、朱金财、潘飞等人，挑起现代红木雕刻工艺的大梁。

周岗红木雕刻传承于苏州香山派，但兼收京、苏、广各派之优点。他采用明清家具的榫卯工艺，用料考究，非真材实料不用。其产品精雕细刻，厚重但不笨拙，轻灵而隽秀，并蓄古今之精华，生活气息浓郁。

红木雕刻的家具及工艺品融实用性、观赏性、保值性于一体，堪称金陵一绝。江宁红木雕刻以传统手工艺为主要手段，以各种优质红木如紫檀木、酸枝木、鸡翅木、花梨木、铁力木、红檀等为原料，使用木工锯、凿、锉刀、平刀、尖刀、圆刀、镑、拉弓等工具，一般经过图纸设计、选材、开料、制胚、雕刻、打磨、磨光、上色、上腻与打磨等9道～12道复杂工序，制出成品。一件好的红木制品需要37天左右才能完工。木雕制品主要有明清式、欧式家具类及佛像、动物、仿古木雕等工艺品类两大类。表现题材内容广泛，具有强烈的民族传统色彩。

20世纪70年代后，周岗红木雕刻一直是周岗镇的龙头产业，其产品远销欧美、东南亚、香港等20多个国家和地区。但红木原材料生长周期长，数量少，价格昂贵，进口原材料困难，加之工艺复杂，使用人群受到限制。为使周岗红木雕刻这一传统手工艺能够长期传承，1988年，周岗红木工艺被列为全国星火计划；1994 年 7 月，受江苏省政府委托为北京人民大会堂江苏厅制作巨型“松鹤屏风”，该屏风得到国家副主席荣毅仁的赞赏；1995 年，坦桑尼亚总统到宁访问，周岗的“红木帆船”作为首选礼品馈赠外国元首。2007 年，周岗红木雕刻被列入首批南京市非物质文化遗产名录。

第二节 传统音乐与舞蹈

【马铺锣鼓】

马铺锣鼓因起源于禄口街道马铺地区而得名，主要流传于禄口街道张桥、北庄、新生、陆纲村，谷里街道东善桥元山，秣陵街道大里村、小里村、胡里村等地。

清光绪年间，马铺村村民王德宝的姑爷爷从南京到马铺村，将锣鼓技艺传授给王德宝的父亲及表叔，再传于马铺村村民朱庆春，由此形成一支锣鼓队伍，在马铺村及周边村庄演出。

20 世纪 20—30 年代是马铺锣鼓发展的鼎盛时期。当地民众主动参与，团体办作，自愿组合，积极参加当地每年的节庆和集会，如春节、庙会和朝山等民间活动。锣鼓班子最多时有 6 组，覆盖整个马铺地区。

马铺锣鼓有多种律制、调式、节奏、节拍并存，曲调结构复杂，内涵丰富，感染力强，具有民间生产、生活的艺术特色，演奏者自始至终精神饱满，全神贯注。演奏时可紧可慢，可轻可重，具有浓郁的乡情韵味，又不乏恢宏的气势，音高处如鸾啸凤鸣，音沉处如洪钟大吕，绵绵处似清风拂柳，破碎处如珠落玉盘，声音悦耳动听，心旷神怡之中更显别具一格。

马铺锣鼓是以江南“鱼米之乡”的农耕为基础，吸纳古典音乐元素，融入民间的生产、生活以及习俗和信仰并自成体系，是民间传统文化的重要组成部分。马铺锣鼓是以农民为基础的表演队伍，用言传身教的方法传承，有个人组建与集体合建，统一指挥和分散管理等灵活的机制，用独特的形式反映人民生活习俗和精神风貌，为深入研究传统民间音乐、文学艺术、地方戏曲以及当时、当地的民风、习俗提供了依据，具有重要的历史价值、科学价值和审美价值。

随着时代的变迁，马铺锣鼓这一民间艺术开始衰退。老一辈艺人逐年辞世，乐器流失不全，原始曲牌遗失。面对马铺锣鼓的失传危机，当地政府和文化部门高度重视。80 年代，县文化馆、禄口文化站组织专家对马铺锣鼓进行抢救性挖掘。1984 年，获南京市民间文艺挖掘奖。2006 年，对原始曲牌进行搜集整理，组织一批文化素质高、接受能力强的年轻女教师学习马铺锣鼓技艺，成立马铺锣鼓女子表演队，并登台表演，使这一濒于失传的民乐奇葩得以继续传承。

2007 年，马铺锣鼓被列入首批南京市非物质文化遗产名录。

【铜山高台狮子舞】

铜山高台狮子舞主要流传在江宁区禄口街道铜山及周边地区。表演时除表现狮子舞常见的动作外，另有区别于其他狮子舞的特点，难度最大的动作主要是在 3 张桌子高度的高台上表演，因此被称为高台狮子。1985 年，铜山高台狮子舞被载入《中国民族民间舞蹈集成》。

铜山高台狮子舞历史悠久，据曹村《王氏家谱》记载，南宋年间铜山一带即有舞狮的习俗。清光绪年间，铜山地区民不聊生，疾病四起，民间再兴舞狮之风，以求人口平安，六畜兴旺。之后，随时代变化，战乱不停，人民生活更加贫困，狮子舞日益受冷落，濒于失传。新中国成立后，这一古老的民间传统文化得以发扬光大，铜山曹村、彭福村、沈庄等地均有群众自发成立的舞狮队。20 世纪 60 年代，沈庄沈庆喜等舞狮艺人邀请溧水艺人孙先荣传授一些 1 张桌子做高台的高难度动作。沈庄艺人沈庆年和曹村王惠荣、王华根、王洽青等人通过不断努力钻研，将高台由 1 张桌子增加到 3 张桌子，在动作上创新出“海底捞月”等精彩纷呈、与众不同的动作和场面，形成了独具特色的铜山高台狮子舞。

铜山高台狮子舞技艺高超，动作细腻，情态可掬。动作以“武”为主，“文”“武”兼有。“文”有搔痒、理毛、张望、打招，“武”有跳跃、跌打、翻滚、登高等。整套狮舞分为地滚、高台两部分。表演时腾、闪、跃、扑、滚，特别是能在叠起的 6 张方桌上（3 张桌子的高度），活灵活现地把兽王的喜怒哀乐、咆哮嘶鸣、逗乐打趣，表现得淋漓尽致。舞蹈技术难度高，动作惊险，造型逼真，活泼有趣，一气呵成，充分表现了狮子威武、勇猛、矫健的形态。

作为江宁优秀的民间传统表演艺术，铜山高台狮子舞多次参加省、市演出、赛事活动。1993 年，铜山高台狮子舞参加“南京金陵文化庙会”比赛，获优秀表演奖，并夺得“红花杯”。2002 年，参加“金陵舞韵”南京市广场民间特色表演团队汇演，获得金奖。此外，还多次参加江苏省、南京市重大节日调演、会演等，受到社会各界的高度赞赏。

为克服狮子队表演人员年龄老化、流动性强、组织集中难、队伍难以为继的困境，禄口街道和江宁区文化部门在狮子舞流传地的中、小学中培养了一批舞狮队员，并定期拨付活动、培训经费，使高台狮子舞这一民间舞蹈得以传承。现每逢年节，舞狮队坚持走村串户表演，营造强烈的节日气氛，为当地群众乐道。狮子舞成为当地群众最喜爱的民间传统表演艺术。

2007 年，铜山高台狮子舞被列入首批南京市非物质文化遗产名录。

【麻雀蹦】

麻雀蹦是流传在江宁区秣陵街道、淳化街道、湖熟街道一带的民间舞蹈，因其模拟秋收后麻雀在稻场上欢蹦啄食的情态边击鼓边舞蹈而得名。该舞最早流传于方山一带，故又名方山大鼓；又因全舞有 5 个主要部分构成，表演时轮番击打 2 遍，故又称 10 番。究其历史源远流长，相传发源于明末方山陶家庄，发展、成熟、鼎盛于太平天国时期。

麻雀蹦表演时一般用 10 面大鼓，10 面大锣，辅之以伞、旗、幡。表演者一边击鼓一边跳舞，欢蹦雀跃，充分反映农民渴望社会安宁、丰衣足食的美好愿望。整个舞蹈以“七五三”为贯穿全舞的基本动作和鼓点，共有展翅、啄稻、亮翅、抱窝四部分。鼓点明快朴实，动作舒展大方、刚健有力，给人以欢快奋进之感。

与众多传统鼓舞相比较，麻雀蹦击鼓方法别具一格。一般情况下，鼓手击鼓采取立式，上下直捶；而麻雀蹦鼓手击鼓时，均成马步姿态，贴鼓半蹲，昂首挺胸，横握鼓槌，采用上下来回滚动点擦击鼓，这样击鼓不仅便于跳跃，移动自如，而且鼓声特别浑厚动听。鼓舞语言形象逼真。用丰收稻场上麻雀登场欢蹦啄食的情态动作，编成瞭望、腾挪、亮翅、展翅、啄稻、抱窝、雀跃等舞蹈语汇，贴切自如，表演得形象、逼真、生动。鼓点编排刚柔交融。麻雀蹦兼有南北鼓点的特色。早年打的是河南“得胜鼓”的鼓点，后来受到南方“十番锣鼓”影响，以“七五三”的打法为基本鼓点，既有北方鼓乐的豪迈，又有南方鼓乐的婉约。锣鼓配合相得益彰。麻雀蹦中的鼓、锣既是鼓舞道具，又是伴奏乐器。鼓声浑厚，鼓点简洁生动，锣音清脆，节奏稳健有力。

历史上麻雀蹦的一些阵法与太平军作战的阵法相似，很受太平军的欢迎，军民一同布阵作舞，很能鼓舞士气。今天的麻雀蹦的表现形式，以模拟麻雀的各种情态及动作为舞蹈语汇，在众多鼓舞中独树一帜，堪称一绝，被载入《中国民族民间舞蹈集成》。

麻雀蹦久盛不衰得益于其深深地扎根在民间，300 多年的发展赋予其丰富的文化内涵，这对于研究传统民间文化，保护非物质文化遗产有着较高的传承和研究价值。

新中国成立后，地方政府采取一系列保护措施，多次对麻雀蹦加工、整理，并组织专家进行学术研讨。20 世纪 50 年代，麻雀蹦成为单独的表演形式。1983 年，江苏省歌剧团对其进行加工改编。1999 年，县文化馆组织专人对其进行重新编排，更新道具，创新表演套路，参加“中华龙腾”江苏省民间广场文艺大赛，并获得二等奖。2001 年，方山地区成功申报“江苏省民间艺术之乡”，为麻雀蹦的传承营造了良好的传承环境。

2007 年，麻雀蹦被列入首批江苏省非物质文化遗产名录。

第三节　传统技艺

【窦村石刻技艺】

窦村石刻技艺始于明朝初年。明定都南京后，朱元璋从全国各地征调了手艺精湛的石匠到京城。南京东郊的麒麟镇窦村因东南临近青龙山，盛产青石、白矾石等石料，且境内有运粮河与秦淮河相通，取材方便，交通便利，而成为营建都城的石匠汇集、定居地。丰富的石材、手艺精湛的石匠，为石刻的发展提供了优质的原料和必要的加工技艺，石刻技艺因此在窦村一带传承不息、流传至今。

窦村石刻技艺主要体现在建筑石构件加工、雕刻方面。明初，窦村石匠主要担负修建城墙、明故宫、明孝陵等工程的石作部分。随技艺发展、生活需要，还出现石屋、石桌、石凳、石碾子、石井台等实用石制品和石书、石象棋等陈设、赏玩用的石制品，石刻题材、功用日益多样化。在长期创作、生产实践中。窦村艺人总结经验，不断改进，使石刻技艺融采、切、凿、砌于一体，形成包括选材、打荒、打细、打磨在内的一套完整的工艺制作流程，其手法也灵活多变，制品中阴刻、阳刻、浮雕、透雕样样具备。

明、清时期是窦村石刻技艺的鼎盛时期，南京城内外到处都可见到窦村石匠的杰作。光绪年间，窦村艺人修建的窦村古戏台最能代表窦村石刻水平，被列为市级文物保护单位。民国后，窦村石刻技艺得到较好的传承、发扬。据《江宁县志》记载，南京城内三山桥、长干桥、中和桥、五贵桥、珍珠桥、七瓮桥上的水兽，新浮桥上的龙头以及莫愁湖抱月楼墙基上的《武松打虎》《狮子楼》等连环画均出自窦村工匠之手。特别值得一提的是，新中国成立初期，成天权、王民涛、张长松、潘安保、潘孝顺 5 位石刻艺人被南京市政府指定参加北京人民大会堂建设。

进入改革开放新时期，传统建筑遗产的保护重建筑、轻工艺，加之现代技术发展，石料加工越来越重视机械化操作，轻视石工传统，且石刻属于艰苦行业，从业者日益减少，石刻技艺的传承日渐式微。

2007 年，窦村石刻技艺被列入首批南京市非物质文化遗产名录。

【方山裱画技艺】

南京的装裱业是南裱地区代表之一，明清时期，江宁的裱画十分闻名。清咸丰年间（1351—1861），因太平军占领南京，连续 10 年的战乱，使裱画业迅速萧条，濒临毁灭。当时，城内裱画艺人多数流落到江宁乡间，直到社会安定后，裱画业才逐步兴起。方山裱画业就是那个时期的产物。

方山裱画集中在方山山脚下的东村、陶家村、解溪等村庄。因距离南京很近，流落方山地区的裱画工匠，纷纷在南京城南三山街、中华门一带开设装裱店面，接到生意后回到方山家中作坊装裱，生意十分红火。受其影响，一批方山当地村民也纷纷到南京、上海、苏州等地去拜师学艺，满师后，如法炮制，在城里开店裱画。久而久之，方山裱画的名气渐大，成了远近闻名的裱画村。

方山裱画分“红货”“白货”2种。个体户、裱画厂、裱画村往往红、白两货都做，业务互为补充，忙闲互为调剂，红货产品除在当地广为销售外，还远销江西、安徽和江苏苏北等地。

方山裱画是专业性很强的行业。裱画有一整套的装裱内容，装裱设备有六大件：工作室、挣墙、案台、晾晒、拷贝桌、人字梯；装裱材料有：宣纸、绫、绢、锦、绵、麻布、天杆、地杆、丝带、涤带、铜钮、面粉、明胶、明矾等；装裱程序有15道；装裱质量的品评有5项具体要求。主要制品是立轴、中堂、对联、横批等。

方山裱画代表性的传承人有乐德海、张晓堂、陶义堂，都曾为齐白石、林散之、徐悲鸿、傅抱石、赵朴初、尉天池与武中奇等近现代书法名流装裱过字画，均受到大师们的称赞。

方山裱画的产生、发展历经300多年的历史。20世纪70年代为方山裱画发展的鼎盛时期。后由于城市开发建设，村庄拆迁，一些艺人放弃传统技艺而另谋生计，而年轻一代不愿选学劳动强度大的裱画手艺等多种原因，使得方山裱画产业呈下滑迹象。为传承方山裱画技艺，江宁区政府出台《关于方山裱画保护传承工作的若干规定》的专项文件并付诸实施。

2007年，方山裱画技艺被列入首批南京市非物质文化遗产名录。

【雨花茶炒制工艺】

雨花茶为中国十大名茶之一。南京的茶文化历史悠久，在陆羽的《茶经》中即有记载，迄今栖霞寺山后还留有“试茶亭”旧迹。至清代，南京种茶范围已扩大到长江南北。新中国成立后，由中山陵园高级工程师俞庸器负责技术实施，于1959年春研制成功，命名为雨花茶，以志烈士万古长青。

雨花茶生产基地位于江宁区谷里街道。土壤多为黄土和砂石土，肥沃疏松。这里四季分明，日照充足，温度适宜，降水充沛，远离城市与工厂，无污染，是茶树生长的理想环境。

雨花茶在传承中国古代绿茶的炒制工艺基础上，有自己独特的炒制技术。1984年前均为手工制作，1984年后，全程机械炒制技术获得成功，给雨花茶的发展注入活力。

雨花茶的茶叶色、香、味、形俱佳，在绿茶中别具一格，其形如松针，条紧圆直，锋苗挺秀；色泽翠绿，白毫显露；香气高雅，滋味鲜醇；汤色清澈，叶底嫩绿。1983年和1985年，在江苏省农林厅与省茶业学会举办的名茶评比中，2次被评为省优质名茶。1989年，被农业部评为部优名茶。2003年5月，获“中茶杯”全国名茶特等奖。

图36-2-23　雨花茶炒制工艺

2006年5月，在全省第八届“陆羽杯”名特优评比中获一等奖。

雨花茶含有多种化合物，对人体健康既有药理作用，又有营养作用，更是家庭必备和馈赠亲友的佳品。茶业的发展促进了农村人口就业、农民增收和市场繁荣。但是雨花茶手工制作工序复杂，要求高，难度大，年轻人不愿学，给雨花茶工艺的“传、帮、带”工作造成难度。政府重视加大投入力度，提高茶农的生产积极性，使雨花茶得以传承发展。

2007年，雨花茶炒制工艺被列入首批南京市非物质文化遗产名录。

【南京金箔锻制技艺】

南京金箔业以葛仙翁为祖师，相传历史上江宁县龙潭乡、花园乡（上述两地分别于1963年、1987年划归今栖霞区）是生产金箔的故乡，两地百姓多以此为业。

早在东吴或东晋时期，金箔即被用于佛像、神像贴金以及建筑业。南北朝时金箔专供金陵织制云锦、制作皇袍，成为珍贵的民间工艺品和皇宫贡品。盛唐时期随着佛教的盛行，南京地区用金箔贴饰佛像应运而生，因此，江宁金箔也称“金陵金箔”。宋代因袭唐代，以金箔装饰佛像，宋仁宗时因战乱和经济不发达，为节省开支，“康定元年八月戊戌禁以金箔饰佛像”（《宋史·仁宗纪二》载）。明、清时期，金箔工艺更广泛地运用于佛教，金箔技术及产品流传海外，江宁专为宫廷提供大量金箔（锦线）用于装饰宫殿制作龙袍、清东陵慈禧陵墓、石碑记载铭文等。清末，金陵金箔行销全国各地。《故宫志》记载：明清故宫及皇室龙袍锦衣所用金箔产于江宁。清东陵慈禧陵墓铭亦载录“金箔出自江宁”。民国时期，军阀混战，民不聊生，金箔业步履维艰。日伪时期，南京地处日伪统治中心，金箔业几近灭亡。新中国成立后，金箔行业逐渐恢复。1955年5月1日，由64名金箔艺人组织起来，建立江宁金箔锦线厂，1993年，该厂由龙潭迁至江宁县东山镇，后创建中国金箔纪念馆。2000年，企业改制，成立南京金箔集团有限责任公司。至2007年，该公司集中全国70%的金箔生产量，全世界60%的金箔生产量，是中国最大的真金金箔生产基地，世界五大真金金箔生产中心之一。

南京金箔生产工艺独特，技艺精湛，锻制过程分为12个步骤：配比→化条→拍叶→做捻子→沾捻子→打开→装开子→打了细→找了细→出具→切箔→成品检验入库。配比是将99.99%的黄金原料，加入其他金属材料（如银、铜等）配置成各种黄金成色的金箔品种过程；化条是将配比好的黄金，放入高温炉中熔化，并搅拌均匀，铸入在一定尺寸、厚度的铸槽内，形成金条；拍叶是将金条锤打成厚度为20微米的金片；做捻子是将金片裁切成15毫米 ×15毫米的方块，即为捻子；沾捻子是将捻子隔张沾入开子（100毫米 ×100毫米的乌金纸）的中心部位；打开是将沾入捻子的开子，在机械打击机上反复锤打，直至将捻子锤打成约90毫米 ×90毫米的金开；装开子是将金开隔张放入家生（200毫米 ×200毫米的乌金纸）的中心部位；打了细是将装入金开的家生，在机械打击机上反复锤打，直至将金开锤打成约150毫米 ×150毫米规格，厚度约0.12微米 / 百张的金箔；找了细是将了细经打箔工检验后，由人工进行锤打，修正了细工序中金箔的不足之处，并使金箔易于离开家生；出具是将找了细后的金箔，用鹅毛隔张挑入出纸（220毫米 ×220毫米的毛边纸）内；切箔是将出具后的金箔，按成品规格进行裁切。在化条、打开、了细、出具、切箔步骤中，黄金会有一定的损耗，损耗损耗率（%）分别为0.03、0.03、0.07、0.02、0.05，合计损耗损耗率（%）为0.20。损耗原因主要是黄金在化条时，黄金氧化挥发产生损耗；在打开、了细过程中，金片和金箔经机械打击，形成碎片产生损耗，是操作过程中无法回收的碎片；在出具、切箔过程中，破碎金箔、边角料需重新回炉熔化工程中会产生损耗。用这种工艺制作出的金箔虽有一定损耗，但其色泽纯正，厚薄均匀，经久不变，其锻制技艺完整地保存了中国数千年金箔生产传统技艺，具有较高的历史价值、文化价值和实用价值。

2006年，南京金箔锻制技艺被国务院列为国家级非物质文化遗产，南京金箔集团有限公司被确定为南京金箔锻制技艺的项目管理单位，该公司的打箔艺人何其保被江苏省非物质文化遗产保护中心命名为南京金箔锻制技艺传承人。至2007年，金箔集团已连续举办三届“金箔文化艺术节”，以宣传金箔文化。

【南京板鸭和盐水鸭制作工艺】

相传南京板鸭始于六朝，历史悠久，闻名全国，其发源地在江宁区湖熟街道，故又被称为“湖熟板鸭”。

南京板鸭主要分布在江宁区原湖熟镇及周边乡镇和南京市区，是在特定自然历史环境下，融合汉、回两族饮食文化精髓于一体的精美传统食品，是湖熟千年文化积淀的产物。

明代南京流传着一首民谣：“古书院，琉璃塔、玄色缎子、咸板鸭。”即将咸板鸭与云锦、大报恩寺和书院并列为南京四大名产。明清时，南京板鸭是进献皇家的贡品，称为“贡鸭”。官宦之间又以此“白门佳品”“六朝风味”互赠，因而，南京板鸭又被冠上“官礼板鸭”之名。直至抗日战争之前，南京制售板鸭的店铺发展到200多家。其中，最著名的有仓巷口韩复兴、武定桥刘长兴、中华门外濮恒兴、马长兴、彩霞街上魏洪兴、桃叶渡老宝兴、信府河陈厨子、七家湾王厨子，共8家，人称“板鸭八大家”。这“板鸭八大家”，家家都是湖熟人，他们让板鸭从湖熟走进南京，又从南京走向全国。清宣统二年（1910）举办的南洋劝业会上，魏洪兴生产的清真板鸭获得一等奖。从此，南京板鸭更是闻名遐迩。

南京板鸭在生产工艺上独具一格，从选料制作至成熟，有一套传统方法和要求，制作板鸭要做到：“鸭要肥，喂稻谷，炒盐腌，清卤复，烘得干，焐得足，皮白、肉红、骨头酥。”南京板鸭皮白肉嫩，油而不腻，香酥可口，色、香、味俱全。

由于传统南京板鸭开始没有煮制工艺，食用不便，经板鸭制作艺人不断摸索实践，已衍生出盐水鸭等其他一些产品。《白门食谱》记载：“金陵八月时期，盐水鸭最著名，人人以为肉内有桂花香也。”故又名桂花鸭。此外还有琵琶鸭、酱鸭等。

南京板鸭有悠久的历史，板鸭文化已成为金陵饮食文化的重要组成部分。曾为王公贵族独享的湖熟板鸭现已作为一道精美的菜式进入寻常百姓家。

进入改革开放后，南京板鸭产业迅猛发展，已形成板鸭生产、副产品加工一条龙生产模式，有数百家鸭加工业，年加工量4500万只，从业人员3万多人，产值达30亿元，板鸭加工业已成为南京地方特色经济。同时，板鸭业的发展也推动了旅游业等产业的发展。

2007年，南京板鸭、盐水鸭制作工艺被列入首批江苏省非物质文化遗产。

第四节　传统体育与民俗

【殷巷石锁】

石锁是中国民间传统习武健身器械。相传楚霸王项羽和唐王李世民就常以练习石锁、石担子强身健体，宋朝岳飞也用石锁、石担子训练士兵。

相传殷巷石锁始于唐代，盛于清末民初。无论是农闲还是农忙季节，当地村民在茶余饭后都有玩石锁的习惯，有的是单人练习，有的是全家逗乐，有的则是在村头比武过招。已故艺人徐昌富就是其中之一，他在江宁周边广泛收徒，并经常开展交流活动，培养了众多石锁爱好者。石锁艺人汤定邦继承祖辈传授，悉心练艺，曾在南京市民间石锁大赛中获得第一名。

殷巷石锁既保留了用大石锁练力量的玩法，又有小石锁的花色动作，现有石锁多种，从 20 公斤到 60 多公斤，重量大小不等。鼎盛时期，殷巷石锁有“霸王举鼎”“观音托掌”“二郎担山”“猴儿戴帽”“仙人背纤”“怀中抱月”与“大开四门”等几十种套路，今仅存 10 余种。

图 36-2-24　殷巷石锁

在政府关心下，以老艺人王道泉为首的石锁艺人成立了殷巷石锁协会，受此影响，江宁区东善桥、龙都等地也相继成立了石锁协会，此后又成立了南京市江宁区石锁协会。该协会与南京、上海、苏州、无锡、泰州、淮安等多个地区的石锁协会、爱好者经常开展交流活动，既增进了友谊，提高了技艺，也宣传了石锁文化，博得海外华侨及外国友人的青睐。

2007 年，殷巷石锁被列入首批南京市非物质文化遗产名录。

【牛首山踏青习俗】

牛首山踏青习俗始于东晋，盛行于唐代，流传至今。牛首山踏青是南京地区古老的民间习俗，每年春季慕名而至踏青的游人如织，牛首山遂成为享有盛名的旅游胜地，被誉为“春牛首”，与“秋栖霞”齐名。

牛首山踏青习俗主要内容有：踏青健身，人们利用闲暇时间，结伴同行，参加春牛首踏青活动，健身娱乐；观光赏景，古金陵四十八景中的三景“牛首烟岚”“献花清兴”“祖堂振锡”都在牛首山。牛首山有拱北峰、伏虎洞、神蛇洞、摩崖石刻、感应泉、舍身台、沐英湖、宏觉寺塔、岳飞抗金故垒、南唐二陵与郑和墓等名胜古迹，其周边的狮子山、吉山与岱山也都是观光旅游胜地。历史上，春天到牛首山踏青赏景的除普通百姓外，还有慕名而至的达官显贵、文人墨客及外地游人；拜佛祈福，牛首山自古为佛教圣地，是牛头禅的发祥地，其创立者法融禅师，被誉为“华夏之达摩”。自古以来，虔诚的香客常借春牛首踏青活动之便拜佛祈福。

牛首山踏青习俗是集郊游、拜佛、览胜与休闲为一体的民间游春赏春文化休闲活动。到牛首山踏青的民众登山赏景，尽享满山春色，饱览名胜古迹，既陶冶情操，又领略民间文化、佛教文化。踏青习俗能够激发人们热爱家乡、建设家乡的热情，营造安定、祥和的气氛，对构建和谐社会起到积极作用。

为了打造春牛首这一民俗文化品牌，经南京市人民政府批准，江宁区充分利用牛首山景区山、林、湖、佛、陵与塔六大资源优势，规划开发狮子山、祖堂山、隐龙山、隐龙湖、沐英湖、郑和墓等 20 多处景点，约 10.50 平方千米；并拟开发牛首山文化景苑、森林动物园、植物园、游乐场、科学园五大功能区及相配套的度假村等生活设施；规划开发建设郑和航海宫、南唐二陵书院、唐塔景点，将毗邻的万盛山庄、银杏湖、石坝蔬菜大棚等纳入春牛首踏青活动范围，这些做法赋予牛首山踏青习俗新的时代气息。

2007 年，牛首山踏青习俗被列入首批南京市非物质文化遗产名录。

2007年江宁区第一批非物质文化遗产情况表

表36-2-1

序号	项目名称	申报单位	保护单位	备注
民间文学（8）				
1	东山再起历史故事	东山街道	东山文体服务中心	—
2	董永传说	江宁区文化馆	江宁区文化馆	已列入市级
3	汤山温泉传说	汤山街道	汤山街道文体服务中心	—
4	牛头宗传说	谷里街道	谷里街道文体服务中心	—
5	献花岩传说	谷里街道	谷里街道文体服务中心	—
6	周郎桥传说	淳化街道	淳化街道文体服务中心	—
7	秦淮河历史故事	江宁区文化馆	江宁区文化馆	—
8	乾隆与江宁的历史故事	江宁区文化馆	江宁区文化馆	—
传统音乐（3）				
9	江宁民歌	江宁区文化馆	江宁区文化馆	—
10	马铺锣鼓	江宁区文化馆	江宁区文化馆	已列入市级
11	十般吹	江宁街道	江宁街道文体服务中心	—
传统舞蹈（13）				
12	小马灯	秣陵街道	秣陵街道文体服务中心	
13	铜山高台狮子舞	江宁区文化馆	江宁区文化馆	已列入市级
14	跑云灯	禄口街道	禄口街道文体服务中心	—
15	花船	禄口街道	禄口街道文体服务中心	—
16	麒麟献瑞	汤山街道	汤山街道文体服务中心	—
17	丹阳龙灯	横溪街道	横溪街道文体服务中心	—
18	皮老虎	横溪街道	横溪街道文体服务中心	—
19	荡湖船	湖熟街道	湖熟街道文体服务中心	—
20	万安脸子会	湖熟街道	湖熟街道文体服务中心	—
21	龙都娃娃鼓	湖熟街道	湖熟街道文体服务中心	—
22	湘莲舞	谷里街道	谷里街道文体服务中心	—
23	旱船	谷里街道	谷里街道文体服务中心	—
24	麻雀蹦	江宁区文化馆	江宁区文化馆	已列入省级

续表

序　号	项目名称	申报单位	保护单位	备　注
传统美术（2）				
25	布艺	东山街道	东山街道文体服务中心	
26	周岗红木雕刻	湖熟街道	湖熟街道文体服务中心	
传统技艺（11）				
27	窦村石刻技艺	江宁区文化馆	江宁区文化馆	已列入市级
28	方山裱画技艺	江宁区文化馆	江宁区文化馆	已列入市级
29	禄口皮毛制作技艺	禄口街道	禄口街道文体服务中心	—
30	铜井挂面加工制作技艺	江宁街道	江宁街道文体服务中心	—
31	陆郎茶干加工制作技艺	江宁街道	江宁街道文体服务中心	—
32	羊羔加工制作技艺	江宁街道	江宁街道文体服务中心	—
33	制秤技艺	汤山街道	汤山街道文体服务中心	—
34	丹阳羊肉面加工制作技艺	横溪街道	横溪街道文体服务中心	—
35	雨花茶炒制工艺	江宁区文化馆	江宁区文化馆	已列入市级
36	南京金箔锻制技艺	南京金箔集团有限责任公司	南京金箔集团有限责任公司	已列入国家级
37	南京板鸭、盐水鸭制作工艺	江宁区文化馆	江宁区湖熟鸭业协会	已列入省级
传统体育与竞技（2）				
38	殷巷石锁	江宁区文化馆	江宁区文化馆	已列入市级
39	赛龙舟	湖熟街道	湖熟街道文体服中心	—
民俗（4）				
40	曹村苎麻	禄口街道	禄口街道文体服务中心	—
41	湖熟回民生活习俗	湖熟街道	湖熟街道文体服务中心	—
42	牛首山踏青习俗	江宁区文化馆	江宁区文化馆	已列入市级
43	江宁传统庙会	江宁区文化馆	江宁区文化馆	—

第三十七编

艺　文

第一章　古代著述

第二章　近现代著述

江宁境内的艺文按时间顺序划分，主要分为两大类：古代著述与近现代著述。

古江宁地处有着“六朝古都、十朝都会”之称的南京市南翼，历史文化繁荣，文人墨客云集，他们或潜心治学，或争相酬唱，在江宁境内留下了大量的著述。

综观古代著述遍及各个领域，尤以史、集研究为多，突出者，有宋时周应合，明清两代顾起元、汪士铎、陈作霖、吴廷燮；文艺绘画创作人才辈出，以明清之马琬、周亮工、程先甲为代表；诗词学当推姚履素、徐霖、刘然。

本编古代著述载录始于宋迄清宣统二年（1910）著作700余种。清道光二十年（1840）前的著作，按《中国古籍善本书目》分类法分类。作者名前冠以朝代、籍贯，同类著作，一般以著作朝代为序排列。

1985年后，中共江宁县委、县政府认真贯彻党的文艺政策，扶持、发展文化事业，江宁文学领域一改“文化大革命”时期的沉闷局面，重新恢复生机，出现新的繁荣。其间，近现代著述呈现三个鲜明特征。

著述之风渐盛。县内作者和寓居国内外的江宁籍文人学者，辛勤笔耕，潜心著述，个人著作、文章、学术论著频见发表和出版。至2007年，经广泛征集共收录入志著述书目300余部。

文艺创作活跃。戏剧、音乐、书画、舞蹈、摄影等领域，新人新作不断问世（详见本志第三十五编《文化》）。文学领域涌现出一批在市内有一定影响的业余作者的优秀作品，突出的有颜景农、冯书琪的评话本、李伦新的散文、窦天语的小说等。

修志成果丰硕。1986—2007年，全县编纂地方志书和资料共200余部。1989年，《江宁县志》编修出版，成为中华人民共和国成立后的第一部新编县志。此外，一批馆藏家谱陆续公诸世人，使传统文化在新时期得到传承、延续。

本编主要收录江宁籍人所撰有关江宁地方文献。江宁籍人移居他地者，酌收居住区境时期著作。所录各书采自江苏省、南京市和区公共图书馆地方文献目录和方志著录，以及采访、征集所得。

第一章 古代著述

本章载录的古代著述主要是依照中国古籍四分法，即“经史子集”的分类方法进行编排。其中，经部囊括了易经、尚书、诗经、礼、三传、春秋总义、四书、乐经、孝经、尔雅、群经总义、小学等类在内的67部著作。史部著述最为丰厚，包括正史、史表、编年、杂史、史部载记、传记、史评、政书、地理、金石、目录等类，共216部。子部著述涵盖周秦诸子、儒家、兵书、农家、医家、历算、艺术、杂学、小说、术数、佛教、道教、典故、工艺等类别，共111部。集部著述较为丰宏，其数量仅次于史部，共有194部，其类别涵盖楚辞、总集、别集、词曲、诗文评、丛书等。

综观本章载录的所有古代著述，可大致看出古江宁地区的艺文发展概况，明清两代艺文发展最为丰盛，内容以史、集为主，其间涌现出大批学者，在南京乃至全国都有深远影响，如明之顾起元、金贤、释德清、何栋如、姚履素，清之刘然、朱绪曾、金鳌、陈作霖、汪士铎等人。此外，清末民初的程先甲、吴廷燮、潘宗鼎、王孝煃等人的著述成果也非常丰硕。

第一节 经 部

【易经类】

周易时论合编二十二卷

［明］ 方孔炤（1591—1655），字潜伏，号鹿湖、仁植，以智父，居江宁）撰 清顺治十七年（1660）刻本

周易图像

［明］ 方孔炤撰

几表

［明］ 方孔炤撰

以上二种见《清代各省禁书汇考》

【尚书类】

尚书论

［明］ 方孔炤撰

见《中国禁书大观》

【诗经类】

尔雅堂家藏诗说

［明］ 江宁 顾国辅（1538—1594，字惟德，号毅庵，起元父）辑 顾起元续 存

尔雅堂家藏诗说

［明］ 江宁 顾起元（1565—1628，名培，字太初，又字邻初，以字行。居花盝岗遁园）辑 存

明万历间刻本

诗经金丹八卷

［明］ 江宁 顾起元撰 存

明天启书林傅昌辰版筑居刻本

诗经永论四卷

［明］ 方孔炤撰 存

旧抄本 见《续修四库全书提要》

韩诗外传疏证

［清］ 江宁 汪士铎（1802—1889，初名鏊，字振庵，一字晋侯，号梅村，晚号无不悔翁，简称悔翁，居金沙井）撰

见朱士焕撰《汪梅村先生家传》

【礼类】

仪礼钞略

［清］ 江宁 汪士铎撰

仪礼郑注今制疏证

［清］ 江宁 汪士铎撰

丧服大功章考文

［清］ 江宁 汪士铎撰

丧服经传补疏

［清］ 江宁 汪士铎撰

礼服记

［清］ 江宁 汪士铎撰

以上五种见朱士焕撰《汪梅村先生家传》

庙制考补正

［清］ 江宁 汪士铎撰

见朱士焕撰《汪梅村先生家传》

礼经初编（一名礼书初编）

［清］ 江宁 陈作霖（1837—1920，字雨生，号伯雨，晚号可园老人）撰

《可园备忘录》著录

【三传类】

左传心法

［明］ 江宁 释德清（1546—1623，俗姓蔡，字澄印，号憨山，大报恩寺僧）撰

读左披微八卷

［清］ 江宁 金鳌（原名登瀛，字伟军，一字晓六，与金佐廷、金志伊齐名，人号“东城三金”）撰

〔同治〕《上江两县志》卷十二著录

【春秋总义类】

春秋纪愚十卷

［明］ 江宁 金贤（1463—1533，一作金央，字士希，一字东园）撰

春秋或问一百篇

［明］ 江宁 金贤撰

以上二种由《千顷堂书目》著录

春秋窃论

［明］ 方孔炤撰

见《千顷堂书目》

【四书类】

大学中庸直指

［明］ 江宁 释德清撰

大学决疑一卷

［明］ 江宁 释德清撰 存

明万历四十五年（1617）刻本

中庸外传二卷 首一卷

［明］ 江宁 顾起元撰 存

《归鸿馆杂著八种》本

读孟私笺二卷

［明］ 江宁 顾起元撰

见《经义考》

新刻顾邻初先生批点四书大全五卷

［明］ 江宁 顾起元撰 存

明末光启堂朱墨套印本 金陵王凤翔刊行

四书通

［清］ 江宁 刘然（字简斋，一字文江，号西涧，刘基后裔。家有玉穀堂、友声阁，居沙湾）撰

见〔同治〕《上江两县志》卷十二

论语义证

［清］ 上元 朱绪曾（1805—？字述之，居金陵闸）撰

见〔同治〕《上江两县志》卷十二

四书辨异六卷

［清］ 江宁 金鳌撰

见〔同治〕《上江两县志》卷十二

【乐经类】

文庙雅乐考二卷

［明］ 上元 何栋如（1572—1638，字充符，一字子极，号天玉，曾与顾起元、俞彦等结文社）

【孝经类】

孝弟图说百条

［清］ 江宁 陈作霖撰

《可园备忘录》著录

【尔雅类】

邵氏两刻尔雅正义校语

［清］ 江宁 汪士铎撰

见朱士焕《汪梅村先生家传》

尔雅集释

［清］ 上元 朱绪曾撰

见〔同治〕《上江两县志》卷十二

【群经总义类】

五经发微

［清］ 江宁 刘然撰

见〔同治〕《上江两县志》卷十二

石经考补正

［清］ 江宁 汪士铎撰

汉唐儒疏抄

［清］ 江宁 汪士铎撰

以上二种见朱士焕撰《汪梅村先生家传》卷四

开有益斋经说五卷

［清］ 上元 朱绪曾撰 存

《清经解续编》著录

五经辩异十六卷

［清］ 江宁 金鳌撰

见〔同治〕《上江两县志》卷十二

【小学类】

偏旁辩证

［明］ 江宁 马琬（字文璧，号灌园人、鲁钝生，秦淮人，以字行）撰

《千顷堂书目》著录

中原音韵注释

［明］ 上元 徐霖（1462—1538，也有1473—1549，字子仁，号髯仙、九峰道人，居小西湖快园）注

《千顷堂书目》著录

广金石韵府五卷

［清］ 江宁 周亮工（1612—1672，字元亮，一字缄斋，号栎园，学者称栎下先生，收藏、著述甚富）撰 存

清咸丰七年（1857）理董轩张氏刻本

文书原

［清］ 江宁 刘然撰

韵书广义

［清］ 江宁 刘然撰

见〔同治〕《上江两县志》卷十二

字学启蒙

［清］ 江宁 秦承业（1747—1828，字补之，号易堂，承恩弟）撰

见〔同治〕《上江两县志》卷十二

音韵异同

［清］ 江宁 凌霄（1772—1827，一名延炯，也有作延煜，字泉芝，号一飞、快园居士）撰

见孙星衍《芝泉集概序》

许氏说文解字双声叠韵谱一卷

［清］ 江宁 邓廷桢（1775—1846，字维周，又字嶰筠，晚号妙吉祥老人，又号刚木老人，居万竹园）撰 存

清道光十九年（1839）精刻本

诗双声叠韵谱三卷

［清］ 江宁 邓廷桢撰

清道光十八年（1838）精刻本

说文疏证

［清］ 江宁 汪士铎撰

广韵声纽表

［清］ 江宁 汪士铎撰

广韵雅

［清］ 江宁 汪士铎撰

仓颉篇补

［清］ 江宁 汪士铎撰

急就章补

［清］ 江宁 汪士铎撰

以上五种见朱士焕撰《汪梅村先生家传》卷四

段氏说文眉诠

［清］ 江宁 秦汝槐（字荫棠）撰

《金陵通传补遗》卷四著录

广续方言四卷

［清 民国］ 江宁 程先甲（1871—1932，字鼎臣，号一夔，晚号百花仙子）

撰 存

清光绪二十八年（1902）铅印本

广续方言拾遗一卷

［清 民国］ 江宁 程先甲撰 存

清光绪二十八年（1902）千一斋刻本

引申义举例二卷

［清 民国］ 江宁 程先甲撰 存

千一斋刻本

今方言溯源十卷

［清 民国］ 江宁 程先甲撰

群雅札记二卷

［清 民国］ 江宁 程先甲撰

六书转注考

［清 民国］ 江宁 程先甲撰

以上三种稿本存前南京通志馆

续方言类聚五卷

［清 民国］ 江宁 程先甲撰

续方言小记四卷

［清 民国］ 江宁 程先甲撰

小学说苑三卷

［清 民国］ 江宁 程先甲撰

许慎淮南注钩沈一卷

［清 民国］ 江宁 程先甲辑

文选古字补疏八卷

［清 民国］ 江宁 程先甲撰

转注续考一（或作二）卷

［清 民国］ 江宁 程先甲撰

中西小学邮议四卷

［清 民国］ 江宁 程先甲撰

以上七种见程德耆、程德畲、程德谟撰《私谥懿文显考程公一夔府君行状》

选雅二十卷

［清 民国］ 江宁 程先甲撰

清光绪二十八年（1902）程氏千一斋刻本

第二节 史 部

【正史类】

后汉书批评一百卷

［明］ 江宁 顾起元圈点 存

明刻本

汉志志疑一卷

［清］ 江宁 汪士铎撰 存

清咸丰十一年（1861）《水经注图》附刻本

清史稿五百二十九卷

［清 民国］ 江宁 赵尔巽主编 吴廷燮（1865—1947，江宁人，原名承荣，字向之，号次夔，晚号景牧） 邓邦述（1868—1939，江宁人，字孝先，号正闇，晚称沤梦老人）等总纂 存

1977年中华书局点校本

【史表类】

金陵通表四卷

［清］ 江宁 陈作霖撰

《金陵通传叙传》著录

汉季方镇年表一卷

［清 民国］ 江宁 吴廷燮撰 存

三国方镇年表一卷

［清 民国］ 江宁 吴廷燮撰 存

宋齐梁陈方镇年表四卷

［清 民国］ 江宁 吴廷燮撰 存

东魏北齐方镇年表二卷

［清 民国］ 江宁 吴廷燮撰 存

西魏方镇年表一卷

［清 民国］ 江宁 吴廷燮撰 存

北周方镇年表一卷

［清 民国］ 江宁 吴廷燮撰 存

隋方镇年表一卷
［清 民国］ 江宁 吴廷燮撰 存
五代方镇年表一卷
［清 民国］ 江宁 吴廷燮撰 存
以上有民国20年（1931）江宁吴氏景杜堂铅印本
晋方镇年表一卷
［清 民国］ 江宁 吴廷燮撰 存
东晋方镇年表一卷
［清 民国］ 江宁 吴廷燮撰 存
元魏方镇年表一卷
［清 民国］ 江宁 吴廷燮撰 存
唐方镇年表八卷考证二卷
［清 民国］ 江宁 吴廷燮撰 存
以上有民国20年（1931）江宁吴氏景杜堂铅印本
北宋经抚年表五卷
［清 民国］ 江宁 吴廷燮撰 存
南宋制抚年表二卷
［清 民国］ 江宁 吴廷燮撰 存
辽方镇年表一卷
［清 民国］ 江宁 吴廷燮撰 存
金方镇年表一卷
［清 民国］ 江宁 吴廷燮撰 存
元行省丞相平章政事年表一卷
［清 民国］ 江宁 吴廷燮撰 存
明督抚年表六卷
［清 民国］ 江宁 吴廷燮撰 存
以上有民国20年（1931）江宁吴氏景杜堂铅印本
清疆帅年表十卷
［清 民国］ 江宁 吴廷燮撰 存
民国20年（1931）江宁吴氏景杜堂铅印本
历代方镇年表五十六卷
［清 民国］ 江宁 吴廷燮撰 存
民国20年（1931）江宁吴氏景杜堂铅印本
清史诸臣封爵世表
［清 民国］ 江宁 吴廷燮撰 存
清史宰辅年表二卷
［清 民国］ 江宁 吴廷燮撰 存
光宣公卿百官表
［清 民国］ 江宁 吴廷燮撰 存
以上三种见《景牧自订年谱》

【编年类】
资治纲目续编
［清］ 江宁 刘然撰
见〔同治〕《上江两县志》卷十二
金陵通纪十卷
［清］ 江宁 陈作霖撰 存
清光绪三十三年（1907）陈氏瑞华馆刻本
金陵通纪续四卷
［清］ 江宁 陈作霖撰 存
清光绪三十三年（1907）陈氏瑞华馆刻本
金陵通纪补
［清］ 江宁 陈作霖撰 存
《可园丛书》本
洪武别录十六卷
［清 民国］ 江宁 吴廷燮撰 存
见《景杜堂文集》
宣德别录十卷
［清 民国］ 江宁 吴廷燮撰 存
民国6年（1917）铅印本
永乐别录二卷
［清 民国］ 江宁 吴廷燮撰 存
清光绪三十四年（1908）辽海书社铅印本
正统别录
［清 民国］ 江宁 吴廷燮撰 存
见《景牧自订年谱》
顺治康熙雍正三朝要录
［清 民国］ 江宁 吴廷燮撰 存
民国10年（1921）铅印本
乾隆嘉庆纪年录十八卷
［清 民国］ 江宁 吴廷燮撰 存
道咸同三朝纪年录十八卷
［清 民国］ 江宁 吴廷燮撰 存
光绪纪年录（一作光绪要录）
［清 民国］ 江宁 吴廷燮撰 存
以上三种见《景牧自订年谱》

咸丰要录

［清 民国］ 江宁 吴廷燮撰 存

1987年《北京大学图书馆馆藏稿本丛书》

【杂史类】

征黎始末

［明］ 江宁 姚履素（字允初，姚淛孙，居武定桥市隐园）撰

见《金陵诗徵》卷二十六

金潍纪略

［清］ 江宁 周亮工撰 存

《潍县文献丛刊》本

患难一家言一卷

［清］ 江宁 胡恩燮（1825—1888，字煦斋，晚号愚园老人）撰 存

清光绪二十一年（1895）胡光国辑刻《白下愚园集》本

中国女子豫政事略

［清 民国］ 江宁 吴廷燮撰

世胄劝世录

［清 民国］ 江宁 吴廷燮撰

春秋列卿排年表

［清 民国］ 江宁 吴廷燮撰

以上三种见《景牧自订年谱》

金陵癸丑劫灰录（一作金陵洪杨劫灰录）

［清］ 江宁 潘宗鼎（1870—？字薑灵，居近凤凰台）撰

《凤台山馆骈散文集》载《凤台山馆著书总目》

秋梦录

［清 民国］ 上元 王孝煃（1877—1947，字东培，一字寄沤）撰 存

民国36年（1947）《南京文献》第5号

【史部载记类】

皇明末造录二卷

［清］ 江宁 金钟（1622—？字声庵，晚号长干逸人，别署旧京孤臣）撰 存

清光绪三十四年（1908）天尺楼抄本 南京图书馆藏

古今逸史约

［清］ 江宁 刘然撰

见〔同治〕《上江两县志》卷十二

【传记类】

瑞应图一卷

［唐］ 江宁 王昌龄（698—757，字少伯）撰

见《宋史·艺文志》传记类

憨山老人年谱自叙实录二卷

［明］ 江宁 释德清撰 存

《嘉兴谭氏遗书》本

清顺治八年（1651）刻本

顾氏小史十卷

［明］ 江宁 顾起元撰 存

《归鸿馆杂著八种》本

金陵名贤咏六十首

［明］ 江宁 顾起元撰

见《金陵诗徵》小传

名公像记一卷

［明］ 江宁 顾起元撰 存

伤逝记一卷

［明］ 江宁 顾起元撰 存

有《说郛续》本

读画录（一作读画楼画人传）四卷

［清］ 江宁 周亮工撰 存

清康熙间云烟过眼堂刻本

删定虞山先生诗人传四卷

［清］ 江宁 周亮工撰

见周在浚《栎园府君行述》

印人传（一作周栎园印人传）三卷

［清］ 江宁 周亮工撰 存

《篆学琐著》本

乘风居闻见录

［清］ 江宁 金钟撰

见〔同治〕《上江两县志》卷十二

大儒出处录

［清］ 江宁 刘然撰

百畸人传

［清］ 江宁 刘然撰

以上两种见〔同治〕《上江两县志》卷十二

栎园府君行述一卷

［清］ 江宁 周在浚（1650—？字雪客，亮工长子）周在延（1653—？字津客，亮工三子）撰 存

清康熙十一年（1672）自刻本

师友渊源录总目一卷 后案二十八卷

［清］ 江宁 严长明（1731—1787，字冬友，亦作东友，一字道甫）编总目 子严观（字子进，号述斋）辑后案 存

底稿本 南京图书馆藏

师友渊源录六卷

［清］ 江宁 严长明撰

《申报馆丛书》本

秦淮画舫录上下卷

［清］ 上元 车持谦（1778—1842，字子尊，号秋舲，与杨辅仁、顾櫰三、王章等结苔芩诗社）撰 存

清嘉庆间原刻本

画舫馀谭 附三十六春小谱

［清］ 上元 车持谦撰 存

清同治十三年（1874）上海申报馆铅印本

秦淮画舫录二卷 附画舫馀谭三十六春小谱二卷

［清］ 上元 车持谦撰 存

民国间石印本

金陵祠祀乡贤汇传略二卷

［清］江宁 胡沛（1784—1853，字爕园）撰

见《续纂江宁府志》卷九

帝王年表补

［清］ 江宁 汪士铎撰

见朱士焕撰《汪梅村先生家传》

汪悔翁乙丙日记三卷

［清］ 江宁 汪士铎撰 存

民国25年（1936）北平文艺阁排印本

汪悔翁自书纪年

［清］ 江宁 汪士铎撰

录入邓之诚《骨董琐记》卷四

金元氏族考

［清］ 江宁 汪士铎撰

见朱士焕撰《汪梅村先生家传》

汪氏支谱

［清］ 江宁 汪士铎撰

见甘元焕撰《悔翁先生行状》

金陵诗徵小传

［清］ 上元 朱绪曾撰 存

清光绪二十四年（1898）刻本

（上）元（江）宁忠义祠祀考辑补三卷

［清］ 江宁 金鳌撰

〔同治〕《上江两县志》卷十二著录

粉槃录

［清］ 江宁 端木埰（1820—1892，字子畴）撰 存

民国37年（1948）《南京文献》第17号

秦淮艳品

［清］ 江宁 张曦（1820—？）撰 存

清光绪元年（1875）小娜嬛仙馆刻本

金陵文徵小传汇刊不分卷

［清］ 江宁 夏家镐（字伯音，居城南西门）重编 存

清光绪二年（1876）夏氏刻本

鹭洲耆旧册

［清］江宁 陈熙春（原名开第，字念劬）撰

《寿藻堂文集》卷下著录

金陵通传四十五卷 补遗四卷

［清］ 江宁 陈作霖撰 存

清光绪三十年（1904）陈氏瑞华馆本

历代遗民传六卷

［清］ 江宁 陈作霖撰 存

《可园备忘录》著录

金陵先正言行录六卷

［清］ 江宁 陈作霖撰 存

清宣统元年（1909）江楚编译官书局铅印本

金陵陈氏谱略四卷

［清］ 江宁 陈作霖撰 存

稿本 北京图书馆藏

陈氏宗谱一卷

［清］ 江宁 陈作霖撰 存

《金陵通传叙传》著录

葆常府君行述一卷

［清］ 江宁 陈作霖撰 存

清光绪十八年（1892）汤明林活字印本

可园备忘录（原名瑞华馆备忘录）四卷

［清］ 江宁 陈作霖撰 存

稿本 南京图书馆藏

1986年广陵古籍刻印社影印本

灌叟撮记一卷

［清］ 江宁 胡光国（1845—1924，字碧澂，号愚园灌叟）撰

《金陵艺文志》著录

榷轩随笔

［清］ 江宁 夏仁溥（约1862—？字博言，号盉盦，与石凌汉、仇埰、王孝煃等在金陵结如社）撰 存

民国37年（1948）《南京文献》第14号

景牧自订年谱一卷

［清 民国］ 江宁 吴廷燮撰 存

民国37年（1948）《南京文献》第16号

光绪奏议三编

［清 民国］ 江宁 吴廷燮撰 存

光绪撮政典制

［清 民国］ 江宁 吴廷燮撰 存

行政统计汇报十一卷

［清 民国］ 江宁 吴廷燮撰 存

以上三种见《景牧自订年谱》

关岳合祀序赞

［清］ 江宁 潘宗鼎撰 存

稿本 南京图书馆藏

江宁潘氏谱略

［清］ 江宁 潘宗鼎撰 存

收入《凤台山馆骈散文续集》卷下

金陵识小录

［清］ 江宁 潘宗鼎撰

见《凤台山馆著书总目》

邓尚书年谱一卷 补遗一卷

［清 民国］ 江宁 邓邦康（女）撰 存

清宣统元年（1909）江浦陈氏刻本

程氏贞孝录四卷

［清 民国］ 江宁 程先甲撰 存

民国18年（1929）程氏千一斋刻本

蒯公子范（德模）历任治所崇祀录一卷

［清 民国］ 江宁 程先甲辑 存

载《蒯氏家集》本

鹤征续录四卷

［清 民国］ 江宁 程先甲撰 存

程氏宗谱

［清 民国］ 江宁 程先甲撰 存

以上二种见《墓志铭》

【史评类】

读史证疑

［清］ 江宁 刘然撰

见〔同治〕《上江两县志》卷十二

读史法戒录四卷

［清］ 江宁 端木埰撰

见端木藩《〈有不为斋集〉跋》

春秋列国论一卷

［清］ 江宁 吴廷燮撰

春秋周晋楚秦齐宋鲁卫郑吴十国论

［清］ 江宁 吴廷燮撰

历代封爵考

［清］ 江宁 吴廷燮撰

春秋晋地考

［清］ 江宁 吴廷燮撰

清财政考略一卷

［清］ 江宁 吴廷燮撰

以上五种见《景牧自订年谱》著录

【政书类】

绍兴重修六曹寺监库务通用敕令格式五十四卷

［宋］ 江宁 秦桧（1090—1155，字会之，居状元境）等撰

绍兴重修常平免役敕令格式五十四卷

［宋］ 江宁 秦桧等撰

以上二种见《宋史·艺文志》

绍兴监学法二十六卷 目录二十五卷 申明七卷 对修厘正条法四卷

［宋］ 江宁 秦桧等绍兴十三年表上

《直斋书录解题》著录

经世书

［清］ 江宁 刘然撰

见〔同治〕《上江两县志》卷十二

邓制军款烟防海奏议二卷

［清］ 江宁 邓廷桢撰 存

邓邦述辑刻《邓氏家集》本

南北史补志未刊稿十三卷

［清］ 江宁 汪士铎撰 存

《二十五史补编》本

抚鄂记六卷

［清］ 江宁 汪士铎撰

金元部帐钞

［清］ 江宁 汪士铎撰

【地理类】

景定建康志

［宋］ 马光祖修 周应合纂 存

乾隆四十六年（1781）六月重印本

见《四库全书·史部》

金陵图咏

［明］ 朱之蕃纂 存

明天启三年（1623）刻本

南京志

［明］ 上元 徐霖撰

《客座赘语》著录

万历重修江宁县志

［明］ 周诗、冯翊、石允珍纂 存

明万历二十三年（1595）仲春刻本

万历金陵琐事

［明］ 周晖纂 存

明万历三十八年（1610）刻本

曹溪通志四卷

［明］ 江宁 释德清撰

《千顷堂书目》著录

湖海游记

［明］ 江宁 姚履素撰

见《金陵诗徵》卷二十六

适楚纪胜

［明］ 江宁 姚履素撰

见《千顷堂书目》卷二十六

湖海纪游

［明］ 江宁 姚履素撰

见《续金陵琐事》

寒松馆游览诗

［明］ 江宁 顾起元撰

见《启祯两朝遗诗小传》

客座赘语十卷

［明］ 江宁 顾起元撰 存

明万历四十六年（1618）原刻本

客座赘语摘钞

［明］ 江宁 顾起元撰

［清］ 陈作霖辑 存

《冶麓山房丛书》本

诸寺奇物记一卷

［明］ 江宁 顾起元著 存

《说郛续》本

闽小记二卷

［清］ 江宁 周亮工撰 存

清康熙六年（1667）周氏赖古堂刻本

入闽记一卷

［清］ 江宁 周亮工撰

见周在浚《栎园府君行述》

乾隆江宁新志

［清］ 袁枚纂 存

清乾隆十三年（1748）刻本

乾隆上元县志

［清］ 蓝印桂、王镐纂 存

清乾隆十六年辛未（1751）孟春刻本

元和郡县补志九卷

［清］ 江宁 严观补修 存

清乾隆四十年（1775）蒲户学舍刻本

重刊江宁府志

［清］ 吕燕昭修 姚鼐纂 存

清嘉庆十六年（1811）刻本

钟山考三卷

［清］ 江宁 周在浚撰 存

清初抄本 北京图书馆藏

三峰图经六十咏

［清］ 江宁 严观撰

见《续纂江宁府志》卷九

上元志

［清］ 陈栻纂 存

清道光四年（1824）刻本

（道光）普陀山志二十卷

［清］ 江宁 秦耀曾(？—1851,字远亭,号雪舫，居秦淮水榭）撰 存

清道光十二年（1832）刻本

水经注图一卷 附录一卷

［清］ 江宁 汪士铎撰 存

清咸丰十一年（1861）益阳胡林翼刻本

汉志释地略一卷

［清］ 江宁 汪士铎撰 存

清咸丰十一年（1861）《水经注图》附刻本

同治上江两县志二十九卷 首一卷

［清］ 江宁 莫祥芝 甘绍盘总纂 汪士铎 陈作霖 甘元焕等分纂 存

清同治十三年（1874）刻本

同治上江两县志

［清］ 莫祥芝、甘绍盘纂 存

清光绪二年丙子（1876）季夏重校定本

绩溪山水记一卷

［清］ 江宁 汪士铎撰 存

《小方壶斋舆地丛钞》本

禹贡图说十篇

［清］ 江宁 汪士铎撰

毛诗地理图十五篇

［清］ 江宁 汪士铎撰

汉志检地

［清］ 江宁 汪士铎撰

梁陈州郡志（一作梁百五郡州县考）

［清］ 江宁 汪士铎撰

宋元通鉴地理注二卷

［清］ 江宁 汪士铎撰

辽金元地理志图考

［清］ 江宁 汪士铎撰

明大内宫成二图考

［清］ 江宁 汪士铎撰

明九边图考

［清］ 江宁 汪士铎撰

乾隆府厅州县志补录

［清］ 江宁 汪士铎撰

畿辅河道水利图说

［清］ 江宁 汪士铎撰

沿海海运图说

［清］ 江宁 汪士铎撰

南山图考

［清］ 江宁 汪士铎撰

襄郧山城乡寨图说

［清］ 江宁 汪士铎撰

菏泗汴泲诸图

［清］ 江宁 汪士铎撰

淮阳下河运河图

［清］ 江宁 汪士铎撰

秦蜀滇黔粤西五省舆图

［清］ 江宁 汪士铎撰

水经注释文

［清］ 江宁 汪士铎撰

水道提纲补正

［清］ 江宁 汪士铎撰

万刻寰宇记校语

［清］ 江宁 汪士铎撰

冯刻九域志校语

［清］ 江宁 汪士铎撰

聚珍黄氏二本舆地广记校语

［清］ 江宁 汪士铎撰

元和郡县志补图

［清］ 江宁 汪士铎撰

以上二十三种见朱士焕《汪梅村先生家传》

海国图志六十卷

［清］ 江宁 汪士铎增订

通鉴地理年表四卷

［清］ 江宁 汪士铎增订

皇朝一统中外舆图三十二卷

［清］ 江宁 汪士铎增订

昌国典咏十卷

［清］ 上元 朱绪曾撰

《金陵丛书》本

六朝事迹编类附识一卷
[清] 上元 朱绪曾撰 存
(原著宋·张敦颐撰)
清道光二十年(1840)金陵张氏校刻本
金陵旧闻
[清] 上元 朱绪曾撰
见〔同治〕《上江两县志》卷十二
江苏兵事纪略(一作江苏兵备志 江苏兵备事略)二卷
[清] 江宁 陈作霖撰 存
江苏通志馆铅印本
《可园丛书》本
运渎桥道小志一卷
[清] 江宁 陈作霖撰 存
清光绪十一年(1885)刻本
凤麓小志四卷
[清] 江宁 陈作霖撰 存
清光绪二十五年(1899)刻本
续纂江宁府志
[清] 蒋启勋、赵佑宸修 汪士铎纂 存
光绪六年(1880)冬刻本
东城志略一卷
[清] 江宁 陈作霖撰 存
清光绪二十五年(1899)刻本
光绪金陵琐志
[清] 陈作霖纂 存
清光绪二十六年(1900)刻本
金陵通传
[清] 陈作霖纂 存
清光绪三十年(1904)刻本
金陵物产风土志一卷
[清] 江宁 陈作霖撰 存
《可园丛书》本
元宁乡土志(一作上元江宁乡土合志 元宁乡土教科书)五卷
[清] 江宁 陈作霖撰 存
清宣统二年(1910)江楚编译官书局铅印本
上元江宁乡土志
[清] 陈作霖纂 存
清宣统二年(1910)四月刻本
江苏古迹志
[清] 江宁 陈作霖撰 存
《金陵艺文志》著录
江宁地形考
[清] 江宁 陈作霖撰 存
《可园丛书》著录
炳烛里谈三卷
[清] 江宁 陈作霖撰 存
清宣统三年(1911)刻本
(光绪)东平州志二十七卷 图一卷 首编四卷
[清] 左宜似等修 江宁 卢崟(字云谷)等纂 存
清光绪七年(1881)刻本
东三省沿革表六卷
[清 民国] 江宁 吴廷燮撰 存
清宣统元年(1909)退畊堂刻本
新疆大记补编九卷
[清 民国] 阚凤楼撰 吴廷燮补编 存
民国24年(1935)印本
光绪增改郡县表一卷
[清 民国] 江宁 吴廷燮撰 存
清光绪三十二年(1906)刻本
江苏备志稿六十三卷 首一卷
[清 民国] 江宁 吴廷燮撰 存
稿本 上海图书馆及北师大图书馆藏
蒙古备志
[清 民国] 江宁 吴廷燮撰 存
抄本 首都图书馆及北大图书馆藏
(光绪)奉天通志稿
[清 民国] 江宁 吴廷燮等纂 存
清光绪三十四年(1908)稿本 南京图书馆藏
奉天备志五卷
[清 民国] 江宁 吴廷燮撰 存
稿本 首都图书馆及中国科学院图书馆藏
奉天建置志稿
[清 民国] 江宁 吴廷燮撰

奉天大事志

［清　民国］　江宁　吴廷燮撰

新疆方舆纪要

［清　民国］　江宁　吴廷燮撰

归化七厅志商例

［清　民国］　江宁　吴廷燮撰

方舆纪要补编

［清　民国］　江宁　吴廷燮撰

金陵岁时记一卷

［清　民国］　江宁　潘宗鼎撰　存

民国12年（1923）排印本

古林寺志

［清　民国］　江宁　潘宗鼎辑

入《凤台山馆著书总目》

金陵赋一卷

［清　民国］　江宁　程先甲撰　存

载《金陵丛刻》本

清宣统二年（1910）千一斋第二次定本

游陇丛记四卷

［清　民国］　江宁　程先甲撰　存

民国19年（1930）千一斋刻本

重修祈泽寺志四卷

［清］　江宁　金鳌撰

表忠祠录

［清］　江宁　金鳌撰

湖熟小志

［清］　江宁　金鳌撰

以上三种见〔同治〕《上江两县志》卷十二

金陵志地录一卷

［清］　江宁　金鳌撰

《小方壶斋舆地丛抄》本

金陵待徵录十卷

［清］　江宁　金鳌撰　存

清道光刻本

清光绪二年（1876）江宁夏家镐重刻本

里乘备识

［清　民国］　上元　王孝煃撰　存

民国37年（1948）《南京文献》第22号

【金石类】

金陵古金石考目一卷

［明］　江宁　顾起元撰　存

《归鸿馆杂著八种》本

天发神谶碑考（一作天发神谶碑释文）一卷　附录一卷　续考一卷　补考一卷

［清］　江宁　周在浚撰　附录王荟撰　续考汪昭撰　补考罗振玉撰　存

民国15年（1926）东方学会排印本

江宁金石记八卷　附待访目二卷

［清］　江宁　严观撰　存

清嘉庆九年（1804）赐书堂刻本

江宁金石待访目二卷

［清］　江宁　严观撰　存

《灵鹣阁丛书》本

江宁石刻记一卷

［清］　江宁　严观撰　存

稿本　北京大学图书馆藏

湖北金石诗一卷

［清］　江宁　严观撰　存

《连筠簃丛书》本

寰宇访碑录十二卷

［清］　江宁　严观校撰　存

《平津馆丛书》

山右石刻丛编四十卷

［清　民国］江宁　胡聘之　吴廷燮等辑　存

清光绪二十七年（1901）刻本

奉天金石志稿

［清　民国］　江宁　吴廷燮撰　存

见《景牧自订年谱》

【目录类】

徵刻唐宋秘本书目一卷　附考证一卷　徵刻启五先生事略一卷

［清］上元　黄虞稷　江宁　周在浚撰　存

《昭代丛书》（道光）本

访求中州先贤诗文集目一卷

［清］　江宁　周在浚编　存

清宋荦漫堂抄本　北京图书馆藏

隋志校语

［清］ 江宁　汪士铎撰

见朱士焕《汪梅村先生家传》

佚存书目（一作悔生书目　又作未见书目）

［清］ 江宁　汪士铎撰

见甘元焕撰《悔翁先生行状》

开有益读书志六卷　续志一卷　开有益斋金石文字记（一作开有益斋金石文字跋尾）一卷

［清］ 上元　朱绪曾撰　存

清光绪六年（1880）金陵金陵翁氏茹古阁刻本

冶麓山房藏书跋尾二卷

［清　民国］ 江宁　陈作霖撰　存

手稿本　台湾中央图书馆藏

可园存书目录　可园存书跋尾五卷

［清　民国］ 江宁　陈作霖撰　存

《金陵艺文志》著录

拟四库全书提要稿

［清　民国］ 江宁　吴廷燮撰

见《景牧自订年谱》

景杜堂纂辑书目

［清　民国］ 江宁　吴廷燮辑　存

民间铅印本

群碧楼书目初编九卷　附书衣杂识一卷

［清　民国］ 江宁　邓邦述撰　存

清宣统三年（1911）铅印本

双沤居藏书目初编

［清　民国］ 江宁　邓邦述撰

稿本　见苏精《近代藏书三十家》

群碧楼善本书录六卷

［清　民国］ 江宁　邓邦述撰　存

《群碧楼自著书》本

寒瘦山房鬻存善本书目七卷

［清　民国］ 江宁　邓邦述撰　存

《群碧楼自著书》本

邓氏所藏善本书目不分卷

［清　民国］ 江宁　邓邦述撰　存

抄本　南京图书馆藏

西书简明目录初编四卷

［清　民国］ 江宁　程先甲撰

见《私谥懿文显考程公一夔府君行状》

第三节　子　部

【周秦诸子类】

遁居士批庄子内篇一卷

［明］ 江宁　顾起元评　存

《归鸿馆杂著八种》本

【儒家类】

返约语录

［清］ 江宁　释性海（鹫峰寺主持）撰

见〔同治〕《上江两县志》卷十二

人谱

［明］ 刘宗周撰

［清］ 江宁　周在都（1655—？ 字燕客，亮工五子）辑　存

收入《赖古堂藏书十种》

中论注

［清］ 上元　朱绪曾撰

见〔同治〕《上江两县志》卷十二

经史粹言四卷

［清］ 江宁　端木埰撰

见端木藩《＜有不为斋集＞跋》

名文勖行录

［清］ 江宁　端木埰撰

端木藩《端木子畴侍读哀启略》著录

读书日记

［清］ 江宁　刘源深（1859—1910，字少卿，号醉侯、潜翁）撰

王瀣《冬饮庐藏书题记》著录

高等学堂伦理科口义六卷

［清　民国］　江宁　程先甲撰　存

见《私谥懿文显考程公一夔府君行状》

【兵书类】

孙吴六韬注疏

［清］　上元　朱墉注

见〔同治〕《上江两县志》卷十二

武经汇纂八卷

［清］　上元　朱墉纂编　存

清康熙二十七年（1688）刻本

武经七书讲义全汇合参十卷

［清］　上元　朱墉辑注　存

清康熙三十八年（1699）刻本

（增补）武经七书汇解十卷

［清］　上元　朱墉辑注　王卓赞增订　存

清康熙三十八年（1699）大盛堂刻本

武经七书汇解

［清］　上元　朱墉辑注　存

清康熙三十九年（1700）刻本

重刊武经七书汇解八卷

［清］　上元　朱墉辑　存

清光绪二年（1876）古经阁书坊刻本

鹰扬奇略武经诸子讲义合纂（一作决胜秘书）附六朝兵制考

［清］　上元　朱墉辑注　存

清光绪二十五年（1899）刻本

读史兵略四十六卷

［清］　江宁　汪士铎撰

见朱士焕《汪梅村先生家传》

【农家类】

鱼品一卷

［明］　江宁　顾起元撰　存

《说郛续》本

区田图说一卷

［清］　江宁　凌霄撰

《鄦斋丛书》本

马经

［清　民国］　江宁　潘宗鼎撰　存

民国间铅印本

续冶城蔬谱

［清　民国］　上元　王孝煃撰　存

民国37年（1948）《南京文献》第19号

秋花谱

［清］　江宁　金鳌撰

野菜谱

［清］　江宁　金鳌撰

以上二种见〔同治〕《上江两县志》卷十二

【医家类】

灵素真诠

［清］　江宁　刘然撰

见〔同治〕《上江两县志》卷十二

医方集验

［清　民国］　上元　王孝煃撰

《北窗琐识·医方集验小识》著录

【历算类】

七政推步七卷

［明］　上元　贝琳（字宗器，号竹溪拙叟）撰　存

《四库全书》本

东汉朔闰考

［清］　江宁　汪士铎撰

汉隶日月年表

［清］　江宁　汪士铎撰

比例规解补

［清］　江宁　汪士铎撰

八线表钞要

［清］　江宁　汪士铎撰

校订算书十三种

［清］　江宁　汪士铎撰

景梅札记

［清］　江宁　汪士铎撰

数理精蕴五十三卷

［清］　江宁　汪士铎撰

以上七种见朱士焕《汪梅村先生家传》

【艺术类】

暮云诗意

［明］ 江宁 马琬绘

春山清霁

［明］ 江宁 马琬绘

以上二幅藏故宫博物院

续书史会要

［明］ 上元 徐霖撰 存

明嘉靖刻本

雅颂词录

［明］ 上元 徐霖辑

《文献汇编》著录

集何雪渔印谱二卷

［明］ 江宁 金贤辑

明崇祯间钤印本 北京图书馆藏

赖古堂书画跋一卷

［清］ 江宁 周亮工撰 存

《美术丛书》本

赖古堂印谱四卷

［清］ 江宁 周亮工撰 存

清初钤印本不分卷 北京图书馆藏

书影择录

［清］ 江宁 周亮工撰 存

《美术丛书》本

赖古堂印谱四卷

［清］ 江宁 周在浚辑

清康熙六年（1667）印本 见《贩书偶记》卷十

烟云过眼录二册

［清］ 江宁 周在浚辑 存

写本 见商务印书馆《四部总录·艺术编》

灯影录

［清］ 江宁 孙正礽（约1847—约1920，字云伯，号蠖叟，居凤凰台水南草堂）撰 存

民国23年（1934）水南草堂刻本

【杂学类】

隐总

［明］ 江宁 徐京（一作谅，字禹量，自号居云子，徐达七世孙）撰

《金陵诗徵》传注

壶天映语一卷

［明］ 江宁 顾起元撰 存

《归鸿馆杂著八种》本

雪堂随笔五卷

［明］ 江宁 顾起元撰 存

《顾太史编年集》本

销夏小品一卷

［明］ 江宁 顾起元撰 存

《顾太史编年集》本

拾芥新声

［明］ 江宁 顾起元撰 存

见雷梦辰《清代各省禁书汇考》

近溪要语

［明］ 江宁 顾起元辑 何栋如刊 存

见《续修四库全书提要》

客座赘语

［明］ 江宁 顾起元辑

［清］ 江宁 周亮工订 存

有《赖古堂藏书十种》本

因树屋书影（一作书影）十卷

［清］ 江宁 周亮工撰 周在建 周在都录 存

清康熙六年（1667）赖古堂刻本

说林

［清］ 江宁 刘然撰

左函合编

［清］ 江宁 刘然撰

以上二种见〔同治〕《上江两县志》卷十二

文家稽古编十卷

［清］ 江宁 刘旂锡（1670—？ 字子望，号莪厓）撰

见〔同治〕《上江两县志》卷十二

双砚斋笔记六卷

［清］ 江宁 邓廷桢撰 存

清光绪二十二年（1896）刻本

抱虚良方

［清］ 江宁 汪士铎撰

缘学道斋札记

［清］ 江宁 汪士铎撰

不贤识小录

［清］ 江宁 汪士铎撰

梁安漫钞

［清］ 江宁 汪士铎撰

乙卯随笔

［清］ 江宁 汪士铎撰

丙辰备遗录

［清］ 江宁 汪士铎撰

疆吾大欢乐

［清］ 江宁 汪士铎撰

著雍敦牂

［清］ 江宁 汪士铎撰

新亭父语录

［清］ 江宁 汪士铎撰

别益阳集

［清］ 江宁 汪士铎撰

茶馀语录

［清］ 江宁 汪士铎撰

无不悔翁语录

［清］ 江宁 汪士铎撰

退院僧语

［清］ 江宁 汪士铎撰

金陵有发僧语录

［清］ 江宁 汪士铎撰

思无斁语录

［清］ 江宁 汪士铎撰

病亟录

［清］ 江宁 汪士铎撰

起废语录

［清］ 江宁 汪士铎撰

五杂俎

［清］ 江宁 汪士铎撰

属纩语录

［清］ 江宁 汪士铎撰

彪毒日录

［清］ 江宁 汪士铎撰

以上二十种见甘元焕撰《悔翁先生行状》

研渔笔记

［清］ 上元 朱绪曾撰

见《开有益斋读书志续志》跋语

有不为斋笔记

［清］ 江宁 端木埰撰

《金陵艺文志》著录

养和轩随笔一卷

［清］ 江宁 陈作霖撰 存

《金陵丛刻》本

养和轩续笔二卷

［清］ 江宁 陈作霖撰 存

清稿本 台湾中央图书馆藏

格言类证

［清］ 江宁 陈作霖撰

《可园备忘录》著录

瞽说一卷

［清］ 江宁 陈作霖撰 存

可园外稿一卷

［清］ 江宁 陈作霖撰 存

以上二种有《寿藻堂杂存》本

寿藻堂杂存二卷

［清］ 江宁 陈作霖撰 存

民国5年（1916）铅印本

可园随笔四卷

［清］ 江宁 陈作霖撰 存

稿本 台湾中央图书馆藏

蠖叟笔记

［清］ 江宁 孙正礽撰

《续金陵通传》著录

莱舍随笔

［清 民国］ 江宁 潘宗鼎撰

见《凤台山馆著书总目》

游梁杂识

［清 民国］ 上元 王孝煃撰 存

乡饮脍谈

［清 民国］ 上元 王孝煃撰 存

北窗琐识

［清 民国］ 上元 王孝煃撰

以上三种载民国37年（1948）《南京文献》第22号

【小说类】

遁居士戏墨一卷

［明］ 江宁 顾起元撰 存

《归鸿馆杂著八种》本

杨家通俗演义八卷

［明］ 江宁 纪振伦（自春华，别号秦淮墨客，一作秦淮寓客）校阅 烟波钓叟参订 存

明万历二十一年（1593）唐氏世德堂刻本

藏虚斋萃笔

［清］ 江宁 刘旃锡撰

见〔同治〕《上江两县志》卷十二

【术数类】

字触

［清］ 江宁 周亮工撰 存

《粤雅堂丛书》本

地理源流

［清］ 江宁 秦承业撰

见〔同治〕《上江两县志》卷十二

【佛教类】

金刚经偈论疏注二卷

［明］ 上元 何湛之（1551—1612，字公露，一字矩所，晚号疏园，居饮虹桥疏园）注

《千顷堂书目》著录

华严音义补

［清］ 江宁 汪士铎撰

见朱士焕《汪梅村先生家传》

慧琳一切经音义通检

［清］ 江宁 陈作霖撰 存

民国12年（1923）蒋氏慎修书屋铅印本

明湖语录题识

［清］ 江宁 陈作霖撰

民国元年（1912）刻本

【道教类】

至游子二卷

［明］ 上元 姚汝循（1535—1597，初名理，字汝循，后改字叙卿，别号凤麓）撰

《四库提要》存目

紫府奇玄十一卷

［明］ 江宁 顾起元辑撰

《千顷堂书目》著录

【典故类】

锓顾太史续选诸子史汉国策学玄珠二卷

［明］ 江宁 顾起元辑 存

明万历建阳书林熊冲宇种种堂刻本

说略六十卷

［明］ 江宁 顾起元辑 顾起凤订 存

明天启四年（1624）顾起凤刻本

同书四卷

［清］ 江宁 周亮工辑 存

清顺治六年（1649）周氏楼林刻本

盐书八卷

［清］ 江宁 周亮工撰

莲书四卷

［清］ 江宁 周亮工撰

耦隽四卷

［清］ 江宁 周亮工撰

以上三种见周在浚《栎园府君行述》

鲍刻太平御览校语

［清］ 江宁 汪士铎校评

见朱士焕撰《汪梅村先生家传》

千一斋胜录二卷

［清 民国］ 江宁 程先甲撰 存

民国36年（1947）《南京文献》第3号

千一斋小品八卷

［清 民国］ 江宁 程先甲撰 存

民国15年（1926）仿宋聚珍印本

【工艺类】

潘方凯墨序一卷

［明］ 江宁 顾起元撰 存

《十六家墨说》本

笔谱

［清］ 上元 朱绪曾撰

见〔同治〕《上江两县志》卷十二

第四节　集　部

【楚辞类】

楚辞启蒙一卷

［清］　江宁　端木埰撰　存

清光绪二年（1876）黎阳端木式刻巾箱本

【总集类】

怀柏先生诗集十卷

［明］　上元　徐霖撰　存

明万历四十五年（1617）徐时建等刻本

明诗综诗稿

［明］　上元　徐霖辑

《吴门补乘》著录

市隐园诗文

［明］　江宁　姚淛（字元白，号秋涧，居武定桥侧市隐园）编　子姚之裔续编

《四库提要》存目

延赏编

［明］　江宁　姚淛辑

明嘉靖间江宁姚氏原刻本

市隐园诗文纪

［明］　江宁　姚履素编

见《千顷堂书目》卷二十六

卧痴阁集

［明］　上元　王元贞编

见《金陵通传》本传

桂园社草

［明］　上元　王元贞编

见《金陵诗徵》卷二十三小传著录

举业天衢十卷

［明］　江宁　顾起元辑　陆翀之删定　存

明金陵周曰校万卷楼刻本

赖古堂名贤尺牍新钞（一作尺牍新钞）十二卷

［清］　江宁　周亮工选　周在浚　周在梁　周在延辑　存

清康熙元年（1662）周氏赖古堂刻本

赖古堂尺牍新钞三选结邻集十六卷

［清］　江宁　周亮工选　周在浚　周在梁　周在延辑　存

清康熙九年（1670）赖古堂刻本

天中四君子集

［清］　江宁　周亮工撰

见周在浚《栎园府君行述》

瑞木纪不分卷

［清］　江宁　周亮工　周亮节辑　存

清康熙间刻本

赖古堂名贤尺牍新钞十二卷

［清］　江宁　周亮工选　高阜（字康生，与王应宪称“金陵二老”）　罗耀等助辑

存刻本较多

赖古堂尺牍新钞二选藏弆集十六卷

［清］　江宁　周亮工选　周在浚　周在梁　周在延辑　存

清康熙六年（1667）赖古堂刻本

古诗词汇解

［清］　江宁　刘然撰

古文统

［清］　江宁　刘然辑

以上二种见〔同治〕《上江两县志》卷十二

国朝诗乘十卷

［清］　江宁　刘然辑　朱豫刻　存

清康熙四十九年（1710）玉穀堂刻本

国朝诗萃

［清］　江宁　刘然　朱豫辑

见〔同治〕《上江两县志》卷十二

谚権

［清］　江宁　刘然辑

赤牍存雅

［清］　江宁　刘然辑

以上二种见《金陵通传》卷十五

古今风谣补

［清］　上元　顾懷三（？—1853，也作

顾槐三，字秋碧，与张泺夹河而居，时称“白门二妙”）撰
见《续纂江宁府志》卷九
蒲上题襟集十二卷
［清］江宁　凌霄撰　存
清嘉庆二十二年（1817）刻本
溟沤集（一作溟鸥集）四卷
［清］江宁　凌霄等合集　存
清嘉庆十六年（1811）刻本
快园雅集
［清］江宁　凌霄撰
见《清诗纪事》乾隆朝卷
巧搭约选不分卷
［清］江宁　邓廷桢评选　邓廷柱参校　存
清嘉庆二十一年（1816）序刻本
金陵名胜诗钞四卷
［清］江宁　李鳌（字沧容，一字默夫）撰　存
清道光十二年（1832）宝仁堂刻本
秦淮诗钞二卷
［清］江宁　李鳌辑　存
江宁文吉堂刻本
续宋文鉴
［清］上元　朱绪曾撰
见〔同治〕《上江两县志》卷十二
国朝金陵诗徵四十八卷
［清］上元　朱绪曾撰　存
清光绪十二年（1886）江宁翁长森、朱桂模等刻本
金陵诗徵四十四卷
［清］上元　朱绪曾编
清光绪一八年（1892）刻本
金陵诗汇二十六册（一作二十六卷）
［清］上元　朱绪曾编
见〔同治〕《上江两县志》卷十二
古今诗选
［清］江宁　端木埰辑
见端木蕻《＜有不为斋集＞跋》
赋源
［清］江宁　端木埰撰
见端木蕻撰《哀启略》
白下愚园题景七十咏一卷
［清］江宁　胡恩燮　胡光国撰　存
民国7年（1918）铅印本
遗容诗录
［清］江宁　胡恩燮　胡光国辑　存
《白下愚园集》本
愚园记
［清］江宁　胡恩燮　胡光国撰辑　存
稿本　南京图书馆藏
国朝金陵文钞六卷
［清］上元　秦际唐（1837—1908，字伯虞，晚号南冈老人，与陈作霖、邓嘉缉、顾云、蒋师辙、何延庆、朱绍颐等七人并称“石城七子”）等辑　存
清光绪二十三年（1897）刻本
奎光书院赋钞六卷
［清］上元　秦际唐撰　存
清坊刻本
国朝金陵词钞八卷
［清］陈作霖　秦际唐撰　存
清光绪二十八年（1902）刻本
国朝金陵文钞（一作金陵文钞）十六卷　首一卷末一卷
［清］江宁　陈作霖　秦际唐　甘元焕　周嘉模辑　陈作霖作叙录　存
清光绪二十三年（1897）刻本
金陵诗徵四十四卷
［清］江宁　陈作霖等编校　存
清光绪十八年（1892）刻本
国朝金陵诗徵四十八卷
［清］朱绪曾辑　陈作霖等编校　存
清光绪十二年（1886）刻本
续金陵诗徵（一作金陵诗徵续　金陵续诗徵　国朝金陵续诗徵）六卷　首一卷
［清］陈作霖　秦际唐　朱绍亭　周嘉朴等辑　存
清光绪二十年（1894）刻本
金陵国朝七绝句
［清］江宁　陈作霖选编　存

《可园备忘录》著录

古文初编四卷

［清］ 江宁 陈作霖选编 存

《可园备忘录》著录

古文辞选

［清］ 江宁 陈作霖选编 存

《金陵艺文志》著录

唐诗无双选

［清］ 江宁 陈作霖选编 存

《金陵艺文志》著录

石城七子诗钞

［清］ 江宁 翁长森辑 陈作霖校订 存

清光绪十六年（1890）翁氏刻本

国朝金陵诗徵四十八卷

［清］上元 朱绪曾编 江宁 甘元焕校 存

清光绪十一年（1885）刻本

白下愚园集八卷

［清］ 江宁 胡光国编 存

清光绪二十年（1894）刻本

白下愚园续集八卷

［清］ 江宁 胡光国编 存

民国 11 年（1922）铅印本

白下愚园续集二卷（一作寿苏汇录）

［清］ 江宁 胡光国辑 存

稿本 南京图书馆藏

续琼花集七卷

［清］ 江宁 潘宗鼎撰 存

民国 17 年（1928）序刻本

凤台山馆题咏录一卷

［清］ 江宁 潘宗鼎编 存

民国 19 年（1930）排印本

扫叶楼集八卷 附己巳秋燕诗集一卷

［清］ 江宁 潘宗鼎辑 存

民国 22 年（1933）铅印本

弢园联语录

［清］ 江宁 潘宗鼎辑 存

治谱

［清］ 江宁 潘宗鼎撰

以上二种见《凤台山馆著书总目》

邓林唱和诗词合刻四卷

［清］ 江宁 邓邦康辑 存

清宣统元年（1909）江浦陈氏刻本

选学笼窥六卷

［清 民国］ 江宁 程先甲撰

稿本 前南京通志馆藏

文选校勘记三卷

［清 民国］ 江宁 程先甲撰

选学源流记二卷

［清 民国］ 江宁 程先甲撰

高等国文教科书四十卷

［清 民国］ 江宁 程先甲撰

以上三种《私谥懿文显考程公一夔府君行状》著录

唐人五律类编四卷

［清 民国］ 江宁 程先甲编

见《墓志铭》

江宁方氏遗稿二种三卷

［清 民国］ 江宁 仇埰（1873—1945，字亮卿，一字述庵，与石凌汉、孙濬源、王孝煃号称“蓼辛社四友”）辑 存

民国 21 年（1932）排印本

【别集类】

龟山先生集十六卷

［宋］ 杨时撰

［明］ 上元 李熙刻

明弘治十五年（1502）李熙金钻刻本 北京图书馆藏

灌园集

［明］ 江宁 马琬撰

《千顷堂书目》著录

怀仙吟诗

［明］上元 邹和（字允运，居凤凰台）撰

《金陵通传》倪谦传附

丽藻堂文集

［明］ 上元 徐霖撰

《客座赘语》著录

徐子仁诗集四卷

［明］ 上元 徐霖撰

端居咏
［明］上元　徐霖撰
远游纪
［明］上元　徐霖撰
北行稿
［明］上元　徐霖撰
皖游录
［明］上元　徐霖撰
古杭清游稿
［明］上元　徐霖撰
以上五种《千顷堂书目》著录
快园诗文类选
［明］上元　徐霖撰
《客座赘语》著录
尚友集
［明］上元　李熙(1465—1524,字师文，时称饮虹先生）撰
明农稿
［明］上元　李熙撰
饮虹遗稿
［明］上元　李熙撰
以上三种《千顷堂书目》著录
西浦稿
［明］上元　管景撰
《续金陵琐事》著录
省中稿四卷
［明］上元　许榖撰　存
明嘉靖间刻本
许太常归田稿十卷
［明］上元　许榖撰　存
明万历十五年（1587）卓明卿刻本（一作吴自新刻本）
许石城集一卷
［明］上元　许榖撰　存
《盛明百家诗》本
康太和留省稿二十卷　停云馆摘稿十二卷
［明］上元　许榖选
见《千顷堂书目》卷二十三
凤泉堂稿
［明］江宁　陈芹(1515—1584,字子野，号横厓，曾在秦淮河上起邀笛阁、五柳亭，与金銮、盛时泰、姚淛等结青溪诗社）撰
《客座赘语》著录
海月楼集
［明］江宁　姚淛撰
《四库提要》著录
锦石山斋集二十四卷
［明］上元　姚汝循撰
屏居集八卷
［明］上元　姚汝循撰
浪游集六卷
［明］上元　姚汝循撰
耕馀集八卷
［明］上元　姚汝循撰
以上四种《千顷堂书目》著录
姚汝循诗一卷
［明］上元　姚汝循撰　存
抄本《盛明十二家诗选》本　台湾故宫博物院藏
金陵风雅四十卷
［明］上元　姚汝循编
《国史经籍志》著录
香雪集
［明］江宁　姚履旋撰
见《金陵诗徵》卷二十七
萧汉卿诗集
［明］江宁　萧相（字汉卿，居秦淮）撰
《金陵诗徵》传注著录
柳花阁集
［明］上元　顾媚撰
见《江苏诗徵》卷一百六十二
孟起正续集
［明］上元　王元贞辑
《千顷堂书目》著录
霞起阁文集
［明］上元　张文辉（一作文晖，字孚之，一字集之，又字华宁，购徐氏杏花村园居之）撰
应闲斋诗集
［明］张文辉撰
以上二种见《金陵诗徵》焦竑传注

疏园集（一作疏园稿）

［明］ 上元 何湛之撰

见《千顷堂书目》

归田草

［明］ 上元 何湛之撰

越游草

［明］ 上元 何湛之撰

豫章草

［明］ 上元 何湛之撰

白云草

［明］ 上元 何湛之撰

以上四种见《锡山历朝著述书目考》卷三

雨岑园秋兴

［明］ 上元 闵继迪（字允珍，世居大功坊）撰

吴越游草

［明］ 上元 闵继迪撰

广山先生集

［明］ 上元 闵继迪撰

以上三种见《金陵诗徵》卷二十四

懒真草堂集文集三十卷 诗集二十卷

［明］ 江宁 顾起元撰 存

明万历四十六年（1618）刻本

遁园存稿四卷

［明］ 江宁 顾起元撰 存

蜇庵目录四卷

［明］ 江宁 顾起元撰 存

以上二种《归鸿馆杂著八种》本

寒松斋稿

［明］ 江宁 顾起元撰

归鸿馆稿

［明］ 江宁 顾起元撰

武陵稿

［明］ 江宁 顾起元撰

以上三种《千顷堂书目》著录

金陵卧游六十咏一卷

［明］ 江宁 顾起元撰 存

《顾太史编年集》本

越台小草

［明］ 江宁 王杞（字宗禹，一字子美，号云池，为焦竑、顾起元所重，居越台古胜阁）撰

见《金陵诗徵》卷二十四

四梦稿四卷

［明］ 江宁 余大成（1580—1642，字集生，一字世奕，创竹西书院于驯象门外）撰

《千顷堂书目》著录

遁斋偶存

［明］ 江宁 柯凤梃（字涟水，居凤凰台侧）撰

见《金陵诗徵》卷三十

远山楼稿

［明］ 上元 孙瑶华（女，字灵光，卜居白门城南远山楼，筑楼六朝古松下）撰

见《列朝诗集小传》

真冷堂诗稿一卷

［清］ 上元 纪映钟（1609—1680，字伯紫，又作伯子、檗子，号戆叟，自称钟山遗老，曾为金陵复社领袖）撰 存

清顺治六年（1649）刻本

戆叟诗钞四卷

［清］ 上元 纪映钟撰 存

清乾隆五十二年（1787）手写本

纪檗子诗一卷

［清］ 上元 纪映钟撰 存

《皇清百名家诗》本

补石仓集

［清］ 上元 纪映钟撰

檗堂诗钞

［清］ 上元 纪映钟撰

以上二种见〔同治〕《上江两县志》卷十二

己字山樵诗集

［清］ 上元 纪映钟撰

卷娄集

［清］ 上元 纪映钟撰

以上二种见《明清江苏文人年表》

光启堂文稿

［清］ 上元 方孝标（初名玄成，以字行，号楼冈，住五块砖）撰

见〔道光〕《桐城续修县志》卷十六

钝斋文选六卷

［清］上元　方孝标撰

见《增订晚明史籍考》

钝斋诗选二十二卷

［清］上元　方孝标撰　存

红格抄本　安庆市图书馆藏

偶遂堂近诗一卷

［清］江宁　周亮工撰　存

清康熙刻本

通怋集一卷

［清］江宁　周亮工撰　存

清抄本　北京图书馆藏

周栎园诗选一卷

［清］江宁　周亮工撰　邹漪选　存

《名家诗选》本

二远堂诗文集十九卷

［清］江宁　邓廷罗（约1613—？字叔奇，号偶樵）撰　存

清刻本

黎庄集一卷

［清］江宁　周在浚撰

遗谷集一卷

［清］江宁　周在浚撰

以上二种见《金陵通传》卷二十四

金陵百咏

［清］江宁　周在浚撰

竹枝词一卷

［清］江宁　周在浚撰

以上二种见〔同治〕《上江两县志》卷十二

西涧初集六卷

［清］江宁　刘然撰

见《四库全书》存目

西涧二集

［清］江宁　刘然撰

见〔同治〕《上江两县志》卷十二

西涧诗文集

［清］江宁　刘然撰

见《金陵艺文志》

石头庵草

［清］江宁　吴珊（字郯侯，号凤山，又号石庵。杜绍凯称其与张惣为"长干二诗人"）撰

也足轩稿

［清］江宁　吴珊撰

以上二种见〔同治〕《上江两县志》卷十二

梅冈集

［清］江宁　吴朔（字小曼，居长干）撰

见〔同治〕《上江两县志》卷十二

诗末二卷

［清］江宁　田林（字志山，号髯农，居长干里南墅草堂）撰　存

清雍正七年（1729）南墅草堂刻本

翼经堂集

［清］江宁　柯彧（字幼香，居凤凰台侧）撰

见〔同治〕《上江两县志》卷十二

望云草

［清］江宁　顾与孙（字謦庵，自号杏村老人、杏村野人）

见〔同治〕《上江两县志》卷十二

朱雀桥边野草二卷

［清］上元　朱鹤年（1705—1760，字皋闻，晚号露鹤）撰　存

《金陵朱氏家集》本

蓬莱山樵集

［清］江宁　秦大士（1715—1777，字鲁一，一字涧泉，又字磵泉，号秋田老人）撰

抹云楼诗

［清］江宁　秦大士撰

以上二种见《国朝金陵诗徵》卷二十

秦状元稿一卷

［清］江宁　秦大士撰　存

民国铅印本

秦淮修禊赋

［清］江宁　胡莘隆（字礼田，又字砚农）撰

见《金陵通传》卷二十

倚云山房诗存

［清］江宁　金钟（字鸣廷，号问山）撰

见《国朝金陵诗徵》卷二十八

红豆吟

［清］ 江宁 涂逢豫（字长卿，一字怿堂，号莼溪）撰

见〔同治〕《上江两县志》卷十二

凤城编

［清］ 江宁 涂逢豫撰

瀔阳录

［清］ 江宁 涂逢豫撰

淮海录

［清］ 江宁 涂逢豫撰

皖江集

［清］ 江宁 涂逢豫撰

山璺集

［清］ 江宁 涂逢豫撰

通潞集

［清］ 江宁 涂逢豫撰

晋游草

［清］ 江宁 涂逢豫撰

蜀游草

［清］ 江宁 涂逢豫撰

以上八种见《金陵通传》卷三十三

天梦楼草

［清］ 江宁 邓宗洵（字竹人）撰

见〔同治〕《上江两县志》卷十二

香续堂稿

［清］ 江宁 胡钟（1743—1819，字山音，号兰川、霭川，又号晚晴）撰

见〔同治〕《上江两县志》卷十二

和养正书屋诗四卷

［清］ 江宁 秦承业撰

瑞芝轩古文四卷

［清］ 江宁 秦承业撰

馆阁诗赋二卷

［清］ 江宁 秦承业撰

以上三种见〔同治〕《上江两县志》卷十二

青溪书屋诗草

［清］ 上元 张泺（字子澜，初名浩，字子浒，与顾槐三夹河而居，时称“白门二妙”）撰

见《续纂江宁府志》卷九

芝泉集概八卷（也作七卷）

［清］ 江宁 凌霄撰 存

清道光间刻本

嶰筠文集

［清］ 江宁 邓廷桢撰

见《金陵艺文志》

双砚斋诗钞十六卷

［清］ 江宁 邓廷桢撰 存

《双砚斋丛书》本

凤梨书屋文集

［清］ 江宁 秦耀曾撰

见〔同治〕《上江两县志》卷十二

淡然居骈体文

［清］ 江宁 秦耀曾撰

铜鼓斋诗钞

［清］ 江宁 秦耀曾撰

以上二种见《江东词社词选》卷首小传

绛雪斋诗集

［清］ 江宁 毕氏（秦耀曾妻）撰

见《金陵通传》卷三十三

金陵琐事四卷

［清］ 江宁 李鳌刻 存

清道光元年（1821）江宁文浩堂重刻本

燃松阁诗钞三卷

［清］ 上元 顾槐三撰 存

清道光十二年（1832）刻本

燃松阁存稿三卷

［清］ 上元 顾槐三撰 存

《友声集》本

燃松阁赋钞一卷 诗钞三卷 存稿三卷

［清］ 上元 顾槐三撰 存

《金陵丛书》本

汪梅村先生文集十二卷 外集一卷

［清］ 江宁 汪士铎撰 存

清光绪七年（1881）合肥张士珩味古斋刻本

梅村剩稿二卷

［清］ 江宁 汪士铎撰 存

《金陵丛书》本

汪士铎文四十篇

［清］ 江宁　汪士铎撰　存

《国朝金陵文钞》卷十二著录

汪先生骈文二卷

［清］ 江宁　汪士铎撰　存

抄校本　南京图书馆藏

悔翁诗钞十五卷　补遗一卷　诗馀五卷　笔记六卷

［清］ 江宁　汪士铎撰　存

光绪九年、十年（1883、1884）合肥张士珩味古斋刻本

汪梅村先生遗诗

［清］ 江宁　汪士铎撰　存

江宁邓氏宝丰堂手抄石印本

汪梅翁诗续钞一卷

［清］ 江宁　汪士铎撰　存

民国 11 年（1922）影印江宁邓氏宝丰堂抄本

汪士铎诗

［清］ 江宁　汪士铎撰　存

《续金陵诗徵》卷三收录

胡文忠公遗集十卷

［清］ 江宁　汪士铎辑

孙淮海先生集

［清］ 江宁　汪士铎辑

以上二种见朱士焕撰《汪梅村先生家传》

开有益斋文集

［清］ 上元　朱绪曾撰

见〔同治〕《上江两县志》卷十二

耽古斋集

［清］ 上元　朱绪曾撰

见《清诗纪事》道光朝卷

北山集三卷

［清］ 上元　朱绪曾撰　存

《金陵朱氏家集》本

曹集考异十二卷（又作曹子建集考异十卷　续录一卷　年谱一卷）

［清］ 上元　朱绪曾考　存

传抄本　见《贩书偶记》卷十三

桐琴生文集二十卷

［清］ 江宁　金鳌撰

鹭藤花馆诗钞

［清］ 江宁　金鳌撰

以上二种〔同治〕《上江两县志》卷十二著录

听松遗稿一卷

［清］ 江宁　吴启骅（1808—？初名涛，字听松）撰　存

抄本　南京图书馆藏

笃旧集诗

［清］ 江宁　端木埰撰

端木藩《〈有不为斋集〉跋》著录

有不为斋集六卷

［清］ 江宁　端木埰撰　存

清宣统间刻本

邓尔晋诗

［清］ 江宁　邓尔晋（1821—1860，字子楚）撰　存

见《国朝金陵诗徵》卷四十

蚓窍集一卷

［清］ 江宁　夏家镐撰　存

清刻本

蚊睫小巢诗草

［清］ 江宁　夏家镐撰

《金陵通传》卷三十五著录

碧华馆吟草一卷

［清］ 江宁　殷如琳（女，号紫英）撰　存

民国 21 年（1932）《江宁方氏遗稿》本

浮沤诗集

［清］ 江宁　夏家镛（1834—1909，字幼威）撰

《金陵词钞续编》卷三小传著录

南冈草堂墨馀集

［清］ 上元　秦际唐撰　存

民国 37 年（1948）《南京文献》第 18 号

南冈草堂时文三卷

［清］ 上元　秦际唐撰　存

清刻本

南冈草堂文存二卷
［清］ 上元 秦际唐撰 存
清光绪刻本
南冈草堂诗选二卷
［清］ 上元 秦际唐撰 存
《石城七子诗钞》本
清光绪二十七年（1901）刻本
寿藻堂诗集八卷 文续一卷
［清］ 江宁 陈作霖撰 存
民国5—7年（1916—1918）陈氏铅印本
寿藻堂诗文集 续二卷
［清］ 江宁 陈作霖撰
《金陵艺文志》著录
可园外稿一卷
［清］ 江宁 陈作霖撰 存
《可园丛书》本
棠芬老屋文稿八卷
［清］ 江宁 陈作霖撰 存
陈鸣钟《可园老人著作目录》著录
筍香斋文剩二卷
［清］ 江宁 陈作霖撰 存
延清亭外稿四卷
［清］ 江宁 陈作霖撰 存
以上二种《可园老人著作目录》著录
石寿山房集四卷
［清］ 江宁 卢崟撰 存
民国23年（1934）饮虹簃铅印本
长干诗词集
［清］ 江宁 端木治（字瘦生）撰
见刘文陶刻《雨花山庄题咏集》卷三
喜闻过斋诗集上下卷
［清］ 江宁 胡光国撰 存
喜闻过斋诗续集上下卷
［清］ 江宁 胡光国撰 存
以上二种有民国3年（1914）铅印本
八十自嘲一卷
［清］ 江宁 胡光国撰 存
民国2年（1913）李京文翰斋石印本
水南草堂诗稿
［清］ 江宁 孙正礽撰
《续金陵通传》著录
扁善斋诗存二卷
［清］ 江宁 邓嘉缉撰 存
邓邦述辑刻《邓氏家集》本
听竹轩集
［清］ 江宁 邓邦安撰
有不为斋集六卷
［清］ 江宁 端木埰撰 邓嘉缉编存
清宣统间刻本
凤台山馆骈散文集二卷 续集二卷
［清 民国］ 江宁 潘宗鼎撰 存
民国18年（1929）自序排印本
鹤唳集
［清 民国］ 江宁 潘宗鼎撰
弢园尺牍
［清 民国］ 江宁 潘宗鼎撰
弢园新尺牍
［清 民国］ 江宁 潘宗鼎撰
以上三种《凤台山馆著书总目》著录
景牧堂存草（一作景杜堂文集）一卷
［清 民国］ 江宁 吴廷燮撰 存
民国辽宁启东印书馆铅印本
程一夔文甲集八卷 续编四卷
［清 民国］ 江宁 程先甲撰 存
民国12年（1923）千一斋铅印本
程一夔文甲集三编四卷
［清 民国］ 江宁 程先甲撰 存
民国21年（1932）刻本
程一夔文乙集三编四卷
［清 民国］ 江宁 程先甲撰 存
民国19年（1930）刻本
程一夔文丙集八卷
［清 民国］ 江宁 程先甲撰 存
见《墓志铭》
千一斋外集十卷
［清 民国］ 江宁 程先甲撰 存
民国19年（1930）千一斋刻本
公牍剩稿二卷
［清 民国］ 江宁 程先甲撰 存
见《墓志铭》

程一夔诗甲集四卷 乙集六卷

［清 民国］ 江宁 程先甲撰 存

民国12年（1923）千一斋刻本

程一夔诗续集六卷 三编四卷

［清 民国］ 江宁 程先甲撰 存

《千一斋全书目》著录

游陇集六卷

［清 民国］ 江宁 程先甲撰 存

千一斋刻本

弢素遗稿

［清 民国］ 江宁 石凌汉（1871—1947，号云轩）撰 存

民国37年（1948）《南京文献》第24号

藏春小隐草

［清 民国］ 江宁 石凌汉撰

见陈作霖《可园诗话》

【词曲类】

三元记

［明］ 上元 徐霖编

枕中记

［明］ 上元 徐霖编

以上二种见《金陵琐事》

柳仙记

［明］ 上元 徐霖编

《古典戏曲存目汇考》著录

留鞋记

［明］ 上元 徐霖编

梅花记

［明］ 上元 徐霖编

种瓜记

［明］ 上元 徐霖编

两团圆

［明］ 上元 徐霖编

以上四种《金陵琐事》著录

绣襦记

［明］ 上元 徐霖编 存

《六十种曲》本

蓬藁集

［明］ 江宁 张正蒙（字子明，居通济门外，与曹学佺、柳应芳等结诗社“金陵社集”）撰

《客座赘语》著录

客座曲语一卷

［明］ 江宁 顾起元撰 存

《新曲苑》本

鼎镌绣襦记二卷

［明］ 上元 徐霖撰 存

金陵师俭堂萧腾鸿刊

七胜记（一作新镌武侯七胜记）二卷

［明］ 江宁 纪振伦撰 存

三桂记（一作三桂联芳记传奇）二卷

［明］ 江宁 纪振伦撰 存

折桂记（一作折桂记传奇）

［明］ 江宁 纪振伦撰 存

以上三种有明万历间唐振吾刻本

红梅记二卷（传奇）

［明］ 江宁 纪振伦校正

明万历间刻本

葵花记二卷（传奇）

［明］ 江宁 纪振伦校正 存

明唐振吾广庆堂刻本

剑舟记（传奇）

［明］ 江宁 纪振伦校

见《曲海总目提要》

罗帕记（传奇）

［明］ 江宁 纪振伦重校

明广庆堂刻本

双杯记一卷（传奇）

［明］ 江宁 纪振伦校正

明广庆堂刻本

西涧词选

［清］ 江宁 刘然撰

见〔同治〕《上江两县志》卷十二

黎庄词一卷

［清］ 江宁 周在浚撰 存

花之词一卷

［清］ 江宁 周在浚撰 存

以上二种有清康熙间刻本

梦笔楼词钞一卷
［清］ 上元 江义田（字晴帆）撰 存
清道光二十年（1840）刻本
丹桂传（一作折桂传）
［清］ 上元 江义田撰 存
清道光十年（1830）彩笔堂刻本
湔薇集
［清］ 江宁 凌霄撰
见孙星衍《芝泉集概序》
双砚斋词钞二卷
［清］ 江宁 邓廷桢撰 存
清咸丰间邓尔恒滇中刻本
汪士铎词
［清］ 江宁 汪士铎撰 存
《国朝金陵词钞》卷四收录
碧瀣词二卷
［清］ 江宁 端木埰撰 存
《薇省同声集》本
宋词赏心录
［清］ 江宁 端木埰撰 存
民国 22 年（1933）上海开明书店用金陵卢前饮虹簃藏抄本影印
可园词存四卷
［清］ 江宁 陈作霖撰 存
清宣统二年（1910）可园刻本
国朝金陵词钞八卷 附一卷
［清］ 江宁 陈作霖 秦际唐辑 存
清光绪二十八年（1902）刻本
迎晖室词（一作迎春室词）
［清］ 江宁 陈作霖撰
《金陵通传叙传》著录
暖花晴玉词二卷
［清］ 江宁 邓嘉缜（1845—1915，字季垂）撰 存
载《双砚斋丛书》本
悔庐词
［清］ 江宁 胡光煜（字焕文）撰
《金陵词钞续编》卷四收词四首
六一消夏词十八集
［清］ 江宁 邓邦述辑 存
民国 18 年（1929）石印本
沤梦词四卷
［清］ 江宁 邓邦述撰 存
《群碧楼自著书》本
忆香词（一作水南词）一卷
［清］ 江宁 孙正礽撰 存
民国间水南草堂铅印本
謇盦词二卷
［清］ 江宁 邓邦达（1857—1928，字诵臧，号謇盦）撰 存
邓邦达辑刻《邓氏家集》本
盋盦词
［清］ 江宁 夏仁溥撰
见《金陵词钞续编》卷四小传著录
摩兜坚室词集
［清］ 江宁 夏仁瑞（字蔼如）撰
《续金陵文钞》卷十一著录
程一夔词一卷
［清 民国］ 江宁 程先甲撰 存
民国 12 年（1923）石印本
百仙词四卷
［清 民国］ 江宁 程先甲撰
千一斋刻本
千一斋词话六卷
［清 民国］ 江宁 程先甲撰
《千一斋全书目》著录
鞠讌词二卷
［清 民国］ 江宁 仇埰撰 存
民国 36 年（1947）铅印本

【诗文评类】
快园诗话十六卷
［清］ 江宁 凌霄撰 存
嘉庆二十五年（1820）序刻本
双砚斋词话一卷
［清］ 江宁 邓廷桢撰 存
《词话丛编》本
说诗晬语
［清］ 江宁 汪士铎撰
见甘元焕撰《悔翁先生行状》

可园诗话八卷

［清］ 江宁 陈作霖撰 存

民国8年（1919）刻本

愚园诗话四卷

［清］ 江宁 胡光国撰 存

民国9年（1920）巾箱本

千一斋诗话六卷

［清 民国］ 江宁 程先甲撰

稿本 前南京通志馆藏

赋话一卷

［清 民国］ 江宁 程先甲撰

文种二卷

［清 民国］ 江宁 程先甲撰

以上二种见《私谥懿文显考程公一夔府君行状》著录

【丛书类】

归鸿馆杂著八种二十五卷

［明］ 江宁 顾起元撰 存

明万历、天启间顾氏归鸿馆刻本

顾太史编年集十五卷

［明］ 江宁 顾起元撰 存

明刻本

绿窗女史

［明］ 江宁 纪振伦辑

明远心堂刻本

赖古堂藏书十种

［清］ 江宁 周亮工辑 周在都续

清康熙四十九年刻本

民国8年（1919）刻本

金陵朱氏家集三十种四十一卷

［清］ 上元 朱绪曾编 存

清道光二十年（1840）金陵朱氏刻本

群碧楼自著书五种二十二卷

［清 民国］ 江宁 邓邦述撰 存

民国间邓氏刻本

双砚斋丛书（一作群碧楼丛刻）

［清 民国］ 江宁 邓邦述撰 存

民国11年（1922）邓氏刻本

邓氏家集

［清 民国］ 江宁 邓邦述撰 存

民国间邓氏家刻本

国学丛刊十卷

［清 民国］ 江宁 程先甲撰

见《私谥懿文显考程公一夔府君行状》

第二章 近现代著述

江宁域内的近现代著述主要包括教育、文学、文艺理论、文史掌故、专项工作研究。

其中，教育主要收录《走进高中——学会学习（高中物理）》等11部书目。文学主要收录报告文学、小说、散文、戏剧、随笔、诗词等92部书目。文学理论主要收录文学批评、文学辞典与品德修养等18部（册）专论。文史掌故主要收录民间文学、民俗、百工技艺，古今人物，山水纪胜，书画作品集等37部集（册）子。专项工作研究主要收录党建与人物，改革与发展，规划与建设等28部书目。

据不完全统计，至2007年，全区有个人编著或单位编辑300余种（册），大都藏于江宁区档案馆、图书馆和区地方志编纂委员会办公室、区委党史工作办公室以及相关单位资料档案室。这些图书全方位地记录了江宁悠久的历史、灿烂的文化，多角度地反映江宁区三个文明建设的进程和累累硕果。

第一节 教 育

走进高中——学会学习（高中物理）
主编：萧维伦
出版社名称：中国少年儿童出版社
出版时间：2000 年
走进高中——学会学习（高中语文）
主编：俞晶晶
出版社名称：中国少年儿童出版社
出版时间：2000 年
走进高中——学会学习（高中数学）
主编：周世东
出版社名称：中国少年儿童出版社
出版时间：2000 年
走进高中——学会学习（高中英语）
主编：严小玲
出版社名称：中国少年儿童出版社
出版时间：2000 年
走进初中——学会学习（初中英语）
主编：李晓星
出版社名称：中国少年儿童出版社
出版时间：2000 年
走进初中——学会学习（初中语文）
主编：张晓明
出版社名称：中国少年儿童出版社
出版时间：2000 年
走进初中——学会学习（初中数学）
主编：张杰
出版社名称：中国少年儿童出版社
出版时间：2000 年
小小科学家
主编：周大行
出版社名称：中国科学文化出版社
出版时间：2003 年
建构幼儿园科学教育园本课程的实践研究
主编：马金凤
出版社名称：中国文史出版社
出版时间：2005 年
小学生学科实践能力培养的个案研究
主编：芮东兵
出版社名称：中国文史出版社
出版时间：2006 年
点亮智慧的心灯
主编：刘明华
出版社名称：华文出版社
出版时间：2007 年

第二节 文 学

【报告文学】
两条道路哪条好
作者：窦天语
出版时间：1964 年 6 月
出版社名称：江苏人民出版社
从放牛娃到农技师
作者：窦天语
出版时间：1965 年 8 月
出版社名称：江苏人民出版社
同一个太阳
作者：任斌武、庞树根
出版时间：1991 年 6 月
出版社名称：四川文艺出版社
抗天歌
主编：庞顺根
副主编：余朝干、童校林、韦昌明

印刷时间：1992 年 7 月

金箔传人

作者：刘道春、颜世贵

出版时间：1995 年 8 月

出版社名称：解放军文艺出版社

挑战梦想：成龙的故事

作者：梁建华　温键键

出版时间：1997 年 4 月

出版社名称：台湾商智文化事业股份有限公司

李嘉诚赚钱术

作者：梁建华　温键键

出版时间：1996 年 11 月版

出版社名称：香港名流出版社

成龙

作者：梁建华　温键键

出版时间：1997 年 4 月版

出版社名称：香港星力有限公司

从零到亿万：日本八佰伴集团掌门人和田一夫传奇

作者：梁建华　温键键

出版时间：1996 年 7 月 1 版

出版社名称：广州出版社

霹雳火：成龙传

作者：梁建华　温键键

出版时间：1996 年 12 月版

出版社名称：广州出版社

李嘉诚经商谋略

作者：梁建华　温键键

出版时间：1996 年 12 月 1 版，2001 年 6 月 2 版

出版社名称：广东经济出版社

股市神仙谈炒股

作者：梁建华　温键键

出版时间：1997 年 5 月版

出版社名称：广州出版社

霍英东经商谋略

作者：梁建华　温键键

出版时间：1997 年 11 月版

出版社名称：广州出版社

第一桶金的故事

作者：梁建华　温键键

出版时间：1999 年 11 月版

出版社名称：广东经济出版社

解读李嘉诚（一套三册）

作者：梁建华　温键键

出版时间：2000 年 6 月

出版社名称：广东经济出版社

江花（一）

主编：韦昌明

副主编：时其武

印刷时间：2000 年 7 月

准印证号：苏出准印 JSE-0003041

大碰撞

作者：蔡宁

出版时间：2000 年 12 月

出版社名称：人民日报出版社

江花（二）

主编：韦昌明

副主编：袁惠先（特邀）、蔡宁

印刷时间：2001 年 1 月

准印证号：苏出准印 JSE-0003041

小本经营赚大钱

作者：梁建华　温键键

出版时间：2001 年 1 月版

出版社名称：广东经济出版社

江花（三）

主编：韦昌明

副主编：蔡宁、时其武

印刷时间：2001 年 7 月

准印证号：苏出准印 JSE-0004083

大话周星驰

作者：梁建华　温键键

出版时间：2001 年 12 月版

出版社名称：南方日报出版社

万人迷：韩国第一帅哥安在旭、韩国第一美女金喜善

作者：梁建华　温键键

出版时间：2002 年 6 月版

出版社名称：新疆青少年出版社

江花（四）
主编：韦昌明
副主编：李义林、蔡宁
印刷时间：2002 年 7 月
准印证号：苏出准印 JSE-0004083

千万别结婚：男人离婚的故事
作者：梁建华　温键键
出版时间：2002 年 11 月版
出版社名称：羊城晚报出版社

富豪逆商：富豪是这样炼成的
作者：梁建华　温键键
出版时间：2003 年 1 月版
出版社名称：南方日报出版社

人性教父：戴尔·卡耐基传奇
作者：梁建华　温键键
出版时间：2003 年 8 月版
出版社名称：广东经济出版社

非常激战
作者：庞树根
出版时间：2004 年 2 月
出版社名称：时代文艺出版社

阴晴那方天
作者：马如金
出版时间：2004 年 5 月
出版社名称：人民日报出版社

创业第一桶金
作者：梁建华　温键键
出版时间：2004 年 5 月版
出版社名称：江西人民出版社

小本创大业
作者：梁建华　温键键
出版时间：2004 年 5 月版
出版社名称：江西人民出版社

成龙传
作者：梁建华　温键键
出版时间：2004 年 6 月版
出版社名称：湖北人民出版社

输赢人生
作者：梁建华　温键键
出版时间：2005 年 1 月版
出版社名称：湖北人民出版社

李嘉诚商业禅机
作者：梁建华　温键键
出版时间：2005 年 4 月版
出版社名称：中国戏剧出版社

周星驰影传
作者：梁建华　温键键
出版时间：2006 年 1 月版
出版社名称：湖北人民出版社

抗非纪实
编者：赵鹤康、庞树根
印刷时间：2006 年 9 月
准印证号：苏出准印 JSE-1001523

【小说、散文、戏剧、随笔】

从枷到家
作者：窦天语
出版社名称：北京工人出版社
出版时间：1953 年 10 月

绿色的山雨
主编：孙爱民
印刷时间：1986 年 5 月

爱如咏叹
作者：李伦新
出版社名称：华夏出版社
出版时间：1991 年 12 月

李伦新随笔散文选
作者：李伦新
出版社名称：学林出版社
出版时间：1994 年 4 月

梳头娘姨传奇
作者：李伦新
出版社名称：上海文艺出版社
出版时间：1994 年 12 月

思辨墨录
作者：李伦新
出版社名称：学林出版社
出版时间：1996 年 12 月

梦花情缘
作者：李伦新

出版社名称：中国文联出版社
出版时间：1998年2月

春江水暖

作者：张泰霖
准印证号：苏出准印JSE-000624
印刷时间：1998年5月

银楼

作者：李伦新
出版社名称：上海文艺出版社
出版时间：1998年7月

我和五朵金花

作者：孙拥君、孙爱民
出版社名称：海天出版社
出版时间：1998年12月

心海浪拍

作者：李伦新
出版社名称：学林出版社
出版时间：1999年2月

想你的时候

作者：江宝全
出版社名称：江苏文艺出版社
出版时间：2001年12月

蔷薇下的足音

作者：蔡宁
出版社名称：人民日报出版社
出版时间：2002年6月

金箔之歌——江宝全歌词作品集

作者：江宝全
印刷时间：2004年2月

流逝的情感

作者：毛文轩
出版社名称：大世界出版公司
出版时间：2004年5月

红楼梦·贾宝玉

作者：颜景农、冯树琪
出版社名称：江苏文艺出版社
出版时间：2005年1月

大观园与花塘

作者：章立群
出版社名称：中国文史出版社
出版时间：2006年6月

岁月如初

作者：张为农
出版社名称：吉林人民出版社
印刷时间：2006年12月

【诗词】

江宁竹枝词

作者：窦天语、王玉文
印刷时间：1989年7月
准印证号：苏出准印ISE-0301

征程集

作者：周光田
出版时间：1988年8月
准印证号：苏出准印JSE-200

夕明诗草

作者：周光田
印刷时间：1988年11月
准印证号：苏出准印JSE-200

茅山抗日诗抄

作者：周光田
出版社名称：南京出版社
出版时间：1989年9月

东山吟集（一）

主编：窦天语
印刷时间：1991年2月
准印证号：苏出准印JSE-0123

裁春集

作者：张泰霖
印刷时间：1991年12月
准印证号：苏出准印JSE-0187

敝帚集

作者：窦天语
印刷时间：1991年12月
准印证号：苏出准印JSE-0307

一眸难忘

作者：方舟
出版社名称：香港国际明星出版社
出版时间：1993年3月

周光田诗集

作者：周光田

出版时间：1994 年 4 月

准印证号：苏出准印 JSE-027

东方之珠

作者：方舟

出版社名称：海南国际出版中心

出版时间：1996 年 11 月

裁春续集

作者：张泰霖

出版社名称：江苏文艺出版社

出版时间：1996 年 12 月

东山吟集（二）

主编：窦天语

印刷时间：1997 年 7 月

准印证号：苏出准印 JSE-0123

感谢夜晚

作者：孙拥君

出版社名称：北京燕山出版社

出版时间：1998 年 1 月

东山吟集（三）

主编：颜景农

印刷时间：1999 年 9 月

准印书号：苏宁准印 0123 号

江宁咏唱

主编：马俊

副主编：尹国庆

印刷时间：1999 年 5 月

准印证号：苏出准印 JSE-01701

江宁颂

作者：颜景农

印刷时间：2000 年 1 月

准印证号：苏出准印 JSE-01792

云川阁诗存

作者：范汝寅

印刷时间：2000 年 12 月

准印证号：苏出准印 JSE-03098

五星集——走入新世纪诗人

作者：蔡宁

出版社名称：香港天马图书有限公司

出版时间：2000 年 12 月

东山吟集（四）

主编：颜景农、汪挺越

印刷时间：2002 年 3 月

准印证号：苏出准印 JSE-0381

张泰霖短诗选

作者：张泰霖

出版社名称：银河出版社（香港）

出版时间：2003 年 3 月

我想拥有一间小屋

作者：屏子

印刷时间：2003 年 3 月

准印证号：苏出准印 JSE-001797

自得集

作者：俞可淼

出版社名称：中国文化出版社

出版时间：2003 年 5 月

东山吟集（五）

主编：颜景农

副主编：俞可淼、张泰霖、张秋萍

印刷时间：2003 年 11 月

准印证号：苏出准印 JSE-0381

瓮中之歌

作者：郭迺亮

出版社名称：长征出版社

出版时间：2004 年 4 月

云天浩歌

作者：王良旺

出版时间：2004 年 10 月

出版社名称：北京出版社

天语诗存

作者：窦天语

出版时间：2005 年 1 月

出版社名称：中国戏剧出版社

爱的备忘录

作者：陶玉明

出版时间：2005 年 1 月

出版社名城：江苏文艺出版社

一代报王史量才

作者：方舟

出版社名称：中国文联出版社
出版时间：2005 年 3 月

世纪之春
作者：张泰霖
印刷时间：2005 年 3 月
准印证号：苏出准印 JSE-003007

止水集
作者：尹国庆
出版社名称：中国文联出版社
出版时间：2005 年 9 月

银韵集
作者：苏恒康
印刷时间：2005 年 12 月
准印证号：苏出准印 JSE-03009

初学有百集
作者：陈国坤
印刷时间：2006 年 2 月

民谚吟咏
作者：周光田
出版社名称：中国文化出版社
出版时间：2006 年 4 月

枥中吟草
作者：郭中坚
印刷时间：2006 年 6 月

霞晖
作者：孙长继
出版社名称：中国文化出版社
出版时间：2006 年 8 月

江宁诗词
编著：刘诗、庞树根
出版时间：2006 年 10 月
出版社名称：江苏人民出版社

心画
作者：龚洪林
印刷时间：2006 年 10 月

反思
作者：孙拥君、飞岛
出版社名称：中国文化出版社
出版时间：2007 年 4 月

屏子的诗
作者：屏子
出版社名称：大众文艺出版社
出版时间：2007 年 6 月

百家湖之春
主编：颜景农
出版社名称：中国文化出版社
出版时间：2007 年 12 月

第三节 文艺理论

勤学·励志·品德·修养——古今中外名人轶事百篇
作者：唐佳宾
出版社名称：内蒙古人民出版社
出版时间：1986 年 11 月

近体诗特殊语式
作者：颜景农
出版社名称：江苏教育出版社
出版时间：1987 年 7 月

中国历代书法名作赏析
作者：曹淳、庄希祖、刘诗
出版社名称：江苏美术出版社
出版时间：1989 年 4 月

作文起结法示例
作者：颜景农、冯树琪
出版社名称：江苏教育出版社
出版时间：1993 年 6 月

稼轩词选析
作者：汪 诚
出版时间：1993 年 11 月
出版社名城：台北台湾商务印书馆

作文运思艺术

作者：颜景农

出版社名称：江苏教育出版社

出版时间：1998 年 2 月

猿猴天地——徐培晨猴图赏析

作者：蔡宁

出版社名称：中国文艺出版社

出版时间：2001 年 1 月

箴言集

作者：陈家邦

印刷时间：2001 年 10 月

准印证号：苏出准印 JSE-04065

平凡岁月

作者：胡德兴

印刷时间：2001 年 12 月

准印证号：苏出准印 JSE-004086

水墨的缪斯——陆越子画作赏析

作者：蔡宁

出版社名称：时代文艺出版社

出版时间：2002 年 10 月

中国古代书法理论管窥

作者：刘诗

出版社名称：江苏教育出版社

出版时间：2003 年 6 月

余晖

作者：彭年德

印刷时间：余晖（一）1999 年 10 月

余晖（二）2003 年 10 月

余晖（三）2004 年 10 月

晚晴人生

作者：胡德兴

印刷时间：2004 年 9 月

箴言精萃

编者：王义贵

印刷时间：2005 年 3 月

诗词写作辞典

作者：颜景农

出版社名称：中国文史出版社

出版时间：2006 年 3 月

修养文萃

编者：王义贵

出版时间：2006 年 6 月

今日点评

作者：马如金

出版社名称：人民日报出版社

印刷时间：2007 年 9 月

第四节 文史掌故

【民间文学、民俗、百工技艺】

骄傲的小风筝

作者：王崇辉

出版社名称：江苏人民出版社

出版时间：1978 年 7 月

沈万山与聚宝盆

主编：吴福林

副主编：王崇辉

出版社名称：江苏人民出版社

出版时间：1988 年

南京民间故事

主编：王崇辉

副主编：吴福林

出版社名称：江苏古籍出版社

出版时间：1990 年 3 月

南京民间传说

作者：吴福林、王崇辉

出版社名称：南京出版社

出版时间：1996 年 12 月

江宁县民间文学集成（故事、歌谣、谚语）

主编：刘绪德

副主编：王崇辉、周正凯、杨松

故事责任编辑：王崇辉、张为农

歌谣责任编辑：周正凯

谚语责任编辑：彭年德、杨松
印刷时间：1996 年 12 月
准印证号：苏出准印 JSE-70

江宁风俗

作者：庞树根、赵鹤康
出版社名称：江苏人民出版社
出版时间：2006 年 12 月

江宁物艺

作者：庞树根、卢培金
出版社名称：江苏人民出版社
出版时间：2006 年 12 月

江宁传说

作者：王崇辉、庞树根
出版社名称：江苏人民出版社
出版时间：2006 年 12 月

【古今人物】

大书法家的小故事

作者：刘诗
出版时间：1983 年 8 月
出版社名称：贵州人民出版社

大画家的小故事

作者：刘诗
出版时间：1984 年 1 月
出版社名称：贵州人民出版社

江苏历代书法家

作者：刘诗
出版时间：1984 年 2 月
出版社名称：江苏古籍出版社

中国古代书法家

作者：刘诗
出版时间：1991 年 5 月
出版社名称：文物出版社

江苏碑刻

作者：刘谨胜、刘诗
出版时间：1994 年 12 月
出版社名称：中国世界语出版社

江宁春秋

主编单位：江宁县政协文史委员会、江宁县地方志办公室
第一辑　印刷时间：1984 年 10 月
第二辑　印刷时间：1985 年 5 月
第三辑　印刷时间：1985 年 12 月
第四辑　印刷时间：1986 年 6 月
第五辑　印刷时间：1986 年 12 月
第六辑　印刷时间：1987 年 8 月
第七辑　印刷时间：1988 年 10 月
第八辑　印刷时间：1989 年 10 月
第九辑　印刷时间：1990 年 10 月
准印证号：苏出准印 JSE-0105
第十辑　印刷时间：1991 年 9 月
准印证号：苏出准印 JSE-0266
第十一辑　印刷时间：1992 年 10 月
准印证号：苏出准印 JSE-0266
第十二辑　印刷时间：1993 年 11 月
准印证号：苏出准印 JSE-0266

江宁文苑撷粹

主编：韦昌明
副主编：蔡宁
印刷时间：2001 年 12 月

中国古代书法家（增补本）

作者：刘诗
出版时间：2003 年 6 月
出版社名称：文物出版社

金箔之子

主编：江宝全
副主编：李莉、邢大华、张亮
印刷时间：2005 年 4 月

江宁名人

作者：刘诗、庞树根
出版时间：2006 年 10 月
出版社名称：江苏人民出版社

江宁文物

作者：郑乐千、庞树根
出版时间：2006 年 10 月
出版社名称：江苏人民出版社

江宁掌故

编著：窦天语、庞树根
出版时间：2006 年 12 月
出版社名称：江苏人民出版社

江宁史话

主编：赵鹤康、庞树根

副主编：王毅、王幸梅

出版社名称：江苏人民出版社

出版时间：2006 年 12 月

【山水纪胜】

江苏县邑风物丛书——江宁

作者：窦天语、庞树根

出版时间：1988 年 10 月

出版社名称：江苏人民出版社

江宁胜迹

编者：窦天语、张亮

印刷时间：1995 年 9 月

准印证号：苏出准印 JSE-076

爱我江宁

主编：许维友

副主编：孙友宁、姜书勤

出版时间：2002 年 8 月

出版社名称：黑龙江人民出版社

汤山记胜

作者：赵慕明

出版时间：2003 年 10 月

出版社名称：远方出版社

第二故乡——南京读本

主编：张良礼

出版时间：2004 年 7 月

出版社名称：南京出版社

故都印记——南京地名文化解读

主编：张良礼

出版时间：2004 年 11 月

出版社名称：南京出版社

【书画作品集】

陆宏盛画集

作者：陆宏盛

出版时间：1998 年 8 月

出版社名称：香港王朝艺术出版有限公司

风雨孤儿路

作者：江宝全

印刷时间：2002 年 1 月

南京市江宁区老年书画联谊会建会三周年纪念册

主编：吴传方

副主编：盛义福、陆宏盛

印刷时间：2002 年 1 月

龚洪林书画作品集

主编：赵曙明

印刷时间：2003 年 4 月

江宁文物

主编：钱德年

副主编：刘道成、周维林

出版时间：2004 年 3 月

出版社名称：江苏美术出版社

江宁区离退休干部钓鱼协会成立十周年纪念册

主编：闵长山

副主编：郦建海、陈大铭（执行主编）

印刷时间：2004 年 7 月

托起明天的太阳

主编：万槐衡

副主编：杜仁保、王义贵、张茂海、朱善琳、肖泽亚、徐昭学

印刷时间：2004 年 10 月

让世界金光灿烂

主编：庞树根

副主编：郭辉毅

印刷时间：2005 年 5 月

绿色南京

主编：安开根

印刷时间：2005 年

农业嘉年华

主编：安开根

印刷时间：2005 年

南京市江宁区教育局教研室五十周年纪念

主编：叶平

副主编：董福才

总撰稿：张裔平

印刷时间：2005 年 10 月

第五节　专项工作研究

【党建与人物类】

村干部工作指南

主编：季进
副主编：郑乐干
出版时间：1990年8月
出版社名称：江苏科学技术出版社

党员学识新编

主编：郑乐干
出版时间：1993年6月
出版社名称：东南大学出版社

党的建设新纲领

主编：郑乐干
印刷时间：1994年12月
准印证号：苏出准印JSE-266

江宁风范

责任编辑：李厚友、彭年德
印刷时间：1998年8月
准印证号：苏出准印JSE-19870641

党的学识新览

主编：郑乐干
印刷时间：2000年10月
准印证号：苏出准印JSE-002904

实践“三个代表”重要思想，树立正确的权力观、群众观、利益观

主编：郑乐干
印刷时间：2001年4月
准印证号：苏出准印JSE-0005432

聚民力带民富顺民心

主编：赵友春
副主编：高丽丽、吴宏宁、蔡宁、端木和海、于茂高
印刷时间：2001年6月
准印证号：苏出准印JSE-04044

使命

主编：周大勇、赵友春、韦昌明
副主编：张明保、高丽丽、吴宏宁、蔡宁
印刷时间：2001年6月
准印证号：苏出准印JSE-04046

党风廉政建设

主编：郑乐干
印刷时间：2001年10月
准印证号：苏出准印JSE-005332

改革之歌——别人眼里的江宝全

主编单位：南京金箔集团办公室
印刷时间：2001年12月
准印证号：苏出准印JSE-04114

电光飞虹

主编：刘正元、袁惠先
印刷时间：2002年1月
准印书号：准印JSE-0408号

做李元龙式好支书

主编：中共南京市江宁区委组织部、宣传部
印刷时间：2004年2月

【改革与发展类】

供销社改革的足迹

作者：张明远
出版时间：1991年3月
出版社名称：南京出版社

边干边吹集

作者：江宝全
出版时间：1993年12月
出版社名称：南京出版社

东山再起

主编：王柏森
副主编：刘道春
出版时间：1995年9月
出版社名称：江苏人民出版社

春风绿江宁

主编：李厚友
副主编：彭年德、李存寿

印刷时间：1999年9月
准印证号：苏出准印JSE-01765

新世纪地方人大工作的理论与实践
主编：吴迪祺
副主编：顾善祥、张家骥
出版时间：2001年10月
出版社名称：东南大学出版社

社区建设与管理
主编：张良礼
出版时间：2001年11月
出版社名称：南京出版社

信口开河集
作者：江宝全
出版时间：2002年5月
出版社名称：经济日报出版社

纪录江宁
主编：陆蓉
副主编：王贵文、蔡宁
印刷时间：2004年4月

耕耘之路
主编：张映祥
副主编：李桂兰、陈宝根、郭传华
出版时间：2004年5月
出版社名称：吉林人民出版社

鱼塘理论集
作者：江宝全
出版时间：2005年5月
出版社名称：经济日报出版社

应对人口老龄化
主编：张良礼
出版时间：2006年7月
出版社名称：社会科学文献出版社

金色春秋
作者：诸吉炤
印刷时间：2006年9月

【规划与建设类】

东山城市整体规划（1992—2010）
主编：周宗贵
副主编：杨永清
印刷时间：1997年4月

宏伟规划 成就未来
主编：杨永清
副主编：钱德福、王德家、金华、任永明
印刷时间：2004年7月

看得见的未来
主编：杨永清
副主编：钱德福、朱光、王德家、苏华、金华
印刷时间：2005年1月

江宁区规划行政部门的构建与发展
主编：杨永清
出版时间：2005年7月
出版社名称：南京大学出版社

东山新市区近期总体规划
主编：杨永清
副主编：钱德福、朱光、王德家、苏华、金华
印刷时间：2005年7月

南京市江宁区近期建设规划
主编：杨永清
副主编：钱德福、朱光、王德家、苏华、金华
印刷时间：2005年7月

中国城市空间发展论坛文集
主编：杨永清
副主编：钱德福、朱光、王德家、苏华、金华
印刷时间：2005年7月

第三十八编

古代诗文选

江宁地域广阔，山川钟灵，秀丽清纯，风光宜人。悠久的历史，山川形胜和十朝京畿之地，既孕育无数江宁俊杰，又云集一代又一代名人骚客，他们访胜、流寓或居官至此。历代文豪巨匠谢灵运、鲍照、李白、白居易、王昌龄、刘禹锡、杜牧、苏轼、陆游、辛弃疾、王安石、袁枚、汤显祖、吴敬梓、爱新觉罗·弘历、曾国藩等皆钟情于江宁山水，留下千古不朽的华章。

被杜甫称为“俊逸鲍参军”的南朝鲍照，是刘宋时代成就最高的诗人，他的七言及五言乐府诗等作品对唐代李白、杜甫、高适、岑参有较大影响。鲍照任秣陵令在秣陵城西门赏月，留下脍炙人口的诗篇《玩月城西门廨中》。唐代著名诗人王昌龄，和李白同为唐诗七绝之冠者，留下了“秦时明月汉时关，万里长征人未还，但使龙城飞将在，不教胡马度阴山”气势雄浑、韵味无穷的名句，他先后三次任江宁令达七八年之久，写下许多描写江南绮丽风光的诗歌。明人辑有《王昌龄集》，当代保存其诗 180 余首。“谢公含雅量，世运属艰难，况复情所钟，感慨萃中年”则是宋代诗人苏轼在东山的慨叹。清代著名诗人袁枚，曾在江宁做过四年知县，他为江宁人民做过不少好事，也在江宁留下许多诗篇，在汤山境内明代阳山碑材处，他吟出了《洪武大石碑歌》：“青龙山前石一方，弓尺量之十丈长，二头未截空中央。……碑如长剑青天倚，十万骆驼拉不起……”形象地刻画了这一宏伟的大碑材。清代高宗乾隆，从乾隆十六年（1751）至四十九年，前后 33 年间，六次南巡驻跸江宁，留下诗词楹联匾额计 180 余件。

本编辑录诗 232 首，词 28 首，诏文 1 篇，赋 1 篇，碑文 2 篇，记 3 篇，祭文 1 篇。上起六朝，下迄清朝，多录自地方文献和诗文资料，编排以著者所处时代为序。

第一章　诗词选

本章辑录古代诗人122人咏江宁诗232首。其中，有东晋谢灵运诗1首；南朝刘义恭、鲍照等8人诗12首；隋朝诸葛颖、杨广诗2首；唐朝王昌龄、李白、刘禹锡、白居易、杜牧等24人诗40首；宋朝王安石、苏轼、陆游、杨万里、杨修等11人诗27首；元朝贡师泰等4人诗4首；明朝张羽、高启、沈周、王韦、顾璘、焦竑、汤显祖等35人诗66首；清朝柳如是、王士祯、曹寅、吴敬梓、爱新觉罗·弘历、袁枚、曾国藩等37人诗80首。

本章还辑录词28首，作者包括唐朝冯延巳，宋朝辛弃疾，明朝方凤、易震吉，清朝郑燮等19人。

第一节　诗

邻里相送至方山

东晋　谢灵运

祇役出皇邑，相期憩瓯越。
解缆及流潮，怀旧不能发。
析析就衰林，皎皎明秋月。
含情易为盈，遇物难可歇。
积疴谢生虑，寡欲罕所阙。
资此永幽栖，岂伊年岁别。
各勉日新志，音尘慰寂蔑。

谢灵运（385—433），浙江会稽人（今浙江绍兴），原为陈郡谢氏士族。东晋名将谢玄之孙。又以袭封康乐公，称谢康公、谢康乐。中国文学史上山水诗派的开创者。明人辑有《谢康乐集》。

汤泉铭

南朝　刘义恭

秦都壮温谷，汉京丽汤泉。
炎德资远液，暄波起斯源。

刘义恭（413—465），彭城绥里人，南朝宋武帝刘裕第五子。元嘉元年（424）封江夏王，进位司空。孝武帝时，授太尉，录尚书六条事。著有文集15卷，(《隋书志》作11卷，《两唐书志》作13卷。此从《隋志注》）并行于世。

还都三山望石头城

南朝　鲍　照

泉源首安流，川末澄远波。
晨光被水族，晓气歇林阿。
两江皎平逈，三山郁骈罗。
南帆望越峤，北榜指齐河。

关扃绕天邑，襟带抱尊华。
长城非壑崄，峻岨似荆芽。
攒楼贯白日，摛堞隐丹霞。
征夫喜观国，游子迟见家。
流连入京引，踯躅望乡歌。
弥前叹景促，逾近勦路多。
偕萃犹如兹，弘易将谓何。

过铜山掘黄精

南朝　鲍　照

土昉闳中经，水芝韬内策。
宝饵缓童年，命药驻衰历。
矧蓄终古情，重拾烟雾迹。
羊角栖断云，榼口流隘石。
铜溪昼深沉，乳窦夜涓滴。
既类风门磴，复像天井壁。
蹀蹀寒叶离，淙淙秋水积。
松色随野深，月露依草白。
空守江海思，岂愧梁郑谷。
得仁古无怨，顺道今何惜。

玩月城西门廨中

南朝　鲍　照

始出西南楼，纤纤如玉钩。
末映东北墀，娟娟似蛾眉。
蛾眉蔽珠栊，玉钩隔琐窗。
三五二八时，千里与君同。
夜移衡汉落，徘徊帷户中。
归华先委露，别叶早辞风。
客游厌苦辛，仕子倦飘尘。
休澣自公日，宴慰及私辰。
蜀琴抽白雪，郢曲发阳春。
肴干酒未阕，金壶启夕沦。
回轩驻轻盖，留酌待情人。

鲍照（约414—466），字明远。祖籍东海，久居建康（今南京）。曾仼秣陵令、中书舍人等职。著有《鲍参军集》。

侍游方山应诏诗

南朝　沈　约

清汉夜昭晢，扶桑晓陆离。
发歌枞阳下，建羽朝夕池。
枞金浮水若，耸跸罩山祇。
一霑九霄露，藜藿终自知。

沈约（441—513）字休文，吴兴武康（今浙江德清）人，齐梁文坛领袖。和谢朓等开创讲求声律的“永明体”。有《沈隐侯集》。

昧旦出新亭渚

南朝　徐　勉

驱车凌早术，山华初映日。
揽辔且徘徊，复值清江谧。
杳蔼枫树林，参差黄鸟匹。
气物宛如斯，重以心期逸。
春堤一游衍，终朝气殃悉。

徐勉（466—535），字修仁，东海郯人。累官至中书令。勤于著述，有前集35卷，后集16卷。《梁书》《南史》有传。

下方山

南朝　何　逊

寒鸟树间响，落星川际浮。
繁霜白晓岸，苦雾黑晨流。
鳞鳞逆去水，弥弥急还舟。
望乡行复立，瞻途近更修。
谁能百里地，萦绕千端愁。

慈姥矶

南朝　何　逊

暮烟起岸遥，斜日照安流。
一同心赏夕，暂解去乡忧。
野岸平沙合，连山远雾浮。
客悲不自已，江上望归舟。

车中见新林分别甚盛

南朝　何　逊

金谷宾游盛，青门冠盖多。
隔林望行幰，下阪听鸣珂。
一时春一歇，麦气始清和。
还入平原径，穷巷可张罗。

何逊（约 418—518），字仲言，梁东海郯（今山东郯城）人。后人称“何记室”或“何水部”。何逊诗与刘孝绰齐名，号称“何刘”。有集八卷，已佚。明人辑有《何记室集》（又称《何水部集》），当代有《何逊集》。

春日从驾新亭应制诗

南朝　刘孝绰

旭日舆轮动，言追河曲游。
纡余出紫陌，迤逦度青楼。
前驱掩兰径，后乘历芳洲。
春色江中满，日华岩上留。
江风传葆吹，岩华映采斿。
临涡起睿作，驷马暂停辀。
侍从荣前阮，雍容惭昔刘。
空然等弹翰，非徒嗟未遒。

刘孝绰（481—539)，字孝绰，本名冉，小字阿士，彭城（今江苏徐州）人。初为著作佐郎，后官秘书丞。明人辑有《刘秘书集》。

长安还至方山沧然自伤

南朝　沈　炯

秦军坑赵卒，遂有一人生。
且还旧乡里，危心曾未平。
淮源比桐柏，方山似削成。
犹疑屯虏骑，尚畏值胡兵。
空村余拱木，废邑有颓城。
旧识既已尽，新知皆异名。
百年三万日，处处此伤情。

沈炯（503—561），字初明，一作礼明，南朝梁武康（今浙江德清）人。沈瑀孙。仕梁为尚书左户侍郎，出为吴令。有文集20卷行世，已轶。当代有《汉魏六朝百三家集》辑有《沈炯集》。

云居寺高顶

南朝　王　褒

中峰云已合，绝顶日犹晴。
邑居随远近，风烟对眼生。

王褒（513—576），字子渊，琅邪临沂（今山东省临沂县）人。南北朝诗人、书法家。南朝梁吏部尚书。存诗40余首，明人辑有《王司空集》收录其诗文。

奉和方山灵岩寺应教诗

隋朝　诸葛颖

名山镇江海，梵宇驾风烟。
画栱临松盖，凿牖对峰莲。
雷出阶基下，云归栋梁前。
灵光辨昼夜，轻衣数劫年。
一路香作食，常用福为田。

诸葛颖（536—612），字汉丹，建康人。著有文集二十卷。《銮驾北巡记》三卷、《幸江都道里记》一卷、《洛阳古今记》一卷、《马名录》一卷，并行于世。

谒方山灵岩寺

隋朝 杨 广

梵宫既隐隐，灵岫亦沉沉。
平郊送晚日，高峰落远阴。
回旛飞曙岭，疏钟响昼林。
蝉鸣秋气尽，泉吐石溪深。
抗迹禅枝地，发念菩提心。

杨广（569—618），隋朝皇帝，弘农华阴（今陕西）人。在位期间修建大运河，营造东都洛阳城，开拓疆土畅通丝绸之路，开创科举，三征高丽等。

游上方寺和汴长史韵

唐朝 王 翰

寻幽来宝地，联辔尽佳朋。
隔水微闻磬，窥林远见灯。
未谈超世法，先见小乘僧。
古殿生虚籁，荫廊挂断冰。
幽轩聊借憩，高塔险难登。
古钵青莲长，天香翠霭凝。
风幡生夙悟，雷鼓报晨兴。
延坐分奇茗，登临挂瘦藤。
毒龙僧作伴，香像佛能乘。
学道分真妄，参禅祖秀能。
悟空魔女去，入定睡蛇腾。
境界清凉胜，山林气象增。
雅怀端可重，尘抱不须矜。
暂结跏趺坐，心源返照澄。

王翰（687—726），字子羽，并州晋阳（今山西太原）人。其诗载于《全唐诗》的仅有14首。

留别岑参兄弟

唐朝 王昌龄

江城建业楼，山尽沧海头。
副职守兹县，东南棹孤舟。
长安故人宅，秣马经前秋。
便以风雪暮，还为纵饮留。
貂蝉七叶贵，鸿鹄万里游。
何必念钟鼎，所在烹肥牛。
为君啸一曲，且莫弹箜篌。
徒见枯者艳，谁言直如钩。
岑家双琼树，腾光难为俦。
谁言青门悲，俯期吴山幽。
日西石门峤，月吐金陵洲。
追随探灵怪，岂不骄王侯。

王昌龄（698—757），字少伯，唐京兆长安（今陕西西安）人（一说太原人）。盛唐著名边塞人，后人誉为“七绝圣手”。有《王昌龄集》。

东山吟

唐朝 李 白

携妓东土山，怅然悲谢安。我妓今朝如花月，他妓古坟荒草寒。白鸡梦后三百岁，洒酒浇君同所欢。酣来自作青海舞，秋风吹落紫绮冠。彼亦一时，此亦一时，浩浩洪流之咏何必奇。

金陵江上遇蓬池隐者

唐朝　李　白

心爱名山游，身随名山远。
罗浮麻姑台，此去或未返。
遇君蓬池隐，就我石上饭。
空言不成欢，强笑惜日晚。
绿水向雁门，黄云蔽龙山。
叹息两客鸟，裴回吴越间。
共语一执手，留连夜将久。
解我紫绮裘，且换金陵酒。
酒来笑复歌，兴酣乐事多。
水影弄月色，清光奈愁何！
明晨挂帆席，离恨满沧波！

赠丹阳横山周处士惟长

唐朝　李　白

周子横山隐，开门临城隅。
连峰入户牖，胜概凌方壶。
时作《白纻词》，放歌丹阳湖。
水色傲溟渤，川光秀菰蒲。
当其得意时，心与天壤俱。
闲云随舒卷，安识身有无？
抱石耻献玉，沉泉笑探珠。
羽化如可作，相携上清都。

慈姥竹

唐朝　李　白

野竹攒石生，含烟映江岛。
翠色落波深，虚声带寒早。
龙吟曾未听，凤曲吹应好。
不学蒲柳凋，贞心尝自保。

新林浦阻风寄友人

唐朝　李　白

潮水定可信，天风难与期。
清晨西北转，薄暮东南吹。
以此难挂席，佳期益相思。
海月破圆景，菰蒋生绿池。
昨日北湖梅，初开未满枝。
今朝白门柳，夹道垂青丝。
岁物忽如此，我来定几时。
纷纷江上雪，草草客中悲。
明发新林浦，空吟谢朓诗。

游丹阳湖

唐朝　李　白

湖与元气连，风波浩难止。
天外贾客归，云间片帆起。
龟游莲叶上，鸟入芦花里。
少妇棹轻舟，歌声逐流水。

李白（701—762），字太白，号青莲居士，出生于剑南道之绵州（今四川绵阳），一说生于西域碎叶城（今吉尔吉斯斯坦托克马克），祖籍陇西郡成纪县（今甘肃天水）。唐朝诗人，有“诗仙”之称，伟大的浪漫主义诗人。存世诗文千余篇，有《李太白集》传世。

丹阳行

唐朝　孙　逖

丹阳古郡洞庭阴，落日扁舟此路寻。传是东南旧都处，金陵中断碧江深。在昔风尘起，京都乱如燬。双阙戎虏间，千门战场里。传闻一马化为龙，南渡衣冠亦愿从。石头横帝里，京口拒戎锋。青枫林下回天跸，杜若洲前转国容。都门不见河阳树，辇道唯闻建业钟。中原悠悠几千里，欲扫欃枪未云已。英雄倾夺何纷然，一盛一衰如逝川。可怜宫观重江里，金镜相传三百年。自从龙见圣人出，六合车书混为一。昔年王气今何在，并向长安就尧日。荆榛古木闭荒阡，共道繁华不复全。赤县唯馀江树月，黄图半入海人烟。暮来山水登临遍，览古愁吟泪如霰。唯有空城多白云，春风淡荡无人见。

孙逖（696—761或701—740），武水（今山东聊城）人。唐朝大臣、史学家。曾任刑部侍郎、太子左庶子、少詹事等职。作品《宿云门寺阁》《赠尚书右仆射》《晦日湖塘》等传世。《全唐诗》卷118收其诗一卷，63首。

过横山顾山人草堂

唐朝　刘长卿

只见山相掩，谁言路相通。
人来千嶂外，犬吠百花中。
细草香飘雨，垂杨闲卧风。
却寻樵径去，惆怅绿溪东。

刘长卿（约726—约786至791），字文房，宣城（今安徽）人，郡望河间（今属河北）。唐代著名诗人，官至监察御史。与诗仙李白交厚，有《唐刘随州诗集》。

送延陵陈法师赴上元

唐朝　皇甫冉

延陵初罢讲，建业去随缘。
翻译推多学，坛场最少年。
浣衣逢野水，乞食向人烟。
遍礼南朝寺，焚香古像前。

皇甫冉(717—770)，字茂政，润州(今江苏镇江)丹阳人。天宝十五年(756)进士，曾官无锡尉，大历初入河南节度使王缙幕，终左拾遗、右补阙。有《皇甫冉世纪》。

宿灵岩寺

唐朝　戴叔伦

马疲盘道峻，投宿入招提。
雨急山溪涨，云迷岭树低。
凉风来殿角，赤日下天西。
偃服虚岩处，林空鸟恣啼。

戴叔伦(732—789)，字幼公(一作次公)，润州金坛(今江苏)人。曾任新城令、东阳令、抚州刺史、容管经略使。有《戴叔伦诗集》十卷。

南浦渡口

唐朝　李嘉祐

寂寞横塘路，新篁覆水低。
东风潮信满，时雨稻秔齐。
寡妇共租税，渔人逐鼓鼙。
惭无卓鲁术，解印谢黔黎。

李嘉祐(？—约779)，字从一，赵州(今河北赵县)人。天宝七年(748)擢进士第，授秘书正字。有《李嘉祐集》。

送客之江宁

唐朝　韩　翃

春流送客不应赊，南入徐州见柳花。
朱雀桥边看淮水，乌衣巷里问王家。
千闾万井无多事，辟户开门向山翠。
楚云朝下石头城，江燕双飞瓦棺寺。

吴士风流甚可亲，相逢嘉赏日应新。
从来此地夸羊酪，自有莼羹定却人。

韩翃（734—779），字君平，南阳（今河南南阳）人。是“大历十才子”之一。天宝十三年（754）考中进士，宝应年间在淄青节度使侯希逸幕府中任从事，后随侯希逸回朝，闲居长安十年。明人辑有《韩君平集》。

游灵岩寺

唐朝　韦应物

始入松路永，独欣山寺幽。
不知临绝槛，乃见西江流。
吴岫分烟景，楚甸散林丘。
方悟关塞眇，重输故园愁。
闻钟归动骑，憩涧惜良游。
地疏泉谷狭，春深草木稠。
兹焉赏未足，清蟾期杪秋。

韦应物（737—约792），长安（今陕西西安）人。玄宗时，曾在宫廷中任三卫郎，后应举成进士，历官滁州、江州、苏州等地刺史。著有《韦苏州集》。

晚次方山精舍却寄张荐员外

唐朝　窦　常

楚腊还无雪，江春又足风。
马羸三径外，人病四愁中。
西塞波涛阔，南朝寺舍空。
犹衔步兵酒，宿醉在滁东。

窦常（746—825），字中行，平陵（今陕西咸阳）人，郡望扶风（今陕西兴平东南）。大历十四年（779），登进士第。与其兄弟牟、群、庠和巩并称“五窦”。当代存《窦氏联珠集》。

金陵怀古

唐朝　刘禹锡

潮满冶城渚，日斜征虏亭。
蔡州新草绿，幕府旧烟青。
兴废由人事，山川空地形。
后庭花一曲，幽怨不堪听。

檀道济故垒

唐朝　刘禹锡

万里长城坏，荒营野草秋。
秣陵多士女，犹唱白符鸠。

刘禹锡（772—842），字梦得，苏州嘉兴（今浙江省）人，唐朝著名诗人。其诗与白居易齐名，世称“刘白”。有《刘宾客集》。

题谢公东山障子

唐朝　白居易

贤愚共存浮生内，贵贱同趋群动间。
多见忙时已衰病，少闻健日肯休闲。
鹰饥受绁从难退，鹤老乘轩亦不还。
唯有风流谢安石，拂衣携妓入东山。

游云居山赠穆三十六地主

唐朝　白居易

乱云生处云居路，共踏山行独惜春。
胜地本来无一主，大都山属爱山人。

白居易（772—846），字乐天，号香山居士，祖籍山西太原，晚年曾官至太子少傅。唐代著名诗人，与李白、杜甫并称“李杜白”；

与友人元稹并称“元白”；又与刘禹锡唱和甚多，人称“刘白”。有《白氏长庆集》。

秋晚铜山道中宿隐者

唐朝　鲍　溶

我乡山川遥，秋晚空景促。
天明共云散，日落依鸟宿。
主人逃名子，鹤发卧空谷。
野言得真风，山貌宜古服。
喜于无声地，暂傲羲皇俗。
秋窗照疏萤，寒犬吠落木。
朝隐留此处，一点天边宿。
今忆见此时，添悲览止足。
迟迟清夜昼，幽路出深竹。
笑谢万户侯，余将耻干禄。

鲍溶（生卒年不详），字德源，江宁人。元和四年（809）进士，是中唐时期的重要诗人，《全唐诗》存其诗三卷196首，《全唐诗补编》补诗一首。

送法镜上人归上元

唐朝　张　祜

南国僧游二十年，却因无任访生缘。
风回建业秋归寺，月满秦淮夜到舡。
故老尽成双鬓雪，旧房深锁一林烟。
莫言了悟为真理，不叹兴亡在眼前。

上元怀古

唐朝　张　祜

倚云宫阙已平芜，东望连天到海隅。
文物六朝兴废地，江山万里帝王都。
只闻丞相夷三族，不见扁舟泛五湖。
遥想永嘉南过日，洛阳风景尽归吴。

张祜（一说约785—849，一说约782—852），字承吉，南阳人（河南），一说清河（今河北清河）人，出生在清河张氏望族，家世显赫，被人称作张公子，有“海内名士”之誉。有《张处士诗集》《张承吉文集》。

江南春

唐朝　杜牧

千里莺啼绿映红，水村山郭酒旗风。
南朝四百八十寺，多少楼台烟雨中。

杜牧（803—852），字牧之，号樊川，京兆万年县（今陕西西安）人。晚唐著名诗人。曾任中书舍人（中书省别名紫微省），人称杜紫微。时人称为“小杜”，以别于杜甫。又与李商隐齐名，人称“小李杜”。有《樊川诗集》。

谢公墅歌

唐朝　温庭筠

朱雀航南绕香陌，谢郎东墅连春碧。
鸠眠高柳日方融，绮榭飘飖紫庭客。
文楸方罫花参差，心阵未成星满池。
四座无喧梧竹静，金蝉玉柄俱持颐。
对局含情见千里，都城已得长蛇尾。
江南王气系疏襟，未许苻坚过淮水。

温庭筠（812—866），本名岐，字飞卿，太原祁（今山西祁县）人。官终国子助教。工诗，与李商隐齐名，时称“温李”。他还为“花间派”首要词人，与韦庄齐名，并称“温韦”。有《温庭筠集》。

秋日送方干游上元

唐朝 曹 松

天高淮泗白，料子趋修程。
汲水疑山动，扬帆觉岸行。
云离京口树，雁入石头城。
后夜分遥念，诸峰霜露生。

曹松（约830—900后），字梦徵，舒州（今安徽桐城，一今安徽潜山）人。光化四年(901)中进士，特授校书郎（秘书省正字）而卒。集三卷。

过废江宁县（王昌龄曾尉此县）

唐朝 罗 隐

县前水色细鳞鳞，一为夫君吊水滨。
漫把文章矜后代，可知荣贵是他人。
莺偷旧韵还成曲，草赖余吟尽解春。
我亦有心无处说，等闲停棹似迷津。

罗隐（833—909），原名横，字昭谏，新登（今浙江新登）人。咸通元年至京师，应进士试，历七年不第。晚年依吴越王钱镠，任钱塘令、谏议大夫等职。有诗集《甲乙集》。辑有《罗昭谏集》。

上元县

唐朝 韦 庄

南朝三十六英雄，角逐兴亡尽此中。
有国有家皆是梦，为龙为虎亦成空。
残花旧宅悲江令，落日青山吊谢公。
上竟霸图何物在？石麟无主卧秋风。

牛首山

唐朝 韦 庄

牛头见鹤林，梯迳绕幽深。
春色浮山外，天河宿殿阴。
传灯无白日，布地有黄金。
休作狂歌老，回看不住心。

韦庄（约836—910），字端己，杜陵（今陕西西安）人，唐朝花间派词人。乾宁元年（894）五十九岁登进士第，授校书郎。韦庄与温庭筠同为花间派的重要词人，并称“温韦”。有《浣花集》，另编选有《又玄集》。

上元怀古（二首）

唐朝 李山甫

其一

南朝天子爱风流，尽守江山不到头。
总是战争收拾得，却因歌舞破除休。
尧行道德终无敌，秦把金汤可自由？
试问繁华何处有，雨苔烟草石城秋。

其二

争帝图王德尽衰，骤兴驰霸亦何为。
君臣都是一场笑，家国同成千载悲。
排岸远樯森似槊，落波残照赫如旗。
今朝城上难回首，不见楼船索战时。

李山甫（约836—900），咸通中累举不第，依魏博幕府为从事。尝逮事乐彦祯、罗弘信父子，文笔雄健，名著一方（《全唐诗》卷643编其诗一卷，95首）。

东　山

唐朝　胡　曾

五马南浮一化龙，谢安入相此山空。
不知携妓重来日，几树莺啼谷口风。

胡曾（生卒年不详），邵阳（今湖南）人。咸通十二年(871)，路岩为剑南西川节度使，召为掌书记。乾符元年(874)，复为剑南西川节度使高骈掌书记。乾符五年，高骈徙荆南节度使，又从赴荆南，后终老故乡。有《安定集》十卷，已亡佚；有《咏史诗》三卷传世。

天阙山绝句

唐朝　徐　铉

散诞爱山客，凄凉怀古心。
寒风天阙晚，尽日倚轩吟。

谢文靖墓下作

唐朝　徐　铉

时闻岭用师，契丹陷梁宋。
越徼稽天讨，周京乱虏尘。
苍生何可奈，江表更无人。
岂惮寻荒垄，犹思认后生。
春风白杨里，独步泪霑巾。

临石步港

唐朝　徐　铉

碕岸堕萦带，微风起细涟。
绿阴三月后，倒影乱峰前。
吹浪游鳞小，沾苔碎石圆。
会将腰下组，换取钓鱼船。

九日落星山登高

唐朝　徐　铉

秋暮天高稻穗成，落星山上会诸宾。
黄花泛酒依流俗，白发满头思古人。
岩影晚看云出岫，湖光遥见客垂纶。
风烟不改年长度，终待林泉老此身。

游方山宿李道士房

唐朝　徐　铉

从来未面李先生，借我西窗卧月明。
二十三家同愿识，素骡何日暂还城？

徐铉（917—992），字鼎臣，广陵（今江苏扬州）人。历官五代吴校书郎、南唐知制诰、翰林学士、吏部尚书，后随李煜归宋，官至散骑常侍，世称徐骑省。与弟徐锴有文名，号称“二徐”；又与韩熙载齐名，江东谓之“韩徐”。有《江南文稿》20卷、《徐公文集》30卷。

东　山

唐朝　朱　存

镇物高情济世才，欲随猿鹤老岩隈。
山花处处红妆面，仿佛如初拥妓来。

天阙山

唐朝　朱　存

牛头天际碧凝岚，王导无稽亦妄谈。
若指远山为上阙，长安应合指终南。

直渎

唐朝 朱存

昼役人功夜鬼功，阳开阴合几时终。
不闻掷土江中语，争得盈流一水通。

朱存（生卒年不详），金陵（今江苏南京）人。南唐保大时，取吴大帝及六朝兴亡成败之迹，作《览古诗》二百章。《宋史·艺文志》著录为《金陵览古诗》二卷。《舆地纪胜》卷一七引其诗，称“本朝人诗”。

半阳湖

宋朝 杨备

江南龙节水为乡，水不纯阴有半阳。
一片湖光共深浅，两般泉脉异温凉。

杨备（生卒年不详），字修之，宋浦城（今福建省）人。庆历中为尚书虞部员外郎，分司南京，上轻车都尉。有《姑苏百题》《金陵览古诗》。

九日随家人游东山

宋朝 王安石

暑往讵几时，凉归亦云暂。
相随东山乐，及此身无憾。
聊回清池柂，更伏荒城槛。
采采黄金花，持杯为君泛。

饭祈泽寺

宋朝 王安石

驾言东南游，午饭投僧馆。
山白梅蕊长，林黄柳芽短。
笭箵沙际来，略彴桑闲断。
春映一川明，雪消千壑漫。
鱼随竹影浮，鸟误人声散。
玩物岂能留，干时吾自懒。

题汤泉壁示诸子有欲闲之意

宋朝 王安石

吟哦一水上，披写众峰间。
偶运非彭泽，留名比岘山。
君才今卨稷，家行古原颜。
平世虽多士，安能易地闲。

南浦

宋朝 王安石

南浦东冈二月时，物华撩我有新诗。
含风鸭绿粼粼起，弄日鹅黄袅袅垂。

南浦

宋朝 王安石

南浦随花去，回舟路已迷。
暗香无处觅，日落板桥西。

光宅寺

宋朝 王安石

翛然光宅淮之阴，扶舆独来止中林。
千秋钟梵已变响，十亩桑竹空成阴。
昔人跏堂有妙理，高座翳绕天花深。
红葵紫苋复满眼，往事无迹难追寻。

光宅寺

宋朝　王安石

齐安孤起宋兴前，光宅相仍一水边。
蜂分蚁争今不见，故窠遗埕尚依然。

光　宅

宋朝　王安石

今知光宅寺，牛首正当门。
台殿金碧毁，丘墟桑竹繁。
萧萧新犊卧，冉冉暮鸦翻。
回首千岁梦，雨花何足言。

东阳道中

宋朝　王安石

山蔽吴天密，江蟠楚地深。
浮云堆白玉，落日泻黄金。
渺渺随行旅，纷纷换岁阴。
强将诗咏物，收拾济时心。

自金陵如丹阳道中有感

宋朝　王安石

数百年来王气消，难将前事问渔樵。
苑方秦地皆芜没，山借扬州更寂寥。
荒埭暗鸡催月晓，空场老雉挟春骄。
豪华只有诸陵在，往往黄金出市朝。

游土山示蔡天启秘校

宋朝　王安石

定林瞰土山，近乃在眉睫。谁谓秦淮广？正可藏一艓。朝予欲独往，扶惫强登涉。蔡侯闻之喜，喜色见两颊。呼鞍追我马，亦以两騟挟。敛书付衣囊，裹饭随药笈。翛翛阿兰若，土木老山胁。鼓钟卧空旷，簨簴雕捷业。升堂廓无主，考击谁敢辄？坡陀谢公冢，藏椁久穿劫。百金置酒地，野老今行馌。

缅怀起东山，胜践比裀叠。于时国累卵，楚夏血常喋。外实备艰哽，中仍费调燮。公能觉如梦，自喻一胡蝶。桓温适自毙，苻坚方天厌。且可缓九锡，宁当快一捷？彼哉斗筲人，得丧易矜怯？妄言屐齿折，吾欲刊史牒。

伤心新城埭，归意终难惬。漂摇五城舟，尚想浮河楫。千秋陇东月，长照西州堞。岂无华屋处？亦捉蒲葵箑。碎金谅可惜，零落随秋叶。好事所传玩，空残法书帖。清谈眇不嗣，陈迹恍如接。东阳故侯孙，少小同鼓箧。一官初岭海，仰视飞鸢跕。穷归放款段，高卧停远蹀。牵襟肘即见，著帽耳才厌。数椽危败屋，为我炊陈浥。虽无膏污鼎，尚有羹濡筴。纵言及平生，相视开笑靥。邯郸枕上事，且饮且田猎。或昏眠委翳，或妄走超躐。或叫号而寝，或哭泣而魇。幸哉同圣时，丑里老安帖。易牛以宝剑，击壤胜弹铗。追怜衰晋末，此土方岌嶪。强偷须臾乐，抚事终愁惵。予虽天戮民，有械无桎梏。翁今贫而静，内热非复叶。予衰及今岁，傥与鸡梦协。委蜕亦何恨？吾儿已长鬣。翁虽齿长我，未见白可镊。祝翁尚难老，生理归善摄。久留畏年少，讥我两呫嗫。束火扶路还，宵明狐兔慑。蔡侯雄俊士，心憭形亦谍。异时能飞鞚，快若五陵侠。胡为阡陌间，踠足仅相蹑。谅欲交謦语，呿予不能嗒。

王安石（1021—1086），字介甫，号半山，谥文，封荆国公，北宋临川县城盐埠岭（今东乡上池人）。中国历史上杰出的政治家、文学家、思想家、改革家。北宋帝国首相、新党领袖。有《王临川集》《临川集拾遗》等存世。

东 山

宋朝　苏　轼

谢公含雅量，世运属艰难。
况复情所钟，感慨萃中年。
正赖丝与竹，陶写有余欢。
尝恐儿辈觉，坐令高趣阑。
独携缥缈人，来上东西巅。
放怀事物外，徙倚弄云泉。
一旦功业成，管蔡复流言。
慷慨桓野王，哀歌发清弹。
捋须记流涕，始知使君贤。
意长日月促，卧病已辛酸。
恸哭西州门，往驾哪复还？
空余行乐处，古木昏苍烟。

苏轼（1037—1101），字子瞻，又字和仲，又称大苏，号东坡居士，眉州眉山（今属四川）人。北宋文学家、书画家。与父苏洵，弟苏辙合称“三苏”。其文与欧阳修并称“欧苏”，为唐宋八大家之一；诗与黄庭坚并称“苏黄”；词与辛弃疾并称“苏辛”；书法与黄庭坚、米芾、蔡襄并称“宋四家”。有《苏东坡全集》和《东坡乐府》。

还自汤泉十四韵

宋朝　秦　观

步晚倦城郭，联骖度奕峨。
天黄云脚乱，村黑鸟翎讹。
潦水侵生路，晴天落漫坡。
澄江练不卷，温井鉴新磨。
渔火分星运，沙鸥散点多。
霸祠题玉箸，龙窟受金波。
琬琰存吴事，儿童记楚歌。
孤龛瘦居士，双塔老头陀。
飞鼠鸣深穴，胡蜂结巧窠。
晚参圆白足，昏梵礼青螺。
云驭沉荒甃，仙春没浅莎。
杖藜从莫逆，谈笑入无何。
惨淡日连雾，萧骚风转阿。
华清俄梦断，回首失烟萝。

秦观（1049—1100），字少游，一字太虚，号淮海居士，扬州高邮（今江苏高邮）人。北宋词人，与黄庭坚、张耒、晁补之合称“苏门四学士”。元丰八年（1085）进士，初为定海主簿、蔡州教授，元祐初苏轼荐为秘书省正字，兼国史院编修官。有《淮海集》。

延祥寺石壁诗

宋朝　周公钙

雁门泉水热于汤，清净源从古道场。
应笑骊山山下水，至今犹带粉脂香。

周公钙，宋元祐五年（1090）前后在世，具体生卒年代不详。

招隐寺（三首）

（上坊祈泽寺内刻碑）

宋朝　侍其璃

其一

官南官北添身累，年去年来换鬓青。
归日归来闲岁月，扫山庐墓过余龄。

其二

云窗云暗春灯小，松柳无风春悄悄。
子规枝上叫梦回，清磬一声山月晓。

其三

美绿三千盏，娇红一万枝。
家山归未得，更听鹧鸪词。

侍其璃（生卒年代不详），据考，姓侍其，名璃，号云叟道人。为北宋时代人。住钓鱼台侍其巷，好琴，隐居不仕，乡里推为经师。

宝公井（在东阳市中）

宋朝 曾 极

一片当街百尺深，行人环辙免苔侵。
尘容俗状暂窥影，欲吸寒泉洗此心。

曾极（生卒年不详），字景建，号云巢，临川（今江西）人，一作南丰（今江西）人。著有《舂陵小雅》，已佚，存《金陵百咏》一卷。

晚泊慈姥矶下（二首）

宋朝 陆 游

其一

山断峭崖立，江空翠霭生。
漫多来往客，不尽古今情。
月碎知流急，风高觉笛清。
儿曹笑老子，不睡待潮平。

其二

慈姥矶头月，纤纤照酒杯。
素秋风露重，久客鬓毛催。
宿鸟惊还定，飞萤阖复开。
平生四方志，老去转悠哉。

陆游（1125—1210），字务观，号放翁，越州山阴（今浙江绍兴）人。南宋诗人。孝宗时赐进士出身，官至宝章阁待制。著有《剑南诗稿》《渭南文集》《南唐书》《老学庵笔记》等。

宿牧牛亭秦太师坟庵

宋朝 杨万里

函关只有一穰侯，瀛馆宁无再帝丘。
天极八重心未死，台星三点坼方休。
只看壁后新亭策，恐作移中属国羞。
今日牛羊上丘陇，不知丞相宜嗔不？

寒食前一日行部过牛首山（七首选一）

宋朝 杨万里

出了长干过了桥，纸钱风裹树萧骚。
若无六代英雄骨，牛首诸山肯尔高。

蚤起秣陵镇（二首）

宋朝 杨万里

其一

人趁村中市，鸡鸣擔上笼。
忽看一天紫，未吐半轮红。
谁撼扶桑露？吹来杨柳风。
诗肩忍凉冷，已出两朧峰。

其二

山路袛言迥，农家俱夙兴。
短长群稚子，迥避一田塍。
随犬能知路，骑牛底用绳？
兹行有胜事，何处不丰登？

杨万里（1127—1206），字廷秀，号诚斋，吉州吉水（今属江西）人。绍兴二十四年（1154）进士，授赣州司户参军，调零陵丞。与陆游、范成大、尤袤并称“南宋四家”“中兴四大诗人”。著有《诚斋易传》《诚斋诗话》。

洞元观
（天印山麓）

宋朝　杨　修

仙公功行满三千，白日骖鸾上碧天。
留得旧时坛宇在，后人方信有神仙。

杨修（生卒年不详），宋朝官员，诗人。缺考。

金陵驿

宋朝　文天祥

草合离宫转夕晖，孤云漂泊复何依！
山河风景原无异，城郭人民半已非。
满地芦花和我老，旧家燕子傍谁飞？
从今别却江南路，化作啼鹃带血归。

文天祥（1236 — 1283），初名云孙，字天祥，后换以天祥为名，改字履善，宝祐四年（1256）中状元后再改字宋瑞，后因住过文山，而号文山。南宋末期吉州庐陵（今江西吉安）人，民族英雄。文天祥以忠烈名传后世，受俘期间，元世祖以高官厚禄劝降，文天祥宁死不屈，从容赴义，他与陆秀夫、张世杰被称为“宋末三杰”。

乙巳岁三月为溧水校官上府经乌刹桥和陶渊明韵

元朝　仇远

一日不见山，胸次积土尘。
老来志益壮。清游等畴昔。
钟山草堂古，每恨身微翮。
况是佳丽地，牛马风不隔。
遑遑问征路，冉冉供吏役。
渊明田可秫，肯为五斗易。
石桥跨淮水，歧路由此折。
俗驾何时回，为尔谢松菊。

仇远（1247—1326），字仁近，一字仁父，钱塘（今浙江杭州）人。元代文学家、书法家。因居余杭溪上之仇山，自号山村、山村民，人称山村先生。宋末即以诗名与当时同邑的文学家白珽齐名，人称“仇白”。

弃亲行

元朝　朱思本

金陵城东八十里，龙潭江上南山趾。积柩从衡满道旁，不封不树惟荆杞。朽者暴骨沾泥沙，近者尸虫出棺底。天阴雨湿狐狸嗥，炎赫烤蒸蚊蚋起。问之耆老此何为，具道东南风俗鄙。贫家死丧无余地，火葬不如风葬美。置之原野任飘扬，子子孙孙哪复视。月深岁久为黄土，安在乌鸢与蝼蚁。北尽淮南南极越，习尚由来斯久矣。今官乍见为惊嗟，终返空无非怪傀。

闻之心动毛发寒，异俗居然无颡泚。此地昔为吴越区，系传古圣宗姬姒。五马渡江文物盛，中华士族多南徙。养生送死礼犹存，作俑何人胡乃尔。

昔闻海上有荼哇，歌舞送尸云祭鬼。鬼享即为禽兽食，亲与鬼偕心则喜。尸完不食翻悲泣，王化不渐何足齿。长民自古需贤才，易俗移风著青史。谁当传此弃亲诗，谁与斯民振颓靡？

朱思本（？—1327），字本初，号贞一，江西临川（今江西抚州）人。元朝道士、诗人、地理学家，著有《贞一斋诗文稿》。

姑熟道中

元朝　贡师泰

朝发慈姥山，暮宿吴公桥。
日入气犹溽，情怀厌烦嚣。
隔江风雨至，绿树凉萧萧。
邻舟颇相好，有酒忽见招。
明发波浪阔，相望一何遥。

贡师泰（1298—1362），字泰甫，宣城（今属安徽）人，元代著名散文家。元泰定四年（1327）进士。官至礼部、户部尚书。著有《诗经补注》《玩斋集》《东轩集》等。

过方山近城田畴蔚然喜而有感

元朝　郑　潜

西峡渡舟潮水平，蓝舆归路午风清。
河流合处总入海，山势方时才近城。
绿野熙熙民乐土，红巾扰扰将偷生。
观风问俗惭无事，深谷何时遂耦耕。

郑潜（约公元1354年前后在世），字彦昭，歙县人（今属安徽）。撰有《樗庵类稿》二卷。

土　桥

明朝　贝　琼

数家星散土桥西，苦雨酸风叫竹鸡。
一夜破窗愁不寐，愿回白日照春泥。

贝琼(1314—1379），初名阙，字廷臣，一字廷琚、仲琚，又字廷珍，别号清江。著有《中星考》《清江贝先生集》《清江稿》《云间集》等。

京师归至丹阳逢侯生大醉

明朝　袁　凯

白下西风吹夜凉，五湖秋草动微霜。
千家砧杵初凌乱，独客关山正渺茫。
归去定应残腊尽，飘零犹幸此身强。
丹阳郭里盈樽酒，且为侯芭发醉狂。

袁凯（生卒年不详），字景文，号海叟，松江华亭（今上海市松江县）人，洪武三年（1370）任监察御史。著有《海叟集》四卷。

游方山观梅

明朝　张　羽

寻芳正及上春时，涧道萦纡恨到迟。
花似西湖先得暖，人如东阁总能诗。
酒中瘦影依依见，席上寒香淡淡垂。
日暮醉归簪满帽，从教人笑鬓如丝。

张羽（1333—1385），字来仪，更字附凤，号静居，浔阳（今江西九江）人，后移居吴兴（今浙江湖州）。与高启、杨基、徐贲称为“吴中四杰”，又与高启、王行、徐贲等十人，人称“北郭十才子”。官至太常丞，著有《静居集》。

早发土桥

明朝　高　启

空山远无驿，逆旅聊可宿。
怀征候鸣鸡，燃带续我烛。
仆夫昨行苦，烂熳睡正熟。
呼之愧匆匆，推车出茅屋。
高岩尚悬斗，深谷未生旭。
欲亟去反迟，怪石暗屡触。
思当在家时，日晏始舒足。

胡为此行迈，霜露劳局促。
王事靡敢辞，非关徇微禄。

高启（1336—1374），字季迪，长洲（今江苏苏州）人。元末曾隐居吴淞江畔的青丘，因自号青丘子。与杨基、张羽、徐贲合称“吴中四杰”。有诗集《高太史大全集》、文集《凫藻集》、词集《扣舷集》。

上慈母矶

明朝　管时敏

危石立江中，扬帆溯流上。
潮回慈母矶，木落和尚港。
野阔风景明，秋净天宇广。
西望淮山青，持杯惬吾赏。

管时敏（生卒年不详），松江华亭（今上海）人，明代官吏。有《蚓窍集》十卷。

梁台六咏

明朝　史　谨

赤峰晓雪

峰头云散日初升，色露微霞云尚凝。
回首谢安高卧处，石床萝磴玉层层。

太湖秋雁

粼粼浅碧露沤沙，两岸枫林接断霞。
数点征鸿云际落，暗传秋信入芦花。

天印夕阳

山形如印阁晴空，翠压秦淮秀所钟。
几度登临斜日里，白云红树影重重。

古城晓景

芊暗颓垣似断峰，孤村遥带夕阳舂。
无边烟树重重合，多少人家紫翠中。

野渡横舟

漠漠江流际碧天，烟村渔屋断堤连。
孤舟尽日无人渡，长系芦花浅水边。

秦淮渔音

一堤烟柳集昏鸦，两岸渔舟渡浅沙。
短笛自吹无调曲，暗惊栖雁入芦花。

金陵八景（二选一）

明朝　史　谨

天印樵歌

夹路青山拥翠螺，每闻樵唱隔烟萝。
暗惊鹤梦穿云杪，细答松声出涧阿。
几度半酣扶杖听，有时一曲傍林过。
晚来弛担长松下，复和岩前扣角歌。

史谨（生卒年不详），字公谨，昆山（今苏州昆山）人。有《独醉亭集》三卷。

次复柬先生纪行之什（选三）

明朝　胡　奎

淳　化

金城百雉护重关，历尽千山与万山。
见说沈郎天上去，一车行李赐金还。

土　桥

四月风生白苎衣，河豚吹浪荻芽肥。
白鸥自信闲于我，来往都忘海上机。

丹　阳

丹阳郭里夜闻箫，无限离情付柳条。
却忆古人千里外，山青月白思遥遥。

胡奎，生于元文宗至顺中年间，卒年不详，字虚白，海宁（今浙江海宁）人。有《斗南老人集》六卷。

和答横溪隐者歌

明朝 周是修

横溪之山何郁郁，横溪之流下盘屈。
就中隐者巢许俦，落落云松百千尺。
有时清夜抱瑶琴，海门月出琉璃碧。
颓然醉卧松石间，五色英华梦生笔。
金鸡三号海色动，眼开一丈扶桑日。
恍惚骑鲸天上归，锦袍玉铗光相射。
大漠黄尘烟雾昏，潼关白骨丘山积。
临歧已见泣杨朱，叩角还闻歌宁戚。
何如引者笑傲横溪湄，长枕溪泉漱溪石。

周是修（1354—1402），名德，字是修，江西泰和螺溪镇爵誉村人。洪武末举明经，历仕霍丘县训导，建文间为衡王府纪善，留京师，预翰林纂修。有《刍荛集》、《观感录》、《类编论语》二卷、《广衍太极图》一卷、《诗经小序及诗谱集义》三卷、《纲常懿范》十二卷及《诗谱》《家训》《进思集》等。

阳山孝陵碑材

明朝 杨 荣

退朝联骑出严关，晓雾濛濛拂面寒。
村落喜从行处见，江山如向画图看。
岩松凝翠森晴益，篱菊浮香簇画图。
高祖圣灵端有在，穹碑万古树巑岏。

杨荣（1371—1440），初名子荣，字勉仁，建安（今福建建瓯）人。有《训子编》一卷、《北征记》一卷、《两京类稿》30卷、《玉堂遗稿》12卷。

登牛首山

明朝 沈 周

秋至无所适，牛岭期峻攀。
携手相鱼贯，极力凌孱颜。
东至望城郭，北指郁江关。
凉风振木末，叶飘门屦间。
俯见行旅人，役役往复还。
如我二三子，逍遥意自闲。
其中有达德，高谊薄云天。

沈周（1427—1509），字启南，号石田、白石翁、玉田生、有居竹居主人等。江苏长洲（今江苏苏州）人。明代杰出书画家，是明代中期文人画“吴派”的开创者，与文徵明、唐寅、仇英并称“明四家”。传世作品有《庐山高图》《秋林话旧图》《沧州趣图》。著有《石田集》《客座新闻》《江南春词》等。

早秋登献花岩

明朝 孙 育

秋高寻胜蹑丹梯，草树苍茫石径微。
绝壁轩窗清爽气，上方台殿丽清晖。
静中清梵松风度，象朴真空花再飞。
磴转芙蓉峰顶处，五云平望尽王畿。

孙育（生卒年不详），明代文人，生平不详。

游献花岩

明朝 吴一鹏

山游果得天公许，携酒仍烦东道主。
一笑扬扬并马行，今日晴明昨阴雨。
绯桃留艳映疏巾，青杏带酸盛小筥。
天阙嵯峨望眼中，此兴勃然讵复沮。

云山排闼翠相迎，野水绕山清可俯。
前朝废寺古城隅，金碧翚飞余几所？
寻春方欲恣游遨，解辔何妨少停伫。
东山墅赌谢安石，北海尊开孔文举。
天披图画万峰攒，树隐管弦群鸟语。
江东自昔号繁华，第一禅林名海宇。
诸公赓有纪游诗，句句清新从肺腑。

吴一鹏（1460—1542），字南夫，号白楼，江苏长洲（今江苏苏州）人。弘治六年（1493）进士。有《吴文端集》40卷。

祈泽山

明朝　陈　沂

横冈盘蹬蹑危巅，入眼风光倍可怜。
千仞石林斜照日，万重烟树上浮天。
地连吴楚徘徊里，事过齐梁感慨前。
徙倚长风振衣袂，酒阑高咏北山篇。

经牛首山寺

明朝　陈　沂

落日牛首寺，攀缘岭七盘。
鸟声林夜暗，山影石溪寒。
清梵空中听，丹楼画里看。
到门僧不见，松桂满秋坛。

陈沂（1469—1538），字号宗鲁、鲁南、石亭、小坡，浙江鄞县（今浙江宁波）人。正德一二年（1517）进士，官编修，嘉靖中以行太仆卿致仕。工诗文书画，与顾璘、王韦称“金陵三俊”。有《金陵古今图考》《金陵世纪》《石亭集》等。

游献花岩（次吴太常韵）

明朝　王守仁

春寻指天阙，烟霞渺何许？
双峰久相连，千岩暂来主。
浮屠刺中天，飞阁凌风雨。
探秀涧何人，萝阴息筐筥。
灭迹避尘缨，高歌入深沮。
风磴仰扪历，淙壑屡窥俯。
梯云跻石阁，下榻得吾所。
释子上方候，鸣钟出延伫。
颓景耀回盼，层飙翼轻举。
暖暖林芳暮，泠泠石泉语。
清宵耿无寐，峰月升烟宇。
会晤得良朋，可以写心腑。

王守仁（1472—1529），幼名云，字伯安，号阳明，谥文成，人称“王阳明”，浙江承宣布政使司绍兴府余姚县（今浙江余姚）人。官至南京兵部尚书、南京都察院左都御史，隆庆年间追封侯爵。

祈泽山

明朝　王　韦

何处可题诗，东林亦在兹。
莲叶初挺叶，松偃复荣枝。
孤穴穿阴屋，龙咽入古祠。
山僧指碑石，云是大观音。

澄江台

明朝　王　韦

混合开天堑，苍茫壮帝畿。
帆樯移夕景，楼殿动朝晖。
落日波涛隐，浮烟岛屿微。
登台歌古咏，长忆谢玄晖。

芙蓉阁

明朝　王　韦

缘曲疑难至，凭虚恐未安。
狻猊金锁冷，鹦鹉雪衣单。
竹倚琅玕听，云移图画看。
如何翠微上，犹自著尘冠。

王韦（生卒年不详），字钦佩，号南原，明代上元（今江苏南京）人。韦举弘治十八年（1505）进士，授南京吏部主事。与朱应登、顾璘、陈沂皆长文章，时谓“江南四才子”。著有《南原集》《王太仆集》。

东　野（二首）

明朝　顾　璘

其一　方　山

天印山如天斫方，秦淮水萦练带长。
夜半船头看明月，垂虹斜挂几飞梁。

其二　东　山

东山茅屋野人家，谢傅蔷薇春著花。
入市懒骑从事马，开园时种故侯瓜。

咏牛首山

明朝　顾　璘

双阙峙天表，巨鳌戴云浮。
秋风气先爽，预惬登高游。
寅缘千仞起，曲折百盘周。
千林忽在下，手挹河汉流。
累累揸机石，荒地饮牵牛。
峥嵘罗众山，俯视但微丘。
此瞻黄金阙，五城十二楼。
高帝圣图远，设险开皇州。
鼎湖不可望，苍梧云影愁。
长江渺一发，孰与我辈俘？
舒啸振铃铎，诸天风飕飗。
落日下西岭，惨怆增人忧。

与陈石亭雪后游牛首山

明朝　顾　璘

隆冬季月岁云徂，策马牛山兴不孤。
削壁倚空云点缀，古松沿涧雪模糊。
堂垂塔影传灵怪，人转岩腰学画图。
形胜江南无可比，武皇龙驾合踟蹰。

金陵八咏和湛宗伯（选一）

明朝　顾　璘

牛首山

天开双阙定神京，罗列千峰拱卫成。
形胜金汤夸百二，紫烟长抱日华生。

与王氏履约、履吉、文氏寿承、袁氏补之、永之六贤上方山玩月

明朝　顾　璘

幽怀洽清夜，兴言陟穹窿。
寒景自憭栗，况兹山间中。
明月出海隅，浮云净遥空。
二八轮正满，桂影虚玲珑。
河汉近人泻，衣袂多烈风。
俯窥震泽外，一气涵鸿蒙。
凭虚意惝恍，酒酣兴弘雄。
浩歌楞伽岩，响振冯夷宫。
山川阅今昔，代谢焉可穷。
今兹欢乐趣，往者谁复司？
吴越且黄土，安问陶朱公？
不如林壑间，偃仰息微躬。

衶超形无阂，道合契有终。
彷佛绝尘境，高举凌烟虹。

和龙致仁秣陵山庄

明朝　顾　璘

负郭青青二顷田，荷蓑驱犊下东阡。
贫资禾黍成婚嫁，老伴渔樵度岁年。
陶令只知归去乐，嵇康无奈性情偏。
攸攸一水东城下，已得吹箫夜放船。

同二子宿祈泽寺

明朝　顾　璘

寒宵宿古寺，爱尔且淹留。
忽向蒋生径，仍登谢氏楼。
词华依玉树，行李敝貂裘。
为乐须闲散，哪能待白头。

龙女泉

明朝　顾　璘

神女乘云去，灵泉满涧清。
蛟龙余窟宅，雷雨变阴晴。
乐饮来浮斝，劳歌对濯缨。
还期明月夜，同听环佩声。

同蒋参军子云、七弟英玉登青龙山

明朝　顾　璘

蹑履青龙阜，天虚四望幽。
山河吴楚概，城郭古今愁。
杯就高云泻，诗临怪石留。
多情红叶树，邀醉梵园秋。

顾璘（1476—1545），字华玉，号东桥居士，江苏长洲（今江苏吴县）人。弘治年间进士，授广平知县，累官至南京刑部尚书。与其同里陈沂、王韦号称“金陵三俊”，后宝应朱应登起，时称“四大家”。著有《浮湘集》《山中集》《息园诗文稿》等。

游牛首山

明朝　胡　经

驱马出南郊，怅望牛首隈。
揽衣步嶙峋，石磴何潆迴。
松风杂清磬，花露凝苍台。
穷观探虎穴，小隐成仙胎。
中有辟支洞，白日生云雷。
狂欲驾牛首，翱翔骖九垓。
四海荡胸臆，六代悲尘埃。
朝引法华液，暮宿琼瑶台。
五岳不足览，宇宙相徘徊。

胡经（生卒年不详），号前冈。明庐陵（今江西吉安县）人，嘉靖进士。著有《胡子易演》。

游牛首山

明朝　庞　嵩

五年奔走地，双阙空濛隈。
卧游记殷勤，信奔何迟迴。
振衣涉千仞，拄锡歆莓苔。
岂山葛仙骨，已养罗浮胎。
阴崖妒寒雨，风谷凝冬雪。
何当借晴朗，极盼穷堪垓。
且向虎跑泉，净洗尘寰埃。
菩提识灵种，宝塔凌虚台。
笑呼猿鹤伴，对舞劝徘徊。

庞嵩（生卒年不详），字振卿，学者称弼唐先生，张槎弼唐村人（今属佛山市石湾区）。明嘉靖十三年（1534）举人。著有《太极解图书解》《弼唐遗言》和《弼唐存稿》。

秋日游献花岩

明朝　蔡　羽

花岩最绝顶，下与人境悬。
峭壁下苍雾，飞梯入青天。
江影如秋毫，吴楚浩无边。
竹荫不漏日，翠厚常流烟。
隐隐藤箩中，金磬忽泠然。
东山动余霭，群巘争效妍。
空虚亦凄神，还寻曲房眠。
主人弃客去，独负东林缘。

归云亭

明朝　蔡　羽

寻幽坐翠微，岚气湿人衣。
日暮高亭上，云归僧未归。

蔡羽（？—1541），字九逵，因居江苏吴县洞庭西山，自号林屋山人，又称左虚子。“吴门十才子”之一。著有《林屋》《南馆》二集。

游本业寺

明朝　顾　源

石壁瞻龙象，香林踏虎踪。
云中开殿阁，烟际织杉松。
日月三天过，乾坤一气封。
此心随物化，长啸倚诸峰。

顾源（生卒年不详），字清甫，号宝幢居士，应天府人（今江苏南京），明世宗嘉靖年间秀才。明代中叶南京才子之一，书法家、画家。

登方山绝顶

明朝　许　谷

天印山高四望遥，振衣同上兴飘萧。
深岩芨草秋仍茂，绝顶清池旱不消。
散睇青峦围锦甸，举头苍霭接丹霄。
洞中却爱栖真者，不信人间有市朝。

许谷（1504—1586），字仲贻，号石城，上元（今江苏南京）人。登嘉靖十四年（1535）进士，官至南京尚宝乡。著有《省中稿》二卷、《二台稿》二卷、《归田稿》十卷等。

登三山宿听江楼经落星岗李白换酒处

明朝　黄姬水

水穷山绝地偏幽，古殿丹青闭一丘。
百尺奔涛回片石，千年断岸压孤舟。
吴天草绿春难尽，楚澨烟深客易愁。
独树梅花空谷夜，潮声月色宿江楼。

土　山

明朝　黄姬水

昔卧会稽客，因留东山名。
宛然林泉趣，犹是谢公情。
远树草全没，空门台半倾。
谁知游行者，偏解慰苍生。

黄姬水（1509—1574），初名道中，字致甫，又字淳父，南直隶苏州府吴县（今苏州吴县）人。著有《贫士传》《白下集》《高素斋集》等。

游祈泽寺

明朝　盛时泰

——从佛龛中得弊纸。书上一诗。

砚池清座落花香，墨透纤毫染汉章。
静卧衲衣云似水，高悬纸帐月如霜。
杯浮野渡鱼龙远，锡振空山虎豹藏。
幸对炉烟坐终日，煮茶清话得徜徉。

游祈泽山堕云峰

明朝　盛时泰

仿佛晴云气，堕影青林隈。
有日从龙去，长空起迅雷。

宿定林寺（赋得“僧敲月下门”）

明朝　盛时泰

乞食归来晚，云堂已闭关。
明月篱犬吠，经罢木鱼闲。
白板双扉启，青藜一杖还。
挑灯石岩下，趺坐小尘寰。

盛时泰（1529—1578），字仲交，号云浦，晚号大城山樵，上元（今江苏南京）人。嘉靖进士（一说贡生）。以书、画、文章擅名一时，为吴派名画家。著作有《盛时泰借书录》《秣陵盛氏族谱》《金陵人物志》《金陵纪胜》《牛首山志》《栖霞小志》《大城山志》《金陵品泉》《玄牍记》《茶事汇辑》《阅古编》《游吴杂记》《大城山全集》等。

陟牛首山有述

明朝　王世贞

金陵信佳地，兹山乃丽观，标形自牛首，遥势应龙盘。丛楸八画溟，长松当夏寒，云梯界危汉，梵宇绘层峦。仰窥像伟逼，俯觉尘世宽，江拖万里练，岩横千仞丹。追昔始兴议，聊深冶城叹。胡云表双阙，毋乃文偏安。巨明一开辟，奕世乃胜残。文祖时驻跸，神龙此回銮。天子自有真，奸萌焉得干。雍雍凤游圃，衎衎鸿渐磐。朱衫杂缁素，白社容簪冠。方籍禹功火，况值尧世难。

祖堂山

明朝　王世贞

大道本无统，此统乃融师，
智岩敷五叶，鹤林横一枝。
任尔黄梅发，差强未熟时。

王世贞（1526—1590），字元美，号凤洲，又号弇州山人，江苏太仓（今苏州太仓）人。“后七子”领袖之一。官刑部主事，累官刑部尚书，卒赠太子少保。有《弇山堂别集》《嘉靖以来首辅传》《觚不觚录》《弇州山人四部稿》等。

夏日集东山同方员外黄山人黄给谏郑观察作

明朝　佘　翔

火云蒸四野，踢促将焉如。
折简劳相命，高会城东隅。
磊磊山中石，郁郁路旁榆。
悬崖暑气薄，况与同心俱。
竹下罗丰膳，万籁间吹竽。
长啸若凤鸾，余音彻九衢。
翩翩二三子，止酒足欢娱。
凉风吹我发，烦襟藉以舒。
鸣蝉集深林，倦鸟下前除。
今日不乐饮，含情欲谁须？

人生天地间，贤愚同一区。
笑彼车马客，磬折竞焉趋？
登高能赋者，临眺且踟蹰。

赋得东山屐

明朝　佘　翔

谢公高卧日，江左卜安危。
偏纵登山屐，长吟在涧诗。
烟霞随缓步，松竹结幽期。
雅量谁能测，犹传折屐时。

九日同友人登东山（四首）

明朝　佘　翔

其一

城阴秋色带蒹葭，载酒登高览物华。
漫学龙山轻落帽，白头如雪笑黄花。

其二

佳节登临兴不孤，相将花下剧呼卢。
诗成戏马千秋事，容易逢人结酒徒。

其三

青女飞来九月霜，尊前含笑佩茰囊。
自知不是柴桑客，也向莲花礼法王。

其四

萧萧木叶下晴空，坐笑楼台醉晚风。
回首当年兵戈里，夜深鬼火泣寒蛩。

佘翔（生卒年不详），字宗汉，号凤台，福建莆田人。嘉靖三十七年（1558）举人。著有《薜荔园集》四卷。

东山怀古

明朝　姚汝循

晋运遘阳九，六合如瓜分。
秦兵剧虎狼，玉石将俱焚。
谁知东山士，倏起策奇勋。
谈笑棋枰间，万里靖妖氛。
功成了不有，还寻麋鹿群。
左手挈明月，右手携白云。
纵浪岩壑间，风流千古闻。
我来访遗迹，蔷薇花正芬。
斯人不可见，惆怅下斜曛。

姚汝循（1535—1597），初名理，字汝循，后改字叙卿，别号凤麓，江宁（今南京）人。嘉靖三十五年（1556）进士，除杞县知县，先后任南京刑部主事、南京刑部郎中、大名知府。有《锦石山斋集》《屏居集》《浪游集》《耕余集》《姚汝循诗》等。

同子忠登牛首山

明朝　温　纯

探奇蹑蹬历危廊，披雾乘风到上方。
醉向空中扪日月，梦回云里听笙簧。
即看紫气连高阙，似遇青牛过故乡。
美景况逢词赋侣，总非吾土亦相羊。

温纯（1539—1607），字景文，三原人。明嘉靖四十四年（1565）进士，历任知县、巡抚、吏、工部尚书等职。有《温毅公集》。

游东山

明朝　焦　竑

谢墅维青舫，萧台接紫城。
到门双树立，隔岸乱峰迎。

龙卧曾先达，鸿宴愧独行。
苍生谁系望，怀古重含情。

作者简介详见第四十七编第一章第一节《古代人物》。

登献花岩芙蓉阁

明朝　汤显祖

木末芙蓉出，花岩草树齐。
陵高诸象北，江白数峰西。

上巳后二日游幽栖寺

明朝　汤显祖

百日斋初过，三春绿已齐。
披衣眠佛窟，残屐到幽栖。

汤显祖（1550—1616），字义仍，号海若、若士、清远道人，江西临川人。万历十一年（1583）中进士，任太常寺博士、礼部主事。作有传奇《牡丹亭》《邯郸记》《南柯记》《紫钗记》，合称《玉茗堂四梦》。在戏曲史上，和关汉卿、王实甫齐名。

汤泉观梁昭明太子手植双松

明朝　陈所学

怪底双龙舞，风声挟雨凉。
来游思太子，此树自萧梁。
不逐市朝变，常浇泉水香。
摩挲真铁干，何事感沧桑。

陈所学（生卒年不详），字行之，号鸥沙。明末清初江浦（今江苏南京）人。明生员。有遗诗数十首。

牛头山

明朝　何汝健

牛头高处白云居，与客乘春为探奇。
山色有无朝雨后，江光隐见夕阳时。
支离岁月双蓬鬓，偃蹇行藏一酒卮。
老衲坐谈廿年事，松风萝月不胜悲。

何汝健（生卒年不详），明朝后期诗人，生平不详。

幽栖寺

明末清初　林古度

幽栖元所爱，古寺更宜人。
竹覆半山雪，花留十日春。
心空禅已定，谭洽理弥真。
入夜疑闻漏，寒钟响自频。

林古度（1580—1660），字茂之，号那子，别号乳山道士，福建福清人。明末清初著名诗人。明亡，以遗民自居，时人称为“东南硕魁”。古度所作诗，士祯选为《茂之诗选》二卷；又著有赋一卷，并《清史列传》行于世。

秣陵口号

明末清初　戴　易

风生江上叹飘蓬，白发萧萧极望中。
六代繁华春草没，千山佳气夕阳空。
为怜幕府无王导，不见淮淝有谢公。
携手忽经桃叶渡，只余流水落花红。

戴易（生卒年不详），字南枝，人称南枝先生，浙江山阴（今浙江绍兴）人。

夜坐牛首同葛震甫

明末清初　顾梦游

四山清梵合，绝顶翠涛行。
有客振双策，凭虚领众声。
人烟灯半壑，僧定月三更。
不寐贪灵境，嗟予劳此生。

顾梦游（1599—1660），字与治，江宁（今江苏南京）人，一说吴江（今江苏苏州）人。崇祯十五年（1642）岁贡生。善行草书，工古文辞，著《茂绿轩集》。

湖熟种菜歌

明末清初　钱秉镫

金陵城东湖熟村，中有隐者开平孙。
通侯甲第今已矣，意气豪华无复存。
开平去今凡几代，五王之后惟君在。
往昔争言青门瓜，如今独数湖熟菜。
问谁种菜满畦新，一家生计只三人。
终岁把锄菜畦里，妇能炊饭儿负薪。
为君妇亦太辛苦，娇贵当年难比数。
翟珈踢出小侯妻，珠翠裹成上公女。
都人犹记嫁时装，如云妆滕烂生光。
台前照镜轮梳髻，架上熏衣派管香。
一朝散去意何有，相对惟余双白首。
早从府内厌笙歌，还向村中操井臼。
村中井血倚柴扉，卖菜还愁终岁饥。
夜长不肯燃薪坐，十指侵寒绽故衣。
东川子孙公主裔，妻孥行汲心常愧。
闻说君妇尽伤情，无心更拟求奴婢。

钱秉镫（1612—1694），字幻光，号田间，安徽桐城人。曾任南明隆武朝延平府推官，永历朝礼部精膳司主事，翰林院庶吉士，后迁翰林院编修，主管制诰。著有《藏山阁集》《田间集》等书。

姜及先生招同孙鲁山年伯游牛首从献花岩至祖堂信宿而还

清朝　宋　琬

城中雪霁瞻双阙，此日追陪杖屦看。
古木十围遮鸟道，大江千里见龙蟠。
行穿洞壑栖禽响，卧近星河衬被寒。
壶榼已倾童子报，夜来添笋足朝餐。

宋琬（1614—1674），字玉叔，号荔裳，汉族，莱阳（今山东）人。顺治四年（1647）进士，授户部主事，累迁永平兵仆道、宁绍台道。与施闰章齐名，有南施北宋之目，又与严沆、施闰章、丁澎等合称为“燕台七子”，著有《安雅堂集》《二乡亭词》。

夜趋铜井途中遣闷

清朝　施闰章

野岸荒蹊窄，泥途夕发难。
叩门求炬火，策杖倚江滩。
树拥重云黑，风驱骤雨寒。
喜闻村犬吠，犹遣客心宽。

铜井行

清朝　施闰章

夜行过铜井，灯明夜未永。
为闻车马喧，灭火不开门。
使君且勿怒，应差有官户。
官户差未归，室中存寡姥。
前日骑使至，昨日逃人住。
挥鞭索鸡黍，破斧出门去。
语罢泪沾濡，九嶷生路衢。
使者出乘传，青钱无酒沽。
不见昔年夜，犹有女当垆。

归次秣陵遇亲旧

清朝　施闰章

近乡家信急，翻怯异乡人。
衰白惊犹在，田园喜旧贫。
归帆风趁客，沿浦月随声。
自笑缘何出，徒沾京洛尘。

施闰章（1619—1683），字尚白，一字屺云，号愚山，媲萝居士、蠖斋，晚号矩斋，后人也称“施侍读”，另有称“施佛子”，江南宣城（今安徽）人。顺治六年（1649）进士，授刑部主事。与宋琬有“南施北宋”之名，位“清初六家”之列，处“海内八大家”之中。著有《学馀堂文集》《试院冰渊》等。

献花岩

清朝　李赞元

层崖千载上，胜事此时非。
颓院茶烟冷，残僧□□微。
岩花徒自发，山鸟亦空飞。
惟见荒峦下，苍苔冷夕晖。

李赞元（1623—1678），本名立，清顺治帝赐名赞元，字公弼，号望石。原籍福建省泉州府安溪县虎头村。顺治十二年（1655）考中进士，先后任山东道御史、巡城御史、两淮巡盐御史、户科给事中、大理寺正卿、左副都御史、兵部右侍郎等职。有《漓翠园集》。

禊后五日浴汤池（四首）

清朝　柳如是

其一

素女千年供奉汤，拍浮浑似踏春阳。
可怜兰泽都无分，宋玉何繇赋薄装。

其二

浴罢汤泉粉汗香，还看被底浴鸳鸯。
黟山可似骊山好，白玉莲花解捧汤。

其三

睡眼朦胧试浴身，芳华竟体欲生春。
怜君遥喂香溪水，兰气梅魂暗着人。

其四

旌心白水是前因，觑浴何曾许别人。
煎得阑汤三百斛，与君携手祓征尘。

横山杂作（选一）

清朝　柳如是

美人遥夜伫何方？应是当年蹭蹬乡。
自爱文园能犊鼻，哪愁世路有羊肠？
徐看雀坠枝先坠，谁借桃僵李亦僵？
只此时名皆足废，宁须万事折腰忙！

柳如是（1618—1664），女诗人，一说浙江嘉兴人，一说江苏苏州吴江人。本名杨爱，后改名柳隐，字如是，又称河东君，丈夫为明清侍郎钱谦益。有诗稿《湖上草》《戊寅草》《尺牍》等。

秣　陵

清朝　朱彝尊

牛首开天阙，龙冈抱帝宫。
六朝春草里，万井落花中。
访旧乌衣少，听歌玉树空。
如何亡国恨，尽在大江东。

朱彝尊 (1629—1709)，字锡鬯，号竹垞，又号驱芳，晚号小长芦钓鱼师，又号金风亭长，秀水（今浙江嘉兴）人。清代诗人、词人、学者、藏书家。康熙十八年（1679）举博学鸿词科，除检讨。诗与王士祯称南北两大宗。作词风格清丽，为浙西词派的创始者，与陈维崧并称朱陈。有《曝书亭集》《日下旧闻》《经义考》《明诗综》。

东山亭子放歌

清朝　陈廷敬

东山望南山，百里堕我前。山亭横绝浮空翠，阑干缥缈临无地。我来气与霜天高，风尘归后寒萧骚。拂衣枕石每独往，垤蚁群笑沧溟鳌。百事回头如旧否？一片青山落吾手。倦客重寻冈上庐，童时旧种门前柳。尽扫西风万古愁，且倾落日三杯酒。君不见谢公高卧东山时，起为苍生已白首。昔时丝竹转凄凉，美人黄土今安有？百年我亦一东山，日夕樵歌动林薮。

陈廷敬（生卒年不详），字子端，号说巖，山西泽州人。清代名臣，入仕五十三年。历任经筵讲官（康熙帝的老师），《康熙字典》的总裁官，工部尚书、户部尚书、刑部尚书、吏部尚书。有50卷《午亭文编》收入《四库全书》，其中诗歌20卷，还有《午亭山人第二集》三卷等作品。

方　山

清朝　王士祯

泊舟方山港，吊古方山亭。
隋宫罗绮尽，石上藓痕青。

登天阙望金陵怀古

清朝　王士祯

我登牛首山，天阙何厜㕒。
上造青云端，下瞰无端倪。
壮哉六朝都，佳丽诚在兹。
龙虎气盘郁，将相罗雄姿。
缅思赤乌年，爰逮太元时。
五马浮渡江，一马独权奇。
桓桓始兴公，幕府陈军麾。
懿此帝王宅，双阙卫京师。
青山似洛中，大江环四垂。
智力邈千载，兴废如奕棋。
江山看不殊，俯仰自生悲。
北眺玄武湖，蒋山云蔽之。
博望峙西南，列戍多旌旗。
时清异偏安，凭吊将奚为。
落照横江流，万里天风吹。
壮心不可已，泪下如绠縻。

淳化关道中望茅山

清朝　王士祯

解组初辞郡，离群欲二浮。
怀仙来句曲，采药到青州。
东望朱阳馆，常思许远游。
何当饵南烛，颓景驻千秋。

王士祯（1634—1711），原名士禛，字子真、贻上，号阮亭，又号渔洋山人，人称“王渔洋”，谥文简。新城（今山东桓台县）人，常自称济南人。著有《池北偶谈》《古夫于亭杂录》《香祖笔记》等。

方山阻风

清朝　毛师柱

片帆早喜到江东，凝望乡关咫尺通。
岂谓三朝又三暮，依然愁水复愁风。
空余山色烟波外，枉却秋光道路中。
但得快哉旗脚转，更何分别问雌雄。

毛师柱（1634—1711），字亦史，号端峰。清太仓人。著有《端峰诗选》六卷，《毛端峰诗》《端峰诗续选》。

季秋王公武约游上方

清朝　李仙根

二十年前望落霞，如今重到似还家。
半山红日迎人出，一径清烟傍马斜。
鸦势远盘孤塔影，渔歌长应转帆挝。
偶然兴会因同调，欲觅闲身愿恐奢。

李仙根（1621—1690），字子静，号南津，四川遂宁人。顺治十八年（1661）进士，晋秘书辽侍读。官至光禄寺少卿。有《游野浮生集》《益州书画录》。

登牛首山（二首）

清朝　李国宋

其一

独上藏龙窟，遥瞻踞虎邦。
四天围碧嶂，一气滚寒江。
净贝安禅悦，香灯冷法幢。
顿令尘思尽，高倚白云窗。

其二

万壑争江势，千峰绕白门。
青林云气合，赤日石崖昏。
鸟下半空小，人当绝顶尊。
沧波流浩浩，日夜动乾坤。

李国宋（生卒年不详），字汤孙，又字锡山，号大村，江苏兴化人。康熙二十三年(1684)举人。著有《嬴隐集》《珠尘集》等。

登牛首山弘觉寺

清朝　孔尚任

直向松林密处登，烟云忽透殿层层。
收来远岫无边翠，接入长江一道冰。
老瓦长栖分饭鸟，残阳只照收鞣僧。
我来禅院何缘住，莫使安单说上乘。

拱北阁回看牛首献花岩绝顶

清朝　孔尚任

荒山绝壁几人来，牛首双峰对面开。
秋野极多新冢墓，南朝还有旧楼台。
透迤路向云端入，古拙松于画上栽。
昨日支颐吟坐处，回看方晓是蓬莱。

登天阙牛首山顶

清朝　孔尚任

天阙双开壮帝都，而今宫寝只平芜。
城中日见南山翠，身到晴峰翠也无。

孔尚任（1648—1718），字聘之，又字季重，号东塘，别号岸堂，自称云亭山人，山东曲阜人。孔子64代孙，清初诗人、戏曲作家。时人将他与《长生殿》作者洪升并论，称“南洪北孔”。

游谢太傅东山

清朝 刘廷玑

清淡谁说事无成，江左名贤独著名。
已识庙廊思太傅，肯教近壑误苍生。
山中何处寻双屐，花下犹然剩一枰。
晋国衣冠存古寺，风流如见往时情。

刘廷玑(约1654—?)，字玉衡，号在园。曾任内阁中书、浙江括州(今丽水)知府、浙江观察副使，晚年调任河工。有诗集《葛庄分类诗钞》14卷、散文集《在园杂志》四卷。

自三山至牛渚连山盘屈舟出其下

清朝 金鋋

晓日山照耀，林峦现金碧。
何年浮屠宫，峙此奇险石。
钟磬不可闻，天风荡虚壁。
轻舟出其下，牵缆不得力。
巉岩更阴森，使我毛发磔。
惊涛喷晴雪，盘屈增险阨。
上视飞鸟绝，下瞰鼋鼍逼。
寒江静鱼梁，细路隐樵迹。
我欲逐孤猿，济胜理轻策。
高妙蹑云关，力扶羲御侧。
风雨趁前途，回首空叹息。

金鋋(生卒年不详)，字丝五，江南吴县(今苏州吴县)人。贡生，官宣城训导。著有《蕴亭诗稿》《读〈易〉自识》。

过祈泽寺与培山并舆行三十里

清朝 曹寅

梦中祈泽寺，泉韵澹襟裾。
古水无亭障，凉风舁竹舆。
浑忘尘鞅累，相赏黑甜余。
不必啼山鸟，诗人在副车。

淳化镇

清朝 曹寅

绿树连村响麦枷，井泉无碱饭无砂。
逍遥惯熟山园路，开遍蘘荷向午花。

曹寅(1658—1712)，字子清，号荔轩，又号楝亭，清满洲正白旗人。官至通政使、管理江宁织造、巡视两准盐漕监察御史。著有《楝亭诗钞》亦名《西农词》《词钞》《诗别钞》《文钞》《续琵琶记》等。刊秘书12种，为《梅苑》《声画集》《法书考》《琴史》《墨经》《砚笺》等。

遥寄程远复江宁

清朝 赵执信

闲把松枝坐竹风，道林蕉萃罢谈空。
如何一片韩陵石，远在雨苔烟草中。

远复自江宁来，见邀城东吴氏园赏桂花

清朝 赵执信

山郭野望远，到门秋树深。
相将转幽径，何处慕遥岑？
香向小庭发，人因佳霁寻。
微风散杯斝，斜日袭衣襟。
况作诗骚语，难通醉饱心。
钟期江上至，使我爱横琴。

赵执信(1662—1744)，字伸符，号秋谷，晚号饴山老人、知如老人，山东淄博人。康熙十八年(1679)进士，官至左赞善。有《饴山堂集》《声调谱》《谈龙录》等。

月夜渡江

清朝　沈德潜

万里金波照眼明，布帆十幅破空行。
微茫欲没三山影，浩荡还流六代声。
水底鱼龙惊静夜，天边牛斗转深更。
长风瞬息过京口，楚尾吴头无限情。

沈德潜（1673—1769），字确士，号归愚，江苏长洲（今江苏苏州）人。乾隆四年（1739）成进士，曾任内阁学士兼礼部侍郎。著有《沈归愚诗文全集》，又选有《古诗源》《唐诗别裁》《明诗别裁》《清诗别裁》等。

秣陵关

清朝　吴敬梓

篮舆芳径草痕斑，明庶风来渗客颜。
一带江城新雨后，杏花深处秣陵关。

吴敬梓（1701—1754），字敏轩，号粒民，因家有“文木山房”，晚年自称“文木老人”，又称“秦淮寓客”，安徽全椒人。有《文木山房集》。

东　山（二首）

清朝　爱新觉罗·弘历

其一

会稽遐意筑冈陵，丝管陶情总绝胜。
不有佳音屐齿折，东山赌墅亦奚称。

其二

风神不减王东海，潇洒常思浙会稽。
筑土一时聊想像，岂期名字至今题。

方　山

清朝　爱新觉罗·弘历

方阜常栖隐者流，秦淮经下水悠悠。
贺循迎得因张闿，曾几分裨克复谋。

牛首山

清朝　爱新觉罗·弘历

石阙诚如天阙披，但司马未足当之。
峣峰对峙青云表，佚荡铭辞缅陆陲。

寄题祈泽池

清朝　爱新觉罗·弘历

闻道结庵初法师，倩龙女为现斯池。
神通诚使那伽伏，何待法华听讲时。

新林浦

清朝　爱新觉罗·弘历

港出牛头江水通，谢家江树辨滃濛。
连朝近揽兼遐眺，总在德承几帧中。

三　山

清朝　爱新觉罗·弘历

三峰突兀大江滨，曾是南朝冲要津。
今日画图聊寄咏，惟怀鲍谢鲜齐伦。

秦淮歌

清朝　爱新觉罗·弘历

祖龙东巡压王气，通淮凿断方山埭。

痴心虑后五百年，讵知亡秦在二世。
长源因此名秦淮，萦纡建业达水隈。
时寒时疏异沿革，秣陵终免淮为灾？
六朝往事难寻迹，王谢燕飞谁氏宅？
风流江令倦游归，惟见秦淮依旧碧。
杨吴窃据筑金陵，清波溶溶乃贯城。
十六红桥夹两岸，蜀娇越艳杨新声。
千金买笑轻一掷，缠头锦是寒女织。
会称盒子斗新奇，薛鸭袁羊饤珍食。
而今功令禁俳倡，歌楼舞馆都荒凉。
烟花丽景纵逊昔，瘴邪敦朴诚良方。

提宋院本金陵图

清朝　爱新觉罗·弘历

画品秾纤出内家，九衢万户斗豪奢。
秣陵五国天渊隔，一例东京录梦华。

爱新觉罗·弘历（1711—1799），清高宗，清朝第六位皇帝，定都北京后第四位皇帝。年号乾隆，寓意“天道昌隆”。25 岁登基，在位 60 年，是中国历史上执政时间最长、年寿最高的皇帝。乾隆帝在位期间平定大小和卓叛乱、巩固多民族国家的发展，六次下江南，文治武功兼修。庙号高宗，谥号法天隆运至诚先觉体元立极敷文奋武钦明孝慈神圣纯皇帝。葬于清东陵裕陵。

洪武大石碑歌

清朝　袁　枚

青龙山前石一方，弓尺量之十丈长，二头未截空中央。旁有赑屃形更大，直斩奇峰为一座，欲负不负身尚卧。相传高皇开创气概雄，欲移此碑陵寝中。大书功德告祖宗，压倒唐汉惊羲农。碑如长剑青天倚，十万骆驼拉不起。诏书切责下欧刀，工匠虞衡井中死。芟刈群雄笞八荒，一拳顽石敢如此！周颠仙人大笑来，天威到此几穷哉。但赦青山留太仆，胜扶赤子上春台。丁丁从此停开凿，夜深无复山灵哭。牧竖宵眠五十牛，村氓昼晒三千谷。材大由来世莫收，此碑千载空悠悠。昭陵石马无能战，汉代洞仙泪不流。吁嗟乎！君不见项王拔，始皇鞭，山石何尝不可迁！威风一过轻如烟。惟有茅茨土阶三五尺，至今神功圣德高于天。

浴汤山五绝句寄香亭兼谢荷塘明府（五首）

清朝　袁　枚

其一

为寻圣水濯尘缨，爱忍春寒远出城。
刚是杏花树落好，牧童相约过清明。

其二

方池有水是谁烧？暖气腾腾类涌潮。
五日熏蒸三日浴，鬓霜一点不曾消。

其三

延祥寺里证前因，二十年前借注身。
今日僧亡菩萨在，应知我是再来人。

其四

野外闲行乐有余，阿连底事劝回车。
天生此水温存性，只恐妻孥转不如。

其五

多谢张华地主情，遣人洒扫遣人迎。
耳根洗得白如雪，不听人间事不平。

赴浴汤泉见路上翁仲感而有作

清朝　袁　枚

千寻华表石崔巍，来往行人吊落晖。
六代如船摇橹去，只留翁仲不能归。

登汤山高处有感

清朝　袁　枚

登高忽有感，慷慨作高歌。
日明闲时少，乾坤空处多。
苍松愁独立，流水爱奔波。
逝者如斯尔，神仙唤奈何！

谢太傅祠

清朝　袁　枚

一笑翩然载酒行，东山女妓亦苍生。
能支江左偏安居，难遣中年以后情。
花下残棋儿破敌，灯前老泪客弹筝。
荒祠隔叶黄鹂语，犹似当初丝竹声。

天印庵小住

清朝　袁　枚

香案蓬山远，巾车冷庙留。
一灯僧馆闭，双耳草虫秋。
对佛言难发，撩人雨未休。
窗前红湿处，万点海棠幽。
捧檄知何处，飞花且听风。
人来双阙北，家在五湖东。
离恨秋天重，霜痕月夜空。
萧郎未三十，不敢怨途穷。

山中县署

清朝　袁　枚

秣陵关外动征尘，士女壶浆款碧轮。
两月清风离此土，十年心事恋斯民。
来春麦草知无恙，他日儿童尽故人。
策马夕阳风渐紧，方山回首亦沾巾。

自溧水移知江浦留别送者

清朝　袁　枚

秣陵关外动征尘，满耳骊歌夹路陈。
琴为风移弹别调，鸟因枝德恋残春。
来秋麦草应无恙，他日儿童尽故人。
只恐任延年尚少，可能官不累斯民？

袁枚（1716—1797），字子才，号简斋，晚年自号仓山居士、随园主人、随园老人。浙江钱塘（今浙江杭州）人。乾隆四年（1739）进士，历任溧水、江宁等县知县。与赵翼、蒋士铨合称“乾隆三大家”。有《小仓山文集》《随园诗话》16卷、《补遗》十卷、《新齐谐》24卷及《续新齐谐》十卷，还有散文、尺牍等30余种。

泊江宁镇

清代　蒋士铨

三山萦翠佛眉飞，如带春江剩半围。
今夜江梅定含笑，花神传语主人归。

蒋士铨（1725—1784），字心馀、苕生，号藏园，又号清容居士，晚号定甫。铅山（今属江西）人。乾隆二十二年（1757）进士，官翰林院编修。与袁枚、赵翼合称江右三大家。著《忠雅堂诗集》存诗2659首，存于稿本的未刊诗达数千首，其戏曲创作存《红雪楼九种曲》等49种。

游牛首坐涵虚因至舍身崖

清朝　王文治

山行躭险绝，百折上危楼。
云树千岩涌，烟村万径幽。
天空垂野阔，江迴入云流。
望远情何极，风高吹不休。
长松争绕足，怪石怒当头。
坏道荒烟合，颓垣古木稠。
呼童频问讯，倚杖更夷犹。
绝壁危阑圮，悬崖小阁留。
僧寮屯野鼠，佛顶聚蒙鸠。
蔓草浑如积，黄杨不可求。
闻钟春悄悄，怀旧梦悠悠。
顿觉形神化，真成汗漫游。
孤怀容独往，万众寄冥搜。
坐爱无人境，空山直似秋。

王文治（1730—1802），字禹卿，号梦楼，江苏丹徒人。乾隆二十五年（1760）进士，授编修，擢侍读，官至云南临安知府。有《梦楼诗集》《快雨堂题跋》。

重宿幽栖寺

清朝　姚　鼐

南山东面最孤骞，拄杖时攀问法源。
绀宇中临千嶂小，黄梅旁出一枝尊。
春阶雨歇才悬榻，夏院荫成又扣门。
深洞了无来去迹，只余石榴滴苔痕。

姚鼐（1731—1815），字姬传，一字梦谷，室名惜抱轩（在今桐城中学内），世称惜抱先生、姚惜抱，安徽桐城人。与方苞、刘大櫆并称为“桐城三祖”。乾隆二十八年（1763）中进士，任礼部主事、四库全书纂修官等。著有《惜抱轩全集》等，曾编选《古文辞类纂》。

兜率岩

清朝　屈景贤

峭壁谽谺百丈悬，回梯飞阁压层巅。
人从石罅探幽胜，僧在云窝阅岁年。
晓气晴蒸千岭翠，秋光寒荡一江烟。
月明应更饶清境，拟借维摩半塌眠。

屈景贤（生卒年不详），字思齐，江宁人，乾隆年间在世。著有《滋兰草堂诗钞》。

牛首山

清朝　张可仕

凭高鹭影下秋原，一叶松扉杖外村。
香翠洗泉流洞口，寒缨濯月晒云门。
秋鹃语涩如新句，菊水波平失旧痕。
侧睨正观皆峭绝，始知身在落星墩。

张可仕（生卒年不详），紫淀，乾隆时人。

游牛首山

清朝　吴嗣广

牛头峙双阙，势轶烟霞上。
石磴转千盘，岭冈呈万状。
深林杂晴雨，一片绿天障。
微闻渡溪钟，异鸟讹梵唱。
罡风天地来，掖我健千杖。
遂告兜率岩，斗起空依傍。
不知结屋初，役何鬼神匠？
昂首摩穹苍，星辰逼而妨。
俯视大小峰，层层翠浮浪。
其西辟支洞，塔影迷倒向。
惜哉文殊庵，巡逡未果访。
回身憩佛窟，寺古南朝创。
废兴阅人代，有若云移嶂。

平身崖壑心，难得与兼旷。
兹游惬素怀，清梦有安放。

吴嗣广（生卒年不详），字艺君。乾隆时人。

乙卯十月，偕同事诸公游牛首山

清朝　金　镇

孟冬气初澄，叠嶂耸遥碧。
良日共休暇，相邀出南陌。
憩马在山阿，循磴跻百级。
烟开峯巃嵸，松暗径纡折。
浮屠插霄汉，飞阁迥明灭。
银杏荫十亩，蔽殿信奇绝。
支筇上层巅，遇险疲还歇。
森峭疑鬼斧，对峙凿天阙。
旷然得大观，极目万里阔。
六代旧朝市，下视如蚁蛭。
远江平楚外，帆影露林缺。
我闻樵采余，林木遍轩伐。
慈山远尘区，斤斧独不及。
丹枫晚尚明，翠竹尽欲滴。
献花岩际钟，空堂暗相接。
攀萝俗虑蠲，持觞鄙怀豁。
僻境宜幽栖，惭愧恋簪绂。
平生鲜所慕，丘壑足怡悦。

金镇（生卒年不详），字长真。乾隆时期人。

祖　堂

清朝　胡玉昆

一领袈裟挂屋西，相传一祖凿幽栖。
山留雨露滋薇蕨，寺俨羲皇绝鼓鼙。
石磴苔深随涧转，竹楼门敞与云齐。
寻僧欲问禅家事，夜半闻钟月在溪。

胡玉昆（生卒年不详），字元润，一字褐公，清江宁人。诗画家。

过牛首山

清朝　许全治

久寺读残碣，萧梁事可嗟。
池犹名饮马，鸟不见啣花。
满壑松涛壮，侵云塔影斜。
山头逢野衲，趺坐话三车。

许全治（生卒年不详），字希舜，乾隆时人。

游牛首山

清朝　于　瀚

寻幽天阙上，反照石边明。
寺古千松合，山尊众岭平。
隙光悬塔影，云际走涛声。
细听闲僧话，依依不忍行。

于瀚（生卒年不详），清代诗人，缺考。

谢公墩

清朝　刘　潛

丝竹东山挟妓行，风流谢傅太多情。
夷吾枉说匡王室，儿辈偏能破敌兵。
出处已倾天下望，姓名翻使后人争。
赌棋别墅墩犹在，门苍空余燕子声。

刘潛（生卒年不详），字芳皋，四川温江人，嘉庆丙辰（1796）进士。有《弃余录》四卷。

谢公新城

清朝　舒　位

扬州刺史会稽王，太傅新城接建康。
半壁江山自形胜，中年丝竹太凄凉。
代舆妖梦终须验，泛海归期竟未偿。
今日周遭围故垒，碧桃花下咏斜阳。

昭明读书堂

清朝　舒　位

秋衾铜辇梦匆匆，肠断台城夕阳中。
文选楼开怀正序，读书堂改记咸通。
一家词赋名山绿，六代烟花战血红。
此是因缘香火地，东宫三万叹飞蓬。

舒位（1765—1816），字立人，号铁云，小字犀禅，直隶大兴（今北京）人。乾隆五十三年（1788）举人。作画师徐渭，诗与王昙、孙原湘齐名，有“三君”之称。著有《瓶水斋诗集》《乾嘉诗坛点将录》等；又有《瓶笙馆修箫谱》，收入所作杂剧四种。

自牛首归秣陵与董小狂同作

清朝　汤贻汾

策马秣陵关，回头路几湾。
此游良得意，何日更偷闲。
携客不孤我，题诗足称山。
怪来衫袖冷，带着白云还。

汤贻汾（1778—1853），字若仪，号雨生、琴隐道人，晚号粥翁，江苏武进（今江苏常州）人。官至浙江乐清协副将。有《琴隐园诗词集》《墨林今语》《画签析览》等。

游牛首山

清朝　钱　绮

青山高傍帝城隈，结客相将命酒杯。
石路草香人独往，枫林叶暗鸟频来。
江回素练云边出，岩献名花雨后开。
临眺莫言归去晚，放歌还上夕阳台。

钱绮（生卒年不详），字映江，号竺生，清代元和（今苏州）人。无功名，好左氏传，著《左札》，又熟明季（末）遗事，著《南明书》。

游牛首山

清朝　史正义

峰高径转树芊绵，理策登临尽日偏。
一线长江山处绕，数尊古佛洞中眠。
昭明饮马空流水，武穆藏兵只暮烟。
无限低回千载事，乱云遮断夕阳天。

游横山

清朝　史正义

客里寻幽胜，横山山万重。
危桥黄叶拥，枯井白云封。
飞鸟冲残照，归樵认古松。
悄然人境外，何处一声钟。

史正义(生卒年不详)，清诗人，字莒湄。具体不详。

登将军山

清朝　姚　燮

松隙云痕半借潮，天边叶影是帆飘。
乡城可指山当户，峻壁能缘我愧樵。
晚有鸠声知欲雨，下临龙窟敢横萧。
寒蔬权作灵芝饵，振袂长风醉未消。

姚燮（1805—1864），字梅伯，号复庄，又号大梅山民、上湖生、某伯、大某山民、复翁、复道人、野桥、东海生等，浙江镇海（今宁波北仑）人。晚清文学家、画家。道光举人，以著作教授终身。著有《今乐考证》《大梅山馆集》《疏影楼词》等。

秦淮杂诗（选一）

清朝　曾国藩

东山太傅解风流，士女而今尽莫愁。
兵器销为农器矣，更将炮艇作兰舟。

曾国藩（1811—1872），初名子城，字伯涵，号涤生，谥文正，汉族，出生于湖南长沙府湘乡县杨树坪（现属湖南省娄底市双峰县荷叶镇）。晚清重臣，湘军的创立者和统帅者。清朝军事家、理学家、政治家、书法家，文学家，晚清散文“湘乡派”创立人。晚清“中兴四大名臣”之一，官至两江总督、直隶总督、武英殿大学士，封一等毅勇侯，谥曰文正。著有《曾文正公家训》。

周宝偀写江宁诗九首

清朝　周宝偀

牛首山

两峰似牛首，高向碧天昂。
烟寺千层峙，云梯百级长。
涧寒流水细，洞古野藤香。
我欲来栖隐，于此筑草堂。

祖堂山

石磴穿过叠复重，全无成见在心胸。
担挑黄叶樵归岭，楼背斜阳僧打钟。
追说禅宗留胜迹，爱他标格赏孤松。
须臾云气因风起，遮断芙蓉拱北峰。

献花岩

石磴萦迂出薜萝，楼台高下傍层阿。
地偏自隔红尘远，禅静唯看白日过。
树色断中山色补，岩花落处鸟声多。
尚留支履西来意，振锡南宗论岂讹？

幽栖寺

有客燕台作壮游，依依偏惹别离愁。
从游我过幽栖寺，长啸君登何处楼？
千里人同今夕月，几章诗寄白门秋。
夜深犹傍经台坐，落叶乱花乱打头。

弘觉寺

寺自梁时建，名曾佛窟称。
磴盘青霭上，人踏白云登。
山耸排双阙，楼高闪一灯。
近来仙洞畔，谁是坐禅僧。

劳劳亭

劳劳亭畔柳苍苍，万缕千丝拂地长。
阅尽世间别离苦，一生都为送人忙。

韩府山

形势逶迤碧障长，两峰高起暮苍苍。
名山得葬忠臣骨，千载犹传姓氏香。

法融鞋

法融说法坐莲台，顿教名山古刹开。

漫道禅家太空寂，尚留双履证西来。

翠屏山

朝来一雨洗空碧，天外数峰锁翠微。
忽听头陀钟几杵，隔林惊起乱鸦飞。

周宝偀（生卒年不详），字月溪，号二石居士，江宁（今南京）人，生活在乾隆至道光年间。善写竹石山水，工诗词，著《金陵览古诗考》四本十卷。

周郎桥（二选一）

清朝 刘源深

凭栏何处吊英雄？空剩长桥卧彩虹。
腹内有兵争汉鼎，眼中无地著曹公。
轰轰夜走烧军火，虢虢东来得意风。
赢得千秋传战绩，渔歌犹唱满江红。

刘源深（1859—1910），字少卿，自号“醉侯”，清末江宁人，工诗文。著有《读史臆剳》《醉侯诗钞》。

第二节 词

三台令

唐朝 冯延巳

南浦，南浦，翠鬓离人何处？
当时携手高楼，依旧楼前水流。
流水，流水，中有伤心双泪。

冯延巳（903—960），又名延嗣，字正中，五代广陵（今江苏扬州）人。有《阳春集》。

谒金门·陪苏子重诸友饮东山

宋朝 程 垓

乌帽侧，行遍杏花春色，野意青青分陇麦，人寡烟水隔。 春事莫催行客，弹指青梅堪摘，醉倚暮天江拍拍，雨晴沙路白。

程垓（生卒年不详），字正伯，眉山（今四川）人。有《书舟词》（一作《书舟雅词》）一卷。

烛影摇红·上元有怀

宋朝 张 抡

双阙中天，凤楼十二春寒浅。去年元夜奉宸游，曾侍瑶池宴。玉殿珠帘尽卷。拥群仙、蓬壶阆苑。五云深处，万烛光中，揭天丝管。 驰隙流年，恍如一瞬星霜换。今宵谁念泣孤臣，回首长安远。可是尘缘未断。漫惆怅、华胥梦短。满怀幽恨，数点寒灯，几声归雁。

张抡，约1162年前后在世，字才甫，自号莲社居士，开封（今属河南）人。著有《莲社词》一卷，存词100余首，《文献通考》及绍兴内府古器评二卷。

贺新郎·题赵兼善东山园小鲁亭

宋朝 辛弃疾

下马东山路。恍临风，周情孔思，悠然千古。寂寞东家丘何在，缥缈危亭小鲁。

试重上，岩岩高处。更忆公归西悲日，正濛濛，陌上多零雨。嗟费却，几章句。 谢安雅志还成趣。记风流，中年怀抱，长携歌舞。政尔良难君臣事，晚听秦筝声苦。快满眼，松篁千亩。把似渠垂功名泪，算如何，且作溪山主。双白鸟，又飞去。

辛弃疾（1140—1207），原字坦夫，改字幼安，别号稼轩，历城（今山东济南）人。南宋词人。著有《稼轩长短句》，当代辑有《辛稼轩诗文钞存》。

南乡子·上元马上口占应呈提刑懋之

宋朝 魏了翁

连夕雨盈畴。先为农家做麦秋。更放年头晴甲子，知否？应是天公及尔游。 随事与民求。又与随时验乐忧。民气乐时天亦好，休休。为尔簪花插满头。

魏了翁（1178—1237），字华父，号鹤山，邛州蒲江（今四川）人。南宋学者。庆元五年（1199）进士，官至端明殿学士。著有《鹤山集》《九经要义》《古今考》《经史杂钞》《师友雅言》等。

朝中措·东山棋墅

宋朝 周 密

桐阴薇影小栏干。昼永琐窗闲。当日清谈赌墅，风流犹记东山。 犀奁象局，惊回槐梦，飞雹生寒。自有仙机活著，未应袖手旁观。

周密（1232—1298），字公谨，号草窗，又号四水潜夫、弁阳老人、华不注山人，祖籍济南，流寓吴兴（今浙江湖州）。南宋词人、文学家。著有《齐东野语》《武林旧事》《癸辛杂识》《志雅堂要杂钞》等杂著数十种，编有词集《蘋洲渔笛谱》《草窗词》。

忆王孙·谢安赌墅

宋朝 张 炎

争棋赌墅意欣然。心似游丝飏碧天。只为当时一著玄。笑苻坚。百万军声屐齿前。

张炎（1248—1320），字叔夏，号玉田，晚年号乐笑翁，祖籍陕西凤翔。有词集《山中白云》和论词专著《词源》二卷。

卜算子·牛首山

明朝 方 凤

高树护烟深，敧登攀云险。远望长江一缕纤，渔火明还敛。 人静佛香清，僧定禅关掩。醉后相携坐竹林，深绿衣犹染。

浣溪沙·上方

明朝 方 凤

十里峰高压石湖，东风望处片帆孤。远山烟雾有还无。 古庙野花闲自落，石亭幽鸟近相呼。醉来归去倩人扶。

方凤（生卒年不详），字时鸣，号改亭，南直隶苏州府昆山（今江苏昆山）人。正德三年（1508）进士。历任御史、广东提学佥事，有《改亭诗余》《方改亭奏草》。

百字令·早出城南登牛首

明朝　周　用

名山梵宇，便从来、自有护持神物。十载旧游如梦寐，犹剩碧纱笼碧绿。久矣寒盟，翘然乘兴，欲访山阴雪。登高能赋，地灵休负人杰。应是拂曙星河，新晴钟鼓，稍稍催明发。漫向金陵寻故事，不管汉兴秦灭。朱雀桥边，乌衣巷口，白露凄毛髪。江南诗思，晓风相伴残月。

周用（1476—1547），字行之，号伯川，吴江（今江苏吴江）人。弘治十五年（1502）进士，授行人。官至吏部尚书。著有《周恭肃公集》。

南南吕·懒画眉·天阙山

明朝　陈所闻

丹梯直上白云层，树阅南唐世代更。竹房僧出罢残经，共寻虎穴攀萝磴。天末长江一线明。为看塔影倒空悬，兜率岩高一洞穿。松杉争扑酒尊前，牛头落日登临遍。隔岭芙蓉堕紫烟。

南南吕·懒画眉·献花岩

明朝　陈所闻

晓穿青嶂扣岩扃，风度星槎万木鸣。地遍樵牧伴经行，袈裟坐对尘心静，古殿昙花映佛灯。

念奴娇·东山即事

明朝　易震吉

家山靡靡，见余归，勃尔顿增雄概。心折连天横一片，只有殷勤下拜。春色才临，春声偏脆，山外担花卖。衰颠白未？枝儿要想斜戴。高兴典却单衣，衣虽典尽，未了垆头债。填沟填壑无不可，堪笑老夫疏态。携妓登临，徘徊往事，谢傅风流在。客遗匹锦，倩谁裁作诗袋？

阮郎归·登牛首山

明朝　易震吉

青山如旧我来登，悬岩更几层？得无真任六朝僧，龛明一点灯。幽石小，露些棱，孤园望树升。松楸雪色故侵凌，寒村酒价腾。

清平乐·金陵六十咏（选七）

明朝　易震吉

方　山

【序】山以形名，一曰“天印”，秦淮水从东来，绕其南、西、北，陈太史沂《金陵图考》列山于淮水之西，误矣！山顶有石龙池，南有洞玄观葛公洗药池，明盛时泰结香茅宇于此，东有东霞寺，北有东北寺。

方圆都好，都在蓬莱岛。圆峤群仙居缥缈，移个方壶来了。

山巅共说平平，看来气象峥嵘。我所思兮天印，连天更向天横。

东　山

【序】晋谢太傅家会稽之东山，既领朝，寄念东山不置，以此山类东山，故建楼墅于上，因以东山名之。地旧名土山，今俗尚以旧名。其南有石山、竹山。朱元介少宰云其地有八山，以八音名。

愁怀如扫，足见登山好。百丈游丝头上袅，似网住晴晖了。

是谁携妓相嬉，要将人比花枝。我所思兮东岭，春风劝尽深卮。

牛首山

【序】佛经曰：江表牛头，以形名也。晋王导言牛首可为天阙，又名天阙山。上有弘觉寺，亦为懒融道场。

孤峰送眺，时见遥山烧。塔影解穿幽室窍，怎把尖儿颠倒？

花岩深处藏僧，闲房一点龛灯。我所思兮天阙，云梯何日登登。

祖堂山

【序】献花岩，南唐懒融结庵于此，其所坐洞有一佛字，即四祖访懒融处。融称牛首第一代祖，故曰“祖堂”。

禅关这里，松石萧然耳。牛首行来凡五里，逢著水穷云起。

登山肯压重重，人生能几扶筇？我所思兮融祖，满身花雨过从。

献花岩

【序】牛首山门有冈，直西而去，抵献花岩，云融师修道时猿鹿献花，东望牛首，山树楼台，宛如画里。

手拈珠串，法偈心持半。山竹无风随意乱，衲子钟余吃饭。

景于天阙偏饶，缩来一幅生绡。我所思兮岩上，真堪对面图描。

祈泽寺

【序】在城东郭高桥门外石马冲。东枕平冈，古木二株，云是齐、梁间物。左有水，出石隙，构祠于上，以纪龙女，曰龙堂。盛时泰《水品》以此为胜云。

高僧古树，朝夕相依处。断了红尘人底步，时有孤云垂顾。

泉从石出清真，茶铛细煮山薪。我所思兮祈泽，各畦一泻均匀。

虎洞

【序】淳化镇关北旁有宫氏泉，宋人遗碑二通，余伯祥司成《雅游集》著此，人始知之。然经其地甚少。盛仲交《大成山集》只载全碑而不及洞，朱元介少宰画图为详之。

行行淳化，驴背诗翁跨。不卖青山休议价，便买些泉也罢。

诗翁又喜茶经，读时口里生馨。我所思兮虎洞，一弘宫氏泠泠。

易震吉（生卒年不详），字月槎，明应天府（今江苏江宁）人。

临江仙·登翠屏山绝顶

明朝　葛筠

昔日伤心凭吊处，重来两度登临。白云黄叶淡秋阴。长空排雁字，啼破碧天心。宾客相随刘应侣，赋诗倚马初成。嵩华少室尽榛荆。书生空有志，无路请长缨。

葛筠（生卒年不详），字東之（生卒年代不详），明丹阳人。有《名山藏词》。

望江南·本意（五首，选一）

清朝　王夫之

江南忆，锦带绕秦淮，万古中原龙虎气，百年冠盖凤凰台。天阙一方开。

王夫之（1619—1692），字而农，号薑斋，湖南衡阳人。与黄宗羲、顾炎武并称为明末清初的三大思想家。晚年居南岳衡山下的石船山，著书立说，故世称其为“船山先生”。王夫之一生著述甚丰，其中以《读通鉴论》《宋论》为其代表之作。

南浦・泊舟江口

清朝　陈维崧

吴樯晚眺，看隔江螺髻碧离离。龙虎销沉无据，往事不胜悲。忆曹公饮马，对江流横槊赋新诗。羡三吴人物，伯符公瑾，年少更雄姿。　今古茫茫天堑，卷神鸦，日暮舞空祠。多少南朝事业，断岸矗残碑。月白估船铜斗，唱西风云水正瀰瀰。叹多愁洗马，销魂偏在渡江时。

陈维崧（1625—1682），字其年，号迦陵。宜兴（今属江苏）人。清初诸生，康熙十八年（1679）举博学鸿词，授翰林院检讨。有《陈迦陵集》《湖海楼诗文集》《词》及《两晋南北史集珍》等。

金明池・秣陵怀古

清朝　沈　雄

山上围棋，渡头麾扇，哪怯寒游夜雨？重借问，繁华六代，又荒堞断碑如许！愿官家、世世生来，莫应似，衰草斜阳垂暮。叹幕府频移，銮舆潜幸，一任晚风吹去。　江左夷吾在何处？便星散云驰，此身无主。问满目，虎旅鸳行，还讲得，旧时门户。最伤心，烟柳台城，尽巷口乌衣，兴亡难诉。但万里长江，未销离恨，一派涛声犹怒。

沈雄（约1653年前后在世），字偶僧，江苏吴江人。工词，有《柳塘词》《古今词话》。

摸鱼儿・放舟三山看打鲥鱼

清朝　先　著

傍落月，渔舟无数，三山浮动烟树。来时潜入清江底，自为银鳞珍护。丝网举，正笋市，千钱一尾争先取。江深几许，问何意年年，海潮轻上，不过小孤去。诗人老，还感腹腴停箸。园陵旧事凄楚。雪鲜粉腻侯鲭美，纤手厨娘亲煮。飞骑路，也比他，荔支喘汗沾尘土。霏霏梅雨，恐五月鸣榔，乘潮欲变，游戏少寻处。

先著（生卒年不详），字迁甫，号蠲斋，四川泸州人，寓居江宁。工书。著有《劝影堂祠》《之溪老人集》等。

念奴娇・金陵怀古
劳劳亭

清朝　郑　燮

劳劳亭畔，被西风一吹，逼成衰柳。如线如丝无限恨，和雨和烟僝僽。江上征帆，樽前别泪，眼底多情友。言不尽，斜阳脉脉凄瘦。　半生图利图名，闲中细算，十件长输九。跳尽胡孙妆尽戏，总被他家哄诱。马上旌笳，街头乞叫，一样归乌有。达将何乐，穷更不若株守。

郑燮（1693—1765），字克柔，汉族，江苏兴化人。康熙秀才、雍正举人、乾隆元年进士。“扬州八怪”之一。历官河南范县、山东潍县知县。有《板桥全集》。

西江月

清朝　汤贻汾

（牛首，一名“天阙”）

天阙何年人住？山门镇日云封。一支塔影堕廊东，压得吟肩疑重。　乌帽频敲蚕叶，珊鞭细数青峰。下山刚打上堂钟，落日马头相送。

作者简介详见本编第一章第一节《诗》。

第二章 文 选

本章辑录古代文选8篇，其中，诏1篇，赋1篇，碑文2篇，记3篇，祭文1篇，8篇文章的作者分别为萧衍、萧统、张孝祥、邢一凤、杨巽、胡广、顾璘、袁枚。

清代文学家袁枚曾任江宁县令，他的散文《祭妹文》，是中国文学史上哀祭敬文的珍品，表现了兄妹之间的真挚情感。袁枚将整篇文章写得有灵性又不事雕琢。作者在回忆童年与妹妹同度的琐事时，信手拈来，清灵隽妙；悲悼亲人长逝时，又字字血泪，真挚动人，感人肺腑。同时还穿插许多景物描绘，从而使痛惜、哀伤、悔恨、无可奈何之情有机糅合在一起，这使得文章包孕了丰富的思想内容，具有很强的艺术感染力。

第一节 诏 赋

幸阿育王寺赦诏

南朝 萧 衍

大同三年八月，月犯五车，老人星见，改造长干寺阿育王塔，出佛舍利、发、爪。阿育，铁轮王也。王阎浮一天下，一日夜役鬼神造八万四千塔，此其一焉。乘舆幸长干寺，设无碍法喜食。诏曰：

天地盈虚，与时消息；万物不得齐其蠢生，二仪不得恒其覆载。故劳逸异年，欢惨殊日，去岁失稔，斗粟贵腾。民有困穷，遂臻斯滥，原情察咎，或有可矜。下车问罪，闻诸前诰，责归元首，窃在朕躬。若皆以法绳，则自新无路。《书》不云乎，“与杀不辜，宁失不经”。《易》曰：“随时之义，大矣哉！”今真形舍利，复现于世，逢希有之事，起难遭之想。今出阿育王寺，设无碍会。耆年童齿，莫不欣悦。如积饥得食，如久别见亲。幽显归心，远近驰仰。士女霞布，冠盖云集。因时布德，允叶人灵。凡天下罪无轻重，皆赦除之！ （录自《金陵大报恩寺塔志》）

作者简介详见本志第四十七编第一章第一节《古代人物》。

孝思赋（并序）

南朝 萧 衍

想缘情生，情缘想起，物类相感，故其然也。每读孝子传，未尝不终轴辍书悲恨，拊心呜咽。年未髫龀，内失所恃。余喘吟嘶，妳媪相长。齿过弱冠，外失所怙，限职荆蛮，致阙晨昏。江途辽夐，家无指信，仿佛行路。先君体有不安，昼则辍食，夜则废寝，方寸烦乱，容身无所，便投刺解职，以遵归路。于时齐隋郡王子隆镇抚陕西，频烦信命，令停一夕，明当早出，江津送别。心虑迫切，不获承命，止得小船，望星就路，夜冒风浪，不遑宁处。途次定陵，船又损坏。于时门宾周仲连为鹊头戍主，借得一舸，奔波兼行，屡经危险，仅而获济。及至戾止，已无逮及。五内屠裂，肝心破碎，便欲归身山下，毕志坟陵。长兄哀愍，未说独行。

续有北问，狡虏寇边。朝廷以先君遗爱结民，咸思在昔，故旧部曲，犹有数千，武庆宗将领留防彼镇。时便有旨，使扞寿春。王事靡盬，辞不获免。刺史崔慧景，志怀翻覆，远招逋逃，多聚奸侠，大猾凶丑，莫不云集，至如彭盆韩元孙等，不可称数。倍道电迈，奄至淮淝，凶徒疑骇，相引离散。台军主徐玄庆、房伯玉等，欲袭取慧景，乃固禁之，方得止息。是岁齐明作相，疑论未决。密驰表疏，劝征慧景；折简而召，必不违拒；即重遣还，以安其心。奸渠既出，缘边无虞。旬朔之间，慧景反镇。即便解甲，以归京师。因尔驱驰，不获停息。

数钟百六，时会云雷，拨乱反正，遂膺四海。念子路见于孔丘，曰：由事二亲之时，常食藜藿之食，为亲负米百里之外。亲殁之后，南游于楚，从车百乘，积粟万钟，累茵而坐，列鼎而食。愿食藜藿之食，为亲负米，不可复得。每感斯言，虽存若亡，父母之恩，云何可报？慈如河海，孝若涓尘。今日为天下主，而不及供养，譬犹荒年而有七宝，饥不有食，寒不可衣。永慕长号，何解悲思？乃于钟山下建大爱敬寺，于青溪侧造大智度寺，以表罔极之情，达追远之心。不能遗蓼莪之哀，复于宫内起至敬殿。竭工匠之巧，尽世俗之奇，水石周流，芳树杂沓。限以国事，亦复不能得朝夕侍食，唯有朔望，亲奉馈奠。虽复荐珍羞，而无所瞻仰。内心崩溃，如焚如灼，情切于衷，事形于言，乃作孝思赋云尔。

感四气之变易，见万物之化成，受天和而异命，禀地德而齐荣。察蟭螟于蚊睫，观鲲鹏于北溟，彼含识而异见，同有色而殊形。虽万类之众多，独在人而最灵；礼义别于飞走，言语异于鹦猩。念过隙之倏忽，悲逝川之不停，践霜露而凄怆，怀燧谷而涕零。掩此哀而不去，亦靡日而弗思。仲由念枯鱼而永慕，吾丘感风树而长悲，虽一老而舍生，奉二亲而何期。思因情生，情因思起，导情源以流澍，引思心而无已。既怀忧以终身，亦衔恤而没齿。

常闲居以永念，独拊膺而自伤，徒升岵而靡瞻，空陟屺其何望。涕纵横以交流，血沸涓而沾裳。览地义以自咎，惧灭性之乖方。仰太极以长怀，乃告哀于昊苍。冀皇天之有感，何报施之茫茫。晓百碎于魏阙，夜万断于中肠，心与心而相续，思与思而未央。晨孤立而萦结，夕独处而徊遑，气塞哀其似噎，念积心其若狂。至如献岁发晖，春日载阳，木散百华，草列众芳。对乐时而无欢，乃触目而感伤。朱明启节，白日朝临，木低甘果，树接清阴，不娱悦于怀抱，但罔极而缠心。蒹葭苍苍，白露为霜，凉气入衣，凄风动裳，心无迫而自切，情不触而独伤。若乃塞冰已结，寒条已折，林飞黄落，山积白雪，旅雁鸣而哀哀，朔风鼓而飕飕。目触事而破碎，心随感而断绝，无一息而缓念，与四时而长切。

年挥忽而莫反，时瞬睒其如电，想慈颜之在昔，哀不可而重见。痛生育之靡答，顾报复而无片，悲与恨其俱兴，涕杂血其如霰。燕青春而差池，鸿素秋而翱翔，去来候于节物，飞鸣应于阴阳。何在我而不尔，与二气而乖张，常茹酷而轮回，历日夜而不忘。

既视丹而成绿，亦见白而为黄；扰性情以翻覆，汨神虑而迷荒。想鸣鹤而魂断，听孤雏而心死，恸终天而无怙，号毕世而靡恃。观休屠之日磾，岂教义之所及；见甘泉之画像，每下拜而垂泣。忽心动而不安，遽入侍于帝室。值何罗之作难，乃舍之以投瑟。超王臣之称首，冠诚勇而无匹。

士行己之多方，见石他之有权；身虽死而名扬，乃忠孝而两全。顾丁兰其何人，家河内之野王。时舞象而方及，始成童而亲亡，刻木母以供事。常朝夕而在傍。刘镇就养而不暇，常远汲而力寡，苦节感于幽灵，醴泉生于灶下。顾长沙之临湘，有古初之道始，时父殁而未葬，遇邻火之卒起，乃伏棺而长号，雨暴至而火死。又何琦其亦然，独柩屋而全止。至如王祥黄雀入帐，隗通横石特起，盛彦之开母目，邢渠之生父齿，览斯事而众多，亦难得而具纪。灵蛇衔珠以酬德，慈乌反哺以报亲，在虫鸟其尚尔，况三才之令人。

治本归于三大，生民穷于五孝。置天地而德盈，横四海而不挠。履斯道而不行，吁孔门其何教。（录自清·严可均辑《全上古三代秦汉三国六朝文》）

作者简介详见本志第四十七编第一章第一节《古代人物》。

第二节 碑 文

横山大圣院碑

宋朝 张孝祥

去郡城之震隅里六十许，有院署大圣，枕横峰，襟丹湖，天然邑东之净土也。相传院肇自西汉，代永碑残，蔑由可考；而古柏二株，梁唐间物也。霜皮三十围，风标五丈许，干云蔽日，数亩垂阴，不卜而知其来之远矣！且读史至齐梁隋唐间，天下波靡，于西竺之教尽发村氓之盖藏而糜烂之，以故法殿星罗，香林云布，则兹院之鼎新于梁唐，亦时势有可徵信者。历我皇宋更数百年，栋槛圮颓，风雨浸其外，蠹蚁蚀其中，僧舍尽沦于荆棘。区顾无志不成，靡倾不整，募大众之欢心，重辉往宇。乃得诸住持，定宪之力居多。鸠工端月，落成岁穷，一变寒暄。而讲有堂，禅有室，饭有舍矣。落成之再岁，定宪陈颠末请记于余，余以兴废数也，振作人也，勒诸坚珉以诏后祀，则因厥圮而葺之，或恢厥规而大之，端有望于继起称善知识者。

张孝祥（1132—1169），字安国，号于湖居士，简州（今四川）人，卜居历阳乌江（今安徽和县）。高宗绍兴二十四年（1154）进士，廷试第一。孝宗时，任中书舍人，直学士院。隆兴元年（1163），为建康（今南京）留守，因赞助张浚北伐而被免职。后任荆南湖北路安抚使，治水有政绩。进显谟阁直学士致仕。作品有《于湖集》，词集为《于湖词》。

上元县德政碑记

明朝 邢一凤

上元为应天首属，附京师。我太祖高皇帝为根本重，簿赋轻徭，爱养极至。洪武而下，迄于正德，吏不舞文，民无所扰。家给人足，神完而神固，盖未有以病也！嘉靖中祀惟正之供，小破原额，而岁时科派，率至无常，吏胥缘以侵渔，坐食因之而日伙。神奸鬼秘，莫可致思，或者又从而是信是使焉。故始以无籍而来者，今皆得以衣纨裤，啜梁肉，栖大厦，挈妖姬，广置膏腴。而飞诡税粮，俾吾终岁勤动之民，竭精力以应公家之求者什一，剥肤锤髓以待彼不时之需者什九。日戚戚焉若三尸之伏肝，□瘕之纠肺，憔悴呻吟，罔不思所以疗也。而何生之能乐，皇皇间得一人焉。谙其受病之原，予以对症之剂，不徇庸俗，涤脏濯腑而新之。如袁侯阮西者，盖医之罕觏也。当其时生意殆津津矣，而以他故去。未竟厥施，至今有余思焉。王道易行，固如此。隆庆壬申秋大京兆靖江杜公来，首询民瘼，令极谆切。别驾西津赵君适署，乃事而奉行。惟恳谕耆民陶诗、吴遵道、王大贤辈，悉遵咨访。得其时弊之蠹政害民者二十件，与其作弊欺负之徒罪恶贯盈者十四人，併上之。既又陈之大中丞巡抚岨崃张公、按御明台向公，咸是其言。明台公谓必见忌于奸人，而虑其为之中□令悉治罪，务勒石以利无穷，意甚盛也。事下□推少峰周君暨西津赵君，议以允合。会主治乏人，而依凭城社者阴图反中，乘墉叫呼。勘覆虽极详明，而施行总仍旧贯。更生之良药，几为断肠之酖。民心又汹汹矣。赖大京兆溯川杨公持以独断，而力救之，得弗修。未几，而东瀛林侯至，诚心爱民，务芟宿弊，据民谣允称贤令矣。而溯川公，即以是役恳责成之。侯则按其成牍，而周爰咨諏，协于克一，断而行之，以图厥终。至于今苛毒以融，元气以滋，盎然得以永天命焉，非诸公之功而谁功。邑之式曹子荩臣、杜子子晋承委宣劳，若职允称，可纪也。附纪之。窃谓民之始是役也，与其几行而败，败而兴，兴而复成之。其病症之展转，与夫药力之瞑眩，始终三年，厥惟艰哉。继而大京兆少泉汪公至，锐情求治，剔蛊苏疲，尤革公意也。乃与溯川公，思其艰，乐其成，恐其久而或替，特檄林侯督刻是石。侯方祗奉成命，殚精竭思，首核丁粮，以穷其源。次清飞诡，以息其波。明实科以定其止。据实征以要其归。其诸马政群粮长里批头总书外差，皆害切腹心者，悉为拔去。民间恒业，存可无废，废可期复，益莫大焉。余件详册，附刊遍佈，使吏书不得增损侵渔，以病吾赤子。则来者观是刻，可以稽医案矣。噫！凡此皆民之情也，民之言也，因请记为之次第云尔。若夫缅思诸公再造兹邑之盛心，仰体圣祖二百年前重本爱民之德意，护厓子于濒死复苏之后，殆有甚于真元未凿之先。固执已试之方，勿为浮议之夺。客邪防之，惟恐其或之，元气养之，务俾之益充。端有望于后之君子之重民命者。（录自《万历上元县志》）

邢一凤（1508—？），邢一凤原姓林，字伯羽，号雉山，南京龙江左卫籍，河南祥符人。嘉靖十六年（1537）乡试中举，复姓邢。明世宗嘉靖二十年（1541）辛丑科沈坤榜进士第三人，授编修。嘉靖二十九年（1550）正月，以九年秩满，升为翰林侍讲，累官至太常少卿。著有《雉山集》。

第三节　记　祭文

江宁县学建学记

宋朝　杨　巽

君子如欲化民成俗，其必由学乎？三代之学，莫备于周。周之制，自比、闾、族、党以达州、乡、国、都，莫不有学，学莫不有师。凡属民读法，乡饮、乡射以至于六德、六行、五礼、六乐，无非教以人伦，使有亲、有义、有序、有别、有信，各得以尽其分焉。民化俗成，人人有士君子之行者，此也。世降而秦，坏田制，燔诗书，周家法度，历汉唐不能复。天开我宋，仪式刑三代之典建国，君民以教学为先。建隆三年，诏修学。乾兴元年，衮州立学。皇祐四年，藩镇立学。

庆历四年，州县皆立学。县有学，实成周党庠、术序之遗意。江宁，金陵附邑也，为江左望，黉宇尚缺。典正朔，款谒春秋奠祀，令佐率邑子附拜于郡庠，自庆历抵于今二百年矣！假宫就师，熟视焉而莫之问。番易王君镗来长是邑，簿书期会之外，慨然以兴学自任。莅官以来，凡可以撙节者，铢积寸累，是经是营。又值主学置官，有师无学，非所以称上旨，遂度地于县廨之北，鸠工市材，夙夜展力，士以此感奋，不劝而相留守。文昌姚公闻而壮之，出金穀以溃于成。门，皋如也；殿，邃如也；明伦堂，旷如也。廊翼为二斋，列为四宿。直有庐前，庑有位像，设礼器，靡不备严，士于是可以藏修游息矣。然则群居而教，不可无养也；官无公田，不可经久也。又得田若干亩，归于学以继廪粟。王君崇化善俗，䫉䫉焉为学校计者，不以代去而少衰继，自今游于斯者，岂直弄笔以为名位计哉！子职当共也，臣道当尽也，友当取端也，夫妇之道，当知仪刑也，禹、汤、文、武、成王、周公由此其选也。明之斯，尽之；行之斯，至之。果能此道，尚庶几国家建学立师之意。若夫务记览，工词章，而曰吾之学止于是，非王君所望於二三子。

景定四年□月□□日，奉议郎宜差充沿江制置使、司主管机宜文字杨巽记；承议郎特添差沿江制置使、司主管机宜文字杨同祖书；朝散郎差充沿江制置使、司参议官赵时櫜篆盖；宣教郎知建康府江宁县、主管劝农营田公事王镗立。（录自《景定建康志》）

作者生平不详。

游阳山记

明朝　胡　广

永乐三年沪，皇帝因建碑孝陵，斫石于都城东北之阳山，得良材焉。其长十四丈；有奇阔，不及长者王之一；厚丈二尺，色黝，泽如漆，无疵璺。越九日，戊午时，特命翰林臣往观，于是学士解公缙、侍讲金公幼孜，暨广偕往。已未，由朝阳门出，过十里铺，直抵沧波门外。隔平畴，山蝉联起伏，即城中所见诸山也。山下，烟林村落，耕夫饷妇，横纵田亩。予三人观其作劳，徘徊久之。见田塍畔系二舟，田水与大江相通，故有舟。然平畴旷野，见此一舟，亦自奇绝。水之上有古石桥，石半堕桥下。桥西北有土沟，问之，沟旁人云：国初取土筑拒马墙，就以疏墙内流水。由拒马墙折北而行，至麒麟门，折东行五六里，渐多坡陀，幼孜与予乘肩舆，上下山冈，则相与步行，以息仆夫之力。解公骑行，常先一二里许，不见予二人来，辄下马候。又东，过一长阪，阪下路歧而二，一依阪足折北，一下田间折而南。予方惑所从，田间人曰：南行遵田畔，折入小郁市东山麓。度坳入谷行，长陵十余里，始至阳山。山下草茇（曹棚）数百间以舍。趋事者，周以樊，通二门，入门有井，有石池。出门上百步许，有井，井之外有深坑，平山上土石填之。举石者邪许之声相应，仰见碑石，穹然城立。三人相视，惊叹所未见。谓天生此石以有待也。山高数里，共体皆石，其旁巉岩，不便登陟。从碑石左攀跻而上，一人引手，一人下推，又跻一级，渐至山顶。石如矾头者，窅窳者，窍而通者，高者下者，险峰不可履。蚁缘而度，渐过碑石右，右稍平可行。余心悸目眩，不能可视。独解公登石立久之。余坐息定，更逾山顶数十步，望见长江，数百里隐隐而来，舟帆上下如豆；江北诸山，淡然如烟霏雾霭间，杳不能辨。近东北二峰，峭拔如削，即都城东门望见二峰青翠高耸者。山南有叶丞相墓。（按：叶祖洽，熙宁三年（宋神宗年号，1070 年）廷对第一，官至徽猷阁直学士，终于真州，奉敕葬此。《金陵志》则以为墓在宣义乡，而俗误传叶丞相也）南望钟山，一峰秀立天际如玉笋。都城万雉，红光紫气，蔚蔚葱葱，结为龙纹，散为霞彩，诚万世帝王之都也。日午下山，回至小郁市，望见树林阴翳中，一径沿涧上，两傍皆松柏，有古寺荦落，梁本业寺出，创于天监九年（510），五代时碑刻尚存。有古桂一株，其本枯朽，其旁枝复拱抱，又将枯矣，疑与寺同植者。从旁入，一小轩，轩外多竹。其南有古井，汲以烹茶，示甘洌。复寻寺前小径，转登寺后山，山多石罅，多荆刺，行则钩衣，以褰衣，去地尺徐行，至一巨石上，坐眺少顷，从山脊下至寺。

《地志》云："谢灵运墓在寺旁"，近叩僧，不知其处。庚申（初七日）且离寺，由故道入麒麟门，缘钟山麓而行。午至灵谷寺，观当时善画者，图雪景、海水于壁，寺僧出东坡诗翰，有元诸名公品题，并宋璲篆书《金刚经》，观之，至暮而还。

胡广（1370—1418），字光大，号晃庵，吉水（今江西吉水）人。建文时举进士第一，授翰林修撰，赐名靖。有《胡文穆集》。

天宁寺游记略

明朝　顾　璘

正德丁丑春，三月九日，予兄东桥先生赴官台州，李饮虹、王南原、罗半寔诸君，偕予出饯于祈泽寺。寺在高桥门外十里，有龙泉古木之胜。酒数行，东桥别去，予与诸君共宿祈泽。旧闻邻寺号天宁者，境绝幽迥。次晨，邀诸君游。询祈泽僧，多诒以重道远且险不可至。予意良阻，王、罗二君锐意欲行，遂从僧借小童导骑。缘寺前，迳登山，历墟墓数处，即平野旷然，两旁皆重山环抱，纵辔行里余，见山尽处如门阙状，阙外诸山，浓淡晦明如画，方爱玩未已，觉山腹间隐隐有楼阁在空际，到即寺也。众皆大喜，弃马振衣，缘石径而登。径且半，闻阪隍下灌，莽中有声，汹汹如雷奔风怒。予谓诸君，此当有异泉，乃遣人踪迹之。徐徐入寺，寺僧多出乞食，独老僧惠僖者见客至似喜。延入室，焚香供茗甚肃。室亦雅洁，不类荒山。少憩复出寺，先所遣来报，山下果得泉，但荒翳不可人。予奋然先行道诸君，藨梢竹刺，日絓冠诀，辙绝之以去。稍下见泉，珠零玉散，飞落在涧中可十数处，不知所从来，亦不能极其所止。涧阔尺余，两旁及底皆山石，自然所成，玲珑巇岈，清泉如空碧下渍。予喜呼酒饮诸君，择泉流平缓处，坐列汛觞。各引满觥而出。回及山半，得泉脉树间，乃平地涌出，不胜弥溢，不知何缘流衍之广乃尔！既登，复觞寺外石上，数行，乃上马归。（录自明《金陵梵刹志》九卷）

作者生平事迹不详。

祭妹文

清朝　袁　枚

乾隆丁亥冬，葬三妹素文于上元之羊山，而奠以文曰：

呜呼！汝生于浙而葬于斯，离吾乡七百里矣，当时虽觭梦幻想，宁知此为归骨所耶？

汝以一念之贞，遇人仳离，致孤危托落，虽命之所存，天实为之；然而累汝至此者，未尝非予之过也。予幼从先生授经，汝差肩而坐，爱听古人节义事；一旦长成，遽躬蹈之。呜呼！

使汝不识诗书，或未必艰贞若是。

余捉蟋蟀，汝奋臂出其间；岁寒虫僵，同临其穴。今予殓汝葬汝，而当日之情形憬然赴目。予九岁，憩书斋，汝梳双髻，披单缣来，温《缁衣》一章。适先生奓户入，闻两童子音琅琅然，不觉莞尔。连呼则则。此七月望日事也，汝在九原，当分明记之。予弱冠粤行，汝掎裳悲恸。逾三年，予披宫锦还家，汝从东厢扶案出，一家瞠视而笑，不记语从何起，大概说长安登科，函使报信迟早云尔。凡此琐琐，虽为陈迹，然我一日未死，则一日不能忘。旧事填膺，思之凄梗，如影历历，逼取便逝。悔当时不将嫛婗情状，罗缕纪存。然而汝已不在人间，则虽年光倒流，儿时可再，而亦无与为证印者矣。

汝之义绝高氏而归也，堂上阿奶仗汝扶持，家中文墨瞬汝办治。尝谓女流中最少明经义谙雅故者，汝嫂非不婉嫕，而于此微缺然。故自汝归后，虽为汝悲，实为予喜。予又长汝四岁，或人间长者先亡，可将身后托汝，而不谓汝之先予以去也！

前年予病，汝终宵刺探，减一分则喜，增一分则忧。后虽小差，犹尚殗殜，无所娱遣；汝来床前，为说稗官野史可喜可愕之事，聊资一欢。呜呼！今而后吾将再病，教从何处呼汝耶！

汝之疾也，予信医言无害，远吊扬州。汝又虑戚吾心，阻人走报。及至绵惙已极，阿奶问望兄归否，强应曰："诺"。已予先一日梦汝来诀，心知不祥，飞舟渡江，果予以未时还家，而汝以辰时气绝。四支犹温，一目未瞑，盖犹忍死待予也。呜呼痛哉！早知诀汝，则予岂肯远游，即游亦尚有几许心中言要汝知闻，共汝筹画也。而今已矣！除吾死外，当无见期。吾又不知何日死，可以见汝，而死后之有知无知，与得见不得见，又卒难明也。然则抱此无涯之憾，天乎，人乎，而竟已乎！

汝之诗，吾已付梓；汝之女，吾已代嫁；汝之生平，吾已作传；惟汝之窀穸尚未谋耳。先茔在杭，江广河深，势难归葬，故请母命而宁汝于斯，便祭扫也。其旁葬汝女阿印。其下两冢，一为阿爷侍者朱氏，一为阿兄侍者陶氏。羊山旷渺，南望原隰，西望栖霞，风雨晨昏，羁魂有伴，当不孤寂。所怜者，吾自戊寅年读汝哭侄诗后，至今无男，两女牙牙，生汝死后，才周晬耳。予虽亲在未敢言老，而齿危发秃，暗里自知，知在人间尚复几日！阿品远官河南，亦无子女，九族无可继者。汝死我葬，我死谁埋？汝倘有灵，可能告我？

呜呼！身前既不可想，身后又不可知，哭汝既不闻汝言，奠汝又不见汝食。纸灰飞扬，朔风野大，阿兄归矣，犹屡屡回头望汝也。呜呼哀哉！呜呼哀哉！

作者简介详见本志第四十七编第一章第一节《古代人物》

江宁区志

第四册

南京市江宁区地方志编纂委员会　编

方志出版社

南京市江宁医院

2007 年 6 月 26 日，举行南京同仁医院落成暨试运行典礼

2003年，江宁区卫生系统医务人员在“三下乡”活动中，热情为群众服务

土桥社区卫生服务中心

秣陵社区卫生服务中心

江宁体育中心体育场

“9·29”世界步行日江宁会场（2004年摄）

第十届全国城市运动会江宁赛区举行运动员入场式 （2005年摄）

“十运会”摔跤比赛现场 （2005 年摄）

“十运会”女子足球比赛现场 （2005 年摄）

“十运会”江宁赛区总结表彰大会 （2005 年摄）

2007 年 11 月 11 日，江宁区第五届运动会开幕

2004 年 10 月 19 日，南京电子信息技术人才市场暨新的江宁人才市场启用，区长单景南（左）、市人事局局长管晨（右）出席揭牌仪式

2005 年，江宁区政府领导与各镇、街道签订劳动保障责任状

2007 年 9 月 19 日，江宁区举办大型就业再就业招聘会

欣旺花苑外景

农民新居外景

农民新居内景

爱涛漪水园

明月港湾

“小康江宁”文艺采风活动

小康人家丰收乐

章村农民公寓

虾肥人悦

天景山安置房

东善桥敬老院

台胞曹仲植向江宁区残疾人捐赠轮椅 （2004 年摄）

上坊街道城北社区（原机场村）老年活动中心　（2004 年摄）

2008 年 5 月 17 日，江宁区残联举办残疾人就业专场招聘会，全区 33 家企业提供适合残疾人工作的 30 余个工种、216 个岗位，供残疾人选择。区领导汤在勉、高吉祥、孟向前出席招聘会

江宁区残联举办岗位培训

汤山藏龙寺

祖堂山宏觉寺

湖熟清真寺

陶吴天主教堂

金箔故乡纪念碑贴金雕塑

金箔工艺品

金陵牌金箔获国家质量奖优质奖

2006年4月6日，中国黄金协会授予江宁区“中国金箔城”称号

2007 年 5 月 25 日，江宁区召开镇、街道地方志编修工作汇报及业务培训会，副区长陆蓉与会讲话，就新一轮修志工作提出要求

至 2011 年年底，江宁区编纂出版 25 部街道、部门志书

2014 年 7 月 7 日，《江宁区志》终审会议与会人员合影。前排左起依次为：刘海东、徐锦堂、马伯伦、于茂高、仓修良、柳云飞、吕武进、蒋永才、吕佐兵；后排左起依次为：濮濤、金明清、乔鸣、刘迎春、庄会柏、杨俭余、黄涛、田洪春、郭传华、苏子懿、徐元平、高鹏

目　录

第三十九编　医药卫生

第四十编 体 育

第四十一编 劳动 人事

第四十二编 民 政

第四十三编 居民生活 社会保障

第四十四编　宗教　习俗

第四十五编　方言　语言生活现状

第四十六编 街 道

第四十七编 人 物

丛 录

CONTENTS

Part 39 Medicine and Health

Part 40 Physical Education

Part 41 Labor and Personnel

Part 42 Civil Administration

Part 43 People living and Social Security

Part 44 Religions and Customs

Part 45 Dialects and Language Present Situation

Part 46 Subdistricts

Part 47 Personages

Appendix

第三十九编

医药卫生

江宁区医学历史源远流长，时有名医出现。南朝齐梁时期名医陶弘景，著《本草经集注》，首创按药物自然和治疗属性分类法，沿用千余年之久。清乾隆年间名医张一峰，曾被派往阿富汗王国为王子治病，载誉回国，封太医院御医。民国年间，张一峰的后裔张栋梁不仅擅长中医内、外科，对温针治疗亦有独到之处，誉满海内。20世纪50年代前后，又有中医外科名医蒋珩，医术精湛，一生从医50年，治病10余万例，治愈沉疴痼疾、疑难杂症不计其数。

清朝末年，西方医学逐步传入南京，20世纪30年代传入江宁。民国22年（1933）9月，成立江宁镇卫生所，开始开展西医诊疗和卫生防疫、妇幼保健工作。民国24年，成立江宁县卫生院。民国35年，全县有县卫生院1所，卫生所6所，卫生室4所。因机构设置过少，人力单薄，广大农村缺医少药，全县天花、麻疹、流脑、肺结核等各种传染病流行猖獗。民国37年2月至38年1月，全县人口年死亡率高达19.20‰，主要死于各种传染病。江宁县解放前夕，县政府将11所卫生机构并为4所，90%的卫生技术人员被遣散。

新中国成立后，卫生事业蓬勃发展。20世纪50年代，通过建立发展县级医、防、保机构，组织联合诊所，兴办乡镇医院，奠定了县、乡两级卫生医疗机构的基础。至1958年，全县有县级医疗卫生机构5所，乡镇级卫生机构23所，病床由1950年的20张发展至244张，人员由1949年的28人增至379人。60年代，卫生事业继续发展，至1969年，全县有县级医疗卫生机构4所，地区医院4所，公社（乡）医院21所，病床752张，医疗卫生人员504人。1968年，开始大办合作医疗，至1970年，全县370个大队办起合作医疗，成立医疗站，有赤脚医生845人。后因“文化大革命”的干扰，卫生事业受到较大损失。

中共十一届三中全会后，江宁县卫生事业进入新的发展阶段。1998年2月，获全国初级卫生保健工作先进县和全国牙病防治工作先进县称号；1999年，获江苏省初级卫生保健先进县称号。至2007年年底，全区共有各级各类医疗卫生机构数345个，卫生技术人员3844人。各级医疗机构设床位3158张。每千人口拥有医师1.60人，每千人口拥有护士1.10人，每万人口拥有公共卫生医师1.30人，每千人口拥有病床2.30张。万元以上医疗设备1068台（件）、医疗设备总额12514万元，固定资产44331万元。基本满足群众防病、治病和卫生保健的需要，2006年，江宁区被省政府授予江苏省社区卫生服务先进区称号。

第一章　机构与队伍

民国时期，江宁县创建卫生院，乡镇设卫生所。新中国成立后，县人民政府十分重视卫生事业的发展，卫生医疗机构不断增加，队伍不断扩大，至1987年，全县有县级卫生医疗机构10个，设床位432张，有工作人员636人，其中卫生技术人员466人；有中心卫生院4所，乡级卫生院19所　全县347个行政村设村卫生室346个，共有乡村医生645人；有私人诊所9个，人员10人。随着社会对医疗保健需求的不断增大，江宁区域内医疗机构已呈现多层次、多形式、联合办医的发展态势，区域内各种类型的医疗机构数量不断增加，呈现出三级、二级、一级、社区卫生服务站四级医疗机构并存，公立、民营、社会办医疗机构并存，营利性、非营利性医疗机构并存，基本医疗、特需医疗、康复保健、疾病预防服务并存的医疗卫生服务新格局。医疗卫生队伍建设不断加强，人员数量不断增加，学历层次不断提升，职称结构趋于优化，城乡分布趋于合理。

至2007年年底，全区共有各级各类医疗卫生机构数345个。其中，医疗机构340个，医学教育、卫生监督、卫生保健机构5个。医疗机构中政府办224个，解放军部队医院1个，企事业单位办89个，民营11个，个体15个。营利性医疗机构17个。全区共有卫生技术人员3844人，其中医生（含乡村医生）1997人。

第一节　区级医院

【南京市江宁医院】

医院前身为国民政府江宁县卫生院。民国23年（1934），江宁县政府在东山镇文苑巷筹建县卫生院，于次年建成。侵华日军侵占江宁县后，县卫生院的卫生设备被抢掠摧毁，房屋被夷为平地。抗日战争胜利后，民国35年1月，县政府在原址筹建县卫生院。民国38年5月江宁县解放后，县人民政府正式接管卫生院，接收原有人员18人和部分设备，于5月5日开始门诊，并改名为江宁县人民医院（简称县医院）。1977年，在东山镇小里村兴建新址，1982年迁至新址。2001年1月，更名为江宁区人民医院。同年10月，冠名江宁区红十字医院。2002年7月，更名为南京市江宁医院。同年，被卫生部脑血管防治办公室指定为颅内血肿微创消除技术协作医院。

人员　科室　民国36年（1947）8月，县卫生院有工作人员42人，设内科、外科、皮肤科、眼科。1952年，成立手术室。1958年，有工作人员41人，设内科、外科、中医科、妇产科、检验科、放射科和药房。1962年，增设五官科。1966年，增设口腔科。1976年，成立药剂科。1977年，有工作人员231人，分五官科为耳鼻咽喉科、眼科。1980年，增设理疗科和针灸科。1983年，儿科自内科中分出，增设传染科、中医外科。1988年，医院设临床科室19个，医学技术科室6个。有工作人员381人，其中卫生技术人员288人。1998年，增设神经内科。1999年，增设脑外科。2001年，增设康复理疗科、健康教育科。2002年，增设肾科、骨科、呼吸科、肿瘤科。2007年，医院设临床科室36个、医学技术科室15个、职能科室12个、分院2个、门诊部1个，并设有创伤、微创、肿瘤、碎石、脑病、介入、内窥镜、血液透析、高压氧等9个中心。江宁区临床医学检验中心、江宁区牙病防治所、眼病防治所和南京市急救中心江宁分站均设在医院内。共有工作人员766人，其中卫生技术人员665人，医师259人，药剂人员41人，护士298人，医学技术人员67人；博士1人，硕士研究生33人，本科263人，大专282人，中专118人，中专以下70人；高级职称60人，中级职称284人，师级201人，士级43人。

设备　民国24年（1935），县卫生院有病床50张。民国36年，设备主要有显微镜2架。1950年，县医院设病床20张。1958年与1962年，各购置200毫安X线机1台。20世纪60年代初，购置无影灯1盏和救护车1辆。1964年，设病床70张。1972年，设病床188张。1970年后，购置万元以上医疗设备有：1973年购置救护车1辆；1978年购200毫安X线机1台，救护车1辆；1979年，购纤维胃内窥镜1台；1980年购闪烁扫描机1台，200毫安X线机1台；1985年更新救护车1辆，体外反搏装置1台，多功能B型超声波1台，500毫安带闭路电视X线机1台，纤维十二指肠内窥镜1台。1988年，医院开设6个标准病区，实际开放床位250张。固定资产总额446.83万元，医疗设备总额84.27万元。1995年，固定资产总额1761.56万元，医疗设备总额100.47万元。2005年，固定资产总额17065.42万元，医疗设备总额6162万元。2007年，医院开设21个标准病区和ICU病房，实际开放床位800张，其中本部720张，开发区分院80张。固定资产总额24013.52万元，医疗设备总额8107.06万元，3万元以上医疗设备123台（件）。

图39-1-1　20世纪50年代江宁县人民医院

图39-1-2　1972年江宁县人民医院门诊楼

民国36年（1947），县卫生院自建房屋3幢，租赁房屋21间。1950—1959年，县医院建平房350平方米。1960—1969年，建平房500平方米。1970—1979年，建平房450平方米。1972年，建门诊楼2220.90平方米。1974年，建外科楼2573.50平方米。1982年，建病区楼3894.50平方米，建制剂楼616平方米。1980年、1984年，建职工宿舍楼共2533.10平方米。1983年，医院占地面积47286平方米，建筑面积37721平方米，其中医疗业务用房20781平方米，职工生活用房15940平方米。1994年，建门诊楼3823平方米。2003年，建成智能化、现代化15层医疗综合大楼21994平方米。2005年，新建开发区分院7233平方米。2007年，医院占地面积57276平方米，建筑总面积69955平方米，其中医疗用房建筑面积58231平方米，辅助用房建筑面积4491平方米。

图39-1-3　2007年江宁医院门诊楼

【南京市江宁区中医院】

医院于1982年在东山镇文苑巷原县医院旧址上筹建。1984年12月18日正式建成。1994年1月29日，评定为二级乙等中医院。2001年1月，更名为南京市江宁区中医院（简称区中医院）。2004年12月18日，冠名为南京市惠民中医院。2005年，骨伤科被评为市级重点专科。

图39-1-4　20世纪80年代江宁县中医院门诊楼

人员　科室　1983年，医院有工作人员12人，1984年增至46人。1985年，设16个科室。1988年，设临床科室8个，医学技术科室6个，职能科室6个。在编职工92人，其中卫生技术人员60人。1990年，增设口腔科、肛肠科。1992年，增设皮肤科。1995年，增设病理科。1996年，增设妇产科、肿瘤科。2003年，增设体检科、胃镜室。2004年12月，增设麻醉科。2006年10月，增设血透室。至2007年年底，医院设临床科室17个，医学技术科室10个，职能科室11个。在编职工286人，其中卫生技术人员267人；高级职称16人，中级职称72人，初级职称185人；研究生4人，本科74人，大专87人，中专及以下121人；借用临时人员33人。

设备　1985年，医院设观察床12张，1986年，设床位50张。1982—1986年，购置2000元以上设备有：1982年购置30毫安、400毫安X线机各1台，恒温洗片机1台，心电图机1台，光学显微镜1台；1985年，购置高压消毒器1台，超声波诊断仪1台；1986年，购200毫安X线机1台。1988年，设置床位80张，医疗设备总金额17984元，共25台（件），无5000元以上设备。2007年年底，设置床位150张，医疗设备总金额1900余万元，万元以上医疗设备164台（件）。

1983年，医院接收县人民医院旧平房2000平方米。1984年，建门诊楼1176平方米。1986年，建三层病房楼1732平方米。1988年，医院占地面积6500平方米，医疗业务用房建筑面积3700平方米。1997年，新建医学技术楼1200平方米。2004年，新建门诊楼4664平方米。2005年，改造原地税办公楼为住院部5700平方米。2007年年底，医院占地面积1万平方米，医疗业务用房建筑面积1.60万平方米。

【南京市江宁区第二人民医院】

江宁县神经精神病防治院于1984年在原江宁县上坊乡卫生院的基础上改扩建后正式成立。1988年，与南京神经精神病防治院联合办院，增挂南京神经精神病防治院第一分院院牌。1994年8月，更名为江宁县第二人民医院。1996年4月，被评定为二级专科医院。1998年，医院与中国医科大学血栓病医院联合办院，成立中国医科大学血栓病医院江宁分院。2002年2月，更名为南京市江宁

图39-1-5　江宁区第二人民医院（2006年摄）

区第二人民医院（简称区二院）。区二院与上坊镇卫生院合署办公，一套工作班子，两个院牌。2006年，血栓病专科被评为区特色专科，精神科被评为区重点科室。

人员　科室　1983年，医院有工作人员13人，1984年增至27人，设神经科、精神科、X射线室和检验室。1985年，增设脑电图室、心电图超声波室。1988年，医院设有17个科室，在职职工89人，在编职工80人。1995年，增设耳鼻咽喉科、脑电图室、生化室。200_年，增设胃镜室、康复科、口腔科、高压氧治疗中心。2007年，设有27个科室，在职职工260人，在编职工231人（区二院编制176人、上坊社区卫生服务中心编制55人），临时人员29人；卫生技术人员193人；中、高级职称40人。

设备　1982年，医院购A型超声波诊断仪、心电图机各1台。1983年，购30毫安X线机1台。1984年，设床位50张。1985年，购8频道脑电图诊断机、200毫安X线机各1台。1987年，床位增至100张。1988年，医疗设备总金额3.65万元，千元以上医疗设备7台（件）。1995年，设床位120张。2001年，设床位180张。2007年，设床位255张，医疗设备总金额608.24万元，万元以上医疗设备共83台（件）。

1981年，在上坊乡卫生院基础上征收土地8500平方米，至1984年，建成两层病房楼1幢、1200平方米，辅助用房192平方米，以及宿舍楼1幢、770平方米。1986年，建放射科用房180平方米。1987年，建门诊楼978平方米。1988年，医院占地面积10560平方米，建筑面积4336平方米，其中业务用房面积3284平方米。2007年，医院占地面积1.73万平方米，建筑面积14522平方米，其中业务用房面积12964平方米。

【江宁区中西医结合医院】

1995年12月，在江宁中心卫生院基础上成立江宁县中西医结合医院，为两块牌子一套班子。2001年1月，更名为江宁区中西医结合医院（详见本章第二节江宁街道社区卫生服务中心介绍）。

【江宁区第三人民医院】

2005年2月成立，挂名于禄口街道社区卫生服务中心。与禄口街道社区卫生服务中心合署办公，一套工作班子，两个院牌（详见本章第二节禄口街道社区卫生服务中心介绍）。

第二节　社区卫生服务中心（站）

社区卫生服务中心，前身是乡镇（中心）卫生院，是一级医疗卫生机构。2004年3月，区政府提出创建江苏省社区卫生服务示范区目标，2003年11月至2005年3月，全区23个镇、街道卫生院经过市卫生局评审，分三批全部改建成社区卫生服务中心。2007年，全区有社区卫生服务中心23家。

社区卫生服务站，原行政村卫生室，前身为大队保健站，是集体办的农村三级医疗预防保健网中最基层的卫生保健机构。2005年，全区设有村卫生室122个。2006年，将所有村卫生室改、扩建为社区卫生服务中心站或社区卫生服务站。2007年，全区有社区卫生服务（中心）站193个。

【东山街道社区卫生服务中心】

原为东山街道卫生院，前身是岔路联合诊所，始建于1960年，有3名初级卫生技术人员。20世纪60年代初，该院医疗器械仅有血压表1个，听诊器1副，体温表2支。1975年，有工作人员9人，设内科、外科、妇产科，有化验室和药房。1979年，更名为东山公社卫生院；1982年，更名为岔路乡卫生院；1988年，更名为东山镇卫生院，设8个科室，在职职工18人。1994年，被评为“一级乙等卫生院”。1996年，建成“爱婴医院”。2002年，更名为东山街道卫生院。2003年11月，南京市卫生局首家批复为江宁区东山街道社区卫生服务中心。2006年，眼科被评为区特色专科。2007年，设床位7张，设17个科室、社区卫生服务部和20个社区卫生服务站点及职能科室。在职职工180人，在编职工146人，其中卫生技术人员126人。医疗设备总金额约313万元，万元以上医疗设备56台（件）。医院占地面积2307平方米，医疗业务用房建筑面积2164.50平方米。

【东山街道上坊社区卫生服务中心】

1955年6月，上坊成立联合诊所，有2名西医。1958年，设床位5张，有工作人员7人。20世纪70年代，添置X线机、显微镜、干燥箱等设备。1975年，床位增至12张，人员增至17人。1979年，更名为上坊公社卫生院。1982年，更名为上坊乡卫生院。1984年，乡卫生院在原有基础上建立江宁县神经精神病防治院。1987年，乡卫生院设床位10张，有工作人员29人。设内科、外科、妇产科、中医针灸科。1994年8月，县神经精神病防治院更名为江宁县第二人民医院。上坊乡卫生院与县二院合署办公，一套工作班子，两个院牌。1996年，被评为“一级甲等卫生院”。1999年，上坊乡卫生院更名为上坊镇卫生院。2006年，更名为东山街道上坊社区卫生服务中心。2007年，仍与区二院合署办公。

【秣陵街道社区卫生服务中心】

原为秣陵街道卫生院，前身是秣陵联合诊所，始建于1951年，有工作人员4人。1958年，改办秣陵公社医院，设床位10张，有工作人员10人。1979年，更名为秣陵公社卫生院，有工作人员33人。1982年，更名为秣陵乡卫生院。1987，设床位30张，有工作人员29人。1994年，更名为秣陵镇卫生院。同年，建成“一级甲等卫生院”。1996年，建成“爱婴医院”。2004年10月，更名为秣陵街道卫生院。2005年5月，更名为秣陵街道社区卫生服务中心。2007年，设床位30张，设有24个科室以及社区卫生服务部和职能科室，在职职工71人，在编职工67人，其中卫生技术人员59人，中级职称11人。医疗设备总金额165.71万元，万元以上医疗设备35台（件）。医院占地面积11988平方米，建筑面积6180平方米。

【秣陵街道百家湖社区卫生服务中心】

原为殷巷卫生院，前身为江宁县殷巷联合诊所，始建于1952年，有工作人员5人。1958年，殷巷联合诊所改组为东山公社中心卫生院殷巷分院。1961年，改为殷巷公社医院。1964年，分设内科、外科、妇科、中医科、口腔科、中药房、西药房。1979年，改称殷巷公社卫生院。1982年，改称殷巷乡卫生院。1996年，被评为“一级乙等卫生院”。1999年，更名为江宁经济技术开发区殷巷卫生院。2005年，冠名秣陵街道百家湖社区卫生服务中心。2007年，设床位25张，临床科室设6个，医学技术科室设5个，并设社区卫生服务部和职能科室。在职职工83人，在编职工69人，其中卫生技术人员60人。医疗设备总金额254.81万元，万元以上设备22台（件）。医院占地面积10667平方米，建筑面积6000平方米。

【秣陵街道方山社区卫生服务中心】

原为方山街道卫生院，前身为横岭联合诊所，始建于1954年，有工作人员4人。1959年，改为东山公社医院方山分院，有工作人员9人。1968年，有工作人员10人，开始分科室。1979年，更名为方山公社卫生院，有工作人员20人。1982年，更名为方山乡卫生院。1988年，设床位20张，设科室11个，在职职工28人。1996年，被评为“一级甲等卫生院”。2001年8月，更名为江宁区中医院方山分院。2003年4月，更名为江宁区方山街道卫生院。2005年6月，冠名江宁区方山街道社区卫生服务中心。2006年，中医痞积科被评为区特色专科。2007年8月，更名为江宁区秣陵街道方山社区卫生服务中心。是年，设床位14张，设置“三部一室”，即预防保健部、医疗康复部、后勤保障部和行政办公室，在职职工113人，在编职工75人，其中卫生技术人员63人。医疗设备总金额159.85万元，万元以上医疗设备27台（件）。医院建筑面积2478平方米，其中医疗业务用房2181平方米。

【汤山街道社区卫生服务中心】

原为汤山中心卫生院，前身为南京市第二十五保健所，于民国38年（1949）5月成立。1962年，改为汤山地区医院。1979年，改称江宁县汤山中心卫生院，有工作人员48人。1988年，卫生院设置临床科室和辅助科室23个，在编职工32人。1993年，被评为“一级甲等卫生院”。1996年，建成南京市爱婴医院和花园式医院。2001年，更名为江宁区汤山中心卫生院。2004年，冠名江宁区汤山镇社区卫生服务中心。2006年，更名为江宁区汤山街道社区卫生服务中心。2007年，设床位55张，设置“三部一室”47个科室，在编职工103人，其中卫生技术人员86人；中级职称23人；执业（助理）医师33人，全科医师17人。医疗设备总金额228.50万元，万元以上医疗设备35台（件）。医院建筑总面积5800平方米，其中医疗业务用房4770平方米。

【汤山街道麒麟社区卫生服务中心】

原为麒麟镇卫生院，前身为东流镇中西医联合诊所，于1953年11月成立，有工作人员10人。1958年，有工作人员13人，分设内科、外科、妇科和药房。1962年，改称其林联合诊所。1979年，改称其林公社卫生院。1982年，更名为其林乡卫生院。1988年，卫生院在职职工33人，在编职工26人，其中卫生技术人员24人。1994年，更名为麒麟镇卫生院。1996年，被评为“一级甲等卫生院”，建成南京市爱婴医院和花园式医院。2005年，冠名麒麟镇社区卫生服务中心。2007年8月，更名为江宁区汤山街道麒麟社区卫生服务中心。2007年，设床位20张，设“三部一室”，即预防保健部、医疗康复部、后勤保障部和行政办公室。在职职工71人，在编职工59人，其中卫生技术人员52人。医疗设备总金额225元，万元以上医疗设备25台（件）。医院占地面积3711平方米，医疗业务用房建筑面积3423平方米。

【汤山街道上峰社区卫生服务中心】

原为上峰镇卫生院，前身为上峰联合诊所，于1962年成立。1968年，设床位4张，有工作人员7人。1969年，改称上峰公社医院。1979年，更名为上峰公社卫生院。1982年，更名为上峰乡卫生院。1985年，有工作人员21人，设内科、外科、中医科、妇产科、放射科、心电图室、中药房、西药房。1988年，设床位17张，设11个科室，在职职工40人。1996年，更名为上峰镇卫生院。是年，被评为“一级甲等卫生院”。2005年10月，冠名上峰镇社区卫生服务中心。2006年，更名为汤山街道上峰社区卫生服务中心。2007年，设置床位28张，设9个临床科室，

6个医学技术科室。在职职工53人，在编职工48人，其中卫生技术人员38人。医疗设备总金额147万元，万元以上医疗设备24台（件）。医院占地面积6279平方米，医疗业务用房3000平方米。

【淳化街道社区卫生服务中心】

原为淳化镇卫生院，始建于1955年，当时办有淳化、索墅、解溪3个联合诊所，1958年，合并为淳化公社医院，设床位4张，有工作人员11人。1962年，改办联合诊所。1979年，更名为淳化公社卫生院。1982年，更名为淳化乡卫生院。1987年，有工作人员27人，设内科、外科、中医科、妇产科、放射科、检验室、B超室、心电图室。1994年，更名为淳化镇卫生院。同年，被评为“一级甲等卫生院”。1996年，建成“爱婴医院”。2005年，冠名淳化街道社区卫生服务中心。2006年，腹腔镜专科被评为区特色专科。2007年，设床位43张。设18个科室，其中临床科室10个、医学技术科室6个，以及社区卫生服务部和职能科室。在职职工62人，在编职工53人，其中卫生技术人员50人，中级职称8人。医疗设备总金额191.33万元，万元以上医疗设备36台（件）。医院建筑总面积2960平方米，其中医疗业务用房2100平方米。

【淳化街道土桥社区卫生服务中心】

原为土桥镇卫生院，前身为土桥镇中西医联合诊所，建于1953年。1955年，有工作人员8人。1958年，改为土桥公社医院。1979年，改称土桥公社卫生院。1982年，改称土桥乡卫生院。1987年，设床位22张，设11个科室，有工作人员25人。1996年，被评为“一级甲等卫生院”。2005年，冠名土桥镇社区卫生服务中心。2007年，更名为江宁区淳化街道土桥社区卫生服务中心。设床位43张，设18个科室及相关职能科室。在职职工65人，在编职工59人，其中卫生技术人员24人。医疗设备总金额283万元，万元以上医疗设备50台（件）。医院占地面积12533平方米，建筑面积7200平方米，其中医疗业务用房5600平方米。

【禄口街道社区卫生服务中心】

原为禄口中心卫生院，前身为禄口联合诊所，于1951年成立，有工作人员5人。1958年，禄口联合诊所与公私合营国药商店合并成立禄口公社医院，有工作人员18人。1963年，设床位20张，分设内科、外科、中医科。1979年，更名为禄口公社卫生院，设床位12张，有工作人员32人。1982年，更名为禄口乡卫生院。1988年，设床位23张，设临床科室7个，医学技术科室5个及防保科，在职职工51人。1994年，被评为“一级甲等卫生院”。2001年5月，更名为禄口中心卫生院。2004年6月，冠名禄口镇社区卫生服务中心。2005年2月，挂名江宁区第三人民医院。2006年，禄口镇社区卫生服务中心更名为江宁区禄口街道社区卫生服务中心，与区三院合署办公，一套工作班子，两个院牌。同年，胆道病专科被评为区特色专科。2007年，设床位40张，设置“三部一室”39个科室，在职职工102人，在编职工89人，其中卫生技术人员82人。医疗设备总金额222.50万元，万元以上医疗设备34台（件）。医院占地面积26308平方米，医疗业务用房建筑面积5600平方米，非医疗业务用房建筑面积670平方米。

【禄口街道铜山社区卫生服务中心】

原为禄口镇铜山卫生院，前身为铜山联合诊所，于1951年11月成立。1953年，有工作人员8人。1958年，改为铜山公社医院，设床位10张。1979年，改称铜山公社卫生院。1982年，更名为铜山乡卫生院。1985年，设中医、西医、妇产、中西药房等科室。1988年，设置临床及辅助科室12个，在职职工35人。1994年，更名为铜山镇卫生院。1996年，被评为“一级甲等卫生院”。2000年，更名为禄口镇铜山卫生院。2007年，冠名为禄口街道铜山社区卫生服务中心。设床位23张，临床科室设6个，医学技术科室设6个，防保所设科室4个以及职能科室，在职职工54人，在编职工51人，其中卫生技术人员46人。医疗设备总金额197.80万元，万元以上医疗设备33台（件）。医疗业务用房建筑面积3542平方米，非医疗业务用房建筑面积986平方米。

【江宁街道社区卫生服务中心】

原为江宁中心卫生院，前身为江宁镇中西医联合诊所，成立于1956年。1958年，改为江宁公社医院，有工作人员15人。1964年，设床位30张。1979年，改称江宁公社卫生院，设床位50张，有工作人员45人。1982年，改称江宁乡卫生院。1984年，更名为江宁中心卫生院。1994年，被评为“一级甲等卫生院”。1995年12月，在江宁中心卫生院基础上成立江宁县中西医结合医院，为两块牌子一套班子。1996年，卫生院建成“爱婴医院”。1999年，经卫生局批准成立“江宁胃病诊治中心”。2001年1月，县中西医结合医院更名为江宁区中西医结合医院。2004年，江宁中心卫生院冠名江宁镇社区卫生服务中心。2006年，胃病专科被评为区特色专科。2007年，更名为江宁街道社区卫生服务中心。设床位42张。临床科室设12个，医学技术科室设9个，预防保健部设9个科室。在职职工81人，在编职工79人，其中卫生技术人员74人。医疗设备总金额310.47万元，万元以上医疗设备56台（件）。医院占地面积12715平方米，建筑总面积6543平方米，其中医疗业务用房5726平方米。

【江宁街道陆郎社区卫生服务中心】

原为江宁镇陆郎卫生院，前身为陆郎中西医联合诊所，于1954年6月成立。1958年，设床位5张，有工作人员22人。1960年，在陆郎中西医联合诊所的基础上成立陆郎公社医院。1979年，改称陆郎公社卫生院。1982年，更名为陆郎乡卫生院。1985年，设10个科室。1988年，设床位24张，设业务科室15个，在职职工36人。1991年，更名为陆郎镇卫生院。1996年，被评为“一级乙等卫生院”。2000年，更名为江宁镇陆郎卫生院。2005年，冠名江宁镇陆郎社区卫生服务中心。2007年，更名为江宁街道陆郎社区卫生服务中心。设床位30张。设科室18个，在职职工59人，在编职工54人，其中卫生技术人员48人。医疗设备总金额157.37万元，万元以上医疗设备21台（件）。医院建筑总面积3430平方米，其中医疗业务用房2337平方米。

【江宁街道铜井社区卫生服务中心】

原为铜井镇卫生院，前身为铜井联合诊所，于1951年7月成立，有工作人员7人。1958年，改办铜井公社医院，有工作人员11人。1969年，改称铜井公社卫生院。1982年，更名为铜井乡卫生院。1988年，设科室12个，床位30张，在编职工27人。1994年，更名为铜井镇卫生院。同年，被评为“一级甲等卫生院”。1996年，建成“爱婴医院”。1999年，获南京市花园式医院称号。2005年，冠名铜井镇社区卫生服务中心。2006年，更名为江宁街道铜井社区卫生服务中心。2007年，设置床位30张。设“三部一室”24个科室，在编职工57人，其中卫生技术人员50人，主治医师4人。医疗设备总金额129万元，万元以上医疗设备24台（件）。医院占地面积11872平方米，建筑总面积4047平方米，其中医疗业务用房3715平方米。

【谷里街道社区卫生服务中心】

原为谷里镇卫生院，前身为谷里联合诊所，于1951年建立，有工作人员4人。1958年，谷里联合诊所和谷里国药商店（1955年成立）合并成立谷里公社医院，有工作人员8人，分设内科、外科、妇科、中医科、中药房、西药房。1979年，改称谷里公社卫生院。1982年，更名为谷里乡卫生院。1988年，设业务科室11个，床位25张，在职职工36人。1996年，被评为"一级甲等卫生院"和"爱婴医院"。2000年，更名为谷里镇卫生院。2005年，冠名谷里街道社区卫生服务中心。2007年，设床位43张。设置临床科室和医学技术科室16个，公共卫生分中心设5个科室以及职能科室。在职职工60人，在编职工56人，其中卫生技术人员45人。医疗设备总金额172.88万元，万元以上医疗设备36台（件）。医院占地面积5334平方米，建筑总面积3456平方米，其中医疗业务用房2395平方米。

【谷里街道东善桥社区卫生服务中心】

原为东善桥镇卫生院，前身为东善联合诊所，始建于1952年，有工作人员6人。1958年，改办为东善公社医院，设床位4张。1979年，改称东善公社卫生院。1982年，更名为东善乡卫生院。1987年，设内科、外科、中医科、放射科（含理疗、心电图）、检验科、中药房、西药房。1988年，设床位21张，在职职工26人。1996年，被评为"一级甲等卫生院"和"爱婴医院"。1999年，更名为东善桥镇卫生院。同年，获南京市花园式医院称号。2004年，冠名东善桥街道社区卫生服务中心。2007年，更名为谷里街道东善桥社区卫生服务中心。设床位20张。设有14个科室，预防保健部设12个科室以及职能科室。在职职工55人，在编职工50人，其中卫生技术人员43人。医疗设备总金额140余万元，万元以上医疗设备34台（件）。医院占地面积1.60万平方米，建筑总面积3842平方米，医疗业务用房3320平方米。

【湖熟街道社区卫生服务中心】

原为湖熟中心卫生院。1952年，在湖熟镇成立第五区卫生所，同年，成立湖熟联合诊所和湖熟中医联合诊所。1958年6月，两联合诊所合并为湖熟联合医院，设床位20张，有工作人员20人。1958年9月，在湖熟卫生所的基础上合并湖熟联合医院，成立湖熟公社医院。1962年，改称湖熟地区医院，设床位30张，有工作人员32人。1979年，更名为湖熟中心卫生院，设床位55张，有工作人员37人。1988年，设床位50张，设有7个临床科室、5个医学技术科室，在职职工63人。1994年，被评为"一级甲等卫生院"。2004年8月，冠名湖熟镇社区卫生服务中心。2006年，骨病专科被评为区特色专科。2007年12月，更名为湖熟街道社区卫生服务中心。设床位50张。设20个业务科室以及职能科室，在职职工103人，在编职工85人，其中卫生技术人员79人。医疗设备总金额194.83万元，万元以上医疗设备41台（件）。医院建筑总面积5764.56平方米。

【湖熟街道周岗社区卫生服务中心】

原为周岗镇卫生院，前身为周岗公社医院，于1970年成立，由镇江市职工医院12名人员携带50张床位和部分医疗设备建立。1979年，改称周岗公社卫生院。1982年，改称周岗乡卫生院。1988年，设置床位16张，在职职工31人。1994年，更名为周岗镇卫生院。1996年，被评为"一级甲等卫生院"。2005年，冠名周岗镇社区卫生服务中心。2007年12月，更名为湖熟街道周岗社区卫生服务中心。设床位20张。医疗康复部设17个科室，预防保健部设7个科室；行政管理部设行政办公室。在职职工 44 人，在编职工 39 人，卫生技术人员 35 人。医疗设备总金额 106 万元，万元以上医疗设备 6 台（件）。医院占地面积 7879 平方米，建筑总面积 4045 平方米，其中医疗业务用房 3179 平方米。

【湖熟街道龙都社区卫生服务中心】

原为龙都镇卫生院，前身为龙都联合诊所，于 1952 年成立，有工作人员 3 人。1958 年，改称龙都公社医院，设床位 2 张，有工作人员 8 人。1979 年，更名为龙都公社卫生院。1982 年，改称龙都乡卫生院。1988 年，设床位 10 张，设科室 9 个，在职职工 36 人。1994 年，改称龙都镇卫生院。1996 年，被评为“一级甲等医院”和“爱婴医院”。2004 年，冠名龙都社区卫生服务中心。2007 年 12 月，更名为湖熟街道龙都社区卫生服务中心。设床位 20 张。设有 10 个临床科室，3 个医学技术科室；预防保健科室及职能科室。在职职工 46 人，在编职工 4[illegible] 人，卫生技术人员 39 人。医疗设备总金额 126.70 万元，万元以上医疗设备 24 台（件）。医疗业务用房 2845 平方米。

【横溪街道社区卫生服务中心】

原为横溪镇卫生院，前身为横溪联合诊所，于 1952 年成立，有工作人员 6 人。1958 年，改称横溪公社医院，设床位 5 张，有工作人员 7 人。1979 年，改称横溪公社卫生院。1984 年，改称横溪乡卫生院。1988 年，设床位 35 张，设业务科室 9 个，在编职工 24 人。1996 年，被评为“一级甲等卫生院”。2000 年，更名为横溪镇卫生院。2004 年 8 月，冠名横溪镇社区卫生服务中心。2007 年 12 月，更名为横溪街道社区卫生服务中心。设床位 30 张。设科室 16 个以及预防保健部和行政管理部。在编职工 51 人，卫生技术人员 46 人。医疗设备总金额 187.18 万元，万元以上医疗设备 34 台（件）。医院占地面积 5510 平方米，医疗业务用房建筑面积 3125 平方米，非医疗业务用房建筑面积 1098 平方米。

【横溪街道陶吴社区卫生服务中心】

原为陶吴中心卫生院，前身为第三区卫生所，于民国 38 年（1949）5 月建立。1951 年 11 月，创办陶吴中西医联合诊所。1958 年，卫生所和联合诊所合并成立陶吴公社医院，设床位 15 张，有工作人员 12 人。1962 年，改办为陶吴地区医院。1979 年，更名为陶吴中心卫生院，有工作人员 40 人，设床位 50 张。1988 年，设床位 50 张，业务科室 11 个，在编职工 36 人。1994 年 2 月，“江宁县眼病防治所”设在院内。同年，被评为“一级甲等卫生院”。1996 年，建成“爱婴医院”。2004 年 8 月，冠名为陶吴镇社区卫生服务中心。2007 年 12 月，更名为横溪街道陶吴社区卫生服务中心。设床位 36 张。设 25 个科室，其中临床科室 11 个，医学技术科室 7 个，预防保健部设 6 个科室，以及职能科室。在职职工 75 人，在编职工 59 人，其中卫生技术人员 52 人。医疗设备总金额 216 万元，万元以上医疗设备 34 台（件）。医院占地面积 1 万平方米，建筑总面积 5121.14 平方米。

图 39-1-6 陶吴中心卫生院（2000 年摄）

【横溪街道丹阳社区卫生服务中心】

原为丹阳镇卫生院，前身为丹阳联合诊所，于1958年成立，有工作人员4人。1968年，改称丹阳公社医院，设床位20张。1979年，更名为丹阳公社卫生院。1982年，更名为丹阳乡卫生院。1988年，设床位30张，业务科室11个。在编职工32人，卫生技术人员25人。1995年，更名为丹阳镇卫生院。1996年，被评为“一级甲等卫生院”。2005年，冠名丹阳镇社区卫生服务中心。2006年，更名为横溪镇丹阳社区卫生服务中心。2007年12月，更名为横溪街道丹阳社区卫生服务中心。设床位30张。设30个科室，医疗康复部17个，预防保健部8个，行政管理部设行政办公室。在职职工55人，在编职工45人，卫生技术人员38人。医疗设备总金额126.05万元，万元以上医疗设备28台（件）。医疗业务用房建筑面积5190平方米，非医疗业务用房建筑面积407平方米。

【社区卫生服务站】

社区卫生服务站，原行政村卫生室，前身为大队保健站，是集体办的农村三级医疗预防保健网中最基层的卫生保健机构。1958年，建立大队保健站22个，每个站有工作人员1人～4人。1959年，全县建有大队保健站76个，工作人员127人。1962年，全县有332个大队，共有大队保健站79个。是年年底，随着公社医院调整为联合诊所，将79个保健站调整为42个联合诊所分所或门诊部。1968年年底，全县掀起成立大队合作医疗站的热潮，至次年年底，全县363个大队，有合作医疗站的大队278个，赤脚医生406人。至1970年，全县370个大队都成立医疗站，共有赤脚医生845人。1982年，政社分离，改设行政村，各乡大队医疗站改称村医疗站。1984年，改称村卫生室，赤脚医生经统一考试合格的称乡村保健医生，未经考试合格的称保健员。1987年，全县378个行政村设立373个村卫生室，共有乡村医生645人。同年，全面开展创建“文明村卫生室”活动，先后有63个村卫生室达到“文明村卫生室”的标准。1988年，达到文明村卫生室标准的卫生室有207个。随着社会经济发展，行政区域调整，村卫生室数量发生较大变化。至2005年，全区219个村，设有村卫生室122个。

2006年，全区开展创建江苏省社区卫生服务示范区，全区所有村卫生室均改、扩建为社区卫生服务中心站或社区卫生服务站。至2007年年底，全区有社区卫生服务中心站37个，社区卫生服务站156个。

1990—2005年部分年份江宁区村卫生室设置情况表

表39-1-1　　单位：个

年份	村数	村卫生室数	其中			
			示范村卫生室	甲级村卫生室	合格村卫生室	标准化村卫生室
1990	350	342	—	—	—	—
1993	350	339	—	150	153	—
1996	342	330	20	293	17	—
2001	247	127	9	103	15	—
2003	249	119	—	—	—	56
2005	219	122	—	—	—	122

第三节 企事业单位医疗机构

随着县乡工业的发展，厂矿的增多，职工队伍的扩大，一般较大的县属厂矿企业单位均设卫生所或医务室，商业、文教等部门所属的较大单位也自设医疗机构。医疗业务由县卫生局与县医院负责辅导。20世纪50年代，开始出现企事业单位自办医疗机构，至1985年，全县自办医疗机构发展到38个，卫生技术人员共120多人。至2007年，全区有企事业自办医疗机构89个，卫生技术人员380人。

【南京凤凰山铁矿职工医院】

医院前身为凤凰山铁矿医务所，于1957年成立。1968年，定名南京凤凰山铁矿职工医院，系一级乙等医疗机构。1986年，医院设床位30张，在职职工38人。2007年，设床位30张，设预防保健科、内科、外科、中医科（骨伤科）等科室。在编职工15人，其中卫生技术人员10人。医疗设备总金额10万元。医院占地面积9000平方米，建筑总面积2500平方米，其中医疗业务用房2000平方米。

【南京石膏矿业有限公司职工医院】

医院建于1970年11月。1988—2007年，均设置床位20张，设内科、外科、儿科、妇产科、口腔科、预防保健科、检验科、医学影像科、中医科、总务科10个科室。1988年，在编职工26人，其中卫生技术人员24人。医疗设备总金额8万余元。2007年，有工作人员40人，其中卫生技术人员36人。医疗设备总金额17.10万元。万元以上医疗设备有200毫安X线机、B超机、救护车等。医院占地面积676.19平方米，医疗业务用房建筑面积636.20平方米。

【江苏省金陵监狱医院】

医院前身为南京官塘煤矿卫生队，1983年12月，省劳改局接管官塘煤矿时冠名，位于江宁区汤山镇金丝岗金陵监狱内。1988年，设床位20张。设临床科室6个，医学技术科室6个，开设一个病区。在职职工20人，其中卫生技术人员18人。2007年，设床位40张。设1[illegible]个科室以及医院分监区。在职职工43人，其中卫生技术人员35人。固定资产264万元，医疗设备总金额96.52万元，万元以上医疗设备17件。占地面积2100平方米，建筑总面积1680平方米，其中医疗业务用房1300平方米。

第四节 驻区医院

【南京军区南京总医院汤山分院】

汤山分院位于汤山镇南部，占地面积54.70公顷。前身是民国27年（1938）日伪组织建立的陆军医院。民国34年，改为国民党陆军202医院。民国38年4月，与中国人民解放军第三野战军特别纵队第1、2医疗队合并，在202医院基础上成立特纵卫生部医院。1951年5月，改为华东军区后勤部卫生部汤山医院。1953年，更名为华东军区后勤部卫生部第3陆军医院。

1954年10月，改称中国人民解放军第八三医院。1985年，设床位300张，有工作人员300人，其中医疗技术人员270多人。1988年，实际开放床位500张，设科室19个。医疗设备总金额21.80万元，共36台（件）。1995年2月，八三医院与原解放军南京疗养院（第125医院）合并，更名为南京军区南京疗养院。2004年，八三医院隶属关系转归南京军区南京总医院，冠名南京军区南京总医院汤山分院，为总院直属分支机构。2007年，医院有医务人员300余人，实际开放床位500张，设科室24个。医疗设备总金额1378万元。

医院借助南京军区总医院的医疗技术平台，重点加强对科室挂钩帮带，由南京军区总医院的5名高级职称医生到汤山分院兼职，建立总院专家汤山门诊制度，每周总院7名专家定期到汤山分院坐诊，7名专家分别来自风湿免疫科、普通外科、内分泌科、泌尿外科、呼吸内科、妇产科及放射科。总院内、外、骨科以及医学技术科等多个科室与汤山分院的临床、辅诊科建立帮带对接关系。总院骨科、普外研究所、呼吸肿瘤内科、内分泌科等科室分别在汤山分院设立独立的病房和护理单元，双方人员相互交流，并开通病人转诊、手术的“直通车”。同时开展内外疗养、体检、康复、会议服务保障工作。

【江苏省工人汤山疗养院】

疗养院系江苏省总工会直属温泉疗养院，1955年3月经中华全国总工会批准筹建，1958年1月正式运行。“文化大革命”开始后，疗养院停止活动。1969年，与南京邮电疗养院合并为江苏省煤矿建设指挥部医院。1973年，更名为南京煤矿医院。1978年12月，复名江苏省工人汤山疗养院。1986年，疗养院实际开放床位408张，在职员工178人。1988年，设床位400张，业务科室12个。工作人员197人，在编职工172人，卫生技术人员103人。1993年11月，省卫生厅批准增设江苏省骨关节病医院。1998年7月，获全国总工会模范疗休养员之家称号。2004年12月，被中华全国总工会定名为劳动模范疗休养基地，并获全国总工会先进疗养院称号。2007年年底，设床位400张，科室14个。工作人员129人，在编职工84人，卫生技术人员38人。医疗设备总金额358.03万元，万元以上医疗设备30余台（件）。疗养院占地面积86667平方米，医疗业务用房建筑面积14350平方米，非医疗业务用房建筑面积4444平方米。

疗养院以慢性病疗养、康复为主。主要诊治心脑血管疾病、皮肤病、消化系统、神经系统等疾患。治疗手段以温泉水疗为主，配合针灸、推拿、电光疗、蜡疗、中药等综合治疗。脑中风后遗症、骨关节损伤、牛皮癣、皮肤烧伤后康复等疾病较有效。

【南京同仁医院】

2003年12月，南京同仁医院开工建设，位于江宁经济技术开发区吉印大道2007号。2007年6月建成，10月8日正式开业。占地面积16万平方米，主体建筑面积12.10万平方米，为长三角地区最大的医院单体建筑。医院是由北京同仁医院控股的同仁医疗产业集团和南京江宁经济技术开发区共同投资兴建的一家国有控股的股份制医院。医院按照国家三级甲等综合性医院标准建造，是集医疗、预防、保健、康复、家庭护理、科研教学、国际交流、健康生活于一体的花园式医疗保健中心，是南京市、江宁区城镇职工基本医疗保险、江宁区新型农村合作医疗保险和南京市工伤保险定点医疗机构。

医院设置26个临床科室、18个医学技术科室，以及南京最大的健康体检管理中心、睡眠呼吸诊疗中心、120急救站。设计总床位1500张，首期实际开放600张。具有提供日服务门诊

4000人次、急诊250人次、手术150台的医疗综合服务能力。医院以北京同仁医院眼科和耳鼻咽喉头颈外科的专家带来的技术为龙头，以口腔科、妇产科、儿科、创伤中心、康复医学中心、健康管理中心为重点，推行各学科全面发展。

第五节 民营医疗机构

江宁县中医私人行医历史悠久，民国以后，西医渐渐传入，随之出现西医私人行医。民国35年（1946），全县有私立医院及诊所8所，规模小，设备简陋。1949年，私人诊所有64所，其中中医诊所29所、西医诊所35所，从业人员125人，其中中医65人。1952年，私人诊所发展至75所，其中中医诊所62所、西医诊所13所，从业人员75人，其中中医47人。此后逐步减少。“文化大革命”开始后，私人诊所绝迹。1984年，批准5人开业行医。1987年，有私人诊所9个，从业人员10人。2007年，江宁区有民营医疗机构10个，职工196人；个体医疗机构14个，职工41人。

【南京郑文友中医肿瘤医院】

医院是郑文友继创建深圳、北京、河南、云南、香港及泰国等地医院后，又一次投资兴建的中医肿瘤专科医院。1996年10月，创办门诊部。创办初期门诊量近1万人次。2000年6月，专科医院正式建成。是年，开放床位80张，设4个病区。2001年3月，被南京市卫生局批准为二级专科医院，并注册为营利性医疗机构。2007年，设床位20张，科室15个。在职职工25人，卫生技术人员16人。医疗设备总价值178万元，万元以上医疗设备20台（件）。医院占地面积15680平方米，建筑总面积9883平方米，其中医疗业务用房9437平方米。固定资产总值2558.50万元。

郑文友研制的系列抗癌中药，通过温补肾阳的“内热疗法”，活血化淤的疏通疗法，增强机体的免疫疗法，对各种不同症状的肿瘤进行辨证施治，从而达到改善、提高患者的生存质量，使不愿意手术、化疗的肿瘤患者有较好的选择。

【南京永平显微外科医院】

医院创立于2004年7月，是民营显微外科专科医院。该院由美国哈佛骨创伤、显微手足、整形外科博士后顾永平带领一批中青年医师组成医疗团队。2007年，医院设床位30张。设普通外科、骨科、整形外科、显微外科、麻醉科、医学检验科、医学影像科、总务科8个科室。在职职工30人，卫生技术人员23人，中、高级职称8人。医疗设备总金额50万元，3万元以上医疗设备有6台（件）。租用医疗业务用房面积1800平方米。

【南京市江宁老年医院】

医院于2007年3月创办，是民办非营利性一级医疗机构。医院设床位20张。设内科、外科、全科医疗科、预防保健科、急诊医学科、妇科、医学检验科、医学影像科、中医科、中西医结合科、康复医学科、药房等科室。在职职工38人，卫生技术人员18人，中级以上职称10人，初级职称8人。医疗设备总金额90万元。占地面积5332平方米，建筑面积4800平方米，总投资800万元。

第六节　医疗卫生队伍

【城镇卫生技术人员】

1949年，全县有医疗卫生人员28人，1958年增至476人，其中卫生技术人员300人。1965年，全县有卫生技术人员478人，1976年有808人，1986年有1067人。1988年，全县医疗卫生机构共有职工1967人，其中城镇卫生技术人员1534人；政府办医疗卫生单位在编职工1378人，其中城镇卫生技术人员1058人。2007年，全区医疗卫生机构共有职工4764人，其中城镇卫生技术人员3949人；政府办医疗卫生单位在编职工2915人，其中城镇卫生技术人员2714人。按常住人口计算，1988年，全县每千人拥有卫生技术人员2.48人；2007年，全区每千人拥有卫生技术人员4.49人。

全区政府办公立医疗卫生机构的在编人员，均为统一招收录用的大、中专院校毕业生、引进调入的医学人才，以及报经区人事部门核编招聘录用的专业技术人员。2005年起，卫生系统招聘录用人员须经过资格审查、笔试、面试、体检合格后择优录用。各医疗卫生单位所有在编在职专业技术人员，均按人事部门的有关规定，定期签订事业单位用工劳动合同，实行全员聘用制。

【乡村医生】

乡村医生是村级卫生机构中一支重要力量，在农村基层卫生工作中承担着医疗、预防、保健、康复、健康教育和计划生育指导等工作任务。1959年，全县76个大队保健站共有人员127人。1969年，全县278个合作医疗站有赤脚医生406人，1970年增至845人。1984年，村医疗站改称村卫生室，赤脚医生经统一考试合格的称乡村保健医生，未经考试合格的称保健员。1987年，全县共有乡村医生（保健员）645人，其中女性311人。1988年，乡村医生增至655人。随着社会经济发展，乡村医生执业资格规范管理，乡村医生人员数量不断发生变化。1996年，全县有乡村医生715人，其中拥有乡村保健医生证书的602人。2005年，全区有乡村医生388人，其中拥有乡村医生职业证书的374人，拥有职业助理医师资格证书的14人。2007年，全区共有乡村医生346人，其中拥有乡村医生职业证书的329人，拥有职业助理医师资格证书的17人。

1949—1984年江宁县卫生事业情况表

表39-1-2

年份	卫生机构（个）					病床数（张）	工作人员（人）	
	合计	综合医院	乡镇（公社）卫生院	工业及其他部门门诊部	其他卫生机构		总数	其中：卫生技术人员
1949	3	1	—	—	2	—	28	19
1950	4	1	—	—	3	20	41	26
1951	13	1	8	—	4	20	117	90
1952	31	1	22	2	6	20	183	160
1953	34	1	24	2	7	30	227	186
1954	34	1	24	2	7	30	216	181
1955	35	1	24	3	7	30	225	186
1956	46	1	28	6	11	36	284	239

续表

年　份	卫生机构（个）					病床数（张）	工作人员（人）	
	合　计	综合医院	乡镇（公社）卫生院	工业及其他部门门诊部	其他卫生机构		总　数	其中：卫生技术人员
1957	44	1	29	3	11	36	317	274
1958	35	5	23	3	4	244	379	319
1959	106	5	92	5	4	627	702	623
1960	124	5	113	4	2	484	766	514
1961	110	6	76	5	23	299	583	538
1962	110	6	72	7	25	414	631	533
1963	58	6	27	7	18	485	552	454
1964	52	7	24	5	16	590	596	488
1965	40	1	30	7	2	444	595	478
1966	39	1	28	7	3	732	643	520
1967	39	1	28	7	3	752	644	522
1968	39	1	28	7	3	752	622	515
1969	33	1	25	6	1	752	504	443
1970	37	1	26	8	2	887	652	523
1971	37	1	26	8	2	916	687	432
1972	40	1	26	11	2	969	882	608
1973	43	1	26	13	3	1141	927	543
1974	43	1	26	13	3	1333	971	591
1975	43	1	26	13	3	1436	1022	718
1976	46	1	26	16	3	1466	1115	808
1977	64	1	24	—	39	1745	—	1165
1978	73	1	24	—	48	1821	—	1233
1979	91	1	24	—	56	1708	—	1317
1980	93	1	26	—	66	1789	1744	1416
1981	92	1	26	—	65	2243	2241	18[illegible]7
1982	88	2	25	—	61	2220	2219	1750
1983	82	2	25	—	55	2188	2194	1725
1984	86	3	26	—	57	2633	2613	1497

说明：表中卫生机构中不含村级卫生机构

1985—2007年江宁区卫生事业情况表

表39-1-3

年　份	卫生机构（个）					病床数（张）	工作人员（人）	
	合　计	区及区以上医院	乡（镇）卫生院	门诊部（所）	其他卫生机构		总　数	其中：卫生技术人员
1985	85	3	26	47	9	1056	2204	1003
1986	90	3	26	52	9	1056	2367	1069
1987	93	4	23	57	9	2684	2460	1764
1988	92	4	23	57	8	1772	1967	1555
1989	93	4	23	59	7	1520	1935	1522

续表

年 份	卫生机构（个）					病床数（张）	工作人员（人）	
	合 计	区及区以上医院	乡（镇）卫生院	门诊部（所）	其他卫生机构		总 数	其中：卫生技术人员
1990	92	4	23	57	8	1558	1955	1537
1991	92	4	23	57	8	1576	1973	1560
1992	92	4	23	57	8	1569	1997	1577
1993	95	4	23	60	8	1526	2000	1559
1994	95	4	23	60	8	1516	2038	1597
1995	95	4	23	60	8	1621	2186	1733
1996	60	4	23	25	8	1660	2255	1807
1997	67	4	23	25	15	1703	2309	1846
1998	73	4	23	35	11	1674	2268	1805
1999	44	4	23	3	14	1745	2356	1872
2000	44	4	23	2	15	1774	2453	1922
2001	66	4	23	3	36	1718	2444	1911
2002	49	13	23	2	11	1554	2690	2223
2003	43	13	23	2	5	1505	2510	2184
2004	47	14	23	3	7	2817	3524	2635
2005	47	14	23	3	7	2951	3911	3057
2006	47	15	23	2	7	2951	3911	3026
2007	49	17	23	2	7	3158	4764	3844

说明：表中卫生机构中不含村级卫生机构

第二章　医药卫生体制改革

新中国成立后，1952—1957年，全县联合诊所实行独立核算，自负盈亏，按劳分配，民主管理。1952年开始从工作态度、业务收入、政治认识、业务水平4个方面民主评议每名工作人员的“薪给分”，按每人的“薪给分”分配联合诊所所得利润。1957年，《江宁县联合医疗机构组织章程》规定按每名成员的技术条件、工作业务、工作态度等民主评议其应得报酬，并经当地政府转卫生主管部门批准。1958—1961年，联合诊所先后改为公社医院，有国家所有、县属大集体所有、公社所有3种性质，实行统负盈亏和固定工资制。1962年，制订《江宁县集体医疗机构试行管理章程（草案）》，明确医生集体举办的公社一级医疗机构是小型的集体所有制，机构的人权、财权、管理权属医生集体所有。当年公社医院改为联合诊所，重新实行独立核算，自负盈亏，按劳分配，民主管理。是年，28所联合诊所20所实行“死分活值”（死分：按总分100分评分；活值：按利润情况决定每分价值），8所实行固定工资加奖励。次年，多数联合诊所改为固定工资加奖励。1964年受“左”的思潮的影响，所有集体医疗机构全部实行固定工资加奖励。规定各单位从每季度纯收入中提取30%为奖金。1970年后，全县26所公社（地区）医院，除湖熟、汤山地区医院和周岗公社医院是全民性质外，其余均属县属大集体性质，实行自负盈亏，固定工资制。1982年，乡镇（中心）卫生院初步实行独立核算，自负盈亏。并将国家补助卫生院经费发放由过去的按人员补助和补助亏损单位改为集中使用，分期分批搞卫生院建设，并在各医疗单位推行“五定一奖”（五定：定人员、定岗位、定任务、定质量、定消耗）责任制。1984—1987年，进一步对卫生院实行独立核算，自负盈亏，按劳分配，民主管理办法，并对县级医院实行国家拨款，定额包干。卫生院内部普遍推行和完善以科室核算结合质量管理为主要形式的责任制。

1988—2007年，区卫生局和医疗卫生单位积极投身改革创新实践，在管理体制、劳动人事制度、分配制度、产权管理制度等方面进行改革与探索，并不断深化与完善制度，取得显著成果，有力地推动卫生事业既好又快发展。

第一节 管理体制改革

20世纪80年代至2007年，在医疗卫生单位管理体制改革中，区级医院实行事业单位企业化管理，乡镇卫生院推行分级管理和委托管理，有力促进医疗卫生单位技术进步和综合实力提升；在公共卫生管理体制改革中，设立预防保健科（所）、区级公共卫生机构、公共卫生分中心，改革卫生行政执法监督体制，真正体现监督执法与监测服务分离，卫生行政执法与卫生技术服务分离。

【医疗单位管理体制改革】

1988年，经县委、县政府批准，江宁县人民医院实行院长负责制。以院长为县医院的法人代表（乙方），向县卫生局（甲方）实行综合承包。甲乙双方共同协商研究制订“县医院事业单位企业化管理”技术经济承包责任制方案（合同形式）。承包期限三年（1988年1月1日至1990年12月31日）。承包期间，县医院全民事业单位性质不变，正局级的级别不变，实行“两包两挂”的承包责任制，即包上级下达完成的事业单位和经常性事业经费指标，包计划外创收的收入基数；奖金免税额与经常性事业经费削减比例挂钩，创收的实际收入与职工的奖励基金提取比例挂钩。县医院实行事业单位企业化管理运作三年，每年接受县卫生局综合考核，并按合同条款规定对干部职工实施奖惩，有效地促进县医院技术进步和经济逐年增长，职工人均收入年年提高，医院综合实力不断攀升，为创建“二级甲等”医院打下坚实基础。

1988年1月1日起，根据南京市委农工部、市卫生局联合下发的《南京市乡镇卫生院县、乡分级管理暂行办法》、县政府《关于江宁县农村卫生改革的意见》精神，全县所有卫生院在所有制性质不变，工作人员的编制性质和待遇不变，固定资产的所有权不变，承担的各项任务不变，国家对卫生院的扶持政策不变的“五不变”前提下，全部实行“县乡分级管理，以乡为主”新的管理体制。实行分级管理体制，促使基层卫生事业大力发展，卫生院的综合管理能力和服务水平得到提高。1995年，根据卫生部有关政策和南京市政府相关部门的规定，经县政府批准，全县乡镇卫生院一律改由县卫生局进行统一管理，不再实行县乡分级管理体制。

【公共卫生管理体制改革】

预防保健科（所） 区级医院防保机构。1986年，县医院成立预防保健科，隶属医疗保健科管理，工作人员2人，主要与县防疫站共同承担东山镇0岁～7岁儿童计划免疫工作。1989年，县医院预防保健科独立设置，主要承担东山镇辖区内0岁～7岁儿童计划免疫工作，每年完成接种人数1000人左右，"四苗"（卡介苗、脊髓灰质炎糖丸、麻疹疫苗、百白破）覆盖率80%。1998年，县中医院成立预防保健科，主要承担新生儿疫苗接种、传染病管理、结核病管理、院内感染控制等任务。2002年，江宁医院预防保健科升格为医院二级科室，被首批列入南京市规范化防保门诊。科室人员增至9人，有计划地开展各项预防接种工作，使"五苗"（增加乙肝疫苗）覆盖率保持在95%以上。2007年，安全注射各类疫苗1万多针次，"五苗"覆盖率达98%以上。

乡镇卫生院预防保健机构。1985年，全县乡镇卫生院单独设立预防保健组，主要从事计划免疫、预防保健、妇幼保健工作。1987年，全县各个卫生院预防保健组扩建成预防保健科，负责辖区的卫生防疫、食品卫生、传染病管理、计划免疫、健康教育、血地寄防、儿童保健、妇女保健等工作。1988年，全县专职防保人员有79人。2004年6月，根据区机构编制委员会江宁编字〔2004〕29号文件决定，全区各镇（街道）设立防保所，其性质为全民事业单位，隶属卫生院领导，业务由区疾病预防控制中心、卫生监督所、妇幼保健所监督指导。承担所属卫生院辖区内的预防保健和公共卫生工作。2007年，全区有专职防保人员154人。

区级公共卫生机构 根据南京市编制委员会办公室、市卫生局印发的《区县卫生监督和疾病控制体制改革实施意见的通知》精神，2001年11月，江宁区编制委员会江宁编字〔2001〕22号文件决定，撤销区卫生防疫站、区皮肤病防治所、区血吸虫病防治站和区健康教育所，组建江宁区疾病预防控制中心、江宁区卫生监督所，均为全额拨款全民事业单位，为区卫生局直属正科级单位。

公共卫生分中心 根据南京市政府办公厅及市卫生局有关文件精神，依据《江宁区建设公共卫生分中心实施方案》的要求，区卫生局于2007年6月18日开始组织建设公共卫生分中心。全区以镇政府（街道办事处）的行政建制为依据，以镇政府（街道办事处）所在地的社区卫生服务中心为依托，兼顾东山新市区的公共卫生职能，共设置东山、上坊、百家湖、秣陵、禄口、淳化、横溪、湖熟、汤山、江宁（设在陆郎）、谷里11个公共卫生分中心，各公共卫生分中心均分设疫情监控科、卫生监督科、妇幼保健科、计划免疫科、健康管理与信息科5个业务科室。

第二节 劳动人事制度改革

【干部聘任制改革】

推行院长助理制 1989年11月，县卫生局决定在全县卫生系统推进实施院长资格助理制。基本条件和要求是：院长助理任期1年～2年，胜任者转任副院长；院长任职一般从副院长中选拔，并具有大专以上文化程度和中级以上专业职称。1990—2007年，全区共聘任63名院长助理，经综合考核全部转任副院长，其中14人被提拔聘任为院长。

实行任期目标责任制 2002年1月，全区实行院（所）长、中心主任负责制和年度目标责任制。由区卫生局主要领导与各院（所）长、中心主任签订《院（所）长、中心主任年度目标责任书》，明确各医疗卫生单位年度目标任务、工作内容及考核奖惩办法，年终进行综合考核评价，依据考评结果给予单位、负责人奖惩，充分体现责、权、利相结合原则。

中层干部竞岗聘任制　2002 年 12 月 25 日，根据《区政府办公室关于印发 < 江宁区卫生局职能配置、内设机构和人员编制规定 > 的通知》精神，卫生局机关中层干部首次推行竞争上岗制。2003 年 2 月，区卫生局机关科室的科长、副科长、主任、副主任全部竞争上岗。2006—2007 年，区卫生局机关部分科室 8 个职位实行竞争上岗。

2000—2001 年，江宁医院推行中层干部竞岗聘任，有 10 个职位通过竞争上岗。2002 年 1 月 10 日至 5 月 29 日，医院中层干部全部实行"就地卧倒"自动免去职务，参加竞岗聘任。全院共设置中层干部职位 88 个（含班、组长职位 21 个），共有 154 人参与竞争上岗，88 人被分批聘任为医院中层干部。2004 年 1 月至 7 月 19 日，医院实施第二轮中层干部竞岗聘任工作。共设置中层干部职位 96 个，全院有 171 人参加竞争，最终聘任 96 人为医院中层干部。2007 年 7 月 18 日，医院进行第三轮中层干部调整聘任工作，8 月 2 日，医院召开党政联席会议作出聘任决定。调整共涉及一级、二级科室中层干部 73 人，其中新提任 26 人，调整岗位 14 人，到龄离岗 8 人。学历最高的为博士，年龄最小的 33 岁。

卫生院院长竞岗聘任制　2003 年 2 月，全区卫生系统一级医疗机构主要负责人职务聘任实行重大改革，实行竞争上岗。2003—2005 年，通过竞争上岗的职位有方山卫生院院长，横溪、陶吴、上峰 3 个社区卫生服务中心主任。

实行院长轮岗制　2005 年 1 月，全区卫生系统推行医疗卫生单位正职任职轮岗聘任。正职在一个单位任职时间原则上不得超过 5 年，到期必须轮岗聘任。2005—2007 年，共有 5 名院长轮岗聘任。

【职工全员聘用制】

实行全员聘用合同制　1997 年，按照县人事局的统一部署和要求，全县卫生系统推行全员聘用合同制。全县卫生系统所有事业单位的国家干部、聘用制干部、固定工、劳动合同制工人及新进的正式工作人员全部实行聘用合同制。医疗卫生单位的法人代表与任命或聘任的上级主管部门签订聘用合同；职工与所在单位的法人代表或法人代表的委托代理人签订聘用合同。

1995 年 10 月，县医院制订《全员聘用合同制实施细则》，按照"平等自愿、协商一致"的原则签订聘用合同，实行统一管理。是年，医院与 539 名工作人员签订聘用合同。1997 年开始，医院每三年与全员签订一次聘用合同。2003 年 4 月 1 日至 2005 年 3 月 31 日、2005 年 4 月 1 日至 2007 年 3 月 31 日，在签订聘用合同书的同时，医院按岗位系列与全院职工签订综合目标管理责任书，进一步明确目标任务，强化岗位职责，规范服务行为，提高工作质量与效率效益。

人事代理制　2000 年 5 月 9 日，全县卫生系统新进人员一律实行人事代理制度。实行人事代理人员的人事关系和档案交由县人才服务中心管理，用人单位与其签订聘用合同，聘期 1 年 ~ 2 年，期满能够胜任工作岗位的人员，可以续聘；不能胜任岗位工作的解聘。2000—2007 年，全区卫生系统共有 1143 人实行人事代理制。

推行全员"双向选择，择优聘用"制　2000 年 8 月，县卫生局在全县政府办的公立医疗卫生单位（江宁医院单列），全面实行专业技术职务聘任制及全员聘用合同制"全出竞进"的改革工作。在编在职的从事卫生技术、行政管理、后勤服务的正式工和计划内农民合同工，全员与单位解除用工关系，成为“社会人”，由单位根据岗位设置，竞争上岗，实行末位淘汰制。通过因事设岗，竞争上岗，单位与职工采取“双向选择，择优录取”的方式签订岗位聘任合同。专业技术人员采取百分制考核（专业知识考试占40%，群众民主考核占30%，职业道德和业务能力考核占30%）。通过“三考”后公布考核结果，择优聘任各级各类岗位职务。实行“同级聘任”“低职高聘”“高职低聘”“续聘”“解聘”“缓聘”“辞聘”等聘任制。全县卫生系统参加“三考”人数1340人（不含江宁医院），结果末位淘汰70人，占总人数5.22%。在末位淘汰人数中，实行“高职低聘”45人、“转聘转岗”3人、“缓聘待岗”21人、“辞聘”1人。

2002年10月，江宁医院从机关职能科室开始推行全员竞岗聘用、双向选择、择优聘用制改革。改革严格按照“三定”（定岗、定员、定责）的要求，设置8个常设职能科室和1个临时性科室，定编27人，实有在编在岗工作人员33人。有48人参与双向选择，其中27人通过竞岗聘用走上机关工作岗位，有15人来自基层岗位的仍然保持在原岗位不动，有6人从原机关岗位上被调整分流到基层岗位工作。2005年4月6日，江宁医院共定编650人，其中医护技各类专业技术人员占86.10%。定编中的卫生技术人员，医生206人，占36.70%；护士242人，占43.20%；医疗技术人员中药剂人员占6.40%，检验人员占4.30%，放射人员占4.70%。医院各级各类临床、医疗技术、护理、行政、后勤岗位的所有工作人员，参加所在科室（病区）班组首选岗位和可选岗位的竞岗，一人最多可报三个岗位，实施双向选择、竞争上岗、择优聘用。全院650名工作人员选择新的工作岗位，3名人员落聘。

职工内部退养离岗休息制 2002年1月起，全区卫生系统全面实行单位内部提前离岗退养、离岗休息制度。区卫生局文件规定：全区所有一级医疗机构和部分区级卫生单位，凡是干部男55周岁、女53周岁，非干部男53周岁、女48周岁或工龄满30周年的一律提前离岗退养。职工确因身体不好、不能适应工作，又不符合提前离岗退养条件的，凡工龄满28周年，女工人年满45周岁可以办理提前离岗休息。是年，全区卫生系统共有31人（江宁医院单列）办理内退手续。

县卫生局宁卫字〔2000〕178号《关于江宁县卫生事业单位内部退养、离岗休息试行办法》第九条规定：计划内农民合同工，凡男性年满52周岁、女性年满47周岁给予办理退养，其退养按计划内农民合同工退养规定执行。自2001年1月起，全区卫生事业单位计划内农民合同工，实行单位内部退养休息制度。

2001年9月，江宁医院提交职工、工会会员代表大会一致通过的《医院职工内部退养、离岗休息的暂行办法》，2002年1月正式执行。暂行办法对职工内部退养离岗休息作出具体规定和要求。其中内退条件为：男干部、工人年满57周岁，女干部年满52周岁，女工人年满48周岁，工作年限满30周年。非卫生专业技术职称系列含政工、统计、工程、财会、计算机、档案等一律执行内部退养、离岗休息规定，主治（主管）医师以上卫生专业技术职称人员原则上不执行内部退养、离岗休息规定。暂行办法对内退人员待遇作出明确规定，原则上按照上级人事、卫生部门的有关规定执行。2002—2007年，医院连续6年共为32名符合条件的职工办理内退手续。

职称评聘分离制 2002年，江宁医院和全区医疗卫生单位实行岗位职数控制性管理，实行职称评聘分离制。2002—2007年，全区卫生系统6年聘任高级职称46人，中级职称209人（其中未聘56人），初级职称169人。

单位内部低职高聘制 2005年4月23日，江宁医院在临床一线试行“低职高聘”制。医院制订两个不同的低职高聘标准，即副主任医师高聘主任医师标准、主治医师高聘副主任医师标准。2005—2007 年，江宁医院低职高聘任用主任医师 3 人、副主任医师 3 人。2000—2007 年，全区卫生系统低职高聘 25 人，其中副主任医师高聘任主任医师 3 人，主治医师高聘任副主任医师 4 人，医师高聘任主治医师 18 人。

退休卫生技术人员返聘制 全区一级、二级医疗机构根据各自的实际工作需要，在离休、退休专业技术人员中聘用一些具有较高业务素质和丰富临床经验的老人员，继续在临床一线工作。各有关医疗机构先后出台返聘离、退休人员的操作程序和相关规定。2000—2007 年，全区卫生系统一级、二级医疗机构共返聘离、退休人员 70 人。其中，江宁医院 29 人，中医院 7 人，乡镇卫生院 34 人。

【后勤社会化服务改革】

2001 年，全区医疗机构开始全面推进实施后勤服务社会化管理，各二级医院将卫生保洁、食堂、保安等后勤服务工作，交由社会专业机构负责服务和管理，逐步实现后勤服务社会化。

江宁医院于 2001 年开始推行后勤社会化服务。是年，医院食堂对外实行承包经营，原食堂正式职工均分别转至其他岗位。2002 年 3 月至 2007 年 5 月，食堂分别进行四轮对外承包经营，承包方每年向医院交纳承包费及保证金。食堂承包后，医院后勤处按照有关规定和要求，加强监督管理。2003 年 10 月，医院将医疗区的安全保卫、门卫、医院院前与院内车辆管理等工作交由江宁区保安服务公司全权负责，成立医院保安队，派 16 人进驻医院执勤，实行 24 小时管理，原医院 2 名门卫工作人员委托区保安服务公司统一管理。2004 年 3 月，医院和省级机关物业管理中心签订协议，将医院卫生保洁和电梯服务工作委托其管理，按面积和分类分等级计算总包干费用。委托管理后，医院后勤处加强考核、检查的力度，确保医疗环境整洁，卫生状况良好。2007 年 12 月，物业管理保洁和服务人员有 135 人，保安总人数 20 人。

区中医院于 2001 年 6 月，将职工食堂对外公开招标，实行承包制管理。2006 年 3 月 10 日，与省级机关物业管理中心签订协议，将院内门诊综合楼、急诊楼、医技楼、病房楼及附楼、门诊及病房电梯、停车场外环境卫生交由省级机关物业管理中心负责服务和管理。

第三节 分配制度改革

【活工资浮动发放】

江宁医院 2002 年 8 月 1 日，医院决定在门诊、急诊、后勤科室实施“活工资”定额和劳务费综合考评合并发放，并制订“活工资”发放综合考核评价操作细则。2003 年 1 月 2 日，医院印发《全员活工资发放综合考核评价暂行办法》，确定全院在编在职职工每人每月暂扣发 300 元作为活工资额，综合考核评价后及时浮动发放。每月对每位职工进行出勤情况、服务质量、行为规范、工作效率、综合效益等方面的综合考核评价，考评结果作为每月活工资发放的重要依据。

2005 年 1 月 4 日，医院进一步规范“活工资”考核发放。坚持“活工资”综合考核评价、质量否决、行政处罚相结合；综合考核评价到每位职工，实行自我约束和考核监督相结合。全院在编在职职工每人每月从工资中拿出 500 元纳入“活工资”综合考核，应届毕业生录用的第一年，每人每月 100 元纳入活工资综合考核。主要考核医疗质量、护理质量、服务质量、医德医风、操作规范、综合能力、出勤天数、遵守规章制度等。综合考核扣款主要依据医院奖惩规定、待岗规定中有关条款执行，如若扣款超过当月“活工资”定额，不足部分在当事人劳务费或基本工资中扣除。

乡镇卫生院 根据市、县人事部门的统一布置和要求，全县乡镇卫生院活工资浮动发放于1995年开始实施。活工资浮动发放的具体比例是按照工作人员固定工资额除6乘4的公式计算。各乡镇卫生院联系自身实际制订百分制考核办法，成立活工资发放考核小组，单独核算考核到人头。主要实行百分制考核，共7项，其中出勤10分、政治思想10分、组织纪律10分、医德医风20分、服从分工10分、科室管理和个人行为20分、医疗安全20分。每月组织一次全面细致的考核评价，按月发放活工资，满90分足额发放，满80分按80%发放，满70分按70%发放，70分以下或严重违反管理制度者予以全额扣发。

【奖金劳务费考核发放】

区级医院 江宁医院职代会于2000年11月，审议通过医院综合目标管理考核评价办法，依据不同科室、不同职能，采用不同的评价分配方法。2003年1月1日，医院进一步深化细化分配制度改革，实行医护分开核算劳务费，完善劳务费二次分配，实行成本核算办法。2006年2月，医院根据岗位职责、管理要素、责任要素、技术要素、风险要素参与分配的原则设立岗位考核分配系数，系数由最高1.50到最低0.50，共分9个档次。由医院根据相应科室、病区、班组的人均劳务费补贴发放，拉开分配档次，充分体现各级管理人员责、权、利的统一。同年10月，医院制订“1+4”绩效考核分配方案。绩效考核规定实行院级考核管理和科室二次考核分配管理，各科室根据医院绩效考核分配要求，建立由科主任负责、科室干部职工参与的各考核单元二次分配小组，具体负责各项考核工作的组织落实，主要做法：“1+4”即“1”指效率效益考核，“4”指医疗质量管理基金、医疗安全风险基金、文明优质服务奖励基金和重点专科发展基金4项基金考核。各项基金考核小组采取每月定期与不定期考核，将考核结果纳入各相关科室单项基金管理，并对存在的问题提出限期整改要求和具体措施。

区中医院于2001年1月推行绩效考核办法。主要实行按岗位、按工作量、按服务质量和工作绩效取酬的分配机制。成立由院长任组长、各职能部门负责人组成的医院绩效考核领导小组，负责医院绩效考核管理、考评指标制订、科室绩效评价、反馈与指导等相关工作。各科室根据医院绩效考核分配的要求，建立由科主任负责、科室干部职工参与的各考核单元二次考核分配小组，负责各项考核工作的组织落实，进行成本核算、服务质量、工作量等考核。院部每月根据各科室考核结果和考核分配要求，将审核计算各科室的各项奖金发放至各科室，由科室进行二次分配，及时兑现到人。

乡镇卫生院 20世纪80年代至1998年，全县乡镇卫生院统一按照科室设置、责任大小、业务收入、质量考核、任务完成等情况实施综合考核，职工奖金、劳务费大体分为4个等级，基本采取核算到人的办法，每月、每季、每半年或年终一次性发放奖金、劳务费。

1999年，全县部分乡镇卫生院实行“滚动式成本核算”。将当月科室人员工资、养老金、公积金、医保金、失业保险金、工会费及职工福利费等各种单项支出列入科室固定成本核算，同时将卫生耗材、房屋和设备折旧、行政报销支出、管理费分摊及其他材料支出等列入科室可变成本核算，各项支出超出当月科室收入的部分，采取滚入下月成本核算的原则，直至持平为止。奖金发放按滚动式核算，当月科室收支有盈余，盈余部分按分成比例提成，作为奖金。

2000年，全县乡镇卫生院实行新的奖金发放方案，主要是推进成本核算与目标责任制管理相结合的综合考核评价办法，对科室人员进行优化组合，实行按季考核发放和年终考核二次分配方案。

2004年，根据区卫生局关于分配制度改革的指导意见精神，按照“劳、质、绩、效”共同参与分配的原则，重新研究制订分配制度改革方案。“劳”：设立行风保证金、医疗质量风险金，每季考核一次，与劳动纪律、出勤情况、服务质量、行风建设挂钩兑现；“质”：根据全年目标，对所有科室实行目标责任制管理，与服务态度、服务质量情况挂钩兑现；“绩”：与工作考核质量、目标责任制完成情况挂钩兑现，将人员工资、养老金、公积金、医保金、失业保险金、工会费、职工福利、招待费、耗材、培训、办公费、值班、加班等费用及车旅费、事故与纠纷处理费用列入成本核算，从科室节余中支出；“效”：根据各科室完成目标责任制情况、贡献大小、风险程度、服务质量、工作态度、综合效益等情况，年底综合考评发放奖金。实行“劳、质、绩、效”的考核发放办法之后，职工全年奖金有较大提高，且逐年增加。

【设立单项奖励】

区卫生局　区卫生局先后制订多项奖励规定，分别对综合、单项考核评比的先进集体、先进个人给予奖励。2006年3月，区卫生局印发《关于技术进步与创新奖励的规定》，明确规定：评为“江宁区名医”，区卫生局颁发荣誉证书、荣誉匾，一次性奖励金1万元；单位发给名医津贴每月150元、连续享受3年，“低职高聘”时可优先聘用、享受相应职级工资待遇。评为“江宁区学科带头人”，区卫生局发给荣誉证书、荣誉匾，一次性奖励金6000元；单位发给岗位津贴每月100元、连续享受三年，“低职高聘”时可优先聘用、享受相应职级工资待遇。评为“江宁区重点科室”，区卫生局发给荣誉铜牌、奖励金2万元～4万元。评为“江宁区特色专科”，区卫生局发给荣誉铜牌、奖励金1万元～2万元；凡是三年复核评审继续达标科室，再奖励1万元～2万元；凡是不达标科室，取消原授予科室名称。文件明确规定对科学研究、科学技术成果给予奖励。并规定各医疗机构要对引进、应用、开展的新技术、新项目，并取得明显社会、经济综合效益的项目，给予一定奖励。

江宁医院　江宁医院先后设立一次性特别奖、科研成果奖、优秀论文奖等多个单项奖励和岗位补贴。

1987—2001年，南京市卫生局组织开展“战百日高温、创优质服务、夺白求恩杯”竞赛活动，江宁医院根据竞赛要求，制订考核标准，对竞赛活动中优胜科室和个人予以表彰奖励。1991年5月，县医院设立年终一次性特别奖，制订《年终一次性特别奖条例》，平时加强检查考核，年终依据条例逐条评定，并实行“一票否决制”。凡违反条例规定的任何一项，一次性特别奖励取消。1997年3月，县医院出台《关于设立科研成果奖和提高论文奖励标准的通知》。2000年10月，出台《关于设立“委屈奖”的暂行规定》，对能理智对待少数病人家属故意刁难，遭到意外攻击、伤害的，受到委屈的当事人给予“委屈奖励”。2000—2007年，医院每年在高温季节开展“战高温，百日文明优质服务竞赛”活动。对竞赛活动中评选出的先进个人、先进集体给予表彰奖励。2003年1月和2005年1月，先后两次对科研成果奖、优秀论文奖进行调整，并增加立项科研课题项目启动支持经费。

乡镇卫生院　全县各乡镇卫生院均设立多个单项奖励，如开展“百日竞赛”奖励、年度评优奖励、精神文明建设百分考核月奖、发放职务岗位津贴、综合目标管理奖励等。1994年后，全县各乡镇卫生院根据自身工作实际情况，先后在年度考核奖惩办法中设立各类有利于促进工作落实的单项奖励规定。

【医疗卫生单位负责人考核奖励报酬】

20世纪80年代至2000年，全县医疗卫生单位负责人奖励报酬，基本上实行院内实绩考核，与职工同工同酬，享受职工奖金平均数的办法。2001年，实行单位主要负责人年终奖励金的发放，按照区卫生局进行综合考核后确定的标准数额发放，不得重复计算。

2005年，按照社区卫生服务中心主任目标任务考核责任书执行，目标责任书由目标任务和经济效益考核两部分组成。2006年增加风险抵押金制，考核总分为70分的只拿回交纳的风险抵押金，不享受奖金，70分以上的拿回风险抵押金，并享受奖金。按照区卫生局年度综合考核结果，由区卫生局直接发放到每个社区卫生服务中心主任。

第三章 医疗服务

民国时期，医疗服务主要是开展疾病诊疗、卫生防疫、妇幼保健工作，医疗设施简陋，技术水平不高。新中国成立后，卫生事业得到发展，江宁县不断加强医疗卫生设施建设，加快医疗设备和床位配置，提高医疗技术水平。开展诊治、医疗急救、防疫、接生、计划生育等医疗服务工作。20世纪90年代后，全县护理队伍的建设和管理不断强化，逐步实现专业化。至2007年，江宁区的医疗卫生设施配套更趋完善，政府办的医疗卫生机构房屋建筑物总面积17.06万平方米，其中业务用房面积13.87万平方米；全区医疗机构共设置床位3158张，其中政府办医疗机构共设1408张，常住人口每千人拥有床位3.59张；医疗仪器设备总价值17575万元，3万元以上仪器设备282台（件），车辆、电梯、电脑389台（件）。医疗技术水平得到显著提高，江宁区区级医院内科、儿科、外科、妇产科、五官科、口腔科等临床科室的医疗技术水平普遍达到二级甲等医院技术水平标准，部分项目技术水平达到三级医院的要求；街道社区卫生服务中心对常见病、多发病、医疗急救的诊疗救治基本适应医疗保健需求，有些疾病的诊治能力达到二级医院水平。护理队伍更加专业化，全区从事护理工作人员882人，91.10%已取得中专以上护理专业学历，97.80%获得护士以上技术职务。

第一节 医疗设施

全区政府办医疗卫生机构全面加强医疗卫生设施建设，不断加快医疗设备和床位配置，医疗卫生机构的占地面积、绿化面积、基本建设、床位设置、医疗设备、固定资产等方面均呈现增长势头，医疗卫生设施更趋配套完善。至2007年，全区政府办医疗卫生机构房屋占地面积368821平方米，绿化面积70237平方米，建筑面积170642平方米。全区医疗机构共设置床位3158张，医疗仪器设备总价值17575万元。

【房屋建筑】

20世纪50年代，江宁县医院建设房屋350平方米；全县乡（镇）中心卫生院建设房屋1304平方米。60年代，江宁县医院建设房屋500平方米；全县乡（镇）中心卫生院建设房屋7979平方米。70年代，江宁县医院建医疗业务用房9754.90平方米；全县乡（镇）中心卫生院建设房屋21487平方米。1980—1985年，江宁县医院建职工宿舍楼2533.10平方米；全县乡（镇）中心卫生院建设房屋16500平方米。1984—1987年，县、乡两级医疗卫生单位共建房35771.10平方米。1988年，全县政府办医疗卫生机构房屋建筑总面积77222平方米，其中业务用房面积53939平方米。1988—2007年，全区政府办医疗卫生机构新建、扩建医疗卫生业务用房，总面积150097平方米，建设投入资金总额44997万元；房屋改造装修面积19048平方米，投入资金额1624万元。其中整体搬迁的有区妇幼保健所、卫生防疫站、禄口卫生院、湖熟卫生院、铜井卫生院、谷里卫生院、土桥卫生院、龙都卫生院、百家湖社区卫生服务中心等11个医疗卫生机构，建筑面积41932平方米，投资总金额6433万元。2007年，全区政府办医疗卫生机构房屋建筑物总面积170642平方米，其中业务用房面积138652平方米；占地总面积368821平方米，绿化总面积70237平方米，绿化覆盖面积19.04%。

【床位与设备】

床位设置 1950年，全县4家医疗卫生机构设置床位20张。1958年，全县35家医疗卫生机构设置床位244张。1969年，全县33家医疗卫生机构设置床位752张。1985年，全县卫生机构设置床位2602张，其中政府办医疗机构设置床位1074张，政府办医疗机构中县级医疗机构设置床位350张，卫生院设置床位724张，常住人口每千人拥有床位1.47张。1988年，全县医疗机构共设置床位1722张，其中政府办医疗机构设置床位1060张。政府办医疗机构中县级医院设置床位400张，卫生院设置床位660张，常住人口每千人拥有床位2.45张。2007年，全区医疗机构共设置床位3158张，其中政府办医疗机构设置床位1403张。政府办医疗机构中区级医院设置床位734张，社区卫生服务中心设置床位674张，常住人口每千人拥有床位3.59张。

设备管理 各医疗卫生机构重视设备管理和维护保养，力求提高设备正常运行率、使用率、使用年限。20世纪80年代后，县级医疗卫生机构先后成立设备科，社区卫生服务中心（卫生院）配有专人管理，严格把好选购、验收、操作、管理各个环节工作。大、中型仪器设备基本建立卡片、清单，定期维护保养，万元以上医疗设备建立设备档案，完整收集技术资料，并开展单机效益分析，确保设备完好率和使用率，提高医疗设备应用综合效能。

20世纪50年代，医疗机构设备简陋，江宁县医院有显微镜2架、高压消毒器3只、冰箱2台、培养箱1台、电动离心沉淀器1台、200毫安X线机1台。医疗机构大多从70年代开始添置大型医疗设备。1988年，全县医疗卫生机构医疗仪器设备总价值406.96万元，其中县级医院医疗仪器设备价值222.96万元，县级直属卫生单位医疗仪器设备价值12万元，乡镇卫生院医疗设备价值172万元。2007年，全区医疗卫生单位医疗仪器设备总价值17575万元，3万元以上仪器设备282件，车辆、电梯、电脑389台。其中，政府办医疗卫生机构5万元以上医疗仪器设备766台套。区级医院医疗仪器设备价值10154万元，区级直属卫生单位医疗仪器设备价值1593万元，乡镇卫生院（公共卫生服务中心）医疗仪器设备价值5828万元。

第二节　医疗技术

【区级医院医疗技术】

内科　呼吸科开展气管镜的检查及介入治疗技术，经皮肺穿刺活检术，胸膜活检术，胸腔闭式引流术，晚期肺癌的规范化化疗，无创机械通气对急慢性呼吸衰竭的救治技术，气管镜引导下气管插管和气道灌洗术等。2004—2006年，江宁区组织的“哮喘之家”活动，得到中国哮喘联盟的赞扬。

心血管科常规开展各类心脏病诊治，率先在区（县）级医院开展心脏起搏器安装术、冠状动脉造影术＋经皮冠状动脉腔内成形术＋支架植入术，以及先天性心脏病的介入治疗。

神经内科开展脑出血、脑血栓形成、脑栓塞、中枢神经系统感染、癫痫、眩晕症、帕金森病、重症肌无力、各种头痛、肌张力障碍、周期性麻痹、周围神经病的诊治。江宁医院神经内科为省内率先开展脑血管病变综合治疗的科室，2002年成为南京市唯一一家被卫生部指定的“全国微创协作医院”。

消化科诊治消化科常见病、多发病、疑难危重病人，常规开展胃、十二指肠、结肠检查及镜下治疗技术。

肾脏科主要诊治血尿、蛋白尿、肾病综合症等常见疾病。开展血液透析及血液滤过等透析、床边血液透析滤过（CRRT）、血液灌流、血浆置换和肾脏穿刺活检术，提高肾小球疾病的病理诊断水平。

血液科常规诊治各种贫血及常见的血小板减少症等，进行骨髓穿刺诊断各类血液病。同时与鼓楼医院、南京军区总医院合作，对骨髓进行流式细胞等检查，确立患者的染色体有无异常，确定诊断急性白血病、慢性白血病及骨髓增殖性疾病，继而对急性淋巴细胞白血病、急性粒细胞白血病、多发性骨髓瘤、淋巴瘤进行化疗。

内分泌科常规诊治甲状腺、肾上腺内分泌激素异常性疾病和糖尿病等。

区中医院还开展中医内科常见病、多发病的诊治。运用中医汤药、针灸等进行一些危急重病的抢救，如失血性休克、晕厥、不明原因抽搐与昏迷等。

外科　普外科开展全腹部手术，如胃大部切除术、胃癌根治术、脾切除术、胆囊手术、结直肠癌根治术、肠切除术、胆肠吻合术等。开展腹腔镜下胆囊切除手术、胆道术中造影及术中胆道镜下取石、胆道术后残余结石胆道镜下取石等。

心胸外科开展食管癌根治、主动脉弓下和弓上吻合术，食管中上段癌根治、胸膜顶吻合术，左剖胸颈部双切口食管胃颈部吻合术，右胸、腹、颈部三切口食管癌根治术，食管胃颈部吻合术。

肿瘤科20世纪60年代开展胃肿瘤及结直肠肿瘤手术。到70年代初，乳癌根治、胃贲门癌根治、肠癌根治已常规开展。80年代，开展化疗业务。2003年，对晚期肿瘤患者利用体外高频热化疗、射频消融、介入热灌注、热凝固、放射性粒子植入等新技术开展微创治疗，并开展化疗、生物治疗、物理治疗、介入治疗及组织间插植近距离放疗等综合治疗。

泌尿外科开展膀胱造瘘术、膀胱破裂修补术、肾部分切除术、耻骨上经膀胱前列腺摘除术、尿道下裂成形术、阴茎部分切除术、膀胱部分切除术、肾窦内肾盂切开取石术、输尿管切开取石术等。

儿科　儿科除开展常见病、多发病的诊治，还开展肺部理疗佐治小儿肺炎、腹部理疗治疗小儿腹泻病、捏脊疗法提高患儿的抵抗力、微波治疗小儿肺炎和小儿腹泻病等多项新技术和新疗法。并开展哮喘专科门诊。

骨伤科 开展四肢各类型骨折诊治，包括关节内骨折，空心加压螺钉治疗股骨颈骨折和骨肿瘤、骨结核及先天性畸形等手术。1994 年，开展人工股骨头置换术，腰椎间盘髓核摘取术，胫骨平台、股骨髁、肱骨髁等关节内骨折切开复位内固定术。1998 年，开展交锁髓内钉治疗胫骨及股骨干骨折。1999 年，急诊开展肱动脉外伤性假性动脉瘤摘取及肱动脉修补术。2001 年，开展 C-D 棒、AF 等钉棒系统治疗，胸腰椎骨折切开复位内固定术，人工全髋关节置换术。2002 年，开展手显微外科断指再植手术。2003 年，开展“DHS 治疗股骨粗隆间骨折”。运用中医正骨手法复位、夹板外固定治疗四肢骨折，还开展中药熏蒸、“骶疗”“小针刀”、痛点注射和“银质针”等方法，治疗颈、肩、腰、腿痛及重症顽固性软组织疼痛性疾病。

妇产科 开展宫颈癌广泛子宫切除、盆前淋巴结清扫术、子宫内膜癌次广泛子宫切除术、卵巢癌肿瘤减灭及盆、腹腔淋巴结清扫术等。妇科腔镜进行子宫、腹腔检查手术。宫颈疾病诊治运用 TCT、阴道镜、宫颈活检宫颈癌筛查，宫颈疾病药物及手术治疗。开展妊娠并发症及合并症的诊治、子宫下段剖宫产术、新式剖宫产术、镇痛分娩。开展新生儿听力筛查、抚触、游泳等项目。

耳鼻咽喉科 开展鼻内镜下鼻部微创手术、支撑喉镜下喉部微创手术、喉裂手术、气管切开手术、甲状软管囊肿切除术、耳前瘘管切除术、外耳道乳头状瘤切除术、乳突根治术、扁桃体切除术、上颌突根治术、腭垂腭咽成形术（UPPP 手术），并积累了对颌面、颈部创伤治疗的临床经验。运用中医“耳穴点刺”治疗外耳道疖肿、化脓性扁桃体炎及咽喉炎。

口腔科 开展的项目有：拔牙、补牙、镶牙、矫正治疗、超声波洁牙、牙槽外科小手术等和烤瓷牙、铸造牙、隐形义齿、牙齿美容等牙齿修复治疗。开展腮腺、颌下腺、舌下腺、髁状突颧骨、上下颌骨的手术，第二磨牙的根管治疗，洁牙（超声波），光固化，牙龈翻瓣，牙倒充填、各类错牙合畸形矫正、全口义齿、各类活动义齿、固定义齿修复。

眼科 常规开展眼前节、眼后段以及泪道疾病、各种类型结膜炎与角膜炎、葡萄膜炎、晶状体疾病、青光眼疾病、各种屈光不正性及泪道疾病、视网膜及视神经疾病的常规诊疗，开展白内障囊内摘除术、眼前节球内异物取出术、眼球穿通伤修补术、眼球摘除术、眼内容物剜除术等手术。

肛肠科 开展内痔、外痔、混合痔、肛裂、肛瘘的诊断与手术治疗，慢性溃疡性结肠炎、直肠癌、结肠癌的诊断和中医中药治疗或术后恢复期的辅助治疗，运用专科制剂、激光、微波治疗肛肠病。

针灸科 运用传统针灸治疗运动系统、神经系统的常见病、多发病，如颈肩腰腿痛、偏头痛、失眠等。开展腹针疗法、腕踝针疗法、眼针疗法、浮针疗法、埋针疗法、水针疗法及腰椎间盘突出症综合疗法。

精神科 开展躁狂症、严重抑郁症、难治性分裂症、癫痫、帕金森病的治疗，开展无抽搐电休克治疗技术，精神药物副反应量表、症状评定量表、护士精神病量表的操作，心理测验项目等。

其他 引进 X 线计算机断层摄影（CT）、磁共振成像（MRI）、数字减影血管造影（DSA）、直接数字化 X 射线摄影系统（DR）以及高性能彩色超声等设备，使影像技术进入数字化时代。大型生化分析仪的引进和更新，使医疗技术科室能够开展生物分子学水平的以免疫应答反应为基础的血清免疫检测技术，细菌学、细胞学检测技术，为临床提供最直接的诊疗指导，提高临床诊断准确性，保障医疗安全。

【卫生院医疗技术】

20世纪50—80年代，卫生院开展内外科常见病、多发病的诊治。只有汤山、湖熟、陶吴、江宁4个中心卫生院能够开展单纯胆囊切除和胃切除等上腹部手术，秣陵等10个卫生院能够开展阑尾炎等下腹部手术。

1992—2000年，实行等级医院管理，有20个卫生院被评为一级甲等卫生院，3个卫生院被评为一级乙等卫生院。卫生院引进一批大专以上学历人才，全部配备心电图机、多参数监护仪、麻醉机、彩色超声、200毫安～500毫安X线机、全自动生化分析仪等医疗设备，并配备救护车，90%以上卫生院开展胆囊切除和胃切除等上腹部手术和剖宫产手术，部分卫生院开展食道癌根治等胸部手术。内科急救水平得到提高，能抢救危急重病人，诊断治疗一些少见病、疑难病，大部分卫生院开展内窥镜（胃镜、肠镜）的诊断及治疗（止血、微波术、化疗等）、胸腔穿刺、腹腔穿刺、胸腔闭式引流、中药灌肠术、血液或腹膜透析等。

2001—2007年，江宁区社区卫生服务工作全面开展，“小病在社区，大病在医院”的医疗新模式逐步形成，全区23个卫生院均转型建成社区卫生服务中心，“医疗、预防、保健、康复、健康教育、计划生育技术指导”六位一体功能逐步完善。全面开展全科医生、社区护士、乡村医生的全科医学知识培训以及卫生监督人员、疾病预防控制人员、卫生管理干部的培训，考试合格者发放培训合格证书。2005年开始，全区60岁以上老年人全部建立健康档案，每年定期进行体检，对有慢性病的老年人随访随治。对慢性非传染性疾病患者建立专案，制订随访管理计划，进行系统管理。门诊35周岁以上患者首诊测血压达95%，60周岁以上老人建档率达90%，高血压、糖尿病管理率分别达91%和95%。

第三节　医疗急救

医疗急救分为院前急救和院内急救。院前急救主要有公路交通事故伤员急救、抗洪救灾医疗救护、突发事件医疗救护，以及突发急危重疾病的救护。院内急救主要是在医院急诊科室、抢救室、ICU、手术室等科室开展的急救。

【院外急救】

公路交通事故伤员救护　1994年5月，成立公路沿线红十字救护点，全县共设立11个点，由东山、东善、淳化、禄口、麒麟、汤山、陶吴、铜井、江宁、横溪、土桥卫生院负责承担，组建医疗救护队，接受专业培训，负责辖区沿线道路交通事故等突发事件的现场急救。2001年9月，公路沿线红十字救护点进行调整，全区有东山、东善桥、淳化、秣陵、禄口、麒麟、汤山、陶吴、铜井9个点，再次进行医疗救护队员的系统规范培训。

2007年2月，区卫生局下发《关于建立江宁区道路交通事故伤员救护网络的通知》，在104国道、宁镇线、宁杭线、宁溧线、宁丹线、宁芜线建立汤山、土桥、湖熟、禄口、陶吴、江宁卫生院6个一线医疗救护点。一线救护点成立医疗救护队，业务副院长任队长，2名外科医生、1名内科医生、1名护士、1名驾驶员组成。二线救护点由“120”江宁区救护分站、江宁医院急救中心和重症监护病房（ICU）组成。道路交通事故伤员救护分为现场救护、伤员转运、院内救护。边远地区由一线救护点开展救护工作，并负责危重伤员的转运。城区直接呼“120”，进行现场救护和院内救护。是年，一线医疗救护点抢救伤病员485人次。

防汛抗灾医疗救护　区卫生局在每年防汛季节都成立防汛抗灾医疗防疫救护领导小组，负责全区抗洪救灾医疗防疫工作的领导和调配。江宁医院、区中医院各成立两支防汛抗灾医疗队，区疾控中心成立两支卫生防疫队，每个社区卫生服务中心各成立一支医疗防疫救护队。一旦需要，立即进行现场救护。

危重病人转运　20世纪60年代初、1973年、1978年，县人民医院各购置救护车1辆。1985年、1986年，各更新救护车1辆。1988年，设有救护站，配有2辆救护车，主要为全县医疗机构转运病人服务。随后不断更新救护车辆，增添救护设备，提高救护能力和水平。2002年8月，江宁医院与南京市急救中心合作，成立南京市急救中心江宁分站。分站配备救护车2辆，医、驾人员6人，车辆配心电图机、呼吸机、除颤仪、氧气瓶、急救药箱等医疗救护设备和车载GPS卫星定位系统、通讯系统。工作人员实行24小时值班制。2007年，江宁医院拥有救护车辆10辆。“120”救护分站急救3600人次，其中送往市内上级医院800人次，江宁医院内救治2800人次，抢救成功率98%。

1994年，县中医院配置救护车1辆，2007年添置救护车1辆，为转运病人使用。20世纪90年代后期，各卫生院先后自备救护车1辆，担负危重病人转运和突发事件伤病员的救护。

突发事件医疗救护　突发事件医疗救护由区卫生局直接指挥，临时调配，组织现场急救。1991年湖熟片洪水灾害、2002年3月28日长江段铜井沉船、2002年汤山“9·14”中毒事件、2003年2月横山大火灾害、2004年3月30日横溪塌桥、2004年9月1日江宁大学城建筑工地脚手架倒塌事件和多起重大交通事故中，均及时组织医疗救护队伍进行现场急救，保证受灾群众的生命安全。

【院内急救】

二级医疗机构院内急救　江宁医院院内急救。1988年，组建急诊科。开设内科、外科、妇产科、儿科、五官科等科室，设立急诊放射室、检验室、B超心电图室、药房等。2003年8月，由急诊科和“120”急救分站组成急诊中心，急诊中心迁入医疗综合大楼裙楼，一楼为生命绿色通道，设有内科、外科、儿科、妇产科、五官科等临床科室和抢救室、急诊药房、检验、放射、CT室、B超心电图室、换药室等。抢救室约60平方米，可同时容纳10人的抢救，设有4张多功能抢救床，配备先进的抢救仪器和设备。二楼为输液中心及观察室，设有5间输液室、2间输液室观察室，配有传呼系统、健教系统，并开设专门的儿科输液通道，实行儿童、成人分开输液。1992年，急诊17925人，观察219人。2003年8月，急诊中心成立后，急诊平均每天输液达600人次以上。2005年8月，急诊病人量持续上升，输液量每天达700人次以上。2007年，急诊科拥有副主任医师2人，主治医师1人，住院医师4人，主管护师3人，医护人员共18人。

江宁区中医院院内急救。急诊科设立前只设内科普通急诊，医务人员为1名内科医生及1名护士（兼发药），接诊一般发热病人。1994年，急诊楼建成后设立急诊科，仍以内科为主，外科病人则转到病房诊治。急诊科晚10点关门，10点后急诊病人到病房就诊。2003年，急诊增设外科、护理、药房，24小时值班。2005年新门诊楼落成后，原门诊楼重新装修后设为急诊楼，急诊科设外科、骨科、内科（5岁以上儿童）、妇产科，并配有护理、急诊药房、收费、检验、放射等科室，24小时开诊。

一级医疗机构院内急救 全区各社区卫生服务中心均建有急诊室和抢救室，建有医疗抢救工作领导小组和医疗抢救小组，实行24小时值班制，行政、医疗双值班制，医疗骨干、辅助检查备班制。紧急会诊、抢救相关人员15分钟到场。

第四节 护理队伍

1965年，全县医疗机构有护士76人，1976年有195人。20世纪90年代前，基层医疗机构的护理人员十分缺乏。1994年，贯彻实施《中华人民共和国护士管理办法》《医疗机构管理条例》，对医疗机构的护理工作提出新要求，全县医疗机构完善护理工作制度，规范护理技术操作，护理人员持证上岗。至2007年年底，全区从事护理工作人员882人。其中，护理人员826人，助产人员56人，91.10%已取得中专以上护理专业学历，97.80%获得护士以上技术职务。

【二级医疗机构护理队伍】

民国23年（1934），江宁县3所卫生所分别设公共卫生护士、护士、助产士各1人。民国36年，江宁县医院有护士14人，助产士3人。新中国成立后，全县专业护理人员严重缺乏，只有一小部分是护理专业中专毕业，大部分为高、初中毕业，其中不少职工为老职工子女直接到护理岗位边学边干。至1985年，江宁县县级卫生机构从事护理工作人员146人，其中助产士7人。1988年，全县二级医疗机构从事护理工作人员178人，其中助产人员10人。2007年，3家二级医疗机构从事护理工作人员540人，其中护理人员528人、助产人员12人。江宁医院从事护理工作人员357人，其中专科以上学历226人、本科24人；高级职称7人，中级职称137人。区中医院从事护理工作人员103人，其中本科6人、大专40人；中级职称27人。区二院从事护理工作人员80人，其中本科学历4人、大专学历31人；中级职称16人。

【一级医疗机构护理队伍】

民国23年（1934），县内各卫生所设公共卫生护士、护士、助产士各1人，卫生分所仅设护士1人。新中国成立后，全县一级医疗机构护理人员很少。至1985年，江宁县乡镇（中心）卫生院从事护理工作人员112人，其中助产士21人。1988年，全县22家卫生院从事护理工作人员188人，其中助产人员29人。2007年年底，全区22家社区卫生服务中心从事护理工作人员342人，其中护理人员298人、助产人员44人，中级职称58人。

1988年、1995年、2001年、2007年江宁区政府办医疗机构护理人员情况表

表39-3-4　　　　单位：人

单位名称	1988年					1995年					2001年					2007年				
	副主任护师	主管护师	护师	护士	护理员	副主任护师	主管护师	护师	护士	护理员	副主任护师	主管护师	护师	护士	护理员	副主任护师	主管护师	护师	护士	护理员
江宁医院	—	9	43	68	2	—	41	48	95	—	2	75	54	62	—	7	137	69	138	—
区中医院	—	1	7	12	—	—	4	14	22	—	1	5	22	29	—	—	27	30	43	—
区二院	—	—	15	11	—	—	—	19	17	—	—	1	27	26	2	—	16	28	29	4
汤　山	—	1	4	16	—	—	4	8	18	—	—	3	6	19	—	—	4	6	21	—
方　山	—	—	—	2	1	—	1	3	2	—	—	—	4	—	2	—	3	2	4	2
谷　里	—	—	—	4	—	—	—	4	4	—	—	—	6	3	—	—	4	3	2	2
江　宁	—	—	3	5	1	—	1	6	6	2	—	2	8	4	1	—	4	6	5	—
铜　山	—	—	—	4	3	—	—	—	2	2	—	—	—	3	1	—	1	4	1	—
陆　郎	—	—	3	4	1	—	—	3	5	1	—	—	5	4	1	—	2	5	7	1
百家湖	—	—	—	4	—	—	—	2	3	—	—	—	4	5	—	—	1	6	7	—
淳　化	—	—	—	3	2	—	—	3	2	—	—	—	4	2	—	—	—	6	3	—
龙　都	—	—	—	5	—	—	—	—	7	1	—	—	3	3	4	—	1	4	3	—
上　峰	—	—	—	5	—	—	—	2	5	—	—	1	3	3	—	—	3	5	4	—
麒　麟	—	—	—	3	2	—	—	1	3	3	—	1	3	3	2	—	3	3	4	1
铜　井	—	—	1	3	2	—	—	2	2	4	—	—	3	1	4	—	1	2	5	3
禄　口	—	—	—	5	1	—	—	1	8	5	—	1	2	12	3	—	2	6	14	1
陶　吴	—	—	—	8			—	4	6	—	—	1	9	4		—	4	3	5	—

续表

单位名称	1988年					1995年					2001年					2007年				
	副主任护师	主管护师	护师	护士	护理员	副主任护师	主管护师	护师	护士	护理员	副主任护师	主管护师	护师	护士	护理员	副主任护师	主管护师	护师	护士	护理员
秣陵	—	—	1	4	1	—	1	2	4	4	—	2	4	6	1	—	1	6	9	—
丹阳	—	—	—	5	1	—	—	—	5	4	—	—	—	5	4	—	—	1	7	1
湖熟	—	1	—	15	2	—	—	8	11	3	—	—	6	16	4	—	—	14	8	1
东善桥	—	—	1	2	1	—	—	1	3	1	—	1	—	7	1	—	1	3	6	—
周岗	—	—	5	3	—	—	—	3	5	—	—	—	5	5	—	—	1	5	2	—
横溪	—	—	1	1	4	—	—	2	2	3	—	1	1	3	2	—	1	3	2	3
东山	—	—	3	2	1	—	2	4	3	—	—	3	5	3	—	—	6	7	7	—
土桥	—	—	2	6	1	—	3	6	1	—	—	1	3	7	1	—	2	2	10	—
区级医院合计	—	10	65	91	2	—	45	81	134	—	3	81	103	117	2	7	180	127	210	4
社区卫生服务中心合计	—	2	24	109	24	—	12	65	107	33	—	17	84	118	31	—	45	102	136	15
总计	—	12	89	200	26	—	57	146	241	33	3	98	187	235	33	7	225	229	346	19

第四章　中医中药

区政府、区卫生局和各医疗机构重视加强中医机构和科室建设，加快发展中医中药事业。区中医院已成为全区中医事业的“龙头”，社区卫生服务中心设有中医药科室，社区卫生站均应用中医药，中医药人员队伍不断壮大，中医诊治项目和范围不断扩展，中成药和中草药应用量不断提升，中医药在防病治病中的重要作用日趋显著，中医事业得到全面快速发展。至2007年，全区25个政府办医疗机构设有中医诊疗科室87个，中药房24个，共有中医药人员376人，其中中医人员310人、中药人员66人。医疗机构临床使用的中药材品种达400余种，中成药有160余种，仅少数医疗机构中草药、中成药只有几十种。是年，全区中医业务收入11973.47万元，占业务总收入的24%。2001年7月13日，江苏省中医药局授予江宁区为江苏省农村中医工作先进区称号。

第一节　科室设置与医疗队伍

【科室设置】

1958年，县人民医院、丹阳乡卫生院、谷里乡卫生院设中医科。1963年，禄口乡卫生院设中医科。1988年，全县政府办中医医疗机构有县中医院、县医院和19个乡镇卫生院设置的中医科室。县医院设有中医内科、中医外科和针灸科，县中医院设有内科（包括儿科）、外科、妇科、骨伤科、瘰疬关节炎科、理疗针灸科、五官科、眼科、药剂科等科室，乡镇卫生院大多只开设一个中医科。是年，全县共设中医床位111张，其中县中医院80张。1995年，在江宁中心卫生院的基础上，成立江宁县中西医结合医院，为一级中医机构。是年，全县共开设中医病床146张，其中县中医院80张。2001年，全区21个乡镇卫生院（不含中西医结合医院）设置中医科室，中医床位达154张。2006年，区中医院核定床位增至150张。2007年，全区政府办医疗机构共设中医诊疗科室87个。全区共开设中医病床236张。

【中医药队伍】

中医药人员职称学历　1965年，全县有中医71人，中药人员23人。1976年，全县有中医63人，中药人员29人，中医药人员无职称、无学历现象普遍。1988年，全县政府办医疗机构有中医药人员139人。中医人员93人，其中高级职称2人、中级职称44人、初级职称45人；本科18人，大专15人。中药人员46人，其中中级职称10人、初级职称32人；本科1人，大专19人。1995年，全县政府办医疗机构有中医院人员164人。中医人员118人，其中高级职称5人、中级职称47人、初级职称64人；本科29人、大专20人。中药人员46人，其中中级职称13人、初级职称31人；本科3人、大专14人。2007年，全区政府办医疗机构中医药人员增至376人，职称、学历层次有较大提高。全区有中医人员310人，其中高级职称16人、中级职称63人、初级职称127人；硕士4人、本科77人、大专105人。中药人员66人，其中高级职称3人、中级职称22人、初级职称38人；本科14人、大专27人。

中医带徒 根据人事部、卫生部、国家中医药管理局提出的开展中医药学术经验继承工作的要求，1991—1994年，市卫生局确认江宁县首批中医药专家学术经验继承工作指导老师和学生：南京市名老中医贾永济带教学生唐胜利（江宁中心卫生院），南京市名老中医李德胜带教学生李鹤汀（方山卫生院）。1995年，经南京市卫生局审批，首批名老中医学术经验继承人考核合格。

1997年5月至2000年，县中医院主任中医师程尚述和马维庆，被南京市卫生局审定为南京市第二批中医药专家学术经验工作指导老师和学生，马维庆在第二批师承工作阶段考核中被评为优秀学员。

外聘专家 1988—2007年，全区共有14个政府办医疗机构外聘中医专家共22人，其中高级职称18人，涉及内科、骨科、妇产科、针灸科，脾胃、肿瘤、肝脏、风湿、呼吸系统、消化系统等专科专病的诊治。

【名中医】

江宁区政府办医疗机构共有6位中医被评为市级或区级名中医。

龙步云 民国22年（1933）个人行医，1956年从横岭联合诊所调至江宁县人民医院工作，1984年9月退休后留用。擅长治疗原因不明的长时间咳嗽、慢性胃病、胃溃疡、消化不良、失寐、盗汗、眩晕症、妇女月经不调、未婚女性痛经、白带异常、男性遗精、小儿哮喘、营养不良、腹泻等多种疾病。从事中医中药临床工作60多年，积累了丰富的临床工作经验，结合临床揣摩，创新施治，研究设计出不少独特的药理性治疗性处方，运用中医中药辨证理论，治愈不少疑难杂症。1989年，被评为南京市名老中医。

曹厚熙 20世纪50年代师承江宁县名中医蒋衍，1956年6月参加工作，江宁区中西医结合医院主治中医师。从事中医外科临床工作40余年，继承和发扬前人中医临床经验，擅长中医外科，总结与应用中医中药治疗无名肿毒、痈、疽、疔、疮、痄腮、乳痈、下肢溃疡、蛇咬伤等症，疗效确切。辨证施治痛风、骨质增生、椎间盘突出、慢性骨髓炎、闭塞性脉管炎等慢性、疑难性疾病经验丰富。1999年12月退休留用，被聘任为桥北社区卫生服务站负责人。1998年，被评为江宁县名中医。

贾永济 1952年1月参加工作，江宁区中西医结合医院主治中医师。从事中医内科、针灸临床工作60余年，擅长治疗内科杂病、风湿痺痛症、妇科病、脑血管意外后遗症。发表《五泻心汤的临床应用》《应用逍遥散治疗57例慢性肝炎的体会》《面瘫治疗的体会》等论文6篇。1989年，被评为南京市名老中医。

李德胜 1952年参加工作，江宁区方山卫生院主治中医师。从医40余年，擅长治疗小儿疳积、男女不孕症、月经不调、红斑狼疮、老年病等疑难杂病。自行研制的山枝散、山鸡散，对治疗小儿疳积疗效独特。发表《酸甘化阴法治疗胆道蛔虫》等论文10余篇。1991年，被评为南京市名老中医。

程尚述 1966年7月参加工作，江宁区中医院主任中医师。发表《补中益气汤治疗内脏下垂》《应用脾胃论指导临床治疗交脂血症》等论文9篇。从事中医临床工作42年，精通中医经典著作，尤对中医“脾胃论”颇有研究，善于应用“升阳益胃汤”治疗慢性结肠炎、荨麻疹等。曾当选江苏省中医学会仲景学说研究会理事、江苏省抗衰老科学技术学会理事等。1994年被评为南京市名中医。

胡正松 1961年5月参加工作，江宁区中医院副主任中医师。20世纪60年代师承著名中医张栋梁之徒赵益如，从医40余年，擅长治疗脾胃病、妇科疾病、肿瘤等疑难杂病。发表《高血脂从痰论治五法》《自拟前胡汤治疗肺热喘咳症》等论文8篇，曾参与《糖尿病吃什么》《肿瘤病人吃什么》医学丛书编写。1993年，被评为江苏省中医药先进工作者。曾当选江苏省中医药学会理事、江苏省糖尿病专业委员常务理事、江苏省蜂疗专业委员会副主任等。1993年，被评为江宁县名中医，1999年被评为南京市名中医。

第二节 医疗技术

【区中医院技术】

内科 应用中西医结合方法治疗中医内科常见病、多发病，擅长功能性疾病的治疗、亚健康状态的调理，如内病外治贴敷治疗哮喘、营养不良、腹泻；夏病冬治，发挥祖国医学膏滋药的特色，为患者开具膏方，提供膏方加工服务；对肾衰竭患者进行血液透析的同时，加用中医调理，改善肾功能；发挥中医在传染病防治中的作用，凸显中医“治未病”的优势；运用中药内服、针灸对各种恶性肿瘤辅助治疗，扶正固本，减轻化疗毒副作用；开展电子胃镜、肠镜检查，开展镜下中药治疗技术；运用针灸及中药制剂静脉滴注、鼻饲、灌肠等技术参与危急重病的抢救，提高中医应急能力和抢救成功率等。

外科 使用中医药参与外科疾病的治疗，如用中药通腑泻浊治疗不全性肠梗阻，中药外敷治疗疔疮疖肿，通过中医调理减少手术并发症、促进伤口愈合、缩短住院日等。

妇产科 采用中药内服、外敷、熏蒸、灌肠等方法治疗各种妇科疾病，尤其擅长治疗阴道炎、宫颈炎、盆腔炎、功能性子宫出血、痛经、更年期综合症、子宫内膜异位症等妇科疾病。

骨伤科 市、区重点专科，应用中医手法复位、中药外敷内服、小夹板外固定治疗骨折，中药熏蒸、水针穴位注射、骶管注射、小针刀治疗软组织疼痛，尤以银质针治疗软组织疼痛为一大特色，在南京及周边地区处于领先地位。能开展椎间盘摘除术、腰椎松解术、人工股骨头置换术以及四肢创伤、骨病的常规手术外，并能开展球囊扩张椎体形成术、双侧全髋同时置换术、脊柱椎弓根钉内固定术等国内先进手术。

针灸推拿科 中医院特色中医专科，成立于1984年。运用传统的针灸、推拿、理疗、牵引等治疗运动系统、神经系统的常见病、多发病，如颈肩腰腿痛、偏头痛、失眠等。开展腹针疗法、腕踝针疗法、眼针疗法、浮针疗法、埋针疗法、水针疗法及腰椎间盘突出症综合疗法等项目，扩大治疗范围，提高临床疗效。

肛肠科 区重点专科，成立于1985年。主要开展内痔、外痔、混合痔、肛裂、慢性溃疡性结肠炎和术后常见并发症的诊治，以及复杂肛瘘、直肠粘膜蜕变修补固定、直肠癌等高难手术。中医中药的参与治疗是该科的主要特色。应用硬化剂注射痔核，中药熏洗改善痔科术后常见的疼痛、出血、水肿、尿潴留等并发症。

【其他医院中医科室技术】

江宁医院中医诊疗技术 江宁医院针灸科用针灸、推拿治疗乙脑后遗症、车祸后各种神经损伤、急性小儿腹泻、小儿惊风、小儿聋哑、小儿痹症、假近视、消化不良、疳积等，小儿腹泻治疗效果尤为显著。2002年春，针灸科通过进修学习，在江宁地区率先成立颈肩腰腿痛专科，做到疗法新、疗程短、疗效佳。中医内科在一些常见病、多发病方面的治疗积累了经验，如原因不明的较长时间咳嗽、慢性支气管炎、慢性胃炎、消化不良、慢性胆囊炎、失寐及妇科的月经不调、痛经等病。运用中医辨证理论，辨病和辨症相结合，兼用一些现代医学的检查方法以明确诊断，应用中医中药给予相应治疗，在临床上收到较好的疗效。中医外科主要应用中医中药特别是自制的丸、散、膏、丹等外用药，治疗痈、疽、疔、疖等皮肤病及外科常见病、多发病。临床对内痔、外痔、混合痔、肛裂、肛瘘、肛周湿疹、肛窦炎、肛乳头炎等肛门疾病，采取中西医结合治疗及手术治疗。理疗科配有激光治疗仪、牵引床、红外线治疗仪、颈椎牵引器、超短波电疗仪等10余种治疗设备，主要开展关节及软组织疼痛等疾病的治疗，各种痣、疣祛除术，激光包皮环切术以及腰椎、颈椎疾病治疗等。

社区卫生服务中心中医诊疗技术 方山社区卫生服务中心中医科对小儿疳积、不孕症、月经不调等妇科疾病以及老年性疾病的治疗有独到之处。自制的“山鸡散”内服、“山栀散”外敷治疗小儿疳积疗效独特，用药具有“简、便、廉、验”的特色，治愈好转率达98%以上，疳积专科2006年被评为区特色专科。龙都社区卫生服务中心老中医朱绍培利用家传秘方治疗各种疔疮疖肿、无名肿毒，疗效显著，对带状疱疹等皮肤病的治疗亦有独到之处，利用针灸技术治疗脑中风后遗症、颈肩腰腿痛、面神经炎、三叉神经痛、坐骨神经痛等有较好效果。谷里社区卫生服务中心开设中医门诊、针灸、理疗、骨伤等科室，利用针灸理疗仪、火罐、熏针、神灯、红外线治疗灯、超短波治疗仪、牵引床、康复器械等为病人治疗服务，并建立家庭病床、跟踪服务。在治疗常见病、多发病的同时，对一些疑难杂症，尤其是脾胃、不孕症有独特疗效，骨伤科在谷里周边地区较有影响。

第三节 中西医结合

【江宁区中西医结合医院】

江宁县根据南京市卫生局“每一个区县在建好一所二级中医机构的同时建一所一级中医机构”的要求，于1995年12月，成立江宁县中西医结合医院，院址设在江宁中心卫生院，为两块牌子一套班子，人员编制性质不变。

江宁区中西医结合医院具有一定的中医药技术，中医外科擅长痛风、痈、疽、疔疮、乳腺炎的诊治，由江宁县名中医曹厚熙主诊。中医内科和针灸科主治风湿痹症、内科杂症，由南京市名老中医贾永济主诊，该院在传统针灸手法的基础上推广应用电针仪、理疗仪、牵引治疗仪，中西医结合治疗颈椎病、腰椎骨质增生、坐骨神经痛、脑梗塞后遗症。1999年，该院与江阴市胃病专科医院开展技术联合，成立江宁县中西医结合医院江宁胃病诊治中心，设置胃病专科，2006年该科被评为区重点专科。2007年，科室有专业技术人员3人，中级技术职称1人，均具备大专以上学历。胃病专科采用中西医结合治疗清除幽门螺旋杆菌、逆转肠上皮化生和慢性萎缩性胃炎，中西医结合治疗功能性消化不良被区科技局立项。除常见的消化道疾病的诊治，该科成功的抢救消化道大出血5例，独立开展晚期食管癌的内镜下治疗、晚期胃癌的内镜下化疗、内镜下微波治疗和内镜下高频电刀治疗。

【中西医结合治疗主要疾病】

中西医结合治疗缺血性中风即脑梗塞 1994—2007年，区中医院应用开展中西医结合治疗的方法治疗缺血性中风即脑梗塞近200例。脑梗塞其本为气虚，其标为痰浊壅滞脉络，久之成瘀，痰瘀互阻，中医治疗以益气化痰、活血通络为主，合并西药扩血管、抗凝等治疗，增强疗效，缩短病程。

中西医结合治疗血栓病　1998年，县第二人民医院（上坊卫生院）开办血栓病专科，以中西医结合的方式开展应用通心络、蝮蛇抗栓酶作为溶栓剂治疗脑血栓的临床研究，在治疗脑血栓、脉管炎、冠心病、动脉硬化等疾病的临床实践中，取得一定的临床经验。至2002年，虽然蝮蛇抗栓酶的疗效显著，但因临床上应用蝮蛇抗栓酶需要密切的临床观察，且药品的纯度还不够高，会引起一些过敏反应，所以该院逐渐以降纤酶取代蝮蛇抗栓酶。通心络治疗心脑血管病安全有效，一直在临床使用。

中西医结合治疗乳房手术后瓣坏死　2000—2007年，区中医院外科开展中西医结合治疗乳房手术后瓣坏死210例，中药养阴解毒活血化瘀疏通经络之功效，解决了西医难以解决的问题。

中西医结合治疗充血性心力衰竭　2000—2007年，区中医院内科开展中西医结合治疗充血性心力衰竭300例。采用中西医结合治疗，急性期予以温阳益气、通络化瘀，缓解期予以益气养阴、通络化瘀，中西医结合治疗充血性心力衰竭优于单纯西药治疗，左室收缩末期内经显著缩小，左室射血分数显著提高。

中西医结合治疗功能性消化不良　2003年12月，区中西医结合医院开展中西医结合治疗功能性消化不良的研究，设立治疗组和对照组，各组病人30例，历时两年，积累了一定临床经验，常规运用中西医结合方法治疗功能性消化不良。

中西医结合治疗高血压　2003—2007年，区中医院内科开展中西医结合治疗高血压3[illegible]0例。西药基础上加用中药，血压下降明显，血流动力学指标明显改善，减少西药的副作用。

中西医结合治疗肛肠手术后并发症　2003—2007年，区中医院肛肠科开展中西医结合治疗肛肠手术后并发症443例，肛肠手术后用中药煎剂外洗按摩患处，生肌玉红膏油纱条换药，活血消炎生肌，促进创口愈合，减轻病人痛苦。

中西医结合治疗慢性盆腔炎　2006年，区中医院妇产科开展中西医结合治疗慢性盆腔炎项目近100例，此项目利用中西药保留灌肠，缩短病程，减少抗生素应用，方法简便易行，疗效好，花钱少。

中西医结合治疗妊娠期胆汁淤积症　2007年，区中医院妇产科开展的中西医结合治疗妊娠期胆汁淤积症30例，利用中药汤剂加西药治疗，减轻病人自觉症状，生化指标下降显著，治疗后未发现对母婴有影响，从而减少孕期并发症。

第四节　中药应用

【中药普及应用】

1958年，江宁中心卫生院、禄口乡卫生院、谷里乡卫生院设中药房。1964年，殷巷乡卫生院设中药房。1988年，县中医院、县医院和17个乡镇卫生院均设有中药房。中药年收入23[illegible].59万元，占药品总收入的23.35%。县中医院中草药品种有380种，中成药150种，中药年收入39.70万元，占药品收入的49.20%。1995年，全县政府办医疗机构中设中药房的21个，中药年收入904.80万元，占药品总收入的24.36%。县中医院中药年收入126.50万元，占药品收入的46%。2007年，全区25个政府办医疗机构中有24个设中药房。中药年收入4281.63万元，占药品总收入的25.61%。医疗机构临床使用的中药材品种达400余种，中成药160余种，仅少数医疗机构中草药、中成药只有几十种。县中医院中药年收入1021.20万元，占药品收入的26.10%。中药材品种有470余种，中成药有300余种。

【中药制剂】

江宁区中西医结合医院、方山社区卫生服务中心、龙都社区卫生服务中心等医疗机构，根据临床医疗的需要，在总结家传秘方治疗某些顽疾的基础上，自行开发研制中药制剂，许多方剂经临床验证疗效卓著。

区中西医结合医院中医外科带头人曹厚熙在总结治疗各种无名肿毒、痈、疽、疔、疮、痄腮、乳腺炎的临床经验基础上对原方剂进行筛选，自行研制乳疸1号、2号、3号，提毒散、白虎散、鸡鸣散等外科用药。1998年，曹厚熙又和曹承龙、冷雪峰等人成功研制出骨质增生1号、2号，并运用于临床，对痛风、骨质增生、慢性骨髓炎、闭塞性脉管炎等疗效显著，在周边及马鞍山一带颇有社会影响。《浅谈消法治疗外科疾病的体会》在全国疑难病症学术研讨会上作交流；《骨质增生1号、2号方治疗骨质增生综合症体会》被1999年《江苏中医》"青年医师专辑"录用。

营养不良、夏季热，中医称之为"疳积"，俗称"癖"，传统的西医疗法疗效不佳。方山卫生院名老中医李德胜结合前人的治方经验，经临床总结，既不用苦寒伤胃的药物，又不用辛燥滋补之品，自配"山鸡散""山栀散"。根据临床症状，自制配方可随症加减，脾肺气虚型加黄芪、太子参；脾肺阴虚型加西洋参；气血不足型加黄芪、红枣、太子参；脾肾阴虚型加洋参粉；湿热壅结型加六一散、扁豆花。

龙都社区卫生服务中心老中医朱绍培利用家传秘方自制膏、丸、丹，外敷治疗各种痈疽疔疮疖肿、无名肿毒等，疗效极佳，对带状疱疹等皮肤病的治疗亦有独到之处。著有中医外科综述《中医外科治疗湿痰流注》。

第五章　预防保健

新中国成立前，境内公共卫生差，妇幼保健工作开展较少，各种疫病时有流行，传染病、地方病危害百姓身心健康。20世纪50年代后，逐步建立健全县、乡镇、村三级卫生防疫网络和妇幼保健网络。80年代后，更加注重食品卫生、职业卫生、学校卫生和传染病的监督管理，以及妇幼保健工作的开展，全县建成22个"爱婴医院"，县妇保所被评为省级"甲等妇幼保健所"。90年代，开始实施初级卫生保健工作，1998年，获全国初级卫生保健工作先进县称号。另外，经过多年的大力防治，逐渐消灭或控制一些危害严重的疾病。1953年，天花绝迹。1973年，恶性疟疾无病例报告。1986年，白喉无病例报告，1988年，全县达到基本消灭间日疟标准。1990年后，无脊髓骨质炎病例报道。1998年，通过卫生部基本消灭麻风病考核验收。2007年，全区血吸虫病达到疫情控制标准。全区预防保健工作成效显著，整体水平处于省、市一流。

第一节 卫生监督

【食品卫生监督】

食品卫生许可工作 1962年，贯彻《江苏省食品企业、饮食行业管理暂行办法》，在东山镇试行营业许可制度，由县卫生防疫站承担卫生许可证发证工作。1963年，对食品和饮食单位全面进行卫生审查，发放卫生许可证。“文化大革命”时期，卫生许可证发放工作中断。1981年，恢复经营食品、饮食卫生许可制度。1982年，对219个饮食服务行业和摊点进行卫生检查，并发放卫生许可证。1983年，发给冰棒个体商贩卫生许可证560张，发给饮食个体户卫生许可证310张。1985年，全县核发食品生产经营单位卫生许可证345张，个体户666张。1986年，为570个集体饮食食品生产经营单位办理换证，换证率93.30%；为815户个体饮食业发放卫生许可证。1995年10月，《中华人民共和国食品卫生法》颁布实施。1988—2000年，全县共核发食品生产经营单位卫生许可证41114张，其中新办证9981张、换发证9710张、复核证21178张。

2001年，区卫生监督所成立，负责全区卫生许可证审核发放事项。2003年8月，《中华人民共和国行政许可法》正式通过，12月，区政府组建江宁区行政服务中心，区卫生监督所派出专业人员，以窗口形式，统一全区卫生许可受理、发证工作，实行首问负责制。2004年，国务院发布23号文件《关于进一步明确食品安全监管部门职责分工有关问题的通知》，明确卫生部门负责食品流通环节和餐饮业、食堂等消费环节的卫生许可和卫生监督管理责任，负责食品生产加工环节的卫生许可，原卫生部门承担的生产加工环节的食品卫生监督管理职责划归质量技术监督管理部门。2005年，正式并入南京市卫生监督管理系统许可发证平台，开始全市联网发证，同时所内实施卫生许可审批制度，规范审批程序。2007年，全省启用统一格式的新“食品卫生许可证”。至12月底，共发放新食品卫生许可证3119张，食品卫生许可证持证率100%。2001—2007年，全区共核发食品生产经营单位卫生许可证28595张，其中新办证13063张、换发证5775张、复核证9412张。

食品卫生监督监测 1962年，对62个饮食行业单位进行卫生审查，首次审查合格46家，不合格16家。1963年10月，县卫生局、商业局、供销社联合发出《江宁县关于饮食、食品卫生检验的几项规定》，卫生部门颁发《江宁县食品饮食行业服务行业卫生审查标准》。是年，对食品和饮食单位全面进行卫生检查。“文化大革命”时期相关工作停滞。1976年，每月1次对汤山、湖熟、东山、秣陵、铜井五大集镇开展食品、卤菜的卫生标准检查，开展全县营业员手指致病菌带菌检验，并定期对东山牛奶厂、食品厂、副食品厂进行检查。1980—1981年，抽检食品872份，43家饭店增设熟食间，做到生熟分开，22家饭店增添碗筷消毒器。1982年，建立全县饮食服务行业档案，检查各类饮食食品328份，并对219个饮食服务单位和摊点进行卫生检查。1983—1985年，共抽检各类食品1332份，卫生合格840份，合格率63.06%。1987年，制订饮食摊点和饭店、旅社、集体食堂的卫生管理标准。全年进行食品抽样巡回监督监测4930户次，采样检测397份，合格279份，合格率70.28%。1988—2007年，全区共监测食品12837份，合格率82.60%；餐具29840份，合格率78.10%。2007年，监督抽检620家单位，其中检测餐具1070份，食品抽样680份。

1988年起，每年开展食品卫生经常性监督，对一般食品生产单位一年日常卫生监督2次以上，对高危单位或重点单位日常卫生监督4次以上。1988—2007年，共出动监督员385438人次，执法车辆20066台次，检查单位198965户次，其中警告限期改进1042户次，没收非法食品1150户次、

49205 公斤，罚款 717 户次，停业改进 309 户次，各类专项检查 302 次（卫生保障 79 次）。2007 年，全年出动监督员 9850 人次，执法车辆 920 台次，检查单位 4894 户次，其中警告限期改进 26 户次，罚款 77 户次，停业改进 5 户次。开展各类专项整治行动 21 次，分别组织对餐饮单位、卤菜生产经营单位、建筑工地食堂、冷饮生产企业、糕点房等检查。完成卫生保障任务 20 余次，在保障工作中共出动执法人员 1040 人次，出动执法车辆 380 台次，监督人员驻点 428 人次。

1988—2007 年江宁区食品卫生经常性监督情况表

表 39-5-5

年份	出动监督员（人次）	出动车辆（台次）	日常监督与处罚						专项检查及卫生保障（户次）
			检查单位数（户次）	警告限期改进（户次）	没收（户次）	销毁（公斤）	罚款（户次）	停业改进（户次）	
1988	17250	320	8938	129	62	3375	242	9	5
1989	23510	540	17835	12	24	1525	41	11	4
1990	18560	510	8942	70	27	619	43	10	7
1991	17658	450	10947	171	610	3836	19	17	6
1992	8260	310	4077	13	1	560	7	4	5
1993	12120	420	5000	20	2	500	11	11	2
1994	16540	530	8650	13	2	1940	11	3	3
1995	14560	760	5552	11	10	3200	9	—	6
1996	15460	810	6750	3	3	56	6	—	2
1997	12540	390	7560	51	34	200	37	34	2
1998	13580	1350	7994	40	12	4000	15	11	72
1999	21560	1270	13356	21	15	500	7	—	11
2000	35860	1560	10400	9	2	50	7	—	13
2001	28650	1746	12890	98	25	9771	23	25	10
2002	26520	1850	11050	130	121	11483	25	121	12
2003	24560	1530	12540	110	102	—	29	36	21
2004	26540	1800	15420	30	57	5600	29	—	30
2005	21120	1900	13560	60	30	1760	54	—	20
2006	20740	1100	12610	25	11	230	25	12	30
2007	9850	920	4894	26	—	—	77	5	41
合计	385438	20066	198965	1042	1150	49205	717	309	302

食品卫生监督执法 区卫生监督所对重大食品案件依法进行查处，按程序受理和查处投诉、举报工作，及时反馈处理结果。1984 年食品卫生抽检中，销毁处理各类变质食品 18451.95 公斤，限期改进卫生状况 51 家单位，处罚 14 家单位和 4 户个体户。1987 年，进行食品监督检测 4930 户次，给予行政处罚的 142 户次，没收销毁各类变质食品。1988—2007 年，共实施行政处罚 640 件，执行数 633 件，其中一般程序案件 198 件，简易程序案件 425 件，共罚款 81.90 万余元。其中，1997—2007 年，共接投诉举报 764 件，立案 126 件，占案件总数的 19.70%。

【职业卫生监督】

1987年，国务院颁布《中华人民共和国尘肺病防治条例》。2002年，《中华人民共和国职业病防治法》颁布实施。2003年，国务院对职业卫生工作职责进行调整，卫生部门仅负责职业危害人群健康监护。

职业卫生监督管理　江宁区域的职业病以尘肺和职业中毒为主。1988年，全县有县属厂矿34家，职工1.55万人，有职业危害企业27家，职工13858人，其中直接接触有毒有害工种生产工人7504人；乡镇企业441家，职工54955人，有职业危害企业317家，其中直接接触有毒有害生产工人3万人。建立乡镇企业（有尘毒危害）档案210家，复核县属企业档案10家。1989年，开展全国性尘肺流行病学调查，全县厂矿4634家，生产工人167382人，其中接尘作业人员35388人，查出尘肺病人35例，疑似尘肺观察对象190例。1991年，对县、乡镇、村办814家有毒有害作业厂矿的劳动卫生全部建档或复档。1993年，对接触有毒有害作业的1400名生产工人进行职业病体检并监护建档；对46家新建企业建立劳动卫生档案。1996年，对全县24家厂矿企业和乡镇687家企业进行劳动卫生建档、复档，对12215名生产工人和乡镇82905名职工进行登记建档，全县有粉尘作业工人14203人，毒物接触9562人，物理接触11325人。1998年，对202家有毒有害企业全部进行劳动卫生建档和复档工作。1999年，首次在江宁经济技术开发区内重点企业开展职业卫生检测调查式工作。2004年，在全市首家开展职业病危害项目评价。2005年，国家对职业卫生监督工作职责进行调整，日常职业卫生监督由安监局负责。

职业卫生危害因素监测　1989年，在全县抽样布点监测粉尘企业36家、95个点，粉尘浓度在国家控制范围内的点24个，超标准点71个，占74.74%。1993年，对机动车驾驶员4108人进行尿铅检测，其中16人尿铅含量超过标准。1995年，对青龙山水泥厂等45家单位1203个作业点进行监测，合格点775个，合格率64.42%；开展职业工人体检3626人，查出异常者827人；对8家招工单位新招收的300名工人进行体检，查出有职业禁忌症者2人；对3923名机动车驾驶员进行尿铅监测，查出尿铅超标者11人。1998年，对县直管25家单位、59个粉尘作业点进行监测，合格点25个，合格率42.37%；毒物监测点31个，合格率77.40%；物理因素监测点83个，合格率仅7.80%，监测覆盖率100%。并对县直管25家单位406名有害岗位职工开展职业性健康监护，未查出职业病病例。2001年，对江宁经济技术开发区和直属企业开展职业健康体检3450余人，监测尘毒危害企业40家、223个点。2005年，对85家有毒有害企业的粉尘、毒物、有害物理因素进行监测，合格率分别为85.10%、98.20%、83.60%；对1.20万余名职工开展职业性健康监护，查出各种疾患712例，职业病病人1例。2006年，落实省卫生厅《关于开展毒源普查工作的通知》要求，对全区390家企业建立毒源数据库。2007年，对45家有毒有害企业的126个粉尘作业点、80个毒物监测点、360个有害物理因素监测点进行监测，合格率分别为94.44%、83.75%、80.56%；对10240余名职工开展职业性健康监护，查出各种疾患720例；对1.40万多名新上岗工人开展就业前体检，共查出就业禁忌症156人。

【放射卫生监督】

放射卫生许可　1990年，县卫生防疫站举办首次有51人参加的全县放射线工作人员培训班；配合市卫生防疫站对春山石矿、上坊水泥厂、青龙山水泥厂进行建材放射性本底调查。1992年，全县有X线机单位35家、X线机62台，工作人员68人。1995年，对县医院新建CT室、铜井金矿X射线装置进行审核验收。1997年，对全县14家建材行业90个作业点进行监测发证。2000年，开展建材行业的监测发证工作，共监测 18 家单位，发放卫生许可证 2 家。2004 年，发放放射卫生许可证 34 家。2007 年，对 40 家医疗机构发放放射诊疗许可证。

放射卫生监测 1989 年,《放射性同位素与射线装置放射防护条例》颁布实施。1989—2007 年，区卫生监督所每 3 年对全区医用 X 线机、企业探伤室 X 线机、α－同位素料位仪进行一次复测。1994 年，对全县 186 家建材单位的建筑材料开展放射性核素监测；对 61 名放射线工作人员开展健康检查，查出眼晶状体混浊 20 人，血常规异常 37 人，需健康观察对象 47 人；对 56 名放射线工作人员进行个人剂量监测。1995 年，监测 X 线机 22 台，其中合格 10 台；对 5 家建材企业进行放射性核素监测、发证；对 51 名放射工作人员进行个人放射剂量检测。1999 年，23 家卫生院 43 台 X 线机监测全部合格。2002 年，对 8 家放射性同位素使用单位进行监测，合格率 100%；对全区 72 名放射工作人员开展职业性体检。2005 年，区卫生监督所对 8 家放射性同位素使用单位进行监测，合格率 100%；对 15 家卫生院 X 线机进行监测，合格率 95%。2006 年，对 15 家社区卫生服务中心放射科"三档"（个人剂量档案、放射场所监测档案、个人健康体检档案）工作进行复核，并对 X 线机进行监测，合格率 98%。2007 年，区卫生监督所对全区 90 余名放射工作人员开展职业性体检，对 80 余名放射工作人员开展个人剂量监测。

【学校卫生监督】

民国 35 年（1946），县卫生院为 1275 名学生进行体检。1951 年，县人民医院为 3932 名学生进行体检，有问题的 2524 人。1976 年，在县实验小学开展口腔卫生检查，共查学生 315 人，龋齿率 49.80%。1982 年，调查县实验小学、岔路乡石马小学蛔虫感染情况 349 人，感染率 65.60%；调查 7 所中、小学 5217 名学生视力，视力不良率 16.50%。1984 年，为 1.50 万名中小学生建立健康卡。1985 年，调查 4521 名中、小学生视力，视力不良率 25.57%，高三学生视力不良率高达 62.94%，沙眼患者 2078 人，患病率 45%。1988 年，开展中学生体检 1.82 万人，对 3 所中、小学 4678 名学生进行视力调查，查出视力不良者 1303 人，不良率 27.86%；对 31 所中、小学 13608 名中、小学生进行头虱调查，查出有头虱者 4310 人，治疗 3960 人；对 6 所中学 7085 名学生进行疥疮调查，查出患者 102 人。1989 年，在县内 50 所中、小学校建立学生健康卡 58303 份。

1990 年，对 50 所中学、中心小学建立学校卫生档案；对 11 所学校教室采光照明进行测定，合格 8 所，合格率 72.73%。1993 年，对 5.50 万名学生进行肠道寄生虫健康驱虫普治；对 323 名中、小学生肠道寄生虫感染情况进行抽查，感染率 22.29%。同年，建立学生健康卡 48560 份，学校卫生档案 50 所。1994 年，组织 72821 名学生进行体格检查；对 2 所学校 3000 余名学生开展因病缺课调查；对 4.50 万名学生进行肠道寄生虫驱虫普治，抽查 240 名中、小学生，肠道寄生虫感染率降至 1.30%；当年经省教育、卫生部门检查确认江宁县为学校体育、卫生工作试点达标县。1996 年，对 11 所中、小学卫生设施、课桌椅、教室采光照明、黑板、墙壁反射光等 17 个项目、2706 个点进行监测，总分合格率 100%，单项合格率中教室人均面积达标率 72.70%，课桌椅合格率 36.40%，黑板合格率 72.70%，其他 100%。2002 年，开展全区教职工体检工作，共体检 8000 余人。2001—2007 年，在春秋传染病高发季节均在辖区中、小学进行疫苗接种，共接种各类疫苗 6 万余人次。每所学校均设有专、兼职疫情报告人，建立传染病报告登记簿，对入学新生进行儿童预防接种证查验，开展学生晨检工作，特别是 2003 年"非典"发生后，将每天的晨检作为一项常规工作开展。学校通过开展健康教育课、开设健康知识橱窗、黑板报、分发健康知识小册子等形式让学生了解传染病防治知识。

1996—2007 年江宁区学校卫生工作监测情况表

表 39-5-6

年 份	体检学生数（人）	监测学校数（个）	监测学生数（人）	视力不良（人）	龋齿（人）	沙眼（人）	肥胖（人）	营养不良（人）	牙齿防护（人）	预防接种（人）
1996	—	4	3899	1327	689	389	175	888	—	—
1997	—	4	2730	912	1464	1751	417	950	8500	—
1998	—	6	4823	1569	195	2822	993	1984	—	—
1999	—	4	3952	1324	1582	2756	366	751	20000	—
2000	4738	4	3595	959	1079	2340	283	649	30000	—
2001	6700	4	4284	1449	1269	1402	273	349	42000	15000
2002	10000	4	4999	2332	1250	804	329	333	41000	—
2003	13000	2	1896	1307	219	565	150	182	—	11000
2004	12000	13	12457	7683	2480	7318	896	1330	20000	6000
2005	85000	13	6554	1498	4750	1409	1765	2435	15000	6000
2006	80000	8	4539	2548	1284	665	351	223	2000	5000
2007	80000	8	4633	2571	1373	629	561	498	2000	5000

第二节 疾病防治

民国时期，县卫生院下设保健组，负责卫生防疫等工作。但机构设置太少，覆盖面很小。新中国成立后，1956 年 7 月，创建血吸虫病防治站。1958 年，更名为江宁县卫生防疫站，专司疾病防治之职。随着各级卫生医疗机构的建立，江宁县逐步建立县、乡、村三级卫生防疫网。2001 年 11 月，改建区卫生防疫站为江宁区疾病预防控制中心，其疾病防治职责不变。设科室 11 个，在职人员 56 人，仪器设备总额 50 万元。至 2007 年，设科室 10 个，在职人员 64 人，其中卫生技术人员 47 人。仪器设备总额 199 万元，万元以上的仪器设备 25 台（件）。

【传染病防治】

防治工作 民国时期，江宁县战乱频繁，卫生设施简陋，天花、麻疹、流脑、肺结核等多种传染病流行猖獗。预防接种主要为牛痘、霍乱和伤寒注射。民国 22 年（1933）2 月至 23 年 8 月，全县种痘 8496 人，进行霍乱预防注射 10581 人。民国 35 年种痘 1483 人，霍乱预防注射 24753 人，伤寒预防注射 8115 人。民国 36 年种痘 10833 人，霍乱预防注射 20348 人。据原县卫生院民国 37 年 2 月至 38 年 1 月人口生命统计，年死亡率高达 19.20‰，主要死于各种传染病。

新中国成立初期，预防接种有百白二联、牛痘、白喉、霍乱 4 种。1951 年，江宁县全面执行疫情报告制度，由公立卫生机构和联合诊所建立基层报告网。1962 年，将全县划分为 129 个传染病管理区，建立管理区、公社医院、县防疫站三级报告制度。1970 年，建立大队医疗站、公社医院、县防疫站三级报告制度。1979 年，制订《江宁县儿童免疫工作制度》，逐步实行计划免疫。1984 年，县医院和 19 个乡镇（中心）卫生院开设计划免疫门诊，全县 379 个村有 312 个村建立计划免疫一本账。据统计，1949—1985 年，全县有预防接种疫苗 21 种，预防接种 700 余万人次。经过历年大力防治，天花从 1953 年起绝迹，恶性疟疾从 1973 年起无病例报告，白喉从 1986 年起无病例报告，其他传染病发病率均有不同程度下降，1987 年与 1957 年比较，麻疹下降 97.48%，流脑下降 82.36%，乙脑下降 84.80%，脊髓灰质炎下降 82.50%，疟疾下降 77.40%，白喉发病率 1957 年为 38.50/10 万，1987 年未发生。1988—2007 年，全区坚持贯彻“预防为主”的卫生工作方针，开展疫情监测、疫情处置、计划免疫等综合性防治措施，消灭或控制一些危害严重的传染病。1988 年，间日疟达到基本消灭标准。1989 年 9 月 1 日，《中华人民共和国传染病防治法》发布，规定管理的传染病分为甲、乙、丙三类 35 种，必须按规定时限报告疫情。1990 年后，无脊髓灰质炎病例报道。1997 年，通过无脊髓灰质炎病例证实。2004 年 12 月，修订后的传染病防治法将非典型肺炎、人禽流感纳入法定传染病管理，法定传染病增至三类 37 种。至 2007 年，各类传染病均得到控制或消灭。

天花 民国时期，天花每年均有发生。新中国成立后，1950 年发病 41 例，发病率 9.24/10 万，死亡 17 人。1951 年发病 27 例，发病率 6/10 万，死亡 15 人。1952 年只发病 1 人，发病率 0.20/10 万，无死亡。江宁县在 20 世纪 30 年代即有接种牛痘的记录，民国 35 年（1946）后，每年接种人次在 1 万人以上。1952 年，全民普种牛痘，1953 年起，天花绝迹。

白喉 1951—1985 年，每年均有白喉发生，发病率波动于 0.13/10 万 ~ 189.97/10 万之间，1955 年最高。由于历年大力开展白喉类毒素注射，儿童对白喉的免疫水平提高较快。1961 年，对 2561 名儿童做锡克式试验，阳性率 94%。1986—2007 年，全区无白喉病例报告。

麻疹 新中国成立后，每年均有发生，发病率波动于 0.97/10 万 ~ 2260/10 万之间，1959 年最高，1979 年最低。1959 年，曾给 6 万余名儿童口服紫草、贯众、雷击散等中草药大锅汤预防麻疹，20 世纪 50—70 年代曾多次使用此方法。1971 年，开始接种麻疹疫苗。80 年代，全面为儿童注射麻疹疫苗，麻疹发病率下降，高峰年发病率降至 200/10 万以下。1988—2007 年，麻疹发病率出现两次小高峰年，第一次是 1992 年，发病率 13.32/10 万；第二次是 2005 年，发病率 21.06/10 万。2007 年，发病率 6.87/10 万。

脊髓灰质炎 除 1953 年、1954 年、1986 年未见报告外，至 1987 年每年均有发生。发病率波动于 0.13/10 万 ~ 24.59/10 万之间，最高为 1965 年，最低为 1985 年。防治方法是给儿童口服脊髓灰质炎糖丸疫苗。1984 年后，将该菌苗列为小儿必种的疫苗之一。1985 年接种率达 82.96%。1988—2007 年，除 1989 年报告 1 例，其他年份无病例报告。

病毒性肝炎 1960 年报告 31 例。1962—1987 年，发病率最高的 1983 年为 300.70/10 万，最低的 1969 年为 0.50/10 万，多数年份的发病率在 50/10 万以下。1983 年，县医院设传染病区，隔离收治肝炎病人。1988—2007 年，全区病毒性肝炎共报告 15420 例，死亡 3 例。发病率最高的 1991 年为 468.56/10 万，最低的 2006 年为 6.38/10 万。2007 年发病率为 6.78/10 万。平时预防加强食品、饮食管理，及时控制处理爆发性疫源。

流行性乙型脑炎 1954—1987 年，每年均有发生，发病率波动于 2.10/10 万 ~ 259.88/10 万之间，1965 年最高，1987 年最低。1988—2007 年，除 1991 年、1997 年、2000 年、2002 年、2004 年无病例报告，其他年份均有病例报告，最高发病率的 1988 年和 2007 年均为 4.01/10 万。1994—2006 年，发病率均在 1/10 万以下。除对患者积极治疗外，着重接种乙脑疫苗预防。同时改善环境卫生，灭蚊以防止病菌传播。

流行性脑脊髓膜炎 1954—1987 年，每年均有发生，发病率在 1.19/10 万 ~ 468.33/10 万之间，1967 年最高，1973 年最低。每当此疫流行，卫生部门就组织专业队伍全面开展防治工作。1964 年 1—4 月，磺胺噻唑口服和喉头喷洒呋喃西林液 69242 人次。1965 年喉头喷药 40 多万人次。同时广泛提倡窗户开大，吃生蒜，盐水漱口。发现病人，立即就近隔离治疗。1967 年疫情发生后，全县采取就近治疗和查治苗头病人为主的综合措施，收治率达 76.70%。1988—2007 年，发病率较低，且有 8 个年份无病例报告。2007 年发病率为 0.09/10 万。

细菌性痢疾（菌痢） 菌痢是常见传染病之一，民国 35 年（1946）后经常发生。1965—1976 年，全县患痢疾 2598 人，发病率在 2.10/10 万 ~ 89/10 万之间，1966 年最高，1968 年最低，死亡 7 例。1988—2007 年，全区患痢疾 6993 人，其中阿米巴性痢疾 5 例，死亡 1 例，发病率第一个高峰是 1988—1990 年，分别达 110.32/10 万、106.36/10 万、107.94/10 万；第二个高峰出现在 1994 年，为 97.72/10 万。对菌痢的防治，采取以切断传播途径为主导的综合性措施。1994 年后，疫情得到较好控制。2007 年，全区痢疾发病率降为 14.17/10 万。

伤寒和副伤寒 除 1953 年无病例报告，1950 年后每年均有发生。1950—1987 年，全区共报告伤寒和副伤寒 1342 例，死亡 6 例，发病率在 0.20/10 万 ~ 20.30/10 万之间，1958 年最高，1968 年最低。1988—2007 年，全区共报告伤寒和副伤寒 655 例，无死亡病例。2007 年，全区伤寒和副伤寒报告发病率降至 0.53/10 万。防治工作主要是注意饮水、饮食卫生；在流行季节坚持“三早一就”（早发现、早隔离、早治疗和就近到有收治条件的医院治疗）；发现伤寒患者及时隔离、治疗；开展对易感人群和重点人群的预防接种。

淋病和梅毒 淋病和梅毒从 1997 年开始统计上报。1997—2007 年，全区共报告淋病 5276 例，梅毒 911 例，均无死亡病例报告。11 年中，淋病和梅毒的年报告发病率均呈逐年上升趋势，其中淋病发病率从 1997 年的 24.71/10 万上升到 2007 年的 50.53/10 万，并在 2004 年出现一次高峰，报告发病率高达 111.08/10 万；梅毒发病率从 1997 年的 0.13/10 万上升到 2007 年的 17.96/10 万。

肺结核病 20 世纪 50 年代起，江宁县开始组织卡介苗接种，年接种量一般在 1 万人以下。1974—1985 年，除 1982 年，每年均开展大规模卡介苗接种，接种对象从婴幼儿直至中学生。1976 年，9 个大队普查肺结核，平均患病率为 1160/10 万。1976 年、1977 年，全县肺结核线索调查共查出肺结核病人 5444 人，其中活动性病人 2994 人。1985 年，调查 2 个厂职工和 1 个村村民 3348 人，患病率为 780/10 万；在岔路乡开展全国第二次肺结核病流行病学调查中共查病人 1284 人，查出活动性肺结核 10 例。1986 年，在全县开展儿童结核性脑膜炎拉网流行病学回顾性调查，查出 1981—1986 年患病儿童 12 例。1990 年，按省、市部署开展肺结核病清理工作，共清理病人 607 例，占应清理病人数的 88.74%。1996 年，全县建立结核病专科门诊，新登记肺结核病人 458 例，其中菌阳 51 例。1997 年 8 月 1 日，开始实施“卫生部加强与促进结核病控制项目”，病人实行归口管理，对菌阳肺结核病人给予免费治疗，免费查痰。2001 年 4 月，全国第四次结核病流行病学调查，在原殷巷乡共调查 1751 人，发现结核病人 11 例，菌阳 4 例，菌阴 7 例；患病率 624.65/10 万，菌阳患病率 227.14/10 万，高于全国的 367/10 万和 160/10 万平均水平。2007 年，全区登记痰阳肺结核病人 347 例，其中新发痰阳病人 327 例，活动性病人 633 人，临床治愈 496 人，卡介苗接种数 6512 人。

【地方病防治】

血吸虫病 俗称“大肚子病”。民国时期，江宁县血吸虫病流行。上峰乡潭山桑干村 75% 的人患血吸虫病，9 人死于此病；长江马渡村 24 户共 112 人，死于血吸虫病的有 27 人。新中国成立后，通过调查，全县有螺的乡镇 13 个，有螺的村 59 个，流行区总人口 117914 人。流行类型有洲滩型、山区型和水网型。1953—1987 年，县境内历史累计病人 17085 人，感染率 14.50%；1956 年开始螺情调查，至 1987 年，历史累计有螺面积 2142.51 万平方米。1988—2007 年，全区共查出血吸虫病人 1805 人。至 2007 年，历史累计有螺面积 2395.98 万平方米，实际有螺面积 655.97 万平方米。当年尚有登记在册晚期血吸虫病人 15 人。

血吸虫病的防治工作从1953年开始。1956年起，县委、县政府把查、灭螺作为血吸虫病防治工作的主攻方向，并成立血吸虫病防治领导小组。1958—1960年，全县掀起全面防治高潮，3年共灭螺708.55万平方米，治疗病人11550人。1965年，血防工作有较大发展，全年灭螺122.61万平方米。“文化大革命”初期，血防工作基本停顿，1966—1968年3年仅灭螺36.83万平方米，治疗病人1755人。1969年后，血防工作进入全面防治阶段，每年春季进行大规模的查螺灭螺、查病治病，至1987年，累计灭螺7381.15万平方米。据统计，1956—1987年，全县共动员查灭螺80余万人次，灭螺8332.13万平方米，做灭螺土方400多万立方米，做血吸虫病粪检400多万人次，查出血吸虫病人48104人次，治疗血吸虫病人43589人次。1990年2月，县血吸虫防治站成立。1993年11月10日，《江苏省血吸虫病防治管理条例实施办法》经省人民政府批准发布施行。2000年，新济洲洲尾6个自然村及相对应的洲滩被确定为全国血吸虫病疫情监测点之一，对该监测点进行血吸虫病疫情监测。2006年，江宁街道的新洲村、陈塘村被列入全省107个血防重点村。1990—2006年，全区先后有多个项目被省、市列入重点灭螺工程。据统计，1988—2007年，江宁区累计灭螺土方151.27万立方米，药物灭螺面积7579.84万平方米，治疗病人1896人。血吸虫病经过多年防治，投入大量的人力、物力、财力，取得显著成效。2007年12月，经中国疾病预防控制中心和省血吸虫病研究所考核验收，认定江宁区提前1年达到“血吸虫病疫情控制”标准。

疟疾 常见的疟疾有间日疟、恶性疟、三日疟3种，江宁区历史上以间日虐为主（恶性疟也有发生，20世纪80年代后再没有病例报告）。1950—1985年，间日疟每年都有发生，发病率波动于27.80/10万～12.59/10万之间，1960年最高，有62850人；1975年最低，有191人。1950—1952年和1960—1965年，进行大规模的疟疾查治和预防服药。1971年后，每年都查治疟疾病人。1983年，开始在卫生院设疟疾镜检站，至1985年已设13个站，1983—1987年，全县做疟疾血检13.61万人次。据不完全统计，1950—1987年，全县进行疟疾休止期根治和预防服药109.37万人次。1988—2007年，江宁区当地人发病183例，发病率最高的1988年为5.48/10万，最低的2007年为0.12/10万，外地阳性病人94人，进行休止期根治人数272人；全区发热病人血检数183351人，查出阳性264人。江宁医院、区中医院及23个社区卫生服务中心均设门诊镜检站，每年5—10月疟疾流行季节开展发热病人血检工作；区疾病预防控制中心（血吸虫病防治站）设立中心镜检站，负责各门诊镜检站镜检员培训及指导工作，流行季节血片互审、抽审及年终目标考核，保证血检质量。

丝虫病 俗称“血丝虫病”，在境内各地均有流行。据1958年对2万人进行的调查，原陆郎公社患病率10%，湖熟镇7%，东山、岔路等地为3%～5%。据不完全统计，1958—1985年，对1358147人次进行丝虫病检查，查出病人14670人，对查出的病人进行治疗。1983年，省考核调查7个行政村、7784人，查出阳性9人，阳性率0.12%。是年，宣布江宁县基本消灭丝虫病。1990年后，丝虫病进入监测阶段。1997年11月，省丝虫病专家组对南京市包括江宁县在内的丝虫病防治工作进行考核，宣布江宁县达到“消灭丝虫病标准”。

肠道寄生虫病 1959年，全县进行肠道寄生虫病普查，共查出钩虫感染51624人，蛔虫感染162322人，感染率分别为10.62%、33.40%。1962—1984年，先后对421013人进行调查，查出患肠道寄生虫病15416人，对查出的病人进行治疗。1987年3月，在秣陵和禄口两乡进行寄生虫感染抽样调查，实检人数18740人，感染人数15090人，感染率80.52%；10月，给1周岁以上63060人服用左旋嘧啶片进行全民驱虫；12月上旬，运用加藤法进行普遍复查，共查52252人，实检率83%，感染率降至53%。1989年，全国人体寄生虫病流行病学调查工作选择在江宁县秣陵、方山、淳化、禄口、铜井5个乡镇进行，以2762人粪检作为样本。1998年年底，对1419人进行肠道蠕虫病调查，阳性204例，阳性率14.38%。2002年，江宁区开始开展每年500人～1000人的肠道蠕虫监测工作，采取加藤改良法做粪检，每年选择1个～2个乡镇的村民。从2004年开始，在幼儿园及小学低年级学生中开展透明胶纸拭子法查蛲虫。2002—2007年，全区累计监测4556人，阳性211例，阳性率4.63%。

碘缺乏病　民间称作“大脖子病”。民国35年（1946），县卫生院调查东山镇附近5所学校学生1275人，发现缺碘者1133人，治疗8117人次。新中国成立后，1981年首次开展调查，调查5所小学7岁～14岁学生1284人。1983年，调查5个乡、10个村居民16111人，患甲肿率37.45%，Ⅰ°以上患病率7.83%。1984年，调查全县7岁～14岁学生93971人，患甲肿率49.89%，Ⅰ°以上患病率10.05%。通过1983年、1984年两次调查，确认江宁县为全省10个碘缺乏病重点病区县之一，开始在全县实施7岁～14岁中、小学生补服碘油丸和在全县供应加碘食盐的综合防治措施。1987年后，开展碘盐监测、病情监测和新生儿甲低筛查，建立县、乡镇二级碘盐监测网络。1989年，对1983年原摸底调查的5个乡镇进行甲状腺肿、尿碘、水碘、碘盐抽查，6月通过省专业考核组考核验收，达到“基本控制地方性甲状腺肿标准”。1997年11月，江宁县通过省考核审评组的考核验收，达到“消除碘缺乏病标准”。2000年后，开展“消除碘缺乏病达标”监测工作，以碘盐监测为主。2001年，调查150人，查出患甲状腺肿大4人，患病率2.67%；2005年，调查160人，查出患甲状腺肿大9人，患病率5.63%。2007年，全区甲状腺肿大率在5%以下，病情稳定；居民食用碘盐合格率达标。

【麻风病、性病、艾滋病防治】

麻风病　1955年后，每年均发现麻风病人。1957年，进行全县麻风病过滤性普查，共查40.92万人，发现一些麻风病人。同年，县人民医院设麻风科，免费门诊治疗现症麻风病人。1965年年底，建成麻风病防治院，命名为江宁县洪幕医院。1966年，线索调查3526人，发现新病人5人。对原有麻风病人进行复查核定，当年共有现症病人208人，并制订分期分批收容治疗计划。1976年，在全县进行系统的流行病学调查，实查60.45万人，发现麻风病人3人。当年累计发现麻风病人438人，现症病人185人。普查中，对每个麻风病人登记建卡，建立麻风病人档案，并在全县开展防治麻风病宣传。1976—1979年，全民普查和线索调查交替进行，全民普查每年受检人数在50万人以上，线索调查受检人数每年在1000人以上，平均每年发现麻风病人4人。1981—2007年，麻风病防治以社会防治为重点，全区分片开展工作，县皮肤病防治所（原洪幕医院）医务人员定人、定片对社会散在的麻风病人包干防治，对现症麻风病人每年采取4次防治措施：对病人进行固效治疗2次，访视病人1次，对所有病人家属每年麻风病健康检查1次。至1985年，全县麻风病人历史累计513例，麻风病发病率由1958年的4.56/10万降至0.67/10万，麻风病防治达到国家有关条例规定的控制阶段水平。1996年，江宁县通过省卫生厅组织的基本消灭麻风病达标验收。1998年，通过卫生部基本消灭麻风病考核验收。据统计，1965—2007年，全区共发现麻风病人533例，治愈474人，治愈率88.93%。其中多菌型205例，少菌型328例。2007年，有存活患者312例，其中现症患者1人。麻风病患病率降为0.12/10万。

性病　1988年，在全县联合开展性病普查，确诊性病患者7例。1998年，确诊性病患者227例，其中梅毒23例，淋病129例，非淋23例，尖锐湿疣40例，生殖器疱疹12例。2000年，确诊性病患者571例，其中梅毒77例，淋病354例，非淋16例，尖锐湿疣92例，生殖器疱疹32例。2004年，确诊性病患者745例，其中梅毒89例，淋病412例，非淋34例，尖锐湿疣167例，生殖器疱疹 43 例。2007 年，确诊性病患者 1054 例，梅毒 126 例，淋病 528 例，非淋 96 例，尖锐湿疣 223 例，生殖器疱疹 81 例。

通过采取报纸、广播、电视、橱窗专栏、公益活动等多种形式，对社会公众进行性病防治的宣传和讲解。区皮肤病防治所加大预防工作力度，组织开展科学规范治疗。

艾滋病 2002 年 12 月，江宁区报告首例 HIV（人类免疫缺陷病毒）感染者。2005 年 1 月，成立区内首家自愿咨询门诊（VCT），至 2007 年年底，累计咨询检测 2351 人次。2005 年 3 月，区政府成立艾滋病防治工作委员会，开展辖区内有偿供血人员 HIV 筛查，共检测有偿供血人员 23 人，未检出阳性者；4 月，对江宁监狱、金陵监狱、大连山劳教所和江宁区看守所的羁押人员 HIV 筛查，共检测 7669 人。2006 年 3 月，对监狱、劳教所和看守所的新羁押人员进行 HIV 筛查，并将此项工作纳入常规，即按月对新入监、入所人员进行 HIV 抗体检测，2005—2007 年，共检测 17247 人次。2007 年，承担吸毒人群省级中美合作的 GAP 项目，按要求开展艾滋病自愿咨询和抗体检测工作，累计咨询和检测 388 人。

艾滋病防治工作主要以宣传教育为主。2006—2007 年，共完成 3 期艾滋病防治知识培训；在高校举办知识讲座，覆盖学生 1000 余人，发放安全套 500 余只；开展 2 个公共娱乐场所和 9 家宾馆的行为干预，放置宣传资料 5870 份、安全套 1900 只。共开展宣传教育 15 次，发放各类宣传资料 1.70 万份、电视访谈 2 次。并对区内艾滋病感染者和现症病人落实治管，完成一年一次的 CD4 细胞的检测，并及时送药上门，定期随访。

【慢性非传染性疾病防治】

1998 年，江宁县开始开展慢性非传染性疾病（以下简称慢病）防治工作，主要侧重于糖尿病、高血压的防治。是年 5 月，县中医院设立糖尿病中医专科门诊，合作单位石家庄糖尿病专科医院每月派 1 名专家到县中医院坐诊 3 天 4 天。至 1999 年 10 月，共系统治疗管理糖尿病患者 30 余人，同年，县中医院关闭糖尿病专科门诊。江宁医院于 1999 年建立糖尿病、高血压等专科门诊，并针对重点慢病开展一系列治疗管理工作。

2003 年 11 月，东山街道社区卫生服务中心在全区首先启动慢病的社区防治。2004 年 3 月，该社区卫生服务中心与区疾病预防控制中心在龙西社区开展慢病防治试点工作，进村入户，开展居民慢病情况调查，建立居民健康档案。是年，共建立社区居民档案 1056 份，建档率 53.90%，查出高血压、糖尿病和冠心病患者 66 人，患病率 3.37%。龙西社区慢病中高血压病患者 53 人，患病率 2.71%；糖尿病患者 10 人，患病率 0.51%；冠心病患者 3 人，患病率 0.15%。2005 年后，全区各社区卫生服务中心普遍开展以高血压、糖尿病防治为重点，兼顾心脑血管疾病、肿瘤等慢性病的社区综合防治管理工作，慢病防治工作步入规范化轨道。2007 年，区卫生局制定下发全区慢病防治工作方案，明确区疾病预防控制中心和各社区卫生服务中心职责。至是年年底，全区共建立家庭健康档案 21 万余份，其中 60 岁以上建档 90% 以上，重点开展对高血压和糖尿病病人的社区综合管理工作。

【精神病防治】

1989 年，成立江宁县精神卫生领导小组，负责协调各职能部门开展精神病防治康复工作。2002 年，对全区 62.50 万人开展精神病人摸底调查，共查出各类精神病人 3994 人，发病率 6.25%，各乡镇对其建档立卡，实行有效管理。2003 年后，区政府设立救助基金，收治肇事肇祸精神病人。2004 年，成立以区二院为主的精神卫生工作技术指导小组，负责全区精神病人门诊及住院治疗工作，各乡镇（街道）均成立领导小组，村一级成立精神病监护小组，建立区、镇街、社区三级精神病防治工作网络，开展精神病人流调及建档工作、特困精神病人免费服药，并设立特困精神病人救助基金，开展对肇事肇祸病人救助、解除关锁病人、建立工疗站、癫痫防治项目工作等。2005年，全区成立精神病监护小组285个，对全区摸底调查各类精神病人4289人进行监管。同年，成立癫痫项目工作组，全区共筛查出愿意公开病情的癫痫患者1045例，接受治疗管理的有170人。2006年，区二院成立工疗站，并将服务延伸到社区，开设家庭病床，定期上门服务，在社区开展义诊。2007年，对全区摸底调查各类精神病人4700人进行监管；全区接受免费送药上门服务的特困精神病人448人；还有登记在册接受治疗管理的癫痫患者164人。

第三节 初级卫生保健

1990年2月，江宁县被南京市政府确定为初级卫生保健试点县，10月，县政府成立江宁县初级卫生保健委员会，随后全县23个乡镇全部成立初级卫生保健委员会，各村成立村初级卫生保健领导小组，形成县、乡镇、村健全的三级初级卫生保健领导组织。

1991年，全面启动实施初级卫生保健工作。1994年年初，县政府提出“必须创建初级卫生保健合格乡镇，才能实现初级卫生保健合格县”的总体要求。县初级卫生保健委员会每年印发《江宁县实施初级卫生保健考核评价标准》，把村卫生室建设、乡村医生队伍建设、合作医疗、改水工作列为必须完成的工作任务。各乡镇配备初级卫生保健专职干部，具体抓初级卫生保健工作实施的管理、协调、调查与考核。1995年1月，江宁县通过省级初级卫生保健合格县验收评审。1995—1996年，全县统一组织相关专业和管理人员，经过考核评价，全县所有乡镇都达到初级卫生保健合格乡镇、基本合格乡镇标准。1996年11月，江宁县被省政府命名为初级卫生保健合格县。1998年2月，被评为全国初级卫生保健工作先进县。1999年3月，被评为江苏省初级卫生保健先进县。1997—1999年，全县23个乡镇全部获得省初级卫生保健合格乡镇称号。

获得一系列荣誉后，全区上下采取综合措施巩固发展初级卫生保健成果，以更高的标准开展三级医疗卫生网络建设、合作医疗保险、乡村医生队伍建设、改水、改厕、健康教育等，取得一系列新成效。全面实施以基本医疗与大额医疗费用救助相结合的新型合作医疗制度，群众参加率逐年提高，年人均基金标准、报销范围、报销标准逐年提高，参保人员实惠逐年增加；乡村医生的政治、业务素质整体得到提高，其基本待遇、养老、医疗等后顾之忧得到解决；改水、改厕工作有长足发展，自来水普及率99%以上；全面推进改厕示范村建设，提高农村居民无害化厕所普及率，无害化厕所普及率80%以上。2006年，江宁区获省级社区卫生服务先进区称号。

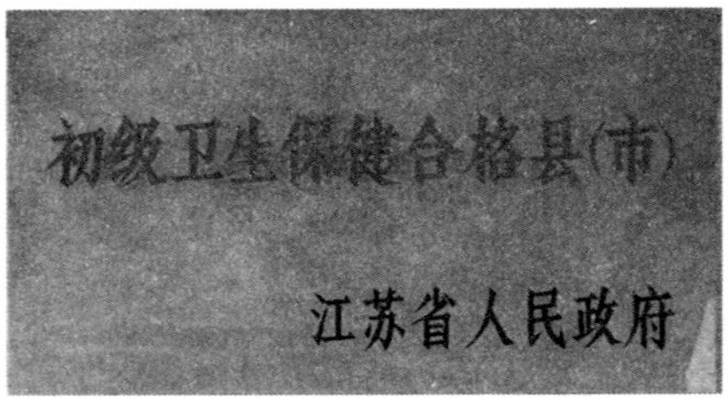

图 39-5-7 1996年11月，江宁县被评为江苏省初级卫生保健合格县

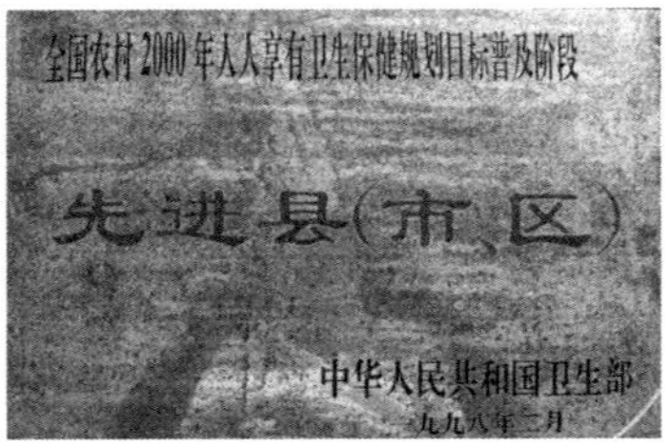

图 39-5-8 1998年2月，江宁县被评为全国农村2000年人人享有卫生保健规划目标普及阶段先进县

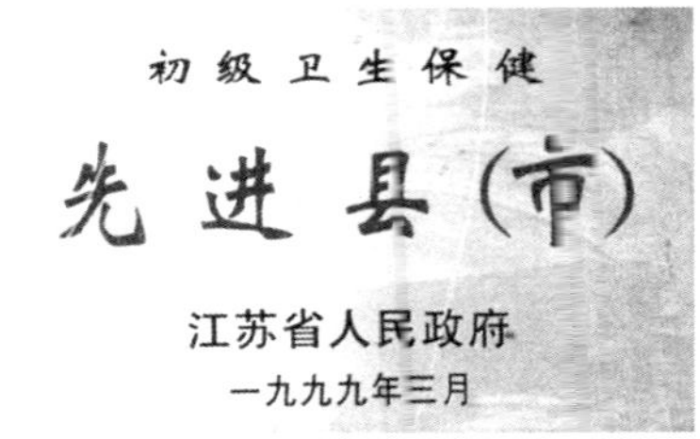

图 39-5-9 1999年3月，江宁县被评为江苏省初级卫生保健先进县

第四节 妇幼卫生保健

民国时期，县卫生院下设保健组，负责妇幼保健等工作，卫生分院或卫生所亦有人员分管此工作。1950年5月，成立江宁县妇幼保健所，并逐步建立健全县、乡、村三级妇幼保健网络，重视妇幼保健队伍素质和能力建设，加强医院产科质量管理，提高住院分娩率。1988年，县妇幼保健所设4个科室，有工作人员22人，其中卫生技术人员21人，设备总金额约5000元。是年，全县23个乡镇全面推行“母子系列保健服务”。2001年4月，县妇幼保健所更名为南京市江宁区妇幼保健所。2007年，设职能科室7个，门诊部分设28个二级专业科室，5个医技科室，并设孕妇学校、家长学校、婴儿泳疗中心。在编人员55人，其中卫生技术人员47人。设备总金额463万元，万元以上设备36台（件）。全区妇幼保健工作达到新水平，有效促进了全区妇女儿童身心健康。

【妇女保健】

妇女病普查与防治 1958年，因劳动强度大，不注意妇女的生理特点等原因，全县发生妇女流产341例，早产92例，还有很多妇女患月经失调、痛经等病症。是年，推行妇女劳动挂牌制，由各生产单位按妇女的生理特点和生产情况实行“三调三不调”（孕期调轻不调重、月经期调干不调湿、哺乳期调近不调远）。全县实行挂牌制的大队有71个，次年增至96个。1959年，普查普治妇女子宫脱垂，全县共查出病人3821人，治疗3039人。次年患病人数增多，1962年下降为2414人，治疗586人，治愈323人，治愈率55.12%。1971年，全县各公社均建立起一支由公社医院领导带队，有10多名医务人员、赤脚医生参加的妇女病查治队伍，挨村逐户进行查治，当年应查妇女175567人，实查143695人，患病率54.70%，治疗33433人，治愈率42.50%。1974年起，全县基本每两年进行一次妇女病查治，1974—1987年，共查28.08万人次，患病10.81万人次，治疗80848人次，妇女发病率由1974年的52.78%降至1987年的32.11%。1988年后，全县按照单位女职工每年一次、城镇妇女每两年一次、农村妇女每三年一次的总体要求进行妇女病普查。1988—2007年，共查61.62万人次，患病23.70万人次，治疗22.77万人次，普查率由28.65%上升为90.52%，患病率维持在20%～40%。

孕产妇系统管理 早在民国22年（1933）、民国23年，江宁县陆续成立的4个卫生所即已开展妇女围产期保健工作，但未能在广大乡村推开。1953年起，由妇幼保健机构开展孕产妇的管理工作，并持续至20世纪70年代。1981年，推行孕产妇系统管理，提倡住院分娩。1984年下半年，为孕妇建立围产期保健卡，规定产妇持卡方可住院分娩。1985年，全县孕产妇6591人，建卡5460人，建卡率82.84%。1987年8月，县政府批转《江宁县母子系列保健暂行办法》，把新婚体检、孕产妇系统保健、儿童系统保健、儿童计划免疫等工作有机地结合在一起，启用《母子保

图39-5-10 妇幼保健人员在街头宣传《中华人民共和国母婴保健法》（1996年摄）

健服务手册》。1988年，在江宁镇试点并取得成功的基础上，全县23个乡镇全面推行“母子系列保健服务”。是年投保率达80.11%，10378人建立孕产妇保健手册，建卡率83.26%，早孕建卡率69.83%。1993年8月，将“母子系列保健服务”更名为“妇幼保健保偿”服务，具体工作内容没有改变。1995年6月，《江宁县妇幼保健保偿实施办法》《江宁县妇幼保健保偿管理细则》发布，在全县继续全面推行妇幼保健保偿工作。2007年，全区产妇7840人，孕产妇建卡7840人，建卡率100%。其中早孕建卡率70.43%。孕产妇保健覆盖率100%。住院分娩人数7840人，住院分娩率100%；高危管理人数2627人；产后访视人数7680人，产后访视率97.96%。

【科学接生】

旧时，农村妇女分娩用老法接生，轻则易致会阴撕裂和子宫脱垂，重则因大出血、产褥热而死亡，婴儿破伤风患病率较高。20世纪30年代，江宁县已开始推行新法接生，但未能在广大农村推开。民国37年（1948），新法接生795人，仅占当年生育总数的6.50%左右。新中国成立至1957年，全县训练接生员768人，新法接生率逐年提高。1952年为3.50%，1954年为12.60%。1956年，半数以上农业社制订妇女福利制度，下半年新法接生率增至66.36%。1957年，将分散的接生员组织为55个接生点和9个接生站。1958年，建立大队产院145所，设产床536张，有21名助产士，组织277名接生员进产院工作，次年新法接生率达95%，并能对每个孕产妇做1次～3次产前检查。产院于1960年停办。

1962年，整顿妇幼保健系统，要求全面推广新法接生，对每个孕产妇做2次～3次产前检查，并做好产后访视和妇女“四期”（经期、孕期、产期、哺乳期）保护；做到联合诊所有专人负责，每个大队有1名～3名较好的接生员。1963年，全县有接生员575人，助产士27人。但1964年部分公社新法接生率又降至75%。1974年，对210个大队的女赤脚医生进行新法接生培训。1976—1985年，全县经新法接生分娩的共98526人，占接生总数的97.81%。1981年，开始提倡住院分娩。1985年，全县有孕产妇6591人，住院分娩率82.84%；新法接生7360人，占接生总数的99.86%。1988年，住院分娩10969人，新法接生率99.99%。剖宫产70例，剖宫产率0.83%。

2007年，全区住院分娩人数7840人，住院分娩率100%；剖宫产人数3777人，剖宫产率48.18%；出生缺陷发生32例，出生缺陷发生率4.41‰。全区共有妇产科医护人员164人，其中156人领取助产技术上岗证。妇女保健人员186人；女乡村医生171人。

1976—1987 年江宁县妇幼卫生工作情况表

表 39-5-7

年份	出生总数（人）	新法接生率（%）	产前检查次数（次）	产后访视人数（人）	难产发生数（人）								孕产妇死亡数（人）	新生儿破伤风发生数（人）	婴儿死亡人数（人）
					发生数	剖宫产	产钳	臀位	胎盘滞留	前置胎盘	横位	子痫			
1976	10350	92.60	10720	9409	145	—	—	—	—	—	—	—	5	17	117
1977	10372	96.90	11168	9129	176	—	—	—	—	—	—	—	4	10	73
1978	10588	97.20	11983	—	173	—	—	120	—	—	—	—	3	7	91
1979	10199	97.30	14456	6919	246	61	2	264	17	2	—	—	2	7	69
1980	12411	96.50	22245	15247	386	97	12	219	54	—	1	1	4	12	97
1981	14359	97.17	13353	—	458	97	9	256	48	—	19	29	5	4	85
1982	11561	97.51	10385	—	479	109	5	284	51	—	13	17	4	2	60
1983	7569	98.47	6518	—	295	53	3	191	22	—	12	14	3	1	37
1984	5950	99.90	5253	—	244	100	23	95	—	—	5	21	3	—	24
1985	7370	99.86	23686	5283	221	118	28	177	—	14	5	25	5	—	29
1986	8819	99.46	32248	7037	323	52	25	191	1	16	10	28	4	1	75
1987	10948	99.63	45000	8176	336	79	18	213	—	4	6	16	2	—	40

1988—2007年江宁区孕产妇保健情况表

表 39-5-8

年份	孕产妇保健							高危管理（人）		产后42天体检（人）	产后访视		围产儿死亡数（人）	孕产妇死亡数（人）	出生缺陷（人）	剖宫产数（人）	产后出血数（人）	子痫发生数（人）	新生儿破伤风数（人）	新生儿疾病筛查数（人）
	活产儿（人）	孕产妇数（人）	管理数（人）	保健覆盖率（%）	住院分娩率（%）	新法接生率（%）	系统管理率（%）	孕产妇数	管理数		产后访视数（人）	产后访视率（%）								
1988	12434	12465	10378	83.26	88.22	99.99	—	540	531	4281	10178	81.65	182	10	—	70	154	14	1	—
1989	12987	13024	12454	95.62	89.60	100.00	—	916	898	4207	10882	83.79	202	3	—	160	178	9	0	—
1990	13481	13474	12430	92.25	83.79	100.00	78.75	693	679	—	10609	78.70	165	13	—	187	146	8	0	—
1991	11549	11580	9711	83.86	77.12	100.00	28.16	899	878	4299	8432	73.01	167	9	—	188	101	5	0	—
1992	7310	7352	7129	96.97	97.33	100.00	46.20	1286	1284	4371	5597	76.57	142	1	—	357	117	3	0	—
1993	6465	6345	5678	89.49	99.91	100.00	50.97	1426	1426	4849	5238	82.67	131	4	—	136	44	3	0	—
1994	6523	6535	6295	96.33	100.00	100.00	61.08	1492	1491	5126	5528	84.75	120	2	—	334	61	2	0	—
1995	6276	6307	6307	100.00	100.00	100.00	61.89	1377	1377	4979	5198	82.82	126	0	—	338	62	1	0	—
1996	5697	5706	5706	100.00	98.10	100.00	72.79	1762	1762	5750	5298	93.00	107	6	—	551	51	2	0	—
1997	5227	5221	5221	100.00	100.00	100.00	80.04	1834	1834	5074	5003	95.71	89	1	—	701	71	4	0	—
1998	4805	4803	4803	100.00	100.00	100.00	74.70	1720	1720	4541	4501	93.67	69	0	—	848	64	1	0	—
1999	4758	4760	4760	100.00	100.00	100.00	71.63	1712	1712	4218	4358	91.59	60	2	10	1076	95	3	0	—
2000	5161	5179	5179	100.00	100.00	100.00	64.79	1658	1658	4361	4480	86.80	73	1	15	1365	104	4	0	—
2001	5288	5292	5292	100.00	100.00	100.00	63.86	1621	1621	4357	4674	88.39	49	0	16	1750	91	4	0	2003
2002	5422	5422	5422	100.00	100.00	100.00	68.65	1657	1657	5116	4879	89.98	58	3	24	2189	82	2	0	4494
2003	5572	5566	5566	100.00	100.00	100.00	65.85	1648	1648	—	4889	87.74	58	0	20	2450	123	2	0	4993
2004	7355	7348	7348	100.00	100.00	100.00	66.25	2295	2295	—	6950	94.49	58	2	28	3431	112	2	0	6557
2005	6791	6793	6793	100.00	100.00	100.00	66.12	2236	2236	—	6267	92.28	56	2	39	3818	80	2	0	6505
2006	7455	7470	7470	100.00	100.00	100.00	66.70	2269	2269	—	7061	94.70	67	0	34	3703	114	0	0	6378
2007	7836	7840	7840	100.00	100.00	100.00	68.60	2627	2627	—	7680	98.00	66	0	32	3777	106	1	0	7080

【儿童保健】

婴幼儿保健及儿童系统管理 民国时期，对于儿童保健所做的工作不多。1951年后，多次对全县儿童进行体格健康检查。1976年，对7岁以下儿童4697人进行健康检查，自此，每年“六一”国际儿童节前后进行一次儿童体格健康检查，并对查出的疾病、缺点进行矫治。1951—1985年，全县共为儿童进行体检约461671人次。

1986年，对5838名儿童实行系统管理。1987年，统一儿童保健管理账册，制订儿童保健门诊制度，全县0岁~3岁儿童36074人，系统管理27401人，管理率75.96%，儿童体格检查67706人，实查58846人，体检率86.91%。1988年，全县共有儿童保健医生30人，0岁~6岁儿童系统管理率86.21%。1989年，县妇幼保健所开展儿童智力筛查工作，当年筛查380人；1991年，开展儿童口腔保健工作，进行龋齿预防，护齿300人。1992年，强化儿童系统管理符合率，注重体弱儿管理工作。1994年，在全县范围内开展儿童急性呼吸道感染管理工作，降低婴幼儿死亡率。1995年起，全县开展儿童保健保偿工作。1999年，在全县范围内开展出生缺陷的临床监测，监测人数4924人，出生缺陷发生数10例，出生缺陷发生率2.03‰。是年，县妇幼保健所新增设儿童听力保健门诊和营养门诊，全年听力筛查2187人，营养分析47人。2000年11月16日，江宁县爱幼中心成立，聘请1名儿科主任，强化农村妇幼保健工作，特别是儿童常见病、多发病的预防和治疗，降低婴儿死亡率，开展健康教育。2001年5月，全区正式开展新生儿疾病筛查。至2007年年底，全区共筛查婴儿37957例，筛查出疾病21例，除2007年1例恶性苯丙酮尿症患儿拒绝治疗外，均得到及时治疗。被南京市卫生局评为新生儿疾病筛查工作先进单位。是年，全区共有儿童保健医生35人，0岁~6岁儿童管理率99.12%；0岁~2岁儿童管理率98.97%。0岁~6岁儿童“六一”期间体检率95.92%，疾病检出率37.60%。全区婴儿死亡率6.64‰。

托幼机构卫生保健工作 1956年，全县办有托儿所157个，入托儿童2228人，是年对243名幼托保育员进行卫生训练。1958年，全县办有幼儿园、托儿所1961所，入园（托）儿童3.85万人。部分公社建立保育员卫生知识学习制度，定期由助产士或保育员向保教员讲授卫生知识。20世纪70年代后，幼托事业发展较快。1986年，组建一个示范幼儿园，并对全县130名幼儿教师进行卫生保健知识培训。1988年，江宁县城镇以上托幼单位43所，村办学前班421个。在园儿童数26562人。保教人员共1138人，保健老师42人。是年，开始实施托幼机构“卫生保健合格证”制度。并且开始每年对所有担任保教工作的人员进行健康检查，做到持“健康证”上岗。1992年7月开始，对所有新生入园和新教师上岗进行健康检查。至2007年，全区共有托幼机构48个，均取得“卫生保健合格证”，其中省级示范园3所，市级示范园27所。入园儿童总数13877人。全区保健老师共54人，其中专职48人；卫生技术人员11人，占保健老师的20.37%。

1977—1985年江宁县儿童体检情况表

表 39-5-9

项目			1977年	1978年	1979年	1980年	1981年	1982年	1983年	1984年	1985年
七岁以下儿童（人）			94447	84973	65927	70716	78444	69817	37234	40368	30543
实查儿童	人数（人）		73170	67569	52083	58331	60568	50083	27997	25396	20872
	受检率（%）		77	80	79	82	77	72	75	63	68
健康儿童	人数（人）		40944	41755	44921	49410	50911	43808	26139	21685	18984
	占实查百分比（%）		56	62	85	85	84	87	93	85	91
患病儿童	人数（人）		32226	25834	7762	8921	9857	6275	1858	3711	1888
	占实查百分比（%）		44	38	15	15	16	13	7	15	9
	疾病分类（人）	肺炎	707	—	26	300	466	273	58	82	96
		结核病	53	7	21	340	24	—	—	—	—
		先天性心脏病	—	—	14	228	266	190	15	49	59
		肝炎	23	11	—	66	77	23	20	19	18
		中耳炎	1628	1472	840	1240	3175	645	525	363	140
		气管炎	2689	2374	1705	1666	1891	1526	471	881	221
		扁桃体炎	4827	3516	259	884	590	—	33	402	96
		佝偻病	1087	890	443	599	251	132	22	64	—
		龋齿	9204	6132	3537	3487	4691	4608	298	2929	1595
		沙眼	10080	4391	1333	511	518	501	59	151	46
		贫血	962	706	327	516	215	—	28	3	87
		皮肤病	1507	1213	485	241	134	462	173	500	57
轻病或缺点	营养不良（人）		—	200	55	452	205	332	91	192	49
	轻病缺点（人）		15496	11697	6989	7860	8701	4015	2341	1742	961
	畸形（人）		376	243	—	—	—	45	8	39	17

1988—2007 年江宁区儿童保健情况表

表 39-5-10

年份	儿童系统管理						“六一”体检			活产数（人）	儿童死亡				眼保健人数（人）	听力保健人数（人）	口腔保健人数（人）	体弱儿管理（人）			龋齿患病数（人）
	0岁～6岁			其中：0岁～2岁							0岁～4岁死亡		其中：婴儿死亡								
	儿童数（人）	管理数（人）	管理率（%）	儿童数（人）	管理数（人）	管理率(%)	儿童数（人）	体检数（人）	体检率（%）		人数（人）	死亡率（‰）	人数（人）	死亡率（‰）				总数	佝偻病	贫血	
1988	70650	60950	86.21	32583	27323	83.85	69914	63523	90.86	12434	—	—	280	22.52	—	—	—	274	20	54	8761
1989	67149	62348	92.85	32693	29231	89.41	63508	57133	89.96	12987	—	—	182	14.01	—	—	—	348	42	26	5592
1990	71970	67266	93.46	34420	31317	90.98	37708	35949	95.34	13481	—	—	223	16.54	—	—	—	395	35	53	5944
1991	70947	66283	93.43	30933	26986	87.24	44542	39297	88.22	11549	—	—	218	18.88	—	—	—	467	83	112	7178
1992	81253	70995	87.38	31783	28865	90.82	49278	40524	82.24	7310	212	29.00	173	23.67	—	—	—	522	102	145	7430
1993	77424	71701	92.61	25277	22727	89.91	73997	66133	89.37	6465	191	29.54	136	21.04	—	—	—	635	126	167	10498
1994	71370	67955	95.22	20768	19016	91.56	72741	62698	86.19	6523	177	27.13	140	21.46	—	—	—	862	225	263	10766
1995	64393	58884	91.44	19329	18421	95.30	61993	53290	85.96	6276	156	24.86	114	18.16	—	—	—	676	193	142	10658
1996	56936	53887	94.64	18651	17925	96.11	58550	53758	91.82	5697	140	24.57	111	19.48	6844	22743	34756	822	229	207	11854
1997	49276	48098	97.61	17293	16392	94.79	49276	45690	92.72	5227	128	24.49	100	19.13	38423	34488	39450	804	215	243	12306
1998	42849	38811	90.58	15905	14238	89.52	43177	38811	89.89	4805	92	19.15	71	14.78	38252	35320	38151	697	192	179	9769
1999	39735	37548	94.50	14706	13990	95.13	39735	36539	91.96	4758	91	19.13	67	14.08	34505	32522	35573	736	244	172	7994
2000	38020	35445	93.23	14526	13756	94.70	38020	33860	89.06	5233	81	15.48	52	9.94	32369	30370	33764	998	185	497	8155
2001	36111	33537	92.87	14514	13799	95.07	32894	30062	91.39	5288	58	10.97	38	7.19	30988	29822	31615	2103	203	1122	7298
2002	35293	32474	92.01	15378	13698	89.08	35293	31437	89.07	5422	60	11.07	52	9.59	29219	27402	29754	2071	261	1182	6740
2003	33863	32184	95.04	14598	14259	97.68	33304	29240	87.80	5572	53	9.51	42	7.54	6713	29267	29743	1747	334	1044	6351
2004	35462	33938	95.70	15593	15328	98.30	35462	32142	90.64	7355	63	8.57	51	6.93	7711	28656	30855	2426	433	1385	5837
2005	37579	36728	97.74	17824	17568	98.56	36311	32613	89.82	6791	62	9.13	42	6.18	9612	33327	33732	2990	698	1638	5591
2006	40186	39295	97.78	19495	19229	98.64	40186	36888	91.97	7455	59	7.91	33	4.43	15114	30174	36800	2510	684	1354	5023
2007	41513	41148	99.12	19042	18845	98.97	41513	39820	95.92	7836	68	8.68	52	6.64	39737	37646	39748	2425	681	1186	5546

第六章　公共卫生

民国时期，江宁县卫生院在县内较大集镇开展公共卫生监督管理和宣传工作。民国36年（1947）6月，县警察局、县卫生院、东山镇公所下发《东山镇公共卫生实施办法》。10月，县政府制订《江宁县三十六年度秋季清洁大扫除运动实施办法》，并为此发出训令。

1952年，全县掀起以反对美军细菌战为中心的爱国卫生运动。成立县卫生委员会和区级卫生委员会11个（含湖熟镇），乡级卫生委员会125个，村级卫生委员会811个。并组织11个卫生队，训练宣传员253人、卫生委员138人，达到每乡有1名卫生委员。1957年后，爱国卫生运动逐步转入经常化、制度化。

20世纪80年代，县政府将城镇环境卫生工作移交城建部门归口管理，将改水工作移交卫生部门管理。1985年，新建成8个农村改水点，全县吃上干净水有22744人，有22家单位被市命名为文明卫生单位。90年代后，江宁县爱国卫生运动围绕"政府组织、地方负责、部门协调、群众动手、科学治理、社会监督、分类指导"的爱国卫生二十八字方针，开展农村改水改厕、健康教育、创建卫生镇村和除"四害"（苍蝇、蚊子、老鼠、蟑螂）等工作。农村改水备受各级关注，1996年，县人大常委会对改水工作进行调研视察，听取政府情况汇报，作出农村改水工作审议意见，随即农村改水全面推广。2003年，区政府把农村改水列入"为农民办八件实事"之一。2007年，江宁区提出实施以长江自来水为主的"村村通"工程。农村改厕在2003年成为省内首家列入"八件实事"之后，每年无害化改厕在2万户～3万户左右。在全国亿万农民健康促进行动推动下，江宁区健康教育由城镇向农村延伸，并把重点放在农村，开展一系列健康教育活动。创建卫生镇村活动对改变农村环境卫生面貌发挥积极作用。

第一节　环境卫生

【公共场所卫生】

民国时期，据不完全统计，县内曾进行过环境卫生视察628人次，访视家庭卫生8584次，采取填平洼地、井水消毒、设置滤水池、改良旧厕、新建厕所、处理垃圾等措施开展环境卫生活动。新中国成立后，环境卫生工作在爱国卫生运动的推动下进行。1952年，全县掀起反对美帝细菌战为主要内容的大规模爱国卫生运动。结合积肥扫除垃圾1.90亿公斤，填平洼地、臭水塘1118个，疏通沟渠1939个，次年清扫垃圾163.41万公斤。1954年，爱国卫生运动重点在厂矿、机关、学校、集镇开展，内容为整顿健全爱国卫生运动领导组织，发动群众做好环境卫生、个人卫生和饮食卫生。1960年，250家单位清扫垃圾积肥1850万公斤送到生产队。1962年，一些公社集镇开始划分为卫生区，建立卫生制度，使卫生活动经常化。全县清除垃圾积肥180.38万公斤，疏通阴沟256条，填平洼地318处。1964年，在"五一""国庆'"元旦""春节"几个节日前夕开展大清扫、大洗刷。1971年。疏通沟渠5440条，清理垃圾积肥2812.19万公斤。1976年，开展5次卫生突击活动，清理垃圾积肥5900万公斤。1979年，全县先后进行2次卫生状况大检查。次年，全县设垃圾箱40多个。1986年，全县组织3次卫生突击大扫除。东山镇开展“环境卫生突击月”和“门前三包”活动；湖熟镇制订《关于加强城镇环境卫生管理的规定》。

1987年4月1日，国务院发布《公共场所卫生管理条例》，是年，卫生部发布《公共场所卫生管理实施细则》，规定公共场所服务行业7类28种必须领取“卫生许可证”方可营业，从业人员持“健康证”方可上岗。1988年，检查单位204户次，体检培训从业人员271人，调离11人，出动监督员452人次，车辆76台次。办理公共场所卫生许可证52户。1991年，卫生部修订《公共场所卫生管理细则》，相继出台12项公共场所卫生标准。是年8月，针对洪水灾害，开展爱国卫生突击月活动，对61个行政村和126个自然村卫生进行清理、外环境消毒杀虫，先后消耗漂白粉2万公斤，漂白粉精950公斤，敌敌畏560公斤，环境消毒杀菌面积16.70万平方米，室内消毒5120户共30.78万平方米，清除垃圾263.80万公斤。1997年，对美容美发等行业发放臭氧消毒盒100余台，印发公共场所禁烟标志、消毒规程等1500余份，对公共场所从业人员培训体检1355人，对公共场所“小窗口”摸底整改282家，20家获“创建卫生合格单位”称号。2003年5月4日，全区共出动人员15.30万人，从区委书记到一般干部、职工、学生、军人都参加义务劳动，清扫清除卫生死角和“四害”孳生地2252处，居民院落503处，清运垃圾杂物40余万公斤。各镇街公共卫生服务站消杀人员，每天要对4000多处公共场所、2386处楼栋、985处垃圾点、400余处化粪池进行消毒杀菌，消杀总面积5万多平方米。是年，按照市政府要求，全区各镇街成立公共卫生服务队伍，共240人。2007年，全区办理公共场所卫生许可证550户次，检查单位2012户次，体检培训从业人员3152人，调离71人，出动监督员4127人次，车辆648台次。1988—2007年，全区公共场所经常性监督工作共出动监督人员42792人次，车辆7273台次，检查单位20464户次，从业人员体检39594人，调离469人，警告限期改进556户次，罚款6700元，平均监督频次达3次以上。

公共场所卫生监测主要监测对象为旅店、文化娱乐场所、理发店、美容店、公共浴室、游泳场所等。1988—2007年，共计监测2502户次，合格2162户次，合格率86.40%，监测样品12611份，合格11030份，合格率87.50%。

【生活饮用水卫生】

民国时期，县卫生院就注意视察居民饮水卫生状况，民国35年（1946），进行井水消毒4776立方米。次年，井水消毒85立方米，在东山小里村设置滤水池1座，修建于塘边，利用杠杆和水桶取水。新中国成立后，1954年，东山、湖熟、高桥门等16个集镇和牌楼、临江等6个乡开展饮水消毒。

1981年，爱国卫生管理委员会办公室管理农村改水工作，1983年，全县饮用干净水的有216540人，占总人口29.68%。1985年，国务院发布《生活饮用水卫生标准》，规定35项水质标准。1989年，对全县84名水管人员开展健康体检，合格者办理“健康证”，同时建立健康档案。1995年，对22家县、乡镇水厂进行丰水期和枯水期水质全分析监测，对江宁镇水厂进行卫生审查，核发江宁县首家集中式供水单位卫生许可证。1995—2007年，全区共办理集中式供水单位卫生许可证416件次，监督2423户次，从业人员体检5689人次，水质监测5156份，合格率86.30%。1997年，《生活饮用水卫生监督管理办法》实施。2001年，卫生部发布《生活饮用水卫生规范》，水质指标由35项增至96项。卫生监督职责实行集中式供水单位卫生许可制度，制水人员持“健康证”上岗操作，对源水、出厂水、末梢水进行监测，并处罚违法违规行为。2002 年，对全区 42 家自来水厂家进行日常监督检查，27 家发放卫生许可证，从业人员持健康证率达 98% 以上；对镇级以上水厂巡回监督频次平均达 6 次以上，督促水质检验不合格单位完善水处理设施和消毒设施，保障广大群众的饮水卫生安全。2007 年 7 月 1 日，生活饮用水卫生新标准正式实施，江宁区加强对生活饮用水卫生质量的监督与检测力度，共开展水质监测 552 份，合格率 83.20%；对 54 家水厂开展水质检测，完成全区镇级集中式供水单位的水质监测任务。

第二节 除害灭病

灭害消毒防病运动是爱国卫生运动的重要内容。1952 年，全县灭蝇（蛹）361.50 公斤，灭蚊 52.50 公斤，捕鼠 65938 只，灭蛆 8185 缸。次年灭鼠 107579 只，灭蝇（蛹）112 公斤。1957 年，江宁县的地方病疥疮基本消灭。1958 年，提出除“五害”（苍蝇、蚊子、麻雀、老鼠、臭虫）、灭“十病”（血吸虫、丝虫、钩虫、疟疾、蛔虫、麻风、梅毒、沙眼、头癣、滴虫），号召每人做到“三有三不”（有毛巾、有牙刷、有手帕，不喝生水、不随地吐痰、不随地大小便）。据不完全统计，当年 1—5 月，全县捕鼠 650346 只，捉雀 425191 只，灭蝇蛹 2748.50 公斤，用药物、烟熏灭蚊 72.50 公斤，先后喷洒房屋 15635 间。1959 年，全县进行 7 次较大规模的突击活动，内容为防治春季传染病，灭雀总体战，灭鼠和清除蚊蝇孳生地，消灭蚊蝇。1964 年，冬春季开展防病、灭鼠、保粮运动，全县灭鼠 153484 只。1971 年，处理蚊蝇孳生地 20325 处，药物浇洒灭蚊 11883 间，使用中草药及其他杀虫剂烟熏房间 94463 间。1976 年，处理蚊蝇孳生地 3900 个，药物烟熏房间灭蚊 16360 间。1980 年，处理蚊蝇孳生地 257 处。次年灭鼠 3 万多只，东山、汤山、湖熟 3 个镇处理蚊蝇孳生地 200 多处，烟熏灭蚊 2 次，面积 16860 平方米。1985 年，消灭老鼠 370136 只。灭鼠后，农田鼠密度一度降至 13%，室内未打到老鼠。灭犬 32523 条，占应灭犬数的 90.18%。1986 年，开展两次突击性灭鼠灭犬活动，投放毒饵 2.50 万公斤，灭鼠 102 万余只，给 3433 条家犬进行免疫注射，基本消灭无牌野犬。

1987 年，县政府成立灭鼠指挥部及办公室，在春冬开展两次全县性灭鼠活动，仅春季灭鼠投放毒饵 2.42 万公斤，灭鼠 233167 只，降低了鼠密度，出血热发病比 1986 年下降 32.70%。1988 年，全县创无臭虫害工作通过市爱国卫生运动委员会考核验收。1989 年，县爱国卫生运动委员会印发《关于开展大规模灭鼠争创“无鼠害县”的通知》，全县共投放灭鼠毒饵 6.15 万公斤，消灭老鼠约 105 万只，其中农田灭鼠 78 万只，室内和外环境灭鼠 27 万只。1996 年 3 月，县开展省级卫生城创建，成立县除“四害”工作领导小组。在创建灭鼠和灭蟑先进城区及之后创建卫生城过程中，共投放鼠药 1.45 万公斤，设置投药点 22040 个，设立毒饵站 1.05 万个，投放灭蟑螂药 9.50 万包，投药房间 2 万余间。1997 年，江宁县被市爱国卫生运动委员会命名为灭鼠灭蟑达标县。1999 年 8 月，县政府印发《江宁县除“四害”管理暂行办法》。2001 年 11 月，区爱国卫生运动委员会成立江宁区除“四害”指导管理中心。2002 年，配合南京市创建国家卫生城，调集 10 个卫生院、60 多名防保人员和 10 台车辆，分成 14 个小组，重点在东山镇和城乡结合部，分地段开展大面积灭鼠、灭蚊蝇消杀活动。2003 年 5 月，清扫清除卫生死角和“四害”孳生地 2252 处。2006 年，在政府组织引导下开始探索运用市场经济手段参与除“四害”工作，群众参与与专业消杀队伍相结合的除“四害”工作机制形成。

第三节　农村改水改厕

【改水】

1981 年，县政府将改水工作移交卫生部门管理。当年全县有水井 853 口，26 个集镇有 23 个办起简易自来水站，全县饮用井水、自来水 93370 人，占全县人口的 13.15%。1983 年，打井 2750 口，自来水点发展到 54 处。是年，全县饮用干净水的有 216542 人，占总人口 29.68%。其中，饮用自来水 103614 人，饮用井水 110559 人，饮用泉水 2369 人。1985 年，新建成 8 个农村改水点，新增 10900 人饮用上自来水。1986 年，新建、改造 4 个乡镇水厂，新增 5 个水站，延伸 17 个改水点，新增受益人数 36467 人，全县饮用自来水人数增至 155751 人，覆盖面 21%。1987—1997 年，自来水主要用于县城和建制镇，全县自来水普及率 50% 以下。1996 年前建造的村自来水厂，基本是简易自来水站，较大的村或地形地势复杂的村，出现一村多站现象。1996 年后，全县开展农村改水工程，整合资源，采取村建或村联建形式，建造标准村自来水厂。1997 年，推动开展大规模的农村改水工程，当年全县饮用自来水 484564 人，普及率 65.10%。1999 年开始，按照县政府进一步提高农村改水质量要求，对全县 70 座简易村水站进行标准化改造，条件允许的，拆除简易水站，使用镇级水厂自来水。至 2001 年，全区饮用自来水 728610 人，普及率 97.60%。2001 年，被省爱国卫生运动委员会授予农村自来水普及区称号。2002 年，被全国爱国卫生运动委员会命名为全国农村自来水普及工作先进单位。2005 年，区政府印发《关于做好农村八件实事实施办法》，推进农村二次改水，3 年完成 24 个村级水厂拆除，将其并入镇级水厂管网，扩大区域供水范围，提高镇级水厂覆盖面。对未拆并计划以地表水源制水的 54 个村级水厂，配发部分消毒净化药物。据统计，1988—2007 年，先后新建、扩建乡镇（街道）自来水厂 25 座，村自来水厂（站）105 个。2007 年，全区有 17 个镇级自来水厂运营、64 座村级自来水厂制水供水。并开始实施区域供水村村通工程，逐步撤销村级自来水厂。至 2007 年年底，全区有 2 万吨水厂 1 座，1 万吨水厂 1 座，5000 吨水厂 8 座，3000 吨水厂 6 座。全区饮用自来水 877632 人，普及率 99.80%。

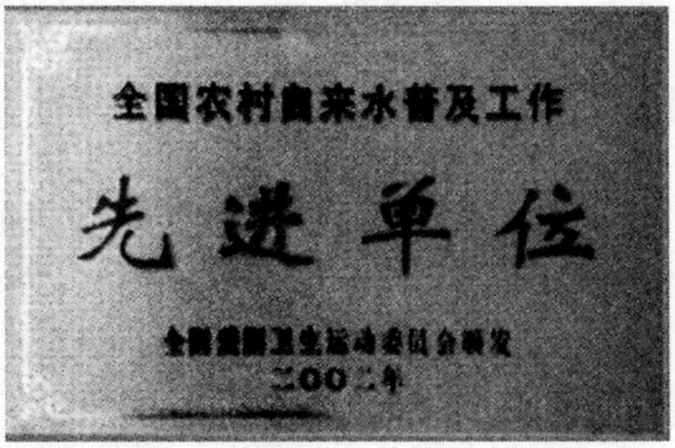

图 39-6-11　2002 年，江宁区被评为全国农村自来水普及工作先进单位

【改厕】

农村改厕工作经历缓慢发展过程，改厕初期，受到传统观念影响，群众不予理解，较难推动。1991 年，县爱国卫生运动委员会办公室组织开展农村厕所及粪便处理现状调查，结果显示，合计调查 12712 户，粪便未经处理旱厕 1.21 万户，占 95.19%；简易处理 597 户，占 4.70%；粪便进行无害化处理 15 户，只占 0.12%。是年，印发《关于进一步加强农村改厕工作通知》，先后在方山和新洲进行县级改厕试点。1992 年，全县农村 230560 户，实现卫生户厕 39692 座，无害化户厕 905 座。1996 年开始，县委、县政府每年将农村改厕列入经济建设和社会事业发展目标，列入精神文明建设考核，2003 年又列入为民办八件实事，之后每年改厕在 2 万户 ~ 3 万户左右。以改厕示范村、普及村为突破口，坚持“连片改厕，整村推进”。全区农村改厕工作健康快速发展，

先后有 50 个村获得市农村改厕普及村称号，至 2007 年年底，全区农村 297204 户，实现无害化户厕 169830 座，无害化户厕普及率 57.14%。

第四节 健康教育

民国时期，江宁县卫生院已注意公共卫生的开展与宣传，但仅限于较大集镇。据不完全统计，曾举行卫生演讲 1463 次，举行卫生宣传集会 95 次，散发卫生宣传资料 1208 张，还放映卫生宣传电影。新中国成立后，针对市容环境卫生差、民众缺乏卫生知识的状况，结合爱国卫生运动，开展卫生宣传教育，如抗美援朝反细菌、反化学战，“大跃进”期间消灭“四害”等。

20 世纪 80 年代后，在县城、集镇或人群集中的地方建立卫生宣传栏和黑板报，有针对性地宣传卫生科学常识；在中、小学和幼儿园开设健康教育课；县内各级广播站增播卫生科普节目，《江宁报》开辟健康教育专栏，宣传卫生科普知识。1988 年 4 月 7 日，第一个“世界无烟日”，县爱国卫生委员会办公室印发积极做好禁烟日的宣传通知，同时利用广播、橱窗、幻灯、黑板报等形式，在东山镇中心地段，大力开展禁烟活动。1991 年，县成立健康教育领导小组，负责全县健康教育的技术指导，乡镇和村配备人员从事健康教育。1994 年，县政府成立江宁县 9 亿农民健康教育行动领导小组。1996 年，成立江宁县健康教育所。1997 年，中、小学校健康知识开课率 100%，学生的健康行为形成率与健康知识普及率均达 90% 以上。同年，组织 1 万余名干部职工参加健康知识培训考试。1998 年，开展“创卫杯”健康知识有奖征集活动。1999 年，举办首届群众健康知识竞赛活动，全县 20 个队参加比赛。县爱国卫生运动委员会免费为 112 个基层爱国卫生运动委员会订购《健康教育手册》《今日保健》《中国健康》等宣传材料，印发 31.5 万张禁烟标贴，拆除烟草广告 108 个。同年，在县城健康教育路专门开辟健康知识宣传一条街。是年起，全县各医疗卫生单位逐步建起健康教育宣传栏，定期更换宣传内容。

从 2000 年起，县爱国卫生委员会办公室每年参加送卫生下乡活动，开展健康教育宣传活动。2002 年，各镇街在其主要干道建一处固定的健康教育宣传橱窗，有专、兼职人员负责定期更换，并进一步完善健康工作手册。2003 年防治“非典”期间，全区各镇街共举办“防非”咨询活动 195 场，自编自印宣传材料 8.20 万份，悬挂横幅 868 条，张贴标语 12845 条，出宣传橱窗、黑板报共 3732 块（期）。2005 年，成立区控烟领导小组。2006 年起，全区所有社区卫生服务中心建立健康教育宣传专栏，并将健康教育纳入社区卫生服务“六位一体”（医疗、预防、保健、康复、健康教育、计划生育技术指导）管理。2007 年，全区建有固定健康教育宣传专栏 260 处，橱窗 1100 余块。

第五节 创建卫生城镇村

1989 年，全国爱国卫生运动委员会提出开展创建卫生城、镇、村活动。20 世纪 90 年代初期，省、市开始组织实施创建活动。1996 年年底，江宁县提出创建卫生县城目标。1997 年、1999 年，县政府分别将创建卫生县城目标列入社会事业发展计划，实行目标考核，县委、县政府成立领导小组，明确各创建办、组的工作责任。1997 年，南京市首次命名表彰卫生村镇。江宁县东山镇被评为市卫生县城。1998 年，麒麟镇锁石村被命名为江苏省卫生村，是全县首家省级卫生村。2004 年，区政府发文要求各镇街在三年内要建成一定数量的市级以上卫生镇村，卫生镇村总数争取进入全市前列，为此，成立江宁区农村创建卫生镇村工作领导小组。是年起，区政府每年将创建卫生城、镇、村列入当年年度工作目标，并分解到各镇街，实施责任制管理。并与有创建卫生镇村任务的镇、村签订责任书，将创建工作列入千分考核。在创建工作中，把直接影响群众生活的卫生环境作为重点，突出主要指标，明确规定农村改水普及率在 90% 以上，改厕普及率不低于 80%，镇、村有固定卫生保洁队伍，卫生设施达到和符合环境卫生条件，垃圾有人收集处理等。1997—2007 年，全区获省卫生镇 1 个，省卫生村（社区）6 个，市卫生镇（街道）8 个，市卫生村（社区）28 个。通过开展创建卫生城、镇、村活动，江宁区在城乡市容市貌、环境卫生整治、健康教育、除“四害”、改水改厕、疾病预防、村（社区）卫生保洁、街巷楼院和农庄村舍卫生管理等方面发生深刻变化。

1997—2007 年江宁区获得省和市卫生镇（街道）、村（社区）称号情况表

表 39-6-11

年　份	省卫生镇（街道）	省卫生村（社区）	市卫生镇（街道）	市卫生村（社区）
1997	—	—	东山镇（卫生县城）	东山镇东山村、胜利村
1998	—	麒麟镇锁石村	—	—
1999	东山镇	—	禄口镇	东山镇章村、骆村
2004	—	—	陶吴镇	上坊镇机场村、禄口镇溧塘村、淳化镇青龙村
2005	—	—	百家湖街道、方山街道、上峰镇	禄口街道彭福村，上峰镇高庄村、上峰村，陶吴镇桃红村、龙山村，方山街道成山村
2006	—	禄口街道彭福村、淳化街道青龙村	—	横溪镇西岗村、宁光村、横溪村、甘泉湖村，东山街道泉水村，谷里街道花岗村，禄口街道石埝村，汤山街道古泉村、湖山村
2007	—	汤山街道上峰社区、横溪街道西岗社区、东山街道泉水社区	秣陵街道、汤山街道	汤山街道宁西村、孟墓社区，谷里街道祖堂社区、箭塘社区，横溪街道勇跃村、许呈村

第六节　突发公共卫生事件

面对 2002 年“9・14”汤山特大食物中毒事件、2003 年抗击传染性非典型肺炎（以下简称“非典”）、2004 年人禽流感预防控制等突发公共卫生事件，区卫生系统均开展医疗卫生应急处置，有效应对。2003 年 5 月 7 日，国务院颁布《突发公共卫生事件应急条例》，江宁区严格按照条例要求进行预防和应急准备，制订相应突发公共卫生事件应急预案，妥善开展应急处置，有效预防、及时控制和消除各种突发公共卫生事件的危害，保障公众身体健康与生命安全，维护正常的社会秩序。

【汤山特大食物中毒救治与卫生应急处置】

2002年9月14日5时30分，汤山东湖丽岛建筑工地两名民工因食用早点出现严重中毒症状，被紧急送到汤山中心卫生院救治，随后又有多名中毒民工和学生被紧急送至医院 并且不断有中毒者急送至医院。当日6时40分，区卫生局紧急调集汤山镇周边5家医院的80余名医护人员赶赴现场，与汤山中心卫生院人员协作实施紧急救治工作，并组织救护车辆和救护人员，立即向江宁医院、南京军区总医院、鼓楼医院等医院转运病人。区卫生监督所、区疾病预防控制中心启动应急预案，快速抽调公共卫生突发事件处理小分队40余人赶赴汤山镇。7时30分，第一小分队到达汤山中心卫生院救治现场，随即分成3个工作小组，分别到达作厂中学、汤山中学、东湖丽岛建筑工地及农贸市场等现场展开调查取证、追踪毒源、控制封存等措施，并参加现场急救工作。经初步调查，当地一家和县烧饼店加工的烧饼、麻团、油饼存在问题。8时30分，通过电视字幕滚动播出和宣传车，告诫当地群众不要食用在市场购买的烧饼、油条、麻团等食物。8时50分，禁令汤山自来水厂暂停供水。9时30分，市疾病预防控制中心取走采集样品。10时30分，南京市公安局五处对和县烧饼店进行采样。11时30分，指挥部确认为“毒鼠强”中毒，染毒食品主要是和县烧饼店加工的烧饼等，迅速清除作厂中学、汤山中学、东湖丽岛建筑工地等事发环境中可能散在的毒源，在最短时间内从13个可疑点追回售出的有毒食品150件，可疑食品203件，全部予以封存，控制毒源的流散。15时35分，汤山自来水厂3份水样未检出“毒鼠强”，对汤山自来水厂解除控制。15时50分，市疾病预防控制中心告知豆浆和井水未检出“毒鼠强”，但在烧饼中检出“毒鼠强”。经过公安机关78小时侦查，此次事件定性为恶性投毒案件。罪犯陈某某将“毒鼠强”投放到和县烧饼店的白糖等食品原料内，造成200多人中毒，44人因抢救无效死亡。

9月15日，汤山镇停止所有自供井水的使用，一律使用自来水，防止二次污染。9月16日，对汤山、东山老城区、江宁经济技术开发区、江宁科学园范围内所有饮食生产经营单位开展拉网过筛式监督检查。至9月19日，共出动卫生监督和疾病控制人员1200余人次，车辆460台次，检查食品生产经营单位3398家，取缔无证经营户42家，收缴不合格食品1420公斤。妥善处理善后工作，对可疑物品进行追缴，对医疗卫生单位进行监督检查，对学校进行全面消毒；制订医疗污染物日产日清制度，共监督处理各类污染物5000公斤；对和县烧饼店和盛源豆浆店内所有物品全部销毁等。江宁区成立36支医疗小分队上门为受害人及其家属提供保健服务，设立随访门诊，为出院人员提供复诊等服务，共出动医务人员870多人次，救护车210多车次，随访与护理216人次，接待出院病人154人次，咨询复诊311人次。

【抗击传染性非典型肺炎】

2003年“非典”爆发。3月，全区启动“非典”防治工作。4月9日，区卫生系统工作进入临战状态。区卫生局制定并下发《南京市江宁区传染性非典型肺炎控制预案》，建立相应组织，向社会公开24小时值班、咨询电话。4月20日，全区工作进入临战状态。

4月24日，全区一级以上医疗机构开设“发热门诊”，实行首诊负责制和首问负责制，对发现的临床可疑病人实行流行病学调查关口前移，至7月底共监测9340人。4月下旬，全区开始对来自“非典”疫区的人员进行监控，并设立留验站对外来外归人员进行集中管理。至6月8日，全区共登记疫区归来人员16648人，其中对来自“非典”重点疫区的961人实行留验站集中观察，非重点疫区15687人实行居家医学观察。同时，留验站对970名疫情相关人员实施隔离医学观察。4月26日，在规定的主要公路干线设卡，实施“防非”检查与消毒工作，全区共设有5个交通检查点，至5月10日，累计检查消毒车辆15765车次、117954人次。区二院开放三个病区42间留观室，每室收治1名临床观察病人，先后收治临床观察病人32人。

5月1日，经省、市专家组会诊，确定东山街道邵圣社区小焦村一外地居民帅某（江西人）为“非典”病人，全区紧急启动应急预案，迅速开展流行病学调查，并将帅某转送至南京市第二医院隔离救治。5月4日，胡某（帅某的妻子）被诊断为“非典”疑似病例，5月5—9日，先后有3人被诊断为疑似病例，均被及时转送至南京市第二医院隔离治疗。对以上5人密切接触的相关人员采取医学观察措施，对疫点、疫区开展流行病学调查及消杀工作。至5月10日，全区接受医学观察人员共10531人，其中集中隔离观察482人、居家观察7541人、行政控制2508人。最终，帅某、胡某两人被确诊为“非典”患者，经南京市第二医院的精心救治，痊愈出院。其余3人被排除“非典”疑似病例诊断。5月底，被隔离人员陆续解禁，全区未再出现新发和继发病例。至此，全区共紧急启动“非典”防控预案6起，一般性预案10起，处理“非典”相关事件61起，仅区疾病预防控制中心出动车辆674台次，出动流动消杀专业人员6241人次，消毒面积197.80万平方米。

图39-6-12　2003年7月24日，江宁地区“非典”防治工作阶段性总结表彰大会召开

2003年6月，“防非”工作逐步实现由应急管理向长效管理的转变，至7月，江宁区正式转入长效管理状态。11月1日起，全面启动2003—2004年“非典”防治工作方案。2004年6月3日起，停止“非典”疫情零报告和公共场所体温监测制度，并将“非典”疫情纳入法定管理的传染病疫情报告体系，建立疫情监测。

【人禽流感预防控制】

2004年1月31日，区卫生局印发《南京市江宁区突发人禽流感疫情应急预案和有关技术方案的通知》，成立相关组织，并制订应急预案。各单位加强24小时值班制，做好人员、物资、消毒药械等各项准备工作。区疾病预防控制中心成立5支应急分队，各医疗单位成立救治小分队，并在全区建立健全网络直报点31个，组建62人的网络直报员队伍。2月16日，区卫生局下发《关于开展在职卫生人员禽流感防治知识全员培训的紧急通知》，各单位采取集中授课、专题讲座、网上自学、印制宣传册等多种形式，进行人禽流感预防控制知识的培训和宣传。5月20日，区卫生局成立突发公共卫生事件应急指挥中心。2005年11月7日，区卫生局印发《江宁区流行性感冒预防控制工作方案与应急预案》，进一步细化明确全区人禽流感预防控制工作要求。及时转发卫生部下发的《人禽流感诊疗方案》及有关技术方案。2005—2007 年，区卫生局每年召开专题会议，全面部署人禽流感防治工作，进一步完善应急预案，组织相关人员培训与演练，开展知识宣传。

实施疫情监测。医疗机构对接诊的所有体温大于等于 38 摄氏度的呼吸道病人询问流病学史，并进行登记；江宁医院、区中医院和区疾病预防控制中心加强对不明原因发热病例的监测和预警工作。2004—2007 年，共对监测点发热病例监测 286459 例，其中发热呼吸道病例 14651 例，未发现预警病例；指定专门机构和专人收集国内外禽流感和人禽流感疫情信息，密切关注与江宁区相邻的安徽省疫情动态，及时调整预防控制措施。加强与农林、兽医部门的联系与协作，指定专人负责有关信息沟通与联络，参加农林部门对动物禽流感预防控制工作的检查。关注禽类病死动态，多次与兽医部门“三同时”（同时到达现场、同时开展调查、同时进行疫情处理）处置动物疫情及掌握相关信息，以便及时、有效处理可能出现的疫情。

第七章 医药管理

民国元年（1912）至民国 23 年，江宁县医政、药政由县政府直接管理。民国 24 年，创立江宁县卫生院后，县卫生院代理全县医政、药政管理。民国 37 年 8 月，成立江宁县卫生委员会，由县长黄相忱任主任委员，以协调推进全县卫生工作。

新中国成立后，由县人民政府卫生院代管医政、药政工作。1952 年 8 月，县人民政府设卫生科，负责全县医政、药政工作。20 世纪 60 年代，贯彻《江苏省医院工作管理条例》《江苏省医院工作十大制度》，医政、药政工作得到进一步加强。“文化大革命”期间，医政、药政管理松弛。中共十一届三中全会后，医政、药政管理全面恢复，由县卫生局管理。1985 年 7 月 1 日，《中华人民共和国药品管理法》颁布实施，药品监督管理依法进行。1992 年，落实《江苏省城乡卫生院（一级医疗卫生机构）、二、三级医院评审细则》，江宁县开始创建等级医院。1994 年 2 月 26 日，国务院发布《医疗机构管理条例》，卫生部根据条例制定发布实施细则及配套文件。1996 年 9 月 25 日，江苏省发布第 81 号令《江苏省实施 < 医疗机构管理条例 > 办法》。至此，医疗工作由传统的行政管理走上法制管理轨道。

2001 年 10 月，根据国家机构改革要求，区卫生局药品监督执法职能移交区药品监督局。至 2007 年年底，全区共有医疗机构 340 个，其中三级 1 个、二级 7 个、一级 35 个、一级以下 297 个。

第一节 医政管理

【医疗机构管理】

准入管理 《医疗机构管理条例》颁布实施前，政府办医疗机构随行政区域由政府设置，企事业单位办医疗机构设置根据需要报县卫生行政部门备案，个体诊所设置根据南京市卫生局

《关于颁发<南京市个体诊所和社会联合办医医疗机构暂行管理办法及实施细则>的通知》办理，由县卫生主管部门受理、审核，市卫生局核准发证。

1994年，《医疗机构管理条例》颁布实施后，原有医疗机构进行登记，23个乡镇卫生院、县妇幼保健所、县皮肤病性病防治所等一级及以下医疗机构由县卫生局核发“医疗机构执业许可证”，县医院、县中医院由市卫生局核发“医疗机构执业许可证”，全区企事业单位医疗机构也核发“医疗机构执业许可证”，初次核发证工作持续至1996年基本结束。

随着社会经济的发展，为便于医疗机构设置的操作，区政府印发《南京市江宁区医疗机构设置规划》，对医疗机构设置作出更为具体的规定。2007年年底，全区共有医疗机构340个，其中三级1个、二级7个、一级35个、一级以下297个。政府办医疗机构224个（其中社区卫生服务中心23个、社区卫生服务站193个），解放军部队医院1个，企事业单位办89个，民营11个，个体15个。营利性医疗机构17个。

年度校验 年度校验由核发“医疗机构执业许可证”的卫生行政部门负责，区卫生局负责一级及以下医疗机构的年度校验工作，一年一次。政府办医疗机构在目标考核检查中一并进行。企事业单位医疗机构的年度校验，一般年底进行，由区卫生协会与卫生局医政科组织相关专业人员，逐一上门，对照执业许可证，对其卫生技术人员、技术科目、质量控制、制度执行等情况进行检查，检查结果行文通报，对不合格单位限期整改、验收，对不符合行医条件的予以注销执业许可证。

【医疗质量管理】

1951年，县卫生院和各诊所初步建立门诊、住院及各部门工作细则，县卫生院还建立请假制度、学习制度。1954年，督促各联合诊所按工作人员情况进行科学分工。1963年，卫生系统号召优质服务，并制订《江宁县县以下医院诊所经营管理办法》。次年，制订行政管理制度和业务管理制度。有会诊、转院、交接班、值班、手术审批、病历讨论、病案保管等工作制度和各级人员职责，以及就诊、住院规则。但“文化大革命”开始后，各项工作制度名存实亡。

1978年年底，整顿26个卫生院的领导班子和工作秩序。全县共任命正、副院长和站长56人，制订《江宁县医院、卫生院工作制度》。1980年，举办医院科学管理知识学习班。参加学习的院长24人，学期25天。1981年，提出加强医院、卫生院的管理制度化、操作规范化、工作程序化“三化”建设，大部分医疗卫生单位恢复建立以岗位责任制为核心的各项规章制度。次年，抽查各卫生院病历128份，其中一级病历占37%，二级病历占43%，三级病历占20%。1983年，修订各种岗位责任制104条，制订科室管理制度210条。1984年，成立江宁县医疗技术鉴定委员会，这是县卫生局对医疗纠纷作出技术鉴定的技术权威组织。1986年，对卫生院普遍进行一次整顿，制订《县乡卫生院暂行标准》《江宁县乡镇卫生院科室工作制度》，并统一卫生院的技术操作常规。是年年底，组织医政、药政大检查，抽查住院病历207份，其中甲级55份，占26.57%；乙级148份，占71.50%；丙级4份，占1.93%。

20世纪90年代初，开展医院等级评审工作，各医疗机构均建立医疗质量管理组织，发挥管理、指导、监控的作用。90年代后，不断完善质量培训标准，健全质量控制制度规定，并采用培训、检查、考试和竞赛等质量控制形式，加强全县医疗机构质量管理。1995年8月，下发禁止家庭接生的通知。1999年7月，印发《江宁县乡镇（中心）卫生院放射科全面质量管理和质量控制的方案》。2003年3月，下发《关于贯彻执行<病历书写规范>的通知》。

2004 年 10 月，下发《关于加强医疗质量管理的通知》，对社区卫生服务站进行静脉输液作出明确规定。2006 年 3 月，印发《江宁区一级医疗机构护理工作、院内感染、检验科、放射科、麻醉工作质量控制评价标准》。2007 年 7 月，印发《南京市江宁区住院病历质量检查标准》。

【创建等级医院和社区卫生服务先进区】

创建等级医院 1992—1996 年，江宁县境内医疗机构开展等级医院创建工作，政府办医疗机构先后经过省卫生厅、市卫生局组织的专家评审，达到二级医院标准 3 个，其中二级甲等 1 个、二级乙等 1 个、二级未分等（专科）1 个。卫生院达到一级医疗机构标准的共 23 个，其中一级甲等 20 个、一级乙等 3 个。县卫生局对全县境内厂矿、企事业单位办的医院进行综合评审，认定达到一级医疗机构标准的 6 个（未分等级）。1997 年后，卫生部停止等级医院评审和复审。

1992—1996 年江宁县创建等级医院情况表

表 39-7-12

等　级	单位名称	评审年份	评审单位
二级甲等	县医院	1994	省卫生厅
二级乙等	县中医院	1994	市卫生局
二级专科	县第二医院	1996	市卫生局
一级甲等	汤山中心卫生院	1993	市卫生局
	江宁、陶吴、湖熟 3 个中心卫生院；淳化、铜井、禄口 3 个卫生院	1994	市卫生局
	谷里、丹阳、土桥、秣陵、铜山、东善、上峰、麒麟、龙都、周岗、横溪、方山、上坊 13 个卫生院	1996	市卫生局
一级乙等	东山、陆郎、殷巷 3 个卫生院	1996	市卫生局
一级医院	江苏省金陵监狱医院、南京天宝水泥集团职工医院、南京吉山铁矿职工医院、南京凤凰山铁矿职工医院、南京石膏矿业有限公司职工医院、江苏省江宁监狱医院 6 个医院	1996	县卫生局

创建基本现代化医院 根据省卫生厅、市卫生局的统一部署，2006 年，江宁医院全面启动基本现代化建设，按照《江苏省基本现代化医院考评细则（试行）》标准的要求开展创建活动。是年 7 月，医院成立创建基本现代化医院领导小组，同时成立医院管理、医院信息、医疗技术、人才队伍、医疗设备、医疗服务、护理服务、基础设施 8 个创建基本现代化医院工作小组，分工负责，各司其职。医院制订创建基本现代化医院工作计划和实施方案，转变服务理念，提高医疗技术，强化医疗队伍建设，增强基础设施建设，加强医院管理信息化，努力创建基本现代化医院。江宁医院将于 2008 年接受创建基本现代化医院评审。

创建省社区卫生服务先进区 2003年3月，省卫生厅、省民政厅、省中医药管理局联合下发《关于开展创建全省社区卫生服务示范区（市）活动通知》。2004年，区政府成立社区卫生服务工作领导小组，印发《南京市江宁区创建全省社区卫生服务示范区实施方案》《江苏省社区卫生服务示范区评估验收标准（试行）任务分解表》，明确政府相关部门职责。制订社区卫生服务机构设置规划，把社区卫生服务工作列入全区国民经济和社会发展社区建设的总体规划，明确社区卫生服务发展思路。建立以区医院为龙头、社区卫生服务中心为主体、社区卫生服务站为基础的服务网络。原23个卫生院全部转型为社区卫生服务中心，社区卫生服务站在城区以社区为单位，每一个社区卫生服务站要能覆盖7000人～15000人的范围；在农村偏离集镇、人口密集的区域设置一个社区卫生服务中心站，在偏远的村设置社区卫生服务站，基本做到一村一站或一社区一站。积极引导原有医疗机构，按照新型社区卫生服务机构的要求，实现从以医疗为主向集预防、保健、医疗、康复、健康教育、计划生育技术指导"六位一体"综合卫生服务的转型。

2004年起，区政府把社区卫生服务硬件建设列入"为民办八件实事工程"之一。区政府共投资4700余万元，各镇、街道投资1300余万元，社区卫生服务中心（站）自筹资金1000余万元，区卫生局投入1400余万元专项资金，用于全区社区卫生服务机构的房屋、设备等硬件建设。经过规范化建设，新建百家湖、谷里、秣陵、禄口社区卫生服务中心，改、扩建丹阳、湖熟、土桥、汤山、陆郎、铜井等社区卫生服务中心。社区卫生服务机构硬件提升，病人就诊环境改善。同时，全面加强全科医师、社区护士培训。至2007年年底，全区共培训全科医生315人，社区护士324人，乡村医生342人，并取得省卫生厅验印的培训合格证书。还培训卫生监督人员119人，疾病控制人员109人，管理干部148人。社区卫生服务中心负责人全部接受专项业务技术和管理科学知识的培训，并取得培训合格证书。2006—2007年，区卫生局为社区卫生服务机构引进本科以上医学人才60余人。

2006年年底，在创建省级社区卫生服务先进区的评审中，江宁区以高分一次性通过评审，获得江苏省社区卫生服务先进区称号。

【医疗纠纷和事故处理】

1984年6月，成立江宁县医疗技术鉴定委员会，设立外妇科组、内儿科组、中医科组、五官科组、医技科组、护理组六个分科组，医疗纠纷的防范处理主要依据卫生部《关于预防和处理医疗事故的暂行规定》（1978年5月）和《江苏省医疗事故处理暂行办法》（1979年11月5日）执行。1987年6月29日，国务院颁发《医疗事故处理办法》，江苏省政府印发《江苏省医疗事故处理办法实施细则》，医疗事故处理进入法制化轨道。是年，成立江宁县医疗事故技术鉴定委员会，同时成立内儿科组、外妇科组、护理专业组、中医专业组、医技专业组。2002年2月20日，国务院第351号令发布《医疗事故处理条例》，于2002年9月1日实施，根据条例精神，区医疗事故技术鉴定委员会终止医疗事故技术鉴定工作。是年，江宁区成立区卫生局医患纠纷处置领导小组。2007年，根据卫生部、国家中医药管理局、中国保监会推动医疗责任保险的通知（卫医发〔2007〕204号），区卫生局于当年9月1日在全区政府办医疗机构中推行医疗责任保险，全区共27家医疗机构投保。

1988—2007 年江宁区医疗纠纷（事故）受理处理情况表

表 39-7-13　　单位：起

年份	受理数	医疗事故									尸检	医疗纠纷性质					处理情况			
		医疗机构			临床科室							事故鉴定			纠纷	医疗犯罪	医患协商	行政调解	民事诉讼	待处理
		区级	街道	其他	内科	外科	骨科	妇产	儿科	其他		事故	差错	非事故						
1988	7	—	—	—	6	—	—	1	—	—	—	1	1	—	5	—	—	—	—	—
1989	3	—	—	—	1	—	—	2	—	—	—	—	—	—	3	—	—	—	—	—
1993	1	—	—	—	1	—	—	—	—	—	—	—	—	—	1	—	—	—	—	—
1994	7	2	5	—	1	1	1	3	—	1	—	1	2	2	2	—	—	—	—	—
1995	6	2	3	1	2	2	—	—	1	1	—	—	1	2	1	1	—	—	—	—
1996	4	—	4	—	—	1	—	3	—	—	—	1	—	2	1	—	—	—	—	—
1997	11	—	11	—	3	3	—	4	1	—	—	1	—	3	7	—	—	—	—	—
1998	14	7	6	1	4	3	3	3	—	1	—	2	4	3	5	—	—	—	—	—
1999	16	6	9	1	6	3	—	5	1	1	1	—	2	5	9	—	—	—	—	—
2000	9	2	6	1	3	3	1	1	—	1	3	1	1	1	6	—	—	—	—	—
2001	12	2	9	1	3	6	1	2	—	—	—	3	2	5	2	—	—	—	—	—
2002	14	3	10	1	3	4	2	5	—	—	4	—	2	3	9	—	—	—	—	—
2003	10	1	9	—	3	2	—	5	—	—	1	1	—	—	9	—	5	3	1	1
2004	26	12	13	1	10	3	2	11	—	—	2	2	—	1	23	—	9	15	2	—
2005	54	20	25	9	8	17	8	11	2	8	—	1	—	2	51	—	14	38	2	—
2006	59	33	20	6	9	13	13	16	2	6	4	—	—	2	57	—	11	40	5	3
2007	56	32	15	9	10	12	7	13	2	12	3	—	—	2	54	—	6	40	1	9

说明：1990—1992 年资料缺失

第二节 药政管理

【药品质量管理】

新中国成立后，加强药品质量的管理与监督。1963 年 9 月，召开江宁县药剂工作会议，进行药剂工作检查，发现一半的医疗单位的药品有风化潮解、霉烂变质、过期失效现象，共查 19 家单位，其中 1 家个单位的药价偏高，配药不按程序，处方不正规，错配错发现象较严重。会议讨论了改进措施。10 月，印发《江宁县药剂人员守则》《江宁县药剂工作制度》。1964 年，组织几次药剂工作检查，发现有的单位抬高药价，有的单位调价不及时，调高不调低。纠正后，实行统一标签，明码标价，并统一收费标准和药品价目。1975 年 5 月，组织 26 名药剂人员分成 8 个小组，赴公社检查配制大输液、药品价格、药品质量和私种罂粟情况。1977 年，《全国药政质检工作纪要》指出："要抓好中药饮片的加工炮制，抓好中草药制备，改革剂型，保证药品质量。"同年 12 月，江宁县药品检验所成立，1979 年开展药检业务。

1981 年，加强药品生产和药物市场的管理，禁止制售伪劣药品，取缔游医药贩。1982 年，组织县、社医疗单位清查药房、库房的中西药品。按科学管理要求放置药品，统一药品，统一标签。县抽查 640 张处方，其中合格处方 615 张，处方划价正确率 96.10%，用药基本合理。1983 年 1 月 1 日，卫生部规定：淘汰青霉素油剂、灰黄霉素癣药水等对人身体毒副作用较大的药品，共 127 种。县医药公司彻底清查库存，除部分降价转为兽用药出售外，其余 9982 元的药品报废。1984 年 10 月，成立药品质量检验室，负责医药公司及基层药店医药商品的质量管理。1985 年 7 月 1 日，施行《中华人民共和国药品管理法》。是年，召开由县卫生局、商业局、司法局、工商行政管理局及全县各医药商店、医院负责人，共 50 余家单位、120 多人参加的贯彻《中华人民共和国药品管理法》会议。会议要求各药政、药检机构必须加强对药品质量检查、监督和抽查工作。对伪、劣药品坚决销毁，对违法生产、经营者追究经济、法律、刑事责任。是年，对全县药厂、药店、制剂室共 36 家单位进行整顿，清理焚毁伪劣药品 293 种，价值 9500 元。1985—1987 年，每年进行一次药品管理检查，没收和销毁查出的失效、淘汰、霉变、伪劣药品。1989 年，更新药事活动的硬件设施，改善药房和药库药品储存、陈列的摆放条件。二级医疗机构药剂科设立药品质量控制小组，负责在库和在销药品的质量管理，药检室具体负责日常在用药品的内控检验，对质量可疑药品必要时送药检所检验。是年，全县创建"放心药房"，药房、库房均建立健全各项规章制度，特别是《处方差错登记制度》。

1997 年，根据《中华人民共和国药品管理法》及有关规定，各级医疗单位落实市卫生局下发的《药房规范管理规定》，各单位药房处方调配增设核对岗位，配药做到"三查"（处方质量、配任禁忌、药品质量）、"三对"（姓名、药名、用法用量）。县卫生局药政股给各医疗单位统一配发《药品效期一览表》，张贴于药库房，对加强药品质量管理、防止药品过期失效发挥作用。2000 年，国家颁布实施新的《中华人民共和国药品管理法》，全县医疗单位药房、库房全部配备空调、冰箱、除湿机、地架等，进一步改善药品贮藏条件。2004 年 4 月，根据市卫生局要求，全区各医疗单位开展创建"合格药房"活动，229 个申报单位中有 23 家社区卫生服务中心、78 家社区卫生服务站、121 家村卫生室的药房达到"合格药房"标准。2007 年，巩固创建"合格药房"成果，严格药品质量管理控制措施，提高药事管理水平和效果，确保药品质量和临床用药安全。

【特殊药品管理】

20世纪50年代，先后贯彻执行部颁《管理麻醉药品暂行条例》及其施行细则、省颁《关于毒药及限制性剧药管理办法》和市颁《管理麻醉药品暂行条例》。1963年，按有关条例对各医疗单位进行麻醉药品使用资格审查，并两次发出加强麻醉药品管理的通知。"文化大革命"时期，特殊药品管理工作中断。1975年5月，在麻醉药品检查中，未发现私种罂粟情况，麻醉药品管理基本上做到专柜加锁、专人保管、专用账册、专用处方、账物相符。次年，在麻醉药品管理检查中发现上峰、其林8人种罂粟129株，汤山公社寺庄大队种罂粟数千棵，全部没收。1984年，组织两次药品规范化管理情况检查，没收假药12起，清理罂粟340株。1986年起，各卫生院实行麻醉药档案化管理。

1987年、1988年，国务院分别颁布实施《麻醉药品管理办法》《精神药品管理办法》《医疗用毒性药品管理办法》，全县各医疗机构凭"特殊药品购买印鉴卡"在指定的江宁医药总公司购买特殊药品。所有医疗单位严格审核麻醉药品处方权，设置特殊药品仓库，配置保险箱，对特殊药品的流通实行每日消耗登记，依法做到药品、金额、库存账物相符。麻醉药品严格实行"五专管理"（专人保管、专柜加锁、专用处方、专用账册、专册登记）。2001年10月24日，区卫生局药政科撤销后，特殊药品的行政管理移交区药品监督管理局。2004年，国家颁布《麻醉药品和精神药品管理条例》，医疗单位麻醉药品和精神药品管理又从药监部门移交卫生局，由区卫生局的职能科室负责日常管理工作。

【医院制剂管理】

1969—1979年，在"左"的思潮影响下，以非科学的态度看待药品生产，数次推动全县广泛采制中草药。1969年，全县根据献出的单方、秘方、验方制成药品100多种。20世纪70年代，全县约半数的大队医疗站断断续续地利用简陋设备生产注射用水、中草药小针剂和丸、散、膏、丹。1979年后逐渐停止。1978年，省卫生厅、市卫生局药政机构批准县医院和13所卫生院制剂室配制生产大型输液和普通制剂，产品自用，不对外销售，根据医院使用量决定生产量。1982年3月，市卫生局根据《江苏省医疗单位自制制剂暂行规定》《医院制剂整顿验收标准》，对县医院制剂室验收，一次性通过考评验收后，发给"制剂许可证"，并作为南京市县级医院制剂示范室。1984年7月至1987年，市、县卫生局药政部门对乡镇卫生院制剂室进行验收，凡是通过验收的单位，核发省"制剂许可证"。1988年，全县持有"制剂许可证"的医疗单位有4家，分别是县医院、湖熟中心卫生院、上峰卫生院和陶吴中心卫生院。"制剂许可证"有效期五年，每五年换证验收，4个制剂室每到换证期都能及时通过验收换取新证，持证生产。药检室与制剂室密不可分，药检室负责对制剂室所有生产用原辅材料、包装材料、生产工艺、中间体和成品的质量检验，对注射用水每周检测一次。1988年，湖熟中心卫生院制剂室在南京市输液制剂质量评比中获第二名，1993年年底，因医院搬迁制剂室撤销。1998年，上峰卫生院和陶吴中心卫生院两家制剂室撤销。2001年7月13日，"制剂许可证"换证验收时，根据《中华人民共和国药品管理法》和《药品生产质量管理规范》要求，制剂室生产规模缩减并转型，主要生产血液透析液、普通制剂和消杀制剂，灭菌制剂只生产手术用麻醉药，停止大输液生产。2007年，江宁医院撤销制剂室编制。

第四十编

体 育

江宁地区的体育运动源远流长，内容丰富，形式多样。古代盛行的大射、蹴鞠、投壶等活动随着历史的变迁虽早已失传，但绝大多数节令性的民间传统体育沿袭至今，仍为群众所喜爱。新中国成立前，全县体育运动基础十分薄弱，没有举办过大型运动会。城镇学校仅有乒乓球、棋类等活动，全县运动会开展很少，参加省级以上运动会得到名次的寥寥无几。在广大农村开展石担、石锁、摔跤、武术、拔河、舞龙灯、踩高跷、扳手劲等民间体育活动，有些民间体育活动能手，技艺表演曾名闻县内外。民国35年（1946），江宁县筹建过体委会，虽有篮球、足球运动场地，但参加运动者为数寥寥。后由县三民主义青年团组成体育指导委员会，着手指导。

新中国成立后，全县体育事业有了长足发展。境内职工体育、农村体育、学校体育等纷纷开展。1951年，江宁县举办首届中、小学生体育运动会；1955年，举办县第一届运动会；1955年后，每年举办职工体育竞赛活动；1956年，举办县首届农民运动会。1995年，《全民健身计划纲要》和《中华人民共和国体育法》实施，江宁县体育事业有了新发展，全县掀起全民健身的热潮，体育活动成为人们日常生活的组成部分。2004年，全区体育人口占人口总数的46.80%。2005年，具有时代性、标志性和地方特色的江宁体育中心主场馆竣工，投资8.90亿元，占地面积31.13公顷，建筑总面积9万平方米，主体育场可容纳3万人，体育馆可容纳5500人，是全国第十届运动会比赛场所之一。至2007年，江宁区共举办28届中、小学生运动会，举办5届区综合性运动会，承办10多次国内外重大体育赛事。先后向国家输送体育人才412人，有国际健将级运动员1人，国家健将级运动员15人，国家一级运动员33人；裁判员192人；教练员19人。是年，全区有各类体育场地1470个。其中，体育场游泳馆13个，田径场、小运动场73个，篮球、排球、乒乓球场共826个，其他体育运动场地558个。全区体育人口占人口总数的47.80%。

1990年，江宁县通过江苏省体育委员会的检查验收，成为省级体育先进县。1992年，被国家体委命名为全国体育先进县。1994年，被江苏省体委授予江苏省田径之乡称号。2006年，获江苏省实施“万村体育健身工程”工作先进单位称号。2007年，江宁区被命名为全省首批“体育强区（县）”。

第一章　群众体育

江宁地区古代盛行大射、蹴鞠、投壶等活动，形式多样，内容丰富。民国时期，境内广大农村一般开展石担、石锁、摔跤、武术、拔河、舞龙灯、踩高跷、扳手劲等民间体育活动。新中国成立后，武术成为社会主义体育的一项重要内容，武术比赛和表演已形成制度，群众性的练武活动遍及城乡。此外，篮球、乒乓球、拔河、象棋等活动经常性开展，促进了人民身体健康，活跃了文体生活。

中共十一届三中全会后，县体育部门积极组织职工、农民参加各类体育活动。1983 年起，一年一次的元旦健身长跑运动逐渐形成制度。田径、乒乓球、篮球、拔河、中国象棋等单项比赛丰富群众业余生活。1995 年，《全民健身计划纲要》和《中华人民共和国体育法》颁布实施后，江宁县各乡镇机关、学校、厂矿企事业单位每年举办各类体育竞赛活动，参赛人员数万人。至 2007 年，全区 204 个村（社区）全部建成一类标准体育健身工程，全区体育人口占总人数 47.80%。居民锻炼身体、增强体质意识增强，体育活动成为人民日常生活的一部分。

第一节　职工体育

1955 年县体委成立后，每年在重大节日举办职工体育竞赛活动，每年与句容、溧水、高淳等县，在丹阳县举办 1 次篮球、乒乓球联赛。1957 年，县组织体育代表团参加镇江专区运动会，获团体总分第三名。三级跳远运动员吴明璟获第一名，并破镇江专区该项目 12 米纪录。1958 年上半年，开展国防体育活动，省体委下发 23 支小口径步枪，2 万多发子弹，县农机厂代表队参加南京市射击比赛，获得好名次。1961 年，县参加市综合性射击比赛，成绩显著。市奖励江宁县 12 支小口径步枪和 6000 发子弹。同年，以县农机厂、县师范学校为主，组织业余跳伞队，参加国际体育俱乐部的跳伞训练。1971 年 12 月，在东山镇举办江宁县职工篮球比赛，有 12 家单位、170 名运动员参加。比赛结果：华东地质勘探公司八一三队获冠军，县钢铁厂队获亚军。1972 年，举办东山地区广播操表演和篮球、乒乓球比赛。1973 年 4 月，举办县级机关民兵青年乒乓球比赛，有 8 家单位参加，最终县锡剧团代表队获男子团体和男子单打第一名；5 月，举办江宁县象棋比赛，41 家单位、50 多名运动员参加，县文教局棋手获得冠军；12 月，举办东山地区职工篮球比赛，10 家单位、120 名运动员参加，江苏省水文队获得冠军、八一三队获亚军。同年还举行长跑选拔赛。1977 年，全县 20 万人参加广播操，20 万人参加冬季长跑运动。

1979—1985 年，每年举办 1 次全县职工乒乓球、篮球、象棋比赛和元旦健身长跑，并形成制度，推动了职工体育运动开展。1983 年 9 月 5 日，江宁县首次足球比赛在雨中进行，观众近千人。最终获得前三名的分别是县化肥厂、东山镇、秦淮中学 3 支代表队。此后，职工足球比赛逐渐形成制度。1984 年，县职工参加南京市工人运动会。县运动员马长青分别获青年女子 400 米冠军、800 米亚军。1985 年 11 月，举办江宁县“新蕾杯”男子足球赛，县化肥厂（新蕾公司）代表队获冠军，长江电扇厂代表队获亚军。1986年5月20日，县总工会、体委举办乡镇职工“梅龙杯”乒乓球赛，有27个乡镇、51个男女代表队的250名运动员参加。1986—1988年，每年10月县体委与利民机械厂（613厂）举办“利民杯”男子篮球赛，新蕾化工公司代表队连获3届冠军。1986—1989年，连续4年举行“蝙蝠杯”乒乓球比赛。1987年10月，在市业余石锁友谊赛中，县建材公司职工获得成年组冠军。1987—1989年的每年5月，由县保险公司、体委联合举办“保险杯”中国象棋比赛。1990年，江宁县职工乒乓球队在全市五县职工乒乓球比赛中获男女团体冠军，同时获得男子、女子单打前三名。至此，江宁县千人以上的厂矿体育活动经常化、制度化，组织井然有序，厂矿企业职工参加体育活动的达35%以上。

1991年起，全县各厂矿企业先后成立职工体育协会，至是年年底，共成立职工体育协会13个。1993年9月，举行首届“钢花杯”青年职工男子篮球赛。1994年11月，县公安局、县保险公司、县体委举办江宁县首届消防运动会。1995年，全民健身计划启动后，职工纷纷参加登山、健身跑、广播体操、游泳、拔河、篮球、健美操、乒乓球等健身活动。万人健身长跑运动会、职工足球比赛已形成制度，每年参加职工数千人。1996年，机关党委、南京造币厂、东山发动机厂等单位先后举办游泳比赛，有500余人参加；时花集团等单位举办足球比赛，共有18支代表队200余人参加；利民机械厂举办田径比赛，100余人参加。2000年起，每年组织职工参加国民体质监测。2002年，举行江宁经济技术开发区第二届运动会，项目设有田径、足球、网球、乒乓球、篮球、羽毛球、拔河、中国象棋和高尔夫球9个大项、39个小项，参赛人员2000余人。2005年12月10—24日，举办第三届开发园区运动会，共设足球、篮球、羽毛球、田径、乒乓球等10个项目，园区内108家企事业单位、3000多名运动员参加。2001—2007年，每年在“全民健身月”期间开展职工足球、篮球、乒乓球等比赛，各企事业单位积极举办各类单项体育比赛，职工参加体育活动的人数占50%。

第二节 农民体育

新中国成立前，全县农村只有一些民间体育活动，如石担、石锁、摔跤、武术、拔河、舞龙灯、踩高跷、扳手劲等，体育运动基础薄弱。新中国成立后，农村体育有较大发展。1956年春，在秦淮中学举办首次农民运动会，全县各乡组织代表队参加。开展石担、石锁、拔河、篮球、乒乓球等项目的比赛，参加人数约1000人。1959年，江宁县举行自行车比赛，赛程由江宁县到溧水县，有10多名农民运动员参加。同年，组织10人参加南京市第一届农民小口径步枪射击比赛，县代表队获团体第一名，个人前三名。20世纪60年代，江宁县农村体育活动比较活跃，如陶吴的石担、石锁；汤山农民篮球队和教工篮球队，以及东山公社的东山大

图40-1-1 石锁表演

队、淳化公社的解溪大队、上坊公社的高桥大队、方山公社的洋桥大队、禄口公社的秦村大队、龙都公社的光明大队等篮球队，经常利用农闲、交流会和节假日与附近县、社开展篮球比赛。

1970年7月，江宁县分别在陶吴、铜山、汤山、淳化等公社的水库和秦淮河5处，开展群众性水上运动，有水上爆破、武装泅渡、负重游泳、水上射击和各种游泳项目的表演赛。同年，组织一支100多人的民兵队伍参加南京市畅游长江的活动。1971年4月，组织知青女子排球队进行比赛，并代表全县参加镇江专区排球比赛，夺得冠军。同年7月，县组织江宁、横溪、陶吴、东山、铜井、方山等公社农民、基干民兵参加南京市举办的畅游长江活动。1974年元旦，在东山镇举办第一次农民篮球比赛，参加单位有26个乡（镇）篮球队、260名运动员。比赛结果：东山公社东山大队获得冠军，上坊公社高桥大队获亚军，淳化公社解溪大队获第三名。1976年，在淳化焦村水库举行民兵体育活动，设武装泅渡、爬电线杆、射击、投弹等项目，参加人数100多人次。1977年，全县20万人次参加游泳，2万人学会游泳。

1980年后，全县各乡（镇）先后成立文化中心站，设置乒乓球室、康乐球室、气枪室、象棋室等，以满足农民文体生活的需要。1982年，淳化公社被评为江苏省群众体育先进集体，并派代表出席全国农村体育工作会议。是年，淳化乡新庄行政村第一次举办农民篮球邀请赛。并组织小武术队、小篮球队，新建水泥灯光球场，经常与附近单位交流比赛。1983年，土桥、秣陵、营防、上坊等乡都举办第一次农民运动会，开展象棋、篮球、乒乓球、拔河等项目的竞赛活动。是年，全县有18个乡（镇）组织体育代表团，参加县第三届运动会的农民运动员有562人。淳化乡被评为精神文明代表团。1983—1984年，禄口乡成立乡篮球队、乒乓球队，与文化中心站配合组织发动广大农民开展体育活动，特别是禄口乡群力行政村男子篮球队，参加县农民篮球邀请赛，获第二名。秣陵乡组织男、女篮球队，层层选拔，把球队队员放到乡办工厂，以厂办队，便于集中食宿和训练，经常与禄口、上坊等乡篮球队比赛。1984年，江宁县举办首届农民“丰收杯”篮球比赛，淳化乡男子篮球队、秣陵乡女子篮球队夺得冠军，后参加南京市农民“丰收杯”篮球选拔赛，双双获得冠军。同年8月，代表南京市参加江苏省首届农民“丰收杯”篮球比赛，淳化乡男子篮球队获第五名，并获得精神文明队称号，秣陵乡女子篮球队获第六名。是年，全县各乡基本都成立篮球队、象棋队、乒乓球队，节假日比赛不断，丰富了农村文化生活。

1986年7月，淳化乡举办首届体育运动会，开展篮球、乒乓球、射击、自行车、拔河、田径、中国象棋等项目的比赛，参赛人数4000余人次。1987年11月，岔路乡举办首届田径运动会。同年12月7日，由县农业银行、体委举办“农储杯”男子篮球赛，有9个乡的108名运动员参加。1988年4月，县首次举办“物资杯”农民田径运动会，在新建的县体育中心田径场举行。开幕式上表演丹阳舞龙灯、铜山狮子舞、方山大鼓、江宁腰鼓、周岗农民管弦乐等具有江宁传统和现代气息的文体节目。全县24个乡镇276名男女运动员参加田径比赛。同年，新蕾化工公司女子乒乓球队代表市参加省农民运动会乒乓球赛，获女子团体第四名。是年12月，举办江宁县“农储杯”乡镇男子篮球赛。1990年2月6—9日，在市工人文化宫举行的南京市农民中国象棋比赛，江宁县代表队夺得混合队团体冠军。1986—1990年，淳化、周岗、江宁、秣陵、岔路先后被省政府评为江苏省体育先进乡镇。1988—1991年，江宁、淳化、土桥等11个乡镇相继成立农民体育协会。1991年12月，根据上级要求，成立江宁县农民体育协会，组织与指导农民开展体育运动。1991—1995年，东山、汤山、土桥、其林、上峰、禄口、铜山等乡镇被命名为江苏省体育先进乡镇；谷里、陆郎、铜井、横溪、陶吴、龙都、上坊、湖熟、殷巷等乡镇被命名为南京市体育先进乡镇。1994年，东山镇代表队代表江苏省参加全国第七届导引养生功邀请赛，获全国一等奖。1995 年 4 月，淳化代表队参加南京市“长芦杯”农民象棋赛，夺得团体冠军。同年，全县有 8 个乡镇举办农民运动会，其余乡镇均举办 2 次 ~ 3 次单项体育比赛。

1996—2000 年，全县 23 个乡镇中有 11 个乡镇被评为江苏省体育先进乡镇，10 个乡镇进入市级体育先进乡镇行列。2001 年后，农村体育以农民体育协会为联络站，举办形式多样的单项比赛，提高农村群众的体育兴趣。同年 1 月，在全区广泛开展“千村万场”文体活动，方山大鼓表演队、丹阳舞龙队、铜山张家花船队、上坊舞龙队、龙都娃娃鼓表演队、东善莲湘队、陆郎皮老虎表演队、铜山群狮（高台）表演队、湖熟花船队、汤山秧歌舞表演队等共完成演出 18 场次。2004 年，全区 20 个镇（街道）中有 16 个进入省、市级体育先进镇行列，其中省级 11 个。2007 年 4 月，在“锦屏杯”首届江苏省农民运动会上，秣陵街道代表队取得男子拔河比赛第三名和团体总分前八名的好成绩，并获组委会颁发的“优秀道德风尚奖”，成为苏南地区 6 支代表队中成绩最好的代表队。同年 6 月和 9 月，分别举办禄口街道第一届全民健身运动会和秣陵街道第一届运动会，各社区居民共 6000 多人参加活动。至是年年底，全区每个村（社区）都建有体育设施，覆盖率 100%。

第三节　老年人体育

1984 年，江宁县体委举办老年人学习“练功十八法”训练班 2 期，深受老年人欢迎；举办 2 期鹤翔桩气功普及班，并取得成效。1991 年 11 月 15 日，成立江宁县老年人体育协会，老年人体育活动进入规范化。老年体育项目主要有长跑、慢跑、竞走、太极拳、舞剑、健身舞、老年迪斯科、导引养生保健操、健美操、登山、象棋、乒乓球、麻将等竞赛活动，有托球、夹球、顶球、拍球、投球、钓鱼等兴趣活动，有全家欢（一家三代 5 人）、家庭乐（爷爷、奶奶、孙儿 3 人）、单扇舞、双扇舞、红绸舞、木兰舞、交谊舞、腰鼓舞等表演活动。

1991—1995 年，组织开展各项老年体育竞赛活动 30 余次，参赛者 2250 人次，平均每年举办 6 次。组建县代表队参加南京市老年体育比赛及联欢活动 20 余次，平均每年参加 4 次，参赛者 1017 人次。1993—1994 年，东山镇老年人体育协会组队参加全国第六届、第七届导引养生保健操比赛，先后获优胜奖和一等奖。1994 年，举办首届江宁县老年人运动会，有 15 个代表队、120 人参赛。比赛设竞走、托球接力赛、健美操、太极剑、“鸳鸯”跑（老夫老妻）等团体项目和象棋、钓鱼、扑克牌等单项比赛。1995 年和 1996 年，分别举办县第二届、第三届老年人运动会，参赛者均有 500 余人。此后，县老年人运动会停办。1996 年，组建县代表团参加南京市第二届老年人运动会，参赛人数 80 人，象棋赛获得五县团

图 40-1-2　邵圣社区老年腰鼓队（2007 年摄）

体奖第一名，乒乓球、健美操比赛分别获得五县团体奖第二名。1998 年 10 月，组建老园丁代表队 20 人，参加南京市举办的老年迪斯科比赛，获团体第一名。是年，举办首届老干部运动会，并规定每两年举办 1 次，至 2006 年，已举办 5 届。每届运动会根据老年人的特点设立象棋、钓鱼、麻将、扑克牌、定点投篮等 8 个项目的比赛，每个项目设一至六等奖，每年有 200 人次左右参加比赛。

2000 年 5 月，江宁县老年健身操代表队参加南京市举办的中老年健身操、舞蹈比赛，获三等奖，登山队获优胜奖。2001 年，县老年人体育协会、老年大学以及夕阳红腰鼓队、舞剑队、体操队等在“千村万场”文体活动中各完成演出 1 场。2006 年 8 月，江宁区成立空竹运动协会。抖空竹成为江宁地区兴盛的一项老年体育活动。至 2007 年，区老年人体育协会有会员 947 人。其中，男性 101 人，女性 846 人；年龄最大的男性 87 岁，最小的女性 50 岁。会员在全区有 311 个晨练点，另外，参与各晨练点的非会员达 8000 余人。

第四节　残疾人体育

20 世纪 90 年代中后期，江宁区进一步注重残疾人体育活动的开展。1999 年 7 月，县残联组织伤残军人和残疾职工 9 人参加南京市首届残疾人运动会，获得金牌 1 枚、银牌 4 枚、铜牌 4 枚。2003 年，选派 5 名残疾人运动员参加全国第六届残疾人运动会，获得金牌 6 枚、银牌 1 枚、铜牌 2 枚。其中，创世界纪录 2 项，破全国纪录 1 项。2006 年 3 月，江宁区残疾人体育协会成立，有会员 89 人，主要工作为组织选拔残疾人参加体育竞赛、体育交流及相关体育活动的宣传教育。2007 年，组织 20 名智障残疾人运动员参加市特奥邀请赛，共取得 5 个项目的第一名，6 个项目的第二名和 5 个项目的第三名。

江宁区著名残疾人运动员有许艳茹、严华刚、查正春、骈琪等。严华刚，1983 年生，江宁街道星辉社区人，视力残疾，国家级优秀运动员，2003 年，第一次打破残疾人标枪全国纪录后，多次打破自己保持的纪录。是年，获南京市优秀运动员称号。2006 年，获得金鹰和江苏省残联联合表彰的江苏省十大自强不息残疾人、江苏省十大未来体育明星称号。查正春，1986 年生，江宁街道大庙社区人，聋哑残疾，省级优秀残疾人运动员，2003—2007 年，共获得 10 枚全国大赛金牌。许艳茹，1989 年生，江宁街道天然社区人，自小右上肢残疾（右臂截肢），肢体残疾三级，2002 年 6 月开始参加体育训练，2003 年，获南京市优秀运动员称号，赛事成绩卓著。

图 40-1-3　江宁区残疾人特奥代表队参加南京市“全国特奥日”社区特奥邀请赛（2007 年摄）

2002—2007年江宁区残疾人运动员参加省级以上体育竞赛成绩情况表

表40-1-1

姓名	年份	参赛地点	赛事名称	项目	名次	备注
许艳茹	2002	南京	江苏省第六届残疾人运动会	女子100米蛙泳	1	—
				女子400米T46级	1	—
				女子800米T46级	1	—
		武汉	全国残疾人游泳锦标赛	S8级女子50米蝶泳	1	—
				SM8级女子肢残200米混合泳	2	—
				女子S8级100米蛙泳	2	—
	2004	石家庄	全国残疾人游泳锦标赛	S8级女子100米仰泳	1	—
				200米个人混合泳	4	—
		雅典	雅典残奥会	S8级女子200米个人混合泳	5	—
				100米仰泳	3	—
	2005	西安	全国残疾人游泳锦标赛	S8级100米自由泳	3	—
				100米仰泳	3	—
				50米自由泳	3	—
	2006	西安	全国残疾人游泳锦标赛	50米自由泳	2	—
				100米自由泳	1	破全国纪录
				400米自由泳	2	—
		南京	江苏省第七届残疾人运动会	50米自由泳	1	—
				100米自由泳	1	—
				100米仰泳	1	—
	2007	昆明	全国第七届残疾人运动会	S8 50米自由泳	3	—
				S8 100米自由泳	5	—
				S8 400米自由泳	5	—
		捷克	捷克世界公开赛	女子S8级50米自由泳	1	—
				100米自由泳	1	—
				400米自由泳	1	—
严华刚	2003	南京	全国第六届残疾人运动会	标枪	1	破全国纪录
		香港	第一届远南青少年残疾人运动会	标枪	1	—
	2005	芬兰	欧洲残疾人田径公开锦标赛	F12级标枪	1	—
	2006	荷兰亚琛	世界田径锦标赛	标枪	1	—
				全能	7	—
		广州	全国残疾人田径锦标赛	全能	1	创纪录
				标枪	1	创纪录
	2007	南京	江苏省第七届残疾人运动会	100米短跑	2	—
				铁饼	2	—
				标枪	1	破全国纪录
		昆明	全国第七届残疾人运动会	F12级标枪	1	—
				P11—13级五项全能	1	—

续表

姓名	年份	参赛地点	赛事名称	项目	名次	备注
查正春	2006	四川	全国残疾人羽毛球锦标赛	羽毛球单打	1	—
				羽毛球双打	1	—
		南京	江苏省第七届残疾人运动会	4×100 米	1	—
				4×400 米	1	—
	2007	昆明	全国第七届残疾人运动会	羽毛球单打	1	—
				羽毛球双打	1	—
骈琪	2005	南京	江苏省第七届残疾人运动会	盲人门球	1	—

第五节　全民健身活动

20 世纪 80 年代前，城乡健身活动开展较少，健身设施缺少，健身项目主要是太极拳、跑步、广播操、打腰鼓等。1983 年 1 月 10 日，江宁县举办第一届健身长跑活动，参加人数 1500 余人。此后，每年举办一次健身长跑活动。1986 年，江宁县共举办群众性竞赛 12 次，参加比赛的运动员达 5000 人次。1991—1995 年，全县共举办各类体育竞赛活动 1000 余次，参赛人数 6 万余人次，县级比赛 8 次以上。

1995 年 6 月，国务院《全民健身计划纲要》颁布后，江宁县召开实施全民健身计划动员大会，并下发实施全民健身计划具体方案。1996 年，为宣传推广全民健身计划，在广播、电视、报纸上做专题宣传报道，学校组织体育法规答题竞赛，设立全民健身咨询点。1996—2000 年，平均每年举办县级群众性体育活动 30 次以上，参赛者有 3 万余人。一年一度的健身长跑运动会、“开发区杯”职工足球比赛、庆“三八”妇女运动会等逐渐形成制度。至 2007 年，全民健身长跑运动会已举办 25 届。

2000 年起，江宁县每年都开展国民体质测试。每次测试人数少则千人，多到 3000 人。受测试人群范围广，涉及各行各业，受测试人群年龄段为 20 多岁到 70 多岁。同时，每年 6 月，开展江宁区全民健身活动月活动。2001—2002 年，全区共建成 1 个国家级全民健身工程和 32 个省级全民健身工程点，全区每个镇均有 1 个以上的全民健身工程点，东山镇每个社区均有 1 个以上工程点。2003 年 9 月 29 日“世界步行日”，在区体育场举办首届万人健身徒步活动，共有 1.30 万人参加。至年底，全区有国家级全民健身工程 2 个，省级全民健身点 54 个。2003 年 10 月和 2006 年 9 月，东山街道分别举办第一、第二届运动会，共有 4200 多人参加活动。2004 年 6 月 7 日，南京市“迎十运体育下乡暨全民健身周启动仪式”在江宁区横溪镇举行。市向江宁区 18 个镇街赠送近 10 万元的体育健身器材、体育书籍。并开展体育健身表演、篮球及乒乓球友谊赛、为农民进行体质测试服务。是年，全区经常性参加体育锻炼的体育人口约占总人口的 46.80%，已建成区、镇（街道）和村（社区）三级群众体育组织和体育设施框架。汤山镇和东山街道先后被国家体育总局授予全国亿万农民健身先进乡镇称号，汤山镇还被评为江苏省全民健身体系“八个一工程”（建立一个健身组织网络，每年举办一次全民健身周活动，建设一个全民健身工程、点，建设一批晨、晚练健身点，建设一支社会体育指导员队伍，建立一个国民体质测定站，每年进行一次系列科学健身讲座，形成一个特色体育项目）先进单位。2004—2007年，全区每年举办各类群众性体育活动20余次，每年参加活动人数2万余人，这些活动提高了人民群众的体育兴趣和积极性，掀起全民健身的热潮。

2005年9月，江宁区举办“迎十运、我运动、我快乐”全民健身体验大赛。是年，全区共有全民健身点85个，基本实现全区各镇街都建有健身点。2006年，新建全民健身点21个，全区有139个村（社区）建有二类标准以上体育健身工程，其中一类标准村（社区）91个。是年，江宁区被评为南京市“新农村体育健身工程”建设先进单位，获江苏省全民健身月暨第四个全民健身日活动优秀组织奖。2007年，全年新增晨（晚）练点41个，全区204个村（社区）全部建成一类标准体育健身工程。全区体育人口占总人数47.80%。同年，江宁区有5户家庭获得江苏省“健身家庭”称号。

第二章 学校体育

清末，境内各中、小学均设体操课，体育项目以田径、球类为主。民国时期，体操课改为体育课，并开设早操和课外活动，但学校体育设施和体育器材少，体育活动受到限制。湖熟、淳化等7个中心学校曾举办过1次秋季运动会，但规模不大。

新中国成立后，体育课成为必修课。20世纪80年代起，全县各类学校普遍实行每周“两课、两操、两活动”（每周2节体育课，早操或课间操、眼保健操，每周2次课外体育活动）制度，每到冬季，开展长跑、跳绳、踢毽子、拔河等小型多样化的体育比赛活动，基本上每校都有运动会，并积极参加县级及以上体育竞赛。1980年，在省中学生运动会上，县运动员程雨获得省级比赛第一枚金牌。1982年，县运动员赵友凤第一次出国比赛。此后，江宁县体育竞技成绩不断进步。同时，加大学校体育设施建设力度，1993年，全县中、小学校有200米以上跑道运动场地34个，其中标准化场地6个。是年，全县中、小学生体育达标率94.50%。1995年，江宁县被评为江苏省农村学校体育卫生工作先进县。2003年，全区中、小学生体育达标率97.10%，良好率24.20%，优秀率15.10%。至2007年，全区各校建成标准化运动场地52个。共举办28届中、小学生全县教育系统运动会，参加市级以上体育竞赛硕果累累。

图40-1-4 江宁区四套班子领导出席区第23届“东郊杯”健身长跑运动会（2005年摄）

第一节 体育教学

【小学】

清末，境内各级学堂开设体操课。初等小学堂每周3节，初为随意科，后改为必修科，以有益的运动、游戏兼普通体操为主要教学内容；高等小学堂则以徒手体操、游戏、兵式体操为主要内容。南京城内的小学有专职的体育教员，农村小学基本没有专职教员。

民国初年，各高等小学开始有课外活动。体操课为小学的必修课，每周3节，有时体操课单独开设，有时与唱游合并开设，初小低年级以游戏为主，高年级渐加兵式体操。民国12年（1923），改称体育课。民国17年，小学生从三年级起即为童子军，参加军训。民国21年，教育部规定中、小学生体育课程不及格者，不得升学或毕业。江宁县这时的小学已普遍购置一些简单的体育器材，供教学和活动使用。民国34年，行政院颁布《国民体育实施计划》规定，各类学校除体育课及早操外，应实行强迫课外活动，每天40分钟至1个小时。但江宁县多数农村小学，缺少活动场地，体育设施和体育器材奇缺，只能开展队列训练及跑、跳活动或做些游戏。

新中国成立后，体育课被视为必修课，小学每周2个学时。此外，还做早操，开展课外活动，每周活动2次～3次。1955年，全县小学参照《北京小学体育试用教材》上课。1956年，试行《小学体育教学大纲》（草案），体育课开始按计划教授。1958年“大跃进”期间，体育课和课外体育活动被劳动代替。三年困难时期，学生缺乏营养，基本无法开展体育活动。“文化大革命”期间，体育课改为军体课，原体育课内容遭到破坏。1977年后，学校体育工作逐步走向经常化、制度化。体育课要求制订教学计划和写备课笔记，县成立体育中心教研组，研究教材教法，提高体育课教学质量。1979年，全县小学建立做操制度、课外体育活动制度等。1980年10月起，“两课、两操、两活动”逐步制度化，学生每天在校体育活动不少于1小时。1982年9月27日，江苏省公布新《国家体育锻炼标准》，全县小学分批进行“达标”（达到“国家体育锻炼标准”）测试。1983—1984学年度，全县有21所学校开展“达标”活动，施行面6%，“达标”3700人，达标率71.20%；1984—1985学年度，全县有124所学校开展“达标”活动，施行面35%，“达标”13731人，达标率81%；1985—1986学年度，全县有283所学校参加“达标”活动，施行面80%，达标率有一定的提高。1985年，全县中心小学体育教师由1980年的17人增至59人。至20世纪90年代初期，全县中心小学配齐专职体育教师，村级完小和初小都有专职或兼职体育教师，学历达标100%。

图40-2-5 江宁实验小学田径运动会（2000年摄）

1990年11月，国家教委与国家体委共同制订《学校体育工作条例》，江宁县按照省定标准，采取“四个结合”（自制体育器材与实施义务教育、社会支持、劳动技术课、就地取材相结合）、“四个一点”（学校挤一点、学生带一点、政府拨一点、社会助一点）措施，自制体育器材62个品种、30万件，节约50万元（含中学）；采取“搬迁、扩大、调整、改造”的办法建设运动场，107 所学校有 60 米以上跑道运动场，占应有小学总数的 25%，其他小学都有小操场，基本上达到省定标准。1994 年，全县推行‘快乐体育”教学模式，即以《体育教学大纲》为依据，修改和补充教材，以符合中、小学生年龄、体质不同层次实际，实行分层次教学；体育器材重新组合或配置，如设计升降式篮球架、四门足球场等，以激发学生的体育兴趣，提高身体素质。1995 年，全县学校体育教学突出课堂教学改革实验，狠抓学生的体育合格率和达标率。是年，小学生体育达标率 95.70%。1995—1999 年、2000—2002 年，分别进行两轮学校贯彻体育工作条例的检查评估。上元小学、实验小学、百家湖小学、东山中心小学均达优秀等级。

2002 年，江宁区各小学在保证学校体育课时的基础上，强调组织好课间操和大课间体育活动，并推广第八套广播体操。各校还以小型多样的体育比赛和全校性的运动会为载体，组织学生积极开展各种类型的体育活动。是年，全区各小学均拥有 200 米以上的田径场。2006 年，江宁区启动学校运动场地塑胶化工程，每年投入 3000 万元改造原有的煤渣运动场地。至 2007 年年底，完成 80 余片田径场、80 余座风雨操场的建设。是年 7 月，“江宁区少儿暑期羽毛球夏令营”在上元小学开营，50 名小学生成为首批会员，接受为期 12 天的以羽毛球为主的技能与素质培训。同时，学校根据国家颁布的《学生体质健康标准》，每年对学生进行一次体质测试，确保学生健康。2000—2007 年，全区小学生体育达标率保持在 95% 以上，优秀率保持在 12% 以上。

【中学】

清末，中学体育课亦称兵操或体操。光绪二十九年（1903），规定中学体操每周 2 次，且各年级都设。宣统三年（1911），规定体操分普通体操、兵式体操两种，女子学堂则免教兵式体操。田径、球类等体育项目最先在教会办的中学堂兴起并逐渐普及。民国初期，体操课仍为必修课，每周 2 学时 ~ 3 学时。民国 11 年（1922），将体操课改为体育课，废除兵式体操，以田径、体操、球类、游戏等内容进行体育教学。民国 17 年后，学校体育以军事训练和童子军训练为主。民国 23 年，江宁县立初级中学建立时，学校配有 2 名专职体育教师，按规定标准开设体育课，体育课初中每周 3 小时。学校辟出操场，并设有篮球场、排球场，课外活动每天至少半小时。民国 37 年学校复校时，借用庙宇作校舍，缺乏体育场地、设施，体育教学和锻炼受到限制。民国 38 年 8 月，县立中学迁至岔路口，没有操场，老师与学生一起开挖平整出 1 个小操场。学生在简陋的操场上做操、上体育课、打篮球。

1954 年，学习苏联体育工作经验，推行“准备劳动与卫国体育制度”（简称“劳卫制”）。江宁县师范学校（栖霞师范）、江宁县立初级中学、秣陵中学等学校试行“劳卫制”，各校成立“劳卫制”锻炼小组，设立运动队，规定每周锻炼 2 次 ~ 3 次。1955 年 8 月，教育部等部门联合发出《关于改进中小学体育工作的联合通知》，江宁县各中学执行通知规定，体育工作以“劳卫制”为中心，改进体育课和课外体育活动，要求通过循序渐进的训练，使初中学生到三年级时达到“劳卫制”预备级和一级一组标准，高中学生到三年级时达到“劳卫制”预备级和一级二组标

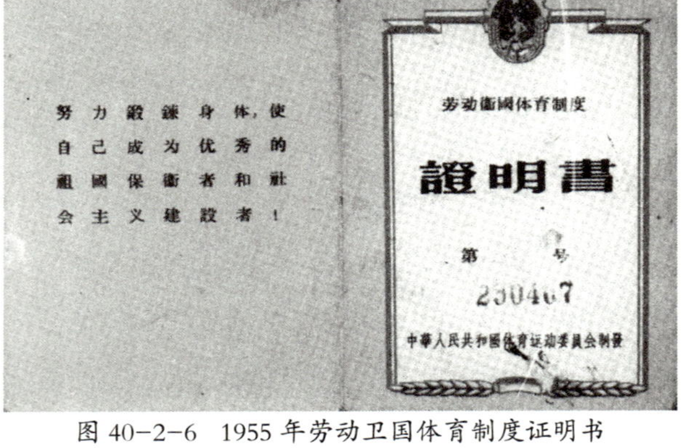

图 40-2-6 1955 年劳动卫国体育制度证明书

准。体育课采用苏联初、高中教材。1956 年，国家体委修改“劳卫制”的项目和标准，增加了少年级。教育部编订新中国第一套中、小学体育教学大纲，制订锻炼标准及各项竞赛制度，出版中、小学体育教材。全县各学校成立体育协会。各中学开展军事露营活动，向学生进行军事知识教育、纪律教育。三年困难时期，全县各中学“劳卫制”锻炼停止。1963 年后，各校恢复体育锻炼。1964 年，江宁县各中学坚持早操、课间操制度，开展课外活动，并开始推广眼保健操。此时，全县学校都有篮球场、乒乓球室、单杠与双杠等体育设施。“文化大革命”期间，江宁县各中学体育课曾一度改为“军体课”，体育锻炼被“军体”与劳动所代替。

1979 年，学校全面推行《国家体育锻炼标准》，试行《南京市中小学体育教学常规》，上好体育课，搞好课外体育活动，规定各校当年年度达标人数达 30% ~ 40%，体育不达标不能评为“三好学生”。1980 年起，坚持“两课、两操、两活动”制度，学生每天体育锻炼时间不少于 1 小时。1985 年，县文教局印发《优秀体育课评选标准》，开展优秀体育课评选活动。20 世纪 80 年代中期起，加大学校体育设施建设力度，经过几年努力，至 1990 年，全县中学有 200 米以上跑道运动场的学校达 35 所，占应有中学的 55%；有篮球场 300 多片、排球场 200 多片；人均活动面积 23 平方米，基本达到《中学体育大纲》要求和省定标准。同时，学校充实专职体育教师队伍，体育教师学历达标率 42%。其间，1988 年，全县中学体育锻炼标准施行面 100%，在校学生体育达标率 91.80%。1989 年，贯彻省《中学生体育合格标准》，江宁县合格率 95.60%，获南京市体育教学质量检查第一名。1991 年，江宁县在全市率先将体育列为初中毕业升学考试科目，次年扩大到普通高中和职业高中招生。1993 年起，各完中对每年入学的高一新生进行军事训练。1994 年，全县中学开展体育课堂教学研究，推行上元学校“快乐体育”教学法，以激发学生的体育兴趣。1995—1999 年、2000—2002 年，分别进行两轮学校贯彻体育工作条例的检查评估。江宁高级中学、秦淮中学、百家湖中学以及上元中学均达优秀等级。2000—2007 年，全区中学生体育达标率保持在 95% 以上，优秀率保持在 12% 以上。2007 年，全区各中学积极开展校园“阳光体育”活动。

第二节 体育竞赛

民国 37 年（1948），东山、江宁、陶吴、秣陵、湖熟、青林、龙潭 7 个中心学校曾主持开过秋季运动会，运动项目分田径及球类、团体操、童子军表演等。新中国成立后至 2007 年，共举办过 28 届中、小学生运动会。

【区中小学运动会】

1951 年 6 月 1 日，江宁县首届中、小学生体育运动会在栖霞镇举行，1600 多名运动员参加比赛。1952 年，县第一届中等学校运动大会在江宁县师范学校（栖霞山）举行，江宁中学和江宁县师范学校两个代表队参加，颁发了会徽。1958 年 5 月，县第二届中学生体育运动大会在县秦淮中学（岔路口）举行，并组成江宁县中学生田径代表队参加镇江专区中学生运动会。“文化大革命”期间，江宁县曾组织 2 次中学生游泳比赛，由于批判“锦标主义”，比赛只有名次不发奖。1977 年起，全县中学运动会恢复举行，当年举办县第三届中学生运动会和县第一届小学生运动会。此后，全县中、小学体育竞赛活动形式经常化、制度化，每年举办一次全县中、小学生体育运动大会，并经常举办游泳、乒乓球、篮球、小武术比赛及迎春长跑、广播操等竞赛。1980—1981 年，未举办全县小学生运动会。1980 年 11 月，举行县第六届中学生运动会，有 18 个中学代表队、114 名运动员参加，此后，每两年举办一次全县中学生运动会。1982 年 10 月，举办县第七届中学生运动会和县第四届小学生运动会。此后，全县小学生运动会每两年举办一次。

从 1996 年举办的第二十三届中、小学生田径运动会开始，中、小学运动会不再分开举办。2006 年，江宁区举行第二十八届中、小学生运动会，71 所学校 3200 名运动员参加三类比赛，即群体特色展示、群体竞技项目、田径传统比赛，创下江宁区中、小学生运动会开办后参赛人数最高纪录。至此，江宁区中、小学运动会共举办 28 届。

【参加市级以上比赛】

20 世纪 70 年代起，江宁县积极组织学生参加市级以上比赛。1980 年，在省中学生运动会上，县运动员程雨获得省级比赛第一枚金牌。1982 年，县运动员赵友凤第一次出国比赛。是年，全县组织中学生各体育代表队参加全国、省、市体育比赛，获得全国田径分区赛银牌 2 枚、铜牌 1 枚，获得省级比赛金牌 5 枚、银牌 1 枚，获得市级比赛金牌 26 枚、银牌 10 枚、铜牌 19 枚。此后，夺得的奖牌数逐年增加。1990 年，在南京市元旦健身长跑中，江宁县囊括中、小学四个组别的冠军，获 15 个区、县团体总分第一名。1996 年，在南京市第十四届元旦健身长跑运动会上，江宁县中、小学囊括学生组四项团体冠军和四项个人冠军，并获得 15 个区、县大团体冠军。2002 年，江宁区秦淮中学与省足球训练基地联合组建的女子足球队，在全国中学生女子足球联赛中勇夺冠军，是全国比赛首次夺冠。2006 年，江宁区 10 所小学参加“阳光伙伴”少儿励志活动，江宁实验小学队获得南京赛区冠军，后代表南京赛区参加全国总决赛，获得亚军。1999—2007 年，在江宁区开展的中、小学生科技与体育相结合的航空模型活动中，连续 8 年在省级比赛中获得小学生组团体前三名，初中、高中组多人获得个人单项冠军。

图 40-2-7　2004 年 4 月 26 日，江宁区组队参加南京市第十八届运动会（青少年部）女子垒球比赛获奖合影

1979—2007年江宁区中、小学参加市级以上体育竞赛情况表

表 40-2-2

时　间	比赛名称	参赛代表队（人数）	成绩（名次）
1979年4月28—30日	市第十五届中学生田径运动会	307	全县获8个单项第一名，8个单项第二名，10个单项第三名；县中获女子团体第一名
1979年9月	市“三好杯”乒乓球赛	—	秣陵小学获女子团体第四名
1979年	市中学生体操比赛	县中队	获男子团体第一名
1980年5月10—11日	市中学生田径对抗赛	38	获团体总分第六名
1981年5月14—16日	市第十六届中学生田径运动会	87	获郊县团体总分第一名。县中高中女子组蝉联冠军，初中男子组获团体总分第四名；湖熟初中女子组获团体总分第二名；江宁中学高中男子组获团体总分第六名。县中赵友凤破高中女子组3000米市纪录，成绩为10分38秒3。总计获金牌15枚、银牌13枚、铜牌10枚
1981年5月22—23日	市小学生田径运动会	20	获三县团体总分第一名；实验小学在儿童乙组获团体总分第二名，获金牌2枚、铜牌1枚
1982年5月7—9日	市第十七届中学生田径运动会	77	获郊县团体总分第三名。县中获高中组第三名、初中组第二名。赵友凤再破高中女子组3000米市纪录，成绩为10分10秒5
1982年11月	市中学生篮球赛	县组队	县女子篮球队获冠军
1983—1985年	市元旦健身长跑	县中队	女子代表队获团体“三连冠”
1984年	市“贝贝杯”足球赛	上坊小学代表队	获南京市第一名；代表市队获省第一名；代表省队获全国第二名
1985年5月17—18日	市小学生田径运动会	54	在儿童乙组团体总分中，实验小学队获第一名，湖熟小学队获第五名
1985年	市中学生足球赛	秦淮中学队	获亚军
1987年5月	市第二十届中学生田径运动会	—	县中庞白茹破少年女子乙组400米省纪录，成绩为1分10秒5；马军破少年男子乙组1500米市纪录，成绩为4分30秒9；汤红破少年女子甲组铁饼省纪录，成绩为46.10米，又破少年女子甲组铅球市纪录，成绩为13.27米。秦淮中学秦定春破青年组800米市纪录，成绩为1分57秒8
1987年	全国青年锦标赛	—	殷建春获古典式摔跤冠军
1988年4月	市第二十一届中学生田径运动会	—	汤红破女子青年组铁饼市纪录，成绩为47.54米
1988年11月	国家城市运动会	—	殷建春获古典式摔跤100公斤级比赛冠军
1989年、1990年	省、市各种比赛	中、小学	获团体总分冠军杯15座、金牌105枚、银牌82枚、铜牌59枚

续表1

时 间	比赛名称	参赛代表队（人数）	成绩（名次）
1990年5月	市第二十二届中学生田径运动会	县组队	李敏破男子甲组400米市纪录，成绩为51秒
1991年6月	市第二十三届中学生田径运动会	县组队	团体总分居五县之首，获金牌27枚
1992年10月	全国第四届大学生运动会	—	秦定春成绩：1500米 3分51秒77
1993年	市第十五届运动会	县组队	获青少年部团体第五名
1994年4月	市田径选拔赛	—	李敏成绩：100米，12秒
1994年8月	全国田径冠军赛	—	秦定春成绩：800米，1分50秒24
1994年9月	省第十三届运动会	—	樊友凤成绩：800米，2分8秒3
1995年4月	市第十三届健身长跑	各中、小学代表队	小学组：实验小学获男子组第一名、女子组第三名；秣陵小学获女子组第一名；陆郎小学获男子组第三名；麒麟小学获女子组第五名；湖熟小学分获男子组、女子组第六名 中学组：团体总分第一名。秦淮中学获男子组第一名、女子组第二名；县中获女子组第一名、男子组第二名
	市业余体校田径比赛	县组队	团体总分第一名
1995年9月	市田径系列赛	县组队	中、小学团体第一名
1995年	市少儿举重比赛	县组队	团体总分第一名
1997年1月1日	市元旦健身长跑	各中、小学代表队	小学组：团体总分第一名；实验小学获女子组第一名；东山小学获男子组第一名；秣陵小学获女子组第二名、麒麟小学、湖熟小学分获男子组、女子组第五名 中学组：秦淮中学获男子组第一名、女子组第二名；江宁中学获女子组第四名
1997年4月5日	市业余体校田径赛	县组队	团体总分第一名
1997年10月25日	市第十五届“展望杯”田径赛	实验小学等5所小学	小学组：东山小学获第一名、实验小学获第二名、秣陵小学获第五名
1997年10月	市第十六届运动会	县组队	青少年部团体第四名，优秀组织奖
1997年	市小学生篮球赛	县组队	市第四名
1998年1月1日	市十六届元旦健身长跑	县组队	小学组：实验小学获女子组第一名；秣陵小学获女子第三名；东山小学获男子组第五名；上坊小学获男子组第六名 中学组：秦淮中学获男子组第一名、女子组第一名；横溪初中获男子组第三名、女子组第三名；湖熟初中获男子组第五名、女子组第二名
1998年4月19—20日	市少儿田径赛	县组队	团体总分第一名
1998年5月3—7日	省中小学生田径比赛	县组队	团体总分第八名

续表2

时　间	比赛名称	参赛代表队（人数）	成绩（名次）
1998年5月9日	市少儿举重赛	县组队	团体总分第二名
1998年10月17日	市第十六届“展望杯”田径赛	县组队	小学组：东山小学获第二名、实验小学获第三名
1998年	市二十七届学生田径运动会	中学生队	获总分第一名。初中组第一名、高中组第四名
1999年1月1日	市元旦健身长跑	中学生队	团体总分第一名
1999年	市少儿田径赛	县组队	团体总分第一名
	市第十七届“展望杯”田径赛	实验小学	获第一名
	亚洲青年击剑锦标赛	县组队	县中宋源获个人冠军
2000年7月21—24日	省航模比赛	上坊小学	获三项团体第一名；优秀组织奖
2000年	苏南片小学生田径赛	实验小学	获第一名
	市举重比赛	中学生队	男子团体第一名、女子团体第二名。徐翔破42公斤市纪录
2001年4月20—22日	市少儿田径赛	区组队	团体总分第一名
2001年10月	市第十九届“展望杯”田径赛	实验小学	获第一名
2001年11月	市第十七届运动会	区组队	青少年部团体总分第二名
2001年	省少儿垒球锦标赛	区组队	少年组第一名；儿童组第一名
2002年4月20日	市少儿田径赛	区组队	团体总分第一名；少儿男子乙组徐维、少儿女子乙组彭慧均破市3000米纪录
2002年5月11日	市少儿射击赛	上坊队	团体总分第一名
2002年7月17日	市少儿举重赛	区组队	女子团体第一名、男子团体第二名
2002年8月26日	市少儿击剑比赛	区体校	团体总分第三名
2002年11月2日	市第二十届“展望杯”田径赛	区组队	小学组：东山小学获第一名、实验小学获第四名 中学组：上元中学获第二名
2002年	苏南少儿田径赛	实验小学	获总分第一名
	省第十五届少儿垒球表演赛	区组队	少年甲组团体第二名；少年乙组团体第三名
	省第十届自行车比赛	区组队	获金牌2枚、铜牌3枚
2003年4月19—20日	市少儿田径比赛	区组队	团体总分第一名（中、小学）；少男乙组：朱龙破市纪录
2003年8月18—19日	市少儿举重比赛	区组队	男女一队分获第一名；女子二队获第四名；4人破市纪录
2003年8月24—25日	市第二十一届“展望杯”田径赛	区组队	小学组：实验小学一组获第一名；实验小学二组获第六名 中学组：百家湖中学获第一名

续表3

时 间	比赛名称	参赛代表队（人数）	成绩（名次）
2003 年	省青少年垒球锦标赛	区组队	少年甲组第二名；少年乙组第一名
2004 年 4 月 25—26 日	市第十八届运动会	区组队	儿童组获田径团体总分第一名；少年组获团体总分第四名、男子篮球第三名、足球第二名
	市第十八届运动会垒球赛		少年甲组、少年乙组分获第一名
	市第十八届运动会自行车比赛		12 个比赛项目前三名全部被江宁区学生获得
2004 年	全国少儿垒球锦标赛	区组队	儿童组团体第二名
	全国儿童“萌芽杯”邀请赛	区组队	垒球儿童组团体第一名
	省青少年垒球锦标赛	区组队	少年乙组团体第二名
2005 年 4 月 16 日	市少儿田径比赛	区组队	中、小学获团体总分第一名，共获奖牌 15 枚、银牌 10 枚
2005 年 5 月 1 日	市少儿举重比赛	区组队	男子组、女子组团体冠军，共获 11 枚金牌
2005 年	江苏省少儿田径赛	实验小学	获第三名
	市第二十三届“展望杯”田径赛	区组队	实验小学获小学组第一名；江宁高级中学队获中学组第一名
	省青少年垒球锦标赛	区组队	少年甲组团体第四名
2006 年 4 月 1—2 日	市少儿田径比赛	区组队	团体总分第一名（中、小学）
2006 年 5 月 1—2 日	市少儿举重比赛	区组队	男子组、女子组分获第一名
2006 年 5 月 2 日	市儿童篮球比赛	铜井小学	获第五名
2006 年 5 月 3—4 日	市少儿击剑赛	区组队	团体总分第二名（中、小学）
2006 年 8 月	市健美操大赛	东山外国语学校	初中组第一名
2006 年 10 月	市第二十四届“展望杯”田径赛	上元中学、实验小学	分获团体成绩第二名
2006 年 11 月 4—5 日	市第二十九届学生运动会	500	跆拳队的武术、群体特色展示分获一、二等奖，青春健美操东山外国语学校、南师附中江宁分校获一等奖，陶吴中学获二等奖，江宁高级中学、江宁中学夺得全市总成绩冠军，田径比赛名列第三名
2006 年	省第十六届运动会垒球比赛	区组队	少年甲组、乙组均获团体第二名
2007 年	“阳光伙伴”全国总决赛	实验小学	获全国亚军
	市少儿田径比赛	区组队	团体总分第一名
	全国少年女子垒球锦标赛	区组队	获全国冠军
	省青少年垒球锦标赛	区组队	少年甲组第三名
	全国少儿垒球锦标赛	区组队	少年组团体冠军
	全国少儿软式垒球锦标赛	区组队	少年组团体冠军

第三章　竞技体育

民国时期，江宁县开展大型体育赛事甚少。市级以上比赛江宁县仅有 1 名运动员王良兴参加在镇江举办的江苏省第一赛区（9 个县）运动会，夺得男子标枪第一名。

新中国成立后，1955 年，江宁县举办首届田径运动会，共设 21 个比赛项目，300 多人参加。此后，各种形式的体育竞赛不断。中共十一届三中全会后，竞技体育出现新局面，中长跑、体操、球类等运动项目取得显著成绩，涌现出一批优秀运动员、教练员。1980 年，在省中学生运动会上，县运动员程雨获得省级比赛第一枚金牌。1982 年，县运动员赵友凤第一次出国比赛。江宁县竞技体育水平不断提高。1971—2000 年，江宁县体育代表队参加市级以上比赛共获得团体冠军 119 个。2001—2007 年，区运动员参加市级以上比赛共获奖牌 1200 枚，其中金牌 526 枚。至 2007 年，江宁区先后举办区级综合性运动会 5 次，并先后承办国内外大型体育赛事 10 余次。

第一节　区级比赛

【区运动会】

新中国成立至 2007 年，江宁区共举办区级综合性运动会 5 届。

县第一届运动会　1955 年 7 月，在秦淮中学（岔路口）举办江宁县第一届运动会。共进行田径、棋类、武术、排球、拔河、乒乓球等 21 个项目的比赛，参加比赛的有 20 家单位的体育代表队，300 多名男女运动员。

县第二届运动会　1973 年 1 月和 5 月，举办县第二届运动会。1 月下旬用 3 天时间举行球类比赛，5 月初用 2 天时间举行田径比赛。共进行 42 个项目的比赛，参加比赛的有 41 个单位的体育代表队，1872 名运动员（男 1059 人，女 813 人），其中职工 374 人、农民 562 人、学生 936 人。分男女成年组、少年组共进行 36 个项目的比赛，其中 22 人次破 9 项全县纪录。少年女子组 5 人破成年女子组 100 米、400 米全县纪录。少年男子组有 1 人破成年男子组 1500 米全县纪录，另有 1 人平 1 项全县少年纪录。手榴弹比赛成绩提高 4.05 米（原纪录 51.78 米），其他项目成绩都有明显提高。

县第三届运动会　1983 年 6—11 月，举行县第三届运动会，全县各乡（镇）、县属厂矿、县级机关、江宁县中学、秦淮中学等 40 家单位、2200 多名运动员参加。在这届运动会上，有 7 人次破 4 项全县纪录。田径比赛获团体前六名的是江宁县中学、汤山镇、秦淮中学、上坊乡、东山镇和秣陵乡。14 个项目获团体总分前六名的是江宁县中学、东山镇、上坊乡、秦淮中学、江宁县化肥厂和汤山镇。获精神文明奖的是淳化乡、上坊乡、东山镇、江宁县化肥厂、江宁县缝纫机厂和县级机关等体育代表队。

县第四届运动会　2000 年 5—11 月，举行县第四届运动会，分设学生部、成人部、老年人部 3 大部别，比赛项目设田径、足球、篮球、排球、中国象棋、扑克（80 分）、拔河、自行车慢骑、钓鱼、双飞跳绳、武术、女子健美操、老年健身操、老年人竞走等 16 个，共组织 1658 场比赛，参赛运动员 7901 人次。团体总分前三名分别为江宁经济技术开发区、汤山镇、东山镇。

成人部比赛，在参赛的51家单位中，江宁经济技术开发区团体总分列第一，汤山镇第二，湖熟镇第三。老年人部比赛，在参赛的21家单位中，613厂辅导站代表队团体总分第一，老年大学代表队第二，老园丁代表队第三。小学组比赛，在20家参赛单位中，县实验小学团体总分名列第一，东山镇小学第二，汤山镇小学第三。初中组比赛，在参赛的26家单位中，上元中学团体总分第一，开发区新区中学第二，铜井镇中学第三。高中组比赛，参赛的10个单位中，团体总分江宁县中学第一，秦淮中学第二，江宁中学第三。

图40-3-8 江宁县第四届运动会颁奖仪式（2000年摄）

区第五届运动会 2007年5—11月，举行江宁区第五届体育运动会。此次运动会分设学生部、成人部、老年人部、高校部、园区部5个组别，比赛项目包括篮球、足球、乒乓球、羽毛球、网球、拔河、棋类、女子健美操、老年健身操、田径、游泳、武术、扑克、钓鱼14个项目，参赛运动员4573人次，裁判员719人。运动会于12月28日落幕。

【其他体育竞赛】

新中国成立初期，境内主要进行篮球、拔河、石锁等民间体育比赛，一般规模不大。20世纪80年代后，万人健身长跑运动会、职工足球比赛、庆“三八”妇女运动会等逐渐形成制度，同时，每年举办县级各类体育竞赛10次左右，单项体育比赛主要有篮球、足球、乒乓球、中国象棋、钓鱼等。

图40-3-9 99“公路杯”江宁县第十七届健身长跑运动会开幕式（1999年摄）

区健身长跑运动会 1983年1月10日，江宁县举办第一届健身长跑活动，参加人数1500余人。此后，每年举办一次健身长跑活动，逐渐成为江宁县体育传统。2007年，第二十五届健身长跑运动会在江宁高级中学举行，全区机关、学校、镇街、企事业单位、部队等59支队伍共1.30万人参加。1983—2007年，江宁区健身长跑运动会已举办25届。

图40-3-10 百家湖元宵冬泳节赛场（2006年摄）

百家湖元宵节冬泳联谊赛 江宁区自2001年举办第一届百家湖元宵节大型冬泳联谊赛起，至2007年，已连续举办7届，该赛事由江宁经济技术开发区管委会、区体育局、市铁人三项运动俱乐部等联合举办。每年都有全国各大城市的三四百名运动员和冬泳爱好者到江宁区参加。表演与竞赛项目有4×100米水中带球接力、水上组漂造型、标泳表演、夫妻双双比翼、方阵游、趣味幽默跳水、水中拔河等，吸引千名观众。百家湖元宵节冬泳已成为江宁区群众体育活动的亮点。

高尔夫名人邀请赛 2005年11月，由江宁区委、区政府主办，南京百家湖房地产开发公司、南京利源物业发展有限公司承办的中国江宁首届“百家湖花园杯”高尔夫名人邀请赛在银杏湖高尔夫球场举行。至2007年，江宁区已成功举办3届高尔夫名人邀请赛。其中，是年10月举办的中国江宁第三届“百家湖花园杯”高尔夫名人邀请赛，由南京利源集团与江苏省高尔夫协会主办。建设部原部长林汉雄、国务院原副秘书长李昌安等组成的首长队，解放军原副总参谋长何其宗、原总政副主任周文元等组成的将军队，王志文、祝延平、满文军和朱时茂等组成的明星队，北京亚欧进出口贸易有限公司总经理艾杜艾尔特·扎哈里亚耶夫等组成的清华EM-BA队参加比赛。比赛分别在银杏湖高尔夫俱乐部和钟山国际高尔夫俱乐部举行，采用两轮（36洞）比杆赛的方式排名次。最终评出个人总杆、个人净杆前六及最远距离奖、最近洞距奖和最美仙鹤奖等4个特别奖项。

“三八”妇女运动会 1986年3月8日，江宁县首次举办“三八”妇女运动会，全县27个乡镇和东山地区35个单位的550名妇女运动员，参加拔河、跳绳、托球接力、自行车慢骑4个项目的团体和个人比赛。1988年3月8日，举办第二届“三八”妇女运动会。此后，每两年举办一次，并逐渐形成制度。2004年3月2日，区体育局与区妇联联合举办庆“三八”社区妇女运动会，设立拔河、自行车慢骑、跳绳、定点投篮、踢毽子等项目，共有400多人参加。

武术比赛 1977年6月，江宁县举办第一届小武术邀请赛，参加对象为小学生。比赛结果：县实验小学获第一名，淳化公社新华小学获第二名，铜山公社源溪小学获第三名。1979年10月，在县青少年业余体校举办县第二届小武术比赛。后停办。2005年6月中旬，江宁区举办首届武术、散打比赛。

钓鱼比赛 每年由钓鱼协会举办，1984年11月，在百家湖渔场举行江宁县首届钓鱼比赛，1985年4月，在淳化乡焦村水库举行江宁县第二届钓鱼比赛，有90多人参加。此后，每年春秋举办2次内部钓鱼比赛。1993年3月，举办江宁县第一届个人钓鱼大赛，吸引广大垂钓爱好者参加，此后，每年举办3次～4次个人钓鱼大赛。

球类比赛 江宁区每年组织机关干部、企业职工进行篮球、足球、乒乓球、羽毛球等比赛。

第二节 参加市级以上比赛

民国时期，江宁县运动员王良兴在镇江参加江苏省第一赛区（9个县）运动会，夺得男子标枪第一名。

新中国成立初期，江宁县运动员参加市级以上体育竞赛不多。1951年6月，全县选拔132名工人、农民、学生、妇女体育运动代表参加镇江专区人民体育大会。经过全体运动员的拼搏，江宁县在8个县、市农民组中获团体第二名，并获得2个单项冠军。1971—1985年，全县参加市级以上比赛，获团体冠军19个、亚军3个，夺得市级比赛流动奖杯8个，永久性奖杯5个，市健身长跑比赛“四连冠”，市“展望杯”田径赛“二连冠”。共获金牌189枚、银牌123枚、铜牌159枚。1980年，在省中学生运动会上，县运动员程雨获得省级比赛第一枚金牌。是年，全县获得市级以上比赛奖牌21枚。1982年，县运动员赵友凤第一次出国比赛，在日本名古屋中日友好联欢田径赛上，获女子1500米第四名。赵友凤在1981—1985年期间，9次参加全国、省、市运动会，2次参加南京国际田径赛，中长跑项目获得5次第一名，6次第二、第三名，并破市纪录 3 次，省纪录 1 次。1984 年，秦淮中学马慧代表南京市出访日本参加篮球比赛，江宁县中学薛国香出访日本参加划船比赛，王文、徐根娣去香港参加田径比赛。1985 年，全县市级以上比赛夺得奖牌 92 枚。1986—1990 年，全县参加市级以上比赛及市第十四届运动会，共获得团体总分冠军 37 个。参加市健身长跑比赛，多次囊括各组别的团体冠军。1986 年 10 月 8 日，在省第十一届运动会上，江宁县 3 名少年田径运动员夺得 5 枚金牌、4 枚银牌和 2 枚铜牌。

图 40－3－11 2002 年，江宁区“四套班子”领导欢迎自行车队出征省运会凯旋

1991—1995 年，县体育代表队参加各级运动会共夺得团体冠军杯 32 个。1991 年，江宁县参加市级以上体育竞赛共获奖牌 117 枚，其中金牌 36 枚、银牌 26 枚、铜牌 20 枚、其他奖牌 35 枚。1993—1994 年，参加市级以上体育比赛共获金牌 104 枚、银牌 81 枚、铜牌 68 枚，奖牌总数 253 枚。1995 年，参加南京市元旦健身长跑运动会包揽全部团体奖杯；在省举办的县级田径运动会（江都赛区）上，获金牌总数第一名，团体总分第四名的好成绩；获南京市业余体校田径比赛团体第一名；参加百米系列赛获团体总分第一。1996—2000 年，全县参加市级以上体育比赛共夺得冠军杯 58 座，金牌 322 枚。其中 1996—1999 年，江宁县连续 4 年包揽市健身长跑运动会所设 5 项团体冠军和 4 枚个人金牌（该赛事 2000 年取消比赛组）；1997 年，在市第十六届运动会上，江宁县体育代表团夺得团体总分和金牌总数第四名；1999 年，江宁县体育代表队参加江苏省县级田径比赛，勇夺 65 个县（市）团体总分第二名，金牌总数第四名，创造全市参加该赛事的历史最好成绩。

2001—2002 年，区组队参加市级田径、举重等单项比赛均获团体冠军。2 年参加市级以上比赛共获得奖牌 389 枚，其中金牌 157 枚、银牌 124 枚、铜牌 108 枚。2001 年，组成体育代表团参加南京市第十七届运动会，参赛运动员 337 人，获得金牌 31 枚、银牌 36 枚、铜牌 35 枚、优秀组织奖，43 人破市纪录、1 人破省纪录。2002 年，有 51 名江宁籍选手参加江苏省第十五届运动会，共夺得金牌 14.50 枚、银牌 6.50 枚、铜牌 8.50 枚，在全省 65 个县（市、区）中名列第六位。2003 年，区体校全年组队参加省、市比赛共 14 项，共获得金牌 68 枚、银牌 48 枚、铜牌 35 枚，奖牌总数 151 枚，田径、举重等 4 个项目获得团体总分第一名。是年 8 月，江宁区女子垒球队经过 1 年的训练，参加江苏省女子垒球比赛，并夺得冠军，受到国际垒球联合会主席布特的高度赞扬。2004 年，江宁区设立田径、举重、游泳、击剑、垒球、自行车、足球、武术、摔跤、散手、跆拳道等训练项目，被国家体育总局评为首批全国青少年体育俱乐部。是年，区体校组队参加省、市比赛，获得奖牌 261 枚，其中金牌 123 枚。在市第十八届运动会中，江宁区代表团派出 456 名

图 40－3－12 江宁竞技体育多次获省、市大奖

运动员参赛，获得金牌 88 枚。同年，江宁区女子垒球队参加全国和省少儿女子垒球锦标赛，分别获得亚军和冠军；10 月，区自行车队在省自行车比赛中，获得 2 枚金牌。2005—2006 年，组织参加省级比赛 9 项，市级比赛 36 项。获得市级以上奖牌 278 枚，其中金牌 112 枚。2006 年，参加省第十六届运动会，获金牌 27 枚、银牌 12.50 枚、铜牌 8.50 枚，总分 543.50 分。其中女子垒球、自行车、中长跑 3 支市队区办项目获金牌 6 枚、银牌 5.50 枚、铜牌 4 枚，总分 146.50 分。

2007 年，参加市级以上比赛 42 项，共获奖牌 149 枚，其中金牌 66 枚。是年 8 月，江宁女子垒球队参加在郑州举行的全国少年女子垒球锦标赛，参赛队伍共 8 支，最终江宁女子垒球队获得冠军。在随后进行的全国首届少年女子软式垒球锦标赛上，江宁女子垒球队再次夺冠。在 2007 年夏门国际马拉松比赛中，江宁区选手付沛获得半程女子组冠军。

1980—2000 年江宁县运动员参加省级以上比赛成绩情况表

表 40-3-3

类别	姓名	时间	项目	比赛名称	名次	成绩
田径	程雨	1980 年	女子铅球	省中学生田径比赛	1	11.11 米
	赵友凤	1981 年	成年女子 3000 米	省春季中长跑比赛	1	10 分 30 秒 3
		1982 年	中学生女子 1500 米	省第十届运动会	1	4 分 38 秒 7
			中学生女子 3000 米		1	10 分 29 秒 3
			女子 800 米	全国青年田径分区赛（莆田）	3	—
			女子 1500 米		2	—
			少年女子甲组 1500 米	省春季中长跑比赛	1	4 分 49 秒 5
			少年女子甲组 3000 米		1	10 分 17 秒 5
			女子 1500 米	名古屋中日友好联欢田径赛	4	—
		1984 年	女子 1500 米	香港第二届亚洲城市青年田径赛	1	—
			女子 3000 米		2	—
		1988 年	女子马拉松	日本名古屋国际女子马拉松赛暨第一届亚洲女子马拉松锦标赛	1	2 小时 27 分 56 秒
		1988 年 9 月	女子马拉松	第二十四届汉城奥运会	5	2 小时 27 分 6 秒
		1990 年 2 月	20 千米公路赛跑	第十届宫崎国际女子 20 千米公路赛跑	1	1 小时 7 分 26 秒
		1990 年 10 月	女子马拉松	北京第十一届亚运会	1	—
	县代表队	1982 年	中学生女子 4×400 米接力	省第十届运动会	1	—
	王文	1982 年	中学生女子 800 米	省第十届运动会	2	2 分 16 秒 6
			女子 800 米	全国青年田径分区赛（莆田）	2	—
			少年女子甲组 1500 米	省春季中长跑比赛	3	4 分 49 秒 9
			少年女子甲组 800 米		3	—
		1983 年	女子 800 米	第五届全运会田径预赛测验	—	2 分 15 秒 7
			女子少年甲组 800 米	省中学生田径分区赛（扬州）	1	2 分 21 秒
			女子少年甲组 1500 米	省春季中长跑竞走比赛	2	4 分 53 秒 2
			女子 800 米	省田径分区赛（徐州）	2	2 分 28 秒 8
			少年女子 800 米	省青少年田径选拔赛	—	2 分 16 秒 9
			少年女子 400 米	南京国际田径邀请赛	—	1 分 0 秒 7
		1985 年	女子青年组 1500 米	省第十一届运动会（中小学生部）田径预赛	1	4 分 54 秒 9
			女子青年组 3000 米		2	10 分 50 秒 5

续表 1

类 别	姓 名	时 间	项 目	比赛名称	名 次	成 绩
田径	王兆彬	1983 年	男子三项全能	省中学生田径分区赛（扬州）	1	总分 264 分
			男子甲组 200 米		1	23 秒 8
			少年甲组全能		1	总分 258 分
			男子甲组个人全能	省中学生田径分区赛（徐州）	3	总分 264 分
			少年甲组男子 200 米		3	23 秒 8
			少年甲组五项全能	全国青少年田径赛	2	—
		1984 年	少年五项全能	省青少年田径选拔赛	2	总分 3085 分
	徐根娣	1983 年	女子全能	省中学生田径分区赛（扬州）	3	—
			女子甲组 800 米		3	—
			少年甲组全能		2	总分 211 分
			少年女子甲组 800 米		2	2 分 2[illegible] 秒 1
			少年女子甲组 800 米	省春季中长跑竞走比赛	1	2 分 22 秒 3
			女子 800 米	省田径分区赛（徐州）	1	2 分 23 秒 8
		1985 年	少年女子 400 米	南京国际田径邀请赛	—	1 分 1 秒 2
			女子青年组 800 米	省第十一届运动会（中小学生部）田径预赛	1	2 分 17 秒 3
			女子青年组 400 米		1	58 秒 7
	吕 军	1983 年	少年男子 200 米	省青少年田径选拔赛	—	23 秒 8
			男子 200 米	南京国际田径邀请赛	—	23 秒 5
			男子 100 米		—	11 秒 4
		1984 年	少年 200 米	省中学生田径比赛	2	23 秒 2
	黄桂花	1985 年	女子 1500 米	省长跑竞走马拉松比赛	1	—
			女子 800 米		3	—
			女子甲组 800 米	省县级田径比赛（洪泽）	1	2 分 23 秒 8
			女子甲组 1500 米		1	4 分 58 秒 3
		1986 年 5 月	女子甲组 1500 米	省县级田径比赛	1	1 分 49 秒 8
			女子甲组 800 米		2	—
		1986 年 10 月	中小学生部女子甲组 1500 米	省第十一届运动会	1	—
		1987 年 5 月	青年女子组 1500 米	省青少年田径比赛	1	4 分 50 秒
			青年女子组 3000 米		1	10 分 35 秒 3
		1987 年 11 月	青年女子组 1500 米	省中长跑比赛	1	4 分 59 秒 2
			青年女子组 3000 米		1	10 分 48 秒 9
	嵇世琼	1985 年	少年女子甲组 200 米	省县级田径比赛（洪泽）	2	28 秒
			少年女子甲组 400 米		2	1 分 2 秒 4
	李 花	1985 年	少年女子甲组 400 米	省县级田径比赛（洪泽）	3	1 分 3 秒 4
	卢海燕	1985 年	女子青年组 1500 米	省第十一届运动会（中小学生部）田径预赛	2	5 分 4 秒 7
			女子乙组全能		1	总分 2591 分
			女子乙组全能	省县级田径比赛	1	—
		1986 年 5 月	女子乙组 400 米	省县级田径比赛	2	—
		1986 年 11 月	女子组个人	中日友好长江大桥健身长跑运动会	1	—
	孙千高	1985 年	男子乙组铅球	省县级田径比赛（洪泽）	3	15.70 米
			E 组投掷		3	4 分 7 秒 5
	汤 红	1985 年	女子甲组铁饼	省县级田径比赛（洪泽）	1	10.58 米
		1986 年 10 月	中小学生部铅球	省第十一届运动会	1	—
		1987 年 5 月	女子青年组铅球	省少年田径赛	1	12.84 米
		1987 年 9 月	女子青年组铁饼	全国业余体校田径赛	2	47.06 米

续表 2

类 别	姓 名	时 间	项 目	比赛名称	名 次	成 绩
田径	王义君	1986 年 5 月	女子乙组 1500 米	省县级田径比赛	3	—
		1987 年 5 月	女子乙组 800 米	省青少年田径赛	1	2 分 24 秒 2
			女子乙组 1500 米		1	4 分 53 秒 1
			女子乙组 3000 米		1	10 分 52 秒
	赵玉霞	1987 年 5 月	少年女子乙组 400 米	省县级田径比赛	1	1 分 0 秒 5
	杨传山	1987 年 7 月	男子乙组 800 米	省县级田运会	1	2 分 5 秒 5
	庞白茹	1987 年 8 月	女子甲组 400 米	省县级田运会	1	1 分 6 秒
		1990 年	少年女子甲组 800 米	省第十二届运动会	1	2 分 11 秒 7
		1990 年	少年女子甲组 1500 米		1	4 分 38 秒
	秦定春	1986 年 10 月	中小学生部男子甲组 800 米、1500 米、4×100 米接力	省第十一届运动会	1	三项冠军
		1986 年 11 月	男子组个人	中日友好长江大桥健身长跑运动会	2	—
		1987 年 11 月	男子组 1500 米	省中长跑比赛	1	—
			男子组 3000 米		1	—
		1988 年 5 月	男子青年组 800 米	全国青年田径锦标赛	1	1 分 51 秒
		1988 年 8 月	男子青年组 800 米	全国第三届大学生田径比赛	1	1 分 50 秒 9
		1990 年	4×400 米	全国冠军赛	4	—
		1991 年	800 米	全国田径锦标赛（北京）	3	—
			4×800 米	全国田径锦标赛（上海）	1	—
			800 米	全国田径分区赛	2	—
		1992 年	4×800 米	全国田径锦标赛	2	—
		1994 年	800 米	全国田径冠军赛	2	—
		1995 年	800 米	全国田径锦标赛	2	—
	樊友凤	1991 年	1500 米	全国田径分区赛	3	—
	朱小青	1995 年	400 米、800 米	省县级田径赛	1	—
	丁 圣	1995 年	1500 米	省县级田径赛	1	—
	姜 华	1995 年	400 米、800 米	省县级田径赛	1	—
		1996 年	少年女子甲组 800 米	省青少年田径比赛	1	—
		1998 年	青年女子 800 米	省青少年田径比赛	2	—
			青年女子 4×400 米		1	—
	陈维云	1995 年	100 米	省县级田径赛	1	—
		1996 年	少年女子乙组 400 米	省单项田径比赛	1	—
			少年女子甲组 400 米	省青少年田径比赛	1	—
	陈维云	1997 年	少年女子 400 米	省青少年田径比赛	3	—
		1998 年	少年女子 4×100 米	省青少年田径比赛	3	—
	宫 静	1996 年	少年女子乙组 400 米	省单项田径比赛	2	—
			少年女子甲组 4×400 米	省青少年田径比赛	1	—
		1997 年	少年女子 4×100 米	省青少年田径比赛	1	—
		1998 年	少年女子 4×400 米	省青少年田径比赛	1	—
	陈 刚	1997 年	少年男子 4×400 米	省青少年田径比赛	2	—
		1998 年	少年男子 4×400 米	省青少年田径比赛	2	—
		1999 年	青年男子 400 米	省青少年田径比赛	1	—
			青年男子 4×100 米		1	—
			青年男子 4×400 米		1	—

续表3

类别	姓名	时间	项目	比赛名称	名次	成绩
田径	顾宗燕	1999年	少年女子乙组400米	省青少年田径比赛	1	—
			少年女子乙组800米		1	—
	吕文燕	1999年	少年女子乙组800米	省青少年田径比赛	2	—
			少年女子乙组1500米		1	—
	许丽	1999年	少年女子乙组800米	省青少年田径比赛	3	—
			少年女子乙组1500米		2	—
	丁礼圣	1999年	青年男子10000米	省青少年田径比赛	1	—
			青年男子1500米		1	—
	奚静	2000年	成年女子3000米	省青少年田径比赛	1	—
	刘进	2000年	少年男子乙组800米	省青少年田径比赛	1	—
			少年男子乙组1500米		1	—
	陶荣兵	2000年	少年男子铅球6公斤	省青少年田径比赛	1	—
击剑	王钰	1989年	女子花剑	全国第二届青年运动会	1	个人冠军
		1990年	女子击剑	全国青年锦标赛	2	个人亚军
		1992年	女子花剑	第七届全国运动会	团体冠军主力	
		2000年	女子花剑	全国击剑锦标赛	3	—
	孙强	1992年	男子佩剑	全国少年锦标赛	个人第一，团体第二	
	许莉	1992年	女子花剑	全国少年击剑锦标赛	个人第一，团体第三	
		1993年	女子花剑	全国青年锦标赛	个人第三	
		1994年	女子花剑	泰国国际击剑公开赛	个人第一，团体第二	
		1995年	女子花剑	全国青年锦标赛	个人第三	
	宋源	1994年	男子佩剑	全国青年锦标赛	个人第二	
			男子佩剑	全国击剑锦标赛	团体第六	
			男子花剑	泰国国际击剑公开赛	团体第三	
		1995年	男子佩剑	第三届全国城市运动会	团体第一，个人第六	
		1999年	男子佩剑	亚洲青年击剑锦标赛	1	—
	孙超	1996年	少年女子乙组团花剑	省青少年击剑比赛	2	—
		1997年	少年女子乙组花剑个人	省少年击剑比赛	2	—
			少年女子乙组花剑团体	省少年击剑比赛	1	—
	胥丹丹	1996年	少年女子乙组团花剑	省青少年击剑比赛	2	—
		1997年	少年女子乙组花剑个人	省少年击剑比赛	1	—
			少年女子乙组花剑团体	省少年击剑比赛	1	—
		1998年	女子花剑团体	全国少年击剑锦标赛	6	—
			女子花剑团体	全国青年击剑锦标赛	6	—
			女子花剑团体	全国击剑冠军赛	4	—
	马丽	1998年	女子花剑团体	全国少年击剑锦标赛	6	—
			女子花剑乙组团体	省青少年击剑大赛	1	—
			女子花剑团体	全国少年击剑锦标赛	6	—
	井莉	1999年	女子花剑	亚洲青少年击剑锦标赛	3	—
柔道	袁侠	1988年8月	男子60公斤	省少年柔道赛	1	—
	潘金宏	1988年8月	男子50公斤	省少年柔道赛	1	—
	陈爱红	1988年8月	女子48公斤	省少年柔道赛	1	—
	姚萍	1988年8月	女子65公斤	省少年柔道赛	1	—
	张红	1988年8月	女子65公斤	省少年柔道赛	2	—
	刘超	1997年	男子甲组	省青少年柔道比赛	2	—

续表 4

类别	姓名	时间	项目	比赛名称	名次	成绩
柔道	邹锐	1997 年	男子乙组	省青少年柔道比赛	3	—
		1998 年	少年男子 55 公斤	全国少年男子柔道比赛	5	—
		1999 年	男子甲组 54 公斤	省青少年柔道比赛	1	—
	付腾	1999 年	男子乙组 62 公斤	省青少年柔道比赛	1	—
举重	严清龙	1990 年	总成绩	全国举重分区赛	1	—
		1992 年	总成绩	全国举重分区赛	1	—
		1993 年	总成绩	全国举重分区赛	3	—
		1995 年	总成绩	全国举重分区赛	3	—
	严小龙	1990 年	总成绩	省第十二届运动会	2	—
	卢德金	1990 年	总成绩	省第十二届运动会	1	—
		1992 年	总成绩	省比赛	2	—
	黄国海	1990 年	总成绩	省第十二届运动会	3	—
		1992 年	总成绩	省比赛	3	—
	吴芸	1991 年	总成绩	省比赛	3	—
		1992 年	总成绩	省比赛	2	—
	张翠萍	1991 年	总成绩	省比赛	1	—
		1992 年	总成绩	省比赛	1	—
	葛大凯	1993 年	总成绩	全国少年举重分区赛	4	—
			总成绩	省比赛	1	—
	华雨	1993 年	总成绩	省比赛	2	—
	吴昌兰	1993 年	总成绩	省比赛	1	—
		1994 年	总成绩	省比赛	3	—
		1998 年	女子青年	省青少年举重比赛	3	—
	陶娟	1996 年	女子乙组 46 公斤	省青少年举重比赛	1	—
		1997 年	女子乙组 50 公斤	省青少年举重比赛	1	—
		1998 年	少年女子甲组	省青少年举重比赛	1	—
		1999 年	少年女子甲组 53 公斤	省青少年举重比赛	1	—
			少年女子甲组 53 公斤	全国第四届城市运动会	3	—
	王玉柱	1996 年	男子甲组 64 公斤	省青少年举重比赛	1	—
		1997 年	青年男子 70 公斤	省青少年举重比赛	1	—
		1998 年	男子青年组	省青少年举重比赛	1	—
	熊海燕	1996 年	女子乙组 54 公斤	省青少年举重比赛	2	—
		1999 年	青年女子 69 公斤	省青少年举重比赛	2	—
	孙静平	1998 年	少年女子甲组	省青少年举重比赛	2	—
	徐翔	1999 年	少年女子乙组 44 公斤	省青少年举重比赛	1	—
	甘钰娟	1999 年	少年女子甲组 69 公斤	省青少年举重比赛	3	—
	陈波	2000 年	少年男子甲组 47 公斤	省青少年举重比赛	1	—
	陈院	2000 年	少年男子乙组 62 公斤	省青少年举重比赛	1	—
	于振森	2000 年	少年男子乙组 69 公斤	省青少年举重比赛	1	—
	周浩	2000 年	少年男子乙组 77 公斤	省青少年举重比赛	1	—
	杨家宽	2000 年	少年男子乙组 85 公斤	省青少年举重比赛	1	—
	袁雪花	2000 年	少年女子乙组 69 公斤	省青少年举重比赛	1	—
	吴苏平	2000 年	少年女子乙组 69 公斤	省青少年举重比赛	1	—

第三节 承办国内外大型赛事

【第三届全国城市运动会柔道比赛】

1995年10月24—27日，第三届全国城市运动会柔道比赛在县体育馆举行，有32个城市派代表队参加，共416人。参赛运动员273人，教练员79人，裁判员50人。4天中共举行546场次比赛，产生16块金牌；接送站达135车次；调用大、小汽车52辆为大会竞赛服务，接送裁判员、运动员用车6000多人次；直接用于大会吃住行等接待费用达99.50万元。观众场场爆满。创下全国大型体育盛会县级承办一个完整决赛阶段项目的第一例，受到国家体委、省、市领导和参赛队伍的一致好评。江宁县被评为最佳赛区，县体委被市政府评为南京市承办第三届城市运动会先进集体。

【第十届全运会摔跤、足球比赛】

2005年8—10月，江宁区承办第十届全国运动会摔跤和女子足球比赛。摔跤比赛于8月25日至9月5日在江宁体育中心体育馆举行，历时12天。全国各地83支代表队、324名运动员参加古典式、女子自由式、男子自由式摔跤18个级别的比赛，竞赛616场次，观众16场、近4万人次。女子足球比赛于10月12—22日在江宁体育中心体育场进行，有10支队伍、220名运动员参加比赛，竞赛12场次，观众7场、6万多人次。

【四国篮球明星争霸赛】

2006年6月1—2日，“江宁科学园杯”四国篮球明星争霸赛在江宁体育中心体育馆举行，美国、澳大利亚、塞尔维亚和黑山、中国江苏南钢4支明星篮球队参加比赛。区委、区人大、区政府、区政协领导和省、市相关部门领导以及1万余名观众观看比赛。澳大利亚墨尔本澳洲虎篮球队以4战全胜战绩获冠军，江苏南钢同曦篮球队两战皆负列第四。江苏南钢队员胡雪峰获“最佳运动员”称号。

2007年9月18—19日，“江宁开发区杯”四国篮球明星争霸赛在江宁体育中心体育馆举行，江苏南钢大华职业篮球队、克罗地亚共和国斯威杰特罗斯特俱乐部职业篮球队、俄罗斯“莫斯科河岸”男子职业篮球俱乐部和美国体育使者职业篮球队参赛。最终俄罗斯队摘得桂冠，美国队第二，克罗地亚队第三，江苏南钢队第四。

【其他大型赛事】

1995年7月，县政府与上海市体委、敏之体育文化交流中心、解放日报社和上海有线电视台主办“敏之江宁杯”乒乓球锦标赛。1997年4月，第三届中国国际风筝会暨全国风筝邀请赛在江宁县体育中心举行，美国、法国、英国等10多个国家和地区的代表团及国内20余支

图40-3-13　南京枫皇世界乐园杯第三届中国国际风筝会暨全国风筝邀请赛在江宁县举行（1997年摄）

代表队参赛。同年9月，全国女篮四强邀请赛在江宁县体育馆举行，苏、浙、粤、沪4支劲旅同场竞技。2000年9月7日，美国雷加雪职业队和江苏南钢队在县体育馆进行篮球对抗赛，吸引全县1500多名篮球爱好者到场观战。同年11月13日，江宁县协助省体委举办世界无线电测向锦标赛，这是首次在县举办世界三大赛事。2003年，全国女子足球超级联赛中国青年女足的主场比赛由江宁区承办，共进行6场赛事，吸引1万余人到现场观看比赛。在江宁主场，中国青年队取得三胜三负的成绩，最终名列女超排行榜第九名。中国足协专职副主席薛立、女子部主任张建强等亲临赛场，著名球星孙雯及国脚浦玮、高宏霞、潘丽娜、白洁、肖珍等先后参加比赛。2006年10月25日，国内规模最大、等级最高的象棋团体赛——全国象棋甲级联赛在江宁区举办。由象棋特级大师、江苏棋院副院长徐天红挂帅的江苏队在主场迎战由特级大师胡荣华领衔的上海队，最终双方以战平言和。

第四章　人才培养

新中国成立后，由学校少量教师负责体育训练，培养有潜质的运动员。1973年4月，县体委创办江宁县青少年业余体校。1979年，确立一批传统项目训练学校。1980年，各校传统项目基层代表队发展到39个。20世纪80年代起，注重教练员和裁判员队伍建设。县业余体校不断向上级输送体育人才。1996—2000年，向省、市专业体校及大专院校输送各类体育人才98人，其中3人达健将级运动员标准，20人达国家一级运动员标准。至2007年，全区有省级体育传统项目学校1所，市级5所。先后培养国际健将级运动员1人，国家健将级运动员16人，国家一级运动员33人。累计有裁判员192人，其中国家级裁判员3人、一级29人、二级160人。有教练员19人，其中高级教练员1人、一级10人、二级8人。

第一节　体育传统项目学校

1979年，江宁县经县文教局批准的中学体育传统项目学校，有江宁县中学、汤山中学、秣陵中学、铜山中学、湖熟中学。小学体育传统项目学校，有江宁县实验小学、秣陵小学。1980年，各校体育传统项目基层代表队发展到39个，其中，江宁县中学有田径队、体操队、篮球队；汤山中学有田径队、男子篮球队；秣陵中学有女子篮球队；铜山中学有女子篮球队；湖熟中学有田径队；江宁县实验小学有田径队；秣陵小学有乒乓球队、女子篮球队。各运动队平均每周训练2次～3次，参加市、县预赛前，在不影响教学的基础上，进行一段时间集训，以创造更好的成绩。是年，江宁县中学、湖熟中学、秣陵中学等学校向市体校输送8名运动员，向南京体育学院输送2名运动员。1988年5月，县实验小学教师王道才被评为全国体育传统项目学校优秀工作者。1990年，全县中、小学体育传统项目学校有23所，其中市级4所。1992年，县实验小学被命名为省级体育传统项目学校（全市共9所）。

1995年，东山、湖熟、麒麟、秣陵、陆郎5所中心小学和江宁县中、秦淮中学、江宁中学3所中学被列为市级体育传统项目学校。至2000年，全县有省级体育传统项目学校1所，市级传统项目学校8所。

2004年，江宁实验小学再次被命名为省级体育传统项目学校，有5所学校被命名为市级体育传统项目学校。2006年，在全区范围内重新命名区级体育传统项目学校，共有11所学校申报，经检查验收，铜山小学的排球，铜井小学的篮球，秣陵小学、麒麟小学的田径，上元小学的足球，上元中学的篮球，清水亭小学的门球条件较为成熟，这7所学校被命名为区级体育传统项目学校。是年，秦淮中学被省教育厅确定为“田径项目（中长跑）高水平运动队试点学校”。至2007年年底，全区有省级体育传统项目学校1所、市级5所、区级7所。全区各级体育传统项目学校加强管理，逐步实现管理科学化、规范化、制度化，在上好体育课的基础上，保证学生每天1小时的体育锻炼时间，并认真抓好课余体育活动，加强传统项目业余训练。

第二节 青少年业余体校

1973年4月，经县委同意，县体委创办江宁县青少年业余体校。体校创办初期，困难很多，没有场地，就在公路上训练中长跑，借用江宁县中学的田径场在学生放学后进行训练；因缺少经费，无法购置运动服装和训练用具，就到省体工队和某些大专院校索要破旧跑鞋，利用体委20世纪50年代的几块老式苏联马表和6张破棕垫进行训练。上身体训练课，以人背人做力量练习，用石头代替实心球，用手榴弹代替哑铃练摆臂，练背肌则在课桌上，压腿则用肩扛脚，克服种种困难。1976—1978年，业余体校开办4个班，近100名学生，样样想抓，结果都抓不上去。1980年，县体委对业余体校进行调整，砍掉一些项目，集中精力抓1个～2个训练队，收到较好效果。是年，参加南京市第十二届运动会，获得金牌4枚、银牌4枚、铜牌6枚，团体冠军1个；市中学生篮球赛取得第二名；市穿城长跑比赛获金牌1枚、银牌1枚、铜牌3枚。1982年，县体校运动员参加全国青年田径分区赛（莆田赛区）获得2个第二名，1个第三名。1983年，参加全国青少年田径比赛，获得少年甲组五项全能第二名，并有3名运动员参加南京国际田径邀请赛。1982—1984年，有2人次出访日本参加中长跑比赛；3人次去香港参加亚洲城市青年田径赛；3人两次参加南京市、北京市中日友好马拉松比赛。至1985年，县青少年业余体校有5名教练员，其中田径教练员3人，游泳和篮球教练员各1人。先后向上级输送优秀运动员45人。有9人先后9次刷新7项市少年纪录，1人破1项省少年男子甲组五项全能田径纪录。

1986年后，江宁县以业余体校为龙头，建立体育训练网络。加强对县体校的建设，实行校长负责制和教练员聘任制，对校长和教练员采取定人数、定任务、定指标办法，实行目标管理，奖勤罚懒，调动体校教练员的积极性。1987年，县业余体校刘贤达被国家体委评为全国业余体校先进教练员。1990年4月8日，在市公园路举行的市业余体校田径分项赛上，县体校获得团体总分冠军。在省第十二届运动会上，县体校被评为先进集体。是年，县体校有专职教练员4人，其中中级教练员3人，男女运动员均在50人左右。1991—1995年，县体校每年下基层选拔运动员40余次，利用假期集训运动员80余人次。至2000年，县体校有专、兼职教练员7人，运动员130人，开设田径、举重、击剑、游泳等项目。是年，县体校被国家体育总局授予全国青少年体育工作先进集体称号。2004 年，区青少年业余体校有运动员 183 人，教练员 13 人。开设训练项目有田径、女子垒球、自行车、举重、击剑、羽毛球等。全年组队参加省、市比赛获得奖牌 282 枚，其中金牌 120 枚。至 2007 年年底，江宁区体校有运动员 168 人，教练员 14 人。同年 4 月，江宁区体校被命名为南京市体育后备人才基地。

第三节 体育队伍与人才输送

【运动员队伍】

20 世纪 70 年代，江宁县开始注重运动员的培养与训练。1974—1985 年，全县达二级运动员标准的有 12 人，达三级运动员标准的有 42 人。至 1990 年年底，江宁县培养的等级运动员有：国际健将级田径运动员 1 人（赵友凤），国家健将级击剑运动员 1 人（王钰），国家一级田径运动员 2 人（秦定春、庞白茹），国家二级田径运动员 14 人。1991—1995 年，培养等级运动员 22 人，其中国家健将级 1 人、国家一级 7 人、国家二级 14 人。1996—2000 年，培养出国家健将级运动员 3 人、国家一级运动员 20 人。2002 年，全区有运动员 228 人，其中田径运动员 110 人。2003 年，有运动员 90 人，其中田径运动员 35 人。2001—2006 年，共培养国家一级运动员 23 人，二级运动员 115 人。至 2007 年，全区共培养国际健将级运动员 1 人，国家健将级运动员 16 人，国家一级运动员 33 人。

【师资队伍】

1970 年，全县有体育工作人员 30 人，其中中学教员 28 人。1975 年，全县有体育工作人员 38 人，其中中学教员 31 人。1985 年，县体育传统项目学校基层运动队负责教学的体育老师有 40 人；县青少年业余体校有教练员 5 人，其中田径教练员 3 人，游泳和篮球教练员各 1 人；全县有裁判员 9 人，其中田径一级裁判员 2 人，田径二级裁判员 4 人，篮球二级裁判员 2 人，排球二级裁判员 1 人。1990 年，县体校有专职教练员 4 人，其中中级教练员 3 人。至 1998 年，全县共培养 200 多名体育骨干，充实和加强学校、乡镇、厂矿、企事业单位的体育力量。2000 年，县体校有专、兼职教练员 7 人，2004 年增至 13 人。2003 年，全区体育系统有职工 28 人，其中教练 12 人。

至 2007 年，全区体育系统有职工 38 人，其中教练 14 人。有裁判员 192 人，其中国家级裁判员 3 人、一级 29 人、二级 160 人。有教练员 19 人，其中高级教练员 1 人、一级 10 人、二级 8 人。体育教师 187 人，其中从事田径教学训练的 152 人，占体育教师总数的 81.28%；体育教师中，大学本科学历 21 人、大专学历 38 人、中专及其他 128 人。

【社会体育指导员】

2002 年，全区共有国家二级社会体育指导员 18 人，三级社会体育指导员 32 人。2003 年，全区共培训社会体育指导员 40 人，其中二级 10 人、三级 30 人，为全区群众体育活动的普及和管理发挥积极作用。2004 年，全年举办培训班 15 期，培训三级社会体育指导员 994 人。至 2007 年，全区共有社会体育指导员 1084 人，其中一级 27 人、二级 72 人、三级 985 人。

【人才输送】

20世纪70年代起，江宁县不断向国家和省、市体工队、体育院校输送体育人才。1974—1985年，共向上输送运动员55人，其中省体工队2人，南京军区篮球队2人，各大专院校体育系18人，各中专学校体育专业13人，市体校20人。1986—1990年，向上级输送体育人才34人，其中向省体工队输送6人，向市运动学校输送10人，向市公园路体校输送18人。1991—1995年，共向上级输送体育人才74人，其中省体工队4人、市运动学院28人、市公园路体校23人。1996—2000年，向省、市专业体校及大专院校输送各类体育人才98人，其中3人达国家健将级运动员标准，20人达国家一级运动员标准。2001—2007年，向省、市专业体校及大专院校输送各类体育人才183人，其中10人达国家健将级运动员标准。

第五章 体育机构 经费设施

民国时期，全县体育工作基础薄弱，最初没有专管体育运动的机构。民国35年（1946），江宁县筹建过体育委员会，虽具备篮球、足球运动场所，但参加运动者为数寥寥。后由县三民主义青年团组成体育指导委员会，着手指导。

新中国成立后，1955年年底，成立江苏省江宁县体育运动委员会，此后，县体育经费逐渐增多。20世纪70年代后，体育场地设施逐年增加。80年代，各单项体育协会逐个建立。90年代，县内开始建造体育馆、游泳池、运动场等一批体育场馆，逐渐具有承办大型赛事的能力和要求。1991年，各乡镇相继成立体育运动委员会，各乡镇的体育活动组织有序、蓬勃发展。至2003年年底，全区有各类体育场地791个（含学校），其中体育场游泳馆13个，田径场、小运动场71个，篮球、排球、乒乓球场共426个，其他体育运动场地281个。2003—2007年，全区体育场地建设发展迅猛，新增200多个篮球场以及200多条健身路径（广场）和乒乓球室。至2007年年底，全区已建成区、街道、村（社区）三级群众体育组织和体育设施框架。

第一节 机 构

【管理机构】

民国初期，县内没有专管体育运动的机构。民国35年（1946），江宁县筹建过体委会，后县三民主义青年团组建体育指导委员会。

新中国成立后，江宁县体育事业有所发展。1955年年底，成立江苏省江宁县体育运动委员会，由分管体育的副县长兼体委主任，体委副主任负责主持日常工作。1966年“文化大革命”开始县体委与文教局合并。1971年11月，县体委改名为江苏省江宁县革命委员会体育运动委员会。1973年3月，改名为中国人民解放军江苏省江宁县体育系统军事接管组。1976年，复名江苏省江宁县体育运动委员会。1979年，更名为江宁县体育运动委员会，内设办公室、群众体育组、江宁县青少年业余体校、后勤组。2001年7月，更名为江宁区体育局，由区政府工作部门改为区政府管理的事业局性质的机构。内设办公室、群众体育科、训练竞赛科3个职能部门。2004年，区体育局获南京市区、县体育工作综合评估一等奖。2006年3月，区体育局被评为江苏省优秀单位。

【体育协会】

1984—1985年，江宁县先后成立武术协会、信鸽协会、钓鱼协会、足球协会4个协会，分别有会员10人、68人、120人和10人。各体育协会分别开展武术训练、放飞竞赛、钓鱼活动、足球比赛。1985年，江宁县体育总会成立，对全县体育社团进行业务指导和管理工作。1991年，成立江宁县老年人体育协会、江宁县农民体育协会。至1995年，全县有老年人体协、农民体协和信鸽、钓鱼、棋类、气功、桥牌、足球等单项体育协会9个。2004年，成立江宁区乒乓球协会。2006年8月，成立江宁区空竹协会，有会员80人，当年就组织会员走进敬老院进行抖空竹表演。2007年7月，成立江宁区健美协会，会员54人。至是年年底，全区有体育团体12个，会员人数近4000人。各协会充分发挥职能作用，举办形式多样的体育活动，深受群众的喜爱和欢迎，有效促进了全区群众性体育活动开展。

第二节 体育设施

民国时期，全县体育设施十分简陋，活动场地较小。民国23年（1934），江宁自治实验县各学校共有民众运动场102个，运动器具有篮球、足球、石锁、石担及铁杆等，体育活动开展不多。

新中国成立后，党和政府非常重视体育工作，1950年，在秦淮中学修建1片有200米跑道的简易田径体育场和2片篮球场。秣陵、汤山、陶吴、湖熟4所重点中学修建篮球场、排球场。1955年在东山镇创办省财经学校后，至1964年，建成有主席台和200米跑道的田径场1片，水泥篮球场4片，简易游泳池和体操房各1座。同年，县体委在县城修建简易灯光球场1个，1970年，把木制篮球架改为铁制篮球架，建成露天水泥灯光篮球场，1975年拆除。1973年，县委拨款2500元，将江宁县公检法机关球场，改建成900平方米的水泥篮球场。1975年，建成长36米、宽9米、高3.80米，建筑面积为354.80平方米的训练房1座。1976年，县体委在土山路21号修建1幢占地面积260平方米的体委办公楼，以及占地面积1380平方米，长30米、宽18米，四面有1400人观众席位看台的露天水泥灯光篮球场1片，看台下房屋建筑面积100平方米。1978年，县体委修建占地面积591.70平方米，长28.80米、宽9米、高3.30米，可设乒乓球台9张的乒乓球房1座。1979年，建成长28米、宽16米的旱冰场1片。同时可作篮球、排球运动场地。1983年，全县有固定看台灯光球场2片，乒乓球房2座，训练房1座，室外旱冰场1片。学校系统有小运动场2片，足球场2片，篮球场134片，排球场12片。工矿系统有篮球场12片，其中灯光球场2片。农村社队有篮球场52片，其中灯光球场6片。

1984年，经县委、县政府批准，征用土地5.38公顷，筹建江宁县体育运动中心。1986年7—11月，建成400米标准田径足球场；1987—1989年，先后建起游泳池、大型溜冰场、体育馆、体操房、少年体校等训练基地；1990年，建成儿童游泳池1座；1992—1996年，建成体育训练房1座。至此，县体育中心（现市民体育公园位置）有1幢二层16间的高标准运动员宿舍楼及配套食堂，1200人的体育馆，50米标准游泳池及儿童池，400米8跑道标准足球田径场地，体育场主席台及观众席1350个，占地面积2228平方米，建筑面积2500平方米，总投资409万元。此外，1986年起，各乡镇建设一场一室（水泥篮球场、体育活动室），1995年，县、乡两级投入300万元新建体育馆和标准游泳池，添置运动器材；乡镇、企事业单位都建有“一场一室”，并配备1名兼职体育联络员；村有活动阵地。为全县举办群众性体育活动和业余训练的开展提供有利条件。是年，全县建有400米田径场地2个，200米以上田径场34个，篮球场300多个，排球场200多个。

2003年3月，区委、区政府在江宁科学园开工建设新体育中心，占地面积31.13公顷，总投资8.90亿元，2005年8月正式交付使用。内设3万人主体育场1座，建筑总面积4.80万平方米；建有5500人体育馆1座，建筑总面积1.45万平方米，馆内设篮球场1个，羽毛球场7个；建有综合训练馆1座，建筑总面积1.80万平方米，馆内有羽毛球场12个、网球场2个、乒乓球台4个、游泳馆25米×15米的泳池等配套设施。2007年，该中心被评为2006年度南京市十佳体育场馆。

2004年8月10—31日，进行全国第五次体育场地普查。普查统计，全区有23类体育场地，总数799个，占地面积348万平方米，建筑面积15.75万平方米，体育场地面积229.12万平方米。全区每万人拥有体育场地10.50个，人均体育场地面积3平方米。

2006年年初，区委、区政府决定将原江宁县体育运动中心改建成城中市民体育公园，同年9月22日开工，2007年年底主体工程竣工，其余尚在建设中。项目建设总投资1.30亿元，占地面积3.74公顷，建筑总面积3.70万平方米。至是年年底，全区有各类体育场地1470个（含学校），其中体育场游泳馆13个，田径场、小运动场73个，篮球、排球、乒乓球场共826个，其他体育运动场地558个。

2004年江宁区体育场地普查情况表

表40-5-4

名　称	数量（个）	占地面积（平方米）	建筑面积（平方米）	场地面积（平方米）	设施数量（件）	投资金额（万元）
体育场	2	39575.00	18502.00	33340.00	—	550.00
体育馆	2	9750.00	6300.00	2570.00	—	950.00
游泳馆（池）	9	10607.70	2929.90	8650.00	—	1548.70
综合房	3	3317.00	4878.00	2350.00	—	859.00
人工速滑场	1	10000.00	1000.00	7200.00	—	6.00
摩托车赛车场	1	120000.00	—	80000.00	—	2.00
台球房	16	1726.20	1400.60	1752.20	38	52.50
田径场（小运动场）	71	509647.61	57864.00	400300.94	—	2931.70
足球场	14	111979.00	18000.00	92680.00	—	1472.00
网球场（馆）	40	27491.00	3234.83	21990.80	—	643.00
赛马场	1	50000.00	5000.00	45000.00	—	18.50
轮滑场	2	965.00	500.00	726.00	—	28.00
高尔夫球场	2	2278678.00	10000.00	1345340.00	—	41030.00
健身房	49	11578.60	3400.30	3115.90	338	262.90
棋牌室	71	5282.00	3918.40	5070.30	184	296.60
篮球场（房）	215	136658.00	3861.00	107784.00	—	1682.05

续表

名　称	数量（个）	占地面积（平方米）	建筑面积（平方米）	场地面积（平方米）	设施数量（件）	投资金额（万元）
排球场（房）	44	18461.00	1870.00	15217.00	—	375.30
门球场	5	5684.00	—	5262.00	—	19.20
乒乓球室	167	44065.27	12569.41	35742.84	800	770.70
羽毛球场	12	9858.90	190.00	9827.90	—	67.60
水上运动场	1	45000.00	2000.00	40000.00	—	6.00
全民健身工程	2	4000.00	—	4000.00	—	40.00
全民健身点	69	25697.20	66.60	23303.00	553	557.60
合　计	799	3480021.48	157485.04	2291222.88	—	54169.35
人均体育场地面积	—	4.60	—	—	—	—
体育人口	体育人口占总人口比例 46.80%					
体育团队	体育团队 24 个，体育项目 8 个，人数 960 人					
社会体育指导员	总数 1159 人，其中一级 5 人、二级 55 人、三级 1099 人					

第三节　体育经费

1956—1960 年，江宁县体育经费由江宁县财政拨款，每年 5000 元 ~ 8000 元，主要用于工作人员的办公经费。1961—1965 年，每年体育经费 8000 元 ~ 10000 元。1966—1972 年“文化大革命”期间，体育经费停发。1973 年，县财政拨款体育经费 1 万元，主要用于举办江宁县第二届田径运动会。1974 年，南京市财政拨给江宁县体育事业经费 2 万元。1975—1979 年，市批拨江宁县体育经费每年 2.10 万元，另加维修费、训练补助费 4000 元 ~ 5000 元。1980 年，江宁县体育经费 2 万元，1981 年为 1.50 万元。1982 年，实行财政收支包干，体育经费 1.50 万元已入不敷出，仅县业余体育学校训练房的费用就 5000 元。1983 年，江宁县体育活动经费 3.50 万元。1984 年，上级补助 1600 元，县体委收入 1.10 万元，体育经费共 1.26 万元。1985 年，江宁县体育经费 2.50 万元，基本建设投资 2.40 万元，一次性补助 8400 元，其余款项为江宁县体委通过场馆出租营运自筹。

1986—1990 年，县政府逐年安排专款用于建设体育设施，总投资 252 万元。县体育中心阵地建设投资 274 万余元，亏缺资金 22 万余元。1990 年，江宁县体育经费以自筹资金为主，全年体育经费 40 万元，1991 年为 45 万元，1992 年为 50 万元。1993 年，县体委将县体育运动场大门西侧围墙推倒，破墙建商业门面房，每年可收租金 10 万元。同时借助江宁体育设施优势，举办各种体育比赛活动，走市场化运营模式，每年可筹集社会资金 50 万元，用于体育事业发展。1994 年，全年用于体育事业经费 70 万元，全靠自筹资金。1995—1999 年，每年体育经费自筹为主，逐年递增，每年约 70 万元 ~ 80 万元。2000 年，江宁县体育经费 278 万元，其中财政拨款 151 万元，自筹资金 127 万元。

2001—2005 年，江宁区体育经费累计 1761 万元，其中财政拨款 1114 万元，自筹资金 647 万元。2006 年，全年体育经费 986 万元，其中财政拨款 489 万元，基建拨款 96 万元，自筹资金 401 万元，全年全区人均事业费 11.73 元；2007 年，全年体育经费 2642 万元，其中财政拨款 825 万元，基建拨款 1623 万元，自筹资金 194 万元，全年全区人均事业费 13.82 元。

1970—1976 年江宁县体育事业情况表

表 40-5-5

年 份	灯光篮球场（个）	体育工作人员（人）		各项竞赛（场次）		基层各种项目代表队（个）	当年破县纪录（人次）	业余体校			输送省、市运动员（人）	邀请外地客队到县比赛（场次）	体育比赛观众（人次）
		合 计	其中：中学教员	县举办	基层举办			校数（个）	班数（个）	运动员（人）			
1970	1	30	28	1	10	—	—	—	—	—	—	5	7500
1971	1	30	28	3	15	—	—	—	—	—	—	6	10000
1972	1	34	29	11	28	—	—	—	—	—	—	8	12000
1973	1	36	30	12	30	347	22	1	1	12	1	8	15000
1974	1	36	31	8	31	347	14	1	1	12	—	6	18000
1975	—	38	31	8	32	352	3	1	1	12	1	3	18000
1976	1	40	31	9	32	352	11	1	2	25	—	6	10000

1985—2007 年江宁区体育事业情况表

表 40-5-6

年 份	体育系统职工（人）		青少年业余体校			全区中小学达标情况		开展各类体育运动（次）	参加全国、省、市比赛					破市纪录（人）	向省、市输送体育人才（人）
	人 数	其中：教练	校数（个）	专职教练（人）	运动员（人）	施行面（%）	达标率（%）		次数（次）	获团体冠军（项）	获金牌数（枚）	获银牌数（枚）	获铜牌数（枚）		
1985	12	5	1	2	20	—	—	10	—	3	44	22	23	—	—
1986	12	5	1	2	30	—	—	14	—	5	51	42	31	—	—
1987	12	5	1	2	30	—	—	17	—	11	86	61	83	—	—
1988	13	3	1	3	30	—	—	11	9	6	74	61	51	—	—
1989	13	4	1	4	60	—	—	22	7	6	54	42	24	9	14

续表

年份	体育系统职工（人）		青少年业余体校			全区中小学达标情况		开展各类体育运动（次）	参加全国、省、市比赛					破市纪录（人）	向省、市输送体育人才（人）
	人数	其中：教练	校数（个）	专职教练（人）	运动员（人）	施行面（%）	达标率（%）		次数（次）	获团体冠军（项）	获金牌数（枚）	获银牌数（枚）	获铜牌数（枚）		
1990	14	4	1	4	57	—	—	11	7	9	51	40	35	—	14
1991	14	4	1	3	70	—	—	8	7	8	36	26	20	—	22
1993	17	5	1	5	50	—	—	—	15	5	66	51	41	7	15
1994	18	5	1	5	60	100	95.60	50	10	3	38	30	27	3	18
1995	20	5	1	5	75	100	95.40	10	7	8	39	34	25	1	19
1996	21	6	1	6	80	100	96.40	10	6	7	39	42	21	—	22
1997	22	6	1	4	105	100	96.00	14	8	7	58	43	50	18	19
1998	22	7	1	6	120	100	95.00	12	8	7	75	52	38	5	17
1999	22	7	1	6	130	100	96.00	20	8	8	80	60	40	—	19
2000	23	7	1	6	130	100	95.00	30	10	6	70	60	50	1	21
2001	25	10	1	16	130	100	96.00	34	15	8	62	63	62	99	32
2002	26	11	1	16	228	100	97.00	27	19	10	95	61	46	20	40
2003	28	12	1	8	90	100	97.00	30	14	4	68	48	35	2	21
2004	27	12	1	13	183	—	—	28	29	6	123	93	45	21	24
2005	27	13	1	12	121	—	—	20	21	6	56	45	19	21	20
2006	38	14	1	14	105	—	—	23	40	—	56	41	33	—	20
2007	38	14	1	14	168	—	—	25	42	—	66	53	30	—	26

说明：1992 年资料缺失

第六章 省体育强区创建

按照省政府办公厅转发省体育局《关于深入推进体育强省建设的意见的通知》（苏政办〔2007〕7号）和全省基层体育创建工作会议精神，省、市将江宁区列入2007年创建全省体育强县(区)行列。2007年年初，创建省体育强区的标准和办法下发到江宁区，区委、区政府高度重视创建工作，随即召开全区各镇街、各部门工作布置和动员会议，将此项工作作为全区率先实现小康的重要内容之一，全面启动，抓紧落实。并将体育强区、强镇建设列入年度考核目标和社会事业年度发展计划。江宁区以创建省体育强区为契机，推进全区体育事业发展，提升城市综合实力和社会文明程度。

2007年12月20日，省体育局下发苏体办〔2007〕90号文件《关于命名江苏省首批体育强县（市）的决定》，江宁区被命名为江苏省首批体育强区。

第一节 省体育强区创建目标任务

【目标】

总体目标 2007年，全面达到体育强区各项指标，50%以上镇（街道）建成体育强镇（街道）；到2010年，力争率先建成现代化体育强区，100%镇（街道）建成体育强镇（街道）。

具体目标 群众体育方面，构建完善的亲民、便民、利民的全民健身服务体系。体育人口达50%以上。全区人民身体素质达全省乃至全国先进水平。

竞技体育方面，省运会成绩处于全省县级市（区）前列。有江宁籍运动员获全国比赛冠军、在亚运会上夺牌以及参加奥运会。

体育产业方面，逐步形成健身休闲、竞赛表演、体育培训和体育现代服务业。每年引进全国及以上高水平比赛不少于2次，体育产业增加值占全市地区生产总值1.50%左右。体育彩票发行总额高于全省增幅。

体育设施方面，完善区级体育中心、镇（街道）健身中心和村（社区）健身点三级体育设施网络。全区人均体育场地面积达3平方米。

体育社团方面，加强体育总会、老年体育协会和体育单项协会的发展和管理。加强镇（街道）文体站和村（社区）服务中心体育工作，发展体育社团，提高基层公共体育服务水平。

【任务】

开展全民健身活动 构建全民健身体系。围绕“健全身边的组织、建设身边的场地、开展身边的活动”三个环节，完善全民健身服务体系。开发园区和各镇（街道）成立全民健身指导机构，加强对全民健身运动的指导力度。结合江宁区实际，积极开展具有地域特点、时代特色、丰富多彩的体育健身活动。通过镇（街道）级和村（社区）级体育比赛、社区家庭运动会、趣味比赛及各类活动，不断丰富全民健身活动的内容。体育职能部门及各镇（街道）文体站充分发挥体育单项协会、体育活动团队的作用，全区每年举办区级以上群众活动不少于50项次，开发园区及各镇（街道）每年举办群体活动不少于10项次，推动全民健身活动长效化、正常化。提高科学健身服务水平。不断完善国民体质监测网络，积极开展对各类人群的体质测试，建立体质状况档案，提供科学的健身处方，每年公布《江宁区国民体质监测公报》，对市民体质变化情况进行科学评价。进一步加强社会体育指导员队伍建设，社会体育指导员每万人拥有量超过18人，并充分发挥其在推广健身项目、扩大健身人群、宣传科学健身知识等方面的积极作用。通过电视、报纸、广播和网络等多种手段，加大科学健身知识的宣传和普及，大力倡导健康文明、积极向上的生活方式。大力推进体育进农村、进社区、进单位、进学校活动，广泛实施"每人掌握一种健身方法，每周锻炼三次"的健身行动。打造全民健身特点品牌。在做大做强江宁女垒、四国篮球赛、全国百家湖冬泳节等品牌赛事的同时，发展乒乓球、羽毛球等群体活动，使其成为中青年活动的亮点。开发园区、各镇（街道）加大对农村体育的投入力度，积极扶持舞龙、方山大鼓、龙都娃娃鼓、民间石锁、铜山舞狮等地方体育项目，使其成为农村体育的亮点。体育部门加强指导，在开展常规体育项目的同时，积极探索便于提高参与乐趣、降低参与难度的趣味体育活动，使其成为学校体育、老年体育的亮点。充分利用机关运动会、企业运动会，打造机关体育、新江宁人体育的亮点，以亮点促普及，以普及促提高。

提高业余训练水平　强化体教结合的业余训练特色。加强体教结合综合力度，强化区少年体校和高级中学等训练基地和各训练点的统筹协调，突出女垒、田径、举重、游泳、乒乓球等项目的基础性训练工作。各训练点保持业余训练的正常化、科学化、系统化。各学校积极争创省、市、区体育传统学校，增强青少年训练强度。以省运会为周期，力争建设省级单项高水平体育后备人才基地、省级传统学校和省级青少年俱乐部各1个以上，南京市级传统学校15所。加强向上输送运动员的质量管理和动态管理，确保一个周期输送60人以上。积极探索市队区办的管理经验，搞好市队区办女垒、中长跑项目的训练和竞赛工作。加强学校体育工作。教育、体育部门密切配合，全面贯彻实施《学生体质健康标准》和《学校体育工作条例》，广泛开展"亿万学生阳光体育运动"，切实提高青少年的健康素质。建立灵活、科学、符合青少年学生特点的体育教育模式，让广大青少年学生培养体育兴趣、掌握体育技能、养成体育锻炼的习惯。各学校经常性开展各类体育活动和比赛，丰富校园文体生活，积极塑造青少年健康的心理和人格。

加强体育设施建设　加强体育技术设施建设。把城市公共体育设施建设纳入城市规划和土地利用规划，加快和完善全民健身大厦、体育公园的建设，提升体育中心的集聚功能，强化镇（街道）级健身中心的建设，有条件的镇（街道）兴建综合性、多功能的小型体育馆。规划、建设部门规范、督促建设单位、开发商严格执行新建、扩建、改建城乡居民住宅小区配套体育设施的规定。提高公共体育服务功能。充分发挥已有体育设施的作用，提高公共体育服务功能，进一步向公众开放，积极为市民参与健身创造条件。继续完善村（社区）体育设施。充分利用体育彩票公益金，逐年加大投入，不断增强健身工程（点）数量，重点向村和社区倾斜，逐步提高农村、社区体育建设的覆盖率和完好率。

推进体育产业发展　培育规范体育市场。坚持"以体为本，全民发展"的方针，贯彻实施《江苏省体育产业振兴计划》，推动体育产业量和质的全面提升，努力培育健身休闲、竞赛表演、体育培训、体育中介、体育场馆服务、体育彩票等为主要内容的体育现代服务业。各有关部门加大《南京市体育经营活动管理条例》的执法检查力度，积极营造开放透明、公平竞争、良性运行的体育市场环境。加强体育彩票发行和管理。重视体育彩票发行工作的基础建设，在稳步增长销售点的同时，培育健康、有序、安全的体育彩票销售市场。深入开发体育资源。重视对高水平体育赛事的引进和包装，每年承办全国及以上赛事 2 个以上。通过现代化营销手段，把无形资产推向市场，最大限度地实现市场化经营。加强和中央电视台等中央、省、市级媒体的友好合作，培育传统赛事，全面提升品牌赛事的影响力，塑造江宁区城市精神和品牌。鼓励社会力量在体育领域兴办企业，承办各类体育赛事。

江宁区建设体育强区主要指标体系情况表

表 40-6-7

指　标		2006 年前状况	省、市目标	2007 年目标
组织机构	体育政府职能部门	有	有	有
	局内设机构	3	2 个以上	2
	下设事业单位	2	3 个以上	3
	成立体育总会	成　立	成　立	成　立
	社会团体	6 个	≥ 12 个	12 个
	成立乡镇体育站比例	100%	100%	100%
全民健身	省级体育强市、镇比例	无	无	无
	每万人拥有社会体育指导员人数	12 人	6 人	19 人
	每年举办区、镇级群众体育比赛（活动）	30 次	—	60 次
业余训练	建立少年儿童业余体校	建　立	建　立	建　立
	少年儿童业余体校项目设置	4 个	4 个	5 个
	每四年向省级输送优秀运动员	8 名	8 名	8 名
	省运会参赛成绩	—	—	—
	传统学校建设数	13 个	—	≥ 15 个
体育竞赛	每四年举办一次综合性运动会	有	有	有
	承办全国以上比赛	1 次 ~ 2 次	3 次	1 次 ~ 2 次
保障条件	400 米塑胶跑道	有	有	有
	5000 座体育馆	有	有	6000 座体育馆
	游泳馆	有	有	有
	全民健身中心	有	有	有
	镇级健身中心覆盖率	50%	70%	100%
	人均占体育场地面积	2.55 平方米	南京市 ≥ 2 平方米	≥ 3 平方米
	人均体育经费	4 元	4 元	6 元
	体育事业费财政拨款增至比例	同　步	同　步	同　步
体育产业	体育彩票销售年增长比例	60%	—	高于全省平均增幅
	体育事业增加值占全市比例	0.60%	苏州市 ≥ 15%	≥ 1.50%

第二节 省体育强区创建工作成果

按照“抓基层、打基础、增后劲、上台阶”的工作思路，江宁区扎实开展省体育强区创建工作，努力推进体育事业又好又快发展，全面完成创建省体育强区目标任务。

【完善创建机制】

2007 年 3 月，创建省体育强区工作在全区全面展开，江宁区将此项工作列入全年中心工作。区体育局专门成立创建领导小组，各镇街成立相应的工作小组。区体育局主要领导深入一线指导基层工作，带领体育局相关科室扎实工作，力争每项工作都能够高标准、高质量落实到位；各镇街、村（社区）完善硬件、整理软件，对照标准力争每项工作都达标。

【落实创建指标】

至 2007 年 12 月，江宁区创建省体育强区工作基本达到要求。

组织机构完善 区体育局设办公室、群众体育科、训练竞赛科 3 个科室，下辖青少年业余体校、体育运动中心、娱乐发展中心和斯博特青少年俱乐部 4 家单位。区体育总会包括老年人体育协会、棋类体育协会、空竹协会等 12 个社会团体，会员人数近 4000 多人。2006 年，全区 9 个镇、街道文化服务中心全部更名为文体服务中心，覆盖率 100%。

全民健身普及 全区每年开展以健身长跑、全国百家湖冬泳节、全民健身月、“929”步行日活动等为代表的各类群众喜闻乐见、参与率高的健身活动 30 次以上。各镇（街道）、开发园区、企事业单位开展各类综合型运动会和单项体育赛事，群众健身的热情高涨。2006 年，全区 2 个镇、7 个街道、139 个村（社区）全部建成二类以上健身点，其中 91 个村达到一类标准，实现全区体育场地覆盖率 100%，并获得全省万村体育健身工程先进单位称号。2007 年，江宁区将农村体育健身工程建设范围拓展，全区综合投入 700 多万元，对全区村级二类体育健身工程提档升级，全部提升为一类标准，年底前全部达标验收。全区每年有近 40 人参加各类社会体育指导员培训，至是年年底，全区有各类社会体育指导员千余名，每万人拥有社会体育指导员 12 人以上。全区经常参加体育活动人数占总人口 50% 左右。

竞技体育提升 区青少年业余体校有教练员 13 人、运动员 150 多人，开设项目有田径、女子垒球、自行车、举重、击剑、羽毛球等。2003—2007 年，江宁区体育代表团参加市级以上比赛共夺得奖牌 1426 枚，其中金牌 596 枚；向国家、省、市专业体校及大专院校输送各类体育人才 204 人，其中 10 人达国家健将级运动员标准、73 人达国家一级运动员标准。全区有 13 所全日制普通学校挂牌成为省、市、区体育传统项目学校，其中 1 所为省级体育传统项目学校，各个学校积极开设业余训练课程，成为区体校坚实的后盾。

赛事举办不断 江宁区每年都举办 4 次以上全区中、小学生单项体育比赛。2006—2007 年，江宁区利用先进的体育设施先后承办四国篮球赛、俄罗斯舞蹈团交流活动、中美滑冰赛、亚足联中国希望启动仪式等各类国际赛事和活动。2007 年，举办全区第五届体育运动会，参赛运动员 4573 人次，裁判员 719 人次。

体育设施完善 江宁区新体育中心于 2005 年 8 月投入使用，投资 8.90 亿元，占地面积 31.13 公顷，建筑总面积 9 万平方米，其中包括 3 万人体育场 1 座，5500 人体育馆 1 座，游泳综合训练馆 1 座。2006 年 9 月，江宁区利用建设全民健身中心的契机，将原体育场拆除，新建占地面积 3.74 公顷的城中市民体育公园。该项目总投资 1.30 亿元，建筑总面积 3.70 万平方米。整个项目包括体育健身大厦、地下工程、室外运动场地、体育公园景观工程等。体育健身大厦为整幢连体建筑，建筑面积 2.30 万平方米。主楼共 5 层，总高度 33 米，一楼与地下衔接为体育设施配套用房，二楼为健身中心，三楼为乒乓球馆，四楼为网球馆，五楼为办公用房；裙楼共两层，一楼为 50 米室内标准游泳馆，二楼为篮球、排球、羽毛球综合训练馆。地下工程包括商业用房及地下停车场，总面积 1.40 万平方米。并配套建有下沉式广场。室外场地包括标准足球场、塑胶健身步道、全民健身带、篮球场 2 片、门球场 2 片及市民休闲广场等。至 2007 年年底，该工程尚未全部竣工。

体育投入增加 2006 年，江宁区体育经费自给率 73.82%，人均体育经费 11.73 元；2007 年体育经费自给率 73.84%，人均体育经费增至 13.82 元。体彩销售为全区体育工作注入新活力，2006 年，完成体彩销售 2987.19 万元；2007 年，至 11 月完成体彩销售 3863 万元，比 2006 年同期增长 73.52%。

按照《江苏省体育强县（市）创建标准和评定办法》，经检查验收，2007 年 12 月 20 日，江宁区被省体育局命名为省首批体育强区（县、市）（全省首批命名 13 个县、市、区）。

第四十一编

劳动　人事

两千多年前，江宁汤山伏牛山等地的铜矿已经开采，有炼铜、炼铁的作坊，出现一批古代采矿和冶炼工人。历代县内官吏设置、任命均由朝廷分级管理。民国时期，工业基础薄弱。据民国38年（1949）年初统计，全县有天宝小煤矿1座，粮油加工及食品作坊20家，石灰窑59座，从业人员371人；个体手工业1055个，从业人员1543人。企业职工的招聘解雇、薪金待遇及劳资关系均由业主自行决定，或交商会、行会调查处理。国民政府制定的劳动法规，多为纸上谈兵，没有切实执行。

新中国成立后，对旧公教人员、大中专毕业生和复员军人等人员实行“包下来”的政策，进行妥善安置。对民国时期留下的失业人员，通过以工代赈、生产自救和介绍职工就业等措施，进行安置和救济工作。对私营企业，按照“公私兼顾、劳资两利”的政策，调处公私、劳资关系，进行劳资协商，维持生产，控制失业现象的发生。至20世纪50年代中后期，基本解决失业安置问题，城镇劳动就业重点转向以安排使用青年为主的新生劳动力。人事管理内涵扩大至所有政府工作人员，干部录用初以工农分子和优秀学生为主，后渐扩大至大、中专毕业生和军队转业干部。

中共十一届三中全会后，随着商品经济和经济体制改革发展，江宁区的劳动保障与人事工作开始步入改革发展的历史新时期，在劳动就业、工资福利、社会保障制度与人事制度等方面进行一系列改革，取得了重要成就。1995年开始按照《国家公务员暂行条例》推行公务员制度。干部录用逐步变国家分配为公开招聘，干部晋升变直接任命为竞争上岗，科技人员管理亦可自主流动。2007年，全区职工总人数65593人。其中，全民所有制职工22034人、集体所有制职工3382人、其他经济职工40177人。国家机关、事业单位和国有企业干部共17436人。其中，国家机关干部2839人、事业单位干部12623人、国有企业干部1974人。2007年，境内职工年平均工资29285元。

1997年4月，县劳动局被江苏省劳动厅评为全省劳动系统先进集体。2005年，区人事局被评为全省人事系统先进集体；并被评为2004—2005年全市人事系统先进集体。2006年2月和3月，区劳动和社会保障局分别获得全省机关事业社会保险经办先进单位和全省农村社会养老保险工作先进集体称号。

第一章　劳动管理

民国时期，江宁县经济基础十分薄弱，工、商企业很少，有关劳动、工资等方面工作由民国22年（1933）成立的江宁自治实验县设置的民政科和民国35年江宁县国民政府设置的社会科进行办理，无专设劳动管理机构。工商企业均属私营性质，用工实行雇佣制，分学徒契约、职工聘雇、季节合同和按日点工4种，一般由业主自行招工。社会人员通过自寻雇主、托人推荐或拜师学艺，由中人担保，与资方签订契约，受雇于人。新中国成立后的1951年8月，江宁县设置劳动科。1954年9月，劳动科撤销，其工作由人事科负责。1965年1月，县人民委员会决定成立江宁县劳动局。1978年5月，恢复成立江宁县革命委员会劳动局。1980年11月，更名为江宁县人民政府劳动局。2001年，县劳动局更名为南京市江宁区劳动局。2002年，再次更名为南京市江宁区劳动和社会保障局。至2007年年底，区劳动和社会保障局内设1室4科，即办公室、工资和社会保险科、劳动保障监察科、劳动争议仲裁科、就业培训科。下属事业单位9个：区劳动就业管理中心、江宁高级技工学校、区社会劳动保险所、区失业保险结算管理中心、区农村社会保险所、区机关事业保险所、区征地人员基本生活保障所、区职工医疗保险基金管理中心、区劳动监察大队等。全局共有工作人员160人，其中公务员22人，事业人员138人。

1986—2007年，全区通过各种渠道统筹安置城乡就业人员495572人次。至2007年年底，江宁区有全民所有制职工22034人，集体所有制职工3382人，其他经济类型职工40177人；累计输出劳力57098人；职工平均工资由1978年的477元增至29285元，增长60多倍。同时，在福利待遇上，合理提高和使用福利基金，举办和建设各种集体福利设施。是年年底，全区有社区培训教育中心9个，成人教育学校22所，全年完成各类培训6.35万人次。同时在全区9个街道的劳动和社会保障所都配备1名培训专管人员，202个社区都配有劳动保障协理员，从而形成覆盖全区各街道的培训网络。

第一节　劳动就业

民国时期，企业自由招工，也可以随时解雇工人，城镇居民中失业人员较多。新中国成立后，采取多种形式安排居民就业，限制任意解聘职工，至1957年，基本解决居民就业问题。1958—1965年，经济建设大起大落，劳动就业出现大反复。“文化大革命”中动员城镇居民和知识青年到农村务农。1978年起，主要安置按政策规定的上山下乡知识青年就业。嗣后，采取劳动部门介绍就业，自愿组织起来就业和自谋职业相结合的就业安置方针。1984年后，就业方针逐步向市场竞争就业过渡，实行双向选择。

【失业人员安置与救济】

新中国成立初期，江宁县失业工人1146人。1950年6月，县劳动管理部门根据江宁县人民政府有关法令、政策，对民国时期留下的失业人员，通过以工代赈、生产自救和介绍职工就业等措施，进行安置和救济工作。20世纪50年代中后期，基本解决失业安置问题。此后，城镇劳动就业重点转向以安排使用青年为主的新生劳动力。据统计，1949年10月至1952年12月，城镇无业或失业人员参加生产自救的7640人次。1953年，对工人救济在以工代赈的基础上，全年发放救济金1931.70元，人均8.94元。是年，县劳动管理部门先后分4批向建设施工单位及地方国营企业联系推荐并安置556人。1955年，成立地方国营江宁采石公司，接受官塘人民农场和青龙山一带石灰窑7座，在青龙山、上坊、小龙口、官塘、汤山大赤堰、燕子矶、晓庄、上元门分设8个生产工段，安排职工300多人，生产自救。1956年，在对私改造中，对商业中的失业人员采取合营企业吸收或发给摊贩证、临时购货证，允许商贩固定设点或流动经营等办法安置312名失业人员就业。至1958年年底，全县12个集镇组织生产单位53家，参加人员1304人，生产收入161825元，解决许多救济失业户困难。此外，采取还乡生产措施，安置外地灾民。1950年，全年发给路费38240元，伙食大米600公斤，遣送过境的和留境的灾民2261人。1951年，实际安置遣送335人，在安置遣送工作中，共用去安置粮食759公斤，路粮及路费618.52元。

【统包统配】

新中国成立初期，江宁县根据上级规定，对旧公教人员和原有企业职工基本采取“包下来”政策，失业人员由劳动管理部门介绍就业。民国38年（1949）5月，中国人民解放军在接管中，接收原国民党县级党、政、军，以及东山地区的教育、粮食、卫生机构等留存人员280余名，都进行适当的安置。1950年，中国人民解放军官兵有一部分复员转业，江宁县民政部门接受安置住城镇的复员军人就业。1952年，对大、中专和技工学校毕业生实行“统一分配”就业政策。1955年，实行“归口包干”，由县劳动管理部门“统筹安排”，参军前有职业的“复工复职”。在私营工商业社会主义改造中，对私营企业职工及资方人员实行“分口包干，统筹安排”包下的政策。1956年，根据江苏省人民政府关于《今后高小、初中和高中毕业生劳动就业问题统由劳动主管部门负责办理的通知》，对全县中、小学毕业生包揽安置。港澳台胞、台属、归国华侨，刑满释放和开除公职人员，宽大释放的原国民党县、团以下军政人员，以及落实政策人员等，均由政府包揽安置。1958—1960年“大跃进”期间，大批农村劳动力和集镇闲散人员涌入职工队伍，3年内全县新增职工约1.40万人，失业基本消灭。1961—1963年，中共江宁县委进行精简职工，下放劳动工作，3年内全县共精简职工7500余名。“文化大革命”期间，动员组织，接收知识青年和城镇居民上山下乡，插队、插场落户。1968—1978年，全县共动员、接收上山下乡知识青年2.80万人。其间（1969年冬至1970年春），接受安置下放职工1198人，城镇居民9499人。1970—1978年，全县通过各种渠道安置劳动就业8221人，其中全民企业职工6325人，集体企业职工1896人。

【职工和城镇人口精简下放人员安置】

精简职工“农转非”与生活补助 1961年3月，中共江宁县委开始进行压缩基本建设战线，整顿企业，精简职工，下放劳动力工作。据初步统计，至1963年共精简16791人（1961年15838人，1962年425人，1963年528人），其中回农村9348人，服兵役400人，转吃统销粮为自筹粮的7043人。精简人员中有全民职工5480人，县、社文教单位下放9608人（包括民办教师、农业中学超龄学生等），行政单位和事业单位下放551人。1965年6月，江宁县根据国务院《关于精简退职老职工生活困难救济问题的通知》要求，对1957年年底之前参加工作、1961年至

1965 年 6 月 9 日办理精简退职手续的全民所有制老职工，自 1965 年开始，对其中已丧失劳动能力又无依无靠的，或年老体弱、长期患病的，均由当地民政部门给其原工资 40% 的救济，并享受医疗费 2/3 的补助。不符合以上条件但生活困难的也给予救济。当年发给每位可给 40% 原工资救济的退职老职工救济费 4807 元、住院费 94 元，共救济 125 人，其中城镇 6 人，农村 119 人；另救济一般老职工 101 人次、3100 元。1979 年，据调查登记，江宁县精简退职老职工共有 3504 人，其中男 3382 人，女 122 人，虽分布在各社镇，而生产、生活都得到适当安置照顾。1980 年，发放原工资 40% 老职工的救济费 47051 元，享受 2/3 医疗救济 176 人；一般职工救济费 26752 元，救济 3438 人。1985 年年底，享受原工资 40% 救济的老职工，除迁出或自然死亡外，尚有 145 人。对不符合原工资 40% 救济的老职工从 1981 年 7 月起，给予定期定量补助。其标准为：集镇户口每人每月 15 元，农村户口每人每月 12 元；是年，享受这项救济的共有 2250 人。1987 年 11 月，根据《关于处理 60 年代城镇下放老居民户口问题的通知》精神，江宁县成立户粮办公室，专门负责处理 20 世纪 60 年代初期城镇下放老居民的户粮关系，并将其就地转为非农业人口。至 1990 年，全县统筹安置就业 6000 人左右，其中“农转非”2107 人。至 2003 年年底，20 世纪 60 年代精简退职的老职工有 339 名，其中农民 277 人，每月人均救济标准为 135 元；城镇居民 62 人，每月人均救济标准为 187 元。2007 年 1 月起，对全区 60 年代部分精简老职工的生活补助费进行调整。原城镇户口，生活补助标准由每人每月 250 元调增至 320 元；原农村户口的，由每人每月 200 元调增至 260 元。

城镇下放人员安置 1969 年冬至 1970 年春，根据江苏省革命委员会发出的“城镇初高中毕业生及社会青年、城镇居民、各机关和企事业系统需要下放的人员，分期分批动员下放”的号召，全县共接收、安置下放人员 3091 户、10697 人。20 世纪 70 年代中期，这批下放人员强烈要求回城，一度成为城乡极不安定的因素。遵照毛泽东“关于安定团结”的重要指示，1975 年，中共江宁县委设立下放人员安置办公室，采取“就地安排，城乡配合，多种渠道，统筹解决”的办法处理。至 1979 年年底，下放的城镇 10697 人已全部安排完毕。据统计，其去向有：全民与集体职工回城镇安排工作 792 人；下放后发给原工资 40% 救济的 32 人；办理“五保户”的 46 人；改办退休的 379 人；转迁外县的 95 人；户口重新迁回城镇的 110 人；1975 年前下放户子女招工、参军、大学录取、中专录取共计 170 人；户口回城镇的 2029 户、5402 人；招工回城的 1589 人；下放户子女初、高中毕业生享受知识青年待遇统筹招工安排的 1839 人；其他 243 人。

【知识青年上山下乡回城安置】

从 1963 年起，江宁县组织动员接收知识青年插队劳动，至 1966 年，共接收安置江宁县及外地插队的知识青年 1727 人。1968 年 12 月，毛泽东发出“知识青年到农村去，接受贫下中农的再教育，很有必要”的号召，全县掀起上山下乡高潮。从 1968 年 2 月至 1969 年 7 月的一年多时间内，全县共接收安置南京、镇江等城市及江宁县插队知识青年（重点老三届）5258 人。1976—1977 年，共接收下放知识青年 11610 人，占“文化大革命”期间下放总数的 40%。据统计，1963—1978 年，共接收上山下乡插队、插场的各地城镇知识青年 30537 人。其中，到国营农、林、场、圃落户的 1963 人，建立知青场点 4471 人，建立知青小组 20749 人，回乡分散插队落户 3354 人。其间，通过招工、招生、参军、病退、照顾等渠道离开农村 6539 人。中共十一届三中全会后，随着知识青年上山下乡政策的调整，中共江宁县委广开渠道，统筹安排，分期分批逐步安排由国家统一组织他们回城镇就业。至 1980 年年底，江宁县知识青年全部回到城镇（南京、镇江以及外省、市在江宁县的未婚知识青年同时调回原地），统筹安置完毕。

【“三结合”就业】

1979年，贯彻“在国家统筹规划指导下，实行劳动部门介绍就业，自愿组织起来就业和自谋职业相结合”（简称“三结合”就业）就业方针，改变以往“统包统配”的办法。是年7月，在江宁乡开办第一个劳动服务站。1980年，各乡镇陆续开办14家劳动服务公司（站）。1979年，全县共安置待业人员3744人，占当时待业总人数69%。1980年，全县统筹安排2673人，使待业人员和新增加的劳动力基本得到安置。至1985年年底，全县待业人员仅有211人，低于省、市规定待业率1%标准。1961—1985年，全县就业人员达29264人，其中在全民企业的有16598人，在集体企业的有12666人。

【市场就业】

1984年5月，“三结合”就业开始向市场就业过渡，实行劳动者自主择业、市场调节就业、政府促进就业的方针。1987年4月，江宁县劳务市场挂牌开业。是年，县劳务市场为企、事业单位输送、介绍多种临时工、劳务工1406人（其中省、市属企事业单位310人），为农村富余劳动力办理合同鉴证5660份，为全县待业人员、待业职工提供就业信息并介绍就业1110人，同时，对企、事业单位的计划用工进行一次清理工作，清退计划外用工2260人。是年4月，县劳动局成立江宁县星期天业余劳动服务介绍所，为科技人员业余时间下乡贡献才智牵线搭桥。至年底，有255家单位的911人报名，由介绍所牵线搭桥技术供求双方接触洽谈的项目70多个，其中签订协议合同5个。1988年11—12月，劳务市场分14次面对社会集中招工，共有15家招工单位，接收1599人。1992年，江宁县劳务市场更名为职业介绍所；1993年，相继在13个重点乡镇建立职业介绍所，初步形成县、乡两级职业介绍网络。1990—1993年，职业介绍机构先后举办各类型人才交流活动390场次，入场招聘单位398个，通过双向选择安置失业人员9108人。1991—1995年，县劳动局针对失业人员中“农转非”人员和女青年多的特点，与轻纺服务行业联系，寻找适合他们就业的岗位。5年中统筹安置38499名人员就业，失业率由1990年的5%降至1995年的3%。2003年后，全区启动“城镇零就业家庭”“农村零转移家庭”两项“清零”工作和充分就业区创建工作。对区内“40—5”“零就业家庭”等7类困难人员开展日常援助、重点援助，做到“两零家庭”出现一户，援助一户，脱贫一户，保证所有家庭都有人就业。至2007年，全区9个街道全部实现充分就业街道，202个社区成功创建为充分就业社区。1986—2007年，全区通过各种渠道统筹安置城乡就业495572人。

1961—1985 年江宁县全民单位劳动就业情况表

表 41-1-1　　　　　　　　　　　　　　　　　　　　　　单位：人

年 份	从农村招收	从城镇招收	安置复员、转业退伍军人	安置大、中专技工毕业生	临时工转为固定工	从国营农林场圃知青中招工	民办教师转招工	落实政策安置	其 他	合 计
1961	203	129	28	321	—	—	—	—	9	690
1962	36	229	3	112	—	—	—	—	54	434
1963	112	192	58	53	—	—	—	—	—	415
1964	1	22	11	52	—	—	—	—	17	103
1965	38	27	13	76	—	—	—	—	17	171
1970	104	—	442	223	—	203	—	—	—	972
1971	76	28	318	8	—	—	—	—	74	504
1972	86	128	52	7	1441	—	—	—	13	1727
1973	—	20	59	73	488	—	—	—	84	724
1974	—	—	13	22	1	—	—	—	—	36
1975	337	49	73	70	—	—	—	—	79	608
1976	264	25	61	158	—	—	—	—	107	615
1977	208	20	51	110	5	196	—	7	—	597
1978	205	—	124	30	1	92	60	23	7	542
1979	581	153	120	74	12	631	—	140	1	1712
1980	717	262	36	244	9	258	—	29	5	1560
1981	271	269	84	222	29	56	—	18	13	962
1982	532	190	206	297	8	—	—	18	1	1252
1983	109	17	87	93	—	—	—	10	34	350
1984	78	234	70	157	10	—	—	8	118	675
1985	1042	277	67	221	30	—	—	—	339	1976
总 计	5000	2271	1976	2623	2034	1436	60	253	972	16625

说明：1966—1969 年资料缺失

1986—2007 年江宁区劳动就业情况表

表 41-1-2　　　　单位：人

年份	安置（统筹）就业人数合计	去向											
		企业招工		退休军人安置	劳服公司	个体经营	劳务输出	临时就业	推荐就业	实现再就业	帮扶困难人员就业	农村劳力转移	安置就业	劳务市场招聘
		全民	集体											
1986	3883	582	120	70	1404	9	1587	111	—	—	—	—	—	—
1987	4252	519	296	160	1561	15	1406	295	—	—	—	—	—	—
1988	4912	614	1121	50	1401	26	1350	350	—	—	—	—	—	—
1989	4994	956	511	91	1311	47	1565	513	—	—	—	—	—	—
1990	6479	1444	638	61	1271	75	2670	320	—	—	—	—	—	—
1991	6068	630	1144	120	1061	86	2480	547	—	—	—	—	—	—
1992	7883	—	—	121	950	88	4174	516	—	—	—	—	2034	—
1993	7600	—	—	119	840	90	3480	615	—	—	—	—	2456	—
1994	7924	—	—	107	631	95	3420	684	—	—	—	—	2987	—
1995	9024	—	—	124	411	102	3579	701	—	—	—	—	4107	—
1996	17950	—	—	92	312	152	3600	743	—	1112	—	7300	4639	—
1997	18350	—	—	124	265	260	3980	811	—	1298	—	7600	4012	—
1998	19088	—	—	175	174	331	2985	911	—	3700	—	7900	2912	—
1999	16857	—	—	250	165	430	2680	950	1831	1546	—	8100	—	905
2000	21035	—	—	180	155	466	2959	980	2642	796	—	8600	—	4257
2001	30676	—	—	140	95	423	3359	1200	5299	860	—	9800	—	9500
2002	35841	—	—	175	84	640	2600	1400	7120	762	—	10060	—	13000
2003	31756	—	—	181	72	705	2700	1700	8415	3060	323	11800	—	2800
2004	50593	—	—	40	65	890	2400	2010	11463	3120	305	16800	—	13500
2005	58274	—	—	35	59	1870	1910	2200	9260	3200	380	18660	—	20700
2006	63430	—	—	26	46	2100	1204	2800	8100	3010	350	20944	—	24850
2007	68703	1869	—	18	43	2400	1010	2700	7100	2100	305	25098	—	26000
合计	495572	6614	3830	2459	12376	11300	57098	23057	61230	24564	1663	152662	23147	115512

【下岗职工再就业工程】

1996年，江宁县人民政府根据南京市人民政府《南京市再就业工程实施办法》，全面启动江宁县再就业工程。1996—2007年，在区内国有、集体企业改制分流中，江宁区劳动和社会保障局组队分别参加南京第三钢铁厂、江宁县丝织厂、江宁县缫丝厂、江苏时花电器集团、南京金箔集团、南京天宝水泥集团、南京新蕾化工公司、粮食局系统、建筑工程局系统、建设局系统、物资局系统、供销社系统、南京东山发动机厂、南京兰叶集团、南京东方集团、南京大友服装厂、交通局系统等企业的改制工作，并与企业共同做好职工分流安置，主要采取四点措施：养一批。对出中心或分流时距法定退休年龄不满5年或工龄已满30年的职工，规定企业必须对其实行内部退养，由企业发给生活费，并按规定继续为其缴纳社会保险费，等其达到法定退休年龄时，正式办理退休手续，至2007年企业内退人员共2500人。保一批。改制企业中工伤级别达到6级以上、军属、重病等类型的人员，规定其不允许解除和终止劳动关系，由企业负责保障其工作和生活及医疗的权益。转一批。改制企业组合后，利用多种形式，让职工分流不下岗，转岗不失业，至2007年，共分流职工4400多人。帮一批。制发下岗职工“就业帮扶证”，利用优惠政策，促进下岗失业的特困人员从事个体经营，自谋职业。同时，对特困人员如下岗、失业职工、离退休人员及时给予生活上的照顾和帮助。

图41-1-1 2003年1月，江宁区举办下岗失业人员创业座谈会

1996年，全县通过自谋职业和劳动部门介绍就业，先后有1112名失业职工重新就业，占失业职工总数的72.11%。1998年，城镇企业下岗人员6000人，经过多方努力，分流和再就业3700人；尚未分流安置的2300名下岗职工全部进入再就业服务中心，落实基本生活保障费用。1999年，全县新增下岗职工814人，进再就业服务中心累计3061人，解除、终止劳动合同461人，通过各种渠道推荐下岗职工再就业1546人，其中引导自谋职业430人，再就业率50.50%，当年结存的下岗职工1056人，全部进入再就业服务中心并签订协议。2000年，新增下岗职工326人，进再就业中心累计1430人，解除、终止劳动合同202人，通过各种渠道推荐下岗职工就业796人，其中引导自谋职业466人，再就业率55.66%。2002年，下岗职工出中心1119名，推荐下岗职工再就业762人，再就业率68.10%。除部分达到企业内退条件已办内退手续外，大多数重新走上工作岗位或自谋职业之路。据统计，1996—2007年，全区共分流下岗职工再就业人数达24564人。

图41-1-2 2005年6月11日，江宁区职业介绍所组织企业招聘待业人员

1996—2007年江宁区下岗职工再就业情况表

表41-1-3　　　　单位：人

年　份	下岗职工人数	分流和再就业人数	年　份	下岗职工人数	分流和再就业人数
1996	1542	1112	2003	—	[illegible]060
1997	2112	1298	2004	—	3[illegible]20
1998	6000	3700	2005	—	3[illegible]00
1999	3061	1546	2006	—	3[illegible]10
2000	1430	796	2007	—	2[illegible]00
2001	1410	860	合　计	16674	24564
2002	1119	762			

说明：从2003年开始，下岗职工全部出再就业服务中心；2003年后，无下岗职工

为促进劳动力合理流动，延续劳动者的职业档案和各项社会保险关系，1997年[illegible]月，江宁县劳动局职业介绍所开办下岗职工及相关人员的档案委托管理业务。档案委托管理的主要内容有：负责委托单位和个人档案的管理和做好档案的转移、保密工作；为委托单位和个人代办失业保险金缴纳和养老保险金缴纳及其他社会保险缴纳的各项手续，并按国家规定为其办理应享受的保险待遇；符合国家规定工资晋级的，为其办理档案工资调整手续；为无处接收组织关系的中共党员、共青团员办理组织关系的转移、接收手续等。待达到法定退休年龄时，由就业服务中心协办退休手续。失业人员重新就业后，可将档案和社会保险关系转入接收单位。单位和个人委托保管档案的应当与职业介绍所签订《档案保管协议书》，并按规定按时缴纳保管费用。1997—2007年，全区共办理代理档案托管112370人次。

1997—2007年江宁区劳动保障事务代理人员情况表

表41-1-4

年　份	代理档案托管人数（人）	缴费基数（元）	缴费比例（%）	其　中	
				养老比例（%）	医疗比例（%）
1997	22	500	19	19	—
1998	534	500	19	19	—
1999	1673	500	19	19	—
2000	3330	500	20	20	—
2001	5737	500	20	20	—
2002	9323	540	21	21	—
2003	12022	705	32	22	10
2004	14514	705	32	22	10
2005	17274	853	32	22	10
2006	20684	941	30	20	10
2007	27257	1222	30	20	10
合　计	112370	—	—	—	—

【退休顶替就业】

1963年8月起，江宁县执行老弱病残退休职工子女顶替制度，至1965年3月，对符合条件的25名子女办理顶职手续，“文化大革命”中停止。1978年恢复，至1979年，实行职工退休

可以招收一名符合招工条件的子女的规定，当年共接收职工子女顶替的4570人。同时采取照顾招收子女的办法安置就业，当年招收职工子女209人。1986年9月，江宁县贯彻国务院颁布的关于改革劳动制度的四个暂行规定，取消退休顶替制度和内部招收职工子女的办法，实行面向社会、公开招工、择优录用。但仍有部分顶替，至1994年顶替制度完全废除。据统计，1979—1994年，全县共有退休职工子女顶职的10973人。此外，1978—1990年江宁县职工在外地工作顶职到外地的子女共有3718人。

1978—1994年江宁县退休职工子女顶职情况表

表41-1-5　　单位：人

年份	子女顶职人数	顶职到外地人数	年份	子女顶职人数	顶职到外地人数
1978	—	289	1988	196	99
1979	4570	1610	1989	297	200
1980	1788	1045	1990	249	198
1981	878	—	1991	40	—
1982	827	131	1992	111	—
1983	1639	—	1993	108	—
1984	151	—	1994	51	—
1985	35	146	合计	10973	3718
1986	33	—			

说明：1987年，因统计数据缺失，未统计

【农村劳动力转移就业】

1981—1984年，江宁县属全民企业和集体企业安排转移农村劳动力1.50万人，占全民、集体企业职工总数的10.90%。至1985年6月底，全县乡（镇）村企业安排农村劳动力12万余人，占农村整个劳动力的36.97%。据统计，1979—1989年，全县共有18.26万农业剩余劳动力转移到非农产业，占农村总劳动力的51.20%，平均每年转移1.66万人。20世纪90年代后，随着农村改革的深化和商品经济的加快发展，大批农村富余劳动力从土地上得到解放，转向非农产业，转移就业压力逐年加重。1999年，根据江苏省劳动厅《关于实施百镇（乡）百万农村劳动力开发就业计划的意见》，县劳动局加快实现农村劳动力向非农产业和城镇转移就业步伐。至2003年，全区32.20万农村劳动力，累计转移22万人次，但每年新增农村劳动力7000多人，仍有大批劳动力滞留在农村。2004—2005年，全区共转移农村劳动力35460人。自2006年开始，通过出台相关政策，取消对农村劳动者的就业限制，享受同等劳动保障待遇，加快实施农村劳动力转移工作。当年实现农村劳动力转移20944人次。同时全区举办首届“进城务工农村

图41-1-3　2005年7月5日，江宁区召开农村劳动力转移工作现场会

劳动力就业援助”大型联动招聘活动，招聘单位15个，应聘人数366人。据第四季度调查统计，全区共有农村劳动力26.90万人，已转移21.50万人，转移率80%。2007年，全区开展以“进城务工，帮您解难”为主题的“春风行动”和“周六专场招聘”活动，为外来务工人员和农村劳动者免费提供政策咨询、就业信息和职业介绍服务。先后举办大型专场招聘会17场，提供24195个岗位，有38013人参加应聘，9825人达成意向性协议。当年全区共实现农村劳动力转移25098人。

【征地劳动力安置】

1978年后，江宁县征地数量急剧增加，多余劳力除征地单位安排工作外，尚有县劳动管理部门协调安排工作和建设项目受益单位分头安排工作等形式。1983年起，执行南京市人民政府颁布的《南京市国家建设征用土地补偿、安置实施细则》，征地劳动力改由用地单位吸收为集体所有制职工。用地单位如有全民招工指标，也可以吸收其为全民性质职工。征地劳动力被吸收为职工后，其安置补助费相应核减。不符合招工条件的征地劳动力，由建设单位支付劳力安置补助费。安置劳动力的年龄为16周岁～40周岁，须政审、体检合格，经劳动管理部门批准，由用人单位分配工作。22周岁以下的一般分配当学徒。至1985年，有梅山冶金公司、南京云台山硫铁矿等8家单位招收安置剩余劳动力2860人，并为其转了城镇户口。耕地被全部征用的生产队或征地后人均占有耕地不足66.67平方米的生产队，经省人民政府批准可以撤销生产队建制。被撤销的生产队安置劳动力年龄：男性16周岁～50周岁，女性16周岁～45周岁。对于男性51周岁～60周岁，女性46周岁～55周岁的农民，由用地单位安排当长期合同工，但这类人员到退休年龄时不享受子女顶职待遇，每月发给27元生活费保养终身。1983—1991年，共撤销生产队42个，发给保养费的788人。1988年后，对征地后的多余劳动力采取“谁用地，谁安置，谁收益，谁负担”的原则，实行多渠道安置，至1995年的8年间，全县共安置剩余劳动力5881人。1992年后，主要采取由建设单位支付给乡政府每个劳动力一定的安置补助费。1992—2004年，全区共办理农转非人员8.20万人。其中，1992—1998年，全区有2.60万失地农民，对这部分人员分别按3000元、5000元、6000元的标准领取安置补助费。1999—2004年，江宁区有失地农民5.60万人，分别按9000元、9500元、1万元、1.50万元的标准领取自谋职业安置补助费。2004年10月，对江宁区1992年后已经领取自谋职业和保养费的征地农转非人员实行养老生活补助制度。2005年，区国土资源部门移交的征地农转非人员花名册6.88万余人，通过各街镇劳动保障所公示后，由区征地保障所审核并发放农转非人员养老生活补助卡达5.22万余人，对达到发放年龄的9900人发放养老生活补助费2478.36万元。至2007年，累计办理1992年后征地农转非人员劳动保障卡59923人，累计为13188人发放养老生活补助费8074万元。

【劳动服务公司介绍安置就业】

1980年12月，江宁县建立劳动服务公司。主要任务是负责全县待业青年的调查、登记和组织介绍就业，当年公司系统安排400人（其中固定工256人）。同年，先后在各乡镇建立江宁、湖熟、陆郎、汤山4家劳动服务公司和土桥、淳化、上坊、秣陵、禄口、东山、陶吴、丹阳、铜井、谷里、其林11家劳动服务站。公司有各种网点39家。1985年，劳动服务公司安置1375人，系统举办各种类型培训班11期，共培训263人。1986—2007年，区劳动服务公司共安置就业人员12412人。

第二节 劳动力管理

历朝，境内劳动用工均由商家与劳动者自行商定，并无用工制度形式。民国期间江宁县的企业用人多为私人介绍、自由雇佣等。用工形式主要有童工、包身工、长工、短工等。小手工业者，多以师带徒3年学徒期满，或随师傅，或另立门户。新中国成立后计划经济时期实行计划用工，"统包统配"，以及固定工制度等。中共十一届三中全会后，江宁县对劳动用工制度、劳动力调配等工作进行深化改革的探索，逐步实行市场就业，企业和劳动者"双向选择"，并实行劳动合同制，废除"铁饭碗"式的固定工制度。至2007年年底，江宁区共有职工65593人，其中全民所有制职工22034人，集体所有制职工3382人，其他经济职工40177人。全区累计输出劳力57098人。

【职工队伍和结构】

职工队伍人数 1949年，全县全民所有制单位职工人数1327人，1958年"大跃进"时期增至10772人。三年困难时期，职工人数有所下降，1963年为7209人。此后逐年增加，1965年职工为12365人；1985年增至39213人。2007年，全区职工总人数为65593人。

1949—2007年江宁区职工人数情况表

表41-1-6　　　　单位：人

年份	年底总人数	其中		
		全民单位职工	集体单位职工	其他经济单位职工
1949	1327	1327	—	—
1950	1666	1666	—	—
1951	2385	2385	—	—
1952	3579	3579	—	—
1953	4701	4701	—	—
1954	4731	4731	—	—
1955	5093	5093	—	—
1956	6997	6997	—	—
1957	6412	6412	—	—
1958	10772	10772	—	—
1959	10261	10261	—	—
1960	10993	10993	—	—
1961	8372	8372	—	—
1962	7722	7722	—	—
1963	7209	7209	—	—
1964	7518	7518	—	—

续表 1

年份	年底总人数	其中		
		全民单位职工	集体单位职工	其他经济单位职工
1965	12365	7689	4676	—
1966	12828	8075	4753	—
1967	12756	8182	4574	—
1968	13192	8082	5110	—
1969	13383	8345	5038	—
1970	15517	9797	5720	—
1971	18075	11584	6491	—
1972	19582	12449	7133	—
1973	19831	12569	7262	—
1974	21072	13457	7615	—
1975	22324	14355	7969	—
1976	24688	15438	9250	—
1977	29058	17850	11208	—
1978	30192	19151	11041	—
1979	32113	20305	11808	—
1980	32347	21391	10956	—
1981	33673	21971	11702	—
1982	34005	23075	10930	—
1983	33862	22679	11183	—
1984	35814	23869	11945	—
1985	39213	25674	13539	—
1986	42634	28215	14419	—
1987	43571	29392	14179	—
1988	45416	31143	14273	—
1989	45250	30679	13998	573
1990	47358	31955	15001	402
1991	48486	33192	14835	459
1992	50295	34634	15191	470
1993	51495	35660	15284	551
1994	51979	36957	14609	413
1995	56699	38108	16512	2079
1996	57138	34962	15544	6632

续表 2

年　份	年底总人数	其　中		
		全民单位职工	集体单位职工	其他经济单位职工
1997	59403	34943	16096	8364
1998	55928	28507	12303	15118
1999	54357	26869	11277	16211
2000	54105	24938	8478	20689
2001	50104	22468	6966	20670
2002	50652	21242	6426	22984
2003	56282	22131	4985	29166
2004	59559	22351	4548	32660
2005	60962	22968	4276	33718
2006	62471	22547	3514	36410
2007	65593	22034	3382	40177

说明：1. 1949—1964 年，私营企业职工不包括在职工人数统计内

2. 1989 年后，其他经济单位包括个体私营、联营、股份制和外商及中国港澳台商等

职工队伍结构　所有制构成。1949 年，私营企业职工人数占 75%，全民企业职工人数占 25%；1952 年，私营企业职工占 54.50%，全民所有制职工占 45.50%；1956 年公私合营后，私营企业职工占 12.90%，公私合营职工占 5.80%，全民占 81.30%；1964 年私营企业职工占 2.05%，公私合营占 1.58%，全民占 96.37%。1995 年后，其他经济职工增长快于全民和集体所有制人数，2007 年，其他经济职工达 40177 人，比 1995 年增加 18 倍。全民、集体所有制职工则有逐渐下降趋势，全民所有制职工 22034 人，集体所有制职工 3382 人，分别比 1995 年减少 42.18% 和 79.52%。职工产业构成。江宁县经济部门职工占职工总数的百分比，1952 年为 41%，1965 年为 70.46%，1976 年为 80.35%。经济部门职工中，1952 年，工业职工（包括基本建设、运输邮电、城市公用事业的职工）占 26.60%，商业职工（包括饮食业、金融业的职工）占 67.74%，农业职工（包括农、林、水等）占 5.66%；1965 年分别为 40.73%、47.82% 和 11.45%；1976 年分别为 59.13%、27.20% 和 13.63%。中共十一届三中全会后，加强对工业的发展和大力兴办第三产业，职工队伍结构发生变化。按照国民经济三次产业的划分，第一产业指农业（包括农、林、牧、渔、水等），1985 年农业职工 2148 人，1998 年 1234 人，2006 年 935 人。第二产业指工业（一般包括采矿业、制造业、自来水、电力和燃料等），工业职工呈不断增长的趋势，1985 年为 15118 人，1998 年增至 25290 人，2006 年为 33538 人。第三产业指为第一产业和第二产业的发展提供基本服务的部门，包括第一、第二产业以外的其他各行业的职工（其中也包括教育、文化、科研等部门和国家机关、政党机关、社会团体等职工），1985 年第三产业职工为 21947 人，1998 年增至 29404 人，跨入 21 世纪后，第三产业职工略有减少，至 2006 年第三产业职工人数为 27998 人。

2006年江宁区全社会各行业劳动力情况表

表 41-1-7　　单位：人

指标	合计	单位				城镇个体劳动者	农村劳动者
		从业人员	其中				
			国有经济	集体经济	其他经济		
总计	416556	62471	22547	3514	36410	41077	313008
农、林、牧、渔业	92429	616	616	—	—	806	91007
采矿业	163	21	4	17	—	142	—
制造业	135660	30488	793	654	29041	6605	98567
电力、燃气及水的生产和供应业	946	941	828	—	113	5	—
建筑业	48340	2088	206	48	1834	1154	45098
交通运输、仓储及邮政业	23088	4530	860	69	3601	332	18226
信息传输、计算机服务和软件	1009	384	308	—	76	100	525
批发和零售业	39466	2064	924	1046	94	18847	18555
住宿和餐饮业	11593	185	45	25	115	5090	6318
金融业	2253	1627	1203	424	—	—	626
房地产业	6640	1421	203	—	1218	77	5142
租赁和商务服务业	895	593	234	131	228	302	—
科学研究、技术服务和地质	731	279	189	—	90	—	452
水利、环境和公共设施管理	319	319	319	—	—	—	—
居民服务和其他服务业	33766	76	76	—	—	3236	26454
教育	8393	7316	7316	—	—	—	1077
卫生、社会保障和社会福利	4123	3153	2080	1073	—	9	961
文化、体育和娱乐业	486	114	87	27	—	372	—
公共管理和社会组织	6256	6256	6256	—	—	—	

【用工制度】

新中国成立前的用工制度虽有多种，但其性质都是雇佣劳动。新中国成立后，政府明确规定，私营企业职工不得随意解雇，雇工制度受到限制。1956 年，随着江宁县各行各业实行公私合营，对私改造完成后，资本主义雇用制度即被废除，对公有制企业职工实行固定工制度。20 世纪 50 年代始，基本实行单一的固定工制度，辅之以临时工、轮换工等形式。至 1981 年 9 月，开始在县属企业试点招收劳动合同制工人，进行用工制度改革。1984 年，全民企业招工全面实行劳动合同制。

固定工制度 该制度是从长期工（正式工）演变过来的。劳动者由政府统一分配到用人单位后，实行固定工制度。通常人们把这种制度称为“铁饭碗”。1958 年，中共江宁县委根据刘少奇提出的实行两种劳动制度进行改革。“文化大革命”期间，强化固定工制度，使得“两种劳动制改革”没能进行下去。中共十一届三中全会后，逐步对用工制度进行改革。

临时工制度 1956 年前，工矿企业比较普遍使用临时工，但没有统一的临时工管理制度，使用比较混乱，工人利益得不到保障，随时有可能被企业或业主辞退。1965 年，国务院发出《关于改进对临时工的使用和管理的暂时规定》，推行两种劳动制度，少用固定工，多用临时工。江宁县劳动局检查各单位用工情况，凡是临时性、季节性工作都使用临时工，已使用固定工的逐步改用临时工；并有计划地使用半工半读的劳动力。

“文化大革命”开始后，多种形式的用工制度被取消，临时工制度被否定。企业在用人方面形成单一的固定工制度和只进不出的局面。1971 年，进行临时工、轮换工制度改革，规定企业常年性的工作岗位，不招收临时工；在这些工作岗位上的临时工可改为固定工。据此，1972 年江宁县对在 1971 年 6 月底以前参加工作的临时工 1929 人转成固定工。

1995 年，《中华人民共和国劳动法》实施后，江宁县全面实行劳动合同制，破除职工之间的身份界限，各类职工权利、义务都一样，只是合同期限长短有别，临时工这一用工制度自行消亡，不复存在。

亦工亦农制度 亦工亦农制度是 1958 年根据刘少奇提出的关于实行两种劳动制度意见的一种新的用工制度，都是出自农村的劳动力，特点是既做工，又务农，坚持农民身份不变，农村户口不变，吃粮不变，做到农闲做工，农忙务农，叫做“有工做工，无工务农，农闲做工，农忙务农，亦工亦农”。1958 年，江宁县各人民公社先后办起 196 家企业，这些工厂企业采用亦工亦农制度后，减少固定工的用工人数，使劳动力得到不断更新，长期保持较多青壮劳动力。

20 世纪 70 年代后，江宁县兴办和扩建一批“五小企业”（小矿山、小钢铁、小农机、小化肥、小水泥），普遍推行亦工亦农劳动制，一些县、乡企业在农村大量招用劳动力，多以临时工、季节工形式，离乡不离土，农闲做工，农忙务农。

1985 年，把亦工亦农用工制度并入农民合同工类，并扩大使用范围，同年，全县共招收合同制工人 3570 人，其中全民合同工 1319 人（内有离土不离乡的 914 人），集体合同工 778 人，全民企业农民合同工 1144 人，集体企业农民合同工 329 人。

劳动合同制 1978 年后，江宁县开始逐步进行劳动用工制度改革，由固定工制度过渡到劳动合同制，经过“新人新制度，老人老制度”（即企、事业单位新招的工人实行劳动合同制，原有的职工保留固定工制）的双轨制阶段和搞活固定工制度，全面推行劳动合同制的过程。1981 年 9 月，江宁县率先在县属企业试点招收劳动合同制工人，对用工制度进行改革。1984 年，开始全面推行劳动合同制，积极试行养老保险和医疗保险“双保”制度，以解除城镇合同工的后顾之忧。是年，对市劳动局下达的 452 名全民招工指标，全面实行全民合同制；对企业因生产需要招收的农民工也实行合同制。同时，对新招收的452名全民合同工实行“双保”，对因征地带人新招收的300名集体合同工实行“双保”；县劳动管理部门倡导全民企业和集体企业的计划内临时工、农民合同工和城镇户口的临时工实行“双保”。

1985年，江宁县认真贯彻实施南京市人民政府批转的《南京市全民企业事业单位劳动合同制工人试行办法》。是年，全县共招收3570名全民、集体合同制工人。实行“双保”的2809人，至年底全县有3561人实行“双保”。1986年，全面推行劳动合同制，并使之逐步完善。至1988年年底，全县有合同制工人5996人，占职工总数的14.20%。其中全民合同制工人5079人，集体合同制工人917人；有6318名合同制工人参加社会保险（含部、省属在宁企业事业单位的合同制工人），投保率达100%。1986—1990年，全县共招收合同制工人7149人；至1990年年底，全县共有劳动合同制职工9199人，占在职职工总数的19.42%。

1991年，劳动合同鉴证工作强化对农民工和临时工的鉴证内容，至年底共鉴证合同6905份，其中合同制工人3267份，农民合同工和临时工3638份。是年，劳动合同制工人参加投保人数达11285人，比1990年净增1679人，增长17.48%。收缴养老保险费271.99万元，占应收费279.23万元的97.41%，支出10.95万元，经费结余261.04万元。城镇户口的207名临时工也参加了养老保险。

1995年7月，全县县属企业固定工改为劳动合同制工作全面展开。至是年年底，县属国有、集体企业中原有的固定职工15374人全部同所在单位签订劳动合同，建立新型劳动关系。“能进不能出”“铁饭碗”式的固定工制度就此消亡。

1996年，江宁县推行劳动合同制的重点再次转移，使其覆盖面扩大到私营、三资、乡镇等其他经济性质企业。当年签订劳动合同1.57万份。1998年，全县有12家注册私营企业、乡镇企业在县劳动局办理劳动合同鉴证手续。当年全县共鉴证劳动合同11470份，其中国有企业4364份，集体企业3058份，外商和中国港澳台商投资企业3735份，股份、私营企业等126份，乡镇企业187份。纠正各类违法无效合同593份；审查集体合同75份。

【招工制度】

计划招工 新中国成立初期，实行计划经济，全民所有制企、事业单位劳动力纳入计划管理。招工工作由江宁县劳动管理部门统一组织管理，不准自行雇用和招聘，必须雇用和招聘的，须经县劳动管理部门同意，并规定招收的对象和范围。整个社会劳动分为城镇劳动力和农村劳动力两部分进行安置。

1955年，江宁县劳动力招收从建筑业扩大到工业和交通业等其他部门。1958年，在“迎接工农业生产‘大跃进’高潮到来”的影响下，出现一股大招工的浪潮，招工制度打破，当年职工增加1.40万人。1959年，为继续招工和安置大、中专毕业生和复员军人，按照南京市下达江宁县招工指标2200人，实际招工1931人。1961年7月后，中共江宁县委贯彻中共中央调整国民经济的方针，开始进行减少城镇人口，精简职工，下放劳动力，加强农业第一线工作。招工制度随之逐渐恢复。当年招工681人，其中农村招收203人，城镇招收129人，统配军人招收28人，统配大、中专生招收321人。1962—1964年，招工881人，其中农村招收149人，城镇招收443人，统配军人招收72人，统配大、中专学生招收217人。

“文化大革命”开始后，劳动管理工作遭到严重干扰，城镇劳动力安排不能正常进行。1967—1969年三年中，除接收安置复员军人和统一分配大、中专毕业生外，基本没有从社会招工。1970年，开始恢复招工，江宁县职工人数有新突破。至当年10月，全县共招收职工973人，其中全民632人，集体340人。1973年起，招工对象主要是下乡插队，经过两年以上锻炼的知识青年，按政策留城的初、高中毕业生，以及尚未安置的被精简职工，并增加招收“符合条件的职工子女”即“内招”对象。1976年，江宁县代中央、省市有关企业招工2874人，超计划3.40%。1978年，全民单位共招收职工1322人，其中农村招收359人，城镇招收593人，统配军人65人，统配学生305人。

1979年，全县企业招工开始由统一计划招工逐步向根据生产经营需要自主招工过渡。招工方法由分批集中逐步转向职业介绍机构随用随招。当年招收待业人员2013人；配合南京市在江宁县农村三次招收知识青年3268人；办理职工退休、退职1106人，招收子女顶替1044人。1980年起，企业招工经主管部门批准，列入劳动部门计划后，实行德智体全面考核，并进行文化考试，择优录用。1984年起，逐步贯彻先培训后录用的原则，面向社会公开招工。1985年，全县共招收3570名工人，其中全民合同制工人1319人，集体合同制工人778人，农民工1473人。1986年，江宁县贯彻国务院颁布的《国营企业招用工人暂行规定》等4个文件，在招工上积极配合企业实行“面向社会、公开招收、全面考核、择优录用”。当年全民单位招工582人，集体单位招工120人，实行就业前培训151人。

1990年，全民单位招收职工1444人，其中从农村招收142人，城镇招收902人，统配军人33人，统配学生367人。1993年，县劳动局建立江宁县职业介绍所，全年举办72次职业介绍活动，成功率达40%。

计划外用工　江宁县早在20世纪60年代就有计划外用工，但数量不多。70年代初、中期，全县积极发展“五小”工业，一些县属企业和乡镇企业招用大量农村劳动力，在没有计划指标的情况下都作为计划外用工长期使用。

1979年后，江宁县劳动局根据南京市人民政府批转市劳动局《关于清理、整顿计划外用工的报告》精神，要求各部门、各单位对计划用工进行清理压缩。1979—1980年，全县共清理压缩农民工1800多人。1988年后，由于就业压力逐年加重，江宁县政府和劳动局加强清退压缩计划外用工工作，腾出岗位安置城镇待业人员。1988—1990年，清退计划外用工3743人。同时加强对农村劳动力的管理，从1989年第四季度开始，实行“务工许可证”制度，当年发放“务工许可证”9344份；至1990年年底，全县共发“务工许可证”1.10万份，并启用《劳务工费用管理手册》和《劳务费用总额核定表》。1989年，累计办理农民工鉴证手续4445份。

20世纪90年代后，继续推行“证卡合一，持证务工”制度，控制农村劳动力的流动和使用。1999年，清退擅自使用外来劳动力和农村劳动力249人，并为1915人补办“外来人员就业证”。2000年，开展春运民工有序流动大检查，有重点地对56家不同类型劳动密集型企业进行专项检查，清退外来劳动力320人。2002年，全区为8834人办理外来人员就业证，补签劳动合同。2007年，全年办理外来人员就业服务证8530个。

【劳动力调配与流动】

跨地区调动　江宁县于1961年开始跨地区调动，至1991年，共调进职工4206人，调出职工4097人，其中1961—1965年，共调进全民职工331人，调出全民职工481人。“文化大革命”开始后，职工调配被迫停止；1971年，恢复正常调动工作，1971—1991年，全县共调进全民、集体职工3875人，共调出全民、集体职工3616人，涉及地区除江苏省内市、县外，还有新疆、甘肃、陕西、云南、四川、上海、安徽、浙江等地。

1961—1991 年江宁县职工跨地区调动情况表

表 41-1-8　　　　单位：人

年 份	调进					调出				
	合 计	外省调入		省内其他市县调入		合 计	调到外省市		调到省内其他市县	
		全 民	集 体	全 民	集 体		全 民	集 体	全 民	集 体
1961	54	19	—	35	—	18	5	—	13	—
1962	161	4	—	157	—	60	2	—	58	—
1963	90	4	—	86	—	105	22	—	83	—
1965	26	26	—	—	—	298	17	—	281	—
1971	66	—	—	66	—	80	8	—	72	—
1972	123	50	—	73	—	276	260	—	16	—
1973	107	32	—	75	—	95	19	—	76	—
1974	298	22	—	276	—	58	11	—	47	—
1975	133	58	—	75	—	283	7	—	276	—
1976	105	46	—	59	—	80	20	—	60	—
1977	98	50	—	48	—	72	15	—	57	—
1978	104	53	—	51	—	131	26	—	105	—
1979	159	74	23	49	13	404	29	18	194	163
1980	163	106	6	39	12	347	13	11	186	137
1981	177	100	4	65	8	87	19	12	35	21
1982	479	108	321	50	—	489	17	445	27	—
1983	118	62	13	40	3	52	23	4	21	4
1984	193	122	45	19	7	68	13	12	25	18
1985	387	139	74	174	—	257	10	49	198	—
1988	485	113	27	345	—	480	11	28	441	—
1990	399	355	8	36	—	353	14	—	339	—
1991	281	33	7	241	—	4	—	4	—	—
合 计	4206	1576	528	2059	43	4097	561	583	2610	343

支援内地建设　1959 年 4 月 8 日，根据中共南京市委关于动员青壮年支援新疆社会主义建设的指示精神，全县约有 2000 名青壮年踊跃申请支边。经审查，批准 101 名青壮年（男 72 人，女 29 人）于是年 6 月 4 日前往新疆。1965 年，全县招收有一定技术的下放工人和复员退伍军人支援内地建设（主要是新疆、甘肃、陕西等地区），当年共选送 341 人离县去内地，完成镇江专署下达江宁县任务的 98%。这批支援内地人员中有三级以上技术工 251 人，占总数的 74%；中共党员 59 人，共青团员 91 人，党、团员占 44%；复员退伍军人 68 人，占 20%；分别担任农村大队、生产队基层骨干职务的 75 人，占 22%。

困难家庭职工调配　1979 年，县劳动局开始有计划、有步骤、分期、分批地解决企业职工夫妻长期分居及职工父母年老身边无子女照顾等问题。至 1981 年，共调进职工 168 人，调出职工 251 人。1986 年，为长期分居两地职工 559 人办理调动手续；1992 年，为 65 对夫妻和 49 名军人家属办理调动手续，并为企业引进 13 名技术工人；1993 年，共办理调动手续的有 559 人；1996 年，先后为 378 名职工办理调进、调出手续。

劳动力输出 1980年前，江宁县内只有少量人员通过亲戚、熟人介绍外出务工，属自发性质。20世纪80年代中期后，江宁县成立劳务输出公司，每年平均输出2500人左右。1986年，向市内、外的省运输公司、上海远洋公司、南京轮船运输公司等单位输出劳力1587人。2000年，江宁县被上海市劳动和社会保障局列为劳务输出基地，并设立办事处。至2007年，全区累计输出劳力57098人。

人员外流 1958年“大跃进”时期，在极左错误影响下，导致1959—1961年三年困难时期，江宁县内一些社员纷纷外出谋生。外流人数多达1万余人，外流地区甚广。

1986—2007年江宁区输出劳务工情况表

表41-1-9　　单位：人

年份	输出人数			去向
	合计	其中		
		农村劳动力	城镇失业人员	
1986	1587	1587	—	上海及南京、苏州等地
1987	1406	1406	—	北京、天津及深圳等地
1988	1350	1350	—	广州、惠州、保定等地
1989	1565	1565	—	珠海、深圳、东莞、保定等地
1990	2670	2670	—	上海及广州、南京、苏州等地
1991	2480	2480	—	南京、佛山、深圳等地
1992	4174	3717	457	上海及深圳、南京等地
1993	3480	3009	471	上海及深圳、珠海、南京等地
1994	3420	3100	320	上海及南京、苏州等地
1995	3579	3120	459	上海及南京、无锡等地
1996	3600	3075	525	上海及南京、苏州、广州、东莞等地
1997	3980	3310	670	北京、上海及南京、包头等地
1998	2985	2233	752	北京、上海及广州、深圳、南京等地
1999	2680	1810	870	北京、上海及广州、深圳、南京等地
2000	2959	2419	540	上海及深圳、无锡、惠州等地
2001	3359	2580	779	南京、苏州、无锡、深圳、广州等地
2002	2600	—	—	上海及南京、珠海、广州、苏州的等地
2003	2700	—	—	上海及南京、深圳、无锡、苏州的等地
2004	2400	—	—	南京、广州、深圳、张家港等地
2005	1910	—	—	上海及南京、兰州、广州等地
2006	1204	—	—	北京、上海及杭州、南京、深圳等地
2007	1010	—	—	北京、上海及南京、杭州、广州、深圳、无锡等地
总计	57098	—	—	—

第三节 职业技能培训

职业技能培训分后备技术力量的培训和在职职工的培训，即就业前培训与就业后继续培训两大部分。培训形式，传统的主要是学徒培训，新中国成立后有了学校培训和各种专业技术培训班等形式（详见本章第四节《职业技术教育》）。改革开放后，坚持政府主导与社会办学相结合，在办学形式上发展为劳动管理部门自己办学、教育部门办学、行业办学、企业办学和有条件的社会团体办学，以及联合办学等。2001 年后，随着职业资格证书体系不断完善，劳动预备制度和就业准入制度的实施，江宁的职业技能培训工作迈出新的步伐。2002 年，区劳动和社会保障局荣获江苏省劳动和社会保障厅等 5 部门颁发的职业教育先进单位和南京市颁发的职业技术培训先进单位称号。

【就业再就业培训】

学徒培训 新中国成立前，区域内一些作坊、工厂、店铺都用传艺、学艺的学徒制度。即在生产过程中采取师傅带徒弟的方式把年轻人培养成熟练技术工人的传统训练方式。学徒期一般 3 至 5 年。

新中国成立后，继续沿用以师带徒的培训技术工人方法，废除旧时一切剥削和虐待学徒的陈规旧习，制订新的学徒规定。根据行业和工种的不同，规定学习期限为 1 年 ~ 3 年不等。签订师徒合同，分别规定师徒之间的职责和权利。合同期满后由劳动管理部门、厂、车间联合组成小组进行出徒鉴定。合格后方可在车间独立进行操作。培训方式大多是一师一徒，还有一师多徒，以组培训和岗位轮换等。

“文化大革命”开始后，学徒培训流于形式。中共十一届三中全会后，学徒制度逐渐恢复。1981 年，江宁县贯彻执行国家劳动总局颁布的《关于改进学徒培训工作的意见》。随着劳动制度改革的推进，厂矿企业所需要的技术工人逐渐由先招工、后培训改为先培训、后就业。学徒培训逐步被就业培训代替。

就业前培训 1984 年，江宁县结合“三结合”就业工作，认真贯彻国家“先培训、后就业、先培训、后上岗”的方针，用人单位废除学徒制，改招工为招生。县劳动局根据《南京市就业前培训暂行办法》，对凡年龄在 16 周岁 ~ 22 周岁，城镇户口，身体健康，已进行过待业登记的青年，均可参加培训，具体工作由县劳动局下属的劳动服务公司负责。当年有工业、邮电、基建、粮食、供电、文教、劳动等部门的 11 家企、事业单位，举办挡车、车工、化工、炼钢、话务、房产管理、收购保管、电力、戏剧、服务 10 个工种的培训班，合格者由县劳动服务公司发给结业证，由培训单位择优录用。参加培训的待业青年 210 人中有 173 人领到结业证书并被录用。1989 年，县劳动局利用企、事业单位现有条件，采取多种形式举办各类专业培训班 12 个，培训 625 人。

1990 年，全县建立挡车、车工、化工、炼钢、机电等专业培训点 8 个，举办各类专业培训班 15 期，招收培训生 602 人。通过培训，这些待业人员在上岗前都学到一技之长，95% 的人员经考核合格，被培训单位录用。1993 年，共举办 21 期就业前培训班，培训学员 901 人，有 837 人取得就业前培训合格证。1995 年，对全县企业 50 个技术工种的劳动者进行就业前培训，并颁发职业资格证书。当年举办 29 期就业前培训班，培训 1293 人。1999 年，在失业职工、待业青年中进行就业前培训，共举办就业前培训班 24 期，培训 1280 人。

2000 年后，继续采取多种形式办班，当年共举办就业前培训班 22 期，培训 1009 人，完成指标的 201%。至 2007 年，全区共举办就业前培训班 432 期，培训 20151 人。

1984—2007 年江宁区就业前培训情况表

表 41-1-10

年 份	培训期数（期）	培训人数（人）	年 份	培训期数（期）	培训人数（人）
1984	5	210	1998	24	1845
1985	4	184	1999	24	1280
1986	3	151	2000	22	1009
1987	9	613	2001	28	892
1988	14	608	2002	29	893
1989	12	625	2003	25	1096
1990	15	602	2004	26	1260
1991	17	408	2005	27	1277
1992	16	724	2006	32	2000
1993	21	901	2007	26	1009
1994	24	1271	合计	432	20151
1995	29	1293			

说明：1996 年、1997 年资料缺失

转业转岗培训 1997 年，全年组织转业转岗培训 150 人，受训人员全部走上新的岗位。1998 年，县劳动管理部门举办转业转岗培训班 15 期，培训 1190 人。1999 年，全年共举办培训班 61 期，培训 2248 人。2000 年，共举办创业意识、计算机操作员、美容美发、电焊工、钳工、电工等培训班 37 期，培训 1362 人，完成指标 136%。2001 年，共举办计算机操作员、叉车工、汽车修理工等 10 多个工种的培训班 42 期，培训 1657 人，完成指标 110%。2002 年后，在全年转业转岗培训中，均超额完成计划指标。2002—2006 年，共举办各类培训班 393 期，培训 19633 人。2007 年，全区再就业培训 4757 人，占指标 139%；培训合格率 98%，就业率 68%。

【在职培训】

初级文化技术培训 新中国成立初期，江宁县在工会和企业中开展职工文化技术培训工作。县总工会建立后开始举办职工业余学校、业余识字班。1951 年，湖熟镇创办职工业余学校，以文化教育为主，识字为重点，有学员 171 人。至 1955 年，全县有 10 所职工业余学校，学员 934 人。1957 年，发展到 26 所，学员 2633 人，占青壮年职工总数的 68.70%。

1959—1962 年，企业进行精简下放，职工教育受到影响，职工学校基本停办。1963 年，全县很多学校恢复职工业余学校。1966 年“文化大革命”开始，全县在职培训变成单一的政治学习。

1982 年起，贯彻中共中央、国务院《关于加强职工教育工作的决定》精神，县工农教育办公室对 1968—1980 年年初、高中毕业生的青年职工，进行有领导、有组织、有计划的

文化补课和技术补课培训工作，按系统建立职工文化补课业余班或脱产班，开展大规模的群众性的文化补课教育活动。至1985年10月，全县在编职工总人数为27715人，其中应参加文化补课的青年职工6903人，应参加技术补课的职工有6718人。1982—1985年，全县职工初中文化考试累计合格人数5591人，合格率81%，累计技术合格人数4275人，合格率63.60%。1985年，全县职工文化学习取得新成绩，参加南京市职工高中文化学习考试合格人数达921人。

中、高级技术等级培训 1984年，江宁县在开展职工文化技术补课的基础上，积极开展以中级技能培训为主的职工教育。1984—1985年，县劳动局举办2期司炉工培训班，共培训232人；举办2期水质处理学习班，培训50人，及格者都发给结业证和操作证。1985年7月，县劳动局与供电局在县钢铁厂举办1期安全用电学习班，学员60人。1986—1990年，先后开设培训班28期，培训1815人。5年共培训中级技术工人2153人，高级技术工人12人。

1991—1995年5年中，全县共组织岗位培训22590人，中、高级技术工培训1727人，评聘技师66人，为1800名职高毕业生发放技术等级证书。县劳动局分别于1994年和1995年被南京市评为尊师重教先进单位。1996—2000年，县劳动局先后组织21046名职工参加各类职业技能培训，其中在职培训3952人，有7488人考核取得职业资格证书。

2001年开始，根据社会保障部第6号令《招用技术工种从业人员规定》，对生产运输设备操作人员、农林牧渔水利业生产人员、商业服务人员、办事人员和有关人员，计90个工种实行就业准入制度。2006年，区劳动和社会保障局与区总工会联合举办SYB创办你的企业培训班，共培训33人；与南京造币厂联合对该企业职工进行培训考核，共举办19期培训班，培训350人。2007年，在职职工培训3146人，完成指标157%。

1984—2007年江宁区在职职工培训情况表

表41-1-11　　单位：人

年　份	培训人数	年　份	培训人数	年　份	培训人数
1984—1990	2157	1999	800	2004	3870
1991—1995	22590	2000	1362	2005	3450
1996	190	2001	1657	2006	4516
1997	410	2002	2357	2007	3146
1998	1190	2003	3929	合　计	53624

职业技能比赛 1983年，在全县职工中广泛开展"五杯五手"（即效益杯、质量杯、节能杯、奋进杯、新品杯和质量手、节能手、革新手、技术手、服务手）、"安全无事故"等竞赛活动，参赛职工7万人。1990年8月，县劳动局、工业局、总工会等5个部门组织全县企、事业单位12个工种的业务技术比赛，参赛人数1.50万余人，获得县级技术能手66人。在县级比赛的基础上，选出38名选手参加市级比赛，其中6人获得市级二、三、五名的好成绩，38名参赛选手均获市级技术等级证书。20世纪90年代后，先后参加南京市第三届职工技能竞赛练兵活动、市计算机操作员和钳工专业的技能竞赛，均取得较好成绩。

2006年，举办江宁区第二届汽车修理工技能大比武，开展汽车维修工、汽车维修钣金工、汽车维修油漆工 3 个工种的技能比武，全区有 30 多家汽车修理厂、4S 店 122 人参加，21 人被授予岗位创新能手称号，51 人拿到高级工证书。是年，还组织 7.80 万名职工参加技术革新、技术比武与合理化建议等活动，推广运用新技术 50 项，技术革新 58 项，获市职工成果二等奖 12 项、三等奖 7 项、成果进步奖 17 项。2007 年，举办维修电工、计算机操作员和电焊工 3 个工种的全区技能竞赛，共组织基层竞赛 63 场、2620 人参赛，区级竞赛 3 场、217 人参赛。

【农村劳动力转移培训】

1992 年，江宁县农村劳动力培训工作开始起步。1992—1993 年，共培训 390 人。1997 年，县劳动局采取与企业主管部门和乡镇成人教育中心联合办学的方法，培训农村劳动力 600 余人。1999 年，根据江苏省劳动厅《关于实施百镇（乡）百万农村劳动力开发就业培训计划的意见》，县劳动局确定县内东山、湖熟、麒麟 3 个镇为实施“百镇百万”农村劳动力培训的试点乡镇。在培训试点中，3 个镇都根据实际情况列出当地企业需要培训的主要技术工种。汽车之乡麒麟镇，就汽车驾驶维修开展就业培训工作，1999—2001 年，3 年共开办 22 个班次，共培训 650 名汽车驾驶员和维修工，经考核 100% 合格，且在该镇从事此专业就业。湖熟镇结合南京板鸭之乡特点，开展板鸭饲养、制作一条龙培训，3 年开办 46 个班次，为板鸭系列产品技术培训 3000 多人。东山镇成人教育中心开办工业类的铸造、安全、电工、电焊工等工种培训；农业类的油菜、西瓜、果树、大棚蔬菜种植；副业类的水产养殖、香猪、肉鸽饲养以及财会、计算机等方面的培训，3 年共培训 3300 人。

图 41-1-4　2007 年 6 月 2 日，横溪镇劳保所举办服装缝纫工培训班

1999—2001 年，全区各乡镇、乡镇企业，采取独立办班与乡镇成人教育中心联合办班的形式，举办农村劳动力培训班 83 期，培训 2778 人（不完全包括乡镇企业在职职工培训和农业技术、文化教育培训的人数）。2002 年，全区进一步扩大农村劳动力培训试点面，将淳化、铜井、上峰 3 个镇纳入试点，试点镇增至 6 个，占全区街镇数的 1/3。2002—2003 年，全区举办农村劳动力转移培训班 129 期，培训 5836 人。根据区政府文件精神，2004 年开始实行财政补贴，让广大农村劳动力免费参加培训。2004—2005 年，区财政共补贴 123.50 万元，各街道（镇）配套 180 万元。

2005—2006 年，共培训 22312 人，占历年培训总数的 51.50%；共有 6372 人取得职业资格证书。2007 年，农村劳动力转移培训 13881 人，取得资格证书的有 6221 人，占总培训人数的 44.80%。当年组织外来务工农村劳动力培训，4712 人参训。至 2007 年年底，全区共建立农村劳动力培训基地 22 个。其中省级 2 个，市级 5 个，区级 15 个；失地农民培训基地 11 个。是年，江宁区职业技术培训中心荣获江苏省劳动和社会保障厅第二期“百镇（乡）百万”农村劳动力开发就业培训工作先进单位称号。

1992—2007年江宁区农村劳动力转移培训情况表

表41-1-12　　　　单位：人

年　份	培训人数	年　份	培训人数	年　份	培训人数
1992	70	1998	743	2004	8999
1993	320	1999	744	2005	10012
1994	410	2000	962	2006	12300
1995	540	2001	1072	2007	13881
1996	700	2002	1283	合　计	57239
1997	650	2003	4553		

【特种作业人员培训】

20世纪80年代中后期，江宁县劳动管理部门对在职职工的中、高级技术培训中，涵盖锅炉工、起重工、焊工、架子工等特殊工种的培训与考核。1984—1990年，全县共举办特殊工种工人培训班24期，参训1803人。1991—1995年，全县共举办特种作业人员培训班156期，参训10038人，经考核取得合格证9980人。1996—2001年，共举办特种作业人员培训班128期，培训7304人，并经考核全部领到上岗操作证。2002—2007年，共举办特种作业培训班418期，培训特种作业人员14420人，同时为1955名失业职工进行特种作业免费培训。区劳动和社会保障局培训机构被南京市安全生产教育协会评为2006年度安全生产培训教育先进单位。

图41-1-5　2006年，江宁区劳动和社会保障局在南京润盛建设集团举办特殊工种人员培训班

【职业技能考核与鉴定】

1989年6月，县政府为加强对全县工人技术考核、审核和技师聘任工作的领导，成立江宁县工人技术考核委员会。1992年1月，根据《南京市工人技术等级考核意见》，全县开始对工人进行技术考核。同时对技工学校和职业学校实行“双证制”（“毕业证”和“技术等级证书”），进行技术等级考核。考核分为现有技术等级考核和晋升技术等级考核两类，工人应先通过现有技术等级考核，方可参加晋升技术等级考核，工人技术等级考核内容包括技术理论和操作技能两个部分，采用百分制，60分为合格，对考核合格者发给相应的“工人技术等级证书”。据统计，1992—1997年，全县共有9203人取得技术等级证书，其中初级技能5463人，中级技能3629人，高级技能111人。

图41-1-6　2007年1月，上海造币厂进行电镀中、高级工技能鉴定考试

2007年3月，江宁区成立职业技能鉴定中心，强化工人技能鉴定工作。1998—2007年，全

区共有企业职工 33186 人参加职业技能鉴定，其中技师 26 人，初级工 15564 人，中级工 16474 人，高级工 1122 人。对合格者统一核发“职业资格证书”。

1998—2007 年江宁区工人考核鉴定情况表

表 41-1-13　　　　单位：人

年份	考核鉴定人数	其中			
		技师	初级工	中级工	高级工
1998	421	—	277	144	—
1999	288	—	171	117	—
2000	1362	—	561	791	10
2001	2531	—	1237	1273	21
2002	2137	—	926	1200	11
2003	2464	—	796	1330	338
2004	2185	—	622	1414	149
2005	3463	26	1842	1519	76
2006	6000	—	2741	3100	159
2007	12335	—	6391	5586	358
合计	33186	26	15564	16474	1122

第四节　职业技术教育

江宁区的职业技术教育主要由南京市江宁高级技工学校承办。1992 年，成立南京市技工学校江宁分校，隶属于县劳动局。1995 年 2 月，经省政府批准，正式成立江宁县技工学校，招收初中毕业生，学制 3 年；开设机械加工、钳工、劳动经济管理等专业。20 世纪 90 年代后期，学校先后成为国家级重点技工学校、省电工电子专业技能人才实训基地、省农村劳动力转移培训定点机构、省教学管理规范化学校和市首批高技能人才培训基地、市农村劳动力转移培训基地、市失地农民培训基地。至 2007 年，学校发展成占地 3.33 公顷，建筑总面积 2.28 万平方米，拥有 70 个教学班，在校学生 3117 人，教职工 157 人的高级技工学校。为社会输送各类高级技能人才 2 万多人，其中学制教育毕业生 8400 余人。毕业生中，高级技能鉴定合格率 100%，成人高考通过率 90% 以上，就业率 98.50% 以上，就业专业对口率 80% 以上。

【办学形式】

城乡联合办学　1993 年开始，江宁高级技工学校采取城乡联合办学的路子，先后与南京市公用事业技校、市肉联厂教育处、扬子技校、南京市技校等 8 所技校签订委培合同。2004 年暑期录取的新生先后与扬子技校、南京市技校、南京钢铁厂技校签订委培合同。其中委托扬子技校开设铆焊工、筑炉工、机电、精细化工等专业，代培120名学生；委托南京市技工学校开设化工操作工、锅炉工等专业，代培57名学生；委托南京钢铁厂技校开设炉前工等专业代培20名学生。

校企联合办学 2000年与2002年，两次与南京强新企业有限公司联合办学，举办两期家具木工班。强新企业出资资助100名品学兼优的贫困学子在该校就读家具木工专业，既解决这些贫困生的学费，又解决其就业问题。2006年开创高校、技校、企业三位一体联合办学新模式。学校和南京菲亚特汽车集团公司、南京工程学院联合开办高级技工班。当年9月，南京菲亚特汽车集团公司与江宁高级技工学校签订协议，招收应届高中毕业落榜生，命名为“菲亚特”班，进行技术和设备资助，毕业后去该公司就业。至2007年，有近70多家企业与江宁高级技工学校建立了校企联合办学关系，与在江宁经济技术开发区内的35家世界500强企业中的12家有合作关系。

图41-1-7 2007年，江宁技工学校校园

【就业分配】

1992年，江宁技校建校时，毕业生由县劳动局统一分配，分配到江苏时花电器集团、东山发动机厂等国有企业。1998年，江宁县很多大型国有企业面临倒闭，就业分配工作出现困难。1999年，学生开始分配到外地，如昆山、上海、无锡，并且在当地设办事处，落实分配工作。2003年，依托江宁经济技术开发区、江宁科学园、滨江经济开发区等企业促进学生就业，学生逐渐分配到统宝光电（南京）有限公司、代傲电子控制（南京）有限公司、江苏中圣高科技产业有限公司等区内企业。

此后，学校先后同中美合资南京美丽华鞋业有限公司、南京斯迈柯特特种有色金属焊接公司、南京强新企业有限公司、南京菲亚特、中圣集团等大、中型企业联合办学，共同制订招生、教学实习计划，并将学生部分实习放入企业，与企业签订招生、教学、就业一条龙合作协议。2007年，学校在稳定好传统合作伙伴的同时，与中国第一航空集团公司、长安福特马自达有限公司及其大批配套公司、法国欧尚超市等企业搭建人才输送桥梁。至是年6月中旬，江宁高级技工学校2007年毕业生就业安置工作及700人外出定岗实习工作基本完成。当年就业率98.50%，推荐安置率96%。

1992—2007年江宁高级技工学校基本情况表

表41-1-14　　单位：人

年份	班级数（个）	招生总数	毕业生数	在校学生	教职工数	其中专业教师	就业生数	专业
1992	2	83	—	135	33	12	—	中级：机械加工（二年制职高）、维修电工
1993	4	210	—	338	33	21	—	中级：计算机应用、财会电算化、维修电工、机械加工
1994	10	446	38	767	50	38	—	中级：钳加工、车削加工、计算机应用与维修、现代化办公、化工操作、锅炉工、铆焊工、精细化工、机电、筑路工、炉前工、电子电工
1995	9	569	45	1129	58	45	55	中级：劳动经济管理、财会电算化、机械加工、钳工、车工、泥瓦工
1996	9	436	209	1719	56	43	204	中级：财会电算化、机械加工、计算机操作、维修电工、车削加工、钢筋工、泥瓦工
1997	11	541	398	1788	60	50	397	中级：计算机应用、机电、化工操作、电子技术维修、车削加工、钢筋工、泥瓦工、钳加工、铆焊接
1998	10	360	410	1686	59	48	410	中级：化工工艺、钳加工、工具钳加工、车削加工、计算机应用与维修、电子技术与电气维修、架子与起重
1999	6	241	429	1096	56	44	582	中级：计算机与财会、家用电器维修、机械加工、水利水电施工
2000	9	418	536	974	67	55	525	中级：计算机应用与维修、电子信息技术、家具木工、计算机应用与财会、机电一体化、汽车与摩托车修理、服装制药
2001	10	463	333	1118	76	60	361	中级：计算机应用与维修、电子技术、计算机应用与财会、汽车与摩托车修理、维修电工、机械加工
2002	10	516	222	1394	82	66	222	中级：计算机应用与维修、数控技术、电子电工、家具木工、计算机应用、计算机应用与财会、机电一体化、汽车与摩托车修理
2003	14	672	385	1654	92	83	409	中级：计算机应用与维修、会计电算化、电子电工技术、数控技术、机电技术、维修电工技术、应用电子技术、汽车电子技术、汽车检测与维修技术、机械加工技术

续表

年　份	班级数（个）	招生总数	毕业生数	在校学生	教职工数	其中专业教师	就业生数	专　业
2004	16	746	458	1933	101	80	439	高级：计算机应用、机电一体化技术、数控技术；中级：计算机维修、财会电算化、电子电工、数控技术、机电技术、维修电工、应用电子、汽车检测与维修技术、焊接与钣金技术
2005	20	1024	474	2441	108	89	465	高级：计算机应用、机电一体化技术、数控技术、电子信息技术；中级：计算机维修、财会电算化、电子电工、数控技术、机电技术、维修电工、应用电子、汽车检测与维修技术、焊接与钣金技术
2006	23	1098	638	2901	114	92	616	高级：计算机应用、机电一体化技术、数控技术、电子信息技术、模具设计与制造技术；中级：计算机维修、财会电算化、电子电工、数控技术、模具制造技术、机电技术、电工技术、应用电子、汽车检测与维修技术、焊接与钣金技术
2007	70	1176	646	3406	152	114	630	高级：计算机应用网络、计算机应用信息、机电一体化技术、数控技术、电子信息技术、模具设计与制造技术；中级：计算机维修、财会营销、电子电工技术、数控技术、模具制造技术、机电技术、应用电子技术、汽车电子技术、汽车检测与维修技术、现代焊接技术（铆焊）、钳工（汽车装配）

第五节　工资与福利

民国时期，国民政府虽对工资方面颁布了一些规定和办法，除机关文职公务部门执行外，企业一般自行决定工资制度，工资付多付少由企业主说了算，没有统一标准，工资水平很低，且拖欠、克扣职工工资现象时有发生，职工工资的支付没有保障，更谈不上福利待遇。

新中国成立后，实行全国集中统一管理的工资制度，并进行三次较大的改革，建立起按劳分配、合理公平的工资制度和工资关系。中共十一届三中全会后，全县基本上每年都提高职工工资，还采取多种工资分配形式，制订有效的奖励制度和各种津贴补贴制度，激励职工超额劳动和保证职工在特殊岗位上劳动的切身利益。2007 年，全区职工年平均工资由 1978 年的 477 元增至 29285 元，增长 60 倍多。同时，在福利待遇上，合理提高和使用福利基金，增加各种集体福利设施，搞好职工困难补助，做好各种补贴工作，安排好职工的假期福利待遇，不断提高和丰富职工的物质生活、文化生活和精神生活。

【工资制度与改革】

清代，江宁的官吏实行银俸禄制度，以官职大小计发俸禄。从一品至九品，俸银和养廉银由高到低依次递减，如总督从一品，俸禄合计为 15180 两，其中俸银 180 两、养廉银 15000 两；知府、同知四品，俸禄合计为 2605 两，其中俸银 105 两，养廉银 2500 两；知县、教授正七品，俸禄合计 1045 两，其中俸银 45 两，养廉银 1000 两；司狱九品，俸禄最少，合计 71 两，其中俸银 31 两，养廉银 40 两。清代的工人工资低，与官吏相比更为悬殊。江宁是织锦之乡，尤以秣陵、禄口、陶吴等处为最多。当时江宁织造局雇用的工匠，工价：绣花匠每工只有 0.2714 两；革丝匠每工 0.2610 两，每月工资平均分别为 8.142 两和 7.83 两；花匠较少，每月只 1.50 两；画裱匠更少，每月只 0.50 两等。同样雇工，因工种和技术的不同相差较大。

民国时期实行薪金制。民国 22 年（1933），国民政府公布暂行文官等官俸制，民国 30 年又作修正公布，实行底薪制度，各官员的具体工资待遇，由底薪、生活补助费基本数、底薪加成数和米代金等组成，事业、企业单位参照执行。官员分特任、简任、荐任和委任 4 类。级别：简任分 8 级，荐任分 12 级、委任分 16 级。如民国 33 年 5 月，政府某部科长荐任一级底薪法币（下同）400 元，法定待遇生活补贴费基本数 1500 元，薪俸加成 2000 元，可领米一石，折米代金 3700 元，该员合计月工资为 7600 元，至民国 37 年 1 月统计，由于物价飞涨，政府职员和公役底薪没有增长，生活补助费基本数和加成数增加很多。据江宁县民国 37 年 1 月份应发各机关员工生活补助费统计表所列数据，当时政府有职员 72 人，底薪 10180 元，每人平均 141.40 元，生活补助费基本数 62640000 元，每人平均 870000 元，俸薪加成数 36648000 元，每人平均 509000 元，职员合计工资待遇 99298180 元，每人平均 1379141.40 元；公役 18 人，底薪 720 元，每人平均 40 元，生活补助费 2880000 元，每人平均 160000 元，公役合计工资待遇 288072 元，每人平均 160040 元。

民国 38 年（1949）4 月 24 日，江宁县解放，部队和机关人员实行带有共产主义性质的供给制，国营企业实行部分供给部分工资的工资制度。供给制工资采取定员定额办法，初期以实物供给，而后逐步改为货币包干供给。

1952—1985 年，江宁县进行三次较大的工资改革。1952 年，参照 1950 年国家出台的《工资条例（草案）》，全县进行第一次工资改革。改革主要是实行工资分制。通过改革，职工普遍增加收入。1952 年全县职工人数为 3467 人，人均月工资 27.40 元；1953 年职工人数为 4464 人，人均月工资 31.30 元，人均月增资 3.90 元，比 1952 年增长 14.20%。

1956 年 8 月，根据国务院《关于工资改革的决定》，全县进行第二次工资改革。改革的任务：取消工资分制度和物价津贴补助制度，直接以货币规定工资标准；统一和改进企业职工工资等级制度。这次改革，全县按照镇江专区下达的工资调整增长率 17.44% 的指标开展调资工作。全民与集体职工有升级因素的 5955 人，升级人数 5890 人，升级面 98.91%。工改前人均月工资 34.62 元，工改后人均月工资 40.45 元，月增资 5.83 元。全县公私合营单位 26 家，参加工改的 23 个，有职工 436 人，升级人数 321 人，升级面 73.62%。工改前人均月工资 30.64 元，工改后人均月工资 33.12 元，增资 2.48 元。

1985 年 12 月 2 日起，全县进行第三次工资改革，至 1986 年 1 月底全部结束。这次改革的主要内容：实行企业工资制度与国家机关事业单位的工资制度脱钩；企业实行工资总额与经济效益挂钩或“自费”工资改革，企业内部具体的分配形式由企业自主确定；简化归并企业职工的工资标准，把原企业两种工资标准简化归并后执行三种统一的工资标准。工人工资在 8 级的基础上加上副级，便于套改。这次工资改革，升级面无论全民所有制或集体所有制均为 100%。工改前，全民所有制职工 12106 人，人均月工资 61.42 元，集体所有制职工 7381 人，人均月工资 57.25 元，工改后，按照基础工资、职务工资、奖励工资、补助工资等组成，全民所有制职工增加工资 180779.14 元，人均月工资水平增至 76.11 元，人均月增资 14.69 元，增加 23.28%；集体所有制职工增加工资 98388.73 元，人均月工资水平增至 70.58 元，月增资 13.33 元，增长 23.28%。同时结合改革对全民和集体所有制的全部职工工资进行套改。这次套改参加的职工人数为 19687 人，其中全民 12306 人，集体 7381 人。全民和集体企业职工的人均月标准，分别比套改前增加 16.81 元和 16.15 元。

1985—2007 年，江宁区在深化工资制度改革中，进行不断探索。通过试点，先后进行“工资总额与经济效益挂钩”“岗位技能工资”“最低工资制度”“企业经营者年薪制”“工资集体协商制度”等形式，并在实践过程中不断完善，均取得一定成效。

1986—2007 年江宁区国有集体股份制企业工效挂钩情况表

表 41-1-15

年　份	实行单位数（家）	实行企业职工数（人）	当年工资基数（万元）	当年提取新增效益工资（万元）	当年支付工资总额（万元）	年末滚动结存工资增长基金（万元）	当年职工人均工资（元）
1986	58	2428	278	16.90	291.40	4	1200.20
1987	85	6328	930	35.20	949.20	20	1500.00
1988	123	16222	2730	48.70	2757.70	41	1700.00
1989	131	17710	3325	400.50	3365.00	401	1900.00
1990	148	23364	4980	519.00	5140.00	760	2200.00
1991	151	31857	7480	650.00	7970.00	920	2501.20
1992	153	35058	9128	1920.00	10868.00	1100	3100.00
1993	158	38646	13460	2012.00	15072.00	1500	3900.00
1994	192	35059	17022	2110.00	18932.00	1700	5400.00
1995	250	41308	23019	2290.00	25197.00	1812	6100.00

续表

年　份	实行单位数（家）	实行企业职工数（人）	当年工资基数（万元）	当年提取新增效益工资（万元）	当年支付工资总额（万元）	年末滚动结存工资增长基金（万元）	当年职工人均工资（元）
1996	256	42284	24614	3198.00	27612.00	2012	6530.10
1997	309	43835	28214	3920.00	30274.00	3150	6906.30
1998	423	44573	29540	4180.00	33430.00	3180	7500.00
1999	356	40215	27798	4292.00	32180.00	3090	8002.00
2000	287	36996	29900	4059.00	34036.00	3013	9200.00
2001	205	31234	36461	4138.00	40604.00	3008	13008.30
2002	195	30191	41286	3892.00	45286.00	2900	14999.80
2003	113	28301	46992	3920.00	50942.00	2870	18000.10
2004	105	27435	50839	3818.00	54877.00	2650	20002.60
2005	92	25896	53446	2400.00	55696.00	2800	21507.00
2006	95	24587	54364	3800.00	58424.00	2540	23762.00
2007	89	23283	55386	3200.00	58926.00	2200	25309.00

【工资区类别与工资调整】

工资区类别调整　1956年工资改革，江苏省苏南各县及专署所辖市为四类工资区，江宁县隶属镇江专区，被定为四类工资区。1979年，按照国务院规定，江宁县属四类工资区提高到五类工资区。1986年下半年，经国务院批准，将1985年工资制度改革前为五类工资区标准的提高为六类工资区标准。据此规定，江宁县工资区类别由五类升到六类。工资标准起点，一类产业一级工工资增至38元，二类产业一级工工资增至36元，三类产业一级工工资增至34元。

工资调整　民国时期的工资调整有底薪调整、指数调整及协议工资调整等情况。

底薪调整。民国30年（1941）9月，国民政府修正公布底薪制度，江宁县的机关企事业单位均照此办理。底薪的多少依照学历和资历分级确定。如小学校的教职员的底薪，中心小学、完全小学、初级小学的校长级任、科任等就各不相同。校长底薪，中心小学为法币（下同）70元，完全小学60元，初级小学50元。民国36年2月20日，国民政府资源委员会对其所属单位职员薪金调整办法中规定：职员职称薪级调整，仍须根据学历及服务年限资历依照委员会颁布的职薪表及附职员职薪最高最低标准表规定办理。学历为大学毕业职员底薪，由法币（下同）100元调至110元，专修科毕业职员底薪由80元调至90元，高中毕业职员底薪由50元调至60元。底薪标准，分别以学历为基点，再按年限资历增加，除大学毕业的两年晋升一级外，其余均为五年晋升两级等。

指数工资调整。民国时期由于物价指数不断提高，江宁县政府分别按照国民政府行政院等部门颁布的《县级公务员公役待遇支给暂行标准》《收复地区调整工资办法》《复员时期民营企业工资调整办法草案》等文件调整员工工资。参照当地生活费指数的增加倍数进行合理评定。生活费指数的编制以民国26年（1937）6月为基期，并以此计算底薪加成和生活费基数。民国35年1月底薪加成数为50倍，生活费基本数为法币16000元。至民国37年9月，指数指标达千万倍，江宁县政府根据南京市政府训令，从民国37年8月起，文武公职公教人员、武警、工役薪饷，一律以金圆券发给。

协议调整。民国时期，实行劳资双方协议调整工资的制度。民国34年（1945）10月22日，国民政府在恢复地区调整工资方法中规定：

“调整各业工资将用下列方式分别处理：甲，与民生日用必需品有关各业工人的工资，由当地邀集主雇双方代表及有关机关法团代表协议调整；乙，其他有固定雇主之各业工人，其工资待遇由雇主双方自行协议调整，呈报当地政府备查；丙，无固定雇主之职业工人，其工资由当地政府召集各该职业工会代表协议调整。”江宁县各业按此规定执行。

新中国成立后，江宁县按照国家规定进行多次工资调整，特别是中共十一届三中全会后，几乎每年都进行职工的工资调整。1995年《中华人民共和国劳动法》出台后，由企业根据政府每年颁布的《企业工资指导线》，随市场变化自行调整增加职工工资。

1956—1985年江宁县全民、集体所有制单位职工调整工资情况表

表41-1-16

年份	单位性质	职工人数（人）		升级面（%）	人均工资水平（元）		每人每月平均增资额（元）	调资职工每人每月平均增资（元）
		有升级因素职工人数	升级人数		调资前月工资	调资后月工资		
1956	全民集体	5955	5890	98.89	34.62	40.45	5.83	5.99
	公私合营	436	321	73.62	30.64	33.12	2.48	3.36
1959	全民集体	7635	877	11.49	35.54	36.39	0.85	2.96
1963	全民集体	6264	2949	47.10	41.00	44.00	3.00	5.42
1972	全 民	10673	2774	26.00	42.90	44.62	1.72	4.22
1973	集 体	6238	1493	23.93	26.05	27.32	1.27	4.71
1977	全民集体	10160	6107	60.10	39.17	42.27	3.10	5.16
		7276	3178	43.70	34.41	36.48	2.07	4.75
1979	全民集体	10735	5058	47.11	42.42	45.23	2.81	5.96
		6351	2203	34.69	36.05	38.19	2.14	6.17
1983	全民集体	6949	4639	66.75	40.84	45.59	4.75	7.11
		4034	2411	59.77	33.89	37.47	3.58	6.00
1985	全民集体	12306	12306	100.00	61.42	76.11	14.69	14.69
		7381	7381	100.00	57.25	70.58	13.33	13.00

【各类人员工资待遇】

学徒工工资待遇 1958年5月，江宁县根据江苏省出台的《学徒工工资支付待遇的实施细则（草案）》，对学徒工规定学习年限。一般为三年，但对技术要求较高，较复杂的行业工种为四年，技术要求较简单的不少于二年。学习期满经考试合格即转正为正式工人或职员。学徒期间，学徒工待遇由使用单位供给。学徒津贴：一般第一年2元，第二年4元，第三年7元，学徒不实行奖励制度，但可以与企业工人同样享受保健津贴、高温津贴以及在生产和工作中所需要的防护用品。

学徒工学习期满，经考试合格转为工人、职员后，第一年的工资按照所在单位一级工工资标准，职员按照所在单位职员最低工资标准执行。第二年起，按其工作表现、技术高低正式评定技术等级和工资等级，但一般不高于二级工。此后，江宁县分别于1962年、1964年、1977年、1984年、1985年对学徒工工资待遇作相应调整。1986年7月，调整工资区类别时，学徒期间的生活津贴调整为第一年28元，第二年30元，第三年32元（均含服装费）。从1995年1月1日起，江宁县贯彻执行劳动部规定学徒工在学习期、见习期、试用期及转正定级的工资待遇，由用人单位自主确定。

技工学校毕业生工资待遇 20世纪50年代，江宁县全民所有制企业已有分配的技术学校毕业生。1957年6月，根据劳动部通知，其工作见习期半年到一年，见习期内工资一般不超过二级工资标准。此后，江宁县劳动管理部门在1960年8月、1963年4月、1980年2月、1984年、1989年5月分别作出调整。1990年7月，按省劳动局规定，技工学校毕业生技术等级达到三级的，见习期工资待遇执行所在企业二级工工资标准，一年见习期满经考核合格定为三级工。对技术达到四级及其以上的实行半年见习期，见习期间执行四级副工资额，见习期满，经考核合格定为四级工。从1995年1月1日起，江宁县劳动管理部门按照劳动部规定，技工学校毕业生试用期及转正定级的工资待遇，由用人单位自主确定。

大、中专毕业生工资待遇 “文化大革命”前期，江宁县是四类工资区，见习期临时工资，本科毕业生43.60元，专科毕业生37元，研究生54.50元，中专毕业生36元，一年见习期满经考核评级，本科毕业生定为行政二十二级或技术十三级，专科毕业生定为行政二十三级或技术十四级，研究生定为行政二十一级或技术十二级，中专毕业生定为行政二十五级或技术十六级。此后，县劳动局分别于1980年、1988年、1989年对大、中专毕业生工资待遇进行相应调整。1993年，根据南京市劳动局《关于调整学徒期大、中专毕业生见习期待遇的通知》（宁劳薪字〔1993〕79号）文件精神，对企业执行新拟工资标准后，调整大、中专毕业生见习期（临时工资）待遇；其标准为中专毕业生83元，大学专科毕业生92元，大学本科毕业生97元，取得双学士学位的本科毕业生和未取得硕士学位的研究毕业生109元，取得硕士学位的研究毕业生是121元，取得博士学位的研究毕业生128元，凡未取得本科学历证书的肄业生、结业生降一级定级。

复员退伍军人工资待遇 1959年前，复员退伍军人称复员退役军人。分配到企、事业单位工作，其工资待遇，根据其资历、职务，结合德才情况，恰当评定工资级别。军龄计算为企业工龄，尽量安排其原技术工作。1959年后，根据国务院《关于复员、退伍军人工资待遇问题的通知》（国办发字103号）文件精神和南京市人民委员会的补充规定，复员军人所在企业，二级工计时工资标准低于36元的，按所在企业二级工计时工资标准执行，高于36元的按36元执行。退伍军人分配作壮工的，按壮工工资标准支付。复员、退伍军人当学徒的，学习期限不得少于一年，学习期满评定等级时，一般不超过二级工。原是技术兵的复员、退伍军人，到企业工作后，如其原有技术与所分配的工作对口的，给予1个～3个月的熟悉期，熟悉期内的工资待遇可按前上述规定办理；原有技术不对口的，亦按上述规定处理。此后，1966年、1968年、1970年、1972年、1985年，江宁县均按国务院有关文件，对复员退伍军人工资待遇进行相应调整。1987年，对1985年7月1日后退役的志愿兵和义务兵安置到企业的工资待遇，按所在单位不低于现岗位、同工种、同期参加工作大多数人的标准工资的原则确定，凡在部队获二等功以上或者提前晋级奖励的可高定一级。

征收土地安置劳动力工资待遇 1984年10月24日，江宁县劳动局根据南京市人民政府《南京市国家建设征用土地补偿、安置实施细则》（马字〔1983〕188号）文件规定和市劳动局宁劳薪字〔1984〕24号文件精神，对征收土地安置劳动力的工资待遇问题作出处理：征用土地安置的劳动力，凡分配当学徒工的，其学习期间的工资和待遇按现行学徒工标准执行；分配当粗壮工、熟练工的，可在一级至三级工之内定级。在农村劳动时间应从16周岁起，按实际参加劳动时间计算。凡1979年1月后征收土地安置的劳动力工资水平尚未达到第一条规定的，可按第一条规定水平定级。改定人员的工资一律从1984年5月起计发。征地安置的劳动力中，凡经批准实行全民合同制或集体合同制的工人，参加“双保”后，其工资待遇按江宁县劳动局《关于征收土地人员、工资待遇定级的通知》（劳薪字〔1984〕39号）文件规定执行。此后，1990年，江宁县再次对征收土地安置劳动力工资待遇进行调整。

【工资形式】

计时工资　计时工资是分别按月、日、时为单位制订工资标准，按照职工的工作时间支付个人劳动报酬的一种工资形式。新中国成立前，计时工资大多数按日和月计算。新中国成立后，计时工资分月工资、日工资、小时工资三种。

关于加班加点劳动法规定：用人单位由于生产经营需要，经与工会和劳动者协商后可以延长工作时间，一般每日不得超过1小时，因特殊原因不得超过3小时，但每月累计不得超过36小时。同时规定：安排劳动者延长工作时间的，要支付不低于工资的150%的工资报酬；休息日安排劳动者工作又不能安排补休的，要支付不低于工资的200%的工资报酬。法定节假日安排劳动者工作的，要支付不低于工资的300%的工资报酬。

综合计算工时工作制　1997年，江宁县一些企、事业单位及其他组织的职工，在制定国务院规定的新工时制度时，因工作性质或职责、生产特点的限制，不能实行每日工作8小时，每周工作40小时标准工时制的，可根据实际情况实行综合计算工时工作制。当年江宁县印刷厂、南京永昌服装总公司等6家企业提出申请，要求实行综合计算工时工作制。县劳动局根据《中华人民共和国劳动法》第三十九条的规定和江苏省劳动局《转发劳动部〈关于企业实行不定时工作制和综合计算工时工作制的审批办法〉的通知》要求给予批复，同意他们实行综合计算工时工作制。

2000年，有南京百事可乐饮料有限公司、南京山川缝制有限公司等14家企业，2003年，南京年余冷冻食品有限公司、南京恒利石化气体有限公司等22家企业，申请与批复实行综合计算工时工作制。至2007年，全区共有60余家企业实行综合计算工时工作制。

计件工资　民国时期实行计件工资，但较简单，缺乏合理的制度和定额，只是“按件而计”。以民国36年（1947）《江宁县牧龙镇各行业工资调查表》记载，理发，剃剪头不供膳，每剃一头法币（下同）5000元，每剪一头7000元。皮匠不供膳，每制一双7000元等。

新中国成立后，计件工资是有计划，有步骤在企业中推行的。1956年6月，江宁县劳动主管部门在地方国营机械、砖瓦、印刷等企业进行计件工资试点，制订劳动定额和计件单价。据1988年在全民所有制工业和农林牧渔水利业中统计，实行计件工资的工人有1297人，占职工总数4.40%；支付计件工资207.63万元，占职工基本工资总额2850.23万元的7.30%。其中超额工资61.13万元，占计件工资总额29.40%。

奖励工资　1955年，最早成立的天宝煤矿、粮食加工厂等县属地方国营企业，实行生产奖励工资制度。奖励类别有提高产量奖励工资，节约原材料、燃料奖励工资，安全无事故生产奖励工资等。1956年，全县大部分企业推行奖励工资制度。

1966年“文化大革命”开始后，全县各企业自行停止奖励制度，把奖金改为“附加工资”

发放。1978 年，根据国务院发出的《关于实行奖励和计件工资的通知》精神，江宁县逐步把附加工资改用于奖金或计件工资。当年，在县属全民企业中发放奖金 16 万元，人均 8.40 元。1980 年，全县共发放奖金 128.71 万元，人均 39.80 元。1987 年后，全县普遍推行企业工资总额与经济效益挂钩，企业内部分配由企业自主进行。至 1991 年，全县共发放奖金由 1987 年的 1012.83 万元、人均 277.90 元增至 1950.67 万元、人均 501.30 元。

进入 21 世纪后，区内部分公司为员工提供灵活的奖励方式，主要有：通报表扬、嘉奖、记功、记大功、奖励性旅游、月度奖、季度奖、半年奖、年终评奖等。有的规定了具体数额。

津贴工资 江宁县发放的主要有夜班津贴、高温津贴、职务（岗位）津贴和生活费补助。

夜班津贴。20 世纪 50—60 年代，夜班（一般为晚上 12 点至凌晨 6 点）津贴标准为 0.20 元左右。1995 年 10 月，三班制的中夜班津贴由 2.50 元增至 5 元，大夜班津贴由 3 元增至 6 元。两班制的夜班津贴由 2.50 元增至 5 元。当日班职工因生产（工作）需要，生产（工作）超过夜 23 时的夜班津贴由 2.50 元增至 5 元。

高温津贴有夏季清凉饮料费和降温费，江宁县 1975 年开始由每人每年室内 20 元、室外 30 元，逐年调整到 2007 年每人每年室内 130 元、室外 160 元。

职务（岗位）津贴有有毒有害作业岗位津贴、医疗卫生津贴、司炉工岗位津贴与技师职务津贴。以有毒有害作业岗位津贴为例，1984 年，江宁县对化工企业建立有毒有害岗位津贴制度。根据毒物性大小，劳动条件好坏，以及对人体危害的程度，分为甲、乙、丙三个等级的标准。按照市的规定：甲等每人每日 0.50 元，乙等每人每日 0.40 元，丙等每人每日 0.30 元。1993 年 1 月，按照南京市劳动局、财政局的通知精神，把化工有害有毒岗位津贴分为四个等级。甲等极度危害每人每日 2 元，乙等高度危害每人每日 1.50 元，丙等中度危害每人每日 1.20 元，丁等轻度危害每人每日 0.90 元。

生活费补助。江宁县从 1992 年起试行职工生活费补助办法。经省核定，1992 年补助金额为人均 165 元、170 元两个标准。1997 年省核定补贴标准为人均 825 元。

【工资总额及工资水平】

工资总额 工资总额增长。新中国成立后，随着国民经济的恢复和发展，职工人数不断增加。中共江宁区委、区政府按照国家关于工资政策、法规要求，改革工资制度、调整职工工资、提高工资标准、建立奖金制度、增加各项津贴与补助等，使职工工资总额逐年增长。至 2007 年，全区职工工资总额由 1949 年的 26.40 万元增至 2007 年的 186373 万元，增加 7058.58 倍。

工资总额构成。职工工资总额，按照国家统计局规定，是由计时工资、计件工资、各种奖金、各种津贴、补贴、加班加点工资以及特殊工资等其他方面工资所构成。根据江宁县统计局部分年份统计资料显示，1991 年，包括集体经济在内，全县职工工资总额 9913.79 万元，其中计时和计件标准工资为 5729.52 万元，占 57.80%；各项奖金 1950.67 万元，占 19.70%；各项津贴、补贴 2074.06 万元，占 20.90%；其他特殊方面工资为 159.54 万元，占 1.60%。

工资水平 随着国民经济的发展，劳动生产率的提高，江宁区职工平均工资不断得到增长，国民经济各行业的平均工资每年都有提高。1949 年至 1978 年的 29 年间，职工平均工资增长 79.30%，年平均增速 2.10%；1979 年改革开放后至 2007 年的 28 年，职工平均工资增加 58.40 倍，年平均增速达 15.70%。

1949—2007 年江宁区职工工资总额及指数情况表

表 41-1-17 单位：万元

年份	职工工资总额				指数（以 1949 年为 100）				指数（以上年为 100）			
	全部职工	其中			全部职工	其中			全部职工	其中		
		全民	集体	其他经济		全民	集体（以 1971 年为 100）	其他经济（以 1992 年为 100）		全民	集体	其他经济
1949	26.40	26.40	—	—	100.00	100.00	—	—	100.00	100.00	—	—
1950	38.64	38.64	—	—	146.40	146.40	—	—	146.40	146.40	—	—
1951	66.08	66.08	—	—	250.30	250.30	—	—	171.00	171.00	—	—
1952	113.93	113.93	—	—	431.60	431.60	—	—	172.40	172.40	—	—
1953	167.75	167.75	—	—	635.40	635.40	—	—	147.20	147.20	—	—
1954	194.20	194.42	—	—	736.40	736.40	—	—	115.90	115.90	—	—
1955	199.47	199.47	—	—	755.60	755.60	—	—	102.60	102.60	—	—
1956	285.74	285.74	—	—	1082.30	1082.30	—	—	143.30	143.30	—	—
1957	318.79	318.79	—	—	1207.50	1207.50	—	—	111.60	111.60	—	—
1958	338.64	338.64	—	—	1282.70	1282.70	—	—	106.20	106.20	—	—
1959	457.86	457.86	—	—	1734.30	1734.30	—	—	135.20	135.20	—	—
1960	455.48	455.48	—	—	1725.30	1725.30	—	—	99.50	99.50	—	—
1961	404.06	404.06	—	—	1530.50	1530.50	—	—	88.70	88.70	—	—
1962	366.81	366.81	—	—	1388.90	1388.90	—	—	90.80	90.80	—	—
1963	366.81	366.81	—	—	1389.40	1389.40	—	—	100.00	100.00	—	—
1964	402.62	402.62	—	—	1525.10	1525.10	—	—	109.80	109.80	—	—
1965	399.93	399.63		—	1514.90	1514.90	—	—	99.30	99.30	—	—
1966	431.26	431.26	—	—	1333.60	1333.60	—		107.80	107.80	—	—
1967	440.15	440.15		—	1667.20	1667.20	—	—	102.10	102.10	—	—

续表 1

年份	职工工资总额				指数（以1949年为100）				指数（以上年为100）			
	全部职工	其中			全部职工	其中			全部职工	其中		
		全民	集体	其他经济		全民	集体（以1971年为100）	其他经济（以1992年为100）		全民	集体	其他经济
1970	477.08	477.08	—	—	1807.20	1807.20	—	—	108.40	108.40	—	—
1971	903.73	598.33	305.40	—	3423.20	2266.40	100.00	—	189.40	125.40	100.00	—
1972	948.47	644.62	303.85	—	3591.90	2441.70	99.50	—	104.90	107.70	99.50	—
1973	986.69	673.63	313.06	—	3737.50	2551.60	102.50	—	104.10	104.50	103.00	—
1974	1028.18	688.15	340.03	—	3894.60	2606.60	111.30	—	104.30	102.20	108.60	—
1975	1054.99	699.84	355.15	—	3996.20	2650.90	116.30	—	102.60	101.70	104.40	—
1976	1141.88	759.60	382.28	—	4325.30	2877.30	125.20	—	108.20	108.50	107.60	—
1977	1287.84	796.13	495.71	—	4878.20	3000.30	162.30	—	112.30	104.30	129.70	—
1978	1421.73	878.45	543.28	—	5385.30	3327.50	177.90	—	110.30	110.90	109.60	—
1979	1542.55	1004.89	537.66	—	5843.00	3806.40	176.10	—	108.50	114.40	98.70	—
1980	1930.94	1272.23	658.71	—	7314.20	4819.10	215.70	—	125.20	126.60	122.50	—
1981	1976.07	1285.72	690.35	—	7485.10	4870.10	226.00	—	102.10	101.10	104.80	—
1982	2152.72	1442.77	709.95	—	8154.20	5465.00	232.50	—	108.90	112.10	102.80	—
1983	2286.67	1528.02	758.65	—	8661.60	5788.00	248.40	—	106.20	105.90	106.90	—
1984	2817.80	1862.72	955.08	—	10673.50	7055.80	312.70	—	123.20	121.90	125.90	—
1985	3514.70	2294.17	1220.53	—	1333.30	8690.00	399.70	—	124.70	123.20	127.80	—
1986	4409.48	3029.64	1379.84	—	16702.60	11475.90	451.80	—	125.50	132.10	113.10	—
1987	5384.11	3755.19	1628.92	—	20432.20	14224.20	533.40	—	122.10	124.00	118.10	—
1988	6656.72	4733.38	1923.34	—	25214.90	19729.50	629.80	—	123.60	126.10	118.10	—
1989	7493.18	5285.27	2207.91	—	28383.30	20020.00	818.50	—	112.60	111.70	114.80	—

续表 2

年 份	职工工资总额				指数（以 1949 年为 100）				指数（以上年为 100）			
	全部职工	其 中			全部职工	其 中			全部职工	其 中		
		全 民	集 体	其他经济		全 民	集体（以 1971 年为 100）	其他经济（以 1992 年为 100）		全 民	集 体	其他经济
1990	8750.32	6250.65	2499.67	—	33145.20	23676.70	818.50	—	116.80	118.30	113.20	—
1991	9913.79	7181.91	2731.88	—	37552.20	27204.20	894.50	—	113.30	114.90	109.30	—
1992	13588.00	10099.30	3408.40	80.30	51469.70	38254.90	896.00	100.00	137.10	140.60	124.80	100.00
1993	18496.00	14242.00	4119.00	135.00	70060.60	53947.00	1348.70	168.10	136.10	141.00	120.80	168.10
1994	26050.00	20296.00	5604.00	150.00	98674.20	76878.80	1835.00	186.80	140.80	142.50	136.10	111.10
1995	31544.00	23380.00	7055.00	1109.00	119484.50	88560.60	2310.00	138.10	117.30	115.20	125.90	739.30
1996	33818.00	22699.00	7466.00	3653.00	128098.50	85981.10	2441.70	4549.20	107.20	97.10	105.80	329.40
1997	38409.00	24458.00	8405.00	5546.00	145488.60	92643.90	2752.10	6906.60	113.60	107.70	112.60	151.80
1998	40510.00	23123.00	7051.00	10336.00	153447.00	87587.10	2308.80	12871.70	105.40	94.50	83.50	186.40
1999	43576.00	25115.00	6805.00	11656.00	165060.60	95132.60	2228.20	14515.60	107.60	108.60	96.50	112.80
2000	50901.00	28727.00	5823.00	16351.00	192806.80	108814.40	1906.70	20362.40	116.80	114.40	85.60	140.30
2001	54799.00	32190.00	5508.00	17101.00	207572.00	121931.80	1803.50	21296.40	107.70	112.10	94.60	104.60
2002	61985.00	34358.00	5442.00	22185.00	234191.70	130143.90	1781.90	27627.70	113.10	106.70	98.80	129.70
2003	76646.00	40452.00	5473.00	30721.00	290325.80	153227.30	1795.00	38246.60	123.70	117.70	100.70	138.40
2004	90843.00	47805.00	4914.00	38124.00	344102.30	181079.60	1609.00	47477.00	118.50	118.20	89.60	124.10
2005	104643.00	54698.00	5691.00	44254.00	396375.00	207189.40	1683.50	55110.80	113.50	114.40	115.80	116.10
2006	151275.00	66238.00	5725.00	79312.00	573011.40	251901.50	1874.60	98769.60	144.60	121.10	100.60	179.20
2007	186373.00	88241.00	7484.00	90648.00	705958.30	334246.20	2450.90	112886.70	123.20	133.20	130.70	114.30

说明：1968 年、1969 年两年因“文化大革命”的影响未统计

1949—2007 年江宁区职工平均工资及指数情况表

表 41-1-18

单位：元

年份	职工平均工资				指数（以 1949 年为 100）				指数（以上年为 100）			
	全部职工	其中			全部职工	其中			全部职工	其中		
		全民	集体	其他经济		全民	集体（以 1971 年为 100）	其他经济（以 1992 年为 100）		全民	集体	其他经济
1949	266	266	—	—	100.00	100.00	—	—	100.00	100.00	—	—
1950	251	251	—	—	94.40	94.40	—	—	94.40	94.40	—	—
1951	319	319	—	—	119.90	119.90	—	—	127.10	127.10	—	—
1952	329	329	—	—	123.70	123.70	—	—	103.10	103.10	—	—
1953	376	376	—	—	141.40	141.40	—	—	114.30	114.30	—	—
1954	423	423	—	—	159.00	159.00	—	—	112.50	112.50	—	—
1955	422	422	—	—	158.70	158.70	—	—	99.80	99.80	—	—
1956	457	457	—	—	171.80	171.80	—	—	108.30	108.30	—	—
1957	474	474	—	—	178.20	178.20	—	—	103.70	103.70	—	—
1958	446	446	—	—	167.70	167.70	—	—	99.10	99.10	—	—
1959	415	415	—	—	156.00	156.00	—	—	93.00	93.00	—	—
1960	424	424	—	—	159.40	159.40	—	—	102.20	102.20	—	—
1961	456	456	—	—	171.40	171.40	—	—	107.60	107.60	—	—
1962	466	466	—	—	175.20	175.20	—	—	102.20	102.20	—	—
1963	507	507	—	—	190.60	190.60	—	—	108.80	108.80	—	—
1964	538	538	—	—	202.30	202.30	—	—	115.60	115.60	—	—
1965	540	540	—	—	203.00	203.00	—	—	100.40	100.40	—	—
1966	540	540	—	—	203.00	203.00	—	—	100.00	100.00	—	—
1967	544	544	—	—	204.50	204.50	—	—	100.70	100.70	—	—

续表 1

年份	职工平均工资				指数（以1949年为100）				指数（以上年为100）			
	全部职工	其中			全部职工	其中			全部职工	其中		
		全民	集体	其他经济		全民	集体（以1971年为100）	其他经济（以1992年为100）		全民	集体	其他经济
1970	526	526	—	—	197.70	197.70	—	—	96.70	96.70	—	—
1971	520	530	501	—	195.50	199.30	100.00	—	98.90	100.80	100.00	—
1972	495	531	432	—	186.10	199.60	86.20	—	95.20	100.20	86.20	—
1973	493	525	435	—	185.30	197.40	86.80	—	99.60	98.90	100.70	—
1974	503	530	457	—	189.10	199.30	91.20	—	102.00	101.00	105.10	—
1975	490	509	456	—	184.20	191.40	91.00	—	99.40	96.00	99.80	—
1976	480	500	444	—	180.50	188.00	88.60	—	98.00	98.20	97.40	—
1977	479	493	436	—	180.10	185.30	87.00	—	99.80	98.60	98.20	—
1978	477	504	458	—	179.30	189.50	91.40	—	99.60	102.20	105.00	—
1979	493	515	456	—	185.30	193.60	91.00	—	103.40	102.20	99.60	—
1980	613	663	521	—	230.50	249.20	104.00	—	124.30	128.70	114.30	—
1981	600	641	527	—	255.60	241.00	105.20	—	97.90	96.70	101.20	—
1982	644	675	615	—	242.10	253.80	122.80	—	107.30	105.30	116.70	—
1983	674	680	613	—	253.40	255.60	122.40	—	104.70	100.70	99.70	—
1984	803	809	792	—	301.90	304.10	158.00	—	119.10	119.00	129.20	—
1985	896	893	901	—	336.80	325.70	179.80	—	111.60	110.30	113.80	—
1986	1081	1125	995	—	406.40	422.90	198.60	—	120.60	126.00	110.40	—
1987	1319	1335	1166	—	458.30	501.90	232.70	—	112.80	118.70	117.20	—
1988	1533	1592	1404	—	576.40	598.60	280.30	—	125.80	119.30	120.40	—
1989	1695	1744	1588	—	637.20	655.60	317.00	—	110.60	109.50	113.10	—

续表 2

年份	职工平均工资				指数（以 1949 年为 100）				指数（以上年为 100）			
	全部职工	其中			全部职工	其中			全部职工	其中		
		全民	集体	其他经济		全民	集体（以 1971 年为 100）	其他经济（以 1992 年为 100）		全民	集体	其他经济
1990	1908	2011	1980	—	717.30	756.00	335.30	—	112.60	115.30	105.80	—
1991	2105	2202	1887	—	791.40	827.80	376.70	—	110.30	109.50	112.30	—
1992	2789	3001	2332	1746	1048.50	1128.20	465.50	100.00	132.50	136.30	112.30	100.00
1993	3633	4050	2711	2446	1365.80	1522.60	541.10	140.10	130.30	135.00	116.30	140.10
1994	5086	5571	3903	3516	1912.00	2094.40	779.00	201.40	140.00	137.60	144.00	143.70
1995	5764	6304	4510	5558	2166.90	2370.00	900.20	318.30	113.30	113.20	115.60	158.10
1996	6032	6552	4868	6058	2267.70	2463.20	971.70	347.00	104.60	103.90	107.90	109.00
1997	6505	7084	5232	6559	2445.50	2663.20	1044.30	375.70	107.80	108.10	107.50	108.30
1998	7243	8257	5724	6622	2722.90	3104.10	1142.50	379.30	111.30	116.60	109.40	101.00
1999	7654	8993	5577	6935	2877.40	3380.80	1113.20	397.20	105.70	108.90	97.40	104.70
2000	8832	10792	6321	7546	3320.30	4057.10	1243.70	432.20	115.40	120.00	111.70	108.80
2001	10775	13596	7269	8723	4050.80	5111.30	1450.90	499.60	122.00	126.00	116.70	117.00
2002	12619	15204	8854	10887	4744.00	5715.80	1767.30	623.50	117.10	111.80	121.80	124.80
2003	14598	18236	10515	12232	5488.00	6855.60	2098.80	700.60	115.70	119.90	118.80	112.40
2004	16267	21514	10957	13083	6165.40	8088.00	2187.00	749.30	111.40	118.00	104.20	107.00
2005	18073	24553	13414	13083	6794.40	9230.50	2677.40	749.30	111.10	114.10	122.40	10.00
2006	23967	28503	13916	22175	9010.20	10715.40	2777.60	1270.00	132.60	116.10	103.70	169.50
2007	29285	39883	19265	24088	11009.40	14993.60	3845.30	1379.60	122.20	139.90	138.40	108.60

说明：1968 年、1969 年两年因“文化大革命”的影响未统计

【职工福利】

全区职工福利主要有集体福利设施、职工福利补助与职工探亲假、婚丧假待遇三方面。

新中国成立后，江宁县各企业按照国务院分别于1953年和1962年颁发的《有关企业职工福利补助费提取与开支的规定》，从企业职工工资总额中提取2.50%的福利基金，除用于职工平时补助外，还用于增加职工食堂、浴室、理发室等集体福利设施，同时对食堂给予一定补助。据统计，至1985年，全县302家企业，办浴室36个，理发室11个，幼儿园、托儿所、哺育室53个、医务室54个，图书馆79个，俱乐部17个，职工业余学校2所，同时开办职工食堂249个，新建职工宿舍2099959平方米。1994—2007年，各企业按照《中华人民共和国劳动法》规定，不断创造条件改善集体福利，提高劳动者的福利待遇。

江宁县职工福利补助类别很多，主要有生活困难补助、各项生活补贴（粮价补贴、副食品价格补贴等）。1955年，全县补助困难职工173人，生活费2924.22元。1962年，通过调查核实，对551人次生活困难职工给予补助，补助金额8265元。20世纪70年代后，根据市劳动局的要求，对职工家属人均收入低于标准的（每人13元）进行补助。1988年，对于城镇职工家属人均收入不足45元补助到45元。1995年5月，改按低于社会平均工资的30%给予补助，江宁县城镇职工家庭人均收入低于上一年社会平均工资30%的，单位根据家庭情况，在30%的差额内对申请人给予生活困难补助。

江宁县的职工探亲假、婚丧假待遇一直依照国家、省、市劳动部门规定执行。1958年7月，按照国务院发布的《关于工人、职员回家探亲的假期工资待遇的暂行规定》，江宁县对符合规定的工人、职员回家探亲，每年给假期12天，工资照发，往返车船费原则上由个人自理。1959年6月1日，全县贯彻国家劳动部门规定，对企业单位职工请婚丧假在3个工作日以内的工资照发。1981年，国务院公布《关于职工探亲待遇的规定》，扩大享受对象的范围和延长假期。江宁县按规定执行。

第六节 劳动监察与仲裁

江宁县劳动主管部门自新中国成立后至1994年没有专设劳动监察机构，但对职工反映和举报劳动工资等方面的问题，涉及到哪个部门就由哪个部门去调查处理。1996年，江宁县劳动局设置专门机构，至2007年，江宁区劳动监察和劳动仲裁工作始终以《中华人民共和国劳动法》为统领，以促进全区劳动关系和谐稳定为已任，坚持双维护宗旨，努力提高办案质量和水平；重视和加强干部队伍建设，密切同社会有关方面的联系，不断推进劳动监察和劳动仲裁事业的发展，较好地发挥劳动监察和劳动仲裁工作的服务、保障功能。

【劳动监察网络】

1996年6月，根据江宁县机构编制委员会批复，同意县劳动局增设劳动监察股。1997年12月，同意成立江宁县劳动监察大队，为股级全民事业单位，核定编制8人。是年，县劳动局帮助全县23个乡镇建立劳动监察组织并明确具体负责人，至此，全县劳动监察的组织网络基本形成。至2007年年底，全区建立二级网络9个，三级网络204个，兼职劳动保障监察员28人。劳动保障监察协理员216人，采集2245个用人单位、22.60万人的资料入网，由于工作成绩突出，江宁区劳动监察网络建设被省劳动和社会保障厅评为先进单位。

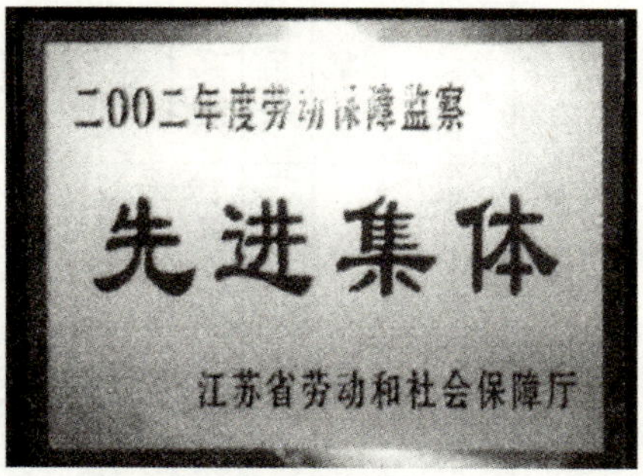

图 41-1-8　2003 年，江宁区劳动和社会保障局被江苏省劳动和社会保障厅评为 2002 年度劳动保障监察先进集体

【劳动监察及行政执法】

1996 年，县劳动局设立劳动监察机构后，行政执法逐步由过去的单纯日常监察，转为配合全县劳动保障中心任务，强化劳动保障年检、劳动用工、劳动工资支付、社会保险扩面征缴、劳动力市场的清理等专项检查，对各类违法行为进行纠正和查处。至 2007 年，受理及立案各类违法案件逐年增多，1997 年为 95 件，2001 年为 154 件，2004 年达 668 件，到 2007 年猛增至 1329 件。结案率较高，大部分年份都达 100%，有效维护企业和劳动者的合法权益。

【劳动仲裁】

劳动争议仲裁机构　新中国成立前，江宁县没有劳动争议仲裁机构。新中国成立初期，劳资纠纷的调处由县劳动科负责。1954 年，劳动科撤销后，发生的劳动争议由工会或信访部门负责处理。1986 年 12 月 11 日，县政府下发《关于成立江宁县劳动争议仲裁委员会的决定》，成立江宁县劳动争议仲裁委员会。该会负责辖区范围内各企事业单位的劳动争议等事宜，办公室设在县劳动局，该室为劳动局的内设机构。

2005 年 8 月，率先在全市成立江宁区劳动争议仲裁院，承担独立办案职能。区仲裁委员会办公室作为日常办事机构不再直接办理劳动争议案件，办案职能转至区劳动争议仲裁院。2007 年 3 月，经政府相关部门批准，江宁区将劳动争议预防调解工作平台及时下移，在全区 9 个镇（街）全部成立劳动争议仲裁办事处，且为每个仲裁办事处辟出占地 30 平方米的专用仲裁庭，加上区仲裁院的 3 个仲裁庭，在区、镇（街）两级形成“一委九办、一院十二庭”的劳动争议处理体系。

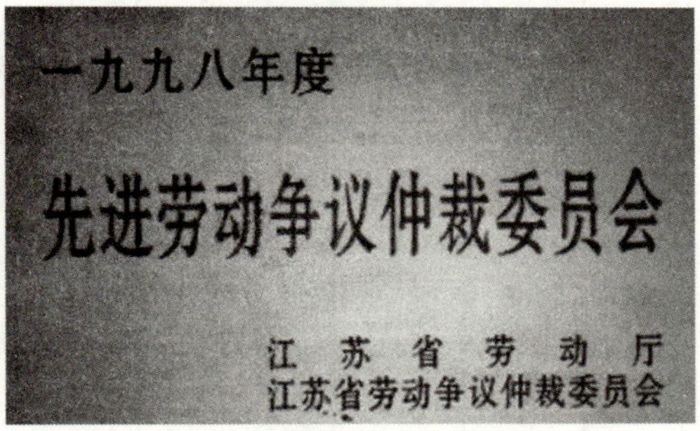

图 41-1-9　1999 年，江宁县劳动争议仲裁委员会被评为 1998 年度先进劳动争议仲裁委员会

劳动争议处理　县劳动争议仲裁机构自 1987 年后，在处理劳动争议的案例中，每年都根据案件的不同特点依据仲裁的法律法规，采取相应处理方式，取得较好效果，维护了企业经营者和职工的合法权益。1987 年，受理劳动争议案 1 件。此后，每年受理的劳动争议案件由少到多逐年增加，特别进入 21 世纪以后数量快速上升。1990 年，对劳动争议立案 2 起，结案 2 起，其中调解结案 1 起，做工作和解撤诉结案 1 起。不够立案条件予以案外调处的 5 起。1995—1998 年，受理各类劳动争议 168 件，涉案劳动者 514 人。仲裁部门通过案件审理，为当事人挽回经济损失 130.77 万元，依法维护双方合法权益。2004 年，立案受理各类劳动争议 368 件，涉及劳动者 502 人。2005—2006 年，受理劳动争议案件 1361 件，结案 1339 件，结案率 98.50%。2007 年，受理劳动争议案件 1643 件，结案 1634 件，结案率 99%。

由于仲裁工作成绩突出，区劳动争议仲裁委员会于 1998 年度、2002 年度、2005 年度、2006 年度、2007 年度分别被评为江苏省先进劳动争议仲裁委会。

1996—2007年江宁区受理劳动违法案件情况表

表41-1-19

项目		1996年	1997年	1998年	1999年	2000年	2001年	2002年	2003年	2004年	2005年	2006年	2007年
企业（家）		363	516	470	470	504	1075	1881	1803	2389	2147	2245	2245
受理违法案件	案件（件）	43	95	98	84	106	154	398	463	668	561	642	1329
	立案（件）	43	95	98	84	106	154	398	367	468	477	621	1329
	结案（件）	43	92	98	84	102	152	390	367	445	477	590	1329
	结案率（%）	100	97	100	100	96	99	98	100	95	100	95	100
审核企业规章制度数（家）		19	20	130	76	26	42	58	57	32	46	35	473
限期整改企业数（家）		1	12	32	32	75	9	115	85	320	27	53	167
补签劳动合同并签证人数(人)		1687	1234	11051	2906	15186	3163	9428	3774	13440	163	5600	9795
办理流动就业登记卡（人）		—	3200	1204	1915	8325	8539	8834	—	—	—	—	—
清退外来工（人）		—	1400	1189	449	320	—	—	—	—	—	—	—
追回风险抵押金（万元）		17	35	25	6	2	4	5	14	7	—	—	—
追发拖欠工资（万元）		3	7	28	74	4	162	1798	272	797	222	1687	3118
补交保险金额（万元）		—	24	129	102	120	400	—	130	10	98	260	325
取缔非法劳动中介（家）		—	2	—	—	—	—	—	3	8	20	9	9
罚款企业数（家）		—	—	1	13	—	5	4	—	1	1	—	—
罚款金额（万元）		—	—	1	—	—	—	—	—	2	1	—	—
警告通报批评（家）		—	1	53	—	—	—	—	—	2	—	—	—

1987—2007 年江宁区劳动争议处理情况表

表 41-1-20　　　　　　　　　　　　　　　　　　　　　　　　单位：件

年份	案件受理			其中类型		处理方式			处理结果		
	立案	结案	结案率（%）	因履行劳动合同、工资支付、社会保险等原因发生的争议	因开除、除名、辞退违纪职工等发生的争议	调解	裁决	其他方式	单位胜诉	职工胜诉	双方胜诉
合计	4473	4432	—	335	48	1445	2219	768	770	2770	882
1987	1	1	100	1	—	1	—	—	1	—	—
1988	1	1	100	1	—	1	—	—	—	—	1
1989	3	3	100	1	2	1	1	1	1	2	—
1990	7	7	100	3	4	2	—	5	—	4	3
1991	9	9	100	6	3	2	2	5	4	1	4
1992	6	6	100	4	2	—	1	5	3	3	—
1993	13	13	100	13	—	—	1	12	6	5	2
1994	12	12	100	10	2	2	3	7	3	6	3
1995	23	23	100	20	3	8	7	8	3	13	7
1996	22	22	100	17	5	10	4	8	2	16	4
1997	51	51	100	41	10	12	17	22	7	36	8
1998	72	72	100	65	7	10	29	33	21	40	11
1999	115	115	100	107	8	21	42	52	30	63	22
2000	48	48	100	46	2	13	20	15	8	29	11
2001	203	201	99	—	—	38	122	41	62	115	24
2002	226	226	100	—	—	46	141	39	59	127	40
2003	289	281	97	—	—	103	127	51	77	199	5
2004	368	368	100	—	—	105	169	94	61	256	51
2005	511	507	99	—	—	150	276	81	54	376	77
2006	850	832	98	—	—	333	347	152	146	526	160
2007	1643	1634	99	—	—	587	910	137	222	953	459

合同鉴证与审查 1989年，江宁县开始进行劳动合同的鉴证工作。这一工作是劳动行政部门对劳动合同进行管理、监督、检查的一种措施，由劳动行政部门的劳动仲裁机构依据国家有关法律、法规进行审查，鉴证，并予以证明。1990年，为企业、事业、机关与团体鉴证合同2627份，其中新鉴证合同1994份，续签证合同628份，补签合同5份。1992年，全县共鉴证劳动合同4271份，其中新签合同鉴证1701份，续订合同鉴证140份，乡村企业合同鉴证26份，私营企业合同鉴证215份。1996年，全县共鉴证4000余份劳动合同，并为各类用人单位鉴证劳动合同10969份。是年，县劳动局在全县推行集体协商签订集体合同制度。县仲裁部门对123家企业行政与其工会签订的369份集体合同进行审查。1998—2000年，为各类用人单位鉴证劳动合同47870份，纠正各类违法无效合同730份，审查集体合同169份。2001—2005年，为各类用人单位鉴证劳动合同178740份，审查集体合同168份。2006—2007年，全区鉴证劳动合同192379份，其中新签合同93012份，续签合同98985份，补签合同382份；审查集体合同3份。

第二章 人事管理

民国时期，公务员任用实行委任聘用制。分简任、荐任、委任等，各分一、二、三阶。科长、科员、技士等官员采用简任、荐任、委任法，一般雇员、工役等采用聘、派、雇用法，要求任用之人员，“其学识、资历、体格、应与拟任职务之种类或性质相当”。民国38年（1949）1月1日，县政府配有1名人事管理员，负责人事管理事务。

新中国成立初期，全县人事工作由县政府民政科管理。1952年年初，正式成立县人事科。1954年8月，县人事科与县委组织部合署办公。1955年7月1日，县人事科并入组织部干部科。1963年4月，县人民委员会决定成立江宁县人民委员会人事监察科。1965年3月，县人民委员会人事监察科更名为江宁县人事局。1966年3月，县人事局并入县民政局。1970年9月，成立江宁县革命委员会人事局，负责办理人事、劳动、知青、民政等工作。1978年5月，民政、劳动工作由县人事局划出，分别成立民政局、劳动局。1997年12月，核定县人事局机关行政编制12名，行政附属编制1名。县人事局下属江宁县人才交流服务中心和江宁县机关事业单位社会保险所2个事业单位。2007年，区人事局内设机构：办公室、工资福利科、专业技术人员管理科（挂“区职称改革领导小组办公室”“区毕业生就业办公室”“区人事争议仲裁委员会办公室”）和公务员管理科。在编行政人员22名，事业编制人员13名。

至2007年12月，全区各系统行政编制数与在职人员数分别为3230人和3061人。区级机关部门所属事业单位编制数与实有人数分别为4343人和13837人。街道所属事业单位编制数与实有人数分别为996人和914人。

第一节 机构编制管理

民国时期，由县政府秘书室掌握“所属职员之任免奖惩及考勤事项”，省政府对县机构和公务员、工役人员都有编制下达。新中国成立之初，根据“精兵简政”原则确定机构和人员。1984—2007年，江宁区先后进行4次党政机关机构和事业单位集中改革。

【编制管理机构】

1953年，根据省委“整顿编制、精简机构”的指示精神，江宁县人民政府着手进行调整机构、精编人员的工作。1954年6月10日，江宁县成立整编委员会，开始整顿编制、精简机构工作。1956年5月，成立江宁县编制委员会，成员9人。

“文化大革命”期间，县编制委员会及其办公室处于瘫痪状态；县、乡镇机关和企、事业的机构设置与人员定额处于混乱状态。1981年，江宁县编制委员会办公室与县人事局合署正式对外办公。

1994年3月，经县委、县政府同意，江宁县编制委员会更名为江宁县机构编制委员会。此后至2004年2月，区机构编制委员会办公室与区人事局一直合署办公。

2007年3月，区机构编制委员会组成人员进行调整，其下设的办公室由张克勤兼任办公室主任。至是年10月，区机构编制委员会共有10名成员。

【机构设置】

至2007年，中共江宁区委工作机构有6个，部门管理机构3个；区政府工作部门25个，另设议事协调机构1个；派出机构3个，事业局性质机构5个（详见本志第二十七编第三章第三节《基层行政机关 政府派出机关》）。

【人员编制】

民国22年（1933）2月10日，县政府职员包括县长梅思平在内，共有113人。民国35年年底，江宁县政府配备职员98人，民国38年4月，江宁县解放，是年年底，全县共有干部646人。1954年6月10日，进行整编工作，至1955年年底，县级党政群机关，共有32个单位，编制额为451人，实有人员456人，超编5人。1957年，全县开展新一轮整编工作和撤区并乡工作，编制由原1342个减为867个。

1962年5月，全县县级机关共有干部492人。至1963年，县级党政群机关编制620人。1966年4月，江宁县委下发《关于公社（镇）行政编制干部配备通知》，全县公社（镇）一级的行政编制，由原354人增至460人（其中脱产干部335人，半脱产干部125人，半脱产干部2人算作1名编制）。“文化大革命”期间，机构编制管理工作基本瘫痪。1968年3月，江宁县革命委员会成立。1973年3月7日，南京市编委下达江宁县县级机关编制380人（含事业编制60人）。

1981年6月，县编委根据省编委于1980年12月下达江宁县行政编制指标1166人，经调查研究，对全县县、社两级党政群机关行政定编工作进行安排：社、镇行政机关编制578人，占49.57%；县级机关行政编制580人，占49.74%；机动数8人，占0.69%，报市委、市政府审批。1982年年底，江宁县县级机关实有人数1117人。1984年，县编委根据省、市编委要求在1982年881人的基础上，精简15%，即132人。是年9月，省、市编委核定给江宁县县级党政群机关652人的编制总数（另机动33人）。1988年9月，江宁县委批转县编委《关于核定乡镇党政机关人员编制的意见》，通过定编工作，对超编人员进行清理整顿，实行定编、定岗、定员，逐人逐个进行核定编制。1989 年 3 月，鉴于江宁、秣陵、陶吴、淳化、禄口乡撤乡建镇，实行镇管体制，县编委印发通知，对上述 5 镇各增加 1 名行政编制。

1991 年年底，江宁县、乡（镇）两级党政群及政法部门的编制和实有人数 2055 人。至 1995 年年底，江宁县县级机关（包括政法部门）有行政编制 1255 人，实有 1254 人；乡镇共有行政编制 792 人，实有 951 人。1997 年，江宁县、乡（镇）两级（包括政法部门）编制数及实有人数分别是 2420 人和 2190 人，其中政法部门的编制数及实有人数分别是 575 人和 625 人。

2002 年，全区实行党政机关机构改革，精简比例为 16%。同时进行镇党政机构改革，镇机关内设机构设 6 个综合性办公室，镇党政机关行政编制由 1035 人精简为 766 人，精简幅度为 26%，行政附属编制由 104 人精简为 77 人。全区事业单位原有 274 个，改革后为 162 个，编制由 1339 人精简为 883 人。全区人员分流共 683 人。18 个镇、街道司法所使用专项司法行政编制，单列管理，核定编制 41 人。2003 年，同意各镇（街道）司法所为正科级建制，领导职数设所长 1 名。单独设立各镇（街道）劳动和社会保障所，共核定事业编制 64 人。增加区公安局地方专项编制 100 人。至 2007 年 12 月，江宁区各系统行政编制数与在职人员数分别为 3230 人和 3061 人。江宁区区级机关部门所属事业单位编制数与实有人数分别为 4343 人和 13837 人。镇、街道所属事业单位编制数与实有人数分别为 996 人和 914 人。

2007 年 12 月江宁区各级各系统行政编制与在职人数情况表

表 41-2-21　　　　单位：人

项目	区划数（个）	总计		党委		人大		政府		政协		群众团体		政法系统	
		编制	在职	编制	在职	编制	在职	编制	在职	编制	在职	编制	在职	编制	在职
合计	—	3216	3061	698	455	31	36	1096	1249	16	23	30	44	1345	1254
区级机关	1	2395	2432	379	221	31	36	594	854	16	23	30	44	1345	1254
街道	7	613	487	235	182	—	—	378	305	—	—	—	—	—	—
镇	2	208	142	84	52	—	—	124	90	—	—	—	—	—	—

2007 年 12 月江宁区级机关部门所属事业单位编制和在职人数情况表

表 41-2-22

项　目	机构数（个）			编制人数（人）			实有人数（人）		
	合　计	财政预算	经费自理	合　计	财政预算	经费自理	合　计	财政预算	经费自理
总　计	354	232	122	4343	2577	1766	13837	11594	2243
党委系统	9	9	—	89	89	—	74	74	—
政府系统	342	222	120	4215	2472	1743	13720	11497	2223
群团系统	2	—	2	23	—	23	20	—	20
经济系统	1	1	—	16	16	—	23	23	—

2007 年 12 月江宁区街道所属事业单位机构编制与实有人数情况表

表 41-2-23　　单位：人

项 目	合 计	全额拨款	差额补贴	经费自理
编制数	996	160	68	768
实有人数（按经费渠道划分）	914	148	67	699
实有人数（按岗位划分）	811	528	89	194

【事业单位法人登记管理】

1993 年 9 月，贯彻落实南京市编制委员会《转发省编委关于建立全省事业单位法人等级制度的报告的通知》规定，经江宁县编制委员会审核批准的事业单位，法人登记工作均由江宁县编制部门办理。1995 年，江宁县开始建立事业单位登记报告制度。是年，共对 410 个事业单位进行登记，分别发放事业单位法人证书（正、副本证书）。同时，对已登记的 410 个事业单位进行年检。

2000 年 12 月，江宁县撤县设区，江宁县事业单位变更为“南京市江宁区 XX 事业单位”。2001 年 3 月，全区开始实施事业单位初始登记工作，原“江苏省事业单位法人登记证”和“江苏省事业单位登记证”废止，启用全国统一的“事业单位法人证书”。是年，全区共有区级部门的 219 个事业单位进行初始登记。同年，经江宁区编委批准，在区编办增挂“南京市江宁区事业单位登记管理局”牌子，与区人事局合署办公，为处级单位。2002 年 4 月，江宁区机构编制委员会办公室对 144 个符合条件的乡镇所属事业单位进行登记。至 2003 年年底，全区共有 363 个事业单位进行登记。2006 年 3 月，江宁区区划调整，镇街合并，注销部分镇街的事业单位，区划调整后，全区共有事业单位 327 个。根据国家事业单位登记管理局印发的《事业单位登记管理档案管理办法》的通知要求，江宁区事业单位登记管理局于 2007 年 9 月建立事业单位登记管理档案室，共为 327 个事业单位建立档案。

【经营性事业单位改制转企】

2004 年 4 月 10 日，江宁区政府出台《南京市江宁区区属经营性事业单位改制转企试行意见》（江宁政发〔2004〕108 号），将安置分流人员分 6 类进行明确：离休人员、改制前已退休人员、提前离岗退养人员、提前退休人员、置换劳动人事关系、特殊群体人员。同年，对全区区属经营性事业单位进行梳理，确定 17 个事业单位为改制转企对象，人事、编制部门配合区发改局做好人员分流安置工作。至 2007 年 12 月，完成政府招待所、东山影剧院、建筑设计室、旅游事业有限公司 4 个经营性事业单位改制转企工作。

第二节　干部队伍

民国 22 年（1933），江宁自治实验县政府职员包括县长共 113 人，当时职员构成较之普通县，有两个明显特点，一是文化水平高，113 人中，大学毕业生占 42% 以上；科长以上职员 8 人中，大学毕业 7 人，专科毕业 1 人。二是年轻，35 岁以下青年 98 人，占 86% 以上。民国时期，江宁县县级机构规模较小，官员较少。

【干部队伍发展】

民国38年（1949）4月24日，江宁县干部共有725人，文化水平较低。其中，文盲51人，小学524人，初中87人，高中61人，高等院校毕业的仅有2人。1952年，全县干部队伍增至1609人，学历层次有所提高。其中，文盲63人，小学896人，初中452人，高中176人，高等院校毕业的有22人。1956年的干部队伍数量较1952年增加1倍，达3052人，且干部素质有明显提高。其中，高等院校毕业人数有62人，高中学历的有424人，初中学历的有1612人，小学学历的有954人。

1966年，“文化大革命”开始，全县党政机关先后瘫痪，干部管理有失控现象。1971年，全县的干部队伍数量为4651人，增加较慢，但学历层次有所提高。其中，高等院校毕业的有747人，高中学历的有1755人，初中学历的有1683人，小学学历的有466人。1984年，全县开始在机关部门实行干部选聘合同制，把过去单一的任免制改为选聘合同制与任免制相结合，是年，江宁县干部队伍数量达6249人。从学历层次看，具有高等院校学历者1260人，中专学历者2230人，高中学历者905人，初中学历者1854人。

1990年，江宁县的干部队伍数量达9215人。其中，在行政机关工作的有1566人，事业单位工作的有6253人，企业单位工作的有1396人。从学历层次看，高等院校学历2453人，中专学历3736人，高中学历1187人，初中以下学历的1839人。为增强江宁县干部人才队伍的后劲，紧抓大学实行计划外招生机会，与计经委共同委托培养高校毕业生。1992—1998年，共委托培养1703名高等院校学生。

2000年，江宁县干部队伍有25544人，其中具有大专以上文化程度人才9986人。在全区公务员队伍“入口”上，自2003年起，开始面向社会公开招考。2004年9月，全区机关事业单位的人员调配实行“先进行组织考察，后决定调配”的方式，严把机关事业单位人员队伍“入口关”。2006年，全区共有各类干部人才6.80万人。其中，党政人才0.23万人，经营管理人才0.60万人，专业技术人才0.39万人。2007年，全区国家机关、事业单位和国有企业共有干部17436人。其中，国家机关2839人，事业单位12623人，国有企业1974人。

1984—2007年江宁区国家机关、事业单位和国有企业干部队伍基本情况表

表41-2-24　　单位：人

年份	单位性质	总数	文化程度				年龄									政治情况			
			高等院校毕业生	中等专业学校毕业生	高中	初中以下	25岁以下	26岁~30岁	31岁~35岁	36岁~40岁	41岁~45岁	46岁~50岁	51岁~55岁	56岁~60岁	61岁以上	共产党员	共青团员	民主党派	无党派
1984	行政	1227	128	239	279	581	155	84	154	222	196	169	146	81	20	817	164	—	216
	事业	3647	984	1722	407	534	622	354	516	476	653	678	234	96	18	782	651	1	2213
	企业	1138	105	221	158	654	94	43	109	266	253	162	142	60	9	688	68	—	382
1985	行政	1470	131	269	461	609	284	120	158	323	244	165	162	85	20	933	264	—	273
	事业	4253	1028	2116	572	537	854	327	532	561	709	766	344	128	32	1663	1323	—	1267
	企业	1233	117	237	181	698	100	31	120	291	288	168	140	84	11	783	93	—	357
1986	行政	1632	187	304	512	629	307	107	183	266	285	190	183	87	24	1026	331	—	275
	事业	4675	1257	2148	595	675	908	366	551	665	756	848	399	136	46	1887	1453	—	1335
	企业	1246	103	266	174	703	137	22	127	235	306	168	142	91	18	782	96	—	368
1987	行政	1568	176	314	501	577	282	101	213	243	283	174	191	79	2	1091	253	—	221
	事业	4784	1279	2218	571	716	963	385	561	677	763	851	418	127	39	1902	1527	—	1355
	企业	1302	141	310	195	656	186	37	168	173	345	174	140	78	1	793	118	—	391
1988	行政	1676	266	373	488	549	296	137	231	238	308	189	170	105	2	1130	278	—	268
	事业	5288	1466	2431	636	755	1025	435	474	1112	710	851	570	109	2	2105	1773	—	1110
	企业	1355	171	386	206	592	175	47	161	216	298	215	154	88	1	812	136	—	107
1989	行政	1584	295	364	446	479	281	169	175	205	294	184	178	97	1	1074	288	—	222
	事业	5793	1882	2439	594	878	1244	585	604	887	774	865	722	110	2	1331	1191	—	3271
	企业	1423	228	453	278	464	220	139	127	246	290	194	127	78	2	859	152	—	112
1990	行政	1566	330	485	421	330	211	216	151	215	284	209	157	123	—	1053	295	—	218
	事业	6253	2123	2753	543	834	1476	705	571	868	801	878	778	176	—	1405	1387	—	3161
	企业	1396	232	498	223	443	259	141	77	173	249	228	163	105	1	833	167	—	396
1991	行政	1631	393	533	429	276	188	277	140	227	265	227	133	155	19	1086	307	—	238
	事业	6677	2312	2973	581	811	1495	940	536	907	852	896	713	328	10	1579	1436	—	3662
	企业	1408	230	488	229	461	247	154	93	148	250	273	128	107	8	836	175	—	397

续表 1

年份	单位性质	总数	文化程度				年　龄									政治情况			
			高等院校毕业生	中等专业学校毕业生	高中	初中以下	25岁以下	26岁～30岁	31岁～35岁	36岁～40岁	41岁～45岁	46岁～50岁	51岁～55岁	56岁～60岁	61岁以上	共产党员	共青团员	民主党派	无党派
1992	行政	1680	403	549	471	257	138	336	142	245	252	270	132	146	19	1124	329	—	227
	事业	7697	2614	3402	750	931	1624	1169	710	1058	965	909	815	437	10	1913	1827	—	3957
	企业	1927	359	579	409	580	276	262	176	261	342	310	192	101	7	1047	426	—	151
1993	行政	1747	564	581	388	214	153	331	168	257	228	310	125	149	26	1158	368	—	221
	事业	8204	2816	3638	878	872	1665	1322	787	1164	1105	862	771	509	19	2307	1908	—	3989
	企业	2906	473	719	1043	671	400	476	454	431	479	380	175	108	3	1339	716	—	851
1994	行政	1603	568	507	339	189	111	254	186	203	210	326	159	143	11	1026	315	—	262
	事业	8679	3135	3774	931	839	1687	1520	926	1110	1068	950	797	586	35	2335	2147	—	4197
	企业	2919	526	757	1016	620	405	447	500	430	447	377	203	103	7	1402	719	—	798
1995	行政	1611	621	497	319	174	134	237	212	171	226	284	182	155	10	1135	308	—	168
	事业	9253	3422	3982	1060	789	1871	1549	1116	1090	1197	989	772	647	22	2473	2359	—	4421
	企业	2692	597	713	910	472	468	440	449	379	392	316	163	72	13	1387	679	—	626
1996	行政	1676	632	512	337	195	149	240	233	182	232	281	189	162	8	1183	309	1	183
	事业	9203	3865	3766	940	632	1708	1506	1291	1024	1269	981	740	677	7	1910	2540	—	4753
	企业	2590	617	739	815	419	457	399	441	332	385	319	156	100	1	1058	608	—	924
1999	行政	2077	1225	447	285	120	165	233	242	272	301	299	284	273	8	1545	312	5	215
	事业	10208	5120	3868	730	490	1861	1573	1512	1299	1216	1242	812	693	—	2427	2746	—	5035
	企业	2200	551	824	556	269	328	311	253	323	329	357	175	124	—	926	567	—	707
2000	行政	2140	1398	403	244	95	176	224	251	280	327	295	315	272	—	1802	183	1	154
	事业	10567	5451	3897	813	406	1916	1602	1497	1315	1326	1277	952	682	—	2577	3239	42	4709
	企业	2294	576	913	531	274	349	342	223	286	353	381	195	165	—	978	561	3	752
2001	行政	2138	1438	390	249	61	171	223	249	277	326	286	335	271	—	1858	142	3	135
	事业	10613	5696	3815	762	340	2012	1584	1485	1421	1322	1265	927	597	—	2671	3285	45	4612
	企业	2315	581	917	513	304	351	336	213	276	339	365	208	227	—	1105	534	3	673

续表 2

年份	单位性质	总数	文化程度				年龄									政治情况			
			高等院校毕业生	中等专业学校毕业生	高中	初中以下	25岁以下	26岁~30岁	31岁~35岁	36岁~40岁	41岁~45岁	46岁~50岁	51岁~55岁	56岁~60岁	61岁以上	共产党员	共青团员	民主党派	无党派
2002	行政	2042	1485	298	207	52	162	206	236	272	322	278	301	265	—	1679	202	2	159
	事业	10363	6034	3507	626	196	1836	1424	1558	1439	1355	1230	891	630	—	2552	3457	6	4348
	企业	2459	640	936	585	298	373	322	231	264	411	362	216	280	—	1185	581	3	690
2003	行政	2242	1717	213	261	51	268	213	192	382	422	323	250	192	—	1815	269	2	156
	事业	11122	6338	3791	779	214	1864	1497	1684	1566	1364	1312	1072	763	—	2817	3959	6	4340
	企业	2563	659	942	594	302	382	361	251	276	431	377	258	227	—	1217	652	3	691
2004	行政	2316	1728	253	277	58	276	206	201	395	425	325	264	224	—	1866	276	2	172
	事业	11627	6591	3932	895	209	2088	1564	1693	1593	1377	1396	1135	781	—	2901	4213	6	4507
	企业	2586	663	962	658	303	378	364	254	279	434	367	261	249	—	1223	661	3	699
2005	行政	2375	1605	392	315	63	207	284	312	356	332	309	323	252	—	1913	279	2	181
	事业	11780	6485	4131	679	485	2518	1677	1535	1726	1381	1253	943	747	—	3142	3816	5	4817
	企业	2617	702	972	613	330	382	351	247	299	423	385	237	293	—	1315	632	3	667
2006	行政	2361	1599	413	326	57	182	276	319	334	359	287	365	239	—	1902	265	2	192
	事业	12009	6559	4271	775	404	2642	1685	1607	1732	1407	1249	964	723	—	4496	5547	5	1961
	企业	2693	746	974	645	328	362	338	254	318	432	396	275	318	—	1332	657	3	701
2007	行政	2839	2100	493	197	49	185	683	332	345	369	296	374	255	—	1983	652	2	202
	事业	12623	7680	3810	732	401	2811	1743	1759	1796	1463	1303	1008	740	—	4839	5761	5	2018
	企业	1974	478	497	704	295	370	238	202	238	372	312	185	57	—	950	384	3	637

说明：1997 年、1998 年因资料缺失无具体数据

【国家公务员】

江宁县自1995年开始，在县、乡两级党政机关中逐步推行国家公务员管理制度。1997年10月，江宁县对县级机关和乡镇机关工作人员进行过渡和职位分类。县人事局会同县委组织部，出台《关于江宁县国家公务员实施分类工作的意见》，并先期完成县政府18个部门和5个部门管理机构的职位设置，共设置668个公务员职位，编制668份职位说明书。全县21个乡镇的职位分类工作由县委组织部负责。1998年始，集中对全县县、乡两级共79个党政机关开展职位分类工作，制定出职位说明书2211份，全部通过上级检查验收。是年6月，县、乡两级机关和县派出机构中符合过渡条件的工作人员1368人填写"公务员登记表"，先期过渡为公务员，执行行政工资制度的事业单位经市界定后列入登记范围。是年，公务员队伍总人数达2138人。其间，全县共有5名机关工作人员通过辞职离开公务员队伍。1999—2000年，全县公务员队伍数量逐步增加，公务员队伍的来源主要有新录用的具有本科以上学历的优秀毕业生、新提拔的领导干部、军转干部、省与市委组织部"选调生"和引进人才等。至2002年年底，公务员队伍数量达1942人。至2007年年底，全区公务员队伍数量达2639人。

1998—2007年江宁区国家公务员队伍情况表

表41-2-25　　单位：人

年份	合计	区（县）级					乡镇级			
		区级领导	局（部）长（级）	科级干部	科员	办事员及其他	乡（镇）级领导	相当乡（镇）级职务	科员	办事员及其他
1998	2138	—	—	—	—	—	—	—	—	—
1999	1726	18	172	99	696	48	179	191	290	33
2000	1827	19	216	156	676	42	175	199	330	14
2001	2138	32	338	684	296	53	195	173	360	7
2002	1942	29	366	668	340	27	191	113	206	2
2003	2045	24	405	712	319	65	188	120	204	8
2004	2296	28	502	816	381	154	132	106	162	15
2005	2475	27	501	875	551	100	126	114	156	11
2006	2611	25	644	946	798	56	30	49	63	—
2007	2639	35	709	1042	789	64	—	—	—	—

说明：区（县）级公务员队伍数据中含派出机构街道办事处公务员数

第三节 录用与调配

新中国成立之初，江宁县政府人员以南下干部和地方干部为主，同时吸收一批工农分子和优秀学生。国民党政府人员大批资遣，少数留用。1950年后，干部队伍不断扩大，主要为大中专毕业生分配、军队转业干部安置。1978年后，干部人事制度逐步进行改革。

【机关党政干部吸收录用】

干部选拔录用制度 新中国成立初期，江宁县为解决干部紧缺现状，曾实行半脱产制度，对被选任为乡镇干部的农民或其他积极分子，国家只发给部分生活津贴费用。“人民公社化”期间，有部分乡、村干部和农民积极分子被选任为公社不脱产干部。公社不脱产干部的报酬，采取“定工劳动，定额补贴，按照同等劳动力所得标准分配实物”的原则，根据具体情况，确定定工劳动的工分数、定额补贴标准和实物分配的办法，至于医药、车旅、办公等费用，则按有关规定给予报销、统一开支或补贴。1952 年，全县有 17 名乡镇长半脱产干部被提拔为脱产干部，有 23 名其他半脱产干部被提拔为脱产干部。1955 年，从优秀的乡干部中吸收录用 30 名国家干部。1978 年后，采取统一考试、考核，择优录用、上级审批的办法，吸收录用一大批德才兼备的优秀人才为国家干部。1981 年，共吸收录用干部（不包括民办教师转公办教师）99 人。1982 年，选拔录用干部 47 人。1983 年，吸收录用农村半脱产干部 14 人，县银行招聘干部 23 人。

转干 新中国成立初期，全县部分单位和少数部门因工作需要，曾选取少量工人代行干部职责，不列入编制，名曰“以工代干”。1981—1982 年，民警转为国家干部 56 名。1983—1984 年，全县对国家机关、事业单位“以工代干”人员进行整顿，办理转干和初办转干手续 1211 人。1985 年，县人事局向县委、县政府上报《关于将半脱产干部转为县大集体职工的请示报告》，经县领导批准后实施。是年，共有分别担任乡镇正、副党委书记，正、副乡镇长和正、副经联委主任的 38 人转为大集体所有制职工，有 13 人担任乡镇领导职务的半脱产干部办理国家干部录用手续。1986—1988 年，吸收转为国家干部 86 人，民办教师转为公办 170 人，为符合条件的 33 名转警办理转干手续。1990 年，通过考试、考核，县政法、税务、工商、农行等 64 名聘用干部办理转干手续；县工商银行、县农业银行的 5 名属 1987 年前以工代干人员办理干部录用手续；财政部门 8 名属 1988 年聘用的农业税干部办理干部录用手续。1991 年，市人事局下发《关于解决市、区、县国家机关部分工作人员干部身份问题的意见》（宁人字〔1991〕69 号）文件，决定从县级党政群机关“以工代干”人员中择优录用为国家干部。经考核，全县为县级党政群机关中的 69 名“以工代干”人员办理转干手续；为地方职业大学 15 名应届毕业生和国家计划内招收的到集体企业工作的 13 名应届“五大”毕业生（“五大生”指通过自考、电大、夜大、职大和函授 5 种非全日制取得学历文凭的毕业生），1990 年前毕业于南京市地方职业大学并已就业的 251 名毕业生，和对国家计划内招收的在集体和乡镇企业工作，具有城镇户口，经考核合格的 12 名往届“五大”毕业生，按规定办理录用干部手续。1992 年，通过考试、考核方式，从 76 名“以工代干”人员中择优录用国家干部 1 名；为 1991 年招考调入国家机关工作的 17 名聘用人员办理录用干部手续；为教育部门 147 名民办教师选招为公办教师办理相关手续。1993—1995 年，为 60 名公安局警察、31 名聘用合同制税务干部、3 名优秀文化站长办理干部录用手续；为 483 名民办教师办理转为公办教师手续；为乡镇 92 名副乡级选聘干部、3 名妇联主席、31 名财税人员分别办理干部录用手续。1996 年，根据《南京市国家行政机关现有工作人员向国家公务员过渡实施办法》，县人事局为 78 名于 1995 年录用为乡镇副乡级以上干部和乡镇财政所聘用制干部完善录用干部手续，并组织 71 名副乡级以上乡镇选聘制干部参加录用干部考试。1997 年，根据南京市人事局《关于做好国家计划内招收的电大、夜大、函授普通专科班已就业毕业生吸收录用工作的通知》，县人事局共为 121 名往届国家计划内招收的电大普通专科班毕业生办理录用手续，为 70 名乡镇副乡级以上选聘制干部、13 名乡镇财政所聘用制农税干部办理录用干部手续；为 45 名民办教师办理转为公办教师手续。1998 年，为 14 名乡镇司法助理、8名乡镇妇联主席、4名乡镇文化站站长办理录用干部手续。1999年，经人事部门调查摸底，有部分县级机关中新提拔的领导干部中少数属于“以工代干”人员，因身份不是国家干部而未能过渡为国家公务员。经市人事局同意，按照规定的程序为9人办理吸收录用为国家干部的相关手续。2000年，经考核、考察，报市人事局批准，县人事局为4人办理吸收录用为国家干部手续。

干部选聘合同制度 1984年起，县人事局改革招收干部制度，实行选聘合同制和任免制相结合。干部选聘主要采取两种方法：选聘和直接聘用。是年，江宁县先在东山、淳化、禄口、江宁4个乡进行乡、镇干部选聘合同制试点，在此试点取得经验基础上，出台《江宁县干部选聘实施办法》，逐步在县级机关、事业单位和各乡、镇推行。当年全县国家机关、事业单位和乡、镇共选聘干部664人。其中，县级机关事业单位选聘25人，全部签订聘用合同，发放聘用证书。27个乡、镇共选聘639人。1985年，全县国家机关、事业单位共自行组织招聘各类人员121人，并采取公开报名、公开考试、组织专人审查、择优录取的方法，办理合同或录用手续70人。1986年，江宁县人事部门对于有一技之长的非国家正式工作人员，采取聘用、签订合同等方式，解决其后顾之忧。是年，共推荐、聘用干部156人。1987年，对接收的38名国家不包分配大专毕业生，一方面由其自行根据所学专业对口联系单位，一方面由县人事部门帮助协调联系聘用单位，及时为他们全部办理了聘用录用手续。

干部公开招考制度 自1988年起，江宁县全面实行面向社会公开招考干部。是年，全县共有外经委、检察院、法院、司法、税务、工商、农业银行、财政局8个单位面向社会实行公开招聘干部，报考人数达700多人。经考核合格，外经局招收7名干部。1989年，县农业局、林副业局、水利农机局和县委农工部组织198名乡镇农业技术人员进行招聘考试，公开招收27名农业技术干部。县工商银行从103名符合招考条件的高中毕业生中，择优录取4名干部。1990年，县纪委、县委办、政府办、法院和审计局5个部门选拔录用22名工作人员，江宁报社招聘6名通讯人员。县财政局和水利农机局组织37名农税干部和乡镇水利干部参加全省统一考试，分别聘用5名乡镇农税干部和10名乡镇水利干部。县农业银行组织66名社会待业青年进行文化考试，录用6名考试合格者。1991年，县人大办、政协办等10个部门计划招录23名工作人员，共有120人参考，经公开考试、考核，严格审查，实际招录19人。1992年，通过公开招考，县残联、老龄委、法院、宣传部、江宁报社等10个部门招收16名工作人员。另外乡镇农技站招收聘用干部25名，乡镇计划生育部门、土地管理所、法律服务所、工业公司等单位共招聘干部262人。1993—1997年，为县级机关补充工作人员公开招收169人，这些人员主要被分配到法院、检察院、政府办、广播电视局、银行系统、纪委、司法局等部门。

公开招考国家公务员 1997年，江宁县国家公务员招考工作开始实施。是年，组织160多人报考县纪委，录用4人；组织97届法律专业本科毕业生报考公、检、法，公安局录用2人，检察院录用1人，法院录用3人；组织23人报考乡镇司法助理，录用14人。1998年，通过面向社会公开招考，县纪委补充工作人员3人，公安局补充公安警察学校大、中专毕业生13人。1999年，乡镇机关公开招考录用24人；公、检、法、地税、工商等部门从大专以上毕业生中招收公务员10人，县人事部门及时为被录用的毕业生办理手续。2000—2002年，为严格控制机构和编制增加，江宁区未进行对外招考国家公务员工作。2003年，全区共有考生1300余人报名参加国家公务员考试，通过笔试、面试、体检、考核，录用41人进入区级机关 11 个单位工作，17 人被分配到 17 个镇、2 个街道工作。2004—2005 年，全区区级机关及镇（街）17 个单位录用机关工作人员 51 人。2006 年，国务院总理温家宝提出“五年内乡镇不增加一人”的要求，从是年起，江宁区面向社会招录的国家公务员均为区级机关工作人员。2006—2007 年，区法院、统计局、农工办等 12 个区级机关单位公开招录国家公务员 27 人。

【事业单位干部吸收录用】

聘用制干部 1993 年 4 月，根据南京市人事局下发的《关于贯彻执行省人事局〈关于全民所有制事业单位从在职人员聘用干部的实施意见〉的通知》，江宁县将聘用制干部的试行范围扩大到全县事业单位。是年，全县在全民所有制企业和集体所有制企业中为 1859 名管理和技术人员办理聘用制干部手续。在全县县级事业单位的在职管理和技术人员中为 893 人办理聘用手续，其中有 680 人因不符合免试条件参加文化基础和专业技术考试。通过考试、考核，为乡镇事业单位 161 人择优办理聘用制干部手续。1994—1997 年，为县属事业单位 257 人办理聘用制干部手续，为乡镇事业单位的 519 人办理聘用制干部手续，为全县企、事业单位的 1023 名聘用干部办理续聘手续，为全县企、事业单位的 9 名管理和技术人员办理聘用制干部手续，1023 名聘用干部办理续聘手续。1998 年，南京市人事局分别下发《关于下达农村社会养老保险专职干部聘用计划指标的通知》和《关于下达乡镇企管站聘用干部专项计划的通知》，给予江宁县 12 名农村社会养老保险专职干部和 36 名乡镇企管站聘用干部的指标，经组织推荐和考试，有 13 名农村社会养老保险专职干部和 36 名乡镇企管站工作人员办理聘用制干部手续。当年办理聘用制干部手续 729 名。1999 年，采取座谈、民主测评、个人述职的形式，对土桥、横溪、麒麟 3 个乡（镇）符合免试条件而未被录用的文化站长进行考核，并按照程序对上述 3 个乡（镇）的 3 名文化站长办理聘用手续。全县企、事业单位 126 名聘期已到期的聘用干部办理续聘手续。2000 年，江宁县全面展开事业单位管理岗位聘用制干部工作，通过考试、考核等程序，新聘 401 人，续聘 322 人，中止聘用 126 人。2002—2005 年，全区有 2482 名聘用制干部办理续聘手续，71 人办理新聘手续。2006 年，为 529 名聘用干部办理续聘手续，新聘 31 人，并为 70 名不包分配的大、中专毕业生办理聘用制干部手续。

聘用合同制 1997 年，在全县事业单位全面推行全员聘用合同制。全县事业单位中有 3800 多人办理全员聘用合同的签订、鉴证手续。1998 年，有 2586 名工作人员办理全员聘用合同鉴证手续。是年，开始在教育系统中推行全员聘用合同制，为 370 名中、小学教师办理全员聘用合同鉴证手续。1999 年，有 160 名新进事业单位或合同已到期的人员办理合同鉴证手续；同时，在全县中、小学校全面推行聘用合同制，为 63 所中小学校、6943 人办理全员聘用合同鉴证工作，全县 67 所中、小学校、7213 人全部签订全员聘用合同。2000 年 7 月，推行聘用合同制工作。2819 名事业单位“老人”由全员聘用合同过渡到聘用合同制，346 名“新人”同 42 个事业单位签订聘用合同，并在人才市场实行人事代理。2001 年，为 724 名事业单位工作人员签订聘用合同。2003 年，55 名事业单位新进人员办理人事代理，1921 名事业单位工作人员办理聘用合同鉴证。2004 年，教育系统 69 家单位进行岗位调整，同时对镇、街道事业单位进行设岗。是年，办理专业技术职务聘任 3804 人，办理新进人员人事代理 654 人，办理事业单位聘用合同鉴证 4693 人。2005 年，全县完成 22 个镇（街道）、32 个区级部门共计 246 个事业单位专业技术人员岗位的设置工作，1600 多名高、中、初级技术人员办理聘任手续；办理事业单位人事代理手续3681人，聘干审批手续890人，事业单位聘用合同鉴证3214人，“新人”聘用合同覆盖率100%。2006年，办理事业单位人事代理3567人，聘用合同鉴证6497人，解除事业单位人员聘用合同27人。

事业单位公开招考制度 自1999年起，江宁县部分事业单位新进人员逐步实施公开招聘制度。2003年7月19日，区人事局出台《关于区事业单位改革进人办法的操作口径》，规定事业单位招考的原则、范围及对象。2004年5月，区人事局出台《南京市江宁区事业单位招聘人员暂行意见》，将公开招聘作为全区事业单位选拔人才的方式之一。是年，区司法局、镇、街道共16个事业单位公开招收69名工作人员。2005年，区卫生局、广电局、人防办等12个机关部门的事业单位面向社会公开招聘44名工作人员。2006年2月，江宁区人事局出台《关于我区事业单位进人情况的汇报及贯彻落实〈暂行规定〉的几点意见》，据此，全区9个区级机关部门所属事业单位公开招聘63名工作人员。

【军队转业干部安置】

江宁县自1952年开始接收军队干部复员转业人员，当时复员转业干部安置工作由县政府人事科管辖。1970年，由新成立的江宁县革命委员会人事局负责复员退伍军人安置。1980年11月，明确军队转业干部的接收与安置工作由县人事局负责。自是年起，营职以下和技术干部军队转业干部的接收和安置工作一直由县人事局具体负责。1997年，成立县军官转业安置工作小组办公室，负责全县军队转业干部的接收和安置。此后直至2007年，该办公室一直负责全县军队转业干部的接收和安置。

计划分配 1952年起，江宁县开始有军队干部复员转业到县安置。是年，共有55名军队转业干部到县工作。其中，营职1人，连职17人，排职37人。绝大部分被安置到企业部门工作或担任小学教师，少数继续入学读书。1957年，接收安置军队干部28人。其中，营职2人，连、排职26人。1963年，全县接收分配两批军队转业支商干部69人，除5人分配在党群、政法和文教系统外，其余全部分配到财贸系统的基层单位工作。“文化大革命”期间，将军队转业干部作复员处理。1975—1979年，接收3批军队转业干部，共计240人。其中，团职3人，营职44人，连、排职167人，技术干部26人。1985年，全县接收安置军队转业干部92人。其中，师职1人，团职46人，连、排职24人，技术干部15人，并安排随调家属48人，子女入学89人。1989年，接收转业干部11人。其中，团职1人，营职4人，连、排职5人，技术干部1人。1993—2000年，接收转业干部241人。其中，团职干部39人，营职干部83人，连、排职干部67人，技术干部51人。安置到机关的有129人，安置到事业单位的83人，安置到企业的28人。2001—2006年，接收转业干部467人。其中，团职干部65人，营职干部160人，连、排职干部142人，技术干部100人。安置到机关的437人，安置到事业单位的36人。2007年，江宁区人事局、区军转办共同出台《江宁区2007年军队营以下转业干部考试、考核安置实施方案》，明确安置的基本原则、方法和步骤。是年，全区接收转业干部101人。其中，团职14人，营以下（含技术干部）87人。通过考试考核、双向选择、积分选岗、保底安置相结合的办法，将综合排名前91名军转干部安置进入行政机关工作，排名后10名军转干部安置进入参照管理事业单位工作。

1975—2007年江宁区转业干部安置情况表

表41-2-26　　　　单位：人

年份	接收人数					安置去向		
	合计	团职	营职	连排职	技术干部	机关	事业单位	企业单位
1975	39	1	17	18	3	—	—	—
1978	95	1	11	72	11	—	—	—
1979	106	1	16	77	12	—	—	—
1980	258	—	4	226	28	—	—	—
1982	178	9	69	86	14	—	—	—
1983	50	5	32	9	4	—	—	—
1984	68	3	48	13	4	—	—	—
1985	92	6	46	24	15	22	24	46
1986	135	7	64	53	11	18	48	69
1987	69	4	22	32	11	27	15	27
1988	29	3	13	9	4	8	14	7
1989	11	1	4	5	1	5	2	4
1990	9	—	5	1	3	3	3	3
1991	14	2	4	5	3	6	3	5
1992	5	—	2	2	1	1	4	—
1993	24	3	8	9	4	5	13	6
1994	15	1	8	5	1	5	8	2
1995	27	—	10	10	7	4	18	5
1996	24	4	8	7	5	7	11	6
1997	26	3	11	4	8	11	9	6
1998	31	12	11	3	5	29	2	—
1999	52	7	18	18	9	34	16	2
2000	41	9	9	11	12	34	6	1
2001	36	7	14	9	6	—	36	—
2002	29	5	12	8	4	29	—	—
2003	41	8	14	7	12	41	—	—
2004	72	14	24	15	19	72	—	—
2005	131	14	47	45	25	131	—	—
2006	158	17	49	58	34	158	—	—
2007	102	14	34	29	25	91	10	1

说明：1. 1976、1977年两年资料缺失

2. 1980年，江宁县对接收的258名复员干部改为转业

3. 1985年接收的转业干部中有师职1人，未列入表中

自主择业 2001年，中共中央、国务院、中央军委颁布《军队转业干部安置暂行办法》，提出对军队转业干部实行计划分配和自主择业相结合的安置模式。是年，江宁区接收1名技术九级的军队转业干部，2002—2003年，接收自主择业军转干部9人。2004年2月23日，成立江宁区自主择业军转干部管理服务中心，核定事业编制3人。2004—2005年，接收自主择业军转干部5人。2006—2007年，接收自主择业军转干部3人。其中，技术九级1人，技术七级2人。自此，全区共接收自主择业军转干部18人，在区自主择业军转干部管理服务中心的帮助下，全部实现再就业。

【大、中专院校毕业生分配与就业】

国家统配毕业生分配 1952年，江宁县的大、中专毕业生分配工作，由县人事科具体负责。据1964年10月统计，全县自1950年后分配的高、中等院校毕业生共319人。其中，在党政部门工作2人，工业系统6人，财贸系统4人，交通系统3人，农林水系统42人，文教卫生系统254人，供销社4人，手工业社3人，工会1人。除工人和所学专业不对口外，其余均能做到专业对口。1966年“文化大革命”开始后，高、中等院校毕业生分配工作一度中断。自1968年恢复毕业生分配工作后，分配到县的1966届至1970届大专毕业生，大部分先分配在农村劳动，接受“再教育”，之后又集中在县五七干校劳动。从1971年后逐步分配工作，很多人的工作与所学专业不对口。“工农兵”学员分配工作后，也有很多人学非所用。1973年开始，江宁县革命委员会人事局的毕业生分配工作主要是办理工农兵学员的分配。1981年，到江宁分配的大、中专毕业生共203人，分配后专业对口的192人，基本对口的5人，不对口的仅6人。1984—1992年，共接收3355人。其中，研究生学历的4人，本科生学历的263人，大学学历的1323人，中专学历的1765人。1993年，江宁县的毕业生分配工作开始逐步由“统分统配”向“国家政策指导，毕业生自主择业”转变，采取抢、争、找的方式，在积极争取江宁籍毕业生回县工作的同时，到县外引进各类紧缺专业的毕业生。是年，90%以上的江宁籍毕业生回县就业，引进外县生源40人。其中，研究生1人，本科生15人，大专生14人。“八五”期间，接收安排三峡库区教育移民毕业生46人。1995年，接收总量达1007人。其中，研究生学历的4人，本科学历的155人，大专学历的542人，中专学历的306人。1996—2000年，共接收毕业生5807人。其中，研究生10人，本科生677人，大专生2018人，中专生3102人。2000年7月，全县召开最后一次由各单位组织人事干部参加的毕业生就业工作会议，自是年开始，高、中等院校毕业生就业实行指令性安排工作的管理制度结束，毕业生就业全面推向市场，进行“双向选择”，实行自主择业。是年，共接收毕业生1450人。其中，本科生186人，大专生417人，中专生847人。

图41-2-10 江宁人才市场办公楼（2000年摄）

大、中专院校毕业生“双向选择”就业 2001年，江宁区毕业生就业全部推向市场后，区人事部门采取摸清应届毕业生信息，做好就业指导，依托江宁人才市场，定期举办毕业生专场招聘会与做好就业推荐工作四项措施，保障毕业生顺利就业。当年，接收毕业生1201人。其中，本科生203人，大专生482人，中专生498人。2002年，成立中共南京市江宁区人才交流服务中心流动人员支部委员会，对引进的具有党员身份的毕业生，若接收单位无党支部，可将党组织关系挂靠在区人才服务中心流动人员党支部。是年，共有挂靠的流动党员23人。2003年，开展“安置一个贫困生，帮扶一个家庭”的特困家庭毕业生就业援助工作。是年，协调安排2名特困家庭毕业生就业。2005年，举办南京市高校毕业生洽谈会江南公益专场，分别与南京市电大、南京晓庄学院等院校联办毕业生专场招聘会3场，有进场招聘单位576家，进场应聘学生近2万人。是年，共有南京航空航天大学、合肥工业大学等9家高校与区人才服务中心签订毕业生就业实习基地共建协议。至2006年，签订毕业生就业实习基地共建协议的高校达13家。协调安置9名特困家庭毕业生就业。区人才服务中心分别在东山、江宁经济技术开发区、江宁科学园、江宁街道4家派出所申请设立集体户口，方便接收高校、中专校毕业生挂靠户口。2001—2007年，共接收毕业生12427人。其中，研究生163人，本科生3694人，大专生5477人，中专生3093人。

图41-2-11 2001年，江宁区人才市场举办应届毕业生招聘会

国家不包分配大、中专毕业生分配推荐 国家不包分配的大、中专毕业生，即通常所说的“五大”生，经由职大、电大、业大、夜大、函授大学培养的毕业生。20世纪80年代，全县经济发展较快，急需人才，根据现实需要，将此类作为专业技术人才管理，进行分配推荐。1986年，全县推荐11名不包分配大、中专毕业生，11人均是大专学历。1987—1989年，接收的不包分配大、中专毕业生315人，其中大专学历284人、中专学历31人。1989年，县人事局会同县委组织部、县计经委、劳动局、财政局共同出台《关于统配毕业生分配和不包分配毕业生推荐工作的若干原则意见》，要求各单位积极接收不包分配的毕业生，不得在不包分配的毕业生就业推荐工作中无故拒收。1990—1991年，接收的不包分配大、中专毕业生84人，其中大专学历80人、中专学历4人。由于部分地方院校的毕业生纳入全县统一分配计划，故自1992年起，县人事部门对最后一批1992年市属不包分配的地方院校毕业生实行就业推荐，之后地方院校的毕业生全部纳入全县统一分配计划进行管理。1992年，全县推荐18名不包分配大中、专毕业生，18人均是大专学历。

【干部调配】

新中国成立初期，县人事部门根据社会主义建设的需要，在全县各条战线上选拔干部、调剂人才、组织集训等方面，发挥重要作用，促进经济和社会事业的发展。

1981年的干部调配工作重点是帮助解决夫妻长期分居的问题，为“牛郎织女”搭桥，全县共调进干部125人，调出干部150人，落实干部政策重新安排工作16人。1985年，依照“加强计划调配为主，合理调剂余缺为辅”的调配原则，全县共从外地调进的各类人员92人，调出71人；调进的92人中属技术引进的39人，解决夫妻长期分居25人。为加强对全县机关事业单位人员调动的管理，1986 年 6 月，江宁县委组织部、县编制委员会共同印发《关于加强机构编制管理工作的几点意见》，规定县乡两级国家机关、党派、团体、县委、县政府直属事业单位及不含中小学、全民乡镇卫生的全民所有制事业单位人员调进工作须经组织、人事部门同意后，再根据编办的通知按照调配规定分别办理调动手续。是年，共办理县内干部调动 114 人；引进干部 52 人，其中专业技术人才 35 人。1988 年，共办理干部调进 51 人，其中属技术人员引进 45 人；调出干部 38 人，其中系解决夫妻分居的 24 人。

进入 20 世纪 90 年代，随着县经济技术开发区、民营科技园等开发园区启动，为满足县域经济发展对人才的需求，1992 年，出台《关于引进人才和奖励科技人员的试行意见》，将干部调配的重点向引进人才的调配重点转移。是年，共调进具有中专以上学历的科技人员 34 人，并从县级机关中选调 16 名有专长的人员到江宁开发区工作。1991—1998 年，共引进各类科技型人才 389 人。

2000 年始，干部调配工作坚持以引进企业急需的专业技术人才和帮助干部解决夫妻分居两地的实际困难问题为主。2002 年 3 月，为方便开发园区内非公企业的人才引进，将企业间的干部调配工作移交由开发区“一站式”服务中心的经发局窗口办理。2000—2003 年，共办理机关事业单位调进手续 1268 人，调出 21 人，其中办理招工手续 392 人，身份是工人性质的人员调进手续 366 人，干部身份的人员调进手续 510 人；为非公企业调进各类人才 155 人。2004 年 9 月，推行“先进行组织考察，后决定干部调配”的举措，对全区机关事业单位进人，由进人单位和人事部门共同组成考察组，对拟调人员进行组织考察，并根据考察意见做出干部是否准予调配的决定。2004—2006 年，共办理机关事业单位调进手续 829 人，调出手续 15 人，对调入全区机关事业单位的 45 人进行外调考察；非公企业调进 205 人。

【转业干部随调家属安置】

1949—1974 年，由于军转干部人数较少，其家属、子女的安排困难相对较少。江宁转业干部和家属子女的安排由江苏省政府和苏南、苏北行政公署管理。从 1975 年开始，军队转业干部人数逐年增加，其家属、子女的安置工作量逐渐增大。1984 年，由于劳动部门在安置转业干部随调家属的过程中，遇到安置难的情况，故江宁的转业干部随调家属的安置由人事部门具体负责。对于安置到企业的随调家属，由劳动部门负责关系的转接；对安置到机关事业单位的随调家属，由人事部门负责申请编制，再由劳动部门协助接转关系。1985—1990 年，接收随调家属 152 人，其中安置到机关 1 人、事业单位 22 人、企业 129 人。1991—1995 年，接收随调家属 22 人，其中安置到事业单位 2 人、企业 20 人。1996—2000 年，接收随调家属 42 人，其中安置到事业单位 26 人、企业 16 人。2001—2005 年，全区共接收随调家属 38 人，均安置进入区部门所属事业单位工作。2006 年，江宁区对随调家属的安置规定进行调整，具有干部身份的随调家属由人事部门安置，工人身份的随调则由劳动部门安置。2006—2007 年，接收的随调家属中，对具有干部身份的 19 人随调家属全部安置进入事业单位工作。具有工人身份或临时工的随调家属则由劳动部门安置进入企业工作。

第四节 教育与培训

江宁区机关党政干部的教育培训工作，一般由区委组织部、区人事局牵头，党校(行政学校)、广播电视大学、教师进修学校等教育机构承担。干部教育培训内容，主要是文化科学、政治理论和专业培训三方面，以时事政策贯穿其中。干部教育的方式，提倡以自学为主，辅以小组讨论和辅导报告；以在职业余学习为主，辅以必要的实践活动。此外，还鼓励一些干部参加电大、函授和高等教育自学考试等多种形式的在职进修，以提高干部队伍的政治文化素质。

【机关党政干部培训】

民国38年(1949)4—7月，县委开办3期干部训练班，培训214人。1952—1953年，全县调训47名干部。1954年，提出“建立干部后备名单制度”，采取“按级负责、专人包干”和带徒弟的办法，吸收后备干部参加训练。同时制订《了解熟悉干部10条办法》和《培养、训练干部4条办法》。是年，调省、地委和省、地委党校、省文化干部学习的干部45人。1955年，继续采取“按级负责，专人包干”带徒弟等办法培养后备干部的同时，在县级机关中抽调20名干部分别到省、地委文化学校脱产学习。是年，县委组织部调训互助合作骨干10194人，组织两批89名初小以下文化水平的半脱产干部离职学习文化，训练党支部宣传委员520人。“文化大革命”期间，干部培训和考察工作处于停顿状态。

1981年后，全县输送26名青年干部脱产进入省、市委党校和省内高校系统学习政治理论和科学文化知识，有7人结业回县工作。1983年下半年开始，江宁县广播电视大学举办一期党政干部大专班，学制两年，有28名干部脱产学习，毕业后承认学历。1985年下半年开始，县委党校举办两年制在职干部培训班，共有56人脱产学习两年，毕业后享有中专学历。1989年，结合全县77名乡镇选聘干部参加招干考试，县人事局、党校与县委组织部对其集中开展为期两周的文化辅导。

1993年，《国家公务员暂行条例》颁布，在全县逐步推行公务员管理制度。1995—1996年，全县共选派22人参加市人事局举办的推行公务员制度培训班，并组织全县1662人开展学习“公务员制度”知识考试及答卷竞赛活动。1998—2000年，全县组织新进机关的33名公务员进行初任培训。会同司法局、法制局开展全县公务员法制宣传教育培训，并统一组织考试，共有2042人参加此次考试。组织实施以“科技、经济与管理”“世界贸易组织与中国”为内容的公务员更新知识培训。整个培训分12期进行，采取集中授课与个人自学相结合方式，全县共有2202名国家公务员和参照管理工作人员参加培训。同时，针对人事干部变换较多，业务不熟悉的状况，与县广播电视大学共同组织开展县、乡两级37名人事干部参加的岗位培训。

2002年，组织开展以世贸组织为内容的公务员更新知识培训，全区共有80多个单位、1988名公务员参加，培训分11期，每期5天，采取集中辅导3天与分散自学2天相结合的方式进行，授课时间为40学时。培训结束后组织开展考试，学员成绩均在良好以上。2004年，区人事局、法制办、司法局共同组织开展以《中华人民共和国行政许可法》为主要内容的公务员更新知识培训，举办17期，全区2200多名公务员参加。是年，组织开展干部英语、普通话基本技能、计算机操作等培训，参训人员全部通过考核。2005—2006年，区人事局与区委组织部共同举办3期科长培训班，有141名全区各部门单位的科长、副科长参训。

2007年，区委组织部、区人事局、行政学校共同组织开展2007年度“5+X”公务员能力培训，分别开设公共服务、公共政策两门必修课和公务员政治鉴别能力、公务员学习能力两门选修课，举办12期培训班，每期培训时间2天，全区3300余名公务员和参照公务员管理事业单位工作人员参加培训。

【机关事业单位技术工人升级考核培训】

江宁县自1995年开始实施机关事业单位技术工人的考工定级工作。是年，首次开设全县机关、事业单位驾驶员高、中级和养路工人高、中级技术等级培训班。参加培训的学员均为在职的正式工作人员。是年，共有255人参加培训并全部取得技术等级证书，其中高级工80人、中级工45人、初级工130人。

2000年1月，技术工人考工定级培训班开设的工种增至8个，分别是驾驶员、护理员、防疫员、保卫员、药剂员、保育员、保管员、厨师，共有415人参加培训并取得相应等级证书。2003年4月，举办驾驶员、养路工、垃圾处理工3个工种培训班，有443人参加培训。其中，高级工125人、中级工212人、初级工106人分别取得相应的等级证书。组织1名符合条件的技术工人参加省人事厅技师评聘资格考试并获通过，成为江宁区第一位取得技师资格证书的人。

自2004年起，江宁区开始开办机关事业单位技术工人继续教育培训工作，出台《关于江宁区机关事业单位技术工人继续教育的实施意见》，江宁区高级工以上的继续教育工作由市人事局工考办负责，中级工、初级工的继续教育工作由区人事局负责。是年，有392名机关事业单位技术工人参加继续教育培训。同时，开办驾驶员、收银员、保管员、文字录入、电工、园林绿化6个工种的升级考核培训班，有289人参加考核培训，合格率100%，有1人通过省技师评聘资格考试，取得技师资格证书。是年，区人事局与市总工会开展职工文化补习班合作，组织201名初中以下学历的技术工人参加高中文化补习班，为举办高级工培训打基础。2005年，举办驾驶员、收银员、保管员、文字录入、电工、园林绿化、养路工、垃圾处理工8个工种的升级考核培训，有506人参训并取得相应资格证书。有534人参加继续教育培训，4人通过省技师评聘资格考试，取得技师资格。2006年，区人事局对技术工人升级考核培训的申报条件制订激励政策，即：技术学校或职业学校毕业的学生，凡所学专业与工作岗位对口的；2006年年底前取得大专以上学历的、年度考核连续2年以上优秀的，可放宽中、高级工技术等申报年限2年。是年，参加升级考核培训的技术工人人数有较大幅度增加，有942人参加驾驶员、收银员、保管员、文字录入、电工、园林绿化、养路工、垃圾处理工、厨师9个工种的培训考核，组织举办479人参加的7个工种的考核培训，8人获得技师职称。

2007年，有421人参加7个工种的考核培训，其中初级工114人、中级工271人、高级工36人。有15人取得技师资格，有396人参加继续教育培训。

【专业技术人员继续教育培训】

1997年，江宁县职称工作由县科委转入人事局后，专业技术人员继续教育工作相应由县人事局负责管理。根据省、市统一规定，当年江宁县在专业技术人员中实行继续教育制度，教育、卫生系统近7000名专业技术人员换发继续教育证书，并办理验证手续。1998年，县人事局与职培中心联合举办有76人参加的职称外语培训班，会同县教师进修学校举办两期有520人参加的职称外语培训班，为3167人办理继续教育证书验证手续，发放“继续教育证书”2800本。

2000年4月，县人事局分别转发南京市人事局印发的《南京市专业技术人员继续教育管理办法》《南京市专业技术人员继续教育基地管理办法》《南京市专业技术人员继续教育脱产（半脱产）培训管理办法》。同年，确定县职培中心、教师进修学校、卫校、农校、财会培训中心5个单位作为县专业技术人员继续教育基地，全年开办15期继续教育公共课培训班，有2148人参加培训，2136人取得合格证书，并有1147人办理“继续教育证书”验证手续，发放“继续教育证书”786本。2001年4月12日，区人事局开展第二批江宁区专业技术人员继续教育认定工作，确定江宁区人才交流服务中心为第二批江宁区专业技术人员继续教育基地。是年，共举办公共课、专业课培训班10期，培训各类专业技术人员1888人次。在区职工培训中心举办两期职称计算机应用能力考试培训班，有148人参训。2003年，对《南京市专业技术人员继续教育管理规定》进行宣传，组织开展工程类、经济类、房地产类及教育系统公共课和专业课培训5期。

2004年，为教育、卫生、建筑等系统举办专业技术人员继续教育培训12期，58个班次，培训人员3400余人；举办职称外语培训和建筑工程专业课培训各1期，培训人员2150人。2005年3月，对江宁区专业技术人员继续教育基地进行调整，确认江宁区教师进修学校、广播电视大学、财会培训中心、人才服务中心4家单位为区专业技术人员继续教育培训基地。是年，共培训各类专业技术人员3961人次，为1600余人办理“继续教育证书”审验手续。2006年5月，通过考察和审核，确认区卫生继续教育培训中心为专业技术人员继续教育培训基地。是年10月，对区人才服务中心职称计算机培训与考试点进行改造，并通过南京市职称计算机应用能力分考点的考核。2007年，共举办各类继续教育培训41期，培训人员4882人，并举办一期人力资源社会化培训，参训人员46人。

第五节　专业技术人员管理

江宁区通过落实知识分子政策、按时评定专业技术职称，实行“评聘分开，按岗聘用”制度，实施人才交流等，极大调动专业技术人员的积极性，专业技术人员队伍不断壮大。1978年后，对全县科技人才进行两次普查统计。至1985年，全县有各类专业技术人员8084人（包括中、小学教师）。1995年增至23275人。据2005年南京市1%人口抽样调查资料，全区有各类专业技术人员25285人。其中，大专、本科学历9058人，研究生及以上学历768人。2006—2007年，全区共评定技术职称人员4960人。

【专业技术职称评定】

1979年9月，成立县技术干部职称评定领导小组，开始开展对国家科技人员的技术职称评定工作。1980年6月，又成立县科技干部技术职称评定委员会，领导全县技术职称评定工作。各有关局、部门、乡镇成立技术职称评议小组。职称评定的具体工作由县科委承办。1987年，成立江宁县职称改革领导小组，下设办公室，办公室设在江宁县科技局，归县政府领导。1988年，江宁县全面实施职称改革，在全县设立2个中级专业技术评审委员会和19个初级专业技术评审委员会，当年完成全民事业单位技术职务的评聘工作，共评出高级专业技术人员77人、中级1386人、初级3151人。1989年，主要在全民和大集体专业技术人员中进行专业技术职务任职资格的考核评审。1990年起，开始在政府行政机关进行专业技术任职资格的评审工作，当年评审出高级专业技术人员18人、中级80人、初级177人。1995年，全县获得各级各类技术职称的科技人才23275人，其中高级职称378人、中级职称3172人、初级职称18425人。

1997年3月，职称工作职能由县科学技术委员会转至县人事局。同年6月，县人事局分别组织召开江宁县中学教师中级专业技术资格评委会和卫生技术初级专业技术职务评审会，共有146名中学教师经评审被确认为中学一级教师，80名卫生技术专业技术人员从“士”晋升为“师”，2名卫生专业技术人员从“员”晋升为“士”。同时，确认助理级专业技术人员77人，员级专业技术人员67人。

1998年3月16日，成立江宁县职称工作领导小组。同年5月，县职称工作领导小组办公室印发《关于我县一九九八年职称工作的意见》，对职称评审的范围和对象作出相关规定。是年，县人事局先后成立由朱克成为主任委员的30人组成的江宁县中学教师中级职务任职资格评审委员会，由詹明道为主任委员的25人组成的江宁县小学教师高级职务任职资格评审委员会，由薛平为主任委员的25人组成的江宁县小学教师初级职务任职资格评审委员会，由姚积才为主任委员的17人组成的工程技术初级职务任职资格评审委员会，进一步增加45岁以上的专家比例。是年，被确认为卫生技术正高级职称的有1名，被确认为副高级专业技术人员43人。经市、县各类评审委员会评审通过，被确认为中级专业技术人员626人。同时，组织人员报名参加全国经济类职称考试，有21人通过中级职称考试，16人通过初级职称考试。

2000年12月，江宁县召开全县乡镇企、事业单位和农民职称评定工作会议，全面启动开展乡镇企、事业单位和农民职称评定工作。是年，经申报评审，共确认各类副高级专业技术职称59人，各类中级专业技术职称448人，各类初级专业技术职称489人。2001年，江宁区职称工作领导小组办公室组织开展工程（农业）初级专业技术资格评审委员会的评审工作，有28名“土秀才、土专家”被确认为工程（农业）初级职务任职资格。2002年，江宁区按照南京市职称部门关于“先易后难、分类试点、逐步推开”的要求，首先在卫生系统开展“评聘分开”（专业技术资格评定同专业技术职务聘任相分离，资格评审与职务聘任相分开，职称资格与职务聘任相分开）的试点，是年，共有270多人取得卫生专业技术职务任职资格。2003年的职称工作在“评聘分开”试点范围和申报对象上有所扩大，同时对职称计算机提出要求。是年，有1人评审通过卫生系统技术高级专业技术职称，59人取得副高级专业技术职称，426人取得中级专业技术职称，480人取得各类初级专业技术职称。2005年，江宁区职称工作根据南京市职称工作领导小组的要求，在申报条件上有所放宽。是年，有2人评审通过卫生系统正高级专业技术职称资格，156人取得副高级专业技术职称资格，298人取得中级专业技术资格，421人取得各类初级专业技术职称。2006年的职称工作，在继续教育和职称外语方面的申报条件有所放宽。是年3月，县人事部门印发《关于原江宁县科委地方自评建筑工程初级专业技术资格认定工作的通知》，对江宁区原江宁县科学技术委员会自评的初级专业技术资格进行一次性认定。是年，共有540人经认定确定相应的专业技术资格。2007年，全区有3人取得正高级专业技术职称，214人取得副高级专业技术职称，512名取得中级专业技术资格，1800人取得各类初级专业技术职称。

1997—2007年江宁区专业技术职称评定情况表

表 41-2-27　　单位：人

年份	正高级	副高级	中级	初级	年份	正高级	副高级	中级	初级
1997	—	—	—	77	2003	1	59	426	480
1998	1	43	626	613	2004	7	122	1376	740
1999	—	66	484	330	2005	2	156	298	421
2000	—	59	448	489	2006	1	140	397	1893
2001	1	53	403	1108	2007	3	214	512	1800
2002	1	71	566	705					

【专业技术职务聘任】

专业技术职务聘任是指用人单位根据岗位需要，聘任具有相应专业技术职称资格的人员，担任相应的专业技术职务。所设置的岗位及其职责应予以公布，以便专业技术人员根据自身条件和岗位空缺状况，按照其具体情况，对岗申报。

自1997年职称工作职能转入人事部门后，专业技术职务聘任工作随之转由人事部门负责。1997—1998年，全县企、事业单位聘任高级专业技术人员64人，中级专业技术人员678人，初级专业技术人员1264人。1999年，共聘任各类高、中高级专业技术人员840人，初级专业技术人员546人。2000年，做好高校大、中专毕业生见习期满职称初定工作的同时，为489人办理初聘手续。全面推进事业单位按岗竞聘的聘任制度，在全县414家事业单位进行岗位设置，有10841名专业技术人员参加按岗竞聘。其中，1人低职高聘，48人转岗聘任，有27人待岗。2003年，"评聘分开"试点工作进一步扩大到广电、文化、档案等部分单位。是年，共聘任各类专业技术人员876人。自2004年起，"评聘分开、按岗聘用"制度逐步向工程、经济、教育、卫生、文化等重点领域扩展，2004—2007年，共聘任各类专业技术人员3478人。

【知识分子家属"农转非"】

知识分子家属"农转非"是指部分专业技术干部的农村家属迁入城镇，由国家供应粮食。此项工作从1978年开始，主要是解决部分教学、科技人员及管理干部夫妻长期分居问题。1981年，江宁县为1户3人办理"农转非"手续。1982—1984年，江宁县为20户65人办理"农转非"手续。1985年，为70名助理工程师以上专业技术人员的199名农村家属和10名在党政机关担任领导工作的知识分子的33名家属办理"农转非"手续。同年1月，江宁县委下发《关于进一步落实知识分子政策的有关规定》，对符合相关条件的知识分子农村家属可迁往其工作所在地，由县供应定销粮。是年，对全县240名知识分子在农村的697名家属办理转供定销粮食手续。1986年，江宁县委转发县委组织部、县人事局《关于将部分家在农村的国家干部家属转供定销粮食、乡镇部分非国家干部转为大集体工人的实施办法》（江宁发〔1986〕第6号）文件，对由县供应定销粮的国家干部家属人群作出界定。是年，审批和办理干部和知识分子农村家属转供定销粮食手续483户，计1135人。同时，办理"农转非"手续12户、38人。1987年，县人事部门会同财政局下发《关于部分知识分子、国家干部的农村家属转供定销粮后，实行粮食差价补贴的补充通知》，据此，为604户1474人办理粮食差价补贴。同时，为19户、50人办理"农转非"

手续，为74名离休干部、72名在职干部的农村家属共210人办理转供定销粮食手续。1988年，为国家干部、知识分子户口在农村的家属办理转供定销粮食手续81户，并为5户、14人办理“农转非”手续。

1989—1991年，江宁县没有办理“农转非”手续，仅办理转供定销粮食手续，其中，234户、570人办理转供定销粮食手续，为96户、208人办理定销粮差额补贴审批手续。1993年，为奖励在乡镇企业中作出突出贡献的骨干人员，为10名发展乡镇企业有功人员办理户口“农转非”手续。1994—2000年，江宁县为1506户、2332人办理“农转非”手续（2001年后不需办理“农转非”手续）。

【人才交流】

人才交流工作 1984年，对全县的专门人才和干部，进行全面普查。经调查统计，全县共有7685名专门人才和3107名干部。是年12月20日至26日，举办江苏南京地区人才交流大会。江宁县组团参加江苏地区人才交流大会，共接待307名人才，其中有105人登记要求调至江宁工作或兼职。1988年5月，县政府批转县人事局《关于鼓励各类专业人才到基层企业单位工作的若干意见》，对支援基层企业单位各类专业人才的有关待遇问题做出规定。是年，接收市政府选派的19名科技人员到县里支乡工作，在其帮助下，新建工厂1家，开发4种新产品，引进加工业2项，解决技术难题9个，举办各类培训班6期，提出合理化建议20多条。

1992年9月17日，县政府印发《江宁县关于引进和奖励科技人员的试行意见》（江宁政发〔1992〕125号），对引进的专业人才范围作出界定。同年，县人事局通过参加市人事局举办的人才交流市场，在《新华日报》《南京日报》等媒体上刊登招聘广告等形式，共调进具有中专以上学历的科技人员34人。其中，为江宁经济技术开发区管委会引进科技人才17人，招聘公关人员5人，同时，从县级机关选调16名有专长的人员到江宁经济技术开发区管委会工作。1995年，为三资企业引进的各类人才保管人事档案57份。1996年，成立江宁县机关事业单位保险所，由此江宁县人才交流服务中心自1997年起全面启动养老保险缴纳工作。1997年，有41名流动人员办理养老保险手续。同时，设立县人才交流服务中心集体户口。是年，共有16名流动人员在县人才市场交流服务中心挂靠户口，接转流动人员人事档案145份。至1998年年底，托管的流动人员人事档案805份。1999年7月，县政府批转《市政府关于批转南京市人事局〈南京市人事代理暂行办法〉》，将人事代理对象划分为单位代理和个人代理。

2000年5月，江宁县投资建成江宁县人才市场。自2001年6月起，开设每周“周日人才市场”，是年，有102家用人单位进入“周日人才市场”招聘，为各类人才提供500多个岗位。2002年，区人才交流服务中心推出免除出国政审、降低档案托管费等一系列优惠措施。办理出国政审60人次，保险手续86人次，挂靠户口手续37人次，保管的流动人员档案达5770份。2004年10月，区人事局与江宁经济技术开发区管委会和南京市人才中心共建的南京市电子信息技术人才市场暨江宁人才市场揭牌开业，同时，开通“江宁人事人才网站”。是年，共有587家单位进入人才市场招聘，2.20万余人进场应聘，提供就业岗位2400多个。江宁人事人才网站发布各类人才招聘信息2000余条，网站点击数达2.90万次。并成立首家博士后科研工作站——南京大陆中电科技股份有限公司博士后科研工作站，当年引进一名博士后进站工作。是年7月，设立江宁人才开发专项基金，区财政先期投入10万元专项基金。建立人才联络员制度，从全区机关、企事业单位中选取100名人事干部作为区人才服务中心的联络员，并颁发聘书。

2007年，江宁人才开发公司向全区机关、企事业单位派遣177名人才。有2485家单位进入人才市场招聘，提供近1.60万个就业岗位，江宁人事人才网站的点击数达172万次。办理户口挂靠手续91人，养老保险手续117人，档案转进2287份，转出474份，借阅810份，为32家单位的231人办理建档手续，挂靠党组织关系123人。

选派科技副乡（镇）长 1990年5月，南京市委组织部、市科学技术委员会、市人事局共同下发《关于选派科技副乡（镇）长试点工作的实施意见》，联合开展选派科技副乡（镇）长试点工作，江宁县是其中五县试点单位之一。是年，选派2名科技副乡（镇）长，分别被派至岔路乡和江宁镇任职。

1991—1992年，江宁县配合组织部门选派23名科技副乡镇长。1993年，江宁县有13个乡镇的科技副乡镇长任职期满，需要轮换，为此，组织有需求的乡镇参加市人事部门开办的科技副乡（镇）长专场招聘会，为11个乡镇招聘到11名科技副乡镇长。1994年，全市开展最后一批科技副乡镇长的选派工作。是年，江宁县有12个乡镇科技副乡镇长到期，人事部门配合组织部门对9个乡镇及时开展轮换工作。是年11月，南京市委组织部、市科委联合对作出优秀业绩的科技副乡镇长进行表彰，江宁县有江宁镇的孙尔福、土桥乡的傅立华、丹阳镇的邹泽金三位科技副乡镇长被评为南京市先进科技副乡镇长。至1996年，在江宁县各乡镇任科技副乡（镇）长的干部在任期届满后陆续回到原单位工作。

人事争议仲裁 1993年6月，江宁县根据《南京市人事争议仲裁暂行规定》（南京市人民政府第21号令）精神，成立江宁县人事争议仲裁委员会。是年，县人事争议仲裁委员会办理辞职手续3人，接转辞职人员人事关系5人。1994—1998年，办理辞职、辞退审批手续153人，妥善处理23起人事争议。1999年，调解人事争议7起。区人事局十分重视人事仲裁员的培训，2000年7月，有2名工作人员经过培训，取得专职仲裁员资格。2007年12月，有3名工作人员经过培训考核，取得人事仲裁员资格。是年，调处全区事业单位和民主团体内人事争议12起。

第六节 工资与福利

民国以前，地方政府官吏奉银由朝廷发给，另有养廉银，待遇丰厚。民国16年（1927）10月，国民政府公布《修正文官俸给表》，民国21年3月，公布暂行文官俸表，次年施行。

新中国成立初期，干部工资实行供给制和薪金制度并行制度。1956年起，取消供给制，改为全国统一等级工资级别。1979年，行政单位建立以职级工资为主的结构工资制，事业单位实行职务岗位工资制。1985年后，多次进行工资改革与工资调整，总体工资水平不断提高，福利待遇也不断改善。

【工资】

工资制度改革 新中国成立初期，江宁县国家机关、事业单位按照国家统一规定对工作人员同时实行供给制和薪金制两种待遇。实行供给制的，主要是新中国成立前参加革命工作的人员。新中国成立后参加工作的人员，按其自愿，有一部分人员实行供给制。供给制人员个人生活费部分包括：菜金及燃料、食粮、服装费、津贴费、过节费、保健费六项，按实物计算发给。对部分留用旧人员实行薪金制待遇，以折实单位为基数折币发给。对半脱产的乡干部每人每月发给 45 公斤大米。

1952 年，全县国家机关工作人员第一次评定工资等级，同时一部分干部仍实行供给制待遇。1956 年 6 月，国务院发布《关于工资改革的决定》，决定对企业、事业、国家机关的工资制度进行一次改革，江宁县根据规定进行改革。改革前，全县共有干部职工 5955 人，月工资总额 206204.24 元，平均每人每月工资 34.62 元。改革后，全县共有干部职工 5890 人，月工资总额 218262.47 元，平均每人月工资 40.45 元，平均每人月增长 5.83 元。

1985 年，根据国务院《关于国家机关、事业单位工作人员工资制度改革问题的通知》以及江苏省政府《关于实施〈国家机关和事业单位工作人员工资制度改革方案〉中若干具体问题的规定》，江宁县进行工资改革。此次参加工改的人数为 7547 人（包括中、小学教师）。工改前月工资总额 470120 元，工改后月工资总额 622971 元，月增资 152851 元，人均月增资 20.25 元。集体单位参加工改人数 784 人，工改前月工资总额 44746 元，工改后月工资总额 57208 元，月增资 12462 元，人均月增资 15.89 元。参照单位（人行、建行、农行、保险公司、供销社）参加工改人数 501 人，工改前工资总额 30826 元，工改后工资总额 39483 元，月增资 8657 元，人均月增资 17.27 元。以上合计，全县参加工改人数 8832 人，工改前工资总额 545692 元，工改后工资总额 719662 元，月增资总额 173970 元，其中 1985 年月增资 163033 元，除去中、小学教师教龄津贴 20308 元，人均月增资 17.40 元。

1994 年 7 月，江宁县进行工资改革，至是年年底工资套改工作基本结束，新工资制度入轨运行。全县机关事业单位 13723 名在职人员参加套改，月增资总额 178 万元，其中机关人均每月增资 120.90 元，事业单位人均每月增资 164.10 元。同时，全县 1628 名离、退休人员相应增加离、退休费，月增离、退休费 34.50 万元，人均每月增离退休费 127.70 元。

2007 年 3 月，江宁区进行工资改革，是年 5 月底套改工作基本结束，新工资制度入轨运行。全区执行公务员工资制度的 3434 名在职人员参加套改，套改前月工资总额（职务工资、级别工资、基础工资、工龄工资）297.49 万元，套改后月工资总额 391.10 万元，月增资总额 93.61 万元，人均每月增资 272.60 元。全区事业单位 14242 名在职人员参加套改，套改前月工资总额 1084.77 万元，套改后月工资总额 1490.99 万元，月增资总额 406.22 万元，人均月增资 258.23 元。同时，全区机关事业单位 6300 名离、退休人员相应增加离、退休费，其中，机关 1015 人，月增加离、退休费 29.13 万元，人均月增离、退休费 287 元；事业单位 5285 人，月增加离、退休费 128.43 万元，人均月增离、退休费 243 元；离休干部人均每月增离休费 485 元。

工资调整 新中国成立初期，江宁县国家机关和事业单位工作人员的待遇和全国一样实行供给制和薪金制。

20 世纪 50 年代，江宁县先后于 1952 年、1954 年两次进行国家机关、企事业单位干部调整级别和处理保留工资的工作。至 1955 年，全县国家机关、企事业单位干部、职工全部实行工资制。

1960 年，国家经济困难时期，全县 17 级以上党员干部的工资作适当降低，降幅 1%。

20 世纪 70 年代，先后于 1972 年、1977 年、1978 年和 1979 年，四次进行全民所有制企业职工工资调整。至 1979 年 11 月，江宁县 1978 年年底前全民所有制单位职工总数 11026 人，扣除三种非升级因素的职工总数 10735 人，符合升级的人数 5058 人，实际升级面 47.11%，月实增工资总额 30136.18 元，人均月增资 5.95 元。

20 世纪 80 年代，于 1981 年、1983 年、1984 年、1985 年、1987 年、1988 年、1989 年，进行国家机关、科技文教卫生等部分工作人员工资调整。1989 年，为 367 名护士办理工资标准提高 10% 的手续；为全县 8083 人办理升级手续，为 870 人办理提高和享受教龄、护龄津贴审批手续；为 603 名乡镇卫生院被聘为“士”以上专业技术职务的人员办理浮动一级工资手续。

20 世纪 90 年代，国家机关、事业单位及专业技术在职人员与离、退休人员的工资每年均有调整。至 1999 年，全县 1.60 万余名机关事业单位工作人员调整工资标准，人均月增资 135 元左右。3500 多名离、退休人员相应提高离、退休费。

进入 21 世纪后，国家机关、事业单位在职人员及离、退休人员的工资每年均有调整。从 2006 年 7 月 1 日起，江宁区机关实行公务员工资制度改革，事业单位工作人员实行收入分配制度改革。全区执行公务员工资制度的 3434 名在职人员参加套改，人均月增资 272.60 元。全区事业单位 14242 名在职人员参加套改，人均月增资 258.23 元。同时，全区机关事业单位 6301 名离、退休人员相应增加离、退休费。

【福利】

福利费标准 福利费是由国家财政按规定标准拨给机关、事业单位专款，用于补助工作人员个人及家属生活困难，同时举办集体福利事业。1954 年前，财政部在各级人民政府供给制度标准规定中按供给制人数提取一定的经费。1956 年，全县总计享受福利费的干部 1589 人，全年福利费收入 29162.96 元，支出 25766.50 元。1963 年起，江宁县执行江苏省人事局统一规定，县以上机关及事业单位工作人员的福利费标准，按工资总额的 2.50% 提取；农村人民公社按工资总额的 1.50% 提取。是年，全县国家机关和事业单位干部福利费总收入 20764.63 元，支出 19070.43 元。1966—2007 年，江宁区机关及事业单位工作人员的福利待遇基本按照国家、省、市有关规定执行。

假期待遇 主要有探亲假、病假、年休假。江宁县均按照南京市和全国有关规定执行。1958 年，江宁县贯彻国务院《关于工人、职员回家探亲的假期和工资待遇的暂行规定》，凡连续工作满一年的正式工作人员，同父母亲、配偶不住在一起又不能利用公休假日回家团聚的，原则上每年给假一次，假期 2 个 ~ 3 个星期。探亲期间工资照发。所需车船费，原则上由个人自理，确有困难的酌情给予补助。自 1962 年 1 月起，探亲的车船费用可以报销。此后，至 2007 年，江宁区内职员的探亲假基本按照国家、省、市有关规定执行。

遗属生活困难补助 1964 年 5 月 13 日，江宁县委组织部、县财政局、民政科、人事监察科联合发出《关于国家机关工作人员牺牲或病故以后遗属生活照顾问题的通知》，对补助对象、补助标准与补助的时间一一作出规定。1979 年 12 月，江宁县根据南京市通知精神，从 1979 年 11 月起，将遗属生活困难补助标准调整为：遗属户口在农村的，每人每月补助 10 元 ~ 15 元；户口在城镇的，每人每月补助 15 元 ~ 20 元。1985 年 1 月起，江宁县的遗属生活困难补助标准调整为：户口在农村的，每人每月补助 15 元 ~ 20 元；户口在城镇的，每人每月补助 20 元 ~ 25 元。死者遗属在享受定期补助后，如遇有特殊困难，酌情给予临时补助，对有突出贡献的人员死亡后补助酌情提高。

随着经济发展，人民生活水平不断提高，遗属生活困难补助标准逐步增加。1990 年，户口在农村的，每人每月补助提高到35元～40元；户口在城镇的，每人每月补助提高到40元～45元。至1995年，户口在农村的，每人每月补助90元～95元；户口在城镇的，每人每月补助95元～100元。此后，1999—2007年，江宁区根据国家、省、市相关文件，对遗属生活困难补助标准作出多次调整。

1999年、2004年、2007年江宁区国家机关工作人员遗属生活困难月补助情况表

表41-2-28　　　　单位：元

年份	离休干部遗属			一般人员遗属	
	解放战争时期参加革命的	抗日战争时期参加革命的	红军时期参加革命的	户口在城镇的	户口在农村的
1999	190	220	250	160	140
2004	270	310	350	220	220
2007	470	510	550	420	420

说明：1999年与2004年，死者遗属为孤独一人的，可再增加20元；2007年死者遗属为孤独一人的，可再增加50元

丧葬费、抚恤金　丧葬补助费。丧葬补助费是为办理死亡工作人员的丧葬事宜而发给其亲属资金方面的补助。1979年前，由于各地风俗习惯，还有部分地区实行土葬的方式，根据土葬条件，规定工作人员死亡后按不超过300元的标准报销丧葬费。1990年，对机关事业单位工作人员亡故丧葬费开支标准作出规定，即由原300元调整到600元，其他规定不变，至2007年，江宁区仍执行这一标准。

抚恤金。一次性抚恤金的标准，是根据其死亡性质确定的。江宁的机关事业单位工作人员及离、退休人员亡故的，从1986年至2007年，一直执行国家、省、市有关标准。

机关事业单位工作人员工伤认定　机关、事业单位在编在册的正式人员，因公负伤后，人事部门根据伤残人员申请及报送的材料进行严格审定。自1978年开始受理工伤认定申请，至2007年，全区工伤认定申请，主要是根据劳动部门印发的相关规定开展工伤认定工作。

第四十二编

民　政

第一章　基层自治组织建设
第二章　优抚安置
第三章　救济扶贫
第四章　社会福利
第五章　社会事务管理
第六章　老龄工作
第七章　双拥工作

江宁地区自秦代起，有关社会救济、赈灾救助、村里设置、勘界清田等民政事务均由知府或县令掌管；助残救孤、收尸埋骨等慈善举措，亦由官府倡首、士绅显贵资助。历代地方长官中不乏关注民生者，如唐江宁县丞王昌龄、南宋建康知府范成大、元江宁县主簿梅鼎、明江宁县令纪肃等都亲理民政，开展赈济。在官府中设民政管理机构始于清朝末年，清廷拟行“君主立宪”制，设立民政部。此时的民政工作包括警务、巡查、户口、钱粮、礼俗、防疫、家族过继归宗等。民国初年，江宁知县改称民政长，后又改称县知事，县衙署由民政长公署改称县知事公署，内设三科，民政归第一科。民国22年（1933），县政府首设民政科，抗日战争时期，中国共产党领导的抗日武装在江宁地区建立两个县级抗日民主政权，均设民政科管理区域内民政工作。抗日战争胜利后，国民政府江宁县政府设置第一科（民政科）、第四科（社会科），执掌战后民政与社会事务。第一科主要掌管自治、选举、区划、治安、保甲、户籍行政、禁烟禁毒、礼俗、宗教、优抚等事宜；第四科掌管救济、慈善、社团登记等工作。

民国38年（1949）4月，江宁县解放，县人民政府设民政科，承担政权建设、人事、优抚、婚姻管理、救灾、救济、地政、户政、禁烟禁毒、行政区划、支前、民工动员、社团登记及收容改造等工作。1966年3月，民政科改为民政局，并将人事、劳动、精简办（主管知识青年上山下乡）等工作划归民政局。1967年3月起，民政工作由县军管会民政局革命领导小组负责。1970年9月，民政事务移交人事局统管。1978年5月12日，江宁县革委会恢复民政局建置，称江宁县革委会民政局。1980年11月，更名为县人民政府民政局（简称县民政局）。2000年12月江宁县撤县设区后，县民政局更名为南京市江宁区民政局。民政工作职能几经变化，至2007年，民政部门主要负责基层政权和基层自治组织、优抚、安置，社会救助救济中的城乡各类低收入群体的救助、救济、城乡低保，社会福利中的“五保”敬老、抚孤育幼、安置残疾人的福利企业、福利基金募集和社会行政事务专项管理中的地名区划、婚姻登记、收养登记、民间组织登记、殡葬管理，并代管老龄委等工作。

改革开放后，江宁区有200多项民政工作获国家与省、市表彰。其中，1994年，被江苏省民政厅评为全省民政工作先进县；1999年，被评为全国爱心献功臣行动先进县；2003年，被评为全国村民自治模范区；2006年，被授予全国民政工作先进区称号；2007年，被评为全国农村社区建设实验区。

第一章 基层自治组织建设

历代，上元县和江宁县下设乡、里等基层组织，负责管理户口、宣传教化、征收税费和地方治安。农村形成众多的自然村落，城镇则形成居住社区，其活动形式主要是邻里互相帮助。婚丧红白喜事、造房建屋，互请互帮。

江宁县解放后，境内彻底废除保甲制度，农村基层始建行政村。1958年政社合一时，行政村改为生产大队。1982年乡镇建制恢复，生产大队又改为行政村，至1985年，村队改制工作结束，全县共设377个村民委员会。2007年，全区77个村委会全部更名为社区村民委员会。城镇于1961年起建立居民委员会，当年设立17个，至1985年，全县共设立居民委员会23个，2000年增至61个。江宁县撤县设区后，原居委会管理模式已不能适应城市化管理需要，2002年起，全区居委会改建社区居委会工作在东山镇试点的基础上全面启动，至2003年5月，全区居委会改制工作全部完成，正式结束全区城镇居委会的历史使命，有力推动了全区城市基层管理体制的改革。是年，全区共设社区居委会68个。同时，通过撤销村民委员会、组建社区居民委员会，至2007年，全区共有社区居委会127个。社区村委会（村委会）和社区居委会（居委会）分别为乡（镇）、街道以下基层自治组织。

2003年，江宁区被民政部命名为全国村民自治模范区；2007年，被评为全国农村社区建设实验区。

第一节 基层自治组织

古代和民国时期，江宁县以下基层组织往往具有基层政权和基层社会组织的双重职能，很难将二者截然区分。民国初，实行乡、镇地方自治，规定学务、卫生、公共善举等为自治事项，并以保甲为自治基层组织。民国37年（1948），江宁县分为7区、46个乡镇、476保。新中国成立后，城镇和农村按居民居住地设立居民委员会或村民委员会。村（居）民委员会是村（居）民自我管理、自我教育、自我服务的基层群众性自治组织。乡镇、街道人民政府（办事处）对工作给予指导、支持和帮助，村（居）民委员会协助乡镇、街道开展工作。2002年起，区内居委会改建社区居委会工作全面启动。2007年4月，全区“村民委员会”更名为“社区村民委员会”。

【里甲 闾邻 保甲】

宋代，据南宋《景定建康志》载：上元县共设十八乡五十二里，江宁县共设二十二乡八十七里。元代，据〔至正〕《金陵新志》载：上元县仍设十八乡五十二里，江宁县设十八乡八十六里。里之下有甲，设甲首。里长和甲首由蒙古人或色目人担任，负责催督各种劳役和赋税，禁止违法、办理官府委办事宜。明洪武二十四年（1391），上元县共设十八乡二百零三里。〔万历〕《江宁县志》载，江宁县设二十一乡六十八里。里之下仍设甲，每甲10户。清代，〔道光〕《上元县志》载，上元县设十八乡一百五十里。〔乾隆〕《江宁新志》载，江宁县设二十一乡七十四里。里之下沿袭明制，普遍设保甲组织。城乡以10户为1牌，10牌为1甲，10甲为1保，各立牌头、甲头、保头1人。太平天国战争后，据〔同治〕《上江两县志·图说》载，上元县设七区十七乡，江宁县设四路六十四图。光绪二十八年（1902），江宁实行警察制，保甲遂废。

民国3—11年（1914—1922），江宁县实行市乡制，5万人以上集镇称为“市”，乡仍其旧。民国12年改为村制，村以下25户为闾、5户为邻，设闾长、邻长各1人。民国21年8月，国民政府颁行《编查保甲户口条例》，当年江宁县废除闾邻，编组保甲。保甲组织以户为单位，设户长，10户为甲，设甲长，10甲为保，设保长。保甲编成后，即由甲内各户户长互相联合至少5人，共同填写“联保连坐切结”“互相监视，不为匪盗或汉奸，如有违犯，应即密报，倘有瞻徇隐匿，联名各户实行连坐”。民国37年，江宁县共设7区、46个乡镇、476保、6803甲。

【社区村民委员会】

新中国成立后，废保甲制，建立村组织。至1949年年底，县内共建立7个区、47个乡（镇）、116个村。1957年撤区并乡，乡以下设高级农业社，社以下设生产队，建成乡、社、队三级建制。1958年8月起，开始撤乡建社，至1982年年初，全县有3个镇、26个公社、348个大队、5307个生产队。是年3月，江宁县在政社分设、建立乡镇政府的同时，将原农村生产大队改建为行政村，原生产队改建为自然村或村民小组，开始在乡、镇政府以下进行基层自治组织——村委会建立工作。至1983年8月，373个生产大队改建为380个行政村，5608个生产队改建为1791个自然村和5448个村民小组。1985年，全县有377个行政村、2846个村民小组。至此，村队改制工作基本结束。后经过陆续调整合并，至2001年，全县设农村基层自治组织村委会247个。2007年4月，区政府为进一步统筹城乡社区发展，建立城乡统一的社区管理体制，将农村村民自治组织“村民委员会”更名为“社区村民委员会”，至年底，全区共设社区村委会77个。

【社区居民委员会】

1954年12月，全国人大常委会第四次会议通过《城市居民委员会组织条例》，规定“在100户～700户居民范围内设立居民委员会”，但由于以农业生产为中心的江宁地域城镇居民极少，故在1961年之前未在城镇设立居委会。

1961年11月，在东山、秣陵、汤山、湖熟、江宁5个建制镇设立17个居委会，其他18个公社的集镇相应建立管理集镇居民的办事机构。1963年8月，根据省人委规定的“5000人口以上的城镇才能设置居民委员会；5000人口以下、2000人口以上的城镇，不设居民委员会，由镇直接领导居民小组工作”，“不是镇建制的其他小集镇，非农业人口在700人口以上，需设置居民委员会的，由专署、省辖市审查报省民政厅、财政厅备查”精神，对1961年在东山等5个镇设立的17个居委会予以撤销，由镇人民委员会直接领导居民小组工作，同时撤销上坊等18个集镇的办事机构；对非农业人口在700人以上的陆郎、铜井、陶吴、丹阳、禄口、土桥、龙都、淳化8个公社的集镇，分别设立居委会。经过增减变动，至1985年，全县共设居民委员会23个。1990年增至30个，1995年增至41个，2000年增至61个。至2001年9月，全县有居民委员会70个。

2000年12月江宁县撤县设区后，原居委会管理模式已不能适应城市化管理需要。在区委、区政府的领导下，成立江宁区社区建设指导委员会，制订《关于在全区推进城市社区建设工作的实施意见》。2001年9月，在东山镇先行开启居委会改建社区居委会工作试点，对东山镇的

36个居委会进行合并调整，改建成18个社区居委会。此时，全区设城镇基层自治组织社区居委会18个、居委会34个。

2002年起，区内居委会改建社区居委会工作全面启动。当年，全区撤销23个居委会和5个村委会，调整合并成22个社区居委会。此时，全区建成社区居委会40个，保留11个居委会。2003年，撤销11个居委会和24个村委会，合并建立28个社区居委会。至此，全区居委会改制工作全部完成，正式结束全区城镇居委会的历史使命。全区社区居委会达68个。2004年，区政府批转区民政局编制的《关于撤销村民委员会组建社区居民委员会的指导意见》，当年撤销37个村委会，合并建立34个社区居委会。全区社区居委会达102个。2005年，撤销42个村委会，调整建立43个社区居委会。全区社区居委会达145个。2006年，将50个社区居委会和40个村委会合并调整为46个社区居委会。全区社区居委会缩减为141个。2007年，又将29个社区居委会和1个村委会合并调整为15个社区居委会。至是年年底，全区共设社区居委会127个。

2000年江宁县基层自治组织情况表

表42-1-1　　单位：个

镇名	辖村民委员会		辖居民委员会	
	数量	名称	数量	名称
东山镇	34	翻身、池田、石马、朱村、横岭、洋桥、成山、红光、前进、陈墟、铺岗、高山、健康、桥头、骆村、太平、下墟、五库、方前、方山、茶园、章村、胜利、殷巷、前庄、杨村、东方、东山、邵圣、中前、其林、渡桥、新河、共和	30	河定桥、史家里、岔路、史北、府前、外港、府后、竹山、晓里、芙阁、三新、上元、竹园、东山、宁中巷、岗山桥、胜太东路、龙池、天元西路、秦淮西路、学府、方山集镇、殷巷集镇、湖滨、公园路、石羊路、天元东路、明月路、金汇路、玉堂巷
湖熟镇	38	湖熟、长岭、耀华、和进、勤丰、永跃、光明、金桥、丹桂、新墩、梅林、双龙、永安、新光、颜庄、丹林、河北、郭村、东阳、永胜、汾前、河南、范坵、赵家边、友谊、乐安、同进、新农、北涵、新耀、杨家边、龙都、解放、西北、晶明、三界、南窑、夏庄	5	姚东、姚西、水北、泉都、虹南
汤山镇	16	桦墅、西梅、孟北、安基山、孟塘、青林、汤山、湖山、中心、北尚庄、建设、路西、龙泉、古泉、寺庄、作厂	3	作厂、汤泉、集镇
江宁镇	26	清修、桥西、黄龙岘、司家、荷花、张府、陆郎、上湖、河西、牌坊、新洲、朱门、大塘、河东、官山、南门、花塘、江宁、王府、陈塘、大庙、建中、西宁、庙庄、梅府、渔业	2	江宁集镇、陆郎集镇
丹阳镇	12	丹阳、幸福、勇跃、汤村、蔡坎、山景、许上、双河、西山、高台、泗陇、长岗	1	集镇

续表 1

镇 名	辖村民委员会		辖居民委员会	
	数 量	名 称	数 量	名 称
陶吴镇	15	桃红、杭村、甘西、上穆、钟村、东京、昝缪、后村、西章、龙山、甘村、孚而岗、红星、西阳、湖头	1	集 镇
秣陵镇	16	桥南、火炬、双基、家园、高塘、凤凰、大里、东旺、后圩、金村、新丰、西旺、周桥、小里、建农、东埠	4	秣陵关、东长、南关口、九龙
禄口镇	38	杨树湾、白庄、永兴、马塘、高伏、黄桥、呼嘘、铺头、马铺、梁彭、山塘、俞庄、铜山、尚洪、成功、陆纲、小彭、群力、东湖、桑园、浣溪、张桥、禄口、彭福、农牧场、秦村、陈巷、石埝、南夏、许桃、曹村、新生、青圩、徒墙、魏庄、溧塘、埂方、张家	4	禄口集镇、茅亭、机场、铜山集镇
铜井镇	16	铜井、三兴、洪幕、石山、双虎、陶村、新民、星辉、天然、李村、北庄、共和、牧龙、新济、叶村、魏家	1	集 镇
麒麟镇	13	麒麟门、晨光、西流、东流、锁石、泉村、南庄、麒麟铺、窦村、青西、袁家边、定林、建新	1	集 镇
上峰镇	13	插花、百合、潭山、上峰、宁西、阜东、阜西、孟墓、新宁、高庄、李岗头、宁东、庄里	1	集 镇
上坊镇	13	佘村、陵里、泥塘、桃园、大里墅、高桥、机场、中下、上坊、城墙、魏村、市井、潘村	1	集 镇
淳化镇	14	索墅、吴墅、新庄、焦村、双岗、新华、解溪、青龙、青山、淳化、宋墅、咸田、王墅、果园	1	集 镇
周岗镇	13	尚义、秦淮、钱家、徐慕、东释、李墙、新桥、和平、长干、石辣、西释、高阳、绿杨	1	集 镇
土桥镇	16	土桥、永勤、滨淮、祝庄、周子、中圩、西城、周郎、永平、民主、远景、下埠、西湖、柏墅、上合、花抠	2	集镇、桂花园
横溪镇	19	横溪、官塘、红旗、红杨、大柏、呈村、横山、西塘、长冲、云台、新塘、铁家、赵村、上庄、姜林、石塘、横岗、安民、许村	1	集 镇

续表 2

镇 名	辖村民委员会		辖居民委员会	
	数 量	名 称	数 量	名 称
谷里镇	17	谷里、赵林、花岗、国庆、荆刘、砖墙、柏树、张溪、兴塘、向阳、箭塘、石坝、亲见、周村、公塘、梁塘、王村	1	集 镇
东善桥镇	14	长山、童桥、祖堂、霞辉庙、后汉桥、胜家桥、三合、前盛、东善、吉山、小张、袁家桥、元山、水阁	1	东 虹
合计（18）	343		61	

2007 年江宁区基层自治组织情况表

表 42–1–2　　单位：个

街 道	辖社区居民委员会		辖社区村民委员会	
	数 量	名 称	数 量	名 称
东 山	18	东山、外港、中前、章村、晓里、岔路、邵圣、骆村、龙西、上坊、泥塘、天云、永安、高桥、大里、佘村、泉水、建南	—	—
秣 陵	25	秦淮、胜太、太平、殷巷、湖滨、长山、东南、青源、牛首、下墟、东旺、西旺、双金、家园、桥头、科苑、方山、成山、杨村、横岭、王墅、新华、永宁、解溪、陵里	5	建东、凤凰、周里、火炬、新林
汤 山	12	汤山、古泉、青林、作厂、孟墓、上峰、高庄、锁石、晨光、麒麟门、麒麟铺、鹤龄	12	孟塘、龙尚、路西、建设、孟北、湖山、桦墅、宁西、阜庄、阜东、东流、袁家边
淳 化	9	淳化、青山、青龙、吴墅、田园、索墅、双岗、土桥、新兴	8	民主、茶岗、西埠、周子、周郎、西城、滨淮、柏墅
禄 口	15	茅亭、机场、白云路、铜山、群力、陆纲、新生、山塘、谢村、永兴、高伏、彭福、上穆、钟村、陶东	15	马铺、杨树湾、成功、张桥、黄桥、秦村、埂方、小彭、曹村、徒墟、陈巷、溧塘、石埝、桑园、尚洪
江 宁	15	荷花、星辉、渔业、南山湖、江宁、司家、陆郎、河西、朱门、建中、陈塘、叶村、铜井、牧龙、新民	10	清修、上湖、新洲、大庙、西宁、牌坊、庙庄、花塘、洪幕、天然
谷 里	13	谷里、公塘、张溪、向阳、箭塘、周村、童前、东善桥、祖堂、吉山、霞辉庙、元山、胜家桥	5	荆刘、柏树、双塘、石坝、亲见
湖 熟	10	和进、金桥、湖熟、河南、双新、龙都、周岗、杨柳湖、新农、尚桥	12	三界、丹桂、河北、耀华、新跃、晶明、东阳、万安、钱家、和平、徐慕、绿杨
横 溪	10	横溪、陶吴、丹阳、西岗、西阳、甘泉湖、新杨、新杭、西泉、甘西	10	红旗、官长、安民、横山、许呈、云台、山景、宁光、勇跃、许高
合计（9）	127		77	

第二节 民主建设

【社区村委会民主建设】

1982年，实行政社分设，县撤销人民公社恢复人民政府后，在淳化公社焦村大队采取民主提名、推荐、协商确定村委会班子成员候选人10名，经过民主选举，选出1名主任、4名委员。江宁县首个村委会诞生。村委会根据村民集体意愿，负责办理该村公共事务和公益性事业，调解民间纠纷，维护社会治安，向人民政府反映村民意见、要求和建议，支持和组织村民发展经济，宣传宪法、法律、法规和国家政策，协助政府开展工作。村内经济文化、社会生活中的重大问题由村民大会讨论决定。村委会以下设若干村民小组，村民小组组长由村民推举产生。村民小组组长在村委会领导下，贯彻执行村民会议和村委会决定，完成村委会布置的工作和任务，办好组内事务和反映组内村民的意见、建议和要求。从而，拉开江宁县村委会民主建设的序幕。

图42-1-1 土桥镇茶岗村村务公开栏（2005年摄）

1988年开始，江宁县以贯彻实施《中华人民共和国村民委员会组织法（试行）》为切入点，以民主选举、民主决策、民主管理、民主监督“四个民主”为核心，依法组织1届～5届村委会选举和换届选举。其间，先后在殷巷、秣陵等地开展村民自治示范村试点，对村民在村级经济管理、民主监督、婚姻家庭、计划生育等村民自治方面的权利和义务作出明确细致的规定，从而将村委会民主建设提升到一个新水平。

图42-1-2 2004年10月，土桥镇12个村采取无候选人一次性直接投票选举的方式，产生新一届村委会组成人员

2001年9月，江宁区在全市率先实施“直接提名、直接选举”的方法选举产生第六届村委会成员。全区247个村的452960名选民中，有425748名选民参加直接提名村委会成员，参提率94%，有434224名选民参加直接选举村委会成员，参选率96%，选出村主任244名、副主任23名、委员717名。

2004年，江宁区在第七届村委会换届选举中，开展“无候选人一次性直接投票选举”产生新一届村委会成员。全区319678名选民参加直接投票选举，参选率97.40%，179个村委会中有176个村委会一次选举成功，成功率98.32%。选举产生村委会成员728名，其中村委会主任179名、副主任42名、委员507名。

2006年，江宁区对区内因区划调整整合的19个社区村委会、58个社区居委会进行民主选举。19个社区村委会和7个社区居委会采取“两个直接”选举，24个社区居委会采取“户代表选举”，27个社区居委会采取“居民代表选举”。“两个直接”选举的74803名选民中72392名参与选举，参选率96.78%；“户代表选举”有28824户参与选举，参选率97.50%。19个社区村委会，

58 个社区居委会一次性选举成功率 100%，共选举产生社区居（村）委会主任 77 名、副主任 73 名、委员 291 名。

2007 年 5 月，江宁区开展第八届村委会换届选举。参加换届选举的 58 个村全部采用“一票直选”方式，55 个村一次性选举成功，成功率 94.83%。124682 名选民中 121241 人参加投票选举，投票率 97.24%，选举产生 251 名村委会成员。

【社区居委会民主建设】

江宁县居民委员会改制前，居委会主任、副主任及委员一般由上级政府考察任命，与上级政府是一种领导与被领导的上下级关系，民主建设尚未充分体现。

2001 年，区委、区政府出台《关于在全区推进城市社区建设的实施意见》，全区居委会改建社区居委会工作开始。社区居委会主任、副主任及委员由居民民主选举产生，社区居委会接受政府的工作指导，组织、发动和依靠社区内居民实现自我管理、自我教育、自我服务，动员居民响应政府号召，遵守法律法规，向人民政府反映居民的意见和要求，组织群众性的治安保卫工作，调解民间纠纷，协助区政府、街道办事处（镇人民政府）做好居住地区居民的民政、文教卫生、市政管理、劳动就业、青少年教育等工作，发动居民制订居规民约，组织开展创建“五好家庭”、文明院落、文明社区、文明小组等活动。

同年 9 月，东山镇 18 个社区居委会开启民主选举产生社区居委会成员的先河。18 个社区的居民投票选举产生社区居委会主任 18 名、副主任 23 名、委员 48 名。2002—2007 年，区内先后设立 109 个社区居委会，在 109 个社区居委会的整合选举与换届选举中，分别采取居民“两个直接”选举、“户代表选举”、“居民代表选举”和“无候选人一次性直接投票选举”的方法，选举产生社区居委会成员，成功率 100%，以民主选举为前提的社区民主建设得到体现。

第三节　基层组织模范（示范）单位创建

【村民自治模范单位创建】

1998 年，根据县委、县政府下发的《关于开展村民自治示范活动的意见》和《村级规范化管理条例（试行）办法》，开始创建村民自治模范单位活动。县、乡、村三级建立组织，制订工作方案，建立健全各项民主制度。通过广泛宣传发动与试点，大力推进民主选举、民主决策、民主管理、民主监督进程，以村委会成员直接选举为重点的民主选举制度有所突破，以村民代表会议为桥梁的民主决策机制初见端倪，以村民自治章程为准则的民主管理有章可依，以村务公开为主要内容的民主监督走向规范，基本实现民主选举程序化、民主决策制度化、民主管理规范化、民主监督经常化，村民的自我管理、自我教育和自我服务水平得到提升。至 1999 年，全县 317 个村委会全部建成村民自治模范村。

图 42-1-3　2003 年，江宁区被民政部命名为全国村民自治模范区

2001 年后，江宁区以深入贯彻《中华人民共和国村民委员会组织法》为契机，村民自治模

范单位创建活动进入高潮。区、镇、村三级联动，健全组织机构，落实目标责任，进一步提高农村基层自治组织建设水平，“四个民主”和“三个自我”（自我管理、自我教育、自我服务）在全区农村得到有力推行。2002 年，江宁区被省民政厅命名为江苏省村民自治模范区。2003 年，被民政部命名为全国村民自治模范区。

【示范（和谐）社区创建】

2001 年起，江宁区开启以构建社区服务载体、健全社区服务体系为重点的示范社区建设创建工作。

构建社区服务载体 2001 年，根据中共中央办公厅、国务院办公厅《关于在全国推进城市社区建设的意见》精神，召开全区示范社区创建工作动员大会，全面启动示范社区创建工作。当年，东山镇投入资金 560 万元，高标准、规范化地进行社区服务载体的硬、软件建设，着力打造社区建设精品。2002 年 10 月，东山街道外港、中前、东山、章村、邵圣、龙西 6 个社区被市政府授予示范社区称号。

2003 年，江宁区开始按照“一点（室外健身点）、两栏（宣传栏、公告栏）、三站（便民服务站、劳动保障站、医疗卫生服务站）、五室（警务室、老年活动室、图书阅览室、教育培训室、信访调解室）”标准开展创新社区服务载体工作。当年，东山街道社区服务中心和中前社区服务中心全面竣工。

2006 年，全区建成社区服务中心面积达 600 平方米的有 94 家，400 平方米～600 平方米的有 53 家，400 平方米以下的有 72 家。2007 年，2 万平方米的区社区服务中心投入使用。

健全社区服务体系 2003 年起，江宁区的社区创建工作开始通过已建的社区服务中心载体，形成以街道（镇）、社区居（村）委会为主体，以福利事业单位为依托，以孤老残烈军属为对象并面向全体居民的社区服务体系，设立服务、文化、卫生、计划生育、治安、环境工作委员会以及各类专业服务队和志愿队伍，开展义诊、义务修理、义务家教、义务咨询、培训、职业介绍、义务治安巡逻等数十种便民服务。同年，《南京市江宁区社区建设 2003—2005 年发展规划》出台，社区创建工作进一步推进。当年，东山街道章村社区获省级示范社区称号，晓里、岔路、骆村、太平、秦淮、科苑 6 个社区被命名为市级示范社区。

2004 年，区政府出台《关于开展社区建设示范创建活动的实施意见》，进一步提升社区创建的档次和水平。当年，中前、东山、邵圣、太平、学府、科苑 6 个社区被命名为省级示范社区，胜太、龙池、长山、成山 4 个社区被命名为市级示范社区。2005 年，晓里、秦淮、湖滨 3 个社区被命名为省级示范社区，青源、燕湖、泥塘等 12 个社区被命名为市级示范社区。2005 年，区委、区政府出台《关于加快推进社区建设的意见》，全区上下科学统筹规划城乡社区建设，加大社区基础建设力度，着力构建社区公共服务体系，全面提升社区工作者整体素质，大力培育和发展社区民间组织，示范社区创建更加深入。当年，上坊、高桥、下墟等 12 个社区被命名为市级示范社区。

2007 年，江宁区将示范社区创建提升为和谐社区创建。区委、区政府出台《关于加快推进和谐社区建设的意见》，并将推进和谐社区建设的各项任务分解到各街镇、区级机关各单位。当年，中前、外港、泉水等 15 个社区被命名为南京市和谐示范社区。是年，江宁区被评为全国农村社区建设实验区。

第二章 优抚安置

历代，江宁地域主要施行世兵制、募兵制、征兵制等。退役兵员无所谓优抚安置。明朝法律规定军人的抚恤。清末，开始有明确对军人实行抚恤的条款。民国时期，先后颁布《陆军战时抚恤暂行条例》和陆海空《平战时抚恤暂行条例》等。

民国38年（1949）4月江宁县解放后，组织开展以伤亡抚恤、优待、烈士褒扬为主的优待抚恤工作。通过提高伤亡抚恤标准，建墓立碑以及军属、“三属”（指烈士家属、因公牺牲军人家属和病故军人家属）和退役军人优待，逐步形成国家、社会、群众结合的优抚体制。20世纪90年代，江宁县民政部门开始建立优抚对象抚恤补助自然增长机制，建立优抚对象以农村合作医疗为基础，住院医疗保险、大病救助“三位一体”的医疗救助框架，使优抚工作成为社会保障体系中一个相对独立的保障体系，使优抚对象的生活水平和质量有了可靠保障。至2007年年底，江宁区重点优抚对象849人。其中，“三属”121人、在乡伤残军人241人、在乡老复员军人及带病回乡退伍军人487人。

1950年，江宁县开始接收复员军人为先导的退役军人、军队离休退休干部及其他人员的安置管理工作。1950—2007年，全区共安置复员退伍军人25082人。其中，1950年至1957年10月，安置老复员军人2477人，占总数的9.88%；1958—2007年，安置城镇退伍义务兵转业士官5207人，占总数的20.76%；安置农村退伍义务兵17398人，占总数的69.36%。1966年起，先后接收120多名军队无军籍退休、退职职工，1986年起，先后接收52名军队离休、退休干部，至2007年，除已逝者外，尚有军队无军籍退休、退职职工83人，军队离休、退休干部45人。

第一节 优 抚

隋唐时，失踪或致残士兵家属不收回均田制下朝廷所授之田。宋时，死亡军士直系亲属中无依靠者，提供终生口粮（若改嫁则停发）。元时，阵亡军官后裔可承袭爵位，战死士卒家属可享受抚恤。明洪武七年（1374），诏“军士陈殁，父母妻子不能自存者，官为存养”。清末，朝廷对军人实行抚恤，且有明确条款。民国期间，按颁布的抚恤条件实施抚恤。因为战乱，大多有名无实，江宁县退伍回乡士兵绝大多数自谋生计。新中国成立后，国家对抚恤对象分革命烈士、因公牺牲、病故军人一次性抚恤，残废军人抚恤，烈士、因公牺牲及病故军人遗属定期抚恤三类。

【伤亡抚恤】

牺牲及病故抚恤 新中国成立初期，按照政务院颁布的有关规定，江宁县开始对因公牺牲、病故的革命军人、革命工作人员和参战民兵、民工家属实行抚恤。1954年前，主要以抚恤粮进行抚恤。1950年，抚恤粮标准为225公斤～600公斤，1952年调为450公斤～2400公斤。1955年，牺牲、病故抚恤由抚恤粮改为发放抚恤金，标准按不同对象、不同类型，分别为120元～650元。1979年后，3次调整抚恤金标准。1979年调为370元～700元；1980年调为800元～1000元；

1984 年调为 2000 元 ~ 2400 元。1985 年起，对 1984 年 4 月 1 日后牺牲的烈士，其一次性抚恤金按其生前月工资的 40 个月工资计发。1986 年 7 月起，因公牺牲的按其生前 20 个月、病故的按生前 10 个月工资计发。

2004 年 10 月起，按国务院和中央军委颁布的《军人抚恤优待条例》，江宁区对烈士、因公牺牲和病故军人遗属分别按其死亡之时的前 80 个月、40 个月和 20 个月的月工资标准发放一次性抚恤金，至 2007 年没有变化。

伤残抚恤 1955 年开始，江宁县民政部门对现役军人、人民警察、国家机关、民主党派、人民团体在编工作人员和部队在编职工因战、因公致残以及民兵民工参战、值勤负伤致残人员实行终身抚恤。残疾等级按残疾轻重和丧失劳动能力程度划分为特等、一等、二等甲级、二等乙级、三等甲级、三等乙级。抚恤标准根据对象是否参加工作和有无固定收入，分为在职、在乡两种。

1955 年江宁县伤残抚恤金标准情况表

表 42-2-3 单位：元 / 年

伤残对象		伤残等级											
		特等		一等		二等甲		二等乙		三等甲		三等乙	
		因战	因公	因战	因公	因战	因公	因战	因公	因战	因公	因战	因公
伤残军人、工作人员	在职	72	62	60	50	44	38	36	30	30	24	24	20
	在乡	420	380	360	330	290	270	236	226	220	176	165	140
参战民兵民工		360	—	300	—	160	—	110	—	140	—	110	—

随后，江宁县先后于 1956 年、1978 年、1984 年、1988 年调整伤残抚恤金标准。1998 年后每年一调，多次提高标准。

1962 年，为落实革命伤残人员的抚恤政策，江宁县对革命伤残人员进行一次全面普查、换证。随后于 1964 年、1972 年、1983 年又进行 3 次集中普查、换证。1983 年后，对个别残情有显著变化且与所评等级不符合的进行及时、适当调整。经过普查，对生活不能自理的特等、一等残疾人员按规定标准发给生活护理费。1990 年起，为方便残疾军人生活，开始为其免费安装假肢，镶牙补眼，配备手摇车、矫形鞋和辅助器械。2003 年起，革命伤残人员可免费乘坐市、区公共汽车，乘坐火车、轮船、长途汽车时减费优待，1 级 ~ 6 级残疾军人享受公费医疗。

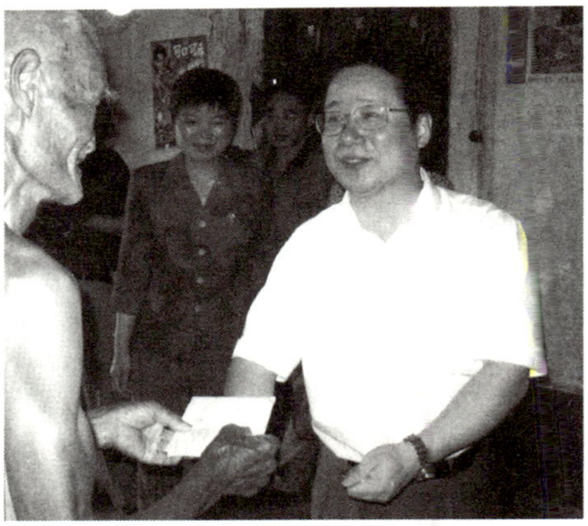

图 42-2-4 中共南京市江宁区委副书记赵友春慰问重点优抚对象（2003 年摄）

2005 年起，残疾军人（原称伤残军人）等级由 4 等 6 级 15 档调整为 1 级~ 10 级 26 档。至 2007 年，全区有残疾军人 391 人，其中一级 1 人（在乡）、三级 18 人（在职 1 人、在乡 17 人）、四级 1 人（在乡）、五级 33 人（在职 10 人、在乡 23 人）、六级 106 人（在职 38 人、在乡 68 人）、七级 99 人（在职 42 人、在乡 57 人）、八级 123 人（在职 56 人、在乡 67 人）、九级 4 人（在职 1 人、在乡 3 人）、十级 6 人（在职 2 人、在乡 4 人）。全年发放残疾军人抚恤金 367.04 万元。

2007年江宁区残疾军人抚恤金标准情况表

表42-2-4　　单位：元

残疾等级	残疾性质	在乡				在职
		一般对象		孤老对象		
		月金额	年金额	月金额	年金额	年金额
一级	因战	2206	26472	2868	34416	14560
	因公	2143	25716	2786	33432	14040
	因病	2059	24708	2677	32124	13570
二级	因战	1996	23952	2595	31140	13100
	因公	1933	23196	2513	30156	12480
	因病	1849	22188	2404	28848	11960
三级	因战	1786	21432	2322	27864	11650
	因公	1723	20676	2240	26880	10920
	因病	1639	19668	2131	25572	10140
四级	因战	1576	18912	2049	24588	9470
	因公	1471	17652	1912	22944	8580
	因病	1366	16392	1776	21312	7800
五级	因战	1302	15624	1694	20328	7280
	因公	1177	14124	1530	18360	6550
	因病	1051	12612	1366	16392	5930
六级	因战	988	11856	1284	15408	5820
	因公	925	11100	1202	14424	5460
	因病	841	10092	1093	13116	4680
七级	因战	778	9336	1011	12132	4350
	因公	693	8316	901	10812	3880
八级	因战	630	7560	820	9840	2880
	因公	567	6804	738	8856	2480
九级	因战	525	6300	683	8196	2180
	因公	483	5796	628	7536	1870
十级	因战	441	5292	574	6888	1460
	因公	420	5040	546	6552	1250

【军属优待】

农村优待　新中国成立初期，江宁县农村经济是分散的个体经济，军属优待则沿袭老解放区的做法，为优抚对象代耕土地，有大包工、小包工、拨工、派工等形式。

随着互助合作运动的发展，代耕形式逐步由个体代耕变为互助组代耕。1953年，全县享受代耕的有2900户，代耕土地1096.60公顷。同时发动和扶持优抚对象参加互助合作组织。至1955年年底，全县优抚对象参加互助合作组的占其总数的99%。政府为其购置农具、耕畜。农业合作化后，个体经济变为集体经济，优待办法改为优待劳动工分，按一个整劳力劳动工分的50%～70%给予工分优待。优待的工分和自做劳动工分一样参加生产队的粮食、现金和实物分配。据1979年年底统计，全县农村1485户优抚对象，优待劳动日203866个。

农村实行家庭联产承包责任制后，优待劳动工分相应地改为优待现金。1980年起，对农村义务兵家属实行普遍优待。当年为2473户军属发放优待金25.70万元，户均104元。1984年开始，江宁县推行由乡按一个整劳力全年收入的50%～70%标准统筹现金，集中管理，统一发放。当年为2670户军属发放优待金78.90万元，户均296元。

2003年，农村军属优待金由各镇（街道）按不低于上年度全区农村人均纯收入的75%统一标准，平衡负担，统一发放。当年，全区优待农村军属621户，发放优待金196.20万元，人均年标准3200元。2005年起，优待金标准调整为上年度全区农村人均纯收入的80%～100%。当年向551名农村义务兵家属发放优待金242万元，人均年标准4120元，达到上年度全区农村人均纯收入的81%。2007年，优待军属471户，发放优待金372万元，人均年标准7400元。

城镇优待 1985年起，江宁县对城镇户口（包括户口在农村，入伍时为城镇计划合同制工人）应征入伍的义务兵实行“先安置，后征集”的办法，按照“征兵、优待、保险、安置”四位一体原则，由县财政对城镇军属予以优待。其家属享受优待金的年标准按义务兵服役年限计算，第一年300元、第二年350元、第三年400元、第四年450元、第五年500元。1996年，调整为第一年800元、第二年880元、第三年960元，第四年1040元、第五年1120元。2003年起，江宁区城镇军属优待标准提高到每服役1年2000元，并对在服役期间立特等功（含军区以上机关授予荣誉称号）者增发当年优待金的100%，一等功增发50%，二等功增发30%，三等功增发20%；优秀士兵增发100元～150元；大学毕业生入伍的增发20%；进藏兵增发500%。2007年，全区优待城镇军属102户，发放优待金43.47万元。

【“三属”优待】

1963年前，江宁县对烈士、牺牲、病故军人家属（以下简称“三属”）除发放抚恤金外，对其中生活有困难的发放临时补助，帮助其解决生活困难。1963年起，“三属”的临时补助改为定期定量的定补优待。当年169名“三属”对象每人每月定补2元～6元。1964年起，农村定补标准调为每人每月4元～6元，城镇调为5元～7元。1979年10月，定补对象扩大到无亲属或虽有亲属而无力供养的烈士、牺牲病故、失踪军人的未成年子女，丧失劳动力而其子女也无力供养的烈士、病故、失踪军人的父母和配偶。同时将定补标准提高到农村每人每月6元～10元，城镇每人每月10元～15元。1980年，农村烈属的定补标准调整为每人每月10元～12元。

1985年起，“三属”的定期定量补助改为定期抚恤金。烈士、因公牺牲军人家属的定抚标准调整为农村每人每月20元～25元，城镇每人每月25元～30元；病故军人家属的定抚标准为农村每人每月15元～20元，城镇每人每月25元～30元。当年，全县享受定期补助抚恤金的有651人，其中烈士家属128人，牺牲、病故军人家属53人。同年年底，县政府根据国务院《革命烈士褒扬条例》，对在革命战争和抗美援朝战争、中印边界自卫反击战、对越自卫还击战中失踪军人进行审查批准，追认98名失踪军人为革命烈士，其家属享受烈属待遇。1989年起，江宁县对“三属”的定期抚恤金标准多次调整提高。

1998年开始，江宁县建立“三属”定期抚恤标准略高于当地群众生活水平的自然增长机制，每年随上年度城镇职工平均工资和农民平均收入（由统计部门公布）的增加而逐年增长。“三属”中孤老对象标准相应提高10%。当年烈士、因公牺牲军人家属的定期抚恤金标准为农村每人每月258元，城镇每人每月295元；孤老对象标准农村每人每月336元，城镇每人每月383元。病故军人家属农村每人每月221元，城镇每人每月258元；孤老对象标准农村每人每月288元，城镇每人每月336元。

至2007年，全区享受定期抚恤金的有121人，其中烈属42人（城镇4人、农村38人），因公牺牲军人家属24人（城镇3人、农村21人），病故军人家属55人（城镇11人、农村44人）。全年发放定期抚恤金99.80万元。

2007 年江宁区"三属"定期抚恤金标准情况表

表 42-2-5　　　　　　　　　　　　　　　　　　　　　　　　　　　　　单位：元

类别		烈士家属		因公牺牲军人家属		病故军人家属	
户籍		城镇	农村	城镇	农村	城镇	农村
一般对象	年金额	11676	9024	10608	7956	9552	6900
	月金额	973	752	884	663	796	575
孤老	年金额	15180	11724	13800	10344	12420	8964
	月金额	1265	977	1150	862	1035	747

【退役军人优待】

实施农业合作化前，江宁县对复员和带病回乡退伍军人的优待主要是帮助复员军人分进和补进足够土地，解决耕者有其田的问题；给丧失劳动力的复员军人予以代耕代种和采取帮工、帮料、补助修建住房资金或分配公房的方式，解决生产生活和住房问题；给带病回乡退伍军人予以医疗费减免，解决病发续治问题。

1979 年，对不能参加生产劳动、生活特别困难的复员、带病回乡退伍军人和完全丧失劳动能力而生活确系困难的复员、退伍军人实行农村每人每月 6 元～10 元、城镇每人每月 10 元～15 元的定期定量补助。1980 年，将抗日战争期间的老复员军人的定补标准调整为每人每月 10 元～12 元，一般复员退伍军人 6 元～8 元，因患精神病和其他严重疾病不能劳动、生活不能自理的复员军人，一般每月补助 15 元左右。1980 年后，定补标准不断调整提高，并从 1998 年起建立定补自然增长机制，定补标准随人均生活标准提高而增长。2007 年，全区有在乡复员军人 382 人，带病回乡退伍军人 105 人，全年发放定期补助金 260.30 万元。

【烈士褒扬】

历朝，均对阵亡战士进行褒扬。抗日战争胜利后，江苏省政府令各县筹建忠烈祠。由于财政困难，民国 37 年（1948），江宁县才筹建忠烈祠，并供奉忠烈人士 40 余人。此外，江苏省政府还令各县设置国殇墓园。江宁县因靠近首都，首都已有国殇墓园的设置，江宁县就没有设置国殇墓园。新中国成立后，尤其重视该项工作。在各个革命历史时期，全县先后有 596 名（包括在县内牺牲的外籍烈士）志士为国捐躯。县、乡两级政府和民政部门先后修建烈士陵园和烈士纪念碑、塔、亭、墓 30 余处。其中东山烈士陵园 1 处，横溪、土桥、龙都 3 个乡各有较大革命烈士陵墓 1 处，即云台山抗日烈士墓、土桥烈士墓、龙都烈士墓。其他小型烈士墓分散在上峰、方山、湖熟、江宁等乡镇。党和政府机关以及社会团体、学校、幼儿园、企事业单位等，平时或每逢清明节均组织祭奠革命烈士陵墓，缅怀和悼念先烈，进行革命传统教育。

1983 年，江宁县全面换发、补发革命烈士证明书，共换发 142 户，补发 47 户，合计 189 户。按持证人与烈士的关系分，发证给父母的 101 户，给配偶的 26 户，给子女的 54 户，给抚养人的 8 户。烈士的旁系亲属所持的烈属证书留作纪念，不再换发新证。

【"三位一体"医疗救助体系】

1998 年起，为使重点优抚对象能及时就医，帮助解决经济困难问题，全县各地先后构建以农村合作医疗保险为基础、住院医疗保险为主体、大病救助为补充的优抚对象"三位一体"医疗救助体系。

农村合作医疗 1998年，由民政局出15元、乡出5元、个人出5元（1999年后，全部由各乡镇负担）的交纳比例为烈属、牺牲病故军人家属、三等革命伤残军人、在乡老复员军人实施农村合作医疗保障，参保人数781人，占优抚对象的70%。2001年后，优抚对象投保面进一步扩大，参保人数不断增加。至2003年，全区1019名“三老”（老烈属、老残废军人、抗日时期入伍的老复员军人）优抚对象全部投保。参保的优抚对象每人每年负担25元。

住院医疗保险 在对在乡优抚对象普遍实行农村合作医疗保险的基础上，2003年4月1日，区民政局又对1019名在乡重点优抚对象实行住院医疗保险，投保金额20.38万元。住院医疗保险参保范围为享受定期抚恤的烈属、因公牺牲军人家属、病故军人家属，在乡三等及三等以上革命伤残军人、享受定补的在乡老复员军人和带病回乡退伍军人（含复员军人领取老职工补差人员）；标准为每人每年200元，由区民政局全额拨款。受保对象在区内医院住院治疗，按住院期间医疗费的80%报销，年最高报销金额为4000元。至2003年年底，全区优抚对象住院57人，住院费13.60万元，实际报销7.40万元

大病救助 重点优抚对象住院期间医疗费用在合作医疗及住院保险中按规定比例报销后仍有困难者，从2002年12月19日起，还享受累计不超过全部医疗费用的大病救助。大病救助对象为享受定期抚恤金和享受定期定量生活补助而不享受劳保医疗待遇，且个人和子女无力支付医疗费的革命烈士家属、因公牺牲军人家属、病故军人家属、在乡三等革命伤残人员、在乡复员军人和带病回乡退伍军人。至2003年年底，大病救助对象54人，医疗补助14万元。

【优抚对象普查】

“文化大革命”期间，很多优抚对象在政治上受到迫害，优抚工作相当混乱，部分优抚对象资料散失，档案不全。1979年2—4月，县民政局根据上级文件要求，在全县开展优抚对象的普查登记工作。通过普查，全县共有优抚对象16659户、32571人，其中烈属191户、401人，烈士518人；失踪军人家属10户、23人，失踪军人66人；病故军人家属42户、103人，病故军人63人；现役军人家属4471户、20549人，现役军人4548人；残废军人437人，复员军人1920人；退伍军人9314人；退休军队工作人员271人，退休军队干部3人。全部为其建立、健全档案，落实优待政策。普查中为在“文化大革命”中受到迫害的126名优抚对象平反昭雪，恢复名誉，落实优抚政策。

第二节 安置与管理

秦时，士兵60岁免老（不再服兵役）回乡，恢复庶民身份，分给田地。西汉，诏精减官兵各归其县，并按军功爵位赐土地宅田。尔后，各朝虽有终生为兵者，但大多实行“有事出征，事毕遣归”。清时，士兵退伍发饷两个月，并给退伍凭证。民国时期无定制。民国36年（1947），江宁县政府曾办理退伍士兵临时救济等事宜，并对退伍士兵入学提供各种优待。新中国成立后，政府对复员退伍军人实施安置。

【复员军人安置】

1950年，江宁县、区、乡成立由各级领导挂帅、民政牵头、各有关部门负责人组成的复员

军人委员会，负责接收安置复员军人。1951 年，县复员军人委员会改为县转业建设委员会，下设安置办公室，各区、乡相应建立复员安置领导小组。1950—1957 年，安置对象主要是复员军人。至 1957 年 10 月，先后分 3 个时段共接收安置复员军人 2477 人。其中副排级以上干部 195 人、战士 2282 人；抗日战争时期志愿入伍的 172 人、解放战争中入伍的 108 人、解放后志愿入伍的 1916 人、解放战争中解放起义入伍的 281 人；一等残废军人 3 人、二等残废军人 97 人、三等残废军人 129 人，老红军 3 人。

根据“妥善安置，各得其所”原则，复员军人安置尽量做到用其所能、对口安置。至 1957 年，先后安置 1511 人到农业合作社从事农业生产。对没有土地的分给土地，没有住房的帮助修建住房；对生活困难的，采取自己努力、群众互助和国家优待救济的办法解决；对患有疾病或伤残者，国家给予治疗或定期补助等办法保障基本生活。同时，安置 966 人（占总数的 39%）到农业生产以外的工作岗位。其中，参加县、乡党政机关工作的 38 人，参加厂矿企事业单位工作的 235 人，参加文教、卫生工作的 105 人，参加私营合营企业及其他社会职业的 114 人，介绍输送外地参加工业建设和就业的 432 人，复工复职的 36 人，复学求学的 6 人。

【城镇退伍义务兵和转业士官安置】

1954 年 11 月，全国志愿兵役制改为义务兵役制。1958 年，国务院颁布《处理义务兵退伍的暂行规定》，确定“从哪里来，回哪里去的”的安置原则，江宁县对城镇退伍义务兵和转业士官采取复工复职、包干安置和鼓励自谋职业等安置办法。

复工复职　1958 年，县民政局与县委组织部、团县委、人武部、劳动局共同成立复员退伍军人接收安置办公室，对入伍时原是国家机关、人民团体、企业或事业单位的正式职工，原则上回原单位复工复职；原系临时工而原工作单位仍需要的，也可复工复职；原工作单位不需要的，由劳动局统一安排；原工作单位已经撤销或合并的，由上一级机关或合并后的单位负责安置；对转业士官，个人申请参加农业生产的给予鼓励，除原有部队按规定发给生产、生活等补助费外，生产、生活有困难的，政府及民政部门予以协助解决。在安置转业士官时，尽量按专业技术对口分配，其安置后的工资级别，按当地工资改革的有关规定办理。

1966 年开始，对 1958 年后集镇居民参加工作应征入伍的退伍义务兵，原则上可由公社安排在社办企业工作，有困难者可由县安排。

1978 年起，对接收城镇退伍义务兵进行调查核实工作，符合条件的给予复工复职或安排适当工作，不符合条件的在农村安置。插队落户江宁县入伍的上山下乡知识青年退伍后，前期仍回插队所在地农村务农，中期由县安排工作，后期全部回原城区安置。

包干安置　1958 年开始，对城镇退伍转业士官除复工复职外符合安置政策的实行“按系统分配任务，包干安置”办法。由于大量城镇户口的入伍青年、中学生、社会青年、插队知青、下放干部职工子女，农村户口的志愿兵、士官、一等功臣、排连干部等入伍前没有工作单位，而难以按政策复工复职，江宁县采取由民政部门提出安置人数、劳动部门依据劳动指标，分配到县内机关、企业或事业单位包干安排相应的工作。当年因“大跃进”运动需要，603 名退伍军人、转业士官全部由县实行分配包干安置。1958—2007 年，累计分配包干安置退伍军人、转业士官 5207 人。

自谋职业　2002 年起，将退伍军人由民政局接收、劳动局安置的做法改为区民政局直接接收与安置。是年 3 月，区政府出台《关于做好 2001 年冬城镇退役士兵和 2002 年春转业士官安置工作的若干意见》，按照“安置就业、自谋职业、扶持就业”的安置思路，开始实行鼓励城镇退伍士兵和转业士官自谋职业的货币化安置方法。当年，要求自谋职业人数达总人数的30%。区财政对选择自谋职业的城镇退伍士兵和转业士官，发给一次性自谋职业补助金，标准为义务兵和复员士官服役满2年的2万元，每增加一年增加2000元；转业士官服役满10年的3.80万元，每超过一年增加2500元。当年共支付自谋职业补助金86.03万元。不需要安置工作，不领取自谋职业补助金的二等、三等伤残退役士兵、士官，可享受在乡同等级伤残军人抚恤待遇，并发给一次性生活补助费，标准为服役时间在5年以内的0.50万元；5年以上、10年以下的1万元；10年以上的1.50万元。对不愿自谋职业、双向选择又没有落实单位的，由政府指令性安置，确保退役士兵首次就业。

从2006年冬开始，城镇退役士兵的自谋职业补助金调整为服役满2年的3.60万元，复员士官和转业士官每增加1年增加3500元。是年，需要安置的城镇退役士兵126人，有97人选择自谋职业，共支付自谋职业补助金470多万元。2007年，自谋职业率77%，支付自谋职业补助金606万元。

图42-2-5　江宁区民政局与退役士兵签订自谋职业协议（2003年摄）

图42-2-6　退伍士兵自谋职业证

【农村退伍义务兵安置】

1958—2007年，江宁区先后接收农村退伍义务兵17380人。按照安置原则，农村应征入伍的退役士兵，一般都回原住地农村，由公社、乡镇（街道）采取多方面扶持参加农业生产或由区（县）、公社、乡镇（街道）单一安排务农转为安置务工。

务农　1985年前，江宁县农村退伍军人基本安置务农。同时，各地根据其身体情况和技术特长以及农村实际需要，安排适当的辅助性农活。对生活确有困难者，给予包括维修住房、添置生产用具、解决口粮不足、资助看病买药等方法解决。据1981年统计，江宁县对无房和严重缺房的354人给予重点帮助，所需建房木材，除上级下拨木材85立方米外，县计委拿出木材80立方米。1985年，安排木材70.50立方米，帮助220名退伍军人修建住房。

务工　“大跃进”期间，江宁县民政部门除安排退伍士兵直接参加生产外，还积极推荐、优先安排退伍士兵到工矿企业、学校、卫生等单位参加工作。据记载，1958年，全县有1500余人（含往年退伍军人）按照其特长给予安排工作。1978年，有13名无父母、无兄弟姐妹的农村无家可归退伍军人被安置到县农林场圃工作。

1984年，江宁县、乡（镇）成立军人两用人才领导小组，下设介绍所，根据情况负责为企业推荐劳动力资源，为安置农村退伍军人拓宽就业渠道。至1985年，经介绍所推荐到县、乡（镇）各行各业工作的退伍军人共1167人。同年，县内一些行政企事业单位开始到农村招工招干，县下达指令性指标，由系统和单位负责安置在部队参战立功或因公因战致残尚能工作的农村退伍义务兵。江宁县各地采取相应对策，促进优先招收退伍军人中的农村孤儿、知识青年以及已经回农村的有技术特长或有特殊情况的退伍军人。当年，11名经受对越自卫反击战严峻考验的农村超期服役退伍义务兵被招为农民合同工。1986年，被介绍所推荐给县属、市属企业录用的有

102人。1987年，有64人被市属企业录用；44名参战义务兵退伍全部被县属企业招为农民合同工。1991年冬，退伍军人回农村安置的人员中，1名女兵、1名孤儿等5名退伍军人，被照顾安排到县商业系统工作。1994年，有33人被市、县企业单位录用。据统计，1985—1995年，先后有3138名农村退伍军人被安置务工。

1996年起，县内企业开始转换经营机制，实行产权制度改革，企业逐步成为市场竞争的独立主体，拥有自主用工权利，对农村退伍义务兵在乡镇企业务工的安置，不再成为民政局和地方政府的行政行为。虽然仍有部分农村退伍兵进入城镇大企业工作，但多属市场经济法则下的自主行为。

【无军籍退休退职职工安置】

自1956年起，陆续有120多名军队无军籍退休、退职职工移交江宁县民政局管理。1992年，民政部、财政部、卫生部和总后勤部下发《关于进一步做好军队无军籍退休退职职工安置工作的通知》，规定部队无军籍退休、退职职工由地方接收后，与地方离、退休人员一样享受同等工资待遇和各种生活补贴，所需经费纳入县财政开支。至2007年，全区接收的无军籍退休退职职工，除已逝世者外尚有83人。

【军队离休退休干部管理】

1985年10月，江宁县军队离休退休干部休养所（简称军休所）成立，配备工作人员6人，轿车1辆，负责为军休干部提供全方位的服务与管理。1986年起，开始接收军队离休、退休干部。同年，军休所成立以所长为书记的党支部，建立党员活动室，定期过党的组织生活。每月5日和20日，召集军休干部集体学习，传达上级主管部门转发的中央、省、市有关文件。春节、“八一”等节日，召开座谈会、上党课或作形势报告及上门慰问。按规定应阅的文件，及时签批送阅。在阅览室里订阅多种报刊和为每位军休干部订阅相关期刊，供军休干部阅读学习，确保军休干部政治待遇落实。另外，军休所按时发放军休干部的工资和各项补贴，积极做好军休干部医疗费报销工作，定期为军休干部住宅楼的楼道粉刷并保持日常清洁卫生，适时为军休干部代办房产证、代收水费，及时疏导下水道，开放军休干部活动室，购置麻将、扑克、棋类等娱乐用品，经常组织象棋、扑克、钓鱼等比赛活动，定期组织军休干部外出参观学习，确保军休干部晚年生活愉快。至2007年，先后接收52名军休干部，除病故7人外，尚有军休干部45人。

1950—1964年江宁县复员退伍军人情况表

表42-2-6　　单位：人

年 份	城 镇	农 村	合 计	年 份	城 镇	农 村	合 计
1950	128	—	128	1958	113	511	624
1951	76	—	76	1959	36	162	198
1952	321	—	321	1960	26	118	144
1953	196	—	196	1961	120	545	665
1954	284	—	284	1962	10	42	52
1955	527	—	527	1963	44	201	245
1956	429	—	429	1964	35	156	191
1957	516	27	543	总 计	2861	1762	4623

1965—1976年江宁县复员退伍军人情况表

表42-2-7　　　　单位：人

年 份	接 收				安 置				
	合 计	复员军人	退伍军人	其中残疾军人	合 计	回农村	复工复职	城镇就业	招 工
1965	185	5	180	—	185	124	61	—	—
1966	179	—	179	—	179	179	—	—	—
1967	14	—	14	—	14	13	—	1	—
1968	633	179	454	7	633	587	—	46	—
1969	1351	34	1317	—	1351	1317	—	34	—
1970	350	30	320	—	350	329	—	21	—
1971	652	39	613	1	652	14	—	1	637
1972	35	32	3	—	35	6	—	29	—
1973	1397	35	1362	27	1397	1314	14	41	28
1974	521	—	521	—	521	521	—	—	—
1975	1014	—	1014	9	1014	997	17	—	—
1976	1112	—	1112	4	1112	1065	7	40	—
总 计	7443	354	7089	48	7443	6466	99	213	665

1977—2007年江宁区复员退伍军人情况表

表42-2-8　　　　单位：人

年 份	城 镇	农 村	合 计	年 份	城 镇	农 村	合 计
1977	178	810	988	1993	123	163	286
1978	154	698	852	1994	119	211	330
1979	10	211	221	1995	85	110	195
1980	58	626	684	1996	110	222	332
1981	109	754	863	1997	131	194	325
1982	107	508	615	1998	188	198	386
1983	146	532	678	1999	264	274	538
1984	81	636	717	2000	196	195	391
1985	43	656	699	2001	165	275	440
1986	111	509	620	2002	188	233	421
1987	116	547	663	2003	188	278	466
1988	50	345	395	2004	206	229	435
1989	98	304	402	2005	151	289	440
1990	64	284	348	2006	126	270	396
1991	102	206	308	2007	106	242	348
1992	97	202	299	总 计	3870	11211	15081

第三章 救济扶贫

江宁地区的救助救济，历朝历代均有记载或传闻。旧时，多由地方慈善团体及官府对鳏寡孤独、疾病伤残之人或饥民给予钱粮物的救济。民国时期，国民政府虽然设有社会救济科以及救济委员会等救济机构，但由于财政困难，粥少僧多，甚至克扣银米、中饱私囊时有所闻。民国 10 年（1921），江宁县钟城内大王巷地方棚户庐张氏失慎延烧 200 余户，计焚草房 236 间，受灾棚户 114 户，均为贫苦无依者。受灾民众大口 374 名，小口 137 名。经审核救助，大口给银 1 元，小口给银 6 角，共需银 456.20 元。但由于江宁县政府财力有限，并且官吏从中贪污窃取，实际发到灾民手中只有 184.60 元。

新中国成立后，江宁各地以“改善民生、为民解困”为己任，按照“生产自救，群众互助，辅之政府必要救济”的方针，把自然灾害救助、各类低收入群体和特殊群体的救助救济相结合，从多方面建立健全一系列救助救济体制机制。20 世纪 50 年代，对失业、无固定职业及鳏寡孤独、病弱伤残困难户，给予经常性或临时性物质救济和现金救济。60 年代中期，对三年经济困难时期精简劝退职工，以及职工中的老弱病残而又无依无靠者给予生活救济。80 年代后，继续通过社会救济，组织生产自救，并举办福利生产，使乡镇贫困对象的基本生活得到保障。改革开放后，对社会救济工作实行改革，逐步由救济钱物转为扶持贫困对象发展生产，并采取帮扶、共建等措施，帮助困难百姓摆脱贫困，逐渐走向共同富裕的道路，保障江宁人民于 2007 年进入全面小康社会。

第一节 灾害救助

据史料记载，从三国吴嘉禾三年（234）至新中国成立前的 1715 年间，江宁地区有明确记载的水、旱、风、雹、雪等较大灾害共 626 次。然而，历次灾害救助，往往缓不济急或杯水车薪，或层层盘剥，或相互推诿拖延时日，因而灾民所得甚微。由于灾重面大，加之人们抗御能力有限，灾中灾后往往出现“溺死甚众”“饥疫死者无数”“人相食”等现象，人民悲惨至极。

江宁县解放后，自然灾害依旧十分频繁，以水患最为严重。县政府领导人民群众进行防灾、抗灾、救灾工作。灾害发生时，发动广大干部群众投入抗灾斗争，争取减少损失。灾后开展生产自救、互助互济，辅之以国家救济，切实解决灾民吃、穿、医、住等方面的困难，迅速帮助灾民重建家园，恢复生产。

民国 38 年（1949）6—7 月，江宁县濒江临河和地区遭大水灾，长江水位涨至 9.10 米，秦淮河堤和沿江江堤被洪水冲决 46 处，全县被淹 9800 公顷，倒塌房屋 2000 余间，重灾民 2.80 万余人。灾害出现后，县、乡政府成立生产救灾委员会，领导组织开展生产救灾工作，先后拨发救灾款 9 万元、救济粮 100.75 万公斤、麸皮 5 万公斤、豆饼 3500 公斤、面粉 72 袋，发以工代赈修筑江堤工赈粮 97 万公斤，向南京市粮食公司借无利大米 30 万公斤贷发给困难户，人民银行贷放稻种 73 万公斤、棉种 1.70 万多公斤、肥料（豆饼）64 万公斤、水利粮（大米）12.65 万公斤，同时发动社会募捐 2.47 万元，帮助 12 万灾民顺利度过灾荒，恢复生产。

1954年，发生特大洪涝灾害。此次特大洪水共发放救济款13万余元，救济寒衣8400件，棉被500床，种子2.80万公斤，帮助建房1500间，组织医疗队下乡给受灾群众治病、防病58698人次，减免医疗费4656元。

1956年5月21日至9月底，全县遭受4次暴雨和2次台风袭击。当年，对受灾的2650户、1.40万人发放救济款6.70万元，用于生活救济与补助修建房屋1414间，并发动社会捐赠寒衣2600件。

1962年7月，遭到大水洪涝灾害。县政府主要领导亲临灾区慰问灾民，发放生活救济款25.12万元，房屋救济款5.59万元，寒衣救济款5.17万元，燃料救济款5.52万元，同时调拨稻种、豆种等各类种子30万公斤。

1969年7月，连续出现大暴雨，全县共21个公社、87个大队、968个生产队受灾，发放救济款12.47万元。

1978年，发生历史罕见旱灾。当年发放救济款46.10万元，共救济1.60万人，安排议价粮、统销粮、返销粮食1340万公斤，帮助缺粮户度荒，发放寒衣救济布2.33万米、絮棉3750公斤，救济灾民7471户、29250人。

1983年4月的风灾后，民政部门补助经费11530元，帮助建房105间。6月后两次暴雨灾害，发放救济款60余万元，木材238立方米、钢材100吨、水泥610吨、毛竹3000根、玻璃1000标箱、砖390万块、石灰1000吨，帮助建房939间、修房2446间。

1991年，遭受特大洪涝灾害，全县受涝面积3.53万公顷，729家企业被迫停产。江宁县接受社会各界募捐救灾款169.40万元，募集粮票7.91万公斤，建材、农用物资上百万元，保险理赔金460万元，上级下拨救灾款170.92万元，建房资金184万元，以及食品、粮食、药品、医疗设备、寒衣等生活用品。

1998年，遭受历史罕见的雪灾、水灾，直接经济损失2亿元以上。江宁县建立抗洪救灾捐献办公室和受灾人员转移安置工作小组，及时协助转移安置受灾群众1180人次，将上级下拨的70多万元、县政府下拨的100多万元救灾经费以及社会各界223万元赈灾捐款及时发到受灾群众手中。

2007年7月7—9日，遭受百年未遇强降雨灾害，直接经济损失4.70亿元。江宁区民政部门成立灾害临时指挥部，统一负责查灾、核灾与报灾，及时下拨省、市救灾资金50万元，区财政救灾资金50万元，帮助53户因灾倒房户恢复重建房屋100余间，救助因灾生活困难群众2651人次，维护了灾区生产生活秩序。

1949—2007年江宁区拨发救灾款情况表

表42-3-9　　单位：万元

年　份	救灾金额	年　份	救灾金额	年　份	救灾金额
1949—1952	28.17	1992	5.66	1999	1000.80
1954—1957	103.04	1993	64.50	2000	68.73
1959—1962	93.45	1994	65.10	2001	108.70
1679—1985	144.60	1995	101.94	2002	73.44
1988	110.00	1996	63.00	2003	231.35
1989	0.50	1997	54.95	2007	50.00
1991	64.56	1998	77.96	合　计	2510.45

第二节 农村救济扶贫

新中国成立后，县政府在农村展开救济扶贫工作。首先废除农村贫农、雇农与地主间的债务，合理处置贫、雇农与其他成分人员间的债务纠纷，使穷人丢下债务负担。1950年年底，实行土地改革，农民分得土地、房屋、农具等生活资料和生产资料，奠定了劳动脱贫物质基础。对一部分因缺乏劳动力，人口多，而在生产、生活上发生困难的贫困户，除集体、群众给予适当照顾并帮助其发展农副业生产外，政府给予必要的救济。1949—1980年，重点帮助农村贫困户摆脱贫困，共发放救济款460余万元，救济人数40万人次以上。1981年，全县共扶持贫困户1699户，脱贫437户，国家拨扶贫资金4.50万元。

1981—2007年，重点帮助贫困户致富，主要采取普遍扶贫、重点帮扶等形式，多方面帮助贫困户走向富裕。

【农村救济】

贫困户救济 新中国成立后，为确保农村贫困户的基本生活，县政府在粮食、御寒、治病等方面展开救济。每逢春荒发口粮、夏天发蚊帐，秋后发棉衣，遇灾则结合救灾进行救济。1952—1953年春荒，共发救济粮45万公斤、救济款6848.51元。1954年，为农村患病困难户医治58698人次，减免医疗费4658元，救济药费1100元。同年，发放救济棉布2837米、棉被591条，价值3563元。1956年，为贫病者治病12423人次，减免药费2768元。三年困难时期，县内农村贫病人员增多。据1958—1961年资料记载，全县共拨发救济款47.63万元，救济20.46万人次。1958年冬，对农村困难户发放寒衣18798件，帮助1.50万户农民御寒过冬。1960—1961年，市、县拨发24万元，用于治疗浮肿病及妇女子宫病，共治疗2.18万人。1961—1964年，对困难户发放救济布8.90万米、棉花7.25万公斤，救济困难户5万余人。1963—1965年，共拨发救济款70.60万元、粮食26.50万公斤，救助困难户16.76万人次。1978年，江宁县重点解决农村困难户的口粮用款，共发放社会救济款21.10万元，另安排救济粮食1400公斤。1980年，发放救济款33万元，救济农村困难户10336户、46316人。1978—1980年，发放寒衣救济布4.67万米、棉絮2.33万公斤，救济3.02万户、13.13万人过冬。据统计，1949—1980年，县民政部门共发放农村社会救济款460余万元，平均每年14.80万余元，救济人数达40万人次以上。

20世纪80年代后，结合扶贫工作，民政部门对农村困难户给予发放粮款、治疗疾病等救济。1986—1990年，对6258户、25030人生重病困难户，发放救济款84.50万元。1991—1995年，对4527户、13957人受灾和生病困难户发放救济款48.80万元，其中先后帮助196户重大疾病患者治病。1993—2003年春、夏荒，全县农村累计发放救济款209.55万元，救济粮118.90万公斤，救济人口7.05万人。2004年起，对患有重大疾病且在治疗中的城乡最低生活保障和无力支付医疗费用的特殊困难群众，通过个人申请、镇（街道）申报、区民政部门审批的方法，每人每年可获得1000元～10000元一次性救助。

特困户危房修建与改造 新中国成立后，江宁县采取“市、区（县）财政拨一点、基层集体配一点、亲朋好友帮一点和个人筹一点”的办法，帮助特困农户修建住房。1954年，共拨发建房救济款15万元，补助修建房屋1505间。1956年，拨发房屋救济款1.70万元，补助修建房屋1414间。1962年，发放房屋救济费5.59万元。1963年，拨发木材60立方米、毛竹1.16万根，修建房屋1.19万间。20世纪80年代前，着重解决“居者有其屋”。80年代后，着重消灭草房、土坯房，让困难群体住“放心房”。1986—1990 年，帮助 263 户特困户修建住房 687 间。1990—1995 年，采取定期补助的方法，每年定补均在 7.70 万元以上，5 年共资助特困户修房 1086 间。

1997 年起，江宁县全面启动农村特困户危房改造工程。至 2000 年，先后分两批改造危房 758 间，面积 1.84 万平方米，投入资金 155.77 万元，384 户特困户先后住进砖瓦结构的“放心房”。2001—2003 年，进一步实施农村特困户危房改造工作，投入资金 499.96 万元，使 908 户困难群众喜迁新居。2004—2007 年，为 721 户农村特困户改造危房，面积 40826 平方米，投入改造资金 432.46 万元。

图 42-3-7　江宁区农村特困户危房改造前后对比（2003 年摄）

【农村扶贫】

普遍扶贫　1980 年，江宁县首先在丹阳公社进行扶贫试点。1981 年，扩大到禄口、殷巷、东山等 7 个公社 88 个大队，共安排扶贫资金 4.50 万元，扶助贫困户 1663 户、7441 人。主要措施是扶持贫困户因地制宜发展副业生产。经过 1 年努力，使贫困户增加收入 11.73 万元，每户平均 71 元。

1982 年，扶贫工作全面推开，各乡镇分别成立扶贫领导小组，民政、财税、农业等部门互相配合，确定帮扶对象，落实帮扶项目，签订合同，分工帮扶，共同制订和执行扶贫计划，帮助扶贫对象发展副业，种好责任田，在贷款、化肥、技术、种子、苗禽苗畜供应、技术指导和安排务工及子女上学等方面予以优先照顾。经过努力，扶贫实践取得明显成效。在项目上，由单一扶持发展家庭副业，发展到农、工、商、运输、服务等多种经营；在资金扶持上，由无息无偿，发展到无息有偿扶持，抽出资金扶持更多贫困户；在扶持形式上，由群众互帮互扶，发展到干部、党员包户扶持；在帮扶规模上，由一家一户单项扶持，发展到多户联合办厂，合办经济实体。1980—1985 年，江宁县共发放扶贫款 100 万元，其中国家拨款 62.07 万元，集体筹款 37.93 万元；安排贫困户子女进乡镇、村办企业 501 人；兴办扶贫经济实体 7 个。共扶贫 12936 户，脱贫 6998 户，脱贫率 54.10%，有 87 户成为农副业生产的重点户或专业户。

1986—1995 年 10 年中，全县扶贫工作成绩显著。1986—1990 年，全县共救济特困户 2074 户，拨款 31.30 万元；建立扶贫基金会 23 个，筹集扶贫资金 175.40 万元，帮助 4823 户有劳动能力的贫困户发展以种植、养殖业为主的扶贫项目 32 个，5 年共收入 350.80 万元，户均收入 727 元；优先安排贫困户子女进厂务工 1577 人，务工收入 148.20 万元，人均收入 940 元；在 11 个乡镇中创办扶贫实体 12 个，总投资 77.70 万元，从业人员 243 人次，其中贫困户 107 人。1990 年，扶贫实体创产值 52 万元，获利 4.50 万元，贫困户人均收入 811 元，比进扶贫实体前收入翻一番多。5 年中，全县共有 2803 户摆脱贫困，累计脱贫 9801 户。1991—1995 年，全县共筹集扶贫资金 93.47 万元，帮助 2189 户特困户、贫困户脱贫致富。其中，有偿扶持 1889 户，脱贫 1299 户，脱贫率 68.78%；安排 1200 名贫困户子女进乡镇、村办企业务工，人均年收入 1500 元。1980—1995 年，全县累计脱贫 11990 户。

经济薄弱村帮扶和“百人百村”工程 1991年5月起，江宁县组织20个有一定经济实力的部门，与分布在11个乡镇的20个经济发展薄弱村结对挂钩，按照“一年打基础，二年有起色，三年大发展”的目标要求，开展为期3年的重点帮扶工作。至1993年，15个村摘掉落后村帽子。1994年6月，又选择15个经济薄弱村，加上此前未脱贫的5个村作为第二批的20个重点帮扶村。从县属大中型企业中选择一些经营能力强的干部充实帮扶力量，选择一些经济效益前景较好的配套产品下放给贫困村生产。1995年后，这20个重点帮扶村被列入“百人百村”建设工程中。

1995年5月起，江宁县开始实施为期两年的“百人百村”致富工程。从全县343个村中选出100个村作为建设对象。其中，小康示范村8个、“两高一优”（高产、高效、优质）农业实验村8个、农业结构调整特色村20个和经济发展滞后村64个（内含20个帮扶村）。再从76家县直机关、企业中抽调100名年轻干部下派到这100个村中担任实职，帮助开展工作。1997年5月，进行成果验收统计，有88个村达到建设目标，其中8个小康示范村和8个“两高一优”农业实验村不仅全面达小康，并开始启动建设农村现代化建设；20个特色村群众生活全面达小康水平，开始准备启动现代化建设；64个滞后村有52个村甩掉滞后帽子，基本实现达小康；有12个滞后村虽未达到建设目标，但在经济建设、精神面貌和群众生活等方面都有巨大变化。据统计，2002年4月，全区组织对经济发展薄弱村开展新一轮帮扶工作，帮扶对象主要是上年度村经济可支配收入低于20万元的50个村，占全区总村数的19.60%，其中区重点帮扶30个村，实行机关单位分别与村结对挂钩帮扶；各镇自行帮扶20个村。据统计，帮扶部门共帮扶30个村，兴建基础设施项目23个，发展经济项目36个，扶持资金100.70万元。2003年，区民政局对口帮扶经济落后的湖熟镇范坧村，对该村在参与开发区标准厂房建设、铺设村1.60千米水泥路、兴建两个水产养殖场，以及村危房改造等方面，给予资金等支持。

1995—2003年，区直机关、企事业单位连续9年参与了3期“百人百村”工程，扶持189个村，脱贫率100%。帮助翻建特困户危房482户，解决1531名群众的居住困难；帮助兴建村级卫生院18所，修筑水泥路98条，新建蓄水池28座，新建桥梁108座，共投入资金2000万元。

万名党员联系万户活动 自1997年起，江宁县委、县政府号召县直机关、企事业单位党员干部分别结对联系农村贫困户，开展“万名党员联系万户”活动。共有1891名党员参加，至2002年，共帮带农村贫困户3782户，其中脱贫3479户，脱贫率92%。另有113户进入“五保”，占3%；有228户进入城乡最低生活保障，占6%。累计投入扶贫资金1323.70万元，平均每年每户享受慰问资金500元。5年间，先后资助945户贫困家庭子女就学；帮助302户特困家庭医治大病；扶持1361户特困家庭新修或维修住房；扶持226户贫困家庭发展养殖业，扶持198户贫困家庭发展种植业。

第三节　城镇救济

【生产自救】

新中国成立初期，江宁县对城镇贫困居民救济工作采取“在自力更生原则下，动员与组织人民实行劳动互助，实行自救、自助、助人”的方针。1954年后，贯彻执行“生产自救、群众互助，辅之以政府必要的救济”的方针。起初采取以工代赈的方法，组织有劳动能力的救济户、贫困户从事加工业、手工业、商业、服务业、运输业等，以解决其就业和生活问题。据统计，

1949 年 10 月至 1952 年 12 月，全县共组织城镇居民参加生产自救 7640 人次。1953 年，县内有失业工人 573 人，民政部门先后分 4 批向建设施工单位及地方国营企业联系推荐并安置 556 人，并向当地驻军、医院、私营企业等推荐介绍工人 29 人。1957 年，江宁县开始积极开展福利生产工作。1958 年 4 月，据 12 个集镇统计，共组织生产单位 53 家，参加人员 1304 人，生产收入 16.18 万元，基本做到“镇上家家忙生产，居民人人有事干”。“人民公社化”后，福利生产单位全部转为镇办或社办企业，各人民公社先后办起 196 家企业，一批失业人员有了固定工作，生活有了保障。

20 世纪 60 年代后，许多集镇积极组织居民开展生产自救工作。1965 年，湖熟集镇组织 77 人，参加 10 多个项目的工作，人均月工资达 30 元，生产总收入 4.21 万元。70 年代，县内兴建和扩建一批“五小”（小矿山、小钢铁、小农机、小化肥、小水泥）企业，为无业人员生产自救和城镇居民就业广开门路。改革开放后，一大批新型企业开办，集镇闲散、失业人员基本消失。

【社会救济】

对不能参加生产自救，或参加生产仍有困难的城镇贫困户，一方面发动社会力量开展群众性互助互济；一方面拨出大批钱、粮、物，给予口粮、寒衣等予以救济，对治病有困难的及时给予适当补助，使之得到及时治疗，对因病死亡、家属无力安葬的发给临时救济。1953 年，在以工代赈的基础上，对 216 名困难职工发放救济金 1931.70 元。1959 年，对集镇困难户在公社、大队公益金照顾外，另拨救济款 1.30 万元解决其生活困难。“人民公社化”后，许多公社对集镇困难户的救济，都采取同农村“五保”户一样包办加以解决，并对确有困难的分别给予长期性或临时性救济。据江宁、龙都、土桥等 7 个公社统计，1960 年，集镇救济对象为 1477 户、5250 人，其中孤老、残废无劳动力受到长期救济的 21 户、37 人，救济金 374 元；由于天灾人祸或子女多，生活发生困难的临时性救济 60 户、178 人，临时救济金 3568 元。1965 年，对集镇居民的救济工作，主要是组织他们因地制宜地开展副业加工生产，对个别丧失劳动能力又无经济收入的集镇贫民，给予定期救济的 62 户、99 人，救济款 4729 元；临时救济的 350 人次，救济款 1278 元，另发放救济布 833 米、棉花 150 公斤。1980 年，对城镇居民困难户定期救济 157 户、204 人，救济款 23561 元；临时救济 1301 人次，救济款 12363 元。据统计，1949—1980 年，对集镇居民困难户共支出救济款 188.28 万元，平均每年 5.88 万元。

随着改革开放和社会经济的发展，人民生活水平不断提高，城镇就业人员逐渐增多，加上“五保”敬老机制的完善和最低生活保障制度的建立，城镇固定救济很少发生。据统计，1981—2007 年，全区累计发放各类临时救济金 4200 万元，累计救济人数 22.60 万人次。

第四节　最低生活保障制度

1997 年 8 月，县政府颁布《江宁县城乡居民最低生活保障制度暂行办法》。同年 10 月，江宁县在全市率先建立农村居民最低生活保障制度。1998 年 4 月，全面实行城镇居民最低生活保障制度。至此，江宁县为城乡低收入群体筑起最后一道救济防线，即城乡居民最低生活保障制度（以下简称城乡低保），社会救济工作走向规范化、制度化。2007 年，江宁区被省民政厅评为江苏省城乡低保工作先进集体。

【低保制度】

农村低保 1997 年 10 月，县政府批准对持有江宁县农村常住户口、共同生活的家庭成员人均月收入低于 90 元的家庭列入农村低保对象，实行差额补贴。当年进入农村低保的有 709 户、1765 人，发放首季度最低生活保障补助金 10.80 万元。2003 年起，区政府多次批准调高农村低保标准，是年 1 月调为 100 元、7 月调为 120 元；2004 年 1 月调为 130 元；2005 年 1 月调为 150 元；2006 年 1 月调为 180 元；2007 年 6 月调为 200 元。至 2007 年年底，全区被纳入农村低保的有 8355 户、17105 人。累计发放农村低保金 5619.31 万元。

图 42-3-8 横溪镇民政助理向农村低保户发放“低保证”（2003 年摄）

城镇低保 1998 年 4 月，县政府批准对持有江宁县城镇常住户口、共同生活的家庭成员人均月收入低于 120 元的家庭列入城镇低保对象，实行差额补贴。当年进入城镇低保的有 150 户、255 人。1999 年，根据上级“关于扩大城市居民最低生活保障对象范围”的要求，对最低生活保障对象实行“全员纳入”，将城镇中失业人员、在职人员和下岗人员的低收入家庭纳入保障范围。当年进入城镇低保的增至 474 户、896 人。同年 7 月，县政府批准调高城镇低保标准，调为 155 元。撤县设区后，区政府多次调高城镇低保标准，2001 年 1 月调为 170 元、2002 年 1 月调为 180 元、2004 年 1 月调为 200 元、2006 年 1 月调为 220 元、2007 年 6 月调为 260 元。2001 年，把未就业随军家属纳入低保范围。当年，驻区 9 个部队的 69 名随军家属未就业者被纳入低保范围。2003 年开始，对城乡低保对象中的残疾人、单身者以及 70 周岁以上老人实行在各自标准上上浮 10%。由于低保标准的不断提高和保障对象的不断扩大，至 2007 年，全区被纳入城镇低保的有 1563 户、3265 人。累计发放城镇低保金 2708.68 万元。

【配套政策】

2003 年 3 月，江宁区《关于建立全区扶贫济困工作体系的实施办法》出台，对困难群众的医疗救助等 8 个方面提出具体实施办法。当年对 1000 名困难群众发放医疗救助卡，享受免挂号费、诊疗费、注射费、检查费和治疗费减收的优惠政策，同时享受 800 元～1000 元的药费减免。并对 105 名大病患者开展救助，发放救助金 11.90 万元。

2004 年 4 月，区政府出台《江宁区特殊困难群众大病救助办法（暂行）》《江宁区特殊困难家庭子女就学救助办法（暂行）》。《江宁区特殊困难群众大病救助办法（暂行）》规定：城乡低保对象自愿参加住院医疗保险（每人每年统筹 100 元。其中个人承担 20%，区、街道承担 80%）的，给予住院、医疗与大病救助。其住院医疗费用年最高报销救助额为 60 岁以上（含 60 岁）4000 元，60 岁以下 5000 元；给予患有重大疾病且在治疗的城乡低保对象中的一类疾病人员每人每年一次性救助 5000 元～10000 元，二类疾病人员 3000 元～5000 元，三类疾病人员 1000 元～3000 元。至 2007 年，累计给予大病救助 3383 人次，发放救助金 668.70 万元。《江宁区特殊困难家庭子女就学救助办法（暂行）》规定：城乡低保家庭子女在义务教育阶段就读小学一、二年级每学期减免 130 元，三、四年级减免 140 元，五、六年级减免 150 元，初中减免 230 元；属于孤儿或“三残”的，减免标准分别提高 60 元、70 元、80 元、130 元（住宿生为 230 元）；在特殊学校就读的盲、聋、哑学生，就学费用全免；城乡低保家庭子女在非义务教育阶段就读普通高中、中等专业学校、技工学校的，每人每年救助 2000 元 ~ 3000 元；就读高等学校的，每人每年救助 3000 元 ~ 5000 元。2006 年 3 月，对在普通高中就读的救助标准调整为每人每年 1000 元 ~ 2000 元；在中等专业学校、技工学校就读的调整为 2000 元 ~ 3000 元；在高等学校就读的调整为 3000 元 ~ 5000 元。至 2007 年，区民政局为城乡低保家庭子女在非义务教育阶段进行就学救助 1012 人次，发放救助金 220.90 万元。

第五节 其他救助救济

【精简退职老职工救济】

根据国务院 1965 年 6 月 9 日《关于精简退职老职工生活困难救济问题的通知》精神，江宁县对 1957 年年底前参加工作、1961 年至 1965 年 6 月 9 日办理精简退职手续的全民所有制老职工，自 1965 年开始，对其中已丧失劳动能力又无依无靠的，或年老体弱、长期患病的，均由当地民政部门给其原工资标准 40% 的救济，并享受医疗费 2/3 的补助。不符合以上条件但生活困难的也给予救济。当年发给退职老职工（每位按其原工资 40% 发放）救济费 4807 元、住院费 94 元，共救济 125 人，其中城镇 6 人，农村 119 人；另救济一般老职工 101 人次、3100 元。

据 1979 年调查登记，全县有精简退职老职工 3504 人，对其中较为困难的 1345 人，安排工作的 907 人；办理原工资 40% 救济的 175 人，每月发放救济费 3678 元，全年 44136 元，另发医疗费 4200 元；办理定期补助的 16 人，每月发放定补金 192 元，全年 2304 元；办理上海精简退职职工定补的有 247 人，每月发给定补金 4975 元，全年发放 5.97 万元。还有 2159 人在农村安排，由集体和国家在生产和生活上给予适当的照顾和救济。全年发给一般职工救济 5000 元，救济 655 人次。至 1985 年年底，享受原工资 40% 救济的老职工还有 145 人。

从 1981 年 7 月起，对不符合原工资 40% 救济条件且生活有困难的老职工，给予定期定量补助，其标准为：集镇户口每人每月 15 元，农村户口每人每月 12 元，当年享受这项救济的有 2250 人。随后于 1985 年、1988 年、1991 年、2004 年、2007 年多次调整提高。2003 年，全区精简退职老职工有 339 人，其中农村 277 人，每月人均救济标准 135 元；城镇居民 62 人，每月人均救济标准 187 元。至 2007 年，全区精简退职老职工还有 201 人，其中城镇 51 人，标准为每人每月 320 元；农村 150 人，标准为每人每月 260 元。

【“三案”受害人员补助】

十年“文化大革命”中，江宁县被逮捕、拘留、定性和乱批乱斗、乱戴帽的受害人员共 17078 人。1979 年，江宁县“三案”（冤、假、错案）复查工作结束，同时全面开展平反和经济补助工作。经复查，全县“三案”受害者 9508 人，占总数的 55.67%。民政部门坚持以政治平反为主、经济补助为辅的原则，采取经济补助和安排工作相结合的办法，有重点地分别进行补助。对农村社员、集镇居民中被捕、判刑、拘留而致残、致死以及被隔离审查半年以上的，确实生活困难的，经民政局核准，从"三案"补助费中拨款补助。1979—1980年，共拨款68350元，补助1175人。对原先有就职单位的"三案"平反的72人，由所在单位分别补发工资和困难补助款，共12.05万元。对农村社员、集镇居民中有工作条件的"三案"受害者355人及其子女，照顾安排到县、社、队属厂或学校中做工、当教师。对229名没有条件安排工作的、且有一定实际困难的社员、居民，由公社、镇从公益金中拨出10825.56元予以补助，平均每人得款47.27元。

【地下党、老党员救助】

1949年10月前参加革命的地下党、老党员，由于多种原因或遭日寇抓捕或被国民党军队追杀，死里逃生，同党组织失去联系的，新中国成立后经过多方努力同党组织联系上，并经两人以上相关人员证实确认的，1986年起，江宁县对此类人员实行定期生活补助。当年定补标准为城镇户口每人每月25元，农村户口每人每月20元。1988年起多次调高标准。2003年，全区此类人员还有66人，民政部门每月每人发放救济费73元。2007年，还有38人，每人每月发放救济费73元。

第四章　社会福利

古代，官府及士绅对无助孤老有过一些捐赠、资助或养济。旧志记载，江宁地区曾创建孤独园、养济院、安乐庐、惠民局、慈幼庄及义冢等多种官办民助或民办官助的慈善惠民机构，且规模较大、种类较多、规制齐整，影响较为深远。民国时期，江宁县没有专门设置敬老养老机构的记载，但出现过"孤儿院""弃婴堂""三德堂"等私立或外国教会办的收养弃婴和孤儿的福利机构。民国35年（1946）8月，社会部公布农民福利设置办法，由各县（市）农会依照此办法设置农民福利社；乡镇农会则根据实际需要分别或联合设置农民福利社。农民福利社经费除主办农会拨给外，必要时呈请主管官署补助或募捐。

新中国成立后，江宁县十分重视社会福利事业发展。1956年起，对无依无靠的孤老实行"保吃、保穿、保住、保医、保葬"的"五保"分散供养制度。20世纪50年代后期，开始兴建敬老院，对"五保"户实行集中供养，让他们安度晚年。60年代起，对孤儿、弃婴进行寄养、认养和收养，妥善解决他们的教养问题。1983年起，开始创办社会福利企业，安置有劳动能力的残疾人就业，提高其生存质量。80年代后期起，先后开展有奖募捐与慈善捐款的福利基金募集，拓展发展社会福利事业经费渠道。至2007年，全区有"五保"供养老人2899人，养老机构36所，其中敬老院22所，老年公寓14所。全区有福利企业35家，实现年产值19.18亿元、利税1亿元；共有职工6714人，其中"四残"（盲、聋、哑、肢体残疾）职工2553人。是年，区民政局被省民政厅评为江苏省"五保"供养先进集体。

第一节 “五保”敬老

【“五保”制度】

新中国成立后，县内百废待兴、百业待举，农村孤独老人的生活主要靠群众互助、邻里相帮、亲友接济维持勉强度日。同时，地方政府对孤寡残弱老人发放救济粮、款，给予重点救济。

1956年农业合作化后，根据上级文件精神，江宁县确定“生活无依靠、无子女（或女外嫁）、年满60岁以上的贫病孤寡病残老人”为“五保”对象，开始由集体实行“五保”分散供养制度。当年核定全县实行“五保”供养的有4096户、5766人。1957年，核定为3701户、3346人。

1958年人民公社化后，全县开办公社敬老院21所，以公社为单位集中供养“五保”老人797人。三年困难时期，敬老院陆续停办。停办后的“五保”老人分散到原生产队由集体供养，人民公社及县民政局定期给予必要的救济。1963年，全县共有“五保”户3357户、4173人。1964年起，城镇的“三无”孤老开始由国家按人按月给予定期定量救济。

中共十一届三中全会后，随着农村普遍实行联产承包责任制后和乡镇企业的发展，“五保”供养水平日趋提高。1981年，县内享受“五保”的有3681人，供养标准为：每年每人口粮300公斤、食用油3公斤、烧草600公斤，零用钱每人每月5元～10元。对分散供养、生活不能自理的“五保”老人，各乡镇“五保”服务中心实行“二定”“三包”服务，即定服务人员、定服务项目；包买煤（柴）、粮、油、盐、菜，包洗衣服、打扫卫生，包请医送药，使“五保”老人过上吃、穿、住、医都不用愁的晚年生活。

1986年后，由于村与村之间贫富差距逐渐拉大，各村分散供养的“五保”对象生活水平悬殊，各乡镇根据当地平均生活水平统一“五保”供养标准。至1995年，县内分散供养的“五保”户共1824人，人均年供养标准由1990年的360元增至900元；集中供养标准从1985年的360元增至1450元。2000年，分散供养与集中供养标准分别达到每人每年1450元和2250元。2005年，分别达到每人每年1980元和2700元。同年，区政府在《关于进一步加强“五保”供养工作的意见》中提出：“从2005年起，区域内分散供养‘五保’户的生活标准按照不低于农村低保标准的110%，集中供养‘五保’户按照不低于农村低保标准的150%执行。”2007年，分散与集中供养“五保”对象的供养标准分别为2640元和3600元，惠及全区“五保”对象2899人。

1997—2007年江宁区“五保”供养标准情况表

表42-4-10

年 份	总人数（人）	集中供养		分散供养	
		人数（人）	供养标准（元/年）	人数（人）	供养标准（元/年）
1997	2038	679	1950	1359	1400
1998	2526	764	2000	1762	1400
1999	2684	728	2200	1956	1450
2000	2570	763	2250	1807	1450
2001	2564	896	2350	1668	1500
2002	2381	896	2650	1485	1500
2003	2540	1110	2650	1430	1550
2004	2708	1080	2650	1628	1700
2005	3198	1019	2700	2179	1980
2006	3361	1312	3240	2049	2376
2007	2899	1660	3600	1239	2640

【养老机构】

敬老院 1958年，江宁县各公社开始创办敬老院，公社负责房屋建造，大队负责“五保”老人的生活费用，共办21所，集中供养“五保”老人797人。据1961年上半年统计，全县有敬老院25所，其中社办的21所，大队办的4所，收养“五保”老人401人。随后，敬老院相继停办。至1964年上半年，全县尚有敬老院10所，且全部收养三年困难时期的弃婴弃幼孤儿。10所敬老院共有老人127人，孤儿63人，工作人员20人。至1978年，县内尚存敬老院2所，供养老人7人。此后不久，由于经费等条件限制，敬老院相继解散，全部恢复“五保”户分散供养。

图 42-4-9 江宁镇敬老院老人们休闲聊天（2005年摄）

1982年后，“五保”供养又逐步朝着兴办敬老院、实行集中供养的方向发展。至1985年年底，县内共办敬老院20所，共有住房225间，集中供养190人。1990年，县内有敬老院44所，集中供养“五保”老人557人。1995年，44所敬老院中的“五保”老人增至735人。1996年后，县民政部门根据各乡镇敬老院现状，每年有计划地实施新、扩建敬老院3所～4所。至2000年，累计投入1500万元，新建敬老院10所，改、扩建8所，床位增至900张。2001—2002年，按市级有关标准新建敬老院6所，改、扩建4所，累计投入资金1180万元，床位增至1059张。至2003年，全区共有23所敬老院，入住人数约1200人。

图 42-4-10 江宁区慈善总会向周岗镇敬老院捐赠彩电（2005年摄）

2005—2007年，淳化、秣陵、禄口、湖熟、横溪街道投入资金5000万元改、扩建敬老院，新增床位1000余张，涌现出禄口、百家湖、横溪等一批规模化敬老院。至2007年，全区共有敬老院22所，入住2195人。其中7所敬老院被评为省级文明敬老院，8所被评为市级文明敬老院。

老年公寓 2001年，江宁博爱康乐院以适应人口老龄化和有偿收养老人的需要，在江宁区博物馆内（2007年迁至东山街道文靖路文华街）创办江宁区第一家民办养老机构。此后，区民政局采取政策扶持、精神鼓励等方法，不断吸引社会资金和动员社会力量积极创办面向社会自费寄养的老年公寓。2002年，新建老年公寓4家，2006年新建2家，2007年新建7家，至是年年底，江宁区共兴建民办养老机构14家，拥有床位1580张。

第二节 抚孤育幼

自古以来，遗弃婴幼儿现象时有发生。民国时期，江宁县有陶吴镇北街的“怀德善堂”、淳化镇上的“孤儿院”、湖熟镇上的“弃婴堂”、秣陵镇上的“三德堂”‘明德善堂”等私立或外国教会办的收养弃婴和孤儿的福利机构。这些机构虽然为扶助弱婴遗孤做出了努力，但其中也有欺世盗名者，假借名义募捐筹款，中饱私囊；同时，一些私立婴幼团体因经费严重短缺，活动时搞时停，至江宁县解放前全部关闭。

1959—1961年的三年困难时期，由于自然灾害等多种原因，造成全县粮食奇缺、普受饥饿，因而出现大量孤儿与弃婴弃幼现象。仅1960年1—5月，江宁县共收容弃婴、幼童524人。对无法查清父母住所的弃婴和孤儿，根据不同情况采取“集中供养、分散寄养、批准领养”的方法，或由相关公社全托或幼儿院负责弃婴、幼童的养教问题，或选择寄养户寄养，或送至县婴幼院集中供养。1960年1月13日，江宁县在东山镇建立县婴幼院。建院当天，接收弃婴幼儿5人。至1965年，县婴幼院先后接收遗弃婴幼儿270余人，另有450多人被各公社收养。在保育过程中，由于父母认领或经批准领养收养，加之社会经济逐步好转，遗弃婴幼儿逐渐减少。是年，县婴幼院撤销，所剩15名婴幼儿全部转交高淳县婴儿院收养。

江宁县婴幼院撤销后，对新发生的无人认领的婴幼儿，一般由所在乡镇指定专人妥善抚养，民政部门给予每人每月40元～50元的护理费、20元～30元的抚养费。对于父母双亡的孤幼儿童，原则上是有亲投亲、有友投友或让他人领养，生活费一律由集体供给，直到独立生活为止。

进入20世纪80年代，计划生育成为一项基本国策。由于人们陈旧的生育观念以及“养儿防老”旧式思想的影响，街头弃婴，尤其是遗弃女婴及遗弃肢残、智障婴幼儿现象有所上升。1988年，江宁县在禄口敬老院内设立孤残儿童福利院。当年收养弃婴弃童7人，其中女6人，男1人，年龄最大的11岁，最小的仅2个月。至2006年年底，禄口孤残儿童福利院先后收养弃婴弃童31人，其中死亡12人（女11人，男1人），批准抱养14人，出嫁1人，工作后独立生活1人，在院3人。同年12月，区民政局在城区二小区内新建江宁区儿童福利院，接收禄口孤残儿童福利院转入的3名孤残儿。随后又陆续接收5名被遗孤儿。至2007年，8名孤儿中有4名被家庭领养，1名被家庭自愿义养，1名技校毕业走上工作岗位，2名仍在校读书。孤残儿童的生活、医疗、上学等费用全部纳入财政预算。

第三节 福利企业

20世纪80年代前，江宁县没有专门安置盲、聋、哑和肢体残疾（以下简称“四残”）人员就业的福利企业。“四残”人员主要由家庭供养、集体帮助，辅之以国家救济。

1978年后，随着农村联产承包责任制的推行和政策的开放，江宁县日益重视“四残”人员的安置，创办乡镇福利厂集中安置他们就业。1983年11月，将东善桥化工厂转办为福利厂，安置“四残”人员41人。1984年后，福利企业在全县普遍推开，当年有22家乡镇企业转办为福利企业。至1988年，全县共创办社会福利企业26家，职工总人数7293人，其中安置“四残”

职工 3214 人，占职工总人数的 44.07%。当年福利企业的总产值达 8399.50 万元，实现利税 662 万元。1989 年起，针对在安排残疾人上岗中存在的弄虚作假、不主动为残疾人谋福利等问题，江宁县民政部门按照残疾职工的体格鉴定和上岗情况的验收标准，对县内福利企业开展持续不断的清理整顿。通过整顿，福利企业管理逐步规范化。

1990 年，全县福利企业实现产值 9414 万元，创利税 930 万元，安置“四残”职工 2900 多人。1991 年，全县有 28 家福利企业年总产值突破 1 亿元。1993 年，南京宁峰水泥厂、江宁三江水泥厂、南京胶带有限公司、秣陵铸造总厂进入民政部“全国福利企业 500 强”。1994 年，根据国家和民政系统有关文件精神，县民政局对全县福利企业进行全面检查整顿，个别企业出现的一些问题得到及时纠正和整改，为江宁县福利企业的健康发展铺平道路。当年，全县共有福利企业 38 家，年产值 4.70 亿元，实现销售收入 3.30 亿元，创利税 3019 万元，新安置“四残”职工 330 人。1995 年起，福利企业开始依靠科技发展生产、依靠技术占领市场。当年投入技术改造资金 5751 万元，技术改造项目 22 项，实现年产值 5.71 亿元，利税 6334 万元，共安置“四残”职工 3564 人。1997 年起，年检合格的福利企业开始为残疾职工办理农村社会养老保险，解决残疾职工的后顾之忧。

图 42-4-11　南京白象食品有限公司（2003 年摄）

2003 年，全区福利企业投入技术改造资金 5000 多万元，有 14 家福利企业年销售总额超过 1000 万元，3 家突破 1 亿元。全区共有福利企业 37 家，全年实现产值 8.20 亿元，是 1984 年的 33 倍，是 1995 年的 1.50 倍；实现销售收入 8 亿元；实现利税 8600 万元，比 1984 年增加 21.50 倍。共有职工 4622 人，其中“四残”职工 2304 人，占职工总数的 49.85%。至 2007 年，全区共有 35 家福利企业，实现年产值 19.18 亿元（其中 5 家突破 1 亿元）、利税 1 亿元；共有职工 6714 人，其中“四残”职工 2553 人，残疾职工全部执行南京市最低工资标准，月平均工资达 1099 元。残疾职工社会统筹养老保险参保率 100%，年人均保额 6735 元。

图 42-4-12　南京宁峰集团办公楼（2003 年摄）

2007年江宁区社会福利企业情况表

表 42-4-11

名 称	地 点	职工总数（人）	“四残”人数（人）	创办年份	产值（万元）
南京宁容钢桶封闭器厂	谷 里	122	53	1981	3727
南京胶带有限公司	土 桥	131	70	1982	6625
南京市江宁区淳化采石厂	淳 化	106	54	1984	2153
南京市江宁区造纸厂	东 山	365	149	1984	11185
南京铜山缫丝厂	铜 山	166	61	1984	2122
南京麒麟电镀有限责任公司	麒 麟	126	38	1984	1299
南京市江宁区禄口机械厂	禄 口	275	73	1984	3661
南京宁峰水泥厂	上 峰	360	186	1984	9206
南京涂宝电子漆品厂	东 山	76	32	1985	1508
南京秣陵铸造总厂	秣 陵	704	195	1988	12356
南京市江宁区民政印刷厂	东 山	18	11	1988	359
南京和业节能环保设备厂	陆 郎	44	28	1990	1668
南京市江宁区龙都采石厂	龙 都	59	24	1990	562
南京市江宁区丹阳铸管配件厂	丹 阳	71	27	1990	1054
南京市江宁区汤山炼灰厂	汤 山	64	29	1990	1167
南京市江宁区光电仪器配件厂	陶 吴	98	32	1992	2528
南京市江宁区秦城化工厂	丹 阳	41	19	1992	5658
南京民光高压油管厂	东 山	357	153	1992	8216
南京江宁金属铸管厂	铜 山	90	47	1993	893
南京海美科技实业公司	东 山	25	16	1994	300
南京票据证券印刷有限公司	东 山	111	60	1994	2022
南京宇豪机电设备制造厂	周 岗	18	10	1994	246
南京道鹭建设材料厂	东 山	332	145	1995	45522
南京市江宁区昌林摩托车配件厂	土 桥	87	26	1995	1957
南京中兴盛精密铸造有限责任公司	秣 陵	15	10	1998	279
南京金江水泥厂	江 宁	432	186	1998	14051
南京正皓汽配有限公司	东 山	20	10	1999	560
南京新天都长山水泥有限公司	上 坊	37	19	2000	817
南京万事得水洗有限公司	秣 陵	51	14	2002	161
南京金龙胶带有限责任公司	淳 化	30	11	2003	635
南京白象食品有限责任公司	上 峰	1970	664	2003	46510
南京宏力输送带厂	土 桥	73	28	2004	857
南京宏彩预制构件厂	东 山	25	10	2004	111
南京卓远电子电器有限公司	东 山	113	34	2005	1343
南京国进制衣厂	周 岗	102	29	2007	492
合计（35家）	—	6714	2553	—	191821

第四节　福利基金募集

【有奖募捐】

民国时期，江宁县曾有过各种各样彩票发行。新中国成立后，彩票被视为腐朽资本主义社会流毒，是‘赌博”和“贪婪”的产物，被禁绝近40年。

1987年6月3日，党中央、国务院批准成立中国社会福利有奖募捐委员会，决定在全国范围内由各级民政部门发行有奖募捐券，募集福利基金。1989年，县民政局设立江宁县福利彩票发行站（1996年改称社会福利有奖募捐办公室），发行有奖募捐券，向社会各界募集福利基金，以支持扶老、助残、救孤、济困、赈灾等社会福利事业的发展。江宁区福利彩票主要有两种：即开型福利彩票和电脑型福利彩票。

即开型福利彩票　1989年，县民政局首次举办即开型有奖彩票销售活动，销售福利彩票20余万元，筹集基金4万元。随着福利彩票市场的不断完善和发展，自1996年起，江宁县开始大规模地发行即开型福利彩票，推进即开型彩票发行的市场化运作。是年，县民政局在东山大市口广场发行即开型福利彩票，连续3天发行彩票200万元。1997年2月，在大市口广场发行即开型福利彩票，一次销售达400万元。1999年，在金宝市场门前大广场一次销售超过900万元。2004年2月14—18日，在大市口广场和区体育馆举行3000万元即开型福利彩票销售活动，5天销售彩票680万元。至此，全区累计销售即开型福利彩票4323万元，筹集福利基金761.80万元。2006年2月起，即开型福利彩票销售活动在东山街道中国女人街广场发行，返奖率65%，中奖率28%。2007年3月，区民政局开设“中福在线”即开型有奖彩票销售厅，位于金箔路770号，使用面积450平方米，配有设备20台。当年销售3140万元，销售额在县、市、区级单位中排名全市第二、全省第五。

图42-4-13　江宁区即开型福利彩票销售现场（2004年摄）

电脑型福利彩票　2000年4月，江宁县在市郊五县中率先加入全省电脑型福利彩票试点销售行列，当年销售电脑福利彩票430万元。至2007年，全区设立电脑彩票销售点112个，销售电脑彩票1.20亿元，筹集基金1300万元。

【慈善募捐】

新中国成立前，江宁地域官府中的清官廉吏、开明士绅曾施行一些募捐筹款的恤民举措，使一时无助、濒临绝境的部分老、小、残、婴得以活命。

新中国成立后，江宁县根据重大自然灾害、突发性事故、偶发型家庭灾祸进行过一些零星、分散的慈善募捐。2002年江宁区慈善总会成立后，区内才开始出现有组织、上规模“广纳义举、广播善心”的慈善募捐活动。募集的善款用于资助敬老院、社区服务、福利企业、民政优抚、救灾救难等，推动全区慈善事业的发展。

2002年9月14日，汤山镇发生特大投毒刑事案件，造成数百人中毒，数十人死亡。9月

19 日，区慈善总会在全区范围内倡议开展慈善捐款活动。区直属机关、各事业单位、工商业联合会和商会等团体和个人纷纷为“9·14”受害者捐款。至 11 月 13 日，有 177 家单位、1.30 万人次参与慈善捐款活动，共募集善款 400.79 万元。其中，机关事业单位捐款 212.14 万元，企业捐款 171.79 万元，个人捐款 16.86 万元。同年 11 月起，区慈善总会开启个人每年捐出一天工资、企业每年捐出一日利润的“慈善一日捐”活动。当年收到捐款 60.98 万元。至 2007 年，“慈善一日捐”活动共募集资金 783.90 万元。

2003 年 4 月 20 日，江宁区周边地区相继出现“非典”病例。区慈善总会随即发起《万众一心抗“非典”，和衷共济渡难关》的“抗非”募捐活动。区四套班子领导和区直机关干部职工带头捐款，全区共有 310 家单位、2 万多人参加，共接收捐款 740.92 万元，接收物资折合人民币 26.86 万元。捐款 10 万元以上的单位有 28 家。

至 2007 年，区慈善总会共接收各类捐款 3420 余万元。除“9·14”事件和“抗非”善款分别转付“9·14”善后处理、资助“抗非”外，其余善款用于安老助残 96 万元、医疗救助 94 万元、扶幼助学 161.90 万元、扶贫 439.61 万元、大病救济 133.20 万元、就学救济 269.87 万元。

图 42-4-14　江宁区慈善总会向特困大学生捐资助学（2005 年摄）

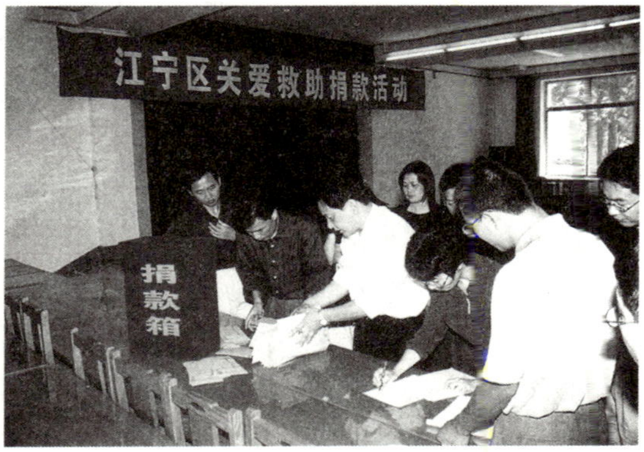

图 42-4-15　江宁区关爱救助活动中心正在接受捐款（2005 年摄）

第五章　社会事务管理

民国前，江宁县社会事务多由县令或知县掌管。民国初期，开始由民政机构执掌。新中国成立初期，县政府民政科接管社会事务，主要负责区划、土地征用、户籍、社团登记、婚姻登记、移民安置等。1956 年后，将土地征用、户籍工作移交其他有关部门掌管，暂停社团登记，增加殡葬管理。1981 年，江宁县地名普查领导小组成立，办事机构设在民政局，1987 年划归城建部门管理，1997 年又划归民政局管理（地名管理内容详见本志第六编第六章《地名管理》）。1990 年，恢复社团登记（后改称民间组织登记）。1992 年，开始进行收养登记管理。2003 年 9 月，成立江宁区救助站，对城市生活无着流浪乞讨人员，实行人性化管理。至 2007 年，区民政部门管理的社会事务有区划、地名、婚姻登记、收养登记、民间组织登记、殡葬管理等工作。

第一节　婚姻登记管理

古代，江宁地域的婚姻一直处于民间自流状态，实行父母之命、媒妁之言、家庭家族包办、买卖婚姻的封建婚姻制度，没有明确的法定婚龄限制，举办一下婚庆大典即为结婚。清代，沿袭封建婚姻制度，“男 16、女 14，有媒证、行婚礼”，即可结为夫妻。民国时期，国民政府曾有“结婚应有公开之仪式及两人以上之证人”和“男 18、女 16 即可结婚”的规定，但县内婚姻仍多为包办、买卖婚姻，男女婚姻不平等，婚龄没有明确限制。“五四”运动后，江宁地区吹进一股要求男女平等、婚姻自由的时代新风，但封建婚姻制度并没有从根本上瓦解，一夫多妻、包办婚姻、买卖婚姻仍在县内城乡普遍存在，直至新中国成立初期。

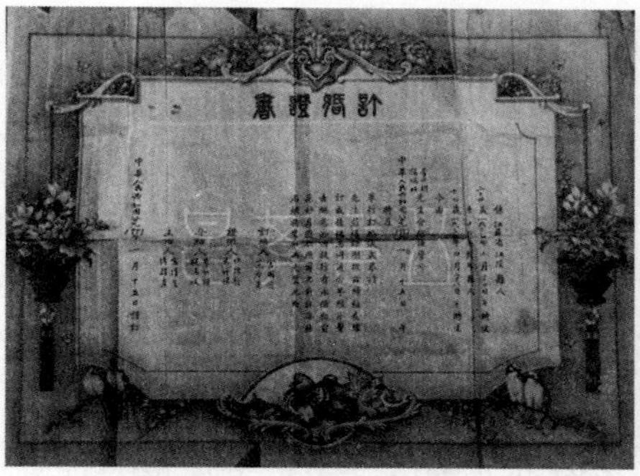

图 42-5-16　1951 年结婚证

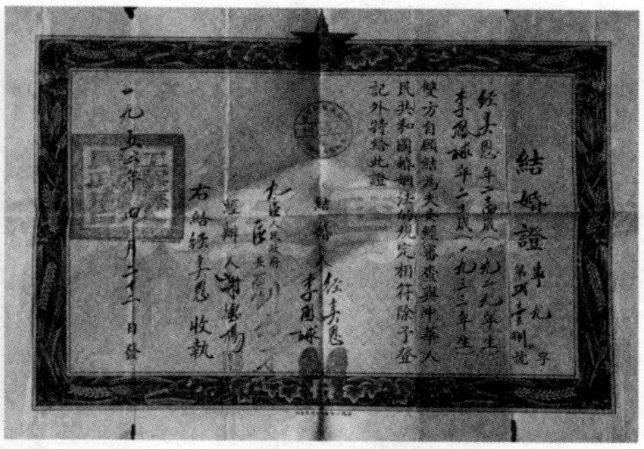

图 42-5-17　1952 年结婚证

1950 年 6 月，江宁县贯彻《中华人民共和国婚姻法》，开展婚姻登记，婚龄规定为男 20 周岁、女 18 周岁，婚姻自由、一夫一妻、男女平等的婚姻制度开始建立。江宁县婚姻登记由各区人民政府办理。据 1953 年年底统计，全县自由恋爱结婚登记的有 4243 对，离婚登记的 2727 对。1957 年撤区并乡后，婚姻登记工作改由各乡（镇）人民政府办理。人民公社化后，由公社管理委员会办理。1962 年后，离婚登记改由县民政局办理。“文化大革命”开始后，结婚登记由公社、镇革命委员会办理，1970 年后，离婚登记改由公社、镇革命委员会办理。

1980 年 9 月，新婚姻法颁布实施，各公社、镇严格执行新的婚姻登记办法，三代以内旁系血亲，患有麻风病未经治愈，或患有在医学上认为不应结婚疾病者，一律不予登记；结婚年龄男不得早于 22 周岁，女不得早于 20 周岁；晚婚晚育给予鼓励。自由恋爱登记结婚得到普及，同时有不少男女青年结婚举行集体婚礼。1981 年元旦，全县有 80 对新婚夫妇举办集体婚礼。1982 年恢复乡（镇）建制后，婚姻登记工作由各乡（镇）人民政府办理。

图 42-5-18　1968 年结婚证

2001 年，修正后的婚姻法实施。2003 年 10 月 1 日，国务院颁布新《婚姻登记条例》，随后民政部印发《婚姻登记工作暂行规范》。2002 年 4 月 28 日，经区政府批准，区民政局成立南京市江宁区婚姻登记服务中心，专门办理婚姻登记，实施全区集中办理婚姻登记。婚姻登记分结婚登记、离婚登记和补领婚姻登记证件三种，办理婚姻登记的程序是初审、受理、审查、登记。2002—2007 年，全区准予登记结婚的有 45314 对，其中初婚 82378 人，再婚 8160 人，复婚 197 对。申请登记离婚的 6119 对，准予登记离婚 5859 对，离婚双方对子女抚养、财产分割未达成一致的到区人民法院办理。另外，遗失或损毁婚姻证件可以向原办理该婚姻登记的机关或者一方户口所在地的婚姻登记机关申请补领。据统计，2002—2007 年，全区补领婚姻证件的有 1868 对。

第二节 收养登记 收容遣送

【收养登记管理】

1992 年 4 月 1 日实施的《中华人民共和国收养法》规定："收养应向县级以上人民政府民政部门登记。"当年，江宁县办理首例收养关系登记。2002 年 3 月，区民政局等部门出台《关于认真做好收养登记和出证工作的通知》，通知明确区民政局负责办理江宁区公民收养登记，其他人员的收养登记分别由省、市民政部门办理。是年 4 月起，江宁区公民收养登记由区民政局委托区婚姻登记服务中心办理。

收养关系确立由收养人、送养人、被收养人到区登记机关申请办理登记手续。收养登记机关在收到收养登记需要提交的有关证件和材料后，进行 30 日的审查，对符合收养法规定条件的，为当事人办理收养登记。据统计，2002 年，江宁区办理收养登记 41 件，2003 年 52 件，2004 年 53 件，2005 年 38 件，2006 年 45 件，2007 年 44 件。

协议解除收养关系由收养人、送收养人、被收养人携带双方户口簿、身份证、收养关系证件证明和解除收养关系协议书到登记机关办理解除登记。登记机关进行 30 日的审查，对符合收养法规定的，为当事人办理解除收养关系的登记，收回收养登记证，发给解除收养关系证明。2002—2007 年，江宁区共办理 3 件解除收养关系登记，其中，2002 年、2003 年、2004 年各办理 1 件解除收养关系登记。

【收容遣送管理】

新中国成立初期，江宁县有大批难民、灾民流入境内乞讨。1950 年，过境乞讨人员有 2000 余人，滞留境内 1000 多人。江宁县对留境人员尽力安置，组织其开展生产自救，其中安置砍柴、捕鱼 160 人，修筑江堤 500 人。对困难者酌情给予救济，对愿意回家的发给路费。1951 年，流入乞讨人员 3000 余人，过境人员达万人，实际安置 335 人，安排遣送路费 618 元、路粮 750 多公斤。1959 年，遣送流入人员 2500 多人。1963 年寒冬，7000 余名流浪人员被安置在 22 个公社，各公社发动群众捐粮、捐物、捐食品，并以关爱精神帮助其解决食、住、医等方面困难，春节后动员他们自愿返乡或遣送回原籍。1965 年，为 710 名流入人员安排路费回到原籍。"文化大革命"期间，江宁县收容遣送工作相应停止。

1982 年，国务院出台《城市流浪乞讨人员收容遣送办法》，但在此前后的一段时间里，江宁县内没有收容遣送机构，收容遣送由公安部门移交市收容站集中遣送。2003 年 9 月，依据国务院新颁布的《城市生活无着的流浪乞讨人员救助管理办法》，江宁区生活无着流浪乞讨人员救助站（简称救助站）成立，核定事业编制 5 名，隶属民政局领导。同时，出台《城市生活无着流浪乞讨人员救助管理办法》。自此，救助站担负起为流浪乞讨人员提供临时性吃、住及返回原籍的救助职责。当年，救助站制订从进站登记、甄别、确认、安排吃住、护理到离站返乡等一系列制度，对自愿受助乞讨人员提供符合食品要求的食物、符合基本条件的住处，对突发疾病及时给予救治，没有费用返乡的提供乘车凭证或路费。至 2007 年，全区共接待乞讨人员 785 人次，为 551 名符合救助条件的人员实施妥善救助安置，救助对象满意率 98%。救助站的救助经费全部列入财政预算，2004—2007 年，救助开支费用共 42.93 万元。

第三节　民间组织登记管理

新中国成立前，江宁县基本没有民间组织登记的管理机构及明确的管理办法，但成立民间组织须呈报官府批准或申请备案。新中国成立后，县民政部门曾对旧有和新办民间组织开展过申报登记。1955 年后，县民政部门对民间组织登记管理工作基本停止，形成由政府各部门自行管理。20 世纪 90 年代开始，江宁县内社会团体和民办非企业单位的民间组织登记先后归属县民政部门管理。2007 年，区民政局被省民政厅表彰为全省民间组织登记管理先进单位。

【社会团体登记】

1991 年 5 月，江宁县按照国务院 1989 年新颁布的《社会团体登记管理条例》和国务院办公厅转发《民政部〈关于清理整顿社会团体的请示〉的通知》精神，开始对社会团体进行清理整顿。经过两个多月的逐个摸底排队调查，基本弄清全县此前由业务主管部门自行批准成立的 194 个社会团体的状况，并根据条例和通知进行撤销、合并，最终核准保留登记社团 37 个。1998 年 1 月和 10 月，两次开展社会团体清理整顿工作，经过清理整顿和重新登记，全县共有社团 57 个。1999 年，根据国务院发布修改后的《社会团体登记管理条例》，对已注册登记的社会团体再次进行清理整顿。至 2000 年 6 月，全县核准社团 38 个，并在同年 7 月的《江宁日报》上予以公告。

2001 年起，江宁区开始一年一度的社团年度检查工作。年检中，适时变更注销社团登记，依法取缔非法社团和做好新建社团的审批登记。2001 年新登记社团 3 个；2002 年新登记 4 个、注销 2 个；2003 年新登记 6 个、注销 1 个；2004 年新登记 8 个；2005 年新登记 7 个、注销 2 个；2006 年新登记 6 个、注销 4 个；2007 年新登记 3 个、注销 1 个。至 2007 年，全区共有社团 65 个。

【民办非企业单位登记】

2001 年年初，江宁区依据国务院 1998 年 10 月颁布的《民办非企业单位登记管理暂行条例》，开始此前由教育、卫生、科技、文化、体育、民政、劳动、社会中介服务等部门自行审批、自行管理的民办非企业单位复查登记工作。当年核准登记 10 家，2002 年新登记 2 家，2003 年新登记 19 家，2004 年新登记 10 家，2005 年新登记 18 家，2006 年新登记 16 家，2007 年新登记 26 家。

2003 年起，根据民政部《民办非企业单位年度检查办法》，开始开展对全区民办非企业单位一年一度的年检工作。年检中，先后于 2005 年注销登记 3 家，2006 年注销登记 6 家。至 2007 年，全区共有民办非企业单位 92 家。

第四节　殡葬管理

古代，江宁地区没有殡葬管理机构，官府衙门一般不管民间殡葬事务。丧葬皆从旧俗，盛行亡人遗体装棺土葬和迷信活动。民国时期，各地都有土葬的公共坟地和宗族墓地（即祖坟地）。寿材、寿衣、香烛、纸箔等殡葬行业广为分布，但没有行业性管理机构。旧式殡葬制度耗费钱财，占用土地。虽然执政当局数度倡导火葬，但成效甚微。

新中国成立初期，江宁县群众对亲人的遗体处理仍沿用棺木土葬。20 世纪 60 年代末，江宁县开始有步骤地实行殡葬改革，建立火葬场，推行火化政策。1984 年 11 月，县殡葬管理所正式成立，专门从事殡葬管理。80 年代，开始建设乡镇骨灰堂，用于置放亲人骨灰盒。90 年代中期，开始大规模建设公益性公墓，火化率、入墓率均达 100%。1998 年 11 月，县民政局被江苏省民政厅评为全省深化殡葬改革、清理墓葬用地工作先进单位。21 世纪初，江宁区各级政府加大公益性公墓建设和管理力度，及时制订出台相关政策法规，加强行业规范，促进全区殡葬改革与管理的健康发展。

【殡葬改革】

推行遗体火化　1969 年 2 月，江宁县火葬场建成，开始推行遗体火化。当年火化遗体 30 具，占死亡人数的 1%。1981 年，火化率增至 10%。1982 年，县政府出台《关于实行殡葬改革，加强殡葬管理的几项规定》，提出“彻底废除棺木土葬，大力推行火化政策”的规定，遗体火化进一步推开。1984 年，江宁县殡葬管理所成立，管理殡葬事宜，推进殡葬改革。当年，全县遗体火化 2443 具，为前 15 年火化总量的一半，占当年死亡总数的 58.10%。1985 年，遗体火化率迅速增至 90%。20 世纪 90 年代中期至 2007 年，江宁区遗体火化率年年 100%，累计火化遗体达 14.50 万具。

控制骨灰重葬　1969 年推行火化政策后，江宁县开始有步骤地解决骨灰入棺重葬问题。当时曾办有骨灰纪念堂（室），城区大部分骨灰入纪念堂存放。但农村入棺土葬的情况一直持续至 20 世纪 80 年代中期。1984 年，江宁县建成存放骨灰的乡村骨灰堂 58 所，以减少农村入棺土葬现象。1996 年开始，全县开始大规模修建公墓，以减少骨灰入棺重葬与适应丧户不习惯将骨灰入骨灰堂的需求。2001 年，区政府出台《关于在全区实行控制骨灰流向管理，严禁私埋乱葬的实施意见》。随后，全区骨灰直接入墓（堂）处理率年年达 100%，有效控制了骨灰入棺重葬。

【殡葬设施】

火葬场　1967 年 2 月，江宁县首个火葬场开始兴建，位于东山镇岗山路，占地面积 0.80 公顷，建筑面积 700 平方米，安装 2 台燃煤火化炉。火葬场由办公生活区与业务生产区组成。1969 年 2 月正式投入使用。

殡仪馆　1984 年 3 月，江宁县火葬场更名为江宁县殡仪馆。1987 年 7 月，在上坊镇永安社区门前山东侧进行殡仪馆易址重建。1988 年 2 月，一期工程完工并对外服务。1990 年 6 月，县殡仪馆工程全部竣工，共投资 167.60 万元，占地面积 2.10 公顷，建筑面积 2873 平方米。按照美化、净化、园林化要求，形成火化区、工作区和生活区 3 个区各自分开格局。内设火化炉 4 台，同时存放 27 具遗体冷藏机和大、中、小 3 个遗体告别礼厅。至此，年火化量 5000

具以上的火化与服务殡葬设施形成。2000—2003 年，区殡仪馆按照国家一级殡仪馆标准，进行原地改、扩建。改、扩建后的殡仪馆占地面积 3.98 公顷，投资 3500 万元，建筑面积增至 8200 平方米。全馆区域细化成生活区、业务区、火化区、丧户休息区、骨灰存放区和停车场六大功能区域。年火化量达 1 万具以上。

图42-5-19　江宁区殡仪馆改扩建主体工程竣工（2003年摄）

骨灰堂　1984 年，江宁县开始开办骨灰堂。至 1985 年，共建骨灰堂 58 所，其中乡镇建 6 所，村建 52 所。经过 20 多年的迁并，至 2007 年，全区有骨灰（纪念）堂 12 所，其中村级 11 所、区级 1 所。另外，2003 年，祖堂山公墓建成塔陵 1 座，可存放骨灰 2 万穴位。

公墓　1991 年，县民政局兴建江宁县第一座经营性公墓——鲤鱼山公墓，位于上坊门前山北侧，占地面积 6.67 公顷。至 2007 年，已落葬 1 万穴。1996 年，开始兴建县第二座经营性公墓——南京祖堂山陵园，位于现谷里街道祖堂山南麓，占地面积 13.33 公顷，可建造墓穴 2 万个。至 2007 年，已入葬近万穴。

20 世纪 90 年代中期，江宁县开始公益性公墓建设。1999 年，江宁县建成公益性公墓 14 座。公益性公墓的墓穴按照统一的尺寸、墓型标准建造，价格按规定标准收取，专葬所在地范围内死亡人员的骨灰。至 2007 年，全区建公益性公墓 52 座，占地总面积 166.67 公顷，已开发建设 120.93 公顷，安葬 30 余万穴。

【清理墓葬用地】

从 1969 年实行遗体火化至 20 世纪 90 年代中期，江宁县山区、林区、圩区、甚至堤坝、农田区域内坟头比比皆是，有些连成一片。每到清明时节，修缮后的座座坟头让人触目惊心。1996 年起，江宁县先后进行 2 次墓地集中清理与经常性的散坟平迁。累计迁坟 18 万座。同年，县政府将“破除封建迷信，开展平迁还田”作为精神文明建设的重点实事之一，列入各级年度考核的重要内容，召开专题会议，对平迁还田工作全面部署，要求各级党员干部起模范带头作用，从而拉开集中清理墓葬用地的序幕。此次整治的重点是对河流堤坝上、农田保护区、经济开发区、风景名胜区内和主要交通干线两侧 300 米以内的零星散坟进行迁移或平毁。至 1997 年 11 月，共平迁土坟 9.80 万座，恢复土地 60 公顷。

1998 年开始，按照“抓巩固、促平稳”的要求，重点清理县道和乡镇道路两侧视线内、城市规划区内、良田内以及残余死角和平后复垒的坟墓。至是年 6 月，平迁土坟 2.20 万座，恢复土地 26 公顷。同年 11 月，江宁县被评为全省清理墓葬用地先进单位。

1999 年起，为顺应江宁县新建开发园区、乡镇工业园以及宁杭高速公路、沪宁高速铁路等经济开发与经济发展需要，对这些地域内的散坟进行经常性、不间断性的平迁。至 2007 年，包括山区、林区内的散坟迁移，全区共平迁墓穴 8 万余座。

第五节 移民安置

【新济村移民安置】

新济村位于原铜井镇西北部长江中的新济洲上。新济洲四面环江，东距江岸最近处有2千米，南北长，东西窄，是长江入省第一洲。多年中，长江一旦发生大的汛情，该洲都会受到洪水的严重威胁。1998年大水过后，由于水系变化，塌江范围扩大，危险程度加剧，严重危及洲上群众的生命财产安全。2000年8月，江宁县委、县政府决定：地处长江江心新济洲洲地的铜井镇新济村实施整村搬迁，全部村民分别安置于铜井、秣陵、上坊等14个镇择地建房安居。

2000年9月8日，县政府向南京市人民政府报送《关于江宁县铜井镇新济洲实行整体移民搬迁的请示》，经市政府批准后即实行。是年下半年，县公安局、民政局、铜井镇等有关部门和单位，对新济村人口、财产等进行全面调查、清理和核实。新济村有18个自然村、4176人、1330户农户，有初中、小学、幼儿园各1所，土地总面积6平方千米，耕地面积366.67公顷，共有房屋8677间，1999年社会总产值4200万元。同年12月14日，江宁政发〔2000〕358号文件《关于铜井镇新济村移民安置的规定》，对新济村整体搬迁安置提出意见：贯彻国务院"平垸行洪、退耕还江"的指示精神，按照省、市政府要求，确保新济村人民生命财产安全；根据实际情况研究确定房屋搬迁补助标准；移民分别安置到全县14个镇，以政府统一安排为主，有条件的可以自愿选择；无籍有房户一律不予安置；"五保"户由各接收镇、村负责专门安置；已婚公办教师配偶是新济村村民的随村统一安置；房屋复建采取自拆自建方式进行。

2001年年初，江宁区成立铜井新济移民安置指挥部，设于区民政局内。在搬迁、安置过程中，指挥部对出现的各类难题，结合实际给予分类解决：对新济移民采取"一洲一策"，有针对性又有严肃性；采取自拆自建和购买商品房相结合的办法解决移民住房，既有统一性又有灵活性；对"五保"户、残疾人和困难户妥善安置，采取适当补助，尽量照顾特殊性；对洲上村民的耕牛、机械或承包大户，既参照政策又结合实际，给予适当补偿；对新济村村民大多想留在铜井的倾向，及时调整安置策略，做好铜井镇安置工作；组织移民代表到安置接收镇、村实地察看，使移民对搬迁后的生活充满信心。至2001年11月30日，新济洲移民安置工作基本结束。洲上1200余户、3960余人全部安全、有序地搬迁完毕。其中，27名"五保"老人被分别安置到17个敬老院，移民者的生产、生活均得到妥善安排，实现"不留一人、不留一户"的整体搬迁目标。

【其他移民安置】

1950年，因中国人民解放军扩大东山飞机场建设，县政府和县民政局负责迁出当地居民100多户，大多就近安排在上坊、殷巷、方山等乡镇。移民迁入新址后，参加当地土地改革，与当地居民一道分得土地和房屋。

1956年，因国防建设需要，部队实施麒麟西村靶场和汤山炮兵射击场修建工程，两地域内的近100户居民需要迁移出当地，就近安置到麒麟、上峰、汤山等乡镇。

第六章　老龄工作

随着经济社会的发展和医疗保障水平的提高，人的寿命逐渐延长，“人生七十古来稀”的历史一去不复返。20 世纪 80 年代开始，江宁县老年人口在社会总人口中的绝对比例不断上升，老龄问题引起社会的广泛关注。联合国规定：60 岁以上老年人口占总人口的 10% 以上，或者 65 岁以上老年人口占总人口的 7% 以上的国家或地区，称为老年型国家或地区。1986 年起，江宁县委、县政府把老龄工作摆上重要议事日程。是年 7 月 24 日，江宁县老龄问题委员会成立，加强老龄工作领导，制订老龄事业发展规划，把“老有所养、老有所医、老有所教、老有所学、老有所为、老有所乐”的老龄工作目标不断向前推进。1987 年 1 月，江宁县首家乡级老龄问题委员会在东善乡成立。至 1988 年，24 个乡镇成立老龄委，345 个行政村有 311 个行政村建立老龄工作小组。2002 年 4 月，江宁县老龄问题委员会更名为南京市江宁区老龄工作委员会。至 2007 年，全区 9 个街道、204 个社区老龄组织全部健全。

2006 年 9 月，禄口街道彭福社区老年协会被表彰为全省先进基层老年人协会。11 月，汤山街道锁石社区、禄口街道彭福社区被全国老龄办表彰为“敬老模范村（居）”。2000 年、2003 年和 2007 年，江宁区 3 次被评为江苏省老龄工作先进集体（单位）。

第一节　人口老龄化

【人口老龄化进程】

早在 20 世纪 80 年代初，当人们对“人口老龄化”的提法还很陌生时，江宁县老年人口已达 55287 人，占总人口的 7.62%。1990 年，全国第四次人口普查资料显示，江宁县 60 岁以上老年人口为 69524 人，占总人口的 9.48%，正向老龄化“逼近”，部分乡镇已进入人口老龄化行列。方山 60 岁以上的老年人口占总人口的 10.07%，龙都达 10.27%，湖熟、上峰达 10.34%，陶吴也突破 10%。

1992 年，江宁县 60 岁以上老年人口达 73825 人，占总人口的 10.06%；65 岁以上老年人口达 51393 人，占总人口比重超过 7%。两项比例均达国际老龄化地区标准。江宁县正式成为人口老龄化地区。

进入 90 年代后期，江宁县人口老龄化步伐加速。据 2000 年全国第五次人口普查资料显示，60 岁以上老年人口达 92109 人，比 1990 年增长 32.49%，占总人口的 11.79%，比 1990 年增加 2.31 个百分点。2007 年，60 岁以上老年人口达 120922 人，比 2000 年增长 31.28%，占总人口的 13.75%，比 2000 年增加 1.96 个百分点。

【老年人口特征】

年龄结构老龄化　根据国际通用人口年龄类型判断标准，江宁县人口年龄结构经历了一个由年轻化逐步向老龄化、高龄化方向转变的发展过程。1964 年第二次人口普查时，5 项人口年龄类型指数均在判断年轻型标准以下。1982 年第三次人口普查时，5 项人口年龄类型指数均在判断成年型标准范围以内，此时江宁县人口由年轻型转变为成年型。1990年第四次人口普查时，少儿人口比重为24.25%，60岁以上老年人口比重为9.48%，年龄结构开始向老年型迈进。1992年，江宁县已进入人口老龄化阶段，60岁以上老年人口占总人口的10.06%。20世纪90年代后期，江宁县人口老龄化开始加速，5项人口年龄指数均在判断老年型标准以上。2000年第五次人口普查时，少儿人口比重为17.18%，60岁以上老年人口比重为11.79%。至2007年，60岁老年人口比重为13.75%，老年人口总数为1964年的4.81倍。人口年龄结构老龄化十分明显。

1964—2000年部分年份江宁县人口年龄结构判断标准情况表

表42-6-12

类 别	国际通用人口年龄类型判断标准			江宁区人口年龄类型			
	年轻型	成年型	老年型	1964年	1982年	1990年	2000年
少儿人口系数(0岁～14岁人口占总人口的比重)(%)	＞40	30～40	＜30	40.45	30.43	24.25	17.18
老年人口系数(65岁及以上人口占总人口的比重)(%)	4＜	4～7	＞7	2.65	4.54	5.93	8.26
60岁及以上人口占总人口的比重(%)	5＜	5～10	＞10	4.89	7.62	9.47	11.79
老少比(65岁及以上人口数/0岁～14岁人口数)(%)	10＜	10～30	＞30	6.18	13.92	24.45	46.42
年龄中位数(岁)	20＜	20～30	＞30	18.31	24.12	27.75	33.02

老年人口高龄化 据统计，1982年，江宁县80岁以上的高龄老人仅有3451人，占老年人口(60岁以上，下同)总数的6.24%；1990年增至4104人，占5.90%；2000年增至7926人，占8.61%；2007年增至19271人，是1982年的5.58倍，占老年人口总数的15.94%。90岁以上的高龄老人增长最快。1990年，90岁以上老年人口仅有152人，2007年增至895人，为1990年的5.89倍。其中，1990年100岁以上老年人只有1人，2007年增至13人。

1964年、1982年、1990年、2000年、2007年江宁区老年人口构成情况表

表42-6-13

年 份	总人口(人)	60岁及以上		60岁～79岁		80岁及以上		其中90岁及以上	
		人数(人)	占总人口(%)	人数(人)	占老年人口(%)	人数(人)	占老年人口(%)	人数(人)	占老年人口(%)
1964	514068	25134	4.89	24555	97.66	579	2.34	—	—
1982	725688	55287	7.62	51836	93.76	3451	6.24	133	0.24
1990	733757	69524	9.48	65420	94.10	4104	5.90	152	0.22
2000	781344	92109	11.79	84183	91.39	7926	8.61	471	0.51
2007	879391	120922	13.75	101651	84.06	19271	15.94	895	0.74

老年人口性别比 江宁区60岁及以上人口中，性别比（女性=100）的总趋势是女多男少，年岁越高，性别比越小，80岁及以上老年女性尤为居多。据统计，1982年，60岁以上男性24072人、女性31215人，性别比77.12，而80岁及以上高龄性别比仅31.42；1990年，60岁以上男性33244人、女性37280人，性别比86.49，而80岁及以上高龄性别比33.81；2000年，60岁以上男性44783人、女性47326人，性别比94.63，而80岁及以上高龄性别比只有48.01；2007年，

60岁以上男性59490人、女性61432人，性别比96.84，而80岁及以上高龄性别比64.82。老年人口女性化较为明显。

1982年、1990年、2000年、2007年江宁区老年人口性别比情况表

表42-6-14

年份	总人数(人)	60岁及以上			其中80岁及以上			
		男(人)	女(人)	性别比	人数(人)	男(人)	女(人)	性别比
1982	55287	24072	31215	77.12	3451	825	2626	31.42
1990	69524	32244	37280	86.49	4104	1037	3067	33.81
2000	92109	44783	47326	94.63	7926	2571	5355	48.01
2007	120922	59490	61432	96.84	19271	7579	11692	64.82

老年人口文化结构　江宁地区老年人口的文化程度逐年提高，文盲、半文盲人数逐年减少，年龄越小，文化程度越高。据统计，1982年，老年人口总数为55287人，大专以上58人，高中、中专390人，初中1786人，小学7094人，文盲、半文盲45955人（占老年人口总数的83.13%）；1990年，老年人口总数为69524人，大专以上173人，高中、中专665人，初中2869人，小学16654人，文盲、半文盲49163人（占老年人口总数的70.71%）；2000年，老年人口总数为90109人，大专以上1027人，高中、中专2695人，初中7063人，小学33212人，文盲、半文盲48112人（占老年人口总数的52.23%）；2007年，老年人口总数为120922人，大专以上4897人，高中、中专9202人，初中37668人，小学36966人，文盲、半文盲32189人（占老年人口总数的26.62%）。

1982年、1990年、2000年、2007年江宁区老年人口文化程度情况表

表42-6-15

年份	老年人口(人)	大专以上		高中、中专		初中		小学		文盲、半文盲	
		人数(人)	比例(%)	人数(人)	比例(%)	人数(人)	比例(%)	人数(人)	比例(%)	人数(人)	比例(%)
1982	55287	58	0.01	390	0.71	1786	3.23	7094	12.83	45955	83.13
1990	69524	173	0.25	665	0.96	2869	4.13	16654	23.95	49163	70.71
2000	92109	1027	1.11	2695	2.93	7063	7.76	33212	36.06	48112	52.23
2007	120922	4897	4.05	9202	7.61	37668	31.15	36966	30.57	32189	26.62

【百岁寿星】

1986年前，江宁地区未有百岁寿星记载。1987—2007年，已知全区百岁寿星26人，其中女性21人。境内淳化街道索墅社区蒋顺才终年106岁，是已故世寿星中最长寿者。

在世寿星　2007年，全区在世寿星6人，江宁街道洪幕社区李载英寿龄最长。

李载英。女，1904年农历九月一日生，现住江宁街道洪幕社区。民国16年（1927）与同村村民李在林结婚，后生育1男2女。70岁时丧夫，后没有再婚。青壮年时一直从事农业生产和家务，勤劳俭朴，习惯早睡早起。90岁后由儿女们照顾。饮食以蔬菜为主，晚年喜欢每天喝一小杯白酒，爱与老人一起玩纸牌。一生身体状况良好，没有生过大病，小病、感冒都很少，90多岁时还能洗衣做饭，近百岁时视力和听力有所下降，牙齿部分脱落，但四肢活动无障碍。平时少言寡语，性情温和，从不与人争吵，待人善良，受人尊重。

刘慈珍。女，1905年农历四月出生于南京。祖籍江苏省泰州。现住东山街道岔路社区宏运国际村。17岁时与生意人陈兆祥在南京结婚。生育2女，先后于民国27年（1938）和1990年去逝。丈夫于1972去世。50岁前一直从事家务。50岁时被安置在南京某街道工厂工作。1978年退休。90岁后由外孙女安排在福利院安度晚年。身体硬朗，一生无大病，但60岁后患有胆结石。食以蔬菜为主，不挑食，爱喝豆浆和茶水。性格外向开朗，爱听广播、戏曲等。90岁后一直与同伴打麻将，且头脑清晰。

王世英。女，1906年农历三月生，江宁街道司家社区人。民国16年（1927）与同村村民贾永吉结婚，生育1男1女。民国23年丈夫病故，后改嫁前夫之弟贾永合，再生育2男1女。食以杂粮、蔬菜、鸡蛋为主，晚年以稀、软食品为主。一生务农，无大病，视力好。95岁时还能穿针引线，缝补衣服。98岁后不再做家务，性格既温柔又暴躁，说话直率，受人敬重。

何胜英。女，1906年农历六月二十四日出生于今湖熟街道。民国12年（1923）与今淳化街道西埠社区村民陈仁昌结婚，生育6个子女。现住淳化街道西埠社区陈家村，家境贫寒，没有文化，种田为生。饮食多素少荤，以蔬菜为主，性格内向温和，少言寡语，与世无争，待人善良。一生中未生过大病，但晚年时常有头晕之感，90岁后听力与视力有所下降，腿脚不大灵活，一直由晚辈照顾。

倪明华。女，1906年农历六月出生，现住东山街道中前社区。生育1男1女。工作以家务为主，偶尔打麻将。饮食以素为主，与烟酒无缘。家庭和睦，待人热情，活泼开朗，从不生气。95岁前一切生活能自理，95岁后由女儿照顾。

高九英。女，1906年农历八月二十一日生，现住淳化街道新兴社区下庄一组。民国13年（1924）与同村青年刘恒宝结婚，生育2子。以务农为主，家境贫寒。食以自家蔬菜为主，喜欢喝点白酒，吃点鱼。性情温和，性格外向，一生未生什么大病。90岁后听力、视力逐步下降，但生活仍能自理，95岁时才不再干农活。98岁后需要人照顾生活起居。

已故寿星 1987—2007年，已知区内故世百岁寿星共20人，其中男性5人，女性15人，多数寿星勤劳善良，性格开朗，性情温和，心境坦荡，饮食丰富，以素为主，生活有规律，娱乐有适度，劳逸结合，家庭和谐，邻里和睦，得以延年益寿。

1988—2007年江宁区故世百岁寿星情况表

表42-6-16

姓 名	性 别	出生年月	逝世年月	享年（周岁）	住 址
李茂根	女	1887年3月	1988年9月	101	秣陵街道王墅社区
蒋顺才	女	1887年11月	1993年8月	106	淳化街道索墅社区
倪培英	女	1893年5月	1996年9月	103	汤山街道鹤龄社区
易耿氏	女	1893年11月	1996年2月	103	东山街道外港社区
杨明秀	女	1898年4月	2000年8月	102	谷里街道双塘社区
汪曹氏	女	1900年2月	2004年3月	104	秣陵街道长山社区
李魏氏	女	1900年9月	2002年6月	102	禄口街道石埝社区
吴正英	女	1900年11月	2003年1月	103	秣陵街道长山社区
徐选民	男	1901年2月	2003年7月	102	禄口街道小彭社区
魏源付	男	1903年6月	2003年11月	100	秣陵街道长山社区
高瑞坤	男	1904年4月	2005年7月	101	禄口街道尚洪社区

续表

姓　名	性　别	出生年月	逝世年月	享年（周岁）	住　址
祁德银	女	1904 年 9 月	2006 年 12 月	102	东山街道晓里社区
陈周氏	女	1905 年 8 月	2006 年 6 月	101	谷里街道吉山社区
徐德贞	女	1905 年 12 月	2007 年 3 月	102	江宁街道司家社区
戴杏三	男	1906 年 3 月	2006 年 8 月	100	湖熟街道龙都社区
朱太祥	男	1906 年 11 月	2007 年 3 月	101	东山街道中前社区
刘永兰	女	1907 年 1 月	2007 年 1 月	100	谷里街道亲见社区
章莉英	女	1907 年 1 月	2007 年 1 月	100	禄口街道张桥社区
马保珍	女	1907 年 7 月	2007 年 7 月	100	淳化街道索墅社区
陈正芳	女	1907 年 7 月	2007 年 7 月	100	横溪街道许高社区

第二节　敬老工作

【老有所养】

1992 年，江宁县开始采取以个人交纳为主、集体补助为辅、国家予以扶持的社会养老和家庭养老保障相结合的方式，开办农村社会养老保险。至 2000 年年底，全区农村养老保险制度全部建立，有 15 万名农民参加农村养老保险，累计保险费 5500 万元，覆盖面 80%。至 2002 年，累计参保金额 6287.30 万元，已领取养老金人数 961 人，年最高领取金额达 600.60 元。

1995 年，江宁县人事、劳动部门开始建立机关、企事业单位的养老保险制度。至 2000 年，机关、企事业单位的养老保险制度全部建立。

1997 年起，江宁县为城乡贫困老人建立最低生活保障线制度。当年农村贫困老人的最低生活标准为每人每月 90 元，城镇每人每月 120 元。2007 年，农村贫困老人的最低生活标准增至每人每月 200 元，城镇增至每人每月 260 元。

1999 年起，为 90 周岁以上老人建立长寿金制度。当年全县 354 名 90 周岁以上老人每人每月可领取长寿金 20 元，全县全年发放长寿金 84960 元。之后，4 次调高月标准。1999—2007 年，江宁区共为 90 周岁以上老人发放长寿金 264.45 万元。2007 年，全区 895 名 90 周岁以上老人每人每月可领取长寿金 50 元，1 万多名 80 周岁以上老人每人每月至少可领取由所在街道发放的 40 元～100 元不等的长寿金。一些经济条件好的社区对男 60 周岁以上、女 55 周岁以上人员发放“退休金”，东山街道章村社区老人，每人每月可领取 210 元的“退休金”。2007 年，全区三级共发放长寿金 718 万元。

2007 年 5 月，区政府办公室印发《江宁区农村老年居民养老生活补助暂行办法》，全区女 55 周岁以上、男 60 周岁以上的农村老年居民每人每月可领取由区财政发放的 40 元～500 元不等的养老补贴。当年为 97389 名农村老年居民发放养老补贴 1.33 亿元。

【老有所医】

1998 年，江宁县在城镇建立社会统筹与个人相结合的医疗保障制度，在农村普遍实行合作医疗保障制度，卫生部门对列入最低生活保障对象的老年人在就诊、住院等方面给予优惠和相关费用的减免，并对所有老人凭证免付门诊挂号费；县、乡、村三级卫生医疗机构网络形成，使老人们有病能及时得到医治。

2000 年，全区开展老年人白内障患者的“复明工程”活动，为近 2 万名中老年人进行心脑血管病义务检测，为 56 名白内障患者实施“复明工程”治疗手术。至 2004 年，共为 100 名贫困老人实施复明治疗，经费给予 50% ~ 100% 的补助，手术成功率 100%。

2001 年起，全区对 40 多名患重病的特困老人实行医疗就诊卡制度，持卡人可享受 600 元 ~ 1000 元不等的医疗费减免。2004 年起，全区为所有低保老人办理大病医疗保险，每位低保老人可享受总医疗费用 80% 乃至更多份额的救助。

【老有所学】

1992 年春，南京金陵老年大学江宁分校成立，学员以离退休老干部为主体，共招收学员 30 多人，开设一个综合班。1999 年 9 月，南京金陵老年大学江宁分校改名为江宁县老年大学，开设基础班、山水画提高班、行书提高班、文体班、诗词班等。2001 年 4 月，区第一家镇级老年学校——土桥镇老年学校成立，创办老年学校开始由区向镇、村发展。同年 10 月，江宁区老年教育协会成立，对全区老年教育的指导、协调和加速发展起到积极作用。2007 年，区老年大学共有在校学员 600 多人，教师 32 人，共 52 个班级，开设 22 个专业。至是年年底，全区共建老年大学（学校）113 所，在校学员 8214 人。区、街道、村（社区）三级联动的老年学习教育机制基本形成。

【老有所乐】

2001 年，区民政局抓住国家实施“星光计划”项目建设工程契机，先后在东山镇建成 8 所设施齐全、功能齐备的“星光老年之家”，建筑总面积 3048 平方米，累计投入资金 562 万元，普遍设有室外活动场、社区老年学校、老龄工作宣传栏和老人求助聊天室、图书阅览室、文体娱乐室、康复医疗室、健身室、电教室等，外港社区还建有室内文体表演大厅，章村社区建有占地面积 0.67 公顷的休闲公园。2003 年，禄口街道彭福社区投资 1000 万元、面积 1 万平方米的活动室投入使用，供老年人健身、书画、学习、娱乐。至 2007 年，全区 204 个社区全部建有占地面积 50 平方米 ~ 10000 平方米大小不等的老年活动场所。共建有老年文体队 111 支。区每年一次的健身长跑、区办运动会及“江宁之春”群众文化艺术节等均有老年组参加。2006 年、2007 年，区老龄委举办老人节专场文艺演出，各街道老龄委均派代表队参加。

图 42-6-20 江宁区庆祝老人节暨首届老年文艺汇演

【老年维权】

1998 年，县老龄委会同司法局在全县开展一次大规模家庭赡养纠纷专项治理，对家庭赡养不落实的帮助签订协议书。1999 年，县政府出台认真做好老年人社会优待和服务工作的规定，对老年人到公园、公厕等公共场所实行免费，老年人不承担社会公益负担等均作出明确规定，并要求社会各方认真落实。2000 年，县司法局批准在老龄委和各镇成立老年人法律援助工作站。同年，法院在民事庭和各基层人民法庭设立老年人权益保障合议庭。至2007年，区、街道、社区三级维权网络健全，各类涉老案件得到及时处理，虐待与不赡养老人投诉率连年低于万分之一点五。

【为老服务】

1987年，江宁县第一家村级老年人协会——东善乡祖堂村老年人协会成立。至1989年上半年，全县各村老年人协会全部成立。至2007年，全区204个社区老年人协会全部健全，均聘请社区（村）书记或主任任名誉会长，德高望重的老干部、老党员、老教师主持协会工作，做到基层、社区老龄工作有人抓，老年人的事有人管，老年人的困难有人帮。

2000年，县老龄委、教委、团县委、妇联和民政局5家单位联合下发《关于在全县各村（居）委会中建立助老志愿者服务队的通知》。各村（居）委会均于当年建立助老志愿者队伍，并在精神上慰藉老人、劳力上帮助老人和生活上照顾老人等方面发挥作用。

第七章　双拥工作

1950年1月，江宁县成立拥军优属委员会，各区、乡、村建立拥军优属机构，广泛开展各项活动。20世纪80年代后，逐渐发展成军民共建精神文明活动，随之双拥（拥军优属、拥政爱民）共建工作在全县不断深入展开。1983年，江宁县被江苏省评为拥军优属先进单位。1983年，江宁县委、县政府成立江宁县军民共建领导小组，设军民共建办公室作为专职机构负责日常工作。1996年，更名为江宁县双拥共建领导小组，仍设办公室，积极开展双拥共建工作。

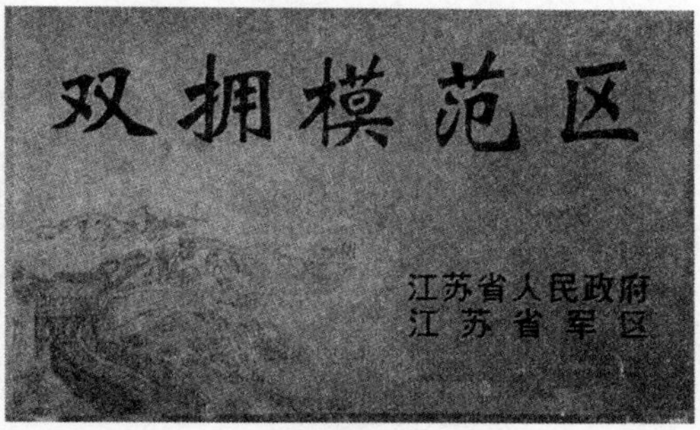

图42-7-21　2003年，江宁区被评为江苏省双拥模范区

20多年中，江宁区不断增强军政团结，密切军民关系，促进双拥工作迈上新台阶。江宁区曾被评为江苏省科技拥军先进单位；多次获得江苏省双拥模范区（县）称号；多次被南京军区和市政府评为双拥先进单位；曾被民政部、解放军总政治部评为培养和使用军地两用人才先进集体、爱心献功臣先进单位。县双拥办曾被评为省先进双拥办公室、市文明单位。2005年，驻区94672部队获全国拥政爱民先进单位称号。

第一节　拥军优属

【新中国成立初期支前工作】

新中国成立初期，江宁县的拥军工作主要是支援前线，帮助县内驻军单位和过江南下部队运送、征集粮草，捐款、捐物，声援、资助抗美援朝等。

民国38年（1949）5月，为支援中国人民解放军胜利前进，全县筹措大米279万公斤，柴草250万公斤，动用民船190只、汽车20辆、骡马车60辆装运粮草。

1950年3月16日，江宁县政府成立支前委员会。同年11月4日，成立江宁县抗美援朝分会。先后召开控诉美帝侵朝罪行大小会议744次，动员全县人民踊跃支援前线，关怀和优待中国人民志愿军家属。其间，14万人次参加6次抗美援朝游行示威，村村户户把拥军优属订入爱国公约，各机关、团体、学校通过写慰问信、馈赠慰问品等方式表达对人民子弟兵的热爱。至1951年5月1日，全县为抗美援朝运动捐献5113.80元、慰问品7896件、慰问袋2540只，发送慰问信784封。同年7月13日，江宁县人民抗美援朝会议召开。会后，全县人民响应抗美援朝全国总会号召，共捐献39.07万元，超额完成捐献2架战斗机任务（以15万元现金折飞机1架），并完成秋征公粮4000万公斤，清理尾欠公粮30余万公斤和土地证（折粮20万公斤）欠费。当年，9761名青年学生要求参军，先后有1946人获准。1953年年初，全县有1784名生产待命军人和12257名青年民兵报名参军，经体检合格945人，分两批奔赴抗美援朝前线。在中印边界自卫反击战、中苏珍宝岛战斗和对越自卫反击战时，江宁县人民同样广泛开展声援和参军活动。

【走访慰问】

自1951年1月江宁县拥军优属委员会成立后，全县拥军优属活动逐步形成制度化、群众化。每逢“八一”建军节、元旦、春节等重大节日，各级领导亲自参加和组织干部采取走访、召开驻军座谈会、军民联欢会等形式，向驻地部队指战员、烈军属、革命伤残军人和复员退伍军人致以亲切慰问。各乡镇广泛组织干部群众慰问烈军属，帮助其解决生活中的实际困难。

1979年1月16—23日，全县组织47名部、委、办、局负责人和48名机关干部，会同各公社、镇领导干部161人，分成26个走访组，走访全县585户烈军属和革命伤残军人。1982年建军节，县领导及有关部门分别对20个驻地部队进行走访慰问。同时，县领导分别带队走访全县10名特等、一等伤残军人和5名对越自卫反击战中牺牲的烈士家属；各部、委、办、局负责人带领部分机关干部，会同26个公社领导对烈军属和二等伤残军人逐户进行走访慰问。公社、大队组织干部群众对军属和三等残废军人、带病回乡复员退伍军人进行逐户走访。1984—1985年，县、乡两级政府对参加对越自卫反击战的296名江宁县籍指战员家属进行走访慰问，帮助解决生产、生活中的困难。20世纪80年代后期，江宁县采取“走出去，请进来”的方法，积极开展拥军慰问活动，就地为部队解决问题。1990—1995年，定期、不定期与驻地部队进行走访慰问和座谈交流活动，为军人家庭做好事1690件，帮助优抚对象安排就业329人，解决住房215户、487间。虽然江宁县各级领导不断更迭，区划和机构不断调整，但以走访慰问为主要内容的拥军优属活动一直延续。

2007年，区主要领导走访慰问优抚对象9人，发放慰问金9000元；各镇街领导分别走访慰问“三属”、在乡残疾军人、在乡老复员军人、在职残疾军人、带病回乡退伍军人及无军籍老职工，发放慰问金每人400元～1000元。春节期间，区组织走访慰问重点优抚对象1296人，发放慰问金54.90万元；各镇街发放慰问金15万元，临时救济金42万元。

【生产生活扶助】

1950年年初，苏南行署《对农村烈军属代耕规定》颁布后，江宁县各地立即发动群众为优抚对象开展代耕全部或部分土地工作。1953年，江宁县接受2900户烈军属和伤残军人的代耕工作，代耕土地1096.60公顷。此项工作一直持续至1955年农业生产合作社建立。1955年，江宁县对“三属”及复员军人进行生产资料重点补助。当年，有367人共获得耕牛10头、猪80头、水车32部、双铧犁9台、渡船8只、喷雾器5只、农具247件、化肥700公斤、种子535公斤，补助入社股金521元。1956年，全县代耕制度改为优待劳动日。1957年，仅据6个区217个农业社统计，有烈属、伤残军人2614户，其中2013户享受优待，优待面77%，共优待劳动日157587个，平均每户77个，每人25个。1958年后，优待劳动日由人民公社统一标准，各生产队分别落实解决。20世纪80年代初，农村实行生产责任制后，优待劳动日改为优待现金。

1986年，江宁县各地普遍建立军人家属服务中心，帮助军人家属克服生产、生活困难。当年，全县共建立军人家属服务中心23个、帮结小组352个，组织3825人次为优待对象耕种责任田576公顷次，做好事1214件，安排166名子女到乡村企业务工，解决住房146户、356间。90年代起，江宁县专门制订驻地子女入学政策，按照就近入学、优先照顾的原则，部队子女入学率保持100%。1992年，县委、县政府主要领导率57名干部，组成8个工作组到22个团以上部队走访，解决部队72项实际问题。汤山驻军炮三团、其林驻军83115部队、东山驻军运输团营区内通道，车辆、人群过往频繁，影响营区封闭式管理。县政府征地1.20公顷，补贴资金17万元，在3个营区围墙外建造3条便民公路，既保证营区安全，又方便了交通。方山驻军83401部队饮水、用水困难，长期靠井水和派车到8千米外拉水。为解决部队饮水问题，江宁县决定将部队饮水加入长江供水有限公司供水系统，由县自来水公司施工配套。预算总费用120万元，军区出60万元，部队自筹20万元，不足的40万元由县政府补贴解决。1996—2000年，江宁县为部队调整菜地22.70公顷，10个镇科技部门和部队搞菜地共建，帮助部队建成10个百亩菜园，以解决驻军吃菜问题。在全省率先成立东山、汤山、麒麟3个军粮供应站，5年供应大米3250万公斤，食油750万公斤，大豆150万公斤，垫付粮油差价1200万元。

1999年，县民政局把符合随军条件、随军半年尚未就业的家属全部纳入全县最低生活保障线，每人每月发放200元，并先后3次提高标准。至2006年，全区共发放4个批次，累计1620人，共发75万元。2003年，全区用于驻军粮、油、水、电、燃料等各项补贴400多万元。2005年，区财政出资52.80万元建立最低生活保障专项基金，120名军嫂按月领取200元生活补助。2007年，汤山街道开展“送岗位到军营”活动，提供600个岗位让现役军人家属选择，并为军嫂建立档案，进行技能培训；秣陵街道城管所经过优选，一次解决16名军嫂工作。

【划定“两区”确保营区建设】

为使驻军有良好的外部环境，确保营区建设和安宁，按《中华人民共和国军事设施保护法》要求，1991年，江宁县成立以县长为主任的江宁县军事设施保护委员会。针对区域内驻军营区疆域情况，组成“两区”划定领导小组，专门进行江宁驻军的军事禁区（安全控制区）、军事管理区的划定。经过几个月艰苦细致的工作，“两区”划定工作完成，最终划定军事禁区11个，面积178.53公顷，禁区安全控制区41.33公顷；军事管理区22个，面积2972.06公顷。合计3191.92公顷。其中，土山机场地区先后勘查10多次，做到一次划定，军地共赢，各方满意。划出土地的农业税、特产税及其油料任务，全部由江宁区承担，需撤销的生产队由地方协调处理。同时，区规划、建设部门积极协助营区改造，新建办公大楼、飞行员大楼、家属住宅楼和幼儿园等，面貌一新，成为南京空军最好的营区。《解放军报》头版头条以《互利双赢》为标题，专文登载。

【送文化、送科技、送法律到军营】

20世纪90年代后，县教育局、文化局、科技局、司法局把送文化、科技、法律到军营作为爱国拥军的政治任务，常抓不懈。县内几所高中主动与部队开设“第二课堂”，教授英语、数学、电脑等学科，先后入学官兵1200多人。汤山高中精心帮助21名考军校的战士，其中19人考入军校深造；江宁高级中学（县中）连续12年为南京军区陆航团举办文化补习班，派出骨干教师，为该团考军校的战士补习文化科目。2002年，区电信局经过2年努力，为22个团以上部队接通程控电话和电视网络；麒麟职业中学为179师二营开设微机专业培训，学校微机房对部队开放，供官兵学习。这个营有50多人取得微机二级证书。是年，区科技局与有关街镇农科站为10个团以上部队，传授科学养猪、种菜技术，支援化肥农药，帮部队建设10个百亩菜园。2002—2004年，市、区科技局每年到方山炮团、东山陆航团、搜救团、汤山炮三团送科技，赠书1500多册，电脑20台，展板80块，训练骨干学员50人。2002—2007年，区人民法院和司法局每年到部队宣传、普及法律知识，先后在12个建制团挂牌成立法律援助中心，帮助部队和军人用法律维护军队建设和军人利益。区司法局组织10名律师，轮流到部队就设施保护、军人婚姻、土地、房产等专业知识提供法律咨询。

【爱心献功臣行动】

1999年7—10月，正值新中国成立50周年，江宁县开展面向优抚对象的，以捐赠、建房和各类优待、帮扶等为主要内容的爱心献功臣行动。其间，帮助从事个体经营或提供劳动服务的伤残军人免征营业税、减免个人所得税，免除在乡伤残军人和基本丧失劳动力的带病回乡退伍军人的义务工和免缴村提留、乡统筹；筹措资金48.52万元，帮助72户重点优抚对象（其中烈属7户、伤残军人18户、复员军人31户、带病回乡退伍军人16户）新建、维修、购买房屋186间、4570平方米；举行“爱心献功臣彩电赠送”仪式，向全县131户在乡二等乙级及以上革命伤残军人及有特别贡献的优抚对象赠送高档家电产品，共用专项资金20.07万元。同年10月，江宁县被民政部评为爱心献功臣行动先进单位。

第二节 拥政爱民

【抢险救灾】

新中国成立后，每逢大汛、干旱，驻地部队均出动官兵，自备车辆、器材，参加抢险救灾。1954年，在特大洪灾抢险中，中国人民解放军南京步校班长、中共党员秦嗣武为救灾光荣献身。1969年江宁县遭受特大暴雨，参加江宁县“三支”“两军”部队和当地驻军的广大指战员，及时投入抗灾抢险战斗，共出动官兵5700多人次，汽车169部，运输1200车次、20万吨千米。方山公社健康圩被洪水冲开10多米的决口，工程兵某部闻讯后，部队首长立即带领300多名指战员赶到险区，和贫下中农一起排成三道人墙，用身体挡住决口。1991年5—7月，江宁县出现百年未遇的特大洪涝灾害。16个驻地部队先后出动11461人，军车344台，挖土机4台套，架电台8部，搭浮桥2座，防涝抢险，奋战20余天。在1998年抗御洪涝灾害斗争中，临汾旅550人和舟桥旅110人先后赶到江宁镇和新济洲投入抢险救灾，经过50多天努力，终于保住了大堤。在1991年和1998年两次抗洪救灾中，县驻军共出动1.80万名指战员、车辆320辆，无偿提供编织袋2万多条、机电10台套、柴油和汽油14.50吨，捐赠现金44万元，确保了万亩大圩无一倒塌，灾年获得大丰收。1994年，江宁县遇到60年未见特大干旱。全县支援抗旱斗争的驻军共有25家单位，前后出动3254人次，挖沟8080米，出动送水车76台，为农田干旱和群众饮水困难解了燃眉之急。同时，部队为灾区捐款17236.40元，捐柴油14.50吨，并送医送药。

1996—2000年，驻地部队先后为汤山、上峰、方山等地扑灭森林大火27次，为地方减少经济损失近百万元。2002年2月15日夜晚，境内东善桥林场横山分场发生特大森林火灾，驻江宁解放军、武警官兵、公安消防人员和民兵应急分队共5000余人，连续3天进行灭火抢险。2004年11月4日下午，安徽省当涂县发生森林火灾，蔓延江宁区横山林场，驻地部队共调集5000多名官兵，与林场职工、当地群众并肩战斗。是年，武警江宁区消防大队成功处置火灾事故和参加抢险救援557次，投入车辆1071台次，人员6658人次。2005年4月，3个驻地部队共出动1200余名官兵参与江宁横山大火和铜井大火的扑救工作。武警江宁区消防大队全年共组织消防监督检查2536人次，检查单位1215家，成功处置火灾事故和参加抢险救援219起，投入车辆582台次，人员3200人次。

【支援工农业生产】

1984年，驻汤山部队主动集资21万元修建汤山镇侯家塘到寺庄公路。20世纪80年代后期起，驻军与江宁县汤山、土桥、上峰、方山共建4个万亩吨粮田；与汤山林场、东善桥林场、横山林场、铜山林场共育共管4个万亩山林，先后植树25万多株，种花草7万平方米；与禄口、方山、淳化、古泉共种百亩茶园。至90年代后期，共投入劳动力20万人次、义务劳动40万个工日，完成土石方30万立方米。其中1996年，由南京军分区牵头、县双拥共建办公室组织江宁县驻军官兵1万人，到土桥五城圩参加万亩吨粮田会战，修机耕路7.50千米，清水沟20余千米，栽树7万棵。在整治句容河龙都“标准堤”施工中，14个驻地部队轮流上阵，施工1个月，完成土方3万立方米。此外，驻军战士渡江到新济洲植树20万株。

1992年，在江宁经济技术开发区的开发建设工程中，驻地部队千余名指战员冒雪参与平场地、挖水沟；在整治百家湖工程中，防化团300名战士3天完成5天的铺石造池任务。1996年，兴建江宁经济技术开发区将军路时，南京军区6位将军率2000名指战员参与大会战；南京军区司令员亲自领导军区机关指战员到开发区参与共建劳动。1998年，在建设沪宁高速公路和禄口国际机场专用高速路两旁竹林大道风光带工程中，有14个团以上部队共出动官兵1万人次，车辆46辆，自带工具、干粮，完成17千米、3万多个1.20米×1米的填宕和挖坑任务。

2001—2002年两年中，驻地部队共出动官兵1万多人次，完成水利土方3万立方米，军民共建6个万亩吨粮田，完成4个万亩山地绿化，共植树22万多株，种花草5万平方米；自带工具、干粮，为铜井新济洲植树18万株。2003年植树节之际，驻军临汾旅二营出动100多名官兵，为麒麟镇植树2000多株。2004年3月，驻淳化某部出动百名官兵在新济洲植树5000棵，为打造“绿色江宁”贡献力量。2006年，驻淳化某部和方山某部在农村“三清”（清塘、清淤、清垃圾）工程中，共组织560名官兵、60台车辆，为驻地的5个社区清除垃圾64吨，清理池塘19个。

【扶贫济困和无偿献血】

驻地部队积极开展扶贫济困、踊跃献血、学雷锋做好事等活动，受到群众赞扬。1998年，县人武部干部职工捐抗洪救灾款3000多元，并每年为东山镇杨村贫困户孙明珠家送去1000多元及衣物。2001—2002年，驻区7家部队在江宁区扶贫济困送温暖活动中，共捐款20多万元，衣被2万多件，彩电、用具等100多件；同时，每个团还帮扶3名～5名特困生。2001年4—6月，有1200名官兵加入无偿献血行列，献血2.40万毫升，为人民群众做出榜样。2004年7月，方山和东山两地的部队出动10余辆大车、750多名官兵，冒着酷暑帮助江宁高级中学、秦淮中学和实验小学搬家，为"三校联动"迁址出力流汗。同年，积极开展"岗位学雷锋"活动，多次组织官兵到敬老院等单位开展共建活动和义务劳动，为驻地群众提供服务和帮助。2005年，共有1000名官兵参加无偿献血，献血10万毫升。2006年、2007年春节期间，全区开展扶贫济困送温暖活动，驻江宁部队发出倡议，共捐赠衣物16606件，捐款20.44万元，电视机、用具等50多件，走访慰问特困户20户，为每户送去慰问品。每年利用学雷锋日、助残日和重阳节，组织官兵开展学雷锋做好事活动。

【军事训练】

新中国成立后，江宁县每年的民兵训练，均由驻地部队派出教官帮助代训；20世纪50年代后，驻地部队负责江宁县夏季野营活动的军训工作。90年代后期，帮助组建民兵预备役部队和创办少年军（警）校等。1990年开始，驻地部队派出官兵负责每年全县高中入学新生的军事训练，为期一周。1996—2002年，累计军训人数达3万人。2003—2007年，驻地部队每年抽调100多名官兵骨干，对全区10所中学学生进行为期7天～15天的军训，累计军训人数3.50万人。

【军民合力救治食物中毒和抗击"非典"】

2002年9月14日，汤山发生恶性投毒事件，造成394人中毒。区驻地部队全力以赴抢救中毒人员，共出动车辆80多辆，官兵5000多人。消防学校派出40名官兵协助维护秩序。各部队医院全力抢救中毒人员，历经10多天，救治好中毒人员百余人，减免抢救费用30多万元。

2003年"非典"期间，区人武部组织部现役干部、职工及全区专职人武干部、广大民兵全力以赴抗击"非典"。5月，购买600套预防"非典"知识的宣传画、印刷6000册《防治"非典"手册》，下发基层武装组织进行张贴宣传，配合村（社区）做好预防"非典"知识宣传；针对区内出现首例"非典"临床诊断病例的情况，紧急启动"非典"防治工作预案，调集30人组成防治"非典"民兵突击队，立即投入到"非典"患者居住地小焦村的隔离防控工作中，同区疾病预防控制中心、卫生监督所及社区工作人员并肩作战，对该地域进行强化隔离和全面消毒；配合建设江宁区"防非"临时留观医院，与建设系统、供电部门、电信部门协调，组建一支100人的民兵突击队，顶风雨、战疲劳，连续5天战斗，使"防非"临观院于5月10日按时建成启用；组织500多名民兵协助卫生、交通、公安等部门组成联合执勤网络，在所有交通要道对过往车辆进行仔细检查，对重点地区和人员进行隔离消毒，对外来人员进行排查登记；南京炮兵学院和军区防化团派人、派车、出帐篷，支援地方抗"非典"。驻地部队对夺取"防非"斗争胜利做出积极贡献。

此外，2004年4月，驻地部队出动500名官兵投入消灭血吸虫的战斗，在青龙山一带开挖一条400米长、50厘米宽的血防沟，完成土石方7800立方米。12支部队、2.50万人次，经过5天会战，消灭5.40万平方米有螺面积，挖成鱼塘百亩、种树万株。同年，在安徽省突发禽流感疫情时，120名民兵预备役官兵加入重大动物疫情突击处理预备队，对入区禽只设卡检查。

第四十三编

居民生活　社会保障

第一章　居民收入与积累

第二章　生活消费

第三章　小康达标

第四章　社会保障

新中国成立前，江宁县农村贫富不均，富者有良田百亩、千亩，过着衣食无忧的生活，贫者无立锥之地。广大农民深受地租、高利贷和苛捐杂税的残酷剥削，仅能维持“糠菜半年粮”的困苦日子。据民国23年（1934）调查，铜山乡张家村、夏家村、欢墩山村共有105户，其中74户长年缺吃少穿，占总户数的70.48%；34户、45人帮工；7户、19人讨饭；10户卖掉男孩8人、女孩2人。丘陵地区以及沿江洲地绝大多数农民，千百年都住低矮的破烂草屋。那是“泥土垒的墙，芦柴搭的梁；伸手碰着墙，举手摸着梁；土基架成床，麻片盖半张；天晴透阳光，下雨漏水凉”。

新中国成立后，党和政府在大力发展生产的基础上，使人民的物质生活和文化生活水平稳步提高，特别是改革开放后的近30年，是江宁区人民得到实惠最多、生活水平提高最快的30年。城乡居民收入水平大幅增加。2007年，农村居民家庭人均纯收入8140元，是1949年人均纯收入的271.33倍，是1978年人均纯收入的42.62倍；城镇居民家庭人均可支配收入19580.13元，是1980年人均可支配收入的40.21倍。城乡居民消费结构基本上改变了以吃、穿为主的格局，反映城乡居民食品支出占全部消费支出份额的“恩格尔系数”逐步下降：农村居民由1957年的73.63%降至2007年的30.73%；城镇居民由1957年的56%降至2007年的31.74%，远超过小康标准。居民生活质量已由过去“量”的满足，进一步迈向“质”的提高。衣着消费由单调、低档向多样、中高档方向转变。耐用消费品普及程度迅速提高。2007年，农村居民人均住房使用面积由1985年的18.84平方米，增至2007年的43.64平方米；城镇居民人均住房使用面积由1998年的21.53平方米，增至2007年的33.90平方米。

1997年，江宁县总体达小康，此后，经济体制改革，经济总量快速增长，人民生活富足殷实，居民消费结构随之发生较大变化，消费水平和质量逐年提高。2007年，全区达到省定小康标准，民意调查，群众对小康的认可度达75%。但城乡差距仍然明显存在，且不同地域间由于自然条件和经济发展水平的差异，造成农村居民贫富差距的扩大，制约了和谐社会的建设。

社会保障由新中国成立之初个别单一享有的病残保险发展至企业职工基本养老保险、机关事业单位职工基本养老保险、农村社会基本养老保险和基本医疗保险、失业保险、工伤保险、生育保险等，涵盖全社会。社会保障体系不断完善，特别是解决社会弱势群体生产生活困难，成为劳动保障的重要环节和政府主要工作的出发点和落脚点。至2007年，实现全区社会保障制度从“广覆盖”到“全覆盖”的转变，继“全民医保”之后，在全市率先基本实现“全民基本保障”。

第一章　居民收入与积累

从新中国成立到中共十一届三中全会召开的29年，江宁县农村经济和社会事业取得了旧中国从未取得过的成绩，但总体上看，农村经济发展不够快，农民收入增长起伏不大。1956年，农民人均纯收入61元；1977年，人均纯收入111元。22年间只增加50元，平均每年增加2.27元，农民生活长期在低水平上徘徊。随着家庭联产承包责任制和以发展农村商品生产为中心的党的各项农村经济政策的出台、落实和推广，江宁区农村经济建设发生巨大变化，农村经济综合实力明显增强，农民收入随之迅速增加。2007年，农民人均纯收入8140元，为1977年人均纯收入的73.33倍。农民的收入来源结构发生巨大变化，来源渠道增多。2007年农民纯收入中，工资性收入5319元，占65.34%；家庭经营性收入2238元，占27.49%；财产性收入349元，占4.29%；转移性收入234元，占2.87%。

新中国成立后，党和政府千方百计地发展经济，扩大就业，增加收入，使城镇居民生活有了明显改善，特别是1978年后，国家首先对职工工资制度进行改革，改变长期冻结职工工资及平均分配的做法，并多次提高职工工资。职工工资的大幅度增加以及居民家庭就业面扩大，使江宁城镇居民家庭收入大幅提高。2007年，江宁区职工年平均工资29285元，是1977年人均年工资的61.14倍。在收入大幅增加的同时，收入来源趋向多元化。1998年前，江宁居民家庭收入主要来自职工工资收入，工资以外收入甚少。根据江宁区100户城镇居民家庭抽样调查，2007年，家庭总收入21185.30元。其中，工薪收入13352.60元，占总收入63.03%；经营性收入2149.54元，占总收入10.15%；财产性收入760.60元，占总收入3.59%；转移性收入4922.56元，占总收入23.23%。是年，城乡居民储蓄存款余额143.42亿元，人均储蓄额15373元，农村家庭年末户均生产用固定资产原值6514.60元。

第一节　居民收入

【农村居民收入】

收入水平　江宁县解放前，土地大部分为地主、富农占有，广大贫农、雇农生活艰辛。民国37年（1948），谷里乡抽样调查80户农民中，有佃户21户，帮工23户，出外讨饭11户，卖儿、卖女4户，出卖田地4户。白粉墙自然村农民鲁学立，全家6口人，上无片瓦，下无立足之地，他与父亲、哥哥均为帮工，母亲讨饭，姐姐被卖，妹妹当童养媳。根据土地改革前调查统计，全县有农户100507户，土地（耕地）1083364亩。其中，占总农户7.90%的地主、富农6699户，占有土地416316亩，户均62.15亩；占总农户55.30%的贫农、雇农65990户，有土地207748亩，户均3.15亩。地主、富农土地每户平均是贫农、雇农的19.73倍。

新中国成立后，实行土地改革，农民获得土地，生活逐步改善，特别是农业合作化后，许多贫苦农民达到中农生活水平。1957年，全县农民人均纯收入66元，是1949年的2.20倍。1958年，农民人均纯收入达85元。1959年，遇到自然灾害，人均纯收入跌至61元。1963—1965年为三年经济调整时期，农民生活逐步改善。1965年，人均纯收入98元。“文化大革命”期间，1966年，人均纯收入降至94元，1975年，人均纯收入98元，10年内农民收入水平基本没有增长。

20世纪80年代初期，农村实行家庭联产承包责任制，农村商品经济由此发展。据1985年统计，全县有10万多人从事乡镇工业生产，3.80万人参加林牧渔业生产，乡、行政村、自然村、社员个体和联户共办各种企业2159家。是年，人均纯收入512元，是1978年人均纯收入191元的2.68倍。1986—1990年，围绕完善家庭联产承包责任制，加强农业服务体系建设，充分调动农民种田积极性，乡镇企业迅速崛起，转移大量农村劳动力，在乡镇企业的职工达116487人，占农村总劳力的37%。农民收入稳定增长。1990年，人均纯收入1033元，比1985年增加1.02倍。农民生活开始由温饱型向小康型过渡。1991—1995年，随着农村经济体制改革，农村产业结构调整，规模化、专业化经营得到长足发展。政府出台鼓励农村劳动力转移就业和创业政策，非农产业收入急剧上升。1995年，农民人均纯收入2657元，是1991年人均纯收入955元的2.78倍。

1996—2000年，进一步调整农业产业结构，推进农业产业化经营，建成一批龙头企业和生产基地，提高农业经济效益，加快推进农民奔小康进程，严格控制农民负担。2000年，农民人均纯收入4120元，是1996年3256元的1.26倍。2001—2007年，农民收入快速增长，其特点为：工资性收入增长成为全区农民增收的主要渠道；家庭经营性收入仍是农民收入的重要来源；财产性、转移性收入迅速增加。加之，农村税费改革政策的实施和中、小学义务教育阶段费用的减免，减轻农民负担，从而增加了农民收入。2005年，农民人均纯收入6320元，比2001年增长44.46%。2007年，农民人均纯收入8140元，比2006年增长13.69%。

收入构成 自古以来，农村居民以农为本，收入来自家庭经营农副业收入。新中国成立后的农业合作化时期，农民收入主要来自集体统一经营分配所得收入。1962年，根据东山公社章村大队、东善公社胜利大队30户收入及来源调查：全年农民每人平均总收入为184.96元。其中，集体分配收入62.64元，占总收入33.87%；家庭副业收入107.36元，占总收入58.04%；其他非借贷性收入14.96元，占总收入8.09%。“文化大革命”期间，在“以粮为纲”方针的影响下，多种经营特别是家庭副业生产受到严格限制，导致家庭副业收入大幅下降。1976年，根据殷巷公社殷巷大队、江宁公社司家大队、其林公社晨光大队26户社员家庭收入调查，社员每人平均年总收入179.48元。其中，集体分配收入124.46元，占总收入69.35%，比1962年占总收入比例增长35.48%；家庭副业收入46.94元，占总收入26.15%，比1962年占总收入比例减少31.89%；其他非借贷性收入8.08元，占总收入4.50%。

改革开放后，农民收入结构有较大变化，根据调查，1990年，全县每人平均年总收入（原价）1133元，其中，从乡村企业得到工资性收入218元，占总收入19.24%；家庭经营性收入846元，占总收入74.67%；其他非生产性收入69元，占总收入6.09%。2000年，全县每人平均年总收入4829元，其中工资性收入1990元，占总收入41.21%，比1990年占总收入比例增长21.97%；家庭经营性收入2709元，占总收入56.10%，比1990年占总收入比例减少18.57%；财产性收入2元，占总收入0.04%；转移性收入128元，占总收入2.65%。在工资性收入中，从当地乡镇企业得到1000元，占工资性收入52.63%；从外出打工中得到534元，占工资性收入28.11%，两项收入占工资性收入的80.74%。在家庭经营性收入中，排在前三位的是：农业收入1395元，占家庭经营性收入51.50%；牧业收入591元，占家庭经营性收入21.82%；交通运输收入344元，占家庭经营性收入12.70%。

2004年，全区每人平均年总收入6541元，比2000年增加1712元，增长35.45%。其中工资性收入3047元，占总收入46.58%；家庭经营性收入3055元，占总收入46.71%。工资性收入与家庭经营性收入占总收入的比重基本持平。财产性收入307元，由2000年占总收入的0.04%

增至2004年占总收入的4.69%。2007年，全区人均纯收入8140元，其特点是，工资性收入已成为农民收入的主体。全区农民人均工资性收入5319元，占总收入65.35%，比2004年占总收入比例增长18.77%。家庭经营性收入减少，全区家庭经营性收入2238元，占总收入27.49%，比2004年占总收入比例减少19.22%。财产性、转移性收入增加，全区农民财产性收入349元，占总收入4.29%；转移性收入234元，占总收入2.87%。财产性收入和转移性收入由2004年占总收入6.76%增至2007年占总收入7.16%。

1949—1977年江宁县农民纯收入情况表

表43-1-1　　　　单位：元

年　份	人均纯收入	年　份	人均纯收入	年　份	人均纯收入
1949	30	1963	126	1971	110
1956	61	1964	123	1972	104
1957	66	1965	98	1973	105
1958	85	1966	94	1974	110
1959	61	1967	98	1975	98
1960	70	1968	98	1976	119
1961	95	1969	93	1977	111
1962	122	1970	84		

说明：1950—1955年资料缺失

1978—2007年江宁区农民收入构成情况表

表43-1-2

年　份	农民人均纯收入（元）	工资性收入		家庭经营性收入		其他非生产性收入			
						财产性收入		转移性收入	
		金额（元）	占（%）	金额（元）	占（%）	金额（元）	占（%）	金额（元）	占（%）
1978	191	149	78.01	35	18.32	7元（占3.66%）			
1979	257	183	71.21	63	24.51	11元（占4.28%）			
1980	249	166	66.67	62	24.90	21元（占8.43%）			
1981	258	171	66.28	70	27.13	17元（占6.59%）			
1982	316	198	62.66	93	29.43	25元（占7.91%）			
1983	402	98	24.38	280	69.65	24元（占5.97%）			
1984	479	121	25.26	337	70.35	21元（占4.38%）			
1985	512	151	29.49	324	63.28	37元（占7.23%）			
1986	611	159	26.02	409	66.94	43元（占7.04%）			
1987	681	164	24.08	461	67.69	56元（占8.22%）			
1988	826	202	24.46	549	66.46	75元（占9.08%）			
1989	921	242	26.28	604	65.58	75元（占8.14%）			
1990	1033	218	21.10	711	68.83	104元（占10.07%）			
1991	955	199	20.84	688	72.04	68元（占7.12%）			
1992	1202	279	23.21	859	71.46	67元（占5.57%）			
1993	1420	390	27.46	970	68.31	—	—	60	4.23
1994	2053	581	28.30	1434	69.85	—	—	38	1.85

续表

年　份	农民人均纯收入（元）	工资性收入		家庭经营性收入		其他非生产性收入			
						财产性收入		转移性收入	
		金额（元）	占（%）	金额（元）	占（%）	金额（元）	占(%)	金额(元)	占（%）
1995	2657	807	30.37	1778	66.92	16	0.60	56	2.11
1996	3256	730	22.42	2419	74.29	10	0.31	97	2.98
1997	3662	1152	31.46	2339	63.87	19	0.52	152	4.15
1998	3787	1563	41.27	2080	54.92	13	0.34	131	3.46
1999	3922	1691	43.12	2017	51.43	2	0.05	212	5.41
2000	4210	1990	47.27	2021	48.00	2	0.05	107	2.54
2001	4375	2371	54.19	1905	43.54	10	0.23	89	2.03
2002	4649	2542	54.68	2005	43.13	38	0.82	64	1.38
2003	5001	2728	54.55	2045	40.89	158	3.16	70	1.40
2004	5620	3047	54.22	2193	39.02	307	5.46	73	1.30
2005	6320	3608	57.09	2255	35.68	365	5.78	92	1.46
2006	7160	4604	64.30	2079	29.03	198	2.77	279	3.90
2007	8140	5319	65.35	2238	27.49	349	4.29	234	2.87

【城镇居民收入】

民国时期，江宁县职工主要是私营商店的店员、小手工业者、作坊工匠、小学教员等。店员除由店主提供伙食外，工钱较少。汪伪时期，店员月工资只有3万元～4万元（旧币）储备票；作坊、小手工业者日工资为6斤米；小学教员月工资不足40万元（旧币）储备票，折合大米2石。抗日战争胜利后，国民政府滥发纸币，通货膨胀，物价飞涨。民国37年（1948）12月，湖熟镇中熟米价每市斗上涨到金圆券100多万元（折原法币3亿多元），比当年7月上涨90多倍，米珠薪桂，民不聊生。

民国26年（1937）与36年江宁县各业工资调查情况表

表43-1-3

业　别	计标单位	是否供膳	民国26年（1937）工资数（旧币）	民国36年（1947）工资数（旧币）	备　注
瓦　匠	一　天	供　膳	三　角	熟米壹斗	—
木　匠	一　天	供　膳	三　角	熟米壹斗	—
裁　缝	一　天	供　膳	三　角	熟米壹斗	—
临时农作	一　天	供　膳	三　角	熟米壹斗	—
石　匠	一　天	供　膳	八　角	熟米壹斗	—
漆　匠	一　天	供　膳	三　角	熟米壹斗	—
造　酒	全年计标	供　膳	全年五十元	全年熟米拾贰石	—
圆作木匠	一　天	供　膳	三角三分	三万元	—
理　发	剃剪头	不供膳	一　角	六千元	西装剪发一万元
皮　匠	一　双	不供膳	一　角	六千元	翻上手工一万元
篾　匠	一　天	供　膳	三角三分	三万元	—
箩　匠	一　天	供　膳	三　角	熟米壹斗	—

新中国成立后，职工工资收入是城镇居民收入的主要来源。1952年，进行第一次工资改革，江宁县全民所有制职工3579人，年最高工资609元（普通中学教师），最低220元（工人），年平均工资329元，可购大米1400公斤。此后，就业人数不断增加，又经过多次工资调整，职工生活水平随之提高。1955年7月，干部、教师、职工统一实行货币工资制。1956年，进行第二次工资改革，江宁县全民、集体职工有6997人，人均月增工资6元，增长17.33%；公私合营企业有436人增加工资，人均月工资由30.64元增至34元，增长10.97%。1963年，全民所有制职工4200人调整工资，占职工总数的62.40%，月工资水平由41元调整至44元，增长7.40%。1972年，全县全民所有制职工2774人调整工资，月工资由45.79元调整至49.06元，人均月增工资3.27元。1973年，全县集体所有制职工1493人调整工资，人均月增工资5.32元。1977年，全县全民所有制职工6629人调整工资，升级面54.60%，平均每人月增工资5.16元；集体所有制职工3178人调整工资，升级面44.20%，平均每人月增工资4.76元。全县职工人均年工资收入479元。

中共十一届三中全会后，随着国民经济的逐年好转，对企业职工进行补偿性工资调整。普遍恢复奖励制度，给职工发放物价津贴、副食品补助等，并于1978年、1979年、1981年、1982年、1983年、1984年连续给职工调整工资。1984年，全县职工人均年工资收入803元，是1978年人均年工资收入的1.68倍。1985年，江宁县进行第三次工资改革。这次工资改革，升级面100%，全民所有制有工人12106人，月人均工资水平增至76.11元，月人均增资14.69元，增长23.28%；集体所有制有职工7381人，月人均工资水平增至70.58元，月人均增资13.33元，增长23.28%。是年，全县职工人均年工资896元。1986年后，进行工资总额与经济效益挂钩，并在实践中不断完善，职工工资不断增加。1990年，全县职工人均年工资1908元。其中，全民所有制单位职工年平均工资2011元，城镇集体所有制单位职工年平均工资1980元。1993年后，机关事业单位进行工资改革，建立公务员正常工资晋升制度；企业实行浮动工资制；个体私营企业经营者收入大幅提升，使城镇居民的收入有了成倍的增长。1995年，全县职工年平均工资5764元，比1990年增加2.02倍。其中国有企业职工年平均工资6304元，集体企业职工年平均工资4510元，其他所有制企业职工年平均工资5558元。2000年，全县职工年平均工资8832元，比1995年增长53.23%。其中国有企业职工年平均工资10792元，集体企业职工年平均工资6321元，其他所有制企业职工年平均工资7546元。

2001—2005年，全区职工工资大幅增加。2005年，全区职工年平均工资18073元，比2000年增长104.63%。其中，国有企业职工年平均工资24553元，集体企业职工年平均工资13414元，其他所有制企业职工年平均工资13083元。2006年，据100户家庭抽样调查，全年家庭总收入人均18230.88元，可支配收入人均16801.18元。其中工薪收入人均11021.06元，占人均总收入60.45%；经营性净收入人均1278.66元，占人均总收入7.01%；财产性收入人均620.19元，占人均总收入3.40%；转移性收入人均5310.97元，占人均总收入29.13%。2007年，全区职工年平均工资29285元，比2005年增长62.04%。其中，国有企业职工年平均工资39883元，集体企业职工年平均工资19265元，其他所有制企业职工年平均工资24088元。

1949—2007年江宁区职工年平均工资水平情况表

表43-1-4

年份	职工年平均工资		其中					
			全民		集体		其他经济	
	工资数（元）	占上年比重（%）	工资数（元）	占上年比重（%）	工资数（元）	占上年比重（%）	工资数（元）	与上年比重（%）
1949	266	—	266	—	—	—	—	—
1950	251	94.36	251	94.36	—	—	—	—
1951	319	127.09	319	127.09	—	—	—	—
1952	329	103.13	329	103.13	—	—	—	—
1953	376	114.29	376	114.29	—	—	—	—
1954	423	112.50	423	112.50	—	—	—	—
1955	422	99.76	422	99.76	—	—	—	—
1956	457	108.29	457	108.29	—	—	—	—
1957	474	103.72	474	103.72	—	—	—	—
1958	446	99.09	446	99.09	—	—	—	—
1959	415	93.05	415	93.05	—	—	—	—
1960	424	102.17	424	102.17	—	—	—	—
1961	456	107.55	456	107.55	—	—	—	—
1962	466	102.19	466	102.19	—	—	—	—
1963	507	108.80	507	108.80	—	—	—	—
1964	538	106.11	538	106.11	—	—	—	—
1965	540	100.37	540	100.37	—	—	—	—
1966	540	100.00	540	100.00	—	—	—	—
1967	544	100.74	544	100.74	—	—	—	—
1970	526	96.69	526	96.69	—	—	—	—
1971	520	98.86	520	98.86	501	—	—	—
1972	495	95.19	495	95.19	432	86.23	—	—
1973	493	99.60	493	99.60	435	100.69	—	—
1974	503	102.03	503	102.03	457	105.06	—	—
1975	490	99.42	490	99.42	456	99.78	—	—
1976	480	97.96	480	97.96	444	97.37	—	—
1977	479	99.79	479	99.79	436	98.20	—	—
1978	477	99.58	477	99.58	458	105.05	—	—
1979	493	103.35	515	107.97	456	99.56	—	—
1980	613	124.34	663	128.74	521	114.25	—	—
1981	600	97.88	641	96.68	527	101.15	—	—
1982	644	107.33	675	105.30	615	116.70	—	—
1983	674	104.66	680	100.74	613	99.67	—	—
1984	803	119.14	809	118.97	792	129.20	—	—
1985	896	111.58	893	110.38	901	113.76	—	—
1986	1081	120.65	1125	125.98	995	110.43	—	—

续表

年份	职工年平均工资		其中					
			全民		集体		其他经济	
	工资数（元）	占上年比重（%）	工资数（元）	占上年比重（%）	工资数（元）	占上年比重（%）	工资数（元）	占上年比重（%）
1987	1319	122.02	1335	118.67	1166	117.19	—	—
1988	1533	116.22	1592	119.25	1404	120.41	—	—
1989	1695	110.57	1744	109.55	1588	113.11	—	—
1990	1908	112.57	2011	115.31	1980	124.69	—	—
1991	2105	110.32	2202	109.50	1887	95.30	—	—
1992	2789	132.49	3001	136.29	2332	123.58	1746	—
1993	3633	130.26	4050	134.96	2711	116.25	2446	140.09
1994	5086	139.99	5571	137.56	3903	143.97	3516	143.74
1995	5764	113.33	6304	113.16	4510	115.55	5558	158.08
1996	6032	104.65	6552	103.93	4868	107.94	6058	109.00
1997	6505	107.84	7084	108.12	5232	107.48	6559	108.27
1998	7243	111.35	8257	116.56	5724	109.40	6622	100.96
1999	7654	105.67	8993	108.91	5577	97.43	6935	104.73
2000	8832	115.39	10792	120.00	6321	113.34	7546	108.81
2001	10775	122.00	13596	125.98	7269	115.00	8723	115.60
2002	12619	117.11	15204	111.83	8854	121.80	10887	124.81
2003	14598	115.68	18236	119.94	10515	118.76	12232	112.35
2004	16267	111.43	21514	117.98	10957	104.20	13083	106.96
2005	18073	111.10	24553	114.13	13414	122.42	13083	100.00
2006	23967	132.61	28503	116.09	13916	103.74	22175	169.49
2007	29285	122.19	39883	139.93	19265	138.44	24088	108.63

说明：1968 年、1969 年资料缺失

2001—2007 年江宁区城镇居民人均现金收入情况表

表 43-1-5　　单位：元

项　目	2001 年	2002 年	2003 年	2004 年	2005 年	2006 年	2007 年
全年家庭总收入	8883.48	9856.08	10884.36	12388.95	14984.24	18230.88	21185.30
其中：可支配收入	—	9157.08	10195.56	11601.68	14206.65	16801.18	19580.13
（一）工薪收入	5856.96	6616.92	7039.32	7841.29	9557.13	11021.06	13352.60
（二）经营净收入	138.24	151.92	282.36	374.05	956.54	1278.66	2149.54
（三）财产性收入	59.64	28.44	48.36	83.85	459.20	620.19	760.60
（四）转移性收入	2828.64	3058.80	3514.44	4089.75	4011.37	5310.97	4922.56
出售财物收入	0.24	0.12	0.60	91.16	812.84	952.17	102.93
借贷收入	1919.28	1501.92	1515.36	2234.66	4653.92	8327.82	3927.22
其中：提取储蓄存款	1456.08	1412.28	1472.64	2027.22	3598.77	6881.66	2873.11

说明：2001—2004 年为南京市抽样调查数据；2005—2007 年为江宁区城镇居民百户调查数据

第二节　家庭积累

自封建社会始，境内居民就开始有家庭积累，随着生产力发展，家庭积累亦逐年增多。新中国成立后，农村实行集体经济时，从事农业经济单一，农户家庭收入少，无生产性固定资产，仅有生活住宅。农村实行家庭联产承包责任制后，农民重视生产性固定资产购置和生活住宅的投入。随着农村经济体制改革的深化，农户家庭从事第二、第三产业逐渐增多，个私工业快速发展，固定资产增长较快，家庭积累明显提高。2007 年，根据百户农户抽样调查，农村家庭年末户均生产用固定资产原值 6514.60 元，是 1999 年户均的 2.99 倍；人均住房面积 43.54 平方米；人均住房价值 33583.43 元，是 1999 年人均的 3.81 倍。此外，2006 年年末，农民人均持有现金 1893 元。

随着人民生活水平的提高，江宁区城乡居民储蓄余额不断增加。1978 年，全县城乡储蓄余额 1068 万元。其中，城镇储蓄 382 万元，人均储蓄 124 元；农村储蓄 686 万元，人均储蓄 10.09 元。2000 年，城乡储蓄余额 38.62 亿元，人均储蓄额 5216 元。2007 年，城乡居民储蓄存款余额 143.42 亿元，人均储蓄额 15373 元，分别是 2000 年的 3.71 倍和 2.95 倍。

【固定资产】

民国时期，贫穷农民的生产性固定资产只有一些小农具，富裕的地主、富农才能购置耕牛、水车、农船、马车等。新中国成立后的农业合作化至人民公社化时期，以生产队为基本核算单位，农民原有的大、中型农具折价入社，农业生产集体经营，所需生产资料由集体购置，固定资产归集体所有，农民除了小农具，无生产性固定资产，仅有住房。

1983 年，农村实行家庭联产承包责任制，土地、生产资料承包到户，归农户家庭经营，农民才逐年购置一些生产性固定资产。随着经济收入的增加，新建扩建住房、改善居住条件的农户日益增多。1986 年，根据百户农户抽样调查，生产性固定资产投资人均 7.67 元，房屋投资人均 129.33 元。据统计，1989 年年末，农民家庭共有生产性固定资产 10423.72 万元，户均 567.92 元。其中，生产用房及建筑物 1475.02 万元，役畜及产品畜 2098.55 万元，铁木农具 1228.80 万元，农林牧渔业机械 1094.60 万元，工业机械设备 227.81 万元，建筑业机械 162.16 万元，运输工具 3070.66 万元，其他固定资产 1066.12 万元；非生产用房及建筑物 66121.66 万元，户均 3599.44 元。随着农村经济体制改革的深入，市场经济逐步确立，农民走向市场，生产性固定资产投资逐年增加。1995 年年末，农民家庭固定资产原值 240585 万元，其中，生产性固定资产 34910 万元，户均 1896.25 元，是 1989 年户均的 3.34 倍。生产性固定资产包括农林牧渔业固定资产 12050 万元，工业固定资产 3743 万元，建筑业固定资产 1119 万元，运输业固定资产 10339 万元，批发和零售贸易业、餐饮业、服务业固定资产 1692 万元，其他固定资产 5967 万元；非生产用房及建筑物 205675 万元，户均 11171.92 元。

1999 年，根据百户农户抽样调查，农村家庭年末户均生产性固定资产原值 2178.56 元，是 1995 年户均的 1.15 倍。其中，役畜、产品畜户均 257.50 元，大、中型铁木农具户均 115.92 元，农林牧渔业机械户均 451.27 元，运输机械户均 63 元，生产用房户均 1230.87 元，其他生产性固定资产户均 60 元。每百户拥有汽车 2 辆，大、中型拖拉机 2 台，小型和手扶拖拉机 2 台，机动脱粒机 30 台，胶轮手推车 25 辆，抽水机 15 台，水泵 16 台，役畜 13 头。人均住房面积 32.21 平方米，人均住房价值 8815.66 元。

2007年，根据百户农户抽样调查，农村家庭年末户均生产性固定资产原值6514.10元，是1999年户均的2.99倍。其中，农业户均1011.80元，牧业户均1332.30元，渔业户均203元，制造业户均1302元，交通运输业、仓储和邮政业户均2100元，批发和零售贸易业户均135元，居民服务与其他服务业户均430元；每百户拥有生产性固定资产数量：房屋及建筑物932平方米，小型和手扶拖拉机4台，动力三轮车2辆，机动脱粒机21台，农用动力机械18台，胶轮大车5架，水泵51台，产品畜11头。人均住房面积43.64平方米，人均住房价值33583.42元，是1999年人均的3.81倍。

【居民储蓄】

民国时期，境内居民储蓄情况，因无具体资料难以记述。新中国成立后，江宁县人民银行即开办居民储蓄存款业务。江宁县解放初期，通货膨胀尚未消除，为保障储户存款面值不受物价波动影响，先后开办“折实储蓄”“保本保值有奖储蓄”等储种。1950年年末，全县居民储蓄存款余额1万元。1952年年末29万元，增加28倍。

1953年起，江宁县施行第一个五年计划，财政经济状况好转，城镇就业人口增加，机关、团体、企事业单位实行工资制，人民生活水平提高，为储蓄事业发展提供有利条件。1957年年末，城镇储蓄余额141万元，人均60元；农村储蓄余额71万元，人均1.57元。“大跃进”和国民经济调整时期，农业减产减收，城乡储额一度下降。1958年，全县城镇存款余额211万元，农村储蓄存款余额46万元。1965年年末，城镇储蓄余额191万元，人均54元；农村储蓄余额215万元，人均4.36元。

1967年，城乡储蓄存款余额降至246万元，比1966年减少60万元。1972年11月起，贯彻中国人民银行总行颁布的新的储蓄章程，保障公民储蓄权利。1976年年末，全县城乡储蓄余额552万元，比1965年年末增加146万元。其中，城镇储蓄265万元，人均86元；农村储蓄287万元，人均4.34元。

中共十一届三中全会后，人民生活水平逐步提高，储源日益充沛。1979—1985年，国家先后连续5次调高储蓄存款利率，全县城乡居民储蓄存款余额大幅递增。1985年年末，城乡居民储蓄存款余额8468万元，比1977年年末增加10.44倍。其中，城镇储蓄1246万元，人均242.93元；农村储蓄7222万元，人均105.12元。1988年9月起，为抑制通货膨胀，国家实行保值储蓄。经过宏观调控，城乡居民储蓄存款逐渐增加，1995年年末，全县居民城乡储蓄存款余额170352万元，人均2303元。2000年，全县城乡居民储蓄存款余额增至386209万元，是1995年年末储蓄存款余额的2.27倍，人均储蓄5216元，是1995年年末人均储蓄的2.26倍。

2000年12月江宁县撤县设区后，农民纯收入提高，城镇职工几次提高工资水平。2005年年末，全区城乡居民储蓄存款余额106.85亿元，是2000年年末储蓄存款余额的2.77倍，人均储蓄13407元，是2000年年末人均储蓄的2.57倍。2007年年末，全区城乡居民储蓄存款余额143.42亿元，比2005年年末储蓄存款余额增长34.22%，人均储蓄15373元，比2005年年末人均储蓄增长14.66%。

1950—1996年江宁县城乡人民储蓄存款余额情况表

表43-1-6

年 份	城乡储蓄		城镇储蓄		农村储蓄	
	年末总余额（万元）	比上年增长比例（%）	年末余额（万元）	比上年增长比例（%）	年末余额（万元）	比上年增长比例（%）
1950	1.00	—	1.00	—	—	—
1951	10.00	900.00	10.00	900.00	—	—
1952	29.00	190.00	29.00	190.00	—	—
1953	24.00	-17.24	11.00	-62.07	13	—
1954	73.00	204.17	22.00	100.00	51	292.31
1955	162.00	121.92	88.00	300.00	74	45.10
1956	171.00	5.56	91.00	3.41	80	8.11
1957	212.00	23.98	141.00	54.95	71	-11.25
1958	257.00	21.23	211.00	49.65	46	-35.21
1959	260.00	1.17	219.00	3.79	41	-10.87
1960	401.00	54.23	307.00	40.18	94	129.27
1961	357.00	-10.97	248.00	-19.22	109	15.96
1962	158.00	-55.74	115.00	-53.63	43	-60.55
1963	218.00	37.97	125.00	8.70	93	116.28
1964	332.00	52.29	160.00	28.00	172	84.95
1965	406.00	22.29	191.00	19.38	215	25.00
1966	306.00	-24.63	198.00	3.66	108	-49.77
1967	246.00	-19.61	199.00	0.51	47	-56.48
1968	404.00	64.23	211.00	6.03	193	310.64
1969	311.00	-23.02	182.00	-13.74	129	-33.16
1970	241.00	-22.51	158.00	-13.19	83	-35.65
1971	284.00	17.84	179.00	13.29	105	56.5[illegible]
1972	342.00	20.42	200.00	11.73	142	35.24
1973	417.00	21.93	220.00	10.00	197	38.73
1974	372.00	-10.79	235.00	6.82	137	-30.46
1975	432.00	16.13	259.00	10.21	173	26.28
1976	552.00	27.78	265.00	2.32	287	65.90
1977	740.00	34.06	304.00	14.72	436	51.92
1978	1068.00	44.32	382.00	25.66	686	57.34
1979	1877.00	75.75	469.00	22.77	1408	105.25
1980	1894.00	0.91	234.00	-50.11	1660	17.90

续表

年份	城乡储蓄		城镇储蓄		农村储蓄	
	年末总余额（万元）	比上年增长比例（%）	年末余额（万元）	比上年增长比例（%）	年末余额（万元）	比上年增长比例（%）
1981	2851.00	50.53	296.00	26.50	2555	53.92
1982	3398.00	19.19	407.00	37.50	2991	17.06
1983	4261.00	25.40	556.00	36.61	3705	23.87
1984	5831.00	36.85	794.00	42.81	5037	35.95
1985	8468.00	45.22	1246.00	56.93	7222	43.38
1986	12323.00	45.52	1594.00	27.93	10729	48.56
1987	17381.00	41.05	2642.00	65.75	14739	37.38
1988	19833.00	14.11	3710.00	40.42	16123	9.39
1989	25790.70	30.04	5366.70	44.65	20424	26.68
1990	35051.30	35.91	8236.30	53.47	26815	31.29
1991	45215.80	29.00	12160.80	47.65	33055	23.27
1992	57895.00	28.04	38432.00	216.03	19463	−41.12
1993	83452.00	44.14	54310.00	41.31	29142	49.73
1994	121073.00	45.08	82434.00	51.78	38639	32.59
1995	170352.00	40.70	113322.00	37.47	57030	47.60
1996	222980.00	30.89	148958.00	31.45	74022	29.79

1997—2007 年江宁区城乡人民储蓄存款余额情况表

表 43-1-7

年份	城乡居民年末储蓄存款余额		人均年末存款额	
	金额（亿元）	比上年增长比例（%）	金额（元）	比上年增长比例（%）
1997	26.54	19.02	3573	18.66
1998	31.16	17.41	4177	16.90
1999	35.67	14.47	4789	14.65
2000	38.62	8.27	5216	8.92
2001	44.78	15.95	5999	15.01
2002	55.51	23.96	7409	23.50
2003	70.04	26.18	9238	24.69
2004	84.90	21.22	10972	18.77
2005	106.85	25.85	13407	22.19
2006	126.17	18.08	14153	5.56
2007	143.42	13.67	15373	8.62

第二章　生活消费

旧社会，贫雇农与地主、富农之间贫富悬殊，处于截然不同的两个消费层次。占农户大多数的贫农、雇农收入微薄，难图温饱，谈不上生活消费结构。

新中国成立后，随着居民经济收入的逐渐增加，城乡居民的消费水平随之提高，消费观念也随之变化。食品由温饱逐步转向讲究营养，主食消费量减少，副食与其他食品消费量增加。衣着由单一、低档转向多样、时尚，服装面料由传统的棉布转向化纤、呢绒、丝绸、皮革，而且要款式新、色调雅、花样新，以至讲究名牌。日用品由不敷应用而追求排场，耐用消费品中，由“老三件”（自行车、手表、缝纫机）、“新三件”（冰箱、彩电、洗衣机）、“时尚三件”（空调、摩托车、手机），转到“现代三件”（小汽车、家用电脑、摄像机）。住房由抵御风雨的草房、简易房大多变为钢筋混凝土结构的楼房，人均居住面积不断增加，并注重装潢。2007年，农村居民人均住房使用面积43.64平方米，城镇居民人均住房使用面积33.90平方米。燃料由传统的柴草转为煤、液化气、沼气，城镇居民以管道煤气、石油液化气为主要燃料。文化娱乐用品消费比重不断增加。2007年，江宁区农村居民人均消费结构为：生活消费总支出5487.93元，其中食品类1686.20元，占生活消费总支出30.73%；衣着类464元，占总支出8.45%；居住类618.39元，占11.27%；家庭设备类546.54元，占9.96%；医疗保健类286.54元，占5.22%；交通和通讯类734.37元，占13.38%；文化娱乐用品类1036.92元，占18.89%；其他114.97元，占2.10%。城镇居民人均消费结构为：生活消费总支出11803元，其中食品类3746元，占生活消费总支出31.74%；衣着类1005元，占总支出8.51%；居住类1175元，占9.96%；设备用品及服务类786元，占7.28%；医疗保健类769元，占6.52%；交通和通讯类1335元，占11.31%；娱乐文教服务类2425元，占20.55%；杂项商品和服务类562元，占4.76%。

第一节　农村居民生活消费

【消费水平】

新中国成立后，随着国民经济的发展，农村居民收入不断增加，消费水平不断提高。20世纪50年代至70年代中期，农民生活消费大部分用于食品支出，少量用于衣着及日常必需品支出。1957年，全县人均用于生活消费支出97.71元，其中用于食品消费支出69.65元，占生活消费支出71.28%；用于衣着消费支出8.02元，占生活消费支出8.21%。1965年，全县人均用于生活消费支出132.38元，比1957年增加34.67元，增长35.48%。其中，用于食品消费支出93.50元，占生活消费支出70.63%。“文化大革命”期间，农民生活消费增长缓慢。1976年，全县人均用于生活消费支出147.27元，与1965年相比，11年只增加14.89元，增长11.25%。其中用于食品消费支出99.04元，占生活消费支出67.25%。

1978年后，农民收入大幅增加，农民消费实现由“吃不饱”向“吃得饱”和“衣食充足”快速转变。1980年，全县人均生活消费支出244元。其中，用于食品消费支出146.10元，占生活消费支出59.88%。1985年，全县人均生活消费支出451.30元。其中，用于食品消费支出244元，占生活消费支出54.07%。1986年后，农村居民生活消费水平不断提升，消费结构日益优化，消费观念不断更新。1990年，全县人均生活消费支出928.69元。其中，用于食品消费支出581.94元，占生活消费支出62.66%。消费投向以吃饱穿暖为主，属于温饱型。1995年，全县人均生活消费支出2173.55元。其中，用于食品消费支出1218.14元，占生活消费支出56.04%。2000年，全县人均生活消费支出2726.11元。其中，用于食品消费支出1408.72元，占生活消费支出51.68%。

2000年12月江宁县撤县设区后，是农民消费快速增长阶段。2005年，全区农村居民人均生活消费支出3381.07元，比2000年增长74.11%。其中，服务性支出1291.59元。食品消费支出1052.16元，占生活消费支出31.12%。2007年，全区农村居民人均生活消费支出5487.93元，比2006年增长25.58%。其中，服务性支出1650.11元。食品消费支出1686.20元，占生活消费支出30.73%。其他生活消费依次为：文化教育、娱乐用品及服务支出1036.92元，占生活消费支出18.89%；交通和通讯支出734.37元，占13.38%；居住支出618.39元，占11.27%；家庭设备、用品及服务支出546.54元，占9.96%；衣着支出464元，占8.45%；医疗保健支出286.54元，占5.22%；其他商品和服务支出114.97元，占2.10%。

【消费结构】

食品消费 旧社会，江宁县农民多为早、晚稀饭，主食大米、面粉，间以薯类，一遇荒歉之年或青黄不接时，则以糠菜度日，常常三餐不继。新中国成立后，大多数人家粮食自给有余，偶有歉年，政府千方百计组织生产自救，调剂余缺。自1954年起，农业逐步实行合作化，农民基本口粮由集体分配，并视劳动情况发给“工分”粮。1957年，全县人均生活食品消费69.65元，占人均生活消费71.28%。食品支出的主要品种和消费量为：人均消费粮食（包括大豆）233.12公斤，蔬菜167.68公斤，肉类3.13公斤（其中猪肉2.27公斤），植物油、动物油2.16公斤，蛋1.35公斤，鱼虾2.84公斤，食盐6.05公斤，食糖0.74公斤，酒1.02公斤，香烟28.73包。至1976年，除粮食和肉类消费量增加较多外，其他消费量变化不大。是年，全县人均食品消费99.04元，占人均生活消费67.25%。

1978—1990年，食品消费占生活消费的比重虽呈下降趋势，但仍是生活消费中的主要方面。1985年，全县人均生活消费支出451.27元，其中食品消费支出244元，占人均生活消费54.07%。食品支出的主要品种和消费量为：人均消费粮食357.81公斤，蔬菜147.79公斤，油脂类（植物油、动物油）5.79公斤，肉类13.48公斤，家禽2.59公斤，蛋类2.79公斤，鱼虾3.25公斤，食糖2.49公斤，卷烟41.81包，酒5.84公斤。1990年，全县人均生活消费支出928.69元，其中食品消费支出581.94元，占人均生活消费62.66%。1991年后，随着农村经济发展和人民生活水平提高，食品消费呈多样化。1995年，全县人均生活消费支出2173.55元，其中用于食品消费支出1218.14元，占生活消费支出56.04%。2000年，全县人均生活消费支出2726.11元，其中用于食品消费支出1408.72元，占生活消费支出51.67%。在食品消费中，主食消费人均330.99元，占食品消费23.50%；副食消费648.72元，占食品消费46.05%；其他食品消费337.72元，占食品消费23.98%；在外饮食消费76.87元，占食品消费5.46%；食品加工费14.42元，占食品消费1.02%。

2005年，全区人均生活消费支出3381.06元，其中食品消费支出1052.17元，恩格尔系数为31.12%。2007年，全区人均消费支出5487.93元，其中食品消费支出1686.20元，恩格尔系数为30.73%。食品支出的主要品种和消费量：人均消费粮食190.90公斤，油脂类10.05公斤，烟叶0.03公斤，豆制品2.92公斤，蔬菜及菜制品134.83公斤，瓜类11.81公斤，水果类11.26公斤，茶叶0.36公斤，坚果1.90公斤，肉禽及其制品37.47公斤，蛋类及蛋制品8.66公斤，奶和奶制品7.44公斤，水产品15.28公斤，食糖1.14公斤，酒16.20公斤。

1957—1994 年部分年份江宁县农村住户主要主、副食品人均消费量情况表

表 43-2-8

年　份	粮食（公斤）	蔬菜（公斤）	肉类（公斤）	家禽（公斤）	油脂类（公斤）	蛋类（公斤）	鱼虾（公斤）	食盐（公斤）	食糖（公斤）	酒（公斤）	烟（盒）	水果（公斤）	茶叶（公斤）
1957	233.12	167.68	3.13	—	2.16	1.35	2.84	6.05	0.74	1.02	28.73	—	—
1965	290.26	172.24	3.75	—	1.61	1.68	2.86	6.07	0.89	0.57	27.85	—	—
1976	295.93	174.14	6.03	—	1.65	1.64	2.19	8.82	0.93	1.47	40.80	—	—
1985	357.81	147.79	13.48	2.59	5.79	2.79	3.25	—	2.49	5.84	41.81	—	—
1986	350.97	172.94	15.35	4.60	7.22	4.19	4.31	—	2.51	6.87	44.08	—	—
1987	365.30	191.66	15.76	4.90	6.93	4.89	5.80	—	4.02	6.71	43.42	3.16	0.23
1988	347.39	176.91	13.45	5.45	9.79	4.68	5.23	—	2.77	6.64	46.22	3.73	2.19
1989	330.69	182.89	14.11	6.80	9.14	5.67	4.43	—	2.36	5.90	40.40	3.12	0.17
1990	293.97	182.54	14.49	3.97	9.38	5.63	5.05	—	1.97	5.81	38.66	3.09	0.15
1991	294.94	268.42	14.11	5.34	11.65	5.82	8.36	—	2.07	5.84	33.69	—	—
1992	275.00	253.00	12.00	7.00	12.10	5.00	7.00	—	2.00	6.00	37.00	—	—
1993	293.00	292.00	15.00	6.00	13.00	5.00	6.00	—	2.00	6.00	33.00	—	—
1994	283.00	261.00	21.00		14.00	5.00	11.00	—	2.00	7.00	35.00	—	—

说明：1957 年、1965 年、1976 年为全县平均数字，其他年份为百户抽样调查数据

1995—2007年江宁区农村住户主要主、副食品人均消费量情况表

表 43-2-9　　　　单位：公斤

年份	粮食	油脂类	调味品	豆类	豆制品	蔬菜及菜制品	瓜果类	茶叶	坚果	肉禽及其制品	蛋类及蛋制品	奶和奶制品	水产品	食糖	酒	烟叶	糖果	糕点
1995	274.00	11.67	10.65	1.25	2.49	177.27	37.16	—	1.48	24.04	4.65	0.34	6.61	2.04	11.96	—	0.65	2.26
1996	255.28	13.36	10.27	0.70	5.03	196.38	32.37	—	1.86	25.85	7.14	0.32	9.70	1.84	15.52	—	0.29	4.04
1997	261.67	13.35	11.71	0.16	6.35	157.44	33.68	—	—	32.27	8.45	0.38	12.50	2.26	15.62	—	0.38	3.74
1998	261.23	11.79	11.34	2.85	5.65	157.31	28.28	—	—	29.51	6.92	0.43	11.78	1.84	16.10	—	0.22	2.21
1999	260.16	17.39	8.63	1.37	5.12	182.18	20.36	0.16	0.78	33.01	6.42	0.32	10.68	2.03	13.02	—	0.30	2.45
2000	351.39	17.70	0.01	7.25		163.63	35.30	—	1.67	42.98	9.46	0.82	7.39	2.47	10.18	—	0.31	1.43
2001	290.08	12.61	1.69	7.01		149.47	38.13	—	1.58	30.23	7.02	1.27	7.44	2.02	8.31	—	0.15	1.08
2002	283.56	14.18	3.59	7.09		157.60	31.10	2.10	1.38	29.12	5.77	1.73	8.84	1.38	7.75	—	0.39	1.08
2003	272.66	10.31	3.72	—	2.64	161.79	25.96	4.68	2.14	38.13	10.24	1.89	9.12	1.43	7.55	—	—	—
2004	253.99	10.54	3.86	—	2.19	189.90	25.14	2.43	1.81	31.61	9.14	3.07	10.10	1.28	8.23	—	—	—
2005	162.36	10.42	3.66	—	2.37	152.86	18.94	0.20	1.09	34.14	7.48	4.76	11.05	0.92	12.15	—	—	—
2006	196.23	11.32	3.69	—	2.81	170.10	25.75	0.68	1.78	38.87	9.30	5.67	14.37	1.16	14.33	0.02	—	—
2007	190.90	10.05	—	—	2.92	134.83	23.07	0.36	1.90	37.47	8.66	7.44	15.28	1.14	16.20	0.03	—	—

衣着消费 民国时期，江宁县农民多数穿粗布衣，贫苦家庭只求遮身暖体，所谓“新三年，旧三年，缝缝补补又三年”。服饰式样，男式对襟，女式大襟，多为布纽或铜纽扣。新中国成立初期，农民穿着开始改善，苏联花布（花洋布）、纱卡、咔叽穿的人日见其多。1957年，江宁县农民人均衣着消费支出8.02元，占生活消费支出8.21%。1965年，人均衣着消费支出8.98元，占生活消费支出6.78%。“文化大革命”时期，流行军便服。1976年，人均衣着消费支出增至13.08元，占生活消费支出8.88%。

1979年后，农民生活逐渐富裕，到市场上选购花色繁多、结实耐用的布料和成衣逐渐增多。据调查，1985年，人均衣着消费支出43.30元。人均衣着消费品种和消费量：棉布1.58米，化纤布3.56米，毛线及其织品0.13公斤，尼龙、棉毛衫裤0.36件。20世纪90年代后，农村青年率先向城里人看齐，效仿穿着各种新式服装。1995年，人均衣着消费支出145.76元。人均衣着消费品种和消费量：棉布（包括成衣折量）0.37米，化纤布（包括成衣折量）1.92米，呢绒（包括成衣折量）0.19米，绸缎（包括成衣折量）0.04米，毛线及毛线织品0.23公斤，麻布0.01米，针纺织品金额13.08元，毛皮制品0.01件，皮、胶、球、布鞋等1.38双。

2001年后，穿西服、扎领带、穿牛仔成为时尚，高档服饰进入寻常百姓家。“一季多衣”基本普及。2002年，人均衣着消费支出174.77元。其中，服装支出99.31元，衣着材料支出2.99元，鞋、帽、袜类支出55.52元，衣着加工费2.04元，其他支出14.91元。人均衣着消费品种和消费量：棉布服装0.15件，化纤布0.12米，化纤布服装1.65件，毛料0.01米，毛料服装0.10件，皮料服装0.01件，鞋、帽、袜类支出55.52元，床上用品支出5.34元。2007年，人均衣着消费支出464元。其中，衣着消费品支出：服装327.16元，服装材料2.84元，鞋类112.02元，其他19.85元；衣着消费服务性支出：衣着加工费0.91元，其他服务性支出1.22元。

居住消费 民国时期，江宁县农村居民以草房为主，据资料统计，长江乡有农户2000余户，瓦房仅有3幢，其中慈善机构1幢，地主2幢。由于县内地势比较复杂，不同的地势，草房建筑结构也不一样。在沿江地区，农民住房多为玉米秆芦苇泥巴墙，稻草或麦秸盖顶；在圩田地区，用夹板墙，填土夯实，毛竹和杂树梁柱，稻草或麦秸屋面；丘陵地区的农民住房多为乱石大土墙，杂树梁柱，茅草屋顶。少数富者住房为砖墙瓦屋，几进几合院。

新中国成立后至20世纪60年代中期，江宁县农村居民多数仍住草舍。60年代末，农村渐次出现新建的红砖瓦简易平房。70年代起，新建瓦房逐渐增多，讲究质量，并注意外表美观。据统计，1957年，全县农村人均住房支出10.30元，占生活消费支出10.54%；1965年，人均住房支出11.44元，占生活消费支出8.64%；1976年，人均住房支出增至16.67元，占生活消费支出11.32%。1980年后，农村普遍掀起草房改瓦房、瓦房变楼房的热潮，草房逐渐灭迹，楼房逐渐增多。1985年，全县农民住宅面积共1487万平方米，其中楼房121万平方米，瓦房1347万平方米，草房及简易结构房屋19万平方米。据100户农户调查，人均使用房屋0.87间，人均使用面积18.84平方米。人均住房消费支出78.60元，是1976年的4.72倍。1995年，人均使用房屋1.13间，人均使用面积25.59平方米，土草房基本绝迹。人均住房消费支出352.81元，是1985年的4.49倍。1996—2000年，农村兴建农民住宅小区，加快农村城镇化进程。2000年，全县农村居民住宅面积231.92万平方米。据100户农户调查，人均住房面积35.36平方米，其中人均楼房面积26.14平方米，砖瓦平房面积9.22平方米。住房有卫生间的82户，有取暖设备的2户，有空调设备的3户。人均住房消费支出322.13元。2007年，据100户农户调查，人均住房面积43.64平方米，其中人均楼房面积37.82平方米，砖瓦平房面积5.37平方米，其他0.45平方米。有水冲式厕所的65户，旱厕34户，无厕所1户。使用空调65户，使用暖气2户，无取暖设备33户。住室外水泥或柏油路面80户，沙石或石板等硬质路面20户。人均住房消费支出618.39元。

家庭设备用品及服务消费 新中国成立前，农村居民家庭设备用品极为简陋，贫苦农民家庭用木棍支撑芦笆就作为床铺，坐无椅，食无桌。少数殷实人家多为木床、木凳、木桌。新中国成立后，家庭设备用品缓慢改善。20世纪50年代至60年代中期，尚未解决生活温饱，家庭消费主要是吃、穿。1957年，全县人均生活用品开支3.12元，占生活消费支出3.19%；1965年，人均生活用品开支6.80元，占生活消费支出5.14%。70年代，少数家庭有成套家具、自行车和家用电器，新婚青年有“三转一响”（即自行车、缝纫机、手表和收音机）和成套家具就算是“现代化”家庭。1978年，全县农村平均每百户家庭耐用物品拥有量为：自行车7辆，缝纫机13架，收音机37台，钟表77只（其中手表57只）。80年代初，少数农民家庭拥有沙发、大衣柜、黑白电视机等。1985年，全县农村平均每百户家庭耐用物品拥有量为：自行车97辆，缝纫机41架，收音机49台，录音机9台，钟表188只（其中手表157只），电视机35台（其中彩电3台），电风扇26台，大型家具242件。90年代后，农村居民家庭已普及黑白电视机，33%家庭有洗衣机、彩电、组合家具、摩托车等。录像机、电冰箱、照相机进入寻常百姓家。1995年，全县农村平均每百户家庭耐用物品拥有量为：自行车166辆，缝纫机58架，手表253只（其中电子表72只），钟80只，洗衣机34台，摩托车23辆，电视机114台（其中彩电39台），录像机7台，电冰箱11台，照相机4架。

2000年后，农民生活越来越富裕，农村家庭不仅普及了洗衣机、电冰箱、空调机、固定电话、移动电话等，而且家用计算机、摄像机、录放像机、中高档乐器进入农村家庭。2007年，全区农村平均每百户家庭耐用物品拥有量为：洗衣机88台，电冰箱95台，空调机90台，微波炉61台，热水器86台（其中太阳能热水器78台），摩托车88辆，固定电话80部，移动电话201部，彩色电视机142台（其中接入有限电视网的68台），摄像机2架，照相机21架，家用计算机52台（其中接入互联网的20台），中、高档乐器22件。

医疗保健消费 20世纪60年代，江宁县农村实行合作医疗制度。1970年前，最少的大队人均一年个人负担0.50元，最多的大队一年1.50元。1970年后，合作医疗人均一年3元～6元。至1985年，全县380个行政村办有合作医疗的320个。此后，合作医疗参加率下降。1990年，农村居民人均医疗保健费支出11.60元。随着居民收入增长，就医条件得到改善，医疗费用逐年提高。1990年后，农村合作医疗逐步得到恢复。1995年，农村居民人均医疗保健支出46.35元，其中医疗卫生保健用品14.55元，医疗保健服务费30.50元，医疗卫生保健设备用品0.09元，其他1.21元。2000年，农村居民人均医疗保健支出144.78元，比1995年增加2.12倍。其中，医疗卫生保健用品49.34元，医疗保健服务费85.85元，医疗卫生保健设备用品0.04元，其他9.55元。2005年，农村居民人均医疗保健支出209.55元，比2000年增长44.74%。2007年，农村居民人均医疗保健支出286.54元，比2005年增长36.74%。其中，医疗保健用品支出166.37元，医疗保健服务性支出120.17元。

交通和通讯消费 20世纪70年代前，农村交通设施较少，大多数农村居民徒步出行。1975年，开始发展农村公共汽车客运事业。同时，自行车陆续进入农村居民家庭。据调查，1980年，平均每百户拥有自行车26.70辆。1985年，平均每百户拥有自行车97辆。1990年，平均每百户拥有自行车185辆，户均1.85辆；平均每百户拥有摩托车1辆。是年，全县开通农村公交线路32条，通车里程523.50千米，站点185个。1992年，农村居民人均交通和通讯支出16元。随着国民经济发展和居民收入增长，交通设施不断完善，农村居民人均交通和通讯支出逐年提高。1992年后，电话机、移动电话、寻呼机等陆续进入农民家庭。1995年，农村居民人均交通和通讯支出81.19元，是1992年的5.07倍。其中，交通工具51.62元，通讯工具11.34元，交通费16.04元，邮电费0.36元，交通、通讯工具维修费 1.65 元。每百户拥有自行车 166 辆，拥有摩托车 23 辆。2000 年，农村居民人均交通和通讯支出 189.62 元，是 1995 年的 2.34 倍。其中，交通工具 20.71 元，通讯工具 8.93 元，交通费 43.32 元，邮电费 44.47 元，交通、通讯工具维修费 72.19 元。每百户拥有自行车 145 辆，摩托车 45 辆，电话机 32 部，移动电话 7 部，寻呼机 12 台。2000 年后，随着农村居民收入快速增长，生活水平不断提高，汽车（生活用）开始进入农村居民家庭。2005 年，农村居民人均交通和通讯支出 538.65 元，是 2000 年的 2.84 倍。每百户拥有自行车 140 辆，摩托车 64 辆，汽车（生活用）2 辆，电话机 89 部，移动电话 136 部。2007 年，农村居民人均交通和通讯支出 734.37 元，是 2005 年的 1.36 倍。其中，交通和通讯用品支出 360.74 元，交通和通讯服务消费支出 373.63 元。每百户拥有自行车 134 辆（其中电动自行车 43 辆），摩托车 88 辆，电话机 80 部，移动电话 201 部。

文化教育、娱乐用品及服务消费 20 世纪 80 年代前，农村居民文化娱乐服务消费较少，看电影是农村居民业余时间的主要娱乐。1957 年，全县农村人均文化与生活服务支出 3.50 元，占生活消费支出 3.58%；1965 年，人均文化与生活服务支出 4.86 元，占生活消费支出 3.67%；1976 年，人均文化与生活服务支出 4.34 元，占生活消费支出 2.95%。80 年代后，文化娱乐生活逐渐多样化，录音机、电视机陆续进入农村居民家庭。1985 年，人均文化与生活服务支出 14.60 元，占生活消费支出 3.24%。平均每百户拥有收音机 49 台，录音机 9 台，电视机 35 台。其中彩色电视机 3 台。1990 年，文化娱乐服务支出 37.34 元，占生活消费支出 4.02%。平均每百户拥有收音机 28 台，黑白电视机 74 台，彩色电视机 12 台，收录机 29 台，照相机 1 架。90 年代后，农村居民家庭中，黑白电视机基本普及，彩色电视机拥有量迅速上升，居民文教娱乐用品及服务支出逐渐增加。1995 年，文教娱乐用品及服务支出 139 元，占生活消费支出 6.40%。平均每百户拥有收音机 51 台，电视机 114 台（其中彩色电视机 39 台），录像机 7 台，收录机 54 台，照相机 4 架。2000 年，文教娱乐用品及服务支出 285.21 元，占生活消费支出 10.46%。其中，文化教育、娱乐用品 60.03 元，文化教育、娱乐服务 225.18 元。平均每百户拥有彩色电视机 74 台，黑白电视机 70 台，录放像机 15 台，影碟机 10 台，组合音响 10 套，收录机 65 台，照相机 4 架。2000 年后，农村居民家庭中，彩色电视机已基本普及，摄像机、家用计算机、中高档乐器开始进入农村居民家庭。2005 年，文化教育、娱乐用品及服务支出 640.58 元，占生活消费支出 18.95%。平均每百户拥有彩色电视机 124 台，黑白电视机 37 台，录放像机 12 台，摄像机 1 架，影碟机 50 台，组合音响 27 套，收录机 23 台，照相机 29 架，家用计算机 6 台，中、高档乐器 1 件。2007 年，文化教育、娱乐用品及服务支出 1036.92 元，占生活消费支出 18.89%。其中，购买文化教育、娱乐用品 443.39 元，教育服务消费 421.33 元，文化、体育、娱乐服务消费 172.20 元。平均每百户拥有彩色电视机 142 台，其中接入有线电视网 68 台；黑白电视机 15 台，其中接入有线电视网 1 台；摄像机 2 架；影碟机 60 台；照相机 21 架；家用计算机 52 台，其中接入互联网 20 台；中、高档乐器 22 件。

其他商品和服务消费 1957 年，农村居民家庭人均其他商品和服务消费支出 3.12 元，1965 年 6.80 元，1976 年 7.07 元。20 世纪 80 年代后，农村居民购买化妆品、金银珠宝饰品等日益增多。1996 年，人均其他商品和服务消费支出 40.30 元。其中化妆品、金银珠宝饰品等商品性支出 19.23 元；服务性支出 21.07 元。20 世纪 90 年代中期，旅游消费陆续进入农村居民家庭。2000 年，人均其他商品和服务消费支出 93.72 元。其中化妆品、首饰珠宝等商品性支出 30.44 元；旅店住宿费、殡殓费、旅游等服务性支出 63.28 元。2005 年，人均其他商品和服务消费支出 88.19 元。其中，首饰、手表、化妆品、迷信或宗教用品等商品性支出 44.83 元；旅店住宿费、美容美发、殡殓费等服务性支出 43.36 元。2007 年，人均其他商品和服务消费支出 114.97 元。其中，首饰、手表、化妆品、迷信或宗教用品等商品性支出 66.98 元；旅馆住宿费、美容美发、殡殓费等服务消费支出 47.99 元。

1978—1999 年江宁县农村居民平均每百户主要耐用消费品拥有量情况表

表 43-2-10

年　份	自行车（辆）	缝纫机（架）	收音机（台）	收录机（台）	钟表（只）	其中：手表（只）	电视机（台）	其中：彩电（台）	电风扇（台）	大型家具（件）	洗衣机（台）	电冰箱（台）	摩托车（辆）	照相机（架）	录像机（台）
1978	7	13	37	—	77	57	—	—	—	—	—	—	—	—	—
1979	13	17	47	—	77	—	—	—	—	—	—	—	—	—	—
1980	27	24	73	—	104	84	—	—	—	—	—	—	—	—	—
1981	40	24	78	—	140	98	—	—	—	371	—	—	—	—	—
1982	53	29	80	—	156	111	2	—	2	378	—	—	—	—	—
1983	47	33	87	2	157	122	7	—	7	405	—	—	—	—	—
1984	75	37	88	3	188	140	20	—	15	385	—	—	—	—	—
1985	97	41	49	9	188	157	35	3	26	242	—	—	—	—	—
1986	129	50	39	10	241	183	46	3	41	345	—	—	—	—	—
1987	138	51	32	16	249	196	64	3	48	318	2	2	—	—	—
1988	153	58	29	15	258	206	72	4	78	358	7	3	—	—	—
1989	167	61	37	21	282	222	84	11	83	439	15	3	—	—	—
1990	185	65	28	29	287	236	86	12	101	427	18	3	1	1	—
1991	172	54	37	38	300	228	87	8	139	651	13	2	3	5	—
1992	165	62	58	43	290	215	94	15	154	629	16	5	2	6	—
1993	185	57	42	47	317	225	103	23	180	657	24	6	8	6	3
1994	185	59	58	48	288	220	109	25	132	715	29	10	12	6	3
1995	166	58	51	54	333	253	114	39	170	733	34	11	23	4	7
1996	168	60	44	45	283	188	109	26	284	1042	42	4	11	4	2
1997	166	59	53	40	279	173	110	29	226	990	40	14	11	6	2
1998	174	61	45	46	283	192	121	38	249	1013	44	16	14	6	2
1999	174	60	49	45	275	184	123	42	231	1139	44	16	18	4	11

2000—2007年江宁区农村居民平均每百户主要耐用消费品拥有量情况表

表 43-2-11

年份	自行车(辆)	收录机(台)	电视机(台)	其中：彩电(台)	电风扇(台)	大型家具(件)	洗衣机(台)	电冰箱(台)	摩托车(辆)	照相机(架)	录放像机(台)	空调(台)	抽油烟机(台)	吸尘器(件)	热水器(台)	固定电话(部)	移动电话(部)	寻呼机(部)	摄像机(架)	影碟机(台)	组合音响(套)	家用计算机(台)	微波炉(台)	汽车(辆)	中高档乐器(件)
2000	145	65	144	74	222	318	66	34	45	4	15	3	3	1	5	32	7	12	—	10	10	—	—	—	—
2001	160	65	147	77	218	320	66	35	47	5	15	3	3	1	9	42	12	5	—	12	10	—	—	—	—
2002	149	56	154	86	209	272	68	45	38	3	9	4	5	1	15	63	24	1	—	20	8	—	2	1	—
2003	135	46	147	96	202	257	64	47	43	4	11	7	4	1	14	77	49	—	—	23	7	2	4	1	1
2004	135	46	149	97	204	257	62	52	43	4	11	10	3	1	17	77	59	—	—	28	7	3	4	1	1
2005	140	23	161	124	218	562	70	79	64	29	12	61	14	2	51	89	136	—	1	50	27	6	34	2	1
2006	133	22	161	135	223	586	85	90	76	22	11	72	30	5	75	83	161	—	1	61	27	18	44	—	—
2007	134	—	157	142	—	—	88	95	88	21	—	90	34	5	86	80	201	—	2	60	—	52	61	—	22

1957—2007年江宁区农村居民人均生活消费支出情况表

表 43-2-13　　　　单位：元

年　份	生活消费支出	比上年增长比例（%）	食品类		衣着类	居住类	家庭设备类	医疗保健类	交通和通讯类	文化娱乐用品类	其　他
			支　出	占生活消费支出比例（%）							
1957	97.71	—	69.65	71.28	8.02	10.30	3.12	—	—	3.50	3.12
1965	132.38	35.48	93.50	70.63	8.98	11.44	6.80	—	—	4.86	6.80
1976	147.27	11.25	99.04	67.25	13.08	16.67	7.07	—	—	4.34	7.07
1978	193.80	31.60	119.70	61.76	23.40	25.50	15.90	—	—	9.30	—
1979	237.60	22.60	144.10	60.65	33.30	40.20	14.60	—	—	5.40	—
1980	244.00	2.69	146.10	59.88	29.10	40.70	23.20	—	—	4.90	—
1981	238.90	-2.09	148.60	62.20	26.40	39.40	17.50	—	—	7.00	—
1982	280.60	17.46	170.80	60.87	28.80	49.60	23.80	—	—	7.60	—
1983	341.40	21.67	198.30	58.08	28.80	71.30	37.10	—	—	5.90	—
1984	362.60	6.21	205.10	56.56	32.50	64.30	48.90	—	—	11.80	—
1985	451.30	24.46	244.00	54.07	43.30	78.60	70.80	—	—	14.60	—
1986	553.50	22.65	276.21	49.90	46.75	143.44	69.72	—	—	17.38	—
1987	691.00	24.84	372.41	53.89	46.29	160.38	87.56	—	—	24.36	—
1988	880.93	27.49	457.68	51.95	53.26	229.03	110.61	—	—	30.35	—
1989	852.71	-3.20	532.71	62.47	58.72	131.30	68.96	10.50	26.55	13.93	10.04
1990	928.69	8.91	581.94	62.66	52.36	165.92	48.08	11.60	29.88	37.34	1.57
1991	902.00	-2.87	590.00	65.41	65.00	128.00	41.00	12.00	24.60	41.00	0.40

续表

年份	生活消费支出	比上年增长比例（%）	食品类		衣着类	居住类	家庭设备类	医疗保健类	交通和通讯类	文化娱乐用品类	其他
			支出	占生活消费支出比例（%）							
1992	1075.00	19.18	657.00	61.12	70.00	153.00	103.00	26.00	16.00	44.00	6.00
1993	1280.00	19.07	772.00	60.31	95.00	121.00	110.00	27.00	45.00	85.00	25.00
1994	1645.00	28.52	1039.00	63.16	116.00	163.00	128.00	37.00	46.00	108.00	8.00
1995	2173.55	32.13	1218.14	56.04	145.76	352.81	159.68	46.35	81.19	139.00	30.62
1996	2469.83	13.63	1397.50	56.58	149.98	401.35	155.13	43.54	45.69	236.34	40.30
1997	2644.31	7.06	1534.09	58.01	142.58	386.41	148.23	61.44	59.60	249.92	62.04
1998	2601.93	−1.60	1451.22	55.77	104.26	346.35	144.67	76.05	157.78	290.94	30.66
1999	2380.61	−8.51	1379.92	57.96	99.88	371.30	107.09	95.85	69.42	240.64	16.51
2000	2726.11	14.51	1408.72	51.68	149.77	322.13	132.16	144.78	189.62	285.21	93.72
2001	2680.55	−1.67	1280.37	47.77	133.72	415.11	113.97	177.76	227.32	263.94	68.36
2002	2615.33	−2.43	1257.29	48.07	174.77	309.27	127.00	86.03	281.62	305.78	73.57
2003	2953.58	12.93	1388.50	47.01	178.24	305.38	151.82	85.39	375.51	396.31	72.43
2004	2615.59	−11.44	911.92	34.86	218.12	259.16	199.32	177.34	321.87	457.79	70.07
2005	3381.06	29.27	1052.17	31.12	278.49	342.98	230.45	209.55	538.65	640.58	88.19
2006	4370.20	29.26	1327.28	30.37	339.22	430.20	356.37	216.24	738.93	812.35	129.61
2007	5487.93	25.58	1686.20	30.73	464.00	618.39	546.54	286.54	734.37	1036.92	114.97

说明：1957 年、1965 年、1976 年为全县平均数字，其他年份为户抽样调查数据

第二节　城镇居民生活消费

【消费水平】

新中国成立前，职工以私营手工业作坊和个体手工业、商业为主。城镇居民大多生活清苦，家中只有少量的生活用品。即使是公务人员生活也比较窘迫。据民国 36 年（1947）8 月调查，江宁县公务人员的个人收入只能养活自己（只吃青菜、豆腐），根本养不起家人。加之通货膨胀，造成物价飞涨，城镇居民家庭生活状况处于饥寒交迫中。

新中国成立后，职工收入不断增加，物价基本稳定，城镇居民消费水平不断提高。但大部分用于食品支出，少量用于衣着及日常必需品支出。1952 年，城镇居民人均生活消费支出 97 元（当年价，下同），1957 年为 124 元。1965 年，城镇居民人均生活消费支出 151 元，比 1957 年增加 27 元，增长 21.77%。其中用于食品消费支出 106 元，占生活消费支出 70.20%。"文化大革命"期间，城镇居民生活消费主要来源靠国家计划供应。1976 年，城镇居民人均生活消费支出 323 元。

1978 年后，随着居民收入大幅增加，消费结构随之发生变化。食品消费支出占生活消费支出的比重呈下降趋势；食品消费由大米、面粉等主食支出为主转向重视鱼、肉、蛋、禽等副食品消费。1985 年，城镇居民人均生活消费支出 699 元，比 1976 年增加 376 元，增长 116.41%。其中用于食品消费支出 360 元，占生活消费支出 51.50%。在食品消费支出中，副食品消费支出占食品消费支出的 85% 以上。20 世纪 90 年代后，城镇居民家庭生活发生重大变化：食品消费由数量型向质量营养型转变；穿着由穿暖向穿好和一季多衣发展，逐步向中高档、成衣化、多样化转变；生活必需品向耐用消费品发展，耐用消费品向电气化和高质量转变。1990 年，城镇居民人均生活消费支出 1306 元，比 1985 年增加 607 元，增长 86.84%。1995 年，城镇居民人均生活消费支出 4523.64 元，比 1990 年增加 3217.64 元，增长 246.37%。用于食品消费支出 2415.48 元，恩格尔系数为 53.40%。

2001 年，城镇居民人均生活消费支出 7325.64 元，比 1995 年增加 2802 元，增长 61.94%，用于食品支出 2884.44 元，恩格尔系数为 39.37%。2007 年，城镇居民人均生活消费支出 11803 元，比 2001 年增加 4477.36 元，增长 61.12%。其中，用于食品支出 3746 元，占生活消费支出 31.74%；衣着支出 1005 元，占 8.51%；设备用品及服务支出 786 元，占 6.66%；医疗保健支出 769 元，占 6.74%；交通和通讯支出 1335 元，占 11.31%；娱乐文教服务支出 2425 元，占 20.55%；居住支出 1175 元，占 9.96%；杂项商品和服务支出 562 元，占 4.76%。

【消费结构】

食品消费　新中国成立前，城镇居民日常饮食一般为"两稀一干"。早餐多以咸菜、萝卜干配稀粥，少数人家有馒头等面食；中餐饭菜多为时令蔬菜，偶有少量荤菜；晚餐一般为米粥或面条、疙瘩等。秋冬季节兼食山芋。民国 36 年（1947）6 月，县城居民人均消费米 31 市斤，猪肉 3 市斤，鸡蛋 4 个，豆油 0.50 斤，蔬菜 15 斤，茶叶 2 市两，烧酒 1 斤，纸烟（10 支 1 盒）8 盒。

新中国成立后至 20 世纪 70 年代，江宁县的食品消费水平较低，表现为食品支出额小，且在整个消费支出中所占比重较大。1957 年，城镇居民人均食品支出 87 元，其中主食消费支出 27.58 元，副食品消费支出 59.42 元。1965 年，城镇居民人均食品支出 105.70 元，其中主食消费支出 34.56 元，副食品消费支出 71.14 元。1976 年，城镇居民人均食品支出 219.64，其中主食消费支出 65.90 元，副食品消费支出 153.74 元。食品支出占整个消费支出的比重（恩格尔系数）

长期在65%以上。20世纪80年代后，城镇居民食品支出的比重呈逐年递减的趋势。1985年，城镇居民人均用于食品消费支出360元，占生活消费支出51.50%；1995年，城镇居民人均用于食品消费支出2415.48元，占生活消费支出53.39%。居民吃的质量发生明显变化，由单纯为了“吃饱”趋于追求吃好，饮食结构由“主食型”趋于“副食型”和“营养型”。1995年，月人均消费粮食7.50公斤，比1980年月人均消费粮食14公斤减少6.50公斤。而一些主要的副食品和营养型食品的消费量则呈逐年增长的趋势。1998年，居民年均消费肉类17.30公斤，水产品10公斤，家禽5.30公斤，蛋类及蛋制品5.60公斤，鲜奶5公斤，蔬菜140.30公斤。2000年后，江宁区城镇居民食品消费质量和层次有了进一步提高，传统的肉类消费基本保持平稳，而家禽、蛋类、水产品的消费有较多增加。随着生活节奏的加快，城镇居民饮食消费的社会化程度明显提高，居民在外用餐增多。食用快餐者更是非常普遍，有些家庭在饭店预定每桌800元～1000元不等的年夜饭，到饭店吃年夜饭欢度新年。2006年，城镇居民家庭人均生活消费支出9979元，其中用于食品消费3402元，占生活消费支出（恩格尔系数）34.09%。在外用餐645元，占食品消费支出18.96%。2007年，城镇居民家庭人均生活消费支出11803元，其中用于食品消费3746元，占生活消费支出（恩格尔系数）31.74%。在外用餐698元，占食品消费支出18.63%。城镇居民主要食品人均消费量：粮食57.51公斤，油脂类7.80公斤，肉类及其制品20.75公斤，禽类及其制品17.05公斤，蛋类及蛋制品10.35公斤，鱼虾及其他水产品19.31公斤，鲜菜345公斤，卷烟33.48盒，酒6.29公斤，茶叶0.14公斤，干鲜瓜果及制品47.54公斤，奶及奶制品13.33公斤。

1985—2007年部分年份江宁区城镇居民主要食品年人均消费量情况表

表43-2-13

食品名称	1985年	1990年	1994年	2000年	2005年	2006年	2007年
粮食（公斤）	121.56	119.20	93.00	79.50	74.99	72.75	57.51
油脂类（公斤）	7.92	8.60	8.70	10.00	8.19	7.59	7.80
鲜菜（公斤）	121.92	120.90	115.80	122.90	99.02	108.34	345.00
猪肉及其制品（公斤）	16.56	21.10	19.80	25.20	22.66	20.58	17.79
牛羊肉及其制品（公斤）	0.96	3.40	2.30	2.51	2.77	2.85	2.96
家禽及其制品（公斤）	9.48	7.60	12.70	15.20	18.77	21.68	17.05
蛋及蛋制品（公斤）	10.08	9.90	13.40	14.80	10.77	12.12	10.35
鱼虾及其他水产品（公斤）	9.24	10.40	13.00	18.20	18.09	39.91	19.31
食糖（公斤）	2.88	3.00	2.50	2.30	0.98	1.15	1.13
卷烟（盒）	48.24	33.40	22.80	23.90	31.02	33.46	33.48
酒（公斤）	4.32	6.10	6.50	5.90	5.92	7.68	6.29
茶叶（公斤）	—	—	—	—	0.13	0.12	0.14
干鲜瓜果及制品（公斤）	—	—	52.40	64.80	44.73	24.65	47.54
糖果（公斤）	0.84	0.50	0.70	0.60	0.24	0.85	0.85
糕点（公斤）	3.60	3.40	2.50	2.80	3.83	3.81	4.43
奶及奶制品（公斤）	—	—	10.10	23.10	12.94	15.30	13.33

说明：1985年、1990年、1994年、2000年为南京市抽样调查数据；2005—2007年为江宁区百户抽样调查数据

衣着消费 民国初期，县内居民多穿长袍马褂，后日渐稀少，多以短打扮着装为主。男人上装一般为对襟式，下装为大裤腰长裤。春夏秋多穿布衣短衫，冬穿短棉袄、棉裤或棉长袍。富人及当官的则穿绸缎、毛呢、皮装。至新中国成立前夕，一般居民由于生活贫困，加之家庭人口较多，无力讲究面料、款式，穿着上不仅色调灰暗单一，而且旧、破、烂，就连学校老师也有人穿带补丁的衣服。

新中国成立后至20世纪70年代末，虽然居民家庭收入不断增长，但收入中的大部分钱用于解决吃饭问题，衣着消费水平比较低下。1957年，全县城镇居民人均衣着消费支出15.38元。1965年，人均衣着消费支出22.50元。居民服装色彩比较丰富，布料由平布逐渐增加卡其布、灯芯绒、化纤织物。“文化大革命”期间，城镇居民服装千篇一律，色彩以蓝、白、黑为主，以穿绿军装、戴绿军帽为荣。这期间，化纤产品“的确良”、“二合一”的涤棉、“三合一”的涤毛棉、质地更为坚牢的尼龙丝等布料问世，布料质量发生根本性变化。1976年，城镇居民人均衣着消费支出48.45元。

20世纪80年代后，城镇居民收入大幅提高，使得居民衣着消费发生深刻变化，穿着打扮从一片“蓝、黑、灰、黄”色中走出，展现出多姿多彩风貌。1995年，城镇居民人均衣着消费支出582.43元。1995年后，人们对穿着的需求已不再单纯地讲究经济实用价值，而是为了显示个性魅力，追时髦、求名牌、讲个性的衣着消费观念逐步成为一种时尚。服装种类增多，有西装、套装、夹克衫、拉链衫、T恤衫、运动衫、蝙蝠衫、连衣裙、筒裙、超短裙等，花样不断翻新，色彩鲜艳夺目。冬春穿着羽绒服、皮夹克、皮大衣、羊绒大衣、裘皮大衣等，高质量、新款式服装比比皆是。2005年，城镇居民人均衣着消费支出691元，其中服装支出509元，衣着材料8元，鞋帽及其他168元，衣着加工费6元。2007年，城镇居民人均衣着消费支出1005元，比2005年增长45.44%。其中服装支出740元，衣着材料7元，鞋帽及其他248元，衣着加工费10元。

居住消费 民国时期，县城居民住宅都是私房，以农家茅屋、棚户屋为主，低矮、破旧、潮湿。沿街居民房屋多为简易砖木结构的平房。一般家庭人口多，二代、三代同居一屋，无单独厨房和卫生间。新中国成立后，绝大部分居民都是租住由房管所或单位管理的公房，按月交房租。20世纪50—70年代，房租每月每平方米由几分钱增至1角钱左右。据统计，1978年，全县城镇居民人均居住面积5.30平方米。80年代后，住房制度逐步改革，鼓励个人购房，提高公房租金，购房按标准补贴。1995年开始，江宁县积极推进经济适用房和廉租房建设，面向全县城镇低收入居民，不断完善住房保障机制。1998年，全县城镇居民人均居住面积增至21.53平方米。随着生活水平不断提高，室内装潢随之变化。实行个人购房制度后，掀起室内装潢热，铺木地板或地砖，吊顶加墙裙，门框搞大包装；厨房有吊柜、大理石台面、燃气灶、排风扇、热水器（电、气、太阳能）；卫生间有浴缸或淋浴室，洗漱间设备齐全。家具多样化。2005年，全区城镇居民人均住房使用面积25平方米。人均居住消费支出2097元，占城镇居民家庭人均生活消费支出17.63%。2007年，城镇居民人均住房使用面积33.90平方米，比2005年增加8.90平方米，增长35.60%。人均居住消费支出1175元，占城镇居民家庭人均生活消费支出9.96%。根据100户城镇居民住房情况调查资料显示，房屋产权：租赁公房6户，原有私房36户，房改私房30户，商品房28户；自来水使用：独用自来水99户，公用自来水1户；卫生设备：有厕所浴室93户，有厕所无浴室4户，公用2户，无卫生设备1户；取暖设备：空调设备87户，无取暖设备13户；燃料使用：管道煤气25户，液化石油气74户，煤1户；通信设备：固定电话93户，移动电话195户，使用互联网（条）38户；住宅建设式样：单栋住宅1户，四居室7户，三居室36户，二居室27户，普通楼房22户，平房及其他7户；装修状况：有装修60户，无装修40户。

家庭设备用品及服务消费 20世纪50—60年代，家庭设备用品是一张床、一个灶、一张桌、一盏灯即可，有个手电筒、自行车、缝纫机就是“现代化”家庭了。由于城镇居民收入有限，加之社会产品的贫乏，一度把手表、自行车、缝纫机、收音机，即“三转一响”视为四大件，并视为富有的象征。即使到了改革开放初期的1980年，居民家庭主要耐用消费品，也仅限于缝纫机、电风扇、黑白电视机、收音机等，且档次较低。1985年，城镇居民平均每百户耐用物品拥有量：自行车134辆，缝纫机41架，收音机78台，录音机20台，电视机50台（其中彩色电视机16台），钟表224只（其中手表198只），大型家具381件。20世纪90年代后，冰箱、彩色电视机、空调、影碟机、录放像机、组合音响、摄像机、微波炉、移动电话、家用电脑等高科技耐用消费品，都已走进众多的寻常百姓家。1998年，城镇居民平均每百户耐用物品拥有量：彩电50台，影碟机10台，录放像机31台，家用电脑4台，组合音响10套，微波炉15台，空调40台，电风扇50台，洗衣机60台。2000年后，随着人民生活水平的提高和科技的进步与发展，家电耐用消费品新品迭出，更新换代加快，消费档次进一步提高：带电脑全自动洗衣机或新式滚筒式洗衣机取代了老式单缸普通洗衣机；大容积多门或无氟冰箱淘汰了普通单门或双门冰箱；大屏幕多功能彩色电视机逐步替代黑白电视机和老式彩色电视机，与影碟机、组合音响等共同组成的“家庭影院”，丰富、活跃居民的文化生活；家庭电脑取代游戏机；空调不再是高档奢侈品；微波炉、电磁灶开始进入家庭厨房。2005年，城镇居民家庭设备用品及服务支出627元，占生活消费支出5.27%。2007年，城镇居民家庭设备用品及服务支出786元，占生活消费支出6.66%。每百户居民家庭耐用消费品拥有量：洗衣机104台，电冰箱102台，微波炉86台，空调154台，淋浴热水器98台，消毒碗柜4台，摩托车60辆，助力车32辆，家用汽车11辆，电话机93部，移动电话195部，彩色电视机177台，影碟机63台，家用电脑63台，组合音响29套，照相机56架，摄像机8架，健身器材4套，钢琴3架，其他中、高档乐器6件。

1985—2007年江宁区主要年份城镇居民平均每百户家庭耐用消费品拥有量情况表

表43-2-14

名　称	1985年	1986年	2004年	2005年	2006年	2007年
洗衣机（台）	42	52	100	98	97	104
电冰箱（台）	12	18	98	101	99	102
微波炉（台）	—	—	68	78	84	86
空调（台）	—	—	132	126	140	154
淋浴热水器（台）	—	—	72	87	95	98
消毒碗柜（台）	—	—	1	3	6	4
摩托车（辆）	1	1	8	61	57	60
助力车（辆）	—	—	9	20	23	32
家用汽车（辆）	—	—	2	7	7	11
电话机（部）	—	—	101	113	110	93
移动电话（部）	—	—	121	144	166	195

续表

名　称	1985年	1986年	2004年	2005年	2006年	2007年
彩色电视机（台）	16	25	147	168	174	177
影碟机（台）	—	—	40	58	63	63
家用电脑（台）	—	—	45	44	48	63
组合音响（套）	—	—	28	22	22	29
照相机（架）	13	18	40	47	50	56
摄像机（架）	—	—	5	4	5	8
健身器材（套）	—	—	4	4	4	4
钢琴（架）	—	—	1	3	3	3
其他中高档乐器（件）	—	—	6	3	3	6

说明：1985年、1986年、2004年为南京市百户抽样调查数据；2005—2007年为江宁区百户抽样调查数据

医疗保健消费　新中国成立前，县内城镇居民除政府官员和少数富有人家外，都缺医少药，广大居民生活困难，根本谈不上身体保健，人均寿命不到40岁。据民国24年（1935）薛仲山编制的南京市居民寿命表可以看出，当时男性人均寿命39.80岁，女性人均寿命38.20岁。新中国成立后，各级人民政府都十分重视人民身体健康和医疗保健问题。虽然经济条件有限，但人民生活稳定，有病能及时治疗。1952年开始，各级国家机关、民主党派、人民团体等工作人员实行公费医疗制度。企业则贯彻《中华人民共和国劳动保险条例》，企业职工实行劳保医疗。职工因病治疗所用经费，除贵重药品由个人负担外，药费实报实销。随着城镇职工基本医疗保险改革，居民更加重视医疗保健，注重有质量的寿命。在国家逐步完善医疗保障体系的情况下，城镇居民更加重视家庭、个人保健的投入。2000年，城镇居民家庭人均医疗保健支出379.56元。据调查，2005年，城镇居民家庭人均医疗保健支出912元。其中，医疗保健服务486元，药品费340元，补药品69元，保健用品7元，医疗器具5元，其他5元。2006年，城镇居民家庭人均医疗保健支出873元。其中，医疗保健服务393元，药品费346元，补药品118元，保健用品10元，医疗器具2元，其他4元。2007年，城镇居民家庭人均医疗保健支出769元。其中，医疗保健服务279元，补药品91元，药品费351元，保健用品47元，医疗器具1元。居民人口平均期望寿命76.29岁，其中男性73.35岁，女性79.37岁。

交通和通讯消费　新中国成立前，城镇居民外出陆路多步行，水路则乘船。少数家境较好的骑毛驴。出远门则坐汽车或火车。新中国成立后，自行车开始进入一般家庭。20世纪50年代至70年代初，需要工业券才能购买自行车。70年代后，使用自行车增多。1975年，江宁县成立公共汽车队，逐步形成以县城东山镇为中心向全县辐射的公共交通网。1985年，城镇居民每百户家庭有自行车134辆。1986年，江宁县开始出现出租车。1990年，全县拥有三轮脚踏车2921辆。是年，江宁县东山程控电话开通后，住宅电话开始逐渐进入城镇居民家庭。居民的通讯方式由以通信为主，逐渐发展为电话、传真、电脑联网等高科技的通讯方式和手段。在居民

生活中，不但固定电话普及，而且移动电话逐渐普及。2000年后，家用汽车开始进入城镇普通家庭。据调查，2005年，城镇居民交通和通讯支出2953元，其中交通费2525元，通讯费428元。每百户家庭拥有：摩托车61辆，自行车135辆，助力车20辆，家用汽车8辆，固定电话113部，移动电话144部，家用电脑44台。2007年，城镇居民交通和通讯支出1335元，其中交通费715元，通讯费620元。每百户家庭拥有：摩托车60辆，自行车136辆，助力车32辆，家用汽车11辆，固定电话93部，移动电话195部，家用电脑63台。

文化教育、娱乐用品及服务消费 新中国成立前，县内城镇居民因生活贫困，文化娱乐活动较少，主要是民间自发组织的文娱活动，如白局、锡剧、踩高跷、划旱船等。新中国成立后，人民生活有很大改善，但居民文化娱乐相对比较单调，主要是看电影、看戏剧，自娱自乐式演出。“文化大革命”期间，主要看样板戏《红灯记》《沙家浜》《智取威虎山》《海港》《杜鹃山》。改革开放后，随着物质水平的提高和思想观念的转变，人们追求健康的精神生活享受，文化娱乐活动内容丰富，形式多样，范围广泛。20世纪90年代开始，家庭文化娱乐活动快速增多，看电视和录像片是主要形式。据南京市抽样调查资料显示：1998年，人均用于文教娱乐方面的消费支出840.96元，与1980年相比，增加20.10倍。其中，用于教育方面的投资人均394.09元，比1980年增加62.20倍；用于文化娱乐费用支出人均190.67元，比1980年增加4.70倍。随着居民家庭用于文化娱乐的耐用品如彩色电视机、影碟机、摄像机、家用电脑、高级组合音响、中高档乐器和健身器材等的普及，使居民文化生活的内容更加丰富多彩、充实快乐。据调查，2005年，城镇居民人均文化娱乐服务消费支出1455元。其中，文化娱乐用品398元，教育648元，文化娱乐服务409元。2007年，城镇居民人均文化娱乐服务消费支出2425元，比2005年增长66.67%。其中，文化娱乐用品561元，教育708元，文化娱乐服务1156元。城镇每百户居民家庭拥有：彩色电视机177台，影碟机63台，家用电脑63台，组合音响29套，照相机56架，摄像机8架，健身器材4套，钢琴3架，其他中、高档乐器6件。

杂项商品和服务消费 城镇居民消费品除食品、衣着、设备、住房、交通、通讯、娱乐、文教、医疗保健外，最为普遍、较为大众的有护肤美容消费、婚丧嫁娶消费、首饰珠宝消费和旅游消费等。随着居民收入增加，杂项商品和服务消费逐渐增多。据抽样调查，2005年，城镇居民人均杂项商品和服务支出185元，其中杂项商品支出136元，服务支出49元。2006年，城镇居民人均杂项商品和服务支出296元，比2005年增长60%，其中杂项商品支出243元，服务支出53元。2007年，城镇居民人均杂项商品和服务支出562元，比2006年增长89.86%。其中杂项商品支出383元，服务支出179元。

1993—2007年江宁区城镇居民家庭人均生活费支出情况表

表 43-2-15　　　　　　　　　　单位：元

年份	生活消费支出	食品类		衣着类	设备用品及服务类	医疗保健类	交通和通讯类	娱乐文教服务类	居住类	杂项商品和服务类
		支出	占消费支出比例（%）							
1993	2866.68	1487.76	51.90	388.44	223.80	36.96	181.20	221.76	190.44	136.32
1994	3516.96	1858.92	52.86	469.80	276.00	51.00	205.32	290.88	208.68	156.36
1995	4523.64	2415.48	53.40	582.48	369.96	71.88	183.72	414.12	296.64	189.36
1996	4920.60	2631.36	53.48	509.40	384.00	96.48	258.36	415.08	420.00	205.92
1997	5451.24	2553.60	46.84	618.00	492.48	148.44	279.84	605.16	464.16	289.56
1998	6056.04	2734.68	45.16	598.32	497.16	224.88	313.80	840.96	551.88	294.36
1999	6448.68	2734.80	42.41	566.04	728.52	316.92	327.72	829.44	554.64	390.60
2000	7047.48	2817.84	39.98	592.68	730.20	379.56	499.56	963.00	674.64	390.00
2001	7325.64	2884.44	39.37	636.84	709.56	490.80	524.04	992.40	646.68	440.88
2002	7322.64	3065.88	41.87	617.04	501.24	501.60	635.64	966.72	819.24	215.28
2003	7725.12	3120.00	40.39	598.20	480.84	575.76	656.88	1126.44	934.92	232.08
2004	8349.67	3501.80	41.94	613.31	474.76	632.91	934.38	1197.75	749.60	245.16
2005	11897.00	2977.00	25.02	691.00	627.00	912.00	2953.00	1455.00	2097.00	185.00
2006	9979.00	3402.00	34.09	867.00	742.00	873.00	926.00	1429.00	1444.00	296.00
2007	11803.00	3746.00	31.74	1005.00	786.00	769.00	1335.00	2425.00	1175.00	562.00

说明：1993—2004年为南京市百户抽样调查数据；2005—2007年为江宁区百户抽样调查数据

第三章 小康达标

1987 年 8 月 29 日，邓小平提出“三步走”发展战略：第一步，从 1981 年到 1990 年，解决人民温饱问题；第二步，从 1990 年到 20 世纪末，人民达到小康水平；第三步，到 21 世纪中叶，人民生活比较富裕，基本实现现代化。江宁区在这一发展战略的指导下，提前实现前两步发展目标。1997 年，经市小康考核验收小组验收，全县综合得分达 94.09 分，江宁县总体达小康。

江宁县在总体达小康后，特别是撤县设区后，区委、区政府动员广大干部群众，围绕“两个率先”（率先全面建成小康社会、率先基本实现现代化）目标，深入落实科学发展观，全力以赴建设不含水分、人民群众得实惠、老百姓认可的全面小康社会。经省全面小康社会认定调查组检查，江宁区省定经济发展、生活水平、社会发展和生态环境四大类 25 项指标全部达标。其中，2007 年，人均地区生产总值 43175 元（标准值 24000 元）；城市化水平 62.10%（标准值 45%）；城镇居民人均可支配收入 19580 元（标准值 16000 元），农村居民人均纯收入 8140 元（标准值 8000 元）；研究与试验发展（R&D）经费支出占国内生产总值（GDP）比重 1.60%（标准值≥ 1%）；环境质量综合指数 86.50 分（标准值 80 分）。民意调查，群众对小康的认可度达 75%。2007 年，江宁区达省定小康标准。

第一节 总体达小康

1995 年，国家计委与国家统计局以 1990 年为价格标准，制订全国人民生活小康水平的基本标准，共五类 16 项指标。根据南京市农村加快奔小康、建设现代化工作要求和江宁县“九五”计划确定的目标，县委、县政府于 1995 年年初提出加快奔小康步伐，要求到 1997 年全县乡、镇、村达小康的奋斗目标。为加快推进奔小康的进程，在全县开展为期两年的“百人百村”建设工程，并于 1997 年 5 月期满，对工程成果进行验收。有 88 个村达到建设目标，其中 8 个小康示范村和 8 个“两高一优”（高产、高效、优质）农业实验村不仅全面达小康，而且已启动建设农村现代化；20 个特色村全面达小康，准备启动现代化；64 个滞后村有 52 个村甩掉滞后帽子，实现基本达小康，尚未达到建设目标的有 12 个滞后村，这些村主要是基础差，虽未达到小康，但变化巨大。在验收的基础上，县召开总结表彰大会，对 25 个先进挂钩部门和 44 名先进下派干部进行表彰和奖励。在“双百”工程结束之后，县委、县政府决定对全县 24 个未达小康村开展帮扶攻坚，选派 30 个有一定经济实力的机关部门与 24 个村结对挂钩，和乡镇一道实施帮扶攻坚方案。由农工部负责综合协调工作，安排好帮扶资金，落实好帮扶政策，尽力为帮扶村排忧解难。通过半年多的帮扶攻坚，根据市委、市政府宁委发〔1995〕34 号文《关于小康统一指标体系》，是年年底经测算，全县综合得分 94.09 分，23 个乡镇和 342 个村的小康得分均在 90 分以上。经市小康考核验收小组验收，1997 年年底，江宁县总体达小康，实现小康县目标。

为巩固小康建设成果，提高小康质量，1998 年 4 月，对全县 342 个村达小康水平进行认真分析排队，选择 21 个小康得分在 92 分以下、村经济可支配收入在 6 万元以下的村，组织 42 个有一定经济实力和协调能力的部门与其结对挂钩，帮助其提高小康水平。与此同时，开展“万名党员联万户”活动，帮助困难户尽快脱贫致富达小康。

第二节 全面达小康

【全面建设小康社会】

构建小康工作机制 创新领导方式，构建全区共建小康的工作机制。建立组织领导机制。出台《全面小康社会创建达标实施意见》，成立由区主要领导任组长的全面小康达标创建工作领导小组，各镇街、开发园区成立相应机构，逐层逐级推进全面小康建设。区领导小组分设协调推进、进程监测、宣传工作、督查考核4个工作小组，建立“措施—监测—预警—反馈—新措施”反应机制。强化压力传递机制。对照省定全面小康社会综合指标体系，制订全区建设小康分解目标、方案和工作措施，将各项奋斗目标任务分解为142项子目标，由47个单位承担实施，形成纵向到底、横向到边的责任网络。形成舆论导向机制。重视宣传发动工作，组织开展多波次的集中宣传活动，在区级以上新闻媒体发表1300多篇新闻报道，进行130余次小康宣讲、500多场次文化活动，发动广大镇村干部深入全区29万多户家庭，倾听民声、了解民意、化解民忧，梳理并解决群众2000多个实际困难，推动小康建设与群众所需、所盼、所求有效对接，形成全区干群共同关心小康、参与小康、投身小康的浓厚氛围。构筑区镇联动机制。将全面建设小康社会的工作重点由区级层面向镇街延伸，实施全区达小康与镇街达小康统一部署、同步推进、全覆盖监测，推动镇街可评估的15项小康指标有效落实，使镇街成为小康建设的“主战场”，提高全面小康建设的均衡性。2007年，镇街小康平均实现程度达85%，东山、秣陵、汤山与全区同步达到省定全面小康建设标准。

又好又快发展经济 发展经济是全面建设小康社会的基础和首要任务。优化产业布局。按照新市区“T”形城市结构，充分发挥机场、港口和8条快速干道优势，规划启动并实施航空产业发展，构筑空港工业园、保税物流园、出口加工区等一批特色产业板块，增强机场路、将军路等产业走廊布局密度，建设镇街产业组团，发展高新主导产业，初步完成电子信息、汽车制造、软件研发、电力自动化等一批产业基地规划与布局。提升产业层次。以项目投入为主线，突出长安福特马自达等一批支撑全局发展、带动产业升级的重点项目，推动通讯、平板显示、电力设备、汽车制造、新能源、航空六大主导产业链式集聚、集群发展。2005—2007年，工业固定资产投资总额达570亿元，是此前3年工业投入总和的3.50倍。高新主导产业领域有80余项产品市场占有率在全国位于首位或前列，电力二次设备、手机、小尺寸液晶面板、太阳能电池片等产品产能均为全球最大。以生产型服务业和智力型服务业为导向，主攻发展现代物流、软件研发、服务外包等现代服务业，推进吉山软件基地、中心商务区等服务业集聚区建设，开工建设中邮航物流速递中心等一批重大服务业项目，服务业增加值比重每年增加1个百分点，成为推动经济发展的重要力量。主攻开放转型。实施高质量“引进来”与高水平“走出去”整体联动，提升对外开放竞争力。2005—2007年，累计引进3000万美元以上项目23个，世界500强企业24家，实际使用外资超过15亿美元。与连云港、淮安共建工业园区迈出实质性步伐，在尼日利亚建设的莱基自贸区成为国家级境外经贸合作区，中国高齿、中电光伏等一批当地企业实现海外上市和跨国经营。提高创新能力。以创新型城区建设为重点，加快发展高新技术产业，引导企业加大研发投入，提升科技创新竞争力，R&D（研究与开发）支出占国内生产总值比重从2004年的1.08%增至1.60%，高新技术产业产值比2004年增加2.41倍。创新政产学研合作机制，在全省率先建立高校、企业、政府共同发展联席会议制度，推动90%以上规模科技企业与科研院所建立稳定的创新合作关系，有20多家科技骨干企业掌握行业尖端技术并参与国家行业标准的制定。成功建设国家火炬计划电力自动化产业基地，建成创造中心等一批科技孵化器集群，专利申请量、授权量3年累计分别达2334件、795件。

改善群众生活质量 针对全区经济总量大但老百姓还不够富的区情，把富民放在更加突出位置，坚持率先发展与加快富民互动并进，着力提高群众生活水平。把支持创业、扩大就业作为致富百姓的首要途径。区委、区政府每年出台富民的政策性文件，加快收入内生增长机制和长效机制的建立。在全区百人以上企业全面推行职工工资集体协商制度，将最低工资标准增至850元/月。在镇街建立227个劳动保障站所，形成完善的城乡统筹就业服务体系，每年直接提供3万多个就业岗位，城镇登记失业率连续3年控制在2.80%以下，基本建成充分就业区。加大对农民实用技术、就业技能培训力度，每年培训就业农民2万人次以上，至2007年年底，全区34万名农村劳动力有29万名实现就业转移。从政策导向、舆论导向、产业导向、服务导向四个方面推进全民创业，放开、放宽、放活民营经济，加快形成中等收入者占多数的格局，全区民营经济组织总户数达3.16万户，平均每7户家庭就有1户是老板。此外，大力推进农业产业化，加快社区集体资产股份制改革，发展“房东经济”，增加群众经营性、福利性、财产性收入。把完善保障、扩大覆盖作为实施“富民优先”的重要环节。以扩大职工保险、落实土地保障、建立农村社会保障和提高基本医疗保障为重点，将企业从业人员、灵活就业人员、进城务工人员、被征地农民等纳入社会保障范围，城镇劳动保障三大保险覆盖面、新型农村合作医疗覆盖面和农村养老补贴覆盖率均超过98%，医疗、养老等各类保障覆盖到城乡80多万名居民，农村10万名老人享受养老补贴。把兼顾各类群体利益、帮助困难群众增收作为富民工程的重中之重。真情善待改革发展中因利益调整而暂时受影响的失地农民、失房居民、失业职工，妥善处理涉及群众切身利益的问题，最大限度地保障群众利益不受损、能增益。失地农民补偿标准由2005年前的1.50万元增至4.50万元。深入开展“万名党员干部带万户”活动，健全领导干部下访、扶持贫困户以及结对帮带制度，低收入纯农户连续两年实现人均增收1500元以上。在困难群众子女上学、医疗、住房、就业等方面出台一系列扶持政策，建立专项社会救助资金，实现对困难群众的兜底性保障。2005—2007年，累计实施各类困难群体帮扶资金达5600多万元，各类困难群体的生活得到切实改善。

图43-3-1 2007年，江宁区组织“建设新农村，携手奔小康”主题宣传活动

加快城市现代化、城乡一体化 以制订并实施《加快统筹城乡发展实施意见》等“1–6”文件为先导，完善城乡布局，搞好城乡功能对接，加快城乡制度并轨，推动城市现代化、城乡一体化。将全区建制镇由20个减至9个，村（社区）由284个减至204个，实现城乡资源优化组合，推动城乡规划全覆盖。全区1573平方千米区域被科学规划为1个中心城区、3个新城和6

个中心镇街组团的空间形态，形成更加有利于均衡协调持续发展的生产力布局。统筹基础设施，缩小城乡建设差距。以提升城市功能品质为主线，强化新区开发、老城改造，同步推进开发园区、中心商务区、老城区、秦淮河景观区“四区”建设，实施地铁南延、东麒路、东山至滨江连接线等一批重大功能性、公益性基础设施工程，东山新市区全面拉开现代城市发展框架，建成区面积拓展到 54 平方千米。以拓展“三农”路径为中心，实施新农村建设，高标准实施农村道路通达、区域供水、环境整治等一批实事工程，全面改善农村生产生活条件，使农民得到更多实惠、农村获得更多发展机会，涌现出彭福、锁石等一批在全省、全市叫得响的新农村典型。统筹城乡发展，推动区域共同进步。2005—2007 年，对镇街财政性建设资金投入累计达 17 亿元，有效激发和增强镇街发展内生活力。以“2 年投资总量翻番、3 年财政收入翻番、4 年农民人均收入翻番”为目标，推动镇街加速新型工业化和农业产业化进程，2007 年，镇街经济总量占全区比重达 51.80%，财政总收入达 26 亿元，实现 2 年翻番目标。87% 和 17% 的村（社区）可支配收入分别超过 100 万元、500 万元。

推进“和谐江宁”建设 在加快发展经济的同时，立足人的全面发展，推动各项事业和谐共进，使全面小康进程同时成为促进社会和谐的进程。加大改善民生工作力度，促进经济社会更加协调。出台《关于改善民生工作的实施意见》，以 96 项实事工程为重点，推进以改善民生为重点的社会建设。在教育发展上，调整优化高中、初中、小学教育布局，加快教育现代化进程，促进各类教育均衡发展。2006 年，免费义务教育全面实现，低保、低收入家庭子女上学享受到更优惠的“三免一补”政策。在卫生服务上，加大城乡医疗卫生设施建设力度，发展社区卫生服务，增强基本卫生公共服务能力，村（社区）卫生服务体系健全率 100%，农民出行 15 分钟即可得到便捷的基本医疗服务，形成“小病进社区、大病进医院、康复回社区”的就医格局。在文化建设上，建成一批标志性文化设施，打造一组深受群众喜爱的文化品牌，建成数十个面积 1000 平方米以上的市民广场和休闲公园，基本建成覆盖城乡、惠及全民的公共文化服务体系。在住房保障上，以政府为主导，累计建设 600 多万平方米的农民复建房、经济适用房等政策性住房，有力保障住房困难的低保家庭住得上廉租房、低收入家庭住得起经济适用房、新就业人员租得起房，推动群众居住品质明显提升。构筑生态宜居环境，促进人与自然更加和谐。针对环境容量小、承载负荷大的区情，不断探索环境优化发展路径，以全国生态区创建为龙头，着力优化城市生态环境，全面推行城乡统一的环保标准，对各级干部“既考核 GDP 又考核 COD”，严控高能耗、高污染项目进区，坚决关停重污染企业，以制度和措施强化对生态环境的有力保障。注重扩大城市“绿量”，扎实推进以生态林地、生态湿地、公共绿地和生态走廊为主要内容的“绿色江宁”工程，初步构筑起区域综合性绿色网络体系，江宁环保指标提前达到全国生态区标准。建设“法治江宁”“平安江宁”，促进社会环境更加优化。全球近 60 个国家和地区的 2400 多家外商企业入驻江宁区兴业发展。

【全面小康建设取得成效】

在省、市全面小康建设指标体系引领下，举区一致、全面动员，突出重点、扎实工作，切实把建设全面小康办成老百姓满意的“民心工程”，推动经济社会更好更快发展，全区呈现全面协调可持续发展崭新格局。

经济发展提速 2005—2007 年，全区地区生产总值、财政收入年均增长 21.70%、39.70%，经济发展保持高位增长、高质提升态势。2007 年，人均地区生产总值超过 5000 美元，财政总收入突破 100 亿元，工业固定资产投资连续两年位居全省前两位，主要经济指标进入全省十强行列。高效农业面积比重、高新技术产业产出比重、服务业增加值比重分别增至 21%、52.80% 和 32.40%，万元地区生产总值、万元工业增加值能耗年均分别下降 4%、5%。

人民生活改善 城镇居民人均可支配收入和农民人均纯收入连续 4 年保持两位数增长，2007 年分别为 1.93 万元和 8200 元。社会中间群体日益扩大，年人均纯收入超过 8000 元的农民家庭占 87%，年收入超过 5 万元的家庭达 62%。城乡居民消费结构进一步优化，衣食住行用水平不断提高，共同富裕成为小康的显著特征。

城乡统筹发展 东山新市区结构不断优化、功能逐步完善、品质明显提升，与主城对接步伐进一步加快。镇街综合实力显著增强，地区生产总值、财政收入年均分别增长 20.80%、39.10%，全区 22% 的村（社区）达到新农村建设示范标准。城乡发展在建设规划、劳动就业、社会保障、产业布局、基础设施、社会事业等方面基本实现全面对接，全区人口城市化率从 2005 年的 58.20% 增至 2007 年的 65%。

生态环境优化 2005—2007 年，累计新增绿地 560 万平方米，至 2007 年年底，城市绿化覆盖率、森林覆盖率分别达 41.60% 和 21.90%，全区环境质量综合指数 83.50 分。“绿色江宁”和生态区建设取得重要进展，三大重点园区全面通过 ISO 14001 环境质量管理体系认证，省级环境优美镇创建实现全覆盖，20% 的村（社区）成为国家、省、市“绿色社区”和“生态村”，江宁区顺利建成全国生态示范区，正向 2008 年建成国家级生态区目标迈进。

民生社会协调发展 “人人享有平等教育、户户拥有适居住房、基本实现充分就业、各类保障覆盖全民、和谐文化惠及全区”等民生目标初步实现，人民群众普遍享有均衡优质的公共服务。“法治江宁”“平安江宁”建设持续深化，群众对社会治安满意率连续 5 年保持 96% 以上，江宁区连续 3 年被评为江苏省社会治安安全区，并先后获全国科技进步先进区、科普示范区、民政工作先进区、村民自治模范区等称号。

2007 年江宁区全面建设小康社会统计指标实现值情况表

表 43-3-16

指标名称			单　位	标准值	实现值	
					2006 年	2007 年
经济发展	1. 人均地区生产总值		元	≥ 24000	39512.00	43175.00
	2. 二、三产业增加值占 GDP 比重		%	≥ 92	94.90	95.30
	3. 城市化水平		%	45	61.80	62.10
	4. 城镇登记失业率		%	< 5	2.60	2.30
生活水平	5. 居民收入	（1）城镇居民人均可支配收入	元	≥ 16000	16801.00	19580.00
		（2）农村居民人均纯收入	元	≥ 8000	7145.00	8[illegible]40.00
	6. 居民住房	（1）城镇人均住房建筑面积	平方米	30	36.70	38.10
		（2）农村人均钢筋、砖木结构住房面积	平方米	40	41.20	43.20
	7. 居民出行	（1）农村行政村通灰黑公路（或航道）比重	%	100	100.00	100.00
		（2）城镇人均拥有道路面积	平方米	12	20.00	22.00
	8. 居民信息化普及程度	（1）百户家庭电话拥有量	部	200	263.80	285.30
		（2）百户家庭电脑拥有量	台	40	36.50	53.50
	9. 居民文教娱乐服务支出占家庭消费支出比重		%	18	14.80	19.20
	10. 恩格尔系数		%	< 40	35.60	33.60

续表

指标名称			单位	标准值	实现值	
					2006 年	2007 年
社会发展	11. R&D 经费支出占 GDP 比重		%	≥ 1	1.56	1.60
	12. 高中阶段教育入学率（初中毕业生升学率）		%	≥ 90	94.90	96.60
	13. 卫生服务体系健全率		%	≥ 90	100.00	100.00
	14. 社会保障	（1）城镇劳动保障三大保险各自覆盖面	%	≥ 95	95.90	97.70
		城镇基本养老保险	%	—	96.20	98.40
		城镇失业保险	%	—	96.00	97.80
		城镇基本医疗保险	%	≥ 85	95.50	97.00
		（2）新型农村合作医疗覆盖面	%	—	96.70	98.10
	15. 人民群众对社会治安的满意率		%	90	98.30	96.00
	16. 城乡村（居）民依法自治	（1）城镇社区居委会依法自治达标率	%	90	100.00	100.00
		（2）农村村委会依法自治达标率	%	95	100.00	100.00
生态环境	17. 绿化水平	（1）城市绿化覆盖率	%	40	29.80	41.60
		（2）森林覆盖率	%	20	21.10	21.90
	18. 环境质量综合指数		分	80	73.90	86.50

第四章　社会保障

民国时期，职工的劳动保障主要有公务员、教师及员工的退休、抚恤和医疗补助等。国民政府曾发布很多相关条令和规定，由于战乱真正实行的有限，大多是纸上谈兵。

新中国成立后，各级人民政府十分重视职工的社会保障工作。1951 年 2 月，政务院颁布实施《中华人民共和国劳动保险条例》，职工的生、老、病、死、伤、残有了一定的社会保障。随着社会主义经济的不断发展，劳动保险制度逐步得到完善。特别是中共十一届三中全会后，对劳动保险制度进行改革和探索。1984 年，在县内试行新的养老保险办法，逐步把传统的企业负担职工退休费改为社会统筹，初步建立劳动合同制工人养老保险制度。

1987 年，江宁县建立企业职工养老保险和失业保险制度后，机关、事业单位社会保险和农村养老保险制度逐步建立，社会保障覆盖面不断扩大。养老、失业、医疗、工伤、生育等社会保障体系逐步完善，并确保离、退休人员和下岗职工基本生活费按时足额发放。至 2007 年，一个涵盖机关事业单位、城镇企业、农村三大块养老、失业、工伤、生育、医疗“五大险种”的社会保障体系在全区基本形成，实现全区社会保障制度从“广覆盖”到“全覆盖”的转变。继“全民医保”之后在全市率先基本实现“全民养老保障”，为全区经济快速发展和维护社会稳定，构建和谐江宁发挥重要作用。

第一节　企业养老保险

新中国成立后，江宁县企业劳动保险制度随着国家的形势发展不断变化。1951年，贯彻执行《中华人民共和国劳动保险条例》，实行职工退休、退职制度，其资金来源主要由国家包办。中共十一届三中全会后，劳动保险制度进行改革。1987年，实行养老金社会统筹。1996年，建立社会统筹与个人账户相结合的城镇企业职工新型基本养老保险制度。企业离、退休人员待遇不断提高。2007年，江宁区企业离、退休人员月养老金分别达2314元和1132元。

【退休 退职】

1951年起，江宁县贯彻执行《中华人民共和国劳动保险条例》。1956年，全县没有符合退休条件的对象，符合退职条件的有3人。1964年8月至1965年3月，在国家机关和全民企、事业的干部职工中，办理老弱病残的安置工作。在全县6151名职工中，共有老弱病残156人。安置去向，长期供养1人，退休84人，退职12人，请长假每月发生活费40%的2人，编外休养的46人，因工作需要（老中医、老药工、糕点师傅）暂缓办理退休手续2人，因政治历史不清楚待研究1人。并对符合顶替条件的25名子女，办理顶职手续。

1979年，全县办理退休手续的有1106人，招收其子女顶替的有1044人。退休待遇为：抗日战争时期参加革命工作的，按个人标准工资90%发给。解放战争时期参加革命工作的，按个人标准工资的80%发给。中华人民共和国成立后参加革命工作的，连续工龄满20年的，按个人标准工资的75%发给；连续工龄满15年不满20年的，按个人工资的70%发给；连续工龄满10年不满15年的，按个人标准工资的60%发给。月退休费低于25元者，按25元发给。不具备退休条件完全丧失劳动能力的工人应该退职。退职后，按月发给相当于个人标准工资40%的生活费。月退职生活费低于20元者，按20元发给。1981年，共办理退休、退职300名，招收子女顶替209人，全县共发放退休、退职费184.85万元。

1984年，在劳动合同制工人中推行养老保险和医疗保险的“双保”养老保险制度。是年，对新招收的452名合同制工人和因征地带人新招收的300名集体合同制工人实行“双保”养老保险制度。至1985年年底，全县有3270人实行“双保”养老保险制度。

【养老保险社会统筹】

1987年，江宁县政府根据市政府颁布的《南京市社会劳动保险统筹暂行办法》精神，结合江宁实际，出台《江宁县社会劳动保险暂行办法》，自当年1月起，实行城镇企业职工养老保险社会统筹。养老保险社会统筹包括离、退休人员退休费社会统筹和在职职工养老金社会统筹两个部分。其参加范围较广，而且不断扩大。社会统筹范围为国家机关、企事业单位（含县属集体企业）的合同制工人及全民企业的固定工和按施行规定享受退

图43-4-2　1996年，江宁县企业进行保险制度改革宣传

休待遇的职工。是年，全县参加养老保险社会统筹的单位有 244 家，职工 7045 人。1988 年 7 月，县属集体企业中的固定工参加统筹。同年 8 月，在国家机关的事业单位、社会团体、全民企业、集体企业及中外合资企业中，由劳动主管部门介绍的城镇户口的劳务工、临时工、季节工、个体户及计划内临时工，均纳入社会统筹范围。1989 年年底，全县参加社会养老保险社会统筹的单位有 305 家，职工 12012 人。

1992 年，在宣传贯彻国务院《关于企业职工养老保险制度改革的决定》（国发〔1991〕33 号）文件的精神中，进一步扩大养老保险覆盖面，提高社会化程度，对外商企业、三资企业中的中方职工、城镇临时工，私营企业职工和个体劳动者均纳入养老保险社会统筹范围内。是年，全县参加养老保险社会统筹的单位有 432 家，参加职工共 33743 人。

2003 年，全区参加养老保险社会统筹单位发展到 1292 家，参加职工 68473 人。2004—2007 年，企业参加养老保险社会统筹的单位和人数，逐年大幅度上升。2007 年，全区参加养老保险的单位达 3552 家，参加职工 16.95 万人。其中，以自由职业者身份参加养老保险社会统筹的有 2.60 万人，城镇企业参保覆盖率达 98% 以上。

【养老保险待遇】

养老金的享受条件与支付 自参加养老保险起，投保人凡男年满 60 周岁，女干部年满 55 周岁，女职工年满 50 周岁，缴费满 15 年者可享受按月领取养老金，达到上述年龄，缴费不满 15 年者，只享受一次性养老保险待遇。对离退休、退职人员待遇，按照国务院国发〔1978〕104 号文件规定的离退休工资、退职生活费和国家规定的各项政策性补贴（包括副食品补贴、物价补贴、生活费补贴、猪肉补贴以及离休人员生活补贴）实行统筹支付，其他未统筹的费用仍由单位按规定直接列支。劳动合同制工人的退休费及养老期间的医疗费，去世后的丧葬费，供养直系亲属的抚恤费从统筹的退休养老基金中支付。1987 年，全县统筹支付离退休人员的养老金及各项政策性补贴共 104.71 万元，当年结余 30.73 万元。

1995 年，全县享受养老保险待遇的职工 4014 人，其中离休人员 153 人，月均养老金 589.73 元；退休人员 3664 人，月均养老金 325.82 元；退职人员 197 人，月均养老金 230.8 元。2001 年，全区养老金离休人员人均月 1582 元，退休人员人均月 517 元。2004 年，全区企业离休和退休人员人均月养老金分别为 1853 元和 678 元。2007 年，参加社会养老保险的企业达到 3552 家、16.95 万人（含外来工 2.35 万人），分别比 2006 年增长 11.50% 和 33.50%。收缴养老保险基金 52050 万元，支付 15220 万元，分别比 2006 年增长 77.40% 和 19.30%。

提高离退休人员养老金待遇 为缩小企业离休人员与国家机关、事业单位离休人员待遇存在的差距，1990—1994 年，按照国家和省、市的有关规定，先后 3 次提高其待遇，并对符合条件者发放护理费。1995 年，根据国务院有关通知精神，从 7 月 1 日起，企业离休人员与国家机关离休人员的待遇并轨，参照国家机关同职务同条件人员正常调整退休金。

1986—1995 年，根据国家和省、市的有关规定，先后 7 次增发企业退休金和补助费。1996 年，改革养老金领发办法后，建立起每年 7 月 1 日调整一次养老金的正常增长机制。1998 年，江宁县离休人员人均月养老金 1014.26 元，退休人员人均月养老金 419.27 元。2007 年，离休人员人均月养老金达 2314 元，退休人员人均月养老金达 1132 元，分别增加 1.28 倍和 1.70 倍。

【建立养老保险个人账户】

1996 年 7 月，根据《江苏省城镇企业职工养老保险规定》和《南京市城镇企业职工养老保险实施意见》，江宁县建立养老保险社会统筹与个人账户相结合的新型基本养老保险制度。实施的范围和对象：国有企业、集体企业、联营企业、股份制（合作制）企业、劳动就业服务企业及其职工；外商、中国港澳台人员投资企业及其中国大陆职工；私营企业及其业主和职工，城镇个体工商户及其从业人员；上述各类企业退（离）休人员。个人账户计入的内容包括：职工个人缴纳的基本养老保险费；企业为之缴纳的基本养老保险费的一定比例数额（两项合计为职工个人缴费工资基数 12%，1998 年调整为 11%）；个人账户储存额产生的利息纳入统筹基金，建立个人账户后，职工退休后的基本养老金首先从个人账户中支付，支付完毕仍健在的，由统筹基金支付；如果职工未退休即死亡或虽退休但死亡后个人账户仍有余额的，其个人缴纳部分由法定继承人继承。

【养老金社会化发放】

江宁县在实行养老保险社会统筹之初，养老保险费的征集和发放采取差额缴拨的办法。20 世纪 90 年代中期，出现部分企业离、退休人员不能按时足额领取养老金的现象。1997 年，县劳动主管部门为确保企业离、退休人员能按时足额发放离、退休金，开始实施养老金社会化发放。是年，由银行直接发放和委托发放离、退休人员养老金共 419 人，占全部离、退休人员的 9.20%。月发养老金 21.22 万元，其中，离、退休人员和特困企业退休人员的发放率达 100%。1998 年，通过银行直接发放离、退休人员养老金共 880 人。2000 年，通过银行、邮局等形式发放离、退休人员养老金共 7060 人、供养人员 363 人。

2001 年后，区社会劳动保险所加大养老金社会化发放力度。为防止养老金虚领、冒领，区社会劳动保险部门除年检检查外，还从 2005 年 10 月起建立指纹验证系统，保证养老金正常发放，杜绝虚领、冒领现象的发生。至 2007 年，全区离、退休和供养人员养老金社会化发放人数达 1.30 万人。

1987—2007 年江宁区企业养老保险及基金运行情况表

表 43-4-17

年　份	参保企业数（家）	参保职工人数（人）	收缴保险基金（万元）	支付保险金（万元）	结余（万元）	超支（万元）	累计结余（万元）
1987—1991	401	15093	3214	2144	1070	—	1070
1992	432	33743	1266	730	536	—	1606
1993	498	37663	1928	1378	550	—	2156
1994	613	36000	1944	1500	444	—	2600
1995	653	35491	2600	1600	1000	—	3600
1996	696	40650	3200	2400	800	—	4400
1997	459	42255	3500	2600	900	—	5300
1998	550	44000	3300	4600	—	1300	4000
1999	480	37537	5000	4000	1000	—	5000
2000	500	40000	6300	4600	1700	—	6700
2001	762	51902	7800	4500	3300	—	10000
2002	853	60000	8700	6100	2600	—	12600
2003	1292	68473	11900	7600	4300	—	16900
2004	1670	86083	15700	9000	6700	—	23600
2005	2158	105000	21800	10700	11100	—	34700
2006	3185	127000	29340	12700	16580	—	51280
2007	3552	169500	52050	15220	36830	—	88110

第二节 机关事业单位养老保险

1995年12月，为推行机关事业单位养老保险制度改革，成立江宁县机关事业社会保险所。1996年5月，出台《〈江宁县国家机关事业单位工作人员社会养老保险暂行办法〉实施细则》，启动实施国家机关事业单位工作人员基本养老保险制度。2002年3月，江宁区机关事业社会保险所从人事局划归区劳动和社会保障局管理。2006年2月，江宁区机关事业社会保险所被省劳动和社会保障厅评为江苏省机关事业单位养老保险经办工作先进单位。

【实施范围和对象】

根据1996年5月县政府出台的暂行办法和实施细则规定，江宁县国家机关、事业单位以及实行机关、事业单位工资制度的单位，均应列入机关事业单位社会养老保险的范围。参加对象：国家干部、经县以上组织人事部门批准聘用的人员、固定工人、劳动合同制工人，以及1976年年底前参加工作的计划内临时工；停薪留职人员，在乡镇企业工作，其行政关系、工资关系挂靠在乡镇工业公司的大、中专毕业生，以及县人才交流服务中心实行档案管理的人员；离、退休人员。包括1996年6月底前办理离、退休手续的原国家干部、固定工人、合同制工人和参加机关事业单位养老保险后，达到法定退休年龄办理离、退休手续的人员。

2000年，全县参加养老保险的机关事业单位共562家，参保职工21540人。2004年，参加养老保险的机关事业单位共510家，参保职工22092人。2007年，参加养老保险的机关事业单位共447家，参保职工23730人。

【养老保险基金统筹】

江宁县机关事业单位的养老保险基金，按照“以收定支，略有盈余和留有部分积累”的原则统一筹集，并按下列渠道列支：国家机关及全额拨款的事业单位在行政管理费中列支；差额拨款单位按照差额比例，分别在财政和自有资金中解决；自收自支的事业单位在创收中列支，税前提取。缴费基数与比例：1996年，参保单位按在职人员工资总额与离、退休费用之和的21%缴纳，在职职工个人按其工资总额的1%缴纳，离、退休人员不缴。2005年12月，区政府下发《关于调整机关事业单位养老保险缴费比例和缴费基数的通知》，自2006年1月起，缴费比例由原22%调整到31%。其中单位缴费比例由原21%调整为29%，个人缴费比例由原1%调整为2%；缴费基数由原按单位在职人员工资总额与离、退休费用之和为基数，调整为按单位在职人员工资总额为基数，简称为将原双基数调整为单基数。2006年，收缴养老保险基金10531万元，收缴率100%。2007年，收缴养老保险基金10792万元，收缴率100%。

【养老保险基金拨付与管理】

养老保险金拨付 1996—2000年，累计支付离、退休养老保险金1.28亿元，基金支付率100%，基金累计滚动结余3188万元。随着退休人员增加和离、退休人员养老金的调整与增资，养老保险基金的拨付连年增加。2001年支付5521万元，2004年支付9362万元，2007年支付1.31亿元。离、退休人员养老金社会化发放。2006年8月，区机关事业社会保险所率先在公路管理站进行试点发放。发放人数共328人；9月，在卫生系统推行社会化发放。至2007年，全区有30家单位离、退休人员养老金实行社会化发放，发放人数986人。

养老保险稽核 2004年，区机关事业社会保险所开始对养老保险进行稽核工作。查出两家单位漏报退休死亡人员5人，追回养老金69020.57元。2005年，查出的主要问题是：有近70%的镇及街道农机站和水利站离、退休人员的养老金不能足额领取；百家湖街道有1名退休人员，2003年11月去世，但单位一直未申报，冒领养老金近两年之久。对镇街农机站、水利站离、退休人员未能足额领取养老金问题，对照现行政策，向区政府提交补救方案，帮助解决，对冒领养老保险金一事除对其严肃批评外，追回冒领养老金22663.08元。2006年，对查出已死亡仍旧领取养老金的4人，作出严肃处理，并追回冒领养老金7.67万元。

2007年，稽核结果表明：没有发现参保单位有违规现象，且养老金的发放都是经人事部门审核，财政部门统一计算，工资基数准确性高。

1997—2007年江宁区机关事业单位养老保险参保情况表

表43-4-18

年份	参保单位数（家）					参保人数（人）			养老保险基金收入（万元）				
	合计	机关	全额拨款	差额拨款	自收自支	合计	在职人数	离退休人数	合计	机关	全额拨款	差额拨款	自收自支
1997	561	227		31	303	19702	16638	3064	3100	1792		391	917
1998	564	227		31	306	20731	17360	3371	3661	2227		414	1020
1999	610	230		31	349	20621	16973	3648	3917	2375		453	1089
2000	562	218		31	313	21540	17651	3889	4930	2988		570	1372
2001	562	218		31	313	21337	16941	4396	6081	3669		726	1686
2002	501	78	150	50	223	21005	16371	4634	8438	1391	4159	1009	1879
2003	518	81	152	51	234	21617	16568	5049	9369	1718	4480	1083	2088
2004	510	62	180	53	215	22092	16495	5597	9672	1430	4990	1238	2014
2005	558	85	189	52	232	22852	16931	5921	9802	1766	4558	1491	1957
2006	546	86	196	52	212	23242	17215	6027	10531	2039	5250	1408	1834
2007	447	76	188	41	142	23730	17199	6531	10792	2019	5413	1485	1870

1997—2007年江宁区机关事业单位养老保险基金运行情况表

表43-4-19　　　　单位：万元

年份	养老保险基金支出					当年结余	其他基金收入（利息等）	累计结余
	合计	机关	全额拨款	差额拨款	自收自支			
1997	2402	1482		312	608	698	—	1078
1998	3077	1963		331	783	584	—	1662
1999	3432	2123		398	911	485	—	2147
2000	3889	2406		451	1032	1041	—	3188
2001	5521	3376		650	1495	560	—	3748
2002	7536	1279	3922	748	1587	902	66	4716
2003	8674	1705	4002	733	2234	695	223	5634
2004	9362	1615	4388	890	2469	310	87	6031
2005	9481	1872	4349	943	2317	321	175	6527
2006	10199	2035	4945	860	2359	332	–15	6844
2007	13100	2587	6319	1139	3055	–2308	3	4539

第三节　农村社会养老保险

【试点与全面推行】

1992年，江宁县被定为全国养老保险工作试点县。同年5月，在陶吴镇昝缪村、县化工厂和东山镇章村开展农村社会养老保险工作试点。8月全面推行。是年11月，江宁县民政局下发《关于做好农村义务兵养老保险工作的通知》，对义务兵投保标准和保险金的筹集作出具体规定。至是年年底，全县参加农村社会养老保险人数共4933人，征缴保险费73.13万元。

1995年9月，市政府颁布《南京市农村社会养老保险暂行办法》；1997年8月，省政府颁布《江苏省农村社会养老保险办法》。这两个办法颁布实施，促进了江宁县农村社会养老保险事业的发展。1997年，全县参加农村社会养老保险人数74834人。1998年2月，江宁县被民政部评为1997年度全国农村社会养老保险先进单位。

图43-4-3　1998年，江宁县被民政部评为1997年度全国农村社会养老保险先进单位

2002年5月，江宁区的农村社会养老保险工作由民政局划归区劳动和社会保障局管理。2003年4月，区劳动和社会保障局下发《关于进一步明确农村社会养老保险有关规定的通知》，规定农村社会养老保险的参保范围、缴费基数与缴费比例。2004年，中共江宁区委、区政府下发《关于村（社区）干部参加农村社会养老保险的规定》，提高广大村（社区）干部参保积极性，为农村经济发展起到促进作用。至2007年年底，江宁区农村养老保险人数为111002人，保费收入15978.80万元；支付人数19517人，养老金支出1389.05万元。

2007年10月，江宁区按照"城乡统筹保障，创建新型农村社会养老保险制度"的要求，建立并实施农村老年居民养老生活补助制度。

【范围与对象】

农村社会保险范围与对象　1992年，农村社会保险范围与对象为：非城镇户口，不由国家供应商品粮的农村人口（包括农村义务兵）。交纳保险年龄不分性别、职业均为20周岁至60周岁。1995年9月，市政府颁布实施《南京市农村社会养老保险暂行办法》，规定凡南京市非城镇户口、60周岁以下的公民均应参加农村社会养老保险。随着农村经济状况的变化和城镇化进程的加快，江宁区农村社会养老保险的参保范围和参保对象不断调整。先后确立乡镇企业职工养老保险、社区干部养老保险、纯农户养老保险、个体工商户养老保险、独生子女及父母养老保险等。

老年生活补助范围与对象　根据《江宁区农村老年居民养老生活补助暂行办法》（江宁政办发〔2007〕77号）文件的规定，农村老年生活补助范围与对象为，农村居民中同时符合下列条件者，可领取养老生活补助费：农村男年满60周岁、女年满55周岁；长期（10年以上）居住在江宁区农村（含小城镇户口）或依法享有土地承包权并承担农业义务的；未按月领取机关事业养老保险、城镇企业职工养老保险、被征地农民基本生活保障、供养直系亲属定期救济、五保供养等社会待遇的。夫妻一方符合前款第二项条件，另一方符合《中华人民共和国婚姻法》迁入江宁区的人员，且具备前款第一项、第三项条件的。

【基金管理与监督】

为加强养老保险基金的管理与监督，1992 年 11 月，县政府建立农村社会养老保险基金管理委员会，由副县长蔡敬东任委员会主任。2002 年 5 月，农保基金纳入江宁区社会保障基金管理，接受各级政府和社会的审计和监督。

2007 年，区农村社会保险所围绕基金收、缴、存的各个环节加强基金管理，按财政部门要求，配置相应计算机设备，加强保费收缴过程中的票据管理，严格按照国家相关规定存储，并规范操作手续，确保基金安全增值。同时，做好国家审计署对农保工作的专项审计，是年 9 月后，配合审计部门对 1992 年后的农保工作开展情况、基金状况进行审计和分析，客观地反映农保工作中的问题和困难，为制订新型农保制度提供可靠依据。

在实施农保基金的监督中，发现早期农保工作有片面追求农保基金的高收益、高增值现象，存放于银行的存款有风险隐患，区农保所及时采取措施，对部门款项进行清理回收，确保基金安全。

1992—2007 年江宁区农保社会养老保险基金运行情况表

表 43-4-20

年　份	参保人数（人）	支付人数（人）	保费收入（万元）	总保费基金收入（万元）			养老金支出（万元）	累计结存（万元）
				合　计	扣除 3% 管理费后的保费收入	利息收入		
1992	4933	—	73.13	70.94	70.94	—	—	70.94
1993	9858	—	136.07	143.02	131.99	11.03	—	143.02
1994	11390	10	421.45	444.88	408.81	36.07	0.17	444.71
1995	43089	25	1488.71	1569.42	1444.05	125.37	0.45	1568.97
1996	61945	66	2563.45	2852.02	2482.87	369.15	5.57	2846.45
1997	74834	263	3414.95	4024.25	3308.83	715.42	39.87	3984.38
1998	86200	644	4050.35	4907.66	3925.17	982.49	64.80	4842.86
1999	88709	1299	4520.29	5569.33	4381.81	1187.52	115.23	5454.10
2000	91673	2408	5277.62	6410.27	5115.62	1354.65	179.40	6230.87
2001	93462	3835	6032.72	7402.37	5848.07	1554.30	272.60	7129.77
2002	94790	5593	6893.55	8453.64	6683.07	1770.57	379.19	8074.45
2003	96516	8083	8199.57	9798.68	7949.91	1848.77	528.18	9270.50
2004	101838	10677	9725.21	9474.12	9429.78	2044.34	688.40	8785.72
2005	106174	13435	11493.08	13426.37	11144.62	2281.75	888.80	1253[illegible].49
2006	110958	16358	13342.56	15514.86	12938.62	2576.24	1084.77	14430.09
2007	111002	19517	13403.86	15979.80	12999.92	2979.88	1389.05	14590.75

说明：该表每年各栏数据均为逐年累计数，此年度与上年度数据之差为当年度发生数

第四节 失业保险 工伤保险 生育保险

【失业保险】

新中国成立初期，全县失业人员 1146 人。1951 年，县劳动科负责失业人员的管理工作。根据《救济失业工人的办法》和《中华人民共和国劳动保险条例》，对社会失业工人进行生活救济和安置就业工作。1987 年 12 月，江宁县建立失业保险制度。

失业保险范围 1987 年，失业保险范围为：江宁县城镇集体所有制企业、事业单位。1989 年，扩大到实行企业化管理的事业单位、机关、社会团体中的劳动合同制工人，以及外商投资企业职工。1990 年，全县有 150 家单位参加失业保险。1999 年，《中华人民共和国失业保险条例》出台，规定参保范围为：国有企业、城镇集体企业、外商投资企业、城镇和私营企业以及其他城镇企业、事业单位。是年，参加失业保险的企、事业单位有 499 家，参保人员 46724 人。

2002 年 5 月，《南京市失业保险办法》公布并实施。参保范围除上述单位外，增加社会团体及其专职人员、民办非企业单位及其职工、有工勤人员的国家机关及其工勤人员、有城镇职工的乡镇企业及其城镇职工、有雇工的城镇个体工商户及其雇工。是年，参加失业保险的企、事业单位 1210 家，参保人员 52032 人。2007 年，全区参加失业保险的企、事业单位共 3733 家，参保人员 112042 人。

失业保险统筹与标准 1987 年，有标准工资总额的企业，按职工标准工资总额的 1% 缴纳职工待业保险基金；实行计件、分成等工资分配形式，没有标准工资（含档案工资）的单位，企业按全部职工年平均人数、事业单位按劳动合同制工人人数每人每年 10 元缴纳职工待业保险基金。至 1990 年，共筹集待业保险基金 146.37 万元，全县有 13 人享受待业救济金。发放标准：工龄满 1 年不满 5 年，发 12 个月待业救济金；工龄满 5 年以上的，发 24 个月待业救济金。1997 年，江宁县将企业招收的户粮不变的农民合同制工人纳入失业保险支付范围，一次性发给生活补助费。是年，筹集失业保险金 249 万元，为 1432 名失业人员支付失业保险金 157 万元。1998 年，提高失业保险基金的计提比例，从原按工资总额 2% 提高到 3%，其中单位仍按全部职工工资总额的 2% 缴纳，职工个人按上一年度月平均工资的 1% 缴纳。1999 年，待遇标准调整为：累计缴费时间满 1 年不满 5 年的，领取失业金期限最长为 12 个月；累计缴费时间满 5 年不满 10 年的，领取失业金期限最长为 18 个月；累计缴费时间满 10 年以上的，领取失业金期限最长为 24 个月。是年，收缴失业保险金 703 万元，为 1589 名失业人员支付失业保险金 416 万元。2006 年 7 月，江宁区失业保险纳入市级统筹，参保范围与缴纳标准同市级一样。2007 年 1 月 1 日起，根据市劳动和社会保障局、财政局通知精神，江宁区调整失业保险金发放标准：满 1 年不满 10 年，第 1 个月至 12 个月发放失业保险金 447 元；第 13 个月至 18 个月发放 433 元；第 19 个月至 24 个月，发放 418 元。满 10 年不满 20 年，第 1 个月至 12 个月发放失业保险金 474 元；第 13 个月至 18 个月发放 458 元；第 19 个月至 24 个月，发放 442 元。满 20 年及以上的，第 1 个月至 12 个月，发放失业保险金 501 元，第 13 个月至 18 个月，发放 484 元，第 19 个月至 24 个月，发放 466 元。至 2007 年年底，为 6479 名失业人员支付失业保险金 3302.54 万元。并在全区开展“真情相助失业人员活动专场会”27 场，9 个街道均建立“失业人员之家”。

1995—2007年江宁区失业人员保险基金运行情况表

表 43-4-21

年 份	参保单位数（家）	参保职工数（人）	基金收入（万元）	基金支出（万元）	当年结余（万元）	累计结余（万元）
1995	—	—	196	15	181	475
1996	—	—	251	107	144	619
1997	—	—	249	157	92	711
1998	—	—	419	183	236	947
1999	499	46724	703	416	287	1234
2000	541	50879	1083	716	367	1601
2001	910	52065	1562	1268	294	1895
2002	1210	52032	1797	1916	-119	1776
2003	1407	56054	2224	1672	552	2328
2004	1885	74424	2531	1569	962	2890
2005	2158	85421	3417	1531	1886	4775
2006	2807	102000	4447	2253	2194	6970
2007	3733	112042	6080	3303	2777	9748

说明：1995—1997年，累计结余中有上年结转294万元在内

【工伤保险】

新中国成立后，对工人职员因工负伤按《中华人民共和国劳动保险条例》规定，其全部诊疗费、医药费、住院费等，均由企业负担，在医疗期间，工资照发。工人职员因工负伤确定为残废时，根据残废程度不同，分别由劳动保险基金按月付给抚恤费或补助费。1980—1991年，江宁县在执行《中华人民共和国劳动保险条例》中，对工人职员因工负伤、致残等范围及待遇规定，随着情况变化而进行相应调整。

1992年6月1日，出台《江宁县企业工伤保险暂行办法》，开展工伤保险统筹业务。工伤保险范围包括：境内全民所有制企业，县以上集体所有制企业，外商投资企业和事业性质企业化管理单位的固定职工、合同制职工、计划内临时工、学徒工、见习人员等。缴费标准和费率：以企业上年年末全部职工工资总额为基数，按行业核定费率：一类企业0.70%，二类企业0.50%，三类企业0.30%，四类企业0.10%。1992年，有181家企业、31966人参加工伤保险，收缴工伤保险基金16.59万元。1995年，将企业0.10%缴费改为0.30%。2006年，调整工伤保险征缴费率，从是年4月起，将原执行的0.30%、0.50%、0.70%调整为0.50%、1%、1.40%。全年参保企业2581家，职工86696人，收缴保险基金956万元。

2007年，全区参保企业增至3524家，参保职工109724人，收缴保险基金1476万元。是年，享受工伤保险人员532人，支付工伤保险金725万元。工伤保险金累计结余1387万元。

1992—2007年江宁区工伤保险及基金运行情况表

表43-4-22

年 份	参保企业数（家）	参保职工人数（人）	收缴保险基金（万元）	享受待遇人员（人）	工伤保险支出保险金（万元）	结余/超支（万元）	累计结余（万元）
1992	181	31966	16.59	2	0.83	15.76	15.76
1993	187	35150	51.29	9	3.42	47.87	63.63
1994	255	34530	42.32	11	5.23	37.09	100.72
1995	274	35494	49.00	16	14.00	35.00	135.72
1996	285	37504	48.00	15	9.00	39.00	174.72
1997	328	40398	79.00	30	35.00	44.00	218.72
1998	550	37537	176.00	26	71.00	105.00	323.72
1999	529	35651	85.00	55	83.00	2.00	325.72
2000	668	38877	126.00	48	80.00	46.00	371.72
2001	762	35641	183.00	36	58.00	125.00	446.72
2002	996	59901	160.00	102	174.00	–14.00	432.72
2003	1285	68503	203.00	98	168.00	35.00	467.72
2004	1670	58959	267.00	93	390.00	–123.00	344.72
2005	2125	68121	402.00	249	576.00	–174.00	170.72
2006	2581	86696	956.00	424	490.72	465.28	636.00
2007	3524	109724	1476.00	532	725.00	751.00	1387.00

【生育保险】

20世纪50—80年代，江宁县贯彻执行《中华人民共和国劳动保险条例》，按规定给女职工生育、产前产后假56天，产假期间工资照发；怀孕不满7个月流产的，按医生的意见给予30天以内的产假；难产或双胎的，增加假期14天。1983年1月，对晚婚晚育、产后领取独生子女证者，给予产假90天；未达晚婚年龄但属于晚育并领取独生子女证者，给予产假75天；难产者增加14天。1991年，对符合晚育年龄的夫妻，女方可享受产假120天，男方可享受护理假7天，假期内工资照发。

1994 年 5 月，在全县城镇企业开始实行生育社会保险统筹制度。凡是境内国有企业、集体企业、外商投资企业中的固定职工、劳动合同制职工、计划内临时工等，均可参加生育保险。生育保险基金按企业职工工资总额的 1% 缴纳。是年，参加生育保险的企业有 255 家，职工 34530 人。1997 年，生育医疗费支付标准为：顺产每人次 1088.14 元，难产 2210.20 元，超出的部分由个人和企业共同承担，生育期间工资仍由保险机构支付。1999 年 7 月起，生育医疗费标准调整为：顺产每人次按 900 元限额支付，难产按 1700 元限额支付，流产按 150 元限额支付。通过调整支付标准，生育保险金实现收支平衡，遏制了前两年保险金收支倒挂现象。

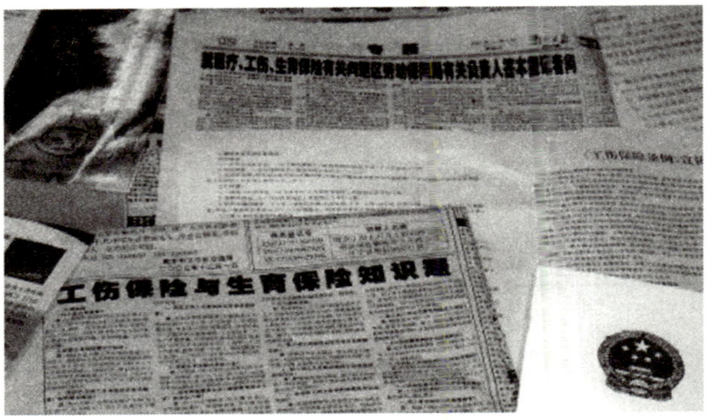

图 43-4-4　20 世纪 90 年代，江宁县进行医疗、工伤、生育保险报刊宣传

2002 年 7 月起，生育医疗费标准调整为：产前检查按每例 400 元支付，顺产医疗费按 900 元限额支付，助娩产按 1200 元限额支付，难产按 1700 元限额支付，怀孕 3 个月以上 7 个月以下流产按 300 元限额支付，怀孕 3 个月以下流产按 150 元限额支付。2004 年，再次调整生育医疗费标准：产前检查按每例 400 元限额支付，顺产医疗费按 1200 元限额支付，助娩产按 1500 元限额支付，难产按 3000 元限额支付，怀孕 3 个月以上 7 个月以下的流产按 800 元限额支付，怀孕 3 个月以下按 200 元限额支付。

2007 年，全区参加生育保险企业为 3524 家，职工 10.97 万人，收缴生育保险基金 1564 万元，享受生育保险待遇 3563 人次，支付生育保险费 1532 万元。

1994—2007 年江宁区生育保险及基金运行情况表

表 43-4-23

年　份	参保企业数（家）	参保职工人数（人）	收缴保险基金（万元）	享受待遇人员		结余/超支（万元）	累计结余（万元）
				人数（人）	支付保险金（万元）		
1994	255	34530	83	496	55	28.45	28.45
1995	274	35494	115	1363	151	−36	−7.55
1996	285	37504	160	1179	198	−38	−45.55
1997	328	40398	187	1582	211	−24	−69.55
1998	550	37537	307	1294	244	63	−6.55
1999	529	35651	217	1164	209	8	1.45
2000	668	38877	254	1160	207	47	48.45
2001	762	35641	299	1163	209	90	138.45

续表

年　份	参保企业数（家）	参保职工人数（人）	收缴保险基金（万元）	享受待遇人员		结余 / 超支（万元）	累计结余（万元）
				人数（人）	支付保险金（万元）		
2002	996	59901	331	1461	263	68	206.45
2003	1285	68503	426	1743	352	74	280.15
2004	1670	86083	559	1652	507	52	332.45
2005	2125	66169	792	2950	1001	–209	123.45
2006	2581	86696	1141	3032	1181	–40	83.45
2007	3524	109697	1564	3563	1532	32	115.45

第五节　医疗保险

1951 年，江宁县对企业职工实行劳保医疗。1952 年，对国家机关事业单位等实行公费医疗。1997 年，对国家机关事业单位等干部实施由公费医疗到职工医疗保险制度改革。2000 年，进行城镇职工基本医疗保险制度改革。至 2007 年，江宁区已构建以基本医疗保险为主，以大病医疗统筹、公务员医疗补助、离退休干部医疗统筹、儿童医疗统筹等多种形式补充较为完善的医疗保障体系，并实现城镇居民、中小学生、新型农村合作医疗的全覆盖，形成“全民医保”新格局。

【公费医疗】

1950—1952 年，国家工作人员分别实行工资制和供给制，个人医疗费包括在工资或津贴内。1952 年 7 月，实行公费医疗制度。享受公费医疗人员所需经费由国家财政每年按人员定额下拨。1978 年前，每人每年 20.50 元，1978 年后，提高到每人每年 30 元，超支部分由财政补贴。参加公费医疗人员所需经费由所在单位在医疗福利费中开支。1957 年，制订《公费医疗预防实施管理办法》。1961 年，因公费医疗经费超支 4 万余元组织调查，发现管理制度执行不严格，漏洞较多，县级机关、陶吴公社、长江公社即发现不属于公费医疗享受范围报销 165 人次，个别干部购鸡蛋亦在公费医疗中报销，滥开补药与贵重药品现象较为严重。1962 年，县财政局、卫生局发出《关于进一步加强公费医疗管理的通知》。1978 年，改定期会审公费医疗单据制度为卫生局直接审核，并建立日报月结制度。1985 年，建立各级公费医疗管理组织，对享受公费医疗在职人员和退休人员实行两级管理定额包干。是年，年人均费用 87.10 元，比 1994 年年人均 110.70 元下降 21.40%。

1988—1996 年，公费医疗逐步形成“县乡（镇）两级管理、定点医疗、现金看病、定额包干、结余奖励，超支由财政、单位、个人、医院负担”（即“四挂钩”“四负担”）

的管理办法。1996年，参加公费医疗县直属单位96家，公费医疗年平均人数4161人，全年医疗费支出总额497.56万元，人均支出1196元；参加公费医疗乡镇管理单位98家，年平均人数6811人，全年医疗费用支出总额476.55万元，人均支出700元；参加公费医疗离、退休干部年平均人数为282人，全年医疗费支出总额244.11万元，人均支出8656元；参加公费医疗在乡二等乙级以上伤残军人330人，全年医疗费支出总额99.56万元，人均支出7965元。

1997年，在全县国家机关事业单位实施职工医疗保险制度改革。医疗保险基金包括社会统筹医疗基金和个人医疗账户基金两部分，由用人单位和职工共同缴纳。用人单位按在职职工年工资总额与离、退休费用的12%缴纳，职工按个人工资总额的1%缴纳。1998年，参保单位206家，参保人数14866人。1998—2000年，职工医疗费支出4870.05万元，实征医疗保险基金4832.89万元，超支37.16万元。其中统筹账户超支599.85万元，个人账户结余562.69万元。2000年，参保单位230家，参保人数17826人。2000年后，国家机关事业单位职工医疗保险制度纳入江宁县城镇职工基本医疗保险制度中。

【劳保医疗】

1951年2月，江宁县贯彻《中华人民共和国劳动保险条例》，在100人以上的国营、公私合营等企业实行劳保医疗，经费从企业劳动保险金中开支。职工因病治疗所用费用，除贵重药品由个人负担外，药费实报实销。住院期间的伙食费及就医诊费自理。1966年3月，根据全国总工会、劳动部规定，职工看病由完全免费改为挂号费和会诊费自理。20世纪70年代后，采取门诊医疗费用定额包干给个人，住院费由单位报销。1979年，全县全民、集体单位职工25599人，使用劳保福利费用255.91万元，其中医疗卫生费开支95.14万元。1985年，全县全民集体所有制单位职工37721人，使用劳保福利费用748.37万元。其中全民所有制单位职工22630人，使用劳保福利费465.46万元，医疗卫生费开支94.44万元。

1985年后，对劳保医疗制度进行改革，改革的形式和做法有：把部分医疗费定额发给个人，节约归己，超支部分按相关规定报销；药费定额到人，节约归己，超支自理。1994年12月，贯彻劳动部《企业职工患病或因工负伤医疗期规定》，企业所有职工实行医药保险制度，规定企业职工患病或非因工负伤，需要停止工作医疗时，根据个人实际参加工作年限和在所在单位工作年限给予3个月至24个月的医疗期。1996年6月，经县政府批准，县劳动局出台《企业职工医疗社会保险暂行规定》。1999年，县劳动局对全县城镇企业职工基本医疗保险进行测算调查，为全面进行城镇职工基本医疗保险制度改革做好基础性工作。

【基本医疗保险】

1999年10月，县政府下发《关于理顺城镇职工基本医疗管理体制的意见》，成立江宁县职工基本医疗保险制度改革领导小组，下设办公室。县医改办和县职工医疗保险基金管理中心划归劳动部门管理。2000年，出台《江宁县城镇职工基本医疗保险实施办法（试行）》，并于是年12月1日起施行。

参保范围和对象 城镇职工基本医疗保险的覆盖范围和对象：县行政区域内国家机关、社会团体、城镇企事业单位和民办非企业单位（包括部、省、市属驻江宁单位）的职工和退休（职）人员。2003年12月起，江宁区自由职业者及劳动事务代理人员也纳入基本医疗保险范围。参加基本医疗保险人员同时参加大病医疗救助。2001年，全区有429家单位、35053人参保；2007年增至3450家单位、16.08万人参保。

基金筹集标准 参保单位以职工工资总额的8%为缴费基数缴纳，参保职工按个人缴费基数的2%缴纳，自由职业者及劳动事务代理人员按个人缴费基数的10%缴纳。2006年1月起，参保单位按职工工资总额的9%缴纳，其他不变。大病医疗救助按每人每年60元缴纳，2006年1月，调整为每人每年120元缴纳。医疗保险基金分为统筹基金账户和个人基金账户两部分。划入个人账户标准45周岁以下（含45周岁）按1%计入，45周岁以上至退休前按2%计入，退休（退职）人员按4%计入。2006年1月起，划入个人账户标准调整为：35周岁（含35周岁）以下按1%计入，35周岁以上至45周岁按1.40%计入，45周岁以上至退休前按2%计入，退休（退职）人员按5.40%计入。2007年，设立退休人员医疗保险个人账户最低标准：年划账户金额低于600元（含大病医疗救助基金），其差额部分由统筹基金补足到600元；70周岁以上退休人员年划账金额低于720元，补足到720元；新中国成立前参加革命工作的老工人划账金额低于840元的补足到840元。

医疗待遇的享受与标准 医疗待遇享受。参保后退休的人员缴费年限为男满30年、女满25年，不足缴费年限的，在办理退休手续时，用人单位或职工个人以上年度城镇职工社会平均工资为基数，按单位和个人合计费率补足所差年份的基本医疗保险费后，可享受退休人员医疗保险待遇。职工参保前符合国家规定的连续工龄或工作年限的，可视同缴费年限。按国家规定办理提前退休的人员（国发〔1978〕104号文件规定从事特殊工种提前退休的人员除外），用人单位按县上年度城镇职工社会平均工资的8%，一次性缴纳基本医疗保险费至法定退休年龄后，可享受退休人员医疗保险待遇。

医疗待遇标准。统筹基金设立起付标准，一级医疗机构400元，二级医疗机构800元，三级医疗机构1000元。2002年起，二级医疗机构调整为750元；2007年，调整至650元，其他不变。江宁区在职职工个人住院费负担比例：2001年起付标准至1万元，一级医疗机构负担12%，二级医疗机构负担14%，三级医疗机构负担16%；1万元至2万元，一级医疗机构负担8%，二级医疗机构负担10%，三级医疗机构负担12%；2万元以上至最高支付限额（2001年3.50万元，2004年调整为4万元），一级医疗机构4%，二级医疗机构6%，三级医疗8%。退休人员负担比例为在职参保人员的70%。新中国成立前参加革命工作退休老工人负担比例为在职人员的50%。2007年，起付标准至1万元的，一级医疗机构负担8%，二级医疗机构负担10%，三级医疗机构负担14%；1万元以上至2万元的一级医疗机构负担6%，二级医疗机构负担8%，三级医疗机构12%；2万元以上至最高支付限额，一级医疗机构负担2%，二级医疗机构负担4%，三级医疗机构负担8%。2007年，调整门诊慢性病起付标准，由2001年规定在职人员1200元、退休（退职）人员1000元、70岁以上退休人员800元、新中国成立前参加革命工作的老工人800元分别调整为1000元、800元、600元和300元。大病医疗救助标准，2001年，超过基本医疗保险统筹基金最高支付限额3.50万元后，大病救助基金支付80%。2002年7月1日，调整为超过最高支付额4万元后，大病救助基金支付90%。最高限额为10万元。2004年，最高限额调整为20万元。

2001—2007 年江宁区基本医疗保险参保及基金运行情况表

表 43-4-24

项目		2001 年	2002 年	2003 年	2004 年	2005 年	2006 年	2007 年
参保单位（家）		429.00	762.00	1145.00	1837	2306	2700	3450
参保人数（人）		35000.00	49133.00	60600.00	91360	112100	128000	160800
其中	在职职工	29000.00	40691.00	49410.00	77452	95300	110300	141800
	退休人员	6000.00	8442.00	11190.00	13908	16800	17700	19000
基金征缴（万元）		3024.41	4051.26	5698.59	9077	12041	16855	23285
其中	个人账户	1208.80	1641.56	2272.82	3418	5560	7310	10654
	统筹基金	1815.61	2409.70	3425.77	5659	6481	9545	12631
基金支出（万元）		1491.30	2083.62	3300.01	5012	7459	9915	12337
其中	个人账户	706.40	896.92	1423.60	1945	3061	3850	5166
	统筹基金	784.90	1186.70	1876.41	3067	4398	6065	7171
每人平均支出（元）		426.09	425.23	544.50	533	665	745	932
基金结余（万元）		1533.11	1967.64	2398.58	4065	4582	7638	10948
其中	个人账户	502.40	744.64	849.22	1473	2499	3305	5488
	统筹基金	1030.71	1223.00	1549.36	2592	2083	4333	5460

【离休干部与残废军人医疗】

离休干部与二等乙级以上革命残废军人等实行统筹医疗。2001 年 5 月，区委、区人大、区政府、区政协四套班子退休领导，参照离休干部纳入统筹医疗管理。1991 年前，在县内医疗机构看病记账，在外地看病付现金，审核后实报实销。1991 年开始，实行“发周转金，现金看病”的管理办法，周转金每人每年 120 元，结余归己，超出部分实报实销。2002 年，设立个人账户，每年每人 400 元，就诊时先用个人模拟账户，用完后再进入统筹，年终一次结算。当年个人模拟账户结余部分 50% 归个人；对个人开支超过 4000 元，在 6000 元以内，结余部分 40% 归个人。2007 年，全区有离、退休干部和二等乙级残废军人 656 人，医疗费用支出 2445 万元，年人均支出 37271 元。

此外，江宁区实行公务员医药补助，机关事业单位工伤医疗统筹，机关事业单位生育医疗统筹和儿童医疗统筹等。

【农村合作医疗】

江宁区农村合作医疗始于 20 世纪 60 年代，有村（大队）单独举办和几个村（社队）联合举办两种形式。凡自愿参加并缴纳筹金的即可参加合作医疗，资金主要有村民自筹、集体的公益金、乡村企业利润等来源。

1966—1975 年，均为大队办合医合药形式。此后，少数公社陆续实行社队联办和社办。1970 年筹集的合作医疗基金，最少的大队人均一年 1.50 元，最多的大队人均一年 3 元。其中个人负担部分，最少的大队人均一年 0.50 元，最多的大队一年 1.50 元。1970 年后，一般大队合作医疗费人均一年增 3 元 ~ 6 元，其中个人负担一年 1 元 ~ 2 元。合作医疗的形式，有合医合药的，有合医不合药的，还有合防不合医药的等。至 1983 年，全县 380 个行政村办有合作医疗的 320 个，其中合医合药的 112 个，合医不合药的 191 个，合防不合医药的 17 个。1983 年后，全县农村普遍实行家庭联产承包责任制，农村以户为单位核算，合作医疗资金落实困难，合作医疗参加率急剧下降，不少行政村停办或承包给卫生员个人，农村合作医疗制度趋于解体。

1990 年后，农村合作医疗逐步得到恢复。1991 年年底，全县有 82 个村实行合作医疗保健制度，村覆盖率 23.43%，举办模式、管理形式分别从福利型向福利风险型、村办村管向村办乡镇管方向发展。1995 年，全县 318 个村有 295 个村恢复兴办合作医疗，覆盖率 92.71%。1992—1995 年，全县合作医疗的举办模式以“福利风险型”为主，管理形式为村办乡镇管，筹资的标准为农民年人均收入的 1% ~ 1.50%，以个人缴纳为主，集体补助为辅，全县各乡镇筹资标准不统一，报销范围和比例也不相同。1996 年年底，全县合作医疗村覆盖率 97.38%，群众参加率 79.50%，共为参保群众报销医疗费 327.08 万元。1996 年后，全县推行合作医疗保险制度改革。通过 1997 年和 1998 年发展，全县合作医疗保险举办村覆盖率和群众参加率分别达 100% 和 80%。

2000 年 12 月，加大对农村合作医疗保险工作力度。至 2002 年，全区合作医疗保险举办村 249 个，覆盖率 100%，共有 46.86 万人参加合作医疗，群众参加率增至 88%，筹集资金 804.10 万元，资金到位率 96.90%，报销医药费 482.40 万元。2003 年，全区统一实行新的农村合作医疗制度，并建立大额医疗救助制度。2004 年，全区以巩固“全国初保先进区”为目标，突出立足新型农村合作医疗制度，建设村级卫生网络为重点，采取会议发动、典型引路、重点指导等措施狠抓农村初保整体水平的提高。至 2005 年，全区新型农村合作医疗村覆盖率 100%，群众参加率 94.70%，筹集资金到位率 100%，参保农民报销医疗费 2807.48 万元。至此，全区农村合作医疗保险实现规范化、制度化，资金筹集支付管理等工作运转正常。

图 43-4-5 2007 年，江宁区实施新型农村合作医疗，实现居民医保全覆盖

2007 年，江宁区建立城镇居民基本医疗保险制度，将城镇居民基本医疗保险纳入新型合作医疗之中同步运作，至此，江宁区在全市率先实现全民医保，将原有合作医疗参加对象（农民）扩大至所有未享受城镇职工基本医疗保险的江宁户籍人员，参加人员 52.94 万人，较 2006 年增加 7.19 万人。同年，建立外来农民工大病医疗保险制度，7 月 1 日起，在全区全面实施。

1993—2007年部分年份江宁区合作医疗情况表

表 43-4-25

年份	村（社区）数（个）	举办数（个）	覆盖率（%）	应参加数（万人）	实参加数（万人）	参加率（%）	人年基金标准（元）					镇街报销		区级大病救助		人年最高报销金额（万元）	以奖代补下拔资金（万元）
							个人缴纳	村、街道补助	区补助	市补助	小计	数量（万人）	金额（万元）	数量（人）	金额（万元）		
1993	350	206	58.86	39.11	19.56	50.00	0～14	0～9	—	—	5～20	11.74	58.39	—	—	0.10	—
1995	343	318	92.71	44.55	31.25	70.20	2～25	2～10	—	—	4～30	18.75	217.28	—	—	0.20	—
1996	343	334	97.38	48.34	38.43	79.50	2～25	1～18	—	—	4～31	19.06	327.08	—	—	0.40	—
1997	342	342	100.00	55.95	50.56	90.37	15～25	2～5	1	—	18～30	18.88	480.48	4	1.40	1.10	16.71
2001	269	265	98.51	47.18	34.12	72.30	5～27	2～10	—	—	8～35	29.89	543.79	46	7.07	1.10	—
2003	249	249	100.00	54.03	41.67	77.10	24	3	3	2	32	18.82	995.60	359	146.96	1.33	—
2004	249	249	100.00	50.34	47.17	93.70	24	6	6	4	40	36.62	1903.85	192	407.35	6.33	—
2005	268	268	100.00	47.82	45.26	94.70	24	8	11	8	51	48.72	2807.48	292	498.38	6.43	—
2006	268	268	100.00	47.54	45.75	96.20	30	60	20	20	110	46.92	3916.29	488	576.15	8.55	—
2007	219	219	100.00	53.94	52.94	98.10	30	100	24	24	154	50.58	5854.08	839	928.05	12.56	—

第六节　被征地人员基本生活保障

征用集体所有制土地，按照国家有关规定，征地建设单位要做好失地农民的土地补偿和劳动力安置工作。20世纪80年代前，这一工作由县建设科、计划经济委员会等部门管理，1988年，由县土地管理局管理。跨入21世纪后，按照归口管理精神，由区劳动和社会保障局管理。2004年8月，在区劳动和社会保障局下设区征地人员基本生活保障所，专门负责全区被征地农民基本生活保障的业务管理工作。

【劳动力安置】

1979年前，江宁县对国家建设征用的集体土地，采取“只补偿不安置”的办法；1979年后，国家、省、市对征地后剩余劳动力有安置规定。至1985年，上海梅山冶金公司、南京云台山硫铁矿等8家单位共招收安置剩余劳力2860人，并为其转了城镇居民户口。1988年后，县土地局根据《江苏省〈土地管理法〉实施细则》和《南京市建设用地管理条例》，对征地后的多余劳动力采取“谁用地、谁安置、谁受益、谁负担”的原则实行多渠道安置。至1995年的8年间，全县共安置剩余劳动力5881人。

【失地人员生活保障】

队（组）建制撤销后的安置　按照《南京市国家建设征用土地补偿安置实施细则》（宁府马字〔1983〕188号）规定，1983年、1984年撤销江宁县化肥厂的中庄与后庄、东山镇的小里村一队建制，共为577名村民办理户口“农转非”，276名符合安置条件的人员由江宁县化肥厂、南京造币厂等单位进行安置；对22名超龄劳力按每月27元标准实行保养，按15年计算，由厂方一次性拨给东山镇人民政府，逐月发给个人。1983年至1991年的8年间，共撤销生产队42个，有保养人员788人。之后月保养经费几次调整，1991年按每人每月75元发放；医疗补助费按每人每年50元、丧葬费一次性300元发放标准未变。

养老生活补助　1992年1月1日至2004年4月29日的12年，共办理征地“农转非”人员近8.20万人。其中1992—1998年有2.60万名失地农民，按照《南京市国家建设征用土地补偿安置实施细则》和《南京市国家建设征用土地补偿和安置办法》（宁政发〔1996〕131号）规定，这部分人员分别按3000元、5000元、6000元不等的标准领取安置补助费；1999年至2004年4月29日，有5.60万名失地农民，按《江宁县建设征用土地补偿和安置办法》（江宁政发〔2000〕340号）规定，分别按9000元、9500元、1万元、1.50万元不等的标准领取安置补助费。从2003年3月开始，实施失地农民基本生活保障模式，并下发《关于对1992年以来征地“农转非”人员实行养老生活补助的若干意见》（江宁政发〔2004〕248号），决定从2004年10月起，对1992年1月1日至2004年4月29日期间的征地“农转非”人员实行养老生活补助，从此全区征地农民基本生活保障得到落实。至2007年12月，全区已办理1992年后征地“农转非”人员劳动保障卡59923人，发放养老生活补助费的有13188人，每月发放250万元左右，累计发放8074.16万元。

基本生活保障　2004年5月1日至2007年年初，征用集体土地失地农民近1.50万人。根据2005年7月出台的《江宁区被征地农民基本生活保障办法》规定，从是年8月1日起，对这些失地农民实施基本生活保障制度。对被征地农民划分为4个年龄段：第一年龄段为：16周岁以下的未成年人；第二年龄段为男性16周岁以上至50周岁、女性16周岁以上至45周岁的人员；第三年龄段为男性50周岁以上至60周岁、女性45周岁以上至55周岁的人员；第四年龄段为男性60周岁、女性55周岁以上的人员。

第一年龄段人员按规定领取一次性生活补助费6000元，第二、第三、第四年龄段人员实行基本生活保障。第二、第三年龄段人员设立3个缴费档次，第四年龄段人员设立2个缴费档次，由被征地农民在70%的土地补偿费和安置补助费总额内，选择其中一档一次性缴纳，女性年满55周岁、男性年满60周岁时，享受相应的保障待遇。第二年龄段人员，未就业时按月领取不超过2年的生活补助费；第三年龄段人员，按月领取不超过10年的生活补助费。

2005年江宁区被征地农民基本生活保障缴费标准和保障待遇情况表

表43-4-26

年龄段	缴费金额（元）	基本生活保障金（元/月）
第二、三年龄段	32600	200
	37600	240
	40600	280
第四年龄段	32600	200
	34600	220

2005年江宁区被征地农民生活补助费标准情况表

表43-4-27

年龄段	生活补助费（元/月）	领取最长年限（年）
第二年龄段	160	2
第三年龄段	140	10

2006年，区征地人员基本生活保障所开始对全区被征地农民基本保障金进行收缴管理和发放工作。2007年，经区政府批准，从10月1日起提高被征地农民基本生活保障及生活补助费，每档增加60元（每年需增发资金近400万元）。至12月底，全区两年共办理被征地农民劳动保障卡8209人，收缴基本生活保障资金2.69亿元，对5306人发放生活补助费、基本生活保障金，共发放1040万元，其中一次性领取保障金计200万元。

第四十四编

宗教　习俗

绵延千年的宗教在江宁区时兴时衰，并逐渐融入社会成为传统文化的一个重要内容。它作为一种社会意识和文化历史现象，往往渗透于民间信仰，却又不能等同于民间信仰。其恢宏济世的利人精神，其“保佑平安”“消灾祈福”以及“与好行善”等信仰追求，甚为部分百姓接受。江宁境内影响较大的有佛教、基督教和伊斯兰教。新中国成立后，教徒的宗教信仰和正常的宗教活动受到保护。“文化大革命”期间，宗教活动停止，寺庙、教堂被占用，宗教经书、法器和文物古迹被毁。中共十一届三中全会后，居民宗教信仰自由政策得到贯彻落实，正常宗教活动日趋兴旺，信教居民人数不断增加，又见佛香氤氲。至 2007 年，江宁区有各类宗教教徒 3 万余人。

在历史长河中形成的江宁民俗风情，历经岁月风雨，广为流传，世代承袭。江宁为六朝古都南京的京畿之地，汉民族的正统文化给乡风民俗打下深深的烙印。同时，北方几次大动乱，有数十万人到江宁避难，带进中原文化和风俗；明代以中原南迁之民为主体的风俗，受到江浙移民南北交融，再加上清朝年间皖南徽文化的影响，逐步形成既同其他地区交流融合又有别于其他地区的独特的江宁风俗民情。民俗虽有着稳定性和传承性，但亦随着社会变革而改变，文明程度的提高而进化。辛亥革命后，孙中山领导的临时政府发布政令，禁娼、禁毒、禁止缠足等，提倡文明之风，丑恶现象一时有所收敛，风气发生变化。

新中国成立后，特别是改革开放后，百业兴旺，经济发展，人们的物质、文化生活水平迅速提高，思想观念不断更新，江宁的民俗风情发生有史以来最为深刻的变化。在沿袭原有风俗的同时，顺应历史潮流，凸现时代特征，增加新的文化内涵。江宁地处南京市区的独特地理位置，使其更易接受都市文明影响和国际文化辐射。传统节日在传承的基础上注入现代的韵味，生活习俗趋向都市化，追求时尚和新奇；西方一些节日传入江宁，令青年人倍添情趣。在传统文化与新潮文化有机结合的过程中，必然夹杂一些陋习甚至糟粕，新中国成立后一度消亡的部分陋习重新抬头，遭人唾弃的恶习死灰复燃。但随着社会主义精神文明建设的不断深入，文明、科学、健康已成为现代社会风俗的主流。

第一章 宗 教

江宁县内有佛教、道教、伊斯兰教、基督教和天主教等宗教活动。东汉时期，境内已有佛教信徒。三国吴赤乌年间，传孙权为句容著名道士葛玄在江宁方山建洞玄观，江宁始有道教传入。南朝刘宋大明三年（459），在东善乡祖堂山建幽栖寺，唐法融禅师在此创立“牛头禅宗”，唐宋之后成为僧侣聚集的佛门圣地。后又在牛头山建弘觉寺、在方山建上定林寺。明嘉靖年间，伊斯兰教传入江宁，并兴建供回教徒礼拜活动的清真寺。鸦片战争后，西方纷纷派传教士到南京传教，耶稣教（江宁县民间通称基督教）和天主教便传入江宁。

绵延多年的诸教时有兴衰。众多寺院庵堂、宫观庙祠和教堂时建时毁，清末始见败落。民国时期，宗教活动虽未中断，但建筑大都在连年战火中遭毁，所剩无几。至江宁县解放前后，县内佛教只存庙宇 4 所，尼姑庵 8 所。有和尚 13 人，尼姑 16 人。有基督教传教堂口 7 个，牧师 5 人，传道 2 人，外籍神职人员 11 人，共有教徒 666 人。“文化大革命”期间，宗教活动被迫停止，寺店庵堂、教堂、清真寺、道观多被毁坏，或改作他用。中共十一届三中全会后，根据党的宗教政策，各宗教活动场所得到部分恢复或重建，重新开放，民众信仰和宗教活动逐步正常，农村信教群众所占比例较大。至 2007 年，全区有宗教活动场所 47 处，其中佛教 4 处、基督教堂（聚会点）41 处、天主教 1 处、伊斯兰教 1 处，教徒 3 万余人。

第一节 佛 教

【传入与兴衰】

东汉时期，丹阳（今江宁区丹阳社区）人笮融，笃好佛事。最初聚集数百人，往徐州依附同是丹阳人的徐州牧陶谦，被任命为下邳相，负责广陵、下邳、彭城三地粮运。笮融为人放纵好杀，却深信佛教。他在徐州等地大起佛寺，铸造铜像，并造数层高的阁楼供奉，可容 3000 人诵读佛经。他以免除劳役的办法，招致界内及邻郡好佛者前往聆听受道，前后听道者有 5000 余人。每逢浴佛之日，路边布席 10 余里，置酒饭，供行人食用，信众观看浴佛并就食的达万人，耗费钱物以亿计。兴平元年（194），曹操攻徐州，陶谦不支，欲南归丹阳。笮融趁乱率男女万口至广陵（扬州），大掠其境，渡江依附扬州刺史刘繇为盟主，屯据于秣陵县南。这是江宁地区最早有佛教信徒的记载。

汉末至南北朝时期，佛教各宗学说传入江宁。南朝刘宋大明三年（459），在东善乡祖堂山建幽栖寺，后又在牛头山建弘觉寺、在方山建上定林寺。唐贞观十年（636），法融禅师在幽栖寺北岩下筑一禅室，钻研佛经，又在藏经佛窟寺读经 8 年，摘抄精要，再回禅室著述，讲《法华经》。当时的江宁县县令李修本曾请他讲《法华经》。禅宗四世祖道信禅师认为法融可以师承流派，便专程到幽栖寺向他传授东土禅宗鼻祖达摩祖师的法要，并特允法融自立“牛头禅宗”。创立“牛头禅宗”的幽栖寺，唐宋之后成为僧侣聚集的佛门圣地。

江宁县解放前，县内寺庙庵堂最多时有 221 座，其中比较有名的，除宏觉寺（时称普觉寺）和幽栖寺外，还有方山的上定林寺、赤山的般若寺、汤山的延祥寺、湖熟的香林寺和珠峰寺、江宁的三山讲寺和方旗庙等。有和尚 113 人，尼姑 37 人。曾设中国佛教会江苏省江宁县支会。

由于兵燹战乱，庙宇庵寺多被毁坏，江宁县解放时只存庙宇 4 所，尼姑庵 8 所，有和尚 13 人，尼姑 16 人。“文化大革命”中，寺庙遭到破坏，僧尼还俗为民，只有和尚吉慧大师转至南京栖霞寺任住持。20 世纪 90 年代至 2007 年，先后恢复修建寺庙 4 处，分别为谷里东善桥祖堂山宏觉寺、汤山上峰天宝山藏龙寺、方山上定林寺、陶吴上国安寺。

【遗存寺庙选介】

幽栖寺 位于谷里街道东善桥幽栖山（今祖堂山）南麓。南朝刘宋大明三年（459）建寺。梁陈之际，三论义僧，多喜栖此。唐贞观元年（627），法融禅师在此修行，创牛头宗。法融被誉为牛头宗始祖，寺因而易名祖堂寺，山更名为祖堂山。晚唐光启四年（888），寺废。五代十国时期，吴杨大和二年（930）重建，改名延寿院。南唐烈主李昪常到此山游览。中主李璟常到此礼忏拜佛。后主李煜在此大兴土木，造寺千间。南宋治平年中，复名幽栖寺。明代重建，在寺前建无梁殿，更名祖堂寺。寺有金刚殿、天王殿、佛殿、千佛殿、观音殿、左华严楼、左水陆殿及禅堂、斋堂、厨库、茶寮等建筑。占地面积 16 公顷，田地山塘 33.33 公顷。明代为南京中刹之一，统管附近的吉山寺、永泰寺、宁海寺、静居寺 4 所小刹。清顺治十七年（1660），著名画僧髡残僻居于幽栖寺石室之中，绘有“自残小照”“石室图”等。道光年间，庙宇达 400 余间，香火旺盛，以“祖堂振锡”之名，列为“金陵四十八景”之一。太平天国时期，寺庙建筑毁于兵燹。

图 44-1-1 20 世纪 30 年代祖堂山幽栖寺（上左）、幽栖寺大雄宝殿屋宇（上右）、幽栖寺从天王殿望无量殿（下左）、祖堂山古拜经台（下右）

新中国成立后，撤销寺庙，拆除无梁殿等建筑，改作精神病疗养院。1999 年，仅存虎跑泉、月牙池、银锭桥、献花岩及一些碑刻，还有庙后山崖中的祖师洞等胜迹。属省级文物保护单位。

宏觉寺 位于江宁区牛首山上，有两峰对立，因名天阙，始于南朝。梁天监二年（503），司空徐度建寺，名佛窟寺。南唐后主李煜改名弘觉寺。清代，为避乾隆帝讳，弘觉寺改为宏觉寺。民国初年，改名普觉寺。1950 年，尚存大殿、禅堂和部分僧房，方丈震寰，恢复弘觉寺名。1993 年 5 月，经县政府批准，由南京市佛教协会礼聘安徽九华山宏成法师于牛首山南面的祖堂山幽栖寺遗址上重建宏觉寺。1996 年 4 月，正式认定宏成为宏觉寺住持。至 2007 年，宏觉寺初具规模（详见本志第三十六编第一章第四节《寺庙 古塔》）。

上定林寺 位于秣陵街道方山西北麓，南宋乾道九年（1173），善鉴诣府（指建康府）请移钟山定林寺于此，在方山者称上定林寺，在钟山者则称下定林寺。2007 年，在任住持为心融法师（详见本志第三十六编第一章第四节《寺庙 古塔》）。

藏龙寺 原名插花庙，位于汤山街道孟墓社区。始建于东汉建武三年（27）。2006 年，该寺被南京市评为文明寺庙。2007 年，在任住持为九华山僧人妙寿法师。佛教信徒有 3500 余人（详见本志第三十六编第一章第四节《寺庙 古塔》）。

上国安寺 位于横溪街道甘泉湖社区，始建于南唐保大十二年（954）。相传一信仰佛教文化的穷苦家庭孩子，熟知春秋大夫上国官（官名）为官清廉，为振兴楚国做出贡献，景仰其为人而削发为僧，四处乞讨化缘，立志建成上国安寺，最后终得此愿。唐初牛头禅宗开山祖师法融曾驻锡于此。该寺历经数代风雨，几度兴衰，明末清初最为兴盛。据载，清代上国安寺有山门殿、天王殿、大雄宝殿，僧房百余间，田地 1.33 公顷。“文化大革命”期间，古刹尽毁，仅存古井一口，古银杏树一株。2002 年 10 月，经市民族宗教事务局同意，区政府批准，上国安寺复建工程正式启动。寺内住持由江宁区佛教协会副会长昌一担任。至 2007 年，寺内建筑尚在完善。

【古刹录】

方旗庙 位于江宁街道建中村前面。不详其建于何年。庙有关公殿、观音殿各 6 间，雷公祠山殿 3 间。庙左前方有万寿台。均于“文化大革命”时期被拆毁。

彭城寺 在秣陵县东南（淳化乡大连山，古称彭城山）。东晋升平五年（357），王纯之建。废于齐。

祈泽寺 在祈泽山（上坊乡境），建于刘宋景平元年（423）。据《六朝事迹》引旧经云：初法师尝结茅于此，有龙女到此听讲，即而神泉涌于讲座下，后人以祈祷禳除水旱之灾之所。刘宋建寺。宋治平改祈泽治平寺，清复称原名。2007 年存遗址。

高台寺 在山南乡（丹阳乡境），建于刘宋景平元年（423）。

永丰寺 去县城 70 里，周岗乡境，建于刘宋元嘉四年（427）。刘宋谢方明造，元末废。

宝善寺 位于汤山街道铜家山西麓，相传建于梁朝。梁武帝三女宝善公主丈夫病逝，决意出家。武帝命人督造宝善寺。该寺建成时，前后数进，有房 99 间半，僧侣近百人。太平天国时期，寺庄被烧去大半，仅剩两进庙堂。1958 年被拆光，和尚被清出归田。

本业寺 在蒋山里（其林门），建于梁天监九年（510）。据《建康实录》云：本释静玉舍宅，南唐保大年间重修。明废。

吉山寺 在泰北乡（东善乡境），建于梁天监年间，明代废。

仙窟寺 在牛首山，梁天监二年（503）建。据《建康志》引六朝记云：山西峰中有石窟，不测深浅，梁武帝于下建寺，曰仙窟寺。

净居寺 位于江宁镇西灵华山上，建于南朝梁武帝天监五年（506）。唐代时为天福寺，南唐时为净住院，《宋书》称静居寺，北宋治平年间改为净居寺。2007 年尚存遗迹。

光宅寺 寺约在今上坊境内，梁天监六年（507）八月，梁武帝舍秣陵县同夏里三桥旧宅置光宅寺。至宋代已荒废。

虎窟寺 在牛首山，梁天监年间造，梁末废。

常乐寺 在牛首山，梁天监年间造，梁末废。

灵岩寺 在方山，梁代建。据《上江志》云：梁诸葛颖有奉和方山灵岩寺应教诗。

永泰寺 在吉山，梁天监年间造。据《上江志》云：南唐净果禅师，改名净果院，后复旧名，明代称永泰讲寺。

资福院 在土山，梁天监年间宝志创，宋代更名为净名院，明清称翼善寺。

法清寺 在湖熟，建于梁天监年间，宋称昭文精舍，元谓昭文书院，明、清称法清院。

杜桂寺 在湖熟杜桂村，梁天监年间造，宋代移至赤山西，更名为香林寺。

圣汤寺 在汤山神泉乡，建于梁代。《寰宇记》中载有圣汤寺。

资圣寺 在白都山（江宁乡境），梁武帝置，元代称白都院。

永明寺 在秣陵县东南 50 里，建于梁普通元年（520），唐废。

猛信尼寺 在秣陵东南 50 里铺山西北，梁普通三年（522）建，唐上元二年（675）重建。

圆居尼寺 在秣陵县 45 里，梁大通元年（527）建，梁末废。

法苑寺 在秣陵县南 50 里，梁大通五年（531）建，梁末废。

广化寺 在秣陵县南 50 里，梁大通五年（531）建，梁末废。

化成寺 在秣陵县西南 60 里，梁大同二年（536）建，梁末废。

善业尼寺 在秣陵县西南 50 里，梁大同二年（536）建，梁末废。

寒林寺 在秣陵东南 35 里，梁大同二年（536）建，梁末废。

金口寺 在秣陵东南 85 里金口里，梁大同二年（536）建，五代称灵鹫院，宋改名为隆教院。

福兴寺 在秣陵西南百里塘埔东银湖上（铜井乡境），梁大同二年（536）建。唐上元二年（675），天竺僧秋旧额于天竺山下。

幽岩寺 在秣陵县南 40 里（东善桥青山），梁太清元年（547）建。据《建康实录》云：梁太清元年永康公主造。《陈志》引大昆传师云，承圣二年（553），法师入秣陵青山始创名幽岩，不云永康造也。

仪香尼寺 在秣陵县东南 50 里，梁太清元年（547）建，梁末废。

灵隐寺 在秣陵县东南 50 里，梁太清二年（548）建。

国胜寺 在横山北，陈天嘉元年（560）造，元代时徙至南门外落涧。

多福寺 在汤山神泉乡，唐天宝元年（742），玉境圆师首建。元朝末年毁于兵燹。明朝得以复建。1971 年，尚存房屋 10 余间。1973 年被毁。2007 年尚存银杏树 2 棵，碑石 1 块。

净相寺 在铜山乡（陆郎河东村），建于唐天祐八年（916）。五代改称泗洲塔院，南唐改为后黎寺。北宋复改净相寺。抗日战争时期被烧毁。

延祥寺（圣汤院） 在汤山西，唐建中年间韩滉建。清乾隆年间，逐渐败落，后改作他用。

仪成寺 在上元县 70 里（周岗乡境），建于唐天复三年（903），宋治平三年（1066），更名广严寺。

后阳寺 在祁门乡后阳（陆郎乡境），其山曰施山。《上江志》云：宋开宝八年（975）建。太平天国期间遭破坏，抗日战争时期全部被毁，

天宁寺 在高桥门外（祈泽山北 5 里），宋治平二年（1065）建。据《上江志》云：宋治平年间建，明正统中重修，山林幽迴，人迹罕至，正德中邑人顾玉璘游此有记，已废。

清修寺 在皈善乡（江宁乡境），建于宋治平年间。

普济寺 在黄龙山，宋政和年间建。

光相院 在高桥门外，宋政和年间建。

江心护国寺 在烈山，建于宋宝祐年间，据《上江志》云：烈山，宝祐初有僧披荆棘，建庵其上。

建昌寺 在江宁南乡（丹阳乡境），建于宋政和年间，名建昌院，明改建，改名为建昌寺。

西林寺 在山北乡（陆郎乡境），建于宋绍定年间，据《上江志》云：朱门山，有西林寺，浙江副使顾国辅墓在焉。

秀峰院 在凤凰山西（秣陵乡境），建于宋代。

龙泉寺 在沧波门外，建于元至正初年。

图 44-1-2 龙泉寺

桂阳寺 在沧波门外汤山神泉乡，

明初建。传说有房屋99间，新中国成立后尚剩16间，2005年，仅剩1小间和2棵银杏树。

三山寺 位于三山（原江宁镇境内，1995年后划归雨花台区）南麓，古名三山讲寺，亦名三山护国寺，始建于明洪武十三年（1380）。据《上江志》载：洪武十三年敕建，冈峦数重，中隐古寺，疏钟度云，怒涛春石，境极幽冥。寺中有金刚殿、正佛殿、观音殿、望江楼、纯阳阁、僧院等建筑数十间，占地15亩。寺院公产有水田、山地211亩。清雍正七年（1730）曾重修。至新中国成立前夕，仅存佛殿2座，后亦废去。2007年，唯余雍正年间重修时的石碑1座。

栖隐寺 在泰南乡（东善乡境），明洪武年间建。

真如寺 在葛仙乡（禄口乡境），明洪武年间建。

静明寺 在安德乡（岔路乡境），明正德年间建。

花岩寺 在皈善乡献花岩（东善乡境），明成化年间建。据《上江志》称：自唐迄元为僧舍，明成化开始建寺，曰花岩寺。

衲头庵 在聚宝门外山南乡（横溪石塘竹海附近），建于明代。前后两进12间加2间伙食房。1958年，有南通人在此开矿时庵被拆。2007年，尚存银杏树3棵、青石井箍1个。

葛塘寺 在聚宝门外泰南乡（秣陵乡境），明代建。

云居寺 在淳化镇北许墵，建于明代。据《待征录》谓：云居寺本在钟山，明时移旧额建于淳化镇北之许墵，属灵谷寺所领四小寺之一。1958年，该寺被改作厂房，所有佛像不复存在。

图44-1-3 云居寺

东山寺 在崇礼乡（东山镇境），建于清代。据《上江志》云：梁资福院也。

广惠寺 在上坊门外，明代建。

东霞寺 在崇礼乡（方山乡境），建于明代。《上江志》称 方山，旁有东霞寺，石林清翠，杳然深沉，是山之佳处。

外永福寺 在泉水乡（其林乡境），建于明代。

天隆寺 在高桥门外丹阳乡（湖熟镇境），建于明代。

积善庵 在高桥门外清风乡（淳化镇境），建于明代。

灯台寺 在城外尽节乡（铜山乡境），建于明代。

吴读庵 在高桥门外土桥（土桥乡境），建于明代。

德胜寺 在聚宝门外安德乡（岔路乡境），建于明代。

懋德庵 在聚宝门外左墅村，建于明代。

妙明寺 在聚宝门外葛仙乡（禄口乡境），明代建。

明性寺 在聚宝门外山南乡（丹阳乡境），建于明代。

石佛庵 距汤山10千米，位于射乌山西麓新民村附近。《金陵古迹图考》称："在汤山之北20里，古称拈花禅院，有石佛洞，就山凿成佛像数十尊，略如千佛岩。有碑二：一为永乐元年，一为天启六年。"禅院为二进式，共8间房，和尚三四人。1969年，因开矿寺庙被拆除。

图44-1-4 汤山石佛庵石像

扒灰庙 原名八辉庙，俗名趴灰庙，建于明宪宗成化十六年（1480），3进21间，面积600平方米，后两进有菩萨400余尊，并有庙产良田10余亩。1958年拆毁。

古禄庙　位于汤山街道高庄社区古禄庙村。据传建于明代，清道光二十八年（1848）续建，有屋三进10余间。1974年拆除，余2间。1994年，重修两进6间。2007年有续建时石碑1块，石制香炉1只，石制花池2台。

石地庙　在汤山神泉乡石地村，建于清康熙三十二年（1693），占地4亩，坐北朝南，素有“荷花宝地”之称。已废。

玉虚观　在方山麓，南唐保大年间建，民国时期废。

宝华宫　在凤凰门外西京村（陶吴乡境），建于南唐升元二年（938）。据《上江志》称：南唐耿先生遗迹，也见陆游《南唐书》，南宋淳熙七年（1180）移今南京南门外。

敬思庵　在凤凰门外西京村（陶吴乡境），建于宋代，废于清。

杨塘庵　在凤凰门外西井村（铜井乡境），建于宋代，废于清。

园林庵　在小丹阳，建于元至正元年（1341），清废。

东岳庙　在上坊门外，明正统十二年（1447）建。

灵济道院　在高桥门外土桥，明正德初年建。

梁塘庵　在牛首山，明隆庆元年（1567）建。

移忠观　在铜井乡牧龙，建于明万历年间。

黄鹿观　在通济门外15里（上坊乡境），明万历年间建。

第二节　道　教

1995年7月，湖熟经济开发区一座编号为M120东汉早期墓中出土一枚木质道教丹印。此次考古发现证明，东汉早期，道教已在今江宁地区传布。三国时，蜀地李宽入吴传道。吴赤乌年间，孙权为葛玄在江宁方山建洞玄观，并为葛玄创道观39所，度道士800人。南北朝时，宋文帝刘义隆特立玄学，召集道士与儒学并列讨论，其中有著名道士陶弘景，被尊为“山中宰相”。唐末五代，金丹学派流行江宁。明洪武年间，重建方山洞玄观。清代，道教完全失去以往朝廷的尊宠地位。清末，全真龙门派和正一派在江宁（南京）相对兴旺。民国时期，国民政府把道教当做封建迷信看待，道教被列入受限制和被消灭之列。民国17年（1928）1月，颁布《废除卜筮星相觋舆办法》，将一些道观当淫祠废。农村许多宫观无人看管，江宁龙都大庙有房屋99间，仅留道士1人看管，宫观后继无人。新中国成立后，江宁为数不多的道士或已自助转业，或转移到外地宫观活动，道教在江宁流传，形成民间习俗。

道教自汉代传入江宁后，历代都有许多高道，代表人物有葛玄、陶弘景等。陶弘景，秣陵人，著名道教学者、炼丹家、医学家，撰有《真诰》名著，齐梁时，宫廷随其学道者达5000人之众。这些高道在道教文化事业上做出贡献。

历史上，江宁地区主要宫观有方山洞玄观和长寿山朝真观。

方山洞玄观。位于上方门外的方山山麓，吴大帝赤乌二年（239）建，名洞玄观。东晋时，有郑隐、葛洪等名道士复游。观宇宏丽，人流日盛。唐贞观六年（632），并入岩楼观。宋改崇真观。元至元二年（1336），遭兵火，独存葛玄遗像，道士周如一逐渐修复。明洪武年间重建，仍复古洞玄观。正统十二年（1447）八月初十日，敕《道藏》一部。成化、万历年间重修。有仙翁洗药池、炼丹井、药臼等名胜。有山门、三清殿、仙翁殿等，道院4房，占地10亩。正殿奉葛仙翁（葛玄）像。明代为应天府中等宫观，受朝天宫统辖。民国时期，无道士看守，观废。

长寿山朝真观。在原淳化镇境内，明代为应天府中等宫观，属朝天宫管辖。明正德九年（1514）重修。正德一二年，道士葛可澄请赐《道藏》一部。有大山门3楹、二山门3楹、玄帝殿3楹、三清殿5楹、三宫殿3楹、五圣殿3楹、祠山殿3楹、左宫殿8楹、右瘟司殿子孙堂8楹，道院11房，占地18亩。属全真龙门派。民国时期，常无人看守。1949年后，道观废。

第三节 伊斯兰教

伊斯兰教又称回教、回回教、清真教、天方教，民间习惯叫“教门”。明洪武二十年（1387），信奉伊斯兰教的古西域鲁密国赍贡到中国的使团成员，将伊斯兰教传入南京。明嘉靖年间，使团成员马氏回民的后裔入籍上元县，迁入湖熟镇定居，并传播伊斯兰教。后又有顾、哈、金、仝、沈、杨等10多个姓的回民迁入湖熟镇及其他乡镇，伊斯兰教陆续传入其他乡镇。南京及江宁地区历史上曾出现74座清真寺。清咸丰年间，一些清真寺在战火中遭破坏，抗日战争爆发前呈现恢复景象，抗日战争时期又遭日军破坏。新中国成立后，党和政府尊重穆斯林的信仰，对穆斯林群众的劳动就业及提高穆斯林群众的政治地位很重视，有不少上层人士当选人大代表、政协委员，参政议政，伊斯兰教的正常活动得到恢复。

湖熟街道清真寺。明嘉靖十六年（1537），马氏回民迁入湖熟镇后，在水北街兴建一座供回教徒礼拜活动的清真寺。该寺坐东朝西，面积2000多平方米。太平天国期间毁于兵燹，民国15年（1936）修复一新。民国21年前后，寺内设立回民子弟学校。初名湖熟小学，后改名湖熟实验小学和湖熟中心小学。1956年，回民子弟小学迁出清真寺，更名湖熟小学。1964年，大殿因年久失修被拆除。“文化大革命”期间，清真寺寺房成为厂房。1983年12月，根据党的宗教政策，清真寺整修后重新开放，并成立清真寺管理委员会，聘请阿訇讲授教义，恢复宗教活动。1984年，由省、市、县拨专款进行维修，1988年竣工，大殿面积143平方米。1995年，再次对其进行整修，伊斯兰教信徒活动环境大为改观。2003年，复建西厢房，共8个房间，约200平方米。至2007年，寺内有大殿、宿舍、客堂、水房及门房等，有穆斯林信徒80余人。清真寺管委会由7人组成，其中3人常驻管理。

禄口街道铜山水荆墅清真寺。建于民国3年（1914），该寺历经兵祸毁坏，又几经修复。1983年12月，根据党的宗教政策，明令开放，并予保护，但由于乡境偏僻，回民人数不多，因而未恢复宗教活动。1999年曾简修，至2007年，已无人看管，逐渐荒废。

第四节 天主教 基督教

【天主教】

清末，基督教中的一大教派公教，即天主教传入江宁。意大利籍牧师雷通俊在陶吴镇建立天主教堂，进行传教，又在江宁、谷里等镇上设公所（会口）。民国16年（1927），全县有天主教徒309人，神父1人。抗日战争时期，除德、意籍传教士外，其他国家传教士被关进日军集中营，传教活动终止。新中国成立后，该教基本无活动。1997 年 7 月，南京石鼓路天主教堂在陶吴镇选址兴建天主教堂，即中华圣母堂，双钟楼，哥特式建筑，堂高 25 米，建筑面积 392 平方米。2000 年 4 月竣工，开放使用。隶属南京石鼓路天主教堂管辖。在册信徒 99 人。

【基督教】

唐代，基督教（耶稣教）传入中国长安和江南一带，时称景教。唐建宗二年（781），各州建有景教寺，已形成“法流十道，寺满百城”的盛况。会昌五年（845），武宗灭佛，景教同时遭禁，景寺被毁，江南一带的景教逐渐消失。近代，基督教于清光绪年间传入江宁县。光绪十七年（1891），美国女传教士沙德纳建福音堂于江宁镇，设分堂于陆郎、秣陵等地，设专职牧师和布道士。当时条件简陋，信徒甚少。至江宁县解放前夕，有江宁、铜井、谷里、陆郎、秣陵、淳化、湖熟 7 个传教堂口，有牧师 5 人，传道 2 人，外籍神职人员 11 人，共有教徒 666 人。江宁福音堂的专职牧师兼管陆郎等堂口的传道活动。铜井福音堂直属南京中华基督教会，只有义务传教士。淳化教堂由南京汉中堂牧师兼管。湖熟长老会堂只有义务传教士。

图 44-1-5 位于东山街道泥塘社区的东山中心教堂（2007 年摄）

据 1965 年统计，县内有基督教徒 282 人，其中江宁 14 人，铜井 73 人，谷里 63 人，陆郎 42 人，秣陵 7 人，淳化 38 人，湖熟 45 人。“文化大革命”期间，宗教活动全部停顿，场所改做他用。中共十一届三中全会后，江宁县贯彻党的宗教政策，县境内基督教逐步恢复活动，教徒自发建立家庭聚会点。至 1985 年，全县有基督教徒 628 人，分别在铜井乡、长江乡等重点地区设立基督教家庭聚会点，专人布道。1992 年 2 月，经县委批准，成立江宁县基督教“三自”（自治、自养、自传）爱国运动委员会。至 2007 年，全区有注册基督教堂 2 个，聚会点 39 处，在册信徒 9814 人；临时登记 10 处，在册信徒 1579 人，基督教信徒共 11393 人。有牧师 2 人，传道人近 40 人。

2007 年江宁区基督教堂登记情况表

表 44-1-1

堂点场所名称	成立时间	地 址	人数（人）
汤山教堂	1983 年 4 月	汤山街道林场	682
东山中心教堂	1988 年 4 月	东山街道泥塘社区	285
江宁聚会点	1982 年 4 月	江宁街道集镇	541
陆郎聚会点	1983 年 4 月	江宁街道陆郎集镇	351
牧龙聚会点	1984 年 3 月	江宁街道牧龙社区	213
铜井聚会点	1984 年 3 月	江宁街道铜井集镇	994
殷巷聚会点	1987 年 4 月	秣陵街道殷巷集镇	629
孚而岗聚会点	1988 年 4 月	横溪街道陶吴集镇孚而岗村	120

续表

堂点场所名称	成立时间	地　址	人数（人）
淳化聚会点	1988年4月	淳化街道淳化社区	122
陶吴聚会点	1988年4月	横溪街道陶吴集镇	365
朱门聚会点	1989年3月	江宁街道朱门村	180
丹阳聚会点	1989年4月	横溪街道丹阳西河村	299
马家头聚会点	1989年4月	秣陵街道殷巷集镇马家头	281
曹村聚会点	1989年4月	禄口街道铜山集镇曹村	242
蔡坎聚会点	1990年4月	横溪街道丹阳集镇蔡坎村	147
青年聚会点	1990年4月	谷里街道红土凹村	192
上峰聚会点	1991年4月	汤山街道上峰集镇	192
永吗聚会点	1991年4月	江宁街道清修社区	110
上梁聚会点	1992年4月	禄口街道黄桥村	99
麒麟聚会点	1992年4月	汤山街道麒麟锁石社区	188
窑头聚会点	1992年4月	横溪街道窑头村	109
秣陵聚会点	1992年4月	秣陵街道秣陵集镇	195
高塘聚会点	1992年4月	秣陵街道高塘村	111
排头聚会点	1994年5月	江宁经济技术开发区排头	303
铜山聚会点	1995年4月	禄口街道铜山集镇	439
彭福聚会点	1995年4月	禄口街道彭福社区	73
东善桥聚会点	1995年8月	谷里街道东善桥前圣村	149
清修聚会点	1999年10月	江宁街道清修社区	154
邵圣聚会点	2001年4月	东山街道邵圣社区	218
周岗聚会点	2001年4月	湖熟街道周岗集镇	102
公塘聚会点	2002年4月	谷里街道公塘村	209
河东聚会点	2002年6月	江宁街道陆郎集镇山腰村	326
大庙聚会点	2002年6月	江宁街道陆郎大庙村	100
砖墙聚会点	2002年6月	谷里街道砖墙村	263
方山聚会点	2003年6月	秣陵街道方山集镇横岭村	120
四门口聚会点	2003年12月	谷里街道四门口村	352
新河聚会点	2003年12月	东山街道新河村	50
西山聚会点	2003年12月	江宁街道陆郎集镇西山村	85
路家聚会点	2003年12月	横溪街道路家村	80
西泉聚会点	2003年12月	横溪街道陶吴集镇西泉村	70
土桥聚会点	2003年12月	淳化街道土桥集镇	74
合　计	41个	—	9814

第二章 传统习俗

江宁的民俗亦即中华民族的传统习俗，内容丰富，涉及广泛，主要包括岁时习俗、节庆习俗、婚丧喜庆习俗、生活习俗和生产习俗。

岁时习俗大多与人民生活、农耕有密切关系，深刻地反映人民以土立国、以农为本的思想和休养生息、祈求五谷丰登、百业兴旺的理念，使生活加入了绚丽的色彩。这是千百年随着社会发展渲化而成的，代代相传，且有所摒弃，有所发展，成为中华儿女维系情感的纽带，亦是研究中华古老文明和社会生活的活化石。节庆习俗是指自清宣统三年（1911）辛亥革命后，尤其是新中国成立后，陆续出现在全国范围内统一施行的节庆。20世纪80年代开始，随着改革开放的影响，西方一些节日逐步为江宁人熟悉，加之媒体及商家的刻意宣传和参与，外来节日受到年轻人的追捧。20世纪90年代开始，过圣诞节、情人节等已渐成流行趋势。

江宁地域内婚嫁、丧事、喜生、庆岁的习俗历来虽有“三里不同风，十里不同俗”之说，但只是某些细节有异，大的方面趋同。婚丧喜庆的形式和内容伴随着社会形态的变化而变化。江宁人一向以农为主，兼及林、牧、渔、匠作等多种生计。在长期的社会生活中，他们为生存而劳作，为温饱而奔波，精于耕种，讲求方式方法，积淀了丰富多彩的生产习俗。随着时代的进步，科学技术的发展，江宁人的生产习俗不断推陈出新，迷信落后的陈规陋习逐渐被淘汰，具有时代特征的生产习俗日益为人们接受。

第一节 岁时习俗

【春节】

农历正月初一，古称“元旦”“元日”“岁首”“三元”等，俗称“过年”。民国38年（1949）9月27日，中国人民政治协商会议第一次全体会议通过使用世界上通用的公历纪元的决定。把公历的元月一日定为元旦，俗称阳历年；农历正月初一定为春节，俗称阴历年，休假三天。

春节大约有三四千年历史，漫长的历史使年俗活动的内容变得异常丰富多彩。民间的过年年期并不单指正月初一日这一天，它由腊月下旬的“年根”和正月初的“年头”数日组成。按旧时习俗，从腊月二十三或二十四的祭灶、扫尘（掸尘）揭开年序幕，到年三十过除夕日，俗称“大年三十”，全家团圆吃年夜饭，再到正月初的相互拜年，一直可延续到正月十五元宵节，都属于过年期间。其中，大年三十晚吃年夜饭最为庄重。离家在外的游子都要尽可能设法不远千里万里赶回家，与全家人在一起吃年夜饭，所以这一夜又叫团圆夜。

在由来已久的过年习俗中，年三十要贴春联或贴窗花，倒贴“福”字或贴年画，给逝去的先人烧纸祭奠，燃放爆竹，晚上要“守岁”；进入正月新年，小孩子要穿上新衣裳，晚辈对长辈要拜年，亲朋好友间要相互拜年，熟人相遇要互道恭喜，长辈要给晚辈压岁钱予以祝福。过年的饮食江宁地区通行的有蒸年糕，做汤圆或米面粑粑，烧什锦菜等。人们利用春节长假参加各种文化娱乐活动，并走亲访友。江宁地区玩龙灯、舞狮子等群众传统文艺活动一直在民间流传。

“文化大革命”期间，提倡“革命化的春节”，几乎所有的传统过年习俗都遭到限制。‘文化大革命”结束后，许多曾被中断的过年习俗迅速得到恢复。改革开放后，那些敬天祭神的迷信活动逐渐被淘汰，而那些富有“年味”的生活情趣内容像贴春联、贴年画、贴福字、剪窗花、蒸年糕、包饺子则得以流传。一度禁放烟花爆竹的城区也有条件地“解禁”。

随着人们生活水平的提高及社会整体发展水平的提升，有些传统的过年习俗逐渐与现代生活相适应，朝着更加文明的方向改进。看春晚。从1983年起，每年除夕之夜，全家一起看春节联欢晚会几乎成了大多数家庭的第一选择，也是很多人挥之不去的一份“过年”情节。看春节联欢晚会辞旧迎新已成为一个新的“守岁”方式，也是对传统守岁习俗的调整。短信、电子邮件拜年。随着时代和社会的变迁，特别是进入21世纪后，春节期间以短信或者电子邮件的方式拜年日渐成为主流。年夜饭在饭店吃已逐渐成为时尚。“方便、省事”是许多人选择在饭店吃年夜饭的主要理由。和传统习俗反而道之，春节期间给父母或者其他长辈“压岁钱”，既能表达感恩之心，这也是传统春节文化的核心，又体现孩子们对老人的敬畏之心。出国或外地旅游。有的带着长辈一起旅游，有的分一段时间旅游，分一段时间回家陪父母，这种“两头兼顾”的办法是一种较好的选择。

此外，由于江宁流动人口数量大，不同地区的人们将异地过年的乡风民俗带到江宁，从而形成更加多样化的江宁春节习俗。

【元宵节】

正月十五日为“元宵节”，又是一年中第一个月圆之夜，亦称“上元节”，因历代这一节日有观灯习俗，又叫“灯节”。元宵节与春节相连，故被人们当做再过一次“小年”，元宵节一过标志着新一年的过年期结束。元宵节兴吃元宵或春饼（大如盘、薄如纸，内裹韭黄、肉丝等，食之别有风味）。早餐吃元宵，中、晚餐菜肴丰盛。

“元宵节”一般经历三五天。正月十三日为“上灯节”，挂春灯，民间给新出嫁的女儿家送彩灯和元宵，名为“送灯”。民间彩灯以形态命名，诸如兔子灯、蛤蟆灯、飞机灯、荷花灯等，五颜六色，千姿百态。正月十八日为“落灯节”，兴吃面条，有“上灯元宵落灯面”之说。

“文化大革命”期间，江宁地域元宵节曾一度摒弃。之后民间又逐渐恢复。改革开放后，政府重视元宵节期间相应的文化娱乐活动，如组织开展玩龙灯、花船及猜灯谜等文艺活动，甚为热闹。江宁地域流传于民间的秣陵、横溪街道一带的马灯，禄口街道的马铺锣鼓和铜山的狮子舞及汤树湾云灯，江宁街道一带的采茶灯，横溪街道的丹阳和陶吴一带的龙灯、皮老虎，谷里街道、湖熟街道及周岗的花船等，作为江宁地区非物质文化遗产得到新的发掘并传承。至2007年，普通百姓家，每逢元宵节都要吃点元宵应应时节，许多有兴趣的年轻人会带着孩子和老人到南京夫子庙等地看灯会。

【二月二】

农历二月初二是古代流传下来的与农事有关的节日。中国民间有“二月二，龙抬头”的谚语，表示春季来临，万物复苏，蛰龙开始活动，预示一年的农事活动即将开始，所以古人称农历二月初二为春龙节，又叫龙头节或青龙节，这一天人们便到江河水畔祭龙神。江宁民间旧俗在农历二月初二日祭祀土地神，祈求获丰收，还有接出嫁女儿回娘家的习俗。新中国成立后，祭神之俗渐被废止，但关心农事的人会根据这一天的雨晴状况判断年成的好坏。另外，江宁地区的部分乡村保留着正月里不起房造屋的习俗，将开工日选在二月初二。“二月二，龙抬头”，作为古代民俗的一种节日，至2007年已经基本上从现代生活中淡化出去。

【三月三】

农历三月初三日，古称“上巳节”，为农历三月的第一个巳日。相传周代就有了上巳节的活动，已有 2600 多年历史。明初朱元璋为显太平盛世，每年三月初三便同文武大臣们去南郊牛首山春游，全城百姓闻风而动，遂有“春游牛首”一说并得以流传。

传说这一天是荠菜花的生日，田头地边的荠菜已经开出白白的小碎花，妇女儿童将其插于自己的发间鬓角，据说可以解除春困、消除疲倦并祛邪趋吉。江宁地域民众素有采摘一束荠菜花挂在门框上的习俗，谐音为“齐财”，寓意为“聚财”。荠菜花朴素可人，散发着淡淡的清香，妇女孩子喜欢摘上几束插于床边、桌头或梳妆台上，既是装点也是祈福。农户人家还沿用把荠菜花放在灶台上的旧俗，说可以禁止蚂蚁上灶。放置灶台上的荠菜花干燥后，在夏季里煮水喝有清火败毒之功效。

三月三这天，城乡人们都喜欢去山野拔荠菜花，顺便踏青、野炊、聊天散心。江宁地域还有用荠菜花煮鸡蛋的习俗。人们将荠菜花连根拔回，洗净后放入锅内与鸡蛋同煮，煮出的鸡蛋清香诱人，别有一番滋味。荠菜是美味野菜，广受人们喜爱，也使三月三这一时令节日更易融入老百姓的生活中。

【清明节】

清明，是农历二十四个节令之一，一般在公历 4 月 5 日左右。

清明节大约始于周代，已有 2500 多年的历史。清明一到，气温升高，雨量增多，正是春耕春种的大好时节，固有“清明前后，点瓜种豆”“植树造林，莫过清明”的农谚。清明，又俗称“鬼”节，为扫墓祭祖节日。江宁人于清明这天，门前插柳，男女稚子或胸前或鬓边戴柳叶或柳球。于是日扫墓。〔正德〕《江宁县志》还说：“新丧者多在社日前行礼。谚云：新坟不过社。”《白下琐言》也说：“清明扫墓，必以紫纸长条（新坟用紫纸、旧坟用黄纸）挂树枝、插于冢上，谓之‘挑钱’，亦古人挂钱之遗意。”此俗历代沿袭。

“文化大革命”初期破“四旧”，曾将祭奠烧纸钱视为迷信活动而一度被禁止，清明节被淡化。改革开放后，清明节祭祖扫墓习俗重新得到人们的重视。人们利用清明节缅怀先人，尤其是殡仪馆、公墓地，参加祭拜的常常人满为患。在清明节期间，党政机关、人民团体和学校等组织相关人员去烈士陵园或革命英雄纪念碑前敬献花圈，缅怀革命先烈，接受革命传统教育。

此外，江宁地区清明节还有门前插柳吃烧饼、踏青放风筝、荡秋千等习俗。

【四月八】

农历四月八日为浴佛节，相传是日为释迦牟尼诞辰之日。寺庙大扫除，僧尼供香花灯烛，以香汤干巾将佛洗拭。此俗在东汉时即已有之。过去，江宁人在这一天要赶庙会、看浴佛，祈平安，人山人海，热闹非常。有钱人家还购龟、鳖、乌鱼、螺蛳放生。

是日，在江宁一带有“送夏”“尝鲜”和“吃乌饭”等习俗。

“送夏”，即给新出嫁的女儿送夏令用品。如衣服、凉枕、扇子、阳伞、食品等，除女儿自用外，还转送其姑嫂，希望能和睦相处。

“尝鲜”，即此时已进入初夏，果蔬普遍上市，人们便采摘和购买樱桃、草莓、竹笋、蚕豆、蒜苗、苋菜、莴笋、杨花萝卜、咸鸭蛋、鲥鱼、螺蛳、河蚌等品尝食用。故谓之“尝鲜”。

“乌饭”，是以南天烛（一名青精树）茎叶捣烂滤汁浸泡糯米，晾干蒸煮而成。每天煮食一碗，能强筋骨，益气力，固精驻颜，被誉为“仙家服用”。古时目莲为救母送乌饭救助，传为佳话。明代，朝廷每年阴历四月初八日，赐文武百官午门外吃不落荚。《江宁府志》即载：“吾乡每届是日，沿途争卖，以当点心。”

20 世纪 80 年代后，江宁县乡镇每到阴历四月八日这天，除吃乌饭外，还举办物资交流会，人们从四面八方集聚一起，选购生产、生活资料，观看文艺节目，男女咸集，盛况空前。

【端午节】

农历五月初五是端午节，又称端阳节、五月节、诗人节，是民间三大传统节日之一。关于端午节的来历，说法不一。但江宁人过端午节，相传是纪念春秋战国时楚国爱国诗人屈原的，古代江宁地属楚国。

这一天人们最喜吃粽子、绿豆糕，食“炒五毒”（用银鱼、虾米、茭菜、韭菜、黑干杂炒）、苋菜和雄黄豆，饮雄黄菖蒲酒，以求“免灾”。用经过曝晒的雄黄水令家人洗目，谓之“破火眼”，说可一年免眼疾。用菖蒲、艾叶蘸水洒地，而后高悬门楣，用以“禳灾”。悬挂钟馗图及方士刻印“五毒”（蟾蜍、毒蛇、蝎子、蜈蚣、壁虎）形图，“驱鬼避邪”。小孩颈项挂五色丝络，络中装咸鸭蛋；臂系五色丝挽成丝绦，叫“长命缕”；穿虎头鞋，背老虎披（用五色绢布饰有天师骑虎形）；用雄黄酒在额头上画“王”字。妇女鬓边插绢绒五彩老虎花。

过端午节还有一项重要习俗和活动，就是划龙船。在江宁秦淮河、句容河、溧水河流域地区更为盛行。届时沿河两岸各村、镇，自发组织龙船队，下河竞赛或表演，有几乡联赛，也有乡镇内的组赛，形式不一。此习俗 20 世纪 50—60 年代还有，至 2007 年已无存。

【六月六】

农历六月初六，古称“天贶节”，起源于宋代。传说此日上天赐给宋真宗一部天书。江宁地域民间有“晒霉”的习俗。此时的江南一带刚刚过了令人烦闷的阴雨潮湿的梅雨季节，“出了梅”即进入了伏天，烈日当空，太阳暴烈，气候干燥，人们正好将被褥、衣物“晒晒霉”，故有谚语：“六月六，家家晒红绿。”

旧时江宁地域民间有女孩子染红指甲的习俗。一般是摘取院内墙边盛开的凤仙花，加少许白矾，捣成糊状后敷在指甲上，用麻叶包扎好，过一些时间即解去，连包几次后，指甲就被染得红艳光润，水洗不掉，不太容易褪色。还有的地方，男孩选在农历六月初六这天剃光头发，认为可以辟邪，不会生癞痢头。这都是古代流传的最具健康特色的美容、保健方法。

江宁一些地方的乡村，将六月六称为“回娘家节”，出嫁的老少姑娘在此日要回娘家歇夏，遂有“六月六，请姑姑”一说。这与农事相关，因为此时农忙收种季节刚过，好让妇女们回娘家休息一天。此俗在一些大家族中依然保留。

另外，六月六，藏书之家晒书，防虫蛀。寺观的僧道要翻晒经卷，据说可得灵气，阅读后领悟深。

【七夕节】

农历七月初七日为七夕节。传说牛郎织女这时鹊桥相会，故又称“七夕会”。旧时，民间妇女结彩缕、摆瓜果于庭院，对月穿针，以此乞巧，若穿过或有蜘蛛在瓜果上结网，即为得巧，所以七夕又叫“乞巧日”，新中国成立后此习俗废止。2006 年 5 月 20 日，七夕节被国务院列入第一批国家非物质文化遗产名录，多被年轻人认为是“中国情人节”。

【七月半】

农历七月十五日，民间俗称“七月半”，与清明、冬至一样，是祭祀先祖之日。按照江宁的风俗，此时的祭祀不一定要到先人的坟墓地，可在僻静处的地上划一圆圈，烧纸钱祭拜。江宁一带祭祀时间有的在七月十三日，也有的在七月十五日。

“七月半”也叫“盂兰盆节”，是佛教节日，起源于目莲救母的传说。旧时民间的祭祀活动，便由寺庙组织“盂兰盆会”，扎牌楼、搭经台，请和尚诵念《盂兰盆经》，超度孤魂野鬼早日投胎转世，叫“斋孤”，又叫“放焰（夜）口”。如今江宁地域内的寺庙在此日要郑重组织相应的佛事活动。

七月十五日还叫中元节，是道教的节日，传说此日是道教中元地官的生日。旧时江宁地域内多有三官庙或三官殿，以祭祀上元天官、中元地官和下元水官，善男信女于这一日去三官庙烧香，以求祈福、释罪和解厄。这一天晚上，还有“放河灯”之俗。至2007年，江宁地域早无专门的道教场所。

【中秋节】

唐朝初年，中秋节成为固定节日。至明清，已与元旦齐名，成为中国仅次于春节的第二大传统节日。八月为秋季的第二个月，古称仲秋，因处于秋季之中和八月之中，故民间称为中秋，又称秋夕、八月节、八月半、月夕、月节，又因为这一天月亮满圆，象征团圆，称团圆节。

祭月赏月是中秋节的重要习俗。至2007年，祭月的色彩逐渐褪去，一家人围在一起，欣赏皓月当空的美景仍是中秋佳节许多家庭必不可少的活动之一。

吃月饼是节日的另一习俗。月饼象征着团圆，所以这天人们能回家的尽量回去团聚。家家户户都要准备一桌好饭菜。江宁人家一般必备桂花鸭、子鹅、雏鸡、鲜鱼、活虾、芋头、糖藕、栗子、月饼等荤素菜和食品，供家人团聚时食用。月饼由家中长者按人数分切成块，每人一块，如有人不在家即为其留下一份，表示合家团圆。

【重阳节】

农历九月九日为传统的重阳节。1989年，国家把每年的九月九日定为老人节，传统与现代巧妙地结合，成为尊老、敬老、爱老、助老的节日。此日，各机关、单位、团体都会组织离休、退休的老人们开展集体活动；不少家庭的晚辈也会搀扶着年老的长辈到郊外活动或为老人准备一些可口的饮食。

如今重阳节吃重阳糕的习俗被保留。“糕”与“高”谐音，人们喜于重阳节登高锻炼身体。这时螃蟹最肥，味最鲜美，所以又时兴吃螃蟹过节，有“清明螺蛳端午虾，九月重阳吃爬爬（螃蟹）”之说。

【十月朝】

江宁地域的民众将农历十月初十称作十月朝（外地将十月初一叫十月朝）。十月朝与清明节、中元节并称为一年之中的三大“鬼节”，是上坟的日子。此时，天已渐凉，家人给已亡亲人送冬衣，用纸做成衣服，到坟前烧掉，故又称为“烧衣节（即给亡者烧纸衣）”或‘送寒衣节”。江宁谚语曰：“十月朝，家家送寒衣。”

旧时十月朝祭祖上坟的习俗，类似于清明节，不同的是，十月朝上坟时不做帽，不搞白纸飘挂，只在坟前焚化纸棉衣、纸棉裤、纸棉被，其意使亡者在冬日里有棉衣御寒。十月朝还有用红豆饭祭奠的习俗。至2007年，这些习俗在江宁地域农村中虽仍存在，但已逐渐淡化。此时，农村开始腌制咸菜。

农历十月初十还被视作丰收节，庆祝一年的丰收，祭祀“炎帝神农氏”。民间认为此日系“双十”，是“十全十美”的吉日，每到这一天，在外地工作的子女回老家过节，包括出嫁的女儿也要带着丈夫和小孩一起回娘家。至2007年，此俗在农村仍留存。

【冬至】

冬至，是农历二十四个节令之一，俗称“冬节”“长至节”，是白天最短、夜晚最长的一天。冬至过后，气候进入最寒冷阶段，也是人们常说的“进九”第一天。

在古代，有“冬至大如年”的说法，而且有庆贺冬至的习俗。冬至作为祭祖节，在江宁地区一直被看重，都要举行隆重的祭祖活动。民间家族的迁坟、修坟（俗称盘坟）多在冬至。而冬至一向被认为是打灶（修灶）的黄道吉日。中午各家都要做一些可口菜肴食用，多数人家必做一道小葱烧豆腐的菜。其含意有二：寓从容富裕之意；教育子女“一清二白”，做个好子孙。20世纪80—90年代开始，人们喜欢吃狗肉、羊肉以滋补身体。

【腊八】

农历十二月叫“腊月”。到了南北朝时，腊日始定于十二月初八，从此有“腊八”之名。东汉后，佛教传入中国，腊八被佛教所用而久传不绝。佛教徒在这一天供香烛，熬“佛粥”以供佛。这粥名叫“腊八粥”。佛门除将此粥供佛外，还散发给施主，这样便传到民间。同各地一样，江宁过腊八节吃腊八粥的习俗基本相同。腊八粥一般采用花生米、黄豆、红豆、豇豆、山芋、芋苗、红枣、胡萝卜、慈姑、豆腐、青菜等配料和糯米掺在一起煮熬。富人家还加莲子、栗子、白果、银耳、桂圆、杏仁、菱米、松仁、核桃等，色彩鲜艳，香甜可口。旧时，腊八粥熬好后，要先敬神祭祖，然后赠送亲友，最后才是全家人食用。但不能吃完，要留一点，取其年年有余寓意。如果把腊八粥送给穷苦人吃，那是积德行善则更好。

【送灶】

农历腊月二十四，是民间送灶的节日。灶神是民间信仰最普遍的神祇。礼灶是古代隆重的典礼之一，流传已久。江宁地区旧时送灶活动有“官三民四”的说法。但农村一般是二十三或者是二十四，没有固定日期。送灶这一天，家家在灶门上贴一副“上天言好事，下界保平安”的对联，供奉的祭品有灶饭（糯米饭），堆成馒头形，四周摆上花生、白果、栗子、枣子、莲子（以示“五谷丰登”）等。腊月二十四一过，百姓就忙着准备过年。20世纪末此俗基本消失。

【除夕】

农历一年中最末的一天，春节的前夜，称“除夕”，俗称“大年三十”或“三十晚上”。

在“一夜连双岁，五更分二年”的除夕，江宁民间有不少习俗，主要有除夕“十二岁俗”：腊月三十，家家户户，除旧迎新，门扇贴对联，门楣贴红钱，墙上贴年画。窗户贴春花，橱柜贴福字，称之“迎岁”；吃年夜饭前，各家在条案上备上供品点烛焚香，作揖祈祷，跪拜祭祖，称之“冥岁”；年夜饭后，每家都要焖饭炕一锅完整的锅巴（俗称“元宝锅巴”）放在香几上，称之“贡岁”；三十晚上，各家做年菜时要用豆芽、菠菜、芹菜、荠菜、慈姑、木耳、香菇、胡萝卜、金针菇等炒拌成“什锦菜”（又称“素什锦”“十样菜”），称之“丰岁”；年夜饭后，大人孩子都换上新衣、新鞋、新袜，讲吉利言，说吉祥话，称之“辞岁”；吃过年夜饭，晚辈要向长辈请安问候，年尊者要给孩子们钱（多少不限），称之“压岁”；年夜饭后，各家在庭院或堂屋铺些芝麻秸，大人小孩在上面来回践踏，称之“踩岁”；吃过年饭后，每家在堂屋的一角用树墩烧一堆火，全家老幼围坐在红彤彤的火前叙旧话新，说古道今，谈笑风生，达旦不寐，称之“守岁”；除夕晚上，各家要担水把水缸装满，并在水缸里丢几枚钱，称之“进岁”；年三十晚上到大年初二，大人孩子不准出门串户，不准动刀动剪，不准做针线，称之“敬岁”；除夕到初四，各家禁忌打扫卫生，家中的垃圾、脏水不准往门外倒，称之“吉岁”；除夕子时（夜十二点），各家各户都要在大门外燃放天地响（鞭炮），碎红满地，迎春接福，称之“更岁”。

除夕夜的年夜饭菜肴丰盛，而“什锦菜”、斩肉丸子、红烧鲢鱼、烧杂烩、炒年糕等是江宁城镇乡村必备之菜。斩肉丸子（豆腐丸子）寓团团圆圆；红烧鲢鱼（俗称元宝鱼，当天不吃，留到初五后才吃），象征“年年有余”；烧杂烩（又称“全家福”）寓“百事平安”；炒年糕寓意“年年登高”。外出的人们，多回家团圆，吃年夜饭。即使在同一个村庄里，各家各户吃年夜饭的时间也有不同的讲究，有的吃得早，叫“早好早好”，有的则趋向于迟吃，认为吃早了不像年夜饭。也有的地方，三十晚上不吃芹菜，江宁方言中“芹”与“穷”谐音，吃芹菜会“穷”。

新中国成立后至2007年，这些习俗有的相沿，有的已经不兴，逐渐被新风俗代替。或到饭店吃年夜宴，或去舞厅参加狂欢舞会，或外出旅游等。自1983年开始，中央电视台“春节联欢晚会”成为绝大多数居民守岁的精神大餐。晚会直播前后，燃礼花，放鞭炮，响声不绝，火树银花，异彩纷呈。辞旧岁，庆新春，使节日祥和喜庆气氛达到高潮。

第二节 节庆习俗

【元旦】

公历1月1日称元旦，辛亥革命后始有，新中国成立后成为定制。元旦之日，政府机关、企事业单位、人民团体张灯结彩，悬挂“庆祝元旦”横幅（灯笼），同时挂国旗、彩旗，贴标语。还有的举办文娱活动、座谈会、茶话会等。并放假一天，欢庆新的一年开始。

【国际劳动妇女节】

俗称“三八”节，即3月8日。区内机关、企业女职工放假半天，或举行纪念活动，或举行文娱活动，或组织参观游览。区妇联多于此日前召开表彰会，表彰和奖励各条战线做出突出贡献的妇女先进人物。

【植树节】

民国初期，国民政府农商部仿效美国确定植树节。民国4年（1915），初定在清明节；民国17年，国民政府通过决议以孙中山逝世之日3月12日为植树节。民国19年，国民政府首次举行有各界人士参加的赴中山陵植树的纪念仪式，遂成定例。但此后未能推广。新中国成立后，1979年，全国人民代表大会常务委员会确定，将3月12日定为全民植树节。区、街道每年都组织干部、工人、农民、学生开展义务植树活动，绿化城乡，美化环境。1981年，国务院制订全民义务植树实施办法，要求：凡年满11周岁的公民，除老弱病残外，都要承担义务植树任务，每人每年义务植树3株～5株。江宁历年按此执行。

【国际劳动节】

公历5月1日为国际劳动节。1949年12月，中华人民共和国中央人民政府政务院将5月1日定为法定的劳动节，简称“五一”节，全国放假一天。每年的这一天，举国欢庆，人们参加各种庆祝集会或文体娱乐活动。国家对有突出贡献的劳动者进行表彰并形成惯例。

1999年9月，国务院发布修改的《全国年节及纪念日放假办法的决定》，将每年“五一”法定假日增至3天，加上邻近两个双休日调休，共放假7天，成为全年三个“黄金周”之一。2007年12月，国务院第二次修订《全国年节及纪念日放假办法》，将“五一”假期由7天调整为3天（法定假日1天加上一个双休日调休）。人们利用假日多结伴或举家外出旅游。

【青年节】

“五四”青年节是为纪念民国8年（1919）5月4日中国学生爱国运动而设立的节日。民国28年，陕甘宁边区西北青年救国联合会规定5月4日为中国青年节。1949年12月，中华人民共和国中央人民政府政务院正式规定5月4日为中国青年节。按照国务院公布的《全国年节及纪念日放假办法》的规定，青年节“14周岁以上的青年放假半天”。每年青年节期间，大、中院校及各级共青团组织青年开展各种形式的纪念活动。

【国际儿童节】

1949年11月，国际民主妇女联合会在莫斯科召开执委会，正式确定每年6月1日为全世界少年儿童的节日，即国际儿童节。当年12月，中华人民共和国依据此规定将每年6月1日定为国际儿童节，放假1天。每年儿童节，各地的孩子们都会兴高采烈地欢度自己的节日，学校则举行各种各样的庆祝活动。党和政府各级领导会走访学校，为孩子们送上节日的祝福。家长、亲友也多为儿童购买节日礼物，以示祝贺。

【中国共产党建党日】

民国10年（1921）7月23日晚上，来自全国各地的13位代表在上海法租界召开中国共产党第一次全国代表大会，正式宣告中国共产党成立。民国30年6月，中国共产党把7月的第一天作为中国共产党诞生的纪念日。中国共产党成为执政党后，每到此日，全党都要通过各种形式隆重纪念党的生日，江宁地域各级党政部门举办表彰、走访等活动，并在“七一”期间举行新党员入党宣誓活动。

【建军节】

每年的8月1日是中国人民解放军建军纪念日，因此也叫“八一”建军节。8月1日原为中国工农红军成立纪念日，新中国成立后，将此纪念日改称为中国人民解放军建军节。节日前后，江宁区级机关和各街道均与驻地部队开展拥军爱民和军民联欢等活动。

【教师节】

民国20年（1931），南京教育界人士倡议6月6日为教师节。首次在中央大学致知堂举行庆祝活动，并上书国民政府。民国28年，国民政府采纳此议，并行文定于农历八月二十七日孔子诞辰为教师节，遂传全国。至2007年，世界多地华侨、华人仍在这一天举行庆祝教师节活动。

1985年1月21日，第六届全国人大常委会第九次会议作出决议，将每年的9月10日定为中国教师节。当年是日，江宁县委、市政府分管教育负责人、教育行政领导机关、各学校负责人慰问教师，开展尊师爱生活动。此后，全社会逐步形成“尊师重教”新风尚，每年教师节期间，党和政府都要开展慰问、表彰教师，为教育部门办实事等活动。

【国庆节】

新中国成立后，1949年10月2日，中央人民政府通过《关于中华人民共和国国庆日的决议》，规定每年10月1日为国庆节。从此，每年10月1日成为全国各族人民隆重欢庆的节日。1999年前，国庆节全民放假2天。自1999年开始，国务院规定国庆节法定假日为3天，再将前后两个双休日调整一起休假共7天，俗称小长假“黄金周”。江宁城乡居民多扶老携幼外出游玩、参观。年轻人多择此节举行婚礼。

【外来节日】

改革开放后，从西方传入的节日有母亲节、父亲节、情人节、圣诞节等。在江宁地区基本上“洋节土过”或“中西合璧”。

情人节　在西方每年的2月14日被称为情人节，也叫圣瓦伦丁节或圣华伦泰节。20世纪80年代，江宁人过情人节较少，而且比较低调，男孩买一枝玫瑰花，情人节当天送给自己心仪的女友，再相约看一场电影。90年代后，商家在情人节前大造声势，推出浪漫情侣烛光餐等活动，及情侣手机、情侣钻戒等礼品，巧克力配鲜花则是情人节最甜蜜的搭配。热恋中的年轻人过情人节大多赴酒吧、舞厅参加开心情人派对活动，尽情狂欢。随着时代的发展，生活水平的提高，人们开始追求生活的情调，情人节的影响甚至渗透到中老年人群中。

母亲节　是一个感谢母亲的节日。这个节日最早出现在古希腊，而现代母亲节起源于美国，是每年5月的第二个星期日。母亲节是在中国港澳台地区流行之后才进入大陆的。20世纪90年代后，在江宁兴起，以自己特有的方式表达浓浓的亲情，在母亲节这一天，儿女向母亲请安问好，送节日礼物。在异地他乡的儿女给母亲打电话、发短信慰问祝福，或为母亲摆设酒席以表尊敬。此节已在江宁城镇流行，人们可以在这一天，大大方方地表示对母亲的深厚感情。

父亲节　世界上第一个父亲节，于清宣统二年（1910）诞生在美国。如今，世界上有52个国家和地区在6月的第三个星期日庆祝父亲节。中国没有设立正式的父亲节，习惯上也使用6月第三个星期日作为父亲节。是日，儿女用各种形式向父亲问候祝福，表达亲情。在江宁，父亲节没有母亲节那样流行。

圣诞节　圣诞节是基督教的一个重要节日，定于12月25日，纪念耶稣基督的诞生。这一天，世界所有的基督教会都举行特别的礼拜仪式。随着东西方文化的交融，江宁地区许多年轻人和少年儿童也喜欢过圣诞节。进入20世纪90年代，尤其是90年代后期，越来越多的商家打“圣诞”牌，借圣诞之名搞促销活动，并用圣诞树、圣诞老人、圣诞帽等圣诞物品装饰殿堂门厅，吸引顾客。麦当劳、肯德基一类连锁店更甚，装饰红色的圣诞花和圣诞蜡烛，绿色的圣诞树上悬挂五颜六色的彩灯、礼物和纸花，还有红色与白色相映成趣的圣诞老人。进入21世纪后，青年男女带着老人和孩子欢度圣诞节已成新俗。

第三节　礼仪习俗

【婚嫁】

旧时民间的婚嫁仪式大多因循较固定的传统礼教习俗，男女婚姻皆听父母之命，媒妁之言，讲门当户对，婚事以隆重为荣，好大操办。每至冬腊月农闲时节，农村地区婚嫁更多，俗话说：“有钱无钱，娶个新娘过年”。

订婚前，互换生辰八字帖（叫“庚帖”或“八字”）。先由媒人将女的草庚八字（用草纸书写女的生辰）交男方，男方请算命瞎子掐算，若谓相克，退回另聘；若相配，则改换红庚八字（用红纸书写男的生辰）给女方。男方以新衣鞋袜及茶叶果品等馈送女方，叫“下小礼”，以示压定（即“定亲”），不得反悔，所以有“四两黄茶压千金（斤）”之说。

正式定亲，男方家要设定亲酒，邀请男女双方的至亲吃定亲酒。吃定亲酒的客人不须送钱礼，这叫吃不花钱的酒，意即到举办婚礼时再送钱礼。定亲前，男方要按俗送金银首饰、银钱衣物等彩礼给女方，叫“下大礼”。若女方拒收，表示对彩礼不满，男方须增添彩礼。媒人反复说合，从中吃喝受礼，有“做媒做媒，吃喝三十六回”之说，直至女方收下彩礼满意为止。

图 44-2-6　传统迎亲花轿

婚礼举办先由男方“送日子”给女方，再由双方共同择定吉日。婚礼的前一天晚上，新郎家要吃“暖房酒”，新娘家要吃“待嫁酒”。深夜子时，新郎、新娘在各自家中沐浴更衣，此时长辈要给“洗澡钱”。婚期前夜或当日清晨，新娘家要请“好命人”给新娘“挽面”，俗称“开脸”，即用纱线绞去额前、鬓角的汗毛。这实际上是一种传统的民间美容术。民国时期，男方兴用花轿迎娶新人。迎亲的人到新娘家后，媒人要敲门三次，送开门人红包三次才开门迎客，以增加欢乐的气氛。新娘一般由兄长抱入花轿，媒人领路，鞭炮燃放，锣鼓唢呐吹吹打打，送嫁亲友随行。到达男方家，将花轿停放于竹扁、筛子上，表示新娘初到不宜见天着地。新郎向花轿行三拜礼“退轿神”。新娘下轿从连接的麻袋上走进新房，寓意代代相传。新娘进门时公婆亦须回避，意为日后可免口角。新郎新娘同在新房里吃红鸡蛋，叫“子孙蛋”，象征后世子孙兴旺发达；同吃面条、喝“和气汤”，寓意夫妻和好欢乐、百年偕老。然后，新郎新娘在厅堂“拜堂”，行一跪三叩头礼，拜天地、父母、长亲（祖父母、伯父母、叔父母、姑父母、舅父母、姨父母及四邻长辈等），凡受拜者都要给红纸包（喜钱）祝贺。

到晚就开始闹新房，这时，不分长幼均可对新娘打趣、戏谑，引得哄堂大笑。闹新房的人越多气氛越热烈越好，认为新婚“不闹不发，越闹越发”，以此增添喜庆。有的还变着法子将新娘的公爹拉到新房中捉弄一番。江宁地域有的乡村闹新房并不限于婚礼的当天晚上，婚礼的第二、第三天也作兴闹新房，俗称“新娘房中三天无大小”。

新婚第二天，新郎陪新娘回娘家，叫“回门”。新娘家宴请亲友陪新女婿吃回门酒。新婚夫妻要赶在当天太阳落山前回到家，方为吉利。

新中国成立后，由于时代的变迁和观念的变化，婚娶礼仪习俗中一些不必要的繁文缛节虽有所简便，但传统婚俗中的基本程序依然保留。如取消坐花轿后，20 世纪 50—70 年代，农村迎亲只能步行；80—90年代，有用自行车、摩托车迎亲，后有轿车迎亲。农村婚宴多在家中设席，邀请左右邻居吃喜酒，许多村庄形成每家每户共同庆贺的善风良俗。也有旅行结婚的，但人数很少。随着生活水平不断提高和经济收入逐步增长，婚娶彩礼逐步升级，婚礼更为讲究，婚宴大多选在酒店举办，且攀比之风有愈演愈烈之趋势。

旧时的江宁地域，还有“养亲”“招亲”“裹亲”“抢亲”的习俗。

“养亲”即带童养媳，因女孩子从小在男家养大，所以称“养亲”。女孩长大成人后再举行婚礼成亲。此俗在新中国成立后被取消。

“招亲”即“入赘”，又叫“招女婿”。一般是女方无子承嗣，要招女婿顶门户，传宗接代，承袭家业；有的男方因弟兄多且家庭境况较穷，愿做过门女婿。经媒人说合，在完成定亲等程序后，用毛驴接新郎到女家成亲。招亲的新郎或随女姓，或用原姓，由双方商定，但所生的长子必须随女姓，为女家承宗接代（除长子外，其他子女可以用原姓）。

“裹亲”，是因富家女儿娇惯，男女定亲后，娇女不愿到男家完婚，改由新郎到女家举行婚礼后再去男家生活。此俗在新中国成立后被取消。

旧时江宁地域的“抢亲”是指有的农民因家贫无力娶妻邀数人于夜间偷抢寡妇为妻，也有乘女方逛庙会不备时，抛撒红纸屑，强抢新娘成亲。被抢者虽哭闹不从，但生米煮成熟饭，经人劝解，只好依顺。江宁这一陋习“由来已久，不但蹂躏女权，且亦影响治安”。江宁自治实验县政府认为“孀妇再醮，法所不禁，但未得本人同意，胁迫成婚，不但违犯刑章，且亦有伤风光”，“为尊重女权，改善风俗起见”，屡次张贴布告，严加申禁。至民国23年（1934），“此风已稍杀矣”。

另外，江宁地域湖熟镇是回民集中居住地，早些时候，他们遵循伊斯兰教教规，严禁与异教徒通婚，婚姻选择的范围很小，近亲结婚者较多，不利于后代成长。后渐开禁。

【丧事】

江宁地域民间称为老人办丧事为“白喜事”，又称“白事”。旧时丧礼繁琐，木棺土葬（回民用白布裹身土葬），许多镇街有请僧尼做斋事以超度死者亡灵的习俗。富裕人家请的僧尼多，用的棺木厚，停柩的时间长。新中国成立后，国家提倡移风易俗，丧礼风俗趋简。“文化大革命”期间，丧礼中的许多内容被视为“四旧”加以破除，后推行火葬，虽然丧礼内容和形式发生变化，但许多古老的习俗仍有传承，尤其是在广大农村。

老人临终前，先撤去床上的蚊帐，意指免除阴魂受天罗地网之苦；再将老人移置堂屋，头朝大门方向，躺在铺上草和垫被的地上，为老人穿寿衣。寿衣一般要五领（五件衣）三腰（三条裤）。此时，亲属都要在旁送终。待咽气后，让亡者嘴含银钱、米谷，手攥硬币、小方巾，脚绊白线，着冠。在木棺土葬时代，将死者入殓设灵堂（妇女须经娘家人验看后才能入殓）。实行火葬后，一般在堂屋正中位置将死者用平面物架起，白布覆盖，择吉日火葬。家设灵堂，烧香燃烛，点长明灯，焚纸钱，供三牲（猪头、鸡、鱼）五谷（稻、麦、菽、黍、稷）祭奠。旧时土葬时，有请阴阳先生选坟地的习俗，也可由家族中的长者或抬棺的主事者与家人商量确定墓葬地。2007年，江宁地域实行火葬，各镇街都设有固定的集中放置骨灰盒的墓地，并有专门的殡葬从业人员为死者家庭提供全套服务。服务费约定俗成。

在国家的大力倡导下，与旧时相比，江宁地域民间的丧葬习俗已有许多改革，但风俗入人心，历代相袭，对惯有的习俗单靠强行禁止，既无必要也无可能。20世纪90年代后，江宁当地自古流传的丧礼习俗中能够被人们接受的礼仪，特别在农村大多得到恢复。如孝服的制作穿戴，按辈分次序及亲属关系的远近确定；停柩的时间，以单数日的3天、5天为常，也有停柩7天的；出殡时旗幡前行，沿途撒纸钱；送葬者回途中须“跨火”，丧家对送葬亲友敬糖茶、糕点；丧家送寿碗和红黄线给亲友，为小孩“套（讨）寿”等。丧仪中的“辞材”仪式一向隆重，是在正式出殡日的前一天晚上举行。辞材时，亡者的家人穿上孝服在灵前跪拜、哭灵，亲友及其族人都摒弃平日的恩怨前往参加，向已故者作最后的告别。此俗至今承传。丧仪中的有些旧俗因给人们的生活造成不便及太过约束性，或不再遵守，或被变通，如旧时家属要戴孝七七四十九天，戴孝期内，儿孙不得理发，服孝的人不能到别人家去，有的地方改为亲人下葬后在墓地就“除孝”，生活、交往上不再受旧俗的约束；为亡者“烧七”祭奠，旧时每个逢“七”日都要烧，现改为只烧“头七”和“七七”；父母亡故的当年，儿子家里在过年时有的不贴红春联、“红钱”，将春联、“红钱”改为黄色的，以示对亡故父母的怀念之情。另外，丧礼操办中渐起奢侈之风，靡费钱财，无实际意义。

江宁地域的回族丧礼遵循其民族特有的习俗，死者经阿訇（教授教仪的人）洗净尸体（叫“大净”，女尸由师娘洗）后，用白布裹身，用抽底木盒抬至墓地，深埋地下。

【喜生】

“喜生”指生儿育女。旧社会重男轻女观念严重，时有弃婴、溺婴现象。生男孩向亲戚邻居报喜，送红蛋（宜单数，但忌“五”）。自20世纪80年代，实行计划生育后，提倡“一对夫妻只生一个好”，江宁地域的民众已基本接受这一现代观念，生男生女一样喜爱，同样都当喜事办。

旧时，在江宁农村，产妇分娩后一个月内禁忌生人入产房，特别是孕妇、寡妇、新娘子、信佛教神灵的及戴孝的人，更是忌讳。如今产妇都在医院分娩，此俗已基本不存在。产妇未满月不得进别人家的习俗仍被人遵从。生孩子后，亲友要向产妇“送月子”，一般馈赠鸡、肉、鱼、蛋、馓子、红糖等营养品。农村还有生了孩子后家人煮糯米粥请四邻，叫吃“毛米粥”的习俗，吃者越多，预示小孩将长得越结实。有的地方还为孩子做“三朝”（孩子出生后的第三天）庆贺，也可做“五朝”“十朝”。

宴请亲友吃满月酒一直被家庭重视，做“满月”一般是在孩子出生不足一个月时进行，不作兴满一个月或超过一个月庆“满月”，亲友在庆贺时向婴儿赠送衣、帽、鞋、袜等礼品。孩子过“满月”时要剃满月头，旧俗中还将头发同狗毛、猫毛搓成小团挂在床上，意在保小孩平安。亦有在孩子满百日时亲友送礼的，叫“做百岁”。到孩子1周岁时，家人要为孩子“抓周”。在传统上“抓周”是孩子外婆家的主动行为，旧时民间有一个戏说，如果孩子长大后小事上不太守“规矩”，人家会嗔怪孩子“你家外婆没给你抓周”。

江宁地域的湖熟镇素有回民集中居住，出生的婴儿要由阿訇代取回民名字。如今，回民族的庆生习俗在一定程度上受到汉文化的影响。

【庆岁】

“庆岁”指庆贺寿辰。民间过生日分整生日（逢十日）和零头生日（每年生日），一般过每年生日时家人在一起早上吃面条，午餐、晚餐加几个菜；过整生日要邀请亲友庆贺一下。有些镇街对过整生日也约定俗成，如“男不做三（30岁）、女不做四（40岁）”，也有不做五（50岁）之俗。江宁地域庆整生日的时间有两种：在生日当天庆贺，叫“顶生日”做；在整生日年当中选择一个好日子做，农村大多选在冬闲季节的节假日做生日，以方便亲友。

耄耋老人庆整生日称为“做寿”，旧时有“庆九不庆十”一说，即在整岁的前一年做寿，名“庆九”。这是根据古语“天道忌满，人事忌全”而为，不为老人作“整寿”，正是祝其长生不老的意思。此俗如今并不是通例，一切以便利为好。为耄耋老人做寿要供寿桃、挂寿帐、吃寿面、喝寿酒，晚辈要跪拜祝寿。随着人们生活条件的改善，大摆筵席之风较盛行，并不可取；也有选择合适的地方带老人外出旅游的，让老人在休闲中享受生日的快乐。

旧时，有为死去的亲人做冥寿的习俗，如今也兴，家人借此机会欢聚一堂叙亲情、祭奠先人。

【其他】

除礼仪习俗外，江宁百姓家中的重大事件，如盖房、乔迁等有习俗较多，入伍、升学等要举行庆祝活动。

盖房 盖房是有关“安居乐业”的大事，过去非常重视看风水、选地基。风水先生认为，坟地不建，谓之“阴阳同宅”；建过水井的地方不建，谓之“安地钉”；屋后有水塘不建，谓之“冷水浇屁股”；位于三叉路口不建，谓之“穿心箭”等。地基选好后动土奠基。民间行奠基礼是在进门的三步处埋下青、红、白、黄、紫五色石子，表示金、木、水、火、土五行合一。上梁是盖房过程中最重要的一环，首先要看日子，选定吉日良辰。日子选好后，告知亲友，以便备礼祝贺。上梁时，堂前挂“紫微星图”，梁上贴“文昌到宫”“紫微高照”“飞熊镇宅”等条幅。届时主家向“紫微星”进香，木匠师傅接过酒壶祭梁，边洒酒边说吉利话。祭梁礼毕，泥瓦匠和木匠共同拉起梁头，分别从两旁爬上屋架。梁头和中柱对好榫后，向下撒团子（馒头）、糖果，吸引众多邻里、路人争抢。梁头上好后，在梁上挂上亲戚送的红绿布，边挂边说吉利话，谓之“挂红”。定门向也有讲究，过去都是请风水先生用罗盘定向。门向以朝南为佳，不能面对人家的烟囱、墙角。对烟囱谓之“焦头烂额”，对墙角被说成是“顶墙角，卖屎眼”，都不吉利。

乔迁 新屋落成后，搬进新屋谓之乔迁。进新屋前，先要搬一些柴禾进屋，预兆“进财”。住进新屋后，亲友前往贺喜，送中堂、对联、碗筷、家具、礼金等。其中必须放一对用红纸包装的云片糕，以讨吉利。主家受礼后，要给客人回赠团子、米糕、水果、糖食等，并择日办酒答谢，谓之“复情”。

入伍 新中国成立后，保家卫国的观念深入人心，江宁百姓均以参军入伍为荣。家中有人入伍，往往要宴请亲友及近邻，被请者要送礼或纪念品以示祝贺。入伍者所在的村（居）委会组织相关人员，敲锣打鼓欢送。

升学 旧时有考上秀才或举人者，往往要大宴宾客，官府及近邻送礼表示祝贺。新中国成立后，有子女考取大、中专院校的家庭，大都举办庆贺仪式，除宴请亲友邻里外，还要以“谢师宴”的形式感谢老师的教诲培育之恩。这在20世纪80—90年代尤为盛行，当时许多农村家庭都期盼子女走出农村，一旦子女考取中专、大专、本科院校，举家欢喜。进入21世纪后，受户籍制度改革以及高校扩招等因素影响，升学的喜庆色彩因家庭而异，有的大操大办，隆重庆贺，有的逐渐淡化。

第四节 生活习俗

【服饰】

衣装 清末及民国时期，男子穿土布对襟褂、下为缩腰长裤，系布裤带，老年人穿长衫。女子穿满襟褂，俗称大衣襟，多为长纽扣，抄腰裤。男外衣以黑、灰、青、蓝等冷色为主。青年妇女多红、绿等暖色，间有白底蓝花或蓝底白花。富有之家穿长袍马褂，夏季多为丝织品，冬季多为毛反袄。农村人多以家织布（粗布）为面料，城里人穿机织洋布。在不同季节衣有单、夹、棉之分。穷苦人家一件衣服，缝缝补补穿好多年，直到补得不能再穿为止。缝补衣裳是妇女必会的手工活。农民男子在炎热夏季有扎一条麻布的习俗，即上身赤膊，下身只扎一块麻纱布，缠在腰间打个结，既凉快又穿着省事花钱少。冬季农村男女穿“套裤”的很多。套裤是两个分开的棉裤腿，没有裤裆和裤腰，分别套在腿上，用布带子系在腰部固定。

20 世纪 50 年代，农民衣着普遍没有大的变化。在青年学生和干部中，男性流行中山装、解放装；女性时兴列宁装（西装开领、腰中系一宽布带、双排扣、左右各三）。1954 年，“苏联大花布”在江宁流行。农村多数人家，仍是土布衣服，“新老大，旧老二，缝缝补补给老三”。60 年代初，人们衣着颜色千篇一律，大多是青蓝色。“文化大革命”期间，人们十分崇尚绿色军装，穿裙子、西服视为禁忌。70 年代开始，棉织品极少，人们喜爱“的确良”“的卡”等化纤织物，凭票供应，十分紧俏。

改革开放后，经济快速发展，收入不断增加，更重要的是人们的衣着观念发生重大变化，衣着不仅仅是为了保暖御寒，更多的是追求时髦美观，衣着的色彩、款式被人们看重。服装用料由尚化纤品变为尚棉织品，丝绸、呢绒、纯棉、皮毛、羽绒等被视为高档衣。衣饰款式不断翻新且色彩丰富。近年，男性衣饰除西服外，有名牌运动衫、T 恤衫、大衣、夹克衫、猎装、休闲装等；女装追求时髦、性感，款式丰富，风格各异，男装热衷质量品牌，相当多的年轻人还热捧国外精品名牌。

冠履饰品　清末，男盘长辫，女梳高髻。民国初年，剪辫，男蓄平头、鹅头、满头、分妆头或和尚头。农村妇女改高髻为巴巴髻；城镇妇女蓄短发，少数梳髻，小姑娘扎辫。清末及民国初期，女子兴“裹脚”以三寸金莲为美，穿软底花鞋。后“放脚”了，富家小姐穿皮鞋、打“洋伞”为时尚。

新中国成立初期，男的作兴“一边倒”发型，叫西装头，年轻女性多扎大辫子。八角帽、鸭嘴帽、油布伞、皮鞋、球鞋、胶鞋等用品渐入普通民众生活。20 世纪 60—70 年代，青壮年多戴一种仿军人帽的棉帽，俗称“四块瓦”帽子。“文化大革命”期间，男子一度流行戴一顶黄军帽、穿一双翻毛牛皮鞋，而发型则是统一的形式。直到 70 年代末，江宁地域农村年龄稍长些的妇女仍保留梳巴巴头并裹上用黑布制成的黑包头，俗称包头手巾；年轻女性则戴上线制或化纤品的三角巾（四方形对角折成三角状），有多种色彩且缀上条形、格子图案，可包在头上也可围在脖子上，当时是青年女性喜爱的现代物品。

旧时，农民下雨天要戴斗笠、穿蓑衣。斗笠用竹篾编制，内衬竹叶或芦苇叶，戴在头上再穿上一件用茅草或一种蓑衣草编制的蓑衣，可以防雨。下雨天外出穿一种钉鞋，先做成棉鞋的样式，再涂上厚厚的桐油防渗水，底部缀上圆钉防滑。夏季里穿木屐板拖鞋，用木板作底，缠上一根布带子，走起路啪啪作响。直至 70 年代末，斗笠、蓑衣、钉鞋、木屐板鞋在农村还有人使用，之后分别被塑料雨衣、胶鞋、塑料拖鞋等替代。

江宁地域人们的传统首饰品，妇女兴戴耳环、项链、戒指、手镯、簪子等；儿童戴八卦牌、长命锁、响铃镯、项圈。饰物一般为银质品，富有之家多为金质。“文化大革命”期间，忌佩戴一切金银首饰，人们以戴手表为时尚，但由于物质条件匮乏，农民能戴上手表的甚少。改革开放后，随着人们生活水平的不断提升，冠履首饰品发生巨大变化，进入 21 世纪前后，无论男女老少，只要自己愿意又条件许可，理着时髦头，脚蹬高档品牌鞋，穿金戴银，都被视为时尚。

【饮食】

江宁地域自古就是江南鱼米之乡，盛产稻麦，人们以大米为主食粮，在麦收季节多吃面条、粑粑和面疙瘩。临近春节时，多用糯米做成年糕、炒米、欢米团等。新中国成立前，生产力水平低下，农村贫苦人家粮食并不充裕，常闹“春荒”。

20世纪50年代后期，发动“大跃进”，推行人民公社化制度，实行农业生产军事化管理，助长了平均分配、无偿调用生产资料的“一平二调”共产风和高指标、瞎指挥、浮夸风为主要标志的“左”的错误，强行要农民拆除家庭灶台吃大食堂，挫伤了农民的生产积极性，严重破坏了生产力发展，造成国民经济严重困难的局面。1959—1961年三年困难时期，农村粮食极度匮乏。由于身体营养严重不良，再加上高强度的劳动，大多数农民都患了浮肿病（时称二号病），每个村庄都有人死于饥饿。按照人民公社化制度，户口分农业户口和非农业户口两大类，城镇居民、国营企事业单位职工和大、中学生属非农业户口，由国家限量配发商品粮，按不同行业（身份）每月供应14公斤～18公斤不等，其他副食品和食油较少，且凭票（卡）供应。非农业户口人员的粮油定量虽然少但基本生活有保障，农民生活则极其贫困。1962年，国民经济开始有好转，农民无粮导致饿死人的现象基本消除，但粮食一直是城乡紧俏商品，以致随后10多年间，农民粮食紧缺的状况始终未能改变。

进入20世纪80年代，农村实行家庭联产承包责任制，解放了生产力，农业经济迅速得到发展，主、副食品日渐丰富，各种粮食物品的票证被取消，人们告别了饿肚子的年代，且逐年走向富裕。

进入21世纪前后，民众在大米主食外愿意多吃杂粮，以增加营养成分，如玉米、红薯（山芋）、南瓜、芋头等。麦面食品包子、馒头、面条、馄饨等，一般用于早餐。菜肴主要是白菜、芹菜、苋菜、萝卜、茄子、黄瓜、豆角、辣椒、葱、蒜等时令园蔬和荠菜、马兰头、芦蒿、藕须、菊花兰等野菜。豆腐、豆酱、腊八豆等豆类加工品较普遍。肉食以猪肉、鸡肉为主，喜吃牛肉、羊肉、狗肉的人增多。小鱼、小虾受青睐。谷里、陆郎一带手工制作鱼丸享有盛誉。江宁地域菜肴烹调有红烧、清烧之分，不太喜辣，重糖醋。

【居住】

村民多聚族而居，形成以姓氏命名的自然村落，如王村、李村、张村等；或以邻近之山、水、林命名村落，如土山、横溪、小河、泉水、万柳等；有以产业命名村落，如槽坊、窑王；还有的因历史遗迹或民间传说而得名。村落多坐北朝南，前有水塘，后倚山丘。村居建筑受徽派风格的影响，但特色并不显著。

旧时农村稍具条件的，居家造屋喜建小型四合院式的三间两厢房，即三间为正房，居中是堂屋，寝室在另两间；两旁的厢房较三间正房稍低，各有门相通连接为一体，一侧作厨房，一侧可住人也可存放粮食或农器具；两旁的厢房之间夹着一个小天井，大门处盖二门楼，从门楼进入，穿过天井，到达堂屋。大户人家有盖五间两厢房的，少数还有七间两厢房，正房前留出廊檐，供出入各房。富有之家有按此筑式造出三进、五进房的。普通村民大多用土坯垒盖三间草屋，连着一个小厦披作厨房。无论贫富，大多数人家都设一堂屋，堂屋设置据家庭经济条件而异。普通人家，堂屋摆条几、方桌、靠背椅；大户富户人家堂屋条几上摆祖宗牌、香炉、烛台，壁上挂中堂，多为历史人物画像和山水画，中堂两边挂对联；更富有的人家，画几上摆古玩和瓷器，壁上挂名人字画；贫苦人家仅一张方桌、两条长凳，甚至家徒四壁。集镇居民住宅多为两进，前为店铺，后为内室或作坊。一般有后院，院内建厨房，讲究的有厕所。

“文化大革命”期间，每家房屋堂屋都贴毛泽东画像，1968年前后，每个农户家的堂屋正中砌一“忠字台”（地、富、反、坏、右家庭不让砌“忠字台”），置毛泽东石膏像及红宝书《毛主席语录》。全家人饭前在“忠字台”前念一段《毛主席语录》方能就餐。

20世纪70年代，农村土墙草房开始转向砖墙瓦房，木料特别紧缺，用水泥、钢筋材料制成的梁柱替代；墙起先是红砖"开斗式"的，有的地方墙体出土一米用大片（石头）垒砌，后改为砖头"实扎'。原有的三间两厢房式样不再被采用，改为连排式，一般在连着主房后面的单侧拖一小厦披作厨房，俗称"一条龙"式。80年代，农村民居的筑式改变，房前带走廊，房后有院子，水泥梁柱被木料替代。90年代，几乎所有农户，都将平房翻建为楼房。如今农村到处是2间2层或3层的别墅式的楼房，且室内装修越发考究，生活设施一应俱全。随着城镇化进程加快，农民家庭购买商品房的居多。伴随开发园区建设，拆迁农民住进了复建房小区，与城市居民住房无异，有的拆迁农民家有数套房子。城镇居民的住房不论是面积还是质量都有较大改善。房屋结构多为"三大一小"（客厅大、生活间大、卫生间大、卧室小）。经济条件好的居民住上别墅。

【出行】

旧时出门，水上靠木船，陆上靠两条腿。富者多骑马坐轿，穷人赤脚穿草鞋，家境较好者穿布鞋或骑毛驴。

新中国成立后，人们出行还是靠两条腿，只有少数在交通干线上的镇街有班次极少的公交汽车和火车。20世纪70年代，农村开始有手扶拖拉机，后挂拖斗可以带人，基层干部外出中短途开会、办事可以使用。70年代末至80年代初，农村少数人拥有自行车。公交车很少，到县城、省城办事，赶不上班车不能出行或回不了家是常事。80年代末，虽然公交车班次有所增加，仍然满足不了人们出行的需要，之后发展私人中巴，人们出行难的状况有所缓解。90年代开始，自行车大量普及，摩托车开始进入民众生活。全县公路四通八达，公交车运输量迅速增加。

进入21世纪前后，私家车日益增多，节假日全家自驾游渐成风气。公交事业发展迅速，几乎各村镇都有公交车辆通达，即使在当地的村镇范围内，老人和孩子都可以乘营运出租车、"三机"（由货运柴油机车、拖拉机、电动车改成客运车）出行。

第五节　生产习俗

【农事作息】

旧时，农村生活节奏缓慢，农民一般遵循日出而作、日落而息的传统小农经济时代的习惯。勤奋之家一年四季"黎明即起"。早起后，或洒扫庭除，或背篮拾粪。农忙时节，男女老少都下田干活，且比农闲时起得早、睡得晚，所以，下田干农活的人除一日三餐外有吃上午点心、下午点心的习惯，多为家庭老人和孩子送到田头，以节省时间。20世纪50年代后期至70年代末，农村实行集体化生产管理，传统小农经济时代的作息习惯被打破，农民的作息时间由生产队统一安排，晚上常常要出工加晚班，劳动强度增加。80年代初，农村实行家庭联产承包责任制，农民可以自主安排农事，传统作息回归。

【农闲农忙】

按传统生产习俗，新一年的生产活动一般从过了农历正月十五开始，做农闲时的活，如积肥、打绳、修农具、修渠、护理麦田等，算不上忙活。有条件的从事一些副业生产，所谓"正月里过年，二月里做田"。按农谚说的，"春打六九头，遍地走耕牛"，农民开始春种。

一年四季农业生产都有安排，春天要备耕并为稻谷下种育秧，夏季收获小麦后立即抢季节耕田插秧，秋天收获稻谷后及时播种小麦，让小麦过冬。夏、秋两季是收种最忙时节，俗称夏收夏种及秋收秋种，也称夏忙、秋忙。20世纪60年代末至70年代，政府曾推行将一年一季水稻改为双季稻。实际上，江宁地域的气候并不适宜种植双季稻，由于农时短，尤其是种二季稻时，正值夏季最炎热的时候，一面抢收，一面抢种，俗称“双抢”，农民的劳动强度极大。“双抢”的劳动力成本和生产资料成本在粮食生产效益上所占比重一年高过一年，农民背地里算算账，“三三得九，不如二五一十”，即指当时一年三熟的产量不如原一年两熟（“两熟”指一季麦收和一季稻收）的产量。80年代初，农村实行家庭联产承包责任制后，农民自动放弃这一耕作方式。

20世纪50年代后期至70年代末农业生产集体化管理时期，农民劳动基本没有农忙农闲之分。每年农闲季节，政府征用大量劳动力挑水库，搞开山造田，因缺乏机械化作业，完全靠人海战术，肩挑手搬，起早贪黑地干。由于民力长期得不到必要的休整，农民的劳动积极性受到抑制，造成生产效率低下。

【稻麦耕作】

种植水稻，先将麦田翻耕让太阳曝晒数天后，灌上足够的水泡田，再犁耕一遍促泥块融酥，然后让牛拉着耖将土块划碎并将高低不均处整平，最后让牛拖着耙将田面的每一处压平，就可将育好的秧苗运进田里，由插秧手栽插。稻秧的管理，主要有施肥、薅稻、拔草、灌水、治虫等田间劳动。采用机械化作业后，减轻了劳动量，加快了耕作进度，但耕、耖、耙这些耕作程序无大的变化。

图44-2-7 打枷（左）、击麻（右）（明版画）

小麦属旱季作物，先将田地翻耕成许多墒，每墒之间挖沟排水，用锄头将大土块剁成小土块，将麦种直接播撒在田地上。撒下的麦种约6天～7天即可长出幼芽。小麦的生长期较长，秋天播种长出幼苗，越冬时期重视施肥，第二年的春季拔节生长，春末时结穗，初夏时成熟收割。

旧俗，水稻插秧时要举行“开秧门”祭祀仪式，叩求田公地母保佑，方可开始拔秧。此俗已废止。插秧插完最后一块田时，叫“关秧门”，插秧人在田头相互打水糊泥，尽情嬉戏，一个个变成泥巴佬，此俗叫“关仓”，意指稻已关在仓里，俗称“糊秧屁股”。关秧门这一天，雇工种田的人家晚上要摆一桌酒菜给雇工吃，以示慰劳；自家种田的人晚饭要多烧几个好菜吃。关秧门的习俗至2007年仍存。收割头一天谓“开镰”，旧俗中事先备好酒菜，先请“五谷神”，祭拜后方开镰收割。此俗已废止。

旧时收割稻子时用稻桶脱粒，俗称“掼桶”。此物用厚实的木板制成方斗形，上口边长近2米，深约1米，底部安两根拖条，可在稻田的湿地上拖行。农夫手持稻把子在掼桶内板上反复摔打，使之脱粒。脱粒后的稻谷运到场上晒干扬净入库。麦子收割是将割下的麦子扎成捆，挑运到麦场上铺开曝晒，然后用麦枷一遍遍地扑打，再用石磙反复碾压几遍，使麦粒完全脱尽。有了机械化器具后，水稻脱粒使用脱粒机在田间一次性完成，小麦在麦场上脱粒。

【劳动歌号】

江宁地域农业生产活动中有夯歌、插秧歌、打麦歌、车水歌、薅稻歌、搬运歌等，俗称“打号子”。人们一边劳动一边唱着号子歌，指挥、协调劳动节奏，鼓舞劳动者的情绪，减轻疲劳。这些号子歌，由一人领唱，众人应和，有的舒缓诙谐，有的雄浑沉着，有的紧凑有力。曲调是民间传习的，歌词大致固定，但领唱者会根据现场情况临时编新词，逗人发笑，增加劳动兴趣。

【牛耕车灌】

20世纪70年代拖拉机普遍使用之前，江宁地域的耕地最常见的是牛拉犁耕，耕牛成为农家宝，是农民最重要的农业资产。自20世纪50年代中期始，农业实行集体化生产，耕牛以生产队集体饲养。耕牛越冬除喂草料外，在冬雪天加喂黄豆以保证营养。农村实行家庭联产承包责任制时，原有集体耕牛分到村民小组，由村民摊派饲养，农作时由农户轮流使用。各地每年设定期和不定期的耕牛交易市场。耕牛转让时，买主要带一绳将旧牛绳换下，叫做“断索”，表示买卖双方均不得反悔，被视为行规。80年代末期，牛拉犁耕被机械耕地替代。

图 44-2-8 赶稻及菽图（明版画）

旧时农田灌溉用水车，有牛拉、人摇和脚踏三种，主要是脚踏水车。脚踏水车分三人、五人、七人脚踏，主要由车轴、牛基、车筒、板子、楗子等机件组成，因节节板子链接看似龙骨，也叫龙骨水车。其结构是将车轴架在牛基座子上，车轴由一段圆木做成，中部安装轴杪，起齿轮作用；长长的车筒以木板为槽，其尾部浸入河塘水中；用楗子将数十个板子链接，成为一个大链条，套在轴杪和车筒尾部的一个小杪上结成一个整体。通过脚踏轮轴上的拐木，使大轮轴转动，带动车筒尾部的小杪转动，车筒槽内板叶刮水上行，引水灌溉。20世纪60年代，江宁地域已有柴油发动抽水机和电动抽水机用于农田浇灌，但由于许多农田灌溉沟渠未形成网络，抽水机只能用于较大型的灌排中，大多数农田的灌溉仍主要依赖农用水车。水车一直普遍使用至70年代才逐渐完全被抽水机替代。

第六节　神祇　占卜

旧时的神祇占卜是祈求神灵保佑或赐福，或在人遇有疑难时，求鬼神帮助，靠卜卦的方式推断吉凶，以期消除灾害。神祇占卜包含着人们长期缺乏科学文化知识而形成的愚昧、荒谬的观念，并在人们生活中积久成习。神祇占卜与宗教文化相伴生，其本身具有两重性，既表达人们祈求福运降临、消除灾害的良好愿望，神祇占卜行为中大量的迷信色彩又会严重误导、约束人们的正常生活。新中国成立后，尤其经过“文化大革命”期间破“四旧”运动的冲击，神祇占卜现象曾被强行禁止，但民众向神灵求福禳灾的心理始终存在。随着科学文化知识的普及，如今，某些具有神祇占卜色彩的习俗虽然还部分保留在民众的生活中，但多数人已不再“迷信”其内容，仅为习俗形式而已，更不存在于民众生活的主流意识中。

【求神拜佛】

民国前，江宁农村寺庙道观众多，民间求神拜佛较为普遍。凡祈求病人早愈和家人平安、期盼庄稼丰收等，都以燃烛烧香、拜佛求签表达愿望。除在庵庙寺观里求拜外，许多百姓还在家中供奉如来、观音、弥勒、财神、钟馗等神仙佛像。通常在案上安放佛像、烛台、香炉，求拜时先点燃两支红烛，再手持三炷燃香，打躬作揖、行跪拜礼，口中念念有词，祷告神灵，祈求赐福。20 世纪 50 年代后期开始，遍布农村的寺庙道观陆续被拆除，公开的求神拜佛遭禁止，转为少数人在私下进行，大多数人的神佛观念渐渐淡漠。如今，国家提倡个人宗教信仰自由，作为宗教信仰的求神拜佛，在庵庙寺观中以及一些居士家中仍然存在，且香火旺盛。另外，酒店、商家供奉观音、财神，以期财运亨通。

【祭神】

民国前，祭神活动在江宁较为普遍。那时，民间遍布土地庙、龙王庙、三官庙、火神庙、娘娘庙，分别供奉土地神、龙王爷、天官、地官、水官、火神爷、天妃娘娘等民间百姓崇拜的偶像。每逢庙会或神仙诞日，区域内外男女老少摩肩接踵齐聚庙地，参与祭神活动，有的祈望风调雨顺，有的求多财，有的求生子，祈福消灾。新中国成立后，原遍布民间的祭神场所被拆除，祭神活动随之取消。如今祭神活动在小范围内有所恢复，参加此类祭神活动的以经商者为多，选择前往保存或修复的庙观中进行。

【祭祖】

农业社会家族群以村落聚集，历代繁衍形成一个个家庭群体，于是出现了农村祭祖习俗。江宁地区一些大的家族群，按其沿袭的风俗常在春节、清明、中元（俗称七月半）、送灶、冬至等时节，聚集全族人开展祭祖活动，以缅怀先人并叙家亲。一般为先祖立牌位，挂家谱，供祭品，焚香跪拜。至新中国成立初期，大家族都设有祠堂，每逢祭祖，阖族会聚祠堂，集体跪拜，有的家族还利用祭祖之机修订族规，在适当的年份续修家谱。20 世纪 50 年代后期，农村实行人民公社化时，农村留存的祠堂大多被拆除，尤其是经过“文化大革命”横扫“四旧”，祭祖之风遭禁止一度消失。进入 21 世纪前后，江宁地域农村祭祖习俗有所恢复。

【看风水】

看风水是营建堂屋、庙宇、墓地以及修桥造路的一种旧俗，古时称“堪舆”。古人素有风水意识，正式形成风水文化已有数千年历史，风水术在朝野中广为流传。民俗认为，风水好不好，不仅关系到当代人的吉凶祸福，而且关系到子孙后代的兴旺发达，即所谓的“一阴宅、二阳宅，两宅宝地世代福”。旧时民间看风水，为选定住房宅基地，称为“阳宅”；为过世长辈选择墓地，称为“阴宅”。风水先生又称阴阳先生，由民间具备一些风水学知识及专业技能且头脑聪明灵活、能说会道的人充任，多为兼职。民间看风水选宅地，请风水先生在主家指定的范围内，经过观察地形，从地势、道路、出场、光照、水流、风向等情况，作出综合判断，用罗盘测定最佳方位，指示主家按规定要求择日破土动工。

【预兆】

人们在生活中都期盼有一个好兆头，并认为吉凶大事在发生之前都有预兆，于是人们将自然环境、生理反应乃至生活中的某些偶然性现象与即将发生的事情联系在一起，视为预兆称事兆。预兆同样反映人们避凶趋福的心理。旧时，江宁民间流传的预兆名目繁多，且成为最草根的民俗文化的一部分。

自然现象类 “早上喜鹊屋前叫，今日必有亲戚到。”

“今晚灯芯结花，明朝必来亲家。”

“筷子落地，有请赴宴。”即吃饭时不小心掉落筷子，说明有人将请你去吃饭。

“路遇乌鸦叫三声，常有灾祸临家门。”如遇到此种情况，采取破解的办法是对着乌鸦“呸呸”几声并说：“乌鸦乌鸦你瞎叫，祸事不到喜事到”，认为可化灾为福。

“夜见一流星，必丧大将军。”旧时人们认为“天上一颗星，地上一个丁”。亮星为名人栋梁，暗星为庶民百姓。一道流星落下预兆人世间必定失去一个重要人物。此时“嘘嘘”几声，认为可驱赶晦气。

旋风，又称“鬼旋风”。俗信有鬼魂经过，路遇时要闭口背对，旋风一过呸口唾沫唾弃，认为鬼魂最怕人的唾沫。

打炸雷。预示雷公雷婆要惩罚恶人，故遭雷击者被认为是做了坏事。年三十或初一响雷，预示当年有大灾发生。

“公鸡飞上屋顶，火烛当心。”

“狗哭必失盗。”自家的狗哭时，预示财产有灾。俗法是将狗打出去，三天不喂食不让进门，认为可祛灾。

“家中出现大蛇，屋主当心自身。”旧时民间老宅多，藏有大蛇。民间视家蛇为青龙，是家宅的保护神。如家蛇出现，预示家主必遭灾病。俗法是不可打杀或吆喝，向其方向洒些米粒和茶叶，任其而去。家蛇一般不会伤及家畜，连家养小雏鸡也不会去碰。

生理现象类 “忽打喷嚏有人念。”即表示至亲的人在念叨或谈论自己，表示牵挂思念之情。

“耳朵发热有人骂。”自己的耳朵突然发热，表示有人正在背地里骂自己。又有“左念右骂”之说，即左耳朵热是有人思念，右耳朵热是有人咒骂。

“左眼跳财，右眼跳祸。”即左眼跳是喜事，右眼跳为祸事。俗法是用小纸片或薄布片沾点唾沫，贴在右眼皮上，认为可避免祸事。

偶然现象类 出门跌跟头，预示当天在外必有祸事。此时会呸口唾沫化解，或改日外出。

家人患有重病时，将两只同样的碗一碗装药、一碗装茶，用同样的红纸盖住，由其孝子去灶间端一碗。如果端的是茶，则病者不久即会痊愈；端的是药，则预示病者病情将恶化。

小孩过周岁时让孩子抓摸摆放的物件，根据抓摸到的物件预示孩子长大后的事业前途。摆放的物件一般有刀剑、印章、笔、尺、算盘、首饰、脂粉等，置于同一个竹扁中，任其抓摸玩耍。如抓印章，预示将大权在握；如抓笔墨，则文章锦绣；如抓刀剑，则手握重兵等，其实只是一场游戏而已。

做喜事时不慎打碎杯碗盘盏，预示将有祸事发生。此时只要连声说“碎碎（岁岁）平安”，或连喊“打发，打发”，认为可化解不吉之事。

【卦签 相命】

每一个人都生活在一个特定的自然环境和社会环境之中，他们必定有无法掌握自己命运的时刻，也有自己的知识、理智无能为力做出正确的判断的棘手之事，此时，个人的自由意志往往无济于事，便不得不归结于一种不可捉摸的命运。于是，算卦求签与看相算命适合需要，应运而生。绝大多数民众虽认为算卦求签与看相算命是不靠谱的事，但历来的传统习俗常让人产生一种心理暗示，尤其是当一个人陷入困顿而无法自解时，只好向神明求助，推断吉凶，以期逢凶化吉。正因如此，在20世纪50—80年代间，政府虽曾对此类活动多次强制性限制、取消，但屡禁不止。进入21世纪后，算卦求签与看相算命在部分民众中还有一定市场，但不能形成主流意识。

算卦 算卦又称“摇卦”“起课”。古时用数十根蓍草，拌和后取出一半数数，反复几次成卦象。之后的算卦者备一只竹筒，放三个铜钱，另有一张八卦图。求卦者先说明占卜何人何事，摇几下课筒，由算卦先生倒出铜钱，看其是正面还是反面。如此反复六次，即形成六爻而组成一个卦象，依据《易经》中八卦说词，判断所卜之事的吉凶祸福。也有的将铜钱直接倒在八卦图上，看铜钱落位的情况起卦作出判断。

民间另有一种“指卦”，是掐指头算卦法。如江宁农村民间流行的“诸葛亮马前卦”，主要算失物能否寻到、办事是否顺利等。此算法是在左手食指、中指、无名指上按指节确定各个卦位，再以卜事的月、日、时和算卦者方向为基数，在手指卦位上依序循环点算，确定卦象。每个卦象均有四句诗文口诀，供算卦先生解说。各种算卦法都是民间私下传授，从事算卦的人员都懂一点浅显的易经知识，能说会道，努力让人相信。

求签 求签一般是在道观寺庙由道士或和尚主持的占卜活动。道观寺庙内备有签簿、签筒，筒中放有若干支竹签，标有签号。人们遇有急难之事而迟疑不决时，便去庙宇烧香求签。掌签人摇动签筒后抖动脱落出一支竹签，根据签号再翻检签簿上同号的诗文，给予解说。签诗分为上、中、下三等，以表示凶吉程度。有的直接将诗文写在签上，不用签簿即可解说。旧时，江宁地域民众大多到关帝庙、观音庵中求关帝签、观音签；如问家人病况，则到药王庙求药王签，并求药方抓药治病。

看相 看相分为面相、手相、骨相三种。看面相，又称“相面”。主要是观察人的面貌五官、气、色，纹、痣的分布状况，以推断人的祸福、贵贱、寿夭。相面先生善于察言观色，揣摩客人心理活动，根据个人的不同长相解说命运。看手相，就是相面先生通过观察人的手型和手掌纹路的走向、枝杈、粗细、深浅等状况，测算人的命运。民间看手相时还看指肚纹（脶纹），数10个手指头的指肚纹有几个“箕”、几个“箩”。编成歌谣说：“一箩巧，二箩好，三箩四箩吃不了，五箩六箩背稻草，七箩八箩风吹倒，九箩十箩本领高。”看骨相者认为骨骼与肌肉密切相关，又与人的命运相关联，看骨相者能认知人的命运。如骨骼耸直不横不露，与肌肉相应者为善相；若骨粗重而皮厚者为浊相；若骨轻细而皮肉薄者为寒相等。

算命 旧时八字算命现象十分常见，街角村头常听到“当当”的铃声，常看见一人牵着一人缓缓前行，这即是“算命先生”。算命先生多数是盲人，粗通文墨，略懂命书，跟着师傅学习三年五载即可单独算命。少数知名者坐堂等客，常常应接不暇，也有的在街头巷尾设摊算命。民间素有“穷算命，富烧香”一说，认为人的命越算越薄，即越算越穷；富人烧香当然是祈祷保财运和官运。此说还有多种解释。在算命的人中，有的人是真的信命，多数人明知算命根本没有什么科学道理，还是愿意花钱寻求自我安慰，因而进入21世纪后，一些算命先生还是“生意兴隆”。

第四十五编

方言　语言生活现状

第一章　方 言

第二章　方言的变化

第三章　谚语　歇后语

第四章　语言生活现状

江宁方言属于江淮方言。由于江宁与南京城东、城南、城西南山水毗连，地理上互为渗透，与南京语言文化有着一脉相承的历史渊源，其方言与南京老派方言十分接近，一般人难以区分。甚至从某种角度上看，可以说江宁方言是南京城市老派方言在东南农村的保留版本。史料记载，南京（江宁）方言在六朝前还属婉转妩媚、温柔细软的江东吴语，发展至明清却已变异为浑厚粗犷、铿锵有力的北方方言。语言的转变是渐变的、缓慢的，南京（江宁）在一千多年的时间内完成从吴语向江淮官话的转变，其中最重要的因素是人口的迁徙。东晋南朝开始，晋"永嘉之乱"，北方豪门大户争相南迁，人多势众，其方言冲击当时南京（江宁）方言，随着梁"侯景之乱"又一次使中原地区的居民南渡长江，进一步影响南京（江宁）的方言。明太祖朱元璋从安徽招众多乡亲到南京（江宁），这使得本已受北方方言大大渗透的南京（江宁）方言发生巨变。

江宁作为南京的新城区，社会生活发生了翻天覆地的变化，有些江宁人离开家乡，到外地去工作学习。与此同时，很多大、中型企业落户江宁，吸引着四面八方的从业人员；江宁房地产业的发展，大量工作学习在南京老城区的居民入住到江宁的新居中。特别是南京多所著名高等院校新校区设在江宁，由高校进驻带来数以万计的教师学生生活学习在江宁。至2007年年底，江宁区户籍人口为379391人，而各种流动人口已达70万人左右。在人口流动成为常态的情况下，人口构成发生极大变化。加之普通话的推广，方言自然随之发生相应变化。20多年前，江宁可以说普通话的人并不多，说流利普通话的人更少。至2007年，在日常生活中使用普通话的人日益增多，普通话作为主要交际语言的地位已经基本确立。

在社会结构和居住人口发生如此重大变化的情况下，江宁区内人们使用语言的习惯和方式必然发生变化，方言的使用功能、使用空间均与过去大不相同，方言本身也不可避免发生变化。为客观地反映江宁方言的变化，应江宁区地方志编纂委员会办公室之邀，南京大学文学院副教授薛遴和博士生刘芳等，到江宁城区进行语言生活方式变化及语言生活现状调查，调查结果呈现出江宁区语言生活的现状，同时也可以看到江宁方言语音词汇和日常交际语言所发生的一些变化。

第一章 方 言

江宁方言与南京话很接近，都属江淮方言。江宁话与南京话有一共同特点，即有些字读音不稳定，甚至同一人对某字读两音而不自觉，如“知”读 zhi 或 zi，“鱼”读 yu 或 yi。

为减少国际音标符号，在声母、韵母表中，用汉语拼音字母标出，以国际音标注明音值，如 an[ã] 表明 an 与普通话读音不同，实际上是 [a] 的鼻化音，且开始并不鼻化，后半才鼻化。拼音字母足可标明音值的，不再注国际音标。个别韵母拼音字母不能标注的，只用国际音标。国际音标放在方括弧中，与拼音字母相区别。入声韵字单读都有喉塞韵尾，为简便起见，一律省去。同音字汇中自 e[əʔ] 以下七韵是入声韵。同音字表分韵排列，零声母（无声母）用“O”表示。声调用①②③④⑤分别代表阴平、阳平、上声、去声、入声。

本章收录江宁方言词近 300 条。由于受历史和地理的影响，同一意思既有带有方言色彩的词，又有来自普通话或其他方言的词，新江宁话受普通话的影响很大，许多江宁方言特有的词汇已经不用。

第一节 语 音

【语音分析】

声母 b 败波本　p 排婆飘　m 迈贸芒棉　f 夫废方
d 代多雕　t 图台驮　l 路努耐
z 资渣之实　c 调岔持猜　s 死纱腮收
zh 追拽抓砖　ch 锤春揣除　sh 摔水睡顺　r 锐软柔绕
J 鸡街纠　q 汽丘腔　x 戏夏休
g 孤光该　k 苦垮开　h 户华海
o 鱼优汪夜

韵母 舒声韵。Ï[ɿ] 资词私　i 梯齐移　u 补苏古乌
a 妈沙茶　ia 家假霞哑　ua 抓花瓜
ai[ɛ] 牌才柴矮　iai 街鞋介　uai 怪怀歪
o 坡罗火饿
ao[ɔ] 饱烧草袄　iao 焦交腰秒
ei[e] 蛇杯陪废　uei 吹归会卫
ou[əω] 偷愁周偶　iou 丢牛九友
er[ər] 儿而耳二
an[ã] 班帮蝉常　ian 枪江强养　uan 端钻床光关官
[ẽ] 边棉天　[iẽ] 闲盐元
en[ən] 奔灯层仁　in 穷平听军心　uen 润昏文公
入声韵。e[ə] 直不秃白色　i 笔别力踢

o 速 骨 国 yo 月 绝 缺
a[A] 八 达 杂 杀 ia 夹 洽 鸭 ua 刷 刮 滑
声调 调类 调值：阴平 31 阳平 24 上 22 去 44 入 55
例 字：诗梯高天 时题田肥 始体喊伟 是替造错 桌结笔札

【同音字汇】

ï

z ①兹 滋 资 姿 咨 辎 知 蜘 之 芝 支 枝 肢
③子 紫 姊 止 址 趾 旨 指 脂 纸
④字 自 至 致 制 智 志 痔 痣 治 雉 稚
c ①雌 疵 差 痴 嗤
②词 祠 慈 磁 瓷 餈 辞 迟 池 驰 匙 持
③此 吡 耻 齿 ④次 刺 赐 翅 啻
s ①私 师 狮 蛳 斯 撕 司 丝 思 饲 施
②时 鲥 ③死 史 驶 使 始 屎 豕
④士 仕 柿 事 四 肆 寺 似 祀 俟 视 是 试 恃 世 势 示 誓 逝 氏 市 式 嗜

说明：本韵zh、ch、sh与z、c、s的界线不明，两可的情况较多。口语中zh、ch大都并入z、c，分别保留zh、ch。sh类基本保留。此处将zh、ch、sh并人z、c、s。

i

b ①逼 ③比 彼 鄙 ④闭 敝 蔽 弊 币 毙 避 秘 泌
p ①批 披 ②皮 疲 脾 痹 ④屁 庇
m ②迷 谜 弥 靡 糜 ③米
d ①低 ③抵 底 ④帝 地 弟 第 递
t ①梯 ②提 题 啼 蹄 堤 ③体 ④替 屉 涕 剃
l ②离 尼 泥 梨 犁 黎 篱 璃 厘 狸 驴
③你 礼 李 里 理 鲤 女 吕 旅 缕 履 屡
④例 腻 厉 励 丽 隶 痢 吏 荔 虑 滤
j ①基 机 讥 饥 矶 鸡 居 拘 劬 ③挤 几 己 举
④祭 际 穄 济 剂 聚 计 记 纪 技 继 寄 忌 季 妓 冀 系 句 居 据 剧 巨 拒 具 俱
q ①妻 凄 蛆 趋 期 欺 区 驱
②齐 脐 荠 徐 奇 骑 其 旗 棋 麒 祁 岐 歧 鳍 渠 瞿
③取 娶 起 启 企 岂 ④砌 趣 契 器 气 汽 弃
x ①西 栖 牺 须 需 犀 希 稀 溪 嬉 熙 虚 墟 嘘
③洗 喜 许 些 ④细 叙 序 絮 系 戏 婿
g ③给
k ④去
o ①伊 匿 衣 依 淤 ②移 鱼 夷 姨 疑 遗 饴 仪 谊 沂 于 迂 余 愈 渔 愚 虞 娱 盂 榆 愉
③雨 语 椅 已 以 宇 羽

④遇寓誉预裕喻玉意艺义议刈易

说明：普通话里的撮口呼[ü]韵字，东山街道大都有[i]与[y]两读，口语中为[i]，读书音为[ü]。地道的老派东山话应为[i]，此处将[y]韵暂并入[i]韵。“婿”实际读音为[si]，此类读音极少。

u

b ③补 ④布步部簿怖埠
p ①铺 ②蒲菩 ③谱捕普甫浦哺 ④铺
f ①夫肤敷麸 ②扶浮符芙 ③府俯斧腐辅
④付附父富妇负赋赴讣孵
d ①都 ③睹赌堵肚都 ④杜肚度渡镀妒
t ②图徒途涂屠 ③土吐 ④吐兔
l ②奴努卢炉芦庐 ③鲁橹卤 ④路怒露赂鹭
zh ①租朱诸猪珠株硃 ③祖组阻主煮 ④助注著拄蛀铸
ch ①粗 ②锄雏除厨储殊 ③楚础鼠暑处杵褚 ④醋处
sh ①苏酥书输舒枢 ③数 ④诉数漱塑素蔬树竖庶恕戍
r ②如 ③乳儒汝
g ①孤姑辜箍 ③古估股鼓 ④顾故固雇
k ①枯 ③苦 ④库裤
h ①呼 ②胡湖糊葫壶 ③虎浒 ④户护互沪
o ①乌污坞巫诬 ②无吴梧蜈 ③吾五伍午武舞 ④误悟务雾

说明：普通话里的z、c、s后接[u]韵时，东山镇是zh、ch、sh，仅少数读z、c、s声母。

a

b ①巴疤芭笆 ③把 ④罢爸坝霸耙
p ①趴 ②爬 ④怕
m ①妈 ②麻 ③马码 ④骂
d ③打 ④大
t ①他她它
l ①拉 ②拿 ③哪 ④那
z ①渣 ④乍诈榨炸
c ①叉差杈 ②茶搽查茬察昨 ④岔
s ①沙纱 ③洒傻
k ③卡
h ①哈
o ①啊

ia

j ①家夹佳加嘉痂 ③假贾 ④架假嫁驾价
x ①虾 ②霞瑕遐暇 ④下夏厦瞎
o ①鸦丫桠 ②牙芽衙崖涯 ③雅哑 ④亚

ua

zh ①抓 ③爪
sh ③耍
g ①瓜 ③寡剐 ④卦挂
k ①夸 ③垮侉 ④跨
h ①花 ②华划 ④画化话
o ①蛙 ②娃 ③瓦 ④洼

ai

b ③摆 ④拜败稗
p ②牌排 ④派
m ②埋 ③买 ④卖迈
d ①呆 ③歹 ④待怠代贷袋带戴殆
t ①胎苔 ②台抬 ④太态泰
l ②来 ③乃奶 ④赖耐奈
z ①灾栽斋 ③宰载 ④再寨在债
c ①猜差钗 ②才材财裁柴豺 ③彩采睬踩 ④蔡菜
s ①腮鳃筛 ④赛晒赦
g ①该街（又读jiai） ③改 ④盖概溉丐
k ①开揩 ③凯楷
h ②孩鞋 ③海 ④害亥骇
o ①哀 ②呆挨 ③矮 ④爱碍蔼艾隘

iai

j ①街 ②解 ④介界戒芥疥
x ②鞋 ③蟹 ④懈

uai

zh ④拽
ch ①揣
sh ①摔衰 ③甩 ④帅率
g ①乖 ③拐踝 ④怪
k ③蒯 ④快块会筷
h ②怀淮槐 ④坏
o ①歪 ④外

ei

b ①卑碑悲杯 ④背臂被备贝辈倍
p ①丕坯 ②陪赔 ④配佩
m ②梅枚媒煤眉霉 ③每美 ④妹昧

f	①非飞	②肥	③否匪	④费肺废痱
d	①堆	④对队兑		
t	①推	③腿	④退	
l	②雷	③累	④内类累泪	
z	①遮	②贼	③者嘴	④罪醉
c	①崔催车	③扯	④脆翠	
s	①虽奢	②蛇	③舍	④碎岁穗舍社
r	③惹			

uei

zh	①追锥	④坠缀赘最		
ch	①吹	②槌垂锤		
sh	②随隋谁	③水	④睡税	
r	④蕊锐			
g	①归龟规圭闺	③鬼轨诡癸	④贵桂跪柜鳜	
k	①亏	②葵傀魁奎逵	④愧溃	
h	①灰挥辉徽麾	②回	③悔毁晦	
	④会贿汇惠慧讳绘秽			
o	①威煨	②围微危桅为维惟违苇		
	③尾委伪伟纬	④未卫喂为味畏胃谓		

o

b	①波玻播簸菠	③跛		
p	①坡	②婆	③颇	④破
m	①摸	②磨摩魔摸摹谋		
	③某母亩牡	④磨幕暮慕墓募茂贸		
d	①多	③朵躲	④柁舵惰垛	
t	①拖	②驮驼陀	③妥椭	
l	①啰	②罗锣箩骡挪螺腡	③捋裸虏瘰	④糯
z	③左佐	④做坐座		
c	①搓磋初	②矬	④错锉	
s	①蓑梭梳疏	③所锁琐　注："梳、疏"又读①[Shu]		
g	①哥歌锅	③果裹	④过个	
k	①科棵颗	③可	④课	
h	①呵	②何阿荷禾和	③火伙	④货贺祸
o	①倭窝蜗踒	②俄娥讹鹅	③我	④饿卧

ao

b	①包胞	③保堡饱宝	④报抱鲍豹暴爆雹刨	
p	①抛	②袍跑	③跑	④泡炮

m ②毛猫锚矛茅 ③卯 ④貌冒帽
d ①刀叨 ③岛捣倒导祷 ④到倒道稻盗
t ①掏涛 ②逃桃陶淘萄 ③讨 ④套
l ①孬捞 ②劳捞牢唠 ③老脑恼 ④闹涝
z ①糟遭招昭朝 ③早澡找爪沼
④造灶皂躁照罩赵兆
c ①操抄超 ②曹槽朝潮巢 ③草吵炒 ④糙钞
s ①骚搔臊烧梢稍 ③扫嫂少 ④埽绍韶邵
r ②侥挠 ③扰 ④绕
g ①高膏羔糕 ③稿搞 ④告
k ①敲 ③考烤拷 ③靠犒铐
h ①蒿 ②毫豪壕 ③好 ④号耗好吿
o ②熬 ③袄 ④奥澳傲

iao

b ①标彪 ③表
p ①漂飘 ②瓢嫖 ④票漂
m ②苗瞄描 ③秒藐渺 ④妙庙
d ①刁貂雕凋鹏 ④掉钓吊调
t ①挑 ②条调 ④跳眺
l ②寥聊辽疗撩燎瞭 ③鸟了 ④料尿尥
j ①焦蕉椒交郊胶娇教浇较
③剿绞狡搅缴侥 ④叫教校较
q ①锹缲悄敲跷 ②樵瞧乔荞侨桥 ③巧 ④俏鞘窍
x ①消霄宵硝销萧箫嚣枵 ②肴淆尧
③小晓 ④笑效校孝
o ①要腰妖邀吆 ②摇瑶窑遥姚
③咬杳舀 ④要耀跃鹞

ou

d ①兜 ③斗抖陡 ④豆斗痘
t ①偷 ②头投 ④透
l ②楼 ③搂篓 ④漏陋
z ①邹周舟州洲 ③走肘帚 注：“肘、帚”实读 [zhuər]
④奏皱绉骤掐咒昼宙纣
c ①抽 ②愁绸稠筹酬 ③丑 ④凑臭
s ①搜收 ③叟手守首 ④瘦嗽受授寿售兽
r ②柔揉 ④肉
g ①勾沟钩 ③狗苟 ④够构购
k ①抠眍 ③口 ④扣寇叩

h ①齁 ②侯喉猴瘊 ③吼 ④后厚候

o ①欧殴沤瓯 ③偶呕藕 ④怄

iou

d ①丢

l ①溜 ②牛流硫琉刘留榴 ③纽扭柳 ④谬

j ①揪纠灸阄鸠 ③酒九久韭 ④就旧臼救究舅咎柩

q ①秋丘 ②囚泅求球

x ①修羞休 ③朽 ④秀绣锈袖诱

o ①忧优悠幽 ②由邮油尤犹游铀

③有友 ④又右佑宥幼

er

o ②儿而 ③耳饵尔迩 ④二贰

an

pə̃ b ①班斑颁扳般搬邦帮 ③板版榜绑

④半伴拌办棒磅谤瓣绊

pə̃ p ①潘攀 ②旁盘滂螃傍庞槃磐 ④胖盼判叛

mə̃ m ②忙蛮瞒芒虻漫馒 ③满蟒莽 ④慢蔓漫幔

fə̃ f ①方番翻帆芳 ②凡矾房烦繁防妨肪

③反彷纺访仿返 ④放饭贩犯范泛梵

tə̃ d ①单当丹担耽眈 ③挡胆党

④但担旦淡弹蛋当宕诞惮

tə̃ t ①汤坍贪滩摊 ②唐糖塘搪谈痰谭檀弹堂棠螳潭坛

③毯坦倘躺袒 ④炭探叹烫趟

lə̃ l ②南男难篮蓝兰拦栏囊郎廊狼娄岚澜

③懒览揽朗攮 ④难滥浪烂

tsə̃ z ①脏臧簪赃张章樟沾毡詹瞻

③咱掌盏斩展长涨 ④赞蘸藏脏葬丈仗杖帐胀涨障战栈占站暂绽

tsə̃ c ①参仓餐苍昌搀

②藏蚕残长肠常偿尝场缠馋谗蟾潺蝉禅躔

③惨厂铲阐场 ④灿唱倡畅颤忏

s ①三桑丧山商伤衫裳姗珊潸煽膻杉

③伞嗓搡赏陕

④散丧上尚善讪汕疝扇赡鳝缮膳

ɪ ②然燃瓤穰 ③染嚷冉 ④让

g ①甘肝柑干刚纲钢缸肛间 ③敢竿感秆杆赶港

④干钢杠

k ①康糠堪看 ②扛 ③慷刊坎侃 ④看抗炕勘

h ①酣夯鼾 ②寒韩含行航杭函 ③喊
④汉旱汗撼捍銲翰

o ①安鞍肮庵 ②昂 ④按案暗岸

ian

j ①将浆江疆僵姜礓缰 ②奖桨蒋讲 ③匠酱将降

q ①枪羌腔 ②强墙详 ③抢 ④呛

x ①相箱厢湘襄镶香乡 ③想享响
④象蟓橡相向项巷

l ②良娘粮凉量梁粱 ③两仰 ④亮谅辆量

o ①央秧殃 ②扬杨羊洋佯阳 ③养痒 ④样恙漾

uan

d ①端 ③短 ④断段锻缎

t ②团

l ②鸾銮峦栾 ②卵暖 ④乱

z ①钻 ③纂 ④钻赚

c ④窜创

s ①酸 ④蒜算

zh ①庄桩装专砖 ③转 ④壮状撞篆转撰传

ch ①穿川窗疮 ②床椽传船 ③喘闯 ④串

sh ①霜双闩 ③爽

r ③阮软

g ①光观关官倌棺 ③管馆广 ④惯贯灌罐观冠

k ①宽筐 ②狂 ③款 ④旷矿况框

h ①荒慌欢獾驩 ②黄皇蝗环还桓簧蟥煌惶遑凰
③缓谎 ④换唤焕患宦

o ①汪弯湾豌 ②完丸顽王玩
③碗晚挽往网皖婉枉 ④万望忘旺妄

说明：残存于口语中的"端、官"等下面加点的字，其韵母为[õ]，因数字很少，不单立一韵，附列于本韵。

[iẽ]

b ①边鞭编 ③扁匾贬 ④变辨辩便遍

p ①偏篇 ②便 ④片遍骗

m ②棉绵眠 ③免勉 ④面

d ①颠 ③点典 ④电店殿佃

t ①天添 ②田甜填 ③舔 ④忝掭

l ②年粘连莲鲢廉镰帘联怜 ③脸碾
④念恋敛练链炼

z ①尖煎笺娟捐　③姐剪践卷　④箭贱渐荐倦圈借
c ①千歼迁签圈　②钱前全泉乾痊权颧拳犬钳茄
③浅潜　④劝券
s ①先仙鲜宣靴　②旋玄悬弦眩邪斜
③选癣写　④线旋楦镟谢泻卸
j ①坚肩奸艰兼监间　③减碱捡俭简柬拣茧检　④见剑腱建健件涧
q ①牵谦铅　③遣　④欠
x ①掀　②咸衔嫌闲贤　③险显宪　④现献县
o ①烟腌　②言延严研颜阎檐盐元员圆园原源缘袁辕援爷
③眼掩演远野也　④燕宴验厌雁晏砚咽怨院愿鸳夜

en

b ①奔崩　③本　④笨
p ①烹喷　②盆朋棚彭膨篷蓬　③捧　④碰
m ②门蒙扪　③猛　④孟闷梦
f ①风封峰锋蜂疯丰纷芬分吩　②坟冯逢缝焚
③粉讽　④奉俸凤份奋粪愤
d ①灯登吨敦墩蹲东冬　③等董懂　④凳邓钝顿盾遁沌动冻洞
t ①吞通　②疼滕誊藤屯豚臀同铜桐童瞳
③统捅筒桶　④痛
l ②能论伦抡沦纶轮仑农脓浓龙笼聋隆
③陇垄拢冷　④论嫩弄
z ①曾筝睁争挣尊遵宗棕鬃踪综真珍针斟侦贞蒸征砧箴臻
③怎整疹珍枕　④赠粽纵正证症政郑振震阵镇
c ①撑村皴聪葱囱称　②层曾存从丛崇陈尘沉辰晨
臣橙乘承丞呈程成城诚盛　③逞　④寸忖衬趁称秤剩
s ①生参牲森僧甥孙狲飧松嵩声身申伸升深　②神绳
③省损荀耸审婶沈　④渗送宋诵颂讼圣甚慎胜盛
g ①根跟更粳羹耕　③耿梗　④更
k ①坑　③肯啃恳垦
h ①哼　②恒衡　③狠很　④恨
o ①恩嗯　④硬

in

b ①兵冰宾鬓槟彬　③丙饼秉　④病并殡
p ①拼　②平评坪苹萍屏瓶贫频凭颦　③品　④聘
m ②名民明鸣铭　③敏闽悯皿　④命
d ①丁钉疔　③顶鼎　④定订钉
t ①听厅汀　②亭停廷庭蜓　③挺艇　④听
l ①拎　②铃玲伶零灵凌菱陵宁凝林淋临鳞磷

③领岭 ④令另吝

j ①精津晶睛今金禁襟巾斤筋经京鲸惊荆君郡军均钧肫

③井锦紧仅谨景警颈窘 ④进尽净静晋浸靖禁近劲敬竞竟镜径俊

q ①青清侵亲蜻钦轻卿 ②晴情秦寻琴禽擒芹勤群裾穷琼

③请寝顷倾 ④亲揿磬

x ①心星腥辛新薪欣兴馨熏勋兄凶汹胸薰 ②行形刑型旬循巡熊雄

③省醒 ④信讯衅兴杏行幸姓逊性殉迅

o ①因阴姻殷鹰应婴鹦樱蝇雍 ②云匀银寅营萤迎盈赢淫容荣

③影引饮隐尹勇永拥 ④运韵孕熨晕印硬映用

uen

zh ①谆中忠终钟衷盅 ③准种肿总 ④中仲种重众

ch ①冲充春舂 ②虫重 ③蠢宠 ④冲铳

sh ②唇纯醇淳鹑 ③吮 ④顺舜瞬

r ②绒融蓉戎茸 ④闰润

g ①公工功攻弓躬宫恭蚣 ③滚巩拱 ④棍共供贡

k ①空昆坤 ③孔恐捆悃 ④困空控

h ①昏婚荤烘轰 ②红弘宏洪鸿魂浑横馄

③哄 ④閧混

o ①温瘟翁 ②文纹蚊闻 ③稳吻刎 ④问瓮

e

b ⑤白伯百柏北薄驳博剥拨膊不

p ⑤拍迫泼扑仆

m ⑤墨默麦脉莫摸没末沫幕木牧目

f ⑤福佛服伏复腹

d ⑤德得夺毒读犊独

t ⑤特拖托脱秃突

l ⑤陆禄鹿录绿六勒肋洛骆络落虐烙略酪疟

z ⑤卒窄宅摘责泽择则作凿嚼爵折哲浙蛰

c ⑤撮测拆厕册策侧

s ⑤色虱涩啬塞索缩折

zh ⑤直值稙植殖只织炙掷汁执

ch ⑤饬赤斥吃彻撤族

sh ⑤十湿什拾食饰石识适释失舌涉设室

r ⑤日热若弱

g ⑤格革搁各阁割鸽角胳

k ⑤壳渴客克咳刻

h ⑤黑核合盒活喝

o ⑤恶额

i

b ⑤必逼笔毕壁璧鼻碧弼别鳖瘪

p ⑤劈匹譬僻撇

m ⑤密蜜觅灭

d ⑤的敌滴狄笛嫡籴叠跌碟谍

t ⑤踢剔铁帖贴蝶

l ⑤力栗立粒笠律逆匿历烈列裂猎劣捏孽

z ⑤节接捷截结洁杰劫揭积迹绩脊籍藉即鲫寂缉疾集及极级激击急吉屐

c ⑤七漆膝戚泣乞讫切妾怯

s ⑤血歇蜴恤协薛泄屑楔雪息媳熄昔惜席夕锡戌习袭悉吸

o ⑤一乙壹益译亦逸抑揖叶业噎

o

zh ⑤足烛嘱祝轴粥筑竹妯拙桌捉着浊镯

ch ⑤促触出畜戳

sh ⑤速宿粟续俗叔赎属熟术述勺说

r ⑤辱褥入域役疫

g ⑤骨谷国郭

k ⑤哭阔括扩

h ⑤获忽或

o ⑤屋物勿握

yo

j ⑤绝掘决觉局菊掬桔

q ⑤缺雀鹊曲屈

x ⑤学削蓄旭确却

o ⑤育狱欲约乐岳

a

b ⑤巴拔

p ⑤叭

m ⑤抹

f ⑤发罚乏法伐筏阀

d ⑤达答搭

t ⑤塔塌踏拓榻獭

l ⑤腊辣纳捺瘌蜡

z ⑤杂轧炸闸铡札眨

c ⑤擦插察

s ⑤杀撒

o ⑤阿

ia

tɕiəˀ j ⑤甲 夹 挟 胛
tɕiəˀ q ⑤恰 洽 掐
ɕiəˀ x ⑤瞎 辖 狭 峡
iəˀ o ⑤压 鸭 押

ua

sh ⑤刷
g ⑤刮 括
h ⑤滑 划
o ⑤挖 袜

【与普通话对比】

1. 江宁方言舌尖鼻音 n 与边音 l 不分，声母为 n 的字多读成声母为 l 的音。

江宁方言部分语音与普通话对比表（一）

表45-1-1

例 字	普通话	方 言	同类字
纳	nà	là （腊）	那、呐、钠、捺
男	nán	lán （兰）	南、难
恼	nǎo	lǎo （老）	“闹”读成“涝”
馁	něi	lěi （磊）	“内”读成“类”
能	néng	léng （楞）	
年	nián	lián （连）	“碾”读成“脸”
酿	niàng	liàng （亮）	
鸟	niǎo	liǎo （了）	
宁	níng	líng （灵）	“佞”读成“另”
牛	niú	liú （刘）	“纽、扭”读成“柳”
奴	nú	lú （庐）	“努”读成“鲁”，“怒”读成“路”
挪	nuó	luó （罗）	“诺、懦、糯”读成“洛”

2. 江宁方言卷舌音少，一般只有舌尖前音 z、c、s，没有舌尖后音 zh、ch、sh，声母为 zh、ch、sh 的字，多读成声母为 z、c、s 的音。

江宁方言部分语音与普通话对比表（二）

表45-1-2

例 字	普通话	方 言	同类字
闸	zhá	zá （杂）	轧、铡、札
诈	zhà	zà	栅、榨、乍、炸
摘	zhāi	zāi （灾）	“窄”读成“仄”，“债、寨”读成“在”
瞻	zhān	zān （簪）	沾、毡
展	zhǎn	zǎn （攒）	斩、崭、辗、盏

续表 1

例字	普通话	方言	同类字
战	zhàn	zàn （暂）	占、栈、站、绽、蘸
张	zhāng	zāng （脏）	章、樟、彰
昭	zhāo	zāo （遭）	招、朝、钊
赵	zhào	zào （造）	照、召、兆、诏
哲	zhé	zé （仄）	蔗
枕	zhěn	zěn （怎）	诊
知	zhī	zī （姿）	之、支、枝、织、汁、脂
侄	zhí	zí （自）	执、直、值、职
止	zhǐ	zǐ （紫）	旨、纸、指、只
志	zhì	zì （字）	至、致、质、治、置
周	zhōu	zōu （邹）	舟、州、洲
骤	zhòu	zòu （奏）	昼、宙、皱、咒
朱	zhū	zū （租）	珠、猪、诸、株
竹	zhú	zú	逐、蛀
嘱	zhǔ	zǔ （组）	主、煮、嘱、拄
专	zhuān	zuān （钻）	砖
捉	zhuō	zuō （作）	卓、拙、桌
查	chá	cá	茶、察（江宁一带读成“cuó”）
拆	chāi	cāi （猜）	“柴、豺”读成“才”
缠	chán	cán （残）	馋、禅、谗
掺	chān	cān （餐）	“忏”读成“灿”
昌	chāng	cāng （仓）	伥、娼、猖
常	cháng	cáng （藏）	厂、场、肠、偿、尝
超	chāo	cāo （操）	“潮、朝、嘲”读成“曹”
彻	chè	cè （策）	掣、澈、撤
陈	chén	cén （岑）	臣、尘、晨、沉、忱
成	chéng	céng （层）	诚、城、呈、承、程
吃	chī	cī （疵）	魑、笞、嗤、蚩
持	chí	cí （词）	迟、驰、池、弛
尺	chǐ	cì （次）	齿、赤、斥、翅
冲	chōng	cōng （匆）	充、憧、忡
初	chū	cū （粗）	“矗、处、触”读成“促”
川	chuān	cuān （汆）	穿
炊	chuī	cuī （催）	吹
杀	shā	sā （仨）	纱、砂。“傻”读成“洒”
厦	shà	sà （飒）	啥、霎
晒	shài	sài （赛）	“筛”读成“腮”
山	shān	sān （三）	衫、删、姗、珊、跚
善	shàn	sàn （散）	缮、擅、鳝、赡
伤	shāng	sāng （桑）	商、墒
上	shàng	sàng （丧）	尚、绱、裳
烧	shāo	sāo （骚）	稍、捎、梢、筲
社	shè	sè （涩）	设、射、涉、赦、摄

续表 2

例 字	普通话	方 言	同类字
生	shēng	sēng （僧）	升、牲、笙、声、甥
诗	shī	sī （思）	尸、失、师、施
驶	shǐ	sǐ （死）	矢、使、始、屎、史
事	shì	sì （四）	是、时、实、士、示、世、市、式
收	shōu	sōu （搜）	“守、手、首”读成“叟”
受	shòu	sòu （嗽）	寿、授、售、狩、瘦
书	shū	sū （苏）	熟、赎；输、叔、舒
属	shǔ	sǔ （俗）	署、暑、蜀、鼠、黍
述	shù	sù （速）	树、束、戍、竖、庶
谁	shuí	suí （随）	“水”读成“髓”；“税、睡”读成“岁’

3. 江宁方言鼻音韵尾分不清前后，只有前鼻韵母 n，无后鼻韵母 ng，韵母 ing 与 in 不分，将韵母为 ang 的字多读成韵母为 an 的音，将韵母为 eng 的字亦多读成韵母为 en 的音。

江宁方言部分语音与普通话对比表（三）

表45-1-3

例 字	普通话	方 言	同类字
肮	āng	ān （安）	“昂、盎”读成“岸”
邦	bāng	bān （班）	帮；“榜、绑”读成“板”
棒	bàng	bàn （扮）	磅、蚌、谤、傍
仓	cāng	cān （参）	苍、沧、舱；“藏”读成“残”
当	dāng	dān （丹）	“党、挡”读成“胆”
方	fāng	fān （番）	芳；“放”读成“犯”
妨	fáng	fán （烦）	房、坊、防；“访、纺”读成“反”
刚	gāng	gān （甘）	纲、钢、冈、缸
光	guāng	guān （关）	“广”读成“管”
航	háng	hán （含）	杭
荒	huāng	huān （欢）	慌；“黄、皇、惶、凰”读成“环”
谎	huǎng	huǎn （缓）	幌；“晃”读成“幻”
江	jiāng	jiān （坚）	将、疆、姜、僵
讲	jiǎng	jiǎn （检）	奖、蒋、浆；“降、酱”读成“建”
康	kāng	kān （刊）	慷、糠
匡	kuāng	kuān （宽）	框、筐
狂	kuáng	kuán	“矿、旷、况”读成“kuan”
朗	lǎng	lǎn （懒）	“郎、狼、廊”读成“兰”，“浪”读成“烂”
忙	máng	mán （蛮）	“盲、芒、茫”读成“蛮”，“莽”读成“满”
庞	páng	pán （盘）	旁、螃；“胖”读成“判”
枪	qiāng	qiān （千）	腔
抢	qiǎng	qiǎn （浅）	“强、墙”读成“前”
汤	tāng	tān （贪）	“唐、膛、塘、糖、堂”读成“谈”
躺	tǎng	tǎn （坦）	淌、倘；“烫、趟”读成“探”

续表

例　字	普通话	方　言		同类字
汪	wāng	wān	（弯）	“枉、往、网”读成“碗”
亡	wáng	wán	（完）	“旺、望、妄、忘”读成“万”
绷	bēng	bēn	（奔）	崩；“泵、蹦、迸”读成“笨”
丰	fēng	fēn	（芬）	风、疯、封、峰、烽、蜂、枫
冯	féng	fén	（焚）	缝、逢
讽	fěng	fěn	（粉）	“凤、奉、俸”读成“奋”
耕	fgē ng	gēn	（根）	庚、羹
蒙	fmēng	mēn	（门）	萌；“梦、孟”读成“闷”
朋	fpéng	pén	（盆）	彭、棚、澎、蓬；捧
碰	fpèng	pèn	（喷）	
翁	fwēng	wēn	（温）	

4. 江宁区江宁、谷里等地方言除将单元音韵母 o 跟双唇音声母 b、p、m、f 拼读外，还跟其它声母拼读（有的是普通话所没有的音节）。

江宁方言部分语音与普通话对比表（四）

表45-1-4

例　字	普通话	方　言		同类字
爸	bà	bō	（波）	
搬	bān	bō	（波）	“半”读成“啵”
怕	pà	pò	（破）	
潘	pān	pō	（坡）	
妈	mā	mō	（摸）	
满	mǎn	mǒ	（磨）	
法	fǎ	fò		发、伐
茶	chá	cuó	（嵯）	查、察
饿	è	wò	（沃）	
哥	gē	gō		歌、戈
瓜	guā	guō	（锅）	
官	guān	guō	（锅）	
花	huā	huō	（豁）	
欢	huān	huō	（豁）	“换”读成“货”
科	kē	kò		“苛、颗、棵”读成 k ō
渴	kě	kò		嗑
乐	lè	lò	（咯）	
男	nán	ló		
撒	sǎ	suǒ	（锁）	
碗	wǎn	wǒ	（我）	

5. 江宁区东山、秣陵、江宁、谷里等地方言将韵母为 ong 的字多读成韵母为 eng 或 un 的音；又将韵母为 un 的字有的却读成韵母为 ong 的音。

江宁方言部分语音与普通话对比表（五）

表45-1-5

例字	普通话	方言		同类字
崇	chóng	chéng	（成）	虫、重（重复）
东	dōng	dēng	（灯）	冬
懂	dǒng	děng	（等）	“动”读成“邓”
功	gōng	gēng	（耕）	工、公、攻、弓、躬
共	gòng	gèng	（更）	贡
红	hóng	héng	（恒）	鸿、虹、宏、洪
空	kōng	kēng	（坑）	孔、恐
龙	lóng	lún	（沦）	聋、隆；“垄、拢”读成“冷”
农	nóng	néng	（能）	浓、脓
松	sōng	sēng	（僧）	凇、嵩
通	tōng	tēng	（熥）	“同、铜、彤、桐”读成“腾”
痛	tòng	téng	（疼）	“统”读成“腾”
宗	zōng	zēng	（增）	踪、综；“总”读成“怎”
汹	xiōng	xūn	（勋）	兄、胸、凶
昆	kūn	kōng	（空）	“捆”读成“恐”，“困”读成“控”
沦	lún	lóng	（龙）	轮
吞	tūn	tōng	（通）	“饨”读成“童”
运	yùn	yòng	（用）	孕、熨、韵、酝、蕴
充	chōng	chūn	（春）	冲、憧、忡
春	chūn	chōng	（充）	椿
宠	chǒng	chǔn	（蠢）	
蠢	chǔn	chǒng	（宠）	“唇、纯”读成“虫”
匆	cōng	cūn	（村）	葱、囱；“丛”读成“存”
村	cūn	cōng	（匆）	“存”读成“丛”
巩	gǒng	gǔn	（滚）	拱、汞
滚	gǔn	gǒng	（巩）	磙
轰	hōng	hūn	（婚）	烘
婚	hūn	hōng	（轰）	昏、荤
穷	qióng	qún	（群）	穹、琼
群	qún	qióng	（穷）	裙
雄	xióng	xún	（询）	熊
询	xún	xióng	（雄）	循、训、巡
肿	zhǒng	zhǔn	（准）	种、冢
准	zhǔn	zhǒng	（肿）	

6. 江宁区江宁、谷里一带和丹阳等地方言，将韵母为 ü 的字读成韵母为 i 的音。

江宁方言部分语音与普通话对比表（六）

表45-1-6

例 字	普通话	方 言		同类字
居	jū	jī	（机）	据、拘、鞠
菊	jú	jì	（及）	“桔、矩、举”读成“已”
拒	jù	jì	（计）	巨、飓、炬、俱、聚、惧、剧
捐	juān	jiān	（尖）	娟、鹃；“卷”读成“减”
倦	juàn	jiàn	（件）	绢、卷、眷
决	jué	jié	（结）	诀、觉、绝、掘
军	jūn	jīn	（斤）	均、钧、君、菌（东山等地又读成 jiōng）
俊	jùn	jìn	（进）	骏、峻、浚、郡、竣
驴	lǘ	lí	（离）	闾
吕	lǚ	lǐ	（李）	铝、侣、旅、屡、履
律	lǜ	lì	（力）	虑、氯、滤、率、绿
女	nǚ	lǐ	（你）	
渠	qú	qí	（妻）	区、岖、驱、曲、屈
取	qǔ	qǐ	（起）	娶；“趣”读成“气”
全	quán	qián	（前）	权、痊、拳、泉
犬	quǎn	qiǎn	（浅）	“劝”读成“欠”
缺	quē	qiē	（切）	“瘸”读成“茄”
雀	què	qiè	（怯）	却、确、鹊、阙、榷
虚	xū	xī	（西）	需、须、墟
徐	xú	qí	（齐）	“许、栩”读成“喜”
婿	xù	xì	（细）	序、旭、叙、恤、蓄、畜
宣	xuān	xiān	（仙）	轩、喧、暄
旋	xuán	xián	（闲）	玄、悬
选	xuǎn	xiǎn	（显）	“眩、炫、绚”读成“现”
薛	xuē	xiē	（些）	削、靴；“穴、学”读成“偕”
雪	xuě	xiè	（屑）	“血、谑”读成“谢”
勋	xūn	xīn	（心）	醺、熏
旬	xún	xín		询、荀、寻、循、巡
汛	xùn	xìn	（信）	训、讯、迅、逊
迂	yū	yī	（依）	淤、瘀
鱼	yú	yí	（仪）	于、余、娱、愉、愚
雨	yǔ	yǐ	（以）	与、予、语、宇
誉	yù	yì	（义）	玉、浴、育、裕、欲
冤	yuān	yān	（烟）	鸳、渊
元	yuán	yán	（延）	园、员、圆、援、原
远	yuǎn	yǎn	（掩）	“院、怨、苑、愿”读成“厌”
约	yuē	yē	（椰）	曰
月	yuè	yè	（业）	乐、岳、阅、跃、悦
晕	yūn	yīn	（因）	“云、芸、耘、纭、匀”读成“银”
允	yǔn	yǐn	（引）	殒、陨
运	yùn	yìn	（印）	酝、熨、恽、蕴、韵

7. 江宁区东山、秣陵、丹阳等地方言将 ji（基）、qi（欺）、xi（希）分别读成 zi（资）、ci（雌）、si（思）。

第二节　词　汇

【亲属称谓用语】

以普通话对比区分江宁方言。一般情况下，丈夫对妻子的兄弟姐妹随妻子称呼，妻子对丈夫的兄弟姐妹随丈夫称呼。

太爷　曾祖父

太太　曾祖母

爷爷、呀呀（yā yà）　祖父

奶奶　祖母

公公、家呀呀（gā yā yà）　外祖父

婆婆　外祖母

爸爸、bē bē、爹爹、嗲嗲（diā）　父亲

妈妈　母亲

伯伯

大妈（小孩喊 má mā）　伯父

叔叔、歪歪（东山话）　伯母

老喔（江宁、谷里话）　叔父

婶婶、娘　婶母

姑妈（已婚）、娘娘（niāng niàng）　姑母

姑爹（有的称伯伯或叔叔）　姑父

舅舅　舅父

舅母、舅妈　舅母

姨娘、姨妈（比母亲小的称阿姨）　姨母

姨爹（或称伯伯或叔叔）　姨父

随妻子称呼（或称大伯或大叔）　岳父

随妻子称呼（或称大妈或婶婶）　岳母

随丈夫称呼　公公

随丈夫称呼　婆婆

称 ××（小孩名）爸、或 ×× 爹　丈夫

称 ×× 妈，对外称家属、或 × 村（娘家）的、或老婆、lǎn lǎn、或 mǎn mǎn、或“马麻”　妻子

【一般称谓用语】

上人　长辈

下人　晚辈

大伯　对年长男性的尊称

大妈　对年长女性的尊称

老头　对一般老年男人的称呼

老太　对一般老年妇女的称呼

姑老太　对族中长辈女性的尊称

大哥　对年龄稍大男性的称呼

大嫂　对已婚妇女的称呼

丫头　对女孩或爱女的称呼

姑娘　对未婚女子或晚辈女性的称呼

娃子　对小孩的通称

惯宝贝　指家长溺爱的小孩

老巴子　排行最小的子女

同志　干部、职工间的通称

先生　对教师、医生的一般尊称

老某　对年长者的称呼，如老张、老李

师傅　对一般职工的尊称

某老　对年长者的尊称，如张老、李老

小某　年长者对年少者称呼、或年轻人互称，如小王

【日常生活用语】

老外　外行

傻抛　言行妄大好吹牛

拆闹　调皮捣蛋或言行反常的人

油子　滑头

孬种　熊包

矮子把（bà）　身材矮小的人

虾皮干　人长得特别瘦

犟尸鬼　脾气固执不服劝导的人

轻头鬼　举止轻浮的人

二五、笨蛋　愚蠢笨拙的人

二五形　指人神经质、不识好坏

饭桶　无用的人

木瓜　痴呆

娃娃气　小孩脾气

婆婆妈妈　说话做事都琐碎过细

抽懒筋　懒惰

胀气　小孩不听话、事情不顺心

夜不收　贪玩无度

发身　男女开始发育
害娃子、言小人　怀孕
坐月子　生小孩
打摆子　患疟疾
屁儿汤　说话不算数
窝囊废　无能耐的人
窝囊　不整洁
拉瓜　不会料理生活、乱糟糟的
触寿　损人会折寿触霉
碰钉子　办事遭人冷遇
日鬼　捣鬼
假马　装佯
假马日鬼　装模作样
醋泡茶　将就
麻里木扯　呆笨、不灵活
二五搭十　说话不着边际
搭僵　事情办得不成功
在意　留神、注意
算和　作罢
该应　活该、注定
犯嫌　讨厌
犯怪　反常
臆怪　不忍看、讨厌、不敢看
污歹　很坏
蹩脚　质量不好
下作　下流、不识抬举
戏戏　玩耍
夹生　难讲话难办事
笃定　有把握
灰销　人死了化成灰
不照　不行
寒酸　难看、穷样、小气
撇脱　干脆、爽快
拿桥　有本事不肯使出
揭疮疤　嘲人短处
刷括　做事利索
作兴　时兴、时髦
背时　不走运
寻钱　赚钱
发福　发胖

结棍　身体健壮
推板　较差
划廉　合算、便宜
偏过　吃过
小鬼头、小儿科　吝啬不大方
扛子皮　办事顶牛
扛皮　饿肚子
大不离　差不多
有门　有办法、有希望
上舌、盘舌、嚼舌　搬弄是非
吵窝子　吵嘴
什搭子　说话重复、啰嗦
老牌子　经常性的、累犯
扯皮　互推责任、无原则纠纷
吃醋　嫉妒
肉头　无决断或富裕户
皮脸　不知羞耻
手捏子　手帕
荷包　口袋
摇窝　小孩睡觉的摇篮
门窝　门框两端的轴孔
团簸　簸箕
duò duò 子　小坛子
薄刀　菜刀
灶头　锅台
缸缸灶　可搬动的简易小锅台
堂心　正房、堂屋
披子　厢房
进深　每间房子的长度
开间　每间房子的宽度
明间　开间大的中间房子
暗　开间小的边房
擦霍　夏天傍晚闪电
打暴　天气闷热、暴雨将至
这块、那块　这里、那里
歹好　很好，“歹”为“很”
好天、坏天　晴天、阴雨天
黑漆马乌　黑得很
糊里八涂　糊涂
消消停停　不慌不忙

一搭刮子　全部
一踏　很、极
歹哩　多
廊匡　不紧贴
刺闹　身上不舒服、不爽快
焐燥　天气闷热
焐蛆　骂人穿衣多，热了还不脱
热　关系密切、态度热情
热哄　热闹
呱白、拉呱　聊天
戏戏　玩玩
擢、刷　打
码、摞　把东西堆整齐
摸　做事很慢
乌　熄灭，如“灯乌了”
噗　溢出，如“粥噗了”
寡　尽、全，如“寡有板凳，没有桌子”
消（xiāo）　阉割
齁（hōu）　咸
ňg　不
嗲（diǎ）　撒娇
没得、mèi　均为“没有”
冇冇（mǎo māo）　小孩语，即“没有”
屙 bá bā　小孩语，即“屙屎”
屎 bá bā　小孩语，即“屎”，bá bā
为虚　词素 bá bā　特意
sháo　说话啰嗦，叫人厌烦
zhuǎi　富裕、条件好
tǒng　移动
ńg　你
能豆子　虽然能说能做，但不够谦虚
妈妈（má mā）经　老人的清规戒律
前头、后头　前面、后面
里头、外头　里面、外面
上头、高头，下头、底下　上面、下面
当中　中间

妈妈（má mā）腔、二姨娘形　男人言行像女人

活宝贝　反语。指糊涂无能的人或油腔滑调的人

打 ×　“打”为买，如打肉、打油、打车票等

bā bà 粑粑　用糯米粉做成圆形，内包馅；用麦粉拓成较大的薄饼

上昼、下昼　上午十时左右、下午四时左右

今儿个、明儿个、后儿个、昨儿个　今天、明天、后天、昨天

扯布、錾鸭子、捉小猪、捞豆腐、办年货、抓药　扯、錾、捉、捞、办、抓等均为“买”

【鱼类、蔬菜、粮食俗名】

王八、甲鱼　鳖
鲤鱼拐子　鲤鱼
鲫鱼壳子　鲫鱼
鰲鱼条子　鰲鱼
季鱼婆婆　鳜鱼、桂鱼
青混　青鱼
瓦蛤、歪歪　河蚌
梨瓜　香瓜
洋山芋　土豆
洋柿子　番茄
苜杞头子　苜蓿
花儿草　紫云英
芦粱子　高粱
寡麦　元麦
代麦　大麦
包芦　玉米

【牲畜、昆虫俗名】

犍猪、骚猪　公猪
斗猪　种公猪
滕猪　母猪
老母猪　种母猪
牯牛、犍牛　公牛
水沙牛　母牛

叫驴　公驴
骚羊　公羊
草羊　母羊
儿狗　公狗
草狗　母狗
灶马　蟑螂
顶泡子　牲畜产的最先一头
垫窝子　牲畜产的最后一头
土狗子　蛄蝼
油老鼠　蝙蝠
曲善、和合　蚯蚓
油子子　蚱蜢
格蚤　跳蚤
老母猪　虱子

【农业生产用语】

乌头　耨秧苗用具
抛筋　木掀
扔草　拔草
相夹棵　拔出稗草
挖腰　挖田中间的沟
糊踣埂　用泥护田埂堵漏
打水　抽水灌溉
熬交　灌水栽秧
窨水　给庄稼灌水
窨灌　灌水进沟，使之往畦上浸
漫灌　整个畦上都灌水
开告　教小牛耕田
驾　呼牛行走
喔　呼牛停止
牵来　呼牛向左转
撇来　呼牛向右转

【讳语】

装小狗　小孩生病
不畅快、不好过　身体不舒服，有病
做老爷、做官　患疟疾
百岁　对小孩打喷嚏时说
跑掉了　小孩夭折
翘辫子　说别人家小孩夭折
老了人　死了成年人
过世　死了
香茶　中药
寿材　棺材

第二章　方言的变化

江宁区辖区面积宽广，有1572.87平方千米，下辖9个街道，区内各街道方言语音并不完全相同，但差异不是很大。以区政府所在地东山街道为代表，与横溪、禄口等街道略有差别；谷里、江宁等街道各有特点；湖熟、淳化街道语言上还有一点吴语的特征。2012年6月，对江宁方言语音词汇在当下发生的变化进行考察。被调查的7位江宁人中，最小的22岁，最大的70岁；其余30多岁1人，40多岁2人，50多岁2人。性别为男性4人，女性3人。他们主要是东山人，也有秣陵、禄口、横溪人。根据江宁方言语音的特点，准备了调查项目，对以上7位进行访谈调查。与此同时，也与部分江宁人有过自由交谈，所有这些都是描写语音变化的主要根据与来源，从而得出江宁方言语音的变化情况。

根据调查词汇方面的变化，总体印象是：无论是调查过的7位江宁人，还是与部分人自由交谈的江宁人，说话中涉及的词汇跟共同语差别不大。只不过是用江宁语音发音。7位调查对象，当问及一些江宁方言中特殊词汇时，有人说，“哦，现在不说了，现在跟你们说的一样哎”。

“你们”是指调查人员，说的是普通话。也有的会说：“哎，有的，有的，是这样说的。”同时，他们也会说，现在这样说的人不多了。7 位调查对象，无论老少，众口一致地说，现在年轻人都说普通话，哪会说这些“老话”。由此可见，和全国其他方言区词汇发展的趋势一样，江宁话的词汇也越来越多接近普通话，新词的使用也基本上与共同语接轨，只是发音上不同而已。

第一节 语音的变化

【声母的内部差异及演变】

内部差异 1. 声母 n、l 不分，江宁区内比较一致。2. 江宁区部分区域声母 ts、ts‘、s 和 ts、ts‘、s 分为两类，部分区域只有 ts、ts‘、s 一类，这些区域主要在东边，比较靠近吴语区。3. 部分区域有浊擦音声母 z，这个音摩擦比较强，例字如“热”“日”等。4. 部分区域有后鼻音声母 ŋ，例字如“眼”“咬”等。

声母的演变 1. 声母不分 n、l，被调查的 7 位江宁人全部如此，从大多数人的情况看，n、l 不分这个特点在方言中可能会持续一段时间。但是在与一些江宁人交谈中发现有些人可以区分 n 和 l，可能是受普通话影响。2. 江宁区部分区域声母 ts、ts‘、s 和 tʂ、tʂ‘、ʂ 分为两类，部分区域只有 ts、ts‘、s 一类。不少人对此区分并无清楚的意识，界线不清楚，部分人说话时处于两可状态。被调查的 7 人中，3 位女性只有 ts、ts‘、s 一类，完全不分，男性中 3 位可以分，其中 2 位是 50 多岁，并不稳定，只有 1 位 70 岁的老者 tʂ、tʂ‘、ʂ、ʐ 这几个声母发得清清楚楚。预测以后江宁方言声母可能只有 ts、ts‘、s 一类，tʂ、tʂ‘、ʂ、ʐ 这几个声母将消失。3. 江宁话原本有尖团音之分，尖音变团音的过程早已开始，现在大多数人都读团音，被调查的 7 人中，70 岁男性老者尖团音保留得比较完整，1 位方山女性也分尖团音，不过读尖音的字不多。其余几位都读团音。在与江宁人自由交谈中几乎听不到尖音，估计不久江宁方言中尖团音的区分不再存在。

【韵母的内部差异及演变】

内部差异 1. 上文记录的江宁音系没有撮口韵（y 及 y 开头的韵母），这是比较老派的东山话，江宁区有不少区域有撮口韵，如横溪、汤山、淳化、湖熟等。2. 江宁大多数区域没有舌尖元音ʅ，极少数区域有人有舌尖元音ʅ，与普通话相比，读舌尖元音ʅ的字较少，且不稳定。3. 上文记录的江宁音系“班”与“帮”，“关”与“光”是一个韵，横溪、汤山、淳化等区域都分为两个韵，“班”“关”是鼻化韵或前鼻音，“帮”“光”是后鼻音。

韵母的演变 1. 比较老派的江宁话没有撮口韵（y 及 y 开头的韵母），合在齐齿韵（i 及 i 开头的韵母）中，现已经发生变化，交谈中发现中青年人基本都有撮口韵，部分人两种读法都有，不稳定。被调查的 7 人中，1 位 58 岁（东山）的女性，1 位 50 岁的男性（禄口）没有撮口韵，其余 5 人均有撮口韵，70 岁的老者也有撮口韵，“鱼”和“移”不同音。江宁方言韵母系统中增加撮口韵韵母已成必然趋势。2. 舌尖元音ʅ在东山已经很少听到，其余大多数区域也没有这个音。被调查的 7 人中，均没有这个舌尖元音。随着声母中 tʂ、tʂ‘、ʂ、ʐ 的消失，舌尖元音ʅ也将不复存在。3.“班”与“帮”，“关”与“光”分为两个韵的趋势越发明显，被调查的 7 人中，5 人这两对字不同音，“班”“关”是前鼻音，“帮”“光”是后鼻音。在与江宁人交谈中也发现，很多人“帮”“光”读为后鼻音。江宁方言今后韵母系统中将会增加 aŋ 与 uaŋ 这两个韵母。4. 江宁话入声韵中有一个喉舌韵尾ʔ，在实际语音中已经不明显，被调查的7人中，只有2人喉舌韵尾特别明显，其余只表现为有紧喉动作。在自由交谈中情况基本如此。入声的喉舌韵尾也许会慢慢完全脱落，但是这个变化完成的时间可能不会很快。

【声调的内部差异】

声调方面相对说整个江宁区一致性比较高，调类方面都是平分阴阳，古全浊上归去声，保留入声，分为5个调类，调值方面除部分区域上声调值有所不同外，其他几个调的调值基本相同。调查中除了发现入声韵尾不很稳定外，调类调值方面没有什么变化。

第二节　词汇的变化

【儿化词的变化】

江宁方言中过去有很多儿化的词语，比如“今儿个”“明儿个”“后儿个”“昨儿个”，即今天、明天、后天、昨天。其他还有“对眼儿”（斗鸡眼），“肚脐眼儿”“小气鬼儿”“啬皮干儿”（吝啬的人），“碗儿”“碟儿”“盘儿”“杯儿”等。就这些儿化词语对7位江宁人进行调查。结果显示，以上这些儿化词语现在的演变大致可分三种情况。

儿化消失　“碗儿”“碟儿”“盘儿”“杯儿”这一组词语现在基本上不儿化，变成单音节词，如“碗”，或者变为加“子”尾的词，即“碟子”“盘子”“杯子”。访谈的江宁人如此，听到江宁人平常谈话时情况也如此。

部分人保留儿化　“今儿个”“明儿个”“后儿个”“昨儿个”这一组属于这种情况。被调查的7人中有3人保留儿化的说法，均为年龄较长的3位，其余4人采用“今天”“明天”“后天”“昨天”的说法。

多数人保留儿化　“对眼儿”“肚脐眼儿”“小气鬼儿”“啬皮干儿”这一组词，多数人现在说话时仍带儿化。被调查的7人中，5人保持儿化的说法，有1人表示可以说带儿化的词，也可以直接说“对眼”“肚脐眼”“小气鬼”“啬皮干”，只有1人只采用后一种说法。

总体上看，儿化词尾在慢慢消失的过程中。

【新词的使用】

近年，汉语中出现大量新词，甚至有些是由字母构成，或者字母加汉字构成。从这些词表达的意思上看，很多与日常生活密切相关，有一些与科技发展而带来的电脑网络相关。调查中选取其中常用的20个词语，即“AA制、T恤衫、B超、CT、大款、电视剧、DVD、手机、发短信、电脑、互联网、上网、U盘、微博、很酷、打工、跳槽、炒鱿鱼、卡拉OK、微波炉”，在对成年人和中学生的问卷调查中，设置新词使用的问题，要求调查对象选出他们常用的词。

中学生新词使用情况　针对中学生群体，从秦淮中学、临江高级中学、天景山中学和竹山中学每所学校的有效问卷中随机抽取50份，即对200份学生问卷进行统计分析，考察他们最常使用的以及最少使用的词语。调查结果（表45-2-1）显示，江宁中学生最常使用的三个词语是手机、电脑和U盘，使用比例均为94.50%；“上网”和“电视剧”的使用频率紧随其后，使用比例分别为 93.50% 和 92.50%；“微博”“DVD”“T 恤衫”的使用频率也较高，使用比例皆在 85% 以上。中学生使用频率最低的几个词语是“炒鱿鱼”“跳槽”“B 超”和“CT”，使用比例均在 50% 以下，或许跟这些词相关的事物很少进入他们的生活有关。

江宁区中学生使用新词调查情况表

表 45-2-7　　N=200

新　词	AA 制	T 恤衫	B 超	CT	大款	电视剧	DVD
人数（人）	104	170	51	50	133	185	174
百分比（%）	52%	85%	25.50%	25%	66.50%	92.50%	87%
新　词	手机	发短信	电脑	互联网	上网	U 盘	微博
人数（人）	189	183	189	164	187	189	179
百分比（%）	94.50%	91.50%	94.50%	82%	93.50%	94.50%	89.50%
新　词	很酷	打工	跳槽	炒鱿鱼	卡拉 OK	微波炉	
人数（人）	142	114	68	84	112	169	
百分比（%）	71%	57%	34%	42%	56%	84.50%	

说明：N 代表调查对象总数（下同）

成年人新词使用情况　问卷调查中，被调查成年人的有效问卷共 114 份，但在统计“新词使用情况”这一问题时，发现有部分问卷缺失该项目的信息，因此该项目有效统计问卷为 100 份。调查结果（表 45-2-2）显示，成年人最常使用的词汇是“手机”，使用比例为 93%；其次是“电视剧”“微波炉”和“电脑”，使用比例均在 80% 或以上。成年人最少使用的三个词语是“互联网”“大款”和“很酷”，使用比例在 45% 或以下。

江宁区成年人使用新词调查情况表

表 45-2-8　　N=100

新　词	AA 制	T 恤衫	B 超	CT	大款	电视剧	DVD
人数（人）	48	75	58	48	44	83	54
百分比（%）	48%	75%	58%	48%	44%	83%	54%
新　词	手机	发短信	电脑	互联网	上网	U 盘	微博
人数（人）	93	79	80	45	75	67	56
百分比（%）	93%	79%	80%	45%	75%	67%	56%
新　词	很酷	打工	跳槽	炒鱿鱼	卡拉 OK	微波炉	
人数（人）	41	64	48	47	56	83	
百分比（%）	41%	64%	48%	47%	56%	83%	

第三节 语言方式的变化

改革开放后，整个中国不管是南方北方、城市乡村，语言方式都发生了巨大变化。比如在路上遇到熟人或朋友时，相互致意时，较少会问，“你吃过了吗”，而是说，“你好”，遇到夸奖时，大大方方地说“谢谢”的人也越来越多。整个中国发生了巨变，社会结构改变了，生活方式改变了，那么在这种变革中，作为人们交际工具的语言也必定发生变化，以适应当下生活。为了了解江宁人语言方式的变化，在问卷调查中特地设置了相关项目，对中学生和成年人语言使用的方式，以及社会交际语言的变化进行调查。调查结果分个人语言使用状况和日常交际用语状况两个方面呈现。其中，日常交际用语情况包括称呼语、见面招呼语与告别语、回应称赞的用语。

【个人的语言使用状况】

在问卷调查中，设置了江宁人在“跟陌生人问路时”和“默读或者沉思时”最常使用的语言两个问题，因为这两种语境下的语言使用是人们在日常生活中最自然也是最下意识的，自己相对更具有语言选择的主动权。面对问卷中“默读或者沉思时最常使用的语言”这样的问题时，调查对象有一点困惑，个别调查对象也会和其他调查对象作一点讨论，或真的“沉思”一番才作答。大概平时生活中没有考虑过这样的问题，有成年人调查对象完成问卷后，还与调查人员作交流讨论，觉得问卷提醒了他们关注自己的语言使用。调查结果显示，中学生在这两种情况下最常使用的是普通话而不是江宁话。例如，跟陌生人问路时选择使用普通话的比例是 88.94%，在默读或思考时选择使用普通话的比例是 70.73%。与此同时，成年人中有 60.53% 在跟陌生人问路时选择使用普通话，而只有 37.72% 选择使用江宁话，默读或沉思时使用普通话的比例（47.37%）略低于江宁话（49.12%）。由此可见，江宁人在日常生活中下意识的会更常使用普通话，普通话作为主要交际语言的地位已经基本确立。

江宁区居民问路时最常使用的语言调查情况表

表 45-2-9

使用语言	中学生（N=615）		成年人（N=114）	
	人数（人）	百分比（%）	人数（人）	百分比（%）
普通话	547	88.94	69	60.53
江宁话	65	10.57	43	37.72
其他方言	3	0.49	2	1.75

江宁区居民默读或沉思时最常使用的语言调查情况表

表 45-2-10

使用语言	中学生（N=615）		成年人（N=114）	
	人数（人）	百分比（%）	人数（人）	百分比（%）
普通话	435	70.73	54	47.37
江宁话	165	26.83	56	49.12
其他方言	13	2.11	4	3.51
缺　失	2	0.33	—	—

【日常交际用语状况】

日常交际语言是最能体现社会生活变化的。改革开放后，很多过去习惯的日常交际语言与现代生活的节拍有点不合了，不同的人之间交际语言也有了不同的特点。20世纪90年代后，江宁区不断涌入外来人口，加之城市化现代化进程加快，必然会使江宁人的日常交际用语习惯慢慢发生变化。针对这方面的情况，调查时在问卷中设置了“称呼陌生人用语”“称呼服务人员用语”“打招呼用语”“告别用语”以及“回应称赞的用语”等几种日常语境下的交际语言项目，以了解江宁这方面的变化。

称呼语　称呼语调查了两个方面，一个是怎样称呼陌生人，一个是怎样称呼服务人员。称呼陌生人，过去很长时间内叫“同志”，后出现“师傅”“老师”“老板”等。调查结果（表45-2-5，表45-2-6）显示，江宁人中学生和成年人称呼陌生人的方式还是有很大的不同。学生的特点是由亲属称呼转化而来作社会称呼的“叔叔、阿姨”最常用，占八成左右，这种称呼确实更合适年龄才十几岁的学生，其次用的是“师傅”，占16.59%，这两种称呼达到95%以上。成年人用“师傅”居多，占68.42%，用“叔叔、阿姨”的有7.89%。另外，“同志”“老师”“老板”也有少数人使用。称呼服务人员最常用的就是“服务员”，但是近年这方面称呼也多样化了，并且南方北方不尽相同。江宁中学生与成年人在这方面比较一致，多数叫“服务员”，其他几种称呼也有一些人使用。

江宁区居民称呼陌生人用语调查情况表

表45-2-11

称呼语	中学生（N=615）		成年人（N=114）	
	人数（人）	百分比（%）	人数（人）	百分比（%）
师　傅	102	16.59	78	68.42
同　志	20	3.25	7	6.14
老　师	1	0.16	1	0.88
老　板	3	0.49	2	1.75
叔叔阿姨等	486	79.02	9	7.89
其　他	1	0.16	16	14.04
缺　失	2	0.33	1	0.88

江宁区居民称呼服务人员用语调查情况表

表45-2-12

称呼语	中学生（N=615）		成年人（N=114）	
	人数（人）	百分比（%）	人数（人）	百分比（%）
师　傅	8	1.30	4	3.51
同　志	7	1.14	4	3.51
老　板	54	8.78	9	7.89
小　姐	93	15.12	12	10.53
服务员	398	64.72	81	71.05
其　他	54	8.78	3	2.63
缺　失	1	0.16	1	0.88

见面招呼语与告别语 在问卷中调查了“在路上与认识的人打招呼”的常用方式，也调查了“与人告别时”的常用方式。调查结果（表45-2-7、表45-2-8）显示，打招呼的方式中学生与成年人比较一致，最多采用的是“你好”，分别占59.18%和69.30%。传统的方式也没有完全退出，中学生和成年人仍有相当一部分人用“吃了吗/吃了没有”“你出去吗”招呼人。中学生与成年人在使用告别语时有些差别。中学生更喜欢用“拜拜”这样比较洋气一点的说法，有64.55%采用，另外30.40%左右的采用“再见”“再会”这样的说法。成年人的情况刚好相反，也有成年人常常用“拜拜”，但比例只有学生的一半，占33.33%，成年人更多常用“再见”“再会”，占64.91%。

江宁区居民打招呼用语调查情况表

表45-2-13

招呼语	中学生（N=615）		成年人（N=114）	
	人数（人）	百分比（%）	人数（人）	百分比（%）
吃了吗/吃了没有	61	9.92	16	14.04
你出去吗	79	12.85	15	13.15
你 好	364	59.18	79	69.30
其 他	108	17.56	3	2.63
缺 失	3	0.49	1	0.88

江宁区居民告别用语调查情况表

表45-2-14

告别语	中学生（N=615）		成年人（N=114）	
	人数（人）	百分比（%）	人数（人）	百分比（%）
再 见	163	26.50	66	57.89
再 会	24	3.90	8	7.02
拜 拜	397	64.55	38	33.33
其 他	29	4.72	1	0.88
缺 失	2	0.33	1	0.88

回应称赞的用语 汉语中回应称赞，很长时间内一直采用自谦自贬的方式。别人称赞说你写的字非常漂亮，听到称赞的常常会不好意思，说“我的字不好不好，你过奖了”，也有人说“哪里哪里”。回应的方式跟以前比，更多样化了。许多人从外语中吸收回应的方式，会“谢谢”对方，欣然接受对方的称赞。在问卷中也设置问题调查江宁人这方面的变化。发现“谢谢”这种应答方式已被广泛接受，成年人有81.58%、学生有63.25%用“谢谢”应答，不过客气自谦的说法并未消失，成年人有16.66%，学生有22.60%会说“哪里哪里”。确实，回应称赞的用语也要根据对象场景的不同而不同，但总体上看，回应方式已经极大改变了。

江宁区居民回应称赞的用语调查情况表

表 45-2-15

回应称赞用语	中学生（N=615）		成年人（N=114）	
	人数（人）	百分比（%）	人数（人）	百分比（%）
谢　谢	389	63.25	93	81.58
哪里哪里	139	22.60	19	16.66
其　他	84	13.66	1	0.88
缺　失	3	0.49	1	0.88

江宁区方言从语音词汇到日常用语都发生了变化，但在调查中可以发现，从年轻的学生到各种年龄的成年人，大多数人对江宁方言仍保持着亲切美好的感情，这才是江宁方言能够继续传承的重要原因。

第三章　谚语　歇后语

江宁区广大劳动人民在长期生活和生产劳动中发挥集体智慧，总结积累了许多简练通俗的谚语。这些谚语有的直言其事，一语破的；有的以此及彼，连类警理；有的幽默诙谐，辛辣讽刺。他们或富于哲理，给人启迪；或明辨是非，予人教益；或经验符合科学，供人借鉴。

江宁区十分重视谚语的收集整理工作。20 世纪 80 年代，县文化部门曾组织人员从搜集到的千万条谚语中，整理出 1282 条，大致分成时政类 62 条、生活类 226 条、自然类 309 条、生产类 180 条、社交类 236 条、修养类 124 条、事理类 145 条，并出版成书。这些谚语内容十分丰富，在江宁广为流传，具有一定的地方特色。由于志书容量有限，从中再筛选出地方谚语 241 条。其中生活谚语 33 条，气象谚语 66 条，物象谚语 10 条，时令谚语 41 条，生产谚语 40 条，社交类谚语 20 条，修养类谚语 15 条，事理类谚语 16 条。

江宁区民间流传着许多诙谐而形象的歇后语，有的以谐音字暗示要讲的话，有的从前半句即知后半句的意思，还有的是群众从当地的人和事提炼创造出的。

第一节　谚　语

【生活谚语】

吃不穷，穿不穷，算计不到一世穷。

不笑补，不笑破，只笑日子不会过。

一生之计在于勤，一家之计在于和。

爹的恩情还好报，妈的恩情报不清。

远亲不如近邻，近邻不如对门。
饱备干粮晴备伞，丰年也要防歉年。
车到山前必有路，船到桥头自然直。
灯不点不亮，话不讲不明。
破屋偏遭连阴雨，漏船又遇顶头风。
好男不争祖产业，好女不争嫁时衣。
冷茶冷饭能吃，冷言冷语难受。
凤凰无宝不落，蚂蚁有缝即钻。
有志不在年高，无志空活百岁。
长话可以短讲，大材不应小用。
前船是后船眼，前事是后事师。
馋大娘吃猪肉块块都好，癞和尚办斋事个个嫌脏。
钱财如粪土，友谊值千金。
山中无大树，茅草也为尊。
喊人不蚀本，舌头打个滚。
礼多人不怪，油多菜不坏。
儿不嫌母丑，狗不嫌主穷。
严是爱，宠是害，不管不教要变坏。
路不平，人人铲；理不正，人人管。
骑马不顾随行人，饱汉不知饿汉饥。
不是一家人，不进一家门（性格相似）。
人心隔肚皮，虎心隔毛衣。
马大要分槽，儿大要分家。
丈夫的饭睡着吃，儿子的饭跪着吃。
寒门出孝子，惯子不成龙。
儿大避母，女大避父。
母勤女不懒，父懒子不勤。
嘴越吃越馋，身越歇越懒。
人前训子，人后教妻。

【气象谚语】

日、月、星、光 日出胭脂红，无雨必有风。
日出发白，飞沙走石。
日出眉毛眼，出门带雨伞。
太阳迟迟出，有雨也不足；太阳出得早，天气不会好。
早起天无云，日出光渐明；暮看西北明，来日天必晴。
日落四脚空，无雨也无风。
太阳笑，淋破庙；月昏昏，来日风。
月亮起毛，雨水滔滔。
月亮打黄伞，三天不到晚（有雨）。

满天星星把眼翻，来日出门须带伞。
星星眨眼，大雨不远。
久雨见星光，明朝雨更狂。
朝要天顶空，晚要四脚悬（无雨）。
望雨天发黄，望晴看天光。
风、雨、雷、电 不怕东风起得长，就怕东风起得狂（有雨）。
春东风，雨祖宗；夏东风，干松松。
东南风，干松松；东北风，雨祖宗。
春东夏西，骑马送蓑衣；春南夏北，等不到天黑（有雨）。
东风两头尖，南风两头大，西风不过夜（雨）。
旱西风，夜东风，累死老长工（旱）。
四季东风四季下，就怕东风起不大；四季东风四季下，唯有立夏不当家。
（汛期）不怕初一下，就怕初二阴，初三下雨十三晴。
梅里西风莳里雨，莳里西风暂时雨，莳里西南雨落潭。
旱了，东风不下雨；涝了，西风无晴天。
雨后西南风，三天不脱空。
久雨傍晚停，一定转天晴。
早雨晚晴，晚雨难晴。
先下牛毛无大雨，后下牛毛无晴天。
秋雨怕夜晴，夜晴还要阴。
早看东南黑，午前必有雨；晚看西北黑，半夜有风雨。
有雨山戴帽，无雨河起罩。
雷公先唱歌，有雨也不多。
先打雷，后刮风，有雨也轻松（不大）。
雷打正月节，二月雨不歇。
惊蛰未到先打雷，四十五天雨霏霏。
惊蛰打雷，小满发水，白米成堆。
雷打天顶，有雨轻松；雷打天边，大雨连天。
雷打正月节，二月雨不歇，三月桃花水，四月田开裂。
东闪日头北闪雨，南闪乌云西闪风。
云、霞、虹、晕 早怕南云涨，晚怕北云堆。
朝有破絮云，午后雷雨淋。
云交云，雨淋淋。
早上浮云走，中午晒死狗；日落乌云涨，半夜听瓦响。
乌头（云）风，白头（云）雨。
乌云接日高，有雨在明朝；乌云接日低，有雨半夜里。
乌云（积雨云）边带红，伞要打大洞（下冰雹）。
馒头云，晒死人；梭子云，天定晴。
天上钩钩云，地下雨淋淋；天上鱼鳞斑，晒谷不用翻。
云往东，有雨也不凶；云往西，骑马送蓑衣；云往南，雨涟涟；云往北，一阵黑。

早霞不出门，晚霞行千里。
虹高日头低，仍旧披蓑衣；虹低日头高，晒得皮发焦。
断虹早见，有风不险；断虹晚见，天明不变。
东虹日头西虹雨，南虹北虹干到底。
日围围到中，就是一场空；日围围到晚，明日有雨冲。
日晕有雨，月晕有风。
日晕开口雨，闭口风；月晕开口风，闭口雨。
雾、霜、冰、雪 早雾晴，晚雾热，十雾九晴天。
久晴大雾阴，久阴大雾晴。
春雾雨，夏雾热，秋雾凉风冬雾雪。
早上雾沉沉，中午晒死人；三日雾浓浓，必定起狂风。
黄梅送雾，雨在半路；莳时起雾，鱼走人路。
十月三场雾，来年莳时鱼走人的路。
春霜三日白，晴到割大麦。
霜前冷，雪后寒。
冬（冬至）前不结冻，冬后冻死人；冬前冻破地，冬后不用着棉衣。
冬（冬至）前不下雪，来春雨不缺。

【物象谚语】
雨中蝉声叫，预告晴天到。
燕子低飞蛇过道，大雨不久就来到。
家鸡宿迟，风雨即至；死水鼓泡，大风就到。
蚂蚁走人路，雨在大门户；蚂蚁洞里爬，有雨下不大。
早上喜鹊叫，天气定晴好。
若要天气晴，蚂蟥、泥鳅静。
塘里翻青苔，会有阵雨来。
河中游鱼跳，大雨快来到。
鹁鸪早叫晴，晚叫阴，中午叫的晒死人。
古石淋淋，雨下不停。

【时令谚语】
春季 （正月初一）太阳边黑云多雨，红云主旱年。
立春晴一日，耕田不费力。
逢春落雨到清明，一日落雨一日晴。
清明要明，谷雨要淋（收成好）。
立春三场雾，白米铺大路；立春三场霜，白米变粗糠。
正月二十不见星，滴滴答答到清明。
春雪不过三（寸）。过三就要干。
春雪大，秋后干；春风大，秋雨多。
二月初二下，全月雨水大。

二月干一干，三月宽一宽。

四月八，雨唰唰，山田种芝麻，圩田喂老鸭。

春寒多雨水，夏寒水断流。

夏季 立夏不下，无水洗耙。

芒种火烧天，夏至雨绵绵。

夏至一点雨，田埂都是米（丰收）。

夏至东南风，终日雨纷纷；夏至是晴天，有雨在秋边。

五月南风五月雨，五月北风干到底；五月南风五月雨，六月南风干到底。

山田就怕拦莳（夏至前）雨（主旱），圩田就怕中鼓炸（中莳打空雷，三涝）。

端午无雨是丰收。

小暑刮南风，十冲干九冲；小暑起西南，鲤鱼归深潭；小暑起西北，大水茫茫白。

秋季 白露干一干，寒露宽一宽。

白露下雨麦难种（主雨），秋分下雨菜无收（主旱）。

八月十五云遮月，来年雨中过灯节；八月十五月云里拱，来年鱼虾干绝种。

秋前北风秋后雨，秋后北风刮到底。

秋分无雨水，来年得丰收。

一场秋雨一场凉，一场白露一场霜。

八月田鸡叫，九月犁头跳；九月田鸡叫，十月水滔滔。

重阳无雨望十三，十三无雨一冬干。

九月南风当日雨，十月南风干到底。

冬季 立冬晴，干到底；立冬西北风，来年五谷丰。

干净冬至邋遢年。

冬至雨，九九雨；冬至晴，天多晴。

头九下雨九九下，头九下雪伏雨大。

雨雪年年有，不在三九在四九。

四九南风六月旱，四九雨雪黄梅水。

四九中心腊，河里冻死鸭。

九九有雨雪，伏伏有雨水。

九里无雨伏天旱，九里南风伏里干。

不怕九里刮南风，只怕南风送九九（主旱）。

九尽三场霜，农民喝稀汤；九尽三场雪，农民吃锅贴；九尽三场雨，农民吃白米；九尽三场雾，农民开店铺（富裕）。

除夕刮东风，预兆来年丰。

【生产谚语】

三月清明（油菜）花不老，二月清明老了花。

清明断雪，谷雨断霜；清明（三麦）断浇，谷雨断薅。

植树造林，莫过清明。

谷雨前好种棉，谷雨后好种豆。

小满栽秧家把家，芒种栽秧普天下。

六月六，种红绿（豆）。
小暑天上一点漏，拔去黄秧种绿豆。
小暑种芝麻，顶上一朵花（种迟了减产）。
处暑雨不通，白露忙用功。
处暑萝卜白露菜。
白露不低头（稻粒未饱），割了喂老牛。
麦种霜降口，一颗收一斗。
小雪不见蚕豆叶，到老没荚结。
娶亲要娶胖姑娘，插秧要插扁蒲秧。
好种出好苗，好秧半年稻。
闰年不种十月麦。
种子年年选，产量节节高。
稻田干耕，赛过垩粪；耕后吹吹，犹如垩灰。
冬耕深一寸，好比上回粪。
九尽三场雨，遍地都是米；九尽三场风，遍地都是空。
九尽杨花开，农活一齐来；九九加一九，耕牛遍地走。
黄梅天，蓑衣斗笠不离肩。
娘无乳，儿面黄；田无肥，苗不长。
人是铁，饭是钢，地里无粪庄稼荒。
春粪腊泥，暖根发棵（惊蛰、春分间上肥为春肥，冬至、大寒间上肥为腊肥）。
冷粪果木熟粪菜，生粪上地连根坏。
人勤地不懒，大囤小囤满。
麦锄草，颗粒饱。
麦怕胎里旱，人怕老来穷。
稻秀雨浇，麦秀风摇（“秀”指抽穗）。
稻要养，麦要抢。
蚕老一时，麦老一日。
干锄棉花湿锄麻，不干不湿锄芝麻。
一交芝麻九交棉，三交豆子滴溜圆（“交”指锄草数遍）。
稻上场，麦进仓，黄豆挑在肩膀上（粮食才到手）。
早起三朝抵一天，抓住闲冬抵半年。
人误地一时，地误人一年。
养猪无巧，窝干食饱。
小猪要游，大猪要囚。
养猪不赚钱，回头看看田。

【社交类谚语】
一人没有计，三人肚里唱本戏。
只有千年邻居，没有千年兄弟。
不信神，不信鬼，全靠人的胳膊腿。

多一个朋友多一条路，多一个冤家多一堵墙。
酒肉朋友易得，患难之交难求。
有饭要给饥人吃，有话要对知心讲。
聪明人用眼睛说话。
吃菜吃心，听话听音。
弓不能拉得太满，话不能说得太绝。
不会烧香得罪神，不会说话得罪人。
人在难中不加言，马在难中不加鞭。
相打无好拳，相骂无好言。
壶里无酒难留客，池中无水难养鱼。
山再险也有路，河再宽也有渡。
要比比种田，不要比过年。
问路不施礼，多走五十里。
丢掉讨饭棍，忘掉叫街时。
小时偷针，长大偷金。
篱笆扎得紧，野狗钻不进。
阎王好见，小鬼难缠。

【修养类谚语】

不怕人穷，就怕志短；不怕人老，就怕心老。
人穷不失志，人富莫失节。
人老志莫老，家穷志莫穷。
不怕山高，就怕腿软。
嘴稳手稳，生活安稳。
只要做得正，不怕歪斧砍。
害人之心不可有，防人之心不可无。
钱财如粪土，人品值千金。
君子不念旧恶，好汉不记前仇。
火要空心，人要虚心。
莫在人前夸海口，强中更有强中手。
壶小易热，量小易怒。
自己夸，烂嘴巴，人家夸，一枝花。
先生无大小，能教即为师。
补漏趁天晴，读书趁年轻。

【事理类谚语】

劝架不能劝一边，看人不能看一面。
瓜无滚圆，人无十全。
树枝是弯的，道理是直的。
天无百日雨，人无一世穷。

鹅毛满天飞，终有落地时。
十个指头有长短，荷花出水有高低。
舅舅无理难说话，孙子有理服太公。
指望别人推一把，不如自己走一步。
常说话口才顺，常做事手不笨。
坐轿不知抬轿苦，骑马不知步行难。
刀是磨快的，人是练强的。
不怕身上衣衫破，只怕肚里没有货（知识）。
后娘再好有闲话，寡妇门前是非多。
母鸡下蛋咯咯叫，大姑娘生孩被人笑。
嘴歪不怪茶壶漏，睡不着觉不能怪床歪。
出门欢喜进门愁，笑脸挂在门外头。

第二节　歇后语

公鸡害嗓子——不能（啼）提
咸菜烧豆腐——有言（盐）在先
裱糊店开糟坊——酒少画（话）多
电线杆上插鸡毛——好大掸（胆）子
屋檐滴水——点滴不离窝
一盘黄鳝头——全是嘴
瘦死的骆驼——比马大
刀子嘴，豆腐心——嘴硬心软
三十晚上盼月亮——无指望
一根肠子通到底——直爽
二十一天不出鸡——坏蛋
小鸡不撒尿——各有各的路
鸭子钻阴沟——顾嘴不顾身
狗咬尿泡——空欢喜
蚂蟥叮住鹭鸶脚——一步不离
眼睛长在头顶上——目空一切
眼睛生在脑背后——看不到前程
骑驴望着坐轿的——不知足
骑马不带鞭子——拍马屁
过了黄梅买蓑衣——错过时机
捧着金碗要饭吃——装穷叫苦
床肚里放风筝——高不起来
嘴上抹石灰——白说

疤眼照镜子——自找难堪
拾芝麻凑斗——积少成多
背蓑衣救火——引火烧身
客来扫地，贼去关门——迟了
薄刀切豆腐——两面光
麻布袋上绣花——底子太差
猫哭老鼠——假慈悲
茶壶掉了把子——只剩一张嘴
老鼠拖木锨——大头在后面
稻草人救火——引火烧身
泥菩萨过河——自身难保
肉包子打狗——有去无回
爆竹店失火——自贺自
玉米面打浆糊——两不粘（占）
穿钉鞋拄拐棍——牢靠
巷子里扛木头——直来直去
王婆卖瓜——自卖自夸
竹篮打水——一场空
狗撵鸭子——刮刮（呱呱）叫
外甥打灯笼——照旧（舅）
猪八戒照镜子——里外不是人
风箱里的老鼠——两头受气
茶壶煮饺子——有货倒不出
正月十五贴门神——迟了半个月
街后摆米桶——外行
小葱烧豆腐——一青（清）二白
黄鼠狼给鸡拜年——没安好心
胸口挂钥匙——开心
狗咬耗子——多管闲事
狗咬刺猬——无法下口
棺材里伸手——死要钱
骑驴看唱本——走着瞧
竹筒倒豆子——一干二净
孔夫子搬家——全是书（输）
擀面杖吹火——一窍不通
大水冲倒龙王庙——一家人不认一家人
裁缝掉剪子——光吃（尺）
拿着鸡毛当令箭——小题大做
剃头挑子——一头热
秤砣掉进鸡窝里——鸡飞蛋打

吃甘蔗上楼梯——节节甜，步步高

出殡遇上娶媳妇——有哭有笑

门缝里看人——把人看扁了

戴笠碰戴山——命该（语源：戴山原名岱山，位于今谷里街道。国民党军统局局长、大特务头子戴笠，于民国 35 年（1946）3 月 17 日乘飞机从上海飞回南京，飞机在盘旋降落时，坐机与岱山相撞，机毁人亡，故改称戴山。戴笠死有余辜，人们拍手称快，说“戴笠碰戴山——命该”）。

第四章　语言生活现状

2012 年 6—7 月，南京大学调查组对江宁区语言生活现状进行一次较为广泛的调查，调查内容涵盖语言习得、语言能力、语言态度以及在不同场合的语言使用状况。通过调查，较为全面地了解普通话和江宁话在江宁区的使用情况，掌握了两种语言在当地语言生活中的不同使用功能和使用场合，发现了普通话和江宁话在江宁有着各自不同的活力，也看到两种语言在竞争中的消长状况。根据调查结果，对未来江宁语言使用的发展趋势作出预测。

此次调查，主要采用问卷调查法。问卷调查的对象分为中学生和成年人两部分，分别代表江宁不同年龄层次的群体。调查的中学生群体，随机选取了秦淮中学、临江高级中学两所高中，以及天景山中学和竹山中学两所初中。在每所学校中随机选取 3 个班级，采取整群调查的方法，通过整个班级学生自填问卷了解中学生的语言生活状况。整个调查共收到 624 份问卷，其中有效问卷 615 份，有效回收率 98.56%。对成年人的调查，在江宁区选取东山街道和秣陵街道，从这两个街道中随机选取两个社区，通过发放问卷的形式调查该社区的居民。同时，调查人员在江宁区中心地区随机调查了政府机关公务员、学校教师、公司职员、商业从业人员等不同群体。除了自填问卷之外，根据部分被调查者的实际情况（因读写水平限制无法自填答卷者），调查人员按照问卷设置，对被调查者进行口头提问，询问被调查者的语言使用状况、语言态度及语言能力状况等，并根据其回答写下答案。整个调查共收到问卷 117 份，其中有效问卷 114 份，有效回收率 97.44%。此外，针对公共场合的语言使用情况，除问卷调查外，还采用快速匿名调查法，在大型购物商场、电器卖场、超市、农贸市场等公共场所观察调查对象的语言使用情况，共匿名观察了 215 人次的语言使用行为。

第一节　居民的语言生活现状

【母语习得状况】

母语习得（幼儿时首先习得的语言）非常重要，与一种语言或方言资源的维系密切相关，一种语言或方言能不能保持下去取决于其母语群的数量。江宁区居住着大量非江宁祖籍的外来人口，根据2008年的统计，全区各种流动人口的数量约70万人，其中约半数为暂住人口，半数为寄住人口。调查中，发现学生及成年人调查对象中均包含非江宁祖籍的外来人员。外来的学生人数占被调查学生总数的17.40%，外来的成年人数占被调查成年人总数的16.90%。这些外来人口的涌入正在改变着以江宁话为母语的人口所占江宁总人口的比例。

中学生母语习得状况 中学生分初中生和高中生。初中生年龄在12岁～15岁之间，高中生年龄在16岁～19岁之间。调查结果（表45-4-10）显示，初中生从小习得普通话的比例是50.48%，远高于高中生从小习得普通话的比例（22.37%）；高中生从小习得江宁话的比例较高，达70.07%，初中生从小习得江宁话的比例仅为37.30%。这两组数字说明江宁年轻一代中，年龄越小，母语习得普通话的比例越高，说明普通话已经成为江宁年轻父母自身已经掌握的语言，也是其希望子女首先掌握的语言。这从侧面反映出江宁普通话推广的程度和成效。此外，初中生中从小习得其他方言的比例高出高中学生近5%，可以间接说明20世纪90年代后江宁区涌入的外来人口越来越多。

江宁区中学生母语习得状况调查情况表

表45-4-16

使用语言	初中生（N=311）		高中生（N=304）	
	人数（人）	百分比（%）	人数（人）	百分比（%）
普通话	157	50.48	68	22.37
江宁话	116	37.30	213	70.07
其他方言	38	12.22	23	7.56

成年人母语习得状况 根据被调查的成年人的年龄情况，把他们分为20岁～45岁、46岁～70岁两组，分别代表青年人和中老年人。调查结果（表45-4-11）显示，和年轻一代的学生群体不同，青年人和中老年人最早习得江宁话的占大多数，比例分别为77.46%和76.75%，且差别不大；青年人中最早习得其他方言的比例稍高于中老年人，这也符合越来越多的外来年轻人进入江宁就业的情况。

江宁区成年人母语习得状况调查情况表

表45-4-17

使用语言	20岁～45岁（N=71）		46岁～70岁（N=43）	
	人数（人）	百分比（%）	人数（人）	百分比（%）
普通话	9	12.68	8	18.60
江宁话	55	77.46	33	76.75
其他方言	7	9.86	2	4.65

总体母语习得状况 根据统计结果（表45-4-12）显示，江宁区成年人中母语是江宁话的人数占总人数的77.19%，母语是外来其他方言的人数占总人数的7.90%，从小首先习得普通话的

人数所占比例为 14.91%；被调查学生的母语是江宁话的人数占总人数的 53.50%，母语是外来其他方言的人数占总人数的 9.91%，从小首先就会说普通话的学生占总人数的 36.59%。与老一辈的江宁人相比，新一代的年轻学生从小习得江宁话的比例减少 23.69%，从小习得普通话的比例增加 21.68%。总体上看，不同代际的人在江宁从小习得其他方言的比例变化不大，且都远低于外来人口在总人口中的比例，这说明包括外来人口在内，普通话作为母语习得的比例在江宁有了显著提高。江苏省普通话普及情况调查结果（《江苏省普通话普及情况调查分析，见《语言文字应用》杂志 2012 年第 1 期）显示，2010 年江苏省普通话作为母语习得的比例是 14.63%，江宁总体的情况跟全省相比，成年人普通话作为母语习得与全省情况持平，而学生的比例远超出整体水平，这是符合普通话普及的发展趋势的。

江宁区居民总体母语习得状况调查情况表

表 45-4-18

使用语言	中学生（N=615）		成年人（N=114）	
	人数（人）	百分比（%）	人数（人）	百分比（%）
普通话	225	36.59	17	14.91
江宁话	329	53.50	88	77.19
其他方言	61	9.91	9	7.90

【语言能力状况】

普通话和方言掌握的总体状况　在问卷中设置了“你现在能用哪些话与人交谈”的问题，调查江宁人已经掌握哪些语言（方言）。调查结果（表 45-4-13）显示，共有 73.01% 的中学生和 56.14% 的成年人属于双言人或多言人，包括会讲普通话和江宁话，或者会讲普通话和其他方言。在中学生调查样本中，除了 73.01% 的人可以说普通话和江宁话或其他方言外，其余 22.60% 的学生表示自己掌握了普通话，能用普通话与人交谈，说明在中学生中至少 95% 以上的人会说普通话。有 3.90% 的学生表示只用江宁话与人交谈。在 114 份成年人调查样本中，除上述 56.14% 的会普通话和江宁话或其他方言的双言者，还有 17.54% 的被调查者表示自己掌握了普通话，因此江宁成年人中掌握普通话的比例达 73.68%，这个数据说明在江宁普通话的普及率是相当高的。成年人中有 26.32% 的被调查者表示自己只掌握江宁话，成年人中没有只会说其他方言不会说普通话的现象。

江宁区居民普通话及方言掌握状况调查情况表

表 45-4-19

使用语言	中学生（N=615）		成年人（N=114）	
	人数（人）	百分比（%）	人数（人）	百分比（%）
普通话	139	22.60	20	17.54
江宁话	24	3.90	30	26.32
其他方言	2	0.33	—	—
普通话和江宁话	425	69.11	60	52.63
普通话和其他方言	24	3.90	4	3.51
缺　失	1	0.16	—	—

普通话及江宁话的掌握程度　江宁人对普通话和江宁话的掌握程度，通过被调查者自我评价的方法获取。自评能力分为 7 个等级。在计算评价均值时，根据等级不同，分数从 1 分到 7 分，均值越高则表示语言能力越强。调查结果（表 45–4–14、表 45–4–15）显示，在 615 份学生调查样本和 114 份成年人调查样本中，表示自己能流利准确地使用普通话的被调查者分别占总数的 52.03% 和 30.70%，表示自己能流利准确地使用江宁话的被调查者分别占总数的 35.45% 和 29.82%。从语言能力自评均值看，中学生的普通话能力很强，均值为 6.07，江宁话的自评均值为 4.94，能力相对低一点；成年人的普通话能力和江宁话能力相差不大，均值分别为 5.28 和 5.07。调查对象对自己语言掌握程度的评估一般很难达到精确，自身的评价与实际能力之间或许会有一些差异，但总体上是基本符合的。

江宁区中学生的江宁话和普通话能力自评调查情况表

表 45–4–20　　N=615

评价等级		江宁话		普通话	
		人数（人）	百分比（%）	人数（人）	百分比（%）
1	听不懂也不会说	21	3.41	2	0.33
2	能听懂一些但不太会说	78	12.68	12	1.95
3	能听懂但不太会说	61	9.92	14	2.28
4	基本能交谈但不太熟练	128	20.81	76	12.36
5	能熟练使用但口音较重	14	2.28	27	4.39
6	能熟练使用但有些音不准	94	15.29	162	26.33
7	能流利准确地使用	218	35.45	320	52.03
缺　失		1	0.16	2	0.33
自评均值		4.94		6.07	

江宁区成年人的江宁话和普通话能力自评调查情况表

表 45–4–21　　N=114

评价等级		江宁话		普通话	
		人数（人）	百分比（%）	人数（人）	百分比（%）
1	听不懂也不会说	2	1.75	0	0
2	能听懂一些但不太会说	19	16.67	11	9.65
3	能听懂但不太会说	5	4.39	7	6.14
4	基本能交谈但不太熟练	12	10.53	21	18.42
5	能熟练使用但口音较重	13	11.41	9	7.90
6	能熟练使用但有些音不准	27	23.68	29	25.44
7	能流利准确地使用	34	29.82	35	30.70
缺　失		2	1.75	2	1.75
自评均值		5.07		5.28	

英语的掌握程度 调查主要针对江宁区内使用方言和普通话情况，但在现代化、全球化的趋势下，无论是学生还是就业者，掌握一门外语是大势所趋。因此在问卷中设置了相关问题，让被调查者对自己的英语水平进行自评。615 位被调查学生的自评结果显示，认为自己英语水平较差的有 192 人，占总人数的 31.22%，认为自己英语水平一般的有 312 人，占总人数的 50.73%，认为自己英语水平不错的有 84 人，占总人数的 13.66%，认为自己英语水平很好的有 26 人，占总人数的 4.23%。114 位被调查成年人的自评结果显示，有 42 人不会说外语，占总人数的 36.84%，50 人会说一些问候语，占总人数的 43.86%，20 人可以日常会话，占总人数的 17.54%，可以流利交谈和能做正式口译的分别有 1 人，各占总人数的 0.88%。可以看出，越来越多的江宁人不仅是掌握了普通话和江宁方言的双言者，而且是可以同时说汉语和英语的双语人。

【语言使用状况】

家庭语言使用状况 家庭通常是方言最传统最主要的使用场所，也是一种语言得以维持的最后一个领域，如果在家庭领域中不再说某种语言，那么这个语言的保存就难以为继。在问卷调查中，调查了中学生在家里对祖父母、父母和兄弟姐妹三代人最常使用的语言和成年人在家里对父母、配偶、子女最常使用的语言。

中学生的家庭语言使用。中学生在同祖辈、父辈和同辈交流时使用普通话的比例依次上升，而使用江宁话的比例逐渐下降。例如，他们在同祖父母交流时使用江宁话的比例为 64.55%，而同父母及兄弟姐妹交流使用江宁话的比例分别为 61.63% 和 51.06%。与此同时，他们在同祖父母交流时最常使用普通话的比例为 21.63%，而同父母和兄弟姐妹交流时最常使用普通话的比例依次是 27.80% 和 35.93%。中学生在跟祖父母、父母、兄弟姐妹不同的三代人交流中使用其他方言的比例均低于 15%。

江宁区中学生在家里最常使用的语言（方言）调查情况表

表 45-4-22 N=615

使用语言	对祖父母		对父母		对兄弟姐妹	
	人数（人）	百分比（%）	人数（人）	百分比（%）	人数（人）	百分比（%）
普通话	133	21.63	171	27.80	221	35.93
江宁话	397	64.55	379	61.63	314	51.06
其他方言	84	13.66	65	10.57	80	13.01
缺 失	1	0.16	—	—	—	—

成年人的家庭语言使用。成年人在同父母、配偶和子女三代人交流时最常使用的语言状况跟中学生相似，即交流对象年龄越小使用普通话比例越高。与此同时，使用江宁话交流的情况则是随着交流对象年龄增大比例逐渐增高。例如，他们同父母交谈时使用江宁话的比例为 79.82%，而同配偶和子女讲江宁话的比例分别为 71.05% 和 57.02%。他们同父母交谈时最常使用普通话的比例是 10.53%，而同配偶和子女最常使用普通话的比例分别为 16.67% 和 28.07%。

江宁区成年人在家里最常使用的语言（方言）调查情况表

表 45-4-23　　N=114

使用语言	对父母		对配偶		对子女	
	人数（人）	百分比（%）	人数（人）	百分比（%）	人数（人）	百分比（%）
普通话	12	10.53	19	16.67	32	28.07
江宁话	91	79.82	81	71.05	65	57.02
其他方言	10	8.77	13	11.40	17	14.91
缺　失	1	0.88	1	0.88	—	—

无论从学生家庭三代人的语言使用情况，还是成年人在家庭中的语言使用情况看，语言使用发生着明显变化，代际差异较显著；江宁家庭领域的语言使用已呈现多语共存的局面，江宁人在家庭领域中使用江宁话的比例呈下降趋势，而普通话的使用比例则在明显上升。但家庭语言使用总体情况说明：江宁话在家庭领域中仍处于相对优势地位，依然有较好的使用空间，普通话并没有危及江宁话在家庭语言生活中的生存。

公共场所的语言使用状况　学校的语言使用。学校是中学生除了家庭之外最重要的公共场所，也是普通话推广的重要阵地。调查结果（表 45-4-18）显示，无论是跟老师、同学交谈还是课堂发言，普通话是学生在校主要使用的语言。与此同时，在上述三种语境下，同学之间交谈使用普通话的比例为 54.47%，这明显低于跟老师交谈和课堂发言使用普通话的比例；而同学之间交谈使用江宁话的比例高达 42.60%。

江宁区中学生在学校最常使用的语言调查情况表

表 45-4-24　　N=615

使用语言	跟同学		跟老师		课堂发言	
	人数（人）	百分比（%）	人数（人）	百分比（%）	人数（人）	百分比（%）
普通话	335	54.47	494	80.32	552	89.76
江宁话	262	42.60	114	18.54	61	9.92
其他方言	17	2.77	6	0.98	1	0.16
缺　失	1	0.16	1	0.16	1	0.16

工作场所的语言使用。调查了成年人在工作场所的语言使用情况。调查结果（表 45-4-19）显示，被调查者与同事讲话使用江宁话的比例较高，为 69.30%，使用普通话的比例为 29.82%；会议发言则更多使用普通话，比例为 65.79%，使用江宁话的比例仅为 32.45%。

江宁区成年人在工作场所最常使用的语言调查情况表

表 45-4-25　　N=114

使用语言	对同事		会议发言	
	人数（人）	百分比（%）	人数（人）	百分比（%）
普通话	34	29.82	75	65.79
江宁话	79	69.30	37	32.45
其他方言	1	0.88	1	0.88
缺　失	—	—	1	0.88

此外，还考察了不同职业的人在工作场合的语言使用情况，分析结果见表 45–4–20、表 45–4–21。除去农民（工作场合不符）、无业人员和其他未知职业人员，调查发现，专业技术人员（其中多数为教师）无论与同事交谈还是在会议发言时使用普通话的比例都是最高的，分别为 61.54% 和 88.46%。其次，公务员在工作中使用普通话的比例较高，仅次于专业技术人员，与同事交谈和会议发言使用普通话的比例分别为 54.55% 和 81.82%。从使用江宁话的情况看，服务业人员、工人和公司职员在跟同事交谈时使用江宁话的比例居高，分别为 100%、92.31% 和 79.49%；同时这三类人群在会议发言时使用江宁话的比例也较高。总体上看，会议发言这一场合下，只有服务业人员使用江宁话的比例高于普通话，这说明普通话在江宁已经成为正式场合的主要交际语言。

江宁区不同职业的成年人与同事交谈最常使用的语言调查情况表

表 45–4–26　　N=114

职　业	普通话		江宁话		其他方言		合　计	
	人数（人）	百分比（%）	人数（人）	百分比（%）	人数（人）	百分比（%）	人数（人）	百分比（%）
公务员	6	54.55	4	36.36	1	9.09	11	100
专业技术人员	16	61.54	10	38.46	0	0	26	100
公司职员	8	20.51	31	79.49	0	0	39	100
工　人	1	7.69	12	92.31	0	0	13	100
服务业人员	0	0	5	100.00	0	0	5	100

江宁区不同职业的成年人会议发言最常使用的语言调查情况表

表 45–4–27　　N=114

职　业	普通话		江宁话		其他方言		合　计	
	人数（人）	百分比（%）	人数（人）	百分比（%）	人数（人）	百分比（%）	人数（人）	百分比（%）
公务员	9	81.82	1	9.09	1	9.09	11	100
专业技术人员	23	88.46	3	11.54	0	0	26	100
公司职员	27	69.23	12	30.77	0	0	39	100
工　人	9	69.23	4	30.77	0	0	13	100
服务业人员	2	40.00	3	60.00	0	0	5	100

医院、银行和其他商业场所的语言使用。通过问卷调查法考察了江宁人在医院、银行、商场超市、农贸市场等公共场所最常使用的语言，调查结果见表 45–4–22、表 45–4–23。调查发现，与医院、银行、商场超市等几类层次相对较高的公共场所主要使用普通话的情况相比，中学生和成年人在“农贸市场”这一层次相对较低的公共场所，使用普通话的比例相对较低，分别为 60.33% 和 30.70%。这在一定程度上表明江宁人在公共场合的语言选用上是有区分的，江宁话较为适合相对比较放松随意的场合，而普通话则正在成为较高层次、较为正式场合所选用的语言。另外，中学生在商场超市、医院等公共场所最常使用普通话的比例均在 80% 以上，而成年人在商场超市、银行等公共场所最常使用普通话的比例仅为 50% 和 65.79%，即年轻一代在公共场所使用普通话的意愿更高。

江宁区中学生在医院及其他商业场所最常使用的语言调查情况表

表 45-4-28 N=615

使用语言	医　院		农贸市场		商场超市	
	人数（人）	百分比（%）	人数（人）	百分比（%）	人数（人）	百分比（%）
普通话	516	83.90	371	60.33	495	80.49
江宁话	96	15.61	236	38.37	118	19.19
其他方言	3	0.49	8	1.30	2	0.32

江宁区成年人在银行邮局及其他商业场所最常使用的语言调查情况表

表 45-4-29 N=114

使用语言	银行邮局等		农贸市场		商场超市	
	人数（人）	百分比（%）	人数（人）	百分比（%）	人数（人）	百分比（%）
普通话	75	65.79	35	30.70	57	50.00
江宁话	38	33.33	77	67.54	56	49.12
其他方言	1	0.88	2	1.76	1	0.88

实际观察记录的商场超市及农贸市场的语言使用。为了解人们在公共场合实际的语言使用状况，还对几类商业场所的语言使用行为进行隐蔽观察。选择江宁区几种不同的商业场所，如大型购物商城、电器卖场、超市和农贸市场进行隐蔽观察，发现其中大型购物商城、电器卖场、超市可归为一类，属于较高层次的商业消费场所，而农贸市场可以归为较低层次的商业场所。人们在此两类不同的商业场所活动时，服装、神态、语言使用均有不同。总体上说，在商场超市中人们服装较为正式，神态比较悠闲，购物活动中双方交谈的时间略长；与此相反，农贸市场买卖双方服饰都较随意，交谈相对简短，完成交易过程较快，另外，在农贸市场能听到更多更响的吆喝声。对上述两类场所的营业人员和购物人群实际语言使用状况进行匿名观察记录。调查人员共匿名观察记录了 215 人次的语言使用行为。

调查结果（表 45-4-24）反映了在不同档次商业场所里隐蔽观察的语言使用行为状况。在商场超市的 101 个语言使用案例中，使用普通话的比例为 48.51%，使用江宁话的比例为 46.54%，使用官话方言（北方方言）和南京话的比例分别为 2.97% 和 1.98%。这里需要说明的是，调查人员在隐蔽观察过程中要明确区分南京话或江宁话十分不易，在商场超市的案例中，其中两人交谈时明确提到自己是南京中心城区人，调查人员据此作了记录。在农贸市场的 114 个语言使用案例中，使用江宁话的比例最高，为 56.14%，使用普通话的比例相对较低，为 22.81%，使用官话方言（北方方言）的比例接近普通话，为 21.05%。农贸市场中的从业人员有不少为河南、河北、安徽口音，21.05% 使用官话方言的比例主要是他们，顾客大多使用江宁话，也有一些使用普通话。

由此可以看出，普通话在较高层次的公共场合使用较多，江宁话在较低层次的公共场合使用较多；外来方言，主要是北方方言，在较低层次的公共场合中占据一定的使用比例。这在某种程度上说明江宁话正逐步演化成为一种较低层次和非正式场合的语体，而普通话则正逐步占据较高层次及正式场合的语言交际空间，成为江宁人在这种场合中采用的语体。此外，即使在较高层次的公共场合，普通话的使用比例只是略高于江宁话，因此，可以预测江宁区内普通话和江宁话在较长的一段时间内都会保持和平共处的状态，各有各的使用空间和使用功能，不会出现普通话完全取代江宁话的情况。

江宁区居民在商场超市和农贸市场的语言使用行为观察结果情况表

表 45-4-30

使用语言	商场超市（N=101）		农贸市场（N=114）	
	人数（人）	百分比（%）	人数（人）	百分比（%）
普通话	49	48.51	26	22.81
江宁话	47	46.54	64	56.14
南京话	2	1.98	—	—
官话方言	3	2.97	24	21.05

【语言态度】

江宁成年人和中学生对江宁话和普通话的评价　语言态度是影响语言保持和变化的深层次原因之一，能反映出使用者心目中的语言价值取向以及内在语言认同。关于普通话和江宁话的评价，在问卷中采用李克特量表（Likert scale）的形式进行调查，让被调查者从好听、亲切、社会影响等三项指标对普通话和江宁话进行评价。“好听”和“亲切”是对语言情感价值的评价，“社会影响”是对语言社会声望进行评价。采用5级量表：1. 很不（没），2. 有点不（没），3. 没有感觉，4. 有点，5. 很，如对“好听”程度的评价分别是：1. 很不好听，2. 有点不好听，3. 没有感觉，4. 有点好听，5. 很好听。对“亲切”“社会影响”的评价也是这5级。

对江宁话的评价。调查结果（表45-4-25、表45-4-26）显示，中学生对江宁话的好听、亲切、社会影响三方面的评价均值均高于成年人对江宁话的评价。不同代际的江宁人对家乡方言的亲切程度都比较认可，评价均值都在3.50以上；对江宁话的社会影响度评价都不高，其中成年人的评价均值仅为2.72。

江宁区中学生对江宁话的评价调查情况表

表 45-4-31　　N=615

评价等级	好听程度		亲切程度		社会影响	
	人数（人）	百分比（%）	人数（人）	百分比（%）	人数（人）	百分比（%）
1	19	3.09	12	1.95	33	5.37
2	43	6.99	38	6.18	201	32.68
3	281	45.69	178	28.94	166	27.00
4	170	27.64	197	32.03	159	25.85
5	102	16.59	190	30.90	55	8.94
缺　失	—	—	—	—	1	0.16
均　值	3.48		3.84		3.00	

江宁区成年人对江宁话的评价调查情况表

表 45-4-32　　N=114

评价等级	好听程度		亲切程度		社会影响	
	人数（人）	百分比（%）	人数（人）	百分比（%）	人数（人）	百分比（%）
1	6	5.26	3	2.63	6	5.26
2	26	22.81	14	12.28	42	36.84
3	44	38.60	35	30.70	46	40.35
4	32	28.07	40	35.09	16	14.04
5	6	5.26	22	19.30	3	2.63
缺　失	—	—	—	—	1	0.88
均　值	3.05		3.56		2.72	

对普通话的评价。调查结果（表45-4-27、表45-4-28）显示，成年人对普通话的好听、亲切、社会影响三方面的评价均值均高于中学生对普通话的评价。不同年龄的人对普通话的认可方面不完全一致，中学生对普通话的好听程度最认可，评价均值为3.94；成年人对普通话的社会影响度最认可，评价均值为4.09。或许中学生对语言评价更在于主观感受，而成年人进入社会后对语言的评价更注重实际使用价值。

江宁区中学生对普通话的评价调查情况表

表45-4-33　　N=615

评价等级	好听程度		亲切程度		社会影响	
	人数（人）	百分比（%）	人数（人）	百分比（%）	人数（人）	百分比（%）
1	20	3.25	23	3.74	61	9.92
2	27	4.39	49	7.97	79	12.85
3	152	24.72	167	27.15	55	8.94
4	185	30.08	191	31.06	150	24.39
5	230	37.40	184	29.92	267	43.41
缺　失	1	0.16	1	0.16	3	0.49
均　值	3.94		3.76		3.79	

江宁区成年人对普通话的评价调查情况表

表45-4-34　　N=114

评价等级	好听程度		亲切程度		社会影响	
	人数（人）	百分比（%）	人数（人）	百分比（%）	人数（人）	百分比（%）
1	2	1.75	1	0.88	2	1.75
2	6	5.27	6	5.26	10	8.77
3	17	14.91	25	21.93	18	15.79
4	47	41.23	47	41.23	30	26.32
5	42	36.84	35	30.70	54	47.37
缺　失	—	—	—	—	—	—
均　值	4.06		3.96		4.09	

总体上看，被调查的中学生和成年人对江宁话的“好听”和“亲切”程度的评价明显高于对江宁话的“社会影响”程度的评价，这说明江宁人更认可江宁话的亲和力和凝聚力，在语言情感价值上更倾向于认同家乡方言，这将有利于江宁话以后的保持和发展。事实上，调查显示的江宁话使用情况与此一致，比如在家里与家人的交谈，在学校同学之间的交谈，工作场所同事之间的交谈，在一些消费场所的交谈，这些场合使用江宁话更亲切更放松更随意。对普通话的“社会影响”程度的评价较普通话的“好听”和“亲切”程度评价要高很多，说明江宁人接受并认可普通话的实用价值和社会声望，普通话在江宁社会生活中有着不可替代的交际作用已经获得广泛承认。在上文语言使用状况的调查结果中同样证实了这一点，在工作场合，特别是在更为正式的会议中，普通话的使用占支配地位。

外来人口对江宁话和普通话的评价　随着外来人口的逐渐增多，他们对江宁话和普通话的态度将直接影响江宁方言的保持以及普通话在江宁的推广，成年人与中学生的被调查对象中均有一定量的外来人口，这里对外来人口的语言态度进行单独分析。

外来人口对江宁话的评价。被调查者均出生于外地，其中中学生 107 人，成年人 19 人，共 126 人。调查结果（表 45–4–29）显示，其中有 44.40% 的人对江宁话的"好听程度"没什么感觉，还有 23% 的被调查者认为江宁话不太好听，41.20% 的人对江宁话的"亲切程度"没什么感觉。外来人口认为江宁话在江宁的社会影响力并不高；在江宁话的"社会影响度"一项，40.50% 的人认为江宁话没有多少社会影响力，23% 的人对此没有感觉。从评价均值看，外来人口对江宁话的好听、亲切、社会影响三个方面的评价均在 3 分左右，态度比较中立。

江宁区外来人口对江宁话的评价调查情况表

表 45–4–35

N=126

评价等级	好听程度		亲切程度		社会影响度	
	人数（人）	百分比（%）	人数（人）	百分比（%）	人数（人）	百分比（%）
1	10	7.94	7	5.56	6	4.76
2	25	19.84	19	15.08	51	40.48
3	56	44.44	52	41.27	29	23.02
4	29	23.02	38	30.15	25	19.84
5	6	4.76	10	7.94	14	11.11
缺 失	—	—	—	—	1	0.79
均 值	2.97		3.20		2.92	

外来人口对普通话的评价。根据调查结果（表 45–4–30），江宁区的外来人口对普通话的社会影响度的评价较高，均值为 3.49，且超过半数的人认为普通话非常有社会影响力，但对于普通话的好听度和亲切度的评价并不高，均值仅为 2.75 和 2.80。

江宁区外来人口对普通话的评价调查情况表

表 45–4–36

N=126

评价等级	好听程度		亲切程度		社会影响度	
	人数（人）	百分比（%）	人数（人）	百分比（%）	人数（人）	百分比（%）
1	46	36.51	56	44.44	35	27.78
2	4	3.18	11	8.73	10	7.94
3	41	32.54	6	4.76	6	4.76
4	6	4.76	8	6.35	7	5.56
5	28	22.22	45	35.72	67	53.17
缺 失	1	0.79	—	—	1	0.79
均 值	2.75		2.80		3.49	

对推广普通话的看法　在调查问卷中特别设定了"是否有必要在江宁说普通话"这个问题，有"完全没必要、没太大必要、没什么感觉、有必要和非常有必要"五个选项，考察江宁人对

推广普通话的看法，间接预测普通话在江宁的发展趋势。在统计分析时（表 45–4–31、表 45–4–32），把“有必要”和“非常有必要”两项结果合并，把“完全没必要”和“没太大必要”两项结果合并，这样可以更清楚地看出被调查者的态度。

中学生对推广普通话的看法。61.30% 的中学生认为有必要在江宁讲普通话，其中认为非常有必要的占 16.10%；21.79% 的中学生认为没必要在江宁讲普通话，其中认为“完全没必要”的占 2.76%；16.75% 的中学生对是否讲普通话没有感觉。

江宁区中学生对“是否有必要在江宁说普通话”的看法调查情况表

表 45–4–37　　N=615

评价情况		人数（人）	百分比（%）	合并后百分比（%）
完全没必要	没必要	17	2.76	21.79
没太大必要		117	19.03	
没什么感觉		103	16.75	16.75
有必要	有必要	278	45.20	61.30
非常有必要		99	16.10	
数据缺失		1	0.16	0.16
均　值		3.53		

成年人对推广普通话的看法。成年人中有 62.27% 的人认为有必要在江宁讲普通话，其中认为非常有必要的占 8.77%；27.20% 的成年人认为没必要在江宁讲普通话，其中认为“完全没必要”的占 4.39%；10.53% 的成年人对是否讲普通话没有感觉。可见，不同代际的江宁人对这一问题的看法差不多，大多数是支持在江宁讲普通话的。

江宁区成年人对“是否有必要在江宁说普通话”的看法调查情况表

表 45–4–38　　N=114

评价情况		人数（人）	百分比（%）	合并后百分比（%）
完全没必要	没必要	5	4.39	27.20
没太大必要		26	22.81	
没什么感觉		12	10.53	10.53
有必要	有必要	61	53.50	62.27
非常有必要		10	8.77	
数据缺失		—	—	—
均　值		3.39		

外来人口对推广普通话的看法。将“外来人口如何看待推广普通话”这一问题的调查结果作单独统计。调查结果（表 45–4–33）显示，75.40% 的外来人口认为有必要在江宁讲普通话，其中有 31.75% 的人认为非常有必要；15.08% 的外来人口认为没有必要说普通话，其中只有 2.38% 的人认为完全没必要；9.52% 的人对此没有感觉。外来人口对普通话的认可度非常高，处在非母语方言的环境中对普通话的功能与价值大多体会得更深刻一些。

江宁区外来人口对“是否有必要在江宁说普通话”的看法调查情况表

表 45-4-39　　N=126

评价情况		人数（人）	百分比（%）	合并后百分比（%）
完全没必要	没必要	3	2.38	15.08
没太大必要		16	12.70	
没什么感觉		12	9.52	9.52
有必要	有必要	55	43.65	75.40
非常有必要		40	31.75	
数据缺失		—	—	—
均　值		3.90		

第二节　未来语言发展趋势

对江宁区未来语言生活会如何发展，在调查问卷中设置了相关问题，从几个方向展开。由于越来越多的江宁人认识到普通话的社会价值，掌握普通话的重要性，因此必须了解江宁人普通话学习主要通过什么途径，了解汉语其他方言和外语的学习趋势，以及成年人对子女掌握语言的期望。同时，请被调查对象预测江宁方言未来的发展趋势，因为江宁方言能否得到传承和保持，江宁话和普通话能否继续拥有各自的使用空间、使用功能，完全在于江宁人自己的意愿。

【语言学习途径和趋势】

学习普通话的途径　通过了解江宁人学习普通话的途径，可以发现普通话学习取得较好成效的关键因素，进而可以在江宁选择更合适的渠道和方式推广普通话。调查结果（表 45–4–34）显示，学生和成年人学习普通话的途径是有一定规律的，即学习中利用的有效资源依次是学校、媒体和亲朋好友。这就说明在推广普通话的过程中，依然要坚持学校作为普通话推广的重要阵地，然后充分利用广播、电视、网络等媒体工具的宣传和教育作用，为群众提供更多学习普通话的帮助。

江宁区居民学习普通话的途径调查情况表

表 45-4-40

学习途径	中学生（N=615）		成年人（N=114）	
	人数（人）	百分比（%）	人数（人）	百分比（%）
学　校	390	63.41	59	51.75
广播电视等媒体	119	19.35	47	41.23
亲朋好友	64	10.41	3	2.63
其他情况	40	6.50	5	4.39
缺　失	2	0.33	—	—

外语和其他方言的学习趋势　在问卷中设置了“是否打算学习英语之外的一种外语或者汉语方言”的问题，据此预测江宁人语言学习的趋势。调查结果显示，学生中有209人打算学习英语之外的一种外语或者汉语方言，占总人数的33.98%。其中132人表明自己想要学习的语种，人数最多的是日语67人，占50.76%，其次是朝鲜语38人、法语13人，分别占28.79%和9.85%。打算学习其他方言的只有2人，占1.52%。成年人中有17人打算学习一种语言，占被调查人总数的14.91%。其中13人表明自己想要学习的语种，人数最多的是英语6人，其次是日语2人。可以预期，江宁未来将涌现越来越多掌握一门或多门外语的双语人或多语人。

成年人对子女的语言期望　特别考察了成年人对子女的语言期望，包括普通话和江宁话两方面，意在预测未来一代人的语言使用情况。调查结果（表45-4-35、表45-4-36）显示，在“是否希望子女会普通话”这个问题上，53.51%的人选择“要求他们一定会”，42.10%的人选择“希望他们会”，高达95.61%的成年人希望自己的子女会讲普通话。在“是否希望子女保持江宁话”这个问题上，9.65%的人选择“要求他们一定会”，28.95%的人选择“希望他们会”，而42.11%的人选择“无所谓”。在“希望子女会普通话的原因”这项调查中，64.04%的人选择“对学习工作有很大帮助”；“希望子女保持江宁话的原因”中，37.72%的人认为这有利于继承和保留家乡文化，另有23.68%的人认为会江宁话有利于和其他老乡交流。这些调查结果表明，江宁人对下一代学习普通话的要求是非常普遍的，而对于继续保持江宁话则意见不太统一，近半数的人持无所谓态度。预计未来普通话在江宁越来越普及，而江宁话相对而言，将会逐渐处于弱势，希望继续传承的话，势必要采取一些相关措施。

江宁区成年人对子女普通话学习的期望调查情况表

表45-4-41

问　题	内　容	成年人（N=114）	
		人数（人）	百分比（%）
是否希望子女会普通话	完全不希望会	0	0
	不太希望会	0	0
	无所谓	5	4.39
	希望会	48	42.10
	要求他们一定会	61	53.51
希望子女会普通话的原因	和不同地域的人沟通	28	24.56
	对学习工作有帮助	73	64.04
	国家大环境影响	13	11.40

江宁区成年人对子女方言保持的期望调查情况表

表45-4-42

问　题	内　容	成年人（N=114）	
		人数（人）	百分比（%）
是否希望子女会江宁话	不希望会	9	7.89
	不太希望会	13	11.40
	无所谓	48	42.11
	希望会	33	28.95
	要求他们一定会	11	9.65

续表

问　题	内　容	成年人（N=114）	
		人数（人）	百分比（%）
希望子女会江宁话的原因	和长辈沟通	21	18.42
	和其他说家乡话的人交流	27	23.68
	利于继承和保留家乡文化	43	37.72
	祖辈遗训	3	2.63
	缺　失	20	17.55

【对江宁话未来发展趋势的预测】

在问卷中设置了“请预测江宁话的未来发展趋势”这一问题，答案包括“保持特色，继续发展”“特色渐趋消失，需要保护”“普通话取代江宁话，大家都讲普通话”和“其他情况”四个选项。调查结果显示，无论中学生还是成年人，有七成以上希望保护江宁方言或认为江宁方言会继续保持下去，外来人口的态度也与此相近。

中学生预测江宁话发展趋势　调查结果（表45-4-37）表明，35.12%的中学生认为江宁话会保持特色，继续发展；39.84%的中学生认为江宁话的特色会逐渐消失，需要加以保护；22.11%的中学生认为江宁话会完全被普通话取代。看来中学生对江宁话的未来发展并不乐观，不过所幸希望保护江宁方言和认为江宁方言会继续保持下去的中学生占了七成以上。

江宁区中学生对江宁话未来发展趋势预测调查情况表

表45-4-43　　N=615

预测情况	人数（人）	百分比（%）
保持特色，继续发展	216	35.12
特色渐趋消失，需要保护	245	39.84
普通话取代江宁话，大家都讲普通话	136	22.11
其他情况	15	2.44
缺　失	3	0.49

成年人预测江宁话发展趋势　调查结果（表45-4-38）表明，30.70%的成年人认为江宁话会保持特色，继续发展；40.35%的成年人认为江宁话的特色会逐渐消失，需要加以保护；26.32%的成年人认为江宁话会完全被普通话取代。成年人的态度跟中学生基本一致。

江宁区成年人对江宁话未来发展趋势预测调查情况表

表45-4-44　　N=114

预测情况	人数（人）	百分比（%）
保持特色，继续发展	35	30.70
特色渐趋消失，需要保护	46	40.35
普通话取代江宁话，大家都讲普通话	30	26.32
其他情况	3	2.63

外来人口预测江宁话发展趋势 外来人口调查结果（表45–4–39）显示，24.60% 的外来人口认为江宁话会保持特色，继续发展；42.86% 的外来人口认为江宁话的特色会逐渐消失，需要加以保护；28.57% 的外来人口认为江宁话会完全被普通话取代。

江宁区外来人口对江宁话未来发展趋势预测调查情况表

表 45–4–45 N=126

预测情况	人数（人）	百分比（%）
保持特色，继续发展	31	24.60
特色渐趋消失，需要保护	54	42.85
普通话取代江宁话，大家都讲普通话	36	28.57
其他情况	5	3.97

第三节 新词语

改革开放后，一批适应市场经济、记录时代变化、展示政治文明、体现地域经济和文化影响的新词语应运而生。其中部分新词语通过大众传媒反复传递，逐步与江宁地方语言相融合，久而久之成为江宁区人民的通用语言。

白领——泛指管理人员

拜拜——再见

红包——泛指赠款

打工——帮人做工

充电——通过学习增长知识

官商——当官者经商

灰领——基层技术人员

蓝领——以体力劳动为主的工人、职员

拍板——最终确定

破费——送钱、物

入世——加入世界贸易组织

三陪——陪酒、陪唱、陪跳舞

跳槽——改变工作或工作单位

下海——离职经商

包二奶——包娼，包情人

发烧友——某种活动的狂热爱好者

野路子——不正规

夜排档——夜间在街边的临时饮食摊

原始股——没谈过恋爱的男女

钟点工——以时间计算工作报酬的家政、服务工

感情投资——讨好人家

靠谱——做事上路子，说话在理

空头支票——无法兑现的承诺

皮包公司——空头，无实体的机构

埋(买)单——消费后结账付款

面的——出租面包车

巴士——英语 BUS 的音译，指大、中型客车

打的——扬招乘坐出租车

的哥——指开出租车的男士，女士称“的妹”。

炒鱿鱼——鱿鱼一炒就卷起来，像是卷铺盖，比喻解雇。

生猛——指活蹦乱跳的鱼虾等，多用于餐饮服务业，也有称生猛海鲜等。

套牢——指投资炒股因价格下跌而无法卖出。

割肉——用于股票交易专指赔钱卖出。平时人间交往花钱买太平也称“割肉”，又称“放血”。

解套——被套牢的股票价格回升至持有者最初买入时的价格，不再亏本。其他股市用语有：股民、股指、牛市、熊市、涨停板、跌停板、阴线、阳线、高开低走、低开高走、板块、下挫、飙升、反弹、全线飘红等。

影迷——对电影有特别嗜好。已派生出球迷、戏迷、网迷、歌迷、影视迷、乐迷、棋迷等。

歌星——出类拔萃的歌唱演员。类似的有影星、影视明星、球星、笑星等，由此又派生出追星、追星族等新词。

黑哨——多指足球比赛主裁判暗中接受一方贿赂后，昧着良心有意偏袒一方，裁判明显不公正。

球霸——多指（足）球队中能左右球赛局势又受队内球员尊奉的人。

网站——由政府机关、单位团体或个人利用电脑网络建立的信息联系点。由于电脑是当代信息化时代主要工具，由此派生出许多新词：网友、网民、网页、互联网、因特网、宽带、点击、跟帖、网上购物、网络经济、网络游戏、下载、上网、黑客、博客、光盘、电子信箱、伊妹儿（英语 E-mail 的音译，指电子邮件）、垃圾短信、电子商务等。

网吧——指经营网络游戏的场所。根据不同经营内容还有：咖啡吧、陶吧、氧吧、聊吧等。

大哥大——原指手机初期的机型，类同砖块，体积大，较笨重。今引申为某个群体中被人奉为头儿的男性，如是女性称为“大姐大”。

刷卡消费——用代替现金的电子卡付款交易。当代电子卡已普遍，有 IC 卡、充值卡、交通卡、购货卡等，有的经营机构实行联网，一张电子卡可通用，称“一卡通”。

按揭——一种购房或购物的贷款方式，以所购房屋或物品为抵押，向银行贷款，分期偿还。

廉租——以低廉的价格出租。

物业——通常指建成并投入使用的各类房屋（如公寓、商品房、写字楼等）以及配套的设备、设施、场地等。

霸王条款——指某个垄断行业出台的合同条款不公平，只对行业有利，有的对消费者设陷阱。

假日经济——指由国庆、“五一”、春节三大黄金周带动旅游、购物兴旺，商家得益。

希望工程——为贫困地区儿童捐款、捐物，建学校、献爱心。

菜篮子工程——20 世纪 80 年代后期，政府为发展副食品生产作出的一项决策。

送温暖——为困难群体捐款、捐物或由政府资助。

亚健康——人体介于健康与非健康之间的生理状态。

大款——指经济实力雄厚的人。在演艺界、娱乐界，被称为“大腕”“大牌”。

医托——专事为医院拉病人从中得好处的人。类似的还有“药托”等。

彩信——集彩色图像和声音文字为一体的多媒体短信业务。

动漫——动画和漫画，特指当代连环画和动画片，又称为“卡通”。

由于新词语不胜枚举，以下仅将改革开放后至进入21世纪初出现的新词不作注释，予以摘选：

和谐社会、与时俱进、德治、以人为本、亮丽（靓丽）、闪亮登场、抢滩登陆、曝光、曝冷、热播、热议、走红、恶炒、火爆、红火、大跌眼镜、帅、酷、秀、爽、克隆、丁克一族、空巢家庭、留守丈夫、打造、比拼、构建、冲刺、搁浅、接轨、对接、亮点、盲点、热点、难点、聚焦、叫板、新鲜出炉、激情碰撞、撞车、滑坡、跳水、缩水、水货、大甩卖、跳楼价、营销、传销、扩容、提速、空嫂、空姐、军嫂、派对、时尚消费、休闲娱乐、捆绑、准妈妈、富婆、黄金周、节日大餐、旅游大餐、绿色通道、绿色食品、黄金水道、冲浪、形象大使、基因、黄昏恋、零距离、零关税、零换乘、零首付、浮出水面、撩开面纱、助推器、瘦身、海归派、突破瓶颈、降低门槛、解读、双赢、共赢、低保、残障、黑恶、社保、镇保、泊车、置业、猎头、卖点、看点、助残、助老、助养、家政、中介、含金量、定格、黑色广告、卧底、线人、长三角、珠三角、诚信档案、超市、卖场、猫腻、超女、顶级、数码相机、数字电视、碟片、定位、到位、达标、强强对话、做大蛋糕、打造行业“航母”等。

第四十六编

街　道

江宁自晋太康二年（281）建县后，历经1000多年的演变，至2007年年底，江宁区下辖东山、秣陵、汤山、淳化、禄口、江宁、谷里、湖熟和横溪9个街道。

江宁古县，自建县时起即置乡、里。明清时变化尤大，且称谓不相同。清同治年间，上元县设7个区13个乡，江宁县设4路22乡。民国37年（1948）年，江宁县设7个区46个乡镇。

新中国成立后，区域内区划调整频繁（详见本志第二编第二章第三节《江宁区》）。1957年，全县设3个镇、21个乡，形成县直管乡镇的格局。随着经济和社会事业的不断发展，1987年开始撤乡设镇。至2000年，全县共设18个镇。江宁县撤县设区后，城市化进程加快，2002年开始撤镇设立街道办事处。2006年3月，区域内开展大规模地区划调整工作。根据力求实现区域共同发展和城乡统筹发展目标，依据南京市“三城九镇”（“三城”即六合的雄州、溧水的永阳、高淳的淳溪；“九镇”即禄口、汤山、铜井、汤泉、桥林、八百桥、横梁、白马、桠溪）总体规划、江宁城市总体规划和重点园区发展规划，紧扣东山新市区、三个新城、重点镇街以及开发区建设的需要，从行政区划调整的角度为做大做强江宁城市框架体系创造条件，并充分考虑区境产业特色、社会经济发展水平、地域区位特点、历史发展状况、公共服务功能、交通水利设施等因素，将全区20个街镇调整合并为7个街道和2个镇。区划调整后镇街平均面积174.80平方千米，人口达8.70万人。2007年12月，随着湖熟、横溪撤镇设立街道办事处，江宁区共设立9个街道办事处。

江宁区坚持统筹协调，加快城市现代化、城乡一体化发展进程，街道综合实力显著增强。2007年，街道经济总量占全区比重达51.80%，财政总收入26亿元，57%和17%的村（社区）可支配收入分别超过100万元、500万元。全区22%村（社区）达到新农村建设示范标准。城乡发展在建设规划、劳动就业、社会保障、产业布局、基础设施、社会事业方面基本实现全面对接，全区人口城市化率达65%。

第一章　东山街道览要

东山街道是江宁区政治、经济、文化中心。东与淳化街道接壤，南与秣陵街道相邻，西与南京市雨花台区、秦淮区相交，北连汤山街道。2007年，区域面积95.90平方千米，辖18个社区，常住人口14.92万人。

古时，东山辖区为崇礼乡、新亭乡；民国时期为东山镇、岔路镇。新中国成立后，秦淮河以东为东山镇，以西为秦淮乡、石马乡、岔路乡。1957年，上述乡镇合并为东山镇。此后境内先后设东山公社、东山镇、东山乡、岔路乡、东山街道建制。

东山街道是南京城的东南大门，驻军较多，被列为军事重镇。历史上南京地区许多重要战事，都与东山地区有关，如著名的“淝水之战”“太平军大战清军”等。境内文物古迹甚多，有广慧寺、金山庙、三善寺、橙子墩文化遗址，有建南和尚桥、窦村古戏台，有南朝陈武帝万安陵石刻，耿岗、泥塘的失考墓石刻，佘村、中下的古井和古建筑，近年发现的中下东吴大墓等，分属国家、省、市、区级文物保护单位。“东山秋月”“竹山晨曦”“秦淮夕照”与“外港垂钓”为远近驰名的东山四景。“东山秋月”为清代金陵四十八景之一，祈泽古刹的祈泽泉被称为“祈泽池深”，同为清代金陵四十八景之一。

2007年，东山街道全年完成地区生产总值60.85亿元，比2006年增长22.50%；财政收入10.35亿元，比2006年增长38.82%，成为南京市首家财政过10亿元镇街；全社会固定资产投入32.72亿元，比2006年增长13.34%；农民人均纯收入10077元，比2006年增长19.89%。是年，东山街道被评为南京市综合实力首强街道，蝉联全市经济发展“金杯”。

第一节　上坊街道

【历史沿革】

上坊街道位于江宁区中部。据史料记载，唐肃宗上元二年（761），上坊地区属润州上元县凤城乡。据〔同治〕《上江两县志》和《李氏家谱》载，上坊辖境清代为上元县凤城乡和淳化镇以及惟政、兴贤两乡的一部分。民国2年（1913），上坊属江宁县管辖。民国35年，上坊、高桥两镇合并为上高镇，属江宁县第一区管辖。1950年，上高镇划分上坊、高桥两镇，改属江宁县第九区人民政府管辖。1953年，上坊镇改为上坊乡。1958年，上坊乡、殷巷乡、东山镇合并成立东山人民公社。1959年，上坊地域从东山人民公社划出，成立上坊人民公社。1982年，恢复上坊乡建制。1999年，撤乡设镇，成立上坊镇。2004年8月，撤销上坊镇建制，设上坊街道办事处，位于上坊集镇。2005年，街道区域面积42平方千米，辖10个社区，人口2.33万人。2006年3月，撤销上坊街道办事处。

图 46-1-1 上坊乡党政办公楼（1990 年摄）

图 46-1-2 2004 年 10 月 30 日，上坊镇举行撤镇设街道办事处的揭牌仪式

【工农业生产】

工业 新中国成立前，上坊地区工业主要是民间手工业，有铁、木、竹加工，缝纫、油坊、砻坊、碾坊、豆腐坊、纸扎铺、鞋铺等。新中国成立后的 1958 年，开始兴办社办企业，当年公社先后创办采石厂、粮油综合加工厂。1972—1982 年，先后兴办农机修理厂、砖瓦厂、服装厂、水泥厂、采石二厂、石灰厂、预制厂、皮件厂等社办企业。1983—1995 年，上坊乡借助经济体制改革动力，大力发展乡办工业企业，先后办起铜材厂、锻造厂、铸造厂、万安机械厂、服装二厂、复合纸袋厂、汽车修理厂、化油器厂、玩具厂、化工厂、液压机床厂、上申化纤厂等乡办及合资企业 13 家。与此同时，村办企业发展迅速，至 1995 年，有村办企业 61 家，村级以下企业 14 家。1996 年，全乡有工业企业 88 家，年创工业总产值 60650 万元。1998—2000 年，全镇工业企业实行产权制度改革，至 2000 年年底，全镇应改制企业 94 家。改制后，工业企业发展迅速，至 2005 年，全街道有工业企业 373 家，年创工业总产值 156374 万元，产品销售总额 142016 万元，利润总额 5933 万元，税金总额 4559 万元，从业人员 10083 人。其中年产值 500 万元以上的企业 35 家，总产值 125637 万元，亏损 9 家；年产值 500 万元以下企业 168 家，总产值 25895 万元，亏损企业 52 家。进驻街道工业园区企业 16 家，总投资 5.86 亿元，签意向协议 21 家，建成标准厂房 3 万平方米。

农业 新中国成立前，上坊因水利失修，极易受灾，粮食产量低。新中国成立初期，上坊地区组织农业集体化生产，粮食产量及提供商品粮逐年提高，但人均分配水平较低，处于 100 元之内。1959 年，由于人民公社成立过快，加上三年困难时期，干部强迫命令，虚报浮夸，导致农业生产水平下降。据上坊公社统计，1959 年粮食总产量 368.97 万公斤。1982 年，实行家庭联产承包责任制，粮食产量大幅提高。当年粮食总产量达 1168.19 万公斤。1984 年，粮食总产量超历史纪录，达 1567.48 万公斤，油料总产量 50.94 万公斤。20 世纪 90 年代，农业实行种植业结构调整，发展“优质、高产、高效”农业和规模农业。1999 年，全镇农业总产值 6713 万元，其中，种植业 3141 万元，林业 34 万元，牧业 2436 万元，渔业 322 万元，副业 780 万元。粮食总产量 1564.40 万公斤，油料总产量 199.50 万公斤，蔬菜总产量 2235 万公斤。进入 21 世纪，上坊镇农业内部结构进行重组，蔬菜成为上坊镇的特色农业。2005 年，农业总产值 14445 万元，其中，种植业 6395 万元，林业 280 万元，牧业 4983 万元，渔业 2587 万元，副业 200 万元。全年粮食总产量 372.10 万公斤，油料总产量 76.10 万公斤，蔬菜总产量 8031 万公斤。

【社会事业】

教育 幼儿园。1958年，人民公社成立初期，上坊地区办简易托儿所66个，幼儿园33个，多为农忙办、农闲散。中共十一届三中全会后，上坊乡13个行政村都先后办起幼儿园或幼儿班。至1988年，全乡有3所幼儿园，29个幼儿班，入园儿童879人，幼儿教师31人，普及率70%以上。至2005年，上坊街道共有3所幼儿园（所），17个班级，入园幼儿450人，教师34人，普及率95%。

小学。民国26年（1937），侵华日军占领上坊后，学校大多停办。民国35—38年，上坊镇恢复国民教育，建立镇中心国民学校，此外全镇开办了余村、中下、建茂、广惠、陵里等20余所小学，31个班级，在校生600多人，教师40多人。1949年，原上高镇上坊中心国民小学改名为上坊镇小学，校址设在谢家祠堂。当时全乡有20余所小学，分片成立4个辅导区。“文化大革命”后的1977年，上坊公社有23所小学，67个班级，在校生2890人，教职工110人。经过10年发展，至20世纪80年代中期，全乡小学均实现“一无两有”（校校无险房、班班有教室、人人有桌凳）基本目标。20世纪90年代，村小进行撤并合办，至2002年9月，所有村小均并入上坊中心小学，在全市率先实现一镇一校目标。2004—2005年，上坊街道共有1所小学，36个班级，在校生1534人，教职工101人。

中学。新中国成立初期，上坊无中学，山区高小毕业生一般报考岔路口秦淮中学（江宁县中学），圩区高小毕业生报考南京市郊区附近中学。1958—1968年，上坊乡创办农业中学。1969年，上坊中学成立（原上坊农中旧校址），开设初、高中各1个班级，在校生86人。1977年，全公社共有24个（其中“戴帽子”班20个）初中班，6个（含五七中学2个班）高中班，在校生1459人。1983年，上坊中学撤销高中班，学校更名为上坊初级中学。此后，所有学校进行撤并，均并入上坊初级中学。至2005年，上坊初级中学共有21个班级，在校生1236人，教职员工86人。

文化 新中国成立前，上坊地区有很多民间传统文艺。每年春节期间，都有上坊的龙灯、花棍、花船、六补缸与高岗的采茶灯等，在附近各村巡回演出。民国31—36年（1942—1947），上坊镇连续5年春节表演龙灯和花船。新中国成立后，群众文艺活动活跃。20世纪60年代中期，上坊公社组织乒乓球、棋类比赛。同时成立的公社有线广播放大站和电影队，使群众能及时收听新闻与文艺节目、观看纪录片和故事片。20世纪80年代后期，电视机普遍进入农家，农民文化生活逐渐丰富。1991—2005年，上坊街道文化站连续15年参加区以上文艺活动，获奖21次；1999—2005年，上坊街道连续7年参加文艺演出，获奖22次；2001—2005年，上坊街道连续5年参加“江宁之春”群众文化节活动，获奖41次。

卫生 新中国成立前，上坊地区环境卫生差，缺医少药，传染病流行，人口死亡率较高。至民国35年（1946），陵里村陈子衡在上坊镇开设济生堂药店，中医开始坐堂看病。1955年，上坊成立联合诊所。1959年，上坊在联合诊所基础上成立公社医院。1969年，农村创办合作医疗，13个大队先后建立医疗站，农村的医疗条件得到改善。1984年，上坊乡卫生院（前身是上坊公社医院）与县神经精神病防治院合并。1988年3月，与南京神经精神病防治院联合办院。1995年，上坊乡卫生院升格为江宁县第二人民医院。是年年底，医院创建达标，取得一级甲等医院机构资格。2005年，医院更名为上坊社区卫生服务中心，下设社区卫生服务站10个，医生22人。是年，上坊街道有17317人参加农村新型合作医疗保险，参保率达99%。农村社会养老保险参保人数377人。

2005 年上坊街道主要经济社会指标情况表

表 46-1-1

项 目	数 量	项 目	数 量
地区生产总值（万元）	81746	第三产业增加值（万元）	15200
财政收入（万元）	8546	农业总产值（万元）	24888
耕地面积（公顷）	5200	粮食总产量（万公斤）	372.10
用电总量（万千瓦时）	7210	农改经面积（公顷）	400
工业总产值（万元）	136000	集贸市场成交额（万元）	2000
工业销售收入（万元）	133000	境内中小学校（所）	2
工业利税总额（万元）	15798	在校中小学生（人）	2770
固定资产投资（万元）	61412	初保普及率（%）	99
工业技改投入（万元）	42035	参加社保人员（人）	17317
三资企业（家）	11	安装电话（部）	5114
合同利用外资（万美元）	2262	自来水普及率（%）	100
私营个体企业（家）	1428	人均存款余额（元）	7546
第三产业从业人员（人）	5639	农民人均纯收入（元）	7080

2005 年上坊街道社区基本情况表

表 46-1-2

社 区	户数（户）	人口（人）	耕地面积（公顷）	人均纯收入（元）
佘 村	487	1708	237.70	6850
永 安	652	2126	250.80	7150
大 里	807	2602	361.00	7218
高 桥	608	2059	200.90	7100
潘 村	397	1202	73.90	7050
城 北	468	1388	94.90	8400
上 坊	848	2621	221.00	7100
泥 塘	863	2613	176.10	7300
中 下	989	3449	—	7000
天 云	1625	3550	—	7080

第二节 东山街道

【历史沿革】

东山街道位于江宁区中部偏北。已有 1000 多年的历史，原称土山镇、东山镇。唐肃宗上元二年（761），土山镇属润州上元县崇礼乡。宋、元、明、清时期，土山镇属上元县未变。民国 23 年（1934），江宁自治县成立，县治由南京移至土山镇，镇属江宁县第五区。同年，撤区并乡，土山镇改为县属镇，更名为东山镇。1958 年，东山镇与上坊、方山、殷巷 3 个乡合并成立东山人民公社。1959 年，上坊划出，1961 年，方山划出。1992 年，岔路乡撤销，并入东山镇。2000 年 3 月，将殷巷乡、方山镇并入东山镇，组成新的东山镇。2002 年 3 月，撤销东山镇建置，设立东山街道办事处，位于江宁大街西路新218号。2005年，全街道面积19万平方千米，辖9个社区居委会，80个居民小组，人口10.79万人。2006年3月，撤销东山街道办事处、上坊街道办事处和麒麟镇，将原东山街道办事处管理区域与原上坊街道办事处管理的上坊、中下、泥塘、天云、潘村、城北、永安、高桥、大里、佘村10个居委会区域，以及原麒麟镇管辖的泉水、定林、建南、窦村4个村合并设立新的东山街道办事处。街道办事处驻原东山街道办事处驻地上元大街229号。

图46-1-3 20世纪80年代东山镇办公楼

图46-1-4 东山街道办事处办公楼（2005年摄）

【工农业生产】

工业 新中国成立前，东山镇工业基础薄弱，历经战乱，迭遭摧残。全镇有1家碾米厂和5个小作坊。新中国成立后，全镇个体手工业逐步恢复发展。1958年，东山公社开始发展社办厂矿企业，当年发展社办厂矿19家。此后，由于“大跃进”和“文化大革命”的影响，工业发展速度缓慢。20世纪80年代初，实行改革开放，东山镇的镇办、村办、联户办工业发展较快。至1985年，全镇镇办企业有8家，村办企业有26家。工业总产值1030.60万元。自1997年开始，东山镇全面推进镇、村企业的产权制度改革，对亏损企业实行破产兼并，其余改制为股份制、个体私营企业。至2000年，镇、村两级139家集体企业基本完成产权制度改革。2002年，全镇属地企业有206家，其中年产品销售额500万元以上的企业142家，年创工业总产值197353万元，年利润8885万元，年税金总额6008万元，从业人员10974人。2005年，全街道有各类企业524家，年创工业总产值268909万元，利润2.75亿元，从业人员16040人。其中，年产值500万元以上企业142家，亏损企业22家；年产值500万元以下382家，亏损企业21家。街道工业园区占地面积80公顷，入园企业16家，至当年年底有9家全部竣工投产。2006年，实现工业产值58.70亿元，工业利税7.60亿元。2007年，实现工业产值74.30亿元，工业利税12.40亿元。是年，工业集中区累计投入2.60亿元；入区企业88家，累计占地面积163.90公顷，累计总投资44亿元；实现产值142350万元，利润16268万元，税收7311万元，解决就业2630人。

农业 民国时期，因战祸连绵不断，旱、涝、风、虫、灾害频繁，东山地区农业衰败不振。加之，东山镇位于秦淮河下游，地势低洼、无水利设施，十年九灾。其时，有易家圩、北沿圩两个大圩栽种水稻，其他地方一年只收一季麦子，基本靠天收。民国37年（1948），全镇年平均粮食亩产量187.50公斤。当时的农业产值占整个农村经济的90%以上，但粮食无法自给自足，农民长期过着食不果腹的贫困生活。新中国成立后，经过土地改革，实现农业生产合作化，生产组织形式不断改进，以及兴修水利、改良品种、实现机械化、推广农业新技术，生产得到较快的恢复和发展。20世纪70年代，东山公社农业生产稳步增长，1972年，“三麦”单产量为135.20公斤，至1979年增至311公斤。20世纪80年代，随着东山地区建设事业的发展和人口不断增加，东山镇先后5次批准东山、晓里、章村等村进行农田改种蔬菜。1986年，蔬菜面积120公顷（包括农户分散种植），占耕地总面积的41.52%，总产量525.40万公斤，蔬菜经济收入成为该镇农业种植的主导产业。1991 年，蔬菜种植面积 134.87 公顷，总产量 588.60 万公斤。90 年代中后期，由于县城整体规划建设用地不断增加，农田面积迅速减少，农业退入次要地位。进入 21 世纪后，东山街道城镇和二、三产业开发力度进一步加大，农田进一步减少，至 2005 年，全街道农业总产值 378 万元，其中种植业 327 万元，牧业 11 万元，渔业 40 万元；耕地面积 43.80 公顷，当年粮食种植面积为 10.33 公顷，其余为蔬菜及油料作物等。2006 年，全年农业总产值 29134 万元；9 个涉农社区耕地面积 1713.60 公顷，粮食播种面积 672.80 公顷，总产量 521.40 万公斤，油料总产量 108.60 万公斤。2007 年，完成农业总产值 28853 万元；耕地面积 1390.13 公顷，粮食总产量 471.90 万公斤、油料总产量 83.10 万公斤、蔬菜 6.43 万公斤。

【社会事业】

教育 幼儿园。1952 年 8 月，东山镇创办第一所幼儿园——江宁县实验小学附设幼儿园。此后，县级机关幼儿园等相继建立，共有 6 个班级，幼儿 150 人，保育员 7 人。20 世纪 90 年代，区内所有幼儿园、班完成登记注册工作，幼教事业稳步发展，入园率 100%。2005 年，全街道有 6 所公办幼儿园，37 所厂矿企业、社区集体和个人办幼儿园，333 个班级，在园幼儿 10117 人，保育教师 1167 人。至 2007 年，有 6 所幼儿园，37 个班级，入园幼儿 1171 人，教职工 113 人。

小学。民国 23 年（1934），东山镇创建江宁县实验小学，是当时全县规模最大的一所完全小学，有 6 个班级，在校教师 9 人。民国 37 年，东山镇有 7 所小学（包括 2 所私立小学），14 个班级，在校生 610 人，教师 18 人。1952 年，东山镇将民办小学和私立学校全部收编或并入公办小学，至 1953 年，所有小学全部实行公办化。“文化大革命”后，全镇小学教学环境、办学条件得到改善，教育教学质量有较大提高。尤其是进入 21 世纪后，小学提升工程有较大发展，并实现一镇一校的历史性转变。2005 年，全街道有 6 所小学，193 个班级，在校生 9533 人，小学普及率 100%，教职员工 547 人。至 2007 年，有 1 所小学，51 个班级，在校生 2238 人，教职工 117 人。

中学。民国 22 年（1933），创建江宁县立中学，时有 1 个初中班，在校生 48 人，附设 1 个师范班，有学生 44 人。20 世纪 70 年代至 90 年代，境内先后创建岔路初级中学、秦淮中学、上元学校、竹山中学等。2001—2005 年，竹山中学、上元中学被评定为江苏省教育现代化示范初中，秦淮中学为南京市及江苏省重点中学，江宁高级中学（县中）为江苏省重点中学和国家级示范高级中学。2005 年，全街道有 8 所中学，268 个班级，其中 133 个初中班，135 个高中班；在校生 12868 人，教职工 1143 人。至 2007 年，有 1 所中学，21 个班级，在校生 779 人，教职工 87 人。

文化 新中国成立前，境内群众迫于生计，文化生活严重匮乏，每年庙会（观音会、土地会）赶集时期，由乡民自筹资金请戏班在县机关食堂所在地搭台演戏，多数演扬剧。1953—1959 年，先后在东山镇建立县文化馆、新华书店、电影放映队、图书馆、锡剧团。1992 年，岔路乡与东山镇合并后成立东山镇文化站。1997 年，东山镇被江苏省文化厅评为群众文化先进乡镇。2002—2005 年，东山街道组织参加第二届至第五届“江宁之春”群众文化节，获表演奖 21 次、创作奖 15 次。此外，街道还组织纳凉文艺晚会、迎“七一”纳凉晚会、“国庆”文艺晚会等活动，观众均在 1000 人以上。2006 年 3 月，东山街道文化服务中心和上坊街道文化服务中心合并组成新的东山街道文化服务中心，配合街道中心工作演出 15 场，社区组织纳凉晚会专场演出 13 场。2007 年，东山街道文化服务中心更名为东山街道文化体育服务中心。当年组织参加江宁区第七届“江宁之春”群众文化节活动、读书征文演讲比赛，开展东山街道第四届社区文艺汇演，全年街道组织文艺演出 30 多场。

卫生 新中国成立前，东山镇设有江宁县卫生院，设备简陋，药品缺乏，医生数量较少，医疗条件低下。1986—2005年，卫生院的医疗模式发展为社区卫生服务与专科特色模式，为辖区居民提供预防、保健、健康教育、全科医疗、计生、康复"六位一体"全方位服务。至2005年，东山街道有社区卫生服务中心1个、社区卫生服务站7个。有驻街道医疗单位5个，分别为区人民医院、区中医院、区疾病预防控制中心、区妇幼保健所、区皮肤病防治所。当年，境内农村合作保险村覆盖率100%，参加合作医疗保险率100%。至2007年，有卫生服务中心2个，卫生服务站37个，服务人口32万人次。当年东山街道被市爱卫会评为南京市亿万农民健康促进行动示范街道。街道新型农村合作医疗保险参加人数48219人，参保率99%，社区覆盖率100%。

2005年东山街道主要经济社会指标情况表

表46-1-3

项　目	数　量	项　目	数　量
地区生产总值（万元）	275830	第三产业增加值（万元）	164640
财政收入（万元）	32433	农业总产值（万元）	400
耕地面积（公顷）	—	粮食总产量（万公斤）	—
用电总量（万千瓦时）	9385	农改经面积（公顷）	—
工业总产值（万元）	268909	集贸市场成交额（万元）	195000
工业销售收入（万元）	245477	境内中小学校（所）	16
工业利税总额（万元）	43894	在校中小学生（人）	28987
固定资产投资（万元）	100605	初保普及率（%）	100
工业技改投入（万元）	48493	参加社保人员（人）	31000
三资企业（家）	32	电话普及率（%）	100
合同利用外资（万美元）	2097	自来水普及率（%）	100
私营个体企业（家）	5314	人均存款余额（元）	22183
第三产业从业人员（人）	24842	农民人均纯收入（元）	8015

2007年东山街道主要经济社会指标情况表

表46-1-4

指　标	单　位	数　值	比2006年（±%）
总户数	户	54267	4.25
年末总人口	人	151140	4.14
其中：非农业人口	人	151140	4.14
人口出生率	‰	14	0.07
人口自然增长率	‰	10	0.08
耕地面积	公　顷	1497	—
地区生产总值	万　元	608532	22.50
财政收入	万　元	103494	38.82
工业总产值	万　元	535182	20.07
工业利税总额	万　元	124000	9.68
固定资产投资	万　元	327207	23.34
其中：工业投资	万　元	165581	15.59
实际利用外资	万美元	1410	0.08

续表

指　标	单　位	数　值	比 2006 年（±%）
企业数	家	1311	3.80
企业从业人员	人	54174	2.60
农民人均纯收入	元	10077	19.89
农机总动力	千　瓦	34525	7.14
农村用电总量	万千瓦时	4305	13.50
境内中小学校	所	26	—
固定电话拥有量	部	67000	0.27
移动电话拥有量	部	100325	36.68
互联网上网用户	户	7320	40.28
小汽车拥有量	辆	5538	8.00
参加养老保险人数	人	61000	4.41
参加合作医疗人数	人	48219	58.43
建成区占地面积	公　顷	2730	—
工业园区面积	公　顷	700	—
公共绿地面积	公　顷	142	—
生活用燃气普及率	%	100	—
有线电视入户率	%	99	—
污水处理率	%	65	—
垃圾无害化处理率	%	96	—
集贸市场成交额	万　元	290000	47.58

2005 年东山街道社区基本情况表

表 46-1-5

社　区	户数（户）	人口（人）	人均纯收入（元）
章　村	3795	11391	10019
东　山	8052	24237	8500
晓　里	7334	21241	7500
骆　村	5140	14600	7700
中　前	4435	14898	8500
外　港	5206	13638	7100
岔　路	2533	7836	7700
龙　西	866	2082	7280
邵　圣	600	1920	7600

2007 年东山街道社区基本情况表

表 46-1-6

社　区	户数（户）	人口（人）	农民人均纯收入（元）
章　村	3811	11556	13036
东　山	7012	21635	10080
中　前	5743	15911	10600
骆　村	3986	9328	10400

续表

社 区	户数（户）	人口（人）	农民人均纯收入（元）
岔 路	4381	13143	9800
龙 西	943	2368	9800
邵 圣	2300	9122	10500
外 港	6597	13798	—
晓 里	8564	21465	—
佘 村	549	2021	8600
上 坊	1858	6078	10133
泥 塘	884	2722	10100
永 安	650	2370	9150
大 里	886	3212	8600
高 桥	1005	3348	9200
天 云	1772	3248	—
泉 水	1739	5180	10680
建 南	1587	4635	10200

第二章　秣陵街道览要

秣陵街道地处江宁中部，与江宁经济技术开发区、江宁科学园互接。2007 年，区域总面积 182 平方千米，下辖 25 个社区、5 个村，常住人口 13.94 万人。

南朝、隋、唐时，秣陵作为“宁邑东南要隘”，地位十分重要。宋景德年间建镇；元代设置巡检司及税务；明朝置为京畿南郊关隘，故又称为秣陵关；清时被列为江宁县三大重镇之一；民国时被设为首都“八市”之一的秣陵市。新中国成立后，先后设秣陵公社、秣陵乡、秣陵镇、秣陵街道建制。

秣陵历史上人文荟萃，文化底蕴深厚。秦始皇南巡过方山挥鞭断方山，凿长垄以通淮；太极葛洪方山洞玄观遐升成仙降旨以教化万民。孙权沿秦淮筑堤名“横塘”，陈勋领兵“于方山南截淮立埭”，明庞嵩治堤筑防使逃难农户全部回归，清左宗棠拨楚军五千开河筑堤。文人墨客更是经常涉足秣陵地域。东晋谢灵运赴任永嘉时邻里相送至方山，南朝大诗人鲍照玩月秣陵城西门廨中，梁昭明太子萧统牛首山留有饮马池。宋杨万里有秦淮河畔“翠茸锦上织黄云”的早秋咏叹，范成大有“船头终日见方山”的哲理吟诵，清吴敬梓曾问津“杏花深处秣陵关”。

2007 年，街道全年实现地区生产总值 22.99 亿元，比 2006 年增长 21.30%，财政收入 5.05 亿元，比 2006 年增长 36.74%，完成全社会固定资产投入 18.29 亿元，其中工业投入 13.09 亿元，比 2006 年分别增长 10.82% 和 12.82%。实际利用外资 1118 万美元，出口创汇 1.05 亿美元。是年，秣陵街道先后获省科普文明街道、省绿色社区创建先进集体、省先进环保单位和省“学科学技术，做现代农民，建文明家园”活动示范街道等称号。

第一节 百家湖街道

【历史沿革】

百家湖街道境域大部分属原殷巷乡辖域范围，追溯百家湖街道的沿革，即从殷巷地区的沿革开始记述。据《上江两县志》载，清代殷巷辖境属随车乡。新中国成立前，为殷巷乡。1950年，分属殷巷镇、渡桥乡和其林乡、石马乡的一部分。1957年，撤区并乡称殷巷乡。1958年，殷巷乡归并东山公社。1961年，从东山公社析出，称殷巷公社。1982年，复称殷巷乡。2000年3月，撤销殷巷乡、方山镇，将这两个乡镇的原辖区并入东山镇。2002年3月，撤销东山镇，以其原辖区分别设立东山、百家湖2个街道，并将东善桥镇水阁、长山2个村划归百家湖街道管辖。街道办事处在金龙路2号。是年，百家湖街道辖8个居委会，11个村委会。2005年，区域面积65平方千米，辖17个社区，167个村民小组，85个居民小组，人口5.11万人。2006年3月，撤销百家湖街道办事处。

【工农业生产】

工业 1967年，殷巷公社有工业企业4家，分别为锉刀厂粮油厂机械厂草席厂，工业总产值7万元，职工83人。1988年，境内工业总产值为2935万元，比1987年增长30.56%，实现工业利税197万元。1991年，全乡有工业企业16家，工业总产值5040万元，产品销售收入2406万元，利润104万元，职工人数2004人。1995年，全乡有乡村企业80家，实现工业产值3.40亿元，其中乡办2.20亿元，村办1.20亿元，利税总额2076万元。1999年，有工业企业10家，工业总产值32580万元，产品销售收入12968万元，利润1388万元，职工人数842人。2000年，对所有乡镇企业实行改革改制。至2003年，全街道工业总产值20.70亿元，产品销售收入196876万元，利税总额19081万元，境内有三资企业29家，私营个体企业159家。2005年，全街道工业总产值24.40亿元，工业销售收入254288万元，工业利税总额11373万元，境内有三资企业40家，私营个体企业89家。

农业 新中国成立前，全乡有耕地面积1333.33公顷，因水系紊乱，圩堤单薄，粮食产量较低。新中国成立后的1957年，是农业生产合作化时期，粮食产量较为稳定，粮食种植面积2878.33公顷，粮食总产量436万公斤。1965年，殷巷地区粮食种植面积2210.27公顷，年粮食总产量800.40万公斤。1982年，乡镇普遍实行家庭联产承包责任制，农民积极性提高，粮食产量上升。当年殷巷地区粮食种植面积2433.33公顷，年粮食总产量991.10万公斤。1988年，殷巷地区粮食种植面积2022.67公顷，年粮食总产量1164万公斤。20世纪90年代，逐步调整种植业产业结构，农业发展逐步转向多种经营，境内水产养殖、家禽饲养等产业逐步发展，粮食产量有所提升。1995年，全乡农业总产值1750万元，粮食年产量1180万公斤，油菜籽年产量108万公斤，淡水产品年产量75.10万公斤。当年，全乡各行政村都建立养殖基地，实行工厂化管理，养殖水面100公顷。2001年，实现农业总产值6218万元，粮食总产量514万公斤，水产品产量110万公斤。境内形成七大基地：大棚蔬菜示范基地、农业结构调整综合示范基地、蟹苗养殖示范基地、苗木花卉设施基地、食用菌生产基地、河豚养殖基地、农业示范带基地。2005年，百家湖街道进行征地拆迁，耕地面积减少，基本不种植粮食，当年农业总产值1589万元。

【社会事业】

教育 幼儿园。新中国成立初期，境内没有幼儿园。1977年，殷巷开设一个幼儿班，入园幼儿32人，教师1人。1981年后，各大队陆续开办幼儿园或学前班。1983年，殷巷小学幼儿园有3个班级，入园幼儿94人，教师4人。至1985年，殷巷小学附属幼儿园有幼儿595人，入园率69.80%。1995年，全乡有9所幼儿园，入园儿童340人，入园率98%。2002年，百家湖街道境内辖3所4轨以上标准幼儿园，入园儿童1000多人，幼儿入园率达95%以上，学龄儿童入学率、巩固率100%。

小学。民国35年（1946），殷巷建立清水亭小学，有学生100多人，教师5人，校址在清水亭大庙。新中国成立后的1952年，境内大部分民办小学改为公办或并入公办小学。经调整、合并、扩建，划分辅导区，殷巷分为3个辅导区，下辖6所小学。1962年，清水亭小学改称殷巷中心小学，分设2个辅导区管理9所大队小学。1964年，农村教育推行“两条腿”走路方针，提倡半耕半读。当年殷巷公社办50所耕读小学，约有学生300人。1983年，全乡有9所小学，54个班级，在校生1818人，教师76人。1995年年底，全乡有8所小学，62个班级，在校小学生2170人，教师146人，学龄儿童入学率100%。2003年，殷巷地区由于整体拆迁，境内8所小学全部并入殷巷中心小学，境内保留1所中心小学。

中学。1972年2月，创办江宁县殷巷中学，时有6个初中班，4个高中班。1982年，学校停止招收高中学生，并更名为江宁县殷巷初级中学。1983年，该校创办建筑职业中专班，其间，全校有6个初中班和3个职高班。1985年，殷巷中学职高班开设建筑专业，设3个班级，在校学生116人，毕业50人，全部推荐就业。是年，殷巷乡有2所联中，分别为二站初中和麒麟初中，共有10个班级，学生425人。1989年，2所联中先后并入殷巷中学。1995年，殷巷中学有14个班级，在校学生648人，教师79人。2000年，有20个班级，在校生1028人，教职工80人，专任教师72人，教师学历达标率90%。2002年，学校更名为南京市清水亭中学。

文化 1970年，建立殷巷公社文化站，负责活动室对外开放外和组织各队开展文艺活动。当时殷巷每个大队都有文艺宣传队，其中演出水平较高的有殷巷、前庄大队。表演多以小型节目为主，少数大队可演出《智取威虎山》《红灯记》等样板戏。1984年，成立殷巷文化中心站，下设电影放映队、文化站、文艺工厂。2003年成立百家湖街道后，殷巷文化中心站更名为百家湖文化服务中心。

卫生 新中国成立前期，镇上有一爿中药店和少数郎中行医。新中国成立后的1952年，组建殷巷联合诊所。1969年后，境内各大队相继成立医疗站，推行合作医疗制度，每个医疗站配备2名~3名赤脚医生，负责大队社员群众医疗、卫生、防疫和妇女保健工作。是年，殷巷公社联合诊所改称殷巷人民公社医院。1979年，更名为殷巷公社卫生院。2000年，各村卫生室改称卫生服务站。2002年，成立百家湖街道，殷巷公社卫生院更名为百家湖街道卫生院。当年，由于拆迁复建，将原有的社区服务站撤并为4个社区卫生服务站。

2005年百家湖街道主要经济社会指标情况表

表45-2-7

项　目	数　量	项　目	数　量
地区生产总值（万元）	68680	第三产业增加值（万元）	28530
财政收入（万元）	14076	农业总产值（万元）	1589
耕地面积（公顷）	90	粮食总产量（万公斤）	—
用电总量（万千瓦时）	3950	农改经面积（公顷）	—
工业总产值（万元）	244000	集贸市场成交额（万元）	9100
工业销售收入（万元）	254288	境内中小学校（所）	2
工业利税总额（万元）	11373	在校中小学生（人）	2300
固定资产投资（万元）	43150	初保普及率（%）	100
工业技改投入（万元）	29120	参加社保人员（人）	30469
三资企业（家）	40	电话普及率（%）	100

续表

项　目	数　量	项　目	数　量
合同利用外资（万美元）	2073	自来水普及率（%）	100
私营个体企业（家）	89	人均存款余额（元）	3002
第三产业从业人员（人）	6502	农民人均纯收入（元）	6708

2005 年百家湖街道村（社区）基本情况表

表 46–2–8

村（社区）	户数（户）	人口（人）	人均纯收入（元）
胜　太	1345	4805	6850
龙　池	1129	3249	6750
太　平	1286	4378	7120
湖　滨	2988	8140	6808
学　府	997	2048	6830
秦　淮	1018	2830	6800
长　山	990	2760	6410
牛　首	1432	3200	6915
殷　巷	2974	7963	7030
钱　庄	948	2245	6618
下　墟	1250	2856	6180
九　龙	809	1987	6500
东　南	1006	2370	6530
燕　湖	556	1339	6350
其　林	754	1440	6760
青　源	980	2546	6460
新　河	310	1230	6610

第二节　方山街道

【历史沿革】

方山位于江宁区东南。《元和志》载："秦凿金陵，以断其势，方山是所凿之地也。"三国吴使陈勋于方山立埭。据〔至正〕《金陵新志》和《上江两县志》载，宋、元、明、清各代辖境均为崇礼乡地。新中国成立前，属桥头镇。新中国成立后，置方山、共和、洋桥、桥头等乡镇，隶属一区、东山区。1957 年，撤区并乡，属东山镇。1958 年，属东山公社。1961 年，分建方山公社。1982 年，改称方山乡。2000 年 2 月，撤乡设方山镇。2000 年 3 月，撤销方山镇，

图 46–2–5　远眺秦淮河与方山（2007 年摄）

将全镇原辖区并入东山镇。2002年10月，设方山街道，位于方山街道定林路93号。2005年，街道区域面积138平方千米，辖11个村，18个社区，人口约9.09万人。2006年3月，撤销方山街道办事处。

【工农业生产】

工业 1965年，方山公社有工业企业1家，工业总产值13.90万元，职工24人。1973年，有工业企业4家，工业总产值49.34万元，职工192人。1988年，方山乡工业总产值4858万元，实现工业利税155万元。1991年，全乡工业总产值6065万元，其中镇办工业产值2943万元，村办工业产值3122万元，利税总额429.43万元。1995年，全乡实现工业产值54843万元，其中村办35138万元，乡办19705万元。工业产值超千万元的企业8家，固定资产超千万元的有5家。当年全乡三资企业固定资产达100多万美元，全年产值达2500万元，占全乡工业产值的18.20%；外贸出口供货值达6200万元，出口创汇50.50万美元。1999年，方山乡有企业190家，完成工业产值115382万元。2000年，对所有乡镇企业实行改革改制。至2003年，共改制企业20家，原先的乡镇集体、村办企业全部改制为股份制企业或个体私营企业。2005年，全街道工业总产值26029万元，工业销售收入24988万元，工业利税总额1428万元，境内有三资企业3家，私营个体企业48家。

农业 新中国成立初期，境内耕地面积1583.33公顷，因农田大部分在秦淮河沿岸，新中国成立前易受洪涝灾害，生产水平较低，之后大搞农田水利基本建设，水田基本上建成旱涝保收田，粮食总产量相应提高。1957年农业生产合作化时期，粮食产量较为稳定，方山地区粮食种植面积2701.27公顷，年粮食总产量405万公斤。1958年“大跃进”时期，粮食产量大幅度减产。1965年，境内粮食种植面积2292.60公顷，年粮食总产量879.90万公斤。1982年，乡镇普遍实行家庭联产承包责任制，农民积极性极大提高，粮食产量上升。当年方山地区粮食种植面积2686.67公顷，年粮食总产量1247.20万公斤。1988年，全乡粮食种植面积2513公顷，年粮食总产量1389.40万公斤。20世纪90年代，逐步调整种植业产业结构，农业发展逐步转向多种经营，境内林业、水产养殖、家禽饲养等产业快速发展，粮食产量大幅度提升。1995年，全乡农业总产值3841万元，粮食产量1263.30万公斤，油菜籽产量110.80万公斤，淡水品产量58.40万公斤。建成12个村级茶园和2个乡茶场，面积200公顷，年产干茶4万多公斤，产值近400万元，成为南京市最大的茶叶乡镇。2005年，全街道农业总产值9200万元，粮食总产量2005.80万公斤。当年街道以龙都养殖场为龙头，利用“杨柳湖”品牌优势，加快农副产品基地建设，新增青虾、加州鲈鱼特色养殖面积200公顷，并扩大无公害稻米种植600公顷，至此，龙都2000公顷耕全部列为省级无公害稻米生产基地。

【社会事业】

教育 幼儿园。新中国成立初期，境内没有幼儿园。1958年，方山公社创办35所农忙幼儿所，3周岁～6周岁幼儿638人入托，保育员42人。至1960年大部分解散。1981年后，各大队陆续开办幼儿园或学前班。至1983年，方山乡共办14所幼儿园，18个班级，入园幼儿561人，有幼儿教师19人。1985年，成立方山中心幼儿园，有幼儿647人，占幼儿总数的57.10%。1991年，有4所幼儿园，30个班级，入园幼儿526人。2002年，境内因征地拆迁，四个复建小区各建一所幼儿园，其中方山中心幼儿园有幼儿80人，教师10人；成山公寓幼儿园有幼儿330人，教师32人；潭桥公寓幼儿园有幼儿160人，教师21人。

小学。民国24年（1935），境内有张家潭、山西、青沙嘴、前埠、横岭等14所小学。民国26年，日寇入侵，学校几乎停办。抗日战争胜利后，各乡镇建立中心国民学校，境内有彭村、高岗、杨村等9所国民学校。1952年，境内大部分民办小学改为公办或并入公办小学。经调整、合并、扩建，划分辅导区，分为3个辅导区，下辖14所小学，50个班级，在校生2028人，教师58人。1962年，横岭小学升格为方山公社中心小学，下设成山、横岭、方山、健康4个辅导区。1964年，农村教育推行“两条腿”走路方针，提倡半耕半读。是年，方山公社办11所耕读小学，有学生200余人。1983年，方山乡有15所小学，60个班级，在校生1927人，教师89人。1990年，境内有1所中心小学，14所村办小学，共有74个班级，在校生2197人，教师112人。1995年年底，全乡共有13所小学，在校生2628人。1996年，将13所村办小学先后并入方山中心小学，经调整，全乡共有5所完小、2所初小，在校生1882人，小学普及率100%。至2003年年底，境内各小学全部并入方山中心小学，实现一镇一校。2005年，成立天景山小学，辖3所村小，有48个班级，在校生1341人，教师99人。

中学。新中国成立前，境内没有中学。1958年，在高岗、涧西、桥头开办3所农业中学，有学生90人，教师5人。1964年，方山公社分别在方前、方山大队重新开办农中班，实行半耕半读。1968年，方山大队农中班、共和大队农中班并入方前方山农业中学，并更名为方山初级中学，设2个班级，有在校生100人，教师4人。1969年，各大队完全小学办起“戴帽子”初中班，1979年，对小学“戴帽子”初中班进行调整，经调整，方山公社仍有8所“戴帽子”初中，16个班级，同时方山初级中学改为完全中学，称方山中学。1981年，境内开始创办联中，至1985年，境内有1所联中，即杨村初中，当年有7个班级，在校生390人。1993年，方山杨村联中并入方山初级中学。1995年，境内有1所中学，即方山初级中学，有14个班级，在校生804人，教师62人。2005年，方山初级中学有23个班级，在校生1100人，教师97人。

文化 1975年10月，建立方山文化站。1983年，境内陶家庄《麻雀蹦》参加江苏省民间舞蹈调演，并被录制摄像保存。1986年，文化站更名为文化中心站，并组建业余文艺宣传队，演出歌舞、快板、相声等小型节目及样板戏选段，每年赴大队演出20余场次。1999年，陶家庄《麻雀蹦》（又名方山大鼓）参加“中华龙腾”江苏省民间广场文艺大赛。2001年，对《麻雀蹦》进行整理挖掘，成功申报“江苏省民间艺术之乡”。2004年，《麻雀蹦》参加首届中国南京世界历史文化名城博览会演出，获得好评。当年组织境内文艺活跃分子参加区群众文化艺术节，均取得较好成绩。

图46-2-6 1966年，江宁县方山公社横岭大队的社员学毛选、跳忠字舞

卫生 新中国成立前，桥头镇、解溪镇上有一爿中药店及一名行医郎中。1954年，成立横岭联合诊所（后更名为方山公社医院）。1969年后，境内13个大队相继成立医疗站，推行合作医疗制度。1979年，方山公社医院更名为方山公社卫生院。2000年，方山乡卫生院更名为江宁县中医院方山分院，同时撤并各村卫生室，组建卫生服务站。2002年，再次更名为方山街道卫生院。当年，撤并村卫生服务站，成立3个社区（村）卫生服务中心站和8个社区卫生服务站。2005年，卫生院小儿疳积专科升为区级医院重点专科，有老中医李德胜擅长治疗小儿疳积、妇科病等疑难杂症。

2005年方山街道主要经济社会指标情况表

表 46-2-9

项 目	数 量	项 目	数 量
地区生产总值（万元）	66700	第三产业增加值（万元）	17303
财政收入（万元）	1339	农业总产值（万元）	9200
耕地面积（公顷）	2583	粮食总产量（万公斤）	2006
用电总量（万千瓦时）	2508	农改经面积（公顷）	80
工业总产值（万元）	26029	集贸市场成交额（万元）	7586
工业销售收入（万元）	24988	境内中小学校（所）	12
工业利税总额（万元）	1428	在校中小学生（人）	6593
固定资产投资（万元）	54200	初保普及率（%）	100
工业技改投入（万元）	20590	参加社保人员（人）	18000
三资企业（家）	3	电话普及率（%）	60
合同利用外资（万美元）	1208	自来水普及率（%）	100
私营个体企业（家）	48	人均存款余额（元）	1805
第三产业从业人员（人）	8420	农民人均纯收入（元）	6580

2005年方山街道村（社区）基本情况表

表 46-2-10

村（社区）	户数（户）	人口（人）	耕地面积（公顷）	人均纯收入（元）
横 岭	783	2857	922.80	7519
杨 村	1018	3265	2852.00	6641
建 康	572	1997	2049.62	7292
方 山	625	1992	1490.22	6775
共 和	544	1669	1392.68	7300
东 方	571	1993	1307.08	6488
成 山	910	2787	2515.02	7258
桥 头	472	1566	1046.22	6373
高 山	507	1521	1275.50	7432
陵 里	677	2376	2288.95	7290
宋 墅	538	1516	1631.00	6453
王 墅	747	2100	2765.00	6666
科 苑	9165	29680	—	—
解 溪	627	3780	3605.00	6779
新 华	932	3039	3589.00	6732
永 宁	450	1399	1439.00	6661
龙 都	960	2764	—	—
泉 都	—	2780	—	—
新 林	914	3015	3141.10	6328
新 农	1010	3280	—	—
晶 明	—	—	—	—
双 龙	528	1486	1897.00	6285
东 阳	601	1721	2013.00	6368

续表

村（社区）	户数（户）	人口（人）	耕地面积（公顷）	人均纯收入（元）
乐 安	686	2040	2044.00	5450
解 放	626	1920	2080.00	5468
万 安	1550	4625	6006.00	[illegible]256
淮 源	985	2680	2691.00	6201
光 明	630	1974	2178.00	6292
双 新	606	2256	3288.00	6[illegible]12

第三节 秣陵街道

【历史沿革】

秣陵街道位于江宁区中部。秦代曾于此置秣陵县。汉武帝时为秣陵侯国。南朝、隋、唐历代，秣陵为“宁邑东南要隘”。宋景德三年（1006），秣陵始建镇。明代置关称秣陵关。清代为江宁县三大重镇之一。1949年，为秣陵镇。1957年，晋陵、爰陵两乡并入。1958年，建秣陵人民公社。1983年，建秣陵乡。1989年1月，撤乡复置秣陵镇。2004年8月，撤镇设秣陵街道办事处，位于秣陵集镇。2005年，街道下辖7个社区、5个村，区域面积57.30平方千米，人口3.33万人。2006年3月，撤销百家湖街道办事处、秣陵街道办事处、方山街道办事处、淳化街道办事处和湖熟镇，将原百家湖街道办事处、秣陵街道办事处、方山街道办事处管理区域与原淳化街道办事处管理的王墅、宋墅、永宁、解溪、新华5个居委会区域，以及原上坊街道办事处管理的陵里居委会区域、湖熟镇管辖的新林村合并设立新的秣陵街道办事处。街道办事处驻原秣陵街道办事处驻地凤仪街2号。

图46-2-7 秣陵镇政府大门（2000年摄）

图46-2-8 2004年，秣陵举行撤镇设街道办事处揭牌仪式

【工农业生产】

工业 新中国成立前，秣陵地区工业经济大多靠手工操作，少量使用畜力，生产率较低，为小农经济家庭作坊式工业格局。据江宁自治实验县《施政纲要》载：民国22—23年（1933—1934），境内有手工业作坊72家，行业以磨坊、铁业、木业为主。1958年，全面动员大办工业，境内办起一批小工厂，有服装帽子厂、酒厂、造纸厂、砖瓦厂、采矿厂、小化工厂、砂石白泥矿等。1961年下半年至1965年，为贯彻“调整、巩固、充实、提高”八字方针，境内工业企业关、停、并、转，农村工业企业接近于零。1976年，秣陵公社有社办工业企业6家，职工665人，年产值197.12万元。1988年，秣陵乡工业总产值为7903万元，实现工业利税378万元。1992年，

秣陵镇实现产值14911万元。1999年，全镇有企业94家，完成工业产值112205万元。2000年，对所有乡镇企业实行改革改制。当年境内有工业企业40家，工业总产值121431万元，产品销售收入103646万元，利润3052万元，实现税金3536万元。至2003年，全镇改制企业67家，原先的乡镇集体、村办企业全部改制为股份制企业或个体私营企业。2006年，全街道有工业企业704家，工业总产值49.19亿元，工业利税总额37891万元，固定资产投资165040万元；实际利用外资1068万元，从业人员47053人。境内建成工业集中区7个，其中东部工业集中区2个，以电子行业为主；北部工业集中区2个，以机电行业为主；西部工业集中区3个，以机械加工为主。2007年，有工业企业716家，工业总产值506285万元，工业利税总额46809万元，固定资产投资182903万元；实际利用外资1118万元，从业人员49825人。街道工业园区内有企业286家，项目总投资额279165万元，实际到位资金219966万元，其中外商投资企业83家，总投资13580万美元，合同外资11250万美元，实际到位外资8940万美元。当年，全街道引进项目143个，千万美元以上项目2个，出口创汇14934万美元，内资到位10.30亿元。

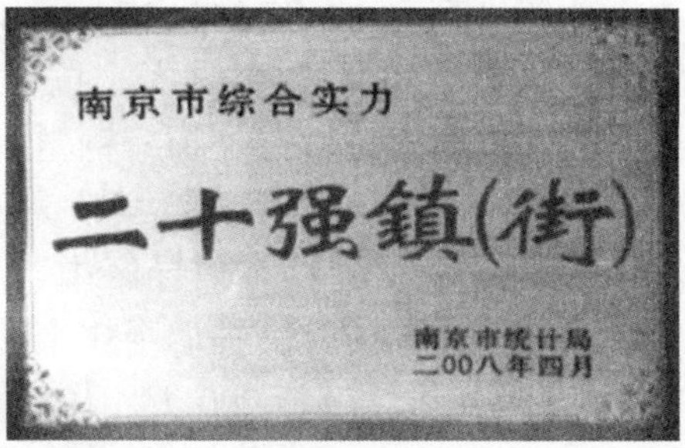

图46-2-9　2008年4月，秣陵街道被评为南京市综合实力二十强镇（街）

农业　新中国成立前，境内几经战乱、自然灾害频发，农业生产落后。1957年，是农业生产合作化时期，粮食产量较为稳定，秣陵镇粮食种植面积4626.53公顷，年粮食总产量881.40万公斤。1965年，境内粮食种植面积3716.87公顷，年粮食总产量1316.10万公斤。1982年，乡镇普遍实行家庭联产承包责任制，农民积极性极大提高，粮食产量上升。当年全乡粮食种植面积4540公顷，年粮食总产量2015.10万公斤。1988年，全乡粮食种植面积3550.13公顷，年粮食总产量2158.40万公斤。20世纪90年代，逐步调整种植业产业结构，粮食生产有较快发展，粮食产量有所提升。至1999年，粮食种植面积3546.67公顷，粮食总产量2424.10万公斤。进入21世纪后，农业发展逐步转向多种经营，境内水产养殖、家禽饲养等产业较大发展，粮食产量趋向稳定。2000年，实现农业总产值8300万元。粮食种植面积3020公顷，年粮食总产量2083.80万公斤。2005年，全街道粮食种植面积1572公顷，粮食总产量997.60万公斤。域内东旺无公害粮油基地年供应市场无公害大米663.60万公斤，年产油菜籽225.20万公斤。是年6月，基地被认定为江苏省无公害粮油基地。东旺圩区建有无公害水产品养殖基地，年产量11.50万公斤，是年2月，基地被认定为江苏省“天禧圩”牌青虾、中华绒蟹无公害水产品养殖基地。2006年，全街道粮食种植面积2633.07公顷，年粮食总产量1997.90万公斤。2007年，粮食种植面积1891.20公顷，年粮食总产量1289.30万公斤。全年新增设施农业73.30公顷，新建2个特色规模农产品基地和2个省级无公害基地，新批1项中国“绿色食品”，新增2处农业旅游景点和1个旅游农业专业村。

【社会事业】

教育　幼儿园。新中国成立初期，境内没有幼儿园。1956年，秣陵小学内附设一个幼儿班，招收幼儿30余人，配备幼教教师1人。1958年，境内所有大队都分别办起幼儿园或托儿所。1960年，大部分解散。1965年，秣陵小学内的幼儿园发展到2个班级，在园幼儿70余人。1981年后，各大队陆续办起幼儿园或学前班。至1983年，秣陵乡兴办17所幼儿园，有35个班级，入学幼儿989人，幼儿教师39人。1985年，境内各乡成立中心幼儿园，当时秣陵幼儿园有幼儿1258人。1991年，境内有

4 所幼儿园，34 个班级，入园幼儿 887 人。2000 年年底，集镇有 1 所中心幼儿园，17 所村办园（班），入学儿童 677 人，入园率 90%。2007 年，境内 3 所幼儿园（秣陵中心幼儿园、方山幼儿园、清水亭幼儿园）有 42 个班级，入园幼儿 1396 人，教师 30 多人。

小学。民国 22 年（1933），秣陵关办第四区中心小学，设 1 年级 ~ 6 年级共 10 个班级，有学生 500 余人，教师 13 人。抗日战争胜利后，各乡镇建立中心国民学校，秣陵关有中心国民学校，同时设鸡鸣寺、梅家祠堂 2 所分校，共有学生 200 余人，教师 10 人。新中国成立后的 1952 年，境内大部分民办小学改为公办或并入公办小学。经调整、合并、扩建，划分辅导区，秣陵分为 4 个辅导区，辅导区内下辖 18 所小学，入学儿童 2194 人。1964 年，农村教育推行"两条腿"走路方针，提倡半耕半读。至 1965 年年底，秣陵公社办 116 所耕读小学，有在校学生 1425 人，耕读教师 200 人。1983 年，全镇有 16 所小学，120 个班级，在校生 3968 人，教师 240 人。1984 年，秣陵乡普及小学教育，7 周岁 ~ 11 周岁儿童入学率 100%，12 周岁 ~ 15 周岁儿童普及率 99.70%，在校生巩固率 99.90%。1990 年，秣陵境内有 18 所小学，39 个班级，在校生 2328 人，教师 136 人。进入 21 世纪，由于适龄儿童人数减少，境内学校随之撤并。2005 年年末，全街道有 1 所中心小学，2 所村办小学。当年秣陵中心小学有 57 个班级，在校生 2051 人。2007 年，有 1 所小学，即秣陵小学，有 38 个班级，在校生 1569 人，教职工 129 人。

中学。新中国成立前，境内没有中学。1953 年，建立江宁县秣陵关初级中学。1958 年，增设高中班，更名为江宁县秣陵关中学。1964 年，在周桥大队朱家祠堂、后圩农场、新丰小学同时创办 3 所农业中学，各招收 1 个新生班。至 1968 年，3 校共 9 个班级，有在校生 400 多人，教师 11 人。1969 年，各大队完全小学办起"戴帽子"初中班，当年各农业中学解体。1979 年，对小学"戴帽子"初中班进行调整，采取因地制宜撤班并校。1983 年，秣陵乡境内先后创办 2 所联中：大里联中与东旺联中，后于 1988 年并入秣陵初级中学。1995 年年底，全镇有完全中学、初级中学各 1 所：江宁县秣陵中学与秣陵镇初级中学。有 12 个高中班，学生 600 人，25 个初中班，学生 1230 人，教职工 387 人。2003 年，秣陵中学撤销初中部，更名为秣陵高级中学。2004 年，秣陵初级中学被授予省级示范初中称号。2005 年，该校有 30 个班级，在校生 1597 人，教师 90 人。2007 年，有 1 所中学，即秣陵初级中学，有 24 个班级，在校生 1116 人，教职工 96 人。

文化 民国时期，境内民间文化活动活跃，有街头卖唱、茶馆说书、地摊杂耍，吸引大批观众；农闲时节对神歌、廊檐班、白局等活动较为活跃；庙会期间各种社火活动十分热闹。新中国成立初期，境内民间自发组织文艺演出队伍。1951 年，秣陵镇潘义生等 20 余名手工业者自发组织秣陵工商联业余京剧团，经常在桥南大戏台演出，主要节目有传统京剧《四郎探母》《红娘》和现代京剧《一捆稻草》《小放牛》等。1952 年，组织秣陵镇文艺宣传队，自编自演舞蹈、相声、小锡剧、快板等节目，除在全镇演出外，还应邀去禄口、陶吴等地演出。1957 年，秣陵镇建立文化站，配合政府开展各种政治运动。1983 年，成立秣陵文化中心站，下设文化站、电影队、广播站、篮球队（男、女各一队），文艺宣传队、图书馆、文艺工厂等，文艺宣传队每年下乡演出 60 余次，多次参加市、县文艺汇演。1984 年，参加庆祝南京解放 35 周年文艺汇演，表演唱《看电视》获创作一等奖、演出二等奖，表演唱《卖板鸭的姑娘》获演出二等奖。2001—2005 年，全街道组织参加第一届至第五届江宁区群众文化艺术节表演活动，多个节目获奖。2006 年，方山街道文化站、百家湖街道文化站与秣陵文化站合并成立秣陵街道文体服务中心。2007 年，文体服务中心多次组织社区文艺活动，主办第七届"江宁之春"群众文化节演出等，并获奖。当年全街道有线电视用户 5.50 万户，入户率 98%。境内有国家级重点文物保护单位 1 处，省级重点文物保护单位 2 处，市级重点文物保护单位 3 处，县级文物保护单位 1 处。

卫生　新中国成立前期，秣陵关有2家私人开设的小西药铺和中药铺兼坐堂行医。民国37年（1948），设立秣陵镇卫生所，由于经费短缺于民国38年（1949）1月裁撤。新中国成立后的1951年，组建秣陵联合诊所。1968年，更名为秣陵公社医院。1969年起，境内16个大队相继成立医疗站，推行合作医疗制度。1989年，秣陵公社医院更名为秣陵镇卫生院。2000年，卫生院与南京胸科医院联合开展专家门诊，同时成立镇开发区、周桥、家园3个卫生保健站，撤掉其余13个村卫生室。2000年，各村卫生室改称卫生服务站，秣陵镇保留镇开发区、周里、家元3个卫生服务站，其余全部撤并。2006年，秣陵卫生院、方山卫生院与百家湖卫生院相继改称街道社区卫生服务中心。当年全街道有3个社区卫生服务中心、6个卫生服务中心站和16个卫生服务站。至2007年，秣陵街道社区卫生服务中心下设22个卫生服务站，其中6个为中心卫生站。方山社区卫生服务中心下设18个社区（村）卫生站，其中3个为中心卫生站。百家湖社区卫生服务中心中心下设卫生服务站6个，医疗系统覆盖百家湖4个复建小区。此外，当年街道境内建有南京同仁医院与南京江宁荣平老年康复中心。境内1297家企业、5.50万名职工全部参加医疗保险，连同1154名职工，全部享受医保待遇。农村合作医疗保险覆盖率100%，在册农户参保率98%以上。

2005年秣陵街道主要经济社会指标情况表

表46-2-11

项　目	数　量	项　目	数　量
地区生产总值（万元）	43780	第三产业增加值（万元）	145200
财政收入（万元）	2449	农业总产值（万元）	15550
耕地面积（公顷）	2503	粮食总产量（万公斤）	990.60
用电总量（万千瓦时）	3922	农改经面积（公顷）	466.70
工业总产值（万元）	67000	集贸市场成交额（万元）	4920
工业销售收入（万元）	65000	境内中小学校（所）	7
工业利税总额（万元）	4884	在校中小学生（人）	4398
固定资产投资（万元）	3210	初保普及率（%）	95
工业技改投入（万元）	28215	参加社保人员（人）	1260
三资企业（家）	13	电话普及率（%）	90
合同利用外资（万美元）	2250	自来水普及率（%）	98
私营个体企业（家）	110	人均存款余额（元）	5967
第三产业从业人员（人）	4233	农民人均纯收入（元）	6560

2007年秣陵街道主要经济社会指标情况表

表46-2-12

指　标	单　位	数　值	比2006年（±%）
总户数	户	58759	5.16
年末总人口	人	185699	10.44
其中：非农业人口	人	131275	59.00
人口出生率	‰	10	113.04
人口自然增长率	‰	5	–3.64
耕地面积	公　顷	1558	–66.18
地区生产总值	万　元	229941	21.30
财政收入	万　元	50486	36.74

续表

指 标	单 位	数 值	比 2006 年（±%）
工业总产值	万 元	506285	2.92
工业利税总额	万 元	46809	20.00
固定资产投资	万 元	182903	10.32
其中：工业投资	万 元	130883	12.32
实际利用外资	万美元	1118	4.68
企业数	家	716	1.[illegible]0
企业从业人员	人	49825	5.39
农民人均纯收入	元	8728	15.[illegible]0
农机总动力	千 瓦	46445	12.62
农村用电总量	万千瓦时	5667	34.20
境内中小学校	所	11	-8.3[illegible]
固定电话拥有量	部	91801	2.9[illegible]
移动电话拥有量	部	196026	0.9[illegible]
互联网上网用户	户	33240	6.50
小汽车拥有量	辆	10452	1.66
参加养老保险人数	人	18602	11.37
参加合作医疗人数	人	89217	77.61
建成区占地面积	公 顷	3210	531.89
工业园区面积	公 顷	40	—
公共绿地面积	公 顷	20	11.11
生活用燃气普及率	%	96	1.00
有线电视入户率	%	98	—
污水处理率	%	90	—
垃圾无害化处理率	%	91	1.00
集贸市场成交额	万 元	268100	935.53

2005 年秣陵街道村（社区）基本情况表

表 46-2-13

村（社区）	户数（户）	人口（人）	耕地面积（公顷）	人均纯收入（元）
家 园	881	2308	156.40	6910
双 金	974	3215	249.50	5880
西 旺	826	2302	119.40	7259
新 丰	927	2047	184.40	6397
高 塘	1125	2628	204.80	5913
桥 南	594	2014	154.80	6397
东 旺	1455	4158	184.90	6637
后 圩	869	2015	165.30	5432
火 炬	756	2588	240.30	5098
建 东	1265	2593	269.60	6033
周 里	1083	3450	308.60	6168
凤 凰	712	2356	246.50	6494

2007年秣陵街道村（社区）基本情况表

表46-2-14

村（社区）	户数（户）	人口（人）	耕地面积（公顷）
殷巷	3787	7865	—
下墟	1965	5078	—
东南	1562	3738	—
青源	1061	4061	—
牛首	1653	4850	—
长山	990	2460	—
胜太	3680	10350	—
太平	3037	8401	—
湖滨	2926	9194	—
秦淮	2626	6917	—
西旺	2554	5619	121
双金	2441	5370	234
司里	1622	3569	209
东旺	1789	4259	137
火炬	1254	2758	211
建东	1327	2920	234
家园	2127	4679	—
凤凰	2243	4934	234
桥头	3032	13524	—
成山	2985	12197	—
陵里	598	2763	—
永宁	812	3744	—
王墅	976	4488	—
横岭	850	4040	—
方山	934	4284	—
杨村	930	4112	—
解溪	813	3950	—
新华	701	3376	—
新林	625	3088	177
科苑	6859	29111	—

第三章 汤山街道览要

汤山是著名的温泉之乡，地处江宁区东北端。2007 年，区域面积 223 平方千米，下辖 12 个社区居委会、12 个村委会，人口 9.06 万人。

历史上汤山建制多变。秦时汤山属鄣郡江乘县。宋朝在神泉乡设立汤泉市。清同治年间，更名为汤水镇。民国 35 年（1946），更名为汤山镇。新中国成立后，境内设汤山镇、汤山人民公社、汤山乡、汤山镇、汤山街道等建制。

汤山温泉自古驰名中外。主要分布在汤山东及东南坡汤王庙一带，泉水源自地下 2 千米处，水温常年保持 50℃～60℃，且冬夏温差不大，共 8 个泉眼。汤山温泉旅游的历史可溯源至南朝，宋武帝刘裕第五子江夏王刘义恭曾在此作《汤泉铭》。梁昭明太子萧统、唐德宗时的韩滉、南唐徐锴、宋朝名相王安石都常驻足汤山温泉。清朝文学家袁枚对汤山温泉多有赞赏。民国时，蒋介石、宋美龄夫妇在此建别墅，并常至汤山温泉沐浴。新中国成立后，周恩来、董必武、朱德、刘伯承、叶剑英等开国元勋均曾到汤山温泉沐浴。

汤山街道是南京市重点发展的“三城九镇”和江宁区“一区三城”之一，历史文化资源和自然山水资源富集。2007 年，汤山街道实现地区生产总值 24.83 亿元，财政收入 6.61 亿元，全社会固定资产投资 27.51 亿元，比 2006 年分别增长 21.32%、64.57%、13.28%，位居南京市百强镇街第七位，获南京市“发展杯”金杯。2007 年 7 月，省民意调查中心民意调查显示，汤山百姓总体达小康认可度 78.08%，自身小康认可度 87.48%。是年，全街道有 12 家单位被评为全区新农村建设先进单位。

第一节 上峰镇

【历史沿革】

上峰镇位于江宁区东北境。宋时，境内属神泉乡。民国年间，辖区设上峰乡、旦东乡、鹤龄乡。1951 年设插花乡，1953 年成立阜西乡。1957 年撤区并乡，插花、上峰两乡合并为上峰乡。1958 年 9 月，上峰乡与汤山合并，成立汤山人民公社。1962 年，上峰从汤山划出，成立上峰人民公社。1982 年，改为上峰乡。1996 年，上峰乡改为上峰镇。2005 年，区域面积 71 平方千米，辖 10 个行政村、1 个居委会、75 个自然村、210 个村（居）民小组，74209 户，25901 人。2006 年 3 月，撤销上峰镇。

图 46-3-10 上峰镇党委、政府办公楼（2000 年摄）

【工农业生产】

工业 新中国成立前，上峰地区以铁、木、竹器等手工业生产为主，各村都有砻坊、磨坊，用于农副产品加工。20 世纪 60—70 年代，部分大队由组织土石方工程建筑队发展到办窑厂、搞采石、扒黄沙、挖陶土、制白泥等。20 世纪 70 年代初，上峰手工业社、农业机械厂、陶土厂、草包厂，是公社办的最早企业。1973—1980 年，公社和各行政村先后办起上峰水泥厂、农业机械厂、工程塑料厂、建筑公司、砂轮厂、土石方工程队、李岗头塑料厂、采石厂等 37 家企业，职工人数达 3051 人。1990 年，乡镇、村工业发展到 84 家，年产值 5947 万元，利税总额 547 万元，固定资产 2091 万元，职工人数 4610 人。1999 年，镇、村企业实行改制，至 2000 年，镇属企业除宁峰水泥厂属政府福利企业外，23 家企业全部由集体企业改为股份和私有企业。2005 年，全镇实现地区生产总值 44766 万元，其中，工业增加值 22250 万元，占 49.70%。当年年底，上峰工业集中区集聚企业 25 家，实现销售收入 49642.50 万元，纳税总额为 1141.50 万元。

农业 新中国成立前，上峰地区的农业生产因受自然因素和气候条件的影响，旱涝等自然灾害频繁，耕作粗放，收成寥寥，广大农民过着半年糠菜半年粮的穷苦生活。1957 年，种植粮食 2505 公顷，总产量 621 万公斤。20 世纪 60—70 年代，农业基础设施建设和农业机构的建立健全和科学种田措施的推行，使农业生产面貌得到改观，粮食产量大幅度提高。1963 年，全公社粮食喜获丰收，总产量 430 多万公斤，社员口粮第一次突破标准口粮 240 公斤。1977 年，全公社粮食总产量 1705 万公斤，比 1957 年增加 1084 余万余公斤，增长 174.60%。1983 年，全面实行家庭联产承包责任制，粮食产量大幅度提高。当年粮食产量达 2025.10 万公斤。1985 年，粮食产量创历史新高，总产量达 2200 万公斤。2000 年后，农业生产朝设施农业、生态农业、旅游农业的目标迈进，加快社会主义新农村建设速度。至 2005 年年末，全镇农业总产值 1.51 亿元，粮食总产量 1106 万公斤。实现一产增加值 5736 万元，其中农、林、牧、渔业 5581 万元。

【社会事业】

教育 幼儿园。1958 年，上峰境内以大队为单位办起幼儿园和托儿所混合班。20 世纪 70 年代，全公社 13 个大队以自然村开办幼儿班。1980 年，全社有 26 个幼儿班，入园幼儿 496 人。90 年代末，全镇有 13 所幼儿园，38 个班级，入园幼儿 717 人。2005 年年底，全镇有 12 所幼儿园，29 个班级，入园幼儿 405 人，教师 36 人。

小学。新中国成立前，上峰地区有 6 所私塾小学。新中国成立初期的 20 世纪 50 年代，境内有 13 所小学，42 个班级，在校生 872 人。60—70 年代，全乡有 21 所小学，81 个班级，在校生 2236 人。1980 年，有 32 所小学，100 个班级，在校生 3172 人。1990 年，全乡有 15 所小学，68 个班级，在校生 2170 人。2000 年，对境内小学进行布局调整。2005 年，全镇有 3 所小学，36 个班级，在校生 1686 人。

图 46-3-11　2005 年，上峰镇成为江苏省免费义务教育第一镇

中学。1969 年，创办上峰中学，时有 4 个初中班，学生 220 人；2 个高中班，学生 81 人。1979 年，对大队初中和小学“戴帽子”初中班进行布局调整，撤班并校，形成东岳庙、孟墓 2 所联办中学。1989 年和 1992 年，东岳庙联中、孟墓联中撤并到上峰中学，至此，全乡有 1 所中学。1998 年，上峰中学被评为南京市实施义务教育先进学校。2005 年，上峰中学有 21 个班级，在校生 1098 人，教职工 74 人。

文化 新中国成立初期，上峰地区的群众文化生活主要是开展玩花船、跑龙灯、赶庙会、唱小戏、玩杂耍等形式的民间文娱活动。20 世纪 60—70 年代，公社和各生产大队办起毛泽东思想文娱宣传队，演唱样板戏和编排群众喜闻乐见的节目，下乡进行巡回演出。1976 年，建成上峰影剧院，是当时全县屈指可数的首批影剧院之一。当年放映 300 场次，观众 3 万人次。20 世纪 80—90 年代，乡镇党委、政府加大对文化事业的投入和组织程度，每年至少组织一次全乡性的文艺汇演和调演。1997 年，上峰镇文化站被江宁县文化局评为先进文化站；是年，上峰镇被江苏省文化厅授予文化先进乡镇。2001—2005 年，参加“江宁之春”第一届至第五届群众文化节。2005 年，全镇有区级文物保护单位 1 处。有线电视用户 4800 户，入户率 82.90% 以上。

卫生 新中国成立前，上峰有集镇、集市几家私人诊所和药行，规模小、医疗单一，遇有重大疾病患者无法医治，烈性传染病时有发生。1969 年，建立上峰公社医院，全公社 13 个大队相继建立大队医疗站。此后，医疗制度和医疗条件逐步健全和改善，1996 年，上峰卫生院达到江苏省一级甲等卫生院标准。2000 年后，全镇村村建立村（社区）卫生室。镇村医疗体系更加规范，卫生防疫、妇幼保健工作明显增强。2005 年 10 月，上峰镇卫生院改为上峰镇社区卫生服务中心。全镇有村企卫生室 14 家，并在百合、李岗头等 7 个村（社区）设立卫生服务站。当年全镇农村合作医疗保险应参加人数 20385 人，实际参加 18550 人，参加率 91%。

2005 年上峰镇主要经济社会指标情况表

表 46-3-15

项　目	数　量	项　目	数　量
地区生产总值（万元）	44590	三资企业（家）	13
财政收入（万元）	4178	合同利用外资（万美元）	1320
耕地面积（公顷）	1633	农业总产值（万元）	15100
用电总量（万千瓦时）	6811	粮食总产量（万公斤）	1106
工业总产值（万元）	53000	集贸市场成交额（万元）	400
工业销售收入（万元）	51000	境内中小学校（所）	4
工业利税总额（万元）	5000	在校中小学生（人）	2734
固定资产投资（万元）	36670	电话普及率（%）	100
工业技改投入（万元）	33497	自来水普及率（%）	88
人均存款余额（元）	2971	农民人均纯收入（元）	6503

2005 年上峰镇村（社区）基本情况表

表 46-3-16

村（社区）	户数（户）	人口（人）	耕地面积（公顷）	人均纯收入（元）
插　花	444	1398	132.90	6560
孟　墓	752	2471	180.20	7773
百　合	468	1591	80.00	6385
新　宁	401	1350	86.70	6417
高　庄	1126	3763	205.00	6340
上　峰	562	1847	144.70	6454
李岗头	662	2217	154.80	8475
宁　西	600	2061	164.60	6150
阜　东	1125	3439	261.90	5758
复　庄	915	3030	222.10	6030
高　峰	790	1480	—	—

第二节 麒麟镇

【历史沿革】

麒麟镇位于江宁区北部。宋朝，境内设宣义乡、开林乡，并设东流市。晚清时设东流镇。民国时期，辖区设麒麟镇、东流镇、定林镇。此后有分有合。1956年，小乡并大乡，江宁县设汤山区，辖东流乡（东流镇改名，与麒麟乡、青西乡合并）、定林乡（与建新乡合并）。1957年，撤区并乡，恢复麒麟乡（与东流乡、定林乡合并）。1958年11月，成立麒麟人民公社。1965年，麒麟人民公社改为其林人民公社。1982年，其林人民公社改为其林乡。1994年，撤乡建镇，改“其林乡”为“麒麟镇”。2005年，区域面积62平方千米，辖5个社区、6个行政村、62个自然村，162个村（居）民小组，11305户，36992人。2006年3月，撤销麒麟镇。

【工农业生产】

工业 新中国成立前，麒麟地区工业以家庭手工业为主体，产业规模小、品种单一，产品附加值不高。20世纪60年代，乡属企业有3家，分别为麒麟手工业社、麒麟农业机械厂和麒麟小铁矿，生产方式均为手工操作。70年代，公社利用自然资源办起采石厂、炼灰厂、麒麟电镀厂、砖瓦厂等厂矿企业，带动当地运输业的崛起，如锁石村从70年代开始到80年代成为南京东郊有名的运输专业户村。1985年，有乡办企业16家，职工人数1605人，年产值623万元，利税总额122万元，固定资产363万元；村办企业38家，职工人数2403万元，年产值663万元，利税总额154万元，固定资产249万元。1990年，全乡有76家企业，年产值4555万元，实现利税324万元，职工5210人。1994年，所有乡村企业都进行股份合作制改革，至1999年，镇办企业全部完成改制。2005年，全镇有企业105家，实现工业总产值59357万元，利税6159万元，上缴税金2651万元。

农业 新中国成立前，麒麟地区农业生产力低下，洪涝、干旱、病虫等自然灾害频繁，农业衰败不振，广大农民群众过着食不果腹、衣不蔽体的贫困生活。新中国成立初期的1957年，境内种植粮食1885.70公顷，产量487万公斤。中共十一届三中全会后，推行各种形式的联产计酬责任制，积极发展多种生产经营，调动广大群众的生产积极性。1979年，粮食总产量1504万公斤，油料总产量34万公斤。1983年，全面实行家庭联产承包责任制，农民生产积极性高涨，粮食产量大幅增长，除完成国家粮油上交任务外，农民手中的余粮逐年增多。当年粮食产量1614万公斤，比1979年增长6.60%。1985年，全乡复种面积2426.90公顷，粮食总产量1017.50万公斤，完成国家征购25927.50万公斤，口粮人均达343.50公斤。20世纪90年代后，农业适用技术推广和品种改良以及农业产业结构的调整，使粮油生产向优质高效方向发展。至2005年年末，农业总产值2.33亿元，粮食总产量606万公斤。实现一产增加值5009万元，其中农、林、牧、渔业4799万元。

【社会事业】

教育 幼儿园。1958年，全公社各队都办起临时托儿所、幼儿园。多数幼儿园设备简陋，教学简单，成为“带孩子班、农忙管水班”。1959年，开办麒麟人民公社全托幼儿园，学生20多人。1965年前后，公社南、中、北三片先后开办3所幼儿园。1978年，公社中心小学成立学前班。1980—1984年，全乡12所学前班共有幼儿364人，入园率70%。1985年8月，创办其林乡中心幼儿园，同时办起12所村办园，44个班级，并招聘幼儿教师56人。是年，其林乡4周岁～6周岁幼儿数1533人，入园幼儿1497人，入园率97.70%。1995年，全镇有13所幼儿园，46个班级，幼儿入园率100%，教职工65人。是年，麒麟中心幼儿园被南京市教育局评定为五县唯一一所乡镇级模范学校；2001年，被南京市评为巾帼文明示范岗、区先进学校；2004年，被江苏省授予巾帼文明示范岗。至2005年，全镇有13所幼儿园，30个班级，幼儿入园率100%，教职工52人。

小学。民国16年（1927），马寿麟创办麒麟门小学。1952年，全乡先后办起窦村小学、青西小学、西流小学、南庄小学、建新小学、锁石小学、定林小学、西村小学等学校。因办学成绩显著，1960年，麒麟小学被评为南京市先进学校。1964年，全乡各村相继办起半耕半读小学，至1966年，全乡有9所全日制小学，40所耕读小学（班）。1976年，全乡有小学84个班级，在校生3671人，教师137人。1979年，对全公社中、小学布局和规模进行调整，创办联中，各小学附设的初中相继撤销。1989年，全乡小学有75个班级，在校生2800余人，小学入学率99.90%，专任教师102人。1996年后，开始对全镇村小布局进行科学调整。经调整合并，至2005年，全镇有2所小学：建南联合小学与麒麟中心小学，共有38个班级，在校生1203人，教师85人。

中学。1958年秋，创办江宁县麒麟初级中学。1970年，更名为江宁县其林中学，有10个班级，在校生540人，教师30余人。1979年，对全公社中、小学布局进行调整，在境内北、中、南各办联中1所。1993年8月，晨光、东流、上坝河3所联中并入其林中学。至此，全乡只有其林初级中学一所中学。1997年年底，学校通过省教委检查验收，成为当时南京市唯一的教育现代化示范乡镇初中。2001年3月，经省教委检查验收，被评为省教育现代化工程示范初中。2005年，麒麟中学有22个班级，在校生974人。

文化 1979年，文化站创办初期，设施简陋，主要开展图书阅览、乒乓球、象棋等活动。20世纪90年代后，先后举行全乡文艺汇演、庆国庆文艺演出和纪念“一二·九”运动文艺演出、全镇文艺汇演和读书演讲比赛。1993年，其林文化站被江苏省文化厅评为二级文化站。1996年12月，麒麟镇荣获江苏省文化先进乡镇。2001—2005年，连续参加5届“江宁之春”群众文化节演出，获奖节目众多。2004年，成立麒麟艺术团，对麒麟舞进行挖掘整理，编排新麒麟舞——麒麟呈祥，后更名为《麒麟献瑞》。是年5月，艺术团先后参加中国南京世界历史文化名城博览会表演、全国第十届运动会吉祥物揭晓仪式演出。2005年4月，先后参加江苏省首届农家乐文体表演，华东六省一市春节文艺调演，南京市迎十运盛会大型群众文体活动表演，南京市雨花石艺术节开幕式演出等。是年，境内有国家级文物保护单位1处，市级3处，未列入的2处。

卫生 新中国成立前，境内有几家私人诊所和药店。1953年，成立东流镇中西医联合诊所。1958年10月，成立麒麟公社医院，下设东流、定林、晨光、建新、泉水、窦村分院。1969年，更名为公社医院，全公社13个大队相继成立医疗站，实行合作医疗。1975—1985年，乡、村卫生医疗条件不断改善，各项基础设施不断加强，组织网络更加健全，人民群众健康有一定的保障。1996年，麒麟卫生院达江苏省一级甲等卫生院标准，全镇12个村达县甲级卫生室标准，锁石村达县示范村卫生室标准。2005年10月，镇卫生院更名为麒麟镇社区卫生服务中心，下设社区卫生服务站4个。当年全镇农村合作医疗保险应参加人数23225人，实际参加22216人，参加率95.60%。

2005 年麒麟镇主要经济社会指标情况表

表 46-3-17

项 目	数 量	项 目	数 量
地区生产总值（万元）	71280	第三产业从业人员（人）	6873
财政收入（万元）	10054	第三产业增加值（万元）	32210
耕地面积（公顷）	2560	农业总产值（万元）	23300
用电总量（万千瓦时）	4340	粮食总产量（万公斤）	606
工业总产值（万元）	32000	集贸市场成交额（万元）	4200
工业销售收入（万元）	30050	境内中小学校（所）	8
工业利税总额（万元）	3100	在校中小学生（人）	6226
固定资产投资（万元）	66200	参加社保人员（人）	22000
工业技改投入（万元）	38318	自来水普及率（%）	100
三资企业（家）	16	人均存款余额（元）	5128
合同利用外资（万美元）	2014	农民人均纯收入（元）	7574
私营个体企业（家）	136	—	—

2005 年麒麟镇村（社区）基本情况表

表 46-3-18

村（社区）	户数（户）	人口（人）	耕地面积（公顷）	人均纯收入（元）
麒麟门	805	2418	169	6913
麒麟甫	544	1555	130	6491
悦 民	1920	5927	—	—
晨 光	940	3560	267	9701
锁 石	405	1436	124	10800
袁家边	658	1742	187	6458
青 西	504	1534	153	6035
泉 水	784	2422	267	10610
定 林	799	2323	271	6365
建 南	881	2287	271	6365
窦 村	638	2082	269	6070
东 流	1380	4115	382	7186

第三节 汤山街道

【历史沿革】

汤山镇是江苏省百家名镇之一，位于江宁区东北部。宋朝，上元县设神泉乡，并置汤泉市。清同治年间，汤泉市更名汤水镇。民国 35 年（1946），更名汤山镇，隶属南京市第 13 区。1957 年，撤区并乡，汤山区划分为汤山镇、麒麟乡、上峰乡。1958 年 9 月，成立汤山人民公社。1961 年，汤山镇从汤山人民公社划出，列为县属镇。1962 年，上峰从汤山划出，成立上峰人民公社。1982 年，汤山人民公社更名汤山乡。1983 年 5 月，汤山镇、汤山乡合并为汤山镇。2005

年，区域面积117平方千米，辖5个社区、10个村民委员会、84个自然村、228个村（居）民小组，11311户，41103人；是年12月，撤销汤山镇，设立汤山街道办事处。2006年3月，撤销汤山街道办事处和上峰镇，将原汤山街道办事处管理区域与原上峰镇管辖区域，以及原麒麟镇管辖的悦民、麒麟门、麒麟铺、晨光、锁石5个居委会区域和东流、青西、袁家边3个村合并设立新的汤山街道办事处。街道办事处驻原汤山街道办事处驻地汤泉西路18号。

图 46-3-12 汤山街道办事处成立大会（2005年摄）

【工农业生产】

工业 新中国成立前，汤山境内主要以产铁、木、竹器等手工业为主体。20世纪50年代初，村办企业起步，以家庭作坊式的手工业为主。20世纪60年代，乡镇工业起步，公社办起机械厂、砖瓦厂、采石厂、印刷厂等社办企业。由于镇办工业的兴起与发展，公社各大队先后办起铁业加工厂、粮食加工厂、五金厂、采石厂、建筑工程队等26家企业。中共十一届三中全会后，乡镇（村）工业发展迅速，企业档次提高。至1985年，镇办企业31家，职工人数2621人；村办企业73家，职工人数5756人，年产值2404万元，利税306万元。20世纪90年代，汤山镇村企业进行改制，实行股份合作制。1998年，彻底改制为私营企业，镇（村）办企业数量增多。是年，镇办企业23家，年产值21268万元，利税总额2020万元，固定资产7089万元；村办企业161家，年产值16031万元，利税总额1523万元，固定资产20089万元。2002年3月，镇政府在集镇中东部的中心、西梅、作厂区域兴办汤山工业小区，规划面积4平方千米，分A、B、C三个功能区。建成区面积3平方千米。2005年，全镇工业形成建筑材料、建筑、机械、铸造、纺织五大支柱产业，工业固定资产总额达72218万元，实现工业总产值7.20亿元，利税7920万元。2006年，全街道完成工业总产值239935万元，其中，工业销售收入22.95亿元、工业利税25650万元。当年落户园区项目31个，协议投资12亿元。其中投资在2亿元以上的项目1个，投资在5000万元以上的项目8个，工业集中区引进项目21个，占全街道的68%；集中区实现工业产值16.74亿元、工业增加值4.45亿元、实现利税1.79亿元。2007年，实现工业生产总值300151万元，其中，工业销售收入283570万元，工业利税31520万元。当年园区引进项目33个，总投资7.50亿元。引进项目中，投资额1.50亿元以上的1个，5000万元以上2个，3000万元以上8个。当年，集中区实现工业产值26.50亿元，工业增加值6.90亿元，利税2.76亿元。

图 46-3-13 2007年 汤山街道被评为南京市综合实力二十强街道

农业 新中国成立前，汤山地区由于农业体制为私有制和旱涝灾害频繁，农业衰败，广大农民生活贫困。新中国成立初期的1950年，粮食总产量324万公斤。随着农田水利建设、农业机械化程度的提高和农业科技普及运用，粮食产量大幅度提高。1977年，全公社粮食总产量

1407万公斤，比1950年粮食总产量增加1083万公斤，增长334%。1983年，全镇210个生产队全面实行家庭联产承包责任制，调动农民种粮的生产积极性，粮食产量明显提高。当年，全镇粮食总产量1625万公斤。1985年，粮食总产量1565.80万公斤，其间涌现出不少售粮大户，全镇人均收入达541.17元。2000年后，农业产业结构进行调整，由单一化农业向多元化方向发展。至2005年年底，农业总产值1754万元，粮食总产量937.20万公斤。实现一产增加值8390万元，其中农、林、牧、渔业8195万元。2006年，推进全街道农业产业结构调整，大力发展设施农业，每片区设施农业规模不低于3.30公顷。全街道建有高标准高效设施蔬菜大棚466.70公顷，形成锁石、晨光蔬菜科技示范园、龙尚湖蔬菜基地及湖山、桦墅、阜东、锁石等15处奶牛规模养殖基地。当年全街道实现农、林、牧、渔业总产值43738万元，其中，农业产值19513万元，林业产值559万元，牧业产值18853万元，渔业产值4299万元，农、林、牧、渔服务业514万元。2007年，全街道实现农业生产总值42796万元，其中，农业产值19252万元，林业产值655万元，牧业产值17750万元，渔业产值4549万元，农、林、牧、渔服务业590万元。

【社会事业】

教育 幼儿园。民国19年（1930），宋美龄在汤山脚下建造一所幼儿园，开一个班，招收幼儿30余人。新中国成立后，发展为2个班级，招收幼儿70余人。1958年，境内几乎村村队队都办起幼儿班或托儿所，设备简陋。20世纪70年代，幼儿教育大发展，全公社有56个幼儿班。1985年后至90年代末，中心幼儿园成立后，开展创建合格、优秀标准园活动。1994年，对每个幼儿班进行注册，全镇注册率100%，入园率85%，巩固率99%。1998年，全镇所有幼儿园整体达验收标准。2001—2005年，对全镇幼儿园进行布局调整。2005年年末，全镇幼儿园有30个班级，入园幼儿581人，入园率95.60%，教师38人。至2007年，全街道有3所中心幼儿园，其中，汤山幼儿园创建为江苏省优质幼儿园。

小学。清宣统三年（1911），汤山知名人士唐云楷创办汤山高等小学，校址在延祥寺内。民国35年（1946），推行国民教育，汤山地区有2所中心国民学校，14所国民学校，共40个班级，在校生1496人。至1985年年底，全镇有26所小学，105个班级，在校生3060人，教师187人。1997年，全镇有16所完小，132个班级，在校生4761人，专任教师239人。2005年，全镇有6所完小，52个班级，在校生1999人，专任教师115人。至2007年，全街道有3所中心小学、1所完全小学，其中，麒麟中心小学创建成南京市实验小学。

中学。民国36年（1947），汤山地区创办私立慈庵中学，时有4个班级，在校生150余人。1951年，创办汤山夜中，后更名为汤山中学。1968—1970年，有7所大队小学开设初中班。至1976年，全镇除汤山中学外，有2所完中，5个高中班，学生286人；2所初中，39个班级，学生1974人。1979年，对初中班进行布局调整，采取撤班并校和毗邻大队联合办学的方法，小学不再附设初中班，同时创立桦墅、龙山、作厂、建路4所联办中学。1985年，全镇有4所中学，48个班级，在校生2835人，教职工172人。2005年，全镇有2所中学，教职员工232人，其中，作厂中学有22个初中班，学生1026人；汤山中学有22个高中班，在校生1238人。至2007年，全街道有3所初级中学。

文化 20世纪20年代末，国民政府在汤山设立文化机构，文化活动场所虽普及面不大，但却启迪了民智。新中国成立后，成立南京市第九区社教工作站。1950年冬，作厂小学成立业余剧团，排演《白毛女》《三世仇》等歌舞话剧，演出25场，观众达3万余人次。1953年7月，第九区社教工作站更名为江宁县第六区汤山文化站，围绕中心工作进行时政宣传和组织辅导群众开展文化娱乐活动，丰富群众的业余文化生活。1986—1988年，每年组织象棋、扑克、乒乓、康乐球、足球等文体项目比赛。从1993年起，全镇连续举办10届全镇群众性文艺汇演。2001—2005年，组织文艺节目参加全区第一届至第五届的“江宁之春”群众文化节，均获优秀组织奖。此外，获省创作二等奖1次；市创作二等奖1次，创作三等奖6次，表演三等奖4次。2005年，境内有国家级文物保护单位1处，省级2处，未列入的3处。2006年4月，文化站成功举办江宁区第六届“江宁之春”文艺演出。随后在汤山地区和麒麟地区举行大型演出，观众达1.50万人次。是年，麒麟文化站被江苏省评为省级标准文化站；汤山文化站被南京市评为五星级文化站。2007年，街道组织文艺演出队参加全国职工文艺调演，并获优胜组织奖。组织专场文艺节目，分别送到上峰、麒麟铺、东流等社区和街道敬老院等地。

卫生 民国18年（1929），汤山农民教育馆设民众诊疗所，布种牛痘、宣传孕妇保健及育婴常识以及家庭卫生等。民国21年10月，国民政府中央卫生部在汤山成立乡村卫生实验区事务所，培训乡村卫生人员，时为全国最早推行乡村卫生实验工作地区之一。新中国成立后的1958年，建立汤山公社医院。1968年，全公社16个大队相继建立大队合作医疗站，并在全公社推行农村合作医疗。1993年，镇卫生院被南京市评为一级甲等医院。1996年，创建成南京市爱婴医院和花园式医院。当年全镇15个村卫生室达甲级卫生室标准。至2005年年底，全镇有社区卫生服务中心1个，下设5个社区卫生服务站。当年农村合作医疗保险应参加人数26927人，实际参加25850人，参加率96%。2006—2007年，全街道共投入100万元加大对村、社区卫生服务站的硬件建设，24个村（社区）卫生服务站全部达标升级，做到小病吃药、打针、输液不出村（社区），农村新型合作医疗越办越好2006年，参加新型农村合作医疗保险68865人，参保率96.50%。2007年，有社区卫生服务中心3个，下设社区卫生服务站29个，街道合作医疗办1个，全街道医疗卫生服务体系完备，辖区内民众看病方便。是年，全街道应参加新型合作医疗69333人，实际参加69333人，参保率100%。

2005年汤山镇主要经济社会指标情况表

表46-3-19

项　目	数　量	项　目	数　量
地区生产总值（万元）	65590	第三产业增加值（万元）	22700
财政收入（万元）	6628	农业总产值（万元）	12542
耕地面积（公顷）	1650	粮食总产量（万公斤）	937
用电总量（万千瓦时）	6232	农改经面积（公顷）	4
工业总产值（万元）	57000	集贸市场成交额（万元）	8030
工业销售收入（万元）	56000	境内中小学校（所）	8
工业利税总额（万元）	5000	在校中小学生（人）	4263
固定资产投资（万元）	67900	初保普及率（%）	100
工业技改投入（万元）	4509	参加社保人员（人）	2000
三资企业（家）	5	安装电话（部）	13388
合同利用外资（万美元）	2271	自来水普及率（%）	90
私营个体企业（家）	217	人均存款余额（元）	7[illegible]20
第三产业从业人员（人）	8060	农民人均纯收入（元）	6878

2007 年汤山街道主要经济社会指标情况表

表 46-3-20

指 标	单 位	数 值	比 2006 年（±%）
总户数	户	32310	3.45
年末总人口	人	100543	3.51
其中：非农业人口	人	21802	28.66
人口出生率	‰	8	-4.03
人口自然增长率	‰	2	-10.78
耕地面积	公 顷	3682	-17.56
地区生产总值	万 元	248336	21.32
财政收入	万 元	66092	64.57
工业总产值	万 元	201640	21.92
工业利税总额	万 元	31520	22.88
固定资产投资	万 元	275067	13.28
其中：工业投资	万 元	185415	9.03
实际利用外资	万美元	1364	31.15
企业数	家	821	47.13
企业从业人员	人	35700	8.43
农民人均纯收入	元	9683	15.25
农机总动力	千 瓦	80359	1.52
农村用电总量	万千瓦时	22040	20.80
境内中小学校	所	10	-67.74
固定电话拥有量	部	25079	1.15
移动电话拥有量	部	28580	8.02
互联网上网用户	户	1723	10.31
小汽车拥有量	辆	1982	38.60
参加养老保险人数	人	17710	-7.26
参加合作医疗人数	人	69333	5.90
建成区占地面积	公 顷	3050	—
工业园区面积	公 顷	1600	—
公共绿地面积	公 顷	1260	0.80
生活用燃气普及率	%	99	—
有线电视入户率	%	98	—
污水处理率	%	81	—
垃圾无害化处理率	%	100	—
集贸市场成交额	万 元	46180	37.69

2005 年汤山镇村（社区）基本情况表

表 45-3-21

村（社区）	户数（户）	人口（人）	耕地面积（公顷）	人均纯收入（元）
桦 墅	735	2480	137.70	7149
湖 山	579	1881	139.70	7174
孟 北	700	2514	169.40	6456

续表

村（社区）	户数（户）	人口（人）	耕地面积（公顷）	人均纯收入（元）
龙 尚	820	2800	163.50	5983
孟 塘	680	2452	127.30	7447
西 梅	405	1420	66.40	5627
寺 庄	515	1580	86.40	6778
路 西	666	2174	125.70	6561
建 设	685	2452	159.00	6803
汤 山	794	2669	18.40	—
青 林	829	2491	164.90	7030
中 心	420	1520	31.20	5796
作 厂	512	1661	77.70	6773
汤 泉	3312	7951	—	—
古 泉	1146	3132	127.50	8455

2007年汤山街道村（社区）基本情况表

表 46-3-22

村（社区）	户数（户）	人口（人）	耕地面积（公顷）	人均纯收入（元）
麒麟门	3637	10598	83	92[illegible]7
麒麟铺	2546	6196	47	9257
晨 光	1053	3500	70	12130
东 流	1421	4221	268	9337
袁家边	658	1769	127	9090
锁 石	435	1458	66	15802
桦 墅	730	2450	127	9040
湖 山	530	1871	123	9081
孟 北	720	2460	149	8450
龙 尚	965	2860	195	8093
古 泉	1202	3421	117	11923
汤 山	2900	10273	33	8995
孟 塘	680	2452	127	9421
青 林	919	2745	126	10018
作 厂	1624	4748	142	8831
路 西	709	2216	132	8660
建 设	627	2248	117	8842
孟 墓	1227	4011	313	12000
鹤 龄	997	2946	167	8401
高 庄	2022	5341	205	9100
上 峰	1234	4070	300	11998
宁 西	626	2102	165	8135
阜 东	1124	3426	262	8001
阜 庄	959	3172	222	8380

第四章　淳化街道览要

淳化街道位于江宁区东大门，与句容市接壤，境内交通便捷，104 国道、宁杭高速、汤铜路、淳湖路穿境而过，距中华门、南京新生圩港和禄口国际机场均为 18 千米。2007 年，街道区域面积 132 平方千米，下辖 17 个村（社区），人口 5.86 万人。

北宋淳化五年（994），设淳化镇，又名淳化关。清时为上元四镇之首。明清两代皆在此设巡检司。新中国成立后，境内先后设淳化区、淳化乡、淳化人民公社、淳化镇、淳化街道等建制。

境内有古代文物胜迹多处，文化底蕴丰厚。周郎桥的传说经久不衰，据宋《景定建康志·桥梁》载："周郎桥在城东八十里上元县。"2007 年，该桥位于淳化街道东部约 10 千米的周郎社区。境内有周子村、周郎村、周瑜练兵场等。相传为东吴名将周瑜协助孙氏平定江东的遗迹。土桥集镇中心有昭明院，为南朝梁昭明太子的一处别墅，建成昭明寺。境内"虎洞明曦"一景位于青龙山与黄龙山、大连山之间，被列入清金陵四十八景之一。

2007 年，淳化街道全年实现地区生产总值 8.21 亿元，比 2006 年增长 17.30%，其中第一产业 1.71 亿元，第二产业 3.39 亿元，第三产业 3.11 亿元；财政总收入 1.62 亿元，比 2006 年增长 9.17%。工业总产值 6.14 亿元，工业销售收入 10.83 亿元，工业利税 6590 万元。农民人均纯收入 8720 元，比 2006 年增长 19.30%。

第一节　土桥镇

【历史沿革】

土桥镇位于江宁区东部。唐时，土桥被称为土桥市；宋代改为土桥镇，元、明、清各代沿袭此名。新中国成立初期，土桥镇先后属第九区、淳化区、湖熟区。1957 年撤区并乡，土桥境内四个小乡（永平、滨淮、周子、西城）及土桥集镇合并为土桥乡。1958 年，成立土桥人民公社。1982 年，复名土桥乡人民政府。1994 年，撤乡建镇为土桥镇。2005 年，区域面积 67 平方千米，辖 12 个村民委员会和 2 个社区居民委员会，人口 32991 人。2006 年 3 月，撤销土桥镇。

【工农业生产】

工业　土桥集镇自汉代起已有集市，历朝历代商贸不断，地方手工业纭生，行业众多，油坊酒糟、铁竹等行业颇具特色。新中国成立后，先后成立集镇手工业合作社、供销合作社、粮油加工厂等。中共十一届三中全会后，镇办、村厂工业进入大发展时期，至 1985 年，全乡有乡办企业 21 家，年总产值 1033.25 万元，年创利润 47 万元，职工 2907 人；村办工业 60 多家，职工 2316 人。有固定资产 97.30 万元，年产值 2132 万元，上缴利税 95.50 万元。20 世纪 90 年代末，镇村企业进行改革，推行股份制和股份合作制。2005 年，全镇工业产值 4.27 亿元，销售收入 4.06 亿元。全镇改制企业 34 家，其中镇办 12 家，村办 22 家，改制为有限责任公司的 3 家，股份合作公司的 7 家，私营企业的 18 家，破产 3 家，兼并 3 家。当年镇南工业区开发面积 70 公顷，进区企业 23 家，注册资金 1000 万元以上的 9 家；茶岗工业区、周郎工业区的开发粗具规模，13 家入区企业正在建设中。

农业 1952年，全乡粮食总产量893.70万公斤。三年困难时期，农民生产积极性下降，至1960年年底，全公社粮食总产量降至772.50万公斤。1963—1965年，贯彻“农业六十条”后，农业生产逐年得到恢复和发展，1964年，粮食总产量1571.50万公斤。1965年，粮食总产量增至1618.70万公斤。“文化大革命”期间，全公社坚持生产，大搞积肥造肥，改良土壤，大力加强农田水利建设，1976年，粮食总产量达2246.50万公斤，成为县农业先进单位。1982年，实行家庭联产承包责任制，当年承包粮食产量2254万公斤，油料70.60万公斤。此后，粮食产量年年攀升，至1989年，粮食总产量2829.70万公斤。农村联产承包后，土桥大米逐步走向市场，20世纪90年代后创成“珍珠牌”土桥大米品牌。镇内三大圩区及周边良田以种植水稻为主，政府部门支持农科站抓农业示范片建设，推广优良水稻、高产油菜种植。1997—2004年，全镇建高产示范工程方240个，累计面积3335公顷次。同时，引导农户因地制宜，从事多种经营。至2005年，全镇农业总产值21505万元，粮食总产量2071.50万公斤。其中林业总产值1358.70万元，畜牧业总产值4077.10万元。“五城牌青虾”“西城城雾茶”获国家注册商标，被认定为无公害、无污染绿色食品。

【社会事业】

教育 幼儿园。1958年，在土桥镇中心小学开设幼儿班，时有1个班级，入园幼儿30余人，保育员1人。20世纪60年代末，农村大队陆续开办幼儿班，入园幼儿不多，也不稳定。1985年，全乡有45个幼儿班，入园幼儿854人，保教人员41人。1990年，全乡有44个幼儿班，入园幼儿740人，保教人员47人。1998年，中心幼儿园经上级检查验收定为二类园，全镇11家村幼儿班在村委会的支持下开展达标工作，于1997—1998年分别通过检查验收，取得合格幼儿班证书。至2005年，全镇有22个幼儿班，入园幼儿534人，保教人员32人。

小学。民国6年（1917），开办昭明院私立小学，后屡停屡办，并更名为土桥镇小学。抗日战争结束后的民国34年，全镇有1所公办小学，12所保国民初级小学，9所私立小学，学生1200多人。1949—1950年，全乡村小学由原21所增至32所。1976年，为普及初中教育，完小办“戴帽”初中，片中办联中。1987年，全乡有33所小学，在校生2816人，小学普及率100%，教职工141人。1998年，土桥镇制订《校园布局调整方案》，决定扩大中心校容量，将柏墅小学、周郎小学、永勤小学并入中心小学，中心小学增至18个班级。是年，全镇有16所小学，在校生3550人，小学普及率100%，教职工144人。2005年，土桥镇通过江苏省现代化合格（乡）镇的验收。是年，全镇有4所小学，在校生1523人，小学普及率100%，教职工112人。

中学。旧时土桥乡没有初中，小学毕业后须到湖熟中学或汤山中学上学。1958年，创办土桥中学，在土桥镇西约1千米处。1966年，在民主片、永平片、周子片、塘东片办农业中学。1976年，土桥中学扩大招生规模，原4个片的农业中学改制为联办中学。1982年，对中学布局进行调整，取消联中高中班。1987—1996年，先后撤并永平联中、周子联中、塘东联中与民主联中，将4所联中并入土桥中学。此后，土桥中学办学规模逐渐扩大，1997年，有25个班级，在校生1300人，教职工96人。2002年，办学规模增至33个班级，在校生1700余人，教职工108人。2005年，土桥中学增至27个班级，在校生1300余人。

文化 新中国成立初期，土桥地区民间普遍开展腰鼓、耍狮子、彩灯、踩高跷、脸子会、玩花船等。土桥乡文艺积极分子组织业余剧团，排演《白毛女》《小二黑结婚》，在镇老街西来庵演出。1956年春，成立土桥文化站，定期在街头巷尾出黑板报，宣传时政新闻表扬好人好事。“文化大革命”期间，文化站遭冲击停办。1998 年，全镇建有合格文化室和俱乐部 13 个，建有村级文化户 30 个。是年，土桥镇被命名为江苏省群众文化先进乡镇。自是年开始，全镇先后在土桥、远景、滨淮、西城、西埠、茶岗等行政村开展“送文化、送卫生、送科技”三送活动。2001—2005 年，参加第一届至第五届“江宁之春”群众文艺演出，参演人员 800 余人次，吸引观众 4 万多人次。2005 年，全镇有线电视覆盖率 100%，实现有线电视“村村通”；80% 的社区（村）购置一体化播音设备，建立标准化社区（村）播音室。

卫生 新中国成立前，土桥地区贫穷落后，广大农村缺医少药，镇上有 3 家私人诊所和 4 爿中药店。当时卫生状况差，蚊蝇成群，污水横流，霍乱、伤寒、痢疾、天花、麻疹等传染病极为普遍，成人死亡率 25%，婴儿死亡率 30%。新中国成立后，3 家私人诊所与中药店组成土桥联合诊所。1958 年，联合诊所改名为土桥卫生院。1964 年，卫生院成立 16 个村级保健站。1998 年后，各行政村加强村卫生室建设，投资建省标准卫生室，镇配齐医、防、保工作人员，形成医保网络，覆盖各社区、各自然村落。2005 年，卫生院投资 267 万元建新的住院大楼，总建筑面积 2000 平方米。至是年年底，茶岗、周子、民主和西城四个卫生室改建社区卫生服务站，并纳入镇卫生院统一管理。当年，全镇参加农村合作医疗保险人数 30040 人，占全镇人口的 95%。

2005 年土桥镇主要经济社会指标情况表

表 46-4-23

项 目	数 量	项 目	数 量
地区生产总值（万元）	26600	第三产业增加值（万元）	7160
财政收入（万元）	1771	农业总产值（万元）	21505
耕地面积（公顷）	3644	粮食总产量（万公斤）	2072
用电总量（万千瓦时）	814	农改经面积（公顷）	533
工业总产值（万元）	17000	集贸市场成交额（万元）	240
工业销售收入（万元）	16000	境内中小学校（所）	5
工业利税总额（万元）	1065	在校中小学生（人）	2823
固定资产投资（万元）	15300	初保普及率（%）	97
工业技改投入（万元）	7500	参加社保人员（人）	2300
三资企业（家）	7	电话普及率（%）	77
合同利用外资（万美元）	582	自来水普及率（%）	100
私营个体企业（家）	814	人均存款余额（元）	5101
第三产业从业人员（人）	5247	农民人均纯收入（元）	6326

2005 年土桥镇村（社区）基本情况表

表 46-4-24

村（社区）	户数（户）	人口（人）	耕地面积（公顷）	人均纯收入（元）
桂花园	570	1796	86.70	6156
新 兴	652	2119	211	5828
周 郎	701	2368	217	5749
永 平	644	1867	197	5221
滨 淮	432	1442	137	5423
民 主	532	1752	196	5261

续表

村（社区）	户数（户）	人口（人）	耕地面积（公顷）	人均纯收入（元）
远 景	596	1797	165	5709
祝 庄	420	1778	106	5050
周 子	820	2771	292	5658
西 埠	865	2480	234	5782
中 圩	620	1827	236	5769
西 城	626	2041	213	5753
柏 墅	756	2210	190	5466
茶 岗	945	2689	266	5946

第二节 淳化街道

【历史沿革】

淳化镇位于江宁区东部。自唐时，淳化地区属上元县。历经宋、元、明、清诸朝，淳化地区均属上元县。新中国成立后的1950年，淳化及其附近地区隶属于江宁县第九区。1957年7月撤区并乡，成立淳化乡人民政府，索墅村始属淳化乡。1958年9月，成立淳化人民公社。1982年11月，成立淳化乡人民政府。1989年2月，淳化乡建制改为淳化镇建制。2005年8月，撤淳化镇建淳化街道，区域面积65平方千米，境内辖7个社区，180个居民小组，7346户，26259人。2006年3月，撤销土桥镇，将原土桥镇管辖区域与原淳化街道办事处管理的淳化、青山、青龙、吴墅、田园、索墅、双岗7个居委会区域合并设立新的淳化街道办事处。街道办事处驻原淳化街道办事处驻地府前路1号。

图46-4-14 2005年，淳化街道举行撤镇设街道挂牌仪式

【工农业生产】

工业 民国时期，淳化乡只有手工业，以铁、木、竹、缝纫等为主，主要分布在淳化、解溪、索墅集镇。新中国成立初期，淳化乡工业由于基础薄弱，发展缓慢。1978年，工业企业发展到29家，年产值1045万元，居全市第一。1985年年底，淳化乡工业企业有水泥厂、钙塑包装材料厂、南京泵厂、陶土厂、砖厂、采石场、炼灰厂等，具有一定规模的厂达107家，固定资产1809万元，职工7788人。工业总产值达3302万元，乡属工业成为全乡经济的主体。1996年，全镇工业企业开始进行体制改革。至2000年年末，全镇工业企业有326家，其中镇办企业25家，村办企业118家，合资企业8家，私营企业7家，个体企业100家。年工业总产值500万以上的规模企业52家，5000万以上的企业6家，利税超百万的企业15家。主要产品有机械、建筑材料、化工、农药、服装、纸箱、汽配、水泵系列和玻璃工艺等20多个品种，出口产品有4种。镇、

村企业职工 12633 人，固定资产原值 3.51 亿元，销售收入 10.83 亿元，利税 4455 万元，主要产品产值 9.77 亿元。2005 年，淳化工业园区进驻企业 12 家。2006—2007 年，全街道工业企业 146 家，其中个体私营企业 52 家，村属企业 34 家，村、社区引进企业 49 家。2006 年，工业企业营业收入 155183 万元，年净利润总额 4986 万元，年上缴税金 3099 万元，从业人员 11521 人。全街道固定资产 1000 万元规模以上的企业 18 家，产值 46584 万元，上缴税金 1599.50 万元，净利总额 1425.70 万元。2007 年，主营业收入总额 15.65 亿元，年净利润 5330 万元，年上缴税金 3875 万元，从业人员 12340 人。全街道固定资产 1000 万元规模以上的企业 21 家，总产值 61368 万元，上缴税金额 2422.50 万元，净利总额 1589.50 万元。是年，全街道 6 个工业集中区开发面积 290 公顷，引进企业 47 家，实现工业生产总值 4.62 亿元，工业增加值 1.02 亿元，上缴利税总额 3970 万元。

农业 1950 年，淳化粮食产量 400 万公斤。至 1956 年，粮食产量增至 890 万公斤，人均口粮 273 公斤。1959—1961 年，三年困难时期，全公社粮食生产急剧下降。1962 年，开始进行调整，1964 年，粮食产量达 1308.38 万公斤。“文化大革命”时期，粮食产量下降。“文化大革命”结束后，至 1979 年，全公社粮食产量 2323.92 万公斤。中共十一届三中全会后，全镇进行农业改革，经改革，粮食产量大幅度增长，农民收入有所提高。至 1986 年年底，全年粮食总产量达 2471.37 万公斤，农村经济收入 5228.76 万元，农民各项所得总额 2350.08 万元，人均收入 635 元。1994 年与 2004 年（不包括王墅、宋墅、焦村、新华、解溪 5 个社区及淳化茶场）相比，粮食总产量由 2423.40 万公斤减至 948.50 万公斤，油料作物总产量由 170.20 万公斤增至 181.20 万公斤，棉花总产量 1.20 万公斤增至 20 万公斤，经济作物总量 1504.70 万公斤增至 5887.80 万公斤。2005 年，全街道农业总产值 13623 万元，粮食总产量 95286.40 万公斤。2006—2007 年，街道农田播种面积 4414 公顷，主要种作水稻、小麦、油菜，兼作经济作物类。农业初步形成六大（“优质稻米”“特种水产”“茶叶”“花卉苗木”“蔬菜”“奶业”）当地特色板块。2006 年，粮食总产量 3278.20 万公斤，2007 年 3240.20 万公斤。2007 年，街道水域养殖面积全面进入无公害生产轨道，民主社区成为淳化街道高效渔业示范村。“五城”青虾被南京市人民政府认定为南京市名牌产品。

【社会事业】

教育 幼儿园。新中国成立前，民国 35 年（1946），南京金陵女子文理学院乡村服务处在淳化镇南街创办实验性幼儿园，教学条件较好。新中国成立后的 1952 年，在淳化中心小学附设幼儿班，有幼儿 40 余人。1958 年，全公社幼儿教育事业发展迅速，新建 60 多所托儿所，入托幼儿 882 人；创办 33 所幼儿园，入园幼儿 1195 人。1976 年，全公社各大队都办起幼儿园，幼儿班增至 53 个，入园幼儿 1541 人，幼儿教师 90 人。1979 年，淳化中心幼儿园被评为南京市幼教先进集体，淳化镇被评为江苏省少儿工作先进集体。1985 年，淳化中心幼儿园被南京市评为文明幼儿园。1986 年，全乡有 42 个幼儿班，入园幼儿 1507 人，保教人员 61 人。20 世纪 90 年代初，设 1 所中心幼儿园，另加 15 个办学点，29 个班级，入园率 91%，有教师 43 人。进入 21 世纪后，由于行政区划调整，全镇办学点减至 6 个，班级数减至 11 个。2005 年，全街道有 11 个幼儿班，入园幼儿 356 人，入园率 93.20%，保教人员 21 人。至 2007 年，有 2 所中心幼儿园，即淳化中心幼儿园、土桥中心幼儿园。

小学。清光绪二十八年（1902），孙乐皆在淳化镇下王墅村创办江宁县县立王墅小学。至抗日战争前夕，全镇有 13 所公立小学，1 所私立小学。民国 35 年（1946），境内有 4 所乡镇中心国民学校、16 所保国民学校与 3 所私立小学。1950 年秋，对各公、私立小学进行调查登记，共有29所小学，54个班级，在校生1685人，教职员59人。1965年，境内各自然村试办耕读小学，开办38所耕读小学，有学生788人。1975年，全公社小学增至44所，有9个大队的小学先后附设“戴帽子”初中班。1987—1990年，全镇小学基本保持14所完小、9所初小的规模，有105个班级，学生总数3500人左右，教职工190人。20世纪90年代，先后撤并各村完小，全镇有13所完小加1所中心小学（淳化中心小学）。2005年，全街道有5所小学，在校生2720人，小学普及率97%，教职工97人。至2007年，有2所小学，即淳化中心小学、土桥中心小学。

中学。1958年9月，淳化公社创办淳化初级中学，招收初中一年级新生2个班级，有学生120人，教师4人。至1969年年底，淳化公社盲目发展高中、“普及”初中，淳化初级中学改为完全中学，各大队兴办初中。1976年，淳化公社有14所各类普通中学，50个班级，在校生2369人，教职工129人。1979年，对大队初中和小学“戴帽子”初中班进行布局调整，创立索墅、解溪两所联办初中。1986年，淳化乡有1所完全中学、3所联办初中，1个高中班、32个初中班，高中生56人、初中生1573人，教职工119人。至1995年下半年，全镇有2所中学：索墅联中与淳化中学，在校生1457人，教职工123人。2002年下半年，淳化中学通过江苏省示范初中合格验收。2003年下半年，索墅联中撤销并入淳化中学，淳化镇在全区率先实现一镇一校。是年，淳化中学有51个班级，在校生2518人，教职工120人。至2005年，淳化中学有35个班级，在校生1800余人，专任教师111人。2007年，有2所初中，即淳化中学、土桥中学。

文化　民国时期，淳化镇各个村上的名人经常组织当地农民排演一些古装戏剧或出资请外地的小剧团、草台班子到镇（村）上演出。1950年下半年，淳化镇成立江宁县第九区俱乐部。1957年7月，创办乡文化站，设图书室和活动室等。1980年9月13日，淳化公社成立江宁县第一家文化中心站，并组建业余文艺宣传队。1982年，淳化乡文化中心站被南京市委、市人民政府授予建设社会主义精神文明先进集体，被江苏省人民政府授予农村文化工作先进集体。1985年和1986年，连续2年被南京市人民政府评为军民共建社会主义精神文明先进集体，并评为农村文化建设一等奖。1987年，淳化乡文化站被市文化局评为群众文化工作先进集体；1998年，淳化镇被评为省文化厅群众文化先进镇。2000—2005年，街道每年都参加区里组织的“江宁之春”群众文化节，均获得组织奖。2006—2007年，淳化街道参加“江宁之春”群众文化节，并举办“腾弘杯”第六届文艺专场演出、“润盛杯”文艺专场演出。为各村（社区）免费放电影130多场，为青龙社区、周郎村送去4场“奔小康”专题文艺节目。2007年，文化建设实施两大硬件工程：投资40万元，对原淳化影剧院进行全面改进，使影剧院更加舒适、宽敞；完成全街道10个村（社区）文化活动室创建任务。

卫生　新中国成立前，淳化境内有10多个私人挂牌行医，医生治病以传统中医、中药和民间验方为主。由于医疗条件、水平低下，许多重大疾病患者难以得到有效治疗。新中国成立初期，淳化镇成立中西医联合诊所。1958年，成立淳化公社医院；1968年年末，全公社建立14个合作医疗站；1979年，淳化公社医院改为淳化公社卫生院。1994年，淳化镇卫生院被评为南京市一级甲等医院；1996年被授予市爱婴医院和市红十字会员单位。2005年3月，成立淳化街道卫生服务中心，中心设有6个社区卫生服务站。1999年年初，中心与空军454医院联合开展腹腔镜专科，至2005年，已治愈胆囊炎、胆石症、胆囊息肉患者1500余例。2006—2007年，淳化卫生服务中心开设内科、儿科、五官科、外科、中医科、检验科、放射科等。2006年，淳化卫生服务中心腹腔镜专科被区卫生局确立为特色专科；至2007年年底，腹腔镜专科成功切除2800多例胆囊结石、息肉等。是年，淳化卫生服务中心获市2006年度红十字会工作先进集体及区卫生局先进单位等荣誉。当年全街道所有村（社区）参加新型合作医疗覆盖率100%、群众参保率97%。

2005 年淳化街道主要经济社会指标情况表

表 46-4-25

项 目	数 量	项 目	数 量
地区生产总值（万元）	34070	第三产业增加值（万元）	13700
财政收入（万元）	2502	农业总产值（万元）	13623
耕地面积（公顷）	1961	粮食总产量（万公斤）	796
用电总量（万千瓦时）	2622	农改经面积（公顷）	125
工业总产值（万元）	16000	集贸市场成交额（万元）	1460
工业销售收入（万元）	14900	境内中小学校（所）	6
工业利税总额（万元）	2552	在校中小学生（人）	3520
固定资产投资（万元）	22200	初保普及率（%）	91
工业技改投入（万元）	7140	参加社保人员（人）	6628
三资企业（家）	2	安装电话（部）	6000
合同利用外资（万美元）	1080	自来水普及率（%）	97
私营个体企业（家）	300	人均存款余额（元）	5875
第三产业从业人员（人）	3014	农民人均纯收入（元）	6535

2007 年淳化街道主要经济社会指标情况表

表 46-4-26

指 标	单 位	数 值	比 2006 年（+%）
总户数	户	18305	–0.93
年末总人口	人	58606	1.38
其中：非农人口	人	58606	1.38
人口出生率	‰	8	–11.99
人口自然增长率	‰	1.60	–42.86
耕地面积	公 顷	4318	–20.43
地区生产值	万 元	82112	17.31
财政收入	万 元	16178	36.17
工业总产值	万 元	61368	20.20
工业利税总额	万 元	6882	20.84
固定资产投资	万 元	61200	9.17
其中：工业投资	万 元	44270	34.31
实际利用外资	万美元	503	19.76
企业数	家	299	7.55
企业从业人员	人	12340	7.11
农民平均纯收入	元	8720	19.30
农机总动力	千 瓦	42658	7.39
农村用电总量	万千瓦时	1526	–83.15
境内中小学校	所	4	0
固定电话拥有量	部	8890	–27.20
移动电话拥有量	部	22120	19.83
互联网上网用户	户	850	16.44
小汽车拥有量	辆	496	9.73

续表

指　　标	单　位	数　值	比 2006 年（+%）
参加养老保险人数	人	10175	6.10
参加合作医疗人数	人	42530	12.45
建成区占地面积	公　顷	1330	—
工业园区面积	公　顷	276	—
公共绿地面积	公　顷	48	—
生活用燃气普及率	%	99	—
有线电视入户率	%	98	35.55
污水处理率	%	42	5.00
垃圾无害化处理率	%	92	—
集贸市场成交额	万　元	11480	16.30

2005 年淳化街道村（社区）基本情况表

表 46-4-27

村（社区）	户数（户）	人口（人）	耕地面积（公顷）	人均纯收入（元）
索　墅	1060	3093	312	6549
青　龙	1080	3174	333	6540
吴　墅	835	2415	296	6510
青　山	1156	3309	304	6568
淳　化	1373	3660	225	6559
双　岗	950	2933	263	6541
田　园	747	2376	228	6547

2007 年淳化街道村（社区）基本情况表

表 46-4-28

村（社区）	户数（户）	人口（人）	耕地面积（公顷）	人均纯收入（元）
淳　化	1416	3877	163	9039
青　龙	1082	3195	295	10024
青　山	1160	3328	255	9590
索　墅	1063	3100	235	8729
吴　墅	845	2442	220	9016
田　园	765	2442	192	8611
双　岗	970	3020	232	8510
土　桥	568	1820	87	8762
新　兴	1282	4128	408	8347
周　郎	702	2378	218	8521
周　子	820	2686	292	8331
滨　淮	832	2723	244	8305
民　主	1173	3537	362	8260
西　埠	870	2400	234	8408
西　城	1239	3839	449	8403
柏　树	658	2210	190	8350
茶　岗	857	2710	244	9520

第五章　禄口街道览要

禄口街道位于江宁区南部，东临秦淮河与溧水县柘塘镇隔河相望，西与横溪街道相连，南与溧水县石湫镇、安徽省当涂县博望镇毗邻，北与秣陵街道、湖熟街道接壤。2007 年，区域面积 165 平方千米，辖 15 个社区、15 个村，人口 8.30 万人。禄口镇曾被确定为全国重点镇、省新型示范小城镇、省市建设重点镇和中心镇，南京市实施“三城九镇”战略第一镇。

禄口镇明代称路口市。清代建镇，始称禄口镇。新中国成立后，称禄口镇，建制多有变化。1958 年后，先后为禄口人民公社、禄口乡、禄口镇、禄口街道等建制。

禄口风景秀丽，人杰地灵。晋代大诗人陶渊明、大书法家王羲之的后人先后定居铜山，山阴村王姓家族保存的《王氏家谱》和尚洪陶渊明后人保存的《陶氏宗谱》成为宗亲文化中的瑰宝，弥足珍贵。抗日战争时期，无数革命先烈浴血战火，英勇捐躯。邓仲铭、姚文龙、王伟、胡延福、熊益政、吕畴等，他们奋不顾身，英勇杀敌，写下可歌可泣、气壮山河的历史篇章。新中国成立后，境内涌现出开明士绅业文明，让敌人闻风丧胆的赵家淦，南京白局民间艺人史永余，著名中医张仲梁，气象“土”专家刘永明，一生为教育事业作贡献的陶会源，热心助人的渔师刘德善，惠泽乡里的爱国港胞张兴富等众多知名人士。他们用自己的勤劳、勇敢和睿智，为禄口这块土地创造出丰厚的物质精神财富，留下深刻的历史印记。

2007 年，街道全年实现地区生产总值 14.48 亿元，比 2006 年增长 22.80%，其中第一产业 2.08 亿元、第二产业 6.17 亿元、第三产业 6.22 亿元；全社会固定资产投入 12.19 亿元，比 2006 年增长 0.41%；合同利用外资 1200 万美元，实际到位外资 715 万美元，出口创汇 2500 万美元；实际财政收入 3.50 亿元，比 2006 年增长 56.18%。是年，禄口街道获市“和谐杯”银杯，综合实力进入全市涉农街道 20 强，3 个村进入全市综合实力百强村。

第一节　铜山镇

【历史沿革】

铜山镇位于江宁县境南。治所设在铜山集镇。春秋时代，乡境属吴国。晋太康元年（280），晋武帝平吴，改建业为秣陵，铜山属秣陵，历沿宋、齐、梁、陈各代。唐之前建制无考证，宋代始有道德乡和尽节（静洁）乡的名称记载，历元、明、清各代，均属上元县。1949 年，铜山地区划为和定乡、铜山镇、曹村乡、水晶乡四乡镇，属江宁县四区（秣陵关）。1954 年 7 月，江宁县四区改为禄口区，铜山地区四乡镇隶属于禄口区。1956 年，铜山区域的铜山镇、和定乡并为铜山乡；曹村乡、水晶乡并为曹晶乡，隶属禄口区。1957 年，撤区并乡。

图 46-5-15　铜山镇政府办公楼（1996 年摄）

铜山乡、曹晶乡合并为铜山乡。1958年10月1日，成立铜山人民公社。1982年12月，成立铜山乡人民政府。1996年，撤铜山乡建铜山镇。1999年，区域面积78.54平方千米，辖18个行政村，1个居委会，107个自然村、1个自然镇。2000年3月，铜山镇撤销，并入禄口镇。

【工农业生产】

工业 新中国成立前，铜山地区只有一些手工业和小作坊，主要从事瓦、木、铁、竹等行业，手工制作水平低下。20世纪50年代末期，铜山镇村办工业兴起。1957年，4个高级农业生产合作社联办一家粮食加工厂，至1958年转为社办企业。1987年，全乡有乡办企业17家，固定资产1367.10万元，当年创工业总产值2948万元，利润13.20万元，职工2712人。是年，18个行政村有村办企业66家，总产值1476.4万元，固定资产282.56万元，上缴税金37.73万元，纯利润92.29万元，有职工2123人。村办工业产值超100万元的有铜山、彭福、曹村、南夏4个行政村；规模较大、经济效益较好的有铜山、南夏、曹村、溧塘等行政村的防水材料厂和化纤加工厂。20世纪90年代后至1999年年底，镇村工业企业实行经营体制改革，采用股份制或拍卖等形式，将镇、村集体企业改革为私营企业，当年创工业总产值4.29亿元。

农业 新中国成立前，铜山地区水利失修，旱涝虫害频繁，十年九灾，生产工具落后，农业生产基本处于落后状态。新中国成立后，不断改进生产组织形式，兴修水利、改良品种，逐步实现部分农田机械耕作和电力灌溉，农业生产有较快的恢复和发展。1963—1965年，全公社粮食总产量分别为1136.18万公斤、1154.42万公斤、1367.42万公斤。“文化大革命”期间，生产秩序混乱，产量下降。1969年，粮食总产量降至1144万公斤。1977年，全公社粮食产总产量2591.40万公斤。中共十一届三中全会后，实行家庭联产承包责任制，调动农民的生产积极性。至1984年，全年粮食总产量2583万公斤。20世纪80年代中、后期，许多农民为追求经济效益，重麻轻粮，将许多良田改种苎麻。1987年，全乡苎麻面积1308公顷，占总耕地面积近一半，粮食作物种植面积大幅度下滑，产量锐减。1987年，全年粮食总产量1405万公斤。1988年，全乡执行退麻还粮的决策，全乡退麻还粮面积近700公顷，恢复粮食生产，使粮食产量比1987年增加250万公斤。1999年，全镇粮食种植面积3627公顷，粮食总产量2200.10万公斤。

【社会事业】

教育 幼儿园。1958年，铜山公社各大队和较大的自然村都办起幼儿班或托儿所，据统计，当时有70个幼儿班（所），入园幼儿1152人，因设备简陋，师资薄弱，教学简单，多数是农忙办，农闲散，只有铜山中心小学开设的幼儿园坚持到20世纪60年代初。中共十一届三中全会后，铜山地区幼儿教育事业发展加快，各村办小学都开办幼儿园（班），使学龄前儿童都能就近入园。1987年，全乡幼儿园（班）有16个大班、16个中班、14个小班，入园幼儿1445人，入园率68.90%，幼儿教师54人。至1999年，全镇有41个幼儿班，入园幼儿1296人，教师51人。

小学。1949年，境内有11所小学，15个班级，在校生540人，教师18人。1952年，有26所小学，29个班级，在校生1027人，教师37人。1964年，全公社试办耕读小学，1965年，全公社有78所耕读小学，耕读教师78人。1972年，大队小学普遍办“戴帽子”初中。1980年，各完小撤销初中班。1984年，全乡小学“四率”（入学率、巩固率、毕业率、普及率）经市、县检查验收合格，省、市两级政府向铜山颁发“普及初等教育合格证书”，跻身江苏省实施初等教育先进乡镇行列。1987年，全乡小学入学率99.70%，巩固率99.80%，毕业率99.60%，普及率99.10%，成为江苏省基础教育先进乡之一。1993—1999年，江苏省教委连续3届授予铜山乡中心小学为江苏省模范学校。

1999 年，全镇有 17 所小学，92 个班级，在校生 2972 人，教职工 151 人。

中学。新中国成立前，全乡没有中学，读中学须到外地。1958 年，创办铜山初级中学，时有 2 个班级，在校生 108 人，教师 6 人。1969 年，境内中学盲目发展高中、普及初中。1980 年，对小学“戴帽子”初中班进行布局调整。东片 9 个大队在水荆墅粮库创办五圩联中（后更名曹村初级中学）。1981 年，桑园、陈巷、徒㙊、尚洪、呼嘘、溧塘等初中班全部并入铜山中学。此后，为发展职业教育，铜山中学内先后设有电视中专班、机电职业高中班、机械职业班、铸造班、化工班、机电班、服装班、电子班等。1987 年，全乡有 2 所中学，分别为曹村初级中学与铜山中学，31 个班级，在校生 1886 人，教职工 112 人。1999 年，将曹村初级中学并到铜山中学，有 21 个班级，学生近 1000 人，专任教师 90 人。

文化 新中国成立前，境内文化生活仅有群众自发组织的传统民间文娱活动。每年农历正月十五的灯节，各村举行灯会活动；二、三月里的庙会请戏班唱几天；夏季田间劳动唱唱山歌、号子；秋收后常请外地草台班子演一些地方戏。1950 年 2 月，铜山乡在集镇设立俱乐部，发动群众组织文艺宣传队，并恢复民间自娱性传统文艺活动，较有影响的有狮舞、马灯、龙灯、彩娘船等。1958 年，组建铜山文化站，组织业余剧团定期开展活动。1983 年，全乡组建 6 支文艺队伍，于农历正月初六参加全乡文艺汇演。1987 年，兴建铜山影剧院，成立文化中心站。1991 年，创建成江苏省合格文化中心（即文化站达标中心）。1999 年，经验收达标，铜山镇并被评为江苏省群众文化先进镇。当年，辖区内多数行政村建立文化活动室，开展各种形式的文化活动。全年放映电影 320 场次，观众 2.10 万人次。镇政府投资建设有线电视转播站，开通有线电视，电视线路送达整个铜山集镇及周边村庄，有线电视用户近千家。

卫生 新中国成立前，铜山地区医疗卫生落后，人民缺医少药情况较严重，健康状况较差。新中国成立后的 1951 年，建成铜山联合诊所；1958 年，成立铜山公社卫生院。1966 年起，全公社有 17 个大队先后建立医疗站。1969 年，全公社 18 个大队对农业人口实行合作医疗。20 世纪 80 年代初期，全公社建起 17 个农村医疗室。1996 年，铜山乡卫生院更名为铜山镇卫生院。1999 年，全镇卫生室、合作医疗事业建设全部达标，甲级卫生室 15 家，合格、示范室各 1 家。全镇合作医疗资金到位率 100%，参加率 90% 以上，覆盖率 100%。

第二节 禄口街道

【历史沿革】

禄口镇位于江宁县东南。杨吴天祐十四年（917），分上元县南十九乡，当涂县二乡置江宁县。禄口地区分别隶属江宁、上元两县治辖。宋、元、明、清时期，建制依旧。清代建镇，始称禄口镇。民国元年（1912），废上元、江宁二县，禄口地区属南京府。1949 年，禄口属第四区人民政府，治所设秣陵镇。1957 年 7 月撤区并乡，禄口乡辖 13 个高级农业生产合作社。1989 年 3 月，禄口撤乡建禄口镇。至 1999 年 12 月，区域面积 65.50 平方千米，辖 3 个居委会，20 个行政村 107 个自然村。2000 年 3 月，铜山镇并入禄口镇；2002 年 12 月，属陶吴镇的钟村、上穆、陶东 3 个村同时并入禄口镇。2006 年 3 月，撤销禄口镇和陶吴镇，将原禄口镇管辖区域与原陶吴镇管辖的陶东、钟村、上穆 3 个居委会区域合并设立禄口街道办事处。街道办事处驻原禄口镇政府驻地禄口大街 38 号。

图 46-5-16 20 世纪 90 年代禄口镇人民政府

图 46-5-17 禄口街道办事处成立大会（2006 年摄）

【工农业生产】

工业 新中国成立前，禄口地区工业以铁、木、竹业为主体的手工业生产小农具、农具、日用小商品。规模稍大的是作坊型的粮食加工（砻坊），资本在 500 圆大洋左右，经营方式为自产自销。据民国 23 年（1934）江宁自治实验县《施政纲要》记载：禄口街上有糟坊 2 家、制鞋 1 家、砻坊 5 家、银匠店 2 家、棺材店 1 家、染坊 1 家、铁匠店 4 家、扎纸店 1 家。1953 年，成立禄口镇第一个集体工业实体——禄口手工业生产合作社。20 世纪 60 年代后，禄口乡创办农业机械厂、粮油加工厂、针织厂、织布厂、皮毛厂，多为来料加工和生产低档的皮毛产品。中共十一届三中全会后，乡、村企业犹如雨后春笋，至 1987 年，全乡有机电、化工、轻纺、建材等工业企业 18 家，乡、村企业工业生产总值 5430 万元，从业人员 3316 人。1992 年，禄口镇建立禄口工业园区。1994 年，全镇有机械、化工、轻纺、电子、建筑材料等五大产品的大、小企业 121 家。1996 年，全镇有 20 多个项目，10 多亿元投资进镇落户，全镇工业总产值超 10 亿元。1999 年，全镇实行部分集体企业改制，全镇有镇办企业 20 余家，村办企业 100 余家，工业总产值超过 15 亿元。2000 年后，境内逐步完成对镇、村企业的经营体制改革。2001 年，建设禄口工业集中区，占地面积 10 平方千米，总投资 30 多亿元。2006 年，基础设施累计投资 11.65 亿元，实现"七通一平"，是南京市首家通过 ISO 9001 质量管理体系和 ISO 14001 环境管理体系的工业集中区。至 2007 年年末，禄口工业集中区总投入 22 亿元，入园的内外资企业 200 多家，合同利用外资 2.80 亿美元，吸引内资 30 亿元。当年全街道有工业企业 360 家，工业总产值 145736 万元，利税总额 14156 万元，固定资产投资 121948 万元。

农业 嘉靖二十三年（1544），葛仙、永丰二乡兴修水利得田 3600 亩。据民国 25 年（1936）江宁县田赋地亩记录，全乡有耕地 1842.70 公顷。其间几经战乱，加之水旱风虫自然灾害无法防治，农业生产工具落后，生产水平极低。水稻亩产量 50 公斤左右，三麦不超过 30 公斤。新中国成立后，全乡人民兴修水利，大搞农田基本建设，进行耕作制度改革，推广农业技术，农业生产迅速发展，粮食亩产量大幅度提高。1963 年，粮食总产量 1464 万公斤。1977 年，粮食总产量 2308 万公斤，水稻亩产量第一次超过 500 公斤。中共十一届三中全会后，实行农业家庭联产承包责任制，出现

图 46-5-18 1983 年春，水稻专家陈永康到禄口乡传授水稻先进种植技术

农、林、牧、渔全面发展的经济形势。1984年，粮食总产量2644.80万公斤，创历史最高纪录。1987年，全乡粮食种植面积3873.33公顷，总产量2280.10万公斤，平均亩产量392.30公斤。1999年，全镇粮食复种面积2773.33公顷，总产量2023.20万公斤，平均亩产量486公斤。2000年年末，农业总产值2.75亿元，粮食总产量3400万公斤，油料总产量643.40万公斤。此后，全镇积极推进农业结构调整和科技兴农等农业生产，促进农业生产产业化经营。至2007年年末，全街道农业总产值44913万元，其中农业23565万元，林业1039万元，牧业8996万元，渔业10633万元，农林牧渔服务业680万元。粮食种植面积4299公顷，粮食总产量3438.10万公斤，油料年产量256万公斤。

【社会事业】

教育 幼儿园。1956年，在禄口中心小学内附设幼儿班，入园幼儿30余人，有保育员2人。1980年，在禄口小学附设幼儿园，入园幼儿28人。1985年，在禄口茅亭路建立禄口乡中心幼儿园，入园幼儿280人，幼儿教师15人。1999年，禄口镇中心幼儿园创建成市优质园。至1999年，全镇有40所幼儿园，在园幼儿1187人，幼儿教师50人。2000年年末，有2所镇属幼儿园，34所村级幼儿园，共46个班级，入园幼儿998人，幼教人员52人，入园率89.80%。至2007年年末，全街道有10所幼儿园，40个班级，入园幼儿1194人，幼儿教师98人。

小学。新中国成立前，禄口境内的小学主要有铺头初等小学（后为铺头小学）、张桥小学、国民秦村小学（后为秦村小学）等。新中国成立后的1958年，成立禄口公社中心小学。1982年，全镇有20所小学，111个班级，学生3800人，教职工171人。1999年，全镇有17所小学，104个班级，学生3708人，教师217人。2000年年末，有2所中心小学，12所村完小，24个办学点。至2007年年末，全街道有3所小学，83个班级，在校生3273人，入学率100%，教职工414人。

中学。20世纪50年代，禄口没有中学，小学毕业后到邻近秣陵中学或其他中学就读。1960年，创办江宁县禄口初级中学。20世纪70年代，全公社19个大队，有14个大队办起戴帽子初中班，基本普及初中教育。1982年，14所小学摘掉初中班帽子，并分片创办3所联办初中。1993年9月，将原兴富中学、万寿初中及禄口中学三校合一，校名为禄口中学，有30个班级，在校生1526人。1999年，禄口中学有24个班级，在校生1195人，教职工120人。2000年年末，有2所中学，分别为禄口中学与铜山中学，均为学制三年的初级中学。2所中学共有49个班级，在校生2449人。至2007年年末，全街道有2所中学，44个班级，在校生2170人，教师172人。

文化 新中国成立前，禄口境内文化活动主要是少数民间艺人走乡串镇表演及在春节期间群众自发的乡村传统文化活动，常见的有龙灯、狮灯、花船、锣鼓吹乐等。禄口山塘民间艺人史永余说唱的白局，闻名江宁各地，并传至南京。新中国成立后，四区（禄口区）成立文化俱乐部。1982年10月，成立禄口文艺宣传队，编排地方戏、歌舞和曲艺在全乡范围内进行演出。1987年，成立文化中心站。1993年，镇政府投资700多万元翻建建筑面积2400平方米的影剧院。1995年，创建成万册图书馆。1997—1998年，建成占地1600平方米禄口镇文化站和南京市首家农村少儿文化园。1999年，禄口镇文化站改称禄口文化活动中心，设立10个活动室。2001年，禄口镇有禄口、铜山2个文化站。2002—2007年，先后开展"伟大祖国、伟大党"群众文艺活动、庆祝第20个老人节文娱活动、"迎新年送文化进社区文艺演出"、"做文明江宁人"百场文艺演出、江宁"房产杯"与"金肯杯"群众文化活动。还参加第一届至第七届"江宁之春"群众文化活动，2002年，承办"江宁之春"文化活动开幕式专场演出，2005—2007年，承办"江宁之春”文化艺术活动闭幕式，连续4年获得优秀组织奖。2006年11月，禄口街道文化服务中心更名为江宁区禄口街道文体服务中心。2007年，完成13个村、社区农村文化、体育设施创建达标。建设街道图书馆、藏书达2.30万册，完成15个村文化室创建达标。是年11月3日，成立南京郊区第一个街道文联，文联下设文学创作、音乐舞蹈、书法美术、摄影及民间艺术5个协会。当年，全街道有线电视入户总数11760户，有线电视覆盖率100%，入户率62%。

卫生 民国时期，禄口镇卫生条件差，天花、麻疹、流脑、结核、肠道等多种传染病流行。民国22年（1933），有西医民生诊所、禄口诊所，医疗设备简陋，缺医少药，且医药费昂贵，民众就医困难，病人死亡率高。1951年11月，禄口乡成立禄口联合诊所，后改称禄口乡卫生院。1967年，禄口公社各生产大队共兴办21个合作医疗站。1987年，医疗站改称卫生室，全乡有村卫生室20个，石矿医务室3个。1989年，禄口乡卫生院改称禄口镇卫生院。1993—1995年，全镇甲级卫生室达95%，合作医疗率100%，医疗参保率70%。推进村“二室合一”（卫生室、计生室）的建设，至1995年，70%的行政村达到“二室合一”标准。1999年，全镇设卫生室18个，有示范卫生室1个，甲级卫生室17个。当年全镇参加农村合作医疗保险率98%，并在全省第一批通过省级验收，成为省级初级卫生保健合格镇。2000年，全镇有禄口和铜山2个社区卫生服务中心，中心下设社区服务站14个，有19个村卫生室。2006年，共有医疗机构12个，其中卫生中心1个，卫生服务站8个，金肯职工医院1家，其他卫生机构1家。2007年，全街道有社区卫生服务中心2个，下设社区服务站16个。当年全街道应参加农村合作医疗人数54389人，实际参加57458人，参保率95%。

2007年禄口街道主要经济社会指标情况表

表46-5-29

指 标	单 位	数 值	比2006年（±%）
总户数	户	26771	0.90
年末总人口	人	82980	3.62
其中：非农业人口	人	82980	3.62
人口出生率	‰	8	9.92
人口自然增长率	‰	2	233.33
耕地面积	公 顷	3308	–53.32
地区生产总值	万 元	144762	22.79
财政收入	万 元	35080	56.18
工业总产值	万 元	145736	0.41
工业利税总额	万 元	14156	18.80
固定资产投资	万 元	121948	56.12
其中：工业投资	万 元	37400	13.31
实际利用外资	万美元	715	21.39
企业数	家	360	–69.26
企业从业人员	人	23664	2.00
农民人均纯收入	元	8208	15.00
农机总动力	千 瓦	39559	6.18
农村用电总量	万千瓦时	9524	24.33
境内中小学校	所	5	—
固定电话拥有量	部	18020	11.75

续表

指　标	单　位	数　值	比 2006 年（±%）
移动电话拥有量	部	48238	29.66
互联网上网用户	户	1980	9.39
小汽车拥有量	辆	842	50.36
参加养老保险人数	人	22148	1.50
参加合作医疗人数	人	57458	7.15
建成区占地面积	公　顷	970	0.31
工业园区面积	公　顷	600	—
公共绿地面积	公　顷	23	4.55
生活用燃气普及率	%	100	—
有线电视入户率	%	96	1.05
污水处理率	%	96	—
垃圾无害化处理率	%	100	—
集贸市场成交额	万　元	34605	1.60

2007 年禄口街道村（社区）基本情况表

表 46-5-30

村（社区）	户数（户）	人口（人）	耕地面积（公顷）	人均纯收入（元）
永　兴	719	1973	—	8235
白云路	735	2066	—	8264
茅　亭	2601	5588	—	—
机　场	597	1649	—	—
铜　山	1642	10742	—	—
陆　纲	1020	2915	60	8176
山　堆	630	1813	23	8097
群　力	834	2327	—	—
新　生	677	2002	105	8022
高　伏	587	1756	92	8065
谢　村	808	2886	140	8225
彭　福	426	1382	116	11000
上　穆	794	2371	163	8180
钟　村	902	2390	—	8186
陶　东	1231	3485	61	8100
杨树湾	456	1168	107	8030
成　功	797	2303	127	8230
张　桥	981	2754	194	8068
马　铺	582	1627	102	8280
秦　村	1209	3218	164	8015
黄　桥	1320	3719	220	8060
桑　园	707	2350	101	8035
陈　巷	761	2373	196	8075
徒　墙	692	2438	198	8010

续表

村（社区）	户数（户）	人口（人）	耕地面积（公顷）	人均纯收入（元）
尚　洪	921	2843	233	8040
石　埝	1098	3454	301	8550
小　彭	1258	3891	350	8180
曹　村	661	2004	158	8120
埂　方	501	1580	84	8050
溧　塘	624	1943	14	8229

第六章　江宁街道览要

江宁街道地处江宁区西南部，东与横溪街道相连，南与安徽省马鞍山市霍里、慈湖、濮塘镇接壤，西邻长江，北与谷里街道和雨花台区板桥街道毗邻。2007年，区域面积258平方千米，下辖10个村、15个社区，总人口8.83万人。

宋景德年间，置江宁镇。清至民国年间，境内先后辖江宁镇、铜井镇、牧龙镇、陆郎镇、朱门镇。1949年，为江宁镇。1957年，与三山、清修等乡合并改置江宁乡。此后境内先后设江宁人民公社、江宁乡、江宁镇。2000年，撤陆郎镇、江宁镇合并为新的江宁镇。2005年12月，撤江宁镇建江宁街道。

江宁街道拥有江宁、铜井、陆郎三座历史悠久的古镇，特定的自然条件和悠久的历史文化，使这块秀丽、肥沃的土地上留下丰富而有价值的文物古迹。辖内有四五千年历史的神头山古文化遗址，位于原陆郎集镇南，被确定为“台型遗址”，为区级文物保护单位。南北朝时期，境内佛教盛行，山林之中，梵刹林立。据古志记载，境内庙堂至民国年间仍有20余处。至2007年，有净居古寺、二圣庵、方旗庙及万寿台、后阳寺、净相寺、老土庙、朝阳庵等遗存。境内尚有不少古桥、古井、古树、古墓等，这些古迹，有着极为珍贵的历史、艺术、科学价值。境内还有在抗击日伪斗争中献身的革命烈士墓，如王汇川烈士墓、新四军七烈士墓等，这些遗址，是进行爱国主义教育的生动乡土教材，是为后人留下的精神财富。

2007年，全街道年完成地区生产总值12.56亿元，财政收入13450万元，社会固定资产投资9.78亿元，农民人均纯收入8200元。注册合同外资1219万美元，实际使用外资503万美元，实际到位内资4.32亿元。

第一节　陆郎镇

【历史沿革】

陆郎镇位于县境西南。宋、元、明时期，陆郎皆称六塘（因镇北有一“六塘”得名），为江宁县铜山乡属地。清同治年间，称陆郎桥镇。民国22年（1933），撤铜山乡，建陆郎镇。新中国成立前，为陆郎镇和朱门乡一部分。新中国成立初期，分置陆郎、朱门、新宁、西宁四乡。1957年，撤并为陆郎乡。1958年，成立陆郎人民公社。1982年，成立陆郎乡人民政府。1994年，撤销陆郎乡建陆郎镇。1999年，镇区域面积2.60平方千米，辖16个行政村、213个村民小组、177个自然村落、1个集镇居委会。2000年，撤销陆郎镇。

【工农业生产】

工业 境内工业起源于唐宋年间朱门的铜、铁矿开采。民国年间，境内兴起粮油加工、酿造、豆食等小型家庭手工作坊。1949—1956年，粮油加工、开采、酿造、建筑业等小工业逐步由个体经营转向合作经营。至20世纪60年代末期，小工业逐步转为合作经营和厂矿企业。1981—1982年，境内先后建立染整厂、服装厂、修理部、建筑队和汽车修理厂。此时，陆郎乡办工业规模不断扩大，乡办企业增加18家，职工人数超过1500人。1982年，全乡工业总产值1464万元，创利税106万元。1999年，全镇工业产值增至8224万元，创利润724.60万元，固定资产总额2255.90万元，从业人员3955人。16个村共有村办企业39家，年产值2028万元，创利润223.60万元，从业人员2625人。个体手工业户89家，经营收入476万元，上缴国家税收28万元。

农业 新中国成立前，境内农村土地大多为地主、寺庙占有，生产力低下。1949年，全镇耕地面积2933.33公顷，粮食总产量660万公斤。至1955年年底，境内粮食总产量达847.5万公斤，单产量190公斤，均创历史最高纪录。1964年，开展“农业学大寨”运动，大搞农田水利建设，促进农业生产发展。1965年，粮食总产量增至1441万公斤。“文化大革命”中，全公社粮食总产量除1966—1969年偏低外，其他年份基本保持在1800万公斤以上。1976年，全公社粮食总产量达2219万公斤，人均口粮301公斤，储备粮203万公斤，均创历史纪录。至1983年夏种前，全乡全部实行家庭联产承包责任制。当年全乡7032户，承包耕地2687.47公顷，上缴国家粮食890.98万公斤、油菜籽36.66万公斤、农业税26.10万元，村级集体提留9.10万元。1999年年底，境内大批成片土地转给专业户承包，30%左右土地种上各种经济作物。当年全镇粮食总产量1943万公斤，油菜籽总产量20.44万公斤。

【社会事业】

教育 幼儿园。1958年，陆郎公社几乎村村、队队都办起幼儿班，时有幼儿班200多个。中共十一届三中全会后，境内幼儿教育迅速兴起。1979年9月，陆郎中心小学附设一个幼儿班，入班幼儿34人，专职教员1人。1985年，全乡有5个幼儿园，32个幼儿班，入园幼儿647人，教师40人。自1991年后，境内幼儿入园数开始直线上升，至1995年，有41个幼儿班，入园幼儿1239人，教师51人。1996—1999年，全镇开展合格园创建，经过市、县两级验收后，境内先后有朱门、花塘、大庙、河西、河东5所幼儿园成为市级合格园。

小学。民国9年（1920），魏池于陆郎集镇南端毛家大院内创建国立陆郎小学（时称“洋学堂”），时有5个班级，在校生150人，教师6人。新中国成立后的1953年，境内有19所公办小学，2所民办小学，有29个班级，在校生1015人，教师33人。1961年，先后合并17个民办班，学生减至2532人。1976年年初，境内有16所小学，110个班级，在校生4874人。至1985年年底，境内小学减至18所，在校生2388人，教职工115人，经市、县教育主管部门验收，小学入学率99.70%，巩固率99.90%，毕业率99.20%，均创历史最高纪录。是年年底，陆郎乡获江宁县人民政府颁发的实现“一无两有”和“基本普及初等教育”铜牌；并获得全国万名创造杯两个、省级创造杯3个。1999年，全镇有16所小学，92个班级，在校生3090人，小学普及率100%，教职工180人。

中学。1958年，建立陆郎初级中学，设2个班级，有学生120人，教师4人。1959年秋季，陆郎初级中学增设2个高中班，有8个初中班，在校生500多人。为方便学生就近上学，朱门、王府、张府、大庙联合创办朱门联办中学，花塘、庙庄、大塘、山北联合创办花塘联办中学。至1976年，全公社先后有河西、南门、西宁、荷花等10所完小增设“戴帽子”初中班，实行小学五年、初中二年的七年一贯制。1977年，建立陆郎公社五七中学，设1个高中班，在校生64人，教师5人。1978年，全公社在校生1317人，高中入学率85%，初中入学率91%。1980年秋季，撤销各小学“戴帽子”初中班。1981年9月，撤销陆郎中学高中部和五七中学。至20世纪90年代，朱门、花塘2所联中相继并入陆郎中学，至此境内只有1所中学，9个班级，在校生441人，教师62人，学生入学率100%。1999年，陆郎中学有9个班级，在校生438人，教师53人，学生入学率100%

文化 新中国成立初期，境内始建文化站，负责集镇文化活动兼管全乡扫盲和农村民校。1966年9月，成立陆郎公社文化站。1978年，文化站经常开展一些小型文艺汇演，演出剧目以戏剧为主，如锡剧、庐剧（又称江北调）。每逢盛大节日（如春节），该站协助境内群众文艺团体排练节目，开展各种文娱活动，如舞狮子、玩皮老虎、滚龙灯等。1983年，文化站、有线广播站、电影放映队、文化宣传队合并，成立陆郎文化中心站。是年下半年，成立专业文艺演出队，深入乡办企业、行政村进行文艺演出。1984年，文艺演出队在全乡巡回演出50多场。1996—1999年，连续4年在“七一”中国共产党生日、“十一”国庆节等重大节日，组织群众性的文艺汇演。镇属各村、各单位选送多种形式的优秀文艺节目参加演出，累计参演节目128个，出演者432人次。1999年，全镇有线电视入户率达87.30%；电影放映队共放映76场次，观众28652人次。

卫生 新中国成立前，境内卫生条件差，医疗事业落后，天花、麻疹、流脑、疟疾、伤寒等各种传染病流行，血吸虫病蔓延，患者得不到医治，死亡率较高。1954年6月，成立陆郎乡卫生院（时称陆郎中西医联合诊所）。20世纪60年代初期，公社境内有部分大队设卫生保健站，只限于一般常见病的防治、跌打损伤的包扎和护理等。1983年，为方便群众看病，乡卫生院在朱门集镇设朱门诊所。20世纪90年代，卫生院建门诊部和病房楼，建筑面积1500平方米。全镇一般村卫生室均有就医诊断台、观察床以及检查、医疗、消毒等医疗设施，并做到“五有”（有领导、有医生、有房屋、有药械、有制度）、“四统一”（统一登记、统一处方、统一发票、统一药价）。1986—1999年，卫生院每年结合计划生育“双月查”活动，对农村妇女同时进行妇科病普查，查出各类妇科病346例，并为患者进行及时诊治。

第二节 铜井镇

【历史沿革】

铜井镇位于南京市西南。铜井地域春秋时代属吴国，后屡有变化。宋、元、明、清时属江宁县处真乡，其中明朝后期和清朝初期属铜山乡。民国时期，铜井地域属江宁县。1949年10月，铜井地域划分为铜井镇、洪幕乡、三兴乡、新济乡、牧龙镇、建中乡、松宁乡7个乡镇。1956年，上述7个乡（镇）合并为铜井、牧龙、新济3个乡。1957年，撤区并乡，上述3个乡合并为铜井乡；

同时原松宁乡和建中乡的一部分划归江宁乡管辖。1958 年，成立铜井人民公社，下辖 9 个农业生产大队、221 个生产队和铜井镇。1982 年，成立铜井乡人民政府。1994 年 5 月，撤乡设铜井镇。至 2005 年 11 月，镇区域面积 76 平方千米，辖 6 个社区居民委员会、4 个村民委员会、88 个自然村。2006 年 3 月，撤销铜井镇。

【工农业生产】

工业 新中国成立前夕，境内有 3 家木器店、4 家铁器店，均为就地加工就地销售，工具原始、工艺落后，绝大多数是店主个人或家庭成员操持经营。20 世纪 50 年代，铜井乡镇的粮油加工厂、农机厂和手工业社起步。20 世纪 70 年代后期发展较快，并逐步形成规模。1987 年，乡办工业有 15 家，总产值 1900 万元，创利润 32.46 万元，引进各种横向联合、联营项目 16 个。村办厂发展到 65 家，总产值 2645.30 万元。工业产值在 200 万元以上的行政村有铜井、星辉、陶村、牧龙、新民、新济。20 世纪 90 年代后，镇、村工业进行改制。至 1996 年，全镇工业总产值 1.43 亿元，镇办工业有 17 家。村办工业总产值 1.90 亿元，利润 450 万元。2000 年，镇、村企业全部改制。2000—2002 年，全镇引进 18 个项目，其中外资项目 6 个，合同利用外资 469.44 万美元，实际利用外资 312 万美元；内资项目 12 个，总投资 6400 万元。2005 年，全镇工业企业 118 家，工业总产值 32377 万元，利润 830 万元，其中产品销售收入 500 万元以上的企业有 10 家，工业总产值 25370 万元。

农业 民国时期战乱不息，境内水、旱灾害不断，十年九灾，农业产量低而不稳，正常年景平均粮食亩产量不足 200 公斤。1958 年，全公社粮食总产量 938.73 万公斤，出售征购粮 37.28 万公斤，社员人均口粮 21.75 万公斤。1961 年，全公社粮食总产量 624.50 万公斤，社员人均口粮 150 公斤。1976 年，全公社粮食总产量 2826.86 万公斤。1983 年，全乡粮食总产量 2817.46 万公斤，平均单产量 662.60 公斤，油料总产量 85.27 万公斤，单产量 130.30 公斤。至 1987 年，全乡粮食总产量 2887.28 万公斤，人均收入增至 810.03 元。20 世纪 90 年代后，境内农业逐步实现机械化，农业科学技术进一步推广。2000 年，全镇粮食与经济作物种植比由 1995 年的 81 ∶ 19 调整到 53 ∶ 47，实现农业总产值 7900 万元，农民收入大幅度提高。2004—2005 年，全镇粮食、经济作物种植比接近 1 ∶ 2，农业总产值 2.92 亿元，农民人均年收入 5848 元。

【社会事业】

教育 幼儿园。1957 年 2 月，铜井集镇创办 1 个幼儿班，入园幼儿 20 余人，保育员 1 人。1976 年，境内有铜井中心小学幼儿班和新济大队 19 个生产队的幼儿班，入园幼儿 324 人。1984 年，铜井乡成立中心幼儿园，全乡共有 22 个幼儿班，入园幼儿 912 人，幼儿入园率 39%，幼教人员 34 人。1987 年，全乡有 5 所幼儿园，38 个幼儿班，入园幼儿 1456 人，入园率 72.20%，幼教人员 43 人。2005 年，中心幼儿园开设 9 个班级，入园幼儿 372 人。全镇合并部分村办幼儿园（班），村办园（班）有朱山、星辉、天然 3 所，共有幼儿 130 人。

小学。清宣统元年（1909），铜井镇创办私立琢玉小学堂。民国 22 年（1933），境内小学共有 15 个班级、学生 400 余人。民国 26 年，日军侵华，学校停办。民国 38 年 4 月，全县推行国民教育。当时十区（驻地铜井）有铜井镇、牧龙镇中心国民学校 2 所；农村有孙旺店、眼香庙、铺头、李村、黄梅山、大庙、竺塘、司家庄、佛来庵等国民学校 9 所，全区小学共有 21 个班级、学生 600 多人、教师 30 人。1950—1952 年，辖内小学增至 27 所，共 36 个班级，在校生 1200

余人。1966 年，全乡有 22 所全日制小学，47 个班级，在校生 1500 余人，教师 76 人。1976 年 9 月，全公社有 25 所全日制小学，119 个班级，在校生 4679 人。1987 年 1 月，铜井乡江苏省人民政府授予的基础教育先进乡称号。是年，全乡有 16 所小学，102 个班级，在校生 3639 人，普及率 100%，教职工 168 人。1996 年，全镇有 16 所小学，93 个班级，在校生 2789 人，入学率、巩固率、毕业率均为 100%。1998—2005 年，开展镇内学校布局调整工作，经调整，镇内初步实现一镇一校目标。

中学。1960 年，铜井公社创办江宁县铜井初级中学，当年招生 2 个班级，有学生 120 人，教职工 10 人。1979 年，境内增办洪幕初级中学，设 4 个班级，有学生 180 人，教职工 11 人。1987 年，全乡有 3 所初级中学，27 个班级，初中生 1424 人，入学率为 85%　教职工 100 人。2001—2005 年，境内学校进行布局调整，经调整，全镇只有铜井中学 1 所初级中学。2005 年，铜井中学有 22 个班级，学生 1200 余人，教职工 100 余人。

文化　20 世纪 20—30 年代，李村采茶灯闻名远近乡里，李有业、金守发等民间艺人的精湛演技仍在坊间传诵。新中国成立后，铜井乡先后建立俱乐部、文化站、电影放映队、有线广播站，开展丰富多彩的群众文艺活动。20 世纪 60 年代，农民歌手张一美、施文菊、侯玉云等演唱的铜井号子曾参加镇江地区、南京市和江苏省汇演并获奖，并灌制成录音唱片多次在省、市广播电台播放。1983 年 11 月，成立铜井乡文化中心站，下设文化站、广播站、电影院。20 世纪 90 年代初期，先后举办全乡春节文艺晚会、乒乓球赛、“铜井镇颂歌演唱会”、“丰收杯农民运动会”及毛泽东诗词书法作品展。搜集民间歌谣、民间故事，汇编广播剧。境内搜集的“铜井号子”等民间歌谣 13 首，被国家载入文化卷；采茶灯等 10 首曲谱，被《南京市民间音乐集成》录用；铜井民歌 48 首被江宁民间文艺部分刊登；新民老艺人戴有桂提供的八折广场剧《采茶灯》词曲，被整理成近 2 万字的册子报送县文化馆。1993 年，铜井文化中心站被江苏省文化厅评为三级文化站。2005 年，铜井文化中心站内设施齐全，拥有展览室、棋牌室、老年活动室、录放室、资料室、电教室、阅览室、台球室等，为辖内群众提供种文化活动场所。境内有线电视用户 6250 余户，有线电视入户率 74.90%。

卫生　1951 年，成立铜井联合诊所（后改称铜井卫生院）。1968 年，铜井公社各大队相继建立保健站。1975 年，公社集资 25 万元建成医院大楼 1 幢 3 层。1987 年，全院分设医疗、防护、护理、行政 4 个组计 32 个科室（房），全乡有村卫生室（前身是保健站）16 所。1986—1987 年，卫生院连续 2 年被县卫生局评为先进单位。1995 年，被卫生部门评为一级甲等医院；1999 年，被评为南京市花园式卫生院、南京市红十字会团体会员单位。2005 年，铜井卫生院更名为铜井社区卫生服务中心，下设洪幕社区卫生服务站 1 个。

2005 年铜井镇主要经济社会指标情况表

表 46-6-31

项　目	数　量	项　目	数　量
地区生产总值（万元）	29200	第三产业增加值（万元）	9160
财政收入（万元）	1832	农业总产值（万元）	28900
耕地面积（公顷）	1473	粮食总产量（万公斤）	890.60
用电总量（万千瓦时）	4811	农改经面积（公顷）	—
工业总产值（万元）	25000	集贸市场成交额（万元）	4920
工业销售收入（万元）	23880	境内中小学校（所）	4

续表

项目	数量	项目	数量
工业利税总额（万元）	2590	在校中小学生（人）	4180
固定资产投资（万元）	26000	初保普及率（%）	100
工业技改投入（万元）	1420	参加社保人员（人）	9108
三资企业（家）	12	电话普及率（%）	92
合同利用外资（万美元）	923	自来水普及率（%）	100
私营个体企业（家）	89	人均存款余额（元）	4094
第三产业从业人员（人）	4820	农民人均纯收入（元）	5848

2005 年铜井镇村（社区）基本情况表

表 46-6-32

村（社区）	户数（户）	人口（人）	耕地面积（公顷）	人均纯收入（元）
星辉	980	3100	229	5298
三兴	501	1656	147	5156
天然	560	1922	78	5880
洪幕	605	2006	178	5951
铜井	1010	3593	213	5170
北庄	1121	3542	205	5691
双虎	328	1120	85	5170
牧龙	1874	6182	418	5805
新民	889	3011	180	5120
叶村	1720	3856	27	5900

第三节 江宁街道

【历史沿革】

江宁镇位于江宁西南部。宋景德年间，始置江宁镇，相沿至 2007 年有 1000 余年，堪称“千年古镇”。民国时期，此处设立江宁镇和松宁、济宁、和宁等乡。1949 年为江宁镇。1957 年，与三山、清修等乡合并改置江宁乡。1958 年，建江宁人民公社。1983 年，复为江宁乡。1989 年，撤江宁乡复置江宁镇。1995 年，境内永安、孙家、邵庄、新建、三山 5 个村划属雨花台区板桥镇。2000 年，陆郎镇与江宁镇合并，组建新的江宁镇。2005 年 4 月，区域面积 140 平方千米，辖 10 个村委会、8 个社区居委会，人口 5.33 万人；是年 12 月 28 日，撤销江宁镇设立江宁街道办事处。2006 年 3 月，撤销江宁街道办事处

图 46-6-19 江宁镇政府办公楼（2003 年摄）

和铜井镇，将原江宁街道办事处管理区域与原铜井镇管辖区域合并设立新的江宁街道办事处。街道办事处驻原江宁街道办事处驻地瑜桥街96号。

【工农业生产】

工业 清末，境内仙人矶江边曾有个砖瓦厂，后厂被毁，仅存一个大烟囱，当地人称之为“德国窑管子”。民国19年（1930），成立南京金城机械砖瓦公司。这一时期，江宁镇上有木匠铺4家、铁匠铺5家、篾匠店5家、茶食作坊1家、油坊2家、砻坊1家、糟坊3家、糕坊1家、小五金修配2家，多由业主个人或家庭成员经营，有些雇少量工人和带徒工。20世纪50年代，村办工业起步，主要为小土窑制砖。乡办工业主要有粮油料加工厂、农机厂、第一窑厂、生建搬运队和建筑队等。1976年后，乡办企业大发展，村办企业蓬勃兴起。至1985年年底，乡办工业企业发展到23家，务工人员3689人，全乡年创工业总产值2251.90万元（不含副业公司的65.50万元），企业总收入2461.90万元，利润132.3万元，上缴税金120.50万元。全乡村办企业96家，务工人员5336人（不含第三产业及外包工），村办企业年产值3265.26万元，总收入3346.23万元，利润404.22万元，税金179.28万元。1994年，有镇办企业22家、村办企业76家，职工8480人，全年实现工业销售收入72364万元。20世纪90年代末期，村办企业全部改制转轨，个体手工业趋向萧条。2005年，全街道有248家工业企业，工业总产值98354万元，利润总额6265万元，税金总额4107万元，从业人员7600人。2006年，有3个工业集中区：晓庄集中区、汤铜路沿线工业集中区、江滩工业开发区。当年晓庄集中区引进项目27个，24家企业竣工投产，完成工业总产值2.50亿元，利税1250万元。汤铜路沿线工业集中区实现工业总产值1.50亿元，销售收入1.38亿元，利税1300万元。江滩工业开发区辖内就有18家业主进驻江滩，其中沙场11家，船厂4家、建材企业1家、仓储业1家和自来水厂1座。是年，辖内实际到位内资1.80亿元，实际利用外资450万美元；在谈内资项目48个，其中领照项目35个，总投资2.20亿元；外资在谈项目5个，总投资4320万美元，注册资本2380万美元。2007年，全街道注册合同外资1219万美元，实际使用外资503万美元。进驻街道工业集中区的企业达50余家，其中过亿元企业5家，5000万元以上企业7家，500万元企业60多家。

农业 新中国成立前，境内农业落后，生产力低下，一直沿袭着刀耕火种的生产方式。1959—1961年的“大跃进”运动中，农业生产遭受严重损失，粮食产量逐年下降，年产量不足1000万公斤，1961年粮食总产量907.13万公斤。1962—1966年，贯彻“农业十六条”，农业生产逐年恢复和发展，1964年全公社粮食总产量1451.50万公斤，跃居全县第三名。1976年，全公社粮食总产量3000万公斤，成为省、市农业先进单位。1978年，在大旱之年创出粮食产量历史最高纪录，总产量达3172.45万公斤，人均产粮991公斤（高于全县平均数400多斤），向国家出售粮食1429万公斤，人均872斤，粮食总产量、单产量、人均产粮、对国家贡献均列全县第一。1982年，推行家庭联产承包责任制，农民生产积极性有较大提高。1983年，全乡粮食总产量5665.05万公斤，交售给国家1220.50万公斤，粮食商品率43.10%。1995年后，全镇粮食年总产量保持在2000万公斤左右。2000年后，加大农业产业结构调整步伐，取得显著成效。2000年，农业总产值5670万元，粮食总产量3262万公斤，单产量432公斤；油料总产量581万公斤，单产量165公斤。2005年，农业总产值29103万元，粮食产量2184.30万公斤，第三产业增加值18410万元，集贸市场成交额9100万元。2006年，全街道粮食播种面积5202公顷，粮食总产量3422.50万公斤，油料总产量752.40万公斤。2007年，大力发展高效农业、旅游农业。建钢架大棚1000亩（66.67公顷），种植反季节蔬菜，亩均纯利5000元以上；在子母洲利用低洼水面，开发江鱼江蟹养殖1500亩（100公顷），亩均纯利3000元以上；在陆郎地区利用旱改水及丘陵岗坡地推广发展甘蔗种植，并实现集中连片种植，亩均纯利2000元以上。新增4个农业旅游项目，吸纳当地农户就业超过500人，带动200户，户均增收4000元。是年，街道培育农民经纪人80多人，养殖运销大户500多户、花卉苗木种植大户50户；扶持发展无公害蔬菜666.67公顷、优质水稻2666.67多公顷、优质双低油菜1333.33多公顷、特种水产品示范基地13个；推介出神山、韩大南、绿宝源、山里人等品牌产品；重点扶植大观园酱菜、顺达奶牛、铜井农副产品经营部等龙头型企业的发展。

【社会事业】

教育 幼儿园。新中国成立初期，全乡尚无幼儿园。在“大跃进”中，许多生产队都办起托儿所、幼儿园。1959年，全公社有89所托儿所、幼儿园，入所、园幼儿1875人。1973年，江宁公社中心小学附设2个民办幼儿班，有幼儿56人，教员2人。1980年，各大队完小开始设幼儿班（时称学前班），全公社有14个班级，入学幼儿336人。1985年，全乡有1所乡办中心幼儿园，1所三山村办幼儿园，加上其他村办幼儿班及供销社办幼儿班等，有28个班级，入园幼儿1311人，普及率65%，幼儿教师32人。至1989年，全镇开办12所幼儿园，有43个幼儿班，招收4周岁～6周岁幼儿1176人入园，幼儿入园率93%。1990—1995年，全镇村村办起幼儿园，幼儿入园率100%。2000年，全镇有10所幼儿园，31个幼儿班，在园幼儿461人，入园率97%。2005年，境内以江宁、陆郎2个中心园为主，吸纳周边3周岁～6周岁幼儿入园，至此社区有6家幼儿园。2007年，有3所中心幼儿园，9所村办幼儿园。其中中心幼儿园有30个班级，在园幼儿1093人，教师84人。是年，陆郎中心幼儿园通过南京市优质幼儿园测评验收，创建达标。

小学。民国4年（1915），境内有2所学堂：江宁镇小学与汇文女子学校，学生100余人。民国17年，创办清修寺小学，后相继开办仙人矶、何家场及新庵小学。民国34—38年，境内有9所乡、村国民学校，13个班级，教职员16人，另有10余所私塾，共有学生520余人。新中国成立后的1950年，全乡共有17所小学，24个班级，在校生720人，入学率20%左右，教职工27人。1958年，全公社小学发展到27所，学生增至3670人，教职人员增至94人。至1986年3月底，全乡有1所中心小学，14所完小，3所初小，在校生3274人，教职工165人；全乡小学入学率99%，普及率99%，毕业率100%。自1995年开始，境内入学率、普及率、巩固率、毕业率（简称四率）均为100%。2005年，境内小学实行六年制教育，小学“四率”保持全区先进水平。2007年，境内有3所中心小学，分别为江宁中心小学、陆郎中心小学、铜井中心小学，85个班级，在校生3697人，教师341人。是年10月，江宁中心小学通过市实验小学验收。

中学。新中国成立前，江宁乡没有中学。新中国成立后的1952年，江宁镇小学试办一个初中补习班，但只有1年时间即告停办。1956年9月，创办江宁镇初级中学，招收2个初一班，有学生120人，教职工10人。1968年9月，江宁镇初级中学升格为完全中学，更名为江宁中学。当年招收2个高一班，有学生112人。1985年，全乡有1所县办完中，设11个高中班，有学生630人；3所乡办初级中学，设31个初中班，有学生1961人。初、高中教职工164人。2000—2005年，随着区划调整，境内学校布局随之调整，逐步向一镇一校过渡。2007年，境内有1所高中，28个班级，学生1600人，教职工130人；3所初级中学，64个班级，学生3595人，教职工235人。

文化 新中国成立前，境内有文艺专长的人牵头，组织文艺爱好者，在过年期间走村串户开展文艺活动，常见的有玩灯、高跷、打鼓等。新中国成立后的1950年2月，成立农民俱乐部；

1952年，改称文化站。1983年，由文化站、有线广播站、电影放映队、文艺宣传队合并为文化中心站。1982—1986年，文化站组建一支20余人的黄梅戏演出队，先后排演10余部传统古典黄梅戏和现代戏剧，在乡境及周边地区演出。1990年年底，建成乡文化宫，占地2250平方米，建筑面积1248平方米。1996年，文化站干部李益泉为江宁中学40周年校庆作词、作曲的《母校印在我心间》获"世纪之声"全国歌曲创作大赛银奖；1997年，李益泉的《群众文化在这里升华》作品获《唯实》杂志论文大赛一等奖。2005年，全镇开通有线电视，新建文化中心楼，配合区文华街，定期开展文体活动。2006年，成立江宁街道文体服务中心，内有办公楼、文化宫、图书室、书库、报刊阅览室等设施。2006—2007年，先后成立司家老年腰鼓队和铜井社区唢呐队，参加街道和区里文艺专场演出。参加第六届与第七届"江宁之春"群众文化艺术节，多个节目获奖。2007年，境内有国家级文物保护单位1处，市级1处。

卫生 新中国成立前，境内医疗卫生事业落后，麻疹、天花、伤寒、霍乱等传染病时有发生，血吸虫病、婴儿破伤风极为普遍，人口死亡率高达20%以上。民国22年（1933）9月，成立江宁卫生所。民国35年，西医杜玄之在镇上开设私人诊所。1952年，成立江宁镇联合诊所（后改称江宁镇中心卫生院）。1967年，大队始建保健站（渔业大队除外），全公社共14个点。至1985年，全乡每个行政村及部分乡办企业单位共设卫生室23个。1994年，江宁镇卫生院通过市、县卫生局评审，达到一级甲等卫生院和爱婴医院标准。1995年后，辖内10个行政村都有设施完备的卫生室。经江宁县卫生局验收，除渔业村外，全镇9个村卫生室，都达到甲级卫生室标准，领到"医疗机构执业许可证"。2004年8月，卫生院改建为社区卫生服务中心。2005年，社区卫生服务中心成立三部一室：医疗康复部、社区卫生服务部、后勤保障部和办公室；下设功能科室及社区卫生服务站。当年参加农村合作医疗保险参保率100%。2006—2007年，全街道有卫生服务中心3个，分别为江宁卫生服务中心、陆郎社区卫生服务中心、铜井社区卫生服务中心，下设15个卫生服务中心站。2006年，铜井社区卫生服务中心被江苏省卫生厅评为省级社区卫生服务中心，同时被江宁区医改办指定为医保定点单位。2007年6月，成立江宁街道公共卫生分中心，实施传染病防治、医疗市场和食品卫生等专项整治。

2005年江宁镇主要经济社会指标情况表

表 46-6-33

项　目	数　量	项　目	数　量
地区生产总值（万元）	66040	第三产业增加值（万元）	18410
财政收入（万元）	2892	农业总产值（万元）	29103
耕地面积（公顷）	4079	粮食总产量（万公斤）	2134
用电总量（万千瓦时）	56989	农改经面积（公顷）	—
工业总产值（万元）	89000	集贸市场成交额（万元）	9100
工业销售收入（万元）	88750	境内中小学校（所）	8
工业利税总额（万元）	10081	在校中小学生（人）	5500
固定资产投资（万元）	40634	初保普及率（%）	96
工业技改投入（万元）	13501	参加社保人员（人）	5282
三资企业（家）	13	电话普及率（%）	95
合同利用外资（万美元）	2029	自来水普及率（%）	98
私营个体企业（家）	157	人均存款余额（元）	3344
第三产业从业人员（人）	9245	农民人均纯收入（元）	6182

2007年江宁街道主要经济社会指标情况表

表46-6-34

指 标	单 位	数 值	比2006年（±%）
总户数	户	27612	0.28
年末总人口	人	86746	1.19
其中：非农业人口	人	38500	—
人口出生率	‰	8	11.76
人口自然增长率	‰	—	—
耕地面积	公 顷	5815	–68.05
地区生产总值	万 元	145615	17.83
财政收入	万 元	13450	10.45
工业总产值	万 元	125859	18.50
工业利税总额	万 元	24695	15.70
固定资产投资	万 元	97853	11.17
其中：工业投资	万 元	80608	11.21
实际利用外资	万美元	503	11.78
企业数	家	1986	–5.70
企业从业人员	人	33540	5.59
农民人均纯收入	元	8200	8.78
农机总动力	千 瓦	50449	15.23
农村用电总量	万千瓦时	13600	13.75
境内中小学校	所	6	—
固定电话拥有量	部	21750	0.58
移动电话拥有量	部	23580	23.02
互联网上网用户	户	1053	10.38
小汽车拥有量	辆	680	50.78
参加养老保险人数	人	1350	62.65
参加合作医疗人数	人	68550	1.05
建成区占地面积	公 顷	500	—
工业园区面积	公 顷	55	3.77
公共绿地面积	公 顷	211	—
生活用燃气普及率	%	99	—
有线电视入户率	%	97	1.04
污水处理率	%	50	—
垃圾无害化处理率	%	95	—
集贸市场成交额	万 元	12006	26.38

2005年江宁镇村（社区）基本情况表

表46-6-35

村（社区）	户数（户）	人口（人）	耕地面积（公顷）	人均纯收入（元）
清修	1010	3616	390.40	5960
上湖	1007	3816	295.70	5930
建中	1012	3410	296.30	6530
陈塘	638	2098	185.60	6378
新洲	440	1610	237.10	6124
西宁	825	2680	282.40	6142
河东	438	1430	133.30	5310
荷花	772	2615	300.70	5863
大庙	794	2313	185.67	5369
牌坊	589	1886	167.90	5588
花塘	1075	3126	374.30	5713
庙庄	676	2172	235.10	5480
司家	940	3187	112.70	6313
朱门	959	3175	260.20	5980
梅府	657	2298	98.30	6432
江宁	537	1717	191.10	6325
陆郎	907	3102	177.70	6257
河西	609	2224	150.50	5256
渔业	159	398	—	6421
瑜桥	2198	4116	—	—
神山	1399	2698	—	—

2007年江宁街道村（社区）基本情况表

表46-6-36

村（社区）	户数（户）	人口（人）	耕地面积（公顷）	人均纯收入（元）
清修	1010	3716	303	9376
上湖	1007	3836	340	7935
建中	1053	3420	278	8675
新洲	440	1610	109	8360
陈塘	648	2120	207	8476
司家	1032	3850	235	8374
江宁	1194	4049	196	8501
渔业	139	476	—	8403
牌坊	610	2050	157	7434

续表

村（社区）	户数（户）	人口（人）	耕地面积（公顷）	人均纯收入（元）
花塘	1000	3300	342	7461
庙主	680	2260	251	7279
朱门	962	3210	277	7894
大庙	787	2407	196	7229
荷花	1220	4302	419	7278
陆郎	930	3140	191	7994
西宁	828	2670	287	8955
河西	721	2320	182	8207
铜井	1116	3720	208	8385
星辉	1612	5596	402	8006
天然	578	1930	94	7943
洪幕	634	2105	177	8062
南山湖	1322	4832	289	8880
牧龙	1760	6226	427	8408
新民	898	3189	221	7918
叶村	70	110	27	8273

第七章 谷里街道览要

谷里街道位于江宁区西部，东依秣陵街道，西邻江宁街道，南与横溪街道相连，处于江宁经济技术开发区与滨江经济开发区的中心位置，北与雨花台区板桥新城、西善桥、铁心桥接壤。区域面积158平方千米，辖13个社区居民委员会和5个村民委员会，人口5.60万人。

南宋《景定建康志》载：今境地时属归善乡、朱门乡。元代在此设“里”，地处金牛山谷，因名谷里。民国13年（1924），称谷里镇。1950年，境内有谷里、新民、风雅、风林、石坝5个乡。此后，境内先后设谷里乡、谷里人民公社、谷里镇、谷里街道等建制。

谷里是南京南郊近郊旅游、休闲产业重点发展组团及绿色走廊建设带。风景秀丽、山水资源极为丰富，历史人文遗址众多。较为知名的有：牛首山唐塔、郑和衣冠冢、南唐二陵、岳飞抗金故垒，银杏湖休闲运动风景区、千盛农庄等。2005年，南京银杏湖生态旅游区被评为国家AAA级风景区。2006年，千盛农庄先后被评为全国农业旅游示范点、国家AA级风景区。“开心老家”被评为农家乐专业户。2007年4月29日，与江苏中国旅行社合作开发“牛首山唐塔、摩崖石刻、郑和墓、南唐二陵、千盛农庄、银杏湖风景区”一日游线路，启动“乡村一日游”工程。

2007年，全年实现地区生产总值8.46亿元，比2006年增长18.73%；财政收入突破1亿元大关，达1.77亿元，比2006年增长88.80%；实际到位外资886万美元；全社会固定资产投资14.80亿元，比2006年增长89.80%，其中工业固定资产投资13.55亿元，比2006年增长90.90%。

第一节 东善桥街道

【历史沿革】

东善桥位于江宁区西南。古为泰南乡。民国23年（1934），发展为东善镇。民国34—民国38年，东善桥地区东善、元山两镇属江宁县第三区。1950年，东善桥地区划为东善镇、元山镇、长山乡。1957年撤区并乡，东善、元山两乡合并为东善乡，成立东善乡人民委员会，驻地东善镇。1958年，成立东善人民公社。1982年，成立东善乡人民政府。2000年1月，东善桥撤乡设东善桥镇。2004年8月，撤销东善桥镇，建立东善桥街道办事处。2005年12月，区域面积76平方千米，下辖9个社区、156个居民小组。居住总户数7168户，总人口18388人。2006年3月，撤销东善桥街道办事处。

图46-7-20 东善桥镇人民政府办公楼（2006年摄）

图46-7-21 2004年，举行东善桥街道设立庆典仪式

【工农业生产】

工业 新中国成立前，东善乡工业基础薄弱，主要是铁木竹小型农具和为数不多的豆腐坊及养蚕丝织手工业，有个体手工业户28户，从业人员42人。新中国成立后的1955年，成立东善手工业社。1958年，先后办起东善农机修配厂、粮食加工厂、陶土厂和建筑队。中共十一届三中全会后，社队工业迅猛发展。20世纪80年代中期，东善桥形成以乡办企业为骨干，个体企业为补充初具规模的工业体系。有以建材为主和陶土、机械、化工、轻纺等各类企业53家，主要工业产品有砖瓦、建筑沙石、瓷土、马铁及普通铸件、农用泵管、华兰、毛料、羽毛球、皮制品、印刷品等。1985年，全乡工业总产值1600万元。1992年，全乡工业企业发展到73家，其中乡办23家，村办50家，工业总产值达7400万元，比1985年增加3.60倍。1999年起，进行企业产权制度改革。至2001年年底，95%的工业企业实行改制，100%实行股份合作制和私营。2005年，境内共有股份制和私营企业44家，个体企业540家，年工业产值3.34亿元。东善桥工业集中区共引进入园项目28个，项目总投资114630万元。当年全街道工业固定资产投资规模4.20亿元，工业总产值5亿元。

农业 新中国成立前，境内农业生产水平低，平均亩产量不超过150公斤。1962年，粮食产量 265.56 万公斤。1983 年，全乡 196 个生产队全部推行家庭联产承包责任制，承包户有 6440 户，总承包耕地面积 1859.87 公顷，人均承包面积 0.087 公顷。当年粮食总产量 1821.30 万公斤。1995 年后，实行产业结构调整，农民由单一的粮食、油料生产转向农、林、牧、渔、工多种经营。1998 年，粮食总产量为历史最高峰，达 2091.80 万公斤，亩产量 854 万公斤。2005 年，全街道农业总产值 14842 万元，其中种植业产值 6834 万元，林副业产值 6505 万元，渔业产值 1503 万元。当年粮食产量 441.90 万公斤。

【社会事业】

教育 幼儿园。1978 年，在东善桥中心小学内设 1 个幼儿班，时有幼儿教师 1 人。1983 年，开办中心幼儿园，位于东善桥中心小学西边，有小、中、大 3 个班级，入园幼儿 100 人左右。1985 年，各行政村相继开办幼儿学前班，全乡 4 周岁 ~ 6 周岁幼儿 1247 人，入园幼儿数 786 人，入园率 63%。1991 年，有 2 所幼儿园，入园幼儿 567 人，入园率 80.70%。2005 年，全街道有 1 所幼儿园，入园幼儿 177 人，入园率 91.70%。

小学。民国 36（1947）年后，东善地区相继开办 11 所公、私立学校。1950 年后，建成东善桥中心小学，下设元山辅导区、霞辉庙初级小学、胜家桥单班小学、司家桥辅导区、马家桥单班小学、水阁单班小学和柏家初级小学。1984 年，有 1 所中心小学，13 所村完小，4 所初小（单班），在校生 2213 人，入学率 99%，巩固率 99.50%，毕业率 97%，普及率 99%，实现普及初等教育。1990 年，全乡小学实现五年义务教育。是年，全乡小学有 71 个班级，在校生 2241 人，入学率 100%。2004—2005 年，全街道有 2 所小学：东善桥中心小学、元山联办小学，26 个班级，在校生 972 人。2005 年 7 月，撤并元山联办小学到东善桥中心小学，至此实现一镇一校。

中学。新中国成立前，东善桥地区没有中学。1958 年 3 月，创办东善农业中学，招收初一新生 100 多人，分 3 个班级。1961 年，东善农业中学被评为省级先进学校。1969 年 9 月，更名为东善中学。时有 8 个班级，在校生 382 人，教职工 18 人。1970 年，全乡有元山、东善桥中学 2 所中学。1982 年 7 月，撤销东善中学普通高中，更名为东善乡初级中学。1992 年，元山联中撤销，师生全部合并到东善桥初级中学。当年学校有 14 个班级，在校生 726 人，教职工 45 人。2005 年，学校有 19 个班级，在校生 968 人，教职工 79 人。

文化 新中国成立后，境内群众自发组织秧歌、腰鼓、龙灯和地方戏曲等文艺节目，在庙会、节日和婚丧喜庆活动中演出。1958 年 3 月，成立东善桥文化站，配合公社宣传大跃进、总路线、人民公社三面红旗，组织群众开展文化活动。1966 年，成立毛泽东思想文艺宣传队，演出歌颂领袖的文艺节目。1973 年，各大队办广播站，村村户户通小喇叭，普及率 95%。1975 年，成立公社文化站。同年，成立电影放映队。1986 年 7 月，成立南陵歌舞团，先后到江宁县各乡镇和溧水县柘塘演出 100 多场，观众 10 万多人次。是年，建成东善桥影剧院，1986—2005 年，累计放电影 1.12 万场，接待歌舞团 80 家，演出歌舞 160 多场，累计接待观众 100 万人次以上。参与江宁区第一届至第五届“江宁之春”群众文化节，先后获得优秀组织奖 3 次。1988—2005 年，东善桥群众文化节目获一等奖 1 次，二等奖 3 次，三等奖 7 次，组织奖 6 次，演出奖 5 次。

卫生 新中国成立前，境内只有几个游方郎中，走村入户为人看病。1954 年，周朝举在元山设立诊所。1957 年，组建东善桥联合诊所。1979 年，东善桥联合诊所更名为东善公社卫生院。2004 年，更名为东善桥街道卫生院，同年 10 月，通过社区卫生服务中心验收，更名为南京市江宁区东善桥街道社区卫生服务中心。卫生院于 1995 年首批通过南京市一级甲等卫生院评审，1996 年通过爱婴医院评估验收，1999 年被评为南京市花园式医院，2001 年获得南京市爱国卫生先进单位称号。2005 年，卫生服务中心服务区域 38 平方千米，服务人口 19741 人，下设 6 个社区卫生服务站，1 个卫生室。境内农村总人口 16505 人，实际参加农村合作医疗保险人数 14816 人，参保率 97%。

2005 年东善桥街道主要经济社会指标情况表

表 46-7-37

项 目	数 量	项 目	数 量
地区生产总值（万元）	27300	第三产业增加值（万元）	27300
财政收入（万元）	2210	农业总产值（万元）	12200
耕地面积（公顷）	1240	粮食总产量（万公斤）	410
用电总量（万千瓦时）	1850	农改经面积（公顷）	560
工业总产值（万元）	5000	集贸市场成交额（万元）	5300
工业销售收入（万元）	4200	境内中小学校（所）	3
工业利税总额（万元）	3500	在校中小学生（人）	2700
固定资产投资（万元）	42000	初保普及率（%）	100
工业技改投入（万元）	14100	参加社保人员（人）	14036
三资企业（家）	12	电话普及率（%）	35
合同利用外资（万美元）	4500	自来水普及率（%）	100
私营个体企业（家）	535	人均存款余额（元）	950
第三产业从业人员（人）	2200	农民人均纯收入（元）	6404

2005 年东善桥街道社区基本情况表

表 46-7-38

社 区	户数（户）	人口（人）	耕地面积（公顷）	人均纯收入（元）
童 前	1263	3108	11.50	6600
东 善	482	1411	33.30	6500
祖 堂	526	1571	106.20	6300
吉 山	872	2755	304.00	5800
霞辉庙	1110	3120	276.10	5500
东 虹	1369	2756	—	—
胜家桥	583	1526	87.10	5600
元 山	527	797	179.50	5600
三 合	436	1344	57.70	5700

第二节 谷里街道

【历史沿革】

谷里镇位于江宁区西南部。春秋战国时期，谷里地区先后属吴、越、楚等国。秦汉时期属秣陵县。三国时期属建业县。据《景定建康志》记载，宋代乡境属归善、建业、惠化三乡之地，以归善为主体。清时称谷里邨（村）。民国22年（1933），乡境改设谷里镇建制，辖国林、风林、雅林、中宁等乡。新中国成立初期，属江宁县第二区（公塘乡属三区）。1957年，撤区并乡合并为谷里乡，成立谷里乡人民委员会，驻地谷里镇。1958年，建立谷里人民公社。1982年，成立谷里乡人民政府。2000年3月，撤乡设谷里镇。至2005年，域面积91平方千米，设6个社区委员会和5个村民委员会，272个村民（村民）小组和1个集镇居民委员会，常住人口为13997户、34622人。2006年3月，撤销东善桥街道办事处和谷里镇，将原东善桥街道办事处管理区域与原谷里镇管辖区域合并设立谷里街道办事处。街道办事处驻原谷里镇政府驻地金谷路38号。

图46-7-22 谷里镇党委、政府办公楼（2000年摄）

图46-7-23 谷里街道成立揭牌仪式（2006年摄）

【工农业生产】

工业 谷里的工业可追溯至300多年前的明朝。《南京谷里铜矿矿史》记载：“相传当时谷里地区采矿甚浓，金牛洞其开采深度已达-50米水平。据推断古人是沿矿脉掘进Z字形坑道，采取手工凿岩办法进行的。并发现古采区，且有淄槽、断木板、陶瓷等古矿遗迹。”据《江宁县政概况》载，民国22年（1933）年底，谷里有个体手工业27家，这些手工业以连家店形式生产经营。至1949年年底，谷里手工业作坊铺仅存16家。1954年，成立手工业组和小窑厂等社办企业。1988年，全乡有工业企业65家，其中乡办22家，村办43家，有采掘、建材、化工、轻纺、机械、冶金等行业。1995年，实施工业产权制度改革前，有乡村企业85家，职工5855人，固定资产5132万元，工业产值2.72亿元，其中，乡办产值1.22亿元，村办产值1.50亿元。2000年5月，全镇有49家企业，其中镇办11家，村办38家，分别改制为私营、股份合作制或有限公司。2005年，全镇企业发展至595家，工业总产值2亿元，工业技改投入24995万元；有三资企业4家，合同利用外资2123万美元。是年，谷里工业集中区32个区级重点项目全部开工建设，在2005年的金秋经贸洽谈会上，谷里内资领照项目9个，到位资金1.30亿元，当年入园项目共37个。2006年3月至2007年年底，全街道有工业企业256家，工业总产值40838万元，完成销售收入38378万元，工业增加值11551万元，创利税2981万元，利润1650万元。2007年年底，建成面积5平方千米的东、西2个工业集中区。入园千万元项目63个（含在建和已签约项目），初步形成以汽车零配件、机械、新型建材、食品医药、物流五个主导行业，入园项目总投资增至18亿元，实际完成投资11亿元。

农业　新中国成立前，境内生产水平较低，粮食平均亩产量150公斤左右。新中国成立后，经过兴修水利，提高蓄水抗旱能力和科技推广等一系列措施，农业生产持续发展。1965年，粮食亩产量352.30公斤。1983年，实行家庭联产责任承包制后，粮食产量大幅度增长。1984年，粮食总产量3119.01万公斤，亩产量676.50公斤。1988年，全乡粮食总产量2838.83万公斤，位居全县第二。出售给国家商品粮1055.39万公斤，商品率37.20%。2005年，因经济开发规模的扩大和土地流转面积的增多，全镇粮油种植面积减少，通过高产优质品种的引进和耕作技术的革新，全镇粮油总产量达2045.60万公斤，加上部分土地用于林、牧、渔业，农业生产效益大幅度提升，农民经济收入大幅度提高。2005年，全镇农业总产值2.02亿元，粮食总产量1088.80万公斤。2006—2007年，全街道水稻种植面积2400公顷，占耕地面积63%，种植经济作物733.33公顷，占总面积20.70%。先后投入2000多万元，在石坝、向阳两地建成占地266.67公顷，设施面积200公顷的高效设施农业综合园。其间，全街道通过生态村、绿色社区和新农村示范点创建活动，达标的社区（村）共8个。其中，谷里、祖堂两社区达区级新农村示范点，谷里、童前达市级绿色社区考核标准，祖堂、公塘、霞辉庙社区通过区级综合整治验收。

【社会事业】

教育　幼儿园。1958年，境内村村都办幼儿园、托儿所，多为“农忙班”“关水班”。1962年9月，谷里中心小学创办1个学前班，有幼儿24人。1984年，谷里中心小学改学前班为附属幼儿园，设3个班级，有幼儿80多人；同时，9个行政村相继办起幼儿班。全乡在园（班）幼儿287人。至1988年，全乡幼儿班发展到27个，在园（班）幼儿757人，入园率78%，幼儿教师31人。2005年，全镇有12个教学班，在园幼儿448人，幼儿入园率90%，教职工32人。2006—2007年，谷里、东善2所中心幼儿园均创成南京市优质园、江苏省优质园。至2007年，境内有2所幼儿园，26个班级，在园幼儿997人，教职工72人。

小学。民国36年（1947），谷里地区有15所公、私立小学。新中国成立后的1956年，全乡有31所小学，其中7所完小，24所初小。在校生1900余人，入学率58.50%。1964年，全公社有30所全日制小学，64个班级，在校生2092人。同时，大队、生产队自办102所耕读小学，有110个班级，在校生1968人，基本实现小学教育普及化。从1969年起，全公社18所完小，有16所（赵林、箭塘除外）办起初中班。1979年起，对境内小学进行调整，经调整至1988年，全乡共有23所小学。其中，1所中心小学，15所完小，7所初小，在校生3793人，入学率99.70%。2000—2005年，对全镇小学进行布局调整，至2005年9月，全镇小学共39个班级，在校生1600人。2007年，境内有2所小学，51个班级，在校生2209人，教职工200人。

中学。新中国成立前，谷里地区没有中学。1959年，谷里地区创办了公塘、周村2所农业中学，有学生80余人，教师只有4人。后因办学条件差，生活困难而停办。1960年，创办全日制谷里初级中学，设双轨（每个年级2个班级），招新生128人。1969年，谷里中学增设高中部，一、二两届为单轨，以后逐步发展为双轨、4轨。1969—1974年，全公社18所完小，先后有16所办起初中班（时称“小学戴帽子”）；至1980年，“小学戴帽子”初中被撤，并为5所，14个班级，在校生近600人。1988年，全乡4所初中，共有29个班级，在校生1485人，教职工104人。此后，进行学校布局调整，至2004年，全镇实现初中一镇一校，共有42个教学班，在校生2235人。2005年，谷里中学共有35个班级，在校生1670多人。至2007年，境内有2所中学，40个班级，在校生1732人，教师192人。

文化　新中国成立前，谷里地区每年正月、二月或庙会期间的“龙灯会”“玩亭子”或请戏班演出等活动，多为宗祠或乡绅，富户出面组织，费用多向族人和村民摊派。新中国成立初期，为庆祝新中国成立，欢度国庆、春节、欢送志愿兵入伍，欢庆抗美援朝胜利等活动，各小乡多次组织开展秧歌队、腰鼓队，采茶灯、舞龙灯等巡逻表演或请戏班等演出活动。1958年，设谷里文化站。1964年，组建文艺宣传队，经常组织演出，配合“社教”运动进行政策宣传。1976年，成立电影队，分两组定期在集镇或到各大队巡回放映电影。1987年，谷里乡文化站更名为谷里文化中心站。文艺演出队发展到30多人，演出器具渐趋完备，演出节目从内容到形式更为丰富多彩，至1988年，共编排演出30个节目，先后演出60余场，观众达2万多人次。1987—2000年，先后有10多个节目参加县文艺汇演并获奖。2000—2005年，全镇先后投入30多万元，完善13个村、社区文化活动室建设，建成文化活动室用房1300多平方米，增加图书1.50万册，音像播放设备13台（套）。组织10多场全镇汇演活动，并选送20多个节目参加区“江宁之春”等汇演活动，有10个节目获奖，花岗、谷里等社区通过市、区组织的社区文化活动室创建验收。2006年，先后举办“送文艺进社区进企业”“第六届江宁之春群众文化节”“五四艺术活动”“全民健身活动仪式”“老人节文艺汇演”，观众人数最高达8000人次。2007年，先后举办“南京市暨江宁区三下乡启动仪式”“第七届江宁之春群众文化节”“第七届南京文化艺术节”“老年腰鼓队”“全面达小康专场文艺演出”，观众人数最高达7200人次。自编乐曲《春暖社区》在第七届“江宁之春”群众文化节上获创作二等奖，获演出一等奖。18个社区和村都建有文化活动室。

卫生 新中国成立前，谷里地区有几家私人药店兼坐堂门诊，如张恒春药店、益寿堂药店、仁和堂药店等，规模小但收费高。1955年，成立谷里联合诊所与谷里国药店。1958年，谷里联合诊所和谷里国药店合并，成立谷里人民公社医院。1967年，农村推行合作医疗制度，各大队设立合作医疗站。2005年，全镇共有卫生室14个，当年按现代医疗标准迁址新建建筑面积近4000平方米各项功能齐全的谷里卫生院（2007年实现整体搬迁）。当年有3.10万人参加初级医疗保险。参加新型农村合作医疗保险24618人，参保率90%。2007年，境内有谷里和东善桥2个卫生服务中心，下设社区（村）卫生服务站18个。当年全街道群众参保人数41418人，参保率95.40%。

2005年谷里镇主要经济社会指标情况表

表46-7-39

项目	数量	项目	数量
地区生产总值（万元）	29030	第三产业增加值（万元）	7260
财政收入（万元）	2257	农业总产值（万元）	20200
耕地面积（公顷）	3680	粮食总产量（万公斤）	1088.80
用电总量（万千瓦时）	1735	农改经面积（公顷）	500
工业总产值（万元）	20000	集贸市场成交额（万元）	4688
工业销售收入（万元）	19210	境内中小学校（所）	4
工业利税总额（万元）	980	在校中小学生（人）	4160
固定资产投资（万元）	35619	初保普及率（%）	92
工业技改投入（万元）	24995	参加社保人员（人）	1565
三资企业（家）	4	电话普及率（%）	85
合同利用外资（万美元）	2123	自来水普及率（%）	100
私营个体企业（家）	595	人均存款余额（元）	4594
第三产业从业人员（人）	4660	农民人均纯收入（元）	5816

2007年谷里街道主要经济社会指标情况表

表 46-7-40

指 标	单 位	数 值	比2006年（±%）
总户数	户	22501	0.46
年末总人口	人	56026	0.88
其中：非农业人口	人	4640	-4.60
人口出生率	‰	8	-13.43
人口自然增长率	‰	1	-60.00
耕地面积	公 顷	2158	-56.15
地区生产总值	万 元	84649	18.73
财政收入	万 元	17700	88.80
工业总产值	万 元	40838	28.13
工业利税总额	万 元	2981	-19.02
固定资产投资	万 元	148043	89.80
其中：工业投资	万 元	135543	90.90
实际利用外资	万美元	886	-15.62
企业数	家	279	-2.45
企业从业人员	人	22160	0.64
农民人均纯收入	元	8578	19.14
农机总动力	千 瓦	39533	4.51
农村用电总量	万千瓦时	4709	15.25
境内中小学校	所	4	-42.86
固定电话拥有量	部	8589	-13.03
移动电话拥有量	部	14456	19.16
互联网上网用户	户	220	10.00
小汽车拥有量	辆	500	42.86
参加养老保险人数	人	4200	18.78
参加合作医疗人数	人	43000	8.70
建成区占地面积	公 顷	660	—
工业园区面积	公 顷	190	3.83
公共绿地面积	公 顷	180	—
生活用燃气普及率	%	100	—
有线电视入户率	%	100	—
污水处理率	%	82	2.50
垃圾无害化处理率	%	82	2.50
集贸市场成交额	万 元	11650	5.90

2005 年谷里镇村（社区）基本情况表

表 46-7-41

村（社区）	户数（户）	人口（人）	耕地面积（公顷）	人均纯收入（元）
莲花	1087	3343	227	6290
张溪	958	2932	400	5085
公塘	982	2838	300	5613
谷里	1214	3710	—	—
花岗	480	1705	193	6310
向阳	1206	3911	347	5709
箭塘	1126	3285	353	5969
周村	715	2512	240	6285
荆刘	529	1633	220	6148
石坝	860	2586	253	6194
柏树	1021	2701	367	5716
亲见	739	2140	333	5116
双塘	1049	3123	447	5581

2007 年谷里街道社区基本情况表

表 46-7-42

社区	户数（户）	人口（人）	耕地面积（公顷）	人均纯收入（元）
谷里	1470	5234	110	9255
张溪	1013	3085	199	8245
公塘	1152	3093	102	8384
双塘	950	2923	180	8565
向阳	1405	3746	180	8456
箭塘	821	3364	152	8650
周村	681	2678	114	8613
荆刘	575	1781	130	8626
石坝	1095	2813	153	8771
柏树	1048	2796	210	8364
亲见	737	2172	171	8151
童前	1284	3226	—	8774
东善桥	465	1423	1	8557
祖堂	529	1672	56	9577
吉山	1246	3143	139	8021
霞辉庙	1374	3555	10	8429
胜家桥	451	1579	123	8528
元山	1139	3103	128	8327

第八章 湖熟街道览要

湖熟街道位于江宁区东南部，地处江、句、溧三区（市、区）交界处。2007年，区域面积145平方千米，辖33个社区、5个村，人口8.30万人。

西汉元朔元年（前128），于此设胡孰侯国。唐武德三年（620），建湖熟镇。宋代起，湖熟镇为江宁区境三大重镇之一。新中国成立后，仍为湖熟镇。此后，境内先后设湖熟乡、湖熟人民公社、湖熟镇、湖熟街道等建制。

“湖熟板鸭”蜚声海外，清宣统二年（1910），在南洋劝业会上获得一等奖。湖熟生产的板鸭、盐水鸭、烤鸭、羽毛球、羽绒服等鸭产品，成为湖熟地方特色经济的支柱产业。

“湖熟文化”源远流长，早在新石器时期湖熟古浏阳湖畔就有人类居住。“湖熟文化”是长江中下游地区4000多年前人类文明的发祥地，梁台、老鼠墩、神墩、船墩和前岗台型遗址被列为南京市文物保护单位。古文化遗址出土的石刀、石斧、石镰、铜印和木牍被区、市文物单位永久收藏。此外，境内文物古迹丰富。南朝宋元嘉四年（427），谢方明在周岗尚义山麓建永丰寺，元末废。唐天复三年（903），僧师玘在周岗长干村西建仪成寺，宋治平三年（1066），更名为广严寺，民国时期毁。明嘉靖十六年（1537），建清真寺。明万历年间，建杨柳湖古建筑群，共36处，至2007年存12处，是规模最大的朱姓所建“九十九间半”。

2007年，全年完成地区生产总值12.19亿元，比2006年增长14.26%；全社会固定资产投资7.67亿元，比2006年增长11.15%。财政收入2.15亿元，比2006年增长22.34%；农民人均纯收入8123元，比2006年增长12.99%。

第一节 龙都镇

【历史沿革】

龙都镇位于江宁区东山镇东南部。据宋代《景定建康志》和〔同治〕《上江两县志》记载，宋元时期龙都镇以多泉井称泉都乡。清代前期称泉水乡。因龙都镇老街曾有九龙聚会在此的传说，清代中后期改称龙都镇。民国时期，龙都镇地区一直以乡镇建置沿革，属江宁县第五区管辖。新中国成立后，仍以乡镇建置沿革，属江宁县第五区管辖。1957年，成立龙都乡人民政府。1958年，成立龙都人民公社。1982年，政社分设，恢复龙都乡人民政府建置。1994年，撤乡建龙都镇。1999年，区域总面积约49平方千米，辖18个村民委员会，人口31045人。2000年3月，龙都镇并入湖熟镇；2002年12月，龙都区域划归江宁科学园，设江宁科学园龙都办事处，由方山街道代管；2006年3月，龙都办事处撤销，再归湖熟镇。

【工农业生产】

工业 新中国成立前，龙都地区有各类土作坊121家，从业人员200多人，各类手艺人近300人。作坊多为家庭式生产，规模小，生产设备简陋，都是传统土法生产，靠的是人力而作。新中国成立后的1952年，创办龙都手工业社（后为县属企业）。1958年开始兴办社办企业，至20世纪70年代末80年代初，基本是村村有企业，部分生产队或自然村也有加工小企业。至1990年，全乡有县办集体企业1家，固定资产净值120万元，年产值380万元，利润21万元，职工195人；乡办企业20多家，固定资产净值1563万元，年产值2465万元，职工2158人；村办企业41家，固定资产净值95.70万元，年产值740.50万元，职工1251人；联户企业24家，年收入535.40万元，职工303人；户办加工企业9家，年纯收入150多万元，从业人员2000多人。1997年，境内企业改制，镇办企业陆续改为股份制或租赁于个人经营。1999年，境内有企业51家，年产值17850万元，利税1428万元，固定资产原值11443万元，职工2550人。

农业 1957年，境内粮食总产量1714.80万公斤。此后由于人民公社的大锅饭影响，农业生产受到挫折，粮食总产量自1958年的874.95万公斤，连续3年下降，至1961年，粮食总产量降至633.80万公斤，下降27.40%。1962，全公社开展整风整社，促进农业生产发展。粮食总产量增至916.55万公斤，比1961年增长28.80%。1982年秋，全面实行联产承包到户责任制，调动广大农民的生产积极性。1984年，全乡粮食总产量2637万公斤，农民户户超额完成国家粮食定购任务，并有较多余粮。1990年，全镇耕地面积2757.10公顷，全年粮食总产量4925.80万公斤，油料总产量285.20万公斤。至1999年，全镇农业总收入7528万元，其中林牧渔业及务工等收入4773万元。耕地面积2616公顷，全年粮食总产量5244万公斤，油料总产量590.40万公斤。

【社会事业】

教育 幼儿园。1958年，全公社83个自然村先后办起托儿所、幼儿园，入托、入园幼儿1700人，幼儿教工90人。1983年，全乡各村小学开办附属幼教班，有19个班级，入园幼儿400余人。1985年，全乡有20个幼儿园（班），入园幼儿949人，幼儿入园率70%，幼儿教工26人。1999年，对各办班点进行整合，由原17个点，1个中心园，整合为3个点，1个园。分别是新农幼教班、晶明幼教班、万安幼教班、龙都中心幼儿园，共17个班级。全镇3周岁~5周岁在园幼儿478人，入园率达91.04%，幼儿教师25人。

小学。民国21年（1932），龙都地区有14所私塾馆，学生约420人，塾师14人。民国24年，禁止开私塾，提倡办国民学校。时有9所国民学校，学生508人，教师19人。民国36年，有15所国民小学，学生785人，教师27人。新中国成立后，境内有23所小学，33个班级，学生1517人，教职工52人。1956年，增至25所，57个班级，在校生2156人，教职工67人。1969年秋季，公办学校下放到大队办，境内18所完小中有15所办起“戴帽子”初中。1976—1980年，相继撤销12所小学的“戴帽子”初中。1983—1985年，境内所有小学经过3年连续验收，均达到教育部、省、市、县下达的小学教育普及指标。1985年，小学学龄儿童入学率99.40%，巩固率99.10%，合格率95.60%，12周岁~15周岁普及率90%。1990年后，对境内小学进行布局调整，至1999年，全镇有4所村完小，7所初小，86个班级，在校生2830人，教职工131人。

中学。1952年，在前杨柳村西99间半民宅办起杨柳中学。1958年，在杨柳中学原址创办龙都中学，开办3个初一班级，招收学生113人。1969年，龙都中学增设高中部，当年有1个班级。1977年，全公社开始创办联办中学，时有光明、南窑、新农、龙都4所联办初中。1982年，撤销龙都中学高中部，初中部为3个年级9个班级。1986年，龙都联中并入龙都中学，其他3所联中相继撤并合办，复称杨柳中学。1991年，杨柳中学并入龙都中学，至此，全镇有1所中学，即龙都中学。1999年，龙都中学有28个班级，在校生1500余人。

文化 民国时期及以前，龙都地区每年正月灯会有舞龙灯、采茶灯、花船、高跷舞等表演，三月廿二的店会有“脸子会”、锣鼓会等演出，重大节日、婚丧喜庆一般请外地戏班唱戏。1951年，建立龙都文化站，主要教授学生音乐、舞蹈。1952—1953年，组建文艺宣传队，排演《白毛女》《三世仇》及抗美援朝小剧目不定期在镇上或大村上搭台演出，或应邀巡回演出。至1985年，文化站定期组织各单位开展各类知识竞答、棋牌赛、书画摄影展等活动。1990年，全年组织文艺汇演10多场次，有部分节目选送县参赛演出。1996年，创作龙都娃娃鼓，该表演曾参加各类多次大型演出活动，并多次获奖。是年12月，获"南京中华之声"鼓乐大赛金奖第一名；1997年，参加江苏省"迎香港回归"大型演唱会；1998年，参加江苏省群众文化汇演均获二等奖。是年，李常耕的《扶贫》参加县新创作作品大赛（小品）获创作一等奖，并在县级以上各类文艺赛事中演出，该作品经县文化馆润笔后，1999年，参加南京市群众文艺汇演，获创作、表演双一等奖。

卫生 新中国成立前，龙都地区行医者较少，镇上有一家张氏中医挂牌坐诊，乡间有3家～4家中医馆。1952年，组建龙都联合诊所。20世纪50年代中后期，光明、乐安大队开办农村医疗防疫组织——大队医务室。至1968年下半年，农村实行合作医疗制度，全公社18个大队均建立大队合作医疗站。1958年，龙都联合诊所更名为龙都公社医院。1971年，更名为龙都卫生院。1985年，龙都卫生院门诊设有15个科室。每天门诊病人250多人次，全年门诊量1.20万人次。1999年，门诊量29358人次，住院541541人次，治愈322人次。

第二节 周岗镇

【历史沿革】

周岗镇位于江宁区东南部。周岗地区自宋代起分属江宁、溧水、句容3个县。1969年12月，成立周岗人民公社，周岗开始单独建置。1982年，周岗人民公社改为周岗乡人民政府。1994年，撤乡建周岗镇，镇政府在周岗集镇。2005年，区域面积41.86平方千米。下辖10个行政村、53个自然村、1个集镇，有7158户、22108人。2006年3月，撤销周岗镇。

图46-8-24 周岗镇党委、政府办公楼（2000年摄）

【工农业生产】

工业 民国37年（1948），境内有木匠12户、箩匠3户（又称篾匠）、圆木匠6户、铜匠2户、银匠2户、糟坊2户、糖坊4户、砻坊9户、油坊2户、磨坊2户、宰坊2户、裁缝6户、纸扎2户、砖窑1户，从业人员220人，以家庭小规模经营为主，适当雇工、带徒，实行工商一体化。1954年，境内部分手工业者加入手工业合作社，制作铁、木、竹生产、生活用品。1969年12月，境内13个大队有12个大队开办16家队办企业。1976年，有社办企业14家，产值86.80万元，利税18.60万元，职工321人；村办企业16家，产值71万元，职工346人。至1990年，有乡办企业21家，产值3931.40万元；村办企业21家，产值2694.40万元，共有职工4676人。1995年后，进行乡镇企业改革。2000年，所有镇、村企业全部改制成民营企业，镇属企业24家，产值17083万元；村属企业36家，产值7232万元，共有职工3264人。2005年，全镇工业企业发展到75家，年工业产值33500万元，上缴利税2680万元，固定资产原值18450万元，职工3720人。

农业 新中国成立前，境内农业生产条件简陋，旱涝灾害频繁发生，农业生产长期徘徊不前，正常年景水稻每亩单产量150公斤左右、麦类每亩单产量75公斤左右，如遇自然灾害，产量大幅度下降。1950年后，推行土地改革，农业生产得到恢复和发展。1958年，实现粮食产量718.40万公斤。1959—1961年，国家三年困难时期，粮食产量大幅度下降。1960年，降到历史最低点，年总产量528.60万公斤。1965年，进行茬口改革，改一茬中稻为早中晚茬稻，晚稻引进“农垦58”良种，1966年粮食产量剧增，总产量1084.90万公斤。1978年，大面积种植杂交稻，由于杂交稻增产优势明显，当年总产量1796.60万公斤。1983年，实行农业生产责任制后，粮油产量大幅度增长。1984年，粮食产量2142.30万公斤，油菜籽产量116.10万公斤。1994年，粮食产量2050.30万公斤，油菜籽产量120.40万公斤。2005年，全镇农业总产值14836万元，粮食产量1758.90万公斤，油菜籽产量230.10万公斤。

【社会事业】

教育 幼儿园。1958年，境内各村都办起幼儿班、托儿所，幼儿入园率85%。1971年，周岗中心小学设立1个幼儿班，有幼儿35人。1984年，创建中心小学幼儿园，设3个班级，有幼儿95人，幼儿教师5人。1986年，成立中心幼儿园。1990年，全乡13个行政村相继开办幼儿班（园），有20个班级，入园幼儿566人，入园率80%，幼儿教师26人。1995年，对村幼儿班（园）进行逐步调整，先后撤并7所村办幼儿班（园），镇中心幼儿园增至5个班级，并保留5个村办幼儿班。至此，全镇有入园幼儿300人，幼儿教师17人。2005年，全镇有6所幼儿园，10个班级，入园幼儿265人，幼儿教师17人。

小学。新中国成立前，境内广严寺、若城、高阳3个村设有初级小学，学生不足百人，其他均为私塾。新中国成立后，私立学校和私塾一律改为公办县管小学。1958年，全镇共有21所小学。1964年，各村先后办起耕读小学，共有13所小学，18个班级，在校生543人，教师18人。1970年，实行小学不出村、初中不出大队、高中不出公社的教育体制，学校由21所增至25所。1990年，全乡各小学义务教育普及率经市、县教育局验收达标，并取得合格证书。当年全乡小学学龄儿童入学率100%，巩固率99%，合格率95%。此后，对全镇小学进行教育布局调整。2001年，全镇13所完小调整为9所。2003年，9所完小调整为3所。2005年，全镇只保留周岗中心小学，有23个班级，在校生917人，入学率100%，教师103人。

中学。新中国成立前，境内没有中学。1958年，柘塘、郭庄、禄口公社创办中学，境内焦村、长干、杨家庙、高阳3个大队办起农业中学。1964年，拆并农中，分别在杨家庙、李塥、和平创办联中，每校2个～3个班级。1970年，创办周岗中学，各大队小学创办“戴帽子”初中班，初中入学率100%。1979年，对全公社中学进行布局调整，除长干、徐慕、尚义、绿杨4所联办初中外，其他大队初中班全部撤销。1991年，将联中陆续并入周岗中学，有16个班级，学生868人，教师74人，至此，全乡正式步入一乡一初中的教育体制。2005年，全镇有1所中学，21个初中班，在校生1034人，教师67人。

文化 20世纪30年代，成立六色班，由绿杨村庞邦贵等民间艺人自行组织，主要以京剧清唱和折子戏为主。60年代，境内9个大队分别建立农民剧团，由村里老艺人和文艺骨干自发组织，义务演出。戏种有京剧、锡剧、扬剧、话剧等。1972年3月，成立周岗人民公社文化站。1982年，成立周岗文化中心。是年，文化站组建周岗乡业余文艺宣传队，该宣传队每年组织30多场大型文化演出，宣传队的乐器合奏《欢庆的日子》曾获南京市文化局颁发的创作三等奖，民歌剧《送饺子》获创作三等奖、演出一等奖。1988 年 12 月，周岗文化站被江苏省人民政府评为江苏省群众文化先进集体。1992 年，周岗乡获江苏省群众文化先进乡称号。1993 年，成立周岗文化中心站。是年 3 月，周岗文化中心站被江苏省文化厅评为一级文化站。2000 年，成立周岗镇文化服务中心。2003 年，全镇成立老年文艺演出队。2003—2005 年，连续参加 3 届“江宁之春”群众文化节汇演，均获得创作奖和表演奖，其中《开心婆婆》获表演一等奖。

卫生　新中国成立前，境内有 3 家～4 家私人挂牌行医，有 2 家药店，以中医中药、民间验方为主，由于医疗水平受客观条件限制，重大病患者难以治疗。新中国成立后，江宁、溧水、句容县政府分别在境内设立和平、长干、高阳 3 家联合诊所。1956—1968 年，农村创办合作医疗，村村设医疗站，初步建立农民初级卫生保健网络。1970 年，建立周岗卫生院。2000 年，将 13 个村卫生室合并为 4 个。2005 年，全镇应参加农村合作医疗保险人员 18678 人，实际参保人员 17063 人，参保率 91.20%。

2005 年周岗镇主要经济社会指标情况表

表 46-8-43

项　目	数　量	项　目	数　量
地区生产总值（万元）	19150	第三产业增加值（万元）	5730
财政收入（万元）	1519	农业总产值（万元）	14836
耕地面积（公顷）	2066	粮食总产量（万公斤）	1759
用电总量（万千瓦时）	861	农改经面积（公顷）	741
工业总产值（万元）	6000	集贸市场成交额（万元）	6500
工业销售收入（万元）	5900	境内中小学校（所）	3
工业利税总额（万元）	800	在校中小学生（人）	2156
固定资产投资（万元）	14000	初保普及率（%）	90
工业技改投入（万元）	3065	参加社保人员（人）	4420
三资企业（家）	1	电话普及率（%）	65
合同利用外资（万美元）	500	自来水普及率（%）	99
私营个体企业（家）	104	人均存款余额（元）	7400
第三产业从业人员（人）	2600	农民人均纯收入（元）	5770

2005 年周岗镇村（社区）基本情况表

表 46-8-44

村（社区）	户数（户）	人口（人）	耕地面积（公顷）	人均纯收入（元）
齐　尚	808	1440	—	—
尚　桥	959	3113	356.60	5818
和　平	676	2139	207.50	5780
秦　淮	492	1557	157	5773
长　干	820	2781	222.50	5820
钱　家	615	1939	197.60	5780
石　辣	314	980	98.40	5730
徐　慕	544	1864	197.20	5760
双　释	729	2389	241.40	5685
高　李	656	2202	197.50	5770
绿　杨	520	1665	190.00	5750

第三节 湖熟街道

【历史沿革】

湖熟镇地处江宁区东南部，是具有4000多年历史的古镇。西汉元朔元年（前128）设胡孰侯国。西汉元狩元年（前122）设胡孰县，唐朝武德三年（620），改为湖熟镇。民国34年（1945），镇乡分设，同属江宁县第五区。新中国成立后，湖熟镇为县直辖镇，湖熟乡仍属第五区人民政府。1958年，成立湖熟人民公社。1982年，改为湖熟乡。1983年5月，撤乡并镇，复为湖熟镇。2000年3月，湖熟、龙都两镇合并，称湖熟镇。2005年，域面积61平方千米，辖2个社区居委会、12个村委会和106个自然村，总户数11287户，人口30908人。2006年3月，撤销周岗镇，将原周岗镇管辖区域与原湖熟镇管辖的灵顺、湖熟、河南、泉都、龙都5个居委会区域和三界、丹桂、友谊、颜庄、新墩、河北、赵家边、金桥、范圾、耀华、和进、新耀、淮源、双新、晶明、解放、乐安、新农、双龙、东阳、光明、万安22个村合并设立新的湖熟镇。2007年12月29日，撤销湖熟镇，设湖熟街道办事处。街道办事处驻原湖熟镇政府花园塘街。

图46-8-25 湖熟镇党委、政府办公楼（2000年摄）

【工农业生产】

工业 民国37年（1948），境内有铁匠店、木匠店、箩匠店等手工业以及砻坊、皮坊、豆腐坊等小作坊121家，规模较小，生产设备简陋。1950年，建立第一家国有企业——湖熟米厂。1958年，建立第一家镇办集体企业——湖熟红砂厂。1961年，建立第一家县办集体企业——湖熟手工业社。1980年，镇办企业迅猛发展，全镇兴建以板鸭厂为龙头的"湖熟板鸭一条龙"生产厂家10多个。至20世纪80年代末，全镇有工业企业1005家，其中国有企业1家，县办企业2家，镇办企业32家，村办企业78家，联营企业55家，个体企业837家。1993年，南京金城摩托有限公司从南京迁入镇工业园落户，成为首家中外合资企业。1998年，进行企业改制，湖熟镇大部分集体企业改为民营企业或股份制企业。2005年，全镇有企业346家，工业总产值74119万元，从业人员15826人。2006年，全镇共有工业企业499家，工业总产值80084万元，利税总额10624万元，从业人员12253人。2007年，全街道有工业企业555家，其中入驻湖熟工业集中区企业62家，入驻周岗工业集中区企业11家。工业总产值90999万元，利税总额12420万元，从业人员13751人。

农业 新中国成立前，境内农业生产力低下，由于水灾、旱情严重，祖辈们修筑的低矮河堤难抵水灾、旱情，每逢洪水期，圩区堤溃田淹，一片汪洋，粮食经常颗粒无收。1965年，全公社粮食亩产量一般保持在250公斤左右。1970—1980年，开始兴修水利，平整土地、围湖造田，同时大搞低产田改造，增加农田基本建设投入，逐步改善生产条件。1984年，水稻种植面积5020公顷，单产量359公斤，当年粮食总产量2703.20万公斤。1998年，水稻种植面积2609

公顷，单产量629公斤，当年粮食总产量2461.60万公斤。2000年，水稻种植面积4692公顷，单产量575公斤，年粮食总产量4046.90万公斤。至2005年，全镇农业总产值16446万元，水稻种植面积2186公顷，单产量563公斤，年总产量1846.10万公斤。2006年，全镇耕地面积6466.40公顷，粮食总产量5974.20万公斤。2007年，全街道粮食总产量6468.30万公斤。农业产业结构经过多年调整，形成以周岗、白米、东阳3个万亩大圩为重点的绿色、无公害稻米和蔬菜大棚规模化生产基地。是年，白米圩被列入江苏省无公害优质大米生产基地，湖熟牌大米获得国家绿色食品发展中心颁发的绿色食品认证。

【社会事业】

教育 幼儿园。1950年，在姚东后街私人住宅内开办2个幼儿班，入园幼儿30余人，教师2人。1958年，幼儿班迁至姚东后街原址，设大、中、小3个班级，招收市镇居民幼儿150余人，有保育员5人。1968年，由集镇和湖熟大队合办3个班级，园址在姚东后街，招收市镇居民和湖熟大队幼儿70余人。1980年，农村大队开始建幼儿班，连同湖熟小学幼儿园，有13个班级，入园幼儿349人，教师15人。1985年，湖熟小学幼儿园更名为湖熟镇中心幼儿园，有大、中、小3个班级，入园幼儿104人。全镇有14个村办幼儿班，入园幼儿529人。2004年6月，湖熟镇通过江苏省教育现代化先进镇检查验收。2005年，湖熟镇中心幼儿园有7个班级，入学幼儿252人，全镇幼儿入园率87.80%。2006年，全镇有3所中心幼儿园，入园幼儿606人；20个村办幼儿班，入园幼儿524人。至2007年年底，全街道有3所中心幼儿园，17个村办幼儿班，入园幼儿1244人。

小学。民国初年，境内清真主办清真义学。民国15年（1926），改为县办，是全镇第一所公办初等学校，校址在清真寺，有3个班级，在校生150人。民国35年，江宁县推行国民教育，第五区（区公所设湖熟）有35所小学，其中8所中心校，27所保国民小学，有6个高年级班，42个低年级班，学生2272人，教职员61人。新中国成立后，县第五区人民政府接管湖熟镇各校，当时湖熟小学有12个班级，学生600余人，教师20人；此外，农村有25所小学。1970年，各大队开办完全小学，有57所村完小和初小。1980年后，学校进行布局调整，至1985年，全镇有10所完小，20个初小和单班。有92个班级，在校生2941人。1994年，全镇村小、初小减至18所，有85个班级，在校生3895人。2000年，村完小合并为3所，78个班级，在校生3108人。2005年，村完小全部撤除，学生全部进入中心小学，实现一镇一校，有30个班级，在校生1317人。2006年，全镇有3所中心小学，在校生3076人；3所村小，在校生343人。至2007年年底，有3所中心小学，在校生3112人。

中学。民国34年（1945），开办昌明中学湖熟分校，设1个班级，有学生20余人。1956年年初，创办湖熟初级中学，有4个初一班，学生240人，教师10余人。1965年，全公社共办5所农中，有学生180余人，专职教师10人。1966年，湖熟初级中学升格为完全高中，更名为湖熟中学。1980年，境内除湖熟中学外停办高中班，分片联办初中班，当年有5所联办初中。1983年，创办湖熟中学的烹饪职业班，招收学生40人，教师1人。1987年，湖熟中学烹饪班单独成立职业中学。1990年，5所联中全部合并到湖熟初级中学，时有17个初中班，学生786人；12个高中班，学生864人，教职工（初、高中）102人。1995年，有23个班级，其中9个初中班，学生510人；14个高中班，学生709人，教职工（初、高中）107人。2004年6月，湖熟镇通过省教育现代化先进乡镇验收，12月，湖熟初级中学通过省示范初中验收。2005年，全镇有3所中学：湖熟初级中学、湖熟高级中学、湖熟职业中学。湖熟初级中学有26个班级，在校生1402人，教师89人；湖熟高级中学有24个班级，在校生1320人。是年，湖熟职业中学有 15 个班级，在校生 504 人，教职工 45 人。2006 年，全镇有 3 所初级中学，在校生 3303 人；1 所高级中学，在校生 1320 人。1 所职业中学，在校生 344 人。至 2007 年年底，全街道有 3 所初级中学，在校生 2181 人；1 所高级中学，学生 763 人；1 所职业中学，在校生 413 人。

文化 民国 22 年（1933），设立民众教育馆，主要开展扫盲、文艺、体育等活动。1950 年，成立湖熟文化馆，后改为湖熟文化站。民国 24 年至 1950 年，境内文艺爱好者自愿组织，先后成立"志声"京剧社、"新生剧社"、湖熟前进业余剧团。1961 年，湖熟文化站成立业余剧团，后更名为业余文艺宣传队，坚持小型多样为群众义务演出。1992 年，成立湖熟文化中心站。从 2001 年起，在江宁区"江宁之春"群众文化节活动期间，湖熟镇均组织以群众文化艺术为主体的系列活动，参与区级比赛，获组织奖 3 次，优秀组织奖 3 次。当年，全镇安装有线电视用户 5858 户，有线电视入户率 60% 以上。2006 年 3 月，成立湖熟镇文化服务中心。2007 年 12 月，更名为湖熟街道文化体育服务中心。2006—2007 年，文体服务中心结合时事和重大节日，组织"学雷锋，献爱心"文艺广场汇演 3 场次；送戏、送书、送科技进社区暨文艺汇演 10 场次；组织老年文体娱乐活动队进社区文艺专场演出 22 场次；到湖熟、周岗、龙都敬老院慰问演出 6 场次。举办第六届和第七届"江宁之春"群众文化活动，分别筛选 20 个和 18 个节目参赛，观众人数分别达 2000 人和 2500 人。2007 年年底，全街道有省级文物保护单位 1 个，市级文物保护单位 7 个，区级文物保护单位 6 个。整理非物质文化遗产保护项目 45 个，成功申报省级非物质遗产项目 1 个，市级 1 个，区级 29 个。

卫生 民国以前，湖熟镇民间只有土郎中，以草药、银针为人治病。至 20 世纪 30 年代，出现私人诊所，但仍以中医为多，其中张栋梁私人诊所远近闻名。1952 年，成立中、西医联合诊所。1953 年，成立湖熟卫生所。1958 年，湖熟卫生所与中、西医联合诊所合并成立湖熟医院。1959 年，在三界大队首建保健站，至 1964 年，各大队均建有卫生保健站。1979 年，湖熟医院更名为江宁县湖熟中心卫生院。2004 年，更名为南京市江宁区湖熟镇社区卫生服务中心。2005 年，全镇有 3 个卫生服务站和 5 个卫生室，其余村（社区）设卫生点。当年农村合作医疗保险全镇应参保人数 17231 人，实际参加人数 15508 人。中心在卫生局历年考核中，1991、1992、1993、1999 年获文明单位称号；2000 年、2002 年、2004 年获先进单位称号。2006 年 3 月，全镇有湖熟、周岗、龙都 3 家社区卫生服务中心和 19 个社区（村）卫生服务站。是年年底，3 家社区卫生服务中心门诊 92247 人次，收治住院患者 2497 人次。2007 年年底，3 家社区卫生服务中心门诊 153202 人次，收治住院患者 2567 人次。当年所有村（社区）均参加新型合作医疗保险，覆盖率 100%，群众参保率 80%。

2005 年湖熟镇主要经济社会指标情况表

表 46-8-45

项　目	数　量	项　目	数　量
地区生产总值（万元）	42930	第三产业增加值（万元）	18365
财政收入（万元）	5911	农业总产值（万元）	16446
耕地面积（公顷）	2190	粮食总产量（含稻麦）（万公斤）	1889
用电总量（万千瓦时）	2847	农改经面积（公顷）	1425
工业总产值（万元）	61000	集贸市场成交额（万元）	13450
工业销售收入（万元）	59000	境内中小学校（所）	5
工业利税总额（万元）	7500	在校中小学生（人）	4543

续表

项 目	数 量	项 目	数 量
固定资产投资（万元）	23055	初保普及率（%）	90%
工业技改投入（万元）	17570	参加社保人员（人）	14256
三资企业（家）	3	电话普及率（%）	69
合同利用外资（万美元）	1814	自来水普及率（%）	100
私营个体企业（家）	104	人均存款余额（元）	6504
第三产业从业人员（人）	5205	农民人均纯收入（元）	7567

2007年湖熟街道主要经济社会指标情况表

表46-8-46

指 标	单 位	数 值	比2006年（±%）
总户数	户	29506	0.32
年末总人口	人	83628	0.73
其中：非农业人口	人	13964	—
人口出生率	‰	8	1.04
人口自然增长率	‰	—	–87.01
耕地面积	公 顷	6574	—
地区生产总值	万 元	121883	14.26
财政收入	万 元	21478	22.34
工业总产值	万 元	90999	20.00
工业利税总额	万 元	12420	16.99
固定资产投资	万 元	76695	11.15
其中：工业投资	万 元	58195	10.51
实际利用外资	万美元	450	–5.26
企业数	家	361	21.14
企业从业人员	人	13751	12.22
农民人均纯收入	元	8123	2.71
农机总动力	千 瓦	57584	–40.36
农村用电总量	万千瓦时	3817	—
境内中小学校	所	7	–3.79
固定电话拥有量	部	19722	4.84
移动电话拥有量	部	21190	16.37
互联网上网用户	户	782	7.44
小汽车拥有量	辆	520	1.58
参加养老保险人数	人	16637	15.75

续表

指　标	单　位	数　值	比 2006 年（±%）
参加合作医疗人数	人	63104	—
建成区占地面积	公　顷	520	—
工业园区面积	公　顷	240	—
公共绿地面积	公　顷	43	—
生活用燃气普及率	%	99	—
有线电视入户率	%	96	1.05
污水处理率	%	65	-4.41
垃圾无害化处理率	%	80	100.00
集贸市场成交额	万　元	8900	9.88

2005 年湖熟镇村（社区）基本情况表

表 46-8-47

村（社区）	户数（户）	人口（人）	耕地面积（公顷）	人均纯收入（元）
河　南	686	1998	188	6031
湖　熟	1146	3078	160	7602
灵　顺	2853	5823	—	—
金　桥	320	1024	71	6303
颜　庄	383	1260	99	6030
三　界	696	1897	229	6040
丹　桂	1153	3022	363	6012
范　圩	440	1367	135	6120
新　跃	552	1535	155	6024
耀　华	468	1388	134	6073
新　墩	401	1103	124	6050
河　北	398	1321	161	6086
赵家边	535	1690	138	6140
和　进	718	2130	163	7817
友　谊	385	1193	70	7732

2007 年湖熟街道村（社区）基本情况表

表 46-8-48

村（社区）	户数（户）	人口（人）	耕地面积（公顷）	人均纯收入（元）
湖　熟	2517	5996	135	8800
金　桥	670	2237	185	8010
河　南	2135	5638	183	8038
三　界	641	2025	227	8426
丹　桂	980	3218	377	8010
新　跃	1081	2938	291	8004
耀　华	803	2613	389	8050

续表

村（社区）	户数（户）	人口（人）	耕地面积（公顷）	人均纯收入（元）
河 北	994	3206	299	8036
和 进	1206	3667	227	8705
龙 都	2188	5608	222	8291
东 阳	1442	3431	260	8026
杨柳湖	1553	4128	277	8055
万 安	1690	4555	374	8004
双 新	1926	4977	424	8021
新 农	1158	3084	277	8006
晶 明	1405	3994	363	8005
周 岗	1528	4541	223	8131
尚 桥	949	3101	357	8030
和 平	1152	3667	364	8081
钱 家	979	2853	296	8123
徐 慕	1188	4265	439	8010
绿 杨	1321	3885	388	8050

第九章 横溪街道览要

横溪街道地处江宁区西南部,南接安徽省马鞍山市和当涂县,东临禄口街道,西连谷里、江宁街道,北交江宁经济技术开发区。2007年,区域面积215平方千米,辖10个村、10个社区,人口7.40万人。

民国35年（1946），境内设陶吴、西安、横溪、丹阳4个镇。新中国成立后，境内设陶吴镇、横溪镇、丹阳镇、陶东乡、陶西乡、陶南乡、西阳乡、横山乡、云台乡、西安乡、山岗乡、兴隆乡12个镇乡。1958年，建立陶吴公社、横溪公社、小丹阳公社。1982年，撤销人民公社建制，分设陶吴乡、横溪乡、丹阳乡。1987年11月，撤丹阳乡设丹阳镇。1989年3月，撤陶吴乡设陶吴镇；2000年3月，撤横溪乡设横溪镇。

横溪人才辈出，代代有名人。南朝齐、梁间著名道教思想家、医药学家、科学家、书画家陶弘景出生于陶吴，曾隐居横山炼丹。丹阳小甘村晋甘卓后裔甘熙、甘凤池一文一武冠盖清代。清代守闽大将王万祥赐葬于甘村，清代大臣刘芝田栖息于西岗。此外，还有高颂章、陈文林等一大批优秀的革命志士将热血洒在横溪的土地上。横溪境内名胜古迹众多，风物宜人。有陶吴遗存：昝缪古文化遗址、圣旨节烈坊、青铜鼎、青铜鬲、东晋墓、吴代墓、王万祥墓等；有丹阳古物：谷纹玉璧、战国铜钫、牛纽盖鼎、朱雀云纹漆木碗、姚鼐书重修晋甘卓墓碑记、张謇题额刘芝田墓碑；有三教胜迹：上国安寺、白云观、中华圣母堂等；有古桥、古木：疏云桥、横溪桥、油坊桥、800多年喜神张银杏树、600余年薛家凹五角枫等；还有爱国主义教育基地：上庄村新四军先遣支队指挥部旧址、呈村横山县抗日民主政府旧址、云台山抗日烈士墓等。

2007年，全年实现地区生产总值9.67亿元，比2006年增长13.31%；财政收入1.59亿元，比2006年增长18.38%；全社会固定资产投资7.11亿元，比2006年增长8.13%，其中工业投入4.41亿元，比2006年增长10.02%；注册外资实际到账458万美元，比2006年增长30.86%；农民人均纯收入8118元，比2006年增长19.61%。

第一节　丹阳镇

【历史沿革】

图46-9-26　丹阳镇党委、政府办公楼（2000年摄）

丹阳镇地处江宁区西南端。春秋战国时期，丹阳镇属吴、越、楚属地。秦始皇三十七年（前210），设置丹阳县，县治在丹阳镇，隶属会稽郡。汉高祖六年（前201），置荆国，丹阳县属之。南朝宋、齐、梁、陈时代，丹阳县均属丹阳郡。隋开皇九年（589），废丹阳县，丹阳始改为镇建制。唐天宝元年（742），改润州为丹阳郡（治所设丹徒），丹阳县并入当涂县，为县属镇。清康熙六年（1667），改江南省为安徽、江苏二省而治，丹阳一镇两属，南属安徽省当涂县，北属江苏省江宁县。民国38年（1949）4月，建立丹阳镇人民政府。1956年，丹阳镇、山岗乡、兴隆乡并为小丹阳乡，隶属陶吴区。1958年，改丹阳乡为丹阳人民公社。1982年5月，改丹阳人民公社为丹阳乡。1987年11月，撤乡建立丹阳镇，镇政府驻地在丹阳集镇。2005年，区域面积64平方千米，总人口2.37万人，辖8个村、1个社区，246个村（居）民小组。2006年3月，撤销丹阳镇。

【工农业生产】

工业　新中国成立前，境内工业是以铁、木、竹器加工为主体的手工业，其次是砻坊、磨坊等农副产品加工业及纺织、洗染等行业。1954年，丹阳集镇组建第一个集体工业组织，即丹阳手工业加工组。1976年，全公社有镇属企业7家，从业人员405人，工业总产值36万元，利税总额3万元，固定资产36万元。当年12个大队都办起工业企业，工业总产值11.20万元，从业人员189人。1986年，有乡属企业20家，工业总产值1135万元，利税总额98万元，固定资产416万元，从业人员1631人。全乡12个行政村共有村办工业企业18家，主要有轻纺、塑料制品、化工、采石、建材、粮油加工等行业，工业产值483万元，从业人员660人。1996年，开始对集体企业实行产权制度改革。至2000年年末，境内有工业企业52家，其中，镇属企业19家，村属企业31家，除停产歇业的企业外，全部进行产权制度改革。2005年，全镇工业产值2.42亿元，增加值4920万元，利润总额368万元。有私营企业53家，资产总额12950万元，从业人员2348人，工业总产值2.20亿元，增加值4471万元，上缴国家税金360万元。是年，丹阳工业集中区内落户企业16家，涉及纺织、玩具、化工、铸造四大类，固定资产投入3950万元，年销售收入1.10亿元，利税550万元，就业人员1100人。

农业 新中国成立前，丹阳镇农业生产落后，水稻亩产量最高仅有200公斤。20世纪50年代中后期，进行熟制改革，粮食产量有所提高。1957年，粮食总产量达626.69万公斤。20世纪70年代后，推行双三熟制，粮食产量大幅度提高。1971—1976年，水稻总产量保持在1200万公斤左右。1981年，全面推行包干到户责任制，充分调动广大农民的生产积极性，农业生产快速发展。1983年，粮食总产量达1625.14万公斤，超历史最高水平，农民人均收入350元。1996年，粮食总产量达1771.30万公斤，油料总产量达125.20万公斤，农民人均收入2819元。2000年，全镇进行农业生产结构调整，建成中药材、竹木用材林、茶园和杂改羊四大基地。是年，农业总产值7327万元，其中农业产值2739万元，林牧渔业4588万元。粮食总产量1302万公斤，油料总产量218万公斤。2005年，农业总产值16055万元，其中农业产值6258万元，林牧渔业产值9797万元。全镇粮食总产量1040万公斤，油料总产量达234.20万公斤，农业经济总收入48709万元，农民人均纯收入5544元。

【社会事业】

教育 幼儿园。1958年，全公社有65个托儿所（组），入托幼儿901人，保育员255人；21个幼儿园，入园幼儿691人，教养员35人。1977年，丹阳小学附设一个学前班，有学生37人，教师1人。1988年，全镇11个村小学都办起学前班，入园幼儿292人，入园率80%，教师12人。至1996年，全镇有12所幼儿园（班），19个班级，入园幼儿557人，入园率91.60%，教师21人。2001—2005年，各村小学进行撤并，各校幼儿班随之撤并。2005年年末，全镇有1所中心幼儿园，5个班级，在园幼儿170人，幼师11人；农村小学附设的幼儿班只有勇跃小学的2个班级，在园幼儿208人。

小学。民国14年（1925），丹阳集镇、东岳庙等地开办“洋学堂”。民国24年，集镇上办起第一所国立小学，学生约100人。1951年，丹阳地区有11所小学，学生500余人。1975年，全公社学校增至46所。1996年，全镇有12所小学，88个班级，在校学生2834人，入学率100%，教职工169人。2000年，有1所中心校，12所村级小学。有81个班级，学生2874人，教师191人。2001年4月16日，丹阳镇通过江苏省教育现代化乡镇验收。2001年，全镇小学教育进行布局调整，经调整，至2005年，全镇有2所小学：丹阳中心小学与勇跃小学，31个班级，在校生1285人，教师107人。

中学。新中国成立前，丹阳地区没有中学。1951年，兴办（私立性质）丹阳新生中学，时有学生40人，教师3人。1958年5月，创办丹阳农业中学。1968年，创办丹阳中学。1978年，全公社有1所完全中学，11所初级中学，33个班级，其中5个高中班，在校生1410人。1979年，“戴帽子”初中合并，全公社分东西两片联合办初中（简称联中），有涧北联中和高台联中。1989年和1992年，分别撤销涧北联中和高台联中，并入丹阳中学。至此，丹阳中学有20个班级，在校生1010人。2005年，丹阳中学有24个班级，在校生1255人。

文化 新中国成立前，境内文化活动主要是群众自发开展的传统娱乐活动。常见的有过节期间的玩灯、唱小戏、划龙舟等文艺形式。1958年，成立丹阳公社文化站。负责为公社举办活动作现场跟踪采访报道，出黑板报，向县市报社、广播站投稿，宣扬好人好事，业余时间组织文化体育活动。1988年，建立丹阳镇文化中心站。1997年，文化站达省二级文化站标准。1998年，丹阳乡创建省文化先进乡（镇）和市万册图书馆。2002年5月，撤销丹阳镇文化站，组建丹阳镇文化广播电视服务中心。2003年8月，更名为丹阳镇文化服务中心。2001—2005年，承办并选送节目参加第一届至第五届“江宁之春”群众文化节，获奖10余次。

卫生 1953年，创建丹阳联合诊所。1968年，联合诊所改为丹阳公社医院。1968年下半年至1970年，丹阳公社12个大队相继成立医疗站，负责群众的医疗、卫生防疫和妇幼保健工作。1987年，丹阳乡卫生院（前身是丹阳公社医院）改称丹阳镇卫生院。2005年10月7日，改称丹阳社区卫生服务中心。当年全镇应参加农村合作医疗保险人口17043人，实际参保15438人，参保率为91%。

2005年丹阳镇主要经济社会指标情况表

表46-9-49

项　目	数　量	项　目	数　量
地区生产总值（万元）	20680	第三产业增加值（万元）	6850
财政收入（万元）	920	农业总产值（万元）	16057
耕地面积（公顷）	2615	粮食总产量（万公斤）	1040
用电总量（万千瓦时）	2380	农改经面积（公顷）	—
工业总产值（万元）	90000	集贸市场成交额（万元）	2650
工业销售收入（万元）	9100	境内中小学校（所）	4
工业利税总额（万元）	500	在校中小学生（人）	2630
固定资产投资（万元）	9485	初保普及率（%）	91
工业技改投入（万元）	7905	参加社保人员（人）	4335
三资企业（家）	2	电话普及率（%）	61
合同利用外资（万美元）	520	自来水普及率（%）	98
私营个体企业（家）	51	人均存款余额（元）	5398
第三产业从业人员（人）	3669	农民人均纯收入（元）	5544

2005年丹阳镇村（社区）基本情况表

表46-9-50

村（社区）	户数（户）	人口（人）	耕地面积（公顷）	人均纯收入（元）
丹　阳	1622	3551	33.40	5837
双　河	526	1889	175.60	5632
幸　福	629	2095	235.70	5494
勇　跃	804	2668	311.10	5551
宁　光	960	2892	424.50	5592
山　景	856	2531	401.40	5587
许　高	1040	3550	453.20	5391
西　岗	916	3126	407.30	5678
泗　陇	420	1438	172.90	5104

第二节 陶吴镇

【历史沿革】

陶吴镇位于江宁区西南部。周代以前，陶吴地域属荆蛮之地。西周至春秋战国时期，先后属吴地、越国、金陵邑。秦汉时，属秣陵侯国、秣陵县。三国两晋南北朝时，属建邺县、临江县、江宁县、丹杨县。隋唐五代十国时期，属蒋州、丹杨郡、归化县、金陵县、白下县、归化县、江宁县、上元县、金陵府、江宁府。宋真宗景德元年（1004），于陶吴铺置金陵镇，后改为陶吴镇，为陶吴置镇之始，隶属江宁县。宋、元、明、清时沿袭旧制，陶吴镇均属江宁县。

图 46-9-27 陶吴镇党委、政府办公楼（2003 年摄）

民国 38 年（1949）4 月 24 日，陶吴镇成立第三区人民政府，隶属第三区（1955 年，改称陶吴区。1957 年 7 月，陶吴区改名陶吴乡。1989 年 3 月，撤乡建陶吴镇，镇政府驻地在陶吴集镇。2005 年，区域面积 62 平方千米，辖 8 个村、1 个社区，人口 20166 人。2006 年 3 月，撤销陶吴镇。

【工农业生产】

工业 新中国成立前，陶吴地区工业较少，集镇上仅有一家私营元昌机米厂，其他均为个体手工作坊，据统计共有 77 家，主要行业有砻坊、豆腐坊、缝纫坊等。新中国成立后的 1956 年，创办西阳农业社的砖瓦厂，是陶吴镇第一个村办企业，生产青砖、青瓦，就地销售，解决农业社和群众的建房问题。1958 年，在龙山殷山洼办起采石场，这是陶吴乡新中国成立后第一个乡办工业，有小龙山、公墓山、孚而岗、渣塘、险子凹等 6 个采矿点，生产铁矿、锰矿、重晶石等，有农民工 400 多人。1985 年，乡办企业发展到 16 家，完成工业产值 551 万元，实现利润 58.80 万元，从业人员 1691 人。有村办工业 57 家，固定资产 189.17 万元，年产值 809.10 万元，创利润 39.17 万元，上缴国家税金 38.90 万元，从业人员 2059 人。1997 年，有镇办工业企业 14 家，全年完成工业产值 2.90 亿元，实现利税 1561 万元，企业固定资产总值 5804 万元，从业人员 2667 人。有村办企业 59 家，工业总产值 18157 万元，实现利税 932 万元，固定资产 1085.60 万元，从业人员 2000 人。2005 年，全镇实现工业增加值 7900 万元，工业总产值 3.50 亿元，销售收入 3.40 亿元，利税 2040 万元，出口创汇 700 万美元。境内工业集中区吸收项目 11 家，正式开工建设的有 8 家，累计投资总额 4.50 亿元。

农业 新中国成立前，粮食产量低下，单产量仅有 120 公斤左右，广大农民过着食不果腹的生活。新中国成立后，经过土地改革、农业合作化等一系列体制改革，农村生产水平逐步提高，产量逐年增加。1953 年达 862.60 万公斤。1958 年，大力开展农田基本建设，使粮食产量大幅提高。是年，粮食种植面积 3624.33 公顷，粮食总产量 888.80 万公斤，单产量 2460 公斤。1978 年，全公社粮食总产量达 1781 万公斤。1982 年年底，全面实行联产承包到户的农业生产责任制，调动农民群众生产积极性。1984 年，粮食总产量增至 2150.70 万公斤，超过历史水平。1986—1989 年，粮食总产量一直稳定在 2000 万公斤左右。1996—2000 年，围绕农业增效、农民增收、缩麦扩油、缩粮扩经，进行农业结构调整。1999 年，全镇粮食与经济作物比例调整为 48.80 ∶ 51.20，使经济作物面积首次超过过粮食面积。从全镇 2666.60 公顷耕地中拿出 1666.70 公顷发展有陶吴特色的草莓、无子西瓜等为主的经济作物种植。2001—2005 年，全镇建成百亩以上规模基地 20 个，注册农产品商标 4 个，建设省级无公害基地 2 个，引进农业开发项目 21 个，承担市级以上农业项目 6 个。2005 年，农业总产值 17413 万元，农民人均收入达 6215 元。全镇 8 个村的粮食总产量达 699.30 万公斤，亩产量 381 公斤，油料产量 154.30 万公斤。

【社会事业】

教育 幼儿园。20 世纪 30 年代，陶吴小学开办学前班。至新中国成立前，长期维持 1 个班级，有幼儿 30 多人。新中国成立后的 1952 年，陶吴小学附设幼儿班，有 2 个班级，入园幼儿 60 多人。1958 年，全公社有 74 所幼儿园，入园幼儿 1400 多人。1980 年，各大队完小开始设学前班，有 1 个幼儿园，7 个幼儿混合班，入园幼儿 245 人，幼儿教师 8 人。1986 年，全乡幼儿园增至 4 所，有 36 个班级，入园幼儿 1198 人，幼教人员 42 人。2000 年年末，有 1 所镇属幼儿园，15 个村办幼儿班，入园幼儿 600 多人，入园率 93.10%，幼教人员 17 人。是年，陶吴镇被授予江宁县幼儿教育发展先进乡镇和南京市幼儿教育工作先进乡镇。2005 年，陶吴中心幼儿园有 9 个班级，入园幼儿 300 多人。

小学。民国 14 年（1925），地方绅士李杰等在陶吴镇上创办 1 所小学，有 4 个班级，在校生 130 多人。至新中国成立前夕，陶吴镇有 7 所小学，其中 2 所完小，15 个班级，在校生 530 人，教职员 21 人。1958 年，境内共有 30 所小学，71 个班级，在校生 3118 人。1989 年年底，全镇有 20 所小学，79 个班级，在校生 2987 人，教职工 129 人。20 世纪 90 年代后，境内小学进行布局调整，至 2004 年，各村小学全部撤销，全镇小学生集中到陶吴镇中心校上学，实现一镇一校。有 27 个班级，在校生 1341 人，教职工 70 人。

中学。新中国成立前，陶吴镇有培里中学，时有补习生 50 人。1956 年，创办陶吴初级中学。1958 年，创办陶吴农业中学和陶吴奈塘中学，2 所农中有 3 个班级，学生 79 人。1984 年，联合成立乡办王山初级中学（后改名为桃红初级中学）。1989 年，境内有陶吴中学、桃红中学 2 所中学，共有 25 个初中班，学生 1198 人；其中陶吴中学有 12 个高中班，学生 661 人。2005 年，桃红中学有 21 个班级，学生 1132 人；陶吴中学有 2 个初三班，学生 93 人（初一、初二学生到桃红中学就读），高中 18 个班级，学生 1049 人。

文化 20 世纪 30 年代，陶吴镇甘西行政村曾组建一个半营业性质的民间京剧团体——陶吴“六色班”。由“生”“旦”“净”“丑”等六种角色组成，演出时不化妆、不搭台，自奏乐器、自打锣鼓，坐着清唱，常巡回在镇内及邻近地区演出，颇受欢迎。1950 年，设陶吴文化站，站址在南街疏云桥北头，站内设棋类室、球类室、图书阅览室与节目排练室等。1952 年，成立业余剧团。1955 年，成立图书馆。1986 年，组建文艺宣传队，排演锡剧《柜中缘》、黄梅戏《女驸马》和舞蹈小品等节目。1998 年，陶吴镇图书馆通过市万册图书馆挂牌检查小组验收。1984—2005 年，全镇文艺作品发表（演出）获一等奖 1 次、二等奖 3 次、三等奖 5 次。2005 年，该镇有线电视入户 5000 余户，获江宁区有线电视入户率达标乡镇称号。

卫生 抗日战争前期，西医高俊美在镇上开诊所，是陶吴地区最早的西医治疗所。后有张仲连、周朝举、徐瑞麟、杨哲等私人诊所相继开业，这些诊所医术低下，设备简陋，医药费昂贵。民国 37 年（1948）11 月，陶吴卫生室成立。民国 38 年（1949）5 月，建立第三区卫生所。

1950 年，镇上几家私人诊所合并成立陶吴镇中西医联合诊所。1957 年，陶吴中西医联合诊所并入陶吴医院（第三区卫生所）。1979 年，更名为陶吴中心卫生院。1995 年 2 月，被评为市一级甲等医疗机构。1996 年，被授予市爱婴医院。2004 年，更名为陶吴镇社区卫生服务中心。2005 年，对门诊楼重新改造装修，经改造，医院建筑总面积达 5121.14 平方米，资产总额 348 万元。是年，完成 8 个村卫生室达标建设。农民参保覆盖率 100%，农民参保率 90%。全镇参保人数 12251 人，参保率 90.40%。

2005 年陶吴镇主要经济社会指标情况表

表 46-9-51

项　目	数　量	项　目	数　量
地区生产总值（万元）	30110	第三产业增加值（万元）	10330
财政收入（万元）	1536	农业总产值（万元）	17413
耕地面积（公顷）	1455	粮食总产量（万公斤）	699
用电总量（万千瓦时）	670	农改经面积（公顷）	55
工业总产值（万元）	23000	集贸市场成交额（万元）	4750
工业销售收入（万元）	22554	境内中小学校（所）	3
工业利税总额（万元）	1200	在校中小学生（人）	3830
固定资产投资（万元）	27490	初保普及率（%）	94.50
工业技改投入（万元）	13270	参加社保人员（人）	8642
三资企业（家）	3	安装电话（部）	4732
合同利用外资（万美元）	209	自来水普及率（%）	100
私营个体企业（家）	738	人均存款余额（元）	9378
第三产业从业人员（人）	3700	农民人均纯收入（元）	6215

2005 年陶吴镇村（社区）基本情况表

表 46-9-52

村（社区）	户数（户）	人口（人）	耕地面积（公顷）	人均纯收入（元）
桃　红	620	1380	84	6210
新　杭	669	1821	147	6218
甘　西	685	1891	215	6210
西　泉	741	1929	221	6220
龙　山	565	1606	208	6220
红　星	729	1954	234	6215
甘　村	794	2097	180	6215
西　阳	480	1494	177	6215
桃　盛	3405	7555	—	6218

第三节　横溪街道

【历史沿革】

横溪镇地处江宁区西南部。周朝前，横溪地域属荆蛮之地。春秋战国时期，横溪地域先后属吴国、越国。秦汉时期，相继属秣陵侯国、建邺县管辖。魏晋南北朝时期，属江宁县管辖。五代十国时期，杨吴天祐十四年（917），分置上元县、江宁县，并同城而治，此后经历宋、元、明、清诸朝，横溪地域均属江宁县管辖。民国34年（1945），横溪镇与岳庆乡合并为横溪镇；西山乡与安民乡合并为西安乡，隶属江宁县第三区。1957年，横溪乡与横山乡合并为横溪乡。1958年，横溪乡改为横溪人民公社。1982年12月，恢复横溪乡人民政府。2000年2月2日，撤乡设横溪镇。镇政府驻地在横溪集镇。2005年，区域面积98.70平方千米，辖1个社区居民委员会，8个村民委员会，261个村民小组。有9476户、27977人。2006年3月，撤销横溪镇和丹阳镇，将原横溪镇、原丹阳镇管辖区域与原陶吴镇管辖的陶盛居委会区域和甘村、新杭、桃红、龙山、西泉、西阳、红星、甘西8个村合并设立新的横溪镇。2007年12月29日，撤销横溪镇设横溪街道办事处。街道办事处驻原横溪镇政府驻地吴楚东路1号。

图 46-9-28　横溪镇党委、政府办公楼（2002年摄）

【工农业生产】

工业　民国初期，横溪镇广大农户“以养蚕为主，种粮为辅”。江宁自治实验时期，从汉口引进抽丝设备，创办抽丝厂。抗日战争期间，蚕桑业萧条冷落。当时横溪乡工业基础十分薄弱，只有少数作坊、店铺，在横水桥（石拱桥）附近生产、经营铁、木、竹器和少量酒、油、米之类。新中国成立后的1954年，手工业者由个体经营走上合作化道路，组成合作小组，至年底单独成立手工业社。1958年，横溪公社先后办起粮食、油料加工厂。至20世纪60年代末期，有从业人员200余人，年产值10万余元，利润1.30万元。1982年，全乡工业总产值2941.60万元。1989年，工业产值4501万元。1991年，乡办工业发展到80家，工业产值4661万元。1995年，实现工业产值36680万元，其中乡办工业15045万元。2005年，全镇工业总产值46615万元，利税总额2126万元。2006年，全镇有中、小工业企业2065家，工业总产值169849万元，营业收入168039万元，利润总额8632万元，上缴税金4225万元，资产总额104253万元，从业人员22156人。其中，规模工业企业15家，总产值63114万元，销售产值59964万元，营业收入62275万元，利润总额1783万元。2007年，有工业企业528家，工业总产值118620万元，营业收入114632万元，利税总额7170万元，上缴税金3051万元，固定资产投入5.20亿元。其中，规模企业17家，年营业收入79198万元，上缴税金1739万元。是年，规划建设陶吴工业集中区和丹阳民营创业园，占地面积5平方千米，落户企业超过50家，投资总额30亿元。实现工业总产值72683万元，工业利税总额6823万元，实际利用外资458万美元，从业人员51329人。

农业 新中国成立前，境内农用机具落后，耕种技艺陈旧，农业生产的发展缓慢，丰收年景水稻亩产量一般在195公斤左右。新中国成立后，从20世纪50年代开始兴修水利，先后完成16座中、小型水库建设和5个圩区堤坊达标建设。中共十一届三中全会后，农村开始实行联产承包责任制。1983年，粮食总产量达2436.37万公斤，超历史最高水平。20世纪90年代开始，横溪乡推进万亩蔬菜、万亩经济林果、万亩西瓜三个万亩基地建设，加快新一轮农业种植结构调整步伐。1999年，农业总产值15986万元，粮食总产量1707.30万公斤，油料总产量231.60万公斤，农民人均纯收入3681元。2000年，农业总产值16550万元，粮食总产量1360.70万公斤，油料总产量145.10万公斤，农民人均纯收入3811元。2005年，农业总产值23356万元，粮食总产量1378.30万公斤，油料总产量181.60万公斤，农民人均纯收入5751元。2006年，全镇粮食作物播种面积4966公顷，年总产量3432万公斤，油料作物种植面积2754公顷，总产量482.70万公斤。当年横溪镇蔬菜复种面积3733.33公顷，发展连片3.33公顷以上蔬菜设施示范方16块，共81.07公顷（其中钢架设施33.33公顷），全年蔬菜产值12201万元。2007年，粮食作物播种面积4080公顷，总产量2826.10万公斤，油料作物种植面积1235公顷，总产量217.30万公斤。是年，重点发展以蔬菜、食用菌、草莓、葡萄等为主的产业工程，完成蔬菜复种面积3466.67公顷，食用菌生产面积33.30万平方米，“放心菜”检测样本5317个，全年蔬菜产值13036万元。街道全年农业总值59532万元，其中农业总产值34138万元、林业总产值1571万元、牧业总产值15770万元、渔业总产值7056万元。

【社会事业】

教育 幼儿园。1958年，在横溪镇的财神庙内创办一所幼儿园。1976年，在西堪大队创办幼儿园。中共十一届三中全会后，幼儿教育事业发展加快，全乡办起中心幼儿园，各行政村大都有幼儿园或学前班。1984年下半年，创办横溪中心小学幼儿园，设小、中、大3个班级，有幼儿80余人，教师3人。1986年，全乡幼儿园发展为26个班级，在园幼儿820人，教师31人。1990年，全乡幼儿园有27个班级，在园幼儿531人，幼儿入园率62% 教师31人。1997年，建设横溪中心幼儿园，1998年8月竣工，于同年9月正式开园，并冠名芬资幼儿园。是年，横溪镇中心幼儿园成功创建南京市优质园，并成为南京市首批绿色幼儿园之一。1999年，全镇有21个幼儿班，在园幼儿612人，教师31人。2000年后，对全镇幼儿园进行布局，至2002年，全镇幼儿班撤并为15个，入园幼儿409人，教师25人。至2005年，全镇有5所幼儿园，9个班级，在园幼儿231人，教师21人。2006—2007年，全镇有3所中心幼儿园：陶吴中心幼儿园、横溪中心幼儿园、丹阳中心幼儿园。至2007年年底，全街道共有在园幼儿982人。

小学。民国20年（1931），横溪集镇的姜言述在街北首创横溪镇国民学校，有学生80人，教师3人。民国23年前后，创办红杨、藤墅、王马场、许村、呈村等20多所国民学校。民国35年，创办江宁县横溪镇中心国民学校，时有3个班级。新中国成立初期，成立横溪镇小学，开设5个班级。1981年，全镇在校学生增至3721人，班级增至81个，教职工增至138人。1987年，全乡有1所中心小学、18所完小、5所初小，在校小学生2730人。1997年，横溪乡有1所中心小学，1所联办小学，8所村办完小，9所村办初级小学，1所单班，共有103个班级，在校生3297人，教职工191人。1999年，全乡撤并成14所学校。2005年，全镇撤并成4所小学，有47个班级，学生1427人，入学率100%，教师130人。至此，横溪镇小学形成“一个中心、三个办学点”（横溪镇中心小学、呈村联小、红杨小学、红旗小学）的基本格局。2006—2007 年，有 3 所中心小学：陶吴中心小学、横溪中心小学、丹阳中心小学。

中学。1958 年，境内有两所中学，农业中学与普通初级中学，有学生 228 人，教职工 14 人。1965 年 9 月，在横溪大队、红旗大队、呈村小学内各办起一所农业中学，各招一个班，有学生 130 多人，教师 5 人，学校实行半耕半读。1968 年 8 月，横溪初级中学更名为横溪中学。1975 年，在红杨、安民、上庄、官塘、横岗 5 所小学内开设“戴帽子”初中班。1982 年，撤销所有“戴帽子”初中班。并在红旗、呈村原两所农中校舍内联办初中，以便学生就近上学。至 2005 年，全镇有 1 所初中，25 个班级，在校生 1342 人，教职工 96 人，入学率 100%，巩固率 98.60%。2006—2007 年，有 3 所初级中学：桃红中学、横溪中学、丹阳中学；1 所高级中学：陶吴中学。

文化 民国 31 年（1942）8 月 24 日，组织黎明艺社；民国 33 年夏，成立山南春风读书社，即新四军横山警卫团政工队，民国 34 年秋抗日战争胜利，横山县委在江宁县横溪乡呈村召开万人祝捷大会，政工队日夜赶排文娱节目。民国 35 年夏，横山警卫团政工队改编为新四军一师三旅九团文工队。新中国成立初期，创建横溪镇文化站。1959—1965 年，文化站利用大队、生产队及家庭小喇叭，宣传党的方针政策，播放歌曲。1984 年，成立乡文化中心站。2002 年，合并成立镇文化广电服务中心，后改为镇文化体育服务中心。1996 年，乡文化站达到省二级站标准。1997 年，横溪镇被省文化厅评为群众文化先进乡镇。1998 年，文化站图书馆被评为南京市万册图书馆。2003—2004 年，镇文化站参与区第三届、第四届“江宁之春”群众文化艺术节，均获优秀组织奖，选送节目小品《亲如一家》荣获全区创作二等奖，相声节目《说和道顺》荣获全区创作三等奖。女声独唱《乡村的音籁》和巴乌独奏《渔歌》荣获创作表演奖。2001—2005 年，举办第一届至第四届横溪西瓜节。2005 年，境内有市级文物保护单位 4 处、区级文物保护单位 1 处。2006—2007 年，成立横溪文体服务中心，完成 20 个村（社区）文化体育活动室建设，打造丹阳皮老虎、健身文化特色标兵等特色文化项目；举办第六届、第七届“江宁之春”群众文化艺术节相关活动，观众均达 2 万多人次；文化体育活动中心新增科普书籍超过万册，送电影 260 场，送戏下乡 4 场，组织专场文艺演出 5 场；新增 20 户以上自然村拥有有线电视 6 个，新增有线电视用户 1000 多个。

卫生 新中国成立后的 1952 年，成立横溪乡联合诊所。1968 年下半年，横溪公社 19 个大队分别成立医疗站，做到看小病不出大队。1979 年，公社医院（前身是横溪乡联合诊所）改为公社卫生院。至 1993 年年底，全乡 19 个行政村都建立卫生室。1995 年 2 月 15 日，卫生院被评定为一级甲等医疗机构。2004 年 8 月 31 日，镇卫生院更名为南京市江宁区横溪镇社区卫生服务中心。2005 年，全镇共有 9 个村级卫生室。全镇合作医疗覆盖率 100%。2006 年，新建原甘村、横溪和新杨、安民、云台 5 个村卫生医疗服务站，改造原幸福、泗陇、龙山、西阳、西泉、山景 6 个村卫生医疗服务站。新建横溪合作医疗结算中心，农村新型合作医疗参保率达 95%。2007 年年底，全街道医疗服务机构有 23 家，其中社区卫生服务中心 3 家，社区卫生服务中心站 2 家、社区卫生服务站 18 家。横溪街道总人口数为 72562 人，除长期外出以及已参加城镇职工医疗保险人数 20894 人外，实际参加人数 51668 人，群众参保率达 100%，农村合作医疗覆盖率 100%。

2005年横溪镇主要经济社会指标情况表

表46-9-53

项　目	数　量	项　目	数　量
地区生产总值（万元）	26000	第三产业增加值（万元）	8900
财政收入（万元）	2126	农业总产值（万元）	23356
耕地面积（公顷）	2102.50	粮食总产量（万公斤）	1378.30
用电总量（万千瓦时）	20998	农改经面积（公顷）	—
工业总产值（万元）	10000	集贸市场成交额（万元）	3655
工业销售收入（万元）	9200	境内中小学校（所）	5
工业利税总额（万元）	790	在校中小学生（人）	3054
固定资产投资（万元）	10662	初保普及率（%）	90
工业技改投入（万元）	7615	参加社保人员（人）	19896
三资企业（家）	6	安装电话（部）	4855
合同利用外资（万美元）	807	自来水普及率（%）	100
私营个体企业（家）	575	人均存款余额（元）	3682
第三产业从业人员（人）	4136	农民人均纯收入（元）	5751

2007年横溪街道主要经济社会指标情况表

表46-9-54

指　标	单　位	数　值	比2006年（±%）
总户数	户	27173	2.13
年末总人口	人	74023	1.56
其中：非农业人口	人	16754	59.30
人口出生率	‰	9	4.76
人口自然增长率	‰	2	-10.00
耕地面积	公　顷	6187	—
地区生产总值	万　元	96729	13.31
财政收入	万　元	15863	18.38
工业总产值	万　元	72683	17.30
工业利税总额	万　元	6823	16.43
固定资产投资	万　元	71058	8.13
其中：工业投资	万　元	44058	10.02
实际利用外资	万美元	458	30.86
企业数	家	1180	4.80
企业从业人员	人	24472	22.96

续表

指　标	单　位	数　值	比 2006 年（±%）
农民人均纯收入	元	8118	19.61
农机总动力	千　瓦	38927	13.24
农村用电总量	万千瓦时	7084	5.40
境内中小学校	所	6	—
固定电话拥有量	部	12945	-4.11
移动电话拥有量	部	21545	10.56
互联网上网用户	户	620	8.20
小汽车拥有量	辆	545	8.57
参加养老保险人数	人	21923	1.11
参加合作医疗人数	人	49637	19.25
建成区占地面积	公　顷	667	—
工业园区面积	公　顷	110	3.77
公共绿地面积	公　顷	103	—
生活用燃气普及率	%	100	—
有线电视入户率	%	100	—
污水处理率	%	85	—
垃圾无害化处理率	%	88	—
集贸市场成交额	万　元	17085	11.99

2005 年横溪镇村（社区）基本情况表

表 46-9-55

村（社区）	户数（户）	人口（人）	耕地面积（公顷）	人均纯收入（元）
西　塘	1918	4311	59.70	6469
横　溪	921	2954	229.30	6276
官　长	651	2035	190.10	5538
红　旗	1088	3488	275.80	6138
云　台	953	2822	310.90	6358
新　杨	983	2866	255.00	5530
安　民	1063	3343	300.90	5339
许　呈	1161	3830	319.10	5417
横　山	738	2328	161.70	4893

2007年横溪街道村（社区）基本情况表

表46-9-56

村（社区）	户数（户）	人口（人）	耕地面积（公顷）	人均纯收入（元）
横溪	2778	7053	500	8607
新杨	1109	3143	433	7611
丹阳	2837	7640	445	8248
西岗	1443	4542	580	8221
陶吴	2857	5411	86	8351
新杭	900	2432	175	8222
甘西	841	2384	213	8222
西泉	1043	2947	222	8198
西阳	1355	3605	351	8660
甘泉湖	1608	4497	416	8351
官长	712	2043	349	7764
红旗	1286	3502	574	8226
云台	1060	3104	484	8416
安民	1244	3490	569	7435
许呈	1359	3976	534	8161
横山	803	2494	301	7145
勇跃	883	2710	311	7820
宁光	1019	3120	424	8219
山景	896	2750	401	7943
许高	1140	3629	453	7809

第四十七编

人　物

江宁，天地钟灵，山川毓秀。数千年中，众多俊彦之士，伴随着沧海风云，桑田雾雨，聚首在这广袤的沃土上，指点江山，创建伟业。他们在历史的长河中，用自己的血汗和智慧铸就了江宁，在政治、经济、科学、文化、艺术等各个领域，留下千古不朽的华章。

东汉末名将、三吴奠基人之一孙策，英勇无比，人称“小霸王”。“策为人，美姿颜，能笑语，性阔达，所受善与用人，是以士民见者，莫不尽心，乐为致死。”（《三国志》）曹操封孙策为吴侯，吴侯府第即在秣陵。建安五年（200），孙策被刺身亡，孙权称帝后追尊为长沙桓王。东晋大臣、政治家、军事家谢安以临危不惧、出奇制胜的军事才能，指挥了著名的淝水之战。并以八万精兵一举击溃苻坚90万大军，留下“风声鹤唳，草木皆兵”的成语典故。这场以一当十，以弱胜强的赫赫战例名著千秋。南朝宋皇帝刘裕军纪严明，秋毫无犯，所到之处，深受黎民爱戴。他崇尚节俭，不喜奢华，知人善任，被后人誉为一位比较明智的帝王。南宋名将岳飞在牛首山抗金中，“以骑兵三百、步兵二千驰至新城，大破之”“共杀敌三千，俘敌将官二十多人……”，岳家军一举收复建康。明宦官、航海家郑和，永乐三年（1405）至宣德八年（1433）的28年间，七次率领船队下西洋，访问30多个国家，行程10万余海里，于宣德十年病逝，葬于江宁牛首山南麓谷里周昉村东。上海《申报》掌门、中国著名报业家、新闻事业家史量才，民国23年（1934）11月13日，从杭州秋水山庄返宁，在沪杭公路翁家埠遭暗杀身亡。全国舆论哗然，各地举行追悼会。民国35年，葬于杭州天马山、吉庆山麓。章太炎撰《史君墓志铭》：“史氏之直，肇自子鱼。子承其流，奋笔不纾”“唯夫白刃交胸，而神气自如”（《史君墓志铭》）。民国名人、行医济世的国医泰斗张栋梁，南京四大名医之一，他继承中国医学精髓，辨证准确，治病每收奇效。民国26年10月去世，灵柩从南京移至江宁湖熟番岗头祖坟，沿途数十里，路祭群众不计其数，悼念他的高尚医德。

江宁，还是一片仁人志士献身的热土，从抗日战争的刀光剑影，到抗美援朝的烽火硝烟，从战争岁月的冲锋陷阵到和平时期的抢险救灾，这里涌现一大批为人民事业英勇献身的革命烈士：华金元、夏定才、邓仲铭、林德润、朱腊宝…… 他们用自己的宝贵生命，谱写了一首首豪迈壮烈、彪炳史册的人生之歌。

人以地传，地以人传。江宁盛名，“因地而增其胜，因俗而宏其化”“因人文而雕琢其成”。千百年中，政治家、军事家、教育家、文史学家、能工巧匠、革命志士、英雄模范、科技精英和在改革开放大潮中涌现出的创业能人，以其盛名影响所致，使江宁声名日隆，饮誉中外，也使江宁地区的历史文化不断丰富，灵动而令人神往。前事不忘，后世之师。为彰显先人，教育今人，启迪后人，对上述人物以“传略”“简介”“表录”形式载志永存。为存史之需，也收录若干有负面影响的人物。“青山有幸埋忠骨，白铁无辜铸佞臣”（岳飞墓楹联），让忠奸并存，千秋功罪，后人自会评说。

本志共收录人物4345人，包括立传139人，简介124人；人物表1139人（不含重复人次）；人物名录2943人。

第一章　人物传略

入人物传略的人物有 139 人，其中古代人物 58 人。有南朝宋皇帝刘裕、南朝梁皇帝萧衍、南朝陈皇帝陈霸先、南唐皇帝李昪和李璟，他们在这里运筹帷幄，统兵布阵，建城筑垒，使江宁地区变成南京的屏障；有民族英雄岳飞在江宁牛首山抗金的事迹，几乎家喻户晓，老少皆知，并且一直激励着后人；有七下西洋、明代航海家、外交家、武术家郑和；有文史学家、书法家、画家、诗人纪瞻、陶季直、王昌龄、袁枚等；还有一代又一代佛道名士，名伶才艺，百工名家陶弘景、法融等。近现代人物 81 人。有辛亥革命名将、光复江宁统帅、追随孙中山的徐绍桢；有中央国医院馆名誉馆长、“国医泰斗”张栋梁；有近代报业巨子、民主斗士史量才；有著名考古学家、博物馆学家、“湖熟文化”命名者曾昭燏和为“湖熟文化”提供重要线索者钱立三；有南京大学生物学系一级教授，省政协一、二、三届委员耿以礼；有民间艺人、金箔工艺传人陈立森；有“德高义重”的香港同胞张兴富。江宁还是抗日战争时期的红色革命根据地，在这块土地上，留下陆纲、魏今非、倪则耕、李钊、邓仲铭、夏定才以及共和国元勋的许多业绩。还入选 4 名反面人物：伪江宁县警察局行政科长兼司法科长、汉奸恶霸匡正，江宁自治实验县县长、大汉奸梅思平，怙恶不悛的不法地主董兴礼和汉奸、恶霸、杀人魔王李宏堂。

入选人物均以出生年月先后为序排列，出生年月相同者再按卒年先后排序。

第一节　古代人物

【刘　缠】

刘缠（？—前 113），一名涟，彭城沛（今江苏省沛县）人。西汉皇族，被封为秣陵侯。汉景帝刘启之孙；父，江都易王刘非，武帝刘彻同父异母弟。江都易王刘非死后，长子刘建继嗣王位，另三子刘敢、刘缠、刘胥行于武帝元朔元年（前 128）均被封侯。其中，刘缠为秣陵侯，都秣陵。秣陵自秦建县后，已逾百年，且地处交通要冲，农桑经济发达，优于一般地区。武帝元鼎四年（前 113），刘缠病死，谥号曰“经”，史称秣陵经。因无子嗣，侯国寻废，复为秣陵县。

【葛　玄】

葛玄（164—244），一作葛元，字孝先，丹阳句容（今江苏省句容县）人，三国时吴国方士。道教尊为葛仙公，又称太极仙翁。宋代封为冲应真人、冲应孚佑真君。玄早年慕长生不老之术，访道于灵岳（山东蓬莱山），入天台赤城（今浙江台州境内），再游罗浮（今广东增城东），遇苏元朗授以金丹之旨，开始炼丹。后师从东汉末年方士左慈学道术，受太清、九鼎、金液等丹经。精通医药学，常制丹药济人。三国时，吴大帝孙权常与玄游处，或止石头城北四望山（今南京挹江门内的八字山）。玄性喜酒，每卧门前陂水中，竟日乃醒。帝以为神。赤乌二年（239），孙权立洞玄观于方山（今江宁区境内），邀其修道炼丹，葛玄欣然听命。后到阁皂山（今江西清江境内）修道。有弟子郑隐，传其炼丹秘术。隐再传其从孙葛洪，洪亦精道术，兼明医理。

著有《济急方》三卷、《杂方》十卷、《杏仁煎方》一卷，均佚。晚年居方山，无疾而终。至2007年，方山仍传有他当年的“炼丹井”“洗药池”等遗迹。

【李 南】

李南（生卒年月不详），字孝山，后汉江宁人，一说句容人。少笃学，善占卜之术。东汉永元中，太守马棱坐盗，当送廷尉处置，乃如坐针毡，茶饭不思，惶惶不可终日。李南得息后，遂观风向，占卜法，前往马府道贺云：毋须忧虑，明日日中，喜从天降，故来称庆。马棱满腹狐疑，似信非信。届时，果有公文到：下属所为，与太守无关，速速履任。马棱大喜，将李南待以上宾。

据《景定建康志》记述，李南是江宁采药、卖药自给的创始人，是见于史载最早以卖药为生的“药师”。正是在他的影响下，江宁县采集中草药蔚然成风，名闻遐迩。〔同治〕《上江两县志》称：“龙都之民善卖药。”江宁药师最多，分布最广，名扬大江上下，盖源于湖熟、龙都一带。据查证龙都乡的庞家桥、刘家汾前村，有50%以上的人家开药店。溯江西上至芜湖、九江、汉口，顺流而下到镇江、苏州、上海，从城市到县镇，都有江宁药师从事中药业。”20世纪60年代前，南京市药材公司的老药工有80%以上都是江宁人。江宁药师经过1000多年的实践与发展，其“槟榔一百零八片，附片吹上天”的独特工艺，至2007年，仍在中药饮片加工技术业内广泛流传。

李南是江宁中药业的开山祖师，造福于人、惠民一方，功不可没。终年85岁。

【孙 策】

孙策（175—200），字伯符，东汉末年吴郡富春（今浙江省富阳县）人，孙坚之子，孙权之兄，三国时吴国的奠基者之一。少时居寿春，为江淮间人士称道。孙坚死后，他带兵依附袁术。时金陵被小军阀笮融和薛礼占据。孙策遂向袁术讨回旧部，带到历阳（今安徽和县）欲夺取金陵。汉献帝兴平二年（195），孙策在周瑜、程普和黄盖等人支持下，从历阳渡江，率先夺取牛渚营（今安徽采石矶），乘胜直取秣陵关（今江宁区内），不料在战役中，孙策中箭，伤势较重，回牛渚医救。因此讹传“孙郎中箭已死”。使笮融军队高枕无忧，解除警惕。孙策得知敌情，遂带伤出击，攻下湖熟、江乘、秣陵，削平当地割据势力，占据丹阳、吴、会稽等五郡，孙策依靠南北豪强势力的支持，在江东地区创建孙氏政权。他作战骁勇，军队纪律严明，鸡犬草茹，一无所犯。“策为人，美姿颜，能笑语，性阔达，所受善与用人”（《三国志》），被曹操看重，汉献帝建安三年（198）表孙策为讨逆将军，封吴侯。建安五年，曹操与袁绍对峙于官渡，他乘机秘密部署人马，调集粮草，试图偷袭许昌，劫取汉献帝。兵未发，为故吴郡太守许贡门人冷箭射伤而死。孙权称帝后，追尊孙策为长沙桓王。

【纪 瞻】

纪瞻（生卒年不详），字思远，丹阳秣陵（今江宁县）人，东晋文学家、尚书。三国吴尚书令纪亮之孙，光禄大夫纪骘之子。少以方直知名。元康中举秀才，尚书郎陆机亲自考核他，纪瞻居然对答如流。永康初年，大司马辟为东阁祭酒，除鄢陵公国相。左迁松滋侯相。太安中弃官归里，与顾荣等平定陈敏之乱，拜为尚书郎，与顾荣一道赴洛阳。在途中讨论《易·太极》，半途折返回家。元帝在做安东将军时，招他为军咨祭酒。以讨周馥、华轶功，封为都乡侯，加扬威将军，封临湘县侯。元帝即位后，拜纪瞻为侍中，转尚书，以疾免，寻除尚书右仆射。明帝时转领军将军，加散骑常侍，进骠骑将军。卒赠开府仪同三司，谥“穆”。纪瞻会享受，立宅于乌衣巷，馆宇崇丽。他慎进爱士，老而弥笃。尚书闵鸿、太常薛兼、广川太守褚沈等，平时与他少有交往，都认为他讲义气，临终时将身后事托付于他。纪瞻都尽心尽力保护其后人，为他们造住宅，像己亲骨肉一样。年轻时他与陆机兄弟亲善，陆机被杀后，纪瞻全力照顾其家属，陆机女儿出嫁时，为其准备的嫁妆就像自己的女儿一样。纪瞻喜欢安静，少交游，整天埋头读书，精通音律。著有诗、赋、笺、表数十篇。

【葛洪】

葛洪（284—364，一说约281—341），字稚川，自号抱朴子，丹阳郡句容人，久居秣陵，东晋道教理论家、医学家、炼丹术家。葛洪出身于江东士族豪门，因家衰乱，随父远徙邵陵，到13岁时，才返回句容故居。少时喜好学习，无奈遭兵变后，家中藏书荡然无存，只好负笈徒步，到处行借。有时为寻觅书籍，探讨学问，竟不辞辛劳跋涉千里，以期达到目的，遂阅遍各种经典书籍。晋太安二年（303），葛洪刚满19岁，曾经募合“义军”数百人，响应扬州九郡大都督顾秘的号召，以“将兵都尉”的名义，直接参与了对石冰领导的流民起义的镇压活动。初战告捷，因功封“伏波将军”，给布百匹。可葛洪不愿以功受赏，北上洛阳，追寻学识。时值“八王”乱后，中原疮痍未复，他无心做官，后经友人之约，前往广州。在晋南海太守鲍玄的积极支持和鼓励下，葛洪在广州埋头致力于《抱朴子》的撰述活动。

晋建兴元年（313），葛洪隐居江宁方山洞玄观修道，采药、炼丹。后就学于堂祖父葛玄弟子郑隐，学得郑隐秘密的炼丹方法。其间，金陵佛教盛行，需要为佛像增添光彩。因此，葛洪采用炼丹术，和江宁花园乡（今属栖霞区）群众，共同研制出一种用金不多而又能使神像发光的锤造金皮贴裹的“饰金术”，乃现代金箔之雏形。建武元年（317），东晋政权建立后，葛洪与鲍玄结伴东归。东晋统治者为笼络他，曾多次征召封官，他坚辞不受。晚年时，因年迈衰老，他想炼制丹药祈求长寿，听说交趾出产丹砂，就请求出任勾漏县令，皇帝以他资历高深为由，未同意。葛洪说：“我不是想要荣华，只是想以此得到丹药罢了。”皇帝遂从之。东晋成帝初年，葛洪带领儿子、侄子再次南下至广州，选择罗浮山（今广东增城县东）开炉炼丹著书直至逝世，终年81岁。

葛洪一生由于生活历经坎坷，他既带有愤世嫉俗的儒学“异端”思想，又有原始道教派生出的神仙方术思想，故宁不为官，只求学问，终成为东晋著名的道学家、炼丹术家、医药学家，在中国自然科学史上占有一定的地位。其著作甚丰，据《晋书》记载，葛洪除以自号为书名的《抱朴子》116篇外，还撰碑、诔、诗、赋上百卷，移檄章表30卷，神仙、良吏、隐逸、集异等传各10卷，又抄写诗、书、礼、易、春秋五经、《史记》、《汉书》、百家的言论、方技杂事310卷，《金匮药方》100卷，《肘后要急方》4卷。《抱朴子》是葛洪晚年著成的一部巨著，该书分内外篇，内篇说“神仙方药、鬼怪变化、养生延年禳邪却祸之事”，还具体记载了炼丹的方法，为当代保存的历史上较早的炼丹术著作；外篇言“人间得失，世事臧否”。他的思想，基本上是以神仙养生为内，儒术应世为外，一面把道家术语附会到金丹、神仙的教理；一面坚持儒家的名教纲常思想，并对魏晋之后玄学清淡风气表示不满。论文主张立言必须有助于教化，同时提倡文章与德行并重，反对贵古贱今。他根据《金匮药方》节略而成的《肘后要急方》，内容包括各科医学，记述多种传染病、脏器病及部分外科病、皮肤病和精神病等的症状及救治，其中关于天花、恙虫病等病症的记述是世界上最早的记载。

【谢 安】

谢安（320—385），字安石，陈郡阳夏（今河南省太康县）人，东晋大臣、政治家、军事家。谢氏原为士族豪门，东渡后居建康乌衣巷。父谢裒，太常卿；从兄谢尚，镇西将军。

谢安幼年，因风神秀彻，神识沉敏而为人重。长文学，善行书，好清谈。青年时代，任职于东晋王朝，不久借口辞官，隐居浙江会稽东山，与王羲之、许珣、支遁、于法开等文士、名人、高僧等往还，言诗文，说玄学，悠游林泉以度日，屡辞征召。之后，当东晋王朝内外交困，有“天下土崩之势”，为振兴东晋，谢安遂“东山高卧时起来，欲济苍生未为晚”，由会稽赴建康入朝为官，时已不惑之年。历任司马、吏部尚书等职。于是在江宁县崇礼乡无名土山上营造一座可与会稽东山媲美的豪华别墅，名曰“东山别墅”，江宁东山由此闻名于世。

从咸安元年到太元十年（371—385）的15年中，谢安登上宰相辅政地位，成为东晋继王导之后著名的社稷之臣。他实行改革时弊、稳定社会，巧妙地阻止桓温的篡位活动，避免内战，稳定时局，以临危不惧、出奇制胜的军事才能，指挥了著名的淝水之战。晋太元八年，北方前秦国主苻坚亲率90万大军挥戈南下，志在一举吞灭东晋。军情传达，“京师大震”，人人失魄，大权在握的桓冲亦惊恐万状。谢安临危受命，担当征讨大都督。面对黑云压城，他在东山别墅，镇定自若，运筹帷幄。他把都督、胞弟谢石，徐州刺史、侄儿谢玄等将领，召集到自己家里，把每个人的任务一件件、一桩桩交代得清清楚楚。他还任命儿子谢琰为辅国将军，率精兵八千，赴前线作战。这样，他用移动造势以疑敌之计，以八万精兵，一举击溃苻坚90万大军，使前秦苻坚之兵一蹶不振，保住了东晋政权。这场以一当十，以弱胜强的赫赫战例名著千秋，留下“风声鹤唳，草木皆兵”的成语典故，直至20世纪末叶，当代领袖毛泽东还教导全军将士悉心研究，用于实践。

战后，谢安自见位高遭忌，恳求出镇广陵（今江苏扬州），不问朝政，远离名利场。后病死。死后赠太傅，谥“文靖”。葬于建康梅岭冈。且受孝武皇帝司马曜“恩准”，破当时朝廷“禁树碑”的禁令，为谢安立碑记功。却“有碑无字”，谓“丞相功比天高”“难述其功德耳”，亦可称“不著一字，尽得风流”。其别墅地“东山秋月”成为清代金陵的四十八景之一。

【刘 裕】

刘裕（363—422），字德舆，小字寄奴，祖籍彭城县绥舆里（今徐州市），迁居晋陵郡丹徒县京口里（今镇江市），南朝宋皇帝。他身材魁梧，风骨奇特。家境贫寒，志远大，不拘小节。因孝敬继母而被世人称颂。后从军，初当冠军孙无终的司马。晋安帝隆安三年（399）十一月，从刘牢之镇压孙恩、卢循起义。时东征各路将领治军不严，士兵抢掠、百姓憎恶，惟刘裕之军，军纪严明，秋毫无犯，所到之处，深受黎民爱戴。隆安五年八月升建武将军、下邳太守。义熙元年（405）都督荆、司等州军事，领青、徐、兖三州刺史。同年击败东晋叛臣桓玄，掌握朝政大权。后又率军攻灭南燕，击败卢循，西攻谯纵（今四川省境内），收巴蜀。义熙二年三月，刘裕被加封为豫章郡公，食邑万户，赏绢三万匹。翌年，刘裕呈辞回到丹徒。义熙四年正月，天子召刘裕入朝辅佐，加封为侍中、车骑将军、开府仪同三司、扬州刺史、录尚书，照旧担任徐兖二州的刺史。义熙十三年攻克长安，灭后秦，被封为宋王，官居相国。元熙二年六月，刘裕禅晋称帝，改国号为宋，定都建康，建年号为永初，史称刘宋。南朝由此开始，与北方的北魏南北对峙。

刘裕称帝前后，针对世家大族隐匿户口和田税的状况，实行“土断”措施，即裁减侨州、郡、县，并把侨寓户口编入所在郡县，抑制豪强兼并，增强中央集权的力量。同时，采取减轻赋税、放免奴客士兵、废诸淫祠等兴政措施。生活上他崇尚节俭，不受珍宝，不喜豪华。他知人善任，宋永初三年（422）五月，刘裕得病，召太子刘义符叮嘱道："檀道济虽颇有武艺、韬略，但是没有大志。徐羡之、傅亮跟随我多年了，是不会有野心的。只是谢晦屡次随我征战，颇能随机应变，日后如果有变乱，一定出在此人身上。你继位后，你可以将他遣出京城，派到会稽、江州等郡，以防不测。"他又亲笔书写遗照：朝廷不准再设置别的中枢机构，宰相兼管扬州，可配甲士千人。大臣中凡任要职者，可以从台见（监督）军队中拨给兵士充当护卫。有征讨战事，都配台见军队；班师回朝后，台见军队回归原处。后世若有幼主，朝政大事一概委托宰相，母后不得干预朝政。文臣武将不得带甲仗进入殿门，重要人物可请班剑转告。刘裕在帝位三年，颇得人心，被后人誉为比较明智的帝王。永初三年他病死于建康宫西殿，时年60岁，庙号为高祖，谥号为武帝。秋七月八日，被葬于丹阳郡建康县蒋山初宁陵（今江宁区麒麟集镇公路北行约一公里处）。刘裕陵规模不大，"周三十五步，高丈四尺"，陵前大道两侧各有一只象征吉祥的天禄、麒麟。

【鲍 照】

鲍照（约414—466），字明远，东海（今江苏省连云港市）人，曾为秣陵令，南朝宋大诗人，著名散文家、辞赋家。在秣陵令任上，常在乡间考察民情，关心民生疾苦，颇受黎民称赞。清闲时常去郊外览胜，吟咏诗章。留有《过铜山掘黄精》（铜山在今江宁区禄口街道境内）诗。鲍照才学过人，曾任中书舍人。后临海王子顼为荆州刺史，鲍照任前军参军，故人称"鲍参军"。子顼兵败，鲍照为乱军杀。

鲍照文辞瞻逸，倾炫心魄。清代文学理论家刘熙载评其诗说："慷慨任气，磊落使才，在当时不可无一，不能有二。"（《艺概·诗概》））他和谢灵运、颜延之合称为"元嘉三大诗人"。他擅长古乐府，诗风"俊逸"（唐代杜甫评语），感情强烈，自由奔放，对唐代诗歌发展有较大影响。

【陶季直】

陶季直（约436—511），丹阳秣陵（今江宁县）人，南朝齐梁年间大臣、史学家。出身官宦之家。早慧，长而好学，淡泊荣利，屡征不就，时人号曰"聘君"。齐初，为尚书比部郎，后迁司空、司徒主簿、东莞太守、镇西咨议参军。萧鸾（后为明帝）作相，诛锄异己，季直不能奉迎，遭其恨之。遂出为辅国长史、北海太守，迁骠骑咨议参军、尚书左丞、建安太守、中书侍郎等。梁代齐后，迁给事黄门侍郎。因"无为久预人间事"，约在65岁时疾辞还乡。梁天监初就家拜太中大夫。高祖叹曰："梁有天下，遂不见此人。"

季直一生清苦绝伦，死后"子孙无以殡敛，闻者莫不伤其志"。撰有《京都记》（又作《京邦记》）两卷，系最早记载南京历史的著录。原书佚，在王谟《汉唐地理书钞》中有辑本，许嵩《建康实录》有征引。

【陶弘景】

陶弘景（456—536），字通明，自号华阳隐居，丹阳秣陵（今江宁县）人，南朝齐梁年间道学家、医学家。自小酷爱学习，常"以荻为笔，画灰中学习"，练就一手好书法，是行书名家。因家世奉天师道术，少时深受熏陶，潜研葛洪《神仙传》。齐高帝萧道成时拜左卫殿中将军，为诸王侍读，封为奉朝请。齐永明十年（492）隐居句曲山（今茅山），从孙游岳受符图经法。萧梁代齐，进献图谶。武帝萧衍屡降玺书称其"先生"，多次礼聘不出，但朝廷大事总向他咨询，时称“山中宰相”。陶弘景隐居茅山，潜心修道、博览群书、躬亲实践、勤奋著述，范围甚广，涉及天文历法、山川地理、医术本草、冶金炼丹等方面。他主张儒、佛、道合流，其《真诰》被视为道教经典。经过长期实践，他掌握了大量矿物和药物特性，明确区分了“生”水银和“熟”水银，并发现水银有镀金与镀银的作用。他还首先发现了区别硝石和芒硝的方法。陶弘景还亲自参加宝刀的冶锻和“飞丹”的炼制，著有《古今刀剑录》，该书在冶金史上首次用文字记载“灌钢冶炼”法，并提出“钢铁是杂炼生鍒作刀镰”的观点。陶弘景对中国医药学方面也有较大贡献，他校注的《神农本草经》，是中国第一部系统的药物著作。他还按采集的动、植、矿物标本，著成《本草经集注》七卷（原书已佚，现在敦煌发现残本），共载药物730种，种类比《神农本草经》增加一倍，将各类标本按天然来源分为玉石、草木、虫鱼、禽兽、果菜、米食和有名未用等七类，还按药性分为寒、微寒、大寒、平、温、微温、大温、大热等八种，在药物史上起了承先启后的作用。其著作有《真诰》《真灵位业图》《陶氏效验方》《补阙肘后百一方》《药总诀》等。梁武帝大同二年（536），陶弘景谢世，谥贞白先生，墓葬茅山雷平西一公里处。

【萧 衍】

萧衍（464—549），字叔达，小名练儿，祖籍南兰陵（今常州市），是汉朝萧何的后代，南朝梁建立者。宋孝武帝大明八年（464），生于秣陵县同夏里三桥家中，据史料考证，同夏里当位于今南京市江宁区原上坊镇境内（一说在南京城南老虎头、赤石矶一带）。他博学多才，喜好谋划策略，能文能武。曾与沈约、谢朓、王融、萧琛、范云、任昉、陆倕等文人学士交游，为“竟陵八友”之一。他为名流贤达推崇，王融曾预言衍：“宰制天下，必在此人。”

衍初任巴陵王南中郎法曹行参军，迁卫将军王俭东阁祭酒。隆昌始，齐明帝超迁衍为宁朔将军，镇守寿春。建武二年（495），北魏派遣大将刘昶、王肃率军侵袭司州。萧衍奉旨前往救援，距敌咫尺，夤夜登山扎寨，黎明交战。初出茅庐，崭露头角，首战告捷，旗开得胜。擢升右军晋安王司马、淮陵太守。不久镇守石头城。因屡建战功，日益升迁。建武五年七月，又授持节，都督雍、梁、南北秦四州及郢州的竟陵、司州的随郡等地的军事、辅国将军，任雍州刺史。当月，齐明帝驾崩，东昏侯萧宝卷登基，权臣相左，六神无主，朝令夕改，出尔反尔。衍叹道：“政出多门，乱其阶矣。《诗》云：‘一国三公，吾谁适从？’”经与兄弟商议，遂密不外宣，速军训，制武器，建造船只。齐永元三年（501）二月，衍乘南齐内部骨肉相残，偕宗室萧颖胄等在襄阳起兵攻入建康，杀东昏侯，立和帝。齐中兴二年（502）和帝萧宝融将帝位禅让，齐亡。

天监元年（502）四月初八，萧衍在南郊即位皇帝，国号“梁”，定都建康，改年号为“天监”，史称萧梁。前期尊儒兴学，薄赋简刑，勤政恤民。设“谤木函”“肺石函”“登闻鼓”，以纳谏明冤。下令“断庆礼”“止贡献”，禁绝臣民献纳财宝。他寒冬四更起床，处理朝政或从事著作，手常皴裂；惩治奸人，挖掘隐恶，洞察物理人情，常常哀怜流涕；布衣蔬食，无鲜鱼肥肉，后宫不事雕饰；不饮酒作乐，五十开外便断绝房事，生活非常俭朴，经常食宿一餐，自述“昔腰十围，今裁（才）二尺”。生性方正，衣冠整齐，盛暑酷夏不袒露。待人平等，国事甚有起色。征赋行文之地，“南超万里，西拓五千”。梁天监十年时，已统辖23州、350郡、1022县。全国安定三四十年。府库充盈，文化繁昌，极魏晋后一时之盛。

时北魏尊崇佛教，建有佛寺12000余座。萧衍奉为圭臬。先在建康按佛经设孤儿园，收养贫民。后建寺院，从梁普通八年（527）造同泰寺，开“南朝四百八十寺”先河，霎时，建造寺塔佛像风起云涌，波及全国，公私挥霍，奢靡成风。他常开斋坛，宣扬佛教经义，还命人抄写佛书，广为传播。萧衍多次到同泰寺着僧服，上法座，为四部众讲经法，自号“三宝奴”，并四次舍身为僧。无奈之下，公卿以下百官以钱一亿万前往赎身。他尊俗僧慧约为师受戒，并下令太子、王公以下五万余人受戒。他晚年沉迷于佛教，放纵朝政；佞臣骄贪，蔽主弄权；他溺于慈爱，赏罚无章。导致王侯悖逆，盗贼掠杀，不能禁止。权奸内外勾结，于梁中大同二年（547），北魏叛将侯景勾结觊觎皇位的萧正德，起兵叛梁，攻陷台城，致使28万户的繁荣建康，一旦化为废墟，梁太清二年（549），萧衍被侯景围困于台城，激愤而死。他在位48年，葬于修陵（今江苏丹阳市东城村）。死后庙号为高祖，谥号武帝。

萧衍长于文学，兼通乐律，曾创制准许音器四具，名“通”，又制长短不同的笛十二支以应十二律。他棋登逸品，并擅草隶书法。对天文地理及骑射，亦有相当造诣。他是文学家、书法家、玄学派《易》学代表人物。一生著述颇多，主要有儒、老经义200余卷，佛教经义数百卷，《通史》，亲制赞序，《金策》，各种文集120卷。又审定“五礼”（吉、凶、军、宾、嘉）千余卷。文集已佚，明人辑有《梁武帝御制集》。当代保存《古今书人优劣评》《论书》《梁武帝集》（32卷存8卷）。《梁书》评价他：“历观古昔帝王人君，恭俭庄敬，艺能博学，罕或有焉。”

【陈霸先】

陈霸先（503—559），字兴国，小字法生，吴兴长城（今浙江省长兴县）人，南朝陈建立者。他是小吏出身，年轻时洒脱自在，胸怀大志，不治生产。既长，读兵书，多武艺，明达果断，为时人所推服。大同初年（535）任广州刺史萧暎（此按《南史·梁书》作萧暎，省、市人物志均作“萧唤”有误）参军，参与镇压广州农民起义有功，梁武帝任命陈霸先为直閤将军，并封为新安子。不久，升任江西督护、高要太守，执掌七郡军事。大同二年任交州司马，兼任武平太守，援助刺史杨瞟向南征讨。太清二年（548）冬，侯景侵犯京都，陈霸先率军驰援。天正元年（551）二月，他与大将王僧辩在白茅湾会师，翌年攻灭侯景，任征虏将军。梁承圣三年（554）十二月，梁元帝萧绎被西魏俘杀后，他与王僧辩在建康扶立梁晋安王萧方智为太宰。次年九月袭杀王僧辩，废贞阳侯萧渊明（即梁闵帝）；十月立萧方智为帝（即梁敬帝）以陈霸先为尚书令，都督诸军事；十二月击败北齐的进攻。梁太平二年（557）九月，陈霸先受封为陈公，十月又封为陈王，四日后废萧方智，称帝，建“陈朝”，定都建康，改年号为“永定”。

称帝后的第二年，他效法梁武帝，到大庄严寺舍身。在位三年，于永定三年（559）六月二十一日，在璇玑殿驾崩，时年57岁，庙号为高祖，谥号为武帝。秋八月十二日，安葬于万安陵（今江宁区东山街道上坊石马冲）。至2007年，此陵因年代久远，坟茔消失，仅剩一对精美石兽苦守亡灵。

【法　融】

法融（594—657），又称慧融、懒融，俗姓韦，润州延陵（今江苏省丹阳市）人。隋开皇十四年（594）生于一个望族家庭，聪明好学，少年时代已将“翰林坟典，探索将尽”。隋大业八年（612），法融19岁，因抗婚离家出走，隐入茅山，依炅法师剃除服勤，后跟明法师学习“三论”等大乘佛经数年。唐贞观十年（636），法融离开茅山到金陵牛头山幽栖寺，于北岩下，别立茅茨禅室，苛苦修行，佛法无边，使猛兽从善，百鸟献花，雪地现芙蓉。后此岩誉称“献花岩”。在此，他曾开讲《法华经》《大集经》，著《心铭》《绝观论》等。他主张：“心性不生，何须知见；本无一法，谁论熏炼？”他认为：“菩提本有，不须用守；烦恼本无，不须用除。”永徽三年（652），江宁县令季本修（当朝右仆射季静侄子）请法融到建初寺主讲，法融固辞，季本修徒步三上牛头山，虔诚所至，金石为开，遂应允，此讲盛况空前。

法融继承江东的般若“本来无”的传统，创“牛头宗”，专修禅观，佛门中称他的禅学为“牛头禅”。牛头禅的特点是深居山林，宴坐凝想，以使心性空寂。牛头宗自法融从唐贞观年间创始，在中国佛教史上流传130余年，曾由天台传入日本。法融系牛头宗始祖，尊称“东夏达摩”，后传六世，史称“牛头六祖”，故该寺之山得名“祖堂山”。显庆元年（656），司功萧元善邀请法融住持建初寺，法融辞之再三，仍不获免，无奈下山进城。显庆二年闰正月二十三日终于建初寺，享年64岁。“道俗哀慕，官僚轸结”，二十七日葬于鸡笼山，会送者一万余人。法融著作留世甚少，仅有《心铭》和《绝观论》的部分章节。

【王昌龄】

王昌龄（698—756），字少伯，江宁（今南京市）人，一说京兆万年（今陕西省西安市）人，唐代著名诗人。以曾官江宁（今江苏南京）丞，龙标县尉（治所在今湖南黔阳县城），后人遂称“王江宁”“王龙标”。少伯早年家贫。玄宗开元十五年（727）进士及第，授秘书省校书郎。二十二年（734）登博学宏词科，迁汜水（今河南荥阳）县尉。缘其秉性豪放，恃才傲物，不拘小节，终累大德。开元二十七年，事出由因，被谪岭南。途经襄阳，拜会孟浩然。浩然持赋《送王昌龄之岭南》诗。翌年冬，谪为江宁丞北返，再次探望病入膏肓的孟浩然，乃是生离死别，黯然神伤。在离长安前，岑参兄弟前往送行，岑参作诗云：“对酒寂不语，怅然悲送君。明时未得用，白首徒攻文。”玄宗天宝四年（745），以“不护细行”，又贬龙标县尉。昌龄一生官卑职微，仕途坎坷，生活无定，流转千里之外。因安史之乱回乡，约于至德元年（756）行至亳州，又因触忤濠州刺史闾丘晓，被晓杀害，终年约58岁。生前与当时著名诗人王之涣、高适、岑参、王维、李白等均有交往。

王昌龄为开元、天宝年间杰出诗人，写作七言绝句的圣手，和李白同为唐诗七绝之冠者。《唐才子传》卷二本传云是“时称‘诗家夫子王江宁’”诗作主要描写边塞军旅、宫怨闺情两类题材，清刚精爽，深厚婉丽。如《出塞》：“秦时明月汉时关，万里长征人未还。但使龙城飞将在，不教胡马度阴山。”集中表达了将士和人民的共同愿望，气势雄浑，格调高昂，韵味无穷。时人殷璠以为“元嘉以还，四百年内，曹、刘、陆、谢，风骨顿尽，今昌龄克嗣厥迹”，称其诗“惊耳骇目”，乃“中兴高作”。前者代表作为《从军行》《出塞》；后者代表作为《闺怨》《长信秋词》。他先后三次任江宁令达七八年之久，曾写有不少描写江南绮丽风光的诗歌，其中《芙蓉楼送辛渐》、《采莲曲》等，为诗史上难得的佳作。他的诗作，风格或雄浑，或含蓄，或明快，语言富音乐性。原有集五卷，已散佚，明人辑有《王昌龄集》，当代存其诗180余首。

【李 昪】

李昪（888—943），字正伦，小字彭奴，五代十国时南唐开国皇帝，彭城（今徐州市）人。他出身微贱，六岁丧椿庭。后在唐末方镇战争中，随伯父流落到淮西濠州一带避难，为淮南节度使杨行密得之，见其貌甚奇，收为养子。杨氏诸子皆不能相容，行密令其将徐温收养，遂改姓徐，名知浩。徐温乃杨吴政权内最具见识的大将，李昪自幼生活在他的身边，不免耳濡目染。后随徐温参加政治活动。少有诗才，喜书，善射，识度英雄。吴高祖天祐九年（912）因功迁为昇州（今南京）刺史时，时年24岁。当时，地方吏政腐败，武夫逞强，蔚为成风。李昪反其道而行之，“褒廉吏，课农桑，求遗书，招延四方士大夫，倾身下之”。徐温视察时，见其城池巩固，府署内外干净利落，颇有条理，竟自己“居而治之”。后梁贞明三年（917），遂调李昪为润州

（今镇江）团练使。他在润州的成绩显著，崭露其锐意进取的锋芒。当时，徐温坐镇金陵，遥控广陵（今扬州）。命其子徐知训驻广陵执政。吴高祖天祐十五年，广陵发生恶变，徐知训被朱谨所杀，李昪趁机以平乱名义领兵入广陵，辅掌吴国朝政。他去酷政，改浮靡，对士大夫尤加礼敬。结果上下顺从，架空了徐温。吴睿帝乾贞元年（927）徐温病死，他即完全操纵吴国内外军政大权。杨吴大和元年（929），李昪出镇金陵，寻封东海王。吴杨溥天祚元年（935）七月，任吴国大元帅，加封齐王。昪元元年（937），废吴国睿帝杨溥而称帝，改国号大齐，建年号昪元，建都金陵（今南京）。是年改名为诰。昪元三年，复姓李。自云："唐明王六子永王璘之裔……"，"故昪指之以为远祖，因还姓李氏，始改名昪，国号大唐。"史称南唐。

由于他自幼饱尝战乱之苦，热切向往和平安定的生活。从吴高祖天祐十五年（918）掌吴政伊始，直至建立南唐，终其一生，所做一切均为维护和稳定江淮区域的和谐安宁。他一生作为卓著：其一招揽儒俊，倡导文治。杨吴时期，地方官吏多为武夫，许多位居侯伯的人，缺乏起码的文化知识，均以攻战为能，"不恤民事"。李昪执政后即大力推行文人政治，着力实行招揽贤俊政治改革重大措施，并专门设置"延宾亭"，招引四方贤达。以身作则，"资访缺失，问民疾苦，夜央而罢"。他不准外戚、宦官干预政事，而是举用儒雅之人，罢去苛政，社会风气为之大振。其二整顿法制，惩治贪贼。他大力完善律法。昪元六年（942）下诏颁布《昪元定条》，从而使长期动乱的社会有了较完备的律令制度。他要求官吏依法行事，违者必纠，罢免了恃功强横不法的节度使张宣。正由于此，社会秩序与风气都有好转。出现"民始知有邦宪，物情归之"的情形。一时强豪屏迹，吏治清明。其三大力提倡节俭，减轻人民负担。吴睿帝乾贞元年（927），吴国水灾，士兵和百姓都十分困苦，他便全部遣散侍奉周围的歌妓和焚毁乐器，平时穿蒲草鞋，盥洗用的脸盆也是铁制的。他在位期间，没有大兴土木工程。为使人民致力生产，昪元四年（940）下令"罢营力役，毋妨农事"。对此陆游曾大加赞誉，"仁厚恭俭，务在养民，有古贤王之风焉"。

于政治改革的同时，他着力调整经济政策，促进社会生产的恢复和发展，使江淮区域得到进一步的开发。他采取一系列的措施，招抚流民，劝课农桑，奖励耕织，刺激人民生产热情和垦荒热情。他曾下令改革税制，减免租税，改变钱重物轻的现象，又废除"丁口钱"，以至"不十年间，野无闲田，桑无隙地"。他主持的这些社会改革，废除了诸多时弊，保证了其统治区域的社会安靖和经济发展，使南唐在动乱的年代里成为社会安定的地区。唯其如此，在他病故时，出现四方百姓皆涕泣、辍食的情景。他是一位顺应统一大势、气略恢宏的军事战略家。南唐国力强大后，许多人主张用兵南方诸小国。他却认为，如此则可能招致南方诸国的联合抵抗，陷入持久的消耗战之中。他明确提出统一的战略设想："中原忽有变故，联将投袂而起，为天下倡。"统一北方，顺应民心，取得有利地位后，再"拱揖以招诸国"，完成统一。他的设想是非常符合当时的形势的。遗憾的是他在世时时机尚不成熟，乃临终前一再嘱咐太子李璟，不要急于用兵南方，他日北方当有事，即可图之。然而，李璟未遵其遗愿。当契丹侵入中原，北方人民纷纷请求南唐北上时，李璟却正深陷南方消耗战中，眼睁睁地丧失统一北方的良机。

南唐建立时，李昪49岁。经六七年的治理，南唐呈现一派较为兴旺的景象，与其他陷于战乱、贫困中的诸国形成鲜明对照。他因此希望长生不死，亲自完成统一大业，于是大吃方士们奉献的丹药，终于毒气攻心，聚为恶疮，伤重而死，终年55岁。封庙号为烈祖，又称先主，葬在钦陵，位于南京江宁风景秀丽的祖堂山。该陵长达21米余，宽10米余，包括前、中、后三间主室和十间侧室，誉称江南最大的地下宫殿。后室穹顶上面绘有彩色的天象图，包括日月星辰100余颗；后室地面青石板上又雕刻着蜿蜒曲折的江河形状，象征着皇天后土，一统天下。

【卢文进】

卢文进（生卒年不详），字大用，河北范阳（今北京市）人，五代后唐时有名的汉奸，曾引契丹骑兵祸乱中原。《旧五代史·晋书》称："字国用，范阳人也，身长七尺、饮啖过人，望之伟如也。"原先为刘守光骑将，投入后唐，时为将军；后被明宗授为滑州节度使，检校太尉。一年后，移镇邓州，累加同平章事，入为上将军。至后唐末帝李从珂时的清泰年间，改任安州节度使。天福元年（936）12月，卢文进率其所部渡淮投奔金陵的南唐李昪手下，据马令《南唐书》云："李昪封文进为天雄统军。"而《金陵志》云："文进自润州召还，以左卫上将军、兼中书令、范阳郡王、奉朝请。"其墓在江宁区牛首山南的盛家村。

【李 璟】

李璟（916—961），初名景通，改名瑶，又改名璟，因避周讳，又将璟改为景，字伯玉。彭城（今徐州市）人，系先主李昪之子，后主李煜之父，五代南唐皇帝，是为中主，词人。由于父亲的缘故，李璟自10岁便官运亨通，15岁为吴兵部尚书参事，"昪将篡国，召璟归金陵，为副都统。"他"工笔札，善骑射"，可谓文武双全，但无志修身治国平天下。相反，从小喜欢诗文，一岁时就吟出"栖凤枝梢犹软弱，从龙形状已依稀"的诗句。他为人疏懒，不热衷名利。被立为太子时，并不感兴趣，曾再三上疏推辞，烈祖对儿子的谦让十分欣赏，认为这正表明儿子有"守廉退之风，师忠贞之节"，反而更坚定了立其为太子的决心，正式颁发诏令，立为太子。烈祖死后，李璟即位，时年28岁，即位时为避免和其兄弟景遂、景达、景逷同一排行，改名瑶。然而，李璟却是个天性儒懦，素昧威武的人，即位之初，就改年号为"保大"，意思要保持南唐在当时大国强国的地位，希望从此以后，化干戈为玉帛，不再动用武力，保持太平。尽管他"宾礼大臣，敦睦九族"，表现了某种仁爱为怀的态度，而就他的性格而言，为人疏懒，性格庸懦、无进取心，遇事无主见，轻信奸佞之言，易被人摆布。正因此，他重用野心家宋齐丘及其党徒陈觉、冯延巳、冯延鲁、查文徽、魏岑（此五人称为南唐"五鬼"），自己对坐朝批阅奏章却懒于应付。诏令三弟齐王景遂"总庶政"。有十分紧急之事，也只有枢密副使魏岑、查文徽二人入宫面奏。其余"非召对不得见"。虽经群臣切谏而收回成命，但他对国政大事仍虚以应事，常躲在深宫中。这使其父开创不久当是生气勃勃的南唐，很快变得暮气沉沉而趋向衰颓。首先冲击南唐的是农民起义，先有诸恭领导的黄梅农民起义，继则张遇贤领导的农民起义，尤其是后者虽起于南汉，但却发展到南唐，人数亦陡增至数十万人，并一度占领几座县城。这两支起义队伍先后被血腥镇压下去，李璟由慌乱到镇静，但仍不思理政，却沉浸于吟诗填词之中。

为转嫁矛盾，李璟在"五鬼"的唆使下，违反父亲"兵不妄动"的遗言，于保大二年（944）趁闽国内乱，点将出兵伐闽，并攻灭闽国。保大八年，楚国发生"众驹争槽"的乱势，于是又派兵攻灭楚国。共占地30余州。由于李璟是个昏庸无能，优柔寡断的封建君主，加之政治腐败，政出多门，不久楚地丢失，闽地入于吴越。由此无端地消耗许多钱财，加重了南唐自身的负担，引起国内百姓的愤懑，导致再一次的农民起义。在南唐正忙于剿灭农民起义之时，中原地区由郭威建立的后周政权取代后汉之后，局势很快稳定。后周显德二年（955）十一月，周世宗柴荣派兵攻打南唐，屡败唐军。显德五年，李璟被迫求和，割让江北14州。同年六月，璟改名为景。废帝号，称国主，去年号，用周正朔，向周称臣。显德六年，以洪州为南昌府，建南都。宋建隆元年（960），当宋太祖赵匡胤建立赵宋王朝后，他依据"先南后北"的既定方针，矛头直指南唐，在大兵压境之下，李璟逃到南昌，但也难逃灭顶之厄运。在文学创作上，李璟却是一个有开拓精神的杰出诗人。他认为绝句和律诗限制太大，格律死板，妨碍自己挥发奔放的感情，逐渐把兴趣移到长短句——词作上面。但其一生吟咏虽多，传世仅四首，《应天长》《望远行》各一首，《浣溪沙》两首。其最著名的为《摊破浣溪沙》两阕。词中模仿一个少女的口吻，道出其寂寞深闺、思念恋人的心情，具有很高的艺术成就，故有“神品”之誉。

李璟在位19年，以诗人的气质管理朝政，灭闽、楚之时，尚有“经营四方之志”，但“邪臣阿伦，职为历阶”，致使国衰民伤，虽然晚年悔悟，已为时过晚。宋建隆二年（961）六月殂于南都（南昌），时年45岁。死后谥号为元宗，又称中主玄宗。葬于南京江宁祖堂山顺陵，在李昪钦陵西侧百米外，长宽与钦陵大致相同，但陵墓规制已大不如前，因国力已衰，一切只能从简。

【程　颢】

程颢（1032—1085），字伯淳，河南洛阳人，嘉祐进士，北宋著名哲学家、思想家、教育家，学者称“明道先生”。曾任鄠（今陕西户县北）、上元县主簿，晋城（今山西晋城）令等地方官。熙宁初，吕公著荐他为太子中允，监察御史里行。王安石变法，他退居洛阳十余年，参与司马光、文彦博、吕公著等的反新法活动。后被召为宗正丞，未赴。

程颢为官时，勤政爱民，断案英明，治理有方，极受庶民敬重。嘉祐四年（1059）任上元县主簿，率先整顿时弊。当时，“上元田税不均，比他邑尤甚，盖近府美田为贵家富室以厚价薄其税而买之”，久则不胜其弊。颢为此制定有关法令，均衡田税，民不知扰。“上元大邑，诉讼日不下二百，为政者疲于省览，颢处之有方，不数日民讼遂简。”先生摄邑事，上元剧邑，“江圩稻田，赖陂塘以溉”，有一年盛夏塘堤大决，他迅即调拨民力筑堤堵塞，当年大获丰收。江宁当水运要冲，舟卒病者则留之为营以处，曰小营子，每年不下数百人，然而，留下之人总不免死去。颢亲临视察，“盖计留然后请于府，给券乃得食，如此饿已数日”。为此，程颢告于漕司，将米贮存于营中，来者即分配给食，如是生存者大半。邑中，颢见人持竿道旁，以粘飞鸟，取其竿折之并教育他爱护鸟类，乡民子弟自不敢擒飞鸟。

程颢早年与其弟程颐就学于北宋大儒濂溪先生周敦颐，同为北宋理学奠基人。兄弟二人世称“二程”。他提出“天者理也”和“只心便是天，尽之便知性”的唯心主义命题，认为人们知识、真理来源，存在人们心中，“当处便认取，更不可外求”。他的社会观，则从“大小有定”观点出发，竭力维护“三纲五常”的封建统治秩序。他和弟颐的学识后为朱熹所继承和发展，世称“程朱理学”。其著作有《定性论》《识仁篇》，后人编为《遗书》《文集》《识经》等，收入《二程全书》。他是一位教育家，曾上书仁宗，请修学校，尊师儒，为国家培养人才。他退居洛阳的十年间，亲自讲学授徒，弟子众多。

程颢于元丰八年（1085）逝世。死后，南宋嘉定十三年（1220）赐谥“纯公”。淳祐元年（1241）封河南伯，从祀孔子庙庭。元顺帝元统元年（1333）加封为豫国公。建于嘉定年间，由宋理宗赵昀题写匾额的明道书院，即为纪念他在上元政绩而命名的。

【秦　桧】

秦桧（1090—1155），字会之，江宁县人，政和五年（1115）进士（在以往众多文面或口耳相传中，均称秦桧为状元，其实不然。据《宋史·秦桧传》《中国通史·秦桧专权》《辞海·秦桧》概称政和年间进士。为尊重历史事实，本文以“进士”定论），南宋奸臣。北宋末年任御史中丞，曾以抗战派面目出现，靖康二年（1127），北宋亡，随徽、钦二帝俘虏至燕山（今北京）、韩州（今辽宁昌图北），因鼓吹和约，颇受金朝信任。当时，金朝为实现“以和议佐攻战，以潜逆诱叛党”的策略，金太宗将他赐与弟挞懒为亲信。建炎四年（1130）随金军至楚州（今江苏淮安），任参议军事、随军转运使，旋被挞懒纵其夫妇南归，潜伏卧底。同年十月，离金营，至涟水军界，伪称是杀金人监者夺船而逃逸。因此骗取了高宗赵构的信任。绍兴元年（1131）八月，宋任他为参知政事。不久排挤宰相范宗尹下野，任右相兼枢密院事，把持军政大权。绍兴二年，因“专主和议，沮止恢复”“植党专权，威福在己”，被弹劾去相。绍兴八年，金军南犯，借机复相。大权在握，拨弄是非，倾轧同僚，先后迫使张浚、赵鼎离开相位，独揽相权，把主要精力用于对金媾和。绍兴九年正月宣布与金定议（史称绍兴和约）：宋对金称臣，年年进贡。旋即金发生政变，兀术杀挞懒，和约遂废。

绍兴十年（1140）五月，金人又发动南下，幸有刘锜、吴璘、岳飞等抗战将领在顺昌、郾城等战场英勇抵抗，屡胜金兵，大举北伐。岳家军进逼开封，中原指日可定，形势十分有利，心怀鬼胎的秦桧却蛊惑高宗放弃河南各地，撤退军队，一意求和。并以一天12道金牌令岳飞班师。绍兴十一年，兀术大举南侵，且派遣密使操纵内奸，秦桧乃兴“莫须有”三字狱，令谏官万俟卨罗织罪名，令死党张俊诬岳飞部将张宪谋反，将岳飞、岳云父子，及张宪杀害。遂与金人重订割地赔款的《绍兴和议》：宋向金称臣，每年贡纳银、绢各25万两、匹。秦桧以议和有功，加太师，封魏国公。由此，一手遮天，横行于世，贬逐将领，诛锄忠良，排除异己，被撤换者达28人之多。嗣后，一直为相至死，凡19年。他为人阴险，性残忍，喜谀佞，晚年屡兴大狱，细作密布市井，闻人言桧奸，即捕入狱，张九成、黄龟年等被贬，李光、胡寅等53人被诬，冤案不可胜数。绍兴二十五年病殁后，由建康郡王进封为“忠献申王”，由临安归葬于长江边的江宁牧龙亭。时人称其墓为“秽墓”。宋宁宗时，秦桧叛变投敌案得以认真处理。开禧二年（1206）四月，追夺秦桧王爵，改谥号为“谬丑”。嘉定元年（1208），又复王爵，赠谥。

【岳 飞】

岳飞（1103—1142），字鹏举，相州汤阴（今河南省）人，南宋抗金名将。据传，岳飞降生时，有大禽飞鸣于室，因以为名。少负气节，沈厚寡言，从小喜读左氏春秋、孙吴兵法，以后又拜同乡周侗为师习艺。生有神力，未冠，挽弓三百斤，且可左右开弓，立志献身抗金事业。宋钦宗靖康元年（1126），参加兵马大元帅赵构的军队，先后任秉义郎和武经郎（初级军官）。南宋王朝建立后，任统制官。宗泽死后，又从杜充南下。宋建炎三年（1129），金兀术攻打建康时，任建康留守。不久，杜充逃遁江北，建康失陷，岳飞等少数将领率部仍在建康的钟山和附近的茅山及宜兴一带战斗。建炎四年二月，金兵大掠杭州、苏州等，北上到镇江，被韩世忠围困在黄天荡，几遭全军覆灭，后乘夜色凿开老鹳河故道，才得以突围，直趋建康。距建康城约十余公里的清水亭（今江宁区秣陵街道），遭到岳飞阻截，横尸15里。金兵不甘失败，直奔建康。此时，岳飞早已张网待之，从韩府山至牛首山筑起一道数公里长的抗金壁垒，高约一米，宽约一米五，宛若“围墙”。当金兀术带领金兵乘黑夜到牛头山时，岳飞先“命百人黑衣混金营扰之，金兵惊，自相攻击。”岳飞又“以骑兵三百、步兵二千驰至新城，大破之”“共杀敌三千多人，俘敌将官二十多人……”“牛头山之战”大获全胜，岳飞时年仅28岁。是年五月初十，金兵纵火建康城，逃到距城稍远的江边静安镇（今栖霞区靖安街道）企图过江。又遭到岳飞夹击，逼得金兵渡江而去。岳家军一举收复建康。

绍兴三年（1133），他因镇压江西地区的农民起义，得高宗所奖“精忠岳飞”的锦旗。次年，率兵大破金傀儡伪齐军，收复襄阳、信阳等六郡，并任清远军节度使，湖北路荆、襄、潭州制置使。绍兴五年，从张浚镇压杨幺起义。六年，联络太行山忠义军，自鄂州（今湖北武汉）移军襄阳，进取河南、陕西许多州县，并出兵淮西，再败伪齐军，官拜太尉，又屡奏北伐中原，不许。绍兴九年，金人求和，他反对和议，秦桧忌恨。十年，金人南下，他以河南北诸路招讨使进兵中原，大破兀术“拐子马”于郾城，乘胜进军朱仙镇（今河南开封市西南）。北方忠义军纷纷归之，士气高涨，以“直捣黄龙府”相激励。正渡河之际，高宗，秦桧以 12 道金牌急令班师，他悲愤地说：“十年之力，废于一旦！”回临安（今浙江杭州）后任枢密副使。未几，秦桧指使万俟卨等罗织罪名，被诬陷入狱。绍兴十一年十二月二十九日，以“莫须有”（也许有）罪名与养子岳云及部将张宪同被杀害于临安大理寺风波亭。在临死前，岳飞写下了控诉沉冤的“天日昭昭，天日昭昭”八个大字。死后，程宏图等人曾上书为岳飞伸冤。绍兴三十二年七月，宋廷方“追复岳飞原官，发还财产”。淳熙六年（1179），谥号武穆，嘉定四年（1211）追封为鄂王。宋理宗宝庆元年（1225），改谥忠武。留有《岳忠武王文集》。

【秦 梓】

秦梓（？—1146），字楚材，江宁县人，后徙居溧阳（今江苏省溧阳县），宋名臣。宋宣和六年（1124）中进士，授太学学录，升枢密院编修，任崇政殿说书，居官清正。后任台州知府，被劾罢去。秦梓是南宋权奸秦桧的兄长，为人耿直，少有才名。其弟秦桧当权，向金乞和投降，误国害民，梓恶其所为，耻与为亲，愤然迁家溧阳隐居。初居距离县城较远的上店（今上黄乡上典村），后住县城东南郊的下桥里（今马垫乡夏桥）。时人以其志向高洁、爱憎分明，目之有柳下惠、司马相如遗风。南宋绍兴十六年（1146），以端明殿学士去世，特进资政殿大学士，恤典与参政相同。墓旁建造崇德禅寺，作为秦梓的功德寺（久废）。他的儿子秦焴、秦燧，秦燧之子秦城，均仕至大夫。十世孙又分迁江苏宜兴。

【善 鉴】

善鉴（生卒年月不详），主要活动约于南宋孝宗年间，出生于秦地（今陕西省），南宋名僧。孝宗乾道九年（1173），云游至方山，结庐宣法，信徒施舍，随缘献金。他将得到的金银营造佛殿、法堂、禅房等。粗具规模后，又至府衙请求允许将原“钟山梁朝废寺‘上定林寺’额于此”（《金陵梵刹志》）。获府衙批准，方山寺庙即以“上定林寺”为名，又造一塔。建寺后，信徒众多，香火旺盛，寺亦闻名遐迩。

【宋 琥】

宋琥（？—1430），功臣宋晟次子。永乐元年（1403）娶安成公主（明成祖和仁孝文皇后徐氏所生）。永乐六年，袭父爵西宁侯。永乐八年，“佩前将军印，镇甘肃”。永乐十年，召还南京。永乐二十二年九月，和襄城伯季隆、驸马都尉沐昕同任“南京操兵守备”。洪熙元年（1425）正月，因礼部尚书吕震等弹劾“不恭之罪”削爵，其弟驸马都尉宋瑛袭封西宁侯。宣德五年（1430）三月，明宣宗为宋琥平复“驸马都尉并岁禄一千石”。其墓在谷里街道前盛村。

【沐 英】

沐英（1345—1392），字文英，濠州定远（今安徽省）人，为朱元璋养子，明朝开国名将。洪武九年（1376），以副帅之职征讨吐蕃。洪武十三年，第三次北伐中，以主帅职务大败元军。洪武十四年，第四次北伐中，率西路军连败元军。洪武十四年至十五年，明攻云南之战中，以副帅之职屡败元军。其镇滇 10 年间，大兴屯田，劝课农桑，礼贤兴学，传播中原文化，对西南安定做出杰出贡献。封黔国公，追封黔宁王，谥“昭靖”，享太庙，塑英像于功臣祠，配享太庙。葬于江宁观音山，因葬沐英，改称将军山。其墓在江宁区谷里街道将军山南麓（原东善桥乡印堂村）。

【郑 和】

郑和（1371—1435 或 1375—1433），回族，本姓马，原名文和，小字三保（保亦作宝），云南昆阳州（今云南省晋宁县）人，明宦官、航海家。其祖与父都到过伊斯兰教圣地麦加，幼时就对外洋情况有所了解。14 岁入宫，侍奉燕王朱棣。建文元年（1399）从燕王朱棣起兵北平（今北京）“靖难之役”中，为燕王立下汗马功劳而受重用，擢为内宫监太监，赐姓郑，名和，俗称三保太监。成祖即位，疑惠帝逃亡海外，欲寻踪迹；又谋与四邻通好，以广交流，遂于永乐三年（1405）起，受明成祖朱棣派遣，与副使王景弘率水手、官、兵 2.78 万余人，乘“宝船”62 艘，从苏州刘家港（今江苏太仓东浏河镇）启航，出使海外各国，开展经济贸易和文化交流，至明宣德八年（1433）的 28 年间，郑和曾先后七次率领船队下西洋，往返于南洋群岛、印度洋上，并远航至非洲东岸波斯湾以及红海麦加等地，访问过 30 多个国家与地区，第一次打通从中国到红海、东非等国的国际航路，行程十万余海里。所乘的船，据载最大者长四十四丈四尺，阔十八丈，可容一千人。郑和的航行比西方哥伦布、达·伽马等的航行早半个世纪以上，船队规模和船只之大，均超过其几倍。郑和每到一地，都以瓷器、丝绸、铜铁器和金银等物，换取当地特产，与亚非各国，建立了经济上、文化上的良好关系。南洋各地至 2007 年仍保留不少有关郑和的遗迹，印度尼西亚有“三宝垄”；马六甲有“三宝城”“三宝井”；爪哇有“三宝洞”“三宝墩”；泰国有“三宝港”“三宝公庙”，都以三保太监郑和命名，以纪念中国这位伟大的航海家。七次下西洋均以南京为基地，乘坐的大小船只，大都由南京宝船厂制造。

永乐九年（1411），明成祖为纪念郑和等人第二次下西洋平安返回，在今南京下关狮子山下建立静海寺，寺内供奉海外带回的佛牙和奇珍异宝，奇花异木则移栽在寺院内。永乐十四年，郑和第四次航海回来，在静海寺旁的天妃宫内，建“天妃宫碑”一块。宣德五年（1430），郑和第六次航海返回，三山街清真寺被烧毁，乃重建净觉寺。后被任命为南京守备，担任建造大报恩寺塔的监工官。宣德十年病逝，葬于南京南郊江宁牛首山南麓谷里周昉村东。墓踞于一小山坡上，墓园规制宏伟，有坟塘和墓冢。尽管他是内宫监太监、下西洋正使、南京守备，但墓葬未从官制，而从回族习俗。基地朝西，封土堆为长方形，按回族“头北脚南面朝西”的自北而南的走向。因年久失修，1985 年，由国家拨款修复郑和墓。南京马府街为他当年府邸所在地。

【倪 岳】

倪岳（1443—1501），字舜咨，上元（今江宁县）人，明朝大臣。天顺年间进士，入翰林，授编修，进侍读，直讲经筵（为帝王讲论经史的御前讲官）。每每进讲，说古论今，言意剀切，吐音宏亮，深受赞誉。进学士，侍东宫讲读，主考京闱，擢礼部右侍郎，加尚书，文章敏捷，博综经世之务，仪文制使，多所拟定。弘治九年（1496）改南京吏部尚书，加太子少保后，任兵部尚书，参赞机务。后转迁北京吏部尚书，不恤恩怨，举贤任能，激浊扬清。据《明史·倪岳传》称其“严绝请托，不徇名誉，铨政称平”；前后陈请百余事，“军国弊政，剔扶无遗”；为政果决善辨，盈庭聚议，“每有争议，片言以断”，无不帖服，威震天下，仰其风采；“平生严重刚毅，表里洞达，即之温然可亲，性至孝友，笃念故旧，虽累世贵，囊无余资”。享年

58 岁，赠少保，谥文毅。因其为人正派，政治上、经济上于国有贡献，受到文人学士们的尊敬，遂将其故居今南京市大光路北的崇礼街以尚书巷易名，以表示怀念之情。著有《清溪漫稿》。

【倪 阜】

倪阜（1452—1508），字舜薰，别号东冈。成化十年（1474），顺天乡试中举，成化二十三年，春闱登进士，入翰林庶吉士，后任工部都水司主事、工部虞衡司郎中、山东布政司左参政，正德三年（1508），升任四川布政司右布政使，是年正月初九，在赴四川新任途中于岳州感寒疾后亡，著有《东风集》若干卷。其墓在江宁区秣陵街道。

【王以旂】

王以旂（1486—1553），字士铭，号石冈，江宁（今南京）人。正德六年（1511）进士，历官知县、按察使。世宗时累迁至兵部尚书，后代为总督三边（延绥、宁夏、甘肃）军务，屡败“套寇”，修延绥城堡 4500 余所。又筑兰州边垣，为保卫西北边疆做出卓越贡献，死后加太子太保，谥“襄敏”。有《漕河奏议》《襄敏集》传世。其墓在江宁区秣陵街道。

【盛时泰】

盛时泰（1529—1578 或 1519—1589），字仲文，号云浦、大城山人，上元（今江宁县）人，明朝画家、史学家。嘉靖进士，一说贡生。龙门未开，仕途闭塞，终生不遇。遂以史为鉴，书画铭志，潜心著述，以书、画、文章名噪一时，尤善画，系吴派名画家。撰有《牛首山志》两卷、《金陵纪胜》两卷、《大城山人集》68 卷，以及《大城山志》《栖霞小志》《金陵泉志》《方山志》等。另有金石目录《巷润轩碑跋》《续跋》各一卷。还辑陈镐《金陵人物志稿》成书。

【顾起元】

顾起元（1565—1628），字邻初，一字太初，江宁（今南京市）人，明朝史学家。万历二十五年（1597），乡试中举，翌年赴京会试折桂，廷对获探花之誉，被授翰林院编修。历任南京国子监司业、国子监祭酒、詹事府詹事，吏部左侍郎兼翰林院侍读学士。他为人刚正，胸怀磊落，臣心如水，忧国忧民，官宦生涯，洞若观火，疏直鼎新，险遭厄运，明王朝危在旦夕。“天下有道则见，无道则隐”。于万历后期三次“乞休归”获准后，在江宁杏花村（今南京城西南花露岗）修筑了一座园林，自题“遯（遁）园”，“舍仕趣隐”。他要躲避的是“冠盖”之辈，是“竿牍”之苦，是“林枪”之烦。总之，他要逃开万历皇帝的腐败的政治制度，是封建国家的官场恶习。潜心著述，轻易不出。故“朝廷欲倚为相”，却“七徵不起”。并在园内建七召亭，自撰对联云：“林木翳然，便有濠濮闲想；清风徐至，自谓羲皇上人”。在天启年中南京将建立魏忠贤生祠，官府派员到府上“来乞文辞”，顾起元“辞以手疾”。之后魏忠贤之门人以重金求礼，被拒绝。

他是“身居夷惠（指伯夷、柳下惠而言）之间，心在羲皇以上”，关心“地方利弊”，更关心南京历史文化名城的研究，撰写《客座赘语》，围绕改革乡政，整理乡邦文献，考证地理概貌等，记载南京故实，也辑录一些与南京有关的故事传说，对嘉靖、万历年间社会经济、民情风俗尤为注意。他学问渊博，且又熟知掌故、诗文云蒸霞蔚；凡考订成宪皆折中其说。其著述较多，有《顾氏小史》《金陵古今图考说略》《客座赘语》《遁园漫稿》《中庸外传》《雪堂随笔》等。据史料载，顾起元墓在江宁西南云台山上云台寺旁，其遗址在今横溪街道红旗行政村曾庄村顾家山。

【王岱舆】

王岱舆（约1573—1660），回族，名涯，以字行，别署真回老人，上元（今江宁县）人，明清之际伊斯兰教学者、经学家。其祖先为阿拉伯人，于洪武二年（1369）随元朝回回司天台官郑阿里等11人到明朝入贡觐见明太祖，受到太祖封尝，遂落籍上元县，世代在钦天监任职。“缘入贡高皇帝，订天文之精微，改历法之谬误。”岱舆自幼从师经学大师胡登洲四传弟子马实君。20岁起研习汉文。后为提高回民族的文化素养，他用汉文传授伊斯兰教思想。他不喜科举仕宦之路，长期居住南京著名敕建清真寺——净觉寺，潜心研究伊斯兰学问。他在《自叙》中说：“至于壮盛，自渐庸鄙，始阅性理、史鉴之书，旁及诸子百家。”也钻研佛、道理论之书，逐步成为一名“博通四教”的大学问家。在中国伊斯兰教内有“清代大贤”美称。王岱舆所处时代也被称作中国伊斯兰教学术研究的第一个高峰。清顺治二年（1645）五月，清军攻取南京，这世居金陵的回族老人便离开故居，举家迁徙北京。先住在正阳门外一座清真寺内。除从事译著外，还在一位回族富商马思远学馆讲课。最后数年则住在大栅栏马思远茶馆楼上，于顺治十七年病逝。死后葬于北京三里河清真寺西侧开香铺的汉中人回族李氏墓地。他毕生致力于伊斯兰教哲理研究，大力宣传伊斯兰教义。晚年的王岱舆成为一位具有真知灼见而又硕果丰存的学者。他辛苦努力，留下了许多重要著作，按时间顺序是《正教真铨》《清真大学》和《希真正答》（系弟子伍连城根据先师生前言论编纂而成，以王岱舆名问世）等。

【程国祥】

程国祥（1580—1641），字仲若，又字我旋，上元（今江宁县）人，明末廉臣。家世甚微，幼时日治骨角为生，夜则读书。后受业于焦竑，万历三十二年（1604）进士，曾任确山知县，继调光山。为官清廉，他“讼狱简易无忧，计所费不过半升”，故有“程半升”之美誉。后迁南京吏部主事、礼部四司发。天启四年（1624）冬，因吏部尚书、东林党要人赵南星与奸斗争失败受株连，被魏忠贤免职。崇祯二年（1629）复被起用，任稽功员外郎、考功郎中。后历任大理寺右寺丞、南京通政使等职。崇祯九年拜户部尚书。崇祯十一年，改任礼部尚书兼东阁大学士，入参机务。是时，农民起义，风起云涌，军费开支猛增，国库空虚，燃眉之急。兵部尚书杨嗣昌要求增加军费时，群臣主张向地方增派税收。程国祥则依据灾荒不断，战乱频起，力排众议，直抒胸臆，暂借“都城赁舍一季租”的办法，筹集13万两银子。受到崇祯器重，擢升为东阁大学士。后因与宠臣、奸相温体仁政见相左，又被皇上袒护，遂乞休归。崇祯十四年，因呕血不治而卒，终年61岁。

程国祥为官清正廉洁，虽身列卿相，仍然是“布衣蔬食，不改儒素”“殁后，家贫，不能举火”，为历史上罕见的廉正官员。后人为纪念他一生两袖清风，一尘不染，称其住址所在地为程阁老巷。该巷东起今南京洪武路，西至今中山南路。巷后有一鹅李家巷。据《钟南淮北区城志》记载：“阁老家素贫，父死，无以为葬。邻人李姓以地予之，阁老报一鹅，故有此巷名传世。”

【阮大铖】

阮大铖（约1587—约1646），字集之，号圆海、石巢、百子山樵，怀宁（今安徽省安庆市）人，南明权臣。万历四十四年（1616）进士。天启初，任户部给事中，依附魏忠贤。天启七年（1627）十一月，魏忠贤案发自缢。崇祯二年（1629），定逆案，其阉党官员除立斩外，余者削职为民。阮大铖乃退居南京石巢园，招纳游侠，以求东山再起。崇祯十一年，阮大铖与革职巡抚马士英同谋起用，礼部主事周镳和复社诸生黄宗羲等140人列名公布《留都防乱揭》，抨击阮大铖、马士英，阮因惧而潜居江宁牛首山祖堂寺。崇祯十七年明亡，史可法、马士英等在南京拥立福王朱由崧称帝（南明弘光帝），马士英执掌南明朝政，荐举阮大铖为兵部右侍郎。同年十二月，阉党余孽翻逆案，阮借此兴大狱，对东林、复社诸人罗织罪名，进行残害。翌年二月，阮擢官兵部尚书。后降清，从攻仙霞岭，死于道途，一说为清兵所杀。他有才藻，善作传奇，标榜"临川派"。曾作传奇九种，当代存《燕子笺》《春灯迷》《牟尼合》《双金榜》四种。《燕子笺》文采斐然，清新有致。另有《咏怀堂诗集》。据《金陵胜迹志》卷十记载，阮大铖墓在江宁吉山。

【杨文骢】

杨文骢（1596—1646），字龙友，号山子，别号伯子，祖籍江西吉安，明代画家、诗人。明洪武年间，其先人杨德，征蜀著功，调守黔，乃以贵阳籍之始。文骢出身于官僚家庭。父师孔为万历进士，工诗善书。万历三十一年（1603），年方七岁的杨文骢随父远游，至江苏。15岁前，已三登泰山，口吟"会当凌绝顶，一览众山小"的杜诗。18岁学画。万历四十六年，23岁考中举人，出现人生飞跃。而次年入京会试，则名落孙山。天启三年（1623），文骢随父母举家徙居南京，广交江南画家、诗人、志士、学者。从此，书、画、诗歌创作进入新阶段。三年后，移家城西南白鹭洲。崇祯二年（1629），父官浙江布政司右参政，驻处州。是年三月下旬，文骢遂赴杭州省亲，父子聚于西湖。然后乘舟由钱塘江、富春江、桐江上行，侍父游天台、雁荡诸名山川，感受深刻，作绘画、诗文等汇为《山水移集》。是年，他参加了复社，为同社推重，崇祯三年秋天，复社召开金陵大会，他以极大的热情充分发挥东道主作用。杨文骢在崇祯七年会试失利后，便走上了谒选之路。不久，被选派到南直隶松江府华亭任教谕。其间，他又参加了崇祯十年的会试，这是他毕生的最后拼搏，又以败北告终，遂挥手告别科举考试。五年后，便调任浙江处州府青田县令。不过年余，又调任永嘉知县。崇祯十五年以监军功调任应天府江宁知县。江宁是留都，又是名区重镇，不敢怠慢，他以勤政爱民、兴利除弊、关心文教的宗旨施政于民。清军占领北京后，他参与迎立福王，迁兵备副使，擢右佥都御史，抚兵常州、镇江。南京陷落，唐王朱聿键朝，任兵部右侍郎，在浙江衢州抵抗清兵。南明隆武二年（1646），援卫仙霞关失利，退浦城被执不屈，举家36人，同时赴难，杨文骢终年50岁。

文骢善绘画，工诗。他论诗主张抒发真情，讽谕现实，推重中、晚唐"声情风味"。诗作见于《山水移集》《洵美堂诗集》及明辑《崇祯八大家诗选》。其画以山水见长，兼作花卉。山水画得董其昌指授，但不囿门户，博采南北，师法自然。董其昌赞曰："有宋人之骨力去其结，有元人之风雅去其佻。余讶以为出入巨然、惠崇之间，观止矣。"传世作品有崇祯九年（1636）作《仿董巨山水》轴，现藏北京市文物局。崇祯十一年作《古木竹石图》轴（藏南京博物院），同年作《水村图》卷，图录于《中国绘画史图录》下册。崇祯十五年作《村坞长斋图》（一名《仙人村坞图》）轴（藏北京故宫博物院）。与董其昌、程嘉燧、张学曾、卞文瑜、邵弥、李流芳、王时敏、王鑑合称"画中九友"。

【张 怡】

张怡（1608—1695），原名鹿徵，字瑶星；明亡后，以遗民自居，改名遗，字微庵，上元（今江宁县）人，明末史学家。康熙七年（1668）清朝执政基本稳定，他又改名怡，字自怡。他的号很多，如白云道者、白云山人等。

张怡出身于明代世为军户之家。他祖父官至淮徐漕运参将，却能"博览群书，谈古今事如指诸掌。"父亲有"儒将"之称，叔父则有"奇才"之誉。故他从7岁起读经，11岁进学，成为生员。崇祯五年（1632）因父亲死难而以诸生授锦衣卫千户，在北京供职四年多。崇祯十七年，闯王进京，他离开京师回到南京，得到南明小朝廷嘉奖，官复原职，升任锦衣卫指挥使。翌年五月，清军进入南京，南明垮台，张怡出家为道士，先后在雨花台松风阁、秣陵关外邵家边村和栖霞山白云庵隐居著述。隐居后，“足不履城市者几五十年”，在栖霞山去世，终年88岁。

张怡亲历明清交替之际，决心以史为鉴，撰写史书。他一生著述甚丰，他的绝大部分著作是在清初隐居后写成的，是清代早期士林之中比较著名的人物。在他70岁时，已自撰地方志书《金陵私乘》8卷、《摄山志略》4卷；家乘类《张氏家谱》8卷、《张氏一家言》6卷；编纂类书籍《读书私钞》20卷、《春秋四传会通》12卷；明代掌故轶闻《玉光剑气集》30卷，总共43种300余卷。70岁后，著有《尚书策取》15卷、《白云言诗》12卷，及《武闱经史汇》《须眉集》等。

【髡 残】

髡残（1612—1692），俗姓刘，字石谿，一字介丘，号白秃、石道人、残道者、电住道人、荺（古天字）壤残道者，湖南武陵（今湖南省常德市）人，侨居江宁（今南京市），清代僧人、画家。幼而失恃。及长，自剪毛发，投龙山三家庵为僧。性耿直，寡交识。参学诸方，行脚吴越，至南京、杭州及黄山、天台、雁荡诸山名刹丛林，对禅学修养深湛。清初避兵家乡桃源，“历诸苦恼三月”。顺治十一年（1654）定居南京大报恩寺，皈依高僧觉浪、道盛，法名大杲，参校大藏。与顾炎武、钱谦益、张怡等人有厚谊。顺治十五年，主持江宁祖堂山幽栖寺，多游名山，作画访友，返幽栖寺后结茆幽居。时寡默多疾，然专意禅理、精研画学，和周亮工、龚贤、程正揆等有深交。髡残擅画山水，兼工人物、蔬果等。除得元代四大家技法外，亦受明代沈周、文徵明、董其昌等影响，尤得巨然“心法”。更重视师法自然，主张性灵与景物相交融。善用秃笔和渴笔，专长干笔皴擦，景物茂密，笔墨苍莽荒率，境界奇辟，气韵浑厚，自成风格。程正揆有诗云：“石公慧业为超乘，三百年来无此灯，入室山樵老黄鹤，同龛独许巨然僧。”书法学颜真卿。与程青谿并称“二谿”；与原济（石涛）合称“二石”，与朱耷、弘仁、石涛共称“四画僧”。画作见于著录者百余帧之多，传世画迹有顺治十七年作《苍翠凌天图》轴（藏南京博物院）。顺治十七年，髡残定居江宁祖堂山幽栖寺。康熙二年（1663）作《苍山结茅图》轴（藏上海博物馆）；同年作《雨洗山根图》轴，《层峦叠壑图》（藏北京故宫博物院）。《报恩寺图》绘南京聚宝门外南郊一带形胜，经概括提炼，集中传达出金陵山水清幽峻拔、磅礴跌宕的气象。他的画艺当时即为金陵画坛所重。康熙三十一年去世，享年80岁。

【倪 灿】

倪灿（1626—1687），字闇公，号雁园，上元（今江宁县）人，祖籍浙江钱塘（今浙江省杭州市），明朝初年，迁居金陵，从此占籍上元，著名学者、史学家。他生于世代宦宦诗书之家，少年就入学为诸生，“以博雅著名”“为白门诸名宿领袖”。正处明末清初战乱时期。直至康熙十六年（1677），他已52岁，才得中举人。十八年，以吏部尚书郝惟讷（端甫）、吏部侍郎张士甄之荐，倪灿应试京师保和殿，终以一等第二名入选，授官翰林院检讨，与修《明史》。康熙二十二年至二十四年期间，他因服丧辞官回金陵，但仍在家乡参与《江南通志》编纂工作，做出重要贡献。服丧期满，他立即返京复职，“编摹考据益勤，前后若一”。受到监修与总裁官的高度评价和倚重。倪灿渊博的学识引起皇帝的注意，下诏派他点校《通鉴纲目》及十七史诸书。因长时间的、过度的辛勤劳作，誉称上元才子的倪灿于清康熙二十六年三月十五日谢世。

倪灿是一位学识渊博的学者。除修纂《明史》及各种官方史籍外，他的著作“多散佚”。留存《宋史艺文志补》一卷，《补辽金元三史艺文志》一卷。诗词作品有《雁园集》。

【黄虞稷】

黄虞稷（1629—1691），字俞邰，又字楮园，上元（今江宁县）人，史学家、藏书家、目录学家。其父黄居中原籍泉州晋江，为明万历十三年（1585）举人，一生好学，喜藏书。在南京国子监丞任上，于江宁原马路街居邸，构建其藏书处“千顷斋”，聚书六万余卷。当83岁高龄谢世时，黄虞稷年方16岁，入江宁县学学籍不久。据江浦著名藏书家、忘年交丁雄飞云：“俞邰生时，先生（黄居中）将七十，从襁褓中便薰以诗书之气。”故7岁能诗，16岁中秀才，人称神童。且于典籍“问无不知，知无不举其精义”。而虞稷之能继承乃父之志，并在藏书事业和学术研究上发扬光大，在金陵城的文化圈里，有“守其父书甚富，贤而有文”的好名声。他与丁雄飞等人同立古欢社，尽出家藏秘本，互通有无，相与质疑问难，参订发明。因屡试不第，故绝意功名，埋头读书，遍涉经史，孜孜矻矻，勤学不怠，苦度著书立说的书斋生活。困诸生30余载。清康熙十七年（1678），罗继峰荐他征试博学鸿儒特科，在京正当奋笔疾书参与会试时，却得到相依为命的母亲辞世的噩耗，于是循例丁忧，未果。康熙十八年，开馆纂修《明史》。他由内阁学士、《明史》监修总裁官徐元文举荐，以布衣身份破格入召《明史》馆，“分纂列传及艺文志”，食七品俸禄。其后，他又担任《大清一统志》编纂工作。康熙二十八年，《大清一统志》的总裁官徐乾学因故告归，康熙特许徐携《一统志》稿回家编辑。虞稷又应徐氏之邀前往太湖包山书局，编辑《一统志》。他全力以赴，勤加纂辑，仅一年时间，《一统志》的编辑工作将卒底于成，终因“刻苦披讨，逾年力疾竣事，竟以劳卒”，终年63岁。

黄虞稷博学多才，在当时声华卓著，王士祯、徐乾学等饱学之士皆与其交游，切磋学问。他以目录学见长，同时著有《我贵轩集》《朝爽阁集》《蝉巢集》及《楮园杂志》等，但大都已佚。另编有《千顷堂书目》32卷。又与著名藏书家周在浚精选唐、宋、元罕见本96种，编成《征刻唐宋秘本书目》一卷。

【周 晖】

周晖（生卒年月不详），字吉甫，号漫士，又好鸣岩山人，明上元（今江宁县）人，散文学家。周晖自幼好学，弱冠即为博士弟子。性恬淡，终生隐居未仕。博古洽闻，多识往事，为时贤明流所重，一时俊杰顾起元、盛时泰、焦竑等俱为其文字交，以博学老硕儒驰誉乡里。年80余卒。周晖曾有《幽草斋集》《山中白云》行世，业已佚而不存。唯有《金陵琐事》正续集八卷流传后世。该书是南京现存较早的杂记著作，详细记载了明初至万历年间金陵文人的轶事趣事，市井百姓的奇闻异举，上自国家大事，下至地方风情，甚至名胜古迹，奇花异草，凡与金陵有关者莫不备载。该书最初刻于明万历三十八年（1610），清道光元年（1821），江宁李鳌、光绪年间江宁傅春官均曾翻刻，1955年，文学古籍刊行社又据万历本影印发行，流布甚广，学林如获至宝而重之。

【刘 智】

刘智（1660—1730），回族，字介廉，号一斋，上元（今江宁县）人。出生在南京伊斯兰教经师家庭。其父刘三杰有一定的儒学根基，通性理之学，使刘智从幼年起就受到良好的启蒙教育和宗教思想的熏陶。约于13岁时，刘智被送至位于今太平南路附近的武学园清真寺（现已不存）学阿拉伯文经籍。三年后，他告别经师，回到家中，开始读书生涯。凡儒家的经、史、子、集，佛家的《释藏》，道家的《道藏》，以及当时颇为时髦的“泰西之学”，无所不读；对流入中国的伊斯兰教经籍，不论何种文本，只要能搜集到，他皆潜心研究。经14个春秋的苦读，终于学贯四教——儒、佛、道与伊斯兰，而成一代回族鸿儒。刘智学成后，已近“而立”之年。这时，父亲已去世，自己有了家室。过去，他一心读圣贤书，家境每况愈下，而学成后，既无意于功名，又不事生计，专心于著书立说，被家人视为怪物，终日与之吵闹不休。他为实现父亲“伊斯兰教之性理亦甚精，恨未能译之，俾广昭于斯土也”的遗愿，毅然离家，在清凉山独自建庐而居。在之后十多年的独居生活中，他眼观斗转星移，花开花落，心悟其间蕴藏的奥秘，每有所得，即回庐奋笔疾书。其间，他曾在山中十易其居，生活极不安定。然而，他以苦为乐，著作达数十种之多，其中以《天方性理》与《天方典礼》为传世之名著。当这两部书的初稿完成后，他一度离开清凉山，携稿出游，以征询意见。

康熙六十年（1721）他为使西方“至圣”流传于“斯土”，又握笔为西方“圣人”穆罕默德立传。经三易其稿，于雍正二年（1724）脱稿，始名“小成”。然而“小成”资料不足，内容不够充实。于是，他又携“小成”初稿再次出游，以寻访藏于回族人士手中的有关资料。他一行千里，终于在河南朱仙镇发现阿拉伯文原著《穆罕默德传》，便回到清凉山。此时陋庐已成断垣残壁，无法居住。后得友人相助，搬至三山街一喧闹的书肆小楼，熬过几个酷暑和寒冬，完成又一部巨著《天方至圣实录》。晚年，他再次回到清凉山中，重建陋庐。从此，他毅然绝笔，摆脱人间的纷扰，在扫叶楼过着宁静的生活，直至清雍正八年去世，终年70岁，葬于南京中华门外。他一生著作和译著较多，流传的还有《五功释义》等。其著作在中国伊斯兰教内被尊为“汉乞他布”（汉文经典），一些经句一直脍炙穆斯林之口。其《天方典礼》曾被清人收入《四库全书》存目；《天方至圣实录》被英、法、俄、日等国翻译出版。

【戴天章】

戴天章（生卒年不详），字麟郊，晚号北山，人称北山先生，上元（今江宁县）人，清代医生。少师林清雷，习举子业，好学深思，博闻强记，所学经史背诵如流，曾补诸生。嗜于实用之学，凡天文、地理、算学、射弋及书画、琴棋，无不探微求实，极尽其妙。后改学医，《内经》《伤寒》，杂病诸书，均所涉猎。他对四方医学名流，亲自叩门求教。晚年深精医理，成为清代著名医家之一，从学者甚众。天章素重医德，临证深思善辨，救活人甚众，人以金谢之，皆挥而却之。他对瘟疫颇有研究，曾著有《广瘟疫论》（又名《广瘟热论》）五卷、《瘟疫明辨》四卷、《佛崖验方》一卷，约于康熙六十一年（1722）刊行，当代存乾隆四十三年（1778）合刊本。他提出的辨别瘟疫与伤寒区别的“五辨”（气、色、舌、神、脉）要点，为医家所推崇。天章一生著书达十余种，惜大部分已佚。

【程廷祚】

程廷祚（1691—1767），初名默，字启生，号绵庄，晚号青溪居士。其原籍安徽新安，系当地望族，他曾祖父程虞卿迁江宁，遂落江宁籍。清代学者、史学家。廷祚居于南京城北如意桥附近。自幼颖异，年14作《松赋》，七千余言，惊其长老。弱冠举茂才。乾隆元年（1736）应博学鸿词不第，遂弃科举，专治经学。其后“以其闲静修洁”，曾两次被荐举，均因其刚正严峻而不从。他既未出仕，亦未经商，家境贫困，“处之泊如”，依然“嶷嶷自立，足绝公卿门”，博览群书，而皆归于实用。非议程（颢）、朱（熹）理学，反对墨守前人陈规。认为智愚贤不肖之差异非先天铸就，乃环境熏陶所致。对方志理论他颇有研究。撰有《修一统志议》《江南通志沿革总表序》《上元县志序》《与袁明府论修志书》等，总纂《上元县志》。程廷祚一生著作甚丰，仅据《清史稿》本传著录，就有《易通》6卷、《大易择言》30卷、《尚书通议》30卷、《青溪诗说》30卷、《春秋识小录》3卷、《礼说》2卷、《鲁说》2卷。此外，尚有《青溪文集》及续编、《岫云阁诗钞》等。

【袁 枚】

袁枚（1716—1797），字子才，号简斋，别号随园老人，晚年自称袁丝，仓山居士，浙江钱塘（今浙江省杭州市）人，清代著名文学家、诗人。康熙五十五年（1716）三月初二，诞生于钱塘艮山门内的大树巷。生性聪慧，12岁中秀才，称誉一时。乾隆三年（1738）考中戊午科举人。翌年会试，得中进士，选为庶吉士，进入翰林院。乾隆七年，袁枚27岁，在翰林院修业期满，因清书考试不及格，改放江南，遂任溧水、江浦、沭阳诸县县令。后任江宁县令时，推行法制，不避权贵，“终日坐堂，听任百姓上堂诉讼，任何人不得壅隔”。果然造福一方，声誉鹊起。他体察民情，关心生产，并写《劝农歌》刊行四方，歌中云：“劝农莫放锄柄空，劝农莫嗤积谷翁。东家稻熟早芟草，西家豆稀懒打虫”，告诫农民要学东家勤，莫学西家懒。这些甚为时人称道，当时江宁知府蔡长云赞叹说：“袁枚来江宁四年，政清人和，狱讼者不之府而之县，余凝然静镇。”乾隆十三年，他以丧父养母为由，向两江总督尹继善提出辞职云：“世守一经，家徒四壁”“念枚乌鸟情深，允其养亲之素志”，即卜居南京。他不惜重金，从隋赫德手中购得小仓“隋园”（后经改造更名“随园”），蒐集书籍，创作诗文。晚年出游南方诸名山，与诸诗人交往。

乾隆诗坛众口交誉袁枚为“奇才”“才子”，以诗坛泰斗著称于世。在随园居住的50年间，创作诗歌达六七千首。他创作诗歌，讲求性情个性，反对清初后拟古和形式主义的风气。所作古体诗奔放纵肆，近体诗清新自然，与蒋士铨、赵翼并称“江左三大家”。他力倡女子教育，有女弟子数十人，颇多唱和。嘉庆二年（1797）卒，葬于小仓山南岭（今五台山百步坡上）。著有《小仓山房集》《随园诗话》、笔记小说《子不语》、史著《随园史论》等。

【侯 芝】

侯芝（约1768—1830），女，字香叶，号香叶阁主人、修月阁主人，上元（今江宁县）人，清代文学家，弹词作家。侯学诗之女，梅曾亮之母。幼承家学，通经史，善诗文，是有名的才女。她晚年致力于弹词的改写，以十年之力，将仅以抄本流传的弹词《玉钏缘》、《再生缘》、《再造天》（《再生缘》续集）和《锦上花》四种改编加序刻印，其中《再生缘》最著名，他是写元代女子孟丽君与皇甫少华几经波折，终于团圆的故事。编写《再生缘》的洁本，共16本32回，题名为《金闺杰》。《再生缘》对之后的戏剧、曲艺有较大影响，很多剧种将其移植改编演出。

【伍长华】

伍长华（？—1841），字实生，号云卿，上元（今江宁县）人，出生于回族世家。先祖在明洪武二年（1369）自中亚细亚撒马尔罕移居南京，始祖伍儒是明朝钦天监博士。伍长华是伍儒的第14代孙，他于嘉庆十八年（1813）以拔贡生赴江南乡试，中举人；翌年会试又联捷廷试第三，得探花，是中国科举史上第一个回族探花，被誉为“教门鼎甲之始”，授翰林编修，天之骄子，成为金陵福星，传为佳话，谓“回回探花”。嗣后，他一主浙江乡试，一督广东学政。其为人“天性孝友，风骨严峻”，因有名族差异，生活习俗之别，故而不擅交际，“不干人以私，亦不喜人干以私”。道光二年（1822）后，长华出任外官，先后历任广西右江道、广东长芦盐运使、甘肃按察使和云南布政使。他出任地区，或是边陲难治之区，或是瘴疠肆虐之域，每到任辄令僚属将当地每日晴雨粮价抄录汇呈，细心研究。清代盐政和铜务是两大弊政，伍长华在云南布政使任上，著有《云南铜法考》，着意革新。他亲自巡查境内各矿，多次奏请免除铜厂民欠无着工本银。

道光十八年（1838），伍长华擢升湖北巡抚。其时他的旧交林则徐为湖广总督，两人同在武昌办公，相处契密。曾共同商讨湖北大政及禁烟事宜。两人且共同会衔奏请朝廷缓、免湖北各地受水旱灾害地区田赋钱粮，又共同发布禁烟告示。同年九月十日，他与林则徐共赴武昌校场，共同查验各地搜缴的鸦片烟枪1754杆，连同烟斗、烟具，当众捶碎、焚毁。将缴获的16768两烟土、烟膏投入江心消灭，还在校场检阅兵丁，以显示湖广地区禁烟的力量和信心。十月，林则徐北上晋京，道光帝命伍长华暂署湖广总督。他继续贯彻林则徐禁烟主张，封闭烟馆，惩戒烟客，并对湖北盐务、漕运作了一些革新，利用盐捐兴办学校书院，修筑汉阳临江石堤。道光二十年，湖广总督周天爵因惩处大冶县令孔广义遭到反讦，朝廷交伍长华处理。不久，周天爵又因属下非刑逼供而牵连获罪，革职戍边。伍长华虽与此案无关，却以“审讯不力”革职。遂归老家乡，翌年便病逝在南京三山街老宅。一个回族文士能自强不息，平步青云至清廷封疆大吏，在明清史上实乃稀罕。

【邓廷桢】

邓廷桢（1775—1846），字维周，又字嶰筠、嶰谷，号妙吉祥室老人，刚木老人，祖籍福建沙县，明末入籍江宁，清朝大臣、民族英雄。清乾隆四十年（1775）十二月初五，生于南京秦淮河畔万竹园里一户官宦人家。他自幼受到传统的儒家经史教育，“少时从同里胡愚溪学，博本渊学”，熟读儒家经典，文史掌故和诗词书画。乾隆五十六年，刚16岁即中秀才，入江宁县学学习。嘉庆四年（1799）从钟山书院肄业后，就学于桐城派大师姚鼐，为姚氏得意门生。次年中举。嘉庆六年在北京会试中进士。选庶吉士，授编修。从此步入清政府的官场。在京八年闲职中，常拜访士林学者挚友，切磋学问。其间，多次受命充乡试、会试考官，恪尽职守，为朝廷选拔英才，备受称赞。嘉庆十五年起，先后任宁波、延安、西安等地知府，因廷桢善断冤案而有神明之称，其事传播京师。嘉庆二十五年，擢湖北按察使、代理布政使。到任时，迅即深入民间，察访疾苦，他看到沿江民田历年沉没入江，而百姓赋税未减，遂上疏请免征税银十万余两，减轻百姓负担。道光元年（1821），调江西布政使。后因延安府任上发生渭南旧事期间，由于对下情失察，致出过命案被牵连，治充军罪。当道光帝知其并非有意包庇，才免去他充军，降为七品官，发直隶委用。道光六年升安徽巡抚。到任后，正遇水灾，他亲自赈恤百姓，兴修水利，解除百姓痛苦；又上疏请求废除不近人情的刑律。他在安徽为政的十年间，任人唯贤，赏罚分明，严惩邪恶，政通人和，境内安静。由于捕获南河掘堤首犯，曾得到朝廷明令嘉奖。

道光中叶，危机四伏，银荒兵弱，鸦片乘虚而入，侵害国民，腐蚀社会。62岁的邓廷桢被任命为两广总督，面对鸦片走私严重，且举国上下禁烟呼声日高，乃向朝廷上疏：鸦片非严禁不可。他下令驱逐烟犯，加强沿海巡逻缉私，整顿海防，并亲自与提督关天培加紧巡查，“奋勇兜擒，尽法惩办”，抓捕大烟贩至外国商馆前绞决，道光十六年（1836），英国因向中国输烟不成，发动战争，廷桢迅即迎战。道光十九年，钦差大臣林则徐到广州查禁鸦片，邓协助林开展禁烟斗争。为根绝烟片祸患，邓、林一道严令外商缴烟具结，迫使英、美等国商人陆续交出鸦片237万斤，并在虎门海滩当众销毁。翌年，邓改任闽浙总督。是时，国内投降思潮蔓延，以钦差大臣琦善为代表，与英签订卖国的《江宁条约》。七月，英舰进犯厦门，他亲督水军击退侵略军。嗣因投降派诬陷他任两广总督期间放松防务，与林则徐同时革职，发配于千里之外伊犁。后清廷在舆论谴责下，于道光二十三年释放了他。不久又以三品顶戴任命为甘肃布政使。其间，他在清查荒地中，亲自勘察，得田两万余顷，并大力组织垦荒。道光二十五年复二品衔，擢陕西巡抚、陕甘总督，平息边疆战乱。然而年高体弱，饱经忧患的邓廷桢终因积劳成疾，于道光二十六年三月二十日在西安逝世，终年 71 岁。家人将其遗体归葬于麒麟镇附近灵山脚下。著有《诗双声叠韵谱》《说文解字双声叠韵谱》《双砚斋诗钞》《双砚斋词话》等。

【管 同】

管同（1780—1831），字异之，上元（今江宁县）人，清代学者。管同生于颍州，长于凤阳。7 岁时祖父谢世，次年全家迁回上元。不久，父亲病故。一家人以借贷、典卖东西及母亲做针线活维系生计。他从小聪颖，读书识字出类拔萃。19 岁时入钟山书院，成为姚鼐的大弟子。以文名家，简严精邃。先生称其“智过于师，乃堪传法。”从嘉庆九年至十五年（1804—1810），疲于奔命，居无定所，三试三绌。直至道光五年（1825），才得中举，时已 46 岁，未曾录用，遂入安徽巡抚邓廷桢幕。他是姚鼐弟子，桐城派的主要传人之一。长于议论，时有卓见，本有经世之志，然屡试不第，抒发为文，如《拟言风俗书》《拟积贮书》《禁用洋货议》等，“纵论天下，指陈弊端，时有远识，颇中肯綮”。文章颇重雄、直、怪、丽阳刚之美，与其师稍有不同，邓廷桢赞道：“师姚先生之文而不袭其派。”管同工诗善散文。有《因寄轩文集》《因寄轩诗集》《皖水词存》等。另有《七经纪闻》四卷及《战国地理考》《孟子年谱》《文中子考》等。

【梅曾亮】

梅曾亮（1786—1856），字伯言，又字葛君，上元（今江宁县）人，著名文学家、教育家。他出生在一个精通历算、熟谙文史的学术世家。其父梅冲是位饱学之士，母亲侯芝是有名的才女、著名弹词作家。他从小就在书山文海中遨游，耳濡目染，天长日久，潜移默化，步入文学创作之路。

梅曾亮十三四岁开始执笔诗文，且工骈文。18 岁认识桐城派创始人姚鼐，20 岁入钟山书院，成为姚鼐四大弟子之一。清道光二年（1822）中举，翌年中进士，放为外官，因父母年老未赴任。后曾入安徽巡抚邓廷桢与江苏巡抚陶澍之幕，但都为时不久。又为母丧守制三年。道光十二年服阕，他再度进京，官户部郎中，度过 20 年京官生活。其间，他结交了大批文人，经常以谈艺论文为乐，一时碑板记叙，多出自他的手笔。晚年告归，主扬州学院。著有《柏枧山房文集》。

【王省山】

王省山（1787—1855），山西沁州人（今山西省长治市沁县），清末诗人，曾任云南、江苏等地五县县令。咸丰三年（1853）署江宁知县，因太平天国军队攻占江宁府城，江宁县衙移至秣陵关。王省山训练乡勇，保境安民。翌年，太平军直扑秣陵，他率乡兵堵剿，后太平军暗地从章山偏僻的小路包围寓馆，夺取县衙印绶而去。于是，他再率领兵役穷追数十里，力绝倒地，被村民扶入家中，喂糜粥已不能下咽，自此患病。咸丰五年，病故于秣陵的县衙，因战乱直至五年后才由乡友亲人扶柩返归山西故里，友人钱塘孙元培为其立墓志铭记生平。

王省山关心下层民众疾苦，对当时的社会弊端有所揭露，留有诗集《菜根轩诗钞》。他的诗作以通俗朴实的语言，再现清王朝走向衰败时期的广阔社会画面。当代，山西长治文史工作者和学者对王省山诗集《菜根轩诗钞》进行研究发掘，称其为清末类似杜甫的以诗写史的重要诗人，并称其为“平民诗人”。

【唐 治】

唐治（？—1854），字鲁泉，江宁县人，清道光年间举人。先被清政府挑选到安徽桐城当知县，后调往祁门县任知县。咸丰三年（1853），太平军陷安庆，唐治以祁门为徽郡六邑门户，倡议合六邑通筹防堵，议不果行，于是唐治乃独任其事。咸丰四年正月二十二日，太平军自榉根岭攻祁门，守岭者逃遁，治闻警后，先作家书《上伯母书》付仆，哀其不能守城而以后事相托，明其必死之志。太平军众至，唐治率丁勇登西门而首当其冲，发炮击毙太平军数人。太平军以大队人马向南急攻南门，守南门把总李某逃走，太平军得以登城。唐治闻南门失守，拔佩刀自刎，随侍力士夺其刀，强拥下城。路过文庙时，唐治纵身投入丹池，因水浅不死，随侍力士把他扛行出城。行数里，望太平军至，栖于启明家厝室，唐治乃大呼：“我祁门知县唐某也”，太平军众人架唐治入城，强易湿衣，灌以汤，劝其投降，唐不答，太平军数人日夜看守。咸丰四年二月二十五日，太平军将去祁门，乃杀治，投尸于河。后数日，用网拉河，先得首，又数日乃得其身。

治在《上伯母书》中写道：“治死于祁门，将来搬尸骨到家，葬于先父母足下，不可破圹，大约距圹五六尺许，另筑一冢，碑书‘清故唐治之墓’，不书官，不书字，不书先考，以明正其生前之罪。”墓在青林葛藤山顶（唐家清明扫墓，只挂白纸，不挖坟帽，因唐治被斩首之故）。

唐治后被清政府追赠知府，荫封其父唐兆蕙文林郎，嗣子唐之植袭职云骑尉。

【汪士铎】

汪士铎（1802—1889），初名鏊，字振庵，改字晋侯、梅村，号悔翁、芝主，晚号无不悔翁，江宁（今南京市）人，清代学者、史志学家。出生于“清寒无门庭师友之借用”的家庭，幼承母教。15岁前，“所闻见不依塾师所责课”。年15，以贫故，改习贾，旋辍归。得外祖家“山秀堂”遗书十数箱，勤读之。嘉庆二十五年（1820），补县学生员，师从钟山书院程恩泽，得益于算学、辞章，乃蜚声文坛。道光二十年（1840）庚子举于乡，中举十年间，四上京师应试均未中。遂应胡培翚之召，至安徽绩溪主讲其所创建的东山书院外，多漫游于豫东、苏北及江淮间，特借浏览风土，测山川远近，抵京不谒一要人，又不等待发榜即归。太平军入南京之翌年，汪士铎出走安徽绩溪。居山中凡五年，以课读谋生，著有《乙卯随笔》《丙辰备遗录》。咸丰九年（1859）后，先后为胡林翼、曾国藩幕僚，多有建树，而每遇“保举”皆力辞不就，胡、曾等亦不相强。所以曾国藩、阎敬铭等皆尊重其为人，认为此老乃严君平、管幼安（隐逸）一流人物，非迂儒也。同治三年（1864）清军攻入江宁，旋返里。先参与两江采访忠义局事，再主江南官书局。原居城西仓巷，后迁城南金沙井老屋，种竹植桐，名曰：“砖丘”，隐居著述，再不复出。历任两江总督李宗义、沈葆桢等莫不待以宾礼，极为尊敬，俨然为南京地区知识界领袖人物。同治十三年，上元县知县莫祥芝、江宁县知县甘绍盘，倡修上江两县志，受聘为总纂，凡十月告成。光绪六年（1880），江宁府知府蒋启勋续修江宁府志，受聘为总纂，修纂〔光绪〕《续纂江宁府志》。汪士铎无愧是史学家，所分纂、分修皆一时之彦杰，故能严叙例，去芜杂，存史料，求征信，允称官修志书中之佼佼者。

汪士铎在学术上造诣高且深，史学家陈作霖认为“汪士铎性恬退，外默内刚，不谐于俗。始为学尚博，既乃精研《三礼》以及列史、氏族、天文、历算、舆地、山川、沿革形胜，小学形声、训诂、通假之遗、散骈文、古今体诗、诗余，皆能辨其出入门径、堂奥曲折之数。藏书2.60万卷，而所自为说，半《礼记》，其书上下左右方朱墨交错，陆离不可辨”。自道光中起，汪士铎驰誉南京文坛逾60年。世人论晚清南京学者，咸推之为祭酒，各方名流游金陵者无不造访请益。光绪十年（1884），学使黄体芳以宿儒荐，翌年诏加国子监助教衔。世人称以“汪助教”。著作极富，累数十万言。主要著作《服礼记》《仪礼郑注今制疏注》《水经注补辑》《广韵雅广韵声纽表》《梁陈州郡志》《东汉朔闰考》《佚存书目》《韩诗外传疏证》皆亡佚。传世者有《南北史補志》《水经注图释》《悔翁文集》《悔翁诗钞》及《悔翁笔记》（其中《乙卯随笔》《丙辰备遗录》二目，为后人割出以《乙丙日记》为题）影印刊行。著作多涉及太平天国之事为世人所重。光绪十五年（1889）谢世，终年87岁。

【许宗衡】

许宗衡（1811—1869），原名鲲，字海秋，上元（今江宁县）人，官吏、诗人。幼年丧父，随母孙氏侨居外祖父孙松溪家。嘉庆二十二年（1817），孙松溪仕官淮南，宗衡又随母僦居金陵城北莲花桥畔。时年七岁，开始以母为师的学习生涯。其母生于官宦家庭，“能书善画，兼晓音律”，对古籍亦娴熟。对许宗衡既是慈母，又是严师。常常令宗衡“读至漏四下”方罢。道光十四年（1834），宗衡迁居扬州，乃与当时工画枯木竹石的扬州画师苦瓜和尚、工画菊的上元人朱龄等文人雅士相处交游。常聚一起，吟诗作画，把酒论天。咸丰二年（1852），宗衡中进士，旋官内阁中书，起居注主事等职，开始了其十多年的京官生涯。同治八年（1869），经年胃病、脾病、肝病缠身的许宗衡，客死京城壶园，享年59岁。一生所著诗文，由其京师相交甚笃的文友潘祖荫收集、整理、付梓，成《玉井山馆文集》《玉井山馆诗余》。宗衡手书笔记一卷——《玉井山馆笔记》与文友叶文润所著《桥西杂记》结集成册，并行于世。

【端木埰】

端木埰（1816—1892），字子畴，上元（今江宁县）人，清代官吏、词人。道光四年（1824），他九岁时，其父驾鹤西去，家庭日趋败落。13岁那年，曾以吟诵梅花诗“饱经霜雪无寒相，能返阳和亦大才”，为学者、江浦韩印（介孙）所赏识，自此从韩受读。道光十七年，他受知于户部右侍郎、提督江苏学政祁巂藻（春圃），补弟子员。此后每年考试，都名列前茅。道光二十六年，他以优行拔贡。于次年入京都，试礼部，考取教习。二十九年，他34岁，入京补官。次年以兄丧返乡。咸丰六年（1856），奉母由水路入京。经大学士祁巂藻之荐，授官内阁中书。同治十一年（1872），奉母丧回故里。服阕回京，补官典薄。光绪十五年（1889）后，他充任会典馆总纂，不久又升迁内阁侍读。但他已老病不堪，只得辞官。未及返乡，病卒京师，享年77岁。他著有《有不为斋集》6卷、《碧瀣词》1卷、《离骚启蒙》1卷、《金陵文征小传汇刊》2卷及《名文勖行录》《粉槃录》《赋源》《耆旧轶事》《有不为斋笔记》《笃旧诗集》等。

端木埰亦是一位书法家，但他“生平矜持，不屑轻用笔研”，留下的墨迹并不多，南京夫子庙前木质大坊上的“天下文枢”四个大字，颜气刚正，是他所手书；莫愁湖边莫愁小像龛上有四字——“是耶非耶”，亦为他所题。

【金 和】

金和（1818—1885），字弓叔，号亚匏，上元（今江宁县）人，晚清诗人。父早逝，母教严格，“遂能自立，以学行闻于时。”由于他性情豪纵，“放情诗酒，跌宕自喜近于狂”，好声色，常狎妓，为人处世不加检束。对科举八股文不刻意研习，只考上秀才，为增生，终生不得仕进。咸丰三年（1853）太平军占领南京后，混进太平军，与其妻弟张继庚等人谋与江南大营勾结颠覆太平天国政权，并几次挑动太平军之间的内讧。咸丰四年四月，张继庚被太平军捕杀。金和逃离南京城，开始流亡生活，先到安徽全椒避难，后到泰州、松江当馆师。太平军占领苏南后，他又流亡靖江、如皋、上海等地。咸丰十年至同治六年（1860—1867）应陆子岷之邀，到广东充陆钟江等人幕僚，任管理刑罚钱粮小吏。同治七年，经上海回南京。一生不得志，晚景尤贫困凄凉，自称为“奇零之人”。金和以诗鸣于世，早年“好为绮语”，以写其“筝琶之听，宠花之心，中酒风光”。《影春词十六首》《倚红本事诗八首》为其代表作。写景抒情俱有佳作。金和为诗不标榜宗源。《写在营诸诗示客题尾》云：“笔端何事好讥弹？公是公非欲难掩。尚忍百分为国讳，敢诬一字与人看。”言其诗多讥评社会之作，又常以散文句入诗，具有散文化的特点，开近代“诗界革命”之先河。著有《秋蟪吟馆诗钞》（初名《来云阁诗》）、《来云阁诗钞》、《来云阁文钞》。

【莫祥芝】

莫祥芝（1827—1890），字善徵，号九茎，别号拙髯，莫与俦第九子，清末独山庠生。咸丰元年（1851），莫祥芝任贵州桐梓县县丞。湖南曾国藩起兵，带其东下。咸丰十年，湘军合围安庆的太平军，莫祥芝任县丞，专门应付火急文书。莫祥芝于同治六年（1867）出任江宁知县，抑制豪强，虽遭怨谤，仍坚持不懈。清军入金陵后，在坊口巨馆设报销局。曾国藩婿袁榆生纳贿，率亲兵数十人，诈称是己住所，直入堂上阻挠，要莫祥芝搬出。莫祥芝大声斥责，命笞杖亲兵，使袁榆生垂头丧气。高邮生员马某，专门操纵讼事，破人钱财无法计算，莫祥芝将其逮捕下狱，按律治罪。总督马新贻的厨子，索取供应辱骂县里从人，莫祥芝命人将他笞杖。总督的守门人为其袒护，祥芝除将厨子锁回县衙，又请求交出守门人一起治罪。之后，马新贻派其弟赔礼，祥芝才将厨子释放。莫祥芝每官一地，颇注意文化建设。之前在署任通州知州任上，他主修《通州志》16 卷；在江宁知县任上主修〔同治〕《上江两县志》30 卷；并将晚清学者郑珍的《轮舆私笺》2 卷付刊，汇集出版明代乡贤孙应鳌著述为《孙文恭遗书》6 种计 24 卷。光绪八年（1882），在上海知县任上的莫祥芝得到清康熙年间苏州张青芝仿宋抄本，便校以孙渊如所藏明抄本，付刊传播；同年刊刻宋魏了翁的《毛诗要义》20 卷、《谱序要义》一卷。清代学者顾观光遗著未能刊行，莫祥芝认为顾氏之学“不在戴东原（震）、钱晓征（大昕）下，而天算之学实过之”，于是筹资刊刻《武陵山人遗书》。此外，他还刊刻时人张文虎的《舒艺室余笔》，以及《清朝古文正的》等。光绪十年，法国人封锁海口，粮船运输阻塞，莫祥芝谋收积贮粮食，使损失减少。光绪十六年，莫祥芝病逝，卒年 63 岁。

【陈作霖】

陈作霖（1837—1920），字雨生，一字伯雨，晚号可园，江宁（今南京市）人，文学家、经学家、史志学家。咸丰六年（1851），15 岁补县学生。同治十三年（1874），上元、江宁合修上江两县志，任分修。光绪元年（1875），江南分试中举人。光绪六年，江宁府志局开，任分纂。光绪十年，入金陵官书局任分校，其后又任崇文经塾教习，奎光书院山长，江楚编译官书局分纂。光绪二十七年，受聘上江两县学堂堂长。光绪二十九年，任两江学务处参议，南洋官报局帮总纂。宣统元年（1909），任江南图书馆司书官。辛亥革命后，民国7年（1918），任江苏通志总校兼编纂。民国8年，任续修同治上江县志总纂。

陈作霖擅文、诗、词，尤以诗名。光绪中为南京文坛中坚人物之一。为保存南京文学遗产，尝与冯煦、甘元焕、秦际唐等整理出版朱绪曾所辑之《金陵诗征》（清代部分）。其后又与甘元焕、秦际唐辑《国朝金陵文钞》《国朝金陵钞》，基本保存清一代江宁一府七邑的诗、文、词作品。著有《可园文存》《诗存》《词存》《寿藻堂文集》《诗集》《可园诗话》等。

陈作霖通经学，以治经著称。晚年其目生翳，不能观书，默记经史，一有所得，口授其儿孙记之，遂成《瞽说》。次年目复明，专心研究《易经》。其释经训古之文，多收入《可园文存》《瞽说》中，专著有《一切经音义通检》。

陈作霖是地方史志学的名家。著述除参与编纂县志、府志外，专著有《金陵通纪》《金陵通传》《江苏兵事纪略》《上元江宁乡土合志》《运渎桥通小志》《凤麓小志》《东城志略》《金陵物产风土志》《江宁地形考》《江宁先正言行录》《炳烛里谈》《南朝佛寺志》（孙文川原辑）等。

民国8年（1919），陈作霖任续修上江两县志总纂时，已是83岁高龄。自感年迈，恐不能成书，于是终日伏案，成《大事记》《先正传》《物产考》各一卷。次年春逝世。

陈作霖长子陈诒绂（1873—1937），字稻孙，亦为地方史志学家，曾任续修上江两县志分纂，著有《续金陵通传》《金陵艺文志》《钟南淮北志》《石城山志》等地方史志专著。

【吴庆云】

吴庆云（？—1916），字石仙，以字行，好泼墨道人，上元（今江宁县）人，流寓上海，清末画家，擅画山水。其画初学“四王”（清代山水画家王时敏、王鉴、王翚、王原祁），因“四王”画作多有泥古之弊，故不为画坛重。后赴日本，接触西方明暗造型技法，视情汲取，又受新东洋画法影响，转变画风，成为以显著个人风格立于清末画坛的革新派画家。画法筑基于宋代“米氏云山”和高克恭笔墨，掺以西洋水彩技法，惯于描绘烟雨苍茫景色。画面墨晕淋漓而幻变多姿，云烟流肆而妙机回然。又严于造型，阴阳向背处，渲染入微，于虚无间见质实，使泼墨画法具有新奇的意境和魅力。画风独步于世，倾倒一时。

他的画作有《山村雨后图》，绘雨后初晴，湿润清爽，粗笔写山石，淡紫色入墨晕染，情趣新异，充实的画面以强烈的入世气息而耐人寻味；《夏山烟雨图》，画雨雾笼罩，山色有无，舟子蓑衣，举伞行人及听泉人物，描绘翔实，历历传神。其佳作还有《溪桥烟雨图》《云山雨意图》《烟溪渔艇图》等，均有迷濛奇幻之趣。传世作品有光绪十八年（1892）作《海州全图》通景屏四条（藏中央美术学院），光绪二十九年作《远寺夕照图》轴（藏中国美术馆），《秋山夕照图》轴（藏上海博物馆），《远浦归帆图》（图录于《中国画》创刊号），《秋景山水》轴（图录于《中国近百年画展选集》）。

第二节 近现代人物

【徐绍桢】

徐绍桢（1860—1936），字固卿，广东番禺人。辛亥革命中为光复江宁城统帅。辛亥革命前，徐绍桢任清朝新军第九镇统制（相当现今师长），驻军江宁城关。他擢拔、重用赵声、陶骏保、林之夏等具有革命思想、行动的官佐，让他们在扩军时尽收苏皖广大革命青年入伍，使九镇官兵中充满革命力量，为一时新军之冠。武昌起义后，徐绍桢在九镇革命官兵大力促动下，审时度势，决心率部起义，便以“打秋操”为名，请求出防江宁县秣陵关。出防后，清政府疑其有变，绝其弹药供应。徐绍桢当即在秣陵起义，率全镇官兵奔袭雨花台。但由于行动匆促，未及等到沪上同盟会接济的弹药运到，又遭到雨花台清军炮火猛烈阻击，伤亡甚众。徐绍桢随即下令撤军秣陵，稍事休整后转移镇江，在上海中部同盟会实际主持、组织下，与浙军、苏军等起义军会合，组成江浙联军。徐绍桢被公推为总司令，旋即分兵两路，直取江宁城。

在攻城战中，徐绍桢亲临前线指挥、督战、大振士气。他抢先掌握战机，及时召集各路将领研究，部署总攻。各路军立即分头行动，经过奋勇拼搏，北路镇军、浙军等主力部队攻占天堡城，居高临下，开炮轰击城内；南路苏军等攻占雨花台，直逼城下。各路军以雷霆万钧之势猛烈攻城。清军残部在张勋带领下，弃城渡江北窜，江宁城遂告光复。

孙中山就任临时大总统后，以徐绍桢在光复战中卓著功勋，任命他为南京卫戍总督。之后他追随孙中山，历任广州卫戍司令、援粤总司令、广东省长、内政部长等职。一直是孙中山信赖的人物之一。

徐绍桢于民国25年（1936）9月在沪病逝。民国26年春，国民政府将其公葬于南京东郊麒麟门内之小白龙山麓。

【魏家骅】

魏家骅（1862—？），字梅村，晚号贞士，江宁县人，慈善家。光绪二十四年（1898）戊戌科进士。历任翰林院编修、云贵总督署文案、山东东昌府知府及南京总商会会长。他为官从商，在南京门西小门口开设魏广兴丝织业商号，有织机近三千张（放料生产），产品选料严格，制作精细，质量考究，行销全国，颇有声望。

家骅为人仁厚，读书时即随其师冯煦在皖北办赈，救活灾民甚众。晚年告老还乡，有人劝他兴建佛寺，他说：“此亦功德事，可以起人信佛心，然非吾意所急也。”他认为济贫救孤才是当务之急，遂在上新河办孤儿院，专收失去父母的家贫孩子，教养并重，授以谋生技艺，使其成人后可自谋生路。光绪三十四年(1908),他与蒋汉臣等集资创办宁郡义仓(后改名私立义仓)，灾年出谷赈饥。民国2年（1913），与仇徕之等创办地方公会，联合举办冬赈。民国12年，与戴玉昆等创办慈善惜字会，为灾贫民解救燃眉之急。魏家骅热心慈善事业，深为士民称道。民国24年编纂出版的《首都志》，在卷15《人表》中，将他增补于《先正》之列。魏家骅的故居在门西高岗里17号、19号，占地2200平方米，是南京晚清期间的“九十九间半”。其墓地在江宁横溪后石塘，誉称“知府墓”。

【唐庆升】

唐庆升（1868—1952），字云阶，江宁县人。清末应科举考试中贡生，曾任江东咨议局议员、南京政法学堂学监。其祖父唐治在清咸丰年间曾任安徽桐城、祁门县知县。唐庆升热心公益事业，又能清高自守，因此受人尊重，人称“唐大先生”。

清宣统三年（1911），唐庆升与其胞弟唐庆功以启民智而育人才为宗旨，多方募捐筹款，利用废弃廷祥寺作校舍，创办汤山高等小学，后在附近较大的村庄开办几所初级小学，废除“私塾”，开创当地乡村小学教育先河。民国8年（1919），唐庆升和江宁陶保晋、上海刘伯森、史量才等人，开办南汤山兴业公司，开发温泉、植树造林、修筑钟汤路等，此为汤山地区近代开发之始。同时，他还在汤山主峰团子尖南麓（今大凹村一带），自购山园百亩，题名“云谷”，自号“云谷山人”，不愿做官，不参加帮会组织，不与恶势力同流合污。20世纪20年代末，蒋介石到汤山曾会见唐庆升，后又派副官上门问候，邀请他出山任职，唐以尽力地方公益事务为由婉谢出仕。汪伪时期，有说客登门劝他出山为日本人做事，他以年事已高为由拒绝。方圆百里内平民百姓遇有难解纠纷，只要请他他都愿意出面调解。对有特殊困难的乡亲，他予以接济。民国33年夏，侵华日军追查新四军未果，烧毁孟塘村民房，使百余人无家可归，他慨然解囊，将自家山上的松树，送给每户10棵造房子。当地周侠如夫妇以磨豆腐为业，不慎失火将3间草房化为灰烬，唐即发动街上唐、韩、秦、许四大户捐助，为其建造3间瓦房。

据已故原江宁县政协委员韩正礼在20世纪80年代回忆，民国26年（1937）12月南京大屠杀中，汤山被杀者不下数百人，当时在龙潭圩逃难的唐庆升闻讯后不避生命危险连夜赶回汤山收埋死者尸体。

新中国成立后，唐庆升在家乡安度晚年，1952年去世，享年84岁。

【于恩绂】

于恩绂（生卒年不详），字少彰，江宁县人。青年时代就经商，在苏州、常州、上海、青岛等城市有布庄、绸缎庄，其在南京开办了启泰绸缎庄。清宣统三年（1911）至民国13年（1924），任中国红十字会南京分会会长。

清宣统三年（1911）11月，南京血战后，于恩绂与宋培之、陈履源等人，在雨花台同善堂设立南京分会办事处，组织救护医疗队，进行战地救护，救护伤员500余人。期间，他组织南京分会筹集善款，冒险拯救身处危险中的百姓，从随阵掩埋到战后清理郊野，先后3个月，在城内外掩埋军民骸骨尸棺共计7350具，筑冢3327个，立总碑18座（现仅存1座，1988年11月，重立于南京东郊灵谷寺风景区内；1999年，又为其修建了一座护碑亭）。

民国6年（1917），全国12个省份暴发大水灾，灾后，南京分会响应总会号召“自捐一千元，又捐本布新棉衣裤二千余件，及经募一千一百八十元，新旧棉衣裤一百十四件，小洋二百九十三角，铜钞二千六百四十文，布鞋六双，除运费及其他用项不计外，均自筹垫”。民国8年，北方发生严重旱灾，受灾县共340个，南京分会为援助灾区同胞在“九月二十七，快邮代电，为直鲁豫陕晋五省旱灾，捐一千元”。民国10年，中国红十字会总会呈请大总统徐世昌特颁发“乐善好施”匾一块，表彰南京分会功绩。

江宁区横溪街道许呈村的“横山县抗日民主政府旧址”为于恩绂的住宅，建筑宏伟，门楼高大，庭院广深，号称九十九间半。其正厅正中悬挂的一块金字匾额是国民党元老于右任先生亲笔手书的“德隆望重”四个大字，上款为“南京市红十字会会长少彰先生”，下款为“于右任”三个字。民国27—34年（1938—1945），其住宅为横山县抗日民主政府所在地。新四军先遣支队第二支队司令员张鼎丞、副司令员粟裕等领导，曾在此指挥军民与日寇、敌伪作英勇斗争，并取得胜利。新中国成立后，此地曾为横山乡人民政府。中共十一届三中全会后，政府将此地作为革命纪念地加以保护，先后拨款维修。1982年，横山县抗日民主政府旧址被列为南京市文物保护单位。

【陶保晋】

陶保晋（1875—1948），又名陶锡三，江宁县人，晋代诗人陶渊明的后裔。清末毕业于汇致书院，后留学日本，毕业于日本法政大学。回国后，曾任上元县视学员兼劝学所总董、法政讲习所所长。他长期担任律师并兼任江宁律师公会会长，历任金陵政法学校校长、江苏咨议局议员、江苏银行检查员、南京总商会法律顾问等职。他是一位虔诚的道教信徒和宗教慈善家，道名陶道开。清光绪三十三年（1907），他与留日学者濮仲寅选址南京夫子庙大成殿学宫，以“废科举、创新学”为宗旨，携手共建新式学校江宁府属中学堂，百年名校夫子庙小学由其发展演变而成。民国8年（1919），他与上海刘伯森商议开发江宁故土的地热资源，又得唐庆升、史量才赞助，共同成立南汤山兴业公司。民国9年，陶保晋投资、首建中西合璧的私人温泉别墅，因景仰和纪念先德陶渊明“吾爱吾庐”之意，取名“陶庐”。他在家乡于民国26年夏，主持出版江宁地方志书《南汤山志》。

民国11年（1922），他创办了著名的道教慈善救助团体——世界红卍字会南京分会，并担任会长。世界红卍字会南京分会的社会救助、赈灾济贫等慈善业绩，以及战乱安置和掩埋南京大屠杀遇难者等历史功勋都记录在案，今存中国第二历史档案馆的《红卍档案》里有据可查。民国12年和16年，陶保晋两次率红卍字会参与日本关东、关西大地震的救助，其精神品格和道德风范以及对道院宗旨的宣扬，被列入民国20年出版的《当代中国名人录》。民国26年，日寇入侵，日寇处心积虑地利用他红卍字会会长的身份和社会影响力，强逼他担任伪职。尽管陶保晋托病拒任，只身逃亡，并公开发布辞职书，但在日寇的铁蹄下，陶保晋始终在劫难逃。日寇不仅霸占陶庐，还抢占了支撑红卍字会慈善事业的多处商铺和地方实业，并在民国27年元旦，强逼陶保晋出任自治会长。陶保晋当日即受到“道训”和良心的谴责而卧病不起。日寇在他养病期间，仍步步紧逼，一面不断入室骚扰、威胁，一面秘密洗劫南京市府路陶氏私宅中所有贵重物品、古董字画、佛堂珍藏经书、敬奉的道祖神龛以及陶氏五柳宗族家谱等。民国31年，陶保晋在被逼担任“立法委员”期间，因不忍目睹南京市民遭受日寇制造的粮荒之苦，他利用合法身份弹劾汪伪政府粮食部长，结果遭到秘密缉拿，被迫四处逃亡。但他仍以救济灾患为己任，艰难地支撑着红卍字会的工作。民国35年，《红卍档案》在国际法庭上，为审判日本战犯公布南京大屠杀时间、地点、人数等铁证时，军统特务机关以违背历史事实，判处红卍会长陶保晋“共同通谋敌国，图谋反抗本国”和“全部财产没收”的重罪和重罚。陶保晋步出冤狱后的民国37年6月，含冤惨然离世。国民党政府利用民族情绪制造的这起冤案，使陶氏家族蒙冤受屈半个多世纪。分散在海内外的陶氏后人，为对历史负责、对子孙后代负责，正式向台湾国民党中央对陶保晋这一乱世冤案提出质疑和申诉（台湾国民党主席马英九于2010年5月12日责成“中央政策委员会”回复说：“兹陶先生遭遇，深感遗憾。这也是中华民族百年积弱及内忧外患下的历史悲剧。”）。

【史量才】

史量才（1880—1934），原名家修，江宁县人，报业资本家。清光绪二十七年（1901），考入杭州蚕学馆，毕业后相继在上海王氏育才学堂、兵工学堂、务本女学、南洋中学任教。光绪三十年，在上海创办女子蚕桑学堂，开国家女子科技教育之先河。光绪三十一年，参加上海学界组织的宪政研究会，并与黄炎培等发起创立江苏学务总会。光绪三十三年，参加江浙两省绅商拒借外资保护路权运动，被举为江苏铁路公司董事。光绪三十四年后，一度任《时报》主笔，乃从事新闻业之肇始。民国元年（1912）10月，史量才与张謇、赵竹君、应德宏、陈冷4人合股接办《申报》（同治十一年（1872），该报由英商安纳斯脱·美查等人创办，后为华人席子佩，又名席裕福经营），民国2年起由史量才独资管理。他迅即更新印刷设备，扩建馆舍，进行一系列改革，并邀请爱国进步人士黄炎培、陶行知、戈公振进报馆设计部，使《申报》成为著名的大报。他接办时《申报》日销7000份，民国6年增至2万份，民国21年增至15万份。随着销量的增加和各种业务的发展，《申报》的社会影响日益攀升，史量才的声望与日俱增。

民国18年（1929），史量才除经营《申报》外，从美商福开森手中购进《新闻报》的大部分股权。《申报》和《新闻报》，成为当时全国发行量最大的两家报纸，史量才成为上海乃至全国最大的报业企业家和著名的新闻事业家。“九一八”事变后，在全国人民抗日救亡高潮的影响下，特别在与宋庆龄、杨杏佛、陶行知等人士的频繁接触中，以新闻救国为己任的史量才，认识到只有坚持抗日，才是救国的唯一出路。由此，他以《申报》为阵地，大力宣传抗日救国，反对妥协退让，反对内战。其间，《申报》独家发表宋庆龄题为《国民党不再是一个革命集团》的重要宣言，并连续报道宋庆龄、蔡元培等人发起的“中国民权保障同盟”的活动。民国21年1月，他被聘为国难会议会员。“一·二八”淞沪抗战中，为稳定上海市场、募集救国捐、救济难民，《申报》做了大量宣传，史量才还捐巨款支援抗战，他被推选为上海地方维持会（后改称上海地方协会）会长。随后又任农村复兴委员会委员、中山文化教育馆常务理事、红十字会名誉会长等职。民国21—23年，出版《申报月刊》《申报年鉴》和申报丛书，创立申报流通图书馆、新闻函授学校、业余补习学校等。由于《申报》副刊“自由谈”进行改革，大量刊登革命、进步作家的作品，同时，《申报》又经常发表抨击时政的文章，引起当局不满。蒋介石政府先是拉拢史量才，给他以“上海临时参议会议长”等荣誉高位，但他坚持正义不为利用。后又以禁止邮递、查禁稿件和特务恐吓等手段威胁他，但他铮铮铁骨，不屈服于高压。最后，蒋介石指令戴笠将其灭口。民国23年11月13日，当史量才赴杭州调养胃病，乘轿车由杭返沪，行至翁家埠附近时，遭到军统特务袭击。唯有他儿子史咏赓负伤逃生。血案发生后，举国震惊，责难纷起。

史量才一生爱国家，更爱家乡，身在新闻界，心系龙都乡。民国10年（1921）春，正是青黄不接之际，他出资购买350担稻子，解救饥荒中的杨板桥村村民。民国20年，他斥巨资帮助家乡修圩田，赠送百棵杉木，还给务工村民每天发放50个铜板。他乐施好善，常汇款或派人回乡接济亲友和困难的人家，甚至在杨板桥派人挨家挨户按人口发大米、白面、棉衣和钱。他去世后葬于杭州。著有《申报六十年发行年鉴之旨趣》等。

【谢开广】

谢开广（1885—1951），江宁县人。幼年读过3年私塾，13岁始先后在溧阳、苏州、上海等处做过布店和纱厂的伙计。24岁回家务农，兼开肉店和糟坊，后又改开油坊。他参加过青帮组织，为“通”字辈，在乡里广收门徒。他为人较为正直，经常接济穷人，在调处民间纠纷时，能分清是非，主持公道，颇受人们尊敬。抗日战争时期，谢开广带领门徒配合当地的抗日组织打击侵华日军。新四军刚到淳化地区开辟抗日游击区时，缺少军需药品，谢开广解囊相助，变卖自己的8亩田产去县城为新四军购买布、鞋、药等军需物品；还用两间地下室掩护新四军干部、战士和区大队队员。民国32年（1943），谢开广在为新四军购买军需药品途中，不幸被侵华日军抓获，遭严刑拷打始终不屈。不久，南京青帮总头目穆老大将他保释出狱。谢开广出狱后继续尽力帮新四军，做了不少有益工作。新中国成立初期，谢开广受诬陷错遭镇压。

1951年，谢开广逝世。1986年，江渭清、钟国楚、周迈、王士明、刘野征等老一辈革命家在解溪镇上开会为谢开广平反昭雪。

【过探先】

过探先（1886—1929），江苏无锡人。清光绪二十六年（1900），考取庚子赔款留美，首入美国威斯康星大学，后转入康奈尔大学，专修农学，与邹秉文、竺可桢等人共同创办中国科学社，出版《科学》杂志，开中国科学组织之先河。29岁获学士学位后，以研究育种学的突出成绩，获硕士学位。民国4年（1915），学成回国，被任命为江苏省立第一农业学校校长。民国10年，任东南大学农科副主任、农艺系主任。民国13年，兼任推广系主任。民国14年，过探先辞去东南大学教授职务，改任金陵大学农林科主任。其间，与陈嵘一起选定江浦县老山、江宁县汤山，成立江苏省教育团公有林场教育基地。四年后金陵大学农科发展，盛名誉于海内外。民国17年，过探先社会活动渐多，身兼江苏农业银行总经理、教育部大学委员会委员、农矿部设计委员、江苏教育林委员、中山陵园设计委员、国府禁烟会委员、江苏农矿厅农林事业推广委员会委员、中国科学社理事、中华农学会干事等职。

民国18年（1929），过探先因病英年早逝，葬于汤山林场。

【沈柏鑫】

沈柏鑫（1886—1941），回族，字丽川，江宁县人。清光绪二十七年（1901）中秀才，后科举废，学堂兴，入镇江师范学堂读书3年。中华民国成立后，沈柏鑫热心教育，独立创办私立学堂。民国4年（1915），在湖熟清真寺内开办义学，广收回民子弟读书。民国15年，清真义学改为县办湖熟小学，沈柏鑫任校长。因清真寺大修，校址迁至程公祠内。民国22年，江宁自治实验县成立，学校更名为湖熟镇实验小学。江宁县文教局以沈柏鑫不是国民党员而委任蔡竹荪（字嘉禾）为校长，聘沈柏鑫为教导主任兼五、六年级教员。国民党江宁县县长梅思平素重其师德，称他为社会贤达。民国25年是沈柏鑫50寿辰，也是他执教30年纪念周年，梅思平赠送署名缎匾，题“桃李满秦川”。沈柏鑫曾以“杂记”为题撰写散文、诗歌及教学心得，发表在《江宁县报》上。岁月沧桑，其大量作品除重修湖熟清真寺碑文已勒石外，皆散失无存。他的学生遍布海内外，直至2007年还远在海外工作，如在美国的杨鸿才，在英国的杨秀岚等。

民国30年（1941），沈柏鑫因病去世。

【张履鳌】

张履鳌（1887—？），江宁县人，清进士，中华民国律师、外交官，美国政治科学院、美国国家地理学会等组织的成员。毕业于上海圣约翰大学。后赴美国留学，先入勿尔吉尼阿大学，后入耶鲁大学，获文学士及法学士学位。清宣统三年（1911）回国，历任《汉口日报》英文编辑，上海国际学院共管总监，外事局局长，随后任湖北省高等检察院检察官。民国元年（1912），被聘为民国副总统黎元洪的法律顾问，并在武汉从事执业律师。民国6年，任汉口德国租界特别区法律顾问，吴佩孚的法律顾问，湖北省敌产没收与战俘遣返事务所法律顾问，武汉基督教青年会会长。民国16年，任汉口特别第三区（英租界）主任。民国17年，任汉口商品局合议局长，威海卫回归筹备委员会高级专员。民国20年3月，任驻智利全权公使。民国21年2月被免职。

【张履鸾】

张履鸾（生卒年不详），江宁县人，民国农村经济和生态研究大家。他全文翻译美国农业经济学博士、金陵大学农业经济系主任卜凯的专著《中国农家经济》（商务印书馆，1936年8月）。出版《江苏武进物价之研究》（金陵大学农学院，1933年）、《江宁四百八十一家人口调查》《金本位国家物价水准跌落之原因与将来之趋势》（《实业统计》，1933年第一期）、《紧缩声中农贷应取之途径》（《中农月刊》，1942年第三期）等一系列专著论文。

【张栋梁】

张栋梁（1887—1937），号仲庵，江宁县人，著名中医。生于中医世家，其祖父张一峰乾隆年间奉召赴阿富汗为阿富汗王子治愈重病，载誉回国，被封为御医。其父张少鸿也是一代名医，只因中年病故，加上攝山祖居房屋毁于兵燹，全家迁回湖熟镇。幼承庭训，深受岐黄之术濡染熏陶的张栋梁，9岁拜在湖熟潘岗头村李开基门下学医。为生计，他白天常要替人放马，晚上跑到村外破庙中借光攻读医书。他以非凡的志气和苦学精神，打动李开基，李开基遂将自己擅长的外科、针灸，特别是治疗无名肿毒的绝技毫无保留地传授给他。之后，张栋梁师从南京名医吴少成研习内科、妇科诸科，数年后深入吴师医道之堂奥，成为医疗上的多面手。开业行医后，由于医术精湛，诊断用药得心应手，声誉鹊起，求诊者络绎不绝。民国初年，曾医愈江苏省省长王瑚，王瑚赠以金字大匾“救恤灾黎”。江苏督军李纯患“休息痢”，到南京鼓楼医院医治无效，经他诊治药到病除，鼓楼医院院长马林称他“不愧是大名医”。他多次应邀到安庆、汉口、上海、北京等地医病，备受赞誉。红十字会在天津召开会议，他应邀参加并捐赠巨款，被授予荣誉会员称号和金质会章。

民国16年（1927），张栋梁迁至南京城南磨盘街行医。前后10年间，远近慕名前往就医者源源不断，挽救沉疴痼疾不计其数。民国21年，宁夏省主席马鸿奎在河南病危，其家人包租一节火车车厢接张栋梁前去救治。病愈后，马对张氏十分敬佩，赠酬金1000元，并赠银匾、银盾，分别题写“医中国手”“再生卢扁”。张氏返回后，将酬金悉数转送给南京城北施诊所作基金。张栋梁为人治病，对贫苦无靠者，常免费医治，对路远经济拮据者甚至资助路费。张栋梁不仅擅长内、外科，对温针治疗亦有独到之处。他还热心带徒传艺，培养中医人才。他在南京被当时的中央国医馆聘为名誉馆长兼常务理事，又被南京市中医传习所聘为名誉所长。张栋梁一生医治病人无数，挽救许多生命，但自己却积劳成疾。民国26年秋，一代名医溘然长逝，终年61岁。噩耗传开，闻者无不悲痛。中央国医馆所赠横匾题曰“国医泰斗”。在移柩湖熟潘岗头祖坟途中，路祭者为数甚众。湖熟地方人士隆重举行公祭，纪念他一生有益于人民之功德。1981年1月，湖熟镇人民政府奉令整修张栋梁坟墓。1997年，张栋梁生前好友，时年98岁的国民党元老陈立夫，得知张栋梁墓重修，特亲书“中医张栋梁夫妇之墓”碑文，由台湾寄到南京。

【业文明】

业文明（1888—1951），原名业德元，江宁县人。幼时读私塾10年，19岁起在村里从教5年。他边教书边学中医，立志学会医术为人民医治病痛。由于他志坚勤学，刻苦钻研，因而有较高的造诣，对贫苦患者不仅悉心治疗，还少收甚至免收诊断费，深得乡里赞许。民国24年（1935），业文明曾任江宁县第三区西山乡乡长。民国25年，与友人合伙开设丝茧厂，后因资金不足和经营无方而停办。

民国27年（1938）5月，东进抗日的新四军先遣支队司令员粟裕率部进入横山地区抗日，司令部曾设在业文明家中。业文明带领乡民热情欢迎新四军，积极为抗日捐献钱物，动员青壮年报名参军，协助筹组地方抗日武装第四中队。是年年底，业文明被邀请参加在皖南新四军军部召开的代表会，受到军长叶挺的接见。由于业文明经常受到粟裕、钟国楚、李钊、李琪等新四军首长的教育，他的爱国心和民族正义感逐渐增强，他主动参加地方抗日团体，曾任第四区动员委员会主任，积极配合新四军动员邻近地区富豪大户陈步洲、张上禄、谢孔仁、赵启贤、赵启德、翟敬棠等人为抗日作贡献。其中陈步洲秘密为新四军购买“马克辛”重机枪一挺，步枪 40 支、子弹 40 箱、军马 5 匹、钢笔 20 盒。其余五人都将家中的枪弹、粮食献给新四军，充实抗日力量。

民国 29—33 年（1940—1944），业文明先后担任江当溧抗敌委员会主任、横山县参政会副会长兼山北参政分会会长等职。民国 35 年，他在铜山集镇开业泰来商店，从事商业活动。

1951 年，业文明逝世，终年 63 岁。为铭记业文明生前为人民革命所作的贡献，铜山乡人民政府于 1987 年 9 月为其树碑，称其为“开明绅士”。

【陈 嵘】

陈嵘（1888—1971），字宗一，祖籍福建漳州，生于浙江安吉。清光绪三十二年（1906），东渡日本求学。先进入预备学校学习日语，后考入东京弘文书院预科，宣统元年（1909），考入北海道帝国大学森林科学习。民国 2 年（1913）毕业，回国受聘于浙江省立甲种农业学校担任校长。民国 4 年，任江苏省立第一农业学校林科主任。民国 10 年，担任江苏省教育林场和省立第一农业学校第二教育林场第一区（汤山林场前身）场长，江宁县境内汤山林场、东善桥林场均由他亲手创办。民国 12 年年初，陈嵘远渡重洋去美国留学。他在哈佛大学得到树木分类学家沙坚德、杰克、雷德和威尔逊诸教授的热心指导，在安诺德树木园专攻树木学。这个树木园收藏了丰富的中国树木标本和大量参考文献。陈嵘在这里专心研究，民国 13 年 获得科学硕士学位，接着又到德国德累斯登的萨克逊林学院进修一年。民国 14 年，学成归国，受聘担任金陵大学森林系教授，后兼系主任。讲授中国树木概论、造林学原论、造林学本论、造林学各论和造林学特论等课程，被林学界公认为中国树木分类学的奠基人。

新中国成立后，陈嵘继续主持金陵大学森林系。1952 年，全国高等学校进行院系调整，金陵大学森林系与南京大学（原中央大学）森林系筹备合并建立南京林学院，由陈嵘任筹委会主任。是年秋，陈嵘被任命为林业部林业科学研究所所长，后一直在该所工作。其间，他兼任中国林学会副理事长、代理事长以及该会主办的学术刊物《林业科学》主编。

陈嵘于 1971 年逝世，终年 83 岁。

【陶仁和】

陶仁和（1889—1959），江宁县人。他 16 岁到南京陵庄巷松华斋裱画店学徒，拜一刘姓师傅为师，学习裱画手艺。由于他心灵手巧，勤学苦练，几年工夫基本掌握裱画要领，能够独立操作。加之学艺过程中，他心领神会，学会了一套裱画业的经营管理方法。因之，满师后，他不仅能裱名人字画，而且逐步参与店务，深得器重。25 岁时他到上海创业，在吾园街 26 号办起松云斋裱画作坊，生意兴隆。后在上海城隍庙先后创办鑫华堂和松润阁两爿裱画店，在上海裱画业中声名大振。当时在上海城隍庙有五、六爿裱画店，陶仁和的松润阁最负盛名。

陶仁和裱制的“红货”远近驰名。为寿庆婚嫁、筵席宾客制作的古锦、六角锦、寿字锦、万字锦等用料考究，做工精致，深得用户喜爱和称赞。特别是他制作的高档“红货”，都是真金装饰面料，分泥金（金粉）和撒金（金箔片）两种，金碧辉煌，相当名贵。他还裱制大量高雅的名人书画作品，如谭延凯、谭泽凯、于右任、李墨根、齐白石和王月亭等名家的书画，他都裱过。他为王月亭裱的《马上蜂猴》国画，技艺精湛，为原作增光添彩，成为艺术创作的组成部分，受到作者和同行的赞扬。

民国26年（1937），上海沦陷后，陶仁和苦心经营的鑫金堂被侵华日军烧毁。新中国成立后，他经营的另一爿裱画店松润阁参加公私合营。陶仁和生前所带的徒弟，大都是方山人。其中一些人继承了他的手艺，成为当代的裱画能手。

陶仁和于1959年逝世，终年70岁。

【陶家齐】

陶家齐（1890—1943），又名寄尘，江宁县人。他幼年读私塾，青年时期在上海学过徒，当过兵，做过生意。“一·二八”淞沪事变爆发时，他主动参加十九路军抗日，做文书工作。在战斗中，他的耳朵被侵华日军炮弹震聋，人称“陶聋子”。以后，他回到家乡，在湖熟燕丹乡政府做文书，后又代理乡长。民国27年（1938）夏，新四军到湖熟镇，支队领导了解到陶家齐是主张抗日的爱国人士，便派人动员他参加抗日。陶家齐积极响应抗日活动，并发动严必昌、戴如高等五六个爱国青年，组成情报站。他安排情报站骨干严必昌、陆舜尧等以做生意为掩护并通过帮会关系，打入敌人内部收集情报。1941年1月26日，慈山乡伪自卫团长徐茂隆抓走陶家齐，后陶家齐通过安庆帮头目宋汉文的帮会关系被保释。是年3月，湖熟侵华日军要陶家齐到渡桂成立伪自卫团并任团长，陶家齐名义上是伪自卫团长，实则为新四军做抗日工作。1942年6月，新四军干部钟国楚和黄玉庭在龙都会见陶家齐，改任他为江宁县抗日民主政府赤山区区长。以后，陶家齐一直以公开身份积极开展抗日活动。

1943年9月14日晚，陶家齐夫妇在林家庄为儿子做周岁，因汉奸告密，夫妇同时被捕，在湖熟镇城岗头惨遭杀害。陶家齐殉难时年仅53岁，葬于湖熟刘家庄东北角老坟山上。

【匡 正】

匡正（1890—1950），绰号匡半天，江宁县人。他早年当过兵，干过南京市政府社会局科员，后任江宁自治实验县东山镇镇长兼自卫团长。抗日时期卖身投敌，成立维持会，以统治镇压群众为日伪赏识。民国27年（1938），升为伪江宁县警察局行政科长兼司法科长。他组织“情报站”，派出爪牙打探新四军和对他不满的群众，加以杀害。为供给日伪情报，他曾将根据地的干部群众，一批批抓到东山镇磨盘街，刑讯逼供，以至杀戮活埋，群众对他恨之入骨。

民国31年（1942），他率伪县保安队和警察到横山地区，杀害革命干部曾光才等4人，另有2农民因欢迎新四军被他下令打死。他在上久村将群众周如风等3人打死，并烧毁房子。同年12月，他率部二次“扫荡”，将白下村民兵组长常有用铁丝撬死，并逮捕20多个农民，亲自审问，敲诈勒索，逼其家属交纳稻米，方放人回去。匡正不但是杀人魔王，还是利用职权巧取豪夺的恶霸。他在东山镇开商店数爿，动辄操纵市场。群众领良民证需要照片，亦非到他所开照相馆高价拍照不可。民国32年，他兼任伪区长，出条借粮，按户折合为500元与1000元两种，共收10多万元，全部中饱私囊。他强迫农民出工出粮，在东山骆村挖废弃的农民良田，修建便当桥闸，便于他在河西养鱼。修闸后，因发大水无处排泄，使骆村13.33公顷良田受淹，害得许多人家生活无着。他为独霸东山渔业，将群众渔网全部没收，使靠捕鱼为生人家，陷于失业。

新中国成立后，他被人民政府镇压，于1950年判处死刑。

【骆谨春】

骆谨春（1890—1970），江宁县人，生于窦村石匠世家，石雕艺人。窦村始于五代十国，著称于明朝。因明成祖朱棣一声令下，在全国招募石匠圣手，要打造一项举世无双、空前绝后的孝心工程（未遂），造就“石头城”里的“石头村”。高手云集，技艺精湛，世代相传，有点石成金之术，可将石头雕刻成书翻阅。石刻列为江宁“三宝”之一（俚语云：江宁有三宝：石刻、金箔、龙都的草（中药））。骆谨春生活于石头世界，对雕刻极为景慕，拜师习艺后更潜心揣摩学习，耳濡目染又勤学苦练，终于练成一手好技艺，他精通采石、切石、凿石、砌石等各项石工作业，尤以雕龙与刻碑著名。民国18年（1929），他参加国民革命军阵亡将士灵谷寺祭堂的建设。他镌刻的碑文，“铁划银钩，不同凡响”，不但字迹清晰，而且再现原书字的笔锋与功力，深得国民政府官员的赏识，因之碑在当时很有名气。同年，南京莫愁湖辟为公园，骆谨春为公园内抱月楼墙基雕刻的“武松打虎”“狮子楼”等故事的石刻连环画幅，雕工精细，人物形象栩栩如生。他为南京七翁桥上刻的12个水兽，似龙非龙，如虎非虎，是另类杰作。新中国成立后，他参与南京三山桥、长干桥、中和桥、珍珠桥等名桥的修建，所雕石刻，造型雄健灵活，表现出丰富的想象力。

骆谨春不但石雕技艺精湛，为一代石雕巨匠，还教授培养许多石雕技艺出众的弟子，这些石匠杰作遍布各地。南京栖霞山的佛龛、明孝陵的石构件、中山陵的石阶、夫子庙的牌坊，乃至北京人民大会堂（局部）都出自于窦村能工巧匠之手。

骆谨春于1970年逝世，享年80岁。

【贡祖成】

贡祖成（1893—1953），号绳五，江宁县人。他幼年家境清寒，在南京教会学校免费读书，后去蚌埠民安医院学医。他医术精湛，精通西医，尤以外科和妇产科为专长。后被提升为蚌埠民安医院副院长。20世纪30年代，他曾任国民党某军少将军医处长。

抗日战争爆发，贡祖成返回家乡，在铜井镇开办私立济民医院，方圆几十里的患者都慕名前去就医。他医德高尚，以济民救世为宗旨，对贫苦百姓精心诊治，有的不收医药费；对远道贫苦患者，不仅不取分文，甚至还接济旅费。一次一个外地船户停靠在铜井河口，船家孕妇长期患病，被迫以小船作抵押四处求医，但医治无效，危在旦夕，后经贡祖成抢救，母子皆平安。贡祖成不但不收医药费，还帮他们赎回小船，夫妻二人感激得磕头叩谢。新中国成立后，贡祖成被调到江宁县人民医院工作。

1953年，贡祖成因病逝世，终年60岁。

【程璲生】

程璲生（1895—1983），江宁县人，爱国民主人士。在抗日战争时期，他参加共产党领导的丹阳动员委员会工作，积极拥军支前，坚持民族气节，为抗日军民做了许多有益工作。

民国28年（1939），新四军在丹阳一带开展抗日救亡活动，程璲生耳闻目睹，对人民军队十分钦佩。他积极参加动员委员会工作，四处动员群众，说服开明士绅支援抗日战争，在扩军、献粮、捐款等活动中，他率先以身作则，并广泛宣传党的政策，争取更多的人为抗战出力。是年秋，经他奔走、宣传，筹募了价值2000多元的慰问品和2000元现金，并请人制作1块大红匾，上书“抗日先锋”四个大字，代表“动员委员会”，带着这些慰问品和丹阳人民的心意，出发到孔镇大章村，向新四军领导机关进行慰问。新四军召开千余人欢迎大会时，粟裕在讲话中表扬了“动员委员会”

和程璲生热心抗日的可贵精神。

民国28年（1939）年底，程璲生得悉张家庄有10多个国民党散兵都带着枪，乡亲们害怕被他们骚扰。他设计让人稳住这些溃兵，随即叫人把情况向新四军指导员夏定才报告。夏定才当即到他家研究对策，决定用不动武的办法把这批枪缴下。程璲生按计行事，假扮乡长，请溃兵们吃饭，席间，程璲生晓之以理，动之以情，说服这些溃兵缴械投降。后程璲生找了几个人把溃兵上交的十几支枪和1挺机枪，全部交给新四军。民国32年，横山县县长李钊在横山地区号召扩军，程璲生积极宣传，动员46名青年参军，并亲自送他们入伍。民国34年，新四军渡江北撤，横山县留守处主任刘杰枝等坚持斗争，在丹阳一带秘密活动，程璲生曾设法为他们送粮送款，掩护他们开展斗争。

民国38年（1949）4月，解放军渡江，国民党军队匆匆逃走。国民党在丹阳征收的几万斤粮，堆在镇南头“财神庙”。留守处主任为保存这些公粮，特在财神庙门贴上封条，但仍有些人想动手砸仓库抢粮食。程璲生知道后立即出面阻止，并拿出自家的4担米分给这些抢粮人。此后，为了保粮，他找人和自家人轮流看管，直到县区干部赶到，他把这些粮食交给区政府，才安心。新中国成立后，程璲生在历届县政协中担任委员或常委。

1983年，程璲生因病逝世，享年88岁。

【梅思平】

梅思平（1896—1946），浙江永嘉人。曾任江宁自治实验县县长。抗日战争中叛国投敌，成为大汉奸。早年毕业于北京大学法律系，曾执教于南京中央大学和国民党中央政治学校，后担任国民党党务工作，是国民党C·C系的重要骨干。他久经官场，经验丰富，民国22年（1933），到江宁自治实验县后，他首先整顿组织，安排亲信。他手下的科长及骨干科员，皆是中央政治学校毕业生，他将全县划为7个指导区，每区派有指导员，也都是他的亲信。县政府改组就绪后，他着手整理财政，加强公安，通过改革田赋，整顿土地，开办农民抵押贷款，加重剥削农民，使政府收入大增。同时在全县设立7个警察局，分驻各地，局以下有分驻所、派出所，并在农村挑选人员施以训练，以加强国民党的统治。

抗日战争开始后，梅思平被国民政府派往香港，任艺文研究会研究委员，与林柏生等秘密研究国际问题，极力主张与日本媾和。民国27年（1938），他禀承汪精卫意旨，潜赴上海与日本军部代表影佐祯昭等洽商丧权辱国之和平基本条件。然后由沪转港飞渝，向汪精卫密陈后返港。汪精卫叛国后，他追随汪赴日本东京与敌酋密议和平条件。回国后复同周佛海与影佐祯昭等商谈“中日和平方案”，进一步出卖祖国利益。后又参加汪伪中央政治会议，决定“中日新关系调整方案”与伪国民政府政纲等，竭力为汪精卫通敌卖国效劳。

汪伪南京国民政府成立后，梅思平除任伪工商部长兼中央政治会议委员外，还兼任伪国民党中央执行委员会常务委员、组织部部长，伪国防最高委员会委员，后又任伪实业部部长，兼伪浙江省政府主席，伪内政部部长等职，直至日本投降。任伪职期间，他以“和平反共”为号召，参与汪伪政府发号施令，并参与伪宣传部编印和平反共材料，进行反动宣传。他还利用职权，以大量物资、军粮资敌，戕害民族。

民国35年（1946），国民政府首都高等法院判处梅思平死刑，经最高法院复判核准后，于是年9月在南京典狱刑场伏法。

【耿以礼】

耿以礼（1897—1975），字仲彬，江宁县人，植物学家、禾本植物分类学家，南京大学教授。民国7年（1918），毕业于南京高等师范学堂农业专修科，曾在厦门大学及南京科学社生物研究所任职。民国16年，在南京东南大学毕业，获农学学士学位。民国19年留学美国，就读于乔治·华盛顿大学研究院，先后获硕士、博士学位。民国23年回国后，任中央大学生物学系教授，兼南京中央农业科学院与中央研究院动植物研究所研究员。抗日战争中随校西迁，潜心教学。新中国成立后，一直执教于南京大学。1956年，被国家定级为一级教授，任生物学系生态地植物教研室主任，并被聘为中国科学院植物研究所顾问，《中国植物态》《中国植物分类学报》编委。1952年，他参加九三学社，先后任江苏省政协一、二、三届委员。

耿以礼毕生从事种子植物分类学教学与科研工作，擅长中国禾本科植物分类学研究。他从20世纪20年代起就在南京等地采集植物标本。曾在南京燕子矶沿山12洞采到中国特有的珍稀树种安息香科秤锤树。抗日战争时期他不辞艰辛前往川、甘、青等地进行植物采集与考察，对中国西部、西北部禾本植物进行深入研究，在国内外发表一系列论文。1952年，他曾去广东雷州半岛为国家发展橡胶种植业寻找基地。1954年，接受中国科学院任务，编写中国主要植物图说禾本科。他一生先后发表中国禾本科川方竹、短穗竹、隐子草、三蕊草、异颖草、毛蕊草及冠芒草7种植物的新属和124新种等论文30多篇。主编有《中国种子植物分科检索表》《中国主要植物图说禾本科》《中国种子植物分类学》等。前二者享名中外，成为国际生物学界的珍本。

耿以礼治学严谨，备课认真，课堂讲学深入浅出，条理分明，深得学生欢迎。但在江青反革命集团横行时期，却被诬为反动学术权威，身心受到极大摧残。1971年，得到平反并落实政策，但不幸中风失语偏瘫，于1975年逝世。终年79岁。

【董兴礼】

董兴礼（1898—1950），江宁县人。清末民初时他家占有土地7700多亩，有佃户1000多户。住房周围建有铁丝围墙，地下设有物资金库，依仗封建势力，霸占江宁一方，是江宁县远近闻名的大地主。群众称之为“董百万”，其住地被称作“万担冲”。

董兴礼年轻时在南京学粮行，回家后继承世代剥削衣钵，挥霍无度。至新中国成立前夕，占有土地86.67公顷，佃户300多户。平时他勾结反动势力，强迫收租，残酷欺压农民，当地群众遭受迫害，莫不切齿痛恨。

民国28年（1939）前，董兴礼勾结大土匪头子九天王，让自己的儿子拜其为干爹，依仗其恶势力对农民进行残酷逼租压榨。抗战胜利后，他又和江宁县警察局长狼狈为奸，每年供警察局稻谷200余担，只要董有事通知警察局，警察局随叫随到。民国35年，因水灾农民无法缴租，董通过警察局逮捕侯诗德等20多人。结果侯诗德卖去耕牛一头，张士发忍痛卖去小孩，彭才源把仅有的7亩田抵给他，彭圣福把耕牛抵给他才算放人。他家佃户被逼出卖子女的有29户，共卖出子女33人，还弄死婴儿5人。而他家每年收租3000余担，连同债利，家中经常积有稻谷7000余担。新中国成立后，董兴礼预感到对己不利，阳奉阴违，进行破坏活动。他盗卖和宰杀耕畜，盗卖粮食，拆毁房屋，分散家具，并以“国军就要回南京了”等谣言威胁群众。

1950年，董兴礼被县人民法庭判处死刑，经苏南行政公署批准后执行。

【蒋 珩】

蒋珩（1899—1962），字惠苏，江宁县人，中医外科名医。他幼年读私塾，稍长从父辈学药业，继学医道。由于他潜心学习，长期实践，继承了前辈的医学经验，在医术上造诣颇深。他一生从医 50 年，接触数十万病例，不仅誉满乡里，而且是远近知名的外科名医。

蒋珩专长医治各种痈疽、疔疮、无名肿毒。他以准确的判断，精湛的手术和祖传自制的秘方药剂，做到诊病用药，得心应手，痼疾沉疴，着手回春。远近慕名求医者络绎不绝，有来自扬州、上海、安徽等地的，也有来自新疆等边远地区的。20 世纪 50 年代，安徽省马鞍山市牛奶厂有位老红军，生了肿毒，在当地久治不愈，找到蒋珩，很快被他治愈。从此赞誉载道，从安徽前去治外科肿毒的人不计其数。为此，宁芜路火车在江宁镇破例增停中午班快车，以方便来自安徽的病员。那时，中班火车一到，乘车去就诊的病员被家属背着、驮着跑向医院，挂号窗口立即排起长队。外科门诊，每日不下数十至百余人。

蒋珩对一些疑难病诊断准确，手术果敢。对可以治疗的病人，只要有一线希望，他都敢担风险，尽心尽力地抢救。和蒋珩一道工作过的医生以及当时从他学艺的学员回忆时，无不叹服地说，“先生敢于治病，敢于用药。有些重病号，经不经得起手术，很叫人担心，但先生毫不犹豫，胆大而心细，再困难的手术总能顺利完成。用药更是这样，对有剧毒性的‘斑蝥’‘芫花’一类药品，一般人轻易不敢用，而先生却能大胆而谨慎地使用，充分发挥药物治疗效果。”

江宁镇医院中医外科用药不下数十种成方、单方，有疖灵散、凉心散、阳和膏等。这些药多是蒋珩祖孙三代根据临床经验，不断总结、提高、完善而优选出的，他都贡献出药方并用于临床使用，他还虚心研究西医西药之长，并在临床中结合使用。

由于长年劳累，蒋珩晚年患有高血压。1962 年秋，他吃过晚饭去医院参加会议，刚走出家门数十步，就跌倒在江宁镇桥头。经南京市中医院治疗，病情虽有好转，但行走仍有困难，说话含糊不清，写字更不如原先灵活。医院领导看望他，转达政府对他的关心，劝他好好在家休养。但他一再谢绝，仍然带病坚持工作。

1966 年 9 月，蒋珩因病势加重治疗无效去世，终年 68 岁。

【陈 铎】

陈铎（1900—1974），字木斋，原籍江苏镇江，抗日战争前寓居扬州，教育工作者。在江宁县先后担任中学校长 15 年，培育人才数千，为江宁地方教育事业做出重大贡献。

陈铎少时就读于江苏省立第五师范，后在上海江苏省第二师范附设文史专修学校深造，以最优成绩毕业。民国 14 年（1925）起，先后在江苏省立扬州八中、省立如皋师范、省立南京栖霞乡村师范、上海敬业中学、镇江县立师范等校任教。

抗日战争爆发后，他先后在江苏省丹徒县办《墟报》，在武汉黄炎培、冷遹、江问渔等领导的江苏省失学、失业青年救济委员会，主编《复苏旬刊》，后赴湘西创办江苏青年攻读服务团，解决部分江苏流亡青年的失学失业问题，并发行《复苏快报》，积极拥护抗日救亡主张，多次受到国民党人的干涉和非难。后又在贵州安顺中学、黔江中学、榕江国立贵州师范及重夫边疆学校、白沙大学进修班等校任教或主持教务。抗战胜利回江苏后，他曾在扬州私立震旦中学任教。

民国 38 年（1949）7 月，他被聘筹办苏南栖霞师范学校，随后被任命为校长。他因陋就简，赶修栖霞寺旧址为临时校舍，又奔走各地，聘请知名教师任教，一时人才荟萃。他作风民主，遇事大家协商，学校一开始就呈现出蓬勃气象。新中国成立初期，经费十分困难，不但修缮校舍、铺设道路须由学生自己动手，即使日常背米、砍柴、烧饭、取水，也无不赖师生辛勤劳动。师生每隔数日排队赴 3 里外背米，或翻山砍柴，一路上歌声不断，引为豪情乐事。当时他已

50岁，体质素弱，仍兴致勃勃地参加劳动，与师生同甘共苦。到校参观访问的教师，无不交口称赞。

1953年5月，他受江宁县任命，筹建秣陵关初级中学。校址位于秣陵镇镇旁一座小山丘上，须挑土填塘，建校工程浩大。他亲自指挥，不辞辛苦。县领导考虑他年事已高，心血管病时常发作，派任培源为副校长，襄助校务。他即与任协商分工，由任全权处理日常行政，自己负责基建。任见他态度诚恳，就放手工作，但遇事仍在一起磋商，工作十分协调。在基建中，他一砖一石，一草一木，都仔细筹划，征求群众意见。基建基本完成后，他又深入厨房，与事务长、工友等共同处理账目及劳动事宜，使师生伙食得到改善。1957年4月，他奉命接办秦淮中学，正值整风“反右”时期，教师队伍削弱，上课不能正常。他团结教师，采取加强教研活动，组织集体备课，互相观摩等措施，并亲自上外语课，给青年教师示范，言传身教，以身作则，扭转了困难局面。进而使学校教育质量逐年提高。1962年，秦淮中学高中毕业生升学率达70%，被列为全省成绩优秀的学校之一。在接办秦淮中学期间，陈铎的视力因白内障的影响锐减至35%的光度，离盲人不远。他还患有高血压病，向心力衰竭的险象发展。但他积极乐观，在与病魔作斗争中，仍然参加一些必要的学校会议与活动。

1963年，陈铎被批准退休。1974年，他因病逝世。

【陈立森】

陈立森（1901—1957），江宁县人，民间艺人，出身金箔世家。

江宁金箔始于晋代，已有1800年历史，为江宁“三宝”之一。花园乡乃是葛洪与当地群众创造锤造金皮贴裹的“饰金术”之地，系金箔之始。世代相传，高手频出。陈立森14岁拜师习艺，18岁开始打箔。金箔制造需经过化条、切块、拍叶、打片、打箔等十几道工序，打箔是其中最关键的一道。金箔要求软似绸缎，薄如蝉翼，轻若灰尘；一两黄金捶打出的金箔达一亩三分地的面积；943张金箔叠在一起只有一毫米厚。难度之大，要求之高，难倒了众多习艺之人。陈立森习艺后，恪遵师训，刻苦练功。每日早晚及夜半，3次苦练打锤动作，每次练到大汗淋漓方休，隆冬、酷夏不停。执锤打箔后，更是虚心求教，细心揣摩打箔技术窍门，终于练成打箔行家里手。他打推锤，拿得起，推得正。2000多张金叶分层夹在乌金纸中，包在一起捶打，看不见，摸不着，全凭耳闻、目测、手感，而打出的生货不粘、不破、不毛、无漏体、耗金量低，质量好。

陈立森在江宁金箔锦线厂成立后，以爱厂如家、乐于传艺、坚持质量、要求严格著称。他先后带出12个徒弟，大都技术过硬。在陈立森等人的共同努力下，江宁金箔厂生产的“江宁金箔”以色泽匀称、质量柔软、成色稳定、叶张完整闻名于世。北京故宫、颐和园、中南海、天安门、人民大会堂等建筑物贴金，中国驻外大使馆的国徽贴金以及全国著名寺庙与佛像贴金，多数出自“江宁金箔”。

陈立森于1957年逝世，终年56岁。

【张世希】

张世希（1903—1956），别字适兮，江宁县人。陆军大学特别班第二期毕业。民国13年（1924）春到广州，入黄埔军校第一期第八队学习，毕业后任军校入伍生队区队副，后任国民革命军第一军第一师排、连、营长，两次参加东征和北伐。民国17年，任中央军校武汉分校教导一团团长，教导一师及国民党政府警卫军一师一团团长，第八十七师五一七团团长，第八十七师二五九旅旅长、副师长，第八师副师长、参谋本部少将高参。抗日战争爆发后，任中央军校步兵科科长，第二学生总队总队长，军政部第十四补充处处长。民国 28 年 4 月，授陆军少将，后任新编第三十三师师长，第三战区司令长官部参谋长。先后参加“一·二八”淞沪抗战、鄂北会战及浙赣抗战。民国 35 年，任徐州绥靖公署参谋长，陆军总司令部副参谋长，陆军总部郑州指挥所副主任。民国 37 年 9 月，授陆军中将，当选第一届国民大会代表，后任首都卫戍副总司令，第七绥靖区司令官，京沪杭警务副司令。民国 38 年 7 月，任福州绥靖公署副主任；同年 9 月到台湾，续任台湾地区国大代表。

1956 年，张世希在台湾因病逝世，终年 53 岁。

【史永余】

史永余（1903—1970），江宁县人，著名白局艺人，艺名小马。他幼年因家贫未能读书，在家放牛、种田。当时江宁农村盛行养蚕、抽丝、织缎，有不少织缎机坊。机工们喜爱唱白局。史永余山歌嗓音洪亮，拉二胡无师自通，又常与机坊老机工学唱白局，记忆力、模仿力都很强，有的段子听一两遍，就能背唱。20 岁时他离家到南京城参加白局班习唱，能用白局曲调演唱大段书目。他将幼时听书记住的长篇评话《英烈传》改用白局形式演唱，博得白局师傅们和南京观众的赞赏。当时他的《大明英烈传》能演唱一个多月，且听众聚而不散。他将长篇评书《大清传》改为长篇白局《刘驼子私访》，能演唱月余。

抗日战争中南京沦陷，白局艺人遭到厄难。他只得回乡避难，在禄口、秣陵两地农忙帮工，农闲卖唱。他曾身背胡琴到新四军所在的横山一带卖艺，听到一些抗日新闻和抗日民主政府宣传的革命道理，就编成新闻段演唱。他将原白局传统曲目《机房苦》改编成《帮工苦》。他新编的新四军《三打横溪桥》等著名唱段，歌颂新四军除奸灭寇的大智大勇，在当时起了一定的宣传教育作用。

新中国成立后，史永余成为村里工作的积极分子，先后为土改、合作化做宣传。其间他演唱过《帮工苦》《赌鬼自叹》《台湾一定要解放》等唱段。1954 年成立初级社，史永余被山嘴村的群众选为生产队长，但他生性不羁，只干了几个月，就又背起二胡带领全家走乡串村演唱白局。在 20 世纪 50 年代，他边赶会场，跑茶馆卖唱，边新编《文盲苦》《单干好比独木桥》《中山狼》等唱段，并丰富加工了他的长篇节目《武松》《岳传》。由于长期生活清苦及抽烟嗜酒的习惯，他的嗓音由此沙哑，但他并不灰心，在自拉自唱技巧上更下功夫。他演唱的曲目内容健康，生活气息浓郁，运用地方语言生动幽默，因此受到各地群众欢迎。1960 年江苏省曲艺会演，他被评为省和南京市的文化先进工作者。1961 年 5 月，史永余作为全县文化艺术界代表人士参加政协县第一届委员会，并被选为常务委员，同年被推选为政协南京市委员。

史永余配合各项中心工作，即兴编唱小段。1964 年，为配合当时阶级教育，他编唱新段《恶霸李宏堂》；同年，代表县参加镇江地区文艺会演，以传统表演形式传授青年业余演员编唱白局新段《让新房》，这两个曲目均在会演中获奖。1964 年 4 月，史永余参加政协县第二届委员会，又当选为常务委员。

1966 年“文化大革命”开始，史永余受到冲击，他的曲目几乎全被禁演。老夫妻二人只得在秣陵关租借一间陋室居住，靠县文化主管部门与乡政府每月补助生活。此时史永余精神苦恼，胃病经常发作。1968 年其妻病故，史永余身体更是病弱不堪。后靠其养女照顾，村干部将他安排管园林，勉强度日。

1970 年 5 月，史永余因胃出血入院，经抢救无效病逝，终年 67 岁。

【魏今非】

魏今非（1903—1983），江宁县人。早在北伐时期就投身革命，民国15年（1926），在湖北蕲春县组织店员工会，积极发动店员迎接北伐。民国16年4月，加入中国共产党，任蕲春县总工会秘书兼组织部长、县委委员，区委书记兼特支书记，从事党的秘密工作。后因蕲春暴动失败，与党失去联系，回到家乡江宁。民国22—25年，他在江宁县余建乡小学教书，做共产主义启蒙教育工作。民国24年，他在找不到党组织的情况下，自行组织地下党支部，发展了雷文等3个党员，开展党的地下活动。

民国26年（1937），抗日战争开始后，他与倪则耕等人筹组江宁县救亡协会，准备打游击。曾亲自向中共中央派驻南京代表叶剑英汇报请示组织抗日游击武装计划，并与南京学联胡德聪等人联系，派雷文等跟他们一起到栖霞山一带宣传抗日御侮，做群众工作。

在抗日战争与解放战争中，魏今非曾任安徽无为县动委会指导员，津浦路西联防办事处秘书长，安徽定远县县长，和含专署专员，鲁南三专署专员，陕南行署副主任，中原财办秘书长，中原前方财办主任，中原临时人民政府秘书长。新中国成立后，他历任中南军政委员会副秘书长，中共广州市委常委、副市长，中共广东省委财贸部长，广东省委常委、候补书记、副省长，国务院财贸办公室副主任，商业部顾问，工商行政管理总局党组书记、局长。他曾是五届全国政协委员。

魏今非是中共十二次代表大会代表。他一贯认真学习马克思列宁主义、毛泽东思想，忠心耿耿为党、为人民工作。在白色恐怖下，他机智勇敢地应对斗争；在战争中，他积极动员、组织群众参加革命战争；新中国成立后，他长期从事财经工作，为社会主义经济建设做出贡献。在江青反革命集团横行时期，受到残酷迫害，但他坚持实事求是原则，进行斗争。1977年重新工作，虽年逾70岁，仍兢兢业业忠实贯彻执行党的路线、方针、政策。他生活朴素，作风民主，待人诚恳，能团结、联系群众，是优秀的共产党员。他重病住院后，曾多次诚恳地向组织上提出，他死后不要开追悼会，将遗体作病理解剖，为医学科学事业作贡献。魏今非生前收藏许多有价值的古字画，大部分献给故宫博物院。他在遗嘱中特别提出将其中15幅明清字画赠给南京博物院，给家乡人民作纪念。

1983年，魏今非因病逝世，终年80岁。

【邓仲铭】

邓仲铭（1904—1943），原名振询，又名重民，江西兴国人，革命烈士。清光绪三十年（1904），出生于贫苦农民家庭。民国16年（1927）参加兴国暴动。民国17年，加入中国共产主义青年团。民国18年2月，转为中国共产党党员。是兴国县暴动领导人之一，任兴国县总工会委员长，后历任江西省职工联合会委员长、中华全国手工业工会委员长。民国23年1月，当选为中华苏维埃共和国中央执行委员会中央执行委员兼劳动部部长后，由于他为中央苏区根据地建设做出的卓越贡献，被苏维埃政府誉为“拥军模范”。民国23年秋，参加二万五千里长征时，他先后任红军第五军团政治部地方工作部部长、中华苏维埃共和国西北办事处劳动部长。民国25年年初，兼任全国总工会西北执行局主任，代表工会参加“三边”（即蒙、回少数民族居住的陕西、内蒙古、宁夏交界区的定边、靖边、安边三县）巡视团。抗战爆发后，奉命调任新四军长江局东南分局民运部长。民国27年4月起，先后担任中共江西省委副书记兼民运部长、中共皖南特委书记。

民国29年（1940）3月起，先后任中共苏皖区委书记，国民革命军陆军新编第四军苏南军政委员会书记，苏南行政公署副主任。民国31年7月，邓仲铭奉命率新四军第六师十六旅四十六团赴江宁、当涂、溧水三县交界的横山地区指导工作，配合“清乡”区内的革命武装开展反“清乡”斗争。民国32年8月3日，在江宁县禄口乡与侵华日军遭遇，在部队转移渡秦淮河时，邓仲铭不幸落水牺牲于高桥渡口，年仅39岁，后葬于江宁县周岗圩猴山。1958年，迁葬于南京雨花台。1981年8月3日，江宁人民在他牺牲地兴建仲铭桥和纪念碑。1983年8月3日，在县城东山镇竹山西北山腰建立仲铭亭，并举行纪念大会。

【杨 云】

杨云（1904—1974），邮递员。他从1952年8月由南京电信局调到江宁县邮电局任投递员，到1965年光荣退休告老还乡，在江宁辛勤工作了12年。为及时将报纸、信函送到户，他从不因私请假，放弃无数个公休和节假日。1958年春节前，邮电局领导在安排春节工作时，考虑到杨云家住江北六合，往返交通不便，又长年在外，便安排杨云春节休假回去过一个团圆年。杨云知道后找到领导一再要求春节留在局里值班。可是年三十杨云送完报刊、信件后仍然在局里忙碌着。局领导见状只好对他“发火”，才把他“赶”回去。为了快速、及时将报刊、信函送到读者手中，他宁愿自己多吃苦多受累，不顾自己年已54岁，身患高血压，主动提出每天加上早班投递省报。省报投完后，赶回局里分拣信件和其他报刊，然后再逐户投递。在他忘我的努力下，以往隔日投递的外埠信函、上海发行的报纸都能在当日送到读者手中，投递的时效性极大提高。由于杨云工作成绩突出，他先后被选为江宁县人民代表、县政协委员，多次出席省、市邮电系统先进代表会。1959年，他出席了江苏省社会主义建设先进代表会，并荣获江苏省社会主义建设先进生产者称号。

1959年冬，杨云投递一封从贵州寄给“南京南门外江宁县土山易某”的信件，他几乎跑遍县城东山（时称土山）方圆数里所有姓易的人家，还是没能找到收信人。他又跑到上坊等处多方打听，此后用了七天的功夫，终于在上坊乡大里村找到收信人。数日后收信人专门跑上十几里路找到杨云，当着邮电局许多人的面向杨云下跪叩谢。杨云千辛万苦送出去的这封信，是收信人在抗日战争期间流离失散的母亲从贵州寄出的，收到这封信后他们已经和母亲联系上了，破散的家庭得以重圆，失散的亲人得以团圆。

杨云于1974年逝世，终年70岁。

【张仲梁】

张仲梁（1905—1971），字祖栋，江宁县人，著名中医。他生于中医世家，自幼勤奋好学，博览典籍。抗日战争前，参加国民政府举办的第一届国医考试，名列榜首。后在南京坐堂行医。几年后声誉渐大，求医者日多。为反对国民政府取缔中医的禁令，他和张简斋、随翰英等名老中医积极参加游行请愿。在全国人民声援下，迫使国民政府废除取缔中医的禁令。

新中国成立后，他响应党的号召，首先放弃收入优厚的个人开业，毅然参加医院公职。后历任南京市卫生局副局长、市中医院院长、市中医专科学校校长等职，还被选为市人大代表、市中医学会主任、省政协委员、省中医学会副会长、农工民主党南京市工作委员会副主任等职。

张仲梁擅长内科、妇科、儿科。在内科杂症方面，善于把金元四大家的学说取长去短，结合应用。在妇科方面，对妇女的经、带、胎、产有深刻的研究。对儿科四大症——痧、痘、惊、疳的规律，有较完整的理解，对痧麻痘诊有独到见识。晚年整理不少著述。

【赵祥麟】

赵祥麟（1906—2001），著名教育家，享受国务院特殊津贴专家。民国22年（1933）7月，毕业于中央政治大学教育系。民国23年8月，创办县立江宁中学并任校长，后于民国26年12月侵华日军侵占南京城前夕撤离。民国35年，赵祥麟赴美国哥伦比亚大学师范学院学习，获教育硕士学位。回国后任复旦大学教授，在教育系讲授哲学概论，比较教育等课程。新中国成立后，赵祥麟任震旦大学女子文理学院教授兼教育系主任。1952年，院系调整后，一直在华东师范大学教育系任教授，长期从事外国教育史教学和研究工作，讲授外国教育史、现代西方教育思潮等课程，是一位知名教授。赵祥麟治学态度严谨，学贯古今，在外国教育史专业领域特别是杜威研究方面深有造诣。曾发表《重新评价杜威实用主义教育思想》《评杜威实用主义教育思想》《杜威芝加哥实验的设计和理论述评》《关于外国教育史学科体系的几个问题》《美育纵横谈》等论文。主要著作有：主编《外国现代教育史》（华东师范大学出版社1987年版），合编《现代西方资产阶级教育思想流派论著选》（人民教育出版社1980年版）、《杜威教育论著选》（华东师范大学出版社1981年版）、《西方古代教育论著选》（人民教育出版社1985年版）。其中，《杜威教育论著选》一书曾获上海市（1979—1985年）哲学社会科学著作奖。该书被外国教育史学界同仁誉为迄今为止杜威教育著作最为详尽、丰富的中文选集，是国内杜威研究最为重要的资料来源。他86岁时，主编出版《外国教育家评传》（三卷本）。

“文化大革命”结束后，赵祥麟被国务院学位办公室批准为首批硕士学位研究生导师，曾任全国教育史研究会第一、第二届副理事长，中国教育学会教育史专业委员会顾问，曾担任《辞海》外国教育史条目的编撰工作，是《中国大百科全书》教育卷编委，《教育大辞典》和《中外教育比较史》（十卷本）顾问。

【刘杰枝】

刘杰枝（1908—1983），安徽当涂人。民国27年（1938）9月，参加革命，在皖南新四军军部学习。民国29年5月，参加中国共产党，随部队在茅山一带打游击，曾参加江宁赤山窦家边战斗。是年10月，随部队过江参加黄桥战斗。战后历任连队指导员，旅政治部秘书，旅教导队组织干事等职。民国32年春，参加两溧地区反顽战斗后，因地方工作需要调到横山地区。

刘杰枝到后，横山县正在组建。他任横山县山西地区工委书记，兼山西办事处主任，稍后参加横山县委兼任副县长。山西地区包括陆郎、朱门、谷里、江宁、濮塘等地，革命斗争形势极为复杂，敌伪顽势力，地方封建势力、帮会组织等，盘根错节。巩固老区，发展新区，建立游击政权，开展武装斗争，工作十分艰苦。刘杰枝按照党的统战政策，利用地方封建势力，力争两面派伪保长出力配合；发动群众，成立农会，实行减租减息，组织民兵，进而改造政权。组建山西游击连，动员群众夜袭伪警所，缴获枪支数十条。游击连成立后，在朱门、濮塘等地经常袭击小股敌人，并利用敌人帮助游击连征粮。

横山事变后，刀会在薛镇建总坛，鼓吹搞“万人暴动”。主力部队四十七团两个连，协同山西游击连，夜打薛镇，俘虏全部伪军，击毙刀会分子，摧毁总坛。

抗战胜利后，民国34年（1945）10月，新四军开始渡江北撤。刘杰枝奉命留守，成立武工队，任武工队长兼横山县留守处主任。当时横山形势巨变，到处是国民政府的部队，地、富、反革命分子再起。党员、民兵干部等或被杀、被抓，一片白色恐怖。敌人以大洋悬赏刘杰枝人头。后刘杰枝和武工队员到泗龙一带山区活动，他一边教育老党员，一边发展新党员，增强党组织活力。

民国37年（1948）冬，刘杰枝患上严重的糖尿病和疟疾。夜间翻山越岭行动不便，战友翟成根背着他行军。他坚持地方游击斗争，直到新中国成立。新中国成立后，刘杰枝较长时间从事农业科技工作。历任苏南行署农林处秘书，江苏省稻作物试验场场长，苏州地区农科所所长，苏州专署科委副主任等职。在工作中，他勤奋学习，钻研技术，努力掌握业务知识，并学会俄语、英语和日语。曾翻译过苏联农业科技资料并在杂志上发表。他处处关心和团结知识分子，为苏南地区农业科学技术事业的发展做出杰出贡献。

1983年8月3日，刘杰枝因糖尿病并发呼吸道感染、胃出血等疾病，经医治无效，在苏州逝世，终年75岁。

【陶会源】

陶会源（1908—1983），江苏溧水人。新中国成立初期，他在禄口东湖小学进行单班复式教学，其课堂教学的动静搭配、直观教学等经验一时成为示范。县文教科曾经组织全县教师去听其课，观其自制的各种教具。他在语文、数学学科教学中都能充分利用自制教具辅助教学，激发学生学习兴趣，提高课堂教学效果。1956年，陶会源被评为江苏省劳动模范，省长惠浴宇为其颁奖。同年秋，他调到江宁县教研室任教研员。

1958年秋，受上级委派，陶会源主持创办铜山中学。铜山中学是在“大跃进”中创办的，最初一年的校舍是利用集镇附近的倪家村民房和祠堂，条件十分艰苦。学校有2个班级，100多名学生、5名教师，教室和宿舍都分散在村中路旁，管理非常困难。陶会源家离学校并不远，但他以校为家，在学校附近租房住下，平时不管是工作日还是周末假日都在学校度过。每天晚上都要带领教师巡查学生宿舍，等学生全部安定后才休息。他常对年轻教师说，学生到了学校，教师就要对他们的一切负完全责任。1959年新任校长到职后，陶会源先后任学校教导主任、总务主任。“文化大革命”开始后，陶会源调铜山小学任教。

陶会源热爱教育事业，身体力行，践行自己的诺言：“做一名教师并不难，但做一名好教师就不那么容易了。要用心，要专心，更要有爱心，关键是八个字——‘爱校如家，爱生如子’，做到了这些，才称得上是一名合格的教师。”

1983年，陶会源去世时，江宁县民政局领导和铜山乡教卫部门的领导亲赴常熟（在常熟去世）吊唁，并在铜山乡举行由全乡中、小学教师和学生代表2000多人参加的追悼大会。追悼会后，为其安葬，并竖碑以作纪念。

【曾昭燏】

曾昭燏（1909—1964），女，湖南湘乡人，著名考古学家和博物馆学家。民国22年（1933），曾昭燏毕业于中央大学外文系。民国24年到英国留学，于民国26年，获伦敦大学研究院考古学硕士学位。后赴德国从事考古发掘和博物馆考察工作。民国27年9月回国后，在昆明中央博物院筹备处任专门设计委员，从事中国文物考古的研究工作。民国30—38年，曾任中央博物院代理总干事、代理主任等职。她是中国博物馆协会会员和联合国世界博物馆协会会员。新中国成立后，她历任南京博物院副院长、院长，南京大学兼任教授，南京历史学会副会长，江苏省文物管理委员会副主任委员，江苏省哲学社会科学联合会副主席，江苏省妇联副主席等职。为南京市和江苏省人大代表，全国政协第二、三届委员，第三届全国人大代表。1956年参加九三学社。

她积极参加考古工作，从事考古学研究，成绩显著。1950—1952年，她主持江宁县东善桥南唐李昪、李璟陵墓的考古发掘工作。其间，她率领工作人员住在荒僻的祖堂山下幽栖寺内，过着艰苦的田野考古生活。工作结束后，她主持并参加编写《南唐二陵发掘报告》。1956年前后，她在兼任南京大学历史系考古学通论和秦汉考古课的讲授时，和尹焕章合作写出《试论湖熟文化》和《江苏历史上的两个问题》等著作，首次提出“湖熟文化”的命名，并确切地提出“湖熟文化应是江南土著人荆蛮族的文化”的论点，为江苏和南京考古工作创立新的理论根据。

1958年，曾昭燏积极支持江宁县筹办县博物馆，并把“湖熟文化”和“南唐二陵”的出土文物300多件和一些复制模型、照片等，全部移交给县博物馆，并亲自参加开馆剪彩仪式。1960年后，她参加领导六朝陵墓石刻提升和南唐二陵、牛首山宏觉寺塔的保护维修工程。曾昭燏对施工图纸、方案亲自审阅，严格把关，每次研究设计施工方案，总是亲临现场。

1964年，曾昭燏逝世，根据她的遗嘱，将其葬于江宁县祖堂山，在她生前工作过的“南唐二陵”左侧的前山坡上。

【张兴芝】

张兴芝（1909—1985），江宁县人。在家排行老七，人称张老七。他年轻时到上海谋生，曾拜青帮头目杜月笙为师，后在上海、苏州和香港等地开设工厂，逐渐富裕发达。民国37年（1948），他捐款在焦村创办了一所完全小学，占地面积1000平方米，有4间教室和3间平房。除课桌凳齐全外，还配有防火水龙一套。他还捐款建造了宋墅的姊妹桥、张家桥等桥梁，其热心家乡公益事业的举措受人称赞。

1985年，他病逝于上海，终年77岁。

【张兴富】

张兴富（1909—2003），江宁县人。13岁时，跟随父亲到上海给一位做皮毛的人当徒工，3年出师后在上海滩从事皮毛业。1951年冬，他只身去香港闯事业，开起一片作坊，后业务日渐发展，由小作坊发展成“香港大华皮革行”。因其人缘好，信誉高，被同业推选为香港皮革行商联谊会会长。

1971年，他悄悄从香港到上海，打算乘夜车回禄口家乡。时值“文化大革命”运动，上海滩铺天盖地的大字报、无休止的武斗、批判会和种种小道消息，使他不得不带着遗憾回到香港。直至1979年，他才踏上阔别几十年的故乡土地。多年中，他一直关心家乡的经济发展和教育、卫生事业，先后捐资兴建“兴富中学”，为陆纲村安装自来水，为裘皮厂扩建厂房，添置设备，无偿提供技术支持，并联合40多位香港同胞捐款办起敬老院和医院。据1993年统计，他10多年间向家乡捐款捐物500多万元，惠泽乡里百姓。民政部给张兴富颁发“德高义重”荣誉匾牌。1994年，被南京市人民政府授予荣誉市民称号。2003年，张兴富逝世时，家乡派人专程赴港吊唁，表示深切怀念。

【管 雄】

管雄（1910—2000），浙江温州人。民国23年（1934）7月，毕业于国立中央大学中国文学系，旋即受聘到江宁县立中学担任国文教员。在教学中，他除采用中华书局等印制的教科书之外，还经常介绍一些青年所喜爱的出版物给学生阅读；有时将自己写的文章油印给学生，作为课外参考资料，颇受欢迎。曾为民国24年的省立江宁县中学（此时学校由县立升为省立）校歌谱曲。民国26年冬，侵华日军攻占上海，迫近南京，京沪铁路中断，敌机日夜轰炸，学校奉命被迫宣布遣散，他和几位同事取道芜湖离开学校。后历任厦门大学、建国法商学院、中央大学、江西大学讲师、副教授、系主任等，最后任南京大学中文系教授。

【程一惠】

程一惠（1910—1941），江西新建人，革命烈士。民国18年（1929），考入省立南昌乡村师范学校。民国21年，考入国立北平师范大学教育系。民国24年，华北事变发生，程一惠积极参加共产党领导和发动的北平“一二·九”学生运动。民国25年，江西在北平的大学生，接办江西会馆创建的豫章中学，程一惠被推荐为该校的教导主任。

抗日战争爆发，程一惠与江西会馆豫章中学的同乡青年学生熊德基等数十人组织参与北平学生南下救亡团，并于民国27年（1938）春在汉口和南昌等地秘密发动和领导抗日救亡活动。在南昌期间，程一惠以江西省民众教育馆作掩护，加入地下共产党领导的“战时青年工作团”，正、副团长均由北平流亡的大学教授任职，他兼任总干事。其间，程一惠积极组织剧团到各地巡回演出，大力进行抗日救国宣传，并亲自登台演唱《流亡三部曲》。民国27年，程一惠加入中国共产党。是年，他和熊德基等人在南昌百花洲省图书馆内创办《大众日报》，开辟专栏，着重报道新四军的抗战成果。他经常发表有关揭露国民党反动派假抗日真反共的文章。

民国30年（1941）1月初，国民党顽固派一手制造震惊中外的“皖南事变”。中共苏皖区党委决定：新四军主力第二支队司令部带领新四团由江句地区转移到溧武路以南溧阳地区活动；留下的人员以中共苏皖区党委组织部副部长程一惠为首，加上欧阳惠林、王一凡三人组成苏皖区党委组织委员会，率新四团特务队在土桥西北的插花庙和句北地区活动，负责联系指导二、三游击区的工作和斗争。

民国30年（1941）2月8日晚，程一惠住在汤山东北五六里的一个伪保长家里。由于伪保长告密，翌日清晨，南京作厂侵华日军特工队和伪军突然包围村子，程一惠被捕。被捕后，敌人扒光他的衣服，放在雪地里冻，让狼狗咬，并将他的络腮胡子一把一把地硬拔下来。程一惠在酷刑之下仍坚贞不屈，视死如归，最后惨遭敌人杀害。

【龙步云】

龙步云（1910—1997），南京市人。民国22年（1933），个人行医；1956年，从横岭联合诊所调至江宁县人民医院工作，1984年9月退休后留用。1989年被评为南京市名老中医。

1961—1965年，江宁县医院举办一期中医学徒班，他负责临床带教，为江宁县培养了一批中医事业接班人。他热心中医、中药事业，应用中草药、中成药和中医技术治疗内科、妇科、小儿科常见病、多发病、地方病，采用传统的中药煎制内服、熏蒸、灌肠等方法，为患者解除病痛。经过长期临床实践，他探索和总结功能性疾病、亚健康状态人群强身健体的用药之理，收集改良和推广民间验方，在巩固提高疗效降低费用的同时，发挥中医、中药扶正固本的作用，最大限度地减轻药物对人体的伤害，调理效果甚佳。

他擅长治疗原因不明的长时间咳嗽、慢性胃病、胃溃疡、消化不良、失寐、盗汗、眩晕症、妇女月经不调、未婚女性痛经、白带异常、男性遗精、小儿哮喘、营养不良、腹泻等多种疾病，慕名求医者甚多。他从事中医、中药工作60多年，结合临床揣摩，创新施治，亲手研究设计出不少独特的药理性治疗处方，运用中医、中药辨证理论，治愈不少疑难杂症。其组方严谨，用药精炼，品味不多，剂量不大，疗效显著，具有妙手巧夺，以少取胜，以精对症，不伤元气等特色，深得病人的信任。

1997年逝世。

【费明龙】

费明龙（1911—1940），安徽当涂人，革命烈士。祖籍湖北孝感，曾祖辈因旱灾逃荒到东库村垦荒，到费明龙一代，成为有20公顷土地的富户。他离家到小丹阳镇东桥外丹阳寺中，向租寺房作书馆的名师陈兆麟学习诗文。民国25年（1936），当涂县第五区举办塾师暑期训练班，延聘费明龙为文史教员。

民国27年（1938）夏，新四军二支队到小丹阳地区领导抗日救亡运动，团部设在费明龙家里。在团长黄火星、青年干部夏定才、高颂章等的影响下，费明龙舍弃优裕的物质生活，投身抗日战争。民国28年，费明龙加入中国共产党，后任中共小丹阳区委书记。他带领游击小组经常袭击日伪军，从敌人手里缴获武器，武装自己，扩大队伍，在短短一年时间内，由10多人发展到80多人，武器从只有几颗手榴弹发展到七八十支步枪、一挺机枪。这支队伍被编为新二连，费明龙兼任连长。

民国29年（1940）3月，费明龙任中共江当溧县委副书记兼军事科长；同年8月2日，横山一带的敌伪顽反动势力合流，挑拨离间大刀会与新四军的关系，策动反动刀会首领制造“横山事件”，横山地区陷入白色恐怖。为迅速恢复横山的抗日活动，同年10月，费明龙受党组织派遣，带领通讯员戴金山回东库村老家开展活动。由于戴金山叛变出卖，费明龙被小丹阳镇伪自卫团长王茂海和横溪镇伪自卫团长周广中软禁在横溪镇。11月20日，费明龙在横溪街上澡堂里理发，被大刀会的反动分子开枪暗杀。

【倪则耕】

倪则耕（1911—1983），江宁县人，祖籍安徽望江。7岁随父到江宁县陆郎镇读书，12岁寄居江苏邳县姑母家，进贫儿院半工半读。民国17年（1928），在南京进贫儿院；次年，为反对校长贪污被开除。民国20年，随一位老师出国到南洋群岛寻求生计，先后在马来西亚、新加坡当过印刷、刻字工人，擦过皮鞋、教过书。民国23年回国，重返陆郎。在江宁县，他教过小学，编过报纸。

抗日战争爆发后，他与魏今非等筹组江宁抗日协会，组织游击武装，未成。民国28年（1939）春，他外出寻找抗日救国道路，几经周折，于同年10月，到达江北和县，遇到曾经认识的国民党和县县长朱以防，被留做县政府秘书。在当时国共合作、统一战线形势下，倪则耕为加强抗日救亡工作的力量，赶回陆郎镇，秘密邀请10多名进步青年，参加和县抗日动员委员会工作团。后因国民党和县当局察觉工作团经常与新四军江北游击纵队新七团政工队联系，派县常备队准备将工作团人员押回县城。倪则耕得知后，当即派人秘密通知工作团团长吴侠和领队齐平（均系共产党员），工作队火速安全转移，大部分团员由此参加了新四军。

民国29年（1940）4月，倪则耕加入中国共产党。民国31年，任无为县民政科长。之后，先后任和含行政办事处副主任、主任和皖江行政委员会秘书长等职。抗战胜利后，倪则耕在苏、鲁、皖地区坚持斗争，积极从事建立地方政权工作。新中国成立前夕，担任巢湖地区行政公署专员。

新中国成立后，倪则耕先后担任中共皖北区委办公厅主任、安徽省工业厅厅长、机械工业厅厅长、省委副秘书长、铜官山矿务局局长、合肥钢铁公司副主任、省经委副主任等职，长期在工业部门担任领导工作。曾参加安徽省一批重工业和机械工业企业建设的组织领导工作，对安徽工业的开创和发展起到推动作用。为更多更好地培养人才，1980年，他提出创办安徽企业管理学院。这个建议立即得到省委批准和支持。他被委任为安徽企业管理学院筹备处主任。但因国家财政困难，学院3年内得不到投资。他在一无校舍，二无师资，三缺经费的情况下，四处奔波，多方求援，克服重重困难，终于使学院的筹建工作有了显著进展。正当倪则耕把全部精力投到创建企业管理学院时，经医生确诊他患了癌症，且已到晚期。在弥留之际，他仍念念不忘学院的筹建工作。

1983 年 4 月 9 日，中共安徽省委作出决定，授予倪则耕优秀共产党员称号，号召全省共产党员和干部向他学习。是年 6 月 9 日，倪则耕在合肥逝世。遵照他生前嘱咐，骨灰由家属送到大蜀山林场，撒在苍劲挺拔的松柏树下。

【李 钊】

李钊（1911—1987），江苏金坛人，父亲希望他要靠自己奋斗，故取名勉之，后改李钊。李钊在读书时期，喜广交朋友，善叙事论是。初中毕业后，返回故里，在西岗下新河小学任教。不到一年，适逢省地政局招收免费学生，又考取测量学校，结业后被分配在省地政局下属的测量总队，常年奔波于长江南北。民国 26 年（1937）“八一三”事变后，李钊等一批热血青年在共产党的影响下，返回江南，寻求救国之路，在老家李巷村暂以教学为业，积极宣传抗日道理。民国 27 年 6 月，得知新四军已到茅山地区，李钊约人一道拜访司令员陈毅。7 月，李钊秘密入党。李钊被派回家乡开展抗日斗争。民国 28 年 3 月，李钊任金坛抗日游击纵队政治部主任。同年 6 月调往新四军一支队部任服务团长，不久，随陈毅一道去皖南军部，参加全军第一次党代表大会。会后，留军部教导九队学习四个月。结业后，李钊仍被派回金坛筹建金溧边工委，后改为溧阳县委，李钊任副书记兼军事部长。民国 29 年春，上级命李钊率分队去长涌地区，任金坛人民抗日自卫团副团长。民国 30 年 1 月，皖南事变发生后，李钊任丹、金、武、溧、宜五县联合政府副县长兼军事科长。同年 5 月，苏皖区党委决定在溧武路南、路北各建立行政公署和保安司令部，李钊调任路南第六行署保安司令部参谋长；10 月，苏皖区党委又决定将溧武南北两个保安司令部合并为苏南保安司令部，亦称茅山保安司令部，李钊任政治部主任。民国 32 年 3 月，苏南保安司令部撤销，李钊调任苏南财经办事处副主任，不久调回新四军六师十六旅旅部。是年 5 月，李钊随十六旅转移到横山地区，调任江、当、溧三县行政委会副主任。10 月，三县改建横山县，李钊任县委书记兼县长，直到抗战胜利后北撤。民国 34 年 10 月，任新纵队独立三团政治处主任，后任第八纵队政治部民运部部长等职。新中国成立后，李钊在南京工作，曾任南京市人大常委会副主任。

1987 年逝世。

【苏进程】

苏进程（1911—1991），山东乳山人，初中学历。民国 27 年（1938）2 月，参加革命工作；同年 7 月，加入中国共产党，并任中共山东省海阳县东家村党支部书记。民国 28 年 3 月，任中共海阳县三区区委书记；同年 9 月，任中共海阳县县委书记。民国 29 年 8 月，任中共山东省莱阳县县委书记。民国 32 年 3 月，在中共胶东区委整风班学习。民国 33 年 3 月，任山东省乳山县工商局监委。民国 34 年 2 月，任中共胶东行政公署组织部组织科科长。民国 35 年 12 月，任中共山东省平度县县委副书记。民国 37 年 2 月，任中共山东省海阳县县委副书记。民国 38 年 9 月，任中共镇江地委组织部副部长。1950 年 6 月，任中共江宁县委书记兼中国人民解放军苏南镇江军分区江宁县大队（后改独立一营，县人武部）政委、县财政经济工作委员会书记。1952 年 5 月，调离江宁县后，先后任江苏省科委副主任、中共盐城地委副书记、苏州市政协副主席等职。

1991 年 7 月逝世。

【夏定才】

夏定才（1912—1941），浙江奉化人，中共党员，革命烈士。夏定才原在上海从事地下工作。抗日战争爆发后，党领导的上海文化界救亡协会主办救亡人员训练班，夏定才经由职业界救国会派去工作。从上海撤退后，夏定才等人于民国27年（1938）1月参加新四军战地服务团。之后夏定才随军到江宁地区，在横山一带搞民运工作。民国28年7月成立中共江、当、溧县委，他任宣传部长。民国29年3月，接任江、当、溧县委书记。民国29年8月，横山事变发生后，他随同部队突围，撤出江、当、溧到江宁地区，之后因工作需要，他接任江、当、溧、句四县国民抗敌总会主任。民国30年8月，四县抗敌总会结束，正式成立江宁县抗日民主政府，他被任命为第一任县长。民国30年9月15日，夏定才到湖熟镇丹桂附近李家巷，召集伪乡保长开会，意在争取两面派乡保长为抗日出力。不料此事被汪伪特务侦知告密，伪句容四区自卫团当即派兵包围李家巷，夏定才因撤退不及被捕。

夏定才被捕后，受尽日本警备队严刑拷打，残酷折磨。但他始终坚贞不屈，顽强反抗，最终壮烈牺牲。

【陆 纲】

陆纲（1913—1967），原名姚常新，又名姚旦，浙江镇海人。民国27年（1938）11月，加入中国共产党。在抗日战争时期，担任中共江宁县委书记。他领导江宁人民，在日伪心脏南京外围地区，进行了长期的艰苦斗争，为江宁抗日根据地的建立和发展做出重大贡献。

陆纲早在青年时期，曾多次参加学生进步活动。民国25年（1936），在上海光华大学辍学，进入中国银行任职。“八一三”事变后，随银行迁到香港，后他毅然抛弃被称为“金饭碗”的优裕工作，回内地参加抗日救亡活动。在浙江省政工队，他找到共产党地下组织，于民国27年6月被吸收到党的外围组织“民先”，11月加入中国共产党。他在党的领导下，发动、组织群众，在浙江湖州、崇德等地开辟抗日根据地，建立党组织，成立嘉崇桐三县工作委员会，任工委书记。民国29年秋，到苏皖区党委苏南党训班学习。结业后派到苏南三游击区工作，任赤南县委书记。民国30年，赤南并入江宁，任江句县委书记。

陆纲把江宁看作自己的第二故乡，他走遍江宁的山山水水，熟悉江宁的一草一木，与江宁人民结下生死与共的血肉关系。他领导农民成立农会，推行减租减息，发动向大户借粮度荒，处处关心人民群众；群众也都热爱他、关心他，平时一有风吹草动，随时都会有群众向他报告，遇到危急情况，会有群众冒着生命危险掩护他。

民国34年（1945），抗战胜利后，根据“双十协定”，陆纲奉命渡江北上，离开了江宁。在解放战争中，他历任鲁中联抗总会组织部长，三野八纵政治部宣传部长，三野先遣纵队政治部宣传部长，三野八兵团民运部副部长。南京解放后，他任镇江军管会秘书长，南京市总工会组织部长，中共南京市委企业党委会第一书记，中共江苏省工业部第一副部长等职。1955年，陆纲被调到中央，任第二机械工业部办公厅主任。半年后被任命为哈尔滨122厂厂长。从此，他竭尽心力建设中国航空工厂，为发展中国国防工业做出重要贡献。

“文化大革命”中，他受到旷日持久的批斗、殴打、折磨、凌辱，于1967年11月5日，被迫害致死。1978年4月28日，党为他恢复名誉，举行追悼会。江宁县委和县人民政府代表全县70万人民，去唁电追悼曾经与他们生死与共的老领导、老书记。陆纲的骨灰盒被安放在沈阳回龙岗烈士公墓。

1982年，江宁县委将禄口乡的一个村（击毙日宪兵队长冈本处）改为陆纲村，以纪念为革命奋斗一生的陆纲。

【徐凤琴】

徐凤琴（1913—1984），江苏兴化人，初中学历。民国32年（1943）7月，加入中国共产党。民国33年3月，在兴化县参加革命工作，并任陆联村村长、乡农会主任、乡长等职；同年10月起，先后任中共唐港区区委委员、组织干事，海南乡党支部书记兼乡长，合作社社长，唐港区民政股副股长，优抗委员会主任，唐港区生建股股长，大众油米厂经理等职。民国36年7月，在中共苏北地委党校学习。民国37年7月，任中共兴化县唐港区区委委员、财粮股长，南下区区长。民国38年2月，任南下区常山纵队班长、党支部委员。同年4月，任丹徒县大港区区长。1950年2月，任丹徒县司法科副科长；同年12月，任丹徒县人民法院副院长、中共丹徒县委委员。1953年2月，任丹徒县公安局局长兼县法院院长。1955年1月，任中共丹徒县委副书记、县人委副县长。1956年10月，任县人委县长。1958年7月，任中共镇江市委常委、市人委副市长。1961年1月，任中共镇江市宝埝工委书记兼荣炳人民公社党委书记。1962年11月，任中共丹徒县委副书记。1965年3月，任江宁县人委副县长、中共江宁县委财贸办公室主任。1968年3月，任县革委会副主任。1970年2月，任县革委会副主任、县生产指挥组组长。1970年8月，任中共江宁县委常委、政协江宁县委员会主席、党组书记。

1982年12月离休。1984年4月病逝。

【韩正礼】

韩正礼（1913—2002），江苏句容人，家住汤山。民国24年（1935）9月，入黄埔军校第12期学习；民国27年，任陆军第三师战车防御炮连第一排排长，3月25日，作为代理连长率部由汉口乘车至徐州，参加台儿庄战役，配属第三十一师作战，战役结束后，归还第三师建置。民国28年春，在桂林军令部陆军大学参谋班受训，12月任第三师参谋处参谋；民国29年5月，任第三师九团迫击炮连连长；民国30年，先后任第六十三师一八八团二营副营长、营长；民国31年，参加浙江兰溪战役；民国34年3月，任第十军一九〇师五六九团指导员；民国35年，任第十军军参三课课长、整三师司令部参谋处二课课长、整三师二十旅五十八团副团长；民国37年1月，任整三师三旅七团副团长，9月任第十八军十一师三五二团上校团长，11月参加淮海战役，危难之时被国防部二厅授予少将军衔。12月14日，在宿县双堆集地区被俘。被俘后入华东解放军官训练团，后迁到山东济南解放军官管训处（战犯管理所）改造，1975年释放。1980年9月，当选为江宁县政协第三届委员会政协委员，第四、五、六、七届连任。1988—1992年，当选为南京市第十届人大代表。

2002年逝世。

【高颂章】

高颂章（1914—1939），浙江嘉兴人，革命烈士。少年时在湖州大成纸号当学徒，后在原籍任小学教师。民国19年（1930），他开始接受进步文艺书刊影响。“七七”事变后，他和几个进步青年前往革命圣地延安。但到武汉后，由于国民党特务封锁去延安的道路，他未能去成，旋由李公朴介绍到山西临汾，进入民族革命大学学习。后在龙游附近参加新四军，编入随军服务团，任队长。民国27年7月，随军服务团随新四军二支队自皖南挺进苏南敌后，到达横山地区。高颂章与二支队司令部秘书王绍杰一起，分配在小丹阳地区。他们发动群众成立小丹阳各界民众抗日动员委员会，王绍杰任指导员，高颂章任副主任。同年9月，高颂章经王绍杰介绍加入中国共产党。不久，王绍杰回部队，高颂章接任指导员和中共小丹阳中心支部书记。

民国27年(1938)10月，小丹阳、博望、横溪桥、薛镇等横山主要市镇被敌人占领并建立据点，环境恶化。他经常带游击小组在小丹阳附近袭击敌人，破坏公路、桥梁、电线，捕捉敌探汉奸，夜袭敌人据点。他在各村群众中做宣传组织工作，使小丹阳周围和新市、博望沿石臼湖一带村子陆续建立起游击小组。民国28年5月，中共江、当、溧县工委成立，高颂章调任工委副书记兼组织部长。10月初，他带领随员潘福生，从新市附近出发，去横山以东的桑园铺、谢村一带慰问部队，并找县委商讨工作，路上遇到去博望的一队侵华日军，被侵华日军开枪打倒，壮烈牺牲。当夜由新市一带的游击小组和群众，备棺将其就近葬于干家甸。

【高 环】

高环(1914—1969)，原籍山东，后迁居安徽，入籍凤阳县，教育工作者，曾任江宁县副县长。高环幼年家贫，靠父母及兄长出卖劳力维持上学。中学毕业后，投身教育事业，立志育才。抗日战争中，他携眷走湖北、湖南、广西等省，辗转数年，或参加抗日宣传工作，或执教于偏僻山村。日本投降后，他在贵州任教。民国36年(1947)，在江宁、溧水任小学教师。民国37年，经友人介绍到江宁县初级中学任教导主任。1951年3月，被任命为县中校长。

新中国成立初期，县中由东山镇搬迁岔路口，学生不足百人，学校百废待举。高环身为学校领导人，带领师生学习全国人民政治协商会议制定的《共同纲领》，开展爱国主义教育，使大家对新中国的前途抱着美好的希望，充满了信心。在抗美援朝运动中，高环亲自主持召开“抗美援朝保家卫国”动员大会，青年学生满怀爱国热情，积极报名参军参干，有18位同学走上抗美援朝前线，成为江宁县中第一批参军者。由于高环办学有方，依靠党和政府的领导，县中扩大招生，配备骨干教师，增添教学设备，并利用学校田地种菜、种稻，改善师生生活，使学校人、财、物具增，局面得以稳定。至1953年，学校发展到9个班级，1954年又发展到17个班级，学生近800名，教职员工62人。

1956年8月，高环调任副县长，分管文教工作。他在县委领导下，兢兢业业，尽忠职守。1958年“大跃进”中，牛首山开铁矿，呈准拆去山上宋代古塔。他闻讯后立即找有关人员商量，提出拆塔应绘制原塔详图，原材料不能丢失或用于别处，以期日后有机会复原。拆塔后，他又提出如果在牛首山地区不能将宋塔复原，请迁建于东山。他的有识之见，可惜未被采纳。

在“文化大革命”中，高环受到冲击，后被赶到江宁县五七干校劳动，接受审查。1969年9月30日，乘卡车回家途中，不幸被路旁树枝撞击，伤重致死，终年55岁。

【李亦新】

李亦新(1915—2006)，山东掖县人。民国27年(1938)9月，参加革命工作，历任山东省掖县东七区教育助理、税务局代局长，掖县午城区、沿海区区公所区长，华东党校、南下渡江大队副队长，江宁县粮食局局长等职。1951年11月，任江宁县人民政府县长。1953年4月，任镇江专区民政科科长。1954年7月，先后任江苏省供销社镇江办事处主任，中共镇江地委财贸部副部长，中共宜兴县委副书记，江苏省总工委镇江专区办事处主任等职。1969年12月，下放江宁县土桥公社水门大队劳动并在基层任职。1977年1月起，任中共江宁县委员会、县革委会、县人民政府顾问。

1987年5月离休，经中共江苏省委组织部批准享受地市级离休干部待遇。2006年12月逝世。

【周 迈】

周迈（1916—1992），学名周志远，安徽安庆人。民国23年（1934），于省立一中毕业并考入省立高中师范。民国32年春，投奔新四军；同年夏，任江宁县秦淮区区长。民国33年5月，他组织武装力量伏击，粉碎600多名日伪军的“扫荡”。民国34年，调任江宁县副县长；同年10月，随军北撤至山东。民国35年1月，任山东军区军官团（收容、集训被俘国民党军官）宣教科长。民国36年7月，任军团直属中队政委。新中国成立后长期在华东水利学院（今河海大学）任职。

在周迈任江宁县秦淮区区长和江宁县副县长期间，他和江宁人民特别是秦淮区人民结下深厚的情谊。他常说：“秦淮人民的需要就是我们的需要，秦淮人民的困难就是我们的困难。”改革开放初期，他尽力帮助周岗乡创办工业。1991年，江宁县遭受严重洪涝灾害，他捐赠1000元支援抗灾。

1992年10月27日，他因病逝世。

【纪 涛】

纪涛（1917—1979），原名陆仁毅，又名剑涛，上海南汇人。初中毕业后，适逢“八一三”事变，经吴蕴云介绍，他于民国28年（1939）8月，投奔到苏皖区党委吴仲超处，在丹阳延陵参加新四军服务团工作。是年10月加入中国共产党，他先后在丹阳三区区委任组织科长、分区委书记，在丹南中心县委任青年部长，在丹阳县委任宣传部长和组织部长等职。民国29年10月间，纪涛在句容茅山参加苏皖区党委举办的党训班学习，后经区党委组织部副部长程一惠派往江、当、句、溧中心县委工作。时值国民党反动派发动第二次反共高潮前夕，江、当、溧（即横山）地区因“刀会事变”重新沦陷，白色恐怖笼罩横山地区。10月，中心县委派汪大铭、费明龙潜入横山了解情况。费明龙不幸被捕遇害，汪大铭只身脱险。11月，中心县委扩大会议决定派纪涛二进横山。任务是联系横山失散的党员，逐步恢复地下党组织，并了解大刀会及统战对象情况，建立地下交通。他根据中心县委要求，在部队驻地土桥开办短期党员训练班，训练从横山潜入的4个党员。结束后，他到横山在一家小店做伙计。他白天忙于做买卖，晚上出去活动，或在荒坟堆开会，宣传抗日斗争形势，或搜集附近据点敌伪活动情况。一年多的时间，他不仅联系了所有分散的党员，还发展一批新党员，建立了新的党支部，并指示一些党员，打入当地工会组织，争取刀会人员抗日。民国31年6月，钟国楚率领新四军四十六团连克明觉寺、博望、谢村等地，打进横山，恢复了横山地区。8月，中共苏南区党委决定重新建立江、当、溧县委，纪涛任书记。后江、当、溧改称横山县，纪涛任县委副书记兼组织部长，直到抗日战争胜利结束。

民国34年（1945）10月，大军北撤。纪涛被任命为苏南茅山工委横山地区特派员，因环境恶劣，和上级及下属均失去联系，便于是年12月只身去苏北，华中分局分配他到盐务调查处任巡视员。

新中国成立后，他先后在上海华东军政委员会内务部工作，大区军政委员会撤销，被调至中央内务部（后改民政部）任办公厅行政处财务会计科副科长，在解放战争和新中国成立后，他一直勤勤恳恳埋头工作。“文化大革命”中，纪涛遭到迫害，身心备受摧残，后经拨乱反正，落实政策，得到平反。1979年，纪涛因病溘然长逝。他的老首长李广曾有诗记之曰：“烽火连天数载频，餐风沐雨历艰辛。陶吴野宿龙都伏，出没横山草木亲。”

【胡少鸣】

胡少鸣（1917—1984），原名刘世荣，江宁县人。早年参加革命，长期坚持党的地下工作，投身于抗日救亡活动。民国27年（1938），加入中国共产党。民国28—30年，先后在上海德孚洋行、轮船业中共党支部工作，先后任党小组长，组织委员。民国30—34年，在苏中抗日根据地三地委工作，进苏中党校学习后，任中心区委组织科长、区委书记兼区长、大兴县委宣传部副部长。民国34—37年年底，在华中沙沟市委、苏中二区工作，先后任中共沙沟市委副书记兼总工会会长、中共高邮县委组织部部长、中共兴南分县委副书记、地委干部科长、中共溱潼县委副书记兼社会部长等职。民国37年，在中共中央马列学院第一期学习。新中国成立后，他先后任华东局马列主义夜校教务处主任、华东局和上海市委宣传部理论教育处副处长、处长，上海哲学社会科学联合会党组副书记兼秘书长。“文化大革命”后，任上海社会科学院哲学研究所顾问。

胡少鸣在学习上锲而不舍，自学成为在马列主义理论研究上有独到见解的理论工作者。在他主持上海市委宣传部理论教育处工作期间，在繁荣社会科学，团结教育知识分子等方面建立了不可磨灭的功绩，是上海哲学社会科学联合会组织者之一。他坚持真理，对20世纪50年代“左”的指导思想和做法敢于发表自己不同的见解。“大跃进”后，他严词警告“不要被胜利冲昏了头脑”，从而受到“左”倾路线的残酷迫害和摧残。“文化大革命”结束后，他虽身患重病，躺在病榻上仍关心党和国家的建设事业。

1984年10月1日，在上海华东医院病故。

【强 博】

强博（1918—1942），原名蒋文林，江苏金坛人，革命烈士。少年时因家贫辍学。老师丁芝兰见他刻苦勤奋，成绩优异，把女儿许配给他，自愿扶持他继续求学。因之，强博得以读完小学、初中，并于民国25年（1936）考入吴江县乡村师范。

民国26年（1937），抗战爆发，强博停学回乡做小学教师，经常向群众宣传抗日救亡的道理。民国27年夏，新四军东进抗日部队到达金坛农村，强博加入中国共产党，并和当地20多位爱国青年组成“金坛县西南区抗敌委员会”和武装队。武装队迅速发展到100多人，开展对敌武装斗争。民国28年9月，强博调新四军军部学习。民国29年春至民国30年年底，他在苏南区党委训练班学习后，调丹阳工作，先后任中共丹阳县二区区委书记，丹阳延陵十乡办事处主任，丹南县县长及中共丹阳县委宣传部长等职。

民国31年（1942）1月，强博调江宁县任县长。时值“皖南事变”后，第一任江宁县抗日民主政府县长夏定才，已壮烈牺牲，第二任县长张波被调回部队，斗争形势复杂险恶。强博接任县长后，一面整建县区行政机构，一面依靠地方武装，配合新四军主力部队打击敌人。是年3月31日，强博与部分县干部、秦淮区干部及警卫连战士约50人，在龙都地区开会，夜宿邹家边，被特务告密。秣陵关伪自卫团30多人、侵华日军70多人，趁拂晓雾浓，包围了邹家边。强博当即命令突围，在渡河游到村南水沟“板凳跳”时，强博被埋伏在沟北坟堆后的敌人开枪击中，他强忍着剧痛用尽最后的力气，把手枪和随身文件埋进身旁泥堆里。然后又向一旁爬去，离开埋藏东西的地方，壮烈牺牲。

这次事件中，县、区共牺牲13人，他们的遗体原葬邹家边东面土坟内，新中国成立后迁葬至龙都烈士陵园。强博的遗骨，于1956年由其父收回，葬于金坛古龙山烈士墓地。

【李宏堂】

李宏堂（1918—1951），江宁县人，商贩出身，粗通文字。民国27—34年（1938—1945），历任日伪绥靖队长、保安队长、自卫团长等职，破坏抗日，残害人民，是江宁县有名的汉奸、恶霸、杀人魔王。

在任伪职期间，李宏堂一贯为非作歹，为虎作伥，经常率伪军及侵华日军，到谢村、秦村、曹村、铜山、仁孝、禄口、和定、元山等乡镇大肆清乡扫荡，烧杀抢掠，无所不为。曾杀害横山县警卫连长姚文龙、税务处副主任李丹桂及群众多人。并烧毁、破坏谢村等地民房300多间，群众无不痛恨。

民国31年（1942）年底，江宁县抗日民主政府及秦淮区部分干部，在龙都地区开会，夜宿邹家边。李宏堂得悉后，即率秣陵关伪自卫团及侵华日军上百人，连夜包围邹家边，致使县长强博、秘书焦恭士、区长王齐贤及警卫战士等13人殉难。

李宏堂任意欺压群众，残害人民。民国30年（1941），在曹、谢二村抓去农民25人，关押、吊打、灌辣椒水，当场死去3人。民国33年，在秣陵抓去群众毛启荣，用灌煤油、火针灸逼供，毛启荣稍加辩解，又遭到刺刀戳肩，辣椒搓眼等酷刑，致使他左眼失明，严重伤残。李宏堂及其爪牙，还惯用叫人吃牛粪、敲门牙、打屁股、灌凉水、上大镣等残酷手段。

日本投降后，李宏堂献媚国民党，带军队去凤凰山与其徒弟王桂生大肆搜捕新四军。附近居民稍有不慎即被说成是新四军，用残酷的手段——割耳朵镇压群众。民国34年（1945）7月一天晚上，李宏堂、王桂生等人冲入十方村王老四家和黄山圩陈福祥家，不问青红皂白，割去他们的耳朵。张宜明在看房子，被李宏堂看见，说他是新四军暗探，要枪决，经再三叩求，免去一死，但被割去耳朵。王继润在岳父家帮割稻，夜晚听到人声嘈杂，前往观看，也被抓去割去耳朵。李宏堂胡作非为，仅在秣陵一地，竟先后割掉18人的耳朵，有2人甚至被割死。

新中国成立后，江宁县人民法院以李宏堂卖国投敌，杀害革命干部，并以酷刑毒辣手段镇压群众，实属恶贯满盈。依照惩治反革命条例，判处李宏堂死刑，经苏南人民行政公署批准后，毕其罪恶一生。

【赵家淦】

赵家淦（1918—1980），江宁县人，地主家庭出身。民国27年（1938），参加革命，同年加入中国共产党。在抗日战争、解放战争中，他转战苏南苏北，身历大小战役、战斗百余次，屡立战功，但也曾走过曲折道路。新中国成立后，他长期做学校总务工作，任劳任怨、廉洁奉公。身处逆境时，坚决相信党、依靠党。

赵家淦从小上学，民国24年（1935），中学肄业，考入南京中央大学农学院蚕桑班。民国26年，抗日战争开始后，辍学回家避难。民国27年5月，新四军二支队到了横山地区，他毅然抛弃舒适的家庭生活，携带家中6支长、短枪，参加新四军组织的地方四中队。他随队打游击，破坏铁路、公路和通讯，抗击侵华日军。后被派往皖南新四军教导总队学习，回后，任由各地自卫队组成的新一连副连长，新一连上升为主力后，升任连长，继改任团侦察参谋。

民国29年（1940），他奉团长钟国楚之命，带队去禄口、谢村、溧水一带筹募寒衣，曾把自家粮食一驮一驮地运到部队；募集的寒衣款，他一次次派人送往团部。他率领的连队战斗力极强，曾多次给敌伪军以沉重打击。

是年12月，在禄口战斗中，由于情报不准，战斗失利。当时他21岁，只重视打仗，不重视接受阶级教育，政治觉悟很低，受到坏人挑拨，便动摇了，以致离开革命。民国30年（1941），其堂舅陈恩勤将他介绍到顽江宁县常备队当上顽常备队长。6月中，他率领常备队围攻谢村敌伪特工队，并生擒一名侵华日军，名声大噪。其间，他在虎口中营救出从皖南突围经过横山被捕的5名新四军战士，使他们回到四十六团。最后被顽军以“有赤化嫌疑”锒铛入狱。在狱中，他说服看守兵柯富楼，二人一道自溧阳专署越狱逃脱。接着他经由江宁县委与部队取得联系。团长钟国楚知道后，带信叫他归队。于是，他于民国31年1月，回到新四军十六旅四十六团，仍任侦察参谋。

民国31年（1942）6月，四十六团进入横山地区，在六七月间赵家淦被留在江当溧县（后改为横山县）任军事科长兼独立三中队队长。从此赵家淦在江当溧地区带领部队和敌伪顽艰苦战斗，历尽艰险。民国34年，经过党组织长期考察，恢复其党籍。在解放战争期间，他曾任华中军区特务团营长，苏北二分区营长，江都独立团副团长，华东军区警备七旅廿团团长等职。坚持苏中地区高邮、江都根据地游击战争，曾两次光荣负伤，带伤参加指挥和战斗，多次受到上级领导表扬和苏中二分区的通令嘉奖。

新中国成立后，赵家淦曾任苏南军区教导团团长，江苏省军区干部文化学校副校长等职。1955年春，他因历史问题受到残酷打击，被开除党籍。转业到地方任南京工学院总务处主任；1957年，调南京农学院任总务处长，先后在任25年。中共十一届三中全会后，过去强加于赵家淦的一切不实之词得以彻底平反，恢复他的政治名誉和党籍。

1980年12月，因患肺心病医治无效，逝世。

【王一凡】

王一凡（1918—1985），原名侯聘，又名侯朝聘，侯以时，四川自贡人。民国24年（1935），在中共领导下投入“一二·九”抗日救亡活动；民国25年11月，加入中国共产党。曾历任中共赣东北特委青年部长，苏皖区党委青年部长，江句中心县委书记，江宁县抗日民主政府县长，华中野战军团政委，青岛市人民政府监察委员会副主任，华东行政委员会人民监察委员会副秘书长，中央监察部第三司副司长，安徽省委机关钢铁厂第一副厂长，安徽省冶金厅设计院院长，化工部第三设计院院长，化工部南京化工研究院第一副院长，中共南京市纪律检查委员会第一副书记等职。

王一凡出身富有之家，其父是从事井盐业的民族资本家，思想开明，拥护党的政策，新中国成立后曾任中国民主建国会委员，全国人大代表，政协委员及自贡市副市长。王一凡从小上学，读初中时接触进步思想，向往革命，于民国22年（1933）考入上海光华附中。在学校，他和一些进步同学交往甚密，共同参加抗日救亡活动，成为学生运动中的积极分子。民国25年年初，经胡乔木介绍，他参加“抗日救亡青年团”，同年末参加中国共产党。按党的指示，他考进复旦大学新闻系，从此在党直接领导下从事学生工作。

抗日战争爆发后，党组织通知他去陕北学习。他辗转到延安，参加陕北公学学习。民国29年（1940），国民党顽固派向茅山地区发动进攻，日伪军加紧对南京外围地区的扫荡，形势日趋恶化。区党委任命王一凡兼任江、句中心县委书记，以加强江、句地区的领导。民国30年，由于汪伪特务告密，他不幸被捕。在狱中经受了残酷的刑讯逼供，但他立场坚定，保持一个共产党员的气节。营救出狱后，他继续投入艰苦的敌后斗争。

民国32年（1943），王一凡任江宁县抗日民主政府县长，当时正是南京外围地区斗争最艰苦的时期，江宁已先后牺牲两任县长。他到任后以满腔热情投入工作，配合县委书记陆纲和3

位县委委员，努力壮大地方武装，加强政权建设，开展对敌斗争，使江宁游击根据地在斗争中得到巩固与发展。

新中国成立后，王一凡长期从事党和政府的监察工作。在整风“反右”和“反右倾”运动中，他虽然受到错误处理，身心受到莫大摧残，但他仍以党的利益为重，忍辱负重，在新的岗位上积极工作。“文化大革命”期间，他又一次受到残酷迫害。粉碎江青反革命集团后，他坚决拥护和执行中共十一届三中全会路线、方针、政策，自觉地同党中央保持思想上、政治上的一致。

离休后，他仍关心党的纪律检查工作和党风建设，积极参加党史研究工作，但终因病重医治无效，于1985年5月5日在南京逝世。

【李锦荷】

李锦荷（1918—1991），山东掖县人，高小学历。民国29年（1940）3月，参加革命工作，并任山东省掖县一大队、区中队战士、排长。民国30年，加入中国共产党。民国31年9月，因残在家一年，后任掖县后坡区优抚干事。民国34年11月，任掖县三元区民政助理。民国35年11月，任掖县西障区民政助理。民国36年11月，任后坡区武装部部长。民国37年2月，任掖县西由镇镇长、镇党委书记。民国38年2月，任南下部队副排长；同年4月，任中共江宁县第三区区委书记。1951年7月，任中共江宁县县委委员、县总工会主任。1953年8月，任中共江宁县委组织部部长兼县城市工作部部长。1955年12月，任中共江宁县委常委、县人民委员会县长。1956年4月，任中共江宁县委副书记、县人民委员会县长。1958年3月调离江宁县后，先后任江苏省冶金地质勘探总队队长、江苏省冶金地质勘探公司副经理等职。

1991年7月因病逝世。

【董 伯】

董伯（1918—2001），江宁县人。他出生书香门第，受祖父影响，一生喜爱画画。12岁随父族居北京，经常到故宫博物院观赏历代名画。17岁时又随父归宁，拜原中央大学艺术系主任、新安画派大师汪采白先生为师，潜心学画。19岁时入黄埔军校，为17期黄埔学员。因成绩优良，两年后留校，并随部队辗转滇、赣、鄂、川、皖、鲁、苏数省，在军中作抗日宣传，饱览祖国名山胜水，沿途风土人情、奇异景观尽收于胸，为其美术写生和中国画的创作打下坚实基础。

新中国成立后，董伯一度在家乡居住，后应亲友之邀，移居南京，住进小百花巷。中共十一届三中全会后，时为省文史馆馆员的董伯进入一生中绘画创作的黄金时期，画艺精进，日趋成熟。他应邀在全国十多个大城市举办个人画展，作品在江苏美术馆、南京博览馆和海内外均有收藏。我国著名美术评论家马鸿增在观其画作后评论说：“我与董伯先生素不相识，但观其画而感气韵清雅，功力深厚，乃知为隐于民间之一‘老骥’。”1998年初夏，董伯携妻儿赴京，在中国美术馆举办个人画展，展出山水、花鸟、人物画精品120余幅，新华通讯社、人民日报、中央电视台等新闻媒体均作报道，董伯成为黄埔同学会在中国美术馆举办画展的第一人。中国外交部在画展结束时为澳门回归选中其《钟山揽胜》和《白鹭翠洲》两幅巨画，董伯当即表示为澳门回归无偿捐赠。此后这两幅画均挂在外交部驻澳门特别行政区特派员公署大楼内。董伯成为江苏省获此殊荣的唯一画家。

1999年秋，董伯在江宁县东山镇举办赴京参展作品回家乡汇报展。后董伯生病，一直在小百花巷调养，度过其人生最后的岁月。2001年，董伯因病去世。

【王一香】

王一香（1918—2006），江苏淮安人，初中学历。民国29年（1940）10月，任淮安县横沟寺三区区长；同年10月，加入中国共产党。民国30年4月，任淮涟阜边区办事处主任兼三区区长；同年冬，任中共淮安县县委委员、县政府秘书。民国32年年初，任中共阜宁县委秘密党组织特派员；同年3月，任淮安县泾口区区长；同年10月，任中共淮安县马厂区区委书记兼区长。民国34年年初，任中共淮安县委组织部部长兼宣传部部长。民国35年春，任中共淮安县委副书记、书记。民国37年8月起，任中共五地委（后改盐城地委）民运部副部长、部长、地委委员。1950年1月，任中共苏北区党委农委秘书长。1952年10月，任中共江苏省委农村工作部秘书长、副部长。1953年8月，任中共江宁县委第一书记。1955年6月，调离江宁县，先后任江苏省农林厅厅长、党组书记，中共南通地委副书记，中共镇江地委书记，中共镇江市委书记，省党史征集研究委员会副主任兼办公室主任等职。

1989年12月离休。2006年3月4日逝世。

【胡　宏】

胡宏（1918—2007），重庆人，上海持志学院肄业。民国26年（1937）12月至民国27年3月，在陕西泾阳安吴堡青年干部训练班学习。民国27年5月，任山西同蒲铁工队工作团团长。是年5—12月，任山西阳城县抗日联合救国会副主任。民国29年1月至民国31年12月，在中共晋冀豫区委党校学习，任中共苏北涟水县二区区委书记。民国31年12月至民国33年5月，任中共苏北淮阴县张集区委书记。民国33年5月至民国34年3月，参加中共苏北淮海区地委整风学习。民国34年3—9月，任苏浙区广南县人民政府县长、中共苏浙区宜溧县委副书记。抗日战争胜利后，民国35年3月至民国38年4月，任中共胶东北掖县委书记。民国38年4月至1950年9月，任中共苏南区江宁县委书记。1950年9月至1952年3月，任中共苏南区镇江地委宣传部部长。1952年3月至1953年1月，任苏南行署卫生处处长。1953年1月至1958年4月，任中共江苏省徐州地委书记。1956年4月至1958年10月，任中共江苏省委宣传部副部长。1958年10月至1960年2月，任中共江苏省委工业部部长。1959年12月至1967年1月，任中共江苏省扬州地委第一书记、书记。1967年1月至1972年5月，在“文化大革命”中受冲击。1972年5月至1974年2月，任中共江苏省盐城地委副书记、盐城地区革委会副主任。1974年2月至1975年9月，任中共徐州地委书记、徐州地区革委会主任。1975年9月起，任中共江苏省委常委；1977年5月至1979年12月，任中共江苏省委书记（当时设有第一书记）；1979年12月至1982年6月，任中共江苏省委常务书记；1975年9月至1979年12月，任江苏省革委会副主任。1982年7—12月，任中共福建省委常务书记；1982年12月至1985年6月，任中共福建省委书记（当时设有第一书记）；1983年4月至1985年10月，任福建省第六届人大常委会主任。1985年7月至1990年10月，任中共福建省顾问委员会主任。1988年3月，当选为第七届全国人大内务司法委员会委员。1994年1月，任福建省老龄工作委员会主任。是中共第十二届中央委员，中共第十届、十一届、十二届、十三届、十四届、十五届代表，第六届、第七届全国人民代表大会代表。

2007年2月，在福州逝世，享年90岁。

【李义之】

李义之（1919—1941），湖南人，中共党员，革命烈士。民国28年（1939）夏，李义之由中共苏皖特委派到江、溧、句地区加强地方武装工作，任江、溧、句县委委员，江、当、溧、句四县国民抗敌总会军事科长。民国29年，中共江、当、溧、句中心县委成立，李义之任赤北工委书记（后工委改为县委）。民国30年3月，调任句北县委书记。民国30年6月，赤北、赤南、句北三县合并成立中共江、句县委，李义之任县委委员，对外仍以军事科长身份，坚持在赤南一带对敌斗争。

民国30年（1941）10月初，李义之参加县委在周岗庞家桥召开的干部会，当时有个原县警卫连逃兵诡称要回家收稻，要求归队。散会后，李义之带他回县警卫连驻地，准备研究后处理。当李义之走过庞家桥不远，被此警卫连逃兵从背后开枪击中头部，当即牺牲。事发后，湖熟侵华日军宪兵队率伪军进行扫荡，战友把他的遗体藏在黄豆地里，等敌人走后才将他埋葬。

新中国成立后，县人民政府在李义之与其他烈士经常活动的龙都乡建立烈士墓，把李义之的遗骨迁入烈士墓园。

【钱立三】

钱立三（1919—1959），江苏句容人，出生于徐州，上海大夏大学肄业。他对考古学颇有兴趣，曾在徐州附近搜集到一些古石器和古陶片，经常观察，甚为珍重。

民国27年（1938）2月，侵华日军侵犯徐州，钱立三逃难时将他搜存的考古器物装箱带走。不意在经过武汉附近江面时，乘船翻沉，人幸遇救，但考古器物已沉入江底，他十分惋惜。

之后钱立三随父回到原籍句容县赤岸村。他虽穷困潦倒，落魄流浪，但却洁身自好，不愿向敌伪求职。他到湖熟镇租屋开设一爿“源和”酒店，专从徐州及苏北购进大坛高粱大曲，在湖熟销售。在开酒店的同时，他由于嗜爱寻古，常到湖熟梁台等地拾掇一些石斧、箭镞、骨笄、陶片等古物，并加以保存。

1949年冬，钱立三去南京参观《从猿到人》展览，受到启发，对古代石器情况，有了进一步认识。回湖熟后，他发觉梁台土丘断层中的一些古石器和破陶片，与展览中的古文物大致相同，甚为惊喜。1951年，他把这些考古器物带到南京博物馆，请为鉴别，当即引起省、市博物界人士重视。

钱立三秉性孤僻，经常一卷在手，寝食俱忘；外出寻古，归家则石片破陶盈筐，堆满床下。且不修边幅，不讲门第，群众常称他为“钱呆子”。

1951年春天，由南京博物院院长曾昭燏率领一个考古小分队，南京大学教授胡小石等参加，根据钱立三所提供的古物线索，到湖熟镇进行实地考察。由钱立三带路，先后调查紧靠湖熟镇高出地面约11米的城岗头和梁台，发现梁台的文化层和遗物蕴藏相当丰富，从断岩土层上可以清楚地辨别出文化的分期。梁台东部断层中还有1米厚的贝壳层，这是古人类渔猎为生的食后遗壳。接着又见城岗头西北约500米的小宝塔山、鞍头岗、老鼠墩等处，经多次试掘，证实湖熟镇确有商周青铜时期遗址存在。

考古小分队经过继续发掘，基本上摸清了遗址分布范围。这是以湖熟镇为中心，幅员广阔、蕴藏丰富的文化宝库。由于这一类型的文化，在江南考古上具有一定的代表性，并首次在湖熟镇发现，之后，在考古学上便以湖熟命名，称之为“湖熟文化”。湖熟文化遗址的发现，为研究长江下游商周青铜时期的古文化和江宁县历史提供了极为珍贵的依据。钱立三为此做出了一定贡献。

1959年，钱立三病逝于句容县赤岸村家中。

【陈 亮】

陈亮（1919—2005），江苏丹阳人。民国30年（1941）4月，参加革命工作并加入中国共产党。历任丹阳县新弄乡陈村小学教师，丹阳县新弄乡陈村小学、镇海巷小学校长，镇江地委秘书处文印股长，镇江地委办公室秘书科副科长，江宁县委秘书处秘书，县人民法院院长，县委政法部副部长、部长，县委宣传部部长，县革委会计划委员会副主任，县劳动局局长（兼），县计划委员会主任，县人大常委会副主任。

1983年12月离休，同年12月，经中共江苏省委组织部批准享受地市级待遇。2005年2月4日因病逝世。

【史成仁】

史成仁（1920—1996），山东莱西人，初中学历。民国33年（1944）9月，参加革命工作；同年10月加入中国共产党，并任山东省福山县古现区农救会执行委员会、古现党支部书记兼联防指导员、农救会会长等职。民国37年12月，任南下干部大队中队长。民国38年5月，任中共江宁县委民运部副部长。1950年3月，任中共江宁县一区区委书记；同年9月，任江宁县土改大队大队长。1951年7月，任中共江宁县县委委员兼县农民协会主任。1952年9月，任中共江宁县县委委员、县委农村工作委员会书记兼县妇女工作委员会书记。1953年4月，任中共江宁县委常委、县人民政府（后改县人委）县长、县政府（县人委）党组书记，并兼任县财政经济工作委员会书记。1955年12月调离江宁县后，先后任江苏省粮食厅副厅长、中共宝应县委第一书记，中共江都县委书记，中共扬州地委常委、行署副专员，扬州市人大常委会副主任等职。

1996年7月3日因病逝世。

【陈国梁】

陈国梁（1920—1995），江苏靖江人，初中学历。民国30年（1941）5月，参加革命工作，并任靖江县司法科录事员。民国31年7月，任苏中靖江县公安局执法队队长。民国32年3月，加入中国共产党。民国34年9月，任苏中二分区靖江县独立团供给处政治指导员。民国38年2月，任苏中一分区靖江警卫团三营副政治教导员。1950年11月，任苏北军区泰州军分区泰县人武部副部长。1961年11月，任靖江县人武部第二政委。1965年2月，任中共江宁县人武部党委第二书记、人武部第二政委。1966年8月，任中共江宁县委常委。1967年4月，任江宁县军事管制委员会主任委员。1968年3月，任中共江宁县人武部党委第二书记、人武部第二政委。

1969年9月调离江宁县。1995年4月因病逝世。

【赵义金】

赵义金（1921—1983），江宁县人，出身贫苦家庭。民国29年（1940）2月，参军入伍；同年11月，加入中国共产党。入伍后历任战士、班长、排长、连长、营长、团参谋长、团长、师副参谋长、工程兵第三工区副主任、副师长等职（后被批准为正师级待遇）。离休回乡后，于1980年9月被选为江宁县政协第三届委员会常务委员。

参加革命后，赵义金在抗日战争最艰苦的年月，经受残酷斗争和艰苦环境的考验。解放战争时期，他先后担任排长、连长、营长，作战勇敢顽强，指挥沉着果断，曾4次率部队担负攻坚和突击战斗，多次负伤不下火线，圆满完成战斗任务。在担任团、师部领导工作期间，他努力改进领导作风和工作方法，经常深入基层，注意调查研究，工作大胆泼辣，敢于负责，不断提高组织指挥能力和教育管理水平，为加强部队建设做出贡献。

他长期工作在部队第一线，组织纪律观念强，执行上级命令指示坚决。他为人正直，性格直爽，对自己要求严格，廉洁奉公，平易近人，生活朴素，关心他人。他在战争年代先后10次负伤，患有多种疾病，身残体弱，但他意志坚强，斗志旺盛，长期带病坚持工作。1970年，他离休后，仍关心国家大事，严格要求和教育家属子女，积极参加县人武部和县政协的各种活动，继续为党贡献余热。

赵义金于1983年11月在东山镇逝世，终年62岁。

【路 平】

路平（1921—1995），江苏丹阳人，大专学历。民国30年（1941）11月，加入中国共产党。民国32年4月，在中共丹北县河东区农安乡任区委委员、中心乡党支部书记。民国34年9月，任中共丹阳县河南区区委委员、宣传股长。民国35年4月，任高邮市公安局治安股股长；同年12月，任中共江南城市交通要道地下党特派员。民国38年5月，任丹阳县吕城区政府民政股股长；同年9月，任中共镇江地委组织部干事。1950年11月，任中共溧水县委组织部干事。1952年1月，任溧水县八区区长。1954年5月，任中共溧水县八区区委书记。1955年6月，任中共溧水县委常委、宣传部部长。1957年1月，任中共溧水县委副书记。1958年6月，在南京林业学院学习。1961年7月任中共江苏省第六茶场党委书记兼场长。1962年10月，任镇江专署林副业局副局长。1963年2月，任镇江地委整党工作队组长、社教工作团副团长。1966年3月，任江宁县人委副县长。1968年10月，在江宁县五七干校劳动。1972年11月，任江宁县农科所所长。1973年3月，任县农林水办公室副主任、主任。1978年9月，任中共江宁县委常委、县农林水办公室主任；同年12月，任中共江宁县委常委、县革委会副主任。1980年9月，任中共江宁县委常委、县人大常委会副主任。1982年2月，任中共江宁县委常委、县人大常委会主任、人大党组书记。

1984年2月离休。1995年8月病逝。

【李 杰】

李杰（1921—1996），河北大城人。民国29—32年（1940—1943），任河北省任河县青救会干事。民国32年5月，加入中国共产党。民国32—38年，任河北省河间县五区助理员、区长。1949—1957年，任南下大队科长、南京文教局联络员、下关区职工学校校长、下关区科长。1957—1959年，任下关区工会主任、钢厂书记。1959—1963年，任下关区副区长。1963—1966年，任江宁县社教工作队队长。1966—1968年，任江宁城镇政治部主任。1968—1979年，任江宁县办事组组长。1979—1983年，任江宁县人民政府顾问。

1983年11月离休，经市委组织部批准，享受地市级政治、生活待遇。

【丁 铁】

丁铁（1921—2000），江苏阜宁人。民国29年（1940）3月，参加新四军后，在苏北盐城抗日军政大学学习；民国31年5月，任中共苏北盐东县南洋区委组织委员；民国33年12月，任中共阜宁二区区委副书记、书记；民国34年6月，任中共阜宁县委宣传部部长、青年联合会副主任、武装部部长等职；民国37年1月，在中共华中党校学习；民国38年7月，任中共苏南区委党校校务委员、支部书记、组织科长，同时从事干部审查工作；1952年3月，任中共苏南行署直属党委副书记；1952年9月，任江苏省财经分校党委书记、总党委办公室副主任；1953年8月，任中共江宁县委第一副书记兼县委组织部部长、县纪律检查委员会书记。1954年7月，调离江宁县，先后在江苏省委办公室、省委组织部任职。1957年11月，任中共吴县县委第一书记、苏州地委委员。1965年7月，任中共镇江地委副书记。1967年1月，受“文化大革命”运动冲击。1968年5月，任镇江专区革委会副主任、党的核心小组成员、省革委会委员。1971年4月，任苏州地区革委会副主任、中共苏州地委副书记。1978年1月，任中共淮阴地委书记、行署专员；1983年2月，任中共淮阴市委书记、淮阴市人大常委会主任。1984年12月，任中共江苏省顾问委员会委员。

1994年8月离休。2000年12月，逝世于上海。

【伏卓然】

伏卓然（1922—2006），名如高，字卓然，以字行，江苏灌云人。少年家贫，以捕鱼、背盐、放牛、打短工为生。21岁时入小学读书，受到著名学者、诗人孙佳讯破蒙熏陶。1949年，随中国人民解放军渡江南下，在江宁县人民政府对国民党江宁县政府的接收中，他是教育接收工作组的5名成员之一。后长期供职江宁县教育界，历任科员、文教助理、小学校长等职。1962年，调江宁县铜井小学任教，此间曾撰自传体小说《南来记》，已拟目录125节，惜仅写成9节即暂搁笔。“文化大革命”开始后，《南来记》草稿及此前搜集编写的家乡苏北歌谣集等均遭查封（《南来记》草稿本曾被其学生偶然捡存，在失去36年后的2002年冬回到作者手中），被作为“毒文毒诗”遭受批判，他被下放劳动改造。1974年，被迫提前退休赋闲，后在居住地南京中华门街道党委的支持下，他在街道开办群众图书馆，由两间旧屋、700多本图书起家，短短几年间即有3万多册图书，并以多种形式将书籍及时送到读者手中。经省、市几家报刊相继报道后，街道图书馆迎接全国17个省、市的参观者，并得到文化部、全国总工会、团中央领导的视导。1983年，秦淮区委将其退休改办为离休，后经南京市委组织部批准享受县处级离休干部政治、生活待遇。他晚年沉醉于诗歌创作，创作诗歌近500首，以记游诗最可读。担任南京江南诗词杂志社编委，主编《秦淮吟草》。著有《寄庐诗存》，分为云游、夕照、酬唱三辑，计400首。

2006年逝世。

【沈锦霖】

沈锦霖（1923—1969），江苏省阜宁县人。民国33年（1944）参加工作，民国34年加入中国共产党。历任乡指导员，区农会主任，民兵大队长，区长，苏北行署农林局林业科副科长，江宁县农业技术指导站站长，农业科长，江宁县副县长，东善公社党委书记，铜山公社党委书记，江宁县化肥厂党委书记等职。

解放战争时期，民国35年（1946），他曾带领担架队到山东支援前线。民国36年，在区内反扫荡斗争中，他带领民兵打垮敌人，为群众抢回被掳的粮食、肥猪和其他物资，并在战斗中英勇负伤，在县委扩大会议上被授予一等功。他还参加过淮海战役、渡江战役，在渡江战役中任水运团的营长，为运输部队渡江做出贡献。

沈锦霖任县化肥厂党委书记时期，1964年，县化肥厂要将年产800吨合成氨的设备、器材，进行技术改造，使生产能力提高到年产2000吨合成氨。他与厂长陈庆绵紧密配合，深入现场，号召职工发扬自力更生、勤俭建国的精神，为化肥而战，并提出“质量第一”的口号，在他的带领下，全体职工艰苦奋战，使改造工程提前完成，并一次试产成功。

1969年，沈锦霖因病逝世。

【范英武】

范英武（1923—1973），女，原籍安徽怀宁，新中国成立前逃荒至江宁县，后在横溪乡落户。新中国成立初期，任横溪乡小学教师。20多年间，她扎根农村，艰苦奋斗，在极困难的条件下坚持办学，工作勤勤恳恳，兢兢业业，言传身教，教育儿童，为教育工作者献身农村做出表率。1956年，她荣获江苏省优秀教师称号。1958年、1962年，分别被市、省妇联评为“三八”红旗手。

她所在的三郎庙小学是一所单班复式初级小学，新中国成立初期设备十分简陋，校中的25张课桌全由地方献料，政府补贴打成。凳子全由学生自带。学校的两块大黑板是范英武在墙上用石灰和黑漆做成的。3块小黑板和50张教学卡片，都是她用马粪纸、墨汁涂刷而成的。

为扩大学生的知识面，范英武在庙宇的一角开辟了一小间阅览室。她和学生一起动手，就地取材，用泥巴砌成空心方桌，又用玉米秸蘸泥巴糊成桌面，抹平，干透后刷上石灰，桌肚分层放书。凳子是在桌边砌土墩架木条而成的，木条是学生自带的。她前后添置了300多本图书，供学生阅读。

范英武对学生进行思想政治教育，寓于活动之中。三郎庙小学虽是个单班，但每天都按时升降国旗。她引导学生保护国旗，动员每个学生从家中带一块布尖儿，拼凑制成一个五颜六色的旗套。降旗后，将国旗放入旗套。她意味深长地对学生说：“这个旗套的每块布尖儿，就代表每个同学的心，也表示我们同学紧紧地团结在一起，保卫我们的祖国，建设我们的祖国。”对于教初小复式班，范英武认为备课尤其重要。每当寒暑假期，她总是先通览教材，拟就大体授课计划。在分级钻研教材后，再搭配各年级间的教学路线。讲授时简明扼要，注重练习。同时每个年级都培养2名小助手，课前先向助手提出明确要求，交代具体做法。她重视直观教学，尽可能使用教具，并开辟实验园地。如教“植物生长”“种子和种子发芽”，使学生通过实地观察，增长知识。三郎庙小学一时间誉播县内外、省内外，到校参观学习者络绎不绝。

1973年因病逝世，终年50岁。

【石 悟】

石悟（1923—1980），原名方昆镒，又名方伯坚，江宁县人。民国28年（1939）9月，参加革命。民国29年2月，由地方工作团转入新四军江北游击纵队第七团；同年4月，加入中国共产党。入伍后历任政工干事、政治指导员、政治教导员，师司令部作战科长、团长、师参谋长、副师长等职。

在抗日战争、解放战争和抗美援朝战争中，石悟参加淮海战役等大小战役、战斗不下数十次。民国35年（1946）9月，他在两淮保卫战中光荣负伤后，带伤坚持连续行军和作战。到11月参加鲍河战役时，又负重伤，被送往野战医院。组织上决定他去荣誉军人学校休养，但他执意不肯，要求重返部队。在去学校途中，他不顾自己已是二等残废，身上还带着未取出的弹片，步行12天，回到部队参加战斗。之后，未取出的弹片一直在他体内，逢阴雨天时他异常痛苦，但他毫不介意。

在和平建设时期，石悟仍保持着战争年代的革命精神，长期担任领导工作。他努力学习毛泽东军事思想，钻研军事技术。团结、联系群众，工作勤勤恳恳，任劳任怨，不顾身患重病，坚持工作。1975 年，总参谋部为推动全军炮兵军事训练，决定在石悟所在部队召开一次全军性炮兵训练现场会。当时，尽管他身体状况很差，经常尿血，但为完成上级交给的任务，他带病忘我工作，亲自组织部队训练，积极为现场会作准备。坚持到现场会胜利结束后，他被送到北京军区总医院，医生为他动手术时说："送来得太晚了。"手术后，他的身体一直没有复原。

1980 年 10 月 22 日，石悟因病医治无效，在河北省石家庄市逝世，终年 57 岁。

【辛　超】

辛超（1924—1981），原名辛成凯，山东莱阳人。读完高中后，他于民国 33 年（1944），参加胶东行政公署新文字训练班和青年知识分子训练班学习。民国 34 年年初，被选为莱阳县万第区中心学校校长兼区教救会主任。民国 35 年 10 月，因在地方发动民众参军荣立一等功。民国 36 年 1 月，辛超参军，先后在山东军政大学胶东分校、华东野战军十纵教导团学习。民国 37 年，在华东野战军补训二团政治处任文化干事。在民国 37 年 10 月济南战役和民国 38 年 2 月淮海战役中，他带病参战荣立三等奖。1949—1956 年，他先后在华东军大福建分校、十四步校、第四步校、南京步校等单位政治部任干事、政治指导员、助理员、报社编辑等职，被授予大尉军衔。1956 年 10 月，他转业任江宁县秦淮中学副校长、全县中学联合党支部书记。1958 年 2 月，任江宁县文教局局长。1962 年，任中共江宁县委宣传部副部长兼文教局局长。

他在文教局长任内，多次被省教育厅召见，商定由他组织编写反映江宁多种办学形式、农业技术中学和全日制学校教学改革等 3 部电影文学剧本（后因"文化大革命"被扼杀流产）。在 20 世纪 50 年代下半期至 60 年代初，他组织选编了《小学周会课参考材料》共 6 册，亲自审定内容，使周会课增强了目的性、计划性，克服了盲目性、随意性，使思想政治教育落到实处。1962 年，他亲自抓"以教学为中心"的省常州会议精神的贯彻，全县教育教学质量不断提高，多次得到省委副书记陈光、省委宣传部副部长兼教育厅厅长吴天石的赞扬。

他十分重视教师队伍建设，任人唯贤，大胆起用有专长的中老年骨干教师（当时有不少中老年教师业务上很强，但因为家庭出身或个人经历"复杂"而不被重用），充分发挥其积极性。1962 年，江苏省教育厅在南通召开教师进修工作会议，厅长吴天石点名江宁县专题介绍。在"文化大革命"中，他受到残酷的政治迫害，身心备受摧残。"文化大革命"后，他支撑着极端虚弱的身体坚持工作。在最后一次全县中小学校长会议上，他带病坚持作报告。

1981 年 1 月 28 日，辛超因心脏病复发引起脑溢血，终年 57 岁。

【梁农荪】

梁农荪（1926—2006），江苏灌云人。民国 38 年（1949）7 月，参加革命工作，同年考入中国人民解放军华东军政大学。历任中国人民解放军军事学院教员、空军系数学组组长，曾获由院长刘伯承亲自签发的二等奖证书。1957 年，被错划为"右派分子"，在结束了劳改农场苦难日子后，回到灌云县东滩中学任教师。"文化大革命"结束后获平反，先后在江宁县陶吴中学、江宁县教师进修学校任教师。1987年12月离休；1989年2月，经中共南京市委组织部批准享受地市级离休干部待遇。

2006年12月逝世。

【夏长生】

夏长生（1926—1997），江宁县人。民国34年（1945）3月，参加革命工作；是年10月，加入中国共产党。先后在华东野战军六纵队十六旅侦察连、二十军炮兵团一营六连、第三炮校、二十八军一一三师三十九团历任战士、副排长、学员、参谋长等职。1966年2月转业，历任江宁县城镇政治部、邮电局、县贫协、县工会副主任、负责人、主席等职。1983年12月离休，经市委组织部批准，享受地市级政治、生活待遇。

1997年4月逝世。

【华子泉】

华子泉（1927—1990），江苏海安人。民国31年（1942）8月，在海安县隆政乡参加革命工作，先后任隆政乡民兵分队长、治安委员、民兵指导员、副乡长等职；民国34年3月起，任中共海安区区委组织干事、宣传科长、副区长、区长兼游击队营长等职；民国37年5月，任中共姜北区区委书记；民国38年3月，任海安县公安局副局长兼社会部副部长；1949年10月，在中共苏北党校学习；1950年6月，任海安县公安局局长；1952年10月，任海安县副县长；1953年2月，在中央公安学院学习；1954年6月，任江宁县公安局局长；1956年3月，任中共镇江地委政法部副部长；1957年9月，任江宁县人民委员会县长、县人委党组书记；1958年5月，任中共江宁县委副书记兼政协江宁县筹备委员会副主任委员、县科学技术委员会主任、县科协主席；1964年9月，任中共江宁县委书记兼县人武部政委；1967年2月，“文化大革命”中在五七干校劳动并下放到铜井等地劳动；1969年4月，任横溪公社革委会主任；1970年3月，任江宁县革委会主任；1970年8月，任中共江宁县委书记、县革委会主任。

1974年2月，调离江宁县，后被省委任命为中共南京市委副书记。1990年7月逝世。

【张以国】

张以国（1929—1999），江苏淮阴人。民国35年（1946）7月，参加革命工作。民国37年12月，加入中国共产党。民国35年7月至民国38年7月，在华中建设大学学习，后任新四军山东军区兵站部交通处工程队小队长、山东省公路局华东支前司令部队员、队长。民国38年7月至1951年4月，任华东公路接管组闸北公路指挥所军代表、供应组副组长。1951年4月至1953年6月，任福建公路修建指挥所峡兜码头工务所政治指导员，第三工程队大测量队政治指导员、队长。1953年6月至1957年6月，任福建省公路修建指挥部科长，交通部华东工程局施工处科长、处长。1957年6月至1958年1月，任交通部公路第三工程局桥梁工程处党委书记兼主任。1958年9月至1969年12月，任江苏省交通厅工程总公司副主任，江苏省交通厅工程局副局长兼江苏省交通工程总公司党委书记。

1969年12月下放江宁，1988年6月离休。经市委组织部批准，享受地市级政治、生活待遇。1999年6月逝世。

第二章　人物简介

入选人物简介124人。其中，党政军界人物52人，包括中共十六届、十七届中央委员，北京市代市长郭金龙；中共十七届中央委员、海关总署党组书记、副署长（正部级）盛光祖；轻工业部原副部长曾群；国家体育总局原副局长张发强；江苏省原副省长、政协副主席戴顺智；文化部党组成员、国家文物局局长、党组书记单霁翔；空军原副司令员、中将王良旺。经济（企业）界人物14人，包括江宁籍爱国华侨、实业家陶欣伯；南京金箔集团有限公司董事局主席、江苏省劳动模范江宝全；江宁区汤山街道锁石村党支部书记、全国劳动模范张双喜；政协南京市江宁区副主席、区总工会主席、全国劳动模范孟向前；南京天宝水泥集团董事长、江苏省劳动模范、南京有功个人贾兆生。科技教育卫生界人物20人，包括中共十二届、十三届中央委员会候补委员，波兰科学院院士，中国经济学界泰斗刘国光；中国工程院院士，杭州应用声学研究所实验室主任，水声工程专家宫先仪；中国工程院院士、南京玻璃纤维研究设计院院长张耀明；中国工程院院士、南京南瑞继保有限公司董事长沈国荣；全国教育系统劳动模范、全国“五一”劳动奖章获得者，江苏省小学数学特级教师詹明道；南京市儿童医院主任医师、南京大学医学院教授、硕士生导师葛传生。文化体育界人物38人，包括空政文工团原政委兼党委书记陆友；江宁县政协副主席兼文史委员会主任，中华诗词学会、中国楹联学会会员窦天语；中国美术家协会会员、国家一级美术师、享受国务院特殊津贴专家裴家同；中国作家协会会员、中国电影家协会会员，上海作家协会第四届、第五届理事冰夫；中国第一个国际女子马拉松赛（1988年名古屋国际女子马拉松赛）冠军，第十一届亚运会女子马拉松赛冠军赵友凤。入选人物按界别以出生年月先后为序排列。

第一节　党政军界人物

【宫志毅】

宫志毅，生于1915年10月，山东省栖霞县人，初中学历。民国26年（1937）2月，在山东省牟平县院革庄小学、福山县西黄山小学、栖霞县罗圈村小学、峨山庄小学任教员并参加革命工作；是年7月，加入中国共产党。民国30年3月，任中共福山县委宣传部教育股长；同年7月，任中共福山县狮山区区委书记。民国33年11月，在中共北海地委整风班学习并任党支部副书记。民国34年5月，任中共福山县委组织部部长。民国37年9月，任中共北海地委组织部组织科科长。民国38年2月，任中共南下龙口县干部队党支部书记；同年5月，任中共江苏省扬中县委副书记兼组织部部长。1950年5月，任中共苏南区党委纪律检查委员会检查组副组长。1952年5月，任中共江宁县委书记兼县人武部政委。1953年3月，任中共江宁县委第二书记兼财政经济工作委员会书记、县兵役局政委。1955年6月任中共江宁县委书记。

1958年3月调离江宁县。先后任江苏省人民银行副行长、省粮食厅副厅长、省财政厅厅长、省人大常委会财经委员会副主任委员等职。1985年5月离休。

【高文晋】

高文晋，生于1916年6月，河南省许昌市人。民国26年（1937）1月，参加革命工作。民国35年6月，加入中国共产党。历任新四军宣传干事，重庆文支会组织工作者，山西黄河出版社主编，延安鲁迅艺术文学院老师，新华社冀察热辽日报编辑、特派记者，新华社热东支社暨热东地委人民报社社长，冀察热辽分局大众报社总编辑，辽西日报社副社长兼总编辑，辽宁阜新煤矿党委宣传部副部长，新闻总署研究员，新华总社记者，中共江苏省常州地委宣传部副部长、地委党校副校长，中共二机部南京511厂党委副书记，江苏省文化局副局长、党组成员，江宁县文教局副局长，政协江宁县第三届委员会副主席。1983年1月离休，经中共南京市委组织部批准享受地市级（司局级）待遇。

【庞家祥】

庞家祥，生于1919年12月，江苏省江宁县人。民国27年（1938），参加革命工作。民国28年，加入中国共产党。历任中国人民解放军某部班长、排长、副营长、副科长，石油工业部北京设计院副科长，石油工业部团委副书记，甘肃省古浪县委副书记，镇江专区劳动局副局长，江宁县化肥厂党支部副书记，江宁县东山镇党委副书记，江宁县政府顾问。1987年离休，经中共南京市委组织部批准享受地市级（司局级）待遇。

【宋 波】

宋波，生于1920年2月，山东省掖县人，初中学历。民国27年（1938）11月，在山东省掖县八区马台乡参加革命工作，并做青年工作。民国28年2月，加入中国共产党；同年3月，在中共胶东抗大学习；同年6月，任中共掖县八区马台乡党支部书记；同年12月，在中共胶东党校学习。民国29年3月，任中共胶东区党委秘书处文书；同年7月，任中共掖县马山区委秘书；同年11月，任中共掖南县委秘书。民国30年5月，任中共掖南县委宣传部部长。民国31年2月，在中共胶东党校学习；同年9月，任中共胶东西海地委宣传部编审科科长；同年11月，任中共西海地委宣传部党训班副主任。民国32年6月，先后任中共掖南黄山区、文峰区、风山区中心区委书记等职。民国33年6月，任中共掖南县委宣传部部长、组织部部长。民国34年7月，任中共掖南县委副书记、县长。民国37年12月，任西海专署秘书长。民国38年4月，任江宁县人民政府县长、县政府党组书记、县委委员兼县人民监察委员会主任。

1951年11月调离江宁县。先后任镇江专署计委副主任兼物资局局长、镇江专署轻纺局局长等职。1983年12月离休。

【支万鉴】

支万鉴，生于1920年，江苏省江宁县人。民国27年（1938），在东山医院学医，并加入中国共产党，同年，随院长到江西参加抗日战争。解放战争时期，加入中国人民解放军第四野战军，参加辽沈战役，部队入关后，参加平津和淮海战役，部队渡江南下参加广州战役和解放海南岛战斗。1952年10月，第四野战军奉命整编，将第四十五军军部、直属队、第一三四师、第一三五师和第四十四军第一三〇师、第一三一师第三九一团合编组成第五十四军，支万鉴任第五十四军第一三〇师政治部主任，随后部队赴朝鲜作战。1966年，任第五十四军政治部主任，后任第五十四军副政委。1979年，参加对越自卫反击战，因负伤回武汉军区治疗，伤愈后离休。

【樊发源】

樊发源，生于1921年5月，江苏省如东县人。民国29年（1940）12月，参加革命工作。历任苏中四地委《江海大众》总编辑，苏中四地委《江海报》总编辑兼经理，华中一地委江海导报社经理兼副社长，华中九地委江海报社副社长兼总编辑。民国36年7月，任如东县委宣传部部长。民国37年9月起，先后任南通市工委宣传部部长兼江海报社社长，《苏北日报社总编辑兼副社长。1953年11月，任新华日报社总编辑。1965年11月，任江宁县委副书记。1966年4月调离江宁县，先后担任江苏省委副秘书长、省革委会文教局副局长、中共江苏省委宣传部副部长兼新华日报社总编辑、党组书记。1983年离休后，曾任省新闻学会会长、省记协主席。1992年，享受政府特殊津贴。2004年6月，享受副省级医疗待遇。

【王 勉】

王勉，生于1921年12月，山东省阳谷县人，高中学历。民国27年（1938）6月，参加革命工作并在山东省聊城政治干校学习；同年9月，任鲁西五支队二团八连指导员、先遣纵队民运工作团团员；同年12月，加入中国共产党。民国28年3月，任中共阳谷县三区区委宣传委员；同年12月起，任中共鲁西区党委油印科科员、副科长。民国30年7月，任中共冀鲁豫区委宣传部、边区文联研究部干事。民国33年3月，在范县青救会帮助工作。民国34年7月，任太康县联合会副主任；同年12月起，任茌平县五区联合会主任、中共茌平县一区区委副书记、二区区委书记等职。民国36年10月，任南下干部大队分队长。民国37年2月，任中共雪涡县观堂区区委书记；同年9月，任中共雪涡县委宣传部部长。民国38年2月，任金陵支队五大队一中队副队长；同年5月起，先后任中共南京市六区、十一区区委宣传科科长，市郊委宣传部副部长，市农委办公室主任，市政府农委副主任，市委农工部副部长，市委三办副主任，市委财贸部副部长，市委郊委副书记，雨花台区区委书记等职。1973年2月，任中共江宁县委代理书记、书记，县革委会主任。

1975年4月调离江宁县。先后任南京市城建局局长，中共扬州地委副书记，江苏省气象局副局长、党组副书记。1982年12月离休。

【曾 群】

曾群，生于1922年1月，江苏省江宁县人。民国28年（1939）6月，参加安徽省和县抗战动员委员会工作团。民国29年3月，参加新四军并加入中国共产党。历任和县新四军江北游击纵队民运二分队指导员，凤阳县乡长、县府督导员、分区委书记，定凤怀县政府秘书、党团委员。民国35年1月，任华中第四专署民政处处长，苏皖边区政府干部科科长，华东干部管理委员会一分会主任、旅大财委副秘书主任。民国38年5月后，任北京中央轻工业处秘书主任，轻工业部人事处长、人事司副司长、造纸工业管理局副局长，食品工业部办公厅主任兼部机关党委书记，轻工业部机关党委书记、政治部副主任。1977年1月后，任轻工业部设计院党委书记，轻工业部政治部负责人、部落实政策领导小组组长、部党组成员，副部长、党组成员。1982年12月，任国家经委基层政治工作办公室副主任，兼中国职工思想政治工作研究会副会长。

【张立业】

张立业，生于1922年11月，山东省掖县人，大专学历。民国36年（1947）4月，在山东省掖县后坡区参加青救会工作；同年2月，加入中国共产党，后到中共西海地委党校学习；同年9月，任北掖后坡区农会支前副主席；同年12月任中共西海地委工作队组长。民国38年3月，任南下部队班长；同年5月起，任中共句容县城区工委会副书记，县委工作队副队长，县委秘书，县人民法庭副庭长，县一区区委书记，县委宣传部副部长、部长（县委常委）等职。1954年12月，任中共江苏省委组织部组织员。1957年6月，任中共江宁县委副书记。1958年4月，在江苏师范学院、华东水利学院学习。1962年5月，任中共江宁县委副书记。1965年8月，任中共江宁县委副书记、县人民委员会县长。

1966年5月调离江宁县。先后任中共江苏省委组织部纪律检查组组长、组织部二处处长、江苏省老干部局副局长等职。1990年12月离休。

【李 崇】

李崇，生于1923年10月，山东省蓬莱县人，高中学历。民国29年（1940）8月，在山东省蓬莱县中心区民运会任组织、宣传委员；同年10月，加入中国共产党。民国30年1月起，在黄县民运会、栖霞县民运会、北海区民运会任秘书。民国31年6月，任山东省蓬莱县青救会会长、青委书记；同年10月，在中共胶东区委党校学习。民国32年3月，任胶县武委会主任；同年7月，任胶密县武委会主任、武工队二队队长。民国34年8月，任中共胶高县委宣传部部长兼顺和区区委书记。民国36年3月，任中共胶高县夏庄区区委书记。民国37年9月，任中共胶高县县委委员、宣传部部长。民国38年4月，任中共滨北地委南下第二队指导员；同年6月，任中共嘉定县南翔市委书记。1950年3月起，先后任中共松江县委副书记兼县长，中共松江地委城工组副组长，中共南汇县委书记兼武装部政委，松江专署副专员、专员、中共松江地委常委等职。1958年3月，任中共江宁县委书记兼武装部政委。1959年3月，任中共江宁县委书记处第一书记。1961年5月，任政协江宁县委员会主席。1962年8月，任中共江宁县委书记、政协江宁县委员会主席。

1964年9月调离江宁县。先后任中共苏州地委副书记、中共徐州市委书记兼军分区党委第一书记、第一政委、江苏省顾问委员会委员等职。1994年8月离休。

【孙济民】

孙济民，生于1925年4月，江苏省泰兴县人，初中学历。民国32年（1943）11月，任中共泰兴县口岸区桃果乡党支部书记；同年11月，加入中国共产党。民国33年6月起，先后任泰兴县口岸区区委干事、副科长、科长，中共泰兴县海南区区委联络科科长、组织科长，口岸区区长等职。民国37年2月，任中共泰兴县城区区委书记、区长。1951年6月，任中共六合县城工委副书记兼城区区长，区委书记等职。1954年7月，任六合县县长。1955年6月，任中共六合县委副书记。1973年9月，任中共六合县委副书记、县革委会副主任。1975年1月，任中共六合县委书记、县革委会主任。1978年3月，任中共江宁县委书记、县革委会主任兼县人武部第一政委、县委党校校长。1980年9月，任中共江宁县委书记、县人大常委会主任。

1981年12月调离江宁县。先后任中共南京市农委副主任兼市水利局局长、南京市人大常委会法制委员会主任。1985年12月离休。

【谢培信】

谢培信，生于1926年6月，山东省龙口市人，大专学历。民国34年（1945）9月，加入中国共产党，并在山东省龙口市南谢村任自卫团团长、村党支部书记。民国36年4月，任中共莱山城东区区委宣传干事。民国37年12月，在中共华东局党校学习。民国38年4月，先后任中共溧水县委宣传部干事、区宣传委员、区长、区委副书记等职。1952 年 2 月，任镇江市“三反”指挥部组长、“五反”指挥所副指挥。1952 年 7 月，任中共苏南区委组织部建党工作组组长；同年 11 月，任中共江苏省委组织部整建党工作组副组长。1954 年 4 月，任中共丹阳县珥陵区区委书记。1956 年 8 月，任中共丹阳县委副书记。1958 年 5 月，在南京林业学院学习。1961 年 5 月，任丹阳县农工部部长、副县长等职。1964 年 9 月，任中共江宁县委副书记、县人民委员会县长。

1965 年 9 月调离江宁县。先后任镇江地区农科所所长、中共高淳县委书记、镇江地区林特水产局局长等职。1985 年 4 月离休。

【杜守臣】

杜守臣，生于 1927 年 2 月，吉林省临江县人。民国 34 年（1945）10 月，参加革命工作。民国 35 年 10 月，加入中国共产党。历任中国人民解放军一纵队一师三团战士、副班长、文书、文化干事、一营副政治指导员、团保卫股干事，三十八军一一二师三三六团司政连副政治指导员，沈阳空军第八航校保卫科干事，北京空军气象学校保卫科副科长、科长，南京空军气象学校校务部政治委员，中共江宁县委常委，江宁县革命委员会副主任，政协江宁县副主席兼县委统战部部长。参加过著名的锦州战役、四平战役、辽沈战役、平津战役，先后荣获戟功 3 次，1955 年获解放奖章。1987 年 4 月离休，经中共南京市委组织部批准享受地市级（司局级）待遇。

【张克文】

张克文，生于 1928 年 5 月，山东省微山县人，高小学历。民国 33 年（1944）6 月，在山东省临城县工作队参加革命工作；同年 10 月，加入中国共产党。民国 34 年 4 月任临城县区中队政治指导员。民国 35 年 7 月，任湖西分区湖西支队一大队副政委。民国 36 年 1 月，任鲁南军分区卫生部六所政治指导员。1951 年 12 月，任鲁中南军区直属政治区干事。1955 年 12 月，任南京军区干部文化学校一队队长。1959 年 5 月，任南京市兵役局政工科副科长。1961 年 2 月，任南京军分区宣传科科长，南京军区政治部理训班讲师。1969 年 11 月，任中共江宁县革命委员会核心领导小组组长；同年 12 月兼任县人武部党委第一书记、政委。1970 年 8 月，任中共江宁县委副书记。1971 年 2 月，任县革委会副主任。

1973 年 1 月调离江宁县。先后任江苏省军区教导大队政委、南京电力学校党委副书记等职。1988 年 7 月离休。

【张立生】

张立生，生于 1928 年 9 月，山东省招远市人，大专学历。民国 33 年（1944）2 月起，在胶东军区北海军分区独立团三连当战士。解放战争时期，历任华东军区警备三旅十七团一营机炮连班长、排长、副连长，华东野战军第九纵队二十七师八十团一营机枪连连长。民国 35 年 3 月，加入中国共产党。新中国成立后，历任中国人民志愿军第八十一师二四二团一营副营长、二四一团一营营长。1955 年 7 月，任南京军区司令部军训部参谋、副科长。1966 年 12 月，任二十七军八十师二四〇团团长。1968 年 3 月，任江宁县革命委员会主任。1969 年 2 月，任中共江宁县革命委员会核心领导小组组长。

1969 年 8 月调回部队。先后任二十七军参谋长、副师长，八十一师政委、师长，高级步兵学校研究部研究员、院务部副部长。荣获三级解放勋章，独立功勋荣誉奖章，朝鲜民主主义人民共和国三级国旗勋章。1988 年 8 月离休。

【闵长山】

闵长山，生于1928年10月，江苏省六合县人，初中学历。民国31年（1942）2月起，在新四军二师后勤供给部当通讯员、二师淮南织布厂工会主席、后勤部战士。民国34年8月，加入中国共产党。民国36年2月，任三野后勤供给部粮秣员、三野六纵队教导团通讯班长、三野西线兵团警卫员、三野先遣纵队七支队三营一排排长等职。民国38年4月，先后任江宁县一区团委书记、团县委组织部长。1951年8月，任中共江宁县委组织部组织员。1952年11月，任中共江宁县五区区委组织科科长。1953年2月，任江宁县五区区长。1954年2月，任中共江宁县五区区委副书记、书记。1955年7月，在镇江、扬州干部文化学校学习。1956年5月，任江宁县农村生产互助合作部副部长。1956年9月，任县农业生产合作部副部长。1958年4月，任中共江宁县铜山乡（人民公社）委员会书记；同年12月，任中共江宁县禄口人民公社委员会书记。1965年4月，任中共江宁县委副书记兼农村政治工作部主任、县贫协主席。1969年4月，任中共江宁县铜山公社委员会书记。1972年5月，任县革委会生产指挥组副组长。1973年1月，任中共江宁县委常委、县革委会副主任。1978年11月，任中共江宁县委副书记、县革委会副主任兼中共江宁县纪律检查委员会书记。1980年9月，任中共江宁县委副书记、县政府县长兼县政法委书记。1984年5月，任江宁县人大常委会主任、人大党组书记。1989年8月离休。

【毛承凤】

毛承凤，生于1929年8月，南京市雨花台区人，初中学历。1950年9月，在南京市雨花台区双闸乡政府参加土改工作，后任双闸乡政府主任、乡长等职。1952年8月，加入中国共产党。1953年8月，任中共江宁县八区区委组织干事、组织委员。1955年5月，任江宁县审干办公室工作人员。1957年2月，任中共江宁县委组织部组织员。1961年2月，任中共江宁县东山公社委员会副书记；同年10月，任中共江宁县机关委员会副书记。1965年4月，任中共江宁县龙都公社委员会书记。1968年2月，任江宁县龙都公社革委会主任。1970年6月，任中共江宁县上峰公社委员会书记；同年12月，任中共江宁县上峰公社委员会书记、公社革委会主任。1974年8月，任中共江宁县江宁公社委员会书记、公社革委会主任。1976年2月，任中共江宁县委副书记、县革委会副主任。1980年9月，任中共江宁县委副书记。1984年5月，任政协江宁县委员会主席、政协党组书记。1992年9月退休。

【朱宝瑜】

朱宝瑜，生于1931年2月，江苏省兴化市人，高中学历。民国36年（1947）9月，在兴化县参加革命工作并任大垛区游击队队员、班长。民国37年3月，加入中国共产党；同年11月，任华东三野二十七旅二十一团三营八连管理排长。1950年6月，任镇江公安大队三中队党支部副书记。1952年10月，任江宁县公安中队指导员。1954年1月，任江苏省公安总队新兵营一连指导员。1956年8月，任江宁县公安局副局长。1957年3月，任江宁县公安局副局长、东山区副区长；同年8月，任中共江宁县东山镇委员会副书记。1958年9月，任中共东山公社委员会副书记。1960年2月，任中共湖熟公社委员会副书记、代理书记兼湖熟公社社长等职。1970年8月，任中共淳化公社委员会副书记、公社革委会副主任。1972年5月，任中共铜山公社委员会书记、公社革委会主任。1976年2月，任中共江宁县委常委、县革委会副主任。1978年12月，任中共江宁县委副书记、县革委会（政府）副主任（副县长）。1984年3月，兼任县政法委书记。1987 年 4 月，任江宁县人大常委会副主任、党组书记。1987 年 12 月，任县人大常委会主任、党组书记兼县政法委书记。1993 年 4 月离休。

【戴顺智】

戴顺智，生于 1932 年，江苏省江宁县人，大学文化。1950 年 7 月至 1952 年 7 月，在哈尔滨工业大学学习。1952 年 7 月至 1953 年 7 月，在北京俄专学习。1953 年 7 月至 1958 年 1 月，在原苏联乌拉尔工业大学学习，获化工工程师称号，并进修自动控制。任该校斯维尔特洛夫斯克市中国留学生学生会主席。1958 年 1 月回国，在南京化学工业公司工作，历任技术员、车间主任、副厂长兼总工程师、公司总经理等职。1980 年 4 月至 1983 年 4 月，任南京市副市长，后任扬子石油化工公司总经理兼基建指挥部总指挥。1988 年 1 月，任南京市市长。1989 年 11 月，任南京市委书记。1991 年 3 月，任江苏省副省长。1992 年 7 月，任政协江苏省副主席，后任中国石化总公司驻美洲总代表。1997 年 6 月退休。

【万槐衡】

万槐衡，生于 1932 年 5 月，江苏省常州市人，初师学历。民国 38 年 5 月，在常州专署、苏南行署财经训练班学习；同年 8 月，任江宁县粮食局会计、主办会计。1952 年 8 月，加入中国共产党；同年 9 月，任江宁县粮食局计划股股长。1953 年 2 月，任江宁县统计局科员；同年 7 月起，任中共江宁县委秘书室文书、助理秘书、秘书等职。1956 年 4 月，任中共江宁县委办公室副主任。1957 年 3 月，任中共江宁县委巡视组副组长；同年 8 月，任中共江宁县东山镇委员会副书记。1958 年 9 月，任中共江宁县委宣传部指导员。1959 年 6 月，任中共江宁县委工办化工组组长。1960 年 6 月，任中共江宁县委办公室副主任。1965 年 8 月，任中共江宁县谷里公社委员会书记。1968 年 3 月，任中共江宁县谷里公社委员会书记、公社革委会主任。1971 年 5 月，任江宁县革委会办事组副组长。1973 年 1 月，任中共江宁县委常委、县委宣传部部长。1974 年 8 月，任中共江宁县委常委、县革委会副主任。1980 年 9 月，任中共江宁县委常委、县政府常务副县长；同年 11 月，兼任县科协主席。1990 年 4 月，任江宁县人大常委会主任、党组书记。1993 年 5 月离休。

【王孝明】

王孝明，生于 1937 年 11 月，江苏省江宁县人，中专学历。1956 年 4 月，参加中国人民解放军；同年 5 月，加入中国共产党。历任南疆军区司令部机要科译电员，新疆军区步兵三团司令部机要股译电员，三团政治处宣传干事，步兵二团炮兵营政治教导员，新疆军区边防八团政治处副主任、主任等职。1981 年 4 月，任乌鲁木齐军区边防八团政委。1983 年 5 月，任新疆伊犁军分区副政委。1986 年 4 月，任中共江宁县委副书记。1990 年 5 月，兼任县政法委书记。1993 年 2 月，任政协江宁县委员会主席、政协党组书记。1998 年 1 月退休。

【诸吉炤】

诸吉炤，生于 1939 年 1 月，江苏省南京市人。1961 年 8 月，由南京市农业专科学校毕业分配至江宁县科委工作。1966 年 4 月，任江宁县农业局副局长。1976 年 1 月，任中共江宁县江宁公社委员会副书记、公社革委会主任。1977 年 6 月，任中共江宁县东山公社委员会副书记。1979 年 1 月，任东山公社革委会主任。1980 年 3 月，任中共东山公社委员会书记。1984 年 2 月，任中共江宁县委书记兼县人武部第一政委。1985 年 2 月，调离江宁县，先后任南京市副市长、南京古南都饭店董事长、政协南京市副主席等职。

【陈宗林】

陈宗林，生于 1939 年 10 月，江苏省泰兴市人，大学文化。1964 年 8 月，由南京师范大学中文系毕业后，先后在句容、江宁、溧阳“四清”（清政治，清经济，清组织，清思想）工作队工作。1965 年 4 月，加入中国共产党。1967 年 4 月，先后任江宁县军管会、革委会政治组秘书。1972 年 5 月，任县委组织部干部组组长。1983 年 1 月，任中共江宁县方山乡委员会书记。1984 年 2 月，任中共江宁县委副书记，县政府代理县长、县长。1985 年 2 月，任中共江宁县委书记兼县人武部第一政委。

1989 年 9 月调离江宁县。先后任江苏省人事局副局长、江苏省人事厅副厅长等职。

【王良旺】

王良旺，生于 1940 年 2 月，江苏省江宁县人，西北工业大学、南京航空航天大学名誉教授。1963 年 3 月，加入中国共产党。1964 年 9 月，从北京航空学院毕业后参军。入伍后，历任空军某训练基地见习助理员、助理员、室副主任、副处长、副站长、站长、副主任、主任。1983 年后，历任空军某训练基地司令员、兰州军区空军副参谋长。1994 年，任空军副参谋长。1996 年，任空军副司令员。1998 年，被授予空军中将军衔。曾任国家航空军工产品定型委员会主任、中国航空学会副理事长。1995 年，发表诗集《大漠西风歌》。2004 年，发表诗集《云天浩歌》。他是第九届、第十届全国人民代表大会代表、全国人大外事委员会委员。

【张连发】

张连发，生于 1941 年 10 月，江苏省江宁县人，工学硕士、高级经济师、高级政工师、教授、律师。1961—1971 年，在上海警备区部队服役，历任战士、班长、排长、警备区政治干事、秘书。1971—1975 年，在上海梅山冶金公司（9424）冶炼厂当工人、秘书。1975—1978 年，任南京热电厂宣传科科员、副科长。1978—1980 年，任南京市委工业交通部基层处科员、组织员。1983—1984 年，任南京市委工业交通部办公室主任、市职工思想政治工作研讨秘书长。1984—1988 年，任南京市人民政府办公厅副主任、副秘书长。1989—1993 年，任南京市教育局局长、中共南京市教育局党委书记。1993—2001 年，任中共南京市市委委员、南京市人民政府副市长。2001—2003 年，任中共南京市人大常委会党组副书记、副主任。2007 年 7 月，任江苏烽生源制炭有限公司等公司董事长。

【孟金元】

孟金元，生于 1942 年 12 月，江苏省常熟市人，高中学历。1966 年 5 月参加工作；同年 8 月，加入中国共产党。1971 年 5 月起，任中共常熟县同行公社委员会副书记、公社革委会主任，书记、主任等职。1975 年 1 月，任中共常熟县委副书记、县革委会副主任。1981 年 7 月，任常熟县县长；同年 12 月，任中共江宁县委书记兼县人武部第一政委。1984 年 2 月，调离江宁县。先后任中共苏州市委农工部部长、常熟市委书记。1987 年 7 月，任常州市人民政府副市长。1988 年，任中共常州市委常委、市人民政府常务副市长。1990 年，任中共常州市委副书记。1992 年，任中共常州市委副书记、代市长。1993 年，任常州市市长。2001 年起，当选常州市人大常委会副主任（正市级）、党组副书记。

【唐忠寿】

唐忠寿，生于1943年4月，江苏省江宁县人，大专学历。1962年起，在江宁县东山公社东山大队大街四队任会计、生产队队长、大队党支部副书记等职。1966年4月，任东山公社副社长、东山公社东山大队党支部书记。1969年9月，加入中国共产党。1974年7月，任东山公社革委会副主任。1975年4月，任中共江宁县委常委、县革委会副主任。1978年9月，兼任中共江宁县江宁公社委员会书记、江宁公社革委会主任。1980年9月，任中共江宁县委常委、县政府副县长。1983年9月，在浙江农业大学学习。1985年10月，任江宁县政府副县长。1993年2月，任江宁县人大常委会副主任、人大党组副书记。1998年1月，任政协江宁县委员会主席、政协党组书记。2001年1月，转任政协南京市江宁区委员会主席、党组书记。2003年退休。

【李英俊】

李英俊，生于1944年6月，江苏省江宁县人，大专学历，高级经济师、农艺师。1964年9月，任江宁县淳化公社水利工程员。1965年，加入中国共产党。1966年4月，任淳化公社副社长。1970年8月，先后任中共淳化公社委员会书记、淳化公社革委会主任。1974年4月，任中共江宁县委副书记、县革命委员会副主任。1975年4月，任中共江宁县委书记、江宁县革委会主任。1978年3月调离江宁县。任中共浦口区委副书记、浦口区革委会副主任。1979年11月，任中共浦口区委书记。1981年11月，任南京市农林局党组副书记、农林局副局长。1983年7月，任中共雨花台区委书记；同年12月，任南京市人民政府副市长。1989年，任中共南京市委副书记。1991年3月，任南京市人民政府常务副市长、市委副书记。1997年后，先后任长江经济联合发展（集团）股份有限公司常务副董事长，长发集团公司监事会主席，长发集团南京公司董事长等职。

【汪正生】

汪正生，生于1944年9月，江苏省丹徒县人。1967年9月参加工作，1979年9月加入中国共产党。1962年9月，入读江苏师范学院物理系。1966年8月，毕业后留校待分配。1967年9月起，在江宁县方山公社横岭大队、江宁县五七干校参加劳动。1970年5月，任江宁县文教局展览馆副馆长。1971年4月起，任殷巷中学教师、教导主任，后调任江宁县中学副教导主任等职。1983年12月，任江宁县文教局副局长。1984年2月，任中共江宁县委副书记。1985年11月，调离江宁县，任南京市委教卫部副部长（其间1986年9月至1987年7月入中央党校学习）。1987年7月，任中共高淳县委书记。1989年9月，任中共南京市纪委副书记。1992年3月，任南京市委常委、秘书长。1996年1月，任中共南京市委副书记、市纪委书记。1997年12月，任中共南京市委副书记。2003年1月，任政协南京市主席。

1983年，汪正生任江宁县中学教导副主任时，被评为南京市劳动模范。

【张直鉴】

张直鉴，生于1945年，江苏省江宁县人，大学文化。曾先后在铜井双虎小学、铜井小学、陆郎中学读书。1964年，在江宁县秦淮中学（今江宁高级中学）高中毕业。后考入北京外国语学院，毕业后分配到外交部工作，先后任处长、副司长等职。1974—1978年，任中华人民共和国驻加拿大大使馆职员、随员。1978—1990年，先后任中华人民共和国外交部礼宾司科员、三秘、副处长、处长等职。1990—1993年，任驻休斯敦总领馆一秘衔领事。1993—1997年，任外交学院党委副书记。1997—1998年，任外交部礼宾司副司长。1998—2002年，任全国人大常委会办公厅外事局局长。2002年3月至2006年5月，任中华人民共和国驻芬兰共和国特命全权大使。

【张发强】

张发强，生于1945年2月，江苏省江宁县人，中共党员，大学文化，工程师。1967年，毕业于上海水产学院食品加工系水产品加工专业。1970—1977年，任广西壮族自治区北海水产公司营业员、工人、采购员、技术员、车间副主任。1977—1979年，任广西北海市水产品加工厂党支部书记兼厂长。1979—1982年，任广西北海鱼肝油制药厂党支部书记兼厂长、工程师，北海水产公司副经理。1982—1984年，任广西北海市经委副主任、科协副主席。1984—1985年，任广西北海市副市长、市城市规划委第一副主任。1985—1987年，任中共广西北海市委副书记。1987—1988年，任中共广西壮族自治区委宣传部副部长、社科联副主席。1988—1990年，任中共广西北海市委副书记、代市长、市长。1990—1992年，任广西壮族自治区体委主任、党组书记。1992—1994年，任国家体委计划财务司司长。1994—1998年，任国家体委副主任、党组成员。1998年4月起，历任国家体育总局副局长、党组成员，中国奥委会副主席，中国篮协主席，中国体操协会主席，国际龙舟联合会主席。2003年3月起，任第十届全国政协常委、全国政协教科文卫体委员会副主任。

【任明发】

任明发，生于1945年4月，江苏省江宁县人，中共党员，大学文化。1964年入伍，历任战士、班长、排长、参谋、营长、团参谋长、师作战训练科长、坦克团团长、坦克师参谋长、陆军十二集团军副参谋长、预备役师师长、扬州军分区司令员等职。在部队期间，努力学习和运用现代化军事战略思想，曾多次组织过重大军事演习和参加地方抢险救灾活动。此间立三等功二次，受嘉奖多次。2004年4月离职。

【詹双定】

詹双定，生于1947年2月，江苏省江宁县人，大专学历。1971年起，历任江宁县东山公社农花大队出纳会计、林业队队长、大队团支部书记、公社团委委员等职；同年10月，加入中国共产党，并任东山公社农花大队党支部副书记。1974年7月，任中共江宁县东山公社农花大队党支部书记。1975年8月，任东山公社革委会副主任。1977年6月，任中共江宁县东山公社委员会副书记、东山公社革委会副主任。1981年2月，任中共江宁县东山公社委员会副书记、东山公社管委会主任。1982年2月起，历任中共江宁县东山乡（岔路乡）委员会副书记、书记。1992年1月，任中共江宁县东山镇委员会书记。1995年11月，任中共江宁县委常委、东山镇党委书记。1997年10月，任中共江宁县委副书记。2001年1月，转任中共南京市江宁区委副书记。2003年，任政协南京市江宁区委员会主席。

2007年退休。

【陈大法】

陈大法，生于1947年5月，江苏省江宁县人，大专学历。1970年9月，在江宁县方山公社参加工作。1975年3月起，历任江宁县农业局秘书、县农林水办公室秘书、县农村工作办公室秘书、县委办公室秘书。1979年10月，加入中国共产党。1983年3月，任中共淳化乡委员会副书记。

1984年4月，任中共淳化乡委员会书记；同年8月，任县乡镇工业局局长。1985年2月，任江宁县委副书记，县政府代理县长、县长。1989年9月，任中共江宁县委书记。1990年4月，兼任政协江宁县委员会主席。1993年2月，兼任县人大常委会主任。

1994年7月调离江宁县。先后任南京市建设委员会主任、党组书记，南京高新技术产业开发区管理委员会副主任兼工委委员等职。

【郭金龙】

郭金龙，生于1947年7月，江苏省江宁县人。1969年9月，毕业于南京大学物理系。1979年4月，加入中国共产党。1969—1973年，任四川省忠县水电局电力股干部、技术员。1973—1979年，任忠县体委教练。1979—1980年，任忠县县委宣传部理论教员。1980—1981年，任忠县文教局副局长。1981—1983年，任忠县文化局局长。1983—1985年，任中共忠县县委副书记、县长。1985—1987年，任四川省委农研室副主任，省农经委副主任。1987—1990年，任中共乐山市委副书记。1990—1992年，任中共乐山市委书记。1992年10月，任中共四川省委常委。1993年4月，在中共四川省委第六届一次会议上当选为中共四川省委副书记（1993年12月免）；同年12月，调任中共西藏自治区党委副书记。1995年8月，在中共西藏自治区委第五届一次全会上当选为中共西藏自治区委副书记。2000年10月，任中共西藏自治区党委书记。2004年12月，调任安徽省委委员、常委、书记。2005年1月，在安徽省十届人大会议上当选为安徽省人大常委会主任（2007年12月辞）。2006年10月，在中共安徽省第八届委员会第一次全体会议上当选中共安徽省委书记。2007年11月任中共北京市委委员、常委、副书记，北京市副市长、代市长。

郭金龙是中共十五届中央候补委员，十六届、十七届中央委员。

【盛光祖】

盛光祖，生于1949年4月，江苏省江宁县人，中共党员，大学文化。1968年，参加工作。先后任上海铁路局南京分局、杭州分局分局长兼党委书记，济南铁路局局长、党委书记。1994年，任铁道部党组成员、总经济师。1996年，任铁道部政治部主任、党组成员兼直属机关党委书记（副部长级）。1999年，任铁道部副部长、党组成员。2000年，任海关总署副署长、党组成员。2002年，任海关总署党组副书记、副署长。2007年，任海关总署党组书记、副署长（正部长级）。2007年10月，他当选中国共产党第十七届中央委员会委员。他是中国共产党第十三次、十四次、十五次、十六次、十七次全国代表大会代表。

【庞顺根】

庞顺根，生于1949年12月，江苏省江宁县人，大专学历。1969年2月，在江宁县上峰公社参加工作并任高庄大队民兵排长、营长，高庄大队党支部副书记等职。1971年10月，加入中国共产党。1973年10月，任江宁县委工作队副队长。1976年1月，任中共江宁县麒麟公社委员会副书记、公社革委会副主任。1978年4月，任共青团江宁县委副书记、书记。1981年11月，任中共江宁县铜山公社（乡）委员会书记。1984年3月，任中共江宁县委组织部副部长、县人事局局长。1987年8月，任中共江宁县委常委、县委宣传部部长。1989年6月，兼任中共江宁县汤山镇委员会书记；同年9月，任中共江宁县委副书记，县政府副县长、代理县长。1990年4月，任中共江宁县委副书记、县政府县长。

1996年12月调离江宁县。先后任南京市交通局局长，市港口管理局局长，市交通集团董事长、党委书记等职。

【韩庆华】

韩庆华，生于1949年12月，江苏省江宁县人，大学文化。1968年8月，在南京市青龙山林场参加工作，任场团委负责人。1973年9月，在南京林业大学学习，任学生会副主席。1976年8月起，在南京市农林局、农场局、多种经营管理局工作。1983年2月，任南京市农垦农工商总公司经理、市农垦局局长。1986年7月，任中共南京市浦口区委书记。1994年7月，任中共江宁县委书记兼县人武部党委书记。1995年2月，兼任县人大常委会主任。1996年1月，任中共南京市委常委、江宁县委书记。1998年11月，调离江宁县。先后任江苏省建材公司总经理、党委书记兼建材工业管理办公室主任，江苏省人民政府副秘书长、中共江苏省经济贸易委员会党组书记。2004年4月起，先后任江苏省政府副秘书长，中共江苏省经济贸易委员会党组书记、主任等职。他是中国共产党第十五次全国代表大会代表，曾被评为全国百名优秀县委书记。

【张良礼】

张良礼，生于1950年8月，江苏省江宁县人，中共党员，大专学历，南京大学研究生课程进修班结业，经济师。历任江宁县江宁公社清修大队党支部副书记、团支部书记、民兵营长、治保主任，江宁县长江公社革委会副主任、党委副书记，江宁县委常委，营防公社党委书记，雨花台区区委常委、常务副区长，栖霞区区长、区委书记，南京经济技术开发区工委书记，共青团南京市委副书记，南京市民政局局长、党委书记，南京市残疾人联合会理事长，中华慈善总会理事，南京市慈善总会副会长兼秘书长，南京市人大财经委员会主任等职。编纂了《社区建设与管理》《第二故乡》《故都印记》《应对人口老龄化——社会化养老服务体系构建及规划》等书；著有《民政工作方案运作体系探索与构建》。在国家级期刊杂志上先后发表论文60多篇，其中有三篇获全国民政政策理论研究一、二等奖。

在抗洪救灾和民政工作中，张良礼曾先后获得民政部授予的全国民政系统抗洪救灾先进个人，人事部、民政部授予的全国民政工作先进个人荣誉称号。是南京市第十一、十二、十三、十四届人民代表大会代表，江苏省第八、九届人民代表大会代表。

【王加法】

王加法，生于1950年10月，江苏省南京市人，中共党员，中央党校函授本科学历。1972年12月至1974年4月，任江宁县江宁乡党委文书。1974年4月至1976年，任江宁县江宁乡团委副书记、党委秘书。1976年至1980年2月，任中共江宁公社党委秘书。1980年3月至1982年12月，任江宁县江宁公社党委委员、管委会副主任。1983年1月至1984年2月，任中共江宁县江宁乡党委委员、乡长。1984年3月至10月，任中共江宁县江宁镇党委副书记。1984年10月至1993年2月，任中共江宁县江宁镇党委书记。1993年2月至1999年7月，任江宁县副县长。1999年8月至2001年1月，任中共江宁县委常委、常务副县长。2001年1月至2002年12月，任中共江宁区委常委、常务副区长、行政学校校长。2002年12月至2007年1月，任南京市江宁区委副书记、政法委书记、党校校长。2007年1月，任政协南京市江宁区主席、党组书记。

王加法在不同领导岗位上都有文章发表，并有多篇论文在省、市和国家级报刊上获奖。1989年，被南京市政府授予劳动模范称号。

【吕界超】

吕界超，生于1950年12月，江苏省江宁县人，大专学历。1970年8月，在江宁县江宁公社清修大队任宣传干事。1971年2月，在镇江专区农业干部学校学习；同年8月，任江宁县江宁公社农业科技推广站技术员、站长。1972年1月，加入中国共产党。1976年2月，任江宁公社党委委员、革委会副主任；同年8月，任江宁县交通局工作队队长。1981年3月，任中共江宁公社委员会副书记、江宁公社管委会主任。1982年12月，任中共江宁乡委员会副书记、经委会主任。1983年3月，任中共铜井乡委员会书记。1988年4月，任江宁县计划经济委员会副主任（正局级）、江宁县安全生产委员会副主任、江宁县人民政府三电办公室主任。1990年7月，任江宁县乡镇工业局局长。1992年11月，任中共江宁县委常委、县纪律检查委员会书记兼江宁县乡镇工业局局长、党总支书记。1994年5月，兼任南京民营科技园管委会主任。1996年12月，任中共江宁县委副书记兼县纪委书记。1998年2月，兼任中共江宁县委党校校长。2001年4月，转任中共南京市江宁区委副书记兼区委党校校长。2003年，任江宁区人大常委会主任。

【聂震宁】

聂震宁，生于1951年1月，江苏省江宁县人，中共党员。1969年，在宜山县农村插队务农，历任广西宜山县（今宜州市）文化局干部，《金城》文学编辑，漓江出版社编辑室主任、副总编辑、总编辑、社长，广西新闻出版局副局长，人民文学出版社社长兼总编辑、党委书记，中国出版集团公司副总裁，中国出版集团总裁、党组副书记。

20世纪80年代，出版中、短篇小说《去温泉之路》《暗河》《长乐》《绣球里有一颗槟榔》《岩画与河》等。90年代，出版中、短篇小说《死信》《洒话》《梦话》等。他策划并担任责任编辑的《文科知识百万个为什么》（大型套书），获第五届中国图书奖一等奖；《聊斋志异评赏大成》获第二届国家图书奖提名奖。他曾获首届庄重文文学奖，中国出版工作者协会颁发的第四届全国百佳出版工作者称号。

他是第十届全国政协委员，中国作家协会会员，广西壮族自治区文联第四、五、六届委员，中国作家协会广西分会第四、五、六届副主席，享受国务院特殊津贴的专家。

【汤在勉】

汤在勉，女，生于1951年10月，江苏省江宁县人，大学文化，中共党员。1970年9月，在青海省大通县八一农机厂工作，1981年3月，任大通县计量管理所会计。1982年3月，任大通县检察院书记员、助检员、检察员、副科长。1988年10月起，历任南京市江宁县检察院检察员、检委会委员、副科长、科长、检察长助理、党支部书记、党总支书记。1996年3月，任江宁县检察院党组副书记、副检察长。2000年3月，任江宁县检察院党组书记、代理检察长。2001年1月，任江宁区人民检察院党组书记、检察长。2007年11月，任江宁区人民检察院检察长。2007年12月，任江宁区人大常委会副主任。在她的带领下，区检察院连续三次被最高人民检察院和江苏省委、省政府记集体一等功。2001年，被评为全国人民满意的检察院。2004年，被评为全国先进检察院。2006年，被评为全国模范检察院。2007年，被评为全国十佳检察院。在全区机关作风百分考核中，区检察院连续11年获得优胜杯，多次被评为市、区先进基层党组织。

1997年后，她先后被评为江宁区十佳最满意的政法干警、南京市三八红旗手、市检察系统十佳女检察官和办案有功个人、江苏省十大岗位女明星等。2002年，南京市检察院做出向汤在勉学习的决定。同年1月，她被最高人民检察院授予全国模范检察干部称号。2003年，获全国检察机关办案用房和专业技术用房建设先进个人。2005年5月，被国务院授予全国先进工作者称号。是年，江苏省检察院再次做出向她学习的决定。

【王建华】

王建华，生于1952年7月，山东省莱阳市人，中共党员，大专学历。1970年11月，在南京官塘煤矿参加工作。1972年10月，任南京钟山煤矿政工干事。1980年1月，调入南京市计划委员会工作。1980年8月起，先后任南京市统计局秘书、办公室副主任、工业科科长兼市工业普查办副主任、综合处处长兼市投入产出办副主任等职。1988年12月起，任南京市计划委员会综合处处长、副主任、党组成员、党组副书记兼市口岸委主任。1996年12月，任中共江宁县委副书记、江宁县政府代县长、县长。1997年2月，兼任中共江宁经济技术开发区工委书记、管委会主任。1998年12月，任中共江宁县委书记兼县人大常委会主任。2001年1月，江宁县撤县设区，转任中共南京市江宁区委书记兼区人大常委会主任。2001年10月，任中共南京市委常委、江宁区委书记兼区人大常委会主任。2005年6月，调离江宁区后，任中共江苏省连云港市委书记。

2002年11月，王建华被南京军区表彰为党管武装好书记。

【邵长生】

邵长生，生于1953年1月，江苏省江宁县人，大学文化。1973年12月，任中共江宁县委社教工作队、办公室办事员。1976年1月，任中共江宁县委宣传部办事员。1978年12月，任江宁县人民检察院检察员。1984年3月，任江宁县人民检察院副检察长、党组成员。1993年2月，任江宁县人民检察院检察长、党组书记。1997年1月，兼任中共江宁县委政法委书记（其间，1995年8月至1997年12月中央党校函授学院经济管理专业学习）。2000年3月，任南京市人民检察院副检察长（其间：2000年9月至2003年4月，在中央广播电视大学法学专业学习）。

2005年调离江宁区。2005年7月，任常州市人民检察院党组书记。2005年8月，任常州市人民检察院副检察长、代理检察长、党组书记。2006年1月，任常州市人民检察院检察长、党组书记。

1997年，他被南京市政府授予南京市劳动模范称号。1998年10月，被评为全国十大杰出检察官。

【单霁翔】

单霁翔，生于1954年，江苏省江宁县人。1971年1月参加工作，1985年6月入党。1992年1月至1994年5月，任北京市城市规划管理局副局长。1994年5月至1997年8月，任北京市文物局党组书记、局长。1997年8月至2000年1月，任中共北京市房山区委书记。2001年1月至2002年8月，任北京市规划委员会（首都规划建设委员会办公室）党组书记、主任。2002年8月，任文化部党组成员、国家文物局局长、党组书记。2003年，考入清华大学建筑学院城市规划与设计专业攻读博士学位，师从两院院士吴良镛教授，并获工学博士学位，高级建筑师、注册规划师等证书。他是西北大学文化遗产学院兼职教授、博士生导师，中国艺术研究院研究员、博士生导师。

【单景南】

单景南，生于1955年10月，江苏南京人，大专学历。1973年4月，在雨花台区板桥镇落星村插队。1975年9月，在南京晓庄师范学校学习，任团支部书记。1977年7月，任南京市板桥中学教师。1982年9月，在南京市委党校第三期中青年干部班学习。1983年7月起，历任雨花台区文卫党委、教育局党委组织干事、区委组织部组织员。1988年8月，任中共雨花台区委组织员办公室副主任、区委直属工委副书记。1990年4月，任雨花台区红花乡乡长、中共红花镇党委书记。1995年1月，任雨花台区计经委主任、工委书记。1996年9月，任中共雨花台区委常委、区纪委书记。1997年12月，任中共玄武区委副书记、区纪委书记。1999年7月，任中共南京市纪委副书记。2002年11月，任中共南京市江宁区委副书记、代区长。2003年1月，当选为南京市江宁区人民政府区长。

【杨海宁】

杨海宁，生于1956年3月，江苏省灌云县人，大学文化。1974年12月，在南京市雨花台区双闸公社插队后任公社宣传干事。1977年1月，任南京市雨花台区驻板桥公社工作队队员。1978年2月，任南京市雨花台区团委干事、团委副书记。1982年8月，加入中国共产党。1983年4月，任中共南京市雨花台区区委办公室副主任。1985年8月，任中共南京市委组织部党干处组织员。1990年8月，任中共南京市雨花台区区委办公室主任兼保密局局长。1992年11月，任中共南京市雨花台区区委常委、区委组织部部长。1996年6月，任中共南京市雨花台区区委常委、区政府常务副区长。1998年12月，任中共江宁县委副书记、江宁县政府副县长、代理县长。1999年1月，任县政府县长。2001年1月，转任中共南京市江宁区委副书记、江宁区区长。

2001年12月调离江宁区。先后任中共溧水县委书记、南京市质量技术监督局长等职。

【刘捍东】

刘捍东，生于1959年8月，安徽省舒城县人，中共党员，大专学历。1977年10月，在南京市江浦县通用机械厂参加工作。1978年12月，考入南京师范学院浦口物理专科班。1981年1月，在南京市江浦县第二中学任教。1983年9月，调入南京市江浦县委办公室工作。1990年3月起，历任南京市江浦县城东乡乡长助理、副乡长，党委副书记、乡长。1992年11月，任江浦县珠江镇镇长、党委副书记。1994年6月，任珠江镇党委书记。1994年8月，任中共江浦县委常委、珠江镇党委书记。1997年6月，任中共江浦县委副书记、县长。1999年7月 任中共江浦县委书记、县长。2001年11月，任中共南京市委常委、市委政法委书记、江浦县委书记、县长。2002年5月，任中共南京市委常委、市委政法委书记、浦口区委书记、南京高新技术产业开发区党工委书记。2005年7月，任中共南京市委常委、政法委书记、江宁区委书记。2006年9月，任中共南京市委常委、江宁区委书记。

他是中国共产党第十七次全国代表大会代表。

【柏 鹏】

柏鹏，生于1959年10月，安徽省肥西县人，大学文化，硕士学位。1977年11月，在扬州市无线电元件一厂工作。1978年3月，在南京大学中文系学习。1982年2月，在南京市人事局技术干部科工作。1984年9月，加入中国共产党。1985年2月，任市人事局技术干部科科员。1986年5月，任市人事局技术干部处主任科员。1988年12月，任市人事局技术干部处副处长。

1993年10月，任市人事局专业技术人员管理处处长。1997年12月，任市人事局培训处处长。1998年9月，任市人事局局长助理兼培训处处长。1999年2月，任市人事局局长助理兼市人才中心主任。2000年8月，任市人事局副局长、党组成员。2004年11月，任中共南京市鼓楼区委常委、副区长。2006年9月，任中共南京市江宁区委副书记、副区长、代理区长。2007年1月，任中共南京市江宁区委副书记、区长。

【刘志伟】

刘志伟，生于1961年3月，江苏省江宁县人。1978年12月，入读江苏省公安专科学校。1982年2月参加工作，历任江苏省公安厅刑侦处内勤、科员、副科长、科长、副处长等职。1985年，加入中国共产党。1995年7月，任江苏省公安厅刑侦处副处长、省公安刑事警察总队副总队长。1996年12月，任江苏省公安厅经济案件侦查处处长。1998年1月，任江苏省公安厅经济案件侦查处处长、经济案件侦查总队总队长。2000年12月至2003年11月，任江苏省公安厅副厅长。2003年11月，任南京市人民检察院党组书记、副检察长、代理检察长。2004年1月，任南京市人民检察院检察长、党组书记。

【王亚军】

王亚军，生于1969年，江苏省江宁县人，中共党员。毕业于中国外交学院，获文学、法学双学士学位。1993年6月，任外交学院团委书记兼亚太研究中心副主任，智囊杂志社副主编。1995年6月起，历任外交部团委书记、部机关党委青年工作处处长，中国驻比利时大使馆一等秘书，中国驻欧盟使团一等秘书，中国驻法国斯特拉斯堡总领事馆副总领事。2004年9月，任外交部经济外交与合作办公室主任。2005年6月起，担任外交部政策研究司参赞、副司长等职。主编《从联盟到独联——一个帝国的衰亡》《亚太风景线——专家学者纵论21世纪亚太》《21世纪与亚太》丛书等。著有散文集《印象欧洲》《东方红西方蓝：一位中国外交官的欧洲亲历》等。发表《对“内建和谐社会、外促和谐世界”思想的理论思考》等论文若干。

第二节 经济（企业）界人物

【陶欣伯】

陶欣伯，生于1916年12月，江苏省江宁县人。10岁赴上海，就读于中法学堂和震旦大学。民国26年（1937）抗日战争爆发，他离开中国前往越南，从事物资运输工作；民国28年8月，转至缅甸，参与滇缅公路运输工作。抗战结束后，回到越南经商，因法越交战，重返缅甸，经营大米和柚木出口业务及船务。全家移民新加坡，从事船务、银行及地产业，是新加坡著名跨国企业家。

1978年，陶欣伯返回故乡南京，出资兴建南京金陵饭店。1983年10月正式开业。当时，这座饭店是中国对外开放后，第一批利用侨、外资兴建的涉外饭店，为当时国内楼层最高的涉外饭店。1993年，他与其他著名爱国华侨一起，投资建设上海世贸商城，1999年正式落成，这是亚洲最大的常年展示中心。此外，还先后投资北京亮马河大厦、苏州工业园，苏州锦华苑、南京状元楼大酒店。

陶欣伯是一位爱国实业家，同时也是一位慈善家。1991 年，他捐资 100 万元重建江宁县横溪中心小学（该校建于民国 26 年，即 1937 年），1992 年学校落成，冠名允公小学。陶欣伯出任允公小学名誉校长。该校是南京市实验小学、绿色学校、德育先进校，江宁区文明单位。

2006 年，他捐资 200 万元，为学校新建一座教学楼，以及四块标准化的篮球场，人工草皮足球场和塑胶环形跑道运动场。他还投资 140 万元，在允公小学旁建成芬资幼儿园。30 年中，他共为横溪小学投入千万元，并设立教育基金，一直资助学校发展。

1997 年，他出资 500 万美元，设立陶氏奖学金，资助在哈佛商学院攻读 MBA 课程的优秀学生，为国家培养企业家人才。至 2007 年，获得陶氏奖学金的 70 位优秀青年，其中 60 位完成学业回到中国，成为企业成功的栋梁之才。

2006 年，90 岁高龄的陶欣伯出资 500 万元，在南京创立江苏陶欣伯助学基金会，面向全国普通高校中“贫困有志”“品学兼优”的学生，资助他们完成大学学业。陶欣伯因此被特聘为江苏省慈善总会名誉会长。

【李炳森】

李炳森，生于 1931 年 3 月，江苏省江宁县人。1950 年毕业于南京立德会计学校，1951 年参加工作，担任县农业银行农金员、农村信用社辅导员。1955 年，李炳森任江宁县陶吴营业所农金干部，其间，他负责横溪、横山、云台、西安 4 个乡（1 个片）的信用社辅导工作和另外 3 个乡（1 个片）的信用社辅导站工作。经过一年的艰苦工作，李炳森负责辅导的 7 个信用社发生显著变化，一类社（经营好的）由原 2 个增至 5 个，二类社（经营一般的）由原 3 个减至 2 个，消灭了三类社。1956 年，李炳森加入中国共产党。当年，因他在辅导 7 个农村信用社方面成绩卓著、效果突出而被评为全国先进生产者和全国系统先进工作者。1956 年 5 月 1 日国际劳动节，他出席全国先进生产者代表大会，参加首都“五一”节游行，在天安门广场接受毛泽东等党和国家领导人的检阅。之后，登上天安门城楼两侧的观礼台观礼。他和来自全国各地的先进人物一道受到毛泽东、刘少奇、周恩来、朱德等党和国家领导人的接见，并合影留念。

李炳森在 40 多年的银行工作中，担任基层银行营业所正、副主任 6 年，县支行农金股长 4 年，县支行正副行长 18 年，市分行副行长 8 年，同时兼任农行南京分行信托投资公司经理。他是南京区域经济农村金融和农行南京分行的开创者之一。1987 年 11 月，被农业银行总行评为高级经济师。

【沈庆喜】

沈庆喜，生于 1937 年 10 月，江苏省江宁县人，中共党员。全国劳动模范、江宁区人大代表，彭福村党支部书记，南京市社会主义新农村建设卓越带头人。

1988 年沈庆喜初到彭福村，利用彭福村剩余劳动力丰富的优势，将村里的个体建筑和剩余劳力组成劳务工程队，他兼任队长，带领他们闯进劳务市场。他们进城找门路，接业务，从拆建厕所，修下水管道等别人不愿干的脏活、累活及效益低的工程做起，始终坚持质量第一，终于在市区劳务市场站稳脚跟，当年获取经济效益 11 万元。经过多年滚动发展，原先只有十几个人的建筑工程队，发展到 2001 年已有三级资质的建筑工程公司和装饰工程公司，以及基础道路工程公司、河道整治工程公司等；拥有固定资产 3000 多万元，年创产值 7800 万元，利税 550 万元。1995 年，他组建南京彭福集团公司，形成合金、服装、化工、建筑、装潢、商业、特种养殖等七大系列，共有 100 多个品种，职工 2200 多人，固定资产 5500 多万元。2001 年，年创产值 1.80

亿元，利税1060万元，人均收入4915元，连续8年被南京市评为村级经济实力百强村。

在他的带领下，彭福村屡屡获奖。1994年，彭福村被市政府列为高产、优质、高效农业实验村；1995年，被列为小康示范村；1997年，又被列为农业现代化试验村。2001年，被江苏省命名为农业现代化先行示范单位和江苏省百佳生态村。

【白世春】

白世春，生于1944年2月，江苏省江宁县人，高级经济师。历任南京市财政金融局综合组组长，南京市财政金融局副科长、科长，南京市财政局副局长，南京市计经委副主任，南京市计委副主任。后任中国人民银行南京市分行副行长、行长、党组书记，中国人民银行江苏省分行副行长、行长、党组书记，中国人民银行济南分行行长、党委书记，中国人民银行总行参事。2005年4月起，任南京银行股份有限公司独立董事。

【张文才】

张文才，生于1946年，江苏省江宁县人，中共党员，高中学历。1986年，他被任命为东山章村村党总支书记。上任时，全村人均收入仅287元。为提高村民收入，章村相继建成链条厂、皮鞋厂等企业。1994年前后，全村工业经济滑坡，张文才在全县率先进行企业拍卖，以100万元卖掉一家化工厂。随后，对部分企业实行产权制度改革，资本经营使章村经济从此复苏。1996年，他大胆决策，投资1000万元兴建村工业园，走出“章村人搭台，外商唱戏”的新路，吸引多家中外合资企业落户。1997年，开发建设30公顷标准化农田。1998年，投资近500万元发展第三产业。1998—2001年，章村村每年投入2000万元，兴建7幢农民公寓，200多户村民喜迁新居；对村里60岁以上老人发放养老金由90元/月调整至100元/月；投入90万元盖医院，实施合作医疗保险，药费能报销40%；凡是花费上万元的重大疾病，村里给予30%～40%的补贴；投资200万元用于村内干道的改造；投资40万元对村小学进行扩建。章村村被评为江苏省现代化建设实验村和现代化建设示范村。2001年5月，他被省政府授予江苏省劳动模范称号。

【江宝全】

江宝全，生于1946年5月，安徽省和县人，中共党员，南京金箔集团有限责任公司董事局主席，高级经济师。1962年参加工作。从事工商企业40余年，先后多次被授予南京市优秀厂长、经理、企业家、十大新闻人物光荣称号；1998年，获得全国“五一”劳动奖章。2003年，当选中国包装协会第六届理事会会长。2005年，当选南京市包装技术协会第七届会长、江宁区企业家协会会长等职。并担任北京大学特聘顾问，南京大学、东南大学等五所大学兼职教授。著有《边干边吹集》《信口开河集》《鱼塘理论集》《风雨孤儿路》和散文集《想你的时候》。

1983年，江宝全调任金箔厂厂长后，他狠抓企业改革和创新，取得卓越成绩。该企业生产的“金陵牌”金箔畅销海内外，占全国市场份额80%。1985年，金箔厂制定出国家金箔行业第一个金箔标准，该标准此后成为中国金箔行业的国标。1987年，“金陵牌金箔”获国家最高质量金奖，为40年间南京市地方工业夺得第一枚金牌，成为南京叫得响的名牌。1996—2000年，金箔集团每年创产值上亿元，利税上千万元。其中2000年产值超过6亿元，利税超过8000万元，成为江宁县第一利税大户。为适应社会主义市场经济发展的需要，2000年10月，金箔集团改制为江宁最大的民营企业。

江宝全是江苏省第十届人大代表。

【鲍莉萍】

鲍莉萍，女，生于1947年5月，江苏省南京市人，民革党员。金肯职业技术学院董事长、法人代表，兼任江苏省民革妇委会副主任、江苏省女企业家协会副会长、南京市女企业家协会副会长、江苏省工商联民办教育协会副会长、南京市民革经济工作委员会副主任、江宁区工商联女企业家联谊会暨女企业家协会会长等。先后获得全国“三八”红旗手、江苏省“三八”红旗手、江苏省优秀女企业家、中国公益之星、2004年中国女性创业风云人物、中华爱国企业家、江宁区优秀人大代表、2004年南京市十佳创业女明星荣誉称号。2006年，被南京市政府评为光彩事业之星；是年，被评为各民主党派工商联无党派人士为全面建设小康社会作贡献先进个人。

1994年，创办南京金肯建筑安装工程有限公司。1998年春，鲍莉萍拿出经商15年的全部积蓄2600万元，创办金肯职业技术学院。至2007年，学院占地34公顷，总投资2.84亿元。办公楼、教学楼、宿舍楼、实验室、大学生活动中心、食堂、浴室等建筑设施一应俱全，共23.50万平方米。拥有现代化的教学设备，建有计算机网络机房和计算机应用实验室11个，多媒体视听教室56个，多媒体综合教室46个，设有电子电工实验室等，吸引江苏、安徽、浙江、福建等地近6300名学子到此求学。2003年，金肯学院的首批学生毕业，就业率97%。2007年，她又创办金肯职业技工学校。

鲍莉萍是南京市政协委员、江宁区第十四届人大代表。

【梁鑫保】

梁鑫保，生于1948年2月，江苏省江宁县人，中共党员，政工师、工程师。1968年，江宁县秣陵中学高中毕业，1998年，中央党校函授本科毕业。1969年至1987年，历任秣陵村农机员、村办企业供销员、副厂长、厂长、村党支部书记。

1987年8月，梁鑫保组建秣陵铸造总厂，在缺乏资金、厂房的情况下，梁鑫保用厂里仅有的一批南京柴油机厂铸造车间转让的旧设备，带领职工艰苦创业，使一个名不见经传的乡办小厂，发展到有职工近400名，固定资产2602万元的著名乡镇企业。2001年实现产值2783万元，利税679万元，成为南京市明星企业，并进入全国福利企业五百强的行列。梁鑫保把为民解难、造福社会作为办厂宗旨，全镇有500多个“四残”人员，先后安排300多人进厂工作，占全厂职工数的60%。厂里专门成立残疾人领导小组，为残疾人排忧解难。

他是中国企业家协会会员、中国铸造协会会员、中国机械工程协会会员。1995年，他被江苏省人民政府授予江苏省劳动模范称号；1996—1997年和1998—1999年，他获江苏省乡镇企业家称号；2001—2002年，获江苏省优秀乡镇企业家称号；2001年6月，他被省委、省政府表彰为“九五”期间发展乡镇企业先进个人。

【张双喜】

张双喜，生于1948年10月，江苏省江宁县人，中共党员。1990年，任其林乡锁石行政村党支部书记。在他的带领下，经过全村干群的共同努力，把一个原本生产落后、债务沉重、经济薄弱的贫困村建成农民富裕、环境优美、幸福文明的经济强村。1999年，三个产业产值达1.15亿元，实现利税528万元，人均收入7120元。连年得到上级的表彰，先后获得南京市综合实力百强村、社会主义建设先进集体、科普文明村、先进基层党组织，江苏省安全文明村、卫生村、文明单位等称号。1999年9月，锁石村被评为全国创建文明村镇工作先进村。至2007年，锁石村有工业企业24家，共建钢架大棚70公顷，实现了灌溉自动化、种植多样化、整体园林化。

是年，农民人均纯收入 15820 元。在经济发展的同时，村里投入 2000 万元，为群众办实事，实现购物看病不出村（有苏果连锁超市、社区卫生医疗服务站、老年康复医疗室）；信息娱乐不出户（有线电视网、宽带网络）；健身休闲不进城（露天休闲广场、网球场、篮球场、棋牌室、健身室）；文化学习有阵地（农民文化宫、图书室、电子阅览室）；求职就业有门路（锁石信息网、社区劳保站）；生活养老有保障（免费合作医疗，免费洗澡、理发，免费入学，免费乘坐上学交通车和享有老年人、老党员、贫困生生活补助）。

1996 年，他被评为江宁县十佳公仆；1998 年，被评为县勤政廉政好干部；同年，被评为南京市精神文明建设先进个人；2000 年，获全国劳动模范称号。2001 年 10 月，还被中宣部、国家计生委授予全国婚育新风进万家活动先进个人称号。

【吴勤松】

吴勤松，生于 1949 年，江苏省江宁县人，中共党员。1969 年 11 月入伍，在部队 18 年，荣立二等功 1 次、三等功 5 次，嘉奖 13 次，多次被评为学雷锋积极分子、模范党员、五好战士，荣获全国边陲儿女银质奖章。1986 年转业后，任江宁县殡仪馆馆长、殡葬管理所副所长。

在殡仪馆工作期间，他全心全意为丧者家人着想，脏活、累活，诸如整理腐烂尸体，钻进狭小、高温的炉膛检修设备，顶风冒雪接运尸体等，他都抢着干。同时，他狠抓馆内管理，建立行风监督机制，率先垂范，严格执行，从不收受丧者家人钱物，赢得众多丧者家人好评。他把全部身心扑在殡仪事业上，兢兢业业工作，默默无闻奉献。工作起来不分昼夜，一干就是十多个小时，就连每年的除夕之夜也是在单位度过的。

随着江宁殡仪馆业务量的增长和经济效益的提高，他首先想到的是全面提高馆内设施水平，把江宁殡仪馆打造成符合全区社会发展要求的高等级殡仪馆服务场所。为此，他多次亲赴上海、苏南等周边地区考察、调研，并邀请权威涉及部门，结合江宁区实际和行业规范标准，反复设计、论证，确定殡仪馆改、扩建计划。2000 年，殡仪馆改、扩建工程破土动工。经过一年多施工，总投资 2700 万元的一期工程圆满竣工，改、扩建后的新馆占地面积新增 1.89 公顷，总面积达 3.89 公顷，主体工程建筑面积 6300 平方米，达到国家一级殡仪馆标准。

他多次被评为省、市殡葬工作先进个人，10 多次被评为县级以上优秀共产党员。1994 年 5 月，被评为南京市劳动模范；同年 11 月，被评为省民政系统先进工作者。1996 年，被县委、县政府授予勤政廉政好干部称号；同年，被省政府评为劳动模范。2003 年，获全国“五一”劳动奖章。2005 年，被国务院授予全国劳动模范称号。并多次当选为县、镇人大代表。

【于行阳】

于行阳，生于 1953 年 5 月，江苏省江宁县人，中共党员，高中学历，江宁横溪街道许呈村种植户。1986 年，开始西瓜嫁接试验，经过多次尝试终于获得成功，使瓜苗成活率在 80% 以上，提早上市 15 天，每亩增加产量 30%。他将小棚换成中棚，中棚换成大棚，单膜覆盖改为三膜、四膜覆盖，苗床育苗由仅靠薄膜增温发展到电灯、电热丝增温，并从昆山、北京、台湾等地引进并培育 60 多个西瓜新品种、20 多项新技术。2007 年，他的西瓜大棚发展到 7.40 公顷，年产值达 100 多万元，纯利润 40 多万元，解决农民就业 21 人，成为依托科技发展致富的“农场主”。至 2007 年，经于行阳帮扶的困难户有 200 多户，带领他们发展大棚 53.33 公顷。为瓜农开展大棚西瓜技术专题讲座 81 场，间接培训农民 4000 多人，实施技术输出 11 项，帮助六合、溧水等地培育西瓜嫁接苗能手 46 人。此外，于行阳每年低价提供给困难户瓜菜种苗 15 万株以上，免费提供困难户农膜 100 多吨，为困难户减少 10 万元的农资支出。他先后被评为南京市科技示范户、南京市劳动模范。2006 年，被评为江苏省劳动模范。

【贾兆生】

贾兆生，生于 1954 年，江苏省江宁县人，中共党员，大学文化。1975 年 10 月参加工作。他任南京天宝水泥集团董事长后，针对企业内部管理混乱、职工队伍不稳定、亏损 2033 万元、负债 3.20 亿元，被列为县脱困企业的现状，大胆地实施一系列改革。狠抓产品质量，实行质量一票否决制。1999 年，南京天宝水泥集团通过 ISO 9002 国际质量体系认证。2000 年，产品获省名牌称号，当年创效益 400 多万元。他关心职工生活，积极兴办小实体，安排富余人员 285 人，恢复建造 300 套东山职工集资住房，将职工食堂由营利性改为福利性，修建职工浴室，扩建场内外道路，绿化厂区及生活区环境，真正做到一切为职工着想。2001 年，天宝水泥集团公司生产水泥 112 万吨，首次突破百万吨大关。从 1998 年的 46.20 万吨起，实现年递增率 34% 的高速发展，跨入大型水泥企业行列，同时跻身全国水泥企业 50 强。2001 年，“天宝山”牌水泥荣获江苏省名牌产品和江苏省质量信得过产品。2002 年，“天宝山”牌水泥荣获国家质量免检产品。

贾兆生先后被评为南京市优秀党务工作者、建设新南京有功个人、市劳动模范。2001 年，被评为江苏省劳动模范。

【孟向前】

孟向前，生于 1956 年 5 月，江苏省南京市人，省委党校函授在职研究生。1978 年 3 月，在内蒙古轻工业学校学习。1980 年 1 月，任内蒙古克什克腾旗糖厂技术员。1981 年 4 月起，任江宁县缝纫机厂技术员、车间副主任、主任、党支部书记等职。1983 年 12 月，任县缝纫机厂副厂长。1985 年 3 月，任南京长江电风扇厂副厂长、党委委员。1993 年 11 月，任南京长江电风扇厂厂长、党委书记。1994 年 9 月，任江苏时花集团股份公司董事长、总经理、党委书记。1998 年 5 月，任县工业局局长、党委书记。2000 年 12 月，任江宁区工业局局长、党委书记。2002 年 3 月，任东山镇党委书记；同年 6 月，任东山街道党工委书记。2006 年 3 月，任区总工会主席；同年 5 月，任区总工会主席、区政协党组成员。2007 年 1 月，任政协南京市江宁区副主席、区总工会主席。

1993 年，江宁时花集团企业应收款高达 4000 多万元，库存积压产品 420 多万元，欠银行贷款 5400 多万元。孟向前通过各种改革措施，使企业走出困境，进入良性循环的轨道。1994 年 9 月，组建成立江苏时花电器集团公司，同时陆续成立时花工贸公司、时花机电配综合服务公司、时花通讯器材厂、时花标牌厂等 16 家法人经济实体。是年，集团公司被评为中国 500 家最大电器机械及器材制造企业之一。1995 年，先后组建乐超纤维制品有限公司、丽宁毛绒制品有限公司、飞得电器制造有限公司等 8 家合资企业。从 1993 年到 1995 年，时花集团家电产量由年产 65 万台增至 140 万台，年产值由 2.20 亿元增至 4.50 亿元，年利税由 980 万元增至 2000 万元，企业发展成为拥有 5000 万元固定资产的跨地区、跨行业、跨所有制的省级集团公司，被省委、省政府授予文明单位称号，并评为江苏省最佳经济效益工业企业，被南京市列为 50 强明星企业。1997 年年底，根据江苏省现代企业制度 100 家试点要求，组建江苏时花电器（集团）股份有限公司，成为全县第一家股份有限公司。同时，1993 年企业取得进出口自营权的基础上不断扩大产品出口量，在乌拉圭、几内亚、新加坡等国家设“时花市场”，出口产品遍及美、欧、非、东南亚等 34 个国家和地区。1996 年，出口创汇达 1000 多万美元。

1989 年、1991 年，孟向前两次被评为市劳动模范。1995 年，被授予全国劳动模范称号。

【程军荣】

程军荣，生于1978年，江苏省江宁县人。1993年，初中毕业。1994年夏，在解放军5311工厂当工人，被分配到民品车间当装配工。此后，他主动向领导申请去当车工，他围着车床一干就是14年。14年间，程军荣从一名搬运装配工成长为工厂里最年轻的工人技师。并先后荣获空军装备部工厂管理部质量先进个人、南京市技术能手、南京市新长征突击手等称号。2003年，获江苏省“五一”劳动奖章。2005年，获南京市金牌蓝领称号。2006年，被评为江苏省劳动模范。2007年，荣获全国“五一”劳动奖章，成为江苏省第一位获此殊荣的农民工，并于当年五一前夕，作为全国唯一的农民工代表站在人民大会堂的讲台上作典型发言。2007年12月，程军荣当选为第十一届全国人大代表。

第三节　科技教育卫生界人物

【刘国光】

刘国光，生于1923年11月23日，江苏省江宁县人。民国26年（1937），在省立江宁县中学毕业。民国30—35年，在云南昆明国立西南联合大学经济系学习，毕业考入北平清华大学研究院，转到天津南开大学经济系任助教。民国37年9月，转到南京中央研究院社会研究所任助理研究员。1951年，被派往苏联莫斯科经济学院国民经济计划教研室当研究生。1955年，毕业并获副博士学位。回国后，入中国科学院（后为中国社会科学院）经济研究所从事研究工作，历任助理研究员、研究员、所学术秘书、研究室主任、《经济研究》杂志副总编和主编、副所长、所长等职务。1981—1982年，兼任国家统计局副局长。1982—1993年11月，任中国社会科学院副院长，其间在中国共产党第十二次和第十三次全国代表大会上，当选为中央委员会候补委员。1988年，被波兰科学院选为该院外国院士。1993年11月起，任中国社会科学院特邀顾问。1993年至1998年3月，任全国人民代表大会第八届常务委员会委员，兼任北京大学、浙江大学、东北财经大学、上海财经大学等大学教授。

刘国光参加和领导过中国经济发展、宏观经济管理、经济体制改革等方面重大课题的研究、论证和咨询，获得首届中国经济学奖，是中国经济学界泰斗，被称为当代中国最著名和最有影响的经济学家之一。

【夏　玮】

夏玮，生于1934年，江苏省南京市人，享受国务院政府特殊津贴。1957年，毕业于浙江农学院农学系，后分配到河北省柏各庄农场一分场任技术员。1963年，调柏各庄农垦区。1979年，调江宁县农科所、农业推广站任高级农艺师。1994年退休。

夏玮长期从事农业技术推广工作。早在20世纪50年代，他针对北方气候盐碱地的特点，成功地引进日本寒地水稻油纸、薄膜保湿育秧技术，解决了生产中出现倒春寒青枯死苗现象。60年代，在中国科学院遗传研究所的帮助下，引进美国杂交高粱不育系3197A种子，总结出一套繁殖、制种技术，并向全国农垦系统供应原种，推动杂交高粱生产的发展。同时，为选育水稻“翼粳2号、3号、6号”新品种进行鉴定和推广，并参加水稻高产协作组，根据盐碱地水稻高产生育特性，在水稻亩产量600公斤高产栽培技术研究方面取得成功，获农垦部科技成果二等奖。1985—1987年，承担苎麻速生栽培课题，采取电热线控温育苗方法，取得当年育苗、当年栽插、当年高产的效果，成为南京地区首次苎麻一年收获三季的典型，获农业部科技进步二等奖。他致力于水稻、苎麻高产栽培及西瓜早熟、多熟制应用等技术研究与推广工作，获部、省、市科技进步奖13项。主要论文有《麦、瓜、玉米、稻间套作技术研究和应用》等。

他是江宁县第八次人民代表大会代表，政协江宁县第六届委员会常委。

【林双泉】

林双泉，生于1935年，江苏省丹阳县人，中共党员，中学高级教师。1959—1961年，任土桥初级中学第一任校长、党支部书记。他在江宁县从事教育工作41年，先后任小学教师、中小学校长22年；县教育局副局长、局长19年。他多次参加国际国内学术研讨会，撰写的论文三次获江苏省教育科学研究成果奖。《制定基础教育规则，必须以整体优化为目标》论文，被收入《乡镇基础教育规划研究—因地制宜的教育发展战略》一书（中、英文版）。“谁办学主要由谁管”的教育管理体制模式被收入1985—1986年的《中国教育年鉴》。1986年，他倡导集资20万元建敬师院，让身边无子女的离退休教师颐养天年。在他的带领下，江宁县先后被评为基础教育先进县、幼儿教育先进县、贯彻实施学校体育卫生工作条例先进县等，还被列为全国教育综合改革实验县。他担任江宁县教育学会会长期间，学会曾被江苏省和全国评为教育系统先进单位。

他曾任江苏省教育学会农村教育综合改革专业委员会常务副理事长。1989年，被评为全国优秀教育工作者；1994年，获南京市十佳公仆殊荣。1995年4月退休。

【宫先仪】

宫先仪，生于1938年，江苏省江宁县人。1962年，毕业于中国人民解放军军事工程学院海军工程系水声专业（五期毕业生）；同年，到杭州应用声学研究所工作。1985—1987年，在美国凯斯西储大学做访问学者。曾任中国船舶工业总公司第七研究院第715研究所研究员、总工程师，海洋声学国家重点实验室主任，浙江大学教授、博士生导师，杭州应用声学研究所声呐技术国防科技重点实验室主任。水声工程专家，中国潜艇声呐的奠基人。2001年，当选为中国工程院信息与电子工程学部院士。

宫先仪主持完成第一代核潜艇某型噪声测向声呐的研制，该声呐是中国第一代自行设计、研制的大型潜艇声呐，该声呐的研制成功，填补了国内空白。主持完成某两型综合声呐的研制，该两型声呐达到发达国家现代声呐装备的先进水平，成为海军第二代常规动力潜艇和核潜艇主要声呐装备，具有重大军用价值和经济效益，对中国声呐技术发展产生深远影响。主持完成某型常规动力潜艇声呐系统研制，该系统是中国第一个实现集中显示和综合控制的声呐系统。主持新一代核潜艇某型舷侧阵声呐研制，完成原理样机研制和初样机设计，正进行初样机试制。主持或参与主持被动定位、目标识别、匹配场处理、南海重点海域水声综合考察、潜艇综合声呐系统技术、海洋声信息处理新原理、新方法等多项国防重点和国家安全重大基础研究课题，并有效地将研究成果应用于工程研制中。多年中在国内学术刊物或国内外学术会议上发表或指导研究生发表论文40余篇，获6项国家和省部级科技成果奖。先后荣获全国“五一”劳动奖章、浙江省劳动模范、全国先进工作者等荣誉称号。

【李世祥】

李世祥，生于1939年3月，江苏省江宁县人，中共党员，大学文化，高级工程师。国产军工60系列迫击炮主设计师，享受国务院特殊津贴。1965年，毕业于太原机械学院。1971年2月至1982年，调入湖南国营9607厂工作。从1983年起，专门从事军品开发科研工作，曾担任过湖南国营9607厂技术科科长、科研所所长、副总工程师。从1992年10月起，享受国务院颁发的政府特殊津贴。1998年，他被派往南美厄瓜多尔、秘鲁等国进行学术交流与服务。主要科研项目成果：主持军品W83式60毫米迫击炮（外贸命名）、PP89式60毫米迫击炮开发科研（主设计师）；军品WX90式60毫米迫击炮（外贸命名）、PP93式60毫米迫击炮开发科研（主设计师）；PPT89式60毫米特种迫击炮技术负责人兼设计师。主要科研成就：W83式60毫米迫击炮系统于1989年12月获国家机电部科技进步一等奖；1990年12月获国家科技进步二等奖；PP93式60毫米迫击炮系统于1998年获国家兵器工业总公司部级科技进步一等奖。

【杨德广】

杨德广，生于1940年2月，江苏省江宁县人，教授、博士生导师，享有国务院特殊津贴高级专家。他先后就读于江苏省江宁县上坊小学和中学、南京市第九中学、华东师范大学。曾任华东师范大学团委书记、上海高教研究所所长、上海市高等教育局副局长、上海大学校长、新上海大学常务副校长、上海师范大学校长。中国民办教育研究院副院长，兼任中国高等教育学会副会长、中国民办教育协会常务理事、上海市高等教育学会常务副会长、全国高等教育管理研究会顾问、全国高等教育学专业委员会顾问、上海震旦职业学院专家咨询委员会主任。

【詹明道】

詹明道，生于1942年，江苏省镇江市人，中共党员。毕业于江苏教育学院数学专科。先后在江宁县陆郎农业中学、联办中学、陆郎小学任教。1981年，任江宁县教育局教研室教研员。他辅导学生参加“华罗庚数学金杯赛”连续8届取得全国一等奖，获金、银牌10多枚，在其他数学大赛中捧回约300枚奖牌。他发明的“几何图形拼板”获科技发明奖和国家专利。中国教育电视台通过卫星向国内外播放由他策划、撰稿、主讲的20集电视系列讲座《课堂教学艺术》。在省内外讲学或上公开课50余次，发表文章400余篇（其中教学论文100余篇），主编及与别人合写的书有30多本。《全国中等教育名师大典》中概括他的独特的教学风格为“实中有活，活中有实，以趣促活，实、活、趣三者统一”。他长期致力于小学数学教学及研究工作。他退休后，南京市成立詹明道数学教育思想理论研究班，其研究成果结集《走向数学生态课堂（特级教师詹明道数学教育思想研究）》一书出版。他先后被评为南京市江宁区首届十佳公仆、南京市首届精神文明标兵、南京市劳动模范、全国教育系统劳动模范。1994年，被评为江苏省小学数学特级教师。1995年，他被全国总工会授予全国“五一”劳动奖章。

【葛传生】

葛传生，生于1942年，江苏省江宁县人，硕士生导师。从事儿科临床工作30余年，擅长小儿呼吸系统疾病的诊治。曾任南京儿童医院主任医师、南京大学医学院教授、中华医学会江苏省防痨协会理事、中华医学会南京医学会儿科专业委员会名誉主任委员、江苏省预防医学会儿童保健专业委员会委员、《江苏医药》编委、《南京医科大学学报》编委。获江苏省卫生厅和南京市卫生局科技进步奖和新技术引进奖7项。

【奚华堂】

奚华堂，生于1942年3月，江苏省扬中市人，中共党员，大学文化。1966年，毕业于南京医学院；同年7月参加工作。任南京市江宁医院胸心外科主任医师、客座教授、特约研究员。从事胸心外科、普外科临床工作。发表《食管癌贲门癌343例外科手术小结》《闭式二尖瓣分离术23例》《非开胸食管内翻拨脱术治疗贲门癌18例报告》等论文17篇。曾获南京市政府科技进步三等奖2项，获南京市科委优秀论文一等奖等。被评为江苏省第四届优秀科技工作者、南京市首届中青年拔尖人才等。他是江苏省、南京市医学会理事，南京市医院管理学会常务理事，南京市专业技术职称高评委委员，江苏省专业技术职称高评委专家库成员。1978年，被评为江苏省卫生工作先进工作者。

【张耀明】

张耀明，生于1943年，江苏省无锡市人，无机非金属材料专家，教授、博士生导师。1965年，毕业于上海同济大学，后分配到南京玻璃纤维研究设计院。历任特纤所所长，副院长；1995—2003年任院长。2001年，当选为中国工程院院士。2007年，聘为东南大学能源与环境学院教授。

张耀明首创20孔双坩埚拉丝工艺技术和特大双机头拉丝机、多排多孔共挤塑料光纤工艺等。研究的多组分玻璃光纤、塑料光纤、传象束等非通信光纤制造技术均达世界先进水平。部分技术处国际领先，推动国家非通信光纤领域的发展，形成10多亿元的非通信光纤的产业规模。他首创代铂炉拉制高强度玻璃纤维及丝根针管风冷技术，主持国防四大重点工程“31工程”防热材料用立体织物和“十号工程”天线罩用玻璃纤维仿形织物的配套研制工作。2005年，张耀明带领团队在太阳能热发电聚光集热技术、系统集成技术等方面取得突破性进展，率先在南京江宁经济技术开发区建成国内首座70千瓦太阳能热发电示范工程，并成功并网发电。他的研究领域拓宽到太阳能采光、太阳热发电、太阳能跟踪聚光光伏发电技术、光伏光热综合利用技术领域。围绕太阳能的利用先后申请国家专利50余项，申请美国专利6项，已获3项美国专利授权。

张耀明先后主持和承担20多项国家、部省级重大科技攻关项目，获得国家发明二等奖1项、国家科技进步二三等奖5项、部省级科技进步二等奖5项、杜邦奖1项。发表著作和论文30多篇，申请专利90多项，获授权60余项。为中国非通信光纤和特种玻纤领域培养了一批优秀的中青年技术骨干。

张耀明获人事部、国家建材局授予的建材系统劳动模范等十多项荣誉称号。1995年，获王丹萍科学奖金。2004年，被评为江苏省首届十大杰出专利发明人。2005年，获中国首届发明创业奖特等奖和中国十大当代发明家称号。

【萧维伦】

萧维伦，生于1943年，中共党员。1966年，毕业于南京师范学院物理系。1983年，任江宁县中学副校长。1988年6月，被评为中学高级教师。1992年，任江宁县中学校长。萧维伦担任江宁县中校长后，提出创建国家级示范高中的目标。经过七八年的艰苦奋斗，2001年4月，江宁高级中学通过国家级示范高中的检查验收。他不仅是教育教学的行家里手，同时也是教科研的排头兵。在教学之余，撰写数十篇教育科研论文，多篇获区一、二等奖。其中《“学导式”教学法的一次尝试》获市优秀教学成果二等奖，《中学物理教学过程初探》获省物理学会一等奖。他先后主持5个省级课题的研究，主编多部专著。他曾被选为市物理学会与中学物理教育研究会理事，江宁教育学会副会长，县科协副主席。

他先后获得江宁县十佳勤政廉政好干部、江苏省优秀教育工作者、南京市十佳中学校长、江苏省全心全意依靠教职工办学的好校长、中国教育电视新闻人物、南京市劳动模范等荣誉称号。

【庞存根】

庞存根，生于1945年11月，江苏省江宁县人。1967年，任周岗乡农技站农技员。庞存根在周岗乡农技站工作25年间，承担的稻麦高产栽培技术、测土配方施肥规范化、低产田改造等24项科技研发项目获得国家科委和省、市多次奖励。他参与主持的土肥“测、配、产、供、施”一条龙技术开发及全程服务体系建设，在“七五”全国星火计划成果博览会上获银质奖。周岗农技站自1984年起连续7年被评为南京市先进农技站；1988年，被评为江苏省先进“五有”（有服务队伍、有工作场所、有服务设施、有服务实体、有试验基地）农技站；1990年，被授予南京市科技兴农先进集体称号，被江苏省农林厅授予农技推广绿色明星企业称号。1988年，他被南京市人民政府授予建设新南京有功个人称号；同年，被评为江苏省劳动模范称号。1989年，被国务院授予全国劳动模范称号；同年10月，被选为江苏省第八次党代会代表。1991年，被国家科委授予优秀星火企业家称号。

【沈国荣】

沈国荣，生于1949年7月，江苏省武进县人，南京南瑞继保有限公司董事长，电力系统继电保护专家。1982年，毕业于电力部电力科学研究院，获硕士学位。他是国家电网公司科学技术委员会委员、南京电网公司科学技术顾问、国际大电网会议（CIGRE）保护和控制委员会（SC34）中国委员、全国静态保护装置分标准化技术委员会主任委员、电力行业继电保护标准化技术委员会主任委员、中国电机工程学会理事、继电保护专业委员会主任、江苏省电机工程学会副理事长。兼任东南大学、武汉水利电力大学、华北电力大学、上海交通大学、南京大学、山东工业大学等六所高校教授。

1988年，获首届中国青年科学奖，中国电机工程学会授予他优秀科技工作者称号，被评为国家级有突出贡献中青年专家。1991年，获江苏省劳动模范称号。1995年，获南京市十大科技之星称号。1996年，获江苏省优秀科技工作者、优秀知识分子称号。1997年，获全国优秀科技工作者称号。1999年，当选为中国工程院院士。2001年，获国家电力公司劳动模范称号。他获王丹萍科学奖1次，获国家发明二等奖2项，国家科技进步一等奖1项，科技部科技进步一等奖5项，江苏省科技进步一等奖1项，科技部科技进步二等奖4项、三等奖4项。获专利18项。他是政协全国第十届委员会委员。

【范成新】

范成新，生于1954年10月，江苏省江宁县人。1987年，获南京大学环科系环境化学专业硕士学位。任中国科学院南京地理与湖泊研究所研究员，博士生导师，湖泊环境与工程研究室主任，享受国务院政府特殊津贴。后任中国环境科学学会水环境分会常务理事、江苏省海洋湖沼学会水环境与水生态专业委员会主任，《湖泊科学》和《环境科学与技术》刊物编委。他先后主持对太湖、巢湖、骆马湖、固城湖、玄武湖、日本霞浦湖等湖泊的水土营养物、重金属和有机毒物污染，沉积物—水界面物质行为和湖泊底泥污染控制等研究课题。主持国家自然科学基金课题、国家863项目二级课题、中科院知识创新重大项目二级课题和水利部重大委托项目各1项。担任主编或副主编的专著4部，发表论文130余篇，授权专利4项。

【赵建华】

赵建华，生于1955年11月，博士研究生学历。2004年7月，赵建华回国组建中电电气（南京）光伏有限公司，将高效率P型硅太阳电池技术与工业化生产相结合，于2005年6月投产。他在连续19年保持单晶硅、多晶硅太阳电池及组建光电转换效率世界纪录的基础上，成功研制出当时世界上最高效的硅太阳能电池，其转换效率高达24.70%。先后在国际性学术杂志上发表研究论文66篇，在国际会议上发表论文103篇，申请专利8项，完成技术报告29项。获第11届、15届国际光伏科学与工程大会最佳论文奖。赵建华成功研发具有优异电学性能的SE电池，光电转换率达到17.80±0.50%，达到国际领先水平；高效低成本N型背面结硅太阳电池，填补国内低成本高效率太阳电池的技术空白，使中国在新兴太阳能电池领域具有真正意义上的自主知识产权。他先后获十大杰出侨商，海外华人、华侨归国贡献奖，江苏省十佳创业新侨奖，江苏省“五一”劳动奖章等荣誉称号。

【周世东】

周世东，生于1958年4月，江苏省南京市人。1980年，南京师范学院数学系专科毕业；1984年，南京师范学院数学系本科函授毕业；1989年，华东师范大学数学系研究生课程班结业。1980年，分配到江宁县任教；1981年，调入江宁县中学。1989年起，先后任江宁县中学教务处副主任、主任、副校长等职。2002年8月，任江宁高级中学校长、党委书记。中学高级教师，江苏省中学数学特级教师。

任教期间，30余篇教学论文在《数学通报》等刊物上发表。其中《逆向思维在数学解题中的作用》等四篇论文被中国人民大学复印中心《中学数学教学》专辑全文翻印。参编、主编学术专著近20部。领导和主持《教师发展学校——教师培训的新模式》等多个省级立项课题研究。1997年，获江苏省中等学校“红杉树”优秀园丁银奖；1998年，获江宁县首批十位名师称号；1999年，被选拔为江苏省“333跨世纪学术、技术带头人培养工程”培养对象。被聘为南京晓庄学院名誉教授。是南京市中学数学研究会常务理事，南京市中学高级教师评审委员，南京市高中数学学科教学带头人，江苏省普通高中星级评估专家组成员。曾受江苏省教育厅委派，参加四星级高中的评估验收，并担任评审组组长。

【唐国海】

唐国海，生于1961年，中共党员，大学文化。1980年7月，唐国海从晓庄师范学校毕业后分配到江宁县实验小学。1984年起，任江宁县实验小学副校长。1995年8月，调至江宁县百家湖小学任校长、党支部书记。1998年11月，任中共江宁经济技术开发区工委办公室主任。2001年12月，任中共江宁经济技术开发区工委副书记。

他从事数学教学工作期间，主编或合编数学等教育专著8本，分别在省级出版社出版；撰写教育教学论文20余篇，分别在全国、省、市教育刊物上发表，其中10多篇在省、市获一、二等奖。1995年7月，他被选派到江宁经济技术开发区创办百家湖小学，经过几年努力，百家湖小学取得区级以上教育教学成果500多项。1997年10月，百家湖小学通过市级实验小学的验收。1999年年初，通过省级实验小学验收。他是江苏省知名校长，《江苏教育》封面人物，江苏省实验小学教科研专业委员会委员。

1995年5月，他被江苏省教委、江苏省人事厅授予江苏省优秀教育工作者称号；1995年、1998年，连续两年被市教委认定为南京市第一届、第二届学科带头人；1997年，被破格晋升为中学数学高级教师；1998 年 8 月，被江苏省知识分子领导小组确定为江苏省“333 跨世纪学术技术带头人培养工程”的培养对象；1999 年，被江苏省人民政府批准为江苏省有突出贡献的中青年专家。

【张 铭】

张铭，江苏省江宁县人，美籍华人。1983 年，在合肥工业大学获得建筑学学士学位，毕业后留校任教 3 年并同时从事设计工作，积累最初的建筑设计经验。1986 年，到美国伊利诺斯理工学院留学，主攻高层建筑设计与研究。毕业后，就职于凯里森建筑设计公司。1995 年，创办自己的公司。1998 年，加入美国 MG2 建筑设计公司，出任公司执行副总裁、董事局成员及总建筑师，后任总裁。在美国，张铭设计许多著名的建筑作品，包括获奖的塔科马（Tacoma）国际会展中心，好市多（Costco）批发销售公司总部，雷德蒙市市政厅，以及菲利普（Philip）西雅图总部。张铭在美国华盛顿州、康涅狄格州、特拉华州、伊利诺伊州、路易斯安那州、内华达州、新泽西州、北达科他州、俄亥俄州等各州都是注册建筑设计师。是美国建筑师学会会员（AIA,American Institute of Architects）、全球房地产网络（Corporate Real Estate Network Global）会员、美国工业与办公建筑协会会员。被中国地标建筑峰会评为中国 30 年间前 20 名中国地标建筑最具影响力设计师。2004 年，获亚裔美国人先锋称号。

【郑玉平】

郑玉平，生于 1964 年 9 月，中共党员，电力系统自动化专业博士研究生学历。他在主持开发南瑞继保公司科研过程中，研发出“谐波对继电保护的影响并研制出国内首台微机型谐波试验装置”、“国内首套分布式变电站综合自动化系统”（已成功地投入运行）、“电力系统区域安全稳定控制装置”等系列行业和国际领先的电力系统继电保护和控制设备，为中国电力系统的安全可靠和稳定运行发挥出重要作用。这些科研成果，使南瑞继保电气有限公司持续快速健康发展。他先后获得江苏省科技进步一等奖、国家电力科技进步一等奖、国家科技进步一等奖、中国青年科技奖、全国“五一”劳动奖章、江苏省劳动模范等荣誉。2000 年起，享受国务院政府津贴。公司被评为国家重点布局软件企业，中国软件百强企业和中国电气工业百强企业，江苏省税收百强企业。党和国家领导人胡锦涛、温家宝、贾庆林亲临公司考察，对公司在原始创新、集成创新、引进消化吸收再创新“三个创新”方面所作出的成就给予充分肯定和赞赏。2007 年，公司实现销售合同达 24.80 亿元，连续三年税收超过 2.50 亿元。是年 7 月，他获江苏省创新创业人才奖。

【李军荣】

李军荣，生于 1966 年 11 月，江苏省江宁县人，大学文化。1988 年 7 月，毕业于镇江医学院。1989 年 8 月参加工作。2001 年，加入中国共产党。南京市江宁医院神经内科主任医师兼副教授。2007 年，被评为江宁区名医。擅长内科常见病及脑血管疾病的诊断和治疗，尤其擅长微创治疗脑出血、脑室出血及缺血性脑血管病的介入治疗（脑血管支架置入术）。发表《微创颅内血肿清除术加纳络酮治疗高血压性脑出血》《微创双侧脑室引流术加腰大池引流术治疗重度脑室出血》《颈动脉支架置入术治疗颈动脉狭窄》等论文 10 篇。曾获江苏省卫生厅新技术奖 2 项，市、区政府科技奖 6 项，南京市卫生局新技术奖 2 项。江苏省医学会神经病学会委员、江苏省中西医结合学会脑病专业常务委员、南京医学会神经精神学会委员。

第四节　文化体育界人物

【陆　友】

陆友，生于1914年，江苏省江宁县人。民国24年（1935），陆友与进步青年在中共地下党干部卢志英（中共南京市地下市委书记，民国37年12月被杀害于雨花台）直接影响下，读进步书刊、学革命理论，加入抗日救国会领导的国难教育社，积极参加各种抗日救国活动和群众游行示威。民国26年7月，震惊全国、被国民政府以"莫须有"罪名关押一年多的爱国民主人士"七君子"（沈钧儒、邹韬奋、李公朴、章乃器、王造时、史良和沙千里）在全国人民抗议声中被释放出狱。陆友受组织指派，直接与七君子接触，完成秘密联络任务。"八一三"淞沪抗战爆发，侵华日军向上海发起进攻。陆友将老母和弟妹送回南京乡下老家安置，积极参加上海各界抗日救国会组织的各类救国行动。并在卢志英的安排下，参加第三战区左翼军司令部战地服务团。

民国27年（1938），陆友前往延安，在鲁迅艺术学院与冼海星交往甚深。民国28年夏，陆友奉命去晋察冀投入敌后抗日活动。民国33年，在教导旅宣传队任队长，直至民国34年春，回到陕甘宁边区。其后，陆友因组织需要辗转新疆等地，在部队及机关经历过五六个文艺团体的工作、生活。

1958年6月，陆友由北京军区空军政治部任文化部长，调任空政文工团团政委兼党委书记。在空军司令员刘亚楼直接领导下开展空政文工团各类编、创、演出活动。1964年9月至1965年3月，由空政文工团组建35人的中国民族艺术团，陆友为团长，出国到欧亚六国演出访问。1959—1965年，他领导的空政文工团先后推出了影响时代的十台大戏：《以革命的名义》《年轻的鹰》《渔人之家》《革命历史歌曲表演唱》《年轻的一代》《女飞行员》《江姐》《五朵红云》《霓虹灯下的哨兵》《长山火海》。

20世纪70年代，陆友曾4次返乡，为家乡永兴大队捐资数万元，发展农业生产；90年代，在北京购置全套《中国百科全书》寄赠禄口中学。

【窦天语】

窦天语，生于1922年，江苏省邳县人。曾为《新华日报》编辑记者，政协江宁县副主席兼文史委员会主任，1987年离休。少小失学，然自学不辍，热爱文艺。中年主要从事小说、散文创作，作品中小说被收入《前路文丛》，杂文被收入《江苏十年杂文选》《栖霞枫语》等，并出版了报告文学《两条道路》（江苏人民出版社）等。晚年主要从事诗词、楹联创作及研究，是中华诗词学会、中国楹联学会会员。曾任东山诗社社长、江南诗词学会副会长、求真诗社副社长、江苏省诗词学会理事以及江苏省楹联学会常务理事。诗词作品曾发表于《中华诗词》等诗刊和中国台湾、香港地区诗刊、诗报及日本《吟咏新风》等刊物。部分作品被收入《当代中华诗词选》《全球当代诗词选》等8种大型选集。楹联作品部分被收入《中国楹联大典》《中国当代楹联艺术家大辞典》等十余种选集或辞典。同时，出版了个人专著《敝帚集》《江宁竹枝词》《天语诗存》等诗词、楹联合集。有部分楹联于九江、郑州及南京夫子庙、天妃宫、静海寺、颜真卿纪念馆等名胜被刻木、勒石。2005年，被中国楹联学会授予弘扬楹联艺术先进个人称号。

【范汝寅】

范汝寅，生于1927年，江苏省文史研究馆馆员、中国林散之研究会会员、中国书法家协会江苏分会会员、世界名人录顾问编委，秦淮中学退休教师。其八岁师从当代草圣林散之学诗古文辞及书法，毕业于南京国立医专和华东人民大学。多次参加省内外大型书展，获国际书画大奖赛优秀奖，中国当代学术界名人作品展优秀奖，1992中华老年书画大奖赛一等奖，世界华人艺术大奖优秀奖，享有世界华人杰出艺术家荣誉称号。举办个人书法展三次、联展两次。作品曾在韩国、新加坡、荷兰、日本等国家和中国台湾、香港地区巡展，书法作品在20多家报纸杂志上配文发表，香港《大公报》《台湾世界新闻报》发表大陆书法家范汝寅专题报道和评论。其艺术成就被编入《中国现代书法家名人辞典》《中国当代艺术家名人录》《世界名人录》《世界艺术家人才大典》等大型辞书。出版《云川阁诗存》《范汝寅书法集》。

【唐佳宾】

唐佳宾，生于1927年1月，江苏省丹阳市人。从小受抗日救国宣传的影响，曾担任过丹阳抗日救国儿童团副团长和教救会会员；民国37年（1948）12月，参加中共地下工作。1950年，由中共镇江地委分配到江宁县从事土改工作，继而在江宁县落户安家。唐佳宾参加工作后先后担任丹阳县委会计、民政科干事、镇江工学团学习组长、江宁县土改工作队分队长、县农会秘书、宣传部长、湖熟区委农会主任、报社编辑、记者、县委农工部秘书组长、县委办公室秘书组长、县政府办公室副主任、党总支书记等职。1955年，由他撰写的《清除坏人，巩固合作社》一文，经毛泽东亲自批示，被中共中央办公厅选编进《中国农村的社会主义高潮》一书，为江苏省入选的七篇材料之一。1960年，他出席江苏省教育、文化界群英大会，被省人民政府授予教育、文化、卫生、体育等方面社会主义建设先进工作者称号。他是南京市作家协会和中国当代文化艺术作家委员会会员。

1984年年初，唐佳宾离休，离休后的十多年，他主编《勤学励志品德修养》和《但愿人长久》两本书，先后被内蒙古人民出版社和江苏人民出版社出版。他还在上海大学文学院举办的全国性《秘书》杂志，连续发表《秘书春秋札记》。在《中华老年报》《中国老年报》《当代老同志》《老同志之友》以及《团结报》《档案与建设》《南京作家》等报刊上撰写发表了大量文章，并完成近40万字的《健康长寿箴言》书稿和《太阳初升的时候》小说初稿。

【颜景农】

颜景农，生于1928年，江苏省镇江市人，大学文化。长期任教，退休于江宁教师进修学校，高级讲师。民盟成员，中国国学研究会、中华诗词学会、江苏省红学会会员，南京市江宁诗词楹联学会名誉会长，《东山诗苑》主编。致力于诗的语言和文的写作研究，著有《近体诗特殊语式》《作文运思艺术》《作文起结法》《相对文思法》《诗歌创作指导》《诗词写作辞典》《红楼梦·贾宝玉》评话本与《江宁颂》诗集。

【裴家同】

裴家同，生于1929年，江苏省江宁县人，中国美术家协会会员、安徽美术家协会常务理事、合肥市美术家协会名誉主席、合肥书画院名誉院长、国家一级美术师，享受国务院特殊津贴。民国38年（1949）6月，考入中央大学美术系（今南师大美术学院）。1952年，分配到安徽从事美术工作，当过美术编辑，合肥书画院院长。其20世纪50年代创作的年画、宣传画为出版社多次再版，被《党员生活》《中国青年》等杂志选作封面。60年代，涉猎国画，潜心于恩师傅抱石画艺，又师陆俨少画技，溯源于黄山画派及元、宋五代诸家，师法自然，冶炼丹青数十年，山水画为海内外艺术界关注。有佳作参加“全国首届青年美展”“新中国成立十五周年全国美展”“当代国画展览”“第六届全国美术作品览”等；并有多幅作品在全国军事博物馆、中南海艺术珍藏馆、北京图书馆等收藏。艺术成就作为词条收入《世界华人美术名家年鉴》《中国美术家辞典》等。

【刘 诗】

刘诗，生于1931年9月，江苏省宝应县人，大学文化，江宁县教师进修学校讲师。1993年年底离休。民国38年（1949）1月参加革命工作；同年4月，随军渡江后在镇江市军管会文教处任办事员；同年7月，随镇江地委工作队到江宁县参加夏征工作后即留下工作至离休。曾先后在中共江宁县委宣传部门和江宁县中、汤山中学等数所中学及县教师进修学校、县教研室任职（工作）。其间，曾被借调到江宁县党史办工作近5年。从20世纪80年代开始，编撰出版专著有：《大书法家的小故事》《江苏历代书法家》《大画家的小故事》《中国古代书法家》《中国古代书法理论管窥》《中国古代书法家（增补本）》，与他人合著的作品有：《江苏碑刻》（与刘谨胜合写）、《中国历代书法家名作赏析》（与黄惇、庄希祖合写）、《江宁史话·江宁名人》（与庞树根合写）、《江宁史话·江宁诗词》（与庞树根合写）等，近200万字。在全国13个省（市）及香港地区的书画、文物等专业报刊上先后发表文章200多篇，约100万字。应邀参加《江苏省志·文化艺术志》书法家部分资料编撰工作，2003年，该书由江苏古籍出版社出版。

【冰 夫】

原名王溁，笔名冰夫，生于1931年，江苏省江宁县人。从事部队文艺工作多年，中国作家协会会员，中国电影家协会会员，上海作家协会第四届、第五届理事，诗歌委员会主任。上海俳句（汉俳）研究交流协会副会长（社团法人），澳洲酒井园诗社创社社长，新州华文作家协会顾问。现定居澳大利亚。

20世纪80年代，和诗人郑成义共同主编《海岸诗丛》二辑（20册），由上海学林出版社出版；另与华艺出版社原社长孙波共同主编《海岸文丛》（8册），由华艺出版社出版。其独立出版作品有诗集《浪花》《萤火》《凤凰树情歌》《梦与非梦》；中英对照诗集《看海的人》《冰夫短诗选》《消失的海岸》，叙事长诗《远去的群山》；散文集《匆匆飘去的云》《澳洲散记：海，阳光与梦》《冰夫散文随笔》《黄昏絮语》；电影小说集《海山之恋》；评论集《信笔雌黄》《三色抒情诗·评点》及美术电影剧本等20多部。

20世纪50年代中期，《战士在故乡》获全国独幕剧奖；60年代初期，《东风万里》（词）获全军第三届文艺会演创作奖；80年代，《冰夫诗选》获上海首届文学奖，美术电影《蝴蝶泉》（合作）获1983年文化部优秀影片奖，《火童》获1985年中国金鸡奖和日本广岛首届国际动画电影节长片大奖，俳句《苏州卖花女》获日本第五届国民文化节HAIUK大奖并应邀访问日本；1995年5月，散文《大雁飞往何方》获悉尼《自立快报》首届澳洲中文创作文学大奖赛散文佳作奖；2000年10月，一组短诗（英文稿）获悉尼第21届世界诗人大会筹委会诗歌征文奖。

【刘绪德】

刘绪德，生于1933年，江苏省江宁县人。1981—1993年，任江宁县文教局副局长、文化局局长。江苏省书法家协会会员。从事文化艺术工作40余年，涉猎戏剧、电影、歌舞、文物及群众文化工作。创作神话剧《荷花仙子》、历史剧《风流皇帝》、现代剧《双龙凤》和电视连续剧《女祭》。对书法情有独钟，对中国书法的形成、演变和发展研究认真，对篆、隶、楷、行、草等诸体融会贯通。1997年，在江苏省美术馆举办个人书法展。

【李伦新】

李伦新，笔名耕夫，生于1934年，江苏省江宁县人，中共党员。中国作家协会会员，上海市文学艺术界联合会副主席。历任上海市南市区团委干部，中共上海南市区宣传部副部长、统战部部长，上海市南市区区长，中共南市区委书记，上海市文联党组书记、常务副主席。现为上海文联副主席，市作协理事，上海大学文学院顾问、兼职教授，海派文化研究中心主任，高级政工师。著有长篇小说《梦花情缘》《银楼》《非常爱情》等；小说散文选集《爱的咏叹》，散文随笔集《李伦新随笔散文选》《思辩墨录》《心海浪拍》《上海新话》《船过无痕》等；电视连续剧剧本《银楼》（与他人合作）等。

【魏宏涛】

魏宏涛，生于1936年，江苏省江宁县人。13岁时师从京剧老艺人沈瑞华学演京剧。1959年，进入江宁县锡剧团学演锡剧，工老生，为该团主要演员。除任演员外，还绘制布景，并勤于写作，创作大、小剧目数十本。其中与姜跃忠合作的小锡剧《三亲家》曾获省会演一等奖，并赴京参加汇报演出团演出。该剧还拍摄成电视、电影在全国放映。另与葛葆山合作的小戏《请财神》《赖九指相亲》《瓜棚轶事》参加南京市群文会演均获一等奖。其中《请财神》《瓜棚轶事》还获市“五个一”工程奖。与葛葆山合作的小品《夜访》参加上海全国部分城市小品大赛获二等奖；改编的大型传统戏《八品县令》获省第六届锡剧节一等奖，同时获省“五个一”工程奖；改编的大型传统戏《老屋》获第七届锡剧节二等奖。在2007年区文联第三次代表大会上，魏宏涛荣获文学艺术贡献奖。

【张泰霖】

张泰霖，生于1937年7月，江苏省江宁县人，中共党员，经济师，南京市作家协会、江苏省民间艺术协会和江苏省作家协会会员。1957年，南师附中高中毕业。1959年，在《安徽文学》第18期发表处女作小说《跃龙门》后，先后在全国各地有关报刊发表诗文作品1000余篇（首）。1994年，获中国农业银行总行颁发的“优秀文化体育人才”资格证书。相继出版《裁春集》《裁春续集》《春江水暖》《世纪之春》《张泰霖短诗选》《中英文双语诗集》等，均是满怀爱国深情、讴歌改革开放波澜壮阔的历史篇章，其乡土气息浓厚。2006年10月，《磨盘街十号》由人民日报出版社出版。

【葛葆山】

葛葆山，生于1937年12月，南京市浦口区人，中共党员，江苏省戏剧、文艺家协会会员，副研究员，原江宁县文化馆副馆长。1959年，毕业于扬州师范学院，同年任中学教师。1963年，调到盐城县剧目创作室从事戏剧创作。1968年，调入盐城文化馆。在盐城工作期间，创作戏剧、故事、演唱、诗歌数十篇，多次在省、市获奖。编辑出版《船头有兵》《新雨春花》等多部故事、演唱集。1987 年，调至南京市江宁县文化馆，负责群文工作，创作的数十个戏曲、小品曾多次在全国、省、市获大奖。其中，与他人合作的小品《夜访》获全国优秀奖、《青葡萄紫葡萄》获华东优秀奖、小戏《请财神》获省、市一等奖和“五个一”工程奖、小戏《瓜棚轶事》获省、市一、二等奖和市“五个一”工程奖。退休后，他仍笔耕不辍。

【陶敬儒】

陶敬儒，生于 1938 年，江苏省江宁县人，中国高级书画家协会会员、中国国际书画艺术研究院首批国际交易联盟理事、江苏省书法家协会会员、江苏省版画家协会会员。先后在中专校、大学从事书法教育 20 余年，多次参加全国、省、市展览，并有一定数量的作品获奖。亦有多幅书作为一些国际友人和高层人士收藏。1987 年，参与江苏电视台、中央电视台举办的书法学术讲座。出版书法教学、应用书法、中国书法讲座、陶敬儒书法选集、陶敬儒行草书专集 14 卷、老子道德经、释迦牟尼四十二章经。入选《中国当代名人辞典》《至德文化艺术大典》等多部辞书。

【庞瑞垠】

庞瑞垠，生于 1939 年 1 月，江苏省江宁县人，中共党员。1954 年毕业于南京晓庄师范。1964 年毕业于徐州师范学院中文系。历任《江苏文艺》《雨花》杂志副主编、江苏省文联专业作家、江苏大众文学学会会长、中国大众文学学会常务理事、江苏省文联创研室主任、省作协理事。他是中国作家协会会员、国家一级作家。1993 年，被江苏省人民政府授予中青年有突出贡献专家称号。1994 年，享受国务院颁发的政府特殊津贴。他从事文学专业创作，以长篇小说创作为主，兼及他类文学体裁。著有长篇小说《危城》《寒星》《落日》《女模特儿之恋》《少女远行归来》《漂泊少女》《逐鹿金陵》《秦淮世家》《浮世烟雨》《红尘男女》；中短篇小说集《鸳梦难言》；散文集《梅园的黎明》《相思又一年》；报告文学《沉沦女》《陈布雷之死》《光明行》《华西纪事》；传记文学《早年周恩来》《吴健雄》等。部分代表作结集八卷本《庞瑞垠文集》出版。其作品屡屡获奖，其中长篇小说《危城》获 1996 年穗版图书文学类作品一等奖；长篇小说《逐鹿金陵》入围第四届茅盾文学奖并获“八五”期间全国优秀长篇小说奖；传记文学《早年周恩来》获 1995 年度中宣部第五届“五个一”工程一等奖；长篇小说《秦淮世家》三部曲获江苏省“五个一”工程奖。

【陈家邦】

陈家邦，生于 1946 年 1 月，江苏省江宁县人，中共党员，中专学历，高级政工师，南京市作家协会会员。1964 年入伍，历任班长、排长、政治指导员、宣传干事、股长、政治教导员。1985 年，转业至南京造币厂，历任党支部书记、宣传科副科长、副处长、处长。30 多年间始终坚持业余写作，以评论（言论）写作见长。先后在部、省、市 80 多家报纸杂志社发表新闻通讯、评论（言论）、论文、民间故事等各类文章 1500 多篇，80 多万字。有 50 多篇评论（言论）作品在市级以上新闻单位获奖，20 多篇政工论文在行业及市以上政研会刊物上发表交流并获奖。1996 年，参与南京市委宣传部编辑出版《社会公德职业道德家庭美德漫谈》职工简明读本。1994—2006 年，主编出版《南京造币》报共 118 期。2001 年，自选在市以上报刊发表过约 290 多篇评论（言论、杂文、随笔）共 30 多万字，编辑出版《箴言集》。同年，被南京市评为首届“自学成才读书状元”。

【赵慕明】

赵慕明，生于1947年2月，江苏省江宁县人，中国散文学会会员、江苏省作家协会会员、南京市作家协会会员、南京古都学会理事。1966年高中毕业，曾插队农村8年，当过农民、兽医、文书、地震专业工作者、中学教师、报社记者、编辑。他自幼爱好文史，寄情山水，在省内外报刊发表散文和地方历史文化作品数十万字，有省级以上获奖作品多篇。出版历史文化专著《汤山记胜》《名人与江宁》。

【张为农】

张为农，笔名田稚，生于1949年1月，江苏省江宁县人，大专学历，高级政工师，中国戏剧家协会会员。1968年高中毕业后，种过田、当过兵。曾任禄口政府电影队队长、文化站站长、党委秘书、宣传干事，任县监察局、外经委办公室主任等职。1996—2007年，任区文化馆馆长、党支部书记。20世纪70年代，从事业余文艺创作，创作的小说、民间文学、演唱文学作品不断在县以上刊物发表，以戏剧小品创作见长。《八大碗戒酒》等多部作品被搬上舞台演出，并在省、市汇演、竞赛中获得一、二、三等奖及市银河奖，与魏宏涛合作的小锡剧《入城随俗》获省五星工程奖。1982年，被江苏省人民政府表彰为农村文化工作先进个人。1997年7月，被省文化厅、省人事厅评为江苏省群众文化先进个人。2006年，由吉林人民出版社出版文学戏剧作品集《岁月如初》。撰写的论文刊登于《中国文化报》并获全国征文二等奖。2004年11月，获中国国际行业组织研究会颁发的中国百名行业创新杰出人物金像奖。

【慎志杰】

慎志杰，生于1952年，浙江省湖州县人，江宁区书法家协会会长、南京市书法家协会理事、江苏省书法家协会会员。其书法作品30余次参加全国、省、市书法展并获奖。有书法作品收入《1994年江苏省书法精品选集》《周恩来百年诞辰书画作品集》《南京书法五十年作品集》《中国日本书道交流展作品集》《中国韩国书法作品交流展作品集》《庆祝中国共产党诞辰80周年——中央国家机关系统书画展览作品集》等。

他是江宁区政协委员。

【马如金】

马如金，生于1955年7月，江苏省江宁县人，大专学历，高级政工师、编辑。江宁区广电局（台）副局（台）长、政协江宁区教科文体委员会副主任。江苏省作家协会会员、江宁区文联副主席兼江宁区作家协会会长。1974年入伍，并从事新闻宣传工作。20世纪70年代后期，从事文学创作，曾写过小说、散文、诗歌。后以写报告文学为多，出版报告文学集《阴晴那方天》、评论集《今日点评》。发表各类作品近200万字，获全国和省、市文学和新闻奖项100多个。其中，获全国一等奖和特等奖共10个，连续两届被评为南京市优秀新闻工作者，并荣获南京市第五届文学艺术奖。1984年，被解放军总政治部授予全军优秀政治教员称号；2002年，被中国电视艺术家协会授予全国千县工程贡献奖；2007年，被中国改革报社等五家单位联合授予中华十佳新闻（文化）工作者称号。

【蔡　宁】

蔡宁，生于1958年9月，大学文化。曾任《江宁日报》副刊部主任、南京市江宁区文联副主席。江苏省作家协会会员、南京市文联委员、南京作协理事。美术理论集《猿猴天地》《鸟语花香》，报告文学集《大碰撞》，散文集《蔷薇下的足音》和诗集《水墨的缪斯》正式出版；散文《明月落万家》获人民日报征文奖；在《诗刊》《星星》《绿风》《诗林》《扬子江》《诗选刊》以及中国香港《当代诗坛》、中国台湾《葡萄园》、美国《新大陆》和《常青藤》、新加坡《雅》等诗报刊发表诗作500余首。《走进井冈岁月》获《诗歌月刊》全国征诗一等奖；《补丁》获中央文献办“百年恩来”征诗二等奖。先后有30篇（首）诗文在全国报纸副刊年度好作品评比中获一、二、三等奖。散文诗《我们赢了》入选人民教育出版社出版的小学课本。

【刘红沛】

刘红沛，江苏省江宁县人，毕业于南京艺术学院美术系，中国美术家协会会员，国家二级美术师。1988年，任南京书画院专业画家。作品多次参加国内外展览并多次获奖。其中，1991年创作《一大代表在南湖》入展建党70周年美术展，花鸟画《蔷薇双鸽》入选全国首届中国花鸟画展并获一等奖；《京剧大师梅兰芳》入选第八届全国美展，《京韵》在全国第四届工笔画大展获铜奖，《梨园春秋》获江苏省首届美术节金奖。1997年5月，由南斯拉夫文化部邀请，南京书画院推荐作为亚洲唯一艺术家参加该国举办的世界艺术家笔会，同年12月，赴台湾参加南京书画院人物画展，曾获南京市人民政府文学艺术奖银奖。出版了《刘红沛作品集》。

【熊初保】

熊初保，生于1960年6月，江西省永修县人，中国音乐家协会、中国音乐文学学会会员，江苏省音乐文学学会、南京市音乐家协会理事。1995年，调入江宁任教。在全国地市级以上报刊发表、电台电视台播出、音像出版、舞台演出、征歌获奖词曲作品共700多首，其中获奖作品近百首。其主要作品：《毕业晚会》（词曲）为中央电视台年度品牌栏目《毕业歌》晚会主题歌；《快乐节日》（词曲）获中央电视台校园文化周音乐电视银奖；《海之头江之尾》（词）全获国“长江颂”征歌一等奖；《小男孩》（词）获第八届全国少儿歌曲电视卡拉OK大赛一等奖。

【徐志敏】

徐志敏，生于1961年，江苏省美术家协会会员、镇江画院专职画师。其作品被江苏省美术馆、南京艺术学院、江苏电视台等单位收藏，并入选国内外多部画集。1992年，在北京举办个人水墨画展。其作品《红豆相思图》入选第八届全国美展，《三月桃花雨》入选全国群星美术大展，《品茶图》入选全国文化系统青年美展，《江南春》获江苏省文化干部书画现场赛美术项第一名。《腊尔山的祥云》获江苏省首届美术节铜奖，1993—1996年，均获南京市美展一等奖。1997年，于南京艺术学院美术系人物画高研班就学。是年，赴台湾举办南京画院5个画展。2002年，被人事部授予当代中国杰出人才。2006年，被江苏省文联、省美术家协会评为江苏省优秀青年国画家。

【杜京芳】

杜京芳，女，生于1962年，江苏省南京市人，中共党员，大专学历，江宁京剧票友会副会长兼秘书长、江宁戏剧家协会副会长、南京市戏剧家协会会员、江苏省戏剧家协会会员。1981—1989年，在江宁锡剧团从事乐队工作。1989年后，先后任县文化馆馆员、主办会计、工会主席。1994年5月，为纪念毛泽东《在延安文艺座谈会上讲话》发表52周年，省文化管理办公室、省电视台主办“天德杯”歌曲戏曲演唱大赛，杜京芳在大赛中获业余组二等奖。1995年3月，在纪念梅兰芳、周信芳100周年诞辰江苏省业余京剧大赛中获二等奖。1998年6月，在由省文化厅等主办的江苏省戏曲名票电视大赛中获得京剧十佳名票称号。2001年，在由省文联等主办的“强生杯”江苏省京剧票友大赛中获得一等奖。2007年8月，参加由中华全国总工会、中央电视台等主办的第二届中国职工艺术节，获得银奖。撰写的论文《振兴京剧之我见》等在省、市级刊物上发表。

【冀叶银】

冀叶银，生于1963年，《农民日报》特约通讯员、江宁区青年书协副主席，区、市、省书法家协会会员。1982年，毕业于南京地质学校。自幼酷爱书法，最初从颜真卿的《李玄靖碑》入手，进而研习米芾、王铎、张瑞图等行草大家，隶书遍临汉魏诸家。1985年，入无锡书法艺术专科学校系统学习，先后师从徐静渔、宋才葆、刘俊川、袁晓园等大师。期间对郑文公、云峰山、于右任等大师的书法研究颇深。1986年起，先后参加中国地矿系统、中国冶金系统、有色金属系统各类书展数十次，省市县各级展览若干次。部分作品被江宁博物馆等多家单位收藏。

【三成祥】

王成祥，生于1963年，江苏省江宁县人，南京市作家协会理事，南京市文联签约作家，中国作家协会会员。1981年，从江宁县中学考入扬州师范学院中文系；1985年分配到江宁中学任教。公开发表长篇小说《记忆之村》《锦瑟华年》两部，中短篇小说60余篇，并在《文艺报》《中国现代当代文学研究》等报刊发表理论文章多篇；出版长篇小说《记忆之村》、长篇报告文学《在故乡的土地上》、小说散文集《春归何处》、小说选集《蛙鸣悠扬》、文学理论集《文字的家园》等。先后获得首届路遥文学奖、《文汇报》全国征文散文奖、1993—2003年度江苏十年报告文学奖、第六届金陵文学奖及全国梁斌文学奖长篇小说奖等奖项。

【龚洪林】

龚洪林，生于1963年，江苏省江宁县人，江苏省书法家协会会员、中国书法家协会会员、南京龙神书画艺术研究院院长、中国国画家协会理事、南京书画院特聘书画家。擅长山水画和行草书。作品多次参加全国及中日、中韩等国际书画交流展。书法作品入展全国第七届中青年书法展、全国第八届中青年书法展、当代江苏书法篆刻精品晋京展等。书法入编江苏省政府主编《江苏省书法五十年》；2003年，《中国书法》第十期对龚洪林书法作品作专题介绍；2006年4月，《新华日报》作专题评介；2003年5月、2005年1月、2007年7月《书法导报》分别作专版介绍；2007年8月16日和8月30日《都市文化报》专版介绍。曾出版《龚洪林书画作品集》《龚洪林书法作品集》《墨语——名家名人话洪林》《心画——龚洪林百首诗集》与《书法家之道》专集等。

【赵友凤】

赵友凤，女，生于1966年，江苏省江宁县人，江宁高级中学1983届校友。中国马拉松运动员，中国第一个国际女子马拉松冠军，是中国马拉松历史上里程碑式的著名运动员。20世纪80年代，中国女子马拉松新秀、南京体院学生赵友凤以“交换生”的身份前往竹内伸也执教的东海银行女子田径部，师从日本教授竹内伸也。在竹内精心指导下，赵友凤于1988年3月力夺名古屋国际女子马拉松赛冠军，成为中国在该项目上第一个跨进国际水平的运动员。她取得的2小时27分56秒的成绩，超过日本运动员宫原美佐子此前创造的日本新纪录，从而在日本轰动一时。同年夏天，赵友凤在汉城奥运会取得马拉松长跑第五名的成绩，创造了中国运动员在这一项目上的奥运会最好名次。1989年，赵友凤蝉联名古屋女子马拉松赛冠军。1990年，赵友凤接连获得伦敦马拉松赛第四名和北京第十一届亚运会女子马拉松赛冠军。后在竹内引荐下，赵友凤成为日本东海银行女子田径部教练。

【王青海】

王青海，生于1966年，上海市青浦区人，笔名金陵方舟、滴水斋主人，中外散文诗学会理事和中华民族文化促进会、中国诗歌学会、中国硬笔书法家协会、江苏省作家协会、江苏省收藏家协会会员，第二青春期诗派倡导者与主要发起人。先后在《人民日报》《中国建材报》《中国气象报》《新华日报》《诗人》《青春》《散文诗世界》及台湾《葡萄园》《秋水》和香港《中外名牌》杂志等传媒，发表诗歌、散文、散文诗等1000多篇（首）。数十次在全国性诗书画大赛中获奖。出版个人诗集《一眸难忘》《东方之珠》两部和合集《五星集》一部、著有长诗集《一代报王史量才》。为《中外名牌》杂志社、《散文诗世界》杂志、《金陵晚报》社特约记者。

【丁 楠】

丁楠，生于1967年3月，中国书法家协会会员、江苏省国画院特聘书法家、南京市书画院特聘书画家、陕西省美术馆馆外美术师、南京市书法家协会创作委员。作品先后入展中国书法家协会主办的各项展览:全国第一、第二届行草书大展，全国第六、第八届中青年书法家作品大展，首届全国扇面书法艺术大展，第四届全国正书大展，入展中国文联首届中国书法获“兰亭奖”。获文化部全国第十二届“群星奖”，江苏省第六、第七届“五星工程奖”，第五届南京市文学艺术奖，江苏省文化厅林散之奖传媒三年展优秀奖，江苏省青年书法篆刻作品优秀奖，江苏省国画院特聘书法家作品展优秀奖。入编江苏省、南京市新中国成立50周年书法作品集、江苏书法晋京作品集。《书法报》“千家街”推介。《书法》杂志2006年书法百强榜上榜书法家。

【季 川】

季川，生于1968年5月，四川省江油市人，祖籍江苏省江宁县，江宁区作协会员、南京市作协会员、江苏省作协会员、中国散文诗学会会员、中国诗歌学会会员。1989年，金陵职业大学财会大专毕业。1990年2月，参加北京诗刊社全国青年诗歌刊授学院第六期学习班，1991年1月结业。在《诗刊》《诗潮》《黄河诗报》《雨花》《文汇报》《工人日报》《北京文学》《青春》等省内、外50余家报刊上发表作品300篇。1998年11月11日，在《中国建材报》“五石色”文艺副刊上发表“季川文学作品专页”。2000年1月，与友人合作出版诗集《五星集》。其个人词条编入中国诗歌学会主编的《21世纪中国诗人大辞典》。

【陈拥军】

陈拥军，生于1970年2月，笔名雍君，中国书法家协会会员、江苏省书法家协会会员、省教育学会书法专业委员会委员、省国画院特聘书法家、南京市书法家协会创作委员会委员、江宁区书协副会长、区青年书协主席。1989年，毕业于南京农业大学，后任教于江宁职教中心。19岁师从著名书法家黄惇、马士达等教授。1999—2001年，入南京艺术学院美术学（书法）学科研究生进修班进修。主攻行草、楷书、隶书等书体，钟爱米芾、王铎、赵孟頫的书法。2006年，他被市委宣传部确立为南京市宣传文化系统首个“五个一批”培养人才。其作品曾参加全国第七届中青年书法篆刻展，全国第七届书法篆刻展，首届中国书法兰亭奖作品展，全国第三届楹联书法大展，现代江苏书法篆刻晋京展以及中、日、韩交流展等。

【谭三喜】

谭三喜，笔名回峰山人，中国书法家协会会员，江苏省国画院特聘书法家，南京青年书协副秘书长。1989年，拜南京书画社副社长郝庆祥为师学习书法，摹写历代碑帖。后师从南京艺术学院教授黄淳、季伏昆。1998年10月，其作品入选第七届全国书法篆刻家作品。其作品曾先后入展1994年江苏省第二届新人新作展、第七届全国展、第八届全国中青展、江苏省首届晋京展；两次入展中韩书法作品交流展、江苏省书法八家精品展。曾荣获全国审计系统书画摄影展一等奖、全国金融系统书画摄影展二等奖、印钞造币总公司书画摄影展一等奖、江苏省政府第七届“五星工程奖”、林散之奖·传媒三年展优秀奖。

【屏 子】

屏子，女，原名李萍，生于1971年，江苏省江宁县人，江苏省作家协会会员、南京市作家协会理事、江宁区作家协会副会长、江宁区第九届政协常委，就职于一民营企业（海通集团），被誉为“打工女诗人”。曾在《人民日报》《文学报》等报刊上发表诗作300余首。组诗曾获第五届“金陵文学奖”。《九百岁的周庄》获《诗刊》举办的全国“周庄”同题诗赛二等奖。《父亲，我们坐在餐桌前等你》获《诗刊》“春天送你一首诗”宁波主会场“家”主题征诗赛一等奖。《我的村庄建起了国际机场》获《文学报》“创新的旋律”征诗赛一等奖。《送水工》被收入教育部推荐的中学生读本《中外诗歌精选》。至2007年，获得市级以上报刊征诗、征文奖项30余次。诗集《屏子的诗》获第六届南京市委、市政府文艺奖银奖。

【姚 萍】

姚萍，女，生于1973年11月，江苏省江宁县人，著名运动员，南京市建邺区体育工作者，全国柔道散打国家级裁判。姚萍出生在一个热爱体育的家庭，父亲是铁道部退休工人，姐姐和弟弟分别在体育院校毕业并工作。她自小受到良好的体育熏陶，热爱运动，体质极佳，被作为体育苗子送到南京市公园路业余体校女子柔道队训练、学习。1989年4月，入选江苏省女子柔道队。1991年，她参加在武汉举行的全国青年柔道比赛，获得冠军；1992年，参加在唐山市举行的全国第二届城市运动会，获得女子柔道比赛第五名。同年，她以突出的柔道比赛成绩被选送进入南京市体育学院学习。2000年，她边学习深造，边不断参加国内外重大体育赛事。1993年9月，她参加全国第七届运动会，获得第三名好成绩，荣立南京市三等功。1993—1997年，她入选国家女子柔道队，成为真正的国家级柔道运动员。此后在国内外一系列赛事中屡屡获得优秀成绩：1995年，获全国柔道锦标赛第四名；1996年，获世界A级系列匈牙利站柔道比赛第二名，获波兰站柔道比赛第二名；1997年，获世界女子柔道比赛第三名，获全国第八届运动会女子柔道比赛第五名。

2000年，姚萍退役后，在南京市业余体校工作，任全国柔道散打国家级裁判。

【葛志文】

葛志文，生于1978年9月，别暑闲园主人，国家级高级工艺美术师，中国工艺美术学会会员、江苏省工艺美术学会会员、江苏省民间文艺家协会会员、南京市工艺美术协会副主任委员。发表《石雕壶艺术》《略谈端砚的鉴别》《石壶的收藏漫谈》等论文。出版《葛志文石雕作品集》《葛志文石雕艺术精品集》。1995年起，从事砚台、石壶的设计创作。2000年10月，《枯竹砚》作品入选第六届中国艺术节中国工艺美术精品展，获第六届中国艺术节中国工艺美术精品展“爱涛杯”三等奖，作品编入《中国当代工艺美术精品集》。2004年10月，《喜梅迎春壶》

作品入选第三届中国国际民间艺术精品博览会中国工艺美术精品展，获中国工艺美术精品展优秀奖。2006年2月，在新加坡举办个人石雕艺术作品展，作品《枯竹砚》以20万元人民币被收藏。2006年4月，作品《难忘的岁月砚》获中国工艺美术最高奖百花奖铜奖。是江宁区第十届政协委员。

【查正春】

查正春，生于1986年，江苏省江宁县人。因聋哑残疾，2002年就读于南京聋哑学校。2003—2007年，查正春曾多次参加全国残疾人运动会，先后获得男子羽毛球单打4枚金牌、男子双打3枚金牌、男女混合双打3枚金牌，总计获得10枚全国大赛金牌。

第三章 人物表录

人物表录分为人物表和人物名录两部分。人物表含革命烈士英名表（一）（二）（三）、市以上劳动模范情况表、区外江宁籍（含调出江宁后任职）担任副厅级以上职务及专家表和各类高层次人才情况表。革命烈士英名表收录622人（含江宁籍革命烈士、1987年3月划入南京市栖霞区革命烈士、非江宁籍革命烈士），以牺牲年月为序；劳动模范情况表收录全国劳动模范（含国务院授予的先进工作者）8人，省（部）级、市级劳动模范（不含重复人次）98人、258人，以获得荣誉称号年月为序；区外江宁籍（含调出江宁后任职）担任副厅级以上职务及专家表收录53人，以姓氏笔画为序；各类高层次人才情况表收录中国科学院院士3人，中国工程院院士10人，973计划项目首席科学家2人，长江学者奖励计划特聘教授25人，国家杰出青年基金获得者23人，享受国务院政府特殊津贴专家31人，国家级突出贡献中青年专家17人，省级突出贡献中青年专家19人。

人物名录含驻区高校正高职称（教授）名录、区属高级专业职称名录、区高级政工师名录、国际（家）级运动员名录。驻区高校正高职称（教授）名录收录南京医科大学、中国医科大学、河海大学、南京工程学院、南京晓庄学院、金陵科技学院等13所大中专院校教授1071人；区属高级专业职称名录收录教育系统1496人、卫生系统150人、农林系统36人、其他系统16人；区高级政工师名录124人；国际（家）级运动员名录50人。

第一节 人物表

江宁区革命烈士英名表（一）

（江宁籍革命烈士）

表 47-3-1

姓　名	性别	出生年份	出生地	参加革命时间	牺牲时所在单位及职务	牺牲情况	备注
华金元	男	1889	江宁县	1911 年	清新军敢死队初级军官	1911 年在广州起义中牺牲	—
李应彪	男	1890	湖熟镇新墩村	1908 年	江南宪兵一营营长	1911 年在辛亥革命南京战役中牺牲	—
张天浤	男	1908	江宁县	—	中山舰副长	1938 年 9 月在武汉保卫战中牺牲	—
端义友	男	1918	陶吴镇甘西村	1938 年 8 月	新四军战士	1938 年 11 月在江苏溧水明觉寺因战牺牲	—
封安友	男	1917	铜山镇铜山村	1938 年	新四军某部战士	1938 年失踪	1963 年 11 月追认
张纪发	男	1919	横溪镇安民村	1938 年	新四军二支队战士	1939 年 1 月在安徽博望战斗中牺牲	—
刘锦友	男	1914	铜山镇张业村	1938 年	新四军二支队三团一营副班长	1939 年 2 月在江宁横溪云台山战斗中牺牲	—
业宝令	男	1919	铜山镇后业村	1938 年	新四军二支队三团二连战士	1939 年 2 月在江宁横溪云台山战斗中牺牲	—
夏士友	男	1919	横溪镇呈村	1938 年	新四军二支队三团一营一连战士	1939 年 2 月在江宁横溪云台山战斗中牺牲	—
邱立生	男	—	—	—	新四军二支队三团一营营长	1939 年 2 月在江宁横溪云台山战斗中牺牲	—
王一正	男	1907	横溪镇呈村	1938 年 5 月	新四军二支队三团三营九连战士	1939 年 3 月在江宁横溪云台山战斗中牺牲	—
吕世文	男	1918	丹阳镇	1938 年	新四军一支队政治部文化教员	1939 年 5 月被捕牺牲	—
王世棠	男	1919	上峰镇孟墓村	1938 年	新四军二支队战士	1939 年 5 月在江苏句容赤山因战牺牲	—
高学贵	男	1915	禄口镇秦村	1938 年 6 月	新四军二支队四团二营五连侦察员	1939 年 6 月在江苏溧水乌山被捕牺牲	—
高之桂	男	1919	周岗镇绿杨村	1938 年	苏南中心县委江宁县委庞家桥支部通讯员	1939 年 6 月在江宁周岗绿杨村被捕牺牲	—
成兴安	男	1918	禄口镇山塘村	1938 年 10 月	新四军某部战士	1939 年 9 月在江宁铜山被捕牺牲	—
盛成芳	男	1918	丹阳镇高台村	1939 年	横山县警卫连战士	1939 年 10 月在安徽博望因战牺牲	—
胡忠汉	男	1922	淳化镇青山村	1938 年 9 月	新四军老一团三营七连战士	1939 年 11 月在安徽铜陵李坝桥因战牺牲	—
许文松	男	1891	铜山镇许桃村	1938 年	新四军二支队三团四中队战士	1939 年在江宁汤山镇战斗中牺牲	—
许纪贵	男	1907	陆郎镇荷花村	1938 年	新四军二支队三团九连战士	1939 年在江宁牛首山因战牺牲	—
甘德定	男	1911	铜山镇尚洪村	1938 年	新四军二支队五连班长	1939 年在江苏句容茅山战斗中牺牲	—
叶海山	男	1919	龙都镇	1939 年	新四军某部战士	1939 年在江苏句容夹山战役中牺牲	—
业德玉	男	1920	铜山镇后业村	1938 年	新四军二支队三团一连战士	1939 年在安徽当涂因战牺牲	—

续表 1

姓 名	性别	出生年份	出生地	参加革命时间	牺牲时所在单位及职务	牺牲情况	备注
薛万泉	男	1920	铜山镇石埝村	1939 年	新四军二支队三团四中队战士	1939 年在江宁铜山战斗中牺牲	—
周明根	男	1921	铜山镇尚周村	1938 年	新四军四纵某部战士	1939 年在江宁横溪西塘角战斗中牺牲	—
刘鹤亭	男	1918	龙都镇南窑村	1938 年	新四军十六旅江溧句边区游击大队长	1940 年 2 月在江宁龙王庙河滩被捕牺牲	中共党员
徐章和	男	1922	周岗镇徐慕村	1939 年	新四军十六旅特务连一排战士	1940 年 3 月在江苏太湖被捕牺牲	—
张明信	男	1920	秣陵镇建农村	1940 年 2 月	新四军六师十六旅四十六团短枪队队员	1940 年 4 月在江宁秣陵因战牺牲	—
成庆镳	男	1898	汤山镇龙泉村	1939 年	江宁抗日自卫大队六区助理员、副大队长	1940 年 6 月在江宁汤山被侵华日军杀害	追认
金国法	男	1898	铜山镇下徒墙	1939 年	新四军小组队侦察员	1940 年 7 月在江宁铜山黄泥口战斗中牺牲	—
王本信	男	1899	铜山镇梁彭村	1939 年	新四军二支队四大队炊事员	1940 年在江宁被捕牺牲	—
时祖能	男	1911	龙都镇龙都村	1938 年	新四军江宁县警卫连战士	1940 年在江宁汤山战斗中牺牲	—
魏太富	男	1913	周岗镇高阳村	1939 年 11 月	江宁县赤山区独立营二排排长	1940 年在江苏溧水因战牺牲	—
尹宗年	男	1917	湖熟镇北涵村	1939 年	江宁县赤山区情报员	1940 年在湖熟北涵被捕牺牲	—
张万邦	男	1919	土桥镇土桥村	1940 年	新四军某部战士	1940 年失踪	1983 年 5 月追认
蒋永贵	男	1919	淳化镇新庄村	1940 年	新四军某部战士	1940 年在江宁周岗斗门口因战牺牲	—
任余银	男	1920	土桥镇滨淮村	1940 年	新四军某部战士	1940 年失踪	1983 年 5 月追认
郭添庆	男	1922	龙都镇新农村	1939 年	新四军警卫营战士	1940 年在江宁龙都被捕牺牲	—
姚家友	男	1914	上峰镇孟墓村	1938 年	新四军一支队一团三营四连排长	1941 年 1 月在皖南事变中牺牲	—
张仁发	男	1916	龙都镇龙都村	1940 年 9 月	新四军江宁县警卫连战士	1941 年 1 月在江苏溧水白马桥战斗中牺牲	—
陈德银	男	1921	上峰镇孟墓村	1938 年	新四军先遣支队一团七连战士	1941 年 1 月在皖南事变中牺牲	—
邰崇信	男	1919	土桥镇上合村	1941 年 2 月	新四军某部战士	1941 年 6 月在江苏句容茅山战斗中牺牲	—
衡洪柏	男	1911	丹阳镇勇跃村	1941 年	新四军某部侦察班班长	1941 年 7 月在江宁横山事变中牺牲	—
齐德仁	男	1901	禄口镇黄桥村	1938 年	新四军某部班长	1941 年在江苏溧阳失踪	1961 年 11 月追认
谈文翰	男	1909	龙都镇新光村	—	江宁县文教科工作人员	1941 年在江宁龙都战斗中牺牲	—
吕大发	男	1914	丹阳镇长岗村	1940 年	新四军一支队三团三营七连战士	1941 年在安徽宣城战斗中失踪	
陈大荣	男	1916	横溪镇云台村	1938 年	新四军 支队战士	1941 年在山东因战牺牲	—
高承明	男	1916	铜山镇下徒墙	1940 年	横山县警卫连文书	1941 年在江苏丹阳因战牺牲	—
余宗海	男	1918	淳化镇青山村	1941 年 6 月	江宁县青龙区中队战士	1941 年失踪	1961 年 10 月追认
徐义富	男	1919	周岗镇石辣村	1939 年	新四军某部班长	1941 年在江苏句容茅山战斗中牺牲	—
蔡启有	男	1919	铜山镇前业村	1938 年	新四军三支队五团二营教导员	1941 年在皖南事变中牺牲	中共党员

续表 2

姓　名	性别	出生年份	出生地	参加革命时间	牺牲时所在单位及职务	牺牲情况	备注
孙仁乾	男	1920	土桥镇上合村	1941 年	新四军某部二连指导员	1941 年失踪	1983 年 5 月追认
张孝堂	男	1925	禄口镇马铺村	1941 年	新四军某部战士	1941 年失踪	1983 年 5 月追认
陈世忠	男	1913	龙都镇夏庄村	1939 年 11 月	江宁县秦淮区警卫连战士	1942 年 2 月在江宁龙都财神庙被捕牺牲	—
丁存义	男	1916	周岗镇绿杨村	1938 年	新四军十六旅机枪班班长	1942 年 2 月在江苏句容茅山战斗中牺牲	—
张宗云	男	1922	龙都镇勤丰村	1942 年	江宁县警卫连战士	1942 年 2 月在江宁龙都战斗中牺牲	—
王齐贤	男	1900	周岗镇绿杨村	1942 年	新四军江宁县抗日自卫队队长	1942 年 3 月在江宁龙都战斗中牺牲	—
王志顺	男	1910	周岗镇焦村	1941 年 10 月	江宁县秦淮区区大队战士	1942 年 3 月在江宁龙都战斗中牺牲	—
郑三伢	男	1920	龙都镇夏庄村	1941 年 3 月	江宁县警卫连战士	1942 年 7 月在江宁方山战斗中牺牲	—
卞宫玉	男	1918	湖熟镇新墩村	1941 年 3 月	新四军六师十六旅四十六团一营三连战士	1942 年 10 月在江苏溧水因战牺牲	—
黄子新	男	1915	横溪镇许村	1938 年	新四军某部战士	1942 年 11 月在江宁横溪牛王村战斗中牺牲	—
于培宏	男	1919	横溪镇呈村	1938 年	新四军一支队三团三营战士	1942 年 11 月在江宁横溪牛王村战斗中牺牲	—
赵德义	男	1904	周岗镇焦村	1941 年 8 月	江宁县秦淮区区大队战士	1942 年 12 月在江宁龙都战斗中牺牲	—
罗存侍	男	1909	横溪镇横岗村	1938 年	新四军某部战士	1942 年 12 月在江宁横溪牛王村战斗中牺牲	—
戴如仁	男	1921	湖熟镇河南村	1941 年	江宁县警卫连战士	1942 年 12 月在江宁赤山战斗中牺牲	—
袁开安	男	1897	铜山镇浣溪村	1938 年	新四军一支队战士	1942 年在江苏句容茅山战斗中牺牲	—
周志明	男	1913	上峰镇新宁村	1940 年	地下工作人员	1942 年在南京被捕牺牲	—
张兴云	男	1914	淳化镇解溪村	1938 年	江宁县警卫连班长	1942 年在江宁汤山因战牺牲	—
张昌亮	男	1914	龙都镇永安村	1941 年	新四军某部战士	1942 年在江苏溧水失踪	1950 年追认
范孝宝	男	1916	铜山镇下徒墙	1938 年	新四军一支队三团四连班长	1942 年在江宁横溪战斗中牺牲	—
周家祥	男	1917	龙都镇新农村	1941 年 9 月	新四军某连政治指导员	1942 年牺牲	1983 年 5 月追认
郭高年	男	1918	龙都镇双龙村	1939 年	新四军某部战士	1942 年在夹山因战牺牲	—
徐家法	男	1918	丹阳镇西山村	1938 年	二十军某部战士	1942 年在葛卡镇战斗中牺牲	—
尹宗林	男	1919	湖熟镇北涵村	1941 年	江宁县赤山区情报员	1942 年在江苏溧水被捕牺牲	—
胡官厚	男	1920	淳化镇索墅村	1938 年	新四军一支队一团三营七连班长	1942 年在江苏鲤鱼山因战牺牲	—
汪传忠	男	1914	陶吴镇甘村	1940 年	新四军六师十六旅四十六团联络员	1943 年 3 月在江宁丹阳战斗中牺牲	—
戴东和	男	1922	陶吴镇龙山村	1942 年 7 月	新四军六师十六旅四十六团五连战士	1943 年 3 月在江宁陶吴战斗中牺牲	—
何才宽	男	1922	横溪镇呈村	1941 年	新四军一支队三团三营战士	1943 年 4 月在江宁铜山战斗中牺牲	—
夏同春	男	1920	陆郎镇大庙村	1943 年 3 月	新四军某部战士	1943 年 6 月在江宁江宁镇战斗中牺牲	—

续表 3

姓　名	性别	出生年份	出生地	参加革命时间	牺牲时所在单位及职务	牺牲情况	备注
刘明隆	男	1921	龙都镇同进村	1943 年	新四军某部战士	1943 年 8 月在江宁方山战斗中牺牲	—
陶家齐	男	1888	湖熟镇	1938 年	新四军赤山区区长	1943 年 10 月在江宁湖熟被捕牺牲	—
许海保	男	1918	湖熟镇	1939 年 2 月	江宁县赤山区警卫班战士	1943 年 10 月在江苏溧水东门外被捕牺牲	—
戴如高	男	1919	湖熟镇	1938 年	江宁县赤山区警卫班战士	1943 年 10 月在江宁湖熟被捕牺牲	—
黄长贵	男	1896	陆郎镇荷花村	—	江宁县朱门镇农抗会会长	1943 年在江宁朱门被捕牺牲	—
李　仝	男	1900	谷里镇谷里村	1943 年	新四军某部战士	1943 年失踪	1983 年 5 月 31 日追认
郜贤聚	男	1906	土桥镇上合村	—	江宁县青龙区副区长	1943 年被捕牺牲	—
刘道龙	男	1914	龙都镇新农村	1941 年	新四军浙江安吉县警卫团战士	1943 年在浙江安吉梅溪被捕牺牲	—
宫宗录	男	1918	淳化镇新庄村	1943 年	新四军某部战士	1943 年失踪	1961 年 11 月追认
朱廷才	男	1920	东善桥镇	1943 年	新四军某部战士	1943 年失踪	1962 年 2 月追认
杨庆文	男	1920	陆郎镇大庙村	1943 年	新四军某部战士	1943 年失踪	1983 年 5 月追认
方永洲	男	1921	横溪镇云台村	1938 年	新四军一师三旅七团三营副排长	1943 年因战失踪	1953 年 9 月追认
刘明富	男	1921	龙都镇光明村	1941 年	新四军某部战士	1943 年在江宁县邹家边失踪	1983 年 5 月追认
许长清	男	1922	禄口镇秦村	1941 年	新四军第一连战士	1943 年在江宁赤山因战牺牲	—
戎道忠	男	1923	土桥镇永平村	1943 年	新四军某部战士	1943 年失踪	1983 年 5 月追认
陈维义	男	1924	陆郎镇张府村	1943 年	新四军某部战士	1943 年失踪	1983 年 5 月追认
陈如照	男	1928	上峰镇宁东村	1943 年	新四军某部战士	1943 年失踪	1966 年 11 月追认
栾成忠	男	1929	土桥镇土桥村	1943 年	新四军某部战士	1943 年失踪	1983 年 5 月追认
沈安富	男	1918	横溪镇红旗村	1938 年	新四军四支队特务连副班长	1944 年 2 月在江宁横山因战牺牲	—
吴德仁	男	1918	陆郎镇王府村	1943 年	新四军某部战士	1944 年 8 月在江宁朱门战斗中牺牲	—
李春明	男	1919	横溪镇呈村	1944 年 1 月	新四军一支队三团三营侦察员	1944 年 8 月在浙江因战牺牲	—
李廉成	男	1912	湖熟镇和进村	1943 年	新四军游击队战士	1944 年 9 月在江宁淳化解溪因战牺牲	—
李善华	男	1919	淳化镇新华村	1942 年	农民抗日会（民兵自卫组织）	1944 年 9 月在江宁淳化解溪因战牺牲	—
李祖根	男	1922	湖熟镇郭村	1943 年	新四军游击队战士	1944 年 9 月在江宁淳化解溪因战牺牲	—
李祖礼	男	1926	湖熟镇郭村	1943 年	新四军游击队战士	1944 年 9 月在江宁淳化解溪因战牺牲	—
夏忠寿	男	1926	湖熟镇友谊村	1943 年	新四军游击队战士	1944 年 9 月在江宁淳化解溪因战牺牲	—
聂宜惠	男	1911	龙都镇西北村	1944 年	江宁县方山区大队战士	1944 年 12 月在江宁秣陵殷家村战斗中牺牲	—
陈文林	男	1898	丹阳镇蔡坎村	—	横山县小丹阳镇镇长	1944 年被捕牺牲	—

续表 4

姓　名	性别	出生年份	出生地	参加革命时间	牺牲时所在单位及职务	牺牲情况	备注
陈德盛	男	1909	湖熟镇梅林村	1943 年	新四军游击队战士	1944 年在江宁淳化解溪牺牲	—
王明力	男	1916	谷里镇张溪村	1944 年	新四军某部战士	1944 年失踪	1983 年 5 月追认
杨庆福	男	1916	陆郎镇大庙村	1944 年	新四军某部战士	1944 年失踪	1966 年 11 月追认
陶时炳	男	1917	铜山镇铜山村	1938 年	新四军四十六团战士	1944 年在江宁失踪	1957 年 9 月追认
王三子	男	1920	丹阳镇高台村	1944 年	横山县警卫连战士	1944 年失踪	1961 年 12 月追认
谈太祥	男	1920	龙都镇龙都村	1942 年	江宁县秦淮区中队战士	1944 年在江宁龙都马子山战斗中牺牲	—
陶年富	男	1920	陆郎镇张府村	1943 年	新四军某部战士	1944 年在金鸡岭失踪	1983 年 5 月追认
陈义根	男	1922	湖熟镇长岭村	1940 年	江宁县地方游击队情报员	1944 年在江宁湖熟丹桂被捕牺牲	—
戴国仁	男	1922	铜山镇铜山村	1942 年 8 月	新四军六师十六旅四十六团侦察员	1944 年在江宁丹阳战斗中牺牲	—
迟桂宝	男	1924	禄口镇秦村	1944 年	二十四师战士	1944 年在溧水牛头山因战牺牲	—
杨光荣	男	1927	陆郎镇张府村	1944 年	新四军某部战士	1944 年失踪	1961 年 12 月追认
杨启如	男	1927	陆郎镇大庙村	1944 年	新四军某部战士	1944 年失踪	1961 年 11 月追认
丁道荣	男	1929	禄口镇马铺村	1944 年 7 月	新四军某部战士	1944 年在溧水牛头山战斗中牺牲	—
高承南	男	1929	陶吴镇甘村	1944 年 6 月	新四军一师三旅九团三营机枪连战士	1944 年失踪	1961 年 11 月追认
翟亦根	男	1929	土桥镇土桥村	1944 年	新四军某部战士	1944 年失踪	1983 年 5 月追认
孙志金	男	1924	上峰镇白合村	1944 年 9 月	江宁县警卫连战士	1945 年 3 月在江宁上峰战斗中牺牲	—
周志贵	男	1923	铜山镇石埝村	1943 年 1 月	华中野战军六纵四十六团班长	1945 年 4 月在浙江孝丰县因战牺牲	—
纪耀会	男	1926	土桥镇赵家边村	—	江宁县抗日民主政府乡中队队员	1945 年 4 月被捕牺牲	—
周志明	男	—	—	—	江宁县抗日自卫队队长	1945 年 5 月被捕牺牲	—
夏日才	男	1923	周岗镇秦淮村	1945 年 3 月	江宁县警卫连二连战士	1945 年 5 月在江宁汤山因战牺牲	—
王明才	男	1924	湖熟镇郭村	1940 年	江宁县警卫连机械修理所战士	1945 年 6 月在江宁青龙区战斗中牺牲	—
周敦鸿	男	1916	铜山镇彭福村	1944 年 6 月	华东军区某部文书	1945 年 8 月在北撤途中因渡江船沉牺牲	—
郜贤金	男	1911	土桥镇上合村	1945 年 4 月	江宁县赤山区区大队长	1945 年 9 月在江宁索墅被捕牺牲	—
王殿国	男	1923	禄口镇	1944 年	新四军一支队警卫团三营一连副排长	1945 年 9 月在苏北北撤因战牺牲	—
秦　科	男	1924	禄口镇秦村	1944 年 7 月	新四军六师十六旅四十六团独立中队战士	1945 年 10 月在浙江天目山因战牺牲	—
平益芝	男	1910	上峰镇白合村	1945 年	华中野战军八纵七十二团一连副班长	1945 年 12 月在江苏高邮因战牺牲	—
刘加才	男	1914	铜山镇陈巷村	1943 年	华中野战军八纵七十二团七连战士	1945 年 12 月在江苏陇海路因战牺牲	—
周久林	男	1917	铜山镇驻驾山村	1945 年 8 月	华中野战军八纵七十二团二营副班长	1945 年 12 月在江苏陇海路因战牺牲	—

续表 5

姓　名	性别	出生年份	出生地	参加革命时间	牺牲时所在单位及职务	牺牲情况	备注
周行仁	男	1918	铜山镇桑园村	1945 年 8 月	华中野战军八纵七十二团二营战士	1945 年 12 月在江苏陇海路因战牺牲	—
周行树	男	1918	铜山镇张家村	1945 年 8 月	新四军一师特务营一连战士	1945 年 12 月在江苏新安镇战斗中牺牲	—
俞广勤	男	1925	江宁县	1943 年	横山县警卫连副连长	1945 年 12 月在江苏盐城因战牺牲	—
郭顺宝	男	1926	上峰镇白合村	1943 年 8 月	华中野战军八纵七十二团七连战士	1945 年 12 月在江苏高邮因战牺牲	—
吕焕文	男	1905	土桥镇永勤村	1945 年	新四军某部战士	1945 年失踪	1950 年 2 月追认
业德明	男	1910	铜山镇后业村	1938 年	新四军战士	1945 年在苏北因战牺牲	—
张芝金	男	1912	铜山镇铜山村	1945 年	华中野战军八纵七十二团九连战士	1945 年在江苏茭菱因战牺牲	—
魏少桂	男	1912	秣陵镇大里村	1944 年 8 月	横山警卫团战士	1945 年在江苏黄桥战役中失踪	1961 年 11 月追认
张凤林	男	1913	湖熟镇和进村	1944 年	江宁县方山区政府财粮科	1945 年在江宁上坊被捕牺牲	—
朱章法	男	1914	铜山镇曹村	1944 年	横山县警卫连战士	1945 年失踪	1983 年 5 月追认
梅武斌	男	1914	龙都镇晶明村	1943 年	地下工作人员	1945 年在江宁龙都被捕牺牲	中共党员
蒋世锦	男	1914	淳化镇新庄村	1940 年	新四军某部战士	1945 年在山东失踪	1961 年 11 月追认
张义祥	男	1915	龙都镇解放村	1938 年	新四军某部副营长	1945 年在苏北郭村因战牺牲	—
朱　凯	男	1916	湖熟镇郭村	1943 年	新四军六师十六旅四十六团战士	1945 年在江苏高邮因战牺牲	—
刘成富	男	1916	周岗镇石辣村	1939 年	新四军四团一营炊事员	1945 年失踪	1957 年 12 月追认
辛长羊	男	1918	汤山镇寺庄村	1938 年	新四军某部战士	1945 年在江苏溧阳因战牺牲	—
徐方照	男	1918	禄口镇黄桥村	1938 年	横山县警卫连战士	1945 年在浙江天目山失踪	1983 年 5 月追认
许振亮	男	1919	淳化镇青山村	1945 年 8 月	新四军某部战士	1945 年失踪	1954 年 10 月追认
孙皆同	男	1920	龙都镇西北村	1939 年 5 月	新四军六师十六旅四十六团班长	1945 年清儿亭战斗中牺牲	—
秦广宝	男	1922	禄口镇秦村	1943 年	新四军六师十六旅四十六团战士	1945 年在江苏高淳桠溪港因战牺牲	—
曹会明	男	1923	铜山镇下徒墟	1945 年	新四军某部战士	1945 年失踪	1966 年 4 月追认
彭永和	男	1923	禄口镇铺头村	1943 年 8 月	新四军三十六团三营战士	1945 年北撤时失踪	1983 年 5 月追认
朱明宝	男	1924	秣陵镇小里村	1944 年 8 月	新四军某部战士	1945 月在江苏高邮因战牺牲	中共党员
杨发寿	男	1924	周岗镇东释村	1944 年	新四军某部战士	1945 年在游击战中牺牲	—
张玉林	男	1924	江宁镇三山村	1939 年	新四军某部战士	1945 年在安徽宣城因战牺牲	—
张志宏	男	1924	秣陵镇大里村	1944 年 8 月	横山警卫团战士	1945 年江苏黄桥战役中失踪	1961 年 11 月追认
明乐保	男	1924	淳化镇青龙村	1945 年 8 月	新四军某部战士	1945 年在江苏高邮失踪	1961 年 10 月追认
曹长林	男	1924	禄口镇马铺村	1945 年	新四军某部战士	1945 年失踪	1983 年 5 月追认

续表 6

姓　名	性别	出生年份	出生地	参加革命时间	牺牲时所在单位及职务	牺牲情况	备注
傅长华	男	1924	禄口镇东湖村	1945 年	新四军一师九团二营七连战士	1945 年北撤时因渡江舰沉失踪	1961 年 11 月追认
熊益政	男	1924	禄口镇秦村	1944 年	新四军某部战士	1945 年北撤时失踪	1952 年 11 月追认
赵毓源	男	1925	湖熟镇丹桂村	1945 年	江宁县地方游击队队员	1945 年在河南因战牺牲	—
周学友	男	1926	铜山镇前陈巷	1945 年 8 月	华野一师七十二团五连战士	1945 年失踪	1961 年 11 月追认
徐宏生	男	1927	周岗镇长干村	1943 年	新四军七十二团一营二连战士	1945 年在江苏高邮因战牺牲	—
杨志江	男	—	—	—	新四军某部战士	在江宁汤山被捕牺牲	—
贺富贵	男	1925	铜山镇铜山村	1945 年	新四军某部战士	1946 年 1 月在江苏炮车战斗中牺牲	—
高福洪	男	1926	禄口镇高伏村	1944 年 8 月	华中野战军八纵七十二团二营战士	1946 年 1 月在陇海路新安镇因战牺牲	—
濮长根	男	1926	铜山镇南夏村	1944 年	新四军横山县警卫连战士	1946 年 1 月在江苏炮车战斗中牺牲	—
佘圣炳	男	1928	殷巷乡殷巷村	1945 年 8 月	华中野战军八纵七十团五连二排一班战士	1946 年 1 月在在江苏炮车因战牺牲	—
周正友	男	1921	铜山镇尚周村	1945 年	华东军区四纵三十六团三连战士	1946 年 2 月在江苏小海战斗中牺牲	—
阎天善	男	1921	铜山镇张业村	1945 年	华东军区四纵三十六团战士	1946 年 2 月在江苏小海战斗中牺牲	—
袁成刚	男	1920	东善桥镇袁家桥村	1945 年 9 月	华东军区四纵战士	1946 年 3 月在江苏海安因战牺牲	—
邵家有	男	1924	陆郎镇大庙村	1944 年	新四军一师三旅九团七连战士	1946 年 4 月在江苏小海战斗中牺牲	—
俞大财	男	1926	陶吴镇西章村	1945 年 8 月	华东军区四纵三十六团战士	1946 年 4 月在江苏小海战斗中牺牲	—
高太平	男	1928	禄口镇	1945 年	华中野战军八纵七十二团班长	1946 年 4 月在江苏小海战斗中牺牲	—
孙道盛	男	1926	横溪镇铁家村	1945 年 9 月	新四军某部战士	1946 年 5 月在江苏小海战斗中牺牲	—
范直龙	男	1925	秣陵镇后圩村	1945 年	华东军区四纵十二师三十四团二营五连战士	1946 年 6 月在江苏如皋因战牺牲	—
滕兆生	男	1914	湖熟镇河北村	1942 年	华中一师九团二营五连战士	1946 年 7 月在江苏如皋因战牺牲	—
王华来	男	1916	陆郎镇大庙村	1944 年	新四军六师十六旅四十六团六连班长	1946 年 7 月在江苏黄桥战役中牺牲	—
张家仁	男	1916	横溪镇横山村	1945 年 9 月	华东军区四纵三十六团战士	1946 年 7 月在江苏鬼头街战斗中牺牲	—
陈传祥	男	1919	周岗镇焦村	1942 年 8 月	新四军一师七团排长	1946 年 7 月在江苏宣家堡战斗中牺牲	—
王忠恒	男	1920	土桥镇土桥村	1939 年	新四军某部排长	1946 年 7 月在江苏无锡被捕牺牲	—
韦步云	男	1920	秣陵镇新丰村	1945 年 8 月	华东野战军四纵十二师三十四团二营五连战士	1946 年 7 月在江苏宣家堡因战牺牲	—
王功平	男	1921	禄口镇秦村	1942 年	二十四军排长	1946 年 7 月苏中战役中牺牲	中共党员
舒保寿	男	1921	陆郎镇荷花村	1944 年	新四军一师九团七连战士	1946 年 7 月在江苏陇海路因战牺牲	—
王孝元	男	1925	方山镇洋桥村	1945 年 8 月	华中野战军八纵七十团战士	1946 年 7 月在江苏鬼头街因战牺牲	—
汪士有	男	1925	秣陵镇金村	1945 年	华东野战军四纵十二师三十四团战士	1946 年 7 月在江苏如皋因战牺牲	—

续表 7

姓 名	性别	出生年份	出生地	参加革命时间	牺牲时所在单位及职务	牺牲情况	备注
迟长贵	男	1925	禄口镇秦村	1945 年	新四军一师九团三营七连战士	1946 年 7 月在江苏鬼头街因战牺牲	—
陈忠贵	男	1925	铜山镇尚洪村	1945 年	一师三营八连副班长	1946 年 7 月在江苏鬼头街因战牺牲	—
谷社金	男	1925	陆郎镇王府村	1943 年	华中野战军八纵七十二团战士	1946 年 7 月在江苏陇海路因战牺牲	—
赵科宝	男	1925	秣陵镇家园村	1945 年	华东野战军四纵十二师三十四团二营四连战士	1946 年 7 月在江苏陇海路因战牺牲	—
陈正君	男	—	江宁县	—	第一师某部战士	1946 年 7 月在陕西黄堡战斗中牺牲	—
谈文贵	男	1906	横溪镇许村	1945 年	华东军区四纵副班长	1946 年 8 月在江苏海安因战牺牲	—
梁家保	男	1921	陶吴镇龙山村	1945 年 7 月	新四军一师三旅九团七连战士	1946 年 8 月在江苏海安因战牺牲	—
韩华发	男	1921	横溪镇长冲村	1945 年	华东军区四纵三十六团二营战士	1946 年 8 月在江苏海安因战牺牲	—
施大炮	男	1922	东善桥镇霞辉庙村	1945 年 7 月	华东军区四纵战士	1946 年 8 江苏鬼头街战斗中牺牲	—
张日贵	男	1925	周岗镇新桥村	1945 年 6 月	新四军一师九团五连战士	1946 年 8 月在江苏如黄公路战斗中牺牲	—
李树长	男	1927	横溪镇安民村	1945 年 8 月	华中野战军七纵某部通讯员	1946 年 8 月在江苏海安因战牺牲	—
谭天金	男	1927	横溪镇横山村	1945 年 8 月	华中野战军一师三旅九团八连战士	1946 年 8 月在江苏海安因战牺牲	—
邹玉生	男	1923	丹阳镇西山村	1945 年	新四军战士	1946 年 9 月在江苏茭菱因战牺牲	—
刘少朋	男	1919	东善桥镇袁家桥村	1939 年 8 月	华东军区四纵十二师特务营一连战士	1946 年 10 月在山东莱芜因战牺牲	—
刘伟俊	男	1925	陶吴镇湖头村	1945 年	华东军区四纵三十六团三营七连战士	1946 年 10 月在江苏涟水因战牺牲	—
杨志吉	男	1927	禄口镇群力村	1943 年	华中野战军六纵四十六团班长	1946 年 10 月在江苏涟水因战牺牲	—
齐耀卿	男	1917	铜山镇铜山村	1945 年 8 月	新四军横山县警卫连战士	1946 年 11 月在江苏茭菱因战牺牲	—
周 余	男	1917	秣陵镇金村	1945 年	华东野战军四纵十二师三十四团二营四连班长	1946 年 12 月在江苏东台因战牺牲	—
王子衡	男	1902	龙都镇龙都村	1941 年	江宁县秦淮区大队战士	1946 年在江苏高邮因战牺牲	—
迟序林	男	1909	禄口镇东湖村	1945 年	新四军一师七十二团三营七连战士	1946 年在江苏小海失踪	1983 年 5 月追认
周友之	男	1910	东善桥镇前圣村	1945 年	华东军区四纵十二师三十六团二营机枪连战士	1946 年在山东枣庄因战牺牲	—
周宏坤	男	1914	龙都镇永安村	1942 年	江宁县方山区大队战士	1946 年在江苏高邮因战牺牲	—
谢德银	男	1915	淳化镇宋墅村	1939 年 10 月	华东军区三纵队战士	1946 年在江苏东海因战牺牲	—
马顺华	男	1919	淳化镇索墅村	1939 年 10 月	华东军区三纵队军需员	1946 年在江苏东海因战牺牲	—
刘少虎	男	1919	龙都镇勤丰村	1945 年	新四军某部战士	1946 年北撤时因战牺牲	—
杨明发	男	1919	横溪镇西塘村	1945 年	华中野战军六纵炮兵团战士	1946 年在山东因战牺牲	—
俞元厚	男	1919	湖熟镇新跃村	1944 年	新四军三支队四十七团战士	1946 年在江苏泰兴因战牺牲	—
栾吉根	男	1919	淳化镇宋墅村	1944 年 10 月	新四军江宁县警卫连战士	1946 年在江苏高邮因战牺牲	—

续表 8

姓　名	性别	出生年份	出生地	参加革命时间	牺牲时所在单位及职务	牺牲情况	备注
马大银	男	1920	秣陵镇火炬村	1945 年	新四军某部战士	1946 年在江苏如皋因战牺牲	—
许纪成	男	1920	陆郎镇荷花村	1945 年	新四军一师九团战士	1946 年在江苏海安因战牺牲	—
俞老狗	男	1920	铜山镇石埝村	1944 年 1 月	新四军警卫连战士	1946 年在江苏鬼头街战斗中牺牲	—
俞家玉	男	1920	禄口镇俞庄村	1938 年	新四军二支队排长	1946 年在江苏如皋因战牺牲	—
管治仁	男	1920	铜山镇上徒塘	1945 年	华东军区四纵战士	1946 年在江苏如皋因战牺牲	—
孙老二	男	1921	土桥镇土桥村	1946 年	华中野战军某部战士	1946 年失踪	1950 年追认
周久福	男	1921	禄口镇农牧场村	1944 年	华中野战军八纵队七十二团二营四连战士	1946 年在江苏小海战斗中牺牲	—
周有金	男	1921	淳化镇双岗村	1945 年 8 月	新四军一纵三旅九团一连班长	1946 年在江苏茭菱因战牺牲	—
王述德	男	1922	秣陵镇凤凰村	1945 年	华中野战军八纵七十团二营四连战士	1946 年在江苏黄桥战斗中牺牲	—
朱老四	男	1922	禄口镇俞庄村	1945 年 8 月	华中一师七十二团三营八连战士	1946 年在江苏小海因战牺牲	—
周子保	男	1922	龙都镇新农村	1941 年	新四军警卫连战士	1946 年在江苏高邮因战牺牲	—
王传银	男	1923	淳化镇吴墅村	1941 年	华东野战军四纵十师三十团三营八连副排长	1946 年在江苏瓜洲因战牺牲	—
李建敏	男	1923	铜山镇尚洪村	1942 年	新四军一师三营八连连长	1946 年在江苏涟水因战牺牲	中共党员
夏光才	男	1923	淳化镇王墅村	1943 年	华中野战军某部战士	1946 年在江苏如皋失踪	1983 年 5 月追认
端家华	男	1923	禄口镇铺头村	1945 年 3 月	新四军某部战士	1946 年在江苏鬼头街失踪	1983 年 5 月追认
孙少祖	男	1924	陆郎镇荷花村	1944 年 2 月	新四军十六旅四十六团六连战士	1946 年在江苏黄桥失踪	1983 年 5 月追认
朱珍华	男	1924	东善桥镇后汉桥村	1942 年 7 月	二十三军六十九师二〇七团七连战士	1946 年在山东枣庄因战牺牲	—
张礼华	男	1924	龙都镇汾前村	1942 年 7 月	华东军区四纵三十六团三营副排长	1946 年在苏北鬼头街战斗中牺牲	—
李戴寿	男	1924	铜井镇	1944 年	华东军区四纵队三十三团四连战士	1946 年在山东台儿庄战斗牺牲	—
王荣发	男	1925	丹阳镇山景村	1944 年 6 月	新四军军部侦察营二连战士	1946 年在安徽淮南因战牺牲	—
朱金标	男	1925	淳化镇青龙村	1945 年	华中野战军六纵四十八团一营五连战士	1946 年在江苏高邮因战牺牲	—
陈家宝	男	1925	土桥镇上合村	1944 年 3 月	新四军某部战士	1946 年在江苏如皋因战牺牲	—
邵元清	男	1925	湖熟镇湖熟村	1945 年	新四军七十二团二营五连班长	1946 年在江苏新安镇失踪	1983 年 5 月追认
聂东海	男	1925	龙都镇西北村	1945 年 8 月	华中野战军八纵七十二团三营战士	1946 年在江苏高邮因战牺牲	—
夏德禄	男	1925	铜山镇张家村	1945 年	二十军五十八师特务营一连炊事员	1946 年在江苏宿迁因战牺牲	—
魏钟才	男	1925	禄口镇陆纲村	1945 年	新四军某部战士	1946 年在江苏涟水因战牺牲	—
李铭生	男	1926	湖熟镇河北村	1943 年 1 月	华中野战军七纵队五十五团三营七连班长	1946 年在江苏黄桥战斗中牺牲	—
时顺全	男	1926	龙都镇时村	1943 年	华东军区四纵十二师三十五团三营八连战士	1946 年在江苏高邮因战牺牲	—

续表9

姓　名	性别	出生年份	出生地	参加革命时间	牺牲时所在单位及职务	牺牲情况	备注
王成贵	男	1927	禄口镇东湖村	1945 年	华中野战军八纵七十二团三营九连战士	1946 年在江苏小海因战牺牲	—
王国金	男	1927	周岗镇和平村	1944 年	新四军某部战士	1946 年在江苏涟水失踪	1961 年 11 月追认
刘寿文	男	1927	禄口镇秦村	1945 年 8 月	新四军一师三旅九团三营九连战士	1946 年在江苏海安失踪	1961 年 11 月追认
朱德益	男	1927	土桥镇西城村	1945 年 7 月	新四军某部战士	1946 年在江苏高邮因战牺牲	—
张诒金	男	1927	禄口镇	1945 年	华东野战军一师九团三营九连班长	1946 年在江苏新安镇因战牺牲	—
施小双	男	1927	湖熟镇丹桂村	1945 年	华东军区四纵三十六团战士	1946 年在江苏新安镇因战牺牲	—
郭长保	男	1927	龙都镇新农村	1942 年	华中野战军八纵三营班长	1946 年在江苏高邮因战牺牲	—
曹福喜	男	1927	禄口镇俞庄村	1945 年 8 月	横山县警卫团战士	1946 年在江苏海安因战牺牲	—
许世雄	男	1928	龙都镇龙都村	1943 年	新四军江宁县四团连长	1946 年在安徽官塘因战牺牲	—
邵兴隆	男	1928	土桥镇西城村	1944 年 2 月	江宁县赤山区大队通讯班战士	1946 年在江苏鬼头街失踪	1983 年 5 月追认
周启双	男	1928	上峰镇孟墓村	1945 年 5 月	新四军警卫连战士	1946 年在江苏涟水茭菱因战牺牲	—
甘克孝	男	1913	丹阳镇勇跃村	1945 年 8 月	三野十六旅四十八团六连战士	1947 年 1 月在江苏涟水失踪	1961 年 12 月追认
张善喜	男	1918	禄口镇黄桥村	1945 年	华东野战军四纵十二师三十六团特务连副班长	1947 年 1 月在山东枣庄因战牺牲	—
周敦明	男	1922	铜山镇彭福村	1944 年 10 月	新四军一师三十六团五连连长	1947 年 1 月在山东枣庄因战牺牲	—
刘寿银	男	1925	禄口镇青圩村	1945 年	新四军某部战士	1947 年 1 月在山东枣庄因战牺牲	—
陶维发	男	1925	禄口镇东湖村	1945 年 8 月	华东野战军四纵十二师三十六团三营九连战士	1947 年 1 月在山东石灰窑因战牺牲	—
张金喜	男	1925	铜山镇铜山村	1945 年 7 月	华东野战军二纵六师十八团特务连战士	1947 年 2 月在山东莱芜因战牺牲	—
王传发	男	1920	淳化镇吴墅村	1946 年	华东野战军三纵队八师二十二团二营六连战士	1947 年 4 月在鲁南凤凰山因战牺牲	—
张宝兴	男	1916	丹阳镇勇跃村	1945 年 8 月	华东野战军四纵十二师三十六团七连战士	1947 年 5 月在山东孟良崮战役中牺牲	—
葛德才	男	1917	龙都镇西北村	1945 年 8 月	华中野战军八纵七十团战士	1947 年 5 月在鲁中南因战牺牲	—
朱本柏	男	1918	周岗镇焦村	1944 年 11 月	华东野战军八纵三十六团三营班长	1947 年 5 月在山东枣庄因战牺牲	—
张存保	男	1918	铜山镇浣溪村	1945 年 8 月	华东野战军一纵一师特务连战士	1947 年 5 月在山东孟良崮战役中牺牲	—
姚松山	男	1918	殷巷乡下墟村	1944 年	华东野战军四纵十一师师直侦察队侦察员	1947 年 5 月在山东孟良崮战役中牺牲	
许根保	男	1920	龙都镇光明村	1942 年	华东野战军四纵十二师三十六团三营七连副连长	1947 年 5 月在鲁南四顶山战斗中牺牲	—
韩志忠	男	1923	秣陵镇凤凰村	1943 年 3 月	华野四纵队战士	1947 年 5 月在山东孟良崮失踪	1983 年 5 月追认
王启林	男	1926	秣陵镇新丰村	1945 年	华东野战军某部战士	1947 年 5 月在山东孟良崮战役中牺牲	—
党万发	男	1928	秣陵镇新丰村	1945 年	华东野战军四纵十一师三十二团二营五连战士	1947 年 5 月在山东孟良崮战役中牺牲	—
李荣生	男	1929	方山镇东方村	1945 年 1 月	华东野战军四纵十二师三十六团一营机枪连战士	1947 年 5 月在山东孟良崮战役中牺牲	—

续表 10

姓　名	性别	出生年份	出生地	参加革命时间	牺牲时所在单位及职务	牺牲情况	备注
陈扶生	男	1914	丹阳镇许上村	1945 年 8 月	华东野战军八纵七十二团班长	1947 年 6 月在山东费县因战牺牲	—
于　龙	男	1921	横溪镇赵村	1938 年	华东野战军六纵十六师四十六团一营副营长	1947 年 7 月在山东南麻因战牺牲	—
段尔富	男	1921	横溪镇官塘村	1945 年 8 月	华中野战军八纵七十二团五连副班长	1947 年 7 月在山东费县因战牺牲	—
邵忠福	男	1922	秣陵镇新丰村	1945 年 8 月	华东野战军四纵十二师三十四团四连二排副班长	1947 年 7 月在山东费县因战牺牲	—
陶宗信	男	1923	殷巷乡铺岗村	1947 年 1 月	华东野战军三纵八师二十二团修配连战士	1947 年 7 月在山东济宁因战牺牲	—
杨世万	男	1914	土桥镇祝庄村	1946 年 5 月	江宁县赤山区警卫连司务长	1947 年 8 月在江苏高邮因战牺牲	—
潘正顺	男	1924	陶吴镇西章村	1947 年 1 月	华东野战军四纵十二师三十六团战士	1947 年 8 月在山东黄县因战牺牲	—
高世源	男	1927	铜山镇埂方村	1945 年	华东野战军一纵队某部班长	1947 年 11 月在山东因战牺牲	—
李广兴	男	1924	秣陵镇火炬村	1945 年	华东野战军四纵十二师三十四团二营五连班长	1947 年 12 月在山东枣庄因战牺牲	—
焦作银	男	1929	周岗镇焦村	1945 年	华东野战军四纵三十六团二营五连战士	1947 年 12 月在江苏茭菱因战牺牲	—
许启道	男	1910	秣陵镇东埠村	1942 年	华东野战军四纵十二师三十四团四连班长	1947 年在山东孟良崮战役中牺牲	—
王惠才	男	1913	铜山镇山阴村	1945 年	七师二团四营战士	1947 年在山东孟良崮战役中牺牲	—
胡宏昌	男	1916	铜山镇朱坊村	1945 年	华东野战军四纵十二师三十六团三营八连	1947 年在山东莱芜失踪	1983 年 5 月追认
周学河	男	1917	铜山镇溧塘村	1944 年	华东野战军六纵十六师四十六团八连副班长	1947 年在山东因战牺牲	—
柏实正	男	1918	横溪镇大柏村	1938 年	新四军某部战士	1947 年在山东枣庄因战牺牲	—
陈如金	男	1920	上峰镇阜东村	1945 年	淮南军区独立旅三团八连通讯员	1947 年在江苏小海因战牺牲	—
时祖广	男	1921	龙都镇龙都村	1940 年	华中野战军六纵四十八团排长	1947 年在江苏黄桥战斗中牺牲	—
丁小狗	男	1922	陆郎镇荷花村	1944 年	华中野战军一师三旅九团三营八连战士	1947 年在山东枣庄失踪	1983 年 5 月追认
殷祖根	男	1925	秣陵镇	1945 年	新四军某部战士	1947 年在武汉车站因战牺牲	—
许宗祥	男	1926	秣陵镇东埠村	1944 年	新四军警卫连通讯员	1947 年在鲁南因战牺牲	—
金德义	男	1926	土桥镇滨淮村	1946 年	新四军某部战士	1947 年在江苏小海因战牺牲	—
焦孝礼	男	1926	周岗镇和平村	1945 年	新四军某部战士	1947 年因战牺牲	—
嵇家金	男	1927	铜井镇北庄村	1947 年	解放军某部战士	1947 年在山东济宁失踪	1983 年 5 月追认
杨宗华	男	1928	禄口镇陆纲村	1944 年	新四军某部战士	1947 年在鲁西南因战牺牲	—
李毓华	男	1926	湖熟镇范坂村	1944 年	苏北军区特务第五团政治部副连长	1948 年 3 月在江苏南通石港因战牺牲	—
杨恩淑	女	1925	横溪镇	1945 年 7 月	华东野战军六纵文工团会计	1948 年 6 月在河北因战牺牲	—
巫二呆子	男	1926	汤山镇西梅村	1944 年 2 月	华东野战军十一纵九十三团一连战士	1948 年 6 月在江苏南通因战牺牲	—
迟序龙	男	1927	铜山镇埂方村	1945 年	华东野战军四纵队十二师三十六团战士	1948 年 6 月在鲁东因战牺牲	—

续表 11

姓 名	性别	出生年份	出生地	参加革命时间	牺牲时所在单位及职务	牺牲情况	备注
刘增保	男	1928	铜山镇石埝村	1944 年 8 月	华东野战军四纵司令部骑兵排战士	1948 年 6 月在开封战役中牺牲	—
陈金友	男	1924	陶吴镇	1944 年 6 月	华东野战军四纵三十六团三营九连班长	1948 年 7 月在沧县战斗中牺牲	—
方志金	男	1921	横溪镇红旗村	1943 年 5 月	华东野战军六纵排长	1948 年 11 月在淮海战役中牺牲	—
陈在林	男	1924	丹阳镇许上村	1945 年	先遣纵队四支队二营特务连战士	1948 年 11 月在淮海战役中牺牲	中共党员
王明富	男	1925	陶吴镇湖头村	1945 年	华东野战军四纵三十六团三营七连班长	1948 年 11 月在淮海战役中牺牲	—
业德华	男	1926	铜山镇后业村	1944 年 3 月	华东野战军四纵队某部班长	1948 年 11 月在淮海战役中牺牲	—
齐昌有	男	1929	秣陵镇北街	1947 年 5 月	华东野战军四纵十二师三十六团一营副班长	1948 年 11 月在淮海战役中牺牲	—
王复清	男	1911	周岗镇东释村	1945 年	华东野战军战士	1948 年 12 月在淮海战役中牺牲	—
陈金生	男	1910	湖熟镇湖熟村	1943 年	华东野战军七纵七十三师机枪连战士	1948 年在淮海战役中牺牲	—
陈清成	男	1912	土桥镇西城村	1945 年	一师三旅十二团三营十一连司务长	1948 年在芦洲县因战牺牲	—
张昌玉	男	1913	铜山镇张家村	1943 年	四纵三十六团六连战士	1948 年在淮海战役中失踪	1983 年 5 月追认
顾正玉	男	1913	淳化镇索墅村	1940 年	华东野战军六纵四十八团战士	1948 年在淮海战役中牺牲	—
潘友山	男	1917	禄口镇禄口村	1943 年 3 月	华东野战军四纵十二师三十六团二营九连战士	1948 年在淮海战役中牺牲	—
余光才	男	1925	谷里镇梁塘村	1943 年	新四军某部战士	1948 年在淮海战役中牺牲	中共党员
陈寿山	男	1925	汤山镇汤山村	1946 年	二野渤海军区战士	1948 年在淮海战役中牺牲	—
张志友	男	1927	湖熟镇东张塘村	1943 年	华东野战军四纵队三十六团连长	1948 年在豫东战役中牺牲	追认一级英模中共党员
赵厚森	男	1927	湖熟镇丹桂村	1944 年	江宁县地方游击队队员	1948 年在开封战役中牺牲	—
周敦仁	男	1929	铜山镇张家村	1945 年	新四军一师特务营一连战士	1948 年在淮海战役中失踪	1983 年 5 月追认
王先才	男	1913	铜山镇山阴村	1945 年	一师特务营一连班长	1949 年 6 月在山东因战牺牲	—
赵兴友	男	1923	陶吴镇	1945 年	三野二十二军战士	1949 年 10 月在金塘战斗中牺牲	—
周 平	男	1914	铜山镇张家村	1939 年	皖南财副部长	1949 年病故	1949 年 9 月追认
许修祥	男	1915	龙都镇勤丰村	1941 年	新四军某部战士	1949 年在浙江嘉兴因战牺牲	—
戴学明	男	1925	土桥镇土桥村	1945 年	十一军三十三师九十九团三营十连战士	1949 年在西南彭山因战牺牲	—
李玉生	男	1927	禄口镇张桥村	1949 年 7 月	解放军某部战士	1949 年失踪	1983 年 5 月追认
王亨太	男	1929	湖熟镇范坂村	1944 年 7 月	苏浙军区一纵队三大队七中队战士	1949 年在部队失踪	1961 年 11 月追认
戴 学	男	—	江宁县			1949 年在四川彭山因战牺牲	—
倪进宏	男	1929	铜井镇新济村	—	四川省珙县一区人民政府工作人员	1950 年 2 月在四川珙县宝山乡因战牺牲	—
何长贵	男	1921	谷里镇箭塘村	1949 年 10 月	四十三军一二八师三八二团八连战士	1950 年 4 月在海南黄竹因战牺牲	—

续表 12

姓　名	性别	出生年份	出生地	参加革命时间	牺牲时所在单位及职务	牺牲情况	备注
周森银	男	1927	禄口镇马铺村	1949 年 8 月	上海市公安总队三十团一营战士	1950 年 5 月因公牺牲	—
马荣照	男	1925	土桥镇下埠村	1945 年 7 月	志愿军二营五连战士	1950 年 11 月在朝鲜因战牺牲	—
李兴旺	男	1922	谷里镇新塘村	1942 年	志愿军五十八师通讯连通讯员	1950 年 12 月在朝鲜因战牺牲	—
孙亦蔼	男	1929	横溪镇红旗村	1949 年 4 月	志愿军二十军一七五团三营八连文化教员	1950 年 12 月在朝鲜因战牺牲	—
李志才	男	1913	陆郎镇	1949 年 4 月	志愿军九兵团司令部战士	1950 年在朝鲜失踪	1983 年 5 月追认
王福银	男	1920	陆郎镇西宁村	1950 年 11 月	志愿军某部战士	1950 年在朝鲜失踪	1961 年 12 月追认
余开春	男	1925	丹阳镇幸福村	1948 年 10 月	志愿军三〇三〇信箱一支队战士	1950 年在朝鲜失踪	1961 年 11 月追认
马存贵	男	1928	岔路乡红光村	1950 年	志愿军某部战士	1950 年在朝鲜失踪	1961 年 10 月追认
朱家明	男	1930	丹阳镇幸福村	1950 年	志愿军二〇四师六一一团一连战士	1950 年在朝鲜失踪	1983 年 5 月追认
孙　刚	男	1931	方山镇桥头村	1949 年	四野后勤运转部汽车五团八连战士	1951 年 2 月在朝鲜失踪	1983 年 5 月追认
李成福	男	1929	湖熟镇和进村	1947 年 5 月	志愿军二十六军二三三团二营六连战士	1951 年 3 月在朝鲜因战牺牲	—
张学爱	男	1922	禄口镇	1948 年 5 月	志愿军四十四军一三〇师三四三团战士	1951 年 4 月在朝鲜华川君战斗中牺牲	—
丁老九	男	1921	陆郎镇荷花村	1946 年 2 月	志愿军六十一军五四一团三营九连班长	1951 年 5 月在朝鲜因战牺牲	中共党员
耿宽生	男	1930	殷巷乡殷巷村	1950 年	志愿军二〇〇师五九八团战士	1951 年 5 月在朝鲜失踪	
仲成礼	男	1925.6	陆郎镇荷花村	1949 年 3 月	志愿军二十军五十八师一七三团八连战士	1951 年 6 月在朝鲜因战牺牲	—
高森意	男	1928	谷里镇风林村	1949 年 4 月	志愿军二十六军二二六团一营战士	1951 年 6 月在朝鲜因战牺牲	—
张锦连	男	1929	岔路乡前进村	1950 年 6 月	志愿军六十三军一八九师五六五团六连副班长	1951 年 6 月在朝鲜因战牺牲	—
邓子邦	男	1926	秣陵镇东旺村	1951 年 3 月	志愿军六十八军二〇四师六一〇团二营六连炊事员	1951 年 7 月在朝鲜因战牺牲	—
李枝林	男	1931	方山镇成山村	1950 年	志愿军六十八军二〇四师六一一团一连战士	1951 年 7 月在朝鲜白石山因战牺牲	—
金成保	男	1915	淳化镇解溪村	1938 年 12 月	志愿军二十六军二三一团四连排长	1951 年 8 月在朝鲜平金淮因战牺牲	二等功 1 次
李信华	男	1924	秣陵镇东旺村	1948 年 10 月	志愿军四十七军一四〇师侦察营一连侦察员	1951 年 8 月在朝鲜临津江因战牺牲	—
高时友	男	1933	殷巷乡陈墟村	1951 年 4 月	志愿军六十七军二〇〇师炮兵团四连战士	1951 年 8 月在朝鲜因战牺牲	—
俞顺全	男	1919	禄口镇俞庄村	1949 年 7 月	志愿军二十七军八十一师二四二团一营一连战士	1951 年 9 月在朝鲜金城因战牺牲	—
宋宏友	男	1924	上峰镇宁东村	1951 年 2 月	志愿军二〇〇师五九八团战士	1951 年 9 月在朝鲜因战牺牲	—
庞其武	男	1924	上峰镇高庄村	1951 年 3 月	志愿军二〇〇师五九八团侦察员	1951 年 9 月在朝鲜因战牺牲	—
庞家华	男	1924	周岗新桥村	1948 年 6 月	志愿军四十二军一二五师三七五团九连战士	1951 年 9 月在朝鲜铁原郡战斗中牺牲	—
胡尔发	男	1924	淳化镇青龙村	1951 年 3 月	志愿军六十七军二〇〇师五九九团三营机炮连战士	1951 年 9 月在朝鲜因战牺牲	—
许维洲	男	1927	汤山镇孟北村	1951 年 3 月	志愿军二〇〇师五九八团警卫连战士	1951 年 9 月在朝鲜因战牺牲	—

续表 13

姓　名	性别	出生年份	出生地	参加革命时间	牺牲时所在单位及职务	牺牲情况	备注
孙贻华	男	1931	土桥镇西城村	1951 年 3 月	志愿军二〇〇师五九八团六连战士	1951 年 9 月在朝鲜因战牺牲	—
许鼎华	男	1931	土桥镇西城村	1951 年 3 月	志愿军二〇〇师五九八团六连战士	1951 年 9 月在朝鲜因战牺牲	—
李明亮	男	1931	殷巷乡陈墟村	1951 年 3 月	志愿军六十七军二〇〇师五九八团通讯员	1951 年 9 月在朝鲜因战牺牲	—
曹益明	男	1932	秣陵镇东埠村	1951 年 1 月	志愿军六十七军二〇〇师五九九团二机连副班长	1951 年 9 月在朝鲜金城以南因战牺牲	—
张家胜	男	1917	秣陵镇东旺村	1951 年 2 月	志愿军六十八军二〇四师六一一团一连战士	1951 年 10 月在朝鲜因战牺牲	—
章长友	男	1917	铜山镇上桑园	1945 年 8 月	志愿军二十六军特务团一营一连副连长	1951 年 10 月在朝鲜因战牺牲	—
吴家根	男	1919	禄口镇秦村	1951 年 3 月	志愿军六十八军二〇四师六一一团一连战士	1951 年 10 月在朝鲜因战牺牲	—
张连生	男	1920	秣陵镇建农村	1949 年 2 月	志愿军四十七军一四〇师四一八团三机连战士	1951 年 10 月在朝鲜因战牺牲	—
陆士根	男	1920	禄口镇陆纲村	1951 年 2 月	志愿军六十七军二〇〇师六〇一团二连战士	1951 年 10 月在朝鲜因战牺牲	—
朱华成	男	1923	禄口镇永兴村	1951 年 3 月	志愿军六十八军二〇四师六一一团二连战士	1951 年 10 月在朝鲜因战牺牲	—
张家龙	男	1923	横溪镇	1951 年	志愿军某部战士	1951 年 10 月在朝鲜因战牺牲	—
王世贵	男	1924	陶吴镇钟村	1950 年	志愿军二〇四师六一一团八连战士	1951 年 10 月在朝鲜失踪	1983 年 5 月追认
王世富	男	1924	汤山镇桦墅村	1951 年 3 月	志愿军二〇〇师五九八团警卫连战士	1951 年 10 月在朝鲜因战牺牲	—
尹本良	男	1925	秣陵镇东埠村	1951 年 3 月	志愿军六十八军二〇四师六一一团一连战士	1951 年 10 月在朝鲜因战牺牲	—
李长连	男	1925	周岗镇新桥村	1951 年 4 月	志愿军二〇四师六一二团八连战士	1951 年 10 月在朝鲜因战牺牲	—
业宗全	男	1926	铜山镇后业村	1951 年	志愿军二〇四师六一一团二连战士	1951 年 10 月在朝鲜因战牺牲	—
许洪武	男	1926	龙都镇永跃村	1947 年	志愿军二十六军七十八师二三二团一营一连副班长	1951 年 10 月在朝鲜灵尾因战牺牲	—
袁其富	男	1927	上峰镇潭山村	1951 年 3 月	志愿军二〇〇师五九八团警卫连战士	1951 年 10 月在朝鲜因战牺牲	—
陶礼银	男	1927	龙都镇双龙村	1951 年 1 月	志愿军二〇〇师五九八团七连战士	1951 年 10 月在朝鲜因战牺牲	—
芮喜海	男	1928	周岗镇钱家村	1951 年 3 月	志愿军二〇三师六〇八团一营一连战士	1951 年 10 月在朝鲜桥岩山战斗中牺牲	—
万家宾	男	1929	上峰镇宁西村	1951 年 4 月	志愿军二〇〇师五九八团战士	1951 年 10 月在朝鲜因战牺牲	—
张兴隆	男	1929	横溪镇上庄村	1950 年 12 月	志愿军二〇四师六一一团一连战士	1951 年 10 月在朝鲜因战牺牲	—
张贻禄	男	1929	禄口镇高伏村	1951 年 3 月	志愿军六十八军二〇四师六一一团三连战士	1951 年 10 月在朝鲜因战牺牲	—
苏国银	男	1929	汤山镇湖山村	1951 年 5 月	志愿军二〇〇师五九八团警卫连战士	1951 年 10 月在朝鲜因战牺牲	—
陈耀安	男	1929	禄口镇东湖村	1951 年 3 月	志愿军六十八军二〇四师六一二团三连战士	1951 年 10 月在朝鲜因战牺牲	—
徐有成	男	1929	周岗镇长干村	1951 年 3 月	志愿军二〇三师六〇八团八连战士	1951 年 10 月在朝鲜桥岩山战斗中牺牲	—
王止富	男	1930	周岗镇钱家村	1951 年	志愿军〇二二三部队二支队战士	1951 年 10 月在朝鲜因战牺牲	—
周嘉道	男	1930	龙都镇新农村	1951 年 3 月	志愿军二〇〇师五九八团二营六连战士	1951 年 10 月在朝鲜因战牺牲	—

续表 14

姓　名	性别	出生年份	出生地	参加革命时间	牺牲时所在单位及职务	牺牲情况	备注
傅茂保	男	1930	禄口镇前景冲村	1951 年 1 月	志愿军八十七军五九九团担架连战士	1951 年 10 月在朝鲜因战牺牲	—
万家声	男	1931	上峰镇宁西村	1951 年 3 月	志愿军二〇〇师五九八团八连战士	1951 年 10 月在朝鲜因战牺牲	—
邓志祥	男	1931	禄口镇禄口村	1951 年 3 月	志愿军六十八军二〇四师六一二团三连战士	1951 年 10 月在朝鲜因战牺牲	—
许国树	男	1931	陶吴镇龙山村	1951 年	志愿军二〇四师六一一团三营战士	1951 年 10 月在朝鲜因战牺牲	—
戴厚荣	男	1931	汤山镇湖山村	1951 年 3 月	志愿军二〇〇师五九八团八连战士	1951 年 10 月在朝鲜因战牺牲	—
万家林	男	1932	上峰镇宁西村	1950 年 4 月	志愿军二〇〇师五九八团战士	1951 年 10 月在朝鲜因战牺牲	—
毛石元	男	1932	禄口镇马塘村	1951 年 3 月	志愿军六十八军二〇四师高炮营一连战士	1951 年 10 月在朝鲜因战牺牲	—
张成荣	男	1932	龙都镇乐安村	1951 年 1 月	志愿军二〇〇师五九八团三营七连战士	1951 年 10 月在朝鲜因战牺牲	—
庞必顺	男	1932	上峰镇高庄村	1951 年 3 月	志愿军二〇〇师五九八团担架连战士	1951 年 10 月在朝鲜因战牺牲	—
姚桂生	男	1932	铜山镇高周村	1951 年 2 月	志愿军二〇四师六一二团三连战士	1951 年 10 月在朝鲜因战牺牲	—
周小银	男	1933	铜山镇后业村	1950 年 3 月	志愿军二〇四师六一一团一营战士	1951 年 10 月在朝鲜因战牺牲	—
方立武	男	1933	陶吴镇甘村	1950 年 12 月	志愿军二〇四师六一一团二连战士	1951 年 10 月在朝鲜因战牺牲	—
苏立殿	男	1933	汤山镇湖山村	1951 年 3 月	志愿军二〇〇师五九八团警卫连通讯员	1951 年 10 月在朝鲜因战牺牲	—
王必勤	男	1934	周岗镇钱家村	1951 年 1 月	志愿军某部战士	1951 年 10 月在朝鲜因战牺牲	—
夏士全	男	1934	铜山镇南夏村	1951 年 3 月	志愿军二〇四师六一一团一连战士	1951 年 10 月在朝鲜因战牺牲	—
雷炳和	男	1934	上峰镇宁西村	1951 年	志愿军二〇〇师五九八团战士	1951 年 10 月在朝鲜因战牺牲	—
张加祥	男	1924	禄口镇新生村	1949 年 10 月	志愿军步兵二〇三师战士	1951 年 11 月在朝鲜病故	1961 年 11 月追认
王兆云	男	1927	陆郎镇荷东村	1950 年 11 月	志愿军二〇四师六一二团一连副班长	1951 年 11 月在朝鲜因战牺牲	—
阮其富	男	1928	淳化镇新华村	1951 年 7 月	苏南警备第一团六连战士	1951 年 11 月在镇句公路因公牺牲	—
王义双	男	1930	秣陵镇凤凰村	1951 年 2 月	志愿军六十八军二〇四师六一二团七连战士	1951 年 11 月在朝鲜因战牺牲	—
王功瑞	男	1930	禄口镇秦村	1951 年 1 月	志愿军六十八军二〇四师六一一团一连班长	1951 年 11 月在朝鲜因战牺牲	—
姚成保	男	1931	禄口镇刘家格村	1951 年 3 月	志愿军六十八军二〇四师六一一团四连通讯员	1951 年 11 月在朝鲜因战牺牲	三等功 1 次
李寿春	男	1932	东善桥镇长山村	1951 年 7 月	苏南警卫第一团六连战士	1951 年 11 月在镇句公路因公牺牲	—
濮世才	男	1933	陆郎镇荷花村	1951 年 3 月	志愿军二〇四师六一一团八连战士	1951 年 11 月在朝鲜因战牺牲	—
宋善友	男	1930	龙都镇乐安村	1951 年 9 月	志愿军二〇〇师五九八团战士	1951 年 12 月在朝鲜因战牺牲	—
夏仁才	男	1930	禄口镇西圩村	1951 年 3 月	志愿军六十八军二〇四师六一一团五连战士	1951 年 12 月在朝鲜因战牺牲	—
邓志贵	男	1919	陶吴镇钟村	1951 年	志愿军一一五部队汽车队战士	1951 年在朝鲜失踪	1967 年 2 月追认
许光宝	男	1921	禄口镇禄口村	1951 年	志愿军六十八军二〇四师六一一团三营十二连战士	1951 年在朝鲜失踪	1983 年 5 月追认

续表 15

姓　名	性别	出生年份	出生地	参加革命时间	牺牲时所在单位及职务	牺牲情况	备注
胡锡嵩	男	1923	东山镇	1951 年	志愿军二〇四师炮兵团战士	1951 年在朝鲜牺牲	1953 年 8 月追认
刘兆银	男	1925	东善桥镇长山村	1951 年 3 月	志愿军某部战士	1951 年在朝鲜失踪	1958 年 11 月追认
王亮仁	男	1926	禄口镇俞庄村	1951 年 2 月	志愿军某部战士	1951 年在朝鲜失踪	1983 年 5 月追认
赵广志	男	1927	汤山镇安基山村	1950 年	志愿军二十军五十八师十二团班长	1951 年在朝鲜因战牺牲	—
沈聚贵	男	1928	土桥镇柏墅村	1951 年	志愿军〇七二〇部队战士	1951 年在朝鲜失踪	1983 年 5 月追认
王承友	男	1929	陶吴镇	1950 年	志愿军二〇四师炮兵团一连战士	1951 年在朝鲜失踪	1967 年 1 月追认
杨发荣	男	1929	周岗镇东释村	1949 年	解放军某部战士	1951 年在朝鲜失踪	1983 年 5 月追认
朱小三	男	1930	淳化镇青龙村	1951 年	志愿军某部战士	1951 年在朝鲜失踪	1983 年 5 月追认
贡来生	男	1930	秣陵镇西旺村	1951 年	志愿军二〇四师六一〇团战士	1951 年在朝鲜失踪	1961 年 11 月追认
钱奕富	男	1930	周岗镇钱家村	1951 年 1 月	志愿军某部战士	1951 年在朝鲜失踪	1957 年 11 月追认
孙　山	男	1931	淳化镇解溪村	1949 年 4 月	志愿军某部战士	1951 年在朝鲜失踪	1961 年 10 月追认
许秀凤	男	1931	禄口镇俞庄村	1951 年 3 月	志愿军六十八军二〇四师六一一团通讯员	1951 年在朝鲜因战牺牲	—
杜天宝	男	1931	方山镇健康村	1951 年	志愿军二〇〇师五九八团二营五连战士	1951 年在朝鲜失踪	1961 年 11 月追认
周以录	男	1932	秣陵镇金村	1951 年 9 月	志愿军三〇三〇号信箱战士	1951 年在朝鲜失踪	1961 年 11 月追认
尹传荣	男	1926	龙都镇东阳村	1946 年 11 月	志愿军二十军后勤部汽车二队驾驶助手	1952 年 1 月在朝鲜因战牺牲	—
白宏银	男	1927	秣陵镇东旺村	1951 年 3 月	志愿军六十八军二〇四师侦察队侦察员	1952 年 1 月在朝鲜因战牺牲	—
邱大贵	男	1934	秣陵镇后圩村	1951 年 3 月	志愿军六十八军二〇四师侦察队战士	1952 年 1 月在朝鲜因战牺牲	—
佘久才	男	1912	上坊镇佘村	1948 年 10 月	志愿军三十九军一一五师警卫营二连炊事员	1952 年 3 月在朝鲜临江因战牺牲	—
俞顺美	男	1926	禄口镇秦村	1951 年 3 月	志愿军六十八军二〇四师六一〇团警侦二连战士	1952 年 3 月在朝鲜因战牺牲	—
陈池太	男	1927	铜山镇上墟村	1951 年 3 月	志愿军二〇四师后勤战士	1952 年 3 月在朝鲜因战牺牲	—
郭高庆	男	1930	方山镇健康村	1951 年 2 月	志愿军六十七军二〇〇师五九八团战士	1952 年 3 月在朝鲜因战牺牲	—
张茂福	男	1934	禄口镇成功韩庄	1951 年 3 月	志愿军六十八军二〇四师后勤工监连战士	1952 年 3 月在朝鲜因战牺牲	—
童宜才	男	1926	禄口镇禄口村	1951 年 3 月	志愿军六十八军二〇四师六一一团一营二连卫生员	1952 年 4 月在朝鲜因战牺牲	
徐传孝	男	1928	周岗镇长干村	1951 年 3 月	志愿军二〇三师六〇八团一连副班长	1952 年 4 月在朝鲜因战牺牲	—
周华武	男	1931	秣陵镇东旺村	1951 年 2 月	志愿军六十八军二〇四师六一一团二营营部战士	1952 年 4 月在朝鲜因战牺牲	—
刘家全	男	1933	岔路乡岔路集镇	1951 年 3 月	志愿军六十八军二〇四师六一二团八连战士	1952 年 4 月在朝鲜因战牺牲	—
陈维全	男	1929	横溪镇云台村	1951 年	志愿军二〇四师六一一团三连战士	1952 年 5 月在朝鲜因战牺牲	—
陈凤祥	男	1932	禄口镇长塘村	1951 年 4 月	志愿军六十八军二〇四师六一一团二营四连战士	1952 年 5 月在朝鲜因战牺牲	三等功 1 次

续表 16

姓　名	性别	出生年份	出生地	参加革命时间	牺牲时所在单位及职务	牺牲情况	备注
张皆华	男	1923	横溪镇安民村	1949 年 4 月	华东边防公安团一连战士	1952 年 6 月在松江城因公牺牲	—
许广财	男	1927	湖熟镇和进村	1951 年 4 月	志愿军二十军一八〇团战士	1952 年 6 月在朝鲜因战牺牲	—
江克忠	男	1930	陶吴镇桃红村	1951 年 3 月	志愿军一八九师五六七团九连战士	1952 年 6 月在朝鲜因战牺牲	—
殷家海	男	1924	岔路乡胜利村	1951 年 4 月	志愿军二十军五十九师一七七团三营八连战士	1952 年 7 月在朝鲜因战牺牲	—
高德太	男	1933	湖熟镇河南村	1949 年 5 月	三十八师师直担架连战士	1952 年 7 月在云南剿匪战斗中牺牲	—
黄修金	男	1925	横溪镇安民村	1945 年 10 月	志愿军二〇四师高炮营司机助手	1952 年 10 月在朝鲜因战牺牲	—
芮夫华	男	1926	秣陵镇东埠村	1951 年 3 月	志愿军六十八军二〇四师六一一团一营三连副班长	1952 年 10 月在朝鲜因战牺牲	
刘智根	男	1927	汤山镇孟北村	1949 年 5 月	志愿军三十四师一〇一团四连班长	1952 年 10 月在朝鲜因战牺牲	—
王家炎	男	1929	汤山镇寺庄村	1949 年 1 月	志愿军一一三师三三七团班长	1952 年 10 月在朝鲜因战牺牲	—
施洪友	男	1929	谷里镇赵林村	1951 年 4 月	志愿军六十九师二〇五团九连炊事员	1952 年 10 月在朝鲜因战牺牲	—
高善杰	男	1931	秣陵镇东旺村	1950 年	志愿军六十八军二〇四师六一一团战士	1952 年 10 月在朝鲜因战牺牲	—
盛益春	男	1932	周岗镇长干村	1950 年 1 月	志愿军二〇三师六〇八团二连副班长	1952 年 10 月在朝鲜方形山战斗中牺牲	—
王国忠	男	1922	东山镇	1948 年 10 月	志愿军某部班长	1952 年在朝鲜因战牺牲	—
童恒才	男	1922	铜山镇张业村	1950 年	志愿军二〇四师六一一团二营四连战士	1952 年在朝鲜因战牺牲	—
周广满	男	1924	铜山镇埂方村	1951 年	志愿军二〇四师六一一团警卫连战士	1952 年在朝鲜因战牺牲	—
王小平	男	1925	汤山镇西梅村	1949 年	志愿军某部战士	1952 年在朝鲜因战牺牲	—
朱锡权	男	1926	江宁镇三山村	1951 年	志愿军某部战士	1952 年在朝鲜因战牺牲	—
高尚文	男	1931	秣陵镇桥北村	1951 年	志愿军二十八军二七二师战士	1952 年在朝鲜因战牺牲	—
濮忠林	男	1931	铜山镇曹村	1951 年	志愿军二〇四师后勤工监连战士	1952 年在朝鲜因战牺牲	—
陆牛喜	男	1935	上坊镇市井村	1951 年 3 月	华北军区八十支队开原机场战士	1952 年失踪	1961 年 12 月追认
彭典有	男	1925	陶吴镇甘西村	1951 年 4 月	志愿军六十九师二〇五团八连战士	1953 年 1 月在朝鲜因战牺牲	—
林少兴	男	1928	东善桥镇前圣村	1951 年 4 月	志愿军六十九师二〇五团七连战士	1953 年 1 月在朝鲜因战牺牲	—
朱家富	男	1922	陆郎镇西宁村	1950 年 10 月	志愿军二〇四师后勤工监连炊事员	1953 年 2 月在朝鲜因战牺牲	—
许广义	男	1925	东善桥镇水阁村	1951 年 3 月	志愿军六十九师二〇五团三营机枪连战士	1953 年 3 月在朝鲜因战牺牲	—
朱继荣	男	1929	谷里镇公塘村	1951 年 4 月	志愿军六十九师二〇五团三营机枪连战士	1953 年 3 月在朝鲜因战牺牲	—
皇甫贤金	男	1929	上峰镇阜西村	1951 年 3 月	志愿军二〇〇师五九八团八连战士	1953 年 3 月在朝鲜因战牺牲	—
谢能安	男	1929	陶吴镇红星村	1951 年 4 月	志愿军六十九师二〇五团八连战士	1953 年 3 月在朝鲜因战牺牲	—
夏瑞忠	男	1931	横溪镇云台村	1951 年 9 月	志愿军六十九师二〇五团九连战士	1953 年 3 月在朝鲜因战牺牲	—

续表 17

姓　名	性别	出生年份	出生地	参加革命时间	牺牲时所在单位及职务	牺牲情况	备注
王起超	男	1924	周岗镇长干村	1946 年 6 月	志愿军某部战士	1953 年 4 月在朝鲜因战牺牲	—
陈广财	男	1926	龙都镇永跃村	1951 年 3 月	志愿军二〇〇师五九八团机枪连战士	1953 年 4 月在朝鲜因战牺牲	—
孙玉清	男	1929	东善桥镇吉山村	1952 年 4 月	志愿军六十九师炮兵团三营七连战士	1953 年 4 月在朝鲜因战牺牲	—
夏忠道	男	1929	陶吴镇红星村	1951 年 3 月	志愿军六十九师二〇五团九连战士	1953 年 4 月在朝鲜因战牺牲	—
李承元	男	1930	湖熟镇和进村	1952 年	志愿军六十九师二〇七团无座力炮连战士	1953 年 4 月在朝鲜因战牺牲	—
胡来宝	男	1931	陶吴镇甘西村	1951 年 3 月	志愿军六十九师二〇五团九连战士	1953 年 4 月在朝鲜因战牺牲	—
冯邦树	男	1933	东善桥镇长山村	1951 年 4 月	志愿军六十九师炮兵团七连战士	1953 年 4 月在朝鲜因战牺牲	—
李耀卿	男	1922	淳化镇新华村	1951 年 5 月	志愿军二十军六〇师一七九团担架连战士	1953 年 6 月在朝鲜失踪	1961 年 11 月追认
周德成	男	1928	殷巷乡殷巷村	1951 年 2 月	志愿军六十七军二〇〇师六〇〇团二营五连战士	1953 年 6 月在朝鲜因战牺牲	—
夏明海	男	1930	上峰镇新宁村	1951 年 4 月	志愿军二〇〇师五九九团八连战士	1953 年 6 月在朝鲜因战牺牲	—
聂良岐	男	1923	秣陵镇金村	1951 年 3 月	志愿军六十八军二〇四师六一〇团一连战士	1953 年 7 月在朝鲜因战牺牲	—
王发林	男	1925	汤山镇西梅村	1949 年 5 月	志愿军三十三师九十八团副班长	1953 年 7 月在朝鲜因战牺牲	—
张道福	男	1925	秣陵镇建农村	1951 年 5 月	志愿军六十八军二〇四师六一一团二连文化教员	1953 年 7 月在朝鲜因战牺牲	—
李玉才	男	1927	上峰镇新宁村	1951 年 3 月	志愿军二〇〇师五九九团四连战士	1953 年 7 月在朝鲜因战牺牲	—
余光荣	男	1927	横溪镇云台村	1950 年 10 月	志愿军二〇四师六一二团二连班长	1953 年 7 月在朝鲜因战牺牲	中共党员、三等功 1 次
茅剑飞	男	1927	湖熟镇长岭村	1953 年 4 月	志愿军二十三军六十七师一九九团重炮连战士	1953 年 7 月在朝鲜因战牺牲	—
庞志才	男	1927	铜山镇徒墖村	1953 年 2 月	志愿军六十七师二〇〇团八连战士	1953 年 7 月在朝鲜因战牺牲	—
朱华金	男	1928	上峰镇插花村	1951 年 3 月	志愿军二〇〇师五九九团六连班长	1953 年 7 月在朝鲜因战牺牲	—
马金贤	男	1929	岔路乡太平村	1951 年 3 月	志愿军〇二二〇部队二支队二分队七连班长	1953 年 7 月在朝鲜因战牺牲	—
夏传录	男	1929	铜山镇下徒墖	1951 年 3 月	志愿军二〇四师直属队侦察连战士	1953 年 7 月在朝鲜因战牺牲	—
许寿仁	男	1930	陆郎镇张府村	1951 年 2 月	志愿军六十七师二〇二团十六连战士	1953 年 7 月在朝鲜因战牺牲	—
姜玉平	男	1930	淳化镇王墅村	1951 年 1 月	志愿军六十七军二〇〇师直属队侦察队战士	1953 年 7 月在朝鲜因战牺牲	—
史永兴	男	1931	秣陵镇东埠村	1951 年	志愿军六十八军二〇四师六一一团运输连战士	1953 年 7 月在朝鲜因战牺牲	—
吴兴森	男	1931	岔路乡	1931 年	志愿军六十八军二〇四师六一一团一连战士	1953 年 7 月在朝鲜因战牺牲	—
周志根	男	1931	铜山镇石埝村	1951 年 3 月	志愿军二〇四师直属队侦察连战士	1953 年 7 月在朝鲜因战牺牲	—
徐玉忠	男	1931	铜山镇呼墟村	1951 年 2 月	志愿军二〇四师六一〇团一连副班长	1953 年 7 月在朝鲜因战牺牲	
葛修清	男	1931	上峰镇宁东村	1951 年 1 月	志愿军六十七军后勤部汽车一队副司机	1953 年 7 月在朝鲜因战牺牲	三等功 1 次
董树财	男	1931	横溪镇官塘村	1950 年 1 月	志愿军二〇〇师五九八团一连战士	1953 年 7 月在朝鲜因战牺牲	—

续表 18

姓　名	性别	出生年份	出生地	参加革命时间	牺牲时所在单位及职务	牺牲情况	备注
姜书源	男	1932	横溪镇姜林村	1951 年 4 月	志愿军六十七师一九九团一连战士	1953 年 7 月在朝鲜因战牺牲	—
鲁华昭	男	1932	横溪镇	1951 年 1 月	志愿军二〇〇师五九八团一连战士	1953 年 7 月在朝鲜因战牺牲	—
李立有	男	1933	汤山镇桦墅村	1951 年 3 月	志愿军二〇〇师五九八团通讯连话务员	1953 年 7 月在朝鲜因战牺牲	三等功 1 次
何成芳	男	1933	丹阳镇高台村	1950 年 12 月	志愿军二〇四师六一一团一营战士	1953 年 7 月在朝鲜因战牺牲	—
郭孝仁	男	1933	铜山镇南夏村	1951 年 3 月	志愿军二〇四师后勤工监连战士	1953 年 7 月在朝鲜因战牺牲	—
袁金祥	男	1934	东善桥镇三合村	1951 年 7 月	志愿军六十七师二〇〇团九连战士	1953 年 7 月在朝鲜因战牺牲	—
徐生虎	男	1934	上峰镇插花村	1951 年 3 月	志愿军二〇〇师五九九团一连战士	1953 年 7 月在朝鲜因战牺牲	二等功 1 次
杨圣万	男	1933	东善桥镇水阁村	1951 年 4 月	志愿军六十九师二〇五团八连战士	1953 年 10 月在朝鲜因战牺牲	—
杨泽保	男	1934	上峰镇插花村	1951 年 3 月	志愿军二〇〇师五九九团一连战士	1953 年 10 月在朝鲜因战牺牲	—
严学才	男	1927	淳化镇索墅村	1951 年	志愿军二〇〇师五九九团六连战士	1953 年在朝鲜失踪	1983 年 5 月追认
项必功	男	1929	上坊镇市井村	1951 年 3 月	志愿军二十军六十师一七九团战士	1953 年在朝鲜因战牺牲	—
吴兴发	男	1934	东善桥镇元山村	1952 年	志愿军六十九师二〇五团九连战士	1953 年在朝鲜失踪	1961 年 11 月追认
王成兴	男	1935	土桥镇远景村	1951 年 2 月	志愿军二〇二师六〇五团一营机枪连战士	1953 年在朝鲜因战牺牲	—
马昇清	男	1920	淳化镇索墅村	—	湖北省胜利县银行工作人员	1954 年 1 月在湖北胜利县因公牺牲	—
严孝林	男	1934	江宁镇新建村	1951 年 7 月	铁道兵一师一团一连战士	1954 年 11 抢建黎湛铁路时因公牺牲	—
宣少昌	男	1924	上峰镇潭山村	1944 年	二十八军二五二团炮兵连副连长	1954 年在福建金门战斗中牺牲	—
包祖均	男	1927	秣陵镇西旺村	—	江宁县四区工作人员	1954 年在江宁禄口黄桥圩因公牺牲	1953 年 10 月追认
贾长根	男	1925	湖熟镇河北村	1951 年 5 月	〇〇八〇部队一支队工兵连战士	1955 年 1 月在浙江一江山岛战因战牺牲	—
陶运本	男	1926	铜山镇呼墟村	1949 年 10 月	〇〇八〇部队一支队二中队副班长	1955 年 1 月在浙江一江山岛因战牺牲	—
张俭福	男	1927	岔路乡太平村	1951 年 5 月	〇〇八〇部队三支队六分队战士	1955 年 1 月在浙江一江山岛因战牺牲	立三等功 1 次
陈字荣	男	1926	江宁镇	1949 年 7 月	解放军西南服务团三大队一支队战士	1956 年在云南因战牺牲	—
赵衍礼	男	1935	土桥镇远景村	1956 年 3 月	七〇一四部队一中队战士	1956 年 7 月因公牺牲	—
孙福基	男	1936	土桥镇周郎村	1956 年 3 月	七〇一五部队一分队三小队战士	1958 年 10 月在山东长山岛因公牺牲	—
经万江	男	1937	汤山镇汤山村	1957 年	四十五军四〇二团二营五连机师	1958 年 11 月在辽宁沈阳十里河因公牺牲	—
焦太平	男	1935	谷里镇公塘村	1955 年 3 月	解放军工程兵六团技术营二连战士	1959 年 1 月因公牺牲	—
乐森林	男	1922	龙都镇乐安村	1942 年 3 月	江宁县民政科科员	1959 年 7 月因公牺牲	1960 年 6 月追认
张昌正	男	1930	周岗镇长干村	1956 年 3 月	七二五七部队工兵连副排长	1959 年 9 月在北京昌平因公牺牲	—
朱为达	男	1939	周岗镇焦村	1959 年 1 月	七二〇五部队战士	1959 年 10 月因公牺牲	—

续表 19

姓　名	性别	出生年份	出生地	参加革命时间	牺牲时所在单位及职务	牺牲情况	备注
丁道海	男	1937	麒麟镇麒门村	1956 年 3 月	九二二八部队一中队二分队副班长	1960 年 5 月在西藏平叛战斗中牺牲	—
戴长保	男	1939	方山镇健康村	1958 年 3 月	六三〇〇一部队五支队一分队炮长	1960 年 5 月在旅大市因公牺牲	三等功 1 次
徐化元	男	1939	周岗镇石辣村	1960 年 1 月	〇一〇一部队独立工兵营二连战士	1960 年 5 月在浙江舟山因公牺牲	—
杨忠富	男	1926	铜山镇铜山村	1945 年 5 月	山东省第三荣校班长	复员后伤口复发牺牲	1961 年 11 月追认
汪大才	男	1940	方山镇健康村	1961 年 8 月	九〇五二部队三营九连战士	1961 年 12 月在浙江余杭因公牺牲	—
刘泽鹏	男	1942	龙都镇汾前村	1961 年 8 月	五六六五部队战士	1962 年在山东因公牺牲	—
李寿生	男	1938	江宁县	1962 年 7 月	七九八八部队副排长	1964 年 7 月在新疆浮县因公牺牲	中共党员
乔家银	男	1943	谷里镇砖墙村	1964 年 3 月	装甲兵二师十七分队战士	1964 年 9 月因公牺牲	—
郑生禄	男	1946	陆郎镇王府村	1965 年 3 月	空字〇三三部队战士	1965 年 11 月因公牺牲	—
王长法	男	1941	汤山镇青林村	1960 年 3 月	六五三七部队卫生员	1966 年 7 月在云南边境因战牺牲	中共党员
蒋本文	男	1945	江宁镇孙家村	1965 年 2 月	三八三一部队二连班长	1966 年 10 月因公牺牲	—
朱甫林	男	1945	横溪镇大柏村	1965 年 9 月	六三一六部队战士	1967 年 6 月因公牺牲	中共党员
韩正才	男	1945	秣陵镇家园村	1965 年 10 月	六三一三部队工兵营二连战士	1967 年 8 月在江苏无锡因公牺牲	—
祝吉扬	男	1942	土桥镇祝庄村	1965 年 3 月	空字九〇二部队战士	1969 年 2 月因公牺牲	—
叶忠仁	男	1944	陶吴镇红星村	1965 年 3 月	空字九〇二部队战士	1969 年 2 月因公牺牲	中共党员
余玉林	男	1947	丹阳镇汤村	1965 年 10 月	南字三九五部队战士	1969 年 8 月在安徽贵池因公牺牲	中共党员
黄厚喜	男	1945	铜井镇新济村	1965 年 9 月	四〇〇五部队后勤部一三三二库副班长	1969 年 10 月因公牺牲	中共党员
荣兴成	男	1950	岔路乡太平村	1968 年 4 月	八七五二部队战士	1970 年 3 月在四川川藏公路因公牺牲	—
杨万才	男	1947	麒麟镇窦村	1968 年 3 月	二〇〇二部队战士	1970 年 5 月在安徽霍邱因公牺牲	—
吴寿福	男	1947	谷里镇谷里村	1970 年 1 月	五三七五部队战士	1971 年 4 月在甘肃武山因公牺牲	—
孙正武	男	1948	谷里镇张溪村	1970 年 1 月	五三七五部队战士	1971 年 4 月在甘肃武山因公牺牲	—
乔传兴	男	1948	谷里镇柏树村	1970 年 1 月	五三七五部队战士	1971 年 4 月在甘肃武山因公牺牲	—
杨以圣	男	1949	谷里镇梁塘村	1970 年 1 月	五三七五部队战士	1971 年 4 月在甘肃武山因公牺牲	中共党员
周加才	男	1949	谷里镇谷里村	1970 年 1 月	五三七五部队班长	1971 年 4 月在甘肃武山因公牺牲	—
蔡新玉	男	1949	土桥镇滨淮村	1968 年 4 月	汽车二十团战士	1971 年 6 月在四川昌都因公牺牲	—
李庆根	男	1950	周岗镇徐慕村	1968 年 4 月	解放军汽车二十团驾驶班副排长	1971 年 6 月在四川因公牺牲	—
魏传龙	男	1954	秣陵镇新丰村	1970 年 1 月	一八三六部队战士	1971 年 7 月在山西太原因公牺牲	1971 年 8 月追认团员
谢玉宝	男	1943	铜井镇新济村	1965 年 9 月	海军基地后勤部政治部干事	1971 年 9 月在福建因公牺牲	—

续表 20

姓名	性别	出生年份	出生地	参加革命时间	牺牲时所在单位及职务	牺牲情况	备注
魏贤龙	男	1952	江宁镇建中村	1970 年 1 月	五三七五部队战士	1972 年 6 月在甘肃武山因公牺牲	中共党员
乐友才	男	1947	方山镇下乐村	1970 年 1 月	工程兵建筑第二一八团十一连战士	1972 年 10 月因公牺牲	中共党员
季洪冬	男	1951	土桥镇祝庄村	1970 年 1 月	兰字一二八部队战士	1973 年 8 月因公牺牲	中共党员
徐贤森	男	1949	周岗镇长干村	1970 年 3 月	三十八军一一四师后勤部副班长	1975 年 3 月因公牺牲	—
贡连宝	男	1951	秣陵镇西旺村	1973 年 1 月	河北省军区独立师五团三营机枪连战士	1976 年 7 月在河北唐山因公牺牲	—
尚祚谋	男	1954	秣陵镇高塘村	1973 年 1 月	河北省军区独立师五团二营六连副班长	1976 年 7 月在河北唐山因公牺牲	中共党员
谢世刚	男	1956	上坊镇城墙村	1975 年 1 月	八四七三九部队战士	1977 年 1 月因公牺牲	—
顾以圣	男	1954	铜山镇徒墙村	1977 年	第一军直属队侦察连战士	1978 年 5 月因公牺牲	—
薛国根	男	1957	铜山镇小彭村	1977 年 1 月	第一军直属队工兵连战士	1978 年 8 月因公牺牲	1978 年 8 月追认党员
张仁琇	男	1957	湖熟镇梅林村	1976 年	广西军区独立师步兵一团一营二连班长	1979 年 2 月在对越自卫还击战中牺牲	—
施爱民	男	1956	禄口镇永兴村	1976 年 3 月	五四二〇七部队七十一分队班长	1979 年 2 月在对越自卫还击战中牺牲	中共党员
朱永林	男	1955	谷里镇向阳村	1976 年 3 月	广西军区独立师步兵一团七连副班长	1979 年 3 月在对越自卫还击战中牺牲	三等功 1 次、1979 追认党员
张明贵	男	1956	铜井镇新济村	1976 年	广西军区独立师步兵一团七连副班长	1979 年 3 月在对越自卫还击战中牺牲	追记二等功、中共党员
于克励	男	1958	东善桥镇祖堂村	1977 年 1 月	三五一一三部队七十一分队战士	1979 年 3 月在对越自卫还击战中牺牲	二等功 1 次、1979 追认中共党员
陶太立	男	1961	铜山镇尚洪村	1980 年 1 月	陕西省军区独立三团一营三连战士	1980 年 5 月在陕西华县因公牺牲	—
庞成良	男	1964	周岗镇绿杨村	1984 年 1 月	25283 部队战士	1985 年 5 月 31 日在对越自卫反击战中牺牲	—
杨仁贵	男	1965	周岗镇钱家村	1984 年 1 月	25283 部队战士	1985 年 6 月 17 日在对越自卫反击战中牺牲	—
易忠怀	男	1964	东山镇	1984 年 1 月	25283 部队战士	1985 年 7 月 2 日在对越自卫反击战中牺牲	追认中共党员、追记三等功 1 次
卢实	男	1965	东山镇	1984 年 1 月	25283 部队战士	1985 年 7 月 19 日在对越自卫反击战中牺牲	追认中共党员、追记三等功 1 次
朱腊宝	男	1964	东山镇	1984 年 1 月	25283 部队战士	1985 年 10 月 1 日在对越自卫反击战中牺牲	追认中共党员、追记三等功 1 次
王志强	男	1960	上峰镇高庄村	1978 年 3 月	解放军航空兵某部中队长	1992 年 4 月 5 日在执行飞行任务中遇难	—
杨定保	男	1951	谷里镇梁塘村	1987 年 11 月	南京吉山铁矿工人	1997 年 3 月 30 日在救火中牺牲	—

江宁区革命烈士英名表（二）

（1987 年 3 月划入南京市栖霞区革命烈士）

表 47-3-2

姓名	性别	出生年份	出生地	参加革命时间	牺牲时所在单位及职务	牺牲情况	备注
王高楼	男	1921	营防乡前河村	1943 年 3 月	丹句二县大队警卫连战士	1943 年 6 月在江苏句容因战牺牲	—
曹显业	男	1925	花园乡上首村	1945 年	苏中第二分区独立旅四团七连战士	1946 年 10 月在江苏河口镇战斗中牺牲	—
钱国元	男	1914	长江乡大年树	1941 年	解放军第二十四军战士	1949 年因战牺牲	失踪追认
曹政刚	男	1926	花园乡上首村	1946 年	山东滨海地区第三兵站炮兵团卫生连战士	1949 年因战牺牲	
施道义	男	1930	营防乡营房村	1951 年 3 月	志愿军二〇二师六〇五团二机连战士	1951 年 11 月在朝鲜因战牺牲	—
王家荣	男	1934	长江乡	1949 年 6 月	二十八军八十三师二四七团五连战士	1952 年 10 月在福建南日岛因战牺牲	—
张正庭	男	1943	营防乡红卫村	1961 年 2 月	二六〇〇部队放映员	1962 年 9 月在江西靖江县因公牺牲	—
洪发本	男	1946	营防乡靖安村	1964 年 3 月	解放军某部副班长	1967 年 2 月因公牺牲	—
孙延国	男	1941	营防乡	1960 年 9 月	海军后勤某部副连长	1970 年 8 月在战备训练中因公牺牲	—
卞其常	男	1950	营防乡滨江村	1971 年 2 月	解放军某部战士	1971 年 5 月因公牺牲	—

江宁区革命烈士英名表（三）

（非江宁籍革命烈士）

表 47-3-3

姓名	性别	出生年份	籍贯	参加革命时间	牺牲时所在单位及职务	牺牲情况	备注
王荣春	男	—	—	—	新四军二支队三团一营政教	1939 年 2 月在江宁云台山因战牺牲	中共党员
高颂章	男	1914	浙江省嘉兴县	1934 年	中共溧水县工委副书记、组织部长	1939 年 7 月在横山遭侵华日军扫射牺牲	中共党员
费明龙	男	1911	安徽省当涂县	—	中共横山县委副书记兼军事部长	1941 年在江宁横溪被捕牺牲	中共党员
程一惠	男	1910	江西省新建县	—	中共苏皖区委组织部副部长	1941 年 2 月在江宁汤山被捕牺牲	中共党员
夏定才	男	1912	浙江省奉化县	1937 年 11 月	江宁抗日民主政府首任县长	1941 年 9 月 15 日在江宁湖熟丹桂被捕牺牲	—
李义之	男	1919	湖南省平江县	1939 年	中共赤北县委书记代理县长	1941 年 10 月在江宁周岗庞家桥被捕牺牲	—
周　喆	女	1921	湖南省西陵县	1939 年	中共江宁县委组织部部长	1942 年在江苏句容被捕牺牲	中共党员
杨国凤	男	—	安徽省	—	新四军某部军事科长	1942 年在江宁汤山被捕牺牲	—
焦恭士	男	1918	安徽省当涂县	1937 年	江宁县政府秘书	1942 年 3 月在江宁龙都邹家边因战牺牲	—
强　博	男	1918	江苏省金坛县	1938 年	江宁抗日民主政府继任县长	1942 年 3 月 31 日在江宁龙都遭敌枪击牺牲	—
邓仲铭	男	1904	江西省兴国县	1926 年	中共苏皖区委书记	1943 年 8 月在江宁禄口冯潭庄因战牺牲	中共党员
马金牛	男	1924	江苏省丹阳县	1938 年	新四军十六旅四十七团二营四连副班长	1943 年 8 月在江宁方山李家庄因战牺牲	—
李官一	男	1923	广东省	1939 年 1 月	江宁县青龙区副区长	1943 年 10 月在江宁上峰李岗头被捕牺牲	—
张耀华	男	1915	江苏省洪泽县	1938 年	江宁县赤山区军事股长	1944 年 3 月在江宁湖熟后胡村因战牺牲	—
吕惠生	男	—	安徽省无为县	—	皖中行政公署主任	1945 年在江宁清修被捕牺牲	—
周建平	男	1918	江苏省金坛县	1938 年	中共江宁县青龙区委书记兼区长	1945 年 7 月 9 日在江宁戴塘村被敌杀害	中共党员
吕　畴	女	1923	江苏省南京市	1943 年	农会	1945 年 9 月在江宁秣陵杨树湾因战牺牲	—
林德润	男	1920	江苏省启东县	1938 年 7 月	南京南郊办事处主任	1946 年 1 月在半边山紫河村因战牺牲	—
王汇川	男	—	安徽省无为县	—	新四军独立旅参谋	1949 年在江宁清修被捕牺牲	—
秦嗣武	男	—	山东省日照县	—	南京第四步兵学校班长	1954 年在江宁东山秦淮河因公牺牲	—
郇正和	男	1926	山东省荣城县	1948 年 9 月	解放军南字炮三团二营副政教	1965 年 9 月在南京病故	中共党员
陈玉明	男	—	—	—	—	1951 年在江宁淳化因公牺牲	—

1956—2005 年江宁区获全国劳动模范称号情况表

表 47-3-4

姓名	性别	出生年月	政治面貌	单位及职务	时受荣誉称号	获奖年份	命名单位
李炳森	男	1931 年 2 月	中共党员	江宁县农业银行陶吴营业所农金员	全国先进工作者	1956	全国总工会
章秀春	男	1926 年	中共党员	江宁县采矿厂组长	全国先进工作者	1956	全国总工会
庞存根	男	1945 年 12 月	中共党员	周岗镇农技站站长	全国劳动模范	1989	国务院
沈庆喜	男	1937 年 1 月	中共党员	中共江宁县铜山彭福村支部书记	全国劳动模范	1995	国务院
孟向前	男	1956 年 5 月	中共党员	江宁县长江电扇厂厂长、书记	全国劳动模范	1995	国务院
张双喜	男	1948 年 1 月	中共党员	中共江宁县麒麟镇锁石村支部书记	全国劳动模范	2000	国务院
汤在勉	女	1951 年 1 月	中共党员	江宁区检察院检察长	全国先进工作者	2005	国务院
吴勤松	男	1949 年 12 月	中共党员	江宁区殡仪馆馆长	全国劳动模范	2005	国务院

1956—2007 年江宁区获省（部）级劳动模范称号情况表

表 47-3-5

姓名	性别	出生年月	政治面貌	单位及职务	时受荣誉称号	获奖年份	命名单位
吕庆覃	男	1928 年 4 月	中共党员	江宁县汤山中学教导主任	江苏省优秀教师	1956	江苏省人民委员会
胡云仙	女	1925 年 6 月	中共党员	江宁县湖熟小学教师	江苏省优秀教师	1956	江苏省人民委员会
黄涵秋	—	—	—	江宁县秣陵中学教师	江苏省优秀教师	1956	江苏省人民委员会
曹士俊	—	—	—	江宁县湖熟镇中心小学副校长	江苏省优秀教师	1956	江苏省人民委员会
陶会源	男	1908 年		江宁县禄口东湖小学教师	江苏省优秀教师	1956	江苏省人民委员会
陈雨霖	—	—	—	江宁县营防中心小学副校长	江苏省优秀教师	1956	江苏省人民委员会
蒋翰之	—	—	—	江宁县教师进修学校教导副主任	江苏省优秀教师	1956	江苏省人民委员会
范英武	女	1923 年	—	江宁县横溪乡三郎庙小学教师	江苏省优秀教师	1956	江苏省人民委员会
王玉文	—	—	—	江宁县中学教师	江苏省优秀教师	1956	江苏省人民委员会
杨　云	男	1904 年	中共党员	江宁县邮电局投递员	江苏省社会主义建设先进生产者	1959	江苏省人民委员会
李炳森	男	1931 年 2 月	中共党员	江宁县农业银行陶吴营业所农金员	江苏省社会主义建设先进生产者	1959	江苏省人民委员会
汪盛富	男	—	—	南京市牛首山铁矿	江苏省社会主义建设先进生产者	1959	江苏省人民委员会
谢德印	男	1931 年 1 月	—	江宁区淳化供销社	青海省劳动模范（调入江苏）	1959	青海省人民委员会
唐任宾	男	1927 年 1 月	中共党员	中共江宁报社总支书记	江苏省社会主义建设先进生产者	1960	江苏省人民委员会
钱荞梅	女	1937 年 4 月	—	江宁县横溪小学教师	江苏省社会主义建设先进生产者	1960	江苏省人民委员会

续表 1

姓名	性别	出生年月	政治面貌	单位及职务	时受荣誉称号	获奖年份	命名单位
査秀龄	女	1929 年 1 月	中共党员	江宁县中学教师	江苏省社会主义建设先进生产者	1960	江苏省人民委员会
周培莲	男	1934 年 1 月	中共党员	江宁县土桥中心小学教师	江苏省社会主义建设先进生产者	1960	江苏省人民委员会
张运生	男	1910 年 6 月	中共党员	江宁县横溪公社医院	江苏省社会主义建设先进生产者	1960	江苏省人民委员会
李金诗	—	—	—	—	江苏省社会主义建设先进生产者	1960	江苏省人民委员会
吴植本	男	1921 年 7 月	中共党员	江宁县供销社陆郎经理部经理	江苏省先进生产者	1964	江苏省人民委员会
蔡福祥	男	1928 年 5 月	中共党员	江宁县湖熟粮管所防化员	江苏省先进生产者	1964	江苏省人民委员会
蔡福祥	男	1928 年 5 月	中共党员	江宁县湖熟粮管所防化员	江苏省先进生产者	1965	江苏省人民委员会
朱克勤	男	1942 年 1 月	中共党员	山西省原平县粮管所技术员	山西省劳动模范（调入江宁）	1976	山西省人民委员会
张兴华	男	1953 年	中共党员	江宁县卧儿岗铁矿井下工	江苏省劳动模范	1977	江苏省委、省革委会
赵庭松	男	1933 年 7 月	中共党员	江宁县供电局外线工	江苏省劳动模范	1977	江苏省委、省革委会
李和选	男	1940 年 5 月	中共党员	江宁县钢铁厂电焊工	江苏省劳动模范	1977	江苏省委、省革委会
王文才	男	1919 年 3 月	中共党员	江宁县丝厂保管员	江苏省劳动模范	1977	江苏省委、省革委会
葛良才	男	1947 年 2 月	中共党员	江宁县汽车拖拉机配件厂车工	江苏省劳动模范	1977	江苏省委、省革委会
续正保	男	1949 年 1 月	中共党员	江宁县青龙山水泥厂立窑工	江苏省劳动模范	1977	江苏省委、省革委会
周文祥	男	1953 年	中共党员	江宁县上坊水泥厂机修车间钳工	江苏省劳动模范	1977	江苏省委、省革委会
胡永华	女	1953 年	中共党员	江宁县春山石灰石矿钳工	江苏省劳动模范	1977	江苏省委、省革委会
张金根	男	1933 年 1 月	中共党员	江宁县化肥厂机修车间主任	江苏省劳动模范	1977	江苏省委、省革委会
甘永才	男	1939 年 9 月	中共党员	江宁县化工材料厂包装工	江苏省劳动模范	1977	江苏省委、省革委会
刘巧生	男	1943 年 9 月	中共党员	江宁县农机修造厂	江苏省劳动模范	1977	江苏省委、省革委会
王书贤	男	1927 年 2 月	—	江宁县汤山家具总厂	江苏省劳动模范	1977	江苏省委、省革委会
王志黄	男	—	中共党员	中共江宁县江宁镇上湖村支部书记	江苏省劳动模范	1977	江苏省委、省革委会
奚华堂	男	1942 年 3 月	中共党员	江宁医院胸心外科主任医师	江苏省卫生工作先进工作者	1978	江苏省人民政府
朱大培	男	—	—	江宁县建筑公司水泥制品厂指导员	江苏省先进工作者	1979	江苏省人民政府
李德才	男	—	—	凤凰山铁矿	江苏省劳动英雄	1979	江苏省人民政府
殷志友	男	1942 年 11 月	中共党员	江宁县化工厂工人	江苏省先进生产（工作）者	1980	江苏省人民政府
陈庆年	女	1955 年 1 月	中共党员	江宁县缫丝厂厂长	江苏省先进生产（工作）者	1980	江苏省人民政府
任培源	男	1924 年 4 月	中共党员	秣陵中学校长	江苏省先进生产（工作）者	1980	江苏省人民政府
张泉华	男	1956 年 1 月	中共党员	中共江宁县上峰公社高庄大队支部书记	江苏省先进生产（工作）者	1980	江苏省人民政府

续表 2

姓名	性别	出生年月	政治面貌	单位及职务	时受荣誉称号	获奖年份	命名单位
谭国豪	男	1935 年 5 月	中共党员	江宁县方山中心小学副校长	江苏省先进生产（工作）者	1980	江苏省人民政府
王安平	男	—	—	南京凤凰山铁矿组长	江苏省劳动模范	1982	江苏省人民政府
葛汝伟	男	1943 年	中共党员	江宁县化肥厂车间主任	江苏省劳动模范	1982	江苏省人民政府
章臣友	男	1926 年 6 月	中共党员	江宁县食品公司饲养员	江苏省劳动模范	1982	江苏省人民政府
甘传方	男	1945 年 6 月	中共党员	江宁铜山乡工业办公室副主任	江苏省劳动模范	1982	江苏省人民政府
魏贤武	男	1936 年 6 月	中共党员	江宁谷里畜牧兽医站兽医	江苏省劳动模范	1982	江苏省人民政府
陈永贵	男	1944 年	中共党员	江宁汤山公社孟塘大队	江苏省劳动模范	1982	江苏省人民政府
孙兴远	男	1927 年	中共党员	江宁县湖熟公社耀华大队林业队长	江苏省劳动模范	1982	江苏省人民政府
王承亮	男	1935 年 4 月	中共党员	江宁县东山镇岔路信用社	全国金融系统劳动模范	1984	中国农业银行总行
陶庆康	男	1928 年 4 月	中共党员	江宁县铜井乡牧龙村	江苏省劳动模范	1985	江苏省人民政府
谭国豪	男	1935 年 5 月	中共党员	江宁县方山乡中心小学副校长	江苏省劳动模范	1985	江苏省人民政府
袁占照	男	1936 年	中共党员	江宁县农业银行行长	江苏省劳动模范	1985	江苏省人民政府
周景华	女	1938 年 12 月	中共党员	江宁县人民医院护士长	江苏省劳动模范	1985	江苏省人民政府
田桂林	男	1942 年 7 月	中共党员	江宁县方山乡横岭村采购员	江苏省劳动模范	1985	江苏省人民政府
刘德善	男	1930 年 6 月	中共党员	江宁县禄口乡永兴行政村农民	江苏省劳动模范	1985	江苏省人民政府
王宝方	男	1937 年 4 月	中共党员	江宁县铜山中学	全国教育系统劳动模范	1986	教育部
李爱华	女	1954 年 9 月	中共党员	江宁县上峰乡财政所所长	全国财税系统劳动模范	1987	财政部国家税务总局
洪武龙	男	1952 年 2 月	中共党员	中共江宁县汤山镇古泉村支部书记	江苏省劳动模范	1988	江苏省人民政府
周大祥	男	1945 年 11 月	中共党员	南京秣陵铸管厂厂长	江苏省劳动模范	1988	江苏省人民政府
李升昶	男	1931 年 1 月	中共党员	南京青龙山水泥厂厂长	江苏省劳动模范	1988	江苏省人民政府
陶凤英	女	1934 年 8 月	中共党员	江宁县计划生育委员会主任	江苏省劳动模范	1988	江苏省人民政府
李德福	男	1948 年 9 月	中共党员	江宁县有机化工厂（乡办）厂长	江苏省劳动模范	1988	江苏省人民政府
庞存根	男	1945 年 11 月	中共党员	江宁县周岗农科站站长	江苏省劳动模范	1988	江苏省人民政府
田美英	女	—	—	江宁县土桥乡塘东初级中学教师	江苏省劳动模范	1988	江苏省人民政府
翟　群	男	1911 年 1 月	中共党员	江宁县横溪供销社主任	劳动模范	1989	商业部
詹明道	男	1942 年 12 月	中共党员	江宁县教研室教研员	劳动模范	1989	教育部
李升昶	男	1930 年 1 月	中共党员	江宁县青龙山水泥厂厂长、书记	全国五一劳动奖章	1990	全国总工会
吴兆乃	男	1949 年 9 月	中共党员	江宁县粮食局汽车队驾驶班长	江苏省劳动模范	1991	江苏省人民政府
张　玉	男	—	—	南京长江电风扇厂厂长	江苏省劳动模范	1991	江苏省人民政府

续表 3

姓名	性别	出生年月	政治面貌	单位及职务	时受荣誉称号	获奖年份	命名单位
丁万能	男	1944 年 2 月	中共党员	中共江宁县方山乡横岭村支部书记	江苏省劳动模范	1991	江苏省人民政府
沈庆喜	男	1937 年 1 月	中共党员	江宁县铜山乡彭福村支部书记	江苏省劳动模范	1991	江苏省人民政府
庞乐兴	男	1943 年 1 月	中共党员	江宁上峰乡经办主任	江苏省劳动模范	1991	江苏省人民政府
汪葛炜	男	1951 年	中共党员	江宁县皮肤病防治所医生	江苏省劳动模范	1991	江苏省人民政府
王六银	男	1945 年 12 月	中共党员	江宁县保险公司	全国金融系统劳动模范	1992	中国人民银行、中国金融工会全国委员会
王筱琴	女	1949 年 4 月	中共党员	江宁县上元小学教师	全国教育系统劳动模范	1993	教育部
庞道炎	男	1945 年 4 月	中共党员	江宁县湖熟职业中学校长、党支部书记	全国教育系统劳动模范	1995	教育部
詹明道	男	1942 年 12 月	中共党员	江宁县教研室教研员	全国五一劳动奖章	1996	全国总工会
吴勤松	男	1949 年 1 月	中共党员	江宁县殡仪馆工人	江苏省劳动模范	1996	江苏省人民政府
江宝全	男	1946 年	中共党员	南京金箔集团有限责任公司总裁	江苏省劳动模范	1996	江苏省人民政府
赵章寿	男	1957 年 7 月	中共党员	中共江宁县秣陵镇家园村支部书记	江苏省劳动模范	1996	江苏省人民政府
张有龙	男	1943 年 12 月	中共党员	南京振容集团公司总经理	江苏省劳动模范	1996	江苏省人民政府
刘维成	男	1950 年 2 月	中共党员	江宁县湖熟镇人民政府副镇长	江苏省劳动模范	1996	江苏省人民政府
江宝全	男	1946 年 6 月	中共党员	南京金箔集团有限责任公司总裁	全国五一劳动奖章	1998	全国总工会
贾兆生	男	1954 年 9 月	中共党员	南京天宝水泥集团有限责任公司董事长	江苏省劳动模范	2001	江苏省人民政府
赵　敏	女	1952 年 1 月	中共党员	江宁区妇幼保健所副主任医师、医师	江苏省劳动模范	2001	江苏省人民政府
毛明元	男	1947 年 1 月	中共党员	中共江宁经济技术开发区石马村书记	江苏省劳动模范	2001	江苏省人民政府
王晓玲	女	1950 年 4 月	中共党员	南京周宇机械制造有限公司政工师、职工	江苏省劳动模范	2001	江苏省人民政府
陈可发	男	1953 年 3 月	中共党员	南京市江宁区禄口农经站会计师、站长	江苏省劳动模范	2001	江苏省人民政府
张文才	男	1946 年 8 月	中共党员	中共江宁区东山镇章村总支书记	江苏省劳动模范	2001	江苏省人民政府
侯祖江	男	1961 年 2 月	中共党员	中共江宁区上坊镇委书记	江苏省劳动模范	2001	江苏省人民政府
王业田	男	1949 年 2 月	中共党员	中共江宁区麒麟镇泉水村支部书记	江苏省劳动模范	2001	江苏省人民政府
何安财	男	—	—	南京市水阁垃圾场推土机驾驶员	江苏省劳动模范	2001	江苏省人民政府
邢芝青	女	—	—	南京市青龙山精神病院院长	江苏省劳动模范	2001	江苏省人民政府
张林生	男	—	—	南京云台山硫铁矿采矿工区队长	江苏省劳动模范	2001	江苏省人民政府
庞　宁	男	1962 年 1 月	中共党员	南京市江宁区人民医院院长	江苏省劳动模范	2006	江苏省人民政府

续表 4

姓名	性别	出生年月	政治面貌	单位及职务	时受荣誉称号	获奖年份	命名单位
朱培银	男	1954 年 1 月	中共党员	南京市江宁地方税务局第三税务分局分局长	江苏省劳动模范	2006	江苏省人民政府
孙光根	男	1963 年 8 月	中共党员	南京江宁水务集团公司工人	江苏省劳动模范	2006	江苏省人民政府
戴科蓉	女	1952 年 9 月	—	江宁区汤山街道路西村种植专业户	江苏省劳动模范	2006	江苏省人民政府
梁鑫保	男	1948 年 2 月	中共党员	江宁区秣陵铸造总厂厂长	江苏省劳动模范	2006	江苏省人民政府
许益礼	女	1964 年 8 月	中共党员	中共江宁区铜井镇三兴村支部书记	江苏省劳动模范	2006	江苏省人民政府
于行阳	男	1953 年 5 月	中共党员	南京森盟农副产品专业合作社理事长	江苏省劳动模范	2006	江苏省人民政府
孙业华	男	1956 年 11 月	中共党员	江宁区商贸局局长	全国商务系统劳动模范	2007	商务部
金小钱	男	1965 年 4 月	中共党员	江宁区东善桥林场副场长	全国林业系统劳动模范	2007	国家林业局

1977—2007 年江宁区获市劳动模范称号情况表

表 47-3-6

姓名	性别	出生年月	政治面貌	单位及职务	时受名称	获奖年份	命名单位
王文才	男	1919 年 3 月	中共党员	江宁县丝厂保管员	南京市劳动模范	1977	南京市委、市革委会
张金根	男	1933 年 1 月	中共党员	江宁县化肥厂风机车间主任	南京市劳动模范	1977	南京市委、市革委会
李家仁	男	1926 年 6 月	中共党员	江宁县铜井供销社	南京市劳动模范	1978	南京市委、市革委会
章臣友	男	1926 年 6 月	中共党员	江宁县汤山供销社饲养员	南京市劳动模范	1978	南京市委、市革委会
汤圣才	男	1926 年	中共党员	江宁县殷巷公社下墟大队	南京市劳动模范	1979	南京市委、市革委会
张信泉	男	1940 年 6 月	中共党员	江宁县龙都公社东阳大队	南京市劳动模范	1979	南京市委、市革委会
王昌林	男	1946 年 6 月	中共党员	江宁县江宁公社清修大队	南京市劳动模范	1979	南京市委、市革委会
张根生	男	1948 年 3 月	中共党员	江宁县东善桥林场铜山管理区	南京市劳动模范	1979	南京市委、市革委会
游　均	男	1925 年 11 月	中共党员	江宁秣陵中学教导主任	南京市劳动模范	1979	南京市委、市革委会
王玉文	—	—	—	江宁县中学教师	南京市劳动模范	1979	南京市委、市革委会
孟秀芬	—	—	—	江宁县实验小学教师	南京市劳动模范	1979	南京市委、市革委会
章臣友	男	1926 年 6 月	中共党员	江宁县食品公司饲养员	南京市劳动模范	1980	南京市委、市革委会
田元贵	男	1928 年 5 月	中共党员	江宁县农资公司组长	南京市劳动模范	1980	南京市委、市革委会
李相选	男	1940 年 5 月	中共党员	江宁县钢铁厂车间主任	南京市劳动模范	1980	南京市委、市革委会
陈庆年	女	1955 年 1 月	中共党员	江宁缫丝厂班长	南京市劳动模范	1980	南京市委、市革委会

续表 1

姓名	性别	出生年月	政治面貌	单位及职务	时受名称	获奖年份	命名单位
殷志友	男	1942 年 2 月	中共党员	江宁县化工厂车间负责人	南京市劳动模范	1980	南京市委、市革委会
徐赋选	男	—	—	南京吉山铁矿选矿工程师	南京市劳动模范	1982	南京市人民政府
王安平	男	—	—	南京凤凰山铁矿掘进组长	南京市劳动模范	1982	南京市人民政府
葛汝伟	男	1942 年 12 月	中共党员	中共江宁县化肥厂车间支部书记、主任	南京市劳动模范	1982	南京市人民政府
张传义	男	1932 年 3 月	中共党员	江宁公路管理站副站长	南京市劳动模范	1982	南京市人民政府
陈良贵	男	1951 年 8 月	中共党员	中共江宁县钢铁厂车间支部副书记、副主任	南京市劳动模范	1982	南京市人民政府
赵庭松	男	1933 年 7 月	中共党员	江宁供电局班长	南京市劳动模范	1982	南京市人民政府
章臣友	男	1926 年 6 月	中共党员	江苏省食品有限公司江宁县公司饲养员	南京市劳动模范	1982	南京市人民政府
谭国豪	男	1935 年 5 月	中共党员	江宁县方山公社中心小学副校长	南京市劳动模范	1982	南京市人民政府
田元贵	男	1928 年 5 月	中共党员	江宁县农资公司组长	南京市劳动模范	1982	南京市人民政府
周景华	女	1938 年 12 月	中共党员	江宁县人民医院护士长	南京市劳动模范	1982	南京市人民政府
陶承军	男	1951 年	中共党员	江宁县禄口乡群力村	南京市劳动模范	1982	南京市人民政府
汤圣才	男	1926 年	中共党员	江宁县殷巷乡下墟村	南京市劳动模范	1982	南京市人民政府
杨先福	男	1935 年 11 月	中共党员	江宁县丹阳乡勇跃村	南京市劳动模范	1982	南京市人民政府
陈正茂	男	1928 年 5 月	中共党员	江宁县东山镇良种场	南京市劳动模范	1982	南京市人民政府
张序清	男	1946 年 9 月	中共党员	江宁县龙都乡勤丰大队农机队队长	南京市劳动模范	1982	南京市人民政府
王与宝	男	1944 年	中共党员	江宁县陶吴乡东京村	南京市劳动模范	1982	南京市人民政府
周广龙	男	1948 年 7 月	中共党员	江宁县木工机械厂技术厂长	南京市劳动模范	1982	南京市人民政府
万和太	男	1945 年 9 月	—	江宁县淳化双岗村队长	南京市劳动模范	1982	南京市人民政府
江天友	男	1948 年 9 月	中共党员	江宁县横溪乡长冲村务农、养殖户	南京市劳动模范	1982	南京市人民政府
端礼财	男	1935 年 3 月	—	江宁县周岗乡徐慕村生产队长	南京市劳动模范	1983	南京市人民政府
汪正生	男	1944 年 9 月	—	江宁县中学教导副主任	南京市劳动模范	1983	南京市人民政府
周景华	女	1938 年 12 月	中共党员	江宁县人民医院护士长	南京市劳动模范	1983	南京市人民政府
奚华堂	男	1942 年 3 月	中共党员	江宁县人民医院医师	南京市劳动模范	1983	南京市人民政府
史攸元	男	—	—	南京谷里铜矿副矿长	南京市劳动模范	1983	南京市人民政府
王安平	男	—	—	南京凤凰山铁矿组长	南京市劳动模范	1983	南京市人民政府
石崇云	女	1949 年 7 月	中共党员	江宁县淳化供销社柜负责人	南京市劳动模范	1984	南京市人民政府
何升国	男	1935 年 8 月	中共党员	江宁县东善乡砂场场长	南京市劳动模范	1984	南京市人民政府

续表 2

姓名	性别	出生年月	政治面貌	单位及职务	时受名称	获奖年份	命名单位
刘文银	男	1944 年 3 月	中共党员	中共江宁县东山乡石马行政村支部书记	南京市劳动模范	1984	南京市人民政府
吕长和	男	—	—	江宁县殷巷乡甫岗行政村砖瓦厂职工	南京市劳动模范	1984	南京市人民政府
刘东权	男	—	—	江宁县上峰乡李岗头行政村张付仓村农民	南京市劳动模范	1984	南京市人民政府
张玉芳	女	1938 年 12 月	中共党员	江宁县淳化税务所上坊组组长	南京市劳动模范	1984	南京市人民政府
张君度	男	1950 年 2 月	中共党员	江宁县中学体育教研组组长	南京市劳动模范	1984	南京市人民政府
陈复蓉	女	1947 年 1 月	中共党员	江宁县人民政府计划生育专职干部	南京市劳动模范	1984	南京市人民政府
许茂金	男	1948 年 6 月	中共党员	江宁县丹阳乡水利专业队队长	南京市劳动模范	1984	南京市人民政府
俞殿科	男	1949 年 2 月	中共党员	江宁县陆郎乡广播放大站站长	南京市劳动模范	1984	南京市人民政府
王永生	男	1933 年 12 月	中共党员	江宁县上坊中心小学教师	南京市劳动模范	1984	南京市人民政府
陈春焕	男	—	—	江宁县东山镇中前行政村农民	南京市劳动模范	1984	南京市人民政府
刘翠琴	女	—	—	江宁县长江乡大年行政村大庄自然村农民	南京市劳动模范	1984	南京市人民政府
潘永忠	男	—	—	江宁县营防乡陈店林业队农民	南京市劳动模范	1984	南京市人民政府
王祖尧	男	1927 年 11 月	中共党员	江宁县其林建筑公司经理	南京市劳动模范	1984	南京市人民政府
李良泉	男	1963 年 1 月	中共党员	江宁县陆郎乡大庙行政村三星队	南京市劳动模范	1984	南京市人民政府
张有龙	男	1943 年 12 月	中共党员	江宁县谷里容器附件厂厂长	南京市劳动模范	1984	南京市人民政府
曹庭金	男	1927 年 5 月	—	江宁县丹阳乡幸福行政村农民	南京市劳动模范	1984	南京市人民政府
江天禄	男	—	中共党员	江宁县横溪乡长冲行政村农民	南京市劳动模范	1984	南京市人民政府
戴贤标	男	1947 年 3 月	中共党员	江宁县南京二泵厂厂长	南京市劳动模范	1984	南京市人民政府
王久尧	男	1941 年 2 月	中共党员	中共江宁县周岗手工业社支部书记	南京市劳动模范	1984	南京市人民政府
孙兴远	男	—	—	江宁县湖熟镇耀华行政村西洋湖村农民	南京市劳动模范	1984	南京市人民政府
戴世孝	男	1942 年 8 月	中共党员	中共江宁县淳化建筑公司支部书记、经理	南京市劳动模范	1984	南京市人民政府
彭生平	男	1955 年 8 月	中共党员	江宁县上坊乡三冲农场农民	南京市劳动模范	1984	南京市人民政府
张少林	男	—	—	江宁县禄口乡张桥行政村农技员	南京市劳动模范	1984	南京市人民政府
李兴友	男	1929 年 4 月	中共党员	江宁县秣陵乡新丰行政村农民	南京市劳动模范	1984	南京市人民政府
王安平	男	—	—	南京凤凰山铁矿组长	南京市劳动模范	1985	南京市人民政府
吴顺海	男	—	—	南京青龙山林场场长	南京市劳动模范	1985	南京市人民政府
吴兆乃	男	1949 年	中共党员	江宁县粮食汽车队驾驶员	南京市劳动模范	1985	南京市人民政府
周景华	女	1938 年 12 月	中共党员	江宁县人民医院护士长	南京市劳动模范	1985	南京市人民政府
袁占照	男	1935 年	中共党员	江宁县农业银行行长	南京市劳动模范	1985	南京市人民政府

续表 3

姓名	性别	出生年月	政治面貌	单位及职务	时受名称	获奖年份	命名单位
王承亮	男	1935 年 4 月	中共党员	江宁县农业银行岔路信用社主任	南京市劳动模范	1987	南京市人民政府
陈瑞新	男	—	—	南京市青龙山精神病院护理班长	南京市劳动模范	1987	南京市人民政府
王冬香	女	1950 年	中共党员	江宁县岔路乡计划生育专职干部	南京市劳动模范	1987	南京市人民政府
张　玉	男	1934 年 5 月	中共党员	江宁县长江电风扇厂厂长	南京市劳动模范	1987	南京市人民政府
詹明道	男	1942 年	中共党员	江宁县文教局教研室教研员	南京市劳动模范	1987	南京市人民政府
奚华堂	男	1942 年	中共党员	江宁县人民医院院长	南京市劳动模范	1987	南京市人民政府
许抗娣	女	1954 年	中共党员	江宁县丝厂螺丝工	南京市劳动模范	1987	南京市人民政府
赵林明	男	1941 年 11 月	中共党员	南京新蕾化工公司经理	南京市劳动模范	1987	南京市人民政府
王德勇	男	1953 年	中共党员	江宁县第三汽车队驾驶员	南京市劳动模范	1987	南京市人民政府
虞太平	男	1956 年	中共党员	江宁县木工机械厂厂长	南京市劳动模范	1987	南京市人民政府
翟　群	男	1931 年	中共党员	江宁横溪供销社主任	南京市劳动模范	1987	南京市人民政府
平跃龙	男	1954 年	中共党员	南京青龙山水泥厂车队队长	南京市劳动模范	1989	南京市人民政府
孟向前	男	1956 年 5 月	中共党员	长江电风扇厂副厂长	南京市劳动模范	1989	南京市人民政府
陶忆秀	女	1946 年	中共党员	南京新蕾化工公司工程师	南京市劳动模范	1989	南京市人民政府
赵林明	男	1941 年 11 月	中共党员	南京新蕾化工公司经理	南京市劳动模范	1989	南京市人民政府
乔　珍	女	1951 年	中共党员	江宁县东山镇清管所组长	南京市劳动模范	1989	南京市人民政府
邱才学	男	1942 年	中共党员	江宁县第二汽车队工会主席	南京市劳动模范	1989	南京市人民政府
朱腊珍	女	1949 年	中共党员	江宁县蔬菜公司经理	南京市劳动模范	1989	南京市人民政府
姚如葆	男	1937 年	中共党员	江宁县实验小学校长	南京市劳动模范	1989	南京市人民政府
易信照	男	1946 年 5 月	中共党员	江宁县人民检察院科长	南京市劳动模范	1989	南京市人民政府
刘定平	男	1933 年 5 月	中共党员	江宁县供电局变电班班长	南京市劳动模范	1989	南京市人民政府
笪善才	男	1946 年	中共党员	中共江宁县淳化镇委书记	南京市劳动模范	1989	南京市人民政府
谢乔生	男	1955 年 2 月	中共党员	江宁县湖熟镇泡沫厂厂长	南京市劳动模范	1989	南京市人民政府
陈正华	男	1944 年 9 月	中共党员	江宁县上峰乡政府副乡长	南京市劳动模范	1989	南京市人民政府
雷孝栋	男	1942 年 2 月	中共党员	江宁县上峰乡上峰行政村农民	南京市劳动模范	1989	南京市人民政府
李顺祥	男	1963 年 9 月	中共党员	南京秣陵钢窗厂厂长	南京市劳动模范	1989	南京市人民政府
王承亮	男	1935 年 4 月	中共党员	江宁县农行岔路营业所主任、经济师	南京市劳动模范	1989	南京市人民政府
叶良忠	男	1944 年 12 月	中共党员	中共江宁县陶吴镇委书记	南京市劳动模范	1989	南京市人民政府
张金荣	男	1954 年 8 月	中共党员	江宁县陶吴镇政府科技助理	南京市劳动模范	1989	南京市人民政府

续表 4

姓名	性别	出生年月	政治面貌	单位及职务	时受名称	获奖年份	命名单位
刘广前	男	1944 年 8 月	中共党员	江宁县汤山供销社主任、书记	南京市劳动模范	1989	南京市人民政府
丁炳坤	男	1941 年 7 月	中共党员	中共江宁县龙都乡委书记	南京市劳动模范	1989	南京市人民政府
詹秀珍	女	1953 年 12 月	中共党员	江宁县土桥乡五金厂厂长	南京市劳动模范	1989	南京市人民政府
吴长根	男	1944 年 1 月	中共党员	江宁县东山镇政府镇长	南京市劳动模范	1989	南京市人民政府
李万龙	男	1948 年 5 月	中共党员	江宁县玻璃厂厂长	南京市劳动模范	1989	南京市人民政府
周久京	男	1943 年 1 月	中共党员	江宁县铜山水利农机管理站站长	南京市劳动模范	1989	南京市人民政府
成永富	男	1940 年 1 月	中共党员	江宁县东山镇派出所所长	南京市劳动模范	1989	南京市人民政府
王加法	男	1950 年 1 月	中共党员	中共江宁县江宁镇委书记	南京市劳动模范	1989	南京市人民政府
史庆荣	男	—	—	中共江宁镇孙家村支部书记、经济联社主任	南京市劳动模范	1989	南京市人民政府
孙才英	女	1950 年 2 月	中共党员	江宁县其林乡政府副乡长	南京市劳动模范	1989	南京市人民政府
祝必清	男	1951 年 5 月	中共党员	中共江宁县铜山乡陶村支部书记、经合社社长	南京市劳动模范	1989	南京市人民政府
李德胜	男	1953 年 9 月	中共党员	江宁县方山卫生院副院长	南京市劳动模范	1989	南京市人民政府
魏夕成	男	—	—	江宁县外贸毛皮工艺厂厂长、书记	南京市劳动模范	1989	南京市人民政府
袁德喜	男	1953 年 9 月	中共党员	南京第三棉纺厂厂长	南京市劳动模范	1989	南京市人民政府
汪腾平	男	1954 年 10 月	中共党员	江宁县六郎乡农经站站长	南京市劳动模范	1989	南京市人民政府
缪善保	男	1959 年 11 月	中共党员	中共江宁县殷巷乡钱庄村支部书记、社长	南京市劳动模范	1989	南京市人民政府
陈永康	男	1938 年 5 月	中共党员	江宁县上坊乡政府乡农科站站长、农艺师	南京市劳动模范	1989	南京市人民政府
秦建明	男	1944 年 9 月	中共党员	南京装饰材料厂助工	南京市劳动模范	1989	南京市人民政府
宋德美	女	1954 年 1 月	中共党员	江宁县东善乡后汉桥村农民	南京市劳动模范	1989	南京市人民政府
张少林	男	1940 年 9 月	中共党员	江宁县禄口镇张桥村农民	南京市劳动模范	1989	南京市人民政府
窦义山	男	1953 年 9 月	中共党员	江宁县其林乡中心小学教师	南京市劳动模范	1989	南京市人民政府
李顺祥	男	1963 年 9 月	中共党员	南京秣陵钢窗厂厂长	南京市劳动模范	1989	南京市人民政府
邵梅生	男	1948 年 1 月	—	南京凤凰山铁矿医院院长	南京市劳动模范	1991	南京市人民政府
戴忠逵	男	1938 年 8 月	中共党员	江宁县劳动局局长	南京市劳动模范	1991	南京市人民政府
赵林明	男	1941 年 11 月	中共党员	江宁县工商银行行长	南京市劳动模范	1991	南京市人民政府
孟向前	男	1956 年 5 月	中共党员	长江电风扇厂副厂长	南京市劳动模范	1991	南京市人民政府
姚如葆	男	1937 年	中共党员	江宁县实验小学校长	南京市劳动模范	1991	南京市人民政府
平跃龙	男	1954 年	中共党员	南京青龙山水泥厂车队队长	南京市劳动模范	1991	南京市人民政府

续表 5

姓名	性别	出生年月	政治面貌	单位及职务	时受名称	获奖年份	命名单位
余蓉琪	女	1937 年 8 月	中共党员	江宁县机关幼儿园教师	南京市劳动模范	1991	南京市人民政府
刘定平	男	1933 年 5 月	中共党员	江宁县供电局变电管理主任	南京市劳动模范	1991	南京市人民政府
王国庆	男	1950 年	中共党员	南京第三钢铁厂供销员	南京市劳动模范	1991	南京市人民政府
彭道春	男	1936 年	中共党员	江宁县计经委办事员	南京市劳动模范	1991	南京市人民政府
李志刚	男	—	—	南京市青龙山林场鸡场场长	南京市劳动模范	1994	南京市人民政府
祈 心	男	—	—	南京官塘水泥厂车间主任	南京市劳动模范	1994	南京市人民政府
金人杰	男	—	—	南京谷里铜矿矿长、支部书记	南京市劳动模范	1994	南京市人民政府
邵梅生	男	1948 年 1 月	—	南京凤凰山铁矿职工医院院长	南京市劳动模范	1994	南京市人民政府
魏新民	男	1964 年	中共党员	南京长江电风扇厂工人	南京市劳动模范	1994	南京市人民政府
王天顺	男	1956 年	中共党员	南京第三钢铁厂维修工	南京市劳动模范	1994	南京市人民政府
王德义	男	1944 年 3 月	中共党员	江宁县农业生产资料总公司科长	南京市劳动模范	1994	南京市人民政府
施道芝	男	1949 年	中共党员	江宁县建筑工程公司工人	南京市劳动模范	1994	南京市人民政府
吴勤松	男	1949 年 10 月	中共党员	江宁县殡仪馆馆长	南京市劳动模范	1994	南京市人民政府
刘开林	男	1948 年 11 月	中共党员	江宁县江宁镇中学校长	南京市劳动模范	1994	南京市人民政府
徐德明	男	1941 年	中共党员	江宁县精神病防治院院长	南京市劳动模范	1994	南京市人民政府
甘家福	男	1952 年	中共党员	江宁县五交化总公司总经理	南京市劳动模范	1994	南京市人民政府
周明金	男	1945 年	中共党员	江宁县农行丹阳办事处主任	南京市劳动模范	1994	南京市人民政府
姜孝意	男	1942 年 12 月	中共党员	江宁横溪乡砖瓦厂厂长	南京市劳动模范	1994	南京市人民政府
王顺香	女	1961 年 7 月	中共党员	江宁丹阳镇勇跃行政村厂长助理	南京市劳动模范	1994	南京市人民政府
业衍本	男	1941 年 5 月	中共党员	江宁铜山乡桑园行政村养蚕大户农民	南京市劳动模范	1994	南京市人民政府
曹吉贵	男	1964 年 1 月	中共党员	江宁县江宁镇有机化工厂供销科长	南京市劳动模范	1994	南京市人民政府
张有龙	男	1943 年 12 月	中共党员	江宁谷里乡容器附件厂厂长	南京市劳动模范	1994	南京市人民政府
张圣良	男	1948 年 9 月	中共党员	江宁陆郎乡副业公司经理	南京市劳动模范	1994	南京市人民政府
刘家保	男	1955 年 1 月	中共党员	中共江宁铜井乡新济行政村支部书记	南京市劳动模范	1994	南京市人民政府
君兴琪	男	1951 年 7 月	中共党员	江宁县农业局植保站站长	南京市劳动模范	1994	南京市人民政府
平伍星	男	1966 年 7 月	中共党员	江宁县其林乡养鸡专业户农民	南京市劳动模范	1994	南京市人民政府
张文才	男	1946 年 8 月	中共党员	中共江宁县东山镇章村行政村支部书记	南京市劳动模范	1994	南京市人民政府
陶桂芳	女	1954 年 6 月	中共党员	江宁殷巷五金厂厂长	南京市劳动模范	1994	南京市人民政府
李贵频	男	1959 年 7 月	中共党员	江宁县方山南京电器设备厂厂长	南京市劳动模范	1994	南京市人民政府

续表 6

姓名	性别	出生年月	政治面貌	单位及职务	时受名称	获奖年份	命名单位
鲍长福	男	1930 年 10 月	中共党员	南京天禄科工贸集团公司经理	南京市劳动模范	1994	南京市人民政府
骆有富	男	1933 年 3 月	中共党员	江宁县淳化采石场场长	南京市劳动模范	1994	南京市人民政府
刘维成	男	1950 年 2 月	中共党员	江宁县湖熟板鸭集团公司总经理	南京市劳动模范	1994	南京市人民政府
张志荣	男	1956 年 6 月	中共党员	南京江宁液压机床总厂厂长	南京市劳动模范	1994	南京市人民政府
白明玉	男	1942 年 2 月	中共党员	江宁县龙都乡建筑公司经理	南京市劳动模范	1994	南京市人民政府
朱家惠	男	1951 年 6 月	中共党员	江宁县南京胶带厂厂长	南京市劳动模范	1994	南京市人民政府
胡厚祥	男	1948 年 7 月	中共党员	中共江宁县东善乡行政村支部书记	南京市劳动模范	1994	南京市人民政府
戴永喜	男	—	—	南京谷里铜矿工人	南京市劳动模范	1997	南京市人民政府
许金华	男	1950 年	中共党员	南京新蕾集团热电厂技师、工人	南京市劳动模范	1997	南京市人民政府
戴兰萍	女	1930 年	中共党员	江宁县农业银行麒麟办事处助理会计师、会计	南京市劳动模范	1997	南京市人民政府
孙业华	男	1956 年	中共党员	江宁县第一百货商店柜长	南京市劳动模范	1997	南京市人民政府
杨维平	男	1940 年 10 月	中共党员	江宁县人民医院副主任医师、科主任	南京市劳动模范	1997	南京市人民政府
朱礼芳	男	1953 年 12 月	中共党员	南京远大交通工程公司助理工程师	南京市劳动模范	1997	南京市人民政府
宋 军	男	1963 年 1 月	中共党员	江宁县江宁中学教师	南京市劳动模范	1997	南京市人民政府
林德华	男	1952 年 3 月	中共党员	江宁县东山城镇粮管所主任	南京市劳动模范	1997	南京市人民政府
罗兆云	男	1952 年	中共党员	江宁县邮电局经济师、副组长	南京市劳动模范	1997	南京市人民政府
许长荣	男	1945 年	中共党员	南京利民机械厂高级工程师、总工办主任	南京市劳动模范	1997	南京市人民政府
王经益	男	1948 年	中共党员	南京双宁实业集团公司政工师、经理	南京市劳动模范	1997	南京市人民政府
高德宝	男	1941 年 2 月	中共党员	江宁县供电局助理工程师、局长	南京市劳动模范	1997	南京市人民政府
邵长生	男	1953 年 1 月	中共党员	江宁县人民检察院检察长	南京市劳动模范	1997	南京市人民政府
伍秀财	男	1946 年 5 月	中共党员	江宁县土桥镇土桥水利站站长	南京市劳动模范	1997	南京市人民政府
李兴国	男	1952 年 1 月	中共党员	中共江宁县禄口镇甫头村支部书记	南京市劳动模范	1997	南京市人民政府
陶太春	男	1958 年 8 月	中共党员	南京金属铸管厂厂长	南京市劳动模范	1997	南京市人民政府
陶金双	男	1954 年 10 月	中共党员	中共江宁县丹阳镇山景行政村支部书记	南京市劳动模范	1997	南京市人民政府
孙桂明	男	1958 年 9 月	中共党员	中共江宁县湖熟镇委书记	南京市劳动模范	1997	南京市人民政府
陈珊联	男	1949 年 1 月	中共党员	南京荣丽体育用品有限公司总经理	南京市劳动模范	1997	南京市人民政府
陈宏祥	男	1955 年 9 月	中共党员	中共江宁县麒麟镇委书记	南京市劳动模范	1997	南京市人民政府
万修勤	男	1951 年 2 月	中共党员	江宁县上峰镇电力管理站站长	南京市劳动模范	1997	南京市人民政府

续表 7

姓名	性别	出生年月	政治面貌	单位及职务	时受名称	获奖年份	命名单位
孙禄玉	女	1957 年 7 月	中共党员	江宁县龙都镇龙都村妇女主任	南京市劳动模范	1997	南京市人民政府
汪忠美	女	1951 年 1 月	中共党员	中共江宁县陆郎镇工府村支部书记	南京市劳动模范	1997	南京市人民政府
耿光淼	男	1950 年 6 月	—	江宁县上坊乡养殖场场长	南京市劳动模范	1997	南京市人民政府
徐盛才	男	1954 年 8 月	中共党员	江宁开发区太平村支部书记	南京市劳动模范	1997	南京市人民政府
王祖金	男	1948 年 9 月	中共党员	江宁县汤山镇尚庄村卫生室医生	南京市劳动模范	1997	南京市人民政府
潘大才	男	1950 年 8 月	中共党员	江宁县陶吴镇陶美建工（集团）公司总裁	南京市劳动模范	1997	南京市人民政府
殷则明	男	1953 年 9 月	—	江宁县殷巷乡前庄村农民	南京市劳动模范	1997	南京市人民政府
李益泉	男	1950 年 11 月	中共党员	江宁县江宁镇文化站干部	南京市劳动模范	1997	南京市人民政府
孙千福	男	1964 年 8 月	中共党员	江宁县铜井镇农经站站长	南京市劳动模范	1997	南京市人民政府
杨永安	男	1949 年 5 月	中共党员	江宁县谷里乡张西村农民	南京市劳动模范	1997	南京市人民政府
施永友	男	1947 年 12 月	中共党员	中共江宁县横溪乡石塘村支部书记	南京市劳动模范	1997	南京市人民政府
何学明	男	1946 年 8 月	中共党员	江宁县东善乡农科站站长	南京市劳动模范	1997	南京市人民政府
梁鑫保	男	1948 年 2 月	中共党员	江宁县秣陵镇铸造总厂厂长	南京市劳动模范	1997	南京市人民政府
葛正顺	男	—	—	中共江宁县方山乡共和村支部书记	南京市劳动模范	1997	南京市人民政府
戴世孝	男	1942 年 8 月	中共党员	江宁县淳化镇淳化建安公司经理	南京市劳动模范	1997	南京市人民政府
王　玲	女	—	—	江宁县东山镇南京速顺达集团董事长	南京市劳动模范	1997	南京市人民政府
闵官胜	男	—	—	湖熟板鸭集团公司总经理	南京市劳动模范	1997	南京市人民政府
赵章寿	男	1957 年 7 月	中共党员	中共江宁县秣陵镇家园村支部书记	南京市劳动模范	1997	南京市人民政府
李荣才	男	1941 年 5 月	—	南京泉山实业有限公司	南京市劳动模范	1997	南京市人民政府
侯金生	男	1949 年 5 月	中共党员	江宁县总工会主席	江苏省五一劳动奖章	1999	江苏省工会
张林生	男	—	—	南京云台山硫铁矿队长	南京市劳动模范	2000	南京市人民政府
蔡德荣	男	—	—	南京市青龙山林场工程师、场长	南京市劳动模范	2000	南京市人民政府
邢芝青	女	—	—	南京市青龙山精神病院副主任医师、院长	南京市劳动模范	2000	南京市人民政府
贾兆生	男	1954 年 9 月	中共党员	南京天宝水泥集团政工师、董事长	南京市劳动模范	2000	南京市人民政府
胡士宁	男	1960 年 7 月	中共党员	江宁县公安局三级警督、副局长	南京市劳动模范	2000	南京市人民政府
易志平	男	1954 年 4 月	中共党员	江宁县市容委监察大队工程师、副大队长	南京市劳动模范	2000	南京市人民政府
蒋宁蓉	女	1960 年 10 月	中共党员	江宁商业大厦柜组长	南京市劳动模范	2000	南京市人民政府
萧维伦	男	1943 年 9 月	中共党员	江宁县中学中高级教师、校长	南京市劳动模范	2000	南京市人民政府
林　涛	男	1961 年 5 月	中共党员	江宁县电信局工程师	南京市劳动模范	2000	南京市人民政府

续表 8

姓名	性别	出生年月	政治面貌	单位及职务	时受名称	获奖年份	命名单位
王胜永	男	1957 年 3 月	中共党员	江宁县江宁合作社助理经济师、业务员	南京市劳动模范	2000	南京市人民政府
赵　敏	女	1951 年 10 月	中共党员	江宁县妇幼保健所副主任医师、医生	南京市劳动模范	2000	南京市人民政府
王庆勇	男	1952 年 12 月	中共党员	江宁县植物油厂经济师、分厂副厂长	南京市劳动模范	2000	南京市人民政府
宋全平	男	1946 年 5 月	中共党员	南京江宁化工总厂高级经济师、分厂副厂长	南京市劳动模范	2000	南京市人民政府
王继宝	男	1953 年 9 月	中共党员	江宁县供用电实业公司物资分公司助理会计师、经理	南京市劳动模范	2000	南京市人民政府
李新利	男	1955 年 3 月	中共党员	江宁县经济技术开发区工程师	南京市劳动模范	2000	南京市人民政府
张文才	男	1946 年 8 月	中共党员	中共江宁县东山镇章村支部书记	南京市劳动模范	2000	南京市人民政府
刘业祥	男	1954 年 8 月	中共党员	江宁县化纤材料厂厂长	南京市劳动模范	2000	南京市人民政府
顾志华	男	1947 年	中共党员	南京健康纸箱厂厂长、经济师	南京市劳动模范	2000	南京市人民政府
李顺刚	男	1966 年 8 月	中共党员	江宁县正方集团公司总经理、经济师	南京市劳动模范	2000	南京市人民政府
端和生	男	1952 年 3 月	中共党员	江宁县禄口镇多种经营服务站站长、水产工程师	南京市劳动模范	2000	南京市人民政府
陈大树	男	1949 年 9 月	中共党员	江宁县上坊石灰厂厂长、经济师	南京市劳动模范	2000	南京市人民政府
余金保	男	1948 年 7 月	中共党员	南京保丰农药厂厂长、经济师	南京市劳动模范	2000	南京市人民政府
赵跃进	男	1965 年 11 月	中共党员	江宁县湖熟镇和进村农民、助理经济师	南京市劳动模范	2000	南京市人民政府
王晓玲	女	1950 年 3 月	中共党员	南京周宇机床制造公司董事长、政工师	南京市劳动模范	2000	南京市人民政府
周宗海	男	1961 年 1 月	中共党员	江宁县龙都镇南窑行政村农民	南京市劳动模范	2000	南京市人民政府
陶洪才	男	1953 年 3 月	中共党员	江宁县桥梁建筑公司经理、工程师	南京市劳动模范	2000	南京市人民政府
张维志	男	1953 年 6 月	中共党员	江宁县东善乡果木场场长	南京市劳动模范	2000	南京市人民政府
张金荣	男	1954 年 8 月	中共党员	江宁县陶吴镇林业站站长、农艺师	南京市劳动模范	2000	南京市人民政府
陈必祥	男	1950 年 8 月	中共党员	江宁县横溪乡政府镇村建设办公室主任	南京市劳动模范	2000	南京市人民政府
陈子旺	男	1965 年 5 月	中共党员	中共江宁县丹阳镇委副书记、助理工程师	南京市劳动模范	2000	南京市人民政府
张申伟	男	1963 年 4 月	中共党员	江苏省农药研究所南京农药厂厂长、工程师	南京市劳动模范	2000	南京市人民政府
陈可发	男	1953 年 3 月	中共党员	江宁县铜山镇经管办站长、会计师	南京市劳动模范	2000	南京市人民政府
戴昌荣	男	1956 年 1 月	中共党员	江宁县江宁镇建中村农民	南京市劳动模范	2000	南京市人民政府
王道保	男	1956 年 11 月	中共党员	中共江宁县谷里乡委副书记、助理工程师	南京市劳动模范	2000	南京市人民政府
张明星	男	1953 年 3 月	中共党员	江宁县陆郎中学校长、中学高级教师	南京市劳动模范	2000	南京市人民政府
杨承业	男	1943 年 3 月	中共党员	江苏省金源黄金有限公司总经理、政工师	南京市劳动模范	2000	南京市人民政府
李克荣	男	1951 年 1 月	中共党员	江宁县汤山镇青林行政村农民	南京市劳动模范	2000	南京市人民政府

续表 9

姓名	性别	出生年月	政治面貌	单位及职务	时受名称	获奖年份	命名单位
张双喜	男	1948 年 1 月	中共党员	中共江宁县麒麟镇锁石村支部书记、政工师	南京市劳动模范	2000	南京市人民政府
张万银	男	1965 年 8 月	中共党员	南京宁峰水泥厂副厂长	南京市劳动模范	2000	南京市人民政府
张家虎	男	1965 年 5 月	中共党员	江宁县农业技术推广站副站长、农艺师	南京市劳动模范	2000	南京市人民政府
毛明元	男	1947 年 1 月	中共党员	江宁县开发区石马村农民	南京市劳动模范	2000	南京市人民政府
窦义山	男	1950 年 9 月	中共党员	江宁县麒麟中心小学	南京市劳动模范	2000	南京市人民政府
朱华华	女	1953 年 2 月	中共党员	江宁区总工会副主席	南京市劳动模范	2003	南京市人民政府
张明保	男	1949 年 11 月	中共党员	江宁区纪律检查委员会	南京市劳动模范	2003	南京市人民政府
刘庆林	男	1960 年 4 月	中共党员	江宁区劳动就业管理所主任	南京市劳动模范	2003	南京市人民政府
程黎明	男	1958 年 7 月	中共党员	中共江宁区土桥镇委委员、副镇长	南京市劳动模范	2003	南京市人民政府
陶荣富	男	1949 年 1 月	中共党员	中共江宁区组织部副部长、机关工委书记	南京市劳动模范	2003	南京市人民政府
笪鸿山	男	1961 年 6 月	中共党员	江宁区上峰中学校长	南京市劳动模范	2003	南京市人民政府
陈建春	男	1947 年 4 月	中共党员	江宁区东山街道办事处主任	南京市劳动模范	2003	南京市人民政府
甘永发	男	1952 年 8 月	中共党员	江宁区民政局副局长、党委书记	南京市劳动模范	2003	南京市人民政府
姚志平	男	1944 年 12 月	中共党员	中共江宁区锡剧团支部书记	南京市劳动模范	2003	南京市人民政府
钱德牛	男	1958 年 9 月	中共党员	江宁区公路管理站副站长	南京市劳动模范	2003	南京市人民政府
戴华杰	男	1969 年 3 月	中共党员	江宁区政府副区长	南京市劳动模范	2003	南京市人民政府
邓树清	男	1957 年 12 月	中共党员	江宁区建工局局长	南京市劳动模范	2003	南京市人民政府
李红星	男	1954 年 11 月	中共党员	江宁区建筑安装工程质监站站长	南京市劳动模范	2003	南京市人民政府
孙宗保	男	1959 年 1 月	中共党员	中共江宁区江宁镇委书记	南京市劳动模范	2003	南京市人民政府
杨友林	男	1957 年 3 月	中共党员	江宁开发区管委会	南京市劳动模范	2003	南京市人民政府
何承洪	男	1953 年 7 月	中共党员	江宁开发区管委会副总经理	南京市劳动模范	2003	南京市人民政府
陆厚平	男	1961 年 4 月	—	南京大陆产业投资公司董事长	南京市劳动模范	2003	南京市人民政府
束世高	男	1954 年 12 月	中共党员	江宁区丝绸厂厂长	南京市劳动模范	2003	南京市人民政府
周秀明	男	1961 年 1 月	中共党员	南京长山化工有限责任公司董事长、总经理	南京市劳动模范	2003	南京市人民政府
胡宝成	男	1954 年 9 月	中共党员	中共江宁区上坊镇泥塘行政村支部书记	南京市劳动模范	2003	南京市人民政府
陈治明	男	1965 年 11 月	中共党员	江宁区汤山街道农业服务中心主任	南京市劳动模范	2003	南京市人民政府
李培申	男	1952 年 5 月	中共党员	宁志太阳能设备公司总经理	南京市劳动模范	2003	南京市人民政府
高东平	男	1965 年 1 月	中共党员	南京鹰皇针织有限公司董事长、党支部书记	南京市劳动模范	2003	南京市人民政府
殷德江	男	1957 年 9 月	中共党员	中共江宁区百家湖街道殷巷村总支书记	南京市劳动模范	2003	南京市人民政府

续表 10

姓名	性别	出生年月	政治面貌	单位及职务	时受名称	获奖年份	命名单位
陈亚胜	男	1964 年 5 月	中共党员	南京盛溪印刷包装有限公司董事长	南京市劳动模范	2003	南京市人民政府
王光荣	男	1964 年 1 月	中共党员	江宁区谷里街道办事处副主任、中共谷里行政村支部书记	南京市劳动模范	2003	南京市人民政府
何富祥	男	1970 年 2 月	中共党员	江宁区东善桥镇建设服务所所长	南京市劳动模范	2003	南京市人民政府
袁德才	男	1949 年 7 月	中共党员	江宁区横溪东池建筑材料厂厂长	南京市劳动模范	2003	南京市人民政府
熊公伟	男	1964 年 9 月	—	南京达丰羽绒有限公司董事长	南京市劳动模范	2003	南京市人民政府
李明春	男	1954 年 7 月	中共党员	江宁区湖熟街道友谊村	南京市劳动模范	2003	南京市人民政府
赵宗牛	男	1963 年 6 月	中共党员	江宁区司法局周岗镇司法所所长	南京市劳动模范	2003	南京市人民政府
马福银	男	1946 年 2 月	中共党员	江宁区公安局交巡警大队民警	南京市劳动模范	2003	南京市人民政府
刘正元	男	1961 年 7 月	中共党员	江宁供电公司总经理	南京市劳动模范	2003	南京市人民政府
庞　宁	男	1962 年 1 月	中共党员	江宁区中医院院长	南京市劳动模范	2003	南京市人民政府
古斯滕	男	1963 年 1 月	—	蓝帜（南京）工具有限公司	南京市劳动模范	2003	南京市人民政府
戴科蓉	女	1952 年 9 月	中共党员	江宁区汤山镇路西村蔬菜专业户	南京市劳动模范	2003	南京市人民政府
于行阳	男	1952 年	中共党员	江宁区横溪镇许呈村西瓜种植户	南京市劳动模范	2003	南京市人民政府
徐正清	男	1965 年 11 月	中共党员	江宁区人民法院审委会专委兼刑庭庭长	南京市劳动模范	2006	南京市人民政府
王　钢	女	1970 年 6 月	—	江宁区司法局法律援助中心主任	南京市劳动模范	2006	南京市人民政府
朱　玫	女	1963 年 7 月	—	江宁区机关幼儿园园长	南京市劳动模范	2006	南京市人民政府
陈敏祥	男	1958 年 2 月	中共党员	中共江宁区土桥镇委副书记	南京市劳动模范	2006	南京市人民政府
王福生	男	1951 年 12 月	中共党员	江宁区职教中心校长	南京市劳动模范	2006	南京市人民政府
叶　平	男	1954 年 8 月	中共党员	江宁区中医院院长	南京市劳动模范	2006	南京市人民政府
夏荣军	男	1972 年 12 月	中共党员	江宁公安分局铜井镇派出所所长	南京市劳动模范	2006	南京市人民政府
赵嗣宝	男	1970 年 4 月	中共党员	江宁区公路管理站副站长	南京市劳动模范	2006	南京市人民政府
吴桂茂	男	1952 年 6 月	中共党员	江宁区土产棉麻有限公司总经理	南京市劳动模范	2006	南京市人民政府
张定海	男	1955 年 6 月	中共党员	江苏金东城集团董事长	南京市劳动模范	2006	南京市人民政府
葛　玲	女	1972 年 2 月	中共党员	江宁区水务集团公司总经理	南京市劳动模范	2006	南京市人民政府
毛仕涛	男	1967 年 4 月	—	江宁自来水总公司总经理	南京市劳动模范	2006	南京市人民政府
陈存友	男	1963 年 2 月	—	南京协众汽车空调集团有限公司董事长	南京市劳动模范	2006	南京市人民政府
崔乃红	男	1966 年 12 月	中共党员	江宁滨江经济开发区建设环保局副局长	南京市劳动模范	2006	南京市人民政府
迟树发	男	1954 年 5 月	中共党员	江宁顺达实业集团公司总经理	南京市劳动模范	2006	南京市人民政府

续表 11

姓名	性别	出生年月	政治面貌	单位及职务	时受名称	获奖年份	命名单位
马学良	男	1947 年 10 月	中共党员	中共江宁区东山街道龙西社区总支书记	南京市劳动模范	2006	南京市人民政府
乐清勇	男	1971 年 1 月	—	腾业（南京）塑料五金制品有限公司董事长	南京市劳动模范	2006	南京市人民政府
葛广安	男	1950 年 3 月	中共党员	中共江宁区汤山街道桦墅村支部书记	南京市劳动模范	2006	南京市人民政府
贺子俊	男	1959 年 2 月	中共党员	中共江宁区汤山街道麒麟社区总支书记	南京市劳动模范	2006	南京市人民政府
李荣权	男	1959 年 11 月	中共党员	中共江宁区汤山街道李岗头村总支书记	南京市劳动模范	2006	南京市人民政府
尚祚友	男	1965 年 2 月	中共党员	中共江宁区秣陵街道双金社区总支书记	南京市劳动模范	2006	南京市人民政府
刘爱华	男	1962 年 3 月	中共党员	中共江宁区秣陵街道青源社区总支书记	南京市劳动模范	2006	南京市人民政府
孙兆根	男	1957 年 3 月	中共党员	中共江宁区禄口街道石埝社区总支书记	南京市劳动模范	2006	南京市人民政府
翟兴华	男	1955 年 12 月	中共党员	江宁区谷里街道财政所所长	南京市劳动模范	2006	南京市人民政府
王兴龙	男	1963 年 6 月	中共党员	江宁区谷里街道霞辉庙社区居民委员会主任	南京市劳动模范	2006	南京市人民政府
姜书卫	男	1964 年 6 月	中共党员	江宁区横溪镇政府办公室副主任	南京市劳动模范	2006	南京市人民政府
邹纪金	男	1964 年 12 月	中共党员	中共江宁区横溪街道西岗社区支部书记	南京市劳动模范	2006	南京市人民政府
谈树友	男	1951 年 3 月	中共党员	南京金阳彩色印刷有限公司总经理	南京市劳动模范	2006	南京市人民政府
李顺林	男	1950 年 1 月	中共党员	南京雄锋运动器具有限公司总经理	南京市劳动模范	2006	南京市人民政府
朱本根	男	1966 年 11 月	中共党员	南京周岗建筑工程公司董事长	南京市劳动模范	2006	南京市人民政府
李慕松	男	1941 年 11 月	中共党员	南京菲尼克斯电气有限公司总裁	南京市劳动模范	2006	南京市人民政府
许　跃	男	1972 年 9 月	中共党员	江宁供电公司工人	南京市劳动模范	2006	南京市人民政府
杨　沛	男	1965 年 11 月	中共党员	江宁地税局办公室主任	南京市劳动模范	2006	南京市人民政府
易祥太	男	1958 年 5 月	中共党员	中共江宁区东山清管所支部书记	江苏省五一劳动荣誉奖章	2007	江苏省工会
赵建华	男	1955 年 11 月	—	中电电气（南京）光伏有限公司总经理	江苏省五一劳动荣誉奖章	2007	江苏省工会
马斯曼	男	1968 年 7 月	—	德国菲尼克斯集团公司副总裁	江苏省五一劳动荣誉奖章	2007	江苏省工会

说明：

调出劳模：何　明、龚宝其、王启富、庞炳乾、夏可宏、沈月华、朱　治、李国宝、王向阳、吴兆鼎、冉从友、苏月荃、高顺庚、王增才

已故劳模：杨治平、陈祥义、赵新森、费心平

魏夕成、孙兆根、杨沛因经济犯罪等原因取消南京市劳动模范荣誉

调出江宁后担任副厅级以上职务人员情况表

表 47-3-7

姓名	性别	出生年月	籍贯	在江宁工作单位及职务	调出后工作单位及职务
王文生	男	1951 年 7 月	江苏省江宁县	江宁县人民政府副县长	中共南京市委统战部副部长、市工商联党组书记
韦昌明	男	1955 年 2 月	江苏省江宁县	中共江宁区委常委、宣传部部长	先后任中共雨花台区委常委、雨花台区副区长、中共雨花台区委副书记、雨花台区区长等职
孔令才	男	1961 年 5 月	江苏省江宁县	江宁区发展计划与经济局局长、党组书记	溧水县常务副县长等职
成玉祥	男	1957 年 12 月	江苏省江宁县	中共江宁区委副书记	先后任中共建邺区委副书记、建邺区代区长、区长等职
吕连生	男	1949 年 9 月	江苏省高淳县	中共江宁区委副书记兼政法委书记	南京市监察局局长
朱友发	男	1947 年 11 月	江苏省江宁县	江宁县人民政府副县长	先后任中共溧水县委书记，南京市工商局局长、党组书记等职
朱泰山	男	1944 年 3 月	江苏省江宁县	中共江宁县委宣传部部长	先后任江浦县县长，南京市农林局局长、党组书记，南京市政协常委、专委会主任等职
吴迪祺	男	1941 年 9 月	江苏省如皋县	中共江宁县委副书记	南京市人大常委会秘书长
汪正生	男	1944 年 9 月	江苏省丹徒县	中共江宁县委副书记	先后任中共南京市委副书记、市纪委书记，南京市政协主席等职
张良礼	男	1950 年 8 月	江苏省江宁县	中共江宁县委常委	先后任中共栖霞区委书记、南京市民政局局长、南京市人大财经委员会主任等职
邵长生	男	1953 年 1 月	江苏省江宁县	江宁县人民检察院检察长兼县政法委书记	先后任南京市人民检察院副检察长、常州市人民检察院检察长等职
郗同福	男	1952 年 7 月	江苏省江宁县	中共江宁区委副书记	先后任中共连云港市委常委、开发区工委书记等职
徐和宁	男	1955 年 6 月	江苏省江宁县	中共江宁县委常委、副县长	先后任六合县县长，市人防办党委书记，市粮食局局长、党委书记等职
唐国海	男	1961 年 7 月	江苏省江宁县	江宁经济技术开发区管委会副主任	先后任连云港经济技术开发区管委会主任、中共连云港市委常委、连云港经济技术开发区党工委书记、管委会主任，兼连云区委书记等职
谢跃进	男	1958 年 1 月	江苏省江宁县	中共江宁区委常委、常务副区长	先后任南京市乡镇企业管理局局长、党组书记，高淳县委副书记、代县长等职
蔡敬东	男	1947 年 12 月	江苏省江宁县	江宁县人民政府副县长	先后任南京市高新技术开发区副主任、南京奶业（集团）有限公司董事长等职
蔡遗春	男	1946 年 8 月	江苏省丹阳县	中共江宁县委副书记兼政法委书记	雨花台区人大常委会主任

区外江宁籍担任副厅级以上职务及专家情况表

表 47-3-8

姓名	性别	出生年月	籍　贯	工作单位及职务
马森球	男	1941 年 7 月	江苏省江宁县	南京步兵学校校务部副部长（副师级）
王永兴	男	1946 年 8 月	江苏省江宁县	解放军总参谋部军训部大校（副师级）
王顺和	男	1942 年	江苏省江宁县	南京军区联勤部副部长
朱世保	男	1952 年	江苏省江宁县	先后任武警部队陕西省安康市、宝鸡市支队长，武警陕西省总队副参谋长等职
刘兆年	男	1944 年	江苏省江宁县	中共陕西省延安市委副书记、市人大常委会主任
刘显桃	男	—	江苏省江宁县	江苏省科技厅副厅长
池本华	男	1944 年 11 月	江苏省江宁县	先后任江西省新余军分区司令员（正师级）、南京市信访局副局长等职
汤　俊	男	1973 年 1 月	江苏省江宁县	清华大学教授、博士生导师
汤文俭	男	1959 年	江苏省江宁县	金陵饭店（集团）公司董事长、总经理
安开根	男	1952 年 9 月	江苏省江宁县	先后任南京市人民政府副秘书长、雨花台区区长、南京市农林局局长等职
许子贤	男	1954 年	江苏省江宁县	中国人民解放军海军检察院检察长
许正明	男	1962 年 8 月	江苏省江宁县	济南军区黄河三角洲生产基地副主任（副师级）
严　明	男	1957 年 8 月	江苏省江宁县	先后任省交通厅交通管理局局长、省交警总队总队长、省人民检察院副检察长等职
杜保夫	男	1923 年 1 月	江苏省江宁县	中共天津轻工业局委员会副书记
杨本林	男	1963 年 12 月	江苏省江宁县	广州军区陆军机械化师副师长
杨志怀	男	1951 年 1 月	江苏省江宁县	中共北京军区空军委员会组织部长
张　虎	男	1962 年	江苏省江宁县	中国农业银行河北省分行副行长
陈　寅	男	1962 年 9 月	江苏省江宁县	先后任上海市发展和改革委员会主任、徐汇区区长、中共上海市杨浦区委委书记等职
周　勋	男	1924 年	江苏省江宁县	中共杭州市委办公厅主任

续表

姓名	性别	出生年月	籍 贯	工作单位及职务
周师华	男	1953 年	江苏省江宁县	南京陆军指挥学院副院长，少将
周家华	男	1950 年	江苏省江宁县	中共江苏商业管理干部学院、江苏经贸职业技术学院委员会书记
郑跃奇	男	1962 年 8 月	江苏省江宁县	先后任中共南京市委组织部办公室主任（副局级）、市委组织部副部长、中共秦淮区委书记等职
赵满勤	男	1955 年 9 月	江苏省江宁县	第二炮兵青训士官学校副校长，大校（副师级）
施高源	男	1934 年 4 月	江苏省江宁县	解放军某部师长、大校，后任军级单位顾问
夏云贵	男	1953 年 8 月	江苏省江宁县	商务部国际合作局副局长，中国驻苏丹使馆经济商务参赞（正司级）
徐贤胜	男	1951 年	江苏省江宁县	南京陆军指挥学院训练模拟教研室主任（正师级）
徐道文	男	1955 年	江苏省江宁县	杭州海关关长、党组书记
高向耘	男	1940 年 12 月	江苏省江宁县	先后任江苏省公安厅副厅长、巡视员等职
曹慧华	男	1956 年	江苏省江宁县	中国海外经济合作总公司副总裁
笪家祥	男	1957 年	江苏省江宁县	江苏省商务厅副厅长、党组书记
葛传生	男	1942 年 9 月	江苏省江宁县	南京儿童医院主任医师，南京大学医学院教授、硕士生导师
雷 文	男	1905 年	江苏省江宁县	先后任中共上海市卫生局委员会副书记、顾问等职
端木义万	男	—	江苏省江宁县	解放军国际关系学院教授、博士生导师，享受国务院特殊津贴
戴东红	男	1963 年 2 月	江苏省江宁县	参谋部通讯光缆维修中心上校（副师级）
濮世凤	男	1943 年 6 月	江苏省江宁县	南京工程兵工程学院大校（正师级）
尹家才	男	1950 年	江苏省江宁县	河北省秦皇岛市副市长

1993—2007年驻江宁区高校、企业各类高层次人才情况表

表 47-3-9

姓　名	单　位	类　别	认定年份
齐　康	东南大学	中国科学院院士	1993
冯纯伯	东南大学	中国科学院院士	1995
彭司勋	中国药科大学	中国科学院院士	1996
韦　钰	东南大学	中国工程院院士	1994
吕志涛	东南大学	中国工程院院士	1997
钟训正	东南大学	中国工程院院士	1997
刘怡昕	解放军炮兵学院南京分院	中国工程院院士	1998
沈国荣	南京南瑞继保电气有限公司	中国工程院院士	1999
孙忠良	东南大学	中国工程院院士	2001
张耀明	中国中材国际工程股份有限公司	中国工程院院士	2001
孙　伟	东南大学	中国工程院院士	2005
程泰宁	东南大学	中国工程院院士	2005
黄　卫	东南大学	中国工程院院士	2007
赵春杰	东南大学	973计划项目首席科学家	2007
蒋建清	东南大学	973计划项目首席科学家	2007
陆祖宏	东南大学	长江学者奖励计划特聘教授	1998
黄　卫	东南大学	长江学者奖励计划特聘教授	1999
尤肖虎	东南大学	长江学者奖励计划特聘教授	1999
罗立民	东南大学	长江学者奖励计划特聘教授	2000
王志功	东南大学	长江学者奖励计划特聘教授	2000
洪　伟	东南大学	长江学者奖励计划特聘教授	2000
张十庆	东南大学	长江学者奖励计划特聘教授	2000
崔一平	东南大学	长江学者奖励计划特聘教授	2000
陆　健	东南大学	长江学者奖励计划特聘教授	2000
谢　维	东南大学	长江学者奖励计划特聘教授	2001
崔铁军	东南大学	长江学者奖励计划特聘教授	2001
王建国	东南大学	长江学者奖励计划特聘教授	2001
田玉平	东南大学	长江学者奖励计划特聘教授	2001
赵正旭	东南大学	长江学者奖励计划特聘教授	2001
顾忠泽	东南大学	长江学者奖励计划特聘教授	2002
黄风义	东南大学	长江学者奖励计划特聘教授	2002
王　炜	东南大学	长江学者奖励计划特聘教授	2003
黄庆安	东南大学	长江学者奖励计划特聘教授	2004

续表 1

姓 名	单 位	类 别	认定年份
熊仁根	东南大学	长江学者奖励计划特聘教授	2004
王江舟	东南大学	长江学者奖励计划特聘教授	2005
孙 璐	东南大学	长江学者奖励计划特聘教授	2006
顾 宁	东南大学	长江学者奖励计划特聘教授	2007
樊和平	东南大学	长江学者奖励计划特聘教授	2007
李 萍	中国药科大学	长江学者奖励计划特聘教授	2004
孔令义	中国药科大学	长江学者奖励计划特聘教授	2006
陆祖宏	东南大学	杰出青年基金获得者	1995
洪 伟	东南大学	杰出青年基金获得者	1995
尤肖虎	东南大学	杰出青年基金获得者	1997
王志功	东南大学	杰出青年基金获得者	1998
王 炜	东南大学	杰出青年基金获得者	1999
戴先中	东南大学	杰出青年基金获得者	1999
吴 柯	东南大学	杰出青年基金获得者	2000
崔一平	东南大学	杰出青年基金获得者	2001
王建国	东南大学	杰出青年基金获得者	2001
崔铁军	东南大学	杰出青年基金获得者	2002
顾忠泽	东南大学	杰出青年基金获得者	2002
熊仁根	东南大学	杰出青年基金获得者	2002
谢 维	东南大学	杰出青年基金获得者	2003
黄庆安	东南大学	杰出青年基金获得者	2003
徐宝文	东南大学	杰出青年基金获得者	2004
田玉平	东南大学	杰出青年基金获得者	2004
赵春杰	东南大学	杰出青年基金获得者	2005
颜 震	东南大学	杰出青年基金获得者	2005
李爱群	东南大学	杰出青年基金获得者	2007
顾 宁	东南大学	杰出青年基金获得者	2007
徐春祥	东南大学	杰出青年基金获得者	2007
邹国棠	东南大学	杰出青年基金获得者	2007
鞠 平	东南大学	杰出青年基金获得者	2007
樊和平	东南大学	享受国务院政府特殊津贴	1992
冯友芹	科瑞达电子装备有限责任公司	享受国务院政府特殊津贴	1993
魏远发	江苏航天信息有限公司	享受国务院政府特殊津贴	1993

续表 2

姓　名	单　位	类　别	认定年份
华荣法	南京高速齿轮箱厂	享受国务院政府特殊津贴	1993
李建民	南京高速齿轮箱厂	享受国务院政府特殊津贴	1993
王　伟	中国中材国际工程股份有限公司	享受国务院政府特殊津贴	1994
孙志杰	国电南京自动化股份有限公司	享受国务院政府特殊津贴	1994
刘文龙	南京五洲制冷集团有限公司	享受国务院政府特殊津贴	1995
李钊铜	南京高精齿轮股份有限公司	享受国务院政府特殊津贴	1995
刘效孟	国电南京自动化股份有限公司	享受国务院政府特殊津贴	1995
于兴敏	中国中材国际工程股份有限公司	享受国务院政府特殊津贴	1995
蔡玉良	中国中材国际工程股份有限公司	享受国务院政府特殊津贴	1995
夏之云	中国中材国际工程股份有限公司	享受国务院政府特殊津贴	1996
武守富	中国中材国际工程股份有限公司	享受国务院政府特殊津贴	1998
吴上游	科瑞达电子装备有限责任公司	享受国务院政府特殊津贴	1999
朱炳元	南京恩瑞特实业有限公司	享受国务院政府特殊津贴	1999
朱荣跃	中国中材国际工程股份有限公司	享受国务院政府特殊津贴	1999
金以铭	南京爱立信熊猫通信有限公司	享受国务院政府特殊津贴	2000
李翊佳	科瑞达电子装备有限责任公司	享受国务院政府特殊津贴	2001
吴选民	中国中材国际工程股份有限公司	享受国务院政府特殊津贴	2001
古天右	南京科润工业介质有限公司	享受国务院政府特殊津贴	2001
王锡樵	南京科润工业介质有限公司	享受国务院政府特殊津贴	2001
王　伟	中国中材国际工程股份有限公司	享受国务院政府特殊津贴	2002
刘凯捷	南京科润工业介质有限公司	享受国务院政府特殊津贴	2002
李拂晓	中电科技集团公司五十五研究所	享受国务院政府特殊津贴	2002
陈宽义	科瑞达电子装备有限责任公司	享受国务院政府特殊津贴	2004
汤本金	南京数控机床有限公司	享受国务院政府特殊津贴	2005
孙克勤	江苏苏源环保工程股份有限公司	享受国务院政府特殊津贴	2005
陈国海	中电科技集团公司十四所	享受国务院政府特殊津贴	2006
奚国富	国电南瑞科技股份有限公司	享受国务院政府特殊津贴	2006
陈小虎	南京工程学院	享受国务院政府特殊津贴	2006
齐　康	东南大学	国家级突出贡献中青年专家	1984
韦　钰	东南大学	国家级突出贡献中青年专家	1984
吕志涛	东南大学	国家级突出贡献中青年专家	1987
童勤义	东南大学	国家级突出贡献中青年专家	1987
孙忠良	东南大学	国家级突出贡献中青年专家	1989
顾冠群	东南大学	国家级突出贡献中青年专家	1989

续表 3

姓 名	单 位	类 别	认定年份
童林凤	东南大学	国家级突出贡献中青年专家	1990
章名耀	东南大学	国家级突出贡献中青年专家	1992
陆佶人	东南大学	国家级突出贡献中青年专家	1992
邓学均	东南大学	国家级突出贡献中青年专家	1992
汪凤泉	东南大学	国家级突出贡献中青年专家	1994
盛昭瀚	东南大学	国家级突出贡献中青年专家	1994
洪 伟	东南大学	国家级突出贡献中青年专家	1996
陆祖宏	东南大学	国家级突出贡献中青年专家	1996
黄 卫	东南大学	国家级突出贡献中青年专家	1998
尤肖虎	东南大学	国家级突出贡献中青年专家	1998
沈国荣	南京南瑞继保电气有限公司	国家级突出贡献中青年专家	1998
张振远	中国中材国际工程股份有限公司	省级突出贡献中青年专家	2000
张惠刚	南京工程学院	省级突出贡献中青年专家	2000
沈学其	南京普天通信股份有限公司	省级突出贡献中青年专家	2000
李翊佳	科瑞达电子装备有限责任公司	省级突出贡献中青年专家	2000
王建国	东南大学	省级突出贡献中青年专家	2000
李拂晓	中电科技集团公司五十五研究所	省级突出贡献中青年专家	2002
邹德忠	南京普天通信股份有限公司	省级突出贡献中青年专家	2002
郑向阳	南京玻璃纤维设计研究院	省级突出贡献中青年专家	2002
左健民	南京工程学院	省级突出贡献中青年专家	2002
钟伟俊	东南大学	省级突出贡献中青年专家	2002
袁晓敏	国营第五二八厂	省级突出贡献中青年专家	2004
王 炜	东南大学	省级突出贡献中青年专家	2004
明图章	江苏省交通规划设计院	省级突出贡献中青年专家	2004
王乐天	南京消防集团有限公司	省级突出贡献中青年专家	2006
郭宏新	江苏中圣高科技产业有限公司	省级突出贡献中青年专家	2006
陈钟鸣	金陵科技学院	省级突出贡献中青年专家	2006
胡敏强	东南大学	省级突出贡献中青年专家	2006
易 红	东南大学	省级突出贡献中青年专家	2006
朱殿奎	江苏省丰彩新型建材有限公司	省级突出贡献中青年专家	2006

第二节　人物名录

【驻区高校正高职称（教授）名录】

南京医科大学

教授

韩　晓	李建民	沙家豪	王鹤鸣	徐昌芬（女）	袁孝如（女）
周国华	曹伯良	范乐明	候筱宇（女）	刘天培	沈一平
王迎伟（女）	徐　涌	张耀娟	陈　玲（女）	范钦和	胡　风
李庆平（女）	卢　春	苏　川	王　勇	徐宇君	张银娣
周作民	陈琪冯	振　卿	季晓辉	李荣凤（女）	陆　巍
苏东明	吴观陵	杨　俭（女）	张兆松	朱昌亮	程　雁
高兴亚	季　勇	郑胜男（女）	苗登顺	孙玉洁（女）	吴海玮
姚　堃	章子豪	朱国庆	顾　洛	姜秉华	李跃华（女）
倪　健	唐家琪	叶炳辉	赵子健	朱　荫	昌德伟
管晓虹（女）	冷　静	李越希	饶曼人（女）	王文武	朱东亚
胡　琴（女）	李　忠	王守林	肖　杭	张正东	周健伟
蔡云清（女）	陈　峰	胡万进	刘起展	沈洪兵	王心如
倪春辉（女）	徐耀初	张　云	陈　宁	王　林	吴煜农
李　瑛（女）	毕志刚	单其俊	黄　俊	李相成	卢　山
王海燕（女）	吴宏飞	杨　笛	张石江	曹克江	丁国宪
李新立	陆凤翔	束永前	张　炜	丁新生	黄元铸
王　虹（女）	励建安	骆　丹	孙倍成	王　杰	杨志健
陈广明	黄祖瑚	王　捷	吴升华	殷国勇	张中明
马文珠（女）	陈家伟	范卫民	姜新猷	刘　超	苗　毅
孙丽洲（女）	孙南雄	王　水	吴文溪	殷凯生	范卫新
刘嘉茵（女）	孔祥清	潘世扬	孙为豪	武正炎	陈亦江
王　彤（女）	傅　震	李大庆	郑俊平	张　峰	顾　民
王笑云（女）	刘　平	钱燕宁	汪承亚	王学浩	徐开林
陈玉心（女）	周国平	程　雷	傅韶衡	李健勇	刘庆淮
李芳红（女）	张国新	朱文元	胡卫星	刘训良	施瑞华
张馥敏（女）	王德杭	魏睦新	徐泽宽	张寄南	范志宁
程蕴琳（女）	鲁　翔	杨俊伟	詹　熙	陈　鑫	顾建平
沈海琦	王黎明	王自正	张颖冬	陈绍良	陈荣华
郭锡熔	蒋　沁	唐金海	童国庆	许　林	张爱华
李晓南（女）	方如平	黄松明	马正良	邱　勇	孙凌云
胡娅莉（女）	谭　谦	徐　标	徐　运	朱大龙	邹晓平
丁义涛	刘宝瑞	陈锡慰	赵慰先	曹　新	徐秉栋
蔡海江（女）	丁　炯	丁　勇	厉廷有	徐群为	汪　华
徐　珊（女）	李　磊	徐济达	姚全胜	陈晓东	李延平
吴小玲（女）	汪之项	姜柏生	孟国祥	王锦帆	冷明祥

戚晓红（女）	汤先忻	王长春	吉建伟	李宏卫	邢树忠
韩群颖（女）	殷新民	王敬良	徐承良	张小勇	卞春及
周学敏（女）	桂　鸣	张振声	卜行宽	鲁艾林	徐鑫荣
马凤楼（女）	袁耿清	戴建础	李麟荪	袁南荣	赵　辩
周　玲（女）	何戎华	赵翰林	孙志坚	许光旭	徐　斌
唐玲芳（女）	谭长强	陈德珍	张前德	朱秉智	秦　锐
于　浩（女）	张淑英	陈钟英	葛以信	李英斌	卫中夫
崔　焱（女）	李惠义	刘　政	谭钊安	王伟勇	龙明智
林　征（女）	郭子英	卢建华（女）	卞建民	陈明伦	刘　军
范　媛（女）	姜建东	刘晓华（女）	孙士琪	耿其吉	查铭凡
毕玉澄（女）	段宝祥	俞婉珍（女）	井清源	俞自萍（女）	张平祥
徐洁洁（女）	候　钢	李作汉	许争峰	蔡丰英（女）	刘宏毅
陆　化（女）	陈图农	许德金（女）	楼　跃	袁志兰（女）	冯继峰
李淑云（女）	李永平	薛筑云（女）	王大为	胡淑芳（女）	刘长佳
刘　佳（女）	张　葵	谢莉娜（女）	陈一心	应小燕（女）	朱　斌
李述庭（女）	管文贤	鲍红兴（女）	蒋　青	孙丽华（女）	姚　刚
范春瑛（女）	汤建平	肖安平	林惠华	徐英美（女）	王林森
赵薛旭（女）	曹志刚	张宜勤	姚志剑	柯晓燕（女）	范俭健
刘昔荣（女）	郑丞杰	唐　辉（女）	郭宏骞	尹　宁（女）	汪春三
钱晓萍（女）	郑　曼	骆东山	戴国强	时开网	张明华

主任医师

刘卫红（女）	沈　捷	刘永彪	仇红雷（女）	邢光前	郭人花（女）
王淑玉（女）	夏建国	李　军（女）	王亚东（女）	金正帅	姚　刚
殷长军（女）	陈锦飞	葛传生	吴　杰	周荣富	欧阳建
陈一心（女）	孙西钊	葛春晓（女）	羊海涛	万林忠	朱承华（女）
徐友娣（女）	聂兰军	王小青（女）	楼季庄	龚和禾	谭笑梅（女）
钱小青（女）	车敦发	王　刚	王雪晨	张　均	周正扬
方　芸（女）	曹　加（女）	张镇静（女）	陈湘玉（女）		

研究员

陈淑贞（女）	邓小昭（女）	周亚夫	崔毓桂	赵建华（女）

中国药科大学

阿基业	曹凤岐	陈建华	陈　莉（女）	陈西敬	陈依军
方慧生	冯　锋	郭青龙	褚淑贞（女）	杭太俊	何　华
陈　真（女）	程晓东	戴　岳	冯　芳（女）	丁　黎	杜迎翔
高向东（女）	黄文龙	孔令义	季　晖（女）	李志裕	梁敬钰
蒋建勤（女）	刘保林	刘吉华	李　娟（女）	刘晓东	柳晓泉
李　萍（女）	陆　涛	栾立标	李运曼（女）	马世平	彭司勋
廖　红（女）	秦民坚	邱家学	刘建平（女）	孙宏斌	谭树华
刘　煜（女）	涂家生	王广基	马爱霞（女）	王　旻	王　强
尚　靖（女）	王岁楼	王峥涛	邵　蓉（女）	王志祥	巫冠中

孙丽萍（女）	吴晓明	奚　涛	向　华（女）	徐云根	许激扬
徐寒梅（女）	姚其正	姚文兵	徐进宜（女）	叶文才	尤启冬
严拯宇（女）	于　锋	余伯阳	杨中林（女）	张大永	张陆勇
张　灿（女）	张玉彬	张尊建	张福珍（女）	周长林	周长林
张惠斌（女）	周长林	张　勉（女）	钟文英（女）	周金培	宗　莉（女）

河海大学

教授

丁长青	丁贤荣	丁晓群	卫志农	马宏忠	马爱斌
丰景春	卞艺杰	方永浩	方国华（女）	毛　野	王　泽
王　萍（女）	王　超	王义刚	王　媛（女）	王云球	王如云
王　琳（女）	王宏华	王志坚	王向东（女）	王卓甫	王建民
王建群	王昌杰	王泽华	王保田	王柏林	王济干
王玲玲（女）	王祖和	王惠民	王集权	王慧敏（女）	邓昌铁
冯　钧（女）	冯卫兵	冯伯林	包为民	卢廷浩	史安娜（女）
叶国菊（女）	左军成	石高玉	艾　萍	任立良	任旭华
任青文	刘　凌（女）	刘　宁	刘汉龙	刘建刚	刘爱莲（女）
刘惠义	刘斯宏	刘新仁（女）	刘新民	华祖林	华家鹏
华锡生	吉伯海	孙长银	孙其昂	孙树林	安　如（女）
安天庆	朱　华	朱　亮	朱　晟	朱　伟	朱为玄
朱召泉	朱岳明	朱俊高	朱珍德	朱维斌	朱跃龙
毕　霞（女）	汤瑞凉	许长新	许庆春（女）	许佳君	许卓明
邢鸿飞	阮怀宁	阮晓红（女）	严以新	严忠民	何秀凤（女）
何建京	余文学	余达淮	余钟波	余湘娟（女）	吴　中
吴　远（女）	吴中如	吴凤平	吴玉萍（女）	吴宗法	吴建华
吴胜兴	吴继敏	吴朝国	宋开芝	宋汉周	宋志尧
张　阳	张　健	张　玮	张　勤	张子明	张友静
张长宽	张东生	张发祥	张正兰（女）	张行南	张君伦
张志军	张虎元	张展羽	张淑华（女）	张楚芳	张蓉生
张静中	张燎军	李　凌	李训铭	李光炽	李同春
李杰友	李雨生	李致家	李琼芳（女）	李瑞杰	杜成斌
束一鸣	束龙仓	杨　侃	杨　晨（女）	杨文健	杨汉培
杨建基	杨海霞（女）	汪基伟	汪德爟	沈长松	沈祖诒
沈振中	沈菊琴（女）	芮孝芳	苏　超	邵孝侯	邵国建
陆光华（女）	陆昌根	陆晓敏	陆桂华	陈　卫（女）	陈　文
陈　菁（女）	陈　喜	陈才生	陈元芳	陈守伦	陈西庆
陈志坚	陈阿江	陈国平	陈国荣	陈建生	陈绍军
陈金水	陈星莺（女）	陈界仁	陈晓坤	卓家寿	周志芳
周海炜	周森晞	宗　平	岳建平	林萍华	武　博
武清玺	郑　源	郑大俊	郑东健	郑亚南（女）	郑垂勇
郑金海	俞双恩	姚　琪（女）	姜弘道	姜翠玲（女）	施永生
施国庆	施建勇	柏成鹏	洪宝宁	胡　明	荀厚平

赵永乐	赵振兴	赵晋泉	逄　勇	郝振纯	钟平安
钟瑚穗	骆祖江	倪天倪	唐洪武	唐德善	唐夔黎
夏乐天	夏自强	徐　辉	徐　辉	徐　颖（女）	徐卫亚
徐汉中	徐立中	徐向阳	徐泽中	徐金环	徐福敏（女）
殷士龙	殷宗泽	秦忠国	袁　浩	袁　越	袁永生
袁宝远	袁晓宁	诸裕良	速宝玉	钱旭潮	顾圣平
顾冲时	高玉峰	高新陵（女）	尉天骄	崔广柏	康清梁
曹　宁	曹　敬	曹平周	曹家和	梁建萍（女）	梁忠民
章　青	章仁俊（女）	章定国	章恒全	黄文雄	黄健元
黄振平	黄涛珍（女）	彭世彰	曾晓勤	童纪新	葛久研
葛朝霞（女）	董增川	蒋林华	谢悦波	韩龙喜	鲁子爱
褚宇帆	褚君达	詹世富	詹美礼	蔡付林	潘文霞（女）
潘松庆	颜素珍（女）	缴锡云	鞠　平		

研究员

马良筠	方部玲（女）	严　勤（女）	李　龙	陈青生	俞国青
姚纬明	宫必宁	赵　坚	徐　明	殷兴辉	袁旭音
袁汝华	钱向东	钱自立	曹菱红（女）	黄　腾	黄细彬
彭宣茂	韩立新	蔡　新	张鸿业	吴东敏（女）	杨晓宁
何有山	李文耀	黄淑萍（女）	蒋亚青		

南京工程学院

教授

吴建华（女）	孙玉坤	吴中江	刘志远	史金飞	曹雪虹（女）
杨征宇	李先允	朱松青	李建启	缪国钧	陈　涛
汪木兰	白少布	李　平	吴钦宽	朱晓春	吕云翥
刘极峰	王贤民	杨小兰（女）	张　杰	王宗荣	王章忠
蔡　璐（女）	王永廉	柯旭贵（女）	王再友	李晓泉	潘效军（女）
葛晓霞（女）	刘久斌	王红艳（女）	韩　笑	张　强	李　宁
盛党红（女）	李宏胜	华茂发	温秀兰（女）	赵　涛	刘化君
王　琪	刘传清	黄陈蓉（女）	黄　坚	刘秋华（女）	张永忠
冯　跃（女）	李竟成	何培玲（女）	宗　兰	余丽武（女）	毛建西
刘正保	刘少牛	张成来	侯文辉	张玉春	张　雨
王玉英（女）	毛立新	丁毅伟（女）	刘扬正	王盛海	金晓阳
唐春红（女）	马　勇	郁汉琪	董学育	朱金荣	王保和
张惠刚	丁轲轲	林长圣	史　翔		

研究员

袁建宁	陈德静	洪志钧	郑　锋	王晓红（女）	孙景昱（女）
饶华球	赵秀明	沈卫康	张四弟	刘桂芝（女）	

南京晓庄学院

李洪天	王国聘	华　春（女）	刘维周	张　波	秦林芳
吕德雄	郭　骏	陈维维（女）	张相学	徐　琪	颜森林
宋　钢	柳闽生	姚群民	张　宁（女）	陶勑恒	任其平
李兰峰	阎玉珍（女）	李朝晖	陈红英（女）	杨学民	徐志辉
钟玖英（女）	赵国乾	张竹梅（女）	胡振龙	钟名诚	邵　建
杨迎平（女）	冯　羽	张春蕾（女）	魏裕铭	顾维勇	周红民
赵三阁	刘钦普	段继业	曲　波	任艳丽（女）	张德勤
叶新涛	王江平（女）	蒋良军	顾书龙	张　林	卫开夏
何龙庆	林继成	周　宏	陈全战	贲爱玲（女）	刘光祥
张李阳（女）	宋东杰	林红英（女）	陈守江	陈泓茹（女）	于松明
江　宇（女）	文铁林	曹慧英（女）	史爱华（女）	李　伟（女）	王承昊
龙　琪（女）	左从现	丰华琴（女）	蔡小宁	饶华球	赵秀明
沈卫康	张四弟	刘桂芝（女）	李耀让		

金陵科技学院

陈小虎	聂　影	刘卫东	宋丁全	冯年华	葛　军
张　燕（女）	杨　忠	谢培苏（女）	姜方桃	倪　杰（女）	陶应虎
黄　晖（女）	焦　俊	陶锦莉（女）	严　伟	李明惠（女）	刘树胜
张　瑛（女）	程宏亮	盖　锐（女）	余晓明	朱一纶（女）	鞠全勇
宇海英（女）	黄大宇	王晓璐（女）	李广水	宣卫红（女）	张秋平
苏　慧（女）	黄向群	胡家宁（女）	吕文岩	童丽丽（女）	朱士农
袁晓黎（女）	郭　才	罗凤霞（女）	戴鼎震	金兰梅（女）	程泽信
郝凌云（女）	刘自强	张国印	张国清（女）	王晓秋（女）	陈钟鸣
丁　鹏	顾金亮	汪跃春	毕鸣仁	沈志远	

中国传媒大学南广学院

刘继南（女）	韩宪柱	李怀亮	金梦玉	吕　艳（女）	李　磊
宋香云（女）	张五洲	胡太春	何群立	向培科	赵汤寿
郑华汉	路宝君	时煜华	徐丹辉（女）	唐永德	黄侯兴
王作人	施旭升	苏彭成	毕凤翔	孔德明（女）	沈敏特
于佩玲（女）	巨　浪	邱兴联	于惠通	严　翔	王之斌
丁海宴					

江苏经贸职业技术学院

华桂宏	马美华（女）	姜英俊	王　健（女）	李小华	雷六七
陈　星	黄绮冰（女）	刘登辉	周家华	李　畅	戴桂荣（女）

钱廷仙　李尚峰　邓　雷　薛茂云　徐桂华（女）　操　[illegible]（女）
王　伟　王义宏　蒋云尔　王兆明　刘凤云（女）　东　升
顾坤华　赵龙祥

南京机电职业技术学院

潘新宁

南京旅游职业学院

周春林　张志祥　王建平　吴业山　周妙林　朱　丹
邸平伟　曹娅丽（女）　马彦纯（女）　肖　飞

江苏海事职业技术学院

马长世　陈立军　於　健　汪亭玉（女）　谢　荣　沈　默（女）
吴国健　冯茂岩　陈友放　臧书霞（女）　陈晓琴（女）　刘志洲
钱勤元　曹志平　顾　健

南京交通职业技术学院

李建才　王艳梅（女）　何玉宏　孟祥林

南京正德职业技术学院

顾　怡（女）

【区属高级专业职称名录】

教育系统（中学高级教师）

百家湖中学

陈庆林　陈文海　程尚亮　丁玉娟（女）　方冬梅（女）　姜文娣（女）
李　萍（女）　刘道亮　刘媛妹（女）　吕克林　罗　斌　钱英俊
任有伟　阮成全　邵正美（女）　孙敏芳（女）　孙敏红（女）　陶太春
田发俊　王洪贵　王茂宝　王晓根　王修纲　徐其成
徐　勇（女）　杨　明　姚金玲（女）　叶玉敏（女）　袁忠云（女）　张应强
周建红（女）　宗美芳（女）

岔路学校中学部

陈全福　傅　耀（女）　高承附　韩志辉（女）　胡昌琪　蒋晓萍（女）
陆　军　马夕凤（女）　潘思华　彭高林　王素军　王云虎
谢德芳（女）　徐　武　杨花勇　余庆兰（女）　张桂琴（女）　张秋叶（女）

张业民 朱友妹（女） 黄家珍（女） 张桂兰（女） 张梦霞（女） 张玉林
赵淑范（女） 朱 邠 庄红娣（女） 孙锡奎

淳化初级中学

戴学琴（女） 端礼学 费素梅（女） 葛美华（女） 贾朝元 焦学武
李公才 李 俊 李 俊 李心荣 刘 军 鲁顺福
吕长凤（女） 吕洪俊 吕建宁 骆腊梅（女） 骆泰生 马 萍（女）
祁长保 佘宁锋 时美霞（女） 宋航行 孙克君 孙汝玲（女）
陶和林 陶著强 王春凤（女） 王根发 王海霞（女） 王其顺
吴华强 周行志 朱晓华（女） 陈安祥 李有生 祁春生
唐庚尧 田开文 王传坤 王存和 王大伟 王戎江
薛祥林 张顺林 张文祥

丹阳初级中学

曹树忠 陈本年 耿其根 江 龙 李宗厚 刘国海
刘毅民 沈业平 王世刚 王真宝 杨翠玉（女） 杨益安
姚应平 叶明生 尹昌林 虞长万 张和兵 周宝成
周良付 左胜富 胡延才 王效维 王德培

东善初级中学

敖桂华（女） 丁贤亮 郭庆发 金远龙 经 陈 刘兴春
马森建 乔静龙 陶家友 屠荣春 汪忠华 言海兰（女）
杨明妍（女） 钟开喜 庄遵环（女） 金远龙 王秀英（女） 夏 昶

谷里初级中学

陈富平 陈 浩 胡光荣 黄桂兰（女） 马德春 马根岷
沈久彬 盛文彬 孙建香（女） 万荣才 王传妍（女） 王德强
王 萍（女） 严巧珍（女） 杨会平 尹志武 虞贵福 张 国
张 俊（女） 赵宏辉 周 斌 黄家来 韦成良 张冬茹（女）
张应保

横溪初级中学

陈跃林 池敦云（女） 胡晓青 黄 云（女） 刘锦平 缪献政
史长根 吴高旺 夏寒秋 徐 规 许道君 许文华
赵立春 谷先道 王宜乐 吴华金 朱登杰 孙朝礼
江胜祥

湖熟初级中学

陈从香（女） 窦忠庆 胡金莲（女） 蒋民鹏 李家金 李建忠
李荣健 闵官虎 庞丁江 石英武 陶洪才 陶慎中
王龙祥 魏思进 徐贵成 许元风（女） 张巧娣（女） 赵立群（女）
赵生骥

江宁初级中学

曹承杰　陈格林　戴家宽　傅德和　黄金宝　蒋本贵
李时梅（女）　王必伦　谢　青（女）　徐道梅（女）　杨道俊　张　[illegible]

龙都初级中学

陈　亮　程龙前　程顺平　窦成顺　刘世英（女）　刘永青
彭　林　彭生翔　佘开录　时良金　王啸林　张成明
张士平　周国云　朱兴宝　白世成　陈循才　戴顺良
刘道春　刘世忠　陶义荣　张德馨

陆郎初级中学

陈大根　陈　海　程贻林　丁希明（女）　葛金龙　葛宁宝
郭起文　江忠华　潘家宝　陶华胜　汪方海　王少柳
徐　明　徐明辉　许会云　许菊芳（女）　薛修忠　翟忠和
朱乾坤　戴则林　李成龙　李志明　王少柳　吴早英（女）

禄口初级中学

陈　平　杜昌胜　李录平　林存文　陆广根　陆　清（女）
钱　玲（女）　陶二宝　陶象平　王　美（女）　徐本双　徐玉宝
叶　峰　陈春生　胡厚钰　蒋明富　熊大保　张庆祥
张祯祥　许红兵

秣陵初级中学

柏建华（女）　陈其祥　陈　霞（女）　丁晓勤（女）　鞠爱华（女）　沈九强
魏红平　奚启云　许广敏　姚淑琴（女）　叶绪海　俞巧玲（女）
张正飞　赵克顺　赵章保　白宏钰　尚永祥　唐传良
魏承南　王宜圣

麒麟初级中学

陈　斌　窦礼忠　方桂华　房　燕（女）　葛家宝　蒋媛美（女）
申龙国　苏善荣　苏守谦　王　斌　王　萍（女）　王义胜
吴应忠　吴云仙（女）　熊初保　徐自钱　张爱荣（女）　张彩云（女）
张海俊　张淑银（女）　朱永芳（女）　甘明坤　贺慧明　刘凤春（女）
罗正福　孙广海　王天寿　吴世松

上坊初级中学

陈光旗　陈志荣　迟长俊　樊振东　李继祥　刘大功
卢　春　陆晓微　潘冬生　汪秀明　王立新　吴　勇
宣光权　严成明　杨晓英（女）　余庆丽（女）　张怀宝　张晓宝
周国海　朱玲秀（女）　胡立骥

上峰初级中学

陈瑞祯	陈政平	葛元效	皇甫志宝	荆红梅（女）	秦德宝
唐国江（女）	王　菊（女）	王良俊	王　政	杨增伟	詹德勇
张　莉（女）	张文选	朱长明	葛元效	皇甫新	李春林
李荣华	茆维林	王国玉	王良俊	许宏铨	朱德钧
朱克良	朱克英（女）	王世友			

汤山初级中学

陈明兰（女）	陈清和	陈世文	韩启新	贺亚红（女）	侯尔豹
李昌军	李春武	李忠柱	梁　英	罗长青	潘桂银（女）
庞立福	王　鹏	肖闽军（女）	谢永卫	言明才	杨　勇
尹桂芳（女）	詹巧宁	周坤银	朱家玉（女）	韩贤平	皇甫德宝
黄美娟（女）	蒋山秀（女）	孔繁密	钱序根	秦利州	王金柱
王淑英（女）	殷国华	张自兴	皇甫晓凤（女）		

桃红初级中学

卞军花（女）	高军民	李寿余	刘继妹（女）	王良成	王祖龙
姚宝国	易怀德	詹新艺（女）	张尤胜	赵家祥	朱明彩
陈敦发	方锡祥	江　汉	刘有国	陶崇维	王友生
杨家模	周玉兰（女）				

铜井初级中学

艾　伟	曹宗华	陈道胜	戴则兵	高正国	侯义良
嵇世宝	经腊宝	林　晖	刘玉华	刘仲平	汪　进
王　刚	王永陆	魏红保	徐承刚	严俊培	杨　飞
杨　磊	俞春平	章熙斌	樊孝成	傅　英（女）	龚四清
罗　明	祁承梅（女）	沈庆林	汪　玉（女）	王勇龙	徐林宝
唐春霞（女）	周敦保	周久忠	周兴保	周兴龙	李忠明
吕昌清	张正龙	周宝椿	陈远云	吴志玉	徐林宝
袁守先	周荷花（女）				

土桥初级中学

高和根	刘家才	吕祥树	任　海	任世春	王经兆
王仁福	肖顺福	徐　杰	言明忠	张延根	周伟霞（女）
马乃明	孙孝庶	谈有发	陶鸿林	万昌泽	徐　杰
祝太春	施晓林				

周岗初级中学

迟长春	丁正东	丰成虎	韩昌忠	韩为双（女）	焦敦宝
沈顺生	王永林	王忠彪	徐文堂	杨达宏	杨小马
杨晓琴（女）	姚绍民	张春宝	张年春	张顺根	朱银宝

陈凤英（女）	迟长春	韩昌根	王国芳（女）	王寿福	徐显伦
周信光					

秣陵中学

胡德胜	贾曦宽	江凯正	李建芳（女）	李　杰	林秋威
刘　斌	庞晓光	彭大礼	钱　军	秦小巧	阮德明
沈斌华	孙友宁	唐兆亮	杨江林	叶建才	张冠生
张世碧（女）	戴安康	郭秀兰（女）	贾志成	刘发圣	刘少强
钱国松	佘善后	王福炎	王良桂	奚从德	许宋钊
姚怀仁	袁金妹（女）	张锡林	朱祥元	许宗钊	

秦淮中学

柏继红（女）	毕诗年	曹桂玲（女）	柴维娜（女）	陈　雷	陈瑞清
陈雪琴（女）	陈元庆	陈云晖（女）	迟来香（女）	笪鸿祥	董小龙
鄂　迅	高　敏（女）	高学继	顾广兰（女）	何西玲（女）	黄安保
嵇世琼（女）	姜言斌	蒋步翔	金杰莉（女）	李大清	李风霞（女）
李桂兰（女）	李宏兴	李久保	李　林	李善源	李　伟
李柱明（女）	李宗保	梁尔格（女）	刘恩金	刘　娟（女）	刘明华
刘小康	刘　勇	鲁志远	吕长林	吕　伊（女）	潘金生
沈和平	史彦文（女）	孙　斌	孙家畋	孙舜宝	谭春林
陶　仁	万年贵	汪忠兵	王必闩	王春华	王　健
王　梅（女）	王小林	王晓琴（女）	王永生	王有为	王仲明
吴冬梅（女）	吴永胜	奚治梅（女）	项　影	肖英琳（女）	许红美（女）
许　明	许　倩（女）	杨立新	杨　琼（女）	殷位海	于　静（女）
袁贵明	张昌卫	张春宁（女）	张大香（女）	张道成	张贤虎
张孝伟（女）	张行平	张妍涛（女）	张　艳（女）	郑世金	郑志明
周　磊	周　玲（女）	周　清	周志芳（女）	朱　斌	朱德宣
朱启云	朱永忠	朱玉风（女）	曹真慧（女）	陈家季	董启富
方昌荣	方立煌	费爱丽（女）	甘永胜	高元春	华宝庆
李华斐（女）	李俊卿	李锡贵（女）	刘良文	刘裕松	刘兆松
吕彩珍（女）	童传亮	王多林（女）	王金灼	吴云霞（女）	吴子峰（女）
向隆思	徐昌华	徐福群	徐显寅	薛泽文	姚瀚英（女）
袁　秀（女）	张印山	周培莲			

清水亭中学

白连顺	陈开骥	高福祥	高容安	胡　斌	金宝翠（女）
刘启银	刘　玉（女）	刘　云	吕　凤（女）	马太安	欧永茂
潘天新	孙慧蓉（女）	孙小虎	童　胜	王景宝	王衍海
吴明香（女）	吴忠平	杨赐秀（女）	叶方开	朱孟水	冯正义
葛家俊	任家保	杨会钊	张俭华		

上元中学

陈留祥	陈敏兰（女）	陈其芳（女）	陈尚宁	陈晓斌	陈　燕（女）
程其宝	邓宇航	丁仁军	冯玲玲（女）	韩兴妹（女）	黄秀旺
蒋开华	金保琴（女）	经瑞华	李朝辉（女）	李根网	李巧娣（女）
李生君（女）	李义才	刘世忠	刘尹文	吕登宝	吕　俊
孟凡艳（女）	孟向东	潘金华	潘金香（女）	祁礼胜	齐光庆
齐晓莉（女）	庆轩云（女）	邵　良	时云荣	史兴红（女）	孙春华（女）
孙清清	孙容梅（女）	孙忠斌	郈宝林	汤在武	陶　玲（女）
汪守芳（女）	王　敢	王节风（女）	王守花（女）	王为平	魏　俊（女）
吴中保	夏明玲（女）	夏明奇	谢银花（女）	徐国祥	徐家兵
薛义卫	言宁旺	杨　庆	杨世林	杨育红（女）	叶强云
尹光海	尹光妹（女）	尹盛新	张小龙	赵立金	赵立龙
赵庭标	赵伟华（女）	郑欢庆	周　芳（女）	周华东	周　莉（女）
周漠康	周益群（女）	周智宁	朱桂红（女）	朱鸿春	朱雪琴（女）
李　雍（女）	李小宝	刘光祜（女）	潘金华	邵庆尧	孙玉珍（女）
王光华	王永昌	吴流中	夏治夷	薛　莹（女）	杨基友
曾宪云（女）	张桂凤（女）	赵富华			

天景山中学

陈　晖	陈治谋	费　扬	甘爱娣（女）	姜明伦	李邦琴（女）
李海林	李宏根	李　雷	倪　玲（女）	秦腊根	史定霞（女）
汤福生	王本喜	王梦晖	王　雁	奚治国	徐兴民
杨丽娟（女）	杨正奎	姚大进	叶菊香（女）	应爱华（女）	张道财
张　俊	张维生	周　剑	朱金龙	朱卫华（女）	杨贵义
余成根	张功祥	张祚勇	冯智基		

竹山中学

鲍家银	陈贵秀（女）	陈惠玲（女）	陈　军	陈维凤（女）	陈绪武
陈雪蕾（女）	笪鸿山	端木义敏	范文保	高运乾	葛明珍（女）
葛秋香（女）	纪　凯	雷丽萍（女）	李　冰	李春兰（女）	李　慧（女）
李　竞（女）	李　军	李亚萍（女）	李照东	李祖柏	刘凤英（女）
刘建萍（女）	刘静红（女）	刘　宁	刘　群（女）	刘有文	陆剑雄
陆宁阳（女）	栾腊梅（女）	潘森云（女）	潘晓春	庞　琴（女）	钱汉宏
邵吉富	盛卫红（女）	史书华	孙国林	孙国平	孙双肆
孙舜耕	陶爱玲（女）	陶传兰（女）	陶宏霞（女）	万建凤（女）	汪亦琴（女）
王　芳（女）	王海玉（女）	王秋宁	王永银	魏宏虎	咸玉美（女）
谢　明	杨　兵	杨凤云（女）	杨　梅（女）	杨小静（女）	易泰玉
张爱玲（女）	张练才	张明亮	张　伟（女）	张文涛	赵有明
赵章荣	周光根	朱　青（女）	朱云贵	姜盛银	金　泉
李祖柏	刘素华（女）	孙德英（女）	张昱华（女）	赵双泉	

江宁高级中学

包德明	卞格芸（女）	曹冬霞（女）	陈本勇	陈春玲（女）	陈　立（女）
陈立军	陈先林	陈再平（女）	陈之东	仇一飞	邓其海
邓玉军	樊建海	樊文萍（女）	冯　洁	葛寄宇	官林青
杭庆祥	侯农民	胡红兰（女）	黄荣全	江　宁	李德勇
李　强	李文顺	李彰有	李照清	李照秋	林　峰
刘光彬	刘会元	吕　萌	吕　宁	马克进	马明祥
马小弟	明乐江	倪晓明	彭功军	戎仁堂	沈从举
沈　平（女）	宋宝琴（女）	苏照根	孙　英（女）	孙　志	陶家汉
陶　珀	陶绪造	万世成	汪　聆（女）	王春琴（女）	王大为
王德飞	王冬梅（女）	王　芳（女）	王红玲（女）	王庆华	王维平
王文实	王小平	王晓玲（女）	巫秀美（女）	吴延井	武金昌
夏可文	谢桂兰（女）	谢　蓉（女）	谢小东	熊代厚	熊光宏
徐安能	徐　斌	徐承平	徐明满	徐湘斌	杨道武
杨家鸿（女）	杨巧娣（女）	姚孝明	叶宝金	易笃宁	尹志芳（女）
余方忠	袁　蓉（女）	张发新	张格波	张　海	张佳伟
张建龙	张　蕾（女）	张　艳（女）	赵富祥	赵家来	赵仕忠
郑永圣	周　斌	周冬梅（女）	周丰梅（女）	周世东	朱侗福
朱孔雨	朱永春	曹世琥	曹永华	查秀龄（女）	陈洪生
陈　华（女）	陈思勋	崔继恩	丁冠宾	丁兆元	甘乃美（女）
高德宏	国淑卿（女）	郝江芬（女）	季长吉	姜言翔	李　坚
李大志	李国平（女）	李　昆（女）	李振本	林君健（女）	刘藕芳（女）
陆进时	吕道缄	马月娥（女）	孟毓州	倪炎秋	潘德辉
潘耀国	芮必瑞	孙敬权	陶基禄	汪绮年（女）	王玉华（女）
魏为从	萧维伦	徐大章	薛　海	杨莉莉（女）	俞晶晶
张春芳（女）	张秀英（女）	赵典昌	赵　见（女）	赵黎明	周惠娟（女）
周家瑞	朱　琳	朱毓英（女）	邹玉庚	朱克成	郭传华
严小玲（女）					

临江高级中学

艾宝芝（女）	卞元香（女）	蔡艳红（女）	陈福亮（女）	陈贤凤	陈秀登
褚玉宝	丁建玉（女）	冯铁锁	甘　平	顾绪平	韩庆凤（女）
胡帮红	黄延平	嵇世发	纪世龙	蒋元红（女）	金家政
孔令平	黎洪德	李进中	李　庆	李维强	李先进
凌世璟（女）	刘海兰（女）	刘善富	刘生忠	马明祥	钱桂保
秦　宝	秦和臻	芮群香（女）	施成国	史顺仙（女）	孙建军
陶家忠（女）	汪根莲（女）	王安东	王传银	王劲松	王　俊
王　龙	王明柱	吴定海	吴明亮	吴仕海	徐　宁
徐荣兵	薛介忠	杨文斌	姚东梅（女）	姚　进	张先胜
张孝顺	钟继凤	朱安龙	朱玉玲（女）	朱　芸（女）	艾　军
戴宗信	高　宇	郭芳德	季殿选	晋明腾	蒯继梅
孙莲芳（女）	王荣美（女）	王锡成（女）	赵辰枝	周水英（女）	朱光葆
李殿选					

天印高级中学

柏培斌	陈腊梅（女）	陈　霞（女）	陈先高	陈向琴（女）	成国平
程光林	戴庆志	戴顺琪	范义成	高东美（女）	高明平
高湘萍（女）	龚银宝	韩海燕（女）	何银铃（女）	何应海	黄宝霖
黄　萍（女）	纪立建	江　科	金先明	李龙海	李顺友
李文钰	李昭友	李志华（女）	梁继升	刘红兵	刘孔祥
刘　倩（女）	刘兴陶	刘义林	柳发志	柳其凤（女）	卢斯龙
吕庆丰	罗小文（女）	马德强	马家鸿	马巧玲（女）	马亚红（女）
潘跃来	庞春晨	芮元林	宋彩莲（女）	孙学斌	汤惠群（女）
徒亮春	汪中海	王桂超	王维喜	王新文	王叶虎
魏仁国	向德友	谢昆光	谢礼平	谢为宁	许　明
杨婉玲（女）	姚海鸿（女）	俞友斌	袁祖扣	占清泉	张德明
张金山	张景彪	张聚林	张明星	张宁海	张　平
张荣发	张顺巧	张晓斌	张晓燕（女）	张远龙	赵剑月（女）
郑定盛	周敦元	周飞虎	周明龙	周宜龙	朱云峰
左　平	陈汉华	陈尚武	陈世安	陈维祥	戴国芬（女）
邓　毅	董兰芝（女）	冯希奇	高全福	贡吉刚	江天龙
姜　诚	蒋顺仙（女）	金神玉（女）	李福喜	李维保	李秀琴（女）
李兆宏	李照桂	梁传标	林顺柯（女）	刘冬青（女）	吕庆覃
马德金	孟升俊	祁泽喜	秦己鳌	庆乐青	邵琳琳（女）
沈光玉	史英梅（女）	陶应祥	童义山	汪良才	王春祥
王素筠（女）	王秀兰（女）	王真林	王志翔	巫　诚	吴幼梅
夏宝根	夏应潮	谢来珍（女）	修泽霙	徐秀仁	徐益芝
许文鹤	杨仁萱	姚盛禄	易忠正（女）	岳希宝	张长根
张金山	张尚敬	张正文	周为华	周祥春	朱志群

江宁中专学校

白秉旭	毕明聪	蔡拥军	曹三燕	陈东升	陈菊花（女）
陈　龙	陈韶东	褚　强	戴则萍（女）	董小莉（女）	范韶军
方德才	甘福宁	管荣平	胡景红（女）	胡旭初	黄　花（女）
江玉成	蒋卫平	焦孝成	李德胜	李建国	李开贤
李晓鹏	李玉林	刘恒民	柳增亮	马松泉	马杏杨（女）
穆福平	彭　涛	平德林	齐振华	秦文卫	时金凤（女）
苏振和	孙　红（女）	孙　亮	王长胜	王从文	王福生
王夫花（女）	王武顺	吴启青（女）	吴祚荣	奚治琴（女）	谢　杨（女）
徐　斌	徐海洋	徐晓明	徐孝荣	许　丽（女）	严声海
杨念华（女）	杨孝武	姚太玉	叶金鑫	殷学宏	尹永平
袁林清（女）	曾庆文	张爱平	张昌宝	张　静	张　俊（女）
张俊松	张齐高	张晓明	赵志琴（女）	周晓贵	周兴龙
朱　敏（女）	陈思权	陈孝云（女）	冯维荣	高再业	马家华
庞道炎	王晓为（女）	王永寿	吴小川	谢邦铭	许春香（女）
姚太玉	叶　瑨	刘开林			

高级讲师

陈　炳	陈广禄	陈宁峰	何广军	李弟宝	李菊霞（女）
刘江华（女）	马云香（女）	孟前进	王光勇	王化萍（女）	严　静（女）
袁　苑（女）	章咏梅（女）	郑兴武	钟生玉（女）	周　飚	周会达
朱连勇	朱有祥	朱智祥			

麒麟职业中学

庞远鹤

湖熟职业中学

陆长生

电化教育中心

陈台红（女）	王家文	易承鸾

教科室

董福才	赵泳翔	朱新苏

教研室

陈　冬（女）	陈来如	龚颖潮	韩仁胜	姜书勤	李晓昙
李秀斌	刘德云	骆平山	彭启生	谭寿祥	王明贯
王仕林	张　杰	张裔平	顾大吕	姜道琳（女）	景如言
李保仁	沈汝祖	陶汉章	魏晓春	詹明道	张德明
张恒龄	朱德成	朱胜和	潘学军		

特殊教育学校

陈开照	虞泰珍（女）	张红付

招生办公室

唐忠祥	陶叶飞	张福荣	芮昌善

教师进修学校

陈生树	崔德勤	李发旺	钱光明	孙春明	王事兰
杨成龙	周敦武	周素华	陈良瑞	丁玲华（女）	杜玲玲（女）
杜秀兰（女）	顾祝生	郭悦华	黄启道	沈锡玮	王宝珠（女）
王祥生	王小平（女）	肖富仁	邢大华	徐百灵	颜景农
杨　锴	殷纯翠（女）	张荣娣（女）	张寿祥	赵渝和	郑学成
朱维民	诸葛苓（女）	祝总麟	徐征娴（女）		

高级讲师

解国祥	李　群	孙小平	胥之富	张玉顺

江宁职培中心（电大）

张克俭	李国平	周　秀（女）	林　梅（女）	吕兆德	明乐金
张理明	陈继珍（女）	居乃智（女）	张继锡	颜昌伦	郭迺亮
孙尔珠（女）					

江宁职教中心

高再越　　洪承虎

教育局

许维友

卫生系统

主任医师

奚华堂

主任中医师

程尚述

副主任医师

汪韫敏（女）	胥慕明	李中源	程其忠	曾崇山	周百权
焦　进	陈传玉	朱烈光	易言治	张启龙	徐在桢
吕长俊	朱国梓	蒋振华	李永祥	张建余	王根生
李树洲	石欣保	徐秀华（女）	邵国英（女）	郭世安	唐云生
余立安	罗钰知（女）	单慧仁（女）	芦春花（女）	邵梅生	邓纪学
马翠华（女）	黄富林	王长有	王炳辉	何永凤	毛增义
杨维平	马　骏	徐德明	干旨英（女）	陈　霞（女）	王　琪
温苏虹（女）	秦翠英（女）	杭德新	庞　宁	周复兴	卜纪伟
王义兆	赵佩丽（女）	洪美林	陆新兰（女）	谢义福	赵家慧（女）
李祖龙	郁万友	郭乃英（女）	丁成果	胡建平	朱玉香（女）
成传荣	夏明川	臧晓祥	陈必新	王　剑	秦　峰
王丽湘（女）	王小桦（女）	李红梅（女）	宋益山	李学文	周荣平
叶　平	刘金保	周兴祝	王建宁	戴玉珍（女）	陶　平
朱同喜	李圣华	王莲霞（女）	黄朝霞（女）	徐小平	谢美华（女）
王玉忠	孙福荣	潘　政	吴绍钦	魏馨林	纪　琴（女）
侯传勇	吕建林	周　云	葛广勇	张　标	王淑琴（女）
吴宁生	朱　江	蔡　玮	业晓青（女）	王美珍（女）	朱厚荣
管国平	顾金林	赵竹如（女）	王忠耀	张　励	张太玉
张克修	刘巧玲（女）	吕　洁（女）	刘协和	薛永煜	

副主任中医师

徐孝隆	夏　波	胡正松	张沛崧	李连嘉（女）	李德京

杨友保 唐胜利 戴 云 夏世银 马维庆 佘德军
沈光茂 张美云（女）

副主任药师

黄鸿芳（女） 陶美英（女） 陈 敏 张国龙 孙有发 毛 珍（女）

副主任中药师

吴 祥 李耕友 高忠宝

副主任护师

相秉琦（女） 汤爱红（女） 陶素珍（女） 夏大珍（女） 唐 枚（女）
郑明香（女） 陆其琳（女） 秦立慧（女） 梁维平（女）

副主任技师

张智诚

副主任检验师

王素兰（女）

高级讲师

李方群

农林系统

高级林业工程师

牛霞椴 力光华 刘小蜡 周孝宽 陈务起 许德钰

高级农艺师

王则僖 谢宝昌 余荣鹤 倪万浩 金秉俊 李金藊
张荣甫 沈碧华（女） 陈 钰 冯玉生 周宏达 陆有云
王宇纮（女） 邹余明 滕新民 阮治安 刘桂联 夏兴泿
史广富 宋祖舜 张家虎 秦文远 笪善明 李小渇
潘 俊 夏 玮

高级畜牧兽医师

吴椿年 张礼政 赵英东 刘振华

其他系统

高级工程师

陈康昕 黄再兴 吴春生 殷在和 谈世保 马明宏

汤广明	孙孝刚	陈康桥	李世祥	朱本根	许长荣
郁齐燕					

高级经济师

李炳森	江宝全	宋全平

【区高级政工师名录】

庞树耕	张正荣	陶廷向	卢春洲	高凤英（女）	叶春晓
何明瑞	陈大法	王孝明	丁炳坤	陈金荣	陈邦铜
陈　升	马　岷	葛裕利	沈朝勋	王加法	束孝荣
肖泽亚	万槐衡	朱宝瑜	周学友	陈庆绵	陆昌余
孙长继	陈　平	王义贵	樊金山	刘长林	栾爱珍（女）
潘复银	张茂海	张　斌	许世华	田家榴	笪善才
韦昌明	杨　松	陈礼高	柏　奇	杜仁保	王学智
孙伟基	周少保	盛义福	王兆良	陈修华	杨良才
江荣翔	杨志明	刘益堂	孙实全	杨春魁	钱鸿章
张道渭	张德厚	孙宗芳	曾　钧	王智福	陶为祺
黄玉忠	刘庆忠	王成镍	王金鼎	吴国真	潘大年
时训华	刘鹤卿	李祖武	笪祖堂	耿光发	王兆传
李兴怀	孟向前	陈　敏	朱明华	许祥福	柯尊湧
胡拥志	李怀骐	蒋本庆	王贵文	魏家富	沈庆喜
孙宗保	业绪根	易洪元	李明发	夏才葆	纪兴环
王月荣	柳庭章	翟业焕	朱德忠	皇甫贤斌	许祖祥
时　军	马如金	孙于发	陈永双	卞士云	钱德年
陆　蓉（女）	孔繁斌	吴举峰	李向阳	周圣强	孙德英（女）
刘昌志	贾国法	吴宏宁	张为农	孙柏生	丁义宝
梁鑫保	丁圣荣	蔡长胜	丁贤东	陈　明	邢维文（女）
袁金城	李伦新	陈家邦	侯祖江		

【国际（家）级运动员名录】

国际级健将（田径）

赵友凤（女）

国家级健将（田径）

秦定春

国家一级（田径）

田　雯（女）	傅　沛（女）	赵　兵	李　巍	姜　华	宫　静（女）
陈维云（女）	吕文燕（女）	张爱文（女）	许　丽（女）	顾宗艳（女）	奚　静（女）

国家级健将（举重）

张　雯（女）　李　青　陶　娟（女）　徐　翔　纪敏捷　卢德权
王玉柱　陈　波　于振声　周　浩　严青龙　吴苏平
杨永宽

国家一级（举重）

吴　琼（女）　王　洁（女）　吴昌兰（女）　芮大凯　华　雨　付　腾

国家一级（自行车）

丁　杰　付　亮

国家级健将（击剑）

王　钰　宋　源

国家一级（击剑）

许　丽（女）　马　丽（女）　胥丹丹（女）　孙　超　孙　强　井　莉（女）
施　云（女）　许　蓉（女）　霍兴欣（女）

国家一级（柔道）

袁　侠　潘金宏　陈爱红（女）　姚　萍（女）

丛录

江宁与南京

江宁金箔

千年古镇

江宁物艺

轶闻掌故

名人与江宁

江宁旧方志

文件辑存

江宁人民革命斗争纪略

侵华日军在江宁暴行

2008—2013年江宁区国民经济和社会发展概况

第六次全国人口普查主要数据公报与解读

江宁与南京

南京城东倚紫金山，西据石头城，长江环西北，秦淮河贯城南，地处东南要会，形势极为险要，因而历来为兵家所必争。并且是六朝胜地、十代都会之地。晋武帝太康二年（281），在这里设置江宁县，是为江宁县名之始，历史上一直是府县同城而治。自五代杨吴以迄清末，江宁析为上元、江宁两县，辖今南京市及江宁区地域。民国初置南京市，设江宁县。民国23年（1934）市县分开，江宁县治迁到东山镇，但仍为南京市天然卫星城，从东、西、南三面拱卫着“六朝金粉，十代都会”之称的历史文化名城南京。

纵览古今，江宁与南京不仅建置沿革密不可分，而且江宁的文化积淀、经济军事、山川地势与南京水乳交融，江宁地域一直对南京有着极为重要的战略地位。孙中山在《建国方略》中盛赞南京“在一美善之地区，其地有高山，有深水，有平原，此三种天工，钟毓一处，在世界中之大都市诚难觅此佳境也”。江宁正是南京这种山水组合的典型。平原沃土、山林沼泽、河流湖泊、村落民居自然绝妙地组合起来，形成适宜人类繁衍生息的理想之地。2000年12月，国务院批准江宁县撤县设区，作为南京城市发展的副中心城区，承接着南京都市化发展进程中的强大辐射，经济社会飞速发展。如今，江宁已是崛起的南京新市区，成为南京城市发展的重要有机组成部分。

江宁与南京建置沿革纷繁多变

历史上，南京曾有40多个名称，如金陵、建邺、秣陵、建康、白下、昇州、江宁、集庆、应天、天京等。金陵、建康至今仍为南京的别称在使用，而南京这一名称得来是明朝初年开始。南京历史上上述10个名称中，绝大多数与江宁密不可分，关系复杂。

周显王三十六年（前333），楚威王大败越国，在新占领的滨江临淮要地置金陵邑，并筑城而治。辖域之内有江宁。金陵邑邑城在今南京主城区，也是今江宁区有史可考的最早隶属的行政建置。

秦始皇二十六年（前221），秦置郡县。是年至三十七年间，改金陵邑为秣陵县，移治于秦淮河中游的今江宁区秣陵街道。辖区约为今江宁区和南京主城区大部分地区。

东汉建安十六年（211），孙权由京口（今镇江）徙治秣陵。次年，孙权在西临长江、南控秦淮河入江口的金陵邑旧址石头山麓依山起筑雄伟的石头城，并将秣陵县改称建业县，以示其欲在此建立帝王功业之决心。此举揭开包括江宁在内的南京历史的新篇章。

西晋太康元年（280），析秣陵县西南境新置临江县，次年改称江宁县，这是江宁县名的由来。六朝江宁县治在今江宁区江宁街道，其城址至宋元时期尚存。〔至正〕《金陵新志》卷一云：“（江宁）古城在今城西南七十里，南临江宁浦，周六里四十步。”可见规模不小。

隋开皇九年（589）正月，隋灭陈，旧南朝京畿诸县并入江宁县。废丹阳、建兴诸郡，及东晋、南朝所有侨置郡县，省建康、秣陵、同夏三县入江宁，属蒋州。又废丹阳、湖熟、江乘三县并入江宁。自此，江宁一县尽括六朝京畿之地。江宁县治在平陈之初，由今江宁区西南的江宁街道迁往故建康都城南门宣阳门外的陈朝安德宫旧址。在南朝建康诸多属县中，隋独留存“江宁”一名，都是当朝最高统治者希望新占领的江南之地能够长久和谐安宁。这也是“江宁”作为县名沿用最为悠久的主要原因。

唐代，江宁县名更易不定，先后称为江宁县、归化县、金陵县、白下县、上元县等。唐武德三年（620）改江宁之名为归化县。武德八年又改归化县为金陵县。武德九年八月，唐太宗徙金陵县于白下村，曰白下县。南京以“白下”为地名自此始。上元二年（761）正月，平江淮都统刘展，废昇州，改江宁县为上元县，这是后世江宁称上元之始。

后梁杨吴天祐十四年（917），以上元县西南19个乡、当涂县北2个乡共21个乡重置江宁县，辖秦淮河西、南地域。牛首山、祖堂山、吉山、横山等著名山岭均在江宁县境内。这是唐上元二年（761）改江宁县为上元县，“江宁”县名消失150多年之后首次被重新启用。此后，历南唐、两宋、元、明、清、中华民国乃至当今，这一名称一直沿用不衰。重置江宁县之初，江宁县与上元县同署，位置在昇州城南凤台山西南。南唐时，上元县为赤县，辖秦淮河东、北地域，包括江宁府城之大部；江宁县以御街和通过龙光门的大街（即今昇州路一线）与上元县分界，辖江宁府城西南一隅。自杨吴天祐十四年起，上元、江宁两县同城而治，直至清末，延续近千年。

元至正十六年（1356）三月，上元与江宁两县成为应天府首县，史称“其富庶甲于东南，巍然为天下首善邑，真昔人所称佳丽之地也”，被誉为“海内第一邑”。

清代，南京改为江宁府，领上元、江宁等县。洪秀全领导的太平军攻克南京后，改南京为天京，上元、江宁两县建制未变，江宁地域一直是太平军活动的重要地区。

民国元年（1912）1月3日，临时政府合并上元、江宁两县，结束延续千年的两县同城。以两县县域设置南京府，定为国都。南京府直隶于内务部。4月，临时政府迁北京，南京府建置暂保留。民国2年12月16日，正式撤销南京府，复设包括原江宁、上元两县县域的江宁县。上元县名称除抗战末期被中共抗日政权短期沿用外，退出历史舞台。江宁县定为江苏省省会。民国16年3月24日，北伐军占领江宁，4月，废除金陵道，4月15日，刘纪文受命出任南京市市长，开始筹建南京市。4月18日，蒋介石组建国民政府，“奠都南京”。4月24日，南京市政厅成立，不久改为市政府。原江宁县建制保留，但不再管辖城区。6月6日，国民政府颁布《南京特别市暂行条例》，规定南京市为特别市，直隶于国民政府。其市界暂以南京城内外及江北浦口镇之原有区域为范围。江宁县辖区为原南京城明代外郭以外地域，县政府仍设于城内三坊巷（今长乐路西端），直隶于江苏省政府。这是江宁县自杨吴天祐十四年（917）以来县域范围首次退出城区，而且此格局一直延续至2000年12月撤县设区为止。民国16年8月25日，江宁县反对划入南京市，市、县分界之争遂起。经过七年之争，民国23年7月，获蒋介石限期交接的手谕。至9月1日，委派20名接收专员，并函约宪兵司令部、首都警察厅接管江宁各乡、区，其间又3次召开划界交割会议，商定具体界限。最终确定，市区东以乌龙山明代外郭遗址，南以铁心桥、大胜关，与江宁分界。民国22年2月10日，江苏省政府设江宁县为自治实验县。民国23年12月底，县政府大楼在土山建成，县政府逐步由城内搬迁至新县治。民国24年5月13日，江宁自治实验县在土山举行县署迁治仪式。土山也以别名称为东山镇，“东山”作为正式的区划名称沿用至今。从此，江宁县便与南京市分开。

民国38年（1949）4月江宁县解放后，隶属苏南行政公署镇江专区。1949年12月2日，改属南京市。1950年1月，仍划回镇江专区管辖。1958年，改属南京市管辖。1962年，复归镇江专区管辖。1971年，又划归南京市管辖。2000年12月，江宁县撤县设区，标志着江宁不再是一个普通的县和辅城，而是南京主城区的重要组成部分。

江宁为十朝都会南京京畿之地

地为京畿，始于东吴。《吴志》载张纮对孙权说："秣陵，楚威王所置，名为金陵，地势冈阜连石头。昔秦始皇东巡会稽经此县，望气者云，金陵地形有王者都邑之气。地有其气，天之所命，宜为都邑。"诸葛亮曰："钟阜龙蟠，石城虎踞，真帝王之宅也。"汉建安十六年（211），孙权自京口迁治到秣陵。建安十七年，在楚金陵邑地方建城，号石头，改秣陵为建业。东吴四代皇帝建都计59年。

次为东晋。西晋永嘉元年（307），琅琊王司马睿自下邳移镇建邺，因吴旧都城修而居之，建武元年（317）于建康称帝。当时温峤建议迁都豫章，三吴豪族请求迁都会稽，二论纷然。安东司马王导曰："古之金陵，旧为帝里，孙仲谋刘玄德皆言王者之宅。力折会稽、豫章之论，而以建邺为根本。"东晋建都在此十一代皇帝，共130年。

续为南朝。《六朝事迹》云：南朝建都之地，不过建康、京口、豫章、江陵、武昌数处。其强弱利害，前世论之详矣。吴孙策以会稽为根本，大帝嗣立，稍迁京口。其后又打算建都公安、又想迁往武昌。盖往来其间，因时制宜，不得不尔。及江南已定，遂还建邺，保有荆扬，而与魏抗衡。其宏规远略，晋宋以下，未能及也。因而南朝宋、齐、梁、陈皆建都建康。四朝共计二十三代皇帝169年。

继为南唐。昇元元年（937）十月，南唐烈祖李昪在江宁府称帝。至宋太祖开宝八年（975）十一月被北宋攻陷，历三代38年。

宋靖康元年（1126）十一月金人入寇，京都汴梁失守。宰相李纲建议以建康为东都，命守臣葺城池宫室，积蓄粮草，以备皇帝临幸。卫尉少卿卫肤敏言：建康实古帝都，外连江淮，内控湖海，为东南要会。中书舍人刘珏亦言：金陵天险，前据大河，可以固守。于是宰相而下，皆主张迁都建康。直至绍兴六年（1136）六月，江东宣抚使太子少保张浚上言："东南形势，莫重于建康，实为中兴根本。且使人主居此，则北望中原，常怀愤惕，不敢自暇自逸。而临安（今杭州）僻居一隅，内则易生安肆，外则不足以号召远近，系中原之心。"

还为明代。明太祖洪武元年（1368）二月，朱元璋在应天府称帝，八月以应天府为国都。洪武十一年十二月定名为京师。定鼎于此54年。燕王朱棣夺取帝位后于永乐十九年（1421）迁都北京，仍把南京作为留都。终明之世，南京、北京二京并称，历十七代皇帝共计224年。明崇祯十七年（1644）六月，福王朱由崧称帝于南京，年号弘光，史称南明。次年元月，清军攻陷南京，改应天府为江宁府。永历十六年（1662），南明亡。

后为太平天国。清咸丰三年（1853）二月，太平军攻克江宁府，洪秀全称帝，改南京为天京。至清同治三年（1864）六月，清军攻陷天京，太平天国亡，历时11年。

末为民国。1912年元旦，中华民国临时政府建都南京，4月迁都北京。民国16年（1927）4月至民国38年4月，中华民国首都为南京。其中，民国21年1月迁都洛阳，12月还都南京；

民国 26 年 11 月，国民政府因日军侵略而移驻重庆，以重庆为陪都。日本投降后，民国 35 年 5 月还都南京。

以上，三国吴、东晋、宋、齐、梁、陈、五代南唐、明、太平天国、中华民国计十朝为都。南宋为行都。另有隋末农民起义首领辅公祏于天明元年（623）九月，称帝于金陵，国号宋，次年四月被唐王朝灭亡。合计可称十二朝为都。自吴初至 1949 年的 1700 多年中，为都时间占四成多。其间，江宁均为京畿之地。

江宁是南京经济腹地

江宁自古就是南京的粮食生产基地和最大的粮仓。早在秦汉时代，今江宁秦淮河两岸地区的农业生产即已相当发达。湖熟一带在两汉时代就已是“阡陌纵横，鱼米甚丰”之地，故设湖熟县。东晋定都建康（今南京）时，秦淮河沿岸是皇家的“脂泽田”。据清〔宣统〕《上元江宁乡土志》记述，江宁天印、牛首、朱门等丘陵山区和秦淮河流等地，都是“膏沃甲一郡”。江宁县境有大片宜林山地，东善桥林场曾是国民政府中央林业科学研究院的主要实验基地；其农矿部与南京建设委员会分别在东善桥、牛首山、汤山等地创建林场。江宁的蚕桑生产对南京的丝织业尤为重要。自明、清时代起，供应南京机织业的“南乡土丝”即产于江宁县。江宁的江河湖荡水面广阔，可供养鱼的资源丰富，其中秣陵的天禧圩是解放前人工养鱼业的佼佼者，曾有“天禧圩开网捕者，中华门渔行业让市三天”之说。此外，江宁的矿藏也较丰富，有许多已供南京市开采，南京不少工矿企业如石膏矿、铁矿、铜矿、锗厂、水泥厂、骨胶厂、石灰石矿等，均于江宁境内就地开采、制炼。此外，“湖熟板鸭”则是食品加工业的典型，从古迄今深受南京市民的喜爱。闻名全国的江宁金箔是明代以来就受到朝廷重视的传统工艺。汤山是石材开采基地，附近保存的“阳山碑材”及古石材开采场，就是明代以前为建设首都或为帝王雕刻陵寝石刻所留下的工场遗址。

新中国成立后，特别是 1978 年改革开放后，江宁的区位优势逐渐显现，承受南京都市化发展进程中的强大辐射。江宁从东、西、南三面围绕江苏省会城市、国家历史文化名城南京，在南京都市化发展过程中，需要在周边区、县形成新的经济功能区。江宁地区依托中心城市发展，既要为大城市服务，又要积极接受大城市的强大辐射，发挥南京市的政策优势、科技优势、人才优势，通过招徕科技人才，引进新技术、新工艺，加强经济建设的步伐。1985 年，全县工农业总产值达到 100520 万元，其中工业产值 70627 万元，比 1949 年的 325 万元增长 216 倍，在工农业总产值中的比重上升为 70.30%。通过发展横向经济联合，接受城市辐射，逐步形成城市经济和农村经济交融互惠的新局面，为振兴江宁经济注入新的活力，建立起一个以轻工、纺织、机械、化工、建材、冶金为主轴，综合配套的工业体系，名、优、特、新产品的生产能力逐步增强，金箔、电扇、烟用丝束、金拉线等重点产品在国内有较强的竞争力。全县新兴的乡村企业如虎添翼，不少单位开始起飞。如秣陵乡办偶联剂化工厂，与南京厂校挂钩联营，搞出十多个品种质量好、有竞争能力的硅烷系列偶联剂。县缝纫机厂与南京长江机器制造厂的联营、南京东山发动机厂与南京汽车制造厂联营。县橡胶七厂与省工艺品进出口公司和港商联营的江南制鞋有限公司，发展硫化布鞋生产。南京第三钢铁厂、南京第八毛纺织厂、电风扇厂等皆进行联合联营，取得较好的效益。

2000年12月，江宁县撤县设区后，正式成为南京主城的一部分，江宁迎来新的发展机遇。2001年2月28日，江宁区委、区政府提出建设新江宁三大定位：南京新市区、高新技术产业密集区、都市农业集中区。2000—2007年，江宁区在经济社会发展、城市化建设等方面均取得跨越式发展，超出历史上的任何时期。江宁的地区生产总值从2000年不足100亿元，跃升至2007年的339.53亿元，财政收入111.14亿元，第一、第二、第三产业之比为5.58：62.58：31.84，主要经济指标稳居南京市第一、江苏省十强。

经济总量。2007年，南京市13个区、县共实现地区生产总值2244.75亿元。其中，江宁区为339.53亿元，占15.13%，居南京市第一。其中第二产业增加值212.48亿元，列南京市区、县第二产业增加值绝对额和比重第一位。

规模以上工业。2007年，南京市区、县规模以上工业共完成工业总产值2419.86亿元。其中，江宁区为547.38亿元，占22.62%，居南京市区、县第一位。

固定资产投资。2007年，南京市区、县共完成固定资产投资1516.65亿元。其中，江宁区为370.50亿元，占24.43%，总量居南京市区、县第一位。

社会消费品零售总额。2007年，南京市区、县共实现社会消费品零售总额1380.46亿元。其中，江宁区为91.02亿元，占6.59%，居南京市区、县第四位。从增长速度看，江宁区和建邺区较2006年增长22.70%，并列第一位。

地方财政一般预算收入（不同于财政收入）。2007年，南京市区、县共实现地方财政一般预算收入212.52亿元。其中，江宁区为45.08亿元，占21.21%，居南京市第一位。从增长速度看，江宁区较2006年同口径增长55.40%，居南京市第一位。

城镇居民生活。2007年，江宁区城镇居民人均可支配收入19580元，列南京市13个区、县第四位。鼓楼区以22507.62元位居第一位。第二、第三位是玄武区（22459.39元）和白下区（21013.83元）。从收入增长速度看，下关区比2006年增长19.50%，成为南京市增幅最高的区，高淳县增长18.60%，浦口区增长17.70%、溧水县增长17.30%，江宁区增长16.50%（第五位）、六合区增长16.10%，以上均快于南京市15.80%平均水平。从支出增长速度看，增长最快为白下区，比2006年增长30.40%，江宁区比2006年增长18.30%，居南京市区、县第二位。

此外，江宁区作为南京市第一卫星城，自2000年12月撤县设区后，大量商品房不断投入市场，至2007年，江宁商品房已形成包括三山板块、岔路口板块、百家湖板块、东山板块、科技园板块、方山九龙湖板块六大板块，成为南京房地产市场的主力区域。其中，三山板块凭借大批优质别墅被誉为“南京首善居住区”；岔路口板块则以便利的地理位置成为购房者首选地；百家湖板块作为开发最早的区域，囊括几乎所有的物业类型；科技园板块以大学城为依托，以人文气质见长；东山板块凭借传统的中心位置，商业地位更显尊贵；而方山九龙湖板块的崛起，将成为一个集居住、娱乐、休闲为一体的全新优质居住区。

江宁为南京军事战略要地

江宁对南京的战略地位，更重要的在于江宁是历代兵家争夺南京城的攻防双方的逐鹿战场，是南京城的前沿阵地，而且有着守卫南京城的三座大门和一道天然防线。

先看南京城的西南大门，即江宁镇、三山一线，是从西南进攻南京城所必经之路。三山与石头城之间，隔秦淮河入江口南北相望，扼大江之水横于南京西南，为南京扼江的门户，形势极为险要。晋伐吴，王濬率兵船从四川沿江而下，最终突破三山防线，直指石头城下，迫使东吴孙皓政权投降，从而占领建业，统一全国。南朝萧齐因杀尚书令萧懿，使懿弟衍自湖北襄阳起兵浮江东下，经采石攻占江宁镇，于板桥北边的新亭击败齐军，攻入建康，灭齐建梁。到梁敬帝时，徐嗣徽等反，从西南攻建康。梁大将陈霸先遣军屯江宁镇。徐嗣徽战败退去。元末，朱元璋遣军攻占江宁镇，进而败元兵于紫金山，直抵城下，终克集庆（今南京），改为“应天”，建立明王朝。再如中国近代史上的洪秀全从广西起兵，由鄂汉沿江东下，水陆并进，陆路攻占江宁镇后，再攻聚宝门和仪凤门，南北合击，攻陷江宁（今南京），号为“天京”，建立太平天国，后清廷派向荣率军自九江进占江宁镇，南逼聚宝门，又绕道向东夺取紫金山，设江南大本营于孝陵卫，威逼天京；江南大本营被太平军攻破后，清廷又派两江总督曾国藩率军沿江东下，夺烈山，占江宁镇，屯板桥镇，掠大胜关，泊护城河，直逼天京。又如国民革命军攻占江宁府（南京）后，北洋军阀孙传芳曾两次企图在采石和江宁镇偷渡进攻南京城，均被坚守此西南大门的国民革命军所击退。历史上的这诸多战例，充分说明谁能攻进西南大门，谁就有可能占有南京城；谁丢失西南大门，谁就将丢失南京城。

再看南京城的南大门，即秣陵镇、秦淮河一线。秣陵镇自古即为城南重镇和险关要隘，故又称“秣陵关”，是从安徽当涂经丹阳镇等地向北进攻南京城的必经关隘；而秦淮河又是从句容、溧水进攻南京城的重要河道。东晋成帝时，苏峻率兵反，由丹阳趋秣陵关，再向北顺秦淮河攻占紫金山，直入台城，逼晋帝迁于石头城。南梁叛军徐嗣徽自进攻江宁镇败退后，率军改由丹阳进抵秣陵关，拟顺秦淮河北攻南京城。梁将陈霸先遣军屯方山，并向南溯秦淮河击败叛军于湖熟镇，擒杀徐嗣徽。到了近代，清廷派江南大营进攻太平天国，先攻占秣陵关，再顺秦淮河进逼天京（今南京），围师8万，天国危殆。武昌起义成功后，清新军九镇统制（相当于师长）徐绍桢率军于秣陵关起义，顺秦淮河向北攻至雨花台花神庙，受阻撤退。这些战例又说明秣陵关、秦淮河一线是南京城的南大门。

还有南京城的东南大门，即汤山镇、麒麟乡一线，是从镇江、句容进攻南京城的要冲。上述徐绍桢所率起义军退至镇江后，联合浙江、上海等地起义军，组织江浙联军，挥师西指：上海军向西北攻占乌龙、幕府二山和紫金山要塞天堡城，以居高临下之势控制南京城；镇江军由句容下蜀向西直攻南京城；浙江军由汤山经东流向麒麟门进发；江苏军由汤山经上坊、东山攻城南聚宝门。四路军并进，终于击败清军，光复南京城及江宁全县。解放战争期间，当解放军胜利渡江占领南京时，国民党军出东门向汤山方向溃逃，出南门经东山向土桥、湖熟等处逃窜，但均被解放军消灭。

在现代战争中，往往是在这几道大门同时展开攻防战。如民国16年（1927）年初，国民革命北伐军攻占武汉后，为肃清长江下游北洋军，会师南京，程潜、林祖涵指挥江左军先攻占南京西南大门和南大门，再会合攻占雨花台，由聚宝门攻南京城；谭延闿、李富春等率军由溧水破南大门顺秦淮河向北攻南京城，北伐军再次光复南京。抗日战争爆发，侵华日军攻占上海后，随即西侵南京，分兵攻占南京城东南大门的汤山、土桥、淳化和南大门的秣陵、湖熟，以及西南大门的江宁、板桥等主要集镇，进而从东、南、西三面对南京城构成包围圈，终于攻陷南京城。日本侵略军占领南京后，在江宁县境广设据点，并不断派兵出城扫荡，以保卫其日伪政权中心南京城。新四军挺进江南抗日，在江宁县境和横山地区建立抗日游击根据地，发动群众抗日，摧毁日伪政权机构及其军事据点，沉重打击日军，威震日伪统治中心南京城。这充分表明江宁县是抗日战争期间南京外围的主要战场。

南京城除上述三座大门之外，在今南京与江宁之间还有一道由山峦连接构成的天然防线：东北自南京的栖霞山向东南连接江宁的射乌山、团子山等，折向南连接豹山、大龙山、大连山、青龙山、黄龙山、方山等以达于东南，又向西连接翠屏山、韩府山、将军山、祖堂山、牛首山、戴山等以达于南，再向西连接南京的梅山、岱山等以达于西南，最后向西绵亘至三山而止于大江。群山相连，脉络聚续，形若散而实聚，状似断而隐连，绵延数十公里，拱卫南京城。而这道天然防线却又并不高险，易攻难守，因而历来为攻防双方所必争。南宋高宗时，金兵大举入侵，占领建康（今南京）。岳飞率军于将军山南的清水亭大败金兵，致军横尸十五里，金帅兀术率败军逃趋建康。岳飞又在牛首山东北山麓设伏，大败金兵，斩杀甚众。兀术败逃江北，岳飞乘势收复建康。到了近代，当清两江总督曾国藩从南面围攻太平天国天京时，忠王李秀成率军自苏州来援，东自方山，西至板桥，沿此天然防线，连屯数十公里围攻曾国藩军；侍王李世贤又自浙江率军来援。两军号 80 万众，乘锐急攻，围敌达 46 天。清军形势危急。

从历代争夺南京城的诸多战例中，可以清楚地看出今江宁区境历来是攻防双方的逐鹿战场，而南京城外的三座大门又是攻防双方所必争。其中西南大门尤为重要，南大门次之，东南大门又次之。凡进攻南京城，必先攻破外围大门再进逼南京城；而保卫南京城，又必以江宁地域为前哨阵地，坚守三座大门。江宁与南京，确是一种“唇齿相依，休戚与共”的关系。

江宁为南京历史文化遗产富存之所

江宁，乃历史文化大区，历史遗存丰厚，留下的遗址遗迹有数百处。文物保护单位有 72 处，出土文物万余件，其中区博物馆珍藏文物近 3000 件套。绝品文物有绘有“萧何月下追韩信”图案的青花梅瓶、渔翁嬉荷琥珀杯，绘有“岁寒三友”图案的釉里红花瓶等。作为六朝京畿重地，其文化深受古都南京的辐射影响，时代特点鲜明。这些文化积淀在江宁的山水人情之中，独具魅力，底蕴深厚。

其一，江宁有“南京文化”之根——汤山猿人。远古时期，汤山一带地处秦淮河与长江之间，地势高亢可避水患，草木繁茂便于生存，加之山体发育出大大小小的溶洞，可做先民栖息场所，考古学者在汤山葫芦洞发现两具 35 万年前的旧石器时代人类颅骨化石，这一发现改写了南京及长江下游地区的人类发展史和区域开发史。把南京地区人类活动的历史推进到数十万年前，对于研究古人类的演化历程及规律等有着重要意义，并证实了长江流域是中华民族的发祥地之一。

其二，金陵文明之源——点将台文化与湖熟文化。秦淮河流淌的走势，是山野平原延展开合的纽带。江宁境内的汤山、青山、方山等一系列山体，面向长江，拥抱着长达百里的秦淮河及由它冲击而成的广阔平原，秦淮河哺育着南京地区最早的文明。“点将台文化”覆盖着秦淮河流域及皖南东部地区，是既具有地方特色，又受到中原地区深刻影响的土著文化，是商、周时代出现的青铜文化——“湖熟文化”的重要源头之一。湖熟文化分布范围不仅包括宁镇地区、秦淮河流域和皖南东部地区，还跨过长江，一直到江浦、六合及仪征等地，但其核心仍离不开秦淮河两岸。湖熟文化通过宜溧山区与太湖流域的吴越文化核心区发展交往，最后被纳入吴越文化圈（贺云翱主编:《汤山风情》第4页，南京出版社出版，1998年）。

其三，江宁是古都南京文化之经典。有堪称中国雕塑史上承前启后经典之作南朝神道石刻、南朝陵墓石刻（统称六朝石刻），在省内共有31处，其中南京地区有19处，分布在江宁、栖霞等地，其年代最早始于南朝宋，距今约1500年；有始建于南朝梁天监二年（503）的牛首山宏觉寺遗址，一千多年来，牛首山宏觉寺和祖堂山幽栖寺作为牛头禅宗的开教处与发祥地，一直是国内外佛教徒心目中的圣地；有位于祖堂山南麓“太子墩”（江宁经济技术开发区内，原东善乡）的南唐二陵，南唐国在中国漫长的历史长河中并不占特别重要的地位，但在五代十国时期，特别是对江南及南京（江宁）发展史来说，有着不可忽视的地位，迄今有1050余年历史，1988年南唐二陵被列为全国文物保护单位；有距南京城南仅15千米的牛首山、韩府山上的岳飞抗金故垒，距今已有870年的历史，故垒犹存，可谓极其珍贵，1992年被列为南京市文物保护单位；有始建于南宋乾道九年（1173）、位于方山西北麓（今江宁科学园内）的定林寺塔，距今已有800余年的历史，1982年被列为江苏省文物保护单位；有位于江宁汤山街道西北阳山的阳山碑材，经历600年风风雨雨，仍巍然屹立于世，永乐皇帝在南京19年，永乐十八年（1420）把首都迁往北京，南京市成为留都，阳山碑材从此便永远成为这一段历史的见证，1982年被列为江苏省文物保护单位；有江南地区保存最完整的古民宅群——江宁区龙都杨柳村古建筑群，它是展示南京乡村民俗文化尤其是秦淮河流域文化的重要载体，成为南京的“大宅门”，2002年被列为江苏省文物保护单位；还有坐落在汤山街道温泉路3号的蒋介石温泉别墅，始建于民国9年（1920），距南京中山门18千米。2002年被列为江苏省文物保护单位。

其四，长江文化、秦淮河文化、湖熟文化在江宁融汇。秣陵、丹阳、湖熟西汉侯国历史文化沉淀；牛首山佛教、方山道教、湖熟伊斯兰教等宗教文化在这里生存发展，积蓄出深厚的文化底蕴。悠久的历史，灿烂的文化，给江宁增添浓郁的文化氛围，留给江宁丰富的“文化资产”资源。同时，让历史变成活态，让过去与现代之间产生必然的联系，成为可以产生政治效益、社会效益、经济效益、文化效益、生态效益的“稀缺资源”。

其五，江宁为六朝京畿重地。牛首山、青龙山、方山一带是皇室垂青之所，陵寝重地，不仅建筑考究，而且他们生前的不凡经历和业绩更使其成为后代崇仰凭吊的特殊对象。江宁境内现存的南朝宋武帝刘裕墓、陈武帝陈霸先墓、陈文帝陈蒨墓、牛首山南唐烈祖李昪与皇后宋氏合葬的钦陵和中主李璟与皇后钟氏合葬的顺陵、郑和墓、李瑞清墓，将军山沐氏家族墓，铜井、江宁一带的秦桧家族墓，麒麟的邓廷桢墓、九列墓及邓演达殉难处等，都是属于“名人”遗踪，凝聚和记录着众多的故事和寄托，具有持久的纪念意义。

其六，江宁的文化地位与南京古都之地位息息相关。不管是过去、现在还是将来，江宁的发展均离不开南京。如何融入南京是江宁发展的首要问题。六朝时期，江宁作为京畿，文化事业鼎盛，风流东晋在江宁地区画上一笔笔浓墨重彩，文人雅士的清谈之风盛行，遗留下许多雅闻佳话："新亭对泣，东晋建立""东山再起，谢安入仕""王郎放歌，东山脚下"等；南朝帝陵石刻雄伟壮丽，其艺术风格上继秦汉，下启隋唐，彰显文化传承；南朝佛教盛行，众多佛窟古刹得以开凿，牛首山、祖堂山佛寺林立。这些使名川大山又染上一层神秘的宗教文化色彩，使人们对其产生深切的向往情结。隋唐时期，政治中心北移，南京地位下降，统治者唯恐长江流域出现隐患，于是采取打压政策，江宁地区亦一度陷入建设低潮，其文化除了在南唐时期得到复兴外，均处于缓慢发展状态。明清时期，江宁地区获得较为稳定的发展环境，陶瓷器、金银器、书画、诗词歌赋皆步入辉煌期。这时期与江宁有关的名人也层出不穷，沐英、汤显祖、曹寅、吴敬梓、袁枚、邓廷桢……他们在这里挥洒热情、激情，豪迈地融入这片山水之中。可见，江宁历史文化遗产是南京历史文化遗产的重要有机组成部分。

江宁大学城是南京高校集中区之一

江宁区内大学主要集中在三块：江宁大学城、江宁经济技术开发区、各街道境内。一般把江宁经济技术开发区内的河海大学、南京航空航天大学、正德学院还有九龙湖边的东南大学同时归为江宁大学城。至 2007 年，全区驻区高等院校有 23 所，其中江宁大学城内有 15 所，其余 8 所分布在东山、汤山、禄口、湖熟街道。这 8 所院校分别为：位于东山街道的中国人民解放军理工大学气象学院、南京市医药中等专业学校；位于汤山街道的中国人民解放军炮兵学院南京分院、南京机电职业技术学院、南京工程高等职业学校；位于禄口街道的南京航空航天大学金城学院、南京金肯职业技术学院；位于湖熟街道的江苏农林职业技术学院。

江宁大学城创建于 2002 年 3 月，由江苏省教育厅和江宁区政府携手共建，江宁科学园管委会负责具体开发管理，在省、市、区的直接关心和支持下，通过社会各界的共同努力，经过 7 年的开发建设，江宁大学城取得令人瞩目的成绩。在总体规模和平均档次上已经跃居全国 50 多座大学城的前列。

江宁大学城区位交通优势得天独厚：位于南京新市区江宁城区的东南方向，国家级高新区江宁科学园的核心地带，东至宁杭高速，西部依傍风景秀丽、文化历史底蕴丰厚的方山风景旅游度假区，北至南京二环线。江宁大学城距南京市中心 15 千米，距禄口国际机场 20 千米，机场高速、将军路、宁溧路等数条主干道直通园区，十余条公交线直通各高校门口。正在建设的南京地铁一号南延线，直通江宁大学城，终点站为中国药科大学站。

江宁大学城建设，始终围绕建成一流生态型高校名城为主、人文型附属产业为辅的文化新城的发展定位，突出生态环境、突出人文内涵，体现规划的高起点、体现人与自然的和谐统一，强调规划龙头，坚持高起点、高标准，进一步完善大学城一系列发展规划。在大学城的规划设计上，坚持以人为本，尊重原有地形、地貌和生物植被，保持原生态结构，原有山脉、水体资源进行有机整合。同时杜绝工业项目进入，积极营造山、水、城融为一体的景观特色。此外，大学城基础设施完善，配套功能齐全，所有校区均实现"九通一平"（"九通"为通市政道路、雨水、污水、自来水、天然气、电力、电信、热力及有线电视管线，"一平"为土地自然地貌平整），校园、道路等设计充分体现大学城的文化内涵，营造大学的文化氛围。在具体操作上，诚邀深圳城市空间信息咨询公司制订大学城发展战略；诚邀德国波恩建筑事务所、上海同济大学等多家国内外一流的设计机构，对大学城进行概念性规划；专门聘请曾经规划过深圳大学城的深圳城市规划设计院，进行江宁大学城总规设计和制订控制性详规；还邀请深圳市政设计院进行大学城市政道路的系统设计，请上海同奥建筑设计院专门对大学城的资源共享区进行策划与规划设计。

江宁大学城占地面积 30 平方千米，控制区面积 23.84 平方千米。主要由大学集中区、资源共享区两大功能区组成。

大学集中区分布在大学城的四周，江宁大学城已有 15 所高校签约入驻。其中部属院校 5 所：东南大学、南京航空航天大学、河海大学、中国药科大学、金陵协和神学院；省属院校 8 所：南京医科大学、南京工程学院、江苏经贸职业技术学院、中国传媒大学南广学院、江苏海事职业技术学院、南京交通职业技术学院、南京旅游职业学院、正德职业技术学院；还有 2 所重点市属高校：南京晓庄学院、金陵科技学院。江宁大学城入驻的高校具有以下三个特点：其一，各高校的办学历史悠久，师资队伍、教育科研、管理制度、校舍建设、校风学风、人才培育等方面均具有优势。其二，都是本部搬迁，而不是作分校。各所高校均规划了行政中心、教学中心和科研中心，真正把办学的重点放到江宁大学城内。其三，充分注重学科互补。这些高校的特色分别有工程、医学、经济、交通、师范、药学、航空、水利、宗教、艺术等，学科非常齐全，为今后大学城内实现师资交流、学分互认和教育资源共享打下良好的基础。2007 年，江宁大学城 15 所高校建筑总面积超过 500 万平方米，汇聚师生近 20 万人。拥有国家重点学科 35 个，国家重点学科培育点 5 个，省重点学科 43 个，国防科工委重点学科 8 个，水利部重点学科 7 个，长江学者奖励计划特聘教授设岗学科 4 个，省级优秀学科梯队 4 个，省特色、示范专业 30 个。

江宁大学城配套的资源共享区规划面积达 100 万平方米。总投资 8.90 亿元的体育中心，位于大学城的核心区，整个工程于 2005 年建成并投入使用，并成功承办中华人民共和国第十届运动会部分比赛项目。南京医科大学的三级甲等医院、工程学院的工程中心、江苏经贸学院的四星级迎宾馆、中国药科大学的药用植物园等综合配套设施等都在规划建设中。大学城内的五星级国际影城、大学城商贸中心、文鼎广场、乐活时尚街区等一批商业娱乐网点都在规划建设中。此外，为解决教师往返新老校区的奔波之苦，使得教师安心在江宁大学城教书育人，还为各高校规划配套 6 个教师公寓片区，占地总面积 100 多公顷。另外，在江宁大学城中心区，还规划多处房地产用地，协众雅居、弘景雅墅等多家房地产已经开盘售楼。

江宁金箔

金箔为江宁特种传统工艺产品，已有2000多年的生产历史。金箔系由黄金（含金量99.96%）制成的“薄如蝉翼轻似尘”的薄片。其主要用途是：宫廷服装、戏装、建筑装饰、佛像贴金以及名贵中成药的配方和包裹。历史上，南京金箔曾经集中在以前江宁县境内花园乡一带（20世纪80年代划归南京市栖霞区），所以故宫博物馆史料一直称江宁县为中国金箔的故乡。几经沧桑，坐落在江宁区东山街道的南京金箔集团的箔类产量占全国金箔总产量的70%以上，加上金箔集团又是中国金箔行业标准的制订单位，所以2006年4月6日，中国黄金协会代表国务院授予江宁区“中国金箔城”称号。是年，南京金箔锻制技艺被国务院公布为国家级非物质文化遗产。作为中国最大的金箔生产基地，金箔集团已雄踞世界五大金箔制造中心（中国的南京江宁、日本的金沢市、意大利的米兰、德国的茨尔巴哈镇、泰国的曼谷）的龙头地位。在东山街道，还有一尊中国金箔故乡纪念碑的大型贴金雕塑，一条4千米长的金箔大道和一座金箔艺术馆。

党和国家领导人十分关心江宁金箔业的发展。1990年1月22日，国务院总理李鹏视察金箔厂，亲临金箔、烟箔、贴金工艺三分厂操作现场，并为厂题词“金箔之光，灿烂辉煌”。1993年5月23日，国家副主席荣毅仁视察金箔集团并题词“金陵金箔，中华一绝”。1999年3月18日全国人大常委会原副委员长费孝通，6月20日全国人大常委会原委员长乔石，6月28日中共中央政治局委员、中国社会科学院院长李铁映，10月23日全国政协副主席张思卿等相继到集团视察参观。2003年8月18日中共中央政治局常委、中央纪委书记吴官正，2004年11月24日国家副主席曾庆红先后视察金箔集团。

江宁是金箔的故乡

江宁，是中国金箔的发源地，是中国金箔的故乡。

据大量文字史料记载，中国古代金箔工艺的集大成者，是道家灵宝派祖师太极葛仙翁。葛仙翁俗名葛玄（164—244），字孝先，出生于世代信奉道家学说的官宦家庭，原籍为山东琅琊。汉末为避中原大乱，父辈举家从琅琊南迁过江，后在秣陵地域为官，并定居于江东。《舆地志》载：“东吴赤乌二年（239）立方山洞玄观。”喜好道家学术的东吴大帝孙权，为留住葛玄畅释道术，并请炼制长生不老的仙药金丹，特别恩准在建业附近的方山，为葛玄设立洞玄观。于是，葛玄便在洞玄观中作坛布道、炼丹修行，制作金箔包裹的金丹。他博采中国古代冶金制箔技术之众长，反复试炼并不断改进，形成当时国内最先进的金箔制作方法，传授弟子、助手多达百余人。葛玄首先将金箔技术传给弟子郑隐，郑隐又将炼丹术传给葛洪。葛洪，字雅川，东吴人，是中国古代最为有名的化学家、炼丹家和医学家。据《金陵玄观志》记载，葛洪继承葛玄炼丹术后，曾到江宁方山寻迹，用葛玄亲建的洗药池等物继续炼丹修道。葛洪还留下一首描写洗药池的诗：“洞阴泠泠，风佩清清。仙居永劫，花木常荣。”据传全盛时有一宫、三观、六殿、九台、十八堂，直到民国时废。1800年过去了，葛玄在方山所用煮药铛、药臼等今已难觅，所幸洞玄观遗址、炼丹井、洗药池尚存。葛玄的弟子们学会制箔技术后，定居江宁，以打制金箔谋生，金箔技术也迅速在民间流传。东晋南朝佛教传入中国，“南朝四百八十寺，多少楼台烟雨中”。佛像贴金更使金箔技术有了广阔用武之地。地处古江宁地域的南朝都城建康，城东城南街坊乡里，多以锤制金箔为生。龙潭一带更是“家家供仙翁、户户捶打声（打金箔声）”。江宁迅速成为华夏箔业生产制作中心。

佛教的传入和朝廷、官宦的需要，使金箔的需求量急速增大，金箔艺人迅速由江宁走向全国各地。南朝后，秦中（长安一带）、中州（中原郑州一带）、荆楚等许多地方，相继出现一些艺人从事金箔业，其中多为江宁人或江宁艺人的传人。后因改朝换代，兵火饥荒，中原地区的金箔业迅速凋零。而唐末偏安一隅的南朝却为江宁金箔提供安宁的社会环境。宋初南朝灭亡，江宁一带在宋高宗怀柔政策感化下，金箔业得以完好保存。宋代后期向北称臣、国库匮乏，因金箔耗金太多，先后五次诏令“严禁民间销金制箔”，金箔转而成为宫廷所独有。直至元大德八年（1304），朝廷颁发圣旨：“开禁金银、听民买卖”，金箔制品由皇宫大内、著名寺庙道观走向民间，箔业制作又迅速由江宁风靡全国。明代建都南京，金箔业更兴，“永乐北建二京并称”，虽将应天府城（南京城）内各色工匠二万七千户迁往北京，但金箔艺人多在城外居住，而且被迫迁去者后亦大量逃回，江宁仍是全国唯一的金箔故乡。

清朝260余年，江宁继续保持元明之后全国金箔唯一产地、唯一故乡的地位。工程浩大、建筑宏伟、埋葬161位皇帝、皇后、公主、阿哥的清东陵，衣、冠、宝物、壁画、玉册等随葬品耗去大量金箔。东陵出土的慈禧太后陵墓铭文，就是最为典型的金箔制品；清东陵文物及清廷档案标明：“所用金箔出自江宁”；清廷“工部则例”和“圆明园则例”，把金箔分成“红金”“黄金”之别。根据江宁金箔的不同含金量和质量档次，将国库纯度最高黄金制成的金箔称为“库金箔”，一般纯度称为“苏大赤”，成色较差的则叫“田赤金”，颜色如金但实际为银质熏制而成的为“选金箔”，这实际上是金箔产品最早的“国家标准化”。

清末战火不断、民不聊生，传统道教和用箔量较大的佛教，受到新文化运动以及外来新教的冲击，金箔业随之萧条。民国初年纷争又起、战争不断，再经日军侵华南京沦陷，寺院道观“殿堂破旧、一派凋残”。金箔艺人历经苦难，大量改行他业。新中国成立前夕，江宁县仅存的百余户金箔艺人，与当地农民及竹、木、铁器等其他行业手工业者杂居一起，坚持着惨淡经营。金箔制作这一古老的民族瑰宝，几近失传。

新中国成立后，金箔传统工艺逐步得到重视和恢复，特别是改革开放后，江宁金箔业获得新生。如今，位于江宁的南京金箔集团是国内最大的箔类生产基地。2006年，南京金箔锻制技艺被列入第一批国家级非物质文化遗产名录。金箔集团打箔艺人何其保被江苏省非物质文化遗产保护中心命名为南京金箔锻制技艺传承人。

金箔与文化生活

金箔的用途十分广泛，从原始部落的图腾到封建帝王的衣冠饰物，从佛像裹贴到宫殿装饰，从帝王陪葬用品到民间用品，从名贵丹药到盛宴大餐等，古往今来，金箔无处不在，无时不有。

金箔是金线的外层　古代帝王及皇后公主身穿的龙袍凤裳，多为用金箔捻成锦线，伴以五彩真丝品织成锦绸底料，再用锦线缝制，这一纺织技术被称为织金锦（即江宁云锦）。织金锦起源久远，汉魏已有发现，唐代十分盛行，明清达到顶峰。相传金人入主中原前后，十分注意搜罗各类工匠艺人。织金锦在蒙古语中称“纳失失”，也写作“纳石失”。江宁云锦有圆金、片金之分，显花、隐花之别，全为手工织成。将纯金打成极薄的金箔，贴裹于绵纸或极薄的皮革上，裁切成细丝作线，织成多种花纹式样。其中直接织入织物的为片金线，包以丝芯捻成金线的称圆金线。当做经线用时，金色含蓄深沉，为隐花；当做纬线织入时，光彩灿烂夺目，为显花。江宁云锦（即今南京云锦）自古即享盛名，其所用金箔及锦线大多产自江宁。

金箔是贵重丹药的成分之一 晋代葛洪所著《神仙传》载："葛玄（葛仙翁）服三黄得仙。所谓雄黄、雌黄、黄金（指金箔）是也。"李时珍《本草纲目》中记载："食金，镇精神、坚骨髓、通利五脏邪气，服之神仙……以箔入丸散服，破冷气，除风。"黄金的医用价值是"疗惊痫风热肝胆之疾"。这里讲的黄金，绝不是"吞金自杀"的块状黄金，而是指用金箔包裹的丹药。南朝梁之后的历代医书，也多有类似记述。明代王肯堂《诊治准绳》，更载明金箔镇心丸、金箔散、金箔茯苓散等药方的妙用。

金箔是豪华衣冠的点缀 宗懔在《荆楚岁时记》中记载："正月七日为人日，以七种菜为羹。剪彩为人，或镂金箔为人，以贴屏风，亦戴之头鬓。"这一天，人们用七种菜做成菜羹，并用彩帛或金箔做成人形，贴在屏风上或戴在头上。这种习俗至今存在于湖南、湖北、江苏、浙江一些地区。元明两代云锦更为盛行。明史记载："正德元年（1506），尚衣监请造诸色绢丝：有纱罗织金、闪色蟒龙、斗牛飞鱼、麒麟狮子……"均由上元、江宁两县机户生产，尚衣监出样、收购，按质论价。清〔同治〕《上江两县志》载："宁（指江宁）工织户多在秣陵关、孝陵卫一带，乾嘉年间织机三万部有余。"此外，云锦制成的锦衣绣袍上还有各种金箔装饰物。

金箔是寺庙金佛银像的外观 魏晋之后佛教传入中国，"有山就有庙，有庙就有佛，有佛就得贴金箔"。南朝宋、齐、梁、陈四朝，江宁地域更是寺庙相连，僧人云集。皇帝王室、官宦富绅捐金献钱，为佛像贴金成了一时之风。贴上金箔的佛像金光闪闪，满壁生辉，陡增庄严与辉煌。

金箔是名副其实的黄金大餐 古籍资料中常见吞金自尽，那是指吞整块黄金；黄金大餐佳肴昂贵，亦并非菜中有金。但金箔可入药，可食用，具有特别祛病健体效应，则是古已知晓的事实。《本草纲目》记载："食金，通利五脏邪气，服之如神仙。"南京金箔集团有限公司 20 世纪 90 年代已开发出金箔酒、金箔饮、金箔宴和金箔大餐。有资料显示：1993 年，国际卫生组织已正式将黄金列入食品添加范畴，短短几年，含箔食品渐有风靡世界之势。

金箔运用渐渐走向寻常百姓家 金箔和银箔由于具备金属材质特有的柔韧度和光泽度，形成与众不同的金属装饰艺术风格，自古就被广泛应用于宗庙、宫殿，民间应用则少于前两者。新中国成立后，特别是改革开放后，金箔的应用渐渐走向寻常百姓家，开始与人们的生活息息相关。如家饰、招牌、器皿、工艺品、家私、室内建筑、卡画、雕塑、壁纸、金砖马赛克、装饰品等。尤其是南京金箔集团率先开发的金字招牌和金箔卡，在 20 世纪 80 年代后期逐渐风靡全国。随后，相关的金箔深加工产品也逐步推向市场。金箔以其优越的装饰质感，较高的性价比，高贵的装饰效果，可装饰各种欧美仿古效果，受到星级酒店、高档会所、会议室等场所内部装饰和一些标志性建筑外墙的青睐，给人们金碧辉煌的视觉感受。由于黄金的特殊地位和金箔独特的装饰效果，使金箔作为建筑装饰历经一千多年而不衰。金箔薄胜蝉翼，无风自飘，可以全面彰显富丽堂皇、尊贵高雅的艺术气质。因此，在当今中国，金箔被大量应用于民间。

金箔锻制技艺的传承创新

古代，从金箔业的创始人葛玄开始，后有郑隐，再有葛洪。法脉传承到新中国成立前夕，江宁县仅存百余户金箔艺人，与当地农民及竹、木、铁器等手工业者杂居一起，坚持着惨淡经营。

新中国成立初，道教、佛教以及寺院神佛，都被认为是封建迷信遭到取缔或限制，为佛、菩萨贴金服务的金箔艺人，除少数人零敲碎打外，金箔制作这一古老的民族瑰宝，几近失传。

1955年5月，江宁县金箔锦线生产合作社（后改为江宁县金箔锦线厂）在龙潭乡成立。时为中国最大的"金箔工厂"，而当时最有名气的65位传统艺人就是金箔锻制技艺传承中的关键人物（65位传统艺人名单：牟长松、陈克俊、赵连科、杜恒金、王从聚、王德根、徐德帜、孙有英、徐长财、韩兴祥、李修德、许长才、韩兴珠、薛恒兰、黄国良、陈立生、许德贵、秦启荣、王学本、牟长山、武正忠、许长宽、周德成、周德本、张正春、孙大纯、王德银、黄道于、周长银、顾大发、倪德勤、赵桂华、唐国义、黄国平、唐国有、汪何立、兰敦旗、常富才、顾大才、汤德贵、常乃珍、兰芝荣、阎智秀、尹恒荣、殷昌贵、尹久安、常富旗、马启有、陆典源、王世洪、张道银、史家兴、戴义洪、朱贵山、陆圣洲、兰芝旺、吴立奇、胡长圣、李珍英、王维珍、曹秀英、韩邦隆、武庭坤、刘朝武、夏忠福）。1983年，长江发大水时，江宁县金箔锦线厂搬迁至江宁县东山镇。1984年，时任该厂党支部书记江宝全与厂长杜恒金一道，承担起振兴江宁金箔古艺的重任。他们从培养"乌金纸"开始，"乌金纸"是捶打金箔的关键衬纸材料，没有乌金纸，一切都是空话。可是，整个南京只有100多包乌金纸。而且年久损伤严重，打出的金箔沙眼多质量差。公司组成一个"乌金纸培训班"，将散落在社会上的30多名金箔老艺人全部招回。一年打铝箔，两年打银箔，三年打金箔。至1995年，为企业培养出几千包乌金纸，为之后金箔行业大发展奠定了坚实的基础。

培养金箔绝技传人。千古金箔之所以闻名遐迩，最重要的一点就是捶打金箔和分切金箔的艺人个个身怀绝技。1984年，江宁金箔厂只有60多个这样的艺人，一天只能生产一两万张金箔，远远不能满足需要，公司运用各种优惠政策招揽技术高、素质好的艺人，着力培养一批手艺高超的艺人。只用4年时间，金箔艺人队伍迅速扩大，江宁金箔厂打金箔、铜箔和铝箔的艺人，就达2000多人，使得整个金箔行业后继有人。其中，具有真实手艺和具有实际生产要素意义的传承人有：拍叶王牌张正春（拍叶时间：1955年至1990年10月，已故）、切箔状元夏孚鑫（切箔时间：1956年2月至1979年5月）、打箔能手夏建忠（打箔时间：1962年9月至1994年1月）、"治病"专家龚隆源（验箔时间：1955年至1978年11月）。20世纪80年代后出现的金箔锻制技艺杰出代表有：打箔艺人武廷奎、打箔能手顾广富、出具专家周巧霞（女）、化条精英张再喜、切箔专家常田华（女）、打箔英雄匡世吉（高级技工、全国技术能手）、工艺大师梅正华和现代金箔锻制技艺传承人何其保。2007年，由金箔集团掀起的金箔产业与金箔深加工产业革命，就业人数南京地区有几万人，全国大约有数十万人。

改变传统手工作坊的做法，将现代高科技手段运用到古老的金箔锻制中去。1985年年初，企业指派技术人员到东南大学、西安交通大学，用直线电机原理研制打箔机。接着，组织人员对打金箔工艺的化金条、倒条、下条、拍叶、做捻子、沾捻子、打金开子、装开子、打了细、出具、切金箔、检验包装12道古老传统工艺，全部不同程度地利用现代科技。古老的人工打箔，全部变成先进的机械打箔，落后的炭基点火坑改成电坑；人工拍打压条改为先进的压条机压条，仅仅凭老艺人眼看舌舔手摸的古老黄金原料配比，改成万分之一的天平秤测量分析。除此之外，古老的金箔锻制，都是在似鸟笼子的小房间生产，又闷又热又污染。公司用恒温恒湿的现代生产环境彻底改变这一状况。进入21世纪，金箔集团又汲取海外技术，对最难改变的装沾工序采用电脑自动化，取得突破性进展。

现代高科技进入传统锻制技艺后，金箔产量迅速提高。年黄金使用量由几公斤到几十公斤，一直扩大到1000多公斤。品质显著提高。金陵金箔已成为世界信赖的免检产品，金箔集团研发的先进技术工艺，已经推广到整个金箔行业。2004年，科技部批准金陵金箔股份有限公司为国家级高科技企业。

南京金箔集团公司

沿革 1955年5月1日，金箔祖传艺人牟长松、陈克俊、赵连科等联络龙潭乡最有名气的65位传统艺人，于花园乡龙潭圩六子桥旁成立江宁县金箔锦线生产合作社。全社共有社员65人，非正式社员26人，主要出自花园、龙梅一带。创建初期，自筹资金800元，社员自带工具。1956年，龙潭、三阳等地的金箔艺人陆续入社，人员增至490人。1956年，印度尼西亚总统苏加诺访华前夕，江宁县金箔锦线生产合作社，按照中共江苏省委要求赶制10万张金箔，作为赠给苏加诺总统的珍贵礼品。1959年，生产合作社升为地方国营企业，定名为江宁县金箔锦线厂。1972年，为迎接美国总统尼克松访华，接受北京市领导人万里签字委托，奋战20个昼夜，完成金箔20万张送到北京，装饰新华门、中南海和民族文化宫。1980年，自行设计制造并成功上马金箔压条机，使拍叶工序从手工走向机械化，结束金箔生产工艺中手工拍叶的历史。1983年7月13日，龙潭圩破堤受淹，全厂被迫停产。1983年9月1日，金箔车间搬迁到县城东山镇生产。1984年，县里调整厂领导班子，杜恒金任厂长，江宝全任党支部书记。

1987年，成立江宁县金箔总厂，工业总产值突破1000万元，跃居县属工业大中型企业行列。是年，全面实行厂长负责制，江宝全改任厂长。1989年，被评为南京市先进企业。1992年，“金陵”金箔进入布达拉宫，叩开西藏佛教市场大门。1993年4月18日，南京金箔集团成立。1999年5月28日，“南京金陵金箔股份有限公司”正式挂牌。当年，为完成国务院重托，金陵金箔公司数名贴金高手日夜奋战、精益求精，将中国政府祝贺澳门回归的大礼“盛世莲花”贴饰得金碧辉煌，赢得世人称赞。

2000年10月18日，南京金箔集团有限责任公司正式挂牌，11月15日，金陵金箔股份有限公司被市科委认定为南京市高新技术企业。全年完成产值1.60亿元，实现利税1679.63万元，超出历史最高水平。在“科技兴金箔”的战略决策下，集团大力加强科技进步步伐，不断使老产品插上科技翅膀，新产品增加科技含量。2001年，科技部正式批准金陵金箔股份有限公司为“国家火炬计划重点高新技术企业”。2002年，集团完成工业总产值8.82亿元，比2001年7.54亿元净增1.28亿元，增长16.98%；实现利税10117万元，比2001年8830万元增长14.58%，连续10年成为江宁区地方工业上交税费第一名。2004年2月28日，金箔公司独家中标故宫百年世纪大维修，“金陵金箔”以“牌子老、质量好、服务周到”成为故宫百年世纪大维修期间唯一专用金箔。2006年4月6日，经国务院授权，中国黄金协会定名江宁区为“中国金箔城”。

产品 南京金箔集团公司生产的金陵牌金箔，一直在全国保持“四个最”，即质量最好、金耗最低、产量最大、价格最低。江宁各种金箔产品达80多种，其中70%以上的产品畅销世界40多个国家和地区。2007年，生产多种真金箔4亿多张，年消耗黄金1000多公斤。

金字招牌。1985年，江宁县金箔锦线厂免费为中央电视台、江苏电视台、江宁县腾江大厦制作金字招牌。金箔厂用真金贴饰的“金字招牌”，远看金光灿灿，近看富丽堂皇，吸引大量客户。20世纪90年代，在全国各大城市建立80多个分支机构，专门发展“金字招牌”和贴金工程。至2007年，金字招牌风靡全国，银行系统、大型商场、高楼大厦几乎都选用“金字招牌”。较高的知名度得到国家重视，香港永远盛开的紫荆花、澳门盛世莲花、国家送的贴金国礼，都是国务院指定金箔集团承制的。天安门、故宫、人民大会堂、同仁堂等使用的都是金陵金箔。1999年，美国总统克林顿访华，江泽民送给他的“全家福”照也系南京金箔集团贴金。

金箔工艺品十大系列。1993年，南京金箔集团金艺金卡有限公司专门生产金箔卡、金箔画等系列产品。第一单就是毛泽东诞辰100周年金箔卡，10万张金卡被抢购一空。此后推出《毛主席诗词》《孙子兵法》《圣经》等金箔书、金箔卷轴画等。至2007年，产品千变万化，各种贴金工艺品琳琅满目，层出不穷。由金箔集团领头开发的贴金工艺品已发展到十大系列。贴金佛品系列：佛像及佛教用品系列（中小级）；贴金家私系列：中国与世界产的欧美风格系列家私产品，包括摆件；贴金大件系列：巨型根雕贴金、不锈钢制品贴金、铜铸制品贴金以及其物料贴金制品；金箔画系列：框画、挂画、卷轴画等各种平面、凸面、立体面制品；贴金工艺礼品系列：各种店堂、客厅、柜台、挂件、摆件等工艺制品；玻璃、水晶、陶器、瓷器贴金制品系列：各地出品的精制贴金、镶金、描金、绘金、裹金玻璃、水晶、陶器、瓷器礼品；微小型贴金礼品系列：各种金属手、脚、头、胸戴件、挂件、别件；贴金化妆间用品系列：各种精制的化妆间、洗手间用高级金箔化妆品、化妆盒、化妆台、化妆椅、镜、便器等；贴金食品系列：各种金箔酒、金箔糖果、金箔咖啡、金箔茶、金箔糕点及金箔食品用具；贴金生肖系列：各种原材料制成的贴金生肖十二属制品。

烟草包装材料。20世纪80年代初，卷烟行业进入一个突飞猛进阶段，但中国卷烟包装材料不仅十分落后，还十分奇缺，几乎全部都靠进口，每年要花国家上千万美元进口香烟包装材料。1985年，江宁会箔厂瞄准卷烟包装材料国产化的第一个产品——金拉线。同年12月，成立江宁县金拉线厂，拉开中国卷烟包装材料国产化的序幕。1987年，江宁金拉线厂被国家烟草专卖局定为金拉线生产基地。此后，又开发铝箔衬纸、封签纸、水粉纸、各种金卡、银卡纸、转移镀铝纸，成为国内最大、品种最多的生产卷烟包装材料的企业。一包中华烟，金箔集团有5个产品在上面。全国38个最著名的名牌香烟，金箔集团为35个产品做配套。金箔集团还被中国包装联合会评定为包装龙头企业，生产的产品被评为全国包装优秀产品。

金墙纸、金瓷砖。2000年后，金箔集团开发的各种金墙纸、金瓷砖、金马赛克、金瓦等产品适应市场需求，生产量不断扩大。重新组建以品牌命名的南京金箔集团宝玉工艺品公司，生产的金墙纸技术和工艺日臻完善。2005—2007年，平均每年销售额达700万元，该产品在全国共有销售网点307家，北京、上海、西南、华南、浙闽、华中等片区以及外贸市场均有销售，并出口美国、印度、中东和法国，金墙纸外贸销售量占总销售量的1/4。产品已形成五大系列：工程系列、彩笮系列、做旧系列、印花系列、植绒系列。金瓷砖、金瓦系列出口韩国，并广泛使用在金银燕拿房、桑拿等场所，年销售额500多万元。马赛克有24贴金系列、烧金箔系列、仿古做旧系列、仿金银系列等。金马赛克系列主要用于高档酒店背景装饰，娱乐休闲场所艺术拼图，在国内建立88家销售网点，覆盖绝大多数省会城市。

产品标准及质量 江宁县金箔锦线厂总结金箔老艺人流传的金箔锻制工艺，制订出一整套工艺指标和管理制度。1987年，制订出国内第一家金箔企业内部标准。1993年，以金陵金箔为主起草的金箔标准，升格为行业国家标准《金箔GB/T 1731-1993标准》，从此，金箔有了国家标准。2007年年底，金陵金箔公司总经理何其保，受国家委托，代表金箔集团主持参与金箔国家标准的修订工作。国家发改委发布的《金箔GB/T 1734-2008标准》，明确注明起草单位是金陵金箔和国家首饰质量监督检验中心，主要起草人就是金箔集团何其保等4人。

1985年，金陵牌金箔成为江苏省优质产品；1986年，成为轻工部优质产品；1987年、1990年，两度获国家最高质量奖优质奖。1999年，企业通过ISO 9002:1994标准质量体系认证；2002年2月，通过换版认证。2000—2007年，被认定为南京市高新技术企业；2001—2007年，被认定为江苏省高新技术企业。1994—2007年，金陵牌金箔、铝箔为江苏省著名商标。2001—2007年，金陵牌金箔、铝箔为南京市著名商标。至2007年，公司拥有行业标准1项、国家标准1项、企业标准10项，专利66项，年产各种金箔4亿多张，年使用黄金1000多公斤。

千年古镇

江宁镇

古镇江宁位于南京市江宁区东山镇西南24.50千米，宁芜公路与江宁河呈十字形交汇处。西近长江，地属平原。聚落呈不规则长方形，主街为东西走向。西晋太康元年（280），析秣陵县置临江县，治于此。太康二年，临江县更名为江宁县，寓“江外无事，宁静于此”得名。自太康二年起至隋大业年间，此地一直为江宁县治所在。宋《九域志》载：“（江宁）县有江宁镇，即故县也。”镇以县名。元设税务和巡检司。宋至清均为江宁县三大镇之一。江宁镇地处县西南要隘，具有军事攻防上战略地位。东汉末，孙权的部将周瑜曾在此与军阀笮融激战。南朝齐萧衍经采石攻江宁镇，并以该镇为依托，攻下金陵，灭齐建梁。梁徐嗣徽谋反，从西南攻建康，梁大将陈霸先屯军江宁镇，保住建康城。朱元璋派兵渡江，从三山登陆，首攻江宁镇。最后攻克集庆，建立明王朝。洪秀全起义率军水陆沿江东下，陆路攻占江宁后，与水路南北合击，攻陷江宁（今南京），建立太平天国。江宁古镇在南京西驿道上（今南京至芜湖），南京地区最早驿站之一、著名的江宁驿即设于此。此后，相继为水马站、铺所。元、明、清各代，水陆交通方便，为江宁县西南最重要的交通枢纽。手工业、商业发达，据旧碑碣称：“江宁首镇，存百家店面。”有粮行、货铺、茶肆、油坊等。昔时商旅云集，街巷纵横，市场兴盛，也是县西南农副产品最大集散中心。《金陵览胜诗考》载，秦桧墓在镇南。其曾孙秦钜，南宋抗金名臣。钜宅在镇南，当代已不存。名胜古迹有方旗庙南朝失考墓（辟邪一对为全国重点文物保护单位）、镇中心江宁河上三国时始建的周郎桥、花塘村千年桂花树和400年的银杏树。纪念地有镇东南神头山抗日时遇难同胞埋葬地和后阳寺抗日烈士墓等。

淳化镇

古镇淳化位于南京市江宁区东山镇东9千米。聚落略呈方形，主街南北向。宋《景定建康志》载：“淳化镇在上元县东四十五里，淳化五年（994）置。”镇以帝王年号得名。“其地遮避句容，应接京口，形势冲要。”元至正十六年（1356），朱元璋曾一度迁上元县治此，亦名淳化关。明、清皆设淳化巡检司。民国元年（1912），撤上元县后，改属江宁县。镇区地处丘岗平原结合部，北为绵延起伏的青龙山、大连山等，南接秦淮河平原。淳化镇开发较早，南京至京口古道傍镇而过，宋代以前已是重要商品交换地。元代时，往来车辆不断，进出南京货物须在此纳税聚集，商贾众多，使淳化成为货物中转和商旅歇息之地。明初街市规模扩充，已发展为上元县的最大镇。及至晚清、民国间，因沪宁铁路、京杭公路开通，此处已不再是南京通往句容、镇江的唯一通道，镇街遂渐衰不复旧观。2007年，镇郊“九墅十八边”村落，为南宋北方大族迁此定居的文化遗迹。明代名人顾璘，官至刑部尚书，曾隐居彭城山（今大连山），建有彭城馆。其墓亦在此，当代已无存。镇郊古迹有南朝梁代建安敏侯萧正立墓、宋墅村南朝失考墓，其石刻均列为全国重点文物保护单位。还有云居寺旧址和古戏台神台石刻。青龙山下老虎洞，旧时环境绝幽，“虎洞明曦”为清代“金陵四十八景”之一。近洞处有宫氏泉，相传汉代已著名，当代称杨柳泉。古镇民风淳厚，民间灯舞形式多样，曲艺剧种较多。群众歌舞，曲调优美，富于浓郁生活气息和地方特色。

陶吴镇

古镇陶吴位于南京市江宁区东山镇西南 21 千米，宁丹公路穿境而过。聚落呈“人”字形，主街南北向。宋《景定建康志》载，金陵镇，本陶吴铺（以陶、吴二姓世居于此得名），景德二年（1005）改为镇。晚清时改名陶吴镇，亦名桃红。元设税务，宋至清均为江宁县三大镇之一，民国期间仍为县西南重镇。因处于南京与小丹阳商旅一日行程的投宿处，饭店、旅馆业等第三产业相当发达。历史上是江宁县中部交通和商业中心。陶吴镇地处低山丘陵与平原的结合部，山水秀丽，物产丰饶。镇郊是古代著名蚕桑区，镇设有茧站。史志记载，明清时的陶吴刻板印刷业、竹木业、纺织业在南京地区颇负盛名。陶吴是南朝著名道教思想家、医学家陶弘景的出生地。镇内旧时名胜古迹众多，有栖隐寺，明洪武中造；镇北有响井，石栏上有“元祐五年”四字，古建筑飞鸾阁等，均已不存。清代建造的疏云桥，保护较好，为区级文物保护单位。相近的昝庙村，为明代名人昝文渊与缪盛基的故居，故以姓名村。该村附近有新石器时代文化遗址，为市级文物保护单位。镇郊有西周墓葬、清圣旨节烈坊和上官寺千年银杏树等。

秣陵镇

古镇秣陵位于南京市江宁区东山镇南 13.50 千米，宁郎公路横穿镇境。聚落呈长方状，主街道呈南北向。秦置秣陵县，这里是秣陵县城。秣陵一名的由来，此处原属金陵邑，传始皇因厌“金陵”二字，遂贬其意为“秣陵”。两汉时，秣陵一度为异姓王韩信的楚地，汉武帝时，为江都易王子刘缠的秣陵侯侯都。王莽新朝，秣陵曾易名宣亭。东汉建安十六年（211），孙权统治中心转移到南京后，改秣陵县为建业县。但秣陵仍为建业都城南重镇。晋以秦淮河南置秣陵县，县治一度移此。元熙初，改秣陵为故治郚，旋又复称秣陵。隋唐五代名秣陵市。宋景德二年（1005）改县以下较大的集市为镇，秣陵镇为江宁县三大镇之一。元、明、清、民国至当代均称镇。明代起亦称秣陵关。秣陵镇地处秦淮河平原中心，镇上人烟稠密，市场繁荣，商业、手工业发达，镇周围为一望无际的农田，田畴交错，土地肥沃，物产丰富，自秦后该镇一直是农副产品集散地，素以“粮多、油多、鱼多”等，闻名县内。镇区正当秦淮河与南京南驿道（南京至广德）交汇处，明起秦淮河南粮北调，北盐南运繁忙，陆路上南京至溧水、溧阳以至太湖流域的进出口货物数量众多，这里是必经之地，须照章纳税，故秣陵当时是建“关”收税的重点地区。秣陵是古代南京之南的重要屏障，历为兵家必争之地。吴孙策征笮融曾在此激战；南朝梁末陈霸先攻梁起兵于此；宋代一度成为抗金堡垒，清末太平军破江南大营，其清军副总头目虎坤之在此被击毙；辛亥革命清新军九镇统制（师长）徐绍桢在此率部起义。秣陵山山水水都历经战火洗礼。镇郊田园风光秀丽，历代常有文人雅士到此观光，南朝鲍照、宋杨万里等，曾在此写下脍炙人口的诗篇，清代《儒林外史》作者吴敬梓，到秣陵访友，写下“一梣江城新雨后，杏花深处秣陵关”的佳句，仍为当代人广为传诵。古镇内曾有青条石和弹石铺面的古桥南大街、桥北大街；明建的石砌五孔拱形结构司门桥一座，清建桥北、桥南两大戏台和东岳庙等，当代多已不存。秣陵是三国吴著名的道教家、科学家葛玄出生地，镇西不远处有葛塘湖，相传葛玄曾在此炼丹，故名。

湖熟镇

古镇湖熟位于南京市江宁区东山镇东南17千米，跨秦淮河上游句容河两岸。聚落呈长方形，主街道呈南北走向。镇区历史悠久，远在新石器时代，人口分布就较稠密。西汉在此置胡孰县，后为江都易王子刘胥行侯邑，东汉作湖熟县，寻省为典农都尉，晋复为湖熟县，隋废。县城湖熟成为县以下的传统集市，名湖熟市。明起湖熟开始繁荣，镇区范围由原句容河北岸湖熟城一带，迅速向河南岸扩展，跨河为市，市场繁荣，商业、手工业发达，遂更名为湖熟镇。清代为上元县五大镇之首，民国为江宁县最大镇。湖熟一名的由来，传汉代因近刘阳湖，物产丰稔得名。湖熟地处于江宁、句容、溧水三县中心地带，面赤山，滨秦淮，地扼襟要，曾是历代兵家必争之地。三国吴孙策渡江攻下湖熟与吕范驻兵镇守。周瑜征笮融曾在此激战。晋咸康三年（337），“毛宝以苏峻之乱，烧湖熟积聚”，即此处；清咸丰年间，太平军曾多次在这里与清军争夺。镇郊地属秦淮河平原，向以农业发达著称。三国设典农都尉，在此组织平民大力屯日。东晋时拥有皇室大批脂泽田。宋元嘉中疏秦淮河，又垦田四千顷，农产品更加丰富。自古湖熟镇就便是江宁重要的产粮地之一，丰饶的物产，造就湖熟镇的繁荣，镇区历来为江、句、溧三县最大的农副产品交易中心，商肆兴旺。民国初，湖熟曾一度为人口万余，商贾云集的大镇，镇上仅粮行就有百余家，久负“小南京”盛名。这里食品加工业名扬四海，传统的湖熟板鸭，以清脂而不腻，肉嫩味美，驰名中外。古镇湖熟风光优美，人文景观、名胜古迹众多。明代的“古城春色”“香林晚钟”“太湖秋雁”“珠峰映雪”“秦淮古渡”“远望孤灯”“梁台映月”“西流望月”八大景，流传当代。《上江两县志》称，湖熟镇有植莲湖，昭明遗迹也。明怀远侯常延龄闻国变后隐居在镇边种菜。镇东街有崇仁观、万寿观，又有珠峰寺，即古社坛，后废。其近的杜桂村，梁武帝的杜（宰相）桂（尚书）二卿曾居此。该镇是中国古代青铜器文化的首次发现地，即“湖熟文化”。始建于明嘉靖年间，清光绪年间重建的清真寺当代犹存。湖熟镇自古人杰地灵，名人众多。现代有报业大王史量才、医学泰斗张栋梁、丹青大师董佰、著名作家聂震宁等。

汤山镇

古镇汤山在南京市江宁区东山镇东北23千米，汤山东北麓，宁杭公路两侧，汤水河的源头两岸。聚落呈不规则长方状，主街道为东西向。古称汤泉。南朝宋江夏王刘义恭题写的《汤泉铭》：

“秦都壮温谷，汉京丽汤泉，英德资远液，喧波起斯源”中的“汤泉”，即指此处。宋称汤泉市，以“汤泉”二字，加商业贸易的通名“市”字得名。元、明、清各代沿之。清末因汤涧水流贯镇中，改称汤水镇，民国35年（1946）改称汤山镇。镇区内向以商业和服务业为主，其中温泉洗浴已有1700多年历史，至2007年，建有疗养院、游泳池、浴室等，有大、小汤池百余个，是中国现代四大温泉疗养区之一。温泉水温常年在50摄氏度至60摄氏度，且冬夏温差不大，含硫、钾、钙、铜、镁等30多种微量元素，可治皮肤科、妇科、神经科等数十种疾病。志称，南朝萧梁的皇太后和唐著名画家韩滉的女儿，都在这里治愈皮肤顽疾；清代著名诗人，曾任江宁知县袁枚常到此洗浴，并作有《沐汤山》诗；民国初的蒋介石、宋美龄，以及一批达官显贵都到此沐浴休养。其中江宁名人陶保晋在此建有“陶庐”，后为蒋介石的专用温泉别墅（省级文物保护单位）。汤山镇四周群山连绵，岗峦起伏，山明水秀，林木蓊郁，环境雅静，主要名胜有团（驼）子尖珠砂洞、汤泉湖、安基湖等。镇内著名的古迹有汤山古猿人洞（全国文物保护单位）；六朝始建的圣汤寺，唐建的圣汤延祥寺，寺已毁，但遗址尚存；镇郊堪称“中外石碑史上的壮观”的明代阳山碑材（省级文物保护单位），以“绝世碑材”与镇内的“汤山温浴”，在1983年均被列为新“金陵四十景”之一。

丹阳镇

古镇丹阳位于南京市江宁区东山镇西南38千米，苏、皖两省界上，以一巷之隔分南北两丹阳镇，其南部属当涂县，北部属江宁区。丹阳河三面流贯。聚落呈不规则多边形，主街道呈井字形。秦在此置丹杨县，以“山多赤柳”得名，属会稽郡。后改为丹杨郡，郡治初在宛陵（今安徽宣城），因郡县治不在一地，亦称此处为“小丹杨”。两汉时期一度为“丹阳侯国”，是江都王子刘敢的侯都。后汉建安初，吕范从孙策渡江，下小丹杨，即指此。隋开皇九年（589）为避国姓，改“杨”为“阳”，唐贞观初县废入当涂县，丹阳城仍为江南重要传统集市。北宋《九域志》称丹阳镇。元、明、清、民国各代沿之。亦名小丹阳镇。这里地处要冲，秦筑驰道达镇界内，南京之南出口的古道小丹阳路和现代宁丹公路均以此地为终点，故该镇向有“南京市区南大门”之称。因地扼襟要，自古乃兵家必争之地。历史上吴楚争霸，曾在这一带决战。清末太平军在这里与清军反复争夺。抗日战争时期，新四军二支队三团取得“小丹阳战斗”胜利，进驻该镇，使日本侵略者震恐。古镇地处低山、丘陵、平原结合部，东南近丹阳湖平原，西北近低山丘陵区，镇郊农副产品、山货丰富，其中以稻米、鱼类最多，自古该镇就以米市、鱼市著称。镇内外名胜颇多，镇北有元代始建的园林庵，是当时南京地区道教著名建筑之一。镇东南的东河上旧有古青石拱桥，工艺精细，气势磅礴；镇郊西北的七仙山为中国四大民间故事中“董永和七仙女”的发源和流传地之一。镇境曾是吴晋世族甘氏一支的祖居地，旧有甘氏宗祠，历代甘氏名人有三国吴大将甘宁、东晋镇南大将军甘卓、清道光的史学家兼藏书家甘熙等。这里也是历代名士墨客游憩之地，南朝梁代的“山中宰相”陶弘景曾隐居在镇附近横山石门。唐代大诗人李白、吴筠之等都在这里留有脍炙人口的诗篇。

民国及民国以前文献记载的江宁地区集镇情况表

丛表 1

年代	史料来源	镇名	备注
宋代以前	《史记》《南史》《新唐书》	秣陵	秦始皇二十六年（前221）起，至东汉建安十六年（211）为秣陵县治
		小丹阳	秦始皇二十六年（前221）起，至唐贞观元年（627），为丹阳县治
		湖熟	汉武帝元朔元年（前128）为胡孰侯都，元封二年（前109）至隋大业二年（606）为湖熟县治
		江宁	西晋太康二年（281）至隋大业二年（606）为江宁县治
宋元时期	宋《景定建康志》、元〔至正〕《金陵新志》	淳化镇	北宋淳化五年（994）置，隶属上元县
		金陵镇	本陶吴镇，宋景德二年（1005）置，改为镇，隶属江宁县
		土桥镇	宋置，与句容两界，隶属上元县
		秣陵镇	宋景德二年（1005）置镇，元有税务、巡检。隶属江宁县
		江宁镇	宋景德置镇，元有巡检
		汤泉市	在上元县神泉汤山延祥院之前
		索墅市	市有索墅坊，在上元县清化乡，去城50里
		泉都市	泉都市在上元县泉水乡，亦名龙都，去城50里
		东流市	市有桥曰东流，以水流自东，因名之。在上元县宣义乡，去城40里
		湖熟市	在上元县丹阳乡，去城60里。丹阳，古以其地在赤山之阳，因乡名
		麒麟市	在上元县开城乡，去城30里，“开城”元改为“开宁”
		石井市	在上元县长宁乡，去城25里
		五城市	在上元县崇礼乡，去城25里
		铜井市	在城西南80里
		朱门市	在朱门南
		水桥市	在江宁县归善乡
		路口市	在城南70里
		杜桥市	在江宁县万善乡，去城40里
明代	〔万历〕《上元县志》《江宁县志》	淳化镇	在县东45里，北宋淳化五年（994）立
		金陵镇	旧志一名金陵市，本名陶吴铺，宋景德二年（1005）改为镇，元设税务，今革
		秣陵镇	旧志一名秣陵市，宋景德二年（1005）置镇，今有巡检司
		湖熟镇	在丹阳乡
		索墅镇	在清化乡，去县50里
		土桥镇	在县东60里，与句容两界
		江宁镇	在县西南60里，旧志一名江宁市，有巡检，今为水马驿
		泉都市	在泉水乡，亦名龙都，去县55里

续表 1

年 代	史料来源	镇 名	备 注
明代	〔万历〕《上元县志》《江宁县志》	汤泉市	在神泉乡之汤山，去县 60 里
		东流市	在桥曰东流，以水流自东，故名之。在宣义乡，去城 40 里
		石井市	在高桥门外，去县 25 里
		麒麟市	在开宁乡，去县 30 里
		五城市	在崇礼乡，去县 25 里
		铜井市	在县西南 80 里，隶铜山乡
		朱门市	在县西南 80 里，隶朱门南
		水桥市	在县西南 60 里，隶归善乡
		杜桥市	在县南 70 里。《戚氏志》作路桥市
清代	〔同治〕《上江两县志》	淳化镇	《建康志》淳化五年（994）立，有巡检司
		土桥镇	《建康志》城南 60 里，与句容两界
		湖熟镇	—
		陶吴镇	旧名金陵镇。《建康志》本名陶吴铺，宋景德二年（1005）改为镇
		秣陵镇	县东南 50 里，有故治，秦旧县也，今设巡检司宁邑东南之钜镇，必为秣陵
		龙都镇	旧名泉都市，去城 55 里，见《建康志》
		江宁镇	旧志一名江宁市，有巡检，今为水马驿
	《上元江宁乡土志》	索墅镇	—
		汤水镇	在神泉乡
		上坊镇	—
		殷巷镇	明〔万历〕《江宁县志》称殷巷铺
		土山镇	在崇礼乡
		铜井镇	在处真乡
		六塘桥镇	六塘桥或陆郎，以陆绩得名。旧有陆郎古迹小碣。在万善乡
		殷巷镇	在随东乡
		谢村镇	在道德乡
		牧龙镇	在处真乡
		朱门镇	在朱门乡
		元山镇	在泰南乡
		横溪桥镇	在山北乡
		解溪镇	在崇礼乡
		曹村镇	在道德乡
		秦村镇	在道德乡

续表 2

年代	史料来源	镇名	备注
清代	《上元江宁乡土志》	禄口镇	在马仙乡
		白果市	在归善乡
		小丹阳市	在山南善乡
		西阳市	—
		东流市	在宣义乡
		湖熟镇	在江苏省江宁县东南
		淳化镇	在江苏省江宁县东南。其地遮蔽句容，应接京口，形势冲要，明清皆设巡司于此
		陶吴镇	在江苏省江宁县东南，东北近秣陵关
		秣陵关	在江苏省江宁县南50里，道通溧水县，为县南要隘。元置巡司及税务。明置关，今有镇
		江宁镇	在江苏省江宁县西南60里，即江宁故城。《九域志》："县有江宁镇，即故县也。"宋景德中置，当长江南岸，为往来要冲，元时设税务于此，清置巡司
		土桥镇	在江苏省句容县西20里，接江宁县界
民国时期	民国20年(1931)《中国古今地名大辞典》	汤水镇	在江苏省江宁县东，接句容县界，南汤山在其附近
		麒麟镇	在江苏省江宁县东，为洪武时所建之外郭门，东南依青龙山，道通句容县
		索墅镇	在江苏省江宁县东南，道通句容县
		解溪镇	在江苏省江宁县东南
		陆郎桥镇	在江苏省江宁县西南，接安徽省当涂县界
		定林镇	在江苏省江宁县东，西距孝陵卫15里
		铜井镇	在江苏省江宁县西南，北濒大江，南接安徽省当涂县界，为往来冲途
		东善桥镇	在江苏省江宁县南，南接秣陵关，道通溧水县
		东流镇	在江苏省江宁县东
		禄口镇	在江苏省江宁县南，东接溧水县界，为二县交通冲途
		上坊镇	在江苏省江宁县东南，为句容溧水二县入首都之孔道。亦作上方镇
		桥头镇	在江苏省江宁县东南，道通溧水县
		朱门镇	在江苏省江宁县西南，接安徽省当涂县界
		元山镇	在江苏省江宁县南40里吉山下
		牧龙亭镇	在江苏省江宁县西南，路通安徽省当涂县
		龙都镇	在江苏省江宁县南。当江宁、句容、溧水三县交界之冲
	民国22年(1933)《江宁县政概况》	岔路镇 谷里镇 土山镇 横溪镇 高桥镇 秦淮镇 铜山镇 殷巷镇 曹村镇 丹桂镇	

江宁物艺

江宁药匠

在南京江宁地区，中医中药有着悠久的历史。《淮南子》《神农本草经》对江宁的药材有着详细的记载，李时珍为出版《本草纲目》多次在江宁留下足迹。鲜为人知的是，除了江宁的药材外，江宁的“药匠”更是名闻天下。

远在南朝时期，大诗人鲍照于秣陵任上曾到横山一带采过药草，并留下了《过铜山掘黄精》的著名诗篇。明代，江宁的稀有药材“骨牌草”还被列为宫廷供品。郑和七下西洋时，每次都带有很受东南亚国家欢迎的“江宁夏枯草”。江宁的茯苓、重楼、苏贝母在古今药典中均列为上品。

早在汉代，江宁就有“药匠”开始卖药了。南宋《景定建康志》记述：“汉，李南……卖药自给，寿八十五。”李南是见于史载的以卖药为生的最早金陵“药匠”。《金陵待征录》亦云：“南京的皮匠，江宁的药匠。”明代的御药房和惠民药局中的很多药材和人员据说也都来自于江宁。

江宁“药匠”多，分布也广，曾名扬大江上下，其中以湖熟、龙都一带尤甚，清〔同治〕《上江两县志》即称“龙都之民善卖药”。据调查，旧时龙都乡的庞家桥、刘家汾前村，有 50% 以上的人家开药店。他们上祖传下代，亲戚带朋友，同乡带同乡，常年外出做药工。或溯江而上，至芜湖、九江、汉口；或顺流而下，到镇江、苏州、上海。从城市到县镇，常有江宁“药匠”的身影。《景定建康志》记载，南宋时建康府就有官办药局 3 个，下属中药铺 11 家。元、明、清历代沿袭，并有所发展。被誉为全国四大药店之一的汉口叶开泰、芜湖张恒春等中药店就是江宁人在明、清时期创立的。而老南京明清时期约有 50% 的药店据说为江宁龙都人开设，他们被称为“南乡人”。

民国 20 年（1931）3 月 20 日，南京市国药业同业公会会员大会在南京户部街 62 号召开。据现存《国药业同业公会第一届当选委员名册》记载：同业公会共有委员 16 人，其中 13 名是江宁人；在 103 家“药铺”和 370 名“药匠”中，江宁的“药铺”和“药匠”有 70 家、243 人。在委员人数、会员药店数和会员人数中，江宁的委员人数、“药铺”和“药匠”分别占总数的 81.25%、67.96%、65.68%。调查表明，1960 年代之前，南京市药材公司的老药工有 80% 以上是江宁的“药匠”。江宁的“药匠”一贯循德重誉，经营有道，行业规章严格，在金陵帮中名闻遐迩。其药材加工炮制甚是讲究，配方时全神贯注，保证准确可靠。全药配好后，处方上加盖“对”字章，再将药包成有棱有角的矩形，双手送给来客，还不忘加送一只“药滤”。经过 1000 多年的实践与发展，江宁“药匠”创造的“槟榔一百零八片，附片吹上天”的独特加工工艺，至今仍在中药饮片领域广泛流传。

（南京文史专家 陈鸿昊）

（摘自《江宁春秋》13 期第 207 页～211 页，南京出版传媒集团南京出版社，2013 年）

秣陵机织

“织，金陵巨业也。”“禹贡扬州，厥篚织贝。”《左传》杜预注释为：“吴地贡绢。”江宁为古金陵地域，属吴国地域。隋以前的扬州治所在金陵，隋初方才移治江都扬州。因此，前文可以理解为：丝织品是包括江宁在内的金陵，丝织业是最大的产业，禹时扬州地区的贡品即是丝绸织物。这说明，丝织业是江宁地域十分古远的传统。

史志有关江宁古代丝织的记载很多，当时的辉煌曾为国内之冠冕。唐以前就有秣陵之民善织的美称。因而，历代王朝及官府十分重视江宁丝织。在江宁地域，宋代设置了织罗务，元代有东、西织染局，明有神帛堂，清有江宁织造府。这些代表朝廷掌管织造的官府衙门，主要负责出样、订货、收购、征税等管理事务，并没有开办织造工场，更没有形成类似现代的工业化生产。而从植桑、养蚕到抽丝、染色，再到纺织、刺绣，均有机户或农户分散经营。因此，江宁地域丝织业遍布城乡，几乎家家都会。

志载：“清代中叶以前，向来机户散处，无所谓厂也。”“宁工织户多在秣陵关及孝陵卫。”“清乾隆、嘉庆年间，织机有三万部以上。其后稍稍零落，然犹有一万七、八千部。”1部织机连副工至少 3 个织工，再加上从事绘图、制版、染色、机修、运货等工序人员，即使以 1.70 万部织机推算，累计用人应在 10 万人左右。这些人大多聚集于江宁城东郊、南郊和秣陵关一带。而收茧、抽丝、染色等集中于江宁城西南隅秦淮河两岸，临近水边，利于漂丝、翻晒和运输。

整个江宁城内，机房鳞次栉比，街头巷尾机声相闻，商铺内各种丝织品琳琅满目，从事生丝、绸缎业的商贾络绎不绝。外地来客，深感新奇，无不停步观赏，流连忘返。明代文学家冯梦龙有诗云：“东风二月暖洋洋，江南处处蚕桑忙。蚕欲温和桑欲干，明如良玉发奇光。缫成万缕千丝长，大筐小筐随络床。美人抽绎沾唾香，一经一纬机杼张。咿咿轧轧谐宫商，花开锦簇成匹量。莫忧八口无餐粮，朝来镇上添远商。”

当时上元、江宁两县境内，除深山水网外，低地丘陵遍植桑树，各乡各里都养蚕抽丝，尤其以陶吴、横溪、铜山、陆郎、小丹阳、谷里等地为最，“横溪丝”曾经名闻远近，江宁府的贡缎、宁绸，很多是用横溪丝精工织成的。横溪乡民历有种桑养蚕的传统。缫丝、织缎行业也随之发展起来。最盛时，不但市镇上纷开机房，即是农民家庭也置办土机，自织绸缎上市出售。

（摘自《江宁物艺》第 132 页～133 页，江苏人民出版社，2006 年）

陶吴刻书

同治四年（1865）七月，金陵书局建成开局，招陶吴之民刻书。

金陵书局于同治三年（1864）四月在安庆始设。金陵克复后，始于九月移局东下，次年七月初于铁作坊正式开局，同治六年三月移江宁府学之飞霞阁，后改名江南官书局。其刊印宗旨是“但求校雠之精审，不问成本之迟速”，招聘的校勘者都是“四方绩学之士”，故其所校刻之书多为善本精品，而且均平价销售，影响很大。书局先后刻书56种，计2776卷，690册。刻印的书籍，字体较扁，横轻直重，方、粗、清、匀，字之大小近于今之一号、二号字，开本亦极大。书局所聘工匠也必精挑细选，所谓“稽工匠之勤惰，遴良者授以事”。据《张文虎日记》载，新书局章程的设想是，聘用写手6人、发刀15人、挑清40人。发刀、挑清都属刻工，而金陵书局刻工大多出自江宁县陶吴镇。《金陵物产风土志》就将“金陵书局所刊之经史亦在他省上”归因于“陶吴镇人善于剞劂”。〔同治〕《上江两县志》亦云：“陶吴之民善剞劂。”金陵在明清时期均为重要的刻书中心之一，“刻木之匠，江宁南乡人居其大半”，南乡的陶吴刻工正是在这种环境下成长起来的。陶吴刻工进入书局的时间可能在同治四年的八月一日，即书局正式在金陵开局的次月。因这一天张文虎在日记中记载，“旧局刻工俱迁出，新局刻工迁入”，旧局刻工大概指曾国藩在安庆设局时所招工匠，现在新的书局章程已经确定，需重招刻工，故本地的优质工匠便有机会入局。金陵书局给刻工的待遇很优厚，而且按字付费。按上述人数计算，“一日出字六千，一月出字十八万，计刻资二百八十八千”，平均1个字1.60文钱。一方面，这说明刻工技术娴熟，1名发刀工匠1天可刻400字；另一方面，晚清刻书价格属于上升趋势，《书林清话》记录光绪初年湖南刻书价，“每百字并写刻木版工赀五六十文”，远低于10年前金陵书局已经达到的百字160文的标准。书局61名写刻工匠平均每人每天可得报酬近160文，其中关键的发刀者价格应当更高。陶吴刻工能够进入高薪的金陵书局，正说明他们技术的超群。

（摘自《江宁历史文化大观》第494页，南京出版社，2008年）

禄口皮毛

源远流长

禄口裘皮业始于20世纪初，已有100多年历史。

清朝光绪年间（约1905年），由山塘人姚金余将当时葛仙乡（今禄口地区）石甲村人氏陶仕贵带往日本北海道函馆市中村裘皮店做工。随后，陶仕奎、陶仕钰等前往。经20多年奋斗，至中日战争前，在函馆市已开设陶祥泰、陶沅泰等四家主营黄狼、狐、貂、獭等熟制成品为主的裘皮店，固定资产约3万元。经营生熟皮商者9户，通常每年往返于日本至上海或库页岛等地，购销紧俏应时货品。当时经营裘皮的华侨（含雇工）及眷属共70多人。民国27—29年（1938—1940）间，在日本函馆市的裘皮从业者，除个别已入日籍者外，皆因战争先后举家返回祖国，到苏州、上海继续经营裘皮业。

20世纪30—40年代，苏州、上海裘皮业发展到了鼎盛时期，其大小作坊和店铺有几十家。主要有南京、扬州两大派系，南京禄口裘皮业居众家之首。在民间及海外，如美国、加拿大、日本、香港等，都确立了禄口裘皮业手工技艺的领军地位。

禄口乡从事裘皮业的，在邻近各县、乡镇中是最多的。民国初期，禄口镇裘皮业已有声誉，陈秀峰在上海、苏州开设两家店铺，影响较大。民国15年（1926）左右，陶基武在上海创办的“通海”（皮货批发货栈），专营黄狼生皮，远销美国、加拿大、香港等地，且在美、加、香港专设庄口，享誉海内外。同时在上海开设陶恒昌皮毛店，专营名贵皮制成品，资产约50万元（旧币），在裘皮行业中地位举足轻重。民国20—35年，是禄口裘皮的鼎盛期，除一般经营裘皮者以“通海”为龙头，较有影响的字号，上海还有永沅泰、大吉贰批发栈、张茂祥皮毛店、大发皮毛店、伟大作坊等7家，苏州的有3家。民国26年前，禄口侨居国外经营裘皮业的也多于其他乡镇，仅当时信陵乡石甲村就有8户，占全村的1/3，加上单身务工的，计有39人。

20世纪40年代，禄口在沪裘皮从业人员增至500多人，其中当老板的有40多人，其余为高级技师和普通打工者。民国32年（1943），他们在上海人民路四明公所成立了硝皮（大刀）会所，拜黄飞虎（传为商末反纣扶周名将）为祖师爷，每年农历五月十三为拜祖日；同年年底，在延安中路上海茶社成立缝制（小刀）会所，拜殷商重臣比干（因死谏而被剖心）为祖师爷，每年农历冬至为拜祖日。由高福才（禄口街人）出任两大会所会长，成员由张思明（群力上村人）和吴开仁（秦村宕人）2人组成。每到拜祖日，禄口相关裘皮从业人员集中到会所聚会庆祝，交流情况、研究决策。会所职能为收取会费，处理在沪裘皮从业者违反行规事宜，商定裘皮市场统一价格，解决劳资纠纷，调处外包关系等。

民国36年（1947）后，国民党政府日趋腐败，经济崩溃，皮毛业趋于萧条。富商巨室及部分熟练匠人赴港创业，较有影响的有王殿南（成功栗树下人）、张志连（张桥人）、朱义和（禄口街人）、陈周才（高伏贾家庄人）、彭永高（永兴肖家山人）等。据1985年统计，禄口华侨、港澳及侨眷、眷属，居住在境外者122户、195人，在境内侨眷及眷属计112户、323人。除18户台胞外，一般皆营裘皮业。

禄口裘皮业的发展源远流长，至今在世界各地发挥着举足轻重的作用。业内权威人士统计显示：每年40%以上高档裘皮由禄口人加工；禄口人长期担任世界裘皮协会常务副会长职务。香港裘皮协会157家会员单位，其中59家商业单位有30%源于禄口；98家制造业至少有一半源于禄口。

兴衰沉浮

裘皮业发展历经兴衰沉浮。“文化大革命”期间，一些家庭式私营裘皮作坊曾被视为“走资本主义道路”而屡遭厄运，受到打击。而作为社办、队办集体性质的一些裘皮企业只能勉强支撑，惨淡经营。1968年7月，禄口公社陆岗大队办起禄口皮毛厂，聘请5名师傅，招收12名徒工，以粗制狗皮成品为主产，年产值仅几千元。1970年转为社办，师傅10多人，招工达33人，设备简陋，以手工为主，年产值仅8万余元。

中共十一届三中全会后，改革开放政策不断深入人心，禄口裘皮业发展枯木逢春。1979年5月，爱国港胞、香港皮草联谊会长、大华皮草有限公司董事长张兴富为家乡禄口捐资10万元，赠缝皮机13台（其中赠陆岗大队3台）扶持禄口裘皮业的发展。1980年，禄口乡政府于集镇建成4层160间规模化的裘皮厂，还引进西德硝皮成套设备，后又增加了染色车间，为镇、村各家裘皮厂的硝制和染色提供方便。为扩大禄口镇裘皮生产，张兴富再赠7台缝皮机给禄口裘皮厂。随后，铺头、成功、张桥、陆岗等有条件的大队也纷纷办起了裘皮厂，也得到了港商的大力支持。是年6月，香港环宇皮草有限公司董事长张志元赠予铺头大队缝皮机6台；香港亚洲皮草有限公司董事长王殿元赠予成功大队缝皮机4台，为村级皮草业的发展奠定了基础。

禄口的广大裘皮从业人员以其任劳任怨的创业精神，艰苦奋斗、勤奋进取的优良品质，为家庭脱贫致富、为繁荣本土经济增添了一道靓丽风景。20世纪80年代，禄口裘皮热刚兴起，多数村创办裘皮厂。1987年，全乡有乡办裘皮厂1个，集镇办1个，村办11个，场办2个，个体户20个，从业人员约1200人。至1999年，全镇有镇办裘皮厂1家、村办12家、个体户近30家，从业人员约2000人。与此同时，一批有名望的裘皮港商，先后在广东、深圳开设多家皮草厂，在禄口招收部分熟练技术工人和徒工。由于裘皮技术属劳动密集型工种，在文化、科技素质上要求不高，学徒只需心灵手巧，两三年即可成为熟练技工挣钱。于是父教子、妻随夫、兄带弟、姐带妹，亲戚互带，一支数量可观的裘皮大军逐渐形成。1987年，全镇去深圳、东莞打工的皮毛工人400余人，换回的是每年200余万元的现金汇往禄口。

20世纪90年代，裘皮打工者及精通皮艺的人益增，几乎每个村委会都有几十人、上百人不等。据统计，1999年禄口镇有3500余人，年收入5000多万元。到21世纪，禄口每年外出打工者已超1万人，占禄口在籍人口近20%，其中高级技术人员1000多人，其分布极广，主要集中于香港、广州、深圳、杭州、海宁、北京、石家庄、辽宁、沈阳等地，每年创造产值约在100亿元以上。裘皮业给禄口带来了财富，其发展对地方经济影响之大可窥一斑。

每年春节前及元宵节后，正值还乡和返厂的高峰期，大批量地团购火（汽）车票或飞机票已不鲜见。禄口形成了地域性强、季节特征明显的民工潮奇观。

（摘自《禄口史话》第172页～176页，中国文史出版社，2013年）

轶闻掌故

新亭对泣·东晋建立

"八王之乱"及其后来的"永嘉之乱"给黄河流域带来了极大的破坏，北方流民纷纷南迁。当时的移民大部分是在地方贵族和豪族大家的率领下集体南迁的。北方南渡人士，身在江东颇有寄人篱下之感，经常聚会悲歌，慷慨陈词，对国土沦丧于匈奴外族之手，无不痛切肺腑。一次，趁着风和日丽的天气，过江的诸名士相邀到新亭宴集。周顗北望家乡，不禁百感交集，叹息道："风景和过江前虽没有什么不同，可是国家山河破碎，已经不同于往日了。"众人听了这些话，都相视流涕，感慨国破家亡、背井离乡。此时，丞相王导却脸色凝重地说道："我们应当尽心为国家出力，收复中原，怎么能像楚囚那样空自悲切！"[①]鼓励大家同心协力，辅佐王室，使大家心服口服。"新亭对泣"由此成为历史典故，南渡士族的家国之悲、北伐之志跃然纸上。后至南宋，境遇与东晋相似，诗人词家多引新亭之典入句，如刘克庄的"多少新亭挥泪客，不梦中原块土！"[②]

关于新亭的地理位置，史料记载都证明它在江宁境域内。《建康实录》记载："（卫玠）葬新亭东，今在县南十里。"[③]新亭在墓西，卫玠墓在县南，则新亭在县南偏西，其地正当南京市安德门菊花台。六朝时期所谓的新亭，还指亭子所在之山，连带着山的附近地区。因此菊花台地属新亭，是六朝新亭垒的北界。《景定建康志》中："（新亭）南去城十二里，有岗突然起于丘墟垅堑中，其势回环险阻，意古之为壁垒者，或曰此六朝所谓新亭是也。"[④]新亭不仅是文人雅士聚会宴饮的场所，也是六朝建康西南的近郊军垒，这也是与它"回环险阻"的地势有关。新亭是一处重要的历史遗迹，却湮没在历史的长河中，难寻其踪迹，实在令人扼腕叹息。

注：①（南朝宋）刘义庆撰：《世说新语》中有"周侯中坐而叹曰：风景不殊，正自有山河之异。皆相视流涕。唯王丞相愀然变色曰：当共戮力王室，克复神州，何至作楚囚相对！"

②（南宋）刘克庄：《贺新郎·送陈子华填真州》，《后村集》卷一百九十。

③（唐）许嵩撰：《建康实录》卷五，中华书局，1986年。

④（宋）周应合纂：《景定建康志》卷二十二《城阙志》三，南京出版社，2009年。

（摘自《千秋江宁》第69页～70页，文物出版社，2011年）

东山再起·谢安入仕

在古代名臣中，东晋名臣谢安备受文人推崇、仰慕和向往，后人总是津津乐道于他的风流韵事，"东山再起"就是缘起于他的一说。

谢安（320—385），字安石，号东山，陈郡阳夏（今河南太康）人。东晋著名的政治家、军事家、文学家。谢安出身名门，其家族是永嘉之乱中随元帝东迁渡江的著名世家大族之一。他自幼聪慧、少有重名，却无意于仕途，隐居浙江东山，自得惬意。他与友人“出则鱼弋山水，入则言咏属文，无处世意。”长期的隐居并没有让世人淡忘他，反而还背负有“安石不出，将如苍生何”的期望。后在匡扶晋祚与重振家风的双重压力下，于太和元年（366）离开浙江会稽到建康，受到简文帝的重用。远离家乡之后，谢安思乡心切，在京郊附近的土山模拟浙江会稽东山在其上建造别墅，“楼馆林竹甚盛”，并在此与风流雅士聚会宴饮，此为“东山再起”之一说。又云：“安虽受朝寄，然东山之志始末不渝，每形于言色。及镇新城，尽室而行。”

孝武帝太元八年（383），苻坚带领80万军队南下，企图灭掉东晋，一统天下。东晋朝廷在得到前秦出兵伐晋的消息后，加封谢安为征讨大都督，要他率兵抗秦。谢安便派他的子、侄谢琰、谢玄、谢石率兵迎敌。战事紧急之时，“（谢）玄入问计，……安遂命驾出山墅（指江宁东山），亲朋毕集。方与玄围棋赌别墅”，谢安的镇定和从容使得大家的心都安定了下来。事实上，谢安的沉着冷静也是在仔细的分析和谋略后的表现。“玄等既破坚，有驿书至，安方对客围棋，看书既竟，便摄放床上，了无喜色，棋如故。客问之，徐答曰：小儿辈遂已破贼，既罢，还内，过户限，心喜甚，不觉屐齿之折。其矫情镇物如此。”（《晋书》卷七十九《谢安传》）这就是史家描述的淝水之战时期的谢安形象，江宁东山也因为是这场战争的指挥所而饮誉史册。因淝水之战而出现的“草木皆兵”“风声鹤唳”等成语，也增加了东山作为指挥中心的神秘性。

江宁的这片土山因谢安而更名“东山”，东山的历史自晋代到明清一直都有沿袭关系。明万历年间李登曾撰文写道：“都城南，东山者，晋谢太傅游旧地也”等句，说明了东山之名一直延续了下来。东晋名士谢安的传奇人生也赋予了东山浓重的历史韵味。

（摘自《千秋江宁》第70页～71页，文物出版社，2011年）

王朗放歌·东山脚下

王朗，原名王昙首，琅琊临沂人，学问和品德兼备，是刘宋文帝时的朝中重臣。他十四五岁便会唱歌，且歌声妙丽，轰动朝野。歌妓时常在谢安面前称赞他的歌声，谢安想一听为快。但是“王名家年少，无由得闻”，谢安身边的歌妓将他的心意转达给王朗。一天谢安携歌妓来到东山别墅中游玩。王朗精心的打扮，头上扎“两丸髻”，身上着“袴褶”，骑马来到了东山脚下的蔷薇林中。但是当时东晋的士庶划分明显，谢安是不能与王朗见面的。于是王朗在秋风中“举头看北林”，为谢安高歌了一曲，然后离去。谢安听到了这美丽的歌声，歌妓们便对谢安说，刚才献歌之人便是王朗。“王朗放歌”由此成为千古佳话，人们说到东山，便会提到那个曾经在东山脚下高歌一曲的少年。

虽然只是一则轶事，但是也反映了谢安的雅量。谢安的名士风度为后世的文人雅士所称道，因此也代代不绝地成为文人吟咏的话题。诗仙李白曾多次写诗赞美他，“但用东山谢安石，为君谈笑靖胡沙”“安石东山三十春，傲然携妓出风尘”。谢安的风流雅事中总也少不了东山之地，他隐居东山、东山再起、归葬东山，可以说，东山是谢安韵事中不可或缺的部分，“谢东山”和“东山妓”几乎成为谢安的私人标志。后来，东山也成为了一些诗人寻梦的起点，谢安在纵游山水之间渐渐升腾为一种精神的象征，影响着后人们的心境。东山别墅是他因思念家乡而建造，是释放雅兴、携妓游乐、弹琴下棋的好地方。闲暇时他在此游玩作乐，处理朝中要事时，他在此运筹帷握、从容应对。唐代诗人温庭筠曾作诗描写谢安的东山别墅：“朱雀航南绕香陌，谢郎东墅连春碧。鸠眠高柳日方融，绮榭飘飖紫庭客。文楸方罫花参差，心阵未成星满池。四座无喧梧竹静，金蝉玉柄俱持颐。对局含嚬见千里，都城已得长蛇尾。江南王气系疏襟，未许苻坚过淮水。”

（摘自《千秋江宁》第 71 页 ~ 72 页，文物出版社，2011 年）

江宁伏牛山古铜矿

1985 年，南京九华山铜矿在巷道开掘作业中发现伏牛山古铜矿采矿场。南京市两次组织在宁的地质矿冶、文物考古、历史研究等部门的专家、学者，对古矿场进行考察和研讨。

伏牛山古铜矿采矿场遗址在南京市东郊汤山镇东北约 3 千米的一座名叫南山的小山下。该山海拔 205 米，地下埋藏有丰富的硫化铜矿资源。古铜矿位于此山的东北面以及与之相邻的东沟砂子坡中，现所见古采矿区大约呈西北东南走向，长度大约在 200 米左右，深度在海拔 107 米 ~ 139 米之间。伏牛山古铜矿采矿场是以竖井、巷道、采场、起初粗选及提炼等构成的一个完整的采矿系统。

古铜矿的作业是先打竖井，然后开拓采场，一处作业完毕后，再打新的竖井和巷道去探索新的采矿区域。调查时，共发现竖井 10 处。竖井的口部一般近正方形，边长在 0.80 米 ~ 1 米之间，竖井的开凿形状有垂直与弯曲两种，弯曲状竖井主要是为贯穿整个上、下采场。调查时，还发现开凿巷道有 28 条，用于探索新采场及寻找丰富矿源。巷道的形制有平巷和斜巷两种，巷道的口部形状依岩石结构所定，形状多种多样，但近刀形的较多，口径一般在 0.75 米 ~ 1.15 米之间，只能供人匍匐操作。

古铜矿发现面积较大的采场共有 4 个，其中最大的采场，面积近 500 平方米，在其东北和西北角处还各附一个小采场。开采过的形状呈不规则的长方形。垂直高度一般在 3 米以上。开采过的体积达 3000 多立方米，属于小型采矿场。采矿过程一般是由上至下，依序进行，一般开采呈斜坡状，例如第 4 号采场内高处与低处的落差竟有 13 米。采掘的难度十分大，通常采用自身岩体留制平台或用木板、条搭建简便的工作台进行作业。当时矿工们在开采中采用以留柱空场法（也称砥柱空场法）及部分木料支护法两种安全措施。但该矿存在于石英闪长岩等高硬度的岩体中，具备有效抵抗一定范围应力作用的能力，仅在最大的第 4 号采场内的南部发现留有一排巨大的砥柱及部分巷道在破碎的地段，采用一些木料来支护。

在砂子坡中，还发现有一个长方形的提炼坑。提炼坑总长 6.70 米、宽 1.72 米、残高 0.38 米，西北东南走向，西北低，东南高。坑内有火烧痕迹，尚有 0.10 米厚的红烧土层。东南壁上距底部 0.30 米处有一通烟孔，开始小，券顶状，延伸后变宽变方。坑底中部有一近圆形的锅底状小坑，直径 0.70 米 ~ 0.75 米、深 0.20 米，坑内发现有炼炉壁残块及红烧土块与炼渣等物。在提炼坑西侧数米处还发现有一片炼渣堆积，最厚处堆积达 1 米左右。附近还发现粗选遗留的一大片废石堆，面积达 4500 平方米左右，厚处堆积达 1 米多。

采矿场内，发现矿工们在开采过程中所使用的工具有扁凿形铁钻、木制框架、吊沟、竹筐等。木制框架、吊钩、竹筐等是提升工具。木制框架遗存于第 4 号竖井的最深处，第 4 号采场内，平面呈“曰”字形，框架总长 58 厘米、通宽 66 厘米，轴和圆孔均磨损严重。吊钩是一根带两支杈、质地优良的木料所制，受到十分严重的磨损，显见使用时间之久。竹筐在矿下多处发现，以竹篾编成，圆形、平底，直径 30 厘米 ~ 35 厘米，残高 13 厘米 ~ 18 厘米。出土时均破残。

伏牛山古铜矿采矿场内还出土一批当时矿工们废弃遗留的生活用品，主要以青瓷碗为主。出土遗物中部分的器物的造型、釉色、胎质等属于唐代中晚期的风格。出土器物大部分遗物属于古矿场将要废弃的时代，中唐时期的产品。矿区经采过的矿洞达 3000 余立方米，人工开采需上百年的历史。经过采样标本送中国社会科学院考古研究所测定，C14 经树轮校正为距今 1300 ± 55 年，约当于初唐末至盛唐时期。据实物资料及分析，江宁伏牛山古铜矿采矿场的开采时期与中国社会科学院考古研究所测定的年代基本相符，属于初唐末至盛唐早期开采，废弃于中晚唐时期。

唐代，伏牛山地区属于句容县境。〔乾隆〕《句容县志》卷六载：“旧志历考古书所记，唐天宝至南唐后主时于升州句容县置官场鼓铸。器物上多有监官花押，较薄墨漆，款细可爱，岁久亦有微青色。世所传天宝大凤杯，其极品也。”官场设置铸造的时代，特别是唐天宝年与伏牛山古铜矿采场较接近。铜矿的铜资源，为铸造的作坊提供充分的原料，伏牛山古铜矿采矿场的开采时期要早于唐天宝年间。

江宁伏牛山古铜矿采矿场是经过实地深入调查发现和确定的唐代铜矿遗址，资料丰富而翔实，有一定的学术研究价值，填补国内这一时期冶炼史的空白。（朱广金）

（摘自《南京市志》12 卷第 94 页 ~ 95 页，方志出版社，2013 年）

南唐二陵考古发掘记

南唐开国皇帝烈祖李昪的钦陵和中主李璟的顺陵，位于南京市江宁区东善桥西北 4 千米的高山南麓，北距中华门 22 千米。高山东连祖堂山，北连象山以接牛首山，向南遥对云台山主峰，所谓“背依天阙，面矗云台”，形势优胜。

1950 年春天，牛首山一带发生盗掘古墓事件，李昪陵也在被盗之列，盗墓人从前室的西侧室室顶进入墓内。南京市文物保管委员会会同南京博物院及时前往调查，将盗洞封闭，并向各自上级汇报。因墓内有仿木建筑结构的彩画，受到文化部文物局的重视，当即指示其直属单位国立南京博物院，制订计划编造预算负责清理，并按当时小米价格下拨发掘经费。

李昪陵的发掘工作，从 1950 年 10 月 8 日开始，次年 1 月 21 日清理结束。先打开盗掘口进入墓室，测出墓道方向，开挖探沟寻找墓门。清除墓道内堆积的青石板、黄石块，露出挡土墙顶部。堵塞墓门前有 5 层大石条，共 29 块，每块重 2 吨 ~ 3 吨。大石条移走后露出墓门，拆除封门砖正式进入墓室，开始清理淤土。墓葬早年被盗，盗洞打在中室室顶，由于长年雨水渗漏，中室几乎为淤土填满，共清出 40 多立方米。淤土将彩画毁损得模糊不清，但淤土中却保存不少陶俑。中室的淤土清完后，露出北壁盗洞和双龙攫珠横额及武士浮雕。后室的两扇石门被盗墓人打坏，棺床和北壁壁龛以及地面石板均遭受严重破坏。清理后室时一个最重要的发现，就是在东南侧的一个便房（侧室）内出土两个断裂的石函和 20 多片零乱的玉哀册，使发掘工作将近两个月的时候才弄清墓主人的身份。

李昪陵的外观呈隆起的圆阜状，直径约30米，当地人称它为"太子墩"。这是因其西约200米处有一座明嘉靖时太子太保兵部尚书王以旂墓而被误称，实为墓室的封土堆。为了弄清墓顶结构和封土情况，在中室和后室顶东部的封土层，各开1.50米宽的探沟一条。得知建墓前先在山体岩石上开凿洞穴，向南开口作撮箕状，后室穴深6米，中室穴深5米左右。然后在穴内营建砖石结构的墓室为玄宫，上填6.50米厚的封土。封土用黄土、黄沙、碎石、石灰和带釉陶碗层层夯筑，相当结实。尤其是用两层石灰和四层覆碗，夹于夯土之间作防水层。从探沟内可看到后室封土完好，室顶的长条石长达6米，宽约70厘米、厚约65厘米，重有7吨多；中室封土已被扰乱，因雨水渗漏，扰土已形成漏斗状。盗墓人就是从中室拱顶下至墓室，这可能是最早的盗墓者，稔知墓葬结构，打得如此准确。在回填探沟之前，顺便将中室室顶砖拱予以修复，外抹水泥砂浆以防渗水。

前室淤土不多，建筑彩画还较完好，为防色彩变化，当时延请南京大学师范学院艺术系同学临摹复制一份长期保存，并请金陵大学影音部协助拍摄彩色照片。

李璟陵是在发掘李昪陵时，根据附近地形判断，西面50米山坡上好像有一座类似的墓葬。于是在1950年11月8日先开探沟试掘，向下挖至3.60米时露出青石板，这是该墓前室西侧室的室顶，再向东继续探掘，终于找到墓门。墓的前室和中室室顶都有盗掘洞，后室的北壁又遭破坏，渗漏下来的淤土较多，彩画已全部剥落。在后室淤土中清理出40片残缺破损的石哀册，也确定了墓主人身份。

二陵的建筑布局均有前中后3个主室，主室两侧附有便房（侧室）陈放随葬品。李昪陵前室和中室为砖结构，后室为石结构；李璟陵全部用砖结构。各主室均仿木结构用砖砌和石灰粉刷隐出柱、枋及砖制一斗三升式斗拱，并施以彩画。彩画颜色有硃红、赤黄、石青、石绿和赭色，上色用晕染手法。门和墙壁均涂红色。李昪陵还有石刻浮雕。

李昪陵南向，偏西9度。前中二室两侧各有1间便房，后室两侧则各有3间便房，共13室，全长21.48米，宽10.45米。

墓门作圆拱形，上有弧形混线一道，两旁倚柱上置阑额和转角铺作半朵，上承柱头枋，正中置补间铺作一朵，再上承撩檐枋和叠涩状门檐。阑额和柱头枋彩画枝叶回旋的牡丹花，斗拱画牡丹和宝相花，倚柱亦画牡丹。墓门前有砖砌八字形挡土墙，地面用砖铺成席纹。

墓前室平面为长方形，东西长3.85米，南北长4.50米。四面均有圆拱门，拱门两侧隐出倚柱，使墓室形成面阔和进深都是3间。四角各立八角形倚柱，东西拱门两侧各有一立枋，立枋上和倚柱间置阑额，柱上置转角铺作或柱头铺作，东西两壁当心间阑额上各置补间铺作一朵，各铺作上置柱头枋。阑额彩画一整二破的柿蒂纹，柱头枋画蕙草云纹，斗拱上画牡丹，倚柱画柿蒂、牡丹、宝相花、海石榴和束莲花瓣。四壁之上为砖砌的四方合拱室顶，室顶距地面4.30米。原有藻井或平棊已不存，留下四个安置横枋的空洞。地面用砖横列平铺。两侧便房有砖台，放置随葬品。

中室平面亦为长方形，东西长4.45米，南北长4.56米。南壁通向前室和东西两壁通向便房均有圆拱门。南壁柱枋和斗拱与前室北壁同；东西两壁的东北角和西北角无转角倚柱，仅在阑额上置半朵转角铺作，其余与前室相同。由于淤土曾堆至室顶，彩画已模糊不清，原来的色彩和图案大致与前室相同。北壁墙面两侧是一对青石浮雕的武士像，上置青石浮雕二龙攫珠图像的横额。两武士像之间用青石板封砌，当中有一盗洞。地面用砖平铺成席纹。室顶结构与前室略同，四根肋骨更显规整。室顶距地面5.30米。中室通往后室中间有一过道，便于开启后室石门。

后室较大，平面为长方形，东西长 5.90 米，南北长 6.03 米。南壁正中辟方形门，两扇石门已被盗墓人打坏，门扉上原有门钉和铺首衔环已不存在。东西两壁各开三圭门通向便房。北壁有一凹入墙内的壁龛，棺床的后端伸入龛内。全室为青石造成，高 4.74 米。四角各有八角形倚柱和转角铺作，便房门外两旁有八角形倚柱和柱头铺作，倚柱间有阑额，铺作上施替木。阑额画牡丹，斗拱画宝相花，倚柱画束莲、柿蒂、牡丹等花，因长年水汽侵蚀，色彩多已褪落。四壁有凹入壁内的小龛 11 个，有的龛内还残留半截陶俑。东西两壁上用 3.50 米宽、25 厘米厚的大石板叠涩 7 层，上面横铺 9 根大石条构成室顶。大石条长约 6 米，宽约 70 厘米，厚约 65 厘米，在室内的跨距有 2.65 米，受上部封土重压，其中两根石条在发掘前已断裂，现用钢筋混凝土梁柱加固。室顶绘日月星辰天象图，地面青石板上凿出江河之形，所谓“上具天文，下具地理”。北壁两侧上面各保留着一个铁环，下面的铁环已残缺仅存铁钉，东西两壁上下亦有残存的铁钉，原来可能是挂帷帐用的。棺床长 3.80 米、宽 2 米、厚 0.50 米，由六块青石板合成。棺床正中刻一长方形凹井，类似“腰坑”；周边浅浮雕枝叶回旋的海石榴纹；侧面高浮雕八条向前行进姿态的龙。6 间便房也是用青石构成，顶作覆斗形，内铺砖台。

李璟陵南向偏东 5 度。亦分前中后 3 个主室，均为砖结构，前中二室两侧各附 1 便房，后室两侧则各附 2 间便房，共 11 室，全长 21.90 米，宽 10.12 米。

墓门前有两道用青石板垒砌的石墙，第一道距墓门 3.20 米，第二道距墓门 6.50 米。为了保存墓道结构，在原探沟内留下部分石墙。墓门形制与李昪陵大致相同，彩画已剥落，阑额上仅存片段牡丹花的轮廓。

墓前室南北长 4.67 米，东西长 3.73 米，地面至室顶高 4.81 米。三室的平面布局和立面处理，大致与李璟陵的前室相同。中室南北长 4.80 米，东西长 4 米，地面至室顶高 4.92 米。北壁无石雕，由圆拱门通过向后室。后室南北长 5.38 米，东西长 4.35 米，地面至室顶高 5.42 米。东西两壁各有两拱门通向便房，门两侧各隐出一立枋，阑额上置三朵补间铺作。北壁有一圆拱形壁龛，嵌入棺床的后段。壁龛两旁隐出八角形倚柱，柱间置阑额，柱上置栓头、柱头枋。室内有 7 个凹入墙内放置陶俑的小龛。地面用青石板铺成。室顶用石灰粉刷，亦绘天象图。棺床用四块青石板合成，长 4.40 米，宽 2 米，厚 0.40 米，中部亦有一长方形凹井，素面无雕刻。室内彩画受淤土及潮气侵蚀，完全剥落。

二陵由于数度被盗，随葬品多次被洗劫，剩下较有价值的遗物，只有一些位置被扰乱的陶俑和残缺不全的哀册。至于陶瓷器，除去封土中的覆碗，其余数量既少，且无一件完整的，但却是当时陶瓷工艺的重要史料。此外还残留少许玉、骨、铜、铁器。

陶器有带釉和无釉的陶罐。陶碗出自李昪陵封土内，均被夯碎，虽在探沟中掘出数千片，但可修复的仅 20 件，碗的里外施茶绿色或黄褐色釉。

瓷器有白瓷碟和碗及青瓷碗残片。

陶俑是二陵出土的随葬品最多的一项，总数有 190 件，为研究晚唐五代雕塑艺术和服饰制度提供了丰富资料。李昪陵出土的男女陶俑有 136 件，李璟陵出土 54 件，它们原来放置在便房的砖台上或壁龛内，经过盗墓人的扰乱，位置已被移动。从其姿态可分为拱立俑、持物俑和伶人舞蹈俑三大类。各类陶俑的底座整的有 129 件，残破的 137 块。

男俑 85 件。服饰比较繁复，帽子就有道冠状、莲瓣状、幞头状和方形小帽、风帽、胄形帽六种。衣服分内外两层，内衣不显露，外衣有四种：一种是方领长袍，向右开衽，胸前垂一长带，衣袖宽大；一种是圆领长袍，也向右开衽，腰有束带，腰下左右开衩；一种是战袍，全身披甲；一种是舞衣，有袒胸露腹的翻领舞衣和圆领舞衣，腰间都有束带。

女俑105件。大部分梳高髻，个别梳单鬟髻或双鬟髻。面部涂白粉，上面再施红粉，唇上涂朱。身穿广袖直衿外衣，胸前露出“抹胸”（肚兜），袒露颈下和胸前部分，下着曳地长裙。个别穿方领广袖外衣。有的还在外衣袖口上加“华袂”，两肩披“云肩”。还有一种是穿长袖舞衣。

动物俑有马、狗、鸡、蛙、骆驼和狮子等21件。

人首动物俑有人首蛇身俑、人首鱼身俑和人首龙身俑共20件。

二陵出土的玉哀册和石哀册是两种重要遗物，它是决定墓主和年代的依据。

李昪陵出土玉哀册共23片，用浅绿色或白色玉制成，大小相等，长16厘米，宽7厘米，厚0.30厘米。正面刻字3行，满行9字～12字不等，原来字内填金；背面刻编号。出土时已残损零乱，原分列两石函内，应属两部哀册。按照石函大小，第一部应有40片，现仅存17片。内容有：“维保大元年，岁次癸卯，十”（据《南唐书》补充，应有“一月二十有八日壬寅，哀”）“子嗣皇帝臣瑶（李璟原名景通，即位时疑改名瑶，后改名璟），伏以高祖开基，文皇定业，渍之德泽，薰以声教。”（下缺）“宝册，上尊谥曰：光文肃武（孝高皇帝，庙号）烈祖。伏维明灵降格，膺兹典礼。锡祐垂裕，俾安后昆。呜呼哀哉！”此为烈祖李昪的哀册文。第二部哀册原应有32片，现仅存6片。文中有“子夜云艾”“禋告严配”“屡泫柯于掖”“钦陵礼也”。比为哀悼女性，并含祔葬钦陵字句，当为元恭皇后宋氏哀册。两部哀册纪录着李璟臣服后周以前的庙号和陵号，而钦陵应是李昪和宋氏的合葬墓。

李璟陵石哀册是在后室棺床附近的淤土中清理出来的，共有40片，都是残evil，而且只有一半有文字。哀册用石灰石制成，表面呈淡黄色，内为粉白色，质地差容易酥脆。除3片较宽，其余都是2.80厘米宽，1厘米厚，每片刻一行。它们也分属两函。第一函有“髯断稽山鸟来”句，用的是黄帝乘龙上天的故事。据此当为“尊谥曰”：明道崇德文宣孝皇帝庙号元宗李璟的顺陵（“尊谥曰”三字系原哀册文，但下缺，依马令《南唐书》卷四补）。第二函3片较宽的哀册有“元”“后”“号之宝”字，2.80厘米宽的哀册有“凝睇”等字，指的应是中主（元宗）光穆皇后钟氏。顺陵则是李璟和钟氏的合葬墓。

其他遗物有玉饰片，二陵各出1片；骨珠4件，出自李璟陵前室；李昪陵出土铜钥匙1件、残铜镜片3块、铜钉帽12个；李璟陵出土“开元通宝”钱1枚；此外还有铁钉、朽木块和漆皮。

发掘完毕后，经初步整修，长期维护。1983年建成围墙、门阙、陵墓介绍碑亭及陈列室、接待室等附属建筑，1984年成立文物保管所正式对外开放。

南唐二陵的发掘，被评选为中国20世纪100项考古大发现。（李正祥）

（摘自《南京市志》12卷第97页～100页，方志出版社，2013年）

江宁县衙署的变迁

古城南京曾是十代都会。自晋太康二年（281）改临江为江宁，从此南京别名江宁，简称“宁”亦从此开始。江宁这个名称，在清代有两个涵义，一是指江宁府，“府”是明清两代的行政机构，介于省县之间的一级行政机构。清代江宁府是江苏省的首府，也就是第一个“府”。其二是江宁县，也是江苏省的首县，从五代十国杨吴天祐十二年（915）将现南京市区分设上元、江宁两县同城而治，相延至明清两代未曾改变。辛亥革命胜利后建立中华民国，废除府治，并且合并江宁、上元两县为江宁县。迄今已有七十余年的历史。近人对上元县这个名称已经淡忘。如同治年间曾修有上江两县志，即指此而言。再，原汉口等地有“元宁会馆”也就是当初旅居外地的上元、江宁两县人中同乡会性质的组织。清代上元与江宁是以内桥为界，桥南为江宁县，桥北为上元县，上元县衙署在白下路（现为市公安局五处）。

江宁县衙署在今长乐路邮电学校处。1958年长乐路未拓宽前，这里还依稀看出当年衙署气势。江宁县（含其前身）自建置以来曾七次迁徙衙署。七次变迁是：

第一次，秦始皇嬴政三十七年（前210）东巡以后，废金陵邑设秣陵县治，此为设县治之始也。县署设在今城东南江宁县秣陵关。

第二次，晋太康元年（280）分秣陵置临江县。太康二年改临江为江宁，此为江宁之始也。县署在今江宁县江宁镇。

第三次，唐时江宁曾先后改用归化、金陵、白下、上元等名称。县署在今朝天宫东。

第四次，南唐保大二年（944）割上元十九乡及当涂二乡设置江宁县。但县衙署只知在城区而不详在何处。

第五次，宋建炎二年（1128）移县衙署于今北门桥相近处。

第六次，元至元十四年（1277）移衙署于南城外越城侧，即今中华门外雨花路西南处。

第七次，明洪武元年（1368）迁衙署于银作坊（今长乐路），这里原是古赏心楼，宋景定元年（1260）马光祖改建为东南佳丽楼，因而著名。元大德二年（1298）曾移集庆路总管府于此。自明洪武元年移县衙于此，历时近六百年，署前街原名银作坊（今名长乐路），署西为长春巷（今名四圣堂），署东为丫头巷，原与长乐路相通，后为邮电学校所阻断，民间俗称“牢洞巷”。因县署以东为监狱，从前迷信，犯人尸体不能从监狱正门抬出，就在院墙旁沿地坪开一方洞，装有小木门，遇有犯人病死，打开小门即可拖出，故叫“牢洞”。

这里原名银作坊，其东约在今牵牛巷口至中华路，这一段原名“三坊巷”，附近还有叫铜作坊、铁作坊的地名。当年曾有人出一副以地名为文的上联征求下联，上联是“铜作坊、铁作坊、银作坊、三坊巷口”。惜乎应征的下联已遗记，特书此以求之。

经过数百年历程，这座衙署的原结构，包括花园路都比较完整，但清咸丰三年（1853）遭战火全毁，同治八年（1869）复建，次年竣工，有屋一百八十八间、廊三十八间，西面有典史衙，东面有监狱。县署有二坊，一曰“强化”，一曰“悦安”。

民国16年（1927）以后国民政府定都南京，将原江宁县管辖的城区和上元县划为南京市，设市政府直辖于国民政府。郊区为江宁县仍隶属于江苏省。民国23年改江宁县为江宁自治实验县，移县治于中华门外江宁县东山镇（一名土山镇），以迄于今。从此结束这里近六百年县衙历史，抗战前此处为南京电话局城南分局，解放后仍为南京电信局二分局及邮电学校使用。1958年拓宽长乐路时拆旧建新十分壮观，原衙署旧迹已难辨认。爰记始末备供参考云耳。（仇良矩）

（摘自《秦淮区志》第971页～972页，方志出版社，2003年）

名人与江宁

梁武帝出生江宁

据历史记载，南朝梁代开国皇帝萧衍出生于秣陵县同夏里。据史料考证，同夏里当位于今南京市江宁区原上坊镇境内。

梁武帝萧衍（464—549），字叔达，小字练儿。虽生于官僚之家，却肯刻苦读书，博学多才、文武兼备。二十岁不到就出仕做官，三十岁已当上将军。多次打败北魏的大举进攻，逐步掌握了齐北部和西北部地区的军政大权。中兴二年（502）起兵夺取帝位，改国号梁。即位前期，以天下为怀、励精图治、广开言路、任贤用能、生活俭朴，甚至50岁以后便不近女色。经一二十年的建设，国势蒸蒸日上，南方出现自魏晋以来从未有过的兴旺局面。

然而，梁朝却在中兴时期衰落了。一个重要原因是梁武帝佞佛、迷佛。他大建寺院，仅建康就有佛寺500多所，僧尼十万余众；他常率文武百官到寺庙举办法会，亲自升座讲经。更有甚者，四次舍身同泰寺，不理朝政，终于酿成天下大乱。太清三年（549），叛将侯景杀入台城，被软禁于净居殿的梁武帝饥病而死，终年86岁。他在位48年，是南朝诸帝中在位最长的皇帝。

关于他出生的时间、地点，《南史》的记载甚为具体："帝以宋孝武大明八年（464）岁次甲辰生于秣陵县同夏里三桥宅。""同夏里三桥宅"今何处呢？

民国商务印书馆民国20年（1931）出版的《中国古今地名大辞典》同夏县条目云："南朝梁武帝生于秣陵之同夏里，即此。后置县，隋省。故城在今江苏省江宁县东"（当时江宁县治在南京城内）。

明〔万历〕《上元县志》记载了梁武帝出生的乡名。该志卷之六同夏城条目云："在长乐乡，地有同夏浦，梁武帝所生处。大同元年（535）置县，因城焉。"

宋《景定建康志》记载了梁武帝出生地与南京之间的距离。该志同夏县条目云："梁武帝生于秣陵同夏里，大同元年（535）因以置县。陈属建兴郡，隋省，入江宁。《图经》云县东十五里有同夏浦，旧有城，今上元县长乐乡是其地。"

综上所述，可知梁武帝出生地点梁代称"秣陵县同夏里三桥宅"，宋代称"上元县长乐乡"，明代也称"长乐乡"。根据《景定建康志》引《图经》云"县东十五里"，查阅宋代、明代江宁地区图，可知长乐乡位置大体对应江宁区原上坊镇。

对文物古迹研究颇深的江宁张镛祥认为"同夏里三桥宅"在今上坊街道机场村前马场自然村一带。据张镛祥考证，这里是孙吴张昭所创娄湖所在处，地处秦淮河畔，风光优美、交通便利。萧衍之所以出生于此，乃因其父萧顺之是齐武帝族弟，南征北战辅佐有功，历居要职，郊居于此，而生萧衍。据近年出版的，由江宁区文化局、博物馆主编的大型地方历史文献《江宁文物》记载：在上坊镇土山机场附近的澳东村南，考古人员发现不少六朝时期的砖、瓦、青石构件，初步推测这里可能便是梁武帝时所设的同夏县治所在地。

近1500年过去了，梁武帝出生地"同夏里三桥宅"，乃至一座偌大的同夏县城的遗址已难觅迹。但是，了解这段尘封的历史，对于了解江宁大地上丰厚的历史文化积淀是有益的。在江宁这片昌盛的土地上，不仅有过秣陵县城、江宁县城（在今江宁街道）、丹阳县城、湖熟县城，还有过同夏县城。这是梁武帝于大同元年（535），为提高故里建置而设立的（辖境约原上坊镇、麒麟镇和雨花台区东部）。在江宁这片厚土上，不仅埋葬着宋武帝刘裕，陈武帝陈霸先，南唐先主李昪、中主李璟，还诞生过南朝一代开国帝王梁武帝萧衍。这无疑为江宁历史增添一笔重彩。

注：梁武帝宅“秣陵县同夏里三桥宅”以及娄湖，史学界也有认为在南京城南老虎头、赤石矶一带。

（摘自《名人与江宁》第 45 页～ 47 页，人民日报出版社，2005 年）

胡汉民汤山被囚

民国 20 年（1931）2 月，继李济深软禁汤山后，国民党元老胡汉民也被蒋介石囚禁汤山军人俱乐部。

胡汉民（1879—1936），字展堂，广东番禺人，清光绪二十八年（1902）留学日本，光绪三十一年参加同盟会。历任国民党中常委、中央政治会议主席、立法院院长等职。论资格，孙中山、廖仲恺逝世后，在国民党内胡汉民算得上是数一数二的元老。他性格刚直，对蒋介石大权独揽、以军驭政的种种做法甚为不满。民国 19 年（1930）年末的“约法”之争是蒋介石、胡汉民矛盾的爆发点。在 11 月 12 日召开的国民党三届四中全会上，双方揭开了论战的序幕。面对蒋介石关于召开国民会议和制定“约法”的咄咄逼人的气势，胡汉民毫不退让。他高举“总理遗教”大旗，说明训政时期的国民会议无权制定法律、选举总统、制定约法。胡汉民是国民党的理论家、辩才超群，他的理论阐释，使蒋介石的总统梦一时破灭。更令蒋介石难堪的是选举形势表明，支持胡汉民的省市代表明显占了大多数。这一切使蒋介石难以容忍。

民国 20 年（1931）2 月 28 日晚，蒋介石设“鸿门宴”将胡汉民诱往陆海空军总司令部。胡汉民被引进内室后，看见首都警察厅厅长吴思豫坐在椅子上，面目严肃、沉默不语，顿觉有异，欲返身离开但为时已晚，遂于次日凌晨被押往汤山军人俱乐部监禁。

胡汉民被软禁后，南京方面记者曾专程赴汤山采访他，目的是打探他的态度有无改变。胡汉民心里明白，事已如此说什么也无济于事，便不软不硬地应酬道：“我现在是无官一身轻。”出人意料的是，此时一个刺蒋行动在胡汉民禁闭室外正悄悄策划。那是胡汉民的亲家林焕庭所为。林焕庭为了替胡汉民报仇雪恨潜往上海找到人称“暗杀大王”的王亚樵，予以重金，请其行刺蒋介石。当年 6 月，王亚樵乘蒋介石去庐山避暑之机，令数名杀手化装成游客，将枪支藏于掏空的火腿中混上山去。一天，蒋介石在庐山太乙村住处散步，埋伏在附近竹林中的刺客之一的陈成冲上前去，朝蒋介石连开两枪都未打中，他正想掏出怀中的炸弹时，蒋介石的侍卫一阵乱枪将其击毙。被吓出一身冷汗的蒋介石遂令戴笠从速破案，但此案当时并未破出。

胡汉民从 2 月 28 日“入住”汤山军人俱乐部后，对月空叹，情绪之坏自不待言。3 月 8 日，即因血压过高迁回鼓楼附近双龙巷家中继续监视居住。直到“九一八”事变后，蒋介石迫于各方压力才于当年 10 月解除对胡汉民的囚禁。

（摘自《南京日报・江宁版》2002 年 10 月 25 日）

戴季陶筑“望云书屋”

民国21年（1932），时任国民政府考试院院长的戴季陶，在汤山东南麓的汤王庙温泉眼附近（今八三医院水疗室西面的山坡下）建造了一座别墅，称望云书屋，又名倚云书屋，而当地老百姓则称之为戴季陶公馆。

戴季陶（1890—1949），四川广汉人，祖籍浙江吴兴（今湖州人），字传贤，号天仇。曾留学日本，参加同盟会。民国9年（1920）曾参加筹建上海共产主义小组，后退出。民国19年后任国民政府委员、考试院院长等要职。民国37年6月，任国史馆馆长。随着国民党政府的日趋衰败，感到前途渺茫，于民国38年2月在广州吞服大量安眠药自杀。

据民国《南汤山志》载：“望云书屋，民国21年（1932），吴兴戴传贤置，建筑宏丽，松杉蔽日。”石三友所著《金陵野史》对望云书屋也有记载：“幽雅而富丽，内有佛堂、浴室、会客室等。”据当地老人回忆，戴季陶公馆规模较大，有书屋二三十间，其旁有泉眼（即今八三医院后面的温泉井），公馆接引温泉入内。

笔者藏有一帧摄于20世纪30年代初的望云书屋庭院照片，虽系“一角”又属复印件，但这一园林别墅的风貌仍可窥见一斑：院内精心修剪的冬青随路面的伸缩画出优美的弧形，一座飞檐翘角的房屋依山而建，屋面上的壁炉烟囱醒目地耸立着，走廊里的轩窗掩映着幽房曲室……戴季陶曾在此作小诗一首：“天地钟灵气，清泉沸似汤。濯缨兹已足，养拙更何乡。”由诗可见，戴季陶对温泉别墅幽雅的环境和闲适的生活是心满意足的。

望云书屋，民国26年（1937）毁于侵华日军炮火。

（摘自《名人与江宁》第158页～159页，人民日报出版社，2005年）

“蒋氏别墅”原主人张静江

汤山镇汤水河畔的温泉路3号，是一座美丽的花园温泉别墅，人称“蒋氏别墅”，即蒋介石温泉别墅。一年四季这里的沐浴者、观光者，络绎不绝。然而，岁月流逝，别墅最初的主人已经鲜为人知了。只有当地的耄耋老人还记得清清楚楚：“这块嘛，是张静江造的张公馆哎。”

张静江（1876—1950），国民党元老，名增澄，又名人杰，以字行。浙江吴兴（今湖州人），其家族是南浔镇四户巨富之一。清光绪二十七年（1901），以江苏候补道衔随驻法公使孙宝琦赴巴黎，为商务随员。因其善于经商，做古董和茶叶生意，发了大财。一次偶然的机会邂逅孙中山，后加入同盟会，为革命慷慨解囊，不遗余力，受到孙中山高度评价。孙中山称赞他是“革命圣人”，并亲题“丹心侠骨”四字相赠。张静江与蒋介石是拜把子兄弟，他对蒋介石的崛起曾起过重要的作用。蒋介石在“起步”阶段，之所以能在孙中山大元帅府当上校参谋，甚至也得力于张静江的举荐。正因如此，民国14年（1925）蒋介石取得两广实权后，也对张静江作出了一系列安排，如电邀张静江赴粤，尊其为“党国元老”。后张静江一度被推为广东国民政府常委、国民党中央执行委员会代理主席等要职。

民国 16 年（1927），“蒋介石携新娘宋美龄抵达南京，张静江以其汤山别墅作为贺礼奉送给蒋氏夫妇”（见《南京百年风云》351 页）。但是，这并没有能给张静江带来好运。由于种种原因，他与蒋介石的关系不洽，继而日益恶化。民国 19 年，被迫辞去浙江省主席一职，遂赴香港，后赴美国定居，从此脱离政界。

“张公馆”建于民国 9 年（1920），与民国 8 年江宁士绅陶保晋所建著名温泉别墅陶庐（位于“张公馆”北面，原址在今温泉路 1 号部队大院内）相毗邻。由于张静江在国外工作生活多年，见多识广，故所建别墅造型别致、风格典雅。别墅占地五六亩，由小楼、车库、侍役用房、花坛、草坪等构成。两层小楼坐北朝南，青石垒砌的墙壁坚固凝重，赭红色的琉璃瓦秀丽高雅。尤其，小楼半露出地面，半隐于地下，从外面看不像楼房，登至楼上感觉似在地面。这一独具匠心的构造，不仅使房屋与低矮的山坡、小巧的庭院相协调，且使筑于楼下浴池的水平面更加低于山麓泉眼的海拔高度。这样，一年四季，不论丰水季节的春夏，还是枯水季节的秋冬，无需抽取，温泉都能源源不断地流入别墅内的浴池。

1950 年 9 月，张静江病逝于纽约。蒋介石在台湾为他举行追悼仪式，亲书“痛失导师”挽联。

（摘自《江宁日报》2001 年 11 月 9 日）

李济深遭软禁汤山

20 世纪 20 年代末，国民党元老李济深（1885—1959）曾一度被蒋介石软禁于汤山军人俱乐部（今温泉路 1 号部队大院内）。

北伐战争以后，蒋介石与李宗仁的桂系矛盾激化，双方军事对峙、剑拔弩张。蒋介石一面调兵遣将沿长江向武汉进发；一面电召李济深赴京，要他出面与李宗仁、白崇禧斡旋。蒋介石为什么要李济深出面调解呢？这有很深的用意。李济深时任广东政治分会主席，握有粤系军权。他是广西人，与桂系关系密切，蒋介石怀疑李济深与李宗仁、白崇禧暗中勾结反对自己。只要李济深应召到京，便可控制他的行动分化粤系，同时割断粤桂的联系，算得上是一箭双雕之计。

李济深于民国 18 年（1929）3 月 11 日由广州抵达上海后，对蒋介石的用意有所觉察，便在沪上停留下来。蒋介石生怕李济深变卦，遂请吴稚晖、蔡元培、李石曾、张静江四位党国元老去上海迎接、劝说李济深来南京。四位元老在上海对李济深拍胸脯说：“蒋介石以人格担保，绝不会使先生失去自由，还说如果不肯去南京，中央只有对武汉用兵了。”李济深权衡再三，抱着国事为重的态度，于 3 月 13 日离开上海。他到南京以后才知道蒋介石并无诚意，自己上了当，但为时已晚。因为他不愿为蒋介石所利用，不肯出卖李宗仁，很快便被告之“且到汤山小住，洗洗温泉澡”，送往汤山软禁起来。原来向李济深担保的四位元老，深感愧疚，但又无可奈何。蔡元培气得拂袖去了上海，其他三位则常到汤山“抚慰”。吴稚晖甚至干脆搬到汤山居住来个“囚室”相伴。

李济深被软禁后，蒋介石为表示对他的“优待”，给他装了电话，向他提供报刊书籍，甚至允许他通信，但李济深并不领情，不改初衷。蒋介石便在国民党“三大”上将李济深永远开除出党，撤销一切职务。李济深当时苦闷和愤恨之情是可想而知的。从当年3月21日至7月31日，李济深被迫在汤山“小住”4个多月后转往南京继续监禁。李济深为什么被“转移”呢？原因之一是有人组织过一次营救行动。那是汤山人秦修荣，据说他曾参加过李济深的派系。当他得知李济深被囚汤山的消息后，便想办法营救他。他先主动接近监管李济深的负责人胡绍昌，此人是军人俱乐部里的副官，奉化人。秦修荣在与胡绍昌的闲谈中得知李济深的禁闭室与军人俱乐部外的程姓住户仅一墙之隔。于是秦修荣一面疏通程家，请其保密和配合，一面雇人在程宅挖坑道，打算救出李济深。谁知坑道还没挖成便走漏了风声。程家不得不以“挖山芋窖”加以掩饰。为了防止真相被揭露而掉脑袋，秦修荣匆忙逃往上海躲进了租界区，以至终身没有再回汤山。也许，此事发生后蒋介石认为汤山也非李济深久禁之所，于是便将他移住南京鼓楼其自己家中居住，并以一个排的兵力严加看守。

民国20年（1931）“九一八”事变后，在全民族一致抗日的强大压力下，李济深才被释放，恢复自由。此后，李济深逐步走上与共产党合作的道路。民国37年，他与何香凝、冯玉祥等人在香港发起成立中国国民党革命委员会，并被推选为主席。解放后，他曾担任全国政协副主席、中央人民政府副主席、全国人大常委会副委员长等职务，1959年在北京病逝。

（摘自《南京日报·江宁版》2002年10月11日）

于右任汤山结庐

民国24年（1935），国民党元老于右任请江宁知名士绅唐庆升出面帮忙，在汤山北麓、宁杭公路边，购买了一片约近百亩的山林，并在此建造了一座别墅，人称于右任公馆，又称草堂别墅。

于右任（1879—1964），陕西人，清末举人。清光绪三十二年（1906）赴日本留学，加入同盟会。民国16年（1927）以后历任国民军联军驻陕总司令、陕西省政府主席、国民党中央执行委员会常委等职，因长期担任监察院院长，在国民党内被称为“监察之父”。长于书法、诗词，是著名的书法家和爱国诗人。民国38年春，支持国共和谈，谋求和平统一。1964年11月，病逝于台湾。逝前，写下催人泪下之诗《望大陆》，深切地表达了盼望祖国统一的遗愿。诗云：葬我于高山之上兮，望我大陆；大陆不可见兮，只有痛哭！葬我于高山之上兮，望我故乡；故乡不可见兮，永不能忘！天苍苍，野茫茫；山之上，国有殇！

汤山的名人别墅几乎都是就近温泉而建，以得温泉之利。而于右任别墅所在的黄栗墅村附近的山林，既不靠集镇又不近温泉。别墅的主人可能是取陶渊明“结庐在人境，而无车马喧”的意境吧。于右任别墅占地约十亩，四周以竹篱笆围护，有房屋十余间。其中主房五间两厢，坐南朝北，青砖小瓦，传统大屋顶式样，三面带有走廊。另有厨房二间和供守护别墅及看山人居住的草房三间。此外，主房西侧有一座六角形的凉亭。亭子上盖茅草，下部由砖石砌成，可供人落坐，亭柱和主房廊柱皆漆红色。别墅内松竹掩映，花木尤多，有桂花、海棠、紫荆，还有栀子花、绣球花、风景桃等。

于右任常来别墅休闲小住，也在此读书、吟诗、写字、待客。一些民国大员如孙科及当地士绅曾来别墅做客。于右任对别墅一带风光山色十分喜爱，曾请阴阳先生来看过风水，在别墅前选了一块吉地，拟作自己的归葬之处。

别墅南侧篱笆墙外，挖有一个防空洞，洞内有台阶21级。民国26年（1937）12月，侵华日军进犯南京时躲在防空洞内的18位村民被日军发现，除一人（张礼海）逃跑、两人受伤未死外，其余惨遭屠杀。日军杀人后又将别墅内的家具搬到室外，放火烧毁……

据当年跟随父亲为于右任别墅看过门的张礼海老人（现年79岁）介绍，抗日战争胜利后，于右任还来别墅看过两次，但没有再重修。于右任曾书写一幅七字对联送给为他看门的张家，此联在“文化大革命”时被迫烧了。于右任别墅于1952年拆毁。

（摘自《南京日报·江宁版》2003年8月15日）

蒋介石与汤山

蒋介石与汤山的瓜葛似当从民国16年（1927）始。这年4月国民政府定都南京，蒋介石又在当年与宋美龄结婚。此后，他便常携宋美龄到汤山沐浴、休闲，汤山遂成为其心目中的政治别墅和后花园。

喜爱之地

提到蒋介石与汤山，20世纪80年代出版的一部《金陵野史》称：“蒋氏很喜欢这块地方。”蒋介石为什么喜欢汤山呢？汤山有温泉之胜，这是蒋介石情有独钟的。汤山有园林之美（早在民国8年，江宁士绅陶保晋就营建了著名的温泉别墅陶庐）、山水之秀，尤其原汤山小学（古延祥寺处）一带，青山耸峙、涧水清浅，颇似其家乡溪口风光，这也是令蒋介石心醉的。正因如此，他与宋美龄温泉浴后常常在汤山集镇附近的山水田野间散步。其中，常走的一条路是从陶庐边的老街处登山，沿山径走过“红房子”“蓝房子”（两座房子都是宋美龄为汤山小学所建教室。详见后面《宋美龄建汤山小学》一文），一直向北走到山腰的一座茅亭。尔后，便在亭内的青石凳上小坐观景。

由于蒋介石爱散步，汤山的老百姓就容易见到他。有文章称，蒋介石在汤山一带散步，警卫离他很远，甚至不带警卫，这不可能。笔者的舅舅生前说过与此相关的一件事：某次，他去汤山小学，听说蒋介石来了，便想凑上去看个究竟。不料，还没走近蒋介石，就被人猛地抱住手臂和腰。原来，他无意间将右手插在衣袋里，被蒋介石的便衣卫士怀疑是刺客，直到查清衣袋里并无手枪之类凶器，才算了事。

这一时期，蒋介石为汤山的一些单位题过一些字。如民国18年（1929），汤山小学“蓝房子”建成后，蒋介石接受校方请求，为该处教室题写了“慈庵课室”四字，署名“蒋中正题”。又如，同年，江苏省农民教育馆在汤山开设，蒋介石为该馆题写了“声壮”（一说“馨社”）匾额。

此外，民国26年（1937）出版的民国《南汤山志》载有关于复建汤泉馆（为南唐宋初文字学家徐锴在汤山所建）的一则史料：国民党元老吴稚晖因在汤山洗了个把月温泉澡，意外地治愈了腿部多年顽癣，于是一心想为汤山“补复”汤泉馆这一历史名胜。为此，他出面向江、浙两省及某些民国大员募得捐款 13000 元，其中“蒋委员长独捐 5000 元”。蒋介石对汤山的山水名胜喜爱之情，由此也可见一斑。

政治别墅

如前文所述，蒋介石既视汤山为“政治别墅”，那么，他就会让汤山为其政治服务，而绝不仅仅满足于生活上的享用。他利用汤山幽美的环境和人们普遍喜爱温泉的感情，在汤山招待友人、举办活动，甚至召开军事会议。关于此，汤山蒋氏别墅院内墙壁上设置的两幅“蒋介石先生中年时期照片”可资印证。这两幅照片其一是：民国 16 年（1927）4 月，蒋介石与胡汉民、吴铁城、伍朝枢、王宠惠、储民谊等政界要人的合影，照片下面注明摄于“汤山别墅”。照片上的背景画面正是这蒋氏别墅内小楼的台阶和正厅门窗。其二是同年 4 月，蒋介石与胡汉民、吴铁城、伍朝枢、王宠惠、储民谊等“在汤山”留影，背景画面为一小山坡（山坡低矮平缓，笔者考证认为当是蒋氏别墅西侧的小山坡，在今八三医院内）。又如，20 世纪 30 年代初，张学良来南京受到蒋介石热烈的欢迎（盖因此前，在中原大战中，张学良派兵南下“武装调停”，使蒋介石大获全胜）。蒋介石和宋美龄亲自陪同张学良和夫人于凤至到汤山别墅沐浴温泉、观光览胜、摄影留念。

一些重要的军事单位，甚至秘密组织纷纷迁来汤山或在汤山成立：民国 20 年（1931）前后，蒋介石在军政部长何应钦陪同下，召见汤山地区著名士绅唐庆升，商量建立炮兵靶场地点事宜，随后在德国专家参与下，号称“亚洲第一靶场”的汤山炮兵射击场，在汤山南面建成。当时所建 7 座观测塔，今存者三。民国 21 年，蒋介石“接见在华朝鲜临时政府成员，许诺以军事和财政帮助”。当年 10 月，旨在培养军事、政工、情报人员的“朝鲜干部培训班”便在汤山开办，先后举办 5 期，共招收朝鲜学员 78 人。民国 23 年，国民政府军政部兵工署弹道研究所在汤山成立（位于狼山下，当地俗称“大楼”，后被传为“戴笠楼”）。民国 24 年，当时全国“唯一的炮兵学校”由南京丁家桥迁往汤山，始称“汤山炮校”，蒋介石从该校迁往汤山后便亲自兼任校长……

此外，温泉胜地汤山还被蒋介石用作对付政敌的幽禁之所。如北伐战争以后，蒋介石与李宗仁、白崇禧桂系矛盾激化。蒋介石怀疑时任广东政治分会主席，握有粤系军权的李济深同李宗仁、白崇禧勾结，便设计诱李济深到南京，然后以“且到汤山小住，洗洗温泉澡”为由，将李济深送往汤山软禁 4 个多月。又如，因为“约法”之争，蒋介石与国民党元老、立法院长胡汉民相持不下，为了改变被动局面，蒋介石设“鸿门宴”邀胡汉民至陆海空军司令部，遂于次日凌晨押往汤山“休养”。

洗温泉处

关于蒋介石在汤山洗温泉的地点，有人以为即今蒋介石温泉别墅（简称蒋氏别墅）处。其实，并非如此简单。据有关资料和多位当地耄耋老人的叙述，了解到蒋介石在汤山洗浴处的“阶段性”。

民国 16 年（1927），蒋介石携新娘宋美龄抵达南京，国民党元老张静江以其汤山别墅（即今蒋氏别墅）奉送蒋氏夫妇。这时，蒋介石洗温泉处当然是在今蒋氏别墅处。但是时隔不久，蒋介石便改洗温泉处为军人俱乐部了。军人俱乐部在蒋氏别墅西北面，也是一处温泉别墅。其来历，民国《南汤山志》有载："民国8年，江苏省会官绅集资所置，不久即废。民国17年军政部就原址改筑今俱乐部。"所谓"今俱乐部"即后来的军人俱乐部。蒋介石既有张静江送给他的温泉别墅，为什么又转往军人俱乐部呢？一方面是因为新修的军人俱乐部条件不错，有卫兵把守门禁森严。另一方面是因为民国16年以后，由于种种原因蒋介石与张静江关系不洽，并日益恶化。蒋介石不再乐意去张静江的别墅，也在情理之中。抗日战争以后，也即民国34年以后，蒋介石又重新回到张静江送给他的别墅。这大概是因为，军人俱乐部在侵华日军占领期间遭到一定程度的破坏，再说蒋介石与张静江的"关系"也早已时过境迁。于是蒋介石命人将昔日的"张公馆"改建成自己专用的温泉别墅，从此告别军人俱乐部。值得一提的是，改建后的"蒋氏别墅""总统浴池"门口，设有一地下暗道，可通往近百米外的出口，出口处当年驻有宪兵部队。这可能是蒋介石吸取"西安事变"中骊山被捉的教训，而采取的不为人知的防范措施。

手 谕

此書抄寄梅思平 陈果夫 黄季宽三同志

湯山地方两年來 不惟無進步 而且祇有退步

一．湯山小學内部毫無精神 比前二年未有新校舍以前更為不如 甚至學生見其校長 教員不知敬礼 而校長入其講堂 學生澹然置之 並無立正 更無精诚親爱之忱可也 尤其是对校内校外加無勞動服務之事 该校長应早撤换 并不能再准其就其他学校教育職務

二．湯山有自治員 衛生處與警察 各種名目皆較完備 但入其村鎮 毫無秩序 对拎衛生清潔 更说不上 未知此種機關人員 究為何事 應将此各種機關 有名無实 揚（陽）奉陰違之主管者 嚴加整頓 凡自治人员 既到其地方 即应先從整頓秩序與清潔做起 不要祇做書面上报告工作 我间该自治员 萬家同到了湯山已經有廿餘日 而对拎其所住在之本鎮地方毫未有所改革進步 只在桌面上做一些报告書面工作 湯山如此 其他自治区亦必如此 是自治徒有其名而已 廿日时间不可為（謂）不久 雖不能全区社会普遍改革 而区区其就近百家之小村 此種不费什么之新生活運動 应可切实做到 而今 則毫無着手 反不如無 自治之名處 倒多实行也 可知江寧自治区毫無実際也 以後 凡鄉间社会各機關 应使其整個合作 例如湯山 有小学 衛生處 警察与自治员 此四個機關 应指定一个機關為中心 使之互相聯繫 切实合作 方能生效 或即以自治员或鄉長兼小学校長 指揮其他一切機關 则事必進步 然而 现在如湯山之自治员 不知辦事先後缓急之方法 縣政府对自治员亦必未注重其实際工作與先後缓急之程序 則决無效率可期也 请注意之

中正 十月十七日

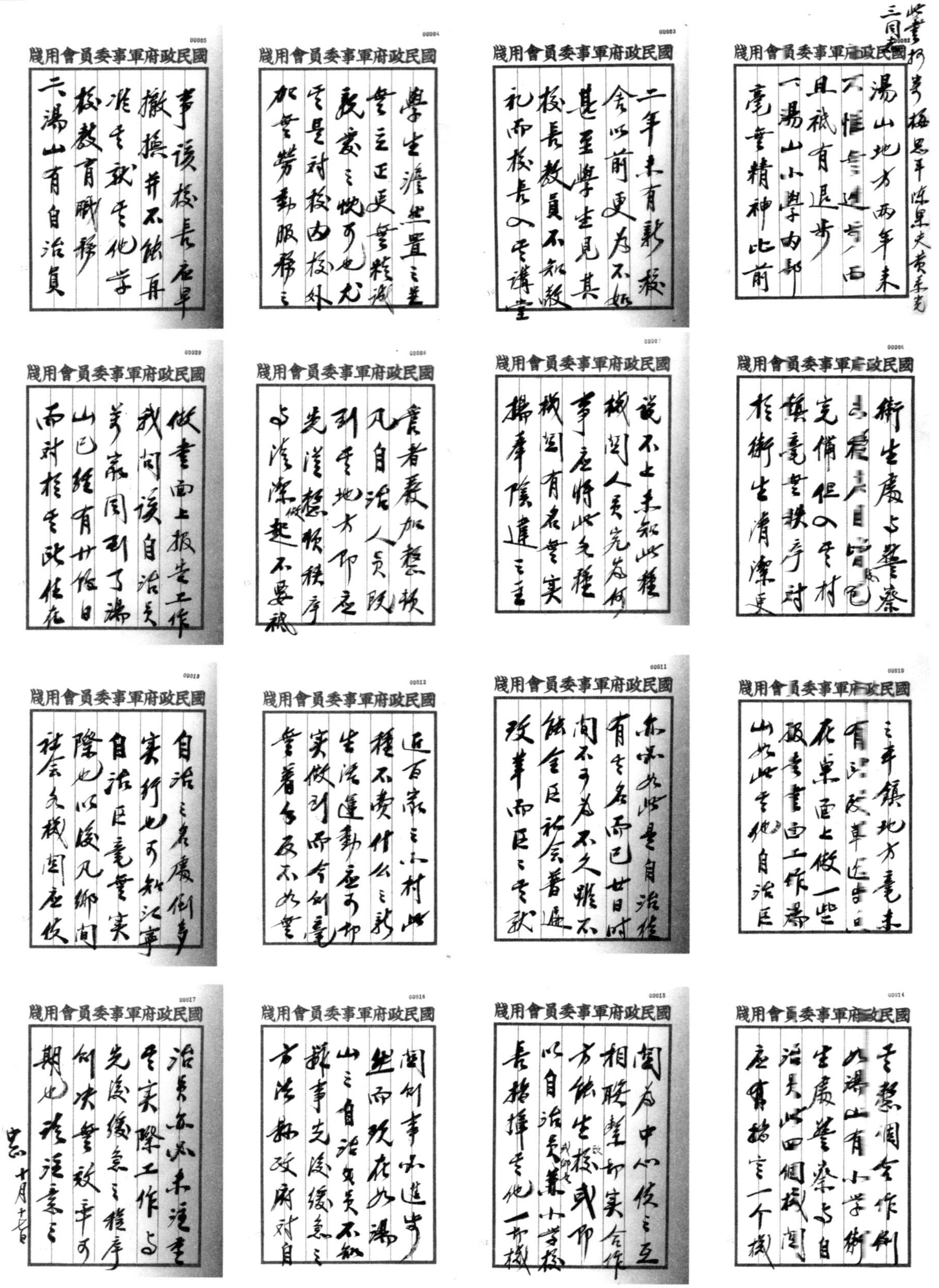

（摘自《名人与江宁》第 172 页～177 页，人民日报出版社，2005 年；《蒋介石手谕》为浙江省东阳市档案馆馆藏资料内部辑存）

宋美龄建汤山小学

民国时期，汤山小学一度又被人称为“美龄小学”，这是因为宋美龄十分热爱这所小学，并为该小学的扩建倾注过一番心血。

汤山小学创办于清宣统三年(1911),原名汤山高等小学,是江宁县历史上出现的第一所小学。该校为当地开明士绅、曾任南京政法学堂学监的唐庆升及另一知识分子唐庆功所创，校址在汤山集镇汤水河畔古延祥寺内。初创时，有先生六七人、学生百余人，校训为“智、仁、勇”，校歌歌词为：“汤山之阴汤水滨，我校适比邻。温泉源源水甚清，正育众学生。峨峨讲舍集群英，学问相竞争。有教无类勤学习，为国育才能。”

20世纪20年代后期，蒋介石常携新娘宋美龄赴汤山别墅沐浴，浴后又常在温泉池畔的汤山小学校园里散步。宋美龄见学校依山傍水、清幽秀丽，很是喜爱。以后，她见孩子们在破旧的古寺内读书，条件简陋，便萌生了修葺校舍的念头。大约在民国17年（1928）的一次浴后，宋美龄向蒋介石提议拨点款子给小学扩建校舍，蒋介石当即应允。不久即批下款项。

据20世纪30年代在汤山小学任教并担任过校长的唐起远老先生及有关人士回忆，建设学校的款子是分三批拨下的，因此修建学校也是分三期进行的。第一期工程是在北坡和山下盖“蓝房子”和幼儿园。所谓“蓝房子”是因为房子的门窗、廊柱皆漆蓝色油漆故名。此房共三间，两间作教室另一间是办公室。“蓝房子”下面盖有一所两间瓦房的幼儿园。此外，紧邻幼儿园的五间草房和西面松林坡上的茅亭（亭内有石桌、石凳）大约也是这一时期所建。第二期工程主要建造了“红房子”和大礼堂。门窗、廊柱皆用红色油漆漆成的“红房子”位于“蓝房子”南面高处，虽然也是三间但要比“蓝房子”大一些。笔者50年代上小学时曾在“蓝房子”和“红房子”里读过书，对这两座别具一格的教室留有深刻的印象。这是两座中西合璧的建筑，宫殿式的屋顶飞檐翘角，四周的回廊上林立着又大又高的方形檐柱。室内的地面铺着坚硬厚实的红松地板，窗子特别大且有气窗，这就使教室里分外明亮。大礼堂位于“红房子”南面约300米处低矮的山坡上（今八三医院内），造型美观、设计科学。室内水泥地面因地制宜前低后高，楼(局部有楼)上下两层观众席设有可翻动的靠背椅八百余张。据当年亲眼目睹过的老人们评价：“规模、质量不亚于当时的南京著名建筑物大华电影院。”第三期工程则是建造学校新大门和大操场。当年校门边的一座荷花池现保存完好。

这三期工程的进展也非顺顺当当，而是拖拖拉拉三四年。汤山文化站编印的《名镇汤山》中的一则轶事“瓦匠要钱”，从一个侧面反映了工程拖拉的原因，且颇为有趣，据说有一次因为钱款没有拨下来，房子盖了一半便停了工。时任汤山小学校长的唐起文（与前文唐起远不是一人）急得茶饭不思，他急中生智壮起胆子，有了法子。一天他得知蒋介石和宋美龄又要来汤山小学散步，便暗中令人将瓦匠头子绑在工地旁的树上。蒋介石、宋美龄走过工地时见工地停工，又见树上绑人自然要问原因。瓦匠头子便自报家门将上面钱款未拨下来，材料没钱买，瓦木匠工钱开不出，大家便将自己绑起来等一五一十地说了一通。然后他又冲着宋美龄喊“救命”……这事发生后没多少天，钱款就拨了下来。

三期工程全部告竣后，汤山小学占地百亩，规模之大、设施之齐，全县少有。与之相比，南京城内的许多小学也是望尘莫及的。据《江宁春秋》及有关史料记载，喜欢亲近儿童的宋美龄曾多次到汤山小学看望学生，并赠送糖果、糕点给孩子们吃。一次，在汤山小学，宋美龄听说一个女学生叫唐美龄，就高兴地把这个小女孩带到住处，给她买了一套新衣裳。当时人们议论：宋美龄是基督教徒，基督教徒往往以圣经上的名人作为自己的教名。唐美龄以宋的名字起名，宋美龄认为这是她的光荣，所以就十分高兴。由于宋美龄的关系，民国18年（1929）前后“蓝房子”建成后，蒋介石曾接受校方请求，为学校亲笔题写“慈庵课室”四字，署名“蒋中正题”。可惜的是汤山小学建成后好景不长。民国26年12月，侵华日军进犯南京时放火将汤山小学最好的建筑——大礼堂及相邻的两个教室全部焚毁了。至于“蓝房子”和“红房子”，一直做教室和办公室用，遗憾的是这两座优秀的民国建筑，于20世纪70年代中期被拆毁，今遗址尚存。

（摘自《江苏地方志》2003年第三期）

张学良汤山踪迹

20世纪30年代初期和中期,汤山曾迎来中国近代史上的民族英雄、“中华民族的千古功臣”——张学良。如今,虽然70年过去了,当地人民提起这段往事,无不以张将军光临此地山水而倍感自豪。

关于张学良在汤山的踪影，一些报刊书籍早有所记，如《江苏县邑风物丛书·江宁》在谈及慕名而来浴温泉的民国闻人时云：“冯玉祥、李宗仁多次来此试过‘圣汤’；张学良和‘赵四小姐’前来洗浴之后还和蒋介石、宋美龄一起留过影……”又如《金陵晚报》所载《张学良四到南京的踪迹》一文中也有“还到过蒋介石在汤山的温泉别墅”的话。

张学良曾来过汤山，在当地不仅有传闻，一些老人当年还曾亲眼见到过。原江宁县政协委员韩正礼（原国民党将领，1975年特赦战犯，汤山地区人）曾在《江宁春秋》撰文指出：“‘东北易帜’后，张学良偕夫人于凤至常与蒋介石、宋美龄夫妇一道在汤山小学散步。我有一次看到他们四人在茅亭（原汤山小学西北面山坡上的一座颇为别致的茅草亭）上合影。”20世纪三四十年代曾在汤山小学任教师和校长的唐起远留下的遗作《汤山旧时别墅多》一文中也提到：“至于原来的汤山俱乐部（即军人俱乐部）……张学良和赵四小姐也曾双双前来沐浴，并在这里和蒋介石、宋美龄一起照过相。”

岁月悠悠，往事如烟，张学良是何年何月来到汤山的呢？我们知道，张学良一生共来南京四次。第四次是民国25年（1936）12月“西安事变”后护送蒋介石返京，遂被扣押问罪，因此这一次是不可能来汤山游览的。此前，张学良三次来南京的时间分别是：民国19年11月12日、民国20年4月30日、民国24年10月下旬。这三次每次在宁逗留的时间均为1个月左右。由于在阎（锡山）、冯（玉祥）、李（宗仁）联合发起的反蒋中原大战中，张学良派兵南下“武装调停”帮了蒋介石的大忙，所以张学良第一次和第二次来南京都受到热烈的欢迎，被封为“国民政府陆海空军副总司令”等职，被安排游览名胜古迹，而由蒋介石陪同去其“政治别墅”汤山观光沐浴则是情理之中的事。其中第一次，有关史料明确记载是“携发妻于凤至”一同来南京的。第三次，张学良携赵四小姐等随行人员从西安飞抵南京，是来参加国民党第五次全国代表大会的。此次虽因所谓的“剿匪”不力受到冷遇，但当时尚是自由之身，赴汤山游览沐浴、散心解闷是完全可能的。

根据史料记载,张学良来南京四次的情况及前文所述韩正礼、唐起远二位老先生分别见到“张学良偕夫人于凤至”“张学良和赵四小姐”及韩正礼所云“常与蒋宋夫妇一道在汤山小学散步”,我们可以说张学良至少来过汤山两次。

（摘自《南京日报·江宁版》2002年11月8日）

粟裕1938年到铜山

共和国大将粟裕，与江宁铜山有一段特殊的缘分。那是抗日战争初期，中国共产党领导的新四军先遣支队司令部驻铜山桑园后业村。身为先遣支队司令员的粟裕曾在这里运筹帷幄，指挥横山地区乃至江南的抗日斗争。

粟裕（1907—1984），中国无产阶级革命家、军事家，湖南会同人，侗族。民国16年（1927）加入中国共产党，历任红军第一军团营、团、师长，新四军第二支队副司令员、先遣支队司令员，华东野战军副司令员、代司令员。曾参与指挥淮海和渡江等重大战役。1955年被授予大将军衔，历任解放军总参谋长、国防部副部长、全国人大常委会副委员长等职。

民国27年（1938）5月19日，由司令员粟裕、政治部主任钟期光，率领的新四军先遣支队由皖南挺进到江宁县铜山镇。司令部驻该镇西面的后业村士绅业文明家。粟裕亲自对业文明做细致的思想工作。当业文明问及新四军到此何干时，粟裕回答说："我们新四军到这里来，是为了消灭我们民族共同敌人——日本帝国主义侵略军。"业文明表示不敢相信新四军能打败侵华日军。粟裕解释说："日军的武器尽管比我们强，但中国地大物博，人口众多，更重要的是我们进行的是正义的民族解放战争，只要中华民族团结起来，就一定能战胜日本强盗。"业文明被粟裕抗日必胜的道理和信心所折服，表示要利用自己的声望为抗日战争做出贡献。

粟裕率领的新四军先遣支队到铜山后，张贴布告、散发传单，大张旗鼓地开展抗日宣传工作，周围群众很快被发动起来，各界人士都表示拥护中国共产党的抗日主张。乡亲们还自觉地捐粮捐款，热情慰劳新四军。在做好宣传工作的同时，粟裕派出多个侦察小组，分头对南京、镇江、常州的敌情进行侦察，对沪宁、宁芜铁路进行破坏，并抓住战机在镇江西南卫岗设伏，袭击日军车队，毁敌汽车五辆，毙敌少佐土井及大尉梅泽武四郎等十余人，取得韦岗处女战的胜利，揭开了新四军在江南敌后开展游击战的序幕。陈毅曾赋诗祝贺："抗日旌旗到江南，终夜惊呼敌胆寒。镇江城下初交战，脱手斩得小楼兰。"粟裕也曾以诗记之："新编第四军，先遣到江南。卫岗斩土井，处女奏凯还。"

驻铜山期间，粟裕还成功调解了国民党军江南游击队（原属国民党第32集团军）朱永祥部和国民党溧水县县长兼溧水地方游击队司令王松泉之间的矛盾。朱永祥、王松泉因闹私见，双方激战三日，烧毁300余间民房，死十多人。粟裕闻讯后，即派员分别前往朱永祥、王松泉处调解，教育他们以团结抗日大局为重，并在江宁横溪附近的许村庙设宴，邀朱永祥、王松泉及江宁、溧水两地士绅50多人召开"朱永祥、王松泉和解大会"，终于平息了二者之间的战火。

粟裕驻铜山的时间虽然不长（民国27年5月19日，粟裕率新四军先遣支队抵铜山。6月17日卫岗伏击战后，先遣支队即撤销建制，广大指战员分别还归一、二、三支队），但是他率领的新四军先遣支队在这里开展的一系列先期工作，为新四军大部队跟进江南打下坚实的基础。铜山，作为新四军挺进江南的第一个落脚点和根据地之一而光耀史册。

（摘自《名人与江宁》第178页～180页，人民日报出版社，2005年）

共和国元勋与汤山温泉

解放以后，汤山温泉回到人民手中，一批为共和国成立出生入死的开国元勋曾来沐浴疗疾。他们的到来为汤山增色，也被传为佳话。

据20世纪50年代初就在汤山八三医院做修脚工，现龄75岁的郑家顺老师傅回忆，仅他服务过的中央首长就有：朱德、董必武、刘伯承、叶剑英、陈赓、罗瑞卿等。五六十年代汤山接待首长和外宾一般都在汤水河畔温泉路3号的原蒋介石温泉别墅，后来部队在汤山南麓修建了温泉游泳池和山上温泉宾馆，接待条件有了进一步改善。

据郑家顺回忆，朱德和陈赓是1954年前后来的，董必武是1963年春天来的，据说还写有关于汤山温泉的诗。刘伯承任南京军事学院院长时因患足疾、灰趾甲多，几乎每星期都要来汤山做温泉理疗。刘伯承对汤山温泉甚为喜爱，离宁赴京后仍念念不忘，后来仅有微弱视力的一只眼睛也失明了，还先后两次来汤山温泉沐浴。叶剑英、罗瑞卿是70年代后期来的，沐浴和接待的地点是在温泉游泳池。

1960年12月，周恩来总理陪同柬埔寨西哈努克亲王到南京参观访问，日程安排中有到汤山温泉沐浴。但到达蒋介石温泉别墅后发生了意外——参观中当西哈努克亲王从翻译口中得知这儿原来是蒋介石洗澡的地方，神情骤变，固执地说："反动派头头洗的，我们不洗！"原来沐浴温泉的计划只好取消了。略事休息后，周恩来微笑着与守候的服务人员一一握手道别。40多年过去了，至今郑家顺依然为没有能亲手为敬爱的周恩来总理服务而倍感遗憾。

据郑家顺回忆，来汤山温泉沐浴的开国元勋和共和国将军还有：张云逸、萧华、许世友、杨得志、廖汉生等。

（摘自《南京日报·江宁版》2003年8月1日）

江宁旧方志

江宁旧方志纂修纪略

历代江宁、上元二县当政者均十分重视编修地方志书，其中有县志，有两县合志，还有专志和山水小志。今就笔者披览所及，作一综述，或可就一斑而窥全貌。

一、江宁县的旧方志

〔正德〕《江宁县志》 明正德十六年（1521），武宗驻跸留都（今南京），调阅江宁县志。知县王诰延生员刘雨博采群书，广延故老，编纂志稿以应。未阅月增修成〔正德〕《江宁县志》，采辑《大明一统志》、〔洪武〕《京城图志》及历代史书图经志谱文集有涉于邑者考入，并增入国志所载流寓、仙释。志前有序、凡例、目录等，志末有后序。中分为沿革表（列载历代建置名称）、官守表、建置沿革，山阜、川泽、风俗、户口、畜亩、赋税、物产，公署、学校、仓场、邮传，坊乡、市镇、衢道、桥梁，坛庙、寺观、楼阁，第宅、冢墓、古迹，宦绩、流寓、科贡，人物，列女、方伎、仙释共十卷。

〔万历〕《重修江宁县志》 明万历二十六年（1598），江宁知县石允珍因“往哲懿行，将日就湮；故老凋谢，不由质问；中间如坊里、赋役，休戚之大故，与夫二三贤哲标表当时，祠祀之宇增置凡几，靡匪关于大政，是何以无纪？”（李登后序）是以延邑人李登（字士龙，号如真生，官新野县丞）、盛敏耕（字伯牛，有隽才）、顾启元（字太初，进士，官至吏部左侍郎）重修《江宁县志》。志首有序、目录、凡例、县治图，末有后序、跋。中分沿革表和地理志、建置志、版籍志与户口志、祠宇志、古迹志、官守表与宦绩传、科贡表、人物传共十卷，其中地理志和祠宇志均引古籍所载内容和名人诗篇甚多。

〔康熙〕《重修江宁县志》 江宁县自明万历重修县志后，至清康熙二十二年（1683）又历八十五年，时过事更，且旧志又多断烂舛错。知县佟世燕遂延历阳戴本孝采录志林说部数十种，又问于邑之贤豪长者，重修《江宁县志》（此志暂缺）。

〔乾隆〕《江宁新志》 至清乾隆十三年（1748），江宁志之不修又六十五年。知县袁枚主修《江宁新志》，前有序、目录，末有拾遗（古志书摘录），有“图”载上江分界全图、上江两县学宫图、县治图、县境十二景图，各图后均有图说；“表”分沿革、秩官、选举（科贡）；“志”分疆域、建置、山川、民赋、学校、祠祀、古迹（评介名胜古迹并引录诗篇）、艺文、人物。

《江宁县政概况》 国民政府为改革政治，于民国22年（1933）2月成立江宁自治实验县，进行制度方法改革的实验。至翌年8月，为总结改革实验的经验教训，“检阅过去工作之得失，确定今后应采之步骤”，江宁自治实验县政府编纂《江宁县政概况》，前有目录、绪言，末有附录。全志分民政（四章12节）、财政（三章16节）、教育（五章7节）、建设（七章31节）、公安（四章19节）、土地陈报（八章24节）、事务管理（五章5节）等七部分，具体记述了改革一年半的情况，各章节均有图表数字等可供考核。

《江宁县施政概况》 抗日战争胜利后，江宁县政府实施“管教养卫”政策。为总结实施“管教养卫”一年的县政工作，于民国35年（1946）编写《江宁县施政概况》，前有江宁县行政图、目录、施政述要，分一般行政和民政（9目）、财政（4目）、教育（5目）、建设（8目）、社会（8目）、卫生（4目）、田粮（4目）、地政（2目）、保安（7目）、警察（3目）、兼理司法（3目）等十一部分的设施以及干训所办理情况（2目），多附有统计图表，保存了具体资料。

《江宁县乡土志》 民国5年（1916），孙浚源、江庆沅为供国民学校教学之需，编写《江宁县乡土志》，共八十课，分疆域（4课）、山（7课）、水（7课）、城垣（2课）、街市（2课）、风俗（6课）、物产（12课）、工业（5课）、商业（6课）、教育（2课）、交通（6课）、人物（10课）、古迹（8课）、田赋（2课），最末为结论。县志突出了地方特色，可惜过于简单。

二、上元县的旧方志

〔正德〕《上元县志》 明正德十六年（1521），武宗南巡，驻跸留都，索上元县志不得。知县白思齐遂延布政司检校、府庠生管景披搜前代图史文册，寻访古今事迹，依据《大明一统志》程式编纂《上元县志》。志前有序、目录，末有后序，分图表、疆域、山川、建置、版籍、祠宇、宫室、古迹、记录、摭遗等十类。

〔万历〕《上元县志》 上元县自明正德之季修县志，至万历二十一年（1593）又已七十余年，时易事更，缺未载者甚多。知县程三省乃延李登、盛敏耕、陈桂林合撰《上元县志》。志前有序、目录，末有序、后序、跋；有京城图和县境图，沿革表和历代县令表；分版籍、田赋、地理、建置、祠宇、古迹、职官、科贡、人物（269人）、艺文（录诗60余首、文近40篇）等十志，其中地理志和祠宇志均引录诗篇甚多。

〔康熙〕《重修上元县志》 至清康熙六十年（1721），上元县志之不修又历一百二十八年。而“上元为江宁（府）首邑，顾盼所及，罔非六朝遗迹，即不志犹将传。顾代经鼎革，运值升平；山川犹是，气象日新；风土依然，时尚各别；以及制度之沿革，文献之存亡，不可以不志者也。”（应天知府吴应凤序）知县唐开陶遂咨访旧闻，搜罗佚事，重修《上元县志》（此志暂缺），首重名宦先贤，次则风土文艺。明季所遗旧志无庸更易者因之，有所变通者损益之。

〔乾隆〕《上元县志》 清乾隆十六年（1751），上元知县蓝应袭延上元进士何梦篆修纂《上元县志》。由于清康熙和乾隆喜巡狩，游山玩水，且到处题记、咏诗，故自此志始，清代的府志、县志多设“天章”篇以记之。是志前有序（7篇）、后序（3篇）、凡例、目录等。除卷首天章（分蠲赐与南巡）与卷末摭佚（记名迹、人物甚详）外，共二十七卷，分天官、舆地（分8目，载图18和图说以及名人论形势等）、官守、民赋、学校、选举、祠祀、古迹、人物（立传人物1277人、无传列女267人）、艺文等十志。

〔道光〕《上元县志》 清道光元年（1821），上元县距修前志已七十年，时序推迁，事物更易，参伍错综，不无疑义。知县陈道坦以“国家教养之法久而不备，渐渍观摩而靡所遗。人丁，则蒸蒸日众也；文物，则郁郁日盛也；水陆舟车、负贩商贾，则洋洋乎日思往来而罔止也。”且何者宜增减，何者可创新或仍旧，均须搜罗而纂辑之，遂延陈栻、伍光瑜、汪度编修《上元县志》。志前有序、凡例、目录等，除卷首（分天章、圣训、蠲赐）和卷末摭佚、志原（录前志10篇序等）外，中分天文、舆地（分8目，载6图和图说等）、官守、民赋、学校、选举、祠祀、古迹、人物、艺文等十志。

三、江宁、上元合志

〔同治〕《上江两县志》 清同治十三年（1874），江宁县距修前志已有一百二十余年，上元县距修前志亦有五十余年；且上元、江宁山水环抱，境壤交错，形势全局，仅见一偏，名胜之地相望而不相及。上元知县莫祥芝、江宁知县甘绍盘乃延嘉宾，采山问水，搜集咨访，以续百年之阙佚，合编《上江两县志》。志前有序、目录等，末有摭佚。除卷首天章和卷末叙录（跋）、商例（凡例）外，中分圣泽、大事二记，山、水、城乡、田赋、食货、学校、兵、祠祀、建置、艺文等十“考”，秩官、科贡、列女、古今人、古迹、兵事、忠义、贞烈等八“谱”，名宦、乡宦、忠义孝悌、耆旧、方伎、方外等六“录”，还载山、水、宫城、两县境等图14幅及图说。

〔宣统〕《上元江宁乡土志》 清宣统年间，江宁陈作霖私撰《上元江宁乡土志》，共六卷，采用章节体，卷一、二志历史，分疆域沿革（5节）、本朝城垣沿革（9节）、本境历朝吏治（5节）、本境历朝兵事（42节）等四章；卷三志地理，分江宁府城中街道（3节）、元宁两县诸山（3节）、元宁两县诸水（6节）、元宁两县乡镇（2节）、元宁两县界址（4节）等五章；卷四、五志人类，分本境的世族（15节）、仕宦（5节）、文学（6节）、武侠（2节）、忠孝（3节）、高隐（3节）、宗教（8节）、贤媛（2节）等八章；卷六志物产，分本境的植物品（7节）、动物品（4节）、矿物品（2节）、食物品（4节）、用物品（3节）等五章。

四、江宁的专志、小志

《金陵古今图考》 明正德十一年（1516），应天陈沂（字鲁南，号石亭，进士，授编修，为当时“金陵三俊”之一）私撰《金陵古今图考》，除自序外，载16图及诸图图考，依次为吴越楚地图、秦秣陵县图、汉丹阳郡图、孙吴都建邺图、东晋都建康图、南朝都建康图、隋蒋州图、唐升州图、南唐江宁府图、宋建康府图、元集庆路图、国朝都城图、应天府境方括图、境内诸山图、境内诸水图、历代互见图。各图考叙述历史沿革较详。所涉地域均属江宁、上元两县辖境。

《牛首山志》 明万历五年（1577），上元盛时泰（字仲交，号净信居士）才横一世，却屡蹶名场，遂放浪山水以耗壮心，撰《牛首山志》。自序后分上下卷记述。上卷记述牛首山的名胜古迹，分山名、岩洞、地泉、殿庐、草树、法实六志；下卷分游览志和麓藻志，前者记述游览者的活动，后者记述有关牛首山的记、铭、名人游记、诗篇等。各志前均有文字洗炼的四字句小序以启其端。

《南汤山志》 江宁陶席三经营商汤，辟城市于山林，化萧艾为荃蕙，辑录掌故及名流投赠文翰。民国26年（1937），仪徵严伟觉之编撰《南汤山志》，目录后有图、照片、序。志分五部分，依次为旧闻、建置（包括汤泉性质分析）、名胜、艺文（录袁枚等人的诗百余首和赋、记各2篇）、杂组（录题记19则，发明、调查报告、轶事各1则，游记5篇）。（彭年德）

（摘自《江宁春秋》第十辑第114页～121页，1991年）

旧志序选

明〔正德〕《江宁县志》

寇天叙《序》

天叙以正德己卯承乏应天府丞。比至，欲考见其风土，始知府入国朝无志，及检故案，又知前尹今龚都宪弘丞、今许都宪廷光曾修纂有南京志草，取而阅之，再脱稿也，恐遂散夫，即委预纂修生员刘雨编次成帙。未几，上驻跸南京，有旨取应天府志，遂以进览。府且无志，况江、上二县乎！

夫今郡县即古诸侯国，古侯国俱有史以记时事，今郡县故有志。应天江宁首天下郡县，其风土人物尤宜记载。顾历百五十年无志，不谓之缺典乎？方欲梓行新草，第掣于事。迩者，有旨取郡县志。江宁令王诰闻命，明日白天叙，延生员刘雨修纂，讫四十五日书成，而其叙事不窘于仓卒，颇平实鲜谬，为二帙，凡总计几卷，亟锓梓以献。县经军旅，公帑罄竭无遗，是费皆诰出薪俸集事。

虽然逆藩甫平，六师旋轸，皇上不遑宁处，即令使臣四出取天下郡县之志，意者将考四海车书，以振起一统文明之治，甚盛心也。视异代取无益异物，动费不赀，有司岂不供乎？其相悬盖什伯霄壤也。自古英明之主，往往讲道于投戈息马之余，为人臣者，但知将顺，而力非所计。诰其晓此谊欤！

应天府丞寇天叙书。

明〔正德〕《上元县志》

白思齐《序》

金陵今为应天府，大京在焉，上元为府首县。正德戊寅思齐领部檄来知县事，惶惧谫薄不堪，因而图觅县志，欲豫谙其风土民俗洎前令宦绩可法者，博访无所得。比亖任，始知县旧无志。适府有修志之举，窃自喜曰：“府志毕，县志其易成乎！”明年庚辰，伏遇皇上南征逆藩，驻跸金陵。有司以职事奔匍，倥偬无晷刻暇息，奚以铅椠为哉？及其渠魁受缚，六师凯还，又有旨取郡邑之志。臣工莫不鼓舞欢呼，咸谓偃武修文，圣君御世之道，天下其有幸矣！

思齐尤私喜其县今有志也，即延府庠生管景，于邑稔知其雅博，故托焉。旬浃而志成。志成可喜也，又虑其公帑空竭，刻资无出，遂倡同寅各捐俸薪以协赞乃成。志已刻可喜也！或者有言上元、江宁并峙，京都事多互错，宜慎事，毋徒作木之殃。思齐闻之犹豫，亟取咸集，再加检阅，其发凡举例，悉遵《一统志》式，而地界因革，亦皆有据不谬；且知邑之官增品秩，民减赋租，皆我圣祖加惠赤县而然，诚异典也。他如里社有学即三王小学之制，养济有院即周惠群之仁，并历岁远废弛。正思齐讲求而未得者，今志悉著之，其为有益于县也，固岂不尟欤！

正德辛巳春正月，知县白思齐撰。

明〔万历〕《江宁县志》

徐大任《序》

君子所以不出户知天下者，其大本固有自哉！要亦以典籍具存可案覆而知也。夫问禁问俗，凡入国境者宜然也，而况莅其土者乎？郡邑之有志，固国史之遗，古职方之所掌，以周知其利病所系，甚重且切也。是故贤者慎之，唯污吏则思去其籍，恶其害已也。岁甲午之冬，南京兆尹当入觐，少京兆归安沈公，又擢抚闽省南铨，乃檄予署其事。既辞之不获，则以署，虽非久不敢苟也。尝求观其国故，则应天府志成于少泉汪公，当万历之初，载上元、江宁，则乡耆李新野登先生受两邑之檄重修，而上元志新成，江宁志最后始出。往，昆山周君诗令江宁有声，以旧志成于正德之季，自嘉靖来越七十载矣，而邑志不续，深阙之，檄李君。李君既编辑前卷，又推能者以自辅：如山川则属之盛文学敏耕，人物则属之顾贡元起元，而复总其成，至是始克就稿，视予且请为之序。予既习李君，而知辅之者皆所称博雅君子也。矧又一莅其土，质以予所经涉，有符契，有启助，大都叙事详赡，载笔该核。庸调则繁简休戚如指掌矣，风土则地形藻翰纻应接矣，往哲则硕人髦士具实录矣；诸余举凡立例、纪闻、征事，盖集诸乘之嘉者而酌采之，详无泛，简无略，文不过华，质不伤俚，与《上元志》称俪美云。诗曰："京邑翼翼，四方之极。"自上、江二邑分治，陪京丰邑之遗于是乎在。志成即不必询诸父老、访诸闾阎，一坐阅间而翼乎四方之极者宛在目也。司牧者主事其尤有稽乎？予也适观厥成，喜其有助我者，于是乎书。

万历乙未仲春之吉。

赐进士第、亚中大夫、南京太仆寺卿、署应天府事、前南京吏部郎中、宛陵徐大任书。

明〔万历〕《上元县志》

焦竑《序》

上元，古金陵，自诸葛武侯称为天府之国，孙吴实始都焉。六朝嗣起，文物勃兴，而规模建立未离偏霸。至我太祖高皇帝，藉江左之力，奄甸六合，定鼎于斯，虽一再世徙都北平，而二京并建，与丰镐争烈，非复六朝之旧矣。顾其因革盛衰之际载于典册者，自南《徐州记》《丹阳记》以下，若《景定建康志》《金陵新志》，各有所明。入国朝，陈太史鲁南撰《南畿志》《金陵世纪》，陈中丞宗之撰《金陵人物志》，于邑未有专述。万历壬辰，邑侯程公三省谓神州赤县，文献甲天下，而志独阙如，无以备考览、存法式也。乃属乡先生李公登、文学盛君敏耕、陈君桂林，揽众说，摭遗事，芟繁取要而成此书。夫地理、文学、祠祀、食货、兵卫与夫良吏、名人、忠义、孝友、高行、隐佚、儒林、文苑，靡不备载；而列女、方伎，若事之不可吐弃者咸附焉，总之为若干卷。于是数百里之内，二千载之间，其事可按书而得矣。程侯将刻而传之，以余为都人，与闻其事，请序于首简。余以谓先王之政，辨疆域、程土方、稽俗尚、慎封守，靡匪以适治而已。顾兴败之由，其来以渐，苟非早见而力挽之，则莫之能救。若是书所载，其龟镜也！何者？吾观其户口则由登而耗，赋役则由省而繁，财费则由缩而赢，吏治则由良而窳，人才则由实而虚，物力则由富而贫，民俗则由醇而薄：降本流末，何莫不然？斯非人牧所宜加意耶？

宋元祐间，伯淳先生为邑簿，如国史所纪，税均讼简，与夫脯龙池之神物，折道傍之粘竿，事甚微浅，乃邑之人矍然顾化，俎豆至今。以余所睹，记嘉靖中程公爔恩施甚厚，百姓歌之。今志成复属之侯。盖有造于事邦者，先后五百年而皆出程氏，何其盛也！藉第令为民父母者皆若而人，即国家丰镐万季之盛，将永永是赖，非独为一邑计而已。

余嘉诸君子发凡征例，以笔削为己任，又睹侯之审于政体，能知所重而亟图之，故乐书之，俾后之览者知转移之机，厥有所寄，必有憬然而悟者焉。

万历癸巳秋九月，邑人焦竑弱侯书。

清〔康熙〕《江宁县志》

佟世燕《序》

国有史，家有谱，郡县有志，其来旧矣，而谱志皆仿自国史。国史所未详，而谱志能详之；谱志有讹谬，而史实证之：亦相为经纬者也。然史必历朝之后始有成书，又善恶兼收，褒贬互见；而谱志则听其人之自为修举，有善而无恶，多褒而少贬，其势不得不然。且宗法既废，世本久湮，谱牒尤不足信；而志或操之于名儒宿彦之手，公之于輶轩里巷之评论，则犹有足征者，况今天子比隆尧舜，德迈成康偃干戈而讲文事，巍然焕然！命词臣纂修会典及一统志诸书，并敕天下省会大臣汇修通志以进。

世燕承乏江宁，阅旧志将历百年，断烂舛错，几不可读，因修书致币，敬问于邑之贤豪长者，征其记录，既蒙不惜家珍，又时闻见佐余不逮，余深感焉！大率宋以前事不患不详，而自元明以至于昭代，邑人所为志林、说部不下数十种，捃摭而裒录之，书成，凡十有四卷，复捐俸授剞氏，倘可以备掌故、资劝惩，诸君子之力也。

康熙癸亥仲秋江宁知县三韩佟世燕。

清〔乾隆〕《江宁新志》

蔡长沄《序》

于国为史，于郡为志，然则志固史事也。袁令以旧史氏来宰江邑，邑之人以志事属令。余谓令曰："观史者后之人论其是非，观志者后之人诮其得失，是为志难于为史也。郡志包括七邑荟萃成书，大要得其纲领而已。譬如，左氏书诸国之语不自为书也。邑志则山川、人物亲切考较如记述家物矣，是邑志更难于府志也。

夫江宁与上元居一邑，而上元之民戆，江宁之民华；上元土旷而瘠，江宁土肥而沃；地道十里一纡、五里一曲，天道十年一小变、三十年一大变。江宁与上元既迥然异状，而志之不修又六十年，为政者不知风俗之异宜、燥湿之异用，何以为治？即其忠臣孝子之事业、劳人思妇之文章与野草烟雾同归消灭，太守与邑令其能无恧乎？且夫吏才即史才也：吏之判牒对簿即史之证今考昔也，吏之断讼勘狱即史之彰善瘅恶也。袁侯来江宁历四年，政清人和，狱讼者不之府而之县，余得凝然静镇。是以其为吏者决其为史，庶几其无遗憾乎？

书既成，守兹土者例得弁数言于首，乃即书其所思之者以为《序》。

乾隆十三年岁次，知江宁府事蔡长沄撰。

清〔乾隆〕《上元县志》

周承勃《序》

从来志书家合县而为郡，合郡而为省，则县志实其发轫，职详之与职要殊科也，又况天下雄藩以金陵为甲，而金陵属邑又以上元为最，自六代、南唐以迄前明，咸为京辇，其形势区宇之广、人物材产之夥、礼乐政事之繁、建置沿革之迹，不可殚书，如欲网罗、搜辑、综核靡遗，戛乎难之。

然自本朝设省大臣驻节，恭逢圣祖仁皇帝六次南巡，翠华莅止，宸翰金章炳丹青而昭金石者，所在皆是。兹又恭逢我皇上继志述事，定于今年春銮辂亲临采风察俗，凡以备掌故而供酬答者，端有藉夫县志。于是上元令蓝君克勤其职，修举废坠，乐事勤功，既已晷刻不遑，而又出其游刃之智，抒夫制锦之才，博参载纪，招集文儒，排编新志，始事于庚午之春，藏事于嘉平之末，以予忝备观察，书成亟来请《序》。予细加翻阅，见其条理井然，考订精确，门类具举，疎略无虞，将后之征文考献者必有取于斯焉，爰乐得而弁其简端云。

旹乾隆十六年辛未孟春之吉，赐进士出身、整饬江南通道驿传盐法兼巡江宁道纪录四十二次、关中周承勃撰。

苏凌阿《序》

客秋，上元令蓝君重修邑志，开局草堂桥畔，延二三绅士相与考文征献，越七月而书成，汇帙送阅而请序于余。

夫志犹史也，《周礼》外史掌四方之志，以上之于王。春秋时，列国皆有史：左丘明据当世时事作《传》，以与麟经相比附；他如晋之董狐，楚之倚相，号称“良史”。沿及两汉，司马迁承父谈太史之职，创为纪、表、书、传，为史家体例；班固易八书为志，犹曰志固史之一体耳；至陈寿纪三国，则统名之为志，而编者列于一十一史之目：然则志与史固名异而实同也。

虽一邑所载较郡国为简省，而星野、疆域、山川、名胜、沿革、事迹以及官师、选举、人物、艺文之属，条分缕析，殊非易易，况上元为会城首邑，历朝建设都社犹存，网罗遗文不可胜述，我国朝重熙累洽，景运日隆，治化茂腾，人文蔚起，即此百余年内摽举盛美、卓尔不群，若无健笔鸿裁，安能撰次至当以与前志争驾？而蓝君毅然任之，采之博、择之精、叙之详、核之实，高文典册，直与列朝信史相为辉映，而有光旧垂文不待言也。

夫君子之经世也务其远者、大者。贾谊曰：“俗吏之所为在乎刀笔筐箧而不知大体”。以此见蓝君志在远大，吏事本于经术，岂百里才所易几及者哉？抑余更有庆焉，今岁春月，圣天子翠华南幸，方将驻跸上邑，流览雄区，凭山控江，俯仰今古，而是志届期告竣，足以表图经而备掌故，此实千载一时之嘉会，不可不恭志之，以昭示来兹也，是为之《序》。

乾隆十六年岁次辛未孟春之吉，署江宁府知府事、同知长白苏凌阿撰。

何梦篆《后序》

明代《上元县志》终于程公三省，而邑人李登载笔焉。当是时，《条编法》虽行，而邑之坊厢里甲诸弊枝蔓未除，作志者其有忧患乎！我国家龙飞景运，督抚大吏勤宣令德以达下情，守土之长砥砺廉隅，隩体百姓，前令遂宁唐公哀然创始，梦篆曾赞一词，今蓝侯以孝廉文吏膺天子简命而来，兴贤育才，体国经野、汲汲谋所以修县志者，会城绅士亦遂响风慕议，争先佽助，以请于列宪。篆用是不获辞，七阅月书成。

越明年，翠华南幸，外史呈一方之志：于山川，见扶舆之清淑；于风土，见士女之淳庞；于上下、古今、忠臣、良吏、义夫、节妇、沐浴于大顺、大化者，见贞元之会合，而从事珥笔之臣，润色休明，鼓吹大业，以视昔之人感遇流连，废节三叹，其人代之荣悴，时事之迫舒，相去为何如也？亦又因之有念矣。

篆先世蜀人，自曾王父待御古籍金陵，邑之有志一再修焉。知罪付之不问，独是通籍。后承乏岭南较坡，公七年来往不啻倍之，顾以新安海隅僻陋，文献无征，曾不得讨邑乘而搜辑焉。闻蓝侯之风，其亦重自愧也已。

乾隆十五年嘉平月，赐进士出身、内府中书科中书舍人、前知广东新安县事，邑人何梦篆序，时年七十有八。

清〔道光〕《上元县志》

余霈元《序》

志者史之准，邑者郡之分也，由邑而郡，由郡而省、由省志而一统志，皆于一邑焉。肇端志，顾可不慎哉？上元县之有志，明正德间始创为之，计入国朝以来，修复之事亦再举矣。幸逢圣圣相承，修养培植之深，文物声名之盛，史不绝书，独志阙焉而弗备，甚非所以宣德教、征文献也。予从京江调任于兹，值前守吕公仲笃纂修郡乘，甫阅数载，无俟予更赞一辞，而历官九年之中，修学校则大成殿明伦堂巍然焕然矣；兴水利则泮池西流、运渎畅注潆如济如矣；以及水灾之议赈血、疲决之筹调剂。予得追随诸大宪后扬仁风而望余光，于邑皆不可不志者。壬午夏邑令岐山武君念祖量移上海，将行，笃念旧志之废坠，慨留清俸为剞劂资，属邑之贤而有文者增辑之，是亦去思之一端也。

越甲申，志既成，恭览首登盛典，隆恩永垂万禩；分卷若天文、若舆地、若官、民赋，必详必审，学校、选举、祠祀、古迹之属，靡不考核务精、实事求是；至于人物之贵征信，艺文之富流传，亦皆井井有条，较之旧志盖几有文省事增之美矣。

陈司训械尝进质于予曰："此志之修不捐资、不设局、不烦采访邑之人、以六令临主之属，各出心力，矢公矢慎，期于无滥无遗，然窃谓所难即在此，盖有局以萃书籍、公商榷，今则参订容有未周，又弗经采访，或不无小略偶伪，常用是斤斤焉。"其言亮，非无谓，抑予愿有进者：一邑之志固宜以界址属籍为据，依其实，上、江二县，山水环抱，境壤交错，初本一邑也，今区分之，则形势全局仅见一偏，名胜之地相望而不相及，科贡通考而父子兄弟弗并登，观者惑焉。予以为二县若会同纂辑合为一志，俾无华离而于统同之中，复为辨异界址未尝不明，属籍未尝不著，岂不蔚然更成巨观哉！是在后之有同志而能协者，予因乐志之成为之弁语而兼及之。

道光四年岁次阏逢涒滩阳月，赐进士出身，前刑部浙江司郎中总办秋审军机处行走方略馆纂修，辛未会试同考官、江宁府知府加道衔、署江安督粮道事德化余霈元序。

武念祖《序》

邑之有志也，所以悉沿革、辨损益、扩见闻、存疑信也。建业为古都会，唐始分为上元，山川之形胜、户口之繁盛、赋役之征输、建置之废兴、物产滋丰、人文蔚起，大江南北莫之或先，尤不可以无志。余莅兹土先后凡六稔，询曩志板刻，闻为祝融灾，觅其书不可得，久之始获一帙，知修于乾隆之辛未岁，距今已七十年矣，其间参伍错综不无疑义，而此七十年中，时序推迁，事物更易，若者宜减、若者宜增、若者创其新、若者仍其旧，非搜罗而纂辑之不为功。友人汪君晴峰、罗君抑山与余共晨夕，知最深，因谋之两君，两君复为余谋之陈广文榕轩、伍封君屏秋、陈孝廉敬敷茂才、吴君子见、管君异之、汪君郎楼及同学诸君子，分门别类，各任其劳，不数月间，次第成稿，虽规条一切仅就曩志润色成之，详瞻精严犹有待于后之作者，而数十年来沿革之由、损益之故，所闻所见传疑征言，亦复于斯略备，盖诸君子既乐予之能举废，予亦乐诸君子之图功也。是役也不醵金、不设局，无捐输之扰、无经费之繁，需款无金而观成剧易，何捷如之？然则诸君子不惮勤力以从公，予能勿鸠工以蒇事乎？刊将竣，爰志其缘起如是。

道光元年岁次辛巳八月，加州衔知上元县事岐山武念祖并识。

陈道坦《序》

邑之有志也，自明正德间白君思齐始也。思齐之后，修于明者一，修于本朝者再。盖自乾隆辛未迄今又六十余年矣，国家教养之法久而大备，渐渍观摩而靡所遗：丁男则是蒸蒸日众也，文物则郁郁日盛也，水陆舟车、负贩商贾则洋洋乎日思往来而戾止也。

予自南宫告捷，筮仕于兹，览其山川，按其图记，上控江、汉，下连吴越，壮哉金陵！诚东南一大都会哉！及欲检校志乘，梨枣缺如也，为怅然者久之，而予遂宰大江以北者四三年。今年壬午，猥以不才调任受代，方将寻绎旧闻，一抒夙惠，前令尹武君润泉念祖已延学博陈君榕轩栻暨邑之贤士大夫分类编著，正其谬误，删其繁琐，当因者因之，当增者增之，书成计卷二十有六。

余虽不获公余退食簪笔从诸君子后相与参订而修明，而乐观其成不能相忘于无言也。窃谓邑志之举废，地只百余里耳，而必待诸数十年之后适值其时、适值其人，然后纂成其书，可以资考鉴而征治理，宰斯者顾或忽乎哉？

道光二年冬月南郑陈道坦撰。

清〔同治〕《上江两县志》

李宗羲《序》

同治甲戌之夏，上元、江宁两邑修其县志，其冬告成而请序于予，会予病已深，不能卒读，仅以予意所欲言而告之曰：曩诵诗至《七月》，见其观天时、纪物候、勤农桑、修武备，终于跻庠序，称觥祝嘏，情谊肫挚，何其俗之美至于斯也！东南形胜在京口不在金陵。自诸葛公欲结孙吴以为援，乃以龙盘虎踞将顺其美，意在止其都武昌耳。自是为都、为省，相沿千有余年，文物典章蔚然极华采斌璘之盛，可谓至矣！

顾其城郭濩落寥廓而无当，攻守俱困；登高遐瞩：白草荒烟，榛荆四塞，不如杨吴之善也；秦淮一河，狭邪所萃，使人志气靡曼，风俗衰敝，昏昏无廉立之节，消金之壑其末矣。阛阓诈谖，锥刀是竞，尚技巧，工趋避，民习其风，遂以忠信笃厚相诟病。为之士者必不屑屑计温饱、从耆欲以倡之，庶皮弁执豆或挽什一于千百，犹斯邑之幸也。然则江山之盘郁行省廨宇之建置不能变者也，其余即可变而或非其时、或无其力，也不能猝而变。若夫民俗士风之盛衰，此良有司所宜留心者，期无失乎邠风而以六代为殷鉴，则志之尽善者矣。

赐进士出身、兵部尚书、都察院右都御史、通商大臣、总督江南江西兼管两淮盐政李宗羲撰。

蒋启勋《序》

国家崇儒重道，治隆三古，自宰相以逮守令，咸慎简通经史达治体者、以在位所以为天下计者至深且远。予家世以文学被恩遇，过庭之勖一出于经训，暨成进士，官铨郡，逮出守金陵，罔敢逾越。惟金陵之被兵也久残破甚于他郡，昔之郁乎焕乎其文物者，已澌为冷风，深惧菲材不足振兴治术，用是兢惕。

今年春，上元令莫君善征、江宁令甘君愚亭同以修志事来清。余谓志为周官小史之遗，《春秋》之支津也。《传》曰："拨乱世而反诸正，莫近于《春秋》。"二君其裨予之不逮，与二君遂延嘉宾，采山问水，剪伐枚肆，掇拾灰烬，搜辑咨访于狐兔之野，以续百年之阙佚，虽曰述故，其功乃倍于作者矣。

夫志之为类大凡有三：一曰"由旧"，《春秋》所谓"古常"；一曰"新作"，《春秋》所谓"托始"；一曰"阙文"，《春秋》所谓"无闻"。而为信史也其咸丰以来兵事；又《春秋》所谓为天下记异者治世之要务也。然非握铅椠诸儒道同相称、德合相友，亦安能隐括一是使就绳墨而同巨哉？

书既成，余顾而乐之，谓非二君子之好儒，必不足以致诸儒；非诸儒和而相同，必不足以成巨制，假天下之令尹皆知笃于儒以裨治化，则我国家亿万年无疆之休基于文治，后之君子其亦有乐乎比也。

赐同进士出身、知江宁府事、前河南道御史天门蒋启勋撰。

梅启照《序》

礼言三达德，始于知而成于勇，谓制事繇其识之明暗，任事视其力之勇怯，故曰待其人而后行，苟非其人，事必不能顺而集。同治甲戌，上元令莫君善徵、江宁令甘君愚亭同谒予，以合修其县志请。予壮其勇也，许之而畀以千金，俾开局延宾客。岁暮书成，莫君已牧通州，甘君独以序来请，且言剞劂之费尚不足。予诘之，曰："兵燹既久，典籍无徵，耆成徂谢，是果能网八代之佚使无遗乎？中兴十余年，圣君贤相，勋业侔天地，榘矱弥宙合，三、五、六籍所未有也，是果能纪载光烈，使为万古之仪型而无舛戾乎？"则对曰：唯唯、否否。二邑之无志，近者数十年，远者且逾百年，非其令尹不若某等也；彼皆志量鸿廓，图巨细之无阙，濡需翱佯遂并其概乎？尝有闻者而忘之，以迄于今也。夫志地成例条分件系如涂，涂附实为通蔽，晋乘、楚檮杌是也。兹略次以谊法，俾后人知当时之宜，其大者、远者，靡不诠举之；其琐细、怪异、淫放之前记，与夫圣政名臣奏议之不颛于金陵者，固在所略也。若夫侈寺观、叙鬼神，搜神宣室之所长也，然儒者不之齿。谈士女、慕宦达，华阳汝南所不免也。兹特谨焉：铺张名胜以备游览，祝穆、曹学佺之能事；参错诗文，又潜、说友、周应合之博综，兹皆芟柞，以非图经之要领也。其繁赜不逮宝庆，而简略亦不若朝邑武功，其诸蜩鸠之枪榆枋，菌蛄之不慕灵椿而已。予作而叹曰："二君于此乃不可及也。夫天下之事，败于须而成于决；失于脔卷怆囊以待其所谓该遍，得于积卑合水各尽其识之所至，而不求时俗环玮諔诡之观。且夫君子之图功，不以誉而劝，不以挠而阻，不以暖姝一人之谤而中辍。非夫知之精而勇之至者，孰能及此哉？天下之事，须人者多矣，二君其勉之，独一志也与哉！"因助以刊资，而属其速付手民焉。

同治十三年甲戌仲冬。

赐进士出身钦命江宁布政使司布政使南昌梅启照撰。

文件辑存

江宁自治实验县迁治地址意见书

窃以县治为一县政治之中心，其地点适宜与否直接关系行政之效率，间接影响治绩之隆替。江宁为苏省西南门户，面积辽阔，西北滨江，内有秦淮，东以栖霞、青龙、大茅诸山与句容为界，南有西横、天马、金台诸山横阻于安徽边境，环山抱水，形势雄伟。

自首都南迁设市以治，江宁四乡环抱，顿成险要之区。如何促进四乡之治绩，如何发展市外之事业，以宏首都之畿辅，壮中外之观瞻，实为紧要之图。乃查江宁县政府局促南京市内，寄人篱下，以言守成，已多牵制，欲云发展，更属无从。是以一年以来，凡关心县政者，多主迁治，前并曾经组织规模宏大之迁治筹备委员会，举凡全县党政及自治人员，暨地方士绅无不尽量罗致，群彦济济，宜能高瞻远瞩，审慎抉择矣。顾人多则意见分歧，会屡开而议莫能决，甚或怀乡土之成见，发主观之见解，群议朋兴，各有所是，纵议而决恐亦难行。今江宁既改自治实验县，从兹政象更新，百废待举，迁治之事，尤为刻不容缓，良以县治不迁，一县政治中心未定。未定，许多事业皆难着手。考江宁过去迁治地点，初选湖熟、土山、板桥、江宁镇、淳化、秣陵关六处。江宁镇偏于县之西南，与各区之距离太远；秣陵关地势低湿，时有泛滥之虞；淳化镇交通困阻，地势稍高，难以发展。故经一番研究、比较之后，乃决定为湖熟、板桥、土山三处，综合各方意见，大凡党委多坚持板桥地方，绅商则倾向湖熟，前建设局则独主土山。前二者重视眼前之便利，后者则着眼将来之建设。考县治既为一县政治之中心，则为行政之效率计，为发展全县建设事业计，应考虑左列各条件：

一、地点适中，行政上便于指挥，治安上易于控制。

二、水陆交通便利，与各区之往来能于一日到达。

三、地方经济有相当基础，且有发展可能。

四、初步建设易于完成，全部建设合于经济。

五、地势雄伟，据有山水之胜。

兹根据上列条件，比较板桥、湖熟、土山三地之优势：

一、地点 板桥偏于县之西部，湖熟偏于县之东南，土山适在县之中心。

二、交通 板桥距长江甚近，自京芜路筑成后水陆交通颇为便利。湖熟交通，水路仅赖一秦淮河，陆路不通公路。土山目前交通状况与湖熟相似。

三、经济 湖熟为江宁最大市镇，经济已有基础，将来水路交通改良，当能日趋发展。板桥为一小市镇，自美洲华侨建设新村组织公司以后，经济状况亦略有可观，苟加以经济，亦不能发展。土山前本为一大市镇，经洪杨之役之摧毁，地方已残破不堪，惟其适居秦淮之中流，陆路交通改良以后，将有发展之望。

四、建设 土山、湖熟有公地可资利用，板桥则附近有砖瓦厂，初步建设皆易完成。至于全部建设，则土山因地点适中，较为经济（全部建设不仅指县治所在地，并包括县治与各区之交通）。

五、地势 土山山环水抱，地势最为雄伟。板桥地处平原，湖熟高低皆有，地势均不如土山之雄伟。

以上所析板桥、土山、湖熟三地大抵各有短长，交通便利者未必地点适中，地势雄伟者又苦建设无相当基础，迁治问题所以议而难决者在此。然若不仅着眼于目前的便利而作进一步之研究比较，则迁治地点土山实较湖熟、板桥为优，请言其理由于左：

主张迁治板桥者，一谓其地近长江，水路交通便利；一谓京芜路完成以后，陆路交通亦极便捷。其地平坦，发展可不受地形上之限制。一谓其地有华侨所组织之新村及公司，建设事业颇具规模。

上述理由，除地势平坦一项外，余多似是而非，板桥地近长江，沿江而下可达上海，溯江而上可抵四川，便利诚便利矣，但于此有须注意者，县治地点与商埠不同，长江虽大，但江宁县可资交通、灌溉者，仅第一、第九、第十三区而已，与秦淮河纵贯全县南北，支流分布有如脉纲者不同。谓京芜路完成以后陆上交通便利，此亦仅可指其与南京之交通便利而已，非谓京芜路通板桥与江宁全县各区交通即便利也。至于华侨所组织之公司、新村，因年来营业不振，陷于停顿，新村则除有洋房数十幢颇壮观瞻外，中多老弱妇孺（少壮者均在外），不仅于经济上或建设事业上无任何意义，且因言语习惯不同，十年来尚未能破除与当地住民之隔膜。

然板桥之不适于迁治，尚不止此。板桥位于县之西南，与第一、第三、第五、第六、第七各区之距离太远，行政上不易指挥，治安上难以控制，且将来发展全县之水陆交通，板桥并非一理想之中心地点。况板桥东见阻于牛首山，即欲以此为中心地点，亦必迂回曲折，而所费不赀。

主张迁治湖熟者，一谓湖熟商业，为江宁最大市镇；一谓湖熟空地及庙宇颇多，足资利用。湖熟居秦淮之滨，得天然形势之利，加以人力之经营，故能吸收溧水、句容农产品，蔚为一大市镇，但湖熟僻于县之东南，与溧水、句容县境相近，距第一、第二、第九、第十各区甚远，控制、指挥颇感困难，故主张以湖熟为江宁县政府地点无异主张上海为中国国都。若夫以有空地庙宇可资利用而主张迁治，其理由至为薄弱，要知迁治乃百年之计，非可仅顾眼前便利也。

板桥、湖熟不适于迁治地点，其理由已如上述。至于土山苟着眼于将来全县之建设，实为一理想地点，请详言之：

1. 土山适居全县之中心。县府统辖全境，非地点适中难期遍顾，非交通便利不易指挥，土山适居全县之中心，与各区来往均可于一日到达，管理控制如臂使指，行政上有普遍之利，治安上无疏漏之虞。

2. 土山适居秦淮之中流。秦淮纵贯全县之南北，支流分布有如脉络，现因年久失浚，河身日就淤塞，每年可通轮船者仅五六个月而已，将来修浚以后，水路交通将无间，冬夏畅行无阻，溯江而上，一小时可抵南京。沿江而下，一则可经湖熟而达句容，一则可经秣陵而入溧水。行见数年之后，将帆樯如林，煤烟缕缕，凌驾板桥、湖熟，蔚为江宁第一大市镇矣。

3. 土山为一理想之县道中心地点。查江宁道路交通，均以南京为出发点，东有京杭国道直抵杭州，南有京建省道可通皖、浙，西南有京芜省道直抵芜湖，辐射分布，略作扇形。土山地近诸路，倘修纵横短线各一条，纵线北通南京、南抵湖熟，横线东联京杭、中贯京建、西接京芜，则于最短期间由土山非仅可畅行于本县边区之汤水、湖熟、秣陵、陶吴、朱门，以及板桥、江宁、铜井诸镇，即浙、皖两省亦可直达无阻，是则用费最廉而收四通八达之利，较之板桥、湖熟之僻处县边，辄有鞭长莫及之虑者殊不可以同日语。

4. 地方经济有发展可能。目前土山经济状况固一无可取，萧条冷落，非特无以望湖熟之项背，且亦远逊于板桥，但事在人为，苟其地得天时之厚，居地利之胜，开发经营何难！辟荒丘为市场，化瓦砾为华夏，香港、青岛、大连，前一渔村耳，今则商工繁盛，华屋连云，为远东大都市。土山既居秦淮之中心，又为全县道路之中心，迁治于此，经之营之，改良农业，发展工商，提倡文化，举办建设，则造成一灿烂繁荣之土山，或可不必待十年、二十年之后。

5. 初步建设易于完成，全部建设合于经济。迁治建设非仅指县署办公房屋及职员居住宅室而已，必也有整个之计划，作全盘之统筹，如行政、文化、工商、住宅区域应如何设置，街道、衙署、桥梁、公园应如何建筑，皆须兼筹并顾，通盘打算，为建设新江宁之基础。考建筑工程费用，非仅于人工材料有所高下，其运输方面实左右用费多寡。土山距城仅十余里，有水路可通，运输材料费用必省，初步建设既易于完成，全部建设亦合于经济也。至于该地附近地面凸凹不平，固将限制市区将来之发展，然苟施以人工，高者低之，低者高之，所费亦不甚巨，或因其高低之形势而为特殊之设计，亦未始非增美都市之一法也。

6. 山环水抱，形势雄伟。县治所在亦即一县政治、经济之中心，苟其地形势森严壮伟，无形中可引起县民之景仰。江宁四境多山，峰崇岭峻，土山适居其中，东望乌龙，云烟磅礴；西尽牛首，岗峦起伏；南临方山，清明开朗；北极紫金，巍峨炳焕。而秦淮一水当前，曲折回旋，帆樯上下，虽不龙蟠虎踞，亦已负山带水，将来全部建设完成，固不仅一街道纵横、舟车辐凑之都市已也。

综上所述，江宁县治不迁则已，迁则以土山最为适宜。目前之不便与困阻，固不难于短期内克服也。反对者或曰土山现仅有居民数十户，望之凄然，以为县治不患规模太小乎？顾县治既为将来久远之图，非一时之便利而□久远之计哉！土耳其复兴，迁都安哥拉。中国革命军北伐，弃北平南迁，大计之决须从久远处着想，讵可徒权衡于眼前之利害与得失乎？况其地荒凉，消极方面可以锻炼俭朴劳苦之习尚，积极方面可以养成凌厉奋发之风气。本县既改为自治实验县，则励精图治，与民更始，且莫云政府与人民之属望甚殷，应自觉其责任之至为艰巨。是则迁治于此，诸待开辟经营之土山，亦即所以示革新建设之决心也。

（中国第二历史档案馆民国档案）

江宁自治实验县施政措施

江宁自治实验运动轰轰烈烈、声势浩大，在一定程度上有力推动了江宁的近代化进程，可谓是江宁历史上近代化的起点，江宁也成为当时可供外界参观的模范县。实验期初定4年，从财政、安防、教育、户籍、经济、社会风气等方面进行改革，规划市政分区，完善基础设施建设，首开江宁现代化建设之风。特别是公路、水利、教育、农业等方面的基础建设，乃至现代观念的普及，在以后数十年间仍可见其成绩。

江宁自治实验县的主要措施有以下一些方面：

（1）设置县政委员会，废局设科，合署办公；县政府搬出南京市。为加强县政府行政效率，裁并原有的财政、教育、建设、公安、土地各局，于县政府内设民政、财政、教育、建设、公安、土地六科，合署办公。另设一秘书室，主持县政府各项人事、事务等项管理工作。江宁自治实验县设置时，县政府尚在南京市内。民国22年（1933），开始在土山镇（今东山）土山南麓营造县政府办公用房，准备县治迁出南京市区。民国23年冬，江宁自治实验县政府正式搬迁至东山，东山县机关和主要商号开始用电照明。

在人事使用上更换原先人员，任用精英。据民国23年（1934）10月统计：改制后县政府人员共110人，其中大学毕业者48人，大学肄业者5人，专科学校毕业者13人，中等学校毕业者38人，其他6人。科长6人（内1人兼任秘书）及各科骨干均为国民党中央政治学校毕业生。由上可以看出，改制后人员结构的特点是：编制庞大，人员达110人；人员文化水平高，大学毕业生占43.60%。

（2）改换基层设置。江宁自治实验县成立时，原有10个区，实行区、乡镇、闾、邻四级制。民国22年（1933）6月，废闾、邻而行村、里制，以构成乡镇之村落为村，以构成镇之街市为里，计有295个乡镇，编为2049个村、里。后又大力合并原有的乡镇，合并后有乡镇109个。民国23年9月1日，按照新的省市划界，将燕子矶镇、孝陵镇、上新河镇等21个乡镇交割给南京市政府，这时计有乡镇88个。

江宁自治实验县后，开展户籍登记工作，有效解决了地方治安问题。江宁县政府认为，“此种成绩，不是武器及公安人数可能解释其原因，江宁虽然有七百多支枪，但决不能每处地方都去保卫，其真正主要原因，实在得力于办理户籍”。办理户籍及人事登记后，每户持有一张户证，上注户内人数，户籍警对各户人员变动情况可以一目了然。江宁县政府认为，办户籍是治安的基础。当时江宁县“无保甲之名，而有保甲之实”，其连保切结制度，比其他县份的保甲都要严密。每乡有户籍员，两乡有1名户籍警，随时按家调查，如有出生、死亡和人口移动而没有报告的，查出来就要受到处罚。“别的县份无此组织，所以虽办保甲，也不易周密”，江宁办了户籍，再加上连保切结，治安管理非常严密，“许多行为不好的人，因为没有人同他连保，他们只能离开了江宁”[①]。

（3）撤区公所，设自治指导区。民国22年（1933）12月，裁撤区公所，确定县、乡镇两级制，分全县为8个自治指导区（后划给南京1个）。自治指导区非一级政权机构，乡镇直接受县政府指导监督。各区自治指导员仅为县政府派赴各乡镇专办自治指导与监督事务之委员。

新第一自治指导区：土山镇、淳化镇、上坊镇、高桥镇、解溪镇、桥头镇、殷巷镇、岔路镇、青龙乡、三墅乡、方山乡、九华乡、佘建乡、忠陵乡、鸣凤乡。

新第二自治指导区：江宁镇、板桥镇、谷里镇、陆郎镇、牧龙镇、铜井镇、国材乡、西林乡、风林乡、雅林乡、颂林乡、中宁乡、正宁乡、和宁乡、平宁乡。

新第三自治指导区：陶吴镇、横溪镇、丹阳镇、朱门镇、元山镇、东善镇、集贤乡、岳庆乡、淡惠乡、西阳乡、西山乡、安民乡。

新第四自治指导区：秣陵镇、禄口镇、铜山镇、秦淮镇、曹村镇、孝陵乡、仁陵乡、爱陵乡、信陵乡、义陵乡、和陵乡、平陵乡。

新第五自治指导区：湖熟镇、龙都镇、土桥镇、索墅镇、清溪乡、和泉乡、桂诚乡、六都乡、京令乡、堰东乡、西成乡、东阳乡。

新第六自治指导区：麒麟镇、定林镇、汤山镇、东流镇、阜东乡、上峰乡、青林乡、孟北乡、鹤龄乡、古泉乡。

新第七自治指导区：石埠镇、摄山镇、尧化乡、天昌乡、靖安乡、龙潭乡、栖霞乡、忠孝乡、三霞乡、同扬乡、北辰乡[②]。

（4）整顿田赋，清查黑田。土地未呈报前，全县约有田地7.67万公顷，呈报后增为86780公顷。民国22年度（1933）田赋一项实征数为901276元，比民国21年度实征数（477246元）增加89%。江宁自治实验县的户口，经过较为严密的调查，计有90447户、434494人口。

（5）发展教育，推行新式教育。

（6）办理卫生事业。由于缺乏强大的社会力量来办理卫生事业，江宁县的卫生事业主要由政府经办。自治实验县政府成立一年多时间内，即设立4个卫生所，6个卫生室，还开始筹设江宁县卫生院。卫生所分别设于江宁镇（民国22年9月1日设立）、万山乡（民国23年2月1日设立）、上新河镇（民国23年2月22日设立），汤山镇也于民国23年（1934）5月1日设立了一处卫生所。各卫生所设主任1人，综理所务，并设公共护士、普通护士、助产士、调剂员、卫生稽查各1人。各卫生所的主要工作为以下六个方面：环境卫生；医疗工作；妇婴卫生；学校卫生；卫生宣传；防疫工作。据统计，民国22年9月至23年8月，各卫生所就诊人数为45354人次，治疗63928人次，预防26693人次，对92410人次进行了卫生教育。

（7）撤销县公安局，由县政府公安科主管公安事项。全县设警察局7个。县治所在地设一个局，另于“京沪”“京杭”“京芜”“东丹”“京湖”“京建”等铁路、公路交通线各设一个局。局以下有分驻所、派出所。特别警察有户籍警、卫生警、交通警、外事警、消防警、实业警、请愿警等。全县警官、警士713人。

（8）基础设施建设工作。江宁自治实验县建立后，致力于加强与南京主城的交通联系，改变以往城乡之间的交通阻隔。筹筑东丹（东善桥至小丹阳）公路、京湖（中华门至湖熟）公路及郊外公路四条（栖霞街至西沟镇、栖霞街至尧头山镇，栖霞街至尧化门、石埠桥至东庄山）。民国22年（1933）10月，京湖公路上土山大桥竣工，沟通县城与南京的通道。民国23年4月15日，江宁自治实验县自建的京湖公路通车。

清末民初，南京城与乡间交通仍依靠传统的内河航运以及陆路大道。运输工具则是陆上的马、驴、骡等畜力车和水上的木驳船，汽车尚未普及。航船码头在中华门外，沿秦淮河有八路航道，分别通往龙都镇、湖熟镇、秣陵关、禄口镇、陶吴镇湖头桥、横溪桥、王家渡、三星桥，皆在今江宁区[③]。陆路以旧日驿道为主，至民国18年（1929）主要城乡大道列表如下。

民国18年（1929）南京至江宁境内主要道路情况表

丛表2

起讫点	方　向	路面情况
中山门至汤山	由城门外东行，共长50里	以石砌成，路线甚直。自中山门起约计10里之路线，宽约7公尺，此外则渐狭，至汤山时，路面宽度不过2公尺半，但两旁均有广阔路肩，颇便于汽车行驶，且四围虽多山地，而路线所过，绝少崎岖之斜坡。城外旧有诸路，实以此为最完善
中华门直达芜湖	由南京城外西南行，途径江宁镇、铜井镇	长约90里，路面以石砌成，平均宽度约2公尺，路线甚直。惟路面过狭，行驶汽车，不免危险，马车及人力车，始可通行
中华门至河家村	从南京城外南行	路面平均宽度约2公尺，全路以石砌成，路线甚直，除小部分略有弯曲，又有500公尺之长度，高度为10%外，其余亦可资汽车之行驶
中华门至殷家镇	由南京城外南行，经殷家镇后，再达秣陵关，全路约长50里	路面以泥筑成，宽约2公尺。路之四围皆平原，无高低不平之处，路线亦直。惟因年久失修，行驶汽车甚为不便，雨时尤甚
通济门至上方镇	从南京城外东南行，计至句容共长90里	以石砌成，宽约2公尺，路线甚直。惟因年久失修，已呈破烂之象，高桥门一带，尤崎岖难行，故不适于汽车之行驶，即马车亦不易经行全路
光华门至牌楼	由城门外东行，长约8里	路面以石砌成。再由牌楼至大定林，则有长约十里之泥径，路线颇直，惟间有锐角之小弯曲，汽车马车，皆不宜于行驶

（9）开展农村救助工作。开办农场82处，民众茶园亦有所增加。民国22年（1933）疏浚河流（南河）一段，挑土29.50万立方米。增置防汛机械。

由江苏省农民银行南京分行出资合办合作社133所，计有社员4730人，股金32172元。又与上海商业储蓄银行合办湖熟农民抵押贷款所，农民抵押仓库，由上海商业储蓄银行等分别垫款各20万元。贷款所的营业范围，“则以全县为最后之目的，不过先以湖熟为营业之基础而已”。抵押贷款所的设立，被视为一项“创举”[4]。又办耕牛会、青苗贷款，并与中央大学农学院等机构联合改良蚕种，推广新法种植稻、麦、棉花。

江宁自治实验县的设置以及所作出的县政措施，对加强国民政府统治起到了一定的作用。国民政府还要求，以江宁县为试点，总结经验，厘定一套行之有效的县政制度，此后国民党政府所推行的“新县制”，也真的脱胎于此。当时南京市区大部分与江宁县接壤，江宁县统治秩序如何，对首都南京的影响至为重大。从江宁自治实验县成立后的各项重要县政措施来看，不仅是作为橱窗宣传的需要，而更重要的则是从民政、公安两方面着手，进而使江宁县成为南京的可靠屏障。从成果来看，早期改善行政机构的工作较有成就，这段时间的工作“犹如春草初生，蓬蓬然、勃勃然，大有长足进展之希望”；但很快“转趋保守，几有老大之气象”[5]。“善政”的工作尚不彻底，离“善治”的目标当然非常遥远。

民国26年（1937）抗日战争全面爆发，在侵华日军进攻南京前夕，江宁自治实验县也便随着南京国民政府的迁都而告终，实验成果大多毁于战火。

注：①《两年来之江宁实验县——梅思平在苏省党政联合纪念周报告》，（镇江）《江苏月刊》1935年第3期。

② 陈鸣钟：《国民党政府统治时期的江宁自治实验县》，《江宁春秋》第一辑。

③《江宁乡土志》，1916年。

④ 江宁自治实验县县政府：《江宁县政概况》“建设”，第31页～32页。

⑤ 汪度编：《江宁自治实验县实习总报告》下册（手写本）第206页。

（摘自《千秋江宁》第139页～143页，文物出版社，2011年。标题为编者所加）

江当句溧四县人民代表大会及国民抗敌总会成立大会宣言

江当句溧军政民联合抗敌委员会在广大民众热烈要求下，进行改选，今天集中了江当句溧四县广大地区的党政军民各界优秀代表，共商团结御侮坚持敌后抗战之伟业，我们全体代表仅代表四县全体民众郑重宣言：

江当句溧四县处在敌人后方，是南京直接的外围。日寇为巩固其对南京的占领计，就必须加强对这四县地区的统治和争夺。因此，就形成了敌汪伪与我对这地区的尖锐斗争，因而就形成了这四县的异常艰难的斗争环境。

我们全体代表，不避任何艰辛险阻，冒万难，通过敌人梅花桩内，来此聚集一堂，是为了创造一个真正的抗日民主政权，以领导和坚持敌后斗争，我们郑重宣称：这个政权决非旧式的、一党专政的、两面派的政权可比，首先它是代表着四县民众的坚决意志——它是坚决抗日的，它和敌伪政权没有丝毫妥协的地方，它决心摧毁一切伪组织，肃清两面派，它决心配合全国抗战收复四县失土，救万民于水火。

其次，这个政权它是民主的，它决非国民党或共产党一党包办的机关，它包括各党派、各阶层、各界民众及地方士绅中的优秀代表，它代表着四县全体民众的愿望，这是在过去任何时候的政权机关所没有的！

第三，这个政权机关——四抗总会——又是全体老百姓自己的，它要帮助人民改善生活，它能倾听民众的呼声和要求，它能够公正的处理民间一切问题，更因为它是全体民众选举产生出来的，因此民众就有全权监督它的工作和一切设施，并可弹劾它的不尽职的、欺压民众胡作妄为的职员……我们深信今后的四抗总会是能负担起它伟大的任务的。

目前国内形势更加严重，投降派更加猖獗。那些丧尽天良的坏蛋分子，为了个人的升官发财，企图将中国人从头发尖到脚板皮都统卖给日本鬼子，因此他们——这些投降派就打着抗日招牌高叫反共，以反共来达到他们的投降，以投降来进行内战，作日寇的帮凶，想把我锦绣山河和丰富蕴藏出卖得干干净净。可是过去十年的惨痛经验，我们四县全体民众决不愿它重复，我们要更加亲密的团结、组织与武装起来，向日寇、向那些无耻的反共投降派进行坚决的、坚持的斗争。

今后的四抗总会是四县民众的代表机关和权力机关，为使四抗总会工作更加充实和健全计，代表大会仅以至诚号召我四县内各党派优秀分子、公务人员、地方士绅、进步青年、小学教师、民众领袖，起来！积极参加四抗总会所号召的工作，帮助四抗总会工作和执行四抗总会的政令。起来！用我们全体民众有组织的力量，监督四抗总会执行民众意见。起来！站在四抗总会的辉煌旗帜之下，与敌伪及反共投降派进行坚决的斗争。

四抗总会是抗日的政权

四抗总会是民主的政权

参加四抗总会所号召的工作

执行四抗总会的政令

监督四抗总会执行民众意见

反对摩擦反对内战反对投降妥协

巩固全国团结坚持抗战到底

摧毁伪组织打击敌伪活动

创造巩固的江当句溧抗日根据地

打倒日本帝国主义

中华民族解放万岁

中华民国廿九年十二月　日

（摘自《江宁革命史料》第二辑第9页～11页，中共江宁县委党史办编）

江宁县政府布告

军字第 201 号

我江宁全境，自各敌伪据点先后获得解放后，八九年之锁链一旦解除，群情激昂，万众欢欣鼓舞，胜利信心百倍高涨！但由于日寇宣布投降后，其一贯阴谋犹未放弃，反动特务，乘机活跃，是非不分，暗影重重！我历经八九年艰苦斗争之广大人民，鉴于多少年来敌伪所给予之摧残与苦痛，并猛省到而其所以招致此种祸患之原因，痛定思痛，彻底胜利之要求乃更为迫切！于是在我民主政府号召下，大家为确保胜利果实，肃清敌伪余孽，纷纷自动参军，旬日间全县参军新战士已逾一千余人，各阶层群众拥护正义之热情及群众力量之伟大，开空前未有之记录。但敌伪残余，反动特务，其末落日期已近，其阴谋活动亦亟！利用我参军中个别干部及少数群众认识上之偏向，乃乘机捣乱，花样百出；假装积极分子故意乱为；散布无稽谣言，惶惑人心，以致最近部分地区青年壮丁相率逃亡，形成社会紊乱现象！无耻阴谋殊堪痛恨！现我参军计划已大体完成，为使各阶层群众积去疑虑，并揭穿反动特务阴谋使无所用其伎俩起见，特决定即日起参军工作宣告结束，各区乡保无论任务已否完成，一律停止扩军，如再有乘机捣乱破坏情事，定予深究严惩不贷！切切！

此布

中华民国卅四年九月十三日

县　长 樊绪经
副县长 周　迈

（摘自《江宁革命史料》第二辑第 4 页～ 5 页，中共江宁县委党史办编）

江南新四军北移告别民众书

亲爱的父老兄弟姐妹们：

几年以来我们在你们亲切爱护与支持下坚持了抗战，建立了根据地，和你们一道过着民主自由快乐的生活。我们和你们的联系，正同血和肉一样的密切。但是现在我们却要忍痛向你们告别了，在别离之前，我们想向你们讲几句话：首先让我们对你们表示衷心的感激，因为没有你们的爱护和帮助，我们将一事无成。同时，我们要向你们道歉，因为我们过去在保卫你们利益的事业上，还有许多做得不够，做得不好。因此我们只能用今后的加紧努力，来报答你们了。那么我们为什么不能好好的老和你们在一起，忽然要和你们分手呢？你们知道，我们的抗战是胜利了，我们现在要什么呢？我们要和平、民主、团结，我们不要什么呢？不要内战和独裁。

但是已经宣布投降的日本帝国主义和汉奸，都还在和我们作对，他们偏偏在用全力来挑拨内战，破坏团结、阻挠民主。中国国内一些没有心肝的反动分子，竟和他们心心相印，与他们合流合作起来残害和欺骗同胞，以中国人民的利益为利益的共产党，是不能看着这样的严重危险的。他要彻底打破敌伪和反动派的阴谋，要求得和平团结的实现，就向全国指出和平、民主、团结的大道，毛主席并应蒋委员长电邀，亲自到重庆和国民党当局谈判。同时为了促进谈判成功，为全国和平团结的迅速实现，就又委曲求全自愿将江南的新四军全部转移到江北。谁都了解这是共产党对国民党的一个极大的让步，但共产党为了制止敌伪和反动派的阴谋，为了避免内战，实现全国和平团结，就不能不忍痛这样做。我们相信中国共产党的这种顾全大局的伟大胸怀及委曲求全的苦衷，是能够得到全国人民的赞许和谅解的。当然，对于我们的转移，可能有各种各色的猜想和造谣。比如，有人会这样说：我之转移是由于国际条件不好，力量单薄，被迫撤退的。那么我们可以告诉他们，全世界法西斯的垮台，民主势力的胜利，给中国人民中国共产党以最有利益的条件；我们解放区的力量，不仅完全足够粉碎任何方面来的进犯，而且还在迅速扩大我们的解放区，为了和平团结便决定自动撤退。再比如，有人这么说：共产党新四军视人民为草芥，他要就要，丢就丢。但谁都记得，八一三后真正贻害江南无辜人民于敌人铁蹄下的，究竟是谁？而后来真正从敌人铁蹄下把他们解放出来过民主自由生活的，又是谁？又有人会这么说：共产党新四军说走是骗人，他决不会真走。但事实会表示出我们是诚心诚意为了实现全国和平团结，为了全中国人民利益而从江南撤退，我们是言行一致，说到做到的。总之，一切不明真相的猜想，最后总会证明是毫无根据的。一切恶意的造谣和攻击，则一定会由铁的事实来粉碎。同胞们，我们希望你们要沉着，要坚定，决不要被那些谣言诽语所困惑。你们应该坚决勇敢地为保卫自身的利益，为完成团结、民主、和平的大业而奋斗。在抗战时期，由于你们付出了极大的努力与牺牲，才取得胜利，在今后你们一定要作同样的努力，去保卫已得的胜利的果实。过去你们已经学会了怎样进行武装斗争来取得胜利，今后你们还应该学会用和平的合法斗争，来保卫各种已得的利益。你们应用各种各样的方法，坚决要求国民党当局切实执行下列各项：

（一）保证复员战士、伤病员和抗属的安全，并加以妥善照料。保护新四军的留守机关，以及照料不能撤退的伤病员和抗属。

（二）保持各种民主设施，对过去抗战与民主建设有功的人民和复员的干部，应保护其生命财产的安全，享受民主权利，不得加以虐待或歧视。

（三）保持减租减息和废除苛杂的利益，很好的办理复员、救济难胞。

（四）保障中国共产党及民主党派公开活动的合法地位，如有违反上述各项者，你们应该坚决起来反对。

亲爱的同胞们，现在全国和平团结民主尚未实现，你们是可能遭到很多的困难，甚至会遭受反动派的摧残和迫害。关于这点，我们已向国民党当局和驻军着重提出，要他们以国家利益为重，不要挟私报仇，残害同胞，但尽管他们这样做，你们仍要百倍警觉勿受骗，勿被暗算，同时应采取各种的办法，根据和平、民主、团结的总方针，加强自身的团结，做到像亲兄弟一样，要不断督促国民党当局顺从民意，实现民主，保护各种既得的利益。

同胞们，现在敌伪还在挣扎，反动派还在要阴谋，我们面前还有极大的困难，但我们相信在德、意、日法西斯已被打倒，全世界和全中国民主势力汹涌澎湃的今天，我们一定能够克服困难，得到胜利。我们这番暂时和你们告别，在离你们不远的江北，就有很多强大的解放区，我们将全意全力地支持你们，你们决不孤立！在今天任何悲观动摇是只有利于敌和反动派！你们必须坚决到底，特别是对留下的伤病员和抗属，你们要以最大关心保护和照料他们，要坚决反对对伤病员和抗属任何不利的行动。亲爱的同胞们，世界和中国的局势均在奔向光明，独立自由繁荣的新中国已经显出了头，只要我们继续奋斗，排除一切悲观失望的情绪，照着和平民主团结的大道前进，我们是一定能够胜利的！别了！亲爱的父老兄弟姐妹们，我们再一次虔诚地要求你们接受我们深深的感谢和慰问，并祝你们健康！

新四军

民国三十四年十一月一日

（摘自《新四军在茅山》，江苏人民出版社，1982年）

江宁县三十四年度减租减息实施办法

第一条：为加强各阶层团结，坚持抗战争取最后胜利，调剂群众利益，改善人民生活，增加生产，特根据中华民国土地法及中华民国法债编、物债编之规定，由苏南行政公署颁布之处理土地问题暂行条例，参酌本县实际情况，订定此办法。

第二条：关于减租方面；

一、出租人之土地，不论公地（田）、私地（田）、佃租地（田）、伙种地（田），一律照原租额以减收百分之二十五为原则。原来对分租者业主供给种子与牛力者改为四六分租（例如收额一担，地主得四成，佃户得六成），如业主不供给种子与牛力者改为三五、六五分租（收额一担，地主得三成五，佃户得六成五），而缴租办法仍按旧例，不得更改。

二、凡经卅二年度二五减租后，为鼓励继续增加生产向前发展，因减租而提高产量时，业主不得藉词加租。

三、因水旱、虫灾歉收者，除减租外并且按照当地习惯再打折扣，其生产物全部被毁者，地租一律停付。

四、公田、社田、族田，取消转田关系（二重剥削），由佃户向管理机关或法定整理人承租，以免转田人从中剥削。

五、贫苦的抗属、贫苦无依的鳏寡孤独及土地不多又无力耕种的小学教师、自由职业者，以及贫苦的小商人，其薪给只够个人自给，在减租之后，无法维持生活，经调查确实者，得斟酌主佃双方情形合理处理之，少减或不减。

六、鼓励主佃双方订立转长期的契约，出租人不得藉故拔田，如契约未满，出租人确系生活困难，在能保持耕地（田）原有生产情况而又自己耕种的条件下，经承租人同意（必须经承租人同意）得将出租耕地一部或全部收回自耕。

七、契约满期之土地，出租人有依约处置土地之自由，但在抗战期间，地主收回土地，应顾及农民生活，并须于收获前一年通知承租人，太穷苦者应由政府召集双方加以调剂，或延长佃期，或退回一部分。

八、减租后如契约未满，或无契约者，出租人不得藉口出卖、出典而拔田，如出租人必须出卖出典者，则原承租人有承买承典的优先权，如承租人无力承买承典，则受地的新地主仍须继续履行原地主和承租人的契约，如契约期满之土地，则按本办法第二条七项之规定处理之。

九、减租后应向政府申请换约，主佃双方各执一纸，原来对分租者，经四六分租或三五、六五分租后，应按照当地习惯订定租约，以后取消对半分租制度。

第三条：关于减息方面；

一、借贷关系在一九四四年七月一日起所订的借约一律以当时物价借现折算，一九四四年六月卅日以前，无论法币或伪币，一律以一元作一元计算，在伪币一元作法币二元期间所订定的契约，则按当时接受之货币（例如契约上虽写明国币壹仟元，但当时应付伪币五百元计算之）计算。

二、抗战以前债息不得超过百分之二十（月利不得超过一分八厘），抗战后（至本办法颁布之日止）债息原则上年利率不得超过百分之四十（月利不得超过三分），其已超过者应一律照本项规定减付息额。

三、凡付利超过本者，应停付利息，分期还本，其付利超过二倍者停付利息，减半还本，其付利超过三倍者，应停付本息。

四、高利贷、现扣利（如一百元只得七十元）、包利（如不满一年以一年计算）、稻利、麦利（如借钱一元，割稻或割麦 × 斤），一律禁止，应照本办法第三条二项规定处理之。

五、「银租」，一律视为借贷关系，原来办法一律禁止，应照本办法第三条二项规定处理之。

六、凡借贷关系因天灾人祸及其他不可抗拒之原因，债务人无力履行契约时，得请求政府调处，酌量减息或免息奉还，或延期偿付。

七、不得因减息而解除借贷关系。

八、凡经年及经农会集体所借之粮食，原则上应于秋收时保证归还，但借贷双方于发展生产观点上保证继续维持借贷关系。

第四条：凡出租人、债权人依照本条例实行减租减息后，承租人、债务人应保证交租交息。

第五条：凡真正实行二五减租之出租人，其公粮负担由主佃双方三七比例交纳（如交粮一斗，业主七升，佃户三升），其不实行二五减租者（如二成、一成五、一成减租者），公粮一律由业主方面负担。

第六条：关于典田、当田的具体办法另行规定。

第七条：本办法业经呈报苏南行政公署批准，自公布之日起实行。

江宁县政府

中华民国三十四年　月　日

注：此实施办法为江宁县抗日民主政府制订

（摘自《江宁革命史料》第二辑第6页～8页，中共江宁县委党史办编）

江宁县解放后的二十天

（一）

一九四九年四月二十三日，中国人民解放军以排山倒海之势占领南京，宣告蒋家王朝的覆灭。地处南京近郊的江宁县也相继解放。

四月二十六日，胡宏同志奉命率领接管人员一百多人，从镇江乘火车于当天下午抵达南京，当即同南京市军管会取得联系，做好接管江宁前的准备工作。二十七日，胡宏同志派工作人员尹修善同志化装成老百姓，会同一位陈先生（地下工作者），前往东山镇（伪县府驻地）侦察，并设法找一个当地伪保长一同回南京，以便详细询问、了解江宁情况。

同日，中国人民解放军第八兵团拨给一连武装配合接管江宁。二十八日晨，中国人民解放军第三十五军主力部队，将伪江宁县政府内敌人二百八十余人全部俘虏，由南京军管会按照政策，分别不同情况，作了处理和安置。

尹修善和陈先生，带一个姓潘的伪保长于二十八日上午，从东山赶回南京，向胡宏同志作了汇报。

胡宏和其他领导同志，从那个伪保长的口里了解到一些情况，主要是：伪江宁县、区政府地方武装已全部撤退，主要人员大部逃跑，其余的潜伏：江宁各区普遍有携带美、英、日式枪支的成股溃兵散匪，假冒解放军及其他各种名义抢劫、奸淫、破坏，群众极为恐慌。

根据以上情况，胡宏同志带领一连武装和接管人员，于四月二十八日午后，进入东山镇伪县政府，立即张贴布告，县长宋波和机关工作人员开始办公。当时人民群众欢庆解放、翻身当了国家主人，拥护接管，希望人民政府抓紧肃匪，恢复秩序，迅速建立区、乡政府，开展各项工作。经胡宏等领导同志研究决定，以安民肃匪为主，配合驻军建立各区人民政府，再先点后面逐步推进建立乡政府。全县七个区一个镇，除一、六两区驻有主力部队协助外，由县、区干部分别率领两个排到商业中心的湖熟镇，并利用湖熟镇商会所组织的维持会自卫武装到京陶公路的三区及京溧公路的四区；另由较多区干部自带较好步枪独自到京沪铁路的七区。

五月二日，中共镇江地委通知：“经华中工委批准，由胡宏、张丹卿、阎启和、刘少林、宋波、王风先组成中共江宁县委员会，以胡宏为书记，张丹卿为副书记”。随后，县委、县政府分别委派了各区、镇的党委书记和区、乡镇长。

（二）

自从接管人员到达江宁后，各区群众纷纷反映：“解放军官兵平等，对人和气，艰苦朴素”，受到了群众的爱戴和拥护。我们的干部深入群众、联系群众，得到了群众的赞扬。但是，由于敌人的欺骗宣传毒素很深，故谣言不断，有的说什么“国民党是有计划的撤退，第三次世界大战打起来，蒋介石就要回南京”。有的说“解放军是人海战术，马上要抓壮丁”，“解放军不准穿好的，吃好的，不准养猪，养鸡的人每月要缴二十八个鸡蛋”等。部分地区有的群众听信谣言，杀猪杀鸡，个别学校有的学生竟不敢穿袜子；更恶毒的是坏人造谣污蔑，说什么“每个保要二十个妇女慰劳”。以致有的区少数妇女听信谣言，非常害怕，提早结了婚；更有甚者说什么“解放军现在好，是实行三头（点头、摇头、杀头）”；上层人士和地主、富农怕土改清算斗争，地主分散地亩粮食，个别商人解雇职工，怀疑政府的政策，不敢放开手来做生意。

针对这一情况，县委、县政府以及各区，广泛进行形势及约法八章的宣传，对一些谣言进行了辟谣、追谣。通过宣传教育，群众及地方士绅开始对共产党、人民政府有了新的认识，民心已逐渐稳定，谣言也被事实所粉碎。

（三）

江宁解放初，各地散匪抢劫，破坏活动时有发现，致使人民惶恐不安。因此，安民肃匪成为当务之急，县委、县政府及时部署各地迅速行动，雷厉风行进行肃匪。

县、区武装配合军队肃清溃兵散匪。南京军管会派主力部队来江宁三区改编了溃兵的一个营；县、区依靠自己力量，直接解决三股散匪约一百五十余人；命令三区一个警察分局伪警人员三十余人全部缴械，并将这些伪警人员调县受训，其局长等送分区（镇江专区）公安局（处）处理，并以武力和政治攻势，瓦解解决了各乡镇的自卫武装。解散自卫队约一百余人，改编自卫队近一百人。另外，还有步骤地收缴了枪支（主力部队收缴不算），全县收缴了美式重机枪三挺（坏一挺）、轻机枪十一挺（坏三挺）、冲锋式手枪、步枪约四百支，还有大批炮弹、子弹。

经过集中力量肃匪后，全县已基本稳定，出现了学校复课、商店正常营业、农民下田干活的大好局面。

当时县委、县人民政府感到各区没有武装，人民政府受的威胁太大。因此，各地在肃匪安民工作中采取个别扩大方式，发展精干、纯洁可靠的区大队。全县共建立七个区大队，共达三百人，县各机关也扩大约二十余人；二区区大队质量较好，除留三十人在该区维持治安外，其余全部带到县总队整训，准备改编为县警卫连。对伪乡、保政权的处理，主要是通过召开伪乡保长及群众大会宣传了约法八章，使群众情绪稳定，争取绝大多数伪乡、保人员各守岗位。对干部力量强、条件具备的二、三、四、五区及湖熟镇公所已全部解散；对一、六、七区由于干部少、借粮任务重、无群众基础的，则有一部分伪乡、镇公所未动。

（四）

南京解放后，江宁县即担负了南京及南京外围驻军粮草的供给，仅一区就有三十五、三十四、二十四、十、十五兵直等军的番号及驻南京其他机关部队等都在江宁筹借粮草。全县到五月十五日止，共借出大米二百万斤以上、烧草约五百万斤。仅一区的岔路口七保就借出大米三万四千斤、烧草六万七千四百五十斤，这对支援解放军、保证粮草供给，做出重大贡献。但是，在借粮中发现有的保长少负担或不负担，相反地贫雇农要借出一至二斗（一斗十五斤），而地主、富农则负担比较轻；群众对解放军究竟要借几次粮草，每家究竟要借多少粮摸不到底，人心惶惶，给筹借粮草工作带来困难。根据这一情况，人民政府对少数不法保长作了处理。同时直接向南京军管会建议采取统筹统支办法，向驻军说明，所借之粮，凡是超过规定标准的，一律不准再借。这样做，既保证了粮草筹借工作的顺利进行，又能做到负担合理。

曙光照江宁，在江宁解放后的二十天，虽然时间很短，但是开展了大量的工作，人民民主政权建立，社会安宁，人心安定，广大人民喜形于色，他们衷心地拥护中国共产党，拥护人民政府，军政团结、军民团结蔚然成风。群众反映："准备共产党来了乱一、两年，想不到才几天时间，就能安心种田做生意了。"

中共江宁县委党史资料征集办公室
一九八八年十二月三十一日

（吴铮、刘克霆整理）

注：这份材料系根据一九四九年五月十九日胡宏同志向中共镇江地委写的报告，参考接管江宁工作人员刘玉典、尹修善同志回忆材料加以综合整理。

在全县四级干部大会上关于三年来工作的检查总结报告

中共江宁县委书记处第一书记　李　崇

同志们：

这一次大会又把我们大队的同志、小队的同志请来了，还请了一部分社员代表来参加。我们大家还记得吗？去年春天我们在南京邮电学校也开了这么个大会，那次会议什么内容呢？主要是贯彻中央郑州会议的精神。讲的什么呢？"三级所有，权力下放"。反对一平、二调、三收款。根据郑州会议的精神，我们清算了旧账，坚决兑过现。我们今天在这里又在开这样一个大会，这次会议主要是学习中央关于人民公社的十二条紧急指示信，坚持贯彻以大队为基础的三级所有制，反对一平二调。根据这个精神，坚决清算旧账，坚决兑现。为什么现在又来开这样一个会议呢？就是那次会议中央所讲的那些话被我们忘掉了，所以这一次又把大家请来，再次学习中央关于建设人民公社的十二条指示。我们经过这一次会议，再来好好学习建设人民公社的办法，我们一定要接受这个教训，过去没有执行或者没有很好执行中央的指示，结果我们犯了错误，吃了些亏。这次开会我们一定要好好学习中央所有的指示，把我们的思想（认识）提高起来，检查、总结一下我们的工作，哪些事情做得对的，哪些事情是做错了的，在这里面得出一个经验教训，使我们今后不犯错误或者少犯错误。这次会议很重要，开好这次会议就可以把江宁县的广大干部和社员的积极性调动起来，把干劲鼓起来，争取明年更大更好的收成。

为了把这次会议开好，这就要我们到会的同志大家来动脑筋，大家来想办法，分析问题、解决问题，只有这样，才能集中我们大家的智慧，加强我们全党的责任，我们的事情就能办好。

今天我代表县委向大家来作三年来工作的检查总结报告，分下面三个部分来讲：

第一部分　讲一讲我们三年来工作做得怎么样

三年来，我们做了很多工作，做了许多事情，这些事情办得怎么样呢？办得好不好？我们的答复是：成绩很大，形势很好。这三年我们在省委、市委的正确领导下，在总路线、大跃进、人民公社三面红旗的指引下，我们在农业、工业、财贸、文教卫生以及其他各项工作方面都做了许多工作，取得了很大的成绩。

先讲农业生产方面。1958 年和 1959 年我们连续战胜了两年的自然灾害，取得了胜利。大家知道，1958 年这一年干旱很严重，干旱严重到什么程度呢？从五月份插秧开始，一直到立秋以后（记得是 8 月 5 日）才下雨的，旱象连续了 77 天，全县有一半塘坝干掉了，全县受旱面积有 19 万 3 千多亩。还有 50 多万亩水稻受到旱魔的威胁，旱谷作物（苞芦、黄豆、山芋）受旱更为严重。这一年旱象这样大，旱得这样严重，同志们想一想，解放以来有没有过？恐怕像这样大的旱就是解放以前也不是太多的。那么，在这样一个严重的干旱情况下面，我们 1958 年生产搞得怎么样呢？可以这样说，比任何一年搞得好，也可以这样说：是我们江宁县历史上生产搞得最好的一年。为什么这样讲呢？根据有两条：一条卖粮。1958 年我们卖给国家 16000 多万斤粮食，比大丰收的 1955 年卖得还要多。第二条看社员生活、吃粮怎么样？ 1958 年社员口粮吃多少呢？叫做“放开肚皮吃饭、鼓足干劲生产”。还有一个口号：“吃饭不要钱”。有的社员吃饭把肠胃撑坏了，得了肠胃病。在秣陵关大炼钢铁时，社员不但吃饭的时候吃，休息的时候也吃，挑担子坐下来也吃，一连吃了好几个月。农村食堂更是随便吃饭。湖熟有这样一种情况：“句容的老百姓上街到食堂也吃到饭，并说天下农民是一家，吃饭要钱像什么话。”这样，吃了不少的粮食，不管怎样，1958 年的粮食是接到麦上场的，应该说是个大丰收，应该肯定 1958 年农业生产上的成绩。

1959 年怎么样呢？大家都很清楚，叫做“百年大旱”。像谷里、铜井有些地方旱到 120 天至 130 天，这一年的旱情更加严重了。全县五万多个塘坝干掉 4 万多个，秦淮河支流出现了断潮干。全县有 30 多万亩水稻断绝了水源。有 13 万亩水稻干得龟裂。14 万亩旱谷（苞芦、黄豆、山芋、芝麻、花生）干得叶发黄，杆子都枯掉了。不仅农业遭受严重的损失，连树木也干死不少。大家还记得这一年鱼吃得不少。因为塘水干了，我们全县有 300 个小队，将近一万户社员没有水吃。谷里公社有的村子几乎全部都搬了家。耕牛没有水吃打游击。这一年雨水这样少、干得这样严重，是几十年，甚至上百年所没有过的。有的老人讲：民国 23 年（1934）也是这样干，1959 年比民国 23 年还要严重。这一年真是“塘干涸、苗枯黄，花草树木一遍黄，吃水用水都紧张”。1959 年就是这样一个条件。在这样条件下，应该肯定，我们的生产取得了很大的成绩，很大的胜利。这年，我们卖给国家 14000 多万斤粮食，比正常年景 1956 年多卖 800 多万斤。我们对国家的贡献是很大的，社员生活也安排下来了。这一年社员生活困难是应该承认的，但是安排过来了。这一年，我们想一想，如果没有党的领导，没有总路线、大跃进，人民公社的三面红旗的优越性，那么，我们遭受了这样严重的干旱，那就不可想象了，就要像民国 23 年那样，不知道有多少人卖儿卖女。上坊佘村有句话：“佘村人，苦难当，尖担头上挂米缸。”民国 23 年是这个情况。所以，这两年旱情这样严重，在这样一种情况下，生产搞得这个样子，应该说是很大的成绩，很大的胜利，是了不起的一件大事情。

1960 年我们搞得怎么样了？大家知道，今年的年景是比较好的，但是，因为两年来连续大旱，这对今年的农业生产是有影响的。影响什么东西呢？首先两年大抗旱，工具损坏不少。其次因为干旱，有的绿肥没有种上去，种上去的绿肥，不少都死掉了。其次到插秧的时候水也不多。

再加上今年后期也有旱，正旱在节骨眼上，水稻抽穗、扬花、灌浆的时候。俗语说："伏旱不为旱、秋旱断种粮。"但是，今年我们有大部分的公社和大队，粮食是增产的，比去年增产，比1958年，有的还要增产。三年来的农业生产应该肯定，是干得不错的。

三年来，我们在发展林业、牧业（养牛、养猪、养鸡、养鸭）、渔业生产方面所取得的成绩也是很大的。三年造林、植树将近10万亩，比1957年增加一倍多。再一条，我们江宁县的耕牛繁殖工作搞得好，三年繁殖耕牛12000多头，出售耕牛、菜牛12000多头，我们的耕牛支持了苏北的南通、盐城、徐州等兄弟地区以及南京的六合县，出售耕牛收入就达278万多元，按全县农业人口来算账，每人要得到6块6角钱。

在工业生产方面，我们的成绩也很大。我们的县、社工业，从无到有，从小到大。过去我们江宁县没有什么厂，这三年，我们发展了不少厂，现在有：钢铁厂、机械厂、化肥厂、农药厂。目前全县大小工厂92个，比1957年增加了七倍。这对农业生产的发展和支持很大。三年来支援农药767吨；农肥835吨；新制修赔小型农具162万件；各种农业机具38000多件；整修安装农业机械8300多件。

在财贸工作方面。三年来，人民购买力提高了，生产生活资金（料）的供应也增加了。我们的财贸工作在为农业生产服务，为广大城乡人民的生活服务，做出了很大的成绩。三年来，我们供应农业生产资料1665万元，比第一个五年计划期间多出一倍多。

在文教卫生方面，发展的很多也很快。这三年念书的人多了。在本县读书的（不包括在外地读书的）一百个人当中，就有中学生两人，比1957年多三倍（57年100个人当中只有半个）；在小学读书的，100个人当中就有17个小学生，比57年多一倍多。这三年念书的人特别多，这是一件好事情。过去我们农村中读书的人很少，现在不仅读中学，而且还要读大学，我们江宁县有的学生还出国到苏联去学习。全县保健站有120多所，全县医务人员现有520多人。三年来共治了病人18万3千多人。现在严重危害社员身体健康的血丝虫、血吸虫病也消灭了一部分。

总的来讲，三年来，我们的成绩是很大的，这一点，我们应该很好地把它肯定。这么大的成绩，是怎么得来的呢？

首先，我们应该归结到，这是党的总路线、大跃进、人民公社的胜利，是我们党的领导的胜利，是党领导大搞群众运动的胜利。1958年党中央就提出："鼓足干劲、力争上游，多快好省地建设社会主义"的总路线。我们江宁全党全民，根据党的这条路线去做，大家干劲就很大了。表现在同自然灾害作斗争中，我们广大社员群众干劲大、情绪高。当时大家可以看到，党的总路线提出以后，手一招，群众就干上去了，只要我们一号召，群众就完成任务了。在抗旱当中，社员提出"抗旱抗到天低头，保粮保到谷进仓"，还有一句口号"车埠当战场，田埂当牙床"。还有的说"依靠双脚战胜天，保证不干一亩田"，这个雄心大志大得不得了。还有的提出"抗旱抗到底、百日无雨保丰收"。还有的讲"塘里没有水，架起长龙车长江"。当时人民群众的干劲主要表现在抗旱抗灾、保苗、保丰收方面，干劲大得很。由于广大人民在党的总路线指引下，坚决和自然灾害作斗争，结果取得了胜利。三年来，人民公社经受了严重灾害的考验，越来越表现出来强大无比的优越性。人民公社建立以来，办了很多很多的大事情。

第一，办了很多的基本建设事业，特别是水利建设，全县搞了十六座水库，能蓄500多万方水的大水库搞了五座。大、小渠道940多条，机灌站130多处；现在全县有抽水机300多台，电灌站21个，电动机50多台。这两年，我们依靠人民公社，搞了这么多农业的基本建设事业，为我们今后抗灾斗争，保证农业丰收，打了一个很好的基础，也是我们今后农业生产持续跃进的最基本的条件。

第二，我们依靠了大集体的力量，依靠相互支持、相互协作，战胜了两年来的自然灾害。同志们想一想，1958年、1959年干旱时间长（七、八十天，一百多天不下雨），战线长（东到汤山、西到铜井、南到铜山、北到南京），干的时间长，旱的面积大，小集体能不能战胜干旱？根本不可能的。这两年能战胜自然灾害，我们依靠了人民公社的统一领导，依靠互相支持，互相协作，这样才能把旱灾战胜了。当时，汤山、其林受旱，就把长江水翻到其林，从其林又向南走，要想到汤山，结果未到汤山（这个抗旱，拍了电影）有多长呢？叫做60里路，60里路看来未解决问题，但40里路解决问题了，你说，你那个大队，过去你那个高级社能做到吗？谷里、江宁、陆郎没有水，河、塘、沟、坝全部干了，必须从长江引水解决，长江水要经过板桥公社，板桥公社到谷里公社要向南车二三十里；长江水打到江宁，江宁要翻到陆郎，陆郎再往谷里灌，公社与公社，大队与大队的相互支援，大家想一想，小集体，小规模怎么能够解决呢？

第三，人民公社是工、农、商、学、兵相结合的整体，在公社领导下，万众一心，大家一心一意来支援农业生产。当时，主要表现在抗旱。市镇工商业有25000多人下乡帮助抗旱；商业人员肩挑背袱，拿着香烟送到抗旱工地，挑着担子下乡；全县有120多个机械工人到抗旱前线帮助修抽水机；有1500多个木工到工地去修理工具；还有一批医务人员到农村、到田头巡回治病。同志们想一想，只有人民公社才能把各个方面的力量组织起来，支援当时的抗旱斗争。所以年纪大的社员反映："独木不成林，团结协作土变金""公社力量大，天崩地塌也不怕"。

第四，人民公社保障了广大人民生活的不断提高，有力地促进了生产的发展。由于坚持了工资制和供给制相结合的分配制度，因而，保证了20%生活比较贫困的社员的生活问题。有了供给制，对他们是一个可靠的社员保险，现在吃饭应该说是一个铁饭碗了吧！敲不碎了。过去不同，有些户，特别是困难户，没有供给制，饭碗不保险，现在这个问题基本上解决了。农村中办起了食堂，全县现有农村食堂3500多个，平均每100个人当中，有93人参加了食堂，同时还办起了托儿所、幼儿园，人民公社办起了这么多的事业。三年来，人民公社的优越性看来很明显，很清楚，这是我们所以能在三年内取得这样大的胜利，这样大的成绩的最根本、最主要的条件。

其次，我们的成绩所以取得这么大，和我们广大干部的苦干、实干是分不开的。三年来，我们这么多的成绩是怎样得来的呢？是我们广大干部积极工作、苦干实干得来的，要没有我们的干部积极工作，联系群众，领导群众，我们的成绩不会有这样大，因为我们一切事情，一切任务的完成，还是靠我们的干部做出来的。现在看，我们全县90%以上的干部是好同志，或者基本上是好同志（当然，好干部、好同志当中也有缺点和错误的）。但是坏干部有没有？坏干部有的。怎样叫坏干部呢？地主、富农、反革命、还有坏分子，叫做地、富、反、坏，这些坏分子到我们队伍中来，这些人能为人民服务吗？根本不会。他会有群众观点吗？也不会有。坏人他非做坏事不可。这些人是不多的，还有一种人，出身成分不错，贫农、下中农，或者做过工人，但是，这些人变了，变成了地主恶霸了，这种人也是极个别的。这种人我看，一百个当中挑出两个、三个，最多的地方四五个吧！应该看到我们大多数的同志都是好的。这些干部热情高、勤勤恳恳、踏踏实实，埋头苦干，艰苦奋斗，联系实际，联系群众，坚持"四同"。我们正由于有了这么多的好干部、好同志，才能保证我们党的方针、政策的贯彻；才能够保证完成我们党的任务。我们依靠这些同志去领导群众，做出这样大的成绩；如果我们的干部不是这个情况，我们根本不会得到这样大的成绩的。所以讲，三年来，我们工作当中所以获得这样大的成绩，这些大胜利，这与我们干部的积极工作、联系群众、坚持"四同"，苦干实干是分不开的。这是我所讲的第一部分。

第二部分　县委领导工作上的缺点和错误的检查

同志们！三年来的成绩很大，形势很好，这是应该肯定的。但是，县委领导上的缺点错误也不少，有些方面的错误很严重。特别是今年，基本上是风调雨顺的年景，但是，粮食产量比大旱的1958年还减产。为什么减产呢？就是在县委领导上还存在着缺点和错误，这些缺点和错误，下面我就向同志们检查一下：

一、一平二调的“共产风”

以大队为基础的三级所有制，中央早就规定了。去年，我们在南京召开四级干部大会也学习过。从南京开会回来后，我们在江宁的203工地开过算账兑现大会，在秣陵关二工地开过算账大会，在湖熟开过，在汤山也开过，那个时候，对一平二调的错误批判过，学习了郑州会议的精神，算了旧账，进行了兑现。但是，那次有缺点，算账不彻底，兑现不坚决。兑的钱到公社，公社的同志就用掉了。土桥公社兑了八万多元，下面只分到万把块钱；湖熟兑了五万多元，全部用掉了。在1959年下半年，我们又重犯了一平二调“共产风”的错误。因此，就破坏了以大队为基础的三级所有制，严重地挫伤了社员的生产积极性，社员说：“共产风把社员的干劲刮掉了，把产量刮低了，把公社的优越性刮糊涂了。”一平二调怎么样来的呢？

第一，在大搞水利建设方面。要消灭旱涝灾害，保证农业生产丰收，肯定要大搞水利。事实上，几年来我们搞了这样许多的水利，对农业生产战胜自然灾害，已经起了很大的作用。问题是县委在考虑提出水利任务的时候，没有从实际情况出发，没有和我们公社、大队、小队同志一起来商量。当时，我们只从我们的愿望出发，提出“大干一冬春，实现水利化”。对于搞水利需要的劳力、工具、物资、器材和资金，这些问题怎么办？搞水利会不会影响农时季节？都没有仔细地、具体地去考虑。我们只是下达任务，下达指标，限期完成。这么大的规划，这么高的要求，到了大队、小队，大家执行就有困难了。要完成这个任务，劳力不够就要调劳力，物资器材不够，就要调物资器材。首先，在劳动力方面集中过多，最多的集中70%～80%，少的地方也在50%。铜山公社搞一个溧塘水库，魏庄大队劳动力全部调到水库上去了。小彭生产队59个劳力，全部调到水库还不够，又把老头子、老奶奶、小孩子组织50多个到水库。人全部到水库去了。这个村死掉一个人，连抬棺材的人也没有了，家里只剩下一个副小队长，跑了三个村，才找了几个社员，把死人埋了。劳动力调了这么多，就要影响到冬季田间管理，影响到春季生产的准备。有的地方甚至影响到及时插秧。陶吴水库到插秧的时候，还有100个劳动力未下来。其次，在工具材料方面。我们要求实现水利工地“运输车子化、滚珠轴承化、压石滚子化”的三化口号。三化是个好事情，节省劳力，减轻劳动强度，提高劳动工效。但是我们当时没有很好考虑解决材料问题，要下面“面向群众、自力更生、挖掘潜力”。好了，那么公社、大队、小队的同志都面向群众，到老百姓家中去挖潜力了。张三有棵树砍下来，李四家里有个老人，老人有口棺材板也拿来，没有材料就到群众家里砍树，搞棺材板，还有的看见哪家群众房子破了，就把房子拆掉。拆掉群众的房子木料，拿了人家的棺材板，砍掉了人家的树，又不给钱。汤山公社汤泉水库就调了孟塘、路西两个大队26口棺材板。有个社员叫戎国良，母亲是个75岁的老太了，苦了一辈子，办一口棺材，这口棺材还是她的外甥、侄子、女婿买的。干部去挖潜力，老太思想不通，向干部讲：“同志，棺材无论如何不能调，调什么都行，我是快入土的人了。”干部说：“那不行，搞水利嘛。”结果，把棺材调走了。铜山公社搞溧塘水库，根据县委的指示，11月份要实现“三化”，结果一夜时间就把各大队的掼桶集中300多个，改成四平车。再次，在水利工地上的劳逸结合，我们也抓得不够。搞水利的时候，正是寒冬腊月，天寒地冻，水利是个重活。在这种情况下，我们领导上也没有很好和大队、小队同志商量，就提出来，开展一个高工效、超定额运动。什么四方、五方、六方……土方定得高，再加上还要超定额。四方、五方还要超，超就变成六方、七方。再超就变成了八方九方了。劳逸结合没有结合得好，要求高，天气冷，再加上高工效，超定额，达不到定额，吃粮又减少，这样把社员的身体搞坏了，甚至有的就死掉了。这桩事情，我们想起来很沉痛、很伤心，这是一个很深刻的教训。我们曾经提出来耕牛上水库，当时我们想，耕牛上水库可以节省一部分劳动力，可以减轻劳动的强度。但有的地方对耕牛的保养爱护很不够，造成耕牛大量的非正常死亡。铜山公社搞溧塘水库时，魏庄大队5条壮牛（据说有一条壮牛价值1000多元）上水库以后，因为没有好好保养，结果全部死掉了。陶吴红星水库也死了一些耕牛。社员很伤心说："牛是农家宝，耕田少不了，这样搞下去，怎样来种田呢？"人的身体搞坏了，耕牛损失了，这是我们在搞水库方面所犯的错误。

第二，在大办养殖场方面。养猪是要发展的，养猪能够增加社员收入。支援城市，对于支援工农业生产都有很大的好处，应该大力发展。但是我们的错误是没有从实际情况出发，根据下面的条件来考虑，我们只是提出：百、千、万（小队养100或200，大队养一千或几千，公社办万头养猪场）。我们规划全县到今年年底要发展到30万头猪，要建立27万头养猪场，每个大队要盖好100间猪舍，这样一个过大的要求，而且还有一条限定时间，问题就来了，万头猪，猪从哪里来？再加上时间的要求。12月底完成多少，一月份完成多少，明年三月份完成多少，我们下面的同志做起来就不好办了。结果怎么办呢？下面不得不被迫：公社调大队的，大队调小队的，小队就调社员的。一是调土地（土地还要选择要靠水、靠山的），二是调猪仔，公社调大队，大队调小队，小队调社员的。再一个是调物资、调器材、调木料。一句话，缺什么调什么。横溪公社搞了一个养猪场，没有材料就跟下面调，大队没有就拆群众的破房子。许村、红旗两个大队就拆掉两个小村子、40多间草房。没有劳动力，又到生产队去调，没有猪仔，从大队调了五千多头猪。社员反映："公社养猪调我们的猪仔，公社的猪仔发展了，我们的猪仔减少了。"由于我们向下面调东西没有兑现，结果就发生什么问题呢？群众就拆房子。他们说："你调我的东西，我拿不到钱，不如拆房子卖木料，还拿几个现钱。我送给你们，只拿到个条子。"所以，曾一度发生有的地方卖家具、卖房料，有的社员房子上的二棵木头也卖掉了。社员发誓再也不养猪了。社员养猪，现在看来比任何一年都少，猪到哪里去了呢，到大队、公社去了。

第三，在早沙粳育秧、山芋育苗方面。当时我们县委怎样考虑这个问题呢？我们想多打粮食，圩区改早沙粳、山区种山芋。早沙粳是个高产作物，要多打粮食，就要多种点早沙粳，种早沙粳也没有经验。没有经验怎么办呢？就集中搞。集中以后，我们每个点派了技术员，加强技术指导；另一方面，考虑到早沙粳的种子少，来之不易（下面用兵舰，上面用飞机保护，从福建运来的），集中以后，可以搞得好一些。由于早沙粳的育苗集中，又使下面刮起了一平二调的"共产风"。集中起来以后的问题很多，又需要木桩，又需要草簾子，还要保温、防寒的设备，这些问题下面就不好解决了。有些作风特别坏的干部，他们的工作方法就更简单了，没有草簾拿蓆子、蓆子不够棉被代，没有木桩就砍树，砍树来不及就下鸟头竿子、连枷柄子。铜山公社种了5000多亩早沙粳，搞得多，集中大，因此，一平二调的"共产风"就刮得严重。这个公社共调了社员物资28万多件，拆掉房子29间半。浣溪大队副书记在小队干部会议布置：社员不送东西，你们就不打饭。小队得到大队命令，就强迫社员交蓆子、交水缸、交鸟头竿子。下浣溪小队长曾圣华同志说："大队圣旨一到，我就带着会计挨家搜查，见到东西用红笔一号，命令社员马上送到，带着回条才发饭票。”在山芋育苗当中，当时我们考虑，山芋育苗要保季节，要高产，只有集中育苗。春山芋要早，迟了就不是春山芋了。要早就必须用火坑、温床的办法来育苗，大家没有经验，要搞好，集中来办，找老农来介绍经验，找技术员来掌握，派干部去领导，搞好以后再分到各大队去栽。结果做坏了。为什么做坏了呢？没有考虑这又是需要很多材料，又是稻草，又是马粪、又是烧柴、又是木桩。这些东西怎么来？叫公社带，公社没有，就到大队去调，大队没有就到小队去调，小队没有就向社员调，结果又来了一平二调。

第四，在大搞绿化造林方面。大搞绿化造林也是一件好事情。我们这几年都想怎么样解决木材问题。木材我们是依靠外地来，人家生产的东西，人家要用，还是要靠自己解决问题。我们是丘陵山区，有这个条件，还可以大搞一些果树，既解决将来社员吃水果的问题，又解决我们增加副业收入的问题。这本是一件好事。但是，我们在大搞绿化造林时，又是不切合实际强调连片、集中种植，这就使下面又刮起了一平二调的“共产风”。一是调土地问题，树要成林、果要成园，这个地方有丘陵、有冲田，结果把丘陵、冲田都栽上果树，栽上毛竹；为了成林，结果把田也栽了树。单绿化一项，浪费土地就有2500多亩。二是调劳动力。要集中，要成片，这就要组织大批劳动力，就要大兵团作战。去冬今春，各公社集中了一千人、二千人、三千人、四千人、五千人，这么多人在搞果园、搞林场，社员反映：“劳力大集中，绿化造林一窝蜂，干活不算工，不种也得种。”三是调树苗，我们当时强调，公路两旁要绿化成荫，而且还强调栽大树，规定要茶杯口那样粗的，没有想，这样大的树哪里来？没有就找，挖了群众一万多棵白杨树。有的社员早上开门看一看，树没有了，到哪里去了呢？原来全部搬到公路上去了。

第五，在社办工业方面。社办工业要办，它可以为大队修理、制造农具，支持农业生产。社办工业还可以积累资金，帮助解决农业生产资金不足的困难。公社的社有经济大了，对大队的支持就大了。社办工业是要发展的。我们在办社办工业方面的错误又是没有考虑到条件与可能。因此，我们主观主义地提出：全县社办工业总产值要搞8亿元，规定什么时间，办多少厂，什么时间收入多少。但是搞社办工业，一要劳力，二要材料，三要资金，这些问题怎么办？公社一没有钱，二没有材料，三没有劳动力，没有就得向下面调。汤山公社孟北大队有一个小队全村42户，137个人，调到公社水泥厂就有51人，这个小队1100亩三麦面积，只种了600亩。其余500亩都荒掉了。社员说：“人调去了，田地荒了，粮食不要要水泥，光吃水泥行不行？”据说汤山砖瓦厂把作厂大队的近100亩田征用了。要材料跟下面调，要劳力跟下面调，调了也不兑现，结果开了个空白条子。1958年各公社从大队调来30部骡车，11辆板车，60头骡子，有的公社调来的牲畜用不了，找了几个饲养员养了几个月。群众说：“这不是运输队，而成了饲养场。”

二、浮夸风

由于县委领导工作上的主观主义和官僚主义，没有面对现实，不实事求是，因而这几年在不少问题上出现了浮夸风。怎么叫浮夸风，就是说假话不说真话，没有说成有，没有做好说成做好。

1. 我们的浮夸主要是表现在粮食产量上，1958年、1959年这两年都是大的灾害年成，一百多天没有下雨，还能有这许多粮食产量，应该说工作是干得不错的，是一个了不起的成绩。但是减产也是事实，问题是我们不承认减产，把减产说成丰产、灾年说成三收年，粮食没有那许多硬要说有那许多，结果粮食估产过高，由于估产过高，国家、集体和社员三者关系的安排就不落实，结果卖了过头粮，有的地方连种子、口粮、牲畜饲料也卖掉了，使社员生活安排发生困难，下面没有粮，还说被小队私分了，被群众偷去了，说粮在小队手里，在社员家里，因此食堂停火，叫群众自己回去烧饭吃，说群众落后，群众没饭吃，就乱找东西吃，什么都吃，结果得了病，有的因为粮食吃得少，就往外跑，到南京，到南昌，哪里吃粮多就往哪里跑。也有个别地方发现丢下小孩子，为什么要丢呢？他们说：现在吃粮少，我丢孩子是为了爱护孩子，让人家领回去还可以给孩子吃饱。特别在一些坏分子掌权的落后地区，问题更严重，他们只顾自己吃饱喝足、对人民生活不管，下面发生问题也不讲。我们回想起来确实很痛心，这是个惨痛的教训，不面对现实，不实事求是，不说真话说假话浮夸风恶果是严重的，使党的事业受到很大的损失，这个教训值得我们很好接受。为什么我们把粮食产量估高了呢？原因有这几条：一方面是在我们县委领导思想上喜欢高产，不喜欢产量搞得不好，喜欢人家向我们报一千斤、两千斤。有些干部就趁机钻空子看领导的面孔，你喜欢高产，我就假报一些。另一个原因是我们估产方法有错误，我们是怎么算的呢？一亩田有多少棵，一棵长多少稻穗，一穗有多少粒，来个加减乘除，就等于一亩田的产量。再一种方法是看典型田，一个小队看一亩中等田打一打多少斤，然后有多少亩乘一乘就是多少斤，这样产量就出来了。第三，我们对估计没有经验，一亩田面积有大有小，是估不实的，因为上面估产高，到了下面就要变成浮夸。

2. 几年来，我们的生产指标定得过高了，到了下面越定越高，有的地方提出亩产量 800 斤、1000 斤的指标，群众说：“这不是规划，是鬼话。”因此，三包指标不落实，措施不扎根，三包年年订，年年不执行，三包春天是硬的，夏天是软的，秋天就没有了。社员说：“春硬夏软秋落空。”大家没有奔头了，小队社员生产那有积极性呢？

3. 生产领导上的形式主义。我们下去看都是看好的，都是有路线的看。检查团去检查生产，事先画好了路线从哪条大路、小路走，走哪条田埂。公路外面都弄得好看，里面就难看了，土桥外面看看还不错，而里面是草包稻。有这样一个故事：上次检查团去长江检查，据说有个队派社员在大路边上站岗，说如果看到检查团来就赶紧报告，其他的人都去睡大觉，根本就没有人在田里生产，那知道我们县里杨部长却从小路进去了，后来小队长批评站岗社员：“为什么不负责任。”社员答：“谁知道他们抄小路来的。”大家想想，这怎么能搞好生产呢？也有这样一个规律，凡是大检查时，社员生活也“改善”了，食堂里面吃三个菜、四个菜，还吃馒头，检查团的人看看，说不错嘛！生活安排得很好嘛，还夸奖一番走了，实际上把社员几天的粮一天就吃完了，老百姓说：“小孩子盼过年，馋老婆盼检查团。”因为检查团来可以吃顿好的。生产当中也是听喜不听忧，年年种的时候都说超额完成任务，可是到收的时候就没有了。去年秋种时，大家报一共 50 多万亩麦子，到今年收的时候，只剩下 40 几万亩了。有些干部看领导的态度，讲好的不讲坏的，因为讲好的受表扬，讲坏的受批评。因此，说真话的人常受批评背黑旗，浮夸的人，不说实话的人，反而拿红旗受表扬，群众说我们是“信奸臣，不信忠臣”。

三、生产瞎指挥风

应该承认，这几年来，我们在领导农业方面，在技术措施、品种改革方面做了不少工作，取得不少成绩，但是也犯了不少毛病。这些毛病、错误确实达到胡乱指挥生产的程度。

1. 改制。籼稻改粳稻这是方向，改得好的地方，确实也增产，问题是我们要求高了，步子跨大了，没有因地制宜，实事求是，如今年改了 90% 的面积都是粳稻，由于改制步子大，要求高，结果是“晚稻上山岗，籼稻下洼塘，无水种水稻，水稻变旱稻，双季变单季，早稻变晚稻

（今年从 5 月 5 日栽到立秋），种稻光收草”。陶吴公社是个丘陵山区，有山、有丘陵、有冲田，这个地方由于公社党委接受我们大量改粳的思想指导，今年只有三亩籼稻，据说还是群众偷偷摸摸种的。秣陵也是这个情况，没有什么籼稻。我们这里土质、水利条件不一样，怎么能统统一律呢？群众讽刺我们说：“笑话笑话真笑话，那有岗田粳稻化，晚稻上山更不像话，不减产才有鬼呢。”由于晚稻种得多了，秋种季节就推迟了，影响了种麦季节，社员说：“哪有穿上棉袄种麦子。”

2. 技术措施控制过死。我们江宁县的特点是有山区、有冲田、有平原、有圩田、有洲地，这么一个复杂地区，土质、水利条件、生产习惯、生产经验也不一样，我们对这些特点掌握得不够，而千篇一律的划一道死杠子，采取一刀切的办法，要下面坚决执行，例如密植，提出 3×5、4×5 的行子，由于密植带来了劳动力紧张，田不好耨，草不好扔。有的社员说：“人这么少，田这么多，连栽上去都有问题，还要我们密植呢。”湖熟先进大队有个妇女小队长批评我们说：“毛主席提出来的八字宪法，共有八个字，你们做起来只有一个‘密’字了。”

3. 在季节方面我们也控制得过死。下种时间、栽秧时间等都作了具体规定。大队、小队没有权，自己说了不算。上面怎么说，下面怎么干，我们一天好几变。说明天要下雨了，赶紧收麦子；又说不下雨，快去栽秧。所以群众说我们是“孙猴子”的领导方法。正如有的小队长说：“小段计划是上面给我们订的，而不是我们自己订的。”

四、作风问题

这几年来，我们县委领导思想作风有些进步，有些提高，但是问题也不少。具体表现在这几方面：

1. 做事民主作风很不够，和干部群众商量太少，特别在生产方面，只是根据我们想象的要下面去做，没有和下面商量，下面意见很多。

2. 对下面同志教育少，批评指责多，县委向下布置任务、要求，只许点头，不许摇头，形成党内民主作风受了约束，大家有意见不敢提，有的干部说：“任务是硬的，政策是软的，不执行改革不要紧，完不成任务过不了关。”因此下面同志为了完成任务就不择手段犯起强迫命令来，这与我们的作风是有关系的。

由于领导作风上的问题，造成上下级关系、干群关系发生许多问题，不少同志发生打人骂人，以致停伙等严重的事件。这些问题大部分与我们领导有关。由于这些问题的存在，使群众的生产积极性不高，所以造成这样严重的问题：⑴领导交代工作，布置任务要求高、要求大，又限定时间，下面为了完成任务，不讲办法，采用强迫命令方式去完成。⑵领导作风不民主，下面接受任务只许点头，不许摇头，只准完成，不准完不成，交代政策，办法少。由于上面不讲民主，下面也不讲民主，这也是发生强迫命令的原因。⑶有些干部为了完成党所交给的任务，由于好心去做工作，出了些坏主意作了些坏事。

县委领导上的这些错误，给党和人民的事业造成很大损失，造成哪些危害呢？

第一，大队、小队和社员的生产积极性不高。为什么情绪不高，干劲不大呢？由于我们领导上一平二调的“共产风”、浮夸风、命令风、生产瞎指挥风、特殊化作风的“五风”严重存在，特别是一平二调的“共产风”破坏了以大队为基础的三级所有，无偿占有劳动人民的劳动果实，侵犯了农民的利益，这就影响了社员生产积极性。事实非常清楚，一平二调的“共产风”刮到哪里，哪里就没有积极性。例如调了下面的劳动力，下面就有消极怠工，劳力打埋伏，结果先进的怕支援，先进的不敢先进了；落后的队等支援，落后的就更加落后了。

调了下面的粮和钱，大队农副业生产就不积极了。富队不敢富，怕公社一拉平；穷队依赖，调了社员的猪仔，下面养猪的积极性没有了。土桥公社周子大队将社员猪仔集中后，曾家庄小队的社员就对天发誓："养猪白费力，养猪蚀老本，老娘狠狠心，三年不养猪。"调了下面的树木、房屋、家具，下面就乱砍树木，变卖家具。铜山公社魏庄大队的小彭小队，一个晚上偷卖的家具就装走了三船。

上面调，下面拉平分配，评工记分、"三包一奖"、按劳分配等等办法都被破坏了。这也是部分大队这两年没有认真做好分配的重要原因。社员说："多劳不能多得，好坏不分，干不干三顿饭，苦不苦三毛五。"

第二，耕牛、农具受到了很大的破坏。为什么破坏这样严重呢？这也是由于没有坚持三级所有、队为基础的制度，乱平乱调，耕牛、农具东拖西拉，固定不下来。因此大家都没有责任，大家都不爱护，东西丢了也不拾起来，坏了也不修理，缺的也不想法添置购买，耕牛跑了也没有人去找。有的地方一百亩田只有一部水车，一个小队只有一张犁，一张耙，生产怎么干？这样根本就干不好。土桥公社共有 1408 头耕牛，去冬今春即死掉 215 头，还有 133 头牛的鼻子搞豁了，11 头牛的尾巴没有了。据说被小队长割下来吃掉了。牛尾巴是打苍蝇的，没有尾巴怎么行呢，这根本不想干生产嘛。

第三，由于社员积极性不高，生产力遭到破坏，影响了生产的发展，社员的生活逐年下降。凡是"五风"，特别是一平二调的"共产风"严重的地方，群众的生产积极性都受到很大的打击，耕牛、农具受到了很大的破坏。要搞好生产，一要靠人的积极性，二要靠工具。人没有积极性了，工具又缺少，生产怎么能搞好呢？看来长江、土桥、秣陵、淳化、铜山、陶吴等公社问题都比较严重。今年减产，归根结底是一平二调"共产风"。铜山公社的魏庄大队，已经大刮了三年的"共产风"，大至土地、房屋、耕牛、农具、粮食、劳力，小至锅、碗、瓢、铲，什么都调，有的人家几乎被调一空。社员说："共产风刮得头晕眼花、六神无主，整天提心吊胆过日子，哪有心思搞生产。"结果呢，生产年年下降，这个大队 1957 年粮食总产量是 209 万余斤，1958 年下降到 182 万余斤，1959 年下降到 140 多万斤，到了今年只剩下 120 万斤，比 1957 年减少将近一半。这些地方"共产风"刮得严重，破坏了生产力，产量逐年下降，分配逐年减少，有的吃饭都混不上，后果十分严重。

第四，政治上造成了不良影响。"五风"特别是"共产风"，使一些干部、群众造成一种错觉，认为一平二调，大集中就是"共产主义"，没有什么你的，我的，都是公家的。有的人认为人民公社不如高级社优越，有的地方的干群关系受到很大损害。

下面再分析一下这些错误是怎样来的呢。

第一，县委对党中央的指示理解不深，执行不坚决。为什么这样讲呢？因为早在 1958 年冬天，党中央和毛主席就再三再四地指示我们：人民公社必须实行三级所有，队为基础，物资劳动，等价交换，按劳分配，多劳多得的政策。但是，我们没有很好贯彻党中央的指示，所以，我们犯了错误。

我们为什么没有执行党中央指示呢？主要是县委领导水平不高，对中央指示的重要意义没有深刻认识，想早过渡，认为早些过渡生产发展快，人民生活提高快。因此，在工作任务要求上总想搞大一些，搞多一些。这种思想显然是脱离了当前农村的实际情况，脱离现有条件。因此，造成了工作中的错误。

我们得到体会是：党的政策是我们进行一切工作的指南针，只有认真学习党的政策指示，不折不扣地坚决按党的政策办事，才能保证做好工作，不犯或少犯错误。

第二，县委对以农业为基础的方针认识不足，贯彻不力。中央指示我们：‘人是每天要吃饭的，不论办工业、办交通、办教育、搞基本建设。办任何一项事业，都离不开粮食。每个共产党员都不应该忘记这个最简单的、千真万确的道理。”又说：“农村劳动力问题是目前发展农业生产的一大问题，是关系到整个国民经济持续跃进的一大问题。”“解决劳动力问题是当前保证粮食生产的中心关键。”事实很明显，现在拖拉机、电动机还是不多的，主要是靠劳动力，没有劳动力，田就种不好。但是我们对中央的指示认识不深刻，贯彻不力，在实际工作中，劳力、物资、器材、资金使用分散，削弱了农业第一线的力量。这几年农村劳动力减少了很多，办农业的人越来越少了。全县劳动力1958年原有17万人，到今年上半年，只有14万人，减少了三万多人。那么这些人到哪里去了呢？第一是调上来办工业了，三年来从农村调了一万五千多人。第二，基本建设搞得过大，特别是大搞水利、绿化时集中劳力过多。第三，专业队伍搞多了。公社一般都有几个社办工厂、饲养场、鱼苗场和茶果、林场等等，再加上大队、小队也搞专业化。此外，食堂、幼儿园、托儿所也占用了一部分劳力，再加上参军、支边、读书等等外出劳力很多。由于劳动力减少，使得农村劳力的负担大大加重了。全县1957年平均每个劳力只负担6亩7分田，但现在每个劳力要负担到10亩8分田。这样怎么能够保证季节，保证质量，搞好生产呢？

此外，在资金、物资使用上也不够集中，重点支持农业不够。三年来的财政支出，平均起来，用于农业的只占38%，有的公社还把钱拿去盖大礼堂、盖办公室，这对农业的发展也有一定影响。

事实给我们深刻的教训是：必须牢固地树立“以农业为基础，粮食是基础的基础”的指导思想，把农业放在头等重要的地位。办任何事情，要首先考虑到对农业是否有利。特别是劳动力问题，只能不断加强，不能削弱。今后使用物力、财力，都首先要满足农业的需要，一定把粮食办好，把农业办好。

第三，县委领导上的思想方法主观片面。在我们脑子里想得不周到，有的想偏了，但检查起来，我们都是好心好意。我们总想很快改变江宁农村的一穷二白的面貌，总想使粮食很快过关，能使老百姓多吃一些粮，每人吃500斤、600斤，每亩收800斤，提前实现40条，来支援国家建设。看到1958年天干受旱，我们就想大搞水利，达到旱涝无忧，这不是好心吗？想多养一些猪，可以给社员吃些肉，增加收入，支援城市；想收800斤，如何能收到800斤呢？我们县委就研究了，考虑到籼稻只能收400斤～500斤，粳稻米搞得好可收800斤、1000斤、1200斤。抓到这个关键，就大搞改制，大种粳稻。对丘陵旱地就考虑到要大种山芋，才能取得高产。黄豆、杂粮只能收200来斤，而山芋可以搞到4000斤，可抵800斤原粮。我们就是这样想的，是好心。但是未很好考虑条件，结果去硬做，就出了毛病，出了乱子。像养猪，也没有个猪，还要搞万头猪场，真是天大的笑话。

实际经验告诉我们，看问题、做事情要全面，既要看到好的，也要看到坏的；既要考虑到需要，又要考虑到可能；既要看到有利条件，又要看到不利条件；既要看到这一面，又要看到那一面。要做到这样，很不容易，但又很容易。关键是深入群众中去，充分发动群众，走群众路线，找群众商量研究，相信群众的话，才能不犯或少犯错误。上次我到禄口去，有些社员就和我谈，这是肥田，可以种粳稻，那是漏水田，可以种籼稻，这是什么土，那是什么土，适宜种什么庄稼，谈得很清楚，我们照群众的话去做，就不会主观主义，就可以少犯或不犯错误。

第四，县委的工作作风有主观主义、官僚主义。这几年来，县委的领导作风有了很大的转变，但是还不深入、不踏实，只强调轰轰烈烈，忽视了踏踏实实。我们满足于搞万人大会、万人检查，评比竞赛，打擂比武，发红黑旗。因此，深入实际、调查研究、进行艰苦细致的工作作风少了。和下面的同志商量少了，只是看报表，听汇报，听好的，不听坏的，先进抓得多，落后抓得少，真正坚持“四同”也不够。因此，群众的话，实际情况就知道得很少，像过去报喜，给我们送来山芋，我们就说他们丰收了。其实有多少那样大的呢？他们报山芋高产，我们就跟着向上报，说山芋大丰收。并且闹警报，说是山芋多得无处放。有的讲稻子一亩有三千斤、五千斤，哪有这许多？所以群众有意见说：“干部浮夸，社员浮肿”。

我们深深地体会，轰轰烈烈必须与踏踏实实相结合，冲天的革命干劲必须与科学分析精神相结合，敢想敢干必须与实事求是相结合，既抓先进，又抓落后，只有这样，才能做好工作。这些问题，我们以前都一再讲过，就是没有被我们所认识，所掌握，经过实践才深刻地教育了我们。

第五，我们的阶级觉悟不高，群众观点不强。表现在全县还有部分落后地区，坏人当道，掌握大权，胡作非为，残害人民，压迫群众。全县现在还有十八个大队没有彻底改变过来，在这些地方，不是人民专政，而是坏人专政，他们不是为人民服务，而是任意欺压群众。他们不是领导人民走社会主义道路，而是在走资本主义道路。不是在领导生产，而是在破坏生产，使得这些地方，正气不得抬头，歪风邪气上升。

例如淳化公社索墅大队，自从坏分子马帮全窃取了大队支部书记职务后，由红旗队变成了落后队。马的父亲是汪伪自卫团长，有一次曾带人杀死我新四军9人，马曾拜过特务为干老子，是个“小老虎”。他上台后，群众就唉声叹气，担惊受怕说：“老虎上山，人人惊慌，坏人当道，群众遭殃。”果然他一上台，就将乱七八糟的地富反坏分子拉上台，对群众的手段有：打骂、捆、吊、罚、关、冻、停伙、搜查、坐黑牢、喂蚊子、晒太阳、拆房子、拦路抢劫、坐飞机、架石头等数十种。两年来，全大队受害的群众达40%以上，其中受伤25人，致死3人，被逼外流35人，到现在还有14人未回来。贪污也很严重，8个坏分子即贪污挪用3613元，占去年社员分配金额的30%。

再如秣陵公社火炬大队司家庄小队会计李朝选，是个坏分子，对待群众十分恶劣，1959年以来曾吊打致死两人，被逼致死一人，上吊三人。今年三月，58岁的贫农社员马振东，因偷了三十斤大麦，被李用铁丝吊在梁上吊打审问，回家不几天就死了。今年3月，小队食堂饭瓢不见了，他用烧红的火钳毒打社员马大源，逼其交代，结果马的腿部被烫伤，卧床20多天，曾三次上吊自杀都被救。李知道后恶毒地说：“死了好，少了一个祸害。”李还贪污不少粮和钱。

事实充分地说明了，这些地方不是人民内部矛盾问题，不是我们干部思想作风问题，而是敌我矛盾问题，必须提高革命警惕，分清两类矛盾的界限，采取革命的方法，革命手段，进行彻底的改造。如果想抄近路是完全改造不好的，其他的方法是走不通的，必须发动群众斗倒坏人，把政权拿过来。

第三部分　县委的态度

三年来，我们在省、市委的正确领导下，取得的成绩是巨大的，形势是很好的，但在工作中的问题和错误也是相当严重的，看不到成绩，看不到三面红旗的优越性是不对的，但是看不到问题也是不对的。

我们正视自己工作中的缺点和错误，决不灰心丧气，决不怨天尤人。不能说这是你的，那个是他的；这个是上面的，那个是下面的，而总是我们的，起码是我们举手赞成的。既不扩大又不缩小；既不灰心又不丧气；既不怨天也不尤人。因为从上面的这些事实中看出，确实是我们的问题，而且有些问题还很严重。但是我们有信心有决心来彻底克服和纠正这些缺点和错误。所以说我们的前途是十分光明的。今天我们有中央十二条政策的指示信，有上级党的领导，一定能在五个月内改正缺点和错误，把工作搞好。

现在我代表县委向大会提出几点保证和要求：

一、痛下决心，坚决改正自己工作中的缺点和错误，对过去发生的一平二调，保证彻底清算，坚决兑现。

二、坚决执行中央关于农村人民公社当前政策问题的紧急指示信，保证今后不再犯错误。请大家帮助我们揭发问题，分析危害，分析原因，研究解决问题的办法，从而提高政策水平，提高思想觉悟，提高工作能力。

三、充分发扬民主，真正做到有什么说什么，有多少讲多少，我们高价征求同志们对县委的批评和意见。希望大家揭开盖子，在看到成绩的同时，把你们大队、小队的问题也一锅端出来。不要考虑领导上会不会对我印象不好，对我态度不好，会不会处分我。要知道这次会是为了总结经验，接受教训，改正错误，一律不追究责任。因为，犯错误的根源是思想水平不高，光是处分也不能提高水平。要是一犯错误就处分，我们县委犯了这样大的错误，省委也没有给我们一个什么处分？所以，大家一定要把问题一锅端，不要客气，不要不好意思，我们一律不记账，不找岔子。大家随便讲，讲得好讲得坏，讲得错与不错，都不要紧，千万不要把问题放在袋子里，放在抽屉里。这样的话，对党对人民不利，对同志自己也不利。所以，我们这次会议，要论形势，摆问题，分析危害，找出根源，研究解决办法。只有这样，才能接受教训，提高思想。不然，以后还要犯错误。当然，大胆揭发也不是说我们工作漆黑一团，一团糟，事实也不是这样。总的方向要看到，形势很好，成绩很大。但就全县来讲，问题也不少，有的社、队问题相当严重，要看到我们的前途光明。首先，我们有决心改正错误，县委和公社都有决心。我们有党中央的十二条，有三年大跃进的经验教训，我们就一定能搞好生产，取得丰收。明年这时还要请大家来开会，来总结我们丰收经验。这次大会一定要一锅端，用面对面的方法，把问题全部揭发出来，大家看好不好？（齐声答：好！）过去不说实话的，这次要说实话；过去说假话的，这次要说真话。这次会上产量重新统计。总的希望大家对县、社两级多提意见。

一九六〇年十二月二十四日

（抄自县委办1960年度永久卷“3·1”56号卷宗）

江宁县人民政府

关于江宁县撤县设市的请示

江宁政发〔1992〕89号

南京市人民政府：

江宁县位于长江下游南岸，江苏省西南部，东与句容县衔接，东南与溧水县毗邻，南与安徽省当涂县接壤，西南与马鞍山市相邻，西与安徽和县及江浦县隔江相望。全县总面积为1599平方公里，人口733757人，其中非农业人口219000人，辖14个乡、9个镇、3个国营场圃，共350个村。江宁县古老文明，美丽富饶，自古就有“阡陌纵横、鱼米甚丰”之称。早在4000多年前，汉民族的祖先就在这风景秀丽的秦淮河畔创造出驰名中外的“湖熟文化”，人文代衍，数为京畿。南唐、明初、太平天国、中华民国都曾在此域建都，民国16年（1927）国民政府定都南京后，成立江宁自治实验县，一直隶属江苏省政府。

解放后，特别是党的十一届三中全会以来，江宁人民励精图治，开拓创新，江宁大地日新月异，色彩斑斓，国民经济和各项社会事业蓬勃发展。1991年全县工农业总产值35.6亿元（其中工业总产值27亿元），比1979年增长6倍，社会总产值39亿元，国民生产总值13.5亿元，外贸出口商品总额1.54亿元，财政收入9001万元，社会商品零售总额6.51亿元。

江宁县人民政府驻地东山镇是江宁县政治、经济、文化中心。东山秋月、秦淮垂钓被列入古“金陵四十八景”。经过全县人民的多年建设，旧城改造面貌一新，新区开发迅速崛起，县城基础设施和服务功能日趋完善，历史文化得到保护和发掘，一座环境幽雅、功能齐全的现代化城镇初步形成。县城城区面积现为46平方公里，1991年末总人口12.3万人，其中非农业人口8.4万人；1991年县城工农业总产值10.8亿元，国民生产总值4.4亿元。县城现有工业企业一百多家，工业结构合理，门类齐全，主要有化工、轻纺、电子、机械四大门类，拥有一批技术水平高、产品附加值高、投入产出率高的行业和企业，形成江宁金箔、蝙蝠电扇等名牌产品，1991年工业产值10.3亿元。城区市政公用设施齐全，井字型为主的纵横交错的城内交通网络已经形成，2000门程控自动电话与南京并网直拨国内外，自来水与南京接通；县城通有管道煤气，气化率达80%；文化卫生、体育设施配套，拥有卫生学校、师范学校以及中小学14个，医疗水平先进、设施完备的县医院3个，在全省处于先进水平的体育馆一座，1991年被列为省体育先进县；街道宽敞整洁，连续四年获“金陵市容杯”竞赛冠军；第三产业发达，商业集中，市场繁荣，拥有全市最大的“南郊鱼市”，占地400亩的商业城正在动工兴建，6.8平方公里的江宁经济技术开发区已吸引了数十家中外客商来此筑巢开发。江宁县是全国驻军最多的县之一，素有“北昌平，南江宁”之称，县城驻有39241部队、83401部队、特警团、空军气象学院、83111部队、83402部队、炮院、八三医院等驻军单位54个，以及全市唯一的南京军分区民兵训练基地，1992年7月被省命名为双拥模范县。江宁县也是部、省、市单位分布最多的县之一，共有上海梅山冶金公司等部、省、市单位20多个，县城中八一三、八〇九地质勘察队、省水文队、土壤研究所、六一三厂、南京大桥机器厂、税务干校、农行干校、船舶学校、核工业学校、管道学校、卫校等星罗棋布，对加强江宁与全国各地联系，促进经济技术交流起到了重要作用。

根据江宁县重要位置、优越条件和当前大改革、大开放、大发展的需要，现有县建制已很不适应这一要求。为了充分发挥江宁优势，实现经济跨越发展，我们请求将江宁撤县设市，其主要理由有以下几点：

一、撤县设市有利于贯彻国务院加快长江三角洲沿江开发的战略方针，发挥江宁地理优势，促进江宁及周边地区商品经济的发展。江宁县地缘位置优越，具备水、陆、空三位一体的交通网络，交通密度居全国之首，秦淮河贯穿全境，水运长江航道20多千米，沪宁铁路、宁芜铁路、103国道、104国道、宁芜公路、宁杭公路、沪宁高速公路穿境而过，与宁镇公路、南京尧城公路紧密相连，纵横交错，四通八达。即将兴建的南京国际机场位于江宁县禄口镇。江宁县与周围两省七个区县相邻，小城镇星罗棋布，商品经济萌芽较早，历史上就是这一地区重要的商品集散地，县内湖熟镇素有“小南京”之称。在经济和文化上，江宁对周边地区具有较强的吸引力，撤县建市可进一步加强江宁对这些地区的经济技术辐射，推动商品流通，增强城市的辐射和吸纳功能，促进这一地区经济的更加繁荣。

二、撤县设市有利于发挥江宁的经济基础优势，促进全县经济超常规、跨越式发展。江宁县经济起步较早、基础较好。农业生产上是国家商品粮基地县，年产粮食稳定在4.60亿公斤左右，年上缴国家商品粮1.69亿公斤，林、桑、茶、果、瓜、猪、禽、鱼、蛋、奶产量高、品种全、上市快、特色新。工业发展迅速，在全市“三分天下有其一”，全县共有工业企业2100多家，固定资产原值10亿多元，形成了建材、轻纺、化工、机电、机械、建筑装潢、工艺美术、裘皮服装八大支柱行业，拥有一批享誉中华的名、优、特、新产品。江宁金箔、耐火纤维、特种气体、红木雕刻、巨威机床、蝙蝠电扇等产品畅销国内外。但由于受行政建制上的制约，发展潜力尚未得到充分发挥，跟不上当前全国大发展的形势。通过撤县建市，将促进江宁经济扬长避短，为经济发展注入新的活力，进一步加快全县经济发展步伐。

三、撤县设市有利于发挥江宁的开放优势，提高江宁的知名度，推动江宁开放开发迈出更大步伐。江宁县自1988年被国家列入对外开放县以来，充分运用国家的开放政策，发展境内经济技术实力和劳动力资源丰富的优势，以国际市场为导向，发挥劳动密集型和技术密集型出口商品的生产，同时多渠道引进外资兴办“三资”企业，使全县外向型经济取得长足发展。目前，全县共有50多家具有一定规模的外贸生产企业，建成服装、丝绸、工艺品、中药材、粮油等外贸出口生产基地，共有60多种产品打入国际市场，建成投产“三资”企业43家，总投资额3000多万美元。今年以来，江宁县贯彻中央2号文件精神，兴建了10大经济技术开发区，其中最大一个达6.80平方公里。但从目前发展趋势来看，县建制不利于外贸体制改革和外贸生产发展的需要，不利于开发开放向纵深发展，撤县建市后，将有利于江宁县外向型经济的发展，进一步加快开放开发的步伐。

四、撤县设市有利于发挥江宁的资源优势，促进江宁综合资源的开发利用。江宁县物华天宝，自然资源丰富。矿产资源品种多，储量大，金属矿种有金、铜、铁、锰、钴等，其中铁矿储量近3亿吨，占全省总储量的41%，铜井金矿为全省最大金矿之一；非金属矿种有硫、磷、高岭土、大理石、石英石、石灰石等10多个品种，其中石灰石储量5亿吨以上，硫储量2000万吨，约占全省总储量的35%。光能资源充足，气候温和，雨水充沛。山水资源独厚，全县低山丘陵2.87万公顷，水面2.13万公顷，江宁县山川形胜，旅游资源十分丰富。境内古迹众多，拥有省级6处，市级17处，县级39处，其中重点名胜古迹23处。南唐二陵、六朝时刻、郑和墓、杨柳村古建筑群等在国内外享有盛名。以温泉而闻名海内外的汤山堪称旅游胜地，世界之最的碑材、引人入胜的溶洞、山水相融的安基湖、“圣汤”之称的温泉在汤山形成一线。随着南京禄口国际机场的兴建。江宁将成为中外游客的热点。通过撤县设市，江宁这些综合资源将会进一步得到开发和利用。

根据上述条件和要求，对照国务院国发〔1986〕46号文件规定的关于撤县设市的标准，江宁县撤县设市的条件已经具备。为了贯彻中央2号文件精神，抓住当前历史机遇，进一步解放思想，加大改革力度，扩大对外开放，推动江宁县及周边地区商品经济的发展，把江宁建设成为长江下游南岸经济繁荣、人民富裕、文明发达的现代化开放城市，江宁县向上级政府提出江宁县撤县设市的请示。改市后采用江宁为市名，市人民政府设在东山镇。

以上请示如无不当，请转报江苏省人民政府。

一九九二年七月二十九日

江宁县人民政府

关于撤销江宁县设立江宁市的请示

江宁政发〔1999〕20号

南京市人民政府：

江宁县位于长江下游南岸、江苏省西南部，东与句容市衔接，东南与溧水县毗邻，南与安徽当涂县接壤，西南与安徽马鞍山市相连，西与安徽和县及南京江浦县隔江相望。全县辖17个镇、6个乡，3个国营场圃（不设区公所），总面积1599平方公里，人口74.48万人（其中非农产业人口24.7万人，占总人口的33.1%），人口密度为每平方公里465人。1988年被国务院确定为对外开放县，1992年、1994年连续两届进入全国农村综合实力百强县行列，分别列63位和66位。

江宁县文明古老，建县于秦始皇三十七年（前210），晋以“外江无事，宁静于此”而得名，素“阡陌纵横、鱼米甚丰”之称。早在数十万年前中更新世古猿人已在这块土地上刀耕火种，生息繁衍，4000多年前汉民族的祖先就在这风景秀丽的秦淮河畔创造出驰名中外的“湖熟文化”。人文代衍，数为京畿。民国16年（1927）国民政府定都南京后，成立江宁县自治实验县，一直隶属江苏省政府。

江宁县地理位置优越，地处沿海开放地区和国家重点发展的沿江开发带。属北亚热带季风气候，气候湿润，四季分明，雨水充足，年平均降雨量1004.6毫米，无霜期225天，总日照2148.3小时。江宁交通运输十分发达，具备水、陆、空三位一体的快速大交通网络，是“全国交通工作先进县”，交通网密度居全国之首。秦淮河贯穿全境，“黄金水道”长江航道20多公里，沪宁高速公路、宁马高速公路、宁杭公路、104国道、沪宁铁路、宁芜铁路穿境而过，纵横交错，四通八达。南京禄口国际机场和新生圩港等重要的航空港和内河港口都在境内。江宁物华天宝。金属矿种有金、铜、铁、锰、钛等，其中铁矿储量近3亿吨，占全省总储量的41%，铜井金矿为全省最大金矿；非金属矿种有硫、磷、大理石、石英石、石灰石等10多个品种，其中石灰石储量5亿吨以上，硫储量2000万吨，约占全省总储量的35%。江宁旅游资源丰富。境内古迹众多，拥有省级6处，市级18处，县级39处，其中重点名胜古迹24处。南唐二陵、六朝时刻、郑和墓、杨柳村古建筑群等在国内外享有盛名。以温泉而闻名海内外的南汤山堪称旅游胜地，世界之最的碑材、引人入胜的溶洞、山水相融的安基湖、"圣汤"之称的温泉、震惊中外的古猿人头盖骨化石遗址等景观，吸引着大批海内外游客前来观光旅游。

江宁县经济发展迅速，社会事业发达，人民生活富裕。党的十一届三中全会以来，特别是小平同志南巡讲话后，全县人民解放思想、加快发展。1998年全县工农业总产值255.3亿元，其中销售收入500万元以上企业工业产值183.80亿元，占全县工农业总产值的81.1%；国内生产总值86.1亿元，其中第三产业增加值19.6亿元，占总值的22.8%；预算内财政收入4.6亿元，人均617元，上缴中央财政2.987亿元，是"全国财政工作先进县"。1998年粮食总产量4.75亿公斤，上交国家商品粮1.066亿公斤，是"国家商品粮建设基地县"。多种经营量大质优，湖熟板鸭、雨花茶等享誉国内外，是"全国平原绿化先进县"。二业经济发展迅速，全县工业固定资产56.04亿元，工业从业人员11.82万人。1998年实现工业产值231.6亿元，形成了建材、轻纺、机电、化工、机械、建筑装潢、工艺美术、裘皮服装八大支柱行业，拥有金陵金箔、时花电扇等一批名特优产品，组建了正方、时花、金箔、新蕾等18个企业集团。开放开发势头强劲，形成了以县经济技术开发区为龙头的全方位开放格局。全县累计兴办三资企业903家，实际利用外资已达50484万美元。具有一定规模的出口创汇企业达130多家，建成服装、粮油、丝绸等外贸生产基地，1998年实现外贸出口商品交货值32.1亿元，出口创汇2.1亿美元。规模开发生机勃勃。江宁开发区、南京民营科技园、高新农业开发区、机场经济圈等重点开发园区建设日新月异，吸引了一大批中外财团前来投资兴业。尤其是国家级省重点开发区——南京江宁经济技术开发区，开发建成面积已达22平方公里，累计引进项目达409个，其中引进外资项目234个，投资总额15.70亿美元，竣工投产企业197家。西门子、爱立信、摩托罗拉等14家世界500强企业落户区内。1998年全区实现技工贸总收入80.6亿元，实现利税6.6亿元；出口创汇8000万美元，财政收入1亿元，开发建设在全省80多家省级开发区中名列前茅。江宁县第三产业繁荣兴旺，三产从业人员达10.72万人。各类市场53个，1998年集市贸易成交额11亿元，社会消费品零售总额达15.01亿元。江宁县各项社会事业欣欣向荣。教育现代化工程全面启动，是"国家教育综合改革实验县""全国双基教育先进县"。群众性文卫体活动蓬勃开展，是"全国体育先进县""全国初保工作先进县""全国文化先进县"。科技力量较强，是"全国科技实力百强县"。计生、民政、双拥等工作成绩显著，被评为"省计划生育先进县""省民政工作先进县""全国养老保险先进县""省双拥模范县"。经济的发展促进了人民生活水平和质量的提高，1998年全县职工平均工资6817元，农民人均纯收入3780元，人均储蓄4177元。

江宁在军事上具有突出的战略地位。江宁县是全国驻军最多的县之一，素有"北昌平，南江宁"之称，县城驻有空军气象学院、39241部队、83430部队、陆航团、83111部队、83402部队、炮兵学院、八三医院等驻军单位57个，以及全市唯一的南京军分区民兵训练基地。江宁县是对外开放县，承担着省市很大的接待任务，年接待外宾1万多人次，许多外国元首和高层人士来此参观考察，港、澳、台同胞和侨胞回乡观光探亲络绎不绝，已成为江苏省和南京市对外宣传的窗口。江宁县是国家、省、市重点骨干工程的主要布点区和实施区。沪宁高速公路、京沪高速铁路穿境而过，全省最大的国际机场——南京禄口国际机场位于江宁腹地，上海梅山冶金公司、南汽集团、金城集团、南京造币厂、绿洲机器厂等一大批国内特大型企业坐落县内，境域共有部省市单位 30 多个，对加强江宁与全国各地联系，促进经济技术交流合作起到了重要作用。

江宁县人民政府驻地东山镇是全县政治、经济、文化中心。“东山秋月”被列为“金陵四十八景”之一。近几年来，兴建新区，改造旧城，使县城面貌焕然一新，基础设施和服务功能日趋完善，历史文化得到保护和发扬。县城老城区、岔路区、新城区“三足鼎立”，已初步形成特色鲜明、环境幽雅、功能齐全的现代化城镇。县城建成区面积已达 18 平方公里，规划区面积 41.2 平方公里。全镇总人口 15 万人，其中非农人口 13.1 万人。现有工业企业 302 家，固定资产原值 15.8 亿元，1998 年实现国内生产总值 22.95 亿元，工农业总产值 63 亿元，其中工业产值 62.73 亿元。城区市政公用设施配套齐全。东山大街、文靖路、金箔路、四号公路平行贯通县城，城区道路“内成网、外成环”，道路铺装率达 90% 以上；县城电话全部实现程控自动化，程控电话装机容量达 4 万多门，与南京并网直拨国内外，开通了无线寻呼和移动电话；拥有日供水量达 30 万吨的长江引水工程，自来水普及率达 100%；有较好的排水系统。地质情况良好，地基承载力为 24 吨 / 平方米，属 7 度抗震区。县城拥有 22 万伏变电所一座、11 万伏变电所三座，建有自发电厂两个；管道煤气工程与南京市实现联网，气化率达 100%；文化、卫生、体育设施配套完备，拥有县文化馆、博物馆各一座，卫生学校、师范学校以及中小学 18 所，设施完备的县级医院 3 个，处于全省先进水平的体育馆一个。所有污染企业都已迁出，县城连续十年获“金陵市容杯”竞赛冠军。商业集中，市场繁荣，拥有三星级标准的江宁宾馆、南元宾馆、金旺宾馆、东山宾馆，拥有江宁商厦、江宁商场、国贸大厦、供销大厦、金宝市场等大型购物中心，现有金融服务网点达 50 多个，一批设施高档、装潢豪华的大型商场正在商业城和商贸大街兴建，占地 40 公顷的百家湖度假村等一批休闲娱乐场所相继建成并投入使用。

为了充分发挥优势，加快城市化步伐，进一步推动经济持续、健康、快速发展，江宁县自 1994 年开始就积极向上申报撤县设市，江苏省于 1994 年 12 月向国务院、民政部呈报了江宁县撤县设市报告。由于国务院对撤县设市工作暂时停办，一直未获批准。经过近几年来的加快发展，江宁县撤县设市的条件已日益成熟。为此，我们再次请求撤县设市。主要理由有以下几点：

一、撤县设市有利于贯彻国务院加快长江三角洲沿江开发的战略方针，发挥江宁地理优势，促进周边地区市场经济的发展。江宁与周围两省 7 个县相邻，小城镇星罗棋布，商品经济萌芽较早，历史上就是这一地区重要的商品集散地。在经济和文化上对周边地区具有较强的吸引力。撤县设市可进一步加强对这些地区的经济技术辐射，推动商品流通，促进区域经济更加繁荣。

二、撤县设市有利于江宁的进一步改革开放，促进开放型经济的发展。1988 年被国家列为对外开放县以来，全县开放型经济取得了长足的发展。但随着国际经济大环境的变化以及外商投资要求的不断提高，招商引资越来越受到县建制的制约。撤县设市后，江宁的知名度将进一步提高，有利于进一步吸引外商扩大投资，推进一批大项目的落实，从而加快全县经济与世界经济的接轨，推动开放型经济向更高层次、更宽领域发展。

三、撤县设市有利于完善南京市城市体系的建设。江宁县是南京国际化大都市圈南部的吸引中心，设市后对建设南京大都市必将起到补充、完善、促进和繁荣的重要作用，增强其双向辐射和吸纳功能。

四、撤县设市有利于进一步推进江宁的城市化进程。随着经济建设的飞速发展，开放开发的不断推进，城市化已成为发展县域经济，提高农村生产力水平，壮大整体经济实力的重要条件和必然趋势。撤县设市后，将进一步增强江宁县城的城市功能，加快小城镇建设步伐，从而整体上推进全县的城市化进程，依靠城市化的带动，促进农村经济以及县域经济和社会事业更快更好的发展。

五、撤县设市有利于更好地服务于驻军部队建设。江宁是全国驻军最多的县份之一。由于县建制，驻军官兵在家属随军、子女入学就业等方面存在着诸多困难。撤县设市将有利于切实解决驻江宁部队官兵及其家属的实际困难，为他们解除后顾之忧，更好地支持部队建设。

根据上述条件和要求，对照国务院国发〔1986〕46号文件和国发〔1993〕38号文件规定的关于撤县设市的标准，江宁县撤县设市的条件已经具备。特向上级政府提出撤县设市的请示，设市后采用“江宁”为市名，市人民政府驻地东山镇。

以上请示如无不妥，请转报江苏省人民政府。

一九九九年一月二十八日

中华人民共和国国务院
关于同意江苏省撤销江宁县设立南京市江宁区的批复

国函〔2000〕131号

江苏省人民政府：

你省《关于撤销江宁县设立南京市江宁区的请示》（苏政发〔2000〕96号）收悉。同意撤销江宁县，设立南京市江宁区，以原江宁县的行政区域为江宁区的行政区域，区人民政府驻东山镇。

江宁区的各类机构要按照“精简、效能”的原则设置，所需人员编制和经费由你省自行解决。

二○○○年十二月二十一日

江苏省关于江宁县"撤县设区"的文件复印件

0001

0031

江苏省人民政府文件

苏政发〔2001〕6 号

省政府关于撤销江宁县设立南京市江宁区的通知

各市、县人民政府，省各委、办、厅、局，省各直属单位：

经国务院批准，撤销江宁县，设立南京市江宁区，以原江宁县的行政区域为江宁区的行政区域。区人民政府驻东山镇。

江宁区的各类机构要按照"精简、效能"的原则设置，所需人员编制和经费等由南京市自行解决。在行政区划调整中，南京市要切实加强领导，精心组织，周密部署，统筹安排，做好干部群众的思想工作，确保当地社会稳定和

0002

032

行政区划调整工作的顺利进行。

江苏省人民政府

二〇〇一年一月十二日

主题词：民政　行政区划　调整　通知

抄送：省委各部委，省人大常委会办公厅，省政协办公厅，省法院，省检察院，省军区。

江苏省人民政府办公厅　　2001年1月12日印

共印130份

中共南京市委 南京市人民政府

关于切实做好江宁撤县设区实施工作的通知

宁委发〔2001〕3号

各区县委和人民政府，市委各部委，市府各委办局，市各直属单位：

经省政府报请国务院批准，同意撤销江宁县，设立南京市江宁区。现根据省委、省政府办公厅苏办〔2001〕6号、省政府苏政发〔2001〕6号，以及省人大常委会文件指示精神，将有关事项通知如下：

一、根据国务院及省人民政府批复，撤销江宁县，设立南京市江宁区。以原江宁县的行政区域为江宁区的行政区域，区人民政府驻东山镇。江宁区的各类机构要按照“精简、效能”的原则设置，保持工作的连续性。所需人员编制和经费等由江宁区自行解决。

二、江宁撤县设区后，原中共江宁县委、县人民代表大会、县人民政府、县政治协商会议、县纪律检查委员会、县人民法院、县人民检察院等机构，整体改为中共江宁区委、区人民代表大会、区人民政府、区政治协商会议、区纪律检查委员会、区人民法院、区人民检察院等；原江宁县上述领导班子成员整体转任为江宁区相应领导班子的领导职务。

三、江宁区实施“城乡一体”的管理体制。江宁区在服从全市总体规划的前提下，仍享有县级管理权限，同时享受区级有关优惠政策。市政府授权原江宁县实施的政策不变。

四、切实加强领导，确保撤县设区工作平稳有序实施。市各有关部门和江宁县委、县政府要认真贯彻省委、省人大常委会及省政府的指示精神。县委、县政府要加强对撤县设区工作的领导，并对撤县设区工作负总责。

1. 进一步统一思想，制定具体实施方案，按照积极稳妥的要求，精心组织，周密部署实施工作；

2. 分别依照有关法律和组织章程召开好人民代表大会、政治协商会等有关会议，做好党委、人大、政府、政协、纪委、法院、检察院的更名工作；

3. 严肃各项纪律，特别是组织纪律、干部人事纪律、财经纪律、保密纪律，保证实施工作有序进行；

4. 认真做好思想政治工作，保证工作连续性，确保经济持续快速健康发展和社会稳定；

5. 市各有关部门要立足全局，密切配合，主动服务，提高效率，大力支持江宁区按原有县级管理权限，加快改革开放步伐，加速做大做强经济。通过各方面共同努力，确保江宁撤县设区工作的圆满完成。

二〇〇一年一月十五日

江宁人民革命斗争纪略

江宁人民具有光荣的革命传统。江宁人民在中国共产党的领导下，在历次革命战争中，为争民主、自由，为求中国人民的解放和中华民族的生存，与国内外敌人进行了长期的艰苦卓绝的拼搏、斗争，抛头颅，洒热血，谱写出一曲曲英雄赞歌，创造了不可磨灭的伟大业绩。

一

北京学生掀起的“五四”爱国运动，很快扩大到全国。民国8年（1919）12月8日，江宁县城区和郊区各界联合会在城内大中桥公共体育场召开国民大会，声援北京学生爱国运动，同时抗议日本居留民团殴伤、枪杀福州抵制日货学生的暴行，并焚毁查获的日货。此后，江宁人民不断组织集会、游行，开展多种形式的斗争。民国10年12月9日，江宁县城区与郊区爱国青年、进步学生秘密组建的社会主义青年团，推动学联及各界人士举行国民大会，抗议日本在太平洋会议上鼓吹英、美、法等共管中国。民国12年3月26日，江宁地区各界人民1万余人举行国民外交大会，要求取消“二十一条”，收回旅顺、大连。同年5月9日，江宁地区5000名学生举行国耻（袁世凯承认日本提出的“二十一条”8周年）游行。民国14年5月，上海五卅惨案发生后，江宁地区各界成立后援会，罢工、罢课、罢市，抗议直系军阀孙传芳压迫、破坏爱国运动。

国民革命军北伐进攻南京时，于民国16年（1927）3月先后攻克江宁县东山镇、秣陵镇、龙都镇、板桥镇、淳化镇等地。江宁人民热情欢迎并积极支援北伐军。蒋介石“四一二”叛变革命后，继之汪精卫又在武汉叛变革命。蒋汪合流捕杀共产党员和革命群众，一片白色恐怖。同年4月18日，蒋介石领导的国民政府定都南京，加强了南京地区包括江宁县的反动统治，更以江宁县为其实施反动统治的各项施政试点。

在革命处于严峻时刻，江宁县周岗圩高阳桥的魏今非在湖北蕲春县加入中国共产党，投入艰险的地下革命斗争。他曾任蕲春县总工会秘书兼组织部长、县委委员、区委书记兼特支书记。蕲春农民暴动失败后，魏今非与党组织失去联系，于民国20年（1931）冬回到家乡江宁县，住在淳化镇上庄村岳父家里，在佘建乡（今上坊）中下小学以教书为掩护寻找党组织，并在群众中秘密传播共产主义思想，进行革命活动。经过培养考察，他于民国24年8月秘密发展了雷文（魏润生）、戴顺容（戴容重）、俞民瑜等人加入中国共产党，并曾一度组织地下党支部，因一时未能与上级取得联系而自行停止活动，但为江宁播下了革命火种。抗日战争爆发后，魏今非与陆郎乡的倪则耕等筹备组建江宁抗日救亡协会和地方武装，准备打游击，曾亲自向八路军驻京（宁）代表叶剑英汇报请示组织抗日游击武装计划，并与南京学联胡德聪等人联系，派雷文等跟他们一起到栖霞山一带宣传抗日御侮，做群众工作。魏今非组建游击武装未成，于南京沦陷前夕去武汉，与党组织接上关系，投身抗日工作。倪则耕与陆郎乡10多名进步青年去江北参加和县抗日动员会工作团。

“九一八”和“一·二八”事变接连发生后，蒋介石主张“攘外必先安内”的反动方针，对日本帝国主义的步步入侵采取不抵抗政策。江宁县龙都乡杨板桥的著名新闻事业家、社会活动家史量才（原名史家修），利用他在上海经营的《申报》、《新闻报》，不仅大力宣传抗日救国，反对妥协退让，而且成为反对内战、反对蒋介石独裁统治，要求实行民主的阵地。史量才还大力支持“中国民权保障同盟”的爱国壮举。蒋介石政府企图以荣名高位拉拢他，以恐吓高压威胁他。史量才铮铮铁骨不为所动。民国23年（1934）11月13日，蒋介石派特务在沪杭公路上刺杀了他。

二

民国26年（1937）7月7日，日本蓄意挑起“卢沟桥事变”，抗日战争全面爆发。12月13日，日本侵略军侵占南京，继而侵占江宁全县。日寇所到之处，实行杀光、烧光、抢光的“三光”政策，对江宁人民犯下了滔天罪行。仅民国26年12月至27年2月间，据南京外籍专家、记者、学者组织的“国际救济委员会”秘书、金陵大学教授路易斯.S.C史密斯及其助手调查的资料，南京市周围6个县中，江宁受害最为惨重。全县共损失房屋15.50万间，大耕畜6.85万头，农具38.11万件，陈粮及庄稼折时值为2051.20万元。被侵华日军杀害9160人，伤残致死1590人，其中45岁以下的青壮年占84%。外逃人口11.10万人，占总人口43.30万人的26%。

江宁人民愤于日寇惨绝人寰的滔天罪行，纷纷自发开展抗日自卫斗争，打击日本侵略者。民国27年（1938）1月8日上午，有3名日寇闯入陆郎镇企图强奸妇女，被农民吕花子和商民自卫队队员各打死一人，另一人逃跑；同年4月，日寇出云大佐窜到上坊乡泥塘村企图强奸妇女，农民冯霞升将其诱至僻静处打死……类似事例不胜枚举。至是年春，江宁县各地纷纷自发组织自卫武装，陆郎乡商民组建了商民自卫队，小丹阳的费明龙、坎头村的刘一鸿等建立了抗日自卫队等，开展抗日斗争活动。只可惜在日寇残酷的“三光”政策下，这些斗争缺乏统一组织领导，仍未能拯救广大人民于水深火热之中。江宁人民迫切期望中国共产党及其领导的军队来组织领导，开展更大规模、更强有力的抗日斗争。

中国共产党领导的新四军奉命挺进苏南敌后，首先挺进到江宁地区的是先遣支队。该支队是由各支队抽员组成的，粟裕任司令员兼政委、钟期光任政治部主任，于民国27年（1938）4月28日从皖南歙县岩寺出发，越过横山，于5月19日到达江宁县铜山乡谢村。先遣支队抵达江宁后，广泛散发传单、张贴布告，宣传党的抗日主张和党的统一战线政策，以发动各阶层人士和广大民众共同抗日。并深入侦察敌情，详细了解了江宁的社会政治情况，并对地形、桥梁、道路等进行勘察，为制定开辟抗日游击根据地的决策提供依据。另外，还调处国民党军江南游击队朱永祥部与国民党溧水县流亡政府县长兼第三战区溧水地方游击司令王松泉之间的内讧，教育他们团结御侮、一致抗日，从而安定了民心，提高了党的威信。6月14日和15日两个雨夜，先遣支队从横山奔袭京沪线南京与镇江之间，破坏了敌人的铁路，并取得韦岗伏击日寇车队的胜利。首战大捷，大大鼓舞了苏南敌后抗日军民的斗志。6月21日，先遣支队奉命撤销建制，各自回归原支队。

同年6月，新四军第一支队副司令员兼第一团团长傅秋涛、副团长江渭清奉命率第一团进入江宁县境，开创横山抗日游击根据地，不久又往东开辟了江宁地区抗日游击根据地。自此，横山地区（原江宁县西南和西部地区）人民和江宁地区（原江宁县东南和东部地区）人民协同新四军进行了艰苦卓绝的抗日斗争。

横山地区人民的抗日斗争　新四军第一支队第一团于民国27年（1938）6月12日进入以小丹阳为中心的江（宁）当（涂）溧（水）地区，团部设在小丹阳，在南京城下的麒麟门、西善桥、横溪、陶吴、小丹阳等地频频袭击日寇。6 月 14 日，第一团一部摧毁了禄口、朱门日伪军据点和维持会，缴获轻机枪 4 挺、步枪 60 余支；同时又在陶吴镇将汉奸准备押送南京供日寇蹂躏的青年妇女 30 多人解救出来。自 6 月 13 日至 20 日，第一团还多次分兵破坏南京、慈湖（今安徽省马鞍山市）间的铁路桥，使敌人短期无法修复。7 月 8 日，第一团歼灭了企图投敌的国民党军“江南游击队”司令朱永祥部，扫除了这一地区开展抗日斗争的主要障碍。7 月 15 日，该团又全歼西善桥日寇一个分队 20 余人。这些胜利大大鼓舞了横山地区人民的抗日斗志，逐步开创了横山地区抗日游击根据地，使之成为插在南京日伪心脏里的第一把尖刀。接着，新四军第一支队第一团奉命东进去开辟新的抗日游击根据地。第二支队第三团由团长黄火星、副团长邱金声、政治部主任钟国楚率领进驻横山地区接防。当时日寇不断增设据点，地方反动势力准备投敌，国民党顽固派江宁县政府也进入横山地区，斗争形势日益复杂、严峻。

新四军第一支队第一团党委和第二支队第三团党委，从民国 27 年（1938）六七月起，先后派出民运工作干部和战地服务团张华南、谭成章、徐焕庭、王绍杰、高颂章、朱英华、张南基、夏定才、潘田等人，宣传组织群众开展抗日斗争，进行抗日游击根据地的建设。是年 7 月，成立横山地区抗日民众动员委员会，辖陶吴、横溪、江宁镇、板桥一带，主任端木礼鸿（士绅），副主任张南基，指导员朱英华。这是半政权性质机构，属合法组织形式，便于开展地方工作。接着又组建小丹阳地区抗日民众动员委员会，主任业宏（士绅），副主任高颂章（后为徐焕庭），指导员王绍杰；组建谢村地区抗日民众动员委员会，主任胡文升，副主任龚道新，指导员汪孝泉。民国 29 年春，在谢村又成立江当溧党政军民抗敌委员会，同年 6 月改名为江当溧三县抗敌自卫委员会（简称“三县联抗会”），主任业文明，副主任曹效懋、夏定才、张干农。其任务是全力巩固、发展敌后抗日根据地，坚决摧毁敌伪、汉奸势力，努力扩大群众的抗日力量。由于国民党县常备队、“忠义救国军”经常蓄意制造摩擦，不少刀会堂子被顽固派利用也蠢蠢欲动，斗争形势日趋紧张，“三县联抗会”被迫转为秘密分散活动。

建立地方抗日武装，开展抗日斗争。民国 27 年（1938）冬，成立横溪、小丹阳、谢村三区的“苏皖边区抗日自卫第三大队”，以开展抗日武装斗争。民国 28 年，先后建立新一连（次年上升为新四军主力部队）、新二连（连长费明龙，指导员由中共江当溧县委书记夏定才兼任）。民国 29 年 4 月，成立横山山北抗日自卫队；5 月又组建新三连。中共江当溧县委领导下的这些地方抗日武装的建立，对于鼓舞群众的抗日斗志、打击敌伪势力，对于巩固和发展江当溧抗日游击根据地，都发挥了重大的作用。

在发动、组织民众抗日的同时，第一支队一团、第二支队三团党委派出的民运工作干部和战地服务团干部中的中共党员潘田、夏定才、王绍杰、朱英华、高颂章等人，通过建立抗日团体、游击武装等，发展党员，陆续建立基层党组织，首先建立中共小丹阳中心支部和横溪地区的 3 个党小组等。在此基础上，中共江当溧工委于民国 28 年（1939）7 月成立，书记陈辛，委员高颂章、朱英华。8 月，改名为中共江当溧县委，书记陈辛（后由夏定才接任），副书记高颂章（后由费明龙接任）。主要在江宁县的谢村、横溪、小丹阳，当涂县的新市、博望，溧水县的明觉寺、桑园铺等地领导人民开展抗日和反顽斗争。

横山地区人民和地方武装在地方党政领导下，协同新四军主力部队积极开展抗日斗争，除破坏敌人控制的公路、桥梁，割断敌人的电话线，站岗放哨和传递文件、情报等外，还主动支援或参与战斗，英勇地打击敌人。民国 27 年（1938）8 月 22—26 日，日寇调集骑、步兵 1000

余人，分8路围攻小丹阳抗日游击根据地。抗日军民分兵迎敌，消灭敌人五六十人，收复了小丹阳等地，粉碎了敌人的围攻。10月2日，新四军一部在禄口袭击敌汽车，毙、伤敌14人，扰乱、破坏了敌人的交通运输，还迫使秣陵之敌一度撤回南京。同年12月，日伪向横山周围据点增兵，并调集步、骑兵2000人分4路围攻横山。地方抗日武装协同新四军三团分兵主动袭击陆郎、陶吴、秣陵、小丹阳等处之敌，共毙日伪军230余人，敌惨败而退。次年1月1日，日寇又纠集1000人分3路进攻横山。新四军在横山人民的支援下，与敌人激战7小时，将敌击退。日寇不甘心失败，又于同月7日调集步、骑、炮兵700多人再次分进合击横山，新四军设伏并首尾夹击敌人，敌被毙50多人后败退。

民国28年（1939）2月，新四军某部三团一营指战员在营长邱立生、营教导员王荣春率领下去江宁镇一带破坏敌人铁路时，因情况有变折回云台山后塘村，宿营于曾庄，被装扮成乞丐的敌特溜出村向敌告密。日寇纠集500余人分6路连夜将云台山区重重包围。拂晓时战斗打响，三团一营指战员英勇拼杀，毙敌40多人。因敌众我寡，邱营长、王教导员决定突围。在突围中邱营长、王教导员等65名指战员不幸壮烈牺牲，还有24人受伤。在战斗过程中，云台山人民冒死抢救伤员，掩护突围战士。李德荣之妻曹万福，见一营炊事员老张浑身是血正被敌人追杀，急忙拿出丈夫的衣服给老张换上，并面对敌人认老张是自己的“丈夫”，她的儿子也认了“爸爸”，终于把老张掩护下来，并包扎好伤口，当晚由村上的递步哨把他护送回部队。云台山战斗后，第二支队三团于民国28年3月奉命调回皖南军部。民国29年春，军部派熟悉横山地区情况的钟国楚率部到横山坚持抗日斗争。2月28日，小丹阳抗日民众动员委员会将捕捉到的大汉奸陈正贵公审后执行枪决，大快人心，既鼓舞了人民的斗志，又震慑了汉奸。

民国29年（1940）6月，因国民党顽军第三战区第四十师向溧阳地区逼进，陈毅、粟裕率新四军江南指挥部及主力部队撤离溧阳地区，继而渡江北上。7月，日伪顽互相勾结，乘虚而入，唆使操纵反动的封建迷信组织大刀会制造叛乱，围攻横山地区中共县委机关和地方武装，日伪军亦出动“围剿”，制造了“横山事件”。中共江当溧县委派夏定才书记等人急赴中共江当溧句中心县委汇报并请求支援，以制止大刀会骨干分子暴乱。8月1日晚，彭冲（新三团政治处主任）、王一凡（中共苏皖区委青年部部长）、傅狂波（新三团参谋长）等人，率主力一个连急行军赶至横山地区谢村附近救援。中共江当溧县委副书记费明龙率县警卫连向横山转移，得以同主力连会合。8月2日，大刀会纠集所有大刀会分子和自卫队员，并胁迫村民近万人分6路包围横山。8月3日晨，彭冲等立即指挥部队强占制高点，控制有利地形进行抗击，打退了封建大刀会和顽军的一次次冲锋。双方对峙一直延续到黄昏。夜间，彭冲等研究决定突围，向东直奔郭庄庙。“横山事件”后，日伪军和反动大刀会分子疯狂捕杀中共党员、革命干部和新四军家属，革命组织惨遭破坏。横山地区一片白色恐怖，抗日斗争受到挫折。

“横山事件”后，中共江当溧句中心县委为恢复横山地区的党组织，于民国29年（1940）10月，派组织部长汪大铭和江当溧县委副书记费明龙秘密进入横山地区了解情况，寻找线索和关系。费明龙不幸被叛徒出卖被捕，惨遭杀害，汪大铭幸得脱险。接着，中心县委又派纪涛为特派员进入横山秘密开展活动，终于成立秘密党支部。民国30年1月，中共江当溧工委成立，同年年底改称中共江当溧县委，纪涛任书记。同时成立江当溧三县行政委员会，代行行政职能。下半年起，陆续组建亭山、铜山两个区级党政机构。

民国31年（1942）6月下旬，新四军第六师第十六旅旅长钟国楚等率第四十六团第二营挥戈西返横山地区，7—8月，扫除了山南、山北的敌伪据点。民国32年春，中共江当溧县委改称中共横山县委，书记周志坚（后为李钊），副书记纪涛。其活动范围至民国33年已开拓到东达京西公路、北抵石头城、南依石臼湖、西临长江的广大地区。县委领导横山地区组建了山北抗日自卫大队和山南抗日自卫大队。民国32年年底，三县行政委员会改为横山县抗日民主政府，县长由县委书记李钊兼任，同时进一步加强了各区委和区、乡政权建设，先后建立铜山、亭山、云台、谷里、小丹阳及古龙、博望、霍里等8个区级领导机构，从而巩固了横山抗日民主根据地。民国33年7月，横山县组建抗日自卫总队，县长李钊兼任总队长，县军事科科长李琪兼任副总队长。同时组建县警卫连。山西、铜山、亭山等区先后都建立区大队。县、区级地方武装的兵源主要是民兵和矿工。他们为保卫家乡，抗日热情很高。

地方抗日武装和民兵组织积极宣传组织群众抗日，配合新四军主力部队进行抗日、反顽斗争，还多次独立作战，在斗争中由小到大、由弱到强，不断发展壮大。民国31年（1942）8月，以民运工作组的名义，在动员群众开展减租减息的同时，组建“黎明艺社”文艺团体，团结、组织青年抗日。民国32年1月5日，日伪军纠集1000余人到横山地区进行驻扎式“扫荡”，重新构筑据点20余处。新四军第四十六团第二营在当地抗日民众的密切配合下，粉碎了敌为“扫荡”。仅这一年内，横山人民和地方武装协同新四军主力部队共进行大小战斗100多次，打死打伤日寇、伪军达1000人，缴获枪支600余支，拔除日寇、伪军据点10多个，迫使日伪军不敢轻易窜扰抗日根据地中心地区。是年，县、区抗日武装和民兵还协同主力部队第四十六团，先后消灭了国民党“江当溧三县剿匪司令”周石安、横溪伪自卫团团长黄宪章和横溪伪镇长兼自治会会长姜若兰等，为老百姓铲除了横山地区罪大恶极的“三大害”，安定了民心，并有力推动了横山地区抗日斗争的开展。县警卫连侦察班班长施业隆受命独闯敌伪公塘镇公所，击毙自卫团团长胡世德，后又毙陆郎镇敌伪自卫团团长黄文标。同年3月，中共横山县山西工委书记刘杰枝率县游击连将叛变投敌并当上区长的吕孟宪抓获，经公审枪决。8月22日，横山县警卫连和山西游击连协同第四十六团两个连，消灭了陆郎桥叛变投敌的“商民自卫队”，并全歼了夏孝义的伪自卫团，夏被击毙，从而扫除了横山抗日民主根据地向北及沿江地区发展的一大障碍。10月，横山县警卫连和山西游击连协同第四十六团一个连镇压了企图再搞暴乱的大刀会骨干分子。同时地方武装还开展搜集敌伪情报工作，曾促使小丹阳伪自卫团投诚起义、铜山伪自卫团长3次暗送枪支给县敌工部。民国33年8月，活动于横山地区的新四军第四十六团调往苏浙皖边区参加长兴战役，横山县党政军民开始独立坚持抗日斗争。日寇趁机出动2000人，并纠集各据点伪军警共5000余人，分数路对横山地区进行大“扫荡”，采用“梳辫子”战术，拉开大网，逐村、逐路、挨排地搜索逼进，企图消灭县党政领导机关和地方武装。中共横山县委率领县警卫连采取同敌人捉迷藏、打麻雀战术，以精悍力量进袭江宁镇、板桥、秣陵关、牛首山一带敌伪据点。敌人找不到我军踪迹，却被拖得精疲力竭，以失败告终。而横山抗日民主根据地和地方党政军则在斗争中不断发展壮大，抗日民主根据地已拓展到南京城下，地方武装已组建为抗日自卫总队和三个警卫连，近500人，还有民兵2万余人。在此期间还成功策反1名日寇曹长。县警卫连一部化装进入谢村敌据点，将正在打牌的柴庆基擒获，经教育后释放，使他几次暗送子弹给我军，后带枪支投诚，并加入了反战同盟。民国34年，横山县铜山区抗日民主政府镇压了残余的大刀会头目、点传师熊学忠、熊三星等，为新四军北撤后的留守斗争创造了有利条件。

民国34年（1945）8月15日，日本政府宣布无条件投降。9月18—21日，横山县抗日民主政府召开抗日战争胜利祝捷的万人大会，群情激奋，急盼收复南京。全县普遍兴起参军热潮，地方武装迅速壮大，扩充组建横山县警卫团，李钊兼任团长，吕振球兼任政委。县警卫团组建后，开始保卫抗战胜利果实。

江宁地区人民的抗日斗争 新四军第一支队第一团开辟横山抗日游击根据地之后，奉命于民国27年（1938）7月东移江（宁）溧（水）句（容）地区，以溧水的大李巷为中心开辟抗日游击根据地。首先组织民运干部在江溧句边区向广大农民群众开展抗日宣传工作，提高他们的觉悟，帮助群众组建农民、青年、妇女等抗敌协会，发动广大群众协助新四军开展抗日斗争。同时争取了原国民党燕丹乡代理乡长陶家齐（湖熟镇人，后牺牲）为新四军湖熟地区情报站主任，利用其门徒关系深入湖熟镇日伪据点，搜集情报，及时准确地打击敌人。还发动群众在汤山、上坊、淳化等地破坏敌人控制的公路、桥梁，切断敌人交通，割断敌伪军用电话线，干扰敌人的通讯，扰乱了敌人的兵力调遣和物资运输。第一支队第一团在3个多月时间内多次主动打击敌人，初步打开了江溧句地区的抗日局面。

民国27年（1938）10月1日，第一支队第一团奉命调回皖南军部，由第二支队第四团进驻江溧句地区接防。第四团团长卢胜，副团长张道镛（陶勇），参谋长王胜，政治部主任廖海涛。第四团当即成立四团党的地方工作委员会，加强对江溧句地区抗日游击根据地的领导。首先是开展民运工作，通过宣传组织和培训地方干部，建立一批“农抗会”“青抗会”和“妇抗会”等群众组织。在建立群众组织的基础上，从民国28年2月起，在抗日积极分子中发展党员，陆续建立中共庞家桥支部和秣陵乡支部等中共基层组织。同年7月，成立中共江溧句工委，姜杰任书记，9月，改名为中共江溧句县委。其活动范围由江宁、句容、溧水三县毗邻地区逐步扩大到江宁县京建公路以东、北起南京东郊麒麟门沿京杭国道（今宁杭公路）至句容天王寺一线以西、溧（水）武（进）公路以北、北临南京中华门之间的广大地区。民国28年9月，江溧句边区抗日自卫大队成立，刘鹤亭任大队长（后牺牲），王久征任副大队长，谢英武任指导员。民国29年夏、秋，该大队和赤南、赤北自卫队先后上升为新四军主力部队。同年8月5日，江溧句三县抗敌自卫委员会（简称“联抗会”）成立，代行政权职能，主任姜杰，副主任庞宁（庞家义）。至此，江溧句抗日游击根据地形成。

江溧句地区人民和地方武装在中共江溧句县委和“联抗会”的领导下，协同第二支队第四团，广泛积极地开展了抗日斗争。民国28年（1939）9月，县自卫大队先后镇压了与顽、伪相勾结的封建刀会匪首周家庆、汉奸张荣根等人，并几次袭击伪乡自卫队，使之不敢为所欲为。12月20日，地方武装协同第四团一部在郭庄庙附近打败一队日伪军。民国29年春，县抗日自卫大队击垮了国民党反共顽固派江宁县政府的常备队。5月14日，日寇南甫旅团冈本联队吉田中队140多人进攻赤山下的新四军驻地。新四军（新）第二支队副司令员廖海涛率（新）第四团第三营和支队特务连出击，周围许多群众自动为新四军送来茶水饭菜，有的还直接参加战斗，用大刀、铡刀砍死了几个企图逃跑的敌人。此次战斗共消灭日寇100多人，吉田亦被击毙。这就是著名的“赤山战斗”。日寇不甘心失败，接着又从南京调集日伪军5000多人，配置200多骑兵和80多辆装甲车，于17日分数路由南京、江宁、溧水、句容、镇江、天王寺等地倾巢出动，向江溧句抗日根据地进行大“扫荡”。当时新四军只有400多人，先以大片树林为掩护，击毙敌骑兵40多人，军马40多匹，再跳出包围圈袭击敌人，又粉碎了敌人的大“扫荡”。

“横山事件”爆发后，江溧句地区的大刀会骨干分子也开始逮捕、杀害地方抗日军政干部。为坚持抗日阵地，民国29年（1940）8月，中共江溧句县委划分为赤南工委、赤北工委，12月均改称为县委。民国30年6月，赤南、赤北、句北三县县委合并成立中共江句县委，次年8月改称中共江宁县委，陆纲任书记。江宁县委先后组建秦淮、青龙、方山、赤山、虬山等区委。“横山事件”后，江当溧地区的党政军民干部大部分撤至江溧句地区，并曾于民国29年12月14日成立江当溧句四县国民抗敌总会，主任夏定才。民国30年8月，江宁县抗日民主政府成立，夏定才任县长。9月，夏定才在开展乡政建设工作时不幸被捕，惨遭杀害。民国31年3月，县长强博与龙都区长王齐贤等在邹家村开展区、乡政权建设工作时被敌包围，强博、王齐贤等在突围中均不幸牺牲，后由第十六旅旅长钟国楚兼任县长。江宁县抗日民主政府先后建立龙都、索墅、秦淮、青龙、方山、赤山、虬山等区政府。四县抗敌总会成立后，积极组建地方抗日武装。民国30年2月成立赤南警卫一队、赤北警卫二队，同年6月成立句北警卫三队、句北西北区警卫四队、县警卫连。其中县警卫连于同年1月上升为新四军主力部队。此后重新组建的县警卫连，又经逐步发展扩建为县警卫营。

江宁地区人民和地方武装，在协同新四军主力部队作战的同时，还主动打击敌人，并在地方上锄奸肃特。民国30年（1941），县抗日自卫大队在龙都镇王家祠堂消灭伪军一个连。是年12月，县警卫连协同新四军第四十七团第二营第四连袭击龙都，使伪军缴械投降。民国31年夏，县警卫连在天宝山下处死一名女特务，该特务曾带领汤山、句容的日伪军至上峰乡抓杀前任中共江句县委组织部部长周喆；同年秋，又在淳化到湖熟公路上活捉曾向敌密告部署聚区长的叛逃者；同年冬，处死秣陵关的汉奸耿正林。是年10月，县警卫连与青龙区大队、基干民兵紧密配合，在土桥与淳化之间伏击一队伪军，活捉伪营长等多人。民国32年4月，抓获5个国民党顽固派的特务。同年8月，县警卫连协同主力部队在土桥至湖熟间袭击伪军一个营，俘敌60多人。9月，县警卫连两次袭击秣陵关凤凰山铁矿，放2000多个工人回家，其中500多个青壮年工人自愿参军，沉重地打击了日寇的军工生产。12月，县警卫连和短枪队袭击土山飞机场，拔掉日寇哨所，放走被抓民夫。民国33年9月16日，县警卫连伏击湖熟、土桥两个敌据点之间调换的伪军，俘敌100余人。配合主力开展反“扫荡”、反“清乡”斗争。民国32年3月，日伪军1500余人来索墅“扫荡”。县警卫连和区大队以敌驻我扰、声东击西的战术，迫使敌人败退。此后，敌人改变策略，采取了搞情报与突然袭击的战术。敌宪兵队长冈本一雄是个中国通，他常利用汉奸、特务和伪乡、保长刺探情况，发动突然袭击，杀害革命干部，危害极大。民国33年，中共江宁县委书记陆纲派县委委员、敌工部部长林德润率县警卫连短枪队进行侦察，最后探得冈本一雄行动的情报，终于将冈本一雄击毙。自此，日宪兵队再不敢为所欲为了。

日本宣布无条件投降后，国民党反动派在美国空军支持下，空运军队抢占湖熟、汤山等解放地区。9月上旬，江宁县各界代表召开大会庆祝抗战胜利，并通过《抗议书》，抗议国民党军队占领解放区，号召青年参军，动员群众交好公粮支援主力部队。全县普遍兴起参军热潮，仅虬山区就有50多名青年参军。中共江宁县委还组建了县警卫团（独立团），樊绪经兼任团长，陆纲兼任政委，该团组建后投入保卫抗战胜利果实的斗争。

三

抗日战争胜利后，中国共产党为实现国内和平民主建国，与国民党举行了重庆谈判。谈判中，中共作出必要让步，包括忍让出苏南、浙东、皖南等8块解放区。民国34年（1945）10月，新四军从苏南北撤。根据上级指示，横山、江宁等地区党政军干部及地方武装，大部分随新四军苏浙军区部队北撤，留少数同志分别在横山、江宁等地留守，坚持原地斗争。当时横山、江宁两县属茅山地区，在中共茅山工委领导下，两县分别成立了武工队，依靠人民群众开展斗争。

国民党蒋介石集团顽固坚持内战、独裁、卖国的反动方针，谈判协定的墨迹未干，就在美帝国主义的支持帮助下，用飞机、军舰从后方运送军队侵犯解放区，抢夺人民的抗战胜利果实。民国34年（1945）10月底，以第七十四军对南京四周地区的中共留守人员进行“清剿”。民国35年1月，国民党江宁县政府在中共退让地区（含横山县抗日民主根据地和江宁县抗日民主根据地）恢复保甲制，强行实施“五家连坐法”和“警管制”，残酷镇压新四军留守人员及北撤的抗日军政人员家属；还实施户籍整理，制发国民身份证，并分期训练乡镇干部，以强化其反动统治。斗争形势甚为严峻。

横山地区人民的解放斗争 民国34年(1945)10月13日，横山县和溧高两县成立一个武工队，原中共横山县委副书记纪涛任党的特派员，原横山县委委员、副县长刘杰枝任横山县留守处主任兼武工队队长，程子华任溧高县留守处主任兼武工队副队长。武工队共17人。

横山、溧高武工队成立后，刘杰枝率武工队由溧水进入横山境内。当时横山地区各种反动势力进行反攻倒算，被国民党反动派控制利用的大刀会势力又活跃起来，还日夜巡查、疯狂抓杀中共党员、农会干部及革命群众。横山地区一片白色恐怖。溧高县武工队于民国34年（1945）10月16日即遭敌人破坏，副队长程子华被捕。进入横山的刘杰枝也因接不上关系，经费又难维持，派人向中共茅山工委汇报请示，自己带领队伍转至小丹阳泗陇，靠一些未公开身份的地下党员掩护和支持，得以开展敌后斗争活动。中共茅山工委认为横山基础差，决定调出武工队，纪涛奉命从茅山到江北中共华中分局组织部报到，另行分配工作。茅山工委通知横山县武工队归设在苏北高邮的中共江南工委直接领导。

民国35年（1946）9月，中共江南工委派周斌南下参加横山县武工队工作，并带来武工队一年的生活费和指示信件，指示横山县留守处归中共苏浙皖边区特委直接领导，可刘杰枝一直未能找到中共苏浙皖边区特委。刘杰枝在与上级失去联系的情况下，自11月起在泗陇、宫山塝一带活动，通过老党员认识了一些贫雇农，发动大家开展减租减息斗争和反对国民党抓壮丁、收苛捐杂税等斗争。斗争取得了胜利，群众情绪高涨。刘杰枝又率武工队乘势发展新党员，培养新生力量，建立党支部，坚持敌后斗争。武工队为解决自身的活动经费，采取上山砍柴卖等生产自救办法维持。民国36年12月，他们袭击了敌人两辆运钞汽车，将缴获的1200万元法币换成稻子储存备用，以免法币贬值。民国37年2月，又截获一辆交税款的黄包车，缴获430万元法币。民国38年4月，武工队将所收国民党军散兵游勇的枪支就近送交芜当宣行政办事处。横山县武工队在极端险恶的环境里，艰苦地坚持斗争，直至解放军南下横山全境解放。

当时，横山地区还出现另一支人民武装。民国35年（1946）7—8月，在苏中“七战七捷”的宣家堡战斗中腿受伤的新四军某团警卫排长施业隆（江宁县谷里乡人），于民国36年下半年回到家乡，隐伏于山林里医治。医生是公塘镇名医、中国民主同盟会会员王传斌。两人在交往中有共同语言，遂成好友，愿一同开展对敌斗争。施业隆医好腿伤后，曾两次去当涂县农村寻找党组织，终于找到了横山县武工队，受命回乡开展对敌斗争。民国37年2月，施业隆与王传斌等组建横山县人民武装大队，有长枪3支、短枪6支。他们随即在元山镇、东善桥、陶吴镇、陆郎镇和板桥镇等地张贴横山县人民武装大队布告，命令各地地主武装交出武器，否则严惩不贷。随后收缴了国民党军散兵游勇和地主的武器二三十件，队伍很快发展到20多人，遂广泛发动农民开展抗丁、抗粮斗争。施业隆率领队伍先后两次突袭敌人，并打死欺压人民、为非作恶的谷里镇镇长彭麻子和国民党区分部书记周祖和，影响日益扩大。至江宁县全境解放，这支队伍已扩大到七八十人，改编为江宁县大队，后又改为江宁县总队第一连，施业隆任连长。

江宁地区人民的解放斗争 民国34年（1945）10月7日，江宁县武工队成立。原中共江宁县委委员、敌工部部长林德润为党的特派员兼江宁县留守处主任、武工队队长，负责军事指挥，原中共江宁县委委员赵金城负责政治工作。武工队下辖短枪、长枪、机枪3个班，共23人。

当时国民党反动派新六军一个连驻扎湖熟，敌军政人员敲诈勒索，地主反动势力大势大搞反攻倒算。北撤时留下的党员、干部和群众骨干，有的被抓、被杀，有的逃避外地。当地一片白色恐怖。武工队先后派出两名队员回江宁地区侦察，但均一去不返。民国34年（1945）11月，赵金城亲自化装挑着货郎担至郭庄庙，在秘密党支部书记曾立生家了解到湖熟一带的严重敌情后，又继续到青龙区等地通过秘密党员了解情况，所到之处得到秘密党员和地方群众的掩护。在侦察了解敌情后，赵金城又绕道南京回到茅山，向上级汇报。中共茅山工委决定，江宁县武工队先进入溧水地区，在李巷一带找溧高县武工队，背靠溧水，相继进入江宁开展活动。11月底，江宁县武工队从茅东出发进入溧水地区活动，未能找到溧高县武工队（10月已遭破坏）。他们在溧水李巷一户大宅院宿营时，不料被溧水县城的国民党军一个连包围。林德润沉着机智地指挥武工队战士在中门架机枪猛扫敌人，又掷手榴弹轰炸敌群，趁天黑敌人一片混乱时，全队迅速从边门冲出，再翻围墙突围，安全赶回茅东，随茅山工委一起行动。

此时，茅山地区形势也日益严峻。抗战胜利后，原国民党三战区部队一部进至溧阳、溧水、金坛等地。进驻句容天王寺的敌新六军一个营，以资本家办的茅麓茶叶公司为基地，在句容、金坛等地大山区"清剿"新四军留守人员。敌军白天隐蔽在茅麓公司，派人侦察到新四军留守部队行踪后，晚上便搞突然袭击，有两次和中共茅山工委发生遭遇战。不久，敌第七十四军空运至南京替代新六军进驻京郊及镇江、句容一带，并派出一个团约1000余人围绕茅山周围日夜四处活动。斗争形势甚为险峻。

中共茅山工委及其直属队和江宁县武工队经常遭到敌军的包围或袭击。武工队实在无法进入江宁县境活动，为此，茅山工委决定，江宁县武工队与句容县武工队合并成立江句武工队，林德润为党的特派员，朱年坤（原句容武工队队长）为队长，宋亚欣为支部书记。江句武工队分两组在句（容）丹（阳）一带活动，一组由林德润带领，一组由朱年坤带领。为了消灭敌"清剿"新四军留守人员的茅麓茶叶公司反动基地，民国34年（1945）12月底的一天，林德润、宋亚欣率领江句武工队同中共茅山工委武装人员一起，从句容磨盘山的泉水洞出发，突然包围茅麓公司，搜出六七个国民党新六军伤病员及其他反动罪证，当下逮捕了茅麓公司经理代理人郑廷瑞和孙纪庚，并召开公司群众大会宣布其反动罪行，将郑廷瑞、孙纪庚就地正法。这次行动摧毁了敌人的反动堡垒，有力地打击了敌人。为了进一步打击敌人的反动气焰，促进国民党乡、保长的分化，林德润、宋亚欣还带领武工队袭击了句容二区景家冲，打死敌特情报站站长景光道和他的两个爪牙。之后，国民党反动派随即调第七十四军一部进驻茅山，气势极为骄横，茅山脚下的南镇街、北镇街和磨盘山、茅麓公司都驻上了敌人，茅山顶上也驻有敌军一个连；江句武工队的活动日益困难，加之不断减员，可林德润、宋亚欣、赵金城仍带领武工队在艰难险恶的环境中继续坚持斗争。不料在民国35年1月9日，当武工队宿营于茅山脚下半边山村时，次日晨突遭敌军搜索发现，武工队猝不及防，分两路冲上茅山。林德润为掩护战友，把敌人引向自己，不幸颈部中弹昏倒被捕。敌人把他关在南京孝陵卫新六军军部看守所，在生活上折磨他，在审讯时严刑拷打他。他坚贞不屈，气节凛然，对敌斗争坚决，并鼓励难友与敌人坚决斗争，半年后被敌人惨杀。

赵金城在茅山脱险后，只身到中共茅山工委汇报情况。民国35年（1946）1月15日，赵金城奉命绕道南京到达湖熟青溪乡（今新跃村）东山洞村，通过秘密党员在可靠群众蒋洪福家挖地洞白天隐藏，晚上出去活动，联系各乡的秘密党员，进行形势和任务的教育，以稳定情绪，坚持斗争。2月中旬，赵金城奉命去苏北高邮找中共江南工委和江南办事处联系，江句武工队直接归中共江南工委领导。中共江南工委指示曾任溧水县农会主任、江宁郭庄乡人李孝廉返回江宁工作，由赵金城陪同去湖熟、郭庄乡、青龙乡等地，将秘密党员的关系介绍给李孝廉，然后赵金城返回苏北中共江南工委。是年7月，李孝廉在江宁和溧水边界活动时被捕。至此，江宁地区的留守斗争停止。

民国38年（1949）2月19日，原江宁县抗日民主政府民政科科长庞家义，在庞家桥家中召集俞殿钦、王承富、庞家庆等隐蔽在家的党员开会，讨论当前形势和群众的思想情绪，要求发动群众向国民党反动派抗交公粮、抵制抓壮丁，准备收缴敌枪支，建立地下武装，迎接解放大军。3月2日，庞家义又在周岗圩杨板桥村杨成林家召集未北撤人员徐益发、王道林等开会，互通情报，决定摸清地方枪支情况，准备收缴枪支，武装自己，迎接解放。他们先收缴了地主的5支枪，又于4月2日晚组织20多人袭击国民党乡公所，缴获长枪4支、短枪2支。4月6日，庞家义又在周岗圩绿阳头召集秦淮区各乡镇未北撤的党员和参加过抗日斗争的骨干20多人开会，要求组织发动群众，维持好社会治安，保卫人民生命财产安全。会后，缴获地方和周岗圩长干乡公所的枪支30多支，又缴获停靠在钱家渡河边两只船所装的子弹和手榴弹。4月16日，湖熟杂货业公会负责人吴济民（地下工作者）代表湖熟工商界请求庞家义等组织的民兵武装进驻湖熟保卫。庞家义派庞家庆带领武装民兵10多人进驻湖熟镇，曾3次击退残敌的袭击。4月24日，原青龙区未北撤的区、乡干部庞声虎、孙仁炳、房金洪等人开会，决定组织起来收缴当地敌区、乡公所和敌散兵游勇的枪支，共收缴机枪2挺、步枪数十支。这些敌后武装斗争，为保卫江宁地方安全，迎接江宁县解放，做出积极贡献。

民国38年（1949）4月20日，中国人民解放军开始横渡长江。4月23日，解放南京，宣告国民党在全国反动统治的覆灭。4月24日，中国人民解放军追歼国民党溃军时，解除江宁县境内的敌武装，江宁县宣告解放。江宁人民在新民主主义革命的历史进程中，经过艰难曲折的斗争，终于取得了最后的胜利，迎来了政治上的彻底解放，从而揭开历史新的一页。

（张新贵）

侵华日军在江宁暴行

抗战时期侵华日军暴行调研报告

抗战前夕江宁县社会经济概况

江宁区位于江苏省西南部，长江下游南岸，是六朝古都南京的屏障，从东、西、南三面环抱南京城。区境东接句容，东南接溧水，南与安徽省当涂县和马鞍山市毗连，西与安徽省和县和南京浦口区隔江相望。

据民国23年（1934）《江宁县政概况》记载：全县总面积1740平方千米，总人口56.21万人。

抗战前夕的江宁县基本上是一个以粮食生产为主的农业社会。常年产稻谷约460万担（1担=100市斤，下同），麦27万担，勉强自给。丰年略有剩余，灾年则不足。经济作物有油菜、棉花等，播种面积不大，商品率不高。林产品中蚕桑比较突出，民国23年（1934）产茧24.13万公斤。用材林均为人工林，建有东善桥、牛首山、汤山三大林场，民国21—22年间，造林5419.93公顷，栽种523.60万株松、杉。除成片林外，寺院、村庄周围也广种树木。饲养业并不突出，商品率不高。

工业刚起步，绝大多数是手工作坊式工业，用机电作动力的寥寥无几。生丝及其织品和金箔是享有盛誉的工业产品。年产生丝波动在数十万两至三百万两之间。据民国23年（1934）《江宁县政概况》记载：全县有商店1234家。其中杂货店最多，有264家；另有米行116家、百货店71家、药店67家、豆腐店113家、茶馆112家、饭店和点心店96家。根据当时对1136户商业户的调查统计，共有资本404130元。其中100元以下的587户，101元～500元的374户，501元～1000元的115户，1001元～5000元的53户，5000元以上的7户。

日本帝国主义在江宁县主要罪行

日军进攻江宁县的过程及占领后的驻军状况 侵华日军要攻下国民政府的首都南京，江宁是必经之地。当时日军分三路取道江宁扑向南京。一是东线，循沪宁铁路、公路和长江进犯龙潭、汤山、麒麟等地入中山门；二是中线，沿宁溧公路进攻秣陵、湖熟、淳化、上坊、高桥门等地入光华门；三是西线，沿宁芜铁路、公路攻击江宁（镇）、东善桥、板桥、雨花台等地入中华门。县境内守军的抵抗情况是：民国26年（1937）12月4日，日军入境，湖熟的守军于当日炸毁灵顺桥（今湖熟大桥）后不战而退。12月5日，日军侵占湖熟，其后两日，秣陵关和牛首山防线相继被突破。淳化守军在日军轮番轰炸下反复冲击，激烈争夺5天。国民党第七十四军五十一师五营官兵全部牺牲。12月8日，淳化失守，汤山、龙潭阵地亦被突破，乌龙山要塞全体官兵在激烈的战斗中殉难。12月9日，方山、东山沦陷。国民党第七十一军八十八师二六二、二六四旅在东山至雨花台一带顽强抗敌，遭日机数十架、重炮数十门联合轰击，从旅长到士兵大多在阵地上牺牲。12月12日，日军兵临南京城下时，江宁全境已先遭铁蹄践踏。12月13日，日本侵略军侵占南京，继而侵占江宁全县。

侵华日军占领江宁县后的驻军状况为：土山镇（今东山），日军警备队一个分队，汪伪军300多人。上坊镇，在高桥设据点驻日军一连。秣陵镇，日军最少时驻数十人，最多时达700多人。湖熟镇，驻日军一个分队。江宁镇，驻日军宪兵队、警备队60多人，伪军一股。陶吴镇，驻日军30多人。铜井镇，驻日军两个小分队。禄口镇，驻日军数十人，伪军一排。汤山镇，驻日军一连。

日军在江宁县的主要罪行 侵华日军是一群失去人性的野兽，在其侵占江宁县期间，对江宁人民生命的摧残和对物质财富的破坏与掠夺，罪行累累，罄竹难书。

杀。侵华日军的攻城（南京城）部队在进攻中不管遇到的是持枪的军人还是放下武器的中国兵或平民百姓，包括老弱病残、孕妇和小孩，见人就杀。在占领江宁县期间，在成千上万次的“搜捕”“清乡”“扫荡”中，也是杀人如麻。日军每次出动，少则杀数人，多则杀上百人。现引数例：

据《上坊乡志》记载：“民国26年（1937）12月9日，日军经上坊进攻光华门，沿途烧杀淫掠，仅在上坊街残杀被抓民夫就有100余人。如公路边菖蒲塘一处，有17人被绳索穿连后枪杀，另有10名妇女被强奸后推入塘中淹死。”

据《江宁镇志》记载：“民国26年（1937）12月13日，当一支上千人的国民党军队向芜湖方向突围时，在新建大队乔家庄谢家洼子地方为日军俘获。日军在四面架起十多挺机枪疯狂扫射，除约200人拼死逃脱外，余均被杀并浇上汽油焚尸。”

据《湖熟镇志》记载：“民国27年（1938）日军常驻湖熟不久，搞实弹演习，有一小孩拾了一二十个子弹壳玩，日军发现后，要抓小孩去梁台。小孩害怕不肯走，抓住大桥栏杆不放，日军就用刺刀斩断小孩手指，将小孩抛入河中，没人敢捞救，活活淹死。”

淳化街道青山社区孙家村的孙观达老人说：“在民国29年（1940）年底，有个人做寿，叫戴德成，他过40岁生日。当时到他家给他做寿的有100多人，当天晚上，淳化据点的日军和伪军把他家包围起来，大多数人都跑了，抓了30个人带到淳化据点，有29人被活埋。”

江宁街道新民村居民夏登仓口述：“鬼子来的时候，我12岁，我们跑反了，我妹妹哭得厉害，被日本人发现了，我妹妹被鬼子用刀杀掉了，妹妹才8岁啊。……我跑反的时候，在渔船上被鬼子逮到了，鬼子砍了我两刀，在屁股上，现在还能看得到（用手指着），鬼子双手抱刀，是用东洋刀的刀背砍的，之后把我吊到了渔船的桅杆上面，放下来之后拳打脚踢，打晕了，从江中打水把我浇醒，之后又是拳打脚踢……”

横溪镇西塘社区桥西村居民范锡贵口述：“鬼子来的时候，我12岁，帮人放牛，鬼子来了就想跑，母亲说得给人家把牛牵回来，我就去牵牛，当时老板也在，那个老板姓高，我们一起跑，跑到王家山时，我把牛拴在树上，想歇歇。这个时候，鬼子已经从桃花塘那边追上来了，操着机枪就扫过来了，子弹跟下雨似的，当场就扫中了6个人，死了5个人，只有我没有死，拣了一条命……”

禄口街道陈巷社区前陈巷52号居民周庆双口述：“鬼子来的时候我9岁，……当时我家里有5个人，鬼子来的时候烧了我家一间草房，我大哥被鬼子用刺刀砍死了。……第二次来的时候，在我们村打死了一个老太，两个老头，砍伤了我和我四哥，还烧了周庆荣家和周庆元家的两间草房。……我吓得躲在稻草里，鬼子撩起稻草用刺刀朝我头上砍去，我用两个手护了一下头，我的右手的中指和无名指都断了，小指还连着一点，左手也是刀疤，头上也是，现在还看得很清楚……”

奸淫。日军每到一处，不分白天黑夜，逐家逐户搜寻“花姑娘”，见妇女就奸污，受害的妇女上至80多岁的老妪，下至七八岁的女童。现引数例：

据《江宁县志》记载："遭强奸的仅岔路乡一地就有250多人，石马一个村上就有200多人，拒不受污的，而以刺刀割乳、剖腹，折树枝插入阴道。所掳妇女还被送敌营轮奸，甚至强令老翁和少女裸体相对，强迫儿子奸古稀老母，借以寻乐，毫无人性。"

据《江宁县志》记载："汤山镇许巷村苏仁发的妻子和15岁的童养媳，被日军拖到魏官家轮奸，忿郁而死。"

汤山镇寺庄侯国明口述："侯于葛的母亲和奶奶婆媳两个在寺庄村上被日本兵强奸后开枪打死。"

汤山镇寺庄戴家棚子侯腊红口述："上峰顾家棚子有个20岁左右的女的跑到汤山街上掳东西。她从街上挑了一担掳来的东西回来，走到寺庄，就碰到了鬼子。鬼子把她拖到陈昌汉家里强奸，完了又叫我大伯侯于福（当时60多岁）去把她的下身舔干净同她睡觉。他是个有钱人，不肯，鬼子就把他和那个女的一起打死了。"

秣陵周长顺说："西旺有一个小姑娘才七八岁，她是史云生的女儿，熊德财的童养媳，被一个鬼子抓住侮辱了，血从腿上流下来，流的满身都是。"

对人搞细菌和化学武器试验。《南京日报》2006年11月16日载："日本审判731细菌战宣传运动委员会商务局局长奈须重雄称，曾在侵华日军细菌战秘密部队（南京荣字1644部队）服役过的日本士官小泽证言，民国32年（1943）冬天，他们接到上级指示，到距离南京五六千米的一个村撒伤寒菌。不过最后该村到底有没有爆发伤寒，小泽并不知道，因为行动是严格保密的。"又据《江宁镇志》记载："据反映，日军搞细菌实验，本乡群众受害者84人，其中21人死亡。"另据秣陵街道殷巷新寓149幢的业宗成口述："当时我们村吃的盐都是鬼子出售的，自从我们吃了他们的盐后，身上生了一种疮叫疙瘩疮，得了这种疮很痒，用手抓会越抓越痒，然后就淌黄水、化脓。周围各个村里90%的人都生了这种疮，直到日本鬼子投降后，这种病才渐渐好了。我们怀疑盐里有毒。"

烧。据《江宁县志》记载："沪宁铁路沿线10千米内房屋烧毁十之八九，宁芜铁路沿线2.50千米左右民房都化灰烬。民国26年（1937）年底，谷里镇到江宁镇一线，日军从上午10时到下午16时到处烧杀。民国27年1月8日，纵火陆郎镇及河东、河西、南门、西宁的村庄房屋，村民扑救即遭枪杀。同年4月4日，第三次洗劫曹村，将幸存房屋挨家挨户点燃，全部烧毁。"又据《湖熟镇志》记载："民国27年5月下旬，日军飞机来湖熟盘旋搜索，并在赤山脚下窦家边、赵巷村一带投弹，炸毁民房几十间，炸死炸伤多人"。另据汤山街道鹤龄社区傅全洪口述："民国26年鬼子来时，我12岁，跑反的时候往圩里跑，在外面躲了个把月，回来后，发现村里很多房子都被烧掉了。大刀会和鬼子打仗，打过后，鬼子过来把整个百合村烧掉了。当时我们村里富裕，很多都是木楼，烧了有500多间，稻米都被烧糊了。"

此外，据《南京大屠杀史料集》二、三卷记载的参与南京外围作战的一些军官回忆录中，常提到日军惯用的两种"火攻"：第一种是日军凭空中优势，对攻不下的山头阵地，投下烧夷弹，烧成焦土，暴露出掩体后再攻之；第二种是日军在山地作战时常利用风向烧山，让山火借着风势吞噬对方。而据江宁区档案馆所藏资料显示：抗战胜利后的"江宁县抗战期间被灾损失情况表"记载，县境内曾发生大小战斗169次，投弹231枚。由此可知，日军侵略中对江宁的森林破坏是严重的，民国35年（1946），仅私有林业的损失就达1514246元。

抢。据《江宁县志》记载："全县大多数群众都遭到了日军不同程度的抢劫，被劫衣服、牛、羊、猪、鸡、鸭、鹅等不计其数。民国30年（1941）4月13日，日军纠集湖熟、龙都、柘塘、郭庄庙等地的伪军2000多人，窜到周岗圩，将徐慕村所有的鸡、猪、牛和一爿小店洗劫一空。”由于日军抢家禽、家畜，使江宁的畜牧业在沦陷期间遭到重创，仅私有的畜牧业受到的损失就达338003元。

日本在世界上以国内盛行佛教闻名，但是日本侵略军在江宁还常常到寺院里抢和尚的钱。据《南京大屠杀史料集》第三卷第341页所记载的钮先铭（工兵营长）在上元门外永清寺“出家”时遭遇日军抢劫的实况是：“乱翻一阵，里面都是些较好的僧衣、海青（僧礼服）袈裟，还有几件法器。其中有一件红木镶玉的如意，最底下有一包袁大头。结果是一件毛背心和那包袁大头的洋钱被抢了去。鬼子一得手，往身上一塞，没命似的转头就跑了出去。”

掠。侵华日军侵占江宁县后，对粮食、铁矿石等资源进行疯狂掠夺。仅凤凰山铁矿一地，日本人就奴役2000多名外地人和当地的农民为其开矿，共掠走90多万吨铁矿石运往日本。据江宁区档案馆保存资料显示：全县矿业遭受的损失约877640元。民国32年（1943），汪伪警卫第二师司令部公函反映统计，每年强征的军粮约二万多石，柴草约三四万担。除了通过汪伪县政府强征军粮外，日军在“清乡”“扫荡”时也常常抢粮，如《湖熟镇志》记载：“民国31年，鞍头驻汪伪警卫师一个营，配合日军‘扫荡’抢粮食。”

毁坏文物古迹。民国26年（1937）12月中下旬，日军在湖熟梁台拆庙（城隍庙）、拆楼（昭明太子读书楼）、建碉堡。日军还对上坊石马冲陈武帝陵墓前的两只石兽用枪射击，造成石兽身体断裂。

江宁县人员伤亡情况

根据收集到的各类资料，经过分析、整理、登记、填表、统计和汇总等步骤，最终形成四大类型资料汇总：即档案资料、出版刊物资料、《南京大屠杀史料集》（江苏人民出版社、凤凰出版社出版，2006年1月，张宪文主编）资料、调查口述资料。

档案资料 人员直接、间接伤亡数。民国26—34年（1937—1945），全县直接伤亡中，死3人；间接伤亡中，灾民7579人，劳工44人。总计7626人。

单列人员直接、间接伤亡数。民国26—34年（1937—1945），全县直接伤亡中，死3人，外加国民党保安部队不知牺牲年月的26人，失踪2人；间接伤亡未统计。总计31人，含民国32年牺牲的新四军2人。

出版刊物资料 人员直接、间接伤亡数。民国26—34年（1937—1945），全县直接伤亡中，死600人，伤10人，失踪3人；间接伤亡中，被俘虏7人。总计620人。

单列人员直接、间接伤亡数。民国26—34年（1937—1945），全县直接伤亡中，死2481人，伤1人、失踪34人；间接伤亡中，被俘虏2802人。总计5318人。

《南京大屠杀史料集》 人员直接、间接伤亡数。民国26—34年（1937—1945），全县直接伤亡中，死3829人，伤209人，失踪50人；间接伤亡中，被俘虏67人。总计4155人。

单列人员直接、间接伤亡数。民国26—34年（1937—1945），全县直接伤亡中，死3596人，外加不知具体伤亡年月的国民党士兵6人及国民党1个连和1个师，伤11人；间接伤亡中，被俘虏1401人。总计5014人，外加国民党1个连和1个师。

调查口述资料 人员直接、间接伤亡数。民国26—34年（1937—1945），全县直接伤亡中，死7361人，伤1636人，失踪124人；间接伤亡中，劳工4239人。总计13360人。

根据调查，将口述人资料汇总表明：江宁地区死亡人员中有确切姓名的1343人，不详姓名的6018人，死亡总数为7361人；受伤人员中有确切姓名的290人，不详姓名的106人，总数为 396 人；妇女受性侵犯中有确切姓名的 505 人，不详姓名的 735 人，总数为 1240 人；被抓劳工中有确切姓名的 230 人，不详姓名的 4009 人，总数为 4239 人；失踪人员中有确切姓名的 102 人，不详姓名的 22 人，总数为 124 人。在调查过程中，由于各种原因，例如，妇女受性侵犯的暴行，传统的道德观念使很多被调查者都采取了沉默或回避的方式，甚至是坚决不说。这样就使得调查数据比实际要少很多。同时，被调查者的记忆模糊也增加了数据统计的难度。因此，在计算总数时，采取最低人数来进行统计。

抗战时期江宁县各街镇受害者情况表

丛表 3　　单位：人

镇（街道）	死亡人数		受伤人数		被强奸人数		劳工人数		失踪人数	
	有名	无名	有名	无名	有名	无名	有名	无名	有名	无名
江宁街道	171	629	41	4	72	112	26	383	4	0
东山街道	123	341	15	0	48	77	22	212	18	2
横溪镇	108	572	39	20	36	23	34	1506	3	0
谷里街道	74	1246	17	0	40	46	26	3	11	0
秣陵街道	255	2045	40	0	106	161	34	1101	33	3
禄口街道	141	134	45	19	43	46	40	393	1	11
湖熟镇	102	85	44	6	46	45	23	56	9	0
淳化街道	101	235	19	33	49	113	7	40	3	0
汤山街道	268	731	30	24	68	112	18	315	20	6
合计	1343	6018	290	106	505	735	230	4009	102	22
总计	7361		396		1240		4239		124	

说明：表中数据为调查口述人资料汇总

抗战时期江宁县人员伤亡调查情况表

丛表 4　　单位：人

资料类型	分类	直接伤亡			间接伤亡		
		死	伤	失踪	死	伤（灾民）	失踪
档案资料	百姓人数	3	—	—	—	7623	—
	单列人数	29	—	2	—	—	—
出版刊物资料	百姓人数	600	10	3	7	—	—
	单列人数	2481	1	34	2802	—	—
《南京大屠杀史料集》资料	百姓人数	3829	209	50	64	3	—
	单列人数	3602（+1 个连 +1 个师）	11	—	1401	—	—
调查口述资料	百姓人数	7361	1636	124	—	4239	—
	单列人数	—	—	—	—	—	—

四大类型资料汇总伤亡人员数据中，剔除单列人数，累计直接死亡人数 11793 人，受伤人数 1855 人，失踪人数 177 人；间接死亡人数 71 人，灾民和劳工人数 11865 人。

而根据江宁区档案馆保存的抗战胜利后国民党政府所作的“江苏省江宁县抗战期间被灾损失情况表”（以下简称县被灾损失情况表）人口损失显示：直接死亡 10832 人，受伤 39708 人，流亡 98705 人。就死亡人数而言，大致与此次调研四类资料汇总数字是吻合的；受伤人数和流亡人数差距较大。这是在所收集调查口述资料和其他资料中回忆者的遗忘和缺少记载而造成的。

根据以上资料情况，得出江宁区人员死亡 11793 人，受伤 39708 人，灾民（流亡）98705 人，伤亡总数为 150206 人。

江宁县财产损失情况

档案资料 社会财产损失。民国 26—34 年（1937—1945），全县社会财产直接损失 3157239.10 元。其中，农业 26828.80 元，商业 448733.50 元，金融业 271283.50 元，教育 1989417.50 元，公共事业 360435.60 元，其他 60540.20 元；间接损失 4166820 元。其中，教育 576.80 元，公共事业 340000 元，人力资源 3412556.30 元，其他 413686.90 元。总计社会财产损失达 7324059.10 元。

居民财产损失。民国 26—34 年（1937—1945），全县居民财产损失合计 10078499.10 元。

出版刊物资料 社会财产损失。民国 26—34 年（1937—1945），全县社会财产损失 898824 元。其中，直接损失 881274 元，间接损失 17550 元。

居民财产损失。民国 26 年（1937），全县居民财产损失合计 3697838.60 元。其中，土地损失 15.33 公顷，折合时值 6028.30 元；瓦房 14583 间，草房 125 间、4 厢，折合时值 3691731.70 元；驴一头，价值 78.60 元。

《南京大屠杀史料集》 社会财产损失。民国 26 年（1937），全县社会财产直接损失 81897.80 元。其中，农业 39090 元，交通 41800 元，其他 1007.80 元；间接损失 1398955 元。总计社会财产损失达 1480852.80 元。

居民财产损失。民国 26 年（1937），全县居民财产损失合计 972306 元。其中，瓦房 857 间、2 厢，草房 2734.50 间，折合时值 619492.50 元；禽畜 103 头，价值 12818.10 元；粮食 470 担，价值 2810 元；服饰损失价值 1900 元；生活用品损失价值 41845.90 元；其他损失 267584 元。

调查口述资料 居民财产损失。民国 26 年（1937），全县居民财产损失合计 3038657.74 元。其中，瓦房 4749 间、13 厢，草房 11911.50 间、51 厢，折合时值 2916619.20 元；树木 15.33 公顷，折合时值 12056.60 元；猪 783 头，价值 62172.60 元；粮食 113580 斤，价值 4883.94 元。

抗战时期江宁县财产损失调查情况表

丛表 5　　　　单位：元

分　类	社会财产损失		居民财产损失
	直接损失	间接损失	
档案资料	3157239.10	4166820	10078499.10
出版刊物资料	881274.00	17550	3697838.60
《南京大屠杀史料集》资料	81897.80	1398955	972306.00
调查口述资料	—	—	3038657.70
合　计	4120410.90	5583325	17787301.40
总　计	27491037.30		

四大类型资料汇总财产损失总计 27491037.30 元。根据县被灾损失情况表显示：私有财产直接损失 17090349 元，间接损失 13055669 元；公有财产直接损失 27664064 元，间接损失 4097553 元；公私财产损失合计 61907635 元。

四大类型资料汇总居民财产损失为 17787301.40 元，与县被灾损失情况表中私有财产直接损失 17090349 元比较接近；间接损失四类资料中没有统计，而县被灾损失情况表中间接损失为 13055669 元。

四大类型资料汇总社会财产直接损失为 4120410.90 元，间接损失 5583325 元；与县被灾损失情况表中公有财产直接损失 27664064 元，间接损失 4097553 元，两者比较，相差悬殊，主要原因有五个方面：一是档案馆保存资料的失缺。在查找的各级档案馆保存的历史资料中，有关江宁人口和财产损失的资料是很少的，仅有几个当时的区乡有部分损失报表，大多数区乡资料散失，无法统计。二是估价上的差异。在档案中以某份损失报表中的一些填报价格为算账基数，以此为准，不论高低，前后统一。三是两次调查所涉及的地域范围不同。解放前的江宁县与 2006 年的江宁区行政区划上有较大变化。因此，现在所取得的数据较小。四是接受调查的时间不同。1946 年，国民党政府开展抗战调查时，被调查者能清楚地回顾受灾时的境况。而此次调查在事隔 69 年以后，一些受访老人可能对很多财产损失早已遗忘。如果再考虑到此项受访的老人在当时的家境都较寒酸，财产不多，见闻不广，而一些富人在战争中一般都逃离江宁，那么，这些富人的除不动产以外的浮财损失就是一个未知数。五是对于一些在日军铁蹄下遭到灭门的家庭来说，现在尚存的一些知情人（邻居或亲戚）如对其回忆，印象最深的是死了多少人，印象次深的毁了多少显性财产，最难回忆，甚至是无法搞清的是毁了多少隐形财产。所以，从口述者那里调查得到的财产损失总是比实际要少是无法避免的。而且随着时间的推移和大屠杀幸存者的逐年减少，要想从口述者那里获得这种数字的难度在增加，得出的损失也会变得越来越小。

由此可知，全区财产直接损失为 44754413 元，间接财产损失为 17153222 元，合计财产损失为 61907635 元。

结　论

综上所述，日军侵占江宁县的 8 年，使其刚要从农业社会向工业社会起步的脚步停止了，并发生倒退，从社会经济情况看，至少倒退 10 多年。

人口数量减少　素质下降　据民国 35 年（1946）1 月人口调查，全县总人口仅 43.81 万人。而民国 21 年的全县人口总数已达 49.02 万人，可见民国 35 年年初的人口总数大致倒退到 15 年以前的水平。这仅仅是算“静态”账，如果从正常的人口动态发展看，江宁县人口减少绝不止 12.40 万人，而是更多。因为民国 23 年人口为 56.21 万人，人口的年龄结构是：0 岁 ~ 14 岁年龄组人口占总人口的 37.10%，15 岁 ~ 50 岁占 50.30%；50 岁以上占 12.60%。从人口学上预测人口总量发展趋势的年龄构成指标看，上述年龄结构属“增长型”，即人口总量在 56.21 万人的基础上还要逐年增多。而沦陷期间人口却减少了，所以日军对江宁县人力资源的破坏远多于 12.40 万人。人口数量减少的同时，人口总体素质发生明显的下降。民国 23 年，江宁县总人口中，男性 18 岁 ~ 45 岁年龄组的人口占总人口的比重为 36.26%，民国 35 年 1 月人口调查，该男性年龄组人口占总人口的比重仅为 21.36%，即下降了 14.90 个百分点。而男性壮劳动力是农业社会的主要经济活动人口，可见其对农业生产力的破坏是很大的。此外，由于战争中学校遭到破坏和教师的流失，青少年受教育的机会剧减，从而使人口的文化素质急剧下降。

基础设施毁坏严重 在沦陷时期，江宁县各类基础设施都被严重破坏。电力方面，东山自民国23年（1934）起已用上电灯。民国25年，东山附近农村已有小面积农田电力灌溉。日军侵入后，电力线路全毁，照明基本靠菜油灯和烛光，只有少数有钱人才能用煤油灯。抗战前夕，东山镇和湖熟镇设有邮局，除收发邮件外，并有电报和长话业务。日军占领后，电讯设施受到彻底毁坏，而只剩下收发信函的业务。水运方面，由于原有的数十条汽船被日军抢走或毁于炮火，从而又恢复到全部用人力划桨和拉纤的落后状态。公路桥梁在战争中毁坏严重，到抗战胜利后能通车的线路已所剩无几。江河堤防由于在抗战期间，敌我双方任意挖掘防御工事，千疮百孔，残缺不全，大多已失去抵御洪水的功能。文化教育设施方面，被毁中学1所、小学11所。市镇上经过战火以后，市中心虽重新建造了瓦屋，但镇郊已变成多数是草房了，农村更是如此。由此可见，无论是生产还是生活，居民都陷入重重困难之中。

经济衰落 市场萧条 民国26年（1937）12月，日军占领江宁县后，商业遭到严重破坏。外地商户纷纷闭业；当地商户有的卷资外逃，有的化大为小，有的分散转移，市场陷入萧条状态。以湖熟镇为例，该镇在抗战前夕，全镇有居民5000多人，200多家商号和77家工业户（工业作坊和小手工业店）。由于这里是江宁、句容、溧水三县边境的粮食集散地，所以有几十家粮行，每日吞吐稻米万斤左右。板鸭是其一大特产，年加工量达数十万只，鸭源远至苏北及皖北。所以天天是集市，日日人声鼎沸，被称为“小南京”。在日军占领湖熟的第一年，全镇疮痍满目、断墙残壁、十室九空。翌年，随着一些商人的返回才有了市面。但原有商店仍是关门的多、开门的少。直至日军占领后期，元气仍未恢复。一到傍晚，商店就早早打烊，夜市绝迹。原有的几十家粮行仅剩下十多家。镇上经营历史最久（百年以上）、规模最大的鸭子店——何记源一直未能复业。即使复业的商店，资本和盈利能力也大不如前。一些大商号的店主虽还能过“二干（饭）一稀（饭）”的日子，但一些小商号的店主和手工业者，生活水平已降至“三稀”或用山芋、土豆等杂食度日。

北京 [illegible] 縣市抗戰期間被災損失情況表

項目		數量	項目		數量
面積（單位方公里）	原有面積	227221方公里	在縣境內抗戰情形（次數）	會戰	1
	淪陷面積	227225方公里		大戰	2
	淪陷次數	一		小戰	6
	淪陷期間	二十六年十一月		防禦戰	10
	原有面積與淪陷面積比	1:1		游擊戰及其他	150
人口	原有人數	475430	轟炸	次數	5
	死亡人數	~~[illegible]~~ 10.832		架數	51
	受傷人數	~~[illegible]~~ 39.708		投彈數	231
	流亡人數	98.705			

公私財產損失估計

價值單位國幣元（廿六年七月以前之幣值）

損失項目	私有 -16766 有-2056 損失戶數或數量	私有 直接	私有 間接	公有 損失戶數或數量	公有 直接	公有 間接	備考
總計	38391	1720349	13055669	453	27664064	4097553	
農業	21017	9017325	5327081	6	51309	4231	
林業	4231	993215	521031	[illegible]	[illegible]	[illegible]	
漁業	1081	400592	303721	[illegible]	[illegible]	[illegible]	
[illegible]							
畜牧業	912	183682	154321				
[illegible]業	[illegible]	1022410	645930	[illegible]	[illegible]	[illegible]	
[illegible]業	62			22	220415	157341	
[illegible]業	4363	327083	5214001	5	43208	91312	
金融業	31	321034	82734	4	19832.011	3.432.081	
汽車	78	183720	20431	10	12056	1.325	
汽船	51	480815	39425				
漁船	601	81105	52131				
木船	837	423701	31571				
其他運輸工具	1021	321457	15321	32	1860	432	
政府机関				76	5432081	386521	
人民團体				31	168121	32134	
學校	[redacted]	[redacted]	[redacted]				
大學							
中學	1	9013	936	4	80329	210	
小學	11	6032	563	283	1637240	124	
普通住戶	1032	324781	285314				
其他							

填表注意事项：

一、本表应由县政府依照机关团体及人民填报损失表报分项统计列入人民填报损失未能齐全得由县政府召集各业公会及民意机关依据本县辖区实际受害情形分别估计填报并估计方法详见举例说明。

二、本表填报期间自民国廿六年七月七日起至卅四年九月二日敌人签降之日止。

三、本表由县政府填报一式两份一份呈省政府以一份由省政府汇转本会。

四、战情一项其作战程度(A)会战敌人参战在二万以上者(B)大战敌人参战在五千人以上者(C)小战敌人参战在五百人以上者(D)防御战敌人参战在五百人以下者

五、损失价值一项(A)单位一律用国币元(B)损失价值一项统应折合廿六年七月之价值即在廿六年至卅四年间所受之损失其价值之填报应依照附表抗战期间各年度零售物价增涨倍数比较表将逐年损失时价值折回至廿六年七月之价值后再填入上表不可填各年损失时之币值

六、间接损失(A)属于机关学校团体等其间接损失之填报限于费用之增加如防空救济特别公费等(B)属于公私营业者其间接损失之填报包括人可能生产额减少、可获纯利额减少、费用之增加等(A、B两项详细说明可参考抗战损失查报须知第7—11页)

七、其他一项凡公私损失如本表内未列入之项目均可填入或另列一项填报惟本表规定项目不得变更如有详细解说而备考栏不敷应用时得另附说明书

抗战期间各年度零售物价指数增涨倍数表(26年七七事变以前购置者适用本表)

(表一) 基期26年上半年=100

年度	26年	27	28	29	30	31	32	33	34
指数	103	130	213	503	1294	4027	14041	48781	170703
倍数	1.03	1.30	2.13	5.03	12.94	40.27	140.41	487.81	1707.03

抗战期间各年度零售物价增涨倍数比较表(26年77事变以后购置者适用本表)

(表二)

损失时期＼购置时期	26年	27	28	29	30	31	32	33	34
27年	1.26								
28 "	2.06	1.63							
29 "	4.88	3.86	2.31						
30 "	12.36	9.75	6.10	2.75					
31 "	39.09	30.97	18.70	8.00	3.11				
32 "	136.32	108.00	65.92	27.91	10.85	3.48			
33 "	473.60	375.20	229.01	96.90	37.60	12.11	3.48		
34 "	1851.68	1467.10	895.40	379.10	147.39	37.36	13.58	3.90	

例1、设26年77事变以前购西式楼房一栋于31年损失如照31年损失时价值为五万元其折合为26年7月之价值计算法应如下式50,000÷40.27=(26年7月以前之价值)(见表一)

例2、设有西式房屋一栋如係在28年购置计两万元于30年损失其折合26年之计算法应如下式(20,000÷6.10)÷12.94=(26年7月以前之价值)(见表一及表二)

注：此表为民国35年（1946）江宁县政府编制

江宁区抗战损失调研组

2006年10月30日

孟家场周边的屠杀

民国26年(1937)12月13日,南京沦陷。侵华日军在南京地区进行大规模的屠杀。汤山地区(含今麒麟、上峰,下同)作为南京的东大门,在南京大屠杀这场灾难中,首当其冲,灾难深重。时任南京市汤山区筹备处主任张溥生,于民国35年5月15日撰写的《汤山区筹备处搜集日本战犯罪证材料呈》、7月18日统计上报的《南京市汤山区抗敌伤亡人员调查表》中,记载了当时日军的暴行和被日军采用各种方式屠杀的260名平民百姓名单。

就汤山地区而言,被滥杀的村民远不止这些。2006—2007年,从事抗日战争课题调研的同志通过对该地区83位老人调查走访,结合《南京大屠杀史料集》《侵华日军南京大屠杀幸存者证言》《城东生死劫》及档案和地方志等所刊登的口述资料进行甄别、归纳、整理和统计,抗日战争8年期间,侵华日军在汤山地区一次性屠杀10人以上的就达30多次。综合被日军集体屠杀的、加上零星屠杀的,有名有姓的就有1000多人。

侵华日军在汤山地区的暴行,大体可分为两个阶段:第一阶段从民国26年(1937)12月5—13日,日军进攻南京,对沿途村民进行"清障式"屠杀。第二阶段从民国26年12月14日至次年2月,为日军占领南京后对周边镇村进行"清剿式"滥杀。

发生在民国26年(1937)12月9日孟家场及相邻两村的屠杀,是其中的一例。

孟家场在汤山主峰西南约4千米,村东数百米是陆军步兵学校的校舍,村南是一片开阔农田,村西是大片低矮岗坡,民国时期著名的永安公墓就在岗坡上。由于孟家场位置偏僻,交通闭塞,抗日战争初期许多难民都跑到这里避难。

民国26年(1937)12月9日早上8点,首批侵华日军冲进孟家场。不一会,日军就在村上杀人放火,孟家场到处是哭喊声。日军在孟家场屠杀的场面恐怖极了,一名日军端着刺刀从背后刺杀刘正六的三哥,刺刀刺入胸口还露出一段。日军用力一拔,再用脚一踢,人就趴在地上不动了。孟文庆的弟弟才3岁,被日军用刺刀挑起摔死了,日军还一个劲地狂笑。孟家景的父亲孟正营、叔父孟正范躲在村西"二亩七"田里,日军看到后,一人一刀,把他们刺死。日军在孟家场屠杀了约1小时,又向青龙山方向进发了。事后,村民言礼荣在村上统计了一下,有47人被杀。

上午9点多,潘荣富等十五六个黄栗墅的难民稀里糊涂地住进孟家场,他们在孟家场人去楼空的一户人家落脚,潘荣富的两个女儿潘巧英和潘玲英还在外面玩耍,却不知道危险将近。下午3点多,5名日军从步校过来,进了孟家场。潘巧英的爷爷潘兆生正在解手,日军上前一刀把他刺死。潘巧英看到了马上跑回屋里报信,人们抢着上阁楼躲避。潘巧英的母亲一手抱着妹妹,一手搀着她,慌乱中被挤散了。潘巧英一个人留在楼下,只得躲在灶堂边。和她一起躲在灶堂边的还有孟文庆的母亲(身上已挨了几刀,伤口还在流血)。潘荣富当时吓昏了,想跑,便不顾一切地从阁楼上跳下来。日军发现了,冲过去一刀从腋下刺入,立刻就死了。潘巧英的表哥吉冬联(时年15岁)由外面往屋里走,在大门口被一刀刺死。一名日军拉着张长贵的母亲从屋里往外拖,她死活不肯出门,日军跑到外面,拿了把刺刀回来,对准她连刺两刀致其死亡。当时潘巧英离她就十几步远,看得清清楚楚。潘巧英和孟文庆的母亲躲在灶堂边被两捆芝麻杆挡着,没有被日军发现,躲过一劫。但是那位母亲因流血过多,不久还是死了。据村民孟仁寿在20世纪50年代初的统计,逃难期间,共有73人在孟家场被打死,其中33人是本村的。这33名遇害者,有4人是被枪打死的,其余是被刺死的。在这些死难者中,有外村居民潘兆生、潘荣富、吉冬联、侯玉友的母亲、“侯山秃”的儿子、“李大楞”的妻子、张长贵的母亲、林金洲、陈敬林、陈起瑞、王明福的儿子、梁国柱、闫发友、伍运强14人；有本村居民刘友全、刘正六的三哥、雷树生、孟正营、孟正范、王兆富、孟正龙、孟家良（父）和孟生海（子）、孟家仁（父）和小杏子（子）、陈之宁（父）和三锤子（子）、“陈疤痕”、孙广和、孙广明、孙广财、孟文庆的母亲、孟文庆的弟弟、刘大20人。而更多的遇难者姓名已无法考证。

靠近孟家场的涧南村，村前不远是金山、钱山、豹山，群山连绵，林木葱郁。这里也因为地处偏僻，交通闭塞，村民没往远处跑，只在附近挖了些地洞。外地难民以为此地比较安全，陆续前来栖身，其中有句容的，也有上峰、汤山的，村南的地藏庵和祠堂里住满了难民，大场上也是人挨人。12月9日，侵华日军来到涧南村，数十人在上池塘被日军机枪射死，上池塘都被鲜血染红了。江宁区国税局退休干部陈德武（上峰镇姚家边人，当时9岁），当年逃难时就躲在涧南，目击了这场屠杀的惨状，他回忆道：冬月初七（12月9日）早晨，第一批日军闯进了涧南。当时，我正站在门口，日本兵端起枪就放，枪声响得不得了。我被突如其来的枪声吓坏了，掉头就跑到屋里，躲在母亲和姐姐身边。这时，外面的枪声像放鞭炮似的响个不停。日本兵一边打枪，一边向南京方向开进。天空中有两个红颜色的大气球，升得老高老高的，飞机来回地低飞，机身上的红疤疤看得清清楚楚。不久，第二批日本兵又进村了，挨家挨户地搜查。我们被日本兵赶到一个干涸的塘边，只见塘坎下和塘埂上全是被日军打死的男人，有30多个。塘坎下有个中年人没打死，日本兵下去用脚踩，最后把他一脚踢进水中。日军又把我们赶到一间草房旁边，只见一位中年妇女有气无力地靠在土墙边不停地呻吟，她上衣敞开着，右乳房被子弹打了个大洞，鲜血直流。后来，我们又被赶到草房北面的菜地里，有的妇女被日军拖进草房轮奸。这时，有几个日本兵把躲在草房后小山坡上的两个中年男子抓住了。其中一个被拉到村南头东边的晒场上，被当成练刺杀的活靶，你一刀我一刀地活活刺死。另一个则被拉到我们站立的菜地上，仰躺着，一个日本兵拔出东洋刀，从他脖子上戳下去，顿时鲜血直喷，他哼了一声就死了。我亲眼目睹了日军的杀人场面，心想马上就要轮到我们了，吓得浑身发抖。可是，日军把东洋刀在那个死人身上擦了擦，装进刀鞘就走了。就在这空隙，二姐背着我和一群难民，随涧南一位妇女顺着草房后面的小沟，朝村南的地藏庵逃去。正在逃命的时候，有颗子弹打中了一个小女孩，子弹从她右眼进去，从鼻子中间出来，把她的一只眼球打掉了。她是姚家边陈德其的女儿，才3岁（调查者注：此人叫陈秀英，现住作厂大高村）。她母亲抓了把烂泥，把血堵住，背着她继续跑，跟我们一起逃到了地藏庵。

躲在地藏庵的老百姓有一二百个。这时，陈德其气嘘嘘地跑来了，说“我这条命是捡来的！”原来，他和另外两个男人在一条小巷里走，走在前头的是涧南的老光海。不料迎面来了个日本兵，端起刺刀对准老光海胸口就是一刀，他哼了一声，晃一下就倒了。剩下的两人扭头就逃，日军向他们开枪，没打中，他俩绕过巷口，沿着村边一条小沟，跑进了地藏庵。等他说完，有人拉拉他的衣襟，指了指说：“你女儿的眼珠子打出来了。”他一听，赶紧挤过去，抱着小女孩失声痛哭。就在他们哭泣的时候，又有人来报信了，说我大叔被日军一枪打中小肚子，栽倒在田埂边，肠子都出来了，痛死在田边。他年仅5岁的儿子独自一人从一里多外的田里跑到涧南，找到了大婶。此外，还有2个难民在涧南被鬼子杀死了，一个是高庄上高堰王明福的儿子，名字不知道，另一个是丁墅的阿梅。村民陈金荣，当时趴在沟里，被日军用刺刀从他脖子后面戳进去，连戳了5刀，还用枪托砸他脑袋，由于沟里全是烂泥，他没有被砸死，侥幸活了下来。

据统计，这次涧南被杀害的老百姓有80多人，能够记住姓名的有10位，他们是涧南村民陈圣玉、陈圣银、陈敦银、陈敬苏、陈敬苏的兄弟四老爷、陈敦魁、陈圣泉的父亲和祖父、陈敦树的父亲、陈圣同。

神家庄与孟家场、涧南三足鼎立，相隔不远，是3个村中最富裕的村庄。村上店铺多，做生意的人多。抗日战争之初，村上住有大量难民，村西的隐静寺（相传建于梁代）也住满了难民。12月9日，侵华日军冲进该村，肆意屠杀老百姓。神家庄猎手郗尚春，拿了支猎枪去打日军，结果被日军打死。村民孟方正（铜匠，60多岁）在村东“一亩七”田里被日军刺死，肠子被挑了出来。古泉外干村村民吴家慧、白汉庆在隐静寺被杀害。湖山村村民梅家印逃难时在神家庄亲眼看到日军守在小街巷口，难民出来一个就打一个。他们还叫难民下塘，然后开枪打死了10多个人。日军在神家庄屠杀的难民很多，但是知道姓名的很少，汤山作厂大高村丁庆芳的哥哥“小桂子”是其中之一。当时，“小桂子”16岁，在外面跟一位老板当学徒，父亲去接他回来一起逃难，老板说：“我带他走，我来负责好了。”他被老板带到了神家庄附近躲藏，后来就因为到神家庄找吃的，被杀死了。

12月9日，侵华日军对南京江宁青龙山两侧无辜村民的血腥屠杀不仅仅是在孟家场、涧南、神家庄3个村，同在青龙山东侧的庞家边、孙家边、北尚庄、茅屋和青龙山西侧的孟庄、小徐家边、王后村、白家场、东林耀、小泉水、城头村等地都遭到日军的洗劫，一片片民宅被烧，一批批村民被杀，昔日美丽富饶的村庄变成了人间地狱。

（高　鹏）

陆郎惨案

陆郎（现属江宁街道）位于江宁区西南，境内丘陵山地较多，东南部与安徽省马鞍山市交界，为天马山绵延地区，东部有蒋门山、白茅山、大金山、莺子山等。山丘面积占原陆郎镇域面积的90%左右。

民国26年（1937）12月，侵华日军分三路向南京进攻。12月4日，南京外围的江宁淳化要塞受敌攻击；5日，湖熟沦陷；6日，秣陵失守。南京城区部分居民和江宁各镇居民有的往江北避难，有的到龙都、周岗等圩区躲避，还有的向陆郎、谷里等山区逃难，以避战乱之灾。

民国27年（1938）1月8日上午，侵驻江宁镇的6名日本兵窜到临近的陆郎镇上侵扰百姓。中午，他们在街上宋礼茂开的茶馆要吃要喝。其中3名对一过路妇女追逐，欲行不轨。镇上的商民自卫队和居民出于义愤，团结起来，与日军展开搏斗。2名日本兵被商民自卫队追到河东村张家坝的塘边击毙，1名慌忙中向西沿着河边奔跑，跑过陆郎桥到河西村时，被正在锄地的农民桂光寿、吕成发用钉耙打死。吕成发，湖北人，大家都叫他外号“花子”。3名日本兵的尸体被居民们用石头捆绑起来沉入张家坝塘底。另外3名日本兵逃回江宁镇。

打死了日本人，日军肯定会来报复，镇上居民都吓得逃难去了。只有不知情的人和因店铺在街上而不肯跑的部分居民没走。下午，日军纠集20多人，去陆郎报复和寻找尸体。日军将陆郎镇沿街店铺洗劫一空后，在镇上纵火，烧毁商铺。

由于日军没有找到尸体，第二天纠集500多人分四路向陆郎集镇包围。第一路由驻江宁镇日军经上湖、清修等村向陆郎合围；第二路由驻板桥日军途经谷里、陆郎花塘等村向陆郎集镇靠拢；第三路从铜井出发经北庄、双虎、陆郎河西等村向陆郎集镇进发；第四路由驻安徽马鞍山霍旦的日军经陆郎西宁、河东等村向陆郎集镇包抄。沿途烧、杀、淫、掠，见一个人就逮一个，用绳子一个个串起来捆好，稍有反抗或企图逃走的，即被刺刀戳死。

2月24日，从谷里方向又来了20多名日军。他们在镇上扬言，不交出3名日军尸体，不仅不给成立“维持会”，还要继续杀人。说着，便把途中抓到的十八九人，用绳子捆在一起，带到神山头北30米处的小塘边（陆郎乡政府食堂处）用刀刺，用竹竿撵下塘，谁的头露在水外面，就用刺刀戳，有13人死亡。

经两次烧杀，被害者达130多人，烧毁房屋9300多间，陆郎集镇和周边村庄成一片废墟。此后，日军不断到陆郎烧、杀、淫、掠，声称“不找到尸体决不罢休”。

谷里街道公塘村西山口自然村的李海林（83岁）是当时惨案的幸存者。据他回忆：民国26年（1937）农历腊月十五（编者注：时间有误，应为腊月初八）夜里，他和父母、兄弟姐妹等全家7人已经睡下。睡梦中，突然听见村里的狗不停地狂叫。不一会儿，就有人用力地踹门和砸门，他的父亲只穿了单衣开门。日军进来后，将13岁的李海林和他父亲以及一大群难民（当时家中还住有许多逃难者）赶往陆郎乡方向。李海林的二伯本可以逃过这场劫难，当他听说弟弟衣服没穿好就被带走时，便冒着危险去送衣服，走到半路，被后面的日军抓住。一个日本兵先让他弯腰蹲下给日军头目蹬上马，日军头目上马后就顺手给了李海林二伯一枪，可怜的二伯还没明白发生了什么事就倒在了地上。被抓走的人在寒夜中大概走了7.50千米，到达陆郎乡时，天已经亮了。这时大家看到当地的房子都被烧光了，只剩下当时的陆郎小学。日军把这些难民都赶到陆郎小学里，那里已经站满了很多从别的地方抓来的难民。日军命令男人们都站在学校的空地上，而把妇女们关在学校的几间空房里。

大概九十点钟的时候，一个翻译过来开始问话：“你们知不知道我们为什么把你们抓过来？有3个日本军人在陆郎被打死了，尸体现在找不到，你们如果说出尸体藏在哪儿就放你们回去，如果不说，你们就别想回去了。”难民们都说不知道，翻译去向日军汇报，后来又问了四五遍，人群仍然回答不知道。过了一会儿，翻译过来说：“我们太君说了，不说出来就枪毙你们。”这时，人群中出现哭喊声，说“我们真的不知道，我们不是陆郎人”。

日军充耳不闻，命令难民们把衣服脱了跪在地上。李海林和别人一样，被命令脱到只穿一条单裤。十几分钟后，还是没有人回答，日军当场开枪打死四五个人，但还是没有人说。日军军官又命令把难民都赶到学校后面的水塘中。当时天气寒冷，水塘都结了冰，水只有齐腰深，但塘底的淤泥很深。不到一会儿，1亩左右大小的水塘里站满了赤裸着身体的普通百姓。没过多长时间，就开始不断地有人因为忍受不了严寒，口吐白沫，栽倒进水塘里。过了很长一段时间，翻译又过来威胁说：“你们再不说，太君就命令用机枪来扫射。”这时，一个自称姓王的人出来说：“我是陆郎人，我知道尸体在哪儿。”日军验证了王姓陆郎人说得不假时，才允许人们上岸。

“人们在冰冻的水塘中呆了两个小时左右，当时大概有200人被赶进水塘里，结果上岸来的只剩下100多人，有六七十人被冻死在水塘里，水面浮尸一片，惨不忍睹，而且尸体上沾满淤泥，很难辨认。”李海林上岸后就开始找自己的父亲，他的堂哥也帮忙找，在下午四点多时终于在水面的浮尸中找到。44岁的父亲李大文身体本来也不好，加上他被赶出来时穿得就很少，最终敌不过腊月的严寒在水塘里被活活冻死。

陆郎河西村后城一组的赵兴胜（1921年1月出生）回忆说：日军从桥这边的河西开始烧，我家是最先被烧到的。那天晚上大概杀死了二三十人，都是在神山头被杀的，血染红了塘水。日军还放火烧街，烧红了半边天。遇难的人全都是被刺刀刺死的，有的尸体被扔到了塘里，有的还在山上。

现住陆郎老年公寓的陶宝森（1929 年 5 月 12 日出生）说：日军是腊月初八烧的陆郎街。腊月十一日，日军大包抄，杀了有 100 多人，在神山头那儿，我认得的只有 3 个：一个是街上的王允华的父亲，当时 30 多岁；一个是谢兴富的父亲，40 多岁，他舍不得家没跑；还有一个是我的大表姑，姓刘，叫什么不记得了，30 多岁。这些人全是被刺刀刺死的，日军把人拒起来，边刺边把人朝塘里推。有人朝上爬，日军还是使劲用刺刀往塘子里推。原因是有 3 个日本兵被打死了，有两个是在河东的张家坝那儿打死的，另一个是在桥西的小河沿上被人用钉耙打死的，那个人我们都叫他湖北佬，人家称他“花子”。日军当天晚上就来放火烧了整条街，从东头一直烧到西头，烧红了半边天。

家住陆郎牌坊村韩村的韩有龙说：西山有一个姓汪叫林子的人，他上街时被日军看见后就打死了。还有吴晓风也是和他一块被打死的。栾村有个严叶风，是个教书先生，也被日军抓住就杀了。

陆郎集镇的施天锡说：日军在汉奸的带领下包围了陆郎，抓了七八十个商家，要他们交出尸首，日本兵的尸首已被沉到了张家坝的河里了。日军就逼着 3 个人带着他们去找，没找到，在走到神山头山腰的小草塘时，3 个人心想肯定活不成，就一起跳塘自杀了。一个是人称戴老二，一个是陈继白的哥哥陈继贤，另一个也姓陈，是个打烧饼的。神山头这边，鬼子把抓来的人 3 个人排一排，用刺刀刺，就韩振兴没被刺死，他 70 多岁了。他是在最后一排，被刺了 7 刀，但都没刺中要害，他倒下装死。日本人走后，有人去给家人收尸，他就喊叫，求人救救他，后来被抬到宋庄后救活了。日军没找到尸首不甘心，继续来陆郎，来一番烧一番，把陆郎烧得一片荒凉。后来老百姓在张家坝的河里把鬼子的尸首捞上来，送到江宁。

陆郎集镇的卞子万说：我 16 岁时，我的姑爹就是在神山头被杀的。当时他有 70 多岁了，头发都白了，姓严。他帮地主家看门，没跑，被日军打死了。

方继先说：快过年时，陆郎来了 6 个日本兵，喝完酒又找花姑娘。那时候街上有自卫队。自卫队的人看不惯，就赶他们。3 个日本兵被打死了，3 个日本兵跑回去了。当天晚上逃回去的日本兵就带人来了。他们到街上时我们做好了晚饭还没吃呢，神山头的草房就被烧掉了。我们全家就往牌坊那边的山上跑。我们跑到王庄时，看到陆郎的火光冲天。第二天日军又来了，从西宁、花塘那边围抄过来。我们人已经躲到牌坊的山里了。日军用火把到处烧草房，我们家的 5 间草房就被烧掉了，里面还有些家具。村里人都把家具、农具等丢到外面的水塘里，然后就逃命去了。当时街上烧了好多房子，草房被烧光了，瓦房也被烧掉了，只剩下泥坯了。粮食也被烧掉了。听陶相友讲，日军烧房那天下午，我们村里有 3 个人被日军抓到了，一个叫薛道生，一个是李克明的父亲，小名叫六秀子，还有一个就是陶相友。他们因年纪轻，跑出去后被派回来看看家里情况的。他们被抓后，薛道生在山头被杀掉了。当时抓了好几十个人，日军围起来一个个用刺刀刺。日军杀过人后又在街上抢了些东西，六秀子和陶相友被抓去挑东西了，从陆郎挑到江宁。六秀子和陶相友到了江宁没看到薛道生，估计已经在陆郎被杀掉了，后来有人在陆郎街上收尸的时候看到了他的尸体。

陆郎西宁村的吴德人说：桐梓塘一个姓周的，是周万春的父亲，当时四五十岁，在家看门没有跑，被日军抓到神山头戳死。

陆郎西宁村南门的王启祥说：日本人来的时候，我 18 岁。腊月初七，日军到了陆郎，吓得我们都跑到李大村的太平岩山里，当时住了一个晚上，又跑到了安徽宋庄，在那儿住了个把月。我们村的房子烧了不少，草房被烧掉了有二三十间。村里瓦房也有被烧掉的，一个叫胡海门的，家里有二三十间瓦房，被烧掉了。我们家的房子、床、桌子、椅子全烧了。两个村庄几乎被烧光了。有一个地主叫倪老五，他逃难前找了一个呆子叫倪八子（小名）的给他看家。日军到村上后，看到倪八子就把他杀了，是西宁高村的，十三四岁。

家住铜井牧龙村的王明勋说，在陆郎那件事发生的第二天，从铜井过来的日军，路过大杏塘村，看见村上没人，把村上的房子都烧掉了。上陈村的张老虎是被日军摔到塘里，用石头砸死的。这一天逃难的路上，一个妇女挑着一担东西，被打死了。被打死的还有塔下村的李殿富，当时40多岁；小英，女，当时40多岁，是李家银的妻子，当时还有孕在身。红庙的叶孙氏在往山上跑的时候，被打伤了膀子。

铜井双虎村的孙德芝说，日军经过村里，把20多个妇女拖去强奸。村里有个姓孙的，小名叫小毛子，二三十岁，被日军抓到陆郎，推到塘里淹死了。

铜井北庄村石城自然村的程其兰说，陆郎事件发生时，我父亲程发金在陆郎帮人家看门。村里人都跑了，就他一个人留下来，后被日军抓住用刀戳死，下巴被戳了一刀，背上被戳了18刀。当时程其兰妈妈怀着孕去找丈夫，在一堆尸体里找到了他。她请人把丈夫尸体拖了回来，没有棺材，就用家里的小破板钉了一口棺材。程其兰妈妈因怀着孩子受累而流产，第二天早上就死了。

南京铁路江宁工区的周崇贵说，我叔叔何清源的老丈人，当时30多岁，江宁镇街北人，开一个粮行。逃难时在陆郎的花塘被日本兵抓去放到水塘里泡，回家没几天就因受冻而死。

江宁街道清修村永明塘自然村的陆汉炳说，永明一队有个姓王的，小名叫二呆子，人很老实，40多岁了。他当时没跑掉，被日军抓到了陆郎，手从后面捆起来，被推到塘里淹死了。当时被抓的有二三百人，有的用枪打死的，有的淹死了。村里的草房都被烧了，我家3间草房也被烧了，床铺什么的都烧成灰烬了。日军还肆意强奸妇女。我们村的薛道珍，25岁，已经结婚了，还没生孩子，日军抓住她后就把她污辱了。还有一个小名叫马丫头的，20多岁，跑迟了，在村里被日军抓住，也被污辱了。肖山二队有个小名叫香子的，近30岁了，也被日军强奸了。

江宁街道清修村小店自然村的马恒圣说，日军来报复，从吴家桥开始放火焚烧，把我们这里也烧成了火海，我家的6间草房也被烧了。日军非要找到日本兵的尸体，一天找不着就烧一天。后来财主、保长、甲长把坝里的水抽干了，把尸体捞了上来交给日军。（高　鹏）

2008—2013 年江宁区国民经济和社会发展概况

2008 年江宁区国民经济和社会发展概况

初步核算并经上级评估，全区实现地区生产总值（考核评价口径）411.10 亿元，按可比价格计算，同比增长 13.30%，比全市平均增速高 1.20 个百分点，其中，第一产业 20 亿元，增长 2.40%，第二产业 262.60 亿元，增长 14.10%，第三产业（不含邮政通信、金融保险等）128.50 亿元，增长 13.80%。人均地区生产总值突破 4 万元，达到 45970 元（按公安户籍人口计算），折合美元 6720 美元，标志着江宁经济迈入一个新的发展阶段。三次产业结构进一步优化，先进制造业水平进一步提升，拉动了全区第二产业比重上升。地区生产总值中三次产业结构由 2007 年的 5.58 ：62.58 ：31.84 调整到 4.90 ：63.90 ：31.20。

区域经济发展。一是开发园区经济持续发展。开发园区的地区生产总值、一般预算财政收入、工业投入分别占全区总量的 45.90%、48.10%、63.10%，辐射和支撑作用进一步增强。二是街道经济实力不断提升。全区所有街道财政收入首次全部突破 1 亿元，地方一般预算收入增长 22.10%，高于全区平均水平。村（社区）集体经济可支配收入平均 289 万元。

一、农林牧渔业

农业。全年实现农林牧渔业总产值 43.40 亿元，同比增长 8.60%，其中农业产值 23.2[illegible] 亿元，同比增长 8.20%。全区农业综合生产能力明显提高。水稻亩产量 570 公斤，油菜籽亩产量 14[illegible] 公斤，分别比 2007 年提高 10 公斤、1 公斤。全区粮食总产量 24650 万公斤，与 2007 年基本持平；油料总产量 2980 万公斤，增长 12.84%；蔬菜总产量 50200 万公斤，与 2007 年基本持平；瓜果产量 13900 万公斤，下降 2.97%。

林业、畜牧和水产。全年林业产值 3466 万元，同比增长 6.50%，全区完成成片造林面积 1350 公顷，与 2007 年基本持平。全区牧业产值实现 9 亿元，同比增长 9.30%；渔业产值实现 9.70 亿元，同比增长 9.10%。全区多数畜产品止跌回升，生猪饲养量 26.10 万头，比 2007 年增长 13.50%；家禽饲养量 511.70 万只，比 2007 年增长 1.60%；猪牛羊肉总产量 3600 万公斤，比 2007 年增长 15%；禽蛋产量 2600 万公斤，比 2007 年增长 23.80%。牛奶产量 4700 万公斤，比 2007 年下降 32.90%。全区积极加快畜禽规模养殖工程进程。全区畜禽规模养殖比重为 54%，比 2007 年提高 6%。其中生猪 55%，提高 7%；肉禽 69%，提高 3%；蛋禽 65%，提高 5%；奶牛 90%，提高 10%，创历史新高。全区渔业生产以高效渔业为主。全年水产养殖面积 8500 公顷，其中特种养殖 6800 公顷。全年水产品总产量 5200 万公斤，比 2007 年增长 1.14%。其中特种水产品产量 1030 万公斤，占全年水产品总量的 19.81%。

高效设施农业。全区新增高效设施农业面积 1333.33 公顷，累计 1 万公顷；新增设施栽培面积 466.67 公顷，累计 4746.67 公顷。全区共有近 4000 农户、2740 公顷加入优质稻米、蔬菜和西甜瓜订单农业生产。全区通过认证的无公害农产品 8 个，绿色食品 22 个，有机食品 4 个。全区农产品中“三品”比重为 68%。

农业生产条件。加快农业机械化发展，全区完成机播面积1.61万公顷，同比增长12.59%；完成机收面积3.35万公顷；机电灌溉和机械植保分别近4万公顷和5.01万公顷。年末农业机械总动力44.54万千瓦，比2007年增长2.84%；拥有大型拖拉机354台，净增100台；拥有联合收割机240台，比2007年增加3台；农用排灌动力机械20.70万千瓦，比2007年增长7.80%。全区大力开展水利建设，超额完成河道、塘坝清淤工作。全年共完成水利土石方1015万立方米，比2007年增长9.70%。其中完成52个村河塘疏浚整治任务，整治河塘765个（条），完成土石方380万立方米；疏浚县乡河道48条，完成土方270万立方米。积极实施水安全工程，推进小型水库除险加固工程，年内完成10座小型水库除险加固工程，投入资金2200多万元。

二、工业和建筑业

工业。全区规模以上工业（全部国有及年销售收入1000万元以上非国有工业，市考核评价口径，下同）完成总产值686亿元，比2007年同期增长20%；实现增加值179.90亿元，现价同比增长22.20%。其中，国有企业完成增加值7.60亿元，同比增长43.10%；集体企业完成增加值2.90亿元，同比增长25.30%；股份合作企业完成增加值1.80亿元，同比下降11.20%；股份制企业完成增加值43.40亿元，同比增长24.50%；外商和港澳台商投资企业完成增加值86.10亿元，同比增长16.90%；私营经济完成增加值38亿元，同比增长31.50%。从轻重工业看，轻工业完成增加值58.50亿元，同比增长46.10%；重工业完成增加值121.40亿元，同比增长13.20%。全区规模以上工业企业完成产品销售收入672亿元，同比增长16.20%；实现工业利税总额72.40亿元，增长17.70%，比2007年回落5.40个百分点；实现工业利润52.60亿元，增长21.50%，回落5.50个百分点。企业亏损面为25%，扩大6.10个百分点，亏损企业亏损额近6亿元。

制造业。全区通信设备、计算机及其他电子设备制造业产值143.60亿元，比2007年增长0.30%，占规模以上工业产值的比重为20.90%；电气机械及器材制造业产值114.60亿元，增长30.20%，占规模以上工业产值的比重为16.70%；通用设备制造业产值75.80亿元，增长28.20%，占规模以上工业产值的比重为11%；交通运输设备制造业产值21.90亿元，增长47.20%；专用设备制造业产值8.60亿元，增长47.10%。

建筑业。全年完成建筑业施工产值88亿元，实现建筑业利税6.60亿元，分别比2007年增长41%和33%；全年房屋施工面积1056万平方米，房屋竣工面积540万平方米，分别比2007年增长31%和27%。全区共有5个建筑业企业晋升二级资质、2个建筑业企业晋升一级资质。

三、固定资产投资

全年全社会固定资产投资420.40亿元，比2007年净增50亿元，同比增长13.50%，增幅回落近10个百分点。其中，全区城镇固定资产投资253.50亿元，同比增长17.60%，回落7.90个百分点；房地产投资61.30亿元，同比增长10.50%，回落28.90个百分点；农村非农户投资105.60亿元，同比增长6.20%。

投资结构。在全社会固定资产投资中，第一产业投资3.80亿元，比2007年增长70%；第二产业投资 282.80 亿元，比 2007 年增长 17.30%；第三产业投资 133.80 亿元，比 2007 年增长 5.40%。三次产业投资比例由 2007 年的 0.60 ：65.10 ：34.30 调整为 0.90 ：67.30 ：31.80。全区私营个体经济完成投资 127.80 亿元，比 2007 年增长 20.70%，占全社会固定资产投资的比重为 30.40%。

基础产业和基础设施。一是进一步完善全区交通路网建设。完成续建开发区—滨江道路连接线一级公路标准工程，共投资 4.60 亿元。积极协调服务宁杭高速、地铁一号线南延线、京沪高铁、绕越高速公路和省道 243 公路等重点项目建设。加快区内路网建设。完成续建东麒一级公路工程和道路绿化工程建设，开工建设宁溧路双龙街至天元路快速化改造道路，总投资 4.62 亿元；开工建设宁杭高速上坊互通进出口连接线工程，总投资 2 亿元；进一步实施农村公路“水泥化”改造 600 千米。坚持公交优先发展，新增公交车辆 130 辆投入运营，新增和调整公交线路 11 条，对城区客运站台全部实施亮华工程，对 218 个城区公交站台设置公益宣传广告。二是进一步完善城区基础设施配套的投资。全年投入 1000 多万元，完成城区土山路人行道和大市口路口改造、秋月路和鼓山路人行道更新铺装等 10 多条街巷维修整治，达到路面硬化平整、排水通畅、照明达标、附属设施齐全；全面完成金箔路集道路交通、雨污分流、管线改建、城市防洪、环境治理、城市景观美化亮化为一体的综合性道路改建工程；新建新亭西路、小龙湾路和竹新路道路建设；为增强城区防洪排涝能力，启动对二号、三号泵站改造工程建设；运用世界首创巨型玻璃夹金刻字、太阳能发电和充分利用地下水循环调温等现代科技和节能手段的天印公园建设全面竣工。

四、旅游业

全年共接待国内外游客 205 万人次，实现旅游总收入 9.80 亿元。新创建国家 AA 级旅游景区 2 家，即牛首山唐明文化区、鑫农庄。初步形成以温泉度假、农业观光和运动休闲为主题的一批旅游产品，开通谷里—横溪精品生态旅游线路。至年底，全区共有国家级景区 13 处，占全市的 30%。

五、国内贸易、对外经济

消费品市场。全年实现消费品零售额 132.40 亿元，同比增长 26.40%，创历史新高。在各行业中，全区批发业实现零售额 6.20 亿元，同比增长 6.30%；零售业实现零售额 109.30 亿元，同比增长 26.50%；住宿业实现零售额 0.89 亿元，同比增长 15.20%；餐饮业实现零售额 15.90 亿元，同比增长 37.60%。全区规模企业贡献大，对零售总额增长拉动作用明显。全年限额以上企业消费品零售额 40.50 亿元，增长 30.20%；限额以下企业消费品零售额 18.20 亿元，增长 11%；个体户消费品零售额 73.60 亿元，增长 29%。

外向型经济。受国际金融危机影响，全区外向型经济克难求进，保持稳定发展态势。全年新批“三资”企业 65 家，注册合同外资 11.90 亿美元，同比增长 9.30%；实际使用外资 6.10 亿美元，同比增长 9.90%；地方外贸出口 28 亿美元，同比增长 2.9%。“走出去”步伐不断加快。全区对外承包工程和劳务合作营业额 4.50 亿美元，同比增长 34.30%；完成境外劳务输出 268 人，同比增长 11.70%。全区已有南京寒锐钴业、南京经济技术开发公司、南京鸿业、南瑞继保分别在刚果、尼日利亚设立项目，完成境外投资 3050 万美元。

六、财政、金融

财政。全区全口径财政收入实现130亿元，同比增长17%；完成地方财政总收入95.50亿元，同比增长26.50%；完成地方一般预算收入55亿元，同比增长22.10%。全区财政支出79.30亿元，同比增长3.50%，财政收支保持平衡。

金融。年末，全区金融机构存款余额494.10亿元，比年初增加123.54亿元，比2007年同期净增数增加近40亿元，主要是储蓄存款增加所致。其中居民储蓄余额200.10亿元，比年初增加55.30亿元；企业存款212.90亿元，比年初增加40.60亿元。全区金融机构贷款余额321.80亿元，比年初增加53亿元。其中短期贷款131亿元，比年初增加25.70亿元；中长期贷款188亿元，比年初增加31.70亿元。

七、科学技术和教育

科技事业。全年共组织实施国家级科技计划项目21项，省级6项，市级54项，区级66项。以培育高新企业为重点，发展电子信息、电力设备、新能源、软件研发、汽车制造及零部件、现代物流、航空等优势主导产业。按照新的《高新技术企业认定和管理办法》，全年共组织申报高新技术企业75家，通过重新认定高新技术企业69家，新增高新技术产品35个。全力推动软件产业持续健康快速发展。新增软件企业20家（其中双软企业3家），软件产品57个，涉软企业累计160家（其中双软企业54家），其中超1亿元企业10家，超1000万元企业28家。同时，加快研发机构建设。新增开发区管委会、中圣高科、苏源环保等3家博士后工作站，新增一夫新材料建立的省脱硫石膏资源化、科远自动化建立的热工自动化等省级研发中心3家，新建苏博特实施的稀土发光材料、国电南自实施的电力监控与节能等市级研发中心7家、新增区级研发中心16家。全区经认定的企业研发中心累计59家，其中国家级1家、省级7家、市级17家、区级34家，建有6家博士后工作站，直接从事产品和项目研发的人员1.40万人。知识产权工作以提升专利申请为抓手。全区完成专利申请量1820件，其中发明专利521件；授权量498件，其中发明专利授权量72件。科普工作以示范载体为切入点不断深入。进一步推进全区农业科技示范基地、科技示范村创建工作。禄口街道彭福村被科技部列为首批新农村建设科技示范点，新建市级农民科技创业基地1家，新认定区级农业科技示范基地5家、科技示范村10家。全区建有区级农业科技示范基地13家，科技示范村24家。

教育事业。全区拥有普通中学37所，比2007年减少3所，在校学生4.31万人，比2007年减少1500人；中等职业学校8所，比2007年减少2所，在校学生5900人，比2007年减少3500人。小学30所，比2007年减少3所，小学在校生4.29万人，比2007年增加500人；幼儿园54所，比2007年增加9所，在园儿童2.10万人，比2007年增加2600人。全区教育质量又有新提高。3周岁～5周岁幼儿入园率96.10%，比2007年提高0.30个百分点；全区小学入学率、巩固率均保持100%，初中入学率、巩固率均达99.90%，初中升学率96.20%，比2007年提高0.03个百分点。全区高中毕业参加高考学生5198人，被各类高校录取4449人，录取率85.59%，比2007年提高6.47个百分点。其中，本科录取2059人，其中本二以上录取1283人，较2007年增加62人，再次刷新纪录。江宁区被评为江苏省幼儿教育工作先进区、江苏省社区教育实验区和江苏省规范教育收费示范区。

八、文化、卫生和体育

文化事业。全年“和谐江宁大舞台”群众文化活动举办各类文艺演出152场，受益观众44.60万人次。“和谐江宁大舞台”群众文化活动以专项活动、社区纳凉晚会、广场舞台、送文化下乡四大平台，带动区级文化活动、街道文化活动、社区文化活动的蓬勃开展，形成覆盖全区的文化活动网络。实施“送科普、送电影、送戏”三下乡工程。完成对每个街道文化服务中心图书室赠送1万元科普书籍，共4788册；全年放映电影2424场，达到每村（社区）每月放映1场电影的目标；区锡剧团、区文化馆结合“和谐江宁大舞台”“夏之韵”“冬之歌”章节排演各类文艺节目，送到各街道、村（社区），每个街道放映4场共36场。全年文化系统围绕迎奥运、抗震救灾、文明城区创建等主题，累计创作文艺作品130余件。区锡剧团完成大型锡剧《红屋》剧本创作。小品《年夜饭》、歌曲《阳光下的新村》和美术、书法、摄影作品参加省五星工程奖的评比。全区还深入开展传统文化的传承与弘扬。一方面建立非遗名录。经过近一年的普查，选出43个项目建立江宁区第一批非物质文化遗产名录，成为全市第二个建立区级非遗名录的区县；另一方面积极宣传展示非遗项目，民间鼓乐——马铺锣鼓参加2008年第十一届国际马来欢鼓嘉年华，是江宁民间表演团队首次走出国门。民歌《赛龙舟》被邀请参加中央电视台音乐频道《民歌中国》节目录制。实施“四特”项目工程（特色文化之乡、团队、家庭、标兵），发展街道特色文化，全年完成“四特”项目10个。

广播电视事业。区广播电台进行第三次改版，播出时间由过去的每天16个小时40分增至17小时10分，全天自办节目14个小时。开办《行风热线》专题节目，设立热线电话和短信互动。江宁电视台增设社会民生新闻板块，开设《生活新视野》生活服务专栏和《法治在线》专题栏目，增强电视节目的贴近性。全年新增通达有线电视自然村122个，共有4196个自然村通上有线电视，通达率96%。全年新增有线电视终端用户1.98万户，其总数23.83万户。同时，全区有线电视数字化工程加快推进，新增有线数字电视整体转换用户3.49万户，全区共有有线数字电视用户10.49万户，占有线电视终端用户的44.02%。

卫生事业。全区拥有各类医疗卫生机构353个，卫生机构床位数3491张，分别比2007年增长2.32%、10.54%。其中，医院20个，拥有床位2024张；卫生服务中心23个，拥有床位764张；卫生服务站198个；其他卫生事业机构112个，拥有床位1213张。卫生技术人员3772人，其中执业医师1097人，执业助理医师229人，注册护士1184人。全区每千人拥有卫生技术人员4.10人，比2007年减少0.30人；每千人拥有医疗床位3.80张，比2007年增加0.20张。新型农村合作医疗保障水平再上新台阶。人均筹资标准增至200元。报销范围进一步扩大，报销比例和大病救助标准进一步优化和提高。投入近300万元添置电脑，把网络光纤向村级延伸，所有的社区卫生服务站均实现门诊即看即报，极大地方便群众看病报销，较好地吸引群众在基层就医。在各社区卫生服务站就诊人次较2007年增加30.90万人次。全区新型农村合作医疗村覆盖率100%，实际参加人数52万人，群众参加率100%。全区筹集基金10800万元，共为93.27万人次报销补偿7293.87万元。此外，还开展免费体检活动，为全区35岁以上的参保群众进行免费体检，体检人数近25万人次。公共卫生管理水平得到提升。儿童计划免疫单苗接种率及“五苗”覆盖率巩固在98%以上，各种加强免疫接种率均在95%以上，全区法定甲乙类传染病报告总发病数1567例，报告总发病率132.80/10万，与2007年基本持平，并控制在全市平均发病水平以内。妇幼保健工作水平得到全面提高。对全区30家托幼机构进行卫生保健合格验收，合格率96.70%，全区孕产妇保健和0岁～6岁儿童保健管理率均达99%以上，全年无孕产妇死亡，婴儿和5岁以下儿童死亡率分别比2007年下降2.46‰和3.48‰。全年完成2家社区卫生服务中心、8个社区卫生服务中心站和46个社区卫生服务站新、改、扩建任务。加大农村改水改厕工作力度，完成改厕3万多户，比2007年增长10%。全区成功创建市级以上卫生村24个，其中省级6个。

体育事业。共举办健身长跑运动会、百家湖元宵冬泳节、“9·29”世界步行日和全民健身月启动仪式等各类区级体育赛事20次以上，直接参加活动人数超过3万人次。全区运动员在参加南京市第19届运动会中，共获奖牌316.80枚，其中获得金牌136.80枚。向省市输送运动员20人。建成并开放城中市民体育公园。

九、环境保护和安全生产

环境保护。全区强力推进生态区建设，通过对水环境、选矿化工企业、建筑工地和危险固体废物等方面专项环保整治，使全区水环境和空气环境质量得到较大提高。全区加快污水处理厂建设。全年建设6座城市污水处理厂，其中建成投运的4座；建设15座街道集镇污水处理厂，其中建成投运的13座；建设15个村级污水处理设施，建成污水提升泵站13座，铺设污水收集管网200多千米，全区污水日处理能力由年初的8万吨增至25.50万吨，城镇污水集中处理率80%以上，基本实现区域全覆盖。当年有14个绿色社区、9个生态村、12所绿色学校、3条餐饮污染控制示范街通过省、市验收。东山、汤山、秣陵、谷里、淳化等7个街道通过全国环境优美街道的省级考核验收。积极开展区域集中式饮用水源地的保护与环境整治工作。经监测，全区20个集中式饮用水源地水质达标率为100%。根据市、区政府要求，52家选矿企业、36家化工企业、3家造纸企业、4家电镀企业全部关闭完毕；2个开发园区生态工业园建设规划的编制工作已经结束，并通过省环境保护厅组织的专家评审。全国生态区创建通过国家级技术评估。

安全生产。全年加强对辖区内生产经营单位开展安全生产达标考核行动，使企业安全生产主体责任进一步落实，全年开展各类检查、督查780多次，发现各类隐患430多处，较大隐患78处，重大隐患4处，均全部整改到位。在全区企业单位中落实2800多套“一套九本”安全生产基础规范台账。全年工矿商贸企业共发生事故6起，死亡6人。全年生产安全事故亿元GDP死亡率为0.0146，从业人员万人死亡率为0.176，低于控制指标，全年没有发生一起3人以上死亡事故，也没有发生重特大事故。

十、人民生活

人口。年末，全区户籍总户数30.59万户，总人口90.91万人，比2007年增长3.38%。其中，男性人口45.27万人，增加1.38万人；女性人口45.64万人，增加1.59万人。全年出生人口8300人，出生率9.25‰；全年死亡人口5200人，死亡率5.84‰；人口自然增长率3.41‰。全区计划生育率99.50%。

居民生活水平。据农村住户抽样调查，农民人均纯收入9081元，比2007年增长11.56%；人均生活消费支出7099元，比2007年增长17.60%，其中食品支出占人均生活消费支出的比重为37.20%。据城镇住户抽样调查，城镇居民人均可支配收入首次突破2万元，达22604元，比2007年增长15.44%；人均生活消费支出14209元，比2007年增长20.40%；其中食品支出占人均生活消费支出的比重为36.10%。

家庭耐用消费品拥有量。据抽样调查，至年末，平均每百户城镇居民家庭耐用消费品拥有量：家用轿车18辆，比2007年净增7辆；家用空调164台，组合音响31套，移动电话219部，家用电脑78台，彩电173台。平均每百户农村居民家庭耐用消费品拥有量：彩电146台，摩托车86辆，洗衣机89台，热水淋浴器86台，移动电话213部，家用空调90台，家用电脑49台。

居民住房。农村居民人均住房使用面积为44.20平方米，比2007年增长1.40%。城镇居民人均住房建筑面积为38.50平方米，比2007年增长12.70%。

就业。全区率先创建成为充分就业区，以创业带动就业。全年新增就业岗位18216个，实现再就业2262人，推荐就业9164人，促进新生劳动力就业701人，援助困难人员就业392人，农村劳动力转移24615人，南北劳动力交流1689人，其中宁淮劳务协作816人、新增农村劳动力输出1673人。为4400个灵活就业人员、个体工商户发放社保补贴1360多万元。累计发放“再就业优惠证”9511个，为91人发放小额贷款183万元，城镇登记失业率控制在2.30%以下，为6000多名自由职业者办理社会保险缴费手续。年末，全区城镇单位（包含“三资”企业，下同）从业人员13.88万人，在岗职工13.42万人，在岗职工年平均工资为30054元，比2007年增长16.40%。

社会保障。通过建立覆盖城乡的社会保障体系目标，坚持扩面征缴与制度健全并举，尽可能实现社会保险全覆盖。全区参加城镇企业社会保险的企业4786家、22万人，保险覆盖率均达98%以上。新增参保企业1397家，扩面10.30万人，其中净增参保人数3.40万人。参加机关事业单位保险1.76万人，医疗保险19万人，失业保险14.50万人，工伤、生育保险参保人数均达14.70万人，居民养老保险参保17万人，失地农民基本生活保障7.40万人，享受农村老年居民生活补助10万人。收缴各项社会保险基金12.14亿元，各项基金累计结余23亿元，其中，城镇企业养老保险基金累计结余13.80亿元，备付能力达76个月，完成农保转企保人数1万人。全年养老保险支出2.18亿元，医疗保险支出2.16亿元，为2.40万名征地“农转非”和被征地农民发放生活补助费和保障金8212万元，累计发放1.23亿元。企业离退休人员月平均养老金分别为2450元和1280元，社会保障水平进一步提高。

2009年江宁区国民经济和社会发展概况

初步核算并经上级评估，全区实现地区生产总值首次突破500亿元大关，达到503.40亿元，按可比价格计算，同比增长18.20%，比全市平均增速高6.50个百分点。其中，第一产业30.20亿元，增长4.10%，第二产业312.80亿元，增长17.80%，第三产业160.40亿元，增长20.70%。人均地区生产总值（按公安户籍人口计算）突破5万元，达到54828元，折合美元8030美元，按常住人口计算也突破5万元，达到50954元，折合美元7463美元，标志着江宁经济迈入一个新的发展阶段。三次产业结构进一步优化，地区生产总值中三次产业结构由2008年的4.90∶63.90∶31.20调整到6∶62.10∶31.90。

区域经济发展。一是开发园区经济占全区经济比重继续上升。开发园区的地区生产总值、财政收入、工业投入分别占全区总量的46.40%、53.90%、64.20%，分别比2008年增加0.50个、5.80个和1.10个百分点。其辐射和支撑作用进一步增强。二是街道经济实力不断提升。全区9

个街道地方一般预算收入平均为42189万元，比2008年增加6314万元。全区有7个街道地方一般预算收入过亿元。江宁经济技术开发区地方一般预算收入32.20亿元，东山街道8.80亿元，分别居开发园区和街道之首。

一、农林牧渔业

农业。全年实现农林牧渔业总产值44.43亿元，同比增长2.40%，其中农业产值25.80亿元，同比增长11.10%。农业综合生产能力稳定在较高生产水平。水稻亩产量569公斤，油菜籽亩产量146公斤，都与2008年水平相当。全区粮食总产量23000万公斤，油料总产量2870万公斤，蔬菜总产量49800万公斤，瓜果产量13950万公斤。

林业、畜牧和水产。全年林业产值3486万元，同比增长5.80%，全区完成成片造林面积1310公顷。牧业产值实现7.10亿元，同比下降11.20%；渔业产值实现10亿元，同比增长3.50%。全区多数畜产品比2008年略有下降，但仍维持较高的生产水平。生猪饲养量25万头，比2008年减少1.10万头；家禽饲养量461万只，比2008年减少50万只；猪牛羊肉总产量3700万公斤，比2008年增长2.70%；禽蛋产量、牛奶产量分别为2600万公斤和4700万公斤，都与2008年基本持平。积极加快畜禽规模养殖工程进程。全区畜禽规模养殖比重为63.50%，比2008年提高9.50个百分点。其中生猪60%，提高5个百分点；肉禽75%，提高4.20个百分点；蛋禽81.10%，提高20.10个百分点；奶牛95.10%，提高2.60个百分点。全区渔业生产以高效渔业为主。全年水产养殖面积8500公顷，其中特种养殖6800公顷，基本维持2008年的水平。全年水产品总产量5100万公斤，比2008年减少100万公斤。其中特种水产品产量1130万公斤，比2008年增加100万公斤。

高效设施农业。全年新增高效农业面积1666.67公顷，累计1.17万公顷；新增设施栽培1333.33公顷，累计6080公顷。已形成环汤铜路的设施农业发展带，新增规模列全省之首。全区新认证无公害农产品10个、绿色食品25个、有机食品3个。

农业生产条件。加快农业机械化发展，全区新增农机专业合作社3家，发放跨区作业证60个，完成跨区作业收入2500多万元。全区完成机播面积22230公顷，同比增长38.41%；完成机收面积34390公顷，同比增长2.60%；机电灌溉和机械植保分别为3.89万公顷和5.06万公顷。年末农业机械总动力46.20万千瓦，比2008年增长3.73%；拥有大型拖拉机525台，净增171台；拥有联合收割机251台，比2008年增加11台；农用排灌动力机械21.07万千瓦，比2008年增长1.79%。全区大力推进水利建设，超额完成河道、塘坝清淤工作。全区以清淤为主的冬春水利工程共清淤77条河道，84个村的1187面河塘，完成市下达的全年土方任务1200万立方米。在此基础上，3月、4月突击对主干道及集镇周边河塘进行集中疏浚整治，完成22条河道、250面河塘的清淤。全年共完成禄口街道溧塘、横溪街道鸡笼、江宁街道南山湖、汤山街道汤水河和驻驾山5个小流域治理项目，治理面积51平方千米。全年共完成水利土石方1211万立方米，比2008年增长19%。

二、工业和建筑业

工业。全区规模以上工业（全部国有及年销售收入500万元以上非国有工业，市考核评价口径，下同）完成总产值935.80亿元，比2008年同期增长23.30%；实现增加值232亿元，现价同比增长19.40%。其中，国有企业完成增加值7.90亿元，同比下降3.20%；集体企业完成增加值4.50亿元，同比增长28.80%；股份合作企业完成增加值0.40亿元，同比增长57.60%；有限责任公司完成增加值40.20亿元，同比增长12.50%；股份制企业完成增加值3.60亿元，同比增长4%；港澳台商投资企业完成增加值20.40亿元，同比下降11.80%；外商投资企业完成增加值95.10亿元，同比增长36%；私营企业完成增加值58.30亿元，同比增长16.80%；其他企业完成增加值1.70亿元，同比增加3.40倍。工业经济效益增速有所放缓。全区规模以上工业企业完成产品销售收入887.70亿元，同比增长18.60%；实现工业利税总额83.90亿元，增长12.20%；实现工业利润52.80亿元，增长2.80%。企业亏损面为20%，亏损企业亏损额13.30亿元。

制造业。全区汽车产业产值140亿元，比2008年增加2.60倍，占规模以上工业产值的比重为15%；电子信息产业产值127.80亿元，下降19.30%，占规模以上工业产值的比重为13.70%；电力设备制造业产值29.60亿元，下降5.80%；新能源制造业产值55.40亿元，增长34.70%；新材料制造业产值7.30亿元，增长29.60%。

建筑业。全年完成建筑业施工产值153亿元、施工面积1100万平方米、竣工面积590万平方米，同比分别增长20.40%、20.50%和16%。全区建筑企业资质等级进一步提高。新发展一级资质企业4家，二级资质企业11家，全区共拥有资质等级建筑业企业272家（含市政企业），其中一级资质企业17家，二级资质企业61家。

三、固定资产投资

全年全社会固定资产投资总量突破500亿元，达到520亿元，比2008年净增近100亿元，同比增长23.70%，增幅提高10.20个百分点。其中，全区城镇固定资产投资321亿元，同比增长26.60%，提高9个百分点；房地产投资76.40亿元，同比增长24.80%，提高14.30个百分点；农村非农户投资122.60亿元，同比增长16%，提高9.80个百分点。

投资结构。在全社会固定资产投资中，第一产业投资3亿元，比2008年下降21.10%；第二产业投资319.70亿元，比2008年增长13%，其中工业投入315.30亿元，比2008年增长12.60%；第三产业投资197.30亿元，比2008年增长47.50%。三次产业投资比例由2008年的0.90 ∶ 67.30 ∶ 31.80调整为0.60 ∶ 61.50 ∶ 37.90。

城市化功能。一是全区公路交通建设快速推进。国道104双龙街至土桥段拓宽改造工程启动，全长33.70千米，总投资12.44亿元。双龙街至天元路高架桥改造段除局部地铁影响外，均已进入桥面铺设，高庙至土桥段拓宽改造段正在进行路基施工。宁杭高速公路二坊互通进出口连接线工程，全长4.50千米，采用一级城市次干路标准建设，总投资约2亿元，已建成通车。宁铜公路拓宽改造工程全长8.57千米，一级公路标准，总投资约1.70亿元，正在进行路基施工。积极协调服务省、市在江宁区建设的重点交通项目地铁一号线南延、京沪高铁、宁杭城际铁路、宁芜铁路、绕越高速公路、243省道等工程项目。二是进一步提升城区基础设施配套功能。积极实施河定桥、外港河、杨家圩、凤凰港、府前路等连片开发，加快“城中村”改造，累计完成旧城改造拆迁41万平方米，文靖路、同厦路城市道路改造全线通车。三是新城建设步伐加快。汤山新城围绕建设世界一流温泉城目标，建成三横三纵道路网络，拉开18.14平方千米启动区框架建设；滨江新城“一园三区”格局基本形成，中心产业区、港口物流区、滨江新城区联动发展；禄口新城以机场二期建设为机遇，高起点实施禄口地区规划编制。

四、交通运输和旅游业

交通运输业。进一步优化调整公交线网，新辟和调整公交线路 14 条，新增公交车辆 158 辆，分别比 2008 年增长 16.70% 和 58%。全区全社会各种运输方式共完成货运量 1785 万吨，货运周转量 106364 万吨公里，分别比 2008 年下降 1.90% 和 38%；全年完成客运量 2907 万人次，客运周转量 264113 万人公里，分别比 2008 年增长 8.40% 和下降 2.20%。

旅游业。举办 2009 首届江宁春牛首文化旅游节、第二届田园文化节暨第八届横溪西瓜节活动和首届南京汤山国际温泉文化旅游节暨世界温泉城市论坛三大旅游节庆活动，极大提升了江宁旅游经济发展。全年共接待国内外游客 401 万人次，比 2008 年增长 95.60%；实现旅游总收入 20.20 亿元，比 2008 年增加 1.06 倍。新创建国家 AA 级旅游景区 3 家。

五、国内贸易、对外经济

消费品市场。全年实现消费品零售额 167.10 亿元，同比增长 22.20%。在各行业中，批发业实现零售额 8.90 亿元，同比增长 43.50%；零售业实现零售额 135.40 亿元，同比增长 19.20%；住宿业实现零售额 0.88 亿元，同比增长 14.50%；餐饮业实现零售额 21.80 亿元，同比增长 35.80%。全年限额以上企业消费品零售额 64.40 亿元，增长 21.50%；限额以下企业消费品零售额 102.70 亿元，增长 22.70%。

外向型经济。全年新批注册外商投资企业 79 家，其中千万美元以上项目 65 个，注册协议外资 13.60 亿美元，同比增长 14.60%；实际到账注册外资 6.10 亿美元，同比增长 0.80%；出口创汇 24.10 亿美元，同比下降 19.60%。“走出去”步伐不断加快。全区对外承包工程和劳务合同额 7.46 亿美元，同比增长 12.40%；完成对外承包工程和劳务营业额 7.50 亿美元，同比增长 16.60%。

六、财政、金融

财政。全区全口径财政收入实现 163.70 亿元，同比增长 25.10%；完成地方财政总收入 120.90 亿元，完成年度预算目标 105.60%，同比增长 25.50%；完成地方一般预算收入 71.60 亿元，完成年度预算目标 111.90%，同比增长 30.10%。全区地方一般预算财政支出 65.80 亿元，同比增长 28.50%，政府性基金支出 29.37 亿元，同比增长 22%；社会保险基金支出 4.60 亿元，同比增长 15%。财政收支保持平衡。

金融。年末，全区金融机构存款余额 714 亿元，比年初增加 219.90 亿元。其中企业存款 306.30 亿元，比年初增加 93.40 亿元；居民储蓄余额 261.50 亿元，比年初增加 61.40 亿元。全区金融机构贷款余额 471 亿元，比年初增加 149.20 亿元。其中短期贷款 179.62 亿元，比年初增加 48.60 亿元；中长期贷款 287.30 亿元，比年初增加 99.30 亿元。

七、科学技术和教育

科技事业。按照“调高、调轻、调优”的原则，重点围绕电子信息、电力设备、新能源、软件研发、汽车制造及零部件等主导产业，深入开展高新技术企业的培育，至 10 月新认定 20 家，累计 87 家，名列全市各区、县第一，全省前列。新增软件企业 20 家，累计 182 家（其中双软企业58家)。企业自主创新能力进一步提升。全年共组织实施国家级科技计划项目10项，省级13项，市级34项，区级84项。知识产权工作以提升专利申请为抓手，又上新台阶。全年完成专利申请量2736件，其中发明专利701件，分别比2008年增长50%、34%。授权量1444件，其中发明专利授权量150件，分别比2008年增加1.30倍、1.08倍。全区研发机构建设成果斐然。全年新增省级研发中心14家、市级研发中心18家、区级研发中心11家。全区科技型企业自建和共建经认定的企业研发中心、技术中心累计109家，建设博士后工作站及分站13家，院士工作站8家，直接从事研发人员1.60万人，比2008年增加2000人。加快创新服务平台建设，农业科技成果示范成效显著。区创业服务中心以国家级创业服务中心为依托，以科学园、开发区孵化基地为支撑，围绕电力自动化、软件研发、生物医药等领域，积极开展招商引资，服务和促进高新技术创新和成果转化。该中心累计引进入驻企业218家，其中在孵企业123家，孵化毕业企业93家。该中心被认定为江苏省大学生科技创业见习基地、南京市首批大学生创业基地，并向科技部申报国家级基地。全区新认定区级农业科技示范基地5家、科技示范村9家，建成"十村千盏"节能工程示范社区2家、农村科技超市3家。依托各示范载体，引进推广农业新品种50个、实用新技术12项、农业科技成果22项，农业科技示范辐射范围不断扩大。

教育事业。全区拥有普通中学36所，比2008年减少1所，在校学生4.18万人，比2008年减少1300人；中等职业学校6所，比2008年减少2所，在校学生5600人，比2008年减少300人；小学30所，与2008年持平，小学在校生4.36万人，比2008年增加700人；幼儿园57所，比2008年增加3所，在园儿童2.35万人，比2008年增加2500人。全区教育质量又有新提高。3周岁～5周岁幼儿入园率96.10%，小学入学率、巩固率均保持100%；初中入学率、巩固率均达100%；初中升学率96.70%，比2008年提高0.02个百分点。全区高中毕业参加高考学生5353人，被各类高校录取4614人，录取率86.19%，比2008年提高0.60个百分点。其中，本科录取2313人，比2008年增加154人。

八、文化、卫生和体育

文化事业。全年文化系统举办和承办文化活动151场次，创作舞台文艺作品120个，演出节目1380个，诗歌朗诵作品45个，书法美术展览600多幅，受惠群众近60万人次。全区扎实开展第三次全国文物实地普查复查工作，完成9个街道、202个社区(村)、3个园区，以及驻区部队内的文物普查工作，复查72处文物保护点，登录上报139处文物遗产和众多零散的石刻、名木、名树，并编印《江宁区第三次全国文物普查新发现不可移动文物》简本。积极开展江苏省第二批非遗名录申报工作。民间舞蹈《铜山高台狮子舞》、传统竞技《殷巷石锁赛力》、传统手工技艺《南京雨花茶制作工艺》被列入江苏省第二批非遗名录。

广播电视事业。新增江宁生活资讯频道，频道设有《家住江宁》《生活新视界》《今天我帮忙》《岁月如歌》《欢乐大赢家》《城市影院》等10多个品牌栏目，融服务、资讯、娱乐、影视于一体，全天17个小时大板块、大容量滚动播出。全区新增通达有线电视自然村40个；新增有线电视终端用户2.20万户(其中农网用户1万户)，全区有线电视用户总数26.03万户，其中有线数字电视新增整转用户1.20万户，全区已整转有线数字电视用户12万户，占有线电视终端用户的46.10%，比2008年提高2.10个百分点。

卫生事业。全区拥有各类医疗卫生机构358个，卫生机构床位数3815张，分别比2008年增长2.30%、9.30%。其中，医院21个，拥有床位1838张；卫生服务中心23个，拥有床位764

张；其他卫生事业机构314个，拥有床位1213张。卫生技术人员4192人，其中执业医师1275人，执业助理医师125人，注册护士1406人。全区每千人拥有卫生技术人员4.24人，比2008年增加0.14人；每千人拥有医疗床位3.86张，比2008年增加0.06张。新型农村合作医疗保障水平又上新水平。人均筹资标准提高到300元，报销范围进一步扩大，报销比例和大病救助标准进一步优化和提高，个人大病救助最高限额提高到16万元，南京市最高。全区所有的社区卫生服务站均实现门诊即看即报，大大方便群众看病报销，较好地吸引群众在基层就医。全区新型农村合作医疗村覆盖率100%，群众参加率100%。疾病预防控制全面展开。儿童单苗接种率及“五苗”覆盖率巩固在98%以上，各种加强免疫接种率均在95%以上。全区甲乙类传染病发病率为205.41/10万，比2008年净增72.60/10万，控制在全市平均发病水平以内。妇幼保健工作水平得到全面提高。全区全年无孕产妇死亡，婴儿死亡率3.66‰、5岁以下儿童死亡率4.75‰，分别比2008年下降0.52个千分点和0.45个千分点。爱国卫生运动全面推进，加大农村改水改厕工作力度，完成农村改厕3万多户。

体育事业。全区共举办第九届国际冬泳节、第27届健身长跑活动、江宁区首届台球锦标赛、江宁区长三角都市圈民间石锁邀请赛、江宁区首个“全民健身日”健身项目展演活动暨“夏之夜”泉水社区纳凉文艺专场演出和2009年“韵动汇杯”江苏省健美比赛暨健身小姐大赛等各类体育赛事20次以上。参加各类省、市比赛20项，获奖牌210枚，其中金牌95枚。全区体育彩票销售再创新高，累计销售6000万元，比2008年增长9%，在全市领先。

九、环境保护和安全生产

环境保护。全区顺利通过国家生态区建设考核验收。进一步完善环保基础设施。全区共建成城市污水处理厂6座，街道集镇污水处理厂15座，村级污水处理设施40个，污水提升泵站13座，铺设污水收集管网350多千米，全区污水日处理能力25.50万吨，城镇污水集中处理率82.70%，城镇生活垃圾无害化处理率98%。总投资21亿元，日供水90万吨的长江引水工程基本建成。全区9个街道全部通过全国环境优美街道考核。全区共有56个绿色社区、25个省级生态村、45所绿色学校、7家绿色宾馆。全面推进9家企业循环经济试点、15家企业清洁生产审核、2个省级以上开发区生态工业园区建设。关闭35立方米小高炉4台，关闭年产40万吨的落后水泥生产线1条，关停小锅炉5台，推进2台35吨的锅炉脱硫改造工程。全区削减化学需氧量2370吨，占年度计划的189.60%；二氧化硫削减881吨，占年度计划的300%，提前3个月超额完成市政府下达的污染减排任务。

安全生产。通过实施“联片挂企”安全服务专项活动，真正服务于基层和企业，全年为基层、企业排忧解难办实事12件，为企业排查治理隐患58处。全年通过举办24期培训班，使2400多名企业负责人、安管人员接受安全培训。全年工矿商贸企业共发生事故5起，死亡5人。全年生产安全事故亿元GDP死亡率为0.0099人，比2008年下降32.20%，低于控制指标，全年没有发生一起3人以上死亡事故，也没有发生重特大事故。

十、人民生活

人口。年末，全区户籍总户数31.23万户，总人口92.73万人，比2008年增长2%。其中，男性人口46.15万人，增加8800人；女性人口46.58万人，增加9400人。全年出生人口8000人，出生率 8.72‰；全年死亡人口 5100 人，死亡率 5.54‰；人口自然增长率 3.18‰。全区计划生育率 98% 以上。

居民生活水平。据农村抽样调查，农民人均纯收入首次突破 1 万元，达到 10008 元，比 2008 年增长 10.20%；人均生活消费支出 7711 元，比 2008 年增长 8.60%，其中食品支出占人均生活消费支出的比重为 35.90%。据城镇住户调查，城镇居民人均可支配收入 24750 元，比 2008 年增长 11%；人均生活消费支出 16828 元，比 2008 年增长 18.40%，其中食品支出占人均生活消费支出的比重为 33%。

家庭耐用消费品拥有量。据抽样调查，至年末，平均每百户城镇居民家庭耐用消费品拥有量：家用轿车 22 辆，比 2008 年净增 4 辆；家用空调 172 台，组合音响 28 套，移动电话 228 部，家用电脑 87 台，彩电 177 台。平均每百户农村居民家庭耐用消费品拥有量：彩电 153 台，摩托车 72 辆，洗衣机 94 台，热水淋浴器 93 台，移动电话 215 部，家用空调 101 台，家用电脑 55 台。

居民住房。农村居民人均住房使用面积为 49.50 平方米，比 2008 年增长 11.90%。城镇居民人均住房建筑面积为 40.30 平方米，比 2008 年减少 2.40%。

就业。全区新增就业岗位 25706 个，推荐城镇人员就业 13820 人，实现再就业人数 2408 人，援助困难人员就业 496 人，转移农村劳动力就业 13299 人，吸纳苏北农村劳动力 1744 人，培育自主创业 348 人，带动就业 2859 人。为 4400 名困难人员发放社会保险补贴 1341 万元，城镇登记失业率控制在 2.60% 以下。

社会保障。根据区经济发展水平，在全市率先制定实施城乡一体的《江宁区居民社会养老保险办法》，将全区无养老保险的城乡居民全部纳入保险范围，在全省乃至在全国率先实现全民养老，保障水平不断提升，切实将经济社会发展成果惠及于民。至年底，全区企业职工参加养老保险 24 万人，参加失业保险 15.50 万人，参加工伤、生育保险 15.40 万人，医疗保险参保 20.79 万人，居民养老保险参保 19 万人，被征地农民保障人数 7.96 万人。全年共征收各项保险基金 25.84 亿元，其中企业职工养老保险 8.30 亿元；各项保险基金累计结余 36.37 亿元，其中企业职工养老保险结余 20 亿元，备付能力超过 80 个月，比 2008 年年底增加 4 个月。全年共为 14068 名企业离退休职工发放养老金 2.60 亿元；为 2.50 万名被征地农民发放保障金 2.70 亿元；为 11 万名城乡老年居民发放养老生活补助 1.23 亿元。自 2009 年 1 月起，企业退休人员每月养老金增加 10%，调整后平均每人每月 1418 元。全区被征地农民和城乡老年居民在 2008 年的基数上每月分别增加养老生活补助费 40 元和 20 元。医疗保险全面提高报销比例，个人支付比例降至 21% 以下，在全市最低。

2010 年江宁区国民经济和社会发展概况

初步核算并经上级评估，全年实现地区生产总值首次突破 600 亿元大关，达到 620.20 亿元，比 2009 年净增 116.80 亿元，按可比价格计算，同比增长 15.10%，比全市平均增速高 2 个百分点。其中，第一产业 32.10 亿元，增长 4.10%，第二产业 389.50 亿元，增长 16.80%，第三产业 198.60 亿元，增长 13.80%。人均地区生产总值（按公安户籍人口计算）突破 6 万元，达到 64640 元，折合美元 9760 美元，按常住人口计算为 57900 元，折合美元 8740 美元，标志着江宁经济又迈上一个新的发展台阶。三次产业结构进一步优化，全区第一产业比重继续下降，二、三产业比重上升。地区生产总值中三次产业结构由 2009 年的 6 ： 62.10 ： 31.90 调整到 5.20 ： 62.80 ： 32。

区域经济发展。一是开发园区经济占全区经济比重继续上升。开发园区的地区生产总值、地方财政总收入、工业投入分别占全区总量的 47%、54.50%、65.40%，分别比 2009 年增加 0.60 个、0.60 个和 1.20 个百分点，规模以上工业总产值占全区总量的 71.90%。其辐射和支撑作用继续增强。二是街道经济实力不断提升。全区 10 个街道全年地方财政总收入均超过亿元，平均为 47260 万元，比 2009 年增加 5071 万元。江宁经济开发区（含科学园）地方财政总收入 82.30 亿元，东山街道 17.20 亿元，分别居开发园区和街道之首。

一、农林牧渔业

农业。全年实现农林牧渔业总产值 55.20 亿元，比 2009 年增长 10.10%，其中农业产值 31.90 亿元，增长 13.20%。农业综合生产能力稳定在较高生产水平。水稻亩产量 576 公斤，比 2009 年提高 7 公斤，油菜籽亩产量 146 公斤，与 2009 年水平相当。主要农产品产量稳定在较好的生产水平。全区粮食总产量 22900 万公斤，油料总产量 2700 万公斤，蔬菜总产量 49200 万公斤，瓜果产量 15300 万公斤。

林业、畜牧和水产。全年林业产值 4955 万元，比 2009 年增长 2.50%，全区完成成片造林面积 873.33 公顷，超额完成市级 666.67 公顷的成片造林任务。其中高等级公路绿色通道 141.07 公顷、河道绿化 6.67 公顷、江河生态防护林 141.60 公顷、生态景观林 145 公顷、绿色产业工程 441.53 公顷，建设绿化新村 200 个。牧业产值实现 7.80 亿元，比 2009 年增长 8.30%；渔业产值实现 12.70 亿元，增长 5.10%。全区多数畜产品比 2009 年略有增加并维持较高的生产水平。生猪饲养量 25.40 万头，比 2009 年增加 4000 头；家禽饲养量 468 万只，比 2009 年增加 7 万只；猪牛羊肉总产量 3500 万公斤，禽蛋产量 2200 万公斤、牛奶产量 4750 万公斤，都与 2009 年基本持平。全区加快畜禽规模养殖工程进程。规模养殖比重稳步递增。至年底，畜禽规模养殖比重分别为：生猪 68.20%，奶牛 98.20%，家禽 90.30%。全区百头以上奶牛养殖小区 18 个，3000 头以上生猪养殖场 12 个，5 万羽以上蛋鸡养殖场 6 个，江苏省生态健康养殖示范基地 11 个。全区渔业生产则以高效渔业为主并提档升级。以秦淮河圩区 3333.33 公顷青虾和无公害水产养殖带、江宁长江洲地水域滩涂万亩江鱼养殖带、汤铜路休闲渔业产业带等高效渔业规模化养殖带，正成为全区水产业发展的新亮点；湖熟"奇水"园和杨柳湖、淳化五城圩、禄口黄桥滩等特种水产品规模养殖基地已成为南京市高效渔业的重点基地。全区 1.24 万公顷水产养殖面积中，特种水产养殖面积 6666.67 公顷，高效养殖面积 4666.67 公顷，无公害养殖面积 5666.67 公顷。全年实现水产品总产量 5200 万公斤，比 2009 年增长 1.60%。其中特种水产品产量 1100 万公斤，与 2009 年基本持平。

高效设施农业。全年新增高效农业种植面积 2133.33 公顷，累计 1.39 万公顷；新增设施农业 1466.67 公顷，累计 5666.67 公顷。设施农业在江宁、谷里、汤山、横溪、湖熟等街道广泛开展，部分社区还采用高标准的钢架大棚基地，扩大设施农业规模。同时积极加快技术更新，采用水果黄瓜、小番茄、小西瓜、红颊草莓等新品种，采用防虫网、遮阳网、彩色膜等新材料，采用菜套瓜、菜套菌、菜套菜等新模式以提高种植效益。全年新认证无公害农产品 11 个、绿色食品 26 个、有机食品 3 个。

农业生产条件。不断提高农业机械化水平，全年完成机播面积 2.87 万公顷，比 2009 年增长 28.90%；完成机收面积 3.59 万公顷，增长 4.50%；机电灌溉和机械植保分别为 5.05 万公顷和 3.90 万公顷。年末农业机械总动力 46.50 万千瓦，比 2009 年增长 0.60%；拥有大型拖拉机 566 台，净增 41 台；拥有联合收割机 253 台，比 2009 年增加 2 台。全区还围绕堤防库坝加固、河塘清淤等大做水利土方，积极推进水利建设，先后开展全区中小河流整治、二干河一期河道整治等多项省、市工程，开工建设二干河三期、云台河、汤水河整治工程。“十一五”期间，全区共疏浚县乡河道 210 条，整治塘坝 4220 多面，完成清淤土方 3070.80 万立方米。全年完成土方整治任务 500 万立方米。全年共完成水利土石方 626 万立方米，比 2009 年减少 585 万立方米。

二、工业和建筑业

工业。全区通过创建特色产业来优化工业结构，推进产业升级使全区工业生产提速增效。全年规模以上工业（全部国有及年销售收入 500 万元以上非国有工业，市考核评价口径，下同）完成总产值 1276.20 亿元，比 2009 年增长 36.10%，增幅提高 12.80 个百分点；实现增加值 302.80 亿元，现价同比增长 30.40%，增幅比 2009 年提高 11 个百分点。其中，国有企业完成增加值 10 亿元，增长 20.30%；集体企业完成增加值 3.80 亿元，下降 10.70%；股份合作企业完成增加值 0.50 亿元，增长 10.60%；有限责任公司完成增加值 53.30 亿元，增长 45.50%；股份制企业完成增加值 5.50 亿元，增长 5.10%；港澳台商投资企业完成增加值 21.20 亿元，下降 1.40%；外商投资企业完成增加值 137.60 亿元，增长 44.80%；私营企业完成增加值 65.20 亿元，增长 10.50%；其他企业完成增加值 5.80 亿元，增加 2 倍。工业经济效益增速大幅度上升。全区规模以上工业企业完成产品销售收入 1217 亿元，增长 36.30%，增幅比 2009 年提高 17.70 个百分点；实现工业利税总额 136.30 亿元，增长 55.70%；实现工业利润 90.70 亿元，增长 61.50%。呈现利润增幅高于利税增幅、利税增幅高于销售增幅、销售增幅高于产值增幅的良好态势。企业亏损面 14.90%，比 2009 年年底下降 5.10 个百分点；亏损企业亏损额 8 亿元，比 2009 年下降 40.30%。

制造业。全区交通运输设备制造业产值 302.50 亿元，增长 82.70%，占规模以上工业产值的比重为 23.70%；电气机械及器材制造业产值 197.90 亿元，增长 49.60%，占规模以上工业产值的比重为 15.50%；通用设备制造业产值 147.20 亿元，增长 33.40%，占规模以上工业产值的比重为 11.50%；通信设备、计算机及其他电子设备制造业产值 135 亿元，比 2009 年增长 15%，占规模以上工业产值的比重为 10.60%。

建筑业。全年完成建筑业施工产值 220 亿元、施工面积 1240 万平方米、竣工面积 720 万平方米，分别比 2009 年增长 43.80%、12.70% 和 50%。完成建筑业入库税收 9.80 亿元，增长 6.50%。全区建筑企业资质等级进一步提升。全年新发展一级资质企业 15 家，二级资质企业 17 家，全区共拥有资质等级建筑业企业 316 家（含市政企业），其中一级资质建筑业企业 32 家，二级资质企业 78 家。全年共创国优工程 1 项；申报省优质工程 8 项；创市优质工程（“金陵杯”）61 项。

三、固定资产投资

全年全社会固定资产投资总量突破600亿元，达到630亿元，比2009年净增近110亿元，增长21.10%。其中，全区城镇项目固定资产投资390.80亿元，增长21.80%；房地产投资99.10亿元，增长29.60%；农村非农户投资140.10亿元，增长14.30%。全年商品房销售面积和销售额分别为84.50万平方米和76亿元，比2009年分别下降47.70%和22.40%。

投资结构。在全社会固定资产投资中，第一产业投资6.70亿元，比2009年增加1.20倍；第二产业投资372.50亿元，增长16.50%，其中工业投入365.10亿元，增长15.80%；第三产业投资250.80亿元，增长27.10%。三次产业投资比例为1.10 ∶ 59.10 ∶ 39.80。

城市化功能。一是交通枢纽地位更加突出。境内绕越高速、宁杭高速、双龙大道高架等建成通车，年末全区高速公路、一级公路总里程361千米，密度居全省前列；火车南站、京沪高铁、宁杭城际、宁安城际等工程加快推进；地铁一号线南延线建成通车，地铁三号线、地铁六号线启动建设，实现与主城快速融入、无缝对接；机场二期、滨江码头加快建设，进一步凸显江宁大交通枢纽地位。二是区内交通路网形成体系。东麒路、江宁经济技术开发区至滨江连接线、将军大道等主干道全线通车，新改、扩建道路100千米，构筑了便捷的区内交通路网体系。三是市政配套设施日益完善。建成长江引水二期工程，日供水能力95万吨；实施“川气”引入工程，全区燃气管网总长800多千米，燃气用户14万户。四是城市综合功能不断提升，建成天印公园、竹山文化休闲公园、城中市民体育公园，牛首山、方山环境全面改造升级，成为居民休闲旅游首选。河定桥商贸区、胜太路商业街形成特色，城市商业业态加快调整，大学城商贸配套日趋完善。五是镇村建设步伐加快，全年投入13亿元，全面实施20个集镇出新改造，汤山、谷里、铜井、丹阳等集镇改造任务基本完成。大力推进新农村建设，“十一五”期间建成省市区级新农村示范村115个，建成农村水泥路1980千米，实现农村公交和区域供水“村村通”，达到全省一流水平。

四、交通运输和旅游业

交通运输业。全区进一步优化调整公交线网，新开辟调整公交线路23条，新增公交车辆136辆，最大程度将公共交通与轨道交通实现“零距离”换乘。同时，为解决“地铁、公交最后一公里和市民短距离出行”问题，新建公共自行车服务点39个。全区全社会各种运输方式共完成货运量2370万吨，货运周转量264935万吨公里；全年完成客运量13290万人次，客运周转量208302万人公里。

旅游业。通过成功举办第二届江宁春牛首文化旅游节、南京汽车4S园杯（江宁）中国汽车拉力锦标赛和第二届南京汤山国际温泉文化旅游节三大旅游节庆活动，促进了江宁旅游事业健康发展。全年共接待国内外游客605.70万人次，比2009年增长51.40%；实现旅游总收入32.60亿元，比2009年增长62.80%。全年新创建南京市旅游重点街镇3个，南京市自驾游基地1个，南京市乡村旅游度假酒店1个。

五、国内贸易、对外经济

消费品市场。全年实现消费品零售额197.70亿元，比2009年增长21.10%。在各行业中，批发业实现零售额10.90亿元，增长7%；零售业实现零售额171.90亿元，增长22.70%；住宿业实现零售额1亿元，增长27.60%；餐饮业实现零售额13.90亿元，增长14.60%。全年限额以上企业消费品零售额93.90亿元，增长40.60%；限额以下企业和个体户消费品零售额103.80亿元，增长7.60%。

外向型经济。全年新批注册外商投资企业97家，其中千万美元以上项目53个，注册协议外资17.20亿美元，比2009年增长25.80%；实际到账注册外资7.20亿美元，增长20.20%；出口创汇35.50亿美元，增长18.30%。“走出去”多元开拓市场和合作领域更加广泛，服务外包异军突起，发展良好。全年对外承包工程营业额8.50亿美元，增长13.30%；完成服务外包离岸执行额2.95亿美元，增长46.10%。

六、财政、金融

财政。全区全口径财政收入突破200亿元大关，实现238.70亿元，比2009年增长45.80%；完成地方财政总收入157.20亿元，完成年度预算目标105.80%，增长30%；完成地方一般预算收入90.30亿元，完成年度预算目标106.90%，增长26.10%；上划中央收入66.90亿元，增长35.70%。全区地方一般预算财政支出83.80亿元，增长27.40%，政府性基金支出78.10亿元，增加1.70倍；社会保险基金支出5.50亿元，增长19.60%。财政收支保持平衡。

金融。年末，全区金融机构存款余额888.20亿元，比年初增加174.20亿元，同比增长24.40%。其中，企业存款317.90亿元，比年初增加11.60亿元，同比增长3.79%；居民储蓄存款余额316.70亿元，比年初增加55.20亿元，同比增长21.11%。全区金融机构贷款余额534.10亿元，比年初增加63.10亿元，同比增长13.40%。其中，短期贷款172.60亿元，比年初减少7亿元，同比下降3.90%；中长期贷款353.70亿元，比年初增加66.40亿元，同比增长23.11%。

七、科学技术和教育

科技事业。全区围绕优势主导产业，全年组织申报高新技术企业35家，获认定23家，全区高新技术企业累计133家，名列全市各区县第一，成为全省高新技术产业高度集聚区之一。国家电力自动化和可再生能源两大特色产业实现产值172亿元，比2009年增长27%，占高新技术产业产值的21%。当年认定高新技术产品73项，累计194项。企业创新能力进一步增强。全区共组织实施国家级科技计划项目15项，省级10项，市级63项，区级91项。知识产权工作以提升专利申请为抓手，又上新台阶。全区专利申请总量、授权总量跃居全市第一，为“江宁制造”向“江宁创造”转变提供强大动力。全年完成专利申请量3601件，其中发明专利1056件，分别比2009年增长32%、51%。授权量1894件，其中发明专利授权量293件，分别比2009年增长66%、95%。全区研发机构建设成果斐然。全年新增企业院士工作站2家，累计10家；新增认定的研发中心43家，其中省级和市级各15家、区级13家，累计147家，其中市级以上90家。科技兴农步伐不断加快。新建农业科技示范基地5家、科技示范村10家、农村科技超市5家、“十村千盏”节能路灯示范社区15家；新建农村综合信息服务示范社区20家、社区科普电子阅览室13家、信息化示范社区6家；引进农业新品种45个、新技术15项，获批市农村星火科技带头人134人。

教育事业。完成一镇一校和高中布局调整，推进教育资源均衡化。新建中小学校、幼儿园

22所，改、扩建校舍20万平方米。率先实行免费义务教育，实施农村幼儿教育提升工程，小学、初中全部达到市现代化小学以上标准和省级示范初中标准。年末，全区拥有普通中学35所，比2009年减少1所，在校学生3.96万人，比2009年减少2200人；中等职业学校5所，比2009年减少1所，在校学生5800人；小学28所，比2009年减少2所，小学在校生4.59万人，比2009年增加2300人；幼儿园58所，比2009年增加1所，在园儿童2.46万人，比2009年增加1100人。全区3周岁～5周岁幼儿入园率95.60%，小学入学率、巩固率均保持100%；初中入学率、巩固率均达100%；初中升学率96.80%，比2009年提高0.10个百分点。全年高中毕业参加高考学生5539人，被各类高校录取4835人，录取率87.30%，比2009年提高1.10个百分点。其中，专科录取2737人，比2009年增加336人；本科录取2098大，比2009年减少115人。

八、文化、卫生和体育

文化事业。全区紧扣江宁撤县设区十周年、"江宁之春"群众文化节十周年等重大节庆，通过'春意江宁""水墨江宁""印象江宁""鼓舞江宁"四个篇章诠释和展现"江宁之春""江宁之书画艺术" "江宁之历史文化" "江宁之群众文化"等为主题的各项文化活动。全年共组织各类文艺演出162场次，各类展览14场次，"江宁抒怀"读书演讲竞赛、新创作文艺作品大赛、街道群众文化专场文艺演出等系列活动，共创作舞台文艺作品150个，演出节目2044个，读书演讲征文18个，受众共计近52万人次。艺术精品创作捷报频传。区锡剧团全年创作编排各类题材的小品、快板、情景剧和小戏20多个。重点打磨由区锡剧团创作的小戏《卖萝卜》、小品《儿老子》两部新作；以宣扬低碳概念为主题的小品《爱的选择》，代表南京市参加"江苏省纪念'6·5'世界环境日"文艺汇演，获二等奖。小品《数钱》、民乐《迎亲》入围"五星工程奖"决赛，其中，《数钱》参加华东六省一市戏剧小品大赛，并在全省范围内进行巡演。

广播电视事业。广播电视围绕全区工作中心和四项建设开展广泛深入的主题宣传报道，发挥主流媒体宣传作用。江宁人民广播电台与南京人民广播电台合作联办节目，以"新城市之声"双频播出，全天自办节目5个小时，以新闻类、服务类和时政类为主，重点打造早上7时30分至8时的《动感清晨》和晚上17时至18时的《"885"服务快行线》。在全省率先开办第三频道——网络电视，具备网络电视直播、点播、网上电台和综合服务四大功能。年末，全区共有广播电台1座，电视台1座，广播综合人口覆盖率和电视综合人口覆盖率均达100%。全年新增有线电视用户1200户，全区有线电视用户总数28.15万户；新增数字电视用户1500户，全区有线数字电视用户总数17.15万户，占有线电视用户的60.92%，比2009年提高14.82个百分点。

卫生事业。进一步完善三级惠民医疗机构网络，全年建成社区卫生服务中心23个，社区卫生服务站206个，社区卫生服务覆盖率100%。新建江宁医院门诊综合楼、区卫生应急指挥中心，易地建设区中医院。全区拥有各类医疗卫生机构358个，卫生系统机构床位数2654张，比2009年增长2%。其中，医院27个，拥有床位1897张；卫生服务中心23个，拥有床位757张；其他卫生事业机构308个，比2009年减少6个。卫生技术人员4560人，其中执业医师1414人，执业助理医师227人，注册护士1644人。新型农村合作医疗又上新水平。人均筹资标准提高到350元，比2009年增加50元，报销范围进一步扩大，个人大病救助最高限额提高到18万元，提高2万元。全区所有的社区卫生服务站均实现门诊即看即报。年末，新型农村合作医疗村覆盖率100%，群众参加率100%。

体育事业。全年共举办健身长跑运动会、百家湖元宵冬泳节、全民健身月启动仪式活动等各类区级体育赛事活动20余次，直接参加活动人数超过3万人次。承办2010年国际剑联女子重剑世界杯大奖赛，全国击剑冠军赛（第三站重剑）和2010年“江宁科学园”杯CBA季前赛两次国际大赛。全区组队参加江苏省县级比赛等各类省、市比赛20项，获奖牌125枚，其中金牌67枚。全区体育彩票销售突破亿元大关，全年累计销售1.10亿元，比2009年增长13%，在全市领先。2010年，江宁区被评为全国阳光体育运动先进区。

九、环境保护和安全生产

生态建设。全年共投入近100亿元，实施八大类66项生态建设工程。建成污水处理厂18座，铺设污水收集管网470多千米，污水日处理能力33.40万吨，比2009年增加7.50万吨。全区所有街道建成全国环境优美街道。关闭污染企业187家，250家企业通过循环经济试点、清洁生产审核和环境管理认证。全区还建设秸秆气化站40个，建成全省农作物秸秆综合利用示范区。全年削减化学需氧量3281吨，完成年度计划的229%；削减二氧化硫261吨，完成年度计划的193%，超额完成市政府下达的污染减排任务。全区集中式饮用水源水质达标率保持100%，农村达到99%，城市功能区控制断面水质达到相应功能区标准，环境噪声达标区覆盖率保持100%，良好以上天数比例达到85.80%，空气质量达到国家二级标准。全区森林覆盖率、城镇绿化覆盖率分别为25%和43%，宕口复绿194万平方米，江宁经济技术开发区、科学园被评为全国绿化模范单位。进一步强化农村环境整治，全年完成261个村庄环境综合治理，63个村（社区）建成村级污水处理设施，16个村（社区）建成省级农村环境整治示范村。

安全生产。全年工矿商贸企业共发生事故5起，死亡5人。全年生产安全事故亿元GDP死亡率为0.008人，比2009年下降18.20%，低于控制指标，全年没有发生一起3人以上死亡事故，也没有发生重特大事故。

十、人民生活

人口。年末，全区户籍总户数32.20万户，总人口93.60万人，比2009年增长0.94%。其中，男性人口46.50万人，增加3500人；女性人口47.10万人，增加5200人。全年出生人口9500人，出生率10.20‰；全年死亡人口7200人，死亡率7.73‰；人口自然增长率2.47‰。全区计划生育率98%以上。

居民生活水平。据农村住户抽样调查，全年农民人均纯收入11289元，比2009年增长12.80%；人均生活消费支出8720元，比2009年增长13.70%，其中食品支出占人均生活消费支出的比重为36.10%。据城镇住户抽样调查，全年城镇居民人均可支配收入27349元，比2009年增长10.50%；人均生活消费支出17840元，比2009年增长6%，其中食品支出占人均生活消费支出的比重为32%。

家庭耐用消费品拥有量。据抽样调查，年末，平均每百户城镇居民家庭耐用消费品拥有量：家用轿车28辆，比2009年净增6辆；家用空调183台，组合音响30套，移动电话248部，家用电脑 94 台，彩电 183 台。平均每百户农村居民家庭耐用消费品拥有量：彩电 154 台，摩托车 72 辆，洗衣机 96 台，热水淋浴器 98 台，移动电话 224 部，家用空调 109 台，家用电脑 58 台。

居民住房。农村居民人均住房使用面积 53.10 平方米，比 2009 年增长 7.30%。城镇居民人均住房建筑面积 41.60 平方米，比 2009 年减少 3.10%。

就业。通过强化就业保障，加强就业指导、培训和援助，建成区、街道、社区三级劳动保障服务平台，成功创建成“充分就业区”。全年共新增就业岗位 24689 个，新增城镇就业人数 17544 人，实现农村劳动力转移 14463 人，发放就业专项补贴资金 223 万元，援助 521 名就业困难人员就业，帮助新生劳动力实现就业 537 人。全区城镇登记失业率控制在 2.60% 以下，处于全市较低水平。

社会保障。初步建立覆盖城乡、惠及全民的社会保障体系。城镇职工养老、医疗保险参保率均在 97% 以上，居民社会养老保险实现城乡全覆盖。城乡低保标准分别为每月 400 元和 300 元，为全市郊区县最高。基本构筑了“以低保制度为基础、专项救助为重点、慈善事业为补充”的社会救助体系。至年底，全区企业职工参加养老保险 30.30 万人，比 2009 年增加 6.30 万人；机关事业单位参加养老保险 1.79 万人；参加失业保险 17.80 万人，比 2009 年增加 2.30 万人；参加工伤、生育保险 17.50 万人，比 2009 年增加 2.10 万人；医疗保险参保 23 万人，比 2009 年增加 2.20 万人；居民养老保险参保 19.60 万人；享受城镇居民老年补贴待遇 3423 人，每人每月 160 元，享受居民老年补贴待遇 93027 人，每人每月 80 元～500 元，被征地农民保障人数 8.65 万人。社会保险服务水平不断提升，社会保险待遇水平全面提高，2010 年 1 月，全区企业退休人员每月养老金增加 10%，调整后每月 1587 元，7 月参照市区标准，全区企业退休人员人均再次增资 122 元，调整后的养老金每月 1709 元，实现与市区企业退休人员的同等待遇。全区被征地农民和城乡老年居民自 1 月起每月分别增加养老生活补助费 30 元和 20 元。城镇职工医疗保险新增门诊医疗统筹待遇，医疗保险待遇全面提高，参保职工个人医疗保险费用自付比例降至 20% 以下，在全市保持最低。全区 1.47 万名企业退休职工 100% 纳入社区管理。

2011 年江宁区国民经济和社会发展概况

初步核算并经上级评估，全年实现地区生产总值 759.11 亿元，比 2010 年净增 138.91 亿元，按 2010 年可比价格计算，比 2010 年增长 13.30%。其中，第一产业 38.21 亿元，增长 7.70%；第二产业 476.67 亿元，增长 15.40%；第三产业 244.23 亿元，增长 13%。人均地区生产总值（按公安户籍人口计算）突破 8 万元，达到 80950 元，折合美元 12840 美元，按常住人口计算人均地区生产总值 65718 元，折合美元 10428 美元。三次产业结构进一步优化。地区生产总值中三次产业结构由 2010 年的 5.20 ： 62.80 ： 32 调整到 5 ： 62.80 ： 32.20。

区域经济发展。一是开发园区经济占全区经济比重继续上升。开发园区的地区生产总值、规模以上工业总产值、地方财政总收入、工业投入分别占全区总量的 47.60%、81.28%、61.20%、66.33%，分别比 2010 年增加 0.6 个、9.40 个、6.70 个和 0.93 个百分点。二是街道经济实力不断提升。全区 10 个街道全年地方一般预算收入均超过亿元，平均为 32878 万元，比 2010 年增加 6348 万元。全区有 8 个街道进入南京市镇街综合实力“二十强”，有 39 个村（社区）进入南京市综合实力“百强村”。江宁经济开发区地方一般预算收入 40.50 亿元，东山街道 12.40 亿元，分别居全区开发园区和街道之首。

一、农林牧渔业

农业。全年实现农林牧渔业总产值 65.70 亿元，比 2010 年增长 19%，其中农业产值 39.30 亿元，增长 22.90%。农业综合生产能力稳定在较高生产水平。水稻亩产量 594 公斤，比 2010 年增加 18 公斤，油菜籽亩产量 131 公斤，比 2010 年水平减少 15 公斤。主要农产品产量稳定在较好的生产水平。全区粮食总产量 23050 万公斤，比 2010 年增长 0.66%；油料总产量 2450 万公斤，下降 9.30%；蔬菜总产量 54200 万公斤，比 2010 年增长 10.20%；瓜果产量 14900 万公斤，比 2010 年下降 2.60%。

林业、畜牧和水产。全年林业产值 5093 万元，比 2010 年增长 2.80%。全区完成成片造林 1046.60 公顷，比 2010 年增长 12.60%，其中绿色通道 284.10 公顷、生态景观林 399.60 公顷、高效产业林 416.90 公顷，完成“四旁”植树 164.10 万株。全年新增绿地 199 万平方米，垂直绿化 9 千米，屋顶绿化 3000 平方米。全区共有 108 个村（社区）被评为市级“绿化新村”，22 个村（社区）被评为省级村庄绿化示范村，栽植各类苗木 67.10 万株。牧业产值实现 9.30 亿元，比 2010 年增长 19.30%；渔业产值实现 14.20 亿元，比 2010 年增长 11.50%。全区多数畜产品比 2010 年略有增加并维持较高的生产水平。生猪饲养量 25.75 万头，比 2010 年增加 3500 头；家禽饲养量 501.80 万只，比 2010 年增加 33.80 万只；禽蛋产量 2200 万公斤、牛奶产量 4460 万公斤，都与 2010 年基本持平。全区畜禽规模养殖适度比重持续提升，生猪 84.36%，比 2010 年提高 16.20 个百分点；肉禽 94.03%，比 2010 年提高 3.73 个百分点；蛋禽 98.24%，比 2010 年提高 7.90 个百分点；奶牛 98.07%，与 2010 年持平。百头以上奶牛养殖场 18 个，3000 头以上生猪养殖场 5 个，5 万羽以上蛋鸡养殖场 6 个。全区渔业生产则以高效渔业为主并提档升级。在全区 8458 公顷水产养殖面积和 3947 公顷稻田养殖中，特种水产养殖 6860 公顷，占养殖面积 55.30%；改造鱼池 333.33 公顷，当年新增高效渔业养殖面积 503 公顷，比 2010 年增长 9.80%，累计 5602.60 公顷。实现水产品年产总量 5210 万公斤，比 2010 年增长 3.63%；特种养殖产量 1070 万公斤，比 2010 年增长 6.36%。

高效设施农业。全区新增高效农业 2700 公顷，高效农业总面积 1.65 万公顷，新增设施农业 2000 公顷，设施农业总面积 7700 公顷。高效设施农业面积比重为 14%。全年新认证无公害农产品 13 个，绿色食品 30 个，有机食品 7 个，全区无公害农产品总数 104 个，绿色食品总数 168 个，有机食品总数 36 个。

农业生产条件。年底，全区农业综合机械化水平 78%。全年完成机播面积 3.42 万公顷，比 2010 年增长 19%；完成机收面积 3.72 万公顷，增长 3.50%；机电灌溉和机械植保分别为 4.78 万公顷和 4.77 万公顷。年末农业机械总动力 48.42 万千瓦，比 2010 年增长 4.20%；拥有大型拖拉机 656 台，净增 90 台；拥有联合收割机 294 台，比 2010 年增加 41 台。

二、工业和建筑业

工业。全区 608 家规模工业企业完成工业总产值 1885.75 亿元，比 2010 年增长 34.70%。分经济类型看，增幅排在前三位的依次是集体企业（114.10%）、外商及港澳台商投资企业（47.60%）、股份合作企业（35.80%）；而总量排在前三位的分别是外商及港澳台商投资企业（1216.03 亿元）、股份制企业（592.21 亿元）和其他经济类型企业（35.06 亿元）。全区分别实现轻、重工业产值 278.73 亿元和 1607.03 亿元，分别比 2010 年增长 2% 和 42.70%。全区规模以上工业企业完成产品销售收入 1827.50 亿元，增长 35.40%；实现工业利税总额 199.70 亿元，增长 41.60%；实现工业利润 139.50 亿元，增长 48.50%。全区战略性新兴产业实现产值 675 亿元，比 2010 年增长 36%；规模以上工业智能电网产值 318.20 亿元。

建筑业。全年完成建筑企业总产值 400 亿元、施工面积 1550 万平方米、竣工面积 810 万平方米，分别比 2010 年增长 33%、24.20% 和 15.50%。完成建筑业入库税收 10.70 亿元，增长 9.80%。全年新发展一级资质企业 3 家，二级资质企业 21 家，全区共拥有资质等级建筑业企业 387 家（含市政企业），其中一级资质建筑业企业 32 家，二级资质企业 107 家。全年共创市优质结构工程 38 项，市优工程（“金陵杯”）45 项。

三、固定资产投资

全年全社会固定资产投资 700.37 亿元，比 2010 年净增 70.37 亿元，增长 11.17%。其中，城镇项目固定资产投资 463.25 亿元，比 2010 年增长 18.50%；房地产投资 78.60 亿元，比 2010 年下降 20.60%；农村非农户投资 158.52 亿元，比 2010 年增长 13.10%。全年共实现商品房销售面积和销售额分别为 56.90 万平方米和 61 亿元，比 2010 年分别下降 32.70% 和 19.80%。

投资结构。在全社会固定资产投资中，第一产业投资 7.47 亿元，增长 11%；第二产业投资 447.93 亿元，增长 20.20%，其中工业投入 445.15 亿元，增长 21.90%；第三产业投资 244.97 亿元，下降 2.30%。三次产业投资比例为 1.10 ： 63.90 ： 35。

城乡建设投资。在城市路网建设方面，建成通车的有小龙湾路跨外港河桥、新亭西路跨外港河桥、湖山北路、滨河路、上元大街东延等一批路桥工程；全面开工建设的有潭园西路、兴宁路、鼓山西路、小龙湾路跨小龙湾桥、文化路跨小龙湾桥等。在公路建设方面，建成通车有 104 国道江宁段改（扩）建工程天元路段和双龙大道地面道路，宁杭高速上坊互通改造工程、大谷线西延工程、205 国道江宁街道老路改造工程等。正在建设的有：高庙至亭化段完成路面施工，全线桥梁已基本完成；胜太路跨线桥工程已完成第二、三联及南引道全部施工，第一联完成下部结构及部分上部结构施工；龙眠大道南延工程湖熟段正在进行路面施工，科学园段正在进行路基施工；将军路与宁丹路连接线（吴楚路）工程已完成桥梁主体结构等。在环境建设方面，老城区城东公园、竹山文化休闲公园（博物馆段）、土山路与文靖路交叉口公园、岗山桥休闲公园、岔路市民公园 5 个街心公园已建成开放，杨家圩中央公园完成总工程量 40%，中心河景观带已完成。小区出新及雨污分流全面展开，东新南北路片区近 30 个、约 65 万平方米的小区出新及雨污分流改造工程基本完成。民生保障方面，开发区 13 万平方米公租房部分主体至 6 层，杨家圩 8 万平方米安置房进入主体阶段，景祥北苑 2 万平方米经济适用房建成交付，正在实施分配。中医院年底前完成主体结构施工，“川气东送”二期基本完成高压管铺设，全年铺设燃气市政管网 65 千米。长江水村村通目标全面实现，供水 GIS 地理信息系统建设完成，滨江水厂深度处理工程启动。在村庄环境整治方面，全年共完成 52 个市级、4 个省级村庄建设整治，1 个省级特色村以及 3 个市级康居示范村创建。

四、交通运输和旅游业

交通运输业。全区全社会各种运输方式共完成货运量2657万吨，增长12.10%；货运周转量253548万吨公里，下降4.30%；全年完成客运量14467万人次，增长8.86%；客运周转量226378万人公里，增长8.68%。

旅游业。全年优选31家旅游企业纳入智慧旅游平台。全区实现旅游收入65.63亿元，接待游客870.63万人次，分别比2010年增长102%和43.73%。

五、国内贸易、对外经济

消费品市场。全年实现消费品零售额239.06亿元，比2010年增长20.90%。在各行业中，批发业实现零售额25亿元，增长36%；零售业实现零售额197.20亿元，增长19.90%；住宿业实现零售额1.30亿元，增长40.10%；餐饮业实现零售额15.50亿元，增长11.20%。

外向型经济。全年新批注册外商投资企业93家，其中千万美元以上项目71个，实现合同外资18.39亿美元，比2010年增长6.90%；实际使用外资8.38亿美元，增长15.10%；出口创汇44.20亿美元，增长15.70%。

六、财政、金融

财政。全区全口径财政收入实现276亿元，比2010年增长12.50%；地方财政总收入突破200亿元大关，实现216.40亿元，完成年度预算目标115.70%，增长32.10%；完成地方一般预算收入突破100亿元大关，实现115.10亿元，完成年度预算目标108%，增长23.80%。在一般预算收入中，四大主体税种增值税、营业税、企业所得税和个人所得税共完成62.29亿元，占一般预算收入54.13%。全年国税部门完成总收入115亿元，比2010年增长39.10%，成为全市首家、全省第四家迈进“国税百亿元俱乐部”的区县；地税部门完成总收入82亿元，比2010年增长35%。

全区地方一般预算财政支出105.66亿元，增长26.10%，政府性基金支出51.84亿元，下降33.70%。

金融。年末，全区金融机构存款（本外币）余额突破1000亿元，达到1038.79亿元，比年初增加150.60亿元。其中企业存款639.45亿元，比年初增加202.13亿元。居民储蓄存款余额373.26亿元，比年初增加56.56亿元。全区金融机构贷款（本外币）余额596.73亿元，比年初增加62.63亿元。其中短期贷款203.45亿元，比年初增加30.85亿元；中长期贷款380.02亿元，比年初增加26.32亿元。

七、科学技术和教育

科技事业。引进领军型海归创业人才130人，入选国家“千人计划”总数22人，位列全省第四。江宁经济技术开发区成为入选国家海外高层次人才创新创业基地，江宁成为南京首个国家“千人计划”基地区。启动建设5个大学科技园，实施重大产学研合作项目112个。全年新增高新技术企业23家，全区高新技术企业累计156家，全年认定高新技术产品87项，累计281项。

全年共组织实施国家级科技计划项目21项，省级16项，市级66项，区级85项。全年新增认定的研发中心29家，其中省级2家、市级17家、区级10家，累计176家，其中市级以上109家。全年完成专利申请量6284件，其中发明专利1769件，分别比2010年增长75%、68%。授权量2430件，其中发明专利授权量655件，分别比2010年增长28%、20%。培育知识产权示范企业20家，其中省级知识产权示范企业13家。

教育事业。全区义务教育学校全部达到市现代化小学、省级示范初中标准，所有高中达到三星级以上标准；成功创建江苏省义务教育均衡发展先进区。年末，全区拥有普通中学34所，比2010年减少1所，在校学生3.25万人，比2010年减少7100人；中等职业学校2所，比2010年减少3所，在校学生4700人；小学28所，小学在校生4.75万人，比2010年增加1600人；幼儿园62所，比2010年增加4所，在园儿童2.79万人，比2010年增加3300人。全区3周岁~5周岁幼儿入园率98.04%，小学入学率、巩固率均保持100%；初中入学率、巩固率均达100%；初中升学率97.07%，比2010年提高0.27个百分点。全年高中毕业参加高考学生4981人，被各类高校录取4490人，录取率90.17%，比2010年提高2.84个百分点。其中，专科录取2311人，比2010年减少426人；本科录取2179人，比2010年增加81人。

八、文化、卫生和体育

文化事业。全年共举办“春艺江宁”“激情广场”“党旗飘扬”“文化之窗”四个篇章系列文化活动共174场，比2010年增长12.30%；创作文艺作品196件，比2010年增长4%；演出节目1738个，比2010年增长8.20%；受众64万人次，比2010年增长10.30%。

广播电视事业。区广播电台全新改版，改版后全天播出时长17小时10分。全区有线电视用户总数突破30万户，其中数字电视用户20万户。全区累计发展互动电视2.10万户，居全市区县之首。

卫生事业。全区拥有各类医疗卫生机构360个，卫生系统机构床位数4089张。其中，医院18个，拥有床位1102张；卫生服务中心23个，拥有床位390张；其他卫生事业机构309个。卫生技术人员3901人，其中执业医师1521人，执业助理医师385人，注册护士1995人。新型农村合作医疗又上新水平。新农合人均筹资标准提高至420元，比2010年增加70元；大病救助最高限额为20万元，提高2万元，居全市第一。

体育事业。成功举办江宁区第六届运动会，历时7个月，共分街道、机关、园区、学生、高校五个部，比赛项目设21个大项、76个小项。全年举办群众体育活动18次，直接参加活动人数超过3万人次。全区组队参加市级以上比赛21次，举办区内少年儿童体育竞赛15次。参加南京市少儿田径比赛获得团体冠军，市青少年举重比赛男女团体第二名，参加省县级田径比赛获全省65个区县奖牌第四，团体总分第十名。全年参加市级以上体育竞赛共获得奖牌134枚，其中金牌62枚。

九、环境保护和安全生产

生态建设。全面实施八大类66项生态项目，积极推进全国生态文明示范区创建。75家企业完成循环经济试点，97家企业通过清洁生产审核，2个开发区建成省级生态工业园区；全区污水日处理能力33.40万吨，城镇污水集中处理率85%。完成19个矿山宕口治理，复绿110万平方米，关停采石企业33家，关停“三高两低”企业17家。全年全区空气优良天数比例达85.20%，集中式饮用水源地水质达标率100%。9个街道创建成为“国家环境优美街道”，锁石、彭福创建成为“国家生态村”。

安全生产。全年工矿商贸企业共发生事故4起，死亡5人。全年生产安全事故亿元GDP死亡率为0.0066人，比2010年下降17.50%，全年没有发生较大以上生产安全事故。

十、人民生活

人口。年末，全区户籍总户数32.47万户，总人口93.97万人，比2010年增长0.[illegible]0%。其中，男性人口46.57万人，增加700人；女性人口47.40万人，增加3000人。全年出生人口1.03万人，出生率10.99‰；全年死亡人口4900人，死亡率5.27‰；人口自然增长率5.72‰。全区计划生育率98%以上。年末常住人口116.49万人，比2010年增长1.63%，城镇人口比重为68.11%。

居民生活水平。据农村住户抽样调查，全年农民人均纯收入13321元，比2010年增长18%；人均生活消费支出10341元，比2010年增长18.60%，其中食品支出占人均生活消费支出的比重为36.60%，比2010年提高0.50个百分点。据城镇住户抽样调查，全年城镇居民人均可支配收入31002元，比2010年增长13.40%；人均生活消费支出20794元，比2010年增长16.60%，其中食品支出占人均生活消费支出的比重为30.80%，比2010年下降1.20个百分点。

家庭耐用消费品拥有量。据抽样调查，平均每百户城镇居民家庭耐用消费品拥有量：家用汽车41辆，比2010年净增13辆；家用空调202台，组合音响30套，移动电话239部。家用电脑103台，彩电179台，淋浴热水器103台。平均每百户农村居民家庭耐用消费品拥有量：彩电148台，摩托车72辆，洗衣机88台，热水淋浴器93台，移动电话212部，家用空调109台，家用电脑41台，家用汽车9辆。

居民住房。农村居民人均居住建筑面积为58.60平方米，比2010年增长10.42%。城镇居民人均住房建筑面积为44.63平方米，比2010年增长7.28%。

就业。建立并确定50家缺工企业动态监控制度，全年开展各类专场招聘活动246场，提供岗位7万多个，其中新增就业岗位2.40万个，达成意向性就业2.90万人，援助困难人员就业4[illegible]6人，培育自主创业453人，创业带动就业4600人。全年新增城镇单位就业人数14410人，农村劳动力转移14733人次，对5441人就业困难人员申报社会保险补贴金额1750万元。全区城镇登记失业率控制在2.60%以下。

社会保障。实现医保市级统筹，符合报销范围内住院个人支付率19%，全市保持最低。完善“五险合一”征缴模式，企业职工养老保险和医疗保险参保率在98%以上，居民养老保险参保率99%，续保率95%以上。全区参加各项社会保险人数72万人，社保参保单位突破8000家，参保突破40万人，企业退休人员月养老金1853元，做到与市区同城待遇。

2012年江宁区国民经济和社会发展概况

初步核算并经上级评估，全年实现地区生产总值926.59亿元，按可比价格计算，比2011年增长13.70%。其中，第一产业增加值43.66亿元，增长6.60%；第二产业增加值541.02亿元，增长14.40%；第三产业增加值341.91亿元，增长13.30%。人均地区生产总值（按公安户籍人口计算）接近10万元，达到98281元，折合美元15636美元，按常住人口计算，人均地区生产总值79280元，折合美元12613美元。三次产业结构进一步优化。地区生产总值中三次产业结构由2011年的5 ∶ 62.80 ∶ 32.20调整到4.71 ∶ 58.39 ∶ 36.90。

区域经济发展。一是开发园区经济占全区经济比重继续上升。开发园区的地区生产总值、规模以上工业总产值、工业投入和公共财政预算收入分别占全区总量的48.40%、85.30%、66.30%和52.80%，分别比2011年增加0.80个、4个、2.20个和2.50个百分点。二是街道经济实力不断提升。全区10个街道全年公共财政预算收入中有2个街道接近2亿元，有5个街道在2亿元～3亿元之间，有2个街道在4亿元～5亿元之间，1个街道在13亿元以上，全区平均每个街道为39645万元，比2011年增加6767万元，增长20.60%，超全区2.60个百分点。全区有9个街道进入南京市镇街综合实力“二十强”，比2011年净增1个街道。有39个村（社区）进入南京市综合实力“百强村”，与2011年持平。江宁经济技术开发区公共财政预算收入突破50亿元大关，达50.30亿元，东山街道13.50亿元，分别居全区开发园区和街道之首。

一、农林牧渔业

农业。全年实现农林牧渔业总产值73.53亿元，比2011年增长11.98%，其中农业产值44.16亿元，增长12.50%。农业综合生产能力稳步提高。水稻亩产量603公斤，比2011年增加9公斤；油菜籽亩产量145公斤，比2011年增加14公斤。主要农产品产量继续稳定在较好水平。全区粮食总产量24910万公斤，比2011年增长8.10%；油料总产量2110万公斤，下降13.90%；蔬菜总产量55210万公斤，比2011年增长1.86%；瓜果产量15060万公斤，比2011年增长1.10%。

林业、畜牧和水产。全年林业产值5294万元，比2011年增长3.90%。全区完成成片造林1120公顷，比2011年增长1.80%，其中绿色通道285公顷，高效产业林624公顷，完成“四旁”植树339公顷。牧业产值实现9.95亿元，比2011年增长7.40%；渔业产值实现16.36亿元，比2011年增长15.10%。全区多数畜产品比2011年略有增加。生猪饲养量28.85万头，比2011年增加700头；家禽饲养量503.90万只，比2011年增加2.10万只；禽蛋产量2160万公斤，牛奶产量4460万公斤，都与2011年基本持平。全区畜禽规模养殖适度比重保持稳定，生猪87.55%，比2011年提高3.19个百分点；肉禽93.75%，比2011年减少0.28个百分点；蛋禽98.27%，比2011年提高0.03个百分点；奶牛97.75%，比2011年减少0.32个百分点。年末，全区百头以上奶牛养殖场18个，3000头以上生猪养殖场20个，5万羽以上蛋鸡养殖场6个。渔业生产则以高效渔业为主并提档升级。在全区7580公顷水产养殖面积中，特种水产养殖7023公顷，占养殖面积92.65%。实现水产品年产总量 5210 万公斤，与 2011 年持平。

高效设施农业。全年新增市级农业龙头企业 12 家，全区市级以上农业龙头企业累计 33 家；当年新增高效设施面积 2970 公顷，高效农业累计面积 19480 公顷；当年新增设施栽培面积 2840 公顷，累计 10510 公顷。当年新认证无公害农产品 16 个、绿色食品 8 个、有机食品 9 个。美丽乡村建设加快，“五朵金花”竞相绽放，全年接待游客 40 万人次，营业收入近亿元，获得国家休闲农业与乡村旅游示范区称号。台创园在全省考核评比中获第一名，汤山翠谷创建成省级高科技农业示范园。

农业生产条件。年底，全区农业综合机械化水平 83%。全年完成机播面积 35020 公顷，比 2011 年增长 2.36%；完成机收面积 38590 公顷，增长 3.73%；机电灌溉和机械植保分别为 47760 公顷和 47710 公顷。年末农业机械总动力 49.10 万千瓦，比 2011 年增长 1.40%；拥有大型拖拉机 702 台，比 2011 年净增 46 台；拥有联合收割机 374 台，比 2011 年增加 80 台。

二、工业和建筑业

工业。全区 642 家规模工业企业完成工业总产值 2143.60 亿元，比 2011 年增长 19.50%。分经济类型看，增幅排在前三位的依次是国有企业（27.40%）、外商及港澳台商投资企业（24.40%）、股份合作企业（12%）；而总量排在前三位的分别是外商及港澳台商投资企业（1477.90 亿元）、股份制企业（584.90 亿元）和国有企业（47 亿元）。轻、重工业产值为 271.10 亿元和 1872.50 亿元，分别比 2011 年增长 12.60% 和 20.50%。分行业看，全区规模工业涉及的 30 个行业大类中有 19 个行业工业总产值较 2011 年实现增长，11 个行业下滑，其中增速超过全区平均水平的有 7 个行业，增幅排在前三位的行业依次是金属制品、机械和设备修理业（258%），水的生产和供应业（94.60%），汽车制造业（67.10%），而产值增长绝对额排在前三位的行业分别为汽车制造业（净增 327.40 亿元）、非金属矿物制品业（净增 16.01 亿元）和食品制造业（净增 10.65 亿元）。规模以上工业企业完成产品销售收入 1906.58 亿元，增长 2.70%；实现工业利税总额 288.97 亿元，增长 36.50%；实现工业利润 180.59 亿元，增长 38.10%。

建筑业。全年共完成建筑业企业总产值（含多元化发展）600 亿元，比 2011 年增长 50%；施工面积 2100 万平方米，增长 35.50%；竣工面积 956 万平方米，增长 18%；完成建筑业入库税收 13.80 亿元，完成建筑业利税 48 亿元。全行业共有资质等级建筑业企业 374 家，其中一级资质企业 35 家，二级资质企业 112 家，资质等级、企业规模均位居全市第一。全年共获优质结构工程 112 项，获“金陵杯”42 项，省优工程 11 项，国优工程 3 项。

三、固定资产投资

全年全社会固定资产投资 791.20 亿元，比 2011 年净增 90.80 亿元，增长 13%。其中，城镇项目固定资产投资 554.90 亿元，比 2011 年增长 17.30%；房地产投资 85.60 亿元，增长 8.90%；农村非农户投资 150.70 亿元，增长 1.40%。全年共实现商品房销售面积和销售额分别为 135.23 万平方米和 132.83 亿元，比 2011 年分别增长 1.38 倍和 1.18 倍。1—12 月全区商品住宅成交均价每平方米 9823 元，比 2011 年下降 8.40%。

投资结构。在全社会固定资产投资中，第一产业投资 2.10 亿元，下降 72.40%；第二产业投资 557.80 亿元，增长 24.50%，其中工业投入 555 亿元，增长 24.70%；第三产业投资

231.30 亿元，下降 5.60%。三次产业投资比例为 0.30 ： 70.50 ： 29.20。全区第一产业投资比重下降 0.90 个百分点，第二产业投资比重上升 6.60 个百分点，第三产业投资比重下降 5.70 个百分点。

品质新城建设。完成上秦淮片区等各类规划近 30 项，江宁规划展示馆对外开放，积极推进“城中村”动迁改造和工业布局调整，完成征迁 156 万平方米，联合重组 9 家混凝土企业，启动上坊片区老城改造。积极服务地铁三号线、溧马高速、S122、宁高新通道等重点工程；高标准完成 104 国道淳化段、龙眠大道南延等一批干线公路，西部生态旅游线加快建设；文靖路东延等城市道路建成通车；江宁“川气东送”工程全线贯通，实现街道供气全覆盖，在建、建成变电站 3 座；完成长江干堤应急加固二期工程和一批河道清淤、涵洞整治、城区防汛工程；建成人防设施 13 万平方米；改造农村公路 200 千米、农村道路危桥 10 座。全年完成中心河、外港河等景观改造工程；万达广场快速推进，完成工程总量 60%；推进府前商务集聚区、杨家圩商务休闲集聚区建设，杨家圩文化公园等 10 个街心公园建成开放；淳化建材市场加快建设。在村庄环境整治方面，完成全区 70% 村庄环境整治，高速、高铁两侧环境整治工作加快推进，建成省首批村庄环境整治示范区，获全国宜居宜业典范区称号。

四、交通运输和旅游业

交通运输业。全区全社会各种运输方式共完成货运量 2894 万吨，增长 8.90%；货运周转量 273928 万吨公里，增长 7.90%；全年完成客运量 15650 万人次，增长 8.20%；客运周转量 244890 万人公里，增长 8.20%。

旅游业。全区实现旅游收入 150.10 亿元，接待游客 1364.96 万人次，分别比 2011 年增长 129% 和 61%。年末，全区拥有国家 AAAA 级旅游景区 1 个、国家 AAA 级旅游景区 4 个、国家 AA 级旅游景区 13 个。

五、国内贸易、对外经济

消费品市场。全年实现消费品零售额 286.50 亿元，比 2011 年增长 20%。在各行业中，批发业实现零售额 29.80 亿元，增长 19.50%；零售业实现零售额 236.80 亿元，增长 20.10%；住宿业实现零售额 1.60 亿元，增长 16.80%；餐饮业实现零售额 18.30 亿元，增长 17.90%。全区限额以上企业实现消费品零售额 177.50 亿元，增长 21.70%；限额以下企业实现消费品零售额 109 亿元，增长 17%。

外向型经济。全年新批注册外商投资企业 133 个，其中千万美元以上项目 74 个，实际使用外资 10 亿美元，增长 18.80%；合同利用外资 22.53 亿美元，增长 23%；出口创汇 65.50 亿美元，增长 10.70%。

六、财政、金融

财政。全区全口径财政总收入突破 300 亿元大关，实现 335.20 亿元，比 2011 年增长 21.40%；地方财政总收入实现 269.70 亿元，增长 24.60%；完成公共财政预算收入 135.80 亿元，增长 18%。从主要税种看，全区增值税完成 96.20 亿元，增长 47.50%；消费税完成 29.20 亿元，增长 68.60%；营业税完成 33.60 亿元，增长 48.90%；企业所得税完成 40.30 亿元，增长 0.30%；

个人所得税完成14.10亿元，下降23.90%。分产业来看，第一产业税收153万元，第二产业税收178亿元，占产业总税收73.90%；第三产业税收62.70亿元，占产业总税收26%。全年国税部门完成总收入157.50亿元，比2011年增长37%，地税部门完成总收入95.10亿元，增长[illegible]5.80%。

全区公共财政预算支出124.80亿元，增长18.10%，政府性基金支出61.70亿元，下降19.10%。

金融。年末，全区金融机构存款（本外币）余额1214.33亿元，比年初增加175.54亿元。其中居民储蓄存款余额448.36亿元，比年初增加75.10亿元。全区金融机构贷款（本外币）余额661.04亿元，比年初增加64.31亿元。

七、科学技术和教育

科技事业。全年共组织实施国家级科技计划项目20项，省级9项，市级83项，区级201项。全年新建“三创”载体218.50万平方米，竣工110万平方米，无线谷一期、U湖云来网络科技交流中心正式投运。80多个项目、公共平台和科技中介服务机构落户三个紫金特区和东山研发园。新引进培育国家“千人计划”10人，总数39人，集聚度居全省第二。新入选省“双创计划”16人，市“321引进计划”101人，均居全市第一。新增企业工程技术研究中心、企业研发中心58家，院士工作站1个；创建知识产权示范企业33家，被认定为省知识产权战略示范区；新增中国驰名商标2件，企业参与国内外和行业标准制（修）订12个，中电电气获市长质量奖。全年实施产学研合作项目107项，共建江苏（江宁）大学科教创新园和3个大学科技园，成为中国产学研合作创新示范基地、国家可持续发展实验区。全年完成专利申请量9080件，其中发明专利2845件，分别比2011年增长44%、61%。授权量4345件，其中发明专利授权量629件，分别比2011年增长79%、38%。全年新增高新技术企业4[illegible]家，全区高新技术企业累计198家。

教育事业。全区义务教育学校全部达到市现代化小学、省级示范初中标准，所有高中达到三星级以上标准；成功创建江苏省义务教育均衡发展先进区。年末，全区拥有普通中学34所，在校学生3.58万人，比2011年增加3300人；中等职业学校2所，在校学生4200人；小学29所，比2011年增加1所，小学在校生5.16万人，比2011年增加4100人；幼儿园72所，比2011年增加10所，在园儿童2.91万人，比2011年增加1200人。全区3周岁~5周岁幼儿入园率98.07%，小学入学率、巩固率均保持100%；初中入学率、巩固率均为100%；初中升学率98.90%，比2011年提高1.83个百分点。全年高中毕业参加录取人数4921人，被各类高校录取4415人，录取率89.72%，比2011年减少0.45个百分点。其中，专科录取2260人，比2011年减少51人；本科录取2155人，比2011年减少24人。

八、文化、卫生和体育

文化事业。按照省、市建立图书馆“总分馆制”的工作要求，实施图书馆“一卡通”工程。2012年，成功实现与市金陵图书馆联网，先后开通“江宁区图书馆网站”“江宁区移动图书馆”“江宁共享工程支中心网站”信息平台，在汤山、秣陵、东山3个街道建立江宁图书馆分馆，完成麒麟街道锁石村、汤山街道宁西村两家农家书屋图书联网工作。

全年共举办以“春满江宁·第十二届‘江宁之春’群众文化节”“文化惠民·基层行系列活动”文

化走廊·主题展演展览”三个篇章统领的群众文化活动，共计1082场次，比2011年增加5倍；创作文艺作品485件，比2011年增长35%；演出节目5000个，比2011年增加3倍；受众88万人次，比2011年增长30%。

广播电视事业。全年全区有线电视用户总数31.60万户，其中数字电视用户22.70万户。全区累计发展互动电视3.30万户，居全市区县之首。

卫生事业。全区拥有各类医疗卫生机构371个，卫生系统机构床位数4451张，比2011年增长19.50%。其中，医院23个，拥有床位3696张；卫生服务中心23个，拥有床位755张；其他卫生事业机构325个。卫生技术人员5020人，其中执业医师1566人，执业助理医师188人，注册护士1919人。顺利通过国家卫生城市复核验收，成功创建国家卫生应急综合示范区；完成区中医院异地新建，南医大明德医院一期主体封顶；公立医疗卫生机构实行药品零差价销售，实施一般诊疗费制度。

体育事业。以迎青奥各项体育活动蓬勃开展。先后举办第三十届健身长跑活动、斯诺克锦标赛、区级机关“三八”妇女节拔河与跳绳比赛、定向越野大赛、长三角都市圈石锁邀请赛、全区职工乒乓球比赛、全民健身日活动、迎青奥倒计时2周年活动、广场健身舞推广交流活动等区级群众性体育活动20多次。全区共组队参加市级以上比赛29次，获得奖牌194枚，其中金牌87枚。组队参加南京市少儿田径比赛，获团体第一名，共获奖牌50枚，其中金牌24枚。组队参加省县级田径比赛，获团体总分第7名。2012年，全区共培养国家二级运动员20人，向上级体校输送优秀体育人才10人，新增国家二级裁判员8人。

九、环境保护和安全生产

生态建设。全面实施八大类66项生态项目，积极推进全国生态文明示范区创建。7个国家级生态村通过命名前公示，全区生态村、绿色社区、绿色学校比例分别为88.20%、86.30%和71.30%，位居全市第一。全区依法、高效、有序推进42家“三高两低”企业关停整治工作。完成全区52家重点污染源、1232家一般污染源环境安全的现场检查和78家餐饮企业整治工作。城市污水集中处理率87%，比2011年提高2个百分点。全年全区空气优良天数比例达90.50%，比2011年提高1.80个百分点；全区5个小康标准断面达标80%以上，集中式饮用水源地水质达标率100%；Ⅲ类以上地表水比例为40%，比2011年提高17个百分点。

安全生产。生产安全事故连续7年实现事故起数和死亡人数“双下降”，全年工矿商贸企业共发生事故4起，死亡5人。全年生产安全事故亿元GDP死亡率为0.0054人，比2011年下降18.20%。

十、人民生活

人口。年末，全区户籍总户数32.88万户，户籍总人口94.59万人，比2011年增长0.66%。其中，男性人口46.80万人，增加2300人；女性人口47.79万人，增加3900人。全年出生人口1.14万人，出生率12.10‰；全年死亡人口6800人，死亡率7.20‰；人口自然增长率4.90‰。全区计划生育率98%以上。年末常住人口117.26万人，比2011年增长0.66%，城镇人口比重为69.40%，比2011年提高1.30个百分点。

居民生活水平。据农村住户抽样调查，全年农民人均纯收入15018元，比2011年增长12.70%；农民人均纯收入中位数为13514元，增长4.70%。人均生活消费支出11043元，比2011年增长7.80%，其中食品支出占人均生活消费支出的比重为35.50%，比2011年下降1.20个百分点。据城镇住户抽样调查，全年城镇居民人均可支配收入34970元，比2011年增长12.80%；城镇居民人均可支配收入中位数为29212元，增长8.90%。人均生活消费支出22749元，比2011年增长9.40%，其中食品支出占人均生活消费支出的比重为30.80%，与2011年基本持平。

家庭耐用消费品拥有量。据抽样调查，平均每百户城镇居民家庭耐用消费品拥有量：家用汽车43辆，比2011年净增2辆；家用空调214台，组合音响18套，移动电话242部 家用电脑104台，彩电186台，淋浴热水器106台。平均每百户农村居民家庭耐用消费品拥有量：彩电148台，摩托车61辆，洗衣机90台，热水淋浴器96台，移动电话213部，家用空调113台，家用电脑56台，家用汽车15辆。

居民住房。农村居民人均居住建筑面积60.80平方米，比2011年增长3.70%。城镇居民人均住房建筑面积46.77平方米，比2011年增长4.80%。

就业。全年培育创业典型70人；自主创业499人，其中大学生创业70人；创业带动就业3767人，新增就业人数22949人；新增城镇单位就业14177人；帮扶困难人员就业490人；实现再就业9305人；农村劳动力转移15462人次；农村劳动力转移3330人。全年开展各类专场招聘活动207场，提供岗位8万多个，达成意向性就业4万人。动态消除零就业、零转移家庭，实现劳动者充分就业。高校毕业就业率94%，城镇登记失业率2.60%。

社会保障。全年全区参保单位9070家，比2011年新增1047家，净增参保职工47703人；养老保险参保职工人数32.60万人，比2011年增长15.10%；工伤生育险参保人数22万人，增长8.90%；失业保险参保人数22.60万人，增长9.20%；医疗保险参保人数34.34万人，增长40.50%，主要是征地转保参保人员增多，仅此一项就增加4.50万人。各项保险基金累计结余102亿元，备付能力全省领先，其中企业职工养老保险基金累计结余67亿元。率先实现医保市级统筹，政策范围内住院费用报销支付83%，达到省、市规定80%以上的要求，个人支付率处在全市最低水平。在全市率先制订实施城乡一体的养老保险办法，逐步实现保障城乡统筹向城乡统一转变，连续7年对企业退休人员待遇按10%进行递增，人均月养老金2100元，与南京市区持平；2012年7月1日，对失业保险金的发放标准和医疗补贴标准做了调整。失业保险金最低发放标准每月702元，最高发放标准每月1320元；创新性地将10万被征地人员、8万失地人员纳入社保范围，实现“五险”全覆盖；参加居民社会养老保险20万人，每月为11.30万老年居民发放120元～500元不等的养老补贴，当年支付1.90亿元。

2013年江宁区国民经济和社会发展概况

初步核算并经上级评估，全年实现地区生产总值1086.16亿元，首次突破1000亿元，可比价比2012年增长12.40%。其中，第一产业增加值48.19亿元，增长3.80%；第二产业增加值605.70亿元，增长13%；第三产业增加值432.27亿元，增长12.30%。人均地区生产总值（按公安户籍人口计算）11.42万元，折合1.87万美元，按常住人口计算人均地区生产总值9.24万元，折合 1.51 万美元。三次产业结构进一步优化。地区生产总值中三次产业结构由 2012 年的 4.71 ：58.39 ：36.90 调整为 4.44 ：55.76 ：39.80。

区域经济发展。一是开发园区经济占全区经济比重继续上升。开发园区的地区生产总值、规模以上工业总产值、全社会投资和公共财政预算收入分别占全区总量的 48.50%、85.90%、59.80% 和 55.90%，分别比 2012 年增加 0.10 个、0.60 个、0.10 个和 3.10 个百分点。二是街道经济实力不断提升。全区 10 个街道全年公共财政预算收入中有 7 个街道在 2 亿元～5 亿元之间，有 2 个街道在 5 亿元～6 亿元之间，东山街道突破 15 亿元，完成 15.62 亿元；全区平均每个街道为 4.77 亿元，比 2012 年增加 0.80 亿元，增长 20.15%，超过全区增幅 6.20 个百分点。全区有 9 个街道进入南京市镇街综合实力“二十强”；有 42 个村（社区）进入南京市综合实力“百强村”，比 2012 年增加 3 个。

一、农林牧渔业

农业。全年实现农林牧渔业总产值 81.65 亿元，比 2012 年增长 11.04%，其中农业产值 49.79 亿元，增长 12.75%。农业综合生产能力稳步提高。水稻亩产量 604.40 公斤，比 2012 年提高 1.40 公斤；油菜籽亩产量 148.60 公斤，提高 3.60 公斤。主要农产品产量稳定在较好水平。全区粮食总产量 24150 万公斤，比 2012 年减少 760 万公斤；油料总产量 2190 万公斤，增加 80 万公斤；蔬菜总产量 57420 万公斤，增加 2210 万公斤；瓜果产量 15130 万公斤，增加 70 万公斤。

林业、畜牧和水产。全年林业产值 5803 万元，比 2012 年增长 9.60%。全区完成成片造林 1125 公顷，增长 0.54%，其中绿色通道 633 公顷、高效产业林 440 公顷，完成“四旁”植树 292 公顷。牧业产值实现 10.23 亿元，增长 2.82%；渔业产值实现 18.29 亿元，增长 11.80%。全区生猪饲养量 25.80 万头，比 2012 年减少 3.05 万头；家禽饲养量 509.50 万只，增加 5.60 万只；禽蛋产量 2150 万公斤，牛奶产量 4450 万公斤，都与 2012 年基本持平。全区畜禽规模养殖适度比重保持稳定，生猪 87.50%，比 2012 年减少 0.05 个百分点；肉禽 94%，增加 0.25 个百分点；蛋禽 98%，减少 0.27 个百分点；奶牛 98%，增加 0.25 个百分点。百头以上奶牛养殖场 8 个，比 2012 年减少 10 个；3000 头以上生猪养殖场 17 个，减少 3 个；5 万羽以上蛋鸡养殖场 6 个，与 2012 年持平。全区渔业生产则以高效渔业为主并提档升级。全区 7580 公顷水产养殖面积中，特种水产养殖 7016 公顷，占养殖面积 92.56%；实现水产品总产量 5460 万公斤，增长 4.80%。

高效设施农业。全年新增省级农业龙头企业 3 家、市级 8 家、区级 10 家。全区农业龙头企业总量 61 家，其中国家级 3 家，省级 8 家，市级 22 家，市后备 9 家，区级 19 家。全区新增高效设施农业面积 1800 公顷，高效设施农业总面积 1.15 万公顷；全区新增高效农业面积 2000 公顷，高效农业面积累计 2.15 万公顷。新认证无公害农产品 36 个、绿色食品 10 个、有机食品 5 个、有机食品换证 9 个。农业部批准全区 1.35 万公顷水稻、1.35 万公顷小麦基地为全国绿色食品原料标准化生产基地。

农业生产条件。年底，全区农业综合机械化水平为 85.50%，比 2012 年提高 2.50 个百分点。全年推广农机具 240 多台（套），其中新建工厂化育秧中心 5 座，新增高速插秧机、步进式插秧机 20 台（套），全区水稻机械种植水平提高到 85%。新增稻麦油联合收割机、大中型拖拉机 50 台，秸秆还田机、旋耕机、打捆机等配套机具 50 台（套），高效设施农机

120 多台套，受益农户及服务组织 115 户（个）。全年完成机播面积 34070 公顷，完成机收面积 36900 公顷；机电灌溉和机械植保分别为 47780 公顷和 47760 公顷。年末农业机械总动力 49.86 万千瓦，比 2012 年增长 1.50%；拥有大型拖拉机 749 台，增加 47 台；拥有联合收割机 432 台，增加 58 台。

二、工业和建筑业

工业。全区 657 家规模以上工业企业完成工业总产值 2491.44 亿元，比 2012 年增长 14.20%。分经济类型看，增幅排在前三位的依次是外商及港澳台商投资企业（15.60%）、其他经济类型企业（15%）和股份合作企业（12.70%）；而总量排在前三位的分别是外商及港澳台商投资企业（1711.05 亿元）、股份制企业（681.27 亿元）和国有企业（45.77 亿元）。分行业看，全区规模工业涉及的 32 个行业大类中有 20 个行业工业总产值较 2012 年增长，12 个行业下滑；增速超过全区平均水平的有 12 个行业，增幅排在前三位的行业依次是有色金属矿采选业（114.60%）、废弃资源综合利用业（90.90%）、家具制造业（57.40%）；增长绝对额排在前三位的行业分别为汽车制造业（净增 295.65 亿元）、电气机械和器材制造业（净增 31.26 亿元）和非金属矿物制品业（净增 11.94 亿元）。全区规模以上工业企业完成产品销售收入 2158.35 亿元，增长 9.80%；实现工业利税总额 370.98 亿元，增长 26.70%；实现工业利润 247.74 亿元，增长 34.90%。

建筑业。全年共完成建筑施工产值 525 亿元，比 2012 年增长 9.40%；施工面积 2377 万平方米，增长 13.20%；竣工面积 1040 万平方米，增长 8.80%；完成建筑业入库税收 17 亿元，比 2012 年增长 26%。全行业有资质等级建筑业企业 394 家，其中一级资质企业 38 家（当年新增 2 家），二级资质企业 107 家（当年新增 3 家），资质等级、企业规模均位居全市第一。当年获得市优质结构工程 60 项，获“金陵杯”45 项，省优工程 13 项，国优工程 1 项。

三、固定资产投资

全年全社会固定资产投资 880.50 亿元，比 2012 年增长 11.30%。其中，城镇项目固定资产投资 572.40 亿元，增长 3.30%；房地产投资 119.90 亿元，增长 40.10%；农村非农户投资 126.90 亿元，下降 10.50%。全年共实现商品房销售面积 170.10 万平方米，比 2012 年增长 25.80%，商品房销售额 219.60 亿元，增长 65.30%。

投资结构。在全社会固定资产投资中，第一产业投资 3.40 亿元，比 2012 年增长 64.80%；第二产业投资 512.70 亿元，下降 8.10%，其中工业投入 512.40 亿元，下降 7.70%；第三产业投资 364.40 亿元，增长 57.60%。三次产业投资比例为 0.40 ∶ 58.20 ∶ 41.40。与 2012 年相比，全区第一产业投资比重上升 0.10 个百分点，第二产业投资比重下降 12.30 个百分点，第三产业投资比重上升 12.20 个百分点。

品质新城建设。强化规划引领，科学统筹空间、国土、产业、生态“四大规划”，确立全域主体功能区布局，完成各类规划编制任务 40 项，西部美丽乡村示范区建设拉开框架，35 平方千米启动区基本建成。东山副城“优二进三”试点全面启动，上坊片区旧城改造进展顺利。协调服务禄口机场 T2 航站楼、地铁 3 号线、机场高速改扩建等省、市重点工程，宁杭高铁江宁站投入使用。完成文靖东路、东周路、西部生态环线等一批城乡道路建设，建成一批水、电、气及城市防汛等市政工程。组建东山公交客运公司，推进智能公交系统，实现城乡公交一卡通全覆盖，新辟停车位 1253 个。建成街心公园 10 个，百家湖公共休闲岸线改造完成。万达广场城市综合体正式运营，杨家圩“五桥五路一园”建成开放，银城皇冠等 3 家高星级酒店竣工营业。全区加快美丽乡村建设，新增黄龙岘、汤家家等一批新“金花村”。石塘村和锁石村分获“中国最美村镇”典范奖和宜居奖，大塘金（双塘村）和金桥村被评为“全省最具魅力乡村”，创成 25 个省三星级“康居乡村”。

四、交通运输和旅游业

交通运输业。全区全社会各种运输方式共完成货运量 3134 万吨，增长 8.30%；货运周转量 251818 万吨公里，下降 8.07%；全年完成客运量 16651 万人次，增长 6.40%；客运周转量 261564 万人公里，增长 6.40%。全区所有公交线路、车辆、出租车均安装智能车载设备，实行 IC 卡刷卡乘车，公交区域一卡通覆盖率 100%。新增公交线路 6 条，优化调整公交线路 10 条，延长公交服务时间 6 条，开通全区第一条快速公交班线“江宁快 1 线”。新增更新公交车辆 95 辆，新增公交停靠站点 16 个，新增出租汽车 300 辆。年末，全区境内公路通车里程 2149 千米，其中高速 121 千米，一级道路 279 千米，二级道路 327 千米。

旅游业。全区实现旅游收入 200 亿元，接待游客 1800 万人次，分别比 2012 年增长 33.30% 和 38.40%。方山旅游度假区成为市级旅游度假区，台创园创建成国家 AAA 级景区，谷里大塘金、江宁黄龙岘、东山香樟园、汤山汤家家创建省四星级乡村旅游点，秣陵杏花村、江宁朱门人家、淳化马场山创建省三星级乡村旅游点。年末，全区拥有国家 AAAA 级旅游景区 1 个、国家 AAA 级旅游景区 5 个、国家 AA 级旅游景区 13 个。

五、国内贸易、对外经济

消费品市场。全年实现消费品零售额 332.10 亿元，比 2012 年增长 16.10%。其中，批发业实现零售额 65.50 亿元，增长 27.90%；零售业实现零售额 251.70 亿元，增长 15%；住宿业实现零售额 1.18 亿元，下降 15.10%；餐饮业实现零售额 13.70 亿元，下降 6.20%。

外向型经济。全年新批注册外商投资企业 87 家，实际使用外资 8.49 亿美元，比 2012 年下降 15.30%；工商注册外资 12.61 亿美元，下降 42%；出口创汇 66.03 亿美元，增长 5.30%。

六、财政、金融

财政。全区全口径财政总收入突破 400 亿元大关，实现 426.70 亿元，比 2012 年增长 27.30%；地方财政总收入 308.10 亿元，增长 13%；公共财政预算收入 156.40 亿元，增长 14%。从主要税种看，增值税完成 114.50 亿元，比 2012 年增长 19.02%；国内消费税完成 30.20 亿元，增长 3.50%；营业税完成 37.50 亿元，增长 11.40%；企业所得税完成 47.70 亿元，增长 16.70%；个人所得税完成 15.10 亿元，增长 5.80%。全年国税部门完成公共预算收入 45.01 亿元，比 2012 年增长 19.60%；地税部门完成公共预算收入 94.23 亿元，增长 15%；财政部门完成公共预算收入 17.13 亿元，下降 2.60%。

全区公共财政预算支出136.60亿元，比2012年增长9.50%，政府性基金支出116.30亿元，增长88.30%。

金融。年末，全区金融机构存款（本外币）余额1493.92亿元，比年初增加279.59亿元，增长23.02%。其中居民储蓄存款余额526.42亿元，比年初增加78.06亿元，增长17.41%。全区金融机构贷款（本外币）余额797.56亿元，比年初增加136.52亿元，增长20.65%。

七、科学技术和教育

科技事业。全年共组织实施国家级科技计划项目21项，省级27项，市级78项，区级254项。自主培育3名创业人才入选第十批中央“千人计划”，占全省入选总数1/10；入选省“双创”计划17名，占全市入选总数2/5，两项指标均列全省县（市、区）第一。创成江苏唯一的“千人计划”“万人计划”双基地；新建成悠谷孵化器等科创载体116万平方米，落户人才创业项目320个，入驻公共技术服务平台18个；新增国家高新技术企业35家，全区高新技术企业累计229家；新增市级以上研发机构31个，实施产学研合作项目130项，获得中国产学研合作促进奖；新增省名牌产品、著名商标21个，参与国家、行业标准起草12项；全年完成专利申请量11419件，其中发明专利3283件，分别比2012年增长26%、15%。专利授权量5086件，比2012年增长17%，其中发明专利授权量620件，下降1%。江宁获得全省人才工作先进区“四连冠”、全国科技进步先进区“七连冠”。

教育事业。全区义务教育均衡发展；成功创建全国社区教育实验区、全国义务教育发展基本均衡区。年末，全区拥有普通中学33所，比2012年减少1所，在校学生3.44万人，减少1400人；中等职业学校2所，在校学生4300人；小学30所，增加1所，小学在校生5.55万人，增加3900人；幼儿园74所，增加2所，在园儿童3.03万人，增加1200人。全区3周岁～5周岁幼儿入园率98.60%，小学入学率、巩固率均保持100%；初中入学率、巩固率均为100%；初中升学率98.10%。全年高中毕业参加录取人数4924人，被各类高校录取4427人，录取率89.91%，比2012年增加0.19个百分点。其中，专科录取2123人，减少137人；本科录取2304人，增加149人。

八、文化、卫生和体育

文化事业。围绕打造“不谢幕的剧场”“不停演的广场”，扩大“和谐江宁大舞台”“江宁之春”两大群众文化品牌影响力，举办“百场公益演出广场行”“文化进社区”“金陵五月风”等各类文化惠民演出达千场。全年送戏下乡100场、送书下乡20万元、送电影下乡2500场。继2012年被评为江苏省公共文化服务体系示范区后，2013年又被江苏省推荐参评国家公共文化服务体系示范区。区文化馆、图书馆、博物馆等文化设施全部实现免费开放，图书馆、文化馆为国家一级馆，博物馆为国家三级馆。全年新建农家书屋18家，打造1个五星、1个四星、5个三星“省级星级农家书屋”。驻区15所高校与区图书馆结成图书资源共享联合体，推进了全区图书资源共享工作。

广播电视事业。年末，全区有线电视用户总数31.60万户，其中数字电视用户27.78万户，比2012年增加5.08万户。

卫生事业。全区拥有各类医疗卫生机构391个，卫生机构床位数4089张，与2012年持平。

其中，医院 20 个，拥有床位 3150 张；卫生服务中心 23 个，拥有床位 737 张；其他卫生事业机构 348 个，拥有床位 202 张。卫生技术人员 5379 人，比 2012 年增加 134 人。其中，执业医师、执业助理医师 2749 人，注册护士 2630 人。全年新型合作医疗年人基金标准为 580 元，参保人数 41.07 万人，筹集基金 2.58 亿元，社区覆盖率和群众参加率均稳定在 100%；报销政策处于全市乃至全省前列；在全市率先开展大病补充医疗保险试行，全年共有 1356 人受益，报销 870 万元。实施门诊统筹总额预付，区域内门诊医疗费用得到有效控制。并实行九大类 13 个病种基层住院起付线外"全报销"政策。全区孕产妇保健管理率 99.95%，0 岁 ~ 6 岁儿童保健管理率 99.53%，孕产妇死亡率 7.23/10 万，婴儿死亡率 3.54‰，5 岁以下儿童死亡率 5.28‰，各项指标均达到省、市妇女儿童发展规划标准。

体育事业。圆满完成 2013 年南京亚青会江宁区的办赛和保障工作，共举办手球比赛 34 场，足球比赛 16 场，射击比赛 8 个单元。3 个项目共决出金牌 10 枚。接待了亚奥理事会官员等中外贵宾 280 余人次，全区共有近 6000 人直接参加亚青会的服务和保障，6 万多名观众现场观看比赛。全年组队参加省、市级各类体育竞赛 17 项，共获得奖牌 160 枚，其中金牌 64 枚、银牌 57 枚、铜牌 39 枚。其中在省县级比赛中取得金牌 5 枚、奖牌 10 枚、总分 117 分，位列全省 65 个区县总分第十名的好成绩；在南京市少儿田径比赛中获得团体总分第一名；女子垒球项目获得省比赛冠军，6 名运动员作为省队主力参加 12 届全运会获得金牌。全年体彩销售额 2.50 亿元，全省排名第 10 名。

九、环境保护和安全生产

生态建设。节能减排完成年度目标。完成年初确定的高新园污水处理厂等 18 个水污染物总量重点减排项目，南京中联水泥有限公司脱硝工程等 10 个大气污染物重点减排项目，江宁区民生养猪场等 9 个农业源污染物重点减排项目。化学需氧量、氨氮、二氧化硫、氮氧化物 4 种主要污染物排放削减均完成年度目标任务。完成江宁经济技术开发区殷巷片区污水接管纳入江宁高新园污水厂二期工程、9 号污水泵站和文靖路沿线污水接管纳入城北污水厂工程、岔路片区污水管网对接江宁区城北污水处理厂工程，完成汤山作厂、高新园、空港、城北污水处理厂一级 A 提标改造工程，完成丹阳集镇污水处理厂（0.20 万吨 / 日）建设，湖熟街道集镇污水处理厂（0.60 万吨 / 日）主体工程建设。启动江宁经济技术开发区南区污水厂（6 万吨 / 日）、横溪街道丹阳污水处理厂（0.50 万吨 / 日）建设，铺设污水主次干管、入户支管 155 千米。城市污水集中处理率 88.40%，比 2012 年提高 1.40 个百分点。全年全区空气优良天数比例达 83%，比 2012 年下降 7.50 个百分点；全区 5 个小康标准断面达标 80% 以上，集中式饮用水源地水质达标率 100%；Ⅲ类以上地表水比例为 47%，比 2012 年提高 7 个百分点。投资 150 万元建成的全区首个 PM2.5 空气自动监测站（高新园）投入运行，对江宁境内空气中的主要污染物二氧化硫、氮氧化物、可吸入颗粒物、细颗粒物、臭氧、一氧化碳 6 项指标，实施 24 小时实时、动态、自动、连续监测。

安全生产。生产安全事故连续 8 年实现事故起数和死亡人数"双下降"，全年工矿商贸企业共发生事故 4 起，死亡 5 人。全年生产安全事故亿元 GDP 死亡率为 0.0046 人，比 2012 年下降 14.80%。

十、人民生活

人口。年末，全区户籍总户数33.67万户，总人口为95.62万人，比2012年增长1.09%。其中，男性人口47.16万人，增加3600人；女性人口48.46万人，增加6700人。全年出生人口1.18万人，出生率为12.38‰；全年死亡人口0.53万人，死亡率为5.57‰；人口自然增长率为6.81‰。全区计划生育率98%以上。年末常住人口117.86万人，比2012年增长0.51%，城镇人口比重为73.20%，比2012年提高3.80个百分点。

居民生活水平。据农村住户抽样调查，全年农民人均纯收入16820元，比2012年增长12%；农村居民人均纯收入中位数为14769元。人均生活消费支出12987元，增长13.50%，其中食品支出占人均生活消费支出的比重为36.80%，增加1.30个百分点。据城镇住户抽样调查，全年城镇居民人均可支配收入38222元，比2012年增长9.30%；城镇居民人均可支配收入中位数为34831元。人均生活消费支出24969元，增长9.80%，其中食品支出占人均生活消费支出的比重为30.30%，减少0.50个百分点。

家庭耐用消费品拥有量。据抽样调查，平均每百户城镇居民家庭耐用消费品拥有量：家用汽车62辆，比2012年净增26辆；家用空调238台，组合音响11套，移动电话241部，家用电脑110台，彩电184台，淋浴热水器111台。平均每百户农村居民家庭耐用消费品拥有量：彩电167台，摩托车39辆，洗衣机93台，热水淋浴器92台，移动电话242部，家用空调129台，家用电脑58台，家用汽车26辆。

居民住房。农村居民人均居住建筑面积61.50平方米，比2012年增长1.20%。城镇居民人均住房建筑面积42平方米，比2012年增长4.80%。

就业。全年培育创业典型70人，培育自主创业465人，创业带动就业3555人。开展就业招聘212场，提供岗位8.50万多个，新增就业2.30万人。援助困难人员就业603人，农村劳动力转移15576人次。全年开展各类技能培训53769人次，其中再就业培训4690人、创业培训1397人、农村劳动力培训11041人。年末城镇人口登记失业率2.60%。

社会保障。全年全区参保单位10542家，比2012年新增参保单位1472家，净增参保职工17646人。全区养老保险参保职工人数37.45万人，比2012年增长14.70%；工伤、生育保险参保人数23.67万人，增长7.60%，失业保险参保人数24.30万人，增长7.60%；医疗保险参保人数36.65万人，增长6.70%。全年征收各项社会保险费57亿元，支付30亿元，基金累计结余126亿元。从2013年9月1日起，率先实现医保同城联网结算，就医购药范围更广，结算更便捷。全区职工医保制度规定范围内住院费用报销比例82.48%，超过省、市下达的80%以上的要求。对2万名企业退休人员开展了调资，被征地农民、失地人员基本生活保障金每档每月增加40元，300多名退休失地人员享受到一次性补偿。城乡低保标准分别增至560元和480元，惠及城乡低保对象10446户、17874人，发放保障金0.80亿元。全区共有养老服务（站、所）机构233个，养老床位6608张，比2012年增加1070张。

第六次全国人口普查主要数据公报与解读

根据《全国人口普查条例》和《国务院关于开展第六次全国人口普查的通知》，国家以2010年11月1日零时为标准时点进行第六次全国人口普查。在国务院、省政府和地方各级人民政府的统一领导下，在全体普查对象的支持配合下，通过广大普查工作人员的艰苦努力，圆满完成了人口普查任务。现将快速汇总的主要数据公布如下：

一、全区常住人口

全区常住人口为1145628人，与2000年第五次全国人口普查相比，有较快的增长。

解读：主要原因是区经济建设和社会事业的快速发展，大学城的崛起以及区内生活环境的优化，吸引区外、市外人口在此工作、生活和学习。

二、家庭户人口

全区常住人口中，家庭户327013户，家庭户人口为925164人，平均每个家庭户的人口为2.83人，比2000年第五次全国人口普查的3.10人减少0.27人。

解读：平均每户人口减少主要有两大原因，一是少生优生被大多数家庭认可；二是老年父母与子女共同生活的少了，分户的小家庭多了。

三、性别构成

全区常住人口中，男性人口为591017人，占51.59%；女性人口为554611人，占48.41%。总人口性别比（以女性为100，男性对女性的比例）由2000年第五次全国人口普查的106.28上升为106.56。

解读：总人口性别比由2000年第五次全国人口普查的106.28上升为106.56，在人口统计学中，人口性别比的正常范围在102至107之间，所以106.56属于正常的人口性别比范围。

四、年龄构成

全区常住人口中，0岁~14岁人口为114691人，占10.01%；15岁~64岁人口为940591人，占82.10%；65岁及以上人口为90346人，占7.89%。同2000年第五次全国人口普查相比，0岁~14岁人口的比重下降7.77个百分点，15岁~64岁人口的比重上升8.14个百分点，65岁及以上人口的比重下降0.37个百分点。

解读：按照国际惯例，65岁及以上人口占到7%即已进入"老年社会"。江宁区的老龄化现象逐步凸显，区相关部门将根据人口普查数据，研究制订今后应对老龄化的政策。

五、各种受教育程度人口

全区常住人口中，具有大学（指大专以上）文化程度的人口为271547人；具有高中文化（含中专）程度的人口为195699人；具有初中文化程度的人口为351178人；具有小学文化程度的人口为232979人（以上各种受教育程度的人包括各类学校的毕业生、肄业生和在校生）。

同2000年第五次全国人口普查相比，每10万人中具有大学文化程度的由3767人上升为23703人；具有高中文化程度的由12449人上升为17082人；具有初中文化程度的由34120人下降为30654人；具有小学文化程度的由35242人下降为20336人。

全区常住人口中，文盲人口（15岁及以上不识字的人）为34502人，同2000年第五次全国人口普查相比，文盲人口减少16183人，文盲率由6.48%下降为3.01%，下降3.47个百分点。

解读：江宁区高度重视文化教育发展，大力发展高等教育，区内落户的大专院校超过20所，就读学生超过20万人，全区文盲率大幅降低。

江宁区第六次全国人口普查领导小组办公室
江宁区统计局
2011年5月12日

说明：1. 本公报中数据均为初步汇总数。

2. 普查登记的对象是指普查标准时点在中华人民共和国境内的自然人以及在中华人民共和国境外但未定居的中国公民，不包括在中华人民共和国境内短期停留的港澳台居民和外籍人员。“境内”指中华人民共和国海关关境以内，“境外”指中华人民共和国海关关境以外。

3. 常住人口，是普查登记的2010年11月1日零时的常住人口。常住人口包括，居住在本乡镇街道、户口在本乡镇街道或户口待定的人；居住在本乡镇街道、离开户口所在的乡镇街道半年以上的人；户口在本乡镇街道、外出不满半年或在境外工作学习的人。

4. 家庭户是指以家庭成员关系为主、居住一处共同生活的人组成的户。

5. 文盲率是指全区常住人口中15岁及以上不识字人口所占比重。

索 引

一、本索引包括条目索引、古诗文索引、人物索引、表格索引和图片索引五部分。

二、条目索引择于各编中的目（《丛录》未编索引），因语言环境变化，部分条目酌加修饰或适当浓缩；古诗文索引择于第三十八编《古代诗文选》；人物索引择于第四十七编《人物》第一章“人物传略”、第二章“人物简介”和第三十二编《精神文明建设》第四章“道德楷模”；表格索引择于志文中的所有表格；图片索引择于册首彩色照片和志文中的示意图、黑白照片。

三、条目索引、古诗文索引、人物索引按标引词（条目）第一个汉字拼音字母顺序排列，同音字按声调排列，声调相同按下一字的音序排列，以此类推。

四、图片索引和表格索引均按册本和页码先后为序。图片索引中，图片说明前标“册首彩页”的系各册首的彩色图片，其他图片按志文所注序号。表格和图片首个数字为该表格（图片）所在编，中间数字为该表格（图片）所在章，末尾数字为该表格（图片）所在编中的次序。表格首字为“丛”，代表《丛录》，后面数字为该表格在《丛录》中的序号。

五、标引词（条目）和表格名、图片说明后数字为该条目、表、图在书中的位置，其中首个数字表示该条目、表、图所在册本，第二个数字表示该条目、表、图所在的页码。册首彩图单独编码，第一册册首地图无页码，则标注插页。

条目索引

A

B

C

D

E

F

G

H

J

K

L

M

N

P

Q

R

S

T

W

X

Y

Z

古诗文索引

B

C

D

F

G

H

J

L

M

N

Q

R

S

Z

人物索引

B

C

D

F

G

H

J

K

L

M

N

P

Q

R

S

T

W

X

表格索引

图片索引

主要参考文献

1. 汉・司马迁：《史记》，中华书局，1982 年
2. 梁・沈约：《宋书》，中华书局，1974 年
3. 梁・萧子显：《南齐书》，中华书局，1972 年
4. 梁・萧统（唐・李善注）：《文选》，岳麓书社，1995 年
5. 唐・李延寿：《南史》，中华书局，1975 年
6. 唐・李延寿：《北史》，中华书局，1974 年
7. 唐・杜佑：《通典》，中华书局，1988 年
8. 唐・李吉甫：《元和郡县图志》，中华书局，1983 年
9. 宋・张敦颐：《六朝事迹编类》，上海古籍出版社，1995 年
10. 宋・祝穆：《方舆胜览》，中华书局，2003 年
11. 宋・周应合：《景定建康志》，清嘉庆六年（1801）刻本
12. 元・张铉：《至正金陵新志》，南京出版社，1991 年
13. 明・礼部：《洪武京城图志》（北京图书馆古籍珍本丛刊），书目文献出版社，2000 年
14. 明・闻人诠、陈沂：《南畿志》（北京图书馆古籍珍本丛刊），书目文献出版社，2000 年
15. 明・王诰、刘雨：《正德江宁县志》（北京图书馆古籍珍本丛刊），书目文献出版社，2000 年
16. 明・盛时泰：《牛首山志》（《南京文献》本），上海书店，1991 年
17. 明・程三省：《万历上元县志》（《南京文献》本），上海书店，1991 年
18. 明・李登、周诗：《万历江宁县志》，江苏广陵古籍刻印社，1987 年
19. 清・彭定求：《全唐诗》，中华书局，1999 年
20. 清・陈作霖：《江苏兵事纪略》（《近代中国史料丛刊续编》），（台湾）文海出版社，1980 年
21. 清・陈开虞：《康熙江宁府志》，清康熙六年 (1667）刻本
22. 清・佟世燕：《康熙江宁县志》（《稀见中国地方志汇刊》本），中国书店，1992 年
23. 清・何梦篆、程廷祚：《乾隆上元县志》，清乾隆十六年（1751）刻本
24. 清・袁枚：《乾隆江宁县志》，江苏广陵古籍刻印社，1988 年
25. 清・武念祖：《道光上元县志》（《中国地方志集成本》），江苏古籍出版社，1991 年
26. 清・莫祥芝、甘绍盘：《同治上江两县志》（《中国地方志丛书》本），（台湾）成文出版有限公司，1970 年
27. 清・蒋启勋、赵佑宸：《光绪续纂江宁府志》（《中国地方志丛书》本），（台湾）成文出版有限公司，1970 年
28. 清・陈作霖：《上元江宁乡土合志》，江楚编译书局，清宣统二年（1910）刊本
29. 清・高晋等：《南巡盛典名胜图录》，古吴轩出版社，1999 年
30. 清・陈文述：《秣陵集》，淮南书局，光绪十年（1884）刻本

31. 民国・朱偰：《金陵・古迹图考》，中华书局，2006 年
32. 民国・卢前：《江宁碑传初辑》，江宁县文献委员会，民国 37 年（1948）
33. 民国・陈作霖、陈诒绂：《金陵琐志九种》（《南京稀见文献丛刊》本），南京出版社，2008 年
34. 民国・孙睿源、江庆沅：《江宁乡土志》，中华书局，民国 5 年（1916）
35. 民国・江宁自治实验县县政府：《江宁县政概况》，江宁自治实验县县政府秘书处，民国 23 年（1934）
36. 民国・朱希祖、滕固等：《六朝陵墓调查报告》，中央古物保管委员会，民国 24 年（1935）
37. 南京市文献委员会：《南京小志》，中华书局，民国 37 年（1948）
38. 民国・朱偰：《金陵・古迹名胜影集》，中华书局，2006 年
39. 民国・朱偰：《金陵古迹图考》，中华书局，2006 年
40. 民国・胡祥翰：《金陵胜迹志》，民国 15 年（1926）刻本
41. 民国・严伟：《南汤山志》，南汤山陶庐，民国 26 年（1937）
42. 民国・张通之：《金陵四十八景题咏》（《南京文献》本），上海书店，1991 年
43. 武同举：《江苏水利全书》，南京水利实验处，1950 年
44. 南京博物院：《南唐二陵挖掘报告》，文物出版社，1957 年
45. 殷维翰：《南京山水地质》，地质出版社，1979 年
46. 蒋赞初：《南京史话》，江苏人民出版社，1980 年
47. 钱实甫：《清代职官年表》，中华书局，1980 年
48. 中国第二历史档案馆：《中华民国史料档案资料汇编・南京临时政府》，江苏人民出版社，1981 年
49. 江宁县地名委员会：《江苏省江宁县地名录》，1984 年（准印）
50. 江宁县政协文史资料委员会、江宁县地方志办公室：《江宁春秋》（1 ～ 12 期），1984—1993 年
51. 江宁县土地普查办公室：《江苏省江宁县土地志》，1984 年（内部资料）
52. 中共江宁县委党史资料征集委员会办公室:《江宁革命史料第一辑》，1984 年（内部资料）
53. 中共江宁县委党史资料征集委员会办公室：《邓仲铭烈士纪念集》1985 年（内部资料）
54. 中共江宁县委党史资料征集委员会办公室:《江宁革命史料第二辑》，1987 年（内部资料）
55. 湖熟镇地方志编纂领导小组：《湖熟镇志》，1987 年（准印）
56. 江宁县财政局：《江宁县财政志（1949—1985）》，1987 年（内部资料）
57. 窦天语、庞树根：《江宁》（江宁县邑风物丛书），江苏人民出版社，1988 年
58. 江宁县物资志编纂领导小组《江宁县物资志》，1988 年（内部资料）
59. 江宁县商业志编纂领导小组：《江宁商业志》，1988 年（内部资料）
60. 江宁县地方志编纂委员会：《江宁县志》，档案出版社，1989 年
61. 南京市公路管理处：《南京古代道路史》，江苏科技出版社，1989 年
62. 中共江宁县委党史资料征集办公室:《抗日战争、解放战争时期江宁县革命斗争大事记》，1989 年（内部资料）
63. 东山镇志编纂小组：《东山镇志》，1989 年（准印）

64. 江宁县医药公司编纂组：《江宁县医药志》，1989 年（准印）
65. 江宁县卫生志编纂组：《江宁县卫生志》，南京出版社，1989 年
66. 江宁县税务志编纂领导小组：《江宁县税务志》，1989 年（内部资料）
67. 江宁县金融志编纂领导小组：《江宁县金融志》，1989 年（内部资料）
68. 中共江宁县委组织部、中共江宁县委党史资料征集委员会办公室、江宁县档案局：《中国共产党江苏省江宁县组织史资料（1927 年 8 月—1987 年 12 月）》，1989 年（准印）
69. 郭卿友：《中华民国时期军政职官志》，甘肃人民出版社，1990 年
70. 江宁镇志编写组：《江宁镇志》，南京出版社，1990 年
71. 江宁县上坊乡人民政府：《上坊乡志》，1990 年（准印）
72. 江宁县县属工业志编纂小组：《江宁县县属工业志》，南京出版社，1990 年
73. 江宁县城乡建设志编纂小组：《江宁县城乡建设志》，南京出版社，1991 年
74. 南京市地方志编纂委员会：《自然地理志》，南京出版社，1992 年
75. 江宁县地方志编纂委员会：《江宁县抗洪志（1991）》，南京出版社，1992 年
76. 中共江宁县委宣传部、江宁县经济委员会：《抗天歌》（1991 年江宁县抗洪斗争纪实，“协作杯”报告文学集），1992 年（内部资料）
77. 江宁县地方志编纂委员会：《江宁县施政概况（1986—1990）》，南京出版社，1992 年
78. 龙都乡志编纂领导小组：《龙都乡志》，南京出版社，1992 年
79. 陶吴镇志编纂领导小组：《陶吴镇志》，南京出版社，1992 年
80. 禄口镇志编纂领导小组：《禄口镇志》，1992 年（准印）
81. 秣陵镇志编纂领导小组：《秣陵镇志》，1992 年（准印）
82. 谷里乡志编纂领导小组：《谷里乡志》，1992 年（准印）
83. 南京青龙山林场志编纂委员会：《南京青龙山林场志》1992 年（准印）
84. 江宁县交通志编纂领导小组：《江宁县交通志》，南京出版社，1993 年
85. 铜井乡志编写组：《铜井乡志》，1993 年（准印）
86. 江宁县地名委员会：《江宁县地名手册》，1994 年（内部资料）
87. 刘谨胜、刘诗：《江苏碑刻》，中国世界语出版社，1994 年
88. 南京市地方志编纂委员会：《南京税务志》，海天出版社，1994 年
89. 南京金融志编纂委员会、中国人民银行南京分行：《民国时期南京商办银行》（《南京金融志资料专辑二》），1994 年
90. 罗宗真：《六朝考古》，南京大学出版社，1994 年
91. 中共江宁县委党史办公室：《江宁人民革命斗争史》，1995 年（准印）
92. 江宁县政协文史委员会：《江宁胜迹》，1995 年（准印）
93. 周岗镇人民政府：《周岗镇志》，1995 年（准印）
94. 中共江宁县委组织部：《中国共产党江苏省江宁县组织史资料第二卷》，1996 年（准印）
95. 南京市博物馆等：《南京人化石地点》，文物出版社，1996 年
96. 南京市地方志编纂委员会：《南京建筑志》，方志出版社，1996 年
97. 南京市地方志编纂委员会：《南京环境保护志》，中国环境科学出版社，1996 年

98. 中共南京市委党史工作办公室、中共南京市委宣传部：《南京百年风云（1840—1949）》，南京出版社，1997年

99. 南京市地方志编纂委员会：《南京文物志》，方志出版社，1997年

100. 江宁县地方志办公室：《江宁县施政概况（1991—1995）》，1997年（准印）

101. 南京市地方志编纂委员会：《南京政协志》，方志出版社，1997年

102. 贺云翱：《汤山风情》，南京出版社，1998年

103. 南京市地方志编纂委员会：《南京广播电视志》，南京出版社，1998年

104. 江宁县供销合作总社：《江宁县供销合作社志》，1998年（准印）

105. 中共江宁县委党史工作办公室、江宁县档案局：《中国共产党江宁县历史大事记1949—1995）》，1998年（准印）

106. 中共江宁县委党史工作办公室、中共江宁县委组织部：《江宁风范》（人物传记），1998年（准印）

107. 中共江宁县委党史工作办公室、江宁县地方志办公室：《春风绿江宁》（改革开放20年纪实），1999年（准印）

108. 江宁县档案局（馆）：《江宁县历任县级领导及县管干部名录（1939年7月—1999年6月）》（内部资料）

109. 江宁县地方志编纂委员会：《江宁县土地管理志》，江苏人民出版社，1999年

110. 江宁县邮电志编纂委员会：《江宁邮电志》，东南大学出版社，1999年

111. 江苏省地方志编纂委员会：《江苏省志·地质矿产志》，江苏科学技术出版社，1999年

112. 南京市地方志编纂委员会：《南京建置志》，海天出版社，1999年

113. 马俊：《江宁咏唱》，1999年（准印）

114. 中共江宁县委党史工作办公室：《历史的探索（1949—1978）》，2000年（准印）

115. 江宁县计划经济委员会：《江宁县计划与经济白皮书（1999）》，2000年（内部资料）

116. 江宁县人大常委会办公室：《江宁县人大常委会大事记（1980年9月—2000年9月）》，2000年（内部资料）

117. 江宁县教育委员会：《江宁县教育志》，2000年（准印）

118. 南京市文物局：《南京文物精华》，上海人民美术出版社，2000年

119. 江宁县水利志编纂委员会：《江宁水利志》，河海大学出版社，2001年

120. 江宁分卷编辑委员会：《江苏人民革命斗争群英谱·江宁分卷》，江苏人民出版社，2001年

121. 中共南京市江宁区委宣传部、南京市江宁区文学艺术界联合会：《江宁文苑撷粹》，2001年（内部资料）

122. 卢海鸣、杨新华：《南京民国建筑》，南京大学出版社，2001年

123. 南京市地方志编纂委员会：《南京人口志》，学林出版社，2001年

124. 南京市地方志编纂委员会：《南京人物志》，学林出版社，2001年

125. 丹阳镇人民政府：《丹阳镇志》，2001年（准印）

126. 江宁年鉴编纂委员会：《江宁年鉴（1996—2000）》，方志出版社，2001年

127. 江宁经济志编纂委员会：《江宁经济志》，江苏人民出版社，2001 年
128. 中共南京市江宁区委党史工作办公室、南京市江宁区地方志办公室：《群星耀江宁》，2002 年（准印）
129. 中共南京市江宁区委组织部：《南京市江宁区组织工作文件选编》，2002 年（内部资料）
130. 南京市地方志编纂委员会：《南京标准计量管理志》，方志出版社，2002 年
131. 江宁县财政局：《江宁县财政志（1986—2000）》，2002 年（内部资料）
132. 吴汝康、李星学：《南京直立人》，江苏科学技术出版社，2002 年
133. 南京市地方志编纂委员会：《南京通志·宗教卷》稿本，2002 年
134. 中共南京市江宁区地方志办公室、中共南京市江宁区委党史工作办公室：《江宁年鉴（2003）》，方志出版社，2003 年
135. 南京市地方志编纂委员会：《南京民俗志》，方志出版社，2003 年
136. 南京市地方志编纂委员会：《南京人民代表大会志》，方志出版社，2003 年
137. 赵慕明：《汤山记胜》，远方出版社，2003 年
138. 中共南京市江宁区委党史工作办公室：《历次代表大会文献汇编（1949—1999）》，2004 年（内部资料）
139. 中共南京市江宁区委宣传部：《纪录江宁》（2003 年外宣新闻作品撷粹），2004 年（内部资料）
140. 中共南京市江宁区委党史工作办公室、南京市江宁区地方志办公室：《江宁年鉴（2004）》，2004 年（准印）
141. 南京市江宁区规划局：《宏伟规划 成就未来》，2004 年（内部资料）
142. 中共南京市委党史工作办公室、中共南京市委宣传部：《南京历代风华（远古—1840）》，南京出版社，2004 年
143. 江宁区文化局、江宁区博物馆：《江宁文物》，江苏美术出版社，2004 年
144. 费仲兴：《汤山觅踪》，中国工人出版社，2004 年
145. 江宁区民政志编纂委员会：《江宁民政志》，江苏人民出版社，2004 年
146. 江宁农机化志编纂委员会：《江宁农机化志》，方志出版社，2004 年
147. 江宁政协志编纂委员会：《江宁政协志》，江苏人民出版社，2005 年
148. 南京市江宁区地方志办公室：《江宁年鉴（2005）》，方志出版社，2005 年
149. 南京辞典编纂委员会：《南京辞典》，方志出版社，2005 年
150. 赵慕明：《名人与江宁》，人民日报出版社，2005 年
151. 江宁区人民政府：《看得见的未来》（2004 年我最喜爱的江宁建筑评选），2005 年（内部资料）
152. 蒋好华：《区域创新之路》（江宁模式解读），新华出版社，2005 年
153. 南京市新四军和华中抗日根据地研究会江宁分会等：《抗日烽火燃江宁》，2005 年
154. 余子道：《汪伪政权全史》，上海人民出版社，2006 年
155. 窦天语、庞树根：《江宁掌故》（《江宁史话》系列丛书），江苏人民出版社，2006 年
156. 刘诗、庞树根：《江宁名人》（《江宁史话》系列丛书），江苏人民出版社，2006 年
157. 庞树根、赵鹤康：《江宁风俗》（《江宁史话》系列丛书），江苏人民出版社，2006 年

158. 庞树根、卢培金：《江宁物艺》（《江宁史话》系列丛书），江苏人民出版社，2006 年
159. 郑乐干、庞树根：《江宁揽胜》（《江宁史话》系列丛书），江苏人民出版社，2006 年
160. 刘诗、庞树根：《江宁诗词》（《江宁史话》系列丛书），江苏人民出版社，2006 年
161. 王崇辉、庞树根：《江宁传说》（《江宁史话》系列丛书），江苏人民出版社，2006 年
162. 郑乐干、庞树根：《江宁文物》（《江宁史话》系列丛书），江苏人民出版社，2006 年
163. 庞树根、卢培金：《江宁抗战》（《江宁史话》系列丛书），江苏人民出版社，2006 年
164. 庞树根、张大为：《江宁书目》（《江宁史话》系列丛书），江苏人民出版社，2006 年
165. 中共江宁区委党史工作办公室、江宁区地方志办公室:《江宁年鉴（2006）》，方志出版社，2006 年
166. 江宁区档案局（馆）：《抗非纪实》，2006 年（内部资料）
167. 江宁区档案局（馆）：《十五纪事》，2006 年（准印）
168. 杨新华、王宝林：《南京山水城林》，南京大学出版社，2007 年
169. 徐友春：《民国人物大辞典》（增订版），河北人民出版社，2007 年
170. 中共江宁区委党史工作办公室、江宁区地方志办公室、江宁区档案局：《江宁年鉴（2007）》，方志出版社，2007 年
171. 蒋晓星、张连红、王瑞林、刘广亮：《南京大屠杀史料集》（幸存者调查口述续编 37、38），江苏人民出版社，2007 年
172. 王瑞林、彭年德：《江宁历代方志提要与评析》，2007 年（内部资料）
173. 中共江宁区委党史工作办公室：《中共南京市江宁地方史（1949—1978）》，中共党史出版社，2007 年
174. 江宁人民代表大会志编纂委员会：《江宁人民代表大会志》，江苏人民出版社，2007 年
175. 南京市人口抽样调查领导小组办公室：《2005 年南京市 1% 人口抽样调查资料》，2007 年（内部资料）
176. 江宁区人民政府：《跨越》（江宁新区建设成就巡礼），2007 年（内部资料）
177. 陈济民：《南京掌故》，南京出版社，2008 年
178. 中共江宁区委党史工作办公室:《中共南京市江宁区委执政实录（2007）》，2008 年（准印）
179. 南京市江宁区地方志办公室：《江宁年鉴（2008）》，方志出版社，2008 年
180. 江宁区委宣传部：《聚焦江宁》（2007 年主流媒体报道汇编），2008 年（内部资料）
181. 江苏省地方志编纂委员会：《人物志（一、二、三）》，凤凰出版社，2008 年
182. 江宁区电力工业志编纂委员会:《江宁区电力工业志（1988—2002）》，江苏人民出版社，2008 年
183. 中国人民政治协商会议南京市江宁区委员会：《江宁历史文化大观》，南京出版社，2008 年
184. 江宁区人民政府：《生态江宁》（农村环境综合整治纪实），2008 年（内部资料）
185. 江宁区文化局、江宁区文联：《生态江宁摄影作品集》，2008 年（内部资料）
186. 中共南京市江宁区委宣传部：《小康江宁》，2008 年（内部资料）
187. 中共南京市江宁区委宣传部、江宁区规划局、江宁区文学艺术界联合会：《“规划杯·美好江宁”摄影作品选》（纪念改革开放三十周年，展现城乡规划建设成果），2008 年（内部资料）

188. 南京市江宁区总工会：《榜样的力量》（江宁劳动模范格言录），2009 年（内部资料）

189. 南京市扶贫开发协会、南京市革命老区经济开发促进会、中共南京市委党史工作办公室：《南京老区》，2009 年（准印）

190. 江宁档案志编纂委员会：《江宁档案志》，江苏人民出版社，2009 年

191. 秣陵志编纂委员会：《秣陵志》，江苏人民出版社，2009 年

192. 南京市江宁区文化局：《南京市江宁区非物质文化遗产荟萃》，南京出版社，2009 年

193. 南京市江宁区劳动和社会保障志编纂委员会：《江宁区劳动和社会保障志》，方志出版社，2009 年

194. 江宁区地名志编纂委员会：《江宁区地名志》，江苏人民出版社，2009 年

195. 中共江苏省委党史工作办公室：《江苏见证》（抗战时期人口伤亡和财产损失调研），中共党史出版社，2010 年

196. 钟国发：《陶弘景评传》（中国思想家评传丛书），南京大学出版社，2010 年

197. 江宁地方税务志编纂委员会：《江宁地方税务志》，方志出版社，2010 年

198. 中共南京江宁经济技术开发区工作委员会、南京江宁经济技术开发区管理委员会：《南京江宁经济技术开发区志》，江苏人民出版社，2010 年

199. 江宁区房产志编纂委员会：《江宁区房产志》，江苏人民出版社，2010 年

200. 南京市江宁区林牧渔业志编纂委员会：《江宁区林牧渔业志》，江苏人民出版社，2010 年

201. 江宁法院志编纂委员会：《江宁法院志》，江苏人民出版社，2010 年

202. 江宁区教育志编纂委员会：《江宁区教育志》，2010 年（内部资料）

203. 谷里街道志编纂委员会：《谷里街道志》，江苏人民出版社，2010 年

204. 周维林、许长生：《江宁出土历代墓志考释》，南京出版社，2011 年

205. 南京市地方志编纂委员会办公室：《南京通史·民国卷》，南京出版社，2011 年

206. 江宁质量技术监督志编纂委员会：《江宁质量技术监督志》，方志出版社，2011 年

207. 淳化街道志编纂委员会：《淳化街道志》，方志出版社，2011 年

208. 东山街道志编纂委员会：《东山街道志》，方志出版社，2011 年

209. 禄口街道志编纂委员会：《禄口街道志》，江苏人民出版社，2011 年

210. 南京市江宁区文化局、南京市江宁区博物馆：《千秋江宁》，文物出版社，2011 年

211. 南京大学文化与自然遗产研究院：《风流东晋》，文物出版社，2011 年

212. 南京市江宁区文化志编纂委员会：《江宁区文化志》，南京出版社，2011 年

213. 汤山街道志编纂委员会：《汤山街道志》，方志出版社，2011 年

214. 江宁公安志编纂委员会：《江宁区公安志》，江苏人民出版社，2011 年

215. 南京市江宁区交通志编纂委员会：《江宁区交通志》，江苏人民出版社，2011 年

216. 江宁区环境保护志编纂委员会：《江宁区环境保护志》，方志出版社，2011 年

217. 横溪街道志编纂委员会：《横溪街道志》，方志出版社，2011 年

218. 江宁街道志编纂委员会：《江宁街道志》，方志出版社，2011 年

219. 许汉奎、赵慕明：《远古的记忆——南京猿人》，江苏科学技术出版社，2011 年

220. 南京市江宁区军事志编纂委员会：《南京市江宁区军事志》，2011 年（准印）

221. 湖熟街道志编纂委员会：《湖熟街道志》，2011 年（准印）

222. 南京市江宁区商务志编纂委员会：《江宁区商务志》，南京出版社，2012 年

223. 浙江省东阳市档案馆：《蒋介石手谕》，2013 年（馆藏资料）

224. 江宁区建筑工程志编纂委员会：《江宁区建筑工程志》，方志出版社，2013 年

225. 中共江宁区禄口街道工作委员会、江宁区禄口街道办事处：《禄口史话》，中国文史出版社，2013 年

226. 辞海编辑委员会:《辞海》(1999 年普及本，全三册)，世纪出版集团、上海辞书出版社，2006 年

江宁区统计局提供的内部资料：

《1949—1960 年经济资料汇编》

《江宁县历年耕地面积变动情况表（1949—1959）》

《1949—1966 年国民经济统计资料（上册、下册）》

《1949—1954 年江宁县农林方面历史资料综合本》

《数字与成就——江宁县社会经济主要统计指标（1949—1988）》

《国民经济情况汇编》，1953 年起，每年编 1 册，至 1965 年共 13 册

《江宁县国民经济统计资料（1965—1979），上册、下册》

《江宁县国民经济主要统计资料（1977—1986）》

《江宁县国民经济统计资料》，1978 年起，每年编 1 册，至 1987 年共 10 册

《江宁县国民经济统计资料（1980—1985）》

《江宁县国民经济简明统计资料（1978—1997）》

《江宁县社会经济统计资料》，1988 年起，每年编 1 册，至 1991 年共 4 册

《江宁统计年鉴》，1992 年起每年编 1 册，至 2008 年，共 17 册

江宁区档案馆有关档案

中国第二历史档案馆民国档案

《南京史志》

《江苏省地方志》

《中国地方志》

《江宁报》

编后记

根据全国、省、市关于开展社会主义第二轮地方志编纂工作通知的精神，江宁区委、区政府决定编纂一部内容全面、资料翔实、贯通古今、质量上乘的《江宁区志》，下限到2007年。区志编纂工作始于2006年11月，至2014年12月出版发行，历经8个春秋。其间，大体分为启动准备、街道（部门）志编纂、区志总纂合成、评审修改四个阶段。在8年的编纂过程中，我们始终以精品良志作为努力目标，并贯穿于修志全过程。

启动准备阶段（2006年11月至2007年12月）。主要包括宣传发动、组建队伍、制订计划、设计篇目、业务培训和收集资料等前期基础性工作。2006年11月，区委办公室转发关于《做好新一轮修志工作的决定》。11月23日，区政府在江宁宾馆召开全区新一轮修志工作动员会，副区长陆蓉与110余家承编单位领导签订“修志工作责任状”，并将修志工作纳入年度工作考核目标。12月26—28日，区地方志办公室在汤山举办新一轮修志首期业务培训班，区志办领导分别与各承编单位主编签订责任状。会后，多数单位将修志工作纳入单位的重点工作之一，并逐步落实“五到位”（领导到位、机构到位、经费到位、队伍到位、条件到位）。全区110多家修志单位组成300余名专、兼职修志队伍，这为区二轮修志工作提供了组织保证。随后制订篇目，开展资料收集工作。2007年5月25日、10月19日，区志办分别在区档案馆、区委党校举办两期修志业务培训班，共培训400多人次。经过一年的努力，各承编单位共收集资料5000多万字。

街道（部门）志编纂阶段（2008年1月至2011年1月）。主要包括撰写初稿、评审修改、终审验收、出版发行等工作。对于部门志和街道志的编纂，区志办始终坚持“质量第一”的原则。为了做好街道（部门）志评审修改工作，制定下发《江宁区街道（部门）志审稿验收办法》。凡是出版发行的志稿一律实行“三审一验收”制度。至2011年1月，共出版发行街道志9部、部门志19部。在短短的三年多时间内，出版街道（部门）志28部、3000多万字，这是新中国成立以来江宁区最为浩大的方志编纂工程，不仅为编纂《江宁区志》夯实了坚实的基础，也为全区、全市乃至全省的方志事业做出了贡献。

区志总纂合成阶段（2011年2月至2013年3月）。为了做好区志总纂合成工作，2011年年初，区志办邀请省内外8名方志专家，对《江宁区志》篇目作了论证，经过论证后修改，形成总纂篇目。随后，市志办专家组亦对篇目作了审查通过。2011—2012年，在总纂合成的同时，围绕部分资料缺失，继续做好资料查找和资料补征工作。围绕资料空白，做好社会调查工作，先后开展商贸市场、服务业和金融业社会调查。围绕“冷门”资料、专业资料的缺失，做好对外承包工作。对外发包的篇章主要有：民国江宁、江宁古诗词选、古代人物传略、方言和江宁与南京。我们还请江苏年鉴社副社长吉祥撰写区志总述。经过修志人员两年的辛勤劳动、呕心沥血，于2013年3月完成了《江宁区志》征求意见稿。

评审修改阶段（2013年4月至2014年8月）。自2013年4月开始，组织各承编单位自审、区志办人员内审、有关人员专编专审、区四套班子新老领导抽审、专家会审等。在评审中，普遍对志稿作了充分肯定和高度评价，同时提出修改和勘误意见5000多条。这些修改意见特别是专家学者的意见，对志稿编纂理念提炼升华，亮点、长处发扬光大，缺陷、舛误得以纠正作用很大，这为确保志书质量，提升志书品位，打造精品良志提供了条件。在梳理意见基础上，按照“以我为主，择善而从”的原则，制订修改方案，按原来分工分头修改。再由执行主编一人统稿，搞好“三通”（通读、通审、通纂）。在“三通”过程中，既坚持突出重点，又注意兼顾全面；既强化统一文风，又注意基础规范；既严把政治关，又严把史实关；对大事记、人物进行反复斟酌，力避史实错误或与文中矛盾；对凡例、丛录进行反复修改，力争符合志书要求，为打造精品良志奠定扎实基础。2014年5月，形成500万字终审稿。7月7日，举行《江宁区志》终审会，副区长于茂高到会讲话，市志办领导和专家对区志终审稿作了精到的评析和高度评价，并一致同意通过终审。终审会结束后，区志办在认真梳理评审意见基础上，组织编纂人员对全志篇目结构进行再完善、再优化；对志稿内容进行再调整、再斟酌；对行文规范及语言文字进行再打磨、再锤炼。至9月底，形成验收稿。12月，验收稿通过省、市地方志办公室验收并交付印制。

《江宁区志》能够顺利编纂出版，得力于区委、区政府的高度重视和各级领导的大力支持。无论是区四套班子领导，还是各街道、各部门领导都把区志当做一项文化系统工程纳入工作计划和议事日程，除在人员、经费、办公条件等方面给予充分保证外，还经常过问进展情况，甚至参与其中。区志总纂合成后，还认真审读区志三稿（征求意见稿、复审稿和终审稿），提出许多独到见解和修改意见，纠正许多难以发现的谬误和缺漏，避免区志出版后留下种种遗憾。

《江宁区志》能够顺利编纂出版，得力于广大区志编纂人员倾情投入，无私奉献。全区300多位编纂人员，无论是专职或兼职还是外聘，也无论是青年、中年还是老年，痴心修志，乐于“三苦”（清苦、辛苦、艰苦）。为了弄清一个疑点，核对一个数据，顶烈日串门走访，向专家学者请教；为按时抢出初稿大家废寝忘食，案牍劳形，笔耕不辍。编纂区志八年，不知放弃多少节假日，也不知熬过多少不眠夜。个中繁复艰辛，难以言表，谓之“字字皆心血，句句凝汗水”，实不为过。2005年、2007年，两次获市地方志工作一等奖；2006年，区地方志办公室被评为全省地方志先进集体和市地方志工作考评特等奖；2013年6月，再次被评为省方志系统先进集体。这是上级领导部门对江宁区二轮修志工作以及广大编纂工作人员倾情投入的最好认定。

《江宁区志》能够顺利编纂出版，也得力于省、市志办领导的关心支持、专家学者的悉心指导和各方热心人士的倾心帮助。在修志过程中，省、市志办领导多次莅临江宁检查指导工作，评审篇目志稿。浙江大学历史系教授、《江宁区志》修志顾问仓修良，不顾年高，多次亲临江宁具体指导，帮助我们解决编纂中的有关问题，为提高区志编纂质量贡献智慧，付出辛劳。《江宁区志》的编纂工作一直得到省内外方志专家学者的关注。其间，我们先后约请中国地方志指导小组办公室原主任诸葛计和现任副主任邱新立、主任助理高延军、联络处处长张英聘，上海市地方志办公室原副主任姚金祥，河北省地方志办公室原副主任王广才，杭州市余杭区地方志办公室原主任、《余杭通志》总纂王庆，浙江省东阳市文化局副局长、《东阳市志》（1993年12月出版）主编王庸华，江苏省地方志办公室原处长、《武进县志》《武进区志》主编张尚金，江苏省地方志办公室年鉴工作处副处长陈华，《高淳县志》主编、《高淳县志（1985—2005）》总纂组长薛兴祥，以及吉祥、管日辉、吕佐兵、吕武进、蒋永才、杨献文、朱晓京等十几位专家学者们论证篇目，评审志稿。在志书即将付梓问世之际，真诚感谢中指组及省、市方志界领导的关爱关怀，真诚感谢各位专家学者的精心评点，真诚感谢所有供稿单位、撰稿和摄影人员给予的鼎力配合，历史将永远铭记！

几度风雨，几度春秋，漫漫八载，不负艰辛，洋洋区志，五百六十余万字。诚可谓“千淘万漉虽辛苦，吹尽黄沙始到金”。每跨越一级，都经历脱胎的嬗变；每跃升一阶，都经历逶迤的攀升。在不懈超越自我、否定自我、完善自我的洗礼中，用汗水、用勤奋、用韧劲去书写一部经得起实践与历史检验的志书。诚然，囿于我们的思想水平和业务能力，志书中疏漏、舛误和遗憾实难全免，祈盼广大读者不吝赐教。

编　者

2014年11月